Weis Mattutat
Deutsch-Französisch

Bearbeitet von Dr. Heinrich Mattutat
Neubearbeitung unter Mitwirkung von
Prof. Christian Nugue

Globalwörterbuch
Ernst Klett Verlag für Wissen und Bildung

In diesem Werk erfolgt die Nennung von Waren, wie in
Nachschlagewerken üblich, ohne Erwähnung etwa bestehender
Patente, Gebrauchsmuster oder Warenzeichen. Fehlt ein
solcher Hinweis, so heißt das nicht, daß der Warenname frei ist.

CIP-Titelaufnahme der Deutschen Bibliothek

Pons-Globalwörterbuch. — Stuttgart : Klett.
Deutsch-französisch = Teil 2 / Weis ; Mattutat. Bearb. von
Heinrich Mattutat. Neubearb. unter Mitw. von Christian
Nugue. — 2., neubearb. Aufl., Nachdr. — 1990
ISBN 3-12-517241-1
NE: Weis, Erich [Mitverf.]; Mattutat, Heinrich [Bearb.]

2., neubearbeitete Auflage 1985 — Nachdruck 1990
© Ernst Klett Verlag für Wissen und Bildung GmbH, Stuttgart 1978.
Alle Rechte vorbehalten.
Einbandgestaltung: Erwin Poell, Heidelberg.
Druck: C. H. Beck'sche Buchdruckerei, Nördlingen.
Printed in Germany.
ISBN 3-12-517241-1

Vorwort

Ein modernes, für den allgemeinen Gebrauch bestimmtes Wörterbuch hat vielen Forderungen gerecht zu werden. Es soll der Schule wie dem Beruf dienen und für die private Lektüre wie als treuer Reisebegleiter oder zuverlässiger Ratgeber bei Übersetzungen geeignet sein. Man erwartet, daß sich das vielfältige geistige und materielle Leben unserer Zeit in seinen Spalten spiegelt.

Um den Rahmen eines handlichen Nachschlagewerkes nicht zu sprengen, galt es, aus der Fülle auszuwählen und den Wortschatz zu erfassen, der zum lebendigen Sprachgut gehört.

Bei dieser Auswahl kamen dem Herausgeber seine lexikographischen Erfahrungen und seine Tätigkeit als Lehrer, Übersetzer und Dolmetscher zustatten.

Der Lehrer weiß, daß ein modernes Wörterbuch über die einfache Wortgleichung hinausgehen muß, wenn es im Unterricht als Lehrmittel einen Platz beanspruchen und dazu beitragen will, daß der Schüler selbständig arbeiten lernt.

Der Praktiker kennt die Not des Augenblicks, die zu rascher und zuverlässiger Orientierung zwingt, und ist sich darüber im klaren, daß viele fachliche Begriffe, Neuwörter und sprachliche Wendungen griffbereit zur Verfügung stehen müssen.

Diese Erfahrungen wurden bei dem — nach den neuesten lexikographischen Methoden sorgfältig bearbeiteten — Wörterbuch der französischen und deutschen Sprache genützt. Folgende Grundsätze dienten als Richtschnur:

1. Kursiv gesetzte und, sofern es sich nicht um Abkürzungen handelt, in Klammern stehende Erläuterungen grenzen den französischen Begriff ab und veranschaulichen seinen Anwendungsbereich.
2. Die sachgetreue Wiedergabe auch entlegener Bedeutungen und das treffende französische Wort für den jeweiligen Kontext, vor allem im Bereich von Wissenschaft und Technik, treten an die Stelle von Umschreibungen und ungenauen Übertragungen.
3. Die Sprachschichten — Hochsprache, Umgangssprache, Berufs-, Fach- und Sondersprachen — sind im Deutschen ebenso wie im Französischen berücksichtigt.

Die Situation zweisprachiger Wörterbücher hat sich in den letzten Jahren grundlegend geändert. Das vorliegende Wörterbuch soll nicht nur wie bisher dem deutschsprachigen, sondern in gleichem Maße auch dem französischsprachigen Benutzer dienen. Aus diesem Grunde wurden vor allem folgende die deutsche Sprache betreffende zusätzlichen Informationen eingearbeitet:

1. Grammatische Angaben zu deutschen Substantiven;
2. Grundformen der starken und unregelmäßigen deutschen Verben;
3. In Zweifelsfällen Angaben der Perfektumschreibung mit „haben" oder „sein";
4. Angabe der Rektion, insbesondere bei Präpositionen;
5. Phonetische Umschrift der deutschen Stichwörter.

Französische Linguisten unter der Leitung von Prof. Christian Nugue haben beide Teile des Wörterbuchs gründlich überprüft. Die Durchsicht führte zu größerer Genauigkeit bei der Erfassung der Wortinhalte, zu gezielterer idiomatischer Richtigkeit und zu noch stärkerer Betonung der heute gesprochenen Sprache.

Der Sprachentwicklung der letzten Jahre wurde weitgehend Rechnung getragen. So wurden bei der vorliegenden Überarbeitung ca. 2000 Neuwörter je Sprachrichtung eingefügt, wobei der Schwerpunkt auf Bereiche gelegt wurde wie Informatik (z. B. Baustein, Befehl, Bit, Chip, Decoder, Diskette . . .), Datenverarbeitung (z. B. Datennetz, -pflege, -schutz, -träger, Drucker . . .), Raumfahrt (z. B. Raketentechnik, Raumlabor, Satellitenfernsehen, -funk, -träger . . .) und Umwelt (z. B. Abgastest, Autogas, bleifrei, Umweltbelastung, -kriminalität, -politik, Waldsterben . . .). Das größere Format und die übersichtlichere Typographie tragen zu noch besserer Auffindbarkeit und Lesbarkeit des Wörterbuchs bei.

Stuttgart und Wien
Prof. Dr. Erich Weis

Ernst Klett Verlag
Redaktion Wörterbücher

Erläuterungen

1. Schriften

Es werden folgende Schriften verwendet:

Fettdruck	für die Stichworteinträge und für die arabischen Ziffern;
Grundschrift	in ⟨..⟩ für Genitiv Singular und Nominativ Plural bei deutschen Substantiven;
Grundschrift	in [...] für die Lautschrift;
Kursivschrift	für Angaben von Wortart und Genus etc., für die Grundformen der starken und unregelmäßigen deutschen Verben, für Unregelmäßigkeiten der Steigerung bei deutschen Adjektiven, für Erklärungen, für Bezeichnungen des Fachgebiets und der Sprachebene sowie für Anwendungsbeispiele und Redewendungen;
Grundschrift	für die französischen Übersetzungen der deutschen Stichwörter, Anwendungsbeispiele und Redewendungen.

Beispiel: **Wiege** *f* ⟨-, -n⟩ ['viːgə] *(a. fig: Ursprungsort)* berceau *m; von der* ~ *bis zur Bahre* du berceau à la tombe; *in der* ~ *liegen* être au berceau; *s-e* ~ *stand in Köln* il est né à Cologne; ~**balken** *m* traverse *f* mobile; ~**messer** *n* hachoir; *(für Gemüse)* hache-légumes *m;* **w~n 1.** ⟨*wiegt, wiegte, hat gewiegt*⟩ *tr (sanft schaukeln, bes. Kind)* bercer; ...

2. Stichwortanordnung

Die fettgedruckten Stichwörter sind zum größten Teil zu Gruppen zusammengefaßt worden, die einen Artikel oder Absatz bilden und mit einem Hauptstichwort beginnen. Diese Artikel vereinigen Wörter, die einmal äußerlich mehrere Anfangsbuchstaben gemeinsam haben und außerdem sinngemäß zusammengehören. Größere Sinngruppen sind oft nach praktischen Gesichtspunkten in mehrere Artikel aufgeteilt; nur äußerlich ganz oder teilweise gleiche Wörter (Homonyme und deren Ableitungen) sind jedoch niemals in einen Artikel zusammengefaßt worden. Homonyme sind stets durch eine fettgedruckte arabische Ziffer kenntlich gemacht.

Beispiel: **Tonerde** steht unter **Ton 1** *geol;*
Tonband steht unter **Ton 2** *(Laut).*

Äußerlichkeiten spielen dabei keine Rolle, sondern nur der Sinnzusammenhang.

Beispiel: **Festland** gehört zum Adjektiv **fest;**
festlich gehört zum Substantiv **Fest.**

Hieraus ergibt sich für die alphabetische Ordnung folgende Besonderheit: Alle Hauptstichwörter sind alphabetisch geordnet; die untergeordneten Stichwörter jedoch nur innerhalb des Artikels, zu dem sie gehören.

Beispiel: **Eisenerz** steht unter dem Hauptstichwort **Eisen;**
Eiszapfen steht unter dem Hauptstichwort **Eis.**

Das im Alphabet früher kommende Wort steht auf diese Weise im Wörterbuch an späterer Stelle.
Gelegentlich sind auch Unterstichwörter gegen die alphabetische Ordnung an andere mit ähnlicher Bedeutung angeschlossen worden.

Beispiel: **Abendbrot, Abendessen** (gemeinsame Bedeutung im Französischen); ... **Abenddämmerung.**

3. Tilde ~

Die fettgedruckte Tilde (~) ersetzt aus Gründen der Raumersparnis die den Stichwörtern eines Artikels gemeinsame Anfangs-Buchstabengruppe. Diese ist in vielen Fällen das ganze, mit allen Buchstaben gedruckte Hauptstichwort. Hat dieses ebenfalls weitere Buchstaben, dann wird durch einen dünnen senkrechten Strich (|) angezeigt, wie weit die gemeinsame, in allen folgenden Stichwörtern durch die fettgedruckte Tilde ersetzte Buchstabengruppe reicht.

Beispiel: **Anklage** ...; **~bank** ...;
              ausschließ|en ...; **~lich** ...

Außer in den Stichwörtern kommt die Tilde auch in den kursiv gedruckten deutschen Textteilen (Beispielsätzen und Redewendungen sowie Erklärungen) vor. Hier steht sie für das unmittelbar vorausgehende fettgedruckte Stichwort. Flexionsendungen können in den Beispielsätzen an die Tilde angehängt werden.

Beispiel: **Rundfunk** ...; *im ~;*
              Ruh|e ...; *~ bewahren;*
              ~estand ...; *in den ~ treten;*
              rund ...; *~ e Summe.*

In einzelnen Fällen sind auch Stichwörter an einen größeren Artikel angeschlossen worden, zu dem sie zwar im Grunde gehören, aus dessen äußerem Rahmen sie, meist wegen des Umlautes, jedoch fallen.

Beispiel: **Schwamm** ...; **Schwämmchen** ...

4. Aufbau der Einzelartikel

Die verschiedenen Bedeutungen der einzelnen deutschen Stichwörter im Französischen sind nach einem bestimmten System geordnet. Zuerst sind die Grundbedeutungen, ausgehend von den ursprünglicheren und häufigeren und fortschreitend zu den übertragenen, spezielleren und selteneren, angegeben. Dann folgen die zusammengesetzten Ausdrücke in der Anordnung:

— adverbiale Ausdrücke *(bei der Hand);*
— Ausdrücke mit einem Infinitiv *(freie Hand haben);*
— einfache Sätze *(das ist nicht von der Hand zu weisen; Hände weg!);*
— Sprichwörter *(eine Hand wäscht die andere);*
— nominale Ausdrücke *(flache Hand; nicht von der Hand zu weisen(d)).*

Innerhalb dieser Ordnung sind die Bedeutungen wiederum durch abwechselnden Gebrauch von Komma und Semikolon zu Gruppen zusammengefaßt. Haben zwei oder mehr Ausdrücke einen gemeinsamen Bestandteil, so wird dieser nicht wiederholt, sondern es wird nur auf die Abweichung durch die Abkürzung od, *od* (oder) hingewiesen. Diese ist hier, wo das Wort *oder* nicht Redeteil ist, stets durch anderen Druck hervorgehoben.

Beispiel: diminution *od* réduction de consommation = diminution de consommation *oder* réduction de consommation;
              à la sortie *(vollständiger Ausdruck),* au sortir de la maison.

Gelegentlich wird ein Ausdruck ohne Wiederholung ergänzt. Ein solches kursiv gedrucktes Zusatzwort ist schon am Fehlen der Stichwort-Tilde erkenntlich.

Beispiel: **B~ung** (Belohnung) *f* récompense *f; ... zur ~* pour récompense; *für* (zur Belohnung für) en récompense de.

Die Grundbedeutungen der abgeleiteten Wörter sind so angeordnet wie die der Grundwörter. Die Erklärungen sind deshalb, soweit sie übereinstimmen, nur einmal angegeben. Zum besseren Verständnis vergleiche man die zusammengehörigen Artikel.

Beispiel: bei **Beachtung** vergleiche man **beachten;** bei **Zähigkeit** vergleiche man **zäh.**

Das Aufbauschema für Einzelartikel ist allerdings nicht anwendbar bei den Strukturwörtern, Wörtern wie *an, so, und,* die keine eigentliche Wortbedeutung haben, semantisch farblos sind und nur eine grammatische Funktion erfüllen. Sie sind deshalb lexikographisch schwer zu erfassen. Ihre Anwendungsmöglicheiten — von Bedeutungen kann man bei ihnen kaum sprechen — sind, dem besonderen Fall entsprechend, möglichst übersichtlich gegliedert. Die einzelnen Ausdrücke, Wendungen und Sätze sind in diesen Artikeln nur illustrierende Beispiele.

5. Grammatische Angaben

Es ist bei allen Wörtern und Ausdrücken nicht nur auf die genaue Erfassung und Gleichsetzung der Bedeutungen Wert gelegt worden, sondern auch auf die Art und Weise, wie sie sich in ein Satzganzes einfügen. Diesem Zweck dienen die grammatischen Angaben, die auf die Besonderheiten im Gebrauch der Redeteile aufmerksam machen und Schwierigkeiten beheben. So ist in allen Fällen, die irgendwelche Zweifel aufkommen lassen könnten, angegeben, welche Präposition ein Wort regiert, ob ein Infinitiv mit à, de oder ohne Präposition gebraucht wird, und wann der Konjunktiv steht.

Das Geschlecht der Substantive ist in beiden Sprachen bei allen Einzelwörtern angegeben. Folgen in der Reihe der deutschen und der französischen Bedeutungen mehrere Wörter gleichen Geschlechts aufeinander, dann ist dieses nur beim letzten Wort angegeben. Es gilt also immer die nächstfolgende Geschlechtsangabe in der Reihe der Substantive gleicher Sprache.

Beispiel: **Kapital** *n* ... capital, principal *m;* fonds *m pl;* ... tranchefile *f* ...

Auf die Geschlechtsangabe folgt in ⟨...⟩ die Angabe des Genitiv Singular und des Nominativ Plural.

Beispiel: **Wade** *f* ⟨-, -n⟩ ['va:də] *anat* mollet; ...

Sind Singular- und Plural-Schreibweise identisch, so steht bei der Pluralangabe -.

Beispiel: **Wächter** *m* ⟨-s, -⟩ ['vɛçtər] ...

Das Zeichen ø bedeutet, daß sich kein Plural bilden läßt.

Beispiel: **Wachstum** *n* ⟨-s, ø⟩ ['vakstu:m] ...

Werden Vokale (a, o, u) bei der Pluralbildung umgelautet (ä, ö, ü), so ist dies durch das Zeichen ⁒ kenntlich gemacht.

Beispiel: **Vater** *m* ⟨-s, ⁒⟩ ...

Bei den deutschen Verben ist immer genau angegeben, ob oder in welcher Bedeutung sie transitiv oder intransitiv sind. Die Grundbedeutungen sind danach eingeteilt. Der Gebrauch der französischen Entsprechungen ist, wenn er abweicht, stets angegeben.

Beispiel: **fallen** ... *tr* ... frapper (*auf etw* qc).

Wird ein Verbum auch reflexiv oder unpersönlich gebraucht, so folgen diese Bedeutungen den transitiven und intransitiven Grundbedeutungen.

Bei den starken und unregelmäßigen deutschen Verben sind die Grundformen in ⟨..⟩ angegeben. In Zweifelsfällen wird darauf hingewiesen, ob die zusammengesetzten Zeiten mit „haben" oder „sein" gebildet werden.

Beispiel: **verderben** ⟨verdirbt, verdarb, verdorben⟩ [-'darp/-bən, -'dɔrbən] *tr* ⟨aux: haben⟩...; *itr* ⟨aux: sein⟩...

Unfeste Zusammensetzungen von (deutschen) Verben mit Partikeln sind durch Paralleltilde ⚌ getrennt.

Beispiel: **vor⚌schreiben.**

Bei allen deutschen Wörtern ist angegeben worden, zu welcher der zehn Grundwortarten es gehört. Dabei schließt die Bezeichnung des Geschlechts ein, daß es sich um ein Substantiv handelt; und ein Wort, das als (in)transitiv oder unpersönlich gekennzeichnet ist, ist stets ein Verbum.

6. Lautschrift

Zur Bezeichnung der Aussprache wurden die phonetischen Zeichen der Internationalen Lautschrift verwendet (siehe Liste der Lautschriftzeichen). Im allgemeinen ist nur das fettgedruckte Hauptstichwort phonetisch umschrieben. Entspricht jedoch die Aussprache der fetten untergeordneten Stichwörter nicht den Grundregeln der deutschen Aussprache, so ist diese ganz oder in dem Teil bezeichnet, der die Abweichung aufweist.

Die Aussprache der zusammengesetzten deutschen Stichwörter ist unter den einzelnen Wortbestandteilen zu finden.

7. Einige Besonderheiten

Die *fettgedruckte Tilde* bedeutet nicht nur eine bestimmte Buchstabengruppe, sondern auch, daß der erste Buchstabe entweder ein *Groß-* oder ein *Kleinbuchstabe* ist, je nach der voll ausgedruckten Schreibweise des Hauptstichwortes. Weicht ein Unterstichwort in der Groß- und Kleinschreibung vom Hauptstichwort ab, dann wird, und zwar in jedem einzelnen Fall, der große bzw. kleine Anfangsbuchstabe vor die Tilde gesetzt, zeigt dann also nur an, ob der erste Buchstabe der aufgelösten Tilde groß oder klein geschrieben wird.

Beispiel: **Leid**...; **l~voll**...;
leiden...; **L~schaft**...

Gerät ein *Bindestrich* ans Zeilenende, so daß er, was in normalen Texten der Fall ist, für einen Trennungsstrich (Divis) gehalten werden muß, wird er am Anfang der folgenden Zeile wiederholt, damit man die richtige Schreibung im Normalfall (in einer Zeile) erkennen kann.

Beispiel: **prince-**
-évêque (prince-évêque)

Die *Betonung* eines deutschen Wortes ist stets dann durch ein der betonten Silbe vorangestelltes ' angegeben, wenn sie wechselt und das Wort je nach der Betonung verschiedene Bedeutungen hat.

Beispiel: **'über⚌setzen** ...;
über'setzen ...

Doppelte Formen und Schreibweisen eines Wortes sind in beiden Sprachen berücksichtigt. Dabei ist, soweit dies möglich war, die Klammer angewendet worden. Es ist jedoch darauf geachtet worden, daß es immer klar ist, ob eine Klammer eine mögliche Erweiterung oder eine Erklärung einschließt.

Beispiel: (se) pâmer de joie;
Heft *n (Griff)*...

Für die *Rechtschreibung* der deutschen Wörter diente als Grundlage *Duden, Rechtschreibung der deutschen Sprache und der Fremdwörter, 18. Aufl., Mannheim 1980,* und für die Rechtschreibung der französischen Wörter der *Petit Robert, Dictionnaire alphabétique et analogique de la langue française, Société du Nouveau Littré, Nouvelle édition, Paris 1978.*

Liste der Abkürzungen

a	Adjektiv *adjectif*	*f*	weiblich *féminin*
a.	auch *aussi*	*fam*	vertraulich *familier*
abus	mißbräuchlich *abusivement*	*fb*	schwach *faible*
acc	Akkusativ *accusatif*	*fig*	bildlich *figuré*
adm	Verwaltung *administration*	*film*	Film *cinéma*
adv	Adverb *adverbe*	*fin*	Geldwesen *finances*
aero	Luftfahrt *aéronautique*	*gen*	Genitiv *génitif*
agr	Landwirtschaft *agriculture*	*geog*	Geographie *géographie*
allg	allgemein *généralement*	*geol*	Geologie *géologie*
anat	Anatomie *anatomie*	*gram*	Grammatik *grammaire*
arch	Architektur *architecture*	*hist*	Geschichte *histoire*
arg	Argot *argot*	*hum*	humoristisch *humoristique*
astr	Astronomie *astronomie*	*imp*	Imperativ *impératif*
attr	Attribut *épithète*	*impers*	unpersönlich *impersonnel*
aux	Hilfszeitwort *auxiliaire*	*inf*	Infinitiv *infinitif*
bes.	besonders *principalement*	*inform*	Informatik *informatique*
biol	Biologie *biologie*	*interj*	Interjektion *interjection*
bot	Botanik *botanique*	*inv*	unveränderlich *invariable*
chem	Chemie *chimie*	*iron*	ironisch *ironique*
com	Handel *commerce*	*irr*	unregelmäßiges oder unvoll-
cond	Konditional *conditionnel*		ständiges Verb *verbe irrégulier*
conj	Konjunktion *conjonction*		*ou défectif*
cosm	Raumfahrt *astronautique*	*itr*	intransitiv *intransitif*
d.	der, die, das, des, dem, den	*jem*	
dat	Dativ *datif*	*jdm*	jemand(em, en, es)
dial	Dialekt *dialecte*	*jdn*	*(à, de) quelqu'un*
dim	Diminutiv *diminutif*	*jds*	
ea.	einander *l'un l'autre*	*jur*	juristisch *juridique*
ecol	Umwelt *environnement*	*lit*	gehoben *littéraire*
e-e, e-m,	eine, einem, einen,	*loc*	Eisenbahn *chemin de fer*
e-n, e-r,	einer, eines,	*m*	männlich *masculin*
e-s	*(à, d')un, e*	*mar*	Seeschiffahrt *marine*
el	Elektrizität *électricité*	*math*	Mathematik *mathématiques*
ent	Insektenkunde *entomologie*	*med*	Medizin *médecine*
etc	und so weiter *et cœtera*	*metal*	Hüttenwesen *métallurgie*
etw	etwas *quelque chose*	*mete*	Meteorologie *météorologie*

mil	Militärwesen *militaire*	*qc*	etwas *quelque chose*
min	Mineralogie *minéralogie*	*qn*	jemand(en) *quelqu'un*
mines	Bergbau *mines*	*radio*	Rundfunk *radio*
mot	Kraftfahrwesen *automobilisme*	*refl*	reflexiv *réfléchi*
mus	Musik *musique*	*rel*	Religion *religion*
n	sächlich *neutre*	*s*	Substantiv *substantif*
od, od	oder *ou*	*s.*	siehe *voir*
opt	Optik *optique*	*S*	Sache *chose*
orn	Vogelkunde *ornithologie*	*scient*	wissenschaftlich *scientifique*
p	Person *personne*	*s-e, s-m,*	seine, seinem, seinen
parl	Parlament *parlement*	*s-n, s-r,*	seiner, seines
pej	herabsetzend *péjoratif*	*s-s*	*(à, de) son, sa*
pharm	Arzneimittelkunde *pharmaco-* *logie*	*sing*	Singular *singulier*
		sport	Sport *sport*
philos	Philosophie *philosophie*	*subj*	Konjunktiv *subjonctif*
phot	Fotografie *photographie*	*tech*	Technik *technique*
phys	Physik *physique*	*tele*	Telefon und Telegrafie
physiol	Physiologie *physiologie*		*téléphonie et télégraphie*
pl	Plural *pluriel*	*theat*	Theater *théâtre*
poet	poetisch *poétique*	*tr*	transitiv *transitif*
pol	Politik *politique*	*TV*	Fernsehen *télévision*
pop	volkstümlich *populaire*	*typ*	Buchdruck *typographie*
pp	Partizip des Perfekts *participe* *passé*	*u.,* u.	und *et*
		v	Verb *verbe*
ppr	Partizip des Präsens *participe* *présent*	*vet*	Tierheilkunde *art vétérinaire*
		vulg	vulgär *vulgaire*
pred	prädikative Ergänzung *attribut*	*vx*	veraltet *vieux*
pref	Vorsilbe *préfixe*	*z. B.*	zum Beispiel *par exemple*
pron	Pronomen *pronom*	*zoo*	Zoologie *zoologie*
prov	Sprichwort *proverbe*	*zs.*	zusammen *ensemble*
prp	Präposition *préposition*	*Zssg*	Zusammensetzung
psych	Psychologie *psychologie*		*mot composé*

Liste der Lautschriftzeichen

Vokale

geschlossen

[i]	Idee [i'de:]
	bieten ['bi:tən]
[y]	Physik [fy'si:k]
	Mühe ['my:ə]
[u]	Musik [mu'si:k]
	Uhr [u:r]
[e]	egal [e'ga:l]
	See [ze:]
[ø]	Ödem [ø'de:m]
	Öse ['ø:zə]
	adieu [a'djø:]
[o]	Tomate [to'ma:tə]
	Ofen ['o:fən]

offen

[ɪ]	bitten ['bɪtən]
[ʏ]	dünn [dʏn]
[ʊ]	Druck [drʊk]
[ɛ]	ändern ['ɛndərn]
	Bär [bɛ:r]
[æ]	Playback ['pleɪbæk]
[œ]	öffnen ['œfnən]
[ɔ]	offen ['ɔfən]
[a]	hat [hat]
	Rat [ra:t]

Murmellaut

[ə]	Alter ['altər]

Diphtonge

[ei]	Interface ['ɪntərfeɪs]	[g]	gern [gɛrn]
[aɪ]	Ameise ['a:maɪzə]	[ʒ]	Genie [ʒe'ni:]
	Laib [laɪp]		Jackett [ʒa'kɛt]
[aʊ]	Baum [baʊm]	[h]	Hut [hu:t]
[ɔʏ]	äugeln ['ɔʏgəln]		Behälter [bə'hɛltər]
	heute ['hɔʏtə]	[k]	Kur [ku:r]
			Antrag ['antra:k]

Halbvokal

			Geschmack [gə'ʃmak]
		[kv]	Qual [kva:l]
[j]	ja [ja:]	[l]	leben ['le:bən]
[w]	Whisky ['wɪski]	[m]	am [am]

Nasale

		[n]	an [an]
		[ŋ]	Angst [aŋst]
[ã]	Chance ['ʃã:s(ə)]		Onkel ['ɔŋkəl]
[õ]	Annonce [a'nõ:sə]	[p]	apart [a'part]
[œ̃]	Parfum [par'fœ̃:]		ab [ap]
[ɛ̃]	Bulletin [bʏl'tɛ̃:]	[r]	arm [arm]
		[s]	als [als]

Konsonanten

			Kissen ['kɪsən]
			Fluß [flʊs]
[b]	bar [ba:r]	[z]	Rose ['ro:zə]
[ç]	Arche ['arçə]	[ʃ]	schwer [ʃve:r]
	König ['kønɪç]		Straße ['ʃtra:sə]
[x]	auch [aʊx]	[t]	alt [alt]
[d]	du [du:]		Hand [hant]
[f]	auf [aʊf]	[v]	wo [vo:]
	Vater ['fa:tər]	[ts]	Zimmer ['tsɪmər]
	Asphalt [as'falt]		C [tse:]

: bedeutet, daß der unmittelbar davorstehende Vokal lang ist.
ˈ bezeichnet den stärksten Akzent (steht vor der Akzentsilbe).
ˌ bezeichnet den Nebenakzent.
Beispiel: ausstaffieren ['aʊsʃta‚fi:rən].
ʔ bezeichnet den festen Stimmeinsatz bei Vokalen am Anfang einer Silbe.
Beispiel: erinnern [ɛr'ʔɪnərn].
- waagerechte Striche geben die Silben eines Stichworts wieder.
Beispiel: Alarm [a'larm] ... alarmieren [-'mi:-].
In Verbindung mit dem Akzentstrich bedeuten sie, daß die zuvor angegebene Aussprache auch in der so gekennzeichneten Betonung gilt.
Beispiel: anbei ['anbaɪ, -'-].

A

A, a *n* ⟨-,-⟩ [a:] *(Buchstabe)* A, a *m; von A bis Z* de(puis) A (jusqu')à Z, d'un bout à l'autre; *von A bis Z erfunden* inventé de toutes pièces; *wer A sagt, muß auch B sagen (prov)* (quand) le vin est tiré, il faut le boire; *das A und das O* le commencement et la fin, l'alpha et l'oméga.

a *n mus* la *m; das a (den Kammerton) angeben* donner le la; **A-Dur** *n* la *m* majeur; **a-Moll** *n* la *m* mineur; **A-Saite** *f* la *m* (d'un instrument à cordes).

à [a] *prp (Preisangabe: für, zu, um)* à, au prix de.

Aachen *n* ['a:xən] *geog* Aix-la-Chapelle *f.*

Aal *m* ⟨-(e)s, -e⟩ [a:l] *zoo* anguille *f; sich wie ein ~ winden* se tortiller comme une anguille; **a~en,** *sich (fam: sich faul ausstrecken)* tirer sa flemme, s'étirer; *sich in der Sonne ~* faire le lézard; **a~glatt** *a fig* souple comme une anguille; **~kasten** *m* anguillère *f;* **~leiter** *f* échelle *f* aux anguilles; **~quappe** *f,* **~raupe** *f (Fisch)* lotte *f;* **~reuse** *f* nasse *f* à anguilles; **~suppe** *f* soupe *f* à l'anguille; **~teich** *m* anguillère *f.*

Aar *m* ⟨-(e)s, -e⟩ [a:r] *poet (Adler)* aigle *m.*

Aargau ['a:rgau], *der (Schweizer Kanton)* l'Argovie *f.*

Aas *n* ⟨-es, -e⟩ [a:s, -zə] *(Tierleiche)* charogne *f, a. fig pej;* cadavre *m; (Gerberei)* drayure *f; pop (gerissene Person)* roué, e; madré, e *m f; kein ~ (pop)* pas un chien, personne; **a~en** *itr fam (verschwenderisch umgehen)* gâcher, gaspiller, dissiper (*mit etw* qc); **~fresser** *m zoo* nécrophage *m;* **~geier** *m a. fig* vautour *m;* **~geruch** *m* puanteur *f.*

ab [ap] **1.** *adv (~gegangen, ~getrennt, los)* parti, perdu; *(~ sein a.)* manquer; *loc départ; Köln ~ 7.15* Cologne départ 7.15; *~ und an, ~ und zu* par-ci, par-là; de temps en temps, de loin en loin, quelquefois; *pop* des fois; *auf und ~ (hin u. her)* de long en large; *(von oben nach unten)* de haut en bas; *von ... ~ (zeitl.)* à partir de ..., dès ...; *von heute ~* à partir d'aujourd'hui; *von jetzt ~* dès maintenant; *weit ~ von* loin de; *~ (ermüdet) sein*

(fam) être à bas *od* éreinté; *der Bart ist ~! (pop)* (il n'y a plus) rien à faire! fini! *Gewehr ~! (mil)* reposez armes! *Hut ~!* chapeau bas! *~ nach Kassel! (fam)* oust(e)! filez! *das Auf und Ab (des Lebens)* les vicissitudes *f pl* (de la vie); **2.** *prp (örtl.)* pris à; *~ Werk, Lager, Bahnhof, Hamburg* pris à l'usine, au dépôt, en gare, à Hambourg; *~ Werk od Lager* ex magasin; *(zeitl.)* à partir de; *~ 1. April, ~ Ostern* à partir du 1er avril, de Pâques; *com: ~ an Unkosten* frais à déduire.

Abakus *m* ⟨-, -⟩ ['a:bakus] *hist arch* abaque *m.*

abänder|lich ['ap?ɛndər-] *a* modifiable, variable, changeable; *jur* commuable; **A~lichkeit** *f* variabilité; *jur* commuabilité *f;* **ab=ändern** *tr* modifier, varier, changer; *(umarbeiten)* remanier, retoucher; *(verbessern)* corriger; *(richtigstellen)* rectifier; *jur (Urteil)* commuer; *parl* amender, réformer; **A~ung** *f* modification, variation *f,* changement, *(Umarbeitung)* remaniement *m,* retouche; *(Berichtigung)* rectification; *jur* commutation *f; parl* amendement *m,* réforme *f;* **A~ungsantrag** *m parl* amendement *m; e-n ~ einbringen (parl)* présenter un amendement; **A~ungsvorschlag** *m* proposition *od* suggestion *f* d'amendement.

ab=arbeiten *tr (e-e Schuld)* acquitter par son travail; *sich ~* s'épuiser *od* s'éreinter (à force de travail), s'esquinter; *fam* se tuer au travail.

Abart *f* ['ap?a:rt] *bes. biol* variété, variante *f;* **ab=arten** *⟨aux: sein⟩ itr (von der Art abweichen)* varier; **a~ig** *a* ano(r)mal; **~igkeit** *f* anomalie *f;* **~ung** *f, bes. biol* variation *f.*

Abbau *m (Ausea.nehmen)* démontage; *(e-r Fabrikeinrichtung a.)* démantelage *m; mines* exploitation (minière); *chem (e-r Verbindung)* décomposition, dégradation; *fig (Bestände, Preise, Gehälter, Personal)* réduction, diminution *f; (Personal a.)* débauchage *m; (Maßnahme, Einrichtung, Dienststelle)* suppression *f* (graduelle); *~ der (Lager-)Bestände (a.)* déstockage *m; ~ der Zollschranken, der Zwangswirtschaft* suppression *f* graduelle des barrières douanières, du contrôle; **ab=bauen** *tr* *(aus-ea.nehmen)* défaire, démonter; *(Zelt a.)* plier; *(Maschine)* démonter; *(Fabrikeinrichtung a.)* démanteler; *mines* exploiter; *chem* décomposer, dégrader; *fig (Bestände etc)* réduire, diminuer; *(Beamte, Angestellte)* congédier, licencier, renvoyer; *(Angestellte a.)* débaucher; *(Maßnahme etc)* supprimer graduellement; **~hammer** *m mines* marteau *m* de piqueur; **~produkt** *n chem* produit *m* de décomposition; **~raum** *m mines* arrière-taille *f;* **~sohle** *f mines* horizon *m;* **~strecke** *f mines* voie *f* de taille; **~verfahren** *n mines* méthode *f* d'exploitation; **a~würdig** *a mines* exploitable.

ab=beißen *tr* arracher avec les dents; *sich lieber die Zunge ~ (fam)* préférer se faire couper la langue *(als que de); da beißt die Maus keinen Faden ab (fig fam)* il n'y a rien à faire, on ne peut rien contre, les choses en restent là; il n'y a rien à discuter *od* à redire.

ab=beizen *tr* décaper, dérocher; *(Gerberei)* passer en mégie.

ab=bekommen *tr (losbekommen)* (réussir à) détacher; *(erhalten)* emporter; *(Schlag)* attraper; *etw ~* avoir sa part; *fam* avoir part au *od* partager le gâteau; *was (Schläge) ~* en prendre pour son grade *pop; etw ~ haben (bei e-r Schlägerei)* en avoir pour son compte; *fam* en avoir pris un coup, en avoir dans l'aile; *pop* en avoir pris pour son grade.

ab=berufen *tr (Diplomaten)* rappeler; *aus diesem Leben od in die Ewigkeit ~ werden* être rappelé à Dieu; **A~ung** *f* rappel *m;* **A~ungsschreiben** *n* lettres *f pl* de rappel *od* de récréance.

ab=bestellen *tr com* décommander, contremander; *(Zeitung)* résilier *od* faire cesser l'abonnement de; *(Person)* décommander; **A~ung** *f* contrordre, contremandement *m; (Zeitung)* cessation *f* d'abonnement *od* de l'abonnement (de); *~ vorbehalten* sauf contrordre.

ab=betteln *tr: jdm etw ~* obtenir qc de qn à force de prier, soutirer qc à qn.

ab=bezahlen *tr* achever de payer, payer entièrement; solder, liquider, amortir; *(in Raten)* payer en *od* par acomptes; **A~ung** *f* amortissement *m.*

ab=biegen *tr ‹aux: haben›* courber, plier, écarter en pliant; *fig (ablenken)* détourner, écarter; *itr ‹aux: sein›*

(vom Weg, weg aus s-r Richtung) tourner *(nach rechts, links* à droite, à gauche).

Abbild *n (Ebenbild)* image *f; fig* reflet *m;* **ab=bilden** *tr* figurer, représenter; **~ung** *f typ* figure, illustration, reproduction *f; mit ~en versehen (tr)* illustrer; *mit ~en (attr)* illustré.

ab=binden *tr (losbinden)* délier, détacher; *med (Ader)* ligaturer, lier; *itr (Mörtel, Zement) (tr* faire) prendre.

Abbitte *f* excuses *f pl; (öffentliche)* amende honorable; *(Ehrenerklärung)* réparation *f* d'honneur; *~ leisten od tun* demander pardon; *(öffentlich)* faire amende honorable.

ab=blasen *tr (Staub)* enlever en soufflant; *tech (Dampf)* laisser échapper, lâcher; *(Gas)* émettre; *fig fam (Veranstaltung, Streik)* supprimer, annuler; *(nach Beginn)* interrompre.

ab=blättern *‹aux: sein›* itr perdre ses feuilles, s'effeuiller, s'exfolier; *(Farbe, Überzug)* s'écailler, s'enlever.

ab=blenden *tr (durch Abdecken)* voiler, masquer; *mot* mettre en code; *film TV* fermer en fondu; *itr phot* diaphragmer; *mot* baisser les phares, mettre (les phares) en code; *abgeblendet haben (mot)* être en code; **A~licht** *n* phare *m* code; **A~schalter** *m mot* interrupteur *m* code; **A~ung** *f film TV* (fermeture *f* en) fondu *m.*

ab=blitzen *itr: jdn ~ lassen (fam)* envoyer qn promener, renvoyer, expédier qn.

ab=böschen *tr* taluter; **A~ung** *f* talutage *m.*

Abbrand *m tech* déchet *m; chem* résidus *m pl* de grillage.

ab=brausen *tr ‹aux: haben› (abspülen)* doucher; *itr ‹aux: sein› fam (schnell abfahren)* partir en flèche; filer; *sich ~* se doucher, prendre une douche.

ab=brechen *tr ‹aux: haben›* rompre, briser, ôter en rompant, détacher; *(Zweig)* casser; *(Mauer, Gebäude)* démolir; *(ausea.nehmen, abbauen)* démonter; *(Zelt)* démonter, plier; *fig (Tätigkeit)* interrompre, arrêter, suspendre; *(Kampf)* arrêter, cesser; *(Streik)* cesser; *(Verhandlungen, Beziehungen)* rompre; *itr ‹aux: sein›* se rompre, se briser; *‹aux: haben› fig (aufhören)* s'arrêter, cesser, discontinuer; *(in der Rede)* s'interrompre; *die Beziehungen zu jdm od den Verkehr mit jdm ~* rompre les relations avec qn; *alle Brücken hinter sich ~ (fig)* couper (tous) les ponts (derrière soi), brûler ses vaisseaux; *kurz ~ (itr: in* *der Rede)* couper court; *tr (Rede)* couper court à; *das Lager* ~ *(mil)* lever le camp; *die Zelte* ~ *(fig)* abattre les tentes; *wir wollen (das Thema)* ~! brisons là! restons-en là!

ab=bremsen *tr mot aero* freiner; *mot u. fig fam* donner un coup de frein à; *j'ig* mettre un frein *od* une sourdine à, ralentir; *itr mot* réduire la vitesse, stopper.

ab=brennen *tr ‹aux: haben›* brûler, réduire en cendres; *tech* décaper, dérocher; *chem* calciner *(Schuß);* tirer; *itr ‹aux: sein›* brûler, être consumé par le feu *od* réduit en cendres; *(ohne Knall)* fuser; *(Feuer)* s'éteindre; *ein Feuerwerk* ~ tirer un feu d'artifice; **A~** *n chem* déflagration *f.*

ab=bringen *tr mar* renflouer, remettre à flot; *fig: jdn von etw* ~ détourner, faire revenir qn de qc; *von s-r Meinung* ~ faire changer d'avis; *vom Thema* ~ écarter du sujet; *sich von etw nicht* ~ *lassen* ne pas démordre de qc; *davon lasse ich mich nicht* ~ on ne peut (pas) m'enlever cette idée (de la tête); *nichts wird mich davon* ~ *(a.)* plutôt mourir!

ab=bröckeln *‹aux: sein›* itr s'émietter, se détacher par fragments; *com fin (Preise, Kurse)* s'effriter; **A~** *n* émiettement; effritement *m.*

Abbruch *m (e-s Gebäudes)* démolition; *(e-s Lagers)* levée; *fig (der Beziehungen, Verhandlungen)* rupture *f; (e-s Wettkampfes)* arrêt *m; e-r S* ~ *tun* porter atteinte *od* préjudice à qc, préjudicier qc, nuire à qc; *e-r S keinen* ~ *tun (a.)* ne rien enlever à qc; *(Haus) auf* ~ *verkaufen* vendre pour la démolition; ~ *der diplomatischen Beziehungen* rupture *od* suspension *f* des relations diplomatiques; **~arbeiten** *f pl* travaux *m pl* de démolition; **~arbeiter** *m* démolisseur *m;* **a~reif** *a (Haus)* croulant, délabré; **~unternehmen** *n* entreprise *f* de démolition; **~unternehmer** *m* démolisseur *m.*

ab=brühen *tr (Fleischerei, Küche)* échauder; *(Gemüse)* blanchir; *(Seidenkokons)* ébouillanter.

ab=brummen *tr fam (Strafe)* purger; *(Strafzeit)* faire, tirer; *er hat s-e drei Jahre abgebrummt* il a fait *od* tiré ses trois ans.

ab=buch|en *tr com (abziehen)* déduire; *(zur Last schreiben)* débiter; *(abschreiben, streichen)* amortir; *e-e Summe vom Konto* ~ *lassen* faire prélever une somme de son compte; **A~ung** *f* déduction *f;* débit *m,* charge *f;* amortissement *m;*

A~ungsauftrag *m* demande *f* de prélèvement automatique.

ab=bürsten *tr (Gegenstand)* brosser, donner un coup de brosse à; *(Schmutz)* enlever en brossant *od* avec une brosse.

ab=büß|en *tr (Schuld)* expier; *jur (Strafe)* purger; **A~ung** *f* expiation *f.*

Abc *n ‹-, -›* [abe'tse:] alphabet; *fig (Anfangsgründe)* abc *m;* ~-**Schütze** *m (Schulanfänger)* enfant *m* qui (n')en est (qu')à l'abc; **ABC-Staaten,** *die, m pl pol* l'Argentine *f,* le Brésil et le Chili; **ABC-Waffen** *f pl* armes ABC, armes *f pl* atomiques, biologiques et chimiques.

ab=dach|en *tr* mettre en pente *od* en talus, incliner; **A~ung** *f* pente *f,* penchant, talus *m,* déclivité *f; steile* ~ escarpement *m.*

ab=dämm|en *tr (Wasserbau)* endiguer, barrer; **A~ung** *f* endiguement, barrage *m.*

Abdampf *m tech* vapeur *f* d'échappement *od* de décharge *od* épuisée; **ab=dampfen** *tr ‹aux: haben›* *chem* évaporer; *itr ‹aux: sein›* *fig fam (Zug, Schiff)* partir; *(Mensch; abreisen)* filer; *pop* s'esbigner; ~**rohr** *n tech* tuyau *m* d'échappement (de la vapeur).

ab=dämpfen *tr (Schall)* assourdir, atténuer.

ab=dank|en *tr (sein Amt niederlegen)* démissionner, donner sa démission, se démettre de sa charge, résigner ses fonctions; *(Fürst)* abdiquer; **A~ung** *f* démission, résignation; *(Fürst)* abdication *f.*

ab=deck|en *tr (Belag, Decke abnehmen)* enlever; *(Dach, Haus, Beet freilegen)* découvrir; *(Tisch)* desservir; *(zudecken)* (re)couvrir; **A~er** *m* équarrisseur *m;* **A~erei** *f (Gewerbe)* équarrissage; *(Haus)* équarrissoir, clos *od* atelier *m* d'équarrissage; **A~haube** *f (Schornstein)* hotte *f;* **A~ung** *f tech* recouvrement; *(von Schulden)* acquittement, paiement; *(e-s Kredits)* remboursement *m.*

ab=dicht|en *tr allg* obturer; *(Loch)* boucher, colmater, aveugler; *(Ritze)* calfeutrer; *(mit Werg)* étouper; *(mit Kitt)* luter; *(wasserdicht machen)* rendre étanche, étancher; *mar* calfater; **A~ung** *f* obturation *f;* bouchage, colmatage; calfeutrage *m;* étanchéisation *f;* calfatage *m.*

ab=dienen *tr (Schuld)* payer par son service; *s-e Zeit* ~ *(mil fam)* faire son temps *od* son service (militaire).

ab=dingen *tr (abhandeln)* arracher *(jdm etw* qc à qn; *vom Preis* sur le prix).

ab=drängen tr repousser, refouler, écarter.

ab=drehen tr détacher od enlever en tordant; arracher; (Knopf) faire sauter; (Wasser) couper, fermer; (Gas) fermer; el (Licht) éteindre; itr mar changer de route od de cap; mil se dérober (vom Feind à l'ennemi), esquiver (von acc).

ab=drosseln tr (Gas, el) étrangler; mot mettre au ralenti; **A~ung** f étranglement; ralenti m.

Abdruck m 1. ⟨-(e)s, ¨-e⟩ ['apdruk, -ʏkə] empreinte (a. d. Fingers), marque f; geol moule m externe; **2.** ⟨-(e)s, -e⟩ (Stempel) impression; typ reproduction, copie f; (Abzug) tirage m; (Probeabzug) épreuve f; (einzelner Abzug) exemplaire m; **ab=drucken** tr typ imprimer, tirer, reproduire, copier; (veröffentlichen) publier.

ab=drücken tr (e-n Wachs-, Gipsabdruck nehmen von) empreindre; (wegdrücken) séparer od détacher od enlever en pressant od par pression; (Gewehr) décharger; fig (das Herz) serrer; itr appuyer sur od lâcher la détente; faire partir le coup; sich ~ (in etw Weiches) s'empreindre.

ab=dunkeln tr (Raum) obscurcir, mettre au sombre; **A~ung** f obscurcissement m.

ab=ebben ⟨aux: sein⟩ itr (Flut) reculer, se retirer; (Lärm) baisser, décliner; (Erregung) se calmer, s'apaiser.

Abece n = Abc.

ab=eisen tr enlever la glace de.

Abend m ⟨-s, -e⟩ ['a:bənt, -də] (als Zeiteinheit) soir; après-dîner m; (in s-m Verlauf, mit Bezug auf s-n Inhalt) soirée f; vx poet (Westen) couchant, occident, ouest m; am ~, des ~s le soir; am ~ vorher la veille (au soir); am ~ vor der Abreise la veille du départ; am folgenden ~ le lendemain soir; eines ~s un (beau) soir; gegen ~ vers le soir, dans la soirée; gestern a~ hier (au) soir; heute a~ ce soir; morgen a~ demain soir; den (ganzen) ~ über pendant (toute) la soirée; zu ~ essen dîner (etw de qc); (in Belgien, in der Schweiz u. teilw. in d. franz. Provinz; im ganzen franz. Sprachgebiet: nur nach dem Theater etc) souper (etw de qc); jdm e-n guten ~ wünschen souhaiter od donner le bonsoir à qn; es wird ~ le jour baisse, le soir tombe, il se fait tard; bis heute a~! à ce soir! guten ~! bonsoir! es ist noch nicht aller Tage ~ (prov) qui vivra verra; man soll den Tag nicht vor dem ~ loben (prov) il ne faut pas trop tôt chanter victoire; tel qui rit vendredi dimanche pleurera; der Heilige ~ la veille de Noël; ~andacht f prière f du soir; ~anzug m tenue f de soirée; große(r) ~ grande tenue, tenue f de cérémonie od de gala; ~ausgabe f (Zeitung) édition f du soir; ~blatt n journal m du soir; ~brot n, ~essen n repas du soir, dîner; (in Belgien, in d. Schweiz, teilw. in d. franz. Provinz) souper m; ~dämmerung f crépuscule m; a~-füllend a: ~e(r) Film m grand film, long métrage m; ~gebet n prières f pl du soir; ~geläute n cloches f pl du soir, angélus m; ~gesellschaft f soirée f (mit Tanz dansante); zu e-r ~ gehen aller à une soirée; ~glocke f cloche f du soir; ~gottesdienst m (kath.) vêpres f pl; (evang.) culte m du soir; ~gymnasium n cours m pl secondaires du soir; ~himmel m ciel m crépusculaire; ~kasse f theat: an der ~ à l'entrée; ~kleid n robe f de soirée od du soir; im ~ en grande toilette; ~kühle f fraîcheur f du soir; in der ~ à la fraîche; ~kurs m cours m du soir; ~land, das l'Occident m; ~länder m Occidental m; a~ländisch a occidental; a~lich a du soir, vespéral; ~luft f fraîcheur f du soir, serein m; ~mahl n rel cène; (Kunst) Cène f; ~mahlskelch m calice m; ~mahlzeit f repas m du soir; ~rot n, ~röte f coucher m de soleil; a~s adv le soir; ~schule f école f od cours m pl du soir; ~segen m = ~andacht; ~sonne f soleil m couchant; ~ständchen n sérénade f; ~stern m étoile f du soir od du berger; ~stimmung f atmosphère od ambiance f du soir; ~stunden f pl soirée, veillée f; ~tasche f sac m du soir; ~tau m rosée f du soir, serein m; ~toilette f toilette du soir, grande toilette f; ~unterhaltung f soirée f; ~veranstaltung f soirée f; ~wind m vent m od brise f du soir; ~zeitung f = ~blatt.

Abenteuer n ⟨-s, -⟩ ['a:bəntɔʏər] aventure f; auf ~ ausgehen chercher (des) aventure(s), courir l' (od les) aventure(s); sich in ~ stürzen se lancer dans des aventures; **a~erlich** a aventureux; (gewagt) risqué, hasardé; fig (phantastisch) fantastique, bizarre, extravagant; ~erlust f aventurisme m; ~erroman m roman m d'aventures; ~rer m aventurier m; ~(r)erin f aventurière f.

aber ['a:bər] **1.** conj mais; (indessen, jedoch) cependant, pourtant, toutefois; *(trotzdem, dennoch, nichtsdesto-weniger)* néanmoins; *nun* ~ or; *oder* ~ ou bien, autrement; ~ *ja!* mais oui! ~ *natürlich!* mais naturellement! bien sûr! ~ *nein!* mais *od* que non! ~ *si-cher!* mais certainement! **2.** *adv:* ~ *und* ~*mals* toujours de nouveau; *tau-send und* ~ *tausend, Tausende und* ~ *Tausende* des milliers et des milliers; **3.** **A~** *n* ⟨-s, -⟩ mais *m; viele Wenn und* ~ bien des si et des mais; *nach vielem Wenn und* ~ après beaucoup de si et de mais; **A~glau-be** *m* superstition *f;* ~**gläubisch** *a* superstitieux; ~**malig** *a* nouveau, autre, répété, réitéré; ~**mals** *adv* de nouveau, encore (une fois), derechef; **A~witz** *m (Wahnwitz)* folie *f;* ~**wit-zig** *a* fou, déraisonnable.

ab=erkenn|en *tr* contester, refuser *(jdm etw* qc à qn); *jur* priver, déposséder *(jdm etw* qn de qc); **A~ung** *f* contestation *f,* refus *m; jur* privation, dépossession *f;* ~ *der bür-gerlichen Ehrenrechte* privation des droits civiques, dégradation *f* civique.

ab=ernten *tr (Feld)* moissonner.

ab=essen *tr (s-n Teller)* finir; *itr (alles essen)* manger tout.

Abessin|ien *n* ⟨-s, ø⟩ [abɛ'siːniən] *geog* l'Abyssinie *f;* ~**ier(in** *f)* *m* ⟨-s, -⟩ [-niər] Abyssin, e; Abyssinien, ne *m f;* **a~isch** *a* abyssin(ien).

ab=fahren *itr ⟨aux: sein⟩ allg* partir *(nach* pour); *(Fahrzeug)* démarrer; *(Schi: abwärts fahren)* descendre; *fam (abgewiesen werden)* essuyer un refus; *pop (sterben) = abkratzen; tr ⟨aux: haben⟩ (Last)* transporter; char-rier, voiturer, camionner; *(durch Fah-ren abnutzen)* user; *(Körperteil bei e-m Unfall)* écraser; *(e-e Strecke)* couvrir, faire; ~ *lassen (loc)* faire démarrer; *fig fam (abblitzen lassen)* éconduire, envoyer promener.

Abfahrt *f allg* départ *m; (Fahrzeug)* démarrage; *mar a.* appareillage *m; (Schi: Talfahrt)* descente; *(Auto-bahn)* (embranchement *m* de) sortie *f;* ~**(s)bahnsteig** *m* quai *m* de départ; **a~(s)bereit** *a* prêt à partir; *mar* en partance *(nach* pour); ~**sdatum** *n mar* date *f* de départ; ~**(s)gleis** *n* voie *f* de départ; ~**slauf** *m (Schi)* descente *f;* ~**(s)signal** *n* signal *m* du départ *od mar* de partance; ~**(s)stelle** *f* lieu de départ; *(e-s Schiffes)* embarcadère *m;* ~**(s)strecke** *f (Schi)* parcours *m* de descente; ~**svorbereitungen** *f pl* préparatifs *m pl* de départ; ~**(s)-zeichen** *n* = ~*(s)signal;* ~**(s)zeit** *f* heure *f* de *od* du départ.

Abfall *m (wertlose Überbleibsel. meist pl: Abfälle)* résidu *m,* décombres *m pl,* rebut *m,* déchets *m pl,* rognure *f; (im Haus)* ordures *f pl,* gadoue *f; (in der Küche)* épluchures *f pl; (beim Schlachten)* abat(t)is *m; fig mil pol* défection *f; (e-r Provinz)* soulève-ment *m; rel* apostasie *f; radioakti-ve(r)* ~ déchets *m pl* radioactifs; ~**eimer** *m* boîte à ordures, poubelle *f;* **ab=fallen** *⟨aux: sein⟩ itr (herunter-fallen)* tomber, se détacher; *(Früchte, vorzeitig)* avorter; *(übrigbleiben)* être de reste; *(Gelände)* s'incliner, al-ler en pente; *(Straße)* descendre; *fig pol* faire défection; abandonner, re-nier, déserter *(von jdm, von etw* qn, qc); *se* soulever *(von* contre); *rel* apostasier; *(schlechter sein)* être inférieur *(gegen* à); *es fällt etw, nichts für mich ab* j'en aurai ma part; je n'en aurai rien; ~**en** *n (Hinunterfal-len)* chute; *(Blüten)* coulure *f; (Früchte)* avortement *m;* **a~end** *a (Gelände)* en pente, incliné; *steil* ~ escarpé; ~**holz** *n* bois *m* de déchet; ~**korb** *m* panier *m* aux ordures; ~**produkt** *n (verwertbar)* sous-pro-duit *m;* ~**verwertung** *f* utilisation *f* des déchets.

abfällig *a fig (ungünstig)* défavorable, dédaigneux; *(Urteil)* défavorable, négatif; ~ *beurteilen* porter un juge-ment défavorable sur.

ab=fang|en *tr (Boten, Brief, tele)* inter-cepter; *radio* capter; *(Stoß)* amortir; *(Schlag)* parer; *(Flugzeug)* redresser; *arch mines (abstützen)* étayer, étançonner; **A~jäger** *m* intercepteur *m.*

ab=färben *itr, a. fig* déteindre *(auf* sur); *fig* influencer *(auf jdn* qn).

ab=fass|en *tr (ertappen)* attraper, sur-prendre *(bei* à); *(verfassen, schrei-ben)* rédiger, composer, écrire, faire, libeller; *(ausdrücken)* exprimer, for-muler; *jur (aufsetzen)* dresser, minu-ter, libeller; **A~ung** *f* rédaction, com-position *f; jur* libellé *m.*

ab=fegen *tr* balayer, nettoyer.

ab=feilen *tr* enlever avec la lime, limer.

ab=fertig|en *tr* expédier *(a. Zug); (Ge-päck)* enregistrer; *(zollamtlich)* dédouaner; *(Kunden)* servir; *jdn be-vorzugt* ~ accorder le tour de faveur à qn; *jdn kurz* ~ expédier qn; *schnell* ~ expédier; *zollamtlich* ~ dédouaner; **A~ung** *f* expédition *f; (Gepäck)* en-registrement; *(zollamtliche)* dédoua-nement; *(der Kunden)* service *m* (du public); **A~ungsschein** *m* feuille *f* d'expédition; *zollamtliche(r)* ~ per-mis *m* de douane; **A~ungsstelle** *f* bureau *m* d'expédition; *aero* aérogare *f.*

ab=feuern *tr (Schuß, Geschütz)* tirer; *(Gewehr)* décharger.

ab=find|en *tr* désintéresser, mettre hors d'intérêts; *(entschädigen)* dédommager, indemniser *(für etw de* qc); payer, satisfaire; *sich mit etw* ~ s'accommoder, s'arranger, prendre son parti de qc; se résigner à qc; *sich mit jdm (gütlich)* ~ s'arranger (à l'amiable), composer avec qn; *sich mit s-m Gewissen* ~ transiger avec sa conscience; **A~ung** *f (Entschädigung)* dédommagement *m,* indemnisation; indemnité *f* forfaitaire; *(Übereinkommen)* accommodement, arrangement; *(Vergleich)* accord *m; jur* transaction *f;* **A~ungssumme** *f* somme forfaitaire, indemnité *f;* **A~ungsvertrag** *m* contrat *m* d'indemnisation.

ab=flach|en *tr* aplatir, aplanir, niveler; **A~ung** *f* aplatissement, aplanissement, nivellement *m.*

ab=flauen ['apflauən] ⟨aux: sein⟩ *itr (Wind)* mollir, se calmer, tomber; *fig (Interesse)* faiblir, diminuer; *com* baisser.

ab=fliegen *itr* ⟨aux: sein⟩ *aero* s'envoler, décoller, prendre le départ, partir *(nach* pour); *tr* ⟨aux: haben⟩ *: die Front* ~ patrouiller au-dessus du front.

ab=fließen ⟨aux: sein⟩ *itr* s'écouler; *geog a.* se déverser.

Abflug *m (der Zugvögel, aero)* départ; *aero* envol, décollage *m;* **~deck** *n (Flugzeugträger)* pont *m* d'envol; **~zeit** *f* heure *f* d'envol *od* de départ.

Abfluß *m* (voie *f* d')écoulement *m; (e-s Teiches, Staubeckens)* décharge; *com fin* sortie *f;* **a~los** *a geog* sans écoulement; **~hahn** *m* robinet *m* de décharge; **~kanal** *m* canal d'écoulement *od* de fuite, égout *m;* **~rinne** *f* déversoir, caniveau *m;* **~rohr** *n* tuyau d'écoulement *od* de décharge; *tech* dégorgeoir *m;* **~wasser** *n* eaux *f pl* de décharge *od* d'égout.

Abfolge *f* suite, série *f,* ordre *m.*

ab=fordern *tr: jdm etw* ~ demander *od* réclamer qc à qn, exiger qc de qn.

ab=form|en *tr* mouler; *sich* ~ *(a.)* se dessiner; **A~ung** *f* moulage *m.*

ab=fragen *tr (nach etw Auswendiggelerntem)* faire réciter.

ab=fressen *tr* brouter.

ab=frieren ⟨aux: sein⟩ *itr* geler.

ab=fühlen *tr* tâter, palper; *(Lochkarte)* lire.

Abfuhr *f* ⟨-, -en⟩ ['apfu:r] transport, charriage, camionnage; *(Müll~)* en-

lèvement (des ordures ménagères); *fig fam (Niederlage)* échec *m,* défaite *f; (Zurückweisung)* refus *m,* rebuffade *f; e-e* ~ *erleiden* od *einstecken* essuyer un refus *od* une rebuffade; *jdm e-e* ~ *erteilen* éconduire qn, *fam* envoyer qn promener *od* paître, rembarrer qn.

ab=führ|en *tr (Gefangenen)* emmener; *fig (vom Thema)* écarter; *(Geld)* verser; *(Studentensprache: kampfunfähig machen)* mettre hors de combat; *itr med* purger, évacuer; **~end** *a med* purgatif, laxatif; **A~mittel** *n* purgatif *m,* purge *f,* laxatif *m; ein* ~ *nehmen* se purger; **A~ung** *f* emprisonnement; *(von Geld)* versement *m.*

Abfüll|anlage *f* installation *f* de soutirage; **ab=füllen** *tr (Flüssigkeit)* soutirer; *(in Flaschen)* mettre en bouteilles, embouteiller; *(in Fässer)* mettre en fûts; *(in Säcke)* mettre en sacs, ensacher; **~maschine** *f* remplisseuse (-doseuse) *f;* **~ung** *f* soutirage *m;* mise *f* en bouteilles *od* en fûts; ensachement, ensachage *m.*

ab=füttern *tr (Vieh)* donner à manger à; *(Anzug)* doubler *(mit* de); *mit Pelz* ~ fourrer.

Abgabe *f (Übergabe)* remise; *(Ablieferung)* délivrance, livraison; *(Verkauf)* vente; *loc (des Gepäcks)* mise en consigne; *sport (des Balles)* passe; *phys (Ausstrahlung)* émission *f; meist pl adm* droits, impôts *m pl,* taxes *f pl,* contribution(s *pl) f;* ~ *e-r Erklärung* émission *f* d'une déclaration; **a~nfrei** *a* exempt d'impôts, non imposable; **~nfreiheit** *f* franchise d'imposition, immunité *f* fiscale; **~(n)pflicht** *f* obligation *f* fiscale; **a~(n)pflichtig** *a* soumis *od* assujetti à l'impôt, imposable, contribuable.

Abgang *m (Abfahrt)* départ *m; mar* partance; *theat sport (von der Schule)* sortie; *(aus e-r Stelle, e-m Amt)* retraite; *(Verlust)* perte *f; (auf dem Transport)* déchet de route; *(Abfall)* déchet(s *pl); (bei Flüssigkeiten)* coulage; *med (Ausfluß)* écoulement; *com (Absatz)* débit, écoulement *m.* vente *f;* **~sbahnhof** *m* station *od* gare de départ; gare *f* expéditrice; **~shafen** *m* port *m* de départ; **~s-liste** *f* liste *f* des départs; **~sort** *m com* point *m* de départ; **~sprüfung** *f* examen *m* de sortie *od* de fin d'études; **~swinkel** *m (e-s Geschosses)* angle *m* au niveau; **~szeugnis** *n* certificat *m* de fin d'études.

Abgas *n. a. pl tech* mot gaz *m* d'échappement *od* de combustion; **~kanal** *m* canal *m* d'échappement; **~test** *m* contrôle *m* antipollution; ~**verwertung** *f* utilisation *f* des gaz d'échappement.

abgearbeitet *a* surmené; éreinté de travail.

ab=geben *tr* remettre, (dé)livrer, rendre, donner; *(in der Garderobe)* déposer; *(Handgepäck)* mettre en consigne, consigner; *sport (Ball)* passer; *(Erklärung)* faire; *(verkaufen)* vendre; *(abtreten)* céder; *(aufgeben)* abandonner; *(Amt)* se démettre de, résigner; *(darstellen, auftreten als)* faire; *phys (Wärme)* dégager; *(Strahlungsenergie)* émettre; *sich mit etw ~ (befassen)* se mêler *od* s'occuper de qc; *sich mit jdm ~* s'occuper de qn; *e-n Schuß ~* tirer un coup; *e-n guten Soldaten ~* faire un bon soldat; *s-e Stimme für jdn ~ (parl)* donner sa voix à qn, voter pour qn; *sein Urteil über etw ~* donner son jugement sur qc; *da gibt's was ab (fam: gibt's Schläge)* il y aura du grabuge; *abgegebene Stimmen f pl (parl)* votants *m pl.*

abgebrannt *a (Mensch)* sinistré; *fig fam (ohne Geld)* à sec, raide, fauché (comme les blés); ~ *sein (fig fam a.)* avoir le gousset vide, être sans le sou, *pop* n'avoir plus un radis.

abgebrochen *a fig (Satz)* entrecoupé; *(Rede)* incohérent.

abgebrüht *a fig fam (erfahren)* dur à cuire; ~ *sein (a.)* être blindé, ne plus rougir de rien.

abgedroschen *a fig* usé (jusqu'à la corde), galvaudé, rebattu, banal, trivial; ~*e Redensart f* expression *f* banale, cliché *m.*

abgefeimt *a (gerissen, schlau)* fieffé, madré, roué.

abgegrast *a fig (erschöpfend bearbeitet)* piétiné.

abgegriffen *a (abgenutzt)* usé.

abgehackt *a, a. fig* haché; *fig (Sprechweise, Stil)* saccadé, sautillant.

abgehärmt *a* rongé de chagrin.

abgehärtet *a* endurci, aguerri *(gegen* à, contre).

ab=gehen ⟨*aux: sein*⟩ *itr (abfahren)* s'en aller, partir *(nach* pour); *(Schauspieler von der Bühne)* quitter la scène, sortir; *(Schüler)* sortir, quitter l'école; *(Beamter)* prendre sa retraite; *(sich lösen, z. B. Sohle, Rad)* se détacher; *(Knopf)* s'en aller, sauter; *(Farbe)* passer; *(Ware: sich verkaufen)* se vendre, se débiter, s'écouler; *(abzweigen)* bifurquer; *fig (von s-r Meinung)* se départir, démordre *(von* de); *impers (fehlen)* manquer, faire faute *(jdm* à qn); *tr (besichtigen)*

inspecter; *von s-n Forderungen ~* réduire ses exigences; *vom Preis ~* rabattre son prix; *reißend ~ (com)* s'enlever; *von der Wahrheit ~* s'écarter de la vérité; *sich nichts ~ lassen* ne se laisser manquer *od* ne se priver de rien, ne se refuser rien; *es geht mir nichts ab (mir fehlt nichts)* il ne me manque rien; *es geht mir nichts dadurch ab* je n'y perds rien; *ihm geht vieles ab (vieles ist ihm verschlossen)* il n'a pas beaucoup de possibilités, beaucoup de choses lui échappent; *es ist alles gut od glatt abgegangen* tout s'est bien passé; *es ging nicht ohne Streit ab* on en est venu aux coups; *es gehen 3 Mark ab* trois marks sont à déduire.

abgekämpft *a mil u. allg* usé, épuisé; *fig* exténué, fourbu, éreinté, à bout (de forces).

abgekartet *a* fait à la main; ~*e Sache f* coup *m* monté; ~*e(s) Spiel n* jeu *m* joué.

abgeklärt *a (Flüssigkeit u. fig)* décanté, clarifié; *fig (ruhig, heiter)* calme, serein; *(weise)* sage.

abgekürzt *a fig* raccourci, abrégé.

abgelagert *a (Brot)* rassis; *(Wein)* vieilli en cave; *(Zigarre, Holz)* bien sec; *geol* sédimentaire.

abgelaufen *a (Schuhe)* usé; *(Spule)* vide; *(Termin, Frist)* expiré; *(verfallen, ungültig geworden)* périmé.

abgelebt *a (Mensch: verbraucht)* usé, cassé, décrépit.

abgelegen *a* éloigné, écarté, reculé, isolé, perdu; *(einsam)* solitaire.

abgeleiert *a fam (abgedroschen)* usé, rebattu, galvaudé; plat.

ab=gelt|en *tr (bezahlen)* payer, rembourser, acquitter; *(erledigen)* régler, liquider; **A~ung** *f* paiement, remboursement, acquittement; règlement *m*, liquidation *f.*

abgemacht *a* convenu, entendu, fait; *das ist ~* c'est (bien) dit, voilà qui est dit; ~*!* (c'est) convenu *od* entendu! marché conclu! d'accord!

abgemagert ['apɡəma:ɡərt] *a* amaigri.

abgemessen *a fig* mesuré, compassé.

abgeneigt *a pas od* peu disposé, peu enclin, défavorable, répugnant *(dat* à); *e-r S ~ sein* répugner à qc, avoir de la répugnance à *od* pour qc; *e-r S nicht ~ sein (a.)* ne pas voir qc d'un mauvais œil; **A~heit** *f* répugnance *(gegen* à, pour), aversion *f (gegen* pour).

abgenutzt *a* usé; *(Kleidung)* râpé, élimé.

Abgeordnet|e(r) *m parl* député, élu;

(Delegierter) délégué *m;* ~**enhaus** *n,* ~**enkammer** *f* Chambre *f* des députés.

abgereichert *a:* ~*e(s) Uran n* uranium *m* épuisé.

abgerissen *a (zerlumpt)* déguenillé, dépenaillé; *fig (Worte)* incohérent, sans suite; ~*e Sätze m pl* phrases *f pl* décousues.

abgerundet *a, a. fig* arrondi; *(ausgeglichen)* bien tourné; *(Zahl)* en chiffres ronds.

Abgesandte(r) *m* envoyé; *(Vertreter)* mandataire; *(Sendbote)* émissaire *m.*

abgeschaltet *a el* hors circuit.

abgeschieden *a (einsam)* isolé, à l'écart; retiré, reculé; solitaire; ~ *leben* vivre dans l'isolement *od* à l'écart; **A~heit** *f* isolement *m;* solitude *f.*

abgeschliffen *a fig (glatt)* poli; *(abgenutzt)* usé.

abgeschlossen *a (eingeschlossen)* (ren)fermé; *(getrennt)* séparé, isolé; *fig (beendet)* fini, achevé; *(vollständig)* complet.

abgeschmackt ['apgəʃmakt] *a fig (fade)* fade, plat, insipide; *fam* fadasse; *(albern)* inepte, saugrenu; ~*e(s) Zeug n* fadaises, sornettes *f pl;* **A~heit** *f* fadeur, platitude, insipidité; ineptie *f.*

abgesehen: ~ *von* abstraction faite de, à côté de, sans parler de; *lit* outre; *davon* ~ à part cela, à cela près; *von einigen Ausnahmen* ~ à quelques exceptions près; ~ *davon, daß* outre que, hormis que.

abgesessen! *mil* pied à terre!

abgesondert *a* séparé, isolé.

abgespannt *a (müde)* fatigué; *(erschöpft)* épuisé, abattu; ~ *aussehen* avoir les traits tirés; **A~heit** *f* fatigue *f;* épuisement, abattement *m.*

abgestanden *a (Wein, Bier)* éventé.

abgestorben *a* mort.

abgestuft *a* étagé; *fig* graduel.

abgestumpft *a math (Kegel)* tronqué; *fig (Sinn)* usé; *(seelisch, geistig)* insensible, indifférent *(gegen* à); *(stumpf)* hébété, abruti; **A~heit** *f fig (geistige)* indifférence, insensibilité *f;* hébétement, abrutissement *m.*

abgetan *a* réglé, fini, terminé.

abgetragen *a (Kleidung)* défraîchi, usé, élimé.

ab=gewinnen *tr (Geld)* gagner *(jdm etw* qc sur qn); *e-r S Geschmack* ~ trouver *od* prendre goût à qc; *dem Leben die schönsten Seiten* ~ prendre la vie du bon côté; *jdm e-n Vorsprung* ~ *(a. sport)* distancer, dépasser qn.

ab=gewöhnen *tr: jdm etw* ~ déshabituer, désaccoutumer qn de qc, faire perdre l'habitude de qc à qn; *sich etw* ~ se déshabituer, se désaccoutumer, se corriger, se guérir de qc, perdre l'habitude de qc; *sich das Rauchen* ~ se déshabituer de fumer.

abgezehrt *a* émacié, étique, hâve.

abgezirkelt *a fig* compassé.

ab=gießen *tr (aus e-m vollen Gefäß)* verser; *chem* décanter; *(e-n Abguß machen von)* mouler; **A~** *n chem* décantage *m,* décantation *f.*

Abglanz *m fig* reflet *m.*

ab=gleich|en *tr radio* aligner; **A~ung** *f* alignement *m.*

ab=gleiten ⟨*aux: sein*⟩ *itr* glisser, tomber en glissant; *fig* déchoir; *sozial* ~ déchoir de son rang social.

Abgott *m* faux dieu *m,* idole *f;* ~**schlange** *f zoo* (serpent) devin *m.*

Abgött|erei *f* idolâtrie *f;* ~ *treiben* adorer les faux dieux; *mit jdm* ~ *treiben* idolâtrer qn; **a~isch** *adv (übermäßig):* ~ *lieben od verehren* idolâtrer.

ab=graben *tr (Gewässer, Wasser ableiten)* détourner; *jdm das Wasser* ~ *(fig)* couper l'herbe sous le pied à qn.

ab=grasen *tr* brouter.

ab=grenz|en *tr* fixer les limites de, délimiter, démarquer, borner; *sport (Spielfeld)* marquer; **A~ung** *f* délimitation, démarcation *f.*

Abgrund *m* gouffre; *a. fig* précipice, abîme *m; an den Rand des* ~*s bringen, am Rande des* ~*s stehen (fig)* amener, être au bord de la ruine *od* du gouffre; **a~häßlich** *a fam* laid comme un pou; **a~tief** *a,* **abgründig** *a fig* abyssal; *(unergründlich)* insondable, inscrutable, impénétrable.

ab=gucken *tr fam: jdm etw* ~ apprendre qc en imitant qn; se procurer qc de qn par indiscrétion; *itr (Schüler)* copier (*von* sur).

Abguß *m metal (Vorgang u. Gegenstand)* moulage; *typ (Vorgang)* clichage; *(Gegenstand)* cliché *m.*

ab=haben *tr fam: sein Teil* ~ *wollen* vouloir avoir sa part.

ab=hacken *tr* couper à la hache, découper.

ab=haken *tr (vom Haken nehmen)* décrocher; *(auf e-r Liste)* pointer.

ab=halftern *tr* ôter le licou à, déchevêtrer; *fig fam (entlassen)* balancer, débarquer, limoger.

ab=halt|en *tr (weghalten)* tenir à distance, écarter; *(Kind)* faire faire ses besoins à; *(zurück-, fernhalten)* arrêter, retenir; *(hindern)* empêcher (*von* de); *(von der Arbeit)* détourner

(*von* de); *(Veranstaltung)* tenir; *itr:*
vom Lande ~ *(mar)* tenir le large;
von der Arbeit ~ *(Streikmaßnahme)*
débaucher; *Gericht* ~ siéger; *Gottes-*
dienst ~ célébrer l'office, officier; *e-e*
Parade ~ passer les troupes en revue; *Unterricht* ~ faire la classe; *sich*
durch nichts ~ *lassen* aller contre
vent et marée; **A~ung** *f (e-r Sitzung,*
e-r Versammlung) tenue; *(Feier)*
célébration *f.*

ab=handeln *tr (abkaufen)* acheter
(*jdm etw* qc à qn); *vom Preis* ~ faire
rabattre du prix; *fig (schriftl. erör-*
tern) traiter; *(mündl.)* discuter.

abhanden *adv (weg, verloren)* perdu;
~ *kommen* se perdre, s'égarer; *er ist*
mir ~ *gekommen* je l'ai perdu.

Abhandlung *f* traité, mémoire *m,* dissertation; *(Doktorarbeit in Frankr.)*
thèse *f.*

Abhang *m* pente *f,* penchant, versant
m, côte *f; steile(r)* ~ escarpement *m.*

ab=hängen *tr (herabnehmen)* dépendre, enlever; *(Bild, Hörer)* décrocher
a. loc; loc (Wagen) découpler; *fam*
(überholen) semer *pop; sport* distancer, se détacher de, laisser derrière
soi; *mot fam* gratter; *itr fig (Sache)*
être fonction *od* tributaire (*von* de);
von jdm ~ dépendre de qn; *von nie-*
mandem ~ ne relever de personne;
es hängt nur von Ihnen ab il ne tient
qu'à vous; *das hängt davon ab* ça
dépend; *davon soll es nicht* ~ qu'à
cela ne tienne.

abhängig *a* dépendant (*von* de); *(un-*
terworfen) assujetti (*von* à); tributaire (*von* de); *gram* subordonné (*von*
à); *etw* ~ *machen von* subordonner
qc à; *von jdm* ~ *sein* dépendre de qn,
fam être sous la coupe de qn; *pol*
prendre le, recevoir *od* subir la loi
(*von* de); **A~keit** *f fig* dépendance *f*
(*von* de); assujettissement *m* (*von* à);
sujétion *a. pol; bes. gram* subordi-
nation *f; gegenseitige* ~ interdépen-
dance *f;* **A~keitsverhältnis** *n* rapport *m* de dépendance *od* de subordi-
nation.

ab=härmen, *sich* se consumer de
chagrin, se chagriner.

ab=härt|en *tr* endurcir, aguerrir, rom-
pre (*gegen* à); **A~ung** *f* endurcissement *m* (*gegen* à).

ab=haspeln *tr tech* dérouler, dévider.

ab=hauen *tr ⟨aux: haben⟩* couper,
trancher; *(Baum)* abattre; *itr ⟨aux:*
sein⟩ pop (weggehen) filer, s'éclipser;
décoller, s'emballer, se barrer, se
débiner, se tirer; *hau ab!* va-t'en!
oust(e)! à la gare!

ab=heben *tr (hochheben)* enlever,

ôter; *(Deckel)* soulever; *(Hörer)*
décrocher; *(Spielkarten)* couper;
(Geld) retirer, prélever; *sich* ~ *(sich*
abzeichnen) se dessiner, se silhouetter; avoir du relief; *sich* ~ *von* se
détacher, se découper sur; *sich (vom*
Boden) ~ *(aero)* décoller; *sich scharf*
~*d (Farben)* tranché.

ab=heften *tr (Schriftstück)* classer.

ab=helfen *itr: e-r S* ~ remédier, porter
remède à qc; *e-r Schwierigkeit* ~
aplanir une difficulté; *dem kann ab-*
geholfen werden il y a remède à cela;
dem ist nicht abzuhelfen on ne peut
y remédier, c'est irrémédiable.

ab=hetzen *tr (Wild)* mettre *od* réduire
aux abois; *sich* ~ s'éreinter; *fam* s'esquinter.

Abhilfe *f* remède, redressement *m,*
réparation *f;* ~ *schaffen* porter
remède, y remédier; *dafür gibt es*
keine ~ il n'y a pas remède à cela, on
ne peut y remédier.

ab=hobeln *tr* raboter, dégauchir; *tech*
unir.

abhold *a: e-r S* ~ *sein* être défavorable
à qc *od* ennemi de qc.

ab=hol|en *tr (Person u. Sache)* aller *od*
venir chercher *od* prendre; *(wegho-*
len, -schaffen) enlever; *jdn vom Zug*
od von der Bahn od vom Bahnhof ~
aller attendre qn à la gare; *vom Hau-*
se ~ *(com)* prendre à domicile; ~ *las-*
sen envoyer chercher, faire prendre;
nicht abgeholt (Brief) non réclamé,
en souffrance; **A~gebühr** *f* frais *m pl*
de prise à domicile; **A~ung** *f com*
enlèvement *m;* ~ *vom Hause (com)*
prise *f* à domicile; ~ *frei Haus*
enlèvement *m* à domicile sans frais.

ab=holz|en *tr* déboiser; **A~ung** *f* dé-
boisement *m.*

ab=horchen *tr* écouter; *(belauschen)*
épier; *(bespitzeln)* espionner; *tele ra-*
dio intercepter; *med* ausculter; **A~** *n*
interception *f.*

Abhör|dienst *m radio* service *m*
d'écoute; **ab=hören** *tr (aufsagen las-*
sen) faire réciter; *tele (Telephon, Per-*
son) placer sur écoute téléphonique;
(Gespräch, Tonband) écouter; **~en** *n*
écoute; *(Abhorchen)* interception *f;*
~gefahr *f tele* danger *m* d'écoute;
~gerät *n* appareil *m* d'écoute; **~ka-**
bine *f* cabine *f* d'écoute; **~posten** *m,*
~stelle *f tele radio* poste *m* d'écoute
od de contrôle; **~raum** *m tele radio*
cabine *f* de contrôle; **~station** *f ra-*
dio station *f* d'écoute; **~vorrichtung**
f dispositif d'écoute, détectophone *m.*

Abi *⟨-s, (-s)⟩* ['abi] *fam (Abitur)*
bac *m.*

ab=irren *⟨aux: sein⟩ itr. a. fig* s'égarer,

se fourvoyer, perdre la direction;
dévier (*von* de).

Abitur *n* ⟨-s, (-e)⟩ [abi'tu:r] baccalauréat; *fam* bachot, bac *m;* ~**ient(in** *f*) *m* ⟨-en, -en⟩ [abituri'ɛnt] *(bei der Prüfung)* candidat, e au baccalauréat; *(nach bestandener Prüfung)* bachelier, ère *m f.*

ab=jagen *tr (Pferd)* fatiguer (à force de courir); *jdm etw* ~ arracher qc à qn; *jdm die Beute wieder* ~ faire lâcher prise à qn; *sich* ~ *(Mensch)* se fatiguer, s'exténuer, s'éreinter; *fam* s'esquinter.

ab=kämmen *tr* peigner; *mil* battre.

ab=kanten *tr (Holz)* biseauter; *arch tech* chanfreiner.

ab=kanzeln ['apkantsəln] *tr fam* chapitrer, sermonner, réprimander; *fam* attraper; *pop* secouer les puces (*jdn* à qn); *gehörig abgekanzelt werden* en prendre pour son grade *pop.*

ab=kapseln ['apkapsəln] *sich, fig* s'isoler, se retrancher du monde; **A~(e)lung** *f* isolement *m.*

ab=kaufen *tr: jdm etw* ~ acheter qc à *od* de qn.

Abkehr *f* ⟨-, ø⟩ ['apke:r] éloignement *m (von* de); **ab=kehren,** *sich (sich abwenden)* se détourner (*von* de).

ab=ketteln *tr (Textil)* tourniller.

ab=klappern *tr fig fam (der Reihe nach aufsuchen)* courir.

ab=klär|en *tr (Flüssigkeit)* décanter, clarifier; **A~ung** *f* décantation, clarification *f.*

Abklatsch *m (Abdruck)* épreuve; *(Abbild)* reproduction; *fig (Nachahmung)* imitation, (mauvaise) copie *f,* calque, poncif *m.*

ab=klingen ⟨aux: sein⟩ *itr (Ton)* s'évanouir, disparaître, mourir; *fig (Erregung)* diminuer, s'affaiblir; *(Schmerz)* s'adoucir, s'atténuer, s'apaiser.

ab=klopfen *tr (von Staub befreien)* épousseter; *mus (mit dem Taktstock)* (faire) arrêter; *med* percuter.

ab=knabbern *tr* grignoter; *sich die Fingernägel* ~ se ronger les ongles.

ab=knallen *tr pop (abschießen)* descendre.

ab=knap|pen *tr,* ~**sen** ['apknap(s)ən] *tr (wegnehmen)* rogner.

ab=kneifen *tr,* **ab=knipsen** *tr* enlever en pinçant, pincer; *(Draht)* couper (avec des pinces).

abknöpf|bar *a* détachable; **ab=knöpfen** *tr* déboutonner; *fig fam: jdm etw* ~ soutirer, soustraire qc à qn.

ab=knutschen *tr pop* peloter; *fam* bécoter; manger de caresses; *sich* ~ se bécoter.

ab=kochen *tr (Wasser)* faire bouillir;

(Gemüse) blanchir; *itr (im Freien kochen)* faire la cuisine en plein air.

ab=kommandier|en *tr mil* détacher; *abkommandiert sein* être en détachement *od* en commando; **A~ung** *f* détachement, envoi *m* en service détaché.

Abkomme *m* ⟨-n, -n⟩ ['apkɔmə] *(Nachkomme)* descendant; *(Sprößling)* rejeton *m.*

ab=kommen ⟨aux: sein⟩ *itr (vom Weg)* s'écarter, dévier (*von* de); *sport (starten)* partir; *aero* décoller; *fig (vom Thema)* s'écarter, sortir (*von* de); *(aufgeben, sich abgewöhnen)* abandonner (*von etw* qc), sortir (*von* de); *(Brauch)* tomber en désuétude, passer (de mode), se perdre; *von s-r Ansicht* ~ changer d'avis; *gut* ~ *(sport)* faire un beau départ; *mil (beim Schießen)* bien viser et tirer à temps; *vom Kurs* ~ *(mar aero)* s'écarter de sa route *od* du cap; *von s-m Plan* ~ se raviser; *von s-r Rede* ~ perdre le fil de son discours; *vom Thema* ~ *(a.)* sortir de la question; *vom Weg* ~ *(a.)* perdre son chemin, s'égarer; *vom geraden od rechten Weg* ~ *(fig)* quitter le droit chemin; *(nicht)* ~ *können* (ne pas) être libre; *ich komme nicht davon ab* cela ne me sort pas de l'idée; *ich bin längst davon abgekommen* j'en suis revenu depuis longtemps.

Abkommen *n sport* départ; *aero* décollage; *(Übereinkunft, Vertrag)* accord *m,* convention *f,* pacte *m; zu e-m* ~ *gelangen* tomber d'accord; *ein* ~ *treffen* faire un arrangement, conclure une convention.

abkömm|lich ['apkœm-] *a* disponible, libre; **A~ling** *m* = *Abkomme; chem* dérivé *m.*

ab=koppeln *tr (Hunde)* découpler; *loc* détacher, décrocher.

ab=kratzen *tr* ⟨aux: haben⟩ *(Schmutz, Farbe etc)* enlever en grattant; *(Gegenstand)* gratter, racler, ratisser; *(Wand, Mauer)* décrépir; *itr* ⟨aux: sein⟩ *vulg (sterben)* claquer, crever *fam,* casser sa pipe.

ab=kriegen *tr fam* = *abbekommen; etw* ~ *(s-n Teil)* avoir part au gâteau *fam; Schläge od was* ~ prendre qc, ramasser une raclée; *nichts* ~ *(bei e-r Verteilung)* se mettre la ceinture *od pop* la tringle; être de la revue.

ab=kühl|en ⟨aux: haben⟩ *tr* rafraîchir, refroidir, réfrigérer; *fig* refroidir, calmer, apaiser; *itr* ⟨aux: sein⟩ se refroidir, tiédir; *impers mete* se rafraîchir; *fig (Erregung)* se refroidir, se calmer, s'apaiser; **A~ung** *f* rafraîchissement; refroidissement *m, a.*

mete u. *fig;* réfrigération *f; fig a.*
apaisement *m.*

Abkunft *f* ‹-, (⁻e)› ['apkʊnft] *(Abstammung)* descendance, origine; *lit* extraction *f.*

ab=kürz|en *tr (kürzer machen, a. fig)* écourter; *(Weg, Verfahren)* raccourcir; *(Wort)* abréger; *itr (den Weg)* prendre un chemin de traverse; **A~ung** *f* raccourcissement; *(kürzerer Weg)* raccourci *m; (abgekürztes Wort)* abréviation *f.*

ab=küssen *tr* couvrir de baisers; *fam* bécoter.

ab=lad|en *tr* décharger.

Ablage *f (von Akten)* rangement, classement; *(Ort)* dépôt, magasin; *(Kleider~)* vestiaire *m; ~kasten m (für Akten)* classeur *m.*

ab=lager|n *tr (Wein)* laisser vieillir; *chem geol* déposer; *sich ~ (als Bodensatz)* se déposer; **A~ung** *f chem geol* dépôt *m; geol (Vorgang)* sédimentation *f; (Produkt)* sédiment *m.*

Ablaß *m* ‹-sses, ⁻sse› ['aplas, -ε-] *(Abfluß)* écoulement *m; tech* décharge; *(Preis~)* déduction *f,* rabais *m; rel* indulgence *f; ~brief m hist* lettre *f* d'indulgence; *~hahn m tech* robinet *m* de décharge *od* de vidange; *~handel m rel hist* trafic *m* des indulgences; *~krämer m pej* marchand *m* d'indulgences.

ab=lassen *tr (Flüssigkeit)* faire écouler; *(Wein)* (sou)tirer; *(Faß, Teich)* vider; *(Luft)* faire *od* laisser échapper; *(Dampf)* lâcher; *mot* vidanger; *(abgeben)* céder; *(verkaufen)* vendre; *itr (aufhören)* cesser; *von etw ~* se départir *od* se désister *od* démordre de qc; renoncer à qc; *von jdm ~* lâcher qn, se séparer de qn; *das Roheisen ~ (metal)* faire couler la fonte.

Ablativ *m* ‹-s, -e› ['ablati:f, --'-, -ti:və] *gram* ablatif *m.*

Ablauf *m sport* départ; *(Abfluß)* écoulement *m,* décharge *f; (e-s Vorgangs)* déroulement *m; (e-r Frist, e-s Vertrages)* expiration *f; nach ~ (gen)* après expiration de; *nach ~ der Frist* à terme échu; **ab=laufen** *itr* ‹aux: sein› *sport* partir, prendre le départ; *(Zeit)* s'écouler, passer; *(Vorgang, Film)* se dérouler; *(zu Ende gehen)* se terminer, finir; *(Frist, Vertrag)* expirer; *(Uhr)* s'arrêter; *tr* ‹aux: haben› *(Schuhe, Sohlen)* user, éculer; *(Gegend)* (par-)courir; *sich die Hörner ~ (fig; besser: abstoßen)* jeter sa gourme; *jdm den Rang ~* l'emporter sur qn, *fam* damer le pion à qn; *~ lassen (Flüssigkeit)* faire *od* laisser

écouler; *langsamer ~ lassen* mettre au ralenti; *~hahn m tech* robinet *m* d'écoulement; *~rinne f tech* dégorgeoir *m; ~rohr n* tuyau *m* de décharge; *~streifen m tech* bande *f* passante; *~zeit f fin* (temps *m* de l')échéance *f.*

ab=lauschen *tr* épier, surprendre; *jdm etw ~* surprendre qc chez qn; *der Natur ~* prendre sur le vif.

Ablaut *m gram* alternance vocalique, apophonie *f;* **ab=lauten** *itr gram (Vokal)* se changer *(in* en).

Ableben *n lit* décès *m,* mort *f.*

ab=lecken *tr* enlever en léchant, lécher; *sich die Finger ~* se lécher les doigts.

ab=legen *tr* déposer; *(Kleider)* enlever, ôter; *(für immer)* mettre au rebut; *(Maske)* lever; *(Karten im Spiel)* écarter; *(Brief)* caser; *(Akten)* classer; *typ* distribuer *(den Schriftsatz* les lettres); *(Kabel)* enlever; *fig (Gewohnheit, Vorurteil)* abandonner, se défaire de, se débarrasser de; *e-n Eid ~* prêter serment; *e-n Fehler ~* se corriger d'un défaut; *ein Geständnis ~* faire un aveu; *e-e Probe ~* donner *od* fournir une preuve; *e-e Prüfung ~* passer *od* subir un examen; *Rechenschaft od Rechnung ~* rendre compte *(über* de); *alle Scham ~* dépouiller toute honte; *die Trauer ~* quitter le deuil; *(ein) Zeugnis ~* rendre témoignage *(von* de); déposer *(über* au sujet de, *für* pour, *gegen* contre); *legen Sie ab!* débarrassez-vous! *abgelegte Kleider n pl* vieux habits *m pl;* **A~** *n* classement *m;* distribution *f;* enlèvement *m; fig (e-s Eides)* prestation *f; (des Ordensgelübdes)* profession *f.*

Ableger *m* ‹-s, -› *bot agr* bouture, marcotte *f,* stolon; *(der Rebe)* provin; *typ* distributeur *m.*

ab=lehn|en *tr* refuser; *(Vorschlag, Einladung, Ehre)* décliner; *(Antrag)* rejeter, repousser; *jur (Richter, Zeugen)* récuser; *rundweg ~* refuser absolument; *jede Verantwortung ~* décliner *od* rejeter toute responsabilité; *~end a* défavorable, négatif; *sich ~ verhalten* se montrer défavorable *(gegenüber e-r S* à qc); *~e Antwort f* refus *m;* **A~ung** *f* refus; *(e-s Antrags)* rejet *m; jur* récusation *f;* **A~ungsfall** *m: im ~* en cas de refus.

ab=leiern *tr* réciter comme un perroquet.

ab=leisten *tr: s-n Militärdienst, e-e Probezeit ~* faire son service militaire, un stage.

ab=leit|en *tr (Wasser; el: Strom, Blitz)* détourner; *(Wasserlauf; med; fig;*

gram) dériver; *philos (folgern)* déduire; *sich* ~ *aus (gram)* dériver de; **A~ung** *f* détournement *m;* dérivation; *math (abgeleitete Funktion)* dérivée; *philos* déduction *f.*

ablenk|bar *a: leicht* ~ *(Mensch)* facile à distraire; **ab=lenken** *tr* détourner, dévier; *opt* diffracter; *el* incurver; *fig* détourner; *(Verdacht)* écarter; *(zerstreuen)* distraire, divertir; *von etw* ~ faire diversion à qc; **A~ung** *f* détournement *m,* déviation; *mil* diversion; *opt* diffraction; *fig* distraction, diversion *f; Bedürfnis n nach* ~ besoin *m* de changement, de distraction, d'évasion; **A~ungsangriff** *m mil,* **A~ungsmanöver** *n allg* diversion *f.*

Ables|efehler *m* erreur *f* de lecture; **~egerät** *n* lecteur *m;* **ab=lesen** *tr (ernten)* cueillir, récolter; *(Rede)* lire *(von* sur); *(e-n Zähler)* relever; *jdm etw an den Augen, von den Lippen* ~ lire qc dans les yeux, sur les lèvres de qn; *Raupen von etw* ~ écheniller qc; **~er** *m (von Zählern) (Person)* contrôleur *m* (de compteurs); **~estrich** *m (Skala)* division *f* de lecture; **~evorrichtung** *f* dispositif *m* de lecture.

ab=leucht|en *tr: mit e-r Taschenlampe, e-m Scheinwerfer* ~ contrôler à la lumière d'une torche, d'un projecteur; **A~lampe** *f* baladeuse *f.*

ab=leugnen *tr* (dé)nier *a. jur;* désavouer; démentir; disconvenir *(etw* de qc); *s-n Glauben* ~ renier sa foi.

ab=liefer|n *tr* (dé)livrer, remettre; **A~ung** *f* délivrance, livraison, remise *f; bei, nach* ~ à, après livraison.

ab=listen *tr: jdm etw* ~ arracher qc à qn par la ruse; soutirer, escamoter qc à qn.

ablös|bar *a* détachable, démontable; *fin* rachetable, amortissable; *(Anleihe)* remboursable; **ab=lösen** *tr* détacher *(von* de); *fig (bei e-r Arbeit; mil: e-e Einheit)* relayer; *(bei e-r Tätigkeit; mil: Wachtposten)* relever; *(im Amt)* remplacer; *fin* racheter, amortir; *(Anleihe)* rembourser; *(Hypothek)* purger; *sich* ~ se détacher *(von* de); *(abblättern)* s'écailler; *abgelöst werden (Wachtposten)* être relevé; **A~ung** *f (bei e-r Tätigkeit, mil)* relève *f; (im Amt)* remplacement; *fin* rachat, amortissement; remboursement *m;* **A~ungsmannschaft** *f* relève *f.*

ab=mach|en *tr (losmachen)* défaire, détacher; *(wegnehmen)* ôter, enlever; *(e-n Handel)* faire, conclure; *(vereinbaren)* convenir de, accorder; *jur (vertraglich)* stipuler; *gütlich od im*

guten ~ régler à l'amiable; *schnell od rasch* ~ expédier; *das war nicht abgemacht* cela n'était pas convenu; *das sollen sie unter sich* ~*!* à eux de s'arranger! **A~ung** *f* arrangement, règlement *m;* convention *f,* accord *m; jur* stipulation *f; sich an e-e* ~ *halten* s'en tenir à une convention; *e-e* ~ *über etw treffen* convenir de qc, accorder qc.

ab=mager|n ['apma:gərn] *(aux: sein)* *itr* (a)maigrir; **A~ung** *f* amaigrissement *m;* **A~ungskur** *f* cure *f* d'amaigrissement.

ab=mähen *tr (Getreide)* faucher; *(Gras, Unkraut)* couper; *(Rasen)* tondre.

ab=malen *tr (nach d. Natur)* peindre; *(kopieren)* copier.

Abmarsch *m* ‹-(e)s, (⁀e)› départ *m, a. mil;* mise *f* en route; **a~bereit** *a* prêt à partir; **ab=marschieren** *(aux: sein)* *itr* partir *(nach* pour); se mettre en marche *od* en route; **~zeit** *f mil* heure *f* du départ.

ab=meld|en *tr (Sache)* contremander; *(Person)* annoncer le départ de *a. loc (e-s Zuges); sich (polizeilich)* ~ déclarer son départ (à la police); **A~ung** *f* annonce de départ *a. loc; (polizeiliche)* déclaration *f* de départ.

ab=mess|en *tr* mesurer, prendre les mesures *od* les dimensions de; *(Gelände)* arpenter; *(mit dem Metermaß)* métrer; *(dosieren)* doser; **A~ung** *f* mesurage; arpentage; métrage; dosage *m.*

ab=montieren *tr* démonter.

ab=mühen, *sich* se fatiguer, se donner du mal *od* de la peine, peiner *(mit* à).

ab=murksen *tr pop* estourbir, zigouiller.

ab=muster|n *tr mar (entlassen)* licencier; **A~ung** *f* licenciement *m.*

ab=nagen *tr* enlever en rongeant, ronger.

ab=näh|en *tr (Naht)* piquer; *die Taille* ~ diminuer la taille; **A~er** *m (am Kleid)* pince *f.*

Abnahme *f (Wegnehmen, a. e-s Verbandes)* enlèvement *m; (e-s Siegels)* levée *f; med (e-s Gliedes)* amputation, ablation *f; (Prüfung)* contrôle *m,* inspection; *(e-s Neubaus, e-r neuen Maschine)* réception; *(e-r Rechnung)* audition *f; (Kauf)* achat *m; fig (Kleinerwerden)* diminution *f; (Schwächerwerden)* affaiblissement, déclin; *(Verfall)* dépérissement; *(der Geschwindigkeit)* ralentissement *m; bei* ~ *von* ... *(com)* pour l'achat de ...; *(gute)* ~ *finden (com)* se vendre (bien); **~beamte(r)** *m (agent)* réceptionnaire *m;*

~**fahrt** *f mot* essai *m* final sur route; ~**prüfung** *f tech: (amtliche)* ~ essai *m od* épreuve *f* (officiel, le) de réception; ~**verweigerung** *f tech* refus *m* de réception.

abnehm|bar *a* détachable, démontable, amovible; **ab=nehmen** *tr (Bild; tele: Hörer)* décrocher; *(Wäsche)* dépendre; *(Hut)* ôter; *(Brille, Verband)* enlever; *med (amputieren)* amputer, couper; *(Früchte)* cueillir; *(Siegel)* lever; *(Ausweis, Fahrkarte)* retirer; *(wegnehmen)* prendre, enlever; *(durch List)* soutirer; *(entgegennehmen)* réceptionner; *(prüfen)* contrôler; *(e-n Neubau, e-e neue Maschine)* recevoir; *(e-e Rechnung)* examiner, vérifier; *(kaufen)* acheter, prendre; *itr (kleiner, kürzer werden)* diminuer *(a. Tage)*, être en retrait; *(schwächer werden)* baisser; *(Geschwulst)* (se) désenfler; *(Mond, Tage)* décroître; *(Mensch, Tier)* maigrir *(10 Pfund* de 10 livres); *(Kräfte)* s'affaiblir, décliner; *(verfallen)* dépérir; *den Bart* ~ couper la barbe; *den Deckel von e-m Topf* ~ découvrir un pot; *jdm e-n Eid* ~ faire prêter serment à qn; *den Hut vor jdm* ~ *(a.)* se découvrir devant qn; *die Maschen* ~ *(beim Stricken)* diminuer les mailles; *die Maske* ~ se démasquer; *jdm die Arbeit* ~ décharger qn; *jdm e-e Sorge* ~ délivrer qn d'un souci; *e-e (Truppen-)Parade* ~ passer les troupes en revue; *jdm ein Versprechen* ~ faire promettre qc à qn; *die Zeit* ~ *(sport)* chronométrer *(von etw* qc); *zuviel für etw* ~ *(com)* surfaire le prix de qc; **A~en** *n (Schwächer-, Kürzerwerden)* diminution *f,* décroissement; affaiblissement, déclin, dépérissement *m;* ~**end** *a* diminuant; *(Mond)* décroissant; **A~er** *m com* acheteur, preneur *m,* partie *f* prenante; *(e-n)* ~ *finden* trouver acheteur, se vendre; **A~erland** *n com* pays *m* acheteur.

Abneigung *f* éloignement *m,* aversion, antipathie *(gegen* pour); *(Widerwille)* répugnance, répulsion *f,* dégoût *m (gegen* pour); *aus* ~ *gegen (a.)* par haine de; *gegen jdn e-e* ~ *haben* éprouver de l'aversion *od* de l'antipathie pour qn, avoir qn en aversion.

abnorm [ap'nɔrm] *a* anormal; *(mißgestaltet)* monstrueux; **A~ität** *f* ⟨-, -en⟩ [-'tɛːt] anomalie; monstruosité *f.*

ab=nötigen *tr (Geständnis, Versprechen, Unterschrift)* extorquer *(jdm etw* qc à qn); *jdm Achtung, Bewunderung* ~ imposer du respect *od* de l'admiration à qn.

ab=nutz|en *tr* user; *sich* ~ s'user;

A~ung *f* usure *f; (e-r Münze)* frai *m;* **A~ungserscheinung** *f* signe *m od* marque *f* d'usure; **A~ungskrieg** *m* guerre *f* d'usure; **A~ungsstrategie** *f mil* stratégie *f* d'usure; **A~ungswert** *m* valeur *f* d'usure.

Abonnement *n* ⟨-s, -s⟩ [abɔn(ə)'mãː(s)] *(Zeitung, theat)* abonnement *m (auf* à); *ein* ~ *abschließen* s'abonner; *sein* ~ *aufgeben* se désabonner; *das* ~ *erneuern* se réabonner; *ein* ~ *haben (theat)* être abonné; ~**serneuerung** *f* réabonnement *m.*

Abonnent *m* ⟨-en, -en⟩ [abɔ'nɛnt] abonné *m;* ~**schwund** *m* désabonnement *m.*

abonnieren *tr* abonner, s'abonner à.

ab=ordn|en *tr* déléguer; *parl* députer; **A~ung** *f* délégation; députation *f.*

Abort *m* ⟨-(e)s, -e⟩ ['ap'ɔrt] **1.** *(Klosett)* cabinets *od* lieux *m pl* (d'aisances), water-closet (W.-C.); *fam* water *m.*

Abort *m* ⟨-s, -e⟩ [a'bɔrt] **2.** *(Fehlgeburt)* avortement *m,* fausse couche *f.*

ab=passen *tr (jdn, Gelegenheit, Zeitpunkt)* attendre, guetter.

ab=pellen *tr* peler.

ab=pfeifen *tr sport: das Spiel* ~ donner le signal de la fin du jeu; *loc: den Zug* ~ donner le signal de départ du train.

ab=pflücken *tr* cueillir.

ab=placken, sich *(fam)* s'éreinter, s'échiner, s'esquinter.

ab=plagen, sich = *sich abquälen.*

ab=platt|en *tr* aplatir; **A~ung** *f* aplatissement *m.*

ab=platzen ⟨aux: sein⟩ *itr* éclater, sauter.

Abprall *m* rebond(issement), rejaillissement; ricochet *m; (e-s Geschosses)* bricole *f;* **ab=prallen** ⟨aux: sein⟩ *itr* (re)bondir, rejaillir *(an* sur); ricocher; *an ihm prallt alles ab* rien ne le touche.

ab=putzen *tr (Staub etc)* enlever; *(Gegenstand)* nettoyer; *(abwischen)* essuyer; *(Schuhe)* décrotter.

ab=quälen, sich se tourmenter, se torturer.

ab=rackern, sich *(fam)* se donner du mal *od* un mal de chien, s'éreinter, s'échiner, s'esquinter.

ab=rahmen *tr (Milch)* écrémer.

ab=rasieren *tr* raser.

ab=raten *tr u. itr: jdm (von) etw* ~ déconseiller qc à qn, dissuader qn de qc.

Abraum *m* ⟨-(e)s, ø⟩ *mines (taube Deckschicht)* morts-terrains; *(Schutt)* décombres, déblais *m pl;* ~**halde** *f* terril *m.*

ab=räumen *tr (Sachen vom Tisch)* enlever; *(den Tisch)* débarrasser, desservir; *(wegräumen, -schaffen; freimachen, -legen)* déblayer.

ab=reagieren *tr* assouvir; *sich ~* se défouler; *s-e Wut an jdm ~* passer sa colère sur qn; **A~** *n* défoulement *m.*

ab=rechn|en *tr (abziehen)* décompter, déduire; *com* défalquer; *(gegenea. ~)* balancer, faire la balance de; *(Konto)* régler, liquider; *itr: mit jdm ~ (a. fig)* régler ses comptes avec qn; **A~ung** *f (Abzug)* décompte *m,* déduction; *com* défalcation; *(Ausgleich)* balance *f,* bilan; *(Rechnungsabschluß)* règlement *m* de comptes *a. fig; (e-s Kontos)* liquidation *f; nach ~ (gen)* après déduction de, déduction faite de; *nach ~ aller Unkosten* tous frais déduits; *in ~ bringen* déduire; **A~ungsbank** *f* banque *f* de compensation *od* de clearing; **A~ungskurs** *m* cours *m* de clearing; **A~ungsstelle** *f* bureau *od* office *m* de compensation; **A~ungsverfahren** *n* mode *m* de règlement; *im ~* par voie de clearing; **A~ungsverkehr** *m* clearing *m.*

Abrede *f (Abmachung)* convention *f,* accord *m; in ~ stellen (bestreiten)* mettre en doute, contester, démentir, disconvenir de; *e-e ~ treffen* tomber d'accord, se concerter; *das ist gegen die ~* ce n'est pas convenu.

ab=regen, *sich (fam)* se calmer.

ab=reib|en *tr (Schmutz, Farbe)* enlever en frottant; *(Gegenstand)* frotter, frictionner; **A~ung** *f* frottement *m,* friction; *fig pop (Tracht Prügel)* raclée, rossée, trempe *f.*

ab=reichern *tr (Uran)* épuiser.

Abreise *f* départ *m (nach* pour); *bei meiner ~* à mon départ; **ab=reisen** *⟨aux: sein⟩ itr* partir *(nach* pour); se mettre en route; *im Begriff sein abzureisen* être sur le départ; *(wieder) ~ nach* (re)prendre le chemin de.

ab=reiß|en *tr ⟨aux: haben⟩* arracher; *(durchreißen)* rompre, casser; *(Gebäude)* démolir; *itr ⟨aux: sein⟩ (zerreißen)* se rompre, se casser; *nicht ~ (fam: nicht aufhören)* n'en finir jamais; **A~block** *m ⟨-s, -e⟩* bloc-notes *m;* **A~kalender** *m* calendrier *m* à effeuiller, éphéméride *f.*

ab=reiten *itr ⟨aux: sein⟩* partir (à cheval); *tr ⟨aux: haben⟩ (die Front)* passer (en revue) à cheval.

ab=rennen, *sich* s'épuiser à force de courir; *sich die Beine nach etw ~ (fam)* courir à toutes jambes pour rattraper qc.

ab=richt|en *tr (Tier)* dresser; *(Pferd)*

entraîner; *tech (passend machen)* ajuster; *(schlichten)* aplanir, dresser; **A~er** *m (Dresseur)* dresseur *m;* **A~ung** *f* dressage; entraînement; ajustage *m.*

Abrieb *m ⟨-(e)s, ø⟩ tech* usure *f.*

ab=riegel|n *tr* verrouiller *a. mil;* fermer au verrou; *(Straße)* barr(icad)er; *mil* barrer; *(Einbruchstelle)* colmater; **A~ung** *f* verrouillage; barrage; encagement; colmatage *m;* **A~ungsfeuer** *n mil* tir *m* d'encagement *od* de barrage.

ab=ringen *tr: jdm etw ~* arracher qc à qn (en luttant).

Abriß *m (Skizze)* esquisse, ébauche *f; (kurze Darstellung)* abrégé, précis *m; (von Gebäude)* démolition *f.*

ab=rollen *⟨aux: haben⟩ tr* dérouler, dévider; *(abtransportieren)* camionner; *itr ⟨aux: sein⟩ (Fahrzeug)* partir; *fig (Ereignis)* se dérouler; *sich ~* se dérouler; **A~** *n* déroulement; camionnage *m; (Fahrzeug)* dérive *f.*

ab=rücken *tr ⟨aux: haben⟩ (Möbel)* écarter, éloigner; *itr ⟨aux: sein⟩ (se)* reculer, se retirer *(von* de); *mil* partir *(nach* pour); *pop (abhauen)* filer, se débiner; *fig* s'écarter, s'éloigner, se distancer *(von jdm, von etw* de qn, de qc).

Abruf *m a. inform* appel *m; auf ~* appel; **ab=rufen** *tr* rappeler; *inform (Daten)* appeler; *(die Stunden)* crier; *loc* annoncer le départ de; *com* faire venir.

ab=rund|en *tr (Zahl)* arrondir; *s. a. abgerundet;* **A~ung** *f* arrondissement; *tech* chantournement; délardement *m.*

abrupt [ap'rʊpt, a'brʊpt] *a (zs.hanglos; plötzlich)* abrupt, brusque, soudain.

ab=rüst|en *tr u. itr mil* désarmer; **A~ung** *f* désarmement *m; kontrollierte ~* désarmement *m* contrôlé; **A~ungsfrage** *f* problème *m* du désarmement; **A~ungskonferenz** *f* conférence *f* du désarmement.

ab=rutschen *⟨aux: sein⟩ itr* glisser; *mot aero* déraper; *aero* glisser sur l'aile; **A~** *n* dérapage *m;* glissade *f.*

ab=säbeln *tr fam* couper maladroitement.

ab=sacken *⟨aux: sein⟩ itr (sich senken)* s'enfoncer, s'affaisser; *(sinken)* couler, sombrer; *aero* faire une abattée; **A~** *n* abattée *f.*

Absage *f* refus *m; e-e ~ erteilen* refuser; **~brief** *m* lettre *f* de refus; **ab=sagen** *tr (rückgängig machen)* révoquer; *(abbestellen)* décommander, contremander; *theat* remettre; *itr* refuser; *s-m Glauben* ~ abjurer *od* renier sa foi.

ab=sägen *tr* couper avec une scie, scier; *fig fam* débarquer, dégommer, limoger.

ab=satteln *tr (Reitpferd)* desseller; *(Lasttier)* débâter.

Absatz *m (im Gelände)* terrasse; *(an e-r Böschung)* berme *f; (Mauer~)* recoupement; *(Treppen~)* palier; *(Schuh~)* talon; *(Schrift, Druck)* alinéa, paragraphe; *(Verkauf)* écoulement, placement, débit *m*, vente *f;* volume *m* des ventes; chiffre *m* d'affaires; ~ *finden (com)* se vendre, se placer, trouver un débouché; *guten* ~ *finden* se vendre bien, avoir un bon débit, être d'un placement facile; *reißenden* ~ *finden* s'enlever; *die Absätze schieftreten* éculer les talons; *e-n* ~ *machen (beim Schreiben)* aller à la ligne; ~*! (beim Diktat)* alinéa! à la ligne! ~**gebiet** *n*, ~**markt** *m* débouché, marché *m; e-n* ~*markt erschließen* ouvrir un débouch é; *neue* ~*märkte erschließen* créer de nouveaux débouchés; *die* ~*märkte erweitern* multiplier les débouchés; ~**krise** *f* crise *f* de vente; ~**menge** *f* volume *m* des ventes; ~**möglichkeit** *f* possibilité *f* d'écoulement *od* de vente; ~**steigerung** *f* promotion *f* de vente; **a~weise** *adv (lesen)* par alinéas.

ab=saufen ⟨*aux: sein*⟩ *itr fam mar* couler bas; *aero arg* faire une abattée.

ab=saug|en *tr (Teppich etc)* aspirer; **A~en** *n tech* aspiration *f;* **A~gerät** *n tech* aspirateur *m*.

ab=schab|en *tr* gratter, racler, ratisser; *tech (Häute)* drayer; **A~sel** *n* raclure, ratissure; *(Gerberei)* drayure *f*.

ab=schaff|en *tr (aufheben)* abolir, supprimer; *(Gesetz)* abroger; *(Mißbrauch)* supprimer, réformer; *(Hund, Telefon etc)* se défaire de, se débarrasser de; **A~ung** *f* abolition; suppression; réformation; abrogation *f*.

ab=schäl|en *tr (Obst)* peler; *(Baum)* écorcer, décortiquer; *sich* ~ se peler.

ab=schalt|en *tr el (Strom)* couper, interrompre; *(e-n Zweig)* débrancher; *(ein Gerät ausschalten)* mettre hors circuit, fermer; *tech (Maschine)* débrayer, désaccoupler; *itr fig fam: abgeschaltet haben* ne plus faire attention, *fam* décrocher; **A~er** *m el* coupe-circuit, interrupteur, disjoncteur *m;* **A~ung** *f el* coupure; mise *f* hors circuit; *tech* débrayage *m*.

abschätzbar *a* évaluable; **ab=schätzen** *tr (mit den Augen)* estimer, mesurer des yeux; *(berechnend)* évaluer, taxer, priser; *jur (Verkaufswert)* expertiser; *den Schaden* ~ faire l'expertise des dégâts.

abschätzig *adv: von jdm* ~ *sprechen* médire de qn.

Abschätzung *f* estimation; évaluation, taxation; *jur* ventilation *f;* ~ *des Schadens* expertise *f* des dégâts.

ab=schaufeln *tr* enlever à la pelle.

Abschaum *m* ⟨-(e)s, ø⟩ écume *a. fig; tech* crasse *f; fig* rebut *m; der* ~ *der Menschheit* la lie du genre humain.

ab=scheid|en *tr chem* séparer, isoler; *physiol* sécréter; *sich* ~ *(chem)* se séparer; **A~en** *n* décès, trépas *m;* **A~ung** *f chem* séparation; *(Niederschlag)* précipitation *f;* dépôt *m; physiol* sécrétion *f*.

Abscheu *m* ⟨-(e)s, ø⟩ détestation, exécration *f; (Ekel)* dégoût *m; (Abneigung)* aversion, répugnance, répulsion *f; vor jdm, vor etw* ~ *empfinden* avoir qn, qc en horreur; avoir *od* éprouver du dégoût pour qn, pour qc; ~ *erregen* faire horreur.

abscheulich *a* détestable, exécrable, abominable; dégoûtant; horrible, atroce, affreux; répugnant, repoussant; *wie* ~*!* quelle horreur! **A~keit** *f* abomination, horreur, atrocité *f*.

ab=scheuern *tr* (r)écurer; *(sich)* ~ *(Stoff)* (s')user (par frottement).

ab=schicken *tr* envoyer, expédier.

ab=schieben *tr* ⟨*aux: haben*⟩ *(wegschicken)* renvoyer, chasser; *(unerwünschte Ausländer)* expulser; *(Schuld, Verantwortung)* refuser, repousser; *etw von sich* ~ *(fig)* se disculper de qc; *itr* ⟨*aux: sein*⟩ *fam* = *abhauen (itr).*

Abschied *m* ⟨-(e)s, (-e)⟩ ['apʃi:t(s), -dəs] départ *m*, adieux *m pl; (Ausscheiden aus dem Amt)* congé *m*, retraite *f; s-n* ~ *einreichen* demander sa retraite; *jdm den* ~ *geben* mettre qn à la retraite; *von jdm* ~ *nehmen* faire ses adieux à qn, prendre congé de qn; *s-n* ~ *nehmen* prendre sa retraite, donner sa démission, démissionner; *bes. mil* quitter le service; *französischen* ~ *nehmen* filer à l'anglaise; ~**saudienz** *f* audience *f* de départ; ~**sbesuch** *m* visite *f* d'adieux; ~**sbrief** *m* lettre *f* d'adieux; ~**sessen** *n* dîner *m* d'adieux; ~**sfeier** *f* fête *f* d'adieux; ~**sgesuch** *n* demande *f* de mise à la retraite; ~**skuß** *m* baiser *m* d'adieux; ~**srede** *f* discours *m* d'adieux; ~**sstunde** *f* heure *f* du départ; ~**sworte** *n pl* paroles *f pl* d'adieux.

ab=schießen *tr (Vogel)* abattre; *(Flugzeug)* abattre, descendre; *(Pfeil)* décocher; *(Geschoß)* tirer; *(Gewehr)* décharger; *(Torpedo, Rakete)* lancer; *(Schuß)* tirer; *(Körperteil)* arracher d'un coup de feu; *den Vogel ~ (fig)* décrocher la timbale, *fam* avoir le pompon; *er hat den Vogel abgeschossen* à lui le pompon *fam.*

Abschilferung *f* ['apʃilfəruŋ] *med (Abschuppung)* exfoliation *f.*

ab=schinden, *sich (fam)* = *sich abrackern.*

ab=schirm|en *tr (Licht)* tamiser; *el* blinder; *radio (gegen Nebengeräusche)* antiparasiter; *TV* mettre sous écran; *gegenea. ~ (TV)* faire écran (entre ...); **A~ung** *f el* blindage; *radio* antiparasitage *m; TV* mise *f* sous écran.

ab=schirren *tr (Pferd)* déharnacher.

ab=schlachten *tr (Tier)* tuer, abattre; *pej* égorger; *(niedermetzeln)* massacrer.

Abschlag *m sport (Golf)* départ *m; com* diminution, réduction, déduction, remise *f; als ~ auf* à valoir sur; *auf ~ zahlen* payer par acomptes *od* par traites; **ab=schlagen** *tr (abtrennen, a. den Kopf)* couper, trancher; *(Nüsse)* gauler; *(Gerüst)* démonter; *(Lager)* lever; *fig* refuser *(jdm etw* qc à qn); *(Bitte, Angriff)* repousser; *jdm den Kopf ~ (a.)* décapiter qn; *sein Wasser ~* uriner; *so etwas schlägt man nicht ab* cela ne se refuse pas, ce n'est pas de refus; **~szahlung** *f com* (paiement *m* par) acompte(s) *m;* paiements *m pl* échelonnés; *jährliche ~* annuité *f.*

abschlägig *a: ~e Antwort f* réponse *f* négative, refus *m; adv: ~ bescheiden* rejeter; *~ beschieden werden* essuyer *od* éprouver *od* s'attirer un refus.

ab=schleifen *tr (rauh schleifen)* dégrossir; *(abbimsen)* poncer; *(polieren)* polir; *(Diamanten)* égriser; *sich ~* se polir *a. fig; fig* se dégrossir.

Abschlepp|dienst *m mot* (service de) dépannage *m;* **ab=schleppen** *tr (Fahrzeug)* remorquer, prendre à la remorque; *mot* dépanner; *sich ~* se fatiguer, *fam* s'échiner (en portant une charge); **~kran** *m* grue *f* de dépannage, camion-grue *m;* **~seil** *n* câble *m* de remorquage *od* de dépannage; **~wagen** *m* voiture *f od* camion *m* de dépannage, dépanneuse *f.*

ab=schließ|en *tr (zuschließen)* fermer à clé, donner un tour de clé à; séparer (*von* de); isoler; *fig (beenden)* achever, terminer, finir; *(erledigen, bereinigen)* régler; *bes. com* clôturer; *(Debatte)* clore; *(Rechnung)* régler, balancer; *(Konto, die Bücher)* arrêter;

(eingehen, bes. Versicherung) contracter; *(Vertrag)* conclure, passer; *itr (enden)* s'achever, se terminer; *sich ~* s'enfermer, s'isoler; *mit e-m Fehlbetrag, Gewinn ~* se solder par un déficit, bénéfice; *ein Geschäft ~* conclure *od* faire un marché; *luftdicht ~* fermer hermétiquement, sceller; *e-e Wette ~* faire un pari; **~end** *a* définitif; *adv* pour finir, finalement, en conclusion, pour conclure; **A~ung** *f fig* isolement *m,* isolation, claustration *f.*

Abschluß *m com (der Bücher)* arrêté, bilan; *(e-s Geschäftes)* marché *m; jur (e-s Vertrags)* conclusion *f; zum ~* pour (en) finir, finalement; *zum ~ bringen* achever, terminer; *zum ~ kommen* s'achever, se terminer; *mit etw* en finir avec qc; *feste(r) ~ (com)* marché *m* ferme; **~bilanz** *f* bilan *m* de clôture; **~buchung** *f* écriture *f* de clôture; **~klasse** *f (Schule)* classe *f* terminale; **~prüfung** *f* examen *m* de fin d'études; **~rechnung** *f* compte *m* définitif; **~ring** *m tech* anneau *m* obturateur; **~zahlung** *f* règlement *m* final; **~zeugnis** *n* certificat *m* de fin d'études.

ab=schmecken *tr (Speise)* goûter (*etw* qc, à qc).

ab=schmelzen *tr tech* séparer par la fusion, fuser.

ab=schmier|en *tr mot* faire un graissage général de, graisser; *fam (Schule: abschreiben)* copier; **A~dienst** *m,* **A~en** *n* graissage *m;* **A~grube** *f* fosse *f* de graissage; **A~presse** *f* pistolet *m* graisseur.

ab=schminken *tr* enlever le fard (*jdn* à qn); démaquiller; *sich ~* se démaquiller.

ab=schmirgeln *tr* frotter à l'émeri.

ab=schnallen *tr* déboucler; *itr mil* ôter son ceinturon.

ab=schneiden *tr* (dé)couper, trancher; tronçonner; *fig (unterbinden)* couper; *itr: gut ~* faire bonne figure, réussir, obtenir un bon résultat; *schlecht ~* faire mauvaise figure; *(scheitern)* échouer; *jdm die Ehre ~* flétrir l'honneur *od* la réputation de qn; *jdm den Rückzug ~* couper la retraite à qn; *jdm den Weg ~ (sperren)* barrer le chemin à qn; *ein Stück Weg ~ (e-n Richtweg gehen)* raccourcir; *jdm das Wort ~* couper la parole à qn.

Abschnitt *m (Teil)* section, division; tranche; *(Kontroll~)* souche *f; com* talon; *fin* coupon; *adm (der Lebensmittelkarte)* ticket; *math (Kreis~)* segment; *mil (Front~)* secteur; *(Verkehr: Teilstrecke)* étape *f; (Straße,*

loc: Bau~) tronçon; *(Schriftstück, Buch)* passage *m; (Zeit~)* époque; *(Lebens~)* période *f;* **a~(s)weise** *adv* par sections; *mil* par secteurs, de secteur en secteur.
ab=schnür|en *tr (zs.drücken, a. tech)* étrangler; *med* ligaturer; **A~ung** *f* étranglement *m;* ligature *f.*
ab=schöpfen *tr (den Rahm)* écrémer *a. fig (von etw* qc); *(das Fett)* dégraisser *(von etw* qc); *(den Schaum)* écumer *(von etw* qc); *die überschüssige Kaufkraft ~* éponger le pouvoir d'achat excédentaire.
ab=schräg|en *tr* tailler en biseau; *(Gelände)* taluter; *tech* biseauter, chanfreiner; **A~ung** *f tech* biseautage, chanfrein *m.*
ab=schrauben *tr* dévisser; *(Bolzen)* déboulonner.
ab=schreck|en *tr* effrayer, rebuter; *(entmutigen)* décourager *(von etw* de qc); *(Küche)* passer sous *od* à l'eau froide; *metal* tremper; *sich durch nichts ~ lassen* n'avoir pas froid aux yeux, aller contre vent et marée; **~end** *a* effrayant, rebutant, repoussant; *~e(s) Beispiel n* exemple *m* à ne pas suivre; **A~ung** *f* découragement *m; mil* dissuasion *f; metal* trempe *f;* **A~ungsmittel** *n* épouvantail *m;* **A~ungswaffe** *f* arme *f* (atomique) de dissuasion *od* de dissuasion (nucléaire).
ab=schreib|en *tr* copier *(von* sur); *(ins reine schreiben)* écrire *od* mettre au propre; *(übertragen)* transcrire; *(plagiieren)* plagier; *(Schule)* copier, tuyauter; *(abziehen, -rechnen)* déduire, décompter; *com* imputer *(von* sur); *fin (tilgen)* amortir; *fig (nicht mehr rechnen mit)* ne plus compter sur; *itr (sich entschuldigen)* s'excuser; **A~er** *m* copiste; *(Plagiator)* plagiaire *m;* **A~ung** *f* consommation *f* de capital fixe; *pl* amortissements *m pl* fiscaux; *(Anrechnung)* imputation *f; com fin (Wertminderung)* amortissement *m* (pour usure); **A~ungsfonds** *m* fonds *m* d'amortissement; **A~ungssatz** *m* taux *m* d'amortissement.
ab=schreiten *tr (messend)* mesurer au pas, arpenter; *mil (die Front)* passer en revue.
Abschrift *f* copie; *(Übertragung)* transcription *f; für die Richtigkeit der ~* pour copie conforme; *e-e amtliche ~ von etw machen* grossoyer qc; *amtliche ~* grosse *f; beglaubigte ~* copie *f* certifiée conforme; *gleichlautende ~ (jur)* ampliation *f;* **a~lich** *a* copié; *adv* en copie.
ab=schrubben *tr* récurer.

ab=schuften, *sich (fam) = sich abrackern.*
ab=schuppen *tr (Fisch)* écailler; *sich ~* s'écailler; *med* se desquamer.
ab=schürf|en *tr (die Haut)* érafler; *(stärker)* écorcher; **A~ung** *f* éraflure, écorchure *f.*
Abschuß *m (Schuß)* décharge *f; (Starten e-s Torpedos, e-r Rakete)* lancement *m; (Zerstörung e-s Panzers, e-s Flugzeugs)* destruction *f;* **~basis** *f,* **~rampe** *f (für Raketen)* base *od* rampe *f* de lancement; **~stelle** *f (für Raketen)* point *m* de lancement; **~zahl** *f* nombre *m* de chars détruits *(Panzer),* d'avions abattus *(Flugzeuge).*
abschüssig ['ap-ʃʏsɪç] *a* escarpé, abrupt, déclive; **A~keit** *f* déclivité *f.*
ab=schütteln *tr (Obst)* faire tomber; *a. fig (das Joch)* secouer; *(aufdringlichen Menschen, Verfolger)* se débarrasser de, *pop* semer.
ab=schwäch|en *tr* affaiblir, diminuer; *(Stoß, Geräusch, Farbe)* amortir; *(Ausdruck, Behauptung)* atténuer, modérer; *jur (Strafe)* mitiger; *sich ~* (s'af)faiblir; **A~er** *m phot* affaiblisseur *m;* **A~ung** *f* affaiblissement *m, a. phot;* diminution *f;* amortissement *m;* atténuation, modération; mitigation *f.*
ab=schwatzen *tr: jdm etw ~* obtenir qc de qn par des flatteries.
ab=schweif|en ⟨aux: sein⟩ *itr* dévier, *a. fig* s'éloigner *(von* de); *fig* s'écarter *(von* de); *(in der Rede)* vom Gegenstand *~* s'éloigner *od* s'écarter du sujet, sortir de la question, digresser, divaguer, battre la campagne; *weit ~* se perdre dans le lointain; **A~ung** *f fig* digression, divagation *f.*
ab=schweißen *tr tech* dessouder.
ab=schwellen ⟨aux: sein⟩ *itr (Geräusch)* faiblir, diminuer; *med* désenfler.
ab=schwenken ⟨aux: sein⟩ *itr* changer de direction; *mil* faire une conversion; *links, rechts ~* obliquer à gauche, à droite; *vom Weg ~* quitter la route.
ab=schwör|en *tr jur* abjurer; *itr rel* abjurer, renier *(s-m Glauben* sa foi); **A~ung** *f* abjuration *f.*
Abschwung *m com* contraction, dépression *f.*
ab=segeln ⟨aux: sein⟩ *itr* mettre à la voile, appareiller, partir.
absehbar *a (vorauszusehend)* prévisible; *in ~er Zeit* dans un proche avenir; *nicht ~ (Folgen)* imprévisible.
ab=sehen *tr = abgucken; (voraussehen)* prévoir; *es auf jdn, etw abgesehen haben* viser à qn, à qc; avoir qn,

qc en vue *od* des visées sur qn, sur qc;
itr (Schüler) = *abgucken; von etw* ~
faire abstraction de qc; *(auf etw verzichten)* renoncer à qc; *jdm etw an
den Augen* ~ lire qc dans les yeux de
qn; *es ist noch kein Ende abzusehen*
on ne peut pas encore en prévoir
l'issue.

ab=seifen *tr* savonner.

ab=seilen *tr sport* descendre à la
corde, décorder; *sich* ~ se décorder;
fam (weggehen) foutre le camp.

ab=sein ⟨*aux: sein*⟩ *itr* être détaché *od*
parti; *fam (abgespannt sein)* être à
plat *od* fatigué.

abseits *adv* à l'écart; *sport* hors-jeu;
sich ~ *halten* se tenir à l'écart; **A**~ *n*,
A~**stellung** *f sport* hors-jeu *m.*

ab=send|en *tr* envoyer, expédier;
A~**er** *m* expéditeur *m; zurück an* ~
retour à l'expéditeur; **A**~**ung** *f* envoi
m, expédition *f.*

ab=sengen *tr* flamber, roussir.

ab=senk|en *tr agr (durch Senker ver-
mehren)* marcotter; *(Reben)* provigner; *mines* foncer; **A**~**er** *m* marcotte *f; (Rebe)* provin *m.*

ab=servieren *tr* desservir; *fig fam
(ausbooten)* débarquer, *pol* limoger.

absetz|bar *a (Beamter)* amovible,
révocable; *(Betrag)* déductible; *(Ware)* vendable.

ab=setzen *tr* déposer, mettre à terre;
(Trinkglas, Gewehr) reposer; *(Pferd
den Reiter)* démonter; *aero (abwerfen)* larguer; *(Hut)* ôter; *(abrücken)*
écarter; *(Tiere entwöhnen)* sevrer;
typ composer; *tele (Meldung)*
émettre; *(Beamten)* destituer, révoquer, suspendre, mettre à pied; *(Mon-
archen)* déposer, détrôner; *(von der
Tagesordnung, vom Haushaltsplan)*
rayer; *theat (vom Spielplan)* remettre; *(abziehen, -rechnen)* déduire,
décompter, défalquer *(von* de); *(verkaufen)* écouler, vendre; *itr (e-e Pause machen)* s'interrompre, s'arrêter,
faire une pause; *sich* ~ *(chem)* se
déposer; *mil* se replier, décrocher, se
retirer; *ohne abzusetzen* d'un(e)
trait(e), d'une haleine; *sich leicht,
schwer* ~ *(verkaufen) lassen* s'écouler rapidement, lentement.

Absetzung *f* déposition *f; sevrage m;
typ* composition; destitution, révocation; suspension *f;* détrônement *m;
theat* remise; déduction *f,* décompte
m, défalcation *f.*

Absicht *f* ⟨-, -en⟩ intention *f; (Vorhaben)* dessein; projet; *(Ziel)* but *m; in
der* ~ *zu* ... dans le but *od* dessein de
...; *in der besten* ~ avec les meilleu-
res intentions; *in böser* ~ dans une

mauvaise intention; *in welcher* ~?
pour quel motif? *mit* ~ à dessein, intentionnellement; *mit (voller)* ~ de
propos délibéré, délibérément; *ohne*
~ sans dessein; *auf etw* ~*en haben*
avoir des visées *od* des projets sur
qc; *keine böse* ~ *haben (a.)* être pur
d'intention; *e-e* ~ *verfolgen* poursuivre un but; *das lag nicht in meiner
od war nicht meine* ~ je ne l'ai pas
fait exprès; *gewinnsüchtige* ~ *(jur)*
intention *f* de lucre; *verbrecherische*
~ intention *f* criminelle; **a**~**lich** *a* intentionnel, volontaire, fait à dessein;
adv exprès, intentionnellement;
~**lichkeit** *f (e-r Handlung)* caractère
m intentionnel; **a**~**slos** *a* u. *adv* sans
intention, sans dessein, sans motif;
~**slosigkeit** *f* inintention *f.*

Absingen *n: unter* ~ *(gen)* en chantant
acc.

ab=sinken ⟨*aux: sein*⟩ *itr (geringer
werden)* baisser, diminuer; *(nachlassen, schlechter werden)* perdre.

Absinth *m* ⟨-(e)s, -e⟩ [ap'zɪnt] absinthe
f; ein (Glas) ~ une verte *pop.*

ab=sitzen *itr* ⟨*aux: sein*⟩ *(vom Pferd)*
descendre de cheval; *tr* ⟨*aux: haben*⟩
fam (e-e Strafe) purger.

absolut [apzo'lu:t] *a* absolu; *adv* absolument; ~ *nicht (fam)* pas le moins
du monde; ~ *nichts (fam)* rien du
tout.

Absolution *f* [apzolu'tsio:n] *rel* absolution, rémission *f; jdm* ~ *erteilen* absoudre qn.

Absolut|ismus *m* ⟨-, ø⟩ [-'tɪs-] *pol* ab-
solutisme *m;* **a**~**istisch** *a* absolutiste.

Absolvent *m* ⟨-en, -en⟩ [apzɔl'vɛnt]
ancien élève *m; ~ der ... schule sein
(a.)* avoir fait ses études à l'école ...

absolvieren *tr* [apzɔl'vi:rən] *(losspre-
chen)* absoudre; *(Schule)* achever,
terminer.

absonderlich [ap'zɔn-] *a* singulier,
étrange, curieux, bizarre, fantasque;
A~**keit** *f* singularité, étrangeté, bizarrerie *f.*

ab=sonder|n *tr* isoler; séparer *(von*
de); *chem (ausscheiden)* dégager;
physiol sécréter, excréter; *sich* ~
s'isoler, se séparer *(von* de); **A**~**ung** *f*
isolement *m,* séparation *f;* dégagement *m; physiol* sécrétion, excrétion
f; übermäßige ~ *(physiol)* hyper-
sécrétion *f.*

absor|bieren [apzɔr'bi:rən] *tr* absor-
ber; **A**~**ption** *f* absorption *f;*
A~**ptionsvermögen** *n* puissance *f*
d'absorption.

ab=spalten *tr* fendre; détacher *a.
scient; sich* ~ *(von e-r Gruppe)* se
détacher *(von* de).

ab=spann|en *tr (Zugtier)* dételer; **A~isolator** *m* isolateur *m* d'arrêt; **A~-mast** *m (für elektr. Leitungen)* poteau *m* de support; **A~ung** *f el* arrêt *m.*

ab=sparen *tr: sich etw vom Munde* ~ s'ôter qc de la bouche, se priver pour avoir qc.

ab=speisen *tr fig: jdn mit leeren Worten* ~ payer qn de belles paroles.

abspenstig *a:* ~ *machen* détourner; *(Arbeiter)* débaucher.

ab=sperr|en *tr (Straße)* barrer; *(Hafen)* bloquer; *el (Strom)* couper; *(zuschließen)* fermer (à clé); **A~hahn** *m tech* robinet *m* d'arrêt; **A~schieber** *m tech* vanne *f* d'arrêt; **A~ung** *f* barrage; *(Unterbrechung)* arrêt *m;* **A~ventil** *n tech* soupape *f* d'arrêt.

ab=spielen *tr (Schallplatte, Band)* jouer; *mus* déchiffrer; *sich* ~ *(sich ereignen)* se dérouler, se passer, avoir lieu.

ab=splittern ⟨*aux: sein*⟩ *itr* se détacher par éclats; *fig (Gruppe)* se détacher.

Absprache *f* accord *m,* convention; *jur* stipulation *f.*

ab=sprechen *tr* convenir (*etw mit jdm* de qc avec qn); *jur (vereinbaren)* stipuler; *jdm etw* contester, dénier qc à qn; *(verweigern)* refuser qc à qn; *jur (enteignen)* déposséder qn de qc; *sich* ~ se donner le mot.

ab=springen ⟨*aux: sein*⟩ *itr* sauter (à *od* en bas); *aero* sauter en parachute; *sport (vom Boden)* prendre son élan; *(abprallen)* rebondir; *(Lack, Farbe)* tomber par écailles; *fig (vom Thema, von s-m Beruf)* changer (*von* de); *von e-r Partei* ~ quitter *od* abandonner *od* déserter un parti.

ab=spritzen *tr allg* asperger; *(Auto)* laver.

Absprung *m* saut; *(mit dem Fallschirm)* saut *m od* descente *f* (en parachute); *sport* départ *m.*

ab=spulen *tr* débobiner, dévider.

ab=spülen *tr* rincer, laver; *itr* faire la vaisselle.

ab=stamm|en *itr* descendre, sortir (*von* de); *(sprachlich)* dériver, être dérivé, (pro)venir (*von* de); **A~ung** *f* descendance, extraction, filiation; *(Ursprung)* origine; *gram* dérivation, provenance, origine, étymologie *f;* **A~ungslehre** *f biol* théorie *f* de la descendance.

Abstand *m (räuml.)* écart; *(räuml. u. zeitl.)* espace *m,* distance *f,* intervalle; *tech* écartement *m; fig (Unterschied)* différence *f; (Gegensatz)* contraste *m; (~ssumme)* indemnité *f; (Reu-geld)* dédit, forfait; *fig (innerer ~)* recul *m; in gewissen Abständen* de distance en distance; *in gleichem* ~ à distances égales; *in regelmäßigen Abständen* à intervalles réguliers; *mit* ~ *(bei weitem)* de beaucoup; ~ *halten (mil)* observer les distances; *zu jdm* ~ *halten (fig)* se montrer réservé envers qn, tenir qn à distance; ~ *nehmen (sport)* prendre ses distances; *von etw* ~ *nehmen (fig)* s'abstenir de qc, renoncer à qc, se désister de qc; *bes. jur* se départir de qc.

ab=statten *tr: jdm e-n Besuch* ~ faire une *od* rendre visite à qn; *jdm s-n Dank* ~ exprimer *od* présenter ses remerciements à qn.

ab=stauben *tr* épousseter; *arg (in s-n Besitz bringen)* entôler; **A~** *n* époussetage *m.*

ab=stech|en *tr (Rasen, Torf)* couper; *(Schlachttier)* saigner, *(Muster, Zeichnung)* pointiller; *tech (den Hochofen)* faire couler; *(auf der Drehbank)* décolleter; *itr: gegen od von etw* ~ contraster, jurer avec qc, se heurter contre qc; *(bes. von Farben)* trancher sur qc; **A~er** *m (kleiner Zwischenausflug)* crochet *m; fig (Abschweifung)* digression *f.*

ab=steck|en *tr (abgrenzen)* délimiter *a. sport; (Baulinie festlegen)* tracer; *(mit Fähnchen od Fluchtstäben)* jalonner; *(Kleid)* épingler; **A~en** *n* délimitation *f;* traçage; jalonnement *m;* **A~fähnchen** *n* fanion *m* de jalonnement; **A~leine** *f* corde *f* à tracer.

ab=stehen *itr* être distant *od* écarté (*von* de); *(vorspringen)* être en *od* faire saillie; *(schal werden)* s'éventer; *sich die Beine* ~ faire le pied de grue; *fig: von etw* ~ renoncer à qc, se désister, démordre, *bes. jur* se départir de qc; ~*de Ohren n pl* oreilles *f pl* écartées *od* décollées.

ab=steifen *tr (abstützen)* étayer, *bes. mines* étançonner; *(verstreben)* entretoiser; *arch (mit Strebepfeilern)* arc-bouter.

ab=steig|en ⟨*aux: sein*⟩ *itr (vom Pferd, Rad)* descendre, mettre pied à terre; *(in e-m Hotel)* descendre; *sport* reculer, régresser, *fam* couler; ~*end a (fig)* descendant; *auf dem* ~*en Ast* en perte de vitesse; *die* ~*e Tonleiter singen od spielen* descendre la gamme; ~*e Linie f* ligne *f* descendante; **A~e-quartier** *n* pied-à-terre, hôtel *m* garni; *(Stundenhotel)* maison *f* de passe *od* de rendez-vous; **A~er** *m sport* équipe *f* reculante *od* régressante; *ge-*

sellschaftliche(r) ~ personne *f* en train de couler.

Abstell|bahnhof *m* gare *f* de remisage; **ab=stellen** *tr (abrücken)* écarter, éloigner; *(absetzen, hinstellen)* déposer, mettre à terre; *(Fahrzeug parken, a. loc)* garer; *(Leitung, Versorgungsnetz sperren)* couper; *(außer Betrieb setzen)* mettre hors service, arrêter, stopper; *(abschalten a.)* fermer; *fig (unterbinden, aufheben)* supprimer, abroger; *(Mißbrauch)* réformer, redresser; **~gleis** *n loc* u. *fig* voie *f* de garage; **~platz** *m (für Auto)* place *f* pour se garer; **~raum** *m* (cabinet de) débarras *m.*

ab=stempel|n *tr* timbrer, estampiller; *(Briefmarke)* oblitérer; *(Edelmetall)* poinçonner; *fig (bezeichnen)* qualifier (*als* de); **A~ung** *f* timbrage, estampillage *m;* oblitération *f;* poinçonnage *m; fig* qualification *f* (*als* de).

ab=steppen *tr* piquer.

ab=sterben ⟨*aux: sein*⟩ *itr allg* s'éteindre; *bot* se faner, se dessécher, se flétrir; *med* se nécroser; **A~** *n med* nécrose *f.*

Abstich *m* perçage *m*, percée *f; (Hochofen)* coulée *f.*

Abstieg *m* descente *f; fig* déclin *m,* décadence *f; sport* régression *f; gesellschaftliche(r)* ~ déchéance *f* sociale.

Abstimm|bereich *m radio* gamme *f* d'accord; **ab=stimmen** *tr (Musikinstrument* u. *fig)* accorder, mettre d'accord (*auf* avec); *(aufea.)* harmoniser, mettre en harmonie; *(Farben)* assortir, marier; *tech* synchroniser; *radio* régler, faire la syntonisation de; *etw mit jdm* ~ convenir de qc avec qn; *itr* voter (*über etw* qc); *durch Aufstehen* ~ voter par assis et levé; *geheim* ~ voter au scrutin secret; *durch Handaufheben* ~ voter à main levée; *namentlich* ~ voter par appel nominal; *durch Zuruf* ~ voter par acclamations; *über etw* ~ *lassen* mettre qc aux voix; *aufea. abgestimmt sein (mus* u. *fig)* s'accorder; **~ende(r)** *m* votant *m;* **~knopf** *m radio* bouton d'accord *od* de syntonisation, syntonisateur *m;* **~kreis** *m radio* circuit *m* d'accord; **~schärfe** *f radio* sélectivité *f;* **~skala** *f radio* cadran *m* d'accord.

Abstimmung *f* accord(age) *m;* harmonisation, mise *f* en harmonie; *radio* accordage *m (a.* TV), syntonisation *f,* réglage; *(Wahl)* vote; *(geheime)* scrutin; *(Volks~)* plébiscite, référendum *m; in öffentlicher, gehei-*

mer ~ par un scrutin public, secret; *zur* ~ *schreiten* passer aux voix; ~ *durch Aufstehen* vote *m* par assis et levé; *geheime* ~ scrutin *m* secret; ~ *durch Handaufheben* vote *m* à main levée; *namentliche* ~ vote *m* par appel nominal; *öffentliche* ~ vote *m* au scrutin public; ~ *durch Stimmzettel* vote *m* par bulletins; ~ *durch Zuruf* vote *m* par acclamations; **~sergebnis** *n* résultat *m* du vote; **~sgebiet** *n* territoire *od* district *m* plébiscitaire; **~sverfahren** *n* mode *m* de scrutin.

abstinen|t [apsti'nɛnt] *a* abstinent; **A~z** [-'nɛnts] *f* abstinence *f;* **A~zler** *m* abstinent *m.*

ab=stoppen *tr* stopper, arrêter; *(die Zeit)* chronométrer; *itr* s'arrêter.

Abstoß *m sport* coup *m* (d'envoi); **ab=stoßen** *tr, a. fig* repousser; *med (Organ)* rejeter; *(Ball, loc: Wagen)* lancer; *(Boot von Ufer)* éloigner; *e-r S die Ecken* ~ écorner qc; *(schnell u. billig verkaufen)* solder; *fig* rebuter, répugner à, dégoûter, écœurer; *itr mar: vom Lande* ~ démarrer, prendre le large; *sich die Hörner* ~ *(fig)* jeter sa gourme; **a~end** *a fig* repoussant, rebutant, répugnant, dégoûtant, écœurant; ~ *wirken* être repoussant *od* rebutant; **~ung** *f el* répulsion *f.*

ab=stottern *tr fam (Schuld)* payer par acomptes *od* à tempérament.

abstrahieren [apstra'hi:rən] *tr (zum Begriff erheben)* abstraire.

ab=strahl|en *tr (Wärme, Energie)* émettre; *(mit Sandstrahlgebläse)* décaper (à la sableuse), sabler; **A~ung** *f (von Wärme)* émission *f.*

abstrakt [ap'strakt] *a* abstrait; **~e** *Kunst f* art abstrait, abstractionnisme *m.*

Abstraktion [apstrak'tsio:n] *f* abstraction *f;* **~svermögen** *n* pouvoir *m* d'abstraction.

ab=streich|en *tr (wegstreichen)* ôter *od* enlever en raclant; *(sauber kratzen) (Felle)* racler; *(Schuhe)* décrotter; *(Klinge schärfen)* repasser; *(nach Beute absuchen)* battre; *(von e-r Rechnung absetzen)* déduire; **A~er** *m (Sache)* décrottoir; *tech* racloir, grattoir *m.*

ab=streifen *tr (Asche von der Zigarre od Zigarette)* faire tomber; *(Beeren)* cueillir; *(Kleidungsstück ausziehen)* ôter, dépouiller; *fig (Vorurteil ablegen)* se débarrasser, se défaire de; *s-e Fesseln* ~ *(fig)* secouer son joug.

ab=streiten *tr* contester; *(leugnen)* (dé)nier; *ich streite es nicht ab* je ne dis pas le contraire.

Abstrich *m fin* déduction, réduction,

diminution *f; med* frottis, prélèvement *m.*

abstrus [ap'struːs] *a (verworren)* abstrus, confus.

ab=stuf|en *tr (stufenförmig anordnen)* mettre en gradins, étager; *fig* graduer; *(Farben)* dégrader; **A~ung** *f* étagement *m;* grad(u)ation; dégradation *f.*

ab=stumpfen *tr math arch* tronquer; *fig* engourdir; abêtir; rendre indifférent; *(Gefühl)* affaiblir; *die Gefühle ~ lassen* dessécher le cœur.

Absturz *m* chute *f, a. aero; zum ~ bringen (aero)* descendre, abattre; **~stelle** *f aero* point *m* de chute.

ab=stürzen ⟨*aux: sein*⟩ *itr* tomber (d'en haut); faire une chute *a. aero; (Bergsteiger) a.* dérocher, *fam* dévisser; *aero* s'abattre; *(~ u. zerschellen)* s'écraser; *brennend ~ (aero)* s'abattre en flammes.

ab=stützen *tr* étayer, *bes. mines* étançonner; *(Baum)* tuteurer.

ab=suchen *tr* fouiller, chercher dans; *(mit Scheinwerfer od Radargerät)* balayer; *(mil, Polizei: durchkämmen)* ratisser.

Absud *m* ⟨-(e)s, -e⟩ ['apzuːt, -'-, -də] *chem pharm* décoction *f.*

absurd [ap'zurt] *a* absurde; **A~ität** [-'tɛt] *f* absurdité *f.*

Abszeß *m* ⟨-sses, -sse⟩ [aps'tsɛs] *med* abcès *m.*

Abszisse *f math* abscisse *f.*

Abt *m* ⟨-(e)s, ⁓e⟩ abbé, prieur *m; ~ei f* abbaye *f.*

ab=takeln *tr mar* désarmer, dégréer.

ab=tast|en *tr* tâter, palper; *radio* balayer; *(TV* sonder; **A~er** *m TV* explorateur *m;* **A~fleck** *m TV* spot *m* d'exploration; **A~ung** *f radio* balayage *m; TV* exploration *f.*

Abteil *n loc* compartiment *m;* **ab=teilen** *tr (einteilen)* diviser, partager; *(durch Zwischenwände)* cloisonner; *(trennen)* partager, séparer; **~ung** ['---] *f* **1.** *(Einteilung)* division; *(Trennung)* séparation *f;* [-'--] **2.** *(Teil)* partie, division; *(Serie)* série *f; adm* département *m; com* section, branche *f, (bes. Warenhaus)* rayon; *(Dienststelle)* service; *mil allg* détachement; *(Gruppe)* groupe; *(in bestimmten Truppenteilen)* bataillon *m; ganze ~ kehrt! (mil)* demi-tour à droite! **~ungskommandeur** *m mil* commandant *m* de groupe; **~ungsleiter** *m* chef *m* de section *od* de département *od* de rayon; **~ungsstab** *m mil* état-major *m* de groupe; **a~ungsweise** *adv* par section(s), *mil* par groupe(s).

ab=teufen ['abtɔʏfən] *tr mines* foncer, creuser.

ab=tippen *tr fam* copier *od* taper à la machine.

Äbtissin *f* ⟨-, -nen⟩ [ɛp'tɪsɪn] abbesse, prieure, supérieure *f.*

ab=tön|en *tr* nuancer; *(Malerei)* dégrader; **A~ung** *f* nuance; dégradation *f.*

ab=töt|en *tr (vernichten)* tuer; *fig (Gefühl)* supprimer, étouffer, amortir; *rel (das Fleisch)* mortifier; **A~ung** *f* destruction; suppression; mortification *f.*

Abtrag *m* ⟨-(e)s, ⁓e⟩ ['aptraːk, -ɛːgə] *(Schaden): jdm ~ tun* faire tort à qn.

ab=trag|en *tr (Speisen, Geräte vom Tisch)* desservir; *(Erde, Schutt)* déblayer; *(Geländeerhebung)* aplanir, niveler; *(Bauwerk)* démolir, raser; *(Kleidung)* user; *(Schuld)* acquitter, amortir; *sich ~ (Kleider)* s'user; **A~ung** *f* déblaiement; aplanissement, nivellement *m; (bei e-r wissenschaftl. Grabung)* fouille en déblai; *geol* érosion; démolition *f,* rasement *m;* usure *f;* acquittement, amortissement *m.*

abträglich ['aptrɛːklɪç] *a* défavorable, désavantageux, préjudiciable.

Abtransport *m (von Material u. Gegenständen)* transport; *(a. von Truppen u. Gefangenen)* enlèvement *m; (von Menschen aus gefährdeten Gebieten)* évacuation *f;* **ab=transportieren** *tr* transporter; enlever; évacuer.

ab=treiben *tr* ⟨*aux: haben*⟩ *mar* drosser, déporter; *aero* déporter; *med (aus dem Körper entfernen)* expulser; *(Leibesfrucht)* faire avorter; *jur* provoquer un avortement de; *itr* ⟨*aux: sein*⟩ *mar* dériver, aller à la dérive; *aero* dériver; ⟨*aux: haben*⟩ *(Frau)* avorter, se faire avorter; *(Arzt)* pratiquer un avortement; *ein Kind ~* se faire avorter; *der Arzt hat ihr Kind abgetrieben* le médecin l'a avortée; **~end** *a med* expulsif; abortif; **A~ung** *f med* expulsion *f;* avortement *m; bei jdm e-e ~ vornehmen* avorter qn; **A~ungsarzt** *m* médecin *m* avorteur; **A~ungsmittel** *n* abortif *m.*

abtrenn|bar *a* détachable, séparable; **ab=trennen** *tr* détacher, séparer; *(Angenähtes)* découdre; *(Besatz)* dégarnir; *(Glied)* démembrer, amputer; **A~ung** *f* séparation *f.*

abtret|bar ['aptreːt-] *a jur (übertragbar)* cessible; **ab=treten** *tr* ⟨*aux: haben*⟩ *(Schmutz, Schnee von den Schuhen)* faire tomber, se débarrasser de; *(die Schuhe)* décrotter, essuyer; *fig (überlassen)* céder *bes. pol,*

abandonner (*jdm etw qc à qn*); *itr*
⟨*aux: sein*⟩ *(hinausgehen, sich zu-*
rückziehen) sortir, se retirer; *theat*
sortir de scène; *fam (von e-m Amt*
zurücktreten) rentrer dans l'ombre,
s'effacer; **A~er** *m* paillasson; *(aus*
Metall) décrottoir *m;* **A~ung** *f*
cession *f (a. e-s Gebietes).*
Abtrieb *m (von der Alm)* descente *f*
od retour *m* des troupeaux.
Abtrift *f mar aero* dérive *f.*
Abtritt *m theat* sortie *f* (de scène);
fam (Klosett) water *m.*
ab=trocknen *tr* essuyer, éponger; *itr*
sécher; *sich ~* s'essuyer.
Abtropf|brett *n* égouttoir *m;* **ab=**
tropfen *itr* ⟨*aux: sein*⟩ *(in Tropfen*
herabfallen) dégoutter; *~ lassen*
égoutter; **~pfanne** *f* lèchefrite *f.*
ab=trotzen *tr* extorquer (*jdm etw* qc à
qn) en le bravant.
ab=trudeln ⟨*aux: sein*⟩ *itr aero* tomber
od descendre en vrille; **A~** *n* descente *f* en vrille *od* en feuille morte.
abtrünnig ['aptrʏnɪç] *a, bes. pol*
révolté, rebelle; *~ werden* faire
défection; *s-m Glauben ~ werden* renier sa foi; **A~e(r)** *m pol* révolté, rebelle; *rel* renégat, apostat; *(ehemali-*
ger Mönch od Priester) défroqué *m;*
A~keit *f pol* défection; *rel* apostasie
f.
ab=tun *tr (zurückweisen)* repousser,
rejeter; *damit ist's (noch) nicht abge-*
tan tout n'est pas encore dit; *vgl. ab-*
getan.
ab=tupfen *tr* éponger; *bes. med* tamponner; *sich die Stirn ~* s'éponger le
front.
ab=urteil|en *tr* juger, faire justice à,
condamner; **A~ung** *f* jugement *m*
(définitif); *zur ~ kommen* se juger.
ab=verdienen *tr* gagner par son travail.
ab=verlangen *tr: jdm etw ~* demander qc à qn; exiger, réclamer qc de
qn.
ab=wägen *tr fig* (sou)peser, (bien) considérer, examiner (avec soin); *(ge-*
genea.) (bien) comparer; *s-e Worte ~*
peser ses paroles.
ab=wälzen *tr* rouler *(von* de); *fig: etw*
von sich ~ se décharger de qc; *etw*
auf jdn ~ se décharger de qc sur qn;
die Schuld von sich ~ se disculper.
ab=wand|eln *tr* varier, modifier; *gram*
(beugen, v) décliner, *(v)* conjuguer;
A~(e)lung *f* variation, modification;
gram flexion *f.*
ab=wander|n ⟨*aux: sein*⟩ *itr* quitter
(aus, von acc); *(auswandern)* émigrer; **A~ung** *f* exode *m; (Auswande-*
rung) émigration *f.*

Abwärme *f tech* chaleur *f* perdue *od*
d'échappement.
ab=warten *tr* attendre, laisser *od* voir
venir; *(Gelegenheit)* guetter; *itr*
attendre, demeurer *od* rester dans
l'expectative; *das bleibt abzuwarten*
il faut voir; *warten wir (mal) ab!*
attendons! *~d a: ~e Haltung f* attitude *f* d'attente *od* d'expectative; *pol*
attentisme *m; e-e ~e Haltung einneh-*
men garder *od* observer une attitude
d'expectative, rester dans l'expectative; *aus s-r ~en Haltung heraustreten*
sortir de son expectative.
abwärts ['apvɛrts] *adv* vers le bas, en
bas; *(fluß~)* en aval; *~ fahren, ~ ge-*
hen descendre; *der Weg führt ~* le
chemin va en descendant; *~=gehen*
⟨*aux: sein*⟩ *itr impers fig: mit mir*
geht's ~ je baisse, je décline; **A~-**
transformator *m el* dévolteur *m.*
ab=wasch|bar *a* lavable; **A~becken**
n évier *m;* **ab=waschen** *tr* laver,
nettoyer; *(mit Lauge)* lessiver; *itr*
faire la vaisselle; *die Farbe von etw ~*
délaver qc; *das Geschirr ~* faire la
vaisselle; *den Schmutz von etw ~*
débarbouiller qc; **A~en** *n* lavage,
nettoyage; lessivage *m;* **A~lappen** *m*
lavette *f;* **A~schüssel** *f* bassine *f* à
vaisselle; **A~ung** *f rel* ablution *f;*
A~wasser *n* eau *f* de vaisselle, eaux
f pl grasses.
Abwasser *n* eaux d'égout *od* résiduaires *od* usées, eaux-vannes; *tech* eaux
f pl résiduaires *od* industrielles; **~ka-**
nal *m* égout *m;* **~klärung** *f* épuration *f* des eaux d'égout; **~reinigung** *f*
épuration *f* des eaux usées; **~ver-**
wertung *f* utilisation *f* des eaux
usées.
ab=wechs|eln *itr* changer, varier; *sich*
~ (sich ablösen) se relayer; *(regel-*
mäßig wechseln) alterner; **~elnd** *a*
changeant; *(regelmäßig wechselnd)*
alternant, alternatif; *adv (der Reihe*
nach) tour à tour, à tour de rôle;
(wechselweise) alternativement;
A~(e)lung *f* changement *m,* variation; *(Mannigfaltigkeit)* variété, diversité *f; zur ~ pour changer; ~ in*
etw bringen varier, diversifier qc;
~lungsreich *a* varié, mouvementé;
~ schreiben avoir un style varié.
Abweg *m, meist pl: auf ~e führen*
(fig) détourner du bon chemin; *auf*
~e geraten (fig) s'écarter du bon chemin, faire fausse route, se dévoyer;
a~ig *a* déroutant, faux; *~ sein* porter
à faux.
Abwehr *f* défense; *(Widerstand)*
résistance; *(beim Fechten)* parade;
mil (Flieger~) défense *f* anti-aérien-

ne; *(Spionage~)* contre-espionnage *m; ~***dienst** *m mil* service de contre-espionnage, 2ᵉ bureau *m;* **ab=wehren** *tr (Schlag, Stoß)* parer; *(Angriff)* repousser, refouler; *(Angreifer)* chasser; *(Besucher)* écarter; *fig (Unheil)* détourner; *(Dank)* refuser; *~***fähigkeit** *f med* pouvoir *m* défensif; *~***rakete** *f* fusée *f od* missile *m* antimissile; *~***reaktion** *f med* réaction *f* défensive; *~***schlacht** *f* bataille *f* défensive.

ab=weich|en ⟨*aux: sein*⟩ *itr mar aero (vom Kurs)* dévier; *phys astr* décliner; *fig* s'écarter, s'éloigner, dévier *(von* de); *vonea.* ~ diverger; différer *(in* en); varier *(in* sur); *von der Regel* ~ faire exception à la règle; *vom Thema* ~ faire une digression; *vom geraden Weg* ~ *(fig)* quitter le droit chemin; *~***end** *a (Ansicht)* divergent, différent; *(unregelmäßig)* irrégulier, ano(r)mal; **A~ung** *f (mar, aero, Geschoß)* dérivation; *phys astr* déclinaison, variation; *pol* diversification; *(Unterschied)* différence; *(Unregelmäßigkeit)* irrégularité, anomalie *f;* **A~ungsmesser** *m mar* dérivomètre *m.*

ab=weiden *tr* brouter, paître.

ab=weis|en *tr (Besucher)* éconduire; *(Bittsteller)* renvoyer, congédier; *(Bitte)* refuser, repousser, rejeter, rebuter; *(Wechsel)* refuser; *jur* décliner, démettre, récuser; *jdn kurz* ~ congédier qn brièvement; *jdn mit s-r Klage, s-m Einspruch* ~ *(jur)* débouter qn de son action *od* de sa plainte, de son opposition; *sich nicht* ~ *lassen (aufdringlicher Mensch)* revenir à la charge; *~***end** *a* repoussant; *jdm gegenüber* ~ *sein od e-e ~e Haltung einnehmen* faire mauvaise *od* grise mine à qn, ne pas faire bonne mine à qn; **A~ung** *f* renvoi; refus, rejet *m; jur* récusation *f,* déboutement *m.*

ab=wend|en *tr (das Gesicht, den Blick)* détourner; *(Gefahr, Unglück)* écarter, prévenir; *sich von jdm, von etw* ~ se détourner de qn, de qc; abandonner qn, qc; **A~ung** *f (Sinnesänderung)* aliénation *f.*

Abwerbung *f (von Arbeitskräften)* débauchage *f.*

ab=werfen *tr* jeter bas; *(Pferd den Reiter)* démonter, désarçonner; *(Ballast)* jeter, lâcher; *(Flugblätter, Bomben)* lancer, larguer; *(etw Lästiges, Spielkarte)* se débarrasser de; *(die Fesseln)* briser; *fig (Gewinn)* rapporter, rendre; *die Blätter* ~ *(Baum)* perdre ses feuilles, s'effeuiller; *mit dem Fallschirm* ~ parachuter; *das*

Gehörn, Geweih ~ jeter ses bois; *das Joch* ~ *(fig)* secouer le joug; *Nutzen* ~ *(a.)* être profitable; *Zinsen* ~ *(fin)* porter intérêt.

ab=wert|en ['apve:rtən] *tr fin* dévaluer; **A~ung** *f* dévaluation *f.*

abwesen|d ['apve:zənt] *a* absent; *jur* défaillant; *fig (geistes~)* distrait; *oft* ~ *sein (fig)* avoir des absences; *wie* ~ *sein (a.)* être dans la lune *od* dans les nuages; **A~de(r)** *m* absent *m;* **A~heit** *f* absence *f; jur* défaut *m* de comparution; *fig (Geistes~)* absences *f pl,* distraction *f; in* ~ *(jur)* par contumace; *in jds* ~ en l'absence de qn; *durch* ~ *glänzen (fam iron)* briller par son absence.

ab=wick|eln *tr* dérouler; *(Garn)* dévider; *math (Kurve)* développer; *com adm* liquider; **A~elspule** *f* bobine *f* débitrice; **A~(e)lung** *f* déroulage; dévidage; *math* développement *m; com adm* liquidation *f;* **A~lungsstelle** *f* bureau *od* office *m* de liquidation; **A~lungsverfahren** *n* procédure *f* de liquidation.

ab=wiegen *tr* peser; *mit der Hand* ~ soupeser.

ab=wimmeln *tr fam: jdn od etw* ~ se débarrasser de qn *od* de qc, envoyer promener qn *od* qc.

Abwind *m mete aero* vent *od* courant *m* descendant.

ab=winkeln *tr (Arm)* couder.

ab=winken *itr (ablehnend)* faire signe que non; *loc* donner le signal de départ.

ab=wirtschaften *itr: abgewirtschaftet haben* être ruiné *od* un homme fini.

ab=wischen *tr (Staub etc)* enlever; *(Gegenstand)* essuyer, nettoyer; *(mit e-m Lappen)* a. torcher; *(mit e-m Schwamm)* éponger, passer l'éponge sur; *sich die Stirn* ~ s'éponger le front; *sich die Tränen* ~ essuyer ses larmes.

ab=wracken *tr mar* démonter, démolir; **A~** *n* démontage *m.*

Abwurf *m* lancement *a. sport* u. *aero; aero* largage; *(Fallschirm~)* parachutage *m; ~***behälter** *m aero* réservoir *m* largable; *~***höhe** *f aero* altitude *f* de largage; *~***linie** *f sport* ligne *f* de lancement; *~***munition** *f aero* projectiles *m pl* propulsés.

ab=würgen *tr* étrangler, étouffer; *mot* caler.

ab=zahl|en *tr* payer, acquitter, régler, liquider; *(tilgen)* amortir; *(in Raten)* payer par acomptes *od* à tempérament; **A~ung** *f* paiement, règlement, liquidation *f;* = *Ratenzahlung;* amortissement *m; auf ~ kaufen* acheter à tempérament *od* par acomptes; **A~ungsgeschäft** *n (Unternehmen)* maison *f* de vente à tempérament *od* à crédit; **A~ungskauf** *m* achat *m* à tempérament *od* à crédit.

ab=zähl|en *tr* dénombrer; *(bes. Geld)* compter; *mil* décompter; *mit abgezähltem Geld bezahlen* faire l'appoint; *das läßt sich an den Fingern ~ (fig)* cela se compte sur les doigts; *~! (mil)* numérotez-vous! **A~en** *n* dénombrement *m;* **A~vers** *m* comptine *f.*

ab=zapfen *tr* soutirer *a. fig fam; jdm Blut ~ (fam)* saigner qn; **A~** *n* soutirage *m.*

ab=zäumen *tr* débrider.

ab=zäun|en *tr* délimiter par une clôture; *(umzäunen)* enclore; **A~ung** *f (Zaun)* clôture *f; (Gelände)* enclos *m.*

Abzeichen *n (Vereins- etc, Rang~)* insigne *m (Partei~)* emblème *m.*

ab=zeichnen *tr* dessiner; *(Bild)* copier; *(mit s-m Handzeichen versehen)* parapher; *(abhaken)* pointer; *(Liste am Rande)* émarger; *sich ~ (sich abheben)* se dessiner, s'esquisser, se détacher, se préciser, se profiler, se silhouetter.

Abzieh|bild *n* décalcomanie *f,* décalque *m;* **ab=ziehen** ⟨aux: haben⟩ *tr* (re)tirer; *(Wein)* (sou)tirer; *(Ring, Schlüssel)* retirer; *(Bett)* dégarnir; *(Hasen)* dépouiller; *(Bohnen)* effiler; *(Klinge)* repasser, affiler, aiguiser; *(Brett)* raboter, dresser, unir; *(Abziehbild)* décalquer; *phot typ* tirer; *math* ôter, soustraire; *com* déduire (*von* sur), faire déduction *od* l'escompte (*etw* de qc), défalquer (*von* de *od* sur), retrancher (*von* de); *jdn von etw* détourner qn de qc; *itr* ⟨aux: sein⟩ *(Rauch)* sortir; *mil* se retirer, lever le camp; *fam allg (abhauen)* décamper, prendre le large; *auf Flaschen ~* mettre en bouteilles, embouteiller; *die Hand von jdm ~ (fig)* retirer sa protection à qn; *vom Lohn ~* retenir sur le salaire; *mit langer Nase ~* partir la tête basse; *sang- und klanglos ~* déloger sans tambour ni trompette; *die Suppe mit e-m Ei ~* lier le potage avec un œuf; *die ~de Wache* la garde descendante; **~en** *n* mise *f* en bouteilles, embouteillage; aiguisage; dressage; tirage *m;* **~riemen** *m (Streichriemen)* cuir *m* à repasser.

ab=zielen *itr: auf etw ~* viser à qc.

ab=zirkeln *tr* tracer au compas; *a. fig* compasser.

Abzug *m (des Wassers)* écoulement

m, décharge; *(des Rauchs)* sortie; *(am Gewehr)* détente, gâchette; *phot typ* épreuve *f; typ* tirage *m; com* déduction, défalcation *f; (Diskont)* escompte *m; (am Lohn)* retenue (*an* sur); *mil (Rückzug)* retraite *f; (Aufbruch)* départ *m; nach ~ der Kosten* après déduction des frais, déduction faite des frais; *in ~ bringen (com)* faire déduction *od* décompte de; *freien ~ gewähren (mil)* accorder les honneurs de la guerre; *ehrenvolle(r) ~ (mil)* honneurs *m pl* de la guerre; **~sbügel** *m (am Gewehr)* pontet *m;* **a~sfähig** *a com* déductible, déduisible; **~sgraben** *m* fossé d'écoulement; *agr* drain *m,* rigole *f;* **~skanal** *m* égout, cloaque; *(zur Entwässerung)* canal *m* d'écoulement; **~srohr** *n* tuyau *m* de décharge; **abzüglich** *prp: ~ der Kosten* après déduction des frais, déduction faite des frais.

ab=zupfen *tr* arracher (du bout des doigts); *(die Fäden)* effil(och)er (*von etw* qc).

ab=zwacken *tr: jdm etw ~* enlever qc à qn, priver qn de qc.

Abzweig|dose *f el* boîte *f* de dérivation *od* de connexion *od* de jonction; **ab=zweigen** *tr* ⟨aux: haben⟩ détourner; brancher (*von* sur), dériver (*von* de); *fig (Geld)* prélever; *itr* ⟨aux: sein⟩ *(Straße, loc)* détourner, bifurquer; former un embranchement; **~klemme** *f el* borne *f* de branchement *od* de dérivation; **~muffe** *f* manchon *m* de branchement; **~rohr** *n* tuyau *m* de branchement; **~ung** *f* détournement; *(e-r Straße, loc)* embranchement *m,* bifurcation *f; el* branchement *m,* dérivation *f.*

ab=zwicken *tr* pincer, enlever en pinçant.

Acet|at *n* ⟨-s, -e⟩ [atse'ta:t] *chem* acétate *m; ~on n* ⟨-s, ø⟩ [-'to:n] acétone *f; ~ylen(gas) n* ⟨-s, ø⟩ [-ty'le:n] acétylène *m.*

ach [ax] *interj (Klage)* hélas! *fam (Erstaunen)* ah! tiens! pas possible! *~ und weh schreien* jeter *od* pousser les hauts cris; *~ ja!* mais oui! *~ nein!* mais non! *~ so!* ah, bon! ah, c'est ça! *~ was! ~ wo!* eh quoi! bah! baste! allons donc! pensez-vous! ta, ta, ta!

Achat *m* ⟨-(e)s, -e⟩ [a'xa:t] *min* agate *f.*

Achillesferse [a'xılɛs-] *f fig* talon *m* d'Achille.

Achs|e *f* ⟨-, -n⟩ ['aksə] *(e-s Wagens)* essieu; *mot math pol* axe *m; auf ~ (fam)* en route; *per ~* par roulage; *auf e-e ~ beziehen (math)* axer; *sich um s-e eigene ~ drehen (mot)* faire un tête-à-queue; **~(enab)stand** *m* écartement des essieux, empattement *m; ~***enantrieb** *m* mot commande *f* axiale; ~**(en)bruch** *m* rupture *f* d'essieu; ~**endrehung** *f* rotation *f; ~***endruck** *m* charge *f* sur l'essieu; ~**enkreuz** *n* math système *m* de coordonnées; ~**enmächte, die,** *f pl hist* les puissances *f pl* de l'Axe; ~**enneigung** *f* math astr inclinaison *f* de l'axe; ~**enschnitt** *m* math section *f* axiale; ~**gehäuse** *n* enveloppe *f* d'essieu; ~**kilometer** *n* od *m* kilomètre-essieu *m; ~***lager** *n* boîte *f* d'essieu; ~**nabe** ['na:bə] *f* moyeu *m; ~***nagel** *m* esse *f* (d'essieu).

Achsel *f* ⟨-, -n⟩ ['aksəl] *anat* aisselle; *(Schulter)* épaule *f; die* od *mit den* ~*n zucken* hausser les épaules; ~**höhle** *f* creux *m* de l'aisselle; ~**schnur** *f* mil aiguillette *f; ~***stück** *n (am Hemd)* gousset *m; mil = Schulterstück;* ~**zucken** *n* haussement *m* d'épaules.

acht [axt] *(Zahlwort)* huit; *alle* ~ *Tage* tous les huit jours; *binnen* ~ *Tagen* dans les huit jours; *(heute, Montag) in* ~ *Tagen* (d'aujourd'hui, de lundi) en huit; *in etwa* od *ungefähr* ~ *Tagen* dans une huitaine; *vor* ~ *Tagen* il y a huit jours; **A~** *f* ⟨-, -en⟩ **1.** huit *m;* **A~eck** *n* math octogone *m;* ~**eckig** *a* octogonal, octogone; **A~el** *n* ⟨-s, -⟩ huitième *m;* **A~elnote** *f mus* croche *f;* **A~elpause** *f mus* demi-soupir *m;* **A~ender** *m* ⟨-s, -⟩ ['axtɛndər] *(Hirsch)* cerf *m* huit-cors; ~**ens** *adv* huitièmement; ~**e(r, s)** *a* huitième; **A~er** *m* ⟨-s, -⟩ = A~ 1.; *(Ruderboot)* huit; canot *m* (de course) à huit rameurs; **A~erbahn** *f* grand huit *m,* montagnes *f pl* russes; ~**erlei** ['-'laɪ] *a* de huit sortes *od* espèces; **A~erreihe** *f: in* ~*n vorbeimarschieren* défiler en colonnes par huit; **A~errennen** *n sport* course *f* de canoës à huit rameurs; ~**fach** *a* octuple; *das A~e* huit fois autant; ~**fältig** *a* = ~*fach;* **A~flächner** *m* ⟨-s, -⟩ ['-flɛçnər] *math* octaèdre *m;* ~**jährig** *a* (~ *Jahre alt)* (âgé) de huit ans; *(von* ~*er Dauer)* de huit ans; ~**kantig** *a* octogonal; ~**malig** *a* octuple, fait *od* répété huit fois; **A~-Minuten-Takt** *m* unités *f pl* de huit minutes; ~**silbig** *a* (Vers) de huit syllabes, octosyllab(iqu)e; ~**sitzig** *a* à huit places; ~**spännig** *a* à huit chevaux; **A~stundentag** *m* journée *f* de huit heures; *der* ~ *(a.)* les huit heures *f pl;* ~**stündig** ['-ʃtʏndɪç] *a* de huit heures; ~**tägig** ['-tɛgɪç] *a* de huit jours; ~**teilig** *a* (divisé) en huit parties; ~**zehn** *(Zahlwort)* dix-huit; **A~zehntel** *n* dix-huitième *m;* ~**zehn-**

te(r, s) *a* dix-huitième; **A~zeiler** *m (~zeiliges Gedicht)* huitain *m;* ~**zig** *(Zahlwort)* quatre-vingt(s); *(Schweiz)* huitante; *(Belgien)* octante; *in den* ~*er Jahren (e-s Jahrhunderts)* dans les années quatre-vingts à quatre-vingt-dix; **A~ziger(in** *f)* *m* ⟨-s, -⟩ octogénaire *m f;* ~**zigjährig** *a* octogénaire; **A~zigstel** *n* ⟨-s, -⟩ quatre-vingtième *m;* ~**zigste(r, s)** *a* quatre-vingtième.

Acht *f* ⟨-, ø⟩ [axt] **2.** *(Aufmerksamkeit)* attention *f; (Fürsorge)* soin *m; außer a~ lassen* négliger; *sich in a~ nehmen vor* se mettre en garde contre, prendre garde à; **a~bar** *a* respectable, honorable; ~**barkeit** *f* respectabilité, honorabilité *f;* **a~en** *itr: auf etw* ~ faire attention, regarder à qc; *(berücksichtigen)* tenir compte de qc; *(Rücksicht nehmen auf)* prendre soin de qc; *auf alles* ~ *(a.)* être sur le qui-vive; *genau auf etw* ~ regarder de près à qc; *tr (hoch~)* considérer, respecter, estimer; **acht=geben** *itr* être od se tenir en garde *od* sur ses gardes, se mettre sur ses gardes; *auf etw* ~ = *auf etw a~en;* **acht=haben** *itr* = *achtgeben;* **a~los** *a* inattentif; négligent; ~**losigkeit** *f* inattention, négligence *f;* **a~sam** *a* attentif; *(umsichtig)* circonspect; *(sorgfältig)* soigneux; ~**samkeit** *f* attention; circonspection *f;* soin(s *pl) m;* ~**ung** *f* ⟨-, ø⟩ *(Hoch~)* considération *f,* respect *m,* estime *f; aus* ~ *vor* par respect pour; *jdm* ~ *einflößen* inspirer de l'estime à qn; *vor etw, jdm* ~ *empfinden* respecter qc, qn; avoir de l'estime pour qn; *jdm* ~ *entgegenbringen* od *erweisen* porter du respect à qn, avoir de grands égards pour qn; *es jdm gegenüber an* ~ *fehlen lassen* manquer d'égards envers qn; ~ *genießen* être respecté; *hoch in jds* ~ *stehen* tenir une grande place dans l'estime de qn; *jdm* ~ *verschaffen* faire respecter qn; *sich* ~ *verschaffen* se faire respecter; ~*!* attention! gare! prenez garde! *mil* garde à vous! fixe! *alle* ~*!* mince (alors)! *pop;* ~*, Aufnahme! (film)* silence, on tourne! ~*! fertig! los! (sport)* à vos marques! prêts! partez! **a~unggebietend** *a* imposant; ~**ungserfolg** *m theat* succès *m* d'estime; **a~ungsvoll** *a* respectueux.

Acht *f* ⟨-, ø⟩ [axt] **3.** *(Bann)* ban *m,* proscription *f; in die* ~ *erklären* mettre au ban *od* hors la loi, bannir; *in* ~ *und Bann tun (fig)* mettre au ban *od* à l'index, proscrire.

ächt|en ['ɛçtən] *tr* bannir; *a. fig* proscrire, mettre au ban; *gesellschaftlich* ~ mettre au ban de la société; *den Krieg* ~ mettre la guerre hors la loi; **Ä~ung** *f* ⟨-, ø⟩ bannissement *m*, mise au ban *od* hors la loi; *bes. fig* proscription *f*.

achter ['axtər] *prp mar (hinter)* derrière; **~aus** *adv (nach hinten)* en arrière; ~ *fahren* faire machine arrière; **A~deck** *n mar* pont *m od* plage *f* arrière; **~n** *adv (hinten)* derrière, à l'arrière; **A~steven** *m* étambot *m*.

ächzen ['ɛçtsən] *itr* geindre, gémir; **Ä~** *n* geignement, gémissement *m*.

Acker *m* ⟨-s, ⁘⟩ ['akər, 'ɛkər] champ *m; (altes Maß)* acre *f;* **~bau** *m* agriculture, production *f* agricole; ~ *treiben* cultiver la terre; **~bauer** *m* agriculteur; cultivateur *m;* **~bauerzeugnis** *n* produit *m* agricole; **~baukunde** *f* agronomie *f;* **a~bautreibend** *a* agricole; **~boden** *m* terre *f* arable *od* labourable; **~fläche** *f* surface *f* labourée; **~gaul** *m fam* = **~pferd;** **~gerät** *n* outil de labourage, instrument *m* aratoire; **~krume** *f* = **~boden;** **~land** *n* terre *f* labourable *od* en labour; **a~n** *itr* labourer; *fig fam (schwer arbeiten)* = *schuften;* **~n** *n* labourage *m;* **~pferd** *n* cheval *m* de labour; **~salat** *m* mâche, doucette *f;* **~schlepper** *m* tracteur *m* agricole; **~walze** *f* rouleau *m* (agricole), émotteuse *f;* **~winde** *f bot* liseron *m* des champs.

ad absurdum [at ap'zurdum]: *jdn* ~ *führen* réduire qn à l'absurde; *etw* ~ *führen* prouver l'absurdité de qc.

Adam *m* ['a:dam] Adam *m; den alten* ~ *ausziehen (rel fig)* dépouiller le vieil homme; **~sapfel** *m anat* pomme *f* d'Adam; **~skostüm** *n fam* tenue *f* d'Adam.

Adapter *m* ⟨-s, -⟩ [a'daptər] *(Zusatzgerät)* adaptateur *m*.

adäquat [adɛ'kva:t, at?-] *a (entsprechend, angemessen)* adéquat, conforme *(dat* à).

add|ieren [a'di:rən] *tr math* additionner, faire l'addition *od* le total de; **A~iermaschine** *f* additionneuse *f;* **A~ition** *f* ⟨-, -en⟩ [-tsi'o:n] addition *f.*

ade [a'de:] *interj* adieu!

Ad|el *m* ⟨-s, ø⟩ ['a:dəl] *a. fig* noblesse *f; der* ~ *(die Adligen)* les nobles *m pl;* ~ *verpflichtet (prov)* noblesse oblige; *alte(r)* ~ noblesse *f* d'ancienne roche; *niedere(r)* ~ petite noblesse *f;* **~el-heid** ['-hart] *f (Vorname)* Adélaïde *f;* **a~(e)lig** *a* noble; *(Adels-)* nobiliaire; **~(e)lige(r)** *m* noble; gentilhomme *m;*

a~eln *tr* anoblir; *fig* ennoblir; **~els-brief** *m* lettre *f* de noblesse; **~els-herrschaft** *f* aristocratie *f;* **~els-prädikat** *n* particule *f* nobiliaire; **~elsregister** *n* nobiliaire *m;* **~els-stand** *m* noblesse *f; in den* ~ *erheben* anoblir; *Erhebung f in den* ~ anoblissement *m;* **~elsstolz** *m* orgueil *m* nobiliaire; **~elstitel** *m* titre *m* nobiliaire.

Ader *f* ⟨-, -n⟩ ['a:dər] *anat (Blut~; a. in Holz od Gestein)* veine; *(Schlag~; a. fig: Verkehrs~)* artère *f; min a.* filon; *el (Kabel~)* fil *m*, âme *f; e-e poetische* ~ *haben* avoir une veine *od* fibre poétique; *jdn zur* ~ *lassen* saigner qn, faire une saignée à qn; **~laß** *m* ⟨-sses, ⁘sse⟩ *a. fig* saignée *f;* **~riß** *m* rupture *f* d'une *od* de veine.

äder|n ['ɛ:dərn] *tr* veiner; *(marmorieren)* marbrer; **Ä~ung** *f* ⟨-, -en⟩ *(in Holz, Stein, min)* veines *f pl; (Marmorierung)* marbrure; *bot* nervation; *(in Textilien)* nervure *f.*

Ad-hoc-Bildung [at'hɔ(ɔ)k-] *f (Wort)* formation *f* ad hoc.

adieu [a'djø:] *interj* adieu! ~ *sagen* faire ses adieux.

Adjektiv *n* ⟨-s, -e⟩ ['atjɛkti:f, -ti:və] ['⁻⁻⁻ / -'⁻'-] *gram* adjectif *m;* **a~isch** *a* adjectif.

Adjutant *m* ⟨-en, -en⟩ [adju'tant] *mil* officier d'ordonnance; *(e-s Generals* od *e-s Staatsoberhauptes)* aide *m* de camp.

Adler *m* ⟨-s, -⟩ ['a:dlər] *orn* aigle *m; (Feldzeichen u. Wappentier)* aigle *f; astr* Aigle *m; junge(r)* ~ aiglon *m;* **~blick** *m fig* œil *m* perçant; **~horst** *m* aire *f* (de l'aigle); **~nase** *f* nez *m* aquilin *od* busqué.

Admiral *m* ⟨-s, -e/(⁘e)⟩ [atmi'ra:l] *mar* amiral *m; ent* (vanesse *f)* vulcain *m;* **~ität** *f* ⟨-, -en⟩ [-'tɛ:t] amirauté *f;* **~sflagge** *f* pavillon *m* amiral; **~srang** *m* amiralat *m;* **~sschiff** *n* vaisseau *m* amiral.

adopt|ieren [adɔp'ti:rən] *tr* adopter; **A~ion** *f* ⟨-, -en⟩ [-tsi'o:n] adoption *f;* **A~ivsohn** [-'ti:f-] *m,* **A~ivvater** *m* fils, père *m* adoptif.

Adrema *f* ⟨-, -s⟩ [a'dre:ma] *(kurz für: Adressiermaschine, s. d.).*

Adrenalin *n* ⟨-s, ø⟩ [adrena'li:n] *chem physiol* adrénaline *f.*

Adress|ant *m* ⟨-en, -en⟩ [adrɛ'sant] *(Absender)* expéditeur *m; (e-s Wechsels)* tireur *m;* **~at** *m* ⟨-en, -en⟩ [-'sa:t] *(Empfänger)* destinataire; *(e-s Wechsels)* tiré *m; (von Produkt, Werbung)* client *m;* **~e** *f* ⟨-, -n⟩ [a'drɛsə] adresse *f, a. inform; per* ~ *(Post: bei)* chez, aux (bons) soins de; *an die fal-*

sche ~ *geraten (fig)* se tromper d'adresse; *an die richtige* ~ *kommen (fig)* aller à la bonne adresse; **~enverzeichnis** *n* liste *f* d'adresses; **a~ieren** [-'si:rən] *tr* adresser; *falsch* ~ *mal* adresser; **~iermaschine** [-'si:r-] *f* machine *f* à adresses, adressographe *m*.

Adreßbuch [a'drɛs-] *n* bottin, annuaire; *(Schweiz, Belgien)* livre *m* d'adresses.

adrett [a'drɛt] *a* propre(t).

Adria ['a:dria] , *die* l'Adriatique *f*; **a~tisch** [-'a:-] *a* adriatique; *das A~e Meer* la mer Adriatique.

Advent *m* ⟨-(e)s, (-e)⟩ [at'vɛnt] *rel* Avent *m*; **~szeit** *f* temps *m* de l'Avent.

Adverb|(ium) *n* ⟨-s, -ien⟩ [at'vɛrp, -biʊm, -biən] *gram* adverbe *m*; **a~ial** [-bi'al] *a* adverbial.

Advokat *m* ⟨-en, -en⟩ [atvo'ka:t] *(plädierender)* avocat; *(Rechtsberater)* avoué *m*; **~enkniff** *m* avocasserie *f*.

Aero|dynamik [aero-] *f* aérodynamique *f*; **a~dynamisch** *a* aérodynamique; **~statik** *f* aérostatique *f*; **a~statisch** *a* aérostatique.

Affäre *f* ⟨-, -n⟩ [a'fɛ:rə] affaire *f*; *(Gerichtsprozeß)* procès *m*; *sich aus der* ~ *ziehen* se tirer *od* se sortir d'affaire, s'en sortir, tirer son épingle du jeu, se débrouiller.

Aff|e *m* ⟨-n, -n⟩ ['afə] *zoo* singe; *fig fam pej (Geck)* fat *m*; *e-n* ~*n haben (fig pop: betrunken sein)* être soûl; **a~enartig** *a zoo* simiesque; simien; *mit* ~*er Geschwindigkeit (fig fam)* à une vitesse vertigineuse; **~enbrotbaum** *m bot* baobab *m*; **~enliebe** *f* amour *m* aveugle; **~enmensch** *m* anthropopithèque *m*; **~enpinscher** *m* griffon-singe *m*; **~enschande** *f*: *das ist e-e* ~*! (fam)* c'est un scandale! **~entheater** *n fig fam* singerie, farce *f*; **a~ig** *a fig fam (eingebildet)* minaudier, maniéré, précieux.

Affekt *m* ⟨-(e)s, -e⟩ [a'fɛkt] *(Gemütsbewegung)* émotion, passion *f*, état passionnel; *psych* choc *m* émotif; *im* ~ *handeln (jur)* commettre un crime passionnel; *im* ~ *begangen* passionnel; **a~iert** [-'ti:rt] *a* affecté, maniéré, précieux, minaudier; *sich* ~ *benehmen (a.)* se donner un genre; *fam* faire du genre.

äff|en ['ɛfən] *tr (nachahmen)* singer; *(foppen)* mystifier, duper, berner; **Ä~erei** ⟨-, -en⟩ [-'raɪ] *f* singerie, mystification, duperie *f*; **Ä~in** *f* guenon *f*.

Afrika *n* ⟨-s, ø⟩ ['a(:)frika] l'Afrique *f*;

~ner *m* ⟨-s, -⟩ [-'ka:-] Africain *m*; **a~nisch** [-'ka:-] *a* africain, d'Afrique;

Afroamerikaner *m* afro-américain *m*; **afroamerikanisch** *a* afro-américain; **afro-asiatisch** *a* afro-asiatique.

After *m* ⟨-s, -⟩ ['aftər] *anat* anus *m*; **~bildung** *f* pseudoculture *f*; **~flosse** *f zoo* nageoire *f* anale; **~lehen** *n hist* arrière-fief *m*; **~weisheit** *f* fausse sagesse *f*; **~zehe** *f zoo* éperon *m*.

Ägäis [ɛ'gɛ:is] , *die* l'Égée *f*; **ä~isch** *a geog* égéen; *das Ä~e Meer* la mer Égée.

Agent *m* ⟨-en, -en⟩ [a'gɛnt] agent; *(Vertreter)* représentant; *pol* agent *m* *(secret)*; **~ur** *f* ⟨-, -en⟩ [-'tu:r] agence *f*.

Aggregat *n* ⟨-(e)s, -e⟩ [agre'ga:t] *math phys tech* agrégat; *el* groupe *m*; **~zustand** *m phys* état *m* de la matière.

Aggress|ion *f* ⟨-, -en⟩ [agrɛsi'o:n] *(Angriff)* agression, attaque *f*; **a~iv** [-'si:f] *a* agressif.

Ägide *f* ⟨-, ø⟩ [ɛ'gi:də] *(Schutz)* égide, protection *f*; *unter jds* ~ sous l'égide de qn.

agi|eren [a'gi:rən] *itr (handeln)* agir; *(auf der Bühne)* jouer; **A~tation** *f* ⟨-, -en⟩ [-tsi'o:n] , *bes. pol* agitation *f*; **A~tator** *m* ⟨-s, -en⟩ [-'ta:tor, -'to:rən] agitateur *m*; **~tatorisch** [-'to:-] *a* agitateur; **~tieren** [-'ti:rən] *itr* faire de l'agitation.

Agio *n* ⟨-s, (-s)⟩ ['a:3jo, 'a:dʒo] *fin com (Aufgeld)* agio *m*, prime *f*.

Agonie *f* ⟨-, -n⟩ [ago'ni:] *(Todeskampf)* agonie *f*.

Agraffe *f* ⟨-, -n⟩ [a'grafə] agrafe *f*.

Agrar|gesetz [a'gra:r-] *n* loi *f* agraire; **~ier** *m* ⟨-s, -⟩ [a'gra:riɛr] *(Landwirt)* agrarien; *(Großgrundbesitzer)* grand propriétaire *m*; **a~isch** *a (landwirtschaftlich)* agraire, agricole; **~land** *n* pays *m* agricole; **~markt** *m* marché *m* agricole; **~politik** *f* politique *f* agraire *od* agricole; **~reform** *f* réforme *f* agraire; **~staat** *m* État *m* agricole.

Agronom *m* ⟨-en, -en⟩ [agro'no:m] *(Diplomlandwirt)* agronome *m*; **~ie** *f* ⟨-, ø⟩ [-'mi:] *(Ackerbaukunde)* agronomie *f*; **a~isch** [-'no :-] *a* agronomique.

Ägypt|en *n* ⟨-s, ø⟩ [ɛ'gyptən] l'Égypte *f*; **~er(in** *f)* m ⟨-s, -⟩ Égyptien, ne *m f*; **ä~isch** *a* égyptien, d'Égypte; *e-e* ~*e Finsternis (fig)* des ténèbres *f pl* épaisses; **~ologe** *m* ⟨-n, -n⟩ [-'lo:gə] égyptologue *m*; **~ologie** *f* ⟨-, ø⟩ [-'gi:] *(ägypt. Altertumskunde)* égyptologie *f*.

ah [a(:)] *interj* ah! ha! ~ *so!* tiens! ~ *was!* ah bah!

aha [a'ha(:)] *interj* ah! (ah!); voilà! vous voyez bien! **A~effekt** *m: e-n ~ haben* faire tilt; **A~erlebnis** *n: ein ~ sein* faire tilt.

Ahle *f* ⟨-, -n⟩ ['a:lə] *(Werkzeug)* alêne *f*, poinçon, tire-point; *(Reib~)* alésoir *m.*

Ahn *m* ⟨(-(e)s, -en), -en⟩ [a:n] aïeul, ancêtre *m; pl* aïeux, ancêtres *m pl; 16 ~en nachweisen* fournir seize quartiers de noblesse; **~e** *f* ⟨-, -n⟩, **~frau** *f* aïeule *f;* **~enbild** *n* portrait *m* de famille; **~engalerie** *f* galerie *f* des ancêtres; **~enkult** *m rel* culte *m* des ancêtres; **~enreihe** *f* lignée *f* d'ancêtres; **~entafel** *f* carte *f* généalogique; **~herr** *m = Ahn.*

ahnd|en ['a:ndən] *tr (bestrafen)* punir, châtier; *(rächen)* venger; **A~ung** *f* ⟨-, -en⟩ punition *f,* châtiment *m; jur* vindicte; vengeance *f.*

ähn|eln ['ɛ:nəln] *itr* ressembler (un peu) (*jdm* à qn, *e-r S* à qc); **~lich** *a (dem Wesen nach, a. math)* semblable; *(von Menschen, dem Aussehen nach)* ressemblant; *(gleichartig, entsprechend)* pareil, similaire, analogue; *adv* de (la) même (façon); *jdm ~ sehen od sein* ressembler à qn; *das sieht dir ~!* cela te ressemble! on te reconnaît bien là! c'est bien toi! en voilà bien des tiennes! *~e Dinge* des choses semblables; **Ä~lichkeit** *f* ⟨-, -en⟩ ressemblance; *bes. math* similitude; *(Gleichartigkeit)* analogie *f; e-e gewisse ~ haben (von zwei Menschen)* avoir un air de famille.

ahn|en ['a:nən] *tr* pressentir, présager, avoir l'intuition de; *fam* flairer; *(vermuten)* se douter de, deviner; soupçonner; *(kommen sehen)* voir venir; *itr impers* mir ahnt (ugs) j'ai le pressentiment (*daß* que); *das konnte ich nicht ~* je ne suis pas devin; *mir ahnt nichts Gutes* je ne présage rien de bon; **A~ung** *f* ⟨-, -en⟩ *(Vorgefühl)* pressentiment, présage *m,* intuition; *psych* précognition, prémonition *f; (Vermutung)* soupçon *m; (Befürchtung)* appréhension *f; keine (blasse) od nicht die geringste ~ haben* ne savoir rien de rien; *von etw* ne pas avoir la moindre idée de qc; n'entendre pas un mot de qc; *(ich habe) keine ~!* aucune idée! **~ungslos** *a* inconscient; *adv* inconsciemment, sans se douter de rien; **A~ungslosigkeit** *f* inconscience *f;* **~ungsvoll** *a (Mensch)* plein de pressentiments.

Ahorn *m* ⟨-s, -e⟩ ['a:hɔrn] *bot* érable *m.*

Ähre *f* ⟨-, -n⟩ ['ɛ:rə] épi *m; ~n lesen*

glaner (des épis de blé); **~nlese** *f* glanage *m;* **~nleser** *m* glaneur *m.*

Airbus *m* ['ɛ:rbʊs] airbus *m.*

Ajatollah *m* ⟨-(s), -s⟩ [aja'tɔla] ayatollah *m.*

Akadem|ie *f* ⟨-, -n⟩ [akade'mi:] académie *f;* **~iker** *m* ⟨-s, -⟩ [-'de:mikər]: *~ sein* avoir fait des études universitaires; **a~isch** [-'de:-] *a* académique; *(Universitäts-)* universitaire; *die ~e Jugend* la jeunesse estudiantine; *~e(s) Proletariat n* prolétariat *m* intellectuel *od* des bacheliers.

Akazie *f* ⟨-, -n⟩ [a'ka:tsiə] *bot* acacia *m; unechte ~ (Robinie)* faux acacia, robinier *m.*

akklimatisier|en [aklimati'zi:rən] *tr* acclimater; **A~ung** *f (Vorgang)* acclimatation *f; (Effekt)* acclimatement *m.*

Akkord *m* ⟨-(e)s, -e⟩ [a'kɔrt, -də] *mus* accord; *com (Übereinkommen)* accord, arrangement; *jur* concordat; *(Stücklohn)* prix convenu *od* fait, forfait *m; e-n ~ anschlagen (mus)* frapper un accord; *im ~ arbeiten* travailler à la *od* aux pièce(s) *od* à la tâche *od* à forfait; **~arbeit** *f* travail *m* à la *od* aux pièce(s) *od* à la tâche *od* à forfait; **~arbeiter** *m* ouvrier à la *od* aux pièce(s) *od* à la tâche *od* à forfait; tâcheron *m.*

Akkordeon *n* ⟨-s, -s⟩ [a'kɔrdeɔn] *mus* accordéon *m.*

akkordieren [-'di:-] *tr (vereinbaren)* arranger, composer.

Akkord|lohn *m* salaire *m* à la *od* aux pièce(s) *od* à la tâche *od* au forfait; **~satz** *m* tarif *m* forfaitaire; **~system** *n* système *m* de travail à forfait.

akkreditieren [akredi'ti:rən] *tr (beglaubigen, bevollmächtigen)* accréditer; **A~iv** *n* ⟨-s, -e⟩ [-'ti:f] *(e-s Gesandten)* lettres *f pl* de créance; *fin (Kreditbrief)* lettre *f* de crédit, accréditif *m.*

Akkumulation *f (e-s Kapitals)* accumulation *f;* **~sfonds** *m* fond *m* d'accumulation.

Akkumulator *m* ⟨-s, -en⟩ [aku-mu'la:tɔr, -'to:rən] *el (Akku)* accu(mulateur) *m; e-n ~ aufladen* recharger un accu; *Aufladung f e-s ~s* recharge *f* d'un accu(mulateur); **~(en)batterie** *f* batterie *f* d'accu(mulateur); **~enfahrzeug** *n* **~entriebwagen** *m* voiture *od* automotrice *f* à accumulateurs; **~(en)ladestelle** *f* poste *m* de recharge; **~enlokomotive** *f* locomotive *f* à accumulateurs; **~ensäure** *f* acide *m* pour accumulateurs; ~**(en)zelle** *f* élément m d'accumulateur.

akkurat [aku'ra:t] *a (genau)* exact; *(ordentlich)* ordonné, rangé; *(sorgfältig)* soigneux; **A~esse** *f ⟨-, ø⟩* ['tɛsə] exactitude *f;* caractère *m* ordonné.

Akkusativ *m ⟨-s, -e⟩* ['akuzati:f, -və] ['---/---'-] *gram* accusatif *m;* ~**objekt** *n* complément *m* d'objet direct.

Akontozahlung [a'kɔnto-] *f (Abschlagzahlung)* paiement *od* versement *m* par acomptes.

Akrobat *m ⟨-en, -en⟩* [akro'ba:t] acrobate *m;* ~**ik** *f⟨-, ø⟩* [-'ba:tɪk] acrobatie *f;* **a~isch** *a* acrobatique.

Akropolis *f ⟨-, -len⟩* [a'kro:pɔlɪs, -'po:lən] *hist* Acropole *f.*

Akt *m⟨-(e)s, -e⟩* [akt] *(Handlung)* acte *m,* action *f; jur theat* acte; *(Geschlechts~)* acte sexuel; *(Kunst)* nu *m,* académie *f;* ~ *nehmen von (jur)* prendre acte de; *feierliche(r)* ~ cérémonie *f;* ~**studie** *f* étude *f* de nu.

Akte *f ⟨-, -n⟩* ['aktə] *adm jur* acte *m,* pièce *f,* document *m; zu den* ~**n** *legen* classer, joindre au dossier; *fig* considérer comme réglé, mettre en sommeil; ~**nbündel** *n* dossier *m;* ~**ndeckel** *m* chemise *f;* **a~nkundig** *a* enregistré; ~ *machen* enregistrer, prendre acte de; ~**nmappe** *f* = ~**ntasche; a~nmäßig** *adv:* ~ *feststehen* être enregistré; ~**nmensch** *m* bureaucrate; *fam* rond-de-cuir *m;* ~**nnotiz** *f* = ~**nvermerk;** ~**nschrank** *m* classeur, casier, cartonnier *m;* ~**nstoß** *m* pile *f* de documents *od* de dossiers; ~**nstück** *n* pièce *f,* document *m;* ~**ntasche** *f* serviette *f;* ~**nvermerk** *m* aide-mémoire *m;* ~**nzeichen** *n* numéro *m* du dossier, référence *f.*

Aktie *f⟨-, -n⟩* ['aktsiə] *fin* action *f;* ~*n aus-* od *begeben* émettre des actions; ~*n einziehen* retirer *od* racheter des actions; ~*n zeichnen* souscrire à des actions; *s-e* ~*n fallen (fig fam)* ses actions sont en baisse; *s-e* ~*n steigen (fig fam)* ses actions remontent, il reprend du poil de la bête; *wie stehen die* ~*n? (fig fam)* comment vont les affaires? ~**nausgabe** *f* émission *f* d'actions; ~**nbank** *f* banque *f* par actions; ~**nbezugsschein** *n* promesse *f* d'actions; ~**nbörse** *f* bourse *f* aux actions; ~**ngesellschaft** *f (AG)* société *f* par actions *od* anonyme (S.A.); ~**nhandel** *m* agiotage *m;* ~**nhändler** *m* agent de change, cour tier *m* (de bourse); ~**ninhaber** *m* actionnaire *m;* ~**nkapital** *n* capital-actions, fonds *m* social; ~**nkurse** *m pl* cours

m des actions; ~**nmakler** *m* = ~**nhändler;** ~**nmarkt** *m* marché *m* d'actions; ~**npaket** *n* paquet *od* lot *m* d'actions; ~**nrecht** *n* droit *m* des sociétés anonymes et en commandite; ~**nzuteilung** *f* répartition *f* des actions.

Aktinometer *n ⟨-s, -⟩* [aktino'me:tər] *med (Strahlungsmesser)* radiochronomètre *m.*

Aktion *f⟨-, -en⟩* [aktsi'o:n] action; *mil* opération *f; (Werbung)* offre *f* spéciale, promotion *f; in* ~ *treten* entrer en action; ~**är** *m ⟨-s, -e⟩* [-'nɛ:r] *fin* actionnaire *m;* ~**sgruppe** *f pol* groupement *m* d'action; ~**spreis** *m* prix *m* promotionnel; ~**sprogramm** *n pol* programme *m* d'action; ~**sradius** *m, a. mil* rayon *m* d'action.

aktiv [ak'ti:f, '--] *a* actif; *(unternehmend)* entreprenant; *mil* d'active, de carrière; ~*e Dienstzeit f* service *m* actif; ~*e(r) Offizier m* officier *m* de carrière *od* d'active; **A~** *n ⟨-s, (-e)⟩ gram* actif *m;* **A~a, A~en** *n pl* [ak'tiva, -vən] *fin* actif *m,* masse *f* active; ~ *und Passiva* l'actif *m* et le passif; ~**ieren** [-'vi:rən] *tr (beleben)* activer, donner de l'activité à, stimuler; *fin* porter à l'actif; **A~ierung** *f allg* stimulation; *scient, a. psych* activation; *com* capitalisation *f;* **A~ist** *m ⟨-en, -en⟩* ['vɪst] *pol* militant *m;* **A~ität** *f ⟨-, -en⟩* [-'tɛ:t] activité *f;* **A~posten** *m com* actif *m,* valeur *f* active; **A~saldo** *m* solde *m* créditeur, balance *f* créditrice; **A~schulden** *f pl* dettes actives, créances *f pl;* **A~zinsen** *m pl* intérêts *m pl* créditeurs.

aktualisieren [aktuali'zi:rən] *tr* actualiser, mettre à jour; **A~alität** *f ⟨-, -en⟩* [-'tɛ:t] actualité *f;* **A~ar** *m ⟨-s, -e⟩* [aktu'a:r] *jur* greffier *m;* ~**ell** [aktu'ɛl] *a* actuel, d'actualité, à l'ordre du jour; *noch nicht* ~ prématuré.

Akustik *f ⟨-, ø⟩* [a'kʊstɪk] *(Schalllehre)* acoustique; *(Klangwirkung)* sonorité *f;* **a~isch** *a* acoustique.

akut [a'ku:t] *a med* aigu; *fig (dringend)* urgent, brûlant; ~*e(r) Verlauf m (e-r Krankheit)* acuité *f;* **A~** *m ⟨-(e)s, -e⟩ gram* accent *m* aigu.

Akzent *m ⟨-(e)s, -e⟩* [ak'tsɛnt] *gram* accent *m; (Aussprache)* prononciation *f; den* ~ *legen auf (fig)* mettre l'accent, insister sur; **a~uieren** [-tu'i:r-] *tr gram* accentuer; ~**uierung** *f* accentuation *f.*

Akzept *n ⟨-(e)s, -e⟩* [ak'tsɛpt] *fin (Wechsel: Annahmeerklärung)* acceptation; *(akzeptierter Wechsel)* lettre de change, traite *f; mit* ~ *verse-*

hen accepter; *Verweigerung f des* ~s non-acceptation *f*, refus *m* d'acceptation; **a~abel** [-'taːbəl] *a (annehmbar)* acceptable; ~**ant** *m* ⟨-en, -en⟩ [-'tant] *fin* tiré, accepteur *m;* **a~ieren** [-'tiː-] *tr* accepter; *fin a.* faire honneur à; *nicht akzeptiert werden (fin)* être protesté; ~**vermerk** *m* acceptation *f*.

Akzidenz|(arbeit) [aktsi'dɛnts-] *f*, ~**druck** *m* ⟨-(e)s, -e⟩ *f typ* ouvrage *m* de ville; ~**setzer** *m* imprimeur *m* d'ouvrages de ville.

Alabaster *m* ⟨-s, (-)⟩ [ala'bastər] *min* albâtre *m;* **a~n** *a* d'albâtre, en albâtre.

Alarm *m* ⟨-(e)s, -e⟩ [a'larm] alarme; *bes. mil* alerte *f;* ~ *blasen, schlagen* sonner, donner l'alarme *od* l'alerte; *blinde(r) od falsche(r)* ~ fausse alarme *od* alerte; ~**anlage** *f* installation *f od* dispositif d'alarme, avertisseur *m;* **a~bereit** *a* = *in* ~*bereitschaft;* ~**bereitschaft** *f: in* ~ en état d'alerte; ~**glocke** *f* sonnerie *f* d'alarme, tocsin *m;* **a~ieren** [-'miː-] *tr* alarmer; *mil* alerter; **a~ierend** *a fig (beunruhigend)* alarmant, inquiétant, angoissant; ~**klingel** *f* sonnette *f* d'alarme; ~**sirene** *f* sirène *f* d'alerte; ~**zeichen** *n* signal *m* d'alarme; ~**zustand** *m* état *m* d'alerte.

Alaun *m* ⟨-s, -e⟩ [a'laun] *min* alun *m;* **a~artig** *a,* **a~haltig** *a* aluneux, alunifère; ~**erde** *f min* alumine *f;* ~**hütte** *f,* ~**werk** *n* alunière *f;* ~**stein** *m* alunite *f*.

Alban|ien *n* ⟨-s, ø⟩ [al'baːniən] l'Albanie *f;* ~**er(in** *f***)** *m* ⟨-s, -⟩ [-nər] Albanais, e *m f;* **a~isch** *a* albanais; *(das) A~(e)* l'albanais.

Albatros *m* ⟨-, -sse⟩ ['albatrɔs, -sə] *orn* albatros *m*.

Albe *f* ⟨-, -n⟩ ['albə] *rel* aube *f*.

albern ['albərn] *a* sot; niais, inepte; *(blöde)* nigaud; *sich* ~ *benehmen,* ~ *sein* = ~ *itr;* ~*e(s) Gerede* n bêtises, balivernes, sornettes *f pl;* ~*e(s) Zeug* n niaiseries *f pl; itr* faire *od* dire des bêtises *od* des niaiseries; **A~heit** *f (Eigenschaft)* niaiserie, ineptie; sottise *f; pl* = ~*es Gerede.*

Albigenser *m pl* [albi'gɛnzər] *hist rel die* ~ les Albigeois *m pl;* ~**kriege** *m pl* guerre *od* croisade *f* des Albigeois.

Albin|ismus *m* ⟨-, ø⟩ [albi'nɪsmus] *med* albinisme *m;* ~**o** *m* ⟨-s, -s⟩ [-'biːno] albinos *m*.

Album *n* ⟨-s, -ben⟩ ['albʊm, -bən] album *m*.

Albumine *n pl* [albu'miːnə] *chem (Eiweißstoffe)* albumines *f pl*.

Alchim|ie *f* ⟨-, ø⟩ [alçi'miː] alchimie *f;*

~**ist** *m* ⟨-en, -en⟩ [-'mɪst] alchimiste *m;* **a~istisch** *a* alchimique.

Alemann|e *m* ⟨-n, -n⟩ [alə'manə] Alaman *m;* **a~isch** *a* alémanique.

Alexandriner *m* ⟨-s,   -⟩ [alɛksan'driːnər] *(Vers)* alexandrin *m*.

Alge *f* ⟨-, -n⟩ ['algə] *bot* algue *f*.

Algebra *f* ⟨-, (-ebren)⟩ ['algebra] algèbre *f;* **a~isch** *a* [-'braːɪʃ] *a* algébrique.

Alger|ien *n* ⟨-s, ø⟩ [al'geːriən] *(Land)* l'Algérie *f;* ~**ier(in** *f***)** *m* ⟨-s, -⟩ [-riər] Algérien, ne *m f;* **a~isch** *a* algérien, d'Algérie.

Algier ['alʒiːr] *n (Stadt)* Alger *m*.

Algorithmus *m* ⟨-,   -men⟩ [algo'rɪtmus, -mən] algorithme *m*.

Alibi *n* ⟨-s, -s⟩ ['aːlibi] *jur* alibi *m; ein* ~ *beibringen* fournir un alibi; *sein* ~ *nachweisen* prouver *od* établir son alibi.

Alimente *n pl* [ali'mɛntə] *jur* pension *f* alimentaire; ~**forderung** *f* créance *f* alimentaire.

Alkal|i *n* ⟨-s, -lien⟩ [al'kaːli, -liən] *chem* alcali *m;* **a~isch** *a* alcalin; ~ *machen* alcaliniser; ~**oid** *n* ⟨-(e)s, -e⟩ [-lo'iːt, -də] *chem* alcaloïde *m*.

Alkohol *m* ⟨-s, -e⟩ ['alkohɔ(oː)l] alcool *m;* **a~frei** *a* sans alcool; non-alcoolisé; ~**gegner** *m* antialcoolique *m;* ~**gehalt** *m* degré *m* d'alcool; ~ *des Blutes (fam: Promille)* quantité *f* d'alcool contenue dans le sang; ~**iker** *m* ⟨-s, -⟩ [-'hoːlikər] *(Trinker)* alcoolique *m;* **a~isch** [-'hoːlɪʃ] *a* alcoolique, spiritueux; *(mit* ~*zusatz)* alcoolisé; ~*e Getränke n pl* spiritueux *m pl;* **a~isieren** [-'ziː-] *tr (mit* ~ *versetzen)* alcooliser; ~**isierung** *f* alcoolisation *f;* ~**ismus** *m* ⟨-, ø⟩ [-'lɪsmus] *(Trunksucht)* alcoolisme *m;* ~**messer** *m* alcoomètre, pèse-alcool *m;* ~**miß-brauch** *m* abus *m* d'alcool; ~**nach-weis** *m* alcootest *m*, vérification *f* du dosage d'alcool; ~**spiegel** *m* taux *m* d'alcool (dans le sang); ~**verbot** *n* prohibition *f;* ~**vergiftung** *f (akute)* intoxication *f* par l'alcool; *(chronische)* alcoolisme, éthylisme *m*.

Alkoven *m* ⟨-s, -⟩ ['alko:vən, -'--] alcôve *f*.

All *n* ⟨-s, ø⟩ [al] univers *m*.

allabend|lich [al'aːbəntlɪç] *a* de tous les soirs; ~**s** *adv* tous les soirs.

allbekannt ['al-] *a* généralement connu; *(offenkundig)* notoire.

alldeutsch ['al-] *a* pangermaniste; **A~e(r)** *m* pangermaniste *m*.

alle ['alə] *a siehe alle(r, s); fam (aufgebraucht) (Vorrat)* épuisé; *(Speise)* mangé; *(Getränk)* bu; *(Geld)* dépensé; ~ *machen* finir; ~ *sein* être épuisé; ~ *werden* s'épuiser; *das ist (alles)* ~ il n'y en a plus; *der Wein ist* ~ il n'y a plus de vin; ~**dem** ['aləde:m, --'-]: *trotz* ~ *(conj: trotzdem)* malgré tout.

Allee *f* ⟨-, -n⟩ [a'le:, a'le:ən] *(baumbestandener Weg)* allée; *(Prachtstraße)* avenue *f.*

Allegor|ie *f* ⟨-, -n⟩ [alego'ri:] allégorie *f;* **a~isch** [-'go:-] *a* allégorique.

allein [a'laın] **1.** *a* seul, sans compagnie; *(einsam)* solitaire, isolé; *ganz* ~ tout seul; *fam* seulet; *mit jdm* ~ *sein* être seul *od* en tête-à-tête avec qn; *mit jdm* ~ *sprechen* parler à *od* avec qn en particulier; *etw* ~ *tun* faire qc soi-même; *etw* ~ *tun (können)* faire qc seul; *er* ~ *(als einziger) sprach* lui seul parlait, il était le seul à parler; **2.** *adv (nur)* seulement, uniquement, ne … que; *nicht* ~ …, *sondern auch* … non seulement …, mais aussi *od* encore …; *von* ~ automatiquement, tout seul; ~ *der Gedanke* la seule pensée; **3.** *conj (jedoch)* cependant, toutefois, mais; **A~auslieferer** *m com* seul dépositaire *m;* **A~auslieferung** *f* exclusivité *f;* **A~besitz** *m* possession *f* exclusive; **A~eigentümer** *m* propriétaire *m* unique; **A~erbe** *m* héritier *m* unique; **A~flug** *m (e-s Piloten)* vol *m* seul; *(e-s Flugzeuges)* vol *m* par avion isolé; **A~herrschaft** *f* monarchie *f;* **A~herrscher** *m* monarque *m;* ~**ig** *a* seul, unique, exclusif; **A~recht** *n* droit *m* exclusif; **A~sein** *n* solitude *f;* ~**seligmachend** *a* rel: ~*e Kirche f* Église *f* hors de laquelle il n'est point de salut; ~**stehend** *a (vivant)* seul; *(ohne Hilfe)* sans appui; *(ledig)* célibataire, sans famille; **A~verkauf** *m* vente *f* exclusive; **A~vertreter** *m* représentant *m* exclusif; **A~vertretung** *f* représentation *f* exclusive; **A~vertretungsanspruch** *m pol hist* prétention *f* à la représentation exclusive; **A~vertrieb** *m* vente exclusive, exclusivité *f,* monopole *m.*

allemal ['alə'ma:l] *adv* toutes les fois, toujours; *ein für* ~ une fois pour toutes, en un mot comme en cent.

allen|falls ['alən'fals] *adv (höchstens)* tout au plus; *(notfalls)* au besoin, à la rigueur; *(äußerstenfalls)* au pis aller; ~**thalben** ['alənt'halbən] *adv* partout, en tous lieux.

alle|(r, s) ['alə] **1.** *a* tout, e; *pl* tous les, toutes les; ~ *beide* tous les deux; ~*s mögliche* un peu de tout, n'importe quoi; *mit* ~*r Deutlichkeit* clairement, nettement; *auf* ~ *Fälle* en tout cas, dans tous les cas; toujours *(nach Im-*

perativ); zu ~*m Unglück* pour comble de malheur; *ohne* ~*n Zweifel* sans aucun doute; **2.** *s pl* tous, toutes *m f pl; wir sind* ~ *da* nous sommes au complet; **3.** *n (alles)* tout; *dies od das* ~*s* tout cela; ~*s in* ~*m* à tout prendre, somme toute; *trotz* ~*m* malgré tout; *nicht um* ~*s in der Welt* pour rien au monde, pas pour tout l'or du monde; *vor* ~*m* avant tout, surtout; ~*s für sich haben wollen* vouloir la poule et les poussins; *das ist od wäre* ~*s* c'est *od* voilà tout; *damit ist* ~*s gesagt* c'est tout dire; *das ist noch nicht* ~*s* tout n'est pas encore dit; *ist das* ~*s?* n'est-ce que cela? *da hört doch* ~*s auf!* c'est trop *od* un peu fort! *fam* c'est du propre! *mein ein und* ~*s* tout mon bonheur.

aller|art ['alər'a:rt] *a* = ~*lei;* ~**beste(r, s)** *(double accentuation possible pour les composés en aller-)* le, la meilleur(e) de tous, de toutes, de tout; *das A~beste (a.)* le fin du fin, le dessus du panier; *am* ~*besten (adv)* le mieux du monde; ~**christlichste(r, s)** *a: der A~christlichste König (hist)* le roi Très Chrétien; ~**dings** *adv (in der Tat)* en effet, sans doute, bien sûr, assurément; *(einschränkend)* à la vérité; il est vrai que; ~*! (da haben Sie recht!)* ma foi, oui! ~**enden** *adv (überall)* partout; ~**erste(r, s)** *a* le premier, la première de tous (toutes); ~**größte(r, s)** *a* le, plus grand, e de tous; ~**hand** *a* = ~*lei; fam (viel)* pas mal de, force de; ~ *mitgemacht haben* en avoir vu de toutes les couleurs; *das ist ja* ~*! (fam)* c'est trop! c'est du propre! **A~heiligen** *n rel* la Toussaint; ~**heiligste(r, s)** *a* très saint; *das A~heiligste (rel: im Tempel)* le saint des saints, le sanctuaire; *das A~heiligste Sakrament* le Saint Sacrement; ~**höchste(r, s)** *a: der A~höchste (Gott)* le Très-Haut; ~**lei** ['--'laı] *a* toute sorte de, toute(s) sorte(s), de *od* en tout genre; maint, e; **A~lei** *n* ⟨-s, (-s)⟩ pot-pourri, pêle-mêle *m; Leipziger* ~ *(Küche)* macédoine *f;* ~**letzte(r, s)** *a* le dernier de tous, la dernière de toutes; ~**liebst** *a* très gentil, très charmant, ravissant; *fam* à croquer; *der, die A~liebste* le, la bien-aimé, e; ~**meisten, die (a)** la plupart de; *am* ~ *(adv)* le plus souvent; ~**neueste(r, s)** *a* le plus nouveau *od* récent, le dernier; *das A~neueste* la dernière nouveauté, le dernier cri; ~**orten** *adv,* ~**orts** *adv* partout, en tous lieux; **A~seelen** *n rel* le jour de la fête des

morts *od* des trépassés; ~**seits** *adv*
de tous côtés, partout; *herzliche Grüße* ~*!* bien le bonjour à vous tous!
~**wärts** *adv (überall)* partout; **A~-
weltskerl** *m* gaillard, luron, as; *fam*
homme *m* à toutes mains; **A~wenig-
ste,** *das* le minimum; *am a~wenig-
sten (adv)* le moins du monde; ~**wenigstens** *adv* au minimum; **A**
~**werteste,** *der (hum: Gesäß)* le
derrière.
Allergie *f* ‹-, -n› [alɛr'giː] *med (Überempfindlichkeit)* allergie *f;* **a~isch**
[-'lɛrgɪʃ] *a* allergique.
allesamt ['alə'zamt] ['--- / --'-] *pron*
tous ensemble, tous autant qu'ils sont.
allezeit ['--'-] *adv* de tout temps, toujours.
allfällig ['al-] *a dial (eventuell)* éventuel.
Allgegenwart *f* ‹-, ø› [al'geː·gənva·rt]
omniprésence *f;* **a~wärtig** *a* omni-
présent.
allgemein ['algə'maɪn] *a (überwie-
gend)* général; *(umfassend)* universel; *(gemeinsam)* commun; *rel* catholique; *adv u. im* ~*en* en général,
généralement, d'une façon générale;
(ganz) ~ *gesprochen (adv)* généralement parlant; ~*e Dienstpflicht f* service *m* obligatoire; ~*e(s) Wahlrecht
n* suffrage *m* universel; **A~befinden**
n med état *m* général; **A~bildung** *f*
culture *od* formation *f* générale;
~**gültig** *a* universellement reconnu;
A~gut *n:* ~ *werden* se vulgariser;
A~heit *f* ‹-, -en› généralité, universalité; *(Gemeinschaft)* communauté
f; (Öffentlichkeit) opinion *f* publique;
im Interesse der ~ dans l'intérêt
général; *auf Kosten der* ~ *leben* vivre sur la communauté; *der* ~ *zugänglich (zu besichtigen)* ouvert au
public; **A~medizin** *f* médecine *f*
générale; *Arzt m für* ~ généraliste *m;*
~**verständlich** *a* à la portée de tous;
A~zustand *m med* état *m* général.
Allgewalt *f* ‹-, ø› [al-] toute-puissance,
omnipotence *f;* **a~ig** *a* tout-puissant,
omnipotent.
Allheilmittel *n* [al'haɪl-] remède *m*
universel *od* à tous maux, panacée *f.*
Allianz *f* ‹-, -en› [ali'ants] *pol* alliance
f; die Heilige ~ *(hist)* la Sainte-Al-
liance; **a~ieren** [ali'iːrən] *tr (verbün-
den)* allier; ~**ierten,** *die, m pl* les
puissances *f pl* alliées, les Alliés *m pl.*
Alligator *m* ‹-s, -en› [ali'gaːtɔr,
-'toːrən] *zoo* alligator *m.*
alljährlich ['al'jɛːr-] *a* annuel; *adv a.*
tous les ans.
Allmacht *f* ‹-, ø› ['almaxt] toute-puissance *f;* **a~mächtig** [-'mɛçtiç] *a*

tout-puissant; *der A~e (Gott)* le
Tout-Puissant.
allmählich [al'mɛːlɪç] *a* graduel; *adv a.*
peu à peu, petit à petit, par degrés.
allmonatlich ['al'moː-] *a* mensuel; *adv
a.* tous les mois.
allnächtlich ['al'nɛçt-] *a* de chaque *od*
toutes les nuit(s); *adv* chaque nuit,
toutes les nuits.
Allongeperücke [a'lõːʒ-] *f hist* perruque *f* carrée.
Allopath *m* ‹-en, -en› [alo'paːt] *med*
allopathe *m;* ~**ie** *f* ‹-, ø› [-pa'tiː] allo-
pathie *f;* **a~isch** [-lo'paːtɪʃ] *a* allopa-
thique.
Allotria [a'loːtria] *n pl* choses sans importance, niaiseries *f pl;* ~ *treiben*
s'amuser, baguenauder, folâtrer; *fam*
faire des siennes.
allseitig ['al-] *a* universel; **A~keit** *f* ‹-,
ø› universalité *f.*
Allstromempfänger ['alʃtroː-m-] *m,*
~**gerät** *n radio* poste *od* récepteur
m tous courants.
Alltag ['altaːk] *m (Werktag)* jour *m*
ouvrable *od* ordinaire; *der* ~ *(fig)* la
vie quotidienne; *der graue* ~ le train-
-train quotidien *od* journalier, la grisaille quotidienne; **a~s** *adv* dans la
semaine; ~**skleidung** *f* tenue *f* de
tous les jours; ~**skost** *f* ordinaire *m;*
~**sleben** *n* vie *f* quotidienne;
~**smensch** *m* homme *m* ordinaire.
alltäglich *a* ['--'-] quotidien, journalier,
de tous les jours; *fig* [-'--] *(gewöhnlich)* ordinaire, commun, banal, terre-
-à-terre; *nicht* ~ *(a.)* hors du commun; **A~keit** [al'tɛː·k-] *f* banalité *f,*
terre-à-terre *m.*
allüberall ['alʔyː·bər'ʔal] *adv (absolument)* partout.
Allüre *f* ‹-, -n› [a'lyːrə] *(Gangart)* allure
f; pl fig (Benehmen) allures *f pl.*
alluvial [aluvi'aːl] *a geol* alluvial;
A~um *n* ‹-s, ø› [a'luːviʊm] ère *f* post-
-glaciaire.
allverehrt ['--'?-] *a* honoré de tous.
Allwellenempfänger ['----'--] *m radio* récepteur *m* toutes ondes.
Allwetterkarosserie *f mot* carrosserie *f* décapotable.
allwissen|d ['-'--] *a* omniscient; **A~-
heit** *f* ‹-, ø› omniscience *f.*
allwöchentlich [-'---] *a* hebdomadaire; *adv* chaque semaine.
allzeit ['-'-] *adv* = *allezeit.*
allzu ['altsuː] *adv* (par) trop; ~**mal**
['--'-] *adv* tous ensemble; ~**oft** *adv*
(par) trop souvent; ~**sehr** *adv* (par)
trop; ~**viel** *pron* trop; ~ *ist ungesund
(prov)* point trop n'en faut.
Allzweck- ['altsvɛk-] *(in Zssgen)* à
toute fin.

Alm f ‹-, -en› [alm] alpe f, pacage od pâturage m alpestre; *auf die ∼en treiben (tr), ziehen (itr) (Vieh)* transhumer; **∼auftrieb** m transhumance f.

Almanach m ‹-s, -e› ['almanax] *(Jahrbuch)* almanach, annuaire m.

Almosen n ‹-s, -› ['almo:zən] aumône f; *jdn um ein ∼ bitten* demander l'aumône od la charité à qn; *(jdm ein) ∼ geben* faire l'aumône od la charité (à qn); *von ∼ leben* demander od mendier son pain; **∼empfänger** m: *∼ sein* vivre de la charité publique.

Aloe f ‹-, -n› ['a:loe, -ɔən] *bot* aloès m.

Alp m ‹-(e)s, -e› [alp] *(Gespenst)* elfe m; **∼druck** m *fig* cauchemar m; **∼drücken** n cauchemar, mauvais rêve m.

Alpaka n ‹-s, ø› [al'paka] **1.** *zoo (a. Textil)* alpaga m. **2.** *(Neusilber)* maillechort m.

al pari [al'pa:ri] *adv com (zum Nennwert)* au pair.

Alp(e) f ‹-, -en› [alp(ə)] = *Alm.*

Alpen ['aipən] , *die, f pl* les Alpes f pl; *am Fuß der ∼ (gelegen)* subalpin; **∼glühen** n embrasement m des Alpes; **∼jäger** m *mil* chasseur m alpin; **∼klub** m club m alpin; **∼paß** m col m des Alpes; **∼pflanze** f plante f alpine; *pl a.* flore f alpine; **∼rose** f rhododendron (des Alpes), rosage m; **∼straße** f route f des Alpes; **∼veilchen** n cyclamen m; **Alphorn** n *mus* cor m alpestre.

Alphabet n ‹-(e)s, -e› [alfa'be:t] alphabet m; **a∼isch** a alphabétique; *adv: ∼ (an)ordnen* classer par ordre alphabétique.

alphanumerisch [alfanu'me:rɪʃ] a alphanumérique.

Alphastrahlen ['alfa-] m pl *phys* rayons m pl alpha.

alpin [al'pi:n] a *scient* alpin; **A∼ismus** m ‹-, ø› [-pi'nɪsmʊs] *sport* alpinisme m; **A∼ist** m ‹-en, -en› [-pi'nɪst] alpiniste m.

Äpler m ‹-s, -› ['ɛlplər] habitant m des Alpes.

Alraun m ‹-(e)s, -e›, **∼e** f ‹-, -n› [al'raun(ə)] *bot* mandragore f.

als [als] *conj (zeitl.)* quand; *(genauer bestimmend)* lorsque; *(die Gleichzeitigkeit betonend)* comme; *(in der Eigenschaft ∼)* comme, en, en qualité de, en tant que, à titre de; *(anstelle)* en guise de; *(nach dem Komparativ)* que, *(vor jedem)* de; *100 DM ∼ Belohnung erhalten* recevoir 100 DM de récompense; *zu stolz, ∼ daß ...* trop fier pour ...; *damals, ∼* alors que; *erst, ∼ ne ... que; e-s Tages, ∼* un jour que; *∼ ob, ∼ wenn* comme si;

nicht ∼ ob non (pas) que *subj; so tun, ∼ ob ...* faire semblant de *inf; schon ∼ Kind* étant encore enfant; **∼bald** [-'-] *adv* aussitôt, tout de suite, sur-le--champ; **∼baldig** a prompt; **∼dann** [-'-] *adv* puis, alors, ensuite.

also ['alzo:] *conj (folglich)* donc, par conséquent, en conséquence; *interj (= nun)* voyons; *∼? alors? na ∼!* eh bien, voilà!

Alt m ‹-s, (-e)› [alt] *mus* (contr)alto m; **∼istin** f ‹-, -nen› [-'tɪstɪn] contralto m; **∼stimme** f voix f d'alto.

alt [alt] a vieux; *(schon lange bestehend)* de vieille date; *(von Menschen, mit Angabe des Alters)* âgé (de ... ans, mois *etc*); *(ehemalig)* ancien; *(altertümlich, antik)* antique; *com (gebraucht)* usagé; *(verbraucht)* usé, vétuste; *pop (schlecht)* tocard; *auf meine ∼en Tage* sur mes vieux jours; *∼ aussehen* avoir l'air vieux; *alles beim ∼en lassen* laisser les choses comme elles sont; *∼ machen (∼ aussehen lassen)* vieillir; *sich ∼ machen* se faire vieux; *20 Jahre ∼ sein* avoir 20 ans; *∼ genug sein, um zu ...* être d'âge à od en âge de ...; *zu ∼ sein* avoir passé l'âge *(um zu ... de ...); ∼ werden* vieillir, se faire vieux, prendre de l'âge *od fam* de la bouteille; *pop* décoller; *80 Jahre ∼ werden* atteindre l'âge de 80 ans; *∼ werden und jung bleiben* prendre de l'âge tout en restant jeune; *nicht ∼ werden (a.)* ne pas faire de vieux os *(fam, a. fig: nicht lange bleiben); fig* ne pas moisir; *wir sind gleich ∼* vous êtes, il, elle est de mon (notre) âge; *er ist immer der ∼e (derselbe)* il est toujours le même; *er sieht nicht so ∼ aus, wie er ist* on ne lui donnerait pas son âge; *es ist alles beim ∼en* tout va son petit train-train; *es bleibt alles beim ∼en* rien ne change; *das ist e-e ∼e Geschichte* c'est une vieille histoire; *wie ∼ sind Sie?* quel âge avez-vous? *für wie ∼ halten Sie mich?* quel âge me donnez-vous? *∼er Junge!* mon vieux! *∼e (antiquarische) Bücher n pl* livres *m pl* d'occasion; *∼e(s) Eisen n* ferraille f; *A∼e Geschichte f (Geschichte d. Altertums)* histoire f ancienne; *die ∼en Griechen, Römer* les anciens Grecs, Romains *m pl; ∼e(r) Herr m (e-r Studentenverbindung)* ancien m; *mein ∼er Herr (fam: Vater)* mon paternel; *∼ und jung* tout le monde, jeunes et vieux, grands et petits; *ein ∼er Knacker (pop)* une vieille barbe; *die ∼e Leier, das ∼e Lied (fig)* la même chanson *od* antienne; *∼e(r) Sünder m* pécheur m endurci; *das*

Alte Testament l'Ancien Testament; ~**e(s) Übel** *n* mal *m* invétéré; ~**e(s) Zeug** *n (Plunder)* vieilleries *f pl;* ~**backen** *a* rassis; **A~bau** *m* construction *f* ancienne; **A~bauwohnung** *f* logement *m od* habitation *f* ancien(ne); ~**bewährt** *a* éprouvé par l'usage; ~**deutsch** *a* ancien allemand; **A~eingesessene(r)** *m* habitant *m* de très longue date; **A~eisen** *n* ferraille *f;* **A~enteil** *n jur* réserve *f* des parents; **A~e(r)** *m* vieux, vieillard *m; der A~e (fam: Chef)* le singe, le patron; *mein A~er (fam: Vater)* mon père; *die A~en pl hist (die Griechen u. Römer)* les Anciens; *fam (Eltern)* les vieux *m pl;* **A~französisch(e, das)** l'ancien français *m;* **A~glas** *n* verre *m* perdu; **A~glasbehälter** *m* conteneur *m* pour verre perdu; **A~-griechisch(e, das)** le grec ancien; **A~händler** *m = A~warenhändler;* ~**hergebracht** *a* traditionnel; **A~-hochdeutsch(e, das)** l'ancien haut allemand *m;* ~**jüngferlich** *a* de vieille fille; **A~kleidersammlung** *f* ramassage *m* de vêtements usagés; ~**klug** *a* blanc-bec *pred;* **A~material** *n* vieux matériel *m;* **A~meister** *m sport* ex-champion *m;* **A~metall** *n* vieux métal *m;* ~**modisch** *a* passé de mode, démodé, à la mode ancienne; *fam* vieux jeu; ~ *werden* se démoder; **A~nordisch(e, das)** le norrois; **A~-papier** *n* vieux papiers *m pl;* papier *m* à recycler; **A~papiersammlung** *f* ramassage *m* du papier à recycler; **A~philologe** *m* philologue *m* classique; **A~schnee** *m* neige *f* ancienne; **A~stadt** *f* vieille ville, cité *f;* **A~-stadtsanierung** *f* remodelage des quartiers anciens, curetage*m;* **A~steinzeit** *f* paléolithique *m;* ~**väterisch** *a (veraltet)* gothique, suranné; ~**väterlich** *a (ehrwürdig)* patriarcal; **A~vordern** *pl (Vorfahren)* ancêtres *m pl;* **A~wagen** *m* mot voiture *f* d'occasion; **A~warenhandel** *m* brocantage *m;* **A~warenhändler** *m* brocanteur, fripier *m;* **A~warenhandlung** *f* bric-à-brac, décrochez--moi-ça *m;* **A~wasser** *n* bras *m* mort (d'un fleuve, d'une rivière); **A~weibergeschwätz** *n* commérage *m;* **A~weibermärchen** *n* conte *m* de Peau-d'Âne; **A~weibersommer** *m (schöner Spätherbst)* été *m* de la Saint-Martin; *(Spinnweben)* filandres *f pl.*

Altan *m* ⟨-(e)s, -e⟩ [al'ta:n] *arch (Terrasse)* plate-forme, terrasse *f; (Balkon)* balcon *m.*

Altar *m* ⟨-(e)s, ∹re⟩ [al'ta:r, -'tɛ:rə] *rel*

autel *m;* ~**aufsatz** *m,* ~**blatt** *n* retable *m;* ~**bild** *n* tableau *m* d'autel; ~**decke** *f* nappe *f* d'autel; ~**flügel** *m* volet *m;* ~**gerät** *n* vases *m pl* sacrés; ~**himmel** *m* baldaquin, dais *m;* ~**kerze** *f* cierge *m;* ~**nische** *f* abside; *(kleine)* absidiole *f;* ~**wand** *f* = ~*blatt.*

Alter *n* ⟨-s, -⟩ ['altər] âge *m; (hohes)* âge *m* avancé, vieillesse *f; das* ~ les vieux jours *m pl; (von Sachen)* vétusté; *(Dienst~)* ancienneté *f; im* ~ *von* à l'âge de, âgé de; *im besten* ~ dans la force de l'âge; *in meinem* ~ à mon âge; *in vorgerücktem* ~ avancé en âge; *mittleren* ~s entre deux âges; *reiferen* ~s d'âge mûr; *seit a~s, von a~s her* de tout temps; *vor a~s* autrefois, jadis, anciennement; *das gesetzliche* ~ *haben (jur)* avoir l'âge requis; *er ist in meinem* ~ il est de mon âge; *man sieht ihm sein* ~ *nicht an* il ne paraît pas son âge; ~ *schützt vor Torheit nicht (prov)* l'âge n'est pas une preuve de sagesse; *hohe(s)* ~ grand âge *m; vorgerückte(s)* ~ âge *m* avancé; **a~n** ⟨*aux: sein*⟩ *itr* vieillir, se faire vieux, prendre de l'âge; ~**n** *n* vieillissement *m;* sénescence *f.*

älter ['ɛltər] *a (Komparativ von: alt)* plus âgé; *(von Geschwistern)* aîné; *(nicht mehr jung)* d'un certain âge, entre deux âges; ~ *werden* avancer en âge; *er ist 2 Jahre* ~ *als ich* il a 2 ans de plus que moi, il est mon aîné de 2 ans.

alternativ [altɛrna'ti:f] *a* alternatif, -ive; *pol* alternatif, autonome; *die A~en (pol)* les alternatifs, les autonomes; **A~ative** *f* ⟨-, -n⟩ [-'ti:və] alternative *f;* **A~ativkosten** *pl fin* coût *m* alternatif *od* de substitution; ~**ieren** [-'ni:rən] *itr (abwechseln)* alterner.

Alterserscheinung ['altərs-] *f* signe *m* de vieillesse; ~**genosse** *m* contemporain *m;* ~**grenze** *f* limite *f* d'âge; âge *m* limite; *die* ~ *erreichen* arriver à la limite d'âge; *flexible* ~ âge *m* de la retraite variable; ~**gruppe** *f* groupe *m od* tranche *f* d'âge; ~**heim** *n* maison *f* de retraite, asile *m* de vieillards; ~**klasse** *f* classe *f* d'âge; ~**klasseneinteilung** *f* groupement *m* par âge; ~**krankheit** *f,* ~**leiden** *n* maladie *f* sénile; ~**präsident** *m* président *od* doyen *m* d'âge; ~**pyramide** *f* pyramide *f* des âges; ~**rente** *f* rente *od* pension de vieillesse, retraite *f* des vieux; **a~-schwach** *a* affaibli par l'âge, sénile, décrépit; ~**schwäche** *f* débilité, sénilité, décrépitude *f; an* ~ *sterben* mourir de vieillesse; ~- **und Invalidenversicherung** *f* assurance-vieillesse *f* et assurance-invalidité *f;* ~**unterschied** *m* différence *f* d'âge; ~**versicherung** *f* assurance-vieillesse *f;* ~**versorgung** *f* caisse *f* de prévoyance-vieillesse; ~**vorsorge** *f* aide *f* au troisième âge; ~**zulage** *f* prime *f* d'ancienneté.

Altertum *n* ⟨-s, ø⟩ ['altərtu:m] antiquité *f; pl s. Altertümer; das graue* ~ l'antiquité *f* la plus reculée; ~**sforscher** *m,* ~**skenner** *m* archéologue *m;* ~**skunde** *f,* ~**swissenschaft** *f* archéologie *f.*

Altertüm|elei *f* ⟨-, -en⟩ [altərty:mə'laɪ] manie *f* des choses anciennes; ~**er** ['altər-] *n pl* antiquités *f pl;* **a~lich** *a* ⟨*Gegenstand) (Wort, Redensart, Stil)* archaïque; ~**lichkeit** *f* ⟨-, -en⟩ caractère *m* antique *od* archaïque.

ält|este(r, s) ['ɛlt-] ⟨*Superlativ von: alt⟩* le plus âgé; **Ä~este(r)** *m (a. von Geschwistern)* aîné; *(Vorsteher)* doyen *m;* ~**lich** *a* vieillot.

Altru|ismus *m* ⟨-s, ø⟩ [altru'ɪsmʊs] altruisme *m;* ~**ist** *m* ⟨-en, -en⟩ [-tru'ɪst] altruiste *m;* **a~istisch** [-tru'ɪstɪʃ] *a* altruiste.

Alufolie *f* papier *m* (d')aluminium, papier *m* (d')alu.

Aluminium *n* ⟨-s, ø⟩ [alu'mi:niʊm] aluminium *m;* ~**fabrik** *f* aluminerie *f;* ~**folie** *f* feuille *f* d'aluminium = *Alufolie;* ~**legierung** *f* alliage *m* d'aluminium.

Alumn|at *n* ⟨-(e)s, -e⟩ [alʊm'na:t] *(Schülerheim)* internat *m;* ~**e** *m* ⟨-n, -n⟩ *(Heimschüler)* interne *m.*

am [am] *(= an dem) s. an; (bei Daten u. anderen Zeitangaben steht im Französ. der acc mit best. Artikel):* ~ *14. Juli* le quatorze juillet; ~ *Abend* le soir; ~ *Sonntag* le dimanche; ~ *Tage s-r Rückkehr* le jour de sa rentrée; ~ *besten* le mieux; ~ *meisten* le plus.

Amalgam *n* ⟨-s, -e⟩ [amal'ga:m] *chem* amalgame *m;* **a~ieren** [-'mi:rən] *tr* amalgamer.

Amateur *m* ⟨-s, -e⟩ [ama'tø:r] *, bes. sport* amateur *m;* ~**photograph** *m* photographe *m* amateur; ~**sport** *m* amateurisme *m.*

Amazone *f* ⟨-, -n⟩ [ama'tso:nə] *(Mythologie; Reiterin)* amazone; *(Mannweib)* virago *f, fam* dragon *m.*

Amb|er *m* ⟨-s, (-n)/-bra⟩ ['ambər], ~**ra** *f* [-bra] *(Duftstoff)* ambre *m.*

Amboß *m* ⟨-osses, -osse⟩ ['ambɔs] *a. anat* enclume *f.*

Ambrosia *f* ⟨-, ø⟩ [am'bro:zia] *(Götterspeise)* ambroisie *f.*

ambul|ant [ambu'lant] *a com* ambulant; *med* ambulatoire; ~**e** *Behandlung* *f* traitement *m* ambulatoire; ~**e(s)** *Gewerbe n* métier *m* ambulant; ~**e(r)** *Gewerbetreibende(r)* *m* marchand *m* ambulant; **A~anz(wagen** *m)* *f* [-'lants-] *f* ambulance *f.*

Ameise *f* ⟨-, -n⟩ ['a:maɪzə] fourmi *f; weiße* ~ *(Termite)* fourmi *f* blanche, termite *m;* ~**nbär** *m* fourmilier, tamanoir *m;* ~**nei** *n* œuf *m* de fourmi; ~**nhaufen** *m* fourmilière; *fig a.* ruche *f;* ~**nlöwe** *m* ent fourmilion *m;* ~**nsäure** *f* acide *m* formique; ~**nstaat** *m* république *od* société *f* de fourmis.

amen ['a:mən] *interj* amen! ainsi soit-il! *zu allem ja und* ~ *sagen* dire amen à tout, opiner du bonnet; être un beni-oui-oui; *das ist so sicher wie das A~ in der Kirche* c'est aussi sûr que deux et deux font quatre.

Amerika [a'me:rika] *n (a. = USA)* l'Amérique *f;* ~**ner(in** *f)* *m* ⟨-s, -⟩ [-'ka:nər] Américain, e *m f;* **a~nisch** *a* américain, d'Amérique; *adv* à l'américaine; **a~nisieren** [-'si:rən] *tr* américaniser; ~**nisierung** *f* américanisation *f;* ~**nismus** *m* ⟨-, -men⟩ [-'nɪsmʊs, -mən] américanisme *m.*

Amethyst *m* ⟨-(e)s, -e⟩ [ame'tʏst] *min* améthyste *f.*

Aminosäuren [a'mi:no-] *f pl chem* amino-acides, acides *m pl* aminés.

Amme *f* ⟨-, -n⟩ ['amə] nourrice; *(Kindersprache)* nounou *f;* ~**nmärchen** *n* conte *m* de bonne femme *od* de ma mère l'oie.

Ammer *f* ⟨-, -n⟩ ['amər] *orn (Gold~)* bruant, bréant; *(Fett~)* ortolan *m.*

Ammoniak *n* ⟨-s, ø⟩ [amoniak] ['---/---'-] *chem* ammoniac *m;* ~**dämpfe** *m pl* vapeurs *f pl* ammoniacales; ~**gas** *n* gaz *m* ammoniac; ~**geruch** *m* odeur *f* ammoniacale; **a~haltig** *a* ammoniacal; ~**lösung** *f* ammoniaque *f;* ~**salz** *n* sel *m* ammoniac; ~**wasser** *n* eau *f* ammoniacale.

Amnesie *f* ⟨-, -n⟩ [amne'zi:] *med (Gedächtnisverlust)* amnésie *f.*

Amnestie *f* ⟨-, -n⟩ [amnɛs'ti:] *jur (Begnadigung)* amnistie *f;* **a~ren** [-'ti:rən] *tr* amnistier.

Amöbe *f* ⟨-, -n⟩ [a'mø:bə] *zoo* amibe *f.*

Amok|(laufen *n)* ['a:mɔk/a'mɔk] *m* ⟨-s, ø⟩ amok *m;* folie *f* du meurtre; ~**läufer** *m* amok *m.*

Amor *m* ⟨-s, ø⟩ ['a:mɔr] *(Liebesgott)* Amour, Cupidon *m.*

amoralisch ['amora:lɪʃ, amo'ra:lɪʃ] *a* amoral.

amorph [a'mɔrf] *a (formlos)* amorphe.

Amortis|ation *f* ⟨-, -en⟩

[amɔrtizatsi'o:n] *fin* amortissement *m;* **a~ierbar** [-'si:r-] *a* amortissable; **a~ieren** *tr* amortir.

Ampel *f* ⟨-, -n⟩ ['ampəl] *(Hängelampe)* lampe *f* suspendue; *(Hängevase)* vase *m* suspendu; *(Verkehrs-)* feux *m pl.*

Ampere *n* ⟨-(s), -⟩ [ã'pɛ:r, am'pɛ:r] *el* ampère *m;* **~meter** *n* ampèremètre *m;* **~stunde** *f* ampère-heure *m;* **~zahl** *f* nombre d'ampères, ampérage *m.*

Ampfer *m* ⟨-s, -⟩ ['ampfər] *bot (Gattung)* oseille *f; scient* rumex *m.*

Amphib|ie *f* ⟨-, -n⟩ [am'fi:biə] *zoo* amphibie *m; pl (als Klasse)* amphibiens, batraciens *m pl;* **~ienfahrzeug** *n* véhicule *m* amphibie; **~ienflugzeug** *n* avion *m* amphibie; **a~isch** *a* amphibie.

Amphitheater [am'fi:-] *n* amphithéâtre *m.*

Ampulle *f* ⟨-, -n⟩ [am'pulə] *(Fläschchen)* fiole; *med* ampoule *f.*

Amput|ation *f* ⟨-, -en⟩ [amputatsi'o:n] *med* amputation *f;* **a~ieren** [-'ti:rən] *tr* amputer.

Amsel *f* ⟨-, -n⟩ ['amzəl] *orn* merle *m.*

Amt *n* ⟨-(e)s, ⁻er⟩ [amt, 'ɛmtər] *(Dienststellung, Aufgabe)* fonction *f,* emploi *m;* charge *f (~sgewalt)* compétence, *jur* juridiction *f; (Dienststelle, -raum)* bureau, office, service *m,* administration *f; tele* central (téléphonique); *rel* office *m; im ~* en service; en exercice; *in Ausübung meines ~es* dans l'exercice de mes fonctions; *kraft meines ~es* en vertu de ma charge; *von ~s wegen* d'office, officiellement; *ein ~ antreten* od *übernehmen* entrer en charge od en fonction, prendre ses fonctions; *ein ~ ausüben* exercer od remplir une fonction; *ein ~ bekleiden* occuper une charge; *jdn von ~s wegen bestellen* nommer qn d'office; *im ~ bleiben* rester od demeurer en fonction; *jdn in sein ~ einführen* initier qn à ses fonctions; *jdn s-s ~es entheben* destituer od relever od renvoyer qn de ses fonctions; *fam* mettre qn à pied; *sein ~ niederlegen, von s-m ~ zurücktreten* résigner ses fonctions, se démettre de ses fonctions od de son emploi, démissionner; *fam* rendre son tablier; *in ~ und Würden stehen* être arrivé aux honneurs; *tun, was s-s ~es ist, s-s ~es walten* s'acquitter de ses fonctions; *jdm ein ~ übertragen* charger qn d'une fonction, confier une fonction à qn; *das ist nicht meines ~es* cela ne me regarde pas; *wem Gott ein ~ gibt, dem gibt er auch den Verstand (prov)* la sagesse vient avec les emplois; *Auswärtige(s) ~* ministère *m* des Affaires étrangères; *geistliche(s) ~* ministère *m* spirituel; *das höchste ~* la plus haute magistrature; *öffentliche(s) ~* charge *f* publique; *Statistische(s) ~* service *m* statistique; **a~ieren** [-'ti:rən] *itr* être en fonction(s); **a~lich** *a* officiel, d'office; *in ~er Eigenschaft* dans l'exercice de mes *etc* fonctions; **~mann** *m* ⟨-s, -leute/-männer⟩ secrétaire; *hist* bailli *m.*

Amts|adel ['amts-] *m hist* noblesse *f* de robe; **~anmaßung** *f* abus *m* d'autorité od de pouvoir; **~antritt** *m* entrée *f* en charge od en fonction(s); **~arzt** *m* médecin *m* administratif; **~befugnis** *f* compétence *f; s-e ~se überschreiten* outrepasser les limites de sa compétence; **~bezirk** *m* district *m,* circonscription; *jur* juridiction *f;* **~blatt** *n* journal od bulletin *m* od gazette *f* officiel(le); **~bruder** *m* collègue, confrère *m;* **~dauer** *f* durée du mandat; *(e-r Körperschaft)* législature *f;* **~diener** *m* huissier *m;* **~enthebung** *f* suspension, destitution *f;* **~führung** *f* gestion, administration *f;* **~geheimnis** *n* secret *m* professionnel; **~gehilfe** *m* substitut, adjoint *m;* **~gericht** *n* tribunal *m* cantonal od de première instance; **~geschäfte** *n pl* fonctions *f pl* publiques; **~handlung** *f* acte *m* officiel od de fonction, opération *f* administrative; **~leitung** *f tele* ligne *f* réseau od principale; **~miene** *f* air *m* officiel; **~mißbrauch** *m* abus od excès *m* de pouvoir; **a~müde** *a* las de son emploi od de ses fonctions; **~niederlegung** *f* démission *f;* **~person** *f* personne *f* publique; *jur* officier *m* ministériel; **~pflichten** *f pl* devoirs *m pl* d'une charge; *s-e ~ verletzen* trahir les devoirs de sa charge; **~richter** *m* juge *m* de première instance; **~schimmel** *m hum* carriole *f* administrative; *den ~ reiten* avoir l'esprit bureaucratique; **~siegel** *n* sceau *m* officiel; **~sitz** *m* siège *m;* **~sprache** *f* langue *f* officielle od administrative; **~stube** *f* bureau *m;* **~stunden** *f pl* heures *f pl* de bureau od de service; **~tracht** *f* costume *m* officiel, robe *f* (de magistrat); **~vergehen** *n* forfaiture, prévarication, malversation *f;* **~vorgänger** *m* prédécesseur *m;* **~vormund** *m* tuteur *m* légal od officiel; **~vormundschaft** *f* tutelle publique; *(Behörde)* chambre *f* des tutelles; **~vorsteher** *m* chef *m* de bureau od loc de service; **~zeichen** *n tele* signal *m* de

numérotation; **~zeit** *f* période d'activité *od* de fonctions, magistrature *f.*
Amulett *n* ‹-(e)s, -e› [amu'lɛt] amulette *f,* talisman, porte-bonheur *m.*
amüs|ant [amy'zant] *a* amusant, divertissant; *(spaßig)* drôle; **~ieren** [-'zi:rən] *tr* amuser; *sich ~* s'amuser; *fam* faire la noce *od pop* la bombe; *sich köstlich ~* s'amuser follement.
amusisch ['a-, a'mu:zɪʃ] *a (ohne Kunstsinn)* indifférent à l'art, béotien.
an [an] *prp (Grundbedeutung)* à; **1.** *(räuml.)* ~ *der Wand* au mur; ~ *der (Land-)Straße* au bord de la route; ~ *e-m Fluß, am Rhein,* ~ *der Seine* sur une rivière, sur le Rhin, sur la Seine; ~ *e-r Stelle* à un endroit; ~ *der Tür (hängend od stehend)* à la porte; *am Feuer* près du feu; *am Kamin* au coin du feu; *am Kopf, Hals,* ~ *der Brust* à la tête, au cou, au sein; ~ *der Hand (a. halten)* à la main; *Haus* ~ *Haus* une maison après l'autre; ~ *die Wand stellen, werfen* mettre, jeter contre le mur; ~ *die (Wand-)Tafel gehen, schreiben* aller, écrire au tableau (noir); ~ *allen Gliedern zittern* trembler de tous ses membres; **2.** *(zeitl.)* ~ *e-m bestimmten Tage* à un jour fixé; *am Tage der Hochzeit, der Prüfung, des Unfalls* le jour du mariage, de l'examen, de l'accident; ~ *e-m kalten, solchen Tage* par un jour froid, par un tel jour; *am hellen Tage* en plein jour; *am Abend* le soir; ~ *e-m schönen Sommermorgen* par un beau matin d'été; *es ist* ~ *der Zeit zu* il est temps de; **3.** *(instrumental)* ~ *den Fingern herzählen* compter sur les doigts; ~ *der Hand, Leine führen* mener par la main, en laisse; ~ *der Nase herumführen (fig)* mener par le bout du nez; ~ *Krücken gehen* marcher avec des béquilles; **4.** *(kausal)* ~ *etw liegen (von etw herrühren)* venir de qc; ~ *etw leiden, sterben* souffrir, mourir de qc; **5.** *(verschiedene Beziehungen ausdrückend):* *sich* ~ *jdn wenden,* ~ *jdn schreiben* s'adresser, écrire à qn; *gut, schlecht* ~ *jdm handeln* agir bien, mal envers qn; ~ *etw arbeiten* travailler à *od* sur qc; ~ *etw erkranken* être pris *od* atteint de qc; *das liegt* ~ *Ihnen* cela vous regarde; ~ *der Sache ist kein wahres Wort* c'est une fable *od* une invention pure; *arm, reich* ~ pauvre, riche en; ~ *mir (meiner Person)* en moi; ~ *(und für) sich (im Grunde)* au fond, en fait; *das Ding* ~ *sich (philos)* la chose en soi; **6.** ~ *die (mit e-m Zahlwort: gegen, ungefähr)* à peu près, environ; **7.**

(adv) von jetzt od nun ~ à partir de ce moment, désormais, dorénavant; *von d(ies)er Zeit* ~ dès lors; *von morgen* ~ dès demain; **~sein** *(angestellt, eingeschaltet sein)* marcher, fonctionner; *(Feuer, Licht)* être allumé.
Anachron|ismus *m* ‹-, -men› [anakro'nɪsmʊs, -mən] anachronisme *m;* **a~istisch** *a* anachronique.
anal [a'na:l] *a* anal; ~ *einführen* introduire dans l'anus; **A~verkehr** *m* relations *f pl* sexuelles anales.
analog [ana'lo:k, -gə] *a (ähnlich, entsprechend)* analogue; **A~ie** *f* ‹-, -n› [-lo'gi:] analogie *f; in* ~ *zu* par analogie avec.
Analphabet *m* ‹-en, -en› ['an-, analfa'be:t] analphabète, illettré *m;* **~entum** *n* ‹-s, ø› analphabétisme *m.*
Analy|se *f* ‹-, -n› [ana'ly:zə] analyse *f;* **~senwaage** *f* fem micropeseuse *f;* **a~sierbar** *a* analysable; **a~sieren** [-'zi:rən] *tr* analyser; anatomiser; **~tik** *f* ‹-, ø› [ana'ly:tɪk] *philos* analytique *f;* **~tiker** *m* ‹-s, -› [-'ly:tikər] analyste *m;* **a~tisch** [-'ly:tɪʃ] *a* analytique.
Anäm|ie *f* ‹-, -n› [anɛ'mi:] *med (Blutarmut)* anémie *f;* **a~isch** [-'nɛ:mɪʃ] *a* anémique.
Ananas *f* ‹-,-/se› ['ananas] ananas *m.*
Anarch|ie *f* ‹-, -n› [anar'çi:] anarchie *f;* **a~isch** [-'narçiʃ] *a* anarchique; **~ismus** *m* ‹-, ø› [- 'çɪsmʊs] anarchisme *m;* **~ist** *m* ‹-en, -en› [-'çɪst] anarchiste *m;* **a~istisch** [-'çɪstɪʃ] *a* anarchiste.
Anästhes|ie *f* ‹-, -n› [anɛste'zi:] *med* anesthésie *f;* **a~ieren** [-'zi:rən] *tr* anesthésier.
Anatom *m* ‹-en, -en› [ana'to:m] anatomiste *m;* **~ie** *f* ‹-, -n› [-to'mi:] anatomie *f; (Hörsaal)* amphithéâtre *m* d'anatomie; ~ *für Künstler* anatomie *f* artistique; **a~isch** *a* anatomique; **~e(s) Institut** *n* institut *m* d'anatomie.
an=bahnen *tr* frayer *od* préparer *od* ouvrir la voie à, amorcer; *sich* ~ se préparer, s'amorcer.
an=bändeln *itr fam: mit jdm* ~ faire la cour à qn, chercher le contact avec qn, flirter avec qn; *(feindlich)* chercher querelle *od* noise à qn.
Anbau *m* ‹-(e)s, -ten› *arch* agrandissement *m,* annexe; *(kleiner)* aile; *agr (von Pflanzen)* culture; *(des Bodens)* mise en culture, exploitation *f; (von Brachland)* défrichement *m;* ~ *verschiedener Erzeugnisse* polyculture *f;* **an=bauen** *tr arch* ajouter, adosser *(an* à); *agr* planter, cultiver; exploiter; défricher; **~fläche** *f* surface cultivée; superficie *f* cultivable; **~küche** *f* cui-

sine *f* par éléments; **~möbel** *n pl*
meubles *m pl* par éléments.
an=befehlen *tr (anvertrauen)* confier
(*jdm etw* qc à qn).
Anbeginn *m* ‹-s, ø› : *seit* od *von* ~ dès
l'origine, dès le début.
an=behalten *tr (Kleidungsstück)* garder (sur soi), ne pas ôter *od* quitter.
anbei [an'baɪ, '--] *adv* ci-inclus, ci-joint,
sous ce pli.
an=beißen *tr* mordre dans; *itr (Fisch
beim Angeln* u. *fig)* mordre à l'hameçon; *fig fam* gober (l'hameçon), se
laisser prendre; **A~** *n (des Fisches)*
touche *f; zum* ~ *hübsch* joli à croquer.
an=belangen *tr impers* regarder, concerner; *was mich anbelangt* en ce
qui me concerne, moi; quant à moi.
an=bellen *tr* aboyer (*jdn* après qn).
an=beraumen *tr adm jur* (pré)fixer.
an=bet|en *tr, a. fig* adorer; **A~er** *m*
adorateur *m;* **A~ung** *f* ‹-, -en› adora-
tion *f;* **~ungswürdig** *a* adorable.
Anbetracht: *in* ~ *(gen)* en considération de, eu égard à, vu, attendu, en
raison de; *in* ~ *(der Tatsache), daß*
vu *od* attendu, étant donné que; *jur*
considérant que.
an=betreffen *tr impers* = *anbelangen.*
an=betteln *tr* demander l'aumône (*jdn*
à qn); mendier (*jdn* auprès de qn).
an=bieder|n, *sich* faire le gentil (*bei
jdm* auprès de qn); *fam* taper sur le
ventre (*bei jdm* à qn); **A~ung(sversuch** *m)* *f* (tentative *f* de) rapprochement *m.*
an=biet|en *tr* offrir; *zum Kauf* ~
mettre en vente; **A~** *n* offre *f;* **A~er**
m fin offreur *m.*
an=binden *tr* lier, attacher (*an* à);
(Baum) palisser; *itr fig: mit jdm* ~
chercher querelle *od* noise à qn; *wieder* ~ rattacher; *kurz angebunden
sein* ne pas répondre grand chose,
être très sec, ne pas faire de frais de
politesse; *sehr angebunden (bean-
sprucht) sein* être comme un chien à
l'attache.
an=blasen *tr (Hochofen)* mettre en
feu.
Anblick *m (Blick)* vue *f,* regard, coup
d'œil; *(Aussehen)* aspect *m; beim* ~
(gen) à la vue (de); *fesselnde(r)* ~
spectacle *m* fascinant; **an=blicken** *tr*
regarder.
an=bohren *tr* forer, percer; *(Harzbäu-
me)* entailler; *(Faß)* mettre en perce;
(Schiff zur Versenkung) saborder.
an=braten *tr* saisir, faire revenir.
an=brausen ‹aux: sein› *itr: angebraust
kommen* arriver en coup de vent.

an=brechen *tr* ‹aux: haben› *(Vorrat,
Stück, Packung, Flasche)* entamer;
fig a. écorner; *itr* ‹aux: sein› *(beginnen)* commencer; *(Tag)* se lever,
poindre; *(Nacht)* tomber.
an=brennen *tr* ‹aux: haben› *(anzünden)* allumer, mettre le feu à; *itr* ‹aux:
sein› s'allumer, prendre feu; *(Speise)*
commencer à brûler, attacher; *ange-
brannt riechen* sentir le brûlé; *ange-
brannt schmecken* avoir un goût de
brûlé.
an=bringen *tr (hintun u. befestigen)*
mettre, poser, placer, loger, installer,
fixer, appliquer, ménager; *(Veränderung)* pratiquer; *(Siegel, Plakat)*
apposer; *(Wort)* placer; *(zur Sprache
bringen)* exposer, mettre sur le tapis;
(Gesuch, Klage) déposer; *(Kenntnisse zeigen)* exposer, débiter; *(verkaufen)* débiter, écouler.
Anbruch *m* ‹-(e)s, ⁓e› *metal* cassure,
crique; *(mines* ouverture *f; (Beginn)*
commencement *m; (der Nacht)*
tombée; *(des Tages)* pointe *f; im* ~
(nicht mehr ganz) entamé.
an=brüllen *tr* vociférer, tonner, pester
(*jdn* contre qn); *fam* rabrouer, en-
guirlander; *pop* engueuler.
an=brüten *tr* commencer à couver.
Andacht *f* ‹-, -en› ['andaxt] *(innere
Haltung)* recueillement *m,* méditation
f; rel acte *m* de dévotion, dévotions *f
pl; (Gebet)* prière *f; s-e* ~ *verrichten*
faire ses dévotions; **~sbuch** *n* livre
m de dévotion; **andächtig** ['-dɛçtiç]
a rel recueilli; *adv:* ~ *zuhören* écouter attentivement.
Andalus|ien [anda'lu:ziən] *n* l'Anda-
lousie *f;* **~ier(in** *f)* *m* ‹-s, -› [-'lu:ziər]
Andalou, se *m f;* **a~isch** [-'lu:zɪʃ] *a*
andalou.
an=dauern *itr* durer, continuer, persister; **~d** *a* continuel, persistant; *adv a.*
à tout (tous) moment(s), cons-
tamment.
Andenken *n* ‹-s, -› *(Gedenken)* mémoire *f; (Erinnerungsstück)* souvenir
m; zum ~ *an* en mémoire, en souvenir, en commémoration de; *ein eh-
renvolles* ~ *hinterlassen* laisser une
mémoire honorée; *in gutem* ~ *bei
jdm stehen* avoir laissé un bon souvenir à qn.
ander|e(r, s) ['andər-] *pron* autre; *ein*
~*er, (pl)* ~*e (allg)* autrui *m; die* ~*n
(a.)* le reste; *jeder* ~*e* tout autre; *kein*
~*er* aucun *od* nul autre, personne
(d')autre; *der eine und der* ~*e* l'un et
l'autre; *weder der eine noch der* ~*e*
ni l'un ni l'autre; *etwas* ~*es* autre chose; *alles* ~*e* tout le reste; *als* rien
moins que; *nichts* ~*es* rien (d')autre;

am ~n Tage le lendemain; *auf der ~n Seite (a. fig)* de l'autre côté; *in ~n Umständen (fam: schwanger)* enceinte *a f; einer nach dem ~n* l'un après l'autre; *(abwechselnd)* tour à tour; *ein Fehler nach dem ~n* faute sur faute; *ein ums ~e Mal* une fois sur deux; *einen Tag um den ~n* tous les deux jours; *unter ~em* entre autres (choses); *mit ~en Worten* en d'autres termes; *ein ~es Hemd, Kleid anziehen* changer de chemise, de robe; *~er Meinung od ~en Sinnes sein* avoir changé d'avis; *~e Saiten aufziehen* changer de ton; *sich um nichts ~es kümmern* ne pas s'embarrasser du reste; *sich über die ~n lustig machen* se moquer des gens; *ein ganz ~er geworden sein* être tout changé; *von etwas ~em sprechen* changer de conversation; *sich auf ~e verlassen* compter sur autrui; *ich habe ganz ~e Dinge gesehen* j'en ai vu bien d'autres; *sie sind einer wie der ~e* l'un vaut l'autre; *das ist etwas ~es* c'est autre chose, c'est différent; *fam* c'est une autre histoire; *das ist etwas ganz od völlig ~es* c'est tout autre chose, cela ne se ressemble pas, c'est comme le jour et la nuit; *fam* c'est une autre paire de manches; *es verging ein Monat um den ~n* les mois s'écoulaient; *das machen Sie e-m ~n weis!* à d'autres! *~e Länder, ~e Sitten (prov)* autres pays, autres mœurs; *~e Zeiten, ~e Sitten (prov)* autres temps, autres mœurs; *was du nicht willst, daß man dir tu', das füg auch keinem ~n zu!* ne fais pas à autrui ce que tu ne voudrais pas qu'on te fît à toi-même; **~(e)nfalls** ['--'-] *adv* autrement, sinon, faute de *od* sans quoi; **~(e)norts** ['--'-] *adv* (par) ailleurs; **~(e)ntags** ['--'-] *adv* le lendemain; **~(e)nteils** ['--'-] *adv* d'autre part; **~(er)seits** ['--'-] *adv* d'autre part, d'(un) autre côté; *(dafür)* en revanche; *(dagegen)* par contre; **~mal** ['--'-] : *ein ~* une autre fois, un autre jour; **~s** *adv* autrement, d'une autre manière *od* façon, différemment; *ganz ~* bien autrement; *nirgend(wo) ~* nulle part ailleurs; *~ ausgedrückt od gesagt* autrement dit; *wenn ~* si toutefois; *sich ~ besinnen* se raviser; *~ entscheiden (jur)* se déjuger; *ich kann nicht ~* je ne puis faire autrement; *als je ne puis m'empêcher de; ich kann nicht ~, ich muß lachen* je ne puis m'empêcher de rire; *mir geht's nicht ~* il n'en est pas autrement pour moi; *mir wird ganz ~* je me sens mal; *das klingt schon ganz ~*

voilà qui est différent; *es kommt noch ganz ~* on en verra bien d'autres; *das muß ~ werden* il faut que ça change; *das ist nun mal nicht ~* c'est comme ça; *jemand ~* quelqu'un d'autre; *niemand ~ (als er)* personne d'autre (que lui); *wer ~ (als er)?* qui d'autre (que lui)? *erzählen Sie das jemand ~!* à d'autres! **~sartig** *a* différent; **A~sdenkende(r)** *m pol* dissident *m;* **~sgeartet** *a* = *~sartig;* **~sgläubig** *a* hétérodoxe, dissident; **~sherum** ['---'-] *adv* dans l'autre sens; **~swie** ['--'-] *adv* de quelque autre manière; **~swo** ['--'-] *adv* ailleurs, autre part; **~swoher** ['---'-] *adv* d'ailleurs; *~ sein* venir d'ailleurs; **~swohin** ['---'-] *adv* ailleurs, autre part; **~thalb** ['--'-] *(Zahlwort)* un et demi; *~ Jahre n pl* dix-huit mois *m pl; ~ Stunden f pl* une heure et demie; **~thalbfach** ['--'-] *a* sesquialtère; **~wärts** ['--'-] *adv* = *~swo;* **~weitig** ['--'---] *a* autre; *adv* autrement; *(~swo)* ailleurs.

änder|n ['ɛndərn] *tr* changer, modifier; *(Kleidung)* retoucher; *(verbessernd)* corriger; *(verschlechternd)* altérer; *sich ~* changer; *(bes. Preise)* varier; *den Kurs ~ (mar aero)* changer de route *od* de cap; *sein Leben ~* faire peau neuve; *s-e Meinung ~* changer d'avis; *die Richtung ~* changer de direction *od* de sens; *das ist nicht zu ~* on n'y peut rien changer; *das ändert nichts an der Sache* cela n'y fera rien; *daran ist nichts zu od läßt sich nichts ~* il n'y a rien à faire; **Ä~ung** *f* ⟨-, -en⟩ changement *m,* modification; retouche; correction; altération; variation *f; ~en an etw vornehmen* apporter *od* faire des modifications à qc; *~en vorbehalten (pp)* sous réserve de modifications.

an=deut|en *tr (durch Zeichen)* indiquer (par des signes); *(zu verstehen geben)* donner à entendre, faire comprendre; *(Kunst)* ébaucher; *(anspielen auf)* faire allusion à; *(vorbedeuten)* présager, annoncer; *sich ~* s'esquisser; **Ä~ung** *f* indication *f,* signe *m;* ébauche; allusion *f;* présage *m; auf e-e (bloße) ~ hin* à demi-mot; *~en machen* parler à demi-mot *od* à mots couverts; **~ungsweise** *adv* à demi-mot, à mots couverts.

an=dichten *tr: jdn ~* adresser un poème à qn; *jdm etw ~* inventer qc au sujet de qn, imputer *od* attribuer faussement qc à qn.

Andrang *m* ⟨-(e)s, ø⟩ *(Drängen)* affluence, presse *f; (Menschenstrom)* foule *f; med (Blut~)* afflux *m,* congestion *f.*

an=drehen *tr (Schraube)* serrer (en tournant); *(el: Licht)* allumer; *radio* faire marcher; *jdm etw ~ (fig fam: aufschwatzen)* refiler qc à qn.

an=droh|en *tr: jdm etw ~* menacer, *jur a.* avertir qn de qc; **A~ung** *f* menace *f; jur a.* avertissement *m; unter ~ (gen) (jur)* sous peine (de).

Andruck *m ‹-(e)s, -e› typ (Prüfdruck)* épreuve *f;* **an=drucken** *tr* faire une épreuve de.

an=eign|en, *sich* s'approprier, s'adjuger *(etw* qc); *(sich e-r S bemächtigen)* s'emparer, se saisir *(etw* de qc); *(widerrechtlich)* s'arroger, usurper qc; *(e-e Fremdsprache)* s'assimiler *(das Französische* le français); *(Kenntnisse)* acquérir; **A~ung** *f ‹-, (-en)›* appropriation; usurpation; assimilation *f.*

aneinander [--'--] *adv* l'un à *od* contre l'autre; *~ hängen (fig)* être inséparable; *~ vorbeireden* ne pas tenir le même langage; *sie reden ~ vorbei* c'est un dialogue de sourds; **~=fügen** *tr* joindre, abouter; **~=geraten** *‹aux: sein›* itr *(handgemein werden)* en venir aux mains; *(mitea. Streit anfangen)* se heurter, se quereller; **~=grenzen** *itr* se toucher, être contigu; *(Staaten a.)* être limitrophe; **~=reihen** *tr* mettre à la file, aligner; *(Gedanken)* enchaîner; **~=stoßen** *‹aux: sein›* itr s'entrechoquer; *(sich berühren)* se toucher.

Anekdot|e *f ‹-, -n›* [anɛk'do:tə] anecdote *f;* **a~enhaft** *a,* **a~isch** *a* anecdotique.

an=ekeln ['an-] *tr* dégoûter, écœurer, rebuter.

Anemo|meter [anemo'me:tər] *n (Windmesser)* anémomètre *m;* **~ne** *f ‹-, -n›* [-'mo:nə] *bot* anémone *f.*

Anerbe *m jur* héritier *m* privilégié; **~nrecht** *n* droit *m* d'héritage par primogéniture.

an=erbieten, *sich* s'offrir; **A~** *n* offre, proposition *f.*

an=erkenn|en *‹erkannte an/anerkannte, anerkannt, wenn ich anerkenne›* tr reconnaître *(als* pour); *(finanzielle u. moralische Schuld eingestehen)* avouer; *(billigen)* approuver; *(zu schätzen wissen)* rendre justice à, apprécier; *(jur) (gerichtlich, gesetzlich ~)* légitimer, légaliser; *fin (Wechsel)* accepter; *sport* homolo-

guer; *nicht ~* désavouer; **~end** *a (Worte)* favorable, élogieux; *jur* récognitif; **~enswert** *a* louable; **A~tnis** *f ‹-, -se› od n ‹-ses, -se› jur* = *~ung (jur);* **A~ung** ['an-, anər'kɛn-] *f* reconnaissance *f;* aveu *m;* approbation; appréciation; *jur* légitimation, légalisation; *fin* acceptation; *sport* homologation *f; ~ finden* être approuvé *od* apprécié; **A~ungsschreiben** *n* lettre *f* de reconnaissance; **A~ungsurkunde** *f jur* acte *m* récognitif.

Aneroidbarometer [anero'i:t-] *n* baromètre *m* anéroïde.

anerzogen *a* inculqué, qui vient de l'éducation.

an=fachen *tr (Feuer)* souffler; *a. fig (Leidenschaft)* attiser, allumer; *fig* exciter.

an=fahr|en *tr ‹aux: haben› (heranschaffen)* amener, charrier; *(mit e-m Fahrzeug anstoßen)* accrocher; *(mit Worten)* brusquer, rudoyer; *fam* rabrouer; *itr ‹aux: sein› (sich in Bewegung setzen)* se mettre en marche *od* en mouvement, s'ébranler; *mot a.* démarrer; *mines* descendre (dans la mine); *(stoßen)* heurter *(an* od *gegen etw* qc); *(ankommen)* arriver; *mar* aborder; **A~en** *n* charriage; accrochage; démarrage *m;* **A~t** *f (Zufahrt)* accès, abord *m,* approche; *mines* descente (dans la mine); *(Ankunft)* arrivée *f, mar* abordage *m.*

Anfall *m med* attaque, atteinte *f,* accès *m; jur (e-r Erbschaft)* dévolution; *fin (Fälligwerden)* échéance *f; (Erträge)* rapports, produits *m pl;* **an=fallen** *tr ‹aux: haben› (überfallen)* assaillir; attenter *(jdn* à qn); *a. med* attaquer; *itr ‹aux: sein› jur* échoir; *fin (fällig werden)* venir à échéance; **a~end** *a (Arbeit)* occasionnel.

anfällig *a* susceptible *(für* de), sensible *(für* à); *med* réceptif *(für* à); *~ sein für Erkältungen* être sujet aux refroidissements; **A~keit** *f ‹-, (-en)›* susceptibilité, sensibilité; *med* réceptivité *f,* manque *m* de résistance.

Anfang *m* commencement, début *m; (Ursprung)* origine *f; lit (e-r Rede)* exorde *m; pl (~gründe)* éléments, rudiments *m pl; am, im, zu ~* au commencement, au début; *gleich zu ~* au premier *od* de prime abord; *von ~ an* dès le début; *von ~ bis zu Ende* du commencement à la fin; *~ Mai* au début de mai; *den ~ machen* commencer; *e-n neuen ~ machen* prendre un nouveau départ; *s-n ~ nehmen* commencer; *noch in den (ersten) Anfängen stecken* n'en être qu'à ses débuts, être à l'état embryonnaire; *das ist der ~ vom Ende* c'est le commencement de la fin; *aller ~ ist schwer (prov)* il n'y a que le premier pas qui coûte; **an=fangen** *tr* commencer; *fam (tun)* faire, entreprendre; *itr* commencer (*zu tun à od* de faire); *damit, daß* par *inf;* se mettre (*zu tun à* faire); *(zum erstenmal tun)* débuter; *alles (mögliche) ~* entreprendre toutes sortes de choses; *alles verkehrt ~* prendre tout à rebours; *ein Gespräch ~* entamer une conversation; *ein neues Leben ~* changer de vie, faire peau neuve; *mit nichts angefangen haben* être parti de rien; *etw richtig ~* prendre qc par le bon bout; *Streit mit jdm ~* chercher querelle à qn; *(wieder) von vorn ~* recommencer, reprendre (à zéro); *mit etw nichts anzufangen wissen* ne savoir que faire de qc; *es fängt (wieder) an zu regnen* la pluie se met (recommence) à tomber; *mit dir ist nichts anzufangen* il n'y a rien à faire avec toi; *fange nicht immer wieder davon an (fam)* change de disque, ne reviens pas toujours là-dessus; *ich kann mit ihm nichts ~* il me déconcerte; *die Schule fängt wieder an* c'est la rentrée des classes; *wie soll ich das ~?* comment m'y prendre? *das fängt ja gut an!* voilà qui commence bien!

Anfäng|er(in *f)* *m* commençant, e; débutant, e; novice *m f; ein blutiger ~er sein (fam)* n'en être qu'à ses premiers pas; être novice (*in etw* à qc); **a~lich** *a* premier, initial; *adv = anfangs.*

anfangs ['anfaŋs] *adv* au commencement, au début, à l'origine, d'abord; *gleich ~* dès le début, au premier *od* de prime abord;

Anfangs|buchstabe ['anfaŋs-] *m* (lettre) initiale *f; große(r), kleine(r) ~* majuscule, minuscule *f; ~gebot* n (Auktion) mise f à prix; ~gehalt n traitement *m* de début; ~geschwindigkeit f vitesse f initiale; ~gründe m pl (e-r Wissenschaft) éléments, rudiments *m pl,* premières notions f pl; ~kapital n capital *m* initial; ~spannung f el tension f initiale; ~stadium n phase f initiale; im ~ (med) récent; ~unterricht m enseignement m élémentaire; ~zustand m état *m* originaire *od* primitif.

an=fassen *tr (berühren)* toucher (à); *(anfangen, in Angriff nehmen)* commencer; se prendre à; *(jdn behandeln)* prendre, traiter; *sich (ea.) ~* se donner les mains; *es falsch od ver-*

kehrt ~ s'y prendre de travers; *mit ~ (helfen)* donner un coup de main; *jdn rauh ~* traiter qn brutalement; *etw richtig ~* prendre qc par le bon bout; *jdn mit Samthandschuhen ~* prendre des gants avec qn.

anfecht|bar *a (bestreitbar)* discutable, attaquable; *a. jur* contestable; *jur* annulable; **A~barkeit** *f ⟨-, ø⟩ jur* annulabilité *f;* **an=fechten** *tr jur (nicht anerkennen)* attaquer, contester; *(die Gültigkeit bestreiten)* contester la validité de; *(beunruhigen)* inquiéter, agiter; *als gefälscht ~ (jur)* arguer de faux; *was ficht dich an? (was fällt dir ein?)* qu'est-ce qui te prend? quelle mouche t'a piqué? **A~ung** *f jur* contestation; *fig (Versuchung)* tentation; *(quälender Gedanke)* obsession *f;* **A~ungsgrund** *m* cause *f* d'annulabilité; **A~ungsklage** *f* action *f* en contestation *od* en annulation.

an=feind|en *tr (als Feind betrachten)* montrer *od* manifester de l'hostilité envers; *(angreifen)* attaquer, harceler; **A~ung** *f* malveillance, hostilité *f;* acte *m* d'inimitié, attaque *f.*

an=fertig|en *tr* faire; *(im großen)* fabriquer, manufacturer, confectionner; **A~ung** *f* fabrication, confection; production; *(Fertigung)* finition *f.*

an=feucht|en *tr* mouiller, humecter; **A~en** *n* humectation *f;* **A~er** *m (Gerät)* mouilleur *m.*

an=feuer|n *tr (anheizen)* allumer; *a. fig* chauffer; *fig* enflammer, exciter, animer; *bes. sport* encourager; **A~ung** *f fig* encouragement *m.*

an=fleh|en *tr* implorer (*jdn um etw* qc de qn); supplier (*jdn, etw zu tun* qn de faire qc); **A~ung** *f* imploration, supplication *f.*

an=flieg|en *tr ⟨aux: haben⟩ aero* s'approcher de, aborder (en volant); *(Zwischenlandung machen in)* faire escale à; *regelmäßig ~* desservir; *itr ⟨aux: sein⟩ (angeflogen kommen)* arriver (en volant).

Anflug *m aero* (vol *m* d')approche; arrivée; escale; *fig* trace, esquisse, teinte, ombre, idée *f,* soupçon *m (von* de); ~linie *f aero* ligne *f* d'approche; ~richtung *f* direction *f* d'approche; ~weg *m* voie *od* route *f* d'approche; ~winkel *m* angle *m* d'approche; ~zeit *f* temps *m od* durée *f* d'approche.

an=forder|n *tr (Sache)* demander; *(S u. Person)* réclamer; *polizeilichen Schutz ~* requérir la force publique; **A~ung** *f* demande; réclamation; requête; *(Erfordernis)* exigence; *(Anspruch)* prétention *f;* den *~en genü-*

gen satisfaire aux exigences; *hohe* ~*en an jdn stellen* exiger beaucoup de qn.

Anfrag|e *f* demande, question, requête; *parl* interpellation *f; auf* ~ sur demande; *e-e* ~ *an jdn richten* adresser une demande à qn; interpeller qn; *e-e* ~ *stellen (parl)* interpeller; **an≠fragen** *itr: bei jdm* ~ demander, s'adresser à qn, se renseigner auprès de qn; *bei jdm wegen etw* ~ s'informer de qc auprès de qn.

an≠fressen *tr* entamer; *(annagen, anknabbern)* ronger, grignoter; *(Würmer)* piquer; *(Motten)* miter; *(Rost)* entamer; *(Säure)* mordre, ronger, corroder.

an≠freunden, *sich* se lier d'amitié *(mit jdm* avec qn).

an≠frieren ⟨*aux: sein*⟩ *itr (teilweise gefrieren)* prendre; *an etw* prendre sur qc (en gelant).

an≠füg|en *tr* joindre, ajouter *(an* à); **A~ung** *f (Zusatz)* adjonction, addition *f.*

an≠fühlen *tr* toucher, tâter; *sich hart, weich* ~ être dur, mou au toucher.

Anfuhr *f* ⟨-, -en⟩ transport, charroi, charriage, camionnage *m.*

an≠führ|en *tr* conduire; *(a. den Tanz)* mener; *mil* commander; *(Zeugen beibringen)* produire; *(Text)* citer; *(Beispiel)* donner; *(Grund)* alléguer; *(täuschen)* tromper, duper, attraper; *fam* mettre *od* pop ficher dedans; *von jdm angeführt werden (a.)* être la dupe de qn; *sich* ~ *lassen* se laisser prendre, donner dans le panneau; **A~er** *m* conducteur, chef; *pol pej* meneur *m; mil* commandant; *sport* leader *m;* **A~ung** *f* conduite, direction *f; mil* commandement *m; fig* production; citation; allégation *f;* **A~ungsstriche** *m pl,* **A~ungszeichen** *n pl* guillemets *m pl.*

an≠füllen *tr* (r)emplir *(mit* de); *(bis zum Rand)* combler *(mit* de); *sich* ~ s'emplir, se remplir *(mit* de); **A~** *n* remplissage *m.*

Angabe *f (Hinweis)* indication; *(Auskunft)* information *f; (Aussage, Anzeige)* énoncé *m,* déclaration; *(Anführung von Gründen)* allégation; *(Anzeige bei d. Polizei etc)* dénonciation, délation *f; (Zeugenaussage)* déposition *f,* témoignage *m; fam (Prahlerei)* fla-fla *m,* esbroufe; ostentation, hâblerie, vantardise, forfanterie *f; aus* ~ *(fam)* pour se donner du genre; *nach s-n* ~*n* selon ses dires, d'après lui; *nähere* ~*n* détails *m pl,* précisions, spécifications *f pl; technische* ~*n* données *f pl* techniques.

an≠gaffen *tr fam* badauder, regarder bouche bée; *pop* zyeuter.

angängig *a (möglich)* possible, faisable; *(statthaft)* admissible, permis.

an≠geb|en *tr* indiquer; *(s-n Namen)* décliner; *(genau)* préciser, spécifier; *(aussagen, a. jur)* énoncer; *(erklären, bes. Wert, Einkommen)* déclarer; *(Gründe)* donner, alléguer; *(bei d. Polizei etc anzeigen)* dénoncer; *(verpetzen, bes. in d. Schule)* moucharder, cafarder; *itr fam (prahlen)* faire du fla-fla *od* de l'esbroufe *od* de l'épate; se vanter *(mit* de); *falls nicht(s) ander(e)s angegeben (ist)* sauf indication contraire; *um anzugeben = aus Angabe; als Entschuldigung* ~ alléguer *od* donner comme excuse; *den Ton* ~ *(mus u. fig)* donner le ton; **A~er** *m (Denunziant)* dénonciateur, délateur; *(Petzer, bes. in d. Schule)* rapporteur, mouchard, cafard; *fam (Prahler)* crâneur, esbroufeur, m'as--tu-vu, fanfaron *m;* **A~erei** *f fam* = *Angabe (Prahlerei);* ~**erisch** *a fam* fanfaron; ~**lich** *a* prétendu, soi-disant *a. adv; adv* à ce qu'on dit.

Angebinde *n (kleines Geschenk)* présent, cadeau *m.*

angeboren *a* inné, natif, de naissance; *scient* congénital.

Angebot *n* offre; *com (Ausschreibung)* soumission *f; ein höheres* ~ *machen* mettre une enchère; *ein (Lieferungs-)* ~ *machen* soumissionner; *feste(s)* ~ offre *f* ferme; *höhere(s)* ~ enchère *f;* ~ *und Nachfrage f* l'offre *f* et la demande.

angebracht *a* opportun, convenable; *adv* à propos; *nicht* ~ déplacé.

angebrütet *a* couvi.

an≠gedeihen ⟨*aux: sein*⟩ *itr: jdm etw (Erziehung, Pflege)* ~ *lassen* donner qc à qn.

angegossen *a: wie* ~ *sitzen (Kleidungsstück)* aller comme un gant.

angegriffen *a fig (müde)* fatigué, épuisé; ~ *aussehen* avoir l'air souffrant; ~*e Gesundheit f* mauvaise santé *f.*

angeheiratet *a* apparenté par alliance *od* par mariage.

angeheitert *a (beschwipst)* un peu gai *od* gris, entre deux vins; *fam* pompette, émoustillé, éméché.

an≠gehen *tr* ⟨*aux: haben*⟩ *(bitten)* demander *(jdn um etw* qc à qn), solliciter *(jdn um etw* qc de qn); *(angreifen)* attaquer; *(betreffen)* regarder, concerner; *(Problem)* aborder; *itr* ⟨*aux: sein*⟩ *fam (anfangen)* commencer; *(Feuer)* prendre; *(Pflanze)* prendre (racine); *fam (Fleisch: anfangen schlecht zu werden)* commencer à s'abîmer; *(ankämpfen)* lutter *(gegen etw* contre qc); combattre *(gegen etw* qc); *(erträglich sein)* être passable *od* supportable; pouvoir aller; *(angebracht, passend sein)* être convenable, se faire; *was mich angeht* quant à moi; *das geht an* cela va; *das geht nicht an* cela ne va pas, cela ne se fait *od* peut pas; *es geht nicht an, daß...* il n'est pas possible de ...; *das mag ~* passe pour cela; *das geht mich (nichts) an* cela (ne) me regarde (pas), c'est (ce n'est pas) mon affaire; *was geht dich das an?* de quoi te mêles-tu? qu'est-ce que cela peut te faire? ~**d** *a (Mensch in e-m Stand od Beruf)* jeune; *(künftig)* futur, *fam* en herbe; *ein ~er Arzt* un jeune médecin.

an=gehör|en *itr* appartenir *(e-r Organisation* à une organisation), faire partie, être membre *(e-r Organisation* d'une organisation).

angehörig *a:* ~ *sein = angehören;* **A~e(r)** *m, meist pl: die A~en (Mitglieder)* les membres *m pl; (e-s Betriebes)* le personnel; *meine A~en* ma famille, les miens; *die nächsten A~en* les plus proches parents *m pl;* **A~keit** *f* appartenance *f (zu* à).

Angeklagte(r) *m jur* accusé, prévenu *m.*

Angel *f ⟨-, -n⟩* ['aŋəl] *(~schnur)* ligne (de pêche); *(~rute)* gaule *f; (~haken)* hameçon; *(Tür~)* gond, pivot *m; zwischen Tür und ~ (fig: beim Abschied)* au moment de partir; *(in Eile)* en toute hâte; *aus den ~n geraten, heben (Tür u. fig)* sortir, faire sortir de ses gonds; ~**gerät** *n* ustensiles *m pl* de pêche (à la ligne); ~**haken** *m* hameçon *m;* **a~n** *tr u. itr* pêcher à la ligne; *fig hum tr (erwischen)* décrocher, attraper; *itr* chercher à décrocher *(nach etw* qc); *sie hat sich e-n Mann geangelt* elle a décroché un mari; ~**n** *n* pêche *f* à la ligne; ~**punkt** *m* pivot *m,* charnière, cheville *f* ouvrière; ~**rute** *f* gaule, canne *f* à pêche; ~**schein** *m* permis *m* de pêche; ~**schnur** *f* fil *m* de la ligne; ~**sport** *m* (sport *m* de la) pêche *f;* **a~weit** *adv: die Tür steht (sperr)~ offen* la porte est grande ouverte.

an=gelangen *⟨aux: sein⟩ itr* arriver.

angelegen *a: sich etw ~ sein lassen* viser à qc, prendre qc à cœur; s'appliquer à qc; *sich ~ sein lassen, etw zu tun* avoir à cœur de faire qc; **A~heit** *f* affaire, *hes. jur* cause *f; in welcher ~ kommen Sie?* quel est le but de votre démarche? *ich will mit d(ies)er*

ganzen ~ nichts zu tun haben je ne veux être mêlé en rien à cette affaire; ~**tlich** *adv* avec empressement; instamment.

angelernt *a (Können)* acquis, appris; *(Arbeiter)* spécialisé; ~*er Arbeiter m* ouvrier *m* spécialisé (O.S.).

Angelika [aŋ'ge:lika] *f* Angélique *f.*

Angel|sachse ['aŋəl-] *m* Anglo-Saxon *m;* **a~sächsisch** *a* anglo-saxon; *(das) A~(e)* (l')anglo-saxon *m.*

angemessen *a (passend)* convenable, à propos; *(geeignet)* approprié; *(entsprechend)* conforme, adéquat *(dat* à); *(billig, gerecht)* équitable, raisonnable; **A~heit** *f* convenance; conformité; équité *f.*

angenehm *a* agréable; *(Mensch a.)* sympathique; *(willkommen)* bienvenu; *das A~e mit dem Nützlichen verbinden* joindre l'utile à l'agréable; *sehr ~! (beim Vorstellen)* très heureux, enchanté (de faire votre connaissance).

angenommen *a (Fall: gesetzt)* supposé, hypothétique; *(Name)* d'emprunt, de guerre; *(Kind)* adoptif; ~ *(gesetzt), daß* à supposer que *(subj).*

angepaßt *a* conformiste, bien-pensant, rangé; *nicht ~* non-conformiste; **A~heit** *f* conformisme *m.*

Anger *m ⟨-s, -⟩* ['aŋər] *(Dorfweidefläche)* pâturage *od* pacage *m* public.

angeregt *a* animé, vif; *sich ~ unterhalten* avoir une conversation animée.

angereichert *a: ~e(s) Uran n* uranium *m* enrichi.

angeschlagen *a (Geschirr)* ébréché; *fig fam = angegriffen.*

angesehen *a (geachtet)* considéré, estimé, renommé; *gut, schlecht bei jdm ~* bien, mal vu de qn.

Angesicht *n ⟨-(e)s, (-e/-er)⟩ lit poet* face *f,* visage *m,* figure *f; von ~ zu ~* face à face; *dem Tod ins ~ schauen* regarder la mort en face; **a~s** *prp gen* en vue de, en présence de; *fig (im Hinblick auf)* eu égard à, devant.

angesprochen *⟨pp von: ansprechen⟩ der A~e* celui à qui il, elle *etc* avait *etc* adressé la parole.

angestammt *a* héréditaire.

Angestellt|e(r) *m* employé *m; die ~en pl* le personnel; *kaufmännische(r) ~* employé *m* de commerce; *kleine(r) ~ (a.)* employé subalterne, *fam* lampiste *m; die leitenden ~en* le personnel *m* d'encadrement, les cadres *m pl;* ~ *in leitender Stellung* employé *m* occupant un poste de direction *od* en position de cadre; ~**engewerkschaft** *f* syndicat *m* des employés;

~**enversicherung** *f* assurance *f* des employés.

angestrengt *adv (arbeiten)* avec beaucoup d'efforts, avec bien du mal.

angetan *a lit (bekleidet):* ~ *mit* vêtu de; *nicht danach od dazu* ~ *sein zu* ... n'être pas fait *od* de nature à ...; *a.* = *pp von antun; ich bin von dem Buch sehr* ~ ce livre me plaît beaucoup.

angetrunken *a* un peu gris, entre deux vins.

angewandt *a (Wissenschaft: praktisch)* appliqué; ~*e Psychologie f* psychologie *f* appliquée.

angewiesen ⟨*pp von: anweisen*⟩; *a: auf jdn* ~ *sein* dépendre de qn; *auf etw* ~ *sein* avoir besoin de qc; *ich bin darauf* ~ je n'ai que cette *od* pas d'autre ressource; *etw zu tun* je suis bien obligé de faire qc.

an=gewöhnen *tr: jdm etw* ~ accoutumer *od* habituer qn à qc; *sich etw* ~ s'accoutumer *od* s'habituer à qc, prendre l'habitude de qc.

Angewohnheit *f* habitude, accoutumance *f; aus* ~ par habitude.

Angina *f* ⟨-, -n⟩ [aŋ'giːna] *med* angine *f;* ~ **pectoris** ['pɛktorɪs] *f* angine *f* de poitrine.

an=gleich|en *tr* assimiler, conformer (*an* à); *(in Einklang bringen)* harmoniser; *(einheitlich gestalten)* coordonner; *(Gehälter, Löhne)* (r)ajuster (*an* à); **A~ung** *f* assimilation; harmonisation; coordination *f;* (ré)ajustement *m;* ~ *der Preise* r(é)ajustement *od* alignement *m* des prix.

Angler *m* ⟨-s, -⟩ ['aŋlər] pêcheur *m* (à la ligne).

an=glieder|n *tr* joindre, rattacher; *(Gebiet)* annexer; *(einverleiben)* intégrer; *com* affilier (*an* à); **A~ung** *f* rattachement *m;* annexion; intégration; affiliation *f.*

Angl|ikaner *m* ⟨-s, -⟩ [aŋgli'kaːnər] *rel* anglican *m;* **a~ikanisch** *a* anglican; **a~isieren** [-gli'ziːrən] *tr (englisch machen)* angliciser; ~**ist** *m* ⟨-en, -en⟩ [-'glɪst] angliciste; *(Student a.)* anglicisant *m;* ~**istik** *f* ⟨-, ø⟩ [-'glɪstɪk] philologie *f* anglaise; ~**izismus** *m* ⟨-, -men⟩ [-'tsɪsmus, -mən] anglicisme *m.*

Anglo|amerikaner ['aŋ-, aŋlo-] *m (aus England stammender Amerikaner)* Anglo-américain *m;* ~**manie** *f* ⟨-, ø⟩ [-ma'niː] anglomanie *f;* **a~normannisch** [-'manɪʃ] *a* anglo-normand; ~**philie** *f* ⟨-, ø⟩ [-fi'liː] anglophilie *f;* ~**phobie** *f* ⟨-, ø⟩ [-fo'biː] anglophobie *f.*

an=glotzen *tr pop* zyeuter; regarder bouche bée.

Angora|kaninchen [aŋ'goːra-] *n* lapin *m* angora; ~**katze** *f* chat *m* angora; ~**wolle** *f* (laine *f*) angora *m.*

angreif|bar *a* attaquable; *(bestreitbar)* contestable, discutable; **A~barkeit** *f* contestabilité *f;* **an=greifen** *tr (anfassen)* toucher; *(feindlich)* attaquer *a. fig;* assaillir; *(in Angriff nehmen, anfangen)* entreprendre, attaquer, commencer; *(anbrechen)* entamer, écorner; *(die Gesundheit beeinträchtigen)* affecter, ébranler; *(ermüden)* fatiguer, épuiser; *(auf die Nerven gehen)* taper sur les nerfs; *(seelisch)* secouer; *chem (zersetzen)* ronger, corroder, altérer; *jdn mit der blanken Waffe* ~ attaquer qn à l'arme blanche; *jdn tätlich* ~ se livrer à des voies de fait sur qn; **A~er** *m* attaquant, assaillant, agresseur *m.*

an=grenzen *itr* confiner (*an* à); avoisiner (*an etw* qc), être contigu *od* attenant (*an* à) *od (Gebiet)* limitrophe (*an* de); ~**d** *a (bes. Grundstück)* contigu, adjacent (*an* à); *(Gebiet)* limitrophe (*an* de).

Angriff *m* *allg* attaque, agression (*auf* contre); *mil (Sturm~)* charge *f,* assaut *m; (Groß~)* offensive *f; (Luft~)* raid *m; e-n* ~ *abschlagen* repousser une attaque; ~*en ausgesetzt sein* être en flèche; *jds* être en butte aux attaques de qn; *zum* ~ *blasen* sonner la charge; *den* ~ *erneuern* revenir à la charge, attaquer de nouveau; *in* ~ *nehmen (fig)* prendre à partie, se prendre à, se mettre à, entreprendre, attaquer; *in* ~ *genommen sein* être à pied d'œuvre; *zum* ~ *übergehen* passer à l'attaque, prendre l'offensive; *rollende(r)* ~ attaques *f pl* ininterrompues; ~ *mit Atomwaffen* attaque *f* nucléaire; ~**sbefehl** *m* ordre *m* d'attaque; ~**sfläche** *f* surface *f* d'attaque; ~**skrieg** *m* guerre *f* d'agression; ~**slust** *f* esprit *m* agressif, agressivité *f;* **a~slustig** *a* prompt à attaquer, agressif, guerrier; ~**splan** *m* plan *m* d'attaque; ~**spunkt** *m* tech point *m* d'application; ~**swaffe** *f* arme *f* offensive; *pl a.* équipement *m* militaire offensif; ~**sziel** *n* objectif *m* d'attaque.

an=grinsen *tr* regarder en ricanant.

Angst *f* ⟨-, ⁓e⟩ [aŋst, 'ɛŋstə] peur (*vor* de); angoisse; *(innere Unruhe)* anxiété, inquiétude; *(Todes~)* détresse *f,* transes *f pl; med (krankhafte* ~*)* phobie; *pop* frousse *f; (es mit der)* ~ *bekommen od (fam) kriegen od in* ~ *geraten* prendre peur, s'effrayer; ~ *haben* avoir peur (*vor* de); *keine* ~ *haben (a.)* ne pas avoir froid aux yeux; *jdm* ~ *machen* faire peur à qn, effrayer qn; *vor* ~ *vergehen* mourir de peur; **a~** *a (bange): mir war* ~ *und bange* j'étais dans les transes; **~gefühl** *n* angoisse *f;* **~hase** *m fam* poule *f* mouillée, poltron; *pop* froussard *m;* **~käufe** *m pl* achats *m pl* de panique; **~neurose** *f med* névrose *f* d'angoisse; **~röhre** *f hum (Zylinder)* tuyau de poêle, tube *m;* **~schweiß** *m* sueur *f* froide; *der* ~ *brach mir aus der* od *trat mir auf die Stirn* j'en ai eu une suée; **a~voll** *a* angoissé; **~zustand** *m med* état *m* d'anxiété.

ängst|igen ['ɛŋstɪgən] *tr* faire peur à, angoisser, effrayer; *sich* ~ s'inquiéter, se tourmenter (*um* de); *sich zu Tode* ~ mourir de peur; **~lich** *a* peureux, craintif; *pej* timoré; *(schüchtern)* timide; *(besorgt)* anxieux, inquiet; **Ä~lichkeit** *f* ‹-, (-en)› peur; timidité; anxiété, inquiétude *f.*

an=gucken *tr fam* regarder.

an=haben *tr (Kleidungsstück tragen)* avoir mis, porter, être vêtu de; *jdm nichts* ~ *können* n'avoir pas de prise sur qn, ne rien pouvoir faire à qn.

an=haften *tr* adhérer (*e-r S* à qc); *a. fig* s'attacher, rester attaché *(jdm, e-r S* à qn, à qc); *ihm haftet kein guter Ruhm an* il n'a pas bonne réputation.

an=haken *tr (bezeichnen)* cocher.

Anhalt *m* ‹-(e)s, (-e)› *(Stütze)* (point d')appui, soutien *m;* = *~spunkt; jdm e-n* ~ *geben* mettre qn sur la voie;

an=halten *tr (zum Stehen bringen)* arrêter, (faire) stopper; *(ermahnen)* inviter, exhorter *(jdn zu etw* qn à qc); *itr (stehenbleiben)* s'arrêter, stationner; *(andauern)* durer, persister; continuer; *(sich bewerben)* demander, solliciter, briguer *(um etw* qc); *der Atem* ~ retenir son souffle; *Kinder zur Höflichkeit* ~ exhorter des enfants à être polis; *um jdn* ~ demander la main de qn, demander qn en mariage; **a~end** *a (andauernd)* continu(el), permanent; *(beharrlich)* persistant, persévérant; *~e(r) Beifall m* applaudissement *m* nourri; *~e Nachfrage f (com)* demande *f* suivie *(nach etw* de qc); **~er(in** *f)* *m* auto-stoppeur, -euse *m f; per* ~ en stop; *per* ~ *fahren* faire de l'autostop, faire du od aller en stop; **~erbahnhof** *m fam* gare *f* d'autostop; **~spunkt** *m* point de repère, indice *m,* indication *f.*

anhand [an'hant] *prp gen* = *an Hand.*

Anhang *m (zu e-m Buch)* appendice; *(Nachtrag)* supplément *m; (zu e-m Vertrag)* annexe *f; (zu e-m Testament)* codicille *m; com (Wechsel)* allonge *f; (Anhängerschaft)* adhérents,

partisans *m pl;* parti *m; sport* supporters *m pl; pej* coterie, clique *f; ohne* ~ *(alleinstehend)* libre, sans attaches familiales.

an=häng|en ‹aux: haben› *tr* suspendre; *(an e-n Haken)* accrocher (à); *tele (Hörer)* raccrocher; *(Wagen, Anhänger ankuppeln)* atteler *(an* à); *(am Schluß e-r Schrift hinzufügen)* ajouter *(an* à); *itr* ‹aux: sein› *(Küche)* attacher *(im Topf* à la casserole); *sich* ~ s'accrocher, s'attacher; *jdm e-e Arbeit* ~ imposer *fam* coller un travail à qn; *sich etw* ~ *(fam: Schmuck)* mettre qc sur soi; *jdm was* ~ *(fam: Übles nachsagen)* calomnier qn, médire de qn, *fam* déblatérer contre qn, *pop* baver sur qn; **A~er** *m (Schmuck)* pendentif *m,* breloque; *(beschrifteter)* étiquette; *(Straßenbahn)* baladeuse; *mot* remorque *f; fig (Mensch)* adhérent; *(Parteigänger)* partisan *(e-r Lehre)* adepte; *(Schüler)* disciple; *sport* supporter *m;* ~ *der britischen Arbeiterpartei* travailliste *m;* **A~erschaft** *f* ‹-, (-en)› adhérents, partisans *m pl;* **~ig** *a jur (schwebend)* pendant; *e-n Prozeß gegen jdn* ~ *machen* intenter un procès à qn; **~lich** *a* attaché, dévoué, fidèle; **A~lichkeit** *f* ‹-, ø› attachement, dévouement *m (an* pour), fidélité (*an* envers), affection *f (an* pour); **A~sel** *n* ‹-s, -› ['anhɛŋzəl] *pej (= ~er)* breloque; étiquette *f; fig fam* allonge *f.*

Anhauch *m* ‹-(e)s, ø› souffle *m; fig* trace, teinte, ombre *f.*

an=hauen *tr mines* attaquer; *fig fam (formlos ansprechen)* accrocher, s'adresser à.

an=häuf|eln *tr agr* butter; **~en** *tr* accumuler, amasser, amonceler; agglomérer; *(aufschichten)* entasser; *sich* ~ s'accumuler, s'amasser, s'amonceler; **A~ung** *f* accumulation *f,* amas; amoncellement *m,* agglomération *f;* entassement *m.*

an=heben *tr* (sou)lever; *(Preis)* relever; *itr (beginnen)* commencer.

an=heften *tr* attacher, fixer *(an* à); *(mit Stecknadeln)* épingler; *(anklammern)* agrafer.

an=heilen ‹aux: sein› *itr med* s'agglutiner.

an=heimeln *tr: jdn* ~ rappeler le foyer od le pays natal à qn; *alles heimelt mich hier an* je me sens ici comme chez moi.

anheim=|fallen ‹aux: sein› *itr jur* (en) échoir *(jdm* à qn); *der Vergessenheit* ~ tomber dans l'oubli; **~geben** *tr,* **~stellen** *tr: jdm* ~, *etw zu tun* laisser qn libre de faire qc; *das stelle ich Ih-*

nen ~ je m'en remets *od* rapporte à vous.

anheischig ['anhaɪʃɪç] *a: sich* ~ *machen, etw zu tun* s'engager à *od* se faire fort de faire qc.

an=heizen *tr (den Ofen)* allumer (le poêle); *itr* allumer le feu.

an=herrschen *tr: jdn* ~ apostropher qn.

an=heuern *tr (Matrosen)* engager, inscrire au rôle d'équipage; *(Schiff)* affréter; *sich* ~ *lassen* signer le contrat d'engagement.

Anhieb *m: auf* ~ du premier coup, d'emblée.

an=himmeln *tr = anschwärmen.*

Anhöhe *f* hauteur, élévation, éminence, colline; *(kleine)* butte *f,* tertre *m.*

an=hör|en *tr* écouter, prêter l'oreille à; *sich gut* ~ être agréable à entendre; *das hört sich (so) an, als ob ...* on croirait que ...; *das hört sich schon anders an* voilà une autre chanson; *man hört ihm den Engländer an* son accent trahit ses origines anglaises; **A~ung** *f jur (e-s Zeugen)* audition *f.*

Anilin *n ⟨-s, ø⟩* [ani'li:n] *chem* aniline *f;* **~farbe** *f* couleur *f* à l'aniline; **~farbenindustrie** *f* industrie *f* carbochimique.

animalisch [ani'ma:lɪʃ] *a* scient u. *pej* animal; *pej* bestial; *adv pej* de façon animale.

Animier|dame [ani'mi:r-] *f* entraîneuse; *pop* allumeuse *f;* **a~en** *tr* exciter, entraîner, aguicher; **~kneipe** *f pop* boîte *f* de nuit.

Animosität *f ⟨-, -en⟩* [animozi'tɛ:t] *(Erbitterung)* animosité *f; (Abneigung)* aversion, antipathie *f.*

Anis *m ⟨-es, -e⟩* ['a:nɪs, a'ni:s] *bot* anis *m; mit* ~ *würzen* aniser; **~likör** *m* anisette *f.*

an=kämpfen *itr* lutter *(gegen* contre).

Ankauf *m* achat *m,* acquisition *f;* **an=kaufen** *tr* acheter, acquérir; *sich* ~ *(Grundbesitz zum Bewohnen erwerben)* acheter un immeuble pour s'y établir; **~summe** *f* somme *f* d'achat.

Anker *m ⟨-s, -⟩* ['aŋkər] *mar arch tech (Uhr)* ancre *f; el* portant, induit *m,* armature *f; vor* ~ *gehen, sich vor* ~ *legen* se mettre à *od* jeter *od* mouiller l'ancre, mouiller; *den* ~ *lichten* lever l'ancre; *vor* ~ *liegen* être à l'ancre, être mouill é; *vor* ~ *treiben* chasser sur ses ancres; **~boje** *f* bouée *f* d'ancre; **~geld** *n* droit(s *pl)* *m* de mouillage; **~grund** *m* mouillage *m;* **~kern** *m el* noyau *m* d'induit; **~kette** *f* chaîne *f* d'ancre; **~mast** *m aero*

mât *m* d'amarrage; **a~n** *itr* mouiller; **~n** *n* mouillage *m;* **~platz** *m = ~grund;* **~schaft** *m* verge *f* d'ancre; **~spill** *m = ~winde;* **~tau** *n* câble *m* d'ancre, amarre *f; arch tech* hauban *m;* **~uhr** *f* montre *f* à ancre; **~wick(e)lung** *f el* enroulement *od* bobinage *m* d'induit; **~winde** *f mar* cabestan, guindeau *m.*

an=ketten *tr* enchaîner, mettre à la chaîne.

Anklage *f allg u. jur* accusation, inculpation; *jur* prévention; *(Anschuldigung)* incrimination *f;* ~ *gegen jdn erheben, unter* ~ *stellen* mettre qn en accusation, accuser *od* poursuivre qn; *die* ~ *fallenlassen* refuser la mise en accusation; *unter* ~ *stehen* être en état d'accusation *(wegen* pour); **~bank** *f* banc *m* des accusés *od* des prévenus; *auf der* ~ *sitzen (fig fam)* être sur la sellette; **an=klagen** *tr* accuser, inculper *(e-r S* de qc); *(anschuldigen)* incriminer; **~punkt** *m jur* chef *m* d'accusation; **~rede** *f (des Staatsanwalts)* réquisitoire *m;* **~schrift** *f* acte *m* d'accusation; **~vertreter** *m* ministère *m* public; **~zustand** *m: in den* ~ *versetzen* mettre en état d'accusation; **Ankläger** *m* accusateur *m.*

an=klammern *tr* accrocher, cramponner; *sich* ~ s'accrocher, se raccrocher, se cramponner, s'agripper *(an* à); *fig* ne pas démordre *(an* de).

Anklang *m* assonance *f, fig (Erinnerung)* réminiscence *(an* de); *(Beifall)* résonance *f,* écho *m* (favorable); ~ *finden* trouver écho, être bien accueilli, avoir du succès *(bei jdm* auprès de qn); *großen* ~ *finden* avoir grand succès; *wenig* ~ *finden* trouver peu d'écho.

an=kleben *tr ⟨aux: haben⟩* coller, attacher; *(Plakat)* afficher, apposer; *itr ⟨aux: sein⟩* se coller, s'attacher, adhérer *(an* à); *A~ verboten!* défense d'afficher!

Ankleide|kabine *f (im Kaufhaus)* cabine *f* d'essayage; **an=kleiden** *tr* habiller; vêtir; *sich* ~ s'habiller, se vêtir; *sich wieder* ~ se rhabiller; **~raum** *m theat* loge *f;* **~zimmer** *n* cabinet *m* de toilette; *theat* loge *f.*

an=kling|eln *itr tele fam* donner un coup de téléphone; *tr: jdn* à qn; **~en** *itr fig: an etw* ~ rappeler qc; ~ *lassen (e-e Saite)* faire résonner; *fig (e-e Vorstellung erwecken)* évoquer.

an=klopfen *itr* frapper à la porte; *bei jdm* ~ *(fig: vorfühlen)* tâter, sonder qn; *überall* ~ *(fig: Bittgänge machen)* frapper à toutes les portes.

an≈knipsen *tr (das Licht)* allumer; *das Licht* ~ *(a.)* tourner le bouton.

an≈knüpf|en *tr fig: Beziehungen* ~ entrer en relations (*zu jdm* avec qn); *ein Gespräch* ~ engager *od* entamer une conversation; *itr fig: an etw (e-e Äußerung des Gesprächspartners)* ~ partir de qc; **A~ungspunkt** *m* point *m* de contact, point de départ (*für* pour).

an≈kommen ⟨*aux: sein*⟩ *itr* arriver, venir; *(Erfolg haben)* avoir du succès (*mit etw bei jdm* avec qc auprès de qn); *(angenommen werden)* obtenir une *od* la place (*als* de); *impers: es kommt auf ... an (hängt von ... ab)* il dépend de ...; *(entscheidend, wichtig ist)* ce qui importe, c'est; il s'agit de; *gut, übel* ~ être bien, mal reçu *od* accueilli (*bei jdm* par qn); *wohlbehalten* ~ arriver sain et sauf; *gegen jdn nicht* ~ *können* ne pas être de taille à rivaliser avec qn; *es darauf* ~ *lassen* courir sa chance, *fam* risquer le paquet; *damit kommst du bei mir nicht an* ce n'est pas avec cela que tu vas m'impressionner; *darauf kommt es gerade an* voilà ce qui importe, voilà le point décisif; *darauf kommt es nicht so (sehr) an* peu importe; *darauf soll es nicht* ~ qu'à cela ne tienne! *es kommt mir nicht aufs Geld an* je ne regarde pas à la dépense; *auf eine Million mehr oder weniger kommt es nicht an* on n'en est pas à un million près; *das kommt darauf an* cela dépend, c'est selon; *was kommt auf ... an?* qu'importe ...? *was kommt darauf an?* qu'importe?

Ankömmling *m* ⟨-s, -e⟩ ['ankœmliŋ] nouveau venu *m*.

an≈koppeln *tr (Tier)* attacher (*an* à).

an≈kratzen *tr* érafler.

an≈kreiden *tr* marquer à la craie; *fig (nachtragen)* garder rancune (*jdm etw* à qn de qc).

an≈kreuzen *tr* marquer d'une croix.

an≈kündig|en *tr* annoncer, faire savoir *od* connaître; *(amtlich mitteilen)* notifier, intimer; *(öffentlich bekanntmachen)* publier; *(vorbedeuten)* présager; *sich* ~ s'annoncer, se faire sentir; **A~ung** *f* annonce; notification; intimation; publication *f;* présage *m.*

Ankunft *f* ⟨-, ø⟩ arrivée, venue *f; com* arrivage *m; bei meiner* ~ à mon arrivée; *(gleich) bei der* ~ à l'arrivée; **~sbahnhof** *m* gare *f* d'arrivée; **~sbahnsteig** *m* quai *m* d'arrivée; **~sflughafen** *m* aéroport *m* d'arrivée; **~sgleis** *n* voie *f* d'arrivée; **~szeit** *f* heure *f* d'arrivée.

an≈kuppeln *tr loc* accoupler; **A~** *n* accouplement *m.*

an≈kurbe|ln *tr* donner un tour de manivelle à; *mot* démarrer; *fig (in Gang bringen)* mettre en marche, lancer, encourager, stimuler; **A~n** *n* tour de manivelle; démarrage *m;* **A~ung** *f fig* mise *f* en marche, lancement; encouragement *m,* stimulation *f.*

an≈lächeln *tr* sourire (*jdn* à qn).

an≈lachen *tr* regarder en riant.

Anlage *f (Anordnung)* disposition *f,* arrangement, *(Plan)* plan; *arch* établissement *m,* construction, *tech (Tätigkeit* u. *Ergebnis)* installation *f; (Einrichtung)* dispositif, groupe; *fin (Geld~)* placement, investissement *m; (~ zu e-m Schriftstück)* pièce jointe, annexe; *fig (Veranlagung, Neigung)* disposition *f,* penchant *m* (*zu* pour); *(Befähigung)* aptitude *f (zu* à), talent *m (zu* pour); *pl (Park)* parc, jardin; *tech (Betriebs~n)* matériel *m; als* ~, *in der* ~ ci-inclus, ci-joint, en annexe; **~berater** *m* agent *m* de change; **~kapital** *n* fonds de premier établissement, capital *m* investi; **~kosten** *pl* frais *m pl* de premier établissement; **~papiere** *pl,* **~vermögen** *n fin* actif *m* immobilisé, immobilisations *f pl;* **~werte** *m pl fin* titres *m pl od* valeurs *f pl* de placement; **~zweck** *m: zu* ~en comme investissement.

an≈lager|n, *sich, chem geol* se déposer; **A~ung** *f chem geol* dépôt *m.*

Anlandung *f geol* alluvionnement *m.*

an≈langen ['anlaŋən] **1.** *tr impers* = anbelangen (pp hat angelangt); **2.** *itr (ankommen)* arriver, venir (pp ist angelangt).

Anlaß *m* ⟨-sses, ⁻sse⟩ ['anlas, '-lasəs, '-lɛsə] *(Ursache)* cause; *(Grund)* raison *f; (Beweggrund)* motif *m; (Gelegenheit)* occasion *f; aus* ~ (*gen*) = *anläßlich; aus diesem* ~ pour cette raison; *ohne jeden* ~ sans aucun motif; *aus welchem* ~*?* à quel propos? à propos de quoi? ~ *geben zu* donner lieu *od* sujet à, prêter à, ouvrir la porte à; ~ *haben zu (inf)* avoir sujet de *inf;* ~ *nehmen zu (inf)* prendre sujet de *inf;* **~kabel** *n mot* câble *m* de démarrage; **~knopf** *m* bouton *m* de démarrage.

an≈lass|en *tr (Kleidungsstück anbehalten)* garder (sur soi), ne pas ôter; *tech mot (in Gang setzen)* mettre en marche, lancer; *mot* démarrer; *metal* recuire, faire revenir, adoucir; *sich* ~ s'annoncer, se présenter; *sich gut* ~ s'annoncer bien, promettre; *rauh od hart* ~ *(anschnauzen)* brusquer, rudoyer, tancer vertement; *die Hunde gegen jdn* ~ lâcher les chiens contre qn; **A~er** *m mot* démarreur, starter *m.*

anläßlich ['anlɛslıç] *prp gen* à l'occasion de.

Anlauf *m* élan *m; im ersten* ~ du premier coup, d'emblée; *e-n* ~ *nehmen* prendre son élan; **~bahn** *f aero* piste *f* d'envol *od* de départ; **an=laufen** *tr* ⟨*aux: haben*⟩ *mar* toucher *od* faire escale (*e-n Hafen* à un port); *itr* ⟨*aux: sein*⟩ *fig (anfangen)* commencer, démarrer; *tech* se mettre en marche; *mot* démarrer; *(Glas: beschlagen)* s'embuer, se ternir; *fin (anwachsen)* augmenter, s'accroître, s'accumuler; *blau, rot* ~ *(physiol)* bleuir, rougir (*vor* de); *angelaufen kommen* arriver en courant; **~hafen** *m mar* port *m* d'escale; **~strecke** *f (Schi)* piste *f* d'élan; **~zeit** *f, a. fig* période *f* de mise en marche *od* de démarrage.

Anlaut *m gram* son *m* initial; *im* ~ au commencement du mot; **an=lauten** *itr gram:* ~ *mit* commencer par.

an=läuten *itr u. itr tele fam* = *anklingeln.*

an=leg|en *tr* mettre, appuyer (*an* contre); *(Schmuck, Kleidung)* mettre; *(Verband)* appliquer; *(Gewehr)* épauler; *(Stadt, Gebäudekomplex)* fonder; *(Fabrik)* établir; *(Garten)* planter, aménager; *(Weg)* tracer; *(Kanal)* creuser, percer; *tech* installer, construire; *(Sammlung, Kartei)* faire, constituer; *fin* placer, investir; *500 DM für e-n Anzug* ~ mettre 500 DM dans un costume; *itr (mit dem Gewehr zielen)* coucher en joue (*auf jdn* qn); *mar* aborder, accoster (*an etw* qc); faire escale (*in e-m Hafen* à un port); *es darauf* ~ *zu* ... viser à ..., prendre à tâche de ...; *es darauf angelegt haben zu* s'être mis en tête de; *Feuer* ~ mettre le feu (*in* à); *(mit) Hand* ~ donner un coup de main, *fam* mettre la main à la pâte; *die letzte Hand* ~ mettre la dernière main (*an etw* à qc); *jdm Handschellen* ~ mettre les menottes à qn; *ein Konto* ~ ouvrir un compte; *e-n Maßstab an etw* ~ appliquer une norme à qc; *Sporen* ~ chausser ses éperons; *Trauer* ~ prendre le deuil; *Waffen* ~ s'armer; *die Zügel* ~ (*e-m Pferd*) mettre la bride (à un cheval); *Zügel* ~ *(fig)* brider, tenir en bride (*jdm* qn); *legt an! (mil)* en joue! **A~en** *n* mise; application *f;* épaulement *m;* **A~eplatz** *m,* **A~estelle** *f mar* embarcadère, appontement *m.*

an=lehn|en *tr* appuyer, adosser (*an* à,

contre); *(Tür, Fenster)* laisser entrouvert; *sich* ~ s'appuyer, s'adosser (*an* contre); *mil* s'accoler (*an* à); *fig (an ein Vorbild)* suivre; *(nachahmen)* imiter; **A~ung** *f fig: in* ~ *an* suivant l'exemple de.

an=leiern *tr fam (beginnen)* lancer, mettre en route.

Anleihe *f* ⟨-, -n⟩ ['anlaɪə] *fin (erhaltene)* emprunt; *(gewährte)* prêt *m; e-e* ~ *gewähren* accorder un prêt à qn; *e-e* ~ *überzeichnen* surpasser (le montant d')une souscription; *e-e* ~ *bei jdm machen (fig)* faire un emprunt à qn; *e-e* ~ *zeichnen* souscrire à un emprunt; *kurzfristige, langfristige* ~ emprunt *m* à court, long terme; *überzeichnete* ~ emprunt *m* sur-souscrit; **~ablösung** *f* amortissement *m* d'un *od* de l'emprunt; **~ausgabe** *f* émission *f* d'un *od* de l'emprunt; **~kapital** *n* capital *m* d'emprunt; **~nmarkt** *m* marché *m* des emprunts; **~papier** *n,* **~stück** *n* titre *m* d'emprunt; **~schuld** *f* dette *f* fondée; **~schuldverschreibung** *f* obligation *f;* **~tilgung** *f* amortissement *m* d'un *od* de l'emprunt; **~zeichnung** *f* souscription *f* à un *od* à l'emprunt.

an=leimen *tr* coller (*an* à, contre).

an=leit|en *tr* diriger, instruire; *jdn zu etw* ~ montrer à qn le chemin de qc; **A~ung** *f* direction(s *pl*), instruction(s *pl*) *f,* directives *f pl; (schriftliche, gedruckte)* guide *m; unter jds* ~ sous la direction *od* conduite de qn.

an=lern|en *tr (Lehrling)* instruire, former, styler; **A~ling** *m* ouvrier, ère *m f* en formation; **A~zeit** *f* stage *m* de formation.

an=liefer|n *tr com* livrer (à domicile); **A~ung** *f* livraison *f* (à domicile).

an=lieg|en *itr (Kleidungsstück)* être ajusté; *eng* ~ coller, se mouler; **A~en** *n (Wunsch)* désir *m; (Bitte)* prière, demande, requête, sollicitation *f; ein* ~ *vorbringen* présenter une prière; **~end** *a (Kleidungsstück)* juste; *(eng~)* collant; *adv (als Anlage)* ci-inclus, ci-joint, sous ce pli; **A~er** *m* ⟨-s, -⟩ *(Anwohner)* riverain *m.*

an=locken *tr (Tier mit e-m Köder)* appâter, affriander; *fig* allécher, amorcer, attirer; *fam* aguicher.

an=löten *tr* souder (*an* à).

an=lügen *tr* mentir (*jdn* à qn).

an=machen *tr (festmachen)* attacher (*an* à), fixer (*an* sur); *(anbringen)* monter, poser; *(Mörtel, Kalk, Beton)* gâcher; *(Salat)* assaisonner; *Feuer* ~ faire du feu; *Licht* ~ donner de la *od* allumer la lumière; **A~** n montage m, pose f; gâchage m.

an=malen tr peindre; sich ~ (fam: sich schminken) se peindre, se faire une beauté.

Anmarsch m (marche d')approche f; im ~ sein, **an=marschieren** ⟨aux: sein⟩ itr approcher; ~**straße** f, ~**weg** m mil route f d'approche.

an=maß|en, sich avoir la prétention od l'audace, se permettre (etw zu tun de faire qc), se permettre, s'arroger (etw qc); sich ein Recht ~ usurper un droit; ~**end** a (anspruchsvoll) prétentieux, arrogant; (dünkelhaft) présomptueux, suffisant; (unverschämt) impertinent, insolent, outre cuidant; **A~ung** f prétention, arrogance; présomption, suffisance; impertinence, insolence, outrecuidance; widerrechtliche ~ usurpation f.

Anmeld|eformular n formulaire m de déclaration; ~**efrist** f délai m de déclaration od de dépôt; ~**egebühr** f droit m de dépôt; ~**eliste** f liste f des inscriptions; **an=melden** tr annoncer; adm déclarer; sich ~ s'annoncer; (Univ.) se faire inscrire od immatriculer; ein Gespräch ~ (tele) demander une communication téléphonique; Konkurs ~ se déclarer en faillite, déposer son bilan; sich zu einem Kurs ~ s'inscrire à un cours; ein Patent ~ déposer un brevet; sich polizeilich ~ faire sa déclaration de séjour od de résidence, déclarer son arrivée; ein Recht ~ revendiquer un droit; ~**epflicht** f déclaration f obligatoire; a~**epflichtig** a (Sache) sujet à la déclaration; ~**eschein** m (polizeilicher) bulletin m od fiche f de déclaration; ~**ung** f annonce; déclaration; inscription, immatriculation f; polizeiliche ~ déclaration f d'arrivée od de séjour od de résidence; ~ e-s Gesprächs (tele) demande f de communication (téléphonique).

an=merk|en tr (an)noter, prendre note de; jdm etw ~ lire qc sur le visage de qn; sich etw ~ lassen laisser voir qc; sich nichts ~ lassen ne pas en avoir l'air, ne faire semblant de rien; man merkt ihm s-e Verlegenheit an son embarras est visible; **A~ung** f (Bemerkung) remarque; (in einem Buch) note; (kritische) annotation f; mit ~en versehen (Buch) annoter.

an=messen tr: jdm etw ~ (Schneiderei) prendre la mesure de qc à qn.

an=muster|n tr mar (anwerben) enrôler; **A~ung** f enrôlement m.

Anmut f ⟨-, ø⟩ ['anmu:t] grâce, gracilité f, charme m, joliesse f, agrément

m, élégance f; **an=muten** tr: jdn (seltsam) ~ sembler (étrange) à qn; **a~ig** a (Person) gracieux, charmant; (Gegend, Ort) amène; ~ sein (a.) avoir du charme; **a~svoll** a = a~ig (Person).

an=nageln tr clouer (an à), fixer avec des clous (an sur).

an=nähen tr coudre, attacher (an à); wieder ~ recoudre, rattacher.

an=näher|n tr (r)approcher (dat de), avancer (dat vers); sich ~ s'approcher, se rapprocher (dat de), s'avancer (dat vers); ~**nd** a approximatif; adv approximativement, à peu de chose près, environ; nicht ~ (soviel) bien moins, tant s'en faut; **A~ung** f approche f, abord; fig rapprochement m; math approximation f; **A~ungspolitik** f politique f de rapprochement; **A~ungsverfahren** n méthode f d'approximation; **A~ungsversuch** m tentative f od effort m de rapprochement; jdm gegenüber ~e machen faire des avances à qn; ~**ungsweise** adv approximativement, par approximation; **A~ungswert** m valeur f approximative.

Annahme f ⟨-, -n⟩ (Empfang, bes. loc: Gepäck~) réception; (e-s Angebots, Geschenks, Wechsels) acceptation; (e-s Schülers) admission; (an Kindes Statt; e-s Antrags, Gesetzes, Glaubens, e-r Lehre) adoption; (Vermutung) supposition, hypothèse f; in der ~, daß en supposant que, supposé que subj; gehe ich recht in der ~, daß est-ce que j'ai raison de penser que; zur ~ bringen (parl) faire adopter; Grund zu der ~ haben, daß... avoir lieu de supposer que subj; zur ~ vorlegen présenter à l'acceptation; ~ verweigert! (auf e-r Postsendung) refusé! ~ e-s falschen Namens usurpation f d'identité; ~**frist** f délai m de réception; ~**stelle** f bureau m de réception; ~**vermerk** m fin acceptation f; ~**verweigerung** f refus m d'acceptation, non-acceptation f.

Annalen [a'na:lən] pl annales f pl.

annehm|bar a acceptable, recevable; (Preis) acceptable, raisonnable; (zulässig) admissible; jur recevable; (glaubhaft) plausible; ganz ~ (fam: Wein) buvable, qui se laisse boire; ~ sein pouvoir passer; **an=nehmen** tr allg recevoir; (Angebot, Geschenk, Wechsel) accepter; (Kind, Vorschlag, Antrag, Gesetz, rel: Lehre, Glauben) adopter; (Religion) embrasser; (Rat) suivre; (Farbe, Geschmack; Namen, Titel) prendre; (vermuten) supposer, présumer; *sich jds* ~ prendre soin *od* s'occuper de qn; *sich e-r S* ~ se charger de qc; *e-n Auftrag* ~ se charger d'une commission; *Besuch* ~ laisser entrer un visiteur; *Gestalt* ~ *(Plan)* prendre forme, se dessiner; *e-e Gewohnheit* ~ prendre *od* contracter une habitude; *schlechte Manieren* ~ prendre de mauvaises manières; *(wieder) Vernunft* ~ entendre (revenir à la) raison; *angenommen werden (parl)* passer; *ich möchte fast* ~ je ne suis pas loin de croire; *man darf* ~, *daß* il est permis de supposer que; *es wird allgemein angenommen, daß ... il est communément admis que ...;* **A~lichkeit** *f* agrément, côté agréable; *(Vorzug)* avantage *m.*

annektieren [anɛk'tiːrən] *tr* annexer.

an=nieten *tr* river *(an à).*

Annonc|e *f* ⟨-, -n⟩ [a'nɔ̃ːsə] , **a~ieren** [-'siːrən] *tr s. Anzeige (Zeitung) etc.*

annullier|en [anu'liːrən] *tr* annuler; *(aufheben, für ungültig erklären)* rapporter; **A~ung** *f* annulation; *(Aufhebung, Widerrufung)* révocation; *(Ungültigkeitserklärung)* invalidation *f.*

Anode *f* ⟨-, -n⟩ [a'noːdə] *el* anode *f;* **~nbatterie** *f* batterie *f* d'anodes *od* de plaque; **~nkreis** *m* circuit *m* de plaques; **~nspannung** *f* tension *f* anodique *od* de plaque; **~nstrahlen** *m pl* lumière *f* anodique; **~nstrom** *m* courant *m* anodique *od* de plaque.

an=öden *tr fam (langweilen)* barber, ennuyer, embêter; *pop* raser.

anomal [ano'maːl] *a (regelwidrig)* anomal, irrégulier; **A~ie** *f* ⟨-, -n⟩ [-ma'liː] anomalie, irrégularité *f.*

anonym [ano'nyːm] *a* anonyme; *(Buch a.)* sans nom d'auteur; **A~ität** *f* ⟨-, -en⟩ [-nymi'tɛːt] anonymat *m.*

Anorak *m* ⟨-s, -s⟩ ['anorak] *(Schneebluse)* anorak *m.*

an=ordn|en *tr (ordnen)* disposer, arranger; *(in Reihen od Stößen)* ranger; *(in Gruppen)* grouper; *(bestimmen, festlegen)* régler, fixer, arrêter; *(befehlen; med: verordnen)* ordonner; *(vorschreiben)* prescrire; *die Mobilmachung* ~ *(mil)* décréter la mobilisation; **A~ung** *f* disposition *f,* arrangement *m,* distribution *f;* rangement; groupement; règlement *m,* fixation *f;* ordre *m; bes. med* ordonnance; prescription *f; (Erlaß)* décret, arrêté, édit *m; auf* ~ *des Gerichts* par ordre judiciaire; *s-e* ~*en treffen* prendre ses dispositions.

anorganisch ['an-, anɔr'gaː-] *a scient* inorganique; ~*e Chemie f* chimie *f* minérale.

an=packen *tr* empoigner; *(ergreifen)* saisir; *fig fam (Arbeit, Problem)* aborder, attaquer; *itr (fam) mit* ~ donner un coup de main; *alle müssen mit* ~ il faut que tout le monde s'y mette.

an=pass|en *tr (angleichen)* accommoder, ajuster, adapter, approprier, conformer, coordonner (*an* à); *(anprobieren)* essayer; *jdm ein Kleid* ~ faire essayer une robe à qn; *sich* ~ s'accommoder *(a. die Augen);* s'adapter, se conformer (*an* à); *(an die Gesellschaft)* se ranger; *(sich dareinfinden)* se plier, se faire (*an* à); *biol* s'adapter, s'assimiler; *dem Lebenshaltungsindex* ~ indexer; *sich den Umständen* ~ s'adapter aux circonstances; **A~ung** *f* accommodation *f (a. der Augen),* ajustement *m,* adaptation *a. biol,* appropriation, coordination; *biol a.* assimilation *f; (der Renten)* rajustement *m;* ~ *an den Lebenshaltungsindex* indexation *f;* **A~ungsbestreben** *n, bes. pol* conformisme *m;* **~ungsfähig** *a* souple, d'une grande faculté d'adaptation, adaptable; **~ungsunfähig** *a* inadaptable; **A~ungsvermögen** *n* souplesse, faculté *f* d'adaptation; *mangelnde(s)* ~ inadaptation *f* (vitale).

an=peil|en *tr mar* mettre le cap sur; *(durch Funk)* relever, repérer; **A~ung** *f* relèvement, radiorepérage *m.*

an=pfeifen *tr sport* donner le signal de; *fam = anschnauzen;* **Anpfiff** *m sport* coup *m* d'envoi; *fam = Anschnauzer.*

an=pflanz|en *tr* planter; **A~ung** *f* plantation *f.*

an=pflaumen *tr fam (verulken)* mettre en boîte, blaguer; *pop* se foutre de.

an=pflöcken *tr* cheviller.

an=picken *tr* picorer, becqueter.

an=pöbeln *tr* prendre à partie.

Anprall *m* ⟨-(e)s, -e⟩ choc; *(Zs.stoß)* impact *m,* collision *f.*

an=prangern *tr fig* clouer au pilori, dénoncer publiquement.

an=preis|en *tr* recommander, louer, vanter, prôner, préconiser; *com* faire de la réclame pour; *(ausrufen)* crier; *übertrieben* ~ bonimenter; *s-e Ware* ~ faire l'article; **A~ung** *f* recommandation *f,* éloge *m.*

Anprob|e *f* essayage *m;* **~eraum** *m (in e-m Geschäft)* cabine *f* d'essayage; **an=probieren** *tr* essayer.

an=pumpen *tr fig fam* taper.

Anrainer *m* ⟨-s, -⟩ état *od* pays *m od*

ville *f* limitrophe; *(von Grundstück)* riverain *m;* ~**gemeinden** *f pl* villes *f pl od* villages *m pl* limitrophes; ~**staaten** *m pl* états *od* pays *m pl* limitrophes.

an=raunzen *tr fam* = anschnauzen.

an=raten *tr: jdm etw* ~ conseiller, recommander qc à qn; **A**~ *n* conseil, avis *m,* recommandation *f; auf jds* ~ sur le conseil de qn.

an=rauchen *tr (Zigarre, Zigarette)* allumer, commencer à fumer; *(Pfeife)* culotter; *(Rauch ins Gesicht blasen)* enfumer.

an=raunzen *tr fam* = anschnauzen.

an=rechn|en *tr* compter, mettre en compte; *com* facturer; *com jur* imputer *(auf* sur); *(zu Lasten schreiben)* débiter *(jdm etw* qn de qc); *(zugute halten)* tenir compte de; *sich etw zur Ehre* ~ s'honorer, se faire un honneur *od* une gloire de qc; *als Fehler* ~ *(Schule)* compter une faute pour; *jdm etw hoch* ~ savoir beaucoup de gré à qn de qc; *sich etw als Verdienst* ~ se faire un mérite de qc; **A**~**ung** *f* mise en compte; facturation; imputation *f (auf* sur); débit *m; unter* ~ en imputation; *in* ~ *bringen (com)* passer *od* porter en compte; *fig* faire entrer en ligne de compte.

Anrecht *n* droit, titre *m (auf* à); exigibilité *f; ein* ~ *haben auf* avoir droit à.

Anrede *f (Ansprechen)* apostrophe; *(Ansprache)* allocution, harangue *f; (Titel)* titre *m;* **an=reden** *tr* adresser la parole à; *(gelegentlich)* aborder, accoster; *(feierlich)* haranguer; *jdn mit du, Sie* ~ tutoyer, vouvoyer *od* voussoyer qn.

an=reg|en *tr (lebhafter machen)* animer, inciter, exciter; *(begeistern)* inspirer; *a. med* stimuler; *(den Appetit)* ouvrir, exciter, aiguiser, aiguillonner; *(vorschlagen)* proposer, suggérer; *wir haben uns angeregt unterhalten* nous avons eu une conversation animée; ~**end** *a* animateur, excitant; *a. med* stimulant; *(Buch)* intéressant; *(die Phantasie* ~*)* suggestif, évocateur; *med* incitant; **A**~**ung** *f* animation, incitation; excitation; inspiration; stimulation; *(Anstoß)* impulsion; *(Vorschlag)* suggestion *f; auf jds* ~ *hin* à l'instigation de qn.

an=reicher|n *tr chem geol* enrichir, concentrer; **A**~**ung** *f* enrichissement *m,* concentration *f.*

an=reihen *tr* joindre *(an* à); *(auf e-e Schnur ziehen)* enfiler; *sich* ~ se joindre à la file; se succéder; *ein Unglück reihte sich an das andere* les catastrophes se succédaient.

an=reise|n *⟨aux: sein⟩ itr* arriver (de voyage); **A**~**tag** *m* jour *m* d'arrivée.

an=reiß|en *tr (Buchseite)* déchirer au bord; *metal* tracer, marquer; *fig (Vorrat anbrechen)* entamer; **A**~**er** *m metal (Person)* traceur; *(Werkzeug)* traceret, traçoir; *com (aufdringl. Werber)* crieur, camelot *m;* ~**erisch** *a (aufdringlich)* tapageur.

Anreiz *m (von außen)* incitation, instigation, *a. med* excitation *f;* **an=reizen** *tr* inciter, *a. med* exciter *(zu* à).

an=rempel|n *tr fam* bousculer.

an=rennen *tr ⟨aux: haben⟩ fam (anstoßen)* donner, heurter *(an* contre); *itr: ⟨aux: sein⟩ gegen etw* ~ *(mil)* donner contre qc, assaillir qc; *fig* lutter contre qc, combattre qc; *angerannt kommen* arriver en courant.

Anrichte *f (-, -n⟩* ['anrıçtə] *(Küchenmöbel)* dressoir, bahut *m; (Raum)* office *f;* **an=richten** *tr (Speise)* dresser, préparer; *(Salat)* assaisonner; *fig (tun)* faire, causer, occasionner; *Schaden* ~ causer des dégâts; *da haben Sie was Schönes angerichtet! (fam)* vous en avez fait de belles; *gnädige Frau, es ist angerichtet* Madame est servie.

an=rollen *⟨aux: sein⟩ itr aero (auf der Startbahn)* rouler; *fam (angefahren kommen)* arriver (en roulant); **A**~ *n aero* roulement *m.*

an=rosten *⟨aux: sein⟩ itr (festrosten)* s'attacher *od* se souder par la rouille.

anrüchig ['anrʏçıç] *a (verdächtig)* suspect, louche; **A**~**keit** *f* caractère *m* suspect.

an=rücken *⟨aux: sein⟩ itr, bes. mil* avancer, (s')approcher; **A**~ *n* approche *f.*

Anruf *m (cri d')appel *m; mil* sommation *f;* qui-vive; *tele* appel, coup *m* de téléphone *od fam* de fil; *auf den ersten* ~ *(mil)* à la première sommation; *telephonische(r)* ~ appel *m* téléphonique; ~**beantworter** *m tele* répondeur *m* (automatique); **an=rufen** *tr* appeler, interpeller; *(Schiff, Taxi) héler; mil* sommer; *tele* appeler (au téléphone), téléphoner à, donner un coup de téléphone *od fam* de fil à, sonner; *rel* invoquer; *e-e richterliche Entscheidung* ~ faire appel au juge; *die Feuerwehr* ~ appeler les pompiers; *ein höheres Gericht* ~ faire appel *od* recourir *od* avoir recours à un tribunal supérieur; *die Polizei* ~ appeler la police-secours; *zum Zeugen* ~ prendre à témoin; ~**er** *m tele* demandeur *m;* ~**ung** *f jur* appel *(gen* à); *(e-r höheren Instanz)* recours *m (gen* à); *rel* invocation *f.*

an=rühren *tr* toucher (à); *(Speise, Farbe)* délayer; *(Mörtel, Kalk, Beton)* gâcher; *nicht* ~ ne pas toucher (du bout des doigts) à; *fig (auf sich beruhen lassen)* laisser dormir.

Ansag|e *f (Bekanntgabe)* avis *m*, notification; *bes. radio* annonce *f; e-e* ~ *durchgeben (radio)* transmettre un communiqué; *die* ~ *haben (Kartenspiel)* commencer, être le déclarant; **an=sagen** *tr* avertir, notifier; *bes. radio* annoncer; *(durchsagen)* communiquer; *(beim Kartenspiel)* annoncer; *s-n Besuch od sich* ~ annoncer sa visite; *jdm den Kampf* ~ défier qn; ~**er** *m* ⟨-s, -⟩ ['-za:gər] *(Kleinkunstbühne)* présentateur; *radio* speaker *m;* ~**erin** *f radio* speakerine *f.*

an=samm|eln *tr* (r)amasser; *(anhäufen)* accumuler; *sich* ~ s'amasser, se ramasser; s'accumuler; *(Menschen)* se rassembler, s'attrouper; **A~lung** *f* amas *m;* accumulation *f;* rassemblement, attroupement *m.*

ansässig ['anzɛsɪç] *a* établi, domicilié, résident; *sich* ~ *machen* s'installer, s'établir, se domicilier.

Ansatz *m (Verlängerungsstück)* rallonge, pièce *f* ajoutée; *(Ablagerung)* dépôt; *fig (Anfang)* commencement, début *m,* ébauche; *(Haar)* naissance; *mus* attaque *f* d'une note; *biol physiol* rudiment *m; in* ~ *bringen* mettre en ligne de compte; ~**punkt** *m* point *m* de départ; *von e-m falschen* ~ *ausgehen* pécher par la base; *feste(r)* ~ point *m* d'appui; ~**rohr** *n tech* tuyau *m* de raccord; ~**stück** *n tech* embout, ajutage *m.*

an=säuern *tr (Teig)* mettre du levain dans; *chem* aciduler.

an=saufen *tr pop: sich einen* ~ = *sich besaufen.*

an=saug|en *tr phys tech* aspirer; *e-e Pumpe* ~ *lassen* amorcer une pompe; *sich* ~ *(festsaugen)* prendre; **A~en** *n* aspiration *f;* amorçage *m;* **A~rohr** *n mot* tuyau *m* d'aspiration; **A~ventil** *n* soupape *f* d'aspiration.

an=sausen ⟨*aux: sein*⟩ *itr: angesaust kommen* arriver en coup de vent.

an=schaff|en *tr* acquérir, acheter; *sich etw* ~ *(besorgen)* se procurer qc, se pourvoir de qc; *sich eigene Möbel* ~ se mettre dans ses meubles; **A~ung** *f* achat *m,* acquisition *f; (Versorgung)* approvisionnement *m;* **A~ungskosten** *pl* frais *m pl* d'achat; **A~ungspreis** *m* prix *m* d'achat; **A~ungssumme** *f* montant *m* d'achat; **A~ungswert** *m* valeur *f* d'achat.

an=schalten *tr el* mettre en circuit;

das Licht ~ allumer la lumière; *itr el* tourner le bouton.

an=schau|en *tr* regarder; *(lange)* contempler; ~**lich** *a* clair et expressif, évident; ~ *machen (a.)* mettre en évidence; **A~lichkeit** *f* ⟨-, (-en)⟩ clarté, évidence *f,* caractère *m* expressif; **A~ung** *f* contemplation; *(innere)* intuition *f; pl (Überzeugungen, Meinung)* idées *f pl,* opinion *f; zu der* ~ *neigen, daß* avoir tendance à croire que; **A~ungsmaterial** *n* matériel *m* documentaire; **A~ungsunterricht** *m* leçon *f* de choses, enseignement *m* par l'image; **A~ungsvermögen** *n* faculté *f* intuitive; **A~ungsweise** *f* manière de voir (les choses), conception *f.*

Anschein *m* ⟨-(e)s, ø⟩ apparence *f,* semblant *m; dem* ~ *nach* selon les apparences, à en juger par l'apparence; *ce me semble; allem* ~ *nach* selon toute apparence; tout porte à croire que; *sich den* ~ *geben, als ob ...* faire semblant de *inf,* se donner l'air de *inf; es hat den* ~, *als ob ...* il semble que *subj,* il paraît que, on a l'impression que *(Indikativ);* **a~end** *adv* apparemment, visiblement.

an=schicken, *sich* se disposer, se préparer, s'apprêter *(etw zu tun* à faire qc); se mettre en devoir *(etw zu tun* de faire qc).

an=schieben *tr (Auto)* pousser.

an=schielen *tr (von der Seite ansehen)* regarder de travers, lorgner.

an=schießen *tr (durch e-n Schuß verletzen)* blesser (légèrement); *itr (den ersten Schuß tun)* tirer le premier coup; *chem min* (se) cristalliser; *angeschossen kommen* arriver comme une flèche; **A~** *n* essais *m pl* de tir.

an=schirren *tr (Zug-, Reittier)* harnacher; *(anspannen)* atteler.

Anschlag *m (Plakat~,* ~ *am Schwarzen Brett)* affichage *m; (Schreibmaschine)* frappe *f; (Klavier, Pianist)* toucher *m; (Gewehr)* mise *f* en joue; *(Hund)* aboiement *m; (~zettel)* affiche *f,* placard *m,* pancarte *f,* écriteau, papillon; *tech (Vorrichtung)* arrêt, taquet, butoir *m,* butée, équerre; *(Veranschlagung, Kosten~)* estimation, évaluation, taxation *f,* devis; *(Plan)* projet, plan *m; (geheimer* ~*)* machination *f; (Verschwörung)* complot; *(Mord~)* attentat *m; durch* ~ *(veröffentlichen)* par voie d'affiche; *in* ~ *bringen (com)* mettre *od* faire entrer en ligne de compte; *im* ~ *haben (Gewehr),* être prêt à tirer *od* à faire feu; *im* ~ *liegen od sein* mettre en joue; *e-n* ~ *machen* afficher; *e-n* ~

verüben commettre un attentat; ~ *stehend, kniend, liegend (mil)* position *f* du tireur debout, à genou, couché; ~**brett** *n* panneau *od* tableau d'affichage, tableau d'affiches, porte-affiches *m*; **an=schlagen** *tr (annageln, befestigen)* clouer, fixer, attacher; *(Plakat, Bekanntmachung)* afficher, apposer; *(Klavier, Saite)* frapper; *(Glocke)* sonner; *(Ton)* prendre; *sport* toucher; *(Ball)* servir; *(Gewehr)* mettre en joue; *(Geschirr beschädigen)* ébrécher; *(einschätzen)* évaluer, estimer; *itr (Hund)* aboyer; *med (wirken)* faire de l'effet, opérer *(auf jdn sur qn)*; profiter *(auf jdn à qn)*; *zu hoch, niedrig* ~ surestimer *od* surévaluer, sous-estimer *od* sous-évaluer; *e-n anderen Ton* ~ *(fig)* changer de ton; *e-n gewissen Ton* ~ le prendre sur un certain ton; ~**säule** *f* colonne *f* d'affichage *od* Morris; ~**tafel** *f* = ~*brett;* **Anschläger** *m min* accrocheur *m.*

an=schließen *tr (Fahrrad mit e-r Kette)* attacher, enchaîner; *el* relier, connecter *(an à)*; brancher *(an sur)*; *tele* raccorder *(an à)*; *radio* relayer; *com* affilier *(an à)*; *einige Worte* ~ ajouter quelques mots; *sich* ~ *(Mensch)* se rattacher, se rattacher, s'associer, se rallier *(an à)*; *(Sache)* se rattacher *(an à)*; suivre *(an etw* qc); *sich jds Meinung* ~ se ranger à l'avis de qn; *sich e-r Partei* ~ s'affilier à un parti; *angeschlossen die Sender ...* relayé par les émetteurs ...; ~**d** *a* suivant; *(Zimmer)* contigu; *adv* ensuite, par la suite, (immédiatement) après.

Anschluß *m (an Wasser, Gas)* distribution; *el* connexion *f,* branchement, raccordement; *tele (dauernde Einrichtung)* raccord, abonnement *m; (zeitweilige Verbindung)* communication; *loc* correspondance *f; fig. a. pol hist* rattachement *m; com* affiliation *f (an* à); *im* ~ *an* comme suite à, faisant suite à; *den* ~ *erreichen (loc)* avoir *od* attraper la correspondance; ~ *haben* correspondre *(an* avec); ~ *suchen (Bekanntschaft)* chercher à lier connaissance; *den* ~ *verpassen (loc)* manquer la correspondance; *fig fam (die Gelegenheit)* manquer le coche; *kein* ~ *unter dieser Nummer! (tele)* il n'y a pas d'abonné au numéro que vous avez demandé; ~**bahnhof** *m* gare *f* de correspondance; ~**dose** *f el* boîte de connexion, prise *f* de courant; ~**flansch** *m tech* bride *f* de raccordement; ~**gleis** *n loc* voie *f* de raccordement; ~**kabel** *n el* câble de raccordement; *tele* câble *m* d'abonné;

~**klemme** *f el* borne *f* de raccordement, serre-fils *m;* ~**leitung** *f el* conduite *od* ligne *f* de jonction; ~**linie** *f aero* ligne *f* (aérienne) de correspondance; ~**punkt** *m tech* point *m* d'attache; ~**rohr** *n* tuyau *m* de raccordement; ~**schiene** *f* raccord *m* de rail; ~**schlauch** *m* raccord *m* en caoutchouc; ~**schnur** *f el* cordon *m* de raccordement; ~**station** *f loc* = ~*bahnhof;* ~**strecke** *f loc* tronçon *m* de raccordement; ~**stück** *n* pièce *f* de jonction, raccord *m;* ~**zug** *m loc* (train *m* de) correspondance *f.*

an=schmieden *tr* attacher en forgeant.

an=schmieg|en, *sich* se serrer, se blottir *(an* contre); *(Kleidungsstück)* coller *(an* à); épouser la forme *(an* de); ~**sam** *a* souple *a. fig; fig (nachgiebig)* complaisant; **A~samkeit** *f* ⟨-, (-en)⟩ , *a. fig* souplesse; *fig* complaisance *f.*

an=schmieren *tr* barbouiller; *fig fam (betrügen)* rouler, mettre dedans, duper.

an=schnall|en *tr* attacher avec une boucle, boucler; *(Schlittschuhe)* mettre; *sich* ~ *(mot aero)* boucler *od* mettre sa ceinture; **A~gurt** *m mot aero* ceinture de sécurité; *aero* sangle; *(am Fallschirm)* ceinture *f* d'attache; **A~pflicht** *f: es besteht* ~ le port de la ceinture est obligatoire.

an=schnauz|en *tr fam* attraper, rabrouer, enguirlander, savonner; apostropher; *pop* engueuler; **A~er** *m fam* savon *m; pop* engueulade *f.*

an=schneiden *tr (Lebensmittel, Stoff, fig: Thema)* entamer; *fig (Thema)* attaquer *fam.*

Anschnitt *m (Lebensmittel)* entame; *(Schnittfläche)* coupe *f.*

Anschovis *f* ⟨-, -⟩ [an'ʃo:vɪs] *(gesalzene Sardelle)* anchois *m.*

an=schrauben *tr* visser *(an* à).

an=schreiben *tr (an die Tafel)* écrire; *(Schuld)* mettre *od* porter au compte; ~ *lassen* prendre à crédit; *bei jdm gut angeschrieben sein* être dans les papiers de qn *od* coté auprès de qn, être bien vu *od* en faveur auprès de qn, être en *od* jouir d'un grand crédit auprès de qn; *bei jdm nicht gut od schlecht angeschrieben sein* ne pas être dans les papiers de qn *od* coté auprès de qn, être mal vu *od* en défaveur auprès de qn.

an=schreien *tr* apostropher vertement, rudoyer, *pop* engueuler.

Anschrift *f* adresse *f.*

an=schuldig|en *tr* accuser, inculper, incriminer; **A~ung** *f* accusation, inculpation, incrimination *f; falsche* ~ dénonciation *f* calomnieuse.

an=schwärmen *tr* adorer, idolâtrer.

an=schwärzen *tr fig* noircir, dénigrer, calomnier, diffamer; **A~** *n* dénigrement *m*, calomnie, diffamation *f.*

an=schweißen *tr tech* souder (*an* à).

an=schwell|en ⟨*aux: sein*⟩ *itr* enfler *a. med; med* se tuméfier; *(sich blähen)* se gonfler; *(allmählich)* grossir; *(Fluß) a.)* monter, être en crue; *mus u. fig* aller crescendo; **A~en** *n med* tuméfaction; *(e-s Flusses)* montée, crue *f; mus* crescendo *m;* **A~ung** *f (Folgezustand)* gonflement *m, a. med; med* enflure, tumeur *f.*

an=schwemm|en *tr (Holz)* flotter; *(Sand)* charrier; *(Erdboden)* déposer; **A~ung** *f geol* dépôt (fluvial), atterrissement *m,* alluvion *f.*

an=schwindeln *tr* refaire, rouler; en faire accroire *(jdn* à qn).

an=sehen *tr (anblicken)* regarder; *(lange)* contempler; *(prüfen)* examiner; *(halten für)* regarder, considérer *(als* comme); *(beurteilen)* juger; *(besichtigen)* visiter; *angesehen werden als* passer pour; *etw mit* ~ *(dabeisein)* assister à qc; *(dulden)* laisser faire, tolérer qc; *jdn über die Achsel od von oben herab* ~ regarder qn de haut; *etw mit andern Augen* ~ voir qc d'un autre œil; *jdn von Kopf bis Fuß od von oben bis unten* ~ regarder qn de la tête aux pieds *od* de haut en bas, mesurer qn du regard *od* des yeux; *jdn scharf* ~ dévisager qn; *jdn scheel od schief* ~ regarder qn de travers; *jdn starr* ~ fixer qn du regard, regarder qn dans le blanc des yeux; *jdn verstohlen* ~ regarder qn du coin de l'œil; *etw nicht mehr mit* ~ *können* ne plus pouvoir voir qc; *das kann ich nicht mehr mit* ~ je n'y tiens plus; *man sieht es ihm an, daß ...* on voit à sa mine que ..., il a l'air de *inf; man sieht es ihm nicht an* il n'en a pas l'air; *man sieht ihm sein Alter nicht an* il ne paraît pas son âge, il ne porte pas son âge; *wofür sehen Sie mich an?* pour qui me prenez-vous? *sieh mal (einer) an!* tiens, tiens! **A~** *n* ⟨*-s, ø*⟩ *(Anblick)* vue *f,* aspect *m; (Aussehen)* apparence, mine *f,* air; *(Äußeres)* dehors, extérieur *m; fig (Achtung)* considération *f,* respect *m; (Ruf)* réputation; *(Geltung)* autorité *f,* standing, prestige *m; dem* ~ *nach zu urteilen* à en juger sur l'apparence; *ohne* ~ *der Person* sans égard à la personne, sans acception de personne(s); *sich ein* ~ *geben* se donner des airs, faire l'important; *ho-*

hes ~ *genießen* jouir d'un grand crédit; ~ *gewinnen* acquérir du crédit, s'attirer de la considération; *von* ~ *kennen* connaître de vue; *wieder zu* ~ *kommen* retrouver son crédit; *in* ~ *stehen* avoir une bonne réputation; *sein* ~ *verlieren* perdre son crédit.

ansehnlich *a (stattlich)* beau, de belle apparence; *fig (Person)* notable, respectable, honorable; *(Sache)* considérable, important; *eine ~e Summe* une belle somme; **A~keit** *f* ⟨*-, ø*⟩ belle apparence, prestance; *fig* notabilité, respectabilité; importance *f.*

an=seilen *tr allg* attacher à la corde; *(Bergsteiger)* encorder; *sich* ~ s'encorder.

an=sein ⟨*aux: sein*⟩ *itr (angestellt, eingeschaltet sein)* marcher, fonctionner; *(Feuer, Licht)* être allumé.

an=sengen *tr* roussir; *angesengt riechen* sentir le roussi.

an=setz|en *tr* mettre (*an* à, contre), appliquer (*an* contre); *(Leiter)* poser; *(Feder)* mettre la main à; *(Blasinstrument)* emboucher; *(Trinkgefäß an die Lippen)* porter (*an* à); *(anfügen, anstücken)* ajouter, apposer; *typ* rattraper; *(Küche)* préparer; *(festsetzen, bestimmen)* fixer; *(einschätzen)* évaluer, estimer, taxer, priser; *itr* commencer, prendre un élan, faire un effort; *noch einmal* ~ revenir à la charge; *sich* ~ s'attacher (*an* à); *chem* se déposer; *Bauch* ~ prendre du ventre; *Blätter, Blüten* ~ pousser des feuilles, des fleurs; *Fett* ~ engraisser; *Früchte* ~ *(bot)* affruiter; *zur Landung* ~ *(aero)* se préparer à atterrir, amorcer l'atterrissage; *den Preis zu niedrig* ~ sous-estimer *(e-r S* qc); *zum Sprung* ~ prendre un élan; **A~en** *n* mise, application; pose; préparation *f;* **A~ung** *f (Festsetzung)* fixation; *(Einschätzung)* évaluation *f;* **A~winkel** *m aero* angle *m* d'attaque.

Ansicht *f* ⟨*-, -en*⟩ *(Tätigkeit)* vue, aspect *m; (Prüfung)* inspection *f,* examen *m; (Bild)* vue; *(Meinung)* vue, façon *od* manière de voir, opinion *f,* avis *m,* idée *f; nach jds* ~ aux yeux de qn; *nach allgemeiner* ~ de l'avis de tout od de tout le monde; *meiner* ~ *nach* à mon avis, selon moi, à ce que je crois; *s-e* ~ *ändern* changer d'idée *od* d'avis; *s-e* ~ *äußern* donner son avis *od* opinion; *jdn in s-n* ~*en bestärken* soutenir qn dans ses idées; *s-e eigenen* ~*en haben* avoir ses idées à soi *(über etw* sur qc); *der* ~ *sein, die* ~ *vertreten, daß ...* être d'avis que ...; *verschiedener, entgegengesetzter* ~ *sein* être d'un avis différent, contraire *od* opposé; *zur* ~ *senden (com)* envoyer à vue *od* au choix *od (Buch)* en communication; *jds* ~*en teilen* entrer dans les vues de qn; *mit s-r* ~ *zurückhalten* ne pas donner son avis; *ich bin der* ~, *daß* je suis de l'avis que; *das ist nun mal meine* ~ voilà ma façon de penser; *darüber kann man verschiedener* ~ *sein* c'est affaire d'opinion; **a~ig** *a: jds* ~ *werden* voir, apercevoir, découvrir qn; ~**s(post)karte** *f* carte (postale) illustrée, carte-vue *f;* ~**ssache** *f* affaire *f* d'opinion; *das ist* ~ c'est affaire d'opinion; ~**ssendung** *f com* envoi *m* à vue *od* au choix.

an=sied|eln *tr* établir, domicilier; *(Nomaden)* fixer; *sich* ~ s'établir, se domicilier; se fixer; **A~(e)lung** *f (Vorgang)* colonisation *f,* établissement *m; (Ergebnis: Ort)* colonie *f;* **A~ler** *m* colon *m.*

an=sinnen *tr: jdm etw* ~ demander qc à qn, exiger qc de qn, prétendre que qn fasse qc; **A~** *n* demande, exigence, prétention *f; ein* ~ *an jdn stellen* imposer une exigence à qn.

an=spann|en *tr (Pferd, Wagen)* atteler; *(straffen)* bander; *a. fig (s-e Kräfte, s-n Geist)* tendre; *mit angespannten Kräften* de toutes ses forces; *jdn* ~ demander un effort particulier à qn; **A~en** *n* attelage *m;* **A~ung** *f* tension *f; fig (Eifer)* effort *m,* application *f.*

an=speien *tr* cracher sur.

Anspiel *n sport* commencement *m* du jeu; **an=spielen** *itr* jouer (le premier); *(beim Kugelspiel)* avoir la boule; *(beim Kartenspiel)* avoir la main; *sport* commencer à jouer; *fig* faire allusion *(auf etw* à qc); ~**ung** *f* allusion *f,* sous-entendu *m; in versteckten* ~*en* à mots couverts.

an=spitz|en *tr allg* rendre pointu, appointer, aiguiser; *(Bleistift)* tailler; *tech (Nadeln)* empointer; **A~er** *m* ⟨-s, -⟩ *(Bleistiftspitzer)* taille-crayon *m.*

Ansporn *m* ⟨-(e)s, ø⟩ excitation, stimulation *f;* aiguillon *m;* **an=spornen** *tr (Pferd u. fig)* éperonner, talonner; *fig* aiguillonner; stimuler, encourager; *zur Arbeit* ~ pousser au travail.

Ansprache *f* allocution, harangue *f; mil (Ziel~)* identification *f; e-e* ~ *halten* adresser une allocution, haranguer.

ansprech|bar *a physiol* réactif; **A~barkeit** *f* réactivité *f;* **an=sprechen** *tr* adresser la parole à, aborder, accoster; *jdn auf etw hin* ~ aborder un sujet avec qn, interroger qn sur

qc; *jdn um etw* demander qc à qn; *mil (Ziel)* identifier; *fig (zusagen, gefallen)* intéresser; plaire *(jdm* à qn); *itr physiol* réagir *(auf etw* à qc); ~**end** *a* intéressant, attirant, agréable; sympathique.

an=springen *tr* ⟨*aux: haben*⟩ *(Hund e-n Menschen)* bondir, sauter sur; *itr* ⟨*aux: sein*⟩ *mot* partir, démarrer; *angesprungen kommen* arriver en bondissant; **A~** *n mot* démarrage *m.*

an=spritzen *tr* asperger; *(mit Schmutz)* éclabousser.

Anspruch *m (Recht)* droit *(auf* sur); *(Rechts~)* titre *m; (Forderung)* exigence; *a. fig* prétention; *jur* réclamation, revendication *f (auf* de); *e-n* ~ *aufgeben* abandonner une *od* renoncer à une réclamation; ~ *auf etw erheben od machen* prétendre à qc, réclamer, revendiquer qc; *keinen Anspruch auf Vollständigkeit erheben* ne pas prétendre à l'exhaustivité; *Ansprüche geltend machen* prétendre *(auf* à); *auf etw* ~ *haben* avoir droit à qc; *Ansprüche auf etw haben* avoir des droits sur qc; *die ältesten Ansprüche haben* être le premier en date; *s-e Ansprüche herabschrauben* déchanter; *große Ansprüche machen, hohe Ansprüche stellen* affecter de grandes prétentions, faire des embarras; *etw in* ~ *nehmen* avoir recours à qc, faire appel à, user de qc; *jdn, etw zu sehr in* ~ *nehmen* abuser de qn, de qc; *jds Aufmerksamkeit in* ~ *nehmen* captiver l'attention de qn; *etw für sich in* ~ *nehmen* s'attribuer qc; *sehr in* ~ *genommen sein* être fort occupé; **a~sberechtigt** *a jur* ayant droit; **a~slos** *a* sans prétention(s), modeste, simple; ~**slosigkeit** *f* modestie, simplicité *f;* **a~svoll** *a* prétentieux, exigeant, difficile; *(sehr)* ~ *sein (a.)* être très difficile *od* exigeant; *fam* ne pas se moucher du coude; ~*e(s) Wesen n* exigence *f.*

an=spucken *tr* = anspeien.

an=spülen *tr (ans Ufer spülen)* flotter.

Anstalt *f* ⟨-, -en⟩ ['anʃtalt] établissement *m;* institution *(a. Schule); (Schule)* école *f; (Internat)* internat; *(Heim)* asile *m; (Besserungs~)* maison *f* de correction; ~*en machen* se préparer, se disposer, s'apprêter *(zu etw* à qc, *etw zu tun* à faire qc); *s-e* ~*en treffen* prendre ses dispositions, dresser ses batteries; ~**sgeistliche(r)** *m* aumônier *m.*

Anstand *m (Jagd)* affût *m,* hutte; *(gutes Benehmen)* (bonne) tenue *f,* bonnes manières *f pl,* savoir-vivre *m; (Schicklichkeit)* bienséance, décence *f,* convenances *f pl; pl (Schwierigkeiten)* difficultés *f pl; mit* ~ décemment, convenablement; *auf den* ~ *gehen (Jäger)* se mettre à l'affût; *(keinen)* ~ *nehmen, etw zu tun* (ne pas) hésiter à faire qc; *den* ~ *verletzen* manquer aux *od* enfreindre les convenances; *den* ~ *wahren* garder les bienséances; **~sbesuch** *m* visite *f* de courtoisie; **~sdame** *f* chaperon *m,* duègne *f; als* ~ *begleiten* chaperonner; **a~shalber** *adv* par convenance, pour sauver la face; **a~slos** *adv* sans hésiter *od* hésitation; sans (la moindre) difficulté; **~sregeln** *f pl* régles *f pl* de la bienséance; **~sunterricht** *m* leçon *f* de maintien.

anständig *a (schicklich)* bienséant, décent, convenable; *(ehrbar)* honnête; *fig fam (groß)* suffisant, raisonnable; honnête; *adv* décemment, convenablement, dûment, comme il faut; *sich* ~ *benehmen* se tenir bien; **~e(r)** *Mensch m* homme *m* (de) bien; **~e** *Menschen m pl* gens *m pl* (de) bien, honnêtes gens; **A~keit** *f* ⟨-, ø⟩ honnêteté; bonne conduite *f.*

an=starren *tr* regarder fixement, fixer du regard; *fam* reluquer; *pop* zyeuter.

anstatt [an'ʃtat] *prp gen* à la place de, en guise de; *conj:* ~ *zu (inf),* ~ *daß...* au lieu de *inf.*

an=staunen *tr* regarder avec étonnement *od* bouche bée; *(bewundern)* admirer.

an=stechen *tr (Faß)* mettre en perce.

an=steck|en *tr* attacher (avec des épingles); *(Nadel, Ring)* mettre; *(Abzeichen)* arborer; *(anzünden)* allumer; *(in Brand stecken)* mettre le feu à; *med* infecter, contaminer; *jdn mit e-r Krankheit* passer une maladie à qn; *itr fig = ~end sein (fig); sich* ~ *(med)* s'infecter, se contaminer; **~end** *a med* infectieux, contagieux; ~ *sein (med a.)* se communiquer, se gagner; *fig (Lachen, Gähnen)* être contagieux; **A~nadel** *f* épingle (de cravate); *(Brosche)* broche *f;* **A~ung** *f med* infection, contagion, contamination; *(Übertragung)* transmission *f;* **A~ungsgefahr** *f* danger *m* de contagion *od* d'infection; **A~ungsherd** *m* foyer *m* de contagion *od* d'infection.

an=stehen *itr (Jagd)* être à l'affût *(auf* de); *(Schlange stehen)* faire la queue; *(Termin)* être fixé *(auf* à); *nicht* ~ *(zögern), etw zu tun* ne pas hésiter à faire qc; *(Schuld)* rester impayée; ~ *lassen (aufschieben)* différer, remettre, ajourner; *das steht Ihnen (gut) an* cela vous convient; *das stünde Ih-*

nen schlecht od nicht an vous auriez mauvaise grâce; **~d** *a geol* vif, à fleur de terre.

an=steigen ⟨aux: sein⟩ *itr* monter; *(Weg)* aller en montant; *(Hochwasser)* monter, croître, être en crue; *fig, bes. com* s'accroître; *steil* ~ *(fig)* monter en flèche; **A~** *n (Wasser)* crue *f; fig* accroissement *m; com fin* hausse *f; rasche(s)* ~ *der Preise* hausse *f* en flèche des prix.

anstell|e [an'ʃtelə] = *an Stelle;* **an=stellen** ['an-] *tr* mettre, poser, placer *(an* contre); *(Leiter)* (ap)poser; *(Maschine)* mettre en marche; *radio* faire marcher, allumer; *(in Arbeit nehmen)* embaucher, engager, employer; *fig* faire, arranger; *es so* ~, *daß* faire *od* s'arranger de manière que *subj od* à *inf; sich* ~ *(Schlange stehen)* prendre la file, faire la queue; *fig (sich zieren)* faire des manières *od* des façons; *angestellt werden* obtenir un *od* l'emploi; *Betrachtungen* ~ faire des *od* se livrer à des considérations; *sich dumm* ~ faire la bête *od* l'imbécile; *jdn fest* ~ titulariser qn; *sich geschickt, ungeschickt (dabei)* ~ s'y prendre bien, mal; *sich hinten* ~ prendre la *od* se mettre à la file *od* queue; *e-e Untersuchung* ~ faire une recherche *od (bes. jur)* une enquête; *e-n Vergleich* ~ faire *od* établir une comparaison *(zwischen* entre); *Vermutungen* ~ faire des *od* se livrer à des conjectures *(über* sur); *Versuche* ~ faire des essais *od* des expériences; *was hast du da wieder angestellt?* qu'as tu encore fait comme bêtises? *wie hast du (denn) das angestellt?* comment t'y es-tu pris? *stellen Sie sich doch nicht so an!* ne faites pas de manières *od* de façons *od* de cérémonies! *fam* ne faites pas tant de chichis! **~ig** *a* adroit, habile; **A~igkeit** *f* ⟨-, ø⟩ adresse, habileté, dextérité *f;* **A~ung** *f* engagement, placement, emploi; *(Stelle)* emploi, poste *m,* place, situation *f; feste* ~ situation *f* permanente *od* fixe; **A~ungsvertrag** *m* contrat *m* d'engagement; **A~vorrichtung** *f tech* dispositif *m* de mise en marche; **A~winkel** *m aero* angle *m* d'incidence *od* d'attaque.

an=steuer|n *tr mar aero* mettre le cap sur; **A~ungsfeuer** *n aero* balise *f* d'approche; **A~ungsfunkfeuer** *n aero* radiophare *m* de direction *od* d'approche.

Anstich *m (e-s Fasses)* mise *f* en perce.

Anstieg *m* montée, ascension *f.*

an=stieren *tr* = *anstarren.*

an=stift|en *tr (verursachen)* causer, provoquer, susciter; *pej (anzetteln)* machiner, tramer, ourdir, fomenter; *(jdn veranlassen)* pousser, inciter, exciter *(zu etw* à qc); *zum Meineid ~* suborner; **A~er** *m* auteur, promoteur; *pej* provocateur, instigateur, fauteur *m;* **A~ung** *f* suggestion; *pej* incitation, excitation, instigation *f.*

an=stimmen *tr (Lied)* entonner, attaquer; *fig* orchestrer; **A~** *n mus* intonation *f.*

Anstoß *m* choc, heurt; *sport* coup *m* d'envoi; *fig (Antrieb)* impulsion *f,* branle *m; (Ärgernis)* offense *f,* scandale *m; ohne ~* sans heurt, *fam* sans anicroche; *(geläufig)* couramment; *bei jdm ~ erregen* froisser, choquer, scandaliser, offenser qn; *zu etw den ~ geben* donner l'impulsion *od* le branle à qc, prendre l'initiative de qc, déclencher qc; *an etw ~ nehmen* être choqué par qc, se froisser, se formaliser, se scandaliser de qc; *keinen ~ daran nehmen, etw zu tun* ne pas se faire faute de faire qc; *Stein m des ~es* pierre *f* d'achoppement *od* de touche; **an=stoßen** *tr ⟨aux: haben⟩* choquer, heurter, cogner; *itr ⟨aux: sein⟩* se heurter *(an* à); *an* donner contre; *(stolpern)* buter, broncher *(an* contre); *⟨aux: haben⟩ (in der Rede)* hésiter; = *~ erregen; ohne anzustoßen* = *ohne ~; auf jdn od jds Gesundheit ~* boire à la santé de qn; *mit den Gläsern ~* choquer les verres, trinquer; *mit der Zunge ~ (lispeln)* zézayer; **a~end** *a (angrenzend)* contigu, attenant; voisin.

anstößig ['anʃtø:sɪç] *a* choquant, scandaleux, inconvenant, indécent, malséant, malsonnant; *(schlüpfrig)* scabreux, grivois; **A~keit** *f* caractère *m* choquant; inconvenance, indécence; grivoiserie *f.*

an=strahl|en *tr allg* darder ses rayons sur; *(mit Scheinwerfern)* illuminer, embraser; *(strahlend anblicken)* regarder d'un air rayonnant; **A~ung** *f* illumination *f,* embrasement *m.*

an=streben *tr* aspirer, tendre *(etw* à qc); *(aus Ehrgeiz)* ambitionner *(etw* qc).

an=streich|en *tr (Streichholz)* frotter; *(mit Farbe)* peindre, peinturer; *(tünchen)* badigeonner; *(weißen)* blanchir; *(kennzeichnen)* marquer (d'un trait); *(unterstreichen)* souligner; **A~en** *n* peinture *f* (en bâtiments); badigeonnage *m;* **A~er** *m* peintre (en bâtiment(s)); badigeonneur *m.*

an=streng|en *tr (den Geist)* tendre;

(ermüden) fatiguer; *zu sehr ~* surmener; *sich ~* faire des efforts, se donner du mal; *um zu* s'efforcer de *inf;* *sich gewaltig ~* se dépenser; *fam* donner un coup de collier; *sich zu sehr ~* se surmener; *e-n Prozeß gegen jdn ~* intenter un procès contre qn; *~end a (Arbeit)* fatigant; *sehr ~* crevant *pop;* **A~ung** *f* effort *m; (geistige)* contention; *(Strapaze)* fatigue *f.*

Anstrich *m (Farbe)* couleur; *(Überzug)* couche *f* (de peinture), enduit; *(Tünche)* badigeonnage; *mus* coup *m* d'archet; *fig (Anschein)* apparence, touche *f; sich den ~ e-s od e-r ... geben* se donner l'apparence d'un *od* d'une ...; *sich e-n vornehmen ~ geben* se donner *od* prendre des airs.

an=stricken *tr* ajouter (en tricotant); *(Strumpf)* rempiéter.

an=stücken *tr* (r)ajouter (une pièce à), rapiécer, rapporter; *(länger machen)* (r)allonger.

Ansturm *m* assaut *m,* ruée, attaque; *(von Kunden)* affluence *f; im ersten ~* au premier assaut, d'emblée.

an=stürmen *⟨aux: sein⟩ itr: ~ gegen* donner l'assaut à, assaillir.

an=suchen *itr: bei jdm um etw ~* demander qc à qn; solliciter, requérir qc de qn; **A~** *n* demande, requête *f; auf jds ~* sur la demande, à la requête, à l'instance de qn; *ein ~ an jdn stellen* adresser une demande à qn.

Antagonismus *m ⟨-, -men⟩* [antago'nɪsmʊs, -mən] *(Gegensatz)* antagonisme *m.*

an=tanzen *itr ⟨aux: haben⟩* ouvrir le bal; *bei jdm ~ ⟨aux: sein⟩ (fig)* arriver *od fam* débarquer chez qn.

Antarkt|is [ant?'arktıs] , *die, geog* la région antarctique, l'Antarctique, l'Antarctide *f;* **a~isch** *a* antarctique.

an=tasten *tr* tâter, toucher, palper; *(Vorrat)* toucher à, entamer; *fig (angreifen)* porter atteinte à, attenter à.

Anteil *m* part, portion, quote-part *f; fin* titre de participation; *(an e-r Verpflichtung)* contingent *m; fig* = *~nahme; s-n ~ bezahlen* payer son écot; *an etw ~ haben* avoir part, participer à qc; *an etw großen, geringen, keinen ~ haben (beteiligt sein)* être pour beaucoup, peu dans qc, n'être pour rien dans qc; *s-n vollen ~ haben* en avoir sa bonne part; *an etw ~ nehmen* prendre part, s'intéresser à qc; **a~ig** *a* proportionné; *~e(r) Gewinn m* quote-part *f* des bénéfices; **a~mäßig** *adv* proportionnellement; *~nahme f* intérêt *m,* sympathie; *(Mitgefühl)* compassion *f; (Beileid)* condoléances *f pl; ~schein m* coupon

m; (Aktie) action *f;* ~**summe** *f (e-s stillen Teilhabers)* commandite *f.*
an=**telephonieren** *tr* téléphoner à, donner un coup de téléphone à.
Antenne *f* ‹-, -n› [an'tɛnə] *zoo (Fühler), radio TV* antenne *f; radio TV* collecteur *m* d'ondes; *abgeschirmte* ~ antenne *f* antiparasite; *mehrfach abgestimmte* ~ antenne *f* à accords multiples; *eingebaute* ~ antenne *f od* cadre *m* incorporé(e); ~**ndraht** *m* fil *m* d'antenne; ~**nkreis** *m* circuit *m* d'antenne; ~**nleistung** *f* puissance *f* d'antenne; ~**nleiter** *m* conducteur *m* aérien; ~**nlitze** *f* cordon *m* d'antenne; ~**nmast** *m* mât d'antenne, pylône(-antenne) *m;* ~**nstecker** *m* fiche *f* d'antenne.
Anthologie *f* ‹-, -n› [antolo'gi:] *(bes. Gedichtsammlung)* anthologie *f.*
Anthrazit *m* ‹-s, -e› [antra'tsɪt] *min* anthracite *m.*
Anthropo|geographie [antropo-] *f* géographie *f* humaine; ~**loge** *m* ‹-n, -n› [-'lo:gə] anthropologue, anthropologiste *m;* ~**logie** *f* ‹-, ø› [-lo'gi:] anthropologie *f;* **a~logisch** [-'lo:gɪʃ] *a* anthropologique; ~**morphismus** *m* ‹-, ø› [-mɔr'fɪsmʊs] *rel (Vermenschlichung)* anthropomorphisme *m;* ~**soph** *m* ‹-en, -en› [-'zo:f] anthroposophe *m;* ~**sophie** *f* ‹-, ø› [-so'fi:] anthroposophie *f;* **a~sophisch** [-'zo:fɪʃ] *a* anthroposophique.
Anti|alkoholiker ['anti-] *m* antialcoolique *m;* ~**babypille** pilule *f* anticonceptionnelle; ~**biotikum** *n* ‹-s, -tika› [-bi'o:tikʊm, -ka] *pharm* antibiotique *m;* **a~chambrieren** *itr (im Vorzimmer warten)* faire antichambre; ~**christ,** *der* l'Antéchrist *m;* **a~christlich** *a* antichrétien; ~**depressivum** *n* ‹-s, -va› [-deprɛ'si:vʊm, -va] antidépresseur *m;* ~**faschismus** *m pol* antifascisme *m;* ~**faschist** *m* antifasciste *m;* **a~faschistisch** *a* antifasciste; ~**histamin** *n* ‹-s, -e› [-hista'mi:n] antihistaminique *m;* **a~klerikal** *a* anticlérical; ~**klopfmittel** *n mot* antidétonant *m;* ~**kolonialismus** *m* anticolonialisme *m;* ~**körper** *m physiol* anticorps *m;* ~**materie** *f phys* antimatière *f;* ~**pathie** *f* ‹-, -n› [-pa'ti:] antipathie *f;* **a~pathisch** [-'pa:tɪʃ] *a* antipathique; ~**pode** *m* ‹-n, -n› [-'po:də] *geog u. fig* antipode *m;* ~**semit** *m* antisémite *m;* **a~semitisch** *a* antisémit(iqu)e; ~**semitismus** *m* antisémitisme *m;* ~**sepsis** *f* ‹-, ø› [-'zɛpsis] *med* antisepsie *f;* ~**septikum** *n* ‹-s, -tika› [-'zɛptikʊm, -ka] *pharm* antiseptique *m;* **a~septisch** [-'zɛptɪʃ] *a* antisepti-

que; ~**teilchen** *n phys* antiparticule *f;* ~**these** *f* antithèse *f;* **a~thetisch** *a* antithétique; ~**toxin** *n med (Gegengift)* antitoxine *f,* contrepoison *m.*
antik [an'ti:k] *a* antique, ancien; *adv* à l'antique; **A~e** *f* ‹-, -n› *(Altertum)* antiquité *f; (~e Kunst)* antique *m; (~es Kunstwerk)* antique *f; pl* antiquités *f pl;* **A~ensammlung** *f* collection *f* d'antiquités.
Antillen [an'tɪlən] , *die, pl, geog* les Antilles *f pl.*
Antilope *f* ‹-, -n› [anti'lo:pə] *zoo* antilope *f.*
Antimon *n* ‹-s, ø› [anti'mo:n] *chem* antimoine *m;* ~**blüte** *f* antimoine *m* oxydé; **a~haltig** *a* antimonié; ~**iat** *n* ‹-s, -e› [-mo'nia:t] antimoniate *m;* ~**it** *n* ‹-s, -e› [-'ni:t/-'nɪt] antimoniure *m.*
Antiqu|a *f* ‹-, ø› [an'ti:kva] *typ* caractères *m pl* romains; ~**ar** *m* ‹-s, -e› [-'kva:r] *(Altbuchhändler)* marchand de livres d'occasion; *fam* bouquiniste *m;* ~**ariat** *n* ‹-s, -e› [-ri'a:t] librairie *f* d'occasion; *(seltener)* brocante *f; moderne(s)* ~ *(Bücher im Ausverkauf)* livres *m pl* soldés *od* en solde, surplus *m* d'éditeurs; ~**ariatsbuchhandel** *m* librairie *f* d'occasion; ~**ariatskatalog** *m* catalogue *m* des livres d'occasion; **a~arisch** [-'kva:rɪʃ] *a* ancien, d'occasion; *adv:* ~ *kaufen* acheter d'occasion; **a~iert** [-'kvi:rt] *a (veraltet)* démodé, désuet, obsolète; ~**ität** *f* ‹-, -en› [-'tɛ:t] objet *m* ancien *od* d'époque; ~**itätenhandel** *m* commerce d'antiquités; *(Althandel)* brocantage *m; fam* brocante *f;* ~**itätenhändler** *m* antiquaire; *(Althändler)* brocanteur *m.*
Antlitz *n* ‹-es, (-e)› ['antlɪts] *poet* face *f.*
Anton ['anto:n] *m* Antoine *m; blaue(r)* ~ *(pop) (Monteuranzug)* bleu *m.*
Antrag *m* ‹-(e)s, ᵉ:e› ['antra:k, '-trɛ:gə] proposition *f; (Angebot)* offre; *(Heirats~)* demande en mariage; *(Gesuch)* pétition *f; jur* demande, requête, réquisition *f; (Schluß~)* conclusions *f pl; parl* motion *f; auf* ~ *(gen)* sur la proposition de, à la demande de; *jur* à la requête de, sur la réquisition de; *e-n* ~ *ablehnen* rejeter une demande *od parl* une motion; *e-n* ~ *durchbringen (parl)* faire adopter une motion; *e-n* ~ *einbringen (parl)* soumettre une proposition, présenter une motion; *e-m* ~ *stattgeben* faire droit à une demande; *e-n* ~ *stellen* faire une proposition *od* demande, présenter une requête *od parl* une motion; *e-n* ~ *unterstützen (parl)* soutenir une motion; *e-n* ~ *zurücknehmen (parl)*

retirer une motion; ~ *zur Geschäfts-ordnung* motion *f* d'ordre; ~ *auf Schadenersatz* demande *f* en dom-mages-intérêts; **anₐtragen** *tr (vor-schlagen)* proposer; *(anbieten)* of-frir; *jdm s-e Dienste* ~ offrir ses ser-vices à qn; *itr* demander *(auf etw* qc); **~sdelikt** *n jur* délit *m* poursuivi (seulement) sur plainte; **~sformular** *n* formulaire *m od* formule *f* de de-mande; **~steller(in** *f) m* pétition-naire *m f; jur* demandeur *m,* requé-rant, e *m f; parl* auteur *m* de motion.

anₐtreffen *tr* rencontrer, trouver; *jdn nicht (zu Hause)* ~ *(fam a.)* se casser le nez chez qn; *niemand (zu Hause)* ~ *(a.)* trouver porte close; *ich habe ihn gerade noch angetroffen* j'ai failli le manquer.

anₐtreib|en *tr (Vieh)* aiguillonner; *(Reittier mit den Absätzen)* talonner; *(mit Sporen)* éperonner; *(mit e-r Peit-sche)* fouailler; *tech* commander, ac-tionner; *bes. mot mar aero* propulser; *fig* inciter, exciter, stimuler *(zu* à); *an-getrieben werden (auf dem Wasser)* arriver en flottant; **A~er** *m* promo-teur, *pej* instigateur *m.*

anₐtreten *itr ⟨aux: sein⟩ mil* se rassem-bler; *fig* se présenter; *tr ⟨aux: haben⟩ ein Amt* ~ entrer en fonction *od* en charge; *zur Arbeit* ~ se présenter au travail; *den Beweis* ~ fournir la preuve; *e-e Erbschaft* ~ recueillir un héritage; *die Regierung* ~ prendre le pouvoir; *e-e Reise* ~ *(a.)* partir en voyage; *den Rückzug* ~ *(mil u. fig)* battre en retraite; *e-e Stelle* ~ entrer en place; *wieder* ~ *(mil)* reformer les rangs; ~ *lassen (mil)* aligner; *ange-treten! (mil)* rassemblement!

Antrieb *m tech* commande *f,* actionne-ment *m; bes. mot mar aero* propul-sion *f,* entraînement *m; (~sübertra-gung)* transmission; *fig* impulsion, in-stigation, stimulation *f; aus eigenem* ~ de mon *etc* propre mouvement, de ma *etc* propre initiative; *aus freiem* ~ de mon *etc* (bon) gré, spon-tanément; **~sachse** *f* arbre *m* de commande; **~sbeschleunigung** *f* accélération *f* de propulsion; **~sge-häuse** *n* boîte *f* de commande; **~skette** *f* chaîne *f* d'entraînement; **~skraft** *f* force *f* motrice; **~s-mechanismus** *m* mécanisme *m* de commande *od* d'entraînement; **~smotor** *m* moteur d'entraînement *od* de commande, motopropulseur *m;* **~srad** *n* roue *f* motrice; **~sriemen** *m* courroie *f* de transmission; **~swelle** *f =* ~*sachse.*

anₐtrinken *tr: sich einen (Rausch)* ~ se griser.

Antritt *m:* ~ *e-r Erbschaft* prise *f* de possession d'un héritage; ~ *e-r Reise* départ *m* (en voyage); ~ *e-r Stelle* entrée *f* en place; ~ *des Urlaubs* départ *m* en congé; **~sbesuch** *m* vi-site *f* d'entrée; **~spredigt** *f* sermon *m* d'entrée; **~srede** *f* discours *m* inaugural *od* d'inauguration; **~svor-lesung** *f* conférence *f* inaugurale.

anₐtun *tr lit (anziehen)* mettre; *(er-weisen)* faire; *sich etwas od ein Leid* ~ attenter à ses jours; *es jdm* ~ char-mer qn, jeter un sort à qn; *jdm Ehre* ~ faire honneur à qn; *jdm Gewalt* ~ faire violence à qn; *jdm Gutes, Böses* ~ faire du bien, du mal à qn; *jdm Zwang* ~ forcer qn; *sich Zwang* ~ se faire violence, se contraindre; *sich keinen Zwang* ~ ne pas se gêner; *sie hat es mir angetan* elle m'a tourné la tête.

Antwerpen [ant'vɛrpən] *n geog* An-vers *m.*

Antwort *f ⟨-, -en⟩* ['antvɔrt] réponse, réplique; *(schnelle)* repartie; *(schar-fe)* riposte *f; in* ~ *auf* en réponse à; *statt jeder* ~ pour toute réponse; *kei-ne* ~ *bekommen* rester sans réponse; *zur* ~ *bekommen* recevoir en répon-se; *jdm die* ~ *schuldig bleiben* laisser qn sans réponse; *jdm die passende* ~ *geben* river son clou à qn *fam; keine* ~ *schuldig bleiben* avoir réponse à tout; *über etw Rede und* ~ *stehen* rendre raison de qc; *um e-e* ~ *nicht od nie verlegen sein* avoir la repartie prompte, être prompt à la repartie *od* à la riposte; *keine* ~ *wissen (Schü-ler)* sécher *fam; das ist keine* ~ *(auf meine Frage)* ce n'est pas une répon-se; *um* ~ *wird gebeten* réponse, s'il vous plaît (= R.S.V.P.); *keine* ~ *ist auch eine* ~ *(prov)* le silence vaut une réponse; *abschlägige* ~ réponse *f* négative; *ausweichende* ~ réponse *f* de Normand *od* dilatoire; *baldige* ~réponse *f* prompte; *e-e kurze* ~ un mot de réponse; *zustimmende* ~ réponse *f* affirmative; **a~en** *tr u. itr* répondre, répliquer; *(schnell)* repar-tir; *(scharf)* riposter *(auf* à); *itr* faire réponse *(auf* à); *schlagfertig* ~ répondre du tac au tac; *nichts mehr zu* ~ *wissen* demeurer *od* rester court; *ich wußte nicht, was ich* ~ *sollte* je ne savais que *od* j'étais em-barrassé pour répondre; **~karte** *f* carte-réponse *f;* **~schein** *m* bulletin-réponse *m; (für das Ausland)* cou-pon-réponse *m* (international); **~schreiben** *n* réponse *f;* **~tele-**

gramm *n* télégramme-réponse *m;*
bezahlte(s) ~ télégramme *m* à réponse *f* payée.

an=vertrau|en ⟨*vertraute an, anver-
traut*⟩ *tr* confier (*jdm etw* qc à qn);
(Geheimnis) faire confidence (*jdm
etw* de qc à qn); *sich jdm* ~ *(ge-
sprächsweise)* se confier, s'ouvrir, se
livrer à qn, s'épancher envers qn; *er
hat sich mir* ~*t* il m'a fait *od* j'ai reçu
ses confidences.

anverwandt *a* parent; **A~e(r** *m)* *f* parent, e *m f.*

an=wachsen ⟨*aux: sein*⟩ *itr (Pflanze:
angehen)* prendre racine, s'enraciner;
med s'agglutiner; *fig (zunehmen)*
(s'ac)croître, s'accumuler, augmenter;
bei jdm ~ *(hum: Besucher)* s'incruster chez qn; *lawinenartig* ~ *(Schulden etc)* faire boule de neige; *mir
war die Zunge wie angewachsen;*
j'en avais le bec cloué; **A~** *n bot* en-
racinement *m; med* agglutination *f;
fig* accroissement *m,* accumulation,
augmentation *f.*

Anwalt *m* ⟨-(e)s, ⸚e⟩ ['anvalt, -vɛltə]
(bevollmächtigter Vertreter) mandataire, syndic; *fig (Fürsprecher)* défenseur, tuteur *m;* = *Rechts~;* ~**sbüro** *n*
cabinet *m* (d'affaires), étude *f;*
~**schaft** *f* ⟨-, (-en)⟩ = *Rechts~;*
~**sgebühren** *f pl* honoraires *m pl*
d'avocat; ~**skammer** *f* Conseil *m* de
l'ordre des avocats; ~**skosten** *pl*
frais *m pl* d'avocat; ~**spraxis** *f* =
~*sbüro;* ~**sstand** *m* ordre *m* des
avocats; ~**szwang** *m* assistance *f*
obligatoire d'un avocat.

an=wand|eln *tr: mich wandelt die
Lust an zu …* il me prend *od* j'ai envie de …; *was wandelt dich an?
(was fällt dir ein?)* qu'est-ce qui te
prend? **A~lung** *f* velléité, bouffée;
med atteinte *f,* accès *m;* ~ *von Edel-
mut* accès *od* élan *m* de générosité.

an=wärmen *tr* chauffer légèrement.

Anwärter *m* ⟨-s, -⟩ candidat; *(Offi-
ziers~)* aspirant; *(Thron~)* prétendant *m (auf* à).

Anwartschaft *f* ⟨-, (-en)⟩ candidature
(*auf* à); *(Aussicht)* expectative *f (auf*
de).

an=weis|en *tr (zeigen)* indiquer; *(zu-
weisen)* assigner; *(anleiten)* diriger;
(belehren) instruire; *(befehlen)* ordonner, donner des ordres (*jdn* à qn);
fin (Zahlung) ordonnancer; *(Summe)* mandater; *jdm e-n Platz* ~ *(a.)*
placer qn; *vgl. angewiesen;* **A~ung** *f*
(Anleitung) directives *f pl; (Belehrung)* instruction *f; (Befehl, Vorschrift)* ordre, précepte *m; mil* consigne; *fin (Zuweisung)* assignation,

affectation *f;* mandat; virement *m;
(Gutschein)* bon *m; laut* ~ suivant
l'ordre; *e-e* ~ *ausstellen (fin)* établir
un mandat; ~ *an Order (fin)* mandat
od billet *m* à ordre.

anwend|bar *a* applicable (*auf* à); *(ver-
wendbar)* utilisable; **A~barkeit** *f* ⟨-,
(-en)⟩ applicabilité *f;* **an=wenden** *tr*
appliquer; *(verwenden, gebrauchen)*
utiliser, faire usage de, employer; *entsprechend* ~ appliquer par analogie;
etw gut od richtig ~ faire (un) bon
usage de qc; *etw schlecht od falsch* ~
faire un mauvais emploi de qc; *Gewalt* ~ user de *od* employer la *od*
faire violence; **A~ung** *f* application;
utilisation *f,* usage, emploi *m;* mise *f*
en application *od* en pratique; *in* ~
(gen) en application de; ~ *finden, zur*
~ *kommen* s'appliquer (*auf* à); *sinn-
gemäße* ~ application *f* par analogie;
A~ungsbereich *m,* **A~ungsgebiet**
n champ *od* domaine *m* d'application.

anwerb|en *tr (Arbeiter)* embaucher;
(Mitglieder) recruter; *mil* enrôler, recruter; *fam (keilen)* racoler; **A~er** *m*
⟨-s, -⟩ recruteur; **A~ung** *f* embaucha-
ge *m,* embauche *f;* recrutement; enrôlement; racolage *m.*

an=werfen *tr mot* mettre en marche,
lancer, démarrer; *itr (Spiel) commencer; (Kugelspiel)* avoir la boule.

Anwesen *n* ⟨-s, -⟩ *(Grundstück)*
(bien-)fonds *m; (Grundbesitz)* propriété *f* (foncière); **a~d** *a* présent; ~
sein bei être présent à, assister à;
nicht ganz ~ *sein (fig)* avoir une absence; *als* ~ *geführt werden* être tenu
présent; ~**de** *m pl* assistants *m pl, die
~n* l'assistance *f;* ~ *ausgeschlossen*
excepté les présents; *(sehr) verehrte
~!* mesdames et messieurs! ~**heit** *f*
⟨-, (-en)⟩ présence *f; in* ~ *(gen)* en
présence (de); ~**heitsappell** *m mil*
appel *m;* revue *f* d'effectifs; ~**heits-
gelder** *n pl* indemnités *f pl od* jetons
m pl de présence; ~**heitsliste** *f* liste
od feuille *f* de présence.

an=widern *tr* dégoûter, répugner à,
inspirer du dégoût *od* de l'aversion à;
das widert mich an (a.) cela me
répugne *od* dégoûte; ~**d** *a* dégoûtant,
répugnant.

Anwohner *m* ⟨-s, -⟩ ['anvo:nər] = *An-
lieger.*

Anwuchs *m* ⟨-es, ⸚e⟩ ['anvu:ks, '-vy:k-
sə] *(Zuwachs)* croissance *f; fig* accroissement *m.*

Anwurf *m arch (Bewurf, Putz)* crépi;
sport premier coup *m; fig (Beleidigung)* invective, offense, injure *f.*

an=wurzeln *itr: wie angewurzelt da-*

stehen (fig) être cloué sur place; *wie angewurzelt stehenbleiben (fig)* rester là comme une souche.
Anzahl *f ‹-, ø›* nombre *m*, quantité *f; e-e ganze ~ ...* bon nombre de ...;
an=zahlen *tr* faire un premier versement de; donner *od* payer *od* payer un acompte de; *~ung f (Vorgang)* premier versement; *(Summe)* acompte *m; (Handgeld)* arrhes *f pl.*
an=zählen *tr (e-n Boxer)* compter (au tapis).
an=zapfen *tr (Baum)* gemmer; *(Faß)* mettre en perce; *tele (Leitung)* brancher; *fig fam (Geld aus jdm holen)* taper; soutirer de l'argent *(jdn à qn)*; **A~** *n (e-s Fasses)* mise *f* en perce.
Anzeichen *n* signe, indice *m*, marque; *(Vorzeichen)* annonce *f*, présage, augure, auspice; *med* symptôme *m; es sind alle ~ dafür vorhanden, daß* tout laisse présager que.
Anzeig|e *f ‹-, -n›* ['antsaɪgə] *allg* indication; *(bei e-r Behörde)* déclaration; *jur* dénonciation, délation; *(Zeitungs~)* annonce, insertion *f; (im Texiteil)* entrefilet, communiqué; *(Familien~)* faire-part *m; (Bekanntmachung)* notification *f; jdn zur ~ bringen, ~ gegen jdn erstatten* dénoncer qn; **an=zeigen** *tr (bezeichnen)* indiquer; *(Meßinstrument)* marquer; *(andeuten)* dénoter; *(vorbedeuten)* présager, pronostiquer; *(mitteilen)* informer, avertir, aviser *(jdm etw* qn de qc); *(bei e-r Behörde)* déclarer, faire déclaration de; *jur* dénoncer, porter plainte contre; *(ankündigen, a. in e-r Zeitung)* annoncer; *(Familienereignis)* faire part de; *(bekanntmachen)* notifier; *com (Warenempfang)* aviser, donner avis de; *den Empfang ~* accuser réception *(e-r S* de qc); *~enabteilung f* service *m* des annonces; *~enannahme f* réception *f* des annonces, office *m* de publicité; *~enbeilage f* annonce *f* encartée; *~enblatt n* feuille *f* de publicité; *~enbüro n* agence *f* de publicité; *~enpreis m* prix *m* des annonces; *~enschluß m* (date-)limite *f* de mise d'annonces; *~enseite f (e-r Zeitung)* page *f* de publicité *od* d'annonces; *~entarif m* tarif *m* de publicité; *(Teil der Zeitung)* manchettes *f pl* commerciales; *~enteil m (e-r Zeitung)* rubrique *f* de publicité *od* des annonces; *~enwerber m* agent de publicité, acquisiteur *m* d'annonces; *~e-pflicht f* déclaration *f* obligatoire; *~er m jur (Person)* dénonciateur, délateur, rapporteur; *fam* mouchard; *(Gerät)* appareil indicateur; *(Zeitung)*

moniteur *m; ~erdeckung f mil (Schießstand)* tranchée *f* des marqueurs; *~evorrichtung f mil* dispositif *m* de signalisation.
an=zett|eln *tr fig* tramer, ourdir, monter, machiner; *fam* manigancer; *e-e Verschwörung ~* tramer un complot, comploter; **A~(e)lung** *f* machination *f.*
an=zieh|en *‹aux: haben›* tr *allg* u. *phys* attirer; *(spannen)* tirer; *(Saite)* tendre; *(Schraube, Bremse)* serrer; *chem (Feuchtigkeit)* absorber; *(Geruch)* s'imprégner de, prendre l'odeur de; *(Kleidungsstück)* mettre; *(Menschen ankleiden)* habiller; *(Textstelle)* citer; *fig (reizen, fesseln)* attirer, intéresser; *itr ‹aux: sein› (herankommen)* (s')approcher; *‹aux: haben› (Brettspiel)* jouer le premier; *com fin (steigen)* monter, hausser, être en hausse; *sich ~* s'habiller, faire sa toilette; *sich sonntäglich ~* s'endimancher; *(die) Handschuhe ~ (a.)* se ganter; *ein anderes Kleid, frische Wäsche ~* changer de robe, de linge; *e-n neuen Menschen ~ (fig)* faire peau neuve; *(die) Schuhe ~* se chausser; *die Zügel ~ (fig)* tenir la bride haute; *nichts anzuziehen haben* n'avoir rien à se mettre; *geschmacklos angezogen sein (a.)* être mal fagoté *fam; schlecht angezogen sein* être mal habillé *od* mis *od fam* ficelé; *warm angezogen sein* être bien couvert; *man kann die Jacke noch ~* le veston est encore mettable; *die Börse zieht an* la Bourse est en hausse; *die Pferde zogen an* la voiture partit; *~end a fig* attractif; attrayant, attirant; **A~ung** *f phys* u. *fig* attraction *f; fig* attrait, charme *m*, appâts *m pl;* **A~ungsbereich** *m phys* champ *m* d'attraction; **A~ungskraft** *f phys* force d'attraction, gravitation; *fig* attirance *f*, attrait, charme *m;* **A~ungspunkt** *m* centre *m* d'attraction.
Anzug *m (Jacke u. Hose)* costume, complet; *(erster Schachzug)* premier trait *m; im ~ sein* (s')approcher, se préparer, s'amorcer; *ein Gewitter ist im ~* un orage s'annonce, il y a un orage dans l'air; *fertige(r) ~* costume *m* tout fait; *kombinierte(r) ~* séparable *m.*
anzüglich ['antsy:klɪç] *a (zweideutig)* équivoque, à double entente; *~ werden* commencer à faire des personnalités; **A~keit** *f* allusion *f* désobligeante.
an=zünd|en *tr* allumer, enflammer; *(Streichholz a.)* frotter; *(in Brand*

stecken) mettre le feu à, incendier, embraser; **A~er** *m (Person)* allumeur; *(Gerät)* allume-feu, allumoir *m*.

an=zweifeln *tr* mettre en doute.

Äolsharfe ['ε:ɔls-] *f* harpe *f* éolienne.

Aorta *f* ⟨-, -en⟩ [a'ɔrta, -tən] *anat* aorte *f*.

apart [a'part] *a (ungewöhnlich)* particulier, original; **A~heid** *f* ⟨-, ø⟩ [a'pa:rthaɪt] *pol (Rassentrennung in Südafrika)* ségrégation *f* raciale.

Apartment *n* ⟨-s, -s⟩ [a'partmənt] appartement *m;* **~haus** *n* immeuble *m* (en copropriété).

Apath|ie *f* ⟨-, -n⟩ [apa'ti:] apathie, indolence, indifférence *f;* tempérament *m* lymphatique; **a~isch** [-'pa:tɪʃ] *a* apathique, indolent, indifférent; lymphatique.

Apennin(en, die *pl***)** [apε'ni:n(ən)] *der, geog* les Apennins *m pl.*

Aperitif *m* ⟨-s, -s⟩ [aperi'ti:f/-tif] *(alkohol. Getränk)* apéritif; *pop* apéro *m.*

Apertur *f phot* ouverture *f.*

Apfel *m* ⟨-s, ⸚⟩ ['ap-, 'εpfəl] pomme *f; in den sauren ~ beißen (fig)* avaler la pilule, s'exécuter; *der ~ fällt nicht weit vom Stamm (prov)* tel arbre, tel fruit; tel père, tel fils; **~baum** *m* pommier *m;* **~gelee** *n* gelée *f* de pommes; **~kuchen** *m* gâteau *m od* tarte *f* aux pommes; **~most** *m* cidre *m;* **~mus** *n* purée *f* de pommes; **~plantage** *f* pommeraie *f;* **~saft** *m* jus *m* de pommes; **~schimmel** *m* zoo cheval *m* blanc *od* gris pommelé; **~schnaps** *m* calvados *m;* **~sine** *f* ⟨-, -n⟩ [-'zi:nə] orange *f;* **~sinenbaum** *m* oranger *m;* **~sinenschale** *f* peau, écorce *f* (d'orange), zeste *m* d'orange; **~strudel** *m (Gebäck)* chausson *m* aux pommes; **~wein** *m* cidre *m.*

Aphoris|mus *m* ⟨-, -men⟩ [afo'rɪsmʊs, -mən] aphorisme *m;* **a~tisch** [-'rɪstɪʃ-] *a* aphoristique.

apodiktisch [apo'dɪktɪʃ] *a philos* apodictique.

Apokalyp|se [apoka'lypsə] *die, rel* l'Apocalypse *f;* **a~tisch** [-'lyptɪʃ] *a* apocalyptique.

apokryph [apo'kry:f] *a (unecht)* apocryphe.

apolitisch ['a-, apo'li:tɪʃ] *a (unpolitisch)* apolitique.

Apolog|et *m* ⟨-en, -en⟩ [apolo'ge:t] *(Verteidiger)* apologiste *m;* **a~etisch** [-'ge:-] *a* apologétique; **~ie** *f* ⟨-, -n⟩ [-lo'gi:] *(Verteidigungsrede)* apologie *f.*

Apostel *m* ⟨-s, -⟩ [a'pɔstəl] apôtre *m;* **~amt** *n* apostolat *m;* **~fürsten,** *die, pl m (Petrus u. Paulus)* les princes *m pl* des Apôtres; **~geschichte,** *die*

les Actes *m pl* des Apôtres; **apostolisch** [-'to:-] *a* apostolique.

Apostroph *m* ⟨-s, -e⟩ [apɔs'tro:f] *gram* apostrophe *f;* **a~ieren** [-tro'fi:rən] *tr gram* mettre une apostrophe à.

Apotheke *f* ⟨-, -n⟩ [apo'te:kə] pharmacie *f;* **~er** *m* ⟨-s, -⟩ pharmacien *m;* **~errechnung** *f fig (gesalzene)* compte *m* d'apothicaire.

Apparat *m* ⟨-(e)s, -e⟩ [apa'ra:t] appareil *a. tele; tele (Nebenanschluß)* poste (supplémentaire); *radio* poste; *(Ausrüstung)* équipement *m; fig (textkritischer)* variantes *f pl; am ~ bleiben (tele)* rester à l'écoute; *am ~! (tele)* c'est lui-même, elle-même; *bleiben Sie am ~! (tele)* ne quittez pas (l'écoute)! *~ 27 (tele)* poste 27; **~ebau** *m tech* construction *f* d'appareils; **~ur** *f* ⟨-, -en⟩ [-ra'tu:r] appareillage, mécanisme; *(Ausrüstung)* équipement *m.*

Appartement *n* ⟨-s, -s⟩ [apartə'mã:] appartement *m.*

Appell *m* ⟨-s, -e⟩ [a'pεl] *mil* revue *f; allg* appel *m (an* à); *~ abhalten* faire la revue; *e-n ~ richten an* en appeler à; *~ in allen Sachen* revue *f* de détail; **~ant** *m* ⟨-en, -en⟩ [-pε'lant] *jur* appelant *m;* **~ation** *f* ⟨-, -en⟩ [-pεlatsi'o:n] *jur* appel(lation *f) m;* **~ationsgericht** *n* cour *f od* tribunal *m* d'appel; **a~ieren** [-pε'li:rən] *itr* en appeler, faire appel *(an* à).

Appetit *m* ⟨-(e)s, -(e)⟩ [ape'ti:t] appétit *m (auf* de); *fig (Gelüst)* envie *f; den ~ anregen* exciter *od* ouvrir l'appétit; *~ bekommen* être mis en appétit; *ohne ~ essen (fam a.)* pignocher; *~ haben* avoir de l'appétit; *e-n gesunden ~ haben* avoir bon appétit; *~ machen* donner de l'appétit; *jdm den ~ nehmen od verschlagen* ôter *od* couper l'appétit à qn; *den ~ verlieren* perdre l'appétit; *darauf habe ich ~* cela me fait envie; *guten ~!* bon appétit! *der ~ kommt beim Essen (prov)* l'appétit vient en mangeant; **a~anregend** *a* apéritif; **~happen** *m* petit sandwich garni; *fam* amuse-gueule *m;* **a~lich** *a* appétissant *a. fig; fig* joli, séduisant; **a~los** *a* sans appétit; **~losigkeit** *f* ⟨-, ø⟩ manque *m* d'appétit, inappétence; *scient* anorexie *f;* **~zügler** *m* coupe-faim, freinateur *m* de l'appétit.

applau|dieren [aplau'di:rən] *itr* applaudir *(jdm* qn); **A~s** *m* ⟨-es, (-e)⟩ [a'plaus, (-zə)] applaudissements *m pl; großen ~ haben* être vivement applaudi, remporter *od* récolter de vifs applaudissements.

apportieren [apɔr'tiːrən] *tr (herbei-bringen)* (r)apporter.

Apposition *f* ⟨-, -en⟩ [apozitsi'oːn] *gram* apposition *f.*

appret|ieren [apre'tiːrən] *tr (Textil)* apprêter, encoller; **A~ur** *f* ⟨-, -en⟩ [-'tuːr] apprêt(age) *m;* **A~uranstalt** *f* atelier *m* d'apprêtage; **A~urmittel** *n* apprêt, encollage *m.*

Approb|ation *f* ⟨-, -en⟩ [aprobatsi'oːn] *(Zulassung)* approbation, admission *f; (kirchl. Druckerlaubnis)* imprimatur *m;* **a~ieren** [-'biːrən] *tr* approuver, admettre; **a~iert** *a, a.* diplômé.

Aprikose *f* ⟨-, -n⟩ [apri'koːzə] abricot *m;* ~**nbaum** *m* abricotier *m.*

April *m* ⟨(-s), (-e)⟩ [a'prɪl] avril *m; jdn in den ~ schicken* faire un poisson d'avril à qn; ~**scherz** *m* poisson *m* d'avril; ~**wetter** *n* giboulées *f pl* de mars.

Apsis *f* ⟨-, -iden⟩ ['apsɪs, ap'siːdən] *arch rel* abside *f,* chevet *m.*

Aquädukt *m* ⟨-(e)s, -e⟩ [akvɛ'dʊkt] aqueduc *m.*

Aquamarin *m* ⟨-s, -e⟩ [akvama'riːn] *min* aigue-marine *f.*

Aquaplaning *n* ⟨-s, ø⟩ [akva'plaːnɪŋ] aquaplaning *m.*

Aquarell *n* ⟨-s, -e⟩ [akva'rɛl] aquarelle *f;* ~**farbe** *f* couleur *f* à l'eau; **a~ieren** [-'liːrən] *itr (in Wasserfarben malen)* faire des aquarelles; ~**maler** *m* aquarelliste *m;* ~**malerei** *f* aquarelle *f.*

Aquarium *n* ⟨-s, -rien⟩ [a'kvaːrium, -iən] aquarium *m.*

Äquator *m* ⟨-s, ø⟩ [ɛ'kvaːtɔr] *geog* équateur *m;* **ä~ial** [-tori'aːl] *a* équatorial; ~**taufe** *f* baptême *m* de la ligne.

Äquivalent *n* ⟨-(e)s, -e⟩ [ɛkviva'lɛnt] *(Gegenwert)* équivalent *m.*

Ar *n, a. m* ⟨-s, (-e)⟩ [aːr] *(100 qm)* are *m.*

Ära *f* ⟨-, (-en)⟩ ['ɛːra] ère *f.*

Araber *m* ⟨-s, -⟩ ['a(ː)rabər] Arabe; *arg pej* bicot, raton; *(Pferderasse)* (cheval) arabe *m;* ~**tum** *n* arabisme *m.*

Arabeske *f* ⟨-, -n⟩ [ara'bɛskə] *(Ornament)* arabesque *f.*

Arab|ien [a'raːbiən] *n* l'Arabie *f;* **a~isch** *a* arabe; *(das) A~(e)* l'arabe *m; die A~e Liga f* la Ligue arabe; *die ~e Welt f* le monde *m* arabe; *~e Ziffern f pl* chiffres *m pl* arabes; **a~ischsprechend** *a* arabophone

Arbeit *f* ⟨-, -en⟩ ['arbaɪt] travail *m,* besogne *f; fam* collier; *pop* boulot, turbin *m; (Beschäftigung)* occupation *f,* emploi; *(Feld~)* labour *m; (Fron~, Last)* corvée *f; (mühsame ~, Mühe)* labeur *m,* peine; *(Anstrengung)* fatigue; *(Aufgabe)* tâche, besogne; *(Hand~)* main-d'œuvre; *(Werk,*

Schaffen) œuvre *f,* travail; *(~sweise, Machart)* travail *m,* façon; *(Ausführung, Gestaltung)* facture *f; (fertiges Werk)* ouvrage, travail; *(Kunstwerk)* œuvre; *(wissenschaftl. ~)* travail *m,* étude *f; (Schule: Übungs~)* exercice; *(schriftl. Haus~)* devoir *m; (Prüfungs~)* composition *f; (Straf~)* pensum *m; für alle (vorkommenden) ~en* toutes mains; *in ~* en mains, sur le chantier *od* métier; *in s-r ~ aufgehen* être absorbé par son travail; *die ~ aufnehmen* prendre son service; *sich vor der ~ drücken* fuir le travail, aimer la besogne toute faite; *die ~ einstellen od niederlegen* cesser le travail, se mettre en grève; *fam* débrayer; *~ finden* trouver un emploi; *etw in ~ geben* commander qc; *an die ~ gehen, sich an die ~ machen* se mettre au travail *od* à l'ouvrage *od* à l'œuvre *od* à la besogne, mettre la main à l'œuvre *od* à l'ouvrage *od fam* à la pâte; *zur ~ gehen* aller au travail *od pop* au boulot; *feste ~ haben* avoir un emploi *od* une place stable; *keine ~ haben, ohne ~ sein* être sans travail *od* sur le pavé, chômer; *keine Lust zur ~ haben* avoir la *od* tirer sa flemme *pop; von s-r Hände ~ leben* vivre de son travail; *nützliche ~ leisten* faire œuvre utile; *gute ~ machen* faire du bon travail; *für jdn fast die ganze ~ machen* mâcher la besogne à qn; *jdn in ~ nehmen (einstellen)* embaucher qn; *etw in ~ nehmen* se mettre à qc; *(in Heim~)* prendre qc à façon; *keine ~ scheuen* ne pas reculer *od fam* renâcler devant la besogne; *bei der ~ sein* être au travail *od pop* au boulot *od* au turbin; *mit ~ überhäuft sein* être accablé *od* excédé de travail; *mitten in der ~ stecken* être en plein travail *od* plongé dans le travail; *in ~ stehen* avoir du travail; *bei jdm* travailler chez qn, être de qn; *sich in e-e od die neue ~ stürzen (fam)* se mettre dans le bain; *~ suchen* chercher un emploi; *die ganze ~ (widerwillig) tun (a. pop)* s'envoyer *od* se taper tout le travail; *e-e zwecklose ~ verrichten* perdre son temps; *die ~ wiederaufnehmen* reprendre le travail; *fam* embrayer; *sich zu e-r ~ zwingen* se forcer à un travail; *die ~ geht ihm von der Hand* il est très adroit au travail; *Ihr Mantel ist in ~ (a.)* on travaille à votre manteau; *~ macht das Leben süß (prov)* le travail fait le charme de la vie; *jede ~ ist ihres Lohnes wert (prov)* toute peine mérite salaire; *die laufende ~* le travail courant; *schwere ~* rude besogne *f; das Recht auf ~* le droit au travail; *~ am laufenden Band (tech)* travail *m* à la chaîne.

arbeiten ['arbaɪtən] *itr* travailler; *arg* bosser, turbiner; *(beschäftigt sein)* être occupé *(mit etw* à qc); *an etw* travailler à qc, avoir qc sur le chantier, *lit* œuvrer à qc; *bei jdm ~ (in Arbeit stehen)* travailler chez qn, être au service de qn; *(Maschine)* fonctionner, marcher; *(Holz)* travailler, jouer; *(Teig: aufgehen)* lever; *(gären)* fermenter; *(Kapital)* travailler; *tr* travailler; *(herstellen)* faire; *fix ~* abattre de la besogne; *nicht gern ~ (a.)* aimer la besogne toute faite; *jdm in die Hand ~* faire le jeu de qn; aider, seconder qn; *nicht ~ (a.)* ne rien faire; *wie ein Pferd ~* travailler comme un bœuf *od* comme un nègre; *rastlos ~* travailler d'arrache-pied; *tüchtig ~* travailler ferme; *unregelmäßig ~ (mot)* brouter; *sich durch den Urwald ~* se frayer un chemin à travers la forêt vierge; *mit Verlust ~ (fin)* travailler à perte; *es arbeitet sich schlecht bei dieser Beleuchtung* on travaille mal avec cet éclairage; *was ~ Sie da?* que faites-vous là? *bei welchem Schneider lassen Sie ~?* quel est votre tailleur? **A~** *n* travail *m; selbständige(s) ~* travail *m* indépendant; *selbsttätige(s) ~ (e-r Maschine)* automaticité *f;* **~d** *a: die ~e Bevölkerung* la population active; *~e(s) Kapital n* capital *m od* fonds *m pl* de roulement *od* investi(s); *die ~e Klasse* la classe ouvrière.

Arbeiter *m* ‹-s, -› ['arbaɪtər] *(Arbeitender)* travailleur; *(Fabrik~; Standesangehöriger)* ouvrier *m; (Ameise)* fourmi *f* ouvrière; = *Arbeitsbiene; pl (e-r Firma)* personnel *m* ouvrier; *die ~ (als Stand)* les ouvriers *m pl; angelernte(r) ~* ouvrier semi-qualifié, manœuvre *m* spécialisé; *geistige(r) ~* travailleur *m* intellectuel; *gelernte(r) ~* ouvrier *m* qualifié; *organisierte(r) ~* ouvrier *m* syndiqué; *nicht organisierte(r) ~* ouvrier *m* non syndiqué; *tüchtige(r) ~* bon ouvrier, abatteur *m* de besogne; *ungelernte(r) ~* ouvrier *m* non-qualifié; *~ und Angestellte m pl* employés et ouvriers *m pl;* **~abordnung** *f* délégation *f* ouvrière; **~ausschuß** *m* comité *m* des ouvriers; **~bewegung** *f* mouvement ouvrier *od* travailliste, travaillisme *m;* **~dichter** *m* ouvrier *m* poète; **~familie** *f* famille *f* ouvrière *od* d'ouvrier; **~frage** *f* question *f* ouvrière; **~führer** *m* leader *m* ouvrier; **~ge-**

werkschaft *f* syndicat *m* ouvrier; **~in** *f* travailleuse; *(Fabrik~)* ouvrière *f;* = *Arbeitsbiene;* **~jugend** *f* jeunesse *f* ouvrière; **~klasse** *f* classe *f* ouvrière *od* laborieuse; **~kolonie** *f* colonie *f* ouvrière; **~partei** *f* parti *m* ouvrier; **~presse** *f* presse *f* ouvrière; **~priester** *m* prêtre-ouvrier *m;* **~rat** *m* ‹-(e)s, ∺e› *pol* conseil *m* ouvrier; **~schaft** *f* ‹-, ø› ouvriers *m pl,* main-d'œuvre *f; (Belegschaft)* personnel *m* ouvrier; **~schutz** *m* protection *f* du travail; **~siedlung** *f* cité *f* ouvrière; **~stand** *m* = **~klasse;** **~stunde** *f* heure *f* d'ouvrier; **~-und-Bauern-Staat** *m* État *m* ouvrier et paysan; **~verband** *m* association *f* ouvrière; **~verein** *m* société *f* ouvrière; **~vertreter** *m* représentant *od* délégué *m* ouvrier; **~vertretung** *f* représentation *f* des travailleurs; **~viertel** *n* quartier *m* ouvrier; **~wanderung** *f* migration *f* ouvrière; **~wohnungen** *f pl* maisons *f pl* ouvrières; **~zug** *m loc* train *m* (d')ouvrier(s).

Arbeit|geber ['arbaɪt-] *m* employeur, patron; *arg* dab(e) *m;* **~geberanteile** *m pl* charges *f pl* patronales; **~geberschaft** *f* patronat *m;* **~geberverband** *m* syndicat *m od* fédération *od* organisation *f* patronal(e), association d'employeurs, organisation *f* des entrepreneurs; **~nehmer** *m* salarié *m;* **~nehmeranteil** *m (an den Sozialbeiträgen)* cotisation *f* ouvrière; **~nehmerschaft** *f* salariat *m;* **~nehmerverband** *m* syndicat *m* ouvrier, fédération des travailleurs, organisation *f* des salariés; **~nehmervertreter** *m* délégué *m* ouvrier; **a~sam** *a* travailleur, laborieux; *(fleißig)* appliqué, assidu; **~samkeit** *f* application, assiduité *f;* **a~sparend** *a* qui épargne du travail.

Arbeits|amt ['arbaɪts-] *n* agence *f* pour l'emploi; bureau *m* de placement, office *m* du travail *od* de placement; *das Internationale ~* le Bureau International du Travail; **~angebot** *n* offre *f* au marché du travail; **~anweisung** *f* instruction *f* de travail; **~anzug** *m (für Monteure)* combinaison, salopette *f;* bleu *m;* **~aufnahme** *f* commencement *m od* reprise *f* du travail; **~aufsicht** *f* inspection *f* des travaux; **~aufwand** *m* dépense *f* de travail, travail *m* fourni *od* nécessaire, énergie *f* dépensée; **~ausfall** *m* perte *f* de travail; **~ausschuß** *m* comité *m* d'action; **~bedingungen** *f pl* conditions *f pl* de *od* du travail; **~bereich** *m* secteur de (mon *etc*) travail, rayon *m* d'action; ~**beschaffungs-programm** *n* programme *m* pour la création d'emplois; ~**bescheinigung** *f* attestation *f od* certificat *m* de travail; ~**beschränkung** *f* restriction *f* du travail; ~**beutel** *m* sac *m* à outils; ~**bewilligung** *f* autorisation *f* de travail; ~**biene** *f* abeille *f* ouvrière; ~**buch** *n* livret *m* (d')ouvrier *od* de *od* du travail; ~**dienst** *m* service *m* du travail; *mil* corvée *f;* ~**dienstpflicht** *f* service *m* du travail obligatoire; ~**eifer** *m* = *Arbeitsamkeit;* ~**einheit** *f* unité *f* de travail; ~**einkommen** *n* revenu *m* du travail; ~**einsatz** *m* emploi *m* de la main-d'œuvre; ~**einstellung** *f* cessation *od* interruption *f* du travail; débrayage *m;* ~**einteilung** *f* répartition *f* du travail; ~**erlaubnis** *f* permis *m* de travail(ler); ~**ertrag** *m* produit *od* rendement *m* du travail; ~**erziehungslager** *n* camp *m* de travail correctif; ~**essen** *n* *(auf Treffen u. Tagungen)* déjeuner d'affaires, déjeuner-débat *m;* **a~fähig** *a* apte *od* propre au travail; ~**fähigkeit** *f* aptitude au *od* capacité *f* de travail; ~**feld** *n,* ~**gebiet** *n* champ *m* d'activité; ~**fläche** *f (in Küche)* plan *m* de travail; ~**friede** *m* paix *f* sociale; ~**gang** *m* phase *f* de travail; *in e-m einzigen* ~ en une seule opération; ~**gemeinschaft** *f com* groupement *m* d'entreprises *od (Schule)* d'études; ~**genehmigung** *f* = ~*bewilligung;* ~**gerät** *n* instrument *m* de travail; ~**gericht** *n* tribunal *m* du travail; ~**gerichtsbarkeit** *f* juridiction *f* du travail; ~**gesetzgebung** *f* législation *f* du travail; ~**gruppe** *f* groupe *m* de travail; ~**hub** *m* mot temps-moteur *m;* ~**hypothese** *f* scient hypothèse *f* de travail; ~**kamerad** *m* compagnon *m* de travail; ~**kampf** *m* conflit *m* social *od* du travail; ~**kittel** *m* blouse *f* de travail; *(kurzer)* bourgeron *m;* ~**kleidung** *f* vêtements *m pl* de travail; ~**kommando** *n* détachement *m od* équipe de travailleurs; *mil a.* corvée *f;* ~**kompanie** *f* *mil* compagnie *f* d'ouvriers; ~**korb** *m* corbeille *f* à ouvrage; ~**kosten** *f pl* prix *m* de la main-d'œuvre; ~**kraft** *f (e-s Menschen)* capacité *od* faculté *f* de travail; *(e-r Maschine)* puissance *f* de travail; *(Arbeiter)* ouvrier *m (Wirtschaft),* force *f* de travail; *pl* main-d'œuvre *f,* bras, ouvriers *m pl;* ~**kräftemangel** *m* pénurie *f* de main-d'œuvre; ~**kreis** *m* groupe *m* (de travail); ~**lager** *n* camp *m* de travail; ~**last** *f* charge *f* (de travail); ~**laufzettel** *m* fiche *f* de

travail; ~**leistung** *f (e-r Maschine)* puissance *f* de travail, rendement *m; (Kapazität)* capacité *f; (geleistete Arbeit)* travail produit, débit *m;* ~**lenkung** *f* réglementation *f* du travail; ~**lohn** *m* salaire *m;* ~**lohnsätze** *m pl* barème *m* des salaires; **a~los** *a* sans travail, en chômage; ~**lose(r)** *m* sans-travail, chômeur *m;* ~**losenfürsorge** *f* assistance-chômage *f;* ~**losenunterstützung** *f* allocation *od* indemnité *f* (de) chômage; ~**losenversicherung** *f* assurance-chômage *f;* ~**losigkeit** *f* chômage *m;* ~**markt** *m* marché *m* du travail; ~**methode** *f* méthode *f* de travail; ~**minister** *m* ministre *m* du travail; ~**ministerium** *n* ministère *m* du travail; ~**modell** *n* modèle *m* mécanique; ~**nachweis** *m* bureau *od* office *m* de placement; ~**niederlegung** *f* = ~*einstellung;* ~**ordnung** *f* règlement *m* du travail; ~**ort** *m* lieu *m* de travail; ~**pferd** *n* bourreau de travail, cheval *m* de harnais *od* de fatigue; ~**plan** *m* plan *m* de travail; ~**planung** *f* organisation *f* du travail; ~**platz** *m (räuml.)* place *f* de travail; *(feste Arbeit)* poste *m* de travail; *dicht beim* ~ à pied d'œuvre; ~**platzteilung** *f* travail *m* à temps partagé; ~**potential** *n* *tech* puissance *f* de travail; ~**programm** *n* programme *m* de travail; ~**recht** *n* droit *m* ouvrier; *(Gesetzsammlung)* législation *f* du travail; ~**regelung** *f* = ~*lenkung;* **a~reich** *a* plein de travail; ~**ruhe** *f* arrêt *m od* interruption *f* du travail; **a~scheu** *a* rétif au travail, paresseux, fainéant; ~**scheu** *f* paresse, fainéantise *f;* ~**schiedsgericht** *n* conseil *m* des prud'hommes; ~**schutz** *m* protection *f* du travail; ~**stätte** *f,* ~**stelle** *f* = ~*platz (räuml.);* ~**stufe** *f* phase *f* de travail; ~**stunde** *f* heure de travail; *(Werteinheit)* heure-travail *f;* ~**suchende(r)** *m* demandeur *m* d'emploi; ~**tag** *m* jour(née *f*) *m* de travail; *(Werktag)* jour *m* ouvrable; ~**tagung** *f* séance *f* de travail; ~**teilung** *f* division *od* répartition *f* du travail; ~**tier** *n* bête *f* de somme; *fig fam* bourreau *m* de travail; ~**überlastung** *f* surcroît *m* de travail; **a~unfähig** *a* incapable de travailler, inapte au travail; *dauernd* ~ invalide; ~**unfähigkeit** *f* incapacité de *od* inaptitude *f* au travail; *dauernde, vorübergehende* ~ incapacité *f* permanente, temporaire de travail; ~**unfall** *m* accident *m* de *od* du travail; ~**unterricht** *m (in d. Schule)* enseignement *m* mutuel; ~**verhältnis** *n* *jur* état *m* de travail; *pl* conditions *f pl* de travail; ~**vermittlung** *f* = ~*nach-weis*; ~**versäumnis** *n* absentéisme *m;* ~**vertrag** *m* contrat *m* de travail; *e-n* ~ *kündigen* résilier un contrat de travail; ~**verweigerung** *f* refus *m* de travailler; ~**weise** *f (e-r Person)* manière *od* méthode *f* de travailler; *(e-r Maschine)* (mode de) fonctionnement *m;* ~**woche** *f* semaine *f* de travail; ~**zeit** *f* horaire *m od* durée *f* de travail; *(Bearbeitungsdauer)* temps *m* d'usinage; *(Schule)* heures *f pl* d'étude; *reine* ~ temps *m* utile de travail; *tägliche, wöchentliche* ~ temps *m* de travail quotidien, hebdomadaire; ~**zeitverkürzung** *f* réduction *f* du temps de travail; ~**zeug** *n (Kleidung)* vêtements *m pl* de travail; ~**zimmer** *n* cabinet *m* de travail *od* d'études, étude *f,* bureau *m;* ~**zwang** *m* obligation *f* de travail(ler).

Arbitrage *f* ⟨-, -n⟩ [arbi'tra:ʒə] *com fin* arbitrage *m.*

Arch|aikum *n* ⟨-s, ø⟩ [ar'ça:ikʊm] *geol* ère *f* archaïque; **a~aisch** [-'ça:-] *a (sehr alt, altertümlich),* **a~äisch** [-'çɛ:-] *a (auf das Archaikum bezüglich)* archaïque; ~**aismus** *m* ⟨-, -men⟩ [-ça'ɪsmʊs, -mən] *(altertümlicher Ausdruck)* archaïsme *m;* ~**äo-loge** *m* ⟨-en, -en⟩ [-çɛo'lo:gə] archéologue *m;* ~**äologie** *f* ⟨-, ø⟩ [-lo'gi:] archéologie *f;* **a~äologisch** [-'lo:gɪʃ] *a* archéologique.

Arche *f* ⟨-, -n⟩ ['arçə] *:* ~ *(Noah)* arche *f* (de Noé).

Archipel *m* ⟨-s, -e⟩ [arçi'pe:l] *geog* archipel *m.*

Architekt *m* ⟨-en, -en⟩ [arçi'tɛkt] architecte *m;* **a~onisch** [-'to:-] *a* architectonique; ~**ur** *f* ⟨-, -en⟩ [-'tu:r] architecture *f.*

Architrav *m* ⟨-s, -e⟩ [arçi'tra:f, -və] *arch* architrave *f.*

Archiv *n* ⟨-s, -e⟩ [ar'çi:f, -və] archives *f pl;* ~**ar** *m* archiviste *m.*

Ardennen [ar'dɛnən] , *die, pl geog* les Ardennes *f pl.*

Areal *n* ⟨-s, -e⟩ [are'a:l] *(Bodenfläche)* aire, superficie *f.*

Arena *f* ⟨-, -en⟩ [a're:na, -ən] arène *f.*

arg [ark, -gə] *a (böse)* méchant; *(boshaft)* malin, malicieux; *(schlecht, schlimm)* mauvais; *(mißlich)* fâcheux; *adv (stark)* fort, très; *fam (heftig)* rudement; *(sehr)* bien, fort; *jdn vor dem Ärgsten bewahren* éviter le pire à qn; *an nichts A~es denken* ne pas penser à mal; *im* ~*en liegen* aller mal; *jdm* ~ *mitspielen* jouer un mauvais tour à qn; *es* ~ *treiben* exagérer; *es zu* ~ *treiben* aller trop

loin; *das Ärgste verhüten* éviter le pire; *ärger werden* aller de mal en pis; *das ist denn doch zu* ~*!* c'est trop fort, à la fin! *Sie treiben es zu* ~ c'est trop fort; *das hat mich* ~ *mitgenommen* ça m'a bien fatigué; *fam* ça m'a mis à plat *od* drôlement secoué; *es ist ärger denn je* c'est pire que jamais; **A~** *n* ⟨-s, ø⟩ *poet* méchanceté, malice *f; ohne* ~ sans malice, de bonne foi; **A~list** *f (Eigenschaft)* astuce, malice; perfidie *f; (Handlung)* artifice, guet-apens *m;* ~**listig** *a* astucieux, artificieux, malicieux; perfide; ~**los** *a* sans malice; *(unbefangen)* ingénu, naïf; *adv* sans y entendre malice; **A~-losigkeit** *f* ⟨-, ø⟩ ingénuité, naïveté *f;* **A~wohn** *m* ⟨-(e)s, ø⟩ ['arkvo:n] soupçon *m,* suspicion; *(Mißtrauen)* défiance, méfiance *f; jds* ~ *erregen* éveiller les soupçons de qn, donner *od* porter ombrage à qn; *gegen jdn* ~ *hegen* soupçonner qn, se méfier de qn; *jds* ~ *zerstreuen* dissiper les soupçons de qn; ~**wöhnen** *tr* soupçonner; ~**wöhnisch** *a* soupçonneux, ombrageux; défiant, méfiant.

Argentin|ien [argɛn'ti:niən] *n* l'Argentine *f;* ~**ier(in** *f)* *m* [-'ti:niər] Argentin, e *m f;* **a~isch** *a* argentin.

Ärger *m* ⟨-s, ø⟩ ['ɛrgər] *(Verdruß)* dépit, déplaisir, ennui *m,* vexation *f; (Aufregung)* agacement *m; (Zorn)* irritation, colère; *pop* bisque *f; (Kummer)* chagrin; *(Unannehmlichkeit)* désagrément *m,* contrariété *f, fam* embêtement *m; aus od vor* ~ de dépit; *s-n* ~ *an jdm auslassen* décharger sa bile sur qn; *viel* ~ *haben* avoir beaucoup d'ennuis *od* de contrariétés; *s-n* ~ *hinunterschlucken* ronger son frein; *berufliche(r)~* soucis *m pl* professionnels; *geschäftliche(r)* ~ tracas *m* des affaires; **ä~lich** *a (Mensch)* fâché, contrarié, vexé *(über de);* *(Sache)* fâcheux, ennuyeux, contrariant, vexant, agaçant, irritant; *fam* embêtant; *pop* râlant; *das ist furchtbar* ~ c'est (bien) embêtant; *wie* ~*!* que c'est embêtant! **ä~n** *tr* fâcher; *(verdrießen)* ennuyer, contrarier, vexer, chagriner; *(schikanieren)* chicaner, tracasser, faire des misères à; *(reizen)* taquiner, offusquer, agacer; *(zornig machen)* irriter, faire enrager, mettre en colère; *fam* embêter, chiffonner, crisper; *pop* faire bisquer; *sich* ~ se faire de la bile *od* du mauvais sang, *pop* bisquer; *über etw se* fâcher, se scandaliser de qc; *sich furchtbar od schwarz über etw* ~ faire une maladie de qc; *das ärgert mich sehr* ça m'embête rudement *fam;* ~**nis** *n* ‹-ses, -se› scandale, esclandre *m; (öffentliches)* ~ *erregen* faire du scandale *od* de l'esclandre; *Erregung f öffentlichen* ~*ses* outrage *m* public à la pudeur.

Argon *n* ‹-s, ø› ['argɔn/ar'go:n] *chem* argon *m.*

Argonn|en [ar'gɔnən] *die pl,* ~*er Wald, der, geog* l'Argonne *f.*

Argot *n od m* ‹-s, -s› [ar'go:] *(Gaunersprache)* argot *m;* ~ *reden* parler argot.

Argument *n* ‹-(e)s, -e› [argu'mɛnt] argument *m,* raison *f; gewichtige(s)* ~ argument *m* de poids; **a~ieren** [-'ti:rən] *itr* argumenter, arguer, raisonner.

Arian|er *m* ‹-s, -› [ari'a:nər] *rel hist* arien *m;* **a~isch** [-ri'a:-] *a* arien; ~**ismus** *m* ‹-, ø› [-ria'nısmʊs] arianisme *m.*

Arie *f* ‹-, -n› ['a:riə] *mus* air *m,* aria *f; kurze* ~ ariette *f.*

Ar|ier *m* ‹-s, -› ['a:riər] *pol hist* Aryen *m;* **a~isch** ['a:rıʃ] *a* aryen.

Aristokrat *m* ‹-en, -en› [arısto'kra:t] aristocrate *m;* ~**ie** *f* ‹-, -n› [-'ti:] aristocratie *f;* **a~isch** [-'kra:-] *a, a. fig* aristocratique.

Arithmet|ik *f* ‹-, ø› [arıt'me:tık] arithmétique *f;* **a~isch** [-'me:-] *a* arithmétique.

Arkade *f* ‹-, -n› [ar'ka:də] *arch* arcade *f.*

Arkt|is ['arktıs] *die* l'Arctique *f;* **a~isch** *a* arctique.

arm [arm] *a* pauvre *(an* en); *(mittellos)* dépourvu; *(bedürftig)* indigent, nécessiteux, besogneux; *fig (unglücklich, bedauernswert)* pauvre, malheureux, infortuné, misérable; ~ *machen* appauvrir; ~ *werden* s'appauvrir; *ich war um 10 DM ärmer* j'avais perdu *od* dépensé 10 DM; j'étais soulagé de 10 DM; *ich Ärmster!* misérable que je suis! *du Ärmster!* mon pauvre! ~*e Frau f (a.)* pauvresse *f;* ~*e(r) Schlucker od Teufel od Wicht m* pauvre diable *od* hère *m;* ~ *wie e-e Kirchenmaus* pauvre comme un rat d'église *od* comme Job; **A~e(r)** *m* pauvre *m; die A~en im Geiste* les pauvres *m pl* d' *od* en esprit; **A~enanwalt** *m jur (Offizialverteidiger)* avocat *m* commis d'office; **A~enarzt** *m* médecin *m* de l'assistance publique; **A~enhaus** *n* dépôt de mendicité, asile, hospice *m;* **A~enrecht** *n* assistance *f* judiciaire (gratuite); *das* ~ *beantragen* demander l'assistance judiciaire; **A~esünderglocke** *f* glas *m* d'un *od* du condamné; **A~esündermiene** *f* mine *f* patibulaire; ~**selig** *a* pauvre,

triste, misérable, pitoyable, chétif, mesquin, piètre; *fam* miteux, pouilleux; *in* ~*en Verhältnisse leben (a.)* tirer le diable par la queue; **A~seligkeit** *f* pauvreté, misère *f,* état *m* pitoyable; mesquinerie *f.*

Arm *m* ‹-(e)s, -e› [arm] , *a. tech u. fig* bras *m (a. e-s Flusses); (Leuchter)* branche *f; (Deichsel)* limon *m; (Kran)* volée *f;* ~ *in* ~ bras dessus, bras dessous; *jdm den* ~ *anbieten, geben, reichen* offrir, donner le bras à qn; *jdn mit offenen* ~*en aufnehmen* accueillir qn à bras ouverts; *jdm in den* ~ *fallen (fig: hindern)* arrêter le bras de qn; ~ *in* ~ *gehen (a.)* se donner le bras; *jdm unter die* ~*e greifen (fig)* donner un coup de main *od* d'épaule à qn, épauler qn; *e-n langen* ~ *haben (fig)* avoir le bras long; *an jedem* ~ *e-e Frau haben* faire le pot à deux anses *fam; jdm in die* ~*e laufen (fig)* tomber sur qn; *jdn in die* ~*e nehmen* embrasser *od* étreindre qn; *jdn auf den* ~ *nehmen (fig fam)* blaguer qn, se moquer de qn; *die Beine unter die* ~*e nehmen fam* prendre ses jambes à son cou; *am* ~ *packen* saisir par le bras; *jdn in die* ~*e schließen* presser *od* serrer qn dans ses bras; *die* ~*e in die Seiten stemmen* mettre les poings sur les hanches; *mit verschränkten* ~*n dastehen* rester là les bras croisés; *auf den* ~*en tragen* porter dans ses bras; *sich den* ~ *verrenken* se démettre le bras; *sich in jds* ~*e werfen* se jeter dans les bras de qn; *der weltliche* ~ *(hist)* le bras séculier; ~**band** *n* bracelet *m;* ~**banduhr** *f* montre-bracelet *f;* ~**beuge** *f* pli *m* du bras, saignée *f;* ~**binde** *f (Abzeichen)* brassard *m; med* écharpe *f;* ~**brust** *f hist* arbalète *f;* ~**lehne** *f* bras, accoudoir, accotoir *m;* ~**leuchter** *m* candélabre *m;* ~**muskel** *m* muscle *m* brachial; ~**reif** *m* tour *m* de bras; ~**schiene** *f (der Ritterrüstung)* brassard *m; med* éclisse *f;* ~**schlinge** *f med* écharpe *f;* ~**sessel** *m,* ~**stuhl** *m* fauteuil *m;* ~**voll** *m* (...) brassée *f* (de).

Armatur *f* ‹-, -en› [arma'tu:r] armature; *tech (Ausrüstung)* garniture; *a. pl* robinetterie *f;* ~**enbrett** *n mot aero* tableau *m* de bord *od* de commande; ~**enbrettleuchte** *f* lampe *f* de tableau de bord.

Armee *f* ‹-, -n› [ar'me:, -e:ən] armée *f;* ~**befehl** *m* ordre *m* du jour de l'armée; ~**korps** *n* corps *m* d'armée; ~**lieferant** *m* fournisseur *m* aux armées; ~**oberkommando** *n* état-major *m* d'armée.

Ärmel *m* ⟨-s, -⟩ ['ɛrməl] manche *f; die* ~ *aufkrempeln* retrousser les manches; *etw aus dem* ~ od *den* ~*n schütteln* faire qc en un tour de main; *dreiviertellange* ~ *pl* manches *f pl* trois-quarts; ~**aufschlag** *m* revers de manche, parement *m;* ~**kanal,** *der* la Manche; ~**loch** *n* emmanchure *f;* **ä~los** *a* sans manches; ~**schoner** *m* protège-manche(s) *m,* fausse manche *f.*

Armen|ien [ar'me:niən] *n* l'Arménie *f;* ~**ier(in** *f)* *m* ⟨-s, -⟩ [-niər] Arménien, ne *m f;* **a~isch** [-'me:-] *a* arménien.

armier|en [ar'mi:rən] *tr tech (ausrüsten)* armer *(mit* de); *mar* équiper *(mit* de); **A~ung** *f tech* armement *m; (Armatur)* armature *f; mar* équipement *m;* **A~ungseisen** *n tech* barre *f* d'armature.

ärmlich ['ɛrmlıç] *a (von Sachen)* pauvre; *(dürftig)* chétif, mesquin, piètre; **Ä~keit** *f* ⟨-, ø⟩ pauvreté; mesquinerie *f.*

Armut *f* ⟨-, ø⟩ pauvreté *(an* de); *(Bedürftigkeit)* indigence *f (an* de); ~ *schändet nicht (prov)* pauvreté n'est pas vice; *geistige* ~ pauvreté od indigence *f od* manque *m* d'esprit; ~**szeugnis** *n* certificat *m* d'indigence; *sich ein* ~ *ausstellen (fig)* faire preuve de son incapacité.

Aroma *n* ⟨-s, -men/-as/(-mata)⟩ [a'ro:ma, -mən/-mas/-mata] arôme, parfum *m;* **a~tisch** [-'ma:-] *a* aromatique.

Arrak *m* ⟨-s, -s⟩ ['arak] arac(k) *m.*

Arrest *m* ⟨-(e)s, -e⟩ [a'rɛst] *mil* arrêts *m pl; (Schule)* retenue, *arg* colle; *jur (Beschlagnahme)* saisie-arrêt *f; mit* ~ *belegen (jur)* saisir; ~ *haben* être aux arrêts od en retenue; ~**ant** *m* ⟨-en, -en⟩ [-'tant] détenu; *(Schüler)* élève en retenue, *arg* collé *m;* ~**lokal** *n* salle *f* de police; *pop* violon *m.*

arretier|en [are'ti:rən] *tr tech (sperren)* arrêter, bloquer; **A~ung** *f tech (Vorrichtung)* dispositif *m* d'arrêt; *die* ~ *lösen* débloquer (*e-r S* qc).

arrogant [aro'gant] *a* arrogant.

Arsch *m* ⟨-(e)s, ⸚e⟩ [arʃ, 'ɛrʃə] *vulg* cul *m;* ~**backe** *f* fesse *f;* ~**kriecher** *m* *vulg (Schmeichler)* lèche-cul *m pop;* ~**lecker** *m* = ~*kriecher;* ~**loch** *n* *vulg a. fig* trou *m* du cul; *fig* pauvre type *m.*

Arsen *n* ⟨-s, ø⟩ [ar'ze:n] *chem* arsenic *m;* ~**at** *n* ⟨-s, -e⟩ [-ze'na:t] arséniate *m;* ~**id** *n* ⟨-(e)s, -e⟩ [-'ni:t, -də] arséniure *m;* **a~ig** [-'ze:-] *a,* **a~(ik)haltig** *a* arsenical; ~**ik** *n* ⟨-s, ø⟩ [-'ze:nık] arsenic *m* (blanc); ~**ikvergiftung** *f* empoisonnement *m* par l'arsenic; ~**it**

n ⟨-(e)s, -e⟩ [-'ni:t] arsénite *m;* ~**säure** *f* acide *m* arsénique.

Arsenal *n* ⟨-s, -e⟩ [arze'na:l] *mil* u. *fig* arsenal *m.*

Art *f* ⟨-, -en⟩ [a:rt] (~ *u. Weise)* manière, façon *f,* mode *m; (Lebens~)* bonnes manières *f pl; (Wesen, Beschaffenheit)* nature *f,* naturel, caractère *m; (Sorte)* sorte, espèce *f,* genre *m,* classe, catégorie; *zoo bot* espèce *f; aller* ~ de od en tout genre; *auf diese* ~ de cette manière od façon; *auf dieselbe* ~ de la même manière od façon; *auf die eine oder andere* ~ de façon ou d'autre; *in d(ies)er* ~ de ce genre; *in seiner* ~ dans son genre; *einzig in seiner* ~ seul de son espèce; *nach* ~ *(gen)* à la manière od façon, à l'instar (de); *nach meiner (etc)* ~ à ma *etc* façon od guise; *nach Mailänder* ~ *(Küche)* à la milanaise; *aus der* ~ *schlagen* dégénérer; *das ist so meine* ~ c'est mon genre; *das ist doch keine* ~*!* en voilà des manières od des façons! ~ *läßt nicht von* ~ *(prov)* bon chien chasse de race; *aus der* ~ *geschlagen (a.)* qui a mal tourné; ~ *und Weise* = ~; **a~eigen** *a* propre à l'espèce; **a~en** ⟨*aux: sein*⟩ *itr: nach jdm* ~ tenir de qn; **a~enreich** *a scient* riche en espèces; ~**erhaltung** *f biol* conservation *f* de l'espèce; **a~fremd** *a* étranger à l'espèce; **a~gleich** *a zoo bot* congénère; **a~verwandt** *a* apparenté *(mit* à).

artig *a (Kind)* sage; *(nett, liebenswürdig)* gentil, gracieux, aimable, obligeant; *(galant)* galant, courtois; *sehr* ~ sage comme une image; *jdm etw* *A~es sagen* faire un compliment à qn; **A~keit** *f* sagesse; gentillesse, grâce, amabilité, obligeance; galanterie, courtoisie *f.*

Arterie *f* ⟨-, -n⟩ [ar'te:riə] *anat* u. *fig* artère *f;* ~**nverkalkung** *f med* artériosclérose *f.*

artesisch [ar'te:zıʃ] *a:* ~*e(r) Brunnen* *m* puits *m* artésien.

Arthr|itis *f* ⟨-, -tiden⟩ [ar'tri:tıs, -'ti:dən] *med (Gelenkentzündung)* arthrite *f;* **a~itisch** [-'tri:-] *a* arthritique; ~**ose** *f* ⟨-, -n⟩ [-'tro:zə] *med* arthrose *f.*

Artikel *m* ⟨-s, -⟩ [ar'ti:kəl, -'tı-], *a. gram com* article *m; e-n* ~ *führen (com)* faire un article; *dankbare(r), gängige(r)* ~ *(com)* article *m* d'écoulement facile; *eingeschobene(r)* ~ *(Zeitung)* entrefilet *m; (un)bestimmte(r)* ~ *(gram)* article *m* (in)défini.

Artikul|ation *f* ⟨-, -en⟩ [artikulatsi'o:n] *(Gliederung; deutl. Aussprache)* articulation *f;* **a~ieren** [-'li:rən] *tr (deutl. aussprechen)* articuler.

Artillerie *f* ⟨-, -n⟩ [artilə'ri:] artillerie *f; leichte, schwere* ~ artillerie *f* légère, lourde; *motorisierte, reitende* ~ artillerie *f* motorisée, montée; **~abteilung** *f* groupe *m* d'artillerie; **~beschuß** *m: unter* ~ *liegen* être exposé au feu de l'artillerie; **~duell** *n* duel *m* d'artillerie; **~feuer** *n* feu *od* tir *m* d'artillerie; **~feuerbereich** *m* zone *f* d'artillerie; **~flieger** *m* observateur *m* aérien d'artillerie; **~flugzeug** *n* avion *m* d'artillerie; **~geschoß** *n* projectile *m* d'artillerie; **~geschütz** *n* pièce *f* d'artillerie; **~offizier** *m* officier *m* d'artillerie; **~schießplatz** *m* polygone *m;* **~schlepper** *m* = ~*zugmaschine;* **~stellung** *f* position *f od* emplacement *m* d'artillerie; **~unterstützung** *f* appui *m* d'artillerie; **~zugmaschine** *f* tracteur *m* d'artillerie.

Artillerist *m* ⟨-en, -en⟩ [artilə'rɪst] artilleur; *mar* canonnier *m;* **a~isch** *a:* ~*e(r) Punkt m* repère *m* d'artillerie.

Artischocke *f* ⟨-, -n⟩ [arti'ʃɔkə] *bot* artichaut *m.*

Artist *m* ⟨-en, -en⟩ [ar'tɪst] artiste *m* de cirque; **a~isch** [-'tɪs-] *a allg* artistique.

Arznei *f* ⟨-, -en⟩ [a:rts'naɪ] médicament, remède *m; pop* drogue *f; bittere* ~ *fig* potion amère; *zuviel ~en eingeben, einnehmen* bourrer de médicaments, droguer *(jdm* qn); *se bourrer de médicaments, se droguer; e-e* ~ *verabreichen* administrer un médicament; *e-e* ~ *verordnen od verschreiben* prescrire un remède; **~buch** *n* codex *m;* **~formel** *f* formule *f* médicinale; **~mittel** *n* = ~; **~mittellehre** *f* pharmacologie *f;* **~waren** *f pl* produits *m pl* pharmaceutiques.

Arzt *m* ⟨-es, ⸚e⟩ [a:rtst, 'ɛːrtstə] médecin; *fam* docteur; *arg* toubib *m; approbierte(r)* ~ médecin *m* diplômé; *behandelnde(r), beratende(r)* ~ médecin *m* traitant, consultant; *leitende(r)* ~ médecin en chef, médecin-chef *m; praktische(r)* ~ médecin de médecine générale, omnipraticien *m;* **~beruf** *m* profession *f* médicale; **~gebühren** *f pl* honoraires *m pl* médicaux; **~helferin** *f* assistante *f* médicale; **~kosten** *pl* frais *m pl* de médecin; **~praxis** *f* cabinet *m* médical *od* de médecin; **~wahl** *f: freie* ~ libre choix *m* du médecin.

Ärztekammer *f* ['ɛːrtstə-] Conseil *m* de l'Ordre; **~schaft** *f* ⟨-, ø⟩ corps *m* médical; **~in** *f* femme médecin; *fam* doctoresse *f;* **ä~lich** *a* médical; *in*

~*er Behandlung sein* se faire soigner par un médecin; ~*e(s) Attest n,* ~*e Bescheinigung f* certificat *m* médical *od* de médecin; ~*e Behandlung f* soins *m pl* médicaux; ~*e Hilfe f* assistance *f* d'un *od* du médecin; ~*e Schweigepflicht f* secret *m* médical; ~*e Untersuchung f* examen *m* médical; ~*e Verordnung f* ordonnance *f* (médicale).

as *n* ⟨-, -⟩ [as] *mus* la *m* bémol; **As-Dur** *n* la *m* bémol majeur; **~-Moll** *n* la *m* bémol mineur.

As *n* ⟨-ses, -se⟩ [as] *(Spielkarte, Tennis, fig: Mensch)* as *m.*

Asbest *m* ⟨-(e)s, -e⟩ [as'bɛst] *min* amiante, asbeste *m;* **~anzug** *m* vêtement *m* d'amiante; **~faser** *f* fibre *f* d'amiante; **~isolierung** *f* isolation *f* à l'amiante; **~mantel** *m tech* revêtement *m* en asbeste; **~pappe** *f* carton *m* d'amiante; **~platte** *f* plaque *f* d'amiante; **~zement** *m* fibro-ciment *m.*

Asch|becher ['aʃ-] *m* = ~*enbecher;* **a~blond** *a* blond cendré; ~**e** *f* ⟨-, (-n)⟩ ['aʃə] cendre *f (in Redensarten meist pl); aus der* ~ *neu erstehen* renaître de ses cendres; *in Schutt und* ~ *legen* réduire en cendres; *in Sack und* ~ *gehen, sich* ~ *aufs Haupt streuen* faire pénitence; *Friede seiner* ~*! paix à ses cendres od à ses restes! Entfernung f der* ~ décendrage *m;* **~enbahn** *f sport* (piste) cendrée *f;* **~enbecher** *m* cendrier *m;* **~enbrödel** *n* Cendrillon *f; fig* souffre-douleur *m;* **~eneimer** *m* = *Mülleimer;* **~enkasten** *m (im Ofen)* cendrier *m;* **~enputtel** *n* = ~*enbrödel;* **~enregen** *m* pluie *f* de cendres; **~ermittwoch** *m rel* mercredi *m* des Cendres; **a~grau** *a,* **a~fahl** *a* gris cendré.

äsen ['ɛːzən] *itr (Wild: fressen)* viander.

Asep|sis *f* ⟨-, ø⟩ [a'zɛpsɪs] *med (Keimfreiheit)* asepsie *f;* **a~tisch** [-'zɛp-] *a* aseptique.

Asi|at(in f) *m* ⟨-en, -en⟩ [azi'a:t] Asiatique *m f;* **a~atisch** [-zi'a:-] *a* asiatique; **~en** ['a:ziən] *n* l'Asie *f.*

Aske|se *f* ⟨-, ø⟩ [as'ke:zə] *rel* ascétisme *m;* **~t** *m* ⟨-en, -en⟩ [as'ke:t] ascète *m; wie ein* ~ *leben* mener une vie d'ascète; **a~tisch** *a* ascétique.

Äskulapstab [ɛsku'la:p-] *m (Mythologie)* caducée *m.*

asozial ['azotsia:l, ---'-] *a* asocial.

Aspekt *m* ⟨-(e)s, -e⟩ [as'pɛkt] *a. gram* aspect *m.*

Asphalt *m* ⟨-(e)s, -e⟩ [as'falt] asphalte, bitume *m;* **~arbeiter** *m* asphalteur, bitumeur *m;* ~**decke** *f* revêtement *m* en asphalte; ~**guß** *m* asphalte *m* coulé; **a~ieren** [-'ti:rən] *tr* asphalter, bitumer; ~**ierung** *f* asphaltage, bitumage *m;* ~**pappe** *f* carton *m* asphalté *od* bitumé; ~**schicht** *f* couche *f* d'asphalte; ~**straße** *f* route *f* asphaltée; ~**überzug** *m* chape *f* d'asphalte.

Aspirant *m* ⟨-en, -en⟩ [aspi'rant] candidat; *mil* aspirant *m.*

Assel *f* ⟨-, -n⟩ ['asəl] *zoo* cloporte *m.*

Assessor *m* ⟨-s, -en⟩ [a'sɛsor, -'so:rən] *(Schule)* (jeune) professeur; *jur* (jeune) juge *m.*

Assimil|ation *f* ⟨-, -en⟩ [asimilatsi'o:n] assimilation; *physiol a.* animalisation *f;* ~**ationsprozeß** *m* procédé *m* d'assimilation; **a~atorisch** *a* assimilateur; **a~ierbar** [-'li:r-] *a* assimilable; ~**ierbarkeit** *f* assimilabilité *f;* **a~ieren** *tr* assimiler; *physiol a.* animaliser; ~**ierung** *f* = ~*ation.*

Assist|ent *m* ⟨-en, -en⟩ [asıs'tɛnt] assistant, aide *m;* ~**enz** *f* ⟨-, -en⟩ [-'tɛnts] assistance *f; unter* ~ *(gen)* avec l'aide (de); ~**enzarzt** *m* médecin assistant; *(in e-m Krankenhaus)* interne (des hôpitaux); *mil* médecin *m* sous-lieutenant; **a~ieren** [-'ti:rən] *itr* assister *(jdm* qn, *bei etw* à qc).

Assonanz *f* ⟨-, -en⟩ [aso'nants] *(Halbreim)* assonance *f.*

Assozi|ation *f* ⟨-, -en⟩ [asotsiatsi'o:n] *(Verbindung)* association *f;* **a~ativ** [-'ti:f, -və] *a psych* associatif; **a~ieren** [-tsi'i:r ən] *tr* associer *(mit* à, avec); ~**ierung** *f* = ~*ation;* ~**ierungsvertrag** *m pol* convention *f* d'association.

Assyr|ien [a'sy:riən] *n hist* l'Assyrie *f;* ~**(i)er** *m* ⟨-s, -⟩ [-riər] Assyrien *m;* **a~isch** [-'sy:-] *a* assyrien.

Ast *m* ⟨-(e)s, ⸚e⟩ [ast, 'ɛstə] branche *f; (im Holz)* nœud *m; den* ~ *absägen, auf dem man sitzt (fig)* scier la branche sur laquelle on est assis; *e-n* ~ *durchsägen (fig fam)* ronfler comme un sonneur de cloches; *sich einen* ~ *lachen (fam)* rire comme un bossu, se tordre de rire; *auf dem absteigenden* ~ *sein (fig: alt u. gebrechlich werden)* être sur le retour; *trockene(r), dürre(r)* ~ branche *f* morte; **a~frei** *a (Holz)* sans nœuds; ~**loch** *n* trou *m;* **a~reich** *a* branchu; rameux; **a~rein** *a* sans nœuds; *fig fam* formidable; *nicht ganz* ~ *(fig fam)* (qui n'est) pas très catholique; ~**stumpf** *m* têteau *m.*

Aster *f* ⟨-, -n⟩ ['astər] *bot* aster *m.*

Asthen|ie *f* ⟨-, -n⟩ [aste'ni:] *med (Körperschwäche)* asthénie *f;* ~**iker** *m*

⟨-s, -⟩ [-'te:nikər] asthénique *m;* **a~isch** *a* asthénique.

Ästhet *m* ⟨-en, -en⟩ [ɛs'te:t] *(Freund des Schönen)* esthète *m;* ~**ik** *f* ⟨-, (-en)⟩ [-'te:tık] esthétique *f;* ~**iker** *m* ⟨-s, -⟩ [-'te:tikər] *(Lehrer der Ästhetik)* esthéticien *m;* **ä~isch** [-'te:tıʃ] *a* esthétique.

Asthma *n* ⟨-s, ø⟩ ['astma] *med* asthme *m;* ~**tiker** *m* ⟨-s, -⟩ [-'ma:tikər] asthmatique *m;* **a~tisch** [-'ma:-] *a* asthmatique.

astigmat|isch [astıg'ma:tıʃ] *a med opt* astigmate; **A~ismus** *m* ⟨-, ø⟩ [-ma'tısmʊs] astigmatisme *m.*

Astro|loge *m* ⟨-n, -n⟩ [astro'lo:gə] astrologue *m;* ~**logie** *f* ⟨-, ø⟩ [-lo'gi:] astrologie *f;* **a~logisch** [-'lo:-] *a* astrologique; ~**naut** *m* ⟨-en, -en⟩ [-'naʊt] *(Raumfahrer)* astronaute *m;* ~**nautik** *f* ⟨-, ø⟩ [-'naʊtık] astronautique *f;* **a~nautisch** *a* astronautique; ~**nom** *m* ⟨-en, -en⟩ [-'no:m] astronome *m;* ~**nomie** *f* ⟨-, ø⟩ [-no'mi:] astronomie *f;* **a~nomisch** [-'no:-] *a (a. fig: unvorstellbar groß)* astronomique; ~**physik** *f* [-'fy'zi:k] astrophysique *f;* ~**physiker** *m* [-'fy'zikər] astrophysicien *m.*

Asyl *n* ⟨-s, -e⟩ [a'zy:l] asile *a. fig; (Zuflucht)* refuge, abri *m; um* ~ *bitten* od *ersuchen* demander asile; ~**ant** *m* ⟨-en, -en⟩ [azy'lant] réfugié *m;* ~**bewerber** *m* demandeur *m* d'asile; ~**recht** *n* droit *m* d'asile.

Asymmetr|ie *f* ⟨-, -n⟩ [azyme'tri:] asymétrie *f;* **a~isch** [-'me:-] *a* asymétrique.

Asymptote *f* ⟨-, -n⟩ [azymp'to:tə] *math* asymptote *f.*

Atavis|mus *m* ⟨-, -men⟩ [ata'vısmʊs, -mən] *biol (Rückschlag)* atavisme *m;* **a~tisch** *a* atavique.

Atelier *n* ⟨-s, -s⟩ [ate(ə)li'e:] *(Werkstatt)* atelier; *(e-s Künstlers) a.* studio *m;* ~**aufnahme** *f* (prise *f* de vues *od* de son en) intérieur *m.*

Atem *m* ⟨-s, ø⟩ ['a:təm] haleine; *(Atmung)* respiration *f; (~zug)* souffle *m; außer* ~ hors d'haleine, à bout de souffle, essoufflé; *in einem* ~ (tout) d'une haleine, d'un trait; *den* ~ *anhalten* retenir son haleine *od* sa respiration; *jdn außer* ~ *bringen* essouffler qn; *e-n übelriechenden* ~ *haben* avoir mauvaise haleine; *jdn in* ~ *halten (fig)* tenir qn en haleine; *(tief)* ~ *holen* respirer (profondément); *langsam und tief* ~ *holen* respirer lentement et profondément; *(ganz) außer* ~ *kommen* arriver hors d'haleine; *wieder zu* ~ *kommen* reprendre haleine, *fig* souffler; *nach* ~ *ringen* haleter; *jdm den* ~ *verschlagen* couper la respiration à qn; *das benimmt* od *verschlägt einem den* ~ on en a le souffle coupé; **a~beraubend** *a* palpitant; *fam* époustouflant; **~beschwerden** *f pl* troubles *m pl* respiratoires; = ~*not;* **~bewegung** *f* mouvement *m* respiratoire; **~gerät** *n* appareil *m* respiratoire; **~geräusch** *n* bruit *m* respiratoire; **~gymnastik** *f* gymnastique *f* respiratoire; **~holen** *n* respiration, aspiration *f;* **~lähmung** *f* paralysie *f* respiratoire; **~loch** *n* *zoo* stigmate, orifice *m* respiratoire; **a~los** *a* hors d'haleine, à bout de souffle, essoufflé; *jdn in* ~*er Spannung halten* tenir qn hors d'haleine; ~*e Stille f* silence *m* complet *od* absolu; **~luft** *f* air *m* respirable; **~not** *f* essoufflement, étouffement *m,* suffocation; *scient* dyspnée *f;* **~pause** *f* temps *m* d'arrêt respiratoire; *fig (Frist)* répit *m; e-e* ~ *einlegen* od *einschieben* faire une pause, souffler; **~störung** *f* = ~*beschwerden;* **~-übung** *f* exercice *m* respiratoire; **~wege** *m pl* *anat* voies *f pl* respiratoires; **~zug** *m* souffle *m; in einem* ~ tout d'une haleine; *bis zum letzten* ~ jusqu'au dernier soupir; *den letzten* ~ *tun (sterben)* rendre le dernier soupir.

Athe|ismus *m* ⟨-, ø⟩ [ate'ɪsmʊs] athéisme *m;* **~ist** *m* ⟨-en, -en⟩ [-te'ɪst] athée *m;* **a~istisch** *a* athée.

Athen [a'te:n] *n* *geog* Athènes *f sing;* **~er** *m* ⟨-s, -⟩ Athénien *m;* **a~isch** *a* athénien.

Äther *m* ⟨-s, ø⟩ ['ɛ:tər] *philos* u. *chem* éther *m; mit* ~ *betäuben (med), verbinden (chem)* éthériser; **ä~isch** [ɛ'te:rɪʃ] *a* *chem* u. *fig (leicht)* éthéré; ~*e(s) Öl n* huile *f* volatile; **~krieg** *m* *radio* guerre *f* des ondes; **~maske** *f* *med* masque *m* anesthésique; **~narkose** *f* *med* éthérisation *f;* **~rausch** *m* ivresse *f* éthérée; **~wellen** *f pl* ondes *f pl* hertziennes.

Äthiop|ien [ɛti'opiən] *n* *geog* l'Éthiopie *f;* **~ier(in** *f)* *m* ⟨-s, -⟩ [-piər] Éthiopien, ne *m f;* **ä** ~**isch** *a* éthiopien.

Athlet *m* ⟨-en, -en⟩ [at'le:t] athlète *m;* **~ik** *f* ⟨-, ø⟩ [-'le:tɪk] athlétisme *m;* **a~isch** *a* athlétique.

Äthyl|alkohol [ɛ'ty:l-] *m* alcool *m* éthylique; **~en** *n* ⟨-s, ø⟩ [ety'le:n] *chem* éthylène *m.*

Atlant|ik [at'lantɪk], *der* l'Atlantique *m; jenseits des* ~*s* outre-Atlantique; **~charta** *f* *hist* Charte *f* de l'Atlantique; **~ikpakt,** *der* le Pacte atlantique; **~ikrat,** *der* le Conseil atlantique; **a~isch** *a* atlantique; *der A~e*

Ozean l'océan *m* Atlantique; *der A~e Rat* = ~*ikrat.*

Atlas *m* ⟨-/-sses, -sse/Atlanten⟩ ['atlas, -sə(s), at'lantən] **1.** *(Kartenwerk)* atlas; *der* ~ *(Gebirge)* l'Atlas *m.*

Atlas *m* ⟨-/-sses, -sse⟩ ['atlas, -sə(s)] **2.** *(Textil)* satin *m; a~sen* *a* de satin.

atmen ['a:tmən] *tr* u. *itr* respirer; *tr (ausdunsten)* exhaler; *fig (verbreiten)* respirer, répandre; *schwer, tief* ~ respirer difficilement, profondément; *wieder* ~ *können* reprendre haleine; **A~** *n* respiration *f.*

Atmosphär|e *f* ⟨-, -n⟩ [atmo'sfɛ:rə], *a.* *fig* atmosphère; *fig* ambiance *f,* milieu *m; nette* ~ *(fig)* atmosphère *f* agréable; **~endruck** *m* pression *f* atmosphérique; **a~isch** *a* atmosphérique; ~*e Störungen f pl (mete)* perturbations *f pl* atmosphériques.

Atmung *f* ⟨-, (-en)⟩ ['a:tmʊŋ] respiration *f; künstliche* ~ respiration *f* artificielle; **~sbeschwerden** *f pl* = *Atembeschwerden;* **~smesser** *m* spiromètre *m;* **~sorgane** *n pl* *anat* appareil *m* respiratoire.

Ätna ['ɛtna] , *der, geog* l'Etna *m.*

Atoll *n* ⟨-s, -e⟩ [a'tɔl] *geog (Koralleninsel)* atoll *m.*

Atom *n* ⟨-s, -e⟩ [a'to:m] atome *m; die* ~*e spalten* désintégrer les atomes; *vgl. Kern-;* **~antrieb** *m* propulsion *f* atomique *od* nucléaire; **a~ar** [ato'ma:r] *a* atomique, nucléaire; ~*e Bewaffnung f* armement *m* atomique *od* nucléaire, nucléarisation *f; ~e(s) Wettrüsten n* course *f* aux armements nucléaires; **~behörde** *f: Internationale* ~ Agence *f* internationale de l'énergie atomique; **~bombe** *f* bombe *f* atomique *od* nucléaire *od* A; **~bombenangriff** *m* attaque *f* atomique; **a~bombensicher** *a* à l'épreuve des bombes atomiques; **~bombenversuch** *m* essai *m* (d'explosif) nucléaire; **~bunker** *m* abri *m* anti-atomique; **~energie** *f* énergie *f* atomique *od* nucléaire; *friedliche Nutzung f der* ~ utilisation *f* pacifique de l'énergie atomique; **~energiekommission** *f* Commission *f* de l'énergie atomique; **~energiekontrolle** *f* contrôle *m* de l'énergie atomique; **~explosion** *f* explosion *f* nucléaire; **~gemeinschaft** *f: Europäische* ~ *(Euratom)* Communauté *f* européenne de l'énergie atomique; **~geschoß** *n* projectile *m* atomique; **a~getrieben** *a* à propulsion atomique *od* nucléaire; ~*e(s) U-Boot n* sous-marin *m* atomique; **~gewicht** *n* poids *m* *od* masse *f* atomique; **a~isieren** [-mi'zi:rən] *tr (in kleinste Tei-*

le teilen) atomiser; **~ismus** *m* ⟨-, ø⟩ [-'mɪsmʊs] *philos hist* atomisme *m;* **~ist** *m* ⟨-en, -en⟩ [-'mɪst] atomiste *m;* **a~istisch** *a* atomiste; **~kern** *m* noyau *m* atomique; *Aufbau m des ~s* édifice *m* nucléaire; *(Zssgen s. unter Kern);* **~kraft** *f* puissance *f* nucléaire; *mit ~ (angetrieben)* à propulsion atomique; *vgl. Kernkraft;* **~kraftwerk** *n* centrale *f* atomique *od* nucléaire; **~krieg** *m* guerre *f* atomique; **~ladung** *f* charge *f* atomique; **~macht** *f pol* puissance *f* nucléaire; **~masse** *f* masse *f* atomique; **~meiler** *m* pile *f* atomique; **~müll** *m* déchets *m pl* atomiques *od* nucléaires; **~mülldeponie** *f,* **~müllager** *n* cimetière *m* nucléaire; **~physik** *f* physique *f* nucléaire; **~physiker** *m* physicien *m* atomiste; **~pilz** *m* champignon *m* atomique; **~rakete** *f* fusée *f* atomique; **~reaktor** *m* réacteur *m* atomique; **~spaltung** *f* désintégration *f* de l'atome; **~sperrvertrag** *m* = **~waffensperrvertrag;** **~sprengkopf** *m* tête *od* ogive *f* atomique *od* nucléaire; **~strategie** *f* stratégie *f* nucléaire; **~streitmacht** *f* force *f* nucléaire; *multinationale ~* force *f* nucléaire multilatérale; **~test** *m* = **~versuch;** **~teststopp** *m* arrêt *m* des essais nucléaires; **~theorie** *f* théorie *f* atomique; **~-U-Boot** *n* sous-marin *m* atomique; **~umwandlung** *f* transmutation *f* atomique; **~versuch** *m* essai *m od* expérience *f* atomique *od* nucléaire; **~versuchsgelände** *n* centre *m* d'essais nucléaires; **~versuchsstopp** *m* arrêt *m* des essais nucléaires; **~waffen** *f pl* armes *f pl* atomiques; **a~waffenfrei** *a ~e* Zone *f* zone *f* dénucléarisée; *Schaffung f e-r ~en* Zone dénucléarisation *f;* **~waffensperrvertrag** *m* traité *m* de non-prolifération (des armes nucléaires); **~waffenversuch** *m* essai *m* nucléaire; **~wissenschaft** *f* science *f* de l'atome; **~wissenschaftler** *m* = **~forscher;** **~zahl** *f chem* numéro *od* nombre *m* atomique; **~zeitalter** *n* âge *m* atomique; **~zerfall** *m,* **~zertrümmerung** *f* désintégration *f* de l'atome.

atonal ['a-, ato'na:l] *a mus* atonal; *~e* Musik *f (a.)* dodécaphonisme *m.*

ätsch [ɛ:tʃ] *interj fam* hou! c'est bien fait!

Attentat *n* ⟨-(e)s, -e⟩ [atɛn'tat] attentat *m (auf jdn* contre qn); *ein ~ planen, verüben* préparer, commettre un attentat; **~äter** *m* ⟨-s, -⟩ [-'tɛ:tər] auteur *m* d'un *od* de l'attentat.

Attest *n* ⟨-(e)s, -e⟩ [a'tɛst] attestation *f,* certificat *m; ein ~ ausstellen* délivrer un certificat; *ärztliche(s) ~* certificat *m* médical; **a~ieren** [-'ti:rən] *tr (bescheinigen)* attester, certifier.

Attraktion *f* ⟨-, -en⟩ [atraktsi'o:n] attraction *f;* **a~iv** [-'ti:f, -və] *a* attirant, attrayant; séduisant.

Attrappe *f* ⟨-, -n⟩ [a'trapə] *(vorgetäuschter Gegenstand)* simulacre *m; com (Schaupackung)* présentation *f* factice.

Attribut *n* ⟨-(e)s, -e⟩ [atri'bu:t] *(Merkmal, Zeichen)* attribut *m; (Sinnbild)* symbole, emblème *m; gram* épithète *f;* **a~iv** ['a-, -bu'ti:f, -və] *a: ~e(s)* Adjektiv *n* adjectif *m* épithète.

atzen ['atsən] *tr (Raubvogel füttern)* donner à manger à; **A~ung** *f (Futter)* nourriture *f.*

ätzen ['ɛtsən] *tr chem* corroder; *allg (angreifen)* attaquer, ronger, brûler; *(Kunst: Radierung)* graver à l'eau-forte; *med* cautériser; **~d** *a chem* corrosif; *med u. fig* caustique; *fig (beißend, scharf)* mordant; *~e Wirkung f* causticité *f.*

Ätzflüssigkeit *f* ⟨-, -n⟩ [ɛts-] *f (Kunst: des Radierers)* acide *m* à graver; **~kali** *n* potasse *f* caustique; **~kalilauge** *f (Seifenfabrikation)* lessive *f* de potasse (des savonniers); **~mittel** *n med* remède *m* caustique; **~natron** *n* soude *f* caustique; **~natronlauge** *f (Seifenfabrikation)* lessive *f* de soude caustique (des savonniers); **~ung** *f med* cautérisation; *(Kunst: Radierung)* eau-forte *f.*

au [au] *interj* (oh) oh! *a.: ~* Backe! **~weh!** aïe!

Aubergine *f* ⟨-, -n⟩ [obɛr'ʒi:nə] *bot* aubergine *f.*

auch [aux] **1.** *conj (unbetont)* aussi, (aussi) bien; *(aber)* mais; *(nur im Satzganzen zum Ausdruck kommend):* heute oder ~ morgen aujourd'hui ou bien demain; *ohne ~ nur zu fragen* sans même demander; *so reich du ~ sein magst* si riche que tu sois; *was es ~ sei* quoi que ce soit; *was ~ geschehen mag* quoi qu'il arrive; *was er ~ sagen mag* quoi qu'il dise; *wenn er ~ reich ist* quoiqu'il *od* bien qu'il soit riche; *wer es ~ sein mag* qui que ce soit; *wie dem ~ sei* quoi qu'il en soit; *wo er ~ sein mag* où qu'il se trouve; *das ist ~ wahr,* so ist es ~ c'est bien vrai, c'est ça, en effet; *wozu ~* (mais) à quoi bon? *zum Teufel ~!* au diable (donc)! *sowohl ... als ~ ...* aussi bien ... que ..., et ... et ...; *und wenn auch! (fam)* et même! **2.** *adv (betont) (desgleichen, ebenso)* de même, également; *(vor Substantiv)* même; *ich ~ nicht* (ni) moi non plus; *ich kenne ihn ~ nicht* je ne le connais pas non plus; *er tut es ja ~* il en fait bien autant; *sie ist nicht nur hübsch, sondern ~ klug* elle est non seulement jolie, mais aussi *od* encore intelligente; *~ der Klügste* même le plus malin; *das ~ noch!* il ne manquait plus que cela! *das ist ~ so einer!* encore un de cette espèce! *~ gut!* soit! *~ recht!* comme vous voudrez! *~ nicht schlecht!* pas mal non plus!

Audienz *f* ⟨-, -en⟩ [aʊdiˈɛnts] audience *f*; *jdn um e-e ~ bitten* demander audience à qn; *jdn in ~ empfangen* recevoir qn en audience; *e-e ~ geben* donner audience; *~zimmer n* salle *f* d'audience.

audiovisuell [aʊdioviˈzuɛl] *a (Unterrichtsmethode)* audio-visuel.

Auditorium *n* ⟨-s, -rien⟩ [aʊdiˈtoːriʊm, -riən] *(Hörsaal)* salle *f* de conférences; *(Univ.)* amphithéâtre; *(Zuhörerschaft)* auditoire *m*; *~ maximum n (größter Hörsaal e-r Univ.)* grand amphithéâtre *m*.

Au(e) *f* ⟨-, -en⟩ [aʊ(ə)] prairie *f*.

Auer|hahn [ˈaʊər-] *m* orn coq de bruyère, (grand) tétras *m*; *~henne f* poule *f* de bruyère; *~ochse m* aurochs *m*.

auf [aʊf] **1.** *prp (räuml.) meist:* sur; *~ dem, den Stuhl, Tisch, Schrank* sur la chaise, la table, l'armoire; *~ dem, das Dach;* *~ dem, den Baum* sur le toit, sur l'arbre; *~ dem Boden od der Erde* sur le sol; *~ den Boden od die Erde* à terre; *~ dem Platz* sur la place; *~ dem Wasser* sur l'eau; *~ dem Meer* sur la mer; *(zu Schiff)* en mer; *~ der Erde, dem Mond, dem Mars* sur la Terre, la Lune, Mars; *~ der Treppe, dem Hof, der Straße, der Wiese, der Insel* dans l'escalier, la cour, la rue, le pré, l'île; *~ der (ganzen) Welt* dans le monde (entier), par (toute) la terre; *~ dieser Seite* de ce côté; *~ den Bauch, Rücken fallen* tomber sur le ventre, sur le dos; **2.** *(räuml. u. zugleich e-e innere Beziehung ausdrückend):* *~ dem Zimmer* dans la chambre; *~ dem Bahnhof, ~ dem Büro, ~ dem Felde, ~ dem Fest, ~ dem Lande, ~ dem Markt, ~ der Post, ~ dem Schloß, ~ der Schule (alle a. im acc)* à la gare, au bureau, aux champs, à la fête, à la campagne, au marché, à la poste, au château, à l'école; *~ der Welt (da, am Leben)* au monde; **3.** *(in bestimmten Situationen):* *~ Besuch, ~ Urlaub, ~ der Reise, ~ dem Wege, ~ der Flucht* en visite, en va-

cances *od mil* permission, en voyage, en chemin *od* route, en fuite; *~ der Jagd* à la chasse; *~ s-m Posten od Platz* à son poste; **4.** *(zeitl.) ~ e-n Augenblick, ~ acht Tage, ~ lange Zeit, ~ immer* pour un moment, pour huit jours, pour longtemps, pour toujours *od* à jamais; *~ meine alten Tage* sur mes vieux jours; *~ einmal (plötzlich)* subitement, soudain; *~ e-n Sonntag fallen* tomber un dimanche; *es geht ~ 4 Uhr* il est vers les quatre heures; *~ morgen!* à demain! **5.** *(Art u. Weise):* *~ diese (Art und) Weise* de cette façon *od* manière, de la sorte; *~ diesem Wege* par ce chemin; *fig* de cette façon *od* manière; *~ dem schnellsten Wege* le plus vite possible; *~s Geratewohl, ~ gut Glück* au hasard; *~ deutsch* en allemand; **6.** *(Folge):* *~ Anfrage* sur demande; *~ Befehl* par ordre; *~ jds Bitte* à la prière de qn; *~ e-e Drohung (hin)* sur une menace; *~ jds Rat* sur le conseil de qn; *~ e-n (bloßen) Verdacht (hin)* sur un simple soupçon; *~ jds Wink* sur le signe de qn; **7.** *(Bezug):* *~ 10 km (im) Umkreis* à 10 km à la ronde; *~ sechs Schwarze kommt ein Weißer* il y a un blanc pour six noirs; *~ den Kopf der Bevölkerung* par homme *od* tête; **8.** *(besondere Wendungen):* *~ Ehre und Gewissen* en mon âme et conscience; *~ meine Kosten* à mes frais; *~ der einen, ander(e)n Seite (einer-, and(e)rerseits)* de l'un, de l'autre côté; *Monat ~ Monat* verging les mois passaient; *Schlag ~ Schlag* coup sur coup; *schwarz ~ weiß* noir sur blanc; *das hat etwas ~ sich* c'est important; *das hat nichts ~ sich* c'est sans importance; **9.** *adv (~gestanden, nicht im Bett)* debout, sur pied, levé; *(~stehend, offen)* ouvert; *von Jugend ~* dès ma *etc* jeunesse; *von klein ~* dès mon *etc* enfance; *weit ~ (offen)* grand ouvert; *~ und ab (hin~ u. hinunter)* de haut en bas; *(hin u. her)* de long en large; *~ und davon* parti, déjà loin; *~ und davon fliegen* s'envoler; *~ und ab gehen (a.)* faire les cent pas; *sich ~ und davon machen* prendre le large, *fam* filer; *noch ~sein (a.)* n'être pas encore couché; *(noch) spät ~sein* veiller tard; *~ und ab steigen* monter et descendre; *~!* debout! *(vorwärts)* allons! marche! en route! **10.** *n: das A~ und Ab (des Lebens)* les hauts et les bas *m pl* (de la vie); **11.** *conj: ~ daß* afin que, pour que *subj*; afin de, pour *inf*.

auf=arbeit|en *tr (alten Gebrauchsgegenstand)* remettre à neuf; *fam* retaper; *(aufs laufende bringen)* mettre à jour; *e-n Stoß Briefe* ~ traiter une pile de courrier en retard; *Rückstände* ~ se remettre au courant; **A~ung** *f* remise *f* à neuf; *fam* retapage *m;* mise *f* à jour.

auf=atmen *itr, a. fig* respirer de nouveau, reprendre haleine; *fig* respirer, se sentir soulagé.

auf=bahr|en *tr* exposer sur le catafalque; **A~ung** *f* exposition *f* sur le catafalque.

Aufbau *m* ‹-(e)s, -ten› *(Tätigkeit)* construction; *(Errichtung)* érection *f;* *tech* montage *m; fig* organisation; *(Gegenstand)* mot carrosserie; *mar* superstructure; *(Gefüge)* structure, texture; *chem* constitution; *a. TV* synthèse; *fig* organisation *f,* système *m; im ~ begriffen sein* être en voie de construction; **~arbeit** *f* travaux *m pl* de construction; **auf=bauen** *tr* construire; ériger; *tech* monter; *fig* créer, organiser; *(Prosastück)* organiser, structurer **~möbel** *n pl* meubles *m pl* à éléments interchangeables; **~plan** *m* plan *m* de construction; **~schule** *f (Unterricht)* enseignement *m* secondaire accéléré; **~ten** *m pl mar* superstructure *f.*

auf=bäumen, *sich (Pferd u. fig)* se cabrer; *fig* se révolter *(gegen* contre).

auf=bauschen *tr (Stoff)* faire bouffer; *fig* exagérer.

auf=begehren *itr (mit Worten)* protester; *(mit Taten)* se révolter, se rebeller; *er begehrt immer gleich auf* il prend tout de suite la mouche.

auf=behalten *tr (Kopfbedeckung)* garder; *den Hut ~ (a.)* rester couvert.

auf=bekommen *tr (öffnen können)* parvenir *od* réussir à ouvrir; *(Schule: Hausaufgabe)* être chargé de, avoir à faire.

auf=bereit|en *tr* traiter; *(Bodenschätze)* aménager; **A~ung** *f (Vorgang)* traitement *m; (von Bodenschätzen)* aménagement *m;* **A~ungsanlage** *f* usine *f* de traitement; **A~ungsmaschine** *f* machine *f* à préparer; **A~ungsverfahren** *n* procédé *m* de séparation.

auf=besser|n *tr (aufarbeiten)* remettre à neuf; *(Summe, Lohn)* arrondir, augmenter; **A~ung** *f* remise à neuf; augmentation *f.*

auf=bewahr|en *tr* garder, conserver, réserver; *(für jem anders)* avoir en dépôt; *als Andenken ~* garder en souvenir; *trocken ~* tenir au sec; **A~ung** *f* ‹-, (-en)› garde, conservation *f; (Bahnhof)* consigne *f; Annahme f zur ~* mise *f* en dépôt;

A~ungsfrist *f* délai *m* de garde *od loc* de consigne; **A~ungsgebühr** *f* droit *m* de garde; *loc* frais *m pl* de consigne; **A~ungsort** *m,* **A~ungsraum** *m* dépôt *m; loc* consigne *f;* **A~ungsschein** *m* feuille *f od* récépissé de dépôt; *loc* ticket *m* de consigne.

auf=biet|en *tr (einberufen)* convoquer; *mil* lever, appeler sous les drapeaux; *adm (Brautpaar)* publier les bans de; *fig (Kraft, Eifer, Einfluß)* employer, user de, faire agir, mettre en œuvre *od* en jeu; *alles od alle Kräfte* ~ faire tous ses efforts, remuer ciel et terre, *fam* se mettre en quatre *(um zu* pour); *alles* ~ *(um jdn gut zu bewirten)* mettre les petits plats dans les grands; *s-e ganze Beredsamkeit* ~ déployer toute son éloquence *(um zu* pour); **A~ung** *f* convocation; *mil* levée *f; fig* emploi *m,* mise *f* en œuvre; *unter ~ aller Kräfte* en déployant toutes ses forces.

auf=binden *tr (losmachen)* délier, dénouer; *(Knoten)* défaire; *(hochbinden)* relever *(a. d. Haar); (Rebe)* accoler; *jdm etwas od e-n Bären* ~ en faire accroire à qn, la bailler belle à qn; *fam* monter un bateau à qn; *sich etwas* ~ *lassen* se laisser duper, *das können Sie einem andern* ~*!* à d'autres!

auf=bläh|en *tr* enfler, gonfler, bouffir, boursoufler; *fig* gonfler artificiellement, rendre pléthorique; *sich* ~ s'enfler, se gonfler, se boursoufler, se ballonner; *fig* se rengorger; **A~ung** *f* enflure *f,* gonflement *m,* boursouflure *f.*

auf=blasen *tr* gonfler; *sich* ~ *(fig)* se rengorger.

auf=blättern *tr (Buch)* ouvrir et feuilleter.

auf=bleiben ‹*aux: sein*› *itr (nicht zu Bett gehen)* rester debout *od* levé, veiller; *(offenbleiben)* rester ouvert; *lange* ~ veiller tard.

auf=blend|en *itr mot* mettre en phare; *film* ouvrir en fondu; *kurz* ~ *(mot)* faire un appel de phare; *aufgeblendet fahren* rouler en pleins phares; **A~ung** *f film* ouverture *f* en fondu.

auf=blicken *itr* lever les yeux; *ohne aufzublicken* sans lever les yeux, en dessous; *zu jdm (mit Bewunderung)* ~ lever les yeux vers qn, admirer qn; *nicht von der Arbeit* ~ ne pas lever le nez de son ouvrage.

auf=blitzen *itr (Licht u. fig: Gedanke)* jaillir comme un éclair.

auf=blühen ‹*aux: sein*› *itr* éclore, s'épanouir; *fig* prendre un essor, prospérer, être florissant; *rasch* ~ être en plein essor; *wieder* ~ revivre, renaître; *wieder* ~ *lassen* faire revivre; **A**~ *n* éclosion *f*, épanouissement; *fig* essor *m*; *zum* ~ *bringen (a. fig)* faire éclore.

auf≈bocken ['aufbɔkən] *tr mot* mettre sur cales.

auf≈brausen ⟨*aux: sein*⟩ *itr* bouillonner, entrer en effervescence; *fig* se mettre en colère, s'emballer, prendre la mouche; *gleich od leicht* ~ avoir la tête près du bonnet; *fam* s'emporter *od* monter comme une soupe au lait; ~**d** *a* effervescent *a. fig; fig* emporté, fougueux, irascible; *leicht* ~*e(r) Mensch m* soupe *f* au lait *fam*.

auf≈brechen *tr* ⟨*aux: haben*⟩ ouvrir (en brisant); éventrer; briser, rompre, casser, fracturer; *(Möbelstück)* forcer; *(Tür)* enfoncer; *(Jägersprache)* = *ausweiden; itr* ⟨*aux: sein*⟩ *(aufspringen, platzen)* s'ouvrir, percer, éclater, crever; *(Wunde)* se rouvrir; *(Geschwür)* aboutir; *(Knospe)* éclore, s'ouvrir; *(weggehen)* s'en aller, partir, se mettre en route; **A**~ *n* ouverture *f*; enfoncement; éclatement; aboutissement *m*; éclosion *f*.

auf≈brennen *tr: e-m Tier ein Zeichen* ~ marquer un animal.

auf≈bring|en *tr (öffnen können)* parvenir *od* réussir à ouvrir; *(Geld)* trouver, mobiliser; *(Kosten, Steuern)* faire face à; *(Gerücht)* lancer; *(Mode)* lancer, introduire; *(Sitte)* introduire, mettre à la mode; *(Schiff)* capturer; *(zornig machen)* irriter, mettre en colère, pousser à bout; *jdn gegen sich* ~ se mettre qn à dos; *den Mut* ~ avoir le courage (*etw zu tun* de faire qc); *Verständnis* ~ montrer de la compréhension; *wieder* ~ *(Mode)* remettre en usage *od* en vogue; **A**~**en** *n* lancement *m*; introduction *f*; **A**~**ung** *f fin* mobilisation *f*.

Aufbruch *m (Abreise)* départ *m; a. fig* mise *f* en route; *fig pol* nouveau départ; *(e-r Nation)* renouveau *m*.

auf≈brühen *tr* faire bouillir; *(Tee)* infuser.

auf≈brummen *tr fig fam: jdm etw* ~ coller, flanquer qc à qn.

auf≈bügeln *tr* repasser, donner un coup de fer à.

auf≈bürden *tr, a. fig: jdm etw* ~ mettre qc sur le dos de qn; charger qn de qc, imposer qc à qn.

auf≈deck|en *tr, a. fig (enthüllen)* découvrir; *fig* dévoiler, déceler, révéler; *s-e Karten* ~ *(a. fig)* découvrir *od* montrer son jeu; *fig a.* montrer patte blanche *fam; sich im*

Schlaf ~ se découvrir *od (von Kindern)* se déborder en dormant; **A**~**ung** *f fig* découverte *f*.

auf≈donnern, *sich fam* s'attifer, se mettre sur son trente et un.

auf≈dräng|en *tr* imposer (*jdm etw* qc à qn); *sich* ~ s'imposer (*a. Gedanke*), imposer sa présence (*jdm* à qn); se jeter à la tête (*jdm* de qn); *e-e Frage drängt sich mir auf* une question me brûle les lèvres.

auf≈drehen *tr (drehend öffnen)* ouvrir en tournant; *(Hahn)* ouvrir; *(Uhr)* remonter; *itr fam (sich beeilen)* faire vite, se dépêcher.

auf≈dring|lich *a* importun; *(Geruch)* tenace; **A**~**lichkeit** *f* importunité *f*; **A**~**ling** *m* importun; *fam* casse-pieds *m*.

Aufdruck *m* ⟨-(e)s, -e⟩ impression; *(auf Briefmarken)* surcharge *f*; **auf≈drucken** *tr* imprimer.

auf≈drücken *tr* presser, appuyer; *(Stempel, Siegel)* mettre, appliquer, apposer; *(durch Drücken öffnen)* ouvrir en poussant, pousser; *med (Geschwür)* crever; *itr (beim Schreiben)* appuyer.

aufeinander [aufai'nandər] *adv (räuml.)* l'un sur l'autre; *(zeitl.)* l'un après l'autre; *(gegenea.)* l'un contre l'autre; **A**~**folge** *f* succession *f*; ~**≈folgen** ⟨*aux: sein*⟩ *itr* se succéder, se suivre; ~**folgend** *a* successif, consécutif; ~**≈legen** *tr* mettre l'un sur l'autre; ~**≈prallen** ⟨*aux: sein*⟩ *itr* se heurter, s'entrechoquer; *loc (zwei Züge)* se tamponner; **A**~**prallen** *n loc* tamponnement *m*.

Aufenthalt *m* ⟨-(e)s, -e⟩ ['auf?ɛnthalt] séjour, stationnement; *loc* arrêt; *(Verspätung)* retard, délai *m; ohne* ~ sans délai, (tout) d'une traite; *unbekannten* ~*s* sans domicile connu; *jeden* ~ *vermeiden (die Fahrt nicht unterbrechen)* brûler les étapes; ~ *unbekannt* sans domicile connu; *längere(r)* ~ séjour *m* prolongé; *5 Minuten* ~ *(loc)* 5 minutes d'arrêt; ~**sdauer** *f* durée *f* du séjour; ~**serlaubnis** *f*, ~**sgenehmigung** *f* permission *f* *(Vorgang)*, permis *m* *(Schein)* de séjour *od* de résidence temporaire; ~**sort** *m* (lieu de) séjour *m; (Wohnsitz)* demeure *f*, domicile *m; adm jur* résidence *f*; ~**sraum** *m* salle *f* de séjour; ~**sverbot** *n* interdiction *f* de séjour.

auf≈erleg|en *tr (Verpflichtung)* imposer; *(Strafe)* infliger; *sich Zwang* ~ sefaire violence; **A**~**ung** *f* imposition; infliction *f*.

auf≈ersteh|en ⟨*aux: sein*⟩ *itr rel* ressusciter; **A~ung** *f* ‹-, ø› résurrection *f.*

auf=erweck|en *tr (Toten)* ressusciter; **A~ung** *f* résurrection *f.*

auf=essen *tr* achever de manger; *itr* manger tout.

auf=fahr|en *tr ‹aux: haben› (Baumaterial)* amener; *mil (Geschütze)* mettre en batterie; *(Getränke, Speisen)* faire servir; *itr ‹aux: sein› (anfahren u. Aufstellung nehmen)* se présenter, se ranger; *(aufprallen)* heurter, tamponner *(auf etw* qc); *(Schiff)* échouer, donner *(auf etw* sur qc); *loc* buter *(auf etw* contre qc); *mot* donner *(auf etw* contre qc); *(aus dem Schlaf)* s'éveiller en sursaut; *(im Wachen)* se lever brusquement, sursauter; *(im Zorn)* s'emporter; *gleich, leicht ~ = gleich, leicht aufbrausen; aus s-n Träumen ~* être brusquement tiré de ses rêves; **A~t** *f (Aufstieg)* montée, ascension; *(vor e-m Schloß etc)* rampe *f; (zur Autobahn)* embranchement *m* d'accès; **A~unfall** *m* carambolage *m.*

auf=fallen ‹aux: sein› *itr (im günstigen Sinn)* se (faire) remarquer, faire sensation; *(neutral)* se singulariser; *(im ungünstigen Sinn)* s'afficher; *jdm ~* frapper, étonner, surprendre qn; *nicht ~* passer inaperçu; *unangenehm ~* faire (une) mauvaise impression; *es fällt mir auf, daß . . .* ce qui me frappe, c'est que . . .; **~d** *a = auffällig; ~e(s) Licht n (phys)* lumière *f* incidente; *adv* remarquablement; **~d** *schöne(s) Mädchen n* (jeune) fille *f* d'une beauté singulière.

auffällig *a* frappant, étonnant, surprenant, spectaculaire; *(seltsam)* singulier, bizarre; *(Farbe, Kleidung)* voyant, tape-à-l'œil; *adv: sich ~ benehmen* se singulariser.

Auffang|becken *n tech* bassin *m* de réception; **auf=fangen** *tr (Gegenstand in der Luft)* saisir au vol, attraper; *(Menschen mit den Armen)* recueillir; *(Stoß)* amortir, absorber; *(Hieb)* parer; *(abstürzendes Flugzeug)* redresser; *(Flüssigkeit)* recueillir; *(Licht)* intercepter, capter; *radio* capter; *(Worte)* intercepter; *(Flüchtlinge, Umsiedler)* accueillir; **~lager** *n* camp *od* centre *m* d'accueil.

auf=fass|en *tr (verstehen)* saisir, concevoir, comprendre; *(deuten)* interpréter, prendre; *falsch ~* mal comprendre *od* interpréter; *wörtlich ~* prendre à la lettre; *sich verschieden ~ lassen* admettre diverses interprétations; **A~ung** *f* conception; vue; *(Deutung)* interprétation; *(Mei-*

nung) opinion *f*, avis *m*, idée *f; meiner ~ nach* à mon avis, à mon idée, selon moi; *sich jds ~en zu eigen machen* épouser les opinions *od* les idées de qn; **A~ungsgabe** *f* compréhension, intelligence *f*, entendement *m; schnelle ~* esprit *m* prompt.

auffind|bar *a* trouvable; *leicht ~* facile à trouver; **auf=finden** *tr* trouver; *(entdecken)* découvrir; *mil (Ziel)* repérer; **A~ung** *f* découverte *f.*

auf=fischen *tr* pêcher *a. fig*, repêcher, retirer de l'eau; *fig fam* dénicher, *pop* dégot(t)er.

auf=flackern ‹aux: sein› *itr (Flamme)* s'aviver; *fig (Aufstand, Krankheit)* se raviver, renaître.

auf=flammen ‹aux: sein› *itr* s'enflammer *a. fig*, lancer des flammes, flamb(oy)er; *chem* déflagrer; *fig* s'allumer; **A~** *n fig* flambée *f*, sursaut *m; chem* déflagration *f.*

auf=flattern ‹aux: sein› *itr* s'envoler en battant des ailes.

auf=fliegen ‹aux: sein› *itr (Vogel)* s'envoler, prendre son vol *od* sa volée *od* son essor, s'élever; *(Tür)* s'ouvrir brusquement; *fig fam (ein Ende nehmen, sich auflösen)* éclater.

auf=forder|n *tr (höflich)* inviter, convier, engager *(zu* à); *(mahnend)* exhorter *(zu* à); *(ersuchen)* requérir, sommer *(zu* de); *(befehlen)* ordonner *(zu* de); *jur* mettre en demeure *(zu* de); *jur mil* sommer *(zu* de); *zum Tanz ~* inviter à danser; *(gar) nicht zum Tanz aufgefordert werden* faire tapisserie; *zur Übergabe ~ (mil)* sommer de se rendre; **A~ung** *f* invitation *f*, engagement, appel *m; adm* intimation *f; jur* mise en demeure, *a. mil* sommation *f; auf ~ (gen)* à la demande *od* requête (de); *e-e ~ ergehen lassen* faire une demande; *e-r ~ nachkommen* se conformer à une sommation; *~ zum Tanz* invitation *f* à danser *od (Musikstück)* à la danse; *~ zur Übergabe* sommation *f* de se rendre; *~ zu zahlen* sommation *f* de payer.

auf=forst|en ['aufforstən] *tr* reboiser; **A~ung** *f* reboisement *m.*

auf=fressen *tr* manger; *a. fig* dévorer; *jdn vor Liebe ~ mögen* manger qn de caresses; *die Arbeit frißt ihn auf (fam)* le travail l'absorbe complètement.

auf=frisch|en *tr, a. fig* rafraîchir; *(Farben)* raviver; *(el. Batterie)* régénérer; *mil* remettre en condition; *fig (Erinnerung, Bekanntschaft)* raviver, renouveler; *itr (Wind)* fraîchir; **A~ung** *f* rafraîchissement; ravivement *m;*

régénération; remise *f* en condition; *fig* renouvellement *m.*

aufführ|bar *a theat* jouable; **auf=füh-ren** *tr (verzeichnen)* consigner, mentionner; *(aufzählen)* énumérer; *fin* porter en compte; *jur (Zeugen)* produire; *theat* représenter, jouer, donner; *mus* exécuter; *sich ~ (sich benehmen)* se conduire, se comporter; *sich gut, schlecht ~* avoir une bonne, mauvaise conduite; se conduire bien, mal; *einzeln ~ (in e-r Rechnung)* spécifier; **A~ung** *f* exécution, construction; mention, énumération; *fin* inscription en compte; *jur* production; *theat* représentation; *mus* exécution; *(Betragen)* conduite *f,* comportement *m; zur ~ bringen (theat)* faire jouer; *mus* exécuter; **A~ungsrecht** *n theat* droit de représentation; *mus* droit *m* d'exécution.

auf=füll|en *tr (Gefäß wieder ganz füllen)* remplir; *(Loch, Lücke)* combler; *(Gelände)* remblayer; *sein Lager ~ (com)* remonter ses stocks; *die Reserven ~ (com)* compléter les réserves.

Aufgabe *f (e-r Postsendung)* expédition, remise *f; (e-s Telegramms)* envoi *m; loc (des Gepäcks a.)* expédition *f,* enregistrement; *(Pflicht)* devoir *m; (Auftrag, Bestimmung)* tâche, mission; *(dienstliche Funktion)* fonction; *(Schul~, mündlich)* leçon *f, (schriftlich)* devoir; *math* problème; *jur (Verzicht)* abandon *m, a. sport,* renonciation; *(Besitz~)* renonciation *f,* délaissement *m; (e-s Amtes)* résignation; *(e-s Geschäftes)* cessation *f; laut ~ (com)* suivant avis *od* vos ordres; *s-e ~ erfüllen* remplir sa tâche; *keine leichte ~ haben* ne pas avoir la tâche facile; *es sich zur ~ machen zu ... prendre à tâche de ... (lit); e-r ~ gewachsen sein* être à la hauteur d'une tâche; *jdm e-e ~ stellen* donner une tâche à qn; *sich e-e ~ stellen* se donner *od* s'imposer une tâche; *e-e ~ übernehmen* entreprendre une tâche; *jdm e-e ~ übertragen* déléguer une fonction à qn; *es ist ~ der Eltern* c'est le devoir des parents, il appartient aux parents *(etw zu tun* de faire qc); **~bahnhof** *m (Güterverkehr)* gare *f* expéditrice *od* de départ; **~nbereich** *m* ressort *m,* compétence *f;* **~nheft** *n (Schule)* carnet *m* de devoirs; **~nverteilung** *f adm* répartition *f* des attributions; **~ort** *m (Post)* lieu d'expédition *od* de départ; *tele* lieu *m* d'origine; **~schein** *m* récépissé *m* d'expédition *od* de dépôt; **~stempel**

m (Poststempel) cachet *m;* **~tag** *m* date *f* d'expédition *od* de dépôt.

auf=gabeln *tr* piquer à la fourchette *od (mit e-r Heu-, Mistgabel)* fourche; *fig fam (finden)* raccrocher, pêcher, dénicher, attraper; *pop* dégot(t)er.

Aufgang *m astr* levée; *arch* montée, rampe *f; (Treppe)* escalier; *(im Schiff)* escalier *m* des cabines.

auf=geben *tr (Postsendung)* expédier, remettre; *(Telegramm)* envoyer, expédier; *(Inserat)* insérer; *com (Bestellung)* passer, faire; *loc (Gepäck)* expédier, faire enregistrer; *(Schulaufgabe)* donner; *(Rätsel)* poser; *(verzichten auf)* renoncer à, abandonner; *(Amt, Stelle)* résigner; *(Geschäft)* se retirer de; *(abschreiben, nicht mehr glauben an)* enterrer, faire son deuil de; *(Hoffnung)* perdre; *(Schachpartie)* remettre; *itr sport* abandonner, lâcher; *den Geist ~* rendre l'âme *od* l'esprit; *sein Geschäft ~* se retirer des affaires; *die Hoffnung ~* perdre l'espoir; *e-n Kranken ~* abandonner (tout espoir de guérir) un malade; *s-e Meinung ~* revenir de son opinion; *etw zu raten ~* donner qc à deviner; *das Raten ~* donner sa langue au chat; *e-e Schachpartie (als unentschieden) ~* remettre une partie d'échecs; *das Spiel ~* abandonner *od* quitter la partie; *nicht ~ wollen (beim Spiel)* se piquer au jeu; **A~** *n sport* abandon *m.*

aufgebläht *a fig fam* boursouflé.

aufgeblasen *a fig* bouffi d'orgueil, ampoulé, rengorgé, présomptueux, vaniteux, suffisant; **A~heit** *f fig* rengorgement, orgueil *m,* présomption *f.*

Aufgebot *n adm (Aufforderung)* sommation publique; *(von Verlobten)* publication des bans (de mariage); *mil (Tätigkeit)* mise sur pied, conscription, levée *f; mit e-m starken ~ an ...* à grand renfort de ...; *unter ~ aller Kräfte* en convoquant le ban et l'arrière-ban; *ein großes ~ an* un grand déploiement de; *das letzte ~ (mil)* le dernier carré.

aufgebracht *a* fâché, irrité, furieux, indigné *(über etw* de qc).

aufgedonnert *a fam* attifée, parée comme une épousée de village.

aufgedunsen ['aʊfɡədʊnzən] *a* bouffi, boursouflé.

auf=gehen ⟨*aux: sein*⟩ *itr (astr, Vorhang)* se lever; *(Samen, Teig)* lever; *(sich öffnen)* s'ouvrir; *(Knospe, Blüte)* éclore, s'épanouir; *(Geschwür)* percer, crever, aboutir; *(Haar, Knoten)* se défaire, se dénouer; *(Naht)* se découdre, se défaire; *(Kleidungs-*

stück) se défaire, se déboutonner; *math* être divisible (sans reste); *in jdm ~ (fig)* s'identifier avec qn; *in der Arbeit ~* être absorbé par le travail; *in Flammen ~* être la proie des flammes; *in Rauch ~* s'en aller en fumée; *mir gingen die Augen auf (fig)* mes yeux se dessillaient; *die Jagd geht auf (nach der Schonzeit)* la chasse est ouverte; *mir geht ein Licht auf (fig).* je commence à y voir clair; *endlich geht mir der Sinn s-r Worte auf* enfin je comprends le sens de ses paroles *od* ce qu'il voulait dire.

aufgehoben *a: gut ~ sein* être en bonnes mains.

aufgeklärt *a* éclairé, instruit; *(sexuell) ~ sein* avoir reçu une éducation sexuelle; **A~heit** *f* ⟨-, (-en)⟩ vues *f pl* éclairées.

aufgeknöpft *a fig fam (zugänglich)* accessible, d'un abord facile; *(mitteilsam)* communicatif, expansif.

aufgekratzt *a fig fam = aufgeräumt.*

aufgelaufen *a (Zinsen etc)* accumulé.

Aufgeld *n fin (Agio)* agio *m,* prime *f; com (Angeld)* arrhes *f pl.*

aufgelegt *a (gelaunt)* disposé (*zu* à); *~ sein, etw zu tun* être d'humeur à *od* en humeur de faire qc; *gut, schlecht ~ sein* être bien, mal disposé *od fam* luné; être de bonne, mauvaise humeur; être, ne pas être en train.

aufgelöst *a mil* dispersé, à la débandade; *mit ~en Haaren* les cheveux défaits *od* épars; *in Tränen ~* éploré: *in ~er Ordnung* en ordre dispersé.

aufgeräumt *a fig (gutgelaunt)* de bonne humeur; *(heiter)* gai, dispos, enjoué; **A~heit** *f fig* bonne humeur; gaieté *f,* enjouement, entrain *m.*

aufgeregt *a* excité, agité, ému, énervé; *ganz ~ sein* être aux cent coups *od fam* dans tous ses états; **A~heit** *f* excitation, agitation, nervosité *f,* énervement *m.*

aufgeschlossen *a fig (empfänglich)* ouvert, compréhensif; *~ für* sensible à.

aufgeschmissen *a fam* fichu, perdu; *ich bin ~* me voilà dans le pétrin *od* dans de beaux draps.

aufgeschossen *a: hoch ~e(r) Mensch m* grande perche *f; (Gemüse)* monté.

aufgesprungen *a (Hände)* gercé; *(Lippen)* crevassé.

aufgetakelt *a fig fam = aufgedonnert.*

aufgeweckt *a fig* éveillé, dégourdi, intelligent; **A~heit** *f* ⟨-, ø⟩ *fig* air *od* esprit *m* éveillé, vivacité d'esprit, intelligence *f.*

aufgezwirbelt *a (Schnurrbart)* en croc.

auf=gießen *tr* verser; *den Kaffee, Tee ~* verser de l'eau sur le café, le thé.

auf=glieder|n *tr* diviser (*in* en); classifier; *(einzeln angeben)* spécifier; **A~ung** *f* division, classification; spécification *f.*

auf=greifen *tr* attraper, saisir; *jur* appréhender; *fig (Frage)* soulever; *(Gedanken)* s'inspirer de; *den Faden e-r Erzählung ~* reprendre le fil d'un récit.

aufgrund [auf'grunt] *prp gen = auf Grund.*

Aufguß *m (Küche, pharm)* infusion *f.*

auf=haben *tr (Kopfbedeckung)* avoir sur la tête, porter; *(offen haben, a. Laden)* avoir ouvert; *(Schularbeiten)* avoir à faire *od* à apprendre.

auf=hacken *tr (den Boden, die Erde)* piocher, fouiller avec le pioche.

auf=haken *tr* décrocher, dégrafer.

auf=halsen ['aufhalzən] *tr fam: jdm etw ~* mettre qc sur le dos de qn, charger qn de qc, *fam* coller qc à qn.

auf=halten *tr (offenhalten)* tenir *od* laisser ouvert; *(festhalten)* arrêter, retenir; *(zurückhalten)* retenir; *(verzögern)* retarder; *(Hieb, Schlag)* parer, *sich ~* s'arrêter, s'attarder (*bei od mit etw* à qc); *(länger bleiben)* séjourner, faire un séjour; *über etw* trouver à redire à qc, critiquer qc, gloser sur qc; *sich zu lange bei den Einzelheiten ~* s'attarder *od* s'appesantir sur les détails; *ich will Sie nicht (länger) ~* je ne veux pas abuser de votre temps; je ne vous retiens pas.

auf=häng|en *tr* suspendre; *(an e-m Haken od Nagel)* accrocher; *(Wäsche)* étendre; *(Gardinen)* pendre; *fam (erhängen)* pendre; *jdm etw (fam: Schund andrehen)* coller qc à qn; *(aufschwindeln)* faire accroire qc à qn; *sich ~ (fam)* se pendre; *wieder ~* raccrocher; **A~epunkt** *m tech* point *m* de suspension; **A~er** *m (an Kleidungsstücken)* attache *f;* **A~e-vorrichtung** *f* dispositif *m* de suspension; **A~ung** *f tech* suspension *f.*

auf=heb|en *tr (vom Boden)* ramasser; *(emporheben)* (sou)lever; *(aufbewahren)* garder, conserver; *(überraschen u. gefangennehmen; abbrechen, beenden)* lever; *(aufhören lassen)* faire cesser; *(Verlobung)* rompre; *(Vertrag)* résilier; *(abschaffen)* abolir, supprimer; *adm (für ungültig, nichtig erklären)* révoquer, annuler; *jur* annuler, rescinder; *(Urteil in letzter Instanz)* casser; *(Gesetz)* abroger; *sich ~ od ea. ~ (ausglei-*

chen) se compenser, s'annuler; *a. chem* se neutraliser; *die Tafel ~* se lever de table; *vorläufig ~* suspendre; **A~en** *n* ramassage *m;* levée *f,* soulèvement *m; (Aufbewahrung)* garde, conservation *f; jdm etw zum A~ geben* donner à qn qc à garder; *viel ~s um od von etw machen* faire beaucoup de bruit *od* de battage autour de qc, faire grand cas de qc, se faire un monde de qc; *~end a jur* abrogatoire; **A~ung** *f (Abbruch, Beendigung)* levée; cessation; *(der Verlobung)* rupture; *(e-s Vertrages)* résiliation; *(Abschaffung)* abolition, suppression; *(Ungültigkeitserklärung)* révocation, annulation; *(e-s Urteils)* cassation, rescision; *(e-s Gesetzes)* abrogation *f; ~ der gerichtlichen Beschlagnahme* mainlevée *f; ~ der Bewirtschaftung* suppression *f* du rationnement; *~ der Blockade* levée *f* du blocus; *~ der ehelichen Gemeinschaft* séparation *f* de corps; *~ der Immunität (parl)* retrait *m* de l'immunité; *~ des Preisstopps, des Lohnstopps* déblocage *m* des prix, des salaires; **A~ungsantrag** *m* demande *f* en cassation; **A~ungsklage** *f* action *f* en annulation.

auf=heiter|n *tr* épanouir, dérider, rasséréner, mettre en train, égayer, ragaillardir; *sich ~ (Mensch)* se rasséréner, s'égayer, se ragaillardir; *(Gesicht)* s'épanouir, se dérider; *(Himmel)* s'éclaircir; **A~ung** *f (e-s Menschen)* épanouissement, rassérènement, également *m; mete* amélioration; *(vorübergehende)* éclaircie, embellie *f.*

auf=helfen *itr: jdm ~* aider qn à se relever; *jdm (wirtschaftlich) wieder ~* rétablir les affaires de qn, remettre qn à flot.

auf=hell|en *tr* éclaircir *a. fig,* clarifier; *(Gesicht)* éclairer, épanouir; *fig (Geheimnis)* élucider, répandre la lumière sur; *sich ~* s'éclaircir *a. fig,* se clarifier, s'éclairer, s'épanouir; *(Himmel)* se dégager; *(Wetter)* se remettre au beau, s'améliorer; **A~ung** *f* éclaircissement *m, a. fig; mete a.* amélioration; *fig* élucidation *f.*

auf=hetz|en *tr fig (aufstacheln)* exciter, inciter, provoquer *fam,* monter, *gegen jdn* dresser, *(e-e Gruppe)* ameuter contre qn; **A~ung** *f* excitation, incitation, provocation *f.*

auf=holen *tr (Vorsprung, Zeitverlust)* regagner, rattraper, combler; récupérer; *itr sport* gagner (du terrain).

auf=horchen *itr* dresser *od* tendre

l'oreille, écouter; *jdn ~ lassen (fig: neugierig machen)* éveiller l'intérêt de qn.

auf=hören *itr* cesser, (s')arrêter, finir *(etw zu tun* de faire qc); *mit etw* en finir avec qc; *nicht ~* n'en plus finir *(zu ... de ...);* ~, *wenn es am besten schmeckt* rester sur la bonne bouche; *wo haben wir aufgehört?* où en sommes-nous restés? *hören Sie auf damit!* finissez-en! *da hört (doch) alles auf!* *(fam)* c'est la fin de tout, c'est trop fort!

auf=jauchzen *itr* pousser des cris de joie, exulter; *fam* jubiler.

Aufkauf *m* achat en masse *od* en bloc, enlèvement; *(unreeller)* accaparement *m;* **auf=kaufen** *tr* acheter en masse *od* en bloc, enlever; *pej* accaparer; **Aufkäufer** *m* acheteur; *pej* accapareur *m.*

auf=keimen ⟨aux: sein⟩ *itr, a. fig* germer; *fig* naître, prendre naissance.

Aufklang *m fig (Beginn)* commencement, début *m,* ouverture *f.*

aufklappbar *a* relevable; *(mot (Verdeck)* décapotable; *mit ~em Verdeck* à toit ouvrant; **auf=klappen** *tr (Kragen)* relever; *(Messer, Buch)* ouvrir; *(Verdeck)* décapoter.

auf=klaren *tr mar = aufräumen; itr mar = sich aufklären.*

auf=klär|en *tr (aufhellen)* éclaircir; *fig (erhellen, aufdecken)* éclaircir, tirer au clair, élucider, expliquer, débrouiller; *(Menschen)* éclairer *(über etw* sur qc); *ein Kind ~* faire l'éducation sexuelle d'un enfant; *(Mitteilung machen)* informer, instruire, mettre au fait *(über etw* de qc); *mil* éclairer, reconnaître; *itr mil* aller en reconnaissance; *aero* entreprendre des vols de reconnaissance; *sich ~ (mete)* s'éclaircir, se remettre au beau; *(Flüssigkeit)* se clarifier; *fig* s'éclaircir; *jdn über e-n Irrtum ~* tirer qn d'erreur; *es hat sich alles aufgeklärt* tout s'est expliqué; **A~er** *m (hist: Aufklärungsphilosoph)* philosophe des lumières, rationaliste; *mil* éclaireur; *aero* avion *m* de reconnaissance; *~erisch* *a* rationaliste, voltairien.

Aufklärung *f (Aufhellung)* éclaircissement *m; (Unterrichtung)* information *f,* renseignement *m; philos hist* philosophie *f* des lumières, rationalisme *m; (sexuelle)* éducation sexuelle; *mil (taktische)* reconnaissance *f; von jdm ~ verlangen* demander une explication à qn; *bewaffnete ~* reconnaissance *f* armée *od* en force; *das Zeitalter der ~* le siècle des lumières; *~sabteilung* *f mil* groupe *m* de reconnaissance; ~**sdienst** *m mil* service *m* de reconnaissance *od* de renseignements; ~**sergebnisse** *n pl* résultats *m pl* de reconnaissance; ~**sfilm** *m* film *m* d'éducation sexuelle; ~**sflug** *m* vol *m* de reconnaissance; ~**sflugzeug** *n* avion *m* de reconnaissance; ~**sgebiet** *n mil* région *f* de reconnaissance; ~**sgruppe** *f aero* groupe *m* d'avions de reconnaissance; ~**soffizier** *m* officier *m* de renseignement; ~**sraum** *m mil* secteur *m* de reconnaissance; ~**stätigkeit** *f* activité *f* de reconnaissance; ~**unterricht** *m* cours *m* d'éducation sexuelle.

Aufklebe|adresse *f*, ~**zettel** *m* étiquette *f* (gommée); **auf=kleben** *tr* coller (*auf* sur, à); *e-e Briefmarke auf den Brief* od *die Karte* ~ affranchir la lettre *od* la carte; ~**r** *m* ⟨-**s**, -⟩ autocollant *m*.

auf=knacken *tr* (*Nüsse*) casser.

auf=knöpfen *tr* déboutonner.

auf=knoten *tr* déficeler.

auf=knüpfen *tr* (*Menschen*) pendre.

auf=kochen *tr* faire bouillir, amener à ébullition.

auf=kommen ⟨*aux: sein*⟩ *itr* (*aufstehen*) se (re)lever; (*Kranker* u. *fig*) se relever, se remettre, se rétablir (*von e-r Krankheit* d'une maladie); (*Wind*) se lever; (*entstehen*) naître, faire son apparition; (*Brauch, Mode*) prendre (cours), se répandre, s'introduire; (*Erfolg haben*) prendre, réussir, faire fortune, prospérer; *für etw* ~ (*etw ersetzen*) répondre de qc, subvenir à qc; *für den Schaden* ~ (*a. fam*) payer les pots cassés; *gegen jdn nicht* ~ *können* ne pas être de taille à rivaliser avec qn; *niemanden neben sich* ~ *lassen* ne pas souffrir de rival; *keinen Zweifel* ~ *lassen* ne laisser s'élever aucun doute; *für jdn* ~ (*jdn ernähren*) *müssen* avoir qn à sa charge; **A~** *n* (*Aufstehen, Hochkommen, a. fig*) relèvement; (*Genesung*) rétablissement *m*; (*Entstehung*) naissance *f*; (*e-s Brauches etc*) introduction *f*; (*Ertrag*) rendement, rapport *m*; *fin* rentrées *f pl*.

auf=kratzen *tr* gratter, égratigner; (*die Haut*) écorcher.

auf=krempeln *tr* (*die Ärmel*) (re)trousser.

auf=kreuzen ⟨*aux: sein*⟩ *itr fam* faire une apparition.

auf=kriegen *tr fam* (*aufessen*) manger le tout; *a. = aufbekommen.*

auf=kündig|en *tr* (*Leihkapital, Hypothek*) donner avis de retrait de; (*Vertrag*) dénoncer, résilier; *jdm den*

Dienst ~ donner congé à qn, renvoyer qn; **A~ung** *f* avis *m* de retrait; dénonciation, résiliation *f*.

auf=lachen *itr: laut* ~ éclater *od* pouffer de rire, rire aux éclats, s'esclaffer; **A~** *n* éclat(s *pl*) *m* de rire.

auf=lad|en *tr* (*Last auf e-n Wagen; el: Batterie, Akku*) charger; *tech* (*Motor*) suralimenter; *jdm etw* ~ (*fig*) charger qn de qc, mettre qc sur le dos de qn; *sich etw* ~ se charger de qc; **A~en** *n* chargement *m*; **A~er** *m* (*Arbeiter*) chargeur *m*; **A~ung** *f el* charge *f*; *tech* suralimentation *f*.

Auflage *f* (*Überzug*) revêtement, enduit *m*, couche; (*Verpflichtung*) charge, imposition, obligation; (*Steuer*) charge *f*, impôt *m*, taxe; (*e-s Buches*) édition *f*; (*e-r Zeitung*) tirage *m*; *jdm e-e* ~ *machen* imposer une charge à qn; *durchgesehene, verbesserte, vermehrte* ~ édition *f* revue, corrigée, augmentée; ~**fläche** *f tech* surface *f* d'appui; ~**nhöhe** *f* tirage *m*; ~**r** *n* ⟨-**s**, -⟩ *tech* appui, support, coussinet *m*.

auf=lass|en *tr* (*offenlassen*) laisser ouvert; (*Kopfbedeckung*) garder; (*Brieftauben*) lâcher, lancer; (*Ballon*) lancer; *jur* (*Grundstück, Recht*) céder; *mines* abandonner, fermer; **A~ung** *f* lâcher, lancer *m*; *jur* cession *f*.

auf=lasten *tr jdm etw* ~ imposer une charge à qn.

auf=lauern *itr* guetter, épier (*jdm* qn).

Auflauf *m* attroupement, rassemblement *m*; (*Aufruhr*) émeute *f*; (*Küche*) soufflé *m*; **auf=laufen** *itr* ⟨*aux: sein*⟩ *mar* (s')échouer (*auf* sur); (*in*) s'accumuler; *tr* ⟨*aux: haben*⟩ : *sich die Füße* ~ s'écorcher les pieds en marchant; *auf e-e Mine* ~ heurter une mine; *die Zinsen* ~ *lassen* laisser courir les intérêts.

auf=leben ⟨*aux: sein*⟩ *itr* revivre; *fig* se ranimer, renaître; *wieder* ~ (*fig*) reprendre; *wieder* ~ *lassen* faire revivre.

auf=lecken *tr* lécher; (*Tier*) laper.

auf=leg|en *tr* (*Tischdecke, Schallplatte*) mettre; *tele* (*Hörer*) raccrocher; (*Pflaster*) appliquer; (*Farbe, Schminke*) mettre; (*die Hand aufs Haupt, bes. rel*) imposer; (*Arm aufstützen*) appuyer; (*Faß Bier*) mettre en perce; (*Schiff*) mettre en chantier; (*Anleihe*) émettre, lancer; (*Buch*) éditer; (*Karten*) étaler; *sich* (*mit dem Arm*) ~ s'accouder (*auf* sur); *s. a. aufgelegt; ein Gedeck* ~ mettre un couvert; *neu* ~ (*Buch*) rééditer; *e-e neue* (*Schall-*)*-Platte* ~ changer de disque; **A~en** *n* mise *f;* raccrochement *m;* application; imposition *f;* **A~ung** *f (e-s Schiffes)* mise en chantier; *(e-r Anleihe)* émission; *(e-s Buches)* édition *f.*

auf=lehn|en, *sich (mit dem Arm)* s'appuyer *(auf* sur, contre); *fig* se soulever, se révolter, s'insurger, se rebeller *(gegen* contre); **A~ung** *f fig* soulèvement *m,* révolte, insurrection, rébellion *f.*

auf=lesen *tr* ramasser, (re)cueillir; *(Ungeziefer, Krankheit)* ramasser; *(Ähren)* glaner; *jdn von der Straße ~* ramasser qn dans le ruisseau.

auf=leuchten *itr* s'allumer, flamboyer.

auf=lichten *tr (Farbe, Wald)* éclaircir.

auf=liege|n *itr (zur Besichtigung)* être exposé *od* présenté; *(Schiff)* être à *od* au sec; *sich (den Rücken) ~* s'écorcher à force d'être couché; *fest ~* bien tenir; *zur Zeichnung ~ (fin)* être offert à la souscription; **A~zeit** *f mar* hivernage *m.*

auf=locker|n *tr (Erdboden)* remuer, rendre meuble, ameublir; *(Federbett)* taper; *(Raum, Vortrag)* égayer; *(Stimmung)* détendre; **A~ung** *f agr* ameublissement *m; fig (Wohngebiet, Verkehr)* décongestion *f.*

auf=lodern ⟨*aux: sein⟩ tr (Feuer)* monter, jaillir; *fig (Aufstand, Krieg)* s'enflammer, se lever.

auflös|bar *a* chem (dis)soluble; *math* résoluble; **auf=lösen** *tr (in e-r Flüssigkeit)* diluer, délayer; *chem* dissoudre, décomposer, dissocier; *(Chiffre)* décoder, décrypter; *fig (Verein, Versammlung, Parlament, Haushalt)* dissoudre; *(Geschäft)* liquider; *(Rätsel)* résoudre; *(Vertrag)* annuler; *(Verlobung)* rompre; *pol (Organisation)* disperser; *sich ~* se délayer, se diluer; *chem* se dissoudre, se décomposer; *mil* se disperser, se débander; *fig* se dissoudre; *pol (in Teilstaaten)* se démembrer; *sich in nichts ~* se réduire à rien *od* en poussière; *sich in Wohlgefallen ~ (fam)* disparaître; **A~ung** *f (in Wasser)* délayage *m,* dilution, solubilisation; *chem* (dis)solution, décomposition, dissociation; *opt math mus* résolution; *TV (Bild~)* définition; *(e-s Rätsels, Problems)* solution; *mil* dispersion *f; pol* démembrement *m; jur parl etc* dissolution; annulation, résiliation; *com* liquidation; *(Zerrüttung)* désorganisation *f,* désordre *m;* **A~ungsvermögen** *n* chem pouvoir dissolvant; *opt* pouvoir *m* résolvant *od* séparateur; **A~ungszeichen** *n mus* bécarre *m.*

auf=mach|en *tr (öffnen)* ouvrir; *(Flasche)* déboucher; *(Paket, Knoten, das*

Haar) défaire; *(Ware zurechtmachen)* apprêter, arranger, parer; *sich ~ (aufbrechen, abreisen)* s'en aller, partir, se mettre en route; *(sich anschicken)* se mettre *(zu* à) *od* en devoir *(zu* de); *halb ~* entrouvrir; *den Mund ~ (fam: sprechen)* ouvrir la bouche; **A~ung** *f (e-r Ware)* présentation *f; fam (des Gesichtes)* maquillage *m; in großer ~ (Frau)* en grande tenue *od* toilette; *(Zeitungsnachricht)* en grande manchette; *in großer ~ bringen (Zeitung)* mettre en vedette; *das ist nur ~ (fam)* c'est du battage.

Aufmarsch *m* mil déploiement *m; (strategisch)* concentration *f; (Parade)* défilé *m; fig* entrée *f* en lice; **~bewegung** *f* mouvement *m* de concentration; **~gebiet** *n* zone *f* de déploiement *od* de concentration; **auf=marschieren** ⟨*aux: sein⟩ itr* se déployer, entrer en ligne; se concentrer; *(bei e-r Parade)* défiler; *~ lassen (mil)* déployer; *a. fig* faire entrer en ligne; **~plan** *m* plan *m* de concentration.

auf=meißeln *tr* ouvrir au ciseau; *med* trépaner.

auf=merk|en *itr* dresser l'oreille, écouter; *auf etw* faire atten tion, prêter (son) attention à qc; **~sam** *a* attentif *(auf* à); *(höflich)* attentionné, plein d'attentions, prévenant, empressé; *jdn auf etw ~ machen* attirer l'attention de qn sur qc, faire remarquer *od* observer qc à qn; *adv (betrachten, prüfen) a.* de près; **A~samkeit** *f* attention *f; meist pl (Höflichkeiten)* attentions, prévenances *f pl,* égards, petits soins *m pl; jds ~ ablenken* détourner l'attention de qn; *~ erregen* exciter l'attention; *jdm ~en erweisen* avoir des égards *od* de grandes attentions pour qn; *jds ~ auf etw lenken* appeler l'attention de qn sur qc; *jds ~ in Anspruch nehmen* occuper l'attention de qn; *s-e ~ auf etw richten* porter *od* fixer son attention sur qc; *jdm, e-r S ~ schenken* prêter attention à qn, à qc; *die ~ auf sich ziehen* retenir l'attention.

auf=möbeln *tr* fam *(aufmuntern)* ravigoter.

auf=mucken ['aʊfmʊkən] *itr fam (aufbegehren)* se rebiffer *(gegen* contre); *fam* rouspéter.

auf=munter|n ['aʊfmʊntərn] *tr* (r)animer; *fig* encourager, remonter le moral à; *(anstacheln)* stimuler; *(aufheitern)* distraire, égayer, émoustiller; **A~ung** *f* encouragement *m;* stimulation; distraction *f.*

Aufnahme *f (Empfang)* accueil *m*, réception; *(in e-e Schule, e-n Verein, ein Krankenhaus)* admission *f (in* à); *fin (von Kapital)* emprunt *m; (in e-e Zeitung)* insertion; *(e-s Wortes in e-e Sprache)* adoption *f;* com *(des Warenbestandes)* inventaire; *(e-s Protokolls)* établissement; *(topographische)* levé *m; phot (Vorgang)* pose; *(Bild auf d. Filmstreifen)* image; *(Foto)* photo(graphie); *film* prise *f* de vues et de son; plan; *(Ton~ auf Platte od Band)* enregistrement; *(~ von Beziehungen)* établissement *m* (*von* de), entrée *(von* en); *(von Verhandlungen)* ouverture *f; durch ~ e-r Anleihe* en contractant un emprunt; *in ~ bringen (einführen)* mettre en vogue, lancer; *gute ~ finden* être bien reçu; *in ~ kommen* s'introduire; *e-e ~ machen (phot)* faire une photo; *jdm die ~ verweigern* refuser d'admettre qn; *Achtung, ~! (film)* silence, on tourne! *~ in die Tagesordnung (pol)* inscription *f* à l'ordre du jour; *~apparat m = ~gerät; ~bedingung f* condition *f* d'admission; **a~fähig** *a (zulassungsfähig)* admissible; *physiol (empfänglich)* réceptif *(für* à); *(geistig)* compréhensif; *com (Markt)* capable d'absorber; **~fähigkeit** *f* admissibilité; réceptivité; *(e-s Marktes)* capacité d'absorption; *(e-r Schule)* capacité *f* d'accueil; **~gebiet** *n com* territoire *m* réceptionnaire; **~gebühr** *f* droit(s *pl) m* d'admission *od* d'entrée; **~gerät** *n film* appareil de prise de vues; *(für Ton~)* appareil *m* d'enregistrement; **~gesuch** *n* demande *f* d'admission; **~lager** *n (für Flüchtlinge)* camp *od* centre *m* d'accueil; **~land** *n (von Flüchtlingen)* pays *m* d'accueil; **~leiter** *m film* directeur de la photographie; *radio (Tonmeister)* ingénieur *m* du son; **~prüfung** *f* examen *od* concours *m* d'admission *od* d'entrée; **~raum** *m film* salle *f* de prise de vues, set *m; radio* cabine *f* d'enregistrement; *a. TV* studio *m;* **~verfahren** *n (Schule, Verein)* procédure *f* d'admission.

auf=nehmen *tr (aufheben)* (re)lever, soulever, ramasser; *(Masche)* reprendre; *(empfangen)* accueillir, recevoir (*in* dans); *(in e-e Schule, e-n Verein etc)* admettre (*in* à); *fin (Geld, Kapital)* emprunter; *(Anleihe)* contracter; *(Hypothek)* prendre; *(in e-e Zeitung)* insérer; *(Wort in e-e Sprache)* adopter; *com (den Warenbestand)* faire l'inventaire de, inventorier; *(Protokoll)* établir; *(topographisch)* lever, faire le relèvement de; *phot* prendre

od faire une photo de, photographier; *film* tourner, réaliser; *(Schallplatte, Tonband, radio)* enregistrer; *(e-e Tätigkeit beginnen)* commencer; *(Arbeit)* embrayer; *(Verhandlungen)* engager; *(ansehen, beurteilen)* prendre; *gut, schlecht, aufgenommen werden* être bien, mal accueilli; *es mit jdm ~* se mesurer avec qn; tenir tête à qn; défier, affronter qn; *jdn freundlich ~* faire bon accueil à qn; *etw gut, übel ~* prendre qc en bonne, mauvaise part; *den Handschuh ~ (fig)* relever le gant; *e-e Hypothek ~* prendre une hypothèque; *den Kampf ~* accepter *od* engager le combat; *jdn in ein Krankenhaus ~* hospitaliser qn; *den Schaden ~* constater les dégâts; *mit jdm Verbindung ~* entrer en relation(s) avec qn; *ich nehme es mit jedem auf* je ne crains personne; *wie hat sie die Nachricht aufgenommen?* comment a-t-elle pris la nouvelle?

auf=nötigen *tr,* **auf=oktroyieren** [-oktroa'ji:rən] *tr* imposer (*jdm etw* qc à qn).

auf=opfer|n, *sich* faire abnégation de soi; *für jdn se* sacrifier pour qn; **A~ung** *f* sacrifice *m.*

auf=pass|en *itr* faire attention, prêter son attention (*auf* à); *(auf der Hut sein)* être *od* se mettre sur ses gardes; *auf jdn, etw ~* prendre garde à qn, à qc; *(zuhören)* écouter; *~! aufgepaßt!* attention! **A~er** *m* surveillant, guetteur; *(Spitzel)* espion, mouchard *m; ein guter, schlechter ~ sein* être de bonne, mauvaise garde.

auf=peitschen *tr fig (Sturm das Meer)* soulever; *(Leidenschaft)* exciter.

auf=pflanzen *tr (Fahne)* planter, arborer; *(das Seitengewehr)* mettre au canon; *mit aufgepflanztem Seitengewehr* baïonnette au canon; *sich vor jdm ~* se planter devant qn.

auf=pfropfen *tr (Reis)* greffer; *fig* rapporter, rajouter; *aufgepfropft wirken* avoir l'air rapporté.

auf=picken *tr (Körner)* picorer; *(Baumrinde)* ouvrir à coups de bec.

auf=platzen *⟨aux: sein⟩ itr* crever, éclater.

auf=plustern [-'plu:stərn], *sich (Vogel)* s'ébouriffer; *fig fam (Mensch)* se rengorger, faire la roue, se guinder, se donner des airs.

auf=polieren *tr* (re)polir.

Aufprall *m* choc, heurt *m;* **auf=prallen** *⟨aux: sein⟩ itr* heurter *(auf etw* qc); tamponner *(auf etw* qc); *aufea. ~* se tamponner.

Aufpreis *m* majoration *f* (de prix).
auf=probieren *tr (Hut)* essayer.
auf=protzen *tr mil* atteler l'avant-
-train à.
auf=pulvern ['-pᴜlvərn, -fərn], *sich
(fam)* se doper, prendre des stimu-
lants.
auf=pumpen *tr (Reifen)* gonfler, donner un coup de pompe à.
auf=putschen *tr* = *aufhetzen.*
auf=putzen *tr (aufwischen)* nettoyer,
laver.
auf=raffen *tr (Kleid)* relever, retrousser; *(Münzen, Scheine)* ramasser vivement; *sich ~ (zu e-m Entschluß, zu
e-r Tat)* faire le saut; *sich (wieder) ~
(von e-r Krankheit)* se ressaisir, se reprendre, se remonter, se retaper.
auf=ragen ⟨*aux: sein*⟩ *itr* s'élever, se
dresser.
auf=rappeln, *sich (fam)* se retaper,
reprendre le dessus.
auf=rauhen ['-rauən] *tr arch* granuler.
auf=räum|en *tr* ranger; *(Zimmer a.)*
faire; *(von Trümmern befreien)*
déblayer; *itr fig: mit etw ~* faire table
rase de qc; *unter der Bevölkerung ~*
ravager la population; **A~en** *n* rangement; déblaiement *m; beim ~ des
Zimmers* en faisant la chambre;
A~ungsarbeiten *f pl* travaux *m pl*
de déblaiement.
auf=rechn|en *tr (ausgleichen)* com-
penser; *die Forderungen gegenea. ~
(fin)* compenser l'une des créances
par l'autre; **A~ung** *f* compensation *f.*
aufrecht ['aᴜfrᴇçt] *a, a. fig* droit;
(senkrecht) vertical; *fig (redlich)*
loyal, intègre; *adr* debout; *(sich) ~
halten* (se) tenir droit; *sich ~ hinset-
zen* se mettre sur son séant; *~ stehen*
être *od* se tenir debout; *~ stellen*
mettre debout; *~e Haltung f (biol:
des Menschen)* station *f* droite; *~=
erhalten* *tr fig (Behauptung)* maintenir; **A~erhaltung** *f* maintien *m;*
A~stehen *n* station *f* debout.
auf=reden *tr: jdm etw ~* persuader qn
de prendre qc.
auf=reg|en *tr* émouvoir, agiter, exciter,
irriter, énerver; *sich ~* s'émouvoir,
s'irriter *(über* de); s'énerver; se faire
du mauvais sang *(wegen e-r S* pour
qc); *regen Sie sich nur nicht auf!* ne
vous en faites pas! *fam;* **~end** *a*
émouvant, irritant, énervant, horripilant; *(Buch, Erzählung)* passionnant,
palpitant; **A~ung** *f* émoi *m*, agitation, excitation, irritation *f*, énervement *m; in ~ versetzen* mettre en
émoi; *kein Grund zur ~* pas de raison
de *od fam* de quoi s'énerver; *allgemeine ~ (a.)* hourvari *m.*

auf=reiben *tr (wund reiben)* écorcher,
érafler; *fig (jds Kräfte)* épuiser,
exténuer; *(jds Gesundheit)* miner,
user, ruiner; *mil* exterminer, anéantir;
sich ~ (durch aufopfernde Tätigkeit)
s'user, s'exténuer; **~d** *a (Arbeit)*
épuisant, exténuant.
auf=reihen *tr* ranger; *(auf e-n Faden)*
enfiler.
auf=reißen *tr* déchirer *(a. e-e Wunde),*
arracher *(a. d. Straßenpflaster);
(schnell öffnen)* ouvrir brusquement
od violemment; *(Brief a.)* décacheter;
die Augen (weit) ~ écarquiller les
yeux; *sich die Hand an e-m Nagel ~*
s'érafler la main avec un clou; *Mund
und Nase (vor Staunen) ~ (fam)*
rester bouche bée; *e-e alte Wunde ~
(fig)* retourner le fer dans la plaie.
auf=reiz|en *tr* irriter, exciter; *fam* cris-
per; **~end** *a (erregend)* irritant, provocant; *(hetzerisch)* excitant, provocateur; **A~ung** *f* irritation, provocation, excitation *f.*
auf=richt|en *tr* mettre debout, dresser,
élever; *(errichten)* ériger; *aero* rétablir l'assiette de; *fig (trösten)* consoler, remonter; *sich ~* se mettre debout, se (re)dresser, se lever; *(im
Bett)* se mettre sur son séant; *wieder
~* relever, redresser; **~ig** *a* sincère,
droit, franc, candide, de bonne foi;
mein ~es Beileid mes sincères condoléances; **A~igkeit** *f* sincérité, droiture, franchise, candeur, bonne foi *f.*
A~ung *f* élévation; érection; *fig
(Tröstung)* consolation *f.*
auf=riegeln *tr* déverrouiller; *itr* tirer le
verrou.
Aufriß *m (senkrechte Darstellung)*
dessin en élévation, plan *m* vertical.
auf=ritzen *tr* égratigner, érafler.
auf=rollen *tr (zu.rollen)* (en)rouler;
(ausea.rollen) dérouler; *mil (Stellung)* bousculer par une attaque de
flanc, culbuter; *fig (Frage)* entamer,
examiner, mettre tur le tapis; *sich ~
(zs.rollen)* s'enrouler; **A~** *n* enroulement *m.*
auf=rücken ⟨*aux: sein*⟩ *itr mil (zs.rük-
ken)* serrer les rangs; *(im Dienstgrad)* monter en grade, prendre du
galon; **A~** *n (im Dienstgrad)* avancement *m*, promotion *f.*
Aufruf *m a. inform* appel *m; (Aufforderung)* sommation; *adm* proclamation *f; (von Banknoten)* retrait *m;
namentliche(r) ~* appel *m* nominal;
auf=rufen *tr* appeler *(zu* à); *(auffordern)* sommer *(zu tun* de faire); *jur
(die Parteien)* faire l'appel de; *(Zeugen)* citer; *(Schüler)* interroger;
(Banknoten für ungültig erklären)

annuler; *namentlich* ~ *(bes. mil)* faire l'appel nominal de.

Aufruhr *m* ‹-(e)s, (-e)› ['-ruːr] *allg* tumulte; *(Aufstand)* soulèvement *m*, émeute, insurrection, rébellion, révolte, sédition *f; in* ~ en tumulte; *in* ~ *geraten* se soulever, s'insurger, se rebeller, se révolter; ~ *stiften* fomenter des troubles; *in* ~ *versetzen* soulever, révolter.

auf=rühr|en *tr (umrühren)* remuer, agiter; *fig (in Erinnerung bringen, wieder aufleben lassen)* réveiller; **A~er** *m* émeutier, insurgé, rebelle *m;* **~erisch** *a* insurrectionnel, rebelle, séditieux; ~*e(r) Geist m (a.)* esprit *m* de fronde; ~*e Reden f pl* discours *m pl* incendiaires.

auf=runden *tr (Zahl, Summe)* arrondir.

auf=rüst|en *tr u. itr* (ré)armer; **A~ung** *f* (ré)armement *m.*

auf=rütteln *tr, a. fig* secouer.

auf=sagen *tr* réciter; *a.* = *aufkündigen.*

auf=sammeln *tr* ramasser, recueillir.

aufsässig ['-zɛsɪç] *a* insubordonné, récalcitrant; rebelle, séditieux; ~ *sein (a.)* avoir mauvais esprit; **A~keit** *f* insubordination *f.*

Aufsatz *m (arch u. Möbel)* chapiteau *m; (Schornstein~)* mitre; *(Kamin~)* garniture *f; (Tafel~)* surtout; *tech* chapeau *m,* capote *f; fig (Abhandlung)* essai; *(Zeitungs~)* article *m; (Schul~)* rédaction, *(in der Oberstufe)* dissertation *f; ~thema n (Schule)* sujet *m* de composition *od* de dissertation.

auf=saug|en *tr, a. fig* absorber; *med (resorbieren)* résorber; **A~ung** *f* absorption; résorption *f.*

auf=schauen *itr* lever les yeux (*zu jdm* vers qn, *bewundernd* avec admiration).

auf=scheuchen *tr (Wild)* débucher, débusquer; *(a. Menschen)* effaroucher.

auf=scheuern *tr (die Haut)* écorcher.

auf=schicht|en *tr* entasser, amonceler, empiler; *(in Schichten legen)* disposer par couches; **A~ung** *f* entassement, amoncellement, empilement, empilage *m.*

auf=schieb|en *tr (Schiebetür)* ouvrir; *fig* différer, remettre, reculer; *(vertagen)* ajourner; *jur* proroger; *aufgeschoben ist nicht aufgehoben (prov)* partie remise n'est pas perdue; (ce qui est) différé n'est pas perdu; *besser aufgeschoben als aufgehoben (prov)* mieux vaut tard que jamais; **A~ung** *f* = *Aufschub.*

auf=schießen ‹*aux: sein*› *itr (Flammen)* s'élever, s'élancer; *bot* pousser (vite); *(Salat)* monter; *fam (Kind)* pousser comme un champignon; *lang aufgeschossene(r) Junge (fam)* grande perche, échalas.

Aufschlag *m (am Ärmel, an der Hose)* revers; *(am Kleid)* parement *m; (Aufprall)* chute *f; (e-s Geschosses)* impact; *(Tennis)* service *m; com (Preis~)* augmentation, majoration, hausse *f; ohne* ~ *(Hose)* sans revers; **~bombe** *f* bombe *f* percutante; **auf=schlagen** *tr* ‹*aux: haben*› *(Nuß, Ei)* casser; *(Eis)* percer; *(Buch, Stelle in e-m Buch)* ouvrir; *(Ball beim Tennis)* servir; *(Bett)* monter; *(Zelt, Lager)* dresser; *(die Ärmel)* retrousser; *(Kragen)* remonter; *(Schleier)* relever; *(Spielkarte)* retourner; *itr* ‹*aux: sein*› *(beim Fall)* tomber (*auf* sur); donner (*auf* contre); *(Geschoß, Flugzeug)* percuter; *(Flamme: emporschlagen)* jaillir; ‹*aux: haben*› *(Preis)* monter, augmenter, hausser, (r)enchérir; *(Kaufmann)* augmenter *od* hausser ses prix; *die Augen* ~ lever *od* ouvrir les yeux; *sich den Kopf, das Knie* ~ se blesser à la tête, au genou; *s-n Wohnsitz* ~ s'établir; **~feld** *n (Tennis)* zone *f* de service; **~granate** *f* obus *m* percutant; **~linie** *f (Tennis)* ligne *f* de service; **~stelle** *f (e-r Granate)* point d'impact; *(e-r Bombe)* point *m* de chute; **~winkel** *m (e-s Geschosses)* angle *m* d'impact; **~zünder** *m* mil fusée *f* percutante; **Aufschläger** *m (Tennis)* servant *m.*

Aufschlämmung *f chem* suspension *f.*

auf=schlecken *tr* = *auflecken.*

auf=schließen *tr (mit Schlüssel)* ouvrir; *chem (löslich machen)* décomposer, désagréger; *itr mil* serrer les rangs; *nach vorn* ~ serrer sur l'avant; *jdm sein Herz* ~ ouvrir son cœur *od* s'ouvrir à qn.

auf=schlitzen *tr* fendre, taillader; *jdm, sich den Bauch* ~ éventrer qn, s'éventrer.

auf=schluchzen *itr* pousser un gémissement, éclater en sanglots.

Aufschluß *m (Mitteilung)* renseignement *m,* information; *(Erklärung)* explication *f,* éclaircissements *m pl; jdm über etw* ~ *geben* renseigner qn sur qc, informer qn de qc, mettre qn au fait de qc; donner *od* fournir des explications sur qc à qn; *von jdm über etw* ~ *verlangen* demander à qn des éclaircissements sur qc; *sich* ~ *über etw verschaffen* prendre des informations sur qc; s'informer de qc;

a~reich a instructif; significatif, révélateur.

auf=schlüsseln tr (verteilen) répartir; com ventiler; (entschlüsseln) déchiffrer, décoder.

auf=schnallen tr (befestigen) boucler; (Sattel) mettre; (lösen) déboucler.

auf=schnappen tr (aux: haben) (mit der Schnauze, dem Schnabel fangen) happer, attraper; fig fam (zufällig hören) apprendre par hasard, saisir au vol; itr (aux: sein) (Tür, Schloß: aufspringen) s'ouvrir de soi-même.

auf=schneid|en tr couper (a. Buch), ouvrir en coupant; (Fleisch) découper, trancher; med inciser; (Geschwür a.) percer; itr fig fam blaguer; hâbler, fanfaronner, gasconner, conter des sornettes, faire de l'esbroufe; **A~er** m fig fam blagueur, esbroufeur; hâbleur, fanfaron, gascon, faiseur d'embarras; pop monteur m de coups; **A~erei** f ‹-, -en› [-'raɪ] fig fam blague, esbroufe; hâblerie, fanfaronnade, gasconnade, galéjade; **~erisch** a hâbleur.

auf=schnellen (aux: sein) itr se détendre; s'élancer brusquement.

Aufschnitt m: (kalter ~) viande froide, charcuterie; (Platte mit kaltem ~) assiette f anglaise; **~maschine** f (des Fleischers) machine f à jambon.

auf=schnüren tr (lösen) déficeler, dénouer, délier; (Paket) défaire; (die Schuhe) délacer.

auf=schraub|bar a à vis, vissant; **auf=schrauben** tr (festschrauben) visser, boulonner (auf sur); (öffnen) dévisser, déboulonner.

auf=schrecken tr (aux: haben) (bes. Tiere) effaroucher, effrayer; (Menschen) alarmer; faire réveiller en sursaut; itr (aux: sein) sursauter (de peur); aus dem Schlaf ~ s'éveiller en sursaut.

Aufschrei m (grand) cri, cri m perçant od strident; **auf=schreien** itr pousser un od des cri(s); vor Schmerz ~ crier de douleur.

auf=schreiben tr écrire, mettre par écrit, noter, prendre note de; jdn ~ (vom Verkehrspolizisten) dresser procès-verbal à qn.

Aufschrift f allg inscription; (auf e-r Postsendung) adresse; (auf e-r Ware) étiquette f, écriteau m; (auf e-r Münze) légende f; (Inschrift) inscription, épigraphe f.

Aufschub m délai m; (absichtlich) remise f, renvoi; (Verzögerung) retard; (Vertagung) ajournement; (Frist) répit m; jur prorogation f; (e-r Stra-

fe) sursis m; ohne ~ sans délai, sans retard; e-n ~ bewilligen accorder un délai; um ~ bitten demander un délai; keinen ~ dulden n'admettre aucun retard; ~ verlangen demander terme; ~ der Strafvollstreckung sursis m à l'exécution; ~ der Zahlung(sfrist) atermoiement, moratoire m.

auf=schütt|eln tr secouer, remuer; (Kissen) tapoter; **~en** tr verser (auf sur); (aufhäufen) entasser; (Erde) rapporter; (Straße) remblayer; (Damm) élever; (Kohlen ~ enfourner du charbon; Pulver ~ (mil hist) amorcer le fusil; **A~ung** f entassement; (Erd~) terrassement; (e-r Straße) remblai m; (e-s Dammes) élévation; (aufgeschüttete Erhebung) levée f.

auf=schwatzen tr: jdm etw (e-e Ware) ~ persuader qn d'acheter qc; fam coller qc à qn.

auf=schwingen, sich s'élancer, se hisser; (Vogel) prendre l'essor od son essor; fig (Geist, Phantasie) prendre son essor; sich zu etw ~ (fig: sich entschließen) se résoudre à qc.

Aufschwung m sport (am Reck) saut en suspension; fig élan, essor; com redressement m, relance f; sich in vollem ~ befinden être en plein essor; e-r S e-n ~ geben faire refleurir qc; e-n neuen ~ nehmen reprendre; e-n ungeahnten ~ nehmen prendre une extension inespérée.

auf=seh|en itr = aufschauen; **A~en** n sensation f; um jedes ~ zu vermeiden pour éviter tout incident; ~ erregen faire sensation od de l'éclat od du bruit; großes ~ erregen faire sensation od grand bruit od beaucoup d'éclat, avoir un grand retentissement; **~enerregend** a sensationnel, retentissant; e-e ~e Tat un coup d'éclat; **A~er** m contrôleur, inspecteur, visiteur; (Wächter) garde, gardien; (in e-m französ. Internat) surveillant, maître d'études; arg pion m.

auf=sein (aux: sein) itr (geöffnet sein) être ouvert; (nicht im Bett sein) être levé od sur pied.

auf seiten prp (gen) du côté (de).

auf=setzen tr mettre, poser (auf sur); (Flugzeug) poser; (Kopfbedeckung) mettre; (Brille) mettre, fam chausser; (Topf) mettre sur le feu; (Flicken) appliquer; (Siegel) apposer; (schriftlich) mettre par écrit, rédiger, composer; jur libeller; (Rechnung, Vertrag) dresser, établir; (Urkunde) minuter; itr aero se poser, toucher des roues; sich (im Bett) ~ se mettre od se dresser sur son séant; s-n Dick-

kopf ~ *(fam)* s'entêter, se buter, s'opiniâtrer, être cabochard; *ein Gesicht* ~ prendre une mine; *jdm Hörner* ~ *(fig)* faire qn cocu, cocufier qn; *den Hut* ~ *(a.)* se couvrir; *jdm die Krone* ~ couronner qn; *Lichter* ~ *(Malerei)* répartir des lumières; *e-e beleidigte Miene* ~ prendre un air offensé; *ein Stockwerk* ~ ajouter un étage; *das setzt allem die Krone auf!* c'est le bouquet.

Aufsicht *f* surveillance, garde; inspection *f,* contrôle *m; die* ~ *über etw führen od haben* surveiller qc; *unter (polizeilicher)* ~ *stehen* être sous surveillance; *jdn unter* ~ *stellen* placer qn sous surveillance; *e-r* ~ *unterstehen* être soumis à un contrôle; *staatliche* ~ contrôle *m* de l'État *od* public, surveillance *f* de l'État; **a~führend** *a (Schule)* surveillant; **~führende(r)** *m* surveillant *m;* **~samt** *n* surveillance, inspection *f,* contrôle *m;* **~sbeamte(r)** *m* inspecteur, contrôleur, surveillant *m;* **~sbehörde** *f* autorité de contrôle *od* de surveillance, administration *f* supérieure; **~sorgan** *n* organe *m* de contrôle *od* de surveillance; **~sperson** *f* surveillant, agent *m* de surveillance; **~spersonal** *n* personnel *m* de surveillance; **~spflicht** *f* obligation *f* de surveillance; **~srat** *m com* conseil *m* de surveillance *od* d'administration; **~sratsmitglied** *n* membre *m* du conseil de surveillance; **~srecht** *n* droit *m* de contrôle *od* de surveillance.

auf=sitzen ⟨aux: sein⟩ *itr (aufs Pferd steigen)* monter à cheval, se mettre en selle; *(auf ein Fahr- od Motorrad steigen)* monter sur le siège; *mar* échouer; *hinten od mit* ~ *(auf e-m Pferd)* monter en croupe; *jdn* ~ *lassen (fig fam; zum Narren halten, hintergehen)* laisser qn en plan, plaquer qn, poser un lapin à qn; *jdn hinter sich* ~ *lassen* prendre qn en croupe; ~*! aufgesessen! (bes. mil)* en selle!

auf=spannen *tr (Leine, Saite, Leinwand)* tendre; *(Schirm)* ouvrir; *(Segel)* déployer; **A~** *n* montage; étendage; déploiement *m.*

auf=sparen *tr* réserver, mettre en réserve, économiser; *das Beste bis zuletzt* ~ garder qc pour la bonne bouche.

auf=speicher|n *tr agr* engranger; *com* emmagasiner, stocker; *(Energie, bes. el)* accumuler; **A~ung** *f* engrangement; emmagasinage, stockage *m;* accumulation *f.*

auf=sperren *tr (öffnen)* ouvrir tout

grand; *(aufschließen)* ouvrir; *(die Augen)* écarquiller; *das Maul* ~ *(pop: zum Reden)* ouvrir la gueule; *Mund und Nase* ~ *(fam)* rester bouche bée.

auf=spielen *itr (zum Tanz)* jouer (une danse); *sich* ~ *(fig)* se donner des airs *od* de grands airs, faire l'important *od* le matamore; *sich* ~ *als* se poser en.

auf=spießen *tr* embrocher, enferrer; *(mit e-m Pfahl)* empaler.

auf=springen ⟨aux: sein⟩ *itr (Mensch: vom Sitz)* sauter (sur ses pieds), sursauter, bondir; *(auf ein Pferd, Fahrzeug)* monter; *(Schi)* se poser, atterrir; *(Ball)* rebondir; *(Tür: sich öffnen)* s'ouvrir (brusquement); *(platzen)* éclater, crever; *(die Haut)* (se) gercer, se crevasser.

auf=spritzen *itr* ⟨aux: sein⟩ *(Flüssigkeit)* (re)jaillir; *(Schmutz)* faire des éclaboussures; *tr* ⟨aux: haben⟩ *: Farbe* ~ peindre au pistolet; **A~** *n* jaillissement *m;* peinture *f* au pistolet.

auf=spul|en *tr tech* (em)bobiner; **A~rahmen** *m (métier)* renvideur *m.*

auf=spür|en *tr (Wild)* flairer, dépister; *(chem, Radar)* détecter; *fig* flairer, découvrir; **A~en** *n* dépistage *m; * **A~ung** *f (chem, Radar)* détection *f.*

auf=stachel|n *tr, a. fig* aiguillonner; *fig* = *aufhetzen; (Leidenschaft)* exciter; **A~ung** *f* = *Aufhetzung.*

auf=stampfen *itr: (mit dem Fuß)* ~ frapper du pied, piétiner, trépigner.

Aufstand *m* soulèvement *m,* insurrection, sédition, rébellion, révolte *f.*

aufständisch *a* insurrectionnel, séditieux, rebelle; **A~e(r)** *m* insurgé, rebelle *m.*

auf=stapel|n *tr* mettre en pile, empiler, amonceler, entasser; *com* emmagasiner, stocker; **A~(e)lung** *f* empilage; stockage *m.*

auf=stauen *tr (Wasser)* refouler.

auf=stechen *tr* ouvrir (en piquant), percer; *med* crever.

auf=stecken *tr (mit Stecknadeln befestigen)* épingler; *(Kerzen auf e-n Leuchter, Christbaum)* mettre *(auf* sur); *(Haar, Vorhang)* relever; *(Kleid)* retrousser; *fig fam (aufgeben)* abandonner, renoncer à, laisser tomber; *jdm ein Licht* ~ *(fig)* ouvrir les yeux à qn.

auf=stehen ⟨aux: sein⟩ *itr (vom Boden, vom Stuhl, aus dem Bett)* se lever *(vom Tisch* de table); *pol (sich erheben)* se soulever, s'insurger, se rebeller, se révolter *(gegen* contre); *früh* ~ se lever de bonne heure; *(gewohnheitsmäßig)* être très matinal; *vom Krankenbett od wieder* ~ relever de maladie, quitter le lit *od* la chambre; *vor jdm* ~ se lever par respect pour qn; *mit dem linken Fuß zuerst aufgestanden sein (fig)* s'être levé du pied gauche; *da hätten Sie früher* ~ *müssen, wenn* ... *(fam)* vous ne vous êtes pas levé assez tôt pour ...; **A~** *n* lever *m; beim* ~ au lever, au saut du lit.

auf=steig|en ‹*aux: sein*› *itr (aufs Pferd, auf ein Fahrzeug; Saft in der Pflanze)* monter; *(Mensch im Ballon)* faire une ascension; *(Rauch, Nebel)* s'élever; *(Gestirn, Rakete)* se lever; *(Flugzeug)* prendre l'air, décoller; *sport* monter; *fig (beruflich, gesellschaftlich)* avancer, grimper, monter; *mir stieg der Verdacht auf* le soupçon s'éveilla en moi, je fus pris de soupçon; **~end** *a* montant; *(Gestirn, Wind)* ascendant; ~*e Linie f (der Verwandtschaft)* ligne *f* ascendante; *Verwandte(r) in* ~*er Linie* ascendant *m;* **A~er** *m sport* équipe *f* montante; *gesellschaftliche(r)* ~ personne *f* d'avenir, en progression.

auf=stell|en *tr* mettre (debout), placer, poser; *(aufrichten)* élever; *(errichten)* ériger; *(anordnen)* (ar)ranger, disposer; *(Bett)* monter, dresser; *(Leiter, Kegel, Schachfiguren)* dresser; *(Falle)* tendre; *(Maschine)* monter, installer; *mil (Geschütz)* mettre en batterie; *(Raketen)* déployer; *(Posten)* placer, poster; *(Truppe)* mettre sur pied, former; *(Liste, Inventar, Bilanz, Rechnung)* faire, dresser, établir; *(Programm, Haushaltsplan)* établir; *(Theorie)* échafauder; *sich* ~ se placer, se poster; *(hinterea.)* faire la queue; *mil* se former; *e-e Behauptung* ~ faire une assertion; *e-e Gleichung* ~ *(math)* poser une équation; *e-n Grundsatz* ~ établir un principe; *e-n Kandidaten* ~ présenter un candidat; *sich als Kandidaten* ~ *lassen* se porter candidat; *e-n Rekord* ~ établir *od* réaliser un record; *neu aufgestellte Truppe f* troupe *f* de récente formation; **A~ung** *f* placement *m,* pose; élévation, érection *f; (Anordnung)* (ar)rangement *m,* disposition *f; (e-r Maschine)* montage *m,* installation *f; mil (e-s Geschützes)* mise *f* en batterie; *(von Raketen)* déploiement *m; (der Posten)* disposition; *(der Truppe)* mise en place; *sport (e-r Mannschaft)* composition *f; (e-r Liste, e-s Inventars, e-r Bilanz, e-s Programms)* établissement *m; in* ~ *(Truppe)* en formation; *laut* ~ *(com)* suivant compte; *e-e* ~ *machen* faire *od* dresser *od* établir une liste; ~ *e-s Rekordes* établissement *m* d'un re-

cord; **A~ungskosten** *pl tech* frais *m pl* de montage; **A~ungsplan** *m mil* plan *m* de mise sur pied; **A~ungsraum** *m mil* zone *f* de mise sur pied; **A~ungszeit** *f mil* période *f* de mise sur pied.

auf=stemmen *tr* ouvrir à la pince à levier; *sich* ~ s'appuyer *(auf* sur), s'accoter, s'arc-bouter *(auf* contre).

auf=stieben ‹*aux: sein*› *itr* s'élever en tourbillons; s'égailler.

Aufstieg *m* ‹-(e)s, -e› ['-ʃtiːk, -gə] *(a. Schi)* montée; *(e-s Ballons od Luftschiffs)* ascension *f; (e-s Flugzeugs)* départ, décollage *m; sport* ascension, montée; *fig (beruflicher, gesellschaftlicher)* ascension *f;* ~ *zum Direktor* promotion *f* au rang de directeur; ~ *der Wirtschaft* expansion *f* économique; ~**smöglichkeiten** *f pl (berufliche)* perspectives *f pl* de carrière, évolution *f* future.

auf=stöbern *tr (Wild)* lever, forlancer; *a mil* débusquer; *fig (Kostbarkeit, Seltenheit)* déterrer, dénicher.

auf=stock|en *tr arch* surélever, exhausser *(um* de); *fin* augmenter; **A~ung** *f arch* surélévation; *fin* augmentation *f.*

auf=stöpseln *tr* déboucher.

auf=stören *tr* effaroucher.

Aufstoß *m = Aufprall;* **auf=stoßen** *tr* ‹*aux: haben*› ouvrir en poussant, pousser; *(eindrücken)* enfoncer; *(Faß)* défoncer; *itr* ‹*aux: sein*› heurter *(auf etw* contre qc); *mar* toucher (le fond); ‹*aux: haben*› *(rülpsen)* avoir des renvois *od* des éructations, éructer, *pop* roter; *(Getränk)* donner des renvois; *es stößt mir sauer auf* j'ai des aigreurs; *das könnte dir noch sauer* ~ tu pourrais bien t'en mordre les doigts; ~**en** *n (Rülpsen)* renvois *m pl,* éructation *f; pop* rot *m;* sau*re(s)* ~ aigreurs *f pl.*

auf=streben *tr* ‹*aux: sein*› *itr (Berg, Turm etc)* se lever, se dresser; ~**d** *a fig* ascendant.

auf=streichen *tr* étendre, étaler *(auf* sur); *(Farbe)* appliquer *(auf* sur); *Butter* ~ beurrer *(auf etw* qc); **A~** *n* étalage *m,* application *f.*

auf=streifen *tr (die Ärmel)* retrousser.

Aufstrich *m (in der Schreibschrift)* délié; *mus* coup *m* d'archet.

auf=stülpen *tr (Hut)* enfoncer (sur la tête).

auf=stützen *tr (die Arme)* appuyer *(auf* sur); *sich* ~ s'appuyer *(auf* sur); *sich mit den Ellbogen* ~ s'accouder *(auf* sur, à).

auf=suchen *tr (besuchen)* rendre visite à; *e-n Arzt* ~ consulter un médecin; *das Hotel* ~ aller à l'hôtel.

auf=takeln *tr mar* gréer; *sich* ~ *(fig fam)* s'attifer, s'accoutrer, s'affubler; *fam* se requinquer.

Auftakt *m mus* ouverture; *fig (Eröffnung, Beginn)* ouverture *f,* prélude, début *m; den* ~ *zu etw geben* donner le branle à qc, mettre qc en branle.

auf=tanken *itr mot* faire son plein d'essence, (re)faire le plein.

auf=tauchen *‹aux: sein› itr (Fels, Gegenstand)* émerger; apparaître à la surface; *(U-Boot)* émerger, faire surface; *(Lebewesen)* remonter à la surface; *fig fam* faire une apparition; *wieder* ~ faire sa réapparition, *fam* refaire surface.

auf=tauen *tr ‹aux: haben›* dégeler *(a. fin: Kapital); (Tiefkühlkost)* décongeler; *itr‹aux: sein›* dégeler; *(schmelzen)* fondre; *fig (geselliger werden)* se dégeler, se dégourdir; **A~** *n* dégel *m; (der Tiefkühlkost)* décongélation; *(Schmelzen)* fonte *f.*

auf=teil|en *tr (Erbschaft etc)* répartir, partager; *(Baugelände)* lotir; *(Grundbesitz)* morceler; *(Staat)* démembrer; **A~ung** *f* répartition *f,* partage; lotissement; morcellement; démembrement *m.*

auf=tischen ['-tɪʃən] *tr* servir (*jdm etw* qc à qn), régaler (*jdm etw* qn de qc); *fig (alte Geschichten)* débiter.

Auftrag *m* charge *f; (Befehl)* ordre *m; (Besorgung)* course; *com* commission; *(Bestellung)* commande *f,* ordre *m; (höherer* ~*, bes. mil pol rel)* mission *f; jur* mandat *m; im* ~ *(gen)* par ordre *od* délégation (de), de la part (de), au nom (de); *im* ~ *und auf Rechnung von* d'ordre et pour le compte de; *in besonderem* ~ en mission spéciale; *e-n* ~ *ausführen* exécuter une commande; *e-n* ~ *ausrichten* faire une commission; *s-n* ~ *erfüllen* remplir sa mission; *jdm e-n* ~ *erteilen* passer une commande à qn; *etw in* ~ *geben* commander qc; *jdm e-n* ~ *geben* charger qn d'une mission; *den* ~ *haben zu ...* être chargé de ...; *e-n* ~ *rückgängig machen* annuler un ordre; ~ *zur Regierungsbildung* investiture *f;* **auf=tragen** *tr (Speisen)* servir, apporter; *(Farbe)* mettre, étaler; *(Kleidungsstück)* user (jusqu'à la corde); *fig: jdm etw* ~ charger qn de qc; *itr fig fam: dick* ~ bluffer, exagérer, forcer la note; *pop* charrier; *(zu) dick* ~ *(Maler)* charger le tableau; *jdm Grüße an e-n andern* ~ charger qn de salutations pour un autre; ~**geber** *m* commettant; *jur*

mandant *m;* **a~gemäß** *adv* suivant votre *etc* ordre; ~**nehmer** *m jur* mandataire *m;* ~**sbestand** *m* commandes *f pl* en carnet *od* en portefeuille; ~**sbestätigung** *f* confirmation *f* de commande; ~**sbuch** *n* livre *m* de(s) commandes; ~**serteilung** *f* (passation de) commande *f; zahlbar bei* ~ payable à la commande; ~**sformular** *n* formulaire *m* de commande; ~**slenkung** *f* répartition *f* des commandes; ~**srückgang** *m* ralentissement *m* des commandes; ~**ssperre** *f* blocage *m* de commandes; ~**sstreichung** *f* annulation *f* de commande; ~**walze** *f typ* rouleau *m* toucheur *od* encreur; **a~sweise** *adv* en commission; ~**szettel** *m* fiche *f od* bon *m* de commande.

auf=treiben *tr ‹aux: haben› (Staub, Wellen)* soulever; *(Wild)* lever, forlancer, débucher; *fig (bekommen, finden)* déterrer, dénicher; trouver; *(Reifen auf Faß od Rad)* serrer; *(anschwellen lassen)* gonfler; *med* ballonner; *itr‹aux: sein›* mar échouer.

auf=trennen *tr* découdre; *(Naht)* défaire.

auf=treten *tr ‹aux: haben› (Nüsse)* ouvrir à coups de pied; *(Tür)* enfoncer (à coups de pied); *itr ‹aux: sein›* marcher; *(in Erscheinung treten)* se présenter (*als* comme); se produire; *(sich benehmen)* se conduire; faire figure (*wie ein, als* de); *(sich ausgeben)* se poser (*als* en); *(handeln)* faire acte (*als* de); *(in die Schranken treten)* prendre parti (*gegen jdn* contre qn); *theat* entrer en scène, faire son entrée; *(Krankheit)* se déclarer, se manifester; *fest* ~ marcher d'un pas ferme; *als Kandidat* ~ *(pol)* se porter candidat; *als Kläger* ~ *(jur)* se constituer demandeur; *zum ersten Male* ~ *(theat)* débuter, faire ses débuts; *sicher* ~ *(fig)* avoir de l'aplomb; *als Verteidiger (für den Angeklagten)* ~ plaider (pour l'accusé); *als Zeuge (vor Gericht)* ~ comparaître en témoin; **A~** *n* marche; *(Erscheinen)* présentation *f,* maintien *m; (Benehmen)* conduite, attitude *f,* manières *f pl; theat* entrée *f* (en scène); *erste(s)* ~ début *m; sichere(s)* ~ *(fig)* assurance *f,* aplomb *m.*

Auftrieb *m (Vieh auf e-m Markt)* arrivage *m; (Alm~)* montée à l'alpage; *phys aero* portance (aérodynamique), sustentation, poussée (verticale); *fig (Anstoß)* impulsion *f,* élan, essor *m; e-r S neuen* ~ *geben* donner un nouvel essor à qc; ~**sanzeiger** *m aero* indicateur *m* de sustentation;

~skraft *f phys aero* force *f* ascensionnelle *od* sustentatrice; **~sverlust** *m aero* perte *f* de portance.

Auftritt *m theat (Vorgang)* entrée (en scène); *(Teil e-s Aufzuges; fig)* scène *f; e-n ~ mit jdm haben* avoir une scène avec qn; *jdm e-n ~ machen* faire une scène à qn; *den ~ verpassen (theat)* manquer son entrée; *es kam zu e-m peinlichen ~* il y eut une scène pénible.

auf=trumpfen *itr* (lui, leur) dire son fait *od fam* river son clou; jouer son atout majeur.

auf=tun *tr: den Mund nicht ~ (fam)* ne pas dire un *od* souffler mot, ne pas desserrer les dents; *sich ~* s'ouvrir; *fig (Möglichkeit)* se présenter; *fam (Geschäft)* s'établir; *(Verein)* se former.

auf=türmen *tr* amonceler, entasser; *sich ~ (Wolken)* s'amonceler; *fig (Hindernisse, Schwierigkeiten)* surgir, s'accumuler.

auf=wachen ⟨*aux: sein*⟩ *itr* s'éveiller, se réveiller; **A~** *n* réveil *m.*

auf=wachsen ⟨*aux: sein*⟩ *itr (Kind)* grandir; être élevé.

auf=wall|en ⟨*aux: sein*⟩ *itr (kochen, a. fig: Zorn)* bouillonner, être en ébullition; **A~en** *n,* **A~ung** *f fig* bouillonnement *m;* ébullition *f; fig* emportement *m,* transports *m pl.*

Aufwand *m* ⟨-(e)s, ø⟩ *(Anwendung)* déploiement *m; (Verbrauch)* consommation; *(Ausgabe)* dépense *f; fin* intrants, facteurs *m pl* de production; *(Luxus, Pomp)* luxe *m,* pompe *f,* faste; *(Zurschaustellung)* étalage *m; mit großem ~ an Kosten* à grands frais; *unter großem ~ von* à grand renfort de; *großen ~ machen od treiben* mener grand train, vivre sur un grand pied; **~sentschädigung** *f* indemnité *f* de représentation; défraiement *m.*

auf=wärmen *tr (Speise)* réchauffer; *fig pej (Vergangenes)* réveiller, ressusciter; *alte Geschichten ~* ressasser; *aufgewärmte(r) Kohl m (fig fam)* réchauffé, rabâchage *m.*

Aufwart|efrau *f* femme *f* de ménage; **auf=warten** *itr* servir *(jdm* qn, *bei Tisch* à table); *mit etw* offrir qc à qn; **~ung** *f* service *m; (Höflichkeitsbesuch)* visite *f; a. = ~efrau; jdm s-e ~ machen* rendre visite, présenter ses civilités *od* hommages, faire sa révérence à qn.

aufwärts ['aufvɛrts] *adv* en haut, vers le haut; en montant; *(strom~)* en amont; *e-n Fluß ~ fahren* remonter une rivière; **A~bewegung** *f com fin (der Preise u. Kurse)* hausse, reprise

f; **A~entwicklung** *f* extension *f,* progrès *m;* **~=gehen** ⟨*aux: sein*⟩ *itr fig (Fortschritte machen)* faire des progrès; *(besser werden)* s'améliorer; **A~haken** *m (Boxen)* uppercut *m;* **A~hub** *m,* **A~schub** *m mot aero* course *f* ascendante *od* montante; **A~transformator** *m el* survolteur *m.*

Aufwasch *m* ⟨-(e)s, ø⟩ ['-vaʃ] vaisselle *f* à laver; **~becken** *n* évier *m;* **auf=waschen** *itr* laver *od* faire la vaisselle; **~en** *n* lavage *m* de la vaisselle; **~frau** *f* laveuse *f* de vaisselle; **~küche** *f* lavoir *m;* **~wasser** *n* eau de vaisselle; *fig fam pej (dünne Suppe)* lavasse *f.*

auf=wecken *tr* réveiller, éveiller.

auf=weichen *tr* (r)amollir; *(Weg)* détremper.

auf=weisen *tr* présenter, montrer, offrir; *ein Defizit ~* accuser un déficit.

auf=wend|en *tr* mettre en œuvre; *(Geld)* mettre, dépenser; *alles ~* remuer ciel et terre; *viel Mühe ~* se donner beaucoup de peine; *umsonst, unnütz ~ (a.)* gaspiller, dissiper; **~ig** *a (luxuriös)* luxueux; coûteux; *sehr ~ leben* vivre sur un grand pied; **A~ung** *f* dépense *f; ~en machen* faire des dépenses.

auf=werfen *tr (Wall, Damm, Grabhügel)* élever; *fig (Frage)* soulever, mettre sur le tapis; *den Kopf ~ (mutwillig)* lever la tête; *die Lippen ~* faire une moue; *sich zum Richter ~* s'ériger en juge.

auf=wert|en *tr fin* revaloriser; **A~ung** *f* revalorisation *f;* **A~ungshypothek** *f* hypothèque *f* revalorisée; **A~ungssatz** *m* taux *m* de revalorisation.

auf=wickel|n *tr* (en)rouler *(auf* sur); *(das Haar auf Lockenwickler rollen)* mettre en bigoudis *od* en papillotes; *(Garn)* pelot(onn)er; *tech* (em)bobiner; *(lösen)* dérouler, développer; *(Garn)* dévider; **A~spule** *f* bobine *f* réceptrice.

auf=wieg|eln *tr* agiter, provoquer, inciter, exciter, soulever, ameuter, révolter; **A~(e)lung** *f* agitation, provocation, incitation, excitation *f,* soulèvement *m;* **A~ler** *m* agitateur, provocateur, factieux, émeutier, mutin, fauteur *m* de troubles; **~lerisch** *a* provocant, factieux, séditieux, rebelle; **~e Rede** *f* discours *m* incendiaire.

auf=wiegen *tr, a. fig* contrebalancer; *fig* compenser; *mit Gold ~* payer au poids de l'or; *das ist nicht mit Gold aufzuwiegen (fig)* cela n'a pas de prix.

Aufwind *m mete* vent ascendant; *aero* courant *m* ascendant, ascendance *f; thermische(r)* ~ vent *m* ascendant thermique.

auf=wirbeln *tr ⟨aux: haben⟩ (Staub, Sand, Schnee, Blätter)* soulever (des tourbillons de); *viel Staub* ~ *(fig)* faire de la poussière, faire grand bruit; *itr ⟨aux: sein⟩* monter en tourbillons.

auf=wisch|en *tr* enlever avec un torchon *od* une serpillière, torcher, essuyer; *(scheuern, reinigen)* récurer; **A~lappen** *m* torchon *m; (Scheuertuch)* serpillière *f.*

auf=wühlen *tr (die Erde)* retourner, fouiller, creuser; *(Tier, bes. Maulwurf)* fouir; *(das Wasser u. fig)* soulever, troubler; *fig* remuer, retourner, bouleverser.

Aufwurf *m (Aufschüttung, Damm)* remblai *m,* jetée, levée *f.*

auf=zähl|en *tr* énumérer, dénombrer; *(Geld)* compter; **A~ung** *f* énumération *f,* dénombrement *m.*

auf=zäumen *tr* brider, mettre la bride à; *das Pferd beim Schwanz* ~ *(fig)* mettre la charrue devant les bœufs.

auf=zehren *tr (aufessen)* manger, consommer; *(aufsaugen)* absorber; *(auf-, verbrauchen)* consumer; *(erschöpfen)* épuiser; *sein Vermögen* ~ manger sa fortune.

auf=zeichn|en *tr* dessiner; *(aufschreiben)* noter, prendre note de, marquer; *(registrieren, TV)* enregistrer; **A~ung** *f* dessin *m; (Notiz)* note *f; (Registrierung, e-r Sendung)* enregistrement *m; (TV: Sendung)* émission en différé, émission *f* pré-enregistrée; *pl (Gedächtnisstütze)* aide-mémoire *m.*

auf=zeigen *tr* montrer, présenter, faire voir, mettre en évidence.

auf=zieh|en *tr ⟨aux: haben⟩ (hochziehen)* tirer en haut, faire monter; *(bes. Vorhang, Schlagbaum, Zugbrücke)* lever; *(Fahne)* hisser; *(Segel)* mettre; *(Uhr)* remonter; *(Schublade öffnen)* tirer; *(Flasche)* déboucher; *(Schleife, Knoten ausea.ziehen)* défaire; *(Gewebe, Strickwaren)* démailler; *(auf e-r Schnur ziehen)* enfiler; *(auf e-n Rahmen, Saite auf ein Instrument)* monter; *(auf Leinwand)* entoiler; *fig (Veranstaltung, Unternehmung)* organiser; *(Pflanzen)* cultiver; *(Tiere)* élever; *(Kind)* élever, nourrir; *(necken)* railler, taquiner, berner; *fam* faire marcher, monter un bateau à; *itr ⟨aux: sein⟩ mil (Wache)* monter; *(Wolken)* monter; *(Gewitter)* se préparer, approcher, s'élever; *andere*

Saiten ~ *(fig)* changer de ton; *gelindere Saiten* ~ mettre de l'eau dans son vin; *sich automatisch* ~*de Armbanduhr f* montre-bracelet *f* (à remontage) automatique; ~*de Wache f (mil)* garde *f* montante; *wie aufgezogen, aufgezogen wie e-e Uhr (ganz regelmäßig)* réglé comme une horloge; **A~en** *n (Uhr)* remontage; *(Saite)* montage; *(Karte)* entoilage *m; fig* organisation *f;* **A~vorrichtung** *f (Förderanlage)* dispositif *m* de levage.

Aufzucht *f ⟨-, ø⟩ (von Pflanzen)* culture *f; (von Tieren)* élevage *m.*

Aufzug *m (für Lasten)* élévateur, monte-charge(s); *(Speisen~)* monte-plats; *(Fahrstuhl)* ascenseur; *(festlicher Aufmarsch)* cortège *m,* procession; *(Reiter~)* cavalcade *f; fam pej (lächerlicher ~)* accoutrement, affublement, harnachement; *theat* acte *m; zweite(r)* ~ second acte; ~**führer** *m* garçon d'ascenseur, liftier *m;* ~**schacht** *m* cage *f* d'ascenseur.

auf=zwingen *tr: jdm etw* ~ forcer qn à accepter qc, imposer qc à qn (de force).

Augapfel ['auk-] *m* globe *m* de l'œil; *etw wie s-n* ~ *hüten* tenir à qc comme à la prunelle de ses yeux.

Auge *n ⟨-s, -n⟩* ['augə] œil *m, pl* yeux *(a. auf d. Suppe u. bot); bot (Knospe) a.* pointe *f,* bourgeon *m;* gemme; *(Pfropf~)* greffe *f; (Würfel-, Kartenspiel)* point; *(Blick)* regard *m; (Sehen)* vue *f; Auge in* ~ les yeux dans les yeux; *in meinen* ~*n* à mes yeux; *mit bloßem* ~ à l'œil nu; *mit eigenen* ~*n* de mes *etc.* (propres) yeux; *mit offenen, geschlossenen* ~*n (a. fig)* les yeux ouverts, fermés; *mit den* ~*n e-s. e-r ... (fig: wie)* avec les yeux d'un, d'une ..., à travers le prisme du, de la ...; *so weit das* ~ *reicht* aussi loin que porte le regard *od* la vue, à perte de vue; *um deiner schönen* ~*n willen (iron)* pour tes beaux yeux; *unter vier* ~*n* entre quatre yeux, tête à tête, seul à seul; *vor aller* ~*n* au vu et au su de tout le monde; *vor* ~*n* sous les yeux; *vor meinen* ~*n* sous mes yeux; *jdm etw an den* ~*n ablesen* lire qc dans les yeux de qn; *etw mit anderen* ~*n ansehen (fig)* voir qc d'un autre œil *od* avec d'autres yeux; *die* ~*n aufhaben (fig)* ouvrir l'œil; *die* ~*n aufschlagen (öffnen)* ouvrir la paupière; *sich die* ~*n auskratzen (fig fam)* se sauter aux yeux, s'arracher les yeux, se manger le blanc des yeux; *im* ~ *behalten (fig)* garder à vue, ne pas perdre de vue; *mit e-m blauen* ~ *davon-*

kommen l'échapper belle; *in die ~n fallen* od *springen* od *stechen* sauter aux yeux, attirer l'œil; *etw ins ~ fassen* envisager qc; *jdm etw vor ~n führen* démontrer qc à qn; *blaue ~n haben* avoir les yeux bleus; *ein blaues ~ haben (durch e-n Schlag)* avoir l'œil poché *od* au beurre noir; *gute, schwache ~n haben* avoir la vue bonne, faible; *e-n Schleier vor den ~n haben (fig)* avoir un voile sur les yeux; *etw im ~ haben (fig)* avoir des visées *od* des vues sur qc; *~n im Kopfe haben (fig)* avoir des yeux; *keine ~n im Kopfe haben (fig fam)* avoir des œillères; *s-e ~n überall haben* avoir l'œil à tout; *sich etw vor ~n halten* se rappeler qc; *mit den ~n klimpern (fam)* battre des paupières; *nicht aus den ~n lassen* ne pas quitter des yeux; *große ~n machen* ouvrir de grands yeux, avoir les yeux écarquillés; *fam* faire des yeux en boule de loto; *jdm schöne ~n machen* faire les yeux doux *od fam* de l'œil à qn; *verliebte ~n machen* jouer des yeux *od* de la prunelle; *jdm die ~n öffnen* ouvrir *od* dessiller les yeux à qn *(über* sur); *s-e ~n auf etw richten* braquer les yeux sur qc; *die ~n rollen* rouler les yeux; *s-e ~n auf etw ruhen lassen* se reposer les yeux *od* la vue sur qc; *die ~n (für immer) schließen* fermer les yeux (pour toujours); *e-r Gefahr ins ~ sehen* faire face à un danger; *dem Tod ins ~ sehen* voir la mort de près; *jdn mit keinem ~ gesehen haben* n'avoir pas vu l'ombre de qn; *jdm ein Dorn im ~ sein (fig)* être la bête noire de qn; *ganz ~ und Ohr sein* être tout yeux et tout oreilles; *mit den ~n sprechen* jouer de la prunelle; *jdm in die ~n stechen (fig)* donner dans l'œil *od* dans les yeux *od* dans la vue, *fam* taper dans l'œil de qn; *jdm etw vor ~n stellen* mettre qc sous les yeux de qn; *jdm Sand in die ~n streuen (fig)* jeter de la poudre aux yeux de qn; *mit den ~n suchen* chercher des yeux; *s-n ~n nicht trauen* ne pas en croire ses yeux; *jdm unter die ~n treten* paraître devant qn; *sich die ~n verderben* s'abîmer *od* se crever les yeux; *die ~n verdrehen* faire les yeux blancs, *fam* faire des yeux de merlan frit; *mit den ~n verfolgen* suivre des yeux; *nicht aus den ~n verlieren* ne pas quitter des yeux; *fig* ne pas perdre de vue; *vor etw die ~n verschließen (fig)* fermer les yeux sur qc; *mit den ~n verschlingen* dévorer *od* manger des yeux; *s-e ~n weiden an*

se repaître la vue de; sich die ~n aus dem Kopf weinen pleurer toutes les larmes de son corps *od* comme une Madeleine; *kein ~ wenden von* ne pas détourner les yeux de, couver des yeux; *ein ~ werfen auf* jeter les yeux, *fam* son dévolu sur; *ein ~ zudrücken (fig)* ne pas y regarder de trop près; *bei etw* fermer les yeux sur qc; *beide ~n zudrücken (fig)* ne rien voir, n'avoir rien vu, laisser passer qc; *e-m Toten die ~n zudrücken* fermer les yeux à un mort; *(die ganze Nacht) kein ~ zutun (können)* ne pas fermer l'œil, ne pouvoir fermer les yeux (de toute la nuit); *ich habe ihn immer vor ~n* son image ne me quitte pas; *ich habe es mit eigenen ~n gesehen (a.)* je l'ai vu de mes yeux, mes yeux en furent témoins; *die ~n gehen mir auf* je commence à voir clair; *mir fallen (vor Müdigkeit) die ~n zu* j'ai les yeux qui se ferment de sommeil; *die ~n gingen mir über* mes yeux se remplirent de larmes; *s-e ~n blitzten* od *funkelten vor Zorn* ses yeux lançaient des éclairs; *s-e ~n sind größer als sein Magen* il a les yeux plus grands que le ventre; *die ~n traten ihm aus dem Kopf* les yeux lui sortirent de la tête; *aller ~n waren auf mich gerichtet* j'étais le point de mire de tous; *man sieht nicht die Hand vor den ~n* on n'y voit goutte; *der Schelm sieht ihm aus den ~n* il a l'air d'un franc coquin; *geh mir aus den ~n!* qu'on ne te voie plus! hors de ma vue! *~n geradeaus! (mil)* fixe! *~n rechts! (mil)* tête droite! *~ um ~, Zahn um Zahn, (Bibel, prov)* œil pour œil, dent pour dent; *aus den ~n, aus dem Sinn (prov)* loin des yeux, loin du cœur; *magische(s) ~ (in der Haus-* od *Wohnungstür)* microviseur; *radio* œil *m* magique; *ins ~ springend* en vedette.

äug|eln ['ɔygəln] *itr* jouer des prunelles; lancer des œillades *(mit jdm* à qn); *(Zeichen geben)* faire signe des yeux; *a. =* okulieren; **~en** *itr* regarder attentivement; **Ä~lein** ['ɔyk-] *n pl* petits yeux *m pl.*

Augen|abstand ['augən-] *m* écart *m* interpupillaire; **~arzt** *m* oculiste, ophtalmologiste, ophtalmologue *m;* **~bad** *n med* bain *m* d'yeux; **~bank** *f med* banque *f* des yeux; **~binde** *f* bandeau *m* (sur les yeux); **~blick** *m* clin d'œil, moment, instant *m; alle ~e = jeden ~;* für den ~ pour le moment *od* le présent; *im ~ (im Nu)* en un clin d'œil, en moins de rien; *(gleich)* à l'instant, tout de suite;

(jetzt) à l'heure qu'il est, pour le moment; *im ersten* ~ au premier abord; *im nächsten* ~ l'instant d'après; *im* ~, *wo* ... au moment où ...; *in diesem* ~ à *od* en ce moment; *jeden* ~ à tout (tous) moment(s), à tout *od* chaque instant, d'un moment *od* instant à l'autre, d'instant en instant; *vom ersten* ~ *an* dès l'abord, de prime abord; *keinen* ~ *für sich selbst haben* n'avoir pas un moment à soi; *keinen* ~ *zur Ruhe kommen* n'avoir pas le temps de respirer; *er muß jeden* ~ *kommen* il devrait être là d'un instant à l'autre; *das ist Sache e-s* ~*s* c'est l'affaire d'un instant; *einen* ~*!* un instant! un moment! (une) minute! attendez (donc)! *der günstige* ~ le moment propice *od* psychologique; *lichte* ~*e (pl)* intervalles *m pl* lucides; *der rechte* ~ la bonne heure; *unbedachte(r)* ~ moment *m* d'oubli; **a~blick-lich** *a* momentané, instantané; *(gegenwärtig)* présent, actuel; *adv* momentanément, à l'instant, sur *od* pour le moment; *(sofort, gleich)* tout de suite, sur-le-champ; **~blickserfolg** *m* succès *m* instantané; **~blickswirkung** *f* effet *m* instantané; **~braue** *f* sourcil *m;* **~brauenstift** *m* crayon *m* à sourcils; **~brauenwulst** *m* arcade *f* sourcilière; **~diener** *m* flatteur *m;* **~dienerei** *f* ⟨-, ø⟩ [-'raɪ] servilité *f;* **~entzündung** *f* inflammation des yeux, ophtalmie *f;* **a~fällig** *a* apparent, évident, clair; qui saute aux yeux; **~farbe** *f* couleur *f* des yeux; **~fehler** *m med* défaut *m* de (la) vision; **~flüssigkeit** *f: wässerige* ~ *(anat)* humeur *f* aqueuse; **~gläser** *n pl (Brille)* verres *m pl,* lunettes *f pl;* **~haut** *f: weiße* ~ *(anat)* sclérotique *f;* **~heilkunde** *f* ophtalmologie *f;* **~höhe** *f: in* ~ au niveau de l'œil; **~höhle** *f anat* orbite *f;* **~klappe** *f (für Pferde)* œillère *f; med* couvre--œil *m;* **~klinik** *f* clinique *f* ophtalmologique; **~krankheit** *f* maladie *f* des yeux; **~licht** *n (Sehkraft)* vue *f;* **~lid** *n* paupière *f;* **~maß** *f* mesure *f* à vue (d'œil); *nach* ~ à vue d'œil *od fam* de nez; *ein gutes* ~ *haben* avoir le coup d'œil, avoir le compas dans l'œil; **~merk** *n* ⟨-(e)s, ø⟩*; sein* ~ *auf etw richten* faire attention à qc; viser à qc, avoir des visées sur qc, avoir qc en vue; **~operation** *f* opération *f* de l'œil *od* des yeux; **~optiker** *m* opticien *m* (lunetier); **~pulver** *n pharm* collyre *m* sec; **~salbe** *f pharm* collyre *m* mou; **~schein** *m* ⟨-(e)s, ø⟩ apparence, évidence; *jur (Besichtigung)* inspection *od* descente *f* sur les lieux; *dem* ~ *nach* selon l'apparence; *etw in* ~ *nehmen* inspecter, examiner qc, faire la reconnaissance de qc; *sich durch den* ~ *von etw überzeugen* constater de visu; *jur* faire une descente sur les lieux; *das lehrt der* ~ c'est évident; **a~scheinlich** *a* apparent, évident; *adv a.* selon toute apparence; **~schirm** *m* visière *f;* **~schmerzen** *m pl* mal *m* aux yeux; **~spiegel** *m med* ophtalmoscope, rétinoscope *m;* **~sprache** *f* langage *m* des yeux; **~tropfen** *m pl,* **~wasser** *n pharm* collyre *m* liquide; **~trost** *m bot* euphraise *f;* **~weide** *f* régal *m* pour l'œil, récréation *f* des yeux; **~winkel** *m* coin *m* de l'œil; **~zahn** *m (Eckzahn)* dent œillère (dent) canine *f;* **~zeuge** *m* témoin *m* oculaire; **~zittern** *n med* nystagmus *m;* **~zwinkern** *n* clignement *m* d'yeux.

Augiasstall [au'gi:as-] *m* écuries *f pl* d'Augias.

Augur *m* ⟨-s/-en, -en⟩ ['augur, -'gu:rən] *rel hist* augure *m;* **~en-lächeln** *n* sourire *m* de complicité.

August *m (Vorname)* ['augʊst] Auguste; *(Monat) m* ⟨-(e)s/-, -e⟩ [au'gʊst] août *m; dumme(r)* ~ auguste, clown, paillasse; *fam* gugusse *m;* **~iner** *m* ⟨-s, -⟩ [-'ti:nər] *rel* augustin *m.*

Auktion *f* ⟨-, -en⟩ [auktsi'o:n] vente aux enchères, criée *f; in* ~ *geben* mettre aux enchères *od* à l'encan; *gerichtliche* ~ vente *f* judiciaire; **~ator** *m* ⟨-s, -en⟩ [-'na:tor, -na'to:rən] commissaire-priseur *m;* **a~ieren** [-'ni:rən] *tr* vendre aux enchères; **~sgebühren** *f pl* droits *m pl* de vente aux enchères; **~shalle** *f* salle *f* des ventes; **~shaus** *n,* **~slokal** *n* hôtel *m* des ventes.

Aula *f* ⟨-, -len/-s⟩ ['aula(s), -lən] *(Schule: Festsaal)* salle *f* des fêtes.

Aurikel *f* ⟨-, -n⟩ [au'ri:kəl] *bot* oreille--d'ours *f.*

aus [aus] **1.** *prp (räuml.)* ~ ... *heraus)* de; ~ *der Kiste,* ~ *dem Hause,* ~ *der Stadt,* ~ *dem Lande,* ~ *Paris,* ~ *Deutschland* de la caisse, de la maison, de la ville, du pays, de Paris, d'Allemagne; ~ *der Hand fressen (Tier)* manger dans la main; *etw* ~ *e-r Schublade,* ~ *e-m Schrank nehmen* prendre qc dans un tiroir, dans une armoire; ~ *e-r Tonne,* ~ *e-m Teich schöpfen* puiser dans un tonneau, dans un étang; ~ *dem Fenster sehen* regarder par la fenêtre; ~ *e-m Glas, e-r Tasse trinken* boire dans un verre, dans une tasse; *jdn* ~ *dem Hause* *werfen* mettre qn à la porte; **2.** *(zeitl.)* ~ *der Zeit Ludwigs XIV.,* ~ *dem 18. Jahrhundert,* ~ *dem Jahre 1843,* ~ *meiner Jugendzeit* du temps de Louis XIV, du 18ᵉ siècle, de l'année 1843, de ma jeunesse; **3.** *(Stoff)* de, en; ~ *Eisen, Gold, Holz, Glas, Gummi, Kunststoff* de *od* en fer, or, bois, verre, caoutchouc, matière plastique; *ein Kleid* ~ *etw schneidern* tailler une robe dans qc; **4.** *(Herkunft)* de; ~ *gutem Hause* de bonne famille; ~ *guter Quelle* de bonne source; ~ *erster Hand* de première main; ~ *dem Französischen (übersetzt)* du français; **5.** *(kausal)* par, pour, de; ~ *Achtung vor* par respect pour; ~ *Angst* de peur (*vor* de); ~ *Ehrgeiz* par ambition; ~ *Erfahrung* par expérience; ~ *Freundschaft* par amitié; ~ *Furcht* par crainte (*vor* de); ~ *Gefälligkeit* par complaisance; ~ *Geiz* par avarice; ~ *diesem Grunde* pour cette raison; ~ *Grundsatz* par principe; ~ *Haß gegen* par haine de; ~ *Höflichkeit* par courtoisie; ~ *Liebe* par amour (*zu* de); ~ *Mangel an* faute de; ~ *Mitleid* par pitié; ~ *Not* par besoin; ~ *sich selbst heraus* de soi-même; ~ *Stolz* par orgueil; ~ *Überzeugung* par conviction; ~ *Unwissenheit* par ignorance; ~ *reiner Verzweiflung* en désespoir de cause; **6.** *(modal)* ~ *Leibeskräften* de toutes mes *etc* forces; ~ *dem Kopf (auswendig)* par cœur; **7.** *(Trennung)* ~ *dem Gebrauch* hors d'usage; ~ *der Mode* passé de mode; **8.** *adv (vorbei, vorüber)* fini, passé; *(Feuer, Licht)* éteint; *(Aufschrift auf Geräten)* arrêt; *sport* hors jeu; *(Tennis)* dehors, out; *von hier* ~ d'ici; *von meinem Fenster* ~ de ma fenêtre; *von Grund* ~ de fond en comble; *fig* à fond; *von Haus* ~ de naissance; *von mir* ~ quant à moi; *(meinetwegen)* si tu veux, si tu y tiens; *von diesem Standpunkt* ~ de ce point de vue; *auf etw* ~ *sein* chercher qc, aspirer à qc; *darauf* ~*sein, etw zu tun* chercher à faire qc; *bei jdm* ~ *und ein gehen* avoir ses entrées chez qn; *nicht (mehr)* ~ *noch ein wissen* ne plus savoir sur quel pied danser, ne plus savoir à quel saint se vouer; *alles ist* ~ tout est fini, c'est la fin de tout; *es ist* ~ *(damit)* c'(en) est fini; *es ist* ~ *mit mir* c'en est fait de moi; *fam* je suis frit *od* fichu; *pop* je suis foutu; *Licht* ~*!* éteignez la lumière!

aus≈arbeit|en *tr* élaborer; *(schriftlich)* composer, rédiger; *(vollenden)* (par)achever; *itr: ausgearbeitet haben* avoir cessé de travailler; *sich*

(körperlich) ~ se dépenser physiquement; *sorgfältig* ~ fignoler, ouvrager; **A~ung** *f* élaboration; composition, rédaction *f;* (par)achèvement *m.*

aus≈art|en ⟨*aux: sein*⟩ *itr* dégénérer *(in, zu* en); **A~ung** *f (Vorgang)* dégénération; *(Zustand)* dégénérescence *f.*

aus≈atm|en *tr* expirer; *(ausdunsten)* exhaler; *itr* expirer; **A~ung** *f* ⟨-, (-en)⟩ expiration; *(Ausdünstung: Vorgang)* exhalation *f.*

aus≈baden *tr: etw* ~ *müssen (fig fam)* avoir à payer les pots cassés; *pop* devoir trinquer.

aus≈bagger|n *tr* draguer, curer, excaver; **A~ung** *f* dragage *m,* excavation *f.*

aus≈balancieren *tr* équilibrer.

aus≈baldowern [-bal'do:vərn] *tr fam (auskundschaften)* renifler, espionner; *itr fam* obtenir des tuyaux.

Ausbau *m* ⟨-(e)s, -ten⟩ *arch* menus ouvrages *m pl;* aménagement; *mines (e-s Stollens)* boisage, soutènement, support; *mil (e-r Stellung)* aménagement; *fig (Erweiterung)* élargissement, agrandissement *m,* extension *f; (Vollendung)* achèvement *m; tech (Herausnehmen)* démontage *m; eiserne(r)* ~ *(mines)* blindage *m;* **aus≈bauen** *tr arch (Haus, Wohnung)* aménager; *mines* boiser, soutenir; *mil* aménager; *fig (erweitern)* élargir, agrandir, étendre; *(ergänzen)* étoffer; *(entwickeln)* développer; *(Beziehungen)* intensifier; *(vollenden)* achever; *tech (herausnehmen)* démonter; **a~~fähig** a aménageable; *fig* susceptible d'agrandissement *od* de développement.

aus≈bauch|en *tr (wölben)* bomber; *tech metal* emboutir; *sich* ~ se bomber; **A~ung** *f* bombement; emboutissage *m.*

aus≈bedingen *tr, bes. jur* stipuler; *sich etw* ~ se réserver qc.

aus≈beißen *tr* arracher avec les dents; *sich e-n Zahn* ~ se casser une dent; *sich an etw die Zähne* ~ *(fig)* s'user les dents à qc; *du kannst dir die Zähne daran* ~ c'est un vrai casse-tête; tu auras beaucoup de mal avec cela.

aus≈besser|n *tr allg* réparer, refaire; *bes. mar* radouber; *(Straßenpflaster)* refaire; *(Kleidung, Wäsche)* ravauder; *(flicken)* raccommoder; *(stopfen)* repriser, faire des reprises à; *(Gemälde)* restaurer; **A~ung** *f* réparation, réfection *f;* radoub *m;* repiquage, repiquement; ravaudage, raccommodage *m,* reprise; restauration *f;* **A~ungsarbeiten** *f pl* travaux *m pl*

de réparation; **~ungsbedürftig** *a*
qui a besoin de réparation.
Ausbeut|e *f* rendement, produit; *(Ge-
winn)* gain, profit, bénéfice *m; mines
(Fördermenge)* extraction *f,* **aus=
beuten** *tr agr mines* exploiter *a. fig,
fig* tirer parti *od* profit de, profiter
de; *jdn* ~ *(ausnutzen)* abuser de qn,
gruger qn; *jdn systematisch* ~ mettre
qn en coupe réglée; **~er** *m* exploitant,
pej exploiteur *m;* **~erei** *f pej,* **~ung** *f*
⟨-, (-en)⟩ *a. fig* exploitation *f;* **~ungs-
system** *n* système *m* d'exploitation;
~ungsverfahren *n* procédé *m* d'exploitation.
aus=bezahl|en *tr (Geld)* payer
(entièrement), débourser; *(Menschen
mit Anrechten)* désintéresser; *bar* ~
payer comptant; *auf Heller und
Pfennig* ~ payer rubis sur l'ongle; *etw*
~ payer intégralement; *sich (s-n Anteil)* ~ *lassen* se faire payer (sa part);
A~ung *f* paiement *m* (intégral).
aus=biegen *tr ⟨aux: haben⟩* enlever en
pliant *od* courbant à l'envers; *itr ⟨aux:
sein⟩ (ausweichen: Fußgänger)* s'effacer; *(Fahrzeug)* se garer.
aus=bieten *tr com* offrir, offrir *od*
mettre en vente; *etw wie saures Bier*
~ *(fam)* offrir qc à tout venant; **A~** *n*
offre, mise *f* en vente.
aus=bild|en *tr* former, développer;
(unterrichten, a. mil) instruire *(in etw*
en qc); *(üben)* exercer; *bes. sport* entraîner; *(vervollkommnen)* perfectionner; *sich* ~ se former; se perfectionner; *er läßt sich in Gesang* ~ il
prend des cours de chant; **A~er** *m,
bes. mil* instructeur, moniteur *m;*
A~ung *f* ⟨-, (-en)⟩ formation *f,* développement; *(e-s Lehrlings)* apprentissage *m; (Unterricht, a. mil)* instruction *f; (Übung)* exercice; *bes. sport*
entraînement; *(Vervollkommnung)*
perfectionnement *m; militärische* ~
instruction *f od* entraînement *m* militaire; **A~ungsflug** *m aero* vol *m*
d'instruction; **A~ungskurs** *m,*
A~ungslehrgang *m* cours *m* d'instruction; **A~ungslager** *n* camp *m*
d'entraînement; **A~ungsprogramm**
n programme *m* de formation;
A~ungsstand *m* degré *m* d'entraînement; **A~ungsvorschrift** *f*
règlement *m* d'instruction; **A~ungs-
zeit** *f* période *f* de formation *od*
d'instruction.
aus=bitten *tr: sich etw* ~ demander
qc; *(fordern)* exiger qc, insister sur
qc; *das bitte ich mir aus!* je vous
(t'en) en prie!
aus=blasen *tr (Streichholz, Kerze)*
souffler, éteindre en soufflant; *(Hoch-*

ofen) éteindre; mettre hors feu; *(reinigen)* purger; *jdm das Lebenslicht*
~ *(fig)* ôter la vie à qn.
aus=bleiben ⟨aux: sein⟩ *itr* ne pas venir *od* rentrer; *lange* ~ se faire attendre; *die ganze Nacht* ~ ne pas rentrer de toute la nuit; *das kann nicht*
~ c'est inévitable; *der Erfolg blieb
aus* ce fut un échec; **A~** *n (Abwesenheit)* absence *f;* ~ *der Milch (med)*
refus *m* de lait.
aus=bleichen *tr* décolorer; *(Farbe)* affaiblir; *itr* se décolorer; s'affaiblir.
Ausblick *m* vue; *(Durchblick)*
échappée; *fig (Aussicht)* perspective
f; ~ *in die Zukunft* perspective
d'avenir; **aus=blicken** *itr: nach jdm*
~ chercher qn du regard.
aus=blühen *itr: ausgeblüht haben*
avoir cessé de fleurir, avoir défleuri.
aus=bluten ⟨aux: sein⟩ *itr (verbluten)*
perdre tout son sang; ~ *lassen* laisser
saigner; *ausgeblutet haben* ne plus
saigner; **A~** *n* saignée *f.*
aus=bohr|en *tr* forer, creuser, aléser,
tarauder; *(aushöhlen)* (é)vider;
A~en *n,* **A~ung** *f* forage, creusement, alésage, taraudage *m.*
aus=booten *tr mar u. fig* débarquer;
fig fam dégommer, *mil pol* limoger,
fam virer.
aus=borgen *tr (entlehnen)* emprunter
(von à).
aus=brech|en *tr ⟨aux: haben⟩* enlever
en arrachant, arracher; *(wieder von
sich geben)* vomir, rendre; *itr ⟨aux:
sein⟩ (Mensch aus d. Gefängnis, Tier
aus d. Käfig)* s'évader, s'échapper;
(Rennpferd vor e-r Hürde) se dérober; *mil* faire une sortie; *(Vulkan)*
faire éruption; *(Feuer)* prendre; *(Feuer, Krankheit)* se déclarer; *(Krieg)*
éclater; *in Gelächter* ~ éclater de
rire; *in schallendes Gelächter* ~
pouffer de rire; *in Klagen* ~ se répandre en plaintes; *in Tränen* ~ fondre
en larmes; *jdm die Zähne* ~ édenter
qn; *sich e-n Zahn* ~ se casser une
dent; *sich ein Stück aus e-m Zahn* ~
s'ébrécher une dent; *in Zorn* ~ se
mettre en colère; *der (Angst-)
Schweiß brach mir aus* j'en ai eu une
suée; **A~en** *n (aus d. Gefängnis, Käfig)* évasion; *(e-s Pferdes)* dérobade
f; **A~er** *m* évadé, échappé *m.*
aus=breit|en *tr (a. d. Arme)* étendre;
*(entfalten, aufspannen, a. e-n
Schirm, die Flügel)* déployer; *(au-
sea.falten)* déplier; *(aufrollen)*
dérouler; *(Waren auslegen)* étaler;
phys diffuser; *fig* répandre, propager;
sich ~ *(Feuer)* se propager; *(Krankheit, phys: Wellen)* se répandre; *(Un-*

sitte) faire tache d'huile; *(Ebene)* s'étendre; **A~en** *n* extension *f;* déploiement; étalage *m;* **A~ung** *f* ⟨-, (-en)⟩ *phys* diffusion; *(des Lichtes)* propagation; *(e-r Krankheit)* extension *f.*

aus=brennen *tr* ⟨aux: haben⟩ *(verbrennen, völlig austrocknen)* brûler; *med (Wunde)* cautériser; *itr* ⟨aux: sein⟩ *(innen verbrennen)* être consumé par le feu; ⟨aux: haben⟩ *(aufhören zu brennen)* cesser de brûler, s'éteindre; *ausgebrannter Vulkan m* volcan *m* éteint; **A~** *n (e-r Wunde)* cautérisation *f.*

aus=bringen *tr mar (Boot)* mettre à l'eau; *tech (leisten)* rendre, produire; *jds Gesundheit* ~ boire à la santé de qn; *e-n Trinkspruch auf jdn* ~ porter un toast à qn; **A~** *n mar* mise *f* à l'eau.

Ausbruch *mil (Ausfall)* sortie; *(e-s Vulkans)* éruption, explosion; *(e-r Krankheit)* apparition; *(e-r Seuche)* invasion *f; (e-s Krieges)* déclenchement; *(e-s Gefühls)* déchaînement; *(der Freude)* transport *m; (der Heiterkeit)* explosion *f; (e-s Gelächters)* éclat; *(des Zornes)* sursaut *m; bei* ~ *des Krieges* lorsque la guerre éclata, à l'ouverture des hostilités; *zum* ~ *kommen (Krankheit)* se déclarer; **~sversuch** *m (e-s Sträflings)* tentative d'évasion; *mil* tentative *f* de sortie.

aus=brüten *(Eier)* couver; *(Junge)* faire éclore; *fig (aushecken)* couver, échafauder, machiner, *fam* concocter; **A~** *n* couvaison, incubation *f.*

aus=bucht|en ['-bʊxtən] *tr (wölben)* bomber; *tech* emboutir; **A~ung** *f (Wölbung)* bombement; *tech (Vorgang)* emboutissage; *mil (der Front)* saillant *m.*

aus=buddeln ['-bʊdəln] *tr fam* déterrer.

aus=bügeln *tr* repasser; *(Falte)* repasser à plat; *fig (schlichten)* arranger, réparer.

Ausbund *m* ⟨-(e)s, ø⟩ *(von e-m Menschen: Muster)* modèle, parangon *m; ein* ~ *von Gelehrsamkeit* un prodige d'érudition; *ein* ~ *von Frechheit* un insolent *od* impertinent fieffé.

aus=bürger|n ['-bʏrgərn] *tr* déclarer déchu de sa nationalité, expatrier; **A~ung** *f* privation *f* de nationalité.

aus=bürsten *tr* brosser, donner un coup de brosse à; *(abstauben)* épousseter.

Ausdauer *f* ⟨-, ø⟩ endurance, persévérance, persistance, constance, ténacité; *(Geduld)* patience; *(Wider-*

standsfähigkeit) résistance *f;* ~ *haben (bes. sport)* avoir du fond; **a~nd** *a* endurant, persévérant, persistant, constant, tenace; *(geduldig)* patient; *(widerstandsfähig)* résistant; *bot* vivace.

aus=dehn|en *tr* étendre, élargir; *phys* dilater, amplifier; *(verlängern)* allonger; *(zeitl.)* prolonger; *fig* étendre; *(vergrößern)* agrandir; *(erweitern)* amplifier; augmenter; *sich* ~ s'étendre *a. fig*, s'élargir, se dilater; s'allonger; se prolonger; *fig* s'agrandir; augmenter; **A~ung** *f (Vorgang)* extension *f*, élargissement *m; phys* dilatation; *(Weite, Umfang)* étendue *f; (Verlängerung)* allongement *m; (zeitl.)* prolongation *f; (Vergrößerung)* agrandissement *m*, augmentation *f; (Ausweitung, bes. pol)* expansion *f;* **A~ungskoeffizient** *m phys* coefficient *m* de dilatation; **A~ungsmesser** *m phys* dilatomètre; **A~ungsvermögen** *n* force *f* d'extension.

ausdenkbar *a* imaginable; **aus=denken** *tr* imaginer; *(ersinnen); (erfinden)* inventer; *sich etw* ~ s'imaginer qc; *das od es ist nicht auszudenken* c'est inimaginable.

aus=deut|en *tr (erklären)* expliquer, interpréter; **A~ung** *f* explication, interprétation; *(Text)* explication *f* de texte.

aus=dienen *itr: ausgedient haben (mil)* avoir achevé son service; *(Gebrauchsgegenstand)* être usé; *(Kleidungsstück a.)* n'en pouvoir *od* vouloir plus.

aus=drehen *tr tech (auf der Drehbank)* aléser; *(Gas)* fermer, éteindre; *(Licht)* éteindre.

Ausdruck *m* ⟨-(e)s, ⸚e⟩ *allg* expression *f; (Fach~)* terme *m; (Redensart)* locution *f; inform* listage *m; zum* ~ *bringen* exprimer, formuler; *(e-m Gefühl)* ~ *geben* exprimer (un sentiment); *zum* ~ *kommen (Gefühl)* se traduire *(durch* par); *sich im* ~ *od in s-n Ausdrücken mäßigen* mesurer ses expressions; *nach e-m passenden* ~ *suchen* chercher le mot *od* terme propre; *bildliche(r)* ~ expression imagée *od* figurée, métaphore *f*, trope *m; gebräuchliche(r) od geläufige(r)* ~ locution *f* courante; *glückliche(r)* ~ expression *f* heureuse; *juristische(r)* ~ terme *m* juridique *od* de droit; *schiefe(r) od ungenaue(r)* ~ impropriété *f* de terme; *veraltete(r)* ~ locution *f* vieillie *od* obsolète, archaïsme *m;* **aus=drucken** *tr typ (Wort)* imprimer en toutes lettres;

(Buch) achever d'imprimer; *itr (Stelle) schlecht* ~ sortir mal; *nicht ausgedruckte Stelle f* moine *m*; **a~slos** *a* sans expression, inexpressif; *(Stil)* sans vigueur, sans relief, plat; **~smittel** *n* moyen *m* d'expression; **~stanz** *m* danse *f* d'expression; **a~svoll** *a* plein d'expression, expressif; **~sweise** *f* manière *od* façon de s'exprimer, phraséologie; *(Sprechweise)* manière de parler, diction, élocution *f*; *(Schreibart, Stil)* style *m*.

aus=drück|en *tr (Zitrone, Schwamm)* presser; *(Saft e-r Frucht)* extraire, pressurer, exprimer; *(Zigarette)* écraser; *fig (zum Ausdruck bringen)* exprimer; *(äußern)* énoncer; *sich* ~ s'exprimer; s'énoncer; *(Gefühl)* se traduire *(durch* par); *etw klar od deutlich* ~ expliciter qc; *sich klar und deutlich* ~ *(a.)* mettre les points sur les i; *sich unbeholfen* ~ s'exprimer avec maladresse *od* gaucherie; *sich vorsichtig* ~ *(a.)* mesurer ses expressions; *sich nicht* ~ *lassen* être inexprimable; **~lich** *a* explicite; exprès, formel, strict; **~e(r) Befehl** *m* ordre *m* formel, injonction *f*.

aus=dulden *itr: ausgeduldet haben* être au terme de ses souffrances.

aus=dunst|en *tr* exhaler; **A~ung** *f* *(Vorgang)* exhalation, évaporation, émanation; *physiol* transpiration; *(das Ausgedunstete)* exhalaison *f*; *giftige* ~ miasme *m*.

aus=dünst|en *tr*, **A~ung** *f* = *ausdunsten etc.*

auseinander [aus²aı'nandər] *adv* séparés, éloignés *a pl* (l'un de l'autre); ~ *legen od rücken od setzen od stellen,* ~ *schreiben* séparer; ~ *liegen od sitzen od stehen* être séparés (l'un de l'autre); *die beiden sind 7 Jahre* ~ ils ont 7 ans de différence; **~=brechen** *tr (aux: haben)* rompre, casser; *itr (aux: sein)* (se) casser; **~=bringen** *tr* séparer, désunir; *(Sache)* disjoindre; **~=fallen** *(aux: sein) itr* tomber en morceaux, se défaire; *(Partei)* se disloquer; **~=falten** *tr (Taschen-, Mundtuch etc)* déplier; **~=fliegen** *(aux: sein) itr* se disperser; **~=gehen** *(aux: sein) itr* se séparer; *(Volksmenge)* se disperser, s'égailler; *(sich lockern)* se disloquer; *(aus den Fugen gehen)* se disjoindre; *(sich auflösen)* se dissoudre; *(strahlenförmig verlaufen)* diverger; *fam* grossir, prendre de l'embonpoint *fig (Meinungen)* diverger, différer, ne pas concorder; *im guten* ~ se séparer à l'amiable; *unsere Ansichten (und Gewohnheiten) gehen weit auseinander (a.)* nous ne

nous chauffons pas du même bois; **~=geraten** *(aux: sein) itr (sich aus d. Augen verlieren)* se perdre de vue; **~=halten** *tr fig* distinguer, discerner, démêler; **~=jagen** *tr* disperser; **~=klaffen** *itr* béer, être béant; **~=laufen** *(aux: sein) itr* se disperser, s'égailler; *mil* se débander; *(strahlenförmig verlaufen)* diverger; **~=legen** *tr* = ~*falten*; **~=nehmen** *tr (zerlegen)* déboîter, défaire, démonter; *(Balken, Bretter)* désassembler; **~=reißen** *tr* déchirer, rompre, mettre en morceaux; **~=rücken** *(aux: sein) itr* s'écarter, s'espacer, se mettre à distance; **~=setzen** *tr (erklären)* expliquer, exposer; *im einzelnen* détailler; *sich mit jdm über etw* ~ s'expliquer avec qn sur qc; *sich mit e-m Problem* ~ réfléchir à un problème; *sich mit s-n Gläubigern* ~ s'arranger *od (fam)* s'expliquer avec ses créanciers; *sich mit jdm ordentlich* ~ avoir une franche explication avec qn; **A~setzung** *f (Streit)* discussion, dispute, querelle *f*, démêlé; *com jur* arrangement, accord *m*; *mit jdm e-e* ~ *haben* avoir une discussion avec qn; *bewaffnete* ~ conflit *m* armé; **~=sprengen** *tr mil (Truppen)* dissocier, disperser; **~=stieben** *(aux: sein) itr* se disperser précipitamment; **~=streben** *(aux: sein) itr* tendre à se séparer; **~=treiben** *tr* disperser; **~=treten** *(aux: sein) itr* se séparer; **~=ziehen** *tr* séparer (en tirant); *(Fahrzeuge)* disperser; *mil (Truppen)* étirer; *sich* ~ s'étirer, se disperser.

auserkoren ['ausɛrko:rən] *a lit poet* = *auserwählt.*

auserlesen *a* choisi, de choix, sélectionné; *(nur Sache)* exquis; *das A~ste* le fin du fin.

aus=ersehen *tr* choisir; *(bestimmen)* désigner, destiner *(zu* à); *a* = *auserwählt.*

aus=erwähl|en *tr* choisir, élire; *(bestimmen)* désigner, destiner *(zu* à); *rel* prédestiner; **~t** *a* choisi; *bes. rel* élu; *die A~e f (Braut)* l'élue *f*; *die A~en m pl* les élus *m pl*; *viele sind berufen, aber wenige sind* ~ il y a beaucoup d'appelés, mais peu d'élus; *das* ~*e Volk (rel)* le peuple élu; **A~ung** *f* prédestination *f*.

aus=essen *tr (s-n Teller)* achever, vider; *itr* manger tout; *fig fam: man muß* ~*, was man sich eingebrockt hat* le vin est tiré, il faut le boire.

ausfahr|bar *a tech* à chariot; **aus=fahren** *tr (aux: haben) (spazierenfahren)* promener; *tech (Fahrgestell)* sortir, baisser, descendre; *mil (Pan-*

zerturm) extraire; *mar (Sehrohr)* sortir; *itr ⟨aux: sein⟩* aller se promener *od* sortir en voiture; *mines* (re)monter, sortir; **A~en** *n mines* remontée *f;* **A~t** *f (Herausfahren)* sortie; *(Spazierfahrt)* sortie *od* promenade en voiture; *(~sstelle)* sortie de voiture; *mines* remontée; *loc* sortie *f;* ~ *freihalten!* sortie de voiture.

Ausfall *m (beim Fechten)* attaque, passe, fente, botte; *mil* sortie; *(a. mit Worten)* attaque; *fig (Beleidigung)* offense, insulte, algarade *f; (Wegfallen)* manque *m,* perte *f; (e-r Silbe)* chute *f; com* moins-perçu *m,* différence *f* en moins; *fin (Fehlbetrag)* déficit; *tech mot* arrêt *m,* panne; *loc (von Zügen)* suppression; *(Ausgang, Ergebnis)* issue *f,* résultat *m; e-n ~ machen (beim Fechten)* se fendre, pousser une botte; **~bürge** *m jur* arrière-garant *m;* **~bürgschaft** *f* arrière-caution *f;* **aus=fallen** *⟨aux: sein⟩ itr (Haare, Zähne)* tomber; *(Samenkörner)* s'égrener; *(beim Fechten)* se fendre, pousser une botte; *mil* faire une sortie; *(wegfallen)* manquer, faire défaut; *tech mot* s'arrêter, tomber en panne; *(Veranstaltung)* n'avoir pas lieu; *(a. loc: Zug)* être supprimé; *(ausgehen, zu e-m Ergebnis kommen)* être, tourner, réussir; *falls jem ausfällt* en cas de défaillance de qn; *gut ~* avoir un bon résultat; être bon *od* une réussite; *schlecht ~* avoir un mauvais résultat; ~ *lassen* supprimer; *die Schule fällt aus* il n'y aura pas classe; *wie ist das Spiel ausgefallen?* quel est le résultat du match? **~en** *n (der Haare, Zähne)* chute *f;* **a~end** *a fig = ausfällig;* **~straße** *f* route *f* de sortie; **~winkel** *m phys* angle *m* de réflexion.

aus=fäll|en *tr chem (ausscheiden)* précipiter; **~ig** *a (beleidigend)* agressif, offensant, insultant.

aus=fasern *tr ⟨aux: haben⟩* effil(och)er; *itr ⟨aux: sein⟩* s'effil(och)er.

aus=fechten *tr: e-n Streit ~* vider une querelle.

aus=fegen *tr* balayer, nettoyer.

aus=feilen *tr* limer; *fig (sprachlich)* limer, raboter, châtier; *fam* fignoler.

aus=fertig|en *tr (Urkunde)* rédiger, dresser; *jur* grossoyer; *(Vertrag)* dresser; *ausgefertigt (pp) a.* fait; **A~ung** *f (e-r Urkunde)* rédaction, passation; *jur* grosse *f; (Exemplar e-r Urkunde)* exemplaire *m; in doppelter, dreifacher ~* en double, triple exemplaire; *zweite ~* duplicata, double *m,* copie *f; dritte ~* triplicata *m.*

aus=findig *a:* ~ *machen* trouver,

découvrir, déterrer, dénicher; *mil (orten)* repérer.

aus=fliegen *⟨aux: sein⟩ itr* s'envoler, quitter le nid; *a. fig fam (von Menschen)* prendre la poudre d'escampette; *(das Weite suchen)* prendre la clé des champs.

aus=fließen *⟨aux: sein⟩ itr* s'écouler, fuir; *fig (entströmen, ausgehen)* émaner *(von* de); ~ *lassen* faire écouler.

aus=flippen *⟨aux: sein⟩ itr* pop flipper.

Ausflucht *f ⟨-, ⁻e⟩ fig* faux-fuyant, subterfuge *m,* échappatoire, tergiversation *f,* détour; *(Vorwand)* prétexte *m; Ausflüchte machen* faire des détours, tergiverser, biaiser; *fam* tortiller; *leere Ausflüchte f pl* pauvres excuses *f pl.*

Ausflug *m (aus d. Nest)* envol *m,* sortie; *fig* excursion, randonnée *f,* tour *m; e-n ~ machen* faire une excursion; **~sdampfer** *m* vedette *f* d'excursion; **~sverkehr** *m* trafic *m* d'excursion.

Ausflügler *m ⟨-s, -⟩* ['-fly:klər] excursionniste, touriste *m.*

Ausfluß *m* écoulement *m,* fuite; *(~öffnung)* issue, embouchure; *(e-s Teichs)* décharge *f; med* écoulement, flux; *(Eiter)* pus *m; fig (Auswirkung)* émanation *f;* **~menge** *f (Wasserbau)* dépense *f;* **~rohr** *n* tuyau *m* de décharge; **~ventil** *n* soupape *f* de décharge.

aus=forschen *tr (Sache)* chercher à découvrir, explorer; *(Person)* sonder.

aus=fragen *tr* questionner, interroger; *fam* mettre sur la sellette; *(Angeklagten) raffiniert ~ (fam)* cuisiner; **A~** *n* interrogation *f.*

aus=fransen *tr ⟨aux: haben⟩* effranger; effilocher; *itr ⟨aux: sein⟩* s'effilocher.

aus=fräs|en *tr tech* fraiser; **A~ung** *f* fraisure *f.*

aus=fressen *tr (Krippe, Trog, Napf)* vider; *(alles fressen)* tout manger; *etw ausgefressen haben (fig fam)* avoir qc sur la conscience.

Ausfuhr *f ⟨-, -en⟩* exportation, sortie *f;* **~artikel** *m* article *m* d'exportation; **~bedingungen** *f pl* conditions *f pl* d'exportation; **~beschränkung** *f* restriction *f* à l'exportation *od* aux exportations; **~bestimmungen** *f pl* règlements *m pl* de l'exportation; **~bewilligung** *f,* **~genehmigung** *f* licence *f od* permis *m* d'exportation; **~erklärung** *f* déclaration *f* d'exportation; **~hafen** *m* port *m* d'exportation; **~handel** *m* commerce *m* d'exportation; **~land** *n* pays *m* exportateur; **~möglichkeit** *f* possibilité *f* d'exportation; **~prämie** *f* prime *f* à l'exportation; ~**sperre** *f* prohibition *f* d'exportation; ~**subvention** *f* subvention *f* à l'exportation; ~**überschuß** *m* excédent *m* d'exportation; ~**verbot** *n* défense *f* d'exporter, embargo *m;* ~**zoll** *m* droit(s *pl*) *m* d'exportation.

ausführbar *a (durchführbar)* faisable, exécutable, réalisable; *(Plan)* réalisable, viable; *(ausfuhrfähig)* exportable; **A~barkeit** *f ⟨-, (-en)⟩* possibilité d'exécuter *od* de réaliser; faisabilité, viabilité *f;* **aus≠führen** *tr (spazierenführen)* sortir, promener; *com* exporter; *(durchführen)* effectuer, venir à bout de; *(Auftrag, Befehl)* exécuter, accomplir; *(Bau)* mettre en action, réaliser; *(Bau)* élever; *(darlegen)* traiter, exposer, développer, expliquer; **A~ende(r)** *m mus* exécutant, interprète *m;* ~**lich** *a* ample, détaillé, circonstancié; *adv* en détail; ~ *beschreiben* décrire longuement; ~ *erzählen* raconter par le menu; ~ *über etw sprechen* discourir sur *od* de qc; **A~lichkeit** *f ⟨-, ø⟩* abondance des détails; *(Weitschweifigkeit)* prolixité *f;* **A~ung** *f (er Arbeit, e-s Auftrags)* exécution *f,* accomplissement *m; (e-s Plans)* réalisation, mise en action; *(Bauart, Stil, mus)* facture; *(Anfertigung)* confection *f; (Herstellungsweise, Modell)* type, modèle *m; (Buch: Ausstattung)* présentation; *(Qualität)* qualité *f; (Darlegung: Tätigkeit)* développement *m,* explication *f; (das Dargelegte)* exposé *m; in ~* en cours d'exécution; *zur ~ bringen* mettre à exécution; *zur ~ kommen* être exécuté; se réaliser; *zur ~ schreiten* venir au fait; **A~ungsfehler** *m* vice *m* d'exécution; **A~ungsgesetz** *n* loi *f* d'exécution; **A~ungskommando** *n mil* commandement *m* d'exécution.

aus≠füll|en *tr (Loch, Graben)* combler *(mit* de); *(aufschütten)* remblayer; *(Formular)* remplir; *(Posten, Stellung)* tenir, remplir; *s-e Freizeit ~* meubler ses loisirs; *die Lücken ~* combler les lacunes; **A~steg** *m typ* garniture *f;* **A~ung** *f* remblayage; remplissage *m.*

Ausgabe *f (Verteilung)* distribution; *(von Banknoten und Wertpapieren)* émission; *(von Fahrkarten etc)* délivrance; *(Geld~)* dépense; *(e-s Buches)* édition *f; jds ~n bestreiten* subvenir aux dépenses de qn; *sinnlose ~n machen* faire des folies; *amtliche ~ (Druckwerk)* édition *f* officielle; *kleine ~n pl* menues dépenses *f pl; laufende ~n* dépenses courantes; *die*

neueste ~ *(e-s Buches)* la dernière édition (d'un livre); ~**nbuch** *n* livre *m* des dépenses; ~**stelle** *f* centre *od mil* poste *m* de distribution.

Ausgang *m* sortie *f; (e-s Engpasses)* débouché *m; (Ende)* fin *f,* dénouement; *(Ergebnis)* résultat *m; pl (ausgehende Post)* courrier *m* à poster; ~ *haben (Hausangestellte)* avoir sortie; *mil* être de sortie, avoir quartier libre; *s-n ~ nehmen von* tirer son origine de, avoir son origine dans; *keinen guten ~ nehmen* finir mal; *kein ~!* sortie interdite, impasse; *unglückliche(r) ~* catastrophe *f; Unfall m mit tödlichem ~* accident *m* mortel; ~**sbasis** *f* base *f* de départ; ~**sbeschränkung** *f (für Zivilisten)* couvre-feu *m;* ~**serlaubnis** *f (schriftliche)* exeat *m;* ~**shafen** *m* port *m* de départ; ~**slage** *f* situation *f* initiale *od* de départ; ~**sleistung** *f radio* puissance *f* de sortie; ~**smaterial** *n* produit *m* de base *od* de départ; ~**spreis** *m* prix *m* de départ; ~**spunkt** *m* point de départ, point zéro; *scient* épicentre *m; (e-r Bahnlinie)* tête *f* de ligne; ~**sschein** *m* bulletin *m* de sortie; ~**sstellung** *f* position *f* initiale *od* de départ; *sich in s-e ~ zurückziehen (mil)* se replier sur ses bases; ~**sstufe** *f* étage *m* de sortie; ~**sverbot** *n* consigne *f.*

aus≠geben *tr (verteilen)* distribuer; *(Banknoten und Wertpapiere)* émettre, mettre en circulation; *(Fahrkarten etc)* délivrer; *(Ertrag geben)* rendre, être rentable; *(Geld)* dépenser, débourser; *(Befehl, mil: Parole)* donner; *(Bericht)* publier; *sich ~ se donner, se dépenser; (sich) ~ als, für* (se) faire passer pour, (se) donner pour; *ohne e-n Pfennig auszugeben* sans bourse délier; *einen ~ (fam: etw spendieren)* payer une bouteille *od* un coup à boire *pop; das Geld mit vollen Händen ~* gaspiller l'argent.

ausgebildet *a, a. mil* instruit.

ausgeblutet *a* saigné à blanc.

ausgebombt *a* sinistré (par les bombardements).

ausgebrannt *a* brûlé.

Ausgeburt *f* avorton, produit *m,* création *f; ~ der Hölle* monstre *m* échappé de l'enfer.

ausgedehnt *a* étendu; *(groß)* vaste.

ausgedient *a mil (entlassen)* libéré, *fam (pensioniert)* retraité, en retraite; *(Gebrauchsgegenstand)* hors d'usage *od* de service, usé.

ausge|dorrt *a,* ~**dörrt** *a (Boden)* desséché.

ausgefallen *a (seltsam, selten)* étrange, singulier, rare.

ausgefranst *a* effrangé, effil(och)é.

ausgeglichen *a (in der Form)* (bien) proportionné; *(Budget)* en équilibre; *(Mensch)* (bien) équilibré; *(Charakter)* pondéré, harmonieux; **A~heit** *f* équilibre *m;* pondération, harmonie *f.*

aus=geh|en ⟨*aux: sein*⟩ *itr* sortir; *(Haare)* tomber; *(Feuer, Licht, Zigarre)* s'éteindre; *(Ware, Geld)* commencer *od* venir à manquer; *(Vorrat)* s'épuiser; *(enden)* finir, tourner *(gut* bien, *schlecht* mal); *(Wort)* se terminer *(auf* en, *auf e-n Vokal* par une voyelle); ~ *von (herkommen, s-n Ausgang nehmen)* partir de, commencer par; *fig* se dégager, émaner de; *auf etw* ~ tendre, viser, aspirer à qc; *darauf* ~ *zu ... (a.)* avoir pour but de ...; *auf Abenteuer* ~ chercher aventure; *auf Betrug* ~ essayer de tromper; *frei* ~ (en) être quitte; *gut* ~ *(a.)* avoir une heureuse issue; *leer* ~ revenir les mains vides *od* bredouille; *ungestraft* ~ rester impuni, échapper à la punition; *vom Volk* ~ *(pol: Gewalt)* émaner du peuple; *wieder* ~ *(Genesender)* quitter la chambre; ~ *lassen (Feuer)* laisser éteindre *od* tomber; *(Hochofen)* mettre hors feu; *der Atem ging mir aus* je perdis haleine; *die Geduld geht mir aus* ma patience est à bout; *mir ist das Geld ausgegangen* je suis à sec; *ich gehe davon aus, daß ...* je pars du principe que ...; **A~tag** *m (Hausangestellte)* jour *m* de sortie; **A~uniform** *f* tenue *f* de sortie *od* de ville; **A~verbot** *n mil* consigne *f.*

ausgehungert *a* affamé, famélique.

ausgeklügelt *a* raffiné.

ausgekocht *a fig fam (gerissen)* retors, roublard.

ausgelassen *a* gaillard, folâtre; mutin, pétulant, exubérant; ~ *sein (a.)* prendre ses ébats; **A~heit** *f* gaillardise, folâtrerie; pétulance, exubérance *f.*

ausgeleiert *a (abgenutzt)* usé, fatigué; *(Redensart)* rebattu; ~ *sein* avoir du jeu.

ausgelernt *a (Handwerker)* sorti d'apprentissage.

ausgemacht *a (vereinbart)* entendu, arrêté; *(Preis)* convenu; *fig pej (Schelm, Narr)* fieffé, consommé; *~er Blödsinn* stupidité pure; ~*!* entendu! d'accord!

ausgemergelt *a* vidé jusqu'à la moelle, émacié, hâve.

ausgenommen *prp* excepté, à l'exception de, exception faite de; *lit* hormis; *bes. jur* sauf; *~, wenn ...* excepté

si ..., à moins de *inf; mich* ~ *(a.)* à part *od* sans moi.

ausgeprägt *a fig* marqué, prononcé; *scharf* ~ *(Profil)* accusé; *(Gesichtszüge)* accentué.

ausgepumpt *a fam (ermüdet)* fatigué, épuisé, las.

ausgerechnet *adv* justement, précisément.

ausgereift *a, a. fig* bien mûri.

ausgeruht *a* bien reposé.

ausgerüstet *a* garni, muni, pourvu *(mit* de); *mar* armé *(mit* de).

ausgeschlossen *a* exclu; *(unmöglich)* impossible; ~*!* impossible!

ausgeschnitten *a (Kleid)* décolleté.

ausgeschrieben *a (nicht abgekürzt)* en toutes lettres.

ausgesetzt *a: e-r S* ~ *sein* être exposé *od* en butte à qc; *e-r S wehrlos* ~ *sein* être en proie à qc.

ausgesprochen *a fig* prononcé, marqué; *e-e ~e Trinkernase* un nez caractéristique d'ivrogne; *adv* décidément, nettement, carrément; *ein* ~ *hübsches Kind* un enfant vraiment très joli.

aus=gestalt|en *tr* former, façonner; *(entwickeln)* développer; **A~ung** *f* formation *f,* façonnage; développement *m.*

ausgestorben *a: wie* ~ *(pred)* désert.

Ausgestoßene(r) *m* banni, réprouvé *m.*

ausgesucht *a* choisi, sélectionné; recherché; *fam* select; *(köstlich)* exquis; *com* de première qualité.

ausgetragen *a (Kind)* venu à terme.

ausgetreten *a (Weg)* battu; *~e Wege gehen* suivre les sentiers battus.

ausgewachsen *a* formé, fait; qui a terminé sa croissance; *(erwachsen)* adulte.

ausgewählt *a* sélectionné, choisi.

Ausgewiesene(r) *m* expulsé *m.*

ausgewogen *a (ebenmäßig)* (bien) proportionné; *(ausgeglichen)* équilibré; *(Satz)* arrondi; **A~heit** *f* balancement *m.*

ausgezeichnet ['---- / '--'--] *a* excellent; insigne, signalé, distingué; *adv a.* à merveille *(oft iron); jdm* ~ *passen (Kleidungsstück)* aller à qn comme un gant; *etw* ~ *verstehen* savoir qc sur le bout du doigt; *das od es geht* ~ ça va on ne peut mieux *fam;* ~*!* parfait! fameux! à merveille! *fam* chic alors!

ausgiebig *a* ample, copieux, abondant; *~en Gebrauch von etw machen* faire ample usage de qc; **A~keit** *f* abondance *f.*

aus=gieß|en *tr (Flüssigkeit)* verser,

répandre; *(ausschütten)* déverser; *(Gefäß)* vider; *fig sein Herz* ~ s'épancher; *(tech: füllen)* couler *(etw mit Zement* du ciment dans qc); **A~en** *n* (dé)versement; *tech* coulage *m;* **A~ung** *f:* ~ *des Heiligen Geistes* descente *f* du Saint-Esprit.

Ausgleich *m (Ausgleichung, a. sport)* égalisation; *(von Gegensätzen)* harmonisation; *(gleichmäßige Verteilung von Steuern etc)* péréquation *f; (Vergleich, a. pol)* arrangement, accord, accommodement, compromis *m; (~ e-s Kontos, des Haushalts)* balance *f,* équilibre *m; (Ersatz)* compensation *f; sport (Vorgabe)* handicap *m; zum* ~ *für* en compensation de; *als* od *zum* ~ *Ihrer Rechnung (com)* pour solde de votre compte; *e-n* ~ *schaffen* égaliser; compenser; **~betrag** *m (Restbetrag)* montant *m* du solde; **~düse** *f tech* gicleur *m* de compensation; **aus=gleichen** *tr (Unebenheiten, a. sport)* égaliser; *(Gegensätze)* harmoniser; *(gleichmäßig verteilen)* faire la péréquation de; *(Konto, Haushalt)* balancer, équilibrer; *(Verlust)* compenser; *(Schaden)* réparer; *(Defizit)* combler; *(Rechnung)* solder, régler; *(Streit)* arranger, accommoder; *sport* handicaper; *sich* ~ s'égaliser; *(sich aufheben)* se compenser; *(sich das Gleichgewicht halten)* s'équilibrer; *(nach e-m Streit)* en venir à un accord; *(sich aussöhnen)* se concilier; *sich gegenseitig* ~ se contre-balancer; *sich mit s-n Gläubigern* ~ s'accommoder avec ses créanciers; **a~end** *a* compensateur; *~e Gerechtigkeit f* justice *f* distributive; **~er** *m tech* égalisateur; *tele* rectificateur; *radio* redresseur *m;* **~gewicht** *n* contrepoids *m* d'équilibre; **~sentschädigung** *f* indemnité *f* compensatrice; **~sfonds** *m* fonds *m* de péréquation od de compensation; **~sgetriebe** *n mot* (engrenage) différentiel *m;* **~skasse** *f* caisse *f* de compensation; **~sposten** *m com* poste *m* de compensation; **~sprämie** *f* prime *f* de compensation; **~stor** *n sport* but *m* égalisateur; **~strom** *m el* courant *m* compensateur; **~sverfahren** *n fin (Verrechnungsverfahren)* clearing *m;* **~szahlung** *f* paiement *m* pour solde; **~ung** *f (Herstellung des Gleichgewichts)* égalisation; péréquation *f;* **~welle** *f mot* arbre *m* du différentiel.

aus=gleiten *itr,* **aus=glitschen** *itr ‹aux: sein› fam* glisser, faire une glissade.

aus=glühen *tr ‹aux: haben› tech*

(re)cuire; *chem* calciner; *itr ‹aux: sein›* s'éteindre, se consumer.

aus=grab|en *tr allg* déterrer; *(Verschütteten)* dégager; *(Leiche)* exhumer; *(Archäologie, Paläontologie, zu Forschungszwecken)* fouiller; *fig (wieder ans Licht ziehen)* déterrer; réveiller; *fam* ressortir; *(literarisches Werk)* exhumer, redécouvrir; **A~ung** *f* déterrement; dégagement *m;* exhumation; *(des Forschers)* fouille (s *pl) f.*

aus=greifen *itr (bes. Pferd, Mensch fam)* allonger le pas; **~d** *a fig: weit ~e Pläne m pl* projets *m pl* de grande portée.

Ausguck *m ‹-(e)s, -e› [-ˈgʊk]* poste *m* d'observation; *mar* vigie; *(Mastkorb)* hune *f; auf dem* ~ *stehen* épier; **aus= gucken** *itr: nach jdm* ~ attendre qn; *tr: sich die Augen* ~ écarquiller les yeux.

Ausguß *m (in der Küche)* évier; *metal* déversoir *m;* **~eimer** *m* seau *m* à eaux sales; **~rohr** *n* tuyau *m* d'écoulement.

aus=hacken *tr* arracher *(mit dem Schnabel* à coups de bec; *mit der Hacke* à coups de pioche); *(die Augen)* crever; *e-e Krähe hackt der ander(e)n kein Auge aus (prov)* les loups ne se mangent pas entre eux.

aus=haken *tr* dégrafer, décrocher; *itr fam* ne plus tourner rond, foirer.

aus=halten *tr (Druck, Belastung, a. fig)* soutenir; *fig (ertragen)* supporter, endurer; *(Ton)* tenir; *(Menschen unterhalten, ernähren)* entretenir; *itr (durchhalten)* tenir (bon), durer, persévérer; *es vor ... nicht mehr* ~ n'en pouvoir plus de ...; *ich halte es nicht mehr aus* je n'en puis plus; *es ist nicht (mehr) zum A~* c'est à n'y plus tenir.

aus=handeln *tr (durch Verhandlung festlegen)* négocier.

aus=händig|en *[ˈ-hɛndɪgən] tr* remettre (en mains propres); délivrer; **A~ung** *f* remise, délivrance *f.*

Aushang *m (Plakat)* affiche *f,* placard, écriteau *m; durch* ~ *bekanntgeben* annoncer par voie d'affiche(s).

Aushäng|ebogen *m typ* bonne feuille *f;* **aus=hängen** *tr (Fenster)* décrocher; *(Tür)* déboîter; *tech* dé(sem)brayer, démonter; *(Anschlag, Plakat, Schild)* afficher; *itr (Plakat)* être affiché; *sich* ~ se décrocher; *(Kleidung)* se défroncer; **~eschild** *n* enseigne *f; als* ~ *dienen (fig: Reklame machen)* servir d'argument publicitaire od de faire-valoir.

aus=harren *itr* persévérer *(in* dans);

(sich gedulden) patienter; **A~** *n* persévérance *f.*

aus=hauchen *tr* expirer, exhaler; *s-e Seele ~* rendre le dernier soupir *od* l'âme.

aus=hauen *tr tech* tailler.

aus=heb|en *tr (Erde, Steine, Bäume, Wurzeln)* extraire, enlever; *(Graben, a. mil)* creuser, déblayer; *tech (aus der Gießform nehmen)* démouler; *(Tür)* déboîter; *(Fenster)* décrocher; *(Vögel aus dem Nest, a. fig: Verbrecher)* dénicher; *mil (feindliche Stellung)* dénicher, déloger; *mil (Truppen)* lever, recruter; **A~ung** *f mil* levée *f,* recrutement *m,* conscription *f.*

aus=hecken *tr fam (ersinnen)* machiner, tramer, ourdir; élucubrer, imaginer, *fam* concocter, pondre.

aus=heilen *tr (aux: haben)* u. *itr (aux: sein)* guérir (complètement).

aus=helfen *itr* aider, assister *(jdm mit etw* qn de qc); *jdm* tirer qn d'affaire *od* d'embarras, donner un coup de main à qn; *fam* dépanner qn.

Aushilf|e *f* aide, assistance *f,* secours *m; Stenotypistin zur ~* sténo *f* intérimaire; = *~skraft;* **~skellner** *m* extra *m;* **~skraft** *f* aide, auxiliaire *m f;* **a~sweise** *adv* à titre provisoire, provisoirement.

aus=höhl|en *tr* creuser, excaver; *tech* évider; *fig* vider (de sa substance); **A~ung** *f* creusage, creusement *m,* a excavation *f;* évidage *m.*

aus=holen *itr (zum Schlag)* lever *od* allonger le bras, lever la main; *tr fam* = *aushorchen; weit ~ (fig: in der Erzählung)* remonter au déluge; *weiter ~ (fig)* reprendre de plus haut *od* de plus loin; *jdn ~* sonder qn.

aus=holzen *tr (Wald)* déboiser, éclaircir.

aus=horchen *tr: jdn ~* sonder qn *(über* sur); tâter le pouls à qn; *fam* tirer les vers du nez à qn; surprendre les paroles de qn; *sich ~ lassen* se laisser pénétrer.

aus=hungern *tr mil* réduire par la famine.

aus=husten *tr* expectorer (en toussant); *Schleim ~* grailloner; *itr: ausgehustet haben* avoir cessé de tousser.

aus=kämmen *tr (ordnen)* peigner, démêler; *(entfernen)* enlever avec le peigne; *fig (Personal)* trier, filtrer.

aus=kämpfen *tr (Kampf)* terminer, vider; *(Sache)* essayer d'acquérir de haute lutte; *itr: ausgekämpft haben* avoir cessé de combattre *od* de lutter.

aus=kaufen *tr (Laden)* acheter toutes

les marchandises de; *(Teilhaber)* désintéresser.

aus=kegeln *tr: etw ~ (um etw kegeln)* jouer qc aux quilles; *fig fam = verrenken.*

aus=kehl|en *tr arch tech* canneler; **A~ung** *f* cannelure *f.*

aus=kehr|en *tr* balayer, nettoyer; *flüchtig ~* donner un coup de balai à.

aus=kennen, *sich* s'y connaître; *fig* s'y retrouver; *sich nicht mehr ~* ne plus s'y reconnaître, y perdre son latin; *sich in etw genau od gut ~* en savoir long, être ferré sur qc.

aus=kernen *tr (Äpfel)* ôter les pépins de, épépiner; *(Kirschen)* ôter les noyaux de.

aus=kippen *tr (Ladung)* verser, décharger.

aus=klammern *tr math* enlever les parenthèses de; *allg fig* exclure, ignorer, laisser de côté.

Ausklang *m fig (e-s Festes)* fin *f.*

ausklappbar *a tech* amovible, escamotable.

aus=klauben *tr, a. fig* éplucher; *mines* trier.

aus=kleid|en *tr* déshabiller; *mit etw (Fläche, Raum)* revêtir *od* garnir de qc; *sich ~* se déshabiller; **A~eraum** *m* vestiaire *m;* **A~ung** *f (Verzierung; Tätigkeit)* revêtement *m; (Sache)* garniture *f.*

aus=kling|eln *tr (Bekanntmachung)* annoncer au son d'une clochette; **~en** *(aux: sein) itr (Ton)* cesser de résonner, expirer, mourir; *fig* s'achever *(mit par); harmonisch ~ (Fest)* se terminer dans la bonne entente.

aus=klink|en *tr tech* déclencher; *(Segelflugzeug)* larguer; **A~vorrichtung** *f* mécanisme de déclenchement *od aero* de largage, déclic *m.*

aus=klopf|en *tr (Kleider, Teppich)* battre, frapper, épousseter; *(Pfeife)* débourrer; *tech (Kessel)* piquer; **A~er** *m (Gerät)* tapette; *(Stock)* baguette *f* à épousseter.

aus=klügeln *tr* imaginer.

aus=knipsen *tr fam (Licht)* éteindre.

aus=knobeln *tr fam: etw ~ (um etw würfeln)* jouer qc aux dés; *fig fam = ausklügeln.*

ausknöpfbar *a (Mantelfutter)* amovible, mobile.

aus=kochen *tr (Fleisch)* faire bien cuire; *(den Saft)* extraire par la cuisson; *(Wäsche)* faire bouillir; *med (Instrumente)* stériliser; **A~** *n med* stérilisation *f.*

aus=kommen *(aux: sein) itr (Vogel)* = *ausschlüpfen; mit jdm ~* s'entendre avec qn; *mit etw ~* avoir assez de qc, se tirer d'affaire avec qc; *mit s-m Gelde (gerade)* ~ joindre les deux bouts; *mit jdm gut* ~ s'accorder bien *od* être en bons termes avec qn; *ohne etw* ~ können savoir se passer de qc; **A~** *n: sein* ~ *haben* avoir de quoi vivre *od fam* la matérielle; *sein gutes* ~ *haben* avoir largement de quoi vivre; *es ist kein* ~ *mit ihm* on ne sait par quel bout *od* par où le prendre, il est insupportable; **auskömmlich** ['aʊskœmlıç] *a (Gehalt)* suffisant; *adv* suffisamment, assez.

aus≈körnen *tr (Ähre, Maiskolben)* égrener.

aus≈kosten *tr (genießen)* jouir de ... (jusqu'au bout), savourer; *etw bis zur Neige* ~ boire qc jusqu'à la lie.

aus≈kotzen *tr pop* dégueuler.

aus≈kramen *tr fam (Behälter)* vider; *(Waren, fig: Neuigkeiten)* déballer, étaler; *sein Wissen* ~ *(a.)* vider son sac.

aus≈kratz|en *tr* effacer en grattant, gratter, racler; *(die Augen)* arracher (avec les ongles); *med* cureter; *ea. die Augen* ~ s'arracher les yeux; **A~ung** *f med* curetage *f.*

aus≈kugeln *tr: sich den Arm* ~ se démettre le bras; **A~** *n med* dislocation *f.*

aus≈kundschaften *tr (erforschen)* explorer; *(ausspionieren)* espionner; *mil* reconnaître; **A~** *n* exploration *f;* espionnage *m;* reconnaissance *f.*

Auskunft *f* ⟨-, ̈-e⟩ ['kʊnft, '-kʏnftə] information *f;* renseignement *m (über* sur); *die* ~ le bureau d'information, *(Bahnhof)* les renseignements *m pl;* *um* ~ *bitten* demander des renseignements; *über jdn, etw Auskünfte einholen* prendre des renseignements sur qn, sur qc; ~ *über etw erteilen* renseigner sur qc; *(nähere)* ~ *erteilen* donner *od* fournir des renseignements (détaillés); *nähere* ~ *erteilt od erteilen* ... pour de plus amples renseignements s'adresser à ...; ~**ei** [-'taı] *f* bureau *m od* agence *f od* service de renseignements, bureau *od* centre *m* d'informations; ~**sbeamte(r)** *m* agent *m* de renseignements; ~**sersuchen** *n* demande *f* de renseignements; ~**smittel** *n* expédient *m,* ressource *f;* ~**spflicht** *f* obligation *f* de fournir des renseignements; ~**sschalter** *m* (guichet *m* des) renseignements *m pl;* ~**sstelle** *f* = ~ei.

aus≈kupp|eln *tr tech* déclencher, débrancher; *loc* désaccoupler; *mot* débrayer; **A~(e)lung** *f* déclenchement, débranchement; désaccouplement; débrayage *m.*

aus≈kurieren *tr* guérir d'une manière radicale.

aus≈lachen *tr: jdn* ~ rire, se moquer, se gausser de qn.

aus≈lad|en *tr* décharger; *mar (Waren)* débarquer, débarder, *(Schiff)* décharger; *(Gast)* désinviter, décommander l'invitation de; *itr, bes. arch (weit vorstehen)* faire saillie; **A~en** *n* déchargement; *mar* débarquement, débardage, délestage *m;* ~**end** *a, bes. arch* saillant, en saillie, proéminent; *(Hüfte)* large; *(Boot)* aux formes lourdes; *weit* ~ *(Geste, Gebärde)* démonstratif, oratoire; **A~eplatz** *m* = A~estelle; **A~er** *m (Arbeiter)* déchargeur; *mar* débardeur, docker *m;* **A~estelle** *f* débarcadère *m;* **A~ung** *f arch* saillie *f,* surplomb *m;* *tech (Spannweite)* volée; *(e-s Krans)* portée *f.*

Auslage *f com* étalage *m;* montre *f;* *(vor dem Laden)* éventaire *m;* *(Fechten)* (position de) garde *f;* *pl (Geld~n)* débours *m (pl);* *(Kosten)* frais *m pl;* *(Ausgaben)* dépenses *f pl;* *die* ~*n decken (com)* couvrir les frais; *jdm die od s-e* ~*n (zurück)erstatten od vergüten* rembourser ses frais *od* dépenses à qn, rembourser qn de ses frais *od* dépenses; *allgemeine, sonstige* ~*n* frais *m pl* généraux, divers; ~**nerstattung** *f* remboursement *m* des frais.

Ausland *n* ⟨-(e)s, ø⟩ étranger, extérieur *m; Kapital im* ~ *anlegen* exporter des capitaux; *ins* ~ *gehen* aller à l'étranger; *aus dem* ~ *kommen* venir de l'étranger; *im* ~ *leben* vivre à l'étranger; ~**sanleihe** *f* emprunt *m* extérieur; ~**saufenthalt** *m* séjour *m* à l'étranger; ~**sauftrag** *m* *com* commande étrangère; *pol* mission *f* à l'étranger; ~**sbesitz** *m* propriété *f* à l'étranger; ~**sbeziehungen** *f pl* relations *f pl od* rapports *m pl* avec l'étranger; ~**sdeutsche(r** *m)* *f* Allemand, e *m f* vivant à l'étranger; ~**sdienst** *m* service *m* à l'étranger; ~**serzeugnis** *n* produit *m* étranger; ~**sforderungen** *f pl* créances *f pl* sur l'étranger; ~**sgelder** *n pl* capitaux *m pl* étrangers; ~**sgeschäft** *n* opération *f* avec l'étranger; ~**sgespräch** *n tele* communication *f* internationale; ~**sguthaben** *n* avoir *m* à l'étranger; ~**shandel** *m* commerce *m* extérieur; ~**shilfe** *f* aide *f* à l'étranger; ~**skorrespondent** *m (e-r Zeitung)* correspondant à l'étranger; *(e-r Firma)* correspondancier *m* pour l'étranger; ~**skredit** *m* crédit *m* (de l')étranger; ~**slieferung** *f (ins Ausland)* livraison *f* (destinée) à l'étranger; ~**smarkt** *m* marché *m* étranger *od* extérieur; ~**snachrichten** *f pl* nouvelles *f pl* de l'étranger; ~**sporto** *n* port pour l'étranger, tarif *m* international; ~**spostanweisung** *f* mandat *m* (de poste) international; ~**spresse** *f* presse *f* étrangère; ~**sreise** *f* voyage *m* à l'étranger; ~**sscheck** *m* chèque *m* à l'étranger; ~**sschulden** *f pl* dettes *f pl* à l'étranger; *pol* dette *f* extérieure; ~**starif** *m* tarif *m* international; ~**stelegramm** *n* télégramme *m* international; ~**svertreter** *m com* agent *m* commercial à l'étranger; ~**svertretung** *f* représentation *f* à l'étranger; ~**sware** *f* marchandise *f* provenant de l'étranger; ~**swechsel** *m fin* lettre *f* de change étrangère; ~**swerbung** *f* publicité *f* étrangère; ~**swerte** *m pl fin* valeurs *f pl* étrangères, titres *m pl* étrangers.

Ausländ|er *m* ⟨-s, -⟩ étranger *m; uner-wünschte(r)* ~ indésirable; *(in Frankr.)* métèque *m;* **a~erfeindlich** *a* hostile aux étrangers, xénophobe; ~**erfeindlichkeit** hostilité aux étrangers, xénophobie *f;* **a~erfreundlich** *a* xénophile; ~**erhaß** *m* xénophobie *f;* ~**erin** *f* étrangère *f;* ~**erpolitik** *f* politique *f* concernant les travailleurs étrangers et les immigrés; **a~isch** *a* étranger; *com* provenant de l'étranger; ~*e Zahlungsmittel n pl* devises *f pl.*

aus=langen *itr fam* = *ausholen (itr).*

Auslaß *m* ⟨-sses, ⁝sse⟩ ['las(əs), -lɛsə] *tech (Öffnung)* sortie, issue *f; tech (Auspuff)* échappement *m;* ~**rohr** *n* tuyau *m* d'échappement; ~**ventil** *n* soupape *f* d'échappement.

aus=lass|en *tr (Saum am Kleid)* défaire, sortir; *(Fett)* faire fondre; *(weglassen)* omettre, oublier; *(absichtlich)* supprimer, retrancher; *sich über etw* ~ *(äußern)* s'étendre, s'expliquer sur qc; *s-e schlechte Laune an jdm* ~ passer sa mauvaise humeur sur qn; *e-e Note* ~ *(mus. a. fam)* croquer une note; *s-e Wut an jdm* ~ passer *od* décharger sa colère sur qn; **A~ung** *f (Weglassung)* omission; *(Streichung)* suppression *f,* retranchement *m; jur* = *Aussage;* **A~ungspunkte** *m pl gram* points *m pl* de suspension; **A~ungssatz** *m gram* ellipse *f;* **A~ungszeichen** *n gram* apostrophe *f.*

aus=last|en *tr tech* utiliser (à plein), charger; *(Person)* occuper à plein temps; *ausgelastet sein* être occupé à plein temps; **A~ungsgrad** *m* degré *m* d'utilisation, taux *m* de charge.

Auslauf *m* ⟨-(e)s, (⁝e)⟩ *(des Geflügels)* basse-cour *m; (Schi)* piste *f* de descente; *(e-s Schiffes)* départ; *aero (beim Landen)* roulement à l'atterrissage; dégagement, espace libre; *(Pisten~)* bout *m* de piste; **aus=laufen** *⟨aux: sein⟩ itr* sortir; *(Schiff)* partir *(nach* pour), prendre la mer; *(abfließen)* (s'é)couler, fuir; *(Gefäß, Behälter)* fuir; *(zuletzt übergehen in)* se terminer (en); *fig (enden)* s'arrêter; finir *(auf* par), aboutir *(auf* à); *sich* ~ *(fam)* faire une longue marche; *spitz* ~ se terminer en pointe; ~ *lassen (Schiff)* mettre à la mer; *(com) e-e Serie* ~ *lassen* épuiser une série; ~**strecke** *f aero* distance *f* de roulement à l'atterrissage.

Ausläufer *m (Laufjunge)* garçon de course(s), saute-ruisseau; *(e-s Hotels)* chasseur; *(e-s Gebirges)* contrefort *m.*

aus=laug|en *tr (den Boden)* amaigrir, appauvrir; *chem* extraire, lessiver; *ich bin wie ausgelaugt* je suis fourbu *od fam* lessivé; **A~en** *n,* **A~ung** *f* appauvrissement *m;* extraction *f,* lessivage *m.*

Auslaut *m gram* son *m* final, finale *f; im* ~ en position finale, à la fin (d'un mot); **aus=lauten** *itr (Wort)* se terminer *(auf* par *od* en).

aus=läuten *tr (durch Läuten bekanntgeben)* annoncer au son des cloches; *itr: ausgeläutet haben* avoir cessé *od* achevé de sonner.

aus=leben, *sich* vivre sa vie; *sich hemmungslos* ~ s'abandonner à la luxure.

aus=lecken *tr* lécher, *(Tier)* laper (complètement).

aus=leer|en *tr* vider; *(Grube)* vidanger; *(den Darm)* évacuer; **A~ung** *f* vidage *m;* vidange; évacuation *f.*

aus=leg|en *tr (Waren)* étaler; *(Kabel)* dérouler; *(verkleiden, überziehen)* revêtir, garnir *(mit* de); *(Boden)* recouvrir *(mit* de); *(inkrustieren)* incruster, marqueter; *(Geld vorschießen)* avancer; *(deuten)* interpréter; *(erklären)* expliquer, commenter; *falsch* ~ mal interpréter; *übel* ~ prendre en mauvaise part; **A~er** *m (e-s Krans)* bras *m,* flèche, volée *f; mar* balancier; *fig (Deuter)* interprète; commentateur *m;* **A~erboot** *n (der Polynesier)* pirogue *f* à balancier; **A~erkran** *m* grue *f* à flèche; **A~ung** *f fig* interprétation; explication *f,* commentaire *m; (der Bibel)* exégèse *f; verschiedene* ~*en zulassen* souffrir plusieurs interprétations.

aus=leiden *itr: ausgelitten haben* avoir cessé de souffrir.

Ausleih|e f ‹-, -n› *(von Büchern)* prêt *m* à domicile; *(Raum)* salle f de prêt; **aus=leihen** *tr* prêter; *sich etw von jdm ~* emprunter qc à qn; *~ung* f prêt *m*.

aus=lernen *tr* achever d'apprendre; *itr (Handwerkslehrling)* finir son apprentissage; *man lernt nie aus (prov)* on n'a jamais fini d'apprendre.

Auslese f choix; *(durch Sortieren)* tri(age) *m; bes. biol* sélection f; *(Wein)* grand vin, vin *m* de cru; *(Blütenlese, Buch)* anthologie; *(Elite)* élite, *fam* crème f; **aus=lesen** *tr (auswählen)* choisir, élire; *(sortieren)* trier; *bes. biol* sélectionner; *(zu Ende lesen)* lire jusqu'au bout, achever de lire; *~prüfung* f examen de sélection, concours *m*.

aus=lichten *tr (Baum)* dégarnir, élaguer, émonder.

aus=liefer|n *tr (Ware)* (dé)livrer, expédier; *(Verbrecher)* remettre, extrader; *jdm, e-r S ausgeliefert sein (fig)* être à la merci de qn, de qc; **A~ung** f *(von Waren)* délivrance, livraison, expédition f; *(e-s Verbrechers)* extradition f; **A~ungsantrag** *m jur pol* demande f d'extradition; **A~ungstag** *m com* jour *m* de livraison; **A~ungsvertrag** *m jur pol* traité *m* d'extradition.

aus=liegen *itr (Ware)* être étalé *od* à l'étalage; *(Buch)* être en consultation *od* sur présentoir; *(Zeitung)* être à la disposition des clients.

Auslobung f ‹-, -en› ['-lo:buŋ] *jur* promesse f de récompense.

aus=löffeln *tr* manger (à la cuiller); *die Suppe ~ müssen (fig)* (avoir à) payer les pots cassés; *die Suppe, die man sich eingebrockt hat, muß man auch ~ (prov)* quand le vin est tiré, il faut le boire.

aus=löschen *tr (Feuer, Licht)* éteindre; *(Schrift u. fig)* effacer; **A~** *n* extinction f; effacement *m*.

Auslös|ehebel *m (z. B. e-r Büromaschine)* levier *m* de déclenchement *od* de débrayage; *~eknopf* *m tech* déclencheur *m;* **aus=lösen** *tr (Pfand)* dégager, retirer; *(Wechsel)* acquitter; *(Gefangenen)* racheter; *tech phot fig (veranlassen)* déclencher; *tech* débrayer; *fig (Empfindungen, Gefühle)* provoquer, susciter; *~er* *m tech phot* déclencheur *m; ~evorrichtung* f dispositif de déclenchement, déclic *m; ~ung* f dégagement; acquittement; rachat; déclenchement; débrayage *m*.

aus=los|en *tr (verlosen)* mettre en loterie; *(Wertpapiere)* amortir par voie de tirage; *itr (losen)* tirer au sort *od* à la courte paille; **A~ung** f ‹-, (-en)› *(Verlosung)* mise f en loterie; *(das Losen)* tirage (au sort); *(Tilgung durch ~)* amortissement *od* remboursement *m* par tirage *od* par voie de tirage; **A~ungsschein** *m fin* bon *od* bulletin *m* de tirage.

aus=loten *tr (die Senkrechte bestimmen)* mesurer au plomb; *mar, a. fig* sonder.

aus=lüften *tr* donner de l'air à; *(Kleidung)* exposer à l'air, éventer.

Auslug *m* ‹-(e)s, -e› = *Ausguck.*

aus=machen *tr (Kartoffeln aus d. Erde)* arracher; *(Hülsenfrüchte aus d. Schale)* écosser; *(Feuer, Licht)* éteindre; *(Hochofen)* mettre hors feu; *radio* fermer; *(sichten)* trouver, détecter, distinguer; *mil (Ziel)* repérer, identifier; *(verabreden)* convenir de, arrêter, décider, fixer, stipuler; *(e-e größere Einheit bilden)* former, constituer; *e-n Preis ~* convenir d'un prix; *das macht nichts aus* cela ne fait *od* gâte rien; *das ist noch nicht ausgemacht* nous n'en sommes pas encore là; *das war nicht ausgemacht* cela n'était pas convenu; *was macht das aus?* qu'importe? *würde es Ihnen etwas ~, wenn ich rauche?* cela vous dérange que je fume? *das müssen sie unter sich ~!* à eux de décider entre eux!

aus=malen *tr (Raum)* peindre; *(kolorieren)* colorier, enluminer; *fig (schildern, ausschmücken)* dépeindre, broder; *sich etw ~ (fig)* se figurer, s'imaginer qc.

Ausmarsch *m, bes. mil* sortie f; *(für lange)* départ *m;* **aus=marschieren** *(aux: sein)* itr sortir *(aus de).*

Ausmaß *n* mesure, étendue, dimension f; *in geringem, großem ~* dans une faible, large mesure; *beträchtliche ~e annehmen* prendre des proportions considérables; *katastrophale ~e* ampleur f catastrophique.

aus=mauern *tr arch* maçonner, murer, hourder.

aus=mergeln *tr* exténuer, épuiser.

aus=merz|en ['-mɛrtsən] *tr (als wertlos aussondern)* éliminer, retrancher; *(Worte aus e-m Text)* supprimer; *(vernichten)* extirper, anéantir; *die anstößigen Stellen aus e-m Buch ~* épurer un livre; **A~ung** f élimination f, retranchement *m;* suppression; extirpation f, anéantissement *m*.

aus=mess|en *tr* mesurer, prendre les mesures de; *(nach Metern)* métrer; *(Flächeninhalt)* arpenter; *(Rauminhalt)* cuber; *mar (Tonnage)* jauger;

A~ung f mesurage; métrage; arpentage; cubage; jaugeage m.

aus=misten tr (Stall) nettoyer de son fumier, enlever le fumier de; fig fam mettre de l'ordre dans; itr faire le nettoyage par le vide.

aus=münzen tr (Metall) monnayer, battre monnaie de; sein Wissen ~ monnayer ses connaissances.

aus=muster|n tr (verlesen) trier; (genau prüfen) passer en revue; (verwerfen, ausscheiden) rejeter, rebuter; mil réformer; ausgemusterte(s) Pferd n (mil) cheval m de réforme; **A~ung** f tri(age); rejet m; mil réforme f.

Ausnahme f exception (von à); (von e-r Bestimmung) dérogation f; bis auf eine ~ à une exception près; mit ~ (gen) excepté, à l'exception (de), exception faite (de), sauf; ohne jede ~ sans aucune exception; e-e ~ bilden faire exception; keine ~ gestatten od zulassen n'admettre aucune exception; bei jdm e-e ~ machen faire une exception pour od en faveur de qn; ~n bestätigen die Regel (prov) l'exception confirme la règle; keine Regel ohne ~ (prov) pas de règle sans exception; ~**fall** m cas m exceptionnel, exception f; ~**gesetz** n loi f d'exception od discriminatoire; ~**preis** m prix m exceptionnel; ~**stellung** f position f privilégiée; ~**zustand** m état m d'exception od d'urgence.

ausnahms|los a u. adv sans exception; ~**weise** adv par exception, exceptionnellement, à titre exceptionnel.

aus=nehmen tr (Eier, junge Vögel) dénicher; (Wild, Geflügel, Fisch) vider; (Bienenstock) châtrer; (ausschließen) excepter, faire exception de, exclure; fam (beim Spiel) décaver; sich ~ wie avoir l'air de, faire l'effet de; sich gut ~ avoir de l'allure, faire bien; sich gut, schlecht ~ faire bon, mauvais effet; ~**d** adv (sehr) extraordinairement, extrêmement.

aus=nüchter|n tr u. itr dessoûler; **A~ung** f dessoûlement m.

aus=nutz|en tr (Sache) utiliser, exploiter, profiter de, bénéficier de, tirer profit de, mettre à profit; pej (Person) abuser de, exploiter; voll ~ profiter à plein de; alle Vorteile ~ faire flèche de tout bois; s-e Zeit ~ profiter de tout son temps; **A~ung** f utilisation, exploitation, mise f à profit.

aus=packen tr (Paket od Behälter u. Inhalt) déballer; (Inhalt) dépaqueter; (Koffer) défaire; fig fam (Neuigkeiten) faire un déballage de; itr fig fam

dire ce qu'on a sur le cœur, vider son sac; (Enthüllungen machen) se mettre à table, manger le morceau arg; **A~** n déballage, dépaquetage m.

aus=peitsch|en tr fouetter, fustiger; **A~ung** f fustigation f.

aus=pellen, sich, pop (sich ausziehen) se défrusquer, se défringuer.

aus=pennen, sich (fam) dormir son content od tout son soûl.

aus=pfeifen tr (Schauspieler etc) siffler, huer.

aus=pinseln tr med (Hals) badigeonner.

Auspizien [aus'pi:tsiən] n pl (Aussichten) auspices m pl; unter günstigen ~ sous des auspices favorables; unter jds ~ (Leitung) sous les auspices de qn.

aus=plaudern tr raconter, redire, colporter, divulguer, ébruiter; das Geheimnis ~ (a. fam) vendre la mèche; **A~** n colportage, ébruitement m.

aus=plünder|n tr dévaliser, détrousser, dépouiller; **A~ung** f détroussement, dépouillement m.

aus=polster|n tr rembourrer, capitonner; (mit Kissen) matelasser; **A~ung** f rembourrage m.

aus=posaunen tr fig fam trompeter, claironner, tambouriner, crier sur les toits.

aus=prägen tr (Metall) monnayer; sich ~ (fig) s'exprimer nettement.

aus=pressen tr (Früchte) exprimer; (Saft) exprimer; (Öl) extraire; fig (Menschen) pressurer, extorquer, exploiter; (durch Fragen) tourner et retourner.

aus=probieren tr (versuchen) essayer (an sur); (erproben) éprouver, mettre à l'épreuve od à l'essai; (Mittel, Verfahren) expérimenter.

Auspuff m mot échappement m; freie(r) ~ échappement m libre; ~**gase** n pl gaz m pl d'échappement; ~**geräusch** n bruit m d'échappement; ~**kanal** m, ~**öffnung** f orifice m d'échappement; ~**rohr** n conduite f od tuyau m d'échappement; ~**topf** m pot d'échappement, silencieux m; ~**ventil** n soupape f d'échappement.

aus=pumpen tr (Raum, Behälter) pomper, vider (avec une pompe); (Flüssigkeit) pomper; med (den Magen) laver; (luftleer machen) faire le vide dans.

aus=punkten tr (Boxen) battre aux points.

aus=pusten tr fam souffler.

Ausputz m (Verzierung) décor m, garniture f, enjolivement m; **aus=putzen** tr (innen reinigen) nettoyer;

(Faß) rincer; *(Baum)* émonder, élaguer; *(schmücken)* décorer, garnir, enjoliver, parer, orner; *fam (ausessen)* vider; **~en** *n* nettoyage; rinçage; élagage *m.*

aus=quartier|en ['-kwarti:rən] *tr* déloger; **A~ung** *f* délogement *m.*

aus=quatschen, *sich (pop: sich aussprechen)* vider son sac.

aus=quetschen *tr (Frucht)* press(ur)er; *fig fam (ausfragen)* presser de questions, mettre *od* tenir sur la sellette, tourner et retourner; *arg* cuisiner.

aus=radieren *tr* effacer; *(mit e-m Messer)* gratter; *(mit e-m Gummi)* gommer.

aus=rangieren *tr (Sache)* mettre au rebut *od* au rancart *od* hors de service; *fam* réformer.

aus=rauben *tr* = *ausplündern.*

aus=rauchen *tr (Zigarre, Zigarette)* finir.

aus=räuchern *tr (Wespennest etc)* enfumer; *(mit Schwefel)* soufrer; *(Zimmer)* brûler des parfums dans; *(Fuchs, Dachs)* faire sortir par la fumée.

aus=raufen *tr (Haare)* arracher.

aus=räum|en *tr (Möbelstück, Schublade)* vider; *(Zimmer)* démeubler, dégarnir; *(Wohnung)* déménager; *(Grube)* vidanger; *(Kanal)* nettoyer, curer; **A~ung** *f* vidage; démeublement; déménagement *m;* vidange *f;* nettoyage, curage *m.*

aus=rechn|en *tr* calculer, compter; *(überschlagen)* supputer; **A~ung** *f* calcul, compte *m;* supputation *f.*

aus=recken *tr (auseaziehen)* étirer; *(den Arm)* étendre.

Ausrede *f (Ausflucht)* détour, faux-fuyant, subterfuge *m,* échappatoire, tergiversation *f; (Vorwand)* prétexte *m; (Entschuldigung)* excuse *f; e-e* ~ *haben (a.)* répondre par une échappatoire; *um e-e* ~ *nie verlegen sein* trouver toujours des excuses; *da hilft keine* ~ *(a. fam)* il n'y a pas à tortiller; *faule* ~ pauvre excuse *f;* **aus=reden** *tr: jdm etw* ~ dissuader qn de qc, ôter qc de l'esprit *od* de la tête de qn; *jdm* ~, *etw zu tun* dissuader qn de faire qc; *itr* finir de parler; *jdn nicht* ~ *lassen* couper la parole à qn; *sich* ~ vider son sac; *lassen Sie mich (doch)* ~*!* laissez-moi finir.

aus=reichen *itr* suffire; avoir assez *(mit etw* de qc); **~d** *a* suffisant, à *od* en suffisance; *adv* suffisamment; **~e** *Kalorienmenge* *f* suffisance *f* énergétique.

aus=reifen *(aux: sein)* *itr, a. fig* (bien)

mûrir; ~ *lassen (Wein)* laisser reposer.

Ausreise *f* sortie *f,* départ *m;* **~erlaubnis** *f,* **~genehmigung** *f* permis *m* de sortie; **aus=reisen** *(aux: sein)* *itr* sortir du pays, passer la frontière; **~visum** *n* visa *m* de sortie.

aus=reiß|en *tr (aux: haben) (Haare, Unkraut)* arracher; *(entwurzeln)* déraciner; *itr (aux: sein) (sich abtrennen)* se déchirer; *(Naht)* se découdre; *fig fam (weglaufen)* détaler, décamper, déguerpir, lever le pied, faire une fugue; *mil fam* déserter; *sich kein Bein* ~ *(fig)* ne pas se mettre en quatre, ne pas se casser la tête; **A~er** *m fam* fuyard, prisonnier évadé; *mil* déserteur *m.*

aus=reiten *tr (aux: haben) (Pferd)* promener; *itr (aux: sein)* sortir *od* se promener à cheval.

aus=renk|en ['-reŋkən] *tr med* démettre, déboîter, luxer, disloquer, désarticuler; *sich den Arm* ~ se démettre le bras; **A~ung** *f* déboîtement *m,* luxation, dislocation, désarticulation *f.*

aus=richt|en *tr* axer *(auf* sur); *mil* aligner; *fig* mettre au point; *pol* mettre au pas *od* à l'alignement; *(Fest vorbereiten)* arranger, préparer; *(Auftrag)* exécuter; *(Bestellung)* faire, s'acquitter de; *(Botschaft)* remettre; *(Gruß)* transmettre; *sich* ~ *(mil)* s'aligner; *fig, a. pol* s'orienter *(auf* sur); *etwas* ~ *(zuwege bringen)* arriver à qc, réussir (à faire qc); *nichts* ~ ne pas réussir, revenir bredouille; *damit ist nichts ausgerichtet* cela n'avance à rien; *richten Sie ihm e-n Gruß aus!* saluez-le de ma part; **A~en** *n mil* alignement *m; (e-s Auftrags)* exécution; *(e-r Botschaft)* remise *f;* **A~ung** *f (geistige, a. pol)* orientation *f.*

Ausritt *m (-(e)s, -e)* sortie *od* promenade *f* à cheval.

aus=roden *tr (Baum, Strauch, Stumpf)* déraciner.

aus=rollen *tr (aux: haben) (Teig)* étendre (au rouleau); *(Kabel)* dérouler; *itr (aux: sein) aero* rouler (à *od* après l'atterrissage); **A~** *n aero* roulement *m* (à *od* après l'atterrissage).

aus=rott|en ['-rotən] *tr. a. fig* extirper, exterminer; **A~ung** *f* extirpation, extermination *f.*

aus=rück|en *tr (aux: haben) tech* déclencher, dé(sem)brayer; *(Kupplung)* désaccoupler; *(Zahnräder)* désengrener; *itr (aux: sein)* mil sortir, partir, se mettre en marche; *fam (weglaufen)* = *ausreißen;* **A~hebel** *m tech* levier *m* de débrayage; **A~-**

vorrichtung *f tech* dispositif *od* mécanisme *m* de débrayage.
Ausruf *m* exclamation *f*, cri *m;* **aus=rufen** *tr (Waren, Zeitungen)* crier; *(bekanntmachen)* publier; *(feierlich)* proclamer *(jdn zum König* qn roi); *itr* (s'é)crier, s'exclamer; **~er** *m* crieur *m* public; **~esatz** *m gram* proposition *f* exclamative; **~ewort** *n gram* interjection *f;* **~ung** *f (öffentliche)* publication; *(feierliche)* proclamation *f;* **~ungszeichen** *n gram* point *m* d'exclamation.
aus=ruhen *tr (Arme, Beine)* reposer; *itr* u. *sich* ~ se reposer, se délasser *(von* de); *sich* ~ *lassen* laisser reposer; **A~** *n* repos, délassement *m.*
aus=rupfen *tr* arracher; *die Federn* ~ plumer *(e-r Gans* une oie).
aus=rüst|en *tr mil mar* équiper, armer; *fig* munir, pourvoir *(mit* de); *mit Werkzeug(en)* ~ outiller; **A~ung** *f mil mar* équipement, armement; *(Material)* matériel(s *pl*); *(mit Werkzeug)* outillage *m; in voller* ~ *(mil)* en tenue de campagne; *hist* équipé de pied en cap; **A~ungsgegenstände** *m pl* (matériel d')équipement *m.*
aus=rutschen ⟨aux: sein⟩ *itr* glisser, faire une glissade *od* un faux pas; *mot* déraper, chasser; *ich bin ausgerutscht* le pied m'a glissé.
Aussaat *f⟨-, (-en)⟩ (Handlung u. Zeit)* semailles *f pl.*
aus=säen *tr* semer *a. fig.*
Aussage *f* énoncé *m,* énonciation, déclaration *f,* rapport, dire *m; jur (Zeugen~)* déposition *f,* témoignage *m; nach jds* ~ au dire de qn, d'après les dires de qn, sur le rapport de qn; *s-e* ~ *beeiden* faire sa déposition sous serment; *bei s-r* ~ *bleiben* maintenir sa déposition; *e-e falsche* ~ *machen* faire une fausse déposition; *e-e schriftliche* ~ *machen* déposer par écrit; *die* ~ *verweigern* refuser le témoignage; *s-e* ~ *widerrufen* se rétracter, se dédire; *eidliche* ~ déposition *od* déclaration *f* sous serment; **aus=sagen** *tr* énoncer, déclarer, rapporter, dire; *itr jur* déposer (en justice), témoigner *(über* de); **~satz** *m gram* proposition *f* affirmative; **~verweigerung** *f jur* refus *m* de témoignage; *Recht n der* ~ droit *m* de refuser le témoignage; **~weise** *f gram (Modus)* mode *m.*
aus=sägen *tr* découper (à la scie).
Aussatz *m* ⟨-es, ø⟩ ['-zats] *med (Lepra)* lèpre *f.*
aus=sätzig ['-zɛtsɪç] *a* lépreux; **A~e(r)** *m* lépreux *m.*
aus=saufen *tr (leer saufen, von Tie-*

ren) vider; *(Flüssigkeit)* boire; *(von Menschen)* pop sécher; *(Getränk)* avaler.
aus=saugen *tr* sucer, vider en suçant; *fig (Menschen)* gruger, plumer, exploiter; *jdn völlig* ~ *(fig)* saigner qn à blanc.
aus=schab|en *tr* gratter; *med* cureter; **A~ung** *f med* curetage *f.*
aus=schacht|en ['-ʃaxtən] *tr* excaver, foncer, creuser; **A~ung** *f* excavation *f*, fonçage, creusage, creusement *m.*
aus=schalen *tr (Obst)* peler; *(Hülsenfrüchte)* écosser; *arch (verschalen)* coffrer; *(ausspülen, vom Wellenschlag)* éroder, miner.
aus=schalt|en *tr tech* mot arrêter, mettre au point mort; *(elektr. Strom)* mettre hors circuit, couper, interrompre; *(Licht)* éteindre; *radio* fermer; *fig* écarter, éliminer, exclure; *fam* limoger; **A~en** *n* mise au point mort; *el* mise hors circuit, coupure, interruption, disjonction *f;* **A~er** *m el* interrupteur, disjoncteur *m;* **A~ung** *f fig* élimination; exclusion *f.*
Ausschank *m* ⟨-(e)s, ⸗e⟩ ['-ʃaŋk, '-ʃɛŋkə] débit *m* de boissons.
Ausschau *f* ⟨-, ø⟩ ~ *halten* scruter l'horizon; *nach jdm* chercher qn des yeux *od* du regard; **aus=schauen** *itr* regarder; *nach jdm* ~ chercher qn des yeux *od* du regard; *wie ...* ~ avoir l'air de ...
aus=schaufeln *tr (Erde)* enlever avec la pelle; *(Verschütteten)* délivrer (avec la pelle); *(Hohlraum)* creuser; *(leer schaufeln)* vider.
aus=scheid|en *tr* ⟨aux: haben⟩ *chem* dégager, extraire; *physiol* sécréter, éliminer; *(herausnehmen u. wegtun)* écarter; *sport* éliminer; *itr* ⟨aux: sein⟩ *(aus e-r Gemeinschaft)* se séparer, sortir *(aus* de); *sport* être éliminé; *aus dem Dienst* ~ quitter le *od* sortir du service, se retirer, prendre sa retraite; *(höherer Beamter)* démissionner; *aus dem Geschäft* ~ se retirer des affaires; *turnusmäßig* ~ sortir à tour de rôle; *das scheidet aus (kommt nicht in Betracht)* cela n'entre pas en ligne de compte; cela est exclu; **A~en** *n (aus d. Dienst)* retraite; démission *f;* **A~ung** *f chem* dégagement *m,* extraction; *physiol* sécrétion, excrétion, élimination; *sport* élimination *f;* **A~ungskampf** *m sport* (épreuve *f od* match *m)* éliminatoire *f;* **A~ungsrunde** *f sport* ronde *f od* tour *m* éliminatoire; **A~ungsspiel** *n sport* match éliminatoire *od* de sélection, éliminatoire *f;* **A~ungswett-kampf** *m s.* A~ungskampf.

aus=schelten *tr* gronder, réprimander, tancer, houspiller.

aus=schenken *tr* verser (à boire); *(gewerblich)* débiter.

aus=scheren ⟨*aux: sein*⟩ *itr mar aero* quitter la ligne; *mot* changer de file.

aus=schicken *tr (Boten)* envoyer; *nach jdm, etw* ~ envoyer chercher qn, qc.

aus=schießen *tr (ein Auge)* crever d'un coup de feu; *(Brot aus dem Backofen)* défourner; *typ* imposer; *(e-n Preis)* jouer au tir; *(als minderwertig aussondern)* éliminer, rebuter.

aus=schiff|en, *sich* débarquer; **A~ung** *f* débarquement *m*.

aus=schimpfen *tr* = *ausschelten;* *(mit Schimpfwörtern belegen) fam* passer un savon à; *pop* engueuler.

aus=schirren *tr (Pferd)* déharnacher, dételer.

aus=schlacht|en *tr (Tier)* dépecer; *(Maschine, Auto)* démonter, casser; *fam (Menschen ausbeuten)* gruger, exploiter; *(Nachricht)* exploiter, faire un sort à, monter en épingle; **A~ung** *f* dépeçage; démontage *m* pour la réutilisation.

aus=schlafen *itr* u. *sich* ~ dormir son content, faire la grasse matinée; *tr: s-n Rausch* ~ cuver son vin.

Ausschlag *m (der Waage)* trait *m;* *(des Pendels)* oscillation; *(der Magnetnadel)* déviation *f; mar mot (Steuerungs~)* braquage *m; med (Haut~)* éruption *f,* eczéma, exanthème *m; den* ~ *geben (fig)* faire pencher *od* emporter la balance, l'emporter; décider, être décisif; *bei Stimmengleichheit den* ~ *geben* départager les voix; **aus=schlagen** ⟨*aux: haben*⟩ *tr (Zahn)* casser; *(Auge)* crever; *(Löcher, Figuren in Blech, Pappe etc)* découper; *(Metall hämmern)* battre; *(Raum verkleiden)* garnir, tendre, tapisser *(mit* de); *fig (zurückweisen)* refuser, rejeter, repousser; *(Erbschaft)* répudier; *(ablehnen)* décliner; *itr (Pferd)* ruer; ⟨*aux: haben* u. *sein*⟩ *(Waage)* pencher, trébucher; *(Pendel)* osciller; *(Zeiger, Magnetnadel)* dévier; ⟨*aux: haben*⟩ *(Wand)* suer, suinter; *(Baum)* bourgeonner, pousser; ⟨*aux: sein*⟩ *(ausgehen, ein Ende nehmen)* tourner *(zu jds Vorteil, Nachteil* à l'avantage, au désavantage de qn); *ausgeschlagen haben (Uhr)* avoir achevé de sonner; *(Herz)* avoir cessé de battre; *e-m Faß den Boden* ~ défoncer un tonneau; *so etwas schlägt man nicht aus* cela ne se refuse pas, ce n'est pas de refus; *das schlägt dem*

Faß den Boden aus (fam) ça, c'est le bouquet; cela passe la mesure; ~**en** *n (der Bäume)* bourgeonnement; *fig (Zurückweisung, Ablehnung)* refus, rejet *m; (e-r Erbschaft)* répudiation *f;* **a~gebend** *a* décisif, déterminant, capital, crucial; *e-e* ~**e** *Stimme haben* avoir voix prépondérante.

aus=schlämmen *tr (Graben, Teich)* débourber, curer.

aus=schließ|en *tr: jdn* ~ fermer la porte à clé derrière qn; *(aus e-r Gemeinschaft)* exclure *(aus* de); *sport* disqualifier; *typo* justifier; *(ausnehmen)* excepter; *sich* ~ s'exclure *(von* de); *um Mißverständnisse auszuschließen* pour éviter des malentendus; *die Öffentlichkeit* ~ *(jur)* ordonner le huis clos; ~**lich** *a* exclusif; *prp gen* à l'exclusion de; **A~lichkeit** *f* exclusivité *f;* **A~ung** *f* = *Ausschluß.*

aus=schlüpfen ⟨*aux: sein*⟩ *itr (aus d. Ei)* éclore; **A~** *n* éclosion *f.*

aus=schlürfen *tr* vider à petits traits; *(genießerisch)* siroter, gober.

Ausschluß *m (aus e-r Gemeinschaft)* exclusion; *sport* disqualification *f; unter* ~ *(gen)* à l'exclusion (de); *unter* ~ *der Öffentlichkeit (jur)* à huis clos; *unter* ~ *des Rechtsweges* sans la possibilité d'un recours aux tribunaux; *den Antrag auf* ~ *der Öffentlichkeit stellen* demander le huis clos; *zeitweilige(r)* ~ *(sport)* suspension *f.*

aus=schmück|en *tr* orner, décorer, parer *(mit* de); *a. fig* embellir, enjoliver; *fig (Erzählung)* broder, enrichir; **A~ung** *f* ornementation *f,* décor(ation *f); a. fig* embellissement, enjolivement; *fig* enrichissement *m.*

aus=schnauben, *sich (fam)* se moucher.

Ausschneid|ebogen *m (Spielzeug)* découpages *m pl;* **aus=schneiden** *tr (her~)* découper *(aus* dans); *(Kleid)* échancrer; *(am Hals)* décolleter; *(Baum)* élaguer, émonder; *med* exciser, extirper; ~**en** *n* découpage; décolletage *m;* élagage, émondage *m; med* excision, extirpation *f.*

Ausschnitt *m (Zeitungs~)* coupure; *(Bild~)* coupe *f; (Film)* extrait *m,* séquence *f; (aus e-m Gemälde etc)* détail, fragment *m; (e-s Kleides)* découpe; *(Ärmel~)* échancrure *f; (am Hals)* décolleté *m.*

aus=schöpfen *tr (Behälter, Brunnen)* épuiser, mettre à sec; *(Flüssigkeit)* puiser; *(Wasser aus e-m Boot)* écoper; *alle Möglichkeiten* ~ *(fig)* épuiser toutes les possibilités.

aus=schrauben *tr* dévisser; *(Bolzen)* déboulonner.

aus=schreib|en *tr (Wort)* écrire en toutes lettres *od* en entier; *(abschreiben)* transcrire, copier; *(Rechnung)* dresser, établir; *(Scheck, Wechsel)* remplir; *(bekanntmachen)* publier, annoncer; *(öffentliche Arbeit)* mettre en adjudication; *(Stelle, Amt)* déclarer vacant, mettre au concours; *(Wettbewerb)* ouvrir; *(neue Steuern)* imposer; *Wahlen* ~ annoncer des élections; *e-e ausgeschriebene Handschrift haben* avoir une écriture très personnelle; **A~en** *n* transcription, copie *f;* établissement *m;* publication *f;* **A~ung** *f (von Arbeiten)* avis *m* d'appel d'offres; mise au concours; ouverture; imposition *f; auf dem Wege der* od *durch* ~ *(adm)* par (voie d')adjudication.

aus=schrei|en *tr (Waren, Zeitungen)* vendre à la criée; *sich* ~ s'époumoner, s'égosiller; **A~er** *m* crieur *m* public.

aus=schreit|en *tr ⟨aux: haben⟩ (ausmessen)* arpenter; *itr ⟨aux: sein⟩* marcher à grands pas, allonger le pas, enjamber; *tüchtig* ~ aller bon train; **A~ung** *f fig (Gewalttat)* excès, acte *m* de violence; *es kam zu* ~*en* il y eut des excès de commis.

Ausschuß *m (Austrittsstelle e-s Geschosses)* sortie *f; (minderwertige Ware)* (marchandise *f* de) rebut, fond *m* du panier, camelote; *tech* pièce *f* manquée; *(Kommission)* comité *m,* commission *f; e-n* ~ *einsetzen* constituer un comité; *an e-n* ~ *überweisen* remettre à un comité; *an e-n* ~ *zurückverweisen* renvoyer devant un comité; *beratende(r)* ~ comité *m* consultatif; *gemischte(r)* ~ commission *f* mixte; *geschäftsführende(r)* ~ comité *m* exécutif *od* gérant; *ständige(r)* ~ comité *m* permanent; **~mitglied** *n* membre *m* d'un od du comité; **~papier** *n* maculature *f;* **~sitzung** *f* session *f* du comité; **~vorsitzende(r)** *m* président *m* du comité; **~ware** *f* marchandise de rebut, camelote *f.*

aus=schütteln *tr* secouer.

aus=schütt|en *tr (Inhalt)* verser, répandre; *(Gefäß)* vider; *(Dividende)* distribuer, répartir; *sein Herz* ~ épancher *od* ouvrir son cœur, s'épancher; *das Kind mit dem Bade* ~ jeter l'enfant avec l'eau du bain; *sich vor Lachen* ~ rire aux éclats; **A~ung** *f fin* distribution, répartition *f.*

aus=schwärmen *⟨aux: sein⟩ itr (Bienen)* essaimer; *mil* se déployer en tirailleurs; **A~** *n* essaimage; déploiement *m.*

aus=schweben *⟨aux: sein⟩ itr aero* allonger le vol *od* la descente.

aus=schwefeln *tr (Faß)* soufrer; **A~** *n* soufrage *m.*

aus=schweif|en *tr ⟨aux: haben⟩ (bogenförmig ausschneiden)* échancrer; *tech* contourner, chantourner; *itr ⟨aux: sein⟩ fig* s'écarter du sujet, s'égarer; **~end** *a (Phantasie)* extravagant, déréglé; *(Leben)* déréglé, dissolu; *ein* ~*es Leben führen* se livrer à la débauche; **A~ung** *f (Bogen)* échancrure *f; tech* chantournement; *fig* excès *m,* débauche, crapule *f; pl a.* saturnales *f pl.*

aus=schweigen, *sich* garder le silence *(über* sur).

ausschwenkbar *a tech (horizontal)* basculant; *(senkrecht)* pivotant; **aus=schwenken** *tr tech* basculer, pivoter; *(spülen)* rincer.

aus=schwitzen *tr physiol* u. *med* exsuder; **A~** *n* exsudation *f.*

aus=sehen *itr* chercher du regard *od* des yeux *(nach jdm* qn); *(wirken)* paraître *(jung* jeune); avoir l'air, faire l'effet *(wie* de; *als ob . . .* de *inf); fam* faire *(jung* jeune); *(ähnlich sehen)* ressembler *(wie* à); *älter, jünger* ~ *als man ist* paraître plus, moins que son âge; *böse* ~ avoir l'air *od* paraître méchant; *gut* ~ *(Mensch)* être bien (fait de sa personne); *gut, schlecht od nicht gut* ~ *(gesundheitlich)* avoir bonne, mauvaise mine; *gutmütig* ~ avoir l'air bon; *ganz harmlos* ~ avoir l'air inoffensif; *lecker* ~ *(Speise)* être appétissant, avoir bonne mine; *mürrisch, verdrießlich* ~ avoir l'air mécontent; faire la mine, faire grise mine; *vornehm* ~ avoir l'air distingué; *er sieht ganz danach aus* il en a bien l'air; *es sieht ganz danach aus* cela en a tout l'air; *es sieht ganz danach aus, als ob* on a bien l'impression que; *es sieht nach Regen aus* le temps est à la pluie, on dirait qu'il va pleuvoir; *das sieht genauso aus (wie etw anderes)* c'est à s'y tromper; *wie siehst du (nur) aus!* de quoi as-tu l'air! *so siehst du aus! (fam iron)* penses-tu! *pop* et ta sœur? **A~** *n* air *m; (Ausdruck)* mine, figure *f; (Anblick)* aspect *m; (Anschein)* apparence; allure *f; nach dem (bloßen)* ~ selon l'apparence; *nach dem* ~ *zu urteilen* à en juger sur l'apparence; *das* ~ *verleihen* donner l'aspect *(e-s, e-r* d'un, d'une).

aus=sein *⟨aux: sein⟩ itr (zu Ende sein)* être fini.

außen ['ɑʊsən] *adv* (en *od* au) dehors, à l'extérieur; *nach* ~ en dehors, vers l'extérieur; *von* ~ de dehors; *von innen nach* ~ du dedans au dehors; *von* ~ *(gesehen)* du dehors, vu de l'extérieur; *nach* ~ *aufgehen (Tür)* s'ouvrir en dehors *od* vers l'extérieur; **A**~ *m* ⟨-s, -⟩ *sport* ailier *m*.

Außen|antenne ['ausən-] *f* antenne *f* extérieure; ~**aufnahme** *f film* extérieur *m*; ~**n** *machen* filmer en extérieur; ~**bahn** *f sport* piste *f* extérieure; ~**beamte(r)** *m* agent *m* du service extérieur; ~**beleuchtung** *f* éclairage *m* extérieur; ~**bezirk** *m* *(e-r Stadt)* quartier extérieur; *(Vorstadt)* faubourg *m*; ~**bordmotor** *m* *mar* (moteur) hors-bord *m*; *aero* moteur *m* extérieur; ~**bordmotorboot** *n* hors-bord *m*; ~**dienst** *m* *(mil, Polizei, adm)* service extérieur; *com* service *m* de diffusion; ~**durchmesser** *m* diamètre *m* extérieur; ~**fläche** *f* surface *f* extérieure; ~**gewinde** *n* *tech* filet *m* extérieur; ~**gitter** *n* *radio* grille *f* extérieure; ~**hafen** *m* *mar* avant-port *m*; ~**handel** *m* commerce *m* extérieur; ~**handelsbilanz** *f* bilan *m* *od* balance *f* du commerce extérieur; ~**handelsförderung** *f* encouragement *m* du commerce extérieur; ~**handelsmonopol** *n* monopole *m* du commerce extérieur; ~**handelsstelle** *f* office *m* du commerce extérieur; ~**haut** *f* *mar aero* revêtement *m* extérieur; ~**hof** *m* cour *f* extérieure; ~**leiter** *m* el conducteur *m* extérieur; ~**leitung** *f* *el* ligne *f* extérieure; ~**luft** *f* *aero* air *m* extérieur; ~**mauer** *f* mur extérieur, gros mur *m*; ~**minister** *m* ministre des Affaires étrangères; *(von Großbritannien)* secrétaire d'État aux Affaires étrangères; *(der USA)* secrétaire *m* au Département d'État; ~**ministerium** *n* ministère *m* des Affaires étrangères; ~**panzer** *m* *(e-s Kriegsschiffes)* cuirasse *f* latérale; ~**plattform** *f* *(loc, Straßenbahn)* plate-forme *f* ouverte; ~**politik** *f* politique *f* extérieure *od* étrangère; **a**~**politisch** *a* de la politique extérieure *od* étrangère; *auf* ~*em Gebiet* dans le domaine extérieur; ~**e(r) Ausschuß** *m* commission *f* des affaires étrangères; ~*e Lage f* situation *f* extérieure; ~**posten** *m* *mil* poste *m* avancé; ~**reede** *f* *mar* grande rade *f*; ~**seite** *f* (côté) extérieur *m*, face *f* extérieure; *a. fig* *(von Menschen)* dehors *m*; *arch* *(Fassade)* façade; *(e-s Stoffes)* face *f*, endroit *m*; ~**seiter** *m* *sport* u. *allg* outsider *m*; ~**stände** *m pl* *com* créances (à recouvrer), dettes *f pl*

actives; ~ *eintreiben* *od* *einziehen* opérer des rentrées; ~**stehende(r)** *m* *(Laie, allg)* profane *m*; ~**stelle** *f* *com* agence *f*; ~**stürmer** *m* *sport* ailier *m*; ~**temperatur** *f* température *f* extérieure; ~**wand** *f* = ~*mauer*; ~**welt** *f* monde *m* extérieur; *sich gegen die* ~ *verschließen* *a.* se replier sur soi-même; ~**werke** *n pl* *mil* ouvrages *m pl* avancés, approches *f pl*; ~**winkel** *m* *math* angle *m* externe.

aus=send|en *tr* *(Boten)* envoyer; *lit* *(Strahlen)* darder, lancer; **A**~**ung** *f* envoi *m*.

außer ['ausər] **1.** *prp* *(örtl. u. zeitl. nur noch in bestimmten Wendungen, s. u.; ausgenommen, ohne)* excepté *(vor- od nachgestellt)* à l'exception de, sauf, sans; *lit* hormis; *(neben, über ...hinaus)* en dehors de, outre, à côté de; *(zusätzlich zu)* en sus de; ~ *Atem* hors d'haleine, essoufflé; ~ *Betrieb*, ~ *Dienst (nicht im Dienst)* hors de service; *(im Ruhestand)* en retraite, retraité; ~ *Fassung* décontenancé, déconcerté, désarçonné; ~ *Frage* hors de doute; ~ *Gefahr (a. med)* hors de danger; ~ *Haus* en ville; ~ *Hörweite* hors de portée acoustique; ~ *Konkurrenz* hors concours; ~ *Landes* à l'étranger; ~ *Schußweite* hors de portée; ~ *Sicht* hors de vue; ~ *der Zeit* hors de saison, mal à propos; ~ *allem Zweifel* sans aucun doute; ~ *sich geraten* s'exaspérer; *fam* sortir de ses gonds; ~ *Gebrauch kommen* tomber en désuétude; ~ *acht lassen* ne pas tenir compte de, négliger; ~ *Betracht lassen* ne pas prendre en considération, faire abstraction de; *sich* ~ *Atem laufen* courir à perdre haleine; ~ *dem Hause schlafen* découcher; ~ *sich sein* être hors de soi; ~ *sich sein vor Freude* être transporté *od* ivre de joie, ne pas se tenir *od* se sentir *od* se posséder de joie; ~ *sich sein (vor Zorn)* être outré (de colère); ~ *Haus sein* être sorti *od* en ville, ne pas être chez soi; ~ *Betrieb setzen* mettre hors (de) service; ~ *Gefecht setzen (mil u. fig)* mettre hors de combat; ~ *Kraft setzen* annuler, abroger; ~ *Kurs setzen (fin)* retirer de la circulation; ~ *Dienst stellen (Schiff)* mettre hors (de) service; *er ist ganz* ~ *sich (a.)* les yeux lui sortent de la tête; **2.** ~ *daß (conj)* sauf que, sinon que, sauf si; ~ *wenn (conj)* à moins que *subj*.

außer|amtlich ['ausər-] *a* non officiel; officieux; privé; ~**beruflich** *a* en dehors du travail professionnel; **A**~**betriebsetzung** *f* mise hors (de) service *od* d'usage; *(e-r Fabrik, e-s Berg-werks)* cessation *f* de l'exploitation; ~**börslich** *a* hors bourse; ~**dem** ['-de:m, --'-] *adv* en outre, outre cela, de *od* en plus, au surplus; *(obendrein)* par-dessus le marché; *(übrigens)* d'ailleurs, par ailleurs, du reste; ~**dienstlich** *a* en dehors du service; **A~dienststellung** *f (von Personen)* mise en non-activité; *(von Sachen)* mise *f* hors (de) service *od* d'usage; ~**ehelich** *a* extraconjugal; *(Kind)* hors du mariage, illégitime, naturel; *(Kind) als* ~ *erklären* désavouer; ~*e Beziehungen f pl* rapports *m pl* ex-tra-conjugaux; ~**etatmäßig** *a* en de-hors du budget, extra-budgétaire; ~**europäisch** *a* extra-européen; ~**fahrplanmäßig** *a loc* non prévu (dans l'horaire), supplémentaire; ~**gerichtlich** *a* extrajudiciaire, en de-hors de la voie judiciaire; *(gütlich)* à l'amiable; ~**gewöhnlich** *a* insolite, hors ligne *od* classe; exceptionnel, ex-traordinaire; ~**halb** *adv* au dehors, à l'extérieur; *prp (gen) hors (de),* en de-hors (de); *von* ~ du dehors; ~ *der Ge-schäftsstunden* hors des heures de bureau; ~ *der Stadt* hors (de la) ville; ~**irdisch** *a* extra-terrestre; **A~kraftsetzung** *f* abrogation, annula-tion, invalidation *f*; **A~kurssetzung** *f fin* mise *f* hors de cours *od* de circu-lation; ~**ordentlich** *a* extraordinaire; *adv a.* extrêmement; ~*e(r) Professor m* professeur sans chaire, chargé *m* de cours; ~**parlamentarisch:** ~*e Opposition (APO) f* opposition *f* ex-tra-parlementaire; ~**planmäßig** *a* extraordinaire, hors cadre, hors pro-gramme; *(Beamter)* surnuméraire; ~**sinnlich** *a* extra-sensoriel; ~*e Wahrnehmung f (ASW)* perception *f* extra-sensorielle; ~**stand(e)** *adv:* ~ *sein, etw zu tun* être hors d'état *od* in-capable de faire qc; ~**tariflich** *a (Zu-lage, Gehalt)* extra-tarifaire, hors--grille; ~**vertraglich** *a* extra-con-tractuel.

äußer|e(r, s) ['ɔysərə] *a* extérieur, ex-terne; extrinsèque; *das* **Ä~e** ‹-(e)n, ø› *(Erscheinungsbild)* l'extérieur *m,* les dehors *m pl; (e-s Menschen a.)* le physique; *(Schein)* apparences; *pol* les affaires *f pl* étrangères; *jdn nach dem Ä~en beurteilen* juger qn sur l'extérieur *od* sur la mine; *zuviel auf das Ä~e geben* se fier trop aux appa-rences; *ein angenehmes Ä~es haben* avoir un physique agréable; *auf sein Ä~es halten* avoir toujours une mise soignée; *Minister (-ium n) m des Ä~en = Außenminister(ium).*

äußerlich ['ɔysərlıç] *a* extérieur, ex-terne; *(oberflächlich)* superficiel; *(unwesentlich)* non essentiel; *(scheinbar)* apparent; *pharm* pour l'usage externe; *adv a.* en apparence; ~*! (pharm)* réservé à l'usage externe; **Ä~keit** *f* formalité *f; sich an die* ~*en halten* s'attacher aux dehors; *das sind (bloße)* ~*en* ce ne sont que des détails (de forme).

äußer|n ['ɔysərn] *tr (aussprechen)* dire, proférer, émettre; *(Wunsch)* ex-primer; *sich* ~ *(sich zeigen)* se mani-fester; *sich zu etw* ~ dire son avis sur qc; **Ä~ung** *f (Worte)* dires *m pl,* pro-pos; *jur* dire *m; (Ausdruck)* expres-sion; *(Bekundung)* manifestation *f.*

äußerst ['ɔysərst] *adv* extrêmement, au plus haut degré, au dernier point, du dernier, on ne peut plus, à outran-ce; ~**enfalls** *adv* à la rigueur; *(schlimmstenfalls)* au pis aller; ~**e(r, s)** *a (räuml.)* le plus éloigné; *fig* extrême; *(Preis)* dernier; *am* ~*en Ende (gen)* à l'extrémité (de); *aufs* ~*e = * ~*; im* ~*en Falle = * ~*enfalls; mit* ~*er Anstrengung* en y mettant toute sa force; *in* ~*er Not* dans l'extrémité; *von* ~*er Wichtigkeit* de toute impor-tance; *die* ~*e Linke f (pol)* l'extrême gauche *f;* ~*e(r) Termin m* dernier délai *m; das* **Ä~e** l'extrême *m; (En-de)* l'extrémité *f; wenn es zum Ä~en kommt* à la dernière extrémité; *aufs Ä~e gefaßt sein* s'attendre au pire; *bis zum Ä~en gehen* aller jusqu'à l'extrême; *zum Ä~en gezwungen sein* être réduit à l'extrême; *etw aufs Ä~e treiben* pousser qc à l'extrémité, met-tre qc à bout; *jdn zum Ä~en treiben* pousser qn à bout; *sein Ä~es tun* faire (tout) son possible; *das ist das Ä~e, was ich tun kann* c'est tout ce que je peux faire.

aus=setz|en *tr (das Allerheiligste)* ex-poser; *(Boot)* mettre à la mer; *(Men-schen auf e-e einsame Insel, neuge-borenes Kind)* abandonner; *(Beloh-nung)* offrir; *(Preis)* proposer; *(Ren-te)* constituer; *(Vermächtnis)* faire *(jdm pour qn); (unterbrechen)* inter-rompre; *(aufschieben)* remettre, sus-pendre; *jur (bes. Strafe)* surseoir (à); *itr (stocken, s-e Tätigkeit unterbre-chen)* cesser, (s')arrêter; *(e-e Pause machen)* s'interrompre, faire une pause; *(Motor)* rater; *(zeitweise* ~*)* être intermittent; *mit etw* interrom-pre, suspendre qc; *sich* ~ *(der Witte-rung, den Blicken, dem Spott)* s'expo-ser *(dat* à); *sich der Gefahr* ~*, über-fahren zu werden* risquer d'être écrasé; *etw an e-r S auszusetzen ha-*

ben trouver à redire à qc; *an allem etwas auszusetzen haben* trouver à redire *od* à reprendre à tout, chercher la petite bête; *an jedem etwas auszusetzen haben* médire du tiers et du quart; *e-r S ausgesetzt sein* être exposé *od* en butte à qc; *den Angriffen ausgesetzt sein* être exposé aux attaques; *auf s-n Kopf sind 10 000 DM ausgesetzt* sa tête est mise à prix pour 10 000 DM; **A~en** *n (Stocken, Aufhören)* cessation *f,* arrêt *m;* interruption, pause *f; mot* raté *m; (zeitweiliges)* intermittence *f;* **A~ung** *f (e-s Bootes)* mise *f* à la mer; *(von Menschen)* abandon *m; (e-r Belohnung)* offre; *(e-s Preises)* proposition; *(e-r Rente)* constitution *f; jur (e-r Strafe)* sursis *m.*

Aussicht *f* vue *(auf* sur); *(Fernsicht)* perspective *a. fig; fig (Erfolgs~)* chance; *(Hoffnung)* espérance *f; mit schöner ~ (Gebäude etc)* panoramique; *jdm (neue) ~en eröffnen* ouvrir des horizons à qn; *etw in ~ haben (fig)* avoir qc en vue; *glänzende ~en haben (fig)* avoir un brillant avenir devant soi; *gute ~en haben (fig)* avoir de bonnes chances *(zu* de); *geringe ~en haben (fig)* avoir peu de chances *(zu* de); *etw in ~ nehmen* envisager, se proposer qc; *in ~ stehen* être en perspective; *jdm etw in ~ stellen* faire entrevoir qc à qn; *jdn für etw in ~ genommen haben* avoir qn en vue pour qc; *es besteht kaum ~, daß* il n'y a guère de chances pour que; *die ~en sind gleich* les chances sont égales; *~ auf Erfolg* chance *f* de succès; **a~slos** *a* sans espoir, sans chance de succès, voué à l'échec; *(zwecklos)* inutile; *(vergeblich)* vain; *~e(r) Fall m (a. med)* cas *m* désespéré; **~slosigkeit** *f* inutilité, vanité *f;* **~spunkt** *m* point *m* de vue; **a~sreich** *a,* **a~svoll** *a* plein de promesses, prometteur, de grand avenir; **~sturm** *m* belvédère *m;* **~swagen** *m loc* voiture *f* panoramique.

aus=sieben *tr fig (sorgfältig prüfen u. ausscheiden)* éliminer après examen.

aus=söhn|en *tr* réconcilier, raccommoder *(mit* avec); *sich ~* se réconcilier, se raccommoder, faire la paix *(mit* avec); *sich mit etw ~* s'accommoder de qc; **A~ung** *f* réconciliation *f,* raccommodement *m.*

aus=sonder|n *tr,* **A~ung** *f = aussortieren etc.*

aus=sortier|en *tr* trier, mettre à part; **A~ung** *f* tri(age) *m.*

aus=spähen *itr* chercher des yeux *od* du regard *(nach etw* qc).

Ausspann *m (für Pferde)* relais *m;* **aus=spannen** *tr* (é)tendre, déployer; *(herausnehmen)* détendre; *(Pferd)* dételer; *fig fam (stibitzen)* chiper, chaparder *(jdm etw* qc *à* qn); *(abspenstig machen)* souffler *(jdm sein Mädchen* sa maîtresse à qn); *itr fig, (entspannen, sich erholen)* se détendre, se délasser, se reposer, prendre du repos; *fam* se relaxer; *geistig ~* se rafraîchir l'esprit; *~en n* déploiement; *(der Pferde)* dételage *m; ~ung f fig (Entspannung)* détente *f,* délassement, repos *m,* récréation *f.*

aus=spar|en *tr (beim Schreiben* od *Setzen)* laisser en blanc; *tech* ménager, évider; **A~ung** *f* blanc; *tech* ménagement, évidement *m.*

aus=speien *tr* cracher; *(Vulkan)* cracher, vomir; *(wieder von sich geben)* rendre, vomir.

aus=sperr|en *tr* fermer la porte à; *(Arbeiter)* lock-outer; **A~ung** *f (Kampfmaßnahme der Arbeitgeber)* lock-out *m.*

aus=spielen *tr (Karte)* jouer; *(Spiel)* finir; *s-n letzten Trumpf ~ (fig)* jouer son va-tout, brûler sa dernière cartouche; *itr (im Kartenspiel)* jouer le premier, avoir la main; *sport* servir; *ausgespielt haben (fig fam)* avoir joué sa dernière carte, être au bout de son rouleau, être un homme fini; *wer spielt aus?* à qui l'entame?

aus=spinnen *tr fig (Gedanken)* développer; *fam* délayer.

aus=spionieren *tr* espionner.

Aussprache *f* prononciation *f; (e-s bestimmten Wortes* a.) phonétisme *m; (deutliche)* articulation *f; (Tonfall)* accent *m; (Erörterung)* explication, discussion *f; parl* débat *m,* meist pl; *e-e ~ eröffnen* ouvrir une discussion; *e-e feuchte ~ haben (fam)* envoyer des postillons, postillonner; *ich wünsche e-e offene ~ mit Ihnen* j'aimerais m'expliquer franchement avec vous; **~bezeichnung** *f* prononciation *f* figurée; **~fehler** *m* faute *f* de prononciation; **~zeichen** *n* signe *m* de prononciation.

aussprech|bar *a* prononçable; *(ausdrückbar)* exprimable; **aus=sprechen** *tr (sagen)* dire, proférer; *(Gedanken)* énoncer; *(Wunsch)* exprimer, form(ul)er; *(Urteil)* rendre, prononcer; *(lautlich wiedergeben)* prononcer; *(deutlich)* articuler; *(zu Ende sprechen)* finir, achever; *itr: ausgesprochen haben* avoir achevé de parler; *sich ~ (s-e Meinung sagen)* s'exprimer; *(sein Herz ausschütten)* s'épancher; *für, gegen jdn, etw* se prononcer, se déclarer pour, contre qn, qc; *(sich mit jdm od gegenseitig)* s'expliquer *(über etw* sur qc); *jdm das Vertrauen ~ (parl)* voter la *od* accorder sa confiance à qn; *lassen Sie mich (doch) ~!* laissez-moi finir.

aus=spritzen *tr* faire jaillir; *physiol (Samenflüssigkeit)* éjaculer; *(Gift)* lancer; *(durch Spritzen auswaschen)* laver (avec un jet d'eau); *med (Wunde)* injecter.

Ausspruch *m (e-s Weisen od Dichters)* sentence, parole *f* (sentencieuse), mot *m*.

aus=spucken *tr* cracher; *(fig fam) Geld ~* cracher au bassinet.

aus=spül|en *tr* rincer, laver; *geol* éroder; *den Mund ~* se rincer la bouche; **A~en** *n* rinçage, lavage *m;* **A~ung** *f geol* érosion *f.*

aus=staffier|en ['aʊsʃta‚fiːrən] *tr* garnir, équiper *(mit* de); *pej (Menschen)* accoutrer, affubler *(mit* de); *sich ~ (pej)* s'accoutrer, s'affubler; *(sich) neu ~ (a. fam)* (se) requinquer; **A~ung** *f‹‚{-en}›* équipement; *pej* accoutrement, affublement *m.*

Ausstand *m (Streik)* grève *f; sich im ~ befinden* faire grève; *in den ~ treten* se mettre en grève.

aus=ständ|ig *a (im Streik befindlich)* en grève; **A~ler** *m* gréviste *m.*

aus=stanzen *tr tech* découper, poinçonner.

aus=statt|en ['aʊsʃtatən] *tr (versehen mit)* garnir, munir, équiper, pourvoir *(mit* de); *(Haus, Wohnung, Zimmer a.)* meubler; *(schmücken)* orner, parer, décorer *(mit* de); *(e-e Aussteuer geben)* donner un trousseau à; *fig (Menschen mit Anlagen)* douer *(mit* de); *sich mit etw ~* se munir, s'équiper, se pourvoir de qc; *jdn mit e-r Vollmacht ~* donner *od* conférer plein pouvoir à qn, fonder qn de pouvoir; **A~ung** *f* équipement; *(e-r Wohnung)* ameublement; mobilier *m; (Ausschmückung)* décoration; *(e-s Buches)* présentation *f; (Mitgift)* trousseau; *theat* décor *m; (mit Vermögen, Einkünften)* dotation *f;* **A~ungsfilm** *m* film *m* à grande mise en scène *od* à grand spectacle; **A~ungsstück** *n theat* pièce *f* à grande mise en scène *od* à grand spectacle.

aus=stech|en *tr (Rasen)* enlever; *(Torf)* extraire, fouir; *(die Augen)* crever; *hist (aus dem Sattel heben, a. fig)* désarçonner, démonter; *fig* supplanter, évincer, éclipser; *fam* couper l'herbe sous le pied *(jdn* à qn), damer le pion *(jdn* à qn); *sich (gegenseitig)*

auszustechen suchen (a.) chercher à s'exclure; **A~form** *f (des Bäckers)* moule *m* à découper.

aus=stehen *itr (noch erwartet werden)* être en retard *od* en souffrance, se faire attendre; *tr (ertragen)* endurer, supporter, subir; *etw, jdn ~* supporter, souffrir qc, qn; *Angst ~* avoir peur; *bei jdm nichts auszustehen haben* ne manquer de rien, être comme coq en pâte chez qn; *jdn nicht ~ können* ne pouvoir voir qn en peinture; *den Kerl kann ich nicht ~* il est ma bête noire; *die Antwort steht noch aus* on n'a pas encore de réponse; *die Entscheidung steht noch aus* l'affaire est encore en suspens; *die Rechnung steht noch aus* le compte n'a pas encore été apuré; *~d a (Geld)* dû, non rentré, à recouvrer; *~e Forderung f* créance *f* ouverte; *~e Schuld f* dette *f* active.

aus=steig|en ‹*aux: sein*› *itr* descendre *(aus* de); mettre pied à terre; *mar* débarquer; *fam (aus der Gesellschaft)* se marginaliser; *aero arg = abspringen; auf der falschen Seite ~ (loc)* descendre à contre-voie; *(fam) aus e-m Unternehmen ~* se retirer d'un projet; *alles ~! (loc)* tout le monde descend! **A~en** *n* descente *f* (de voiture); *mar* débarquement *m; beim ~* à la descente (de voiture); **A~er** *m (aus der Gesellschaft)* marginal *m.*

aus=steinen ['aʊsʃtainən] *tr (Steinobst)* ôter les noyaux de, dénoyauter.

aus=stell|en *tr (Waren)* étaler, mettre à l'étalage; *(auf e-r Messe od Ausstellung)* exposer; *mil (Posten)* poster, disposer; *(Urkunde)* dresser; *(Bescheinigung, Zeugnis, Paß)* délivrer; *(Rechnung)* établir; *(Scheck)* tirer; *(Wechsel)* tirer *(auf jdn* sur qn); souscrire; *(tadeln)* blâmer, critiquer; **A~er** *m (auf e-r Messe)* étalagiste; *(auf e-r Ausstellung)* exposant; *(e-s Schecks)* tireur; *(e-s Wechsels)* tireur, souscripteur; *m* **A~ung** *f* étalage *m;* exposition *f;* salon *m; mil* disposition *f; (e-s Schriftstücks, Zeugnisses, Passes)* délivrance *f;* établissement; *(e-s Schecks, Wechsels)* tirage *m,* création *f; (Tadel)* blâme *m,* critique *f; ~en machen an od gegen* trouver à redire à; *landwirtschaftliche ~* concours *m* agricole; **A~ungsdatum** *n (e-r Urkunde)* date de délivrance; *(e-r Rechnung)* date d'établissement; *(e-s Wechsels)* date *f* d'émission; **A~ungsgebäude** *n* bâtiment *m* d'exposition; **A~ungsgelände** *n* terrain *m* d'exposition *od* de l'exposition; **A~ungshalle** f salle f od hall od pavillon m d'exposition; **A~ungskatalog** m catalogue m de l'exposition; **A~ungsort** m (e-s Wechsels) lieu m d'émission; **A~ungsraum** m salle f od hall m d'exposition; **A~ungsstand** m stand m (d'exposition); **A~ungsstück** n objet m exposé; **A~ungstag** m = A~ungsdatum; **A~ungswagen** m camion- (nette f) m d'exposition.

aus≈stemmen tr tech creuser au ciseau od au fermoir; ein Zapfenloch ~ mortaiser (in etw qc).

Aussterbe|etat m: auf dem ~ stehen (fig) être condamné à disparaître; **aus≈sterben** (aux: sein) itr (Familie) s'éteindre; biol disparaître; **~n** n extinction; disparition f; im ~ begriffen menacé de disparition.

Aussteuer f (-, ø) (e-r Braut) trousseau m, dot f; **~versicherung** f assurance f dotale.

Ausstieg m (Straßenbahn-, Bustür) sortie f.

aus≈stopf|en tr (Tierbalg) empailler; **A~er** m (von Tierbälgen) empailleur m.

Ausstoß m (-ßes, (··ße)) ['-∫to:s] tech com rendement; (bes. von Bier) débit m; **aus≈stoßen** tr (Menschen aus e-r Gemeinschaft) expulser, exclure (aus de); chasser; (verbannen) bannir, exiler; rel excommunier; tech éjecter; (Torpedo) lancer; (Laut, Beleidigung, Drohung, Fluch) proférer; (Schrei, Seufzer) pousser; gram (Vokal) élider; tech com (herstellen u. verkaufen) produire, débiter; Beleidigungen ~ (a. pop) vomir des injures; e-m Faß den Boden ~ défoncer un tonneau; Feuer ~ (Vulkan) cracher du feu; **~rohr** n mar (für Torpedos) lance-torpilles m; **~ung** f expulsion, exclusion f; bannissement m; rel excommunication; tech éjection f; mil lancement m; gram (e-s Vokals) élision f; **~vorrichtung** f tech éjecteur m; **~ziffer** f tech com chiffre m de production.

aus≈strahl|en tr (Licht, Wärme) répandre; radio diffuser, émettre; itr émettre des rayons, rayonner, irradier; **A~ung** f (-, (-en)) (von Licht, Wärme) rayonnement m, (ir)radiation, émanation; radio diffusion, émission f; (e-s Schauspielers) présence f.

aus≈strecken tr (den Arm) étendre, allonger; (die Hand) tendre; sich (lang) ~ s'étendre (tout au long de son); mit ausgestrecktem Arm à bras tendu; sich behaglich ~ s'étirer fam.

aus≈streichen tr (Geschriebenes) rayer, radier, raturer, biffer, barrer; (Fuge) jointoyer; (Backform mit Fett) graisser, enduire de graisse.

aus≈streu|en tr disperser, disséminer, répandre; fig (Gerücht) répandre, divulguer, diffuser; **A~ung** f dispersion, dissémination; fig divulgation, diffusion f.

Ausström|düse f aero tuyère f d'éjection; **aus≈strömen** itr (aux: sein) (Flüssigkeit) s'écouler; (Dampf) s'échapper; (Gas) fuir; (Licht, Geruch) se répandre; (Duft) s'exhaler; chem se dégager; phys u. fig émaner; tr (aux: haben) (Wärme, Geruch) répandre; (Duft) exhaler; chem dégager; phys émettre; **~en** n écoulement m; exhalaison f; échappement m; fuite f; chem dégagement m; phys émanation a. fig, émission f.

aus≈studieren tr (Buch) étudier jusqu'au bout; itr: ausstudiert haben avoir terminé ses études.

aus≈suchen tr (auswählen) choisir.

Austausch m (-(e)s, ø) échange; (Tauschhandel) commerce d'échange, troc m; (Gedanken~) communication f; im ~ gegen en échange de; **a~bar** a, a. tech échangeable, interchangeable; **~barkeit** f interchangeabilité f; **aus≈tauschen** tr échanger (gegen contre); (im Tauschhandel) troquer (gegen contre); mit jdm etwas ~ faire un échange avec qn; **~partner** m échangiste m; **~professor** m professeur m d'échange; **~student** m étudiant m d'échange.

aus≈teil|en tr (verteilen) distribuer, répartir, partager; (Schläge) donner; rel (Sakrament) administrer; **A~ung** f distribution, répartition f, partage m; rel administration f.

Auster f (-, -n) ['auster] zoo huître f; pop (Auswurf) crachat m; **~nbank** f banc m d'huîtres, huîtrière f; **~nfang** m pêche f aux huîtres; **~nfischer** m pêcheur d'huîtres; orn huîtrier m; **~ngabel** f fourchette f à huîtres; **~nhändler** m marchand d'huîtres, écailler m, **~nmesser** n couteau m à huîtres; **~nöffner** m ouvre-huître(s) m; **~npark** m parc m à huîtres; **~nschale** f écaille f d'huître; **~nzucht** f ostréiculture; industrie f huîtrière; **~nzüchter** m ostréiculteur m.

aus≈toben, sich (s-n Zorn ~) donner libre cours à od décharger sa colère; (sich ausleben) s'abandonner à ses passions, se dépenser physiquement; (Kinder) s'en donner à cœur joie, s'ébattre librement; (sich die Hörner *abstoßen)* jeter sa gourme; *Jugend muß sich ~ (prov)* il faut que jeunesse se passe.

Austrag *m ⟨-(e)s, ∅⟩ zum ~ bringen (regeln)* régler, arranger, vider; *zum ~ kommen* être réglé *od* arrangé; **aus≈tragen** *tr (Waren, Zeitungen)* porter à domicile; distribuer; *(ein Kind)* porter jusqu'au terme; *fig (Streit regeln)* régler, arranger, vider; *sport* disputer; **~en** *n* portage *m;* distribution *f;* **~ung** *f* règlement, arrangement *m;* **~ungsort** *m ⟨-s, -e⟩ sport: ~ des Endspiels ist Rom* la finale aura lieu à Rome; **~ungsspiel** *n sport* match *m* décisif.

Austräger *m (von Waren)* porteur; *(Verteiler)* distributeur; *(Briefträger)* facteur *m.*

Australlien [aʊs'traːliən] *n* l'Australie *f;* **~ier(in** *f) m ⟨-s,-⟩* [-liər] Australien, ne *m f;* **a≈isch** [-'traː-] *a* australien, d'Australie.

aus≈treiblen *tr* expulser, chasser *(aus* de); *(Vieh)* mener paître, conduire au pâturage; *(bösen Geist, den Teufel)* exorciser; *fig (Unart, Mucken, Hochmut)* faire passer; **A~ung** *f* expulsion *f;* exorcisme *m.*

aus≈treten *tr ⟨aux: haben⟩ (Feuer)* éteindre avec le(s) pied(s); *(Schuhe)* éculer; *(Treppe)* user; *itr ⟨aux: sein⟩ (aus e-r Gemeinschaft)* sortir de, quitter, se retirer de; *(zur Toilette gehen)* sortir; *fam* aller quelque part; *(Blut)* s'extravaser; *(Gas)* s'échapper, fuir; *aus e-r Partei ~* quitter un parti; **A~** *n: beim ~* en sortant.

aus≈trinken *tr (ganz trinken)* boire; *(Trinkgefäß leeren)* vider, finir, achever; *itr* achever de boire; *bis auf den letzten Tropfen ~* boire jusqu'à la dernière goutte; *mit od in einem Zug ~* vider d'un seul trait.

Austritt *m (aus e-r Gemeinschaft)* sortie *f,* retrait *m; (des Blutes aus den Gefäßen)* extravasation *f; (e-s Gases)* échappement *m,* fuite *f;* **~serklärung** *f* déclaration *f* de sortie *od* de démission; **~sgeschwindigkeit** *f (e-s Geschosses)* vitesse *f* de sortie; **~skanal** *m (e-r Dampfmaschine)* conduit *m* d'échappement; **~sstelle** *f tech* endroit *m* de sortie; *med* émergence *f;* **~stemperatur** *f* température *f* de sortie; **~sventil** *n* soupape *f* d'échappement; **~swinkel** *m phys* angle *m* d'émergence.

aus≈trocknlen *tr ⟨aux: haben⟩* dessécher, assécher, mettre à sec; *(Quelle, Wasserlauf)* tarir; *itr ⟨aux: sein⟩* se dessécher, s'assécher; *(Quelle etc)* tarir; **A~ung** *f* dessèchement,

assèchement *m,* dessiccation *f;* tarissement *m.*

aus≈trompeten *tr, a. fig fam* annoncer *od* publier à son de trompe; *fig fam* trompeter, tambouriner.

aus≈tüfteln *tr fam* ratiociner; *(herausbekommen)* finir par trouver.

aus≈üblen *tr (Beruf, Amt)* exercer; *(Amt, Funktion a.)* remplir; *(freien Beruf, Kunst, Pflicht, Macht, Druck, Reiz, Einfluß)* exercer; *(Wirkung)* produire; *(Recht)* user de; *den ärztlichen Beruf ~* pratiquer la médecine; *e-n Einfluß auf jdn ~ (a.)* influer sur qn; **~end** *a* pratiquant; **~e Gewalt** *f* (pouvoir) exécutif *m;* **~e(r) Künstler** *m* exécutant *m;* **A~ung** *f* exercice *m;* pratique *f; in ~ s-s Berufes, Dienstes* dans l'exercice de sa profession, de ses fonctions.

Ausverkauf *m com* soldes *m pl; (Total~)* liquidation *f; ~ wegen Geschäftsaufgabe* liquidation *f* pour cause de cessation de commerce; **aus≈verkaufen** *tr* solder; *a.* liquider; *ausverkauft haben* avoir tout vendu; **a~t** *a (Ware)* épuisé; *vor ~em Haus spielen* faire salle comble; jouer à bureaux fermés; **~!** *(theat)* complet!

aus≈wachsen *tr ⟨aux: haben⟩ ein Kleidungsstück ~ fam* grandir dans un vêtement; *itr ⟨aux: sein⟩ bot (Samen)* germer; *ausgewachsen sein (sein Wachstum beendet haben)* avoir terminé sa croissance, ne plus croître *od* pousser; *sich zu etw ~* devenir, engendrer qc; **A~** *n: das ist ja zum ~! (fam)* c'est tuant *od* assommant *od* insupportable.

Auswahl *f ⟨-, ∅⟩ (Vorgang)* choix *m,* sélection *f; (Ergebnis)* choix *m (an* de); *(von Menschen)* élite *f; com* assortiment; *(aus e-m Buch od Gesamtwerk)* choix *m; zur ~* au choix; *e-e große ~ haben (com)* être bien assorti; *e-e ~ treffen* faire une choix; **~kampf** *m sport* épreuve *f* de sélection; **~mannschaft** *f sport* équipe sélectionnée, sélection *f;* **~sendung** *f com* envoi *m* d'assortiment; **~spiel** *n sport* match *m* de sélection; **~spieler** *m* joueur *m* sélectionné.

aus≈wählen *tr* choisir, sélectionner; *sorgfältig ~* trier sur le volet; *ausgewählte Gedichte n pl* choix *m* de poésies; *ausgewählte Werke n pl* œuvres *f pl* choisies.

aus≈walzen *tr metal* laminer; **A~** *n* laminage *m.*

Auswanderler *m* émigrant *m;* **~erschiff** *n* navire *m* d'émigrants; **aus≈wandern** *⟨aux: sein⟩ itr* émigrer,

quitter sa patrie, s'expatrier; ~**ung** *f*
⟨-, (-en)⟩ émigration *f.*

auswärt|ig ['ausvɛrtıç] *a pol* extérieur,
étranger; *das A~e Amt* le ministère
des Affaires étrangères; ~**e** *Angelegenheiten f pl* affaires *f pl*
étrangères; ~**e(s)** *Mitglied n (e-r Gesellschaft)* membre *m* correspon-
dant; ~**e** *Politik f* politique *f* extérieure; ~**e(r)** *Schüler m* élève *m* de
l'extérieur; ~**s** *adv* (en) dehors, au-de-
hors; hors de la ville; *nach* ~ en dehors; *von* ~ de *od* du dehors; ~ *essen*
manger en ville; ~ *schlafen* découcher; ~**s=setzen** *tr: die Füße* ~ mettre les pieds en dehors; **A~sspiel** *n*
sport match *m* à l'extérieur.

aus=wasch|en *tr (Schmutz, Fleck)* en-
lever *od* ôter (en lavant); *(Kleidung,
Wäsche; Wunde)* laver; *(Gefäß)* rincer; *geol* ronger; *sich die Augen* ~ se
baigner les yeux; **A~en** *n* lavage *m;*
A~ung *f geol* érosion *f.*

auswechsel|bar *a* échangeable; *bes.
tech* amovible; *(unterea. ~)* interchangeable; *(ersetzbar)* remplaçable;
A~elbarkeit *f* amovibilité; interchangeabilité *f;* **aus=wechseln** *tr*
(é)changer, rechanger; *(ersetzen)*
remplacer; **A~(e)lung** *f* échange, rechange; remplacement *m.*

Ausweg ['ausve:k] *m* sortie; *a. fig* issue *f; (aus e-m Engpaß)* débouché; *fig*
fig moyen, expédient, biais *m; e-n* ~
finden trouver un moyen *od* un
expédient; *sich e-n* ~ *freihalten* se
ménager une issue; *jdm keinen* ~ *lassen (fig)* mettre qn au pied du mur;
immer e-n ~ *wissen* avoir toujours
une porte de sortie; *fam* être
débrouillard; *es gibt für mich keinen*
~ *mehr (fig)* je suis dans une impasse; *einzige(r)* ~ seul parti *m* à prendre; *letzte(r)* ~ dernière issue *f;* **a~-
los** *a fig* sans issue; *in e-r ~en Lage*
dans une situation désespérée.

aus=weich|en ⟨*aux: sein*⟩ *itr* se garer,
se ranger (de côté), s'effacer; *jdm, e-r
S* faire place, céder le pas *od* la route
à qn, à qc, *(aus dem Wege gehen)*
éviter qn, qc; *fig* se dérober, se soustraire à qn, à qc; *e-r S* ~ *(etw umgehen)* éluder qc; *e-m Schlag, e-r
Schwierigkeit geschickt* ~ esquiver
un coup, une difficulté; *rechts* ~*, links
überholen!* se ranger à droite, doubler à gauche! ~**end** *a (Antwort)*
évasif; *adv:* ~ *antworten* répondre
évasivement, faire une réponse normande; **A~flugplatz** *m* aéroport *m*
de dégagement; **A~gleis** *n loc* voie *f*
d'évitement *od* de garage; **A~klau-
sel** *f jur* clause *f* échappatoire; **A~-**

krankenhaus *n* hôpital *m* auxiliaire;
A~lager *n com* magasin *m* auxiliaire; **A~möglichkeit** *f* possibilité *f*
d'évitement; **A~raum** *m mil* zone *f*
de repli; **A~stelle** *f loc* gare d'évitement; *(an e-m Kanal)* gare *f* d'eau;
A~stellung *f mil* position *f* de repli;
A~welle *f radio* onde *f* auxiliaire;
A~ziel *n mil* objectif *m* secondaire.

aus=weiden *tr (Wild etc)* éventrer,
étriper, vider; **A~** *n* étripage *m.*

aus=weinen, *sich* pleurer son content,
se soulager en pleurant; *sich die Augen* ~ pleurer toutes les larmes de
son corps.

Ausweis *m* ⟨-es, -e⟩ ['ausvaıs, -zə]
pièce *f* d'identité; laissez-passer *m;*
papiers *m pl; nach* ~ *(gen) = a~lich,
den* ~ *vorzeigen* montrer ses papiers;
aus=weisen *tr* expulser, bannir,
chasser *(aus de); sich* ~ établir *od*
prouver *od* décliner son identité;
~**hülle** *f* porte-carte(s) *m* ~**karte** *f*
carte *f* d'identité; **a~lich** *prp gen*
d'après, selon; ~**papiere** *n pl* papiers
m pl d'identité; ~**ung** *f* expulsion *f,*
bannissement *m; (Aufenthaltsverbot)*
interdiction de séjour; *(aus dem Besitz)* éviction, dépossession *f;* ~**ungsbefehl** *m* ordre *od* arrêté *od* décret
m d'expulsion.

aus=weit|en *tr (erweitern)* élargir,
évaser; *a. fig (Handel, Macht etc)*
étendre; *mil (Erfolg)* exploiter; *sich*
~ *(a.)* prendre de l'ampleur; **A~en** *n*
élargissement, évasement *m;* **A~ung**
f fig extension, expansion; *mil* exploitation *f.*

auswendig *a vx (äußere)* extérieur;
adv vx à l'extérieur; *fig (aus dem Gedächtnis)* par cœur; de mémoire; ~
können, lernen savoir, apprendre par
cœur; *etw (in- und)* ~ *können* savoir
qc sur le bout du doigt.

aus=werf|en *tr (Angel, Netz, Anker)*
jeter; *(Erde)* jeter (avec une pelle);
(Graben) creuser; *tech mil (Patro-
nenhülsen)* éjecter; *(Asche, von e-m
Vulkan)* lancer, vomir; *fin (Betrag)*
allouer, assigner, affecter; *(Rente)*
constituer *(jmd à qn); com (Posten
im Rechnungsbuch)* émarger; **A~en**
n jet; creusement *m; mil* éjection, extraction *f;* lancement, vomissement
m; fin allocation, assignation, affectation; constitution *f;* **A~er** *m tech mil*
éjecteur; *mil a.* extracteur *m.*

aus=wert|en *tr (Nutzen ziehen aus)*
faire valoir, mettre en valeur, exploiter, utiliser, tirer profit de; *(Unterlagen, Statistiken)* exploiter, dépouiller;
phot mil interpréter; **A~er** *m phot
mil* interprétateur *m;* **A~estelle** *f*

mil centre *m* d'exploitation; *(für Luftbilder)* section *f* d'interprétation photographique; **A~everfahren** *n* procédé *m* d'exploitation *od* d'interprétation **A~ung** *f (Nutzbarmachung)* mise en valeur, exploitation, utilisation *f;* dépouillement *m; (wissenschaftliche)* interprétation *f.*

aus=wetzen *tr (Scharten aus e-r Klinge)* enlever (en aiguisant); *e-e Scharte* ~ *(fig)* réparer un échec.

aus=wickeln *tr* ôter l'enveloppe de, désenvelopper.

aus=winden *tr (Wäsche)* = *auswringen.*

aus=winter|n ⟨*aux: sein*⟩ *itr (Saat)* gâter (par l'effet du froid); **A~ungsschäden** *m pl* dégâts *m pl* causés par le froid.

aus=wirk|en *tr (Teig kneten)* pétrir; *(erwirken, verschaffen)* obtenir *(jdm e-e Vergünstigung* une faveur à qn); *sich* ~ se répercuter, retentir, avoir tel ou tel effet *(auf etw* sur qc); *sich voll* ~ produire son plein *od* tout son effet *(auf* sur); **A~ung** *f* effet *m,* conséquence, incidence *f,* retentissement *m; (Rückwirkung)* répercussion *f,* choc *m* en retour.

aus=wischen *tr (Gefäß)* essuyer; torchonner; *(Geschützrohr)* écouvillonner; *(Staub, Schmutz)* enlever (avec un chiffon *od* un torchon); *(Schrift)* effacer; *(mit e-m Schwamm)* éponger; *sich die Augen* ~ se frotter les yeux; *jdm eins* ~ *(fig fam)* donner un coup de dent *od* faire une crasse à qn.

aus=wittern ⟨*aux: sein*⟩ *itr (sich ausscheiden, bes. a. Mauerwerk)* (s')effleurir.

aus=wringen *tr (Wäsche)* tordre, essorer.

Auswuchs ['ausvu:ks] *m allg* excroissance; *(Mißbildung)* difformité, monstruosité; *bot* loupe; *med* tumeur *f; pl fig (Übertreibungen)* excès, abus *m; Auswüchse der Phantasie* produits *m pl* monstrueux de l'imagination.

aus=wuchten *tr tech (auslasten)* équilibrer.

Auswurf *m physiol* crachat; *(dicker, schleimiger)* graillon *m; med* expectoration; *tech* éjection; *fig (Abschaum)* déjection *f,* rebut *m,* lie, écume *f; ~vorrichtung* *f tech* dispositif *m* d'éjection.

aus=zack|en *tr* denteler, créneler; **A~ung** *f* dentelure, crénelure *f.*

aus=zahl|en *tr* payer; *(Rente)* servir, verser; *(Arbeiter, Angestellten)* payer; *(Teilhaber)* désintéresser; *(Gläubiger)* désintéresser, rembourser; *sich* ~ *(sich lohnen)* être payant; **A~ung**

f paiement *m; (Lohn~)* paye, paie *f; désintéressement, remboursement *m; telegraphische* ~ mandat *m* télégraphique; **A~ungsanweisung** *f* ordre *od* mandat *m* de paiement; **A~ungsbescheinigung** *f* certificat *m* de paiement; **A~ungsbetrag** *m* montant *m* du paiement; **A~ungsschein** *m* avis *m* de paiement.

aus=zähl|en *tr: die Stimmen* ~ *(parl)* dépouiller le scrutin; *(Boxer)* compter out; **A~ung** *f part* dépouillement *m* (du scrutin).

aus=zehr|en *tr* consumer *a. fig; fig* épuiser, ronger; **A~ung** *f med* consomption *f;* épuisement *m; (Kräfteverfall)* cachexie; *(Schwindsucht)* phtisie *f.*

aus=zeichn|en *tr (kennzeichnen)* marquer; *(Waren)* étiqueter, coter; *typ* mettre en vedette; *(Menschen)* distinguer; *(mit e-m Orden)* décorer; *sich* ~ se distinguer, se faire remarquer, se signaler *(durch* par); *sich in etw* ~ exceller dans qc; **A~ung** *f* marquage *m; com* indication *f* du prix, étiquetage *m;* distinction; mention *f* honorable; *(bes. Schule)* accessit *m; mil* récompense; citation (à l'ordre du jour); *(mit e-m Orden)* décoration *f; die Prüfung mit* ~ *bestehen* passer l'examen avec mention.

auszieh|bar *a (Tisch)* extensible, à rallonge(s); *(nach Art e-s Fernrohrs)* télescopique; **A~brett** *n (an e-m Möbelstück)* tirette *f;* **aus=ziehen** *tr* ⟨*aux: haben*⟩ *(Nagel, Zahn)* arracher, extraire; *(Tisch)* rallonger; *(Kleidungsstück)* ôter, retirer, enlever; *(entkleiden)* déshabiller; *(ausplündern)* dépouiller, détrousser; *metal (strecken)* étirer, étendre; *(Linie)* tirer, tracer; *(Zeichnung mit Tusche)* passer à l'encre; *(Stoffe aus e-r Pflanze; Sonne: Farbe* od *Feuchtigkeit; Schrift(steller) (exerpieren)* extraire; *itr* ⟨*aux: sein*⟩ partir *(zu* pour); *(aus e-r Wohnung)* déménager, déloger; *sich* ~ se déshabiller; *auf Abenteuer* ~ partir à l'aventure, courir l'aventure; *den alten Adam* ~ dépouiller le vieil homme; *die Handschuhe* ~ *(a.)* se déganter; *heimlich* ~ déménager à la cloche de bois; *(ohne zu zahlen)* mettre la clé sous la porte; *die Kinderschuhe* ~ *(fig)* sortir de l'enfance; *die Schuhe* ~ se déchausser; *die Uniform* ~ *(s-n Abschied nehmen)* quitter l'armée; **A~en** *n (der Kleider)* déshabillage; *metal* étirage *m;* **A~er** *m tech* extracteur *m;* **A~fallschirm** *m* parachute *m* extracteur; **A~feder** *f* tire-

-ligne *m;* **A~leiter** *f* échelle *f* à coulisse; **A~platte** *f (e-s Tisches)* rallonge *f;* **A~tisch** *m* table *f* à rallonges *od* à tirants; **A~tusche** *f* encre *f* de Chine; **A~vorrichtung** *f tech* dispositif *m* d'extraction.

aus=zimmern *tr mines* boiser.

aus=zirkeln *tr* mesurer au compas.

aus=zischen *tr (Redner, Schauspieler)* siffler, huer.

Auszubildende(r) *m* stagiaire, apprenti *m.*

Auszug *m (aus Pflanzenstoffen, aus e-m Register)* extrait; *(Abriß, Zs.fassung)* extrait, abrégé, précis, résumé, sommaire *m; mus* réduction *f; (Rechnungs-, Konto~)* relevé; *(aus e-r Wohnung)* déménagement, délogement; *(Auswanderung)* exode *m,* émigration *f; im ~* en abrégé; **~(s)mehl** *n* farine *f* de gruau; *(feinstes) ~* fleur *f* de farine; **a~sweise** *adv* par extraits, en abrégé.

aus=zupfen *tr (Haare)* arracher; *(Gewebe)* effiler; *die Haare ~* épiler *(aus etw* qc).

autark [aʊ'tark] *a* autarcique, se suffisant à soi-meme; **A~ie** *f* ⟨-,(-n)⟩ [-'ki:] autarcie *f.*

authent|isch [aʊ'tɛntɪʃ] *a* authentique; **A~izität** *f* ⟨-, ø⟩ [-titsi'tɛ:t] authenticité *f.*

Auto *n* ⟨-s, -s⟩ ['aʊto, -to:s] auto, voiture *f; ein ~ fahren* conduire une auto; *(im) ~ fahren* aller en auto; **~abgas** *n* gaz *m* d'échappement; **~antenne** *f* antenne *f* de voiture; **~bahn** *f* autoroute *f; gebührenpflichtige ~* autoroute *f* à péage; *(in Kanada)* superboulevard *m;* **~bahnauffahrt** *f* bretelle *f* d'accès; **~bahnbau** *m* construction *f* des autoroutes; **~bahnbrücke** *f* pont *m* d'autoroute; **~bahndreieck** *n,* **~bahnkreuz** *n* échangeur *m* (d'autoroute); **~bahngebühren** *f pl* péage *m;* **~bahnnetz** *n* réseau *m* d'autoroutes; **~bahnraststätte** *f* restoroute *m;* **~bahnring** *m* circuit *m* périphérique; **~bahnschnittpunkt** *m* carrefour *m* autoroutier; **~bahnstrecke** *f* voie *f* autoroutière; **~bombe** *f* voiture *f* piégée; **~bus** *m* autobus; *fam* bus; *(Überland-, Reisebus)* autocar *m; zweistöckige(r) ~* autobus *m* à impériale; **~busbahnhof** *m* gare *f* routière; **~bushalle** *f* garage *m* des autobus *od* des cars; **~buslinie** *f* ligne *f* d'autobus; **~fähre** *f* bac *m* à voitures; **~fahrer** *m* automobiliste; *(Führer)* chauffeur *m; schlechte(r) od rücksichtslose(r) ~ (a. fam)* chauffard *m;* **~fahrt** *f* promenade *f* en au-

to *od* en voiture; **~friedhof** *m* cimetière *m* de voitures; **~gas** *n* gaz (comprimé), gaz de pétrole liquéfié, GPL *m;* **~händler** *m* concessionnaire *m* en automobiles; **~hebebühne** *f* élévateur *m* de voitures; **~hilfsdienst** *m* poste *m* de dépannage; **~karte** *f* carte *f* routière; **~kino** *n* autorama *m;* **~kolonne** *f* convoi *m* automobile; **~lotsendienst** *m* service *m* de pilotage; **~marder** *m* voleur *m* de voitures; **~mechaniker** *m* = **~schlosser;** **~nummer** *f* numéro *m* d'immatriculation; **~radio** *n* auto-radio *m;* **~reifen** *m* pneu(matique); *fam* caoutchouc *m;* **~reisezug** *m* train *m* auto-couchette(s); **~rennbahn** *f* autodrome *m;* **~rennen** *n* course *f* d'automobiles; **~rennfahrer** *m* coureur *m* automobile; **~reparaturwerkstatt** *f* atelier de réparation (d'autos), service de dépannage, garage *m;* **~schlange** *f* file *f* de voitures; **~schlosser** *m* mécanicien (d'automobiles *od* en automobiles), (monteur-)dépanneur, garagiste; *fam* mécano *m;* **~schlüssel** *m pl* clés *f pl* de voiture; **~telefon** *n* radiotéléphone *m;* **~tour** *f* = **~fahrt;** **~tunnel** *m* tunnel *m* pour automobiles; **~unfall** *m* accident *m* d'auto; **~verkehr** *m* trafic *m od* circulation *f* automobile; **~vermietung** *f* location *f* de voitures; **~versicherung** *f* assurance *f* automobile; **~wrack** *n* épave d'auto, carcasse *f* d'auto; **~zubehör** *n* accessoires *m pl* d'auto.

Auto|biographie *f* ⟨-, -n⟩ [aʊtobiogra'fi:] autobiographie *f;* **a~biographisch** [-'gra:fɪʃ] *a* autobiographique; **~didakt** *m* ⟨-en, -en⟩ [-di'dakt] autodidacte *m;* **a~didaktisch** *a* autodidacte; **a~gen** [-'ge:n] *a: ~e Schweißung f* soudage *m od* soudure *f* autogène; **~e(s) Training** *n* training *m* autogène; **~giro** *n aero (Tragschrauber)* autogire *m;* **~gramm** *n* autographe *m;* **~grammjäger** *m* chasseur *m* d'autographes; **~krat** *m* ⟨-en, -en⟩ [-'kra:t] *pol* autocrate *m;* **~kratie** *f* ⟨-, -n⟩ [-'kra:ti:] autocratie *f;* **a~kratisch** [-'kra:tɪʃ] *a* autocratique; **a~nom** [-'no:m] *a (eigengesetzlich, unabhängig)* autonome; **~nomie** *f* ⟨-, -ien⟩ [-no'mi:] autonomie *f;* **~nomist** *m* ⟨-en, -en⟩ [-'mɪst] autonomiste *m;* **~suggestion** *f* autosuggestion *f;* **~typie** *f typ (Rasterätzung)* similigravure, autotypie *f.*

Autodafé *n* ⟨-s, -s⟩ [aʊtoda'fe:] *rel hist* autodafé *m.*

Automat *m* ⟨-en, -en⟩ [aʊto'ma:t] automate *m; machine f* automatique; *(Spiel~) machine à sous; (Waren~)* distributeur automatique; *tech (Dreh~) tour m* automatique; **~enrestaurant** *n* restaurant *m* automatique; **~ik** *f* ‹-, -en› [-'maːtık] automaticité *f;* automatisme *m;* **~ikgurt** *m* ceinture *f* à enrouleur; **~ikwagen** *m* voiture *f* (à transmission) automatique; **~ion** *f* ‹-, ø› [-tsi'oːn] automation *f;* **a~isch** [-'maː-] *a* automatique; *hum* pousse-bouton; **~e** *Sicherung f (el)* disjoncteur *m; das geht ~* c'est automatique; *das macht er ganz ~* il le fait automatiquement; **a~isieren** [-ti'ziːrən] *tr* automatiser; **~isierung** *f* automatisation *f;* **~ismus** *m* ‹-, -men› [-'tısmʊs, -mən] automatisme *m,* automaticité *f.*

Automobil *n* ‹-s, -e› [aʊtomo'biːl] automobile *f; vgl. Auto;* **~ausstellung** *f* salon *m* de l'automobile; **~bau** *m* construction *f* d'automobiles; **~industrie** *f* industrie *f* automobile; **~ist** *m* ‹-en, -en› [-'lıst] automobiliste *m;* **~klub** *m* club *m* automobile; **~preis** *m: der Große ~* le Grand Prix Automobile; **~produktion** *f* production *f* automobile; **~sport** *m* automobilisme *m.*

Autopsie *f* ‹-, -n› [aʊtɔ'psiː, -iːən] autopsie *f.*

Autor *m* ‹-s, -en› ['aʊtɔr, -'toːrən] auteur *m;* **~enexemplar** *n* exemplaire *m* d'auteur; **~enhonorar** *n* droits *m pl* d'auteur; **~(en)korrektur** *f typ* correction *f* d'auteur; **~enrechte** *n pl jur* droits *m pl* d'auteur; **~in** *f* (femme *f)* auteur *m;* **a~isieren** [-tori'ziːrən] *tr* autoriser *(zu* à); *autorisierte Übersetzung f* traduction *f* autorisée; **a~itär** [-ri'tɛːr] *a* autoritaire; **~e(r)** *Charakter m, Haltung f (a.)* autoritarisme *m;* **~ität** *f* ‹-, -en› [-'tɛːt] autorité *f (über* sur); *s-e ~ festigen* raffermir son autorité; *als ~*

gelten faire autorité; *~ genießen* jouir d'une autorité; **a~itativ** [-ta'tiːf] *a (maßgeblich)* autorisé; **~itätsprinzip** *n* principe autoritaire, autoritarisme *m;* **~schaft** *f* ‹-, ø› qualité d'auteur, paternité *f* littéraire.

autsch [aʊtʃ] *interj,* **auweh** *interj* aïe!

Aval *m* ‹-s, -e› [a'val] *fin jur (Wechselbürgschaft)* aval, cautionnement *m;* **a~ieren** [-'liːrən] *tr (Wechsel als Bürge unterschreiben)* avaliser, donner son aval à, cautionner.

avancieren [avãˈsiːrən] *itr* ‹aux: sein› *(befördert werden, aufrücken)* avancer, prendre du galon; *zum Oberst ~* être promu *od* passer colonel.

Avantgard|e *f* ‹-, -n› [a'vãːgardə] *(in der Kunst)* avant-garde *f;* **~ist** *m* ‹-en, -en› [-'dıst] homme *od* artiste *m* d'avant-garde; **a~istisch** *a* d'avant-garde.

avisieren [avi'ziːrən] *tr (benachrichtigen)* aviser, donner avis à, prévenir.

axial [aksi'aːl] *a (achsig, achsrecht)* axial.

Axiom *n* ‹-s, -e› [aksi'oːm] *philos math (Grundsatz)* axiome *m;* **~atik** *f* ‹-, ø› [-'maːtık] axiomatique *f;* **a~atisch** *a* axiomatique.

Axt *f* ‹-, ⁀e› [akst, 'ɛkstə] hache, cognée *f; die ~ an die Wurzel legen (fig)* couper le mal à la racine; **~hieb** *m* coup *m* de hache; **~stiel** *m* manche *m* de hache.

Ayatollah *m = Ajatollah.*

Azal|ee *f* ‹-, -n› [atsa'leːə, -(ə)n] , **~ie** *f* ‹-, -n› [a'tsaːliə] *bot* azalée *f.*

Azoren [a'tsoːrən] *die, pl geog* les Açores *f pl.*

Azubi *m* ‹-s, -s› [a'tsuːbi] *= Auszubildende(r).*

Azur *m* ‹-s, ø› [a'tsuːr] *poet* azur *m;* **a~blau** *a,* **a~n** *a (himmelblau)* azuré.

azyklisch ['a-/a'tsyː klıʃ] *a (ohne Zyklus)* acyclique.

B

B, b *n* ⟨-, -⟩ [be:] *(Buchstabe)* B, b *m;* *mus* si *m* bémol; **B-Dur** *n* si *m* bémol majeur; **b-Moll** *n* si *m* bémol mineur.
babbeln ['babəln] *itr fam* babiller, jacasser.
Baby *n* ⟨-s, -s⟩ ['be:bi] bébé *m;* ~**artikel** *m pl* articles *m pl* pour bébés; ~**ausstattung** *f,* ~**wäsche** *f* layette *f;* ~**jäckchen** *n* brassière *f;* **b~sitten** *itr* faire du baby-sitting, garder des enfants; ~**sitten** *n* baby-sitting *m,* garde *f* d'enfants; ~**sitter** *m* ⟨-s, -⟩ baby-sitter *m f,* garde *f* d'enfants.
Babylon ['ba:bylɔn] *n* Babylone *f;* ~**ier(in** *f*) *m* ⟨-s, -⟩ [-'lo:niər] Babylonien, ne *m f;* **b~isch** [-'lo:-] *a* babylonien, de Babylone.
Bacch|anal *n* ⟨-s, -e/-ien⟩ [baxa'na:l, -ə, -liən] *hist (Bacchusfest)* bacchanales *f pl; fig (Orgie)* orgie *f;* ~**ant(in** *f*) *m* ⟨-en, -en⟩ [-'xant] bacchant, e *m f;* **b~antisch** *a* bachique; *fig (ausgelassen)* effréné; ~**us** ['baxʊs] *m* Bacchus *m;* ~**usfest** *n* bacchanales *f pl.*
Bach *m* ⟨-(e)s, ⁻e⟩ [bax, 'bɛçə] ruisseau *m; das ist den* ~ *hinunter (pop)* c'est terminé (une fois pour toutes); ~**forelle** *f* truite *f* de rivière; ~**schnake** *f ent* tipule *f;* ~**stelze** *f orn* bergeronnette *f; (weiße)* ~ hochequeue *m;* ~**weide** *f* osier *m* vert.
Bache *f* ⟨-, -n⟩ ['baxə] *(Wildsau)* laie *f;* ~**r** *m* ⟨-s, -⟩ *(zweijähr. Keiler)* ragot *m.*
Bächlein *n* ⟨-s, -⟩ ['bɛçlaın] ruisselet, ru *m.*
back [bak] *adv dial u. mar* en arrière.
Back 1. *f* ⟨-, -en⟩ [bak] *mar (Aufbau)* gaillard *m* d'avant; *(gemeinsamer Tisch u. Schüssel)* gamelle *f.*
Back 2. *m* ⟨-s, -s⟩ [bæk] *sport (Verteidiger)* arrière *m.*
Backbord ['bak-] *n mar (linke Schiffsseite, von hinten gesehen)* bâbord *m;* ~**motor** *m* moteur *m* de bâbord.
Backe *f* ⟨-, -n⟩ ['bakə] joue *(a. der Zange); (Schraubstock)* mâchoire *f; mit vollen* ~*n kauen* manger à belles dents; *au* ~*! malheur! mince alors! geschwollene, (fam) dicke* ~ joue *f* enflée; ~**n** *m* = ~.
backen ⟨*bäckt, backte, hat gebacken*⟩ *tr* cuire, faire; *(in der Pfanne)* frire; *itr (kleben)* ⟨*fb: hat gebackt*⟩ coller

(an à), s'agglutiner; *(Schnee)* prendre; *(Schnee)* prendre; *f.*
Backen|bart ['bakən-] *m* favoris *m pl, fam* côtelettes *f pl;* ~**brecher** *m tech* broyeur, concasseur *m* à mâchoires; ~**bremse** *f* frein *m* à sabot; ~**futter** *n tech* mandrin *m* à griffes *od* à mâchoires *od* à mordaches; ~**knochen** *m* os *m* de la pommette; ~**streich** *m* soufflet *m,* gifle, claque *f;* ~**tasche** *f zoo* abajoue *f;* ~**zahn** *m* (dent) molaire, *pop* grosse dent *f.*
Bäcker *m* ⟨-s, -⟩ ['bɛkər] boulanger *m;* ~**ei** *f* ⟨-, -en⟩ [-'rai] boulangerie *f;* ~**geselle** *m* garçon boulanger, mitron *m;* ~**handwerk** *n* boulangerie; *fam* boulange *f;* ~**innung** *f* corporation *f od* corps *m* de métier des boulangers; ~**junge** *m* mitron *m;* ~**laden** *m* boulangerie *f;* ~**lehrling** *m* apprenti *m* boulanger; ~**meister** *m* maître *m* boulanger; ~**(s)frau** *f* boulangère *f.*
Back|fisch ['bak-] *m* poisson frit; *fig fam* tendron *m,* jouvencelle, petite jeune fille *f;* ~**fischalter** *n* âge *m* ingrat; ~**form** *f* moule *m* (à pâtisserie); ~**haus** *n* fournil *m;* ~**hühnchen** *n* poulet *m* rôti; ~**kohle** *f* houille(s *pl*) *f* grasse(s); ~**mulde** *f* pétrin *m;* huche *f;* ~**obst** *n* fruits *m pl* séchés *od* secs; ~**ofen** *m* four *m; fig* fournaise *f;* ~**pfeife** *f* gifle, claque, *fam* taloche, *pop* mornifle *f;* ~**pfeifengesicht** *n* tête *f* à claques; ~**pflaume** *f* pruneau *m;* ~**pulver** *n* levure *f* en poudre *od* chimique *od* alsacienne, levain *m* en poudre; ~**stein** *m* brique *f;* ~**steingotik** *f* gothique *m* de brique(s); ~**steinhaus** *n* maison *f* de brique(s); ~**stube** *f* fournil *m,* boulangerie *f;* ~**trog** *m* = ~*mulde;* ~**waren** *f pl* pain et pâtisserie; ~**werk** *n* pâtisserie *f.*
Bad *n* ⟨-(e)s, ⁻er⟩ [ba:t, 'bɛ:dər] bain; *(~eanstalt)* établissement *m* de bain(s); *(~ezimmer)* salle *f* de bains; *(Hallenbad, Freibad)* piscine; *(~eort)* station thermale, (ville *f* d')eaux *f pl; (Seebad)* station *f* balnéaire; *(Handlung)* bain *m,* baignade *f;* ~ *in der Menge (fig)* bain *m* de foule; *das Kind mit dem* ~*e ausschütten (fig)* jeter l'or avec les crasses *od (néologisme)* l'enfant avec l'eau du bain; *ein*

~ *nehmen* prendre un bain; *ein kur-zes* ~ *nehmen (fam)* faire trempette; *ins* ~ *reisen* aller aux eaux; *ins* ~ *stei-gen* entrer dans le bain.

Bade|anstalt ['ba:də-] *f* établissement *m* de bain(s), bains-douches *m pl,* piscine *f;* ~**anzug** *m* costume *od* maillot *m* de bain; ~**arzt** *m* médecin *m* des bains *od* eaux; ~**frau** *f* bai-gneuse *f;* ~**gast** *m* baigneur, se *m f;* ~**hose** *f* caleçon de bain, slip *m* (de bain); ~**kabine** *f* cabine *f* de bain(s); ~**kappe** *f* bonnet *m* de bain; ~**kur** *f* cure *f* thermale *od* balnéaire; *e-e* ~ *machen* prendre une cure thermale *od* balnéaire; ~**mantel** *m* peignoir *m* (de bain), sortie *f* de bain; ~**matte** *f* descente *f* de bain; ~**meister** *m* maî-tre *m* baigneur *od* nageur; ~**mütze** *f* = ~*kappe.*

baden ['ba:dən] *tr* baigner; donner un bain (*jdn* à qn); *itr u. sich* ~ prendre un bain (*im Freien*) se baigner; **B**~ *n* bain *m,* baignade *f.*

Bad|en ['ba:dən] *n (ehem. Land)* le pays de Bade; ~**ener(in** *f)*, ~**en-ser(in** *f) pej m* ‹-s, -› Badois, e *m f;* ~**en-Württemberg** *n* le Bade-Wur-temberg; **b**~**isch** *a* badois.

Bade|ofen ['ba:də-] *m* chauffe-bain *m;* ~**ort** *m* station *f* thermale *od* hydro-minérale, (ville *f* d')eaux *f pl; (See-bad)* station *f* balnéaire; ~**platz** *m* baignade *f.*

Bader *m* ‹-s, -› ['ba:dər] *hist* barbier--chirurgien *m.*

Bäder|kunde ['bε:dər-] *f* balnéogra-phie *f;* ~**wesen** *n* thermalisme *m.*

Bade|reise ['ba:də-] *f* voyage *m* aux eaux; ~**saison** *f* saison *f* balnéaire; ~**salz** *n* sel *m* de bain; ~**schuhe** *m pl* chaussures *f pl* de bain; ~**schwamm** *m* éponge *f* de toilette; ~**strand** *m* plage *f;* ~**tasche** *f* sac *m* de bain; ~**tuch** *n* serviette *f od* drap *m od* sortie *f* de bain; ~**wanne** *f* baignoire *f;* ~**wasser** *n* eau *f* pour le *od* du bain; ~**zeit** *f (am Tage)* heure du bain; *(im Jahr)* saison *f* balnéaire; ~**zeug** *n* affaires *f pl* de bain; ~**zim-mer** *n* salle *f* de bains; ~**zimmerein-richtung** *f* installation *f* de salle de bains.

baff [baf] *a fam* soufflé, épaté, ébahi, interloqué, sidéré; *da bist du* ~*!* *(fam)* ça t'en bouche un coin!

Bagage *f* ‹-, (-n)› [ba'ga:ʒə] *fam (Ge-sindel)* racaille, canaille *f;* bagages *m pl.*

Bagatell|e *f* ‹-, -n› [baga'tεlə] bagatel-le *f;* **b**~**isieren** [-tεli'zi:rən] *tr* minimi-ser; *alles* ~ regarder par le grand bout de la lorgnette; ~**sachen** *f pl*

jur affaires *f pl* de simple police; ~**schaden** *m* dommage *m* insigni-fiant; ~**schulden** *f pl* menues dettes *f pl.*

Bagger *m* ‹-s, -› ['bagər] excavateur *m,* excavatrice *f; (Schwimmbagger)* drague *f;* ~**führer** *m* conducteur *m* d'une excavatrice; ~**gut** *n* matériaux *m pl* dragués, curure *f;* **b**~**n** *itr* exca-ver; draguer; ~**n** *n* dragage *m;* ~**prahm** *m,* ~**schiff** *n* bateau *m* dra-gueur, marie-salope *f;* ~**tieflader** *m* semi-remorque *f* porte-pelle.

bah [ba:] *interj* bah! heu!

Bahn *f* ‹-, -en› [ba:n] *(Weg)* voie *f,* chemin *m,* route; *sport* piste *f; (e-s einzelnen Wettkämpfers)* couloir; *(Eisen~)* chemin *m* de fer; *(~hof)* gare; *(Strecke)* ligne, voie *f* ferrée; *(Straßen~)* tram(way); *phys* parcours *m; (Flug~)* trajectoire *f; astr* cours *m;* orbite *f (a. d. Elektronen); anat med* trajet *m,* voie; *tech* table; *(Amboß)* table, face; *(Hammer)* face, frappe *f; (Axt)* biseau *m; (Säge)* voie *f; (Ho-bel)* plan *m,* semelle; *(Schneidewerk-zeuge)* face *f; (Tuch)* lé *m,* laize *f,* panneau, pan; *fig* chemin *m,* carrière *f,* cours *m; an der* ~ à la gare; *mit der* ~*, per* ~ par voie ferrée, par chemin de fer; *sich* ~ *brechen* se frayer un chemin, se faire jour; *jdn zur* ~ *brin-gen* conduire qn à la gare; *mit der* ~ *fahren* voyager par le train; *die* ~ *frei machen (fig)* déblayer le terrain; *jdn auf die rechte* ~ *führen* mettre *od* ramener qn dans *od* sur la bonne voie; *auf die schiefe* ~ *geraten* s'écarter du droit chemin, suivre une mauvaise voie; *freie* ~ *haben* avoir le champ libre; *in andere* ~*en lenken* dévier; *in die richtige* ~ *lenken* met-tre sur la (bonne) voie; *aus der* ~ *ge-worfen werden (fig)* être détourné de son chemin; *aus der* ~ *geschleudert werden (fig)* perdre son emploi; échouer; ~ *frei!* (attention!) cédez la piste! laissez le passage! **b**~**amtlich** *a:* ~*e(s) Rollfuhrunternehmen n* ser-vice *m* de factage; ~**anlagen** *f pl* in-stallations *f pl* ferroviaires; ~**an-schluß** *m* raccordement *m* au che-min de fer *od* à la voie ferrée; ~**ar-beiter** *m* ouvrier *m* des chemins de fer; ~**bau** *m loc* construction *f* de chemins de fer; ~**beamte(r)** *m* em-ployé de chemin de fer, *fam* chemi-not *m;* ~**betrieb** *m* service *m* des chemins de fer; **b**~**brechend** *a* qui ouvre *od* fraie de nouvelles voies, qui fait époque, initiateur; ~**brecher** *m* pionnier, initiateur *m;* ~**damm** *m* (ligne *f* en) remblai *m;* ~**eigentum** *n* propriété *f* (de l'administration) des chemins de fer.

bahnen ['baːnən] *tr (e-n Weg, a. fig)* frayer, percer; *e-e Gasse* ~ *(fig)* ouvrir la voie (*e-r Sache* à qc); *sich e-n Weg* ~ se frayer un chemin *od* une route *od* un passage (*durch* par, *durch die Menge* à travers *od* parmi la foule).

Bahn|fahrer ['baːn-] *m sport* coureur sur piste, pistard *m;* ~**fahrt** *f* voyage *m* en *od* par le train; ~**fracht** *f* port *m;* ~**gelände** *n* emprises *f pl* de la voie.

Bahnhof ['baːn-] *m* gare, station *f; frei* ~ rendu *od* arrivé en gare; *durch e-n* ~ *durchfahren (fam)* brûler une gare; ~**sbuchhandlung** *f* librairie *f* de gare; ~**sgebäude** *n* (bâtiment *m* de la) gare *f;* ~**shalle** *f* hall *m* (de la gare); ~**skommandant** *m* commissaire *m* (militaire) de gare; ~**skommandantur** *f* bureau *m* du commissaire de gare; ~**suhr** *f* horloge *f* de gare; ~**svorsteher** *m* chef *m* de gare; ~**swirtschaft** *f* buffet *m* (de la gare); *(einfache)* buvette *f*.

Bahn|körper ['baːn-] *m* terre-plein, terrassement *m,* plate-forme *f* de la voie ferrée, corps *m* de la voie; ~**kreuzung** *f* croisement *m* de voies, traversée *f* de voie; **b~lagernd** *adv* en gare (bureau restant), en dépôt (de gare), gare restante; ~**linie** *f* ligne *f* de chemin de fer; **b~mäßig** *adv:* ~ *verpackt* emballé pour le transport par voie ferrée; ~**meister** *m* surveillant *m* de la voie; ~**polizei** *f* police *f* des chemins de fer; ~**post** *f* bureau *m od* poste *f* ambulant(e); ~**postamt** *n* bureau *m* (de) gare; **b~postlagernd** *adv* gare restante; ~**rennen** *n sport* course *f* sur piste; ~**rennfahrer** *m sport* coureur *m* de piste; ~**schranke** *f* barrière *f;* ~**schutz** *m* garde *f* des voies et communications; ~**station** *f* station, gare *f;* ~**steig** *m* quai *m;* ~**steigkante** *f* bordure *f* de quai; ~**steigkarte** *f* billet *od* ticket *m* de quai; ~**steigkartenautomat** *m* distributeur *m* (automatique) de billets *od* tickets de quai; ~**strecke** *f* ligne *f od* parcours *m* (de chemin de fer); *(Teilstrecke)* section *f od* tronçon *m* de voie; ~**transport** *m* transport *m* par chemin de fer *od* voie ferrée *od* wagon; ~**überführung** *f* passage *m* supérieur; ~**übergang** *m: schienengleiche(r)* ~ passage *m* à niveau; *(un)beschrankte(r)* ~ passage *m* à niveau (non) gardé; ~**unterführung** *f* passage *m* souterrain; ~**verbindung** *f* communication

f par voie ferrée; ~**verkehr** *m* trafic *m* ferroviaire; ~**versand** *m* expédition *f od* envoi *m* par chemin de fer; ~**wärter** *m* garde-barrière, garde-voie *m;* ~**wärterhäuschen** *n* maison *f* du garde-barrière.

Bahr|e *f* ‹-, -n› ['baːrə] civière *f,* brancard *m; (Totenbahre)* bière *f; von der Wiege bis zur* ~ du berceau à la tombe; *auf e-r* ~ *transportieren* brancarder; ~**tuch** *n* drap mortuaire, linceul *m*.

Bai *f* ‹-, -en› [baɪ] *(Bucht)* baie *f,* golfe *m; (kleine)* crique, anse *f;* ~**salz** *n* sel *m* marin.

Baiser *n* ‹-s, -s› [bɛˈzeː] *(Gebäck)* meringue *f*.

Baisse *f* ‹-, -n› ['bɛːsə] *fin* baisse *f; auf* ~ *spekulieren* spéculer *od* jouer *od* miser à la baisse; ~**klausel** *f* clause *f* de baisse; ~**spekulant** *m* baissier *m;* ~**spekulation** *f* spéculation *f* à la baisse; ~**tendenz** *f* tendance *f* à la baisse.

Bajonett *n* ‹-(e)s, -e› [bajoˈnɛt] baïonnette *f; mit aufgepflanztem* ~ baïonnette au canon; *das* ~ *fällen* croiser la baïonnette; ~**angriff** *m* charge *f* à la baïonnette; ~**fassung** *f tech* douille *f* à baïonnette; ~**griff** *m tech* manette *f* à douille de baïonnette; ~**stoß** *m* coup *m* de baïonnette; ~**verschluß** *m tech* fermeture *f od* verrouillage *m od* monture *f* à baïonnette.

Bake *f* ‹-, -n› ['baːkə] *mar* balise, bouée *f; pl* balisage *m; (Meßstange)* jalon *m; mit* ~*n bezeichnen, bezeichnet* baliser, balisé; ~**nkennung** *f aero (Radar)* identification *f* des balises; ~**nmeister** *m* baliseur *m;* ~**nsender** *m aero (Radar)* radiobalise *f,* radiophare *m*.

Bakelit *n* ‹-s, ∅› [bakeˈliːt, -ˈlɪt] *(Kunststoff)* bakélite *f*.

Bakkarat *n* ‹-s, ∅› ['bakara(t), -ˈra] *(Kartenglücksspiel)* baccara *m*.

Bakteri|e *f* ‹-, -n› [bakˈteːriə(n)] bactérie *f;* microbe *m;* **b~ell** [-teriˈɛl] *a* bactérien; ~**nkrieg** *m* guerre *f* bactérienne *od* bactériologique; ~**nkultur** *f* culture *f* bactérienne; ~**nstamm** *m* souche *f* bactérienne; ~**o-loge** *m* ‹-n, -n› [-rioˈloːgə] bactériologiste, bactériologue *m;* ~**ologie** *f* ‹-, ∅› [-loˈgiː] bactériologie *f;* **b~olo-gisch** [-ˈloː-] *a* bactériologique; **b~zid** [-ˈtsiːt] *a* bactéricide.

Balalaika *f* ‹-, -s/-ken› [balaˈlaɪka, -kaːs/-kən] *mus* balalaïka *f*.

Balanc|e *f* ‹-, -en› [baˈlãːs(ə)] équilibre *m; die* ~ *halten, verlieren* tenir, perdre l'équilibre; **b~ieren** [-ˈsiːrən] *tr* ‹*aux: haben*› balancer; *(Ball)* faire tenir en équilibre; *itr* ‹*aux: sein*› se balancer, se tenir en équilibre; **~ieren** balancement *m;* **~ierstange** *f (d. Seiltänzer)* balancier *m.*

bald [balt] *adv (in naher Zukunft)* bientôt, sous peu, avant peu, dans peu de temps; *(früh)* tôt; *(beinahe)* presque; *(leicht)* facilement; *möglichst ~, so ~ als* od *wie möglich* aussitôt que possible, le plus tôt possible, au plus tôt; *nicht so ~* (ne ...) pas de sitôt, (ne ...) pas si vite; *~ ..., ~ ...* tantôt ..., tantôt ...; *~ da, ~ dort* tantôt ici, tantôt là; un peu partout; *~ darauf* aussitôt od peu (de temps) après; *~ hierhin, ~ dorthin* çà et là; *~ etw tun (a.)* ne pas tarder à faire qc; *ich hätte ~ gesagt* j'allais dire; *ich wäre ~ hingefallen* j'ai failli tomber; *das ist ~ gesagt* c'est facile à dire, c'est vite dit; **~ig** [-dıç] *a* prochain; *auf ~es Wiedersehen!* à bientôt! **~igst** *adv* au plus tôt; **~möglichst** *adv* le plus tôt possible, aussitôt que possible, dans le plus bref délai.

Baldachin *m* ‹-s, -e› ['baldaxi:n] baldaquin, dais; *aero* (plan *m* de) cabane *f.*

Bälde ['bɛldə] *f: in ~* dans un proche avenir, très prochainement; *vgl. bald (in naher Zukunft).*

Baldrian *m* ‹-s, -e› ['baldria:n] *bot pharm* valériane *f;* **~tropfen** *m pl* teinture *f* de valériane.

Balearen [bale'a:rən] *die, pl* les (îles) Baléares *f pl.*

Balg 1. *m* ‹-(e)s, ¨e› [balk, 'bɛlgə] peau, dépouille *f; anat* follicule; *(Puppe)* mannequin; *mus* soufflet *m;* **b~en**, *sich (fam)* se chamailler, s'accrocher; **~erei** *f* [-'raı] *fam* chamaill(eri)e, bagarre, rixe, querelle *f.*

Balg 2. *m* od *n* ‹-(e)s, ¨er› [balk, 'bɛlgər] *fam (ungezogenes Kind)* gamin, e *m f,* marmot, moutard; *arg* loupiot *m.*

Balkan ['balka(:)n] *der, (Gebirge)* les (monts) Balkans *m pl; =* **~länder**; **~halbinsel,** *die* la péninsule des Balkans, les Balkans *m pl;* **b~isch** [-'ka:-] *a* balkanique; **~länder,** *die n pl* les Balkans *m pl;* **~staaten,** *die m pl* les États *m pl* des Balkans.

Balken *m* ‹-s, -› ['balkən] poutre, solive; *(kleiner)* poutrelle *f;* soliveau; *(Waage)* bras, fléau; *mar* bau, barrot; *typ* filet *m* mat; *tele* barre *f; e-n ~ behauen, einziehen* équarrir, traverser une poutre; *lügen, daß sich die ~ biegen* mentir comme un arracheur de dents; *(Holz) zu ~ schneiden* équarrir; *Wasser hat keine ~ (prov)* l'onde est perfide; *bewehrte(r) ~* poutre *f* armée; *gekrümmte(r) ~* poutre *f* courbée od cintrée; *verdübelte(r) ~* poutre *f* jointe par des clefs en bois; *verschränkte(r) ~* poutre *f* jointe par des encoches alternatives; *verzahnte(r) ~* poutre *f* assemblée à dents de scie, poutre en crémaillère; *zs.gesetzte(r) ~* poutre *f* rapportée; **~abstand** *m* entrevous *od* à poutres; **~brücke** *f* pont *m* à longerons *od* à poutres; **~decke** *f* plafond *m* à solives *od* enfoncé; **~gerüst** *n* chaise *f;* **~kopf** *m* about *m;* **~lage** *f* charpente, solivure *f;* **b~los** *a (Decke)* sans nervures; **~rost** *m* grillage *m;* **~schalung** *f* coffrage *m* de poutres; **~sperre** *f mar* estacade *f;* **~träger** *m* sommier, pointal, étai *m;* **~waage** *f* peson *m,* romaine, balance *f* à fléau; **~werk** *n* poutrage, solivage *m,* charpente *f.*

Balkon *m* ‹-s, -s/-e› [bal'kõ:(s), -'ko:n(e)] *(a. theat, Kino)* balcon *m,* galerie *f;* **~tür** *f* porte de balcon, porte-fenêtre *f;* **~zimmer** *n* pièce *f* avec balcon.

Ball *m* ‹-(e)s, ¨e› [bal, 'bɛlə] **1.** balle *f; (großer, a. Fußball)* ballon *m; (Kugel)* boule *(a. Billard),* pelote *f; den ~ abgeben* passer le ballon *(an jdn* à qn); *den ~ anspielen* servir la balle *od* le ballon; *den ~ einwerfen* mettre la balle *od* le ballon en jeu; *den ~ schießen* od *werfen* envoyer le ballon; *den ~ schneiden* couper la balle; *~ spielen* jouer à la balle; *jdm die Bälle zuspielen (fig)* tendre la perche à qn; *geschnittene(r) ~* balle *f* coupée; *scharfe(r) ~ (Tennis)* balle *f* appuyée; **~beherrschung** *f (Fußball)* maîtrise *f* du ballon; **b~en** *tr (die Faust)* fermer, serrer; *sich ~* se pelotonner, se serrer; *(Wolken)* s'amasser; **b~förmig** *a* en forme de balle; **~gefühl** *n* touche *f* de balle; **~haus** *n hist* Jeu *m* de Paume; **~junge** *m* ramasseur *m* de balles; **~spiel** *n* jeu *m* de balle *od* de paume, paume *f; baskische(s) ~* pelote *f* basque; **~spieler** *m* joueur *m* de balle *od* de pelote *od* de paume; **~technik** *f* technique *f* de balle.

Ball *m* ‹-(e)s, ¨e› [bal, 'bɛlə] **2.** *(Tanz)* bal *m; auf dem ~* au bal; *auf den ~ gehen* aller au bal; **~gesellschaft** *f* soirée *od* matinée *f* dansante; **~kleid** *n* robe *f* de bal; **~saal** *m* salle *f* de bal; **~schuhe** *m pl* souliers *m pl* de bal; **~toilette** *f* toilette *od* parure *f* de bal.

Balladе *f* ‹-, -n› [ba'la:də] ballade *f;* **b~enhaft** *a: ~ sein* ressembler à une ballade; **b~esk** [-'dɛsk] *a = ~enhaft.*

Ballast m ⟨-(e)s, (-e)⟩ ['balast, -'-] lest, ballast; *fig* fatras, remplissage m; ~ *abwerfen (a. fig)* jeter du lest; *aero* délester; *mit* ~ *beladen* od *beschweren* lester; *Abwerfen* n *des* ~*es (aero)* délestage m; ~**sack** m sac m de lest; ~**schiff** n lesteur m; ~**stoff** m *med* cellulose f végétale; ~**widerstand** m *el* résistance f fixe od de charge.

Ballen m ⟨-s, -⟩ ['balən] *com* balle f; *(kleiner)* ballot m; *(Zählmaß für Papier: 10 Ries)* dix rames f *pl; anat* thénar m, saillie, éminence f; *(Rapier)* bouton m, mouche; *(Hobel)* poignée f; *in* ~ *(ver)packen* mettre en balles; **b**~**weise** *adv* par ballots.

Ballerina f ⟨-, -en⟩ [balə'ri:na, -nən] *(Tänzerin)* ballerine f.

ballern ['balərn] *itr fam (schießen)* tirer, faire du tapage; *tr (Tür)* claquer.

Ballett n ⟨-(e)s, -e⟩ [ba'lɛt] ballet m; ~**euse** f ⟨-, -n⟩ [-'tøzə] danseuse f de ballet; ~**korps** n corps m de ballet; ~**meister** m maître m de ballet; ~**musik** f musique f de ballet; ~**ratte** f *fam* (petit) rat m (de l'Opéra); ~**röckchen** n tutu m; ~**schuhe** m *pl* chaussons m *pl* de danse; ~**(t)änzer(in** f) m danseur, se m f *de ballet*; f ballerine f; ~**truppe** f = ~*korps*.

Ballistik f ⟨-, ø⟩ [ba'lıstık] balistique f; **b**~**isch** a balistique.

Ballon m ⟨-s, -s/-e⟩ [ba'lõ:(s), -'lo:n(s), -'lo:nə] ballon; *(kleiner)* ballonnet; *(Luftballon)* ballon, aérostat; *(Korbflasche)* ballon m; bonbonne, tourie, dame-jeanne; *pop (Kopf)* boule, calebasse f; ~**aufstieg** m ascension f d'un ballon; ~**beobachtung** f observation f en ballon; ~**fahrt** f ascension f en ballon; ~**führer** m pilote d'aérostat, aérostier m; ~**halle** f hangar m de l'aérostation; ~**hülle** f enveloppe f d'aérostat; ~**reifen** m pneu m ballon; ~**seide** f soie f pour ballons; ~**sonde** f *radio* radiosonde f; ~**sperre** f barrage m de ballonnets; ~**station** f station f de ballons captifs.

Ballotage f ⟨-, -n⟩ [balo'ta:ʒə] *parl* scrutin m; *zweite* ~ ballottage m; **b**~**ieren** [-'ti:rən] *itr* voter *(zum zweiten Mal* au second tour).

Ballung f ⟨-, (-en)⟩ amas m, agglomération; *mil* concentration; *fig* condensation f; ~**sgebiet** n *geog* concentration urbaine, région f à grande densité démographique; ~**sraum** m *geog* conurbation f; ~**szentrum** n *geog* zone f de grosse concentration urbaine.

Balsam m ⟨-s, -e⟩ ['balza(:)m] *a. fig*

baume m; ~ *auf e-e Wunde träufeln (fig)* verser od répandre du baume sur une blessure; ~**baum** m balsamier, baumier m; **b**~**ieren** [-'mi:rən] *tr* embaumer; ~**ierung** f embaumement m; ~**ine** f ⟨-, -n⟩ [-'mi:nə] *bot* balsamine f; **b**~**isch** [-'za:mıʃ] a balsamique; embaumé; ~ *duften* fleurer bon od comme baume; ~**kraut** n balsamite f.

Balte m ⟨-n, -n⟩ ['baltə], ~**in** f Balte m f; ~**ikum** ['baltikʊm], *das* les pays m *pl* od provinces f *pl* baltiques; **b**~**isch** a baltique.

Baluster m ⟨-s, -⟩ [ba'lʊstər] *(Geländerstütze)* balustre m; ~**rade** f ⟨-, -n⟩ [-'tra:də] balustrade f, garde-fou, garde-corps m.

Balz f ⟨-, -en⟩ [balts], ~**zeit** f *orn* pariade f; **b**~**en** *itr* être en chaleur; **b**~**end** a en chaleur.

Bambus m ⟨-/-sses, -sse⟩ ['bambʊs] *bot* bambou m; ~**bär** m *zoo* ours des bambous, ailurope m; ~**rohr** n, ~**stab** m, ~**stock** m (bâton m od canne f de) bambou m.

Bammel m ⟨-s, ø⟩ ['baməl] *pop (Angst)* trac m, frousse, trouille f; *(e-n)* ~ *haben (a.)* avoir les foies od les jetons, serrer les fesses; **b**~**n** *itr fam (baumeln)* pendiller.

banal [ba'na:l] a banal, plat, fade; **B**~**ität** f ⟨-, -en⟩ [-li'tɛ:t] banalité, platitude, fadeur f; *(Gemeinplatz)* lieu m commun.

Banane f ⟨-, -n⟩ [ba'na:nə] banane f; ~**ndampfer** m (vapeur) bananier m; ~**npflanzung** f bananeraie f; ~**nrepublik** f *pej* république f bananière; ~**nstaude** f bananier m; ~**nstecker** m *el* fiche f banane.

Banause m ⟨-n, -n⟩ [ba'nauzə] homme m terre à terre od *(fam)* popote; ~**entum** n ⟨-s, ø⟩ manque m d'idées élevées; platitude, sécheresse f; **b**~**isch** a pédant, terre à terre.

Band 1. n ⟨-(e)s, ⸚er⟩ [bant, 'bɛndər] ruban m; *(schmales Seidenband)* faveur; *(Bindfaden, Schnur)* ficelle f; *(Haar-, Stirn-, Mützenband)* bandeau m; *(Kinnband)* bride; *(Kleiderbesatz)* bande; *(Ton-, Magnet-)* bande; *agr (Stroh)* accolure f; *(Eisen)* feuillard; *(Faßband)* cerceau m; *(Gurt-, Förderband)* courroie; *typ* brochette; *(Zimmerei)* moise f; *arch* ruban, bandeau m, bandelette f; *(Anat)* ligament; *(Gelenkband)* ligament, tendon; *(Zunge)* filet; *radio (Bereich)* ruban m; *am laufenden* ~ à la chaîne, constamment; *fig fam* sans repos; *auf* ~ *aufnehmen* enregistrer sur bande (magnétique); *das Blaue* ~ le ruban bleu; *endlose(s), laufende(s)* ~ bande *od* chaîne *od* plate-forme *od* table *f* roulante, tapis *m* roulant; **2.** *n* ⟨-(e)s, -e⟩ [bant, -də] *fig (innere Bindung)* lien *m; (Fesseln)* liens, fers *m pl; außer Rand und* ~ sorti de ses gonds, déchaîné, hors de soi, forcené; *in* ~*en liegen* être dans les fers; *in* ~*e schlagen* mettre aux fers, enchaîner; *die* ~*e sprengen, zerreißen* rompre les fers; *das* ~ *der Ehe* le lien conjugal; **3.** *m* ⟨-(e)s, -̈e⟩ [bant, 'bɛndə] volume; *(starker)* tome *m; (Einband, in Zssgen)* reliure *f; Bände sprechen (fig)* en dire long; ~**antenne** *f* antenne *f* tressée en ruban; ~**arbeit** *f* travail *m* à la chaîne; **b**~**artig** *a* rubané, en ruban; *anat* ligamenteux; ~**aufnahme** *f* enregistrement *m* sur bande *od* sur ruban magnétique; *von etw e-e* ~ *machen* enregistrer qc sur bande; ~**bezeichnung** *f typ* tomaison *f;* ~**breite** *f radio* largeur *f* de bande; *(von Löhnen, Gehältern)* fourchette *f;* ~**eisen** *n* fer en ruban; feuillard *m,* bande *f;* ~**fertigung** *f* fabrication *f* à la chaîne; ~**filter** *m od n radio* filtre *m* de bande; ~**förderer** *m tech* transporteur *m* à ruban *od* à courroie, bande *f* transporteuse; ~**förderung** *f* transport *m* par bande; **b**~**förmig** *a* en forme de ruban; ~**führung** *f (Schreibmaschine)* guidage *m* du ruban; ~**keramik** *f* céramique *f* rubanée; ~**maß** *n* mètre *m od* mesure *od* jauge *f* à ruban, ruban-mesure *m,* roulette *f* d'arpentage; ~**montage** *f* montage *m* à la chaîne; ~**nagel** *m* cheville *f* de lien *od* de moise; ~**nummer** *f typ* tomaison *f;* ~**ornament** *n arch* ruban *m;* ~**säge** *f* scie *f* à ruban; ~**scheibe** *f anat* disque *m* (intervertébral); ~**schreiber** *m* enregistreur *m* à papier déroulant; ~**stadt** *f* cité linéaire, ville *f* ruban; ~**stahl** *m* acier *m* feuillard; ~**straße** *f tech* train *m* à feuillards; ~**wirker** *m* rubanier *m;* ~**wirkerei** *f* rubanerie *f;* ~**wurm** *m* ver solitaire, ténia *m;* ~**wurmmittel** *n* ténifuge *m.*

Band 4. *f* ⟨-, -s⟩ [bɛnt(s)] *(Kapelle)* orchestre *m.*

Bandag|e *f* ⟨-, -n⟩ [ban'da:ʒə] *med (a. Schutzbinde)* bandage *m; tech* garniture *f;* **b**~**ieren** [-'ʒi:rən] *tr* bander; ~**ist** *m* ⟨-en, -en⟩ [-'ʒɪst] bandagiste *m.*

Bänd|chen *n* ⟨-s, -⟩ ['bɛntçən] petit ruban *m,* bandelette, faveur *f; (kleines Buch)* petit volume *m.*

Bande *f* ⟨-, -n⟩ ['bandə] **1.** *(Billard)* bande *f; auf* ~ *spielen* bricoler; *den Ball an die* ~ *spielen* jouer (la boule)

par la bande; ~**nstoß** *m* (coup *m* de) bricole *f.*

Band|e *f* ⟨-, -n⟩ ['bandə] **2.** *(Gruppe, Schar)* bande, horde, troupe *f,* troupeau *m,* volée, *fam* smalah *f; (Verbrecherbande)* gang *m; feige* ~*! (pop)* bande de lâches! ~**enführer** *m* chef de meute *od* de brigands, meneur *od* chef *m* de (la) bande; ~**enkrieg** *m* guérilla *f;* ~**enmitglied** *n* membre de la bande; gangster *m;* ~**en(un)wesen** *n* banditisme *m.*

Banderole *f* ⟨-, -n⟩ [bandə'ro:lə] banderole, bandelette; *(Zigarre)* bague *f* fiscale.

bändig|en ['bɛndɪgən] *tr (zähmen)* dompter, apprivoiser; *fig* maîtriser, mater, contrôler, refréner, mettre un frein à; **B**~**er** *m* ⟨-s, -⟩ dompteur *m;* **B**~**ung** *f* ⟨-, (-en)⟩ domptage, apprivoisement *m; fig* maîtrise, refrénation *f.*

Bandit *m* ⟨-en, -en⟩ [ban'di:t] bandit, brigand *m.*

Bandon|eon *n* ⟨-s, -s⟩ [ban'do:neɔn], ~**ion** *n* ⟨-s, -s⟩ [-nɪɔn] *mus* bandonéon *m.*

bang(e) [baŋ(ə)] *a* craintif, peureux, anxieux; *(besorgt)* inquiet; *in* ~*er Erwartung* plein d'inquiétude; *jdm* ~*e machen* faire peur à qn, intimider qn; *nicht* ~*e (dreist) sein (fam)* n'être pas timide, *pop* n'avoir pas froid aux yeux, être gonflé; *mir ist (angst und)* ~*e* j'ai grand-peur (*vor* de), je tremble (*vor* devant); *davor ist mir nicht* ~*e* je n'en ai pas peur; **B**~**büx(e)** *f* ⟨-, -en⟩ [-byks(ə)] *fam (Angsthase)* froussard *m,* trouillard, e *m f pop;* **B**~**e** *f* ⟨-s, -ø⟩: *(haben Sie) keine* ~*!* n'ayez pas peur; ne vous inquiétez pas; **B**~**emacher** *m* alarmiste *m;* ~**en** *itr* avoir peur (*vor* de), appréhender, redouter (*vor etw* qc); craindre, trembler (*um* pour); *mir bangt davor* j'en ai peur, je tremble à cette idée; **B**~**en** *n* angoisse, inquiétude *f; mit Hangen und* ~ à grand-peine, tant bien que mal; **B**~**igkeit** *f* ⟨-, (-en)⟩ angoisse, anxiété, inquiétude *f;* **bänglich** *a* = *bang(e).*

Banjo *n* ⟨-s, -s⟩ ['banjo, 'bɛndʒo, 'bandʒo] *mus* banjo *m.*

Bank 1. *f* ⟨-, -̈e⟩ [baŋk, 'bɛŋkə] *(Möbel)* banc *m; loc mot* banquette *f; (Werkbank)* établi; *(Verkaufstisch)* étal; *geol (Lager, Schicht)* banc, sillon, lit; *(Sandbank)* banc (de sable); *(Untiefe)* haut-fond; *(Wolkenbank)* rideau *m* (de nuages); **2.** *f* ⟨-, -en⟩ *fin* banque; *(Spielbank)* banque, maison *f* de jeu; *durch die* ~ sans distinction *od* exception, en tas; *Geld auf der* ~ *haben* avoir de l'argent en banque; *die* ~ *halten* faire banco; *auf die lange* ~ *schieben* faire traîner, remettre; *vor leeren Bänken spielen (theat)* jouer pour les banquettes; *die* ~ *sprengen* faire sauter la banque; ~**abschluß** *m* bilan *m* bancaire; ~-**agio** *n* agio *m* (de banque); ~**aktie** *f* action *f* de banque; ~**akzept** *n* acceptation *f* de banque; ~**angestellte(r m)** *f* employé, e *m f* de banque; ~**anweisung** *f* chèque *m* (bancaire), assignation *f* sur une banque; ~**aufsichtsbehörde** *f* autorité *f* de contrôle bancaire; ~**auftrag** *m* ordre *m* de banque; ~**auszug** *m* relevé *m* de banque; ~**beamte(r)** *m* employé *m* de banque; ~**betrieb** *m* activité *f* bancaire; ~**bote** *m* garçon *m* de caisse; ~**buch** *n* carnet de compte, carnet *od* livret *m* de banque; ~**darlehen** *n* prêt *m* de banque; ~**depot** *n* dépôt *m* (en banque); ~**direktor** *m* directeur *m* d'une *od* de la banque; ~**diskont** *m* escompte *m* bancaire; ~**einlage** *f* dépôt *m* en banque; ~**enkonsortium** *n* syndicat *m* de banques; ~**fach** *n: im* ~ *tätig sein* travailler dans la banque, être dans la finance; **b~fähig** *a* bancable, négociable; ~**fähigkeit** *f* négociabilité *f;* ~**filiale** *f* succursale *f* d'une banque; ~**forderungen** *f pl* créances *f pl* bancaires; ~**geheimnis** *n* secret *m* de banque; ~**geschäft** *n (Institut)* établissement *m* de banque *od* bancaire; *(Vorgang)* opération *f* de banque *od* bancaire; ~**gewerbe** *n* métier *m* de banque; ~**guthaben** *n* avoir *od* dépôt *m* en banque; ~**halter** *m (Spiel)* banquier *m;* ~**haus** *n* siège *m* de banque; ~**ier** *m* ⟨-s, -s⟩ [-ki'e:] banquier, financier *m;* ~**institut** *n* établissement *m* bancaire; ~**kapital** *n* capital *m* de (la) banque *od* bancaire; ~**kommission** *f* commission *f* de banque *od* bancaire; ~**konto** *n* compte *od* dépôt *m* de *od* en banque *od* bancaire; ~**krach** *m* krach *m;* ~**kredit** *m* crédit *m* bancaire *od* de *od* en banque; ~**leitzahl** *f* code *m* établissement; **b~mäßig** *a* bancaire; *(Wertpapier)* négociable en banque; ~**meißel** *m* ciseau *m* à froid; ~**messer** *n* couperet *m;* ~**monopol** *n* monopole *m* d'émission de billets de banque; ~**note** *f* billet *m* de banque; ~**notenausgabe** *f* émission *f* de billets de banque; ~**notenfälscher** *m* faux-monnayeur, falsificateur *m* de billets de banque; ~**notenpresse** *f* planche *f* à billets; ~**no-**

tenumlauf *m* circulation *f* monétaire *od* de billets de banque; ~**omat** *m* ⟨-en, -en⟩ distribanque, distributeur de billets de banque, guichet *m* automatique; ~**prokura** *f* procuration *f* de banque; ~**provision** *f* commission *f* de banque *od* bancaire; ~**raub** *m* coup à main armée *od* hold-up *m od* agression *f* contre une banque; ~**satz** *m* taux *m* officiel; ~**schalter** *m* guichet *m* de banque; ~**scheck** *m* chèque *m* bancaire; ~**schließfach** *n* coffre-fort *m;* ~**schraubstock** *m* étau *m* d'établi; ~**schuld** *f* dette *f* bancaire; ~**schwindel** *m* agiotage *m;* **b~technisch** *a* bancaire; ~**überweisung** *f* virement *m* de banque *od* bancaire; **b~üblich** *a* selon la coutume bancaire; ~**verbindlichkeiten** *f pl* engagements *m pl* en banque; ~**verbindung** *f* relation *f* bancaire; ~**verkehr** *m* transactions *od* opérations *f pl* bancaires; ~**vollmacht** *f* procuration *f* de banque; ~**wechsel** *m* effet *m od* traite *f* bancaire; ~**wesen** *n* système *m* bancaire, banques *f pl;* ~**zinsen** *m pl* intérêts bancaires; *(zu zahlende)* intérêts *m pl* de prêts bancaires; ~**zinssatz** *m* taux *m* légal (d'intérêt).

Bänk|chen *n* ⟨-s, -⟩ ['bɛŋkçən] petit banc *m;* ~**elsänger** *m* chanteur *m* ambulant.

Bankert *m* ⟨-s, -e⟩ ['baŋkərt] bâtard, enfant *m* naturel.

Bankett *n* ⟨-(e)s, -e⟩ [baŋ'kɛt] banquet, festin, dîner *m* de gala; *a.* ~**e** *f* ⟨-, -n⟩ *(Straße)* banquette *f,* accotement *m; (Berme)* berme *f;* retraite *f* d'une digue.

Bankrott *m* ⟨-(e)s, -e⟩ [baŋ'krɔt] banqueroute; *a. fig* faillite *f;* ~ *machen* tomber en *od* faire faillite, sauter; *fig* échouer; *betrügerische(r)* ~ banqueroute *od* faillite *f* frauduleuse; **b~** *a* en faillite, insolvable; *für* ~ *erklären* déclarer *od* mettre en faillite; ~ *= gehen = ~ machen;* ~**erklärung** *f* déclaration *f* de faillite; ~**eur** *m* ⟨-s, -e⟩ [-'tø:r] banqueroutier, failli *m.*

Bann *m* ⟨-(e)s, ø⟩ [ban] *hist* ban; *rel* anathème *m,* excommunication *f; fig (Zauber)* charme *m,* fascination *f: mit dem* ~ *belegen (hist)* mettre au ban, prononcer l'interdit contre; *rel* excommunier, anathématiser, frapper d'anathème; *den* ~ *brechen (fig)* rompre le charme; *in* ~ *schlagen (fig)* hypnotiser; *unter jds* ~ *stehen (fig)* être sous le charme de qn; *in Acht und* ~ *tun (hist) = mit dem* ~ *belegen; fig* bannir; ~**bulle** *f rel* bulle *f* d'excommunication; **b~en** *tr fig* *(vertreiben)* bannir; *(Gefahr)* conjurer; *(einnehmen, fesseln)* captiver, charmer, fasciner; *(wie) gebannt auf etw starren* regarder qc fixement; ~**fluch** *m rel* anathème *m*, excommunication *f*, foudres *f pl* de l'Église; ~**kreis** *m hist jur* juridiction; *fig* (sphère d')influence *f*; ~**meile** *f hist* banlieue *f*; ~**strahl** *m poet* = ~*fluch; den* ~ *gegen jdn schleudern* lancer l'interdit contre qn.

Banner *n* ‹-s, -› ['banər] bannière *f*, étendard; *hist* gonfalon, gonfanon *m*; ~**träger** *m mil* porte-bannière, porte-étendard; *hist* gonfalonnier *m*.

bannig ['banıç] *a dial (groß)* grand; *adv (sehr)* très, fort.

Bantamgewicht ['bantam-] *n sport* poids *m* coq.

Baobab *m* ‹-s, -s› ['ba:obap] *bot* baobab *m*.

Baptist *m* ‹-en, -en› [bap'tıst] baptiste *m*; ~**erium** *n* ‹-s, -ien› [-'te:rıʊm, -riən] *(Taufkapelle)* baptistère *m*.

bar [ba:r] *a (nur mit s im gen) lit (ohne)* dépourvu, dénué, démuni, exempt de; *fin* comptant; liquide, effectif; *adv fin* comptant; *gegen* ~, *in* ~*(em Gelde)* au comptant, en espèces, en numéraire; ~ *bezahlen* payer (en argent) comptant *od* en espèces; *etw für* ~*e Münze nehmen* prendre qc pour argent comptant; *das ist* ~*er Unsinn* c'est pure sottise; ~*e(s) Geld n* argent *m* comptant *od* liquide, espèces *f pl*, numéraire *m*; **B**~**abfindung** *f* indemnité *f* en espèces; **B**~**auslagen** *f pl* dépenses *f pl* nettes; **B**~**auszahlung** *f* paiement *m* en espèces; **B**~**bestand** *m* avoir *m* en espèces, disponibilités *od* espèces *f pl* en caisse, encaisse *f*; **B**~**betrag** *m* montant *m* en espèces; **B**~**bezüge** *m pl* rémunération *od* rétribution *od* prestation *f* pécuniaire en espèces; **B**~**deckung** *f* couverture métallique; garantie *f* en espèces; **B**~**eingänge** *m pl*, **B**~**einnahme** *f* recettes *od* entrées *f pl* de caisse, rentrée *f* en numéraire; **B**~**einzahlung** *f* versement *m* en espèces; **B**~**entnahme** *f* prise *f* d'espèces; **B**~**ertrag** *m* produit *m* net; ~**fuß, ~füßig** *a u. adv* nu-pieds; *adv* pieds nus; **B**~**füßer** *m* ‹-s, -› ['-fy:sər] *rel (Franziskaner)* cordelier; *(Karmeliter)* carme *m* déchaussé *od* déchaux; **B**~**geld** *n* = ~*e(s) Geld*; ~**geldlos** *a* par virement *od* mandat; ~*e(r) Zahlungsverkehr m* transactions *f pl* par virement; **B**~**geldumlauf** *m* circulation *f* monétaire; **B**~**geldverkehr** *m* opérations *f pl* d'espèces; **B**~**geschäft** *n* marché *m*

comptant; **B**~**guthaben** *n* avoir en espèces, fonds *m* en caisse; ~**haupt, ~häuptig** *a u. adv* nu-tête; *adv* tête nue; **B**~**kauf** *m* achat *m* au comptant; **B**~**kredit** *m* crédit *m* à découvert *od* libre; **B**~**leistung** *f* prestation *f* en espèces *od* en argent; **B**~**lohn** *m* salaire *m*, rétribution *f* en espèces; **B**~**mittel** *n pl* disponibilités *f pl* en espèces; **B**~**preis** *m* prix *m* comptant; **B**~**schaft** *f* argent *m* comptant; **B**~**scheck** *m* chèque *m* ordinaire *od* payable au comptant; **B**~**sendung** *f* envoi *m* d'espèces; **B**~**sortiment** *n* sortiment *m* en gros; *(Kommissionsbuchhandlung)* librairie *f* commissionnaire; **B**~**vergütung** *f* rémunération *od* rétribution *f* pécuniaire; **B**~**verkauf** *m* vente *f* au comptant; **B**~**verkehr** *m* = *B*~*geldverkehr;* **B**~**verlust** *m* perte *f* en argent comptant; **B**~**vermögen** *n* capital *m* de *od* en numéraire; **B**~**vorschuß** *m* avance *f* en espèces; **B**~**wert** *m* valeur *f* au comptant; **B**~**zahlung** *f* paiement *m* comptant *od* en espèces; *nur gegen* ~ payable au comptant, exclusivement contre paiement en argent comptant; **B**~**zahlungsrabatt** *m* escompte *m* au comptant.

Bar 1. *f* ‹-, -s› [ba:r] bar *m*; ~**dame, ~frau** *f* barmaid *f*; ~**hocker** *m* tabouret *m* de bar; ~**keeper** *m*, ~**mixer** *m* barman *m*; ~**tisch** *m* bar *m*.

Bar 2. *n* ‹-s, -s, aber 5 Bar› [ba:r] *(Luftdruck von 1 Million dyn/qcm)* bar *m*.

Bär *m* ‹-en, -en› [bɛ:r] ours *m*; *jdm e-n* ~*en aufbinden* faire prendre à qn des vessies pour des lanternes; en conter *od* dire de belles à qn; *pop* monter un bateau à qn; *Sie wollen mir e-n* ~*en aufbinden* vous me la baillez belle *od* bonne; *der Große, Kleine* ~ *(astr)* la Grande, Petite Ourse; ~**beißig** *a* hargneux, bourru, grognon; ~*e(r) Mensch m* ours *m*; ~**beißigkeit** *f* caractère *m* *od* humeur *f* de dogue; ~**endienst** *m: jdm e-n* ~ *erweisen* rendre un mauvais service à qn; ~**endreck** *m (Lakritze)* réglisse *f*; ~**enfell** *n* peau *f* d'ours; ~**enführer** *m* montreur *m* d'ours; ~**enhaut** *f: auf der* ~ *liegen (fam)* fainéanter; ~**enhunger** *m fam* faim *f* de loup *od* du diable; *e-n* ~ *haben (a.)* avoir l'estomac dans les talons; ~**enjunge(s)** *n* ourson *m*; ~**enklau** *m bot* acanthe *f*; ~**enmütze** *f* bonnet *m* à poil; ~**ennatur** *f: e-e* ~ *haben* se porter comme un charme; ~**enzwinger** *m* fosse *f* aux ours; ~**in** *f* ourse *f*:

~**lapp** *m bot* lycopode *m;* ~**lappgewächse** *n pl* lycopodinées *f pl.*
Baracke *f ⟨-, -n⟩* [ba'rakə] baraque *f;* ~**nlager** *n* baraquement *m;* ~**nviertel** *n* bidonville *m.*
Barbar|(in *f) m ⟨-en, -en⟩* [bar'ba:r] barbare *m f;* ~**ei** *f* [-'raɪ] barbarie *f;* **b~isch** [-'ba:rɪʃ] *a* barbare; ~**ismus** *m ⟨-, -men⟩* [-'rɪsmʊs, -mən] *gram* barbarisme *m.*
Barbe *f⟨-, -n⟩* ['barbə] *(Fisch)* barbeau *m.*
Barbier *m ⟨-s, -e⟩* [bar'bi:r] *vx* barbier, coiffeur *m;* **b~en** *tr vx* raser; *jdn über den Löffel* ~ *(fam)* attraper, rouler qn.
Barbitursäure [barbi'tu:r-] *f chem* acide *m* barbiturique.
Barchent *m ⟨-s, -e⟩* ['barçənt] *(Textil)* futaine *f.*
Barde *m ⟨-n, -n⟩* ['bardə] *hist (keltischer Sänger)* barde *m.*
Barett *n ⟨-(e)s, -e/-s⟩* [ba'rɛt] barrette; toque *f.*
Bariton *m ⟨-s, -e⟩* ['ba:riton, '-to:nə] *mus* baryton *m.*
Barium *n ⟨-s, ø⟩* ['bariʊm] *chem* baryum *m;* ~**hydroxyd** *n* baryte *f.*
Bark *f ⟨-, -en⟩* [bark] *mar* trois-mâts *m;* ~**asse** *f⟨-, -n⟩* [-'kasə] barcasse *f;* ~**e** *f⟨-, -n⟩* barque, barge *f,* caïque *m; (kleine)* barquette, nacelle *f.*
barmherzig [barm'hɛrtsɪç] *a* miséricordieux, charitable; ~*er Gott!* (Dieu de) miséricorde! *B~e Schwester f (rel)* sœur *f* de la Miséricorde; **B~keit** *f⟨-, ø⟩* miséricorde, pitié, charité *f;* ~ *üben* faire la charité; ~*!* grâce!
Barock *n od m ⟨-s, ø⟩* [ba'rɔk] baroque *m;* **b~** *a (Kunst u. fig)* baroque; *fig* bizarre; ~**stil** *m* style *m* baroque.
Baro|graph *m ⟨-en, -en⟩* [baro'gra:f] barographe, baromètre *m* enregistreur; ~**meter** *n* baromètre *m; das* ~ *steht auf veränderlich* le baromètre est au variable; ~**metersäule** *f* colonne *f* barométrique; ~**meterskala** *f* échelle *f* barométrique; ~**meterstand** *m* hauteur *od* cote *f* barométrique *od* du baromètre; **b~metrisch** *a* barométrique.
Baron *m ⟨-s, -e⟩* [ba'ro:n] baron *m;* ~**esse** *f⟨-, -n⟩* [-ro'nɛsə] , ~**in** *f* baronne *f.*
Barras *m ⟨-, ø⟩* ['baras] *fam* militaire *m; beim* ~ dans le militaire, à l'armée.
Barre *f ⟨-, -n⟩* ['barə] *(Stange; Sandbank)* barre *f.*
Barren *m ⟨-s, -⟩* ['barən] *(Handelsform d. Metalle)* lingot *m,* barre *f; sport* barres *f pl* parallèles; ~**gold** *n* or *m* en lingots *od* en barres.

Barriere *f⟨-, -n⟩* [bari'ɛ:rə] barrière *f a. fig; sport* main *f* courante.
Barrikad|e *f⟨-, -n⟩* [bari'ka:də] barricade *f;* ~**enkämpfe** *m pl* combats *m pl* sur les barricades; ~**enkämpfer** *m* combattant *m* des barricades.
Barsch *m ⟨-(e)s, -e⟩* [ba:rʃ] *(Fisch)* perche *f.*
barsch [barʃ] *a* brusque, rude, âpre; ~ *antworten* répondre sur un ton dur; **B~heit** *f* brusquerie, rudesse *f.*
Bart *m ⟨-(e)s, ¨-e⟩* [ba:rt, 'bɛ:rtə] barbe; *bot* arête, barbe *f; (des Schlüssels)* panneton *m; tech (Gußnaht)* bavure *f; in den* ~ *brummen* murmurer *od* parler entre ses dents, grommeler; *jdm um den* ~ *gehen* courtiser, flatter qn, passer la main dans le dos à qn; ~ *haben* avoir de la barbe; *sich den od e-n* ~ *wachsen* od *stehen lassen* se laisser pousser sa barbe; *e-n* ~ *machen (fig fam)* faire une drôle de tête; *jdm Honig um den* ~ *schmieren* aduler, flagorner qn; *um des Kaisers* ~ *streiten* avoir une querelle d'Allemand, se disputer pour un rien; *der* ~ *ist ab (fig fam)* c'est fini; *das hat so einen* ~ *(fam)* cela date du *od* remonte au déluge; ~**binde** *f* fixe-moustache *m;* ~**fäden** *m pl zoo* barbillons *m pl;* ~**flechte** *f bot med* lichen; *med* sycosis *m;* ~**haar** *n* poil *m* de la barbe; **b~los** *a* imberbe, sans barbe; ~**wuchs** *m* barbe *f.*
Bärt|chen *n ⟨-s, -⟩* ['bɛ:rtçən] barbiche *f;* **b~ig** *a* barbu, poilu.
Baryt *m ⟨-(e)s, -e⟩* [ba'ry:t, -'rʏt] *min* baryte *f;* **b~haltig** *a* barytifère.
Basalt *m ⟨-(e)s, -e⟩* [ba'zalt] *min* basalte *m;* **b~en** *a* basaltique; ~**felsen** *m* roche *f* basaltique; ~**schiefer** *m* basalte *m* schisteux.
Basar *m ⟨-s, -e⟩* [ba'za:r] *(Verkaufsstätte)* bazar *m; (Wohltätigkeitsveranstaltung)* vente *f* de charité.
Base *f⟨-, -n⟩* ['ba:zə] **1.** cousine *f;* ~ *1., 2. Grades (a.)* cousine *f* germaine, issue de germains.
Bas|e *f⟨-, -n⟩* ['ba:zə] **2.** *chem* base *f.*
Baseball *m ⟨-s, ø⟩* ['be:sbo:l] *sport* base-ball *m.*
Basedowsche Krankheit ['ba:zədoʃə-] *f* maladie *f* de Basedow, goitre *m* exophtalmique.
Basel ['ba:zəl] *n* Bâle *f.*
basieren [ba'zi:rən] *tr* baser, fonder *(auf* sur); *itr* se baser, se fonder *(auf* sur).
Basilie(nkraut *n) f ⟨-, -n⟩* [ba'zi:liə-].
Basilikum *n ⟨-s, -s/-ken⟩ bot* basilic *m.*
Basilika *f⟨-, -ken⟩* [-'zi:lika -kən] *arch* basilique *f.*

Basilisk m ⟨-en, -en⟩ [-'lɪsk] *zoo* basilic m.

Basis f ⟨-, -sen⟩ ['ba:zɪs, -zən] *arch* base f, fondement m; *math* base; *fig (Grundlage)* base f, principe m; **~gruppe** f *pol* groupe m de base.

bas|isch a *chem* basique; **~izität** f ⟨-, ø⟩ [bazitsi'tɛ:t] basicité f.

Bask|e m ⟨-n, -n⟩ ['baskə] , **~in** f Basque m, Basquaise f; **~enland** n pays m basque; **~enmütze** f béret m basque.

Basketball m ⟨-s, ø⟩ ['ba(:)skətbal] *sport* basket-ball m; **~spieler** m basketteur m.

Basrelief n ⟨-s, -s/-e⟩ ['bareliɛf, bareli'ɛf] *(Kunst)* bas-relief m.

Baß m ⟨-sses, ⁒sse⟩ [bas, 'bɛsə] *(Stimme u. Sänger)* basse; *(Instrument)* contre-basse f; *erste(r)* ~ basse-taille f; *seriöse(r)* ~ basse f noble; *zweite(r)* ~ basse-contre f; **~geige** f = ~ *(Instrument);* **~schlüssel** m clef f de fa; **~spieler** m contrebassiste; **~stimme** f (voix de) basse f.

Bassin n ⟨-s, -s⟩ [ba'sɛ̃:] bassin a. mar, réservoir m.

Bassist m ⟨-en, -en⟩ [ba'sɪst] *(Spieler)* contrebassiste m; *(Sänger)* basse f.

Bast m ⟨-(e)s, -e⟩ [bast] liber m, fibre végétale; *(Rinde)* écorce; *(Werg)* filasse f; *(der Nadelpalme)* raphia; *(vom Hirschgeweih)* frayoir m; **~faser** f fibre f d'écorce; **~hut** m chapeau m de raphia; **~matte** f natte f de fibre végétale od de raphia od de rabane; **~seide** f soie f écrue od grège; **~seil** n corde f de filasse od de chanvre od de liber.

basta ['basta] *interj* assez! baste! *und damit* ~! pas un mot de plus! un point, c'est tout.

Bastard m ⟨-(e)s, -e⟩ ['bastart, -də] *(uneheliches Kind)* bâtard, enfant naturel; *(Mischling)* hybride, métis m; **~feile** f lime f bâtarde; **b~ieren** [-'di:rən] *tr (kreuzen)* abâtardir, hybrider; **~pflanze** f plante f hybride; **~schrift** f *typ* (écriture) bâtarde f.

Bast|ei f ⟨-, -en⟩ [bas'taɪ], **~ion** f ⟨-, -en⟩ [-ti'o:n] *mil* bastion m.

Bast|elei f ⟨-, -en⟩ [bastə'laɪ], **~eln** ['bastəln] n bricolage m; **b~eln** *tr u. itr* bricoler; **~ler** m ⟨-s, -⟩ bricoleur m.

Bataillon n ⟨-s, -e⟩ [batal'jo:n] bataillon m; **~sabschnitt** m zone f du bataillon, quartier m; **~sadjutant** m capitaine m adjudant-major; **~sführer** m commandant de bataillon (en fonction), chef m de bataillon; **~skommandeur** m commandant m de bataillon (en titre); **~sstab** m

état-major m de bataillon; **~sstärke** f effectif m d'un bataillon.

Batate f ⟨-, -n⟩ [ba'ta:tə] *bot* patate f.

Batik m ⟨-s, -en⟩ od f ⟨-, -en⟩ batik m.

Batist m ⟨-(e)s, -e⟩ [ba'tɪst] *(Textil)* batiste f.

Batterie f ⟨-, -n⟩ [batə'ri:] *mil* batterie; *el* batterie, pile f, accumulateur m; *mot* pile f (d'allumage); *e-e* ~ *(ent)laden* (dé)charger une batterie; *die ganze* ~ *(fig hum)* tout le tas; *hinterea,geschaltete* ~ batterie f montée en série; **~chef** m *mil* chef m de batterie; **~element** n élément m de batterie; **~empfänger** m, **~gerät** n *radio* poste m sur accu; **~klemme** f borne f de batterie; **~spannung** f tension f od voltage m de batterie; **~widerstand** m resistance f de batterie od intérieure de la pile.

Batzen m ⟨-s, -⟩ ['batsən] *(Klumpen)* masse f; *ein (schöner)* ~ *Geld* une forte somme.

Bau m ⟨-(e)s, -ten⟩ [bau, -tən] *(Tätigkeit u. Gebäude)* construction; *(Tätigkeit)* édification f; *(~stelle)* chantier m; *(Gebäude)* bâtiment m, bâtisse f, édifice; *zoo* terrier m; *allg (Gefüge, Gliederung)* architecture, structure, organisation; *arg mil* tôle f; *pl (~ten) film* décors m pl; *im* ~ *(befindlich)* en (cours od voie de) construction od (d')édification, en chantier; *auf dem* ~ *arbeiten* travailler sur un chantier; *nicht aus dem* ~ *gehen (fam)* ne pas sortir de son nid, ne pas mettre le nez dehors; *vom* ~ *sein (fam)* être du bâtiment, être du métier; **~abschnitt** m période de construction, tranche f (des travaux); **~abteilung** f *adm* service m des bâtiments; **~akademie** f *etwa:* école f d'architecture; **~amt** n office m des constructions, inspection f des bâtiments; service m des travaux publics; **~anschlag** m devis m de construction estimatif; **~arbeiten** f pl travaux m pl de construction od du bâtiment od en cours; *(Achtung)* ~! Travaux! **~arbeiter** m ouvrier od fam gars m du od en bâtiment(s); **~art** f architecture, structure f; genre m de construction; *tech* construction f; **~aufseher** m inspecteur m des travaux; **~aufsicht** f surveillance f des travaux; **~ausführung** f réalisation f d'une construction; **~ausschreibung** f mise f au concours d'un od du projet de construction; **~baracke** f baraque f de chantier; **~bataillon** n bataillon m de pionniers; **~bedarf** m matériaux m pl de construction;

~**beginn** *m* début *m* de la construction, mise *f* en chantier; ~**beschreibung** *f* notice *f* descriptive; ~**büro** *n* bureau *m* de construction; ~**denkmal** *n: geschützte(s)* ~ monument *m* public; **b~en** *tr* bâtir, construire, édifier; *(errichten)* élever, dresser; *tech* construire; *(Tunnel)* percer; *(Nest)* faire; *agr (anbauen)* planter, cultiver; *fig* baser, fonder *(auf* sur); *fam (e-e Prüfung)* faire; *itr* travailler à la construction *(an* de); *(sich ein Haus* ~*)* se faire construire une maison; *fig* compter *(auf jdn* sur qn); *(Häuser) auf jdn* ~ avoir confiance en qn; *Luftschlösser* ~ faire des châteaux en Espagne; *solide* ~ bâtir à chaux et à ciment *od* sur le roc; *am Haus wird noch gebaut* la maison est encore en construction; *so wie du gebaut bist...* solidement bâti comme tu l'est...; ~**entwurf** *m* projet *m* de construction; ~**fach** *n* bâtiment *m;* **b~fällig** *a* croulant, délabré, vétuste; ~ *sein* menacer ruine; ~**fälligkeit** *f* délabrement *m,* vétusté *f;* ~**finanzierung** *f* financement *m* de construction *od* des travaux; ~**firma** *f* entreprise *f* de construction; ~**flucht** *f* alignement *m;* ~**führer** *m* maître d'œuvre, chef *m* de chantier (de construction); conducteur *m* de travaux; ~**gelände** *n* terrain *m* à bâtir; ~**genehmigung** *f* permis *m* de construire, autorisation *f* de construire *od* de bâtir *od* de construction; ~**genossenschaft** *f* coopérative *f* de construction; ~**gerüst** *n* échafaudage *m;* ~**geschäft** *n* entreprise *f* de construction; ~**gesellschaft** *f* société *f* de construction *od* immobilière; ~**gesuch** *n* demande *f* de construction; ~**gewerbe** *n* (industrie *od* profession *f* du) bâtiment *m;* ~**glas** *n* verre *m* de construction; ~**glied** *n* élément *m* de construction; ~**grube** *f* fouille *f* de construction; ~**grund** *m* sol *m* à bâtir *od* d'infrastructure; ~**grundstück** *n* terrain *m* à bâtir; ~**handwerk** *n* artisanat *m od* industrie de construction, (industrie *f* du) bâtiment *m;* ~**handwerker** *m* ouvrier *m* du bâtiment; ~**herr** *m* maître d'œuvre, promoteur *m;* ~**hof** *m* chantier *m* (de construction); ~**holz** *n* bois *m* de charpente *od* d'œuvre *od* de construction; ~**hütte** *f* baraque *f* de chantier; ~**ingenieur** *m* ingénieur *m* des travaux publics; ~**jahr** *n* année *f* de construction *od* de fabrication; ~**kasten** *m* boîte *f od* jeu *m* de construction; ~**klotz** *m* bloc *m* de jeu de construction; ~*klötze staunen* être

ébahi; ~**kolonne** *f* mines équipe *f* de boisage; ~**kompanie** *f* mil compagnie *f* de pionniers; ~**kosten** *pl* frais *m pl* de construction; ~**kostenvoranschlag** *m* = ~*anschlag;* ~**kostenzuschuß** *m* subvention de construction, quote-part *f* des frais de construction; ~**kran** *m* grue *f* de chantier; ~**kunst** *f* architecture *f;* ~**land** *n* zone *f* à bâtir; ~**leiter** *m* directeur de(s) travaux, chef *m* de chantier; ~**leitung** *f* direction *f* des travaux; **b~lich** *a* architectonique; ~*e Anordnung f* disposition *f* architectonique; *in gutem* ~*em Zustand* en bon état; habitable; **b~lustig** *a* bâtisseur; ~**material** *n* matériaux *m pl* de construction; ~**meister** *m* architecte; *allg* constructeur *m;* ~**ordnung** *f* règlement *m* sur les constructions; ~**plan** *m arch* plan *od* projet *od* programme de construction; *tech* plan *m* de montage; ~**platz** *m* terrain à bâtir; *(nach Beginn d. Arbeiten)* chantier *m* (de construction); ~**polizei** *f* police *f* des constructions; ~**preis** *m* prix *m* du bâtiment; ~**programm** *n* programme *m* de construction; ~**rat** *m* architecte *m;* **b~reif** *a* prêt à la construction; **b~sachverständig** *a* expert *m* en architecture; ~**sachverständige(r)** *m* expert *m* en matière de construction; ~**sand** *m* sable *m* à mortier; ~**schlosser** *m* serrurier *m* en bâtiments; ~**schreiner** *m* menuisier *m* en bâtiments; ~**schreinerei** *f* menuiserie *f* en bâtiments; ~**schule** *f* collège *m* technique de construction; ~**schutt** *m* décombres *m pl;* ~**sektor** *m* secteur *m* du bâtiment; ~**skizze** *f* esquisse *f* de construction; *fam* topo *m;* ~**sohle** *f* mines étage *m;* ~**sparen** *n* épargne-construction, épargne-logement *f;* ~**sparkasse** *f* caisse d'épargne de construction; société *f* d'épargne pour prêts de construction; ~**sparvertrag** *m* contrat *m* d'épargne (en vue) de (la) construction; ~**stahl** *m* acier *m* de construction; ~**stein** *m* pierre *f* à bâtir; *inform* puce *f* électronique; *fig* élément *m* constitutif; ~**stelle** *f* chantier *m* (de construction); ~*!* Travaux! *Betreten der* ~ *verboten!* chantier interdit au public; ~**stellenüberwachung** *f* surveillance *f* de chantier; ~**stil** *m* style *m;* ~**stoffe** *m pl* matériaux *m pl* de construction; ~**stoffhändler** *m* négociant *m* en matériaux de construction; ~**stoffhandlung** *f* commerce *m* de matériaux de construction; ~**stoffindustrie** *f* industrie *f* des matériaux de construction; ~**stofflager** *n* entrepôt *m* de matériaux de construction; ~**stopp** *m* interdiction *f* de (continuer à) construire; ~**tätigkeit** *f* activité *f* sur le plan de la construction; ~**teil** *n* pièce *f* détachée; élément *m* de construction *od* fabriqué; ~**tischler** *m* menuisier *m* en bâtiments; ~**tischlerei** *f* menuiserie *f* en bâtiments; ~**trupp** *m* équipe *f* de montage; ~**unternehmen** *n* entreprise *f* de bâtiment; ~**unternehmer** *m* entrepreneur *m* de travaux publics *od* de bâtiment(s) *od* de construction; ~**verbot** *n* interdiction *f* de construire; ~**vertrag** *m* contrat *m* de construction; ~**volumen** *n* volume *m* de la construction; ~**vorhaben** *n* projet *m* de construction *od* de travaux; ~**vorschrift** *f* règlement *m* sur les constructions; ~**weise** *f* méthode *f* *od* mode *od* genre *od* type *m* de construction, structure *f*; ~**werk** *n* édifice, bâtiment *m*, bâtisse, construction *f*, ouvrage *m*; *(geschütztes)* ~ monument *m* (public); ~**wesen** *n* bâtiment *m*; constructions *f pl*, travaux *m pl* publics, génie *m* civil; ~**wirtschaft** *f* industrie *f* du bâtiment; ~**zaun** *m* clôture *f* de chantier; ~**zeichnung** *f* arch plan *m* de constructions ~**zeit** *f* durée *f* de la *od* délai *m* de construction.

Bauch *m* ⟨-(e)s, ⁻e⟩ [baʊx, 'bɔyçə] ventre; *(Unterleib)* abdomen; *(starker Leib)* embonpoint *m*, *fam (Schmerbauch)* panse; *pop* bide, bidon *m*, brioche *f*; *(Flasche, allg: Ausbauchung)* ventre *m*; ~ ansetzen, e-n ~ bekommen prendre du ventre *od* de l'embonpoint; *den* ~ *einziehen* rentrer le ventre; *jdm ein Loch in den* ~ *fragen* accabler qn de questions; *sich den* ~ *füllen* se remplir l'estomac; *e-n* ~ *haben* avoir du ventre; *sich den* ~ *vor Lachen halten* se tenir les côtes *od* se pâmer de rire; *sich auf den* ~ *legen, auf den* ~ *liegen* se coucher, être à plat ventre; *sich den* ~ *vollschlagen (pop)* se remplir le jabot, *arg* s'en flanquer *od* s'en foutre plein la lampe; *volle(r)* ~ ventrée *f pop*; ~**atmung** *f* respiration *f* abdominale; ~**binde** *f* ceinture *f* (abdominale), bandage *m* (de corps), ventrière; *fam (Zigarre)* bague *f* (de cigare); ~**fell** *n* anat péritoine *m;* ~**fellentzündung** *f* péritonite *f*, ~**flosse** *f* nageoire *f* pelvienne *od* ventrale *od* abdominale; ~**grimmen** *n* coliques *f pl;* ~**gurt** *m* sous-ven-

trière *f;* ~**höhle** *f* cavité *f* abdominale; **b~ig** *a* bombé, convexe; ~**laden** *m* éventaire *m;* ~**landung** *f aero* atterrissage *m* sur le ventre *od* train rentré; *e-e* ~ *machen* se poser sur le ventre *od* train rentré; ~**muskel** *m* muscle *m* abdominal; ~**partie** *f* région *f* abdominale; ~**redner** *m* ventriloque *m;* ~**schmerzen** *m pl* mal *m* au ventre; ~**schwangerschaft** *f* grossesse *f* abdominale *od* extra-utérine; ~**speck** *m (Küche)* petit lard, lard *m* maigre; ~**speicheldrüse** *f anat* pancréas *m; ~***tanz** *m* danse *f* du ventre; ~**ung** *f* convexité *f; (Schwellung)* renflement, évasement *m;* ~**wassersucht** *f* hydropisie du péritoine, ascite *f; ~***weh** *n* mal *m* au ventre; colique *f.*

Bäuch|lein *n* ⟨-s, -⟩ ['bɔyçlaɪn] embonpoint *m; b~***lings** *adv* à plat ventre.

Bauer 1. *m* ⟨-n/(-s), -n⟩ ['baʊər] *(Landwirt)* paysan; *(Pächter)* fermier; *(Landmann)* agriculteur, cultivateur, laboureur; *(Landbewohner)* campagnard, villageois; *pej* bouseux, plouc, péquenot; *(Schach)* pion; *(Kartenspiel: Bube)* valet; *fig pej (Grobian)* rustaud, rustre, manant *m.*

Bauer 2. *n, a. m* ⟨-s, -⟩ *(Käfig)* cage *f* (d'oiseau).

Bäuer|in ['bɔyərɪn] *f* paysanne, fermière; campagnarde, villageoise *f; b~***isch** *a (seltener für:) bäurisch (s. d.); b~***lich** *a* paysan, rustique, campagnard; *(ländlich)* rural, champêtre.

Bauern|aufstand *m* ['baʊərn-] révolte des paysans, jacquerie *f; ~***befreiung** *f* émancipation *f* des paysans; ~**brot** *n* pain *m* de campagne; ~**bursche** *m* jeune paysan *m; ~***fänger** *m fam* bonneteur, tricheur, escamoteur, emberlificoteur *m;* ~**fängerei** *f* tricherie *f;* attrape-nigaud *m; ~***gut** *n,* ~**haus** *n* ferme *f;* ~**hochzeit** *f* noces *f pl* de village *od* villageoises; ~**hof** *m* ferme, métairie *f;* ~**knecht** *m* valet *m* de ferme; ~**krieg,** *der* la guerre des Paysans; ~**lümmel** *m* rustaud, rustre, manant, lourdaud *m; ~***mädchen** *n* jeune paysanne *f; ~***möbel** *n pl* meubles *m pl* rustiques; ~**partei** *f* parti *m* paysan; ~**regel** *f (Wetterregel)* dicton *m* sur le temps; ~**schaft** *f* paysans *m pl;* ~**schenke** *f* auberge *f* de village; **b~schlau** *a* malin, madré, finaud, astucieux, rusé; ~**schläue** *f* ruse *f* paysanne; ~**stand** *m* paysannerie, classe *f* paysanne; ~**stück** *n theat* paysannerie *f; ~***tum** *n* paysannerie *f; ~***verband** *m* syndicat *m* paysan.

Bauers|frau *f* ['bauərs-] paysanne, fermière *f;* ~**leute** *pl* paysans *m pl;* ~**mann** *m* ‹-s, -leute› paysan, laboureur *m.*

Baum *m* ‹-(e)s, ˙ -e› [baum, 'bɔymə] arbre *m; zwischen ~ und Borke (fig)* entre l'arbre et l'écorce, entre l'enclume et le marteau; *ich könnte Bäume ausreißen* je pourrais soulever des montagnes; *er sieht den Wald vor (lauter) Bäumen nicht* les arbres lui cachent la forêt; *es ist zum auf die Bäume klettern (fam)* j'enrage; *es ist dafür gesorgt, daß die Bäume nicht in den Himmel wachsen (prov)* on ne saurait chanter plus haut que la bouche; *alte Bäume versetzt man nicht (prov)* les vieux arbres ne se transplantent pas; *der ~ der Erkenntnis* l'arbre *m* de la science du bien et du mal; **b~artig** *a* arborescent; ~**bestand** *m* peuplement *m* forestier; **b~bestanden** *a* planté d'arbres; ~**blüte** *f (Vorgang und Zeit)* floraison, fleuraison *f;* ~**falke** *m orn* hobereau *m;* ~**frevel** *m* délit *m* forestier; ~**garten** *m* verger, jardin *m* fruitier; ~**grenze** *f geog* limite *f* d'arbres; ~**gruppe** *f* bosquet, bouquet *m* d'arbres; ~**hacker** *m orn* = ~**läufer;** ~**knorren** *m* loupe *f;* ~**krone** *f* cime *f* d'arbre; ~**kuchen** *m* pièce *f* montée; **b~lang** *a: ein ~er Kerl* un type élancé, *fam* un grand gaillard; ~**läufer** *m orn* grimpereau, grimpart *m;* **b~los** *a* sans arbres, dépourvu d'arbres; ~**marder** *m* martre *f* (commune); ~**pfahl** *m* tuteur *m;* ~**reihe** *f* rangée *f* d'arbres; ~**rinde** *f* écorce *f* d'arbre; ~**säge** *f* (scie) égoïne *od* égohine *f;* ~**schere** *f* sécateur *m,* cisailles *f pl* de jardinier; ~**schule** *f* pépinière *f;* ~**schwamm** *m* fistuline *f;* ~**sperre** *f mil* abattis *m;* ~**stamm** *m* tronc d'arbre; fût *m;* **b~stark** *a* fort comme un chêne *od* un Turc; ~**stumpf** *m* souche *f* d'arbre, chicot *m;* ~**verhau** *m od n* = ~**sperre;** ~**vögel** *m pl* (oiseaux) percheurs *m pl;* ~**wachs** *m* mastic *m* à greffer; ~**wanze** *f ent* punaise *f* des bois; ~**wiese** *f* prairie *f* verger.

Bäum|chen *n,* ~**lein** *n* ‹-s, -› ['bɔym-] arbrisseau, petit arbre *m.*

baumeln ['baumeln] *itr* pendre, pendiller, brandiller, baller; ~ *lassen (die Beine)* balancer.

bäumen ['bɔymən] *tr (Weberei: die Kette)* ensoupler; *sich ~* se cabrer, se dresser.

Baumwoll|abfälle *m* ['baumvɔl-] *pl* déchets *m pl* de coton; ~**aufbereitung** *f* cinglage *m* du coton; ~**e** *f* coton *m;* **b~en** *a* de *od* en coton; ~**ernte** *f* récolte *f* du coton; ~**faden** *m* fil *m* de coton; ~**garn** *n* coton *m* à coudre; ~**gewebe** *n* tissu *m* de coton; ~**industrie** *f* industrie *f* cotonnière *od* du coton; ~**kämmer** *m* peigneur *m* de coton; ~**köper** *m* croisé, sergé *m;* ~**leinen** *n* toile *f* de coton; ~**pflanzung** *f* cotonnerie; plantation *f* de coton; ~**pflückmaschine** *f* machine à cueillir le coton, cueilleuse mécanique *od* éplucheuse *f* de coton; ~**saat** *f,* ~**samen** *m* graine *f* de coton; ~**samt** *m* velours *m* de coton; ~**spinnerei** *f* filature de coton, cotonnerie *f;* ~**staude** *f* cotonnier *m;* ~**stoff** *m* cotonnade, étoffe *f* de coton; ~**waren** *f pl,* ~**zeug** *n* cotonnades *f pl,* articles *m pl* en coton; ~**weberei** *f* tissage *m* de coton; ~**zwirn** *m* fil *m* retordu de coton; ~**zwirnerei** *f* atelier *m* de retordage de coton.

bäurisch ['bɔyrɪʃ] *a* rustique; *pej* rustaud, rustre.

Bausch *m* ‹-(e)s, -e/˙ -e› [bauʃ-, 'bɔyʃə] *(fester)* bourrelet, coussinet; *(Wattebausch)* tampon; *(lockerer)* bouffant, renflement *m; in ~ und Bogen (a. kaufen)* en bloc; **b~en** *tr* faire bouffer; *itr (Segel)* s'enfler; *sich ~* bouffer, blouser; **b~ig** *a* bouffant.

Bauxit *m* ‹-s, -e› [bau'ksiːt, -'ksɪt] *min* bauxite *f.*

Bay|er(in *f)* *m* ‹-s, -› [baɪər] Bavarois, e *m f;* ~**ern** *n* la Bavière; **b~(e)risch** *a* bavarois.

Bazill|enträger *m* [ba'tsɪlən-] *med* porteur *m* de germes *od* de bacilles; ~**us** *m* ‹-, -llen› [-lʊs, -lən] bacille *m.*

beabsichtig|en *tr* vouloir, entendre, compter, penser *(etw zu tun* faire qc); avoir l'intention, envisager, projeter, se proposer *(etw zu tun* de faire qc); songer, viser *(etw zu tun* à faire qc); intentionner *(etw* qc); ~**t** *a bes. jur* intentionnel; *das hatte ich nicht ~* je ne l'ai pas fait exprès; *die ~e Wirkung* l'effet *m* voulu *od* recherché.

beacht|en *tr* faire attention, avoir égard *(etw* à qc); *(bemerken)* remarquer; *(berücksichtigen)* tenir compte *(etw* de qc), considérer, prendre en considération; *(befolgen) (Rat)* suivre, écouter; *(Regel, Vorschrift)* observer, respecter; ~**enswert** *a* remarquable, notable; ~**lich** *a* appréciable, considérable, important; **B~ung** *f* ‹-, (-en)› attention; *(Berücksichtigung)* considération; *(Befolgung)* observation *f; unter ~ (gen)* tenant compte (de); ~ *finden* intéresser; *jdm. e-r S ~ schenken* avoir égard, faire attention à qn, à qc; ~ *verdienen* mériter attention.

beackern *tr agr* labourer; *fig (gründlich bearbeiten)* travailler.

Beamt|e(r) *m allg* agent; *(Staatsbeamter)* fonctionnaire, officier; *(Justiz-, Verwaltungsbeamter)* magistrat; homme de robe; *(sonstiger)* employé *m;* ~ *sein (in der Justiz a.)* porter la robe; ~ *im Ruhestand* retraité *m;* ~**enanwärter(in** *f)* *m* stagiaire *m f* dans la fonction publique; ~**enapparat** *m* appareil *m* administratif; ~**enbeleidigung** *f* outrage *m od* injure *od* insulte *f* à (un) agent (de la force publique) *od* à magistrat; ~**enbesoldung** *f* traitement *m* des fonctionnaires *od* des employés; ~**enbestechung** *f* corruption *f* de fonctionnaires *od* d'employés; ~**engehalt** *n* traitement *m* de fonctionnaire *od* d'employé; ~**engesetz** *n* loi *f* sur les fonctionnaires; ~**enlaufbahn** *f* carrière *f* de fonctionnaire; ~**enschaft** *f* ‹-, ø›, ~**entum** *n* ‹-s, ø› (corps *m* des) fonctionnaires *m pl;* fonction *f* publique; ~**enverhältnis** *n: im* ~ *stehen* être fonctionnaire; *ins* ~ *übernehmen* titulariser; **b~et** *a* titulaire; en charge; ~**in** *f* (femme) fonctionnaire; employée *f.*

beängstig|en *tr* faire peur, causer de l'angoisse *(jdn* à qn); angoisser, inquiéter, alarmer *(jdn* qn); ~**end** *a* angoissant, inquiétant, alarmant; **B~ung** *f* angoisse, anxiété, inquiétude *f.*

beanspruch|en *tr* réclamer; prétendre *(etw.* à qc); *(fordern)* revendiquer; *(gebrauchen)* employer, utiliser, faire usage de; *(erfordern)* demander, exiger, nécessiter; *(Aufmerksamkeit, Kraft)* absorber; *(Zeit)* prendre; *tech* employer, solliciter, soumettre à un *od* des effort(s), fatiguer; *jds Hilfe* ~ mettre qn à contribution; ~**t** *a (vielbeschäftigt)* occupé; *(finanziell)* ~ engagé; **B~ung** *f* réclamation; revendication *f;* emploi *m,* utilisation *f,* usage *m;* sollicitation, fatigue; occupation *f,* engagement *m; höchstzulässige* ~ *(tech)* effort *m* maximum admissible.

beanstand|en ‹*fb beanstandet, beanstandete, hat beanstandet*› *tr* réclamer *(etw* contre qc); *(Einwendungen machen)* faire *od* formuler des objections *od* des critiques *(etw* à qc); *die Qualität e-r Ware* ~ *(Einspruch erheben)* contester; faire une opposition *(etw* contre qc); *etw zu* ~ *haben* trouver à redire; **B~ung** *f* réclamation; objection, critique; contestation, opposition *f; Anlaß zu* ~*en geben*

donner lieu à des réclamations *od* objections *od* contestations.

beantrag|en ‹*fb beantragt, beantragte, hat beantragt*› *tr* demander (par requête), solliciter; *ein Stipendium* ~ faire une demande de bourse; *(vorschlagen)* proposer; faire la proposition *(etw* de qc); *jur* requérir; **B~ung** *f* demande; proposition *f.*

beantwort|en *tr* répondre *(etw* à qc); **B~ung** *f* réponse *f (e-r S* à qc); *in* ~ *Ihres Schreibens vom ... en* réponse à votre lettre du ...; *bei* ~ *bitte angeben* prière de rappeler dans votre réponse.

bearbeit|bar *a tech* usinable; ~**en** *tr (arbeiten an)* travailler, œuvrer à, manier; *(sich befassen mit)* s'occuper *(etw* de qc), mettre à l'étude; traiter *a. jur; (ausarbeiten)* élaborer; *(gestalten)* former; *(redigieren)* rédiger; *(überarbeiten)* remanier, refondre; *mus* arranger; *theat film radio* adapter *(für die Bühne, den Film, den Funk, das Fernsehen* à la scène, à l'écran, à la radio, à la télévision); *tech* travailler, usiner, façonner, tailler; *agr* cultiver; *fig fam (Menschen zu überreden suchen)* travailler; *mit den Fäusten* ~ tambouriner; *jdn mit den Fäusten* ~ bourrer qn de coups; *iron* arranger qn; **B~er** *m (e-s Buches)* rédacteur; *mus* arrangeur; *theat film* adaptateur *m;* **B~ung** *f* travail; traitement *m a. jur;* formation; rédaction *f;* remaniement *m,* refonte *f; mus* arrangement *m; theat film* adaptation *f (für die Bühne, den Film, den Funk, das Fernsehen* à la scène, à l'écran, à la radio, à la télévision); *tech* travail *m,* (opération *f* d')usinage, façonnage, façonnement *m; in* ~ en préparation, en étude; *fam (Buch etc)* sur le bureau, en chantier; **B~ungsart** *f tech* méthode *f od* procédé *m* d'usinage; **B~ungsmaschine** *f* machine-outil *f;* **B~ungsspur** *f* trace *f* d'usinage *od* d'outil; **B~ungszugabe** *f tech* surépaisseur *f* nécessaire à l'usinage.

beargwöhnen *tr* soupçonner, suspecter.

beaufsichtig|en *tr* surveiller, contrôler, inspecter, garder; **B~ung** *f* surveillance *f,* contrôle *m,* inspection, garde *f.*

beauftrag|en ‹*fb beauftragt, beauftragte, hat beauftragt*› *tr* charger *(a. e-n Rechtsanwalt) (jdn mit etw* qn de qc); mandater, commettre, déléguer *(jdn mit etw* qn à qc); *mit etw* ~*t sein* avoir mission de *od* pour qc; **B~te(r)** *m* chargé d'affaires *od* de mission, mandataire, délégué, commissionnaire *m.*

bebaken *tr mar* baliser.

bebändern *tr* garnir de rubans, enrubanner.

bebau|en *tr (Grundstück, Gelände)* bâtir, couvrir de bâtiments; **~t** *a* bâti; **~e(s) Grundstück** *n* terrain *m* bâti; **B~ung** *f* construction *f* de bâtiments *(e-s Geländes* sur un terrain); *geschlossene* ~ ensemble *m* de constructions accolées; **B~ungsplan** *m* plan *m* d'aménagement.

beben ['be:bən] *itr* trembler, frémir; *um jdn* ~ trembler pour qn; *vor Zorn* ~ bouillonner de colère; **B~** *n* tremblement, frémissement; *(Erdbeben)* tremblement (de terre), séisme *m;* ~**d** *a* tremblant.

bebilder|n *tr* illustrer; **B~ung** *f* illustration *f.*

bebrillt *a* portant lunettes.

Béchamelsoße [beʃa'mɛl-] *f (Küche)* béchamel *f.*

Becher *m ⟨-s, -⟩* ['bɛçər] gobelet *m,* timbale *f; (Trinkglas)* verre à boire; *mil* quart; *(kleiner; Baggereimer)* godet *m; bot* cupule *f, (der Eichel)* godet *m;* **b~förmig** *a* en forme de gobelet; **~kette** *f tech* chaîne *f od* transporteur à godets, convoyeur *m* à godets; **b~n** *itr fam* picoler, pinter; **~werk** *n* élévateur *m* à godets.

becircen [ba'tsɪrtsən] *tr fam (bezaubern)* charmer; *(ein Mädchen)* baratiner (une fille).

Becken *n ⟨-s, -⟩* ['bɛkən] *(flaches Gefäß)* bassin *m (a. Hafen-, Schwimmbecken, geog, anat); (Waschbecken)* cuvette; *(Brunnenbecken)* vasque; *(Hafenbecken, bes. in Mittelmeerhäfen)* darse, darce, *(kleines)* darsine, darcine *f; pl mus* cymbales *f pl;* **~bruch** *m med* fracture *f* du bassin; **~höhle** *f anat* cavité *f* pelvienne; **~knochen** *m* os *m* du bassin; **~schläger** *m mus* cymbalier *m.*

bedach|en *tr* couvrir (d'un toit); poser la toiture *od* couverture *(etw* à qc); **B~ung** *f* toiture, couverture *f.*

bedacht *⟨pp von: bedenken⟩ a: auf etw* ~ *sein (nach etw streben)* songer à qc; avoir grand soin, être soucieux, s'inquiéter de qc; **B~** *m: mit* ~ avec circonspection, à tête reposée; *(mit Absicht)* de propos délibéré; *mit vollem* ~ en connaissance de cause; *ohne* ~ irréfléchi, sans réflexion; *auf etw* ~ *nehmen* prendre qc en considération, avoir égard à qc, tenir compte de qc; **B~e(r)** *m jur* légataire *m;* ~**sam** *a (besonnen)* réfléchi; *(umsichtig)* circonspect, discret; **B~sam-**

keit *f ⟨-, ø⟩* réflexion, circonspection, discrétion *f.*

bedächtig [bə'dɛçtɪç] *a (besonnen)* réfléchi; *(gesetzt)* posé; *(vorsichtig)* prudent; *adv* avec circonspection; posément; **B~keit** *f ⟨-, ø⟩* réflexion, prudence *f.*

bedanken, *sich* remercier *(bei jdm für etw* qn de qc); *(ablehnen)* refuser (avec politesse) *(für etw* qc); *fam iron* tirer sa révérence; *dafür bedanke ich mich! (fam iron)* grand merci!

Bedarf *m ⟨-(e)s, ø⟩* [bə'darf] besoins *m pl (an* de), quantité nécessaire; *(Nachfrage)* demande *(an* de); *(Verbrauch)* consommation *f; bei* ~ en cas de besoin, si besoin est, si nécessaire; *nach* ~ selon *od* suivant les besoins, au fur et à mesure des besoins; *den* ~ *decken* couvrir les besoins *od* la consommation, satisfaire aux besoins; *s-n* ~ *decken* couvrir ses besoins; ~ *haben an* avoir besoin de; *den* ~ *übersteigen* excéder les besoins; *Gegenstände m pl des täglichen, gehobenen* ~**s** articles *m pl* d'usage courant, de demi-luxe; *vordringliche(r)* ~ demande *f* primordiale; ~**sartikel** *m* article *m* courant; *pl* fournitures *f pl;* ~**sdeckung** *f* satisfaction *f* des demandes *od* des besoins; ~**sermittlung** *f* détermination *f* des besoins; ~**sfall** *m: im* ~ en cas de besoin, au besoin; ~**sgüter** *n pl* biens *m pl* de consommation; ~**shaltestelle** *f* arrêt *m* facultatif; ~**slenkung** *f* direction *f* des besoins; ~**sträger** *m* consommateur *m;* ~**szug** *m* train *m* facultatif.

bedauer|lich *a* regrettable, déplorable, fâcheux; *(beklagenswert)* lamentable; *es ist* ~, *daß* il est à regretter *od* regrettable que; ~**licherweise** *adv* malheureusement; ~**n** *⟨ich bedauere⟩ tr (Sache)* regretter; *(beklagen)* déplorer; *(Menschen)* plaindre, avoir pitié de; *zu* ~ *sein* être à plaindre; *(ich) bedauere* je regrette; *mille regrets! ich bedauere sehr* j'en suis navré; **B~n** *n* regret *m; (Mitleid)* pitié; *(Anteilnahme)* compassion *f; mit* ~ avec regret; *zu meinem (großen)* ~ à mon (grand) regret *od* désespoir; *sein* ~ *äußern od ausdrücken od zum Ausdruck bringen* exprimer *od* présenter ses regrets; ~**nswert** *a* lamentable, déplorable, pitoyable; *(bedauerlich)* regrettable.

bedeck|en *tr* couvrir, recouvrir, revêtir *(mit* de); *(verhüllen)* envelopper, habiller, garnir *(mit* de); *(verbergen)* cacher; *(schützen)* abriter; *mil* couvrir, abriter; *mit Küssen* ~ couvrir de baisers; *sich ~ (den Hut aufsetzen)* se couvrir *(a. vom Himmel); sich mit Ruhm ~* se couvrir de gloire; *der Himmel bedeckt sich* le temps se couvre; *~t a (Himmel)* couvert, voilé; *(Gelände)* couvert; *~e(s) Gelände n* (terrain) couvert *m; ~tsamig a: ~e Pflanzen f pl* angiospermes *f pl;* **B~ung** *f ‹-, (-en)›* couverture *f; (Schutz)* abri *m; mil* couverture, escorte; protection; *astr* occultation *f; unter ~ (mil)* sous escorte.

bedenk|en *‹bedenkt, bedacht, hat bedacht› tr (erwägen)* considérer, prendre en considération; penser, songer *(etw* à qc); *(überlegen)* réfléchir *(etw* à qc), délibérer *(etw* de qc), préméditer; *(beachten)* prendre garde à, tenir compte de; *sich ~* réfléchir, délibérer, reconsidérer; *(zaudern)* hésiter, balancer; *wenn man bedenkt, daß ...* dire que ...; *sich anders ~* changer d'avis, se raviser; *zu ~ geben* donner à réfléchir; *die Folgen ~* peser les conséquences; *er hat mich bedacht mit (e-m Geschenk, im Testament)* il m'a offert ..., il m'a légué ...; **B~en** *n (Erwägung)* réflexion; délibération, considération; *(Zögern)* hésitation *f; pl (Zweifel, Befürchtungen)* doutes *m pl,* préoccupations *f pl; nach reiflichem ~* après mûre réflexion; *ohne ~* sans hésiter, sans hésitation, en toute assurance; *gegen etw ~ äußern* faire *od* formuler des réserves sur qc; *~ haben od tragen* hésiter *(etw zu tun* à faire qc); *wegen etw* se faire un scrupule de qc; *~enlos adv* sans hésitation, sans scrupule; *~lich a (unentschlossen)* irrésolu; *(zweifelhaft)* douteux; *(besorgniserregend)* inquiétant; *(ernst)* sérieux, grave; *(gefährlich)* dangereux, scabreux; *(heikel)* délicat, précaire; *mit ~en Mitteln* par des moyens douteux *od* suspects; *das macht od stimmt ~* cela donne à réfléchir; **B~lichkeit** *f ‹-, (-en)›* irrésolution *f;* doute; scrupule *m; (der Lage)* précarité *f;* **B~zeit** *f* temps *m* de (la) réflexion; *sich ~ erbitten* demander à réfléchir; *jdm drei Tage ~ geben* donner trois jours de réflexion à qn.

bedeppert [bə'dɛpərt] *a fam (bedrückt, ratlos)* abattu, accablé.

bedeut|en *tr (besagen)* signifier, vouloir dire; *soviel ~ wie* être synonyme de; *(vorbedeuten)* présager; *(darstellen)* représenter; *(mit sich bringen)* comporter, entraîner; *(zu verstehen geben)* signifier, notifier *(jdm etw* qc à qn); *etwas ~ (wichtig sein)* avoir de l'importance, être de conséquence;

jdm etwas ~ (wert sein) être quelque chose à qn; *die Kinder ~ ihr alles* les enfants sont tout pour elle; *das bedeutet, daß ...* autant dire que ...; *das hat etwas zu ~* il y a anguille sous roche; *das hat nichts zu ~* cela n'a aucune *od* pas d'importance, c'est sans importance, cela ne compte pas, cela ne signifie rien, ce n'est rien; *das soll nicht ~, daß ...* ce n'est pas à dire (pour cela) que ...; *das bedeutet nichts Gutes* cela ne présage rien de bon; *was soll das ~?* qu'est-ce que cela signifie *od* veut dire? qu'est-ce à dire? *~end a (wichtig)* important; *(hervorragend)* éminent; *(beachtlich, beträchtlich)* notable, remarquable; *adv* considérablement, sensiblement; *~sam a* significatif, révélateur; **B~samkeit** *f* importance *f;* **B~ung** *f (Sinn)* signification *f,* sens *m; (e-s Wortes)* acception *f; (Vorbedeutung)* présage *m; (Wichtigkeit)* importance, valeur; *(Tragweite)* portée, étendue, conséquence *f; ohne (jede) ~* sans aucune importance; *ein Mann von ~* une personnalité; *von (ausschlaggebender) ~* d'importance (décisive); *e-r S ~ beimessen* attacher de l'importance *od* de la valeur *od* du poids à qc; *~ gewinnen* prendre *od* revêtir de l'importance; *~ haben* importer *(für etw* pour qc); *von ~ sein* être d'importance *od* de conséquence, avoir de l'importance, tirer à conséquence; *an ~ verlieren* perdre de son importance; *s-e ~ verlieren* se vider de sens; perdre son importance; *eigentliche, übertragene ~* sens *m od* acception *f* propre, figuré(e); *~ungslos a* insignifiant, futile, négligeable; peu important, de peu *od* sans importance; *~ sein bei ...* entrer pour rien dans ...; *~ werden* se vider de sens; *rechtlich ~* sans effet juridique; *völlig ~* d'une nullité complète; **B~ungslosigkeit** *f* insignifiance *f; ~ungsvoll a* significatif; *(gewichtig)* important; **B~ungsumfang** *m* étendue; *(e-s Wortes)* aire *f* sémantique; **B~ungsverschiebung** *f (e-s Wortes)* glissement *m* de sens; **B~ungswandel** *m* changement *m* de *od* du sens.

bedien|en *tr (Menschen, Maschine, schwere Waffe)* servir; *tech (Apparat, Maschine) a.* manier, manœuvrer, manipuler, conduire, surveiller; *itr* servir *(bei Tisch* à table); *(Kartenspiel)* fournir, donner; *sich ~* se servir *(e-r S* de qc), user, employer *(e-r S* qc); *~ Sie sich!* servez-vous (, s'il vous plaît); *~stet* [-'di:nstət] *a* au service (*bei* de); **B~stete(r)** *m* employé *m;* ~**t** *a: ich bin ~! (fam) (habe die Nase voll)* j'ai compris, cela me suffit; **B~te(r)** *m* serviteur, domestique, valet, laquais *m;* **B~ung** *f (Tätigkeit)* service; *tech* maniement *m,* manœuvre, conduite, surveillance, commande *f; (Personal)* gens *pl* de service, personnel *m,* domestiques *m pl; (Kellnerin)* serveuse *f; mil* = **B~ungsmannschaft;** ~ *einbegriffen* service compris; **B~ungsfehler** *m tech* erreur *f* de commande; **B~ungsgeld** *n* service *m;* **B~ungshebel** *m tech* levier *m* de manœuvre *od* de commande *od* de réglage; **B~ungsknopf** *m radio* bouton *m* de réglage; **B~ungsmann** *m* ⟨-s, -männer⟩ *(e-r Maschine)* machiniste, opérateur *m;* **B~ungsmannschaft** *f mil* servants *m pl* (d'une *od* de la pièce), équipe *f* de pièce; **B~ungspersonal** *n* personnel *m* exploitant; **B~ungsschalter** *m tech el* commutateur *m* de commande *od* de réglage; **B~ungsstand** *m* poste *m* de commande *od* de manœuvre; **B~ungstafel** *f* tableau *m* de service; **B~ungsvorschrift** *f* instructions *f pl* d'utilisation *od* d'emploi.

beding|en [bə'dɪŋən] ⟨*fb bedingt, bedingte, hat bedingt*⟩ *tr (voraussetzen)* conditionner, présupposer; *(erfordern)* exiger, nécessiter; *(verursachen)* causer, occasionner; *(vereinbaren)* convenir de, arrêter; ~**t** *a* conditionnel *a. jur; (beschränkt)* limité; ~ *durch* dû à; *adv* sous (certaines) réserve(s); relativement; ~*e(r) Straferlaß m (jur)* condamnation *f* avec sursis; ~*e(r) Reflex m* réflexe *m* conditionné; **B~theit** *f* limitation, relativité *f;* **B~ung** *f (Voraussetzung)* condition; *(Erfordernis)* exigence; *(Vertragsbestimmung)* stipulation; clause; modalité *f; pol* préalable *m; pl (Verhältnisse)* conditions, modalités *f pl; unter der ~, daß ...* sous condition de *inf,* que ..., à (la) condition que ... *(subj); unter diesen ~en* dans la situation actuelle; dans ces conditions; *unter gewissen, günstigen ~en* à certaines conditions, à des conditions favorables; *e-e ~ erfüllen* remplir une condition; *etw zur ~ machen* imposer qc comme condition; ~*en stellen* poser des conditions; **B~ungsform** *f gram* conditionnel *m;* ~**ungslos** *a* inconditionné, inconditionnel; *adv* sans condition, sans réserve; ~*e Kapitulation f* capitulation *f* inconditionnelle; **B~ungssatz** *m gram* proposition *f* conditionnelle.

bedräng|en *tr (bestürmen)* presser, talonner, poursuivre, tourmenter, embarrasser; *(belästigen)* importuner; *(bedrücken)* oppresser, affliger, gêner; *hart ~* serrer de près; *in bedrängter Lage* dans l'embarras; *(finanziell)* dans la gêne; **B~nis** *f* ⟨-, -sse⟩, **B~ung** *f* embarras *m; (Notlage)* gêne; *fig* affliction, oppression; détresse *f; in äußerster B~nis sein* être aux abois.

bedroh|en *tr* menacer; *tätlich ~* menacer de voies de fait; ~**lich** *a* menaçant; ~**t** *a* menacé; **B~ung** *f* menace *f; ~ des Friedens* menace *f* pour la paix; ~ *der öffentlichen Sicherheit* atteinte *f* à la sécurité publique.

bedruck|en *tr* imprimer; ~**t** *a* imprimé.

bedrück|en *tr (niederhalten)* contraindre, accabler; *fig* oppresser, opprimer, déprimer, accabler, affliger; ~**end** *a* oppressif, accablant; **B~er** *m* oppresseur *m;* ~**t** *a* accablé, déprimé, affligé; **B~theit** *f* dépression *f,* accablement, serrement *m* de cœur; **B~ung** *f* oppression *f; fig* accablement *m.*

Beduine *m* ⟨-n, -n⟩ [bedu'i:nə] Bédouin *m.*

bedürf|en ⟨*bedarf, bedurfte, hat bedurft*⟩ *itr* avoir besoin (*e-r S* de qc); *(erfordern)* nécessiter, demander, exiger (*e-r S* qc); *es bedarf großer Anstrengungen* il faut de grands efforts; *das bedarf e-r Erklärung* cela demande des explications; *es bedarf nur e-s Wortes* il suffit d'une parole, une parole suffit; **B~nis** *n* ⟨-sses, -sse⟩ besoin *m; (Erfordernis)* nécessité (*nach* de), exigence; *(Nachfrage)* demande *f (nach* en); *e-m ~ abhelfen* pourvoir *od* subvenir à un besoin; *jds ~se befriedigen* satisfaire *od* pourvoir *od* subvenir aux besoins de qn; *ein ~ befriedigen (physiol)* faire *od* satisfaire ses besoins; *s-e ~se befriedigen* se satisfaire; *ein ~ verspüren* éprouver *od* ressentir un besoin; *es ist mir ein ~ zu ...* j'éprouve le besoin de ...; **B~nisanstalt** *f* cabinet d'aisance, édicule *m; (nur Pissoir)* vespasienne *f,* urinoir, pissoir *m;* ~**nislos** *a* frugal, sans besoins; *(bescheiden)* modeste; **B~nislosigkeit** *f* frugalité, absence *f* de besoins; ~**tig** *a* indigent, besogneux, nécessiteux; pauvre; ~ *sein* être dans le besoin; *e-r S* avoir besoin de qc; **B~tigkeit** *f* ⟨-, ø⟩ indigence, misère *f;* **B~tigkeitsnachweis** *m* certificat *m* d'indigence.

beduselt *fam (betrunken)* éméché, pompette.

Beefsteak *n* ⟨-s, -s⟩ ['bi:fste:k] bifteck

m; deutsche(s) ~ boulette f; bluten-
de(s), leicht angebratene(s), halb
durchgebratenes, ganz durchgebrate-
ne(s) ~ bifteck m bleu, saignant, à
point, bien cuit.

beehren tr honorer (mit de); sich ~
avoir l'honneur (etw zu tun de faire
qc).

beeid|(ig)en tr (Aussage) affirmer
sous serment; (nur:) ~en: (Person)
assermenter; faire prêter serment
(jdn à qn); ~igt a (Aussage) sous serment; (Person) assermenté, juré;
B~igung f ‹-, (-en)› (eidliche Aussage) affirmation od confirmation par
serment; (Vereidigung) assermenta-
tion f.

beeilen, sich se dépêcher, se hâter, se
presser; s'empresser (etw zu tun de
faire qc), faire diligence; (beim Gehen) se précipiter.

beeindrucken tr impressionner; faire
(une) impression, avoir prise sur.

beeinflu|ßbar [-flus-] a influençable;
~ssen tr influencer, influer sur, exercer une influence sur; zu ~ suchen
(a.) travailler fam; **B~ssung** ‹-,
(-en)› f influence (gen sur), emprise f;
unzulässige ~ (jur) influence f illégitime.

beeinträchtig|en tr porter préjudice
od atteinte à, préjudicier à, attenter à,
déroger à; (ein Recht) léser, empiéter
sur; **B~ung** f préjudice m, atteinte,
dérogation; lésion f, empiètement m.

Beelzebub [be'ɛltsəbu:p, 'be:l-] m
Belzébuth m; den Teufel mit ~ austreiben déshabiller saint Pierre pour
habiller saint Paul; tomber de Charybde en Scylla.

beend|(ig)en tr terminer, finir, ache-
ver, mettre fin à; (vollenden) achever, accomplir, parfaire, parachever;
(aufhören mit) cesser; (Diskussion)
clore; (Streit) vider; glücklich ~ mener à bonne fin; die Sitzung ~ clore
od lever la séance; **B~igung** f ‹-, ø›
achèvement m, finition; cessation f.

beeng|en tr (res)serrer, rétrécir, étran-
gler; gêner a. fig; fig oppresser; sich
beengt fühlen se sentir à l'étroit od
gêné; beengt leben vivre à l'étroit;
B~theit f ‹-, ø› resserrement, étranglement m; gêne; oppression f.

beerben tr hériter (jdn de qn).

beerdig|en [bə'e:rdɪgən] tr enterrer,
inhumer, ensevelir, mettre od porter
en terre; **B~ung** f enterrement m, inhumation f, ensevelissement m;
sépulture f; (feierliche Handlung)
funérailles, obsèques f pl; **B~ungs-
stitut** n pompes f pl funèbres;
B~ungskosten pl frais m pl

funéraires; **B~ungsschein** m permis
m d'inhumer; **B~ungsunterneh-
men** n = B~ungsinstitut; **B~ungs-
unternehmer** m entrepreneur m de
pompes funèbres.

Beere f ‹-, -n› ['be:rə] baie f; (Wein-
beere) grain m; **b~nförmig** a bacci-
forme; ~**nfrüchte** f pl, ~**nobst** n
baies f pl; **b~ntragend** a baccifère.

Beet n ‹-(e)s, -e› [be:t] agr planche;
(Rabatte) plate-bande f, parterre m.

befähig|en tr rendre apte (zu à); ren-
dre capable (zu de), qualifier (zu
pour); ~**t** a apte (zu à), capable (zu
de), qualifié (zu pour); **B~ung** f ‹-,
(-en)› aptitude, capacité (zu à), qualification (zu pour); jur habilitation f; s-e
~ nachweisen justifier son aptitude
od sa capacité; **B~ungsnachweis**
m certificat od brevet od bulletin m
d'aptitude od de capacité.

befahr|bar a (Straße) carrossable, pra-
ticable; mit dem Rad ~ cyclable;
nicht ~ impraticable; **B~barkeit** f
viabilité, praticabilité; (Fluß) navigabilité f; ~**en** ‹befährt, befuhr, hat
befahren› tr circuler, passer (etw sur
qc); mar naviguer (etw sur qc); mines
descendre (e-n Schacht dans un
puits); ~ werden (mines) être ex-
ploité; a (Straße) fréquenté; (Seemann) amariné; sehr ~ (Straße) très
fréquenté, animé, à forte od grande
circulation.

Befall m ‹-(e)s, ø› (durch Parasiten)
envahissement m; **b~en** ‹befällt, befiel, hat befallen› tr (Ungeziefer) envahir, infester; (Krankheit) attaquer,
atteindre, saisir; (Furcht) saisir; von
Furcht ~ werden être pris de peur; a
med affecté (von de); das Land wurde von e-r Seuche ~ une épidémie
s'abattit sur le pays.

befangen a (eingeschüchtert, verwirrt) intimidé, embarrassé, gêné,
perplexe; (voreingenommen) prévenu; (parteiisch) partial; sich für ~ erklären (jur) se récuser; in e-m Irrtum
~ sein être dans l'erreur; in Vorurteilen ~ imbu de préjugés; **B~heit** f ‹-,
ø› timidité f; embarras m, gêne;
prévention; partialité f; wegen ~ ablehnen (jur) récuser pour prévention.

befassen, sich s'occuper, se mêler, se
charger (mit de), s'employer (mit à);
(fam) se mêler (mit de); (prüfen)
examiner (mit etw qc); (handeln von)
traiter (mit de); befaßt sein mit (jur)
être saisi de.

befehd|en [bə'fe:dən] tr a. fig combat-
tre, guerroyer contre, faire la guerre
à; sich od ea. ~ se combattre, se faire
la guerre; **B~ung** f combats m pl

(gen contre), guerre f (gen à od contre).

Befehl m ‹-(e)s, -e› [bə'fe:l] ordre, commandement m; (Anweisung) instruction f, directives f pl; inform instruction f; auf ~ par ordre; gen sur ordre de; unter dem ~ (gen) sous les ordres (de); e-n ~ ausführen exécuter un ordre; e-n ~ bekommen od erhalten recevoir un ordre; e-n ~ erteilen donner un ordre; unter jds ~ stehen (mil) marcher sous les ordres de qn; den ~ übernehmen prendre le commandement; ~ ist ~ un ordre est un ordre; was steht zu ~? qu'y a-t-il pour votre service? zu ~! à vos ordres! ausdrückliche(r) od strikte(r) ~ injonction f; höhere(r) ~ ordre m d'en haut; **b~en** ‹befiehlt, befahl, hat befohlen› tr ordonner, commander, donner (l')ordre (etw zu tun de faire qc); (anweisen) désirer; décréter; donner ordre (jdm etw zu tun à qn de faire qc); (biblisch: anvertrauen) recommander; itr (herrschen) avoir le commandement; über être (le) maître de; sich ~ (biblisch) se recommander (jdm de qn), s'en remettre (jdm à qn); wie Sie ~ comme vous voudrez, comme il vous plaira; Sie haben mir nichts zu ~ je n'ai pas à recevoir d'ordres de vous; **b~end** a, **b~erisch** a impérieux, dictatorial; **b~igen** tr commander; exercer le commandement (jdn sur qn); ~**sausgabe** f mil rapport m journalier; transmission od diffusion f des ordres; ~**sbereich** m zone f d'action; ~**sempfänger** m mil agent m de liaison; ~**sform** f gram impératif m; **b~sgemäß** a conforme aux ordres (reçus); adv selon od suivant les ordres reçus; ~**sgewalt** f commandement m; ~**shaber** m commandant, chef m; oberste(r) ~ commandant m en chef; ~**sstand** m, ~**sstelle** f mil poste de commandement; quartier m général; ~**ston** m ton m de dictateur; ~**sübermitt(e)lung** f transmission f des ordres; ~**sverweigerung** f refus m d'obéissance, désobéissance f dans le service; ~**swagen** m voiture f de commandement; **b~swidrig** a contraire aux ordres.

befeinden, jdn ~ s'opposer à qn; sich mit jdm ~ être ennemis, se brouiller avec qn.

befestig|en [bə'fɛstɪgən] tr fixer, attacher (an à), affermir; (Straße) revêtir; mil fortifier; (durch Schanzarbeiten) retrancher; fig fortifier, (r)affermir; a. com consolider, stabiliser; **B~ung** f ‹-, (-en)› (Festmachen) f;

tech serrage m; mil fortification f, retranchement; fig com raffermissement m, consolidation f; **B~ungsanlagen** f pl organisations f pl fortifiées; **B~ungsklemme** f el borne f de fixation; **B~ungsring** m tech bague f de fixation; **B~ungsschraube** f vis f de fixation od d'assemblage; **B~ungsvorrichtung** f dispositif m de fixation.

befeucht|en tr humecter, mouiller, tremper; arroser (mit de); **B~ung** f ‹-, (-en)› humectation f, mouillage m.

befeuer|n tr aero baliser; fig inspirer, passionner; **B~ung** f ‹-, (-en)› balisage m.

Beffchen n ‹-s, -› ['bɛfçən] rel rabat m.

befind|en ‹befindet, befand, hat befunden› tr (erachten) trouver, juger; itr jur (entscheiden) juger, décider (über de); sich ~ (örtlich) se trouver, être; geog être situé; (gesundheitlich) se porter, se trouver; für gut ~ juger bon; jdn für schuldig ~ juger od déclarer qn coupable; für tauglich ~ (mil) reconnaître apte; nur der Richter kann darüber ~ seul le juge peut se prononcer là-dessus; wie ~ Sie sich? comment allez-vous? **B~en** n (Meinung) avis m, opinion f; (gesundheitlich) (état m de) santé f; sich nach jds ~ erkundigen demander des nouvelles de la santé de qn; ~**lich** a: in etw ~ sein se trouver, être (situé) dans qc; im Bau ~ en construction.

befingern tr fam tripoter.

beflagg|en tr pavoiser; **B~ung** f pavoisement m.

befleck|en tr tacher (mit de); (beschmutzen) salir, souiller, maculer, polluer; fig entacher, souiller, ternir, flétrir; mit Blut ~ ensanglanter; **B~ung** f ‹-, (-en)› tache; souillure f.

befleißigen, sich s'appliquer (e-r S à qc), prendre à tâche (e-r S qc).

befliegen ‹befliegt, beflog, hat beflogen› tr aero: e-e Flugstrecke od Luftverkehrslinie ~ emprunter une route aérienne, desservir une ligne aérienne; **B~** n: ~ e-r Luftlinie exploitation f d'une ligne aérienne.

beflissen [bə'flɪsən] a (eifrig) empressé, zélé, assidu, appliqué; **B~heit** f ‹-, ø› empressement m, assiduité, application f; soins, efforts m pl; ~**tlich** adv avec empressement; soigneusement.

beflügel|n tr fig rendre agile; (s-e Schritte) accélérer, hâter; ~**t** a fig ailé, rapide.

befluten tr (unter Wasser setzen) inonder.

befolg|en *tr (Rat, Beispiel)* suivre; *(Anweisung)* observer, obéir à; *(Befehl)* exécuter; *(Gesetz)* accomplir; **B~ung** *f* ⟨-, (-en)⟩ observation; obéissance *(e-r S* à qc); *(Durchführung)* exécution *f (e-r S* de qc).

beförder|bar *a* transportable; **B~er** *m* transporteur, expéditeur *m;* **~n** *tr (transportieren)* transporter; expédier, acheminer; *(Telegramm)* transmettre; *(fördern, unterstützen)* favoriser, protéger; *(die Verdauung)* stimuler; *(im Rang)* promouvoir *(zu etw* qc), élever *(zum* od *zur* au rang de); donner de l'avancement *(jdn* à qn); *arg mil* grader; *befördert werden* monter en grade, être promu; avancer, avoir de l'avancement; *mil (a. fam)* prendre du galon; *zum* od *zur ... befördert werden* passer ...; *zs. befördert worden sein* être de la même promotion; *jdn ins Jenseits* ~ *(hum)* expédier qn dans l'autre monde; **B~ung** *f* ⟨-, -en⟩ transport *m;* expédition *f,* acheminement *m; tele* transmission; *(im Rang)* promotion *f;* avancement *m;* ~ *per Achse* transport *m* routier *od* par route; ~ *per Bahn* transport *m* ferroviaire *od* par voie ferrée *od* par chemin de fer; ~ *im Binnenschiffahrtsverkehr* transport *m* fluvial; ~ *auf dem Land-, Wasser-, Luftwege* transport *m* par (voie de) terre, par eau, aérien; ~ *auf dem Land- und Wasser- bzw. Luftwege* transport *m* mixte; **B~ungsart** *f* mode *m* de transport *od* d'expédition; **B~ungsbedingungen** *f pl* conditions *f pl* de *od* du transport; **B~ungskosten** *pl* frais *m pl* de transport; coût *m* du transport; **B~ungsliste** *f* tableau *m* d'avancement; **B~ungsmittel** *n* moyen *m* de transport; **B~ungsschein** *m* bulletin *m* de transport *od* d'expédition; **B~ungssteuer** *f* impôt *m* sur les transports; **B~ungsvermerk** *m (Post)* acheminement *m;* **B~ungsvertrag** *m* contrat *m* de transport; **B~ungsweg** *m* voie *f* de transport; **B~ungswesen** *n* transports *m pl.*

befracht|en *tr (Wagen)* charger; *mar* affréter; **B~er** *m* chargeur, expéditeur; affréteur *m;* **B~ung** *f* ⟨-, (-en)⟩ *(Fracht)* chargement; affrètement *m; (Fracht)* charge *f;* fret *m;* **B~ungsmakler** *m* affréteur *m;* **B~ungsvertrag** *m* contrat *m* d'affrètement, charte-partie *f.*

befrag|en *tr* interroger; *(um Rat fragen)* consulter; *(ausfragen)* questionner, interviewer; *(verhören)* questionner; *jdn um etw* ~ demander qc à qn; *sich* ~ s'informer *(über etw* de

qc, *bei jdm* auprès de qn); **B~en** *n: auf* ~ sur demande; **B~ung** *f* ⟨-, (-en)⟩ consultation; interview; information *f; jur* interrogatoire; *(Umfrage)* sondage *m,* enquête *f.*

befrei|en *tr* libérer, délivrer, mettre en liberté; *(Sklaven)* affranchir; *(Gefangenen, Sträfling)* relâcher; *(von e-r Hülle)* débarrasser, dégager; *(aus d. Abhängigkeit)* émanciper; *(entlasten)* dégager, décharger; *(etw erlassen)* dispenser, tenir quitte *(jdn von etw* qn de qc); *(freistellen)* exempter, exonérer; *(retten)* sauver; *(aus e-r Gefahr)* tirer, sauver *(aus* de); *sich* ~ se libérer; se débarrasser *(aus, von* de); *sich aus e-r schwierigen Lage* ~ se sortir *od* se tirer d'une position difficile; *vom Wehrdienst befreit* libéré des obligations militaires; **B~er** *m* libérateur; émancipateur; sauveur *m;* **B~ung** *f* ⟨-, (-en)⟩ libération, délivrance, mise *f* en liberté; affranchissement *m;* émancipation *f;* dégagement *m;* décharge; dispense; *mil* exemption; *fin* exonération *f;* **B~ungsantrag** *m* demande *f* de dispense; **B~ungsgrund** *m* motif *m* de dispense; **B~ungskrieg** *m* guerre *f* d'indépendance.

befremd|en *tr* surprendre désagréablement, étonner, frapper, déconcerter; *(abstoßen)* répugner; **B~en** *n* **B~ung** *f* surprise *f,* étonnement *m;* **~end** *a,* **~lich** *a* surprenant, étrange, insolite.

befreund|en, *sich* se lier d'amitié *(mit jdm* avec qn); *fig (sich gewöhnen an)* se familiariser *(mit etw* avec ac); **~et** *a: mit jdm (eng)* ~ *sein* être (très) lié avec qn; *mitea. (eng)* ~ *sein* être amis (intimes); *ich bin eng mit ihm* ~ *(a.)* je suis un de ses amis intimes; *e-e* ~*e Firma* une firme alliée; *ein* ~*es Land* un pays ami.

befried|en *tr pol (beruhigen)* pacifier; *agr (einfrieden)* enclore; **B~ung** *f* ⟨-, ø⟩ pacification *f,* apaisement *m;* **B~ungspolitik** *f* politique *f* pacificatrice *od* de pacification.

befriedig|en [bəfri:digən] *tr (zufriedenstellen)* satisfaire, contenter; *(beschwichtigen)* apaiser, calmer; *(Wunsch, Bedürfnis)* donner satisfaction à; *(Begierde, Trieb)* assouvir; *(Anspruch)* régler; *(Gläubiger)* désintéresser, payer; *schwer zu* ~*(d)* difficile à contenter *od* satisfaire; **~end** *a* satisfaisant; *fam* pas mal; *etw zu e-m* ~*en Abschluß bringen* mener qc à bien; **B~ung** *f* ⟨-, ø⟩ *(Zufriedenheit)* contentement *m,* satisfaction *f; (e-r Begierde, e-s Wun-*

sches) apaisement, assouvissement; *(e-s Anspruchs)* règlement, paiement; *(e-s Gläubigers)* désintéressement *m; jdm* ~ *geben* od *gewähren* donner satisfaction à qn.

befrist|en *tr* soumettre à un délai; fixer un délai *od* une limite *(etw* pour *od* à qc); ~**et** *a com fin* limité, à terme; *lang, kurz* ~ à long, court terme; ~*e Verbindlichkeit f* obligation *f* à terme; **B~ung** *f* ⟨-, ø⟩ fixation *f* d'un délai *(e-r S* pour qc).

befrucht|en *tr a. fig* féconder; être fécond pour; *künstlich* ~ inséminer; ~**end** *a* fécond; **B~ung** *f* ⟨-, (-en)⟩ fécondation *f; künstliche* ~ fécondation artificielle, insémination *f;* ~**ungsfähig** *a* fécondateur.

befug|en *tr* autoriser *(zu etw* à qc), donner pouvoir *od* droit *(jdn zu etw* à qn de qc); **B~nis** *f* ⟨-, -sse⟩ autorisation *f,* pouvoir, droit *m,* attribution *f;* ~ *haben, etw zu tun* être autorisé à faire qc; *s-e ~se überschreiten* outrepasser *od* excéder ses pouvoirs *od* droits, sortir du cadre de ses fonctions; ~**t** *a* autorisé *(zu* à); ~ *sein zu* être en droit de, avoir qualité pour *od* faculté de.

befühlen *tr* palper, tâter, toucher.

befummeln *tr fam* tripoter; *(fig) e-e Sache* ~ goupiller une affaire.

Befund *m* ⟨-(e)s, -e⟩ *(Zustand)* état *m* (de choses), situation *f; (Feststellung)* constatation *f; (Bericht)* rapport *m; (Gutachten)* expertise *f; ohne* ~ *(o. B.) (med)* résultat négatif; *ärztliche(r)* ~ rapport *m* médical.

befürcht|en *tr* craindre, avoir peur de, appréhender, redouter; *es ist* od *steht zu* ~, *daß ...* il est à craindre que *(subj); es ist nichts zu* ~ il n'y a rien à craindre, il n'y a pas de danger; **B~ung** *f* crainte; appréhension *f; keinen Anlaß zu* ~*en geben* ne pas donner d'inquiétudes.

befürwort|en *tr* parler en faveur de, recommander, plaider pour, préconiser, parrainer; *(unterstützen)* appuyer; **B~er** *m* préconiseur, préconisateur, avocat *m;* **B~ung** *f* avis *m* favorable, recommandation, préconisation *f;* appui *m.*

begab|t [bə'ga:pt] *a* doué *(für* pour); *fam* talentueux; ~ *sein (a.)* avoir de l'étoffe; **B~tenförderung** *f* bourse *f* liée aux résultats scolaires *od* universitaires; **B~te(r)** *m f* personne douée *od* talentueuse; **B~ung** [-buŋ] *f* don; talent *m,* aptitude; capacité; *allg* intelligence *f.*

begaffen *tr* regarder bouche bée.

begangen [bə'gaŋən] ⟨*pp von: bege-*

hen⟩ a: viel, wenig ~ très, peu fréquenté.

begatt|en, *sich* s'accoupler; **B~ung** *f* coït *m,* copulation *f; (bei Tieren)* accouplement *m.*

begaunern *tr* filouter, duper, délester.

begeb|bar [-'ge:p-] *a fin* négociable, commerçable, bancable; **B~barkeit** *f* négociabilité *f;* ~**en** ⟨*begibt, begab, hat begeben⟩ tr (Anleihe)* émettre, mettre en circulation; *(Wechsel)* négocier; *sich* ~ *(jur lit: aufgeben)* se désister, se dessaisir, se départir, se démunir *(e-r S* de qc), renoncer *(e-r S* à qc); *(gehen, fahren)* se rendre, aller, se diriger, s'acheminer *(nach* vers); *an etw* se mettre à qc; *impers (sich ereignen)* arriver, se passer, se produire, avoir lieu; *sich in Gefahr* ~ encourir un danger, s'exposer à un danger; *sich an Ort und Stelle* ~ se rendre *od* se transporter sur les lieux, se rendre sur place; *sich zur Ruhe* ~ aller se coucher; **B~enheit** *f* événement, incident, épisode *m;* **B~ung** *f (Anleihe)* émission; *(Wechsel)* négociation *f; jur (Aufgabe)* dessaisissement *m.*

begegn|en ⟨*aux: sein⟩* [bə'ge:gnən] *itr (treffen)* rencontrer, croiser *(jdm* qn); *fig (entgegentreten)* prévenir, détourner, empêcher *(e-r S* qc); *(behandeln)* traiter, accueillir, recevoir *(jdm* qn); *jdn abweisend* ~ faire grise mine à qn; *impers (widerfahren)* arriver; *sich* od *ea.* ~ se rencontrer, se croiser; **B~ung** *f* rencontre, entrevue *f.*

begeh|en ⟨*begeht, beging, hat begangen⟩ tr (Weg)* passer sur, parcourir; *(prüfend)* inspecter; *(Tat, Verbrechen)* commettre, perpétrer, consommer, accomplir; *se rendre coupable de; (Sünde)* commettre; *(Fest)* célébrer, fêter; *e-e Dummheit, e-n Fehler* ~ faire une bêtise, faire *od* commettre une faute; commettre une erreur; *(Tag) feierlich* ~ commémorer; *Selbstmord* ~ se suicider, se donner la mort; **B~ung** *f (Prüfung)* inspection; *(Verbrechen)* perpétration, consommation; *(Fest)* célébration *f.*

Begehr|(en *n)* *m* od *n* ⟨-s, ø⟩ [bə'ge:r] désir *m,* envie; demande, requête *f; was ist Ihr* ~? *(lit)* quel est votre désir? **b~en** *tr* désirer, convoiter, envier, jalouser, ambitionner; *(verlangen)* demander *(zu* de); exiger, réclamer; *ein Mädchen zur Frau* ~ vouloir épouser une fille; **b~enswert** *a* désirable, convoitable; **b~lich** *a* avide, convoiteur; *(lüstern)* concupiscent; ~**lichkeit** *f* avidité, convoitise;

cupidité; *(Lüsternheit)* concupiscence *f;* **b~t** *a* recherché; *com* demandé.

begeifern *tr* couvrir de bave, baver sur; *fig* calomnier, déblatérer contre, répandre son venin sur.

begeister|n *tr* enthousiasmer, passionner, enflammer, exalter, exciter, inspirer; *fam* emballer; *sich ~* s'enthousiasmer, se passionner, s'enflammer, se prendre de passion *(für etw* pour qc); *das kann mich nicht ~* cela me laisse froid; **~nd** *a* enthousiasmant; **~t** *a* enthousiaste, passionné; *fam* emballé, mordu; *hell ~* ardent, fervent, fanatique; **~e(r)** *Anhänger m* fanatique; *fam* fan *m;* **B~ung** *f* ‹-, ø› enthousiasme *m,* passion; exaltation, verve, fougue, griserie *f; ein Sturm der ~* un enthousiasme frénétique.

Begier *f* ‹-, ø› [bə'giːr], **~de** *f* ‹-, -n› désir *m,* envie; avidité, convoitise, cupidité *(nach* de); *(Lüsternheit)* concupiscence, appétence *f,* appétits *m pl; fig (Verlangen)* soif *f (nach* de); **b~ig** *a* désireux, envieux, avide, cupide *(auf, zu* de); *(lüstern)* concupiscent; *(bedacht auf)* désireux *(auf* de); *adv* avidement.

begieß|en ‹begießt, begoß, hat begossen› *tr (a. beim Braten mit Fett u. fig: Beförderung feiern)* arroser; *das müssen wir ~ (fam)* ça s'arrose!

Beginn *m* ‹-(e)s, ø› [bə'gɪn] commencement; début *m; (Ursprung)* origine, naissance *f; (Ausgangspunkt)* (point de) départ *m; bei ~* au commencement, à l'entrée *(gen* de); *zu ~* au départ; *gleich zu ~* dès le début; **b~en** ‹beginnt, begann, hat begonnen› *tr* commencer, amorcer, ouvrir; *(unternehmen)* entreprendre; *(tun)* faire; *(Gespräch)* engager, entamer; *itr* commencer, débuter, entrer; *mit* se mettre à, procéder à; commencer par, s'ouvrir sur; **~en** *n lit (Handlungsweise)* manière *f* d'agir.

beglaubig|en *tr* attester, certifier, vérifier, authentiquer, authentifier, faire foi de; *(Unterschrift)* légaliser; vidimer; *(e-n Diplomaten)* accréditer *(bei jdm* auprès de qn); *etw ~ lassen (a.)* demander acte de qc; *Abschrift beglaubigt* copie conforme; *notariell beglaubigt* notarié; **B~ung** *f* attestation, certification, vérification; légalisation *f; zur ~ (adm)* pour ampliation; *zur ~ dessen (jur)* en foi de quoi; **B~ungsschreiben** *n (e-s Diplomaten)* lettres *f pl* de créance.

begleich|en *tr (bezahlen)* régler, payer, solder, acquitter; **B~ung** *f* ‹-, (-en)› règlement, paiement, acquittement *m.*

Begleit|adresse [bə'glaɪt-] *f* bulletin *m* d'expédition, fiche *f* postale; **~artillerie** *f* artillerie *f* d'accompagnement *od* d'appui; **~brief** *m* lettre *f* de voiture; bordereau *m* d'expédition, feuille *od* lettre *f* d'accompagnement; **b~en** ‹fb begleitet, begleitete, hat begleitet› *tr* accompagner *a. mus (auf d. Klavier* au piano); *(Anstandsdame)* chaperonner; *mil* escorter; *mar* convoyer; *nach Hause ~* raccompagner, reconduire; *jdn ein Stück ~* faire un pas *od* bout de conduite à qn; *begleitet von* sous l'escorte de; *mus* accompagné par; **~er** *m* compagnon; *(e-r Dame)* cavalier; *(Beschützer)* protecteur; *mus mil* accompagnateur *m; jds ständiger ~* sein *(von e-m Gegenstand)* accompagner toujours qn; **~erin** *f* dame *f* de compagnie; *(Anstandsdame)* chaperon *m; mus* accompagnatrice *f;* **~erscheinung** *f* phénomène *m* concomitant; **~feuer** *n mil* feu *od* tir *m* d'accompagnement; **~flugzeug** *n* avion *m* d'escorte *od* d'accompagnement, escorte *f;* **~kommando** *n mil* détachement *m* d'accompagnement *od* d'escorte; **~kompanie** *f* compagnie *f* d'accompagnement; **~mannschaft** *f* escorte *f;* **~musik** *f* accompagnement *m; film* musique *f* scénique; **~papiere** *n pl* feuilles *f pl* de route; **~person** *f* convoyeur, escorteur *m;* **~schein** *m* feuille de route, lettre *f* de voiture, bordereau d'envoi *od* d'expédition; *(Zoll)* acquit-à-caution *m;* **~schiff** *n* convoyeur, escorteur *m;* **~schreiben** *n* lettre *f* d'envoi; **~schutz** *m aero* escorte *f;* **~umstände** *m pl* faits *m pl* concomitants; *jur* circonstances *f pl* accessoires; **~ung** *f a. mus* accompagnement *m; (Gefolge)* compagnie *f,* cortège *m,* suite *f; mar* convoyage, convoiement *m; mil* escorte *f; in ~ (gen)* en compagnie de, accompagné *od* suivi de; **~wort** *n* préface *f,* préambule *m; pl (zu e-m Kulturfilm)* commentaire *m;* **~zettel** *m* = ~schein.

beglück|en *tr* rendre heureux, ravir; *jdn ~* faire plaisir à qn; **~end** *a* réjouissant, béatifique; **~t** *a* heureux, ravi, comblé de bonheur; **~wünschen** *tr* féliciter, congratuler *(zu* de); *jdn ~* complimenter, féliciter qn; **B~wünschung** *f* félicitation, congratulation *f.*

begnad|en *tr* accorder sa grâce à, bénir; **~et** *a* béni, doué; **~igen** *tr* faire grâce, accorder sa grâce à, gracier, amnistier; **B~igte(r)** *m* amnistié *m;* **B~igung** *f* grâce *f,* pardon *m;* amnistie *f;* **B~igungsgesuch** *n* recours *m* en grâce; **B~igungsrecht** *n* droit *m* de grâce.

begnüg|en [bə'gny:gən], *sich* se contenter, être content *(mit* de); **~sam** *a* modeste; *(schlicht)* sobre.

Begonie *f* ‹-, -n› [be'go:niə] *bot* bégonia *m.*

begraben ‹begräbt. begrub, hat begraben› *tr* enterrer *a. fig (bes. Hoffnung),* inhumer, ensevelir; *fig* abandonner, renoncer à; *etw endgültig ~ (fig)* faire *od* mettre une croix sur qc; *alle Hoffnung ~* renoncer à *od* abandonner tout espoir; *die Streitaxt ~* faire la paix; *dort möchte ich nicht ~ sein* je ne voudrais pas y être, même en peinture.

Begräbnis *n* ‹-sses, -sse› [bə'grɛ:pnɪs] enterrement *m;* inhumation *f,* ensevelissement *m;* sépulture *f;* **~feier** *f* funérailles, obsèques *f pl;* **~kosten** *pl* frais *m pl* funéraires; **~ort** *m,* **~platz** *m* lieu *m* de sépulture.

begradig|en [bə'gra:dɪgən] *tr* rectifier *(a. e-n Fluß, e-e Straße, mil: die Front);* **B~ung** *f* rectification *f.*

begreif|en ‹begreift, begriff, hat begriffen› *tr (verstehen)* comprendre, saisir, entendre, concevoir; *(umfassen, enthalten)* embrasser, comprendre, inclure, renfermer, contenir; *schwer ~ (a.)* avoir la tête dure; *das begreife ich nicht (a.)* cela me dépasse; **~lich** *a* compréhensible, concevable, intelligible; *jdm etw ~ machen* faire comprendre qc à qn, faire entrer qc dans la tête de qn; *das ist ~* cela se comprend, c'est naturel; **~licherweise** *adv* naturellement.

begrenz|en *tr* limiter, borner; *(abgrenzen)* délimiter, circonscrire; *(einschränken)* restreindre; **~end** *a* limitatif, restrictif; **~t** *a* limité, restreint; *(Verstand)* borné; *~ haltbar (Lebensmittel)* périssable; **B~theit** *f* ‹-, (-en)› caractère *m* limité, étroitesse *f; (Grenzen)* bornes *f pl;* **B~ung** *f* limitation; délimitation; restriction *f;* **B~ungsfläche** *f* plan *m* de contact; **B~ungsleuchte** *f mot* feu *m* latéral; **B~ungslinie** *f* ligne *f* de délimitation.

Begriff *m* notion *f,* concept *m,* idée *f; ~ für ...* synonyme *m* de ...; *im ~ zu* sur le point de, au bord de, près de, en train *od* en voie de, à la veille de; *im ~ abzureisen* sur le départ; *nach meinen ~en* selon ma conception; *e-n ~ von etw haben* avoir une idée *od* notion de qc; *sich e-n ~ von etw machen* s'imaginer qc; *sich e-n falschen ~ von etw machen* se faire une fausse

idée de qc; *sich keinen ~ von etw machen* n'avoir pas la moindre notion de qc; *schwer von ~ sein (fam)* avoir la tête dure; *das geht über meine ~e (fam)* cela me dépasse; *das übersteigt alle ~e* cela dépasse tout ce qu'on peut imaginer; *ist dir das ein ~?* est-ce que cela te dit quelque chose? **b~en** *a: in ...~* en cours *od* voie de; *im Bau ~* en (cours de) construction; *im Entstehen ~* en (voie de) formation; *mitten in den Vorbereitungen ~* en pleins préparatifs; **b~lich** *a* conceptuel; abstrait; *~ bestimmen* définir; **~sanalyse** *f* analyse *f* conceptuelle; **~sbestimmung** *f* définition *f;* **~sform** *f* catégorie *f;* **b~smäßig** *a* par définition; **b~sstutzig** *a: ~ sein* avoir la tête dure; **~sverwirrung** *f* confusion *f* d'idées.

begründ|en *tr (gründen)* fonder, créer, établir, constituer; *(den Grund angeben für)* motiver; *(bes. Anspruch)* justifier; *ein Urteil ~* justifier, motiver un jugement; **B~er** *m (Gründer)* fondateur *m;* **~et** *a* motivé; *(bien) fondé; (berechtigt)* justifié; *nicht ~* sans *od* dénué de fondement; **B~etheit** *f* ‹-, ∅› *jur* bien-fondé *m;* **B~ung** *f (Gründung)* fondation *f,* établissement *m; (Motivierung)* motivation *f,* exposé *m* des motifs; *(Rechtfertigung)* justification *f; mit der ~, daß* pour motif que; *zur ~ (gen)* pour justifier; **B~ungsfrist** *f* délai *m* pour la présentation des motifs.

begrüß|en *tr* saluer; rendre hommage *(jdn* à qn); *(feierlich)* souhaiter la bienvenue *(jdn* à qn); *(gern sehen)* se réjouir, se féliciter *(etw* de qc); **~enswert** *a* dont on peut se réjouir; **B~ung** *f* salutation *f,* salut *m;* **B~ungsansprache** *f,* **B~ungsrede** *f* discours *m* de réception, allocution *f* de bienvenue.

begucken *tr* regarder, contempler, *fam* lorgner.

begünstig|en [bə'gynstɪgən] *tr* favoriser, avantager, privilégier; *(bevorzugen)* préférer; *(fördern)* appuyer, protéger; *pop* pistonner; *jur (Verbrechen)* prêter assistance à; **B~ung** *f* traitement de faveur *od* préférentiel; *(Förderung)* appui *m,* protection *f; pop* piston *m; (Bevorzugung)* préférence; *jur* complicité *f* après coup; **B~ungsklausel** *f* clause *f* de faveur; **B~ungswesen** *n* favoritisme *m;* **B~ungszoll** *m* droit *m* préférentiel.

begutacht|en *tr* faire une expertise sur, expertiser; *allg* donner *od* émet-

tre son avis sur, juger de; **B~ung** *f*
expertise *f; allg* avis, jugement *m*.
begütert [-'gy:-] *a* aisé, fortuné, riche;
~ *sein* avoir de la fortune *od* des
moyens.
begütig|en *tr* apaiser, calmer; **B~ung**
f apaisement *m*.
behaar|t *a* poilu; *(Kopf)* chevelu; *bot*
peluché; *dicht* od *stark* **~** velu;
B~ung *f* ‹-, (-en)› poils *m pl; (Haarwuchs)* chevelure; *scient* pilosité, *zoo*
vestiture *f*.
behäbig [bə'hɛ:bɪç] *a* à son aise; tout
en rondeur; *(bequem)* commode; *(behaglich)* confortable; *ein* **~***er Mann*
un homme tout en rondeur; *er ist im
Alter* **~** *geworden* l'âge l'a alourdi;
B~keit *f* ‹-, ø› aisance; commodité *f;*
confort *m*.
behaftet *a* atteint, affecté *(mit* de).
behag|en [bə'ha:gən] *itr impers* plaire,
convenir, être agréable, faire plaisir
(jdm à qn); *das behagt mir nicht* cela
ne me plaît pas; **B~en** *n* aise, aisance
f, bien-être, confort; *(Vergnügen)*
agrément, plaisir *m; mit* **~** à mon *etc*
aise; avec plaisir; **~lich** *a* confortable,
agréable; *sich* **~** *fühlen* être à son aise; **B~lichkeit** *f* ‹-, (-en)› bien-être
m, aises *f pl*, confort *m*.
behalten ‹*behält, behielt, hat behalten*› *tr* garder, conserver; *(im Gedächtnis)* retenir; *etw im Auge* **~** ne
pas perdre qc de vue; *etw im Kopf* **~**
(fam) retenir qc; *den Kopf oben* **~** ne
pas perdre courage; *das Leben* **~**
rester en vie, conserver la vie; *die
Oberhand* **~** garder la haute main,
avoir le dessus, l'emporter *(über* sur);
recht **~** avoir finalement raison; *etw
für sich* **~** garder qc pour soi.
Behält|er *m* ‹-s, -› [bə'hɛltər] , *a.* **~nis**
n ‹-sses, -sse› récipient, réceptacle;
(für Flüssigkeiten) réservoir *m*, citerne *f; (Akku)* bac; *loc* container *m;*
~erverkehr *m loc* transport *m* container *od* combiné *od* porte à porte.
behand|eln *tr (Menschen, Sache, The-
ma)* traiter *(jdn als* qn en; *etw (ein
Thema)* de qc); *(Kranken)* soigner;
donner *od* prodiguer des soins à;
(Wunde) soigner; *(handhaben)* manier; *erschöpfend* **~** *(Thema)* traiter
à fond, épuiser; *jdn von oben herab*
~ traiter qn de haut; *schlecht* **~** maltraiter; *jdn* en faire voir à qn (de toutes les couleurs); *sich* **~** *lassen (med)*
se faire soigner, suivre un traitement;
~de(r) *Arzt m* médecin *m* traitant;
B~lung *f* traitement *m; med* soins *m
pl* (médicaux); thérapeutique *f;*
(Handhabung) maniement *m; bei
richtiger* **~** traité correctement; *in* **~**

en traitement; *ärztliche* **~** traitement
m médical, soins *m pl* médicaux;
sachgemäße, schonende **~** traitement *m* approprié, soigneux;
B~lungsart *f,* **B~lungsweise** *f* manière *f* de traiter, (mode de) traitement *m; med* thérapeutique *f;*
B~lungskosten *pl* frais *m pl* de
traitement.
Behang *m (Wandbehang)* tenture; tapisserie *f; (Weihnachtsbaum)* ornement *m; (Obstbaum)* charge *f; (Jägersprache: Hängeohren)* oreilles *f
pl* pendantes.
behängen ‹*fb*› *tr (verkleiden)* tendre
(mit de); *(Wand)* tapisser; *(drapie-
ren)* draper *(mit* de); *(mit Schmuck)*
orner, garnir *(mit* de); *sich mit etw* **~**
(fam pej) se parer de qc.
beharr|en *itr* persévérer, persister
(auf, in etw dans qc); *(auf e-r Meinung)* insister *(auf* sur), tenir ferme
(auf etw à qc); *(sich versteifen)* s'obstiner, s'opiniâtrer, s'acharner,
s'entêter *(auf, in etw* à qc); *fam* ne
pas démordre *(auf etw* de qc); *bei
s-m Entschluß* **~** maintenir fermement sa décision; **~lich** *a* persévérant, persistant, constant; opiniâtre,
acharné; *(hartnäckig)* tenace, entêté,
coriace; *sich* **~** *weigern* refuser obstinément; **B~lichkeit** *f* ‹-, ø› esprit *m*
de suite, persévérance, persistance,
constance; opiniâtreté, ténacité *f;*
B~ungsvermögen *n phys* (force d')
inertie *f.*
behauen ‹*behaut, behaute, hat behau-
en*› *tr (Steine)* tailler; *(a. Holz)*
dégrossir, façonner; *(Holz)* charpenter, dégauchir; *vierkantig* **~** équarrir;
pp, a taillé.
behaupt|en *tr (die B~ung aufstellen)*
prétendre, avancer; *(beteuern)* maintenir, affirmer, assurer, soutenir,
défendre; *(erfolgreich verteidigen)*
tenir, soutenir; *mil* tenir; rester
maître *(etw* de qc); *sich* **~** se maintenir, tenir bon *od* ferme; *(Preise, Kurse)* être ferme; *wie … behauptet* au
dire de, selon le dire de; *das Feld* **~**
rester maître du champ de bataille *od*
du terrain; *etw steif und fest* od *fel-
senfest* od *mit Sicherheit* **~** soutenir
qc mordicus *od* avec assurance; *das
habe ich nicht behauptet* je n'ai pas
dit cela; *es wird behauptet, daß…* on
dit que …; *wie können Sie so etwas*
~*?* *(a.)* de quoi vous avisez-vous?
comment pouvez-vous affirmer pareille chose? **B~ung** *f* affirmation,
allégation *f;* assertion *f; (Halten, Wahrung)* maintien *m; die* **~** *aufstellen,
daß…* avancer *od* prétendre que …;

bei der ~ bleiben, daß ... maintenir, en revenir à dire que ...; *das ist e-e bloße ~* c'est une affirmation gratuite.
Behausung *f (Wohnung)* demeure *f,* logement *m,* habitation *f; ärmliche ~* taudis, galetas *m.*
beheben ⟨*behebt, behob, hat behoben*⟩ *tr (Mißstand abstellen)* écarter, lever, enlever, faire disparaître *od* cesser, aplanir, remédier à, supprimer; *den Schaden ~* réparer le dommage.
beheimatet *a* originaire (*in* de), domicilié (*in* à).
beheiz|en *tr* chauffer; **B~ung** *f* ⟨-, ø⟩ chauffage *m.*
Behelf *m* ⟨-(e)s, -e⟩ [bə'hɛlf] expédient, moyen de fortune; *jur* moyen *m* subsidiaire; **b~en,** *sich* ⟨*behilft, behalf, hat beholfen*⟩ s'arranger, se tirer d'affaire *od* d'embarras, s'en tirer; *fam* se débrouiller; *sich mit etw ~* recourir, avoir recours à, se contenter de qc; *sich ohne etw ~* se passer de qc; **~sbau** *m* construction *f* provisoire; **~sbrücke** *f* pont *m* provisoire *od* de fortune; **~sflugplatz** *m* champ *m* d'aviation provisoire; **~sheim** *n* logement *m* *od* habitation *f* provisoire *od* de fortune; **~slösung** *f* palliatif, pis-aller *m;* **b~smäßig** *a* provisoire, improvisé, de fortune; *adv* provisoirement; **~e(r)** *Verband m (med)* pansement *m* de fortune; **~smittel** *n* moyen *m* de fortune; **~ssiedlung** *f* cité *f* d'urgence.
behellig|en [bə'hɛlɪgən] *tr lit* importuner, molester; **B~ung** *f* molestation *f.*
behend|(e) [bə'hɛnt,-də] *a (flink)* agile, leste, alerte, preste, prompt; *(gewandt)* habile; **B~igkeit** *f* agilité, promptitude; habileté *f.*
beherberg|en *tr* héberger, loger, recevoir chez soi, donner l'hospitalité (*jdn* à qn); **B~ung** *f* hébergement, logement *m;* **B~ungsgewerbe** *n* hôtellerie, industrie *f* hôtelière.
beherrsch|en *tr pol* régner sur, dominer, être *od* se rendre maître de, commander, contrôler; *fig (großen Einfluß haben)* avoir de l'emprise *od* de l'ascendant (*jdn* sur qn); *(Leidenschaft in der Gewalt haben)* maîtriser, avoir de l'empire sur; *(e-e Kunst, e-e Sprache)* posséder; *(übertragen)* dominer; *sich ~* se dominer, se maîtriser, se contenir, se contrôler, se contraindre, prendre sur soi; avoir de l'empire sur soi; *ich kann mich ~ (iron)* je me ferai une raison; je m'en garderais bien; **~end** *a* dominant; **~t** *a* maître de soi; **B~theit** *f* ⟨-, ø⟩ maîtrise *f* de *f* *od* empire *m* sur soi-(-même); **B~ung** *f* ⟨-, (-en)⟩ domina-

tion *f* (*gen* de), empire *m* (*gen* sur), emprise *f* (*gen* sur); *(a. Können)* maîtrise *f* (*gen* de).
beherz|igen [bə'hɛrtsɪgən] *tr* prendre à cœur; *(Rat)* suivre; **~igenswert** *a* digne de considération *od* d'être considéré; **B~igung** *f* ⟨-, (-en)⟩ (prise en) considération *f; ~t* *a* courageux, brave, vaillant, hardi, intrépide; *(entschlossen)* résolu, décidé; **B~theit** *f* ⟨-, ø⟩ courage *m,* bravoure, vaillance, hardiesse *f,* cœur *m;* résolution *f.*
behilflich *a* secourable, serviable; *jdm ~ sein* aider qn (*bei etw* à qc); porter secours à qn *fam* donner un coup de main *od* d'épaule à qn, prêter la main *od* l'épaule à qn.
behinder|n *tr* gêner, embarrasser, empêcher, entraver, faire *od* mettre obstacle à, handicaper; **~t** *a* handicapé; **B~te(r)** *m* handicapé *m; geistig, körperlich ~* handicapé *m* mental, physique; **B~tenausweis** *m* carte *f* d'invalidité; **B~tensport** *m* sport *m* pour handicapés, handisport *m;* **B~ung** *f* empêchement, entrave *f;* handicap *m; körperliche, geistige ~* handicap *m* physique, mental.
Behörd|e *f* ⟨-, -n⟩ [bə'hø:rdə] autorité, administration *f; die ~n (pl)* les pouvoirs *m pl* publics; *die obersten ~n (pl)* les grands corps *m pl* de l'État; *die vorgesetzte ~* l'autorité *f* supérieure; *die zuständige ~* l'autorité *f* compétente; **b~lich** *a* officiel; administratif; *mit ~er Genehmigung, ~ genehmigt* autorisé par les autorités; *die ~en Vorschriften f pl* les règlements *m pl* officiels.
Behuf *m* ⟨-(e)s, -e⟩ *(Kanzleistil: Zweck): zu diesem ~(e)* à cet effet, à cette fin; **b~s** *prp (mit gen) (Kanzleistil: betreffs)* en vue de, à l'effet de.
behüt|en *tr* garder (*vor* de); sauvegarder, protéger (*vor* contre, de); préserver, garantir (*vor* de); *behüte! (fam)* jamais! *Gott behüte!* à Dieu ne plaise!
behutsam [bə'hu:tza:m] *a* précautionneux, circonspect, prudent; *adv* avec précaution *od* ménagement; *fam* doucement; *~ vorgehen* agir en douceur; **B~keit** *f* ⟨-, (-en)⟩ précaution; circonspection, prudence *f.*
bei [baɪ] *prp dat* **1.** *(örtlich: in der Nähe von)* près de, auprès de; *~ Paris* près de Paris; *~m Bahnhof* (au)près de la gare; *~m Ofen* auprès du poêle; *nahe, dicht ~* tout près de; *die Schlacht ~ Marathon* la bataille de Marathon; *(räumliche Bezogenheit:) ~ jdm (in der Wohnung)* chez qn; *(auf Briefen)* aux bons soins de; *~ sich (unterwegs mitgeführt)* avec soi;

(in der Kleidung) sur soi; **2.** *(zeitlich: während, gleichzeitig mit)* à, pendant, lors de, au moment de; ~ *(der) Abfahrt des Zuges* au départ du train; ~ *meiner Ankunft* à mon arrivée; ~ *meinem Besuch* lors de ma visite; ~*m Eintritt in ...* en entrant *od* au moment d'entrer dans ...; ~ *jds Lebzeiten* du vivant *od* du temps de qn; ~*m Lesen* en lisant; ~*m Mittagessen* au *od* pendant le déjeuner; ~ *Tag, Nacht* le *od* de jour, la *od* de nuit; ~ *e-m Unfall (während e-s Unfalles)* dans un accident; ~ *diesen Worten* à ces mots; **3.** *(begründend: in Hinblick od mit Rücksicht auf)* en considération de, tenant compte de, étant donné, eu égard à; ~ *deiner Erkältung* enrhumé comme tu l'es; ~ *so vielen Schwierigkeiten* en considération de tant de difficultés; **4.** *(einräumend: trotz)* malgré, en dépit de, avec; ~ *alledem* malgré tout cela; ~ *aller Vorsicht* malgré *od* en dépit de toute précaution; ~*m besten Willen* avec la meilleure volonté du monde; **5.** *(verschiedene Wendungen:)* ~*m alten (unverändert)* comme par le passé; ~*m Bäcker* chez le boulanger; ~ *den Chinesen (von Zuständen, Gewohnheiten, Sitten)* chez les Chinois; ~ *meiner Ehre!* parole d'honneur; ~ *Gelegenheit* à l'occasion; ~*m Gericht (tätig sein)* au tribunal; ~ *der Hand (nehmen)* par la main; ~ *Hof(e)* à la cour; ~ *Jahren* d'un certain âge; ~ *Kasse (fam)* en fonds; ~*m Kragen (packen)* par le col, au collet; ~ *guter, schlechter Laune* de bonne, mauvaise humeur; ~ *Licht* à la lumière; ~ *der Luftwaffe (fam)* dans l'aviation; ~ *Molière (in den Werken M.s)* chez *od* dans Molière, sous la plume de Molière; ~ *Nacht und Nebel* à la faveur de la nuit; ~ *Stimme (Sänger)* en voix; ~ *Strafe* sous peine; ~ *e-m Unfall (im Falle e-s Unfalls)* en cas d'accident; ~ *Wasser und Brot* au pain et à l'eau; ~ *weitem* de loin, de beaucoup; ~ *gutem, schlechtem Wetter* par beau, mauvais temps; ~ *sich anfangen* commencer par soi-même; ~ *Kräften sein* avoir toutes ses forces; *nicht ganz ~ Trost sein (fam)* n'y être plus; *ich dachte ~ mir* je pensais en moi-même; ~ *Gott!* par Dieu! ~ *meiner Ehre!* sur mon honneur!
bei≈behalt|en *tr* garder, conserver; **B~ung** *f* ⟨-, ø⟩ conservation *f.*
Beiblatt *n (e-r Zeitung)* supplément *m.*
Beiboot *n* canot *m* de bord.
bei≈bring|en *tr (Unterlagen)* fournir, présenter; *(Zeugen)* produire; *(zufü-*

gen) infliger, faire subir; *fam (lehren)* apprendre, enseigner, inculquer *(jdm etw qc* à qn); *jdm etw schonend ~* dire qc à qn avec ménagement; *dir werde ich es noch ~!* tu ne perds rien pour attendre; **B~ung** *f* ⟨-, (-en)⟩ fourniture, présentation; production *f.*

Beicht|e *f* ⟨-, -n⟩ [baɪçtə] confession *f; e-e ~ ablegen* faire une confession; *jds ~ abnehmen od hören* confesser qn; *zur ~ gehen* aller à confesse; **b~en** *tr* confesser; *(gestehen)* avouer; *itr* se confesser; ~**geheimnis** *n* secret *m* de la confession; ~**iger** *m =* ~**vater;** ~**kind** *n* pénitent *m;* ~**siegel** *n* sceau *m* de la confession; ~**spiegel** *m* questionnaire *m* pour la confession; ~**stuhl** *m* confessionnal *m;* ~**vater** *m* confesseur; directeur *m* de conscience *od* spirituel; ~**zettel** *m* billet *od* bulletin *m* de confession.

beid|e(s) [baɪdə] *a* les deux, tous (les) deux, l'un et l'autre; *die ~en* les deux; *alle ~e* tous les deux; *einer, eins, von ~en* l'un ou l'autre, l'un des deux; *jeder von ~en* chacun des deux; *keiner von ~en* aucun des deux, ni l'un ni l'autre; *wir ~e* nous deux; *meine ~en Brüder* mes deux frères; *in ~en Fällen* dans les deux cas; *zu ~en Seiten* des deux côtés, de côté et d'autre, de part et d'autre; *mit ~en Armen halten* soutenir à bout de bras; *es gibt nur eins von ~en* c'est l'un ou l'autre; *zehn ~e (sport)* dix à dix; ~**emal** *adv* les deux fois; ~**erlei** ['-'laɪ] *a inv* des deux sortes *od* espèces; ~ *Geschlechts* des deux sexes; *gram* des deux genres; *in ~ Gestalt (rel: Abendmahl)* sous les deux espèces; ~**erseitig** *a* des deux côtés; bilatéral; *(gegenseitig)* réciproque, mutuel, respectif; *adv:* ~ *tragbar (Kleidung)* réversible; ~**erseits** *adv* des deux côtés *od* parts, de part et d'autre; **B~händer** *m* ambidextre *m;* ~**seitig** *a* des deux côtés.

bei≈drehen *itr mar* mettre en panne.
beieinander [-'nandər] *adv* ensemble; l'un avec l'autre.
Beifahrer *m mot (Mitfahrender)* occupant *m,* compagnon de route.
Beifall *m* ⟨-s, ø⟩ *(durch Klatschen)* applaudissement(s *pl*) *m; (durch Zurufe)* acclamation(s *pl*); *(Zustimmung)* approbation *f,* assentiment *m;* ~ *ernten* être applaudi *(jds* par qn); recueillir des applaudissements; avoir du succès; ~ *finden = ernten; (Zustimmung)* être approuvé *(jds* par qn); *viel ~ finden* avoir grand succès; ~ *klatschen od spenden* applaudir;

stürmische(r) ～ tonnerre *m* d'applaudissements; ～**sklatschen** *n* applaudissements *m pl;* ～**sruf** *m* bravo *m;*
～**ssturm** *m* rafale *f od* tonnerre *m*
d'applaudissements.
beifällig *a* approbateur; *adv* dans un
sens favorable.
Beifilm *m* film de première partie,
court-métrage *m.*
beifolgend *a* ci-inclus, ci-joint; *adv*
sous ce pli.
bei≈füg|en *tr* ajouter; *(bes. in e-m*
Brief) joindre, annexer; **B～ung** *f*
(Zugabe, Nachtrag) addition, adjonction, annexe; *gram (Attribut) (a)*
épithète *f, (s)* complément *m* de nom;
unter ～ *(gen)* en ajoutant . . .
Beifuß *m* ‹-ßes, ø› *bot* armoise *f.*
Beigabe *f* addition *f,* supplément *m;*
com prime *f, fam* extra *m.*
beige ['bɛ:-, 'be:ʒə] *a (sandfarben)*
beige.
bei≈geben *tr* ajouter, (ad)joindre; *itr:*
klein ～ *(fam)* filer doux, battre en retraite, baisser le ton, en rabattre.
Beigeordnete(r) *m* adjoint; *(Belgien)*
échevin *m.*
Beigeschmack *m* ‹-(e)s, ø› arrière-
-goût; *fig* relent *m; e-n* ～ *haben (fig)*
sentir (*von etw* qc).
bei≈gesellen *tr* donner pour compagnon (*jdm* à qn); *sich jdm* ～ s'associer, se joindre à qn.
Beiheft *n* supplément *m.*
Beihilfe *f* aide *f,* secours *m;* assistance
f; concours *m,* coopération; *fin* subvention, contribution; *(Unterstüt-*
zung) allocation; *jur* complicité *f* par
assistance; *jdm* ～ *leisten (jur)* agir de
complicité avec qn, se faire le complice de qn.
bei≈holen *tr mar (d. Segel)* border.
bei≈kommen ‹*aux: sein*› *itr (Schwie-*
rigkeiten) maîtriser, venir à bout de;
sich etw ～ *(einfallen) lassen* s'aviser
de qc; *ihm ist nicht beizukommen* il
ne donne pas prise sur lui; *wie wäre*
ihm beizukommen? par quel biais le
prendre?
Beikost *f* ‹-, ø› régime *m* additionnel.
Beil *n* ‹-(e)s, -e› hache, hachette *f.*
bei≈lad|en *tr* charger en supplément;
B～ung *f* charge *f* supplémentaire.
Beilage *f allg* pièce *f* jointe; *(zur Zei-*
tung) supplément *m; (Küche)* garniture *f; mit* ～ *(Küche)* garni.
beiläufig *a (Bemerkung)* fait en passant; *adv* en passant, par parenthèse,
entre parenthèses.
bei≈leg|en *tr (beifügen)* ajouter, join-
dre, annexer; inclure *(e-m Brief* dans
une lettre); *(zuschreiben)* attribuer,
prêter, imputer; *(Titel geben)*

conférer, donner; *(Streit: schlichten)*
arranger, régler; terminer, cesser, vider; *e-r Sache große Bedeutung* ～ attacher beaucoup d'importance à quelque chose; *gütlich, friedlich* ～ régler
à l'amiable, par des voies pacifiques;
itr mar (Schiff) mettre à la cape;
B～ung *f* ‹-, (-en)› *(e-r Eigenschaft)*
attribution *f; (e-s Streites)* arrangement, règlement *m,* cessation *f; gütli-*
che ～ arrangement *od* règlement à
l'amiable, accommodement *m.*
beileibe [bar'laɪbə] *adv:* ～ *nicht!* pas
du tout! en aucun cas!
Beileid *n* ‹-(e)s, ø› condoléances *f pl;*
jdm sein ～ *aussprechen, bezeigen*
présenter des, exprimer ses condoléances, témoigner sa sympathie à
qn; ～**sbesuch** *m* visite *f* de condoléances; *von* ～*en bitten wir abzu-*
sehen la famille s'excuse de ne pas recevoir; sans visites; ～**sbezeigung** *f*
marque *f* de sympathie, condoléances
f pl; ～**sbrief** *m,* ～**sschreiben** *n* lettre *f* de condoléances; ～**skarte** *f* carte *f* de condoléances; ～**stelegramm**
n télégramme *m* de condoléances.
bei≈liegen *itr* être joint (*e-r S* à qc);
mar être à la cape; ～**d** *a* ci-joint, ci-
-inclus; *adv* sous ce pli.
bei≈meng|en *tr,* **B～ung** *f s. beimi-*
schen etc.
bei≈mess|en *tr (Bedeutung, Wert)* at-
tacher, attribuer; *e-r S Glauben* ～
ajouter foi à qc; *jdm die Schuld* ～
imputer la faute à qn; **B～ung** *f* attribution *f.*
bei≈misch|en *tr* mélanger (*e-r S etw* qc
et qc), mêler (*e-r S* à qc); ajouter (*e-r*
S à qc), additionner (*e-r S etw* qc de
qc); **B～ung** *f (Vorgang u. Stoff)* addition *f;* mélange *m.*
Bein *n* ‹-(e)s, -e› [baɪn] *(Mensch,*
Pferd) jambe; *pop* gambette, gigue,
arg guibolle; *(Tier)* patte *f; (Tisch,*
Stuhl) pied *m; (Kompaß)* branche *f;*
(Knochensubstanz) os *m; pl arg* pa-
turons *m pl; (wieder) auf den* ～*en*
sur pied; mit dem linken ～ *zuerst*
aufstehen (fam) se lever du pied
gauche; *sich kein* ～ *ausreißen (fam)*
ne pas se fouler *od* se casser; *etw ans*
～ *binden (fig)* faire son deuil de qc;
auf die ～*e bringen (fig)* mettre sur
pied *od* debout; *wieder auf die* ～*e*
bringen (e-n Kranken) remettre sur
pied, revigorer, *fam* ravigoter; *(im-*
mer wieder) auf die ～*e fallen* (re-)
tomber sur ses pieds *od* debout; *flin-*
ke ～*e haben* avoir des jambes de
cerf; *lange* ～*e haben* avoir de grandes jambes; *schöne, häßliche* ～*e ha-*
ben (a.) être bien, mal jambé; *schöne*

~e haben (a.) avoir la jambe bien faite; *sich nicht mehr auf den ~en halten können* ne plus pouvoir se tenir
sur ses jambes, tomber de fatigue;
jdm wieder auf die ~e helfen (a. fig)
remettre qn sur ses pieds, *fig* à flot;
auf einem ~ hüpfen sauter à cloche-
-pied; *wieder auf die ~e kommen
(fig)* se remettre à flot; *jdm ~e machen (fig)* faire partir *od (fam)*
décamper qn; *sich auf die ~e machen* se mettre en route; *die ~e unter
den Arm nehmen* prendre ses jambes à son cou, jouer des jambes; *Stein
und ~ schwören* jurer ses grands
dieux; *auf den ~en sein* être en mouvement, *pop* sur ses quilles; *früh auf
den ~en sein* se lever tôt; *gut auf
den ~en sein* avoir de bonnes jambes; *immer auf den ~en sein* être
toujours debout; *schwach auf den
~en sein* avoir les jambes molles; *mit
beiden ~en im Leben stehen (fig)*
avoir les deux pieds sur terre; *mit einem ~ im Grabe stehen* avoir un
pied dans la tombe; *sich die ~e in
den Leib stehen* faire le pied de grue;
jdm ein ~ stellen faire un croc-en-
-jambe à qn; *sich die ~e vertreten* se
dégourdir les jambes; *jdm e-n Knüppel zwischen die ~e werfen (fig)*
mettre à qn des bâtons dans les
roues; *auf einem ~ ist nicht gut stehen* on ne s'en va pas sur une jambe;
Lügen haben kurze ~e (prov) le menteur ne va pas loin; *krumme ~e (pl)*
jambes *f pl* cagneuses *od* torses; *lange, dünne ~e (pl)* flûtes *f pl fam*;
~**arbeit** *f sport* jeu *m* de jambes; *gute ~ leisten* avoir un beau jeu de jambes; ~**bandage** *f med* jambière *f* orthopédique; ~**bruch** *m* fracture de la
jambe; *jambe f* fracturée *od* cassée;
~**chen** *n* petite jambe *f*; **b~ern** *a*
d'os, en os; ~**haus** *n* ossuaire, char-
nier *m*; ~**kleider** *n pl lit* pantalon *m*;
~**ling** *m* (*Teil des Strumpfes*) tige,
jambe *f* (de bas); ~**prothese** *f* jambe
f artificielle *od* articulée; ~**schiene** *f*
hist jambière *f a. sport*, cuissard *m*;
med éclisse, attelle *f*; ~**stellen** *n*
sport croc-en-jambe *m* ~**stoßen** *n*
sport savate *f*; ~**stumpf** *m* moignon
m de jambe; ~**wurz** *f bot pharm*
consoude *f* officinale.
beinahe [baɪ'na:ə] *adv* presque, à peu
(de chose) près, pour un peu, quasi;
peu s'en faut; ~ *eine Million* près
d'un million; *ich wäre ~ gefallen* j'ai
failli tomber *od* manqué de tomber.
Beiname *m* surnom *m*; (*Spitzname*) sobriquet *m*; *mit dem ~n ...* surnommé
...

beinhalten ⟨*beinhaltet, beinhaltete,
hat beinhaltet*⟩ [bə'ʔɪnhaltən] *tr*
(*Kanzleistil: zum Inhalt haben, von
e-m Schreiben*) comprendre, comporter.
bei=ordn|en *tr* adjoindre; coordonner;
~**end** *a:* ~*e Konjunktion f (gram)*
conjonction *f* de coordination;
B~ung *f* ⟨-, (-en)⟩ adjonction; coordination *f*.
bei=pflicht|en *itr* être de l'avis, se ran-
ger à l'avis, abonder dans le sens,
adopter l'opinion (*jdm* de qn); approuver (*jdm* qn, *e-r S* qc); consentir,
accéder (*e-r S* qc); adhérer (*e-r S* à
qc); **B~ung** *f* (*Zustimmung*) assentiment *m;* approbation *f;* consentement *m*.
Beirat *m* ⟨-(e)s, ¨e⟩ (*Person*) conseiller
m (adjoint); (*Körperschaft*) conseil
od comité *m* consultatif.
beirren [bə'ʔɪrən] *tr* déranger, déconcerter, embarrasser; *sich nicht ~ lassen* aller droit devant soi, aller son
(petit bonhomme de) chemin.
beisammen [baɪ'zamən] *adv* ensemble; *s-e Gedanken nicht ~ haben*
être distrait; ~ *sein* être réunis;
B~sein *n* réunion *f*.
Beisatz *m gram* apposition *f*.
bei=schießen *tr* (*Geld*) contribuer (*zu*
à).
Beischlaf *m* ⟨-(e)s, ø⟩ coït *m*, cohabitation *f*.
Beischläfer(in) *f m* concubin(e *f*) *m*.
Beischlag *m arch* perron *m*.
Beisegel *n* voile secondaire, bonnette
f.
Beisein *n* présence *f; im ~ (gen)* en
présence (de).
beiseite [baɪ'zaɪtə] *adv* à part, de côté,
à l'écart; ~ *lassen* laisser de côté,
négliger; ~ *legen* mettre à part; (*sparen*) mettre de côté; ~ *nehmen* prendre à part; ~ *schaffen* mettre à
l'écart; faire disparaître; ~ *schieben*
écarter *a. fig;* ~ *stehen* se tenir à
l'écart; ~ *treten* se mettre à l'écart;
Scherz od Spaß ~! trêve de plaisanteries *od* railleries! **B~schaffung** *f;* ~
von Vermögenswerten recel *od*
recèlement *m* de biens.
bei=setz|en *tr loc* adjoindre; (*Segel*)
déployer, mettre; (*beerdigen*) enter-
rer, inhumer; **B~ung** *f* (*Beerdigung*)
enterrement *m*, inhumation *f*,
funérailles, obsèques *f pl; die ~ fand
in aller Stille statt* les obsèques ont
eu lieu dans l'intimité.
Beisitzer *m jur* assesseur; (*Richter*)
juge *m* assesseur.
Beispiel *n* exemple; (*Vorbild*) modèle,
idéal *m; als ~* à titre d'exemple; *nach*

dem ~ *(gen)* à l'exemple (de); *zum* ~ par exemple; *als* ~ *dienen* servir d'exemple *(für* à); *dem allgemeinen* ~ *folgen* suivre l'exemple général, faire comme tout le monde; *ein (gutes)* ~ *geben* donner l'exemple *od* le bon exemple, prêcher par l'exemple; *jdm* donner un modèle à qn; *sich an jdm ein* ~ *nehmen* prendre modèle *od* exemple sur qn, prendre qn pour modèle; *mit gutem* ~ *vorangehen* prêcher l'exemple, donner l'exemple *od* le bon exemple; **b~haft** *a* exemplaire; **b~los** *a* sans exemple, sans précédent, sans antécédents; sans pareil, sans égal; *(unvergleichlich)* incomparable; *(unerhört)* inouï; ~**sfall** *m* précédent *m;* **b~shalber** *adv,* **b~sweise** *adv* à titre d'exemple, par exemple.

bei=springen ⟨*aux: sein*⟩ *itr: jdm* ~ aider, secourir qn, venir à la rescousse de qn.

beiß|en ⟨*beißt, biß, hat gebissen*⟩ ['baɪsən, (gə)'bɪs(ən)] *tr* mordre; *(stechen)* piquer; *itr (brennen)* brûler; *(kratzen, jucken)* gratter, démanger, picoter; *sich* ~ *(Farben)* jurer; *in den sauren Apfel* ~ *(müssen) (fig)* avaler la pilule; *(Rauch) in den Augen* ~ piquer les yeux; *ins Gras* ~ *(müssen)* passer l'arme à gauche; *sich auf die Lippen* ~ se mordre les lèvres; *nichts zu* ~ *haben (fam)* n'avoir rien à se mettre sous la dent; ~**end** *a* mordant, piquant *a fig; (scharf)* acéré, âcre *a. fig; fig* caustique, virulent, amer; sarcastique, satirique; **B~erchen** *n* ⟨-s, -⟩ *(Kindersprache: Zahn)* quenotte *f;* **B~zange** *f* tenaille(s *pl*), pince *f* coupante.

Beistand *m (Hilfe)* main-forte, (entr)-aide *f,* secours *m,* assistance *f;* appui, soutien, conseil; *(Person)* soutien, défenseur; conseiller; *(Rechtsbeistand)* conseiller juridique, jurisconsulte, avocat; *(Sekundant)* témoin, second *m; jdm* ~ *leisten* prêter assistance *od* son appui *od* son concours, *bes. jur* main-forte à qn; ~**spakt** *m pol* pacte *od* accord *m* d'assistance.

bei=stehen *itr* secourir, aider, assister, seconder *(jdm* qn).

Beisteuer *f (Zuschuß)* contribution *f,* subside, secours *m* en argent; *(staatliche)* subvention *f;* **bei=steuern** *tr* contribuer *(zu* à); *itr: dazu* ~ donner sa quote-part.

bei=stimm|en *itr* consentir; approuver *(jdm* qn); être de l'avis, se ranger à l'avis, abonder dans le sens, adopter l'opinion *(jdm* de qn); *(einwilligen)* donner son assentiment *(zu* à);

B~ung *f* consentement *m,* approbation *f; (Einwilligung)* assentiment *m.*

Beistrich *m (Komma)* virgule *f.*

Beitrag *m* contribution *f,* apport *m (zu* à) *a. fig; (Anteil)* (quote-)part, cotisation *f,* prorata, écot *m; (Mitgliedsbeitrag)* cotisation *f; (Zeitungsartikel)* article *m; e-n* ~ *leisten* contribuer *(zu etw* à qc); *s-n* ~ *leisten* apporter sa contribution *(zu* à), payer son écot; **bei=tragen** *tr* contribuer, concourir, aider *(zu* à) *etw zur Sache* ~ faire avancer les choses; *viel zu etw* ~ entrer pour beaucoup dans qc; *wesentlich, wenig, nichts* ~ *zu etw* être pour beaucoup, peu, rien dans qc; ~**seingang** *m* rentrée *f* des cotisations; **b~sfrei** *a (Person)* non-contribuable; *(Sache)* gratuit; ~**smarke** *f* timbre *m* de cotisation; **b~spflichtig** *a* assujetti à des cotisations; ~**spflichtige(r)** *m* contribuable, assujetti, cotisant *m;* ~**szahlung** *f* cotisation *f.*

beitreib|bar *a* recouvrable, récupérable; **bei=treiben** *tr* recouvrer, faire rentrer; *mil* réquisitionner; **B~ung** *f* recouvrement *m,* rentrée; *mil* réquisition *f;* **B~ungskosten** *pl* frais *m pl* de recouvrement.

bei=treten ⟨*aux: sein*⟩ *itr (e-m Verein etc)* adhérer, s'affilier *(dat* à), s'enrôler, entrer *(dat* dans); *(e-r Partei, e-m Vertrag)* adhérer *(dat* à); *(e-r Meinung)* ~ souscrire à une opinion.

Beitritt *m* ⟨-(e)s, ø⟩ affiliation, adhésion *(zu* à); entrée *f (zu* dans); *s-n* ~ *erklären* donner son adhésion; ~**serklärung** *f* déclaration *f* d'accession; *(Schein)* acte *od* bulletin *m* d'adhésion.

Beiwagen *m (am Motorrad)* remorque *f* latérale, side-car *m.*

Beiwerk *n* accessoires *m pl,* hors-d'œuvre *m; modische(s)* ~ accessoires *m pl* de mode.

bei=wohnen *itr* assister, participer, être présent, prendre part *(e-r S* à qc); *(beischlafen)* cohabiter, avoir des rapports sexuels *(jdm* avec qn).

Beiwort *n* ⟨-(e)s, ⁚er⟩ adjectif *m; schmückende(s)* ~ épithète *f.*

Beize *f* ⟨-, -n⟩ ['baɪtsə] *tech* corrodant, mordant; *(für Metall)* produit *od* agent *od* liquide de décapage, décapant; *(Gerberei)* tan *m; (Küche)* marinade *f;* **b~n** *tr tech* corroder, mordre; *(Metall)* décaper, mordancer; *(Holz)* teindre; *(Färberei)* aluner; *(Tabak)* saucer; mouiller; *(Küche)* mariner; *schwarz* ~ ébéner.

beizeiten [baɪ'tsaɪtən] *adv (früh)* de bonne heure; *(rechtzeitig)* à temps; en temps utile *od* opportun.

bei≠zieh|en *tr (Sachverständigen)* adjoindre; faire appel (*jdn* à qn); **B~ung** *f* appel *m.*

Beiz|jagd ['baits-] *f (Falkenjagd)* chasse au faucon, fauconnerie *f; ~***vogel*** *m* oiseau *m* dressé à la chasse.

bejah|en *tr* affirmer; *(gutheißen)* approuver; ~**end** *a* affirmatif; ~ *antworten* répondre affirmativement; ~**endenfalls** *adv* dans l'affirmative; **B~ung** *f* affirmation; réponse *f* affirmative.

bejahrt [bə'ja:rt] *a* âgé, vieux.

bejammern *tr* déplorer; se lamenter (*etw* sur qc); ~**swert** *a* déplorable, lamentable, pitoyable, misérable.

bekämpf|en *tr* combattre; lutter (*etw* contre qc); faire la guerre (*etw* à qc); *(unterdrücken)* réprimer; **B~ung** *f* combat *m,* lutte (*e-r S* contre qc); *(Vernichtung)* destruction *f.*

bekannt [bə'kant] *a* connu (*als* comme; *für* pour; *bei* de); *(Sache)* public, notoire; *(berühmt)* renommé, célèbre, fameux; *persönlich* ~ connu de sa personne; *jdn mit jdm* ~ *machen* présenter qn à qn, faire faire la connaissance de qn à qn; *allgemein* ~ *sein* être notoire *od* de notoriété; *dafür* ~ *sein, daß ...* être connu pour *inf; mit jdm* ~ *sein* connaître qn; *etw als* ~ *voraussetzen* supposer la connaissance de qc; ~ *werden* se faire connaître *od* un nom *od* une réputation; *(Sache)* s'ébruiter; *er ist mir* ~ je le connais; *es ist mir* ~ je le sais; *es ist mir* ~, *daß* je sais que; *es ist (allgemein)* ~, *daß* on sait que, on n'ignore pas que; *ein* ~*es Gesicht* une figure *od* un visage de connaissance; ~ *wie ein bunter Hund* connu comme le loup blanc; *ein* ~*er Name (a.)* un nom-pilote; **B~e(r** *m)* *f* connaissance *f; ein B~er, e-e B~e von mir* une personne de ma connaissance, un(e) ami(e)s; *unter B~en* en pays de connaissance; **B~enkreis** *m* cercle *m* d'amis; ~**ermaßen** *adv* notoirement; **B~gabe** *f* communication, notification *f;* **bekannt≠geben** *tr* communiquer, notifier, donner avis de, annoncer, publier; ~**lich** *adv* comme on sait; **bekannt≠machen** *tr* annoncer, porter à la connaissance du public, rendre public, publier, afficher; divulguer; **B~machung** *f* annonce *f,* avis *m,* publication *f; amtliche* od *öffentliche* ~*(Anschlag)* avis *m* (au public); **B~schaft** *f* connaissance *f; (Personenkreis)* connaissances *f pl; bei näherer* ~ *gewinnen* gagner à être connu; *jds* od *mit jdm* ~ *machen* faire la connaissance de qn, faire *od* lier con-

naissance avec qn; *meine* ~ *mit ihm ist schon alt* je le connais *od* nous nous connaissons déjà depuis longtemps.

Bekassine *f* ⟨-, -n⟩ [beka'si:nə] *(Sumpfschnepfe)* bécassine *f.*

bekehr|en *tr* convertir (*zu* à); *fig* persuader, gagner; **B~ung** *f* conversion *f;* **B~ungseifer** *m* zèle propagateur, prosélytisme *m.*

bekenn|en ⟨*bekennt, bekannte, hat bekannt*⟩ *tr* confesser; avouer; *sich* ~ *zu (bes. rel)* professer, suivre; *Farbe* ~ *(fig)* lever le masque, *fam* annoncer la couleur; *sich offen zu etw* ~ professer qc; *sich schuldig* ~ s'avouer coupable, avouer sa culpabilité; **B~er** *m rel* confesseur, fidèle; *allg* adepte, partisan *m;* **B~tnis** *n* ⟨-sses, -sse⟩ confession *f a. rel;* aveu *m; (Glaubensbekenntnis)* profession *f* de foi, credo; *(Sünden-, Schuldbekenntnis)* confiteor *m;* **B~tnisschule** *f* école *f* confessionnelle.

beklag|en *tr* déplorer, plaindre, regretter; *(bemitleiden)* s'apitoyer (*jdn* sur qn); *sich* ~ se plaindre (*bei jdm über etw* de qc à qn), réclamer (*bei jdm* auprès de qn); *Menschenleben sind nicht zu* ~ il n'y a pas de morts; ~**enswert** *a,* ~**enswürdig** *a* déplorable, regrettable; *(bemitleidenswert)* digne de pitié *od* compassion, à plaindre; **B~te(r** *m)* *f jur* défendeur *m,* défenderesse *f.*

bekleben *tr* coller (*etw mit etw* qc sur qc).

bekleckern *tr fam* barbouiller.

beklecksen *tr* couvrir de taches; tacher (*mit Tinte* d'encre).

bekleid|en *tr* habiller, vêtir (*mit* de); *(ein Amt)* occuper, remplir, exercer; *ein Amt* ~ occuper *od* remplir un emploi *od* une charge, exercer une fonction; **B~ung** *f* habillement, vêtement(s *pl*) *m;* **B~ungsamt** *n mil* magasin *od* atelier *m* d'habillement; **B~ungsgegenstände** *m pl* effets *m pl* d'habillement; **B~ungshaus** *n* maison *f* de confection; **B~ungsindustrie** *f* industrie *f* du vêtement.

beklemm|en *tr* oppresser, serrer le cœur; ~**end** *a* angoissant, étouffant; **B~ung** *f* oppression *f,* serrement *m* de cœur, angoisse *f; (Atemnot)* étouffement *m.*

beklommen [bə'klɔmən] *a* oppressé, serré; mal à l'aise; **B~heit** *f* ⟨-, ø⟩ serrement *m* de cœur, angoisse *f.*

bekloppt [bə'klɔpt] *a pop (dumm)* gourde, *arg* toc; ~ *sein* en avoir une couche.

bekommen ⟨*bekommt, bekam, hat*

bekommen⟩ tr ⟨aux: haben⟩ recevoir; *(durch Bemühung)* obtenir; *(e-e Krankheit)* attraper, contracter; *itr ⟨aux: sein⟩ impers (guttun)* réussir, faire du bien *(jdm à qn); Angst ~* prendre peur; *e-n Bauch ~* prendre du ventre; *zu Gesicht ~* voir; *graue Haare ~* grisonner; *Hunger, Durst ~* commencer à avoir faim, soif; *Junge ~* mettre bas; *ein Kind ~ (schwanger sein)* être enceinte; *(niederkommen)* accoucher (d'un enfant); *e-n Korb ~ (fig)* essuyer un refus; *Lust ~* avoir envie *(etw zu tun* de faire qc); *e-n Orden ~* recevoir une décoration; *Schläge ~* être battu; *e-n Schnupfen ~* s'enrhumer; *von etw Wind ~ (fig)* avoir vent de qc; *Zähne ~* faire ses dents; *den Zug ~* attraper le train; *ich habe es geschenkt ~* on me l'a offert; *das bekommt mir gut* cela me fait du bien; *das bekommt mir nicht* cela ne me vaut rien; *das ist mir schlecht ~* cela ne m'a pas réussi; *davon habe ich nichts zu sehen ~* on ne m'en a rien fait voir; *er bekommt e-n Bart* la barbe lui pousse; *es ist nirgends zu ~* on ne le trouve nulle part; *wir werden Regen ~* il pleuvra, il va pleuvoir; *~ Sie schon?* on vous sert? *was ~ (wünschen) Sie?* vous désirez? *was od wieviel ~ Sie?* je vous dois combien? *wo bekommt man ...?* où trouve-t-on ...? *wohl bekomm's!* à votre santé! grand bien vous fasse!
bekömmlich [bə'kœmlıç] *a (Speise)* digest(ibl)e, sain et léger, **B~keit** *f ⟨-, ø⟩* digestibilité *f.*
beköstig|en [bə'kœstıgən] *tr* nourrir; **B~ung** *f ⟨-, (-en)⟩* nourriture, alimentation *f.*
bekräftig|en [bə'krɛftıgən] *tr* confirmer, (ré)affirmer, corroborer; *eidlich ~* affirmer par serment; **B~ung** *f* confirmation, affirmation, corroboration *f; zur ~ s-r Worte* à l'appui de ses paroles.
bekränz|en *tr* couronner *(mit* de).
be:kreuz|en *tr* faire le signe de la croix *(jdn* sur qn); **~igen**, *sich* se signer.
bekriegen *tr* faire la guerre *(jdn* à qn).
bekritteln *tr* gloser; épiloguer *(etw* sur qc), critiquer.
bekritzeln *tr* griffonner *(etw* sur qc).
bekümmer|n *tr* chagriner, peiner, affliger; *sich ~* se soucier *(um* de); s'occuper, avoir soin *(um* de); **B~nis** *f ⟨-, -sse⟩* chagrin *m*, peine, affliction *f; souci m; ~t a* chagrin, peiné, affligé.
bekund|en *tr* manifester, montrer, exprimer; traduire, révéler; *(durch Worte)* dire; proclamer; témoigner *(etw* de qc); *jur* déclarer, déposer;

B~ung *f* manifestation, expression *f; témoignage m; déclaration, déposition f.*
beläch|eln *tr* sourire, *(jdn, etw* de qn, de qc).
belad|en *tr* charger *(mit* de); *fig* accabler *(mit* de); *pp a* chargé *(mit* de); **B~ung** *f* chargement *m.*
Belag *m ⟨-(e)s, -̈e⟩* [bə'la:k, -'lɛgə] couche *f,* enduit; *(Verkleidung)* revêtement, doublage, garnissage; *(Spiegel)* tain; *(Brücke)* tablier; *(Straße)* tapis *m* (routier); *(Küche)* garniture *f; med (Zahnbelag)* dépôt *m; e-n ~ auf der Zunge haben* avoir la langue chargée.
Belager|er *m ⟨-s, -⟩* assiégeant *m;* **b~n** *tr* assiéger; **~ung** *f* siège *m; die ~ aufheben* lever le siège; **~ungszustand** *m pol* état *m* de siège; *den ~ verhängen* déclarer *od* proclamer l'état de siège.
Belang *m ⟨-(e)s, -e⟩* [bə'laŋ] *(nur in bestimmten Wendungen) pl* intérêts *m pl; von ~* d'importance; *nicht von ~, ohne ~* sans importance *od* conséquence, insignifiant; *von ~ sein* compter; *jds ~e wahrnehmen* servir *od* seconder *od* favoriser les intérêts de qn; *das ist (hier) ohne ~* cela n'a pas d'importance; **b~en** *tr: (gerichtlich)* ~ traduire *od* attaquer en justice; intenter des poursuites *(jdn* contre qn); déférer à la justice, prendre à partie; **b~los** *a* sans importance, insignifiant, futile, négligeable, de peu de poids, de rien; **~losigkeit** *f* insignifiance, futilité, ténuité; *(eine bestimmte)* quantité *f* négligeable; **~ung** *f jur* poursuites *f pl.*
belassen *tr* laisser; *es dabei ~* s'en tenir là.
Belast|barkeit *f* capacité *od* charge *f* admise: **b~en** *tr* charger *(mit* de); poser sur; *tech (beanspruchen)* soumettre à un effort; *com (Person)* inscrire *od* porter *(etw* qc) au débit *(jdm* de qn); *(Konto)* débiter *(mit* de); *(Grundstück)* grever d'une hypothèque, hypothéquer; *(mit Steuern)* grever *(mit* de); *(beschuldigen)* charger, incriminer, compromettre; *fig* grever, accabler; *jur* incriminer; *vorweg ~ (fig)* hypothéquer; *sich ~* se charger *(mit* de); **b~end** *a: ~e(s) Material n (jur)* pièces *f pl* à conviction; **b~et** *a: erblich ~* héréditairement taré; *erblich ~ sein* avoir une lourde hérédité *od* de qui tenir; *(mit e-r Hypothek)* ~ grevé d'une hypothèque, hypothéqué; *mit Schulden* ~ accablé *od* grevé de dettes, endetté; **~ung** *f* charge *f; tech (Beanspruchung)* ef-

fort, travail *m.* sollicitation *f; tele*
débit *m; com* inscription au débit (*e-s
Kontos* d'un compte), imputation (*e-s
Kontos* à un compte); (*e-s Grund-
stücks)* hypothèque; *jur* charge, incrimination *f; fig* accablement *m; erbli-
che ~* tare *f* héréditaire, fardeau *m*
génétique; *steuerliche ~* charge *f* fiscale; *zulässige ~ (tech)* charge *f* admissible; **~ungsanzeige** *f fin* avis *m*
de débit; **~ungsfähigkeit** *f tech* capacité *f;* **~ungsfaktor** *m tele* facteur
de charge, coefficient *m* d'utilisation;
~ungsgrenze *f tech* degré *m od* limite *f* de charge; **~ungsmaterial** *n
jur* pièces *f pl* à conviction; **~ungs-
probe** *f tech* essai *m* de charge; *fig*
épreuve *f;* **~ungsspitze** *f* pointe *f*
de charge; **~ungszeuge** *m jur* témoin *m* à charge.

belästig|en [-'lɛst-] *tr* incommoder,
importuner, molester, tracasser, harceler, tirailler; *fam* tarabuster, turlupiner; *(stören)* déranger, gêner; *jdn
mit Fragen ~* accabler qn de questions; **B~ung** *f* molestation, tracasse-
rie *f,* harcèlement, dérangement *m.*

belaub|en, *sich* se couvrir *od* se garnir
de feuillage *od* de verdure; **~t** *a* feuil-
lu; *dicht ~* touffu.

belauern *tr* guetter, épier.

belaufen, *sich ~ auf* s'élever à, se
chiffrer à *od* par, s'établir à; *sich ins-
gesamt ~ auf* se totaliser à, *com* totaliser.

belauschen *tr* épier (les paroles de);
(Geheimnis) surprendre.

Belchen ['bɛlçən]: *der Elsässer ~
(Berg)* le Ballon d'Alsace.

beleb|en *tr* (r)animer, vivifier, aviver;
(ermutigen) encourager; *med* stimuler; *sich ~* s'animer, se ranimer; **~end**
a animateur, vivifiant, vivificateur;
med stimulant, *fam* remontant; **~t** *a
(lebend)* vivant, animé; *(lebhaft)* vif;
(verkehrsreich) fréquenté, animé,
passant, vivant; **B~theit** *f* ‹-, ø› (*e-r
Straße, e-s Platzes)* animation *f;*
B~ung *f* ‹-, ø› animation; stimulation; *com* reprise *f; ~ der Wirtschaft*
redressement *m* économique.

belecken *tr* lécher.

Beleg *m* ‹-(e)s, -e› [be'le:k, -gə] *(Beweis)* preuve; *(Beweisstück)* pièce *f* à
l'appui *od (bes. com)* justificative, document; *(Beispiel)* exemple attesté
m; als ~ à titre documentaire; *für* à
l'appui de; *kann ich für diesen Betrag e-n ~ haben?* est-ce que je peux
avoir une facture pour cette somme?
b~en *tr (bedecken)* (re)couvrir (*mit*
de); *(verkleiden, überziehen)* revêtir,
plaquer, incruster (*mit* de); *(Spiegel)*

étamer; *(Scheibe Brot)* garnir (*mit*
de); *agr (weibl Tier)* couvrir; *(e-n
Platz)* retenir, réserver; marquer;
(Zimmer, Haus) occuper; *(Vorlesung)* s'inscrire à; *(mit Abgaben)* grever (*mit* de); *fig (durch ein Schriftstück beweisen)* prouver, justifier,
documenter; appuyer (*mit* par); *mit
dem Bann ~ (rel)* excommunier,
anathématiser; *mit Beschlag ~* saisir,
confisquer; *mit Bomben ~* bombarder; *mit Feuer ~ (mil)* prendre sous
le feu; *mit Fliesen ~* daller, carreler;
den zweiten etc Platz ~ (sport) se
classer *od* placer deuxième *etc; mit
Steuern ~* grever d'impôts, imposer,
taxer; *jdn mit e-r Strafe ~* infliger
une peine à qn; **~exemplar** *n* exemplaire *m* justificatif; **~nummer** *f*
numéro *m* justificatif; **~schaft** *f* personnel *od* effectif *m od* équipe *f*
d'une *od* de l'entreprise, ensemble *m*
des salariés *od* des employés; *mines
(Schicht)* équipe *f;* **~schaftsmit-
glied** *n* membre *m* du personnel;
~stelle *f* référence, citation *f,* passage *m* (à l'appui); **~stück** *n* pièce *f* à
l'appui *od* justificative, document *m;
= ~exemplar;* **b~t** [-'le:kt] *a (Platz)*
réservé; occupé *a. tele; (Stimme)*
couvert, voilé; *(Wortform)* attesté;
(Zunge) chargé, empâté; **~e(s)** *Brot n*
sandwich *m;* **~ung** *f* ‹-, (-en)› [-gʊŋ]
recouvrement; revêtement, placage
m, incrustation *f;* étamage *m; mil* occupation; *(Vorlesung)* inscription; *fig
(Beweis)* preuve, justification, documentation; *(durch Beispiele)* illustration *f.*

belehn|en *tr hist: jdn mit etw ~* don-
ner qc en fief à qn; **B~ung** *f* inféoda-
tion; investiture *f.*

belehr|en *tr* instruire, renseigner (*jdn
über etw* qn sur qc), informer (*jdn
über etw* qn de qc), faire savoir (*jdn
über etw* qc à qn); *(aufklären)* éclairer; *jdn e-s Besser(e)n ~* détromper
qn, ouvrir les yeux à qn; *sich (nicht)
~ lassen* (ne pas) entendre raison;
B~ung *f* instruction *f,* renseignement
m, information; leçon; *(Berichtigung)*
rectification *f.*

beleibt [bə'laɪpt] *a* corpulent, replet,
gros, pansu; *fam* ventru, ventripotent; **B~heit** *f* ‹-, ø› corpulence *f,* embonpoint *m.*

beleidig|en [-'laɪd-] *tr* offenser, insul-
ter, injurier, faire un affront à, outra-
ger; *(kränken)* blesser, froisser; *(Ohr,
Auge)* offenser, offusquer; *ea. ~* se
renvoyer des injures; *schwer ~* piquer au vif; *jdn tätlich ~* se livrer à
des voies de fait contre qn; *sich belei-*

digt fühlen se sentir offensé; *gleich od leicht beleidigt sein* se vexer pour un rien, prendre la mouche; **~end** *a* injurieux, offensant, insultant, outrageant; **B~er** *m* ‹-s, -› offenseur, insulteur *m;* **B~te(r)** *m* offensé, insulté *m;* **B~ung** *f* offense, insulte, injure *f,* affront, outrage *m; (Kränkung)* blessure *f,* froissement *m; in ~en ausbrechen* exploser en injures; *~en ausstoßen* proférer des injures; *e-e ~ hinnehmen od einstecken* souffrir une insulte, avaler un affront; *~en einstecken* avaler des couleuvres; *e-e ~ nicht auf sich sitzenlassen* laver une insulte; *öffentliche ~* affront *m* public; *schwere ~* injure *f* grave; *tätliche ~* voies *f pl* de fait; **B~ungsklage** *f* plainte *f* en diffamation; **B~ungsprozeß** *m* procès *m* en diffamation.

beleihen *tr (Geldgeber)* prêter *od* avancer sur; *(Geldnehmer)* gager (un emprunt sur); **B~ung** *f* mise *f* en gage, prêt *m* sur gage.

Belemnit *m* ‹-en, -en› [bɛlɛm'niːt, -'nɪt] *geol* bélemnite *f,* téton *m* du diable.

belesen *a* qui a beaucoup lu; *(gebildet)* lettré, instruit; *~ sein (a.)* avoir des lettres; **B~heit** *f* ‹-, (-en)› instruction *f.*

beleuchten *tr* éclairer; *(festlich)* illuminer; *fig* éclaircir; donner des éclaircissements sur; *es näher ~* y regarder de plus près; **B~er** *m* ‹-s, -› *theat film* électricien *m;* **B~ung** *f* ‹-, (-en)› éclairage *m;* illumination *f;* embrasement; *fig* éclaircissement *m; elektrische ~* éclairage *m* électrique; *indirekte ~* éclairage *m* indirect; *künstliche ~* éclairage *m* artificiel; **B~ungsanlage** *f* installation *f* d'éclairage; **B~ungsingenieur** *m* ingénieur *m* éclairagiste; **B~ungskörper** *m* appareil d'éclairage, luminaire *m;* **B~ungskosten** *pl* frais *m pl* d'éclairage; **B~ungsstärke** *f* intensité *f* d'éclairage; **B~ungstechnik** *f* technique *f* de l'éclairage; **B~ungstechniker** *m* éclairagiste *m.*

beleum(un)det [bə'lɔʏm(ʊn)dət] *a: gut, schlecht ~ sein* avoir une bonne, mauvaise réputation.

belfern ['bɛlfərn] *itr fam (laut schimpfen)* criailler, clabauder, aboyer.

Belgien *n* ‹-s› ['bɛlgiən] la Belgique; **~ier(in** *f)* *m* ‹-s, -› [-giər] Belge *m f;* **b~isch** *a* belge.

belichten *tr phot* exposer; **~et** *a* exposé; **B~ung** *f* ‹-, (-en)› exposition, pose *f;* **B~ungsdauer** *f* (temps *m*

de) pose *f;* **B~ungsmesser** *m* posemètre *m;* **B~ungstabelle** *f* indicateur *m* de temps de pose; **B~ungszeit** *f* = B~ungsdauer.

belieben *itr (wünschen, geruhen)* daigner (*zu tun* faire), condescendre (*zu tun* à faire); *es beliebt mir zu tun* il me prend la fantaisie de faire; *wie es mir beliebt* à ma fantaisie; *wie es Ihnen beliebt* à votre aise *od* gré *od* guise; *wenn es Ihnen beliebt* si bon vous semble; *Sie ~ zu scherzen* vous plaisantez; *wie beliebt?* plaît-il? **B~en** *n* volonté *f,* gré; (bon) plaisir; goût *m,* convenance *f; nach ~* à volonté, à discrétion, à mon *etc* gré, librement; *(ganz) nach Ihrem ~* comme il vous plaira, à votre gré *od* convenance; *es steht (ganz) in Ihrem ~ zu tun* vous êtes libre de faire; *handeln Sie ganz nach Ihrem ~!* faites ce que bon vous semble! **~ig** *a* au choix, quelconque, n'importe quel; *(wahlfrei)* facultatif; *adv* = *nach B~en; jeder B~e* le premier venu, qui que ce soit, n'importe qui; *von ~er Größe* de la dimension qu'on voudra; *zu jeder ~en Zeit* à n'importe quelle heure; *~ viel(e)* n'importe combien; **~t** *a* favori, aimé, en faveur, populaire; *(Sache)* recherché, en vogue; *sich ~ machen* se faire bien voir; *bei jdm* se faire bien voir de qn, s'insinuer dans les bonnes grâces de qn; *bei jdm ~ sein* être en grâce auprès de qn *od* dans les bonnes grâces de qn; **B~theit** *f* ‹-, ø› popularité *f; sich großer ~ erfreuen* jouir d'une grande popularité.

beliefern *tr* fournir (*jdn mit etw* qc à qn); approvisionner (*mit* de, en); **B~ung** *f* fourniture *f;* approvisionnement *m (mit* de, en).

Belladonna *f* ‹-, -nnen› [bɛla'dɔna] *bot* belladone *f.*

bellen ['bɛlən] *itr* aboyer; *(Fuchs)* glapir; **B~** *n* aboiement; glapissement *m.*

Belletrist *m* ‹-en, -en› [bele'trɪst] homme *m* de lettres (*pl* gens *pl* de lettres), littérateur *m;* **~ik** *f* ‹-, ø› [-'trɪstɪk] (belles-)lettres *f pl;* **b~isch** *a* littéraire.

belobigen *tr* louer; *öffentlich ~* citer à l'ordre du jour; **B~ung** *f* louange *f;* éloge *m; öffentliche ~ (a. Schule)* accessit *m.*

belohnen *tr* récompenser (*für* de); **B~ung** *f* récompense *f; zur ~* pour récompense; *für* en récompense de; *e-e ~ aussetzen* offrir une récompense.

belüften *tr tech* aérer, ventiler; **B~ung** *f* ‹-, (-en)› aérage *m,* aération.

ventilation *f*; **B~ungsanlage** *f* installation *f* d'aération, aérateur *m*.
belügen *tr* mentir, dire un mensonge (*jdn* à qn).
belustig|en *tr* amuser, réjouir, égayer, divertir; **~t** *a* amusé (*über* de); **B~ung** *f* ⟨-, (-en)⟩ amusement, divertissement *m*, réjouissance *f*.
bemächtigen [-'mɛçt-] , *sich* s'emparer (*e-r S* de qc); *sich des Thrones* ~ usurper le trône.
bemäkeln [bə'mɛːkəln] *tr* critiquer.
bemal|en *tr* peindre; **B~ung** *f* peinture *f*.
bemäng|eln *tr* critiquer, blâmer; trouver regrettable (*daß* que); **B~(e)lung** *f* critique *f*.
bemann|en *tr mar* équiper; armer; **~t** *a* (*Rakete, Raumfahrzeug*) habité (*mit* par); occupé par des hommes, avec équipage; **B~ung** *f* équipement; armement *m*.
bemäntel|n [bə'mɛntəln] *tr* pallier; voiler; masquer, déguiser, dissimuler, camoufler; (*beschönigen*) farder; **B~ung** *f* déguisement, camouflage *m*.
bemast|en *tr mar* mâter; **B~ung** *f* mâture *f*.
bemerk|bar *a: sich* ~ *machen* se faire remarquer *od* sentir; (*Person*) se mettre en évidence; **~en** *tr* (*wahrnehmen*) percevoir, apercevoir, s'apercevoir de, aviser, observer; noter; remarquer (*a. äußern*); (*erwähnen*) mentionner, signaler; **~enswert** *a* remarquable, notable; **B~ung** *f* remarque, observation, note *f*; *e-e* ~ *über etw machen* faire une remarque sur qc; *boshafte* ~*en (pl)* gloses, méchancetés *f pl*.
bemess|en *a: knapp* ~ mesuré trop juste; chichement compté; **B~ungsgrundlage** *f adm* base *f* de calcul.
bemitleiden [bə'mɪtlaɪdən] *tr* s'apitoyer (*jdn* sur qn), avoir pitié (*jdn* de qn), avoir de la compassion (*jdn* pour qn); *du bist zu* ~ tu es à plaindre; **~swert** *a* digne de pitié, pitoyable.
bemittelt *a* fortuné, aisé.
bemogeln [bə'moːgəln] *tr fam* (*betrügen*) filouter, rouler; *pop* refaire.
bemoost [bə'moːst] *a* moussu, couvert de mousse; **~e(s) Haupt** *n* tête *f* chenue.
bemüh|en [bə'myːən] *tr* donner de la peine (*jdn* à qn), mettre en peine, déranger, incommoder; *jdn* ~, *etw zu tun* prier qn de faire qc; *sich* ~ se donner de la peine *od* du mal (*um etw* pour qc), prendre à tâche (*um etw* qc); *etw zu tun* prendre la peine *od* se mettre en peine *od* s'efforcer

de faire qc; (*sich Mühe geben*) faire des efforts (*etw zu tun* pour faire qc); *sich ins Haus* ~ prendre la peine d'entrer; (*um e-e Stellung*) solliciter, briguer (*um etw* qc); *für jdn* faire des démarches pour qn; *sich sehr od eifrig um jdn* ~ être assidu auprès de qn, s'affairer autour de qn; *jdn umsonst* ~ faire courir qn; *sich umsonst od vergeblich* ~ perdre son temps; *fam* se battre les flancs; ~ *Sie sich nicht!* ne vous dérangez pas; **~t** *a: (darum)* ~ *sein, etw zu tun* s'efforcer de faire qc; **B~ung** *f* effort *m*, peine *f*, empressement *m*; *s-e* ~*en bedauern* regretter sa peine; *ärztliche* ~*en (pl)* soins *m pl* médicaux; *erfolgreiche, ergebnislose* ~*en (pl)* efforts *m pl* couronnés de succès, infructueux.
bemüßigt [bə'myːsɪçt] *a: sich* ~ *fühlen od sehen* se voir contraint *od* obligé.
bemuttern *tr* entourer de soins maternels; *iron* dorloter.
benachbart [-'nax-] *a* voisin, avoisinant; circonvoisin, d'alentour.
benachrichtig|en [-'naːx-] *tr* informer, aviser, avertir, prévenir, mettre au courant *od* fait (*von etw* de qc); *arg* rencarder; **B~ung** *f* (*Vorgang*) information *f*, avertissement; (*Nachricht*) avis *m*, communication *f*, faire-part *m*; *ohne vorherige* ~ sans avis préalable; *ohne weitere* ~ sans autre avis; *schriftliche* ~ avis *m* par écrit.
benachteilig|en [-'naːx-] *tr* désavantager, défavoriser, handicaper *a. sport*; (*schädigen*) porter préjudice, faire tort (*jdn* à qn); *jur* léser; **~t** *a* désavantagé, défavorisé, handicapé; **B~ung** *f* désavantage, handicap *m*.
benagen *tr* ronger.
benebelt *a fam* (*betrunken*) gris.
Benediktiner|(in *f*) *m* ⟨-s, -⟩ [benedɪk'tiːnər] *rel* bénédictin, e *m f*; (*Likör*) bénédictine *f*; **~orden** *m* ordre *m* de Saint-Benoît, (ordre *m* des) Bénédictins *m pl*.
Benefizvorstellung [bene'fiːts-] *f* représentation *f* à bénéfice.
benehmen ⟨benimmt, benahm, hat benommen⟩ *tr* (*nehmen*) enlever, ôter, prendre; *sich* ~ se comporter, se conduire, s'y prendre (*wie, als* comme, en); faire œuvre (*als* de); *jdm den Atem* ~ couper le souffle *od* la respiration à qn; *sich (gut)* ~ bien se conduire; *jdm den Mut* ~ décourager qn; *sich* ~ *können* avoir du savoirvivre; **B~** *n* comportement *m*, conduite *f*, procédé(s *pl*) *m*, manières *f pl*; allure(s *pl*) *f*; *sich mit jdm ins* ~ *setzen* entrer en rapport avec qn,

prendre contact avec qn, contacter qn; se concerter avec qn; *gute(s)* ~ bonne conduite *f,* bonnes manières *f pl; savoir-vivre, usage m du monde; schlechte(s)* ~ mauvaise conduite *f; ungeschickte(s)* ~ gaucherie *f.*

beneid|en *tr* envier *(jdn um etw* qc à qn), porter envie *(jdn um etw* à qn de qc); *er* ~*et dich um dein Glück* il est jaloux de ton bonheur; ~**enswert** *a* enviable, digne d'envie.

Benelux(staaten *m pl)* ['be:-, bene'lʊks] pays *m pl* du Benelux *od* Bénélux.

benenn|en ⟨*benennt, benannte, hat benannt*⟩ *tr* nommer, appeler; dénommer, désigner; *(Straße)* baptiser; *(vorschlagen)* proposer *(als* comme); *(festsetzen, bestimmen)* fixer; *pp (benannt) math* concret; **B~ung** *f* appellation, dénomination, désignation *f; Einteilung und* ~ *(scient)* nomenclature *f.*

benetzen [bə'nɛtsən] *tr lit poet* humecter, arroser *(mit* de); *chem* mouiller.

bengalisch [bɛn'ga:lɪʃ] *a:* ~*e(s) Feuer n* feu *m* de Bengale.

Bengel *m* ⟨-s, -/-s⟩ ['bɛŋəl] gamin, galopin, polisson, *fam* gosse *m.*

benommen *a* engourdi, abasourdi; ~ *sein* avoir la tête lourde; *von etw* ~ *sein* être sous le coup de qc; **B~heit** *f* ⟨-, (-en)⟩ engourdissement *m;* lourdeur *f* de tête.

benötig|en [bə'nø:tɪgən] *tr* avoir besoin *(etw* de qc), nécessiter; *etw dringend* ~ avoir grand besoin *od* un besoin urgent de qc; ~**t** *a (erforderlich)* nécessaire.

benutz|bar *a* utilisable; *(Weg, Straße)* praticable; *nicht* ~ inemployable; *(Weg, Straße)* impraticable, non carrossable; ~**en, benützen** *tr* utiliser, employer; user, faire usage *(etw* de qc); mettre en œuvre; se servir *(etw* de qc); *(Weg, Fahrzeug)* emprunter; *(Fahrkarte)* utiliser; *die Gelegenheit* ~ profiter de l'occasion; *ich habe die Nächte dazu benutzt* je prenais sur mes nuits; *das Zimmer wird nicht benutzt* la pièce ne sert pas; *nicht mehr benutzt* désaffecté; **B~er** *m* ⟨-s, -⟩ usager, utilisateur *m;* ~**erfreundlich** *a* agréable à utiliser, d'une utilisation facile, pratique; ~**erunfreundlich** *a* peu pratique; **B~ung** *f* utilisation *f,* emploi; usage *m; mit, unter* ~ *(gen)* à l'aide (de); **B~ungsgebühr** *f* droit *m* d'utilisation, *(Straße)* de péage; **B~ungsrecht** *n* droit *m* d'usage *od* de jouissance.

Benzin *n* ⟨-s, -e⟩ [bɛnt'si:n] *mot chem* benzine; *mot (Petroleumbenzin)* essence *f;* ~**behälter** *m* réservoir *m* d'essence; ~**faß** *n* fût *m* d'essence; ~**feuerzeug** *n* briquet *m* à essence; ~**filter** *m* filtre *m* à essence; ~**gutschein** *m* bon *m* d'essence; ~**hahn** *m* robinet *m* d'essence; ~**kanister** *m* bidon *m* d'essence, nourrice *f* à essence, jerrycan *m;* ~**lager** *n* dépôt *od* entrepôt *m* d'essence; ~**leitung** *f mot* tuyauterie *f* d'essence; ~**mangel** *m mot* panne *f* d'essence *od* sèche; ~**motor** *m* moteur *m* à essence *od* à pétrole; ~-**Öl-Gemisch** *n* essence *f* graissée à l'huile; ~**pumpe** *f* pompe *f* à essence; ~**stand** *m* niveau *m* d'essence; ~**standsmesser** *m* jauge *f* à essence, indicateur *m* d'essence; ~**tank** *m* réservoir *m* à essence; ~**verbrauch** *m* consommation *f* d'essence; ~**zapfstelle** *f* distributeur *m* d'essence; ~**zufuhr** *f* arrivée *f* d'essence; ~**zuleitung** *f* tuyau *m* de prise d'essence.

Benzoe *f* ⟨-, ø⟩ ['bɛntsoe] *(Harz)* benjoin *m;* ~**baum** *m* badamier *m;* ~**säure** *f* acide *m* benzoïque; ~**tinktur** *f pharm* lait *m* virginal.

Benzol *n* ⟨-s, -e⟩ [bɛn'tso:l] *chem* benzène *m.*

beobacht|en [bə'ʔo:baxtən] *tr* observer; *(genau)* examiner, scruter; *(heimlich)* épier; *(überwachen)* surveiller; *(beachten)* suivre; *(einhalten)* observer, garder; *Stillschweigen* ~ garder le silence; ~**end** *a* observateur; **B~er** *m* ⟨-s, -⟩ observateur; *(Zuschauer)* spectateur *m;* **B~ung** *f a. tech* observation *f;* examen *m;* surveillance; *rel jur* observance *f; e-e od die* ~ *machen* observer; *unter* ~ *(med)* en observation; *unter* ~ *stehen* être surveillé; **B~ungsballon** *m* ballon *m* d'observation; **B~ungsbühne** *f* plate-forme *f* d'observation; **B~ungsflugzeug** *n* avion *m* d'observation; **B~ungsgabe** *f* pouvoir *od* esprit *m* d'observation; **B~ungsposten** *m,* **B~ungsstand** *m mil* poste *m* d'observation; **B~ungswert** *m (Statistik)* observation *f.*

beorder|n *tr* commander; donner l'ordre *(jdn etw zu tun* à qn de faire qc); envoyer *(zu* chez; *nach* à); ~**t** *werden* recevoir ordre *(zu* de); **B~ung** *f* commandement, ordre *m.*

bepacken *tr* charger *(mit* de); *schwer bepackt* lourdement chargé.

bepflanz|en *tr* planter *(mit* de); **B~ung** *f* plantation *f.*

beplanken *tr mar* border.

bequem [bə'kve:m] *a* commode, aisé,

à l'aise, facile; *(behaglich)* confortable; *(passend)* large; *(Ausrede)* (trop) facile, commode; *(Mensch: umgänglich)* facile, agréable; qui aime ses aises; *fam (träge)* paresseux; *es sich ~ machen* se mettre à l'aise; *machen Sie es sich ~!* mettez-vous à l'aise *od* à votre aise! *adv* facilement, aisément, *fam* à l'aise; *~en, sich* s'accommoder, condescendre, se prêter *(zu etw* à qc), daigner *(etw zu tun* faire qc); *(sich fügen)* se conformer, se plier *(zu* à); **B~lichkeit** *f* commodité *f,* aises *f pl,* confort *m;* paresse, nonchalance *f; in aller ~ (a. fam)* en pantoufles; *der ~ wegen* pour plus de facilités; *die ~ lieben* aimer son confort *od* ses aises; *mangelnde ~en* inconfort *m.*

berappen *tr fam (bezahlen)* abouler.

berat|en ⟨*berät, beriet, hat beraten*⟩ *tr* conseiller; donner des conseils *(jdn* à qn); *itr u. sich ~ (ratschlagen)* délibérer, conférer *(über etw* sur qc); réfléchir *(ob* pour savoir si); tenir conseil; *jdn gut, schlecht ~* donner de bons, mauvais conseils à qn; *pp u. a: gut, schlecht ~* bien, mal conseillé *od* avisé; **~end** *a* consultatif; *~e Stimme haben* avoir voix consultative; *~e(r) Arzt m* médecin *m* consultant; *~e(r) Ausschuß m* comité *m* consultatif; **B~er** *m* ⟨-s, -⟩ conseiller; *jur* conseil; *(Industrieberater)* expert *m* conseil; *technische(r) ~* ingénieur *m* conseil; **~schlagen** *itr* ⟨*beratschlagt, beratschlagte, hat beratschlagt*⟩ = *~en itr u. sich ~en;* **B~schlagung** *f* délibération, conférence *f;* **B~ung** *f bes. jur med* consultation *f;* = *B~schlagung; zur ~ stellen* mettre en délibération; *ärztliche ~* consultation *f* médicale; **B~ungsstelle** *f* service *m* de consultation; **B~ungszimmer** *n* salle des délibérations, chambre *f* du conseil.

beraub|en *tr* voler, dépouiller, dévaliser, piller, spolier; *pop* détrousser; *fig (e-s Rechts, e-s Vorteils)* priver *(gen* de); **B~ung** *f* dépouillement *m,* spoliation *f.*

beräucher|n *tr* [bə'rɔʏçərn] enfumer; *(mit Weihrauch)* encenser *a. fig; fig (umschmeicheln)* aduler, flagorner; **B~ung** *f* ⟨-, (-en)⟩ encensement *m;* adulation *f.*

berausch|en *tr a. fig* griser, enivrer; *fig* passionner, enthousiasmer; *sich ~ (a. fig)* se griser, s'enivrer *(an* de); **~end** *a* capiteux; *a. fig* grisant, enivrant; *~e Schönheit f* beauté *f* ravissante; **~t** *a* gris; *a. fig* ivre; **B~theit** *f* ⟨-, (-en)⟩ *a. fig* griserie, ivresse *f.*

Berberitze *f* ⟨-, -n⟩ [bɛrbə'rɪtsə] *bot* épine-vinette *f.*

berechenbar *a* [bə'rɛçən-] calculable; *(abschätzbar)* évaluable, appréciable; **B~keit** *f* appréciabilité *f.*

berechn|en *tr* calculer, compter *(jdm etw* qc à qn); *(schätzen)* évaluer, estimer, supputer; *(in Rechnung stellen)* mettre en compte, porter *od* inscrire au débit *(jdm* de qn); *~end a* calculateur; *(auf s-n Vorteil bedacht)* intéressé, égoïste; *~et a: auf etw ~ sein* être destiné *od* fait pour qc; **B~ung** *f* calcul, compte *m;* évaluation, estimation, supputation *f; (Voranschlag)* devis *m; (Anrechnung)* facturation, mise en compte; *fig (Absicht)* politique *f; aus ~* par politique, par calcul; *~en anstellen* faire *od* effectuer des calculs; *überschlägliche ~* calcul *m* approximatif; **B~ungsgrundlage** *f* base *f* de calcul.

berechtig|en [-'rɛç-] *tr* autoriser, donner droit, habiliter *(zu* à); conférer le droit *(jdn etw zu tun* à qn de faire qc); *~t a (Anspruch, Forderung etc, a. fig)* juste, légitime, fondé, justifié; *~ sein zu* être autorisé à; *jur* avoir qualité pour, être (fondé *et)* en droit de, avoir le droit de *od* droit à, jouir du droit de; *~terweise adv* légitimement; **B~te(r)** *m* ayant droit, intéressé *m; an, durch den B~ten* à, par qui de droit; **B~ung** *f* ⟨-, (-en)⟩ autorisation *f,* droit *(zu* à); pouvoir *m,* qualité *f,* titre *(zu* de); *jur* bien-fondé *m; mit voller ~* à juste titre; **B~ungsnachweis** *m* légitimation *f;* **B~ungsschein** *m* titre *m,* licence *f,* permis *m.*

bered|en *tr* parler *(etw* de qc), discuter, débattre; *(überreden)* persuader, convaincre *(jdn zu etw* qn de qc), décider *(jdn zu etw* qn à qc); *sich ~* conférer, se concerter, s'entendre *(mit jdm über etw* avec qn au sujet de qc); **B~samkeit** *f* ⟨-, ø⟩ éloquence *f; e-e große ~ entwickeln* faire assaut d'éloquence; *~t a* éloquent, disert; *(vielsagend)* significatif, expressif; **B~theit** *f* = *B~samkeit.*

Bereich *m, (Gebiet)* région, étendue, zone *f;* district; *fig* secteur, rayon, cadre *m,* sphère *f,* domaine *m; (Aufgaben~)* ressort *m,* attributions *f pl; tech, a. radio* gamme; *radio* bande *f; im ~ der Möglichkeit* dans le domaine du possible.

bereicher|n *tr* enrichir; *sich ~* s'enrichir *(um etw* de qc; *an etw* grâce à, sur qc, *fam* sur le dos de qn); *sich unrechtmäßig ~* s'enrichir frauduleusement; **B~ung** *f* ⟨-, (-en)⟩ enrichissement *m; (des Wissens)* augmentation *f.*

bereif|en *tr (Faß)* cercler; *mot* munir *od* équiper de pneus *od* de bandages; **B~ung** *f* ‹-, (-en)› *(Faß)* cerclage; *mot* (équipement *m* de) bandages *od* pneus *m pl.*

bereift *a (mit Rauhreif)* givré, givreux.

bereinig|en *tr (Angelegenheit)* arranger, mettre ordre à; *(Schuld)* régler; *(Rechnung, Konto)* apurer; **B~ung** *f* ‹-, (-en)› arrangement; règlement; apurement *m.*

bereisen *tr* voyager *(ein Land* dans un pays).

bereit [bə'raɪt] *a* prêt, disposé *(zu* à), sur pied; *(verfügbar)* disponible; *sich ~ erklären zu* consentir à; *sich ~ finden zu* être prêt *od* disposé à, en passer par; *sich ~ halten* se tenir prêt; *wir sind gern ~* nous sommes tout disposés *(zu* à); **~en** *tr (vorbereiten)* préparer, apprêter, disposer *(zu* à); *(zubereiten)* préparer, faire; *(herstellen)* faire, fabriquer; *(Leder)* corroyer; *fig (verursachen)* faire, causer, occasionner; *(Empfang)* réserver; *(Niederlage)* infliger; *jdm Kummer ~* affliger qn; **bereit=halten** *tr* tenir prêt; **bereit=legen** *tr* mettre en place, préparer; **bereit=machen** *tr* préparer, disposer; *sich ~ zu* se préparer, se disposer, s'apprêter à; **~s** *adv* déjà; **B~schaft** *f* disposition; disponibilité; *(e-r bestimmten Gruppe)* permanence *f;* (état *m* d')alerte *f; in ~* en alerte; *~ haben* être de permanence *od* de piquet; **B~schafts-arzt** *m* médecin *m* de service; **B~schaftsdienst** *m* service *m* de permanence *od* de réserve; *~ haben = B~schaft haben; ärztliche(r) ~* permanence *f* médicale, service *m* d'urgence; **B~schaftspolizei** *f* compagnie *f* républicaine de sécurité, C.R.S. *pl;* **B~schaftspolizist** *m* C.R.S. *m;* **B~schaftsstellung** *f* position *f* d'attente; **B~schaftswagen** *m* fourgon *m* de secours; **bereit= stehen** *itr* être prêt *(zu* à); *(verfügbar sein)* être à la disposition *(für jdn* de qn); **bereit=stellen** *tr* mettre à la disposition *(jdm de* qn); *(auf Lager halten)* stocker; **B~stellung** *f* mise *f* à la disposition; stockage *m; mil* mise en place; base *f; pl mil* troupes *f pl* sur la base de départ; *~ der Wagen (loc)* manutention *f;* **B~ung** *f* préparation; *(Herstellung)* fabrication *f; (Leder)* corroyage *m;* **~willig** *a* disposé, prêt; *(eifrig)* empressé; *(dienstfertig)* obligeant; *adv* volon-

tiers, avec empressement; de bonne grâce; **B~willigkeit** *f* disposition *f;* empressement *m;* obligeance, complaisance *f,* bon vouloir *m.*

bereuen *tr* se repentir *(etw* de qc); *(bedauern)* regretter; *schwer ~ (fam)* se mordre les doigts *(etw* de qc); *das wirst du noch ~! (fam)* tu t'en repentiras!

Berg *m* ‹-(e)s, -e› [bɛrk, -gə] *allg* montagne *f; (bes. in Namen)* mont *m; (kleinerer)* colline *f,* monticule *m; (Steigung)* côte; *mines* gangue *f* stérile; *fig* montagne *f;* tas *m; pl (Gebirge)* montagne *f; mines a.* terres *f pl; über ~ und Tal* par monts et par vaux; *zu ~e fahren (auf e-m Fluß)* remonter le courant; *mit etw (nicht) hinter dem ~e halten* (ne pas) cacher, dissimuler qc; *mit s-r Meinung hinter dem ~e halten* mettre son drapeau dans sa poche; *(noch nicht) über den ~ sein* (r')avoir (pas encore) fait le plus difficile; *~e versetzen (fig)* déplacer des montagnes; *goldene ~e versprechen* promettre monts et merveilles; *mir stehen die Haare zu ~e* j'ai les cheveux qui se dressent sur la tête; *er ist über alle ~e* il est (parti) bien loin; *der ~ kreißt und gebiert e-e Maus* la montagne accouche d'une souris; **b~ab** [-'?ap] *adv* en descendant; *(beim Abstieg)* à la descente; *(auf e-m Fluß)* en aval; *~ gehen (Geschäft)* être *od* aller à la dérive; *es geht mit ihm ~ (geschäftlich)* ses affaires vont mal; *(gesundheitlich)* il baisse, il décline; **~akademie** *f* école *f* (supérieure) des mines; **~amt** *n* administration *f od* service *od* bureau *m* des mines; **b~an** [-'?an] *adv* en montant; **~arbeit** *f* travail *m* de(s) mineurs; **~arbeiter** *m (a. im Kohlenbergbau)* (ouvrier) mineur *m;* **~arbeiterhaus** *n,* **~arbeitersiedlung** *f* coron *m;* **~arbeiterstreik** *m* grève *f* des mineurs; **~arbeiterverband** *m* fédération *f* des mineurs; **b~auf** [-'?aʊf] *adv* en montant; *(beim Aufstieg)* à la montée; *(auf e-m Fluß)* en amont; *es geht mit ihm ~ (geschäftlich)* ses affaires vont bien; *(gesundheitlich)* il va mieux; **~bahn** *f* chemin *m* de fer de montagne; **~bau** *m* exploitation des mines, industrie *f* minière; *~ betreiben* exploiter une mine; *~ und Industrie der Steine und Erden* industrie *f* extractive; **~baugebiet** *n* région *f* minière, bassin *m* minier; **~baugesellschaft** *f* société *f* minière; **~bauingenieur** *m* ingénieur *m* des mines; **~baukunde** *f* science *f od* art *m* des mines;

~**bauschule** *f* école *f* des mines; ~**besteigung** *f* ascension *f*; ~**dorf** *n* village *m* de montagne; **b~(e)hoch** *a* haut comme une *od* des montagne(s); ~**(es)halde** *f* mines terril *m*; ~**fahrt** *f (Wagen)* montée *f*; *(Schiff)* remontée *f*; **b~fertig** *a* mines invalide; ~**fex** *m* ⟨-es/(-en), -e/(-en)⟩ alpiniste *m* enragé; ~**fried** *m* ⟨-(e)s, -e⟩ [-fri:t] *arch hist* donjon *m*; ~**führer** *m* guide *m* de montagne; ~**geist** *m* génie *m* des montagnes; ~**hauptmann** *m* inspecteur *m* des mines; ~**hilfsarbeiter** *m* mines galibot *m*; **b~ig** *a* montagneux, montueux; ~**kette** *f* chaîne *f* de montagnes; ~**kiefer** *f* pin *m* nain; ~**krankheit** *f (Höhenkrankheit)* mal *m* des montagnes; ~**kristall** *m* cristal *m* de roche *od* de montagne; ~**kupfer** *n* cuivre *m* natif; ~**kuppe** *f* sommet (arrondi), ballon, mamelon *m*; ~**land** *n* pays *m* de montagnes; ~**mann** *m* ⟨-(e)s, -leute⟩ = ~*arbeiter*; **b~männisch** *a* de mineur; ~**massiv** *n* massif *m* (montagneux); ~**meister** *m* = ~*bauingenieur*; ~**ordnung** *f* règlement *m* de l'exploitation des mines; ~**polizei** *f* police *f* des mines; ~**predigt** *f* sermon *m* sur la montagne; ~**rat** *m* ⟨-(e)s, ⸚e⟩ *(Person)* conseiller *m* des mines; ~**recht** *n* droit des mines; code *m* minier; ~**rücken** *m* croupe *f* (de montagne); ~**rutsch** *m* glissement *m* de terrain; ~**schaden** *m* dommage *m* minier; ~**schrund** *m* rimaye *f*; ~**schuhe** *m pl* chaussures *f pl* de montagne; ~**steigen** *n* alpinisme *m*; ~**steiger** *m* alpiniste, ascensionniste; ~**steigerausrüstung** *f* équipement *m* de montagne; ~**stock** *m* bâton ferré, alpenstock *m*; ~**straße** *f* route *f* de montagne; ~**sturz** *m* = ~*rutsch*; ~**tour** *f* course *f*; ~**-und-Tal-Bahn** *f* montagnes *f pl* russes; ~**verwaltung** *f* administration *f* des mines; ~**wacht** *f* secours *m* en montagne; ~**wand** *f* paroi *f*, flanc *m*; ~**wanderung** *f* excursion *f* en montagne; ~**warte** *f* poste *m* de montagne; ~**werk** *n* mine; *(Kohlenbergwerk)* houillère *f*, charbonnage *m*, mine *f* de charbon; ~**zinn** *n* étain *m* natif.

Berg|egeld ['bɛrg-] *n*, ~**elohn** *m* droit *m od* prime *od* indemnité *f* de sauvetage; **b~en** ⟨*birgt, barg, hat geborgen*⟩ *tr (retten)* sauver; *(in Sicherheit bringen)* mettre en sûreté *od* à l'abri, abriter; *(Tote)* dégager, ramener à la surface; *(einbringen, -fahren)* rentrer, garer; *(Segel)* affaler; *fig (enthalten)* contenir, renfermer, com-

prendre; comporter; ~**ung** *f* sauvetage *m*; ~**ungsarbeiten** *f pl* travaux *m pl* de sauvetage; ~**ungsdienst** *m* service *m* de sauvetage; ~**ungsgut** *n* biens *m pl* sauvés; épaves *f pl* recueillies; ~**ungskosten** *pl* frais *m pl* de sauvetage; ~**ungsmannschaft** *f* colonne *f* de sauvetage; ~**ungsschiff** *n* bateau *od* navire *m* de sauvetage.

Bericht *m* ⟨-(e)s, -e⟩ [bə'rɪçt] rapport, exposé, compte rendu, aperçu, mémoire; *(längerer)* récit *m*, relation *f*; *(amtlicher)* communiqué *m*, notification *f*; *(Zeitung, radio)* reportage *m*; nouvelles *f pl; laut* ~ suivant avis; *e-n* ~ *entgegennehmen* entendre un rapport; ~ *erstatten* rapporter *(über etw* qc), faire un rapport *(über* sur); *jdm* faire rapport à qn; **b~en** *tr* rapporter, exposer; rendre compte de; *(erzählen)* relater, raconter; *(amtlich)* communiquer; *itr* faire un rapport *(über* de); *über etw* faire le récit de qc; *von sich* ~ parler de soi *od* de ce qu'on a fait; ~**erstatter** *m allg (a. auswärtiger* ~ *e-r Zeitung)* correspondant; *(Zeitung)* reporter, échotier; *radio* radioreporter; *pol (Referent)* rapporteur; *jur* juge *m* rapporteur; ~**erstattung** *f allg* rapport *m*, relation, chronique *f; (Zeitung)* reportage *m*; correspondance *f; radio* radioreportage *m*; ~**sjahr** *n adm fin com* exercice *m*; ~**smonat** *m* mois *m* de rapport; ~**swoche** *f* semaine *f* de rapport; ~**szeit** *f* période *f* de rapport.

berichtig|en *tr* corriger, rectifier, redresser; *tech* mettre au point *od* en ordre, régler; *zu* ~*(d)* rectifiable; ~**end** *a* rectificatif; **B~ung** *f* correction, rectification *f*, redressement; *jur (acte)* rectificatif *m; tech* mise *f* au point, réglage *m*; ~ *vorbehalten* sauf correction.

beriechen *tr* sentir, flairer.

beriesel|n *tr* irriguer, arroser; *fig (mit Musik, Reklame)* abreuver, inonder *(mit* de); **B~ung** *f* irrigation *f*, arrosage, épandage, ruissellement; *fig (mit Musik, Reklame etc)* flot *m* ininterrompu; **B~ungsanlage** *f* installation *f* d'irrigation *od* d'arrosage; **B~ungskühler** *m tech* refroidisseur *m* à ruissellement.

bering|en *tr (Vogel)* baguer; ~**t** *a (Vogel)* bagué; *(Hand)* garni *od* chargé de bagues; **B~ung** *f (Vogel)* baguage *m*.

beritten *a* monté, à cheval; ~*e Polizei f* police *f* montée; **B~e(r)** *m* homme *m* à cheval, cavalier *m*.

Berlin|er [bɛr'liːnər] *a inv* berlinois; ~ *(Pfannkuchen) m* beignet *m;* ~ *Blau n* bleu *m* de Prusse; ~**er(in** *f) m* ⟨-s, -⟩ Berlinois, e *m f;* **b~(er)isch** *a* berlinois.
Berlocke *f* ⟨-, -n⟩ [bɛr'lɔkə] *(Uhrkettenschmuck)* breloque *f.*
Berme *f* ⟨-, -n⟩ ['bɛrmə] *(Böschungsabsatz)* berme *f; (Straße)* accotement *m; (Gehweg)* banquette *f.*
Bern [bɛrn] *n geog* Berne *f.*
Bernhard ['bɛrnhart] *m* Bernard; ~**iner(hund)** *m* ⟨-s, -⟩ [-'diːnər] saint-bernard *m.*
Bernstein *m* ⟨-(e)s, ø⟩ ['bɛrn-] ambre jaune; succin *m;* **b~ern** *a* d'ambre; **b~farben** *a* ambré; ~**säure** *f* acide *m* succinique.
Berserker *m* ⟨-s, -⟩ [bɛr'zɛrkər] guerrier *m* sauvage; *wie ein* ~ *(fig)* comme un fou.
berst|en ⟨*birst, barst, ist geborsten*⟩ ['bɛrsten] *itr* se fendre, se crevasser; *(platzen, a. fig)* crever, éclater; *(explodieren)* exploser, détoner; ~ *vor Wut* crever de rage; **B~en** *n* crevassement; éclatement *m; zum* ~ *voll* plein comme un œuf od à craquer; **B~katastrophe** *f (im Kernkraftwerk)* explosion *f;* **B~schutz** *m (im Kernkraftwerk)* dispositif *m* de sécurité anti-explosion.
berüchtigt [bə'rʏçtɪçt] *a* mal famé.
berücken *tr (betören)* enchanter, charmer, fasciner; ~**d** *a* captivant, ravissant, séduisant.
berücksichtig|en [-'rʏkzɪçt-] *tr (erwägen)* considérer, prendre en considération; *(beachten)* faire la part *(etw* de qc); avoir égard *(etw* à qc); tenir compte *(etw* de qc); *berücksichtigt (bedacht) werden* entrer en considération; *die Kosten* ~ regarder à la dépense; **B~ung** *f* (prise en) considération *f;* égard *m; in* ~, *daß...* considérant que...; *ohne* ~ *(gen)* sans égard pour; *unter* ~ *(gen)* en considération de, tenant compte de, compte tenu de, eu égard à; *unter* ~ *aller Umstände* (le) tout bien considéré, tout compte fait; ~ *finden* entrer en considération *od* en ligne de compte.
Beruf *m* ⟨-(e)s, -e⟩ profession *f,* métier *m; (Laufbahn)* carrière *f; freie(r)* ~ profession *f* libérale; *ohne* ~ sans profession; *von* ~ de (son) métier; *e-n* ~ *ausüben e-m* ~ *nachgehen* exercer une profession *od* un métier; *e-n* ~ *ergreifen* choisir une profession; embrasser une carrière; *s-n* ~ *verfehlt haben* avoir manqué *od* raté sa profession; *s-n* ~ *an den Nagel hängen*

jeter le froc aux orties; *s-n* ~ *wechseln* changer de métier; **b~en** ⟨*beruft, berief, hat berufen*⟩ *tr (ernennen)* nommer, appeler *(zu* à); destiner *(zu* à); *sich* ~ *auf* se référer, se reporter, se rapporter, en appeler à, se réclamer, se prévaloir de, s'appuyer sur; *etw* invoquer, alléguer qc; *jdn (als Zeugen)* prendre qn à témoin; *a (befähigt)* qualifié; *(zuständig)* compétent; *(befugt)* autorisé; *zu etw* ~ *sein* avoir mission de *od* pour *od* la vocation de qc; *ich fühle mich nicht dazu* ~ ce n'est pas mon affaire; *(Bibel) viele sind* ~ *il* y a beaucoup d'appelés; **b~lich** *a* professionnel; ~*e Eignung f* aptitude *od* qualification *f* professionnelle; ~ *tätig sein* exercer une profession *od* un métier; *ich war* ~ *verhindert* mes affaires m'ont retenu; ~**s...** *(in Zssgen)* professionnel; *(vor er Berufsbezeichnung)* de métier; ~**arbeit** *f* travail *m* professionnel; ~**sausbildung** *f* formation *f* professionnelle; ~**sausübung** *f* exercice *m* d'une *od* de sa profession; ~**sbeamtentum** *n (Gruppe)* corps *m* des fonctionnaires de carrière; ~**sbeamte(r)** *m* fonctionnaire *m* de carrière; **b~sbedingt** *a* professionnel; ~**sbefähigung** *f* qualification *od* capacité *f* professionnelle; ~**sberater** *m* conseiller d'orientation professionnelle, orienteur *m;* ~**sberatung** *f* orientation *f* professionnelle; ~**sberatungsstelle** *f* office *od* service *m* d'orientation professionnelle; ~**sblindheit** *f fig* cécité *f* professionnelle; ~**sboxer** *m* boxeur *m* professionnel; ~**sehre** *f* honneur *m* professionnel; ~**seignung** *f* aptitude *f* professionnelle; ~**serfahrung** *f* expérience *f* professionnelle; ~**sgeheimnis** *n* secret *m* professionnel; ~**sgenossenschaft** *f* syndicat *m od* corporation *f* professionnel(le); ~**sgruppe** *f* groupe *m* professionnel; ~**sheer** *n* armée *f* de métier; ~**skleidung** *f* vêtements *m pl* de travail; ~**skrankheit** *f* maladie *f* professionnelle; ~**skunde** *f* professiographie *f;* ~**sleben** *n* vie *f* professionnelle; *im* ~ *stehen* exercer une profession; **b~smäßig** *a* professionnel; ~**smöglichkeiten** *f pl* débouchés *m pl* professionnels; **b~smüde** *a* las de sa profession; ~**soffizier** *m* officier *m* de carrière *od* d'active; ~**sorganisation** *f* organisation *f* professionnelle; ~**spraxis** *f* pratique *f* professionnelle; ~**srichter** *m* juge *od* magistrat *m* de carrière; ~**sschule** *f* école *f* professionnelle *od* d'apprentissage;

~**sschulpflicht** *f* fréquentation *f* obligatoire d'une école professionnelle; ~**sschulunterricht** *m* enseignement *m* professionnel; ~**ssoldat** *m* militaire de carrière, soldat *m* de carrière *od* de métier; ~**sspieler** *m* (joueur) professionnel *m;* ~**ssportler** *m* professionnel *m;* ~**ssportlertum** *n* professionnalisme *m;* ~**sstand** *m* état *m* professionnel; **b~sständisch** *a* socio-professionnel; qui exerce une profession *od* un métier; ~ *sein* exercer une profession *od* un métier; ~*e Bevölkerung f* population *f* active; ~**stätigkeit** *f* activité *f* professionnelle; ~**sverband** *m* syndicat *m od* organisation *od* association *od* fédération *od* union *f* professionnel(le); ~**sverbot** *n* interdiction *f* professionnelle *od* de travail; ~**sverkehr** *m: Zeit f des* ~*s* heures *f pl* d'affluence; ~**swahl** *f* choix *m* de la profession; **b~swidrig** *a* antiprofessionnel; ~**szweig** *m* branche, spécialité *f.*

Berufung *f (innere)* vocation, mission *(zum od zur ... de ...); (Ernennung)* nomination, promotion *f; jur* appel, recours *m; (sport)* sélection *f; unter od mit* ~ *auf* se référant à, excipant de; *vorbehaltlich* ~ sauf appel; *e-e* ~ *ab-* od *zurückweisen* od *verwerfen* rejeter un appel; *jds* ~ *abweisen (etc)* débouter qn de son appel; ~ *einlegen (jur)* interjeter appel, se pourvoir en appel, former *od* interjeter recours, recourir à un tribunal supérieur; *gegen etw* (en) appeler de qc, faire appel de qc; *bei* porter l'appel devant; *in die* ~ *gehen* porter *od* se pourvoir en appel, se porter appelant; *e-r* ~ *stattgeben* admettre un appel; *die* ~ *zurückziehen* se désister de l'appel; ~**sfrist** *f* délai *m* d'appel; ~**sgebühr** *f* taxe *f* d'appel; ~**sgericht** *n* cour d'appel, justice *f* de ressort; ~**sgründe** *m pl* griefs *m pl* d'appel; ~**sinstanz** *f* tribunal *m* d'instance *f od* d'appel; ~**skammer** *f* chambre *f* d'appel; ~**sklage** *f* appel *m;* ~**skläger** *m* appelant *m;* partie *f* appelante; ~**skosten** *pl* frais *m pl* d'appel; ~**srecht** *n jur* droit *m* d'appel; ~**srichter** *m* juge *m* d'appel; ~**sschrift** *f* acte *m* d'appel; ~**sstrafkammer** *f* tribunal *m* correctionnel; ~**surteil** *n* jugement *m* rendu en (cause d')appel; ~**sverfahren** *n* procédure de recours, instance *f* d'appel; ~**sverhandlung** *f* audition *f* d'appel; ~**sweg** *m: auf dem* ~ *(jur)* par voie d'appel; ~**szurückweisung** *f* rejet *m* de l'appel.

beruhen *itr* reposer, être fondé, être établi, se baser, s'appuyer *(auf* sur); *(s-e Ursache haben in)* provenir *(auf* de), tenir *(auf* à), relever, dépendre *(auf* de); *auf e-m Irrtum* ~ provenir d'une erreur; *auf Wahrheit* ~ être vrai; *etw auf sich* ~ *lassen* laisser dormir qc, laisser qc en sommeil; *es auf sich* ~ *lassen* s'en tenir là, en demeurer là; *das beruht auf Gegenseitigkeit* c'est réciproque.

beruhig|en *tr* tranquilliser, calmer, rassurer, apaiser, rasséréner, remettre, lénifier; mettre à l'aise *od* à son aise; *(entspannen)* détendre; *(trösten)* consoler; *sich* ~ se tranquilliser, se calmer, se rassurer, se remettre; *(Meer)* se calmer; *(Wind)* tomber; *(Wetter, Lage)* s'arranger; *da bin ich (ja) beruhigt!* me voilà tranquille; *seien Sie beruhigt!* soyez tranquille, rassurez-vous; ~**end** *a* rassurant, reposant; *med* calmant, sédatif, lénifiant, lénitif; **B~ung** *f ⟨-, (-en)⟩* apaisement, soulagement *m; (Entspannung)* détente; *(Trost)* consolation *f; zur* ~ *des Gewissens* par acquit de conscience; **B~ungsmittel** *n med* tranquillisant, calmant, sédatif, lénitif *m.*

berühmt *a* célèbre, illustre, fameux, réputé, renommé; ~ *machen (a.)* illustrer; *das ist nicht* ~ *(hum)* ce n'est pas fameux; **B~heit** *f* célébrité *(a. Person)*, renommée *f,* renom *m;* ~ *erlangen* devenir célèbre.

berühr|bar *a* tangible; ~**en** *tr* toucher (à); *(streifen)* effleurer, frôler, friser, coudoyer; *fig (e-n Ort auf d. Reise)* passer par; *(erwähnen)* effleurer, mentionner; *(angehen)* toucher, regarder, concerner, affecter, intéresser; *sich* ~ se toucher; *fig* rejoindre; avoir des points communs *(mit jdm* avec qn); *jdn (un-)angenehm* ~ être (dés)agréable à qn; *jdn peinlich* ~ être désagréable à qn; ~**end** *a: sich* ~ *(math)* tangent; **B~ung** *f* contact, attouchement *m;* effleurement, frôlement; rapport *m; math* tangence; *(Erwähnung)* mention *f; in* ~ *bringen* mettre en contact; *in* ~ *kommen mit* entrer en rapport avec; **B~ungsebene** *f math* plan *m* tangent; **B~ungselektrizität** *f* électricité *f* par contact; galvanisme *m;* **B~ungsfläche** *f* surface *f* de contact *od* osculatrice; **B~ungslinie** *f* ligne *f* osculatrice; **B~ungspunkt** *m a. fig* point *m* de contact.

Beryll *m ⟨-(e)s, -e⟩* [be'rʏl] *min* béryl, béril *m;* ~**ium** *n ⟨-s, ø⟩* [-lɪʊm] *chem* béryllium, glucinium *m.*

besä|en tr ensemencer, emblaver; semer (mit de); ~t a fig (par)semé; jonché (mit de).

besag|en tr (bedeuten) dire, signifier; stipuler; fam (beweisen) prouver; das hat nichts zu ~ cela ne prouve rien; ~t a susmentionné, susnommé, susdit; jur (Person) ledit.

besaiten tr (Instrument) mettre od monter des cordes à; neu ~ recorder.

besam|en tr ensemencer; sich ~ monter en graine; **B~ung** f ⟨-, (-en)⟩ ensemencement m; künstliche ~ f insémination f artificielle.

Besan m ⟨-s, -e⟩ [be'zaːn] (Segel am Besanmast) brigantine f; ~**mars** m hune f d'artimon; ~**mast** m mât m d'artimon.

besänftig|en tr apaiser, adoucir, amadouer; **B~ung** f apaisement, adoucissement m.

Besatz m (Textil) garniture f, passement m; (Borte) bordure f; ~**stickerei** f garniture f brodée.

Besatzung f (Garnison) garnison f; (Truppen) troupes f pl d'occupation; mar aero (Bemannung) équipage m; ~**sarmee** f, ~**sheer** n armée f d'occupation; ~**sbehörden** f pl autorités f pl d'occupation od occupantes; ~**sgebiet** n zone f d'occupation; ~**skosten** pl frais m pl d'occupation; ~**smacht** f puissance occupante od d'occupation; force f d'occupation; ~**smitglied** n mar aero membre m de l'équipage; ~**sraum** m aero habitacle m; ~**sstatut** n statut m d'occupation; ~**sstreitkräfte** f pl forces f pl d'occupation; ~**struppen** f pl troupes f pl d'occupation; ~**szeit** f occupation f; ~**szone** f zone f d'occupation.

besaufen, sich ⟨besäuft, besoff, hat besoffen⟩ pop se soûler, se saouler, se cuiter, prendre une biture; **Besäufnis** n ⟨-sses, -sse⟩ hum soûlographie; pop soûlerie f.

beschädig|en [-'ʃɛːd-] tr endommager, détériorer, dégrader, esquinter, gâter, abîmer; bes. mar avarier; med blesser, léser; **B~ung** f (Vorgang) endommagement m, détérioration, dégradation f; (Zustand) dommage, dégât m; bes. mar avarie; med blessure, lésion f.

beschaffen ⟨fb⟩ tr procurer, faire provision de; pourvoir, approvisionner (jdm etw qn de qc); (liefern) fournir; sich etw ~ se procurer qc, faire provision de qc; Arbeit ~ procurer du travail; (sich) Geld ~ trouver od se procurer de l'argent; ~**en** a: gut schlecht ~ en bon, mauvais état; en bonne,

mauvaise condition od qualité; de bonne, mauvaise qualité; so ~, daß de nature à; ich bin nun einmal so ~ oui, je suis comme ça; wie ist es mit ... ~? où en est ...? **B~enheit** f ⟨-, (-en)⟩ (Zustand) état m, condition; (Art) nature, constitution, essence; (Eigenschaft) qualité, propriété f; **B~ung** f ⟨-, (-en)⟩ approvisionnement m, acquisition; (Lieferung) fourniture f; **B~ungsamt** n bureau m d'approvisionnement; **B~ungskosten** pl frais m pl d'acquisition, prix m d'achat; **B~ungsstelle** f centre m d'approvisionnement.

beschäftig|en [-'ʃɛft-] tr occuper (mit à); (als Arbeitskraft) employer; fig (geistig) (pré)occuper; donner à réfléchir (jdn à qn); sich ~ s'occuper (mit de); sich intensiv mit etw ~ s'adonner, s'attacher, s'acharner à qc; ~t a occupé (mit à); dauernd mit etw ~ sein (a.) avoir toujours le nez sur qc, ne pas lever le nez de dessus qc; bei jdm ~ sein faire partie du personnel de qn; stark ~ affairé; absorbé, accaparé (mit par); **B~ung** f occupation f; (durch e-n Arbeitgeber) emploi; (Arbeit) travail m; activité f; (Zeitvertreib) passe-temps m; ohne ~ sans occupation; (arbeitslos) sans emploi od travail; **B~ungsgrad** m degré m d'occupation od d'activité; ~**ungslos** a sans occupation; (untätig) inactif; (arbeitslos) sans emploi od travail; **B~ungsmöglichkeit** f possibilité f d'emploi; **B~ungsnachweis** m certificat m d'emploi; **B~ungsprogramm** n programme m d'emploi; **B~ungsstand** m chiffre m d'emploi; **B~therapie** f thérapie f occupationnelle.

beschäl|en tr (Stute) monter, saillir, couvrir; **B~er** m ⟨-s, -⟩ (Hengst) étalon m; **B~ung** f ⟨-, (-en)⟩ monte, saillie f.

beschäm|en tr humilier, confondre, faire honte à, rendre honteux od confus; (in den Schatten stellen, übertreffen) surpasser, éclipser; ~**end** a humiliant; ~**t** a honteux, confus, confondu; **B~ung** f ⟨-, (-en)⟩ (Vorgang) humiliation f; (Zustand) honte; confusion f.

beschatten tr ombrager, couvrir d'ombre, donner de l'ombre à; fig (heimlich überwachen) filer, prendre en filature; **B~** n fig filature f.

Beschau f (Untersuchung) contrôle m, inspection; (Beglaubigung) vérification f; **b~en** tr regarder, contempler, observer; (prüfen) inspecter, examiner, contrôler; ~**er** m spectateur; *(Prüfer)* inspecteur *m;* **b~lich** *a* contemplatif; pensif; **~lichkeit** *f* contemplation *f.*

Bescheid *m* ‹-(e)s, -e› *(Mitteilung)* avis *m,* communication; *(Antwort)* réponse *f; (Auskunft)* renseignement *m,* information *f; (Anweisung)* ordre; *(behördlicher)* décret *m; (Entscheidung)* décision *f, bes. jur* arrêt *m; ohne vorherigen* ~ sans avis préalable; *bis auf weiteren* ~ jusqu'à nouvel ordre; ~ *bekommen* avoir une réponse; recevoir un avis; *abschlägigen* ~ *bekommen* essuyer *od* éprouver *od* s'attirer un refus; *jdm* ~ *geben* avertir, renseigner, informer qn; répondre, donner une réponse à qn; ~ *hinterlassen* laisser un mot; ~ *sagen* = ~ *geben; jdm gehörig od tüchtig* ~ *sagen (fam)* dire son fait, faire la leçon à qn; *jdm* ~ *tun (beim Trinken)* trinquer avec qn; ~ *wissen* y voir clair, être fixé, savoir à quoi s'en tenir; *damit* savoir s'y prendre; *über etw* être au courant *od* au fait *od* ferré, en savoir long sur qc; *(an e-m Ort)* s'y connaître; *über etw gut od genau* ~ *wissen* connaître le fond de qc; *in e-m Haus gut* ~ *wissen* bien connaître une maison; *ich weiß dort* ~ je m'y connais; *da weiß ich* ~*! (fam)* je connais la musique; *nun wissen Sie* ~*!* maintenant vous savez; *abschlägige(r)* ~ refus, rejet *m; gerichtliche(r)* ~ exploit *m* d'huissier; **b~en** ‹*bescheidet, beschied, hat beschieden*› *tr (benachrichtigen)* informer, renseigner; *(beordern)* mander, citer; *(vorladen)* assigner; *sich* ~ *(sich begnügen)* se contenter *(mit* de); se résigner *(mit* à); *abschlägig beschieden werden* essuyer un refus; *jur* être débouté; *es ist mir beschieden* il m'est donné, il m'est échu en partage *(zu* de); *ihm war kein Erfolg beschieden* il était dit qu'il ne réussirait pas; **b~en** *a* modeste; humble; discret; *(anspruchslos)* simple, uni; *(gering)* petit; *(mäßig)* modéré; *(Preis)* modique, bas; *in* ~*em Maße od Umfang* peu; **B~enheit** *f* ‹-, ø› modestie; humilité; discrétion; simplicité; modicité *f; in* ~ en toute humilité.

bescheinen ‹*bescheint, beschien, hat beschienen*› *tr: (von der Sonne) beschienen* ensoleillé.

bescheinig|en [-'ʃaɪn-] *tr* attester, certifier; *den Empfang e-s Briefes* ~ accuser réception d'une lettre; **B~ung** *f (Vorgang u. Schriftstück)* attestation *f; (Schriftstück)* certificat *m; e-e* ~ *ausstellen* donner *od* délivrer un certificat.

bescheißen ‹*bescheißt, beschiß, hat beschissen*› *tr vulg* chier sur; *fig (betrügen)* rouler, filouter, mettre dedans; *(beim Spiel)* tricher.

beschenk|en *tr* faire un cadeau *(jdn* à qn); *jdn mit etw* faire cadeau de qc à qn; offrir qc à qn; gratifier qn de qc; *reichlich* ~ combler de cadeaux; **B~te(r)** *m jur* donataire *m.*

bescher|en ‹*fb*› [-'ʃe:rtə-] *tr* donner, offrir; *(zuteil werden lassen)* accorder; **B~ung** *f* distribution *f* des étrennes; *das ist ja eine schöne* ~*! da haben wir die* ~*!* nous voilà dans de beaux draps! ça y est! nous voilà servis!

beschicht|en *tr* recouvrir; *mit Kunststoff* ~ recouvrir d'une couche de matière synthétique; **B~ung** *f (Vorgang)* recouvrement *m; (Schicht)* couche *f* (de matière synthétique).

beschick|en *tr* envoyer *(e-n Kongreß mit jdm* qn à un congrès; *e-e Ausstellung mit etw* qc à une exposition); *tech (Ofen)* alimenter, charger; *(erledigen erreichen)* régler, obtenir; **B~ung** *f* envoi *m; tech* alimentation *f,* chargement *m;* **B~ungsanlage** *f* installation *f* de chargement; **B~ungsbühne** *f* plate-forme *f* de chargement; **B~ungsgut** *n,* **B~ungsmaterial** *n* charge, fournée *f;* **B~ungsmaschine** *f* enfourneuse *f;* **B~ungstrichter** *m* trémie *f* de chargement; **B~ungswagen** *m* benne *f* de chargement.

beschieß|en ‹*beschießt, beschoß, hat beschossen*› *tr* faire feu sur, tirer contre *od* sur; *(mit MG)* mitrailler; *(mit schweren Waffen)* canonner, bombarder; *arg mil* marmiter; *(Atomphysik)* irradier *(mit Neutronen* par des neutrons).

beschilder|n *tr (mit Verkehrsschildern versehen)* signaler; **B~ung** *f* signalisation *f.*

beschimpf|en *tr* insulter, injurier, outrager, invectiver; *pop* engueuler; *(entehren)* déshonorer; **B~ung** *f* affront *m,* insulte, injure *f,* outrage *m,* invectives *f pl.*

beschirm|en *tr* abriter, mettre à l'abri, préserver (*vor* de), protéger (*vor* contre *od* de); **B~er** *m* ‹-s, -› protecteur *m;* **B~ung** *f* ‹-, (-en)› protection *f.*

Beschiß *m* ‹-sses, ø› [-'ʃɪs] *vulg (Betrug)* filoutage *m,* filouterie; *(im Spiel)* tricherie *f;* **beschissen** *a vulg (lumpig)* merdeux; *es ist* ~ c'est emmerdant.

Beschlag *m (Metallteile auf Holz)* garniture, armature, ferrure *f,* frettes *f pl; (Hufbeschlag)* ferrure *f,* fers *m pl; (Radbeschlag)* bandages *m pl;*

(Feuchtigkeit auf Glas etc) buée; *(Schimmel)* moisissure; *chem* efflorescence *f,* enduit *m; mit ~ belegen (jur mar mil)* = *~nahmen; fig hum (bes. Menschen)* accaparer; **b~en** ⟨*beschlägt, beschlug, hat beschlagen*⟩ *tr* garnir, armer, ferrer; *(mit Nägeln)* clouter; *(Pferd)* ferrer; *(Rad)* embattre; *(Segel)* ferler; *itr (Glas etc)* se couvrir de buée, s'embuer, suer, se ternir; *(schimmeln)* moisir; *a* armé, garni, ferré; *(mit Nägeln)* clouté; *(angelaufen)* embué; *fig* versé (*in* dans); *fam* ferré, calé (*in* en); *in s-m Fach, auf s-m Gebiet sehr ~ sein* être rompu au métier; **~enheit** *f* savoir *m,* connaissances *f pl;* **~nahme** *f jur* saisie; mainmise *f,* (mise *f* sous) séquestre *m,* séquestration *f; mar* embargo; *mil* réquisition(nement *m) f; die ~ aufheben* lever la saisie *od* l'embargo; **b~nahmen** ⟨*fb*⟩ *tr jur* saisir, confisquer, séquestrer, mettre sous séquestre, mettre la main sur; *mil* réquisitionner; *mar* mettre l'embargo sur; **~nahmeverfügung** *f* ordonnance de saisie; saisie *f.*

beschleichen ⟨*beschleicht, beschlich, hat beschlichen*⟩ *tr (Wild)* s'approcher sans bruit de; *(Mensch)* s'emparer de, gagner.

beschleunig|en *tr* accélérer, dépêcher, activer; *(vorverlegen)* avancer, hâter, précipiter, brusquer; *die Gangart ~* forcer l'allure; *s-e Schritte ~* presser le pas; **B~er** *m* ⟨-s, -⟩ *tech* accélérateur *m;* **~t** *a* accéléré; *(Puls a.)* rapide; *gleichmäßig ~e Bewegung f (phys)* mouvement *m* uniformément accéléré; **B~ung** *f* accélération *f.*

beschließen ⟨*beschließt, beschloß, hat beschlossen*⟩ *tr (beenden)* terminer, achever, finir, accomplir, conclure; mettre fin à; *(e-e Reihe)* fermer; *(den Beschluß fassen)* décider, résoudre, se proposer (*zu* de); se décider, se résoudre, se déterminer (*zu* à); *(übereinkommen)* convenir (*zu* de); *jur* décréter, décerner, statuer, arrêter; *parl* voter; *sein Leben a (parl)* en nombre; *es ist beschlossene Sache* la décision est prise.

Beschluß [-'flus] *m (Schluß)* clôture, fin; *(Entscheid)* conclusion, résolution, délibération, *a. jur* décision *f; jur* décret, arrêt(é); *parl* vote *m; e-n ~ fassen* adopter une résolution, prendre une décision; *e-n Antrag zum ~ erheben (pol)* déposer une motion de clôture; **b~fähig** *a (parl)* en nombre; **~fähigkeit** *f: die ~ feststellen* constater que le quorum est atteint; *Zahl f der zur ~ erforderli-*

chen Abgeordneten quorum *m;* **~fassung** *f* résolution, délibération, décision *f;* **b~unfähig** *a: ~ sein* n'être pas en nombre: **~unfähigkeit** *f* empêchement *m* de délibérer valablement.

beschmieren *tr* barbouiller, mâchurer; maculer, poisser; *(bestreichen)* enduire (*mit* de).

beschmutzen *tr a. fig* salir, souiller, encrasser; tacher, crotter.

Beschneid|emaschine *f (für Papier, bes. Buchbinderei)* rogneuse *f,* massicot *m;* **~emesser** *n (Buchbinderei)* coupoir *m;* **b~en** ⟨*beschneidet, beschnitt, hat beschnitten*⟩ *tr* couper, cisailler; *(bes. Buchbinderei)* rogner; *(Baum)* tailler, ébrancher, émonder; *rel* circoncire; *fig* rogner, retrancher, restreindre, réduire; *jdm die Flügel ~ (fig)* rogner les ailes à qn; **~en** *n* coupe; *(Baum)* taille *f,* ébranchage, émondage *m; (Hecke)* tonte *f; (Buch)* rognage *m;* **~ung** *f rel* circoncision; *fig* restriction, réduction; *(e-s Rechtes)* amputation *f.*

beschnitten *a (Buch)* rogné.

beschnüffeln *tr a. fig* flairer; *alles ~* fourrer son nez partout.

beschnuppern *tr* flairer.

beschönig|en *tr* embellir, enjoliver; colorer, farder, pallier, gazer; **B~ung** *f* enjolivement *m;* palliation *f,* euphémisme *m.*

beschotter|n [-'fot-] *tr* empierrer, caillouter; *loc* ballaster; **B~ung** *f* empierrement, caillloutage; *loc* ballastage *m.*

beschränk|en *tr* limiter, borner, restreindre, réduire (*auf* à); rétrécir; *(begrenzen)* circonscrire, délimiter; *sich ~* se limiter, se borner, se restreindre (*auf* à); **~t** *a fig* limité, borné, restreint; *(knapp)* étroit; *(Geist)* borné, rétréci; *adv* avec des restrictions; *in ~en Verhältnissen leben (wohnen)* être (logé) à l'étroit; *~ geschäftsfähig* de capacité limité *od* restreinte; *~e Geschäftsfähigkeit f* capacité *f* limitée *od* restreinte; *~ haftende(r) Teilhaber m* commanditaire *m; (Gesellschaft mit) ~e(r) Haftung* (société à) responsabilité *f* limitée; **B~theit** *f* ⟨-, ∅⟩ *(geringer Umfang)* limites, bornes *f pl (Knappheit)* gêne, insuffisance; *(geistige)* étroitesse *od* médiocrité *f* d'esprit; **B~ung** *f (Vorgang u. Zustand)* limitation, restriction; *(Vorgang)* réduction *f; (sich) ~en auferlegen* (s')imposer des restrictions (*jdm* à qn); *~en unterliegen* être soumis à des restrictions.

beschreiben ⟨*beschreibt, beschrieb, hat beschrieben*⟩ *tr (Papier)* écrire (*etw* sur qc), couvrir d'écriture, noircir; *(schildern)* décrire, (dé)peindre; tracer; *(genau)* détailler; *math (Kurve)* décrire, tracer, dessiner; *(Person)* signaler; *nicht zu* ~*(d)* indescriptible; ~**end** *a* descriptif; **B~ung** *f* description, peinture *f; das spottet jeder* ~ cela défie toute description, on n'a pas idée de cela.

beschreiten ⟨*beschreitet, beschritt, hat beschritten*⟩ *tr:* den *Rechtsweg* ~ prendre les voies de droit, recourir à la justice, avoir recours aux tribunaux; *neue Wege* ~ quitter les sentiers battus.

beschrieben *a* écrit (*auf beiden Seiten* des deux côtés).

beschrift|en *tr* inscrire, mettre une inscription (*etw* sur qc); *(etikettieren)* étiqueter; **B~ung** *f (Tätigkeit)* étiquetage *m; (Ergebnis)* inscription, légende; étiquette *f.*

beschuht [-'ʃuːt] *a* chaussé.

beschuldig|en *tr* inculper, incriminer, accuser (*e-r S* de qn); imputer (*jdn e-r S* qc à qn); taxer (*e-r S* de qc); ~**t** *a a.* prévenu; **B~te(r)** *m* inculpé, accusé, prévenu *m;* **B~ung** *f* inculpation, incrimination, accusation; imputation *f; e-e* ~ *gegen jdn erheben* porter une accusation contre qn.

beschummeln [-'ʃʊməln] *tr fam* carotter, rouler, estamper, filouter; *(beim Spiel)* tricher.

Beschuß *m* ⟨-sses, ø⟩ [-'ʃʊs] = *Beschießung; unter* ~ *halten od nehmen* = *beschießen; unter* ~ *geraten (fig)* s'exposer au feu de la critique adverse.

beschütz|en *tr* protéger, abriter; couvrir, mettre à l'abri; *(verteidigen)* défendre (*gegen* contre), soutenir; *(protegieren)* protéger, patronner; **B~er** *m* protecteur; défenseur; patron *m;* **B~ung** *f* protection; défense *f.*

beschwatzen *tr (einreden auf)* bavarder, papoter (*jdn* avec qn); *(überreden)* enjôler, *fam* embobiner, embobeliner.

Beschwerde *f* ⟨-, -n⟩ [-'ʃveːrdə] *(Mühe)* peine, fatigue; *(Bürde)* charge *f,* poids; *(Leiden)* malaise *m,* infirmité *f,* troubles *m pl; (Klage)* plainte, charge, réclamation *f,* grief; *jur* pourvoi, recours *m; pl (körperliche)* incommodités; *jur* doléances *f pl;* ~ *erheben* interjeter recours; *gegen jdn* ~ *erheben od führen* porter plainte contre qn; élever *od* former des réclamations contre qn; *über etw* ~ führen réclamer qc (*bei jdm* auprès de qn); *zu* ~*n Anlaß geben* donner lieu à des réclamations; *e-e* ~ *zurückweisen* rejeter un recours; *dienstliche* ~ recours *m* hiérarchique; ~**abteilung** *f* service *m* des réclamations; ~**ausschuß** *m* comité *m* des réclamations; ~**brief** *m* lettre *f* de réclamation; ~**buch** *n* livre *od* registre des réclamations, registre des plaintes; *hist* cahier *m* de doléances; ~**frist** *f* délai *m* de pourvoi; ~**führer** *m* réclamant, requérant, appelant *m;* ~**gegenstand** *m* objet *m* de *od* du recours; ~**gericht** *n* tribunal *m* saisi du recours; ~**grund** *m* sujet de plainte, grief *m;* ~**recht** *n* droit *m* de recours *od* de plainte; ~**schrift** *f* acte *m* de pourvoi, plainte *f,* griefs *m pl;* ~**verfahren** *n* procédure *f* de recours *od* de pourvoi; ~**weg** *m: auf dem* ~ par voie de recours.

beschwer|en *tr (belasten)* alourdir, charger, lester; peser (*etw* sur qc); *(Magen)* charger, embarrasser, peser sur; *(behindern)* incommoder; importuner; *(mit Auflagen)* grever (*mit* de); *fig* contrister, peiner; *sich* ~ se plaindre (*bei jdm* à qn, *über jdn, etw* de qn, qc); porter plainte (*über jdn* contre qn); = *Beschwerde erheben od führen; jds Gewissen* ~ troubler qn; *jds Herz* ~ affliger, contrister, peiner qn; ~**lich** *a* pénible; fatigant, accablant; malaisé, incommode; difficile; *(lästig)* importun; *(hinderlich)* embarrassant, gênant; **B~lichkeit** *f* peine *f,* fatigues *f pl,* accablement *m;* incommodité, difficulté, importunité *f;* embarras *m;* **B~ung** *f (Belastung)* alourdissement, chargement *m.*

beschwichtig|en [-'ʃvɪçt-] *tr* apaiser, calmer, tranquilliser, assoupir; **B~ung** *f* apaisement, assoupissement *m.*

beschwindeln *tr* tromper, berner, mentir, monter le coup *od* un bateau (*jdn* à qn); *(täuschen)* duper, mystifier.

beschwingt *a* enjoué, gai, bien luné, riant; *(Gang)* léger; ~*en Fußes* d'un pas léger.

beschwipst *a fam* gris, éméché, pompette.

beschwör|en ⟨*beschwört, beschwor, hat beschworen*⟩ *tr jur* affirmer par serment, jurer; *(Geister)* conjurer, évoquer; *(Schlangen)* charmer; *(anflehen)* adjurer, conjurer; supplier, implorer; **B~ung** *f* affirmation par serment; évocation *f,* conjurations *f pl,* adjuration; supplication, imploration, déprécation *f;* **B~ungsformel** *f* incantation *f.*

beseel|en *tr* animer, vivifier, inspirer; **~t** *a* animé; **B~ung** *f* animation, inspiration *f.*

besehen ⟨*besieht, besah, hat besehen*⟩ *tr* regarder (de près); *(Ort)* visiter, inspecter; *sich* ~ se regarder, *(im Spiegel) a.* se mirer; *pp: bei Lichte* ~ regardé de près *od* au grand jour.

beseitig|en *tr* écarter, éloigner; supprimer, faire disparaître; se débarrasser (*etw* de qc); *(wegschaffen)* enlever, éliminer; *(abschaffen)* abolir, abroger, faire cesser; *(beheben)* réparer; remédier (*etw* à qc); relever, faire cesser; *(Hindernis)* éliminer, écarter, balayer, aplanir; *(Schwierigkeit)* lever; *(Zweifel)* dissiper; *fig (Menschen entfernen)* éliminer, mettre à l'écart; se débarrasser (*jdn* de qn); *(verschwinden lassen)* supprimer; *fam* liquider; se défaire (*jdn* de qn); **B~ung** *f* éloignement; enlèvement *m,* élimination; abolition; cessation; réparation *f; (e-r Schwierigkeit)* aplanissement *m;* solution, dissipation; *fig* liquidation, suppression *f.*

Besen *m* ⟨-s, -⟩ ['be:zən] balai *m; fig pop pej (Weibsbild)* garce, mégère *f,* poison *m; mit eisernem* ~ *auskehren (fig)* donner un grand coup de balai à; *ich fresse e-n* ~, *wenn ... je* veux qu'on me pende si ...; *neue* ~ *kehren gut (prov)* tout nouveau, tout beau; **~binder** *m* faiseur *m* de balais; **~schrank** *m* placard *m* à balais; **~stiel** *m* manche *m* à balai.

besessen [-'zɛsən] ⟨*pp von: besitzen*⟩ *a (innerlich erfüllt)* obsédé (*von* de *od* par); *fanatique; pej* maniaque; *(vom bösen Geist)* possédé du démon, démoniaque; *wie* ~ *(adv)* comme possédé (du démon) *od* désespéré; *wie* ~ *rennen* brûler le pavé; *von e-r Leidenschaft* ~ *sein* avoir une passion exclusive *(für* pour); **B~e(r)** *m* maniaque; possédé, démoniaque, énergumène *m; wie ein B~er arbeiten* travailler comme un damné; **B~heit** *f* ⟨-, ø⟩ obsession, hantise *f;* fanatisme *m.*

besetz|en *tr (mit Besatz)* garnir (*mit* de); *(besäen)* piqueter (*mit Sternen* d'étoiles); *(mit Speisen)* charger (*mit* de); *(e-n Platz)* occuper; *mil: (ein Land, e-e Stadt)* occuper (militairement); *mar (bemannen)* équiper; *(Stelle)* pourvoir à; *theat film (die Rollen)* distribuer; *(Gewässer mit Fischen)* empoissonner, peupler; *(mit Fischbrut)* aleviner; *mines (Bohrloch), tech (Ofen)* charger; *ein Haus* ~ squatter(iser) une maison; *mit Pelz* ~ garnir de fourrure; *mit e-r Tresse* ~

galonner; **~t** *a* garni (*mit* de); chargé; *(Platz)* occupé; réservé; *mil tele* occupé; *(Fahrzeug)* complet; ~ *halten (mil)* occuper; *immer voll* ~ *sein* ne pas désemplir; **~e(s)** *Gebiet n* territoire *m* occupé; **B~tprobe** *f tele* test *m* de ligne occupée; **B~tzeichen** *n tele* tonalité *f* occupée; **B~ung** *f* garniture; *mil* occupation; *(Haus~)* squattage *m; theat film* distribution *f; (mit Fischen)* empoissonnement, peuplement *m.*

besichtig|en *tr* regarder; visiter; inspecter; faire la reconnaissance de; *(prüfend)* examiner; *mil* passer en revue; **B~ung** *f* visite; inspection *f;* examen *m; mil* revue *f;* **B~ungsfahrt** *f* tournée *f* d'inspection; **B~ungsreise** *f* voyage *m od* tournée *f* d'inspection; **B~ungszeit** *f* heures *f pl* d'ouverture.

besied|eln *tr* coloniser; *(bevölkern)* peupler; **~elt** *a* colonisé; peuplé; *dicht, dünn* ~ surpeuplé, sous-peuplé; **B~(e)lung** *f* colonisation *f,* peuplement *m.*

besieg|eln *tr* sceller *a. fig; (entscheiden)* décider (*etw* de qc); *mit (s-m) Blut* ~ sceller de son sang; *sein Schicksal ist besiegelt* il est condamné; **B~(e)lung** *f* apposition *f* du sceau.

besieg|en *tr* vaincre; *a. sport* battre; *a. fig* l'emporter (*jdn, etw* sur qn, qc); triompher (*jdn, etw* de qn, qc); *fig* surmonter, dompter, maîtriser; **~t** *a: sich für* ~ *erklären* se déclarer vaincu; mettre bas les armes; **B~te(r)** *m* vaincu *m.*

besingen ⟨*besingt, besang, hat besungen*⟩ *tr* chanter; *(preisen)* célébrer.

besinn|en, *sich* ⟨*besinnt, besann, hat besonnen*⟩ *(überlegen)* réfléchir; *(sich erinnern)* se souvenir (*auf etw* de qc), se rappeler (*auf etw* qc); *(es aufgeben)* revenir sur ses pas; *ohne sich (lange) zu* ~ sans hésiter; *sich anders od e-s anderen* ~ changer d'avis *od* d'idée; *sich e-s Besseren* ~ se raviser; *sich nicht lange* ~ ne faire ni une ni deux; **~lich** *a (Mensch)* pensif, songeur, méditatif; *(Zeit)* calme, paisible; *e-e* ~*e Stunde verbringen* passer une heure à méditer; **B~ung** *f (fast nur in Wendungen): jdn zur* ~ *bringen* ramener qn à la raison; *(wieder) zur* ~ *kommen* reprendre connaissance, revenir (à soi); *fig* revenir à la raison; *nicht zur* ~ *kommen lassen* tenir en haleine; *die* ~ *verlieren* perdre connaissance, s'évanouir, se trouver mal; *fig* perdre la tête; **~ungslos** *a* sans connaissan-

ce, évanoui; *fig* hors de soi, étourdi;
B~ungslosigkeit *f* évanouissement;
fig étourdissement *m*.

Besitz *m* possession, propriété; *jur*
détention; *(Vermögen)* fortune *f,*
biens *m pl,* avoir; patrimoine *m; im ~
(gen)* en possession (de); *von etw ~
ergreifen, etw in ~ nehmen* prendre
possession de qc, entrer en possession de qc; se rendre maître de qc;
(wieder) in den ~ e-r Sache gelangen
(r)entrer en possession de qc;
(re)prendre possession de qc; *etw in
~ haben* posséder, détenir qc; *im ~
e-r S sein* être en possession *od*
détenteur de qc, jouir de qc; *(sich) in
den ~ e-r S setzen* (se) mettre en possession de qc; *jdn aus dem ~ vertreiben od bringen* déposséder, expro-
prier, évincer, expulser qn; *gemeinsa-
me(r) ~* copropriété *f; tatsächli-
che(r) ~* possession *f* de fait; *(un)mit-
telbare(r) ~* possession *f* (im)média-
te; *(un)rechtmäßige(r) ~* détention *f*
(il)légale; **~anspruch** *m* droit *m* de
possession; **b~anzeigend** *a gram:
~e(s) Fürwort n* pronom *m* possessif;
b~en ⟨*besitzt, besaß, hat besessen*⟩ *tr*
posséder; être en possession de; *(in-
nehaben)* détenir; avoir; être pourvu
od muni de; être le maître de; *gemeinsam ~* posséder en commun;
buchstäblich nichts ~ n'avoir absolument rien à soi; **~entziehung** *f jur*
dépossession, expropriation; éviction,
expulsion *f;* **~entziehungsklage** *f
jur* réintégrande *f;* **~er(in f)** *m* possesseur; *(Eigentümer)* propriétaire;
jur détenteur; *(Inhaber)* porteur *m;
rechtmäßige(r) ~* possesseur *m* légitime; *unrechtmäßige(r) ~* possesseur
illégitime, usurpateur *m; den ~ wechseln* changer de main(s) *od* de propriétaire, passer d'autres mains;
~ergreifung *f* entrée en possession,
prise *f* de possession; **b~erlos** *a*
abandonné; **~gegenstand** *m* objet
m possédé; **~gemeinschaft** *f* copropriété *f;* **~klage** *f jur* action *f*
possessoire; **b~los** *a* sans biens,
pauvre; **~nachfolger** *m* propriétaire
subséquent, ayant cause *m;* **~recht** *n*
(droit de possession *od*) possessoire
m; **~stand** *m* état de possession;
com actif *m;* **~stück** *n = ~gegen-
stand;* **~titel** *m* titre *m* de propriété
od de possesseur; **~tum** *n* possession, fortune *f,* biens *m pl;* avoir *m;*
~übertragung *f* transfert *m* de propriété *od* de titre; **~ung** *f (Landgut)*
propriété *f,* terres *f pl,* fonds (de terre), domaine *m; (Kolonie)* colonie *f,*
possessions *f pl;* territoires *m pl;*

überseeische **~en** territoires *m pl*
d'outre-mer; **~urkunde** *f* titre *m*
(constitutif) de propriété; **~vertei-
lung** distribution *f* de la propriété;
~wechsel *m* changement *m* de propriétaire; *jur* mutation *f* de propriété.
besoffen ⟨*pp von: besaufen*⟩ *a pop*
soûl, saoul, plein, rond, paf; *arg* noir;
~ machen (pop) soûler; *~ sein (a.)*
avoir sa cuite, cuver son vin; *total ~*
soûl comme un Polonais, rond comme une bille; **B~heit** *f* ivresse *f.*
besohl|en *tr* ressemeler, mettre des se-
melles à; **B~ung** *f* ⟨-, (-en)⟩ resseme-
lage *m.*
besold|en [-'zɔld-] *tr* salarier; *(höher)*
appointer; **~et** *a: (fest) ~ sein* toucher un traitement (fixe); **B~ung** *f* ⟨-,
(-en)⟩ *mil* solde *f; allg* paiement *m,*
rémunération, rétribution *f; (Angestellte)* salaire *m; (höher)* appointements *m pl; (Beamte)* traitement *m;
(Hausangestellte)* gages *m pl;*
B~ungsgruppe *f* groupe *m od*
catégorie *f od* échelon *m* de traitement; **B~ungsliste** *f* feuille *f*
d'émargement *od* de paie;
B~ungs(neu)regelung *f* (re)classe-
ment *m* des salaires; **B~ungsskala** *f*
échelle *f* des traitements.
besonder|e(r, s) [-'zɔndər-] *a* spécial,
particulier; *(gesondert)* séparé, individuel; *(unterschiedlich)* distinct,
différent; *(eigentümlich)* particulier,
singulier; *(ungewöhnlich)* exceptionnel; *etwas B~es* quelque chose de
spécial; *etwas B~es sein (a.)* être
quelqu'un (à part); *nichts B~es* pas
grand-chose, peu de chose; *das ist
nichts B~es (a.)* cela se voit tous les
jours; *fam* ça ne casse rien; *im ~en*
en particulier; *im ~en Sinn* par excellence; *~e Kennzeichen n pl* signes *m
pl* particuliers; *~e Wünsche m pl*
vœux *m pl* particuliers; **B~heit** *f*
spécialité, particularité; individualité,
spécificité; manière d'être; *(einzelne)*
caractéristique, singularité; bizarrerie
f; ~s adv (insbesondere) spécialement, particulièrement, en particulier,
notamment; *(hauptsächlich)* surtout,
par-dessus tout, principalement; *(außerordentlich)* exceptionnellement,
extraordinairement; *(ausdrücklich)*
expressément; *nicht ~ ... pas trop ...,*
pas tellement ..., pas autrement ...;
das ist nicht so ~ (fam) ce n'est pas
fort.
besonnen 1. ⟨*pp von: besinnen*⟩ *a*
réfléchi; *(vernünftig)* raisonnable;
(ausgeglichen) pondéré; *(gesetzt)*
posé; *(vorsichtig)* prudent, circonspect, avisé; **B~heit** *f* réflexion, sa-

gesse; pondération; prudence, circonspection; *(Geistesgegenwart)* présence *f* d'esprit.

besonn|en 2. *tr: sich ~ lassen* se dorer au soleil; *~t a* ensoleillé.

besorg|en *tr vx (befürchten)* craindre, appréhender *(daß* que); *(betreuen)* avoir *od* prendre soin *(etw* de qc); *(erledigen)* faire, expédier; s'acquitter *(etw* de qc); *(beschaffen)* procurer; pourvoir, approvisionner *(jdm etw* qn de qc); *(einkaufen)* acheter; *(sich) etw ~* (se) procurer, acheter qc; *den Haushalt ~* faire le ménage; *dem habe ich's aber gründlich besorgt! (fam)* je ne le lui ai pas envoyé dire; *was du heute kannst ~, das verschiebe nicht auf morgen (prov)* il ne faut jamais remettre au lendemain ce que l'on peut faire le jour même; **B~nis** *f* ⟨-, -sse⟩ crainte, appréhension; inquiétude *f,* souci *m,* préoccupation, sollicitude *f; ~ erregen, zu ~ Anlaß geben* donner de l'inquiétude; *ernste ~ graves soucis m pl; ~niserregend a* inquiétant, préoccupant; *~t a* inquiet, soucieux, préoccupé; *(fürsorglich)* soigneux, prévoyant; empressé, plein d'égards; *(sehr) ~ sein um* être en souci de, se faire du souci *od* des soucis pour; **B~theit** *f* ⟨-, ø⟩ inquiétude, préoccupation, sollicitude *f;* **B~ung** *f (Wartung)* entretien; soin(s *pl)* m, conduite; *(Auftrag)* commission; *(Erledigung)* course, expédition, exécution *f; (Beschaffung)* approvisionnement *m,* fourniture *f; (Einkauf)* achat *m,* emplette *f; ~en machen* faire des courses *od* des commissions; **B~ungsgebühr** *f* droit *m* de commission.

bespann|en *tr* atteler *(e-n Wagen mit Pferden* des chevaux à une voiture); *(Instrument mit Saiten)* tendre (avec); *(Fläche, Wand, Rahmen)* tendre, revêtir, garnir *(mit* de); *neu ~ recorder; mit Stoff ~ (a. aero)* entoiler; *~t a (Fahrzeug)* à traction animale *od (mil)* hippomobile; **B~ung** *f* ⟨-, (-en)⟩ attelage *m; mus* cordes *f pl; allg* revêtement *m,* garniture *f;* entoilage *m;* **B~ungsstoff** *m* toile *f* de revêtement.

bespeien ⟨*bespeit, bespie, hat bespien*⟩ *tr* conspuer; cracher sur.

bespickt *a fig* chargé, *fam* truffé *(mit* de).

bespiegeln, *sich* se mirer.

bespielen *tr (Schallplatte, Tonband)* enregistrer; *theat (e-n Ort)* jouer dans.

bespitzeln *tr* moucharder, espionner.

besprech|en ⟨*bespricht, besprach, hat*

besprochen⟩ *tr (sprechen über)* commenter; *(rezensieren)* critiquer, faire le compte rendu de; *(e-n Vortrag halten über)* conférer *(etw* sur qc); *(beraten)* discuter, débattre; délibérer *(etw* de, sur qc); *(magisch beschwören)* conjurer; *sich ~* s'aboucher *(mit jdm* avec qn); *(sich verständigen, sich einigen)* s'entendre, se concerter *(mit jdm* avec qn); se mettre d'accord, convenir *(über* de); *(Schallplatte, Tonband)* enregistrer; **B~ung** *f* commentaire *m;* critique *f,* compte *m* rendu; conférence *f; (Unterredung)* entretien, colloque *m;* discussion *f,* débats *m pl; (Beschwörung)* conjuration *f; (Schallplatte, Tonband)* enregistrement *m; zur gefälligen ~* prière d'insérer; *~ auf höchster Ebene* rencontre *f* au sommet; **B~ungsexemplar** *n,* **B~ungsstück** *n* exemplaire *m* de presse *od* pour compte rendu.

besprengen *tr* asperger, arroser, mouiller, humecter.

besprlngen ⟨*bespringt, besprang, hat besprungen*⟩ *tr (weibl. Tier)* couvrir, monter, saillir.

bespritz|en *tr* mouiller; *(mit Schmutz)* éclabousser; *(mit Farbe, Blut)* tacher *(mit* de); *agr (zur Schädlingsbekämpfung)* pulvériser; **B~ung** *f agr (mit d. Spritzpistole)* pulvérisation *f,* seringage *m.*

bespülen *tr* arroser *(mit* de), laver; *poet (Fluß)* baigner.

Bessemer|birne ['bɛsəmər-] *f,* **~konverter** *m* convertisseur *m* Bessemer; **~stahl** *m* acier *m* Bessemer; **~verfahren** *n* procédé *m* Bessemer.

besser ['bɛsər] ⟨*Komparativ von: gut*⟩ *a* meilleur; *adv* mieux; *immer ~* de mieux en mieux, de plus en plus beau; *je eher, je ~ od desto ~* le plus tôt sera le mieux; *um so ~* tant mieux; *~ gesagt (adv)* pour mieux dire; *~ gehen (Geschäfte)* aller mieux; *es ~ haben* vivre mieux; *etw ~ können* savoir mieux faire qc; *es ~ machen* faire mieux *(als irgend jemand sonst* que personne); *~ sein (a.)* valoir mieux; *~ (daran) tun* faire mieux; *~ werden* se bonifier, s'améliorer, être en voie d'amélioration; *es ~ wissen* en savoir davantage *od* plus (long); *es geht mir od mir ist ~* je suis *od* vais mieux; *das ist ~ als nichts* c'est déjà quelque chose; *es ist ~, du kommst sofort* il vaut mieux que tu viennes tout de suite; *es wäre ~* mieux vaudrait *(zu gehen* aller); *~ spät als nie (prov)* mieux vaut tard que jamais; *~e(s) Befinden* n mieux-être *m; meine ~e Hälfte (hum)* ma moitié; *ein ~er*

Herr un monsieur bien; **B~e(s)** *n* (le *od* du) meilleur; *in Ermangelung eines B~en* faute de mieux; *zum B~en* en mieux; *jdn eines B~en belehren* détromper qn; *sich eines B~en besinnen* se raviser; *B~es leisten* faire mieux; *sich zum B~en wenden, e-e Wendung zum B~en nehmen* changer en mieux, prendre une meilleure tournure; *ich habe B~es zu tun als* j'ai autre chose à faire que de; *ich könnte nichts B~es tun als …* je ne saurais faire mieux que de …; *das B~e ist des Guten Feind (prov)* le mieux est l'ennemi du bien; *Wendung f zum B~en* changement *m* en mieux; **~gestellt** *a* plus riche; **~n** *tr (sittlich)* amender; *sich* ~ devenir meilleur, s'améliorer, se bonifier, se réformer; être en voie d'amélioration; *(bes. sittlich)* s'amender; *(Gesundheit)* se rétablir, aller mieux; *(Wetter)* se remettre (au beau), s'améliorer; **besser=stellen** *tr: jdn* ~ augmenter (le salaire de) qn; **B~ung** *f (a. med com mete)* amélioration *f; (sittlich)* amendement; *(Gesundheit)* rétablissement *m; auf dem Wege der ~ sein* aller mieux; *ist e-e merkliche ~ eingetreten* il y a un mieux sensible; *gute ~!* meilleure santé! *sittliche ~* moralisation *f;* **B~ungsanstalt** *f* maison *f* de correction; **~ungsfähig** *a* corrigible; **B~wisser** *m* ergoteur; *fam* donneur *m* de leçons.

bestall|en *tr (in ein Amt einsetzen)* nommer, installer; **B~ung** *f* nomination, installation *f.*

Bestand *m (Bestehen)* existence; *(Fortdauer)* persistance, permanence, continuité, durée; *(Dauerhaftigkeit)* consistance, stabilité *f; com (Vorrat)* stock *m; (Reserve)* réserve; *(Kassenbestand)* encaisse *f; (Saldo)* solde; *mil (Stärke)* état numérique; *(Viehbestand)* cheptel *m; mit reichem ~* bien fourni; *ohne ~* instable *a; den ~ aufnehmen* faire *od* dresser *od* établir l'inventaire; *~ haben, von ~ sein* durer, persister, subsister; *eiserne(r) ~* stock *m* permanent; **b~en** *a (mit Pflanzen)* couvert *(mit* de); *(Straße mit Bäumen)* bordé *(mit* de); *fig (Prüfung)* réussi; **~saufnahme** *f* (établissement) *m* de l'inventaire *m; ~ machen =* *den ~ aufnehmen;* **~sliste** *f,* **~sverzeichnis** *n* inventaire *m;* **~smeldung** *f* état *m* des niveaux.

beständig *a (dauerhaft)* constant, permanent, persistant, persévérant, durable; *a. chem mete fin* stable; *tech* résistant, inattaquable; *(Farbe)* indélébile; *(andauernd)* continu(el),

ininterrompu; *adv (immer)* constamment, continuellement, incessament, assidûment, sans cesse, sans relâche; **B~keit** *f ‹-, (-en)›* constance, permanence, persistance, persévérance, durabilité; stabilité; résistance; indélébilité; continuité *f.*

Bestandteil *m (stofflich)* ingrédient, *bes. chem* composant *m; allg* partie *f* (constituante); élément *m; sich in seine ~e auflösen* se désintégrer; *e-n ~ bilden* entrer dans la composition *(gen* de); *wesentliche(r) ~* partie *f* constitutive *od* intégrante, élément *m* constitutif *od* essentiel.

bestärk|en *tr* confirmer, corroborer; *jdn in etw* fortifier, (r)affermir qn dans qc; **B~ung** *f* confirmation, corroboration *f;* (r)affermissement *m.*

bestätig|en [-'ʃtɛːt-] *tr* confirmer, constater, (ré)affirmer, vérifier; *(bekräftigen)* confirmer, corroborer; *(bescheinigen)* attester, certifier, entériner; *(anerkennen)* reconnaître; *sport* homologuer; *(zustimmen)* approuver; *(Urteil)* valider; *sich ~* se confirmer, se vérifier; s'avérer; *amtlich od gerichtlich ~* légaliser, sanctionner, ratifier, homologuer, entériner; **B~ung** *f* confirmation, constatation, affirmation, vérification, corroboration; attestation, certificat(ion *f) m;* approbation; validation; *sport* homologation *f; e-r ~ bedürfen* mériter confirmation; *amtliche od gerichtliche ~* légalisation *f,* sanctionnement *m,* ratification, homologation *f,* entérinement *m;* **B~ungsschreiben** *n* lettre *f* de confirmation; *pol* lettres *f pl* de créance; **B~ungsurkunde** *f* acte *od* certificat *m* de confirmation.

bestatt|en *tr* inhumer, enterrer; **B~ung** *f* inhumation *f,* enterrement *m;* sépulture *f,* funérailles, obsèques *f pl;* **B~ungsinstitut, B~ungsunternehmen** *n* pompes *f pl* funèbres.

bestäub|en [-'ʃtɔyb-] *tr bot* féconder; **B~ung** *f bot* fécondation, pollinisation *f.*

bestech|en ‹*besticht, bestach, hat bestochen*› *tr* corrompre, acheter; soudoyer; *fam* graisser la patte *(jdn* à qn); *(e-n Zeugen)* suborner; *fig* séduire, éblouir; *sich ~ lassen (Beamter)* trafiquer; *(e-n Zeugen)* suborner; **~end** *a fig* séduisant, éblouissant; **~lich** *a* corruptible, vénal; **B~lichkeit** *f* corruptibilité, vénalité; corruption *f;* **B~ung** *f* corruption; *(von Zeugen)* subornation *f; passive ~* trafic *m* d'influence; *versuchte ~ =* *B~ungsversuch;* **B~ungsaffäre** *f* affaire *f* de prévarication; **B~ungsgeld(er** *pl)* *n* pot-de-

-vin *m;* **B~ungsversuch** *m* tentative *f* de corruption.

Besteck *n* ‹-(e)s, -/(-s)› [-'ʃtɛk] *(Eßbesteck)* couvert *m; med* trousse *f; das* ~ *machen (mar)* faire le point; **b~en** *tr* piquer *(mit* de); *(garnieren)* garnir *(mit* de); **~kasten** *m* casier à couverts, ramasse-couverts *m,* ménagère; *med* boîte *f* à chirurgie; **~korb** *m* panier *m* à argenterie; **~schrank** *m* argentier *m.*

Besteg *m geol* veine *f.*

bestehen ‹*besteht, bestand, hat bestanden*› *tr (Kampf, Probe)* soutenir; *(Prüfung)* subir, passer; réussir à; *itr (existieren)* exister, être; *(dauern)* durer, subsister, persister; *(leben)* vivre, subsister; *(Gültigkeit haben)* valoir, être en vigueur; *auf etw* ~ insister, appuyer sur qc; s'obstiner à qc, persister dans qc; *auf s-m Recht* ~ faire valoir obstinément ses droits; *darauf* ~, *daß* insister (à nouveau) pour que; ~ *aus* se composer, être composé de, être constitué par; ~ *in* consister dans *od* en; *darin* ~, *daß* consister à *inf; gegen jdn* ~ tenir tête à qn; *vor jdm, etw* ~ soutenir son rôle devant qn, qc; s'imposer; *zu Recht* ~ être justifié; *es besteht nicht (kein)* il n'y a pas (de); *Schönheit vergeht, Tugend besteht (prov)* la beauté passe, la vertu reste; **B~** *n* réussite; existence, persistance; subsistance; insistance; obstination *f; seit* ~ *unserer Firma* depuis la fondation *od* la création de notre maison; *seit* ~ *der Welt* depuis la création du monde; **bestehen≠bleiben** ‹*aux: sein*› *itr* rester, demeurer, continuer; *auf etw* ~ en revenir à qc; **~d** *a* existant; *(gegenwärtig)* présent; *(Gesetz)* établi, en vigueur.

bestehlen ‹*bestiehlt, bestahl, hat bestohlen*› *tr* voler, dévaliser.

besteigen ‹*besteigt, bestieg, hat bestiegen*› *tr* monter sur; *(Berg)* gravir, escalader; faire l'ascension de; *(Fahrrad)* enfourcher; *das od ein Pferd* ~ monter à cheval; *mit Steigeisen* ~ cramponner; *den Thron* ~ *(fig)* accéder au trône; **B~ung** *f (e-s Berges)* ascension; *(des Thrones)* accession *f.*

Bestell|buch *n* livre *od* carnet *m* de(s) commandes; **b~en** *tr agr* cultiver, labourer, mettre en valeur; *(Sendung)* délivrer, remettre, distribuer; *(Nachricht)* communiquer; *(Grüße)* transmettre; *com* commander, passer (une) commande de; *(reservieren lassen)* retenir; *(kommen lassen)* faire venir; *jdn* mander, citer, convoquer;

donner rendez-vous *(jdn* à qn); *(ernennen)* nommer, instituer *(zu etw* qc); désigner *(zu* pour); *auf 2 Uhr bestellt sein* avoir rendez-vous à 2 heures; *das Aufgebot* ~ publier les bans; *sein Haus* ~ *(fig)* régler *od* (re)mettre de l'ordre dans ses affaires; *e-e Hypothek* ~ créer *od* constituer une hypothèque; *e-e Sicherheit* ~ fournir caution; *es ist schlecht um mich bestellt* mes affaires vont mal; **~er** *m com* commettant; *(Abonnent)* abonné *m;* **~erliste** *f* liste *f* des abonnés; **~formular** *n* formulaire *m* de commande; **~karte** *f* carte *f* de commande; **~nummer** *f com* numéro *m* de commande *od* de rappel; **~praxis** *f (von Arzt)* cabinet *m* de consultations sur rendez-vous; **~schein** *m com* bon *od* bulletin de commande; *(Bibliothek)* bulletin *m* de demande; **~ung** *f agr* mise *f* en valeur; *(Sendung)* délivrance, remise, distribution; *(Nachricht)* communication; *(Grüße)* transmission; *com* commande *f,* ordre *m,* commission; *(Hypothek)* constitution; *(Ernennung)* nomination, institution, désignation *f; auf* ~ sur commande; *bei* ~ à la commande; *bei* ~ *von* sur la commande de; *laut* ~ d'après la commande; *e-e aufgeben* faire une commande *(bei jdm* à qn); *e-e* ~ *ausrichten* remplir un message; **~zettel** *m* = ~*schein.*

best|e(r, s) ['bɛst-] *a ‹Superlativ von: gut›* le, la, meilleur, e; *der erste* ~ le premier venu; *am ~en, aufs ~e* le mieux (du monde), au mieux; *im ~en Alter, in den ~en Jahren* à la fleur *od* force de l'âge; *nach ~en Kräften* de son mieux; *beim ~en Willen* avec la meilleure volonté; *nach ~em Wissen und Gewissen* en mon *etc* âme et conscience; *aufhören, wenn es am ~en schmeckt* rester sur son appétit; *etwas zum ~en geben* régaler *(jdm etw* qn de qc); *jdn zum ~en haben* se jouer de qn; *fam* se payer la tête de qn; *es für das ~e halten zu …* croire que le meilleur *od* mieux est de …; *auf dem ~en Wege sein* approcher du but; *zu tun* être en voie de faire; *sich zum ~en wenden* prendre excellente tournure; *sich von der ~en Seite zeigen* se montrer à son avantage; *das ~e ist …* il n'est que de …; *es ist am ~en, wenn ich gehe* le mieux est de m'en aller; *es wird das* ~ *sein, wenn* le mieux, c'est que; *~en Dank!* merci bien! grand merci! *(a. iron);* **B~e(r)** *m (e-r Klasse od Gruppe)* le premier, le leader; *jdn für den B~en erklären* décerner la palme à qn;

B~e(s) *n* le meilleur; le mieux; *das B~e* le dessus du panier, le suc; la fine fleur; *fam* la crème (*an e-r S* de qc); *zu jds B~en* pour le bien *od* dans l'intérêt de qn; *etw als B~es bis zuletzt aufheben od aufsparen* garder qc pour la bonne bouche; *sein B~es geben od tun, das B~e herausholen* faire de son mieux; *hoffen wir das B~e!* espérons que tout ira pour le mieux; **~enfalls** *adv* dans le meilleur des cas, dans le cas le plus favorable; *(höchstens)* (tout) au plus, au maximum; **~ens** *adv* au mieux; parfaitement; **~gehaßt** *a* le plus haï; **B~leistung** *f sport* record *m;* **~möglich** *a* le meilleur ... possible; **B~wert** *m fin* valeur *f* optimale; **B~zeit** *f* temps *m* record.

besteuer|bar *a* imposable, taxable; **~n** *tr* imposer, taxer; *(hoch)* grever d'impôts; *zu hoch* ~ surimposer, surcharger d'impôts; **B~ung** *f* imposition, taxation *f; erhöhte* ~ renforcement *m* de la taxation; **B~ungsart** *f* mode *m* d'imposition.

besti|alisch [bɛsti'aːlɪʃ] *a* bestial; **B~alität** *f* ⟨-, (-en)⟩ [-ali'tɛːt] bestialité *f;* **B~e** *f* ⟨-, -n⟩ ['bɛstiə] bête féroce; *fig (Mensch)* brute *f*.

besticken *tr* garnir de broderies.

bestimm|bar *a* déterminable, définissable, qualifiable; **~en** *tr (festsetzen)* décider, déterminer, désigner, fixer, établir; *(anordnen)* ordonner, commander, arrêter, décréter; *(genau festlegen)* préciser, spécifier, qualifier, déterminer; *(Begriff)* définir; *(Pflanze)* identifier; *(überreden)* décider, déterminer, persuader (*zu tun* à faire); *(ernennen)* nommer, désigner; *(zuweisen, zudenken)* destiner, affecter (*für* à), désigner, prévoir (*für* pour); *(Summe)* appliquer (*zu* à); *itr (entscheiden)* décider (*über* de); *(verfügen)* disposer (*über* de); *über jdn* faire *od* dicter la loi à qn; *durch Wahl* ~ désigner par un vote; **~end** *a* déterminant, décisif; **~t** *a (festgelegt)* décidé, déterminé, résolu; *(Artikel)* défini; *(Zeitpunkt, Preis)* fixé; *(entschieden)* décisif, catégorique; *(gewiß)* sûr, certain; *(genau)* précis, spécifié, explicite; *(deutlich)* net; *(endgültig)* définitif; *(vorgeschrieben)* prescrit; ordonné, décrété; *(zugedacht)* destiné, affecté (*für* à), désigné, prévu (*für* pour); *(fest in der Haltung)* ferme; *(selbstsicher)* assuré; *(Ton)* affirmatif; *adv* sûrement, certainement, à coup sûr, pour sûr, *fam* sans faute; *(sicherlich)* sans doute; *ganz* ~ sans aucun doute; il n'y a

pas d'erreur; *etw ganz* ~ *tun* ne pas manquer de faire qc; **B~theit** *f* ⟨-, ø⟩ décision, détermination, résolution; sûreté, certitude; précision; netteté; fermeté; assurance *f; mit* ~ avec conviction; avec emphase; **B~ung** *f (Entscheidung)* décision; *(Festsetzung)* détermination, fixation; *(Anordnung)* ordonnance *f,* décret, arrêt *m,* prescription; *(genaue Festlegung)* précision, spécification, détermination; *(e-s Begriffes)* définition; *gram* détermination; *(e-r Pflanze)* identification *f; (Ernennung)* désignation; *(Zuweisung)* destination, affectation; désignation; *(Vertragsbestimmung)* stipulation, clause; *(a. gesetzliche)* disposition; *(Berufung)* vocation, mission *f; (Schicksal)* destin *m,* destinée *f,* sort *m; mit der* ~, *daß* à condition que; *nach den geltenden* ~*en* d'après les dispositions en vigueur; *unter die gesetzlichen* ~*en fallen* tomber sous le coup de la loi; **B~ungsbahnhof** *m* gare *f* destinataire *od* de destination; **B~ungsflughafen** *m* aéroport *m* de destination; **B~ungsland** *n* pays *m* de destination; **B~ungsort** *m* (lieu *od* point *m* de) destination *f; am* ~ *eintreffen* arriver à destination.

bestirnt *a poet* étoilé, constellé.

bestraf|en *tr* punir *(für etw, mit etw* de qc), mettre en pénitence; *(züchtigen)* corriger, châtier; **B~ung** *f* punition; correction *f,* châtiment *m.*

bestrahl|en *tr* éclairer (de ses rayons); *phys* irradier; *(der Bestrahlung aussetzen)* exposer *(med* traiter) aux rayons; **B~ung** *f phys* irradiation; *(Lichtbad)* exposition à l'action des rayons, séance *f* de rayons; *radioaktive* ~ irradiation *f* radioactive; **B~ungsapparat** *m,* **B~ungsgerät** *n* appareil *m* à radiations; **B~ungslampe** *f* lampe *f* d'irradiation.

bestreb|en, *sich* s'efforcer (*etw zu tun* de faire qc), s'appliquer, chercher (*etw zu tun* à faire qc), tâcher (*etw zu tun* de faire qc); **B~en** *n* effort *m,* application, aspiration *f;* **~t** *a:* ~ *sein* = *sich bestreben;* **B~ung** *f (meist pl)* tentative *f,* essai; effort *m.*

bestreichen ⟨*bestreicht, bestrich, hat bestrichen*⟩ *tr* enduire (*mit* de); *mil (Gelände)* balayer, battre; *mit Butter* ~ beurrer; *mit Fett* ~ graisser.

bestreiken *tr (Betrieb)* immobiliser par une grève.

bestreit|bar *a* contestable, controversable, discutable; **~en** ⟨*bestreitet, bestritt, hat bestritten*⟩ *tr* contester, controverser, disputer; *(abstreiten)* (dé)nier; se défendre (*etw* de qc), s'inscrire en faux (*etw* contre qc); démentir, désavouer; *(Kosten)* payer; subvenir, pourvoir, fournir *(etw* à qc); *(Unterhalt)* suffire, faire face (*etw* à qc); *die Unterhaltung* ~ faire les frais de la conversation; *das bestreite ich nicht* je ne dis pas le contraire.

bestreuen *tr* répandre (*e-e S mit etw* qc sur une chose); (par)semer, sémailler (*mit* de); *(mit Salz, Zucker, Mehl)* saupoudrer (*mit* de); *mit Blumen* ~ joncher de fleurs; *mit Sand* ~ sabler.

bestrick|en *tr fig* ensorceler, charmer, enchanter, envoûter, fasciner; **~end** *a* charmant, fascinant, captivant, engageant; **B~ung** *f* enchantement *m,* fascination *f.*

bestück|en *tr mil mar* armer de canons; *tech* équiper, munir; **B~ung** *f* armement; *tech* équipement *m.*

bestürmen *tr* assaillir *a. fig,* donner l'assaut à; *mit Fragen od Bitten* ~ assaillir, assiéger, presser de questions *od* demandes.

bestürz|end *a* bouleversant, stupéfiant, affolant; **~t** *a* bouleversé, confondu, stupéfait, consterné, effaré, affolé, ahuri, ébahi; **B~ung** *f* bouleversement *m,* stupéfaction, consternation *f,* effarement, affolement, ahurissement, ébahissement *m.*

Besuch *m* ⟨-(e)s, -e⟩ [bə'zu:x] visite; *(Besichtigung)* inspection *f; (Aufenthalt)* séjour *m; (häuslicher od regelmäßiger)* fréquentation *f; (Gast)* visiteur, hôte *m; auf od zu* ~ en visite; *jdm e-n* ~ *abstatten od machen* faire *od* rendre visite à qn; *jds* ~ *erwidern* rendre sa visite à qn; ~ *haben* avoir du monde; *zu jdm auf* ~ *kommen* venir voir qn; *es ist* ~ *da* il y a du monde; *kurze(r)* ~ apparition *f;* **b~en** *tr* aller *od* venir voir, faire *od* rendre visite à; visiter *a. med u. com; (häufig od regelmäßig)* fréquenter; *(häufig, eifrig)* courir, hanter; *com (Kunden. a.)* travailler; *die Schule* ~ aller à *od* fréquenter l'école; *das Theater, das Kino* ~ aller au théatre, au cinéma; *e-e Versammlung* ~ assister à une réunion; *e-e Vorlesung* ~ suivre un cours; **~er** *m* ⟨-s, -⟩ visiteur, hôte *m;* **~erring** *m theat* abonnés *m pl;* **~erzahl** *f* nombre *m* des visiteurs; **~skarte** *f* carte *f* (de visite); **~szeit** *f* heures *f pl* de visite; **~szimmer** *n* salon *m;* **b~t** *a: gut* ~ suivi; *viel* ~ *(Ort)* fréquenté.

besud|eln *tr* barbouiller; *a. fig* souiller, salir; *fig* entacher, polluer; **B~(e)lung** *f* souillure; pollution *f.*

betagt [-'ta:kt] *a* (très) âgé, d'un âge (très) avance, vieux.

betakel|n *tr mar* gréer; **B~ung** *f* gréement *m; (Takelwerk)* agrès *m pl.*

betasten *tr* tâter, palper; toucher (*etw* à qc); **B~** *n* attouchement *m; med* palpation *f.*

Betastrahlen ['be:ta-] *m pl* rayons *m pl* bêta.

betätig|en *tr tech* commander, manœuvrer; *(a. Waffe)* actionner; *sich* ~ *(sich beschäftigen)* s'occuper, travailler; *(mitmachen)* prendre part, participer (*bei* à); *sich politisch* ~ avoir *od* exercer une activité politique; **B~ung** *f tech* commande, manœuvre *f; (Beschäftigung)* travail *m;* occupation, activité; *(Teilnahme)* participation *f;* **B~ungsfeld** *n* champ *m* d'activité; **B~ungshebel** *m* levier *m* de commande *od* de manœuvre; **B~ungsverbot** *n* mise *f* à pied.

betätscheln *tr fam* tripoter.

betäub|en *tr (durch Lärm)* assourdir, abasourdir, étourdir; *(Schmerz)* assoupir, engourdir; *(Gefühl, Gewissen)* tromper; *med* endormir, insensibiliser, anesthésier; *mit Äther* ~ éthériser; *mit Chloroform* ~ chloroformer; *örtlich* ~ anesthésier localement; *sich* ~ se distraire; **~end** *a (Lärm)* assourdissant; *fig (Duft)* entêtant; *med* stupéfiant, narcotique; **B~ung** *f* assourdissement, étourdissement, assoupissement; engourdissement *m,* torpeur, léthargie; *med* anesthésie, narcose; *fig* stupeur, stupéfaction *f; örtliche* ~ anesthésie *f* locale; **B~ungsmittel** *n* anesthésique, narcotique, stupéfiant *m.*

Betbruder ['be:t-] *m* bigot, rat *m* d'église.

Bete *f* ⟨-, -n⟩ ['be:tə] *rote* ~ *(Rübe)* betterave *f* rouge.

beteilig|en *tr* faire participer, intéresser (*jdn an etw* qn à qc); *com* accorder un intérêt (*jdn* à qn); *sich* ~ se joindre, s'intéresser (*an etw* à qc); *(beteiligt sein)* participer, prendre part (*an etw* à qc); partager (*an etw* qc); *(mitarbeiten)* collaborer, coopérer (*an* à); *sich finanziell an etw* ~ prendre un intérêt dans qc; *jdn am Gewinn* ~ intéresser qn aux bénéfices; **~t** *a com* intéressé (*an* à, dans); ~ *sein* = *sich* ~*en; daran* ~ *sein* en faire partie; *mit e-m Drittel, zur Hälfte an etw* ~ *sein* être pour un tiers, de moitié dans qc; *an e-m Unfall* ~ *sein* être impliqué dans un accident; *an e-m Verbrechen* ~ *sein* être complice d'un crime; tremper dans un crime;

B~te(r) *m* participant, intéressé; *(Teilhaber)* associé, partenaire; *(Vertragspartei)* contractant *m*, partie *f* contractante *od* intéressée; *(an e-m Verbrechen)* complice *m;* **B~ung** *f* participation *f; com* intérêt *m (an etw* à *od* dans qc); *(Mitwirkung)* collaboration, coopération *f;* concours *m;* contribution; assistance; *(an e-m Verbrechen)* complicité *f; pl fin* titres *m pl* de participation; **B~ungsgeschäft** *n* association *f* en participation; **B~ungsgesellschaft** *f* société *f* par intérêts.

Betel *m* ⟨-s, ø⟩ ['be:təl] *(Genußmittel)*, **~nußpalme** *f,* **~pfeffer** *m bot* bétel *m.*

bet|en ['be:tən] *tr* u. *itr* prier *(zu Gott* Dieu); *itr* dire une *od* sa prière; *den Rosenkranz* ~ dire son chapelet; **B~saal** *m* oratoire *m;* **B~schwester** *f* bigote; *pop* grenouille *f* de bénitier; **B~stuhl** *m* prie-Dieu *m.*

beteuer|n *tr* affirmer; protester *(etw* de qc); *hoch und heilig* ~ affirmer bien haut; **B~ung** *f* affirmation; protestation *f.*

Beting *m* ⟨-s, -e⟩ *od f* ⟨-, -e⟩ ['be:tɪŋ] *mar* bitte *f.*

betitel|n *tr* intituler, appeler, nommer; donner le titre de ... *(jdn* à qn); *pej* traiter, qualifier *(als* de); **B~ung** *f* intitulé *m.*

Beton *m* ⟨-s, -s⟩ [be'tɔ̃:, -'to:n] béton *m;* **~bau** *m* construction *f* en béton; **~bettung** *f* couche *f od* lit *m* de béton; **~block** *m* bloc *m* de béton; **~brücke** *f* pont *m* en béton; **~decke** *f arch* plafond en béton; *(Straße)* pavé *m* en béton; **~fußboden** *m* plancher *m* en béton; **b~ieren** [-to'ni:rən] *tr* bétonner; **~kies** *m* gravier *m* à béton; **~mantel** *m* revêtement *m* en béton; **~mast** *m* pylône *m* en béton; **~mischer** *m,* **~mischmaschine** *f* bétonnière *f,* malaxeur *od* mélangeur *m* à béton; **~pfeiler** *m* pilier *od* pieu *m* en béton; **~platte** *f* plaque *f* de béton; **~schicht** *f* couche *f* de béton; **~stampfer** *m* pilon *m* à béton; **~stein** *m* bloc *m* en béton; **~straße** *f* route *f* bétonnée *od* en béton; **~verkleidung** *f* revêtement *m* en béton.

beton|en [-'to:n-] *tr* mettre l'accent *(etw* sur qc); *a fig* accentuer; *fig* souligner, faire ressortir, mettre en relief *od* en évidence; appuyer, insister *(etw* sur qc); **~t** *adv fig* ostensiblement; **B~ung** *f* accentuation *f,* accent *m; fig* insistance *f (gen* sur); *falsche* ~ *(gram)* contretemps *m.*

betör|en [-'tø:r-] *tr* tromper; *a. fig*

éblouir; *(verführen)* séduire; *fig* fasciner, enjôler, magnétiser; tourner la tête *(jdn* à qn); **~end** *a* enjôleur, enchanteur; **B~ung** *f* séduction; fascination *f,* enjôlement *m.*

Betracht *m* ⟨-(e)s, ø⟩ [bə'traxt] *außer* ~ *bleiben* ne pas être pris en considération; *(nicht) in* ~ *kommen* (ne pas) entrer en ligne de compte *od* en considération, (ne pas) être en jeu; *außer* ~ *lassen* faire abstraction, ne pas tenir compte *(etw* de qc); laisser de côté, ne pas prendre en considération; *in* ~ *ziehen* prendre en considération, faire entrer en ligne de compte; tenir compte, faire état *(etw* de qc); avoir égard *(etw* à qc); *er kommt für diesen Posten nicht in* ~ il est exclu qu'il occupe ce poste; **b~en** *tr* regarder, contempler; *(genau)* étudier; *(prüfen)* examiner, scruter; *(halten für)* regarder, considérer *(als* comme); tenir, compter *(als* pour); *genau betrachtet (adv)* tout bien considéré, tout compte fait; **~er** *m* ⟨-s, -⟩ contemplateur, spectateur, observateur *m;* **~ung** *f* contemplation *f; (Prüfung)* examen *m (Überlegung)* contemplation, considération, méditation, réflexion *f; bei näherer* ~ à y regarder de plus près; *ernsthafte* ~*en anstellen* faire de sérieuses réflexions; **~ungsweise** *f* manière *f* de voir.

beträchtlich [-'trɛçt-] *a* considérable, notable, important; *adv* nettement, sensiblement.

Betrag *m* montant *m,* somme *f; (Rechnungs-, Buchungsposten)* poste *m; (Wert)* valeur *f; aus kleinsten Beträgen* sou à *od* par sou; *(bis zum) im* ~ *von* (jusqu'à) concurrence de; ~ *erhalten (Quittungsformel)* reçu, pour acquit; *volle(r)* ~ montant *m* entier; *zuviel bezahlte(r)* ~ surpaie, surpaye *f;* ~ *in Worten* somme *f* en (toutes) lettres; **b~en** ⟨*beträgt, betrug, hat betragen*⟩ *itr (sich belaufen auf)* faire; s'élever, (se) monter, se chiffrer à; totaliser; *sich* ~ *(sich benehmen)* se conduire, se comporter; **~en** *n* conduite *f,* manières, façons *f pl; schlechte(s)* ~ inconduite *f.*

betrauen *tr* confier *(jdn mit etw* qc à qn); charger *(mit etw* de qc).

betrauern *tr* porter le deuil *(jdn* de qn), pleurer *(jdn* qn); *(e-n Verlust)* regretter, déplorer.

beträufeln *tr* arroser goutte à goutte.

Betreff *m* ⟨-(e)s, -e⟩ ø⟩ *(Kanzleisprache)* référence *f,* rapport *m; in b~ (gen)* concernant, touchant; en ce qui concerne, pour ce qui est (de), pour le compte (de), relativement (à), quant (à), au sujet (de), à propos (de), à l'égard (de); **b~en** ‹*betrifft, betraf, hat betroffen*› *tr (Unglück)* atteindre, frapper; *(angehen)* concerner, toucher, regarder, intéresser; *(sich beziehen auf)* se rapporter, avoir rapport *od* trait à; *betroffen sein von* être affecté de; *er wurde dabei betroffen, als ...* il fut attrapé *od* surpris à *inf; betrifft (im Brief)* objet; *was ... betrifft = in b~; was das betrifft* pour cela, quant à cela, pour ce qui est de cela; *was mich betrifft* quant à moi, à mon égard, pour ma part, en ce qui me concerne; *das betrifft mich* cela me concerne; *das betrifft mich nicht* cela ne me regarde pas; **b~end** *a* en question; *(erwähnt)* mentionné, cité (ci-dessus); *(jeweilig)* relatif; *(einschlägig)* respectif; *(zuständig)* compétent; *prp* concernant, touchant; relatif à; *der B~ende (Person)* l'intéressé *m;* **b~s** *prp gen = in b~.*

betreib|en ‹*betreibt, betrieb, hat betrieben*› *tr (durchführen)* poursuivre, mener; *(eifrig)* se livrer à; *(dringen auf)* activer, pousser; *(Beruf, Gewerbe)* exercer; *(Handwerk)* suivre; *(Geschäft)* tenir, exploiter; *(Politik)* pratiquer; *(Prozeß)* poursuivre; *(Studien)* faire, poursuivre; *zugleich ~* mener de front; *~de Partei f (jur)* partie *f* la plus diligente; *elektrisch betrieben (loc)* à traction électrique; **B~en** *n: auf jds ~* à l'instigation, sous l'impulsion, *jur* à la diligence de qn; **B~ung** *f (Durchführung)* poursuite *f.*

betret|en ‹*betritt, betrat, hat betreten*› *tr (Haus, Raum)* entrer, mettre le pied *(etw* dans qc); *(Rasen)* marcher sur; *a (Weg)* frayé, battu, fréquenté; *fig (verlegen)* gêné, embarrassé, confus; *adv:* ~ *abziehen* s'en aller l'oreille basse; **B~en** *n* accès; passage *m;* ~ *verboten!* défense d'entrer, interdit; ~ *des Rasens verboten* ne pas marcher sur la pelouse, pelouse interdite.

betreu|en *tr* soigner; prendre *od* avoir soin, s'occuper *(jdn* de qn, *etw* de qc); entretenir *(etw* qc); *(beaufsichtigen)* avoir la garde *od* charge *(jdn* de qn), surveiller; parrainer; *(leiten)* être en charge *(etw* de qc); **B~er** *m sport* soigneur *m; (DDR)* parrain *m,* correspondant *m;* **B~ung** *f* ‹-, ø› soin *m,* assistance *f;* encadrement *m; (Aufsicht)* surveillance *f,* contrôle *m; ärztliche ~* surveillance *f* médicale.

Betrieb *m* entreprise, exploitation; *tech (Arbeiten)* marche *f,* fonctionnement, mouvement; *(Bedienung)* service, maniement *m; (Verkehr)* circu-lation *f,* trafic; *(Rummel)* mouvement *m;* activité, animation *f; außer ~* hors service; arrêté, désaffecté; *(nicht betriebsfähig)* en panne; *in ~* en marche, en service; en exploitation; *tech* en jeu; *in vollem ~* en pleine activité *od* marche; *nicht in ~* dans l'inaction; inexploité; *den ~ (wieder)aufnehmen* reprendre le travail (d'une exploitation); *den ~ einstellen* arrêter *od* suspendre l'exploitation; *in ~ nehmen* mettre en service, ouvrir à l'exploitation; *in ~ sein* marcher, être en marche *od* action *od* exploitation; *außer ~ setzen* mettre hors marche, arrêter; *in ~ setzen* mettre en marche *od* action *od* activité *od* exploitation, faire marcher, actionner; *e-n ~ verlegen* déplacer une exploitation; *vorübergehend außer ~!* arrêt momentané; *elektrische(r) ~* traction *f* électrique; *gemeinnützige(r) ~* exploitation *f* d'utilité publique; *handwerkliche(r) ~* entreprise *f* artisanale; *kaufmännische(r) ~* entreprise *f* commerciale; *landwirtschaftliche(r) ~* exploitation *f* agricole; *lebhafte(r) ~ (Straße)* animation *f;* **b~lich** *a* de l'entreprise, de l'exploitation; **b~sam** *a* actif, agissant; affairé; **~samkeit** *f,* affairement *m;* **~sangehörige(r** *m)* *f* ressortissant, e *m f* d'une *od* de l'entreprise *od* exploitation; *m pl* personnel *m* de l'entreprise *od* exploitation; **~sanlagen** *f pl* installations *f pl* (industrielles); **~sanweisung** *f* instruction *f* de service; **~sarzt** *m* médecin *m* d'entreprise; **~sausflug** *m* excursion *f* de l'entreprise; **~sausschuß** *m* délégation *f* d'entreprise; **~sbedingungen** *f pl* conditions *f pl* d'exploitation *od* de fonctionnement; **b~sbereit** *a* prêt à être mis en service *od* en marche, prêt à marcher *od* à fonctionner; **b~seigen** *a* appartenant à l'entreprise; **~seinnahmen** *f pl* recettes *f pl* d'exploitation; **~seinrichtung** *f* installation *f;* **~seinstellung** *f* arrêt *m od* suspension *f* de l'exploitation; **b~sfähig** *a* en état d'exploitation, exploitable; prêt à marcher *od* à fonctionner *od* pour le service, en ordre de marche; **~e(r)** *Zustand m,* **~sfähigkeit** *f* état *m* d'exploitation; **~sferien** *pl* fermeture *f* annuelle; **~sfest** *n* fête *f* de l'entreprise; **b~sfremd** *a* étranger à l'entreprise; **~sführer** *m* chef d'entreprise *od* d'exploitation, directeur d'exploitation *od* d'usine, gérant *m* (d'entreprise *od* d'affaires); **~sführung** *f* gestion de l'entreprise; direction *f* de l'exploitation; ~**sgebäude** *n pl* bâtiments *m pl* de l'entreprise; ~**sgeheimnis** *n* secret *m* d'entreprise; ~**sgelände** *n* terrain *m* de l'exploitation; ~**sgewinn** *m* bénéfice *m* d'exploitation; ~**singenieur** *m* ingénieur *m* exploitant; ~**sjahr** *n* exercice *m;* ~**skalkulation** *f* établissement *m* du prix de revient; ~**skapital** *n* fonds *m pl* de roulement; capital *m* d'exploitation; ~**skosten** *pl* frais *m pl* d'exploitation *od* généraux; ~**skrankenkasse** *f* caisse *f* de maladie de l'entreprise; ~**sleistung** *f* rendement *m* d'exploitation; ~**sleiter** *m* = ~*sführer;* ~**sleitung** *f* direction *f* d' *od* de l'entreprise; ~**smittel** *n pl* moyens *m pl* d'exploitation; *loc* matériel *m* roulant *od* d'exploitation; ~**snudel** *f hum* boute-en-train *m;* ~**sobmann** *m* délégué ouvrier, homme *m* de confiance; ~**sordnung** *f* règlement *m* d'entreprise *od* d'exploitation *od* de service, consignes *f pl* d'exploitation; ~**sorganisation** *f* organisation *f* de l'entreprise; ~**sprüfung** *f* examen *m* fiscal de l'entreprise; ~**srat** *m* ⟨-(e)s, ‥e⟩ *(Ausschuß)* délégués *m pl* du personnel; comité *od* conseil *m* d'entreprise; *(Person)* délégué *m* du personnel; membre *m* du comité d'entreprise; ~**sratsvorsitzende(r)** *m* président du comité d'entreprise; ~**srisiko** *n* risque *m* d'exploitation; ~**sschalter** *m el* interrupteur *m* de service; ~**ssicherheit** *f* sécurité d'exploitation *od* de l'exploitation du service *od* de fonctionnement; *loc* sûreté *f* de la circulation; ~**sspannung** *f el* tension *f od* voltage *m* de régime *od* de service; ~**sstätte** *f* lieu *m* d'exploitation; ~**sstillegung** *f* arrêt *m* de l'exploitation; fermeture *f* d'(une) de l'entreprise; ~**sstoff** *m* mot *(Treibstoff)* carburant *m;* ~**sstörung** *f* incident *m od* interruption *f* de *od* dérangement dans le service; arrêt de fonctionnement, dérangement *m*, panne *f;* ~**sstrom** *m* courant *m* de régime; ~**stemperatur** *f* température *f* de régime; ~**süberwachung** *f* surveillance *f* d'exploitation; contrôle de fabrication; *loc* dispatching *m;* ~**s- und Entstörungsdienst** *m* service *m* d'exploitation et de relève des dérangements; ~**sunfall** *m* accident *m* du travail; ~**sunkosten** *pl* frais *m pl od* charges *od* dépenses *f pl* d'exploitation; *allgemeine* ~ frais *m pl* généraux; ~**sunterbrechung** *f* interruption *f* d'exploitation; ~**sverfahren** *n* système *m* d'exploitation; ~**sverhältnisse** *n*

pl situation *f* générale de l'exploitation; ~**sverlagerung** *f*, ~**sverlegung** *f* transfert *m* de l'entreprise; ~**svermögen** *n* bien *od* capital d'exploitation, fonds *m* de roulement; ~**sversammlung** *f* réunion *f* du personnel; ~**svertretung** *f* représentants ouvriers; délégués *m pl* du personnel; ~**svorschriften** *f pl* prescriptions *f pl* d'exploitation; ~**swirtschaft** *f* économie *f* des entreprises; ~**szählung** *f* recensement *m* industriel; ~**szeit** *f* durée *f* de service; ~**szustand** *m* état *m* de service; ~**szweig** *m* branche *f* d'exploitation.

betrinken, *sich* ⟨*betrinkt, betrank, hat betrunken*⟩ s'enivrer, se griser; *fam* lever le coude.

betroffen ⟨*pp von: betreffen*⟩ *(gemeint)* intéressé; *(ergriffen, fassungslos)* saisi, consterné, stupéfait; **B~e(r)** *m* victime *f;* **B~heit** *f* ⟨-, ø⟩ saisissement *m*, consternation, stupéfaction *f.*

betrüb|en *tr* attrister, contrister, affliger, chagriner, endolorir; faire de la peine *(jdn* à qn); *(tief)* ~ désoler; ~**lich** *a* triste, affligeant, désolant; *(bedauerlich)* regrettable; **B~nis** *f* ⟨-, -sse⟩ tristesse, affliction *f*, chagrin *m*, douleur, peine; désolation *f;* ~**t** *a* triste, affligé; *(tief)* ~ désolé; **B~theit** *f* = *Betrübnis.*

Betrug *m* ⟨-(e)s, ø⟩ tromperie, fraude, supercherie, imposture; *(Gaunerei)* escroquerie, filouterie, friponnerie, fourberie *f;* carambouillage *m; (Täuschung)* duperie, mystification; *(im Spiel)* tricherie *f; jur* dol *m; frommer)* ~ fraude *f* pieuse.

betrüg|en [bəˈtryːɡən] ⟨*betrügt, betrog, hat betrogen*⟩ *tr* tromper *(a. in der Liebe)*, frauder, escroquer; *(fam)* refaire; frustrer *(um* de); *(beschwindeln)* duper, mystifier; *(im Spiel)* tricher; *von jdm betrogen (beschwindelt) werden* être la dupe de qn; **B~er** *m* ⟨-s,-⟩ trompeur, fraudeur, imposteur; fourbe; filou, escroc, fripon; tricheur *m;* **B~erei** *f* ⟨-, -en⟩ [-ˈraɪ] = *Betrug;* ~**erisch** *a* frauduleux; *jur* dolosif; *adv* par fraude, frauduleusement; *in* ~*er Absicht* dans l'intention de frauder, frauduleusement; ~*e(r) Bankrott m* banqueroute *od* faillite *f* frauduleuse.

betrunken ⟨*pp von: betrinken*⟩ *a* ivre, soûl, saoul; *fam* gris; *in* ~*em Zustand* en état d'ivresse *od* d'ébriété; *völlig* ~ ivre mort; **B~heit** *f* ⟨-, ø⟩ ivresse, ébriété *f.*

Bett *n* ⟨-(e)s, -en⟩ [bɛt] *(a. e-s Flusses)* lit *m; lit poet* couche *f; pop* plumard *m; loc* couchette; *mines* couche, veine *f; tech* banc *m,* table *f,* plateau; radier *m; ein ~ aufschlagen* dresser *od* monter un lit; *zu ~ bringen* coucher, mettre au lit *od (Kindersprache)* dodo; *morgens nicht aus dem ~ finden* avoir du mal à se lever le matin; *jdn aus dem ~ holen (fam)* tirer qn du *od* de son lit; *zu ~ gehen, sich zu ~ legen* aller se coucher, aller *od* se mettre au lit; *das ~ hüten, ans ~ gefesselt sein* garder le lit, être alité; *sich ins ~ legen* se mettre au *od* prendre le lit; *(Kranker)* s'aliter; *sich ins gemachte ~ legen (fig)* trouver nappe mise; avoir une situation toute faite; *sich wieder ins ~ legen* se remettre au lit; *im ~ liegen* être au lit; *im ~ liegen müssen (a.)* être sur le flanc *fam; das ~ machen* faire le lit; *das ~ überziehen* mettre des draps; *elende(s) ~* grabat *m;* **~bezug** *m* draps *m pl od* garniture *f* de lit; **~chen** *n* ⟨-s, -⟩ petit lit; *(Kindersprache)* dodo *m;* **~couch** *f* divan-lit, divan *m* transformable; **~decke** *f* couverture *f* de lit; **b~en** *itr* faire le(s) lit(s); *tr* coucher, mettre au lit; *sich ~* s'allonger, se coucher; *nicht auf Rosen gebettet sein (fig)* n'être pas sur un lit de roses; *wie man sich bettet, so schläft man (prov)* comme on fait son lit, on se couche; **~federn** *f pl* duvet; *(Sprungfedern)* ressorts *m pl od;* **~flasche** *f* bouillotte *f;* **~genosse** *m,* **~genossin** *f* compagnon *m,* compagne *f* de lit; **~gestell** *n* bois de lit, châlit *m;* **~himmel** *m* ciel *m* de lit; **~jäckchen** *n,* **~jacke** *f* liseuse *f;* **b~lägerig** *a* alité; **~lägerigkeit** *f* alitement *m; scient* immobilisation *f;* **~laken** *n* drap *m* (de lit); **~nässen** *n med* incontinence d'urine, énurésie *f;* **~pfosten** *m* colonne *f* de lit; **~rahmen** *m* fond *m* de lit; **~ruhe** *f* repos *m* au lit; **~schüssel** *f* bassin de lit *od* hygiénique, plat *m* de lit; **~stelle** *f* = **~gestell;** *eiserne ~* lit *m* de fer; **~(t)uch** *n* = **~laken;** **~ung** *f tech* lit, radier; *loc* ballast *m; mil* plate-forme *f;* **~ungsmaterial** *n loc* ballast *m;* **~vorhang** *m* rideau *m* de lit; **~vorlage** *f,* **~vorleger** *m* descente *f* de lit; **~wanze** *f* punaise *f* des lits; **~wäsche** *f* linge *m* de lit, blanc *m;* **~zeug** *n,* literie *f.*

Bettel *m* ⟨-s, ø⟩ mendicité *f; fig (Plunder)* fatras *m,* guenille, vétille *f;* **b~arm** *a* pauvre comme Job *od* comme un rat d'église, miséreux, gueux; **~armut** *f* grande pauvreté *f,* dénuement *m;* **~brief** *m* (lettre de) supplique *f;* **~ei** *f* [-'lai] mendicité; *fig*

demande *f* importune; **~kram** *m* = **~;** **~mann** *m* ⟨-s, -leute⟩ = *Bettler;* **~mönch** *m* moine mendiant, frère *m* quêteur; **b~n** *itr* mendier; demander l'aumône *od* la charité; *fam* mendigoter; *fig* quémander; *~ gehen =* **~;** *~ ist besser als stehlen (prov)* mieux vaut mendier que voler; **~n** *n = ~ei; fig (Flehen)* supplication *f;* **~orden** *m* ordre *m* mendiant; **~sack** *m* besace *f;* **~stab** *m: an den ~ bringen* réduire à la mendicité *od* besace; **~volk** *n* gueusaille *f.*

Bettler *m* ⟨-s, -⟩ mendiant, gueux; *fam* mendigot *m; lästige(r), aufdringliche(r) ~* quémandeur *m; zum ~ machen* réduire à la mendicité.

betucht [bə'tu:xt] *a pop (reich)* rupin, galetteux.

betulich [bə'tu:lɪx] *a* affairé, empressé, prévenant.

betupfen *tr* tamponner.

beug|bar *a gram* flexionnel; **B~e** *f* ⟨-, n⟩ ['bɔʏgə] *(Biegung)* tournant, virage; *sport* flexion *f,* fl échissement *m;* **B~emuskel** *m* fléchisseur *m;* **~en** *tr* (in)fléchir, plier, ployer, courber; *fig (demütigen)* humilier; *(den Stolz)* rabattre; *phys (Licht)* diffracter; *gram (Hauptwort)* décliner; *(Zeitwort)* conjuguer; *sich ~* se plier, se courber, fléchir; se pencher; s'incliner *(dat od vor mit dat* devant); se soumettre *(dat od vor (mit dat)* à); *(sich demütigen)* s'humilier *(vor* devant); *sich jds Ansicht ~* se rendre à l'avis de qn; *das Recht ~* faire une entorse à la loi; **~end** *a phys* diffractif; **B~er** *m* ⟨-s, -⟩ *anat* fléchisseur *m;* **B~ung** *f* fléchissement *m,* flexion; *phys* diffraction; *gram* flexion; déclinaison; conjugaison; *(Verdrehung)* infraction, entorse *f (des Rechts* à la loi).

Beul|e *f* ⟨-, -n⟩ ['bɔʏlə] *allg* bosselure; bosse *a. med; med (Schwellung)* enflure *f; (Pestbeule)* bubon *m; ~n bekommen (allg)* se bosseler; *e-e ~ bekommen (med)* se faire une bosse; **~enpest** *f* peste *f* bubonique.

beunruhig|en *tr* inquiéter, donner de l'inquiétude à, préoccuper, agiter, alarmer; troubler; *mil* harceler; *sich ~* s'inquiéter, se préoccuper, se mettre en peine *(über* de); **~end** *a* inquiétant, préoccupant, alarmant, alarmiste; troublant; **~t** *a* inquiet, préoccupé, agité, alarmé; **B~ung** *f* inquiétude, préoccupation, agitation *f;* trouble; harcèlement; *(Sorge)* souci *m.*

beurkund|en *tr (schriftlich)* dresser *od* passer un acte de; documenter, constater, attester, certifier, authentifier; *(urkundlich belegen)* prouver *od* confirmer par des titres *od* documents; ~ *lassen* demander acte *(etw* de qc); **B~ung** *f* documentation, constatation, attestation, certification, authentification; preuve *od* confirmation *f* par des titres *od* documents; *öffentliche* ~ attestation *f* officielle.

beurlaub|en *tr* donner (un) congé, *mil* une permission *(jdn* à qn); *(zu Studienzwecken)* détacher; *(entlassen)* congédier, licencier, donner congé à; *(Beamten)* suspendre; ~**t** *a* en congé; *mil* en permission, *arg* en perme; *(entlassen)* disponible; **B~tenstand** *m mil* disponibilité *f;* **B~ung** *f* mise en congé; permission *f;* détachement *m; (Entlassung)* mise *f* en disponibilité.

beurteil|en *tr* juger *(etw* de qc); porter un jugement *(etw* sur qc); *(abschätzen)* estimer, apprécier; *(Kunstwerk)* critiquer; *soweit sich das* ~ *läßt* autant qu'on puisse en juger; *falsch* ~ méconnaître; **B~er** *m* ‹-s, -› juge, critique *m;* **B~ung** *f* jugement *m,* appréciation; critique *f;* ~ *der Lage* examen *m* de la situation.

Beute *f* ‹-, ø› ['bɔʏtə] *allg u. mil* butin *m;* dépouilles *f pl; (Raub)* rapine, *(a. von Raubtieren)* proie; *mar* prise; *(Fang)* capture *a. mar; fig (Opfer)* proie, victime *f; auf* ~ *ausgehen* chercher une proie; *jdm zur* ~ *fallen* tomber entre les mains de qn; ~ *machen* faire du butin; *ohne* ~ *(von der Jagd) zurückkehren* revenir bredouille; *reiche* ~ dépouilles *f pl* opimes; **b~gierig** *a* avide de butin, âpre à la curée; ~**gut** *n* butin, dépouilles *f pl;* ~**sammelstelle** *f mil* centre *m* de récupération; ~**zug** *m* razzia *f.*

Beutel *m* ‹-s, -› ['bɔʏtəl] sac, sachet *m; (Geldbeutel)* bourse *f,* porte-monnaie; *(Mehlbeutel)* blutoir *m; zoo* poche *f; an den* ~ *gehen* coûter, être onéreux; *tief in den* ~ *greifen (fig)* être généreux; *tief in den* ~ *greifen müssen (fam)* être obligé de les aligner; *e-n leeren* ~ *haben (fig)* avoir la bourse plate; **b~n** *tr* secouer; *(jdm Geld abnehmen)* délester; *(Mehl)* bluter; *sich* ~ *goder;* ~**ratte** *f* rat *m* à bourse, sarigue *f od m,* opossum *m;* ~**schneider** *m* coupeur de bourse; *allg* filou *m;* ~**schneiderei** *f* filouterie *f;* ~**tiere** *n pl* marsupiaux *m pl.*

bevölker|n [-'fœlk-] *tr* peupler *(mit* de); ~**t** *a* peuplé; *dicht od stark* ~ très peuplé, populeux, à population dense; *dünn od schwach* ~ peu peuplé; **B~ung** *f* ‹-, (-en)› *(Besiedlung)* peuplement *m; (Einwohner)*

population *f;* habitants *m pl; eingesessene* ~ indigénat *m;* **B~ungsabnahme** *f* diminution *od* décroissance *f* de la population; **B~ungsaufbau** *m* structure *f* de la population; **B~ungsdichte** *f* densité *f* de la population *od* d'habitants; **B~ungsexplosion** *f* explosion *f* démographique; **B~ungspolitik** *f* politique *f* de peuplement; **B~ungsrückgang** *m* = **B~ungsabnahme; B~ungsstatistik** *f* statistique *f* démographique; **B~ungsüberschuß** *m* excédent *m* de population; **B~ungsverschiebung** *f* déplacement *m* de la population; **B~ungsziffer** *f* démographie *f;* **B~ungszunahme** *f* accroissement *m* démographique *od* de la population, augmentation *f* démographique; **B~ungszuwachs** *m: jährliche(r)* ~ taux *m* d'accroissement annuel de la population.

bevollmächtig|en [-'fɔlmεçt-] *tr* revêtir de pouvoirs; donner pouvoir *od* procuration *(jdn* à qn); *com* fonder de procuration; *(ermächtigen)* autoriser, habiliter *(zu* à); déléguer, mandater; ~**t** *a* autorisé, habilité *(zu* à); *pol* plénipotentiaire; **B~te(r)** *m* mandataire; *com* fondé de pouvoir, procureur; *pol* plénipotentiaire, délégué *m* spécial; *als* ~*ter* par procuration; **B~ung** *f* ‹-, (-en)› procuration, autorisation, habilitation *f.*

bevor [bə'fo:r] *conj* avant que *subj;* avant de *inf.*

bevormund|en *tr fig* tenir en tutelle; mener en laisse; **B~ung** *f fig* tutelle *f; (Politik f der)* ~ paternalisme *m.*

bevorrechtigen *tr* privilégier.

bevorschussen *tr* avancer *(etw* sur qc).

bevor=stehen *itr* être imminent *od* en perspective *od* sur le point d'arriver; attendre *(jdm* qn); *(drohen)* menacer *(jdm* qn); *das steht mir bevor* ça me pend au (bout du) nez *pop;* ~**d** *a* imminent, proche.

bevorzug|en *tr* préférer, aimer mieux; donner *od* accorder la préférence à; *(begünstigen)* favoriser, avantager; *zoo (als Aufenthaltsort)* se plaire dans; *bevorzugt werden* avoir un tour de faveur; ~**t** *a:* ~*e Behandlung f* traitement *m* de faveur; ~ *behandelt werden* jouir d'un traitement de faveur; **B~ung** *f* préférence *f;* traitement *m* de faveur; *ungerechte* ~ passe-droit *m.*

bewach|en *tr* garder; *(überwachen)* surveiller, veiller *(etw* sur qc); ~**t** *a (Parkplatz)* gardé; ~*e(r) Parkplatz m (a.)* parking *od* garage *m* payant;

B~ung *f* gardiennage *m;* surveillance; protection *f; unter* ~ sous garde; gardé à vue; *jds Haus unter* ~ *stellen* mettre qn en résidence surveillée.

bewachsen [-'vaksən] *a* recouvert (*mit* de).

bewaffn|en *tr* armer, équiper (*mit* de); ~**et** *a* armé; à main armée *a. adv; bis an die Zähne* ~ armé jusqu'aux dents; ~*e Aufklärung f* (*mil*) reconnaissance *od* exploration *f* armée; ~*e Intervention f* intervention *f* armée; ~*e Macht f* force *f* armée; ~*e Neutralität f* neutralité *f* armée; **B~e-te(r)** *m* homme *m* armé; **B~ung** *f* ⟨-, (-en)⟩ armement, équipement *m* (en armes); (*Waffen*) armes *f pl; atomare* ~ armement *m* atomique *od* nucléaire.

Bewahr|anstalt [bə'va:r-] *f* (*für Kleinstkinder*) crèche *f;* **b~en** *tr* garder (*vor* de); (*schützen*) protéger (*vor* contre), préserver (*vor* de); (*erhalten*) conserver; maintenir, entretenir; *ein Geheimnis* ~ garder un secret; *Stillschweigen* ~ garder *od* observer le silence; *jdm die Treue* ~ rester fidèle à qn; (*Gott*) *bewahre!* à Dieu ne plaise! jamais de la vie! ~**er** *m* ⟨-s, -⟩ gardien; protecteur; conservateur *m;* ~**ung** *f* ⟨-, (-en)⟩ garde; protection (*vor* contre, de), préservation (*vor* de); conservation *f.*

bewähr|en [-'vɛ:r-] , *sich* faire ses preuves; donner de bons résultats; *sich als treuer Freund* ~ se montrer ami fidèle; *sich nicht* ~ ne pas résister à l'épreuve; ~**t** *a* éprouvé, à toute épreuve; **B~ung** *f* épreuve *f; jur* sursis *m;* **B~ungsfrist** *f jur* sursis *m; mit* ~ avec sursis; **B~ungshelfer** *m* agent *m* de probation.

bewahrheit|en, *sich* s'avérer, se prouver, se confirmer; **B~ung** *f* vérification, confirmation *f.*

bewald|en, *sich* se boiser; ~**et** *a* boisé, couvert de bois; **B~ung** *f* ⟨-, ø⟩ boisement *m.*

bewältig|en [-'vɛlt-] *tr* (*Arbeit*) venir à bout (*etw* de qc); (*Schwierigkeit*) surmonter; (*Strecke zurücklegen*) faire, couvrir; **B~ung** *f* ⟨-, (-en)⟩ (*e-r Arbeit*) accomplissement *m.*

bewandert *a* versé (*in* dans); au fait (*in* de); *fam* ferré, calé, fort (*in* en).

Bewandtnis *f* ⟨-, -sse⟩ *das hat e-e andere* ~ la chose est tout autre; *damit hat es s-e (eigene)* ~ c'est une chose à part; *damit hat es folgende* ~ voici ce qu'il en est.

bewässer|n [-'vɛs-] *tr* irriguer, arroser; **B~ung** *f* irrigation *f,* arrosage *m;* **B~ungsanlage** *f* installation *f od*

système *m* d'irrigation; **B~ungsgraben** *m* canal *m* d'irrigation *od* irrigateur.

beweg|en *tr* **1.** ⟨*fb*⟩ mouvoir, remuer; *a. fig* agiter; (*in Gang bringen, bes. tech*) actionner, mettre en marche *od* en mouvement *od* en action; animer; (*befördern*) transporter; *fig* émouvoir, toucher, attendrir; (*erregen*) exciter, irriter; **2.** ⟨*bewegt, bewog, hat bewogen*⟩ (*zu dem Entschluß bringen*) amener, porter, pousser, inciter, déterminer (*zu* à); *sich* ~ se mouvoir, (se) remuer, bouger, se déplacer, évoluer; *tech* marcher, fonctionner; *sich frei* ~ *können* être libre de ses mouvements; *sich in der vornehmen Gesellschaft* ~ fréquenter la haute société; *sich im Kreise* ~ tourner en rond; *sich nicht von der Stelle* ~ rester sur place; **B~grund** *m* motif, mobile *m,* cause, raison *f;* ~**lich** *a* (*transportierbar*) (trans-)portable; (*gelenkig*) agile, souple; (*regsam*) actif; (*lebhaft*) vif, animé; *tech* articulé, volant; *jur* mobilier, meuble; ~*e Habe f* (*jur*) biens *m pl* meubles *od* mobiliers; **B~lichkeit** *f* mobilité; agilité; activité; vivacité, animation *f;* ~**t** *a* en mouvement, agité; (*See*) agité, houleux, gros; (*Stimme*) tremblant; *fig* ému, touché; attendri; ébranlé; (*Leben*) mouvementé, accidenté, agité, turbulent; **B~theit** *f* agitation *a. fig, fig* animation, émotion *f;* attendrissement *m;* **B~ung** *f* mouvement *m,* agitation *f; (mit der Hand)* geste *m; tech* marche *f,* fonctionnement *m,* action *f; (Beförderung)* déplacement, transport *m; (Verkehr)* circulation; *mil* manœuvre; *fig* émotion, agitation *f,* attendrissement, saisissement; *pol* mouvement *m; bei der geringsten* ~ au moindre geste; *in* ~ en mouvement; *tech* en marche; *nicht genug* ~ *haben* manquer d'exercice; *sich* ~ *machen od verschaffen* se donner du mouvement, prendre *od* faire de l'exercice; *immer od dauernd in* ~ sein ne faire qu'aller et venir; *fam* avoir la bougeotte; *in* ~ *setzen* mettre en marche *od* en mouvement *od* en branle; *sich in* ~ *setzen* se mettre en marche *od* en mouvement *od* en branle *a. loc mot;* s'ébranler; *alle Hebel od Himmel und Hölle in* ~ *setzen* remuer ciel et terre; (*gleichförmig*) *beschleunigte, verzögerte* ~ (*phys*) mouvement *m* (uniformément) accéléré, retardé; *gesicherte* ~ (*mil*) mouvement *m* en garde; (*körperliche*) ~ exercice *m; rückläufige* ~ (*fig*) mouvement *m*

rétrograde; *(un)gleichförmige* ~ *(phys)* mouvement *m* uniforme (varié); **B~ungsenergie** *f* énergie *f* cinétique; **B~ungsfreiheit** *f* liberté *f* des mouvements, *fig* d'action *od* de manœuvre; ~ *haben* avoir les coudées franches; **B~ungskrieg** *m* guerre *f* de mouvement *od* d'évolution; ~**ungslos** *a* immobile, sans mouvement; **B~ungslosigkeit** *f* immobilité *f;* **B~ungsspiele** *n pl sport* jeux *m pl* d'action *od* en *od* de plein air; **B~ungsstudie** *f (Kunst)* étude *f* de mouvement; **B~ungstherapie** *f* kinésithérapie *f;* **B~ungsübertragung** *f phys* transmission *f* de mouvement; ~**ungsunfähig** *a* incapable de bouger, immobile; *med* impotent; **B~ungsunfähigkeit** *f* immobilisation; *med* impotence *f.*
bewehr|en *tr mil* mettre en état de défense; armer *a. arch tech;* ~**t** *a* armé *(mit* de); **B~ung** *f* armature *f.*
beweibt [-'vaɪpt] *a* marié; ~ *sein* avoir une femme.
beweihräucher|n *tr a. fig* encenser; **B~ung** *f a. fig* encensement *m.*
bewein|en *tr* pleurer, déplorer; **B~ung** *f;* ~ *Christi (Kunst)* déposition *f* de croix.
Beweis *m* ⟨-es, -e⟩ [-'vaɪs] preuve, justification *(für* de); *math philos* démonstration *f; (~grund)* argument *m; (~stück)* pièce *f* justificative; *(Zeichen)* signe *m,* marque *f; als od zum* ~ *für* comme preuve de, à l'appui de, en témoignage de; *bis zum* ~ *des Gegenteils* jusqu'à preuve du contraire; *den* ~ *antreten od bei-* od *erbringen* od *führen* od *liefern* fournir *od* produire *od* apporter *od* établir la *od* des preuve(s); *etw unter* ~ *stellen* faire preuve *od* acte de qc; *schlagende(r), schlüssige(r), zwingende(r)* ~ preuve *f* éclatante, concluante *od* formelle, irrécusable; *Freispruch m mangels ~es* acquittement *m* faute de preuves; ~ *der Unmöglichkeit* réduction *f* à l'impossible; ~**aufnahme** *f* audition *od* administration des preuves, procédure *f* probatoire; *Schluß m der* ~ *aufnahme* clôture *f* de l'administration des preuves; ~**aufnahmeverfahren** *n* procédure *f* d'administration des preuves; **b~bar** *a* prouvable, démontrable; ~**barkeit** *f* démontrabilité *f;* **b~en** ⟨*beweist, bewies, hat bewiesen*⟩ *tr* prouver, démontrer; faire preuve *od* foi de; *(bezeigen)* manifester, témoigner; *klar (und deutlich)* ~ prouver par A plus B; ~**erhebung** *f* = ~*aufnahme;* ~**führung** *f* démonstration; argumentation *f,* raisonne-

ment *m;* ~**grund** *m* argument *m,* raison *f* probante; ~*e anführen* argumenter *(gegen* contre); ~**kraft** *f* force *f* démonstrative *od* probante; ~ *haben* faire foi; **b~kräftig** *a* probant, concluant; démonstratif; ~**last** *f* charge *f od* fardeau *m* de la preuve; *die* ~ *ruht auf* ... la preuve incombe à ...; ~**material** *n* preuves; pièces *f pl* à l'appui; ~ *sammeln* rassembler des preuves; *urkundliche(s)* ~ documentation *f;* ~**mittel** *n* moyen *m od* pièce *f* justificatif, ve; ~**pflicht** *f* obligation *f* de faire la preuve; **b~pflichtig** *a:* ~ *ist* ... ~ la preuve incombe à ...; ~**stück** *n* preuve, pièce *f* justificative *od* probante *od* à *od* de conviction *od* à l'appui, instrument de preuve; *(Corpus delicti)* corps *m* du délit; ~**würdigung** *f* appréciation *f* des preuves.
bewenden *itr: es bei etw* ~ *lassen* se borner, s'en tenir, en rester à qc; se contenter de qc; **B~** *n: damit sein* ~ *haben* en demeurer là; *mag es mit* ... *sein* ~ *haben!* passe pour ... !
bewerb|en, *sich* ⟨*bewirbt, bewarb, hat beworben*⟩ [-'vɛrbən] demander *(bei jdm um etw* qc à qn); aspirer *(um etw* à qc); *(um ein Amt, e-e Stelle)* offrir ses services; solliciter, postuler *(um etw* qc); *(kandidieren)* présenter sa candidature, se porter candidat *(als* au poste de); *sich gemeinsam* ~ concourir *(um* pour); *sich um ein Mädchen* ~ demander la main d'une jeune fille; **B~er** *m* ⟨-s, -⟩ aspirant, solliciteur, postulant, candidat; impétrant, brigueur; *(Mitbewerber)* concurrent; *(Freier)* soupirant, prétendant *m;* **B~ung** *f* demande (d'emploi), offre de service; sollicitation; candidature; concurrence; demande *f* en mariage; **B~ungsfrist** *f* délai *m* de sollicitation; **B~ungsschreiben** *n* lettre *f* de demande d'emploi *od* de sollicitation; **B~ungsunterlagen** *f pl* dossier *m* de candidature.
bewerfen ⟨*bewirft, bewarf, hat beworfen*⟩ *tr* jeter *(etw mit etw* qc sur qc; *jdn mit etw* qc à qn); *(e-e Mauer)* crépir, ravaler; *mit Bomben* ~ bombarder; *jdn mit Schmutz* ~ *(fig)* couvrir qn de boue.
bewerkstellig|en *tr* effectuer, réaliser, mettre en œuvre, exécuter, accomplir; venir à bout *(etw* de qc); ~, *daß* arriver à ce que, s'arranger pour que; **B~ung** *f* réalisation, mise en œuvre, exécution *f,* accomplissement *m.*
bewert|en [-'veːrt-] *tr (abschätzen)* évaluer, taxer, supputer; *(einschätzen)* estimer, apprécier, priser; *(Schu-*

le) noter; *sport* classer; *zu hoch* ~
surévaluer, surestimer; *zu niedrig* ~
sous-évaluer, sous-estimer; *richtig* ~
estimer à sa juste valeur; **B~ung** *f*
évaluation, taxation, supputation;
estimation, appréciation; cotation *f;*
sport classement *m;* ~ *nach Punkten*
(sport) pointage *m;* **B~ungsgrund-
lage** *f* base *f* d'évaluation; **B~ungs-
maßstab** *m* échelle *f* d'évaluation
od de taxation; **B~ungsrichtlinien** *f
pl* directives *f pl* d'évaluation.
bewetter|n *tr mines* aérer, ventiler;
B~ung *f* aération *f,* aérage *m,* ventilation *f.*
bewillig|en *tr* accorder, octroyer,
concéder, autoriser; *(bes. Geld)* allouer; *(genehmigen)* permettre; *parl* voter; **B~ung** *f* octroi *m,* concession,
autorisation; allocation; permission *f;*
(Dokument) permis *m; (bewilligtes
Recht)* licence *f;* **B~ungsausschuß**
m parl comité *m* de répartition des
fonds de budget.
bewillkommn|en *tr* souhaiter la bien-
venue *(jdn* à qn), saluer; recevoir,
(bien) accueillir; **B~ung** *f* salutation;
réception *f,* bon accueil *m.*
bewirken *tr* effectuer, opérer; occasionner, causer; provoquer, produire,
amener, avoir pour conséquence; *(zustande bringen)* accomplir, réaliser;
~*de(s) Zeitwort (gram)* factitif *m.*
bewirten *tr (mit Essen u. Trinken)*
régaler, traiter; *jdn fürstlich* ~ traiter
qn comme un prince.
bewirtschaft|en *tr agr* exploiter, faire
valoir, cultiver; *adm com* réglementer, contingenter, rationner; *(zweckmäßig)* ~ aménager; ~**et** *a* soumis au
rationnement; **B~ung** *f* ‹-, (-en)› exploitation *f,* faire-valoir *m,* culture;
réglementation *f;* contigentement, rationnement *m; (zweckmäßige)* ~
aménagement; **B~ungsart** *f agr* mode *m* d'exploitation; **B~ungsbe-
stimmung** *f* prescription *f* de réglementation; **B~ungssystem** *n*
système *m* de réglementation.
Bewirtung *f* ‹-, (-en)› traitement *m.*
bewohn|bar *a* habitable; **B~barkeit** *f*
habitabilité *f;* ~**en** *tr* habiter; habiter
od demeurer à *od* dans; *(Haus)* occuper; **B~er** *m* ‹-s, -› habitant; *fig* hôte
m; **B~erschaft** *f* ‹-, ø› habitants *m
pl.*
bewölk|en [-'vœlk-], *sich* se couvrir de
nuages, s'ennuager; ~**t** *a* couvert de
nuages, nuageux; **B~ung** *f* ‹-, ø› nuages *m pl;* nébulosité *f;* **B~ungsgrad**
m degré *m* de nébulosité *f;* **B~ungs-
zunahme** ennuagement *m.*
Bewunder|er *m* ‹-s, -› [-'vʊnd(ə)r-] ad-

mirateur *m;* **b~n** *tr* admirer;
b~nswert *a,* **b~nswürdig** *a* admirable, digne d'admiration; ~**ung** *f* ‹-,
(-en)› admiration *f;* ~ *erregen* exciter
l'admiration; *die* ~ *aller erregen* faire
l'admiration de tous; *in* ~ *vor etw versinken* tomber en admiration devant
qc.
Bewurf *m arch* crépi *m,* crépissure *f,*
ravalement, enduit *m.*
bewußt [bə'vʊst] *a* conscient; *(be-
sagt)* en question, dénommé; *jur
(überlegt)* délibéré, réfléchi, intentionnel; *adv* sciemment, en connaissance de cause; *sich e-r S* ~ *sein* avoir
conscience de qc; *sich e-r S nicht
mehr* ~ *sein* ne plus se souvenir de
od se rappeler qc; *sich keiner Schuld*
~ *sein* n'avoir rien à se reprocher;
sich e-r S vollkommen ~ *sein* avoir
pleine conscience de qc; *sich e-r S* ~
werden prendre conscience de qc; se
rendre compte de qc; **B~heit** *f* ‹-, ø›
conscience *f;* ~**los** *a* sans connaissance, évanoui, inanimé; ~ *werden* =
das B~sein verlieren; **B~losigkeit** *f*
‹-, ø› perte de connaissance; incons-
cience *f,* évanouissement *m,* défaillance, pâmoison; *scient* syncope *f; bis
zur* ~ *(fig fam)* à n'en plus finir;
B~sein *n* ‹-s, ø› conscience, connaissance *f* de soi; sentiment *m; (nicht)
bei vollem* ~ *(med)* (in)conscient; *im*
~ *(gen)* fort (de); *ohne* ~ sans connaissance; *jdm etw zum* ~ *bringen*
faire sentir qc à qn; *wieder zu(m)* ~
kommen ou *das* ~ *wiedererlangen*
reprendre connaissance; *bei vollem* ~
sein avoir toute sa connaissance; *das*
~ *verlieren* perdre connaissance *od*
l'usage de ses sens, s'évanouir, défaillir, se pâmer; *fam* tourner de l'œil; *es
kam mir zum* ~ je m'en rendis compte; *sittliche(s)* ~ conscience *f* morale;
b~seinserweiternd *a (Droge)* qui
exacerbe les sens; **B~seinsspaltung**
f ‹-, ø› *med* dédoublement *m* de la
personnalité, schizophrénie *f; an* ~
leiden se dédoubler; **B~seinstrü-
bung** *f* engourdissement *m* mental;
B~werden *n* prise *f* de conscience.
bezahl|en *tr* payer *(etw, für etw* qc);
(Rechnung a.) régler; *(Schuld)*
régler, acquitter, liquider; *(Wechsel)*
honorer; *(Auslagen)* rembourser;
(entlohnen) payer, rémunérer, rétri-
buer, salarier; *(Arzt, Anwalt)* honorer; *bar* ~ payer en espèces; *auf Heller und Pfennig* ~ payer rubis sur
l'ongle; *s-n Sieg mit dem Leben* ~
vaincre au prix de sa vie; *teuer* ~ *(a.
fig)* payer cher; *im voraus* ~ payer
d'avance; *jdn teuer* ~ *lassen (fig)* te-

nir la dragée haute à qn; *sich bezahlt machen* valoir la peine, *fam* payer; **B~er** *m* ‹-s, -› payeur *m;* **B~ung** *f* paiement; règlement; acquittement *m* liquidation *f,* amortissement; remboursement *m;* rémunération, rétribution *f,* salaire *m;* honoraires *m pl; gegen* ~ contre *od* moyennant paiement.

bezähm‖bar *a* domptable, maîtrisable; **~en** *tr* dompter, maîtriser; *(zügeln)* refréner; *sich* ~ se maîtriser, se dominer, se contrôler; **B~ung** *f* ‹-, ø› maîtrise, refrènement *m.*

bezauber‖n *tr* enchanter, charmer, fasciner, séduire; **~nd** *a* enchanteur; charmant, fascinant, captivant, séduisant, envoûtant; **B~ung** *f* enchantement, charme *m,* fascination, séduction *f.*

bezeichn‖en *tr (mit e-m Zeichen versehen, kennzeichnen)* marquer, étiqueter, repérer; *(benennen)* désigner, (dé)nommer, appeler; qualifier, traiter (*als* de); *(kennzeichnen, charakterisieren)* caractériser, spécifier, définir; *(angeben)* indiquer, dénoter; **~end** *a* significatif; caractéristique, typique, symptomatique; **B~ung** *f* marque, étiquette *f,* repère, indice; *a. math mus* signe *m; (Benennung)* désignation, dénomination; appellation; qualification; *(nähere Kennzeichnung)* caractérisation, spécification, définition; *(Angabe)* indication *f.*

bezeug‖en *tr* témoigner, attester; faire foi de; *(bescheinigen)* certifier, faire foi de; **B~ung** *f* témoignage *m,* attestation *f.*

bezichtig‖en *tr* accuser, inculper, incriminer (*jdn e-r S* qn de qc); **B~ung** *f* accusation, inculpation, incrimination *f.*

bezieh‖bar *a (Wohnung)* livrable, habitable; **~en** ‹*bezieht, bezog, hat bezogen*› *tr (überziehen, bedecken)* couvrir, revêtir, garnir *(mit* de); *(Bett)* mettre des draps à; *(Kopfkissen)* mettre une taie à; *(Wohnung, Haus)* aller occuper; s'établir, s'installer dans *od a.* à; *(Universität)* aller (étudier) à; *(Markt, Messe)* exposer à; *mil (besetzen)* occuper; s'établir dans; *(bekommen)* percevoir, recevoir, avoir; *fam* récolter; *pop (Schläge)* encaisser; *(Ware)* acheter; *(bestellen)* commander (*bei* chez); *(Zeitung)* être abonné à; *(Geld)* toucher; *auf etw* appliquer, rapporter à qc; *sich* ~ *(Himmel)* se couvrir, s'ennuager; *auf etw* se référer à qc, se recommander de qc, *a. gram* se rapporter à qc; *(Sache)* avoir rapport *od* trait à qc, porter sur

qc, concerner qc; *e-e Bemerkung auf sich* ~ prendre pour soi une remarque; *Quartier* ~ *(mil)* prendre ses quartiers; *Stellung* ~ *(fig)* prendre position; *der Himmel bezieht sich* le temps se couvre; **B~er** *m* ‹-s, -› *(e-r Ware)* acheteur; *(e-r Zeitung)* abonné *m;* **B~erliste** *f* liste *f* des abonnés, répertoire *m* d'abonnements; **B~ung** *f* relation, correspondance *f, a.* gram rapport *m; (Verbindung)* liaison *f,* contact *m,* connexion *f,* commerce *m; in dieser* ~ à ce sujet, à cet égard, sous ce rapport; *in gewisser* ~ à certains égards, sous certains rapports; *in jeder* ~ à tous (les) égards, dans tous les domaines, sur toute l'échelle, sous toutes ses formes; *in mancher* ~ à maints égards; *in tatsächlicher und rechtlicher* ~ en fait et en droit; *in politischer* ~ politiquement; *in wirtschaftlicher* ~ du point de vue économique; *mit guten* ~*en (bes. com)* qui a de bonnes relations; *alle* ~*en zu jdm abbrechen* rompre *od* cesser tous rapports avec qn; ~*en zu jdm aufnehmen, mit jdm in* ~*en treten* entrer en rapport avec qn, établir des relations avec qn; *ausgedehnte* ~*en haben* avoir de nombreuses relations; *geschlechtliche* ~*en haben* avoir des rapports intimes *(mit* avec); *gute* ~*en haben (fam)* avoir du piston; *pop* être dans les huiles; *weitreichende* ~*en haben* avoir le bras long; *gute* ~*en pflegen* entretenir de bons rapports; *in* ~ *setzen zu* mettre en rapport avec; *in* ~ *stehen zu* être en rapport *od* en relation avec, avoir rapport *od* trait à, se rapporter à, concerner; *zu jdm in engen* ~*en stehen* être intime avec qn; *zu jdm in freundschaftlichen* ~*en stehen* être en bons termes avec qn; ~*en unterhalten* entretenir des rapports; *diplomatische* ~*en unterhalten mit* entretenir des relations diplomatiques avec; *enge, freundschaftliche, geschäftliche, nachbarliche* ~*en* rapports *m pl* intimes, amicaux, d'affaires *od* commerciaux, de voisinage; **~ungslos** *a* incohérent, décousu; **~ungsweise** *adv* respectivement; ou (bien), ou encore, ou plutôt.

beziffer‖n *tr* numéroter, chiffrer; *(schätzen)* évaluer, estimer, supputer (*auf* à); *sich* ~ monter, s'élever (*auf* à); se chiffrer (*auf* par); *beziffert(r) Baß m (mus)* basse *f* chiffrée; **B~ung** *f* numérotage, chiffrage *m;* évaluation, estimation, supputation *f.*

Bezirk *m* ‹-(e)s, -e› district *m;* circonscription; *(Gebiet)* zone, région *f;*

(Stadtbezirk) quartier; *(Bereich)* secteur, rayon *m; fig* sphère *f,* domaine *m;* ~**sausgabe** *f (Zeitung)* édition *f* locale; ~**sdirektion** *f* direction *f* régionale; ~**sdirektor** *m* directeur *m* régional; ~**sgericht** *n* tribunal *m* cantonal; ~**skommando** *n mil* bureau *m* de recrutement; ~**sverkehr** *m tele* trafic *m* régional; ~**svertreter** *m com* agent *m* local; ~**svorsteher** *m* préfet *m* régional; **b**~**sweise** *adv* par districts, par régions.

bezogen ⟨*pp von: beziehen*⟩ *a* garni, gainé *(mit* de); **B**~**e(r)** *m fin* tiré *m.*

Bezug *m (Überzug)* revêtement *m,* garniture; *(Hülle)* housse, poche *f; (Bett)* drap *m; (Kissen)* taie; *(Erhalt)* perception, réception *f; (von Ware)* achat *m,* acquisition; commande *f; (Zeitung)* abonnement *m; pl (Einkommen)* émoluments *m pl,* rémunération *f,* revenu; *(Gehalt)* traitement; *(Lohn)* salaire *m; bei* ~ *von (com)* à la commande de; *in b*~ *auf* par rapport à, relativement à, à l'égard de, au sujet de, à l'endroit de; touchant, concernant; quant à, en ce qui concerne, pour ce qui est de; *auf etw* ~ *haben* se rapporter, avoir rapport *od* trait à qc; *auf etw* ~ *nehmen* se référer, se rapporter à qc; faire état de qc; ~**nahme** *f* référence *f; unter* ~ *auf* (en) nous référant à; ~**sbedingungen** *f pl (Zeitung)* conditions d'abonnement; *(gedruckter Bestandteil)* manchettes *f pl* commerciales; ~**sberechtigte(r)** *m adm* ayant droit, bénéficiaire *m;* ~**schein** *m* bon *m* d'achat; **b**~**scheinpflichtig** *a* rationné; ~**sdauer** *f* période *f* d'abonnement; **b**~**sfertig** *a (Haus)* prêt à être occupé, livrable; ~**sperson** *f (von Kind)* parent *m;* parent *m* de substitution; *(von Tier)* maître *m;* ~**spreis** *m (Zeitung)* prix *m* d'abonnement; ~**spunkt** *m* point *m* fixe *od* de repère *od* de référence; ~**squelle** *f* source d'approvisionnement, ressource *f;* ~**srecht** *n* droit *m* de souscription *od* d'option; ~**sstoff** *m* étoffe *f od* tissu *m* d'ameublement.

bezüglich [-'tsy:k-] *a* relatif *(auf* à); concernant, touchant; *prp gen = in bezug auf;* ~**e(s)** *Fürwort n* pronom *m* relatif.

bezwecken *tr fig* avoir pour objet *od* pour but; viser; tendre *(etw* à qc).

bezweifeln *tr* douter *(etw* de qc), mettre *od* révoquer en doute; *nicht zu* ~*(d)* (absolument) sûr.

bezwingen ⟨*bezwingt, bezwang, hat bezwungen*⟩ *tr (besiegen)* vaincre; *(unterwerfen)* soumettre, assujettir;

(Herr werden über) triompher *(etw* de qc); *(bewältigen)* venir à bout *(etw* de qc); *(meistern)* maîtriser; *(Schwierigkeit)* surmonter; *(Gefühl, Leidenschaft)* dompter, mater; *sich* ~ *se* maîtriser; se dominer; se contraindre *(zu* à); **B**~**er** *m* vainqueur *m;* **B**~**ung** *f* soumission *f,* assujettissement *m.*

Bibel ['bi:bəl], *die* la Bible, l'Écriture sainte; *fig* la bible *f;* ~**auslegung** *f* exégèse *f* (biblique); **b**~**fest** *a* versé dans la Bible; ~**spruch** *m,* ~**vers** *m,* ~**wort** *n* verset *m;* ~**stelle** *f* passage *m* (de l'Écriture); ~**stunde** *f* instruction *f* biblique; ~**text** *m* texte *m;* ~**übersetzung** *f* traduction *f* de la Bible.

Biber *m* ⟨-s, -⟩ ['bi:bər] *zoo (a. Pelz)* castor *m;* ~**bau** *m,* ~**burg** *f* hutte *f od* terrier *m* de castor; ~**geil** *n pharm* castoréum *m;* ~**pelz** *m* (peau *od* fourrure *f* de) castor *m;* ~**schwanz** *m (Ziegel)* tuile plate *od* à écaille; *(Handsäge)* (scie à manche d')égoïne *f.*

Biblio|**graph** *m* ⟨-en, -en⟩ [biblio'gra:f] bibliographe *m;* ~**graphie** *f* ⟨-, -n⟩ [-gra'fi:] bibliographie *f;* **b**~**graphisch** [-'gra:-] *a* bibliographique; **b**~**phil** *a:* ~*e Ausgabe f* édition *f* pour bibliophiles; ~**phile(r)** *m* [-'fi:lə(r)] bibliophile *m;* ~**philie** *f* ⟨-, ø⟩ [-'li:] bibliophilie *f;* ~**thek** *f* ⟨-, -en⟩ [-'te:k] bibliothèque *f; öffentliche, wissenschaftliche* ~ bibliothèque *f* publique, de recherche; ~**thekar** *m* ⟨-s, -e⟩ [-'ka:r] bibliothécaire, conservateur *m* de bibliothèque; ~**thekswissenschaft** *f* bibliothéconomie *f.*

biblisch ['bi:blɪʃ] *a* biblique; *B*~*e Geschichte f* histoire *f* sainte.

Bichromat *n* ⟨-(e)s, -e⟩ ['bi:-, bikro-'ma:t] *chem* bichromate *m.*

Bickbeere *f* ⟨-, -n⟩ ['bɪk-] *dial (Heidelbeere)* myrtille, airelle *f.*

bieder ['bi:dər] *a* brave, honnête, probe; *(redlich)* loyal, droit; *(einfältig)* simple; **B**~**keit** *f* ⟨-, ø⟩ honnêteté, probité, loyauté, droiture; simplicité *f;* **B**~**mann** *m* ⟨-s, -männer⟩ brave *od* honnête homme, homme de bien; *pej* bon bourgeois *m;* **B**~**meierstil** *m* style *m* Restauration *(1814 bis 1830) od* Louis-Philippe *(1830 bis 1848).*

Biege|**beanspruchung** ['bi:gə-] *f* effort *m* de flexion; ~**festigkeit** *f* résistance *f* à la flexion; ~**grenze** *f* limite *f* de flexion; ~**maschine** *f* machine à cintrer *od* à rouler, cintreuse, rouleuse *f.*

biegen ⟨*biegt, bog, gebogen*⟩ ['bi:gən, -o:-] *tr* ⟨*aux: haben*⟩ courber, plier, ployer, fléchir, arquer, cambrer; *tech* cintrer, couder; *itr* ⟨aux: sein⟩ (con)tourner (*um etw* qc); *sich ~* se courber, se plier, se ployer; *um die Ecke ~* prendre le tournant; *kalt, warm ~* cintrer à froid, à chaud; *sich ~ vor Lachen* se tordre de rire, rire à se tordre; *fam* se rouler, *pop* se marrer; *lieber ~ als brechen* mieux vaut plier que rompre; **B~** *n* courbement, pliage, pliement, ployage, ploiement, cintrage *m; auf ~ oder Brechen* quoi qu'il advienne.

Biege|presse *f* presse à cintrer *od* à courber, cintreuse *f; ~***probe*** *f* essai *m od* épreuve *f* de flexion; *(Prüfstück)* échantillon *m* de pliage; ~**spannung** *f* tension *f* de flexion; ~**walze** *f* cylindre *m* à cintrer.

biegsam ['bi:k-] *a* flexible, pliable, ployable, pliant, souple, élastique; *fig (geschmeidig)* souple, agile, maniable, malléable, ductile; **B~keit** *f* flexibilité, souplesse, élasticité; *fig* souplesse, agilité, malléabilité *f.*

Biegung *f* ⟨-, -en⟩ courbure *f,* pliage; pli, ploiement, fléchissement *m,* flexion *f;* cintrage; *(e-r Straße)* tournant *m; (Krümmung)* cambrure; *bes. med* incurvation *f; (Windung, be¬ e-s Flusses)* coude, repli, méandre *m,* sinuosité *f; ~s . . . (in Zssgen)* = *Biege . . .; ~***sachse*** *f* axe *f* de flexion; ~**selastizität** *f* élasticité *f* de flexion; ~**sspannung** *f* tension *f* de flexion.

Biel [bi:l] *n geog* Bienne *f; ~***er Sce** *m* lac *m* de Bienne.

Biene *f* ⟨-, -n⟩ ['bi:nə] abeille, mouche *f* à miel; ~**nbestand** *m* cheptel *m* apicole; ~**nfleiß** *m* zèle *m,* ardeur *f* de bénédictin; ~**nfresser** *m* zoo guêpier *m; ~***nhaus*** *n* rucher *m; ~***nhonig*** *m* miel *m* d'abeille(s); ~**nkönigin** *f* reine (des abeilles), abeille mère, mère *f* abeille; ~**nkorb** *m* ruche *f; ~***nschwarm*** *m* essaim *m* d'abeilles; ruchée *f; ~***nstaat*** *m* cité *f* des abeilles; ~**nstich** *m* piqûre *f* d'abeille; ~**nstock** *m* ruche *f; ~***nvolk*** *n* ruche, ruchée *f; ~***nwabe*** *f* rayon *od* gâteau *m* de miel; ~**nzucht** *f* apiculture *f; ~***nzüchter*** *m* apiculteur *m.*

Bier *n* ⟨-(e)s, -e⟩ [bi:r] bière *f; ~ anstechen* mettre de la bière en perce; *~ aus-, einschenken* débiter, verser de la bière; *~ brauen* brasser; *~ auf Flaschen ziehen* mettre de la bière en bouteilles; *dünne(s) ~* petite bière, *pop* bibine *f; Glas n ~* bock, demi *m; helle(s), dunkle(s) ~* bière *f* blonde, brune; *ober-, untergärige(s) ~* bière *f* de fermentation haute, basse; ~**baß** *m fam* voix *f* de rogomme; ~**bauch**

m fam bedaine *f* de brasserie; ~**bottich** *m* bac *m,* cuve *f; ~***brauer*** *m* brasseur *m; ~***brauerei*** *f* brasserie *f; ~***deckel*** *m* dessous, rond *m; ~***fahrer*** *m* voiturier *m; ~***faß*** *n* tonneau *m* à bière; ~**filz** *m = ~deckel; ~***flasche*** *f* bouteille *f* à bière; ~**flaschenfüllapparat** *m* soutireuse *f* pour bouteilles à bière; ~**garten** *m* jardin *m* aménagé pour la consommation de la bière; ~**glas** *n* verre *m* à bière; ~**hefe** *f* levure *f* de bière; ~**idee** *f* idée *f* saugrenue; ~**kanne** *f,* ~**krug** *m* cruche *f od* cruchon *od* pot *m* à bière; ~**keller** *m* cave *f* à bière; ~**kutscher** *m = ~fahrer; ~***leitung*** *f* conduite à bière; ~**lokal** *n* brasserie *f; ~***reise*** *f fam* bamboche, *pop* vadrouille *f; ~***seidel*** *n* chope *f; ~***stube*** *f = ~lokal; ~***suppe*** *f* potage *m* à la bière; ~**untersatz** *m = ~deckel; ~***wagen*** *m* haquet *m* de brasseur; ~**wärmer** *m* chauffe-bière *m; ~***würze*** *f* moût *m* de bière; ~**zelt** *n* tente *f* à bière.

Biese *f* ⟨-, -n⟩ ['bi:zə] *mil* passepoil *m.*

Biest *n* ⟨-(e)s, -er⟩ [bi:st] *fam pej* bête *f,* animal *m,* brute, garce, intrigante *f; gemeine(s) ~* sale bête, vache *f.*

bieten ⟨bietet, bot, hat geboten⟩ ['bi:tən] *tr* offrir; proposer; *(auf e-r Versteigerung)* miser; *sich ~ (bes. Gelegenheit)* se présenter, s'offrir; *jdm den Arm ~* présenter *od* offrir le bras à qn; *jdm e-n Gruß ~* souhaiter le bonjour à qn; *jdm die Hand ~ (a. fig)* prêter la main à qn *(zu* à); *die Wange zum Kuß ~* tendre sa joue pour le baiser; *höher ~ als jmd (Versteigerung)* mettre sur qn; *Schach ~* faire échec *(jdm* à qn); *Schwierigkeiten ~* présenter *od* faire des difficultés; *jdm die Spitze od die Stirn od Trotz ~* faire front à qn; braver, défier qn; *sich etw ~ lassen* accepter, souffrir qc; *sich alles ~ lassen* encaisser tout (en silence), se laisser arracher la barbe poil à poil; *das lasse ich mir nicht ~* je vous, te, lui, leur montrerai de quel bois je me chauffe; **B~er** *m* ⟨-s, -⟩ offrant; *(Versteigerung)* enchérisseur *m.*

Bigam|ie *f* ⟨-, -en⟩ [biga'mi:] bigamie *f; b~***isch*** [-'ga:-] *a* bigame; ~**ist** *m* ⟨-en, -en⟩ [-ga'mɪst] bigame *m.*

bigott [bi'gɔt] *a* bigot, hypocrite; **B~erie** *f* ⟨-, -n⟩ [-tə'ri:] bigoterie *f,* bigotisme *m.*

Bikini *m* ⟨-s, -s⟩ [bi'ki:ni] *(zweiteiliger Badeanzug)* bikini, deux-pièces *m.*

bikon|kav [bikɔn'ka:f] *a opt* biconcave; ~**vex** [-'vɛks] *a* biconvexe.

Bilanz f ⟨-, -en⟩ [bi'lants] a. fig bilan m; balance f (des comptes); fig résultat m; ~ der Kapitalbewegungen balance f des mouvements de capitaux; die ~ aufstellen dresser od établir od arrêter le bilan, faire la balance; die ~ frisieren arranger od truquer le bilan; die ~ verschleiern maquiller od masquer od camoufler le bilan; die ~ ziehen (fig) faire le bilan od la balance; aktive, passive ~ bilan m excédentaire, déficitaire; ~abschluß m clôture f de bilan; ~aufstellung f établissement m du bilan; ~auszug m relevé m du bilan; ~buch n livre m des bilans; ~fälschung f falsification f du bilan; ~gewinn m bénéfice m établi par le bilan; b~ieren [-'tsi:rən] itr = die ~ aufstellen; ~ierung f établissement m du bilan; ~posten m poste m de bilan; ~prüfung f vérification f od contrôle m du bilan; ~saldo m solde m du bilan; ~stichtag m (jour m de l')échéance f du bilan; ~summe f total m du bilan; ~verlust m perte f établie par le bilan; ~verschleierung f maquillage od camouflage m de bilan, dissimulation f d'actif; ~wert m valeur f de bilan od d'inventaire; ~ziehung f établissement m du bilan.

bilateral ['bi:-] a pol bilatéral.

Bild n ⟨-(e)s, -er⟩ [bɪlt, -dər] image f a. phot film tele; (Ölbild) tableau; (Bildnis) portrait m; (Abbildung) illustration, figure; (auf Spielkarten) figure; (auf Münzen) effigie; (Lichtbild) photo(graphie); (Abzug) épreuve f; theat tableau m; (Götzenbild) idole f; (Sinnbild) symbole m; (Gleichnis) parabole; (Redefigur) métaphore, figure; (Vorstellung) idée f; sich ein ~ von etw machen se faire une idée de qc; im ~e sein (fam) y voir clair, être à la page od au fait od au courant, y être, connaître le dessous des cartes od les tenants et les aboutissants; jdn, sich ins ~ setzen mettre qn, se mettre au courant; jetzt bin ich über ihn im ~e il m'a édifié sur son compte iron; du machst dir kein ~ davon tu ne saurais te l'imaginer; lebende(s) ~ (theat) tableau m vivant; ein ~ des Jammers un aspect lamentable; un spectacle de désolation; ein ~ von e-m Menschen un homme de toute beauté; ~archiv n archives f pl photographiques, photothèque f; ~ausschnitt m détail m; ~band m livre-album m; ~beilage f supplément m illustré; ~bericht m reportage m illustré od par l'image; ~bericht(erstatt)er m reporter m

photographe; ~berichterstattung f information f par l'image; ~betrachter m (für Dias etc) visionneuse f; ~ebene f phot plan m de l'image; ~fläche f surface f de l'image; film écran m; auf der ~ erscheinen (fig) apparaître; wieder auf der ~ erscheinen faire sa réapparition; von der ~ verschwinden disparaître, s'éclipser; ~folge f film séquence f; ~größe f grandeur f de l'image; b~haft a métaphorique; fleuri; ~hauer m sculpteur, statuaire m; ~hauerei f, ~hauerkunst f sculpture, statuaire f; b~hübsch a ravissant; ~karte f (Kartenspiel) figure f; b~lich a figuré, métaphorique, figuratif; adv au figuré, figurément; ~e(r) Ausdruck m expression figurée, métaphore f; ~e Darstellung f figuration f; ~material n illustrations f pl; ~mitte f centre m de l'image a. TV; ~platte f vidéodisque m; ~reportage f = ~bericht; ~reporter m = ~berichter; ~röhre f TV tube-image m; ~säule f statue; wie e-e ~ dastehen (fig) être immobile comme une statue; ~schärfe f phot netteté, clarté f de l'image; ~schirm m écran m; ~schirmgerät n inform visuel m, unité f de visualisation; ~schirmtext m télétexte m; ~schnitzer m sculpteur m sur bois; ~schnitzerei f sculpture f sur bois; b~schön a beau comme un astre od le jour; ~stock m rel statu(ett)e f de saint(e); ~sucher m phot viseur m; ~tafel f (Buch) hors-texte m, planche f; ~telefon n vidéo(télé)phone, visiophone m; ~übertragung f transmission de l'image; scient téléphotographie f; ~unterschrift f légende f; ~weite f distance f de l'image; ~werbung f publicité f par images; ~werfer m projecteur; appareil m od lanterne f de projection; ~werk n sculpture f; ~wörterbuch n dictionnaire m illustré.

bilden ['bɪldən] tr (gestalten) former, façonner; modeler; (schaffen) créer, faire; gram (Wort, Satz) former; (zs.-stellen, organisieren) former, organiser, établir; (Menschen) cultiver, humaniser; (den Geist, Verstand) former; (darstellen, sein) constituer, être; sich ~ (entstehen) se former, se développer, naître; (Mensch) se cultiver; (lernen) s'instruire; e-e Regierung ~ former un gouvernement; ~d a (gestaltend) formateur; (belehrend, erzieherisch) formatif; instructif; éducateur, éducatif; die ~en Künste f pl les arts m pl plastiques.

Bilder|bibel ['bɪldər-] f Bible f illustrée; **~bogen** *m* feuille *f* d'images; **~buch** *n* livre *m* d'images; *f;* **~fibel** *f* abécédaire *m* illustré; **~galerie** *f* galerie *f* de tableaux, musée *m* de peinture; **~haken** *m* crochet *m;* **~rahmen** *m* cadre *m;* **~rätsel** *n* rébus *m;* **b~reich** *a* riche en images, imagé, figuré, fleuri; **~reichtum** *m* richesse *f* en images; **~sammlung** *f* collection de tableaux; **~schrift** *f* écriture figurative *od* pictographique *od* idéographique, idéographie *f;* **~sprache** *f* langage *m* imagé *od* fleuri; **~sturm** *m* *hist* iconoclasme *m;* **~stürmer** *m* *rel* *hist* iconoclaste, briseur *m* d'images; **~stürmerei** *f* iconoclasme *m;* **~verehrer** *m* *rel* iconolâtre *m;* **~verehrung** *f* iconolâtrie *f,* culte *m* des images; **~wand** *f* *rel* iconostase *f;* **~zeichen** *n* script *m.*

Bildnis *n* ⟨-sses, -sse⟩ portrait *m;* (auf Münzen) effigie *f.*

Bildung *f* ['bɪldʊŋ] *allg* (Vorgang u. Zustand) formation *f;* (Entwicklung) développement *m,* évolution; (Schaffung) création, élaboration; organisation *f,* établissement *m;* (Gründung) fondation; (Aufbau) structure, organisation; (Erziehung) éducation, culture; allgemeine ~ culture générale; (Wissen) instruction *f,* connaissances *f pl;* (Gelehrsamkeit) érudition *f;von hoher ~* très cultivé *od* instruit, lettré; ohne ~ inculte; sans éducation; politische ~ éducation *f* politique; **~sanstalt** *f* maison d'éducation; école *f;* **b~sfähig** *a* éducable; **~sfähigkeit** *f* éducabilité *f;* **~sgang** *m* formation *f;* **~sgrad** *m* = **~sstufe;** **~shunger** *m* désir *m* de s'instruire; **~slücke** *f* ignorance, lacune *f* dans les connaissances; **~sstand** *m* niveau *m* culturel; **~sstätte** *f* = **~sanstalt;** **~sstufe** *f* degré d'instruction; niveau *m* culturel; **~strieb** *m* = **~shunger;** **~surlaub** *m* congé-formation, congé *m* de formation professionnelle; **~sweg** *m* scolarité *f; der zweite ~* les cours *m pl* du soir; **~swesen** *n* enseignement *m.*

Billard *n* ⟨-s, -e⟩ ['bɪljart, -də] billard *m; ~ spielen* jouer au billard; *Partie f ~* partie *f* de billard; **~kugel** *f* bille *f* de billard; **~spiel** *n* billard *m;* **~stock** *m* queue *f;* **~tuch** *n* tapis *m* (de billard); **~zimmer** *n* salle *f* de billard.

Billiarde *f* ⟨-, -n⟩ [bɪliˈardə] (1000 Billionen) mille billions *m pl.*

billig ['bɪlɪç] *a* (gerecht) équitable, juste; (vernünftig) raisonnable, acceptable; (wohlfeil) bon marché (Komparativ: meilleur marché), de prix

modique *od* modéré, pas cher, à bon compte; *fig pej* sans valeur, (trop) simple; facile; mauvais; *~e Ausrede* mauvaise excuse; *~ kaufen* acheter bon marché; *~er werden* diminuer de prix; *das ist nicht mehr als recht und ~* ce n'est que juste; *was dem einen recht ist, ist dem ander(e)n ~* il ne doit pas y avoir deux poids et deux mesures; **~en** [-gən] *tr* approuver, agréer, souscrire; consentir à; trouver bon (daß que); **~ermaßen** *adv,* **~erweise** *adv* équitablement, en toute équité; à bon droit; **B~flagge** *f* pavillon *m* de complaisance; **B~keit** ⟨-, ø⟩ (Gerechtigkeit) équité, justice; (Ware) modicité *f* du prix, bas prix, bon marché *m;* **B~keitsanspruch** *m* prétention *f* légitime, juste titre *m;* **B~keitsgründe** *m pl: aus ~n* pour des raisons d'équité; **B~ung** *f* approbation *f,* agrément, consentement, assentiment *m.*

Billion *f* ⟨-, -en⟩ [bɪliˈo:n] billion *m.*

Bilsenkraut ['bɪlzən-] *n* jusquiame *f.*

Biluxlampe ['bi:lʊks-] *f* ampoule *f* bilux.

bim [bɪm] *interj: ~ bam!* bim, bam, bum! din, din, don! drelin, drelin! **B~bam** *m* ['bɪm'bam] *: heiliger ~!* bon Dieu! bonté divine!

Bimetallismus *m* ⟨-, ø⟩ [bimetaˈlɪsmʊs] (Doppelwährung) bimétallisme *m.*

Bimmel *f* ⟨-, -n⟩ ['bɪməl] *fam* sonnette, clochette *f;* **~bahn** *f* *loc* *hum* brouette *f;* **b~n** *itr* *fam* (läuten) tintinnabuler, tinter; *dauernd ~* sonnailler; **~n** *n* tintement *m.*

bims|en ['bɪmzən] *tr* poncer, astiquer; (prügeln) rosser; *fig* asticoter, dresser; (Vokabeln) s'appuyer, (pop) s'enfiler; **B~stein** *m* pierre *f* ponce.

Binde *f* ⟨-, -n⟩ ['bɪndə] *allg* bande *f,* bandeau; *med* bandage *m;* (zum Abbinden) ligature; (Schlinge) écharpe *f;* (Damen~) serviette *f* hygiénique; *einen hinter die ~ gießen (fam)* od *kippen (pop)* s'enfiler un verre *fam; pop* se rincer la dalle, s'humecter le gosier; *e-e ~ vor den Augen haben (fig)* avoir un bandeau sur les yeux; *jdm die ~ von den Augen nehmen (fig)* ouvrir les yeux à qn; *den Arm in der ~ tragen* porter le bras en écharpe; **~draht** *m* fil *m* à lier *od* de ligature; **~garn** *n* fil *m* d'attache; **~gewebe** *n* *anat* tissu *m* conjonctif; **~glied** *n* lien *m;* **~haut** *f* *anal* conjonctive *f;* **~hautentzündung** *f* conjonctivite *f;* **~kraft** *f* pouvoir *m* adhésif, adhésivité *f;* **~mäher** *m* *agr* moissonneuse-lieuse *f;* **~mittel** *n* *tech* matière *f* agglutinante, agglutinant, agglomérant *m;* *(Küche)* liaison *f;* ~**salat** *m* laitue *f* romaine; ~**strich** *m* trait *m* d'union; ~**wort** *n* gram conjonction *f.*

binden ⟨*bindet, band, hat gebunden*⟩ ['bɪndən] *tr* lier, nouer; *(befestigen)* attacher; *(fesseln)* enchaîner; ligoter; *(Garbe, Bürste, Besen, Schleife)* faire; *(Krawatte)* nouer; *(Blumen)* faire un bouquet de; *(Buch)* relier; *(Faß)* relier, cercler; *(Küche)* lier; *chem* lier, combiner; *(absorbieren)* absorber; *(Wärme)* conserver, emmagasiner; *mil (Kräfte), fin (Geldmittel)* engager; *(Phonetik, mus)* lier; *fig (verpflichten)* obliger, engager, assujettir, astreindre (*an* à); *itr (Phonetik, mus)* faire la liaison; *sich* ~ *(fig)* s'engager, s'obliger (*jdm gegenüber* envers qn); *jdm etw auf die Nase* ~ casser le morceau à qn; *jdm etwa auf die Seele* ~ remettre qc à la conscience de qn; ~**d** *a fig* obligatoire; engageant; ~ *sein* faire loi; *langsam, schnell* ~ *(Zement)* à prise lente, rapide *od* prompte.

Binder *m* ⟨-s, -⟩ *(Krawatte)* cravate; *agr* botteleuse; *arch* boutisse *f,* parpaing *m;* ~**balken** *m arch* entrait *m;* ~**farbe** *f* peinture *f* d'émulsion.

Bind|faden ['bɪnt-] *m* ficelle *f; es regnet* ~*fäden* il pleut des cordes *od* des hallebardes *od* à verse; ~**ung** [-dʊŋ] *f* fixation *(a. med u. Schi),* liaison *f; (Band)* lien *m,* attache *f; (Textil)* croisement *m;* armure *f; chem* liaison; *(Absorbierung)* absorption *f; mil fin* engagement *m; fig (Verpflichtung)* obligation *f,* engagement *m; pl fig* liens *m pl,* attaches *f pl; rechtliche* ~ lien *m* de droit; ~**ungsenergie** *f* énergie *f* de liaison; ~**ungswärme** *f* chaleur *f* de combinaison.

binnen ['bɪnən] *prp* dans, dans le délai de, en l'espace de; ~ *kurzem* sous *od* avant d'ici peu; ~ *48 Stunden* dans les *od* sous 48 heures; ~**bords** *adv* à bord; **B**~**fischerei** *f* pêche *f* en eau douce; **B**~**gewässer** *n pl* eaux *f pl* intérieures *od* continentales; **B**~**hafen** *m* port *m* intérieur *od* fluvial; **B**~**handel** *m* commerce *m* intérieur; **B**~**land** *n* intérieur *m* (du pays); ~**ländisch** *a* intérieur; **B**~**markt** *m* marché *m* intérieur *od* national; **B**~**meer** *n* mer *f* intérieure; **B**~**reede** *f mar* petite rade *f;* **B**~**reim** *m* rime *f* intérieure; **B**~**schiffahrt** *f* navigation *f* intérieure *od* fluviale; **B**~**schiffahrtsstraße** *f* voie *f* de navigation intérieure; **B**~**schiff-fahrtsverkehr** *m* trafic *m* fluvial;

B~**see** *m* lac *m* intérieur; **B**~**transport** *m* transports *m pl* intérieurs; **B**~**verkehr** *m* circulation *f* intérieure; **B**~**wasserstraße** *f* voie *f* fluviale; **B**~**zölle** *m pl* douanes *f pl* à l'intérieur.

binokular [binoku'la:r] *a* binoculaire.

Binom *n* ⟨-s, -e⟩ [bi'no:m] *math* binôme *m;* **b**~**isch** *a* binôme.

Binse *f* ⟨-, -n⟩ ['bɪnzə] jonc *m; in die* ~*n (gegangen) (pop) (Sache)* grillé; *in die* ~*n gehen (fig fam)* aller à vau-l'eau; être fichu; ~**ngewächse** *n pl* joncacées *f pl;* ~**nwahrheit** *f* vérité de La Palice *od* Palisse, lapalissade *f;* truisme *m.*

Bio|chemie *f* ⟨-, ø⟩ [bio-] biochimie, chimie *f* biologique; ~**chemiker** *m* biochimiste *m;* **b**~**chemisch** *a* biochimique; ~**gas** *n* biogaz *m;* ~**genese** *f* biogénèse *f;* **b**~**genetisch** *a* biogénétique; ~**graph** *m* ⟨-en, -en⟩ [-'gra:f] biographe *m;* ~**graphie** *f* ⟨-, -n⟩ [-'fi:] biographie *f;* **b**~**graphisch** [-'gra:-] *a* biographique; ~**kost** *f* produits *m pl* naturels; ~**loge** *m* ⟨-n, -n⟩ [-'lo:gə] biologiste *m;* ~**logie** *f* ⟨-, ø⟩ [-'gi:] biologie *f;* **b**~**logisch** [-'lo:-] *a* biologique; ~ *gesehen* biologiquement; ~**masse** *f* biomasse *f;* ~**metrie** [-me'tri:] *f* biométrie *f;* ~**physik** biophysique *f;* ~**psie** *f med* biopsie *f;* ~**sphäre** *f* biosphère *f;* ~**technik** *f* biotechnique *f.*

Bioxyd, *(fachsprachl.)* **Bioxid** *n chem* bioxyde *m.*

Birett *n* ⟨-(e)s, -e⟩ [bi'rɛt] *rel* barrette *f.*

Birk|e *f* ⟨-, -n⟩ ['bɪrkə] bouleau *m;* **b**~**en** *a* de bouleau; ~**e(nholz** *n)* *f* (bois de) bouleau; ~**ensaft** *m* sève *f* de bouleau; ~**enwald** *m* boulaie *f;* ~**hahn** *m orn* coq de bouleau, petit tétras *m;* ~**huhn** *n* poule *f* de bouleau.

Birma ['bɪrma] *n* la Birmanie; ~**ne** *m* ⟨-n, -n⟩ [-'ma:nə] ~, ~**nin** *f* Birman, e *m f;* **b**~**nisch** *a* birman.

Birn|baum ['bɪrn-] *m (a. Holz)* poirier *m;* ~**e** *f* poire; *el* ampoule; *pop (Kopf)* fraise *f,* citron *m,* caboche *f; arg* ciboulot *m; e-e weiche* ~ *haben (fam)* avoir le cerveau ramolli; **b**~**enförmig** *a* en poire; ~**enmost** *m* poiré *m.*

bis [bɪs] *prp (zeitl. u. räuml.)* jusque, jusqu'à, à; *poet* jusques; *(zwischen zwei aufea.folgenden Zahlen das Ungefähre ausdrückend)* entre ... et ..., ... ou ...; ~ *auf (außer)* sauf, excepté, à l'exception de; ~ *zu (Reihenfolge)* jusqu'à; à ... près; *conj (a.:* ~ *daß)* jusqu'à ce que, en attendant que, d'ici à ce que; *von Anfang* ~ *Ende* depuis le début jusqu'à la fin, du début à la fin; *von früh ~ spät* du matin au soir; *von Kopf ~ Fuß*, *vom Scheitel ~ zur Sohle*, de la tête aux pieds, de pied en cap; ~ *bald* à bientôt; ~ *aufs Blut (a. fig)* jusqu'au sang; ~ *da-* od *dorthin* jusque-là; ~ *einschließlich*... jusque et y compris ...; ~ *zu Ende* jusqu'au bout, jusqu'à la fin; ~ *ans Ende der Welt* jusqu'au bout du monde; ~ *gleich!* à tout à l'heure! ~ *auf den letzten Heller* jusqu'au dernier centime; ~ *heute* jusqu'aujourd'hui, jusqu'à ce jour; ~ *hier(her) (a. fig)* jusqu'ici; ~ *jetzt* jusqu'à présent, jusqu'ici; ~ *jetzt noch nicht* pas encore; ~ *ins kleinste* jusqu'au moindre détail; ~ *an die Knie* jusqu'aux genoux, ~ *auf den letzten Mann* tous (sans exception), jusqu'au dernier; ~ *(spät) in die Nacht (hinein)* jusque (tard) dans la nuit; ~ *wann?* jusqu'à quand? ~ *auf weiteres* jusqu'à nouvel ordre; pour le moment; ~ *auf Widerruf* jusqu'à nouvel ordre; ~ *über die Ohren in Schulden stecken* être dans les dettes jusqu'au cou; *Kampf m ~ aufs Messer* lutte *f* au couteau od sans merci; *naß ~ auf die Haut* trempé jusqu'aux os; ~ *an die Zähne bewaffnet* armé jusqu'aux dents; ~**her** [bɪs'he:r] *adv*, ~**lang** [bɪs'laŋ] *adv* jusqu'ici, jusqu'à présent; ~*her* od ~*lang noch nicht* pas encore; ~**weilen** [bɪs'vaɪlən] *adv* parfois, quelquefois, de temps en temps.

Bisam *m* ⟨-s, -e/-s⟩ ['bi:zam] *(Droge)* musc *m;* = ~*fell;* ~**fell** *n,* ~**ratte** *f* rat *m* musqué.

Bischof *m* ⟨-s, ⁓e⟩ ['bɪʃɔf, -ø:ʃə/-ʃœfə] évêque *m;* ~**samt** *n* épiscopat, évêché *m;* ~**smütze** *f* mitre *f; (Serviette)* bonnet *m* d'évêque; ~**ssitz** *m* siège épiscopal; évêché *m;* ~**sstab** *m* crosse, houlette *f;* ~**swürde** *f* épiscopale, épiscopat *m.*

bischöflich *a* épiscopal.

bisexuell [bizɛksu'ɛl] *a* bis(s)exuel, bis(s)exué.

Biskaya [bɪs'ka:ja] *, die* la Biscaye; *der Golf von ~* le Golfe de Gascogne.

Biskuit *n* od *m* ⟨-(e)s, -s/(-e)⟩ [bɪs'kvi:t] biscuit *m;* ~**porzellan** *n* biscuit *m.*

Bismarckhering ['bɪsmark-] *m* hareng *m* mariné.

Bison *m* ⟨-s, -s⟩ ['bi:zɔn] *zoo* bison *m.*

Biß *m* ⟨-sses, -sse [bɪs, -sə] *(Tätigkeit)* coup *m* de dent; *(Ergebnis)* morsure *f;* = ~*wunde; (Schlangenbiß)* piqûre *f;* ~**wunde** *f* morsure *f.*

bißchen ['bɪsçən] *: ein ~* (...) un od

quelque peu (de); un doigt od une pointe (de); *fam* un atome, un brin, une idée; *das ~*... le peu de ...; *ein klein(es) ~* un tantinet (de); *ein ganz kleines ~* un tout petit peu, un tant soit peu; *kein, nicht ein ~* rien de tout; pas du tout; *mein ~ Geld* le peu d'argent que j'ai *od* je possède.

Biss|en *m* ⟨-s, -⟩ ['bɪsən] morceau *m; (Mundvoll)* bouchée *f; keinen ~ hinunterbringen (können)* ne pas pouvoir avaler une bouchée; *jdm die ~ nachzählen* od *im Munde zählen* compter *od* reprocher les morceaux *od* la nourriture à qn; *ihm blieb der ~ im Halse stecken* il manqua s'étrangler; *ein fetter ~ (fig)* une aubaine; **b~enweise** *adv* par couchées; **b~ig** *a (Hund)* méchant, hargneux; *fig (Bemerkung)* mordant, incisif, caustique, virulent, sarcastique; *sehr ~ sein (fig)* emporter la pièce; *Vorsicht,* ~*er Hund!* chien méchant! ~*e(r) Mensch m* emporte-pièce *m;* ~**igkeit** *f* méchanceté *f; fig* mordant *m,* causticité, virulence *f,* sarcasme *m.*

Bistum *n* ⟨-s, ⁓er⟩ ['bɪstu:m, -ty:mər] évêché; *(Diözese)* diocèse *m*

Bit *n* ⟨-s, -s⟩ *inform* bit *m.*

Bitt|brief ['bɪt-] *m* requête, pétition *f;* ~**e** *f* ⟨-, -n⟩ prière, demande; *(Ansuchen)* requête; *(Bittschrift)* pétition *f; dringende* od *inständige* od *flehentliche ~* supplication, adjuration, conjuration, instance, sollicitation, déprécation *f; auf jds ~* à la prière *od* demande *od* requête de qn; *e-e ~ abschlagen* rejeter *od* repousser *od* refuser une demande; *e-e ~ äußern* faire *od* formuler *od* présenter une demande; *e-r ~ entsprechen* répondre *od* donner suite à une demande; *e-e ~ gewähren* accorder *od* exaucer *od* satisfaire une demande; *e-e ~ an jdn richten* adresser une demande à qn; *ich habe e-e ~ an Sie* j'ai une prière à vous faire, je voudrais vous demander une faveur; ~ *um Auskunft* demande *f* d'information; **b~e** *interj* s'il vous, te plaît; je vous, te prie; de grâce; *(auf Schildern)* S.V.P.; *(e-r Bitte nachkommend) ~ schön!* je vous, t'en prie; à votre service; *wie* ~*?* vous dites? **b~en** ⟨bittet, bat, hat gebeten⟩ ['bɪtən] *tr* prier *(jdn, etw zu tun* qn de faire qc); demander *(jdn um etw* qc à qn); *dringend od inständig od flehentlich ~* implorer, supplier, adjurer, conjurer *(jdn* qn); solliciter *(um etw* qc); *jdn um Erlaubnis ~, etw zu tun* demander la permission à qn de faire qc; *um Frieden ~* demander la paix; *jdn zu Gast ~* inviter qn (à table); *jdn um e-n Gefallen* ~ demander une faveur à qn; *um Hilfe* ~ demander secours; *jdn um Verzeihung* ~ demander pardon à qn; *ums Wort* ~ demander la parole; *sich lange* ~ *lassen* se faire prier *od (fam)* tirer l'oreille; *ich lasse* ~ faites entrer; *ich bitte Sie darum* je vous en prie; *ich bitte um Ruhe!* silence, s'il vous plaît! *ich bitte um Verzeihung* je vous demande pardon; excusez-moi; *darf ich* ~? *(zum Tanz)* puis-je me permettre? *darf ich Sie um Ihren Namen* ~? puis-je vous demander votre nom? *darf ich Sie um das Salz* ~? voudriez-vous me passer le sel? *aber ich bitte dich od Sie!* mais bien sûr! mais voyons! *(aber) ich bitte Sie!* *da muß ich doch sehr* ~! de grâce! allons donc! *wenn ich* ~ *darf* je vous prie; ~**gang** *m rel* procession *f*; pèlerinage *m*; ~**schrift** *f* pétition; *pol* supplique *f*, placet *m*; *e-e* ~ *einreichen* pétitionner; ~**steller** *m* pétitionnaire, solliciteur *m*.

bitter ['bɪtər] *a a. fig* amer; *fig* acerbe, aigre, acrimonieux; *(a. Kälte)* piquant; *(Armut, Not)* extrême; *das ist* ~ c'est dur; *e-n* ~*en Geschmack im Munde haben* avoir un goût amer dans la bouche; ~ *schmecken* avoir un goût amer; ~*e Tränen weinen* pleurer à chaudes larmes; ~*er Ernst werden* devenir très sérieux, prendre une tournure (très) grave; *es ist* ~ *kalt* il fait un froid de loup; *du hast es* ~ *nötig* tu en as vraiment besoin; ~*e(s) Gefühl n (fig)*, ~*e(r) Geschmack m* amertume *f*; ~*e Schokolade* chocolat *m* à croquer; ~**böse** *a* très mauvais; *(sehr erzürnt)* très fâché; ~**e(r)** *m (Branntwein)* amer, bitter *m*; **B~erde** *f* magnésie *f*; ~**ernst** *a* très sérieux; **B~keit** *f* amertume *a. fig; fig* aigreur, âcreté, acrimonie, acerbité *f*; *(Groll)* ressentiment *m*; *ein Gefühl der* ~ *haben* ressentir de l'amertume; ~**lich** *adv fig* amèrement; **B~ling** *m* ‹-s, -e› *(Fisch)* bouvière *f*; **B~mandelöl** *n* essence *f* d'amandes amères; **B~nis** *f* ‹-, -sse› = **B~keit**; **B~orange** *f* bigarade *f*; **B~see** *m geog* lac *m* amer; **B~stoff** *m* chicotin *m*; ~**süß** *a* doux amer.

Bitum|en *n* ‹-s, -/-mina› [bi'tu:mən, -mina] *(Art Teer)* bitume *m*; ~**enanstrich** *m* enduit *m* bitumineux; ~**endachpappe** *f* carton *m* bitumé; **b~inös** [-mi'nø:s] *a* bitumineux.

Biwak *n* ‹-s, -e/-s› ['bi:vak] bivouac *m*; **b~ieren** [-'ki:rən] *itr* bivouaquer.

bizarr [bi'tsar] *a* bizarre, fantasque;

biscornu, singulier; **B~erie** *f* ‹-, -n› [-tsarə'ri:] bizarrerie, singularité *f*.

Bizeps *m* ‹-(es), -e› ['bi:tsɛps] *anat* biceps *m*.

blaffen, bläffen ['bla-, 'blɛfən] *itr (bellen)* aboyer.

Blage *f* ‹-, -n› ['bla:gə] *fam (Kind)* gamin, e *m f*, gosse *m f*.

bläh|en ['blɛ:ən] *tr* gonfler, enfler, ballonner; *itr physiol* causer des vents *od* des flatuosités, ballonner; *sich* ~ se gonfler; (s')enfler, ballonner; ~**end** *a physiol* flatueux, venteux; **B~ung** *f physiol* flatulence, flatuosité *f*, vent *m; (lautlose)* vesse *f; med* tympanisme *m*, tympanite *f*.

blam|abel [bla'ma:bəl] *a* honteux; **B~age** *f* ‹-, -n› [-'ma:ʒə] (courte) honte *f*; ~**ieren** [-'mi:rən] *tr* discréditer; ridiculiser; *sich* ~ se couvrir de honte, se rendre ridicule.

blank [blaŋk] *a (glänzend)* brillant, (re)luisant; poli; *(glatt)* lisse; *(hell)* clair; *(sauber)* propre; *(bloß, nackt)* nu, dénudé; *fig fam (ohne Geld)* raide; *mit* ~*er Waffe* à l'arme blanche; ~ *putzen (allg)* astiquer; *(Metall)* fourbir; *(Leder, Schuhe)* lustrer; ~ *reiben od scheuern (Kleidung)* lustrer; ~ *sein (fig fam)* être à sec *od* sans le sou; *pop* être fauché; ~*e(r) Draht m (el)* fil *m* nu; **B~vers** *m* vers *m* blanc; **blank=ziehen** *itr* mettre sabre au clair, tirer l'épée.

blanko ['blaŋko] *a fin jur* en blanc, à découvert; **B~akzept** *n* acceptation *f* en blanc *od* à découvert; **B~kredit** *m* cr édit *m* en blanc *od* à découvert; **B~quittung** *f* quittance *f* en blanc; **B~scheck** *m* chèque *m* en blanc; **B~unterschrift** *f* signature *f* en blanc; **B~vollmacht** *f* plein pouvoir, blanc-seing *m*, procuration *f* en blanc; **B~wechsel** *m* traite *od* lettre *f* de change en blanc.

Bläschen *n* ‹-s, -› ['blɛːsçən] petite bulle; *anat med* vésicule *f*; **b~artig** *a* vésiculeux; ~**flechte** *f med* herpès *m*; **b~förmig** *a* vésiculaire.

Blase *f* ‹-, -n› ['bla:zə] bulle; *(in zähflüssiger Masse)* boursouflure, cloque; *anat* vessie; *med* ampoule; *fig pop* bande *f*; **b~nartig** *a* vésiculeux; ~**nausschlag** *m med* éruption *f* bulleuse; ~**nbildung** *f* formation de bulles (d'air); *med* vésiculation; *(durch ein Mittel)* vésication *f*; ~**nentzündung** *f* inflammation de la vessie, (uro)cystite *f*; **b~nfrei** *a tech* sans soufflures; ~**ngrieß** *m med* gravelle *f*; ~**nhals** *m* col *m* de la vessie; ~**nleiden** *n* affection *f* vésicale; ~**nschnitt** *m* cystotomie *f*; ~**nstein**

m calcul vésical, urolithe *m; pl* lithiase *f* vésicale.

Blas|ebalg ['bla:s-] *m* soufflet *m; den* ~ *treten* souffler; **b~en** ⟨bläst, blies, hat geblasen⟩ ['bla:zən] *tr allg (a. Glas)* souffler; *mus* sonner *(ein Instrument* d'un instrument); *zum Angriff* ~ sonner la charge; *in dasselbe Horn* ~ être d'intelligence *od* de connivence *od fam* de mèche; *jdm den Marsch* ~ *(fig)* dire son fait à qn; sonner les cloches à qn; *jdm etw in die Ohren* ~ souffler à qn sa leçon; *zum Rückzug* ~ sonner la retraite; *Trübsal* ~ broyer du noir, *fam* avoir le cafard; **~instrument** *n* instrument *m* à vent; **~kapelle** *f;* **~orchester** *n* orchestre *m* à cuivres; **~rohr** *n* sarbacane *f.*

Bläser *m* ⟨-s, -⟩ ['blɛ:zər] *mus* joueur (d'un instrument à vent); *tech* souffleur *m.*

blasiert [bla'zi:rt] *a* blasé, désabusé, hautain; **B~heit** *f* orgueil *m;* attitude *f* désabusée.

blasig ['bla:zıç] *a* bulleux, vésiculeux; ~ *werden* se boursoufler.

Blasphem|ie *f* ⟨-, -n⟩ [blasfe'mi:] *(Gotteslästerung)* blasphème *m;* **b~isch** [-'fe:-] *a* blasphématoire.

blaß [blas] *a* pâle; *(bleich)* blême, blafard, hâve; *(fahl)* livide, terreux; *(farblos, a. fig)* vague; *keine blasse Ahnung od keinen blassen Schimmer von etw haben* ne pas avoir la moindre idée de qc; ~ *werden* pâlir d'envie, être dévoré *od* rongé d'envie; **~blau** *a* bleu pâle; **~grün** *a* vert pâle; **~violett** *a* violet pâle.

Blässe ['blɛsə] *f* ⟨-, ø⟩ pâleur *f.*

Bläß|huhn ['blɛs-] *n orn* foulque, poule *f* d'eau; **b~lich** *a* pâlot.

Blatt *n* ⟨-(e)s, ˮer⟩ [blat, 'blɛtər] *(bot, Papier, Zeitung)* feuille *f; (Buch)* feuillet, folio *m; tech (Metallscheibe)* lame; *(Ruder, Propeller)* pale; *(Fleischerei; Schulter)* épaule *m; (Kartenspiel)* main *f; (Spiel) ein gutes* ~ *haben* avoir une belle main; *vom* ~ *(mus)* à première vue; à livre ouvert; *kein* ~ *vor den Mund nehmen* parler sans détours *od* sans ambages; ne pas l'envoyer dire, ne pas mâcher ses mots *od* paroles, ne pas y aller par quatre chemins; *ein unbeschriebenes* ~ *sein (fig)* être page blanche, ne pas avoir encore fait ses preuves; *vom* ~ *singen, spielen* chanter, jouer à première vue; *(beides a.)* lire, déchiffrer; *das* ~ *hat sich gewendet* la chance a tourné; *das steht auf einem anderen* ~ c'est une autre histoire *od* une au-

tre paire de manches; *lose(s)* ~ feuille *f* détachée, papier *m* volant; **~bräune** *f bot* brunissure *f;* **~feder** *f tech* ressort *m* à lames; **~gold** *n* or *m* en feuilles *od* en paillettes *od* laminé; **~grün** *n* vert *m* des feuilles, matière verte, chlorophylle *f;* **~halter** *m typ* visorium *m;* **~kranz** *m bot* verticille *m;* **~laus** *f* puceron *m;* **~metall** *n* métal *m* en feuilles; **~pflanze** *f* plante *f* verte *od* à feuilles *od* d'ornement; **~rippe** *f* côte de feuille, nervure *f;* **~stiel** *m* pétiole *m;* **~ung** *f tech* écart *m;* **~vergoldung** *f* dorure *f* en feuilles; **b~weise** *adv* par feuilles; **~wender** *m mus* tourne-feuilles *m;* **~werk** *n* feuillage *m,* feuilles *f pl; (Kunst)* rinceau *m;* **~wespe** *f* mouche à scie, tenthrède *f;* **~zählung** *f typ* foliotage *m;* **~zinn** *n* étain *m* en feuilles; feuille d'étain, étamure *f.*

Blätt|chen *n* ⟨-s, -⟩ ['blɛtçən] *bot* foliole; *allg* petite feuille; *(dünnes)* lamelle *f; tech* feuillet *m;* **~ermagen** *m* feuillet *m;* **b~ern** *itr* feuilleter *(in e-m Buch* un livre); **~erpilz** *m bot (Gattung)* champignon *m* à lamelles; *pl (Familie)* agaricinées, agaricacées *f pl;* **~erteig** *m* pâte *f* feuilletée, (gâteau) feuilleté, mille-feuille *m;* **~erteigpastete** *f* vol-au-vent *m;* **~erwerk** *n = Blattwerk.*

Blatter|n ['blatərn] *f pl med* variole, petite vérole *f;* **~narbe** *f* marque *f* de petite vérole; **b~narbig** *a* marqué de (la) petite vérole, vérolé, grêlé.

blau [blau] *a* bleu; *(himmelblau)* azur(é); *fig fam (besoffen)* plein; *pop* rond, noir; ~ *anlaufen (lassen)* bleuir; *sich grün und* ~ *ärgern* avoir des colères noires; *mit einem* ~*en Auge davonkommen* l'échapper belle; *sein* ~*es Wunder erleben* ne pas en croire ses yeux; ~*en Montag machen* fêter la Saint-Lundi; *jdn braun und* ~ *schlagen* rouer qn de coups; ~ *(besoffen) sein (a.)* avoir une cuite; *jdm* ~*en Dunst vormachen* raconter des histoires *od* des sornettes à qn; ~ *werden* bleuir, *pop (besoffen)* prendre une cruite; *mir wird grün und* ~ *vor Augen* la tête me tourne; ~*e(r) Anton m (fam: Arbeitsanzug)* bleu *m;* ~*e(s) Auge n* œil *m poch, fam* au beurre noir; *das B~e Band* le ruban bleu; ~*e(s) Blut n* sang *m* bleu *od* noble; ~*e Bohne f* arg *mil* prune *f,* pruneau *m;* ~*e(r) Fleck m med* bleu *m;* ~*e(r) Montag m* la Saint-Lundi; **B~** *n* ⟨-s, -(s)⟩ bleu *m;* **~äugig** *a* aux yeux bleus; *fig* naïf; **B~bart** *m (Märchenfigur)* Barbe-Bleue; **B~beere** *f* airelle, myrtille *f;* **~blütig** *a (adlig)* de sang bleu *od* noble; **B~e,** *das: ins ~ hinein (fam)* à tort et à travers; *ins ~ hinein reden* parler à tort et à travers *od* en l'air *od* dans le vide; *das ~ vom Himmel versprechen* promettre la lune; *für jdn das ~ vom Himmel herunterholen wollen* vouloir décrocher la lune pour qn; *Fahrt f ins ~* voyage-surprise *m;* **B~färbung** *f (Vorgang)* bleuissement *m; (Zustand)* couleur *f* bleue; **B~felchen** *m (Fisch)* ombre bleu, lavaret *m;* **B~fuchs** *m* renard *m* bleu; **B~glas** *n* smalt *m;* **~grau** *a* gris bleu; **~grün** *a* vert bleu; **B~hai** *m* (requin) bleu *m;* **B~helm** *m (Soldat)* casque *m* bleu; **B~holz** *n* (bois *m* de) campêche *m;* **B~jacke** *f (Matrose)* col-bleu *m;* **B~kehlchen** *n* orn gorge-bleue *f;* **B~licht** *n (von Polizei, Krankenwagen etc)* gyrophare *m;* **B~meise** *f* mésange *f* bleue; **B~öl** *n* cérulignone *m;* **B~pause** *f* (calque) bleu *m;* **~rot** *a* rouge bleu; **~sauer** *a: ~saure(s) Salz n* cyanure *m;* **B~säure** *f* chem acide *m* prussique *od* cyanhydrique; **~schwarz** *a* noir bleuâtre; **B~stift** *m* crayon *m* bleu; **B~strumpf** *m* fig bas *m* bleu; **B~sucht** *f* med cyanose *f;* **~violett** *a* bleu violacé.

bläulich *a* bleuâtre, céruléen; bleuté; *(fahl)* livide; *~ angelaufen (Haut)* violâtre.

Blech *n* ⟨-(e)s, -e⟩ [blɛç] tôle *f; (Weißblech)* fer-blanc; *(Kuchenblech)* plafond; *(Orchester)* les cuivres *m pl; fig fam (Quatsch)* radotage *m,* bêtises *f pl,* non-sens *m; ~ reden (fig fam)* dire des bêtises, radoter; **~abfälle** *m pl* déchets *m pl* de tôle; **~arbeit** *f* tôlerie *f;* **~bearbeitung** *f* travail *od* façonnage *m* des tôles; **~bearbeitungsmaschine** *f* machine *f* à travailler les tôles; **~behälter** *m* récipient *m* en tôle; **~biegemaschine** *f* machine *f* à cintrer les tôles; **~büchse** *f,* **~dose** *f* boîte *f* de fer-blanc; **~druck** *m* typ impression *f* sur tôle *od* fer-blanc; **~druckmaschine** *f* machine *f* pour l'impression sur tôle; **b~en** *tr pop (bezahlen)* cracher, abouler; *itr arg* casquer; **b~ern** *a* de *od* en tôle *od* fer-blanc; *(Klang, Stimme)* creux, blanc; **~gefäß** *n* récipient *m* en tôle; **~geschirr** *n* vaisselle en fer-blanc; *mil* gamelle *f;* **~instrument** *n* mus (instrument de) cuivre *m;* **~kanister** *m* bidon *m* en tôle; **~kanne** *f* pot *m* en fer-blanc; **~kern** *m* el noyau *m* en tôle; **~laden** *m* fig pop (Ordensreihe(n) auf d. Brust) batterie *f* de cuisine; **~mantel** *m* revêtement *m* en tôle; **~musik** *f*

(musique *f* de) cuivres *f pl;* **~napf** *m* gamelle *f;* **~platte** *f* plaque *f* de tôle; **~schaden** *m (bei Autounfall)* dégâts *m pl* matériels; **~schere** *f* cisailles *f pl* à tôle *od* de ferblantier; **~schild** *n* panneau *m* métallique; **~schmied** *m* tôlier, ferblantier *m;* **~schmiede** *f* tôlerie, ferblanterie *f;* **~straße** *f* laminoir *od* train *m* à tôles; **~trommel** *f* tambour *m* en fer-blanc; **~verarbeitung** *f* usinage *m* de tôles; **~verkleidung** *f* revêtement *m* en tôle; **~walze** *f* cylindre à tôle laminoir *m;* **~walzwerk** *n* tôlerie *f,* laminoir *m* à tôles; **~waren** *f pl* tôlerie, ferblanterie *f.*

blecken ['blɛkən] *tr: die Zähne ~* montrer les dents.

Blei 1. *n* ⟨-(e)s, -e⟩ [blaɪ] *(Metall)* plomb; saturne; *(Lot)* fil *m* à plomb; *mar* sonde *f; mit ~ belegen od beschweren* plomber; *es liegt mir wie ~ in den Gliedern* j'ai les membres comme du plomb; *das liegt wie ~ im Magen* c'est un plomb sur l'estomac; **~arbeiter** *m* plombier *m;* **~asche** *f* cendres *f pl* de plomb; **~baum** *m* arbre *m* de Saturne; **~behälter** *m* récipient *m* en plomb; **~benzin** *n* essence *f* au plomb; **~bergwerk** *n* mine *f* de plomb; **~dach** *n* couverture *od* toiture *f* en plomb; **~dämpfe** *m pl* fumée *f* de plomb; **~dichtung** *f* joint *m* au plomb; **~draht** *m* fil de plomb, plomb *m* filé; **~erde** *f* cérusite *f* terreuse; **b~ern** *a a. fig* de plomb; **~erz** *n* minerai *m* de plomb; **~farbe** *f* couleur *f* de plomb; **b~frei** *a (Benzin)* sans plomb; **~gehalt** *m* ⟨-(e)s, -e⟩ teneur *f* en plomb; **~glanz** *m* min galène *f; chem* sulfure *m* de plomb; **~glas** *n* verre *m* au plomb; **~glasur** *f* vernis *m* de plomb; **~glätte** *f* min massicot *m,* litharge *f;* **~haltig** *a* plombifère; **~hütte** *f* plomberie *f;* **~kabel** *n* câble *m* sous plomb *od* armé de plomb; **~kammer** *f* chem chambre *f* de plomb; **~kristall** *n* cristal *m* au plomb; **~kugel** *f* balle *f* de plomb; **~mantel** *m* tech gaine *od* enveloppe *f* de plomb; **~mine** *f* mine *f* de plomb; **~oxyd** *n* chem oxyde *m* de plomb; **~rohr** *n* tuyau *od* conduit *m* de *od* en plomb; **~salbe** *f* onguent *m* de Saturne; **~salz** *n* sel *m* de plomb; **b~schwer** *a* fig lourd comme du plomb; **~sicherung** *f* (coupe-circuit à) plomb fusible, plomb *m* fusible; **~soldat** *m* soldat *m* de plomb; **~sulfat** *n* sulfate *m* de plomb; **~verarbeitung** *f* plomberie *f;* **~vergiftung** *f* intoxication *f od* empoisonnement *m* saturnin(e), saturnisme *m;* **~verglasung** *f* résille *f;* **~wasser** *n* eau *f* blanche; **~weiß** *n* blanc *m* de plomb, céruse *f.* **Blei 2.** *m* ⟨-(e)s, -e⟩ [blaɪ] *(Fisch)* brème *f.*

Bleibe *f* ⟨-, (-n)⟩ [blaɪbə] gîte, asile; logis *m; keine ~ haben* être sans logis, vagabonder; n'avoir ni feu ni lieu.

bleiben ⟨*bleibt, blieb, ist geblieben*⟩ ['blaɪbən] *itr* rester, demeurer; *(andauern)* durer, se maintenir; *(weiterexistieren, -leben)* survivre; *(beharren)* persister *(bei* dans); *die Antwort schuldig ~* rester en dette d'une réponse; *bei s-r Aussage ~* persister dans ses déclarations; *im Bett ~* rester au lit; *dabei ~ (fig)* en demeurer là; *zu (inf)* persister à; *daß* en revenir à dire que; *draußen ~* rester dehors; *erhalten ~* survivre; *ernst(haft) ~* garder son sérieux; *fest od standhaft ~* tenir bon; ne pas céder; *ohne Folgen ~* ne pas être de *od* tirer à conséquence; *gesund ~* rester en bonne santé; *sich gleich ~* ne pas changer; *zu Hause ~* rester à la maison *od* chez soi; *am Leben ~* rester en vie; *über Nacht ~* passer la nuit; *ruhig ~* rester tranquille; *bei der Sache od Stange ~* ne pas sortir *od* s'écarter du sujet; *treu ~* rester fidèle; *bei der Wahrheit ~* s'en tenir à la vérité; *nicht wissen, wo man ~ soll* ne savoir où se mettre; *hier bleibe ich nicht lange* je ne vais pas moisir ici *fam; das bleibt abzuwarten* il faut attendre; *es bleibt alles beim alten* rien n'est changé; *dabei wird es nicht ~* cela ne va pas s'arrêter *od* en rester là; *wo bleibt er nur?* où peut-il bien être? *wo ist mein Hut geblieben?* où est passé mon chapeau? *wo bleibt mein Kaffee?* et mon café? *~ wir dabei!* restons-en-là! *~ Sie mir weg damit!* épargnez-moi cela; *~ Sie am Apparat! (tele)* ne quittez pas (l'écoute); *dabei bleibt's!* es bleibt dabei! il n'y a rien à rabattre, ce qui est dit est dit; *das muß dahingestellt ~* laissons cela pour le moment; *das bleibt unter uns!* que cela reste entre nous; *Schuster, bleib bei deinem Leisten! (prov)* à chacun son métier; **B~** *n: hier ist meines ~s nicht länger* je ne peux *od* veux pas rester; **~d** *a* durable; permanent; *~e(s) Geschenk n, ~e(r) Wert m* cadeau *m*, valeur *f* durable; *~e(r) Zahn m* dent *f* permanente *od* de (la) seconde dentition; **bleiben=lassen** *tr* laisser, se garder de; *laß das ~!* laisse cela! *wenn Sie nicht wollen, lassen Sie es ~!* c'est à prendre ou à laisser.

bleich [blaɪç] *a* blême, blafard, hâve;

(blaß) pâle; *~ werden* blêmir, pâlir; **B~anstalt** *f,* **B~e** *f* ⟨-, -n⟩ blanchisserie *f; ~en tr* blanchir; *(die Haare)* décolorer, platiner; **B~en** *n* blanchiment, blanchissage *m;* **B~erei** *f* ⟨-, -en⟩ ['-raɪ] blanchisserie *f;* **B~ert** *m* ⟨-s, -e⟩ ['-çərt] *(Wein)* clairet, vin *m* rosé; **B~gesicht** *n* visage *m* pâle; **B~mittel** *n* décolorant, produit *m* de blanchiment; **B~soda** *f (n)* soude *f* à blanchir; **B~sucht** *f* ⟨-, ∅⟩ anémie, chlorose *f,* pâles couleurs *f pl; ~süchtig* *a* anémique, chlorotique.

Bleistift *m* crayon *m; ~halter m* porte-crayon *m; ~mine f* mine *f* de crayon; **~spitzer** *m* taille-crayon(s) *m; ~skizze f* esquisse *f od* croquis *m* au crayon; **~spitzmaschine** *f* machine *f* à tailler les crayons; **~zeichnung** *f* dessin *m* au crayon (noir).

Blend|e *f* ⟨-, -n⟩ [-də] *(Scheuklappe)* œillère *f; (Lichtschirm)* écran; *phot* diaphragme *m,* ouverture *f; (Öffnung)* ouverture; *(blinde(s) Fenster, Tür)* fausse fenêtre, porte; *(Nische)* niche *f; mil* masque *m* de créneaux, blindes *f pl,* blindage *m; mines (Lampe)* lampe de mine; *(Mineral)* blende *f;* **b~en** *tr* crever les yeux à, rendre aveugle; *a. fig* aveugler; *(vorübergehend durch Licht u. fig)* éblouir; *fig* fasciner, séduire; *fam* éberluer; *(täuschen)* tromper; *mil* camoufler; *(Pelze)* ternir; *itr (Lichtreflexe bilden)* jeter des reflets variés; *fig (schillern)* miroiter; *auf e-m Auge ~* éborgner; *sich ~ (täuschen) lassen* se laisser éblouir *od* tromper; *geblendet sein* n'y voir que du feu; **b~end** *a* aveuglant, resplendissant; *a. fig* éblouissant; *fig* éclatant, brillant; *fam (ausgezeichnet)* formidable, excellent; **b~endweiß** *a* d'ivoire; **~enöffnung** *f* ouverture *f* (du diaphragme); **~er** *m* ⟨-s, -⟩ *fig fam* fumiste *m;* **b~frei** *a* sans éblouissement, anti-éblouissant; **~rahmen** *m* châssis, dormant *m; ~schutz m* protection *f* contre l'éblouissement, écran *od* dispositif *m* anti-éblouissant; **~schutzscheibe** *f* mot pare-soleil *m; ~stein m* pierre *f* de parement; **~ung** *f* ⟨-, -en⟩ aveuglement; *a. fig* éblouissement *m; fig (Täuschung)* tromperie *f; ~werk n* illusion *f;* mirage *m; (Betrug)* tromperie, duperie, fumisterie *f;* trompe-l'œil *m.*

Blesse *f* ⟨-, -n⟩ ['blɛsə] *(weißer Stirnfleck e-s Tieres)* étoile *f.*

Blick *m* ⟨-(e)s, -e⟩ [blɪk] regard; *(kurzer od rascher)* coup *m* d'œil; *(verstohlener od liebvoller)* œillade; *(An-, Ausblick)* vue; *phot film* plongée *f; auf den ersten ~* du premier coup d'œil, à première vue, de prime abord; *mit ~ auf* face à, avec vue sur; *mit einem ~* d'un seul regard; *mit e-m schnellen ~* d'un coup d'œil; *jds ~en aussetzen* exposer aux regards *od* aux yeux de qn; *jds ~ begegnen* rencontrer le regard *od* les yeux de qn; *jdm mit dem ~ folgen* suivre qn du regard; *e-n ~ für etw haben* avoir l'œil pour qc; *e-n scharfen od sicheren ~ haben* avoir le coup d'œil sûr; *die ~e auf sich lenken* concentrer les regards sur soi; *s-n ~ richten auf* lever les yeux sur, porter ses regards sur; *niemandes ~ scheuen* marcher *od* porter la tête haute; *wütende ~e schleudern* lancer des regards furieux; *s-e ~e schweifen lassen* promener ses regards; *den ~ senken* abaisser son regard; *e-n ~ in ein Buch tun* jeter un coup d'œil dans un livre; *den ~ von etw wenden* détacher *od* détourner les yeux de qc; *e-n ~ werfen auf* jeter un coup d'œil sur; *e-n neugierigen ~ werfen auf* jeter un regard curieux sur; *e-n schnellen ~ auf etw werfen* envelopper qc d'un regard rapide; *jdn keines ~es würdigen* ne pas daigner honorer qn d'un regard; *die ~e auf sich ziehen* attirer les regards; *jds ~e auf sich ziehen* faire loucher qn *pop;* *jdm verliebte ~e zuwerfen* faire les doux yeux *od* les yeux doux à qn; *jdm e-n vernichtenden ~ zuwerfen* mitrailler qn du regard; *wenn ~e töten könnten* si tes, vos, ses, leurs yeux étaient des pistolets; *böse(r) ~* mauvais œil *m; forschende(r) ~* regard *m* investigateur; *verstohlene(r) ~* regard *m* furtif *od* en coulisse; *~ in die Ferne* vue *f* sur le lointain; **b~en** *itr* regarder; *~ lassen* montrer; *sich ~ lassen* se faire voir; *tief ~ lassen* donner à entendre; *~fang* *m* point de mire; *pej* tape-à--l'œil *m;* *~feld* *n* champ visuel *od* de vision; *fig* horizon *m; ~punkt* *m* opt point de vue; *fig* point *m* de mire *od* principal; *~richtung* *f* direction *f* de regard *od* de visée; *~winkel* *m* angle de regard *od* de visée *od* visuel; *fig* angle *m.*

blind [blɪnt, -də] *a, a. fig* aveugle (*gegen, für* pour); (*glanzlos*) terne, mat; (*vorgetäuscht, falsch*) feint, fictif, faux; (*Schuß*) à blanc; *adv = ~lings;* *~ einsetzen* (*arch*) aveugler; *~ darauf losgehen* ne douter de rien; *~ sein* (*fig*) avoir un bandeau sur les yeux; *für etw* s'aveugler sur qc, ne pas (vouloir) voir qc; *nicht ~ sein* (*fig*) avoir des yeux; *~ werden* perdre la vue; (*Spiegel*) se ternir; *~er Eifer*

schadet nur (*prov*) trop de zèle nuit; *Liebe macht ~* (*prov*) l'amour est aveugle; *~e(r) Alarm* *m* fausse alarme *od* alerte *f; ~e(r) Eifer* *m* zèle *m* outré; *~ vor Eifersucht* aveuglé par la jalousie; *~e(s) Fenster* *n* fausse fenêtre *f; ~e(r) Fleck* *m* (*anat*) tache *f* aveugle *od* de Mariotte; *~e(r) Gehorsam* *m* obéissance *f* aveugle; *~e(r) Haß* *m* haine *f* aveugle; *~e(r) Lärm* *m* = *~e(r) Alarm; ~e(r) Passagier* *m* passager *m* clandestin; *~e(r) Schacht* *m* (*mines*) faux puits *m; ~e Tür* *f* fausse-porte *f;* **B~darm** *m* cæcum; (*Wurmfortsatz*) appendice *m;* **B~darmentzündung** *f* appendicite; typhlite *f;* **B~darmoperation** *f* appendicectomie *f;* **B~ekuh(spiel** *n*) *f* colin-maillard *m;* **B~enanstalt** *f* institution *f* d'aveugles; **B~enführer** *m* ⟨-s, -⟩ guide *m* d'aveugle; **B~enheim** *n* maison *f* od foyer *m* d'aveugles; **B~enhund** *m* chien *m* d'aveugle; **B~enschreibmaschine** *f* machine *f* à écrire pour aveugles **B~enschrift** *f* (écriture *f*) braille *m;* **B~enschule** *f* école *f* des aveugles; **B~enstock** *m* bâton *m* d'aveugle; **B~e(r** *m*) *f* aveugle *m f; das sieht ja ein B~er!* cela saute aux yeux; *unter den B~en ist der Einäugige König* (*prov*) au royaume des aveugles les borgnes sont rois; **B~flug** *m* aero vol sans visibilité *od* aux instruments, pilotage *m* sans visibilité; **B~gänger** *m* mil obus *m* od grenade *f* non-éclaté(e); *tech* raté; *fig fam* soliveau *m; ~geboren* *a* aveugle-né, aveugle de naissance; **B~geborene(r** *m*) *f* aveugle--né, e *m f;* **B~heit** *f* ⟨-, ø⟩ cécité *f; fig* aveuglement *m; mit ~ geschlagen* (*fig*) aveuglé; *mit ~ geschlagen sein* (*fig*) avoir la berlue; **B~landegerät** *n* aero appareil *m* d'atterrissage sans visibilité; **B~landung** *f* atterrissage *m* en aveugle *od* sans visibilité; *~lings* *adv* aveuglément, en aveugle, à l'aveuglette, à tâtons; (*aufs Geratewohl*) au hasard, d'estoc et de taille; (*ungestüm*) à corps perdu, à tête baissée; **B~material** *n* typ espaces *f pl,* blancs *m pl;* **B~muster** *n* typ maquette *f* d'imprimerie; **B~prägung** *f,* **B~pressung** *f* (*Vorgang*) gaufrage *m* (à sec); (*Zustand*) gaufrure *f;* **B~schacht** *m* mines puits intérieur, faux puits *m,* bure *f;* **B~schleiche** *f* orvet, serpent *m* de verre; **B~start** *m* aero décollage *m* en aveugle *od* sans visibilité; **B~strom** *m* el courant *m* déwatté *od* réactif; **B~widerstand** *m* el radio réactance *f; ~wütig** *a* aveuglé par la colère.

blink|en ['blɪŋkən] *itr* clignoter, scintiller, étinceler; *mil (Blinkzeichen geben)* faire des signaux lumineux; *tr* signaler par moyens optiques; **B~en** *n* clignotement *m; (Signalisieren)* signalisation *f* (par moyens) optique(s); **B~er** *m* ⟨-s, -⟩ *(Mensch)* signaleur; *(Gerät)* appareil de signalisation optique; *mot* (feu) clignotant *m;* **B~feuer** *n* mar aero feu *m* clignotant *od* à éclipses *od* tournant; **B~folge** *f* période *od* suite *f* d'éclats (lumineux); **B~licht** *n* feu *m od* lumière *f* clignotant(e); **B~meldung** *f,* **B~spruch** *m* message *m od* communication *f* optique; **B~stelle** *f* poste *m* optique; **B~verbindung** *f* liaison *f* optique; **B~zeichen** *n* signal *m* lumineux *od* par projecteur.

blinzeln ['blɪntsəln] *itr* cligner les *od* des yeux, clignoter, papilloter, battre des paupières; *fortwährend* ~ clignoter les *od* des yeux; **B~** *n* clign(ot)ement *m.*

Blitz *m* ⟨-es, -e⟩ [blɪts] éclair *m,* foudre *f (poet a. m); phot (~licht)* flash *m; wie der* ~ comme un éclair; *wie ein* ~ *einschlagen* tomber *od* arriver comme une bombe, faire l'effet d'une bombe; *wie ein geölter* ~ *davonsausen (fam)* décamper en moins de deux; *ein* ~ *aus heiterem Himmel (fig)* un coup de foudre *od* de tonnerre; *vom* ~ *getroffen* foudroyé; *wie vom* ~ *getroffen* comme frappé par la foudre; **~ableiter** *m* paratonnerre, parafoudre; *fig fam* bouc *m* émissaire; **~angriff** *m mil* attaque *f* éclair; **b~artig** *a* foudroyant; *adv* en un éclair, comme l'éclair; **b~blank** *a* brillant, reluisant; **b~en** *itr (funkeln)* fulgurer, étinceler, briller; *(Augen)* flamboyer; *vor Zorn* ~ *(Augen)* lancer des éclairs; *es blitzt* il fait des éclairs; **~esschnelle** *f: mit* ~ en moins de rien; **~gefahr** *f* danger *m* de foudre; **~gespräch** *n tele* entretien-éclair *m,* conversation-éclair *f;* **~kerl** *m fam* gars *m* du tonnerre; **~krieg** *m* guerre-éclair *f;* **~licht** *n* ⟨-(e)s, -er⟩ *phot* flash *m;* **~lichtaufnahme** *f* photo *f* au flash; **~lichtgerät** *n* lampe-flash *f,* flash *m;* **~lichtvorrichtung** *f: elektronische* ~ *(im Fotoapparat)* prise *f* de flash; **~mädel** *n fam* fille *f* du tonnerre; **b~sauber** *a* éclatant de propreté; **~scheidung** *f* divorce-éclair *m;* **~schlag** *m* coup *m* de foudre; **b~schnell** *a* rapide comme l'éclair; *adv* comme un éclair *od* la foudre, avec la rapidité de la foudre; **~schutz** *m* protection *f* contre la foudre; *el* parafoudre *m;* **~schutzsi-**

cherung *f el* fusible *m* de parafoudre; **~strahl** *m* foudre *f;* **~streik** *m* grève-surprise *f;* **~telegramm** *n* télégramme-éclair *m.*

Block *m* ⟨-(e)s, ⁓e⟩ [blɔk] bloc; *(Holzblock)* billot *m,* bille; *(Felsblock)* roche *f; (Gußblock)* lingot *m,* barre *f;* ⟨-(e)s, -s/⁓e⟩ *(Notiz-, Brief-, Zeichenblock)* bloc; *(Häuserblock)* pâté *m; (Flaschenzug)* poulie *f; fig pol parl* bloc *m; e-n* ~ *bilden* faire bloc; *vorgewalzte(r)* ~ *(metal)* bloom *m;* **~ade** *f* ⟨-, -n⟩ [-'ka:də] *pol* blocus; *typ* blocage *m; die* ~ *aufheben* lever le blocus; *die* ~ *brechen* forcer le blocus; *die* ~ *verhängen* faire le blocus; **~adebrecher** *m* forceur *m* de blocus; **~adezustand** *m* état *m* de blocus; **~bildung** *f pol* formation *f* d'un bloc; **~buch** *n hist* livre *m* xylographique; **~flöte** *f* flûte *f* à bec *od* douce; **b~frei** *a pol* non-engagé, non-aligné; *die B~en m pl* les non-engagés *m pl;* **~freiheit** *f pol* non-alignement, non-engagement *m; Politik f der* ~ politique *f* de non-alignement *od* de non-engagement; **~haus** *n* maison *f* en bois *od* blindée; *mil* blockhaus *m;* **b~ieren** [-'ki:rən] *tr* bloquer *a. loc typ;* barrer, barricader; *tech* verrouiller; *fin (sperren)* bloquer, barrer; **b~iert** *a fig* gelé; **~ierung** *f* blocage; *tech* verrouillage *m;* **~meißel** *m* tranchet *m;* **~motor** *m mol aero* moteur *m* monobloc; **~satz** *m typ* composition *f* en forme de carré; **~schrift** *f* (lettres *f pl*) égyptienne(s) *f; in* ~ en gros, en majuscules *f pl* d'imprimerie; **~wart** *m* ⟨-(e)s, -e⟩ *hist* chef *m* de bloc *od* d'îlot; **~wärter** *m loc* sémaphoriste *m.*

blöd|(e) [bløt, -də] *a (schwachsinnig)* débile, infirme, imbécile; *(schüchtern)* timide, gauche; *(albern)* niais, inepte; *(dumm)* sot, stupide; *fam (dämlich)* farfelu, gaga; *fam (dumm, ärgerlich)* embêtant, ennuyeux, fâcheux; *ein bißchen* ~ godichon *fam; ~e(r) Kerl m* sot; *fam* crétin *m; sich* ~ *anstellen (fam)* faire l'idiot *od* l'âne; **~eln** ['-dəln] *itr* dire des sottises; **B~heit** *f* ⟨-, -en⟩ *(Schwachsinn)* imbécillité; *(Dummheit)* bêtise, sottise *f;* **B~ian** *m* ⟨-(e)s, -e⟩ [-dia:n], **B~ling** *m* ⟨-s, -e⟩ [-lɪŋ] souche *f;* **B~igkeit** *f vx (Schüchternheit)* timidité *f;* **B~sinn** *m (Unsinn)* non-sens *m;* idiotie *f;* bêtises *f pl; so ein* ~*! (que)* c'est idiot! **~sinnig** *a (schwachsinnig)* imbécile, idiot; *(dumm)* sot, stupide; *adv fam (übertreibend)* formidablement, énormément; **B~sinnige(r** *m)* *f* imbécile *m f,* idiot, e *m f.*

blöken ['blø:kən] *itr (Schaf)* bêler.

blond [blɔnt, -də] *a* blond; ~ *werden* blondir; **B~e** *f* ⟨-, -n⟩ *(Seidenspitze)* blonde, dentelle *f* de soie; **B~ine** *f* ⟨-, -n⟩ [-'di:nə] blonde, blondine *f;* **B~kopf** *m* blondin, e *m f;* ~**gelockt** *a,* ~**lockig** *a* blond; ~**ieren** [-'di:rən] *tr* blondir, oxygéner.

bloß [blo:s] *a (nackt)* nu, découvert; *(rein, nichts als)* pur, seul, simple; *adv (nur)* seulement, simplement; ne ... que; *(in abgeschwächter Bedeutung)* donc *(od unübersetzt); der* ~*e Anblick* le seul fait de voir, la seule vue, *auf der* ~*en Erde* sur la dure; *auf der* ~*en Haut* à même la peau; *auf* ~*en Verdacht* sur un simple soupçon; *mit* ~*em Auge* à l'œil nu; *mit* ~*en Füßen* pieds nus, nu-pieds; *mit* ~*em Kopf* tête nue, nu-tête; *mit dem* ~*en Schrecken davonkommen* en être quitte pour la peur; *wo bleibst du* ~*?* où es-tu donc? *wie machst du das* ~*?* comment arrives--tu à faire cela? ~ *nicht!* surtout pas! ~ *jetzt nicht!* surtout pas maintenant! *der* ~*e Gedanke* rien que la pensée; **bloß=legen** *tr* mettre à nu, dénuder, découvrir; dépouiller; *fig* dévoiler, révéler; **bloß=stellen** *tr* mettre à nu, démasquer; compromettre; **B~stellung** *f* compromission *f.*

Blöße *f* ⟨-, -n⟩ ['blø:sə] nudité; *(Gerberei)* peau planée; *(Lichtung)* clairière *f; fig (point)* faible *m,* faiblesse *f; sich e-e* ~ *geben* donner prise *od* de l'emprise sur soi, donner prise, prêter le flanc; *sich keine* ~ *geben* jouer (un jeu) serré.

blubbern *itr* gargouiller.

Bluff *m* ⟨-s, -s⟩ [blʊ(œ)f] bluff *m,* fumisterie; *fig* esbroufe *f;* **b~en** *itr* bluffer; ~**er** *m* ⟨-s, -⟩ bluffeur, fumiste *m.*

blühen ['bly:ən] *itr* être en fleur; *a. fig* fleurir; *fig* être florissant, prospérer; *fam* faire florès; *wer weiß, was uns noch blüht!* qui sait ce qui nous attend; **B~** *n: zum* ~ *bringen* faire éclore; ~**d** *a* fleuri, en fleur; *fig* florissant, prospère; *(Stil)* fleuri; *(Schönheit)* éclatant; *im* ~*en Alter* à la fleur de l'âge; *wie das* ~*e Leben aussehen* avoir une mine de prospérité, avoir l'air en pleine forme, respirer la santé; ~*e(s) Aussehen n* bonne mine *f.*

Blümchen *n* ⟨-s, -⟩ ['bly:mçən] petite fleur, fleurette .

Blume *f* ⟨-, -n⟩ ['blu:mə] fleur; *(Bierschaum)* mousse *f; (d. Weines)* bouquet *m; fig (Auslese)* fine fleur, élite, crème; *(Redefloskel)* fleur *f* de rhétorique; *durch die* ~ à demi-mot; *mit*

~*n schmücken* garnir de fleurs, fleurir; *durch die* ~ *sprechen* parler à mots couverts; ~**nbeet** *n* massif de fleurs; parterre *m;* ~**nblatt** *n* pétale *m;* ~**nfenster** *n* fenêtre *f* fleurie; ~**nflor** *m* fleurs *f pl;* ~**nfrau** *f* bouquetière, marchande *f* de fleurs; ~**ngarten** *m* jardin *m* de fleurs; ~**ngärtner** *m* (jardinier) fleuriste *m;* ~**ngeschäft** *n* magasin *m* de fleuriste; ~**ngewinde** *f* guirlande *f;* ~**nhändler(in** *f)* *m* fleuriste *m f;* marchand, e *m f* de fleurs; ~**nkasten** *m* caisse *f* à fleurs; ~**nkohl** *m* chou--fleur *m;* ~**nkorb** *m* corbeille *f* de fleurs; ~**nkorso** *m* corso *m* fleuri, fête *od* bataille *f* de fleurs; ~**nkranz** *m* couronne *f* de fleurs; ~**nladen** *m* boutique *f* de fleuriste; ~**nmädchen** *n* bouquetière *f;* ~**nmuster** *n* dessin floral, fleurage *m;* ~**nrohr** *n: Indische(s)* ~ *(bot)* balisier *m;* ~**nschale** *f* coupe *f* à fleurs; ~**nschau** *f* exposition *f* florale, floralies *f pl;* ~**nsprache** *f* langage *m* des fleurs; ~**nstand** *m* kiosque *m* à fleurs; ~**nständer** *m* jardinière *f,* porte-plante *m;* ~**nstock** *m* pot *m* de fleurs; ~**nstrauß** *m* bouquet *m* (de fleurs); *(großer)* ~ botte *f* de fleurs; ~**nstück** *n (Kunst)* fleurs *f pl;* ~**ntopf** *m* pot *m* à od de fleurs; *dabei ist kein* ~ *zu gewinnen* il n'y a que de l'eau à boire; ~**ntopferde** *f* terre *f* à rempoter; ~**ntopfmanschette** *f* cache-pot *m;* **b~nübersät** *a* semé de fleurs; ~**nvase** *f* vase à fleurs, bouquetier *m; (kleine)* ~ porte-bouquet *m;* ~**nzucht** *f* culture florale, floriculture *f;* ~**nzüchter** *m* fleuriste *m;* ~**nzwiebel** *f* bulbe, oignon *m* à fleurs.

blümerant [blymə'rant] *a: mir ist ganz* ~ la tête me tourne.

blumig ['blu:mɪç, -gə] *a (Wein)* bouqueté; *fig* fleuri; *(Stil)* maniéré.

Bluse *f* ⟨-, -n⟩ ['blu:zə] corsage *m;* blouse *f; (Hemdbluse)* chemisier *m,* blouse-chemise *f;* ~**neinsatz** *m* gilet *m;* ~**nfutter** *n* dessous de blouse; ~**nstoff** *m* tissu *m* pour blouses.

Blut *n* ⟨-(e)s, ø, *(med)* -e⟩ [blu:t] *a. fig* sang *m; fig (Abstammung)* origine, race *f; bis aufs* ~ jusqu'au sang; *von Fleisch und* ~ de chair et de sang; *jdn bis aufs* ~ *aussaugen* sucer qn jusqu'à la moelle, tirer à qn la moelle des os; *wie Milch und* ~ *aussehen* avoir un teint de lis et de roses; *mit* ~ *beflecken* ensanglanter; souiller *od* tacher de sang; *ruhig* ~ *bewahren* conserver son sang-froid; *keinen Tropfen* ~ *in den Adern haben (fig)* n'avoir pas une goutte de sang dans les veines; ~ *geleckt haben (fig fam)* avoir trouvé du gout *böses* ~ *machen* provoquer le mécontentement; *in s-m* ~*e schwimmen* baigner dans son sang, être dans une mare de sang; ~ *und Wasser schwitzen* avoir une peur bleue; ~ *spenden* donner son sang; ~ *vergießen* verser du sang; *viel* ~ *vergießen* se noyer dans le sang; *das ist mir in Fleisch und* ~ *übergegangen* cela m'est entré dans le sang; *das liegt od steckt mir im* ~ j'ai cela dans le sang, *fam* dans la peau; *das* ~ *schoß ihm ins Gesicht* le rouge lui monta au visage; *immer ruhig* ~*!* du calme! *die Bande des* ~*es* les liens du sang; *blaue(s)* ~ sang *m* bleu; *ein junges* ~ une jeune personne; ~**ader** *f* veine *f*; ~**alkohol** *m* alcoolémie *f*; ~**alkoholspiegel** *m* taux *m* d'alcoolémie; ~**andrang** *m* congestion *f*; '**b**~**arm** *a* anémique; **b**~'**arm** *fig (sehr arm)* pauvre comme Job; ~**armut** *f med* anémie *f*; ~ *verursachen* anémier (*bei jdm* qn); ~**auffrischung** *f* rafraîchissement *m* du sang; ~**austausch** *m* exsanguino- -transfusion *f*; ~**auswurf** *m* crachement *m* de sang; hémoptisie *f*; ~**bad** *n* bain de sang, massacre, carnage *m*; tuerie, boucherie *f*; ~**bahn** *f* circuit *m* sanguin; *direkt in die* ~ *aufgenommen werden* passer directement dans le sang; ~**bank** *f* ‹-, -en› banque *f* du sang; **b**~**befleckt** *a* taché *od* souillé *od* couvert de sang, ensanglanté; ~**bild** *n* scient formule *f* hématologique; **b**~**bildend** *a* hématopoïétique; ~**bildung** *f* hématopoïèse *f*; ~**buche** *f* bot hêtre *m* rouge *od* pourpre; ~**druck** *m* ‹-(e)s, ø› pression sanguine *od* vasculaire *od* artérielle, tension *f* artérielle; *hohe(r) od erhöhte(r), niedrige(r) od gesenkte(r)* ~ hypertension, hypotension *f* (artérielle); ~**druckmesser** *m* sphygmomanomètre, oscillomètre, tonomètre *m*; ~**druckmessung** *f* tonométrie *f*; ~**durst** *m* soif de sang, férocité *f*; **b**~**dürstig** *a* sanguinaire, féroce, ivre de sang, massacre, carnage ~**egel** *m zoo* sangsue *f*; ~**empfänger** *m* receveur *m* de sang; **b**~**en** *itr* saigner (*aus* de); *(Rebe)* pleurer; *wie ein Schwein* ~ *(pop)* saigner comme un bœuf; ~ *müssen (fig)* le payer; *mir blutet das Herz (fig)* le cœur me saigne; *meine Nase blutet* je saigne du nez; **b**~**end** *a* saignant; ~*en Herzens (fig)* le cœur navré; ~**entnahme** *f* prise *f* de sang, prélèvement *m* de sang *od* sanguin; ~**er** *m* ‹-s, -› *med* hémophile *m*; ~**er-**

brechen *n* hématémèse *f*; ~**erguß** *m* épanchement *m* de sang, hémorragie *f*; ~**erkrankheit** *f* hémophilie *f*; ~**farbstoff** *m*: *rote(r)* ~ hémoglobine *f*; ~**faserstoff** *m* fibrine *f*; ~**fink** *m orn (Dompfaff)* bouvreuil *m*; ~**fleck** *m* tache *f* de sang; ~**gefäß** *n anat* vaisseau *m* sanguin; ~**gerinnsel** *n* caillot (de sang), thrombus *m*; ~**geschwulst** *f* hématome *m*; ~**geschwür** *n* furoncle; *pop* clou *m*; ~**gier** *f* férocité *f*; **b**~**gierig** *a* altéré de sang, féroce, sanguinaire; ~**gruppe** *f* groupe *m* sanguin; ~**harnen** *n* hématurie *f*; ~**hochzeit** *f*: *die Pariser* ~ *(1572)* (le massacre de) la Saint- -Barthélemy; ~**hund** *m* bouledogue; *fig (Mensch)* homme sanguinaire, boucher *m*; ~**husten** *m med* hémoptysie *f*; **b**~**ig** *a* sanglant, saigneux, ensanglanté, sanguinolent; *(blutbefleckt)* taché *od* souillé de sang; *(Fleisch)* saignant; ~ *e(r) Anfänger* parfait débutant *m*; ~*e Tränen f pl* larmes *f pl* de sang; *es ist mein* ~*er Ernst* je suis on ne peut plus sérieux; **b**~**igrot** *a (Himmel)* ensanglanté; **b**~**jung** *a* très *od* tout jeune, à l'âge tendre; ~**klümpchen** *n* = ~**gerinnsel**; ~**konserve** *f* sang *m* de donneur; ~**körperchen** *n* globule *m* (du sang); *rote(s)* ~ globule *m* rouge, hématie *f*; *weiße(s)* ~ globule blanc, leucocyte *m*; ~**krankheit** *f* maladie du sang *od* sanguine, hémopathie *f*; ~**kreislauf** *m* circulation *f* du sang *od* sanguine; ~**lache** *f* mare *f* de sang; ~**laus** *f* puceron *m* lanigère; **b**~**leer** *a* exsangue; *fig (kraftlos)* anémique; ~ *sein (fig)* ne pas saigner; ~**leere** *f med* ischémie *f*; ~ *im Gehirn* anémie *f* cérébrale; ~**mal** *n* ‹-s, -e› [-ma:l] tache *f* sanguine *od* de vin; nævus *m*; ~**orange** *f* orange *f* sanguine; ~**plasma** *n* plasma *m* sanguin; ~**plättchen** *n* plaquette *f* sanguine; ~**probe** *f med* prise *f* de sang, prélèvement *m* de sang *od* sanguin, analyse *f* du sang; *(entnommene* ~*menge)* échantillon *m* sanguin; ~**rache** *f* vendetta *f*; **b**~**reinigend** *a* dépuratif; ~**reinigung** *f* dépuration (du sang), désintoxication *f*; ~**reinigungsmittel** *n* dépuratif *m*; **b**~**rot** *a* rouge sang(uin); **b**~**rünstig** *a* sanguinaire, ivre de sang; ~**sauger** *m* suceur de sang; *fig* vampire *m*, sangsue *f*; saigneur *m*; ~**schande** *f* inceste *m*; ~**schänder(in** *f)* *m* incestueux, se *m f*, inceste *m f*; **b**~**schänderisch** *a* incestueux, inceste; ~**schuld** *f* crime capital; homicide, meurtre *m*; ~**senkung** *f* sédimentation *f* du sang;

~**serum** n sérum m (du sang); ~**speien** n, ~**spucken** n crachement m de sang, hémoptysie f; ~**spender** m donneur m de sang; ~**spritzer** m éclaboussure f de sang; ~**spur** f trace f de sang; ~**stein** m min sanguine, hématite f; b~**stillend** a hémostatique; ~**e(s) Mittel** n (med) hémostatique m; ~**stillung** f hémostase f; ~**stropfen** m goutte f de sang; bis zum letzten ~ (fig) jusqu'à la dernière goutte de sang; ~**sturz** m med coup m de sang, hémoptysie violente, hémorragie f; b~**sverwandt** a consanguin; ~**sverwandte(r)** m consanguin m; ~ mütterlicherseits cognat m; ~ väterlicherseits agnat m; ~**sverwandtschaft** f consanguinité f; lien m du sang; ~ mütterlicherseits (hist jur) cognation f; ~ väterlicherseits (hist jur) agnation f; ~**tat** f crime de sang, meurtre m; ~**transfusion** f = ~**übertragung**; b~**überströmt** a noyé de sang, tout en sang; ~**übertragung** f transfusion f sanguine; ~**ung** f ⟨-, -en⟩ écoulement m od perte f de sang; scient hémorragie f; b~**unterlaufen** a ecchymosé; ~**untersuchung** f examen m de sang; ~**vergießen** n effusion f de sang; ~**vergiftung** f empoisonnement m du sang; scient septicémie f; ~**verlust** m perte f de sang; b~**voll** a fig vivace, vigoureux; ~**wäsche** f hémodialyse f; ~**wurst** f boudin m; ~**wurz** f ⟨-, -en⟩ bot sanguinaire f; ~**zentrale** f centre m de transfusion sanguine; ~**zeuge** m martyr m; ~**zoll** m: e-n hohen ~ fordern être extrêmement sanglant, faire verser beaucoup de sang; ~**zucker** m glycémie f; ~**zuckerspiegel** m taux m de sucre dans le sang.

Blüte f ⟨-, -n⟩ ['bly:tə] fleur; (Zeit) floraison; fig (Höhepunkt) prospérité f, apogée m; (Elite) fleur, élite; (Stilblüte) perle f; (falscher Geldschein) faux billet m; in (voller) ~ en fleur; in der ~ der Jahre dans la fleur de l'âge; in ~ stehen être en fleur, fleurir; ~n treiben pousser des fleurs; zweite ~ (in einem Jahr) refleurissement m; ~**nblatt** n pétale m; ~**nboden** m réceptacle m; ~**nkelch** m calice m; ~**nkelchblatt** n sépale m; ~**nknospe** f bouton m de fleur; ~**nkrone** f corolle f; ~**nlese** f fig anthologie f, florilège m; ~**nstand** m bot inflorescence f; ~**nstaub** m pollen m, poussière f des fleurs od fécondante; b~**ntragend** a florifère; ~**ntraube** f grappe f de fleurs; b~**nweiß** a d'ivoire; ~**nzweig** m rameau m en fleurs;

~**zeit** f floraison; fig prospérité f, apogée m.
Bö f ⟨-, -en⟩ [bø:, -ən] (Windstoß) rafale f, grain m; (starke) risée f; durch e-e ~ beschädigt (a.) rafalé mar; b~**ig** a: ~e(r) Wind m vent m à rafale(s).
Boa f ⟨-, -s⟩ ['bo:a] (zoo u. Mode) boa m.

Bob m ⟨-s, -s⟩ [bɔp] bob(sleigh) m; ~**bahn** f piste f de bob; ~**fahrer** m coureur m de bob; ~**mannschaft** f équipe f de bob; ~**rennen** n course f de bob.
Bock m ⟨-(e)s, ⁝e⟩ (Ziegenbock) bouc; (Schafbock) bélier; (Rehbock) chevreuil; tech (Gestell) chevalet, tréteau, support; (Turngerät) cheval d'arçon; (Kutschbock) siège m du cocher; fam (Fehler) bévue f; den ~ zum Gärtner machen donner la brebis à garder au loup, enfermer le loup dans la bergerie, donner la bourse à garder au larron; e-n ~ schießen (fig) faire une gaffe od une bourde; gaffer; pop se fourrer le doigt dans l'œil (jusqu'au coude); steife(r) ~ (fig fam) lourdaud m; sture(r) ~ (fig pop) Gros-Jean m; ~ auf etw haben (pop) avoir envie de qc; hast du ~ auf Kino? (pop) ça te dit d'aller au cinéma? null ~! j'ai la flemme!, ça me casse les pieds; b~**beinig** a fig récalcitrant, entêté, rétif; ~**bier** n bière f de mars od forte; b~**en** itr (Pferd) se cabrer; fig être récalcitrant, s'entêter; faire grise mine, bouder; b~**ig** a = b~beinig; ~**käfer** m ent capricorne m; ~**leiter** f échelle f double od pliante; ~**sbart** m bot barbe f de bouc; ~**shorn** n: jdn ins ~ jagen (fig fam) faire peur à qn, intimider qn; sich nicht ins ~ jagen lassen se piquer au jeu; ne pas se laisser intimider; ~**springen** n (Spiel) saute-mouton, saut m de mouton; ~**sprung** m sport saut m au cheval d'arçon; ⁝e machen sauter comme un cabri.
Böck|chen, ~**lein** n ⟨-s, -⟩ ['bœkçən, -laɪn] chevreau m.
Boden m ⟨-s, ⁝⟩ ['bo:dən, 'bø:-] (Erdboden) sol, fond m, terre; (Ackerboden) terre f arable; (~fläche) terrain m; (Grund und Boden) terroir, fonds m, glèbe f; (Meeresboden, ~ e-s Gefäßes od Behälters) fond; (Fußboden) sol, plancher, parquet; (Dachboden) grenier; (Heuboden) fenil; fig (Grundlage) fond m, base f; auf festem ~ sur la terre ferme; auf französischem ~ sur le territoire français; auf dem ~ der Verfassung conformément à la constitution; auf dem

~ *der Wissenschaft* en se basant *od* en se fondant sur la science; *dicht am* ~ à *od* au ras de la terre *od* du sol; *mit doppeltem* ~ à double fond; *jdm* ~ *abgewinnen (fig)* gagner du terrain sur qn; *zu* ~ *drücken* écraser; *zu* ~ *fallen* tomber par terre; *zu* ~ *gehen (sport)* aller à terre; *(an)* ~ *gewinnen (fig)* gagner du terrain, faire tache d'huile; *festen* ~ *unter den Füßen haben (fig)* être sur un terrain solide; *auf den* ~ *legen od stellen* mettre à terre; *am* ~ *liegen* être à terre; *auf dem* ~ *der Tatsachen stehen* avoir les pieds sur terre; *sich auf den* ~ *der Tatsachen stellen* s'en tenir aux faits; *zu* ~ *strecken* étendre sur le carreau, terrasser, abattre, assommer; *fam* descendre; *an* ~ *verlieren (fig)* perdre du terrain; *den (festen)* ~ *unter den Füßen verlieren* perdre pied, se perdre dans le vague; *sich auf dem* ~ *werfen* se plaquer au sol; *der* ~ *brannte mir unter den Füßen (fig)* le pavé me brûlait les pieds; *(fam)* ça sentait le roussi pour moi; *das ist nicht auf seinem* ~ *gewachsen (fig)* ce n'est pas de son cru; *das schlägt dem Faß den* ~ *aus!* c'est la comble! c'est trop fort! *Handwerk hat goldenen* ~ *(prov)* il n'est si petit métier qui ne nourrisse son homme; *fette(r)* ~ terre *f* grasse; *gewachsene(r) od ortsgrundständige(r)* ~ sol naturel *od* en place, terrain *m* naturel; ~**abwehr** *f aero* défense *f* au sol; ~**angriff** *m aero* attaque *f* au sol; ~**anlage** *f aero* installation *f* au sol; ~**art** *f* nature *f* du terrain; ~**bearbeitung** *f* culture *f* (du sol); ~**belag** *m (Platten)* pavage, pavement, dallage; *(Pflaster)* pavé *m;* ~**beleuchtung** *f aero* balisage *m;* ~**beobachtung** *f aero* observation *f* au sol; ~**berührung** *f aero* prise *f* de terrain; ~**beschaffenheit** *f* nature *od* qualité *f* du sol; état *m* du terrain; ~**bestellung** *f* = ~*bearbeitung;* ~**brett** *n arch* planche de fond; *(Faß)* pièce *f* de fond; ~**druck** *m phys* pression *f* sur le sol; ~**erhebung** *f* élévation, éminence *f;* ~**ertrag** *m* revenu *m* foncier; ~**erwärmung** *f* échauffement *m* du sol; ~**falte** *f* pli *m* de terrain; ~**feuchtigkeit** *f* humidité *f* du sol; ~**form(en** *pl)* *f* tracé *m od* formes *f pl* du terrain; mouvements *m pl* du sol; ~**forschung** *f agr* pédologie *f;* ~**fräse** *f agr* fraiseuse *f* de labour; ~**freiheit** *f* *tech* dégagement *m;* hauteur; *mot* garde (au sol); *aero* garde *f* d'hélice; ~**frost** *m* gelée *f* au sol; ~**funkstelle** *f* poste *m* radio à terre,

station *f* aéronautique; ~**kammer** *f* mansarde *f;* ~**klappe** *f* trappe *f;* ~**kunde** *f* pédologie *f;* b~**los** *a* sans fond; *fig (unerhört)* inouï; ~e *Frechheit f* grande impertinence *f;* ~**luke** *f* lucarne *f;* ~**nähe** *f: in* ~ *(aero)* près du sol; ~**nebel** *m* brouillard *m* au sol, mince couche *f* de brouillard; ~**peiler** *m aero* radiogoniomètre *m* d'atterrissage; ~**personal** *n aero* personnel *m* au sol *od* non-navigant, employés *m pl* au sol, servants *m pl; arg* personnel *m* rampant, rampants *m pl;* ~**platte** *f* plaque (de fond), dalle *f,* carreau *m;* ~**preis** *m* prix *m* du terrain; ~**raum** *m* grenier *m; pl* combles *m pl;* ~**recht** *n* droit *m* foncier; ~**reform** *f* réforme *f* agraire; ~**rente** *f* rente *f* foncière; ~**satz** *m chem* résidu, sédiment *m; (in e-m Faß)* baissière *f; (von Wein od Bier)* dépôt m, lie *f;* ~**schätze** *m pl* richesses *f pl* du sol *od* souterraines *od* minières; ~**see,** *der* le Lac de Constance; ~**senkung** *f* affaissement du sol, repli *m* (de terrain); ~**sicht** *f aero* vue *f* du sol; ~**signal** *n* signalisation *f* au sol; ~**spant** *n mar* varangue *f;* b~**ständig** *a* natif, du terroir; *(Bevölkerung)* indigène, autochtone; ~**station** *f (radio; Raumfahrt)* station *f* au sol; ~**streitkräfte** *f pl mil* forces *f pl* de surface; ~**stück** *n (Geschütz)* culasse *f;* ~**teil** *m (Gasometer)* couronne *f* d'étanchéité; ~**temperatur** *f* température *f* au sol; ~**treppe** *f* escalier *m* du grenier; ~**tür** *f* porte *f* du grenier; ~**turnen** *n* exercices *m pl* (gymnastiques) au sol, gymnastique *f* au sol; ~**unebenheit** *f* accident *m* de terrain; ~**untersuchung** *f* sondage *m* (du sol); ~**verbesserung** *f* amélioration *f* du sol; ~**verhältnisse** *n pl* nature *f od* état *m* du sol *od* du terrain; ~**verteidigung** *f* défense *f* au sol; ~**verteilung** *f* distribution *f* du sol; ~**wert** *m* valeur *f* du fond; ~**wind** *m* vent *m* au sol; ~**ziel** *n* mit *aero* objectif *m* terrestre; ~**zins** *m* = ~*rente.*

Bogen *m* ⟨-s, -/⸚⟩ ['boːɡən, 'bøː] *(math, arch, Waffe)* arc; *arch (Gewölbebogen)* cintre, arceau *m; (Biegung)* courbe, courbure *f,* coude *m; anat* arcade *f; (Geigenbogen)* archet *m; (Eislauf)* volte *f; (Schisport)* virage *m; (Papier)* feuille *f; in hohem* ~ *(fig fam)* à la volée; *e-n (großen)* ~ *um jdn machen* (faire un détour pour) éviter qn; *den* ~ *raushaben, rauskriegen* connaître le joint, trouver le filon; *mit dem* ~ *schießen* tirer à l'arc; *den* ~ *spannen* bander l'arc;

den ~ *überspannen (fig)* aller trop loin, en demander trop; **~fenster** *n* fenêtre *f* cintrée; **b~förmig** *a* en arc, arqué, cintré, voûté; **~führung** *f typ* transport *m* des feuilles; *mus* coup *m* d'archet; **~gang** *m* arcade *f;* **~gewölbe** *n* voûte *f* en plein cintre; **~lampe** *f* lampe *f* à arc; **~licht** *n* lumière *f* à arc; **~minute** *f math* minute *f* d'arc; **~norm** *f typ* signature *f;* **~offsetpresse** *f* machine *f* offset pour la marge de feuilles; **~satz** *m typ* ensemble *m* de feuilles; **~schießen** *n* tir *m* à l'arc; **~schneider** *m typ* (appareil) coupe-feuilles *m;* **~schütze** *m* archer; *(sport)* tireur *m* à l'arc; **~sekunde** *f math* seconde *f* d'arc; **~strich** *m mus* coup *m* d'archet; **b~weise** *adv (in Papierbogen)* en feuilles; **~werk** *n* arcature *f;* **~zahl** *f typ* nombre *m* des feuilles; **~zähler** *m,* **~zählwerk** *n typ* compteur *m* de feuilles.

Bohle *f* ‹-, -n› ['bo:lə] *(starkes Brett)* planche *f* (épaisse), madrier, ais *m;* **~nbelag** *m* platelage *m,* couverture *f* en madriers; **~nwand** *f* palée *f.*

Böhm|en *n* ['bø:mən] la Bohême; **b~isch** *a* bohémien; *das sind* ~*e Dörfer für mich* c'est de l'algèbre *od* du grec *od* de l'hébreu pour moi.

Bohne *f* ‹-, -n› ['bo:nə] *bot* haricot; *(Kaffeebohne)* grain *m; nicht die* ~ *(fig pop)* rien du tout; *das sind nicht deine* ~*n (fig pop)* c'est pas tes oignons; *blaue* ~ *(arg mil)* dragée, prune *f,* pruneau *m; dicke* ~*n pl* fèves *f pl; grüne, weiße* ~*n* haricots *m pl* verts, blancs; **~nbaum** *m bot* cytise *m;* **~nkaffee** *m* café *m;* **~nkraut** *n* sarriette *f;* **~nsalat** *m* salade *f* de haricots; **~nstange** *f* rame de haricots; *fig fam* (grande) perche *f,* échalas *m;* **~nstroh** *n: dumm wie* ~ *(fam)* bête à manger du foin *od* du chardon; **~nsuppe** *f* potage *m* aux haricots.

Bohner *m* ‹-s, -› ['bo:nər], **~besen** *m* cireuse *f;* **~bürste** *f* brosse *f* à parquet; **~lappen** *m* chiffon *m* à polir; **~maschine** *f* cireuse *f* mécanique; **b~n** *tr* cirer, encaustiquer; *itr* faire le parquet; **~wachs** *n* encaustique; cire *f* (à parquet).

Bohr|anlage ['bo:r-] *f* installation *f* de forage *od* de sondage; **~arbeiten** *f pl* (travaux *m pl* de) forage *od* (de) sondage *m;* **~arbeiter** *m* foreur, sondeur *m;* **b~en** ['bo:rən] *itr* percer, forer, sonder; *(nach Erdöl)* prospecter; *fig fam (nachforschen)* fouiller, fouiner; *(drängen)* presser, insister; *tr (quälen)* tourmenter; *mit dem Finger in der Nase* ~ se mettre le doigt dans

le nez; *in den Grund* ~ *(mar)* couler, saborder; *ein Loch* ~ percer *od* creuser *od* faire un trou; **b~end** *a (zoo, med, Schmerz)* aigu, térébrant; **~er** *m* ‹-s, -› *(Werkzeug)* perçoir *m,* perceuse *f,* foret, alésoir, perforateur *m,* perforatrice, vrille; mèche *f; (Schlag~)* perceuse *f; mines* fleuret *m; (des Zahnarztes)* fraise *f* (de dentiste); *(Arbeiter)* foreur, perceur, sondeur *m;* **~erspitze** *f* mèche *f;* **~futter** *n* porte-foret *m;* **~gerät** *n* ustensile *m* de forage *od* de sondage; **~hammer** *m* marteau *m* perforateur; **~insel** *f* plate-forme *f* de forage; **~kern** *m* carotte *f;* **~kopf** *m* mandrin *m;* tête *f* de (la) sonde; **~lehre** *f* calibre de perçage, gabarit *m* pour le perçage; **~leistung** *f* capacité *f* de perçage; **~loch** *n* forure *f,* trou de forage *od* de sonde; puits *m* de sondage *od* à pétrole; **~maschine** *f* foreuse, perceuse, machine à percer, aléseuse, perforatrice; sondeuse; *fam* chignole; *(des Zahnarztes)* fraise *f* (de dentiste); **~mehl** *n* farine de foret; poussière *f od* débris *m pl* de forage; **~meißel** *m* trépan (de sondage), fleuret *m;* **~schneide** *f* lame *f* d'alésage; **~späne** *m pl* copeaux *m pl* de forage; **~spindel** *f* barre *f* d'alésage; **~spitze** *f* taillant *m;* **~stahl** *m* acier pour fleurets; *(Werkzeug)* outil *m* à aléser; **~turm** *m* tour *f od* chevalement de sondage, derrick *m,* charpente *f* du puits, pylône *m* de forage; **~ung** *f* ‹-, -en› perçage, alésage; forage, sondage; *(e-s Tunnels)* percement *m; (Probebohrung)* prospection *f;* **~winde** *f* vilebrequin *m;* **~wurm** *m zoo* taret *m.*

Boiler *m* ‹-s, -› ['bɔylər] *(Warmwasserbereiter)* chauffe-eau *m.*

Boje *f* ‹-, -n› ['bo:jə] *mar* bouée, balise *f.*

Bolero(jäckchen *n)* *m* ‹-s, -s› [bo'le:ro] *a. mus* boléro *m.*

Bolivi|aner(in *f) m* ‹-s, -› [bolivi'a:nər] Bolivien, ne *m f;* **b~anisch** *a* bolivien; **~en** *n* [-'li:viən] la Bolivie.

Böller *m* ‹-s, -› ['bœlər] *mil* petit mortier, crapouillot *m;* **~schüsse** *m pl* salves *f pl* d'artillerie; **b~n** *itr* tirer le canon.

Bollwerk *n* ‹-(e)s, -e› ['bɔlvɛrk] bastion, *a. fig* rempart, boulevard *m.*

Bolschew|ik *m* ‹-en, -i/-en› [bɔlʃe'vɪk] bolchevik, bolchevique *m;* **~ismus** *m* ‹-, ø› [-'vɪsmʊs] bolchevisme *m;* **~ist** *m* ‹-en, -en› [-'vɪst] bolcheviste *m;* **b~istisch** [-'vɪstɪʃ] *a* bolcheviste, bolchevique.

Bolzen *m* ⟨-s, -⟩ ['bɔltsən] boulon, goujon *m; (Zapfen)* cheville, broche *f,* pivot *m;* ~**fabrik** *f* boulonnerie *f;* **b~gerade** *a* droit comme un jonc *od* un i; ~**verbindung** *f* boulonnage *m.*

Bombard|ement *n* ⟨-s, -s⟩ [-bardə'mã, -s] bombardement *m;* **b~ieren** [-'di:rən] *tr mil, a. phys* bombarder; *(mit Artillerie)* canonner *(a. fig fam: bestürmen);* ~**ierung** *f mil phys* bombardement *m.*

Bombast *m* ⟨-(e)s, ø⟩ [bɔm'bast] *(Schwulst)* emphase, enflure *f;* phrases *f pl* ampoulées; **b~isch** *a (Stil)* emphatique, ampoulé, boursouflé; *fam* pompier.

Bombe *f* ⟨-, -n⟩ ['bɔmbə] bombe *f;* ~*n abwerfen* lâcher *od* larguer *od* lancer *od* jeter des bombes *(über* sur); *mit* ~*n belegen* bombarder; *die* ~ *zum Platzen bringen (fig)* mettre le feu aux poudres; *wie e-e* ~ *platzen (fig)* faire l'effet d'une bombe; *die* ~ *ist geplatzt (fig)* le feu prend aux poudres; la nouvelle s'est répandue, le scandale a éclaté; ~*n werfen auf* larguer *od* lancer *od* jeter des bombes sur.

Bomben|abwurf *m* lancement *od* largage de bombes; bombardement *m;* ~**abwurfvorrichtung** *f* lance-bombes, mécanisme *m* de lancement de bombes; ~**angriff** *m* raid *m* aérien, attaque *f* à la bombe; ~**attentat** *n* attentat *m* à la bombe; ~**auslöser** *m* déclencheur *m* de bombes; ~**auslösung** *f* relaxation *f* des bombes; ~**erfolg** *m fam* succès *m* monstre *od* fou; *e-n* ~ *haben (theat)* être porté aux nues; ~**flugzeug** *n* avion de bombardement, bombardier *m;* **b~geschädigt** *a* sinistré; ~**geschädigte(r)** *m* sinistré *m;* ~**geschäft** *n fam: ein* ~ *od* ~*e machen* réaliser de gros gains, faire des affaires d'or; ~**hagel** *m* grêle *f* de bombes; ~**leger** *m* poseur *m* de bombes; ~**schaden** *m* dégâts *m pl* causés par les bombes; ~**schütze** *m* bombardier *m;* **b~sicher** *a* anti-bombes; *fig fam* absolument sûr; ~*e(r) Unterstand* *m* abri *m* à l'épreuve des bombes; ~**splitter** *m* éclat *m* de bombe(s); ~**teppich** *m* tapis *m* de bombes; ~**teppichwurf** *m* bombardement *m* en tapis; ~**treffer** *m* coup *m* de bombe, bombe *f* au but; ~**trichter** *m* entonnoir *m* de bombe; ~**wurf** *m* = ~*abwurf;* ~**zielgerät** *n* viseur *m* de bombardement; ~**zünder** *m* fusée *f* de bombe.

Bomber *m* ⟨-s, -⟩ ['bɔmbər] bombardier, avion *m* de bombardement; *leichte(r), mittlere(r), schwere(r), viermotorige(r)* ~ bombardier *m*

léger, moyen, lourd, quadrimoteur; ~**besatzung** *f* équipage *m* (d'un bombardier); ~**formation** *f* formation *f* de bombardiers; ~**geschwader** *n* escadre *f* de bombardiers *od* d'avions de combat; ~**staffel** *f* escadrille *f* de bombardiers; ~**verband** *m* = ~*formation.*

Bon *m* ⟨-s, -s⟩ [bõ:, -s] *(Gutschein)* bon *m;* ~**bon** *m od n* ⟨-s, -s⟩ [bõ'bõ:, -s] bonbon *m,* dragée *f; gefüllte(r, s)* ~ bonbon *m* fourré; ~**bonniere** *f* ⟨-, -n⟩ [bõbɔni'ɛ:rə] bonbonnière *f.*

Bond *m* ⟨-s, -s⟩ [bɔnt] *(Schuldverschreibung)* obligation *f.*

Bon|ifikation *f* ⟨-, -en⟩ [bɔnifikatsi'o:n] *com (Vergütung, Gutschrift: Tätigkeit)* bonification *f;* ~**ität** *f* ⟨-, (-en)⟩ [-'tɛ:t] *agr* bonté; *fin* solidité, solvabilité *f.*

Bonsai *n* ⟨-, -s⟩ ['bɔnzai] bonsaï *m.*

Bonus *m* ⟨-/-nusses, -/-sse/-ni⟩ ['bo:nʊs, -nʊsə, -ni] *com (Vergütung, Gutschrift: Summe)* gratification, prime *f; (bei Versicherung)* bonus *m; (Univ.)* compensation *f* positive d'après la moyenne fédérale.

Bonze *m* ⟨-n, -n⟩ ['bɔntsə] *rel* bonze; *pol pej (Parteigröße)* bonze *od* ponte *m* (de parti).

Boom *m* ⟨-s, -s⟩ [bu:m] boom *m.*

Boot *n* ⟨-(e)s, -e⟩ [bo:t] bateau *m,* embarcation, barque *f,* canot *m,* chaloupe *f; (kleines)* batelet *m; poet* esquif; *fam* rafiau, rafiot *m, ein* ~ *aussetzen* mettre une embarcation à la mer; ~ *fahren* faire du canot; *wir sitzen alle in e-m* ~ *(fig)* nous sommes tous logés à la même enseigne; ~**sbau** *m* construction *f* de bateaux; ~**sfahrer** *m* canotier *m;* ~**sfahrt** *f* promenade *f* en bateau; ~**shaken** *m* gaffe *f;* ~**shaus** *n* hangar à bateaux, garage *m* à canots; ~**smann** *m* ⟨-s, -leute⟩ *(Deckoffizier)* premier maître *m;* ~**smannsmaat** *m* second maître *m;* ~**srennen** *n* régates *f pl;* ~**srumpf** *m* coque *f* de bateau; *aero* coque-fuselage *f;* ~**sschuppen** *m* = ~*shaus.*

Bor *n* ⟨-s, ø⟩ [bo:r] *chem* bore *m;* ~**at** *n* ⟨-(e)s, -e⟩ [bo'ra:t] *(borsaures Salz)* borate *m;* ~**ax** *m* ⟨-es, ø⟩ ['bo:raks] *(Natriumborat)* borax *m;* ~**id** *n* ⟨-(e)s, -e⟩ [bo'ri:t, -də] *(Borverbindung)* borure *m;* ~**salbe** *f* vaseline *f* boriquée; ~**säure** *f* acide *m* borique; ~**wasser** *n* eau *f* boriquée.

Bord 1. *n* ⟨-(e)s, -e⟩ [bɔrt, -də] *dial (Bücher-)Brett)* rayon *m,* étagère, tablette *f.*

Bord 2. *m* ⟨-(e)s, -e⟩ [bɔrt, -də] *(Schiffsrand)* bord *m; an* ~ à bord; ~ *an* ~ bord à bord; *frei an* ~ *(com)* franco à bord; *an* ~ *bringen* embarquer; *über* ~ *fallen* tomber à la mer; *an* ~ *gehen* aller à bord, s'embarquer; *über* ~ *gespült werden* être enlevé par une lame; *über* ~ *werfen* jeter par-dessus bord; *fig* se débarrasser (*etw* de qc); *Mann über* ~*!* (*Notschrei*) un homme à la mer! ~**buch** *n mar aero* livre *od* journal *m* de bord; ~**funkanlage** *f aero* radio *f* de bord; ~**funker** *m mar aer (radio); aero* radio *m* (de bord *od* navigant); ~**funkmeßgerät** *n* radar *m* (d'interception) de bord; ~**funkstelle** *f* station *f* de bord; ~**ingenieur** *m* mécanicien *m* navigant; ~**instrumente** *n pl* appareils *od* instruments *m pl* de bord; ~**karte** *f* carte *f* d'embarquement; ~**kommandant** *m aero* commandant *m* de bord; ~**mechaniker** *m aero* mécanicien *m* de bord; ~**peiler** *m*, ~**peilgerät** *n* radiogoniomètre *m* de bord; ~**personal** *n mar aero* personnel *m* de bord; ~**schütze** *m* mitrailleur *m* de bord; ~**station** *f* station *f* de bord; ~**stein** *m* bordure de trottoir; (pierre de) bordure *f;* ~**steinfühler** *m mot* guide-trottoir *m;* ~**uhr** *f aero* chronomètre *m* de bord; ~**waffen** *f pl aero* armes *f pl* de bord; *mit* ~ *beschießen* tirer contre *od* sur ... à l'aide des armes de bord; ~**waffenbeschuß** *m* tir *m* à l'aide des armes de bord; ~**wand** *f mar* bordage *m;* ~**wart** *m* ⟨-(e)s, -e⟩ *aero* mécanicien *m* de bord; ~**zeitung** *f mar* journal *m* du bord.

Bordell *n* ⟨-s, -e⟩ [bɔr'dɛl] bordel *m*, maison *f* publique *od* de tolérance.

bördel|n ['bœrdəln] *tr tech* border, brider; **B**~**maschine** *f* machine *f* à border.

bord|ieren [bɔr'di:rən] *tr (einfassen)* border; galonner; **B**~**ierung** *f* bordage *m;* **B**~**üre** *f* ⟨-, -n⟩ [-'dy:rə] bordure *f;* galon *m*.

Borg *m* ⟨-(e)s, ø⟩ [bɔrk, -g(ə)s] *auf* ~ à crédit; **b**~**en** [-g-] *tr (leihen)* prêter (*jdm etw* qc à qn); *(entleihen)* emprunter (*etw von jdm* qc à qn).

Borgis *f* ⟨-, ø⟩ ['bɔrgɪs] *typ (Schriftgrad von 9 Punkten)* corps *m* neuf.

Bork|e *f* ⟨-, -n⟩ ['bɔrkə] *(Baumrinde)* écorce; *(Kruste)* croûte; *med (Schorf)* croûte, escarre *f;* ~**enkäfer** *m ent* bostryche *f;* **b**~**ig** *a med* croûteux.

Born *m* ⟨-(e)s, -e⟩ [bɔrn] *poet (Brunnen)* puits *m; fig (Quelle)* source *f*.

borniert [bɔr'ni:rt] *a* borné, étroit; ~**e(r)** *Mensch m* crétin *m;* **B**~**heit** *f* ⟨-, -en⟩ étroitesse *f* (d'esprit).

Börse *f* ⟨-, -n⟩ ['bø:rzə, 'bœrzə] *fin*

bourse; *(als Gebäude)* Bourse *f; (Markt)* marché; *(Geldbeutel)* porte-monnaie *m; an der* ~ à la bourse; *an der* ~ *notiert werden* être coté à la *od* en bourse.

Börsen|auftrag *m* ordre *m* de bourse; ~**beginn** *m* ouverture *f* de la bourse; ~**bericht** *m* bulletin *m* de la bourse *od* financier; ~**blatt** *n* bulletin de la bourse; journal *m* financier; **b**~**fähig** *a* négociable en bourse; *(zur Börse zugelassen)* admis à la bourse; ~*e Papiere n pl* valeurs *f pl* de bourse; **b**~**gängig** *a* négocié (couramment) en bourse; ~**geschäft** *n* opération *od* transaction *f* de bourse; ~*e betreiben* traiter à la bourse; ~**index** *m* indice *m* boursier; ~**jobber** *m* ⟨-s, -⟩ [-dʒ(j)ɔbər] boursier, tripoteur *m;* ~**krach** *m* krach *m*, débâcle *f* boursière; ~**kreise** *m pl* milieux *m pl* boursiers; ~**krise** *f* crise *f* boursière; ~**kurs** *m* cours *m* de bourse, cote *f* de la bourse; ~**kurszettel** *m* bulletin *m* des cours; ~**lage** *f* position *f* de place; ~**makler** *m* agent de change, courtier *m* en valeurs; ~**markt** *m* marché *m* boursier; **b**~**mäßig** *a* suivant les coutumes boursières; coté en bourse; ~**notierung** *f* cotation en bourse, cote *f;* ~**ordnung** *f* règlement *m* de la bourse; ~**papiere** *n pl* valeurs *f pl od* titres *m pl* de bourse *od* de parquet; ~**preis** *m* prix *m* coté à la bourse; ~**produkte** *n pl* produits *m pl* cotés à la bourse; ~**register** *n* registre *m* de la bourse; ~**schluß** *m* clôture *f* de la bourse; *bei* ~ en clôture; ~**schwankungen** *f pl* fluctuations *f pl* des cours; ~**schwindel** *m* boursicotage, tripotage *m;* ~**schwindler** *m* tripoteur *m;* ~**spekulant** *m* spéculateur *od* joueur à la bourse; boursicotier, boursicoteur, agioteur *m;* ~**spekulation** *f*, ~**spiel** *n* spéculation *f* à la bourse, agiotage *m;* ~**sturz** *m* chute *f* de la bourse; ~**tag** *m* jour *m* de place; ~**termingeschäft** *n* affaire *od* opération *f* de bourse à terme; ~**umsätze** *m pl* achats *m pl* et ventes *f pl* au marché; ~**umsatzsteuer** *f* impôt *m* sur le chiffre d'affaires *od* les opérations de bourse; ~**vorstand** *m (Gremium)* direction *f* de la bourse; *(Person)* directeur *m* de la bourse; ~**wert** *m* valeur *f* boursière *od* en bourse; ~**wucher** *m* agiotage *m;* ~**treiben** agioter; ~**zeitung** *f* journal *m* de la bourse; ~**zettel** *m* bulletin *m* de la bourse; informations *f pl* financières; ~**zulassung** *f* admission *f* à la bourse *od* cote.

Borst|e f ⟨-, -n⟩ ['bɔrstə] soie f (de porc); **~entier** n porc m; **~envieh** n espèce f porcine; porcs m pl; **b~ig** a sétifère; hérissé; fig (Person) revêche, (fam) de mauvais poil.

Borte f ⟨-, -n⟩ ['bɔrtə] bordure f, passement, passepoil, liséré, galon m; mit **~(n)** einfassen od besetzen border, passementer, galonner; **~nwirker** m passementier m.

bös|artig [bø:s-] a méchant, malin, malfaisant; (Tier) malicieux; med malin, pernicieux; **B~artigkeit** f méchanceté, malignité, malice; med malignité, virulence f; **~(e)** [bø:s, -zə] a méchant, mauvais; (unartig) malin, vilain; (ärgerlich) fâché, irrité; (schlimm) mauvais; grave, fort; (Krankheit) dangereux, pernicieux; in **~**er Absicht dans une intention malveillante od méchante; ohne **~**e Absicht sans mauvaise intention, sans penser à mal; **~**e ansehen regarder de travers; auf jdn od mit jdm **~**e sein être fâché od mal, avoir qc avec qn, en vouloir à qn; **~**e dran sein être mal en point od en mauvaise posture; sich **~**e sein être fâchés od brouillés; **~**e werden se fâcher, entrer en colère od fureur; es sieht **~** aus fig ça va mal; ich hab' es nicht **~** gemeint, es war nicht **~** gemeint je n'ai pas pensé à mal; **~**e Angelegenheit f sale histoire, vilaine affaire f; **~**e(r) Blick m mauvais coup d'œil; pop sale œil m; **~**e Folgen f pl conséquences f pl fâcheuses; **~**e(r) Geist m (rel) (esprit) malin, démon m; **~**e Zeiten f pl des temps m pl durs od difficiles; e-e **~**e Zunge une méchante od mauvaise langue, une langue de vipère; **B~e,** der le malin, le diable; **B~e(s)** n mal m; **B~**es ahnen présager un malheur; jdm etw **B~**es antun faire du mal à qn; sich bei etw nichts **B~**es denken ne pas entendre malice à qc; **B~**es im Sinn haben od im Schilde führen avoir de mauvaises intentions; **B~**es tun pécher; **B~**es mit Gutem vergelten rendre le bien pour le mal; **B~e**-wicht m ⟨-(e)s, -er/-e⟩ [-viçt] méchant, malfaiteur; coquin, vaurien m; **~willig** a malintentionné, malveillant; malicieux; adv par mauvaise volonté, de mauvaise foi; in **~**er Absicht (jur) avec intention délictueuse; **~** verlassen (jur) abandonner malicieusement; **~**e(s) Verlassen n (jur) abandon m malicieux; **B~willigkeit** f malveillance; malice; mauvaise volonté f.

Böschung f ⟨-, -en⟩ ['bœʃʊŋ] talus m, berge, pente f; (steile) **~** escarpement

m; **~smauer** f mur n de talus; **~swinkel** m inclinaison d'un od du talus; (Gerät) équerre f à talus.

bos|haft ['bo:shaft] a malin, malicieux, malfaisant; adv a. par malice; **B~haftigkeit** f ⟨-, -en⟩ méchanceté malignité, malice f; **B~heit** f ⟨-, -en⟩ méchanceté, malice f, venin m; aus reiner **~** par pure méchanceté od malice; reine **~** méchanceté f gratuite.

Bosni|en n ['bɔsniən] la Bosnie; **b~sch** a bosnien.

Bosporus ['bɔsporus] der, geog le Bosphore.

boss|eln [bɔsəln] tr bricoler; a. = **~ie**-ren; **~ieren** [-'si:rən] tr bosseler; modeler; **B~ieren** n bosselage; modelage m; **B~iereisen** n ébauchoir m; **B~ierer** m ⟨-s, -⟩ modeleur m.

Botan|ik f ⟨-, ø⟩ [bo'ta:nık] botanique f; **~iker** m ⟨-s, -⟩ [-'ta:nikər] botaniste; **b~isch** a botanique; **~e(r)** Garten m jardin m botanique od des plantes; **b~isieren** [-tani'zi:rən] itr botaniser, herboriser; **~isiertrommel** f boîte f à herboriser od d'herboriste.

Bote m ⟨-n, -n⟩ ['bo:tə] (Kurier) messager, courrier; (Dienstmann) facteur, commissionnaire; fig (Vorbote) héraut m; durch **~**n! par porteur od messager; reitende(r) **~** courrier m (monté), estafette f; **~nfrau** f commissionnaire f; **~ngang** m course, commission f; Botengänge machen faire des courses od commissions; **~nlohn** m factage m.

botmäßig ['bo:tmɛ:sıç] a soumis, obéissant; pol tributaire; **B~keit** f ⟨-, -en⟩ soumission, obéissance f; unter seine **~** bringen soumettre, mettre sous sa dépendance.

Botschaft f ⟨-, -en⟩ ['bo:tʃaft] (Nachricht) message m; communication; pol (a. Gebäude) ambassade f; e-e **~** übermitteln transmettre un message; diplomatische **~** mission f diplomatique; **~er(in** f) m ⟨-s, -⟩ ambassadeur m, ambassadrice f; **~erposten** m poste m od charge f d'ambassadeur; **~spersonal** n personnel m de l'ambassade; **~ssekretär** m secrétaire m d'ambassade.

Böttcher m ⟨-s, -⟩ ['bœtçər] tonnelier m; **~ei** f ⟨-, -en⟩ [-'raɪ] tonnellerie f.

Bottich m ⟨-(e)s, -e⟩ ['bɔtıç] cuve f, bac, baquet; (Faß) tonneau m.

Bouillon f ⟨-s, -s⟩ [bu'ljɔ̃:, -'jɔ̃:] bouillon, consommé m; **~reis** m riz m au gras; **~würfel** m cube m de consommé.

Boulevardpresse f [bulə'va:r-] presse f à sensation od de boulevard.

Bovist m ⟨-(e)s, -e⟩ ['bo:-, bo'vıst]

(Pilz) vesse-de-loup *f; scient* lycoperdon *m.*

Bowle *f* ‹-, -n› ['boːlə] *(Getränk)* vin aromatisé; *(Gefäß)* bol *m;* ~**nkelle** *f* louche *f* à punch.

Bowling *n* ‹-s, -s› ['boːlɪŋ] *sport* bowling *m.*

Box *f* ‹-, -en› *(kleiner Raum)* box *m; (Lautsprecher~)* baffle *m.*

box|en ['bɔksən] *itr* boxer; **B~en** *n* boxe *f;* **B~er** *m* ‹-s, -› boxeur *m;* **B~handschuh** *m* gant *m* de boxe; **B~kampf** *m* combat *od* match *m* de boxe; **B~ring** *m* ring *m;* **B~sport** *m* boxe *f.*

Boy *m* ‹-s, -s› [bɔy] *(Hotelboy)* chasseur *m.*

Boykott *m* ‹-(e)s, -e› [bɔy'kɔt] boycottage *m;* **b~ieren** [-'tiːrən] *tr* boycotter.

brach [braːx] *a* inculte, en friche, en jachère; **B~acker** *m,* **B~e** *f* ‹-, -n› **B~feld** *n,* **B~land** *n* champ *m od* terre en friche *od* jachère *f od* repos, guéret *m;* **brach=liegen** *itr* reposer, rester inculte, être en friche *od* jachère; *fig* être en friche, reposer, dormir; *etw ~ lassen (a. fig)* laisser reposer *od* en friche qc; **B~vogel** *m orn* courlis *m.*

Brachialgewalt [braxi'aːl-] *f (rohe Gewalt)* force *f* brutale.

Bracke *m* ‹-n, -n› *od f* ‹-, -n› ['brakə] *(Hühnerhund)* braque *m.*

brack|ig ['brakɪç] *a (aus Süß- und Salzwasser gemischt)* saumâtre; **B~wasser** *n* eau *f* saumâtre.

Brahman|e *m* ‹-n, -n› [bra'maːnə] *rel* brahmane *m;* **b~isch** *a* brahmanique.

Brainstorming *n* ‹-s, ø› ['breɪnstɔːmɪŋ] brainstorming *m.*

Bram *f* ‹-, -en› [braːm] *mar* perroquet *m;* ~**segel** *n* (voile *f* de) perroquet *m;* ~**stenge** *f* mât *m* de perroquet.

Bramarbas *m* ‹-, -sse› [bra'marbas] *(Prahlhans)* fanfaron, hâbleur, matamore, bravache, fier-à-bras *m;* **b~ieren** [-'ziːrən] *itr* fanfaronner, hâbler, faire la matamore *od* bravache *od* fier-à-bras.

Branche *f* ‹-, -n› ['brãːʃə] *com* branche, spécialité *f,* genre *m* d'affaires; ~**nadreßbuch** *n* annuaire *m* du commerce; ~**nkenntnis** *f* connaissance *f* de la partie; **b~nkundig** *a* au courant de la branche; ~**nverzeichnis** *n* annuaire *m* du commerce et de l'industrie.

Brand *m* ‹-(e)s, ̈e› [brant, 'brɛndə] *(Feuer)* feu *m; (Feuersbrunst)* incendie; *(großer)* embrasement *m; (Verbrennung)* combustion; *tech (Ziegelbrand)* cuite; *bot* rouille *f; (Getreide-*

brand) charbon *m,* nielle, carie; *med* gangrène *f,* sphacèle *m,* nécrose; *fig fam (Durst)* soif *f; in ~ geraten* prendre feu, s'enflammer, s'embraser, *e-n ~ (Durst) haben (fam)* avoir la pépie; *etw in ~ setzen od stecken* mettre le feu à qc *od* qc en feu, incendier qc; ~**bekämpfung** *f* lutte *f* contre le feu; ~**binde** *f med* pansement *m* pour brûlures; ~**blase** *f* phlyctène de brûlure; *fam* ampoule, cloque *f;* ~**bombe** *f* bombe *f* incendiaire; **b~eilig** *a* qui presse; *es ~ haben (fam)* avoir le feu au derrière; ~**fakkel** *f* torche *f* incendiaire; *fig* brandon *m;* ~**flasche** *f mil* bouteille *f* incendiaire; ~**fleck** *m* tache *f* de brûlé; ~**gefahr** *f* danger *m* d'incendie; ~**geruch** *m* odeur *f* de brûlé; *chem a.* ~**geschmack** *m* empyreume *m;* ~**geschoß** *n* projectile *m od* balle *f* incendiaire; ~**granate** *f* obus *m* incendiaire; ~**handgranate** *f* grenade *f* incendiaire; ~**herd** *m* foyer *od* lieu *m* de l'incendie, source *f* de feu; **b~ig** *a bot* rouillé, charbonné, niellé; *med* gangrené, gangreneux; *~ werden (bot)* se nieller; *med* se nécroser; ~**leiter** *f* échelle *f* à *od* d'incendie *od* de pompiers; ~**mal** *n* ‹-s, -e› marque *f* de brûlure; stigmate *m a. fig; fig* marque *f* d'infamie; ~**malerei** *f* pyrogravure *f;* **b~marken** ‹brandmarkte, hat gebrandmarkt› *tr* marquer au fer rouge; stigmatiser *a. fig; fig* flétrir; ~**markung** *f fig* flétrissure *f;* ~**mauer** *f (zwischen zwei Häusern)* mur mitoyen *od* coupe-feu, pare-feu; *(Rückwand e-s Kamins)* contrecœur *m;* ~**munition** *f* munition *f* incendiaire; **b~neu** *a* tout neuf; ~**opfer** *n rel* holocauste *m;* ~**plättchen** *n* pastille *od* plaque *f* incendiaire; ~**salbe** *f* onguent *m od* pommade *f* contre les brûlures; ~**schaden** *m* dégâts *m pl* causés par l'incendie, perte *f* par incendie; **b~schatzen** ‹brandschatzte, hat gebrandschatzt› *tr* rançonner; ~**schatzung** *f* rançonnement *m;* ~**schiff** *n mar* brûlot *m;* ~**sohle** *f* première *f;* ~**stätte** *f,* ~**stelle** *f* lieu *m* d'incendie; ~**stifter** *m* incendiaire *m;* ~**stiftung** *f jur* incendie *m* volontaire *od* criminel; ~**wache** *f (Person)* piquet *m* d'incendie; ~**wunde** *f* brûlure *f;* ~**zeichen** *n* marque *f* au fer rouge.

brand|en ['brandən] ‹aux: sein› *itr (Wellen)* déferler *a. fig,* se briser *(gegen* contre); **B~ung** *f* ‹-, (-en)› brisant, déferlement, ressac, coup *m* de mer; **B~ungswelle** *f* vague *f* déferlante.

Branntwein ['brant-] *m* eau-de-vie *f;* alcool *m;* ~ **brennen** distiller de l'eau-de-vie; ~**brennerei** *m* distillateur, bouilleur *m* de cru; ~**brennerei** *f* distillerie, brûlerie *f;* ~**monopol** *n* monopole *m* de l'alcool; ~**steuer** *f* impôt *m* sur l'alcool.

Brasil|ianer(in *f)* *m* ⟨-s, -⟩ [brazili'a:nər] Brésilien, ne *m f;* **b~ianisch** *a* brésilien; ~**ien** *n* [-'zi:liən] le Brésil.

Brasse *f* ⟨-, -n⟩, ~**n** *m* ⟨-s, -⟩ ['brasə(n)] **1.** *mar (Tau)* bras *m;* **b~n** *tr mar* brasser.

Brassen *m* ⟨-s, -⟩ ['brasən] **2.** *(Fisch)* brème *f.*

Brat|apfel ['bra:t-] *m* pomme *f* cuite; **b~en** ⟨brät, briet, hat gebraten⟩ [bre:t, bri:t] *tr (Fleisch)* rôtir, cuire; *(in der Pfanne)* frire; *(auf dem Rost)* griller; *itr* rôtir, cuire, frire, griller; *braun* ~ *(itr)* *(tr* faire) rissoler; *(in der Sonne)* ~ rôtir, griller; *sich (von der Sonne) braun* ~ *lassen* se faire griller; ~**en** *n (Tätigkeit)* rôtissage *m,* friture *f;* ~**en** *m* ⟨-s, -⟩ *(Fleisch)* rôti *m;* *den* ~ *riechen (fig fam)* flairer la mèche; *den* ~ *gerochen haben (fig)* avoir la puce à l'oreille; ~**enbrühe** *f,* ~**ensoße** *f,* ~**entunke** *f* sauce *f* de rôti; ~**enfett** *n* graisse de rôti, friture *f;* ~**enrock** *m hum (Gehrock)* redingote *f;* ~**ensaft** *m* jus *m* de viande; ~**enwender** *m* tourne-broche *m;* ~**fisch** *m* poisson *m* à frire od frit, friture *f;* ~**hering** *m* hareng *m* frit od grillé; ~**huhn** *n* poulet *m* rôti; ~**kartoffeln** *f pl* pommes *f pl* de terre sautées; ~**ofen** *m* four *m;* ~**pfanne** *f* poêle *f* à frire; ~**röhre** *f* (petit) four *m;* ~**rost** *m* gril *m;* ~**spieß** *m* broche *f* (à rôtir), hâtier *m;* ~**spießständer** *m* hâtier *m;* ~**spill** *n mar (Winde)* treuil, vindas *m;* ~**wurst** *f* saucisse *f* à griller od grillée; ~**wurstfinger** *m pl hum* doigts *m pl* en saucisson.

Bratsch|e *f* ⟨-, -n⟩ ['bra:tʃə] *mus* alto *m;* ~**ist** *m* ⟨-en, -en⟩ [-'tʃɪst] altiste, joueur *m* d'alto.

Bräu *n* ⟨-(e)s, -e/-s⟩ [brɔy] *(Bier)* bière, *(Brauerei)* brasserie *f.*

Brau|bottich ['brau-] *m* cuve *f* de brasseur; **b~en** *tr (Bier)* brasser; *fam (anderes Getränk)* faire, préparer; *fig* brasser, tramer; ~**er** *m* ⟨-s, -⟩ brasseur *m;* ~**erei** *f* ⟨-, en⟩ [-'rai] *,* ~**haus** *n* brasserie *f;* ~**gerste** *f* orge *f* germante; ~**kessel** *m,* ~**pfanne** *f* chaudière *f* à brasser, brassin *m;* ~**malz** *n* malt *m* pour brasseries; ~**meister** *m* maître *m* brasseur.

Brauch ⟨-(e)s, ⁓e⟩ [braux, 'brɔyçə]

(Sitte, Herkommen) coutume *f,* usage *m,* tradition *f; das ist so* ~ c'est la coutume.

brauchbar ['braux-] *a (verwendbar)* utilisable; *(Kleidung)* mettable; *für, zu etw* bon pour qc, propre *od* utile à qc; *(Mensch)* capable, apte *(zu* à); *nichts B~es fertig- od zustande bringen* ne faire rien de valable *od* qui vaille; **B~keit** *f* utilité; capacité, aptitude *f.*

brauch|en ['brauxən] *tr (benutzen)* employer, se servir de, user de, faire usage de, utiliser; *(nötig haben)* avoir besoin de; falloir: *ich brauche Geld* il me faut de l'argent; *ich brauche nicht zu kommen* je n'ai pas besoin de venir; *etw nicht* ~ *(können)* n'avoir que faire de qc; *lange* ~*, um zu ...* être long à ...; *zwei Stunden* ~*, um zu ...* mettre deux heures à ... *od* pour ...; *ich brauche Ihnen nicht zu sagen, daß ...* je n'ai pas besoin de vous dire que ...*,* inutile de vous dire que ...; *das ist gerade, was ich brauche* c'est juste ce qu'il me faut, cela fait mon affaire; *man braucht nur zu läuten* on n'a qu'à *od* il n'est que de *od* il suffit de sonner; *Sie* ~ *es nur zu sagen* vous n'avez qu'à le dire; *das braucht man nicht zu wissen* on n'a pas besoin *od* ce n'est pas la peine de le savoir; *das braucht niemand zu wissen* cela ne regarde personne; *es braucht nicht erwähnt zu werden* inutile de mentionner; **B~tum** *n* ⟨-s, ⁓er⟩ mœurs, coutumes *f pl.*

Braue ['brauə] *f* ⟨-, -n⟩ sourcil *m.*

braun [braun] *a* brun, marron; *(Haar)* brun; *(Pferd)* bai; *(~gebrannt)* basané, bronzé, tanné, hâlé; ~ *färben od machen* brunir; ~ *und blau schlagen* rouer de coups; ~ *werden* brunir; *(Mensch in der Sonne)* brunir, se bronzer, se hâler; **B~e** *Butter f* beurre *m* brun od noir; ~*e Hautfarbe* hâle *m;* ~**äugig** *a* aux yeux bruns; **B~bier** *n* bière *f* brune; **B~eisenstein** *m* *min* hématite *f* brune; ~**gelb** *a* (couleur) feuille morte; ~**gebrannt** *a s.* ~; ~**haarig** *a* (aux cheveux) brun(s); ~**hemd** *n hist* chemise *f* brune; **B~kehlchen** *n* *orn* traquet *m;* **B~kohl** *m (Grünkohl)* chou *m* frisé; **B~kohle** *f* lignite *m;* **B~kohlenteer** *m* goudron *m* de lignite; ~**rot** *a* brun-rouge, auburn; *(Pferd)* bai; **B~stein** *m* *min* bioxyde *m* de manganèse.

Bräun|e *f* ⟨-, ø⟩ ['brɔynə] couleur *f* brune; *(Hautfarbe)* hâle *m;* *med* angine *f; häutige* ~ *(med)* angine *f* couenneuse; croup *m;* **b~en** *tr* brunir; *(die Haut)* brunir, bronzer, hâler; *(Küche,*

Fleisch) rissoler; *(Zucker)* caraméliser; *metal* brunir, bistrer; **b~lich** *a* brunâtre.

Braunsche Röhre ['braʊnʃə] *f phys* tube *m* à rayons cathodiques; oscillation *f* (à rayons) cathodique(s).

Braunschweig *n* ['braʊnʃvaɪk] Brunswick *m.*

Brause *f* ‹-, -n› ['braʊzə] douche *f; (Gießkanne)* arrosoir *m; (~kopf)* pomme *f* d'arrosoir; *(Getränk)* eau *f* gazeuse; **~bad** *n* douche *f; ein ~ neh- men* se doucher, prendre une douche; **~kopf** *m* pomme d'arrosoir; *fig (Hitzkopf)* tête *f* chaude, homme *m* fougueux *od* emporté *od* emballé; *fam* soupe *f* au lait; **~limonade** *f* limonade *f* gazeuse; **b~n** *itr* ‹aux: ha- ben› bruire; bourdonner, gronder; *(Wind)* souffler; *(Wogen)* a. mugir; ‹aux: sein› *(Fahrzeug)* aller *od* filer à grande vitesse; *fam* être sur les chapeaux de roue; *(aufwallen)* bouillonner, être en effervescence; *sich ~* se doucher; **b~nd** *a* bruyant, bourdonnant; **~e(r)** *Beifall m* tonnerre *m* d'applaudissements; **~pulver** *n* poudre effervescente, limonade *f* sèche.

Braut *f* ‹-, ̈ e› [braʊt, 'brɔʏtə] fiancée; *fam* prétendue, promise, future; *(am Hochzeitstag)* (nouvelle) mariée, épousée *f; ~ sein* être fiancée; *~ in Haaren (bot)* nigelle *f; ~bett* *n* lit *m od* couche *f* nuptiale(e); **~führer** *m* garçon *m* d'honneur; **~gemach** *n* chambre *f* nuptiale; **~geschenk** *n* cadeau *m* de fiançailles; *(Blumen am Hochzeitstage)* corbeille *f* de mariage; **~jungfer** *f* demoiselle *f* d'honneur; **~kleid** *n* robe *f* de mariée *od* nuptiale; **~kranz** *m* couronne *f* nuptiale; **~leute** *pl* fiancés, futurs époux *m pl;* **~paar** *n* (nouveaux) mariés *m pl;* **~schau** *f* ‹-, ø› *auf ~ gehen (fam)* chercher femme; **~schleier** *m* voile *m* de mariée; **~schmuck** *m* parure *f* de mariée *od* nuptiale; **~stand** *m* (état *m* des) fiançailles *f pl;* **~vater** *m* père *m* de la mariée; **~werbung** *f* demande *f* en mariage; **~zeit** *f* (temps *m* des) fiançailles *f pl.*

Bräutigam *m* ‹-s, -e› ['brɔʏtɪgam] fiancé; *fam* prétendu, promis, futur; *(am Hochzeitstag)* (jeune) marié *m;* **b~lich** *a* nuptial, de fiancée.

brav [braːf, -və] *a* brave; *(gut, nett)* bon, gentil; *(tapfer)* brave, courageux, vaillant; *(Kind)* sage; *sehr ~ sa-* ge comme une image.

bravo ['braːvo] *interj* bravo! **B~ruf** *m* cri *m* de bravo.

Bravour *f* ‹-, -en› [bra'vuːr] *(Drauf-*

gängertum) bravoure *f;* **~stück** *n* morceau *m* de bravoure.

brech|bar ['brɛç-] *a* cassant, fragile; *opt* réfrangible; **B~barkeit** *f* fragilité; *opt* réfrangibilité *f;* **B~bohnen** *f pl* haricots *m pl* mange-tout; **B~durchfall** *m med* cholérine *f;* **B~eisen** *n* pince-monseigneur *f; arg* rigolo *m;* **B~er** *m* ‹-s, -› *(Sturzwelle)* lame *f* brisante, paquet de mer; *tech* concasseur, broyeur *m;* **B~gefühl** *n: ein ~ haben* avoir le cœur sur les lèvres; **B~koks** *m* coke concassé, gailleteux *m;* **B~meißel** *m tech* verdillon *m;* **B~mittel** *n pharm* vomitif, émétique *m; das ist ein wahres ~ (fig)* cela donne la nausée; **B~nuß** *f bot* médicinier *m; pharm* noix *f* vomique; **B~reiz** *m* envie de vomir, nausée *f,* haut-le-cœur *m;* **B~ruhr** *f med = B~durchfall;* **B~stange** *f = ~eisen;* **B~ung** *f* ‹-, (-en)› *opt* réfraction *f;* **B~ungskoeffizient** *m opt* indice *m* de réfraction; **B~ungswin- kel** *m opt* angle *m* de réfraction.

brechen ‹bricht, brach, gebrochen› ['brɛçən, brɪçt, braːx, gə'brɔxən] *tr* ‹aux: haben› *(entzweibrechen)* rompre; *(zerbrechen)* casser; *(in Stücke ~)* briser, mettre en morceaux, fracasser; *(Steine)* extraire; *(Papier)* plier; *(Hanf)* broyer; *(Flachs)* briser; *(Blumen, Obst)* cueillir; *med (Kno- chen)* casser, fracturer; *(von sich ge- ben)* vomir; *opt* réfracter; *fig (den Frieden, e-n Vertrag, ein Gelübde)* rompre; *itr* ‹aux: sein› (se) rompre, (se) casser, se briser; *(Damm)* crever; *(Stoff)* se couper; ‹aux: haben› *(sich erbrechen)* vomir, rendre; *(fig) mit jdm ~* rompre avec qn; *sich ~ (Wel- len)* se briser *(an* contre); *(Licht)* se réfracter; *sich den Arm, das Bein ~* se casser *od* se fracturer le bras, la jambe; *e-r S Bahn ~* frayer la voie à qc; *sich Bahn ~* se frayer un chemin; *die Blockade ~* forcer *od* rompre le blocus; *das Brot ~* rompre le pain; *die Ehe ~* violer la foi conjugale; *e-n Eid ~* violer *od* trahir un serment; *jdm das Genick ~ fig* briser, anéantir qn; *den Hals ~ (a. fig)* casser *od* rompre le cou; *etw übers Knie ~* expédier qc; *für jdn e-e Lanze ~* rompre une lance pour qn; *offen mit jdm ~* rompre en visière avec qn; *den Rekord ~* battre le record; *das Schweigen ~* rompre le silence; *den Stab über jdn ~* prononcer la sentence de mort contre qn; *den Streik ~* refuser de faire grève; *e-n Streit vom Zaun ~* chercher une querelle d'Alle- mand; *die Treue ~* violer la foi donnée; *den Widerstand* ~ briser la résistance; *sein Wort* ~ manquer à sa parole; *das Auge (e-s Sterbenden) bricht* le regard s'éteint; *mir bricht das Herz* j'ai le cœur brisé; *die Sonne ist durch die Wolken, den Nebel gebrochen* le soleil a percé les nuages, le brouillard; *~d voll* plein à craquer; **B~** *n* rupture *f;* cassement; brisement *m; mines* extraction *f; (des Papiers)* pliage; *(des Hanfs)* broyage; *(Erbrechen)* vomissement *m; (e-s Widerstands)* suppression *f.*

Brei *m* ⟨-(e)s, -e⟩ *(halbflüssige Speise)* bouillie; *(fester)* pâtée; *(Kartoffel-, Erbsbrei)* purée; *(bes. von Obst)* marmelade; *pharm* pulpe; *tech (Masse)* pâte *f; wie die Katze um den heißen ~ gehen* tourner autour du pot; *zu ~ schlagen (fig fam)* réduire en bouillie, hacher (menu) comme chair à pâté; *viele Köche verderben den ~ (prov)* trop de cuisiniers gâtent la sauce; **b~ig** *a* comme de la bouillie; *(Omelett)* baveux; *allg* pultacé; *anat, bot* pulpeux; **~umschlag** *m med* cataplasme *m.*

breit [braɪt] *a* large; *(weit, ausgedehnt)* ample, vaste; *fig (weitschweifig)* ample, prolixe; *1 m ~ liegen (Stoff)* avoir 1 m de large; *~er machen* élargir; *~er werden* s'élargir; *e-n ~en Buckel haben (fig fam)* avoir bon dos; *mach dich nicht so ~! (fam)* ne prends pas toute la place! *1 m ~* large d'un mètre; **~beinig** *adv* les jambes écartées; **breit=drücken** *tr* aplatir; **B~e** *f* ⟨-, -n⟩ largeur; *(Weite, Ausdehnung)* étendue *f; (Stoff)* lé *m*, laize *f; geog astr* latitude; *fig (Stil)* ampleur, prolixité *f; in aller ~* avec force détails; *(1 m) in der ~* (1 m) de large; *in allen ~n* sous toutes les latitudes; *in die ~ gehen* grossir; *höhere ~n pl (geog)* hautes latitudes *f pl; nördliche ~* latitude *f* nord; **~en** *tr (ausbreiten)* étendre; **B~enausdehnung** *f* extension *f* en largeur; **B~engrad** *m*, **B~enkreis** *m geog* degré de latitude, parallèle *m;* **B~ensport** *m* sport *m* de masse; **B~enstreuung** *f mil* écart *m* en direction; **B~enunterschied** *m geog mar* différence *f* en latitude; **~gestreift** *a* à larges rayures; **breit=machen**, *sich (fam)* s'implanter *a. fig;* faire l'important; **~nasig** *camus;* **~randig** *a* à bord large; *(Buch)* à grande marge; **breit=schlagen** *tr: (sich) ~ (lassen)* (se laisser) enjôler *od* amadouer *od* persuader; **~schult(e)rig** *a* large *od* carré d'épaules; *~ sein* avoir les épaules carrées; **B~seite** *f mar*

bordée *f;* **~spurig** *a loc* à voie large *od* normale; *fig* arrogant, prétentieux; **breit=treten** *tr fig (e-n Gesprächsgegenstand)* s'appesantir sur, rabâcher; **B~wand** *f film* grand écran, écran *m* panoramique; **B~wandfilm** *m* film *m* sur grand écran.

Bremen *n* ['breːmən] Brême *f.*

Brems|ausgleich ['brɛms-] *m mot* compensateur de frein, palonnier *m;* **~backe** *f* mâchoire *f* de frein; **~belag** *m* garniture *od* semelle *f* de frein; **~berg** *m mines* plan *m* incliné; **~betätigung(shebel** *m)* *f* (levier *m* de) commande *f* de frein; **~dauer** *f* période *f* de freinage; **~druck(regler)** *m* (régulateur *m* de) pression *f* de freinage; **~e** *f* ⟨-, -n⟩ [-zə] **1.** *tech* frein *m; die ~ anziehen* donner un coup de frein, serrer le frein; *die ~ lösen* desserrer *od* lâcher le frein; *selbsttätige ~* frein *m* automoteur; **b~en** *itr* freiner, serrer le(s) frein(s), donner un coup de frein; *scharf ~* freiner brusquement; *tr (a. e-e Bewegung, Geschwindigkeit u. fig fam)* freiner, enrayer; *er ist nicht zu ~! (hum)* on ne peut plus l'arrêter; **~er** *m* ⟨-s, -⟩ *loc* serre-freins, garde-frein *m;* **~erhäuschen** *n loc* vigie *f* (de frein); **~ersitz** *m loc* guérite *f;* **~fallschirm** *m aero* parachute *m* de freinage; **~flüssigkeit** *f* liquide *m* pour freins; **~gestänge** *n* timonerie *f* (des freins); **~hebel** *m* levier *m od* manette *f* de frein; **~klappe** *f aero* volet *m* d'atterrissage; **~klotz** *m* sabot *od* patin *m* de frein, cale *f* de roue; **~kraft** *f* effort *m* de freinage; **~leistung** *f* puissance *f* de freinage *od* au frein; **~licht** *n* feu *m* d'arrêt *od* de stop; **~pedal** *n* pédale *f* de frein; **~prüfung** *f* essai *m* au frein; **~rakete** *f* rétrofusée *f;* **~scheibe** *f* disque *m* de freinage; **~spur** *f* trace *f* de freinage; **~stand** *m mot* banc *m* d'essai *od* d'épreuve; **~strecke** *f* = *~weg;* **~trommel** *f* tambour *m* de frein; **~vorrichtung** *f* dispositif *m* de freinage; **~weg** *m* parcours *m od* course de freinage, distance *od* longueur *f* d'arrêt; **~wirkung** *f* effet *m* de freinage; **~zylinder** *m* cylindre *m* de frein.

Bremse *f* ⟨-, -n⟩ ['brɛmzə] **2.** *ent* taon *m.*

brenn|bar ['brɛn-] *a* combustible; *(entzündlich)* inflammable; **B~barkeit** *f* combustibilité; inflammabilité *f;* **B~dauer** *f* durée *f* de combustion *od* *el* d'éclairage; **B~ebene** *f opt* plan *m* focal; **B~eisen** *n (des Hufschmieds)* fer rouge; *(Stempel)* fer à marquer; *med* cautère *m;* ~**en** ⟨*brennt, brannte, hat gebrannt*⟩ ['brɛnən, (-)brant] *itr* brûler, être en flammes; *(Licht)* être allumé; *(Ofen)* marcher; *(auf der Haut)* piquer; *(in der Kehle)* écorcher; *(Augen, Wunde)* cuire; *tr* brûler; *(Porzellan, Kalk, Ziegel)* cuire; *(Kaffee)* torréfier, griller; *(Mandeln)* griller; *(Branntwein)* distiller; *(die Haare)* friser, donner un coup de fer à; *med* cautériser; *(brandmarken)* marquer (au fer rouge); *fig: darauf* ~*, etw zu tun* être impatient, s'impatienter de faire qc; *vor Ungeduld* ~ brûler *od* griller d'impatience; *zweimal* ~ *(Porzellan)* biscuiter; *es brannte mir unter den Füßen od Sohlen (fig)* le sol me brûlait les pieds; *diese Arbeit brennt mir auf den Nägeln* c'est un travail urgent; *die Sonne brennt* le soleil est brûlant; *das Streichholz brennt nicht, will nicht* ~ l'allumette ne prend pas; *es brennt (in …)* il y a le feu (dans, à …); *es brennt!* au feu! *fam* ça brûle! *(ein) gebranntes Kind scheut das Feuer* chat échaudé craint l'eau froide; **B**~**en** *n* brûlure *f; (Kalk, Ziegel)* cuisson; *(Töpferei)* cuite; *(Kaffee)* torréfaction *f, (a. Mandeln)* grillage *m; (Branntwein)* distillation *f; (e-r Wunde)* sentiment *m* de brûlure; *fig (des Durstes)* ardeur *f;* ~ *(auf der Haut)* verursachend urticant;* ~**end** *a* brûlant, ardent, en feu, en flammes; *(Licht, Streichholz)* allumé; *(Schmerz)* cuisant *a. fig; (Brennen verursachend, von e-r Pflanze od e-m Insektenstich)* urticant; *fig* brûlant, ardent; *(Interesse)* vif; *(Problem)* actuel; ~ *heiß* torride; ~*e(s) Rot n* rouge *m* éclatant; **B**~**er** *m* ⟨**-s, -**⟩ *(Ziegler, Töpfer)* cuiseur; *(Schnaps*~*)* brûleur, distillateur; *(Gerät)* brûleur; *(Gasbrenner)* bec *m;* **B**~**erei** *f* ⟨**-, -en**⟩ [-'raɪ] *(Ziegelei)* tuilerie; *(Schnapsbrennerei)* distillerie *f;* **B**~**glas** *n* verre *m* ardent; **B**~**holz** *n* bois *m* de chauffage; **B**~**linie** *f* opt ligne *f* focale; **B**~**material** *n* combustible *m;* **B**~**(n)essel** *f* ⟨**-, -n**⟩ ['brɛnnɛsəl] *bot* ortie *f;* **B**~**ofen** *m (Töpferei)* four *m* céramique; **B**~**öl** *n (für Lampen)* (huile *f*) lampant(e) *m;* **B**~**punkt** *m phys* foyer *a. fig; (visuel)* focus; *in Zssgen* focal; *fig* centre *m; im* ~ *stehend (fig)* central; **B**~**schere** *f* fer *m* à friser; **B**~**spiegel** *m* miroir *m* ardent; **B**~**spiritus** *m* alcool *m* à brûler; **B**~**stab** *m (in Kernkraftwerk)* barre *f* de combustible; **B**~**stempel** *m* fer *m* à marquer;

B~**stoff** *m* = *B*~*material; mot aero* carburant *m,* essence *f;* **B**~**stoffbehälter** *m mot* bidon d'essence, jerrycan *m;* **B**~**stoffdüse** *f* jet *m;* **B**~**stoffersparnis** *f* économie *f* en carburant; **B**~**stoffgemisch** *n* mélange *m* d'huile et d'essence; **B**~**stoffverbrauch** *m* consommation *f* de combustible *od* carburant; *geringe(r)* ~ *(mot)* sobriété *f* en carburant; **B**~**stoffzufuhr** *f,* **B**~**stoffzuführung** *f* alimentation *f* en combustible *od* en carburant; **B**~**stunde** *f* heure d'allumage, lampe-heure *f;* **B**~**weite** *f opt* distance du foyer *od* focale, longueur *f* focale; *mit mehreren* ~*n* multifocal *a;* **B**~**zeit** *f* durée *f* de combustion; **B**~**zünder** *m* mil fusée *f.*

brenzlig ['brɛntslıç] *a (nach Brand riechend od schmeckend)* qui sent le brûlé *od* le roussi; *fig fam (bedenklich)* délicat, précaire, critique, suspect; ~ *riechen* sentir le brûlé *od* le roussi; *es wird* ~ *(fig fam: gefährlich)* ça sent le roussi; ~*e(r) Geruch m* odeur *f* de brûlé.

Bresche *f* ⟨**-, -**⟩ ['brɛʃə] brèche *f; e-e* ~ *schlagen* ouvrir une brèche; *in etw* battre qc en brèche; *in die* ~ *springen (fig)* intervenir.

Bret|agne [bre'tanjə]*, die* la Bretagne; ~**one** *m* ⟨**-n, -n**⟩ , ~**onin** [bre'to:nə, -nın]*f* Breton, ne *m f;* **b**~**onisch** *a* breton.

Brett *n* ⟨**-(e)s, -er**⟩ [brɛt] planche *f; vx* ais *m; (e-s Regals)* tablette *f; (Bücherbrett)* rayon *m; fig pop (Frau ohne Figur)* planche *f; die* ~*er pl (Schier)* les skis *m pl; (Boxring)* le ring; *theat (Bühne)* les planches *f pl,* les tréteaux *m pl,* le plateau, la scène; *sich die* ~*er anschnallen* chausser les skis; *die* ~*er betreten (theat)* monter sur les planches; *über die* ~*er gehen (theat)* être représenté, avoir une représentation; *ein* ~ *vor dem Kopf haben (fig)* avoir un bandeau sur les yeux, être aveugle; *bei jdm e-n Stein im* ~ *haben (fig)* être dans les petits papiers de qn; *auf die* ~*er schicken (Boxen)* envoyer au tapis; ~*er schneiden* scier du bois en planches; *dünne(s)* ~ *volige f; Schwarze(s)* ~ tableau (noir), tableau *od* panneau d'affichage, porte-affiches *m;* ~**chen** *n* ⟨**-s, -**⟩ planchette *f;* ~**erbude** *f* guérite *f;* ~**erdach** *n* toit *m* de planches; ~**erverschlag** *m* barrage *m* de *od* cloison *f* en planches; ~**erwand** *f,* ~**erzaun** *m* clôture *f* de planches; ~**schneider** *m* scieur *m* de long; ~**spiel** *n* jeu *m* de table.

Brevier n ⟨-s, -e⟩ [bre'vi:r] rel bréviaire m; sein ~ lesen dire son bréviaire.

Brezel f ⟨-, -n⟩ ['bre:tsəl] bretzel, craquelin m.

Bridge n ⟨-, ø⟩ [brıtʃ] (Kartenspiel) bridge m; ~ spielen jouer au bridge; ~**spieler** m bridgeur m.

Brief m ⟨-(e)s, -e⟩ [bri:f] lettre; (Handschreiben) missive; rel lit iron épître f; (Börse) papier m; pop bafouille f; (kurzer) billet m; e-n ~ aufgeben expédier une lettre; mit jdm ~e wechseln être en correspondance avec qn; ich gebe Ihnen ~ und Siegel (fig) vous pouvez m'en croire od compter sur moi; es sind ~e für Sie da il est arrivé des lettres pour vous; eingeschriebene(r) ~ lettre f recommandée; ein ~ Nadeln un paquet d'aiguilles; ~**ablage** f adm com classement m; ~**aufgabe** f expédition f des lettres; ~**beschwerer** m presse-papiers, serre-papiers m; ~**block** m ⟨-s, -s⟩ bloc-correspondance m; ~**bogen** m feuille f de papier à lettres; ~**bombe** f lettre f piégée; ~**bote** m = ~träger; ~**chen** n ⟨-s, -⟩ [-çən] billet m; ~**einwurf** m ouverture f pour lettres; ~**freund(in** f) m correspondant, e m f; ~**geheimnis** n secret m des lettres od la od des correspondance(s); ~**karte** f carte-lettre f; ~**kasten** m boîte f aux lettres; (Zeitungsrubrik) courrier m des lecteurs; den ~ leeren faire la levée; in den ~ stecken od werfen déposer dans la boîte aux lettres; der ~ ist geleert worden la levée a été faite; der ~ wird dreimal täglich geleert il y a trois levées par jour; ~**kopf** m tête f od en-tête m de lettre; ~**kurs** m fin cours m papier od vendeur; b~**lich** a u. adv par lettre, par écrit, par poste; ~ mit jdm verkehren correspondre avec qn; ~e(r) Verkehr m correspondance f; ~**marke** f timbre-poste m; ~**markenalbum** n album m de timbres-poste; ~**markenanfeuchter** m mouilleur, mouille-étiquettes, mouille-doigts m; ~**markenautomat** m distributeur m de timbres-poste; ~**markensammeln** n philatélie f; ~**markensammler** m philatéliste m; ~**markensammlung** f collection f de timbres-poste; ~**öffner** m ouvre-lettres, coupe-papier m; ~**ordner** m classeur m (de lettres), ~**papier** n papier m à lettre(s); ~ mit Trauerrand papier m à lettres de deuil; ~**partner(in** f) m correspondant, e m f; ~**porto** n port (de lettre(s)), affranchissement m; ~**roman** m roman m épistolaire; ~**schaften** pl lettres f pl,

courrier m; allg (Papiere) papiers m pl; ~**schalter** m guichet m des affranchissements, e m f; (hervorragende(r), eifrige(r)) épistolier, ère m f; ~**sortierer** m (Person) classeur m de lettres; ~**sortierung** f tri m; ~**stil** m style m épistolaire; ~**tasche** f portefeuille; (kleine) porte-billets m; ~**taube** f pigeon m voyageur; ~**taubenzucht** f colombophilie f; ~**telegramm** n lettre-télégramme f, télégramme-lettre m; ~**träger** m facteur m; ~**umschlag** m enveloppe f, pli m; ~**waage** f pèse-lettre(s) m; ~**wahl** f pol vote m par correspondance; ~**wechsel** m échange m de lettres od épistolaire, correspondance f, commerce m de lettres; mit jdm in ~ stehen correspondre, être en relations épistolaires od en correspondance avec qn; mit jdm in ~ treten entrer en correspondance avec qn.

Briekäse ['bri:-] m fromage m de Brie.

Bries n ⟨-es, -e⟩ [bri:s, -zəs] (Brustdrüse d. Kalbes), ~**chen** n ⟨-s, -⟩ [-çən] (Gericht daraus) ris m de veau.

Brigade f ⟨-, -n⟩ [bri'ga:də] mil brigade f; ~**general** m (Generalmajor) général m de brigade.

Brigantine f ⟨-, -n⟩ [brigan'ti:nə] mar brigantine f.

Brigg f ⟨-, -s⟩ [brık] mar brick m.

Brikett n ⟨-s, -s/(-e)⟩ [bri'kɛt] briquette f, aggloméré m; b~**ieren** [-'ti:rən] tr briqueter, agglomérer; ~**ierung** f ⟨-, -en⟩ agglomération f en briquettes; ~**presse** f presse f à briquettes.

brillant [bril'jant] a brillant, excellent; B~ m ⟨-en, -en⟩ (Edelstein) brillant, diamant m à facettes; B~**ine** f ⟨-, -n⟩ [-ljan'ti:nə] (Haarsalbe) crème f à coiffer; B~**ring** m bague f à brillant(s); B~**schliff** m polissage m à facettes.

Brille f ⟨-, -n⟩ ['brılə] (paire f de) lunettes f pl; fam yeux m pl; (Klosettbrille) lunette f; durch die ~ (gen) (fig) à travers le prisme de; e-e ~ aufsetzen mettre des lunettes; durch e-e rosige ~ sehen (fig) voir en rose; randlose ~ lunettes f pl à verres non cerclés; ~ mit Rand lunettes f pl à verres cerclés.

Brillen|bügel ['brılən-] m branche f de lunettes; ~**etui** n, ~**futteral** n étui m à lunettes; ~**fassung** f, ~**gestell** n monture f de lunettes; ~**fernglas** n jumelles-lunettes f pl; ~**glas** n verre m de lunettes; ~**rand** m cercle m de lunettes; ~**schlange** f zoo serpent à lunettes, cobra (de) capello, naja m;

~**steg** *m* arcade *f* de lunettes; ~**träger(in** *f***)** *m:* ~ *sein* porter des lunettes.

brillieren [brɪl'jiːrən] *itr* briller; *mit etw* ~ briller par qc.

Brimborium *n* ‹-s, -ien› [brɪm'boːriʊm, -riən] *fam* bavardage *m; viel* ~ *um etw machen* faire beaucoup de bruit à propos de qc.

bringen ‹*bringt, brachte, hat gebracht, wenn ich brächte*› ['brɪŋən, -braxt-] *tr* **1.** *(Gegenstand od kleines Tier an e-n bestimmten Ort tragen od schaffen)* porter, transporter; mettre; *(herbeitragen od -schaffen)* apporter; *(Menschen od großes Tier an e-n bestimmten Ort führen)* mener, conduire; *(herbeiführen)* amener; **2.** *etw an sich* ~ s'emparer de qc; s'approprier qc; *etw wieder an sich* ~ recouvrer qc; *jdn auf etwas (e-e Idee)* ~ donner l'idée de qc à qn; *es dahin od so weit* ~, *daß* faire en sorte que; en venir à *inf; jdn dahin od dazu od so weit* ~, *daß* amener qn à *inf; etw hinter sich* ~ en terminer avec qc; *mit sich* ~ *(zur Folge haben)* traîner (après soi), entraîner, comporter; *es über sich* ~ faire un effort sur soi-même; *jdn um etw* ~ faire perdre qc à qn; *(berauben)* priver *od* frustrer qn de qc; *es weit* ~, *es (noch) zu etwas* ~ aller loin, *fam* faire son chemin *od* trou; *jdn wieder zu sich* ~ rappeler qn à soi; *zustande od zuwege* ~ réaliser, venir à bout de; **3.** *zum Abschluß* ~ mener à terme, terminer, achever; *etw zum Ausdruck* ~ exprimer qc; *jdn zum Äußersten* ~ pousser qn à bout; *wieder auf die Beine* ~ remettre sur pied; *in s-n Besitz* ~ se mettre en possession de; *jdm etw zum Bewußtsein* ~ faire sentir qc à qn; faire prendre conscience à qn de qc; *unter Dach und Fach* ~ mettre à couvert *od* à l'abri; *jdn um die Ecke* ~ *(pop)* *(töten)* faire passer à qn l'arme à gauche; *in Einklang* ~ mettre d'accord, accorder; *jdm etw in Erinnerung* ~ rappeler qc à qn; *jdn aus der Fassung* ~ faire perdre contenance à qn; *in Gang* ~ mettre en marche; *jdn auf den Gedanken* ~ donner l'idée à qn; *auf andere Gedanken* ~ faire changer d'idée, distraire; *in Gefahr* ~ mettre en danger; *zum Gehorsam* ~ réduire à l'obéissance; *in s-e Gewalt* ~ soumettre à son pouvoir; *Glück* ~ porter bonheur; *jdn um Hab und Gut* ~ ruiner qn, frustrer qn de ses biens; *unter die Haube* ~ marier; *Hilfe* ~ porter secours; *jdm etw zur Kenntnis* ~ porter qc à la connaissance de qn; *aus dem Konzept* ~ faire perdre le fil, désarçonner; *zum Lachen* ~ faire rire; *Leben in e-e Sache* ~ mettre de l'animation *od* de l'ambiance dans qc; *ums Leben* ~ faire mourir, tuer; *(Nachricht) unter die Leute* ~ ébruiter, divulguer; *(Ware) an den Mann* ~ placer; *zum Opfer* ~ sacrifier, faire le sacrifice de; *etw in Ordnung* ~ mettre de l'ordre dans qc; *zu Papier* ~ coucher sur le papier; *zum Reden* ~ faire parler; *in Sicherheit* ~ mettre en sûreté; *in ein System* ~ systématiser; *in Verbindung* ~ *mit* mettre en rapport avec; *in Verlegenheit* ~ embarrasser, gêner, mettre dans l'embarras; *zur Vernunft* ~ ramener à la raison; *um den Verstand* ~ rendre fou; *zum Vorschein* ~ produire; *auf die od zur Welt* ~ *(ein Kind)* mettre au monde; *Zinsen* ~ porter des intérêts; **4.** *die Menge muß es* ~ il faut se rattraper sur la quantité; *die Sonne bringt es an den Tag* tôt ou tard la vérité se fera; *jeder Tag bringt seine Plage* chaque jour amène sa peine; *was* ~ *die Zeitungen darüber?* qu'en disent les journaux?

Bringschuld ['brɪŋ-] *f* dette *f* portable.

brisant [bri'zant] *a* explosif.

Brisanz *f* ‹-, -en› [bri'zants] *(Sprengkraft)* force explosive; *fig* nature *f* explosive; *e-e Situation von äußerster* ~ une situation extrêmement explosive.

Brise *f* ‹-, -n› ['briːzə] brise *f,* vent *m* frais; *steife* ~ grand frais *m.*

Brit|anniametall [bri'tania-] *n (Zinnlegierung)* métal *m* britannia; ~**annien** *n* [-'taniən] *hist* la Grande-Bretagne; ~**e** *m* ‹-n, -n› ['briː-, 'briːtə] , ~**in** *f* Britannique *m f;* **b~isch** *a* britannique; *die B~en Inseln f pl* les îles *f pl* Britanniques; *das* ~**e** *Weltreich* l'Empire *m* britannique.

Bröck|chen *n,* ~**lein** *n* ‹-s, -› ['brœkçən, -laın] petit morceau *m; (Krume)* mie *f;* **b~(e)lig** *a* friable; cassant; **b~eln** *itr* s'émietter.

Brocken *m* ‹-s, -› ['brɔkən] bribe *f a. fig; (Stückchen)* morceau; fragment; *m; parcelle; (Klumpen)* motte *f; (Splitter)* éclat; *fig fam* brin *m; pl fam (Klamotten)* nippes, hardes; *pop* fringues, frusques *f pl; harte(r)* ~ *(fig)* tâche *f* ardue, gros morceau *m; das sind harte* ~ *(fig)* c'est dur à avaler; *ein paar* ~ *Latein* quelques bribes de latin; *dicke(r) od schwere(r)* ~ *(mil fam)* marmite *f; große(r)* ~ *(Essen)* morceau *m* de résistance; **b~weise** *adv* par bribes, par (petits) morceaux, par fragments; *fig a.* par miettes.

brod|eln ['bro:dəln] *itr* bouillonner, être en ébullition; **B~em** *m* ⟨-s, ø⟩ ['bro:dəm] vapeur *f* chaude.

Brokat *m* ⟨-(e)s, -e⟩ [bro'ka:t] brocart *m;* **~elle** *f* ⟨-, -n⟩ [-ka'tɛlə] *(Baumwollgewebe)* brocatelle *f.*

Brokkoli ['brɔkoli] *pl (Spargelkohl)* brocoli *m.*

Brom *n* ⟨-s, ø⟩ [bro:m] *chem* brome *m;* **~id** *n* ⟨-(e)s, -e⟩ [bro'mi:t, -də] *(~metall)* bromure *m;* **b~ieren** [-'mi:rən] *tr* bromer; **~ierung** *f* bromuration *f;* **~kali(um)** *n* ⟨-s, ø⟩ ['-kali, -lium] bromure *m* de potassium; **~oform** *n* ⟨-s, ø⟩ [bromo'fɔrm] bromoforme *m;* **~säure** *f* acide *m* bromique; **~silber** *n* bromure *m* d'argent; **~wasserstoffsäure** *f* acide *m* bromhydrique.

Brombeer|e *f* ⟨-, -n⟩ ['brɔmbe:rə] mûre *f* sauvage, mûron *m;* **~strauch** *m* ronce *f.*

bronch|ial [brɔnçi'a:l] *a anat* bronchial, bronchique; **B~ialkatarrh** *m,* **B~itis** *f* ⟨-, ø⟩ [brɔn'çi:tis] bronchite *f;* **B~ien** ['brɔnçiən] *f pl* bronches *f pl.*

Bronz|e *f* ⟨-, -n⟩ ['brõ:sə] bronze *m;* **b~efarben** *a* couleur (de) bronze; bronzé; **~emedaille** *f* médaille *f* de bronze; **b~en** *a* de bronze; **~ezeit** *f* âge *m* de bronze; **b~ieren** [-'si:rən] *tr* bronzer.

Brosame *f* ⟨-, -n⟩ ['brɔːzaːmə] mie *od* miette *f* (de pain).

Brosch|e *f* ⟨-, -n⟩ ['brɔʃə] broche *f;* **b~ieren** [-'ʃi:rən] *tr* brocher; **b~iert** *a* broché; **~ur** *f* ⟨-, en⟩ [brɔ'ʃu:r] *englische ~* emboîtage *m* du fonds; **~üre** *f* ⟨-, -n⟩ [brɔ'ʃy:rə] brochure, plaquette *f.*

Brot *n* ⟨-(e)s, -e⟩ [bro:t] pain *m; pop* brif(e)ton, bricheton *m; arg mil* boule *f; fig (Lebensunterhalt)* (gagne-)pain *m; sich das ~ vom Munde absparen* s'ôter le pain de la bouche; *jdn um sein ~ bringen (fig)* ôter son pain à qn; *sein ~ haben* avoir de quoi vivre *od* son pain cuit; *auf Wasser und ~ setzen* mettre au pain et à l'eau; *sein ~ verdienen* gagner son pain *od* sa vie; *er kann mehr als ~ essen* il sait plus que son bréviaire; *wes ~ ich ess', des Lied ich sing' prov* les payeurs ont toujours raison; *belegte(s) ~* tartine *f,* sandwich *m; geröstete(s) ~* pain grillé, toast *m; Laib m ~* miche *f* (de pain); *Schnitte f ~* tranche *f* de pain; *(zum Eintunken)* trempette *f;* *schwarze(s) ~* pain *m* noir *od* bis; *Stück n ~* morceau *m* de pain; *das tägliche ~* le pain quotidien; *unge-*

säuerte(s) ~ pain *m* azyme; **~beutel** *m* panetière; *mil* musette *f;* **~büchse** *f* panetière *f;* **~erwerb** *m* gagne-pain *m;* **~(frucht)baum** *m* arbre à pain, ja(c)quier *m;* **~getreide** *n* céréales *f pl* panifiables; **~herr** *m (Arbeitgeber)* maître, patron *m;* **~kanten** *m,* **~knust** *m* croûton *m;* **~kapsel** *f* = **~büchse;* **~korb** *m* panier *m* à pain; *jdm den ~ höher hängen (fig)* tenir la mangeoire *od* la bride haute à qn, serrer la courroie à qn; **~krume** *f* miette *f* (de pain); **~kruste** *f* croûte *f* de pain; **b~los** *a: jdn ~ machen* ôter ses moyens d'existence à qn; *~ werden* perdre ses moyens d'existence; *~e Kunst f* art *m* peu lucratif; **~neid** *m* jalousie *f* de métier *od* professionnelle; **~preis** *m* prix *m* du pain; **~rinde** *f* = **~kruste;* **~röster** *m (Gerät)* grille-pain *m;* **~schneidemaschine** *f* coupe-pain *m;* **~studium** *n* études *f pl* faites pour avoir un gagne-pain; **~suppe** *f* panade *f;* **~trommel** *f* = **~büchse.**

Brötchen *n* ⟨-s, -⟩ ['brø:tçən] petit pain *m; belegte(s) ~* sandwich *m;* **~geber** *m hum (Arbeitgeber)* singe *m* pop.

brotzeln ['brɔtsəln] = *brutzeln.*

brr [br] *interj (mir ist kalt!)* brr! *(Ruf an Zugtiere)* holà!

Bruch *m* ⟨-(e)s, ̈-e⟩ [brux, 'bryçə] **1.** *(Brechen)* cassure, brisure; *a. fig* rupture; *(Zerbrochenes)* casse *f; tech* bris *m; com (Schokolade etc)* débris, déchets *m pl; (Jägersprache: abgebrochener Zweig als Jagdtrophäe)* brisées *f pl; (~stelle)* cassure, crevasse, fente *f; (Falle)* pli *m; geol (Verwerfung)* faille; *med (Knochenbruch)* fracture; *(Eingeweidebruch)* hernie *f; math* fraction; *fig (e-s Vertrages etc)* rupture, infraction, violation; *(Spaltung, Zerwürfnis)* scission; *e-n ~ einrichten (med)* réduire une fracture *bzw.* hernie; *in die Brüche gehen (fig)* faire le saut, échouer, sombrer; *~ machen (arg aero)* casser du bois; *es ist zwischen uns zum ~ gekommen* la rupture est consommée entre nous; *bewegliche(r) ~ (med)* hernie *f* réductible; *echte(r) ~ (math)* fraction *f* simple; *eingeklemmte(r) ~ (med)* hernie *f* étranglée; *gemeine(r) ~ (math)* fraction *f* ordinaire; *gemischte(r) ~* nombre *m* fractionnaire; *unechte(r) ~ (math)* expression *f* fractionnaire; **~band** *n med* bandage *m* herniaire; **~beanspruchung** *f,* **~belastung** *f tech* charge *f* de rupture; **~bude** *f fam* château *m* de cartes, cambuse; *pop* baraque *f;* **~dehnung** *f* allongement *m od* dilatation *f* à la rupture; **b~fest** *a* résistant à la rupture; **~festigkeit** *f* résistance *f* à la rupture; **~fläche** *f* surface *f* de rupture; **~landung** *f: e-e* ~ *machen (aero arg)* casser du bois à l'atterrissage; **~last** *f tech* = **~belastung;** **~operation** *f med* herniotomie *f;* **~rechnen** *n* calcul *m* fractionnaire; **~risiko** *n com* risque *m* de casse; **b~sicher** *a* incassable; = **b~fest;** **~sicherheit** *f* = **~festigkeit;** **~spannung** *f* tension *f od* effort *m* de rupture; **~stein** *m* pierre *f* de taille, moellon *m;* **~stelle** *f* endroit *m* point de rupture; *med* foyer *m* de fracture; **~n** *bekommen* se couper; **~strich** *m math* barre *f* de fraction; **~stück** *n* fragment *m;* **b~stückartig** *a* fragmentaire; **b~stückweise** *adv* en *od* par fragments; **~teil** *m* fraction *f;* ~ *e-r Sekunde* fraction *f* de seconde; **~zahl** *f* nombre *m* fractionnaire.

Bruch *m* ⟨-(e)s, ⸚e/(⸚er)⟩ [brux, bry:çə(r)] **2.** *(Sumpf)* marais, marécage *m.*

brüchig [bryçiç] *a (zerbrechlich)* fragile; *(spröde)* cassant; *(bröckelig)* friable; *(zerbrochen)* cassé; *(geborsten)* fêlé; *(Textil)* coupé; *(Stimme)* cassé; **B~keit** *f* fragilité, friabilité *f.*

Brücke *f* ⟨-, -n⟩ [brvkə] pont *a. el sport fig; (Viadukt)* viaduc *m; (Fußgängerbrücke u. mar: Kommandobrücke)* passerelle; *tech (e-r ~waage)* plate-forme; *(kleiner Teppich)* carpette *f; (Zahnersatz)* bridge *m; e-e* ~ *abbrechen* rompre *od* replier un pont; *alle* **~n** *hinter sich abbrechen (fig)* couper les ponts, brûler ses vaisseaux; *jdm goldene* **~n** *bauen* faire un pont d'or à qn; *e-e* ~ *schlagen (a. fig)* jeter *od* lancer un pont *(über* sur); *e-e* ~ *sprengen* faire sauter un pont; *fliegende, schwimmende* ~ pont *m* volant, flottant.

Brücken|bau [brvkən-] *m* construction *f* de ponts, pontage *m; ~belag* *m tech* tablier *m; ~bogen* *m* arche *f; kleine(r)* ~ arceau *m; ~geländer* *n* garde-fou, parapet *m od* balustrade *f* (de pont); **~geld** *n* (droit de) péage *m; ~joch* *n* palée *od* travée *f* de pont; **~kopf** *m mil* tête *f* de pont; **~pfeiler** *m* pile *f od* pilier *m* d'un pont; **~schaltung** *f el* treillis *m;* **~schlag** *m fig* rapprochement *m;* **~sperre** *f* barrage *m* de pont; **~waage** *f* pont *m* à bascule; **~zoll** *m* = **~geld.**

Bruder *m* ⟨-s, ⸚⟩ [ˈbruːdər, ˈbryː-] frère *a rel (Ordensbruder); fam* frangin; *allg* camarade, *pop* copain *m; unter*

Brüdern entre amis; *lustige(r)* ~, ~ *Lustig* joyeux compère, *fam* joyeux drille *m;* **~kind** *n (Neffe)* neveu *m; (Nichte)* nièce *f;* **~krieg** *m* guerre *f* fratricide; **~liebe** *f* amour *m* fraternel; **~mord** *m,* **~mörder** *m* fratricide *m;* **~schaft** *f rel* confrérie, congrégation *f;* **~volk** *n* peuple *m* frère; **~zwist** *m* querelle *f* entre frères.

Brüder|chen *n,* **~lein** *n* ⟨-s, -⟩ [ˈbryːdərçən, -laɪn] petit frère, *fam* frérot *m;* **~gemeine** *f rel (Herrnhuter)* communauté *f* des frères moraves; **b~lich** *a* fraternel, de frère; *adv a.* en frère(s); **~lichkeit** *f* fraternité *f;* **~schaft** *f* frat; *fig (Kollegialität)* confraternité *f; mit jdm* ~ *schließen (trinken)* fraterniser avec qn (en trinquant).

Brügge [ˈbrygə] *n geog* Bruges *f.*

Brühe *f* ⟨-, -n⟩ [ˈbryːə] *(Fleischbrühe)* bouillon, consommé; *(klare)* coulis *m; (Soße)* sauce *f; (Saft)* jus *m; pej (Schmutzwasser)* eau *f* sale *od* de vaisselle; *fette* ~ bouillon *m* gras; **b~en** *tr (kochen)* ébouillanter, échauder; *(Wäsche)* couler; **~kessel** *m* échaudoir *m;* **~reis** *m* riz *m* au gras; **b~warm** *a* tout chaud, bouillant; *fig* tout frais; *etw* ~ *erzählen* servir une nouvelle toute chaude; **~würfel** *m* cube *m* de consommé.

Brüll|affe [ˈbryl-] *m zoo* (singe) hurleur *m;* **b~en** *itr (Rind)* mugir, beugler, meugler; *(Löwe)* rugir; *(Mensch)* beugler, hurler, vociférer; *pop* gueuler; **~en** *n* beuglement, hurlement *m,* vociération *f;* **~frosch** *m zoo (Ochsenfrosch)* grenouille-taureau *f.*

Brumm|bär [brʊm-] *m,* **~bart** *m fam (mürrischer Mensch)* ours, grognard, *fam* bougon(neur), gendarme; *pop* ronchonneur *m; alte(r)* ~ vieux grognon *m;* **~baß** *m mus (Orgel)* bourdon *m; fam (sehr tiefe Stimme)* forte voix *f* de basse; **b~eln** *itr u. tr fam* grognonner, grommeler; **b~en** *itr (Bär)* grogner, gronder; *fig (Mensch)* grogner, bougonner, *pop* ronchonner; *(Insekt, Kreisel)* bourdonner; *mot* ronfler; *aero* vrombir; *pop* être en prison; *tr (Mensch)* grogner, grommeler, murmurer; *in den Bart* ~ marmonner; *ewig* ~ *(fam: Mensch)* grognonner; *mir brummt der Schädel (pop)* j'ai la tête cassée; **~er** *m* ⟨-s, -⟩ *ent fam (Blaue Schmeißfliege)* mouche *f* bleue *od* à viande; *mus* bourdon *m; (Mensch)* = **~bär; ~i** *m* ⟨-s, -s⟩ *pop (Lastwagen)* bahut *m;* **b~ig** *a fam (mürrisch)* grognon, grognard; *fam* bougon; *pop* grincheux; **~krei-**

sel *m* toupie *f* bourdonnante *od* d'Allemagne; **~schädel** *m pop: e-n ~ haben* avoir mal aux cheveux.

brünett [bry'nɛt] *a* brun, brunet; **B~e** *f* ‹-, -n› *(Frau)* brune, brunette *f.*

Brunft *f* ‹-, ⸚e› [brunft, brynftə] *(Weidmannsspr.)* rut *m*, chaleur *f;* **b~en** *itr* être en chaleur; **b~ig** *a* en chaleur; **~zeit** *f* temps *m* du rut.

Brunnen *m* ‹-s, -› ['brunən] *(Springbrunnen)* fontaine *f; (Ziehbrunnen)* puits *m; (Pumpe)* pompe; *(Heilquelle)* source *f* thermale, eaux *f pl* (minérales); *e-n ~ graben, zuschütten* creuser, combler un puits; *artesische(r) ~* puits *m* artésien; *kleine(r) ~ (am Straßenbrunnen)* borne-fontaine *f;* **~becken** *n* bassin *m* de fontaine, vasque *f;* **~gräber** *m* puisatier *m;* **~haus** *n* maisonnette *f* de source; **~kresse** *f bot* cresson *m* de fontaine; **~kur** *f* cure *f* d'eaux minérales; *e-e ~ machen* prendre les eaux; **~rand** *m* margelle *f;* **~röhre** *f* tuyau *m* de fontaine; **~vergifter** *m fig pol* empoisonneur *m;* **~vergiftung** *f fig pol* empoisonnement *m;* **~wasser** *n* eau *f* de puits *od* de fontaine.

Brunst *f* ‹-, ⸚e› [brunst, brynstə] *(Paarungsbereitschaft bei gewissen Tieren)* rut *m*, chaleur; *fig (Glut, Leidenschaft)* ardeur, fougue, ferveur *f.*

brünstig ['brynstɪç] *a zoo* en chaleur; *fig (heiß, innig)* ardent, fougueux, fervent.

brüsk [brysk] *a* brusque, rude, brutal; *adv a.* à brûle-pourpoint; **~ieren** [-'ki:rən] *tr* brusquer, rudoyer, brutaliser.

Brüssel ['brysəl] *n* Bruxelles *f; aus ~, ~er a* bruxellois; *~ Spitze f* dentelle *f* de Bruxelles; **~er(in** *f)* *m* ‹-s, -› Bruxellois, e *m f.*

Brust *f* ‹-, ⸚e› [brust, brystə] poitrine *f; (Busen)* sein *m*, gorge; *(Mutterbrust)* mamelle *f*, téton; *(des Pferdes)* poitrail; *(~korb, ~kasten u. ent)* thorax; *fig (Herz, Seele)* cœur, sein *m; ~ an ~* corps à corps; *aus voller ~* à pleine gorge, à gorge déployée, à plein gosier; *jdn an die ~ drücken* presser *od* étreindre qn sur sa poitrine; *(e-m Kind) die ~ geben* donner le sein (à un bébé); *sich an die ~ schlagen* se frapper la poitrine; *jdm die Pistole auf die ~ setzen (fig)* mettre le pistolet *od* le couteau *od* le poignard sous la gorge de qn; *sich in die ~ werfen* se rengorger *a. fig; fig* faire le gros dos; *fam* gonfler ses pectoraux, se pavaner, faire l'important; **~beerbaum** *m* jujubier *m;* **~beere** *f bot* jujube *m;* **~bein** *n anat* sternum *m;*

~beutel *m* sachet *m* porté sur la poitrine; **~bild** *n* (portrait en) buste *m;* **~drüse** *f* glande *f* mammaire; **~fell** *n anat* plèvre *f;* **~fellentzündung** *f med* pleurésie *f;* **~flosse** *f zoo* nageoire *f* pectorale; **~harnisch** *m* cuirasse *f*, plastron *m;* **~höhe** *f* hauteur *f* d'appui; **~kasten** *m*, **~korb** *m* cage *f* thoracique, thorax; *fam* coffre *m;* **~kind** *n* enfant *od* bébé *m* à la mamelle; **~krebs** *m* cancer *m* du sein; **~lehne** *f* barre *f* d'appui; **~leiden** *n* maladie *f* de la poitrine; **b~leidend** *a* poitrinaire; **~mittel** *n pharm* médicament *m* pectoral; **~muskel** *m anat* pectoral *m;* **~panzer** *m* = **~harnisch;** **~riemen** *m (Pferdegeschirr)* poitrail *m;* **~scheibe** *f mil* silhouette *f* buste; **~schild** *m ent* bouclier, corselet *m;* **b~schwimmen** *itr* nager à la brasse; **B~schwimmen** *n* (nage à la) brasse *f;* **~stimme** *f* voix *f* de poitrine *od* de gorge; *mit der ~ singen* chanter de la gorge; **~tasche** *f (äußere)* poche (de) poitrine; *(innere)* poche *f* intérieure; **~tee** *m* tisane *od* potion *f* pectorale; **~ton** *m: im ~ der Überzeugung* d'un ton de profonde conviction; **~tuch** *n* fichu *m;* **~umfang** *m*, **~weite** *f* tour de poitrine; *scient* périmètre *m* thoracique; **~warze** *f* mamelon, tétin *m;* **~wehr** *f* mur *m* d'appui *od* de parapet; **~wirbel** *m anat* vertèbre *f* dorsale.

brüst|en [brystən] *, sich* se rengorger, se pavaner, faire la roue; *mit etw* se vanter, faire parade, faire étalage, se targuer de qc; **B~ung** *f* ‹-, -en› balustrade *f*, parapet, appui, garde-fou *m.*

Brut *f* ‹-, -en› *(das Brüten)* incubation; *(Eier od Junge von Vögeln)* couvée, nichée *f; (Fischbrut)* frai, alevin; *ent* couvain *m; fig pej (von Menschen)* engeance *f;* **~apparat** *m*, **~kasten** *m*, **~maschine** *f*, **~ofen** *m* couveuse *f* (artificielle), incubateur *m;* **~ei** *n* œuf à couver; *(angebrütetes)* œuf *m* couvi; **~henne** *f* (poule) couveuse *f;* **~hitze** *f fig fam* chaleur *od* atmosphère *f* d'étuve; **~reaktor** *m* réacteur *m* sur(ré)générateur; **~schrank** *m* = **~apparat;** *(für Bakterienkulturen)* étuve *f* bactériologique *od* à culture microbienne; **~stätte** *f fig* foyer *m*, officine *f;* **~zeit** *f* couvaison *f.*

brutal [bru'ta:l] *a* brutal; **~e(r) Mensch** *m* brutal *m*, brute *f;* **B~ität** *f* ‹-, (-en)› [-tali'tɛ:t] brutalité *f.*

brüt|en ['bry:tən] *itr* couver *a. fig (über etw* qc); *Rache ~* couver *od* méditer une vengeance; *die Sonne brütet* il fait une chaleur d'étuve; **B~er** *m* ‹-s, -› *schnelle(r)* ~ *(Kernkraft)* sur(ré)générateur *m.*

brutto ['bruto] *a* u. *adv com* brut; fort *inv;* **B~betrag** *m* montant *m* brut; **B~einkommen** *n* revenu *m* brut; **B~einnahme** *f* recette *f* brute; **B~ertrag** *m* rendement *od* produit *m* brut; **B~gewicht** *n* poids *m* brut *od* fort; **B~gewinn** *m* bénéfice (s *pl*) *m* brut(s); **B~lohn** *m* salaire *m* brut; **B~preis** *m* prix *m* fort *od* brut; **B~registertonne** *f mar* tonneau *m* de jauge brut; **B~sozialprodukt** *n* produit *m* national brut; **B~tonnage** *f* tonnage *m* brut; **B~umsatz** *m* chiffre *m* d'affaires brut; **B~verdienst** *m* salaire *m* brut.

brutzeln ['brutsəln] *itr (hörbar braten)* grésiller.

Bub *m* ‹-en, -en› [bu:p, -bən] *(süddeutsch: Junge)* garçon, gars, gamin, *fam* gosse *m;* **~e** *m* ‹-n, -n› *(Schurke)* coquin, fripon, fourbe; *(im Kartenspiel)* valet *m;* **~enstreich** *m,* **~enstück** *n* gaminerie, polissonnerie *f;* mauvais tour *m; (Schurkerei)* coquinerie, friponnerie, fourberie *f;* **~ikopf** ['bu:bi-] *m* cheveux *m pl od* tête *f* à la garçonne.

Büb|chen *n,* **~lein** *n* ‹-s, -› ['by:pçən, -laɪn] petit garçon *od* gamin *m;* **~erei** *f* ‹-, -en› [-'raɪ] = *Bubenstreich;* **~in** *f (Schurkin)* coquine, friponne, canaille *f;* **b~isch** *a* polisson, méchant; fripon, fourbe.

Buch *n* ‹-(e)s, ⁻er› [bu:x, 'by:çər] livre; *com a.* registre *m; (zu e-r Oper)* livret; *(Zählmaß für Papier);* main *f; wie es (a. er, sie) im ~ steht* exemplaire, typique; *pej* le (la) parfait(e) ...; *die Bücher abschließen (com)* arrêter les écritures *od* comptes; *über etw ~ führen* tenir registre de qc; *die Bücher führen (com)* tenir les livres *od* les écritures; *wie ein ~ reden (fam)* parler comme un livre *od* d'abondance; *über den Büchern sitzen, (fam) hinter den Büchern hokken* être plongé dans les livres, sécher *od* pâlir sur les livres; *zu ~ stehen (com)* figurer dans les livres *(mit* à); *man könnte ein ~ darüber schreiben* on en ferait un livre; *das ist mir ein ~ mit sieben Siegeln* c'est de l'hébreu pour moi; *antiquarische(s) ~* livre d'occasion, bouquin *m; Goldene(s) ~ (e-r Stadt)* livre m d'or; *das ~ der Bücher (Bibel)* la Sainte Écriture, la Bible; *die fünf Bücher Mose* le Pentateuque; **~abschluß** *m com* arrêté *m* de comptes; **~ausstellung**

f exposition *f* de livres; **~besprechung** *f (Kritik)* compte *m* rendu; **~binder** *m* relieur *m;* **~binderei** *f (Werkstatt)* atelier *m* de relieur; *(Gewerbe)* reliure *f;* **~bindereimaschine** *f* machine *f* de reliure; **~block** *m* ‹-s, -s› corps *m* (du volume); **~decke** *f* couverture de livre, reliure *f;* **~druck** *m* impression *f* typo(graphique); **~drucker** *m* imprimeur; typographe *m;* **~druckerei** *f* imprimerie *f,* typographie *f;* **~druckerkunst** *f* art *m* typographique; **~einband** *m* reliure *f;* **b~en** ['bu:xən] **1.** *tr com* prendre note *(etw* de qc), inscrire dans *od* porter sur les *od* aux livres, passer aux comptes; *sport* marquer; *(Platz, Zimmer)* retenir, réserver; **~forderung** *f com* créance comptable *od* inscrite, dette *f* active; **~form** *f: in ~* comme livre; **~führung** *f* tenue des livres, comptabilité *f; einfache, doppelte ~* comptabilité *f* en partie simple, double; *nationale ~* comptabilité nationale; **~führungsmaschine** *f* machine *f* comptable; **~führungssystem** *n* système *m* comptable, méthode *f* de comptabilité; **~gelehrsamkeit** *f* érudition *f* livresque; **~gemeinschaft** *f* club *m* du livre; **~gewinn** *m com* bénéfice *m* d'écritures; **~gläubiger** *m com* créancier *m* inscrit; **~halter** *m* teneur de livres *od* d'écritures, commis aux écritures, comptable *m;* **~haltung** *f* (service *m* de la) comptabilité *f,* bureau *m* comptable; **~handel** *m* librairie *f; im ~ erschienen* (paru) en librairie; **~händler** *m* libraire *m;* **~handlung** *f* librairie *f; ~ und Antiquariat* librairie *f* ancienne et moderne; **~hülle** *f* liseuse *f,* couvre-livre *m;* **~kunst** *f* art *m* du livre; **~macher** *m sport* bookmaker *m;* **~malerei** *f* peinture *f* de manuscrits; **~messe** *f* foire *f* du livre; **~prüfer** *m com* expert *od* contrôleur comptable, vérificateur *m* de livres *od* de comptabilité; **~prüfung** *f com* vérification *f* des livres *od* des écritures; **~rücken** *m* dos *m* du livre; **~schuld** *f com* dette *f* comptable; **~schuldner** *m* débiteur *m;* **~titel** *m* titre *m* d'un *od* du livre; **~ung** *f com (Vorgang)* passation d'écriture (en compte *od* sur les livres); *(a. Ergebnis)* écriture, entrée *f; eine ~ vornehmen* passer une écriture; **~ungsbeleg** *m* pièce *f od* document *m* comptable; **~ungsfehler** *m* erreur *f* comptable; **~ungsmaschine** *f* machine *f* comptable; **~ungsnummer** *f* numéro *m* d'enregistrement; **~ungssystem** *n* méthode *f* de comptabi-

lité; ~ungsunterlage *f* pièce *f od* document *m* comptable; ~verleih *m* location *f* de livres; ~wert *m com* valeur *f* comptable *od* en compte.
Buch|e *f* ⟨-, -n⟩ ['buːxə] *bot* hêtre *m;* ~ecker *f* ⟨-, -n⟩ faîne *f;* **b~en 2.** *a (aus ~enholz)* de *od* en hêtre; ~enhain *m* bosquet *m* de hêtres; ~enholz *n* (bois de) hêtre *m;* ~enwald *m* hêtraie *f;* ~fink *m* pinson *m;* ~weizen *m* blé noir, sarrasin *m.*
Bücher|abschluß ['byːçər-] *m com* arrêté *m* de comptes, clôture *f* des livres; ~ausgabe *f,* ~ausleihe *f (Einrichtung)* service *m* de prêt; *(Raum)* salle *f* de prêt; ~brett *n* tablette *f,* rayon *m,* étagère *f;* ~bus *m (fahrbare Bücherei)* bibliobus *m;* ~ei *f* ⟨-, -en⟩ [byːçəˈraɪ] bibliothèque *f;* ~freund *m* amateur de livres, bibliophile *m;* ~gestell *n* tablettes *f pl,* étagère *f;* rayon *od* rayonnage *m* à livres, bibliothèque *f; freistehende(s)* ~ épi *m* isolé; ~karren *m* chariot *m* pour les livres; ~kiste *f* caisse *f* à *od* de livres; ~leihverkehr *m* service *m* de prêt(s) de livres; ~liebhaber *m* = ~freund; ~mappe *f* serviette *f;* ~markt *m* marché *m* du livre; ~narr *m* bibliomane *m;* ~sammlung *f* collection de livres, bibliothèque *f;* ~schrank *m* bibliothèque *f;* ~stapel *m,* ~stoß *m* pile *f* de livres; ~stütze *f* serre-livres *m;* ~verzeichnis *n* liste *f od* catalogue *m* de livres; ~wand *f* bibliothèque *f* murale; ~wart *m* bibliothécaire *m;* ~weisheit *f* érudition *f* livresque; ~wurm *m* ent teigne *f* (des livres), ver rongeur; *fig* rat de bibliothèque, fouineur (de bibliothèque), bouquineur *m.*
Buchs(baum) ['buks-] *m* ⟨-es, -e⟩ *bot* buis *m.*
Buchse *f* ⟨-, -n⟩ ['buksə] *tech (Hohlzylinder)* douille *f,* manchon *m,* bague(-coussinet) *f.*
Büchse *f* ⟨-, -n⟩ ['byksə] boîte *f; (Kapsel)* étui *m; (Gewehr)* fusil *m,* carabine *f;* ~nfleisch *n* viande *f* de conserve; ~ngemüse *n* légumes *m pl* en conserve; ~nmacher *m* armurier *m;* ~nmilch *f* lait *m* condensé; ~nobst *n* fruits *m pl* en conserve; ~nöffner *m* ouvre-boîtes *m;* ~nschuß *m* coup *m* de fusil *od* carabine; *e-n* ~ *entfernt* à portée de fusil.
Buchstab|e *m* ⟨-ns/(-n), -n⟩ ['buːxʃtaːbə] lettre *f,* caractère *m; typ a.* type *m; in* ~ *(Zahl)* en toutes lettres; *dem* ~*n nach* selon la lettre, au pied de la lettre, littéralement; *nach dem* ~*n des Gesetzes* à la lettre de la loi; *große(r)* ~ majuscule *f; kleine(r)*

~ minuscule *f;* ~enhöhe *f typ* hauteur *f* d'une *od* de la lettre; ~enrätsel *n* logogriphe *m;* ~enschloß *n tech* serrure *f od* cadenas *m* à combinaison; ~entreue *f* fidélité *é f* à la lettre; **b~ieren** [-ˈbiːrən] *tr* épeler; **B~** *n* épellation *f;* ~iertafel *f tele* tableau *m* d'épellation.
buchstäblich ['buːxʃtɛːplɪç] *a (wörtlich)* littéral; *adv (wörtlich)* littéralement; *(dem Buchstaben nach)* à la lettre, au pied de la lettre; *fig (geradezu)* littéralement.
Bucht *f* ⟨-, -en⟩ [buxt] *geog* baie; *(kleine)* anse, crique *f; (große)* golfe *m; (Verschlag im Stall)* stalle *f; pop (Bett)* pieu, plumard *m.*
Buck|el *m* ⟨-s, -⟩ ['bukəl] *(Höcker, a. med)* bosse, gibbosité *f; fam (Rücken)* dos *m; (Hügel)* colline; *(erhabene Metallverzierung)* bosse *f; e-n* ~ *haben* être bossu; *e-n breiten* ~ *haben (fig)* avoir bon dos; *e-n* ~ *machen (Katze)* faire le gros dos; *jdm den* ~ *vollhauen (fam)* rouer qn de coups, rosser qn, tanner le cuir à qn; *du kannst mir den* ~ *runterrutschen! (fam)* je me fiche de toi! **b~(e)lig** *a* bossu; *klein und* ~ boscot *pop* ~**(e)lige(r)** *m* bossu *m.*
bück|en [bykən], *sich* se baisser (*nach etw* pour ramasser qc); *(sich verneigen)* s'incliner; *(sich krümmen)* se courber; *gebückt (gehen)* (se tenir) courbé (en marchant); *vom Alter gebückt* courbé par l'âge; **B~ling** *m* ⟨-s, -e⟩ **1.** *(Verbeugung)* courbette, révérence *f; fam* salamalec *m; e-n* ~ *machen* faire une révérence.
Bück|ling *m vx u. dial,* ~**ling** *m* ⟨-s, -e⟩ ['bʏk(l)ɪŋ] **2.** *(geräucherter Hering)* hareng *m* saur *od* fumé.
Buddel *f* ⟨-, -n⟩ ['budəl] *fam (Flasche)* bouteille *f.*
buddel|n ['budəln] *itr fam (wühlen)* fouiller, fouir; **B~ei** *f* ⟨-, ø⟩ [-ˈlaɪ] fouille *f.*
Buddh|a ['buda] *m* ⟨-s, -s⟩ *rel* Bouddha *m;* ~**ismus** *m* ⟨-, ø⟩ [-ˈdɪsmus] bouddhisme *m;* ~**ist(in** *f)* *m* ⟨-en, -en⟩ [-ˈdɪst] bouddhiste *m f;* **b~istisch** *a* bouddhique.
Bude *f* ⟨-, -n⟩ ['buːdə] *allg* baraque *f; (Verkaufsstand)* échoppe; *fam pej (Zimmer)* piaule, pop turne, *arg* carrée; *fam (Studentenwohnung)* chambre *f* (d'étudiant); *Leben in die* ~ *bringen (fam)* être boute-en-train; *jdm auf die* ~ *rücken (fam)* importuner, relancer qn; ~**nzauber** *m fam (privates Gelage)* bamboche *f.*
Budget *n* ⟨-s, -s⟩ [byˈdʒeː] *(Haushaltsplan)* budget *m; das* ~ *aufstellen*

établir *od* dresser le budget; *das* ~ *einbringen* présenter le budget; *etw im* ~ *vorsehen* inscrire qc au budget; ~**beratung** *f* discussion *f* du budget.
Budik|e *f* ⟨-, -n⟩ [bu'di:kə] *fam* bistro(t) *m;* ~**er** *m* ⟨-s, -⟩ [-kər] bistro(t), mastroquet *m.*
Büfett *n* ⟨-(e)s, -s/-e⟩ [by'fe:] *(Anrichte)* buffet, bahut; *(Schanktisch)* buffet, comptoir, *pop* zinc *m; kalte(s)* ~ buffet *m* froid; ~**fräulein** *n* dame *f* du comptoir; ~**ier** *m* ⟨-s, -s⟩ [-fɛti'e:] barman *m.*
Büff|el *m* ⟨-s, -⟩ ['byfəl] *zoo* buffle *m;* ~**elei** *f* ⟨-, ø⟩ [-laɪ] *fam* bachotage *m; arg* pompe *f;* **b~eln** *itr fam* bûcher, bachoter, potasser; ~**ler** *m* ⟨-s, -⟩ *fam* bûcheur, bachoteur *m.*
Buffobaß *m* ['bʊfo-] *mus* basse *f* bouffe.
Bug *m* [bu:k] **1.** ⟨-s, -e/⁻e⟩ ['bu:k, 'by:gə] *(Brust des Pferdes u. des Rindes)* paleron *m;* **2.** ⟨-s, -e ⟩ ['by:gə] *mar* proue *f,* avant *m,* épaule *f; mar aero* nez *m;* ~**anker** *m* seconde ancre *f;* ~**flagge** *f* pavillon *m* d'avant; ~**kanzel** *f aero* nez *m* vitré, carlingue *f;* **b~lahm** *a vet* épaulé; **b~lastig** *a aero* lourd de l'avant; ~**lastigkeit** *f aero* décentrage *m* vers l'avant; ~**leine** *f mar* bouline *f;* ~**rad** *n aero* atterrisseur *m* avant; ~**schütze** *m aero* mitrailleur *m* avant; ~**see** *f* = ~**welle;** ~**spriet** *n u. m. mar* beaupré *m;* ~**stand** *m aero* poste *m* de tir avant; ~**welle** *f mar* lame *od* vague *f* de proue.
Bügel *m* ⟨-s, -⟩ ['by:gəl] *allg* pièce *f* courbe; *(Kleiderbügel)* cintre *m; (Korb)* anse; *(Handtasche)* monture; *(Brille)* branche *f; tech* archet *m, (Flansch)* bride *f; (Klammer)* étrier *m; (Öse)* fourchette *f; mil (Gewehrabzug)* pontet *m; mar (an Mast od Rahe)* cercle *m;* ~**brett** *n* planche *f* à repasser, passe-carreau *m;* ~**eisen** *n* fer à repasser; *(des Schneiders)* carreau *m* (de tailleur); *elektrische(s)* ~ fer *m* à repasser électrique; ~**falte** *f* pli *m* (de pantalon); **b~frei** *a* sans repassage; qui ne se repasse pas; ~**lift** *m* téléski *m* à archets; ~**maschine** *f* machine *f* à repasser; **b~n** *tr (Wäsche, Kleider)* repasser; *(Naht)* rabattre; *itr* repasser le linge; ~**säge** *f* scie *f* à archet *od* étrier; **Büglerin** *f* repasseuse *f.*
Buhl|e *m* ⟨-n, -n⟩ ['bu:lə] *f vx poet* = ~**er(in);** **b~en** *itr poet* faire la cour *(um jdn* à qn), courtiser *(um jdn* qn); *um jds Gunst* ~ briguer la faveur de qn; *um die Gunst der Masse* ~ briguer les suffrages de la foule; ~**er** *m*

⟨-s, -⟩ *vx lit* amant, galant; courtisan *m;* ~**erei** *f* ⟨-, -en⟩ [-'raɪ] *(Liebesabenteuer)* galanterie; *(Liebelei)* amourette; *(Gefallsucht)* coquetterie *f;* ~**erin** *f* femme galante, courtisane *f;* **b~erisch** *a* amoureux, galant; *(Blick, Gebärde)* lascif; *(gefallsüchtig)* coquet; ~**schaft** *f* = ~**erei.**
Buhne *f* ⟨-, -n⟩ ['bu:nə] *mar (Schutzdamm)* épi; *(Mauer)* quai; *(Flechtwerk)* clayonnage; *(Wellenbrecher)* brise-lames, éperon *m.*
Bühne *f* ⟨-, -n⟩ ['by:nə] *theat* scène *f a. fig,* plateau *m; (Theater)* théâtre *m; (Gerüst)* estrade, tribune *f; (Arbeitsbühne)* échafaudage *m,* plate-forme *f; mines (Schachtbühne)* repos; *dial (Dachboden)* grenier *m; die* ~ *(a.)* les planches *f pl; von der* ~ *abtreten* quitter la scène; *für die* ~ *bearbeiten* adapter à la scène; *auf die* ~ *bringen* mettre *od* porter à la scène, mettre sur la scène *od* au théâtre; monter; *über die* ~ *gehen (Stück)* être représenté; *zur* ~ *gehen (Schauspieler werden)* se faire comédien; *sich lange auf der* ~ *halten (Stück)* tenir la scène.
Bühnen|angestellte(r) ['by:nən-] *m* employé *m* de théâtre; ~**anweisung** *f* scénario *m;* ~**arbeiter** *m* machiniste *m;* ~**aussprache** *f* prononciation *f* de *od* employée au théâtre; ~**bearbeitung** *f* adaptation *f* au théâtre; ~**beleuchtung** *f* éclairage *m* de (la) scène; ~**bild** *n* tableau *m;* ~**bildner** *m* peintre *m* décorateur *od* de décors; ~**dichter** *m* auteur *m* dramatique; ~**dichtung** *f* poésie *f* dramatique; ~**himmel** *m* plafond *m* d'air; ~**künstler** *m* artiste *m* dramatique; ~**maler** *m* = ~**bildner;** **b~mäßig** *a* adapté à la scène, scénique; ~**musik** *f* musique *f* de scène; ~**name** *m* nom *m* de guerre; ~**rechte** *n pl* droits *m pl* de représentation; ~**spiel** *n* jeu *m* de scène; ~**sprache** *f* = ~**aussprache;** ~**stück** *n* pièce *f* de théâtre; ~**tanz** *m* ballet *m;* ~**werk** *n* pièce *f* de théâtre; **b~wirksam** *a* scénique; ~**wirkung** *f* effet *m* théâtral.
Bukett *n* ⟨-(e)s, -e⟩ [bu'kɛt] *(Blumenstrauß; Duft des Weines)* bouquet *m.*
Bulette *f* ⟨-, -n⟩ [bu'lɛtə] *(gebratenes Fleischklößchen)* boulette *f.*
Bulgar|e *m* ⟨-n, -n⟩ [bul'ga:rə], ~**in** *f* Bulgare *m f;* ~**ien** *n* [-'ga:riən] *n* la Bulgarie; **b~isch** *a* bulgare; *(das) B~(e)* le bulgare.
Bull|auge ['bʊl-] *n arch* œil-de-bœuf; *mar aero* hublot *m;* ~**dogge** *f zoo* (boule)dogue *m;* ~**dozer** *m* ⟨-s, -⟩ [-do:zər] *tech (schwere Zugmaschi-*

ne) tracteur lourd; *(Planierraupe)* bulldozer *m;* ~e **1.** *m* ⟨-n, -n⟩ *(Stier)* taureau; *fig fam (starker Mann)* bœuf, mastodonte *m;* ~**enbeißer** *m* = ~*dogge; fig (bärbeißiger Mensch)* dogue *m;* ~**enhitze** *f fam* chaleur à étouffer, fournaise *f.*

Bulle 2. *f* ⟨-, -n⟩ ['bʊlə] *rel* bulle *f* (papale).

bullern ['bʊlərn] *itr dial fam (Feuer im Ofen)* ronfler; *(stark klopfen)* frapper fort; *(heftig sieden)* bouillonner.

Bulletin *n* ⟨-s, -s⟩ [byl'tɛ̃ː] *(amtl. Bekanntmachung, Tages-, Krankenbericht)* bulletin *m.*

Bumerang *m* ⟨-s, -e/-s⟩ ['buː-, 'buːməraŋ] *(Wurfholz)* boomerang *m;* ~**effekt** *m: e-n* ~ *haben* être un boomerang.

Bumm|el *m* ⟨-s, -⟩ ['bʊməl] *fam (Spaziergang)* balade, virée *f; hum* périple *m; pop (Bierreise)* vadrouille *f; e-n* ~ *machen* être en goguette, *pop* vadrouiller; *e-n* ~ *(Schaufenster~) machen* faire de la lèche-vitrines; ~**elant** *m* ⟨-en, -en⟩ [-'lant] *fam* lambin, trainassier *m;* ~**elei** *f* ⟨-, -en⟩ [-'laɪ] *(Getrödel)* lambinerie *fam; (Langsamkeit)* lenteur; *(Nachlässigkeit)* négligence *f;* **b**~**(e)lig** *a (langsam)* lambin, lent; *(nachlässig)* négligent; ~**elleben** *n* vie *f* de bohème; **b**~**eln** *itr* ⟨*aux: sein*⟩ *(umherschlendern)* flâner, se balader; *pop* vadrouiller; ⟨*aux: haben*⟩ *(trödeln)* traîner, mus(ard)er, lambiner, lanterner; ~**elstreik** *m* grève *f* perlée *od* du zèle; ~**elzug** *m loc fam* tortillard *m;* ~**ler** *m* ⟨-s, -⟩ *fam (Spaziergänger)* flâneur, *fam* baladeur *m; (Trödler)* = ~*elant.*

bums [bʊms] *interj* boum! crac! patatras! ~**en** ['bʊmzən] *itr* frapper *od* tomber avec un bruit sourd *(auf* sur); *tr pop* baiser; **B**~**lokal** *n fam* bastringue *m.*

Bund 1. *m* ⟨-(e)s, ⁻e⟩ [bʊnt, bʏndə] *allg* lien *m; (Band)* bande *f,* bandeau; *(Schleife, Knoten)* nœud; *(Hosen~, Rock~)* ceinture *f; tech* cercle, anneau, rebord, collier *m; fig (Bündnis)* union, alliance; *(Schutzbündnis)* ligue; *(Staaten~)* confédération, *(zu e-m best. Zweck)* coalition *f; (Vertrag)* pacte *m; im* ~*e mit* (ré)uni à, avec le concours de; *e-n* ~ *schließen* contracter une alliance *(mit jdm* avec qn); *mit jdm im* ~*e sein* être l'allié de qn; *der Dritte im* ~*e sein* être en tiers, faire partie du trio; *der Alte, Neue* ~ *(rel)* l'Ancien, le Nouveau Testament; *der Deutsche* ~ *(1815–66)* la Confédération Germanique; *der*

Norddeutsche ~ *(1867–70)* la Confédération de l'Allemagne du Nord; ~**esakte** *f pol* pacte *m* fédéral; ~**esangelegenheit** *f pol* affaire *f* fédérale; ~**esbahn** *f* chemin *m* de fer fédéral; ~**esbank** *f* banque fédérale, Bundesbank *f;* ~**esbehörde** *f* autorité *f* fédérale; **b**~**esdeutsch** *a* de la République fédérale allemande; ~**esgenosse** *m* allié, confédéré *m;* ~**esgenossenschaft** *f* alliance, confédération *f;* **b**~**esgenössisch** *a* fédéral, fédératif; ~**esgericht** *n* tribunal *m* fédéral; ~**esgesetz** *n* loi *f* fédérale; ~**eskanzler** *m* chancelier *m* de la République fédérale (Allemagne, Autriche); ~**eskanzleramt** *n* chancellerie *f* fédérale; ~**eslade** *f rel* arche *f* d'alliance; ~**esminister** *m* ministre *m* de la République fédérale (Allemagne, Autriche); ~**esmittel** *n pl pol fin* fonds *m pl* fédéraux; ~**espräsident** *m* président (de la République) fédéral(e) (Allemagne, Autriche, Suisse); *(Schweizer)* président *m* de la Confédération; ~**esrat** *m (Schweiz, Deutschland)* conseil *m* fédéral; ~**esregierung** *f* gouvernement *m* fédéral; ~**esrepublik** *f* république *f* fédérale; *die* ~ *(Deutschland)* la République fédérale (d'Allemagne); ~**esstaat** *m* confédération *f;* État fédératif *od* fédéral *od* confédéré; *(Teilstaat)* État *m* fédéral; ~**esstraße** *f* route *f* fédérale; ~**estag** *m* parlement fédéral, Bundestag *m;* ~**estrainer** *m* entraîneur *m* national; ~**esverfassung** *f* constitution *f* fédérale; ~**esverfassungsgericht** *n* tribunal *m* constitutionnel de la République fédérale; ~**weite** *f (von Hose, Rock)* ceinture *f.*

Bund 2. *n* ⟨-(e)s, -e⟩ [bʊnt, -də] *(Bündel)* faisceau, paquet *m; (Garn)* écheveau *m* de fil; *(Stroh, Heu, gewisse Gemüse)* paquet *m; (Holz)* fagot; *(Schlüssel~)* trousseau *m;* ~**holz** *n* bois *m* en fagots; **b**~**weise** *adv* par bottes, par fagots.

Bündchen *n* ⟨-s, -⟩ *(Ärmel~)* manchette *f; (Hals~)* col, tour du col, revers *m.*

Bündel *n* ⟨-s, -⟩ ['bʏndəl] *(Heu, Stroh)* botte *f; (Reisig)* fagot; *(Pack)* paquet *m,* trousse *f, fam* bal(l)uchon, tapon *m; (Akten)* liasse *f,* dossier; *(Liktoren-, Strahlen~)* faisceau *m; in ein* ~ *schnüren* taponner; *sein* ~ *schnüren (fig)* faire son paquet *od* son bal(l)uchon *od* sa malle *od* ses malles; *fam* plier bagage; ~**holz** *n* bois *m* en fagots; **b**~**n** *tr* lier ensemble *od* en faisceau, faire un paquet de; *(Heu, Stroh)* botteler; *(Holz)* fagoter; ~**pfeiler** *m* arch pilier *m* en faisceau; **b~weise** *adv* par paquets, par bottes, par fagots.

bündig ['bʏndıç] *a (verbindlich)* obligatoire; *(rechtsgültig)* valide, valable; *(beweiskräftig)* démonstratif, concluant; *(Stil: kurz, gedrängt)* précis, concis, serré, succinct, lapidaire; *arch (in gleicher Höhe)* à fleur *(mit* de); *kurz und ~* court et frappant; *adv* de manière concise, en peu de mots.

Bündnis *n* ⟨-sses, -sse⟩ = *Bund 1.;* union, alliance; coalition *f; (Vertrag)* pacte *m; ein ~ schließen, besiegeln* contracter, sceller une alliance; **b~frei** *a (neutral)* non-engagé; ~**politik** *f* politique *f* d'alliance; ~**vertrag** *m* traité *m* d'alliance.

Bungalow *m* ⟨-s, -s⟩ ['bʊŋgalo] maison *f* de plain-pied; *(in Indien)* bungalow *m*.

Bunker *m* ⟨-s, -⟩ ['bʊŋkər] *mar (Kohlenbunker)* soute *f* à charbon; *mil* abri *m* bétonné *(a. Luftschutzbunker)*, casemate; *tech mines* trémie; *arg (Arrest)* taule *f, pop* cachot *m;* ~**kohle** *f mar* charbon *m* de soute; **b~n** *tr mar (Kohlen)* mettre en soute; *itr* faire du charbon.

Bunsen|brenner ['bʊnzən-] *m (Gasbrenner)* bec *m* Bunsen; ~**element** *n* pile *f* Bunsen; ~**flamme** *f* flamme *f* d'un bec Bunsen.

bunt [bʊnt] *a (mehrfarbig)* de diverses couleurs, multicolore, *scient* polychrome; *(farbig)* de *od* en couleur; *(~scheckig)* tacheté, diapré, bariolé, bigarré, *fam* panaché; *fig (verschiedenartig, gemischt)* varié, m élangé; *(verworren)* confus; *adv (~ durchea.)* pêle-mêle; ~ *durchea.gehen* aller sens dessus dessous; ~*e Reihe machen* faire alterner les places des messieurs et des dames; *bekannt sein wie ein ~er Hund* être connu comme le loup blanc; *es zu ~ treiben* aller trop loin; *alles ~ durchea.werfen* jeter tout pêle-mêle; *das wird mir zu* ~*!* c'est trop fort! c'en est trop! *es ging ~ zu* tout allait sens dessus dessous; *hier geht es aber ~ zu! fig fam* il y a de l'ambiance ici! *es wird immer* ~*er* l'affaire se complique de plus en plus; *iron* ça va de mieux en mieux; ~*e(r) Abend m* soirée *f* de variétés; ~*e(s) Glas n* verre *m* de couleur; ~*e Menge f* foule *f* bariolée; ~*e Platte f* assiette *f* anglaise; ~*e(s) Programm n* programme *m* varié; *der* ~*e Rock (pop: die Soldatenuniform)* l'uniforme *m;* ~*e(r) Teller (, auf dem verschiedene Dinge liegen)* assiette *f*

garnie; ~*e(s) Treiben n* mouvement *m* varié; ~*e Weste f* gilet *m* fantaisie; ~**gefiedert** *a* au plumage bigarré; ~**gestreift** *a* à rayures de diverses couleurs; **B~heit** *f* ⟨-, ø⟩ diversité de couleurs; *(~scheckigkeit)* bigarrure *f,* bariolage *m; fig* variété, diversité *f;* **B~kupfererz** *n min* cuivre *m* panaché; **B~papier** *n* papier *m* de couleur *od* de fantaisie; **B~sandstein** *m* grès *m* bigarré; ~**scheckig** *a* bariolé, bigarré, *fam* panaché; ~**schillernd** *a* chatoyant, opalescent; **B~specht** *m* pic *m* rouge, épeiche *f;* **B~stift** *m* crayon *m* de couleur; **B~weberei** *f* tissage *m* en couleurs; **B~wäsche** *f: die ~* la couleur.

Bürde *f* ⟨-, -n⟩ ['bʏrdə] *a. fig* charge *f,* fardeau, faix *m; jdm e-e ~ aufladen, abnehmen* imposer une charge à qn, délivrer qn d'un fardeau.

Bure *m* ⟨-, -n⟩ ['bu:rə] Boer *m;* ~**nkrieg,** *der (1899 bis 1902)* la guerre des Boers.

Burg *f* ⟨-, -en⟩ [bʊrk, -gən] *(Wehrbau)* château (fort), castel; *(Spielzeug)* fort; *fig (Zuflucht)* refuge, asile *m;* ~**frau** *f hist* châtelaine *f;* ~**fräulein** *n hist* damoiselle *f;* ~**frieden** *m hist (Bezirk)* banlieue du château fort; *pol parl* trêve *f* (politique, parlementaire); ~ *schließen (pol parl)* conclure *od* faire une trêve; ~**graben** *m* fossé *m* d'un *od* du château, douve *f;* ~**graf** *m hist* burgrave *m;* ~**grafschaft** *f* burgraviat *m;* ~**herr** *m hist* châtelain, seigneur *m;* ~**ruine** *f* château *m* en ruine; ~**verlies** *n* oubliettes *f pl;* ~**vogt** *m hist* intendant *m* d'un *od* du château.

Bürg|e *m* ⟨-n, -n⟩ ['bʏrgə] *allg* garant, répondant *m; fin* caution *f,* accréditeur; *(Wechselbürge)* avaliste; *(Geisel)* otage *m; ~ sein = bürgen; e-n* ~*n stellen* fournir caution; **b~en** *itr* garantir; répondre, se porter garant *(für jdn, etw* de *od* pour qn, qc); parrainer qn, qc; *für e-n Wechsel ~ (fin)* avaliser un effet *od* une traite; *mit s-m Wort ~* engager sa parole; ~**schaft** *f* ⟨-, -en⟩ garantie; caution *f,* cautionnement *m; gegen ~* sous caution; ~ *leisten für* fournir caution pour; *e-e ~ übernehmen* s'engager par caution; ~**schaftserklärung** *f* déclaration *f* de cautionnement; ~**schaftsschein** *m* acte *m* de cautionnement; ~**schaftssumme** *f* cautionnement *m;* ~**schaftsvertrag** *m* (contrat de) cautionnement.

Bürger *m* ⟨-s, -⟩ ['bʏrgər] *hist (e-r Stadt),* pol bourgeois; *(Städter)* citadin; *(Staatsbürger)* citoyen *m; aka-*

demische(r) ~ étudiant *m; pl* administrés *m pl;* ~ *werden (hist)* être reçu bourgeois; ~**brief** *m hist* lettre *f* de bourgeoisie; ~**haus** *n* maison *f* bourgeoise; ~**in** *f hist* bourgeoise; citadine, citoyenne *f;* ~**initiative** *f* association *f* od comité *m* de défense; ~**könig,** *der (Louis Philippe von Frankreich, 1830—48)* le roi-citoyen; ~**krieg** *m* guerre *f* civile *od* intestine; **b~lich** *a hist, (soziologisch)* bourgeois; *(nicht adlig)* roturier; *allg u. jur* civil; *(staatsbürgerlich)* civique; *(in)* ~*e(r) Kleidung f* (en) tenue *f* civile; *im* ~*en Leben* dans le civil; ~*e Kleidung tragen* revêtir la tenue civile; *B~e(s) Gesetzbuch n* code *m* civil; ~*e Küche f* cuisine *f* bourgeoise; ~*e(s) Recht n* droit *m* civil; *(Aberkennung f od Verlust m der)* ~*e(n) Rechte n pl* (dégradation civique, privation *f* des) droits *m pl* civiques; ~*e(s) Schauspiel n theat* drame *m* bourgeois; ~**meister** *m (französischer)* maire; *(ausländischer u. in Belgien)* bourgmestre *m; Regierende(r)* ~ *(von Berlin)* bourgmestre *m* régnant; ~**meisteramt** *n,* ~**meisterei** *f* mairie; *(Belgien, Schweiz)* maison *f* communale; ~**pflicht** *f* devoir *m* civique; ~**recht** *n hist* droit de cité *a. fig;* ~*e* droits *m pl* civiques; *das* ~ *besitzen* avoir droit de cité; ~**recht-ler(in** *f)* *m* ‹-s, -› militant, e *m f* pour les droits civiques; ~**rechtsbewegung** *f* mouvement *m* pour les droits civiques; ~**schaft** *f* ‹-, (-en)› bourgeoisie *f,* bourgeois *m pl;* ~**schule** *f vx* collège *m* d'enseignement général (C.E.G.) *od* secondaire (C.E.S.); ~**sinn** *m* civisme *m;* ~**stand** *m* bourgeoisie *f;* ~**steig** *m* trottoir *m;* ~**tugend** *f* morale *f* bourgeoise; ~**tum** *n* ‹-s, ø› bourgeoisie *f;* ~**versammlung** *f* assemblée *f* communale; ~**wehr** *f* milice, garde *f* nationale *od (Belgien)* civique.

Burgund [burˈgʊnt] *n* la Bourgogne; ~**er(in** *f)* *m* ‹-s, -› Bourguignon, ne *m f; m pl (hist: germanischer Stamm)* Burgondes *m pl;* ~**er** *m* ‹-s› *(Wein)* bourgogne *m;* **b~isch** *a* bourguignon, de Bourgogne; *B~e Pforte f (geog)* porte de Bourgogne, Trouée *f* de Belfort.

burlesk [burˈlɛsk] *a (possenhaft)* burlesque; *B~e f* ‹-, -n› *theat (Posse)* farce *f.*

Burma [ˈbʊrma] *n geog* la Birmanie.

Burnus *m* ‹-sses, -sse› [ˈbʊrnus] *(Beduinenmantel)* burnous *m.*

Büro *n* ‹-s, -s› [byˈroː] bureau, office *m;* ~**angestellte(r** *m)* *f* employé, e *m f*

de bureau; ~**arbeit** *f* travail *m* de bureau *od* comptable; ~**bedarf** *m* fournitures *f pl od* matériel *m* de bureau; ~**bedarfsartikel** *m* article *m* de bureau; *pl =* ~*bedarf;* ~**diener** *m* garçon *m* de bureau; ~**einrichtung** *f* équipement *od* mobilier *od* matériel *m* de bureau; ~**gebäude** *n,* ~**haus** *n* immeuble de bureau, building *m* (administratif *od* commercial); ~**klammer** *f* attache *f,* trombone *m;* ~**kosten** *pl* frais *m pl* de bureau; ~**krat** *m* ‹-en, -en› [-roˈkraːt] bureaucrate *m;* ~**kratie** *f* ‹-, -n› [-rokraˈtiː] bureaucratie *f,* fonctionnarisme *m;* **b~kratisch** [-ˈkraː-] *a* bureaucratique; ~**kratismus** *m* ‹-s, ø› [-kraˈtɪsmʊs] chinoiseries *f pl* administratives; ~**maschine** *f* machine *f* de bureau *od* de comptabilité; ~**material** *n* matériel *m* de bureau; ~**mensch** *m pej* rond-de-cuir *m;* ~**möbel** *n pl* meubles *m pl* de bureau; ~**personal** *n* personnel *m* de bureau; ~**raum** *m* bureau *m;* ~**schluß** *m* clôture *f* du bureau *od* des bureaux; ~**schrank** *m* armoire *f* à livres, meuble-bibliothèque *m;* ~**stunden** *f pl* heures *f pl* de bureau; ~**tätigkeit** *f* emploi *m* de bureau; ~**vorsteher** *m* chef de bureau, principal (clerc); *(e-s Rechtsanwalts)* premier clerc *m;* ~**zeit** *f* = ~*stunden.*

Bursch *m* ‹-en, -en› [burʃ] *dial (junger Mann)* jeune homme, garçon; *(Student)* étudiant *m;* ~**e** *m* ‹-n, -n› *(Kerl)* gaillard, *fam* gars, *pop* type, zig(ue) *m; mil* ordonnance *f od m,* brosseur *m; gutmütige(r)* ~ bon garçon *m; die jungen* ~*n* les jeunes gens *m pl; lustige(r)* ~ fameux gaillard, joyeux luron *m; üble(r)* ~ vilain monsieur, mauvais sujet *m;* ~**enschaft** *f* association *f* d'étudiants; **b~ikos** [-ʃiˈkoːs] *a (burschenhaft, ungezwungen, formlos)* sans façons, sans-gêne; cavalier; *fam* décontracté; **Bürschchen** *n,* **Bürschlein** *n* ‹-s, -› [ˈbʏrʃçən, -laɪn] petit drôle; *(kleiner Schelm)* petit coquin *m.*

Burse *f* ‹-, -n› [ˈbʊrza] *(Studentenheim)* foyer *m* des étudiants.

Bürste *f* ‹-, -n› [ˈbʏrstə] brosse *f; el* balai *m;* **b~n** *tr* brosser; *sich die Haare, die Zähne* ~ se brosser les cheveux, les dents; ~**nabzug** *m typ* épreuve *f* à la brosse; ~**nbinder** *m* brossier; fabricant *m* de brosses; *saufen wie ein* ~ *(fam)* boire comme un trou; ~**nbinderei** *f,* ~**nfabrikation** *f,* ~**nhandel** *m,* ~**nwaren** *f pl* brosserie *f;* ~**nbrücke** *f el* pont *m* de balai; ~**n(haar)schnitt** *m* coupe *f* en brosse; ~**nhalter** *m* porte-brosse; *el* porte-balai *m;* ~**nwalze** *f* brosse *f* rotative.

Bürzel *m* ⟨-s, -⟩ ['bʏrtsəl] *(Schwanzwurzel der Vögel)* croupion; *(Küche a.)* sot-l'y-laisse *m.*

Bus ⟨-sses, -sse⟩ [bus, -sə] *(Autobus)* (auto)bus *m;* ~**bahnhof** *m* gare *f* routière.

Busch *m* ⟨-es, ̈-e⟩ [buʃ, 'bʏʃə] *(Strauch)* buisson, arbuste, arbrisseau; *(Gehölz)* petit bois, bosquet, *poet* bocage; *(Dickicht)* taillis, hallier *m,* brousse; *(von Federn* od *Haaren)* touffe *f; (Federbusch)* panache *m,* aigrette *f; in den* ~ *gehen (Verbrecher)* prendre le maquis; *hinter dem* ~ *halten (fig)* cacher son jeu, agir en dessous; *auf den* ~ *klopfen (fig fam)* battre les buissons, tâter *od* sonder le terrain; *sich in die Büsche schlagen (fig)* s'esquiver, gagner le large, *fam* détaler; *der feurige* ~ *(rel)* le buisson ardent; ~**bohne** *f* haricot *m* nain; ~**fieber** *n* jaunisse *f;* ~**hemd** *n* chemisette, saharienne *f;* ~**holz** *n* buissons *m pl,* broussailles *f pl;* **b**~**ig** *a (mit Gebüsch bestanden)* buissonneux, broussailleux; *(dicht gewachsen)* touffu; ~**klepper** *m (Strauchdieb)* brigand, bandit *m* (de grand chemin); ~**krieg** *m* guérilla *f;* ~**männer,** die *m pl (südafrikan. Volk)* les Boschimans, les Bushmen *m pl;* ~**messer** *n* sabre *m* d'abattis, machette *f;* ~**rose** *f (als Pflanze)* rosier *m* buissonnant; ~**werk** *n* = ~*holz;* ~**windröschen** *n* bot anémone, renoncule *f* des bois.

Büschel *n* ⟨-s, -⟩ ['bʏʃəl] *(Bündel)* faisceau *m; (Handvoll)* poignée; *(bes. Haare)* touffe *f, (a. Federn)* houppe; *bes. ent u. el* aigrette *f;* **b**~**förmig** *a* en faisceau, en aigrette *a. el,* en touffe; *bot* fasciculé; **b**~**weise** *adv* par faisceaux, par touffes; ~**wurzel** *f bot* racine *f* fasciculée.

Busen *m* ⟨-s, -⟩ ['bu:zən] *(weiblicher)* sein *m,* poitrine *f; fam* téton; *(Meerbusen)* golfe *m,* baie *f; fig (Innere, Herz)* cœur *m; e-e Schlange am* ~ *nähren (fig)* réchauffer un serpent dans son sein; ~**freund** *m* ami *m* intime; ~**nadel** *f* broche, épingle *f.*

Bussard *m* ⟨-s, -e⟩ ['busart, -də] *orn (Mäusebussard)* buse *f.*

Buß|e *f* ⟨-, -n⟩ ['bu:sə] *bes. rel* pénitence; *(Sühne)* expiation; *jur (Geldbuße)* amende *f; jdm e-e* ~ *auferlegen (rel)* imposer od infliger une pénitence à qn; *jur* frapper qn d'une amende; ~ *predigen* prêcher la pénitence; ~ *tun* faire pénitence; **b**~**fertig** *a rel*

pénitent; *(reuig)* repentant; *(zerknirscht)* contrit; ~**fertigkeit** *f rel* pénitence; *(Reue)* repentance; *(Zerknirschung)* contrition *f;* ~**prediger** *m* prédicateur *m* de carême; ~**predigt** *f* sermon *m* de carême; ~**psalmen** *m pl* psaumes *m pl* pénitentiaux; ~**tag** *m (*~*- und Bettag)* jour *m* de pénitence et de prières.

büßen ['by:sən] *tr (sühnen)* expier; *itr* faire pénitence, porter la peine *(für etw* de qc); *für etw* ~ *müssen* pâtir od être puni de qc; *etw mit s-m Leben* ~ *müssen* payer qc de sa vie; *das sollst du mir* ~*!* tu me le paieras cher! tu m'en rendras bon compte! **B**~**er(in** *f)* *m* ⟨-s, -⟩ pénitent, e *m f;* **B**~**erhemd** *n* haire *f,* cilice *m.*

Bussole *f* ⟨-, -n⟩ [bu'so:lə] *(Winkelmeßinstrument)* boussole *f.*

Büste *f* ⟨-, -n⟩ ['bʏstə] *(weibl. Brust)* buste, sein *m,* gorge *f; (Kunst)* buste *m; (großes Dekolleté)* balconnet *m;* ~**nhalter** *m* soutien-gorge.

Butan *n* ⟨-s, ø⟩ [bu'ta:n] *chem (gesättigter gasförm. Kohlenwasserstoff)* butane *m;* ~**gas** *n* gaz butane, butagaz *m.*

Butt *m* ⟨-(e)s, -e⟩ [but] *zoo (Flunder)* flet *m.*

Bütte *f* ⟨-, -n⟩ ['bʏtə] *(hölzernes Gefäß)* cuve *f,* cuveau, baquet *m,* hotte; *(Rückentrage des Winzers)* hotte *f* de vigneron; ~**npapier** *n* papier *m* à la cuve od à la main; *holländische(s)* ~ papier *m* de Hollande; ~**nrand** *mit* ~ *(Papier)* à la forme.

Buttel *f* ⟨-, -n⟩ ['butəl] = *Buddel.*

Büttel *m* ⟨-s, -⟩ ['bʏtəl] *(Gerichtsdiener)* huissier; *(Gefängniswärter)* geôlier; *(Häscher, Scherge)* sbire; *(Henkersknecht)* valet *m* de bourreau.

Butter *f* ⟨-, ø⟩ ['butər] beurre *m; mit* ~ *bestreichen* beurrer; *in* ~ *schwenken* faire sauter; *sich die* ~ *vom Brot nehmen lassen (fig fam)* se laisser manger la laine sur le dos; *es ist alles in* ~ *(fig fam)* l'affaire est dans le sac; *pop* ça roule; *braune, zerlassene* ~ beurre *m* noir, fondu; **b**~**artig** *a* butyreux; ~**berg** *m* excédents *m pl* de beurre; ~**birne** *f* beurré, doyenné *m;* ~**blume** *f* (renoncule *f)* bouton-d'or *m,* renoncule *f* âcre; ~**brot** *n* tartine (de beurre), beurrée *f; für ein* ~ *(fig fam)* pour une bouchée de pain, au rabais; ~*e streichen* od *machen* tartiner; ~**brötchen** *n* petit pain *m* beurré; ~**brotpapier** *n* papier *m* à beurre od sulfurisé; ~**dose** *f (Teller mit Deckel)* boîte *f* à beurre; *(ohne Deckel)* beurrier *m;* ~**faß** *n (zum* ~*n)* baratte *f;* ~**fett** *n chem* butyrine

f; ~**form** *f* moule *m* à beurre; ~**gebäck** *n* petits-beurres *m pl;* **b**~**gelb** *a* beurre frais; ~**keks** *m* petit beurre *m;* ~**klumpen** *m* motte *f* de beurre; ~**krem** *f* crème *f* au beurre; ~**kuchen** *m* gâteau *m* au beurre; ~**maschine** *f* machine à beurre *od* à baratter; baratte *f;* ~**messer** *n* couteau *m* à beurre; ~**milch** *f* lait de beurre, petit lait, babeurre *m;* **b**~**n** *itr* faire du beurre, battre le beurre, baratter; *tr* beurrer; ~**pilz** *m* bolet *m* jaune; ~**säure** *f* acide *m* butyrique; ~**schmalz** *n* beurre *m* fondu (et refroidi); ~**schnitte** *f* = ~*brot;* ~**stulle** *f fam* = ~*brot;* **b**~**weich** *a* mou comme du beurre; *das ist* ~ on y entre comme dans du beurre.
Button *m* ‹-s, -s› ['bʌtn] badge *m.*

Butyl|alkohol [bu'tyːl-] *m chem* alcool *m* butylique; ~**rometer** [butyro-'meːtər] *n (Fettgehaltmesser)* butyromètre *m.*
Butz *m* ‹-en, -en› [buts] *dial (Knirps)* nabot, *fam* mioche, marmot *m;* ~**e** *f* ‹-, -n› *dial (Verschlag)* cagibi, réduit *m;* ~**emann** *m* ‹-s, -männer› *(Kobold)* lutin, farfadet *m;* ~**en** *m* ‹-s, -› *dial (Kerngehäuse)* trognon; *mines* nid *m* (de mineral); ~**enscheibe** *f* vitre *f od* vitrail *m* en cul-de-bouteille; ~**kopf** *m zoo* épaulard *m.*
Byte *n* ‹-s, -s› [baɪt] *inform* octet *m.*
Byzantin|er *m* ‹-s, -› [bytsan'tiːnər] Byzantin *m;* **b**~**isch** *a* byzantin; ~**ismus** *m* ‹-, ø› [-ɪsmus] *(Kriecherei)* byzantinisme *m;* **Byzanz** [by'tsants] *n geog hist* Byzance *f.*

C

C, c *n* ‹-, →› [tse:] *(Buchstabe)* C, c *m;*
mus do, ut *m;* **C-Dur** *n* do *od* ut *m*
majeur; **c-Moll** *n* ut *m* mineur; **C-
-Schlüssel** *m* clef *f* d'ut.
Cäcilie [tsɛ'tsi:liə] *f* Cécile *f.*
Cadmium *n* = *Kadmium.*
Caf|é *n* ‹-s, -s› [ka'fe:] *(Kaffeehaus)*
café *m;* ~**eteria** *f* ‹-, -s› [kafetə'ri:a]
cafétéria, cafeteria *f;* ~**etier** *m* ‹-s, -s›
[kafeti'e:] cafetier *m.*
Caisson *m* ‹-s, -s› [kɛ'sõ:] *tech (Senk-
kasten)* caisson *m.*
Camembert *m* ‹-s, -s› ['kaməmbɛr,
kamã'bɛ:r] *(Käsesorte)* camembert *m.*
camp|en ['kɛmpən] *itr fam (zelten)*
camper, faire du camping; **C~ing** *n*
‹-s, ø› ['kɛmpiŋ] camping *m;*
C~ingausrüstung *f* matériel *m* de
camping; **C~ingbus** *m* camping-car
m; **C~inggeschirr** *n* nécessaire *m*
de camping; **C~ingplatz** *m* terrain
de camping, camp *m;* **C~ingtisch** *m*
table *f* de camping.
Candela *f* ‹-, -› [kan'de:la] *phys (Licht-
stärkeeinheit)* bougie *f.*
Cape *n* ‹-s, -s› [ke:p] cape *f.*
Cartoon *m* od *n* ‹-(s), -s› [kar'tu:n]
bande dessinée, bédé, B.D. *f.*
Cäsar *m* ‹-en, -en› ['tsɛ:zar, tsɛ'za:rən]
hist César *m;* ~**entum** *n* ‹-s, ø› =
~*ismus;* ~**enwahn** *m* folie *f* des
Césars; **c~isch** [-'za:-] *a* césarien;
~**ismus** *m* ‹-, ø› [-za'rɪsmʊs] césaris-
me *m.*
Cäsium *n* ‹-s, ø› ['tsɛ:ziʊm] *chem*
césium *m.*
Catcher *m* ‹-s, -› ['kɛtʃər] *(Freistilring-
kämpfer)* catcheur *m.*
Cell|ist *m* ‹-en, -en› [tʃɛ'lɪst] *mus* vio-
loncell(ist)e *m;* ~**o** *n* ‹-s, -li/-s› ['tʃɛlo,
-li] violoncelle *m.*
Cellophan *n* ‹-s, ø› [tsɛlo'fa:n] cellophane *f; in* ~ *verpackt* sous cellophane, cellophané.
Celsiusgrad *m* ['tsɛlziʊs-] *phys* degré
m Celsius *od* centésimal.
Cembalo *n* ‹-s, -i/-s› ['tʃɛmbalo, -li]
mus clavecin *m.*
ces *n* [tsɛs] *mus* ut *m* bémol; **C~-Dur**
n ut *m* bémol majeur.
Ceylon *n* ['tsaɪlon] *geog* le Ceylan; ~**se**
m ‹-n, -n› [-lo'ne:zə], ~**esin** *f*
Cing(h)alais, e *m f;* **c~esisch** *a*
cing(h)alais; ~**tee** *m* thé *m* de Ceylan.
Chagrin *n* ‹-s, ø› [ʃa'grɛ̃:] *(Narbenle-*

der) chagrin *m;* **c~ieren** [-gri'ni:rən]
tr chagriner.
Chaiselongue *f* ‹-, -n› od *n* ‹-s, -s›
[ʃɛz'lõ:g] divan *m.*
Chamäleon *n* ‹-s, -s› [ka'mɛleon] *zoo*
caméléon *m a. fig; fig (wetterwendi-
scher Mensch)* girouette *f.*
chamois [ʃam'wa] *a (gemsfarben)*
chamois.
Champagner *m* ‹-s, ø› [ʃam'panjər]
vin de Champagne, champagne *m.*
Champignon *m* ‹-s, -s› ['ʃã:pɪnjõ,
ʃãpi'ɲõ] *(Edelpilz)* champignon *m* de
culture *od* de couche *od* de Paris.
Chance *f* ‹-, -n› ['ʃã:s(ə), -ən] chance *f;*
pl (Aussichten) a. possibilités *f pl;*
mit gleichen ~*n* à chances égales;
jdm e-e ~ *geben* donner une chance à
qn; *s-e letzte* ~ *nutzen* jouer sa dernière carte; *die* ~ *verpassen* manquer
le coche *fam;* ~**ngleichheit** *f* égalité
f des chances.
Chanson *n* ‹-s, -s› [ʃã'sõ:] chanson *f* (à
texte); ~**ette** *f* ‹-, -n› [ʃãsɔ'nɛt(ə)]
chanteuse (de variété *od* de café-con-
cert), divette *f;* ~**nier** *m* ‹-s, -s›
[ʃãsɔ'nie:] chansonnier *m.*
Chao|s *n* ‹-, ø› ['ka:ɔs] chaos *m;* ~**t** *m*
‹-en, -en› [ka'o:t] *pol* gauchiste; *fig
fam* farfelu *m;* **c~tisch** [ka'o:tɪʃ] *a*
chaotique; *pol* gauchiste; *fig fam
(Mensch)* farfelu, brouillon, bordélique; *(Situation)* bordélique, merdique; *es geht* ~ *zu* c'est complètement
merdique.
Charakter *m* ‹-s, -e› [ka'raktər, -'te:rə]
caractère *m; (Wesensart)* nature *f,*
naturel, tempérament; *(Rang, Titel)*
grade *m; e-n guten* ~ *haben
(Mensch)* avoir bon caractère; *ver-
traulichen* ~ *haben (Unterredung)*
être confidentiel; *ein Mann von* ~ un
homme de caractère; ~**bild** *n* portrait *m* (moral); ~**darsteller** *m theat*
acteur *m* de rôles de caractère; ~**eigenschaft** *f* qualité *f* de caractère;
~**fehler** *m* défaut *m* de caractère;
c~fest *a* d'un caractère ferme; ~**festigkeit** *f* fermeté *f* de caractère;
c~isieren [-teri'zi:rən] *tr (beschreiben)* caractériser, dépeindre, faire le
portrait moral de; ~**isierung** *f* caractérisation *f;* ~**istik** *f* ‹-, -en›
[-'rɪstɪk] caractéristique *f a. math;
(Personenbeschreibung)* portrait *m*

moral, peinture f de caractère; ~isti-
kum n ⟨-s, -ka⟩ [-'rɪstikʊm] trait m
caractéristique; c~istisch a
caractéristique; typique (für etw de
qc); ~kopf m figure f qui a du caractère; ~kunde f caract érologie f;
c~lich [-'rak-] a de caractère, caractériel; adv: ~ einwandfrei d'un caractère impeccable; c~los a sans caractère; (wankelmütig) versatile; ~
sein manquer de caractère; ~losig-
keit f manque m de caractère;
(Wankelmut) versatilité f; ~ologie f
⟨-,(-en)⟩ [-terolo'giː] = ~kunde; c~o-
logisch [-'loːgɪ ʃ] a caractérologique;
~rolle f theat rôle m de composition;
~schilderung f description od peinture f de caractère; ~schwäche f
faiblesse f de caractère; ~stärke f
force f de caractère; c~voll a de caractère; ~zug m trait de caractère,
trait m caractéristique.
Charg|e f ⟨-, -n⟩ ['ʃarʒə] (Amt) charge
f, office, emploi; mil (Dienstgrad)
grade m; metal (Beschickung) charge f; c~ieren [-'ʒiːrən] tr metal (beschicken) charger; ~ierte(r) m mil
(soldat od homme) gradé; (e-r student. Verbindung) membre m du comité.
charm|ant [ʃar'mant] a charmant, ra-
vissant; C~e m ⟨-s, ø⟩ [ʃarm] charme
m, appas m pl.
Charta f ⟨-, -s⟩ ['karta] (Verfassungs-
urkunde) charte f; die ~ der Vereinten Nationen (von 1945) la Charte
des Nations Unies.
Charter|er m ⟨-s, -⟩ ['(t)ʃartərər] mar
(commissionnaire) chargeur m; ~flug
m vol m charter; ~flugzeug n charter m; c~n tr affréter; ~(partie f od -
vertrag) m com mar contrat m
d'affrètement.
Chassis n ⟨-, -⟩ [ʃa'siː] mot radio
châssis m.
Chauff|eur m ⟨-s, -e⟩ [ʃɔ'føːr] chauf-
feur, conducteur m; c~ieren [-'fiːrən]
tr u. itr mot conduire.
Chaussee f ⟨-, -n⟩ [ʃɔ'seː, -ən] (Landstraße) chaussée f, (grand-)route f.
Chauvi m ⟨-s, -s⟩ ['ʃoːvi] fam phallocrate m; ~nismus m ⟨-, ø⟩
[ʃovi'nɪsmʊs] (überspitzter Nationa-
lismus) chauvinisme m; männlicher
~ (fam) phallocratie f; ~nist m ⟨-en,
-en⟩ [-'nɪst] chauvin m; (männlicher)
~ (fam) phallocrate m; c~nistisch a
chauvin.
Checkliste f ['tʃɛklɪstə] liste (de contrôle); aero check-list f.
Chef m ⟨-s, -s⟩ [ʃɛf] chef a. mil; (e-r
Firma) patron; arg singe m; ~ vom
Ganzen (fam) patron m de la bar-

que; ~ des Protokolls chef m du protocole; ~ des Stabes (mil) chef m
d'état-major; ~arzt m médecin en
chef, médecin-chef m; ~dolmet-
scher m interprète m en chef; ~eta-
ge f étage m de la direction; ~in f
patronne; fam chef(f)esse f; ~inge-
nieur m ingénieur m en chef; ~re-
dakteur m rédacteur m en chef;
~sekretärin f secrétaire f de direction.
Chem|ie f ⟨-, ø⟩ [çe'miː] chimie f; ana-
lytische, synthetische ~ chimie f analytique, synthétique; angewandte ~
chimie f appliquée; anorganische ~
chimie f minérale; organische ~ chimie f organique; physikalische ~
physico-chimie f; technische ~ chimie f technologique od industrielle;
~iefaser f fibre f synthétique; ~ie-
werte m pl fin valeurs f pl chimiques; ~igraph m ⟨-en, -en⟩
[-mi'graːf] typ (Hersteller) acido-gra-
veur m; ~igraphie f ⟨-, ø⟩ [-gra'fiː] f
typ acido-gravure f; ~ikalien f pl
[-mi'kaːliən] produits m pl chimiques;
~iker m ⟨-s, -⟩ ['çeːmikər] chimiste
m; c~isch ['çeːmɪʃ] a chimique, de
chimie; auf ~em Wege chimiquement; ~ reinigen nettoyer à sec; ~
untersuchen faire l'analyse chimique
(etw de qc); ~e(r) Aufbau m structure f chimique; ~e Fabrik f usine od
fabrique f de produits chimiques; ~e
Formel f formule f chimique od de
constitution; ~e(r) Krieg m guerre f
chimique; ~e(s) Laboratorium n
laboratoire m de chimie; ~-physika-
lisch a chimico-physique; ~ rein chimiquement pur; ~e Reinigung f nettoyage m à sec; ~e Untersuchung f
analyse f chimique; ~e Verbindung f
(Vorgang) combinaison f chimique;
(Produkt) combiné m chimique; ~e
Waffe f arme f chimique; ~otech-
nik f [çemo-] chimie f technologique; ~otechniker m [çemo-] technicien m chimiste; c~otherapeutisch
[çemo-] a med chimiothérapeutique;
~otherapie f med chimiothérapie f.
Cherub m ⟨-s, -bim/-binen⟩ ['çeːrʊp,
'çeːrubiːm, çeru'biːnən] rel chérubin
m.
Chester(käse) m ['tʃɛstər-] chester m.
Chicorée f ⟨-, ø⟩ [ʃiko'reː] endive f.
Chiffr|e f ⟨-, -n⟩ ['ʃɪfər] (Kennziffer,
-wort; Geheimschrift) chiffre; (Anzeige) numéro m; unter der ~ ... aux
initiales..., sous la rubrique...; ~e-
adresse f adresse f chiffrée; ~e-
nummer f (e-r Anzeige) numéro m;
~ierabteilung [-'friːr-] f mil (section
f du) chiffre m; c~ieren [-'friːrən] tr

(verschlüsseln) chiffrer, écrire en chiffre; **~ierer** *m* ‹-s, -› chiffreur *m;* **~iermaschine** *f* machine *f* à chiffrer; **~ierschlüssel** *m* code *m;* **c~iert** *a* chiffré; **~ierung** *f* ‹-,(-en)› chiffrage, chiffrement *m;* **~ierverfahren** *n* procédé *m* de chiffrement; **~ierwesen** *n* chiffre *m.*

Chile *n* [çiːle, 'tʃiːle] le Chili; **~ne** *m* ‹-n, -n› [-'leː-], **~nin** *f* Chilien, ne *m f;* **c~nisch** *a* chilien; **~salpeter** *m chem* salpêtre *m* du Chili.

Chin|a *n* ['çiːna] la Chine; **~apapier** *n* papier *m* de Chine; **~ese** *m* ‹-n, -n› [-'neːzə], **~esin** *f* Chinois, e *m f;* **c~esisch** *a* chinois, de (la) Chine; *die C~e Mauer* la Muraille de Chine; **~e** *Tusche f* encre *f* de Chine.

Chinin *n* ‹-s, ø› [çi'niːn] *pharm* quinine *f.*

Chip *m* ‹-s, -s› [tʃɪp] *inform* puce *f* électronique; *(Spielmarke)* jeton *m;* **~s** *(Kartoffel~)* chips *m pl.*

Chiro|mant *m* ‹-en, -en› [çiro'mant] *(Handliniendeuter)* chiromancien *m;* **~mantie** *f* ‹-, ø› [-'tiː] chiromancie *f;* **~praktik** *f med* chiropractie, chiropraxie *f;* **~praktiker** *m* chiropracteur *m.*

Chirurg *m* ‹-en, -en› [çi'rʊrk, -gən] chirurgien, opérateur *m;* **~ie** *f* ‹-, -n› [-'giː] chirurgie, médecine *f* opératoire; **c~isch** [-'rʊrg-] *a* chirurgical, chirurgique; **~e(r)** *Eingriff m* intervention *f* chirurgicale; **~e(s)** *Krankenhaus n* centre *m* de traumatologie.

Chlor *n* ‹-s, ø› [kloːr] *chem* chlore *m;* **~at** *n* ‹-(e)s, -e› [-'raːt] chlorate *m;* **c~en** *tr* chlorurer; **c~haltig** *a* chloré; **~hydrat** *n* chlorhydrate *m;* **~id** *n* ‹-(e)s, -e› [-'riːt, -də] chlorure *m;* **c~ieren** [-'riːrən] *tr* = *c~en;* **c~ig** *a* chloreux; **~it** *m* ‹-(e)s, -e› [-'riːt, -'rɪt] *min* chlorite *m;* **~kalium** *n* chlorure *m* de potassium; **~kalk** *m* chlorure de chaux, chlore *m* en poudre; **~kalzium** *n* chlorure *m* de calcium; **~natrium** *n (Kochsalz)* chlorure *m* de sodium; **~oform** *n* ‹-s, ø› [-ro'fɔrm] chloroforme *m;* **c~oformieren** [-'miːrən] *tr* chloroform(is)er; **~oformmaske** *f* masque *m* anesthésique; **~ophyll** *n* ‹-s, ø› [-'fʏl] *bot (Blattgrün)* chlorophylle *f;* **~ose** *f* ‹-, n› [-'roːzə] *med (Bleichsucht)* chlorose *f;* **~säure** *f* acide *m* chlorique; **~wasserstoff** *m* acide *m* chlorhydrique.

Choke *m* ‹-s, -s› [tʃoːk] *mot* starter *m.*

Chol|era *f* ‹-, ø› ['koːlera] *med* choléra *m;* **~erabazillus** *m* vibrion *m* cholérique; **~eraepidemie** *f*

épidémie *f* de choléra; **~erakranke(r** *m)* *f* cholérique *m f.*

Choler|iker *m* ‹-s, -› [ko'leːrikər] *(Jähzorniger)* colérique *m;* **c~isch** [-'leː-] *a* colérique, coléreux; *(sehr reizbar)* bilieux, irascible, irritable.

Cholesterin *n* ‹-s, ø› [çoleste'riːn] *physiol (Gallenfett)* cholestérol *m,* cholestérine *f.*

Chor 1. *m od n* ‹-(e)s, ⁓e› [koːr, 'køːrə] *mus theat* chœur *m;* ⁓ en chœur; *im ~ sprechen* faire chorus; **2.** *m, a. n* ‹-(e)s, -e/⁓e› *arch rel* chœur *m;* **~al** *m* ‹-s, ⁓e› [ko'raːl, -'rɛːlə] choral, cantique *m,* hymne *f;* **~eograph** *m* ‹-en, -en› [-reo'graːf] chorégraphe *m;* **~eographie** *f* ‹-, -n› [-gra'fiː] *(Tanzbeschreibung, -entwurf)* chorégraphie *f;* **~gesang** *m mus* chœur *m;* *rel* plainchant *m;* **~gestühl** *n* stalles *f pl;* **~hemd** *n rel* surplis; *(e-s Bischofs)* rochet *m;* **~herr** *m rel* chanoine *m;* **~knabe** *m* enfant de chœur, clergeon *m;* **~leiter** *m* directeur du chœur, *rel* chantre *m;* **~pult** *n* lutrin *m;* **~rock** *m rel* habit *m* de chœur, chape *f;* **~sänger** *m* choriste *m.*

Christ *m* ‹-en, -en› [krɪst] chrétien *m;* **~abend** *m* veille *f* de Noël; **~baum** *m* arbre *m* de Noël; *aero mil* bombe *f* éclairante à parachute; **~baumschmuck** *m* décor *m* d'arbre de Noël; **~baumständer** *m* support *m* pour arbres de Noël; **~birne** *f* bon-chrétien *m;* **~demokrat** *m* chrétien-démocrate *m;* **~enheit** *f* ‹-, ø› chrétienté *f;* **~enpflicht** *f* devoir *m* de chrétien; **~entum** *n* ‹-, ø› christianisme *m; zum ~ bekehren* christianiser; **~enverfolgung** *f* persécution *f* des chrétiens; **~fest** *n* Noël *m;* **~kind** *n* petit Noël *m; das ~ (Jesus selbst)* l'enfant Jésus; **c~lich** *a* chrétien; *C~-Demokratische Union (Abk.: CDU)* Union *f* chrétienne démocrate; *C~e(r) Verein Junger Menschen* Union *f* chrétienne de jeunes; *die C~e Wissenschaft (Sekte)* la Science Chrétienne; *die ~e Zeitrechnung* l'ère *f* chrétienne; **~messe** *f,* **~mette** *f* messe *f* de minuit; **~nacht** *f* nuit *f* de Noël; **~oph** [-tɔf] *m (Vorname)* Christophe *m;* **~rose** *f bot* rose *f* de Noël, ellébore *m* (noir); **~tag** *m* (jour de) Noël *m;* **~us** ['krɪstʊs] *m* Jésus-Christ *m,* le Christ; *vor, nach Christi Geburt* avant, après Jésus-Christ; *er sieht aus wie das Leiden Christi* il a une tête d'enterrement.

Chrom *n* ‹-s, ø› [kroːm] *chem* chrome *m;* **~at** *n* ‹-(e)s, -e› [kro'maːt] chromate *m;* **~atik** *f* ‹-, ø› [-'maːtɪk] *(Far-*

benlehre, mus) chromatique *f;* ~**atin**
n biol chromatine *f;* **c~atisch**
[-'ma:-] *a (farbig, mus)* chromatique;
~**e** *Tonleiter f (mus)* gamme *f* chromatique; ~**eisenstein** *m* = ~*it;*
c~haltig *a* chromé; ~**it** *m* ⟨-s, -e⟩
[-'mi:t, -'mɪt] *min* chromite *f;* ~**nik-
kelstahl** *m* acier chromé au nickel,
nichrome *m;* ~**olithographie** *f typ
(Farbensteindruck)* chromo(lithographie *f) m;* ~**osom** *n* ⟨-s, -en⟩
[-mo'zo:m] *biol* chromosome *m;* ~**o-
typie** *f typ (Farbendruck)* chromo-
typ(ograph)ie *f;* ~**salz** *n* sel *m* chromique; ~**säure** *f* acide *m* chromique;
~**stahl** *m* acier *m* chromé.
Chron|ik *f* ⟨-, -en⟩ ['kro:nɪk] chronique
f; die Bücher der ~ *(rel)* les Chroniques *f pl;* **c~isch** *a bes. med* chronique; ~**e(r)** *Charakter m (med)* chro-
nicité *f;* ~**ist** *m* ⟨-en, -en⟩ [kro'nɪst]
chroniqueur *m;* ~**ograph** *m* ⟨-en,
-en⟩ [-'gra:f] *tech (Zeitschreiber)*
chronographe *m;* ~**ographie** *f* ⟨-, -n⟩
[-'fi:] *(Geschichtsschreibung nach
der Zeitenfolge)* chronographie *f;*
c~ographisch [-'gra:-] *a* chronogra-
phique; ~**ologie** *f* ⟨-, -n⟩ [-nolo'gi:]
(Zeitrechnung, -folge) chronologie *f;*
c~ologisch [-'lo:-] *a* chronologique;
~**ometer** *n (m)* ⟨-s, -⟩ [-'me:tər]
(Zeit- od Taktmesser) chronomètre
m.
Chrys|antheme *f* ⟨-, -n⟩ [kryzan-
'te:mə], ~**anthemum** *n* ⟨-s, -men⟩
[cry'zantemum, -'te:mən] *bot* chrysanthème *m;* ~**oberyll** *m min*
chrysobéryl *m;* ~**olith** *m* ⟨-s/-en,
-e(n)⟩ [-zoli:t, -'lɪt] *min* chrysolithe *f;*
~**opras** *m* ⟨-es, -e⟩ [-pra:s, -zə] *min*
chrysoprase *f.*
Cicero *m* ['tsi:-, 'tsitsero] *hist* Cicéron
m; f ⟨-, -⟩ *typ (Schriftgrad)* cicéro *m.*
circ|a ['tsɪrka] *adv* environ, à peu près;
C~ulus vitiosus *m* ⟨-, Circuli vitio-
si⟩ ['tsɪrkulus vitsi'o:zus] *(Teufels-
kreis)* cercle *m* vicieux.
cis *n* ⟨-, -⟩ [tsɪs] *mus* ut *m* dièse; **C~-
-Dur** *n* ut *m* dièse majeur; ~**-Moll** *n*
ut *m* dièse mineur.
Claqu|e *f* ⟨-, ø⟩ [klak(ə)] *theat (die Cla-
queure)* claque *f;* ~**eur** *m* ⟨-s, -e⟩
[-'kø:r] claqueur *m.*
Clearing *n* ⟨-s, -s⟩ ['kli:rɪŋ] *fin (Ausgleich)* clearing *m,* compensation *f;*
~**abkommen** *n* accord *m* de clearing; ~**forderungen** *f pl* créances *f
pl* de clearing; ~**schulden** *f pl* dettes
f pl de clearing; ~**verkehr** *m* opérations *od* transactions *f pl* de clearing.
clever ['klɛvər] *a fam* malin, futé.
Clinch *m* ⟨-(e)s, ø⟩ [klɪn(t)ʃ] *sport*
clinch, accrochage *m.*

Clique *f* ⟨-, -n⟩ ['klɪkə] clique, coterie *f,*
clan *m;* ~**nwesen** *n,* ~**nwirtschaft**
f régime *m* de clique *od* de coterie.
Clou *m* ⟨-s, -s⟩ [klu:] *(Glanz-, Höhepunkt)* clou *m.*
Clown *m* ⟨-s, -s⟩ [klaun] clown, paillasse; *fam* gugusse *m.*
Cockerspaniel *m* ⟨-s, -s⟩ [kɔkər-
'ʃpa:niəl] *(Hund)* cocker *m.*
Cocktail *m* ⟨-s, -s⟩ ['kɔkte:l] cocktail
m; ~**kleid** *n* robe *f* de cocktail;
~**party** *f* cocktail *m.*
Collage *f* ⟨-, -n⟩ [kɔ'la:ʒə] *(Kunst)* collage *m.*
Comer See ['ko:mər -] *der* le lac de
Côme.
Comic *m* ⟨-s, -s⟩ ['kɔmɪk] bande dessinée, bédé, B.D. *f.*
Compiler *m* ⟨-s, -⟩ [kɔm'pailər] *inform*
compilateur *m.*
Computer *m* ⟨-s, -⟩ [kɔm'pju:tər] ordinateur *m;* **c~gesteuert** *a* commandé
par ordinateur; ~**kriminalität** *f*
délits *m pl* informatiques, fraude *f* informatique.
Conférencier *m* ⟨-s, -s⟩ [kõferāsi'e:]
(Ansager) présentateur, animateur *m.*
Container *m* ⟨-s, -⟩ [kɔn'te:nər] *(Groß-
behälter)* (gros) container *m.*
Contergan *n* ⟨-s, ø⟩ [kɔntɛr'ga:n]
pharm (Warenzeichen) thalidomide
f; ~**kind** *n* victime *f* de la thalidomide.
Copilot *m* ['ko:pilo:t] copilote *m.*
Corpus delicti *n* ⟨--, -ra delicti⟩
['kɔrpus, 'kɔrpora de'lɪkti] *jur* corps
m du délit.
Couch *f* ⟨-, -es⟩ [kautʃ] divan *m;* ~ *mit
Regal* cosy-corner *m.*
Countdown *m od n* ⟨-(s), -s⟩
['kaunt'daun] *a. fig* compte *m* à rebours.
Couplet *n* ⟨-s, -s⟩ [ku'ple:] *theat* couplet *m,* chanson(nette) *f.*
Coupon *m* ⟨-s, -s⟩ [ku'põ:] *fin (Abschnitt)* coupon, talon *m,* souche *f;*
(Zinsschein) coupon *m* d'intérêt;
~**s** *abschneiden* détacher des coupons; ~**bogen** *m com* feuille *f* de
coupons.
Cour *f* ⟨-, ø⟩ [ku:r] *jdm die* ~ *(den Hof)
machen* faire la cour à qn, courtiser
qn; ~**macher** *m* joli cœur *m.*
Courage *f* ⟨-, ø⟩ [ku'ra:ʒə] *fam* crânerie *f,* cran, courage *m; Angst vor der
eigenen* ~ *haben (fam)* n'avoir pas
od manquer de courage.
Courtage *f* ⟨-, -n⟩ [kur'ta:ʒə] *(Makler-
gebühr)* courtage *m;* ~**satz** *m* taux *m*
de courtage.
Cousin *m* ⟨-s, -s⟩ [ku'zɛ̃:] *(Vetter)* cousin *m;* ~**e** *f* ⟨-, -n⟩ [-'zi:nə] *(Base)* cousine *f.*

Cowboy *m* ⟨-s, -s⟩ ['kaʊbɔʏ] cow-boy *m.*

Creme *f* ⟨-, -s⟩ [krɛ(e):m] crème *f a. fig; (Schuh~)* cirage; *(Zahn~)* dentifrice *m; die ~ (fig) (das Beste)* le fin du fin; **~farbe** *f,* **c~farben** *a* couleur *(f)* crème; **~törtchen** *n* (petit) gâteau *m* à la crème; **~torte** *f* gâteau *m* à la crème.

Croupier *m* ⟨-s, -s⟩ [kru'pie:] *(im Spielcasino)* croupier *m.*

Cur|ie *n* ⟨-, -⟩ [kʏ'ri:] *phys (Maßeinheit der Radioaktivität)* curie *m;* **~ium** *n* ⟨-s, ø⟩ ['ku:riʊm] *chem* curium *m.*

Curry *m* od *n* ⟨-s, ø⟩ ['kari] curry *m.*

Cut|(away) *m* ⟨-s, -s⟩ ['ka-, 'kœtəwe] jaquette *f;* **~ter** *m* ⟨-s, -⟩ [-tər] *film (Schnittmeister)* monteur *m.*

D

D, d *n* ⟨-, -⟩ [de:] *(Buchstabe)* D, d *m; mus* ré *m;* **D-Dur** *n* ré *m* majeur; **d-Moll** *n* ré *m* mineur.
da [da:] **1.** *adv (örtlich)* là, y; *(hier)* ici; ~ *und* ~ à tel (et tel) endroit; *hier und* ~, ~ *und dort* ça et là; par-ci, par-là; de loin en loin; *von* ~ *und dort* de côté et d'autre; ~ *bin ich* me voilà; me voici; (je suis) présent; *ich bin gleich wieder* ~ je reviens tout de suite *od* à l'instant; ~ *ist* od *sind* ... voilà ...; *wer* ~? qui va là? *mil* qui vive? ~ *bist du ja!* ah, te voilà! ~*!* ~ *hast du's!* tiens! tenez! voilà! *sieh* ~*!* tiens! tenez! voyez (donc)! *he, Sie* ~*! (Anruf)* eh vous, là-bas! *nichts* ~*!* que non! jamais de la vie! *pop* bernique! *das Buch* ~ ce livre-là, le (livre) que voilà; **2.** *adv (zeitlich)* à ce moment; alors; en ce temps(-là); *von* ~ *ab* od *an* dès *od* depuis lors, à partir de ce moment(-là); ~ *siehst du* ... tu vois maintenant ...; ~ *haben wir's!* nous y voilà! ça y est! ~ *haben wir den Salat! (fam)* c'est le bouquet! **3.** *adv (in diesem Fall, in dieser Lage)* alors, en ce cas, dans cette situation *od* ces circonstances; **4.** *conj (kausal)* comme; *(im Nachsatz)* parce que; ~ *doch,* ~ *ja* puisque, étant donné que, attendu que, vu que; ~ *dem so ist* puisqu'il en est ainsi; cela étant.
dabei [da'baɪ, 'da:baɪ] *adv (örtlich)* (tout) près, auprès; *(mit* ~*)* de la partie; *(bei dieser Gelegenheit)* à cette occasion, à ce propos; *(übrigens, außerdem)* avec cela, en outre, de *od* en plus; en même temps; *(doch)* cependant, pourtant; *es* ~ *bewenden lassen,* ~ *bleiben* od *verharren (bei e-r Meinung)* en rester là, s'en tenir là; ~ *bleiben, daß* persister à dire que; *nichts Böses* ~ *denken* ne pas penser à mal; ~ *sein zu* ... être en train de ... *od* occupé à ...; ~ *sein; ich befinde mich* od *mir ist wohl* ~ je m'en trouve bien; *ich bin* ~*!* je suis de la partie, j'en suis; *ich kann nichts* ~ *finden* quel mal à cela? ~ *komme ich zu kurz* je n'y trouve pas mon compte; *ich verliere nichts* ~ je n'y perds rien; *das Gute* ~ *ist* ... ce qu'il y a de bon, c'est ...; *das ist das Gute, Schlimme* ~ c'est le bon, mauvais côté de la chose; *es bleibt* ~ c'est entendu; ~

kommt nichts heraus il n'en sortira rien (de bon), cela ne mène *od* sert à rien; *es ist nichts* ~ il n'y a rien là-dedans; *(das ist nicht schwer)* ça va (bien); *(das macht nichts)* cela ne fait rien; *was ist (denn) (schon)* ~*! (fam)* quel mal *od* danger y a-t-il? où est le mal? ~**=bleiben** ⟨*aux: sein*⟩ *itr (nicht weggehen)* rester (là); ~**=sein** ⟨*aux: sein*⟩ *itr: (mit)* ~ y être (présent), participer, en être, être de la partie *od* de la fête; *(beim Unterricht)* faire attention; *überall* ~ être de toutes les fêtes *od* sorties; ~**=sitzen** *itr* être assis auprès; ~**=stehen** *itr* se tenir *od* être debout auprès.
da=bleiben ⟨*aux: sein*⟩ *itr* rester (là); *(Schule: nachsitzen)* être en retenue; *Sie können ruhig* ~ *(fam)* vous n'êtes pas de trop.
Dach *n* ⟨-s, ⁻er⟩ [dax, 'dɛçər] toit *m; (Bedachung)* toiture, couverture *f; (~stuhl)* comble *m; unterm* ~ au grenier; *unter* ~ *und Fach (fig)* à l'abri, à couvert; *das* ~ *abdecken* enlever la toiture; *unter* ~ *und Fach bringen* mettre à l'abri; *das* ~ *decken* couvrir le bâtiment *od* la maison; *kein* ~ *über dem Kopf haben* (n')avoir ni feu ni lieu, être sans feu ni lieu; *eins aufs* ~ *kriegen (fig fam)* recevoir une taloche; se faire rabrouer, essuyer une remontrance; *jdm aufs* ~ *steigen (fig fam)* laver la tête *od* frotter les oreilles à qn; *mit jdm unter e-m* ~ *wohnen* habiter sous le même toit que qn; *die Spatzen pfeifen es von den Dächern* c'est un secret de Polichinelle; *flache(s)* ~ toit *m* plat en terrasse; ~**antenne** *f radio* antenne *f* extérieure; ~**aufsatz** *m arch* lanterne *f; (kleiner)* lanterneau *m;* ~**balken** *m* entrait *m; pl* charpente *f;* ~**belag** *m* couverture, toiture *f;* ~**binder** *m (~stuhl)* ferme *f;* ~**boden** *m* grenier *m;* ~**bodenraum** *m* local *m* sous toiture; ~**decker** *m* couvreur *m;* ~**deckerarbeiten** *f pl* travaux *m pl* de couverture; ~**fenster** *n* lucarne *f; (rundes)* œil-de-bœuf *m;* ~**first** *m* faît(ag)e *m;* ~**garten** *m* jardin-terrasse, jardin *m* suspendu; ~**gepäckträger** *m mot* galerie *f* (porte-bagages); ~**geschoß** *n* combles *m pl; (ausgebautes)* étage

m mansardé; ~**gesellschaft** *f com* holding *m;* ~**gesims** *n* corniche *f* du toit; ~**hase** *m hum (Katze)* lapin *od* lièvre *m* de gouttière; ~**kammer** *f* chambre mansardée, mansarde *f; pej* galetas *m;* ~**latte** *f* latte carrée *od* de toit(ure); ~**luke** *f* lucarne, (fenêtre à) tabatière *f;* ~**organisation** *f fin com* organisation *f* de contrôle; ~**pappe** *f* carton-pierre, carton *od* papier *m* goudronné; ~**pfanne** *f* tuile *f* flamande; ~**reiter** *m arch* clocheton *m,* tour(elle) *f* du transept; ~**rinne** *f* gouttière *f,* chéneau *m;* ~**schichten** *f pl mines* bas-toit *m;* ~**schräge** *f* pan *m* de comble; ~**schwalbe** *f* hirondelle *f* de fenêtre; ~**sparren** *m* chevron *m;* ~**stroh** *n* chaume *m;* ~**stübchen** *n: nicht ganz richtig im* ~ *sein (fig fam)* avoir le timbre fêlé, avoir une araignée au plafond; ~**stube** *f =* ~*kammer;* ~**stuhl** *m* comble(s *pl*) *m,* ferme *f;* ~**stuhlbrand** *m* incendie *m* de comble; ~**träger** *m mot* galerie *f;* ~**wohnung** *f* logement *m* mansardé; *fam* pigeonnier *m;* ~**ziegel** *m* tuile *f.*

Dachs *m* ‹-es, -e› [daks] *zoo* blaireau *m; freche(r)* ~ *(Mensch)* insolent *m; junge(r)* ~ *(fig fam: Milchbart)* jeune barbe *f;* ~**bau** *m* terrier *m* de blaireau; ~**haarpinsel** *m* (véritable) blaireau *m;* ~**hund** *m = Dackel.*

Dackel *m* ‹-s, -› ['dakəl] basset *m.*

Dadaismus *m* ‹-, ø› [dada'ısmʊs] dadaïsme *m.*

dadurch ['da:-; da'dʊrç] *adv (örtlich)* par(-)là; *(Mittel, Art u. Weise)* par là, par cela, par ce moyen, de cette façon *od* manière, (c'est) ainsi (que); ~, *daß (conj)* étant donné que, du fait que; *(bei gleichem Subjekt in Haupt- und Nebensatz Gerundium:) er rettete sich* ~, *daß er aus dem Fenster sprang* il se sauva en sautant par la fenêtre.

dafür ['da:-; da'fy:r] *adv allg* pour cela; à cela, de cela; y, en; *(zum Ersatz)* en échange, en revanche; *(als Gegenleistung)* en retour; *(zum Lohn)* en récompense; *(aber)* ~ mais; ~, *daß* pour *inf;* ~ *sein* approuver; ~ *oder dagegen sein* être pour ou contre; ~ *sorgen, daß* avoir soin de *od* que; veiller à ce que; *ich bin* ~, *daß* je suis d'avis que *subj; ich bürge* ~, *ich stehe* ~ j'en réponds; *ich halte ihn* ~ je le tiens pour tel *od* crois tel; *ich werde* ~ *sorgen* j'y pourvoirai; *er wird* ~ *gehalten, man hält ihn* ~ il passe pour tel; *was geben Sie* ~? qu'en donnez--vous? *sind Sie* ~? est-ce votre avis? approuvez-vous cela? *wer kann et-*

was ~? à qui la faute? *alles spricht* ~, *daß* tout semble indiquer que; ~**=halten** *itr (meinen)* être d'avis; **D~halten** *n* opinion *f; nach meinem* ~ à mon avis, selon moi; ~**=können** *itr: ich kann nichts dafür* je n'y puis rien, je n'y suis pour rien, ce n'est pas ma faute; je n'en puis mais.

dagegen ['da:-; da'ge:gən] *adv allg* contre cela; à cela, y; *(im Vergleich dazu)* en comparaison, en regard, auprès de cela, au prix de cela; *(als Gegenleistung, zum Ersatz)* en retour, en échange, en revanche, en compensation; *(hingegen, indessen)* par contre, au contraire, d'autre part; *etwas* ~ *haben* n'être pas d'accord; *nichts* ~ *haben* n'avoir rien contre, ne pas s'y opposer; ne pas (y) voir d'inconvénient; ~ *handeln od verstoßen* y contrevenir; ~ *sein* être contre, être d'(un) avis contraire, s'y opposer; ~ *stoßen* (se) heurter contre, donner *od* entrer *od* rentrer dedans; *nichts* ~ *tun können* ne rien pouvoir faire contre; *ich habe nichts* ~ *(a.)* je veux bien; *wenn Sie nichts* ~ *haben (a.)* si vous voulez (bien me le permettre); ~ *hilft nichts,* ~ *ist kein Kraut gewachsen* il n'y a pas de remède à cela, il n'y a rien à faire; ~ *handeln od* ~ *wirken* contrebattre, s'opposer (à); ~**=halten** *tr (damit vergleichen)* comparer (à cela); *(einwenden)* opposer, rétorquer.

daheim [da'haɪm] *adv* chez moi, toi *etc;* à la maison; *(in der Heimat)* dans mon, ton *etc* pays; ~ *bleiben od sein* rester chez soi, être à la maison *od* au logis; *sich wie* ~ *fühlen* se sentir chez soi; *in etw* ~ *(bewandert) sein (fam)* être versé dans, *fam* ferré sur qc; *tun Sie, wie wenn Sie* ~ *wären!* faites comme chez vous; ~ *ist es am besten (prov)* on n'est nulle part si bien que chez soi; **D~** *n* ‹-s, ø› chez-soi, foyer, intérieur *m.*

daher ['da:-; da'he:r] *adv (örtlich)* de là, de ce côté(-là); *(kausal)* de là, d'où *(am Satzanfang); das kommt* ~, *daß od weil …* cela vient de ce que …; ~ *die Aufregung!* d'où l'excitation! *conj (deshalb)* c'est pourquoi, pour cette raison, à cause de cela, par conséquent; *(~ auch)* aussi *(am Satzanfang mit Inversion);* ~**=kommen** *(aux: sein) itr* venir, arriver; ~**=reden** *tr* parler sans réfléchir; *itr: dumm* ~ débiter des sottises.

dahin ['da:-; da'hɪn] *adv (örtlich)* là-(-bas), vers cet endroit(-là); y; *bis* ~ jusque là, d'ici là; *(zeitlich: bis* ~*)* d'ici là, jusqu'alors, jusqu'à ce moment-là;

(vergangen) passé; *(weg)* parti; *(verloren)* perdu; *(tot)* mort; *fam (futsch)* fichu; *sich ~ äußern* s'exprimer en ce sens; *es ~ bringen, daß ...* arriver, parvenir, réussir à *inf; jdn ~ bringen, daß er ... amener* qn à *inf; etw (so) ~ sagen* venir à dire qc; *~ geh ich nie mehr* od *wieder* je n'y retournerai jamais (plus); *meine Meinung geht ~, daß ...* je suis d'avis que ..., j'incline à croire que ...; *~ gehen* od *zielen meine Wünsche* c'est à quoi tendent mes désirs; *es ist alles ~* tout est fini; *das steht ~* ce n'est pas certain; *~ ist es (nun* od *also) gekommen!* c'est là que les choses en sont venues! on en est donc arrivé là! **~=dämmern** *itr* somnoler; **~=eilen** *itr,* **~=fliegen** *⟨aux: sein⟩ itr (Zeit)* passer rapidement; fuir; **~=gehen** *⟨aux: sein⟩ itr (Zeit)* passer, fuir; **~gehend** *adv (sich äußern)* en ce sens; **~=leben** *itr (in den Tag hinein)* se laisser vivre; *kümmerlich ~* végéter, *fam* vivoter; **~=raffen** *tr* emporter, enlever, faucher, moissonner; **~=schwinden** *⟨aux: sein⟩ itr* s'en aller en fumée, (s'en) aller à vau--l'eau; **~=siechen** *itr* dépérir, aller en dépérissant; **~=stellen** *tr: dahingestellt sein lassen* laisser en suspens, ne pas se prononcer sur; *das mag dahingestellt bleiben* passons là-dessus; **~=welken** *⟨aux: sein⟩ itr* se faner, se flétrir.

dahint|en ['da:-; da'hɪntən] *adv* là--bas (derrière); **~er** *adv* (là-)derrière; *viel Aufhebens und nichts ~ fam* du vent! de l'esbroufe! **~er=kommen** *⟨aux: sein⟩ itr fam (in Erfahrung bringen)* trouver le joint, éventer la mèche, découvrir le pot aux roses; **~er=stecken** *itr: da* od *es steckt etwas dahinter* il y a quelque chose dessous, il y a anguille sous roche; *da* od *es steckt nichts dahinter* il n'y a rien derrière.

Dahlie *f ⟨-, -n⟩* ['da:liə] *bot* dahlia *m.*

Daktylus *m ⟨-, len⟩* ['daktylʊs, -'ty:lən] *(Versfuß)* dactyle *m.*

dalli ['dali] *adv fam: (aber) ~! ~, ~! da-re-dare!* et au galop! et que ça saute!

Dalmat|ien *n* [dal'matsiən] *geog* la Dalmatie; **~iner(in** *f)* *m ⟨-s, -⟩* [-ma'ti:nər] Dalmate *m f;* **d~(in)isch** *a* dalmate.

damal|ig ['da:ma:lıç] *a* d'alors, de ce temps-là, de cette époque-là; **~s** *adv* alors; en ce temps-là, à cette époque; *schon ~* dès lors; *seit ~* depuis lors.

Damas|kus *m* [da'maskʊs] *geog* Damas *m; ~t m ⟨-(e)s, -e⟩* [-'mast] *(Textil)* damas *m;* **d~ten** *a (aus Damast)* de damas, damassé; **~tleinwand** *f*

damassé *m; ~tmuster* *n* damassure *f; ~tweber* *m* damasseur *m; ~twe-berei* *f* damasserie *f; ~zenerklinge* *f* damas *m; ~zenerstahl* *m* (acier) damassé *m;* **d~zieren** [-'tsi:rən] *tr (Stahl, Stoff)* damasquiner.

Dämchen *n ⟨-s, -⟩* ['dɛ:mçən] *fam pej* petite dame; péronnelle *f.*

Dame *f ⟨-, -n⟩* ['da:mə] dame *f (a. im Dame-, Schach- u. Kartenspiel); e-e ~ bekommen (im Spiel)* aller à dame; *~ (das Spiel) spielen* jouer aux dames; *die (große) ~ spielen* faire la grande dame, jouer à la madame; *meine ~n und Herren!* mesdames et messieurs! *adlige ~* dame *f* noble; *junge ~* demoiselle, jeune fille *f; die ~ des Hauses* la maîtresse de maison; *~ von Welt* mondaine *f;* **~brett** *n* damier *m;* **~spiel** *n* jeu *m* de dames; *das ~* les dames *f pl;* **~stein** *m* pion *m.*

Dämel *m ⟨-s, -⟩* ['dɛ:məl] = *Dämlack.*

Damen|abteil *n* ['da:mən-] *loc* compartiment *m* de dames (seules); **~binde** *f* serviette *f* hygiénique; **~doppel** *n (Tennis)* double *m* dames; **~einzel** *n (Tennis)* simple *m* dames; **~(fahr)rad** *n* bicyclette *f* de dame; **~friseur** *m* coiffeur *m* pour dames; **~garnitur** *f (Unterwäsche)* parure *f* de lingerie pour dame; **d~haft** *a* de (grande) dame; *adv* comme une dame; **~handtasche** *f* sac *m* de dame; **~höschen** *n* slip *m* de femme; **~hose** *f* pantalon *m* de femme; **~hut** *m* chapeau *m* de femme; **~kleidung** *f* vêtement de femme, habillement *m* féminin; **~kostüm** *n* (costume) tailleur *m; ~mannschaft* *f sport* équipe *f* féminine; **~mantel** *m* manteau *m* de dame; *(auf Taille gearbeitet)* redingote *f;* **~mode** *f* mode *f* féminine; **~oberbekleidung** *f* vêtements *m pl* pour dames; **~salon** *m (beim Friseur)* salon *m* de coiffure pour dames; **~sattel** *m* selle *f* de dame; **~schirm** *m* parapluie *m* de dame; **~schlafanzug** *m* pyjama *m* de femme; **~schneider** *m* tailleur *m* pour dames; **~schuh** *m* chaussure *f* de dame; **~sitz** *m: im ~* à l'écuyère; *im ~ reiten* monter en amazone; **~slip** *m* = *~höschen;* **~strumpf** *m* bas *m* de femme; **~taschentuch** *n* mouchoir *m* pour dame; **~uhr** *f* montre *f* de dame; **~unterkleidung** *f,* **~unterwäsche** *f* sous-vêtements *m pl* pour dames; **~wahl** *f (Tanz)* choix *m* du cavalier; **~welt** *f* univers *m* féminin.

Dam|hirsch *m* ['dam-] *zoo* daim *m; ~hirschkuh* *f* daine *f; ~hirschleder* *n* daim *m; ~wild* *n* daim(s *m pl*), gros gibier *m.*

damit ['da:-; da'mɪt] *conj* [da'mɪt] *adv allg* avec cela; de cela, à cela, en, y; *(dadurch)* par cela, par ce moyen, par là; *conj* afin que, pour que *subj; (bei gleichem Subjekt)* afin de, pour *inf; ich bin ~ einverstanden, zufrieden* j'y consens, cela me va, d'accord là-dessus; *~ ist mir nicht gedient* cela ne me sert à rien, cela ne m'arrange pas du tout; *~ ist alles gesagt* c'est tout dire; *es ist aus ~* c'en est fait; *es ist nichts ~* il n'en est rien; *das hat nichts ~ zu tun* cela n'a rien à faire à cela *od* rien à y voir; *was soll ich ~ (anfangen)!* que voulez-vous que j'en fasse? *was wollen Sie ~ sagen?* que voulez-vous dire par là? *wie steht es ~?* qu'en est-il? où en est l'affaire? *her ~!* donnez-le-moi; allons! vite! *heraus ~! (mit der Sprache)* allons, dites-le-moi! expliquez-vous!

Däm|lack *m* ⟨-s, -e/-s⟩ ['dɛːm-] *pop (Dummkopf)* andouille, tourte *f;* **d~lich** *a fam (dumm)* ballot, jobard; **~lichkeit** *f fam (Eigenschaft)* jobardise; *(Handlung)* jorbarderie *f.*

Damm *m* ⟨-(e)s, ⁻e⟩ [dam, 'dɛmə] *(Aufschüttung)* remblai *a. loc,* terrassement *m; (Straße)* chaussée; *(Deich)* digue *a. fig,* levée; *(Hafendamm)* jetée *f,* quai; *(Staudamm)* barrage; *anat* périnée *m; fig (Schranke)* barrière *f; e-n ~ aufschütten* élever une digue; *jdn wieder auf den ~ bringen (fig fam)* remettre qn sur pied; *nicht auf dem ~ sein (fig fam)* n'être pas *od* ne pas se sentir dans son assiette, être vaseux *od* mal fichu; *wieder auf dem ~ sein (fig fam)* être rétabli *od* remis sur pied; *der ~ ist gebrochen* la digue s'est rompue; **~bruch** *m* rupture *f* de (la) digue; **~grube** *f (Gießerei)* fosse *f* de coulée; **~krone** *f (e-s Staudammes)* arasement *m;* **~riß** *m med* rupture du périnée, déchirure *f* périnéale; **~schnitt** *m med* épisiotomie *f;* **~straße** *f,* **~weg** *m* chaussée *f.*

dämm|en ['dɛmən] *tr (Fluß) (meist: eindämmen)* endiguer *a. fig (hemmen)* arrêter, enrayer; *(zügeln)* refréner; *el (isolieren)* isoler; **D~platte** *f* plaque *f* isolante; **D~ung** *f* endiguement *m;* isolation *f.*

Dämmer *m* ⟨-s, ø⟩ ['dɛmər] *poet (Dämmerung)* demi-jour *m;* **d~ig** *a* crépusculaire; *allg* sombre; *es wird ~ = es dämmert;* **~licht** *n* lueur *f* du crépuscule *od* de l'aube; **d~n** *itr (vom Morgen)* poindre; *impers: es dämmert (morgens)* le jour *od* l'aube point, il commence à faire jour; *(abends)* la nuit *od* le soir tombe, il

commence à faire nuit; *vor sich hin ~* somnoler; *jetzt dämmert es bei mir (fig fam)* (maintenant) je commence à voir clair, il me vient une lueur; **~schein** *m* = **~licht;** **~schlaf** *m* somnolence *f;* **~stunde** *f* heure *f* entre le jour et la nuit; **~ung** *f (Abend~)* crépuscule *m,* nuit tombante; *(Morgen~)* aube, point(e *f) m* du jour; *in der ~ (abends)* à la nuit tombante, à la tombée de la nuit, à *od* sur la brune, entre chien et loup; *(morgens)* à l'aube, au point *od* à la pointe du jour; **~zustand** *m med* état crépusculaire, engourdissement *m* mental.

Damoklesschwert *n* ['da:mokles-] *fig (schwere Gefahr)* épée *f* de Damoclès.

Dämon *m* ⟨-s, -en⟩ ['dɛːmɔn, dɛ'moːnən] démon; génie *m; von e-m ~ besessen sein* être possédé d'un démon; *von e-m ~ Besessene(r)* démoniaque *m;* **d~enhaft** [-'moː-] *a* ⸗**d~isch;** **~ie** *f* ⟨-, -n⟩ [-'moːniː] force *f* démoniaque; **d~isch** [-'moː-] *a* démoniaque; *pej (teuflisch)* diabolique, satanique, infernal; **~ismus** *m* ⟨-, ø⟩ [-'moːnɪsmʊs] *(~englaube)* démonisme *m.*

Dampf *m* ⟨-(e)s, ⁻e⟩ [dampf, 'dɛmpfə] vapeur; *(~wolke)* buée; *(Rauch)* fumée *f; unter ~ (tech)* sous pression; *den ~ ablassen* lâcher la vapeur; *mit ~ behandeln* traiter à la vapeur; *~ hinter etw machen (fig fam)* pousser qc; *unter ~ setzen* mettre en vapeur *od* pression; *unter ~ stehen* être sous pression; **~antrieb** *m* commande *f od* fonctionnement *m od* traction *f* à la vapeur; *mit ~ marchant* à la vapeur; **~auslaßrohr** *n* tuyau *m* d'échappement (de vapeur); **~bad** *n* bain *m* de vapeur; **~bagger** *m* drague à vapeur, marie-salope *f;* **~barkasse** *f mar* chaloupe *f* à vapeur; **~behandlung** *f (e-s Gewebes)* vaporisage *m;* **~betrieb** *m loc* traction *f* (à) vapeur; **~bildung** *f phys* vaporisation *f;* **~bügeleisen** *n* fer *m* (à repasser) à vapeur; **~bügeln** *n* pressing *m;* **~druck** *m* pression *od* tension *f* de vapeur; **~druckanzeiger** *m,* **~druckmesser** *m* indicateur de pression de la vapeur, manomètre *m;* **~einlaß** *m* (conduit *m* d')admission *f* de la vapeur; **d~en** *itr* dégager des vapeurs, fumer; *die Pferde ~* les chevaux sont en nage; **~entwicklung** *f* formation *f* de vapeur; **~er** *m* ⟨-s, -⟩ (bateau à) vapeur, steamer *m;* **~erfahrt** *f* promenade *f* en bateau; **~erlinie** *f* ligne *f* de navigation; **~geblä-**

se *n* soufflerie *f* à vapeur; **~hammer**
m marteau-pilon *m* à vapeur; **~hei-
zung** *f* chauffage *od* calorifère *m* à
vapeur; **d~ig** *a* vaporeux; **~kessel**
m chaudière *f* à vapeur, générateur
m (de vapeur); **~kochtopf** *m* marmite à pression *od* autocuiseur *m*, co-
cotte-minute *f;* **~kraft** *f* force *f* motrice à vapeur; **~kraftwerk** *n* centrale *f* thermique; **~leitung** *f* conduite *f* de vapeur; **~lokomotive** *f* locomotive *f* à vapeur; **~maschine** *f* machine *f* à vapeur; **~nudel** *f* petit pain
m au lait; **~pfeife** *f* sifflet *m* à vapeur; **~pflug** *m* charrue *f* à vapeur;
~rohr *n* tuyau *od* conduit *m* de vapeur; **~roß** *n hum* locomotive *f;*
~schiff *n* = *~er;* **~schiffahrt** *f* navigation *f* à vapeur; **~strahl** *m* jet *m*
de vapeur; **~strahlpumpe** *f tech* injecteur *m;* **~turbine** *f* turbine *f* à vapeur; **~überdruck** *m* surpression *f*
de vapeur; **~überhitzer** *m* surchauf-
feur *m* de vapeur; **~ventil** *n* soupape
f à vapeur; **~walze** *f* rouleau *m* compresseur; **~wäscherei** *f* blanchisserie *f* à vapeur; **~winde** *f* treuil *m* à
vapeur; **~wolke** *f* buée *f;* **~zulei-
tung** *f* = *~einlaß.*

dämpf|en ['dɛmpfən] *tr allg* traiter à
la vapeur; *tech* étouffer; *(Textil)*
décatir; *(Küche)* étuver, cuire à
l'étuvée; *fig (abschwächen, mildern)*
affaiblir, adoucir, mettre en veilleuse;
(Stoß, radio) amortir; *(Schall)* assourdir; mettre la sourdine à; *(die
Stimme)* étouffer; *die Konjunktur ~
(fin)* donner un coup de frein à l'économie; *mit gedämpfter Stimme* à
voix étouffée, à mi-voix; **D~er** *m*
⟨-s, -⟩ *m allg* étouffeur; *(Stoßdämpfer)*
amortisseur; *mot (Schalldämpfer)* silencieux; *phys chem* modérateur *m;
mus u. fig* sourdine *f; (am Klavier)*
étouffoir *m; fig* douche *f; jdm e-n ~
aufsetzen (fig fam)* doucher qn, faire
déchanter qn; *e-r S e-n ~ aufsetzen
(fig fam)* mettre une sourdine à qc;
~ig *a vet (Pferd)* poussif; **D~ung** *f
tech (Textil)* vaporisage, décatissage;
fig (Abschwächung) affaiblissement,
adoucissement; *(e-s Brandes)* étouffement; *(von Stößen, radio)* amortissement; *(von Tönen)* assourdisse-
ment; *(der Stimme)* étouffement *m;
aero* stabilisation; *TV* fuite *f;*
D~ungsfeder *f* ressort *m* compensateur; **D~ungsflosse** *f,*
D~ungswand *f aero* stabilisateur
m; **D~ungsmesser** *m TV* décré-
mètre *m.*

danach ['da:-; da'na:x] *adv (zeitlich)*
après (cela *od* quoi), puis, ensuite; *(in*

bezug auf ein Ziel) vers cela; *allg* à
od de cela, y, en; *fam (demzufolge,
dementsprechend)* d'après *od* suivant
od selon cela, conformément à cela;
bald, kurz, lange, unmittelbar ~ peu,
aussitôt, longtemps, immédiatement
après; *~ aussehen* en avoir l'air; *sich
~ erkundigen* s'en informer; *nichts ~
fragen* ne s'en soucier guère; *sich ~
richten* s'y conformer; *sich ~ sehnen*
soupirer après; *~ streben* y aspirer;
ich frage nichts ~ cela ne m'intéresse
pas; *~ habe ich nicht gefragt* ce n'est
pas ce que j'ai demandé; *Sie sind
nicht der Mann ~* vous n'êtes pas
homme à cela; *das ist auch ~ (fam)*
il n'y a pas de miracle; *die Ware ist
billig, aber sie ist auch ~* la marchandise n'est pas chère, mais cela se voit;
mir steht nicht der Sinn ~ cela ne
m'intéresse guère; *richten Sie sich ~!*
tenez-vous-le pour dit!

Dän|e *m* ⟨-n, -n⟩ ['dɛ:nə], **~in** *f* Danois,
e *m f;* **~emark** ['dɛ:nəmark] *n* le
Danemark; **d~isch** *a* danois.

daneben [da'ne:bən; 'da:ne:bən] *adv
(örtlich)* à côté (de cela), (au)près (de
cela); *dicht ~* tout contre; *(außerdem)* outre cela, en outre, en plus;
(gleichzeitig) en même temps; **~≠
gehen** ⟨*aux: sein*⟩ *itr (Schuß)* manquer; *fig fam (fehlschlagen)* donner
à côté, échouer, rater; **~≠hauen** *itr
pop (sich irren)* faire erreur, se tromper; **~≠schießen** *itr* tirer à côté.

danieder [da'ni:dər] *adv* en bas, à *od*
par terre; **~≠liegen** *itr (krank)* être
alité, garder le lit; *fig (z. B. Handel)*
languir.

Dank *m* ⟨-(e)s, ø⟩ [daŋk] remercie-
ment *m; (~barkeit)* gratitude, reconnaissance *f; mit ~* avec reconnaissance;
zum ~ für en reconnaissance de; *jdm
s-n ~ abstatten* exprimer ses remerciements à qn; *für etw* adresser à qn
ses remerciements pour qc; *keinen ~
erhalten:* ne pas être payé de retour;
~ ernten recevoir des remerciements;
jdm zu ~ verpflichtet sein être obligé
à *od* envers qn; *jdn zu ~ verpflichten*
obliger qn; *jdm für etw ~ wissen* savoir (bon) gré à qn de qc; *wir wären
Ihnen zu ~ verpflichtet, wenn ...*
nous vous saurions gré de *inf; Gott
sei ~!* Dieu merci! *besten od vielen
(herzlichen) ~!* merci beaucoup *od*
bien! grand merci! mes *od* nos meilleurs remerciements! *tausend ~!* mille mercis! mille remerciements! *mit ~
zurück!* avec mes remerciements; **d~**
prp gen grâce à; à la faveur de; *~ ihrer Güte* grâce à votre bonté; *~ der
Dunkelheit* à la faveur de la nuit;

~**adresse** *f* adresse *f* de remerciements; **d~bar** *a* reconnaissant (*für de*) (*verpflichtet*) obligé; *fig* agréable; aisé, facile, qui rend bien; (*lohnen*) profitable, lucratif; *theat* (*Publikum*) excellent; (*Rolle*) à grand effet; *adv* avec reconnaissance *od* gratitude; *jdm für etw* ~ *sein* savoir gré de qc à qn; *sich gegen jdn* ~ *zeigen* témoigner de la reconnaissance à qn; *ein* ~*es Motiv* (*phot*) un sujet photogénique; ~**barkeit** *f* ⟨-, (-en)⟩ (*Gefühl*) gratitude; (*Äußerung*) reconnaissance *f* (*für* de); *aus* ~ par reconnaissance *f* (*für* de); ~**brief** *m* lettre *f* de remerciements; **d~e** *interj* merci; ~, *gleichfalls!* merci, également! ~ (*, nein*); *od nein,* ~*!* non, merci! je vous remercie; ~ *schön* od *sehr* od *vielmals!* merci bien *od* beaucoup! **d~en** *itr* remercier (*jdm für etw* qn de *od* pour qc); *a rel* rendre grâce(s) (*jdm* à qn); (*den Gruß erwidern*) rendre le salut; (*höflich ablehnen*) refuser poliment; *tr* (*verdanken*) devoir (*jdm etw* qc à qn); (*vergelten*) récompenser (*jdm etw* qn de qc); *jdm etw nicht* ~ savoir peu de *od* ne savoir pas gré à qn de qc; *ich werde es Ihnen ewig* ~ je vous en serai éternellement reconnaissant; ~*end erhalten* (*com*) pour acquit; *wie soll ich Ihnen das* ~*?* comment vous rendre cela? *nichts zu* ~*!* (il n'y a) pas de quoi; **d~enswert** *a* digne de reconnaissance; ~**gebet** *n* action *f* de grâces; ~**gottesdienst** *m* (*kath.*) messe *f,* (*evang.*) service *m* d'action de grâces; ~**opfer** *n* sacrifice *m* offert en action de grâces; ~**sagung** *f* remerciement(s *pl*) *m; rel* action *f* de grâces; ~**schreiben** *n* = ~*brief.*

dann [dan] *adv* (*darauf*) alors, puis, ensuite, après (cela); (*außerdem*) de plus, en outre, outre cela; (*in diesem Fall*) alors, dans *od* en ce cas; *selbst* ~ alors même, même dans ce cas; *selbst* ~, *wenn* même si; *selbst* ~ *nicht* même pas dans ce cas(-là); *selbst* ~ *nicht, als* pas même lorsque; ~ *erst* pas plutôt; ~ *und wann* de temps en temps, de temps à autre, de loin en loin, par moments; ~ (*eben*) *nicht!* eh bien alors, non! *und od was* ~ et après? et puis? et ensuite? *erst die Arbeit,* ~ *das Spiel!* le travail d'abord, le jeu ensuite!

dannen ['danən]: *von* ~ (*vx*) de là.

daran [da'ran; 'da:ran], *fam* **dran** [dran] *adv* (*örtlich*) (là-)dessus, dessus, sur cela; (*daneben*) (au)près, à côté; *allg* à *od* de cela; y, en; *oben, unten* ~ en haut, en bas; ~ *denken,*

glauben y penser, croire; *besser* ~ *sein* être mieux partagé; *gut* ~ *sein* être en bonne posture; *nahe* ~ *sein zu ...* être près de ...; *schlecht* od *übel* ~ *sein* être en mauvaise posture; *filer un mauvais coton; *gut* ~ *tun zu* (*inf*) faire bien de *inf; ich bin* ~ (*an der Reihe*) c'est mon tour (*zu* de); *ich bin nicht schuld* ~ ce n'est pas ma faute; *ich war nahe* ~ *zu fallen* j'ai manqué de *od* j'ai failli tomber; *ich denke ja gar nicht* ~*!* je n'y pense pas, pour moi il n'en est pas question; ~ *erkenne ich ihn* je le reconnais bien là; *ich weiß nicht, wie ich* ~ *bin* je ne sais où j'en suis; *du kommst auch noch dran* ton tour viendra; *er hat* ~ *glauben müssen* (*fam*) il a dû en passer par là; (*sterben*) il y est resté; *man weiß nicht, wie man mit ihm* ~ *ist* on ne sait à quoi s'en tenir avec lui; *es liegt mir viel* ~ j'y tiens beaucoup; *es liegt mir wenig* ~ peu m'importe (*zu* de); *an dem, an der, da ist nicht viel* ~ (*fam*) il, elle, ça ne vaut pas grand-chose; *es ist etwas Wahres* ~ il y a du vrai là-dedans; *wer ist dran?* à qui le tour? *Sie sind* ~*!* c'est à vous, c'est votre tour; ~ *soll es nicht liegen!* qu'à cela ne tienne!

Darangabe *f* sacrifice *m*; ~=**gehen** ⟨*aux: sein*⟩ *itr* s'y mettre, commencer; ~=**machen**, *sich* se mettre (*zu* à); ~=**setzen** *tr* (*aufs Spiel setzen*) risquer, hasarder; sacrifier; *alles* ~ (*a.*) mettre tout en œuvre, ne négliger aucun effort; *das Letzte* ~ jouer son va-tout.

darauf ['da:-; da'rauf], *fam* **drauf** [drauf] *adv* (*örtlich*) (là-)dessus, sur cela; (*zeitlich*) puis, ensuite, après (cela *od* quoi), là-dessus, sur ce(la); *allg* à *od* de cela; y, en; *gleich* ~ immédiatement après; *kurz* ~ peu après; *das Jahr* ~ l'année suivante; *ein Jahr* ~ un an après; *am Tag* ~ le lendemain; ~ *achten* y prendre garde; *es* ~ *ankommen lassen* accepter le risque; *hundert drauf haben* (*mot fam*) faire du cent; ~ *halten, daß ...* tenir à ce que ...; *drauf und dran sein* être sur le point (*zu* de); ~ *aus sein, etw zu tun* (*fam*) penser faire qc; *stolz* ~ *sein* en être fier; *sich* ~ *verlassen* compter là-dessus; ~ *gebe ich nichts* je n'y attache pas d'importance; *er ist nur* ~ *aus zu ...* il ne pense qu'à ..., *ich lege keinen Wert* ~ je n'y tiens pas; *ich könnte* ~ *schwören* j'en jurerais, j'en mettrais ma main au feu; *es kommt* ~ *an, daß ...* il s'agit de *inf; es,* (*fam*) *das kommt* ~ *an* ça dépend, c'est selon; ~ *kommt es an* voilà la question; ~ *kommt es nicht an* ça n'a pas d'importance; *wenn es* ~ *ankommt* en cas de besoin; *wie kommst du* ~? d'où te vient cette idée? ~ *soll es nicht ankommen!* qu'à cela ne tienne! ~**folgend** *a* suivant; *am* ~*en Morgen* le lendemain matin; **drauf=gehen** ⟨*aux: sein*⟩ *itr fam (Person)* disparaître, périr; *(Sache)* être consommé, dépensé; *da geht zuviel drauf* ça dépense trop; *es geht viel Geld drauf* cela coûte beaucoup d'argent; *mein ganzes Geld ist draufgegangen* tout mon argent y est passé; *es geht viel Zeit drauf* cela prend beaucoup de temps; ~**hin** [--'-; '---] *adv (zeitlich)* là-dessus, sur ce(la); *(demgemäß)* d'après cela *od* quoi; **drauflos=gehen** ⟨*aux: sein*⟩ *itr: blind* ~ foncer dans le brouillard; *gerade* ~ ne pas y aller par quatre chemins; **drauflos=reden** *itr* parler à tort et à travers; **drauflos=rudern** *itr: kräftig* ~ faire force de rames; **drauflos=schlagen** *itr: blind* ~ taper dans le tas, frapper comme un sourd.

daraus ['da:-; da'raus], *fam* **draus** [draus] *adv* de là, de cela, en, par là; *ich mache kein Geheimnis* ~ je n'en fais pas de mystère; *ich mache mir nichts* ~ je ne m'en soucie guère, je m'en moque; *ich werde nicht klug* ~ je n'y comprends rien; ~ *folgt, daß ...* il s'ensuit que ...; ~ *wird nichts* cela ne donnera rien; cela ne se fera pas; *was soll* ~ *werden?* qu'en adviendra--t-il? ~ *werde einer klug!* on ne s'y reconnaît plus!

darben ['darbən] *itr* être dans le besoin, manquer du nécessaire; *jdn* ~ *lassen* priver qn du nécessaire.

dar=biet|en ['da:r-] *tr: (sich)* ~ (s')offrir, (se) présenter; *theat* représenter; **D~ung** *f* offre, présentation; *theat* représentation *f; künstlerische* ~ manifestation *f* artistique.

dar=bring|en ['da:r-] *tr* offrir; *bes rel* faire offrande de, sacrifier; **D~ung** *f* ⟨-, (-en)⟩ offre; *bes. rel* offrande *f,* sacrifice *m.*

Dardanellen [darda'nɛlən], *die pl geog* les Dardanelles *f pl.*

darein [da'rain; 'da:rain], *fam* **drein** [drain] *adv* dans ce lieu, là-dedans, y; ~**=finden,** *sich* s'y résigner; ~**=geben** *tr* com donner par-dessus le marché; ~**=mischen,** *sich* s'en mêler; *(vermittelnd)* intervenir, s'interposer; *(störend)* s'ingérer, s'immiscer; ~**=reden** *itr* se mêler à *od* intervenir dans la conversation; ~**=willigen** *itr* y consentir.

darin ['da:-; da'rin], *fam* **drin** [drin] *adv* (là-)dedans, en cela, y; ~ *inbegriffen* y compris; *es ist nichts* ~ il n'y a rien (là-)dedans; ~ *haben Sie recht, irren Sie sich!* en cela vous avez raison, vous vous trompez; ~**nen,** *fam* **drinnen** *adv* (là-)dedans.

dar=leg|en ['da:r-] *tr* exposer, faire voir, (dé)montrer; *(erklären)* expliquer; *etw ausführlich* ~ faire l'exposition de qc; *etw einzeln* ~ détailler qc; *etw offen* ~ mettre qc en évidence; **D~ung** *f* exposé *m,* exposition, démonstration; explication *f.*

Darlehen *n* ⟨-s, -⟩ ['da:r-] prêt *m; als* ~ à titre de prêt; *ein* ~ *aufnehmen* contracter un emprunt; *jdm ein* ~ *geben, gewähren* faire, accorder un prêt à qn; *ein* ~ *kündigen* retirer un prêt; *ein* ~ *zurückzahlen* rembourser un prêt; *(un)verzinsliche(s)* ~ prêt *m* à intérêt (prêt gratuit); ~**sgeber** *m* prêteur *m* (d'argent); ~**skasse** *f* caisse *od* banque *f* de prêts; ~**snehmer** *m* emprunteur *m;* ~**svertrag** *m* contrat *m* de prêt.

Darm *m* ⟨-(e)s, ¨e⟩ [darm, 'dɛrmə] intestin, boyau *m;* ~**bein** *n* anal ilion *m;* ~**blutung** *f med* hémorragie *f* intestinale; ~**bruch** *m* entérocèle *f;* ~**entleerung** *f* évacuation intestinale, défécation *f;* ~**entzündung** *f,* ~**katarrh** *m* inflammation intestinale, entérite *f;* ~**flora** *f* flore *f* intestinale; ~**geschwür** *n* ulcère *m* intestinal; ~**händler** *m* boyaudier *m;* ~**handlung** *f* boyauderie *f;* ~**inhalt** *m* contenu *m* intestinal; ~**kanal** *m* canal intestinal, canal *od* tube *m* digestif; ~**krankheit** *f,* ~**leiden** *n* affection *f* intestinale; ~**krebs** *m med* cancer *m* intestinal; ~**reinigung** *f med* ramonage *m pop;* ~**saft** *m* suc *m* intestinal; ~**saite** *f (an Geige, Tennisschläger)* corde *f* à *od* de boyau; ~**tätigkeit** *f* digestion *f;* ~**verschlingung** *f* volvulus *m;* ~**verschluß** *m* occlusion *f* intestinale, iléus *m;* ~**wand** *f* paroi *f* intestinale; ~**zotten** *f pl* villosités *f pl* (intestinales).

Darr|e *f* ⟨-, -n⟩ ['darə] *tech (Trockenod Röstvorrichtung)* four *m* à sécher; touraille; *vet* consomption *f;* **d~en** *tr* sécher au four *od* à la touraille, tourailler, dessécher; ~**en** *n* séchage *m* au four *od* à la touraille; ~**malz** *n* touraillon *m.*

dar=reich|en ['da:r-] *tr* tendre, présenter, offrir; *(Arznei, Sakrament)* administrer; **D~ung** *f* présentation, offre; administration *f.*

darstell|bar ['da:r-] *a* représentable *a. theat; theat* jouable; **dar=stellen** *tr (veranschaulichen)* démontrer, exposer; *(vorzeigen)* présenter, produire, mettre sous les yeux; *(mit Worten darlegen)* développer; *(beschreiben)* décrire a. math, (dé)peindre; *(bedeuten)* représenter; *theat* représenter, jouer, faire; *chem* préparer; *bildlich* ~ figurer; *falsch* ~ mal représenter; *graphisch* ~ faire un graphique de; *pantomimisch* ~ mimer; *schematisch* ~ schématiser; *sinnbildlich* ~ symboliser; ~**end** *a:* ~*e Geometrie f* géométrie *f* descriptive; **D~er(in** *f)* *m theat* interprète *m f,* acteur *m,* actrice *f;* ~**erisch** *a* d'interprète; **D~ung** *f* démonstration, exposition; présentation, production *f;* développement *m;* description; représentation, interprétation; *chem tech* préparation *f; (ausgeführte* ~) exposé *m; bildliche* ~ figuré *m; geschichtliche* ~ historique *m; graphische* ~ graphique, diagramme *m; sinnbildliche* ~ symbolisation *f;* **D~ungskunst** *f* don *od* talent *m* de peindre *od* de représenter; **D~ungsverfahren** *n chem tech* méthode *f* de préparation; **D~ungsweise** *f* manière *f* de décrire *od* de (dé)peindre *od* de (re)présenter; *(Stil)* style *m;* touche *f.*

dar=tun *tr* (dé)montrer, faire voir; *(erklären)* expliquer; *(beweisen)* prouver.

darüber ['da:-; da'ry:bər], *fam* **drüber** ['dry:bər] *adv (örtlich)* au-dessus (de cela), (là-)dessus, par-dessus; *(~ hinweg)* par-delà, au-delà; *(zeitlich)* là--dessus, sur ces entrefaites, pendant ce temps(-là); *(kausal)* à ce sujet, à cause de cela; *allg* là-dessus, de cela, en, y; =~ *hinaus*; ~ *hinaus (örtl., zeitl.)* au-delà; *fig* en outre, au reste, par-dessus le marché; *und* ~ *(hinaus)* et plus; *sich* ~ *freuen* s'en réjouir; ~ *hinweg sein* pouvoir s'en passer; *sich* ~ *hinwegsetzen* s'en passer; *sich* ~ *machen* s'y mettre; *ich vergaß* ~, *daß* cela m'a fait oublier que; *es geht nichts* ~ il n'y a rien de mieux; ~ *besteht kein Zweifel* cela ne fait pas de doute; ~ *vergeht die Zeit* et avec cela le temps passe; ~**=stehen** *itr: (weit)* ~ *(über e-e Beleidigung erhaben sein)* être (bien) au-dessus.

darum ['da:-; da'rʊm] , *fam* **drum** [drʊm] *adv (örtlich)* (~ *herum)* autour (de cela), tout autour; *(hinweisend)* pour *od* de cela, en; *(kausal: deshalb)* c'est *od* voilà pourquoi, à cause de cela, pour cette raison; ~ *bringen* en frustrer; *drum und dran hängen (fig)* s'y rattacher; *sich* ~ *kümmern* s'en soucier; *ich bitte Sie* ~

je vous en prie; ich gäbe viel ~, *wenn* ... *je donnerais beaucoup pour inf; ich weiß* ~ je suis au courant de l'affaire; *es ist mir nur* ~ *zu tun zu* ... *ce que je demande,* c'est uniquement de *inf; es ist mir sehr* ~ *zu tun zu* ... il m'importe beaucoup de *inf; es handelt sich nicht* ~ il ne s'agit pas de cela; *wie steht es* ~? où en est l'affaire? *sei's drum!* soit! tant pis! *warum?* ~! pourquoi? parce que! ~**=kommen** ⟨*aux: sein*⟩ *itr fam* manquer; ~**=legen** *tr* mettre autour.

darunter ['da:-; da'rʊntər], *fam* **drunter** ['drʊntər] *adv (örtlich)* (au-)dessous, là-dessous, par-dessous; *fig (unter e-r bestimmten Anzahl, Größe, Summe)* au-dessous, moins, à moins; *(unter e-r Anzahl)* dans le *od* du nombre; *drunter und drüber* sens dessus dessous; ~ *leiden* en souffrir; *es geht alles drunter und drüber* tout va à vau-l'eau; *was verstehen Sie* ~? qu'entendez-vous par là? ~**=liegen** *itr* être *od* se trouver (là-)dessous *od* en bas; ~**=mischen** *tr* y mêler; ~**= setzen** *tr: s-n Namen od s-e Unterschrift* ~ signer.

Darwin|ismus *m* ⟨-, ø⟩ [darvi'nɪsmʊs] darwinisme *m;* **d~istisch** [-'nɪs-] *a* darwinien.

das [das] *(Artikel u. Relativpron)* s. *der; (Demonstrativpron)* cela, ceci, ce, *fam* ça; ~ *ist, sind* c'est, ce sont; *(wenn gegenwärtig)* voici, *fam* voilà; ~ *bin ich* c'est moi; ~ *sind Deutsche* ce sont des Allemands; ~ *ist meine Frau (a.)* voici ma femme; ~ *ist gut (a.)* voilà qui es bien; *was ist* ~? qu'est-ce (que c'est *od* cela)? *auch* ~ *noch!* *und nicht nur* ~! et cela encore en plus! il ne manquait plus que cela! ~ *war e-e Freude!* quelle joie! ~ *ist ja gut!* à la bonne heure! ~ *schon!* ça oui.

da=sein ⟨*aux: sein*⟩ *itr (anwesend, vorhanden sein)* être présent *od* arrivé; être là; *(existieren)* exister; *nicht* ~ *(a.)* être absent; faire défaut; *es ist alles schon (einmal) dagewesen* il n'y a rien de nouveau sous le soleil; *das ist noch nie dagewesen* c'est sans précédent; *ist jemand dagewesen?* est-ce qu'on m'a demandé? **D~** *n* ⟨-s, ø⟩ *(Anwesenheit)* présence; *(Leben)* existence, vie *f; ins* ~ *treten* naître, voir le jour; **D~sberechtigung** *f* droit *m* à l'existence, raison *f* d'être; **D~skampf** *m* lutte *f* pour la vie.

da=sitzen *itr* être assis (là); *(untätig)* ne rien faire, se croiser les bras.

dasjenige *pron s. derjenige.*

daß [das] *conj allg* que; *(final) (auf*

~*)* afin que, pour que *subj;* afin de, pour *inf; bis* ~*;* jusqu'à ce que *subj; (so)* ~ de sorte que, de manière que; *es sei denn,* ~ à moins que ne *subj; nicht* ~ *ich wüßte!* pas que je sache; ~ *du mir ja nicht daran gehst!* surtout ne touche pas à ça!

dasselbe *pron s. derselbe; immer* ~ *sagen* chanter toujours la même chanson; *das ist (genau)* ~ c'est exactement la même chose.

da=stehen *itr* être là *od* debout; *wie angewachsen od angewurzelt* ~ être comme une statue; *mit offenem Munde* ~ rester planté là; *wie versteinert* ~ rester médusé; *wie stehe ich nun da? (fam)* de quoi ai-je l'air maintenant? *jetzt steht er ganz anders da (fig)* cela lui donne une toute autre envergure.

Datei *f* ⟨-, -en⟩ *inform* fichier *m.*

Daten|ausgabe *f inform* sortie *f* des données; ~**bank** *f* banque *f* de données; ~**basis** *f* base *f* de données; ~**bestand** *m* ensemble *m* des données; ~**eingabe** *f inform* entrée *f* des données; ~**erfassung** *f* saisie *od* acquisition *f* des données; ~**netz** *n* réseau de données, réseau *m* informatique; ~**pflege** *f* mise à jour *f* des données; ~**schutz** *m* protection *f* des données; ~**schutzbeauftragte(r)** *m* personne *f* chargée *od* responsable *m* de la protection des données; ~**schutzgesetz** *n* loi *f* sur l'informatique; ~**sicherheit** *f* sécurité *f* des données; ~**sicherung** *f* sauvegarde *f* des données; ~**sichtgerät** *n* visuel *m,* unité *f* de visualisation; ~**speicherung** *f* mémorisation *f* (des données); ~**träger** *m* support *m* de données; ~**typist(in** *f) m* opérateur-pupitreur *m;* ~**übertragung** *f* communication *f* de(s) données; ~**verarbeitung** *f* ['da:tən-] traitement *m* des données; ~**verarbeitungsanlage** *f* ordinateur *m* électronique; ~**verkehr** *m* transmission *f* de(s) données.

datier|en [-'ti:rən] *tr* dater, mettre la date à; *itr (bestehen)* dater (*von* de); *datiert sein* porter une date; **D~er** *m* ⟨-s, -⟩ *typ* dateur *m;* **D~ung** *f* datation *f; falsche od unrichtige* ~ erreur *f* de date.

Dativ *m* ⟨-s, -e⟩ ['da:ti:f, -və] *gram* datif *m.*

dato ['da:to] *adv com (heute)* aujourd'hui; *a* ~ à dater de ce jour; *bis* ~ jusqu'à ce jour; **D~wechsel** *m fin* lettre *f* de change à échéance fixe.

Dat|um *n* ⟨-s, -ten⟩ ['da:tum, -tən] date *f; pl (Daten) bes. math (das Gegebe-*

ne) données *f pl; unter dem heutigen* ~ en date de ce jour; *jüngeren od neueren* ~*s* de nouvelle *od* fraîche date; *ein* ~ *ausmachen od bestimmen od festsetzen* fixer la *od* prendre date; *das* ~ *einsetzen* mettre la date; *alten* ~*s* sein dater de loin; *ein früheres, späteres* ~ *auf etw setzen* antidater, postdater qc; *das* ~ *vom ... tragen* porter la date du *...;* *mit dem* ~ *versehen* dater; *welches* ~ *haben wir heute?* quel jour, *fam* le combien sommes-nous aujourd'hui? *geschichtliche* ~*en n pl* dates *od* données *f pl* historiques; *spätere(s)* ~ postériorité *f* de date; *technische* ~*en* indications *f pl* techniques; ~ *des Poststempels* date *f* de la poste; ~**um(s)stempel** *m* (tampon *od* timbre) dateur, composteur *m.*

Dattel *f* ⟨-, -n⟩ ['datəl] datte *f;* ~**palme** *f* dattier *m.*

Daube *f* ⟨-, -n⟩ ['daubə] *tech* douve *f.*

Dauer *f* ⟨-, ø⟩ ['dauər] *(Zeit)* durée, période *f,* temps *m; (Fortdauer)* continuité, permanence, persistance; *(Beständigkeit)* durabilité, stabilité, solidité *f; auf die* ~ à demeure, à la longue, *fam* à perpette; *für die* ~ *von ...* pour une durée de *...; von kurzer, langer* ~ de courte, longue durée; *von längerer* ~ d'un certain temps; *von* ~ *sein* se maintenir; ~ *e-r Übung (mil)* période *f* d'exercice; ~**anlage** *f fin* placement *m* permanent; ~**apfel** *m* pomme *f* de garde *od* d'hiver; ~**auftrag** *m com* ordre *m* permanent; *(bei Bank)* virement *m* automatique; ~**beanspruchung** *f* effort *m* continu *od* soutenu; ~**befehl** *m* ordre *m* permanent; ~**belastung** *f* charge *f* permanente; ~**betrieb** *m* service *m* continu, marche *f* continue; *tech* fonctionnement *m* continu; ~**brand** *m (Ofen)* feu *m* continu; ~**brandofen** *m* ~**brenner** *m* poêle *m* à feu continu; ~**fahrer** *m sport* cycliste *m* de fond; ~**fahrt** *f sport* épreuve *f* de fond, raid *m;* ~**festigkeit** *f tech* endurance *f; ~***feuer** *n mil* tir *m* continu; ~**flamme** *f (Gas)* veilleuse *f;* ~**flug** *m aero* vol de (longue) durée, raid *m;* ~**gemüse** *n* légumes *m pl* de conserve; **d~haft** *a* durable, de durée; *(beständig)* stable; *(fest)* solide; *adv:* ~ *befestigt* fixé à demeure; ~ *gearbeitet* fait à profit (de ménage); ~**haftigkeit** *f* ⟨-, (-en)⟩ durabilité; stabilité; solidité *f;* ~**karte** *f* carte *f* permanente; *sport* abonnement, forfait *m* ~**kunde** *m* client *m* fidèle *od* régulier; ~**lauf** *m sport* course *f* de fond, raid *m;* ~**leistung** *f tech* puissance *f*

continue *od* de durée; débit *m* continu; ~**magnet** *m* aimant *m* permanent; ~**marsch** *m mil* marche *f* d'endurance; **d~n 1.** *itr* durer; *(fortdauern)* continuer, persister, subsister; *nicht lange ~* ne pas faire long feu; *es wird lange ~ (a.)* ce sera de longue durée; *das dauert nicht lange* cela ne durera pas longtemps; *les choses n'iront pas loin; es dauert lange, bis er kommt* il est long à venir; *es dauerte nicht lange, bis er kam* il ne tarda pas à venir; *es dauert (mir) zu lange* c'est trop long (pour moi); *wie lange dauert es, bis Sie …?* combien de temps mettez-vous à *inf?* **d~nd** *a* durable; *(fortdauernd)* continu, persistant; *(ständig)* permanent; *adv* à tout moment, à tous moments; constamment; *für ~* pour toujours, à demeure; ~ *untauglich (mil)* réformé définitivement; ~**obst** *n* fruits *m pl* de garde; ~**passierschein** *m* laissez-passer *m* permanent; ~**probe** *f,* ~**prüfung** *f tech* essai *m* d'endurance *od* de fatigue; ~**rekord** *m* record *m* de durée *od* d'endurance; ~**ritt** *m sport* raid *m;* ~**stellung** *f (im Beruf)* situation stable *od* d'avenir, stabilité d'emploi; *mil* position *f* fixe; ~**störung** *f radio* brouillage *od* parasite *m* permanent; ~**ton** *m radio* son *m* continu; ~**vorstellung** *f theat* spectacle *m* permanent; ~**welle(n** *pl)* *f (Frisur)* permanente, indéfrisable *f;* ~**wirkung** *f* effet *m* persistant; ~**wurst** *f* saucisson *m* de garde; ~**zustand** *m* état *m* permanent *od* endémique.
dauern 2. *tr (leid tun)* faire pitié *(jdn* à qn).
Däumchen *n:* ~ *drehen (fam)* se tourner les pouces.
Daumen *m* ⟨-s, -⟩ ['daʊmən] pouce *m; tech (Hebedaumen)* came, broche *f; die ~ drehen (vor Langeweile)* se tourner les pouces; *jdm den ~ halten (Glück wünschen)* brûler une chandelle pour qn; *auf etw den ~ halten* s'accrocher à qc, ne pas vouloir lâcher qc; *am ~ lutschen* sucer son pouce; *über den ~ peilen (fam)* juger au pifomètre; *über den ~ gepeilt* à vue de nez; *einen ~ breit* large d'un pouce; ~**abdruck** *m* empreinte *f* du pouce; ~**ballen** *m* éminence *f* thénar; ~**breite** *f* largeur *f* d'un pouce; ~**lutscher** *m* enfant *m* qui suce son pouce; ~**nagel** *m* ongle *m* du pouce; ~**schrauben** *f pl hist* pou-cettes *f pl; die ~ anziehen (fig)* donner un tour de vis; *jdm die ~ anziehen (a. fig)* serrer la vis *od* les pouces à qn.

Däumling *m* ⟨-s, -e⟩ ['dɔʏmlɪŋ] poucier; *(Märchenfigur)* ⟨-s, ø⟩ le Petit Poucet *m.*
Daune(n *pl)* *f* ⟨-, -n⟩ ['daʊnə] duvet *m;* ~**nbett** *n* duvet *m;* ~**ndecke** *f* édredon *m.*
Daus 1. *n* ⟨-es, ⁻er/-e⟩ [daʊs, -zə, 'dɔʏzər] *(Kartenspiel)* as; *(Würfelspiel)* deux *m.*
Daus 2. *m* ⟨-es, ø⟩ *(Teufel): was* od *ei der ~! (vx)* que diable!
Davit *m* ⟨-s, -s⟩ ['deːvɪt] *mar (Kran)* bossoir, portemanteau *m.*
davon ['daˈfɔn; daˈfɔn] *adv* de là, de cela, en; par là; *etwas od mehr ~ haben* en profiter, y gagner; *~ wissen* être au courant; *er ist auf und ~* il a décampé, il est parti; *das kommt ~, daß…* cela vient de ce que…; *~ läßt sich durchaus leben* avec cela on peut vraiment s'en sortir; *was habe ich ~?* à quoi cela me sert-il? *genug ~!* en voilà assez! *nichts ~!* pas de cela! *nichts mehr ~!* n'en parlons plus! ~**≠bleiben** ⟨*aux: sein*⟩ *itr (nicht anfassen)* ne pas y toucher; ne pas s'en mêler; ~**≠ fliegen** ⟨*aux: sein*⟩ *itr* s'envoler; ~**≠gehen** ⟨*aux: sein*⟩ *itr (weggehen)* s'en aller; ~**≠kommen** ⟨*aux: sein*⟩ *itr* s'en tirer; *(Kranker)* en revenir, en réchapper; *gut ~* s'en tirer à bon compte; *noch mal ~* revenir de loin; *gerade noch ~* la manquer belle; *mit einem blauen Auge od mit knapper Not ~* l'échapper belle; *mit heiler Haut ~* s'en tirer sain et sauf; *mit dem Leben ~* sauver sa vie; *mit dem (bloßen) Schrecken ~* en être quitte pour la peur; ~**≠laufen** ⟨*aux: sein*⟩ *itr (weglaufen)* s'éloigner en courant, détaler, filer; *es ist zum D~! (fam)* c'est à n'y pas tenir; ~**≠machen, sich** filer, décamper; *fam* plier *od* trousser bagage; *sich heimlich ~,* ~**≠schleichen** ⟨*aux: sein*⟩ *itr* s'éclipser, s'esquiver; ~**≠tragen** *tr* emporter; *von e-m Unfall Verletzungen ~* être blessé dans un accident; *den Sieg ~* l'emporter, remporter la victoire *(über jdn* sur qn).
davor [daˈfoːr; 'daː-] *adv (örtlich)* devant; *allg* de cela, en; *mir graut ~* j'ai horreur de cela, j'en ai horreur; *Gott behüte od bewahre uns ~!* Dieu nous en préserve! ~**≠liegen** *itr,* ~**≠stehen** *itr* être *od* se trouver devant.
dawider [daˈviːdər; 'daː-] *adv* = *dagegen.*
dazu [daˈtsuː; 'daː-] *adv (örtlich)* y; *(zu diesem Zweck)* à cela, pour cela, à cet effet, à cette fin, dans ce but; *(außerdem)* en outre, de *od* en plus, avec cela, en même temps; *noch ~* par sur-

croît, par-dessus le marché; en sus; ~
gehören en être, en faire partie; ~ *hin
ich ja da* c'est pour cela que je suis
là; *endlich komme ich dazu zu ...*
enfin je parviens à ...; ~ *komme ich
nie* je n'en trouve jamais le temps; ~
kommt, daß ajoutez (à cela) que; ~
gehört Geld, Zeit cela demande de
l'argent, du temps; *was sagen Sie* ~*?*
qu'en dites-vous? *wie kommen Sie*
~*?* qu'est-ce qui vous a pris? ~**gehörig** *a* qui en fait partie; ~**≠kommen**
⟨*aux: sein*⟩ *itr (hinzukommen)* survenir; *fig* s'ajouter; *noch* ~ s'y ajouter;
~**mal** ['---] *adv; Anno* ~ *(hum)* alors,
en ce temps-là; ~**≠tun** *tr (hinzutun)*
(y) ajouter; **D~tun** *n; ohne mein* ~
sans mon intervention.

dazwischen [da'tsvɪʃən; 'da:-] *adv
(örtlich u. fig)* entre (les deux); *(zwi-
schendurch)* entre-temps; ~**≠kom-
men** ⟨*aux: sein*⟩ *itr* intervenir, venir à
la traverse; s'interposer; *(Sache)* survenir; *wenn nichts dazwischen-
kommt* s'il n'arrive rien (d'ici là), sauf
imprévu; *mußt du mir immer* ~*?*
cesse de te mêler de mes affaires! ~**≠
rufen** *tr* interrompre *(etw* par qc); ~**≠
treten** ⟨*aux: sein*⟩ *itr* intervenir, s'interposer.

Dealer *m* ⟨-s, -⟩ ['di:lər] trafiquant *m;*
(petit) revendeur *m* (de drogue).

Debatt|e *f* ⟨-, -n⟩ [de'batə] *(parl nur)*
débat *m; allg* discussion *f; den
Schluß der* ~ *beantragen* proposer la
clôture du débat *od* de la discussion;
in die ~ *eingreifen* intervenir dans
les débats; *die* ~ *eröffnen, schließen*
ouvrir, terminer la discussion; *od parl*
le débat; *zur* ~ *stehen* être en question; *zur* ~ *stellen* (sou)mettre en discussion *od* au débat; *die* ~ *drehte
sich um ...* le débat a roulé *od* porté
sur ...; *das steht hier nicht zur* ~ la
question n'est pas là; ce n'est pas de
cela qu'il s'agit; **d~elos** *a u. adv* sans
débat; **d~ieren** [-'ti:rən] *tr u. itr*
débattre, discuter *(etw od über etw*
qc); *itr: über etw* ~ discuter de *od* sur
qc.

Debet *n* ⟨-s, -s⟩ ['de:bɛt] *fin (Soll)*
débet, débit *m; im* ~ *stehen* être
porté au débit; *ins* ~ *stellen* porter au
débit; ~ *und Kredit* débit et crédit,
doit et avoir *m;* ~**posten** *m* poste *od*
compte *m* débiteur; ~**saldo** *m* solde
m débiteur; ~**seite** *f* (côté du) débit
m.

debit|ieren [debi'ti:rən] *tr fin (bela-
sten)* débiter *(mit* de); **D~or** *m* ⟨-s,
-en⟩ ['de:bitɔr, -'to:rən] *(Schuldner)*
débiteur *m;* **D~orenkonto** *n* compte
m débiteur.

Debüt *n* ⟨-s, -s⟩ [de'by:] *theat (erstes
Auftreten)* début *m;* ~**ant** *m* ⟨-en,
-en⟩ [-by'tant] débutant *m;* **d~ieren**
[-'ti:rən] *itr theat* débuter, jouer son
premier rôle.

Dechan|at *n* ⟨-(e)s, -e⟩ [dɛça'na:t] *rel
(Amt* od *Sprengel e-s* ~*ten)* doyenné
m; ~**ei** *f* ⟨-, -en⟩ [-'naɪ] *(Wohnung e-s*
~*ten)* demeure *f* d'un *od* du doyen;
~**t** *m* ⟨-en, -en⟩ [-'çant] doyen *m.*

dechiffrieren [deʃɪ'fri:rən] *tr* déchiffrer.

Deck *n* ⟨-(e)s, -s/⟨-e⟩⟩ [dɛk] *mar* pont
m; alle Mann an ~*!* tout le monde
sur le pont! ~**adresse** *f* adresse *f* de
convention, couvert *m; arg* planque *f;*
~**anstrich** *m* deuxième couche *f;*
~**aufbau** *m mar* superstructure *f* (du
pont); ~**bett** *n (Federbett)* édredon
m; (Decke) couverture *f* (de lit);
~**blatt** *n bot* bractée; *(e-r Zigarre)*
feuille *f* de robe; *bes. mil (Berichti-
gungsblatt)* feuille *f* rectificative; *typ
(Zusatzblatt)* béquet *m;* ~**blech** *n* tôle *f* de couverture *od* de protection;
~**bogen** *m (e-s Papierstapels)* feuille
f de couverture.

Decke *f* ⟨-, -n⟩ *(a. Textil)* couverture *f;
(Tischdecke)* tapis *m* de table; *(Pferdedecke)* housse; *(Wagendecke)*
bâche; *(deckende Schicht)* couche *f;
(Straßendecke)* tapis (routier),
revêtement; *(Zimmerdecke)* plafond;
mines ciel, plafond; *bot, zoo* tégument
m; mot (Reifendecke) enveloppe *f,*
bandage *m; an die* ~ *gehen (fig fam)*
s'emporter; *unter einer* ~ *stecken
(fig)* se tenir par la main, s'entendre
comme larrons en foire; *mit jdm* être
d'intelligence *od fam* de mèche avec
qn; *sich nach der* ~ *strecken (fig)*
s'accommoder aux circonstances, vivre selon ses moyens; *man muß sich
nach der* ~ *strecken (prov)* où la
chèvre est attachée *od* liée il faut
qu'elle broute; à petit mercier petit
panier; *eingezogene* ~ *(arch)* faux
plafond *m;* ~**nbeleuchtung** *f* éclairage *m* du *od* illumination *f* de plafond; ~**nbespannung** *f* plafond *m*
maroufié; ~**ngemälde** *n* (fresque *f*
de) plafond *m;* ~**nhaken** *m* tire-fond
m; ~**nlampe** *f* lampe *f* plafonnière;
~**nleiste** *f* latte *f* blanche; ~**nleuch-
te** *f* plafonnier *m;* ~**nventilator** *m*
ventilateur *m* de plafond.

Deckel *m* ⟨-s, -⟩ couvercle *m; (Buch)*
couverture; *(Taschenuhr)* cuvette *f;
(Klappdeckel)* couvercle à charnière;
(Schraubdeckel) couvercle à vis; *bot,
zoo* opercule; dôme; *tech* chapeau *m,*
calotte *f; pop (Hut)* galurin, *hum* couvre-chef *m; jdm einen auf den* ~ *ge-*

ben (fig fam) rabattre la huppe *od* le caquet à qn; *einen auf den ~ kriegen (fig fam)* recevoir une tuile *od* un coup, en prendre pour son grade; *es ist kein Topf so schief, er findet seinen ~ (prov)* il n'y a pas de marmite qui ne trouve son couvercle; on trouve toujours chaussure à son pied; *Topf und ~ (fig)* couple *m* uni; *sie passen zusammen wie Topf und ~ (iron)* ils sont (vraiment) faits l'un pour l'autre; ~**korb** *m* panier *m* couvert.

decken *tr (Dach)* couvrir *(a. von e-r Farbe); (Bedarf)* satisfaire à; *(Kosten)* couvrir; *(Fehlbetrag)* combler; *fin (Wechsel)* honorer; *(schützen)* couvrir, abriter, mettre à l'abri, protéger; *agr (beschälen)* couvrir, monter, sauter, saillir; *sich ~ (bes. math)* coïncider *(mit avec); fig (Meinung)* être identique *(mit à); jur (Aussagen) a.* se recouper; *bes. fin (sich sichern)* se couvrir, se nantir *(vor* de); *für 6 Personen ~ (den Tisch)* mettre 6 couverts; *den Rückzug ~ (mil)* couvrir la retraite; *den Schaden, e-n Verlust ~* réparer les dégâts, une perte; *den Tisch ~* mettre le couvert; *es ist gedeckt* le couvert est mis. **Deck|farbe** *f* couleur *f* opaque; ~**glas** *n (Mikroskop)* couvre-objet *m;* ~**ladung** *f mar* pontée *f;* ~**lage** *f (e-r Straße)* revêtement *m;* ~**mantel** *m fig: unter dem ~ (gen)* sous le manteau *od* couvert (de); ~**name** *m* nom d'emprunt *od* de guerre, pseudonyme; *(e-s Schriftstellers) a.* nom *m* de plume; ~**offizier** *m mar* sous-officier *m* de marine; ~**platte** *f* panneau à recouvrement; *arch (Säulendeckplatte)* tailloir *m;* ~**stuhl** *m mar* transatlantique *m;* ~**weiß** *n* blanc *m* couvrant *od* opaque.

Deckung *f ‹-, (-en)› mil* couvert, abri *m*, protection; *sport* défense; *fin* couverture, sûreté, garantie *f,* nantissement *m; (e-r Wechselschuld)* provision *f; ohne ~ (fin)* à découvert; *(Wechsel)* sans provision; *zur ~ der Kosten* pour couvrir les dépenses; *zur ~ bringen (bes. math)* faire coïncider; *in ~ gehen, ~ nehmen* se couvrir, se mettre à couvert *od* à l'abri, (se) terrer, se défiler; *~ haben (fin)* être (à) couvert, avoir des garanties; *ohne ~ lassen (mil)* laisser (à) découvert; *(Schach)* exposer; *volle ~! (mil)* à plat! camouflez-vous! ~**sgeschäft** *n com* opération *f od* marché *m* de couverture; **d~sgleich** *a math* congruent; ~**skapital** *n* capital *od* fonds

m de couverture; ~**ungsmittel** *n pl fin* moyens *m pl* de couverture.

Decoder *m ‹-, -›* [de'ko:dər] *TV, inform* décodeur *m.*

Dedi|kation ‹-, -en› [dedikatsi'o:n] *(Widmung)* dédicace *f;* **d~zieren** [-'tsi:rən] *tr (widmen)* dédier, dédicacer; *(schenken)* offrir.

Dedu|ktion *f ‹-, -en›* [dedʊktsi'o:n] *philos* déduction *f;* **d~ktiv** [-'ti:f] *a* déductif; **d~zieren** [-'tsi:rən] *tr* déduire.

de facto [de: 'fakto] *(tatsächlich)* de fait.

Defät|ismus *m ‹-, ø›* [defɛ'tɪsmʊs] *(Miesmacherei)* défaitisme *m;* ~**ist** *m ‹-en, -en›* [-'tɪst] défaitiste *m;* **d~istisch** [-'tɪstɪʃ] *a* défaitiste.

defekt [de'fɛkt] *a* défectueux; *(beschädigt)* endommagé, gâté; abîmé, en panne; **D~** *m ‹-(e)s, -e›* défaut, manque *m; mot* panne *f,* accident *m;* **D~bogen** *m typ* défet *m;* **D~buchstabe** *m typ* défet *m.*

defensiv [defɛn'zi:f] *a* défensif; **D~e** *f ‹-, (-n)›* défensive *f; in der ~ (bleiben)* (rester) sur la défensive.

defilieren [defi'li:rən] *itr (vorbeimarschieren)* défiler.

defin|ieren [defi'ni:rən] *tr* définir; **D~ition** *f ‹-, -en›* [-tsi'o:n] définition *f;* ~**itiv** [-ni'ti:f] *a* définitif.

Defizit *n ‹-s, -e›* ['de:fitsɪt] *fin* déficit, découvert *m; mit e-m ~ abschließen* se solder par un déficit; *ein ~ aufweisen* accuser un déficit; *ein ~ ausgleichen od decken* combler un déficit; ~**jahr** *n* année *f* déficitaire.

Deflation *f ‹-, -en›* [deflatsi'o:n] *fin* déflation *f.*

Deform|ation *f ‹-, -en›* [deformatsi'o:n], ~**ierung** *f ‹-, -en›* [-'mi:rʊŋ] *(Formveränderung)* déformation *f;* **d~ieren** [-'mi:rən] *tr* déformer.

Degen *m ‹-s, -›* ['de:gən] *(Waffe)* épée *f,* sabre *m,* rapière *f; zum ~ greifen* mettre l'épée à la main; *sich auf ~ schlagen* se battre à l'épée; *den ~ ziehen* dégainer; ~**fechter** *m* épéiste; ~**gehänge** *n* baudrier *m;* ~**stich** *m* ~**stoß** *m* coup *m* d'épée.

Degener|ation *f ‹-, -en›* [degeneratsi'o:n] *(Vorgang)* dégénération; *(Zustand)* dégénérescence *f;* **d~ieren** [-'ri:rən] *‹aux: sein› itr* dégénérer.

degradier|en [degra'di:rən] *tr mil* dégrader, casser (de son grade); *adm* rétrograder; **D~ung** *f* dégradation; rétrogradation *f.*

dehn|bar ['de:n-] *a* extensible, élastique; *phys* dilatable; *(Gas)* expansible; *(Gewebe, Leder)* souple, qui se prête; *(Metall)* ductile, malléable *fig* élastique; *(Begriff)* vague, mal défini; **D~barkeit** *f* ‹-, ø› extensibilité, élasticité *a. fig;* dilatabilité; expansibilité; souplesse; ductilité, malléabilité *f;* **~en** *tr* étendre; *(in die Breite)* élargir; *(in die Länge)* allonger; *phys* dilater; *(Gewebe, Metall)* étirer; *(Worte)* traîner; *mus* filer; *sich ~ (sich verziehen, von Gewebe)* se prêter; *die Glieder ~* s'étirer; *gedehnte Stimme f* voix *f* traînante; **D~ung** *f* extension *f;* élargissement, allongement *m;* dilatation, expansion *f;* étirage *m; med* élongation *f; bleibende ~ (tech)* allongement *m* permanent; **D~ungskoeffizient** *m* coefficient *m* de dilatation; **D~ungsmesser** *m phys tech* extensomètre, dilatomètre *m.*

dehydrieren [dehy'dri:rən] *tr chem* déshydrogéner.

Deich *m* ‹-(e)s, -e› [daɪç] digue (maritime), levée *f; ~bruch m* rupture *f* d'une *od* de la digue; **d~en** *tr* endiguer; **~graf** *m,* **~hauptmann** *m* intendant *m* des digues.

Deichsel *f* ‹-, -n› ['daɪksəl] timon, limon *m,* flèche; *(Gabeldeichsel)* limonière *f,* brancards *m pl; ~arm m* limon *m;* **d~n** *tr fam (hinkriegen) pop* goupiller; arranger; **~pferd** *n* cheval d'attelage, timonier *m.*

dein [daɪn] *pron* ton, ta, *pl* tes; *der, die, das ~e* le tien, la tienne; *die D~en (pl)* les tiens *m pl; ich bin ~* je suis à toi; **~erseits** *adv* de ta part, de ton côté, à ton tour; **~esgleichen** *pron* ton (tes) pareil(s), ton (tes) semblable(s); **~esteils** *adv s. ~erseits;* **~ethalben** *adv,* **~etwegen** *adv,* **~etwillen,** *um (adv)* à cause de toi, pour (l'amour de) toi; **~ige** [-nɪgə] *(mit best. Artikel)* = *~e.*

Deismus *m* ‹-, ø› [de'ɪsmʊs] *philos* déisme *m.*

Dekade *f* ‹-, -n› [de'ka:də] *(Zeitraum von 10 Tagen, a. Jahren)* décade *f; ~gramm n* [-ka'gram] *(10 g)* décagramme *m;* **~liter** *m (n)* [-ka'li:tər] *(10 l)* décalitre *m.*

dekadent [deka'dɛnt] *a* décadent, déliquescent; **D~z** *f* ‹-, ø› [-'dɛnts] décadence, déliquescence *f.*

Dekan *m* ‹-s, -e› [de'ka:n] *(rel, Univ.)* doyen *m;* **~at** *n* ‹-(e)s, -e› [-ka'na:t] *rel* doyenné; *(Univ.)* décanat *m.*

Deklamation *f* ‹-, -en› [deklamatsi'o:n] déclamation, récitation *f;* **d~ieren** [-'mi:rən] *tr* déclamer, réciter.

Deklaration *f* ‹-, -en› [deklaratsi'o:n] *(grundsätzl. Erklärung)* déclaration *f;*

d~ieren [-'ri:rən] *tr (bes. gegenüber Zollbehörden)* déclarer.

Deklination *f* ‹-, -en› [deklinatsi'o:n] *gram phys astr* déclinaison *f;* **d~ieren** [-'ni:rən] *tr gram* décliner.

Dekolleté *n* ‹-s, -s› [dekol(ə)'te:] *(Kleidausschnitt)* décolleté *m;* **d~iert** [-'ti:rt] *a* décolleté.

Dekorateur *m* ‹-s, -e› [dekora'tø:r] décorateur; *(Polsterer)* tapissier; *(Schaufenster~)* étalagiste *m;* **~ation** *f* ‹-, -en› [-tsi'o:n] décoration *f; theat* décor (s *pl*) *m;* **~ationsmaler** *m* peintre décorateur, ornemaniste; *theat* peintre *m* de décors; **~ationsmaterial** *n (für Schaufenster)* matériel *m* de décoration; **~ationsstoff** *m* tissu *m* d'ameublement; **d~ieren** [-'ri:rən] *tr* décorer.

Dekret *n* ‹-(e)s, -e› [de'kre:t] *(Erlaß)* décret *m;* **d~ieren** [-kre'ti:rən] *tr* décréter.

Delegation *f* ‹-, -en› [delegatsi'o:n] délégation *f;* **~ationschef** *m* chef *m* de mission; **d~ieren** [-'gi:rən] *tr* déléguer; **~ierte(r)** *m* délégué *m.*

delikat [deli'ka:t] *a (lecker)* délicat, délicieux, fin; *(heikel)* délicat, difficile, épineux, scabreux; **D~esse** *f* ‹-, -n› [-ka'tɛsə] *(Leckerbissen)* friandise *f;* morceau *m* délicat; *(Zartgefühl)* délicatesse *f; pl com* comestibles *m pl* de choix; **D~essengeschäft** *n* épicerie *f* fine, magasin *m* de comestibles de choix.

Delikt *n* ‹-(e)s, -e› [de'lɪkt] *jur* délit *m,* infraction *f.*

Delinquent *m* ‹-en, -en› [delɪŋ'kvɛnt] délinquant; criminel *m.*

delirieren [deli'ri:rən] *itr (irrereden)* délirer; **D~ium** *n* ‹-s, -rien› [-'li:rium, -riən] *med* délire *m; ~ tremens (a.)* délire *m* alcoolique.

Delle *f* ‹-, -n› ['dɛlə] *fam* bosselure *f,* enfoncement *m; (Bodensenkung)* dépression *f.*

Delphin *m* ‹-s, -e› [dɛl'fi:n] *zoo* dauphin *m.*

Delta *n* ‹-s, -s/-ten› ['dɛlta] *(griech. Buchstabe, geog)* delta *m; ~flügel m aero* aile *f* en delta; *~-Rakete f* engin *m* à aile en delta; **d~förmig** *a* deltoïde; **~muskel** *m* muscle *m* deltoïde.

dem [de(:)m] *(dat von: der u. das); bei alle~* avec *od* malgré tout cela; *nach ~, was Sie sagen* à *od* d'après ce que vous dites; *wenn ~ so ist (, daß ...)* s'il en est ainsi (si tant est) (que ...); *wie ~ auch sei* quoi qu'il en soit; **~entsprechend** *a* conforme à cela; *adv,* **~gemäß** *adv,* **~nach** *adv,* **~zufolge** *adv* conformément à cela, en conséquence, par conséquent, dès lors; ~**gegenüber** *adv* par contre, d'autre part; ~**nächst** *adv (nächstens)* bientôt, prochainement, sous peu, un des ces jours, au premier jour; ~**ungeachtet** *adv* malgré (cela), en dépit de cela, nonobstant, néanmoins.

Demagog|e *m* ‹-en, -en› [dema'go:gə] démagogue *m;* ~**ie** *f* ‹-, -n› [-go'gi:] démagogie *f;* **d~isch** [-'go:gɪʃ] *a* démagogique.

Demarkationslinie *f* [demarka-tsi'o:ns-] ligne *f* de démarcation.

demaskieren [demas'ki:rən] *tr* démasquer.

Dement|i *n* ‹-s, -s› [de'mɛnti] démenti *m;* **d~ieren** [-'ti:rən] *tr* démentir; *jdn* ~ *(a.)* donner *od* infliger un démenti à qn.

Demission *f* ‹-, -en› [demisi'o:n] *(Rücktritt, Entlassung)* démission *f;* **d~ieren** [-sio'ni:rən] *itr* démissioner, donner sa démission.

Demo *f* ‹-, -s› ['de:mo] *fam* manif *f.*

demobilisier|en [demobili'zi:rən] *tr* démobiliser; **D~ung** *f* démobilisation *f.*

Demokrat *m* ‹-en, -en› [demo'kra:t] démocrate *m;* ~**ie** *f* ‹-, -n› [-kra'ti:] démocratie *f;* **d~isch** [-'kra:tɪʃ] *a (von Sachen)* démocratique; *(von Personen)* démocrate; **d~isieren** [-ti'zi:rən] *tr* démocratiser; ~**isierung** *f* ‹-, (-en)› démocratisation *f.*

demolier|en [demo'li:rən] *tr* démolir; **D~ung** *f* démolition *f.*

Demonstr|ant *m* ‹-en, -en› [demɔn'strant] manifestant *m;* ~**a-tion** *f* ‹-, -en› [-stratsi'o:n] *(Darlegung)* démonstration; *bes. pol* manifestation *f;* ~**ationszug** *m* cortège *m* de manifestants; **d~ativ** [-tra'ti:f] *a* démonstratif; ~**ativpronomen** *n gram (substantivisches)* pronom démonstratif; *(adjektivisches)* adjectif *m* démonstratif; **d~ieren** [-'stri:rən] *tr (darlegen)* démontrer; *itr bes. pol* manifester, faire une manifestation.

Demont|age *f* ‹-, -n› [demɔn'ta:ʒə, -mɔ̃-] *tech* démontage *m;* **d~ierbar** [-'ti:r-] *a* démontable; **d~ieren** *tr* démonter.

Demoralis|ation *f* ‹-, (-en)› [demoralizatsi'o:n], ~**ierung** *f* [-'zi:rʊŋ] atteinte au moral, démoralisation *f;* **d~ieren** *tr* démoraliser.

Demo|skop|ie *f* ‹-, -n› étude *f* science *f* de l'opinion; **d~skopisch** *a: D~e(s) Institut n* Institut *m* d'opinion publique.

Demut *f* ‹-, ø› ['de:mu:t] humilité, soumission *f;* abaissement *m.*

demütig ['de:my:tɪç] *a* humble; *(unterwürfig)* soumis; *jdn* ~ *bitten* supplier qn; ~**e** *Bitte f* supplication *f;* ~**en** *tr* humilier, abaisser, confondre, mortifier; rabaisser *od* rabattre l'orgueil *(jdn* de qn); *sich* ~ s'humilier, s'abaisser, se prosterner; *rel* se mortifier; ~**end** *a* humiliant, abaissant; **D~ung** *f* humiliation *f,* abaissement *m,* mortification, prosternation *f, fam* aplatissement *m;* ~**en einstecken** avaler des couleuvres.

denaturier|en [denatu'ri:rən] *tr chem* dénaturer; *denaturierte(r) Alkohol m* alcool *m* dénaturé; **D~ung** *f* dénaturation *f;* **D~ungsmittel** *n* dénaturant *m.*

dengeln ['dɛŋəln] *tr agr (schärfen)* battre, marteler.

Denk|art *f* ['dɛŋk-] manière *od* façon de penser; *(Geistesart)* mentalité *f;* **d~bar** *a* imaginable, concevable; *mit adj im Superlativ* concevable; *auf die* ~ *einfachste Art* de la plus simple manière possible; **d~en** ‹*denkt, dachte, hat gedacht, man ich dächte*› [dɛŋk-, daxt-, dɛçtə] *tr* penser; croire; voir; *itr* penser *(an à, über, von* de), songer *(an à),* présumer *(von* de); *(nachdenken)* réfléchir *(über à od* sur); *(sinnen)* méditer *(über* sur); *(vorhaben)* penser, compter *(etw zu tun* faire qc); *(der Ansicht sein)* être d'avis *(daß* que); *sich* ~ *(sich vorstellen)* s'imaginer, se figurer, se représenter; *(rechnen mit)* s'attendre à; *(ahnen)* se douter de; *bei sich* ~ penser à part soi; *daran* ~*, etw zu tun* penser à faire qc; *edel* ~ penser noblement, avoir des pensées nobles; *gut, schlecht von jdm* ~ avoir bonne, mauvaise opinion de qn; *nicht daran* ~ *zu* ... ne pas penser à ...; *gar nicht daran* ~ *zu* ... être bien loin de ...; *nicht klar* ~ n'avoir pas une pensée claire; *richtig* ~ penser juste; *an etw nicht mehr* ~ ne plus penser à qc; *vernünftig* ~ raisonner; *zu* ~ *geben* donner à penser *od* songer *od* réfléchir; *sich* ~ *lassen* se comprendre, se concevoir; *für jdn gedacht (bestimmt) sein* être destiné à qn; *ich denke, wir warten noch einen Augenblick* attendons un instant; *ich denke mir die Sache so* ... voilà comment je vois l'affaire ...; *ich denke mir mein(en) Teil (dabei)* j'ai mon idée à moi; *ich habe mir nichts Böses dabei gedacht* je ne songeais pas à mal; *das kann ich mir* ~ je m'en doute; *das kann ich mir nicht* ~ cela me paraît impossible, cela passe mon imagination; *du wirst noch (mal) daran* ~ tu t'en (res)souviendras; *er denkt, wunder was er ist* il est (très) infatué de sa (petite) personne; *Sie haben an alles gedacht* vous avez tout prévu; *Sie können sich* ~ ... vous jugerez bien ...; *das übrige können Sie sich* ~ vous devinez le reste; *man denkt nie an alles* on ne peut tout prévoir, on ne saurait parer à tout; *das gibt mir zu* ~ cela me donne à penser, cela m'intrigue; *gedacht, getan* aussitôt dit, aussitôt fait; *wer hätte das gedacht?* qui aurait dit cela? *ich denke ja gar nicht daran!* je m'en garderai bien! ce n'est nullement mon intention; *das habe ich mir gedacht!* c'est ce que j'ai pensé, je m'y attendais, je m'en doutais; *wenn ich bloß daran denke!* rien que d'y penser! *denkste! (fam)* pas question! bernique! pas de ça, Lisette! ~ *Sie mal!* figurez-vous! pensez donc! *wo* ~ *Sie hin!* quelle idée! y pensez-vous! ~ *Sie sich in meine Lage!* mettez-vous à ma place! *der Mensch denkt und Gott lenkt* l'homme propose et Dieu dispose; ~**en** *n* pensée; *(Nachdenken)* réflexion, méditation *f; folgerichtige(s), logische(s)* ~ esprit *m* de suite, justesse *f* de pensée; **d~end** *a* pensant; ~*e(r) Mensch m* homme *m* qui réfléchit; ~**er** *m* ⟨-s, -⟩ penseur; philosophe, esprit *m;* **d~fähig** *a* capable de penser; ~**fähigkeit** *f* faculté *f* de penser; **d~faul** *a* paresseux d'esprit; ~**faulheit** *f* paresse *f* d'esprit; ~**fehler** *m* faute *f* de raisonnement; ~**lehre** *f* logique *f;* ~**mal** *n* ⟨-s, -mäler/(-male)⟩ monument *m; jdm ein* ~ *errichten* élever une statue à qn; ~**malschutz** *m* protection *f* des monuments; *unter* ~ *stehen, stellen* être classé, classer monument historique; ~**schwach** *a* inapte au raisonnement; ~**schrift** *f* mémoire, mémorandum *m;* ~**sport(aufgabe** *f)* *m* jeu *m* d'esprit; ~**spruch** *m* sentence, devise *f;* ~**vermögen** *n* = ~*fähigkeit;* ~**weise** *f* = ~*art;* **d~würdig** *a* mémorable; ~**würdigkeit** *f (Bedeutung)* importance *f; (Ereignis)* événement *m* mémorable; *pl (Lebenserinnerungen)* Mémoires *m pl;* ~**zettel** *m (Notiz)* note *f,* mémento *m; fig iron* (bonne) leçon, correction *f; jdm e-n* ~ *geben* donner une leçon, administrer une correction à qn.

denn [dɛn] *conj (kausal)* car; *(nach Komparativ: als)* que; *adv (eigentlich, überhaupt)* donc; *mehr* ~ *je* plus

que jamais; *nun od wohlan* ~*!* eh bien! *wieso* ~*?* comment donc? *es sei* ~*, daß* ... à moins que ne *subj; wo bist du* ~*?* où es-tu donc?

dennoch ['dɛnɔx] *adv u. conj* cependant, pourtant; néanmoins, quand même, tout de même.

dent|al [dɛn'taːl] *a gram* dental; **D~al(laut)** *m (Zahnlaut)* dentale *f;* **D~ist** *m* ⟨-en, -en⟩ [-'tɪst] *(früher: Zahnarzt ohne Hochschulprüfung)* dentiste *m.*

Denunz|iant *m* ⟨-en, -en⟩ [denʊntsi'ant] dénonciateur, délateur; *lit* sycophante *m;* ~**iation** *f* ⟨-, -en⟩ [-tsiatsi'oːn] dénonciation, délation *f;* **d~ieren** [-'tsiːrən] *tr* dénoncer; *jur* déférer; *itr* dénoncer à la justice.

Deo|dorant *n* ⟨-s, -e/-s⟩ [deʔodo'rant] déodorant *m;* **d~dorisierend** *a* déodorant; ~**roller** *m* déodorant *m* à bille; ~**spray** *m* od *n* déodorant *m* en aérosol.

Depesch|e *f* ⟨-, -n⟩ [de'pɛʃə] dépêche *f,* télégramme; *fam* câble *m;* ~**enbote** *m* télégraphiste *m;* **d~ieren** [-'ʃiːrən] *tr* télégraphier; *itr* envoyer un télégramme.

Depon|ent *m* ⟨-en, -en⟩ [depo'nɛnt] *fin* déposant *m;* ~**ie** *f* ⟨-, -n⟩ [-'niː, -'niːən] *(Müll~)* décharge *f;* **d~ieren** [-'niːrən] *tr* déposer, mettre en dépôt.

Deposit|ar *m,* ~**är** *m* ⟨-s, -e⟩ [depozi'taːr, -'tɛːr] *fin* dépositaire *m;* ~**en** [-'ziːtən] *pl fin* dépôt(s *pl*) *m;* valeurs *f pl* en dépôt; ~**enbank** *f* banque *f* de dépôts; ~**engelder** *n pl* argent *m od* fonds mis en dépôt, dépôts *m pl;* ~**enguthaben** *n* avoir *m* en dépôt; ~**enkasse** *f* caisse *f* des dépôts (et consignations); ~**enkonto** *n* compte *m* de dépôts; ~**enschein** *m* reconnaissance *f* de dépôt.

Depot *n* ⟨-s, -s⟩ [de'poː] *(Lagerhaus)* dépôt, entrepôt, magasin; *(Bankdepot)* dépôt *m* (en banque); ~**schein** *m* récépissé *m* de dépôt.

Depp *m* ⟨-s, -e/-en⟩ [dɛp] *dial* benêt, *fam* gobe-mouches, gribouille *m.*

Depress|ion *f* ⟨-, -en⟩ [deprɛsi'oːn] *phys mete psych fin* dépression *f;* ~**or** *m* ⟨-s, -en⟩ [-'prɛsɔr, -'soːrən] *anat* abaisseur *m.*

deprimieren [depri'miːrən] *tr (seelisch niederdrücken)* déprimer, décourager, accabler.

Deput|at *n* ⟨-(e)s, -e⟩ [depu'taːt] *(Naturallohn)* allocation *od* rémunération *f od* prestations *f pl* en nature; ~**ation** *f* ⟨-, -en⟩ [-tatsi'oːn] *(Abordnung)* députation, délégation *f;* **d~ieren** [-'tiːrən] *tr* députer, déléguer; ~**ierte(r)** *m* député, délégué *m.*

der, die, das, pl **die** [de(:)r, di(:), das] (Artikel) le, la, pl les; (Demonstrativpron) s. dieser; jener; derjenige (Relativpron) s. welcher; ~ **und** ~ un tel; zu ~ **und** ~ Zeit à telle et telle heure; ~**art** adv tellement, de telle manière, de la sorte, de ce genre; (so sehr) tant; ~, daß de sorte que, à tel point que, si bien que, au point de inf; ~**artig** a tel, pareil, semblable, de cette sorte, de ce genre; ~**einst** adv (in später Zukunft) un jour; (einstmal) autrefois, une fois, jadis; ~**enthalben** adv, ~**entwegen** adv, ~**entwillen,** um (adv) à cause od pour l'amour de qui od duquel, de laquelle, desquel(le)s; ~**gestalt** adv (so): ~(, daß) de façon (à ce que), si bien (que); ~**gleichen** a inv tel, pareil, semblable; und ~ mehr et autres choses semblables, et cætera; nichts ~ tun n'en rien faire; nichts ~! rien de pareil! pas de ça! ~**jenige, diejenige, dasjenige,** pl **diejenigen** [-je:nɪg-] pron celui, celle, pl ceux m, celles f (welche(r, s) qui); ~**maßen** adv (so sehr) tant; ~, daß au point de inf; ~**selbe, dieselbe, dasselbe,** pl **dieselben** pron le, la même, pl les mêmes; ~**weilen** adv en attendant, cependant, entre-temps; ~**zeit** adv à l'heure qu'il est, à présent, actuellement; ~**zeitig** a présent, actuel.

derb [dɛrp] a (fest) ferme, solide, résistant, compact; (hart) dur; (kräftig) fort, vigoureux; (grob) rude, grossier, vert; (Ausdruck) cru, trivial, vulgaire; ~**e(r)** Witz m gauloiserie f; **D~heit** f fermeté, solidité, compacité; dureté; vigueur; rudesse, grossièreté; (des Ausdrucks) crudité, trivialité f.

Derivat n ⟨-(e)s, -e⟩ [deri'va:t] chem dérivé m.

Derwisch m ⟨-(e)s, -e⟩ ['dɛrvɪʃ] rel derviche m.

des [dɛs] **1.** (gen von: der u. das); ~**gleichen** adv de même, pareillement; item; bes. com dito; ~**halb, ~wegen** adv (kausal u. final) c'est od voilà pourquoi, pour od à cause de cela, pour cette raison, pour raison de quoi; (final) à cet effet; eben ~ ... c'est bien pourquoi ...; ~**halb, weil** (c'est) parce que; ~**ungeachtet** adv = dessenungeachtet.

des [dɛs] **2.** n mus ré m bémol; **Des--Dur** n ré m bémol majeur.

Desert|eur m ⟨-s, -e⟩ [dezɛr'tør] déserteur m; **d~ieren** [-'ti:rən] ⟨aux: sein⟩ itr déserter; ~**ion** f ⟨-, -en⟩ [-tsi'o:n] désertion f.

Desinfektion f ⟨-, -en⟩ [dezɪnfɛktsi'o:n] med désinfection f;

~**sanstalt** f établissement m de désinfection; ~**sapparat** m appareil m désinfecteur; ~**smittel** n désinfectant; (für Wunden) antiseptique m.

desinfizieren [dezɪnfi'tsi:rən] tr désinfecter, assainir, aseptiser.

deskriptiv [dɛskrɪp'ti:f] a (beschreibend) descriptif.

desodor|(is)ieren [dezodor(iz)'i:rən] (geruchlos machen) désodoriser; **D~isierung** f désodorisation f.

Desoxyribonukleinsäure f [dɛs?ɔksyribonukle'i:n-] (Abk.: DNS) acide m désoxyribonucléique.

Despot m ⟨-en, -en⟩ [dɛs'po:t] despote, tyran m; **d~isch** a despotique, tyrannique; ~**ismus** m ⟨-, ø⟩ [-po'tɪsmʊs] despotisme m, tyrannie f.

dessen ['dɛsən] (gen der Relativpron der u. das u. des Demonstrativpron dieser); = seine(r, s); ich bin mir ~ bewußt j'ai conscience de cela, j'en ai conscience; ~**thalben** adv, ~**twegen** adv, ~**twillen,** um (adv) à cause de cela; (relativisch) à cause de quoi; ~**ungeachtet** adv malgré cela, nonobstant, néanmoins.

Dessert n ⟨-s, -s⟩ [dɛ'sɛːr, -'sɛrt] dessert m; ~**gabel** f, ~**löffel** m, ~**service** n, ~**teller** m fourchette, cuiller f, service m, assiette f à dessert; ~**wein** m vin m de dessert.

Destill|at n ⟨-(e)s, -e⟩ [dɛstɪ'la:t] chem distillat m; ~**ateur** m ⟨-s, -e⟩ [-la'tør] (Branntweinbrenner) distillateur m; ~**ation** f ⟨-, -en⟩ [-latsi'o:n] chem distillation f; ~**e** f ⟨-, -n⟩ [-'tɪlə] fam (Branntweinausschank) bistrot m; ~**ieranlage** [-'li:r-] f distillerie f; ~**ierapparat** m appareil m à distiller od distillatoire; **d~ieren** [-'li:rən] tr distiller, passer à l'alambic; ~**ierkolben** m matras à distillation, alambic m, cucurbite f.

desto ['dɛsto] adv d'autant; je ..., ~ ... plus ..., plus ..; ~ mehr d'autant plus; je mehr man hat, ~ mehr will man plus on a, plus on veut; ~ besser! tant mieux! ~ schlimmer! tant pis!

Detail n ⟨-s, -s⟩ [de'taɪ(l), -'ta(:)j] détail m; ins ~ gehen entrer dans le(s) détail(s); ~**geschäft** n magasin m de détail; ~**handel** m commerce m de détail; **d~lieren** [-ta'ji:rən] tr (einzeln darlegen) détailler, spécifier; com détailler, vendre au détail; ~**preis** m prix m de détail; ~**zeichnung** f tech dessin m de détail.

Detektiv m ⟨-s, -e⟩ [detɛk'ti:f, -və] détective m; ~**film** m, ~**roman** m film, roman m policier.

Detektor m ⟨-s, -en⟩ [de'tɛktɔr,

-'to:rən] *radio* détecteur *m;* ~**apparat** *m,* ~**empfänger** *m* poste *od* récepteur *m* à galène; ~**(en)empfang** *m* réception *f* sur détecteur *od* sur galène *od* sur cadre; ~**röhre** *f* lampe *f* détectrice.

Deton|ation *f* ⟨-, -en⟩ [detonatsi'o:n] *(Explosion, Knall)* détonation *f;* ~**ator** *m* ⟨-s, -en⟩ [-'na:tor, -na'to:rən] *(Zündmittel)* détonateur *m;* **d~ieren** [-to'ni:rən] ⟨*aux: sein*⟩ *itr* exploser.

Deut *m* ⟨ø, ø⟩ [dɔyt] *fam: nicht einen od keinen* ~ *haben* ne pas avoir un liard; *keinen* ~ *für etw geben, wert sein* ne pas donner un liard pour qc, ne pas valoir un liard.

deut|eln ['dɔytəln] *itr* subtiliser (*an etw* sur qc); interpréter subtilement (*an etw* qc); ~**en** *tr (auslegen) (a. Träume)* interpréter; *(erklären)* expliquer, *itr: auf jdn (mit dem Finger, der Hand)* ~ montrer qn (du doigt, de la main); *auf etw* ~ *fig* annoncer, présager qc; *alles deutet darauf hin, daß* tout porte à croire que; ~**lich** *a (gut unterscheidbar)* distinct; *(klar)* clair, net, précis; bien défini; *(Schrift)* lisible; *(spürbar)* sensible; *(ausgeprägt)* marqué; *sich* ~ *ausdrücken (a.)* mettre les points sur les i; ~ *machen* mettre en lumière; *jdm etw* faire comprendre qc à qn; *e-e* ~*e Sprache reden (fig)* parler net; *etwas* ~ *sehen (fig)* toucher qc du doigt; *das war aber* ~! voilà qui est direct! **D~lichkeit** *f* distinction, clarté, netteté, précision; lisibilité *f;* **D~ung** *f* interprétation; explication *f.*

Deuter|ium *n* ⟨-s, ø⟩ [dɔy'te:rium] *chem* deutérium *n;* ~**on** *n* ⟨-s, -en⟩ ['dɔyteron, -'ro:nən] *(Atomkern des Deuteriums)* deutéron *m.*

deutsch [dɔytʃ] *a* allemand, d'Allemagne; *lit* germanique; *bes. hist* teutonique); *auf* ~ en allemand; ~*er Abstammung* d'origine allemande; *mit jdm* ~ *(deutlich) reden* parler français à qn; ~*französisch (a)* franco-allemand; *(Wörterbuch)* allemand-français; *der D~e Orden (hist)* l'Ordre *m* Teutonique; *die* ~*e Schweiz* la Suisse alémanique; ~*e Spracheigentümlichkeit f* germanisme *m; (das) D~(e)* l'allemand *m,* la langue allemande; **D~enhaß** *m* germanophobie *f;* **D~e(r)** *m,* ~**e** *f* Allemand, e *m f; die alten D~en* les anciens Germains *m pl;* ~**feindlich** *a* germanophobe; ~**freundlich** *a* germanophile; **D~freundlichkeit** *f* germanophilie *f;* **D~land** *n* l'Allemagne *f;* **D~landfrage** *f* problème *m* des deux Allemagnes; **D~landpolitik** *f*

politique interallemande; politique *f* allemande; **D~landtournee** *f* tournée *f* en Allemagne; ~**sprachig** *a* d'expression allemande, germanophone; **D~tum** *n* ⟨-s, ø⟩ [-tu:m] nationalité *f* allemande; *(~es Wesen)* génie *od* caractère *m* allemand.

Devise *f* ⟨-, -en⟩ [de'vi:zə] *(Wahlspruch)* devise *f; pl fin* devises *f pl,* changes *m pl.*

Devisen|abschlüsse [de'vi:zən-] *m pl* opérations *f pl* de change; ~**abteilung** *f* service *m* des changes; ~**ausgleichsfonds** *m* fonds *m* d'égalisation des changes; ~**bestand** *m* stock *m* de devises *m;* ~**bestimmungen** *f pl* règlement *m* sur les monnaies; ~**bewirtschaftung** *f* réglementation *f od* contrôle *m* des devises *od* changes; ~**gesetz** *n* loi *f* relative à la réglementation des devises; ~**handel** *m* commerce *m* du *od* des change(s) *od* des devises; ~**inländer** *m* résidant *m;* ~**knappheit** *f,* ~**mangel** *m* pénurie *f od* manque *m* de devises; ~**kurs** *m* cours *m* des changes; ~**markt** *m* marché *m* des changes *od* devises; ~**notierung** *f* cotation *f* des changes; ~**ordnung** *f* règlement *m* de devises; ~**recht** *n* législation *f* sur les changes; ~**reserve** *f* réserve *f* de devises; ~**schieber** *m* trafiquant *m* de devises; ~**schmuggel** *m* contrebande *f* de devises; ~**sperre** *f* embargo *m* sur les devises; ~**stelle** *f* office *m* des changes; ~**vergehen** *n* infraction *f* (à la réglementation) des changes; ~**verkehr** *m* commerce *m* en devises; ~**verordnung** *f* ordonnance *f* de devises; ~**zuteilung** *f* octroi *m* de devises.

devot [de'vo:t] *a (gottergeben)* dévot; *(unterwürfig)* soumis; **D~ion** *f* ⟨-, -en⟩ [-votsi'o:n] dévotion, soumission *f;* **D~ionalien** *pl* [-tsio'na:liən] objets *od* articles *m pl* religieux.

Dextr|in *n* ⟨-s, -e⟩ [dɛks'tri:n] *chem (Klebestärke)* dextrine *f;* ~**ose** *f* ⟨-, ø⟩ [-'tro:zə] *(Traubenzucker)* dextrose *m,* glucose *m od f.*

Dez *m* ⟨-es, -e⟩ [de:ts] *pop (Kopf)* caboche, citron *m,* cafetière; *vulg* cocarde *f.*

Dezember *m* ⟨-(s), ø⟩ [de'tsɛmbər] décembre *m.*

Dezennium *n* ⟨-s, -ien⟩ [de'tsɛnium, -niən] *(Jahrzehnt)* décennie *f.*

dezent [de'tsɛnt] *a (anständig)* décent; *(zurückhaltend)* réservé, discret; *(zart)* tendre, délicat; *mus (gedämpft)* amorti.

Dezern|at *n* ⟨-(e)s, -e⟩ [detsɛr'na:t]

adm ressort, service *m;* ~**ent** *m* ⟨-en, -en⟩ [-'nɛnt] chef *m* de service.

Dezibel *n* ⟨-s, -⟩ [detsi'bɛl] décibel *m.*

Dezigramm *n* [detsi'gram] décigramme *m;* ~**meter** *n* od *m* décimètre *m.*

dezimal [detsi'ma:l] *tr* a math décimal; **D**~**bruch** *m* (fraction) décimale *f;* ~**isieren** *tr* [-mali'si:rən] décimaliser; **D**~**isierung** *f* décimalisation *f;* **D**~**stelle** *f* décimale *f;* **D**~**system** *n* système *m* décimal *od* métrique, numération *f* décimale; **D**~**waage** *f* bascule *f* décimale; **D**~**zahl** *f* nombre *m* décimal.

dezimieren [detsi'mi:rən] *tr (große Verluste beibringen)* décimer.

Dia *n* ⟨-s, -s⟩ ['di:a], ~**positiv** *n* ⟨-s, -e⟩ [diapozi'ti:f] *phot* dia(positive), diapo *f;* ~**abend** *m* soirée-diapos *f;* ~**betrachter** *m* visionneuse *f;* ~**vortrag** *m* conférence *f* avec diapositives, diaporama *m.*

Diabet|es *m* ⟨-, ø⟩ [dia'be:tɛs] *med (Harnruhr; Zuckerkrankheit)* diabète *m;* ~**iker** *m* ⟨-s, -⟩ [-'be:tikər] diabétique *m;* **d**~**isch** *a* diabétique.

diabolisch [dia'bo:lıʃ] *a (teuflisch)* diabolique, satanique, infernal.

Diadem *n* ⟨-s, -e⟩ [dia'de:m] diadème *m.*

Diagno|se *f* ⟨-, -n⟩ [dia'gno:zə] *med* diagnostic *m; die* ~ *stellen* faire *od* établir le dignostic; ~**sefehler** *m* erreur *f* de diagnostic; ~**stik** *f* ⟨-, (-en)⟩ [-'gnɔstık] diagnose *f;* **d**~**stisch** *a* diagnostique; **d**~**stizieren** [-nɔsti'tsi:rən] *tr* diagnostiquer.

diagonal [diago'na:l] *a math* diagonal; ~ *(flüchtig) lesen (fam)* lire en diagonale; **D**~**e** *f* ⟨-, -n⟩ *math* diagonale *f.*

Diagramm *n* ⟨-s, -e⟩ [dia'gram] *(Schaubild)* diagramme, graphique *m.*

Diakon *m* ⟨-s/-en, -e/-en⟩ [dia'ko:n] *rel* diacre *m;* ~**at** *n* ⟨-(e)s, -e⟩ [-ko'na:t] diaconat *m;* ~**isse** *f* ⟨-, -n⟩ [-ko'nısə] , ~**issin** *f* diaconesse *f.*

Dialekt *m* ⟨-(e)s, -e⟩ [dia'lɛkt] *(Mundart)* dialecte, patois *m;* ~**ik** *f* ⟨-, ø⟩ [-'lɛktık] *philos* dialectique *f;* **d**~**isch** *a (mundartlich)* dialectal; *philos* dialectique.

Dialog *m* ⟨-(e)s, -e⟩ [dia'lo:k] dialogue *m;* ~**betrieb** *m* *inform* mode *m* conversationnel; **d**~**isch** [-lo:gıʃ] *a* dialogué; **d**~**isieren** [-logi'zi:rən] *tr (in* ~*form kleiden)* dialoguer; ~**verfasser** *m* dialoguiste *m.*

Dialys|e *f* ⟨-, -n⟩ [dialy:zə] dialyse *f;* **d**~**ieren** [-lyzi:rən] *tr* dialyser.

Diamant *m* ⟨-en -en⟩ [dia'mant] diamant *m;* **d**~**en** *a* de diamant(s); en

diamants; ~*e Hochzeit f* noces *f pl* de diamants; ~**enhalsband** *n* rivière *f* de diamants; ~**händler** *m* diamantaire *m;* ~**ring** *m* bague *f* de diamants; ~**schleifer** *m* tailleur de diamants, diamantaire *m;* ~**schmuck** *m* parure *f* de diamants.

diametral [diame'tra:l] *a* diamétral; *der* ~*e Gegensatz* le pôle; *adv:* ~ *entgegengesetzt* diamétralement opposé.

Diarium *n* ⟨-s, -rien⟩ [di'a:rıʊm, -rıən] *(Tagebuch)* journal *m.*

Diarrhö(e) *f* ⟨-, -en⟩ [dia'rø:, -'røən] *med (Durchfall)* diarrhée *f.*

Diät *f* ⟨-, ø⟩ [di'ɛ:t] diète *f; med* régime *m* (alimentaire); *pl parl (Tagegelder)* indemnité *f* (parlementaire), jetons *m pl* de présence; ~ *halten, nach e~r* ~ *leben* être au *od* suivre un régime; *d*~ *leben* faire diète; *auf* ~ *setzen (med)* mettre au régime; *strenge* ~ grand régime *m;* ~**brot** *n* pain *m* de régime; ~**etik** *f* ⟨-, -en⟩ [-ɛ'te:tık] diététique *f;* ~**etiker** *m* ⟨-s, -⟩ [-'te:tikər] diététicien *m;* ~**fehler** *m* écart *m* de régime.

dich [dıç] *pron (mit v verbunden)* te; *(unverbunden u. nach prp)* toi.

dicht [dıçt] *a (*~ *stehend)* dense *(a. Bevölkerung);* épais *(bes. Nebel);* dru *(a. Regen); (buschig)* touffu; *(gedrängt)* serré; *(*~ *u. fest)* compact, solide, consistant; *(Stoff)* serré; *(luftdicht)* hermétique; *(wasserdicht)* étanche, imperméable; *adv:* ~ *an etw* à même qc; ~ *bei* tout près de; ~ *dabei* tout près; ~ *beim Bau, bei der Arbeitsstelle* à pied d'œuvre; ~ *hinter ...* juste derrière ...; ~ *hinter mir* sur mes talons; **D**~**e** *f* ⟨-, (-n)⟩ , **D**~**igkeit** *f* ⟨-, ø⟩ densité *a. phys;* épaisseur; compacité, solidité, consistance; étanchéité, imperméabilité *f;* ~**en** *tr* **1.** *tech (verstopfen)* boucher, bourrer, colmater; *(mit Werg)* étouper; étancher; *mar* calfater; **D**~**everhältnis** *n* rapport *m* de densité; ~**zhalten** *itr fam (nichts verraten)* garder le secret *od* fam sa langue; *pop* avoir un bœuf sur la langue; ~**zmachen** *tr fam (Betrieb, Laden)* fermer; **D**~**ung** *f* **1.** *tech* bourrage, joint *m,* garniture *f; (mit Werg)* étoupement; *(wasserdicht)* étanchement; *mar* calfatage *m;* **D**~**ungsmaterial** *n* matériel *m* d'étoupage, garniture *f* de joint; **D**~**ungsring** *m* anneau *m* de joint *od* de garniture; **D**~**ungsscheibe** *f* rondelle *f* de joint.

dicht|en ['dıçtən] *tr* **2.** *poet* faire, écrire, composer; *itr* faire des vers; **D**~**en** *n: all sein* ~ *und Trachten* toute sa pensée et ses efforts; **D**~**er**

m ‹-s, -› poète; *allg* rêveur *m;* **D~e-rin** *f* femme poète, poétesse *f;* **~erisch** *a* poétique; **D~erling** *m* ‹-s, -e› versificateur, rim(aill)eur *m;* **D~kunst** *f* art *m* poetique, poésie *f;* **D~ung** *f* 2. *poet* poésie; *(einzelnes Werk)* œuvre *f* poétique; *(Epos)* poème *m; allg* fiction *f.*

dick [dɪk] *a (dem Durchmesser nach)* épais; *(dem Umfang nach)* gros, fort, corpulent, replet; *(geschwollen, von e~m Körperteil)* enflé, gonflé; = *dicht (stehend);* = *~flüssig; mit jdm durch* ~ *und dünn gehen* suivre qn toujours et partout; *es* ~ *haben (fam)* en avoir assez, *pop* en avoir marre; *ein ~es Fell haben (fig)* avoir la peau dure; *es* ~ *hinter den Ohren haben* être un malin *od* un fin matois; ~ *machen* grossir; *(fett)* engraisser; *~(er) machen (erscheinen lassen)* grossir; *~e Freunde sein* être des amis intimes; *ein(en) Meter* ~ *sein* avoir un mètre d'épaisseur; ~ *und rund werden (Mensch)* devenir gros et gras, devenir gras comme un moine; *~(er) werden (Mensch)* prendre de l'embonpoint *od* de la graisse, grossir, faire de la graisse; *es ist ~e Luft* il va y avoir du grabuge; ~ *angezogen* très vêtu; *~e(r) Brocken m (mil arg: Granate, Bombe)* marmite *f; fig* sale coup *m* sale histoire *f; ~e Milch f* lait *m* caillé *od* pris; **D~bauch** *m (Mensch) fam* ventru, pansu, ventripotent *m; ~bäuchig a (Mensch)* ventru, pansu, *fam* bedonnant; **D~darm** *m anat* gros intestin *m;* **D~e** *f* ‹-, -n› épaisseur; grosseur, corpulence *f,* embonpoint *m;* **D~er-chen** *n* ‹-s, -› *fam* peloton *m; ~fellig a fig* endurci, insensible; **~flüssig** *a* épais, filant, consistant, visqueux; **D~häuter** *m zoo* pachyderme *m;* **D~icht** *n* ‹-(e)s, -e› [-kɪçt] fourré; *(Gebüsch)* taillis *m,* broussailles *f pl;* **D~kopf** *m* forte *od* mauvaise tête *f; fam* mule *f; e-n* ~ *haben* avoir la tête dure; **~köpfig** *a* entêté, têtu; ~ *sein* être cabochard; **D~köpfigkeit** *f fig* entêtement *m,* obstination *f; ~leibig a* corpulent, obèse, replet; **D~leibig-keit** *f* corpulence, obésité *f; ~lich a* dodu, replet; **D~mops** *m fam* boule *f;* gros père *m; kleine(r)* ~ *(fam)* pot *m* à tabac; **D~schädel** *m fam* mule *f; ~=tun itr fam (angeben)* se rengorger, faire le mariolle; **D~mittel** *n (Küche)* épaississant *m; ~wandig a* à paroi(s) épaisse(s); **D~wanst** *m* patapouf *m;* **D~zirkel** *m* compas *m* d'épaisseur.

Didakt|ik *f* ‹-, ø› [di'daktɪk] *(Unter-*

richtslehre) didactique *f;* **d~isch** [-'taktɪʃ] *a (lehrhaft)* didactique.

die [di(:)] *(Artikel, Relativpron) s. der; (Demonstrativpron) s. dieser u. jener.*

Dieb *m* ‹-(e)s, -e› [di:p] voleur, larron; *(Einbrecher)* cambrioleur *m; ~e! haltet den* ~*!* au voleur! **~erei** *f* ‹-, -en› [-bə'raɪ] volerie *f;* **~esbande** *f* bande *f* de voleurs; **~esgut** *n* larcin, butin *m;* **d~essicher** *a* à l'abri des voleurs; **~in** *f* voleuse *f;* **d~isch** *a* enclin au vol, voleur; *adv fig: sich* ~ *freuen* se frotter les mains; **~stahl** *m* vol *m; pop* fauche *f; (kleiner)* larcin; *(Einbruch)* cambriolage, vol *m* avec effraction; *geistige(r)* ~ plagiat, larcin *m* littéraire; *räuberische(r)* ~ vol *m* à main armée; *schwere(r)* ~ *(jur)* vol *m* qualifié; **~stahlversicherung** *f* assurance contre le vol, assurance-vol *f.*

Diel|e *f* ‹-, -n› ['di:lə] *(Brett)* planche *f,* madrier; *dial (Fußboden)* plancher; *(Hausflur)* vestibule *m; (Tanzdiele)* salle *f* de danse, dancing *m;* **d~en** *tr* planchéier.

dien|en ['di:nən] *itr* servir *(jdm* qn, *zu etw* à qc), rendre service *(jdm zu etw* de qc à qn), être utile *(jdm* à qn, *zu etw* à qc); *(helfen)* aider (qn, à qc); *(in Stellung sein)* être en service *od* condition *(bei jdm* chez qn); *mil* servir, faire son service militaire; *als etw* ~ servir de qc, faire fonction *od* office de qc; *als (Ersatz für) etw* ~ tenir lieu de qc, remplacer qc; *von der Pike auf* ~ sortir du rang; *e-m Zweck* ~ répondre à un but; *damit ist mir nicht gedient* cela ne me sert à rien, cela ne fait pas mon affaire; *womit kann ich Ihnen* ~*?* qu'y a-t-il pour votre service? **D~er** *m* ‹-s, -› serviteur; *(Dienstbote)* domestique, valet; *(Lakai)* laquais; *(Knecht)* valet; *rel* ministre *m; fig (Verbeugung)* révérence *f; stumme(r)* ~ *(Gerät)* serviteur *m* muet; ~ *Gottes od der Kirche* ministre *m* de Dieu *od* du Seigneur *od* de Jésus--Christ *od* de la religion *od* de l'Église; **D~erin** *f* servante *f; ~ern itr* faire la révérence; **D~erschaft** *f* ‹-, ø› domestiques, gens *m pl* de maison; **D~ertracht** *f* livrée *f; ~lich a (brauchbar)* utile, propre *(zu* à); *(zweckdienlich)* convenable, expédient; *(heilsam)* salutaire; *zu etw* ~ *sein* servir, être utile à qc; *kann ich Ihnen* ~ *sein?* puis-je vous être utile? *der Gesundheit* ~ bon pour la santé.

Dienst *m* ‹-es, -e› [di:nst] service; *(Amt)* office *m,* charge; *(Stellung)* place, condition *f,* emploi *m; (Funktion)* fonction *f; (Liebes~)* bon office; *rel* office, ministère *m; außer* ~ hors (du) service; *(im Ruhestand) (Abkür-zung: a. D.)* en retraite, ancien ...; *im ~ (befindlich)* de service; *(während des ~es)* pendant le service; *im ~ (gen)* au service (de) ...; *in Ausübung des ~es* dans l'exercice de ses fonctions; *um Ihnen einen ~ zu erweisen* pour vous être agréable; *s-e guten ~e anbieten (pol)* offrir ses bons offices; *den ~ antreten* entrer en service; *im ~ ergrauen* blanchir, vieillir sous le harnais; *jdm e-n ~ erweisen od leisten* rendre (un) service à qn; *jdm e-n schlechten ~ erweisen* rendre un mauvais service à qn; *~ haben* être de service, *mil a.* de semaine; *den ~ kündigen* donner congé; *(~boten a.)* donner ses huit jours; *jdm gute, schlechte ~e leisten* rendre de bons, mauvais services à qn; *jds ~e in Anspruch nehmen* utiliser les services de qn; mettre qn à contribution; *in ~ nehmen* prendre à son service, engager, embaucher; *in jds ~ stehen* être au service de qn; *zu jds ~en stehen* être à la disposition *od* aux ordres de qn; *in ~ stellen (mar)* mettre en service; *außer ~ stellen (mar)* mettre hors service, retirer du service; *in jds ~e treten* entrer au service de qn; *s-n ~ versehen* faire son service; *ich stehe Ihnen (gleich) zu ~en* je suis à vous; *meine Beine versagen den ~* mes jambes se dérobent; *was steht zu ~en?* qu'y a-t-il pour votre service? ~ *ist ~!* service d'abord! *rückwärtige ~e (mil)* services *m* pl de l'arrière; *Offizier, Unteroffizier m vom ~* officier, sergent *m* de service; ~ *am Kunden* service *m* après-vente; ~ *nach Vorschrift* grève *f* du zèle; **~abteil** *n loc* compartiment *m* de service; **~abzeichen** *n (Polizei)* insigne officiel; *mil* insigne *m* réglementaire; **~alter** *n* ancienneté, date *f* du brevet; *nach dem ~* par rang *od* ordre d'ancienneté; **~alterzulage** *f* prime *f* d'ancienneté; **~älteste(r)** *m* le plus ancien, doyen *m*; **~anschluß** *m tele adm* poste *m* de service; **~antritt** *m* entrée *f* en service *od* en fonction; **~anweisung** *f* instruction de service; *adm* note *od* mention *f* de service; **~anzug** *m mil* tenue *f* de service; **~auffassung** *f* manière *f* d'agir, façon *f* de faire; **~aufsicht** *f adm* contrôle *m* (hiérarchique); **d~bar** *a (zu ~ verpflichtet)* tributaire, sujet; *hist* corvéable; *(gefällig)* serviable, obligeant; *~e(r) Geist m (hum)* génie *m* domestique; **~barkeit** *f (Abhängigkeit)* sujétion; *hist* servitude *f*; **~bereich** *m* compé-

tence *f*; **d~bereit** *a* serviable, empressé, zélé; *~e Apotheke f* pharmacie *f* de garde; **~bereitschaft** *f* serviabilité *f*, empressement *m*; **~bescheinigung** *f* certificat *m* de service; **~betrieb** *m* marche *f* du service, service *m* officiel; *den ~ regeln* régler le fonctionnement du service; *wenn es der ~ erfordert* en cas de nécessité(s) de service; **~bezüge** *m pl* rémunération *f* d'activité; **~bote** *m* domestique *m f*; **~eid** *m* serment *m* professionnel; **~eifer** *m* zèle, empressement *m*; **d~eifrig** *a* zélé, empressé; *(gefällig)* serviable, obligeant; **~einteilung** *f* roulement *m* du service; **~eintritt** *m* entrée *f* en service *od* en fonctions; **~enthebung** *f* suspension, mise *f* à pied; **~entlassung** *f* renvoi, congédiement *m*; (mise *f* en) congé, licenciement *m*; **d~fähig** *a* apte au service; **~fähigkeit** *f* aptitude *f* au service; **d~fertig** *a* = **~bereit**; **d~frei** *a* libre *od* exempt de service; ~ *haben* n'être pas de service; **~gebrauch** *m*: *nur für den ~ (mil)* restreint au service; **~geheimnis** *n* secret *m* professionnel; **~gespräch** *n tele* conversation *f* de service; **~grad** *m mil* grade *m* (militaire); **d~habend** *a* de service; **~handlung** *f* acte *m* officiel; *e-e ~ vornehmen* officier; **~herr** *m (Arbeitgeber)* patron, employeur *m*; ~ **jahr** *n* année *f* de service; *pl* états *m pl* de service; **~kleidung** *f* vêtements *m pl* de service; **~leistung** *f* (prestation *f* de) service *m*; *(als Arbeitsentgelt)* rémunération *f* en services; *zur ~ kommandiert (mil)* stagiaire; **~leiter** *m* chef *m* de service; **~leitung** *f tele* ligne *f* de service; **d~lich** *a* officiel; *a. adv* de service, d'office; *in ~er Eigenschaft* dans l'exercice de ses fonctions; *aus ~en Gründen* pour des raisons de service; *~e(r) Befehl m* ordre *m* de service; *~e Mitteilung f* note *f* de service; ~ *verhindert* retenu par le service; **~mädchen** *n* bonne, domestique *f*; ~ *für alles* bonne *f* à tout faire; **~mann** *m (Gepäckträger)* ⟨-s, -männer/-leute⟩ commissionnaire, homme de peine; *hist (Vasall)* ⟨-s, -leute⟩ vassal *m*; **~mütze** *f* bonnet *m* d'ordonnance; **~obliegenheiten** *f pl* fonctions *f pl*; **~ordnung** *f* règlement *m* de service; **~ort** *m* résidence *f* de service; **~pflicht** *f* (obligation *f* de) service *m*; *allgemeine ~ (mil)* service *m* militaire obligatoire; **d~pflichtig** *a* astreint au service; **~pflichtverletzung** *f* manquement *m* aux devoirs; **~pistole** *f* pistolet *m* d'ordonnance; ~**plan** *m* tableau *m* de service; ~**rang** *m* grade *m* (militaire); ~**raum** *m* local de service, bureau *m;* ~**reise** *f* déplacement *m* (de service); ~**sache** *f* affaire *f* de service *od* officielle; *(Schreiben)* pli *m* de service; *portopflichtige* ~ lettre *f* officielle en port dû; ~**schreiben** *n* lettre *f* de service; ~**siegel** *n* cachet *m* officiel; ~**stelle** *f* service, office, bureau *m; vorgesetzte* ~ autorité *f* hiérarchique supérieure; ~**stellenleiter** *m* chef *m* de service; ~**stellung** *f* fonction *f; mil (zum Unterschied vom* ~*grad)* emploi *m;* ~**strafe** *f* peine *f* disciplinaire; ~**strafgewalt** *f* pouvoir *m* disciplinaire; ~**strafkammer** *f* cour *f* disciplinaire; ~**strafordnung** *f* règlement disciplinaire; *mil* règlement *m* de punitions; ~**strafverfahren** *n* procédure *f* disciplinaire; ~**stunden** *f pl* heures *f pl* de service; **d**~**tauglich** *a* apte au service; ~**tauglichkeit** *f* aptitude *f* au service; **d**~**tuend** *a bes. mil* de service; **d**~**untauglich** *a* inapte au service; *jdn als* ~ *entlassen* réformer qn; ~**untauglichkeit** *f* inaptitude *f* au service; ~**vergehen** *n* infraction *f* de service; ~**verhältnis** *n* état *od* rapport *m* de service; *pl* conditions *f pl* de service; *in e-m festen* ~ *stehen* avoir un emploi fixe; ~**vermerk** *m* indication *f* de service; ~**verpflichtung** *f* engagement *m* obligatoire; ~**vertrag** *m* contrat *m* de service; ~**vorschrift** *f* règlement *m od* instruction *f od* ordre *m* de service; *mil* consigne *f;* ~**wagen** *m* voiture *f* de service; ~**weg** *m* voie *f* hiérarchique; *auf dem* ~*e* par la voie hiérarchique; *den* ~ *einhalten* suivre *od* respecter la voie hiérarchique; **d**~**willig** *a* = **d**~*bereit;* ~**wohnung** *f* logement *m* de service; ~**zeit** *f mil* durée *f,* années *f pl* de service; *(Bürostunden)* (temps *m od* heures *f pl* de) service *m; (aktive)* ~ *(mil)* présence *f* (réelle) sous les drapeaux; ~**zeugnis** *n* certificat *m* (de service). **Dienstag** *m* ⟨-(e)s, -e⟩ ['di:nsta:k] mardi *m.* **diesbezüglich** ['di:s-] *a* relatif; *a. adv.* à ce sujet, à cet effet. **Diesel|antrieb** *m* ['di:zəl-] *mot* commande *f* par moteur diesel; ~**kraftstoff** *m* combustible *m* pour moteurs diesel; ~**lastwagen** *m* camion *m* (à moteur) diesel; ~**lok(omotive)** *f* locomotive *f* (à moteur) diesel; ~**motor** *m* moteur *m* diesel; ~**motorschiff** *n* bateau *m* diesel; ~**öl** *n* huile *f* pour moteurs diesel *od* lourde;

~**triebwagen** *m loc* autorail *m* diesel; ~**zugmaschine** *f* tracteur *m* diesel. **dies|e(r, s)** ['di:zə-] *pron* ce *(vor Vokal* cet), cette, *pl* ces; *(substantivisch)* celui-ci, celle-ci, *pl* ceux-ci, celles-ci; ~*er und jener* l'un et l'autre, *fam* le tiers et le quart; ~**(es)** *(substantivisch)* ceci; *von* ~*em und jenem sprechen* parler de choses et d'autres *od fam* de la pluie et du beau temps; ~ *ist ...* c'est ..., voici ...; ~**jährig** ['di:s-] *a* de cette année; ~**mal** *adv* cette fois pour le coup; *für* ~ pour cette fois; ~**seitig** *a* de ce côté(-ci), en deçà; ~**seits** *adv* de ce côté(-ci), en deçà; *prp gen* en deçà de; **D**~**seits** *n* ⟨-, ø⟩, *das* ~ ce monde. **diesig** ['di:zɪç] *a* brumeux, nébuleux. **Dietrich** *m* ⟨-s, -e⟩ ['di:trɪç] *(Nachschlüssel)* passe-partout, crochet; *fam* rossignol *m; mit e-m* ~ *öffnen* crocheter. **diffamier|en** [dɪfa'mi:rən] *tr (verleumden)* diffamer, calomnier, dénigrer; **D**~**ung** *f* diffamation, calomnie *f,* dénigrement *m.* **Differential** *n* ⟨-s, -e⟩ [dɪferɛntsi'a:l] *math* différentielle *f;* ~**geometrie** *f* géométrie *f* infinitésimale; ~**(getriebe)** *n mot* (engrenage) différentiel *m;* ~**gleichung** *f math* équation *f* différentielle; ~**rechnung** *f* calcul *m* différentiel; ~**schaltung** *f el* méthode *f* différentielle. **Differenz** *f* ⟨-, -en⟩ [-'rɛnts] *(Unterschied)* différence *f; fig (Streit)* différend *m;* **d**~**ieren** [-rɛn'tsi:rən] *tr (unterscheiden)* différencier *a. math;* ~**ierung** *f (Unterscheidung)* différentiation *f.* **differieren** [dɪfe'ri:rən] *itr (vonea. abweichen)* différer, être différents. **diffus** [dɪ'fu:s] *a phys (zerstreut)* diffus; **D**~**ion** *f* ⟨-, -en⟩ [-fuzi'o:n] *phys chem tech* diffusion *f;* **D**~**ionsvermögen** *n* diffusibilité *f;* **D**~**or** *m* ⟨-s, -en⟩ [-'fu:zɔr, -'zo:rən] diffuseur *m.* **Digital|anzeige** *f* [digi'ta:l-] affichage *m* numérique; ~**rechner** *m* calculateur *m* numérique; ~**uhr** *f* montre *f* digitale *od* à affichage numérique. **Diktaphon** *n* ⟨-(e)s, -e⟩ [dɪkta'fo:n] *(Tonbandgerät)* dictaphone *m,* machine *f* à dicter; ~**at** *n* ⟨-(e)s, -e⟩ [dɪk'ta:t] *(Nachschrift)* dictée; *(strenger Befehl)* injonction *f; pol* traité *m* imposé; *nach jds* ~ sous la dictée de qn; *ein* ~ *aufnehmen* écrire sous la dictée; *ein* ~ *schreiben* faire une dictée; *nach* ~ *schreiben* prendre sous dictée; ~**ator** *m* ⟨-s, -en⟩ [-'ta:tɔr, -'to:rən] dictateur *m;* **d**~**ato-**

risch [-'to:rɪʃ] *a* dictatorial; ~**atur** *f* ‹-, -en› [-'tu:r] dictature *f;* **d~ieren** [-'ti:rən] *tr (Text, Bedingungen)* dicter; *pol* imposer; ~**iergerät** [-'ti:r-] *n,* ~**iermaschine** *f* = ~*aphon.*

dilatorisch [dila'to:rɪʃ] *a jur (aufschiebend)* dilatoire.

Dilemma *n* ‹-s, -s/-ata› [di'lɛma, -ta] dilemme *m.*

Dilettant *m* ‹-en, -en› [dilɛ'tant] *(Halbwisser)* dilettante; *(Liebhaber)* amateur *m;* **d~isch** [-'tantɪʃ] *a pej* de *od* en dilettante *od* amateur; ~**ismus** *m* ‹-, ø› [-'tɪsmʊs] dilettantisme *m.*

Dill *m* ‹-s, -e› [dɪl] *bot* anet(h), *(Küche: meist)* fenouil *m.*

Diluvium *n* ‹-s, ø› [di'lu:viʊm] *geol* ère *f* glaciaire, diluvium *m.*

Dimension *f* ‹-, -en› [dimɛnzi'o:n] dimension *f.*

Ding *n* ‹-(e)s, -e› [dɪŋ] chose *f; (Gegenstand)* objet *m; (Angelegenheit)* affaire *f; fam (Person)* ‹-(e)s, -er› être *m,* créature *f; in solchen ~en* en pareille matière; *nach Lage der ~e* selon les conditions du moment; *vor allen ~en* avant tout, surtout; *wie die ~e nun einmal liegen* dans les circonstances actuelles, au point où nous en sommes; *den ~en ihren Lauf lassen* laisser aller les choses; *unverrichteterdinge abziehen* s'en retourner comme on était venu, revenir bredouille; *guter ~e sein* être de bonne humeur; *große ~e vorhaben* avoir de grands projets; *das ~ beim rechten Namen nennen* appeler un chat un chat; *das geht nicht mit rechten ~en zu* le diable s'en mêle, ce n'est pas naturel; *das ist ein ~ der Unmöglichkeit* c'est une chose infaisable, c'est impossible; *so liegen die ~e* voilà où en sont les choses; *aller guten ~e sind drei (prov)* jamais deux sans trois; *gut ~ will Weile haben (prov)* il faut reculer pour mieux sauter; *das ~ an sich (philos)* la chose en soi; *ein hübsches ~ (fam)* un beau brin de (jeune) fille; **d~en** *tr (anwerben)* engager, embaucher; *(Mörder)* soudoyer; ~**erchen** *n* ‹-s, -› ['dɪŋərçən] *pl fam* petites choses *f pl;* **d~fest** *a:* ~ *machen* mettre en état d'arrestation, arrêter; **d~lich** *a jur* réel; ~*e(s) Recht n* droit *m* réel; ~**s** *n* ‹-, ø› *fam* chose *f,* machin; truc *m;* ~**sda** *m f* ‹-, ø› *fam (unbekannte od unbenannte Person)* Chose *m; Herr, Frau ~* monsieur, madame Chose *od* Machin; *n* chose *f,* machin *m.*

dinieren [di'ni:rən] *itr* dîner.

Dinkel *m* ‹-s, ø› ['dɪŋkəl] *bot* épeautre *m.*

Dinosaurier *m* ‹-s, -› [dino'zauriər] dinosaurien *m.*

Diopt|erlineal *n* [di'ɔptər-] alidade *f;* ~**rie** *f* ‹-, -n› [diɔp'tri:] *opt* dioptrie *f.*

Dioxin *n* ‹-s, ø› [di'ʔɔk'si:n] dioxine *m.*

Diözes|anverband *m* [diø'tse'sa:n-] association *f* diocésaine; ~**e** *f* ‹-, -n› [-'tse:zə] *rel* diocèse *m.*

Diphtherie *f* ‹-, (-n)› [difte'ri:] *med* diphtérie *f;* ~**serum** *n* sérum *m* antidiphtérique.

Diphthong *m* ‹-s, -e› [dif'tɔŋ] *gram* diphtongue *f.*

Diplom *n* ‹-(e)s, -e› [di'plo:m] diplôme, brevet *m; fam* peau *f* d'âne; ~**at** *m* ‹-en, -en› [-plo'ma:t] diplomate *m;* ~**atenausweis** *m* passeport *m* diplomatique; ~**atenschreibtisch** *m* bureau *m* ministre; ~**atie** *f* ‹-, ø› [-ma'ti:] diplomatie *f;* ~**atik** *f* ‹-, ø› [-'ma:tɪk] *(Urkundenlehre)* diplomatique *f;* ~**atiker** *m* ‹-s, -› [-'ma:tikər] *(Urkundenkenner)* chartiste *m;* ~**atin** *f* [-'ma:tɪn] femme *f* diplomate; **d~atisch** [-'ma:tɪʃ] *a* diplomatique; *(von Personen)* diplomate; *die ~en Beziehungen abbrechen, (wieder)aufnehmen* rompre, (r)établir les relations diplomatiques; *Abbruch m der ~en Beziehungen* rupture *f* des relations diplomatiques; *das ~e Korps* le corps diplomatique; ~**ingenieur** *m* ingénieur *m* diplômé; ~**kaufmann** *m* diplômé *m* de l'école de commerce; ~**landwirt** *m* ingénieur *m* agronome.

Dipolantenne *f* ['di:po:l-] *radio* antenne *f* à dipôle *od* de balise *od* doublet.

dir [di:r] *pron dat (mit v verbunden)* te; *(unverbunden)* à toi; *(mit prp)* toi.

direkt [di'rɛkt] *a* direct, (tout) droit; *(unmittelbar)* immédiat; *adv* directement, en droite ligne, immédiatement; *(geradezu)* absolument; vraiment, véritablement; *es war mir ~ peinlich* je me sentais vraiment gêné; *in ~er Linie (Abstammung)* en ligne directe; ~ *beziehen (com)* acheter de première main; ~*e Rede f (gram)* discours *m* direct; ~*e Steuern f pl* impôts *m pl* directs; **D~flug** *m* vol *m* direct; **D~ion** *f* ‹-, -en› [tsi'o:n] *(Leitung)* direction; *(Verwaltung)* administration *f; (Vorstand)* conseil *m* d'administrateurs *od* de gérants; **D~ive** *f* ‹-, -n› [-'ti:və] *(Weisung)* directive *f; pl* instructions *f pl* (générales); **D~or** *m* ‹-s, -en› [-'rɛktɔr, -'to:rən] *allg adm com* directeur; *adm* gouverneur; *(Geschäftsführer)* gérant; *(e-r staatl. höheren Schule (lycée))* proviseur; *(e-r städt. höheren*

Schule (collège)) principal *m; ge-schäftsführende(r)* ~ directeur *m* gérant; *stellvertretende(r), Zweite(r)* ~ sous-directeur *m; technische(r)* ~ directeur *m* technique; **D~orat** *n* ‹-(e)s, -e› [-to'ra:t] directorat; *(e-s lycée)* provisorat; *(e-s collège)* principalat *m;* **D~orin** [-'to:rɪn] *f,* **D~rice** *f* ‹-, -n› [-'tri:sə] directrice *f;* **D~orium** *n* ‹-s, -rien› [-'to:riʊm, -riən] comité *m* directeur; *das* ~ *(hist) (1795—99)* le Directoire; **D~übertragung** *f* radio TV: *als* ~ en direct *(aus de, im Fernsehen* à la télévision).

Dirig|ent *m* ‹-en, -en› [diri'gɛnt] *mus* chef *m* d'orchestre; **~entenpult** *n* pupitre *m* d'orchestre; **d~ieren** [-'gi:rən] *tr* diriger; *mus mil* conduire.

Dirndl|(kleid) *n* ‹-s, -› ['dɪrndəl] costume *m* bavarois.

Dirne *f* ‹-, -n› ['dɪrnə] *vx* (jeune) fille; *(Prostituierte)* fille (publique), prostituée, putain; *iron* femme galante, respectueuse, demoiselle; *fam* poule *f.*

dis *n* ‹-, -› [dɪs] *mus* ré *m* dièse; ~-**Moll** *n* ré *m* dièse mineur.

Discountgeschäft *n* [dɪs'kaʊnt-] grand magasin *m* discount.

Disharmon|ie *f* ‹-, -n› [dɪsharmo'ni:] *mus* dissonance, discordance, mauvaise harmonie; *fig* désunion, dissension, discorde *f;* **d~isch** [-'mo:nɪʃ] *a mus* dissonant; *a. fig* discordant.

Diskant *m* ‹-s, -e› [dɪs'kant] *mus* dessus, soprano *m;* **~stimme** *f* voix *f* haute.

Diskette *f* ‹-, -n› [dɪs'kɛtə] *inform* disquette *f.*

Disko *f* ‹-, -s› ['dɪsko] *fam* discothèque, *fam* boîte *f;* **~mode** *f* mode *f* disco; **~musik** *f* musique *f* disco.

Diskont *m* ‹-s, -e› [dɪs'kɔnt] *fin* escompte *m; com (Nachlaß)* réduction, remise *f; den* ~ *erhöhen, herabsetzen* augmenter, réduire le taux d'escompte; *e-n Wechsel zum* ~ *geben, nehmen* faire escompter, escompter une lettre de change; *e-n* ~ *(Nachlaß) gewähren* accorder une réduction; **~bank** *f* banque *f* d'escompte; **~erhöhung** *f* augmentation *f* du taux d'escompte; **d~ieren** [-'ti:rən] *tr* escompter; faire l'escompte de; **~markt** *m* marché *m* d'escompte; **~nehmer** *m* escompteur *m;* **~rate** *f* = *Diskontsatz;* **~rechnung** *f* bordereau *m* d'escompte; **~satz** *m* taux *m* d'escompte; **~senkung** *f* abaissement *m* du taux d'escompte; **~wechsel** *m* lettre *f* de change à l'escompte.

Diskothek *f* ‹-, -en› [dɪsko'te:k] discothèque *f.*

diskreditieren [dɪskredi'ti:rən] *tr (in Verruf bringen)* discréditer, déprécier, décrier.

Diskrepanz *f* ‹-, -en› [dɪskre'pants] *(Unstimmigkeit)* divergence, disparate *f.*

diskret [dɪs'kre:t] *a* discret; **D~ion** *f* ‹-, ø› [-kretsi'o:n] discrétion *f; (strenge)* ~ *wird zugesichert* discrétion assurée od garantie.

diskriminier|en [dɪskrimi'ni:rən] *tr (herabsetzen)* discriminer; **~end** *a* discriminatoire; **D~ung** *f* discrimination *f.*

Diskus *m* ‹-, -ken/-sse› ['dɪskʊs] *sport* disque *m;* ~ *werfen* lancer le disque; **~werfen** *n,* **~wurf** *m* lancement *m* du disque; **~werfer** *m sport* lanceur de disque; *(Kunst)* discobole *m.*

Disku|ssion *f* ‹-, -en› [dɪskʊsi'o:n] discussion *f,* débats *m pl; sich mit jdm in e-e* ~ *einlassen* entrer en discussion avec qn; *e-e* ~ *in Gang bringen* od *veranlassen* provoquer od déclencher une discussion; *die* ~ *eröffnen, schließen* ouvrir, clore la discussion; *od* les débats; *etw zur* ~ *stellen* mettre qc en discussion; *die* ~ *dreht sich um ...* la discussion porte *od* roule sur ...; *das steht nicht zur* ~ la question n'est pas là; **~ssionsgrundlage** *f* base *f* de discussion; **~ssionsleiter** *m* animateur *m* de la discussion; **d~tabel** [-'ta:bəl] *a,* **d~tierbar** [-'ti:r-] *a* discutable; **d~tieren** *tr* discuter, débattre, agiter; *itr* discuter *(über etw* de qc); *lebhaft* ~ discuter le coup *pop.*

Dispens *m* ‹-es, -e› [dɪs'pɛns, -zə] , **~ation** *f* ‹-, -en› [-zatsi'o:n] *(Befreiung)* dispense, exemption *f;* **d~ieren** [-'zi:rən] *tr* dispenser, exempter *(jdn von etw* qn de qc).

Dispo|nent *m* ‹-en, -en› [dɪspo'nɛnt] *com* gérant *m;* **d~nibel** [-'ni:bəl] *a (verfügbar)* disponible; **d~nieren** [-'ni:rən] *tr (einteilen)* disposer *(jdn zu etw* qn à qc); *itr (verfügen)* disposer *(über etw* de qc); *(planen)* projeter; **~sition** *f* ‹-, -en› [-zitsi'o:n] *allg* disposition *f; (Anordnung) a.* arrangement *m; (Anlage) a.* prédisposition, aptitude *f; zur* ~ *stellen (Beamten, bes. Offizier)* mettre en disponibilité *od* en non-activité; **~sitionsfonds** *m adm* fonds *m* disponible.

Disput *m* ‹-(e)s, -e› [dɪs'pu:t] dispute, discussion, altercation *f;* **d~ieren** [-pu'ti:rən] *itr* disputer, discuter *(über etw* de *od* sur qc).

Disqualifi|kation *f* ‹-, -en› [dɪskvalifikatsi'o:n], **~zierung** [-'tsi:rʊŋ] *f bes. sport* disqualification

f; **d~zieren** [-'tsi:rǝn] *tr bes. sport*
disqualifier.
Dissertation *f* ⟨-, -en⟩ [dɪsɛrtatsi'o:n]
(Abhandlung) dissertation; *(Doktor~)* thèse *f* de doctorat.
Dissident *m* ⟨-en, -en⟩ [disi'dɛnt] dissident *m.*
Dissonanz *f* ⟨-, -en⟩ [dɪso'nants] *mus*
u. *fig* dissonance *f; fig a.* désaccord
m.
Distanz *f* ⟨-, -en⟩ [dɪs'tants] distance *f*
a. fig. écartement *m; auf kurze* ~ à
courte distance; ~ *wahren (fig)* observer les distances; *zu jdm (fig)* tenir qn à distance; **d~ieren** [-'tsi:rǝn]
tr bes. sport distancer; *sich von jdm* ~
(fig) prendre ses distances à l'égard
de qn, se désolidariser d'avec qn;
~messer *m tech* télémètre *m;*
~platte *f,* **~scheibe** *f tech* plaque *f*
d'écartement; **~rohr** *n* tuyau *m*
d'écartement.
Distel *f* ⟨-, -n⟩ ['dɪstǝl] *bot* chardon *m;*
~fink *m orn* chardonneret *m.*
Distichon *n* ⟨-s, -chen⟩ ['dɪstiçɔn,
-çǝn] *poet* distique *m.*
Distrikt *m* ⟨-(e)s, -e⟩ [dɪs'trɪkt] district,
arrondissement *m.*
Disziplin *f* ⟨-, -en⟩ [dɪstsi'pli:n] *(Zucht)*
discipline; *(Fachgebiet)* discipline,
branche *od* matière (d'enseignement);
spécialité *f; jdn an* ~ *gewöhnen* discipliner qn; ~ *halten* maintenir la discipline; *strenge* ~ discipline *f* sévère;
~argericht [-pli'na:r-] *n* conseil *m* de
discipline; **~argerichtsbarkeit** *f* juridiction *f* disciplinaire; **~argewalt** *f*
pouvoir *m* disciplinaire; **d~arisch**
[-'na:rɪʃ] *a* disciplinaire; **~armaßnahme** *f* mesure *f* disciplinaire; **~arstrafe** *f* punition *od* peine *f* disciplinaire; **~arstrafordnung** *f* mil règlement *m* militaire disciplinaire; **~arverfahren** *n* action *f* disciplinaire;
~arvergehen *n* infraction *f* contre la
discipline; **d~iert** [-'ni:rt] *a* discipliné;
~iertheit *f* esprit *m* de discipline;
d~los *a* indiscipliné; **~losigkeit** *f* indiscipline *f.*
dito [di:to] *adv* dito; *allg* idem, de
même.
Diva *f* ⟨-, -s/-ven⟩ ['di:va] diva, vedette,
star, étoile *f.*
diverg|ent [-'gɛnt] *a (ausea.gehend)*
divergent; **D~enz** *f* ⟨-, -en⟩ [-'gɛnts]
divergence *f;* **~ieren** [-'gi:rǝn] *itr* diverger.
Divers|ant *m* ⟨-en, -en⟩ [-vɛr'zant] *pol*
(Abtrünniger, Saboteur) diversionniste *m;* **d~e** [di'vɛrzǝ] *a pl attr* divers, différents; **~e(s)** *n lit (Vermischtes)* miscellanées *f pl; (Zeitung)*
faits *m pl* divers.

Divid|end *m* ⟨-en, -en⟩ [divi'dɛnt]
math dividende *m;* **~ende** *f* ⟨-, -n⟩
[-'dɛndǝ] *fin* dividende *m; (k)eine* ~
ausschütten distribuer un (passer le)
dividende; **~endenausschüttung** *f*
répartition *f* des dividendes; **~endensatz** *m* taux *m* de dividende;
~endenschein *m* coupon *m* de dividende; **d~ieren** [-'di:rǝn] *tr math* diviser *(durch* par).
Divis *n* ⟨-es, -e⟩ [di'vi:s] *typ (Bindestrich)* trait *m* d'union.
Division *f* ⟨-, -en⟩ [divizi'o:n] *math mil*
division; *adm* section *f;* **~sabschnitt**
m secteur *m* d'une *od* de la division;
~sartillerie *f* artillerie *f* divisionnaire; **~skommandeur** *m* général *m*
commandant la division; **~sstab** *m*
état-major *m* de (la) division;
~sstabsquartier *n* quartier *m*
général divisionnaire.
Divisor *m* ⟨-s, -en⟩ [di'vi:zɔr, -'zo:rǝn]
math diviseur *m.*
Diwan *m* ⟨-s, -e⟩ ['di:va(:)n] divan *m.*
D-Mark *f* ['de:-] *(DM)* mark *m* allemand.
doch [dɔx] *adv* u. *conj (jedoch, dennoch)* cependant, pourtant; quand
même, tout de même; néanmoins;
(abgeschwächt) donc *(od bleibt unübersetzt); interj (in Abrede Gestelltes bekräftigend)* si (fait), mais si *od*
oui; *du weißt* ~, *daß* ... tu sais bien
que ...; *du hast ihn* ~ *gegrüßt?* tu l'as
salué, au moins? *er ist* ~ *gesund?* il
est bien portant, j'espère? *er ist* ~
nicht krank? il n'est pas malade, par
hasard? *könnte ich es ihm* ~ *sagen!*
que ne puis-je le lui dire! *das ist* ~ *die*
Höhe! alors ça, c'est le bouquet! *kommen Sie* ~ *herein!* entrez donc! *wenn*
er ~ *käme!* si seulement il venait! *also*
~*!* qu'est-ce que je disais!
ja ~*!* mais oui! mais si! certainement! *nicht* ~*!* mais non! que non!
non pas!
Docht *m* ⟨-(e)s, -e⟩ [dɔxt] mèche *f.*
Dock *n* ⟨-s, -s/(-e)⟩ [dɔk] *mar* dock,
bassin *m* (de construction *od* de radoub); cale *f; auf* ~ *legen = docken*
1.; **~arbeiter** *m* docker *m;* **d~en** *tr* **1.**
(Schiff) mettre en cale sèche; **~gebühren** *f pl* droits *m pl* de dock *od*
de bassin.
Dock|e *f* ⟨-, -n⟩ ['dɔkǝ] *vx dial (Puppe)*
poupée *f; (Garnstrang)* écheveau *m;*
(Weberei: Rolle) torque *f;* **d~en** *tr* **2.**
(Garn drehen) mettre en écheveaux;
(rollen) torquer.
Doge *m* ⟨-n, -n⟩ ['do:ʒǝ] *hist* doge *m;*
~npalast *der (in Venedig)* le palais
des doges.
Dogge *f* ⟨-, -n⟩ ['dɔgǝ] *(Hunderasse)*

dogue; *(Bulldogge)* bouledogue *m; junge* ~ doguin, e *m f.*

Dogm|a *n* ⟨-s, -men⟩ ['dɔgma] *rel, allg* dogme *m;* ~**atiker** *m* ⟨-s, -⟩ [-'maːtikər] dogmatique *m;* **d~atisch** [-'maːtiʃ] *a* dogmatique.

Dohle *f* ⟨-, -n⟩ ['doːlə] *orn* choucas *m;*

Doktor *m* ⟨-s, -en⟩ ['dɔktɔr, -'toːrən] *(a. pop: Arzt)* docteur *m (entspricht in Frankr. eher dem deutschen Dr. habil.);* den od *(fam) s-n* ~ *machen,* ~ *werden* passer *od* être reçu docteur, faire *od* passer son doctorat; *Herr* ~! monsieur! *(nur wenn ein Arzt angeredet wird)* docteur! ~ *der Ingenieurwissenschaft (Dr.-Ing.), der Medizin (Dr. med.), der Naturwissenschaften (Dr. rer. nat.), der Philosophie (Dr. phil.), des Rechts (Dr. jur.), der Staatswissenschaften (Dr. rer. pol.), der Theologie (Dr. theol.)* ingénieur docteur, docteur *m* en médecine, ès sciences, ès lettres, en droit, ès sciences politiques, en théologie; ~**arbeit** *f* thèse *f* de doctorat; ~**at** *n* ⟨-(e)s, -e⟩ [-to'raːt], ~**grad** *m,* ~**titel** *m,* ~**würde** *f* doctorat, grade *od* titre *m* de docteur; ~**examen** *n,* ~**prüfung** *f* doctorat *m;* ~**hut** *m* bonnet *m* de docteur; ~**in** *f* [-'toːrɪn] *(Ärztin)* femme médecin, doctoresse *f.*

Doktrin *f* ⟨-, -en⟩ [dɔk'triːn] doctrine *f;* **d~är** [-tri:'nɛːr] *a* doctrinaire.

Dokument *n* ⟨-(e)s, -e⟩ [doku'mɛnt] document *m,* pièce *f,* certificat; *jur* acte, instrument *m;* ~**alist** *m* ⟨-en, -en⟩ [dokumɛnta'lɪst] documentaliste *m;* ~**arfilm** [-'ta:r-] *m* (film) documentaire *m;* **d~arisch** [-'ta:rɪʃ] *a* documentaire; ~**ation** *f* ⟨-, -en⟩ [-tatsi'oːn] documentation *f;* **d~ieren** [-'ti:rən] *tr* documenter, attester, certifier.

Dolch *m* ⟨-(e)s, -e⟩ [dɔlç] poignard; *(kleiner)* stylet *m; (großer)* dague *f; mit e-m* ~ *erstechen* poignarder; ~**stoß** *m* coup *m* de poignard *a. fig.*

Dolde *f* ⟨-, -n⟩ ['dɔldə] *bot* ombelle *f;* **d~nförmig** *a* ombelliforme; ~**ngewächse** *n pl (Familie)* ombellifères *f pl.*

Dole *f* ⟨-, -n⟩ ['doːlə] égout *m.*

Dollar *m* ⟨-s, -s⟩ ['dɔlar] dollar *m;* ~**kurs** *m* cours *m* du dollar; ~**länder** *n pl* pays *m pl* de la zone dollar.

Dolle *f* ⟨-, -n⟩ ['dɔlə] *mar* tolet, touret *m.*

Dolmetsch|(er) *m* ⟨-s, -⟩ ['dɔlmɛtʃ(ər)] interprète *a. fig (deutsch a.:* ~*); (im Orient)* drogman; *a. fig (Fürsprecher)* truchement *m;* **d~en** *tr* interpréter; traduire; *itr* servir d'interprète; ~**erexamen** *n* examen d'interprète *od* d'interprétariat; ~**erschule** *f* école *f* d'interprétariat; ~**erwesen** *n* fonction *f od* métier *m* d'interprète; interprétariat *m;* ~**offizier** *m* officier-interprète *m.*

Dom *m* ⟨-(e)s, -e⟩ [doːm] *(Bischofskirche)* cathédrale *f; (in Italien)* dôme; *arch (Kuppel)* dôme *m,* coupole *f;* ~**herr** *m* chanoine *m;* ~**kapitel** *n* chapitre *m* de la cathédrale; ~**pfaff** *m orn* bouvreuil *m;* ~**prediger** *m* prédicateur *m* à la cathédrale; ~**propst** *m* prévôt *m* du chapitre.

Domäne *f* ⟨-, -n⟩ [do'mɛːnə] terre *f* domaniale; domaine *m* de l'État *od* public.

domin|ant [domi'nant] *a biol* dominant; **D~ante** *f* ⟨-, -n⟩ *bes. mus* dominante *f;* ~**ieren** [-'niːrən] *tr* u. *itr* dominer *(über* sur); **D~ikaner(in** *f) m* ⟨-s, -⟩ [-ni'ka:nər] *rel* dominicain, e *m f;* **D~o** ['do:mino] **1.** *m* ⟨-s, -s⟩ *(Maskenkostüm)* domino *m;* **2.** *n* ⟨-s, -s⟩ *(Spiel)* (jeu *m* de) dominos *m pl;* ~ *spielen* jouer aux dominos; **D~ostein** *m* domino *m.*

Domizil *n* ⟨-s, -e⟩ [domi'tsi:l] *(Wohnsitz)* domicile *m;* **d~ieren** [-tsi'li:rən] *tr fin* domicilier; ~**wechsel** *m fin* lettre *f* de change à domicile.

Dompteur *m* ⟨-s, -e⟩ [dɔmp'tøːr] dompteur *m.*

Donau ['do:nau], *die* le Danube; ~**länder,** *die n pl* la région danubienne; ~**staaten,** *die m pl* les États *m* danubiens.

Donner *m* ⟨-s, -⟩ ['dɔnər] tonnerre *m; (Geschützdonner)* grondement *m; ich bin wie vom* ~ *gerührt* je suis comme frappé de la foudre, les bras m'en tombent; *der* ~ *grollt* le tonnerre gronde; ~**keil** *m geol* téton *m* du diable, *scient* bélemnite *f;* **d~n** *itr* ⟨aux: haben⟩ tonner; *(Kanone)* gronder; *fig (Mensch)* tempêter, fulminer *(gegen jdn* contre qn); *es donnert* il tonne; *der Zug donnert über die Brücke* ⟨aux: sein⟩ le train passe le pont avec un fracas de tonnerre; **d~nd** *a* tonnant *a. fig; fig* tonitruant; ~**e(r)** *Beifall m* tonnerre *m* d'applaudissements; ~**schlag** *m* coup *m* de tonnerre *od* de foudre; ~**stag** *m* jeudi *m;* ~**stimme** *f* voix *f* de tonnerre *od* tonnante *od* tonitruante; ~**wetter** *n* orage *m,* tempête *f a. fig (Zornausbruch);* ~! *(fam)* (mille) tonnerre(s)! sacristi! sapristi!

Dontgeschäft *n* ['dõː-] *fin* négociation *od* opération *f* à prime.

doof [do:f] *a pop (blöde)* bête, godichon, gourde; ~ *sein (a.)* en avoir une couche.

dop|en ['do:pən] *tr sport* doper; **D~ing** *n* ⟨-s, -s⟩ ['-pɪŋ] doping, dopage *m.*

Doppel *n* ⟨-s, -⟩ ['dɔpəl] *(Duplikat)* double, duplicata; *(Tennis)* double *m; gemischte(s)* ~ double *m* mixte; ~**ader** *f tele* fil *m* double; ~**adler** *m (Wappen)* aigle *f* à deux têtes; ~**agent** *m* agent *m* double; ~**arbeit** *f* double emploi *m;* **d~armig** *a (Hebel)* à deux branches; ~**bad** *n* bains *m pl* jumeaux; ~**belichtung** *f phot* double exposition, surimpression *f;* ~**beschluß** *m (Nato~)* double décision *f* de l'OTAN; ~**besteuerung** *f* double taxation *f;* ~**bett** *n* lit *m* à deux personnes *od* de milieu, grand lit; lits *m pl* jumeaux; ~**bettzimmer** *n* chambre *f* à grand lit; ~**bild** *n TV* image *f* avec réflexion; ~**brechung** *f opt* biréfringence *f;* ~**buchstabe** *m* lettre *f* double; ~**decker** *m aero* biplan *m;* ~**deckomnibus** *m* autobus *m* à impériale; **d~deutig** *a* équivoque, ambigu, à double sens; ~**ehe** *f* bigamie *f;* ~**fagott** *n mus* contrebasson *m;* ~**fenster** *n* double fenêtre, contre-fenêtre *f,* vitrage *m* double; ~**flinte** *f* fusil *m* à deux coups; ~**gänger** *m* double, sosie *m;* ~**griff** *m mus* double corde *f;* ~**haus** *n* maison *f* jumelée; ~**kinn** *n* double menton *m;* **d~köpfig** *a* bicéphale; ~**lauf** *m (Flinte)* canon *m* double; **d~läufig** *a (Flinte)* à deux coups; ~**laut** *m gram* diphtongue *f;* ~**los** *n (Lotterie)* billet *m* jumelé; **d~n** *tr* doubler; ~**name** *m* double nom *m;* ~**paddel** *n* pagaie *f* double; **d~polig** *a* bipolaire; ~**punkt** *m* deux points *m pl;* ~**reifen** *m* mot pneus *m pl* jumelés; ~**reihe** *f* mil colonne *f* par deux; *in* ~ *antreten!* rassemblement en colonne par deux! ~**reim** *m* rimes *f pl* redoublées; ~**röhre** *f radio* lampe *f* à deux systèmes; ~**rolle** *f theat* deux rôles *m pl;* ~**rumpf(flugzeug** *n)* *m* (avion à) double fuselage *m;* ~**schalter** *m el* interrupteur *m* double; **d~seitig** *a (Kleidung)* réversible; ~*e Lungenentzündung f* pneumonie *f* double; ~*e(r) Stoff m* étoffe *f* réversible; ~**sinn** *m* double sens *m,* équivoque, ambiguïté *f;* **d~sinnig** *a* = *doppeldeutig;* ~**sohle** *f* double semelle *f;* ~**stecker** *m el* prise *f* double *od* bipolaire; ~**stern** *m astr* étoile *f* double; ~**steuer(ung** *f) n aero* double commande *f;* ~**triebwerk** *n* moteur *m* jumelé; ~**tür** *f* contre-porte *f;* ~**verdiener** *m* cumulard *m;* ~**währung** *f* double étalon, bimétallisme *m;*

d~wertig *a chem* bivalent; ~**zentner** *m* quintal *m* métrique; ~**zimmer** *n* chambre *f* à deux lits; **d~züngig** *a fig* double, faux, dissimulé; ~**züngigkeit** *f* duplicité *f.*

doppelt ['dɔpəlt] *a* double; *adv* en double, deux fois; *in* ~*er Ausfertigung* en double; ~ *soviel* deux fois autant; ~ *bezahlen* payer double; ~ *soviel bezahlen* payer le double; *etw* ~ *haben* avoir qc en double; ~ *sehen* voir double; ~ *setzen (aus Versehen) (typ)* doubler; *ein* ~*es Spiel treiben* jouer double jeu; ~ *genäht hält besser (prov)* deux précautions valent mieux qu'une; ~ *gibt, wer schnell gibt (prov)* qui tôt donne deux fois donne; ~*e Arbeit f* double emploi *m;* ~*e Buchführung f (com)* comptabilité *f* en partie double; ~**kohlensauer** *a chem* bicarboné.

Dorf *n* ⟨-(e)s, ¨er⟩ [dɔrf, dœrfər] village; *(Weiler)* hameau; *(Nest)* patelin *m pop;* ~**bewohner** *m* villageois *m;* ~**musikant** *m* ménétrier *m;* ~**pfarrer** *m (kath.)* curé, *(evang.)* pasteur *m* de village; ~**roman** *m* paysannerie *f;* ~**schenke** *f* cabaret *m* de village; ~**schule** *f* école *f* de village; ~**trottel** *m* idiot *m* du village.

Dörf|chen [dœrf-] *n,* ~**lein** *n* petit village *m;* ~**ler** *m* villageois *m;* **d~lich** *a* villageois.

Dorn [dɔrn] *m bot* ⟨-(e)s, -en/⟨¨er⟩⟩ épine *f,* piquant; *(an e-r Schnalle)* ardillon *m; tech* ⟨-(e)s, -e⟩ broche, tige *f,* goujon, mandrin *m,* chevillette *f; sich an e-m* ~ *ritzen* s'égratigner avec une épine; *jdm ein* ~ *im Auge sein* être la bête noire de qn, offusquer qn; *fam* hérisser qn; *sich e-n* ~ *in den Fuß treten* s'enfoncer une épine dans le pied; *keine Rose ohne* ~*en (prov)* pas de rose sans épines; ~**busch** *m* arbuste *m* épineux; *der brennende* ~ *(rel)* le buisson ardent; ~**(en)hecke** *f* haie *f* d'épines; ~**enkrone** *f rel* couronne *f* d'épines; **d~enreich** *a.* **d~envoll** *a fig* pénible, plein de difficultés; **d~ig** *a* épineux *a. fig; fig* = *dornenreich;* ~**röschen** *n (Märchengestalt)* la Belle au bois dormant.

dorren ['dɔrən] ⟨*aux: sein*⟩ *itr (dürr werden)* (se des)sécher; *(welken)* se faner.

dörr|en ['dœrən] *tr* (des)sécher; *(rösten)* torréfier, sécher au four; **D~fleisch** *n* viande *f* séchée; **D~gemüse** *n* légumes *m pl* secs *od* séchés *od* déshydratés; **D~obst** *n* fruits *m pl* secs *od* séchés.

Dorsch *m* ⟨-(e)s, -e⟩ [dɔrʃ] *zoo* (petite) morue *f*.

dort [dɔrt] *adv* là; y; *da und* ~ çà et là; *von* ~ de là; en; ~ *drüben, hinten* là-bas; ~ *oben, unten* là-haut, là-bas; ~ *ist,* ~ *sind* voilà; ~**her** *adv* de (par) là, de là-bas, en; *von* ~ de ce côté(-là); ~**herum** *adv* quelque part par là; ~**hin** *adv* de ce côté-là, par là, là-bas, y; ~**hinab** *adv* en descendant par là; ~**hinauf** *adv* en montant par là; ~**hinaus** *adv* en sortant par là; ~**hinein** *adv* là-dedans; ~**hinunter** *adv* = ~*hinab;* ~**ig** *a* de od situé là-bas, en ce lieu(-là); ~**zulande** *adv* dans ce pays-là.

Dose *f* ⟨-, -n⟩ ['do:zə] boîte *f; (Behälter)* récipient *m; (Kapsel)* capsule; *(Konservendose)* boîte (de conserves); *el (Steckdose)* (boîte de) prise *f* de courant; ~**nbarometer** *n* od *m* baromètre *m* à coquille; ~**nmilch** *f* lait *m* (condensé *od* concentré) en boîte; ~**nöffner** *m* ouvre-boîtes *m;* ~**nschalter** *m* el interrupteur *m* à boîtier.

dös|en ['dø:zən] *itr fam* sommeiller, somnoler; s'abandonner à la rêverie, rêvasser; ~**ig** *a fam (schläfrig)* somnolent; *(stumpfsinnig)* hébété, bête.

dos|ieren [do'zi:rən] *tr med pharm fig* doser; **D~ierung** *f* dosage *m;* **D~is** *f* ⟨-, Dosen⟩ ['do:zɪs -zən] *med pharm fig* dose, quantité *f*.

Dot|ation *f* ⟨-, -en⟩ [dotatsi'o:n] *jur* dotation *f;* **d~ieren** [-'ti:rən] *tr* doter (*mit* de).

Dotter *m* od *n* ⟨-s, -⟩ ['dɔtər] jaune d'œuf, *scient* vitellus *m;* ~**blume** *f* renoncule *f;* ~**sack** *m* zoo poche *f* nutritive.

Double *n* ⟨-s, -s⟩ ['du:b(ə)l] *film* doublure *f*.

Doz|ent *m* ⟨-en, -en⟩ [do'tsɛnt] maître de conférences, chargé *m* de cours; **d~ieren** [-'tsi:rən] *tr u. itr (lehren)* enseigner; professer.

Drache *m* ⟨-n, -n⟩ ['draxə] *(Fabeltier)* dragon *m;* ~**n** *m* ⟨-s, -⟩ *(Spielzeug)* cerf-volant; *sport* deltaplane *m; fig fam (böse Frau)* dragon *m,* mégère, xanthippe *f; e-n* ~ *steigen lassen* faire partir un cerf-volant; **d~n=fliegen** *(aux: sein) itr* faire du deltaplane; ~**nfliegen** *n* vol libre, deltaplane *m;* ~**nflieger(in** *f)* *m* libériste *m f;* ~**nsaat** *f fig* engeance *f* de vipères; ~**ntöter** *m* tueur *m* de dragon(s); ~**nwurz** *f bot* serpentaire *f*.

Dragoner *m* ⟨-s, -⟩ [dra'go:nər] *mil hist* dragon; *fig fam (resolute Frau)* grenadier, gendarme *m*.

Draht *m* ⟨-(e)s, ⁓e⟩ [dra:t, 'drɛ:tə] fil métallique, *(Eisendraht)* fil de fer; *tele (Kabel)* câble *m; per* ~ *(tele)* par câble; *den* ~ *abrollen* développer le fil; *auf* ~ *sein (fam)* être débrouillard; être en forme, être plein d'allant; *zu* ~ *ziehen (tech)* tréfiler; *blanke(r)* ~ fil *m* nu; *umsponnene(r)* ~ fil *m* garni od recouvert od guipé; ~ *unter Spannung od Strom* fil *m* sous tension; ~**auslöser** *m phot* déclencheur *m* à fil; ~**bericht** *m* rapport *m* télégraphique; ~**bürste** *f* brosse *f* métallique; **d~en** *tr* télégraphier, câbler; ~**ende** *n* extrémité *f* du fil; ~**geflecht** *n* tissu *m* métallique; ~**gitter** *n* grillage *m* métallique; ~**glas** *n* verre *m* filé *od* armé; ~**haardackel** *m* basset *m* à poils durs; ~**haarfox** *m zoo* fox *m* à poils durs; **d~haarig** *a (Hund)* à poils durs; ~**heftklammer** *f* crochet *m;* ~**heftmaschine** *f* brocheuse *f* à fil métallique; ~**heftung** *f* brochage *m* à fil métallique; ~**korb** *m* panier *m* métallique; ~**lehre** *f tech* calibre *m* à fils métalliques; ~**litze** *f* fil *m* de câble laminé; **d~los** *a* radiotélégraphique, radiotéléphonique; *a, adv* sans fil, par radio; ~ *telegraphieren* radiotélégraphier; ~**nachricht** *f* télégramme *m;* ~**netz** *n* treillis *m* od toile *f* métallique; ~**rolle** *f* couronne *f* de fil; ~**saite** *f mus* corde *f* métallique; ~**schere** *f* coupe-fil, bec-de-corbeau *m;* ~**seil** *n* câble métallique, filin *m* d'acier; ~**seilbahn** *f* téléphérique, téléférique *m;* ~**seilbrücke** *f* pont *m* suspendu; ~**sieb** *n* crible *m* métallique; ~**spule** *f* el bobine *f;* ~**stift** *m* clou *m* d'épingle, pointe *f* (de Paris); ~**überweisung** *f* com virement *m* télégraphique; ~**verhau** *m mil* réseau *m* de barbelés; ~**verspannung** *f aero* haubanage *m;* ~**walzwerk** *n* laminoir *m* à fils; ~**zaun** *m* treillage *m* métallique; ~**zieher** *m tech* tréfileur *m,* *fig* meneur, instigateur, machinateur *m* (d'intrigues); *der* ~ *sein (fig)* tirer les ficelles; ~**zieherei** *f tech* tréfilerie *f*.

Draisine *f* ⟨-, -n⟩ [drai-, drɛ'zi:nə] *hist (Laufmaschine)* draisienne; *loc* draisine *f*.

drakonisch [dra'ko:nɪʃ] *a (streng)* draconien.

drall [dral] *a (kräftig, stramm)* vigoureux, plantureux, solide; **D~heit** *f* ⟨-, ø⟩ vigueur, solidité *f*.

Drall *m* ⟨-(e)s, -e⟩ [dral] *(Drehung, a. d. Garnes u. Zwirnes)* tors *m,* torsion; *(Geschoßdrehung)* dérivation; *(Drehung e-s Propellerflugzeugs)* déviation *f; (Windung der Züge in Feuer-*

waffen) pas *m* de rayure; ~ *haben (Geschoß)* tourner sur soi-même; **d~frei** *a tech* antigiratoire.

Drama *m* ⟨-s, -men⟩ ['dra:ma, -mən] drame *m;* ~**tiker** *m* ⟨-s, -⟩ [-'ma:tikər] auteur dramatique, dramaturge *m;* **d~tisch** [-'ma:tɪʃ] *a* dramatique, *fig a.* théâtral; **d~tisieren** [-ti'zi:rən] *tr* dramatiser, adapter à la scène; ~**tisierung** *f* ⟨-, -en⟩ dramatisation; ~**turg** *m* ⟨-en, -en⟩ [-'tʊrk, -gən] critique de théâtre (dramatique); théoricien *m* du drame; ~**turgie** *f* ⟨-, ø⟩ [-'gi:] dramaturgie *f.*

dran [dran] *adv fam* = *daran.*

drän|ieren [drɛ'ni:rən] *tr (unterirdisch entwässern)* drainer; **D~(ier)ung** *f* drainage *m;* **D~rohr** *n* tuyau *m* de drainage.

Drang *m* ⟨-(e)s, (⸚e)⟩ [draŋ] *(Druck)* (op)pression *f; (Dringlichkeit)* besoin *m* (urgent), urgence; *(Trieb)* poussée, impulsion *f,* instinct *m; (Hang)* tendance *f,* penchant (*zu* à), désir *m (zu* de); *im* ~ *der Geschäfte* dans la fièvre des affaires; *der* ~ *nach dem Osten (hist)* la poussée vers l'est.

Drangabe *f s. Darangabe.*

Dräng|elei *f* ⟨-, -en⟩ [drɛŋə'laɪ] *fam* presse *f;* **d~eln** ['drɛŋəln] *tr u. itr fam* pousser, bousculer; tarabuster, tanner; *itr a.* jouer des coudes; **d~en** *tr (drücken)* presser, serrer, pousser *(gegen* contre); *fig (antreiben)* pousser *(zu* à), presser *(zu* de); *(e-n Schuldner)* opprimer, obséder, tourmenter; *itr* presser; *auf etw* ~ insister sur qc; *sich* ~ se presser *(um* autour de), se pousser; *sich durch die Menge* ~ fendre la foule; *sich an die Wand* ~ *lassen* se laisser passer devant; *sich zwischen die Streitenden* ~ s'interposer entre les combattants; *es drängt mich zu* ... j'ai grande envie, il me tarde de ...; *die Sache drängt* il y a urgence; *die Zeit drängt* le temps presse; ~**en** *n* poussée; *fig* oppression, obsession; *(dringende Bitten)* insistance *f; auf jds* ~ sur les instances de qn.

Drangsal *f* ⟨-, -e⟩ ['draŋza:l] *(Bedrängnis)* détresse, calamité *f,* tourment *m,* tribulations *f pl;* **d~ieren** [-'li:rən] *tr (quälen)* tourmenter, tracasser, *fam* tarabuster.

Drap|erie *f* ⟨-, -n⟩ [drapə'ri:, -'ri:ən] *(Verkleidung, Behang, Faltenwurf)* draperie *f;* **d~ieren** [-'pi:rən] *tr* draper; ~**ierung** *f (Draperie)* draperie *f.*

drastisch ['drastɪʃ] *a (derb)* fort, vif,

vert; *(sehr wirksam)* énergique, rigoureux, draconien.

drauf [draʊf] *adv fam* = *darauf.*

Draufgabe *f com* dessous-de-table *m.*

Draufgänger *m* risque-tout, casse-cou, dur, sabreur; **d~isch** *a* audacieux, téméraire, *fam* crâne; ~**tum** *n* audace, *fam* crânerie *f,* cran *m.*

Draufgeld *n* = *Draufgabe.*

draußen ['draʊsən] *adv* (au) dehors; *(im Freien)* en plein air; *(in der Fremde)* à l'étranger; *von* ~ de *od* du dehors.

drawidisch *a* [dra'vi:dɪʃ] dravidien; *die* ~*en Sprachen f pl* les langues *f pl* dravidiennes.

Drechs|elbank *f* ['drɛksəl-] tour *m;* **d~eln** *tr* tourner, faire au tour; *fig (Worte)* façonner méticuleusement; ~**ler** *m* ⟨-s, -⟩ tourneur *m;* ~**lerei** [-slə'raɪ] *f (Handwerk)* art du tourneur; *(Werkstatt)* atelier *m* de tourneur.

Dreck *m* ⟨-(e)s, ø⟩ [drɛk] saleté, ordure, crasse; *(Straßenschmutz)* boue, crotte *f; (Exkremente)* excréments *m pl,* déjections *f pl,* fiente; *vulg* merde; *pop (Schund)* pacotille, camelote; *pop (Kleinigkeit)* bagatelle, vétille *f; sich über jeden* ~ *ärgern (pop)* se fâcher pour un rien; ~ *am Stecken haben (fig)* avoir de la poix aux mains, être soi-même compromis *od fam* mouillé; *sich um jeden* ~ *kümmern* fourrer son nez partout; *vor* ~ *starren* être sale comme un peigne; *im* ~ *steckenbleiben* s'embourber; *durch den* ~ *ziehen (fig)* traîner dans la boue; *ich mache mir e-n* ~ *daraus (pop)* je m'en fous; *kümmere dich um deinen* ~*! (pop)* mouche ton nez! *das geht Sie e-n* ~ *an! (pop)* mêlez-vous de vos affaires! *mach deinen* ~ *allein!* débrouille-toi tout seul! ~**arbeit** *f* grosse besogne *f,* gros ouvrage *m;* ~**bürste** *f* brosse *f* à décrotter; ~**ding** *n fam* guenille *f;* **d~ig** *a* sale, crasseux; *(Straße)* boueux, crotté; *es geht mir (sehr)* ~ *(fam)* ça va mal, *pop* je suis dans la mouise, je gratte le pavé; ~**loch** *n fam (Pfütze)* patouillis; *fig (Elendswohnung)* nid à rats, taudis *; ~**schnauze** *f vulg* sale gueule *f;* ~**wetter** *n* sale temps *m.*

Dreh *m* ⟨-(e)s, -s/-e⟩ [dre:] *fam (Drehung)* tour; *fam (Handgriff, Trick)* truc *m, pop* combine *f; auf den* ~ *kommen* trouver le truc *od* le joint *od* le filon; *den* ~ *raushaben* avoir trouvé *od* connaître le truc, avoir le coup, *pop* être à la coule; *üble(r)* ~ *(pop)* saloperie *f;* ~**achse** *f* axe *m* de rotation; ~**arbeiten** *f pl film* (travaux *m pl* de) tournage *m; mit den* ~ beginnen donner le premier tour de manivelle (*für* de); ~**automat** *m tech* tour *m* automatique; ~**bank** *f* tour *m*; **d~bar** *a* tournant, rotatif; ~**beanspruchung** *f* effort *m* de torsion; ~**bewegung** *f* mouvement *m* rotatif *od* de rotation; ~**bleistift** *m* crayon à coulisse, porte-mine à vis, stylomine *m;* ~**bolzen** *m* tourillon *m;* ~**brücke** *f* pont *m* tournant; ~**buch** *n film* scénario *m;* ~**buchautor** *m* scénariste *m;* ~**bühne** *f theat* scène *f* tournante; **d~en** *tr allg* tourner *a. tech;* (*winden*) tordre, tortiller; (*Seide*) retordre; (*Hanf*) corder; (*Pillen, Tüten*) faire; (*Zigarette*) rouler; (*Fahrzeug*) virer; (*Film*) tourner, réaliser; *sich* ~ tourner (*um etw* autour de qc), virer, pivoter; *sich um etw* ~ (*fig fam*) tourner autour de qc, s'agir de qc; (*bes. Gespräch*) rouler sur qc; *die Aufnahmen* ~ (*film*) prendre les vues; *ein Ding* ~ (*pop*) faire un coup, *arg* monter une affaire; *sich im Kreise* ~ tourner sur soi--même, tournoyer, (*auf einem Fuß*) pirouetter; *fig* tourner en rond, *fam* se mordre la queue; *jdm e-e Nase* ~ faire un pied de nez à qn; *sich um e-n Zapfen* ~ pivoter; ~ *und wenden* (*fig*) torturer, ergoter sur; *sich* ~ *und winden* (*um sich loszureißen*) se débattre; *fig* (*Ausflüchte machen*) tourner autour du pot, tergiverser; *er dreht alles so, wie er es braucht* il interprète tout à sa manière; *mir dreht sich alles* la tête me tourne; *darum dreht sich alles* tout roule là-dessus; *der Wind dreht sich* le vent tourne; ~**er** *m* (-s, -) tourneur *m;* ~**erei** [-'rɑɪ] *f* (*Werkstatt*) atelier *m* de tournage *od* de tourneur; ~**fenster** *n* fenêtre *f* pivotante; ~**flügel** *m aero* voilure *f* tournante; ~**flügelflugzeug** *n* (*Hubschrauber*) avion à voilure tournante, giravion *m;* ~**funkfeuer** *n* radiophare *m* tournant; ~**geschütz** *n* pièce *f* tournante; ~**geschwindigkeit** *f* vitesse *f* de rotation; ~**gestell** *n* bo(g)gie *m;* ~**kondensator** *m radio TV* condensateur *m* variable; ~**kraft** *f phys* force *f* rotatrice; ~**kran** *m* grue *f* tournante *od* pivotante; ~**krankheit** *f vet* tournis *m;* ~**kranz** *m* (*MG*) tourelle *f;* ~**kreuz** *n* (*Wegsperre*) tourniquet *m;* ~**kuppel** *f* (*e-r Sternwarte, e-s Planetariums*) coupole *f* tournante; ~**moment** *n phys* couple *m* de rotation; ~**orgel** *f mus* orgue *m* de Barbarie; ~**ort** *m film* lieu *m* du tournage; ~**punkt** *m phys* centre de rotation; *a. fig* pivot *m;*

~**rahmenantenne** *f radio* cadre *m* tournant; ~**richtung** *f* sens *m* de rotation; ~**ring** *m tech* émerillon *m;* ~**rost** *m tech* grille *f* tournante; ~**schalter** *m el* commutateur *m* rotatif; ~**scheibe** *f tech* tour *m; loc* plaque *od* plate-forme *f* tournante, pont *m* tournant *od* roulant; ~**schieber** *m tech* tiroir *m* rotatif; ~**sinn** *m* = ~*richtung;* ~**span** *m tech* copeau *m*, tournure *f;* ~**spannung** *f* tension *f od* effort *m* de torsion; ~**spule** *f el* bobine *f* à cadre mobile; ~**stab** *m* barre *f* de torsion; ~**stahl** *m tech* outil *m* de tour *od* à tourner; ~**ständer** *m* (*für Ansichtskarten*) tourniquet *m;* ~**strahlbake(nsender** *m*) *f* = ~*funkfeuer;* ~**strom** *m el* courant *m* triphasé; ~**strommaschine** *f* alternateur *m* triphasé; ~**strommotor** *m* moteur *m* triphasé; ~**stromnetz** *n* réseau *m* triphasé; ~**stuhl** *m* chaise *f* pivotante *od* tournante *od* à pivot; ~**tisch** *m tech* table *f* tournante; ~**tür** *f* porte *f* tournante *od* pivotante; ~**turm** *m mil mar aero* tourelle *f* tournante *od* pivotante *od* giratoire; ~**ung** *f* (*um sich selbst*) tour, mouvement *m* giratoire, rotation; (*halbe* ~ *rechts* demi-tour droite; (*um e-n anderen Körper*) révolution; (*Windung*) torsion *f;* (*Wendung*) virage *m;* ~**waage** *f* balance *f* de torsion; ~**wurm(krankheit** *f*) *m vet* vercoquin *m;* ~**zahl** *f tech* mot nombre *m* de tours *od* de rotations; *bei voller* ~ à plein régime; *mit hoher* ~ *laufen* tourner à grande vitesse; ~**zahlmesser** *m* compte-tours, tachymètre *m;* ~**zahlregler** *m* régulateur *m* de vitesse; ~**zapfen** *m* pivot, tourillon *m.*

drei [drɑɪ] (*Zahlwort*) trois; *für* ~ *essen* manger comme quatre; *nicht bis* ~ *zählen können* (*fig*) être bouché *od* bête comme ses pieds; **D~** *f* (-, -en) trois *m;* **D~achser** *m* mot camion *m* à trois essieux; **D~achteltakt** *m mus* (mesure *f* à) trois-huit *m;* ~**ad(e)rig** *a tech* à trois fils; **D~akter** *m theat* pièce *f* en trois actes; ~**armig** *a* à trois bras *od* branches; ~**atomig** *a* triatomique; ~**basisch** *a chem* tribasique; **D~beinfahrgestell** *n aero* atterrisseur *m* tricycle; ~**beinig** *a* à trois pieds; **D~blatt** *n bot* trèfle d'eau, menyanthe *m;* **D~blatt-Luftschraube** *f aero* hélice *f* à trois pales *od* tripale; ~**blätt(e)rig** *a* à trois feuilles; **D~bund** *m hist* (1882—1914) Triple-Alliance *f;* **D~decker** *m mar* trois--ponts; *aero* triplan *m;* ~**dimensional** *a* à trois dimensions; ~*e(r) Film* *m (a.)* cinéma *m* en relief; **D~eck** *n math* triangle *m; (Zeichengerät)* équerre *f;* **~eckig** *a* triangulaire; **D~ecksbadehose** *f* slip *m* (de bain); **D~ecksgeschäft** *n* opération *f* triangulaire; **D~eckschaltung** *f el* montage *m* en triangle *od* en delta; **D~ecksverhältnis** *n* ménage *m* à trois; **D~einigkeit** *f rel* trinité *f;* **D~er** *m* ⟨-s, -⟩ = *D~;* **~erlei** ['--'laɪ] *a inv* de trois sortes *od* espèces; *auf ~ Art od Weise* de trois manières (différentes); **D~ersystem** *n pol* tripartisme *m;* **~fach** *a* triple; **D~fachstecker** *m el* fiche *f* tripolaire; **D~faltigkeit** *f = Dreieinigkeit;* **D~farbendruck** *m typ* trichromie *f;* **D~felderwirtschaft** *f agr* culture *f* à trois assolements *od* triennale; **D~fuß** *m* trépied *m;* **D~ganggetriebe** *n mot* boîte *f* à trois vitesses; **D~gespann** *n* voiture *f* à trois chevaux; **~geteilt** *a* triparti, tripartite; **D~gitterröhre** *f radio* lampe *f* trigrille; **~glied(e)-rig** *a math* à trois membres; *(in drei Reihen)* à trois rangs; *~e Zahlengröße f (math)* trinôme *m;* **~holmig** *a aero (Tragfläche)* à trois longerons; **~hundert** *(Zahlwort)* trois cent(s); **D~hundertjahrfeier** *f* tricentenaire *m;* **~jährig** *a (drei Jahre alt)* (âgé) de trois ans; *(von ~er Dauer)* triennal; **D~kampf** *m sport* triathlon *m;* **D~kantfeile** *f* lime *f* triangulaire, tiers-point *m;* **~kantig** *a* triangulaire; **D~käsehoch** *m fam* nabot, marmouset *m;* **D~klang** *m mus* triple accord *m;* **D~königsfest** *n* jour *m od* fête des Rois, Epiphanie *f;* **D~königskuchen** *m* galette *f* des Rois; **D~kreis(empfäng)er** *m radio* récepteur *m* à trois circuits; **D~mächteabkommen** *n pol* convention *f* tripartite; **~malig** *a* triple, fait *od* répété trois fois; **D~master** *m mar* trois-mâts; *fam (Hut)* tricorne *m;* **~monatig** *a* de trois mois; **~monatlich** *a* trimestriel; **~motorig** *a aero* trimoteur; **~phasig** *a el* triphasé; **D~punktaufhängung** *f mot aero* suspension *f* en trois points; **D~punktgurt** *m mot* ceinture *f* à trois points d'ancrage; **D~punktlandung** *f aero* atterrissage *m* sur trois points; **D~rad** *n* tricycle; *(Lieferdreirad)* triporteur *m;* **D~radfahrgestell** *n = Dreibeinfahrgestell;* **~räd(e)rig** *a* à trois roues, tricycle; **~reihig** *a* à trois rangs; **D~satz** *m math* règle *f* de trois; **~säurig** *a chem* triacide; **~schiffig** *a arch* à trois nefs; **~seitig** *a math fig* trilatéral; **~silbig** *a* de

trois syllabes, trisyllab(iqu)e; *~e(s) Wort n* trisyllabe *m;* **D~sitzer** *m aero (avion)* triplace *m;* **~sitzig** *a* à trois places, triplace; **~spaltig** *a typ* à trois colonnes; **~spännig** *a* à trois chevaux; **D~spitz** *m (Hut)* tricorne *m;* **~sprachig** *a* en trois langues; trilingue; **D~sprung** *m sport* triple saut *m;* **~stellig** *a (Zahl)* de trois chiffres; **~stimmig** *a mus* à trois voix; **~stöckig** *a* à *od* de trois étages; **~stufig** *a* à trois étages *(a. Rakete);* **~tägig** *a* de trois jours; **~teilig** *a (divisé)* en trois parties, triparti, tripartite; *~e(r) Ausdruck m (math)* trinôme *m;* **D~teilung** *f* division en trois parties; tripartition *a. math; math (e-s Winkels)* trisection *f;* **D~verband** *m hist (seit 1907)* Triple Entente *f;* **D~viertelhose** *f* pantalon *m* corsaire; **~viertellang** *a (Kleidungsstück)* trois-quarts; **D~viertelmehrheit** *f parl* majorité *f* des trois quarts; **D~viertelprofil** *n phot* trois-quarts *m;* **D~viertelstunde** *f* trois quarts *m pl* d'heure; **D~vierteltakt** *m mus* mesure *f* à trois temps; **D~wegehahn** *m tech* robinet *m* à trois voies; **~wertig** *a chem* trivalent; **~wöchig** *a* de trois semaines; **D~zack** *m (des Poseidon)* trident *m;* **~zackig** *a* à trois pointes; *scient* tridenté; **~zehn** *(Zahlwort)* treize; *jetzt schlägt's aber ~! (fam)* c'est le comble! c'en est trop! **D~zehntel** *n* ⟨-s, -⟩ treizième *m;* **~zehnte(r, s)** *a* treizième; **D~zimmerwohnung** *f* trois-pièces *m inv.*

drein [draɪn] = *darein; ~=schlagen itr* frapper à tort et à travers.

dreißig ['draɪsɪç] *(Zahlwort)* trente; *etwa ~ (...)* une trentaine (de); *in den ~er Jahren (e-s Jahrhunderts)* dans les années trente (à quarante); **D~er** *m* ⟨-s, -⟩ homme *m* de trente ans; **D~erjahre** *m pl: in den ~n (e-s Menschenlebens)* sein avoir entre trente et quarante ans; **~jährig** *a* de trente ans; *der D~e Krieg* la guerre de Trente Ans; **D~stel** *n* ⟨-s, -⟩ trentième *m;* **~ste(r, s)** *a* trentième.

dreist [draɪst] *a (kühn)* hardi, audacieux; *(frech)* effronté, impertinent, impudent; *fam* culotté; **D~igkeit** *f* hardiesse, audace; *pej* effronterie, impertinence, impudence *f;* front, aplomb, *fam* toupet, culot *m.*

Drell *m* ⟨-s, -e⟩ [drɛl] = *Drillich.*

Dresch|e *f* ⟨-, ø⟩ ['drɛʃə] *f pop* fessée, rossée, trempe *f;* **d~en** *⟨drischt, drosch, hat gedroschen⟩ tr agr* battre; *pop (prügeln)* fesser, rosser; *leeres Stroh ~ (fig)* battre l'eau avec un

bâton, perdre son temps et sa peine;
~**er** m ⟨-s, -⟩ batteur m; ~**flegel** m
fléau m; ~**maschine** f batteuse f.
Dresden n ['drɛːsdən] Dresde f.
Dreß m ⟨-/-sses, (-sse)⟩ [drɛs] vêtement m od tenue f de sport.
Dress|eur m ⟨-s, -e⟩ [drɛ'sø:r] dresseur
m; **d~ieren** [-'si:rən] tr (Tier abrich-
ten) dresser; ~**ur** f ⟨-, -en⟩ [-'su:r]
dressage m.
dribbeln ['drɪbəln] itr sport dribbler.
Drift f ⟨-, -en⟩ [drɪft] courant m de surface, dérive f.
Drill m ⟨-(e)s, ø⟩ [drɪl] mil entraînement, dressage; gram exercice, drill;
pej caporalisme m; ~**bohrer** m tech
drille f; **d~en** tr tech (mit d. ~bohrer
bohren) forer; (Textil) croiser; agr
(in Reihen säen) semer en ligne; mil
entraîner, dresser, exercer.
Drillich m ⟨-s, -e⟩ [-lɪç] (Stoff) treillis,
coutil m; ~**zeug** n mil vêtement m
de treillis od de travail.
Drilling m ⟨-s, -e⟩ ['drɪlɪŋ] (Jagdgewehr) fusil m à trois coups od à triple
canon; ~**e** pl triplés m pl.
Drillmaschine f agr semoir m en
lignes.
drin, ~**nen** [drɪn, -ən] = darin.
dring|en ⟨dringt, drang, ist gedrungen⟩
['drɪŋən] itr: in etw ~ entrer, pénétrer
dans qc; durch etw ~ pénétrer à travers qc, passer par qc; aus etw ~ sortir, s'échapper de qc; ⟨aux: haben⟩
auf etw ~ (fig) insister sur qc od
pour avoir qc; darauf ~, daß ... insister pour que subj; in jdn ~ presser
qn (de questions); in jdn ~, etw zu tun
presser qn de faire qc; auf Bezahlung
~ insister pour être payé; an die Öffentlichkeit ~ transpirer dans le public; in die Tiefe ~ pénétrer jusqu'au
fond; ~**end** a pressant, urgent,
impérieux; (Bitte) instant; in e-r ~en
Angelegenheit pour une affaire urgente; in ~en Fällen dans les cas urgents od d'urgence; dem D~sten ab-
helfen parer au plus pressé; etw ~ benötigen od brauchen avoir grand besoin de qc; in dem ~en Verdacht stehen, ~ verdächtig sein être très suspect (zu ... de ...); es od die Sache
ist (sehr) ~ il y a urgence; ~e(r) Bedarf m besoin m urgent; ~e Bitte f
instance f; ~e Gefahr f danger m
pressant; ~**lich** a = ~end; **D~lich-
keit** f urgence f; die ~ beantragen
demander l'urgence; **D~lichkeits-
antrag** m bes. parl demande f d'urgence; e-n ~ stellen demander l'urgence; **D~lichkeitsbescheinigung**
f certificat m d'urgence; **D~lich-
keitserklärung** f déclaration f d'ur-

gence; **D~lichkeitsfolge** f ordre m
d'urgence; **D~lichkeitsfrage** f question f d'urgence; **D~lichkeitsstufe** f
degré m d'urgence; **D~lichkeitsver-
merk** m visa m d'urgence.
dritt|e(r, s) ['drɪtə] a troisième; aus
dritter Hand d'un tiers; in Gegenwart
e-s Dritten en présence d'un tiers od
d'une tierce personne; in der dritten
Person (sprechen) à la troisième personne; zu dritt (à) trois; der Dritte im
Bunde sein être en tiers; der lachen-
de Dritte le troisième larron; der
Dritte Orden (rel) le Tiers ordre; der
dritte Stand (hist) le Tiers état; die
Dritte Welt le tiers monde, le Tiers-
-Monde; **D~el** n ⟨-s, -⟩ tiers m; ~**eln**
tr diviser en trois (parties); ~**ens** adv
troisièmement, en troisième lieu; ter-
tio; ~**letzte(r, s)** a poet antépénul-
tième.
droben ['droːbən] adv en haut; là-haut.
Drog|e f ⟨-, -n⟩ ['droːgə] drogue f;
d~enabhängig a drogué, intoxiqué;
~**enabhängige(r** m) f drogué, e, toxicomane m f; ~**enabhängigkeit** f
toxicomanie f; ~**enkonsum** m consommation f de drogues, usage m de
la drogue; **d~ensüchtig** a drogué,
intoxiqué; ~**ensüchtige(r** m) f drogué, e, toxicomane m f; ~**entote(r**
m) f victime f de la drogue; ~**erie** f
⟨-, en⟩ [-gə'ri:] droguerie f; ~**ist** m
⟨-en, -en⟩ [-'gɪst] droguiste m.
Droh|brief m ['droː-] lettre f de mena-
ces od comminatoire; **d~en** itr menacer (mit etw de qc); einzustürzen ~
menacer ruine; ich drohte zu (fallen)
j'ai manqué de (tomber); es droht zu
regnen la pluie menace; ihm droht
Gefängnis il est menacé d'emprisonnement; **d~end** a menaçant; bes. jur
comminatoire; unmittelbar ~ imminent; ~**e** Gefahr f danger m imminent; ~**rede** f propos m menaçant;
~**ung** f menace f; ~**en ausstoßen**
proférer des menaces; leere ~ menace f en l'air.
Drohn m ⟨-en, -en⟩ [droːn] , ~**e** f ⟨-, -n⟩
ent faux(-)bourdon m, abeille f mâle;
fig (nur f) ⟨-, -n⟩ (Nichtstuer) fainéant
m; parasite m; ~**enschlacht** f ent
massacre m des faux(-)bourdons.
dröhnen ['drøːnən] itr résonner, retentir; (grollen) gronder; (brummen)
bourdonner; mot aero vrombir; mir
dröhnt der Kopf ma tête bourdonne;
~**d** a (Stimme) tonitruant.
drollig ['drɔlɪç] a drôle, amusant, comique, fam cocasse, pop rigolo; **D~keit**
f drôlerie f, fam cocasserie f.
Dromedar n ⟨-s, -e⟩ ['droː-, drome-
'daːr] zoo dromadaire m.

Drops *m (n)* ⟨-, -⟩ [drɔps] *pl: saure* ~ (bonbons) acidulés *m pl.*

Droschke *f* ⟨-, -n⟩ ['drɔʃkə] *(Pferde~)* fiacre *m,* voiture *f* de place; *(Auto)* taxi *m;* ~**nkutscher** *m* cocher *m* de fiacre.

Drossel *f* ⟨-, -n⟩ ['drɔsəl] **1.** *orn (Gattung)* merle *m.* **2.** *tech* étrangleur; *mot* volet *m;* ~**hebel** *m* levier *m od* manette *f* d'étranglement; ~**klappe** *f* clapet d'étranglement, papillon *m* (de commande); **d~n** *tr tech* étrangler, étouffer, amortir, réduire; *mot* mettre au ralenti; *fig* restreindre, réduire, freiner; ~**spule** *f el* bobine *f* de réactance *od* de self; ~**ung** *f tech* étranglement *m; fig* restriction *f;* ~**ventil** *n* soupape *f* d'étranglement.

drüb|en ['dry:bən] *adv* de l'autre côté, au-delà, par-delà; *hüben und* ~ des deux côtés; ~**er** *adv = darüber.*

Druck *m* ⟨-(e)s, ⁻e⟩ [druk, 'drykə] *phys tech fig* pression; *(großer Massen, e-s Gewölbes)* poussée; *phys med* compression; *(Bedrückung)* oppression; *typ allg* ⟨-(e)s, -e⟩ impression *f. (Vorgang; Auflage)* tirage *m; unter dem* ~ *der Verhältnisse* sous la pression des circonstances; ~ *ausüben* faire pression *(auf* sur); *in* ~ *geben (typ)* livrer à l'impression, faire imprimer; *in* ~ *gehen (typ)* être imprimé; *unter* ~ *handeln* agir par contrainte; *im* ~ *(in Bedrängnis) sein (fam)* être pressé; *typ* être sous presse; *jdn unter* ~ *setzen* presser qn; ~ *hinter etwas setzen* chercher à activer *od* accélérer qc; *unter* ~ *stehen* être sous contrainte; *steuerliche(r), wirtschaftliche(r)* ~ pression *f* fiscale, économique; *unsaubere(r)* ~ *(typ)* bavochure *f;* ~ *und Gegendruck* action et réaction *f;* ~**abfall** *m phys tech* diminution *od* chute *f* de (la) pression; ~**änderung** *f phys tech* changement *m* de (la) pression; ~**anstieg** *m* augmentation *f* de (la) pression; ~**auftrag** *m typ* commande *f* d'impression; ~**ausgleich** *m tech* compensation *f* de pression; *mit* ~ pressurisé; ~**beanspruchung** *f phys tech* effort *m* de compression; ~**behälter** *m* réservoir *m* à pression; **d~belüften** *tr aero* pressuriser; ~**belüftung** *f* aération sous pression, pressurisation *f;* ~**bogen** *m* feuille *f,* placard *m;* ~**buchstabe** *m* lettre *f od* caractère *m* d'imprimerie; **d~dicht** *a phys tech* tenant la pression, étanche; **d~elektrisch** *a* piézo- -électrique; ~**elektrizität** *f* piézo- -électricité *f;* **d~en** *tr typ* imprimer, tirer; *heimlich* ~ imprimer clandesti-

nement; *neu* ~ réimprimer; ~ *lassen a.* mettre sous presse; ~**er** *m* ⟨-s, -⟩ imprimeur, typographe; *fam* typo *m; (Gerät) bes. inform* imprimante *f;* ~**erei** ['-raɪ] *f* imprimerie *f;* ~**(erei)maschine** *f* machine *f* à imprimer; ~**erlaubnis** *f* permission *f* d'imprimer, imprimatur *m;* ~**ermarke** *f* marque *f* d'imprimeur; ~**erpresse** *f* presse *f* d'imprimerie; *frisch aus der* ~ *kommen* sortir de presse; ~**erschwärze** *f* encre *f* d'imprimerie; ~**-Erzeugnis** *n* produit *m* de la presse; ~**feder** *f* ressort *m* de (com)pression; ~**fehler** *m* faute *od* erreur *f* d'impression *od* typographique; ~**fehlerverzeichnis** *n* errata *m;* **d~fertig** *a* bon à tirer; **d~fest** *a tech* résistant à la (com)pression; ~**festigkeit** *f* résistance *f* à la (com)pression; ~**filz** *m typ* blanchet *m;* ~**form** *f* forme *f* d'impression; ~**gefälle** *n mete* gradient *m;* ~**guß** *m metal* coulée *f* sous pression; ~**gußmaschine** *f* machine *f* à mouler sous pression; ~**hammer** *m tech* marteau *m* presseur; ~**höhe** *f phys tech (~säule)* hauteur *f* de pression *od* manométrique; ~**kabine** *f aero* cabine *f* pressurisée; ~**knopf** *m (am Kleid)* bouton-pression; *(am Füllfederhalter)* bouton à pression; *el* bouton-poussoir *m;* ~**knopfanlasser** *m mot* démarreur *m* à bouton-poussoir; ~**knopfauslöser** *m phot* déclencheur *m;* ~**knopfsteuerung** *f* commande *f* par boutons-poussoirs; ~**kosten** *pl typ* frais *m pl* d'impression; ~**legung** *f* mise *f* à l'impression *od* sous presse; ~**leitung** *f tech* conduite *f* à *od* sous pression; ~**luft** *f* air *m* comprimé; ~**luftbohrer** *m* mines perceuse *f* à air comprimé; ~**luftbremse** *f* frein *m* à air (comprimé) *od* pneumatique; ~**lufthammer** *m* marteau *m* à air comprimé *od* pneumatique; ~**maschine** *f typ* machine à imprimer, presse *f* (typographique); ~**messer** *m tech* indicateur de pression, manomètre *m;* ~**mittel** *n fig* moyen *m* de pression *od* de coercition; ~**ort** *m typ* lieu *m* d'impression; ~**papier** *n* papier *m* d'impression *od* à imprimer; ~**platte** *f* estampe *f;* stéréotype *m;* ~**probe** *f tech* épreuve de (com)pression; *typ* épreuve *f* en placard; ~**pumpe** *f* pompe *f* de pression *od* foulante; ~**punkt** *m* centre de pression, point de poussée; *aero* centre *m* de poussée; ~ *nehmen (am Gewehr)* faire l'action du doigt (sur la détente); ~**reduzierventil** *n* détendeur *m;* ~**regler** *m tech* régulateur *m* de pression; **d~reif** *a typ* bon à tirer, imprimable; **~rohrleitung** *f* conduite *f* forcée; **~sache** *f* imprimé *m;* **~schmierung** *f mot* graissage *m* sous *od* par pression; **~schraube** *f tech* vis de pression; *aero* hélice *f* propulsive; **~schrift** *f typ (Schriftart)* caractères *m pl* d'imprimerie *od* typographiques; *in* ~ en capitales d'imprimerie; *(gedrucktes Werk)* (ouvrage) imprimé; livre *m;* **~schwankung** *f tech* variation *f* de pression; **~seite** *f typ* page *f* d'imprimé; **~stock** *m typ* cliché *m;* **~tiegel** *m typ* platine *f;* **~ventil** *n tech* soupape *f* de (com-)pression; **~verband** *m med* bandage *m* compressif; **~verhältnis** *n tech* rapport *m* des pressions; **~verlust** *m* perte *f* de pression; **~verminderung** *f* réduction *f* de (la) pression; **~versuch** *m tech fig* essai *m* de pression; **~walze** *f agr* rouleau compresseur; *typ* rouleau *m* d'imprimerie; **~welle** *f phys* onde *f* de pression; **~werk** *n typ* (ouvrage) imprimé *m;* **~zylinder** *m* = *~walze (typ).*

Drück|eberger *m* ⟨-s, -⟩ ['dryk-] *fam* lâcheur, tire-au-flanc; *m* embusqué *m;* **d~en** *tr* presser, serrer; *(zs.~)* comprimer; *(Gewichtheben)* jeter; *(Siegel)* appliquer, apposer *(auf* sur); *(Preise)* faire baisser; *fig (bedrücken)* opprimer, oppresser, accabler, affliger; peser sur le cœur *(jdn* à qn); *itr (lasten)* peser, presser *(auf* sur); *(auf e-n elektr. Knopf)* appuyer *(auf* sur), presser *(auf* acc); *(Kleidung, Schuh)* gêner, serrer; *sich* ~ *(fam)* filer (en douce), s'esquiver, se tirer, tirer au flanc; *arg* se planquer; *bes. mil* s'embusquer; *sich vor etw* ~ s'efforcer de couper à qc; *glatt* ~ *(die Haare)* aplatir; *jdm die Hand* ~ serrer la main à qn; *jdm etw in die Hand* ~ glisser qc dans la main de qn; *ans Herz* ~ serrer sur son cœur; *den Hut tief ins Gesicht* ~ enfoncer son chapeau sur les yeux; *jdn an die Wand* ~ *(fig)* acculer qn; *ich weiß, wo dich der Schuh drückt (fam)* je sais où le bât te blesse; **d~end** *a* pesant, lourd; *(Hitze)* accablant, étouffant; *fig* accablant, déprimant; *(Schulden)* écrasant; **~er** *m* ⟨-s, -⟩ *(Türklinke)* poignée, clenche *f*, loquet *m.*

drucksen ['druksən] *itr fam (zögern)* lambiner, hésiter, vaciller.

Drude *f* ⟨-, -n⟩ ['druːdə] *(Hexe)* sorcière *f;* **~nfuß** *m (magisches Zeichen)* pentagramme, pentacle *m.*

Druide *m* ⟨-n, -n⟩ [dru'iːdə] *(kelt. Priester)* druide *m.*

drum [drʊm] *adv* = *darum; sei 's* ~*!* soit, tant pis; *das D~ und Dran (fam)* tout le tremblement; *auf das D~ und Dran kommt es an* la sauce fait manger le poisson.

drunt|en ['drʊntən] *adv* en bas, là-bas; **~er** *adv* = *darunter.*

Druse *f* ⟨-, -n⟩ ['druːzə] *min* druse; *vet* gourme *f.*

Drüs|e *f* ⟨-, -n⟩ ['dryːzə] *anat* glande; *(kleine)* glandule *f; endokrine* ~, ~ *mit innerer Sekretion* glande *f* endocrine; **~enentzündung** *f* adénite *f;* **~engeschwulst** *f* adénome *m;* **~enschwellung** *f* tuméfaction *f* ganglionnaire; **d~ig** *a* glanduleux, glandulaire.

Dschu-Dschitsu ['dʒiːuːdʒɪtsu] = *Jiu-Jitsu.*

Dschungel *m od n* ⟨-s, -⟩ ['dʒʊŋəl] jungle *f.*

Dschunke *f* ⟨-, -n⟩ ['dʒʊŋkə] jonque *f.*

du [duː] *pron (mit v verbunden)* tu; *(unverbunden)* toi; *mit* ~ *anreden* tutoyer; *mit jdm auf* ~ *und* ~ *stehen* être à tu et à toi avec qn.

Dual *m* ⟨-s, -e⟩ , **~is** *m* ⟨-, -le⟩ [du'aːl(ɪs)] *gram* duel *m;* **~ismus** *m* ⟨-, ø⟩ [-a'lɪsmʊs] *rel philos pol* dualisme *m;* **~system** *n math* numération *f* binaire; *Rechnen n im* ~ calcul *m* binaire.

Dübel *m* ⟨-s, -⟩ ['dyːbəl] *tech (Pflock)* cheville *f*, goujon, tampon *m.*

Dubl|ee *n* ⟨-s, -s⟩ [du'bleː] *(Metall mit Überzug)* doublé, plaqué *m;* **~ette** *f* ⟨-, -n⟩ [-'blɛtə] *(Doppelstück)* double; *gram* doublet; *(Jagd: Doppeltreffer)* doublé *m.*

Duckdalbe *m* ⟨-n, -n⟩ ['dʊkdalbə] *mar* estacade *f.*

duck|en ['dʊkən] *tr (senken)* baisser; *fig* (r)abaisser, humilier; *sich* ~ *(sich bücken)* se baisser; *(niederkauern)* se blottir, se tapir, s'accroupir; *fig* se plier, courber l'échine, s'aplatir *(vor jdm* devant qn), se soumettre, s'humilier; **D~mäuser** *m* ⟨-s, -⟩ ['-mɔyzər] *(Heuchler)* sournois, hypocrite; *(Feigling)* poltron, *fam* capon, *pop* froussard *m;* **D~mäuserei** ['-raɪ] *f* dissimulation, sournoiserie, hypocrisie; poltronnerie *f;* **~mäuserisch** *a* dissimulé, sournois; poltron.

Dudel|ei *f* ⟨-, (-en)⟩ [duːdə'laɪ] *fam* musique d'orgue de Barbarie, ritournelle *f;* **d~n** ['duːdəln] *itr mus* jouer de la cornemuse *od* des ritournelles; **~sack** *m mus* cornemuse, musette *f;* **~sackpfeifer** *m* cornemuseur *m.*

Duell *n* ⟨-s, -e⟩ [du'ɛl] duel *m; jdn zum* ~ *(heraus)fordern* provoquer qn en duel; *ein* ~ *auf Pistolen* un duel au pistolet; ~**ant** m ‹-en, -en› [-'lant] duelliste m; **d~ieren** [-'liːrən], sich se battre en duel (mit jdm avec qn).

Duett n ‹-(e)s, -e› [du'ɛt] mus duo m.

Duft m ‹-(e)s, ··e› [dʊft, 'dʏftə] (Geruch) odeur f; (Wohlgeruch) parfum, arôme m, senteur; (Ausdünstung) exhalaison; (Dunst) vapeur f (légère); **d~e** a pop sacré, chouette; **d~en** itr répandre od exhaler une odeur od un parfum; sentir bon; nach etw ~ sentir qc; es duftet nach Flieder cela sent le lilas; **d~end** a odor(ifér)ant, parfumé, embaumé, aromatique; **d~ig** a = ~end; fig (leicht u. zart) léger, flou, aérien; (zerfließend) vaporeux; ~**kissen** n (im Wäscheschrank) sachet m parfumé; ~**stoff** m matière f odorante, parfum m; ~**wolke** f bouffée f de parfum.

Dukaten m ‹-s, -› [du'kaːtən] (alte Goldmünze) ducat m.

duld|en ['dʊldən] tr (erleiden) souffrir; (ertragen) endurer, supporter; (über sich ergehen lassen) subir; (sich in etw ergeben) se résigner à; (zulassen, erlauben) admettre, permettre; bes. rel pol tolérer; keinen Aufschub ~ ne souffrir aucun retard od point de délai; **D~en** n (Leiden) souffrance f; **D~er** m ‹-s, -› souffre-douleur, martyr m; ~**sam** a (nachsichtig) indulgent; bes. rel pol tolérant; **D~samkeit** f ‹-, ø› indulgence; tolérance f; **D~ung** f tolérance f.

dumm [dʊm] a ‹dümmer, dümmste(r)› a stupide, sot, bête; inintelligent; (unwissend) ignorant; (beschränkt) borné; (einfältig) simple, imbécile; (blöde) idiot; (albern) inepte, niais; (von e-r S: unangenehm) désagréable, ennuyeux, fâcheux; ein ~es Gesicht machen avoir l'air bête; ~e Streiche machen faire des siennes; ~es Zeug reden dire des bêtises od des inepties, radoter; der D~e dabei sein être le dindon de la farce; sich ~ stellen faire la bête; faire l'âne (pour avoir du son); jdn für ~ verkaufen duper, arg rouler qn; du bist nicht ~ (fam) tu n'es pas bête; du bist nicht so ~, wie du aussiehst (hum) tu n'es pas si bête que tu en as l'air; da wird mir zu ~ j'en ai assez; da müßte ich ja schön ~ sein! il faudrait que je sois bien bête; stell dich doch nicht ~! ne fais pas la bête! ne fais pas semblant de ne pas comprendre! das ist (aber) ~! c'est bête; pop ça la fout mal; ~es Zeug! chansons que tout cela! die dümmsten Bauern haben die dicksten Kartoffeln (prov) aux innocents les mains pleines; der ~e August l'au-

guste m, le clown; ~ wie Bohnenstroh bête à manger du foin; e-e ~e Gans (fig) une bécassine od dinde; e-e ~e Geschichte une vilaine histoire; ~e(r) Junge m blanc-bec m; ~e(r) Streich m vilain tour m; **D~bart** m fam hum imbécile, sot, nigaud m; ~**dreist** a effronté; **D~dreistigkeit** f effronterie f; **D~ejungenstreich** m gaminerie f; **D~erchen** n fam hum petit(e) sot(te f) m; **D~erjan** m ‹-s, -e› ['--rjaːn] = D~bart; **D~heit** f stupidité, sottise, bêtise; inintelligence; ignorance; imbécillité; idiotie; ineptie, niaiserie; (Handlung) sottise, bêtise f, fam impair m; (Schnitzer) gaffe f; aus ~ par sottise; e-e ~ nach der an-der(e)n sottise sur sottise; ~en machen faire des folies; e-e große ~ machen commettre une énormité; da haben Sie e-e schöne ~ gemacht! vous en avez fait de belles; **D~kopf** m sot m, idiot m, bêta, benêt, imbécile; fam crétin m.

dumpf [dʊmpf] a (schwül) lourd, étouffant; (drückend) accablant; (muffig) moisi; (Geräusch, Schmerz) sourd; (Ahnung) vague; (Gefühl) engourdi, apathique; **D~heit** f ‹-, ø› fig engourdissement m, torpeur; apathie f; ~**ig** a lourd, étouffant; ~ riechen sentir le moisi od le renfermé; ~e(r) Geruch m odeur f de moisi od de renfermé.

Dumping n ‹-s, ø› ['dampɪŋ] com (Preisunterbietung) dumping, gâchage m du od des prix.

Dün|e f ‹-, -n› ['dyːnə] dune f; ~**enhafer** m = Strandhafer; ~**ung** f (Seegang) houle f, ressac m.

Dung m ‹-(e)s, ø› [dʊŋ] engrais m, fumure f, fumier m; ~**grube** f fosse f à fumier; ~**haufen** m (tas de) fumier m.

Düng|emittel n ['dyŋə-] = Dünger; **d~en** tr engraisser, fumer; itr servir d'engrais; mit Kalk ~ chauler; ~**er** m ‹-s, -› engrais m; ~**erstreumaschine** f distributeur m d'engrais; ~**ung** f ‹-, (-en)› fumage m, fumure f; ~ mit Kalk chaulage m.

dunkel ['dʊŋkəl] a obscur; (düster, finster) sombre, ténébreux; (Farbe) foncé; (Vokal) sourd; fig (unverständlich) obscur, confus; (unbestimmt) vague; (mehrdeutig) douteux; (verdächtig) louche; im D~n dans l'obscurité; jdn im D~n lassen laisser qn dans l'incertitude; im D~n tappen aller à l'aveuglette, marcher à tâtons; fig (im d~n) marcher dans les ténèbres; dunkler werden s'obscurcir, s'assombrir; ich erinnere mich ~ je me rappelle vaguement; *das ist e-e dunkle Geschichte* c'est une sombre histoire; c'est la bouteille à l'encre *fam; es wird ~ il se fait nuit, la nuit tombe; *im D~n ist gut munkeln (prov)* la nuit est l'amie des secrets; *dunkle(s) Bier n* bière *f* brune; *dunkle Brillengläser n pl* verres *m pl* fumés; *der dunkle Erdteil (Afrika)* le continent noir; *dunkle Geschäfte n pl* affaires *f pl* louches; *das dunkle Mittelalter* la nuit du Moyen Âge; *dunkle Nacht f* nuit *f* épaisse *od* noire; *ein dunkler Punkt (fig)* qc de louche *(in dans)*; **D~** *n* ‹-s, ø› obscurité *f,* ténèbres *f pl; im ~ (a.)* dans l'ombre; **~blau, ~braun, ~grau, ~grün, ~rot** bleu, brun, gris, vert, rouge foncé; **~blond** châtain; **D~heit** *f* obscurité *f a, fig,* ténèbres *f pl; bei Anbruch der ~* à la nuit tombante; **D~ kammer** *f phot* chambre *f* noire; **D~mann** *m* ‹-s, -männer› obscurantiste *m; ~n* *itr impers: es ~t* la nuit tombe; **D~ziffer** *f* chiffre *m* inofficiel, statistique *f* inofficielle.

Dünkel *m* ‹-s, ø› présomption, suffisance, fatuité, infatuation, morgue *f;* **d~haft** *a* présomptueux, suffisant, (in)fat(ué), plein de morgue.

dünken ['dynkən] *impers: mich od mir dünkt* il me paraît *od* semble; *wie mich od mir dünkt* à mon avis; *sich (klug) ~* se croire (sage).

dünn [dyn] *a (dem Durchmesser nach)* mince; *(Stoff)* léger; *(dem Umfang nach)* menu; *(lang u. ~)* grêle, fluet; *(schlank)* svelte, délié, élancé; *(mager)* maigre, décharné, sec; *(fein)* fin; *(schwach, brüchig)* ténu; *(spärlich, ~gesät)* rare, clairsemé; *(schwach: von e-m Getränk)* clair, faible; *(Luft)* léger; *fig (Leistung)* mince, (un peu) léger, inconsistant; *~(er) machen* amincir, amenuiser; *sich ~ machen (fig fam)* se faire tout petit; *~ säen* semer clair; *~(er) werden* s'amincir, (s')amaigrir; *(Haar, Flüssigkeit)* s'éclaircir; *~ besiedelt od bevölkert* peu peuplé; *~e Stimme f* voix *f* grêle, filet *m* de voix; **~bevölkert** *a* peu peuplé; **D~bier** *n* petite--bière *f;* **D~darm** *m* anat intestin *m* grêle; **D~druckausgabe** *f* édition *f* sur papier bible; **D~druckpapier** *n* papier *m* bible *od* indien; **D~e** *f* ‹-, ø›, **D~heit** *f* ‹-, ø› minceur; légèreté; sveltesse; maigreur; finesse; ténuité; rareté *f;* **~flüssig** *a* fluide, clair; **~gesät** *a* clairsemé *a. fig; fig* rare; **~=machen**, *sich (fig fam)* = *sich drücken; ~schalig* *a (Frucht)* à peau fine; **~wandig** *a* à paroi(s) mince(s).

Dunst *m* ‹-es, ⸚e› [dʊnst, dʏnstə] *(Dampf)* vapeur; *(schwacher Nebel)* brume légère, nébulosité; *(Ausdünstung)* exhalaison, émanation; *(Feuchtigkeit)* moiteur; *(Wäschedunst)* buée; *(Rauch)* fumée *f; (Vogeldunst)* menu *od* petit plomb *m; in ~ aufgehen, zu ~ werden* s'en aller en fumée; *keinen blassen ~ von etw haben* n'avoir pas la moindre idée *od* le moindre soupçon de qc; *jdm blauen ~ vormachen* en faire accroire à qn, jeter de la poudre aux yeux de qn; *blaue(r) ~ (fig fam)* blague *f;* **~abzug** *m* dispositif *m* d'aspiration; **~abzugshaube** *f* hotte *f* (aspirante); **d~en** *itr (Dunst verbreiten)* dégager des vapeurs, s'évaporer; **~glocke** *f (über e-r Stadt)* nuage *m* de vapeur; **d~ig** *a* vaporeux; *(neblig)* nébuleux; *(feucht)* humide; **~kreis** *m* atmosphère *f;* **~schicht** *f* couche *od* nappe *f* de brume (légère); **~schleier** *m* voile *m* de brume.

dünst|en ['dynstən] *tr (Küche: dämpfen)* étuver, cuire à l'étuvée.

Duo *n* ‹-s, -s› ['du:o] *mus* duo *m.*

Duodez *n* ‹-es, ø› [duo'de:ts] , **~band** *m,* **~format** *n (Buch)* in-douze *m;* **~fürst** *m* petit prince, roitelet *m.*

düpieren [dy'pi:rən] *tr (an der Nase herumführen)* duper.

Duplikat *n* ‹-(e)s, -e› [dupli'ka:t] *(Doppel)* duplicata, double *m,* copie *f;* **~izität** *f* ‹-, -en› [-plitsi'tɛ:t] *(doppeltes Vorkommen)* duplicité *f.*

Dur *n* ‹-, ø› [du:r] , **~tonart** *f mus* mode *m* majeur; **~tonleiter** *f* gamme *f* majeure.

durabel [du'ra:bəl] *a (dauerhaft)* durable.

durch [dʊrç] **1.** *prp acc (örtlich)* par, par la voie de; *(quer ~)* à travers, au travers de; *(zeitlich)* pendant, durant; *(vermittels)* par, au moyen de, moyennant, à force de; *(dank)* grâce à; *(infolge)* par suite de; *(alle) ~ die Bank* tous autant qu'ils sont; *~ die Post* par la poste; *~ Zufall* par hasard, par accident; *~ den Fluß schwimmen* traverser la rivière à la nage; *~ die Luft fliegen* fendre l'air; *~ die Nase sprechen* parler du nez; *der Schrei ging mir ~ Mark und Bein* le cri m'a transpercé jusqu'à la moelle; **2.** *adv: ~ und ~* d'un bout à l'autre, de bout en bout, de part en part; *fig* tout à fait; *~ und ~ naß* trempé *(Mensch:* jusqu'aux os); *die ganze Nacht ~* (de) toute la nuit; *~ sein (örtlich)* être passé; *(fertig)* avoir fini *(mit etw* qc); *(außer Gefahr)* être hors de danger; *(~s Examen)* avoir réussi; *(von Sachen: kaputt)* être percé *od* déchiré; *es ist zwei Uhr* ~ il est deux heures passées.

'**durch=ackern** *tr* achever de labourer; *fig (durcharbeiten)* étudier à fond.

'**durch=arbeiten** *tr (durchtrainieren)* entraîner; *(Buch)* étudier à fond; *itr (ohne Unterbrechung)* travailler sans interruption; faire la journée continue; *sich* ~ se frayer un passage *od* un chemin; *die (ganze) Nacht* ~ travailler (pendant) toute la nuit.

'**durch=atmen** *itr* respirer à fond.

durchaus *adv (vollständig)* complètement, entièrement, tout à fait, à fond; *(unbedingt)* absolument; ~ *nicht* pas *od* point du tout, pas le moins du monde, nullement.

'**durch=backen** *tr* bien cuire; *(gut)* *durchgebacken (pp u. a)* bien cuit.

'**durch=beißen** *tr* percer *od* couper d'un coup de dent; *sich* ~ *(fig)* faire son chemin, se tirer d'affaire; *fam* se débrouiller.

'**durch=bekommen** *tr* (arriver à) finir, achever; *(Faden)* (arriver à) faire passer.

'**durch=betteln,** *sich* vivre de mendicité.

'**durch=blättern, durch'blättern** *tr* feuilleter; parcourir (en feuilletant), lire du pouce.

'**durch=bleuen** *tr fam* rosser, rouer de coups.

'**Durchblick** *m* échappée *f; (den)* ~ *haben (fam)* s'y connaître (bien); *keinen* ~ *haben (fam)* être complètement dépassé; *den* ~ *verlieren (fam)* perdre les pédales; '**durch=blicken** *itr (hindurchsehen)* voir *od* regarder à travers; *fam (verstehen)* piger; *fam (sich auskennen)* s'y connaître; ~ *lassen (fig)* laisser entrevoir, donner à entendre.

durch'blut|en *tr physiol* irriguer; **D~ung** *f* irrigation *f* sanguine.

durch'bohr|en *tr* perforer, (trans)-percer; *(durchlöchern)* trouer; *von Kugeln durchbohrt* criblé de balles; **D~ung** *f tech* forage, percement *m*.

'**durch=braten** *tr* bien rôtir *od* cuire; *nicht durchgebraten* saignant.

'**durch=brechen** *tr ‹aux: haben› (zerbrechen)* casser, briser, rompre; *itr ‹aux: sein›* se casser, se briser, se rompre; *(Keim, Zahn)* percer; *(die Sonne)* percer les nuages *od* le brouillard; *fig* se faire jour, se montrer, se révéler; **durch'brechen** *tr* (trans)percer; *(einstoßen)* enfoncer; *mil (die Front)* percer, enfoncer; *fig (Regel)* violer; *(Blockade)* rompre;

die Schallmauer ~ franchir le mur du son.

'**durch=brennen** *itr ‹aux: sein› el (Sicherung)* fondre, fuser, sauter; *(Lampe, Röhre)* brûler; *fig fam (fliehen)* filer, prendre la poudre d'escampette *od* la clef des champs; *er ist von zu Hause durchgebrannt* il est parti de chez lui; *tr ‹aux: haben›* couper, séparer à l'aide d'une flamme.

'**durch=bringen** *tr* faire passer *(a. ein Gesetz); (Kandidaten)* faire réussir; *(Kranken)* tirer d'affaire; *(Geld)* dissiper, dilapider, gaspiller, *fam* manger; *sich* ~ gagner sa vie, se tirer d'affaire, se débrouiller; *sich recht und schlecht od kümmerlich* ~ s'en tirer vaille que vaille, joindre les deux bouts.

durch'brochen *a (Gewebe)* ajouré, à jour.

Durchbruch *m ‹-(e)s, ¨-e›* ['-brʊx] *(Vorgang)* percement *m*, percée *a. mil; (Stelle)* rupture; *(Zahn, Krankheit)* éruption; *fig (plötzliches Auftreten)* irruption *f; zum* ~ *kommen (fig)* se faire jour; ~**sgefecht** *n* combat *m* de rupture; ~**sschlacht** *f* bataille *f* de rupture; ~**sstelle** *f* percée *f;* ~**sversuch** *m* tentative *f* de percée *od* de rupture.

durch=checken *tr (Gepäck)* faire suivre.

'**durch=denken, durch'denken** *tr* approfondir, examiner à fond; méditer, ruminer; *gut durchdacht* bien réfléchi.

'**durch=drängen** *tr* faire passer de force; *sich* ~ passer de force, se frayer un passage *od* un chemin, fendre la foule, *fam* jouer des coudes.

'**durch=drehen** *tr (Fleisch)* faire passer (par le hachoir); *mot* virer; *itr fam* se mettre dans tous ses états; *(in Prüfung, aus Angst)* flipper.

durch'dring|en *tr* pénétrer, (trans)percer; *(Strahlen)* traverser; *(ganz eindringen in)* s'infiltrer dans, imprégner; *von etw durchdrungen (fig)* pénétré, imbu de qc; '**durch=dringen** *‹aux: sein› itr* pénétrer, percer; se frayer un passage; *(Stimme)* porter; *fig (sich durchsetzen)* se faire jour, réussir, l'emporter; *mit s-r Meinung* ~ faire prévaloir son opinion; '**durchdringend** *a (Strahlen, Nässe)* pénétrant; *(Kälte) a.* cuisant; *(Schrei, Blick)* perçant; *(Verstand)* pénétrant; **D~ung** [-'--] *f* pénétration; infiltration *f.*

'**durch=drücken** *tr* faire passer *od* entrer de force; *(eindrücken)* enfoncer; *(durch ein Sieb)* écraser; *fig fam*

(durchsetzen) faire passer *od* admettre; *die Knie* ~ effacer les genoux.
'durch=eilen ⟨aux: sein⟩ itr parcourir, traverser à la hâte; **durch'eilen** ⟨aux: haben⟩ tr parcourir rapidement.
durcheinander [durç?ar'nandər] *adv* pêle-mêle, à la débandade, sens dessus dessous; *(wild)* ~ *(fam)* en pagaille; *ganz* ~ *(verwirrt) sein* avoir la tête à l'envers; **D~** *n* ⟨-s, (-)⟩ *(Unordnung)* confusion *f*, désordre, pêle--mêle, imbroglio, *fam* remue-ménage; hourvari, méli-mélo *m*, pagaille *f*; *völlige(s)* od *wüste(s)* ~ chaos, tohu--bohu *m*; **~=bringen** *tr (Gedanken)* (em)brouiller; *(verwechseln)* confondre; *jdn* renverser l'esprit od la cervelle à qn; **~=laufen** ⟨aux: sein⟩ itr s'agiter pêle-mêle; **~=werfen** *tr fig (Begriffe)* (em)brouiller, mettre sens dessus dessous.
durch'fahr|en ⟨aux: haben⟩ tr *(Ort, Gegend)* traverser, passer par; *(Fluß)* passer à gué; *ein Schauder durchfährt mich* je frissonne; **'durch=fahren** ⟨aux: sein⟩ itr ne pas interrompre le parcours; *(nicht umsteigen)* ne pas changer de train; *die Nacht* ~ passer la nuit en roulant od en voiture; *der Zug fährt durch* le train brûle la station; **D~t** *f* ['--'] passage *m*, traversée; *(Torweg)* porte *f* cochère; ~ *verboten!* passage interdit, défense de passer; *enge* ~ *(mar)* goulet *m;* **D~tsrecht** *n* droit *m* de passage.
Durchfall *m* ['--] chute *f; fig (Versagen)* échec, *fam* fiasco; *theat* four *m; med* diarrhée, *fam* colique *f;* **'durch= fallen** ⟨aux: sein⟩ itr tomber à travers; *fig (versagen)* échouer, ne pas réussir; *(bei e-r Prüfung)* être refusé od recalé; *parl* être collé; *theat* tomber à plat, faire un four; ~ *lassen (bei e-r Prüfung)* refuser, recaler, blackbouler; **~quote** *f (bei Prüfung)* pourcentage *m* des collés.
'durch=fechten *tr (Kampf)* soutenir; *fig (durchsetzen)* faire triompher.
'durch=feilen *tr* percer od couper à la lime; *fig (Text)* repasser la lime sur, limer, polir, *fam* fignoler.
durch'feuchten *tr* humecter, mouiller.
'durch=finden, *sich* trouver son chemin, se retrouver; *fig* se débrouiller.
'durch=flechten *tr* entrelacer *(durch à* travers); **durch'flechten** *tr* entrelacer *(mit* de).
'durch=fliegen ⟨aux: sein⟩ itr passer en volant *od* au vol; *fam (bei e-r Prüfung)* être collé; *fam (beim Publikum)* tomber à plat; *die Nacht* ~ voler toute la nuit.

durch'fließen ⟨aux: haben⟩ tr *(Fluß)* traverser, arroser, baigner; **'durch= fließen** ⟨aux: sein⟩ itr couler à travers.
durch'forsch|en *tr* examiner (à fond), sonder, scruter, approfondir; *(Land)* explorer; **D~ung** [-'--] *f* examen *m* approfondi; exploration *f.*
durch'forst|en *tr* éclaircir; **D~ung** *f* éclaircissage *m.*
'durch=fragen, *sich* demander son chemin.
durch'fressen *tr chem* ronger, corroder; **'durch=fressen,** *sich* se faire un passage en rongeant; *fig fam (schmarotzen)* manger à tous les râteliers.
'durch=frieren ⟨aux: sein⟩ itr geler od se glacer entièrement; mourir de froid; **durch'froren** *a* transi (de froid), glacé (jusqu'aux os); *fam* frigorifié.
Durchfuhr *f* ⟨-, -en⟩ ['durçfu:r] passage; *com* transit *m;* ~**güter** *n pl* marchandises *f pl* de transit; ~**handel** *m* commerce *m* de transit; ~**land** *n* pays *m* transitaire; ~**zoll** *m* droit(s *pl)* *m* de transit.
durchführ|bar *a* exécutable, faisable, réalisable, viable; **D~barkeit** *f* faisabilité, possibilité *f* de réaliser; **'durch=führen** *tr* exécuter, mettre à exécution, mener à bien *od* à bonne fin; *(verwirklichen)* réaliser; *(vollenden)* accomplir, (par)achever; *e-e Reform* ~ opérer une réforme; *e-e Untersuchung* ~ *(jur)* instruire une enquête; *e-n Versuch* ~ effectuer une expérience; **D~ung** *f* exécution, réalisation; *(Anwendung)* (mise en) application *f; (Vollendung)* accomplissement, achèvement *m;* **D~ungsbestimmungen** *f pl jur* dispositions *od* modalités *f pl* d'application; **D~ungsverordnung** *f jur* ordonnance *f od* décret *m* d'application.
durch'furch|en *tr* sillonner; ~**t** *a (Gesicht)* sillonné (par l'âge).
Durchgabe *f* ['---] *(von Nachrichten)* transmission *f.*
Durchgang *m* ['--] passage *m, a. phys astr; (zwischen zwei Mauern)* allée *f; arch* couloir; *com* transit *m;* ~ *verboten! kein* ~*!* passage interdit, défense de passer, circulation interdite; ~**sbahnhof** *m* gare *f* de passage *od* de transit; ~**slager** *n* camp *m* de passage *od* de triage; ~**sland** *n* pays *m* transitaire; ~**slinie** *f loc* ligne *f* principale; ~**spunkt** *m (im Verkehr)* point *m* de pénétration; ~**srecht** *n* droit *f* de passage; ~**sschein** *m* bulletin de transit, passavant *m;* ~**sstation** *f*

gare _f_ de passage _od_ de transit; **~sstraße** _f_ route directe; _(in Frankr.)_ route _f_ nationale; **~sverkehr** _m loc_ service direct; _com_ (trafic de) transit _m;_ **~swagen** _m loc_ wagon _m_ à couloir; **~szoll** _m_ droit(s _pl_) _m_ de transit; **~szug** _m loc_ = D-Zug.
Durchgäng|er _m_ ‹-s, -› ['---] _(Entwichener)_ fuyard, évadé; _(Pferd)_ cheval _m_ qui s'emballe; **d~ig** _a_ général; _adv_ en entier, dans son ensemble.
'**durch=geben** _tr (Meldung)_ transmettre; _(Befehl)_ faire passer.
durchgedreht ['---] _a fam (verwirrt)_ déconcerté, en désarroi.
'**durch=gehen** ‹aux: sein› _itr_ passer; _(Pferd)_ s'emballer; prendre le mors aux dents _(a. von e-m Menschen); fam (Mensch)_ filer, décamper, prendre la poudre d'escampette; _(Kassierer)_ lever le pied, manger la grenouille; _parl (Antrag)_ passer, être adopté; _tr fig (Schriftstück, Buch)_ parcourir; _(prüfend)_ examiner, contrôler, réviser, passer en revue; _zollfrei ~ (Ware)_ être exempt de douane; _~ lassen_ (laisser) passer _a. fig (jdm etw qc à qn); etw_ fermer les yeux sur qc; _für diesmal mag es ~_ passe pour cette fois; **durch'gehen** ‹aux: haben› _tr_ parcourir à pied; **~d** ['---] _a_ ininterrompu, continu _(a. Arbeitszeit);_ **~e(r)** _Zug m_ train _m_ direct; **~d** _adv_ en général, généralement; _(ohne Ausnahme)_ sans exception; _~ geöffnet (Geschäft)_ ouvert sans interruption.
durch'geistigt _a (Gesicht)_ transfiguré.
'**durch=gerben** _tr fig fam: jdn ~_ tanner la peau à qn.
'**durch=gießen** _tr_ faire passer; _(filtern)_ filtrer.
'**durch=glühen** _tr ‹aux: haben› (Eisen)_ faire rougir à blanc; _itr ‹aux: sein›_ rougir à blanc; **durch'glühen** ‹aux: haben› _tr fig_ enflammer.
'**durch=greifen** _itr_ passer la main à travers; _fig_ prendre des mesures énergiques, trancher net; **~d** _a_ énergique, décisif, tranchant, radical; _(wirksam)_ efficace.
'**durch=gucken** _itr_ regarder à travers.

'**durch=halten** _tr (Anstrengung)_ soutenir; _mus (Note)_ tenir; _itr (bis zum Ende aushalten)_ tenir bon _od_ ferme, ne pas céder, aller jusqu'au bout, _fam_ tenir le coup.
Durchhang _m_ ['--] _(in e-m Seil, Draht)_ flèche _f._
'**durch=hauen** _tr (spalten)_ fendre, couper en deux; _(Knoten)_ trancher; _sich ~_ se frayer un chemin.
'**durch=hecheln** _tr (Flachs)_ passer au

peigne; _fig_ éplucher, déchirer à belles dents, _fam_ éreinter.
'**durch=heizen** _tr (Raum, Haus)_ bien chauffer; _itr_ entretenir le feu.
'**durch=helfen** _itr: jdm ~_ aider qn à passer _od_ à se sauver, tirer qn d'affaire, _fam_ dépanner qn; _sich ~_ s'en tirer, se tirer d'affaire, _fam_ se débrouiller.
Durchhieb _m_ ['--] _(Schneise)_ clairière _f._
'**durch=kämmen** _tr (das Haar)_ démêler (avec le peigne); **durch'-kämmen** _tr (mil, Polizei)_ ratisser, fouiller.
'**durch=kämpfen** _tr (Kampf)_ soutenir, imposer par la force; _sich ~_ s'imposer de haute lutte, se battre.
'**durch=kommen** ‹aux: sein› _itr_ (parvenir à) passer; _(Zahn)_ percer _(bei jdm_ à qn); _fig (entkommen)_ se sauver; _(genesen)_ guérir, _fam_ en réchapper; _(bei e-r Prüfung)_ réussir, être reçu; _(auskommen) fam_ y arriver; _gerade od kümmerlich ~_ avoir juste de quoi vivre, joindre tout juste les deux bouts; _die Sonne kommt durch_ le soleil arrive.
'**durch=kosten** _tr (Speisen nachea.)_ goûter l'un après l'autre; _fig_ ressentir, éprouver complètement.
'**durch=kreuzen** _tr (mit e-m Kreuz durchstreichen)_ faire une croix sur; rayer, biffer; **durch'kreuzen** _tr (See)_ croiser, traverser; _fig (stören)_ contrecarrer, contrarier, se mettre en travers de.
'**durch=kriechen** ‹aux: sein› _itr_ se glisser à travers; **durch'kriechen** ‹aux: haben› _tr_ traverser en rampant.
'**durch=laden** _tr (Feuerwaffe)_ approvisionner, alimenter.
Durchlaß _m_ ‹-sses, ⸗sse› ['dʊrçlas, -lɛsə] passage _m;_ _(verbindende Öffnung)_ ouverture _f;_ _(einbogige Brücke)_ ponceau, pont _m_ dormant; _(Schleusentor)_ porte _f;_ _(Abzugskanal)_ ponceau _m;_ _tech (Sieb)_ passoire _f,_ crible _m,_ couloire _f;_ _(Filter)_ filtre _m._
'**durch=lassen** _tr_ laisser passer, donner _od_ livrer passage à; _(sieben)_ passer, filtrer; _opt_ transmettre; _(bei e-r Prüfung)_ ne pas refuser.
durchlässig ['---] _a (bes. für Wasser)_ perméable, poreux; _(für Licht)_ transparent, diaphane; **D~keit** _f_ perméabilité, porosité; _(für Licht)_ transparence, diaphanéité _f._
Durchlaucht _f_ ‹-, -en› ['dʊrçlaʊxt]: _S-e. (Anrede) Ew. ~_ Monseigneur; **d~ig(st)e(r, s)** [-'---] _a_ sérénissime.
'**durch=laufen** _itr ‹aux: sein›_ passer (en courant) _(durch_ par); _(Flüssigkeit)_

passer (en coulant), filtrer; *tr ⟨aux: haben⟩ (Schuhsohlen)* percer, trouer; user; **durch'laufen** *⟨aux: haben⟩ tr* courir à travers, passer par; *fig* parcourir; *die Schule* ~ faire toutes ses classes.

durch'leben *tr* passer par; *(erleben)* éprouver, voir.

'**durch=lesen** *tr* lire (entièrement *od* d'un bout à l'autre); *flüchtig* ~ parcourir, *fam* lire en diagonale.

durch'leucht|en *tr* pénétrer (de lumière); *(Eier)* examiner à la lumière; *med* examiner aux rayons X, radiographier; *fig (aufhellen)* tirer au clair; '**durch=leuchten** *itr* luire à travers; **D~ung** [-'--] *f med* examen *m* radioscopique, radioscopie, radiographie *f.*

'**durch=liegen,** *sich (sich wund liegen)* s'écorcher à force d'être couché.

durch'löchern *tr* perforer, trouer, cribler.

durch'lüft|en *tr* aérer, éventer; '**durch=lüften** *itr* aérer à fond, bien aérer; **D~ung** [-'--] *f* aérage *m,* aération *f.*

'**durch=machen** *tr* passer par, traverser; *pop* déguster; *(erleben, bes. Unangenehmes)* voir, éprouver; *(die Schule)* faire (toutes les classes de); *e-e Klasse noch einmal* ~ redoubler une classe; *viel* ~ passer par de rudes épreuves, en voir de dures; *fam* manger de la vache enragée.

Durchmarsch *m* ['--] *mil* passage *m;* '**durch=marschieren** *⟨aux: sein⟩ itr* passer (par).

'**durch=mess|en** *tr* mesurer tout entier; **durch'messen** *tr* parcourir; **D~er** ['---] *m ⟨-s, -⟩ math* diamètre; *tech* calibre *m.*

'**durch=mustern** *tr* examiner, vérifier.

durch'nässen *tr (vom Regen etc)* percer, traverser; **durch'näßt** *pp u. a* mouillé, trempé; *bis auf die Haut* ~ trempé jusqu'aux os *od fam* comme une soupe, transi par l'humidité.

'**durch=nehmen** *tr (im Unterricht)* s'occuper de, traiter; *pej = durchhecheln (fig).*

'**durch=numerieren** *tr* numéroter (tout entier).

'**durch=pausen** *tr* poncer, calquer.

'**durch=peitschen** *tr* fouetter, fouailler, fustiger, cravacher; *fig (Unterrichtsstoff; parl: Gesetz)* expédier; *fam (Schule)* bâcler.

'**durch=probieren** *tr* essayer, *(Speisen)* déguster l'un après l'autre.

'**durch=prügeln** *tr* rosser, rouer de coups, *fam* passer à tabac.

durch'puls|en *tr fig* animer; **durch'pulst** *pp* animé *(von* de).

durch'quer|en *tr* traverser; **D~ung** *f* traversée *f.*

'**durch=rädeln** *tr (Schnittmuster)* tracer à la roulette.

durch'rasen *⟨aux: haben⟩ tr* traverser à une allure folle; '**durch=rasen** *⟨aux: sein⟩ itr* passer à une allure folle.

'**durch=rasseln** *⟨aux: sein⟩ itr fam (im Examen)* échouer (à l'examen).

'**durch=rechnen** *tr* calculer (d'un bout à l'autre), faire le compte de; *noch einmal* ~ réviser.

'**durch=regnen** *itr* pleuvoir à travers; *es regnet durch (a.)* la pluie passe à travers.

Durchreis|e ['---] passage *m; auf der* ~ de passage; *auf der* ~ *in X. sein* être de passage à X.; '**durch=reisen** *⟨aux: sein⟩ itr* passer; **durch'reisen** *⟨aux: haben⟩ tr* parcourir, traverser; *die Welt* ~ courir le monde; **~en-de(r)** ['----] *m* passant, voyageur *m;* **~evisum** ['-----] *n* visa *m* de transit.

'**durch=reißen** *tr ⟨aux: haben⟩* déchirer; *itr ⟨aux: sein⟩* se déchirer.

'**durch=reiten** *⟨aux: sein⟩ itr* passer à cheval; **durch'reiten** *⟨aux: haben⟩ tr (Land)* parcourir à cheval.

'**durch=rieseln** *⟨aux: sein⟩ itr* ruisseler (à travers); **durch'rieseln** *⟨aux: haben⟩ tr fig: es durchrieselt mich kalt* je suis transi d'effroi *od* de peur; *von Wonne durchrieselt* inondé de joie.

'**durch=ringen,** *sich* surmonter tous les obstacles; *sich zu e-r Überzeugung* ~ s'affermir dans une conviction.

'**durch=rosten** *⟨aux: sein⟩ itr* se rouiller de part en part, être percé par la rouille.

'**durch=rühren** *tr (Küche: durch ein Sieb)* passer à la passoire; *gut* ~ bien remuer.

'**durch=rütteln** *tr* bien secouer, cahoter.

'**durch=sacken** [-zakən] *⟨aux: sein⟩ itr aero* faire une abattée; **D~** *n* abattée *f.*

Durchsage ['---] *f radio* transmission *f* verbale; '**durch=sagen** *tr mil (Befehl)* faire passer; *radio* transmettre oralement.

'**durch=sägen** *tr* couper à la scie, scier.

'**durch=schalten** *tr el* mettre sous courant; *(Kabel)* coupler directement; *tele* transmettre.

'**durch=schauen** *itr* regarder à travers; **durch'schau|en** *tr fig (Absicht)* percer à jour, pénétrer, déchiffrer; *jdn* voir venir qn; *leicht zu* ~

sein être cousu de fil blanc; *Sie sind durchschaut!* vous êtes grillé *fam.*

'durch=scheinen *itr* luire à travers, transparaître; ~d *a* translucide, transparent, diaphane.

'durch=scheuern *tr (Kleidung)* user, trouer.

'durch=schieben *tr* pousser *od* faire glisser à travers.

'durch=schießen *itr* tirer à travers; durch'schießen *tr* percer d'une balle; *typ (mit unbedrucktem Papier)* interfolier; *(Zeilen)* espacer, interligner.

'durch=schimmern *itr* = *durchscheinen.*

'durch=schlafen *itr* dormir sans se réveiller *od* d'un trait; durch'schlafen *tr (Zeit)* passer à dormir.

Durchschlag *m* ['--] *(e-s Geschosses)* pénétration *f; el (e-s Reifens)* crevaison *f; (Werkzeug)* poinçon *m; (Küche: Sieb)* passoire *f,* passe-bouillon *m; (Schreibmaschine)* copie *f;* 'durch=schlagen *tr (entzweibrechen)* couper en deux; *(filtrieren)* filtrer; *(Küche)* passer; *(Nässe, Farbe)* pénétrer; *(Papier)* boire; *el (Funken)* percer, claquer; *(sich durchsetzen)* être efficace, réussir; *sich* ~ se frayer un passage *od* un chemin; *fam* se défendre; *sich kümmerlich* ~ vivoter, *fam* tirer le diable par la queue; *in ihm ist der Großvater durchgeschlagen* c'est le portrait de son grand-père; durch'schlagen *tr (Geschoß)* percer, traverser *(etw* qc); d~end ['---] *a (wirksam)* efficace; *(entscheidend)* décisif, éclatant, percutant; convaincant; ~papier *n (Kohlepapier)* papier *m* pelure; ~sicherung *f el* dispositif *m* de protection contre les claquages; ~skraft *f (e-s Geschosses)* force *od* puissance de perforation *od* de pénétration; *fig* force *f* percutante.

'durch=schlängeln [-ʃlɛŋəln], *sich* serpenter *od* se glisser à travers; se faufiler; *fig fam* se débrouiller; traverser (en serpentant).

'durch=schleichen, *sich* se glisser à travers; *(entweichen)* s'évader.

'durch=schleppen *tr (wirtschaftlich unterstützen)* sustenter, secourir.

'durch=schleusen *tr (Schiff)* écluser; *fig* faire passer.

'durch=schlüpfen ⟨*aux: sein*⟩ *itr* (se) glisser à travers, se faufiler; *fig* échapper (belle).

'durch=schmuggeln *tr* faire passer en fraude *od* en contrebande.

'durch=schneiden *tr* couper (en deux), trancher; durch'schneiden *tr* cou-

per, croiser, traverser; D~ ['---] *n med* section *f.*

Durchschnitt *m* ['--] *(Mittelwert)* moyenne *f; im* ~ en moyenne; *über, unter dem* ~ au-dessus, au-dessous de la moyenne; *e-n* ~ *von ... erreichen* faire une moyenne de ...; *den* ~ *nehmen* faire *od* prendre la moyenne; *ungefähre(r)* ~ moyenne *f* approximative; d~en *a (Gelände)* accidenté, tourmenté; d~lich *a* moyen; *adv = im* ~; ~salter *n* âge *m* moyen; ~sbelastung *f* charge *f* moyenne; ~seinkommen *n* revenu *m* moyen; ~sertrag *m* rendement *m* moyen; ~sfranzose *m* Français *m* moyen; ~sgeschwindigkeit *f* vitesse *f* moyenne; ~sleistung *f* débit *od* rendement *m* moyen; ~smaß *n* mesure *f* moyenne; ~smensch *m* homme *m* du commun; ~spreis *m* prix *m* moyen; ~stemperatur *f* température *f* moyenne; ~sverbrauch *m* consommation *f* moyenne; ~sware *f* marchandise *f* (de qualité) moyenne; ~swert *m* moyenne *f.*

Durchschreibeblock *m* ['----] bloc *m* à calquer; ~buch *n* livre *m* à calquer; 'durch=schreiben *tr* calquer; ~papier *n* papier *m* carbone.

durch'schreiten ⟨*aux: haben*⟩ *tr* traverser, franchir; 'durch=schreiten ⟨*aux: sein*⟩ *itr* marcher à travers.

Durchschrift *f* ['--] copie *f,* double *m.*

Durchschuß *m* ['--] *mil* perforation *f; (Buch: unbedruckte Blätter)* interfoliage; *typ (Zeilenabstand)* interlignage *m.*

'durch=schütteln *tr* bien secouer, agiter.

durch'schwärmen *tr: die Nacht* ~ passer la nuit à s'amuser.

durch'schweifen *tr* rôder, courir.

'durch=schwimmen ⟨*aux: sein*⟩ *itr* passer à la nage; durch'schwimmen ⟨*aux: haben*⟩ *tr* traverser à la nage.

'durch=schwitzen *tr* tremper de sueur.

'durch=sehen *tr* parcourir (du regard); *(prüfend)* passer en revue, examiner, vérifier; *typ* corriger; *nochmals* ~ revoir, réviser.

'durch=seihen *tr* passer au tamis, filtrer, tirer au clair.

'durch=setzen *tr* faire passer *od* exécuter *od* adopter; venir à bout de, mener à bonne fin; *es* ~, *daß* obtenir que; *sich* ~ s'imposer, triompher, se faire jour; se faire une place au soleil; *mit Gewalt* ~ emporter de haute lutte; *sich nach und nach* ~ faire tache d'huile; durch'setzen *tr (vermi-*

schen) entremêler (*mit* de); *mit Zellen* ~ *(pol)* noyauter.

Durchsicht ['--] *(zwischen Häusern etc)* échappée; *(im Wald)* percée; *(Prüfung)* inspection *f,* examen *m,* révision; *typ* correction *f; bei* ~ *der Bücher* à l'examen des livres; *nach* ~ *der Post* après (le) dépouillement du courrier; *zur* ~ à l'examen; **d~ig** *a (Glas)* transparent; *(Flüssigkeit) a.* limpide; *fig (klar)* clair; *(offensichtlich)* évident, manifeste; **~igkeit** *f* transparence; limpidité; clarté; évidence *f.*

'durch=sickern ⟨aux: sein⟩ *itr* suinter à travers; filtrer; *fig (Nachricht, Geheimnis)* transpirer, s'ébruiter.

'durch=sieben *tr* cribler, tamiser, passer au crible *od* au tamis; **durch'sieben** *tr: mit Kugeln* ~ cribler de balles.

'durch=sitzen *tr (Hose)* user.

'durch=spielen *tr mus theat* jouer d'un bout à l'autre.

'durch=sprechen *tr (Plan, Problem)* discuter, débattre; *(Nachricht)* tele téléphoner, *radio* transmettre.

'durch=stech|en *tr (Nadel, Messer)* passer à travers; **durch'stechen** *tr* (trans)percer, perforer.

'durch=stecken *tr* passer (à travers).

Durchstich *m* ['--] *(Tätigkeit)* percement *m; (Ergebnis)* percée *f,* tranchée *f,* tunnel *m.*

durch'stöbern, 'durch=stöbern *tr* fouiller, fureter, retourner.

Durchstoß *m* ['--] *mil* percée, poussée *f;* **'durch=stoßen** *tr (die Hand, e-n Gegenstand)* pousser à travers; **durch'stoßen** *tr (Wand, Damm etc)* (trans)percer (*mit* de); *die Wolken* ~ *(aero)* passer à travers les nuages; **~verfahren** *n radio aero* procédé *m* de percée.

'durch=streichen *tr (Geschriebenes od Gedrucktes)* rayer, barrer, biffer, raturer; **durch'streichen** *tr = durchstreifen.*

durch'streifen *tr (Gelände)* parcourir (en tous sens); *mil* battre; *das Gelände, die Gegend* ~ battre la campagne.

'durch=strömen ⟨aux: sein⟩ *itr (Menschenmassen)* passer à flots; **durch'strömen** ⟨aux: haben⟩ *tr (Fluß)* traverser, arroser, baigner.

'durch=studieren *tr (Buch)* étudier d'un bout à l'autre; *fam (Schriftstück)* examiner; *die Nächte* ~ passer les nuits à étudier.

durch'such|en *tr (Raum, Haus)* fouiller; *(amtlich)* visiter; *jur* perquisitionner; **D~ung** [-'--] *f* fouille; visite;

perquisition *f;* **D~ungsbefehl** *jur* ordre *od* mandat *m* de perquisition.

'durch=tanzen *tr (Sohlen)* user à force de danser; **durch'tanzen** *tr: die Nacht* ~ danser toute la nuit.

durch'tränken *tr* imprégner, imbiber (*mit etw* de qc).

'durch=treten *tr (Schuhsohlen, Fußboden)* user; *den Gashebel* ~ *(mot)* donner des gaz à fond.

durch'trieben *a* [-'--] fin(aud), rusé, madré, matois, *fam* ficelle; **D~heit** *f* finesse, ruse, matoiserie *f.*

durch'wach|en *tr: die Nacht* ~ passer la nuit à veiller, veiller toute la nuit; *durchwachte Nacht f* nuit *f* blanche.

'durch=wachsen ⟨aux: sein⟩ *itr* pousser à travers; **durch'wachsen** *a (Fleisch)* entrelardé; *(Speck)* maigre.

'durch=wagen, sich oser passer.

'durch=wählen ⟨aux: sein⟩ *itr* pousser à travers; **durch'wählen** *itr* appeler directement *od* sur ligne directe; *nach London* ~ appeler Londres par l'automatique.

Durchwahl *f* ['--] téléphone *m* automatique; *(bei Firmenanschluß)* ligne *f* directe; **~nummer** *f (bei Firmenanschluß)* numéro *m* de poste; **durch=wählen** *itr* appeler directement.

'durch=walken *tr tech* fouler; *fig fam (verprügeln)* rosser; *jdn* secouer les puces à qn.

durch'wandern ⟨aux: haben⟩ *tr* traverser à pied; parcourir; **'durch=wandern** ⟨aux: sein⟩ *itr* passer (sans relâche).

durch'wärmen *tr,* **'durch=wärmen** *tr* (bien) chauffer; *(Bett)* bassiner.

durch'waten ⟨aux: haben⟩ *tr,* **'durch=waten** ⟨aux: sein⟩ *itr* passer à gué.

durch'weben *tr* entretisser (*mit* de); *fig* entrelacer, entremêler (*mit* de).

durchweg(s) ['--/-'-] [-vɛk/-veːks] *adv* d'un bout à l'autre, de bout en bout, toujours et partout; *(ganz allgemein)* généralement; *(ganz u. gar)* tout à fait; *(ausnahmslos)* sans exception.

durch'weichen ⟨aux: haben⟩ *tr* tremper, imbiber, amollir; **'durch=weichen** ⟨aux: sein⟩ *itr* tremper, s'imbiber; s'amollir.

'durch=winden, sich se faufiler, se tirer d'affaire, se débrouiller.

durch'wintern *tr (durch den Winter bringen)* faire passer l'hiver; **'durch=wintern** *itr* passer l'hiver.

durch'wirken *tr* brocher (*mit* de); entrelacer (*mit* de) *a. fig.*

durch'wühlen *tr,* **'durch=wühlen** *tr* fouiller; *pop* trifouiller.

'durch=wursteln, sich *(fam)* se débrouiller.

'durch=zählen *tr* compter (un à un).

'durch=zechen *itr: bis zum Morgen* ~

boire toute la nuit; **durch'zechen** *tr:*
die Nacht ~ passer la nuit à boire.
'**durch=zeichnen** *tr* calquer.
'**durch=zieh|en** *tr* ⟨aux: *haben*⟩ tirer à
travers; faire passer; *fig fam* =
durchhecheln; itr ⟨aux: *sein*⟩ passer;
durch'ziehen ⟨aux: *haben*⟩ *tr (Land)*
parcourir, traverser; **D~stift** ['---] *m*
passe-lacet *m.*
durch'zucken *tr (Blitz den Himmel)*
sillonner; *fig (Gedanke e-n Men-*
schen) traverser comme l'éclair, faire
tressaillir.
Durchzug *m* ['--] passage *(a. der Vö-*
gel); (Zugluft) courant *m* d'air.
'**durch=zwängen** *tr* faire passer de
force; *sich* ~ passer de force, forcer
le passage.
dürfen ['dʏrfən] ⟨*darf, durfte, hat ge-*
durft od ... *dürfen*⟩ *itr* avoir la permission *od* le droit de, être autorisé à;
pouvoir; *nicht* ~ ne pas devoir; *mitre-*
den ~ avoir voix au chapitre; *ich*
darf keinen Kaffee trinken (a.) le
café m'est défendu; *ich glaube sagen*
zu ~ je me crois autorisé à dire; *wenn*
ich bitten darf s'il vous plaît; *wenn*
ich so sagen darf si j'ose m'exprimer
ainsi; *Sie* ~ *nur befehlen* vous n'avez
qu'à ordonner; *das* ~ *Sie mir glauben*
vous pouvez m'en croire; *das* ~ *Sie*
nicht vergessen vous ne devez pas
oublier cela; *darüber* ~ *Sie sich nicht*
wundern cela ne doit pas vous surprendre; *das dürfte stimmen* je crois
que c'est juste *od* comme cela; *darf*
ich? puis-je? vous permettez? tu per-
mets? *darf ich Sie bitten? (zum*
Tanz) puis-je me permettre? *darf*
hier geraucht werden? est-il permis
de fumer ici?
dürftig ['dʏrftɪç] *a (armselig)* pauvre,
chétif, mesquin; *fig (ungenügend)*
maigre, insuffisant; *vx* = *bedürftig;*
D~keit *f*⟨-, (-en)⟩ pauvreté; *fig* insuffisance, mesquinerie *f; vx* = *Bedürf-*
tigkeit.
dürr [dʏr] *a (Pflanzenteil: abgestor-*
ben, trocken) mort; *(Mensch, Tier:*
mager) maigre, décharné, grêle; *fig*
(unfruchtbar) aride, stérile; *mit* ~*en*
Worten sèchement, en peu de mots;
D~e *f* ⟨-, -n⟩ *(Trockenheit)* sécheresse; maigreur; *fig* aridité, stérilité *f.*
Durst *m* ⟨-es, ø⟩ [dʊrst] soif *f (nach*
de) *a. fig;* ~ *bekommen, (fam) krie-*
gen commencer à avoir soif; ~ *haben*
avoir soif, *fam* avoir le gosier sec; *e-n*
gewaltigen od mächtigen ~ *haben*
(fam) avoir soif à avaler sa langue;
den ~ *löschen* étancher *od* apaiser la
soif; désaltérer *(jds* qn); *s-n* ~ *löschen*
boire à sa soif, étancher sa soif, se

désaltérer; *(Tier)* s'abreuver; ~ *ma-*
chen donner soif; *jds* ~ *stillen*
désaltérer qn; *einen über den* ~ *trin-*
ken boire un coup de trop; *vor* ~ *ver-*
schmachten, umkommen, vergehen
mourir de soif; *ich habe e-n furcht-*
baren od *schrecklichen* ~ je boirais
la mer et les poissons; **d~en, dür-**
sten *itr* avoir soif *(nach* de) *a. fig;*
nach Rache dürsten (a.) avoir soif de
vengeance; *jdn* ~ *lassen* laisser qn
sur sa soif; **d~ig** *a* altéré, *bes. fig* assoiffé *(nach* de); ~ *machen* donner
soif; ~ *sein* avoir soif; **d~löschend,**
d~stillend *a* désaltérant; **~strecke**
f fig période *f* difficile.
Dusch|e *f* ⟨-, -n⟩ ['du:-, 'dʊʃə] douche *f;*
kalte ~ *(fig)* douche *f* glacée; *wie e-e*
kalte ~ *wirken* jeter un froid; **d~en**
tr doucher, donner une douche à; *itr*
u. *sich* ~ se doucher, prendre une
douche.
Düse *f* ⟨-, -n⟩ ['dy:zə] *tech* tuyère, buse
f diffuseur, ajutage; *mot aero* gicleur,
injecteur *m;* **~nantrieb** *m aero* propulsion *f* par réaction; *mit* ~ à réaction, réacteur; *mit doppeltem* ~
biréacteur; **~nbomber** *m* bombardier *m* à réaction; **~nflugzeug** *n*
avion *m* à réaction; **~nhubschrau-**
ber *m* hélicoptère *m* à réaction;
~njäger *m (Flugzeug)* chasseur *m* à
réaction; **~nmotor** *m* moteur *m* à
réaction; **~nrohr** *n (am Hochofen)*
tuyau *m;* **~ntriebwerk** *n* propulseur
à réaction, réacteur *m;* **~nvergaser**
m mot carburateur *m* à gicleur.
Dusel *m* ⟨-s, ø⟩ ['du:zəl] *(Schwindel)*
vertige *m; (Rausch)* ivresse, griserie;
fam (Glück) chance, veine *f;* ~
haben avoir de la veine, être en
veine, être verni; *großen* ~ *haben*
avoir une veine de pendu *(fam), was*
für ein ~*!* quelle veine! **~ei** [-'laɪ] *f*
fam (Schläfrigkeit) somnolence *f,*
assoupissement *m; (Träumerei)*
rêv(ass)erie; *(Gedankenlosigkeit)*
étourderie *f;* **d~ig** *a fam (schwind-*
lig) vertigineux; *(wie betäubt)* engourdi; *(schläfrig)* somnolent, assoupi; *(verträumt)* rêveur; *(berauscht)*
gris, éméché; **d~n** *itr fam (schwind-*
lig sein) avoir le vertige; *(wie be-*
täubt sein) être engourdi; *(schläfrig*
sein) somnoler; *(träumen)* rêv(ass)er.
Dussel *m* ⟨-s, -⟩ ['dʊsəl] *fam (Dumm-*
kopf) bêta, gobe-mouches, gribouille
m.

düster ['dy:stər] *a* sombre, ténébreux,
obscur; *fig* sombre; *(traurig)* triste,
morne, funèbre; *(unheilverkündend)*
lugubre; **D~heit** *f.* **D~keit** *f* ⟨-, ø⟩

obscurité *f; fig* air *m* sombre, tristesse *f.*

Dutt *m* ⟨-(e)s, -s/-e⟩ [dʊt] *dial (Haarknoten)* toupinard *m fam.*

Dutzend *n* ⟨-s/-e⟩ ['dʊtsənt] douzaine *f; zu* ~*en* par douzaines; *im* ~ *billiger* treize à la douzaine; *halbe(s)* ~ demi-douzaine; **d**~**(e)mal** *adv* des douzaines de fois; ~**gesicht** *n* visage *m* insignifiant; ~**mensch** *m* homme *m* moyen *od* médiocre *od* très ordinaire; ~**ware** *f* marchandise *f* à la douzaine; **d**~**weise** *adv* à la douzaine, par douzaines.

Duty-free-Shop *m* ⟨-s, -s⟩ ['djuːtɪ'friːʃɔp] boutique *f* hors taxes.

Duz|bruder *m* ['duːts-], ~**freund** *m* ami *m* qu'on *od* que je *etc* tutoie; *wir sind Duzbrüder od Duzfreunde* nous sommes à tu et à toi; **d**~**en** *tr* tutoyer; *sich* ~ se tutoyer, être à tu et à toi; ~**freundin** *f,* ~**schwester** *f* amie *f* qu'on *od* que je *etc* tutoie.

dwars [dvars] *adv dial mar (quer)* à travers; ~ *See liegen* être à travers les lames; **D**~**balken** *m* traversin *m;* **D**~**linie** *f* loxodromie *f;* **D**~**see** *f* mer *f* de travers; **D**~**wind** *m* vent *m* de travers.

Dyn *n* ⟨-s, -⟩ [dyːn] *phys (Krafteinheit)* dyne *f;* ~**amik** *f* ⟨-, ø⟩ [dy'naːmɪk] *phys u. fig* dynamique *f;* ~ *flüssiger Körper* hydrodynamique *f;* **d**~**amisch** [-'naː-] *a* dynamique; ~**amismus** *m* ⟨-, ø⟩ [-'mɪsmʊs] *philos* dynamisme *m;* ~**amit** *n* ⟨-s, ø⟩ [-na'mɪt, -'miːt] dynamite *f; mit* ~ *sprengen* faire sauter à la dynamite, dynamiter; *Sprengung f mit* ~ dynamitage *m;* ~**amo(maschine** *f)* *m* ⟨-s, -s⟩ [-'naːmo, 'dy-] *el mot* dynamo, génératrice *f;* ~**amometer** *n (Kraftmesser)* dynamomètre *m.*

Dynastie *f* ⟨-, -n⟩ [dynas'tiː, -iːən] dynastie *f.*

dynastisch *a* [dy'nastɪʃ] dynastique.

D-Zug *m* ['deː-] (train) express *od* rapide *m.*

E

E, e n ⟨-, -⟩ [eː] *(Buchstabe)* E, e *m; mus* mi *m;* **E-Dur** n mi *m* majeur; **e-Moll** n mi *m* mineur.

Ebb|e f ⟨-, -n⟩ ['ɛbə] marée f basse, reflux, jusant *m; es ist* ~ la marée descend *od* baisse; *bei mir ist* ~ *im Portemonnaie (fam)* ma bourse est à sec; ~ *und Flut f* le flux et le reflux, la marée; **e~en** itr descendre; baisser a. *fig; es* od *das Meer ebbt* la marée baisse; **~strom** m marée f descendante; jusant, reflux m.

eben ['eːbən] n *(flach)* plat; *(Boden)* ras, de plain-pied; *(Weg)* égal; *(glatt)* uni, lisse; *math* plan; adv (~ *gerade)* justement, juste à l'instant, précisément, tout à l'heure, à l'instant même; *zu* ~*er Erde* au rez-de--chaussée, de plain-pied; *bes. mil* au ras du sol; *(Pferd)* ~*er Gang* pas égal; *(gerade)so* ~ *(noch)* de justesse; ~ *das* précisément cela, c'est précisément ce qui; ~ *erst* à peine; ~ *machen (Boden)* affleurer; *ich wollte* ~ *sagen* j'allais dire; *ich habe* ~ *gegessen* je viens de manger; *sie ist nicht* ~ *hübsch* elle n'est pas jolie à proprement parler; *ich will* ~ *nicht* mais c'est que je ne veux pas; *da kommt er* ~ le voilà qui vient; *das nun* ~ *nicht!* (ce n'est) pas précisément cela! **E~bild** n image f, portrait *m; er ist das* ~ *s-s Vaters* il est tout le portrait de son père; *fam* il est son père tout craché; *das* ~ *Gottes* (fait à) l'image f de Dieu; **~bürtig** a égal (par la naissance) a. *fig;* de même condition; *fig* l'égal (*od* de), de pair; *sie ist ihm* ~ elle le vaut bien; **E~bürtigkeit** f égalité f de naissance *od* a. *fig* de condition *od fig* de valeur; *sie ist ihm* ~ elle le vaut bien; **~da(selbst)** adv là--même, au même endroit, ibidem; **~daher** adv du même endroit; = ~*deshalb;* **~dahin** adv au même endroit; ~**darum** adv = ~*deshalb;* **~der(selbe)** pron juste le même; ~**deshalb** adv, ~**deswegen** adv pour la même raison; a. interj justement pour cela, voilà justement pourquoi; ~**dort** adv = ~*da;* ~**erdig** a au niveau du sol; ~**falls** adv également, pareillement, de même, aussi; **E~maß** n symétrie, harmonie f, proportions f pl harmonieuses; ~**mäßig** a

égal, symétrique, bien proportionné; ~**so** ['---] adv pareillement, semblablement, de même, aussi, non moins; ~ *wie* aussi bien que, à l'égal de; ~ ... *wie* ... aussi ... que ...; *es* ~ *machen* faire de même; *es geht mir* ~ je me trouve dans le même cas; c'est (exactement) mon cas; il n'en va pas autrement pour moi; *es wäre* ~ *gut* autant vaudrait; ~**soviel** ['---,-] adv tout aussi bien; ~ *könnte man sagen, daß* ... autant dire que ...; ~**sohäufig** adv = ~*sooft;* ~**solange** ['---,--] adv (tout) aussi longtemps; ~**sooft** ['---,-] adv (tout) aussi souvent; ~**sosehr** adv, ~**soviel** ['---,-] adv (tout, juste) autant (*wie* de, que), d'autant; ~ *wie* à l'égal de; ~**sowenig** ['---,--] adv (tout) aussi peu (*wie* de, que), (ne ...) pas plus (*wie* de, que).

Ebene f ⟨-, -n⟩ ['eːbənə] plaine f; *(gleiche Höhe)* niveau m; *math* plan *m; auf gleicher* ~ de niveau, du *od* au niveau (*mit, wie* de); *auf höherer* ~ *(fig)* sur un plan élevé; *auf höchster* ~ *(pol)* au niveau le plus élevé, au sommet; *auf kommunaler* ~ à l'échelle communale; *schiefe* ~ plan m incliné.

Ebenholz [n 'eːbən-] (bois m d')ébène f.

Eber m ⟨-s, -⟩ ['eːbər] verrat *m; wilde(r)* ~ sanglier m (mâle); ~**esche** f bot sorbier m.

ebnen ['eːbnən] tr *(Boden)* aplanir, niveler; a. *fig* égaliser, mettre de niveau; *die Wege* ~ *(fig)* préparer les voies; *jdm den Weg* ~ *(fig)* frayer la voie *od* le chemin à qn.

Echo n ⟨-s, -s⟩ ['ɛço] écho m a. *fig u. tele; ein* ~ *geben* faire écho; ~**empfänger** m récepteur m d'écho; **e~en** ['ɛçoən] itr faire écho; *es echot* il y a un écho; ~**laufzeit** f temps m de transmission d'écho; ~**lot** n écho--sonde, sonde-écho *f; aero* altimètre m sonique; ~**lotung** f mar sondage m par écho *od* par son *od* acoustique; ~**sperre** f tele suppresseur m d'écho; ~**strom** m tele courant m d'écho; ~**weite** f portée f d'écho; ~**welle** f onde f d'écho.

echt [ɛçt] a véritable, vrai; *(unverfälscht)* non falsifié, non frelaté, non adultéré; *(Urkunde)* authentique; *(Farbe)* bon teint, solide, indélébile;

fig naturel, original; bon, réel, vrai; *(rein)* pur; *(recht-, gesetzmäßig)* légal, légitime; *adv* bien, tout à fait; ~**e(s)** *Bier n* bière *f* d'origine; ~**e(r)** *Edelstein m* pierre *f* précieuse véritable; ~**e(s)** *Gold n or m* véritable; ~**e** *Photographie f* photographie véritable, véritable photo *f;* ~**deutsch** *a* bien *od* tout à fait allemand; **E~heit** *f* ‹-, ø› *a. fig* bonne qualité; vér(ac)ité; *(Urkunde)* authenticité; *(Farbe)* solidité *f; fig* naturel *m; (Reinheit)* pureté; *(Recht-, Gesetzmäßigkeit)* légalité, légitimité *f; Bescheinigung f der* ~ certificat *m* d'authenticité.

Eck *n* ‹-(e)s, -e(n)› [εk] *dial =* ~*e; über* ~ en diagonale; ~**ball** *m sport* corner *m;* ~**brett** *n* étagère d'angle, encoignure *f;* ~**couch** *f (mit Regal)* cosy-corner *m;* ~**e** *f* ‹-, -n› coin *m; (Zimmer) a.* encoignure *f; (spitze)* angle *m; (vorspringende, a. arch)* corne *f; (Straße)* tournant; *(Ende)* bout; *fam (kurze Entfernung)* bout *m* de chemin; *an allen* ~*en und Enden* dans tous les coins, de tous côtés, partout; *um die* ~ au coin, au tournant; *gleich um die* ~ (tout) à côté, tout près; *um die* ~ *biegen* tourner à l'angle *od* au coin; *um die* ~ *bringen (fig fam)* faire disparaître, expédier, assassiner; *in die* ~ *schmeißen (fam)* flanquer en l'air; *um ein paar* ~*n herum verwandt sein* être cousins à la mode de Bretagne; **e~enlos** *a* sans angles; ~**ensteher** *m* ‹-s, -› inspecteur *m* des pavés *hum;* ~**fenster** *n* fenêtre *f* de coin; ~**flügler** *m* ‹-s, -› *ent* vanesse *f;* ~**grundstück** *n* immeuble *m* d'angle *od* de coin; ~**haus** *n* maison *f* d'angle *od* de coin; **e~ig** *a* anguleux, angulaire; *fig (linkisch)* gauche, maladroit; *(ungeschliffen)* mal dégrossi; ~*e Klammern f pl (typ)* crochets *m pl;* ~**laden** *m* boutique *f* d'angle *od* de coin; ~**lohn** *m* salaire *m* de référence; ~**möbel** *n* encoignure *f;* ~**pfeiler** *m* pilier d'angle, pilastre *m* cornier; *(vorspringender)* ante *f;* ~**platz** *m* coin *m;* ~**schrank** *m* armoire d'angle, encoignure *f;* ~**stein** *m arch* pierre *f* angulaire *(a. fig) od* de refend; *(Spielkarte)* carreau *m;* ~**stuhl** *m* coin *m* de feu; ~**zahn** *m* (dent) canine, dent *f* angulaire; ~**zimmer** *n* chambre *f* d'angle.

Ecker *f* ‹-, -n› ['εkɐr] *lit (Eichel)* gland *m; (Buch~)* faine *f; (Spielkarte)* trèfle *m.*

edel ['e:dəl] *a lit (adlig) u. fig (Charakter; Körperteil)* noble; *fig* généreux; *(Pferd)* de race; *(Frucht)* exquis, sélectionné; *(Wein)* de cru,

fin, généreux; *lit (Metall, Stein)* précieux; *(Stil)* élevé, soutenu; *ein edler Mann* un noble cœur; ~**denkend** *a,* ~**gesinnt** *a,* ~**herzig** *a* généreux, de cœur noble; **E~frau** *f* dame *f* noble; **E~fräulein** *n* demoiselle *f* noble; **E~gas** *n* gaz *m* rare; **E~hirsch** *m* cerf *m;* **E~holz** *n* bois *m* précieux; **E~kastanie** *f (Frucht)* châtaigne *f,* marron *m; (Baum)* châtaignier, marronnier *m;* **E~knabe** *m* page *m;* **E~leute** *pl* gentilshommes, nobles *m pl;* **E~mann** *m* ‹-s, -leute› gentilhomme, noble *m;* **E~marder** *m* mart(r)e *f;* **E~metall** *n* métal *m* précieux; **E~mut** *m* générosité, noblesse *f* (de cœur); ~**mütig** *a* généreux, noble; **E~rost** *m* patine *f;* **E~stahl** *m* acier *m* spécial; **E~stein** *m* pierre précieuse, gemme *f; pl* pierreries *f pl;* ech*te(r), falsche(r), synthetische(r)* ~ pierre *f* précieuse véritable, fausse, artificielle; **E~steinschleifer** *m* lapidaire *m;* **E~tanne** *f* sapin *m* argenté *od* blanc; **E~weiß** *n* ‹-(es), -(e)› *bot* edelweiss, pied-de-lion *m,* immortelle *f* des neiges; **E~wild** *n* bêtes *f pl* fauves.

edieren [e'di:rən] *tr* publier.

Edikt *n* ‹-(e)s, -e› [e'dıkt] édit, décret *m* ordonnance *f; ein* ~ *erlassen* rendre un édit.

Efeu *m* ‹-s, ø› ['e:fɔy] lierre *m;* **e~umrankt** [-ʊmˈraŋkt] *a* recouvert de lierre.

Effeff *m* ['εfˈεf]: *aus dem* ~ *verstehen* savoir sur le bout du doigt *od* sur l'ongle.

Effekt *m* ‹-(e)s, -e› [εˈfεkt] *(Wirkung)* effet *m; tech (Nutzen)* puissance *f,* rendement *m;* ~ *machen* faire *od* produire de l'effet; ~**en** *pl fin (Wertpapiere)* effets, titres *m pl,* valeurs *pl* mobilières; *(Aktien u. Obligationen)* actions et obligations *f pl;* ~**enabteilung** *f* service *m* des titres; ~**enbesitz** *m* avoir *m* en titres; ~**enbörse** *f* bourse *f* des valeurs; ~**enbuch** *n* grand livre *m* des valeurs; ~**engeschäft** *n,* ~**enhandel** *m* commerce *m* d'effets; ~**enhändler** *m* agent *m* de change; ~**eninhaber** *m* détenteur *od* porteur *m* de titres; ~**enmarkt** *m* marché *m od* bourse *f* des titres *od* des valeurs; ~**hascherei** *f* recherche de l'effet, pose *f,* fla-fla *m; aus* ~ pour la galerie; **e~iv** [-fεkˈtiːf] *a* effectif, réel; ~**e(s)** *Einkommen n* revenu *m* réel; ~**e(r)** *Preis m* prix *m* réel; ~**e(r)** *Wert m* valeur *f* effective; ~**ivbestand** *m* effectif *m;* **e~uieren** [-tuˈiːrən] *tr com* effectuer, exécuter; **e~voll** *a* qui fait de l'effet, à effet.

egal [e'ga:l] *a* égal, pareil; *(fam) das ist* ~ c'est la même chose; *das ist mir (völlig, ganz)* ~ ça m'est (tout à fait) égal, *fam* je m'en moque *od* fiche (pas mal); *adv (fam)* pareillement; continuellement, tout le temps.

Egel *m* ⟨-s, -⟩ ['e:gəl] *zoo* sangsue *f.*

Egge *f* ⟨-, -n⟩ ['ɛgə] herse *f;* **e~n** *tr* herser.

Ego|ismus *m* ⟨-, (-men)⟩ [ego'ɪsmʊs] égoïsme; *fam* quant-à-moi, quant-à--soi *m;* **~ist** *m* ⟨-en, -en⟩ [-'ɪst] égoïste *m;* **e~istisch** [-'ɪstɪʃ] *a* égoïste; **~tismus** *m* ⟨-, ø⟩ [-'tɪsmʊs] *philos* égotisme *m;* **e~zentrisch** [-'tsɛntrɪʃ] *a* égocentrique, égotiste, centré sur soi-même; **~zentrizität** *f* ⟨-, ø⟩ [-tritsi'tɛ:t] égocentrisme *m.*

ehe ['e:ə] *conj* avant que *subj,* avant de *inf;* **~dem** ['e:ə'de:m] *adv* lit autrefois, (au temps) jadis; **~malig** *a* ancien, d'autrefois, ci-devant; *pol* ex-; **~e(r)** Präsident *m* ex-président *m;* **~mals** [-ma:ls] *adv* = ~dem; **~r** ['e:ər] *adv (früher)* plus tôt, avant, antérieurement *(als* à); *(lieber)* plutôt, de préférence; *desto, um so* ~ à plus forte raison, a fortiori, raison de plus (pour); *je* ~, *je lieber od je* ~, *desto besser* le plus tôt sera le mieux; *nicht* ~ *als* pas plus tôt que; *ich würde* ~ *... als* ... j'aimerais mieux ... que (de) ...; *nicht* ~ *bis (ich zurückkomme)* pas avant (mon retour); *das läßt sich schon* ~ *hören* voilà qui sonne mieux à l'oreille; à la bonne heure! **~ste:** *am ehesten (am besten)* ... le mieux est de *inf.;* **~stens** *adv* au plus tôt.

Ehe *f* ⟨-, -n⟩ ['e:ə] mariage, ménage *m; aus erster* ~ *(Kind)* du premier lit; *in zweiter* ~ *(heiraten)* en secondes noces; *die* ~ *brechen* commettre un adultère; *e-e* ~ *eingehen od schließen* contracter mariage, conclure un mariage; *in den Stand der* ~ *treten* se mettre en ménage; *die* ~ *versprechen* promettre mariage; *rechtsgültige* ~ mariage *m* valide; *(un)glückliche* ~ mariage (mal)heureux, ménage *m* bien (mal) assorti; *ungültige* ~ mariage *m* nul; *wilde* ~ union *f* libre, faux ménage, concubinage *m; in wilder* ~ *leben* vivre en union libre; *zerrüttete* ~ ménage *m* désagrégé; *zweite* ~ secondes noces *f pl;* **e~ähnlich** *a:* ~*e Gemeinschaft* union *f* libre; **~anbahnungsinstitut** *n* agence *f* matrimoniale; **~berater** *m* conseiller *m* matrimonial; **~bett** *n* lit *m* conjugal; *(Brautbett)* lit *m od* couche *f*

nuptial(e); **e~brechen** *itr, nur inf* être adultère; **~brecher(in** *f***)** *m* ⟨-s, -⟩ (homme *m,* femme *f*) adultère *m f;* **e~brecherisch** *a* adultère; *in* ~*en Beziehungen leben* vivre en adultère; **~bruch** *m* adultère *m;* ~ *begehen* commettre un adultère; **~bund** *m,* **~bündnis** *n* union *f* conjugale; **e~fähig** *a jur* nubile, apte à contracter mariage; **~fähigkeit** *f jur* nubilité, capacité *f* matrimoniale; **~frau** *f,* **~gattin** *f* femme (mariée), épouse, conjointe; *pop* bourgeoise *f;* **~gatte** *m* mari, époux, conjoint *m;* **~gemeinschaft** *f* communauté *f* conjugale; **~glück** *n* bonheur *m* conjugal; **~hälfte** *f: meine bessere* ~ *(fam)* ma chère moitié *f;* **~hindernis** *n jur* empêchement *m* (dirimant) de *od* du mariage; **~krach** *m* scène de ménage, lune *f* rousse; **~leute** *pl* couple *m,* époux, conjoints *m pl; wie* ~ *zs.leben* vivre maritalement; **e~lich** *a* conjugal, *bes. jur* matrimonial; *(Kind)* légitime; *für* ~ *erklären* légitimer; **e~lichen** *tr* épouser, prendre en mariage; **~lichkeitsanerkennung** *f* reconnaissance *f* de légitimité; **~lichkeitserklärung** *f* légitimation *f;* **e~los** *a* célibataire, non marié, resté(e) garçon (fille); **~losigkeit** *f* célibat *m;* **~mann** *m* ⟨-, -männer⟩ = ~gatte; *pop* homme *m; junge(r)* ~ (jeune) marié *m;* **~mündigkeit** *f* majorité *f* matrimoniale; **~paar** *n* couple *m,* époux *m pl; das junge* ~ les nouveaux mariés *m pl,* le jeune ménage; **~recht** *n* droit *m* matrimonial; **~ring** *m* alliance *f;* **~scheidung** *f* divorce *m;* **~scheidungsklage** *f* action *f* en divorce; **~scheidungsprozeß** *m* instance *f od* procès *m* en divorce; **~schließung** *f* (conclusion *od* célébration *f* du) mariage *m; Zahl f der* ~*en* nuptialité *f;* **~stand** *m* ⟨-(e)s, ø⟩ (état de) mariage, ménage *m; in den* ~ *treten* se mettre en ménage, se marier; **~standsdarlehen** *n* prêt *m* au mariage; **~stifterin** *f* marieuse *f;* **~streit** *m* querelle *f* conjugale *od* de ménage, discussion *f* de ménage; **~tauglichkeitsbescheinigung** *f,* **~zeugnis** *n* certificat *m* prénuptial; **~versprechen** *n* promesse *f* de mariage; **~vertrag** *m* contrat *m od* articles *m pl* de mariage.

ehern ['e:ərn] *a fig* d'airain; *mit* ~*er Stirn* d'un front d'airain.

Ehr|abschneider *m* ['e:r-] diffamateur, calomniateur *m;* **~abschneiderei** *f* diffamation, calomnie *f;* **e~bar** *a* honorable, respectable; *(anständig)* honnête, décent; **~barkeit** f ⟨-, ø⟩ honorabilité, respectabilité; honnêteté, décence f; **~begier(de)** f lit ambition f, goût m des honneurs; **e~begierig** a lit ambitieux, avide d'honneurs; **~e** f ⟨-, -n⟩ honneur m; (Auszeichnung) distinction; (Ruhm) gloire; (Achtung) estime, considération; (Ruf) réputation f, renom m, renommée f; auf ~, bei meiner ~ sur l'honneur, sur mon honneur, parole d'honneur, sur ma foi; auf ~ und Gewissen sur mon honneur et conscience; auf dem Felde der ~ au champ d'honneur; in ~en avec honneur; in allen ~en (en tout bien et) en tout honneur; nur um die ~, um der ~ willen pour l'honneur; zu jds ~(n) en od pour l'honneur, à la gloire de qn; jdm die ~ abschneiden flétrir l'honneur od la réputation de qn; sich etw zur ~ anrechnen se faire honneur, se donner l'honneur de qc; zu ~n bringen mettre en honneur; wieder zu ~n bringen réhabiliter, faire revivre; alle ~ einlegen, um zu mettre son honneur à; jdm die ~ erweisen zu ... faire à qn l'honneur de ...; jdm (hohe) ~n erweisen rendre des od de grands honneurs à qn; jdm die letzte ~ erweisen rendre les derniers devoirs od les honneurs funèbres à qn; jdm die militärischen ~n erweisen rendre les honneurs à qn; jdm die ~ geben faire l'honneur à qn; sich die ~ geben zu ... avoir l'honneur de ...; der Wahrheit die ~ geben rendre gloire od hommage à la vérité; jdm zur ~ gereichen tourner à la louange de qn; die ~ haben zu ... avoir l'honneur de ...; jdn, etw in ~n halten honorer, respecter qn, tenir qc à honneur; zu ~n kommen arriver aux honneurs; jdm ~ machen faire honneur à qn; sich e-e ~ daraus machen zu se piquer de l'honneur de; jdn bei der ~ packen piquer l'honneur de qn; s-e ~ in etw setzen mettre sa gloire à od en qc; s-e ~ dareinsetzen zu ... mettre un point d'honneur à ...; in (großen) ~n stehen être tenu en haute estime; auf ~ versichern assurer sur l'honneur; es ist mir e-e ~ zu ... c'est un honneur pour moi de ...; cela me fait honneur de ...; ~ sei ... (dat) gloire à ...; ~, wem ~ gebührt! à tout seigneur tout honneur! was verschafft mir die ~? qu'est-ce qui me vaut l'honneur? mit wem habe ich die ~? à qui ai-je l'honneur? die letzte ~ les honneurs funèbres od suprêmes; Mann m von ~ homme m d'honneur; militärische ~n f pl honneurs m pl militaires; **e~en** tr hono-

rer (durch, mit de), rendre honneur od gloire à, chanter la gloire de; (achten) respecter, estimer, considérer; (huldigen) rendre hommage (jdn à qn); sich geehrt fühlen se sentir honoré; (sehr) geehrter Herr! (Briefanrede) Monsieur; **~enamt** n charge od fonction f honorifique, poste m d'honneur; pl honneurs m pl; ein ~ bekleiden être revêtu d'une charge honorifique; **e~enamtlich** a bénévole; **~enbezeigung** f a. mil honneur m rendu (à qn), marque f de respect; (Huldigung) hommage m; mil (Gruß) salut m; e-e ~ machen rendre les honneurs; militärische ~ honneurs m pl militaires; **~enbürger** m citoyen m d'honneur; jdn zum ~ machen nommer qn citoyen d'honneur; **~enbürgerrecht** n droit m de cité honoris causa; **~endoktor** m docteur m honoris causa; **~enerklärung** f réparation f d'honneur; e-e ~ abgeben faire amende honorable; **~engast** m hôte, convive m d'honneur; **~engehalt** f pension f honorifique; **~engeleit** n escorte f od cortège m d'honneur; **~engericht** n cour f od tribunal m d'honneur; **~engeschenk** n cadeau honorifique, hommage m; **e~enhaft** a (Sache) honorable; (Person) honnête; **~enhaftigkeit** f ⟨-, (-en)⟩ honorabilité; honnêteté f; **e~enhalber** adv pour l'honneur, honoris causa; **~enhandel** m affaire f d'honneur; **~enhof** m arch cour f d'honneur; **~enklage** f demande f en réparation d'honneur; **~enkompanie** f compagnie f d'honneur; **~enlegion**, die f la Légion d'honneur; Kreuz n der ~ croix f de la Légion d'honneur; Träger m der ~ légionnaire m; **~enmal** n ⟨-(e)s, ˜er/(-e)⟩ monument m aux morts od aux victimes de la guerre; **~enmann** m ⟨-s, -männer⟩ homme d'honneur od de bien; galant homme m; **~enmitglied** n membre m honoraire od d'honneur; **~enparade** f revue f d'honneur; **~enplatz** m place f d'honneur od de choix; **~enpräsident** m président m d'honneur od honoraire; **~enpreis** m prix m d'honneur; bot véronique f; **~enpunkt** m point m d'honneur; **~enrang** m grade m honoraire; **~enrat** m jury m d'honneur; **~enrechte** n pl: die bürgerlichen ~ les droits m pl civiques; im Besitz der bürgerlichen ~ sein jouir des droits civiques; Verlust m der bürgerlichen ~ dégradation civique, privation f des droits civiques; **~enrettung** f réhabilitation f (d'honneur); fig (Verteidi-

gung) apologie *f;* **e~enrührig** *a* injurieux, diffamant, infamant; **~enrunde** *f sport* tour *m* d'honneur; **~ensäbel** *m* sabre *m od* épée *f* d'honneur; **~ensache** *f* point *m* d'honneur; **~ensalve** *f mil* salve *f* d'honneur; **~enschuld** *f* dette *f* d'honneur; **~ensold** *m* honoraires *m pl;* **~nstrafe** *f* peine *f* infamante; **~entafel** *f (für Gefallene)* tableau *m* d'honneur; **~entag** *m* anniversaire; *jds ~* jour *m* où qn est à l'honneur; **~entitel** *m* titre *m* honorifique **~enurkunde** *f* diplôme *m* d'honneur; **e~envoll** *a* honorable; *(ruhmreich)* glorieux; *adv* avec honneur; **~e(r)** *Abschied m (mil)* démission *f* honorable; **~enwache** *f* garde *f* d'honneur; **e~enwert** *a* honorable, respectable; **~enwort** *n* ‹-(e)s, -worte› parole *f* d'honneur; *auf ~ entlassen* renvoyer *od mil* libérer sur parole; *sein ~ geben* donner *od* engager sa parole d'honneur; *Gefangene(r) m auf ~* prisonnier *m* sur parole; **e~enwörtlich** *a:* **~e** *Erklärung f* déclaration *f* sur l'honneur; **~enzeichen** *n* insigne *m,* décoration *f;* **e~erbietig** *a* respectueux; **~erbietung** *f* (témoignage de) respect *m,* considération, révérence, déférence *f; bei aller ~ vor* malgré tout le respect pour; *jdm s-e ~ erweisen* présenter ses hommages *od* respects à qn; **~furcht** *f (Verehrung)* vénération *f (vor pour); (Achtung)* respect *m (vor* de, pour); *aus ~ vor* par respect pour *od* de; *jdm ~ einflößen* inspirer du respect à qn; *von ~ ergriffen* plein de respect; **e~furchtslos** *a* irrévérencieux; *a* **e~furchtsvoll** *a,* **e~fürchtig** *a* respectueux; **~gefühl** *n* sens *od* sentiment *m* de l'honneur; *an jds ~ rühren* piquer l'honneur de qn; **~geiz** *m* ambition *f;* amour-propre, désir *m* de vaincre; **e~geizig** *a* ambitieux, âpre à la curée; qui a de l'amour-propre; *~ sein (fam a.)* avoir les dents longues; avoir de l'amour-propre; ne pas aimer perdre *od* être le second; **e~lich** *a* honnête; *(ehrenhaft)* honorable; *(rechtschaffen)* probe, loyal, intègre; *(aufrichtig)* sincère, de bonne foi; *auf sein ~es Gesicht hin* sur sa bonne mine; *in ~em Kampf* de bonne lutte; en un combat loyal; *~ gesagt od gestanden* pour parler franc(hement), à dire vrai; *es ~ mit jdm meinem* agir de bonne foi envers qn; *~ gestehen* avouer franchement *od* sincèrement; *~ spielen* jouer sans tricher; *~ währt am längsten (prov)* avec la bonne foi

on va le plus loin; *der ~e Finder (jur)* l'inventeur honnête; *e-e ~e Haut (fam)* une bonne pâte d'homme; *~er Leute Kind* fils *m* de braves gens; *sein ~er Name* son nom honorable; **~lichkeit** *f* ‹-, ø› honnêteté; probité. loyauté, intégrité; sincérité, bonne foi *f;* **~liebe** *f* noble ambition *f;* **e~liebend** *a* qui aime l'honneur; **e~los** *a* sans honneur, malhonnête, infâme; **~losigkeit** *f* déshonneur *m,* infamie *f;* **e~sam** *a* honnête, honorable, respectable; **~samkeit** *f* honnêteté, respectabilité *f;* **~sucht** *f* soif des honneurs, ambition *f* (démesurée); **e~süchtig** *a* avide, assoiffé d'honneurs, (très) ambitieux; **~ung** *f* distinction honorifique; honorable distinction *f; (Huldigung)* hommage *m; öffentliche ~* distinction *f* honorifique publique; **e~vergessen** *a = ~los;* **~verlust** *m* perte de l'honneur *od jur* des droits civiques, dégradation *f* civique; **~würden** *(Anrede):* Ew. *~!* Votre Révérence! **e~würdig** *a* vénérable, respectable; *(Geistlicher)* révérend; *~e Mutter! (rel)* ma révérende! *~er Vater! (rel)* mon révérend!

ei! [aɪ] *interj* ah! eh! hé! tiens! *~ ~!* eh bien! *~, ja doch!* mais si!

Ei *n* ‹-s, -er› [aɪ] œuf *m; wie auf ~ern gehen* (avoir l'air de) marcher sur des œufs; *sich gleichen wie ein ~ dem andern* se ressembler comme deux gouttes d'eau; *~er kochen* cuire des œufs; *aus dem ~ kriechen* sortir de l'œuf, éclore; *~er legen* pondre; *wie aus dem Ei gepellt sein* avoir l'air de sortir d'une boîte; *mit faulen ~ern werfen* jeter *od* lancer des œufs pourris; *das ~ will klüger sein als die Henne* c'est Gros-Jean qui en remontre à son curé; *er ist kaum aus dem ~ gekrochen* il sort tout juste de sa coquille; *angebrütete(s) ~* œuf *m* couvi; *eingelegte ~er* œufs *m pl* de conserve; *faule(s) ~* œuf *m* gâté *od* pourri; *frische(s) ~* œuf *m* frais *od* du jour; *hartgekochte(s) ~* œuf *m* dur; *rohe(s) ~* œuf *m* cru; *russische ~er* œufs *m pl* à la russe; *überbackene ~er* œufs *m pl* au gratin; *verlorene ~er* œufs *m pl* pochés; *verlorene ~er kochen* pocher des œufs; *weichgekochte(s) ~* œuf *m* à la coque; *das ~ des Kolumbus* l'œuf de Christophe Colomb; *wie aus dem ~ gepellt (fam)* tiré à quatre épingles; **~austauschstoff** *m* succédané *m* d'œuf; **~dotter** *m od n* jaune d'œuf, *scient* vitellus *m;* **~erauflauf** *m* omelette *f* soufflée; soufflé *m;* **~erbecher** *m* coquetier *m;* **~erbrikett** *n,* **~erkohle** *f* boulet *m* (de charbon); **~erhandgra-nate** *f mil* grenade *f* (ovoïde) à main; **~erhändler** *m* marchand *m* d'œufs; **~erisolator** *m* *el* isolateur *m* de poule; **~erkette** *f* *el* chaîne *f* d'isolateurs; **~erkuchen** *m* omelette *f*; *(bretonischer ~)* crêpe *f* (bretonne); **~erlandung** *f* *aero* arg atterrissage *m* en douceur; **~erleiste** *f* *(Verzierung)* godron *m*; **~erlikör** *m* liqueur *f* au jaune d'œuf; **~erlöffel** *m* cuiller *f* à œuf; **~ermilch** *f* lait *m* de poule; **~erpflaume** *f* damas *m*; **~erprüfer** *m* *(Gerät)* ovoscope *m*; **~erprüflampe** *f* lampe *f* à mirer, mire-œufs *m*; **~erprüfung** *f* mirage *m* des œufs; **~ersammelstelle** *f* dépôt *m* central d'œufs; **~erschale** *f* coquille *f* (d'œuf); **~erschläger** *m* *(Schneebesen)* fouet *m* à œufs; **~erschaum** *m*, **~erschnee** *m* œufs *m pl* à la neige; **~erspeise** *f* plat *m* aux œufs; **~erstock** *m* *anat* ovaire *m*; **~ertanz** *m* danse *f* des œufs; **~eruhr** *f* sablier *m*; **~formbrikett** *n* briquette *f* à boulets; **~form-Brikettpresse** *f* presse *f* à briquettes à boulets; **e~-förmig** *a*, **e~rund** *a* ovale, ové, oviforme, ovoïde; **~furchung** *f* *biol* segmentation *f*; **~gelb** *n* jaune *m* d'œuf; **~leiter** *m* ⟨-s, -⟩ *anat (Mensch)* trompe *f* utérine; *(Tier)* oviducte *m*; **~pulver** *n* œufs *m pl* en poudre; **~rund** *n* ovale *m*; **~weiß** *n* blanc d'œuf; *scient* albumen *m*; *chem* albumine *f*; **~ schlagen** battre le blanc d'œuf; *(rohes)* **~** glaire *f*; **~weißabbau** *m* *chem* protéolyse *f*; **e~weißhaltig** *a* albuminé, albumineux; **~zelle** *f* *biol* ovule *m*.

Eibe *f* ⟨-, -n⟩ ['aɪbə] *bot* if *m*.

Eibisch *m* ⟨-(e)s, -e⟩ ['aɪbɪʃ] *bot* guimauve *f*.

Eich|amt *n* ['aɪç-] bureau de vérification des poids et mesures; poids *m* public; **e~en 1.** *tr allg* vérifier; *(Maße u. Gewichte)* étalonner; *(Waage)* ajuster; *(Gefäß)* jauger; *(Waffe)* poinçonner; **~gebühr** *f* taxe *f* de vérification; **~maß** *n* jauge *f*; étalon *m*; **~(meist)er** *m* ⟨-s, -⟩ vérificateur *m* des poids et mesures; **~stab** *m* jauge *f*; **~ung** *f* vérification *f*; étalonnage; ajustage; jaugeage; poinçonnage; calibrage *m*.

Eich|e *f* ⟨-, -n⟩ ['aɪçə], **~(en)baum** *m* chêne *m*; *Immergrüne Eiche* chêne *m* vert, yeuse *f*; **~el** *f* ⟨-, -n⟩ ['aɪçəl] *bot* *anat* gland *m*; *(Kartenspiel)* trèfle *m*; **~elhäher** *m* *orn* geai *m*; **~elmast** *f* glandée *f*; **e~en 2.** *a* de *od* en chêne; **~enblatt** *n* feuille *f* de chêne; **~enholz** *n* bois *m* de chêne; **~enkranz**

m couronne *f* de chêne; **~enlaub** *n* feuilles *f pl* de chêne; **~enstamm** *m* tronc *m* de chêne; **~enwald** *m* forêt de chênes, chênaie *f*; **~hörnchen** *n*, **~kätzchen** *n*, **~katze** *f* écureuil *m*.

Eid *m* ⟨-(e)s, -e⟩ [aɪt, -də] serment *m*; *an ~es Statt* à titre de serment; *unter ~* sous la foi du serment; *e-n ~ ablegen* *od* *leisten* *od* *schwören* prêter serment; *jdm e-n ~ abnehmen* faire prêter serment à qn; *unter ~ aussagen* attester *od* déposer sous (la foi du) serment; *den ~ brechen* rompre *od* trahir *od* violer son serment, se parjurer; *jdn von s-m ~ entbinden* relever *od* délier qn de son serment; *e-n falschen ~ schwören* faire un faux serment, se parjurer; *unter ~ stehen* être sous la foi du serment; *jdm den ~ zuschieben* déférer le serment à qn; *ich kann* *od* *könnte e-n ~ darauf schwören* j'en jurerais, *fam* j'en mettrais ma main au feu; *falsche(r) ~* faux serment *m*; *~ vor Gericht* serment *m* judiciaire; **~brecher** *m*, **~bruch** *m* parjure *m*; **e~brüchig** *a* parjure; *~ werden* se parjurer; **~esablegung** *f* prestation *f* de serment; **~esformel** *f* formule *f* de serment; **~esleistung** *f* prestation *f* de serment; **e~esstattlich** *a*: *~e Erklärung* *od* *Versicherung* *f* déclaration *f* à titre de serment, affidavit *m*; **~esverweigerung** *f* refus *m* de prêter serment; **~genosse** *m* confédéré *m*; **~genossenschaft** *f*: *die Schweizerische ~* la Confédération helvétique; **e~lich** ['aɪtlɪç] *a* sous serment; *adv* sous (la foi du) serment, par serment; *jdn ~ vernehmen* entendre *od* interroger qn sous serment; *sich ~ verpflichten* s'engager *od* se lier par serment; *~e Aussage* *f* déposition *f* sous serment.

Eidechse *f* ⟨-, -n⟩ ['aɪdɛksə] lézard *m*.

Eider|daune *f* ['aɪdər-] duvet *m* de l'eider; **~ente** *f*, **~gans** *f* eider *m*.

Eifer *m* ⟨-s, ø⟩ ['aɪfər] zèle *m*, assiduité *f*; *(Geschäftigkeit)* empressement *m*; *(Leidenschaft)* ardeur, ferveur *f*, feu, fanatisme *m*; *(Zorn)* emportement, *fam* emballement *m*; *im Eifer des Gefechts (fig)* dans le feu de l'action; *im ~ der Rede* dans le feu de la conversation; *in ~ geraten* s'animer, s'emporter, s'échauffer, *fam* s'emballer; *~ an den Tag legen* apporter de l'empressement; *sein ~ ist schon erlahmt* son enthousiasme est déjà tombé; *blinder ~ schadet nur (prov)* trop de zèle nuit, qui trop se hâte reste en chemin; **~er** *m* ⟨-s, -⟩ zélateur, fanatique, *pop* fana *m* *(für* de); **e~n** *itr* s'emporter, *fam* s'emballer *(gegen* contre); **~sucht** [-zʊxt] *f* jalousie, rivalité *f;* **~süchtelei** [-zʏçtə'laɪ] *f* jalousie *f* mesquine; **e~süchtig** *a* jaloux *(auf* de); **~suchtsanfall** *m* crise *f* de jalousie.

eifrig ['aɪfrɪç] *a* zélé, assidu; *(geschäftig)* empressé; *(leidenschaftlich)* ardent *(in* à), fervent; *adv* avec zèle, avec empressement; **~** *bedacht auf* fort soucieux de; *sich* **~** *bemühen* se donner beaucoup de mal *(etw zu tun* pour faire qc); **~** *beschäftigt mit* très occupé *od* appliqué a *inf;* **~e(r)** *Verfechter e-r Idee* ardent défenseur d'une idée.

eigen ['aɪgən] *a* propre; personnel, privé, à moi *etc; (besonderer)* spécial, à part; séparé; *(~tümlich)* particulier, caractéristique, spécifique; *(~artig)* singulier, étrange, curieux; *(wählerisch)* difficile, exigeant; *(sorgfältig, genau)* soigneux, méticuleux, exact; *(heikel)* délicat; *auf* **~e** *Rechnung* pour son propre compte; *aus* **~em** *Antrieb* de son propre chef od mouvement; *in* **~er** *Angelegenheit* pour affaires personnelles; *in* **~er** *Person* en personne; *mit* **~en** *Augen* de ses propres yeux; *zu* **~** en propre; *Zimmer mit* **~em** *Eingang* pièce avec entrée indépendante; *auf* **~e** *Gefahr* à ses risques et périls; *zu* **~en** *Händen* en main propre; *sich jdm ganz zu* **~** *geben* se donner à qn corps et âme; **~e** *Möbel haben* être dans ses meubles; *sich etw zu* **~** *machen (fig)* s'assimiler, *(Meinung, Gedanken)* épouser qc, *(ganz)* se pénétrer de qc; *sein* **~er** *Herr sein* être son maître; *aus* **~er** *Erfahrung sprechen* en parler par expérience; *das ist mein* **~** c'est à moi; *dieser Gang ist ihm* **~** il a une démarche bien à lui; *das sind s-e* **~en** *Worte* ce sont ses propres termes; **E~antrieb** *m* autopropulsion *f; mit* **~** autopropulsé; **E~art** *f* propriété, particularité, individualité *f,* caractère *m;* **~artig** *a* particulier, caractéristique; *(sonderbar)* singulier, étrange, curieux; **E~bedarf** *m* consommation *f* privée *od* propre; **E~belastung** *f* poids *m* mort; **E~besitz** *m* possession *f* en propre *od* personnelle; **E~bewegung** *f astr* mouvement *m* propre; **E~brötelei** [-brøtə'laɪ] *f* originalité *f;* **E~brötler** *m* ⟨-s, -⟩ ['--brøːtlər] *(laun.)* drôle (de corps); *fam* ours *m;* **~brötlerisch** *a* original; **E~feuchtigkeit** *f* humidité *f* propre; **E~finanzierung** *f* autofinancement *m;* **E~frequenz** *f* radio fréquence *f* propre; **E~ge-**

~rausch *n* radio bruit *m* propre; **E~geschwindigkeit** *f aero* vitesse *f* propre; **E~gesetzlichkeit** *f* autonomie *f;* **E~gewicht** *n* poids *m* propre *od* mort; *(Wagen)* tare *f;* **~händig** *a u. adv* de ma *etc* propre main; **~** *übergeben* remettre en main propre; **~** *unterschreiben* signer de sa (propre) main; **~** *(geschrieben)* autographe; *(Testament)* olographe; **E~heim** *n* maison *f* individuelle; **E~heit** *f* particularité, propriété; *(Sonderbarkeit)* singularité *f;* **E~kapital** *n* capital *m* propre, ressources *f pl* personnelles *od* propres, moyens *m pl* propres, apport *m* personnel; *fin* actif net, passif *m* non exigible; **E~liebe** *f* amour-propre, amour *m* de soi; **E~lob** *n* éloge *m* de soi(-même); **~** *stinkt (prov)* qui se loue s'emboue; qui s'élève s'abaisse; **~mächtig** *a* arbitraire, autoritaire; *adv* de ma *etc* propre autorité, de mon *etc* propre chef, *fam* d'office; **~e** *Abwesenheit (mil)* absence non justifiée; **~** *handeln (fam)* prêcher sans mission; **E~motor** *m* moteur *m* autonome; **E~name** *m* nom *m* propre; **E~nutz** *m* intérêt particulier *od* personnel, égoisme *m;* **~nützig** *a* intéressé, égoïste; *adv* par intérêt (particulier *od* personnel); **E~peilgerät** *n aero* radiogoniomètre *m* de bord; **E~peilung** *f mar aero* relèvement *m* par la propre station; **~s** *adv* exprès, spécialement, particulièrement; **E~schaft** *f allg* qualité *f,* caractère, attribut *m; scient* propriété *f; in s-r* **~** *als* en qualité de, à titre de, en tant que; *in s-r* **~** *als ... handeln* faire acte de ...; *erworbene, vererbte* **~en** *pl (biol)* caractères *m pl* acquis, héréditaires; **E~schaftswort** *n* ⟨-(e)s, ⸚er⟩ *gram* adjectif *m;* **E~schwingung** *f* oscillation *f* propre; **E~sinn** *m* obstination, opiniâtreté *f,* entêtement *m;* mauvaise tête *f; (Launenhaftigkeit)* caprice *m;* **~sinnig** *a* obstiné, opiniâtre, entêté, têtu, indocile; *(launisch)* capricieux; *(rechthaberisch)* ergoteur; **~** *bestehen auf* s'obstiner à, s'entêter dans; **~** *sein* avoir mauvaise tête; **~staatlich** *a* national; **E~stabilität** *f* autostabilité *f;* **~ständig** *a* original; **E~ständigkeit** *f* originalité *f.*

eigentlich *a (wirklich)* réel, vrai, véritable; *(wesentlich)* essentiel, intrinsèque; *im* **~en** *Sinn* au sens propre; *im* **~en** *Sinne des Wortes* au sens fort du mot; *das* **~e** *Frankreich* la France proprement dite; *der* **~e** *Wert* la valeur intrinsèque; *adv (in*

Wirklichkeit) en effet, en réalité, en vérité, au fait; *(genaugenommen)* à proprement parler, à vrai dire, à dire vrai, proprement dit; *(im Grunde)* au *od* dans le fond.

Eigentum *n* ‹-s, ø› [-tu:m] propriété *f; als ~ (besitzen* posséder) en propre; *geistige(s), literarische(s) ~* propriété *f* intellectuelle, littéraire.

Eigentüm|er *m* ‹-s, -› [-ty:mər] propriétaire; *arg* proprio *m;* **e~lich** *a* caractéristique, particulier, spécifique; *(sonderbar)* singulier, curieux, drôle de ...; **~lichkeit** *f* caractère (propre), trait *m* caractéristique; particularité, singularité *f.*

Eigentums|beschränkung *f* restriction *f* de la propriété; **~nachweis** *m* certificat *m* de propriété; **~recht** *n* droit *od* titre *m* de propriété; **~übertragung** *f* mutation *f od* transfert *m* de propriété; **~urkunde** *f* acte *m* de propriété; **~vergehen** *n* délit *m* contre la propriété; **~verhältnisse** *n pl* régime *m* de la propriété; **~vorbehalt** *m* (clause *f od* pacte *m* de) réserve *f* de propriété; **~wechsel** *m* mutation *f* de propriété; **~wohnung** *f* appartement *m* en copropriété.

Eigen|versorgung *f* autarcie *f;* **~verständigung** *f aero* communication *f* par interphone; **~wärme** *f* chaleur *f od* calorique *m* spécifique; **~wille** *m* volontés *f pl;* **e~willig** *a* volontaire, arbitraire; capricieux; opiniâtre, entêté, têtu; **~willigkeit** *f* entêtement, opiniâtreté *f.*

eign|en ['aɪgnən] *itr lit (eigen sein)* être inhérent *(dat* à); *ihr eignet e-e gewisse Schüchternheit* elle a une timidité caractéristique; *sich ~ zu od für* être apte *od* propre à *od* qualifié pour, avoir les qualités nécessaires *od* requises pour; *(Sache)* se prêter à; *er eignet sich nicht zum Lehrer* il ne fait pas un bon professeur; **E~ung** *f* ‹-, (-en)› qualification, aptitude *f;* **E~ungsprüfung** *f,* **-test** *m* épreuve *f od* examen d'aptitude, test *m; e-m E~ungstest unterziehen* soumettre à un test psychotechnique; **E~ungszeugnis** *n* certificat *m* d'aptitude.

Eiland *n* ‹-(e)s, -e› ['aɪlant] *poet* île *f,* îlot *m.*

Eil|bestellung *f* ['aɪl-] remise *f* par exprès; **~bote** *m* courrier *m; durch ~n* par exprès; **~ bezahlt** exprès payé; **~brief** *m* lettre *f* (par) exprès; **~briefzustellung** *f* = *~bestellung;* **~dampfer** *m* paquebot *m* rapide; **~e** *f* ‹-, ø› hâte, précipitation, promptitude, rapidité *f; in ~* à la *od* en hâte; *fam:* à la va-vite; *in aller ~* en toute

hâte, précipitamment, à toute vitesse; *fam* à la galopade, dare-dare; *in großer ~* tambour battant; *in rasender ~* à toute pompe *pop; ich habe keine ~* je ne suis pas pressé, rien ne me presse; *es hat keine ~* cela ne presse pas, rien ne presse; **e~en** ‹*aux: sein*› *itr (Mensch)* courir, marcher à grands pas; *(Zeit)* passer rapidement, fuir; ‹*aux: haben*› *(Sache)* presser; ‹*aux: haben*› *sich ~* se hâter, se dépêcher, se presser, s'empresser; *zu Hilfe ~* voler au secours; *es eilt* cela presse; *es eilt nicht* il n'y a pas d'urgence *od* de presse; *eilt! (auf Postsendungen)* urgent; *eilt sehr!* très urgent; *eile mit Weile! (prov)* hâte-toi lentement; **e~end** *adv* à la hâte, en hâte; **e~fertig** *a* prompt, (em)pressé; *adv* avec précipitation; **~fertigkeit** *f* promptitude *f,* empressement *m;* **~gebühr** *f* taxe *f od* droit *m* d'exprès; **~gespräch** *n tele* communication *f* urgente; **~gut** *n* (marchandises *f pl od* envoi *m* en) grande vitesse *f;* colis *m* exprès; *als ~* en *od* par grande vitesse; **~gutabfertigung** *f (Stelle)* gare *f* des messageries; **~güterzug** *m* train *m* rapide de marchandises; **e~ig** *a* pressant, urgent; *(schnell)* rapide, prompt; *adv* à la hâte; *in ~en Fällen* dans les cas d'urgence; *es ~ haben* être (em)pressé, marcher à grands pas, avoir hâte *(mit, zu* de); *die Sache od es ist (sehr) ~* cela presse (beaucoup); *(sehr) ~!* (très) urgent! *warum so ~?* pourquoi si vite? **e~igst** *adv* en toute hâte, au plus vite, *fam* dare-dare; **~marsch** *m* marche *f* forcée; **~post** *f* service *m* exprès; **~sendung** *f* envoi *m* exprès; **~transport** *m mar loc* messageries *f pl;* **~triebwagen** *m loc* autorail *m,* micheline *f;* **~zug** *m* rapide, train *m* direct; **~zustellung** *f* = *~bestellung.*

Eimer *m* ‹-s, -› ['aɪmər] seau *m; im ~ sein (pop)* être dans le lac *od* à l'eau *od* dans le pétrin; *voll wie ein ~ (pop)* rond comme une bille; **~-(ketten)bagger** *m* drague *f od* excavateur *m* à (chaîne de) godets; **e~-weise** *adv* à seaux.

ein [aɪn] **1.** *(unbest. Artikel u. Zahlwort)* un, une; *der, die ~e (pron)* (l')un *m,* (l')une *f; ~er (jemand)* quelqu'un(e *f) m,* on, vous; *~ für allemal* une fois pour toutes, une bonne fois; *~er nach dem andern* l'un après l'autre, chacun à son tour, tour à tour, à tour de rôle; *in ~em fort* continuellement; *~ ums andere Mal* une fois sur deux; alternativement; *wie ~ Mann* comme un seul homme; *geschickt wie nur ~er* adroit comme pas un; *aus ~em Stück* d'une seule pièce; *~es Tages* un jour; *bei jdm ~ und aus gehen (adv)* fréquenter qn; *~er Meinung sein* être du même avis; *weder ~ noch aus wissen (adv)* ne (pas) savoir où donner de la tête; *das tut ~em gut od wohl* cela vous fait de bien; *da gibt es nur ~s* il n'y a pas de milieu; *was ist denn das für ~er? (fam)* quel est cet individu? *der ~e geht, der andere kommt (prov)* un clou chasse l'autre; *~es Mannes Rede ist keines Mannes Rede* qui n'entend qu'une cloche, n'entend qu'un son; *~ und derselbe* le même, une seule et même personne; *der ~e ..., der andere* l'un ..., l'autre; *der ~e oder der andere* le tiers et le quart; *der ~e wie der andere* l'un et l'autre; *entweder das ~e oder das andere* c'est (tout) l'un ou (tout) l'autre; *~er von beiden* l'un des deux, l'un ou l'autre; *~s von beiden* de deux choses l'une; *sein ~ und alles* son unique trésor; *nur ~ Junges zur Welt bringend (zoo)* unipare; **~ander** [-'nandər] *adv* l'un (à) l'autre, les uns aux *od* les autres, mutuellement, réciproquement; *~ helfen* s'entraider; *~ schaden* s'entre-nuire.

ein 2. *interj el* (= *einschalten!*) fermé; *aero* (= *Zündung einschalten!*) contact! *adv (auf Geräten)* mise en marche.

Einachs|anhänger *m mot* semi-remorque *f;* **e~ig** *a* à essieu unique.

Einakter *m* ⟨-s, -⟩ *theat* pièce en un acte, petite pièce, saynète *f; (vor e-m größeren Stück)* lever *m* de rideau.

ein=arbeit|en *tr: etw in etw ~* faire entrer, insérer qc dans qc; *jdn ~* initier qn au travail, mettre qn au courant; *sich ~ in* se mettre en train, se mettre au courant de; **E~ung** *f* mise au courant *od* en train, adaptation, formation *f;* **E~ungszeit** *f* période *f* de mise au courant.

einarmig *a* manchot; *~e(r) Hebel m* levier *m* à bras unique.

ein=äscher|n ['-ɛʃərn] *tr* réduire en cendres; *(Leiche)* incinérer; **E~ung** *f* incinération, crémation *f;* **E~ungshalle** *f* crématoire, crématorium *m;* **E~ungsofen** *m* four *m* crématoire.

ein=atm|en *tr* aspirer, respirer, inspirer; *med* inhaler; **E~ung** *f* aspiration, respiration, inspiration; inhalation *f .*

einatomig *a chem* monoatomique.

einäugig *a* borgne.

einbahn|ig *a* une voie; **E~straße** *f* rue *od* voie *f* à sens unique; *(circulation f* à) sens unique, sens *m* obligatoire.

ein=balsamier|en *tr* embaumer; **E~ung** *f* embaumement *m.*

Einband *m* ⟨-(e)s, ⁝e⟩ *(Buch)* reliure *f; in ...:~* sous reliure de ...; *~decke f* emboîtage *m.*

einbändig *a* en un volume.

einbasisch *a chem* monobasique.

Einbau *m allg* mise *f* en place; *(von Möbeln)* aménagement, encastrement *m; tech* installation *f,* montage *m; einzbauen tr* mettre en place; *(Möbel)* aménager, encastrer; *(fam)* rajouter; *tech* installer, monter, incorporer; *eingebaute(s) Bad n* baignoire *f* encastrée; *~möbel n pl* meubles *m pl* encastrés; *~motor m (Fahrrad)* moteur auxiliaire, propulseur *m; ~schrank m* placard *m; ~teil n* élément *m* de montage; *~wagenheber m* mot cric *m* incorporé.

Einbaum *m (Boot)* pirogue *f.*

ein=be|greifen *tr* ⟨y⟩ comprendre, renfermer, impliquer, inclure, synthétiser; *~griffen* *a* y compris; *(stillschweigend ~)* implicite; *alles ~* tout compris.

ein=behalten *tr* retenir *(vom Lohn* sur le salaire).

einbeinig *a* à une jambe, unijambiste.

ein=beruf|en *tr allg* convoquer; *(Wehrpflichtigen)* appeler (sous les drapeaux); *parl* réunir; **E~ene(r)** *m* appelé *m;* **E~ung** *f* convocation *f; mil* appel *m* (sous les drapeaux); *~ nach Einheiten, Jahrgängen (mil)* convocation *f* verticale, horizontale; **E~ungsbefehl** *m mil* ordre *m* d'appel.

ein=betonieren *tr* encastrer *od* enrober de béton.

ein=bett|en *tr tech* encastrer, enrober; *(Kabel)* noyer; **E~kabine** *f* cabine *f* à une couchette; **E~zimmer** *n* chambre *f* à un lit.

ein=beul|en *tr* bosseler, bossuer, cabosser; **E~ung** *f* boss(elur)e *f.*

ein=biegen *tr* ⟨aux: haben⟩ courber, arquer, plier en dedans; *itr* ⟨aux: sein⟩ *in etw (Straße) ~* déboucher, entrer dans qc, prendre, enfiler, emprunter qc; *nach links, rechts ~* tourner *od* virer à gauche, à droite.

ein=bild|en, sich *(sich vorstellen)* se représenter, se figurer, s'imaginer; croire; *(überzeugt sein)* être persuadé *(von* de, *daß* que); *sich etwas od (fam) was ~, eingebildet sein* être infatué de soi-même, avoir une opinion exagérée de soi-même; *pop* se monter le bourrichon; *sich etwas ~ auf etw* tirer fierté de, tirer gloire *od* vanité de, se prévaloir de, se piquer de; *sich etw steif und fest ~* se fourrer qc dans la tête; *ich bilde mir nicht ein zu ...* je n'ai pas la prétention de ...; *darauf kann ich mir etwas ~ (hum)* c'est une plume à mon chapeau; *darauf brauchst du dir (brauchen Sie sich) nichts einzubilden* il n'y a pas de quoi être fier; *bilden Sie sich ja nicht ein, daß ...* n'allez pas croire que ...; **E~ung** *f (Vorstellung)* imagination, fantaisie; *(bloße Annahme)* pure imagination, illusion, chimère; *(krankhafte ~)* fabulation; *(Dünkel)* prétention, présomption, vanité, infatuation *f; nur in der ~ existierend* seulement imaginaire; **E~ungskraft** *f* imagination, faculté *od* puissance *f* imaginative; *fam* folle *f* du logis.

ein=binden *tr (Buch)* relier.

ein=blasen *tr* souffler *(in* dans); *med tech* insuffler; *fig* souffler, suggérer, insinuer *(jdm etw* qc à qn); **Einbläser** *m* ⟨-s, -⟩ *theat* souffleur *m.*

Einblattdruck *m* ⟨-(e)s, -e⟩ feuille *f* volante.

einblätt(e)rig *a bot* unifolié.

ein=blend|en *tr film radio TV* enchaîner; **E~ung** *f* enchaînement *m.*

ein=bleuen *tr fam: jdm etw ~* enfoncer qc dans la tête *od* dans le crâne de qn; fourrer qc dans la tête de qn.

Einblick *m* coup *m* d'œil *(in* sur, dans); *fig* aperçu *m (in etw* de qc); *jdm e-n ~ in etw gestatten od gewähren* mettre qn au courant de qc, donner un aperçu de qc à qn; *~ in etw gewinnen* pénétrer qc; *in etw ~ nehmen* se mettre au fait de qc; *jdm den ~ in etw verweigern* interdire à qn de regarder *od* voir qc.

ein=brech|en *tr ⟨aux: haben⟩ (Tür)* enfoncer, forcer; *itr ⟨aux: sein⟩* faire irruption *(in* dans); *(mit Gewalt)* entrer de force *(in* dans); *(Einbrecher)* cambrioler *(in etw* qc), pénétrer avec *od* par effraction *(in* dans); *mil* percer *(in etw* qc), faire une poche *(in* dans); *(in ein Land* un pays); *(Dekke)* s'écrouler, s'effondrer; *(Mensch auf dem Eis)* s'enfoncer; *bei ~der Nacht* à la nuit tombante; **E~er** *m* ⟨-s, -⟩ cambrioleur, crocheteur de portes *od* de serrures, *arg* rat *m;* **E~erbande** *f* bande *f* de cambrioleurs.

ein=brennen *tr (Zeichen)* brûler, marquer au fer rouge; *(Glasur, Schmelz)* cuire; *(Küche)* roussir.

ein=bring|en *tr (Ernte)* rentrer, engranger; *(Geld)* rapporter, réaliser; *(in die Ehe ~)* apporter (en mariage); *(Gefangene)* capturer; *jur (Klage)* intenter, introduire; *parl (Antrag, Gesetzentwurf)* déposer; *fig* valoir, mériter *(jdm etw* qc à qn); *(aufholen)*

recouvrer, regagner, *(verlorene Zeit)* rattraper; *itr typ* gagner *(e-e Zeile* une ligne); *die Ernte ~* faire la moisson; *viel ~* rapporter gros; *viel ~d* de bon rapport, lucratif; *es bringt mehr ein zu* cela rapporte plus de; *das bringt was ein (fam)* cela rend, cela paie; *eingebrachte(s) Gut n (jur)* apport *m;* **E~ung** *f: ~ der Ernte* rentrée *f* des récoltes.

ein=brocken *tr* tremper; *jdm etw ~ (fig fam)* mettre qn dans le pétrin; *da hast du dir aber etwas Schönes eingebrockt!* tu t'es mis dans de beaux draps *od* dans un sacré pétrin!

Einbruch *m* ⟨-(e)s, ⸚e⟩ ['brʊx] *allg* irruption; *mil* rupture du front, poche; *(in ein Land)* invasion; *(in ein Haus)* effraction *f,* cambriolage; *(mines* bouchon *m; bei ~ der Dunkelheit* od *Nacht* à la tombée de la nuit *od* du jour; à la nuit tombante; avec la nuit; *nach ~ der Dunkelheit* à la nuit tombée; **~(s)diebstahl** *m* vol *m* avec effraction, cambriolage *m;* **~sfeuer** *n mil* feu *m* d'assaut; **~sfront** *f (Wetter)* front *m* froid; **e~ssicher** *a* résistant à l'effraction; *(Türschloß)* incrochetable; **~sstelle** *f mil* point *m* de rupture, brèche *f;* **~sversicherung** *f* assurance contre le vol (avec effraction), assurance-vol *f;* **~swerkzeug** *n* outils *m pl* de cambriolage.

ein=bucht|en *tr fam (einsperren)* coffrer; **E~ung** *f* échancrure *f.*

ein=buddeln ['buddəln]*, sich (fam)* se terrer.

ein=bürger|n *tr* naturaliser; *fig* donner droit de cité à, introduire; *sich ~ (fig)* acquérir droit de cité, s'introduire, s'établir, se cantonner, devenir une habitude, passer dans l'usage; **E~ung** *f* naturalisation; *fig* introduction *f.*

Einbuße *f* atteinte, perte *f,* dommage *m; e-e ~ erleiden* subir des pertes *(an* de); **ein=büßen** *tr* perdre, en être pour, essuyer une perte de; *etwas ~* essuyer une perte; *viel ~* essuyer de grosses pertes.

ein=checken *tr* ['aint∫ɛkn] *(Gepäck)* faire enregistrer.

ein=dämm|en *tr* endiguer *a. fig; fig* refréner; *(Brand)* localiser; **E~ung** *f* endiguement *m.*

ein=dampfen *tr chem* évaporer, condenser, concentrer *od* réduire (par évaporation).

ein=deck|en *tr (Haus)* couvrir; *sich ~ mit* se prémunir de; se pourvoir de, s'approvisionner en; **E~er** *m* ⟨-s, -⟩ *aero* monoplan *m.*

ein=deich|en *tr* endiguer; **E~ung** *f* endiguement *m.*

eindeutig *a* sans équivoque, clair, univoque; **E~keit** *f* ⟨-, (-en)⟩ clarté, univocité *f.*

ein=deutsch|en *tr* rendre allemand, germaniser; **E~ung** *f* germanisation *f.*

ein=dicken *tr (Küche)* épaissir, condenser; *chem* concentrer; **E~** *n* épaississement *m.*

eindimensional *a* à une dimension.

ein=dosen *tr* mettre en boîte *od* en conserve.

ein=drängen, *sich* s'introduire, s'ingérer, entrer de force, se fourrer *(in* dans).

ein=dring|en ⟨*aux: sein*⟩ *itr* pénétrer, entrer de force, faire irruption *(in* dans); forcer l'entrée *(in* de); *(Flüssigkeit, a. mil)* s'infiltrer; *auf jdn ~ (fig)* presser qn, insister auprès de qn; *tief in etw ~ (fig)* aller au fond de qc; *in ein Geheimnis ~* pénétrer un secret; *in ein Land ~* envahir un pays; **E~en** *n* pénétration *a. fig.* irruption, infiltration *f;* envahissement *m,* invasion *f;* **~lich** *a* pénétrant, pressant, énergique, percutant; *adv* avec insistance; **E~lichkeit** *f* ⟨-, (-en)⟩ insistance *f;* **E~ling** *m* ⟨-s, -e⟩ [-lıŋ] intrus; *mil* envahisseur *m;* **E~ung** *f* pénétration *f,* **E~ungsbereich** *m* *mil aero* zone *f* de pénétration; **E~(ungs)tiefe** *f* *aero* profondeur *f* de pénétration, rayon *m* d'action.

Eindruck *m* ⟨-(e)s, ⁚e⟩ empreinte *(a. sport, im Boden),* marque; *fig* impression *f,* effet *m; von etw e-n falschen ~ haben* avoir une opinion fausse de qc; *e-n geringen ~ hinterlassen (a.)* passer inaperçu; *~ machen* faire de l'effet *od* sensation; *auf jdn* faire impression sur qn, impressionner qn; *auf jdn (e-n) großen ~ machen (a. pop)* taper dans l'œil à qn; *auf jdn keinen großen ~ machen* glisser sur (l'esprit de) qn; *e-n guten, günstigen, vertrauenerweckenden ~ machen* faire *od* produire un bon effet, une impression favorable, une impression de confiance; *pop* dégot(t)er bien; *keinen guten, en schlechten, verdächtigen ~ machen* faire mauvais effet, une mauvaise impression, une impression douteuse; *den ~ machen, als sei man (reich, glücklich) a.* faire (riche, heureux); *auf jdn keinen ~ machen können* n'avoir pas de prise sur qn; *(stark) unter dem ~ stehen* être sous l'impression, avoir l'esprit frappé *(gen* de); *ich habe den ~, daß* j'ai l'impression *od* de, il me sem-

ble que; *das hat e-n guten, schlechten, tiefen, bleibenden ~ auf mich gemacht* j'en ai reçu une bonne, mauvaise impression, une impression profonde, durable; *ich hatte zunächst keinen guten ~ von ihm* au début il ne m'a pas fait très bonne impression; **e~sfähig** *a* impressionnable; **e~slos** *a* sans impression *od* effet; **e~svoll** *a* impressionnant, imposant, qui fait de l'effet.

ein=drücken *tr* empreindre *(in* sur); *(platt drücken)* aplatir; *(einstoßen)* enfoncer; *(zerdrücken)* écraser, casser.

ein=dünst|en *tr* réduire (par ébullition); **E~apparat** *m* évaporateur *m.*

ein=ebn|en *tr* aplanir, niveler, égaliser; **E~ung** *f* aplanissement *m.*

Einehe *f* monogamie *f.*

eineiig ['aın²aıÇ] *a:* *~e Zwillinge m pl* jumeaux *m pl* univitellins, vrais jumeaux.

Eineltern(teil)familie *f* parent *m* isolé avec au moins un enfant à charge.

einen ['aınən] *tr (einigen)* uni(fie)r.

ein=engen *tr* mettre à l'étroit, rétrécir, resserrer; *fig* gêner.

einer ['aıner] *s. ein;* **E~** *m* ⟨-s, -⟩ *math* unité *f; (Boot)* canot à un rameur, skiff *m;* **~lei** [-'laı] *a inv* de la même sorte; *~ was, wann, wo, wie* n'importe quoi, quand, où, comment; *~ ob er kommt* qu'il vienne ou non; *das ist ~* c'est égal, pareil, la même chose; *das ist ganz, völlig ~* c'est tout un, tout comme; *das ist mir ~* cela *od fam* ça m'est égal, peu m'importe; **E~lei** *n* ⟨-, ø⟩ uniformité, monotonie *f; das tägliche ~* le train-train quotidien *od* journalier *fam;* **~seits** *adv* d'une part, d'un côté.

einesteils *adv* = *einerseits.*

ein=exerzieren *tr* instruire, exercer.

einfach *a* simple; ordinaire *(a. Brief);* élémentaire; *(leicht zu tun)* facile; *(schlicht)* modeste, naturel; *(Essen)* frugal; *(Farbe)* primitif; *(Stil)* uni, sans recherche; *adv* simplement; *ganz ~ (adv)* tout simplement *od* bonnement, *fam* tout sec, tout de go; *~ falten* plier en deux; *das ist ganz ~* c'est bien simple *od* élémentaire; *das ist nicht so ~, wie es aussieht (a.)* cela ne s'enfile pas comme des perles; *~e Fahrkarte f* aller *m* simple; *die ~en Leute pl* les gens du peuple; *~e Stimmenmehrheit f parl* majorité *f* simple; **E~heit** *f* ⟨-, ø⟩ simplicité, frugalité; modestie *f; der ~ halber* par simplicité, pour des raisons de commodité; ~**wirkend** *a tech* à simple action *od* effet.

ein=fädeln *tr (Nadeln)* enfiler; *fig* engager, entamer, amorcer; *(anzetteln)* tramer, *fam* manigancer; *sich* ~ *(mot)* s'infiltrer.

ein=fahr|en *tr ⟨aux: haben⟩ (Ernte)* rentrer, engranger; *(Pferd)* dresser à la voiture; *mot* roder; *aero (Fahrgestell)* rentrer, escamoter; enfoncer; *unser Zaun wurde von e-m Wagen eingefahren* notre clôture a été enfoncée par une voiture; *itr ⟨aux: sein⟩ mines* descendre (dans le puits); *mar* rentrer (au port); *loc* entrer (en gare); *⟨aux: haben⟩ sich* ~ *(mot)* s'exercer à conduire; **E~t** *f ⟨-, -en⟩* entrée; *(Torweg)* porte cochère; *mines* descente *f* (dans le puits); *mar* détroit *m; (Kanal)* tête; *(Hafen~)* entrée de port; *loc* entrée *f* en gare; *keine* ~*! ~ verboten!* sens interdit! *~ freihalten!* sortie de voiture, prière de ne pas stationner; **E~tgleis** *n loc* voie *f* d'entrée *od* d'arrivée; **E~tschleuse** *f mar* écluse *f* d'entrée; **E~tsignal** *n,* **E~tzeichen** *n loc* signal *m* d'entrée (dans la gare).

Einfall *m ⟨-s, -fälle⟩ phys (Licht)* incidence; *tech (Türschloß)* chute du loquet; *mil* invasion, irruption, incursion; *fig (Gedanke)* idée *f; (launiger* ~) caprice *m,* fantaisie, lubie; *(witziger* ~) boutade, saillie, pointe *f,* mot *od* trait *m* d'esprit; *(guter* ~) trouvaille, *fam* inspiration *f; auf den* ~ *kommen* avoir l'idée, s'aviser *(zu* de); **ein= fallen** *⟨aux: sein⟩ itr (einstürzen)* s'effondrer, s'écrouler, (s')ébouler, tomber en ruine; *opt* entrer, faire incidence; *geol (Ader)* plonger; *mil* faire irruption *(in* dans), envahir *(in etw* qc); *(in die Rede)* intervenir, placer son mot; *mus* attaquer; *(in den Sinn kommen)* entrer *od* venir à la pensée *od* l'idée *od* l'esprit, passer par la tête; *sich etw* ~ *lassen* s'aviser de qc; *es fällt mir ein, mir fällt ein* il me vient à l'esprit; *mir ist etw eingefallen* il m'est venu qc à l'idée; *da fällt mir eben ein* à propos; *das fällt mir (gar) nicht ein!* je n'y pense pas; j'en suis bien loin; *was fällt dir (denn) (überhaupt) ein?* qu'est-ce qui te prend? de quoi t'avises-tu? *fam* quelle mouche te pique? *was fällt Ihnen ein!* y pensez-vous? *das fällt mir gerade nicht ein, will mir nicht* ~ cela m'a échappé, ne me revient pas; *seine Wangen sind eingefallen* il a les joues creuses *od* creusées; ~**slosigkeit** *f* absence *f* d'idées; ~**straße** *f*

ligne *f* de pénétration; ~**swinkel** *m opt* angle *m* d'incidence.

Einfalt *f ⟨-, ø⟩* simplicité, naïveté, ingénuité *f;* ~**spinsel** *m* simple, niais, nigaud, benêt, imbécile *m;* **einfältig** *a* simple; innocent, naïf, ingénu, candide; *pej* niais, sot.

ein=falzen *tr (Zimmerei)* encastrer.

Einfamilienhaus *n* maison à *od* pour une (seule) famille, maison *od* villa *f* individuelle, pavillon *m* familial.

ein=fangen *tr* prendre, capturer; *(ergreifen)* saisir; *phys (Licht, Elektronen)* capter; *fig (Stimmung, Atmosphäre)* rendre.

einfarbig *a* d'une seule couleur, unicolore; *(Stoff)* uni; *typ* monochrome; *opt (Licht)* monochromatique.

ein=fass|en *tr (umgeben)* entourer, encadrer, enclore, enceindre; *(Schmuck)* monter, sertir, enchâsser; *(säumen)* border, garnir *(mil* de); **E~ung** *f* bande *f,* (re)bord *m,* ceinture *f; (Einfriedigung)* enclos *m,* enceinte; *(Zaun)* clôture; *(Saum)* bordure, garniture *f,* ourlet *m.*

ein=fetten *tr* graisser, lubrifier; **E~** *n* graissage *m,* lubrification *f.*

ein=feuern *itr fam* faire du feu.

ein=finden, *sich* y être, être présent; se retrouver; se trouver, se rendre *(zu* à).

ein=flecht|en *tr* entrelacer, entremêler; *fig (Zitat)* insérer *(in* dans); *etw in s-e Rede* ~ entremêler son discours de qc; **E~ung** *f* entrelacement *m;* insertion *f.*

ein=fliegen *tr ⟨aux: haben⟩ aero* essayer en vol; *itr ⟨aux: sein⟩ aero* entrer, pénétrer; *(in feindl. Absicht)* faire une incursion *(in* dans); **E~** *n* vol *m* d'essai.

ein=fließen *⟨aux: sein⟩ itr: fig (in e-e Rede)* ~ *lassen* glisser.

ein=flöß|en *tr (Flüssigkeit)* instiller, ingurgiter, faire prendre, administrer *(jdm etw* qc à qn); *fig (Gefühl)* inspirer, suggérer, insinuer, *(Achtung)* imposer; **E~ung** *f* installation *f.*

Einflug *m (Biene)* entrée *f; aero* vol *m* de pénétration, *(in feindl. Absicht)* incursion *f* (par voie aérienne); ~**schneise** *f aero* axe, faisceau, secteur balisé, axe *m* d'atterrissage; ~**zeichen** *n aero* signal *m* de balise.

Einfluß *m ⟨-sses, -flüsse⟩ fig* influence *(auf* sur), action *f; (Anschein)* crédit *m; auf jdn e-n* ~ *ausüben,* ~ *haben* avoir de l'influence *od* de l'emprise sur qn; ~ *gewinnen* prendre de l'influence; *auf etw (großen)* ~ *haben* influer sur qc; *e-n (sehr) großen od beherrschenden od weitreichenden*

~ *haben* prendre la haute main, avoir le bras long; *den nötigen ~ haben (pol)* peser *od* faire le poids; *jds ~ ausgesetzt sein, unter jds ~ stehen* être sous l'empire *od* sous la coupe de qn, subir l'influence de qn; *an ~ verlieren (a. fam)* être en perte de vitesse; *ich habe keinen ~ darauf* je n'y peux rien; **~bereich** *m,* **~sphäre** *f* sphère *od* zone *f* d'influence; **e~- reich** *a* influent; puissant; ~ *sein* avoir les reins forts *od* solides.

ein=flüster|n *tr: jdm etw* ~ souffler qc à (l'oreille de) qn; *fig* suggérer, insinuer qc à qn; **E~ung** *f fig* suggestion, insinuation *f.*

ein=fordern *tr* demander, exiger; *(Schulden)* réclamer.

einförmig *a* uniforme; *fig* monotone; **E~keit** *f* uniformité; *fig* monotonie *f.*

ein=fressen, *sich* mordre (*in etw* sur qc), corroder (*in etw* qc); *fig (sich festsetzen)* s'incruster.

ein=fried(ig)|en *tr* (en)clore, clôturer; **E~ung** *f* enclos *m,* clôture, enceinte *f.*

ein=frieren *itr* ⟨*aux: sein*⟩ geler; *(Schiff)* être pris dans les glaces; *tr* ⟨*aux: haben*⟩ *fig fin* geler; **E~** *n (von Löhnen usw)* gel *m.*

ein=fügen *tr* emboîter, encastrer, enchâsser; *fig (Wort)* ajouter, insérer; *sich ~* s'intégrer (*in dans).*

ein=fühl|en, *sich in jdn, etw* ~ s'identifier à *od* avec qn, qc, se mettre au diapason de qn, de qc; se mettre à la place de qn; *fam* se mettre dans la peau de qn; **E~ung(svermögen** *n)* *f* intuition, psychologie *f;* ~ *besitzen od haben* être capable de se mettre à la place de quelqu'un.

Einfuhr *f* ⟨-, (-en)⟩ importation *f;* **~ar- tikel** *m* article *m* d'importation; **~beschränkung** *f,* **~drosselung** *f* restriction *f* d'importation *od* aux importations; **~bestimmungen** *f pl* règlements *m pl* d'importation; **~be- willigung** *f,* **~erlaubnis** *f,* **~geneh- migung** *f* permis d'entrée, permis *m od* autorisation *od* licence *f* d'importation; **~hafen** *m* port *m* d'importation *od* entrée; **~handel** *m* commerce *m* d'importation; **~kontingent** *n* contingent *m* d'importation; **~land** *n* pays *m* importateur; **~liste** *f* liste *f* d'importation; **~prämie** *f* prime *f* d'importation; **~sperre** *f* interdiction *od* prohibition *f* d'importation; **~ü- berschuß** *m* excédent *m* d'importation; **~verbot** *n* = ~*sperre;* **~zoll** *m* droit *m* d'entrée, taxe *f* d'importation.

ein=führ|en *tr (Menschen in e-e Ge- sellschaft)* introduire (*bei* auprès de,

chez), présenter (*in* à); *(in ein Amt)* installer (*in* dans); *(in e-e Tätigkeit, Wissenschaft)* initier (*in* à); *(Ware)* importer; *(Brauch)* introduire, établir, instituer, instaurer; *(Mode)* lancer; *tech (Werkstück), med (Instru- ment)* introduire, insinuer; **E~ung** *f (Mensch)* introduction, présentation; *(in ein Amt)* installation; *(in e-e Wis- senschaft)* initiation; *(Brauch)* introduction *f,* établissement *f,* instauration; *(Ware aus dem Ausland)* importation *f; (in den Handel)* lancement *m; tech* introduction, entrée; *med (Instrument)* introduction, insinuation *f;* **E~ungsgesetz** *n* loi *f* d'application *od* d'introduction; **E~ungslehrgang** *m* cours *m* préparatoire; **E~ungspreis** *m com* prix *m* de lancement; **E~ungsschreiben** *n* lettre *f* d'introduction.

ein=füll|en *tr* verser (*in* dans); *(in Fäs- ser)* entonner; *(in Flaschen)* embouteiller; *mot* remplir; **E~stutzen** *m mot (am Tank)* bouchon *od* orifice *m* de remplissage.

Eingabe *f (Schreiben)* demande (par écrit), pétition, supplique, *jur* requête *f; (Denkschrift)* mémoire *m; (Vor- gang)* présentation *f; e-e ~ machen* faire une demande, présenter une requête *od* pétition; **~gerät** *n inform* terminal *m.*

ein=gabeln *tr mil (Ziel)* encadrer.

Eingang *m allg* entrée *f; (Zugang)* accès *m; (Einleitung)* introduction *f,* préambule *m; com (Ware)* (r)entrée *f,* arrivage *m,* (*a. Brief*) arrivée *f; (Geld)* rentrée, recette *f,* recouvrement *m; pl (eingegangene Waren)* rentrées *f pl; mit eigenem ~ (Zim- mer)* indépendant; *nach ~ (com)* après réception, au reçu; *in der Rei- henfolge des ~s (com)* par ordre d'arrivée; ~ *vorausgesetzt od vorbe- halten (com)* sauf *od* sous réserve de rentrée; *den ~ erzwingen* forcer la consigne; ~ *finden (Person)* trouver accès; *(Sache)* s'introduire (sur le marché), être adopté; ~ *verschaffen (e-r Idee)* importer (*dat* qc); *sich ~ verschaffen (Person)* s'introduire; ~ *verboten!* entrée interdite; **e~s** *adv* au commencement; au début, d'abord; ~ *erwähnt* mentionné au début; **~sabteilung** *f com* rayon *m* des entrées; **~sanzeige** *f,* **~sbe- stätigung** *f* avis d'arrivée *od* de réception, récépissé *m;* **~sbuch** *n com* livre *m* des entrées; **~sformel** *f* formule *f* de début; **~shalle** *f* hall *m* d'entrée; *theat* foyer *m;* **~smeldung** *f* déclaration *f* d'arrivée; **~snummer**

f (Brief) numéro *m* d'entrée; ~**sstollen** *m mines* galerie *f* d'entrée; ~**stür** *f* porte *f* d'entrée; ~**svermerk** *m* mention *f* de réception.

eingebaut *a* encastré, incorporé; *tech* monté; *(Gerät)* fixe; ~*e Antenne f* antenne *f* interne.

ein=geb|en *tr (Arznei)* donner, faire prendre, administrer; *(Gesuch)* présenter, remettre; *(Daten)* taper; *fig* suggérer, inspirer, insinuer; **E~ung** *f fig* inspiration *f;* *man soll immer der ersten ~ folgen* le premier mouvement est toujours le meilleur.

eingebildet *a (vorgestellt)* imaginaire, fictif; *(eitel)* vaniteux, suffisant, (in)fat(ué); prétentieux, présomptueux; *auf etw ~ sein* se piquer de qc; *furchtbar ~ sein* se croire sorti de la cuisse de Jupiter.

eingeboren *a* indigène, autochtone; **E~e(r)** *m* indigène, natif, aborigène, autochtone *m.*

eingedenk *a: e-r S ~ sein* (bien) se souvenir de qc.

eingefallen *a (Gesicht)* tiré, hâve; *(Wangen)* creux, cave.

eingefleischt *a* invétéré, incorrigible; ~*e(r) Junggeselle m* célibataire *m* endurci.

eingefroren *a* soumis à congélation; *a. fin* gelé.

eingegliedert *a* inféodé.

ein=gehen *⟨aux: sein⟩ itr (Brief)* arriver; *(Geld)* rentrer; *(Stoff)* rétrécir, se raccourcir; *(absterben)* dépérir, s'éteindre; *(Tier)* crever *(an* de); *com (Geschäft)* cesser (d'exister), disparaître; *(Gesellschaft)* se dissoudre; *(Zeitung)* disparaître, cesser de paraître; *tr (Ehe, Geschäft)* conclure, contracter; ~ *lassen (Stelle)* supprimer; *(Geschäft)* abandonner; *(Zeitung)* cesser de publier; *auf etw ~ (e-r S zustimmen)* accepter qc, consentir, souscrire, acquiescer à qc; *(sich zu etw hergeben)* se prêter à qc; *darauf ~* entrer en matière; *auf alles ~* tourner à tous les vents; *auf etw näher ~* entrer dans les détails de qc; *auf jds Bitte, Verlangen ~* se rendre à la demande de qn; *e-e Ehe ~* conclure *od* contracter un mariage; *auf (die) Einzelheiten ~* entrer dans les détails; *auf e-e Frage ~* aborder une question; *ein Geschäft ~* engager une affaire; *e-n Handel ~* conclure *od* faire un marché; *auf ein Kind ~* se mettre à la portée d'un enfant; savoir prendre un enfant; *ein Risiko ~* prendre un risque; *in die ewige Ruhe ~* entrer dans le repos éternel; *e-n Vergleich ~* transiger; *e-e Verpflich-*

tung ~ prendre un engagement; *e-e Versicherung ~* contracter une assurance; *e-n Vertrag ~* conclure un traité, passer un contrat; *e-e Wette ~* faire un pari; *das Lob geht mir ein wie Milch und Honig (hum)* je bois du petit lait; *das geht mir schwer ein (fam)* cela ne m'entre pas dans la tête; *stillschweigende(s) E~ n e-r Verpflichtung* engagement *m* tacite; ~**d** *a* détaillé, minutieux, circonstancié; *adv* à fond, longuement; *nicht ~ (Stoff)* irrétrécissable.

eingekeilt *a* coincé.

eingeklemmt *a med (Bruch)* étranglé.

eingelegt *a (Holz)* incrusté.

Eingemachte(s) *n* conserves; *(Obst)* confitures *f pl.*

ein=gemeind|en *tr* incorporer, recevoir dans une commune, annexer *(in* à), englober; **E~ung** *f* incorporation *f* communale.

eingenäht *a* pris en couture.

eingenommen *a: ~ für, gegen* prévenu en faveur de, contre; ~ *von* entiché, engoué, *fam* coiffé de; *von sich (selbst)* ~ suffisant, rempli *od* épris *od* infatué de soi-même; *sehr od völlig von sich* ~ idolâtre de soi-même; *(sehr) von sich* ~ *sein* se croire (beaucoup); *fam* ne pas se croire rien, se gober; **E~heit** *f fig* prévention *f (für* pour, *gegen* contre); engouement *m;* infatuation *f.*

eingeregnet *a* retenu *od* bloqué par la pluie.

eingerichtet *a: auf alles ~ sein* faire la part de l'imprévu, *fam* être armé de toutes pièces.

eingerostet *a* rouillé *(a. fig).*

Eingesandt *n ⟨-s, -s⟩ (Zeitung)* communiqué *m.*

eingeschlechtlich *a bot* unisexué, unisexuel.

eingeschnappt *a: gleich ~ sein (fam)* se blesser *od* se froisser pour un rien.

eingeschneit *a* arrêté *od* bloqué par les neiges.

eingeschränkt *a* étroit, borné, restreint.

eingeschrieben *a (Brief)* recommandé; *mittels ~en Briefes* sous pli recommandé.

eingesessen *a (Bevölkerung)* indigène; **E~e(r)** *m* habitant *m* (domicilié).

eingestandenermaßen *adv* de façon avouée; **Eingeständnis** *n* aveu *m.*

ein=gestehen *tr* avouer, reconnaître, confesser; *(zugeben)* admettre; *s-n Fehler ~ (a.)* dire son confiteor.

eingetragen *a adm* déclaré, enregistré, inscrit au registre; ~e *Schutzmar-ke f,* ~*e(s) Warenzeichen n (com)* marque *f* déposée.

eingewachsen *a med (Nagel)* in-carné.

Eingeweide *n (pl)* viscères *m pl,* entrailles *f pl; (Gedärm)* intestins *m pl, (von Tieren)* tripes *f pl;* ~**bruch** *m med* hernie (viscérale), éventration *f;* ~**würmer** *m pl* vers *m pl* intestinaux.

eingeweiht *a* initié (*in* à), informé (*in* de); ~ *sein in* être au fait de; **E~e(r)** *m* initié, adepte *m.*

ein=gewöhnen, *sich* s'habituer (*in* à).

eingewurzelt *a* enraciné, invétéré, te-nace.

eingezogen *a fig (zurückgezogen)* re-tiré, isolé; *(Hund) mit* ~*em Schwanz zurücklaufen* revenir la queue basse *od* entre les jambes.

ein=gießen *tr (Getränk)* verser (*in* dans).

ein=gipsen *tr* sceller en plâtre; *med* plâtrer, mettre dans le plâtre.

Einglas *n opt* monocle *m.*

eingleisig *a loc* à voie unique; ~*e Strecke f* ligne *f* à voie unique.

ein=gliedern *tr* incorporer, intégrer (*jdn, etw e-r S* qn, qc à qc); *sich* ~ *in* s'incorporer, s'inféoder à.

ein=graben *tr* mettre en terre, enter-rer, enfouir; *(Pfahl)* enfoncer; (*in hartes Material)* graver (*in* sur), (*ins Gedächtnis* dans la mémoire); *sich* ~ *(mil)* se retrancher; *(Tier)* se terrer.

ein=gravieren *tr* graver (*in* sur).

ein=greifen *itr* mettre la main (*in* dans); *fig* entrer en action *od* jeu, in-tervenir (*in* dans) *a. mil;* se mêler (*in* de); *(ins Gespräch)* interrompre (*in etw* qc); *tech (Maschinenteil)* engre-ner (*in* avec), mordre *(a. Anker); in jds Rechte* ~ porter atteinte à *od* em-piéter sur les droits de qn, s'arroger les droits de qn; *rücksichtslos* ~ sévir *(gegen jdn* contre qn); *streng* ~ tran-cher dans le vif; **E~** *n* intervention *f;* *tech* engrenage *m;* ~**d** *a (Maßnah-me)* énergique, efficace.

Eingriff *m med* intervention (chirurgi-cale), opération; *(in ein Recht)* attein-te *f (in* à), empiétement (*in* sur); *tech (Räder)* engrenage *m,* prise *f; im* ~ *(Getriebe)* engrené, en prise; *in* ~ *bringen, stehen (tech)* mettre, être en prise; ~**sbereich** *m mil* zone *f* de contact; ~**sgetriebe** *n mot* synchro-niseur *m.*

Einguß *m metal (Gießform)* moule; *(Gießloch)* bec *m,* trompe *f,* (é)chenal *m.*

ein=haken *tr* agrafer, accrocher; *tech* enclencher; *jdn* ~ prendre le bras de

qn; *itr (Anker)* mordre; *sich, ea.* ~ se prendre le bras; *sich bei jdm* ~ = *jdn* ~; **eingehakt** *adv* bras dessus bras dessous.

Einhalt *m: e-r S* ~ *gebieten* arrêter qc, mettre un terme *od* un frein à qc, en-rayer qc, couper court *od fam* mettre le holà à qc; **ein=halten** *tr (Bedin-gung, Frist, Vertrag, Regel)* observer; *(Datum)* respecter; *(Verpflichtung, Versprechen, a. Straßenseite)* tenir; *(Richtung)* suivre; *die Zahlung* ~ être exact à payer; *die Zeit* ~ être ponctuel *od* à l'heure; *itr: mit etw* ~ s'interrompre dans qc; cesser de faire qc; *haltet ein!* cessez! ~**ung** *f* obser-vation *f.*

ein=hämmern *tr* enfoncer avec un marteau; *fig: jdm etw* ~ bourrer le crâne à qn de qc, faire entrer qc dans la tête de qn.

ein=handeln *tr* faire emplette de; *ge-gen etw* ~ échanger contre qc.

einhändig *a* manchot; *mus* à une main. **ein=händigen** *tr* remettre *od* délivrer (*en* main(s) propre(s)); **E~ung** *f* remise, délivrance *f.*

ein=hängen *tr* (sus)pendre, accrocher (*in* dans); *(Dachziegel)* poser; *(Rad)* enrayer; *(Buch in die Einbanddecke)* emboîter; *tele* (r)accrocher.

ein=hauchen *tr* insuffler; *fig* inspirer.

ein=hauen *tr (Tür, Schädel)* enfoncer; *itr fam: tüchtig* ~ *(beim Essen)* avoir un bon coup de fourchette.

einhäusig *a bot* monoïque.

ein=heften *tr (Buch)* brocher; *(Akten)* classer.

ein=hegen *tr* (en)clore (d'une haie).

einheimisch *a* du pays, du cru, natif, local, national; *(bes. Sprache)* vernaculaire; *bot zoo* indigène; *(Krankheit)* endémique; **E~e(r)** *m* natif *m.*

ein=heimsen *tr (zs.tragen)* rassembler, engranger; *fig (einstecken)* recueillir, empocher, *fam* encaisser, grignoter.

Einheirat *f* entrée *f* par mariage; **ein= heiraten** *itr* entrer par mariage (*in* dans); *in e-e Familie* ~ entrer dans *od* s'allier à une famille.

Einheit *f* ⟨-, -en⟩ ['aınhaıt] unité, *f a.* *math, phys, tech, mil; mil* élément, corps de troupe; *(das Ganze)* ensem-ble *m; e-e* ~ *bilden* se grouper; faire corps (*mit* avec); *Tag m der deut-schen* ~ *(17. Juni)* Journée *f* de l'unité allemande; **e~lich** *a* unitaire, unifor-me, homogène; *(vereinheitlicht)* uni-fié, centralisé; *(übereinstimmend)* suivi, conforme à l'ensemble; *mil (Kommando)* unique; ~*e(s) Feld n (phys)* champ *m* unitaire; ~*e Feld-*

theorie f théorie *f* du champ unitaire; ~**lichkeit** *f* ‹-, (-en)› unité, uniformité, homogénéité; suite, conformité; centralisation *f;* ~**s** . . . unique, unifié *a;* ~*pol* unioniste; *(Typ)* standardisé; ~**sbauart** *f,* ~**sbauweise** *f* type *m* standardisé; ~**sbestrebungen** *f pl* tendances *f pl* unitaires; ~**sbewegung** *f pol* mouvement *m* unitaire; ~**serzeugnis** *n* produit *m* standardisé; ~**sfront** *f* front *m* unique; ~**sführer** *m mil* chef *m* d'unité *od* de l'unité; ~**sgeschoß** *n mil* projectile *m* universel; ~**sgruppe** *f mil* unité *f* élémentaire; *(Infanterie)* groupe *m* de combat; ~**skurzschrift** *f* sténographie *f* standardisée; ~**sliste** *f parl* liste *f* unique; ~**slohn** *m* salaire *m* unique; ~**spartei** *f* parti *m* unifié; ~**spreis(geschäft** *n)* *m* (magasin à) prix *m* unique; ~**sschule** *f* école *f* unique; ~**sstaat** *m* État *m* unitaire; ~**swert** *m fin* valeur *f* standard.
ein=heizen *itr* chauffer; *fig: jdm tüchtig* ~ *(fam)* secouer les puces à qn; dire son fait *od* ses quatre vérités à qn.
einhellig *a* unanime; *adv* à l'unanimité, d'un commun accord; **E~keit** *f* ‹-, (-en)› unanimité *f.*
einher=|gehen [aın'he:r-] *itr,* ~**schreiten** ‹*aux: sein*› *itr* marcher *od* avancer à pas comptés *od* mesurés; ~**stolzieren** ‹*aux: sein*› *itr* se pavaner.
ein=holen *tr* aller chercher, acheter; *(die Ernte)* rentrer, engranger; *mar (Segel)* rentrer, mettre dedans; *(Tauwerk)* haler; *(Ruder)* border; *(erreichen)* rejoindre, rattraper *a. fig.* atteindre; *(heimgeleiten)* aller à la rencontre de *od* au-devant de; *itr (einkaufen)* aller aux provisions, faire des courses *od* des emplettes; *e-n Auftrag* ~ prendre une commande; *die Fahne* ~ baisser le pavillon; *e-e Erlaubnis, Genehmigung* ~ demander une autorisation; *ein Gutachten, Auskünfte, Nachrichten* ~ (aller) prendre une expertise, des renseignements, des nouvelles; *jds Rat* ~ prendre conseil de qn; *ärztlichen Rat* ~ consulter un médecin.
Einholm|bauart *f,* ~**bauweise** *f aero* construction *f* monolongeron; ~**flügel** *m aero* aile *f* monolongeron.
Einhorn *n* licorne *f.*
Einhufer *m pl zoo* équidés, solipèdes *m pl.*
ein=hüll|en *tr* envelopper *(in dans); fig* cacher, déguiser; *warm* ~ emmitoufler; **E~ung** *f* enveloppement *m.*
einig ['aınıç] *a (einmütig)* unanime;

sich ~ *sein* être d'accord *(über* sur) *(daß* pour dire que); *(sich) nicht* ~ *sein* différer *(in* en); *(sich)* ~ *werden* tomber d'accord *(über* sur); *mit sich selbst noch nicht* ~ *sein (,ob)* ne pas encore savoir très bien (si); *darüber sind sich alle* ~ tout le monde est d'accord là-dessus; ~**e(r, s)** [-nıgə] *pron a* quelque, un peu de, *fam* une certaine dose de; *pl* quelques; *s pl* quelques-un(e)s *m (f) pl; nach* ~*r Zeit* au bout d'un certain temps; ~**e-mal** *adv* quelquefois, parfois; ~**en** *tr (Land)* unifier; *(in Übereinstimmung bringen)* mettre d'accord; *(aussöhnen)* concilier; *sich über etw* ~ tomber *od* se mettre d'accord sur qc; ~**ermaßen** *adv* dans une certaine mesure, en quelque sorte; *(leidlich)* tant bien que mal, passablement, assez bien; *so* ~ *(fam)* pas mal; ~**es** *pron* quelque chose; **E~keit** *f* ‹-, (-en)› concorde *f;* ~ *macht stark (prov)* l'union fait la force; **E~ung** *f* ‹-, (-en)› unification; *(Aussöhnung)* conciliation *f;* **E~ungskrieg** *m* guerre *f* d'unification; **E~ungsverfahren** *n* procédure *f* de conciliation.
ein=igeln, *sich (mil)* former un hérisson, s'enfermer.
ein=impfen *tr* inoculer; *jdm etw* ~ *(fig)* inculquer qc à qn.
ein=jagen *tr: jdm Furcht* ~ faire peur, inspirer de la crainte à qn; *jdm Schrecken* ~ effrayer qn; *jdm e-n schönen Schrecken* ~ *(fam)* faire une belle peur à qn.
einjährig *a (ein Jahr alt)* d'un an; *(ein Jahr dauernd, a. bot)* annuel; *bot* herbacé.
ein=kalkulieren *tr* mettre en ligne de compte; inclure dans ses calculs.
Einkammersystem *n pol* monocamérisme *m.*
ein=kapseln, *sich (med)* s'enkyster; *fig* s'isoler.
ein=kassier|en *tr* encaisser, recouvrer; faire la recette *(etw* de qc); **E~ung** *f* encaissement, recouvrement *m.*
Einkauf *m* achat *m; (kleiner* ~) emplette *f; (s-e) Einkäufe machen od tätigen* faire des achats *od* emplettes, faire ses *od* aller aux provisions; **ein= kaufen** *tr* acheter, faire emplette de; ~ *gehen, selbst* ~ faire son marché *od* ses provisions; *sich in e-e Lebensversicherung* ~ s'assurer sur la vie; ~**sabteilung** *f* service *m* des achats *od* d'approvisionnement; ~**sbummel** *m; e-n* ~ *machen* courir les magasins; ~**sgenossenschaft** *f* coopérative *f,* groupement *m* d'achat(s); ~**skorb** *m* panier à provisions, cabas *m;* ~**snetz**

n filet *m* à provisions; **~spreis** *m* prix *m* d'achat *od* coûtant; *zum* ~ *au* prix coûtant; **~stasche** *f* sac *m* à provisions; **~svertreter** *m* commissionnaire *m* acheteur; **~swagen** *m* caddy, chariot *m;* **~szentrum** *n* centre *m* commercial.

Einkäufer *m* acheteur *m.*

Einkehr *f* ⟨-, -en⟩ entrée *f* (dans une auberge); *fig* recueillement *m;* ~ *halten (fig)* rentrer en soi-même, se recueillir, faire son examen de conscience; **ein≈kehren** ⟨aux: sein⟩ *itr* entrer dans un restaurant; descendre dans un hôtel; *bei jdm* ~ entrer, descendre chez qn.

ein≈keilen *tr* caler, coincer; *wie eingekeilt* serrés comme des harengs.

ein≈keller|n *tr* encaver, mettre en cave; **E~ung** *f (Wein)* mise *f* sur chai, avalage *m.*

ein≈kerben *tr* entailler, (en)cocher.

ein≈kerker|n *tr* incarcérer, emprisonner; **E~ung** *f* incarcération *f,* emprisonnement *m.*

ein≈kessel|n *tr mil* encercler, cerner; **E~ung** *f mil* encerclement *m.*

Einkindersystem *n* système *m* de l'enfant unique.

einklag|bar *a jur* exigible; **E~barkeit** *f* exigibilité *f;* **ein≈klagen** *tr* poursuivre le recouvrement de.

ein≈klammern *tr tech* cramponner; *(Wort, a. math)* mettre en(tre) parenthèses *(runde) od* entre crochets *(eckige Klammern).*

Einklang *m* accord, unisson *m,* harmonie; *radio* syntonie *f; sich in* ~ *befinden, in* ~ *stehen mit* être en harmonie avec; *in* ~ *bringen* mettre d'accord, harmoniser, accorder, adapter, (ré)concilier.

ein≈kleben *tr* coller (*in* dans).

ein≈kleid|en *tr* vêtir; habiller *a. mil; rel (Mönch)* faire prendre l'habit *od (Nonne)* le voile; *fig (Gedanken)* revêtir (*in* de), envelopper (*in* dans); *sich neu* ~ s'acheter de nouveaux vêtements; **E~ung** *f* habillement *m a. mil; rel (Mönch)* prise *f* d'habit *od* de voile; *fig* arrangement *m,* forme *f;* **E~ungsgeld** *n mil* indemnité *f* de première mise.

ein≈klemm|en *tr* serrer, coincer; **E~ung** *f med* étranglement *m.*

ein≈klinken *tr* enclencher, encliqueter; *(Tür)* fermer au loquet.

ein≈knicken *tr* ⟨aux: haben⟩ plier, briser, casser à demi; *(Papier)* corner, faire une corne à; *itr* ⟨aux: sein⟩ se plier, se briser.

Einknopfbedienung *f radio* monoréglage *m.*

ein≈kochen *tr* ⟨aux: haben⟩ *(Saft)* concentrer, condenser, réduire par ébullition; *(Obst)* confire; *allg* mettre en conserve; *itr* ⟨aux: sein⟩ se réduire par ébullition; **E~** *n* réduction *f* (par ébullition).

ein≈kommen ⟨aux: sein⟩ *itr (Geld)* rentrer; *um etw* ~ demander, solliciter qc; *um s-n Abschied* ~ demander sa retraite; **E~** *n* ⟨s, -⟩ revenu(s *pl)* *m;* rentes *f pl; kein gesichertes* ~ *haben* n'avoir ni office ni bénéfice; *ein großes od hohes* ~ *haben* jouir d'un gros revenu; *arbeitsfreie(s), feste(s), jährliche(s), steuerpflichtige(s)* ~ revenu *m* du capital, fixe, annuel, imposable; **E~sart** *f* genre *m* de revenu; **E~sgrenze** *f* limite *f* de revenu; **E~sgruppe** *f* catégorie *f* de revenu; **E~(s)steuer** *f* impôt *m od* taxe *f* sur le(s) revenu(s); **E~(s)steuererklärung** *f* déclaration *f* d'impôt sur le revenu; **~(s)steuerpflichtig** *a* assujetti à l'impôt sur le revenu.

Einkreis(empfäng)er *m* ⟨-s, -⟩ *radio* récepteur à un circuit d'accord.

ein≈kreis|en *tr* cerner; encercler *a. mil; pol a.* isoler; **E~ung** *f* encerclement; *pol a.* isolement *m;* **E~ungspolitik** *f* politique *f* d'encerclement *od* d'isolement; **E~ungsversuch** *m* tentative *f* d'encerclement.

Einkünfte *pl* ['-kʏnftə] revenu(s *pl)* *m,* rentes *f pl.*

ein≈kuppeln *tr tech* embrayer.

ein≈lad|en *tr (verladen)* mettre, charger, embarquer (*in* dans); *(Gast)* inviter, convier, prier (*zu* à); **E~** *n* chargement, embarquement *m;* **~end** *a* engageant, attrayant, accueillant, séduisant; **E~ung** *f* invitation *f (zu* à); *auf* ~ *(gen)* sur l'invitation (de); *e-e* ~ *an jdn ergehen lassen, verschicken* adresser, envoyer une invitation à qn; **E~ungsschreiben** *n* lettre *f* d'invitation.

Einlage *f (Schuh)* support, cambrillon; *mot (Reifen)* protecteur intérieur; *(Textil)* droit fil *m;* (Zigarre) tripe; *(Suppe)* garniture *f;* (Zahn) plombage *m; fig allg* insertion *f; theat* entracte *m; fin* mise *f* de fonds; *(Einzahlung)* dépôt; *(~kapital)* apport *m;* ~ *(in ein Gesellschaftsvermögen)* mise *f* de fonds; **~nbuch** *n fin* carnet *od* livret *m* bancaire; **~nzuwachs** *m* augmentation *f* des dépôts.

ein≈lager|n *tr* emmagasiner, entreposer, mettre en dépôt *(bei* chez), stocker; *(in e-n Silo)* ensiler; **E~ung** *f* mise *f* en magasin, emmagasinage, stockage; *(in e-n Silo)* silotage, ensilage *m.*

Einlaß *m* ⟨-sses, ⁻sse⟩ ['-las, '-lɛsə] admission *f a. tech mot;* ~ **begehren** demander la permission d'entrer; ~**kanal** *m mot* canal *od* conduit *m* d'admission; ~**karte** *f* carte *f* d'admission, billet *m* d'entrée; ~**ventil** *m* soupape *f* d'admission.

ein=lass|en *tr* laisser entrer, admettre; *(Wasser)* faire couler; *(einfügen)* encastrer, emboîter, enchâsser; *(Fußboden)* vitrifier; *eingelassene Arbeit f* incrustation *f; sich auf etw* ~ consentir à qc, *fam* s'embarquer dans qc; *sich in etw* ~ s'engager dans qc, se mêler de qc; *sich mit jdm* ~ s'accoler, se commettre, entrer en relations avec qn; *sich mit jdm in ein Gespräch* ~ engager une conversation avec qn; **E~ung** *f jur* réponse *f.*

Einlauf *m (Post)* (courrier *m* à l')arrivée; *(Küche)* entrée *f; med* lavement *m,* injection intestinale; *(Wettrennen) f;* **ein=laufen** *itr* ⟨aux: sein⟩ entrer *loc* en gare, *mar* dans le *od* au port; *(Brief, Nachricht)* arriver; *(Stoff)* (se) rétrécir; *in e-n Hafen* ~ gagner un port; *tr* ⟨aux: haben⟩: *jdm das Haus* ~ rebattre les oreilles à qn; *nicht* ~*d (Stoff)* irrétrécissable; ⟨aux: haben⟩ *sich* ~ *(Maschine)* se roder; ~**en** *n loc* entrée en gare; *mar* entrée *f* au port.

ein=läuten *tr* sonner, annoncer.

ein=leben, *sich* ~ *in* s'acclimater dans; *fig* s'habituer à, s'adapter à, se familiariser avec.

ein=leg|en *tr* mettre (*in* dans); *(in e-n Brief)* inclure, joindre; *(Heringe)* mariner; *(Früchte)* confire; *(in Holz)* incruster, marqueter; *(in Metall)* damasquiner; *fig* insérer *a. theat; fin* apporter, verser, déposer, placer; *Berufung* ~ faire *od* interjeter appel, se pourvoir en appel; *Ehre mit etw* ~ retirer de la gloire de qc; *e-n Film* ~ *(phot)* charger l'appareil; *e-e Lanze für jdn* ~ rompre une lance pour qn; *e-e Pause* ~ faire une pause; *Revision* ~ *(jur)* recourir, se pourvoir en cassation; *Verwahrung* ~ *gegen* protester contre; *sein Veto* ~ *gegen* mettre son veto à; *ein gutes Wort für jdn* ~ intercéder pour *od* en faveur de qn; *eingelegte Arbeit f* incrustation, marqueterie *f;* **E~er** *m* ⟨-s, -⟩ *(bei der Bank)* déposant *m* (de fonds); **E~e-sohle** *f* semelle *f* intérieur (pour chaussures); **E~estäbchen** *n (Textil)* verdillon *m.*

ein=leit|en *tr* introduire, commencer; préparer, ménager; *(Buch)* préfacer; *jur* ouvrir; *(Prozeß)* instruire; *(Verfahren)* informer; *(Verhandlungen)*

ouvrir, engager, entamer; *mil (Gefecht)* engager; *(Offensive)* lancer; *mus* préluder à; *chem (Reaktion)* amorcer; ~**end** *a* introductif, (préliminaire; ~*e(s) Gefecht n mil* combat *m* préparatoire; **E~ung** *f* introduction, ouverture *f;* préparatif *m, bes. mil* préparation *f; (Vorrede)* préambule *m; (Buch)* préface *f,* avant-propos; *jur* commencement *m, (a. Verhandlungen)* ouverture *f; mus* prélude *m,* ouverture *f; biographische* ~ *(Buch)* notice *f* biographique.

ein=lenken *tr (in e-e Richtung)* guider, diriger, conduire; *itr fig* se raviser, en rabattre, faire machine arrière; *in e-e Seitenstraße* ~ tourner dans une rue latérale.

ein=lesen, *sich (in ein Buch)* ~ se familiariser (avec un livre).

ein=leuchten *itr* être *od* paraître clair *od* évident; *das leuchtet ein* cela saute aux yeux, tombe sous le sens; ~**d** *a* clair, évident.

ein=liefer|n *tr* (dé)livrer, remettre; *(ins Krankenhaus)* admettre; *ins Gefängnis, ins Krankenhaus* ~ écrouer, transporter à l'hôpital; **E~ung** *f* livraison, remise *f,* dépôt *m; (ins Gefängnis)* mise en prison; *(ins Krankenhaus)* transport *m* à l'hôpital; **E~ungsschein** *m com* reçu, récépissé (postal); bulletin de dépôt; *(e-s Strafgefangenen)* écrou *m.*

einliegend *a* ci-inclus, ci-joint.

einlippig *a bot* unilabé.

ein=lochen *tr fam (einsperren)* embarquer, coffrer, boucler.

einlös|bar *a fin* remboursable, convertible; **ein=lösen** *tr* racheter, dégager; *(Pfand)* retirer; *(Banknote)* rembourser; *(Scheck)* toucher, encaisser; *(Wechsel)* acquitter, honorer; *(Wertpapier)* convertir; *(Zinsschein)* payer; *fig (sein Wort, Versprechen)* tenir, s'acquitter de; **E~ung** *f* rachat, dégagement; *(Banknote)* remboursement; *(Pfandschein)* amortissement, dégagement; *(Scheck)* encaissement; *(Wechsel, Zinsschein)* paiement *m; (Wertpapier)* conversion *f;* **E~ungspflicht** *f* obligation *f* de rachat; **E~ungsschein** *m* billet *od* certificat *m* de rachat; **E~ungstermin** *m* date *f* de remboursement.

ein=löten *tr* souder (*in* dans).

ein=lotsen *tr* piloter jusqu'au port.

ein=lullen *tr* assoupir (par des chansons).

ein=mach|en *tr* mettre en conserve, conserver; *(in Zucker od Essig)* confire; **E~glas** *n* bocal à conserves, verre *m* à confiture(s); **E~zucker** *m* sucre *m* à confiture.

ein=maischen ['-maɪʃən] *itr (Brauerei)* encuver le malt.

einmal ['aɪnmaːl] *adv* une fois; *(einst)* autrefois, jadis; *(künftig)* un jour; *auf* ~ *(zugleich)* à la fois, en même temps; *(plötzlich)* tout à coup, soudain; *nicht* ~ pas même; *(beim v)* ne ... même pas; *noch* ~ encore une fois, de nouveau; *noch* ~ *so groß wie* deux fois plus grand que, le double de; *ein ums andere Mal* régulièrement, continuellement; *wenn* ... ~ une fois que; ~ ..., ~ ... tantôt ..., tantôt ...; *ich bin nun* ~ *so* voilà comme je suis; *das ist nun* ~ *so* voilà, c'est comme ça; tant pis; *es war* ~ il y avait *od* il était une fois; *hör* ~*!* écoute donc! *komm* ~ *her!* viens un peu ici! *und sei es auch nur* ~*!* ne serait-ce qu'une fois! *wenn ich ihn* ~ *sehe* si jamais je le vois; ~ *ist keinmal (prov)* une fois n'est pas coutume; **E~eins** *n* ⟨-, -⟩ ['-aɪns] table *f* de multiplication; **~ig** *a* unique *a. fig; fig* exceptionnel, hors série; *nach* ~*em Durchlesen* après simple lecture; ~*e Abfindung f (fin)* indemnité *f* en capital; ~*e Gelegenheit f* occasion *f* unique; **E~igkeit** *f* ⟨-, (-en)⟩ originalité, unicité *f;* **E~spritze** *f* seringue *f* à usage unique.

Einmann|band *f* homme-orchestre *m;* ~**betrieb** *m* entreprise *f* réduite à une seule personne; ~**bus** *m* bus *m* à conducteur-receveur.

Einmarsch *m mil* entrée *f;* **ein=marschieren** ⟨*aux: sein*⟩ *itr* entrer, faire son entrée *(in* dans); ~**straße** *f mil* voie *f* de pénétration.

Einmaster *m* ⟨-s, -⟩ vaisseau *m* à un seul mât.

ein=mauer|n *tr* murer; *tech* sceller (dans le mur); **E~ung** *f* murage *m.*

ein=meißeln *tr* ciseler *(in* dans).

ein=mengen = *einmischen.*

ein=mieten *tr* 1. *agr* ensiler, mettre en silo.

ein=mieten *tr* 2. *(Person)* arrêter un logement pour; *sich* ~ louer un logement.

ein=misch|en, *sich* ~ *in* se mêler de *od* à, s'immiscer dans, s'ingérer dans, intervenir dans, *fam* mettre son nez dans; *sich ins Gespräch* ~ se mêler à la conversation; **E~ung** *f* immixtion, ingérence, intervention *f.*

einmotorig *a aero* monomoteur.

ein=motten *tr* mettre à la naphtaline.

ein=mumme(l)n *tr: (sich)* ~ (s')emmitonner, (s')emmitoufler.

ein=münd|en *itr (Straße)* entrer *(in*

dans), déboucher *(in* sur), aboutir *(in* à, dans, sur); **E~ung** *f (Straße)* entrée *f,* débouché *m.*

einmütig *a* unanime; *adv* à l'unanimité, à l'unisson, d'un commun accord; **E~keit** *f* ⟨-, (-en)⟩ unanimité *f.*

ein=näh|en *tr* coudre *(in* dans); *(enger machen)* **E~er** *m* ⟨-s, -⟩ *(Textil)* pince *f.*

Einnahme *f mil (e-r Stadt)* prise; *com fin* recette; *(Steuern)* perception *f; theat* recettes *f pl* de caisse; *pl (Einkommen)* revenu *m; in* ~ *bringen* od *stellen* porter en recette; ~*n und Ausgaben f pl* recettes et dépenses *f pl;* ~**buch** *n* livre *m* de(s) recettes; ~**budget** *n* budget *m* des recettes; ~**nseite** *f* côté *m* des recettes; ~**posten** *m* article *m* de recette; ~**quelle** *f* source de revenus, ressource *f;* ~*n des Staates* ressources *f pl* de l'État; ~**überschuß** *m* excédent *m* des recettes.

ein=nebeln *tr mil* dissimuler par la fumée.

ein=nehm|en *tr (Mahlzeit, Arznei, Platz, Stadt)* prendre; *(Arznei)* s'administrer; absorber; *loc, mar (Kohlen, Wasser)* faire (du charbon, de l'eau); *(Geld)* toucher, encaisser; *(Steuern)* percevoir; *(Raum)* occuper; *(Stellung)* tenir; *(Haltung)* observer; *(jdn)* captiver, charmer, séduire; *zum E~ (pharm)* ingestible; *jdn für, gegen etw* ~ prévenir qn en faveur de, contre qc; *jds Stelle* ~ remplacer qn; *sich von jdm* ~ *lassen* se laisser influencer *od* séduire par qn; ~**end** *a fig* prévenant, engageant, captivant, séduisant; ~*e(s) Wesen n* manières *f pl* avenantes; **E~er** *m* ⟨-s, -⟩ receveur *m; (Steuer~)* percepteur *m.*

ein=nicken ⟨*aux: sein*⟩ *itr fam* s'assoupir.

ein=nisten, *sich* se nicher; *fig* s'établir, s'installer, *fig fam* s'implanter, s'incruster, se cantonner.

Einöde *f* ⟨-, -n⟩ ['aɪnʔøːdə] lieu *m* od région *f* désert(e), solitude *f.*

ein=ölen *tr* huiler, lubrifier, graisser; **E~** *n* huilage, graissage *m; lubrification f.*

ein=ordnen *tr* ranger, caser, classer; *(in Rubriken)* classifier; *sich* ~ *(lassen)* s'inscrire; *nicht einzuordnen(d)* inclassable; *sich rechts, links, in der Mitte einordnen (mot)* se mettre dans la file de droite, de gauche, du milieu.

ein=packen *tr* empaqueter, *com* emballer; *itr* faire sa malle *od* valise; *fig fam* plier bagage.

ein=parken *tr* garer; *itr* se garer; *rückwärts* ~ faire un créneau.

Einparteien|regierung *f.* ~**system** *n* gouvernement, système *m* monopartite.

ein=passen *tr tech* ajuster, adapter, emboîter.

ein=pauk|en *tr: jdm etw* ~ *(fam)* seriner qc à qn, fourrer qc dans la tête à qn; **E~n** *n* bachotage *m*; **E~er** *m* bachoteur *m*.

ein=pferchen *tr (Schafe)* parquer *a. fig; fig* serrer, *fam* entasser.

ein=pflanzen *tr* planter; *fig* implanter.

ein=pfropfen *tr fig* inoculer *(jdm etw* qc à qn).

einphasig *a el* monophasé.

ein=pökeln *tr* saler, mariner.

einpolig *a el* unipolaire.

ein=präg|en *tr* empreindre, imprimer *(in* dans), graver *(in* sur); *fig jdm etw* ~ graver qc dans la mémoire de qn; *sich etw* ~ se graver qc dans la mémoire, fixer qc dans sa mémoire; *das hat sich mir tief eingeprägt* cela m'a fait une impression profonde; ~**sam** *a* impressionnant; qui reste *od* marque.

ein=pressen *tr* presser, imprimer, serrer *(in* dans).

ein=prob|en *tr theat* répéter; ~**ieren** *tr tech* essayer.

ein=pudern *tr* poudrer.

ein=quartier|en ['-kvartiːrən] *tr* loger, installer, *mil a.* cantonner; *sich* ~ se loger, s'installer, prendre ses quartiers; **E~ung** *f* logement *m.* installation *f,* *mil a.* (mise *f* en) cantonnement *m;* ~ *haben* avoir *od* loger des soldats.

einräd(e)rig *a* monoroue.

ein=rahmen *tr* encadrer.

ein=rammen *tr* enfoncer.

ein=rasten *itr* s'enclencher.

ein=räum|en *tr (Sachen)* ranger, mettre en place; *(Schrank, Wohnung)* aménager; *fig (abtreten)* céder, abandonner; *(Recht)* concéder, reconnaître; *(Frist, Kredit)* accorder; *(zugeben)* admettre *(etw* qc, *daß* que), convenir *(etw* de qc); *jdm Kredit* ~ faire crédit à qn; ~*de Konjunktion gram* conjonction marquant la concession, **E~ung** *f* ⟨-, (-en)⟩ rangement; aménagement *m; fig* (con-) cession; admission *f;* **E~ungssatz** *m gram* (proposition) concessive *f.*

ein=rechnen *tr* comprendre (dans le compte), inclure; *(in Betracht ziehen)* tenir compte de; *(nicht) eingerechnet* y compris (non compris).

Einrede *f* contradiction, objection; *jur* exception *f;* *e-e* ~ *erheben (jur)* op-

poser *od* soulever une exception; ~ *der Nichtzuständigkeit (jur)* exception *f* déclinatoire; **ein=reden** *tr: jdm etw* ~ faire croire *od fam* avaler qc à qn, fourrer qc dans la tête à qn; *sich* ~, *daß* ... se persuader (à tort) que ...; *itr: auf jdn* ~ chercher à persuader qn; *das lasse ich mir nicht* ~ on ne me fera pas croire cela.

ein=reib|en *tr* frotter *(mit etw* de qc), frictionner *(mit etw* avec qc); **E~ung** *f* frottement *m.* friction *f;* **E~ungsmittel** *n pharm* friction *f.*

ein=reich|en *tr* présenter, remettre, déposer; *s-n Abschied* ~ donner sa démission; *e-n Antrag, ein Gesuch* ~ déposer *od* faire une demande; *ein Gnadengesuch* ~ se pourvoir en grâce; *e-e Klage gegen jdn* ~ porter plainte contre qn; **E~ung** *f* présentation, remise *f.* dépôt *m.*

ein=reih|en *tr* ranger *(unter* parmi), insérer *(unter* dans); *sich* ~ s'inscrire, s'embrigader, prendre rang *(unter* parmi); **E~er** *m* ⟨-s, -⟩ *(Mantel)* manteau *m* droit; ~**ig** *a* à un seul rang; *(Jacke, Mantel)* droit.

Einreise *f* entrée *f;* ~**bewilligung** *f.* ~**erlaubnis** *f.* ~**genehmigung** *f* permis *m od* autorisation *f* d'entrée; **ein=reisen** *⟨aux: sein⟩* *itr* entrer; ~**visum** *n* visa *m* d'entrée.

ein=reißen *tr* ⟨*aux: haben⟩ (Papier)* faire une déchirure à; *(Kleidung)* faire un accroc à; *(Haus)* démolir, raser, mettre à bas; *itr* ⟨*aux: sein⟩ (Papier)* se déchirer; *fig (Unsitte)* prendre racine, s'enraciner.

ein=reiten *tr (Pferd)* dresser.

ein=renk|en ['-rɛŋkən] *tr (Glied)* remettre, réduire, rem boîter; *fig fam (wieder* ~) arranger; **E~ung** *f med* réduction *f,* remboîtement *m.*

ein=rennen *tr: jdm das Haus* ~ *(fig)* assiéger qn; *sich den Schädel* ~ *(fig)* se casser la tête contre les murs; *offene Türen* ~ *(fig)* enfoncer des portes ouvertes.

ein=richt|en *tr* arranger, disposer; *(Wohnung)* meubler, aménager; *(Bad, WC)* installer; *(Geschäft)* monter; *(Anstalt)* établir; *(Dienst, Verwaltung)* organiser; *med (Glied)* remettre, réduire, rembôiter; *tech (justieren)* ajuster, régler; *mil (Geschütz)* pointer; *typ (Seiten)* justifier; *es od sich so* ~, *daß* faire en sorte que *subj,* s'arranger pour que *od* de manière à *inf: sich* ~ s'installer, s'organiser; *(häuslich)* aller, monter son ménage; *(mit s-n Mitteln)* s'arranger; *sich* ~ *müssen* se limiter, se res-

treindre; *sich auf etw* ~ se préparer à qc; *sich nach etw* ~ se régler sur qc, se conformer à qc; *neu* ~ mettre à neuf; *gut eingerichtete Wohnung* f appartement *m* bien installé; **E~ung** f arrangement *m*; mise f au point; *(e-r Wohnung)* ameublement, aménagement *m*; *(Ausstattung)* installation f. équipement, appareil intérieur; *(e-r Anstalt)* établissement *m*; *(e-r Verwaltung)* organisation; *(öffentliche ~)* institution f, service *m*; *tech (Vorrichtung)* dispositif, mécanisme *m* *(Anlage)* disposition f. *(Justierung)* ajustage, réglage *m*; *typ* justification f; *sanitäre* ~ appareil *m* sanitaire; *staatliche* ~ institution f d'État **E~ungsgegenstand** *m* pièce f d'équipement.
ein=riegeln *tr* enfermer au verrou.
ein=ritzen *tr* graver (*in* sur).
ein=rollen *tr* enrouler; *(Geld)* mettre en rouleaux; *sich spiralig* ~ *(a.)* vriller.
ein=rosten ⟨*aux: sein*⟩ *itr* (se) rouiller *a. fig; fig fam* s'encroûter.
ein=rücken *tr* ⟨*aux: haben*⟩ *typ* (faire) rentrer; *(Anzeige)* insérer; *tech* enclencher; *(Zahnrad)* engrener; *mot (Kupplung)* embrayer; *itr* ⟨*aux: sein*⟩ entrer (*in* dans); *mil* entrer (en garnison), partir (au service militaire); *in jds Stelle* ~ succéder à qn dans un emploi.
ein=rühren *tr* délayer; *(Mörtel, Kalk)* gâcher.

eins [aıns] *(Zahlwort)* un; *die E~ (pl: die Einsen)* le (nombre) un; ~ *a (la)* excellent, parfait; de premier ordre; ~ *ins andere gerechnet* l'un dans l'autre, en moyenne; *um* ~ *(1 Uhr)* à une heure; ~ *(einig) sein* être d'accord; ~ *(einig) werden* tomber d'accord; *das ist mir* ~ cela m'est égal; *das läuft auf* ~ *hinaus* cela revient au même; ~ *ist not* une chose est nécessaire; *er hat lauter E~en geschrieben* il a eu d'excellentes notes.
ein=sacken *tr* mettre en sac, ensacher; *fig* empocher; *alles* ~ faire une rafle.
ein=säen *tr* ensemencer.
ein=salben *tr* oindre, enduire.
ein=salzen *tr* saler; **E~ung** f salaison f.
einsam ['-za:m] *a (Mensch)* seul, solitaire; retiré; *(Ort)* isolé, désert; **E~keit** f ⟨-, (-en)⟩ solitude f. isolement *m*.
ein=sammeln *tr* recueillir *(bes. Geld)*; *(vom Boden, a. die Hefte)* ramasser; *die Stimmen* ~ *(parl)* prendre les voix.

ein=sarg|en *tr* mettre en bière; **E~ung** f mise f en bière.
Einsatz *m (Koffer~)* châssis; *(Kleidung)* empiècement; *(Spitzen~)* entre-deux *m*; *(Gasmaske)* cartouche; *(im Spiel)* mise f (en jeu), enjeu *m*; *(der ganze* ~*)* poule; *allg* utilisation f, engagement *m*; *(Arbeits~, ~ von Arbeitskräften)* mise au travail; *mil, a. aero* (mise *od* entrée en ligne *od* en) action, mission; *theat* entrée; *mus* attaque, rentrée f; *durch* ~ *(gen)* en utilisant ...; *im* ~ en action; *unter* ~ *(gen)* au péril de ...; *unter* ~ *der letzten Kräfte* en faisant appel à ses dernières ressources; *zum* ~ *bringen (mil)* faire entrer en action; *mit hohem* ~ *spielen* jouer gros; *mit kleinen Einsätzen spielen* jouer la carotte; *den* ~ *verpassen (theat)* manquer son entrée; *persönliche(r)* ~ engagement *m* personnel; *taktische(r)* ~ emploi *m* tactique; ~ *aller Mittel* va-tout *m*; ~**befehl** *m* ordre *m* d'engagement; **e~bereit** *a allg* disponible; *mil* prêt (à l'action *od* à entrer en ligne); *(Raketen, Geräte)* opérationnel; ~**bereitschaft** f disponibilité f; ~**besprechung** f *mil* exposé *m* de la mission; *aero* briefing *m*; ~**koffer** *m* marmotte f de voyage; ~**preis** *m (Auktion)* prix *m* de départ; ~**raum** *m mil* zone f d'action; ~**stück** *n* pièce f d'espacement *od* intercalaire; ~**verpflegung** f *mil* rations f *pl* spéciales de combat; ~**wagen** *m* voiture f supplémentaire.
ein=saugen *tr (Luft)* aspirer, inhaler, humer; *(Flüssigkeit)* s'imbiber de, s'imprégner de, absorber.
ein=säumen *tr* border, ourler; *mit Bäumen eingesäumt* bordé d'arbres.
ein=schalt|en *tr* insérer, intercaler, interpoler; *el* mettre en circuit, allumer; *radio mot* mettre; *mot tech* embrayer; *itr el* établir le contact, fermer le circuit; *sich* ~ *(fig)* s'interposer, s'immiscer, s'ingérer, entrer en jeu, intervenir; *eingeschaltet (pp el)* en circuit; *(das Licht)* ~ tourner le bouton; *den ersten Gang* ~ passer la première; **E~en** *n el* mise f sous courant *od* en circuit; **E~hebel** *m* de commande; **E~quote** f *radio TV* écoute f; **E~stellung** f *el* position f fermée; **E~ung** f ⟨-, (-en)⟩ insertion; intercalation, interpolation; *el* fermeture, mise f en circuit *od* sous tension; *tech mot* embrayage *m*; *fig* intervention f.
ein=schärfen *tr* inculquer (*jdm etw* qc à qn).
ein=schätzen *tr* estimer, apprécier,

évaluer, taxer, prendre les dimensions de; *richtig* ~ estimer à sa juste valeur.

ein=schenken *tr* verser *od* servir à boire; *jdm reinen Wein* ~ *(fig)* dire ses quatre vérités *od* son fait à qn.

ein=schicken *tr* envoyer; *(Geld)* (faire) remettre.

ein=schieb|en *tr* insérer, intercaler, interpoler; *sich* ~ s'interposer; **E~sel** *n* ⟨-s, -⟩ ['-ʃiːpsəl] interpolation *f.*

Einschien|enhängebahn *f* voie *f* suspendue monorail; **e~ig** *a* monorail.

ein=schieß|en *tr (Gewehr)* essayer, éprouver; *tech (Textil)* passer *(in* dans); *(Brot)* mettre au four, enfourner; *sich* ~ *(mil)* régler le *od* son tir; **E~en** *n* (tir de) réglage *m;* **E~punkt** *m,* **E~ziel** *n* point *m* de réglage.

ein=schiff|en, *sich* ~ *nach* s'embarquer pour; **E~ung** *f* ⟨-, (-en)⟩ embarquement *m.*

ein=schlafen ⟨*aux: sein*⟩ *itr* s'endormir, s'assoupir; *(Glied)* s'engourdir; *(sterben)* s'éteindre, mourir; *fig (allmählich aufhören)* se refroidir, se ralentir; *vor dem E~* avant de s'endormir; *wieder* ~ se rendormir; *das Bein ist mir eingeschlafen* j'ai la jambe engourdie; *fam* j'ai des fourmis dans la jambe.

ein=schläfer|n *tr* endormir, assoupir; *fig* bercer d'illusions; ~**nd** *a* soporifique, somnifère *a. fig;* ~**ig** *a,* **einschläfig** *a* à une personne; **E~ung** *f* assoupissement *m.*

Einschlag *m (Holz)* coupe, vente; *(Blitz)* chute; *(Geschoß)* arrivée *f* du coup, point *m* de chute *od* d'impact; *(Weberei)* trame *f; (Kleidung)* repli; *mot (der Vorderräder)* braquage *m; fig (Anflug)* nuance, teinte, pointe *f;* **ein=schlagen** *tr (Nagel, Pfahl)* planter, enfoncer; *(Tür)* enfoncer; *(Fenster, Zähne)* casser; *(Loch)* faire; *(Holz im Wald)* couper; *(Weberei)* tramer; *(Kleiderrand)* rentrer; *(einwickeln)* mettre en papier, envelopper, emballer; *mot (Steuer, Räder)* braquer; *fig (Weg, Richtung)* prendre, suivre, entrer dans; *itr (auf jdn)* tomber (sur qn) à bras raccourcis; *(in jds Hand)* toper; *(Blitz, Geschoß)* tomber, éclater *(in* sur); *fig (Erfolg haben)* réussir, tourner bien; *(Anklang finden)* être bien accueilli; prendre *(bei* sur); *e-r S den Boden* ~ défoncer qc; *eingeschlagen! schlagen Sie ein!* tope (là)! *es hat in etw eingeschlagen* la foudre est tombée sur qc; ~**papier** *n* papier *m* d'emballage; ~**stelle** *f (Geschoß)* point *m* de chute *od* d'impact; ~**win-**

kel *m mot* angle *m* de braquage; **einschlägig** *a* respectif; *(Behörde)* compétent; ~*e Literatur f* littérature *f* relative au sujet.

ein=schleichen, *sich* se glisser, se faufiler, s'introduire, *fig* s'insinuer *(in* dans).

ein=schlepp|en *tr (Seuche)* introduire, importer, amener; **E~ung** *f* introduction, importation *f.*

ein=schleusen *tr (Agenten)* infiltrer; *sich* ~ s'infiltrer; **E~** *n* infiltration *f.*

ein=schließ|en *tr* mettre sous clef; *(r)enfermer; serrer; (umgeben)* entourer, encercler; *(umzäunen)* enclore; *mil (Feind)* envelopper; *(Festung)* cerner, investir, bloquer; *fig* inclure, englober; *(enthalten)* renfermer, contenir, comprendre; *jdn in sein Gebet* ~ prier pour qn; ~**lich** *adv* inclusivement; *prp gen* y compris; *bis* ~ jusque(s) et y compris; **E~ung** *f* enveloppement, cernement, investissement, blocus *m.*

ein=schlummern ⟨*aux: sein*⟩ *itr* s'assoupir; *(sterben)* s'éteindre.

Einschluß *m min* inclusion *f; mit* ~ *(gen)* y compris.

ein=schmeichel|n, *sich bei jdm* ~ se faire bien voir de qn, s'insinuer auprès de qn *od* dans les bonnes grâces de qn, attirer qn par des caresses; ~**nd** *a* insinuant, câlin; **E~ung** *f* insinuation, câlinerie *f.*

ein=schmelz|en *tr* refondre; **E~ung** *f* refonte *f;* **E~ungsprozeß** *m fig* acculturation *f.*

ein=schmieren *tr* enduire *(mit* de); *tech mot* graisser, lubrifier; *(mit Öl)* huiler; *(mit Salbe)* oindre, pommader; **E~** *n tech mot* graissage *m,* lubrification *f.*

ein=schmuggeln *tr* faire passer *od* introduire en contrebande *od* en fraude; *sich* ~ s'introduire furtivement.

ein=schnappen ⟨*aux: sein*⟩ *itr tech* se fermer (à ressort); *fig s. eingeschnappt.*

ein=schneiden *tr* inciser, taillader; *(einkerben)* entailler; *(Namen)* graver *(in* sur); *itr* couper; *(ins Fleisch)* entrer *(in* dans); ~**d** *a* incisif; *(Maßnahme)* radical, de rigueur.

Einschnitt *m* incision, taillade, (dé)coupure *(a. im Gelände); (Kerbe)* entaille, coche *f; fig (Wendepunkt)* tournant *m; (Vers)* césure *f.*

ein=schnür|en *tr* lacer, serrer; **E~ung** *f* compression *f;* étranglement *m, a. med.*

ein=schränk|en *tr* borner, limiter, restreindre; *sich* ~ se restreindre; *(in seinen Ausgaben)* réduire ses dépenses; ~end *a (Maßnahme)* restrictif, limitatif; **E~ung** *f* limitation, restriction; *(Herabsetzung)* réduction, mise en veilleuse; *(Vorbehalt)* réserve *f; mit, ohne* ~ sous, sans restriction; *mit der* ~, *daß* avec la restriction que; *mit gewissen* ~*en* avec certaines réserves.

ein=schrauben *tr* visser *(in* dans); *(Schraube)* faire entrer.

Einschreib|(e)brief *m,* ~**(e)sendung** *f* lettre *f,* envoi *m* recommandé(e); ~**(e)gebühr** *f (Post)* frais *m pl od* surtaxe *f* de recommandation; *pl allg* droit(s *pl) m* d'inscription *od* d'enregistrement; **ein=schreiben** *tr* inscrire *(in* dans); *(eintragen)* enregistrer; ~ *lassen (Brief)* recommander; *sich in ...* ~ s'inscrire dans ...; *sich an e-r Universität* ~ *lassen* s'inscrire, se faire immatriculer, prendre ses inscriptions *(in* à); ~**en** *n* enregistrement *m; (e-s Briefes)* recommandation *f; (Brief)* lettre *f* recommandée; *als* ~ en recommandé; ~*!* recommandé! *(auf Wertbrief)* chargé!

ein=schreiten ⟨*aux: sein*⟩ *itr* intervenir; prendre des mesures; *gegen jdn gerichtlich* ~ procéder contre qn, poursuivre qn en justice; *polizeilich* ~ *(lassen)* faire intervenir la police; **E~** *n* intervention; *jur* action *f* en justice.

ein=schrumpf|en ⟨*aux: sein*⟩ *itr* (se) rétrécir; *(u. faltig werden)* se ratatiner, se rider; **E~ung** *f* rétrécissement; ratatinement *m.*

Einschub *m* insertion *f.*

ein=schüchter|n *tr* intimider; **E~ung** *f* intimidation *f.*

ein=schul|en *tr* scolariser; mettre à l'école; **E~ung** *f* scolarisation *f.*

Einschuß *m* (~*stelle)* entrée *f* (d'une balle); *(Textil)* trame *f; com* versement *m* mise *f* (de fonds).

ein=schwärzen *tr typ* noircir.

ein=schweißen *tr (Ware)* emballer sous plastique; **E~folie** *f* emballage *m* plastique.

ein=schwenken *tr* ⟨*aux: haben*⟩ *tech* tourner, faire pivoter; *itr* ⟨*aux: sein*⟩ *mil mar* opérer *od* exécuter une conversion; *fig* changer d'avis, se conformer *(in* à).

ein=segn|en *tr* bénir, consacrer; donner la bénédiction à; *(Kind)* confirmer; *(Priester)* ordonner; **E~ung** *f* bénédiction, consécration; confirmation; ordination *f.*

ein=sehen *tr* regarder dans, jeter un coup d'œil dans *od* sur; *(prüfen)* examiner; *(Akten)* prendre connaissance de; *mil* avoir vue sur; *fig (begreifen)*

voir, comprendre, se rendre compte de; *(Fehler)* reconnaître; *etw nicht* ~ *wollen* fermer les yeux à qc, s'aveugler sur qc; *ein E~ haben* se rendre à la raison; *es ist leicht einzusehen* c'est facile à voir; *Sie sehen ja ein* je ne vous le fais pas dire.

ein=seifen *tr* savonner; *fig fam: jdn* ~ rouler qn, mettre qn dedans.

einseitig *a bes. scient jur* unilatéral; *(Schmerzen)* d'un seul côté; *(Ernährung)* mal équilibré; *(Mensch)* étroit, simpliste; trop spécialisé; *(parteiisch)* partial; *adv* d'un seul point de vue, avec étroitesse *od* partialité; **E~keit** *f* simplisme *m,* étroitesse; partialité *f.*

ein=send|en *tr* envoyer, expédier; *(e-r Zeitung)* communiquer; **E~er** *m* ⟨*-s, -*⟩ expéditeur; *(Zeitung)* correspondant *m;* **E~eschluß** *m* date *f* limite (d'envoi); **E~ung** *f* envoi *m,* expédition *f; (Zeitung)* communiqué *m; gegen* ~ *von* contre envoi de.

ein=senken *tr* enfoncer; *bot agr* marcotter, provigner.

ein=setz|en *tr* mettre, placer *(in* dans); *(Pflanze)* planter; *(Flicken)* mettre; *(Fensterscheibe, Stiftzahn)* poser; *(Edelstein)* sertir, enchâsser; *(Pfand)* mettre en jeu, miser; *(Anzeige)* insérer; *(errichten)* instituer, établir; *(Person)* installer, investir, affecter; *mil (Truppen)* engager, mettre en ligne, faire marcher; *(Hunde)* utiliser, faire appel à; *eingesetzt werden (mil)* entrer en action; *itr* commencer, s'ouvrir; *(Sache)* s'amorcer; *mus* attaquer, rentrer; *sich für etw* ~ s'employer à qc; *sich dafür* ~ payer de sa personne; *sich für jdn* ~ intervenir pour *od* en faveur de qn, être *od* se ranger du parti de qn, prendre fait et cause *od* la défense de qn; *alles* ~ *(Spiel)* jouer le tout; *in ein Amt* ~ installer dans une charge; *zur Arbeit* ~ affecter à des travaux; *zum Erben* ~ instituer héritier; *s-e Kraft* ~ employer *od* utiliser ses forces; *sein Leben* ~ risquer sa vie; *alle Mittel* ~ mettre tout en œuvre; *zum Richter* ~ constituer juge; *das kalte Wetter hat eingesetzt* le temps froid commence à s'installer; **E~ung** *f* mise; plantation *f;* sertissage, enchâssement *m;* insertion; institution *f,* établissement *m;* installation, investiture; *(zum Erben)* institution, nomination; *(zum Richter)* constitution *f.*

Einsicht *f.* ~**nahme** *f* révision, inspection *f,* examen *m,* examination; ~ *(Verständnis)* compréhension, intelligence *f,* entendement, discernement, jugement *m; zur* ~*(nahme)* à l'examen; *in etw* ~ *nehmen* prendre communication *od* connaissance de qc, prendre qc en communication, examiner qc; *zur* ~ *kommen, daß* se rendre compte que; *zur* ~ *kommen* se montrer (enfin) raisonnable; ~ *in die Bücher nehmen* consulter les livres *od* la comptabilité; ~*(nahme) in die Prozeßakten* communication *f* du procès; **e**~**ig** *a*, **e**~**svoll** *a* compréhensif, intelligent, judicieux; **e**~**s-los** *a* sans intelligence *od* compréhension.

ein≈sickern ⟨*aux: sein*⟩ *itr* s'infiltrer (*in* dans) *a. fig.*

Einsied|elei *f* ⟨-, -en⟩ [-'laɪ] ermitage *m;* ~**ler** *m* ermite, reclus, anachorète *m;* **e**~**lerisch** *a* érémitique, reclus, solitaire; ~**lerleben** *n: ein* ~ *führen* mener une vie érémitique.

einsilb|ig *a gram* monosyllab(iqu)e; *fig (schweigsam)* taciturne; **E**~**igkeit** *f* ⟨-, ø⟩ *gram* monosyllabisme *m; fig* taciturnité *f;* **E**~**(l)er** *m* ⟨-s, -⟩ *(Wort)* monosyllabe *m.*

ein≈sinken ⟨*aux: sein*⟩ *itr (Mensch, Sache)* (s')enfoncer; *(in den Sand)* s'enliser; *(Boden)* s'affaisser.

Einsitz|er *m* ⟨-s, -⟩ *aero* monoplace *m;* **e**~**ig** *a* à une place.

ein≈spannen *tr (Werkstück)* fixer, serrer; *tech* mettre en serrage; *(in e-n Rahmen)* tendre, mettre (*in* dans, sur); *(Pferd)* atteler, *a. fig fam (Menschen; in etw* à qc).

Einspänn|er *m* ⟨-s, -⟩ voiture *f od* attelage à un cheval, cabriolet; *fig fam (Sonderling)* solitaire, original *m;* **e**~**ig** *a* à un cheval.

ein≈spar|en *tr* économiser; **E**~**ung** *f* économie, compression *f.*

ein≈sperren *tr* enfermer; *(im Gefängnis)* mettre en prison, emprisonner, incarcérer, écrouer; *fam* coffrer.

ein≈spiel|en *tr sport* exercer, entraîner (à jouer); *sich* ~ *(sport)* s'exercer, s'entraîner (à jouer); *(Waage)* s'équilibrer, *(Wasserwaage, Kompaß)* se stabiliser; *gut eingespielt sein (Orchester, theat, Mannschaft)* être au point; **E**~**ergebnisse** *n pl film* recettes *f pl.*

ein≈spinnen, *sich (Seidenraupe)* se mettre en cocon; *fig (Mensch)* s'enfermer dans son cocon.

einsprachig *a* en une langue; *(Wörterbuch)* monolingue.

ein≈sprengen *tr (Wäsche)* humecter; *eingesprengt (pp geol)* disséminé (*in* dans).

ein≈springen ⟨*aux: sein*⟩ *itr: für jdn* ~ remplacer qn; ~**d** *a (Winkel)* rentrant.

Einspritz|düse *f tech* injecteur *m*, buse *f* d'injection, gicleur *m;* **ein=spritzen** *tr tech* injecter; *med* seringuer; ~**pumpe** *f tech* pompe *f* d'injection; ~**ung** *f tech* injection; *med* piqûre *f;* ~**vergaser** *m mot* carburateur *m* à giclage.

Einspruch *m* réclamation, objection, protestation, opposition *f,* recours *m;* ~ *erheben* émettre une protestation, faire opposition *(gegen* à), déposer une réclamation *(gegen* contre); ~**sfrist** *f* délai *m* d'opposition; ~**srecht** *n* droit *m* d'opposition *od* de veto.

einspurig *a* à une voie; *tech* monotrace.

einst [aɪnst] *adv (ehemals)* une fois, autrefois, (au temps) jadis; *(dereinst)* un jour, quelque jour; ~**ens** *adv vx poet* = ~ *(ehemals);* ~**ig** *a (ehemalig)* ancien, d'autrefois; *(künftig)* futur, à venir; ~**mals** *adv* = ~ *(ehemals);* ~**weilen** *adv* en attendant, entre-temps, d'ici là; provisoirement, par provision; ~**weilig** *a* provisoire, par provision, temporaire, intérimaire, *jur* provisionnel; ~**e** *Verfügung f* mesure *od* ordonnance *f* provisoire; *jur* ordonnance *f od* jugement *m* de référé.

ein≈stampf|en *tr (in ein Faß)* fouler, pilonner; *(Buch)* mettre au pilon; **E**~**ung** *f* foulage *m;* mise *f* au pilon.

Einstand *m (Tennis)* égalité *f; den* ~ *geben* payer sa bienvenue; *fam mil* arroser ses galons; *den* ~ *feiern* pendre la crémaillère; ~**spreis** *m* prix *m* coûtant.

ein≈steck|en *tr* mettre, fourrer dans sa poche; *(Geld)* empocher; *(Brief)* mettre à la boîte; *(el: Stecker)* ficher; *fam (einsperren)* coffrer, mettre au violon; *fig fam (*~ *müssen)* empocher, *(Schlag)* encaisser, *pop* trinquer, *(Beleidigung)* recevoir, avaler; *(Tadel, Vorwurf)* essuyer; **E**~**kamm** *m* peigne *m* de coiffure; **E**~**schloß** *n tech* serrure *f* à mortaise.

ein≈stehen ⟨*aux: sein*⟩ *itr: für jdn* ~ répondre de qn, prendre le fait de qn, se porter fort pour qn; *jur* se porter garant de *od* pour qn; *für e-e Tat* ~ assumer un acte, accepter les conséquences d'un acte; *dafür* ~ payer de sa personne.

Einsteig|ediebstahl *m* vol *m* à l'escalade *od* par escalade; ~**egriff** *m loc* main *f* courante *od* coulante; **ein= steigen** ⟨*aux: sein*⟩ *itr* monter (en voiture); *loc* monter dans le train; *fig fam* s'embarquer (*in* dans); *in ein Geschäft* ~ *(fam)* s'associer à une affaire; *in e-e Wohnung* ~ pénétrer par escalade dans un appartement; *(alles)* ~*! (loc)* en voiture (, S.V.P.)! ~**luke** *f mil (Panzer)* trou *m* d'homme; ~**schacht** *m tech* regard *m.*

einstell|bar *a tech* ajustable, réglable; **ein=stellen** *tr (Buch im Regal)* mettre en place; *(Pferdewagen)* remiser; *loc mot* garer; *(Arbeitskraft)* embaucher, engager; *tech* ajuster, régler; braquer *(a. Feuerwaffe); phot* mettre au point; *radio (Gerät)* régler, *(Sender)* prendre; *(Fernseher)* mettre *(auf* sur); *(aufhören mit)* cesser, arrêter; *(Zahlungen)* suspendre, arrêter, cesser; *(Betrieb)* suspendre; *jur (Prozeß, Verfahren)* arrêter, mettre hors de cour; *mil (Feuer, Kampf)* cesser; *sich* ~ *(kommen)* venir, arriver, apparaître; se montrer, se présenter; *(plötzlich)* survenir; *(Schmerz)* se faire sentir; *sich auf etw* ~ se préparer à qc; *(sich anpassen)* s'adapter à qc; *sich auf jdn* ~ se mettre à la portée *od* au diapason de qn; *die Arbeit* ~ *(streiken)* se mettre en grève; *er ist gegen mich eingestellt* je lui suis antipathique; *Feuer* ~*! (mil)* cessez le feu! **E~knopf** *m* bouton *m* d'ajustage *od* de mise au point; **E~marke** *f* repère *m* de réglage; **E~mikroskop** *n* microscope *m* de mise au point; **E~raum** *m mot* garage *m;* **E~scheibe** *f* cadran *m; phot* verre *m* dépoli; **E~schraube** *f* vis *f* de réglage *od* de calage; **E~skala** *f* échelle *f* de calage *od* de mise au point; *radio* cadran *m* des gammes d'ondes; **E~ung** *f (Aufbewahrung)* mise *f* en dépôt; *(von Arbeitern)* embauchage *m*, embauche *f, tech* ajustement, ajustage, réglage *m; phot* mise *f* au point; *radio* réglage, accord *m; (Zahlungen)* suspension; *(Arbeit)* cessation *f; (Betrieb, Verkehr, jur: Verfahren)* arrêt *m; mit (Feuer)* suspension, cessation *f, (Offensive)* arrêt *m; (innere* ~*)* manière de voir, attitude *f;* point de vue *(zu* sur); ~ *der Feindseligkeiten (mil)* cessation *f* des hostilités; ~ *des Verfahrens (jur)* abandon *m od* annulation de la poursuite *od* des pourparlers, déclaration *f* de non-lieu; **E~vorrichtung** *f radio* dispositif *m* de réglage.

einstellig *a math* d'un (seul) chiffre.
ein=stemmen *tr tech* mater.
Einsternmotor *m aero* moteur *m* à une seule étoile.
Einstich *m med* ponction, piqûre *f.*
ein=sticken *tr* broder *(in* sur).
Einstieg *m* entrée *f;* ~**klappe** *f aero* trappe *f.*

einstielig *a bot* unicaule.
ein=stimmen *itr mus u. fig* joindre sa voix *(in* à); *in ein Lied* ~ entonner une chanson; *in e-n Plan* ~ souscrire à un projet; *sich auf etw* ~ se préparer (psychologiquement) à qc; *alle stimmten ein (mus u. fig)* tous faisaient chorus.

einstimmig *a mus* à une (seule) voix; *fig* unanime; *adv* à l'unanimité *(parl* des voix), d'un commun accord, à l'unisson, unanimement; *nach* ~*em Urteil* de l'aveu de tout le monde; ~ *sagen* s'accorder à dire; ~ *gewählt werden (parl)* obtenir l'unanimité des suffrages, avoir toutes les voix; **E~keit** *f* ⟨-, ∅⟩ unanimité *f; falls keine* ~ *erzielt wird* à défaut d'accord unanime; *es herrscht* ~ il n'y a qu'une voix.
einstöckig *a* à un (seul) *od* d'un étage.
ein=stoßen *tr (Tür)* enfoncer, effondrer; *(Fensterscheibe)* casser.
Einstrahlung *f* ⟨-, (-en)⟩ *(der Sonne)* irradiation *f.*
ein=streichen *tr fam (Geld)* empocher.
ein=streuen *tr (Bemerkungen, Zitate)* insérer, semer *(in* dans).
ein=ström|en ⟨*aux: sein*⟩ *itr* affluer *a. fig,* se déverser, *(Luft)* arriver *(in* dans); **E~ung** *f tech* admission *f;* **E~ungsrohr** *n* tuyau *m* d'admission; **E~ventil** *n* soupape *f* d'admission.
ein=studier|en *tr theat (Stück)* mettre à l'étude, répéter, réaliser; *(Rolle)* étudier; *einstudiert werden (Stück)* être en répétition; **E~ung** *f theat* répétition, réalisation *f.*
ein=stuf|en *tr* classer, classifier *(in* dans); *(in e-e Steuerklasse)* coter; **E~ung** *f* classement *m*, classification; *(in e-e Steuerklasse)* cote *f;* **E~ungsprüfung** *f,* **E~ungstest** *m* test *m* de niveau.
einstufig *a tech* à un (seul) étage; *(Schule)* à classe unique.
einstündig *a* d'une heure.
ein=stürmen ⟨*aux: sein*⟩ *itr; auf jdn* ~ fondre sur qn; *(feindlich)* assaillir qn.
Einsturz *m* chute *f,* (é)croulement *m; geol* éboulement, effondrement *m;* ~**gefahr** *f* danger *m* d'écroulement; **ein=stürzen** ⟨*aux: sein*⟩ *itr* tomber en ruine, (s')écrouler, s'effondrer; *(Erdmassen)* (s')ébouler; *einzustürzen drohen* menacer ruine.
eintägig *a* d'un jour.
Eintags... *(in Zssgen) fig* éphémère *a;* ~**fliege** *f ent* éphémère *m.*
ein=tanzen *tr* s'exercer à danser.
Eintänzer *m* danseur *m* professionnel.
ein=tasten *tr inform (Daten)* taper.
ein=tauch|en *tr* ⟨*aux: haben*⟩ plonger,

tremper, immerger; *itr* ⟨*aux: sein*⟩ plonger, s'immerger; **E~tiefe** *f* profondeur *f* d'immersion.

ein=tauschen *tr* (é)changer, troquer (*gegen* contre); faire l'échange de.

ein=teil|en *tr* diviser (*in* en); *(in Grade)* graduer; *(in Klassen)* class(ifi)er; *(verteilen)* distribuer, partager, répartir; **E~ung** *f* division, graduation *f,* classement *m,* classification; distribution *f,* partage *m,* répartition *f.*

einteilig *a* d'une (seule) pièce, en une pièce; ~*e(r) Badeanzug m* maillot *m* une pièce.

eintönig *a* monotone, uniforme; **E~keit** *f* monotonie, uniformité *f.*

ein=tonnen *tr* mettre en baril.

Eintopf(gericht *n*) *m* plat *m* unique.

Eintracht *f* ⟨-, ∅⟩ concorde, harmonie *f,* accord *m;* **einträchtig** *a* uni, en harmonie; *adv* en bonne harmonie *od* intelligence.

Eintrag *m* = ~*ung; (Schaden): e-r S* ~ *tun* nuire à qc; **ein=tragen** *tr (in ein Buch, e-e Liste)* inscrire (*in* sur), enregistrer (*in* dans), porter, coucher (*in* sur); *jur* entériner; *(Gewinn)* rapporter, rendre, valoir; *sich* ~ *lassen* se faire inscrire; *eingetragene(r) Verein m* association *f* déclarée; ~**ung** *f* inscription *f,* enregistrement; *jur* entérinement *m; e-e* ~ *vornehmen* prendre une inscription; ~**ungsvermerk** *m* mention *f* d'enregistrement.

einträglich *a* profitable, lucratif, de bon rapport; ~ *sein* être en plein rapport, rendre bien; **E~keit** *f* productivité *f.*

ein=träufeln *tr* instiller.

ein=treffen ⟨*aux: sein*⟩ *itr (ankommen)* arriver; *(geschehen)* se produire, s'accomplir, se réaliser, s'avérer.

eintreib|bar *a* recouvrable, exigible; **E~barkeit** *f* exigibilité *f;* **ein=treiben** *tr (Herde)* ramener; *(Nagel, Hut)* enfoncer; *(Außenstände, Steuern)* faire rentrer, recouvrer; *nicht, schwer einzutreiben(d) (Schuld)* inexigible, d'une rentrée difficile; **E~ung** *f (von Geldern)* rentrée *f,* recouvrement *m.*

ein=treten *tr* ⟨*aux: haben*⟩ *(Tür)* enfoncer (d'un coup de pied); *itr* ⟨*aux: sein*⟩ entrer (*in* dans); *(in e-n Verein, e-e Partei)* adhérer (*in* à), entrer (*in* dans); *für jdn* ~ *(jdn vertreten)* remplacer qn; *(für jdn einstehen)* répondre de qn; *(jdn verteidigen)* défendre qn, prendre parti pour qn, être *od* se ranger du parti de qn, épouser la cause de qn, prendre fait et cause pour qn; *für etw* ~ défendre, préconiser

qc; *(geschehen)* arriver, avoir lieu, s'effectuer, se produire, se présenter, *(überraschend)* survenir; *sich etw (in den Fuß)* ~ s'enfoncer qc dans le pied; *in die Tagesordnung* ~ passer à l'ordre du jour; *in die Verhandlung* ~ entrer en matière; *zs. eingetreten sein* être de la même promotion; *eingetretene Schuhe m pl* chaussures éculées.

ein=trichtern *tr fig fam:* jdm *etw* ~ fourrer *od* enfoncer qc dans le crâne *od* dans la tête de qn, seriner qc à qn.

ein=trimmen *tr (Schiff)* équilibrer, donner l'assiette à.

Eintritt *m* entrée; *(in e-n Verein, e-e Partei)* entrée, admission, adhésion; *(e-s Ereignisses, Beginn)* arrivée *f; sich den* ~ *zu jdm erzwingen* forcer la porte de qn; *freien* ~ *haben* avoir ses entrées libres *od* son entrée (*in* dans); ~ *frei!* entrée gratuite! ~ *verboten!* entrée interdite! défense d'entrée! *freie(r)* ~ entrée *f* gratuite *od* libre; ~*(sgebühr f, -geld n od -preis m)* (droit, prix *m* d')entrée; cotisation *f* d'admission; ~**skarte** *f* (billet *m,* carte *f* d')entrée, carte *f* d'admission, ticket *m, theat* place *f; halbe* ~ demi-place *f.*

ein=trocknen ⟨*aux: sein*⟩ *itr* (se des-) sécher.

ein=trüb|en, *sich* s'assombrir, s'obscurcir; **E~ung** *f* assombrissement, obscurcissement *m.*

ein=tunken *tr* tremper (*in* dans); *(Brot) in die Soße* ~ saucer; **E~** *n* trempette *f.*

ein=üben *tr* étudier; *(Person)* exercer.

ein- und aus=gehen ⟨*aux: sein*⟩ *itr: bei jdm* ~ avoir ses entrées chez qn; *die Ein- und Ausgehenden* les entrants et les sortants *m pl;* **Ein--und Ausreise** *f* entrée et sortie *f.*

ein=verleib|en ⟨*hat einverleibt*⟩ *tr* incorporer (*in* dans, à), englober (*in* dans); *(Gebiet)* annexer (*in* à); *sich etw* ~ *(hum)* engloutir qc, *pop* s'envoyer qc; **E~ung** *f* incorporation; annexion *f.*

Einvernehmen *n* accord *m,* entente, intelligence, compréhension *f; im* ~ *mit* d'accord avec; *in gutem* ~ en bonne entente *od* intelligence *od* harmonie, en bons termes; *sich ins* ~ *setzen* se mettre d'accord, s'entendre *(mit jdm* avec qn), se donner le mot; *gute(s), schlechte(s)* ~ bonne, mauvaise entente *f.*

einver|standen *a:* ~ *sein* toper, en demeurer d'accord; *mit etw* approuver qc; *mit jdm* être d'accord avec qn; *ich bin damit* ~ j'en conviens, je n'y vois pas d'inconvénient; cela m'arrange tout à fait; ~! d'accord! entendu! tope (là)! (ça me) va! **E~ständnis** *n* ‹-sses, (-sse)› accord, consentement *m*, entente, intelligence; *(strafbares)* connivence, collusion *f; im ~ mit* en accord, de concert avec, *pej* de connivence avec; *in beider-, gegenseitigem ~* par consentement mutuel, d'un commun accord, de gré à gré; *in vollem ~* de plein gré.

ein=wachsen 1. ‹*ist eingewachsen*› *itr (Finger-, Fußnagel, Haar)* s'incarner.

ein=wachsen 2. ‹*hat eingewachst*› *tr (mit Wachs)* encaustiquer, cirer; *(Schi)* farter.

Einwand *m* ‹-(e)s, ∸e› objection, *jur* exception *f; e-n ~ erheben* faire *od* élever une objection; élever une contestation *(gegen* sur); *jur* invoquer *od* faire valoir une exception; **e~frei** *a* irréprochable, impeccable, irrécusable, exempt de tout reproche, sans (aucun) défaut.

Einwander|er *m* immigrant *m; (Eingewanderter)* immigré *m;* **ein=wandern** ‹*aux: sein*› *itr* immigrer; **~ung** *f* immigration *f.*

einwärts *adv* en dedans.

ein=weben *tr* tisser *(in* dans).

ein=wechs|eln *tr (Geld)* changer; **E~(e)lung** *f* change *m.*

ein=wecken *tr* mettre en conserves; *(Obst)* confire.

Einweg|flasche *f* bouteille non consignée, bouteille *f* non reprise; **~verpackung** *f* emballage *m* perdu.

Einweich|bottich *m* trempoire *f;* **ein= weichen** *tr* tremper; *(Wäsche)* tremper, essanger, prélaver; **E~en** *n* trempage, prélavage, essangeage *m.*

ein=weih|en *tr rel* consacrer, bénir; *(Gebäude, Denkmal)* inaugurer; *(Gebrauchsgegenstand)* étrenner; *jdn in etw ~* mettre qn au courant *od* au fait de qc; *eingeweiht sein* être au fait *od* dans le secret; *jdn in ein Geheimnis ~* initier qn à un secret; *ein Haus, e-e Wohnung ~* pendre la crémaillère; **E~ung** *f* ‹-, (-en)› *rel* consécration, bénédiction; *allg* inauguration; *(erster Gebrauch)* étrenne; *(in ein Geheimnis)* initiation *f (in* à); **E~ungsfeier** *f* cérémonie *f* inaugurale; **E~ungspredigt** *f* sermon *m* de consécration; **E~ungsrede** *f* discours *m* d'inauguration *od* inaugural.

ein=weis|en *tr* diriger, donner des directives *od* des instructions à, instruire; *(in ein Amt)* introduire, installer *(in* dans); *jdn in ein Krankenhaus ~* diriger qn sur un hôpital, hospitaliser qn; *mil* guider, jalonner; *jdn in den Besitz e-r S ~ (jur)* mettre qn en

possession de qc; **E~er** *m* ‹-s, -› *mil* jalonneur *m;* **E~ung** *f* direction, instruction; introduction, installation; *jur* mise *f* en possession; *mil* jalonnement; *aero* briefing *m; ~ in ein Krankenhaus* hospitalisation *f.*

ein=wend|en *tr* objecter, opposer *(gegen* à); *ich habe nichts dagegen einzuwenden* je n'ai rien à dire à cela *od* à l'encontre; *dagegen ist nichts einzuwenden* il n'y a pas d'objection à cela, il n'y a rien à dire à cela; **E~ung** *f* objection, opposition *(gegen* à); *jur* exception *f (gegen* à); *~en gegen etw erheben* faire *od* opposer des objections à qc, form(ul)er opposition contre qc.

ein=werfen *tr (Brief)* mettre (à la boîte), poster; *(Fenster)* casser *(mit ... à* coups de *...);* *sport (Ball)* (re-) mettre en jeu; *fig* objecter; *(ins Gespräch)* intervenir; glisser.

einwertig *a chem* univalent, monovalent.

ein=wickel|n *tr (einrollen)* enrouler; *com* mettre en papier, envelopper; *fig fam (betrügen)* embobiner, rouler; *sich ~ lassen (fig fam)* se laisser embobiner *(von* par); **E~papier** *n* papier *m* d'emballage.

ein=wiegen *tr* ‹*hat eingewogen*› peser et mettre *(in* dans); ‹*hat eingewiegt*› *(Kind)* bercer, endormir en berçant; *fig* bercer d'illusions.

ein=willig|en *itr* consentir, acquiescer *(in* à), agréer *(in etw* qc), donner son assentiment *(in* à), souscrire *(in* à); **E~ung** *f* consentement *m,* approbation *f,* acquiescement, agrément, assentiment *m,* permission *f.*

ein=wirk|en *itr* agir, influer, exercer une influence *(auf* sur); **E~ung** *f* action, influence *f (auf* sur).

Einwohner|(in *f)* *m* ‹-s, -› habitant, e *m f;* **~meldeamt** *n* bureau *m* d'inscription; **~schaft** *f* ‹-, (-en)› habitants *m pl,* population *f;* **~zahl** *f* nombre *m* d'habitants.

Einwurf *m sport* (re)mise en jeu; *(Fußball)* touche; *(für Briefe)* ouverture; *(für Münzen)* fente; *fig* objection, remarque, observation *f.*

Einzahl *f gram* singulier *m.*

ein=zahl|en *tr* payer, verser; *(Aktie)* libérer; **E~er** *m* payeur, déposant *m;* **E~ung** *f* paiement, versement *m;* **E~ungsschein** *m* feuille *f od* bordereau *od* bulletin *m* de versement.

ein=zäun|en *tr* enclore, entourer d'une clôture *od* haie; **E~ung** *f* clôture, haie *f.*

ein=zeichn|en *tr* dessiner *(in* dans); *(in e-e Karte)* reporter *(in* sur); *(ein-*

schreiben) inscrire *(in* dans); *sich* ~ s'inscrire; **E~ung** *f (Karte)* report *m (in* sur); *(Einschreibung)* inscription; *(auf e-e Anleihe)* souscription *f.*
einzeilig *a* d'une ligne.
Einzel *n* ⟨-s, -⟩ ['aɪntsəl] *(Tennis)* simple *m;* ~**abteil** *n loc* compartiment *m* particulier; ~**abwurf** *m aero mil* bombardement *m* coup par coup; ~**(an)fertigung** *f* fabrication *f* individuelle *od* par pièces *od* hors série; ~**antrieb** *m mot* commande *f* individuelle *od* séparée; ~**arrest** *m mil* salle *f* de police; ~**aufhängung** *f mot* suspension *f* indépendante; ~**aufstellung** *f (schriftlich)* état *m* détaillé, spécification *f;* ~**ausbildung** *f* instruction individuelle; *mil* école *f* du soldat; ~**ausgabe** *f (Buch)* édition *f* séparée; ~**band** *m (Buch)* livre *m* dépareillé; ~**betrag** *m* montant *m* particulier; ~**bewertung** *f* évaluation *f* individuelle; ~**fall** *m* cas *m* isolé *od* d'espèce; ~**feuer** *n mil* tir *m* individuel *od* coup par coup; ~**firma** *f* raison *f* individuelle; établissement *m* en nom personnel; ~**gänger** *m* ⟨-s, -⟩ *zoo u. fig* solitaire *m;* ~**garage** *f* box *m* (individuel); ~**haft** *f* emprisonnement *m od* détention *f od* isolement *m;* *in* ~ *halten* détenir isolément; ~**handel** *m* commerce de détail, petit commerce *m;* ~**handelsgeschäft** *n* magasin *m* de détail *od* détaillant; ~**handelspreis** *m* prix *m* de détail; ~**händler** *m* (marchand) détaillant, marchand *od* commerçant *m* en détail; ~**heit** *f* détail *m,* particularité *f; in allen* ~*en (a.)* point par point; *bis in die kleinsten* ~*en* jusque dans les moindres détails; *sich mit* ~*en aufhalten* s'attarder aux détails; *(nicht) auf* ~*en eingehen* (ne pas) entrer dans les détails; *in die* ~*en gehen* descendre dans le détail; ~**kampf** *m* combat *m* individuel; ~**kunde** *m* client *m* privé; ~**leistung** *f* puissance *od sport* performance *f* individuelle; ~**nummer** *f (Zeitung)* numéro *m* isolé; ~**person** *f* individu *m;* ~**preis** *m* prix unitaire; *(Zeitung)* prix *m* de vente au numéro; ~**prokura** *f com* procuration *f* individuelle; ~**radaufhängung** *f mot* suspension *f* indépendante pour chaque roue; ~**reisen** *f pl* tourisme *m* individuel; ~**richter** *m* juge *m* unique; ~**schütze** *m mil* combattant *m* individuel; ~**stück** *n* exemplaire *m* isolé *od* dépareillé; ~**teil** *n* pièce *f* détachée; ~**unterricht** *m* enseignement *m* individuel; ~**verkauf** *m (Zeitung)* vente *f* au numéro; ~**wesen** *n* individu *m;*

~**wurf** *m (Bomben)* bombardement *m* coup par coup; ~**zelle** *f (Badekabine)* cabine particulière; *(im Gefängnis)* cellule *f* isolée; ~**ziel** *n m* objectif *m* isolé; ~**zimmer** *n (im Hotel)* chambre *f* à un lit.
einzellig *a biol* unicellulaire.
einzelne(r, s) ['aɪntsəln-] *a (alleinig)* seul, unique; *(Sonder-)* individuel, particulier; *(abgetrennt)* séparé, détaché, isolé; *(paariger Gegenstand)* dépareillé; *einzeln (adv)* individuellement; en particulier, séparément, isolément, un(e) à un(e); *der einzelne* l'individu *m; im einzelnen* en détail; *einzeln angeben* particulariser; *einzeln aufführen* spécifier; *ins einzelne gehen* entrer dans les détails; *ich führe im einzelnen an* je m'explique; *jeder einzelne* chacun en particulier; *die einzelnen Umstände* les détails.
einzieh|bar *a (Kralle)* rétractile; *(Füllfeder etc)* rentrant, rétractable; *aero (Fahrgestell)* relevable, escamotable; *(Geld)* recouvrable; ~**e(r)** *Antennenmast m* mât *m* d'antenne télescopique; **ein=ziehen** *tr* ⟨*aux: haben*⟩ *(Faden, Band)* faire entrer, introduire *(in* dans); *(Krallen)* rentrer; *(Schultern)* effacer; *(Bauch)* rentrer; *mil (Vorposten)* replier; *(Segel, Flagge)* amener; *aero (Fahrgestell)* escamoter; *(Antenne)* rentrer; *(Luft, Duft)* aspirer, inhaler; *(Flüssigkeit)* absorber; *(Gelder, Wechsel)* encaisser; *(Außenstände, Beiträge)* recouvrer; *(Steuer)* percevoir; *(Geldsorte aus dem Umlauf)* retirer de la circulation; *(beschlagnahmen)* confisquer, saisir; *mil (Rekruten)* appeler (sous les drapeaux), mobiliser, incorporer; *itr* ⟨*aux: sein*⟩ *(s-n Einzug halten)* entrer, faire son entrée *(in* dans); *(in e-e Wohnung)* emménager; *bei jdm* ~ aller loger chez qn; *(Flüssigkeit)* s'infiltrer *(in* dans), être absorbé *(in* par); *Erkundigungen* ~ prendre des renseignements; *den Schwanz* ~ *(fig fam)* filer doux, *pop* s'écraser; **E~ung** *f aero (des Fahrgestells)* escamotage; *(von Geld)* encaissement; *(von Außenständen)* recouvrement *m,* rentrée; *(von Steuern)* perception; *(Beschlagnahme)* confiscation *f; (e-r Geldsorte)* retrait; *mil* appel *m* (sous les drapeaux) mobilisation, incorporation *f;* **E~ungsauftrag** *m fin* demande *f* de prélèvement automatique; **E~vorrichtung** *f aero* dispositif *m* à éclipse.
einzig ['aɪntsɪç] *a* seul, unique; *pred fam* extraordinaire; *adv (nur in*

Wendungen): ~ *und allein* pur et simple, uniquement; ~ *dastehen* être unique dans son genre; ~ *schön* d'une beauté unique; ~**artig** *a* unique (dans son genre), sans pareil, hors ligne, extraordinaire.

Einzimmerwohnung *f* appartement *m* d'une pièce, studio *m*.

ein=zuckern *tr (mit Zucker überstreuen)* saupoudrer de sucre; *(einmachen)* confire.

Einzug *m (in e-e Stadt)* entrée *f, a. mil; (in e-e Wohnung)* emménagement; *(von Geld)* encaissement, recouvrement *m; (von Steuern)* perception *f; s-n* ~ *halten* faire son entrée; *fig* faire irruption *(in* dans); ~**sermächtigung** *f fin* autorisation *f* de prélèvement automatique; ~**sessen** *n* pendaison *f* de crémaillère; ~**sfest** *n* entrée *f* solennelle; ~**sgebiet** *n* secteur *m od* circonscription *f* de perception.

ein=zwängen *tr* forcer à entrer, serrer, comprimer *(in* dans).

Einzweck ... *(in Zssgen) tech* à une seule fin.

Einzylindermotor *m* moteur *m* monocylindrique.

Eis *n* ⟨-es, ø⟩ [aɪs] *(a. Speise~)* glace *f; das* ~ *brechen (a. fig)* rompre la glace; *das* ~ *zum Schmelzen bringen* fondre la glace; ~ *führen (Fluß)* charrier de la glace; *jdn aufs* ~ *führen (fig)* tendre un piège à qn; *auf* ~ *legen* mettre à la glace; *fig (zurückstellen)* remettre à plus tard; *sich aufs* ~ *wagen (fig)* s'aventurer sur un chemin *od* terrain glissant; *gemischte(s)* ~ glace *f* panachée; *e-e Portion* ~ une glace; *im* ~ *eingeschlossen* bloqué par les glaces; ~ *am Stiel* bâton(net) glacé, esquimau *m* (glacé); ~**satz** *m aero* dépôt *m* de givre; ~**bahn** *f* patinoire *f;* ~**baiser** *n* ⟨-s, -s⟩ meringue *f* glacée; ~**bank** *f* banc *m* de glace; ~**bär** *m* ours *m* blanc; **e~bedeckt** *a* couvert de glace; ~**bein** *n (Küche)* jambonneau, jarret *m* de porc; ~*e haben (fig)* avoir les pieds gelés *od* glacés; ~**berg** *m* iceberg *m,* montagne *f* de glace; ~**beutel** *m med* vessie *f* à *od* de glace; ~**bildung** *f* formation *f* de glace; *aero* givrage *m;* ~**blumen** *f pl (am Fenster)* fleurs *f pl* de givre; ~**bombe** *f (Küche)* bombe *f* glacée; ~**bonbon** *m od n* glaçon *m;* ~**brecher** *m* mar brise-glace *m; (Brücke)* éperon, avant-bec *m;* ~**decke** *f* couche *f* de glace; ~**diele** *f* (café) glacier *m;* ~**fabrik** *f* fabrique *f* de glace, glacerie *f;* ~**fabrikation** *f* fabrication *f* de gla-

ce; ~**feld** *n* champ *od* banc *m* de glace; **e~frei** *a* débarrassé des glaces; ~**gang** *m* débâcle *f;* **e~gekühlt** *a* glacé, *(Wein)* frappé; ~**glas** *n* verre *m* craquelé *od* dépoli; **e~grau** *a* blanchi par l'âge, chenu; ~**händler** *m* marchand *m* de glace; *(~konditor)* glacier *m;* ~**heiligen** *m pl, die* les saints *m pl* de glace; ~**hockey** *n* hockey *m* sur glace; ~**hockeyscheibe** *f* palet, puck *m;* **e~ig** *a a. fig, e~(ig)kalt** *a* glacé *a. fig; fig* glacial, glaçant, de glace; *(Empfang)* glacé; ~**jacht** *f* ice-boat *m;* ~**kaffee** *m* café *m* glacé *od* liégeois; ~**kappe** *f: polare* ~ *(geog)* calotte *f* glaciaire; ~**kasten** *m* glacière *f;* ~**kegeln** *n* curling *m;* ~**keller** *m a. fig fam* glacière *f;* ~**konditor** *m* glacier *m;* ~**krem** *f* crème *f* glacée, ice-cream *m;* ~**(kunst)lauf** *m* patinage *m* (artistique); sports *m pl* de glace; **eis=laufen** ⟨*aux: sein*⟩ *itr* patiner; ~**läufer** *m* patineur *m;* ~**laufmeisterschaft** *f* championnat *m* de patinage; ~**maschine** *f* machine à glace, glacière, sorbetière *f;* ~**meer** *n* mer *f* de glace; *das Nördliche, Südliche* ~ l'océan *m* Glacial Arctique, Antarctique; ~**nadel** *f* aiguille *f* de glace; ~**pickel** *m (Bergsport)* piolet *m;* ~**punkt** *m = Gefrierpunkt;* ~**regen** *m* pluie *f* verglaçante; ~**schicht** *f* couche de glace; ~**schnellauf** *m* patinage *m* de vitesse; ~**scholle** *f* glaçon *m;* ~**schrank** *m* réfrigérateur, frigidaire *(Warenzeichen), fam* frigo *m; (früher)* glacière *f;* ~**segelboot** *n* yacht à patins, ice-boat *m;* ~**segeln** *n* yachting *m* sur glace; ~**sport** *m* patinage *m;* ~**stadion** *n* patinoire *f;* ~**tag** *m* mete jour *m* de gel; ~**vogel** *m orn* alcyon, martin-pêcheur *m;* ~**wasser** *n* eau *f* glacée; ~**würfel** *m (für Getränke)* cube de glace, glaçon *m;* ~**zapfen** *m* glaçon *m;* ~**zeit** *f* période *od* époque *f* glaciaire; **e~zeitlich** *a* glaciaire.

Eisen *n* ⟨-s, -⟩ ['aɪzən] fer *m (a. als Werkzeug); aus* ~ *(a. fig)* de fer; *in* ~ *(gekettet)* dans les fers; *heißes* ~ *anfassen (fig)* marcher sur des charbons ardents; *mehrere, zwei* ~ *im Feuer haben (fig)* avoir plusieurs *od* plus d'une, deux corde(s) à son arc; manger à plusieurs, deux râteliers; n'avoir pas tous ses œufs dans le même panier; *zum alten* ~ *gehören (fig fam) (Mensch)* être mûr pour la retraite; *(Sache)* bon pour la casse; *zum alten* ~ *werfen (fig fam)* mettre *od* jeter aux oubliettes, mettre au rancart; *man muß das* ~ *schmieden,* *solange es heiß ist (prov)* il faut battre le fer pendant qu'il est chaud; *heiße(s)* ~ *(fig)* terrain *m* brûlant; *weiche(s)* ~ fer *m* doux; **~abfälle** *m pl* débris *od* déchets *m pl* de fer, ferraille *f;* **e~arm** *a* pauvre en fer; **~band** *n* ruban *m* en fer; **~bergwerk** *n* mine *f* de fer; **~beschlag** *m* garniture de fer, ferrure *f;* **e~beschlagen** *a* armé de fer; **~beton** *m* béton *od* ciment *m* armé; **~betonträger** *m* poutre *f* en béton armé; **~bett(stelle** *f)* *n* lit *m* de fer; **~blech** *n* tôle *f* (de fer), fer battu, fer-blanc *m;* **~brücke** *f* pont *m* en fer (et en acier) *od* métallique; **~draht** *m* fil *m* de fer; **~erz** *n* minerai *m* de fer; **~erzflöz** *n* veine *f* de minerai *n* de fer; **~erzgrube** *f* mine *f* de fer; **~erzlager** *n* gisement *m* de minerai de fer; **~feilicht** *n*, **~feilspäne** *m pl* limaille *f* de fer; **~fresser** *m* ‹-s, -› *fig* fanfaron, bravache *m;* **~gehalt** *m* teneur *f* en fer; **~gewinnung** *f* extraction *f* du fer; **~gießer** *m* fondeur *m* de fer; **~gießerei** *f* fonderie *f* (en fer de fonte); **~gitter** *n* grille *f* en fer; **~gittermast** *m* pylône *m* en treillis; **~grube** *f* mine *f* de fer; **~guß** *m* fonte (de fer); *(Werkstück)* pièce *f* de fonte; **e~haltig** *a* ferrugineux; **~handel** *m* commerce *m* de fer; **~händler** *m* quincaillier, ferronnier *m;* **~handlung** *f* quincaillerie *f;* **e~hart** *a* dur comme le fer; **~hut** *m* *bot* aconit *m;* **~hüttenindustrie** *f* industrie *f* sidérurgique; **~hüttenwerk** *n* usine *f od* établissements *m pl* sidérurgique(s); **~industrie** *f* industrie du fer *od* sidérurgique, sidérurgie, métallurgie *f* de fer; **~klammer** *f* *tech* bride *f;* **~konstruktion** *f* construction en fer, charpente *f* métallique; **~oxyd,** *scient* **~oxid** *n* oxyde *m* de fer; **~platte** *f* plaque *f* de fer; **~rohr** *n* tuyau *m* de fer; **~rost** *m* *(Gitter)* grille *f* en fer; **~schlacke** *f* laitier *m* de fer; **~schwamm** *m* éponge *f* de fer; **~späne** *m pl* copeaux *m pl* de fer; **~spat** *m geol* sidérose *f;* **~stange** *f* barre *f* de fer; **~träger** *m* poutre en fer; **e~verarbeitend** *a* sidérurgique; **~e** *Industrie f* industrie *f* travaillant le fer; **~vitriol** *n* vitriol *m* vert; **~walzwerk** *n* laminoir *m* à fer, tôlerie *f;* **~waren** *f pl* quincaillerie *f;* **~zeit** *f* âge *m* de *od* du fer.

Eisenbahn *f* ['aizən-] chemin *m* de fer; *(in bestimmten Zssgen)* voie *f* ferrée, rail *m; mit der* ~ *fahren* aller en chemin de fer, prendre le chemin de fer; *es ist höchste* ~ *(fig fam)* il n'y a plus une minute à perdre; **~abteil** *n* compartiment *m;* **~anlagen** *f pl* installations *f pl* ferroviaires; **~arbeiter** *m* homme *m* d'équipe; **~ausbesserungswerk** *n* atelier *m* de chemin de fer; **~bau** *m* construction *f* du *od* des chemin(s) de fer; **~beamte(r)** *m* employé *m* de chemin de fer; **~betrieb** *m* service *m* des chemins de fer; exploitation *f* ferroviaire; **~betriebsmaterial** *n* matériel *m* roulant d'exploitation ferroviaire; **~brücke** *f* pont *m* de chemin de fer; **~damm** *m* remblai *m* de chemin de fer; **~direktion** *f* direction *f* des chemins de fer; **~er** *m* ‹-s, -› cheminot *m;* **~ergewerkschaft** *f* syndicat *m* des cheminots; **~erstreik** *m* grève *f* des cheminots *od* du rail; **~fähre** *f* ferry-boat *m;* **~(fahr)karte** *f* billet *m* de chemin de fer; **~fahrplan** *m* indicateur *od* horaire *m* (des chemins de fer); **~fahrt** *f* voyage *m* en chemin de fer; **~gesellschaft** *f* compagnie *f* des chemins de fer *od* ferroviaire; **~ingenieur** *m* ingénieur *m* des chemins de fer; **~inspektor** *m* inspecteur *m* des chemins de fer; **~knotenpunkt** *m* nœud *m* ferroviaire; **~kontrollpunkt** *m* point *m* de contrôle ferroviaire; **~kreuzung** *f* intersection *f* de voies; **~linie** *f* ligne *f* de chemin de fer *od* ferroviaire; **~netz** *n* réseau *m* (de voies) ferré(es) *od* ferroviaire; **~reisende(r)** *m* voyageur *m* en chemin de fer; **~schaffner** *m* contrôleur *m;* **~schiene** *f* rail *m;* **~schranke** *f* barrière *f* de chemin de fer; **~schwelle** *f* traverse *f* de chemin de fer; **~strecke** *f* ligne *f* section *f* de chemin de fer; **~tarif** *m* tarif *m* de chemin de fer *od* ferroviaire; **~transport** *m* transport *od* *mil* mouvement *m* par voie ferrée; **~tunnel** *m* tunnel *m* de chemin de fer; **~überführung** *f* passage *m* supérieur de chemin de fer; **~unglück** *n* accident *m* de chemin de fer, catastrophe *f* ferroviaire; **~unterführung** *f* (passage) souterrain *m* (de chemin de fer); **~verbindung** *f* communication *od* liaison *f* ferroviaire; **~verkehr** *m* circulation *f od* trafic *m* ferroviaire; **~verkehrsordnung** *f* règlement *m* d'exploitation des chemins de fer; **~verwaltung** *f* administration *f* des chemins de fer; **~wagen** *m* wagon *m,* voiture *f* (de chemin de fer); **~zug** *m* train, convoi *m.*

eisern ['aizərn] *a* de fer *a. fig,* en fer; *fig a.* d'airain, de bronze; **~e(r)** *Bestand m* fonds de réserve, stock *m* permanent; **~e(r)** *Fleiß m* zèle *m* infatigable; ~*e Gesundheit f* santé *f* de fer; *E~e(s) Kreuz n* croix *f* de fer; ~*e Lunge f (med)* poumon *m* d'acier; *mit* ~*er Stirn lügen* mentir avec aplomb; ~*e Ration f mil* vivres *m pl* de réserve; *das E~e Tor (geog)* les Portes *f pl* de Fer; ~*e(r) Vorhang (theat)* rideau *m* de fer; *E~e(r) Vorhang (pol)* rideau *m* de fer; ~*e(r) Wille m* volonté *f* de fer.

eitel ['aɪtəl] *a (eingebildet)* vain, vaniteux, frivole, suffisant, présomptueux; *(putz-, gefallsüchtig)* coquet; *(nichtig)* vain, futile; *(rein)* pur; ~ *sein auf* tirer vanité de; ~ *Gold (poet)* or *m* pur; ~ *Sonnenschein m (fig)* joie *f* pure; **E~keit** *f* vanité, présomption, suffisance; coquetterie; *(Nichtigkeit)* vanité, futilité *f.*

Eiter *m* ⟨-s, ø⟩ ['aɪtər] pus *m,* matière *f* purulente; ~**ansammlung** *f* empyème *m;* ~**beule** *f* abcès *m;* ~**herd** *m* foyer *m* purulent; **e~ig** *a* purulent, suppurant; ~**kanal** *m* canal *m* purulent; **e~n** *itr* suppurer, former du pus; ~**pfropf** *m* bourbillon *m;* ~**ung** *f* suppuration *f;* **eitrig** = *e~ig.*

Ekel 1. *m* ⟨-s, ø⟩ ['eːkəl] *(Übelkeit)* nausée *f,* écœurement *a. fig; pop* mal au cœur; *fig* dégoût *m (vor* de), aversion *(vor* pour), répugnance *f;* ~ *vor etw bekommen* prendre en dégoût; ~ *erregen* soulever le cœur; *fig* inspirer du dégoût *(jds* à qn); dégoûter *(jds* qn); ~ *vor etw haben* avoir du dégoût pour qc; **e~erregend** *a,* **e~haft** *a,* **e~ig** *a,* **eklig** *a* nauséabond, écœurant, dégoûtant, répugnant, rebutant, *vulg* dégueulasse; **e~n** *tr od itr, impers: mich od mir ekelt (es) davor* cela me donne des nausées *od* me soulève le cœur *od* me dégoûte; *sich vor etw* ~ être dégoûté de qc, avoir le dégoût de qc.

Ekel 2. *n* ⟨-s, -⟩ répugnant personnage; *pop* affreux *m.*

eklatant *a* [ekla'tant] flagrant; *(Fall)* spectaculaire.

Eklektizismus *m* ⟨-, ø⟩ [eklɛkti'tsɪsmʊs] éclectisme *m.*

Ekstase *f* ⟨-, -n⟩ [ɛk'staːzə] extase *f; in* ~ *geraten* tomber en extase, s'extasier; *sich in* ~ *reden (fam)* monter sur ses échasses *od* ses ergots; **e~tisch** *a* [ɛk'staːtɪʃ] extatique.

Ekzem *n* ⟨-s, -e⟩ [ɛk'tseːm] *med* eczéma *m.*

Elan *m* ⟨-s, ø⟩ [e'lã:] = *Schwung.*

elastisch [e'lastɪʃ] *a* élastique, flexible *a. fig;* **E~izität** *f* ⟨-, ø⟩ [-itsi'tɛːt] élasticité, flexibilité *f,* ressort *m, a. fig.*

Elba *n* ['ɛlba] *geog* l'île *f* d'Elbe.

Elch *m* ⟨-(e)s, -e⟩ [ɛlç] *zoo* élan *m.*

Elefant *m* ⟨-en, -en⟩ [ele'fant] éléphant *m;* ~ *im Porzellanladen (fam)* balourd *m,* lourdaud *f; sich wie ein* ~ *im Porzellanladen benehmen* être comme un chien dans un jeu de quilles; *aus e-r Mücke e-n* ~*en machen (fam)* en faire une montagne; ~**enführer** *m* cornac *m;* ~**enküken** *n fam* dondon *f;* ~**enrüssel** *m* trompe *f* d'éléphant; ~**enzahn** *m* dent *od* défense *f* d'éléphant; ~**iasis** *f* ⟨-, -asen⟩ [-'tiːazɪs, -'tiːaːzən] *med* éléphantiasis *f.*

elegant [ele'gant] *a* élégant, *fam* chic, chouette; *die* ~ *Welt* le beau monde; **E~z** *f* ⟨-, ø⟩ [-'gants] élégance *f, fam* chic *m.*

Elegie *f* ⟨-, -n⟩ [ele'giː, -'iːən] élégie *f;* **e~isch** [e'leːgɪʃ] *a* élégiaque; *allg* mélancolique.

elektrifizieren [elɛktrifi'tsiːrən] *tr* électrifier; **E~ung** *f* électrification *f.*

Elektriker *m* ⟨-s, -⟩ [e'lɛktrɪkər] électricien *m.*

elektrisch [e'lɛktrɪʃ] *a* électrique; *adv:* ~ *beleuchten, betreiben* éclairer, actionner à l'électricité; ~ *betätigen, verstellen* commander, régler par électricité; ~ *hinrichten* électrocuter; ~ *vervielfältigen* polycopier électriquement; *negativ, positiv* ~ électronégatif, électropositif; ~*e Anlage f* installation *f od* équipement *m* électrique; ~*e(r) Antrieb m* actionnement *m* électromoteur; ~*e Beleuchtung f* éclairage *m* électrique *od* à l'électricité; ~*e Heizung f* chauffage *m* électrique; ~*e Kraftübertragung f* transmission *f* de puissance électrique; ~*e Ladung f* charge *f* électrique; ~*e(s) Licht n* lumière *f* électrique; ~*e(r) Strom m* courant *m* électrique; ~*e(r) Stromkreis m* circuit *m* électrique; ~*e Zelle f (e-s Akku)* élément *m* électrique; ~*e Zündung f (mot)* allumage *m* électrique; **E~e** *f* ⟨-n, -n⟩ *fam (Straßenbahn)* tram (-way) *m.*

elektrisierbar [elɛktri'ziːr-] *a* électrisable; ~**en** *tr* électriser *a. fig;* **E~maschine** *f* machine *f* électrique (de Wimshurst); **E~ung** *f* électrisation *f.*

Elektrizität *f* ⟨-, (-en)⟩ électricité *f; atmosphärische, magnetische, negative, positive, statische, strahlende, tierische* ~ électricité *f* atmosphérique, magnétique, négative, positive, statique, rayonnante, animale; *galvanische* ~ galvanisme *m;* ~**sgesellschaft** *f* compagnie *f* d'électricité; ~**slehre** *f* enseignement *m* de l'électricité; ~**smenge** *f* quantité *f* d'électricité; ~**smesser** *m* ⟨-s, -⟩ *(Gerät)* électromètre *m;* ~**smessung** *f* élec-

trométrie *f;* ~**squelle** *f* source *f*
d'électricité; ~**sversorgung** *f* alimentation *f* en courant électrique;
~**swerk** *n* centrale *od* station *od*
usine *f* électrique.

Elektro|auto *n* [e'lɛktro-] véhicule *m* à
propulsion électrique, voiture *f* électrique; ~**chemie** *f* électrochimie *f;*
e~chemisch *a* électrochimique;
~**diagnose** *f med* électrodiagnostic
m; ~**dynamik** *f* électrodynamique *f;*
e~dynamisch *a* électrodynamique;
~**dynamometer** *n* électrodynamo-
mètre *m;* **e~galvanisch** *a* électro-
galvanique; ~**gerät** *n* appareil *m*
électrique *od* électroménager;
~**(hänge)bahn** *f* voie *f* suspendue
électrique; ~**herd** *m* cuisinière *f* électrique; ~**induktion** *f* induction *f*
électrique; ~**industrie** *f* industrie *f*
électrique; ~**ingenieur** *m* ingénieur
m électricien; ~**kalorimeter** *n* élec-
trocalorimètre *m;* ~**kardiogramm** *n*
(EKG) med électrocardiogramme *m;*
~**kardiograph** *m med* électrocardio-
graphe *m;* ~**karren** *m* chariot *od*
véhicule *m* électrique (de quai); ~**lyse** *f* ‹-, -n› [-'ly:zə] électrolyse *f;* ~**lyt**
m ‹-en/-s, -e/-en› [-'ly:t] électrolyte
m; ~**lytgleichrichter** *m* redresseur
m électrolytique; **e~lytisch** [-'ly:tɪʃ]
a électrolytique; ~**lytkupfer** *n* cuivre *m* électrolytique; ~**magnet** *m*
électro-aimant *m;* **e~magnetisch** *a*
électromagnétique, hertzien; ~*e Wellen* *f pl* ondes *f pl* hertziennes *od*
électromagnétiques; ~**magnetismus** *m* électromagnétisme *m;*
~**mechanik** *f* électromécanique *f;*
~**mechaniker** *m* électricien *m;* **e~-
mechanisch** *a* électromécanique;
~**metallurgie** *f* électrométallurgie *f;*
~**meter** *n* électromètre *m;* ~**mobil** *n*
électromobile *f;* ~**monteur** *m* monteur *od* ouvrier *m* électricien; ~**motor** *m* moteur électrique, électromoteur *m;* **e~motorisch** *a* électromoteur; ~ *angetrieben* commandé par
moteur électrique; ~*e Kraft f* force *f*
électromotrice; ~**ofen** *m* four *m*
électrique; ~**plastik** *f* galvanoplastie
f; ~**schock** *m med* électrochoc *m;*
~**schocktherapie** *f med* traitement
m par électrochocs; ~**schweißung** *f*
soudure *f* électrique; ~**skop** *n* ‹-s, -e›
[-'sko:p] électroscope *m;* ~**stahl** *m*
acier *m* électrique; ~**statik** *f* électro-
statique *f;* **e~statisch** *a* électrostati-
que; ~**technik** *f* électrotechnique *f;*
~**techniker** *m* *(Ingenieur)*
ingénieur-électricien; *(Handwerker)*
électricien *m;* **e~technisch** *a* électrotechnique; ~**therapie** *f med* élec-

trothérapie *f;* **e~therapeutisch** *a*
électrothérap(eut)ique; **e~thermisch**
a électrothermique; ~**tomie** *f* ‹-, -n›
[-to'mi:] *med* électrotomie *f;* ~**typie**
f électrotypie *f;* ~**werkzeug** *n* outil
m électrique; *pl* outillage *m* électrique; ~**zaun** *m* treillis *m* à courant
électrique.

Elektrode *f* ‹-, -n› [elɛk'tro:də] électrode *f;* ~**nabstand** *m* écartement *m*
des électrodes.

Elektron *n* ‹-s, -en› ['e:lɛktrɔn, (elɛk-
'tro:n), -'tro:nən] **1.** *phys (Elementarteilchen)* électron *m; freie(s), kreis-
sende(s), langsame(s), schnelle(s)* ~
électron *m* libre, orbital, lent, rapide;
2. *n* ‹-s, ø› [e'lɛktrɔn] *Legierung* alliage *m* électron.

Elektronen... [elɛk'tro:nən-] électronique *a;* ~**bahn** *f* trajectoire *f* électronique; ~**beschießung** *f* bombardement *m* électronique; ~**bild** *n* image *f* électronique; ~**bildwerfer** *m*
projecteur *m* d'images électroniques;
~**blitz** *m* *phot* flash *m* électronique;
~**bündel** *n* faisceau *m* électronique
od cathodique; ~**emission** *f* émission *f* électronique; ~**entladung** *f*
décharge *f* électronique; ~**fluß** *m*
flux *m* électronique; ~**gehirn** *n* cerveau électronique, ordinateur *m;*
~**geschwindigkeit** *f* vitesse *f* électronique; ~**herd** *m* fourneau *m* électronique; ~**ingenieur** *m* électroni-
cien *m;* ~**kamera** *f* caméra *f* électronique; ~**kupp(e)lung** *f* couplage *m*
électronique; ~**linse** *f* lentille *f* électronique; ~**mikroskop** *n* microscope
m électronique; ~**optik** *f* optique *f*
électronique; ~**rechenmaschine** *f*,
~**rechner** *m* calculatrice *f* électronique; ~**röhre** *f* tube *m* électronique;
~**röhrengleichrichter** *m* redresseur
à électrons, kénotron *m;* ~**schalter**
m commutateur *m* électronique;
~**schleuder** *f*, ~**strahlerzeuger** *m*
canon électronique, cyclotron *m;*
~**strahl** *m* faisceau *od* rayon *m* électronique; ~**strahlabtaster** *m* ico-
noscope *m;* ~**strahlung** *f* radiation *f*
électronique; ~**strom** *m* courant *m*
électronique; ~**technik** *f* électronique *f;* ~**vervielfacher** *m* multiplica-
teur *m* d'électrons; ~**volt** *n* électron-
volt *m;* ~**waage** *f* balance *f* électronique; ~**wolke** *f* nuage *m* électronique.

Elektron|ik *f* ‹-, ø› [elɛk'tro:nɪk] élec-
tronique *f;* ~**ikindustrie** *f* industrie
électronique, industrie *f* de l'électronique; **e~isch** [-'tro:nɪʃ] *a* électronique; ~*e Musik f* musique *f* électro-
acoustique.

Element n ⟨-(e)s, -e⟩ [ele'mɛnt] *chem* élément *a. allg,* corps simple; *el* élément *m* (primaire), pile *f,* couple *m; die* ~*e der Physik* les rudiments *m pl* de la physique; *in s-m* ~ *sein (fig)* être dans son élément *od* sur son terrain *od* comme un poisson dans l'eau; *galvanische(s)* ~ pile *f* électrique; *nasse(s)* ~ élément *m* hydroélectrique; *die vier* ~*e* les quatre éléments; **e~ar** [-mɛn'ta:r] *a* élémentaire, primaire; ~**arbuch** *n* livre *m* élémentaire; ~**argewalt** *f* force *f* élémentaire; ~**arladung** *f phys* charge *f* élémentaire; ~**arquantum** *n phys* charge *f* élémentaire; ~**arschule** *f* école *f* primaire; ~**arteilchen** *n phys* particule *f* élémentaire; ~**arunterricht** *m* enseignement *m* primaire; ~**arwelle** *f radio* onde *f* élémentaire.

Elen *n od m* ⟨-s, -⟩ ['elɛn] , ~**tier** *n zoo* élan *m.*

Elend n ⟨-(e)s, ø⟩ ['e:lɛnt, -d(ə)s] *(Not)* misère, détresse *f; (große Armut)* dénuement *m; (Jammer)* affliction *f; (Unglück)* malheur *m,* calamité; *pop* débine; mouïse *f; im äußersten* ~ dans le plus complet dénuement; *ins* ~ *bringen od stürzen* réduire à la misère; *fam* mettre sur la paille; *ins* ~ *geraten* tomber dans la misère; *es ist ein* ~*, daß, zu* c'est une calamité que, que de; *es ist ein* ~ *mit ihm (fam)* il fait peine à voir; il est dans un état pitoyable; **e~** *a* misérable; *(kümmerlich)* chétif; *(jämmerlich)* lamentable, pitoyable, piètre; *(unglücklich)* malheureux; *(krank)* malade; ~ *aussehen* avoir (très) mauvaise mine, faire triste figure; *mir ist, wird ganz od so* ~ j'ai mal au cœur; ~**e(r)** *m* misérable, malheureux *m;* **e~ig(lich)** *adv* misérablement; ~**squartier** *n* taudis *m; pl* immeuble(s *pl*) *od* îlot *m* insalubre(s); ~**sviertel** *n* bidonville *m.*

Elevator *m* ⟨-s, -en⟩ [ele'va:tor, -'to:rən] *(Aufzug)* élévateur, monte--charge *m; (Hebewerk)* noria *f.*

elf [ɛlf] onze; *die E~* le (numéro) onze; *sport* le onze, l'équipe *f;* ~**fach** *adv* onze fois (autant); *a: die* ~*e Größe, Höhe, Länge* etc *haben* être onze fois plus grand, plus haut, plus long *etc;* **E~meter** *m sport* penalty; **E~metermarke** *f sport* point *m* de 11 mètres *od* de penalty; ~**te(r, s)** *a* onzième; onze; **E~tel** *n* ⟨-s, -⟩ onzième *m.*

Elf *m* ⟨-en, -en⟩ [ɛlf] elfe, sylphe *m;* ~**e** *f* ⟨-, -n⟩ sylphide *f;* **e~enhaft** *a* féérique; ~**enreigen** *m* danse *f* des sylphides.

Elfenbein n ⟨-(e)s, (-e)⟩ ['ɛlfənbain] ivoire *m; künstliche(s)* ~ ivorine *f;* **e~ern** *a* en ivoire, d'ivoire; **e~farben** *a* ivoirin; ~**küste**, *die geog* (la) Côte-d'Ivoire; *von der* ~ ivoirien *a;* ~**schnitzer** *m* ivoirier *m;* ~**schnitzerei** *f (Kunst u. Gegenstand)* ivoirerie *f.*

eliminieren [elimi'ni:rən] *tr* éliminer.

Elisabeth [e'li:zabɛt] *f* Elisabeth *f;* **e~anisch** [-be'ta:nɪʃ] *a hist* élisabéthain.

elitär [eli'tɛ:r] *a* élitaire; *pej* élitiste.

Elite *f* ⟨-, -n⟩ [e'li:tə] élite, fleur; *fam* crème *f,* dessus du panier; *pop* gratin *m; die geistige* ~ l'élite intellectuelle; ~**einheit** *f mil* unité *f* d'élite; ~**truppe** *f* corps *m od* troupe *f* d'élite.

Elixier *n* ⟨-s, -e⟩ [elɪ'ksi:r] élixir *m.*

Ellbogen *m* ⟨-s, -⟩ ['ɛlbo:gən] coude *m; jdn mit dem* ~ *(an)stoßen* pousser qn du coude; *die* ~ *gebrauchen (a. fig)* jouer des coudes; *sich auf den* ~ *stützen* s'accouder; ~**freiheit** *f* aisance *f* des coudes; ~ *haben (fig)* avoir ses coudées franches; ~**gelenk** *n* articulation *f* du coude.

Elle *f* ⟨-, -n⟩ ['ɛlə] *anat* cubitus *m; (Maß)* aune *f;* **e~nlang** *a* long d'une aune; *fig fam* long d'une lieue, interminable.

Ellip|se *f* ⟨-, -n⟩ [ɛ'lɪpsə] *math gram* ellipse *f;* ~**senzirkel** *m* ellipsographe *m;* **e~tisch** [ɛ'lɪptɪʃ] *a* elliptique.

Elmsfeuer *n* ['ɛlms-] *(Naturerscheinung)* feu *m* Saint-Elme.

Elritze *f* ⟨-, -n⟩ ['ɛlrɪtsə] *(Fisch)* vairon *m.*

Els|aß ['ɛlzas], *das* l'Alsace *f;* ~--Lothringen *n* l'Alsace-Lorraine *f;* ~**ässer(in** *f)* *m* ⟨-s, -⟩ ['-sɛsər] Alsacien, ne *m f;* **e~ässisch** *a* alsacien, d'Alsace.

Else *f* ⟨-, -n⟩ ['ɛlzə] *(Fisch)* alose *f.*

Elster *f* ⟨-, -n⟩ ['ɛlstər] *orn* pie; *pop* agasse *od* agace *f.*

elterlich ['ɛltərlɪç] *a* des parents; ~*e Gewalt f* pouvoir *m od* puissance *f* des parents.

Eltern *pl* ['ɛltərn] parents *m pl,* père et mère; *nicht von schlechten* ~ *(fam)* pas piqué des vers *od* des hannetons; ~**(bei)rat** *m* association *f* des parents d'élèves; ~**haus** *n* maison *f* familiale; ~**liebe** *f* amour *m* des parents (pour leurs enfants); **e~los** *a* orphelin; ~**mörder** *m* parricide *m;* ~**schlafzimmer** *n* chambre *f* conjugale; ~**vereinigung** *f* association *f* de(s) parents.

Email *n* ⟨-s, -s⟩, ~**le** *f* ⟨-, -n⟩ [e'ma:j, e'mai(l)] émail *m;* ~**arbeit** *f* émaillure *f;* ~**arbeiter** *m* émailleur *m;* ~**be-**

lag *m* feuille *f* d'émail; ~**draht** *m* fil *m* émaillé; ~**farbe** *f* couleur *f* (d')émail; ~**gefäß** *n* vase *m* émaillé; ~**geschirr** *n* batterie *f* de cuisine émaillée; ~**lack** *m* laque-émail *f*, vernis-émail *m*; **e~lieren** [-'(l)ji:rən] *tr* émailler; ~**lierkunst** *f* émaillerie *f*; ~**lierofen** *m* four *m* à émailler; ~**lierung** *f* émaillage *m*; ~**lierwerk** *n* émaillerie *f* industrielle; ~**malerei** *f* peinture *f* sur émail; ~**schild** *n* plaque *f* émaillée.

Eman|ation *f* ⟨-, -en⟩ [emanatsi'o:n] *phys, chem u. fig* émanation *f*.

Emanzip|ation *f* ⟨-, (-en)⟩ [emantsipatsi'o:n] émancipation *f*; **e~atorisch** [-'to:rɪʃ] *a* émancipateur; **e~ieren** [-'pi:rən] *tr* émanciper; *sich* ~ s'émanciper.

Embargo *n* ⟨-s, -s⟩ [ɛm'bargo] embargo *m*; *das* ~ *aufheben* lever l'embargo; *mit* ~ *belegen* mettre l'embargo sur.

Embolie *f* ⟨-, -n⟩ [ɛmbo'li:, -i:ən] *med* embolie *f*.

Embryo *m* ⟨-s, -nen⟩ ['ɛmbryo, -'o:nən] *physiol* embryon *m*; ~**iogie** *f* ⟨-, ø⟩ [-lo'gi:] embryologie *f*; **e~nal** [-'na:l] *a a. fig* embryonnaire; ~**nalhaut** *f* membrane *f* amniotique, amnios *m*; ~**nalzustand** *m: im* ~ *(fig)* à l'état embryonnaire.

emeritier|en [emeri'ti:rən] *tr* mettre à la retraite; ~**t** *a* en retraite; **E~ung** *f* mise *f* à la retraite.

Emigr|ant *m* ⟨-en, -en⟩ [emi'grant] *pol* émigré *m*; ~**ation** *f* ⟨-, -en⟩ [-tsi'o:n] émigration *f*; **e~ieren** [-'gri:rən] ⟨aux: sein⟩ *itr* émigrer.

eminent [emi'nɛnt] *a* éminent; *adv*: *e-e* ~ *wichtige S* une chose extrêmement importante.

Emir *m* ⟨-s, -e⟩ ['ɛ:mɪr, e'mi:r] émir *m*; ~**at** *n* ⟨-(e), -e⟩ [emi'ra:t] émirat *m*.

Emission *f* ⟨-, -en⟩ [emɪsi'o:n] *phys fin* émission *f*; ~**sbank** *f* banque *f* d'affaires; ~**sfähigkeit** *f phys* pouvoir *m* émissif, faculté *f* d'émettre; ~**sgeschwindigkeit** *f phys* vitesse *f* d'émission; ~**skurs** *m fin* taux *m* d'émission; ~**sstrom** *m phys* courant *m* électronique.

emittieren [emɪ'ti:rən] *tr phys fin* émettre.

Emotion *f* ⟨-, -en⟩ [emo'tsio:n] émotion *f*.

Empfang *m* ⟨-(e)s, ⁚e⟩ [ɛm'pfaŋ, -'pfɛŋə] *(Person od Sache)* réception *f*; *(Person)* accueil *m*; *(Audienz)* audience; *rel (der Weihen)* susception; *radio* réception, audition, écoute *f*; *bei* ~ au reçu; *nach* ~ après la réception; *den* ~ *bescheinigen* od *bestäti-*

gen accuser réception, donner quittance *od* acquit *(e-r S* de qc); *auf* ~ *bleiben (radio)* rester à l'écoute; *e-n* ~ *geben* offrir une réception; *auf* ~ *gehen (radio)* se mettre à l'écoute; *etw in* ~ *nehmen* prendre livraison *od* réception de qc, réceptionner qc; *auf* ~ *stehen, stellen (radio)* être, mettre à l'écoute; *den* ~ *bescheinigt (com)* pour acquit; *drahtlose(r)* ~ réception *f* sans fil; *offizielle(r)* ~ réception *f* officielle, vin *m* d'honneur; **e~en** ⟨*empfängt, empfing, hat empfangen*⟩ *tr (Person od Sache, a. fig)* recevoir; *(Person)* accueillir; *(zustehendes Geld, bes. Lohn u. (mil)* Löhnung) toucher; *radio* recevoir, capter; *fam* prendre; *itr physiol* concevoir, devenir enceinte; *jdn freudig* ~ faire fête à qn; *gut, schlecht* ~ *werden* recevoir un bon, mauvais accueil; *jdn nicht* ~ *(wollen)* refuser *od* interdire *od* consigner sa porte à qn; *jdn (un)freundlich* ~ faire bonne (mauvaise) mine à qn; ~**sanlage** *f radio* installation *f* de réception; ~**santenne** *f* collecteur *m* d'ondes; ~**sanzeige** *f,* ~**sbescheinigung** *f,* ~**sbestätigung** *f com* accusé *od* avis de réception, reçu, récépissé *m*; ~**sberechtigte(r)** *m* destinataire, consignataire, ayant droit *m*; ~**sbereich** *m radio* zone *f* de réception; ~**sbüro** *n (Hotel)* (bureau *m* de) réception *f*; ~**schef** *m (Hotel)* chef *m* de (la) réception; ~**sdame** *f* hôtesse *f* d'accueil; ~**sfrequenz** *f* fréquence *f* d'entrée; ~**sgerät** *n radio* (poste) récepteur, radiorécepteur *m*; ~**skreis** *m radio* circuit *m* de réception; ~**slautstärke** *f* intensité *f* de réception; ~**sminimum** *n tele* axe *m* d'extinction; ~**sschein** *m* = ~**sbescheinigung;** ~**sstärke** *f radio* intensité *f* de réception; ~**sstation** *f radio* (poste) récepteur *m*; ~**sstörung** *f tele radio* troubles *m pl* de réception; ~**stag** *m* jour *m* (de réception); ~ *haben* avoir son jour; ~**sverhältnisse** *n pl radio* conditions *f pl* de réception; ~**sverstärker** *m radio* amplificateur-récepteur *m*; ~**swelle** *f radio* onde *f* de réception; ~**szeit** *f* heure *f* de réception; ~**szimmer** *n* salon *m* (de réception).

Empfäng|er *m* ⟨-s, -⟩ [ɛm'pfɛŋər] *(e-r Postsendung)* destinataire; *(e-r Ware)* consignataire *m,* partie *f* prenante; *(e-r Zahlung)* bénéficiaire; *med (bei Transplantation)* receveur *m*; *radio (Gerät)* (poste) récepteur *m*; ~ *mit Batterie und Netzanschluß* récepteur *m* à pile(s) et secteur; **e~-**

lich *a* accessible (*für* à), susceptible (*für* de), vibrant; (*für Komplimente, Wohltaten*) sensible (*für* à); (*für Eindrücke*) impressionnable; *med* prédisposé, réceptif (*für* à); ~**lichkeit** *f* ⟨-, (-en)⟩ susceptibilité; sensibilité; impressionnabilité; *med* prédisposition, réceptivité *f;* ~**nis** *f* ⟨-, (-se)⟩ *physiol* conception *f;* **e~nisverhütend** *a* anticonceptionnel, contraceptif; ~**e(s)** *Mittel n* contraceptif *m;* ~**nisverhütung** *f* contraception *f.*

empfehl|en ⟨*empfiehlt, empfahl, hat empfohlen*⟩ [ɛmˈpfeːlən] *tr* recommander; *s-e Seele Gott* ~ recommander son âme à Dieu; *sich* ~ se recommander; *sich verabschieden)* se retirer, prendre congé, tirer sa révérence; *sich französisch* ~ (*fig*) filer à l'anglaise; *ich empfehle mich (Ihnen)!* j'ai l'honneur de vous saluer; mes hommages! ~ *Sie mich Ihrem Herrn Gemahl!* mes compliments à M. X; ~ *Sie mich Ihrer Frau Gemahlin!*(présentez) mes hommages à Madame X; *es empfiehlt sich* il convient, il y a avantage (*zu* à), il est bon *od* recommandé (*zu* de); ~**enswert** *a* recommandable; **E~ung** *f* recommandation *f; pl (Zeugnisse)* références *f pl; auf* ~ (*gen*) sur la recommandation (de); *e-e* ~ *nicht beachten* manger la consigne *(fam);* ~ *an Herrn X, Frau Y* mes compliments à M. X, mes hommages à Mme Y; **E~ungsbrief** *m,* **E~ungsschreiben** *n* lettre *f* de recommandation *od* d'introduction.

empfind|bar *a* perceptible, sensible; **E~barkeit** *f* ⟨-, (-en)⟩ perceptibilité, sensibilité *f;* ~**en** ⟨*empfindet, empfand, hat empfunden*⟩ *tr* sentir, éprouver; *(seelisch)* ressentir; *Freude* ~ ressentir de la joie; *Hunger* ~ sentir la faim, éprouver une sensation de faim; *für jdn Liebe, Freundschaft* ~ éprouver de l'amour, de l'amitié pour qn; *soziale(s) E~ n* sens *m* social; ~**lich** *a* sensible *a. phot* (*für, gegen* à); (*zartfühlend*) *heikel)* délicat; (*leicht verletzt*) susceptible, chatouilleux; (*reizbar*) irritable *a, med;* (*Schmerz, Kälte*) vif; ~*e Stelle f* point *m* sensible; ~*e(r) Verlust m* grosse perte; ~ *kränken* toucher au vif; *(sehr)* ~ *sein* ne pouvoir souffrir la moindre égratignure, avoir l'épiderme sensible; **E~lichkeit** *f* ⟨-, (-en)⟩ sensibilité; délicatesse; susceptibilité; irritabilité *f;* ~ *gegenüber Erschütterungen* vibrotaxie *f;* ~**sam** *a* sensible, émotif, sentimental; **E~samkeit** *f* ⟨-, (-en)⟩ sensibilité, émotivité, sentimentalité *f;* **E~ung** *f* sensation *f; fig*

(*Gefühl*) sentiment *m;* **E~ungs...** *anat* sensoriel; **E~ungsanomalie** *f med* trouble *m* sensitif; **E~ungsfähigkeit** *f,* **-vermögen** *n* faculté perceptive, sensibilité *f;* **e~ungslos** *a* privé de sensibilité; *fig* insensible; **E~ungsnerv** *m* nerf *m* sensoriel.

emphatisch [ɛmˈfaːtɪʃ] *a* emphatique.
Empire(stil *m)* *n* ⟨-s, ø⟩ [ãˈpiːr,ˈãpɛaɪə] style *m* Empire.
empirisch [ɛmˈpiːrɪʃ] *a philos* empirique.

empor [ɛmˈpoːr] *adv* en haut, vers le haut, en l'air; ~**arbeiten,** *sich (fig)* se hisser; *sich wieder* ~ (*fig*) revenir à la surface; **E~e** *f* ⟨-, -n⟩ [ɛmˈpoːrə] (*in e-r Kirche*) galerie *f;* (*in e-m Theater*) balcon *m;* ~**kommen** ⟨*aux: sein*⟩ *itr* s'élever *a. fig; fig* parvenir, faire son chemin, faire fortune; **E~kömmling** *m* ⟨-s, -e⟩ [-kœmlɪŋ] parvenu, homme *m* nouveau *od* d'hier; ~**ragen** ⟨*aux: haben od sein*⟩ *itr* se dresser, s'élever (*über* au-dessus de); ~**schnellen** ⟨*aux: sein*⟩ *itr* s'élancer, *fig* monter en flèche; ~**schrauben,** *sich (aero)* monter en spirales; ~**schwingen,** *sich* prendre l'essor *od* son essor *od* (*Vogel*) son vol; ~**streben** ⟨*aux: sein*⟩ *itr fig* avoir de l'ambition.

empör|en [ɛmˈpøːrən] *tr* soulever, révolter; *fig* (*entrüsten*) indigner; *sich* ~ se soulever, se révolter, se rebeller, s'insurger, se mutiner; *fig* s'indigner; ~**end** *a* révoltant; **E~er** *m* ⟨-s, -⟩ révolté, rebelle, insurgé, mutin, émeutier *m;* ~**erisch** *a* insurrectionnel, séditieux, factieux, rebelle; ~**t** *a* indigné (*über* de); **E~ung** *f* soulèvement *m.* révolte, rébellion, insurrection, mutinerie, émeute, sédition; *fig (Entrüstung)* indignation *f.*

emsig [ˈɛmzɪç] *a* diligent, appliqué, assidu, laborieux, empressé, zélé; **E~keit** *f* ⟨-, (-en)⟩ diligence, application, assiduité *f,* empressement, zèle *m.*

emul|gieren [emʊlˈgiːrən] *tr u. itr chem* émulsionner; **E~sion** *f* ⟨-, -en⟩ [-siˈoːn] émulsion *f.*

End|... [ˈɛnt-] (*in Zssgen*) final, terminal, définitif; ~**abrechnung** *f* compte *m* définitif; ~**absicht** *f* but *m* final; ~**bahnhof** *m* (gare *f*) terminus *m;* ~**bescheid** *m* décision *f* définitive, arrêt *m* définitif; ~**bestand** *m* fin actif *m* final; ~**buchstabe** *m* finale *f;* ~**chen** *n* ⟨-s, -⟩ petit bout; *fam* brin *m;* ~**e** *n* ⟨-s, -n⟩ [ˈɛndə] (*räuml.*) bout *m;* (*e-r Kolonne*) queue *f;* (*Geweih*) andouiller *m;* (*zeitl.*) fin; (*Ablauf*) expiration; (*Ausgang*) issue; (*Tod*) fin, mort *f; fig* terme *m,* fin *f;* (*Ziel*) but, effet; *tech* about *m; das* ~ *(der Tod)* l'heure *f od* le moment *od* l'instant *m* suprême; *am* ~ finalement; à la fin, à l'issue *(gen* de); *(ohne Mittel)* à bout, au bout du *od* en fin de compte; *(schließlich)* après tout; *(vielleicht)* peut-être; *am anderen* ~ *der Stadt* à l'autre bout de la ville; *am äußersten* ~ tout au bout; *am unteren* ~ au bas (bout) *(gen* de); *am* ~ *s-r Kräfte* de guerre lasse, en désespoir de cause; *am* ~ *der Welt* au bout du monde, au diable (vau)vert *fam; an allen (Ek-ken und)* ~*n* dans tous les coins, de toutes parts; *bis zum (bitteren)* ~ jusqu'au bout, *pop* jusqu'à la gauche; *gegen* ~ *(gen)* vers la fin (de); *zu dem* ~ *zu* ... pour, en vue de, avec l'intention de ...; *letzten* ~*s* au bout du *od* en fin de compte, en dernière analyse; *von Anfang bis zu* ~ d'un bout à l'autre; de bout en bout; *von einem* ~ *zum ander(e)n* d'un bout *od* d'une extrémité à l'autre, de bout en bout; ~ *dieses* od *des laufenden (nächsten) Monats* fin courant (prochain); ~ *Mai* (à la) fin (de) mai; *am rechten* ~ *anfassen (fig fam)* prendre par le bon bout; *e-r S ein* ~ *bereiten* od *machen* mettre fin *od* un terme à qc; *zu* ~ *bringen* terminer, terminer, achever, venir à bout de; *zu e-m* od *zum guten* ~ *bringen* od *führen* mener à bonne fin *od* à bien, faire aboutir; *zu* ~ *gehen, s-m* ~ *zugehen* od *zuneigen* toucher *od* tirer à sa fin, prendre fin, être à *od* sur son déclin, décliner, s'avancer; *(Frist)* expirer; *ein* ~ *haben* od *nehmen* finir, prendre fin; *nicht zu* ~ *kommen* rester en route; *zu keinem* ~ *kommen* n'en plus finir; *ein* ~ *machen (a. fam)* mettre le holà; *ein* ~ *mit etw machen* en finir avec qc; *sich s-m* ~ *nähern* tirer *od* toucher à sa fin; *ein schlimmes* ~ *nehmen* finir mal; *am* ~ *sein* être (réduit) à quia; *gen* être à *od* au bout de; *am* ~ *s-r Kraft* od *Kräfte sein* n'en pouvoir plus, être au bout de ses forces *od fam* de son rouleau; *sport fam* avoir le coup de pompe; *am* ~ *s-r Kunst sein* être au bout de son savoir; *ich bin am* ~ *(fig fam)* c'en est fait de moi; *es geht mit ihm zu* ~ il approche de sa fin; *das nimmt kein* ~*, das will ja gar kein* ~ *nehmen* cela n'en finit jamais, c'est à n'en plus finir; *fam* c'est long comme un jour sans pain; *das muß ein* ~ *haben* il faut que cela *od* ça finisse; *es ist bald zu* ~ c'est bientôt la fin; *da ist kein* ~ *abzusehen* c'est la mer à boire; *das dicke* ~ *kommt nach* à la queue gît le venin;

alles hat einmal ein ~ *(prov)* tout passe, tout lasse, tout casse; ~ *gut, alles gut (prov)* tout est bien qui finit bien, la fin couronne l'œuvre; *das* ~ *der Welt* od *der Zeiten (rel)* la fin *od* la consommation du monde *od* des siècles *od* des temps; **e~n** *itr* finir *(mit* par), aboutir *(mit* à), cesser, être à sa fin; *(Frist)* expirer; *gram* se terminer *(auf* en); *(sterben)* mourir; *tr* finir, terminer, achever, mettre fin à; *sein Leben* ~ finir ses jours; *nicht* ~ *wollende(r) Beifall m* des applaudissements *m pl* à n'en plus finir; *nicht* ~ *wollende(s) Gelächter n* rire *m* homérique; **~ergebnis** *n* résultat final *od* définitif, effet *m* final; **~erzeugnis** *n* = ~*produkt;* **~flughafen** *m* aéroport *m* terminus; **~geschwindigkeit** *f* vitesse *f* finale; **~glied** *n* membre *m* terminal; **e~gültig** *a* définitif; **~haltestelle** *f* = ~*station;* **e~igen** *v vx* = *e~en;* **~kampf** *m* lutte *od* épreuve finale; *sport* finale *f;* **~lagerung** *f (von Atommüll)* stockage *m* final *od* ultime *od* définitif; **~lauf** *m sport* course *f* finale; **e~lich** *a (begrenzt)* fini, limité; *(abschließend)* final; *(endgültig)* définitif; ~*e Größe* grandeur finie; *adv* enfin, finalement, à la fin, en définitive; ~ *etw tun* finir par faire qc; ~*!* enfin! c'est très *od* bien heureux! **~lichkeit,** *die f philos* la finitude *f,* le fini, le limité; **e~los** *a* infini, interminable, *fam* long comme un jour sans pain; *adv* sans fin, à l'infini, à n'en plus finir, à perte de vue, à perdre haleine; *das dauert ja* ~ *lange* mais ça n'en finit plus; **~losigkeit** *f* infinité *f;* **~lösung** *f* solution *f* définitive; **~montage** *f* assemblage *m* final; **~moräne** *f geog* moraine *f* terminale *od* frontale; **~phase** *f* phase *f* finale; **~produkt** *m* produit *m* final; **~punkt** *m* point *m* d'arrêt *od* d'arrivée; **~reim** *m* rime *f* finale; **~resultat** *n* = ~*ergebnis;* **~rille** *f (Schallplatte)* sillon *m* terminal; **~runde** *f sport* dernier tour *m;* **~sieg** *m* victoire *f* finale; **~silbe** *f* (syllabe) finale *f;* **~spiel** *n sport* (rencontre *od* poule) finale *f,* match *m* final; **~spurt** *m* finish *m;* **~stadium** *n* phase *f* finale; **~station** *f* (station *f)* terminus *m;* **~strecke** *f (Reise, sport)* dernière étape *f;* **~stück** *n* bout *m;* **~stufe** *f (Rakete)* étage *m* terminal; **~summe** *f* somme *f* totale, total *m;* **~termin** *m* date limite, clôture *f;* **~ung** *f gram* terminaison, désinence *f;* **~ursache** *f* cause *f* finale; **~urteil** *n jur* jugement *m* final; **~verbraucher** *m* consomma-

teur *m* (final); **~verstärkerröhre** *f*
radio tube *m* amplificateur
d'extrémité; **~wert** *m* valeur *f* finale;
~ziel *n*, **~zweck** *m* but *od* objectif
final, terme *m*; **~zustand** *m* état *m*
final.

Endem|ie *f* ‹-, -n› [ɛndeˈmiː, -iːən] *med*
endémie *f*; **e~isch** [-ˈdeːmɪʃ] *a* endémique.

Endivie *f* ‹-, -n› [ɛnˈdiːviə] *bot* endive,
chicorée *f*; **~nsalat** *m* salade *f* de
chicorée.

endo|gen [ɛndoˈgeːn] *a* *scient* en-
dogène; **~krin** [-ˈkriːn] *a* *physiol*
(Drüse) endocrine.

Energetik *f* ‹-, ø› [enɛrˈgeːtɪk]
énergétique *f*.

Energie *f* ‹-, -n› [enɛrˈgiː] *phys* force
(motrice), puissance, énergie *a. fig;*
psych vigueur, activité *f*, dynamisme
m; *fam* poigne *f*; ~ *entwickeln*
déployer de l'énergie; *Erhaltung f*
der ~ conservation *f* de l'énergie;
chemische, elektrische, kinetische ~
énergie *f* chimique, électrique, de
mouvement *od* cinétique; *potentielle*
~ *od* ~ *der Lage* énergie *f* potentielle; **~art** *f* forme *f* d'énergie; **~auf-
speicherung** *f* accumulation *f*
d'énergie; **~bedarf** *m* demande
d'énergie, énergie *f* nécessaire; besoins *m pl* énergétiques; **e~bewußt**
a: ~ *sein* faire attention à sa consommation d'énergie; **~bündel** *n*
(Mensch): ein ~ sein péter le feu;
~einheit *f (Erg)* unité *f* d'énergie;
~einsparung *f* économie *f* d'énergie; **~erzeugung** *f* production *f*
énergétique *od* d'énergie; **~gewin-
nung** *f* production *f* d'énergie;
~gleichung *f* équation *f* énergétique; **~knappheit** *f* pénurie *f* d'énergie; **~krise** *f* crise *f* de l'énergie; **e~-
los** *a* sans énergie; **~losigkeit** *f*
manque *m* d'énergie; **~menge** *f*
quantité *f* d'énergie; **~nutzung** *f* utilisation *f* de l'énergie; **~plan** *m* plan
m énergétique; **~politik** *f* politique *f*
énergétique **~potential** *n* potentiel
m énergétique; **~problem** *n* problème *m* énergétique; **~quant(um)**
n quantum *m* d'énergie; **~quelle** *f*
source d'énergie, ressource *f* d'énergie *od* énergétique; **~reserven** *f pl*
réserves *f pl* d'énergie; **e~sparend** *a*
sobre en énergie; **~sparmaßnah-
men** *f pl* mesures *f pl* d'économie de
l'énergie; **~spender** *m* énergétique *f*;
~übertragung *f* transmission *f* *od*
transport *m* d'énergie; **~umwand-
lung** *f* transformation *f* d'énergie;
~verbrauch *m* consommation *f*
d'énergie *od* énergétique; **~vergeu-**

dung *f* dissipation *f* d'énergie; **~ver-
lust** *m* perte *f* d'énergie; **~versor-
gung** *f* alimentation *f* *od* approvisionnement *m* en énergie (électrique); **~versorgungsnetz** *n* réseau
m de distribution; **~-Wirkungsgrad**
m rendement *m* en énergie; **~wirt-
schaft** *f* économie de l'énergie (électrique); énergétique *f*; **~zufuhr** *f* apport *m* d'énergie.

energisch [eˈnɛrgɪʃ] *a* énergique; *adv*
à fond; ~ *durchgreifen, vorgehen* ne
pas y aller de main morte, couper *od*
trancher dans le vif; ~ *sein* avoir de
l'énergie *od* du nerf; *nicht ~ genug*
sein manquer d'énergie.

eng [ɛŋ] *a* étroit *a. fig*, serré; *fig (eingeschränkt)* restreint; *(Beziehung)*
intime; *im ~sten Familienkreis* dans
la plus stricte intimité; *im ~eren Sinn*
au sens étroit, proprement dit; *~er*
machen (werden) (se) rétrécir; ~
schreiben écrire serré; *zu ~ sein*
(Kleidung) brider, serrer *(jdm* qn);
(Kragen) étrangler *(jdm* qn); *etw ~*
sehen (fam) avoir des vues étroites
sur qc; ~ *beiea. sitzen od stehen* être
serrés; ~ *wohnen* être logé à l'étroit;
~ere(r) Ausschuß m petit comité *m*;
~e(r) (Damen-)Rock m jupe *f* fourreau; *~ere Wahl* (scrutin de) ballottage *m*; *in die ~ere Wahl kommen*
avoir réussi le premier test; avoir subi
une première sélection; **~anliegend**
a (Kleidung) collant, juste; **~be-
freundet** *a* lié d'étroite amitié; **~be-
grenzt** *a* étroitement borné; **~brü-
stig** *a* court de souffle, asthmatique;
E~brüstigkeit *f* asthme *m*; **E~e** *f* ‹-,
-n› [ˈɛŋə] étroitesse *f a. fig*; exiguïté;
fig goulot *m* d'étranglement; *jdn in*
die ~ treiben serrer qn de près, coincer *od* acculer qn, mettre qn au pied
du mur, mettre *od* pousser à qn l'épée
dans les reins; **~herzig** *a* étroit, mesquin; *(prüde)* prude; **E~herzigkeit** *f*
sécheresse de cœur, mesquinerie *f*,
pruderie *f*; **~maschig** *a* à mailles
serrées; **E~paß** *m* *geog* défilé, goulet
m, gorge *f*; *fig com* goulot *m* d'étranglement; **~stirnig** *a* borné; **E~stir-
nigkeit** *f* étroitesse *f* d'esprit.

Engag|ement *n* ‹-s, -s› [ãgaʒəˈmãː]
(Verpflichtung) engagement *m*, obligation *f*; *(Anstellung, bes. theat)* engagement *m*; *(Stellung)* situation *f*,
emploi *m*; *ein ~ eingehen* prendre un
engagement, s'engager; **e~ieren**
[-ˈʒiːrən] *tr (verpflichten)* engager,
obliger *(zu* à); *(anstellen)* employer,
bes. theat engager; *sich ~ (sich binden)* s'engager.

Engel *m* ‹-s, -› [ˈɛŋəl] ange *m (a. als*

Kosewort); die ~ *(im Himmel) singen od pfeifen hören (fig)* être aux anges; *jds guter* ~ *sein* être le bon ange de qn; *ein* ~ *flog durchs Zimmer (fig)* un ange est passé; *gefallene(r)* ~ ange *m* déchu; *rettende(r)* ~ bon ange *m;* ~**chen** *n,* ~**ein** *n* angelot *m;* **e~haft** *a,* **e~(s)gleich** *a,* **e~rein** *a* angélique, séraphique, *pred* comme un ange; ~**schar** *f* troupe *f od* chœur *m* des anges; ~**sgeduld** *f* patience *f* d'ange; ~**shaar** *n* cheveux *m pl* d'ange; ~**(s)kopf** *m* tête *f* d'ange; ~**szunge** *f: mit (Menschen- und)* ~*n reden* parler le langage des anges; déployer tout son art de convaincre *od* toute sa force de persuasion; ~**wurz** *f bot* angélique *f.*
Engerling *m* ⟨-s, -e⟩ ['ɛŋərlɪŋ] *ent* ver blanc, turc *m.*
Eng|land *n* ['ɛŋlant] l'Angleterre *f;* ~**länder** *m* ⟨-s, -⟩ Anglais *m; tech* clé *f* anglaise; ~**länderin** *f* Anglaise *f;* **e~landfeindlich** *a* anglophobe; ~**landfeindschaft** *f* anglophobie *f;* **e~landfreundlich** *a* anglophile; ~**landfreundschaft** *f* anglophilie *f;* **e~iisch** *a* anglais, d'Angleterre; *(in Zssgn)* anglo-; *(das) E~(e), die* ~*e Sprache* l'anglais, la langue anglaise; ~*e(r) Garten m* jardin *m* anglais; ~*e Krankheit f* rachitisme *m;* ~*e Spracheigentümlichkeit f* anglicisme *m;* ~**lischhorn** *n mus* cor *m* anglais; **e~lischsprechend** *a* anglophone.
Englein *n = Engelchen.*
en gros [ã'gro:] *adv com* en gros.
Engros|geschäft *n* [ã'gro:-], ~**handel** *m* commerce *m* de od en gros; ~**händler** *m* marchand *m od* en gros, grossiste *m;* ~**preis** *m* prix *m* de gros.
Enkel *m* ⟨-s, -⟩ ['ɛŋkəl] petit-fils *m, pl* petits-enfants *m pl; die* ~ *m pl (die Nachkommen)* les descendants *m pl; (die Nachwelt)* la postérité; ~**in** *f* petite-fille *f;* ~**kind** *n* petit-enfant *m.*
Enklave *f* ⟨-, -n⟩ [ɛn'kla:və] *geog* enclave *f.*
enorm [e'nɔrm] *a* énorme; *adv* énormément.
Ensemble *n* ⟨-s, -s⟩ [ã'sãbəl, ã'sã:bl] *(Kleidung, theat mus)* ensemble *m; theat* troupe *f.*
entart|en ⟨*aux: sein*⟩ *itr (a. Rasse)* dégénérer *(in, zu* en); *(durch Vermischung)* s'abâtardir; ~**et** *a* dégénéré, décadent; *(sittl.)* dépravé, corrompu, dénaturé; **E~ung** *f* ⟨-, (-en)⟩ dégénération, dégénérescence, décadence *f;* abâtardissement *m; fig* dépravation, corruption *f.*
entäußer|n, *sich e-r S* ~ se dessaisir,

se défaire, se dépouiller de qc; **E~ung** *f* dessaisissement *m.*
Entballung *f geog* déconcentration, décongestion *f.*
entbehr|en [ɛnt'be:rən] *tr* être dépourvu *od* privé de, manquer de; *(vermissen)* regretter; *etw* ~ *können* (pouvoir) se passer *od* n'avoir que faire de qc; ~**lich** *a* superflu; **E~lichkeit** *f* superfluité *f;* **E~ung** *f* privation *f.*
entbeinen *tr (die Knochen herauslösen aus)* désosser.
entbieten *⟨entbietet, entbot, hat entboten⟩ tr: jdn zu sich* ~ mander qn; *jdm e-n Gruß* ~ présenter ses salutations à qn.
entbind|en *⟨entbindet, entband, hat entbunden⟩ tr fig (von e-r Pflicht, e-m Eid, e-r Aufgabe)* délier, décharger *(von* de); *med* accoucher; *chem (Gas)* dégager; *entbunden werden (med)* accoucher *(von od gen* de); **E~ung** *f* déliement *m; med* accouchement *m,* délivrance *f; chem* dégagement *m;* **E~ungsheim** *n* maison d'accouchement, maternité *f.*
entblättern *tr (sich)* (s')effeuiller; *(fam)* se dévêtir.
entblöden, *sich nicht* ~ *zu tun* ne pas avoir honte de faire, ne pas hésiter à faire, avoir l'audace de faire.
entblöß|en [ɛnt'blø:sən] *tr* découvrir, mettre à nu, dénuder; *(Degen)* dégainer; *mil (die Flanke)* exposer; *sein Haupt* ~ se découvrir; ~**t** *a* nu; *fig* dénué, privé, démuni *(e-r S* de qc); ~*en Hauptes* nu-tête; **E~ung** *f* mise à nu, dénudation *f; fig (von Mitteln)* dénuement *m.*
entbrennen *⟨entbrennt, entbrannte, ist entbrannt⟩ itr fig* s'enflammer, s'allumer *(in* de); *(Kampf)* éclater; *in Liebe* ~ s'enflammer d'amour *(für jdn* de qn).
Entchen *n* ⟨-s, -⟩ ['ɛntçən] caneton *m.*
entdeck|en *tr* découvrir, *(enthüllen)* dévoiler, éventer; *(mitteilen)* révéler; *mil* repérer; *sich jdm* ~ se découvrir *od* s'ouvrir à qn; *jdm sein Herz* ~ *(s-e Liebe erklären)* ouvrir son cœur à qn; **E~er** *m* ⟨-s, -⟩ découvreur, explorateur *m;* **E~ung** *f* découverte *f; (Enthüllung)* dévoilement *m,* révélation *f; mil* repérage *m;* **E~ungsreise** *f* voyage *m* de découverte.
Ente *f* ⟨-, -n⟩ ['ɛntə] canard *m; (weibliche* ~*)* cane *f; (Zeitungs~)* canard, bobard *m; (Harnglas)* bassin de lit, urinal *m; wie e-e bleierne* ~ *schwimmen* nager comme un chien de plomb; *junge* ~ caneton *m;* ~**nbraten** *m* canard *m* rôti; ~**nei** *n* ['-tənʔai] œuf *m* de cane; ~**ngrütze** *f*

bot lentille *f* d'eau; **~njagd** *f* chasse *f* au canard; **~nmuschel** *f* bernacle, bernache *f;* **~nteich** *m* canardière, barbotière *f;* **~rich** *m* ⟨-s, -e⟩ [-rıç] canard *m* mâle.

entehr|en *tr* déshonorer, flétrir; *(entwürdigen)* dégrader, avilir; *(schänden)* mettre à mal; abuser de; **~end** *a* déshonorant; *(Strafe)* infamant; **E~ung** *f* déshonneur *m,* flétrissure; dégradation *f,* avilissement *m.*

enteign|en *tr (Person)* exproprier, déposséder; **E~ung** *f* expropriation, dépossession; séquestration *f.*

enteilen ⟨*aux: sein*⟩ *itr* s'enfuir; *fig (Zeit)* fuir, passer vite.

enteis|en *tr (Wasserweg, Straße)* déglacer; *aero* dégivrer; **E~er** *m* ⟨-s, -⟩ *aero* dégivreur *m;* **E~ung** *f* déglaçage; dégivrage *m;* **E~ungsanlage** *f* dispositif *m* de dégivrage.

Enter|beil *n* ['ɛntər-] *mar* hache *f* d'abordage; **~brücke** *f* pont *m* d'abordage; **~haken** *m* grappin *m* (d'abordage); **e~n** *tr* accrocher, aborder.

enterb|en *tr* déshériter, *jur* exhéréder; *die Enterbten m pl (des Schicksals)* les déshérités *m pl;* **E~ung** *f* déshéritement *m, jur* exhérédation *f.*

entfachen *tr* attiser *a. fig.*

entfahren ⟨*entfährt, entfuhr, ist entfahren*⟩ *itr* échapper (*jdm* à qn).

entfallen ⟨*entfällt, entfiel, ist entfallen*⟩ *itr* échapper (*den Händen des* mains); *fig* échapper (*jdm* à qn); *(Anteil)* revenir (*auf jdn* à qn); *fin* cesser d'être attribué; *entfällt (auf Formularen)* ne s'applique pas; *das ist mir* **~** m'a échappé *od* m'est sorti (de la mémoire); *entfällt (Antwort auf Fragebogen)* néant.

entfalt|en *tr* déplier; *(entrollen)* dérouler; *(Fahne)* déployer; *(öffnen)* ouvrir; *(ausbreiten)* étaler; *mil (Truppen)* déployer; *fig (Fähigkeit, Tätigkeit)* déployer; *(entwickeln)* développer, faire éclore; *sich* **~** se déployer; se dérouler; s'ouvrir; s'étaler; *bot* éclore, s'épanouir; *fig* se développer; **E~ung** *f* dépliage; déploiement; déroulement; étalage; développement *m; bot* éclosion *f,* épanouissement *m; aero (Fallschirm)* ouverture *f;* **E~ungszeit** *f (Fallschirm)* temps *m* d'ouverture.

entfärb|en *tr* décolorer; *(bleichen)* déteindre; *sich* **~** se décolorer, se déteindre, se ternir; *(Gesicht)* changer de couleur, pâlir; **E~er** *m* ⟨-s, -⟩, **E~ungsmittel** *n* (agent) décolorant *m.*

entfern|en *tr* éloigner; *(wegnehmen)*

ôter; *(wegschaffen)* écarter, faire disparaître; *(verweisen, streichen)* exclure; *(Fleck)* enlever; *(Mandeln)* enlever; *med* extirper; *sich* **~** s'éloigner, s'écarter; *(abweichen)* dévier (*von* de); *(weggehen)* partir, *(heimlich)* filer, s'esquiver; *(sich zurückziehen)* se retirer; *operativ* **~** réséquer; *sich von der Truppe* **~** *(mil)* s'absenter de la troupe; *nicht zu* **~(d)** indélébile; **E~en** *n med* ablation, évulsion *f;* **~t** *a (räuml. u. zeitl. fern)* lointain, distant; *(abgelegen)* écarté, reculé; *(abwesend)* absent; *nicht im* **~esten** pas le moins du monde; *ich denke nicht im* **~esten** *daran!* je suis loin d'y penser; loin de moi cette pensée! *weit* **~,** *daß od zu* (bien) loin que *subj od* de *inf; jdn von sich* **~** *halten* tenir qn à distance; *gleich weit* **~** à égale distance; **~e** *Ähnlichkeit f* petite ressemblance *f;* **~e** *Möglichkeit f* faible possibilité *f;* **~** *verwandt a pl* parents de loin; **~e** *Verwandte pl* parents *m pl* éloignés; **E~ung** *f (Wegschaffen)* éloignement *m,* élimination *f; (von Schutt)* déblaiement; *med* extirpation, exérèse; *(aus d. Amt)* révocation *f; (Ferne)* lointain; *(Abstand)* écartement *m,* distance *f,* décalage *m; auf e-e* **~** *von* à une distance de; *auf kurze, weite* **~** à courte *od* faible *od* petite, à grande distance; *aus der* **~** à distance; *in einiger, geringer* **~** à quelque distance (*von* de); *über diese* **~** à cette *od* à une telle distance; *die* **~** *messen* mesurer la distance; *e-e* **~** *schätzen* estimer une distance au jugé; *operative* **~** *(med)* ablation, résection *f; der Gebärmutter* hystérectomie *f; unerlaubte* **~** *von der Truppe* absence *f* illégale de la troupe; *zurückgelegte* **~** distance *f* couverte; **E~** *e-s od des Flecks* détachage *m;* **E~ungsanzeiger** *m aero* indicateur *m* de distance; **E~ungsmesser** *m* ⟨-s, -⟩ *phot* télémètre *m.*

entfessel|n *tr* déchaîner *a. fig; fig (Krieg)* déclencher; **~t** *a fig* déchaîné, débridé; **E~ung** *f fig* déchaînement; *psych* défoulement *m.*

entfett|en *tr* dégraisser; *(Wolle)* dessuinter; **E~ung** *f* dégraissage; dessuintage; *(Abmagerung)* amaigrissement *m;* **E~ungskur** *f* cure *f* d'amaigrissement; **E~ungsmittel** *n chem* dégraissant; *med* moyen *m* amaigrissant.

entflamm|en *tr* ⟨*aux: haben*⟩ *(a. fig)* enflammer, allumer, embraser; *fig* électriser, passionner, enthousiasmer; *itr* ⟨*aux: sein*⟩ s'enflammer, s'allumer,

s'embraser *a. fig; von neuem* ~
(Streit) se rallumer; *fig* s'enthousias-
mer; ~**t** *a fig* embrasé, enthousiasmé;
E~ung *f chem* inflammation *f;*
E~ungspunkt *m* point *m* d'inflam-
mation.

entflecht|en *tr fin* décentraliser,
décartelliser; **E~ung** *f* déconcentration, décentralisation, décartellisation
f.

entfliegen ⟨*entliegt, entflog, ist entflo-
gen*⟩ *itr* s'envoler.

entfliehen ⟨*entflieht, entfloh, ist ent-
flohen*⟩ *itr* s'enfuir, se sauver; *fig
(Zeit)* fuir.

entfremd|en *tr* rendre étranger, alié-
ner, éloigner, détourner; *wir sind ea.
entfremdet* il y a du froid *od* du refroidissement entre nous; **E~ung** *f*
aliénation, désaffection *f.*

entfrost|en *tr mot* dégivrer; **E~er** *m*
⟨-s, -⟩ dégivreur *m;* **E~ung** *f* dégivrage *m.*

entführ|en *tr* enlever, ravir; *(Kind) a.*
kidnapper; *(Flugzeug)* détourner;
E~er *m* ⟨-s, -⟩ ravisseur *m;* **E~ung** *f*
enlèvement, *(vx)* ravissement, rapt *m;*
~ *Minderjähriger (jur)* détournement *m* de mineurs.

entgas|en *tr* dégazer; **E~ung** *f* déga-
zage *m.*

entgegen [ɛnt'ge:gən] *prp dat (Richtung)* vers, au-devant de, à la rencontre de, à l'encontre de; *(Gegensatz)*
contre, contraire à; ~ *der Ankündigung* contrairement à ce qui a été annoncé; *mir* ~ à ma rencontre; ~**=ar-
beiten** *itr* contrarier, contrecarrer
(jdm qn), s'opposer, mettre obstacle
(jdm à qn); ~**=bringen** *tr* porter à la
rencontre *(jdm* de qn); *fig* présenter;
(Gefühle) éprouver *(jdm* pour qn);
~**=eilen** ⟨*aux: sein*⟩ *itr* courir à la rencontre *(jdm* de qn); *s-m Verderben* ~
courir à sa perte; ~**=fliegen** ⟨*aux:
sein*⟩ *itr aero* (se) porter à la rencontre *(dat* de); ~**=gehen** ⟨*aux: sein*⟩ *itr:
jdm* ~ *(zum Geleit)* aller au-devant
de qn; *(zum Treffpunkt, freundl. od
feindl.)* aller à la rencontre de qn;
s-m Ende ~ toucher *od* tirer *od* tendre à sa fin; *e-r Gefahr* ~ braver *od*
affronter un danger; ~**gesetzt** *a*
contraire, opposé *(dat* à); *im* ~*en Fall*
dans le cas contraire; *in* ~*er Richtung*
dans le sens opposé; ~*er Meinung
sein* être d'opinion contraire; ~**=hal-
ten** *tr* tendre *(jdm* vers qn), présenter; *(einwenden)* objecter; ~**=jubeln**
itr: jdm ~ accueillir qn avec des acclamations, acclamer qn; ~**=kom-
men** ⟨*aux: sein*⟩ *itr (Person)* venir au-
-devant *od* à la rencontre *(jdm* de

qn); *(Fahrzeug)* venir en sens inverse;
fig faire des avances *(jdm* à qn); se
montrer complaisant; faire un pas;
um Ihnen entgegenzukommen pour
vous faire plaisir; *e-m Bedürfnis* ~
répondre à un besoin; *jdm freundlich* ~ faire bon accueil à qn; *jdm auf
halbem Weg* ~ rencontrer qn à mi-
-chemin; *ich komme Ihnen sehr entgegen* je vous donne la partie belle;
das kommt mir sehr entgegen cela
me convient *od fam* m'arrange tout à
fait; **E~kommen** *n* bienveillance,
complaisance, obligeance, prévenance *f,* avances, bonnes grâces *f pl;*
~**kommend** *a fig* complaisant,
prévenant; ~**kommenderweise**
adv de bonne grâce; ~**=laufen** ⟨*aux:
sein*⟩ *itr: jdm* ~ courir au-devant de
qn; **E~nahme** *f* réception, acceptation *f;* ~**=nehmen** *tr* recevoir, accepter; ~**=schicken** *tr: jdm* ~ envoyer à
la rencontre de qn; ~**=sehen** *itr (e-m
Ereignis)* envisager, *(mit)* attendre
(e-r S qc); ~**=setzen** *tr fig* opposer;
Widerstand ~ résister *(dat* à); ~**=
stehen** *itr fig* s'opposer à, être contraire à; *dem steht nichts* ~ il n'y a
rien là contre; ~**=stellen** *tr* opposer;
~**=strecken** *tr (die Hand) jdm* ~
tendre vers qn; ~**=stürzen** ⟨*aux:
sein*⟩ *itr* se précipiter au-devant de;
~**=treten** ⟨*aux: sein*⟩ *itr* s'opposer
(jdm à qn); *e-r Gefahr* ~ affronter un
danger; ~**=wirken** *itr: jdm, e-r S* ~
agir contre, s'opposer à, contrarier
qn, qc; ~**=ziehen** ⟨*aux: sein*⟩ *itr* aller à
la rencontre *(jdm* de qn).

entgegn|en [ɛnt'ge:gnən] *tr* répondre,
répliquer; *(schnell)* repartir; *(schlagfertig)* riposter; **E~ung** *f* réponse, réplique; repartie; riposte *f.*

entgehen ⟨*entgeht, entging, ist entgangen*⟩ *itr* échapper à; *pop* couper à;
sich etw (nicht) ~ *lassen* (ne pas)
laisser échapper qc; *sich nichts* ~ *lassen* ne se priver de rien; *der Gefahr
mit knapper Not* ~ l'échapper belle;
es entgeht mir etw je perds qc; *mir
entgeht nichts* rien ne m'échappe;
das ist mir entgangen cela m'a
échappé; *mir ist kein Wort entgangen* je n'en ai pas perdu un mot; *Sie* ~
mir nicht! je saurai vous retrouver;
dir ist wirklich etw entgangen tu as
vraiment manqué qc; *es wird Ihnen
nichts* ~ vous ne perdez rien pour attendre.

entgeistert *a* pétrifié, ébahi.

Entgelt *n a. m* ⟨-(e)s, -e⟩ [ɛnt'gɛlt]
(Lohn) salaire *m;* *(Entlohnung)*
rémunération, rétribution; *(Belohnung)* récompense; *(Entschädigung)*

compensation f. dédommagement m;
gegen ~ à gages, contre rémunération, jur à titre onéreux; als ~ en retour; ohne ~ gratuitement, fam gratis; e~en ‹entgilt, entgalt, hat entgol-
ten› tr (entlohnen) rémunérer; fig
(büßen) payer, expier; jdn etw ~ lassen s'en prendre à qn de qc; e~lich a
u. adv jur à titre onéreux.

entgift|en tr pharm désintoxiquer; fig
(Ausea.setzung) assainir; **E~ung** f
dé(sin)toxication f.

entgleis|en ‹aux: sein› itr loc sortir des
rails; dérailler a. fig; fig (in der Rede)
faire un écart de langage; (sittl.) sortir de la bonne voie; zum E~ bringen
faire dérailler; **E~ung** f loc déraillement a. fig; fig (in d. Rede) écart de
langage; (sittl.) écart m.

entgleiten ‹entgleitet, entglitt, ist entglitten› itr: jdm ~ échapper od glisser
des mains de qn.

entgräten tr (Fisch) enlever les arêtes
de.

enthaar|en tr (d)épiler; **E~ung** f
(d)épilation f; **E~ungsmittel** n dépilatoire m.

enthalt|en ‹enthält, enthielt, hat ent-
halten› tr contenir; (fassen) tenir; fig
(einschließen, umfassen) renfermer,
comprendre; (in sich begreifen) embrasser, impliquer; sich e-r S ~ s'abstenir de qc; sich nicht ~ können
zu ne pouvoir se défendre od
s'empêcher de; sich der Stimme ~
(pol) s'abstenir de voter; ~sam a abs-
tinent, tempérant; (geschlechtl.) continent, chaste; (mäßig im Genuß)
sobre; ~ leben (geschlechtlich) vivre
dans la continence od la chasteté;
E~samkeit f abstinence, tempérance; continence, chasteté; sobriété
f; **E~ung** f = E~samkeit; pol
(Stimm~) abstention f (de vote).

enthärt|en tr (Wasser) adoucir; **E~er**
m ‹-s, -› adoucisseur m; **E~ung** f
adoucissement m; **E~ungsmittel** n
agent m d'adoucissement.

enthaupt|en tr décapiter; guillotiner;
poet décoller; **E~ung** f décapitation f;
poet décollation f.

enthäuten tr écorcher, dépouiller.

entheb|en ‹enthebt, enthob, hat entho-
ben› tr (von etw Lästigem) délivrer,
débarrasser, dispenser (gen de); s-s
Amtes ~ destituer, déposer, relever
de sa charge, décharger des ses
fonctions; vorläufig ~ suspendre (gen
de); **E~ung** f destitution; suspension
f.

enthemmen tr décontracter; pej
dévergonder.

enthüll|en tr découvrir, dévoiler;

(Denkmal) inaugurer; fig révéler,
percer à jour, démasquer; **E~ung** f
découverte; inauguration f; dévoile-
ment m, révélation f.

enthülsen tr écosser, monder; (Reis)
décortiquer.

Enthusias|mus m ‹-, ø› [εntuzi'as-
mus] enthousiasme m; in ~ geraten
über s'enthousiasmer pour; **~t** m
‹-en, -en› [-zi'ast] enthousiaste m;
e~tisch [-'ziastɪʃ] a enthousiaste;
adv avec enthousiasme.

entjungfern tr déflorer, vulg dépuce-
ler.

entkalk|en tr (Boden) décalcifier;
(Wasser) décalcairiser; **E~er** m ‹-s, -›,
E~ungsmittel n détartrant m;
E~ung f med décalcification f.

entkartellisieren adm tr décartelliser.

entkeimen tr (Getreide) dégermer;
(keimfrei machen) stériliser; (Milch)
pasteuriser.

entkernen tr ôter les noyaux od
pépins de, dénoyauter, vider.

entkleid|en tr déshabiller, dévêtir; fig
(berauben, entheben) dépouiller (e-r
S de qc); sich ~ se déshabiller, se
dévêtir; **E~ung(sszene)** f déshabil-
lage; theat strip-tease m.

entkletten tr (Textil) échardonner.

entkoffeiniert [εntkɔfeiˈniːɐt] a
(Kaffee) décaféiné.

entkolonisier|en tr décoloniser;
E~ung f décolonisation f.

entkommen ‹entkommt, entkam, ist
entkommen› itr s'échapper (aus de),
échapper à a. fig, se sauver; mit
knapper Not ~ l'échapper belle; **E~** n
fuite f.

entkorken tr déboucher.

entkräft|en tr affaiblir, débiliter, ex-
ténuer, épuiser, user; fig (Argument)
infirmer, battre en brèche, annuler;
jur (Beweis, Urteil) invalider, casser;
E~ung f affaiblissement m, débilita-
tion f, épuisement m, exténuation,
langueur, prostration; med inanition f,
fig infirmation, annulation, jur invalidation, cassation f.

Entlad|eanlage f installation f de
déchargement; **~ebrücke** f pont m
de déchargement; **~edauer** f (Akku)
durée f od temps m de décharge; **~e-
hafen** m port m de débarquement
od de déchargement; **~ehebel** m levier m de décharge; **~ekosten** pl
frais m pl de déchargement; **e~en**
‹entlädt, entlud, hat entladen› tr (ab-,
ausladen) décharger (a. Gewehr u.
el); mar débarquer, débarder; fig (s-n
Zorn) décharger, exhaler; sich ~ se
décharger a. el; (Feuerwaffe) partir;
(Gewitter, Zorn) éclater; **~er** m ‹-s, -›

el éclateur *m;* ~**espannung** *f el* voltage *od* potentiel *m* de décharge; ~**estation** *f* station *f* de déchargement; ~**estrom** *m el* courant *m* de décharge; ~**ung** *f (Ab-, Ausladen)* déchargement, *mar* débarquement, débardage *m; el* décharge (électrique); *(Explosion)* explosion; *(Ausbruch)* éruption *f; (Gewitter, Zorn)* éclatement; *(Aufbrausen)* sursaut *m.*

entlang [ɛnt'laŋ] *adv: an ... ~ u. prp (nachgestellt mit acc, seltener mit nachfolgendem dat)* le long de; ~**=fahren** *itr,* ~**=gehen** *itr ⟨aux: sein⟩* longer *(an etw* qc).

entlarven *tr fig* démasquer, arracher *od* ôter le masque à.

entlass|en ⟨*entläßt, entließ, hat entlassen*⟩ *tr (bes. Schüler)* renvoyer; *(aus dem Krankenhaus)* sortir; *(verabschieden)* congédier, donner congé à; *(absetzen)* destituer; *(e-n Beamten)* relever de ses fonctions, mettre à pied, révoquer; *(Angestellten)* a. remercier; *(Arbeiter)* licencier, débaucher; *(Offizier)* mettre à la réforme; *(Mannschaftsdienstgrad)* licencier, libérer, démobiliser, *(Gruppe)* renvoyer dans leurs foyers; *(aus der Haft)* libérer, relâcher, relaxer; *(aus e-r Schuld)* acquitter de; ~ *werden* recevoir son congé; *(aus der Schule)* renvoyer; *bedingt, auf Bewährung, auf Ehrenwort* ~ *(jur)* libérer conditionnellement, avec sursis, sur parole; *wegen Dienstuntauglichkeit* ~ *(mil)* réformer; *fristlos* ~ renvoyer sans préavis; *vorläufig* ~ *(jur)* mettre en liberté provisoire; **E~ung** *f* renvoi; congé(diement) *m;* destitution; révocation *f;* licenciement *a. mil,* débauchage *m; mil* mise à la réforme; libération, démobilisation *f;* sortie; renvoi *m* dans les foyers; *jur* libération, relaxe, relaxation *f; um s-e* ~ *bitten, s-e* ~ *einreichen* donner *od* présenter sa démission; *fristlose* ~ licenciement *m* sans préavis; *vorläufige* ~ *(aus d. Amt)* suspension; *(aus d. Haft)* mise *f* en liberté provisoire; **E~ungsgesuch** *n* (demande de *od* lettre de) démission, demande *f* de licenciement; **E~ungspapiere** *n pl mil* papiers *m pl* de libération; **E~ungsschein** *m* bulletin de sortie; *mil* certificat *m* de démobilisation; **E~ungsschreiben** *n* lettre *f* de congédiement *od* de démission *od* de licenciement; **E~ungsstelle** *f mil* centre *m* de démobilisation.

entlast|en *tr* décharger *(von* de); *tech arch* soulager; *fig (erleichtern)* soulager, alléger, débarrasser; *(von e-r*

Verpflichtung, e-r Schuld) décharger, exonérer *(von* de); *(von e-r Steuer; Grundstück von Schuld)* dégrever; *(Straße vom Verkehr)* dégager, décongestionner; *(den Verkehr)* désembouteiller; *mit* dégager; *den Angeklagten (durch s-e Aussage) entlasten* témoigner à la décharge de l'accusé; ~**end** *a jur* exonératoire; ~*e(s) Beweismaterial n* preuve *f* à décharge; **E~ete(r)** *m pol* personne *f* exonérée; **E~ung** *f* ⟨-, (-en)⟩ décharge *f; tech* délestage; *fig* soulagement, allégement, débarras; dégrèvement *m; fin* décharge *f,* quitus *m; jur* décharge, exonération *f; mil* dégagement *m; (vom Verkehr)* décongestion *f; jdm* ~ *erteilen* donner décharge *od* quitus à qn; **E~ungsangriff** *m mil* (attaque de) diversion *f;* **E~ungsbeweis** *m jur* preuve *f* de disculpation *od* à décharge; **E~ungsoffensive** *f mil* offensive *f* de diversion; **E~ungsstraße** *f* itinéraire *m* de délestage; **E~ungsversuch** *m mil* tentative *f* de dégagement; **E~ungszeuge** *m* témoin *m* à décharge; **E~ungszug** *m loc (Vorzug)* train *m* supplémentaire; *e-n* ~ *einlegen* dédoubler le train.

entlaub|en *tr* défolier; **E~ungsmittel** *n* défoliant *m.*

entlaufen ⟨*entläuft, entlief, ist entlaufen⟩ itr (Tier)* échapper.

entlaus|en *tr* épouiller; **E~ung** *f* épouillage *m;* **E~ungsanstalt** *f* établissement *m* d'épouillage.

entledig|en [ɛnt'le:dɪgən] *tr: jdn s-r Fesseln* ~ débarrasser qn de ses fers; *sich s-r Kleider* ~ se défaire de ses vêtements; *sich e-r Last* ~ se débarrasser *od* se décharger *od* se délivrer d'un fardeau; *sich s-r Aufgabe* ~ accomplir, s'acquitter de sa tâche; **E~ung** *f* décharge, délivrance *f.*

entleer|en *tr* vider, dépoter; *(Darm)* évacuer; *(Abort, Benzintank)* vidanger; *(Ballon)* dégonfler; *sich* ~ se vider, se dégonfler; **E~ung** *f* vidage, dépotage *m;* évacuation; vidange *f;* dégonflement *m.*

entlegen [ɛnt'le:gən] *a* éloigné, écarté, lointain, isolé, perdu; **E~heit** *f* ⟨-, ø⟩ éloignement, isolement *m.*

entlehn|en *tr* = *entleihen;* **E~ung** *f* = *Entleihung.*

entleiben, *sich* se donner la mort.

entleih|en ⟨*entleiht, entlieh, hat entliehen⟩ tr* emprunter *(jdm etw* qc à qn); **E~er** *m* emprunteur *m;* **E~schein** *m* bulletin *m* de sortie; **E~ung** *f* emprunt *m.*

entlob|en, *sich* rompre ses fiançailles; **E~ung** *f* rupture *f* des fiançailles.

entlocken *tr (Töne e-m Instrument)* tirer *(dat* de); *(Geheimnis)* arracher, soutirer *(jdm etw* qc à qn); *(Geständnis, Tränen)* arracher.

entlohn|en *tr* payer, rémunérer, rétribuer; *in Waren* ~ payer en nature; **E~ung** *f* salaire *m,* rémunération, rétribution *f.*

entlüft|en *tr* (dés)aérer, ventiler; **E~er** *m* ⟨-s, -⟩ évent, aérateur, ventilateur *m;* **E~ung** *f* aérage *m,* aération, ventilation *f;* **E~ungsanlage** *f* installation *f* d'aérage; **E~ungsdüse** *f,* **E~ungsöffnung** *f* buse *od* bouche *f* d'aération; **E~ungshahn** *m* purgeur *m* d'air; **E~ungsrohr** *n* mot cheminée *f* d'aération; **E~ungsventil** *n* ventouse *f.*

entmachten *tr* retirer les pouvoirs à; *(Führer, Präsidenten)* démettre de ses fonctions.

entmagnetisieren *tr* désaimanter, démagnétiser.

entmann|en *tr* châtrer, castrer, émasculer; **E~ung** *f* ⟨-, (-en)⟩ castration, émasculation *f.*

entmenscht [ɛnt'mɛnʃt] *a* déshumanisé, dénaturé.

entmilitarisier|en *tr* démilitariser; **E~ung** *f* démilitarisation *f.*

entminen *tr (Land)* déminer; *mar* draguer.

entmotten *tr* démiter.

entmündig|en *tr* mettre sous tutelle, frapper d'interdiction; **E~ung** *f* mise sous tutelle, interdiction *f.*

entmutig|en *tr* décourager, rebuter, démoraliser; **E~ung** *f* découragement *m,* démoralisation *f.*

Entnahme *f* ⟨-, -n⟩ prise *f; (e-r Probe)* prélèvement; *fin* retrait, décaissement *m.*

entnationalisier|en *tr* pol *(Wirtschaftszweig)* dénationaliser; **E~ung** *f* dénationalisation *f.*

entnazifizier|en *tr* dénazifier; **E~ung** *f* ⟨-, (-en)⟩ dénazification *f;* **E~ungsausschuß** *m* comité *m* de dénazification.

entnehmen ⟨*entnimmt, entnahm, hat entnommen*⟩ *tr (wegnehmen)* prendre *(dat* de, à); *(Probe)* prélever; *(e-m Buch)* tirer *(dat* de); *(ersehen)* voir, remarquer *(aus* par); *(folgern)* conclure *(aus* de); *fin* retirer.

entnerven *tr* énerver, affaiblir, épuiser; *fam* crisper.

entölen *tr* déshuiler.

entpersönlichen *tr* dépersonnaliser.

entpolitisier|en *tr* dépolitiser; **E~ung** *f* dépolitisation *f.*

entpuppen, *sich* jeter le masque; se dévoiler, se révéler *(als etw* qc).

entrahmen *tr (Milch)* écrémer.

entraten ⟨*enträt, entriet, hat entraten*⟩ *itr lit* se passer *(e-r S* de qc).

enträtsel|n *tr* débrouiller, dévoiler, résoudre; *(Schrift)* déchiffrer; **E~ung** *f* résolution *f;* déchiffrement *m.*

entrechten *tr* priver de ses droits.

entreißen ⟨*entreißt, entriß, hat entrissen*⟩ *tr* arracher; *fig (Geheimnis)* extorquer, extraire *(jdm etw* qc à qn); *dem Tode* ~ arracher à la mort.

entricht|en *tr (Betrag)* acquitter, payer; **E~ung** *f* acquittement, paiement *m.*

entrinden *tr (Baum)* décortiquer.

entrinnen ⟨*entrinnt, entronn, ist entronnen*⟩ *itr (Tränen, Zeit)* s'écouler; *(Zeit)* fuir; échapper *(e-r Gefahr* à un danger).

entrollen *tr a. fig* dérouler; *(bes. Fahne)* déployer.

entrosten *tr* dérouiller.

entrücken *tr* enlever, soustraire, dérober; *(der Welt) entrückt (fig)* dérobé (au monde).

entrümpel|n *tr* déblayer; **E~ung** *f* déblayage, nettoyage *m* des greniers.

entrußen *tr mot* décalaminer.

entrüst|en, *sich* s'indigner, se fâcher *(über* de); *sich über jdn laut* ~ crier haro sur qn; **~et** *a* indigné, outré; *aufs äußerste* ~ exaspéré, hors de soi; **E~ung** *f* ⟨-, (-en)⟩ indignation, exaspération *f.*

entsag|en *itr* se résigner; *e-r S* résigner qc, renoncer à qc, abandonner qc, se désister de qc; *dem Thron* ~ abdiquer (la couronne); **E~ung** *f* résignation *f,* abandon *m,* abnégation; renonciation *f,* renoncement, désistement *m;* **~ungsvoll** *a* plein d'abnégation.

entsalz|en *tr* dessaler *tr;* **E~ung** *f* ⟨-, (-en)⟩ dessalement, dessalage *m,* dessalaison *f.*

Entsatz *m* ⟨-es, ø⟩ mil *(e-r belagerten Stadt)* déblocage *m;* **~angriff** *m* attaque *f* de dégagement; **~heer** *n* armée *f* de dégagement.

entschädig|en *tr* dédommager, *(gesetzlich)* indemniser *(für etw* de qc); *(abfinden)* désintéresser; *sich für etw* ~ se dédommager de qc; *jdn für s-n Verlust* ~ compenser la perte de qn; **E~ung** *f (Vorgang)* dédommagement *m,* indemnisation, réparation *f* du préjudice; *(Abfindung)* désintéressement *m; (Ersatz)* compensation *f; (Schadenersatz)* dommages-intérêts *m pl; (Summe)* indemnité *f; als* ~ *für* à titre d'indemnité de; *allg* en compensation de; *gegen e-e ~ von* moyennant paiement d'une indemnité de; *e-e ~ leisten* od *zahlen* payer une indemnité; *e-e ~ verlangen* demander des dommages--intérêts, *jur* intenter une action en dommages-intérêts; *jdm e-e ~ zuerkennen* allouer une indemnité à qn; **E~ungsantrag** *m* demande *f* d'indemnité *od* en dommages-intérêts; **E~ungssumme** *f* somme de dédommagement, indemnité *f.*

entschärfen *tr (Schußwaffe, Munition, Mine, Bombe)* désamorcer.

Entscheid *m* ⟨-(e)s, -e⟩ [ɛnt'ʃaɪt, -də], *bes. jur = ~ung;* **e~en** ⟨*entscheidet, entschied, hat entschieden*⟩ *tr (Frage)* décider *(etw* qc, *über etw* de qc), trancher; régler, déterminer; *jur* juger *(über etw* qc), statuer *(über etw* sur qc), prononcer *(auf etw* qc); *(durch Schiedsspruch)* arbitrer; *sich ~* se décider *(für* pour, à), se déterminer *(für* à); adopter *(für etw* qc); *sich ~ können* savoir prendre une décision; *nicht wissen, wie man sich ~ soll* n'avoir que l'embarras du choix; *ich habe mich entschieden für mon* choix s'est fixé sur; *das ist entschieden* c'est (une) chose décidée; *dieser Angriff hat die Schlacht entschieden* cette attaque a décidé du sort de la bataille; *die Mehrheit entscheidet* la majorité est décisive; *morgen wird sich entscheiden, ob ...* c'est demain qu'on verra si ...; **e~end** *a* décisif, crucial; *(schlüssig)* concluant; péremptoire; *der ~e Augenblick* le moment psychologique; *im ~en Augenblick kommen* arriver au moment décisif *od* psychologique; *der ~e Punkt* le vif; *das ~e Wort* le fin mot de l'histoire; **~ung** *f* décision; *(Entschluß)* résolution *f; jur (der Geschworenen)* verdict; *(des Gerichts)* jugement; *(der letzten Instanz)* arrêt *m; (des Schiedsgerichts)* (sentence *f* d')arbitrage; *(Verfügung)* arrêté *m; e-e ~ erzwingen* forcer une décision; *e-e (gerichtliche) ~ herbeiführen* amener une décision judiciaire; *noch nicht zur ~ gekommen sein* être (encore) en suspens; *vor e-r schwierigen ~ stehen* se trouver dans une fâcheuse alternative; *etw zur ~ stellen* soumettre qc à la décision; *e-e ~ treffen* prendre une décision; *jur* rendre un prononcé; *e-e ~ nochmals überprüfen* revenir sur une décision; *von jdm e-e unmittelbare ~ verlangen* prendre qn au pied levé; *sich die ~ vorbehalten* se réserver la décision; *vorläufige ~ (jur)* jugement *m* de référé;

e-e vorläufige ~ beantragen, treffen appeler *od* plaider, prononcer en référé; *die ~ steht noch aus* la décision n'a pas encore été prise; **~ungskampf** *m* combat *m* décisif; **~ungsschlacht** *f* bataille *f* décisive; **~ungsspiel** *n sport* match *m* décisif, belle *f.*

entschieden [ɛnt'ʃiːdən] *a* décidé; *(fest, energisch)* ferme, énergique; *(entschlossen)* résolu, déterminé; *(Ablehnung)* catégorique; *(Abneigung)* prononcé; *(Ton)* affirmatif; *adv* décidément; résolument; catégoriquement; péremptoirement, définitivement, en définitive; **E~heit** *f* ⟨-, ø⟩ décision; *(Festigkeit)* fermeté, énergie; *(Entschlossenheit)* résolution, détermination *f.*

entschlack|en *tr med* désintoxiquer; **E~ung** *f* désintoxication *f.*

entschlafen ⟨*entschläft, entschlief, ist entschlafen*⟩ *itr* s'endormir *a. fig (sterben); fig* s'éteindre; *selig ~* s'endormir dans le Seigneur.

entschleiern *tr* dévoiler *a. fig.*

entschließ|en ⟨*entschließt, entschloß, hat entschlossen*⟩ *sich* se résoudre, se décider, se déterminer *(etw zu tun* à faire qc); prendre un parti, s'exécuter; *sich anders ~* se raviser, changer d'avis; *sich dazu ~* en venir là, y venir; **E~ung** *f parl* résolution *f; e-e ~ annehmen* adopter *od* approuver une résolution.

entschlossen [ɛnt'ʃlɔsən] *a* résolu, décidé, déterminé *(etw zu tun* à faire qc); fixé; *(charakterfest)* ferme, énergique; *fest ~* tête levée, front levé; *kurz ~* sans hésiter; *rasch, schnell ~ sein* ne faire ni une ni deux; *~e(r) Mensch m* homme *m* de tête; **E~heit** *f* ⟨-, ø⟩ résolution, (esprit *m* de) décision, détermination; *(Festigkeit)* fermeté, énergie *f.*

entschlummern ⟨*aux: sein*⟩ *itr* s'assoupir, s'endormir *a. fig (sterben).*

entschlüpfen ⟨*aux: sein*⟩ *itr* échapper; *das Wort ist mir entschlüpft* le mot m'a échappé.

Entschluß *m* résolution, décision, détermination *f; von schnellem ~* prompt à se décider; *s-n ~ ändern* changer de décision; *sich zu e-m ~ durchringen* franchir le pas, faire le saut; *e-n ~ fassen* prendre un parti *od* une résolution *od* une décision; *an s-m ~ festhalten* s'en tenir à sa décision; *zu e-m ~ kommen* sauter le pas; *in s-m ~ bestärkt werden* se raffermir dans sa résolution; *mein ~ ist gefaßt* mon parti *od* ma décision est pris(e); *Mann m von* ~ homme *m* de tête; ~**kraft** *f* force *f* de décision.

entschlüsseln *tr* déchiffrer; **E~ung** *f* déchiffrage, déchiffrement *m*.

entschuldbar *a* excusable, pardonnable; ~**en** *tr* dégrever, désendetter; ~**igen** *tr* excuser, pardonner; *(rechtfertigen)* justifier; disculper (*wegen e-r S* de qc); *sich* ~ s'excuser (*bei jdm wegen e-r S* de qc auprès de qn) (*daß* — *bei gleichem Subjekt* — de *inf*); *bei jdm* faire *od* présenter ses excuses à qn; *mit etw* prendre qc pour excuse, *(als Vorwand)* prétexter qc; *(nicht) zu* ~(*d*) (in)excusable, (im)pardonnable; *sich* ~ *lassen* s'excuser; ~ *Sie!* excusez-moi! pardon! ~ *Sie, daß* ... pardonnez-moi de *inf*; ~ *Sie mich bitte bei* ... veuillez m'excuser auprès de ...; ~ *Sie (den harten Ausdruck), aber* ... révérence parler *fam*; ~ *Sie bitte die Störung!* excusez-moi de vous déranger; *das läßt sich nicht* ~ cela est inexcusable; **E~igung** *f* excuse *f*, pardon *m*; *(Rechtfertigung)* justification, disculpation, apologie *f*; *(Ausflucht)* subterfuge, faux-fuyant; *(Vorwand)* prétexte *m*; *als* ~ *für* comme excuse de; *jdn um* ~ *bitten* demander pardon à qn; *immer e-e* ~ *zur Hand haben* avoir toujours une excuse toute prête; *e-e* ~, *als* ~ *vorbringen* alléguer *od* apporter *od* donner une excuse, pour excuse; *e-m Kind e-e* ~ *schreiben* écrire un mot d'excuse pour un enfant; *ich bitte Sie vielmals um* ~ je vous en fais toutes mes excuses; *zu s-r* ~ *kann man sagen* ... on peut dire pour son excuse ...; *dafür gibt es keine* ~ c'est inexcusable; **E~igungsgrund** *m* excuse *f*; **E~igungsschreiben** *n* lettre *f* d'excuse(s); **E~igungszettel** *m (Schule)* billet *m* d'excuse *od* de rentrée; **E~ung** *f fin* désendettement *m*.

entschweben ⟨*aux: sein*⟩ *itr* s'envoler.

entschwefeln *tr* désulfurer.

entschwinden ⟨*entschwindet, entschwand, ist entschwunden*⟩ *itr* disparaître, se perdre (au loin); *(Ton)* mourir; *das ist mir od meinem Gedächtnis entschwunden* je ne m'en souviens plus.

entseelt [ɛntˈzeːlt] *a (tot)* mort.

entsenden ⟨*entsendet, entsandte, hat entsendet*⟩ *tr* envoyer; *(Vertreter)* déléguer, députer.

entsetzen *tr (erschrecken)* effrayer, épouvanter; *mil (Festung)* débloquer, dégager; *sich* ~ s'effrayer, s'épouvanter (*über* de); **E~** *n* ⟨*-s, ø*⟩ frayeur, épouvante, horreur *f*, effroi *m*; ~**lich** *a* effrayant, *a. fam (übertreibend)* épouvantable, terrible, horrible, effroyable, affreux, atroce, à faire peur; *es ist* ~ c'est une horreur; *wie* ~! quelle horreur! **E~lichkeit** *f* horreur, atrocité *f*.

entseuchen *tr* décontaminer; **E~ung** *f* décontamination *f*.

entsichern *tr (Schußwaffe)* enlever la sûreté (*etw* de qc); *(Granate)* dégoupiller; *(Mine)* armer.

entsiegeln *tr* décacheter, *jur* desceller, lever les scellés de; *allg (öffnen)* ouvrir; **E~ung** *f* ⟨*-, (-en)*⟩ levée *f* des scellés.

entsinnen ⟨*entsinnt, entsann, hat entsonnen*⟩, *sich e-r S* ~ se souvenir de qc, se rappeler qc; *ich entsinne mich, daß* il me souvient que; *soviel od soweit ich mich* ~ *kann* si je ne me trompe, autant que je m'en souvienne.

entsittlichen *tr* démoraliser, corrompre, dépraver; **E~ung** *f* ⟨*-, (-en)*⟩ démoralisation, corruption *od* dissolution des mœurs, dépravation *f*.

entsorgen *tr* éliminer; **E~ung** *f* élimination *f* (des déchets).

entspannen *tr* détendre, relâcher; *(Bogen)* *a.* débander; *(Gewehr)* désarmer; *(Muskel)* décontracter; *fig (seelisch, geistig)* détendre, reposer, délasser; *sich* ~ se détendre, se relâcher; *(Muskel, Gesicht)* se décontracter; *fig* se détendre, se délasser, se reposer, *fam* se relaxer; *pol (Lage)* se désamorcer; *sich geistig* ~ se débander l'esprit *(selten)*; se changer les idées; *die Lage entspannt sich (pol)* la tension diminue; ~**t** *a pol* décontracté; **E~ung** *f* détente *f*, relâchement *m*; *(Muskel)* décontraction; *fig* détente *f*; relâchement *m*, relaxation *f*; *fam* relax; *(Ruhe)* repos, calme; *(Zerstreuung)* délassement *m*, distraction *f*; *mil* détente *f*; *(pol: der Lage)* diminution de la tension, amélioration *f* des relations; **E~ungspolitik** *f* politique *f* de détente; **E~ungsübung** *f sport* exercice *m* de détente.

entspinnen ⟨*entspinnt, entspann, hat entsponnen*⟩, *sich (beginnen)* commencer, naître, s'amorcer; *(Kampf)* s'engager, s'élever; *(Krieg)* se préparer; *(sich entwickeln)* se développer.

entsprechen ⟨*entspricht, entsprach, hat entsprochen*⟩ *itr dat* correspondre à, être conforme à; *(zuea. passen)* s'accorder à *od* avec; *(e-m Wunsch)* se conformer à, satisfaire (à); *(e-r Bitte, e-m Antrag)* faire droit à, donner suite à, admettre; *den Anforderungen* ~ satisfaire aux exigences; *jds Er-*

wartungen ~ satisfaire *od* répondre à l'attente de qn; *den Tatsachen, den Vorschriften* ~ se conformer aux faits, aux règlements; **~end** *a* correspondant, conforme, proportionné (*dat* à); *(gleichwertig)* adéquat (*dat* à); analogue; *math chem physiol* homologue; *adv* au fur et à mesure, à l'avenant; *den Umständen* ~ suivant les circonstances, selon le cas; *die* ~*e Belohnung bekommen* recevoir sa juste récompense; *die Preise sind* ~ *hoch* les prix sont à l'avenant; **E~ung** *f* correspondance, conformité; analogie; homologie *f; (Wort)* équivalent *m; keine* ~ *haben* n'avoir pas de correspondant.

entsprießen ⟨*entsprießt, entsproß, ist entsprossen*⟩ [ɛnt'ʃpriːsən, -ɔ-] *itr bot* naître (*dat* de); *fig (abstammen)* descendre, tirer son origine (*dat* de); **entsprossen** *a* issu (*dat* de).

entspringen ⟨*entspringt, entsprang, ist entsprungen*⟩ *itr* s'évader, s'échapper (*dat* de); *(Fluß)* prendre sa source *od* sa naissance (*in, auf* de); *fig (herrühren)* provenir, descendre (*dat* de); *(entstehen)* naître (*aus* de).

entstaatlich|en *tr* dénationaliser; **E~ung** *f* dénationalisation *f.*

entstalinisier|en *tr* déstaliniser; **E~ung** *f* déstalinisation *f.*

entstammen ⟨*aux: sein*⟩ *itr* descendre, provenir, naître, être issu (*dat* de).

entstauben *tr* dépoussiérer.

entsteh|en ⟨*entsteht, entstand, ist entstanden*⟩ *itr* naître, prendre naissance, tirer son origine, provenir, résulter (*aus* de); *(sich bilden)* se former; *(Feuer)* se déclarer; *(Streit)* s'élever; *(Schaden)* être causé *(durch* par); *(Kosten)* être occasionné; *(Wörter, Begriffe)* apparaître, se créer; *was auch daraus* ~ *mag* quoi qu'il en arrive; *im E~* *begriffen* en voie de formation, en train de naître, naissant; **E~ung** *f* ⟨-, (-en)⟩ origine, naissance; formation; *scient* genèse *f;* **E~ungsgeschichte** *f* genèse *f;* **E~ungszeit** *f* temps *m* de la formation *od* de la genèse.

entsteigen ⟨*entsteigt, entstieg, ist entstiegen*⟩ *itr* sortir, surgir (*dat* de).

entsteinen *tr (Obst)* dénoyauter.

entstell|en *tr (verunstalten)* défigurer, déformer; *fig (die Tatsachen)* dénaturer; *(den Sinn)* altérer, travestir; **~end** *a (Narbe)* inesthétique; **E~ung** *f* défiguration, déformation; dénaturation; altération *f,* travestissement *m.*

entstör|en *tr tech* dépanner; *el* blinder; *radio* déparasiter, antiparasiter;

E~ung *f* ⟨-, (-en)⟩ dépannage; blindage; déparasitage, antiparasitage *m;* **E~ungsdienst** *m* radio service *m* de déparasitage.

entströmen ⟨*aux: sein*⟩ *itr (Flüssigkeit)* s'écouler; *(Gas)* s'échapper; *(Licht)* rayonner (*dat* de).

enttäusch|en *tr* décevoir, désappointer, désabuser, désillusionner; *(ernüchtern)* désenchanter; **E~ung** *f* déception *f,* désappointement *m,* désillusion *f;* désenchantement *m; e-e* ~ *erleben* éprouver une déception.

entthron|en *tr* détrôner *a. fig;* **E~ung** *f* déposition *f.*

entvölker|n *tr (sich se)* dépeupler; **E~ung** *f* ⟨-, (-en)⟩ *(Vorgang)* dépeuplement *m; (Ergebnis)* dépopulation *f.*

entwachsen *a: den Kinderschuhen* ~ sorti de l'enfance; *der elterlichen Gewalt* ~ libéré de la tutelle des parents.

entwaffn|en *tr* désarmer; **E~ung** *f* ⟨-, (-en)⟩ désarmement *m.*

entwald|en *tr* déboiser; **E~ung** *f* déboisement *m.*

entwarn|en *itr (nach Fliegeralarm)* sonner la fin de l'alerte; **E~ung** *f* fin *f* d'alerte.

entwässer|n *tr agr* drainer; *(Wiese)* a. saigner; *(trockenlegen)* dessécher, assécher; *chem* déshydrater, concentrer; **E~ung** *f* canalisation *f* d'écoulement, drainage; dessèchement, assèchement *m; chem* déshydratation, concentration; **E~ungsanlage** *f* installation *f* de drainage; **E~ungsgraben** *m agr* fossé *m* d'écoulement; *(Wiese)* a. saignée *f;* **E~ungsmittel** *n chem* agent *m* de déshydratation; **E~ungsrohr** *n agr* tuyau *m* de drainage, drain; *(Kanalisation)* tuyau *m* de canalisation.

entweder [ɛnt've:dər] *conj:* ~ ... *oder* ou (bien) ... ou (bien), soit ... soit; ~ — *oder! (fam)* de deux choses l'une! d'une façon ou de l'autre! c'est à prendre ou à laisser! il n'y a pas de milieu!

entweichen ⟨*entweicht, entwich, ist entwichen*⟩ *itr* s'évader, (s')échapper *(a. Gas); (Gas)* a. se dégager; ~ *lassen (tech)* faire échapper.

entweih|en *tr rel* profaner, violer, polluer; **E~ung** *f* ⟨-, (-en)⟩ profanation, pollution *f,* sacrilège *m.*

entwend|en *tr (stehlen)* voler, dérober; *(unterschlagen)* détourner, soustraire; *(sich aneignen)* s'approprier; **E~ung** *f* vol; détournement *m,* soustraction; appropriation *f.*

entwerfen ⟨*entwirft, entwarf, hat entworfen*⟩ *tr (Plan)* dresser, tracer, dessiner; *(flüchtig beschreiben)* esquisser, ébaucher, crayonner; *(ausdenken)* projeter, étudier; *(Plan)* concevoir, former; *(Vertrag)* rédiger; *(Gesetz)* projeter; *jur (Urkunde)* minuter, faire le brouillon de.

entwert|en [ɛnt'veːrtən] *tr* déprécier, avilir; *fin* dévaluer, dévaloriser, *(Geld)* démonétiser; *(Briefmarke)* oblitérer; *(Fahrschein)* composter; **E~ung** *f* dépréciation *f,* avilissement *m;* dévaluation, dévalorisation, démonétisation; oblitération *f;* compostage *m;* **E~ungsstempel** *m (für Marken)* oblitérateur *m.*

entwes|en [ɛnt'veːzən] *tr* désinfester; **E~ung** *f* désinfestation *f.*

entwick|eln *tr* développer *(a. fig u. phot); phot a.* révéler; *chem (Dampf, Gas)* dégager; *mil* déployer; *(wirtschaftlich, tech)* réaliser; *fig (entfalten)* déployer; *(Gedanken, Plan)* concevoir, élaborer, exposer, expliquer; *sich ~* se développer *(a. fig); chem* se dégager; *mil* se déployer; *fig* se former, évoluer; *sich zu etw ~* devenir qc, *biol* évoluer en qc; *aus der Raupe entwickelt sich der Schmetterling* la chenille devient papillon; **E~** *n phot* développement *m;* **E~ler** *m* ⟨-s, -⟩ *phot* révélateur *m;* **E~(e)lung** *f* développement *(a. fig u. phot),* déploiement *a. mil; chem* dégagement *m; (Verwirklichung)* réalisation; *fig* conception, formation, élaboration, exposition, explication; *(Aufwärtsentwicklung)* évolution *f a. biol; theat (Lösung)* dénouement *m; noch in der ~ (tech)* (encore) à l'étude; *~ von Elektroautos* mise *f* au point de véhicules à propulsion électrique; **E~lungsabteilung** *f adm tech* bureau *m* d'études; **E~lungsalter** *n,* **-jahre** *n pl,* **-periode** *f* (époque de la) puberté *f;* **E~lungsbad** *n phot* bain *m* révélateur; **E~lungsfähig** *a* évolutif; **E~lungsfähigkeit** *f* évolutivité *f;* **E~lungsgang** *m* (marche *f* du) développement *m;* **E~lungsgeschichte** *f biol* génétique *f;* **~lungsgeschichtlich** *a* génétique; **E~lungshemmung** *f biol* arrêt *m* de développement; **E~lungshilfe** *f pol* coopération *f;* **E~lungshelfer** *m* coopérant *m;* **E~lungskolben** *m chem* alambic *m* de dégagement; **E~lungsland** *n pol* pays *m* en voie de développement; **E~lungslehre** *f,* **-theorie** *f* doctrine *od* théorie *f* de l'évolution, évolutionnisme, transformisme *m;* **E~lungslinie** *f* ligne *f* de développement; **E~lungsmöglichkeit** *f* évolution *f* future; **E~lungsreihe** *f biol* série *f;* **E~lungsrich-**

tung *f,* **-tendenz** *f* tendance *f* de développement; **E~lungsschale** *f phot* cuvette *f* de développement; **E~lungsstadium** *n* stade *m* de développement; **E~lungsstufe** *f* degré *m* d'évolution.

entwinden ⟨*entwindet, entwand, hat entwunden*⟩ *tr: jdm etw ~* arracher qc des mains de qn; *sich e-r S ~* s'arracher à qc.

entwirr|en *tr a. fig* démêler, débrouiller; **E~ung** *f* démêlage; *fig* débrouillement *m.*

entwischen ⟨*aux: sein*⟩ *itr fam* (s')échapper, s'évader, s'esquiver.

entwöhn|en [ɛnt'vøːnən] *tr* désaccoutumer, déshabituer *(e-r S de qc); (Kind)* sevrer; *sich e-r S ~* se déshabituer de qc, perdre l'habitude de qc; **E~ung** *f (e-s Kindes)* sevrage *m.*

entwölken [ɛnt'vœlkən], *sich (Himmel)* s'éclaircir, se découvrir.

entwürdig|en *tr* dégrader, avilir, abaisser; **E~ung** *f* dégradation *f,* avilissement, abaissement *m.*

Entwurf *m* ébauche *f,* canevas *m,* linéaments *m pl,* projet, *poet* dessin *(zu* de); *(Konzept)* brouillon *m; (Skizze)* esquisse *f,* croquis *m,* maquette *f, fam* topo; *(theat, Roman) a.* scénario *m; (e-r Urkunde)* minute *f; e-n ~ von etw machen* faire le brouillon *od* la minute *etc* de qc; *im ~ sein* être en projet; **~sstadium** *n* phase *f* d'étude.

entwurzel|n *tr* déraciner *a. fig; ein entwurzelter Mensch* un homme déraciné; **E~ung** *f* déracinement *m, a. fig.*

entzauber|n *tr* désensorceler; désenchanter *a. fig (den Nimbus nehmen);* **E~ung** *f* désenchantement *m.*

entzerr|en *tr (Luftaufnahme)* redresser, restituer; *tele radio* corriger la distorsion de; **E~ung** *f* ⟨-, (-en)⟩ *phot* restitution; *tele radio* correction de distorsion, *radio* régénération *f.*

entzieh|en ⟨*entzieht, entzog, hat entzogen*⟩ *tr* retirer, soustraire, enlever, ôter, dérober *(jdm etw* qc à qn), priver *(jdm etw* qn de qc); *(entwöhnen)* sevrer *(jdm etw* qn de qc); *chem* extraire *(e-r S etw* qc à qc); *sich ~* se dérober, se soustraire *(e-r (unangenehmen) S* à qc), esquiver *(e-r Verpflichtung* une obligation); *sich der Beobachtung ~* échapper à l'observation; *(sich) jds Blicken ~* (se) dérober à la vue de qn; *sich der Festnahme od der Verhaftung ~* éviter l'arrestation; *jdm den Führerschein ~* retirer le permis de conduire à qn; *die Kohlensäure ~* décarbonater *(e-r S* qc); *jdm die Nahrung ~* couper les vivres à qn; *jdn s-m gesetzlichen Richter* ~ distraire qn à son juge légal; *sich den Schlaf* ~ prendre sur son sommeil; *jdm die Staatsangehörigkeit* ~ dénaturaliser qn; *sich der Strafe, der Strafverfolgung* ~ se soustraire à sa punition, à la justice; *jdm das Wahlrecht* ~ priver qn du droit électoral; *jdm das Wort* ~ *(parl)* retirer la parole à qn; *etw (ein Gebäude) s-m Zweck* ~ désaffecter qc; *das entzieht sich meiner Kenntnis* je ne suis pas au courant; j'ignore; pas que je sache; **E~ung** *f* ⟨-, (-en)⟩ *(Wegnahme)* privation *f,* enlèvement; *(e-r Berechtigung, bes. des Führerscheins)* retrait *m, (befristet)* suspension; *chem* extraction *f;* ~ *der elterlichen Gewalt* déchéance *od* privation *f od* retrait *m* de la puissance paternelle; ~ *der Staatsangehörigkeit* dénaturalisation *f;* ~ *des Wahlrechts* privation *f* du droit électoral; **E~ungskur** *f med* cure *f* de désintoxication.

entziffer|bar *a* déchiffrable; ~**n** *tr allg* déchiffrer; *(Geheimschrift)* décrypter; *nicht zu* ~*(d)* indéchiffrable; **E~ung** *f* déchiffrement; décryptement *m.*

entzück|en *tr* ravir, charmer, enchanter, émerveiller, enthousiasmer, transporter; **E~** *n* ⟨-s, ø⟩ ravissement, enchantement, émerveillement *m; in* ~ *geraten* être transporté; ~**end** *a* ravissant, à ravir, charmant, enchanteur; ~**t** *a* ravi, enchanté *(über, zu* de); **E~ung** *f (seltener für: E~).*

Entzug *m allg u. jur* = *Entziehung; med* désintoxication *f;* ~**serscheinung** *f* manque *m;* ~*en haben* être en (état de) manque.

entzünd|bar *a* inflammable; **E~barkeit** *f* inflammabilité *f;* ~**en** *tr* mettre le feu à; enflammer, allumer *a. fig; sich* ~ prendre feu; s'enflammer *a. fig u. med;* s'allumer *a. fig;* ~**et** *a med* enflammé; ~**lich** *a* inflammable; **E~ung** *f* ⟨-, -en⟩ inflammation *a. med u. tech;* med *a.* irritation *f; tech a.* allumage *m,* ignition *f; zur* ~ *bringen* causer l'inflammation de; **E~ungspunkt** *m* point *m* d'ignition; **E~ungstemperatur** *f* température *f* d'inflammation.

entzwei *adv* en deux; *(in Stücke)* en morceaux; *(zerbrochen)* cassé, rompu, brisé; *(zerrissen)* déchiré; *fam* fichu; ~**=brechen** ⟨aux: sein⟩ *itr* (se) casser, (se) rompre, (se) briser; ~**en** *tr* désunir, diviser, brouiller; *(entfremden)* aliéner; *sich* ~ se désunir, se diviser, se brouiller; *(streiten)* se quereller; ~**=gehen** ⟨aux: sein⟩ *itr* =

~*brechen od* ~*reißen;* ~**=reißen** *tr* ⟨aux: haben⟩ déchirer (en deux); *itr* ⟨aux: sein⟩ se déchirer; ~**=schlagen** *tr* fendre; ~**=schneiden** *tr* couper (en deux); ~**t** *a (uneinig)* désuni; **E~ung** *f* désunion, division; *(Streit)* brouill(eri)e, dissension, querelle *f.*

Enzian *m* ⟨-s, -e⟩ ['ɛntsiaːn] *(bot u. Likör)* gentiane *f.*

Enzyklika *f* ⟨-, -ken⟩ [ɛn'tsyːklika] *(päpstl. Rundschreiben)* encyclique *f.*

Enzyklopäd|ie *f* ⟨-, -n⟩ [ɛntsyklopɛ'diː, -iːən] *(Nachschlagewerk)* encyclopédie *f;* **e~isch** [-pɛːdɪʃ] *a* encyclopédique; ~**ist** *m* ⟨-en, -en⟩ [-pɛ'dɪst] *hist philos* encyclopédiste *m.*

Enzym *n* ⟨-s, -e⟩ [ɛn'tsyːm] *chem* enzyme *f od m.*

Eozän *n* ⟨-s, ø⟩ [eo'tsɛːn] *geol* éocène *m;* **e~** *a* éocène.

Epidem|ie *f* ⟨-, -n⟩ [epide'miː, -iːən] épidémie *f;* **e~isch** [-'deːmɪʃ] *a* épidémique.

Epidermis *f* ⟨-, -men⟩ [epi'dɛrmɪs, -mən] *scient (Oberhaut)* épiderme *m.*

Epigone *m* ⟨-n, -n⟩ [epi'goːnə] épigone *m;* **e~nhaft** *a* décadent; ~**ntum** *n* ⟨-s, ø⟩ décadence *f,* académisme *m.*

Epigramm *n* ⟨-s, -e⟩ [epi'gram] *(Sinn- od Spottgedicht)* épigramme *f;* ~**atiker** *m* ⟨-s, -⟩ [-'maːtik ər] auteur *m* d'épigrammes; **e~atisch** [-'maːtɪʃ] *a (kurz u. treffend)* épigrammatique.

Epigraph|ik *f* ⟨-, ø⟩ [epi'graːfɪk] *(Inschriftenkunde)* épigraphie *f;* **e~isch** *a* épigraphique.

Ep|ik *f* ⟨-, ø⟩ ['eːpɪk] poésie *f* épique; ~**iker** *m* ⟨-s, -⟩ ['eːpikər] poète *m* épique.

Epikure|er *m* ⟨-s, -⟩ [epiku'reːər] épicurien; *abus (Genießer)* jouisseur, viveur *m;* **e~isch** [-'reːɪʃ] *a* épicurien.

Epilep|sie *f* ⟨-, ø⟩ [epilɛ'psiː] *med* épilepsie *f.* mal caduc, haut mal *m;* ~**tiker** *m* ⟨-s, -⟩ [-'lɛptikər] épileptique *m;* **e~tisch** [-'lɛptɪʃ] *a* épileptique.

Epilog *m* ⟨-s, -e⟩ [epi'loːk, -gə] épilogue *m.*

Epiphyse *f* ⟨-, -n⟩ [epi'fyːzə] *anat* glande pinéale; épiphyse *f.*

episch ['eːpɪʃ] *a* épique.

episkop|al [episko'paːl] *a rel* épiscopal; **E~alkirche** *f* Église *f* épiscopale; **E~at** *m od n* ⟨-(e)s, -e⟩ [-'paːt] épiscopat *m.*

Episod|e *f* ⟨-, -n⟩ [epi'zoːdə] épisode *m;* **e~enhaft** *a,* **e~isch** *a* épisodique.

Epistel *f* ⟨-, -n⟩ [e'pɪstəl] *lit rel (Brief)* épître *f; jdm die* ~ *lesen (fig fam)* chapitrer, sermonner qn.

Epithel *n* ⟨-s, -e⟩ , **~ium** *n* ⟨-s, -lien⟩ [epi'te:l(ium)] *anat (oberste Zellschicht)* épithélium *m;* **~gewebe** *n* tissu *m* épithélial; **~zelle** *f* cellule *f* épithéliale.

Epizentrum *n* [epi'-] *geog* épicentre *m.*

epoch|al [epɔ'xa:l] *a* = **~emachend:** **E~e** *f* ⟨-, -n⟩ [e'pɔxə] époque *f;* ~ *machen* faire époque; **~emachend** *a* qui fait époque *od* date, mémorable, sensationnel.

Epos *n* ⟨-, -pen⟩ ['e:pɔs, 'e:pən] épopée *f,* poème *m* épique.

Equilibrist *m* ⟨-en, -en⟩ [ekvili'brıst] *(Seiltänzer)* équilibriste, danseur *m* de corde.

Equipage *f* ⟨-, -n⟩ [ek(v)i'pa:ʒə] *(Kutsche; Schiffsmannschaft)* équipage *m.*

er [e:r] *pron (mit v verbunden)* il; *(unverbunden)* lui; ~ *selbst* lui-même; ~ *ist es* c'est lui; *da ist* ~ le voilà.

erachten [ɛr'-] *tr: für gut* ~ *(zu ...)* juger à propos (de ...); **E~** *n: meines* ~*s, nach meinem* ~ à mon avis *od* gré *od* jugement, à ce que je pense *od* crois, selon *od* d'après moi.

erarbeiten, *sich etw* acquérir *od* gagner qc par son travail; *fig* acquérir qc.

Erb|adel *m* ['ɛrp-] noblesse *f* héréditaire; **~anlage** *f biol* caractère *m* héréditaire; *Änderung f der* ~ modification *f* génétique; **~anspruch** *m* pétition *f* d'héritage; **~anteil** *m* part *f* d'héritage; **~auseinandersetzung** *f* liquidation *f* d'héritage *od* de succession; **e~bedingt** *a biol* héréditaire; **~bedingtheit** *f* hérédité *f;* **e~berechtigt** *a:* ~ *sein* partager dans une succession; **~berechtigte(r** *m)* *f* héritier *m,* héritière *f;* **~e** ['ɛrbə] **1.** *m* ⟨-n, -n⟩ héritier; *(e-s Vermächtnisses)* légataire *m; jdn zum* ~*n bestimmen,* *als* ~*n einsetzen* nommer qn son héritier, faire son héritier de qn; *gesetzliche(r), mutmaßliche(r)* ~ héritier *m* légitime, présomptif; **2.** *n* ⟨-s, ø⟩ héritage *m;* succession *f; (elterliches)* patrimoine *m; jur* hérédité *f; ein* ~ *antreten* recueillir un héritage; **e~eigen** *a* acquis par héritage, héréditaire; **~einsetzung** *f* institution *f* d'héritier; **e~en** ['ɛrbən] *tr* hériter *(etw de qc; etw von jdm* qc de qn); **~engemeinschaft** *f* communauté *f* entre cohéritiers; **e~fähig** *a jur* habile à succéder; **~fähigkeit** *f* habilité *f* à succéder; **~faktor** *m* facteur *m* héréditaire; **~fall** *m* cas *m* de succession; **~fehler** *m* défaut *od* vice *m* héréditaire; **~feind** *m* ennemi *m*

héréditaire; **~folge** *f* ordre héréditaire *od* successoral, (ordre *m* de) succession *f; (in Zssgen)* successoral *a; gesetzliche* ~ ordre *m* légal des successions; **~folgekrieg** *m* guerre *f* de succession; **~gang** *m jur* dévolution, succession *f;* **~gut** *n* bien héréditaire, patrimoine; *biol* patrimoine *m* héréditaire; **~in** *f* héritière *f;* **e~krank** *a* atteint d'un mal héréditaire; **~krankheit** *f.* **~leiden** *n* maladie *f* héréditaire; **~lasser(in** *f)* *m* ⟨-s, -⟩ testateur *m,* testatrice *f;* **e~lich** *a* héréditaire *od* génétique; *biol* transmissible; *adv* à titre héréditaire; par voie d'hérédité; *nicht* ~ *(biol)* intransmissible; ~ *belastet* héréditairement taré; ~*e Belastung f* tare *f* héréditaire; **~lichkeit** *f* ⟨-, (-en)⟩, *a. biol* hérédité *f;* **~masse** *f jur* héritage, patrimoine *m; biol* idioplasma *m;* **~monarchie** *f* monarchie *f* héréditaire; **~onkel** *m* oncle à héritage, *fam* oncle *m* d'Amérique; **~pacht** *f* emphytéose *f,* bail *m* emphytéotique *od* d'héritage; **~pachtvertrag** *m* bail *m* emphytéotique; **~pächter** *m* emphytéote *m;* **~prinz(essin** *f)* *m* princ(ess)e *m f* héritier (-ère); **~recht** *n* droit *m* de succession *od* à l'héritage *od* successoral; **~schaft** *f* héritage *m,* succession *f; e-e* ~ *antreten* recueillir un héritage; *e-e* ~ *ausschlagen* renoncer à *od* répudier un héritage *od* une succession; *e-e* ~ *machen (fam)* faire un héritage; *als od durch* ~ *zufallen* échoir en héritage; **~schaftsangelegenheiten** *f pl* affaires *f pl* successorales; **~schaftsannahme** *f* acceptation *f* de l'héritage; **~schaftsklage** *f* pétition *f* d'héritage *od* d'hérédité; **~schaftssteuer** *f* droit *od* impôt successoral, impôt *m* sur les successions, taxe *f* successorale; **~schaftsverzicht** *m* renonciation *f* à l'héritage; **~schein** *m* certificat d'héritier, acte *m* de notoriété; **~schleicher** *m* ⟨-s, -⟩ captateur *m* (d'héritage); **~schleicherei** *f* captation *f* (d'héritage); **~stück** *n* objet *m* hérité; **~sünde** *f rel* péché *m* originel; **~tante** *f* tante *f* à héritage; **~teil** *n od m* part d'héritage *od* héréditaire, *jur* portion *f* héréditaire; **~teilung** *f* partage *m* successoral; répartition *f* des biens d'une succession; **~übel** *n* défaut *od* vice *m* héréditaire; **~vertrag** *m* contrat *m* d'héritage *od* d'hérédité.

erbarmen [ɛr'barmən]. *sich jds* od *über jdn* ~ avoir pitié de qn; *daß (es) Gott erbarm'!* = *zum E~;* **E~** *n* ⟨-s, ø⟩ pitié, miséricorde, commisération, compassion *f; zum* ~ à faire pitié; ~**swert** *a,* ~**swürdig** *a* digne de pitié, pitoyable.

erbärmlich *a* pitoyable, piteux, déplorable, misérable, à faire pitié, *fam* fichu; *(gemein)* bas, vil; *(kleinlich)* petit, mesquin; ~*er Lohn* salaire de famine, *in e-m* ~*en Zustand* dans un état déplorable, *fam* lamentable; ~ *aussehen* crier misère; *wir haben (ganz)* ~ *gefroren* nous avons eu horriblement froid; **E~keit** *f* état *m* pitoyable *od* misérable; misère; *(Armseligkeit)* pauvreté; *(Gemeinheit)* bassesse, vilenie; *(Kleinlichkeit)* petitesse, mesquinerie *f.*

erbarmungs|los [ɛr'barmʊŋs-] *a* sans merci *od* pitié, impitoyable; ~**voll** *a* plein de compassion, compatissant, miséricordieux; ~**würdig** *a* digne de compassion.

erbau|en *tr* bâtir, construire, élever; *(Stadt)* fonder; *fig (geistig, bes. rel)* édifier; *sich an etw* ~ être édifié de qc; **E~er** *m* ⟨-s, -⟩ constructeur, architecte; *(Gründer)* fondateur *m;* ~**lich** *a rel* édifiant; ~**t** *a fig hum: von etw nicht gerade* od *sehr* ~ *sein* ne pas être très édifié de qc; **E~ung** *f* ⟨-, (-en)⟩ construction; *(Gründung)* fondation; *fig rel* édification *f;* **E~ungsbuch** *n* livre *m* d'édification *od* de dévotion *od* de piété.

erbeben ⟨*aux: sein*⟩ *itr* trembler, frémir (*vor* de); *fig* tressaillir.

erbetteln *tr* obtenir en mendiant.

erbeuten *tr mil* capturer, enlever, prendre (à l'ennemi); *fam allg* faire un butin de.

erbieten ⟨*erbietet, erbot, hat erboten*⟩: *sich* ~*, etw zu tun* s'offrir à faire qc.

erbitten ⟨*erbittet, erbat, hat erbeten*⟩ *tr: etw von jdm* ~ demander qc à qn, solliciter qc de qn; *(durch Bitten erlangen)* obtenir qc de qn par ses prières.

erbitter|n *tr* irriter, aigrir, exaspérer; ~**t** *a* exaspéré; *(Kampf, Ringen)* acharné; *sehr* ~ ulcéré; ~ *sein irrité (über etw* de qc); **E~ung** *f* ⟨-, (-en)⟩ irritation, aigreur, exaspération *f; mit* ~ avec acharnement.

erblassen ⟨*aux: sein*⟩ *itr,* **erbleichen** *itr* ⟨*erbleicht, erbleichte, ist erbleicht*⟩ *itr* pâlir, blêmir (*vor* de); ⟨*erbleicht, erblich, ist erblichen*⟩ *poet (sterben)* s'éteindre.

erblicken *tr* voir, apercevoir; *(entdecken)* découvrir; *das Licht der Welt* ~ voir le jour.

erblind|en ⟨*aux: sein*⟩ *itr* devenir aveugle, perdre la vue, être frappé de cécité; **E~ung** *f* ⟨-, (-en)⟩ perte *f* de la vue.

erblühen ⟨*aux: sein*⟩ *itr* fleurir; *fig* s'épanouir.

erbosen [ɛr'bo:zən] *tr: (sich)* ~ (s')irriter, (se) dépiter, (se) fâcher, (s')exaspérer.

erbötig [ɛr'bø:tɪç] *a* prêt, disposé (*zu* à); ~ *sein, etw zu tun* s'offrir à faire qc.

erbrechen ⟨*erbricht, erbrach, hat erbrochen*⟩ *tr (Behältnis)* ouvrir avec effraction, rompre, briser; *(Brief)* décacheter; *(Schloß)* fracturer; *(Tür)* enfoncer, forcer; *itr u. sich* ~ *(med)* vomir; *das Essen* ~ rendre son repas; **E~** *n* rupture *f, (e-s Briefes)* décachetage; *med* vomissement *m.*

erbringen ⟨*erbringt, erbrachte, hat erbracht*⟩ *tr* apporter; *den Beweis* ~ produire la preuve.

Erbs|brei *m* ['ɛrps-] purée *f* de pois *m;* ~**e** *f* ⟨-, -n⟩ pois *m; junge* ~*n* petits pois *m pl; junge* ~**nsuppe** *f* potage *m* aux pois; ~**püree** *n* = ~*brei.*

Erd|abwehr *f* ['e:rt-] *mil aero* défense *f* terrestre; ~**achse** *f* axe *m* de la terre; ~**alkalie** *f chem* terre *f* alcaline; ~**alkalimetall** *n chem* métal *m* alcalino-terreux; ~**altertum** *n geol* ère *f* primaire; ~**anker** *m arch* tirant *m;* ~**anschluß** *m el* raccord *m* à la terre; ~**antenne** *f* antenne *f* à la terre; ~**anziehung** *f* gravité *f;* ~**apfel** *m (Kartoffel)* pomme de terre, patate *f;* ~**äquator** *m* équateur *m* terrestre; ~**arbeiten** *f pl* travaux *m pl* de terrassement; ~**arbeiter** *m* terrassier *m;* ~**atmosphäre** *f* atmosphère *f* terrestre; ~**aufklärung** *f mil* reconnaissance *od* exploration *f* terrestre; ~**aufschüttung** *f* terrassement *m;* ~**aushub** *m* fouille *f* des terres; ~**bahn** *f astr* orbite *f* terrestre; ~**ball** *m* globe *m* terrestre; ~**beben** *n* tremblement de terre, mouvement sismique, séisme *m;* ~**bebenkunde** *f* sismologie *f;* ~**bebenmesser** *m* ⟨-s, -⟩ sismographe *m;* ~**bebenwelle** *f* onde *f* sismique; ~**beere** *f (Frucht)* fraise *f; (Pflanze)* fraisier *m;* ~**beereis** *n* glace *f* à la fraise; ~**beerkuchen** *m,* -**torte** *f* tarte *f* aux fraises; ~**beerpflanze** *f* fraisier *m;* ~**beobachtung** *f mil aero* observation *f* terrestre; ~**beschleunigung** *f* accélération *f* de la pesanteur; ~**beschuß** *m mil aero* feux *m pl* terrestres; ~**bewegung** *f (Arbeit)* terrassement, déblaiement *m;* ~**bewohner** *m* habitant de la terre, terrien *m;* ~**boden** *m* sol *m,* terre *f,* terrain *m; unmittelbar am* ~ à *od* au ras de la terre; *dem* ~ *gleichma-chen* raser; *auf dem* ~ *schlafen* coucher sur la dure; ~**bohrer** *m* tarière, sondeuse *f;* ~**bohrung** *f* sondage *m;* ~**drehung** *f* rotation *f* de la terre; ~**druck** *m* poussée *f* des terres; ~**durchmesser** *m* diamètre *m* de la terre.

Erde *f* ‹-, (-n)› ['e:rdə] *geog astr* terre *f; (Welt)* monde *m; (Boden)* terre *f,* terrain, sol *m; el radio* terre, masse *f; pl chem* terres *f pl; auf* ~*n (poet)* en ce (bas) monde, ici-bas; *über der* ~ au -dessus du sol; *unter der* ~ sous terre; *etw von der* ~ *aufnehmen* ramasser qc par terre; *mit frischer* ~ *bedecken (agr)* terrer; *unter die* ~ *bringen (vor Kummer)* tuer; *sich in die* ~ *eingraben* (se) terrer; *auf die* ~ *fallen* tomber à *od* par terre; *auf die* ~ *legen od stellen* mettre à terre; *unter der* ~ *liegen (tot sein)* être sous terre; *auf der bloßen* ~ *schlafen* coucher sur la dure; *mit beiden Beinen auf der* ~ *stehen (fig)* avoir les pieds sur terre; *in die* ~ *versinken mögen (vor Scham)* souhaiter d'être à cents pieds sous terre; *in der* ~ *lebend (zoo)* terricole; *seltene* ~*n pl* terres *f pl* rares; **e**~**n** *tr el radio* mettre à la terre *od* à la masse; *itr* établir le contact avec le sol, mettre la prise de terre; ~**nbürger** *m poet* mortel *m;* ~**nglück** *n poet* bonheur *m* terrestre; ~**nleben** *n poet* vie *f* terrestre.

Erd|erschütterung *f* ébranlement *m* de la terre; ~**farbe** *f* couleur *f* de terre; ~**ferne** *f (des Mondes)* apogée *m;* ~**floh** *m ent* altise *f;* ~**funkstelle** *f* station *f* de T.P.S. (télégraphie par le sol); ~**gas** *n* gaz *m* naturel; ~**gasleitung** *f* ~**gasröhre** *f* gazoduc *m;* ~**geist** *m* gnome *m;* ~**geschichte** *f* géologie *f;* ~**geschoß** *n arch* rez--de-chaussée *m;* ~**halbkugel** *f* hémisphère *m;* ~**hülle** *f* environnement *m* terrestre; **e**~**ig** [-dɪç] *a* terreux; ~**innere,** *das* les entrailles *f pl* de la terre; ~**kabel** *n el* câble *m* souterrain; ~**kampf** *m* mil combat *m* terrestre, lutte *f* au sol; ~**karte** *f* planisphère *m* terrestre, mappemonde *f;* ~**klemme** *f el* borne *f* de terre; ~**klumpen** *m* motte *f* de terre; ~**kontakt** *m el* contact *m* terrestre; ~**kreis,** *der (poet)* le monde (entier); ~**krümmung** *f* courbure *f* terrestre; ~**kugel** *f* globe *m* (terrestre); ~**kunde** *f* géographie *f;* **e**~**kundlich** *a* géographique; ~**leiter** *m.* ~**leitungsdraht** *m el* conducteur *od* collecteur de terre, fil *m* de masse *od* de (mise à la) terre; ~**leitung** *f el* con-

duite *f* souterraine; ~**loch** *n* puits *m* naturel; ~**magnetismus** *m* magnétisme *m* terrestre; ~**massen** *f pl* masses *f pl* de terre; ~**mittelpunkt** *m* centre *m* de la terre; **e**~**nah** *a;* ~*e(r) Raum m* proche espace *m* circumterrestre; ~**nähe** *f (des Mondes)* périgée *m;* ~**nuß** *f bot* arachide, cacah(o)uète *f;* ~**nußöl** *n* huile *f* d'arachide; ~**oberfläche** *f* surface *f* de la terre; ~**öl** *n* huile *f* minérale, pétrole, naphte *m;* für *Zssgen siehe auch Öl*~*;* ~**ölchemie** *f* pétrochimie *f;* ~**ölfelder** *n pl* champs *m pl* pétrolifères; ~**ölgebiet** *n* région *f* pétrolifère; ~**ölindustrie** *f* industrie *f* du pétrole *od* pétrolière; ~**ölleitung** *f* oléoduc *m;* ~**ölpreise** *m pl* prix *m pl* du pétrole (brut); ~**ölraffinerie** *f* raffinerie de pétrole, pétrolerie *f;* ~**ölvorkommen** *n* gisement *m* pétrolifère; ~**pech** *n* poix *f* minérale; ~**reich** *n* terre *f,* terrain *m;* ~**rinde** *f* écorce terrestre *od* du globe, lithosphère *f;* ~**rutsch** *m* glissement de terrain, éboulement *m;* ~**schatten** *m astr* ombre *f* de la terre; ~**schicht** *f* couche *f* de terre; ~**schluß** *m el* contact *m* de terre, perte *f* à la terre; ~**scholle** *f* motte, glèbe *f;* ~**sicht** *f aero* vue *f* du sol; *Flug mit* ~ vol *m* à vue; ~**stoß** *m* mouvement *m* sismique, secousse *f* tellurique; ~**strahlung** *f* radiation *f* terrestre; ~**strom** *m el geol* courant *m* tellurique; ~**teil** *m* partie *f* du monde, continent *m;* ~**umdrehung** *f (Rotation)* rotation *f* de la terre; ~**umkreisung** *f (e-s Satelliten)* révolution *f* autour de la terre, vol *m* orbital; ~**umlaufbahn** *f* orbite *f* terrestre; ~**umseg(e)lung** *f* circumnavigation *f* de la terre; ~**ung** *f el radio* mise à la masse *od* terre; *radio* prise *f* de terre; ~**ungsschalter** *m radio* interrupteur *m* de prise de terre; ~**vermessung** *f* géodésie *f;* ~**wall** *m* levée *f od* rempart *m* de terre; ~**wärme** *f* géothermie *f;* ~**wärmekraftwerk** *n* centrale *f* géothermique.

erdenk|en ‹*erdenkt, erdachte, hat erdacht*› *tr* imaginer, concevoir, inventer; ~**lich** *a* imaginable, concevable; *alle(r, s)* ~*e* ... tout le, toute la ... imaginable; *sich alle* ~*e Mühe geben* faire tout au monde, se donner toutes les peines du monde.

erdicht|en *tr* inventer, imaginer; *(in böser Absicht)* forger, controuver; ~**et** *a* controuvé, fictif.

erdolchen *tr* poignarder.

erdreisten, *sich* ~. *etw zu tun* avoir

l'audace *od* le front *od fam* le toupet de faire qc.

erdrosseln *tr* étrangler.

erdrücken *tr (zermalmen)* écraser; *fig (bedrücken)* accabler; ~de *Beweise m pl* preuves *f pl* accablantes; ~de *Übermacht f* supériorité *f* écrasante.

erdulden *tr (über sich ergehen lassen)* souffrir, subir, recevoir, essuyer.

ereifern, *sich* s'emporter, s'échauffer, s'emballer, se gendarmer (*gegen* contre); *sich unnütz* ~ aboyer à la lune.

ereign|en [ɛr'ʔaɪgnən] , *sich* se passer, se produire, arriver, avoir lieu; *(plötzlich)* survenir; **E~is** *n* ⟨-sses, -sse⟩ événement, incident *m; die Kette der* ~*se* la chaîne *od* l'enchaînement des événements; *freudige(s)* ~ heureux événement; *unerwartete(s)* ~ *(a.)* coup *m* de théâtre; ~**islos** *a* vide; ~**isreich** *a* mouvementé.

ereilen *tr fig* atteindre, rejoindre, rattraper; surprendre; *der Tod hat ihn ereilt* il a été surpris par la mort.

Eremit *m* ⟨-en, -en⟩ [ere'mi:t] ermite *m.*

ererben *tr* hériter (*von* de), acquérir par héritage.

erfahr|en ⟨*erfährt, erfuhr, hat erfahren*⟩ *tr (erleben)* faire l'expérience de, éprouver; *(erleiden)* subir, essuyer; *(hören)* apprendre; avoir bruit (*etw* de qc); *etw von jdm* ~ *haben* tenir qc de qn; *sie hat viel Leid* ~ elle a fait beaucoup de mauvaises expériences; ~ *a (bewandert)* entendu; versé (*in* dans); *(geschickt)* expert (*in* en), rompu (*in* à); *(gereift)* mûri; **E~enheit** *f* ⟨-, ø⟩ *(nur Zustand)* = *E~ung;* **E~ung** *f (Vorgang u. Endzustand)* expérience *f; (praktische)* usage *m,* pratique *f;* enseignement *m; (meist pej)* routine *f; aus (eigener)* ~ par expérience; *mit* ~ *in (Stellenanzeige)* confirmé dans; *in* ~ *bringen* apprendre; ~ *haben* avoir de l'expérience; *in etw* ~ *haben* avoir l'expérience de qc; *mit etw e-e schlechte* ~ *machen* se trouver mal de qc; *aus* ~ *sprechen* en parler par expérience; *über* ~ *verfügen* avoir de l'expérience; *durch* ~ *klug werden* devenir sage par expérience; *aus* ~ *wissen* savoir par expérience; *Mangel m an* ~ manque *m* d'expérience; *es ist e-e alte* ~*, daß* on sait depuis toujours que; *auf* ~ *begründet* empirique; **E~ungsaustausch** *m* échange *m* des expériences; ~**ungsgemäß** *adv* par expérience; **E~ungssatz** *m* principe *m* fondé sur l'expérience; **E~ungstatsache** *f* fait *m* d'expérience; **E~ungswert** *m* valeur *f* empirique.

erfass|en *tr (meist fig)* saisir; *fig (geistig)* comprendre, concevoir; *(registrieren)* enregistrer, *bes. mil* recenser; *(durch Werbung)* toucher, atteindre; *mil (Ziel)* saisir; *von einem Lastwagen erfaßt werden* se faire accrocher *od* happer par un camion; **E~ung** *f* ⟨-, (-en)⟩ *(Registrierung)* enregistrement, *mil* recensement *m.*

erfechten ⟨*erficht, erfocht, hat erfochten*⟩ *tr (e-n Sieg)* remporter.

erfind|en ⟨*erfindet, erfand, hat erfunden*⟩ *tr* inventer, imaginer; *(frei* ~*)* controuver, fabriquer, forger, *jur* romancer; *er hat (auch) das Pulver nicht erfunden (fig)* il n'a pas inventé la poudre; **E~er** *m* ⟨-s, -⟩ inventeur *m;* **E~ergeist** *m* génie *m* inventif; ~**erisch** *a* inventif; *(findig)* ingénieux; **E~ung** *f* invention; *(freie)* fiction *f;* **E~ungsgabe** *f* faculté imaginative *od* fabulatrice, fabulation *f;* ~**ungsreich** *a* fertile en inventions, inventif.

erflehen *tr* implorer, invoquer.

Erfolg *m* ⟨-(e)s, -e⟩ [ɛr'fɔlk, -gə] *(guter)* succès *m,* réussite *f; (Ausgang, Ergebnis)* issue *f,* résultat *m; (Folge, Wirkung)* suite, conséquence *f; mit* ~ avec succès; *mit dem Erfolg, daß* si bien que; *ohne* ~ sans succès; *zum* ~ *führen* mener à bien; ~ *haben* avoir du succès, réussir, arriver, parvenir; *großen* ~ *haben* avoir grand succès; *(theat, Kunst)* faire fureur; *keinen* ~ *haben* ne pas avoir de succès, ne réussir à rien, échouer, avorter, rater, *theat fam* être un four; *auf e-n* ~ *hoffen* espérer un succès; *des* ~*es sicher sein* être sûr de réussir; *jdm, e-r S zum* ~ *verhelfen* contribuer au succès de qn, qc; *meine Bemühungen blieben ohne* ~ mes efforts restèrent sans succès; *guten* ~*!* bonne chance! *gewaltige(r), ungeheure(r)* ~ succès *m* monstre; *von* ~ *gekrönt* couronné de succès; *halbe(r)* ~ demi--succès *m; e~en* ⟨*aux: sein*⟩ *itr (geschehen)* arriver, se faire, se produire; *(stattfinden)* avoir lieu; *(Zahlung)* être effectué, s'effectuer; *(Angabe, Auskunft)* être donné; ~**hascherei** *f* soif *f* de succès; *arrivisme m;* **e~los** *a* sans succès *a. adv,* inutile, infructueux; vain; ~**losigkeit** *f* insuccès *m,* inutilité; vanité *f;* **e~reich** *a* couronné de succès; *adv* avec succès; *e-e* ~*e Laufbahn* une carrière brillante; *die Konferenz wurde* ~ *beendet* la conférence se solda par une réussite; ~*e(r) Mensch m* homme *m* qui fait son chemin; ~**s...** à succès; ~**saussichten** *f pl* chances *f pl* de succès *od* de réussite; **~sautor** *m* auteur *m* à succès; **~sbilanz** *f com u. allg* compte *m* des résultats; **~sbuch** *n* livre *m* à succès; **e~sgewohnt** *a* habitué au succès; **~smensch** *m* chanceux, gagneur *m;* **~srechnung** *f com* compte *m* des profits et pertes *od* des résultats; **~sroman** *m* roman *m* à succès; **e~versprechend** *a* prometteur.

erforder|lich *a* nécessaire, exigé, voulu, *(Alter)* requis; *soweit* ~ en tant que besoin; ~ *machen* = ~*n; alles* *E~e tun* faire tout ce qu'il faut; **~lichenfalls** *adv* en cas de besoin, au besoin; **~n** *tr* exiger, réclamer, demander, nécessiter; *das erfordert viel Zeit, Geduld* cela exige beaucoup de temps, de patience; **E~nis** *n* ‹-sses, -sse› *(Bedürfnis)* exigence *f,* besoin *m; (Notwendigkeit)* nécessité; *(Bedingung)* condition *f; den* ~*sen entsprechen* satisfaire aux exigences; *ein* ~ *des Anstandes* une exigence de l'étiquette.

erforsch|en *tr (Land)* explorer; *allg* rechercher, étudier; *(die Meinung)* sonder, scruter; *(Geheimnis)* sonder; *(ergründen)* creuser, approfondir, pénétrer; *sein Gewissen* ~ interroger sa conscience, s'examiner; **E~er** *m (e-s Landes)* explorateur *m;* **E~ung** *f* ‹-, (-en)› *(e-s Landes)* exploration; *allg* recherche, étude *f,* sondage *m; (Nachforschung)* investigation *f; (Ergründung)* approfondissement *m,* pénétration *f; (Prüfung)* examen *m.*

erfragen *tr (sich erkundigen nach)* s'informer de; *ich habe es erfragt* je l'ai appris par des questions; *zu* ~ *bei* s'adresser à.

erfrechen = *erdreisten.*

erfreu|en *tr* réjouir; *(Vergnügen machen)* faire plaisir à, plaire à; *jdn mit e-m Geschenk* ~ faire plaisir à qn en lui offrant un cadeau; *sich e-r S* ~ se réjouir de qc; *sich an etw* ~ avoir *od* prendre *od* trouver plaisir, se délecter à qc; *das Auge* ~ flatter *od* charmer les yeux; *sich e-r guten Gesundheit* ~ jouir d'une bonne santé; *sich großer Nachfrage* ~ être très demandé; *sich e-s guten Rufes* ~ jouir d'une bonne renommée; *ich bin darüber erfreut* j'en suis content *od* heureux; **~lich** *a* réjouissant, agréable; *es ist* ~ *zu* ... il fait bon de, c'est un plaisir de ...; **~licherweise** *adv* heureusement, par bonheur.

erfrier|en ‹*erfriert, erfror, ist erfroren*› *itr (Pflanze, Körperglied)* geler; *(Mensch, Tier)* mourir *od* périr de froid; **E~ung** *f med* gelure *f.*

erfrisch|en *tr (sich* se) rafraîchir; **~end** *a* rafraîchissant; **E~ung** *f (Vorgang u. Getränk etc)* rafraîchissement *m;* **E~ungshalle** *f* kiosque *m* à rafraîchissements; **E~ungsraum** *m* buvette *f; (im Warenhaus)* salon *m* de thé.

erfroren [ɛr'fro:rən] *a (Körperglied)* gelé.

erfüll|en *tr* remplir *(mit* de); *fig (Hoffnung, Wunsch, Versprechen, Pflicht, Aufgabe, Zweck, Schicksal)* remplir; *(Versprechen, Pflicht, Aufgabe)* accomplir, acquitter; *(Gelübde, Verbindlichkeit)* s'acquitter de; *(Bitte)* accorder, accéder à; *(Wunsch)* exaucer; *(Vertrag)* exécuter; *(Bedingung, Voraussetzung)* justifier, *a. math* satisfaire à; *sich* ~ *(Hoffnung, Wunsch)* s'accomplir, se réaliser; *s-e Arbeit erfüllt ihn ganz* son travail l'absorbe complètement; **E~ung** *f (Aufgabe, Pflicht, Versprechen)* accomplissement *m; (Vertrag)* exécution; *(Wunsch, Hoffnung)* réalisation; *(Vollendung)* consommation *f; in* ~ *s-r Pflicht* dans l'exercice de ses fonctions; *in* ~ *gehen* s'accomplir, se réaliser; **E~ungsort** *m* lieu *m* d'exécution *od* de paiement *od (Lieferort)* de livraison; **E~ungspolitik** *f* politique *f* de(s) réalisations.

Erg *n* ‹-s, -› [ɛrk] *phys (Energieeinheit)* erg *m.*

ergänz|en [ɛr'gɛntsən] *tr (vervollständigen)* compléter, parfaire, *(Vorrat)* suppléer à; *(Lücke)* combler; *(lückenhaften Text)* restituer; *gram (mit darunter verstehen)* sous-entendre; *(hinzufügen)* ajouter; *mil* recruter; *sich* ~ se compléter; *mil* se recruter; **~end** *a* complémentaire; *(zusätzlich)* supplémentaire; **E~ung** *f (Vervollständigung)* complément *a. gram math; (e-s Vorrats)* complément *m; (e-s Textes)* restitution *f; (sinngemäß)* sous-entendu; *(Buch)* ajouté, addenda, supplément; *mil* recrutement *m;* **E~ungs...** supplétif *a,* supplémentaire *a,* d'appoint; **E~ungsaufnahmen** *f pl film* scènes *f pl* additionnelles; **E~ungsband** *m (Buch)* (volume) supplément(-aire) *m;* **E~ungsbatterie** *f el* pile *f* supplémentaire; **E~ungsbedarf** *m (an Material)* besoins *m pl* en réapprovisionnement; **E~ungseinheit** *f mil* unité *f* de dépôt; **E~ungsheft** *n (Zeitschrift)* numéro *m* supplémentaire; **E~ungsvorrat** *m* provision *f* supplémentaire; **E~ungswahl** *f parl* élection *f* complémentaire; **E~ungswinkel** *m math* angle *m* complémentaire.

ergattern *tr fam* accrocher, décrocher, *pop* dégo(t)ter.

ergeb|en ⟨ergibt, ergab, hat ergeben⟩ *tr (zeitigen)* donner, produire, livrer, fournir; *(einbringen)* rapporter; *(sich belaufen auf)* se monter à, s'élever à, se chiffrer à; *sich* ~ *(mil)* se rendre, capituler; *(in sein Schicksal)* se soumettre (à), se résigner (à); *(e-m Laster)* se livrer (à), s'a(ban)donner (à); *(folgen)* résulter, s'ensuivre, découler, se dégager *(aus* de); *sich auf Gnade und Ungnade* ~ se rendre à discrétion *od* merci; *es ergibt sich, daß* il arrive que; *es hat sich* ~, *daß* on a constaté que; *es ergibt sich die Frage, ob* la question se pose de savoir si; *hieraus od daraus ergibt sich, daß* il s'ensuit que, il ressort de là que; *die Umfrage hat* ~, *daß* le sondage a révélé que; ~ *a* dévoué; *(gehorsam)* obéissant; *(unterwürfig)* soumis, humble; *(gefaßt)* résigné *(dat* à); *jdm blind od völlig* ~ *sein* être à la merci de qn; *e-m Laster* ~ adonné à un vice; *Ihr sehr* ~*er (Brief)* votre très dévoué; ~*ster Diener* très humble serviteur; **E~enheit** *f* ⟨-, (-en)⟩ dévouement, attachement *m; (Unterwürfigkeit)* soumission; *(Gefaßtheit)* résignation *f; (Ergebung)* très humblement; **E~nis** *n* ⟨-sses, -sse⟩ résultat *m; (End~)* conclusion; *(Ausgang)* issue *f; (Ertrag)* produit, fruit *m; (Folge)* coséquence *f; (Wirkung)* effet; *math* résultat; *sport (Punktzahl)* score *m; das* ~ *beeinflussen* avoir de l'effet sur le résultat; *gute* ~*se erzielen* donner de bons résultats; *zu e-m* ~ *führen* aboutir à un résultat; ~**nis-los** *a* sans fruit *od* résultat; *(vergeblich)* inutile, vain; ~**nisreich** *a* fécond *od* riche en résultats; **E~ung** *f mil* reddition, capitulation; *(Unterwerfung)* soumission; *(in das Schicksal)* résignation *f (in* à).

ergehen ⟨ergeht, erging, ist ergangen⟩ *itr (Gesetz, Verordnung)* paraître, être publié; *(Urteil)* être prononcé; *impers* arriver; ~ *lassen (Gesetz)* publier, édicter; *sich* ~ *(poet)* se promener; *fig* se répandre *(in* en); *(sich auslassen)* s'étendre *(über* sur); *etw über sich* ~ *lassen* essuyer, endurer, supporter, souffrir qc *(patiemment); sich an der Luft* ~ prendre l'air; *sich in langen Erklärungen* ~ s'engager dans de longues explications; *sich in Hoffnungen* ~ se bercer d'espérances; *sich in Vermutungen* ~ se perdre en conjectures; *sich in Verwünschungen* ~ se répandre en malédictions; *Gnade für Recht* ~ *lassen* user

de clémence; *es ist e-e Einladung, ein Ruf an mich ergangen* j'ai été invité, appelé *od* nommé; *es ist mir ebenso ergangen* il m'est arrivé la même chose; *es ist mir gut ergangen* je m'en suis trouvé bien; *wie ist es dir ergangen?* qu'es-tu devenu? **E~** *n: ich fragte nach s-m* ~ je demandai de ses nouvelles.

ergiebig [ɛr'giːbɪç] *a agr (Boden)* productif, fertile, fécond, généreux; *(Ernte)* riche, abondant; *(Wolle)* économique; *(Thema)* riche; ~ *sein (allg)* rendre bien; **E~keit** *f* ⟨-, (-en)⟩ *agr* productivité, fertilité, fécondité; richesse, abondance *f; allg* rendement *m*.

ergieß|en ⟨ergießt, ergoß, hat ergossen⟩ *tr* déverser, épandre; *fig (sein Herz)* épancher; *sich* ~ se déverser, s'épandre *(über* sur); *(Fluß)* se jeter *(in* dans); *fig* s'épancher; **E~ung** *f fig* épanchement *m*.

erglänzen ⟨aux: sein⟩ *itr* se mettre à briller *od* luire; *a. fig* resplendir.

erglühen ⟨aux: sein⟩ *itr a. fig* rougir, s'empourprer; s'embraser, s'enflammer *(für* pour); *in Liebe* ~ *(poet)* s'enflammer *od* brûler d'amour.

Ergothera|peut *m* ⟨-en, -en⟩ ergothérapeute *m;* **e~peutisch** *a* ergothérapeutique; ~**pie** *f* ergothérapie *f*.

ergötz|en [ɛr'gœtsən] *tr* amuser, réjouir, divertir, délecter, récréer; *sich* ~ s'amuser, se réjouir, se délecter, se récréer; **E~en** *n* amusement *m,* récréation *f,* divertissement, plaisir *m;* ~**lich** *a* amusant, réjouissant, divertissant, récréatif; *(spaßig)* plaisant, drôle.

ergrauen ⟨aux: sein⟩ *itr (Mensch, Haare)* grisonner; *(Haare)* blanchir.

ergreif|en ⟨ergreift, ergriff, hat ergriffen⟩ *tr* saisir *(beim Arm* par le bras); *a. fig;* prendre; *(packen)* empoigner; *(erwischen, fangen)* attraper; *(festnehmen)* arrêter, capturer; *jur* appréhender; *fig (rühren)* toucher, émouvoir, captiver, affecter; *e-n Beruf* ~ embrasser une *od* entrer dans une profession *od* carrière; *Besitz* ~ prendre possession *(von* de); *die Flucht* ~ prendre la fuite; *die Gelegenheit (beim Schopf)* ~ saisir l'occasion (aux cheveux); *die Macht* ~ prendre le pouvoir; *Maßnahmen, -regeln* ~ prendre des mesures; *für, gegen jdn Partei* ~ prendre parti pour, contre qn; *das Wort* ~ prendre la parole; *das Feuer ergriff das Haus* le feu prit à *od* gagna la maison; ~**end** *a* saisissant, prenant, touchant, émouvant, pathétique; **E~ung** *f* ⟨-, (-en)⟩

(Festnahme) prise, arrestation, capture, *jur* appréhension *f* (au corps).

ergriffen [ɛr'grɪfən] *a fig (gerührt)* touché, ému; **E~heit** *f* ‹-, (-en)› émotion *f* (ressentie); *plötzliche* ~ saisissement *m*.

ergrimmen ‹aux: sein› *itr lit poet* se courroucer, se mettre en courroux *od* colère.

ergründ|en *tr* sonder *a. fig; fig* étudier à fond, approfondir, pénétrer; *(untersuchen)* examiner, scruter; *(herausbekommen)* découvrir; **E~ung** *f* ‹-, (-en)› *fig* étude *f* approfondie, approfondissement, examen *m*.

Erguß *m* ‹-sses, ⁼sse› [ɛr'gus, -gʏsə] , *a. med u. fig* effusion *f,* épanchement; débordement *m*.

erhaben *a* proéminent, élevé *a. fig; (Kunst)* en relief; *fig* éminent, auguste, sublime; *(überlegen)* supérieur *(über* à); *(Stil)* élevé, noble; *über etw* ~ *sein* être au-dessus de qc; traiter qc par le mépris; ~*e Arbeit f (Kunst)* (ouvrage en) relief *m;* **E~heit** *f* proéminence, élévation *a. fig; fig* sublimité; *(Überlegenheit)* supériorité; *(Stil)* noblesse *f.*

erhalt|en ‹erhält, erhielt, hat erhalten› *tr (bekommen)* recevoir; *(durch Bemühungen)* obtenir; *(Strafe fam)* être condamné; *(verdienen)* gagner; *(bewahren)* conserver, garder; *(in e-m Zustand)* maintenir; *(unterhalten, z. B Straßen)* entretenir; *(ernähren)* entretenir, soutenir, sustenter; *(Endprodukt)* obtenir *(aus* à partir de); ~ *bleiben* subsister; *sich gesund* ~ maintenir sa santé, se maintenir en bonne santé; *jdn am Leben* ~ conserver la vie de qn; *s-e Mutter ist ihm* ~ *geblieben* sa mère lui a été conservée; *Betrag (dankend)* ~ pour acquit; *a: gut, schlecht* ~ en bon, mauvais état (de conservation); bien, mal conservé; **E~er** *m* ‹-s, -› conservateur; *(e-r Familie)* soutien *m;* **E~ung** *f* ‹-, ø›) *(Bewahrung)* conservation *f; (Aufrechterhaltung)* maintien; *(Unterhaltung, z. B. von Bauten)* entretien *m;* ~ *der Energie* conservation *f* de l'énergie; **E~ungskosten** *pl* frais *m pl* d'entretien; **E~ungszustand** *m* état *m* de conservation.

erhältlich [ɛr'hɛltlɪç] *a com* en vente *(bei* chez, *in* dans); *überall* ~ en vente partout.

erhandeln *tr (erstehen)* acquérir, faire emplette de, acheter.

erhängen, *sich* ~ se pendre; **E~** *n* pendaison *f.*

erhärten *tr* ‹aux: haben› rendre dur, durcir; *fig (Aussage)* confirmer, corroborer; *sich* ~ devenir dur, (se) durcir.

erhaschen *tr (kleines Tier, bes. im Flug)* saisir; attraper *a. fig (Blick, Worte); (Worte)* happer.

erheb|en ‹erhebt, erhob, hat erhoben› *tr (Körperteil)* lever; *(Gegenstand)* élever *a. fig; fig* ériger *(zu* en), mettre sur le pied *(zu* de); *(rühmen)* vanter, exalter; *math (in e-e Potenz)* élever; *fin (Gebühr, Abgabe)* lever, *(Steuer)* percevoir; *(Beitrag)* demander; prélever; *sich* ~ *(aufstehen, a. Wind)* se lever; *(Vogel)* prendre son vol; *(Flugzeug)* décoller; *über etw* surmonter qc; *fig (Frage, Streit)* s'élever; *(Schwierigkeiten)* surgir; *(sich empören)* se soulever, s'insurger, se révolter; *in den Adelsstand* ~ anoblir; *gegen jdn Anschuldigungen* ~ porter des accusations contre qn; *e-n Anspruch auf etw* ~ prétendre à qc; *gegen etw Einspruch od Protest* ~ élever une protestation contre qc; *e-n Einwand* ~ formuler une objection; *ein Geschrei* ~ pousser des cris; *e-e Klage gegen jdn* ~ intenter une action contre qn; *zu e-m Königreich* ~ ériger en royaume; *ins Quadrat* ~ *(math)* élever au carré; *s-e Stimme* ~ prendre la parole; **E~en** *n: durch* ~ *der Hand, von den Plätzen (abstimmen)* (voter) à main levée, par assis et levé; ~**end** *a* qui élève *od* exalte l'âme *od* l'esprit; ~**lich** *a* considérable, important; *jur* pertinent, applicable; **E~lichkeit** *f* importance *f;* **E~ung** *f* élévation *a. fig u. math; (Bodenerhebung)* éminence; *fig (Umfrage)* enquête, recherche, investigation, levée, *jur* constatation; *(von Abgaben, Steuern)* levée, perception, imposition *f; pol (Aufstand)* soulèvement *m,* insurrection *f;* ~*en anstellen* faire des enquêtes *od* levées; ~ *in den Adelsstand* anoblissement *m.*

erheiraten *tr (Mitgift)* épouser.

erheischen *tr lit* demander, réclamer, exiger.

erheiter|n *tr* égayer; *(unterhalten)* amuser, divertir; *fam* dilater *od* désopiler la rate *(jdn* à qn); *sich* ~ *(Gesicht)* se dérider; *(sich zerstreuen)* s'égayer, s'amuser, se divertir; ~**nd** *a* amusant, récréatif, divertissant, hilarant; **E~ung** *f* amusement, divertissement *m.*

erhellen *tr* éclairer; *(Farbe)* éclaircir; *fig* éclaircir, élucider, répandre de la lumière sur; *sein Gesicht erhellt sich* son visage s'éclaire.

erheucheln *tr (vortäuschen)* feindre, simuler, affecter.

erhitz|en *tr* chauffer; *fig* échauffer, exalter; *sich* ~ chauffer; *fig* s'échauffer, s'exalter; **E~ung** *f* chauffage; échauffement *m, a. fig; phys* caléfaction *f.*

erhoffen *tr* espérer, s'attendre à, escompter.

erhöh|en *tr, a. fig* élever, relever, hausser; *arch (aufstocken)* surélever, *(a. aufschütten)* exhausser; *fig (Geschwindigkeit, Summe, Wert)* augmenter *(um* de); *(Preise)* majorer *(um* de); *(Löhne, Tarife, Steuern)* relever *(um* de); *(Strafe)* aggraver; *mus* diéser; *sich* ~ *(a. fig)* s'élever, hausser, augmenter; *sich* ~ *auf* passer *(auf* à); *(Zahl, Summe, Kapital)* augmenter; ~**t** *a (Puls)* élevé; *(Tätigkeit)* accru; **E~ung** *f* élévation *a. fig; (Anhöhe)* hauteur, éminence *f; (Aufschüttung, -stockung)* exhaussement *m; fig* augmentation, majoration *f;* relèvement *m;* aggravation *f; e-e* ~ *erfahren (Preise)* subir une majoration; **E~ungswinkel** *m (Schießlehre)* angle *m* d'élévation *od* de tir; **E~ungszeichen** *n mus* dièse *m.*

erhol|en, *sich (von e-r Krankheit)* se rétablir, se remettre, se remonter, *(von e-m Schrecken)* se remettre, *(von e-r Überraschung)* revenir *(von* de); *(ausruhen)* prendre du repos, se reposer, se récréer; *(sich entspannen)* se délasser, se détendre; *fig com (Preise, Markt)* se refaire, se remettre; *fin (Kurse)* se relever; *(Börse)* reprendre, être en reprise; ~**sam** *a* reposant; **E~ung** *f* rétablissement; *(Ruhe)* repos *m,* récréation *f; (Entspannung)* délassement *m,* détente *f; fin (Kurse)* relèvement *m,* amélioration; *(Börse)* reprise *f;* **E~ungsaufenthalt** *m* séjour *m* de repos; **E~ungsbedürfnis** *n* besoin *m* de repos; ~**ungsbedürftig** *a* qui a besoin de repos, qui doit récupérer; **E~ungsheim** *n* maison *f* de repos, préventorium *m;* **E~ungsurlaub** *m* congé *m od mil* permission *f* de détente.

erhör|en *tr (Bitte)* exaucer, accueillir; **E~ung** *f* exaucement *m;* ~ *finden* être exaucé.

Erika *f* ⟨-, -ken⟩ ['e:rika] *bot* bruyère *f.*

erinner|lich *a: das ist mir nicht* ~ je ne m'en souviens pas; ~**n** *tr: jdn an etw* ~ rappeler qc à qn, faire penser qn à qc, remettre qc en mémoire à qn; *sich an etw* ~ se souvenir de qc, se rappeler qc; *soviel od soweit ich mich erinnere* autant qu'il m'en souvienne; *soweit ich mich überhaupt* ~ *kann* du plus loin que je m'en sou-

vienne; *wenn ich mich recht erinnere* si j'ai bonne mémoire; *ich erinnere mich, daß ...* je me souviens que, il me souvient que, je me rappelle que ...; *ich erinnere mich wieder* la mémoire me revient; *ich kann mich nicht mehr daran* ~ je ne m'en souviens plus; *er erinnert mich an jdn* il me rappelle qn; ~ *Sie mich daran!* faites-m'y penser *od* songer, rappelez-le-moi; **E~ung** *f* souvenir *m; in* ~ *an etw* en mémoire de qc; *zur* ~ *an jdn* à la mémoire de qn; *die* ~ *an etw auffrischen* renouveler le souvenir de qc; *jdn, etw in* ~ *behalten* conserver la mémoire *od* le souvenir de qn, qc; garder qn, qc en mémoire; *jdm etw in* ~ *bringen* remettre qc en mémoire à qn, rappeler qc à qn; *sich jdm wieder in* ~ *bringen* revenir à la mémoire de qn; *etw (noch) in frischer od guter* ~ *haben* se rappeler qc encore parfaitement; *alte* ~**en** souvenirs *m pl* lointains; *die* ~ *wachrufend* évocateur; **E~ungsbild** *n* souvenir *m* visuel; **E~ungsvermögen** *n* mémoire *f.*

erjagen *tr* prendre (à la chasse); *fig (erringen)* gagner.

erkalten ⟨*aux: sein*⟩ *itr* (se) refroidir *a. fig.*

erkält|en, *sich (med)* se refroidir, attraper *od* prendre froid, s'enrhumer; *sich wieder* ~ reprendre un rhume; *erkältet sein* être enrhumé; **E~ung** *f med* refroidissement, rhume (de cerveau), coup *m* d'air; *sich e-e* ~ *holen od zuziehen* prendre un refroidissement, attraper un coup de froid.

erkämpfen *tr* gagner de haute lutte; *(Sieg)* remporter.

erkaufen *tr fig* acheter *(mit* par *od* au prix de); payer *(mit* de); *teuer* ~ payer cher.

erkenn|bar *a* reconnaissable; *(wahrnehmbar)* perceptible; *(mit dem bloßen Auge)* discernable; *ohne* ~**en** *Grund* sans cause apparente; ~**en** ⟨*erkennt, erkannte, hat erkannt*⟩ *tr (bes. Menschen)* reconnaître *(an der Stimme* à la voix); *(Flugzeug a.)* identifier; *(wahrnehmen)* (s')apercevoir (de); *(unterscheiden)* distinguer, discerner; *med* dépister; *com* créditer *(jdn für e-e Summe* qn d'une somme); *itr jur* statuer *(in e-r S* sur une cause); *juger (in e-r S* une cause); prononcer *(auf e-e Strafe* une peine); *mil (das Ziel)* repérer; *klar zu* ~ *sein* ressortir clairement; *jdn für schuldig* ~ déclarer qn coupable; *zu* ~ *geben* donner à entendre, faire voir; *sich zu* ~ *geben* se faire (re)connaître; ~ *las-*

sen révéler; *deutlich* od *klar zu erkennen sein (fig)* ressortir clairement; *das erkennt man an ... cela se reconnaît à ...; es läßt sich nicht ~, ob* il est impossible de savoir si; ~**tlich** *a (erkennbar)* reconnaissable; *(dankbar)* reconnaissant *(für* de); *jdm ~ sein* rendre grâce(s) à qn; *sich ~ zeigen* témoigner de la reconnaissance; **E~tlichkeit** *f* reconnaissance *f (für* pour); **E~tnis** *f* ⟨-, -se⟩ connaissance, notion, science; cognition; constatation *f; n jur* jugement *m*, sentence, décision *f*, arrêt *m; in der ~* reconnaissant *(e-r S* qc, *daß* que); *jdn zur ~ (s-s Irrtums) bringen* détromper qn; *zur ~ (s-s Irrtums) kommen* revenir de son erreur; comprendre enfin *(daß* que); *der Baum der ~ (rel)* l'arbre *m* de la science du bien et du mal; **E~tnistheorie** *f philos* théorie *f* de la connaissance; **E~tnisvermögen** *n* cognition *f*, entendement *m*, intelligence *f;* **E~ung** *f* ⟨-, (-en)⟩ reconnaissance *f; med (e-r Krankheit)* dépistage *m;* **E~ungsdienst** *m (polizeilicher)* service *m* anthropométrique; **E~ungsmarke** *f mil* plaque *f* d'identité; **E~ungsmelodie** *f* indicatif *m;* **E~ungsring** *m (für Vögel)* bague *f* d'identité; **E~ungssignal** *n mar* signal *m* de reconnaissance; **E~ungszeichen** *n* signe *m* od marque *f* de reconnaissance, (in)signe *m* distinctif *a. aero.*

Erker *m* ⟨-s, -⟩ ['ɛrkər] *arch* (pièce en) saillie *f*, encorbellement *m;* ~**fenster** *n* fenêtre *f* en saillie; ~**stube** *f* chambre *f* en saillie.

erkiesen ⟨erkiest, erkor, hat erkoren⟩ [ɛr'ki:zən, -'ko:r-] *tr poet* choisir.

erklär|bar *a* explicable, interprétable; ~**en** *tr (erläutern)* expliquer, rendre raison de; *(ausführlich)* exposer; *(ein Wort)* définir; *(e-n Text)* commenter; *(auslegen, deuten)* interpréter; *(erhellen)* éclaircir, élucider; *(aussagen)* déclarer; *(verkünden)* proclamer; *jdn für etw ~* qualifier qn de qc; *zu etw ~ (adm)* classer qc; *sich ~ (s-e Meinung)* s'expliquer; *(s-e Absichten)* se déclarer *(für* pour, *gegen* contre); *sich aus etw ~* s'expliquer par qc, *an e-m Beispiel ~* expliquer sur un exemple; *es ganz genau ~* mettre les points sur les i; *den Krieg ~* déclarer la guerre; *jdm s-e Liebe ~* déclarer son amour à qn, se déclarer à qn; *jdn für e-n Lügner ~* qualifier qn de menteur; *für schuldig ~* déclarer coupable; *für ungültig ~* déclarer nul *od* non valable; ~**end** *a* explicatif; *jur* déclaratif; ~**lich** *a* explicable;

(verständlich) compréhensible; *(augenscheinlich)* évident; *leicht ~* facile à expliquer; *das ist durchaus ~* cela s'explique aisément; ~**t** *a* déclaré, avoué; *ein ~er Gegner* un adversaire déclaré; **E~ung** *f* explication; exposition; définition *f;* commentaire *m;* interprétation *f;* éclaircissement *m* élucidation; déclaration; proclamation *f; zur ~ e-r S* pour expliquer qc; *e-e ~ abgeben* faire *od* émettre une déclaration *(über* au sujet de); *von jdm e-e ~ fordern* demander raison à qn; *eidesstattliche ~* déclaration *f* à titre de serment; *gemeinsame ~ der Regierungen* déclaration *f* intergouvernementale; *öffentliche ~ (pol)* manifeste *m; ~ der Menschenrechte* déclaration *f* des droits de l'homme (et du citoyen).

erklecklich [ɛr'klɛklıç] *a (ausreichend)* suffisant; *(beträchtlich)* considérable.

erklettern *tr (Baum)* grimper sur; *(Berg)* gravir, faire l'ascension de; *(Hindernis, a. mil)* escalader.

erklimmen ⟨erklimmt, erklomm, hat erklommen⟩ *tr (Berg)* gravir.

erklingen ⟨erklingt, erklang, ist erklungen⟩ *itr* résonner, retentir.

erkoren [ɛr'ko:rən] ⟨*pp von erkiesen*⟩ *a poet* choisi, élu.

erkrank|en ⟨*aux: sein*⟩ *itr* tomber malade, attraper *od* contracter *od* prendre une maladie, être pris d'une maladie; *~ an* être atteint de; *wieder ~* retomber malade; **E~ung** *f* maladie *f; wegen ~* pour cause de maladie.

erkühnen, *sich* avoir l'audace *(etw zu tun* de faire qc).

erkund|en *tr* sonder; *(ausspionieren)* espionner; *mil* reconnaître, éclairer; *itr mil* aller en reconnaissance; *das Gelände ~ (mil u. fig)* sonder, tâter le terrain; **E~er** *m* ⟨-s, -⟩ éclaireur *m; aero* = **E~ungsflugzeug;** ~**igen,** *sich bei jdm nach etw ~* s'informer de qc auprès de qn, se renseigner sur qc auprès de qn, s'enquérir de qc auprès de qn; *sich nach jds Befinden ~* demander *od* prendre des nouvelles de qn; **E~igung** *f* information *f (nach* sur); *(Auskunft)* renseignement *(über* sur); *arg* rancard *m;* ~**en anstellen** *(Polizei)* faire des recherches; ~**en einholen** *od* **einziehen** prendre des od aller aux informations, prendre des renseignements *(über* sur); **E~ung** *f mil* reconnaissance *f;* **E~ungsauftrag** *m* mission *f* de reconnaissance; **E~ungsflug** *m* vol *m* de reconnaissance; **E~ungsflug-**

zeug *n* avion *m* de reconnaissance; **E~ungsgespräch** *n pol* sondage *m*.

erkünstel|n *tr* affecter; **~t** *a, a.* emprunté.

erlahmen ⟨*aux: sein*⟩ *itr fig (nachlassen)* s'affaiblir, diminuer, tomber dans le marasme, *(Eifer)* se refroidir.

erlang|en *tr* atteindre; *(durch Bemühungen)* obtenir; *(Gewißheit)* acquérir; **E~ung** *f* ⟨-, ø⟩ acquisition; accession *(e-r S à qc)*; *jur* obtention *f*.

Erlaß *m* ⟨-sses, -sse⟩ [ɛr'las, -sə] *(Befreiung)* dispense, exemption; *(e-r Arbeit, Strafe, Schuld)* remise; *(e-r Sünde)* rémission *f*; *(Verordnung)* édit *m*, ordonnance *f*; *(der Regierung)* décret; *(ministerieller)* arrêté *m*; *(e-s Gesetzes)* promulgation *f*; *(Bekanntmachung)* avis *m*.

erlass|en ⟨*erläßt, erließ, hat erlassen*⟩ *tr: jdm etw* ~ dispenser, exempter qn de qc; *(Arbeit, Strafe, Schuld)* remettre qc à qn; *(Strafe, Schuld)* faire grâce de qc à qn, tenir qn quitte de qc; *(Sünde)* délier qn de qc; *(Gebühren, Steuer, Zoll)* exonérer qn de qc; *(verordnen)* édicter, ordonner, décréter, arrêter; *(Gesetz)* promulguer, publier; *(Verordnung, Urteil)* prononcer; *(Haftbefehl)* décerner; *ihm wurde der Rest der Strafe* ~ il a bénéficié d'une remise de peine; **E~ung** *f* ⟨-, (-en)⟩ *(vgl. Erlaß)* dispense, exemption; remise, rémission *f*.

erlaub|en *tr* permettre *(jdm etw* qc à qn; *jdm, etw zu tun* à qn de faire qc), autoriser *(jdm, etw zu tun* qn à faire qc); *sich* ~, *etw zu tun* se permettre de faire qc, oser faire qc, prendre la hardiesse *od* la liberté de faire qc; *(sich anmaßen)* se permettre, s'arroger; *(sich gönnen, sich leisten)* se payer, s'offrir; *wenn ich mir* ~ *darf, wenn Sie* ~ si je puis me permettre, si vous permettez; *sich jdm gegenüber zuviel* ~ prendre des libertés avec qn; *was* ~ *Sie sich?* que vous permettez-vous? ~ *Sie, bitte!* permettez, s'il vous plaît; **E~nis** *f* ⟨-, ø⟩ [-'laʊp-] permission, autorisation *f*; *(Einwilligung)* consentement *m*; *um die* ~ *bitten zu tun* demander la permission de faire; *jdm die* ~ *geben zu tun* donner à qn la permission de faire; **E~nisschein** *m* permis *m*; *(Konzession)* licence *f*; **~t** *a* permis; *jur* licite.

erlaucht [ɛr'laʊxt] *a vx poet* illustre, auguste.

erläuter|n *tr* expliquer, clarifier; *(Text)* interpréter; *(kommentieren)* commenter; *(veranschaulichen)* illustrer; **E~ung** *f* explication; interprétation *f*; commentaire *m*; illustration;

(schriftliche) note *f* explicative; *pl (Schreiben)* exposé *m* des motifs.

Erle *f* ⟨-, -n⟩ ['ɛrlə] au(l)ne *m*; **~nholz** *n* (bois d')au(l)ne *m*.

erleb|en *tr* vivre, voir, connaître; *(durchmachen)* subir, essuyer, éprouver; *etwas* ~ avoir une aventure; *Schlimmes* ~ passer par de rudes épreuves; *wir werden es ja* ~ qui vivra, verra; *die Industrie hat e-n neuen Aufschwung erlebt* l'industrie a connu un nouvel essor; *hat man so was schon erlebt?* a-t-on jamais vu chose pareille? *der kann was* ~! *(iron)* il en entendra parler! **E~nis** *n* ⟨-sses, -sse⟩ chose vécue, expérience *f*; *(großes)* événement *m*; *(aufregendes)* aventure *f*.

erledig|en [ɛr'le:dɪgən] *tr (Arbeit)* expédier, finir, terminer; *(Auftrag)* exécuter, s'acquitter de; *(Geschäft)* liquider; *(Angelegenheit)* régler, vider; *(die Post)* mettre à jour; *fam (Person)* exécuter, donner son reste à; *etw rasch erledigt haben* avoir vite terminé qc; *etw als erledigt ansehen od betrachten* tenir qc pour réglé; *du bist (Sie sind) für mich erledigt (fam)* tout est fini entre nous; *das ist längst erledigt* c'est liquidé depuis longtemps; *der Fall ist erledigt* il n'y a pas à y revenir; *die Sache ist erledigt* l'affaire est dans le sac, c'est chose faite; **~t** *a fam (erschöpft)* rompu de fatigue; *pop* crevé, vanné; *(am Ende)* ratiboisé, fini; ~ *sein (fam: am Ende sein)* être au bout du rouleau; *ich bin* ~ *(am Ende)* tout est fini pour moi; **E~ung** *f* expédition, terminaison; exécution; liquidation *f*; règlement *m*; mise à jour; *fam (e-r Person)* liquidation *f*; ~ *der schwebenden Prozesse* évacuation *f* des procès en cours.

erlegen *tr (Wild)* tuer; *(Betrag)* acquitter.

erleichter|n *tr fig* alléger; apporter des facilités à, faciliter; *iron fam (um einiges* ~*)* délester; *sein Gewissen, sein Herz* ~ s'alléger la conscience, le cœur; **E~ung** *f* allégement *m*; facilitation; décharge *f*.

erleid|en ⟨*erleidet, erlitt, hat erlitten*⟩ *tr* éprouver, subir, essuyer; *(erdulden)* souffrir; *(ertragen)* supporter; *e-e Niederlage, e-n Verlust, e-n Zs.bruch* ~ essuyer une défaite, une perte, un échec.

erlernen *tr* apprendre, faire l'apprentissage de.

erlesen ⟨*erliest, erlas, hat erlesen*⟩ *tr* acquérir par la lecture; *a* choisi, de choix, d'élite, sélectionné.

erleucht|en *tr* éclairer; *fig* éclaircir, illuminer, inspirer; **~et** *a:* *hell, schwach ~* bien, mal éclairé; **E~ung** *f fig* éclaircissement *m;* inspiration, intuition *f.*

erliegen ⟨*erliegt, erlag, ist erlegen*⟩ *itr* succomber (*dat* à); **E~** *n: zum ~ kommen (Verkehr)* être bloqué, s'arrêter.

Erlkönig ['ɛrl-] *m* roi *m* des elfes *od* *abus* des au(l)nes.

erlogen [ɛr'lo:gən] *a (unwahr)* inventé, controuvé; *das ist ~* c'est un mensonge.

Erlös *m* ⟨-es, -e⟩ [ɛr'lø:s, -zəs] *(Ertrag)* recette *f,* produit *m;* **e~en** [-'lø:zən] *tr* délivrer (*von* de); *rel* sauver, racheter; **~er** *m* ⟨-s, -⟩ libérateur; *rel* Sauveur, Rédempteur *m;* **~ung** *f* ⟨-, (-en)⟩ délivrance, libération *f; rel* rachat *m,* Rédemption *f.*

erlöschen ⟨*erlischt, erlosch, ist erloschen*⟩ *itr* s'éteindre *a. fig; fig (Farbe)* pâlir; *(Schrift)* s'effacer; *adm jur* expirer, arriver à expiration, déchoir, se périmer; *(Firma)* cesser d'exister; *(Versicherung)* déchoir; *(verjähren)* se périmer, se prescrire; **E~** *n* extinction *a. fig; adm jur* expiration, déchéance *f; etw zum ~ bringen* couper chemin à qc; *~ e-r Berufung (jur)* désertion *f* d'appel; **erloschen** [ɛr'lɔʃən] *a, a. fig* éteint; *~e(r) Vulkan m* volcan *m* éteint.

ermächtig|en *tr* autoriser, *jur* habiliter (*zu* à); **E~ung** *f* autorisation; *jur* habilitation *f; pol (Vollmacht)* plein pouvoir *m; schriftliche ~* autorisation *f* écrite; **E~ungsgesetz** *n* loi *f* des pleins pouvoirs.

ermahn|en *tr* exhorter (*zu* à, *zum Guten* au bien), recommander; *(verwarnen)* admonester; **E~ung** *f* exhortation, recommandation; *(Verwarnung)* admonestation *f.*

ermangel|n *itr: e-r S ~* manquer de qc; **E~ung** *f: in ~ (gen)* faute (de), à défaut (de), manque (de); *in ~ e-s Besseren* faute de mieux.

ermannen, *sich* prendre courage, se ressaisir, s'évertuer (*etw zu tun* à faire qc).

ermäßig|en [ɛr'mɛ:sɪgən] *tr (Preis)* réduire, baisser, diminuer; *zu ermäßigten Preisen* à prix réduits; *ermäßigte(r) Eintritt(spreis) m* réduction *f;* **E~ung** *f com* réduction, baisse, diminution *f.*

ermatt|en *tr* ⟨*aux: haben*⟩ fatiguer, lasser; affaiblir, épuiser, exténuer; *itr* ⟨*aux: sein*⟩ se fatiguer, se lasser; s'affaiblir, s'épuiser, s'exténuer; *fig* se ralentir; **~et** *a* fatigué, las, exténué; **E~ung** *f* ⟨-, (-en)⟩ fatigue, lassitude *f.*

affaiblissement, **épuisement** *m,* exténuation *f;* **E~ungskrieg** *m* guerre *f* d'épuisement; **E~ungsstrategie** *f* stratégie *f* d'épuisement.

ermeßbar [ɛr'mɛsba:r] *a fig* estimable, concevable.

ermessen ⟨*ermißt, ermaß, hat ermessen*⟩ *tr fig (abschätzen, überschauen)* estimer, apprécier; *(geistig erfassen)* concevoir, juger de; **E~** *n: nach jds ~* au jugement de qn, à la discrétion de qn; *nach meinem ~* selon moi, à mon avis *od* gré, à ma convenance; *nach billigem ~* par une appréciation équitable; *nach eigenem ~* à son gré; *aus freiem ~* de mon *etc* gré, de (mon *etc*) bon gré; *nach freiem ~* au jugé; *nach menschlichem ~* humainement parlant; *jds, dem richterlichen ~ überlassen* laisser à la discrétion de qn, du juge; *freie(s) ~ (jur)* pouvoir *m* discrétionnaire; *dem freien ~ überlassen (pp)* discrétionnaire *a; richterliche(s) ~* pouvoir *m* discrétionnaire du juge; **E~sfrage** *f* question *f* d'appréciation; **E~smißbrauch** *m* abus *m* de discrétion.

ermittel|n *tr (forschen nach)* rechercher; enquêter; *(ausfindig machen)* trouver, découvrir; *(feststellen)* établir, déterminer, constater; *nicht zu ~(d)* introuvable; **E~(e)lung** *f (Nachforschung)* recherche, investigation, enquête; *(Ausfindigmachen)* découverte; *(Feststellung)* constatation, vérification; *jur* instruction *f* judiciaire; *~en anstellen* faire des recherches; *polizeiliche ~en* enquête *f* de police; **E~lungsverfahren** *n jur* information préliminaire, instruction *f* pénale.

ermöglichen *tr* rendre possible.

ermord|en *tr* assassiner; **E~ung** *f* meurtre, assassinat *m.*

ermüd|bar [ɛr'my:tba:r] *a* fatigable; **E~barkeit** *f* fatigabilité *f;* **~en** [-'my:dən] *tr* ⟨*aux: haben*⟩ fatiguer, lasser; *itr* ⟨*aux: sein*⟩ se fatiguer, se lasser; **~end** *a* fatigant; **E~ung** *f* fatigue *a. tech,* lassitude *f;* **E~ungserscheinung** *f* symptôme *m* de fatigue *a. tech;* **E~ungsfestigkeit** *f* *tech* résistance *f* à la fatigue; **E~ungsgrenze** *f* limite *f* de fatigue; **E~ungsprüfung** *f tech* contrôle *m* de fatigue.

ermunter|n *tr (aufheitern)* égayer, récréer; *(anregen)* animer, exciter (*zu* à); *(ermutigen)* encourager, exhorter (*zu* à); *jdn ~d ansehen* encourager qn du regard; *der Kaffee wird dich wieder ~* ce café va te ragaillardir;

E~ung *f* animation, excitation *f;* encouragement *m.*

ermutig|en *tr* encourager; enhardir, exhorter (*zu* à); **E~ung** *f* encouragement *m,* exhortation *f.*

ernähr|en *tr physiol* nourrir; *(verpflegen)* alimenter; *(versorgen)* faire vivre, entretenir, sustenter; *sich ~* se nourrir (*von* de); *jdn ~ müssen* avoir qn à sa charge; **E~er** *m* ⟨-s, -⟩ *(e-r Familie)* soutien *m;* **E~ung** *f* ⟨-, (-en)⟩ *physiol* nutrition; *(Verpflegung)* alimentation *f; (Unterhalt)* entretien *m,* sustentation *f; falsche ~* malnutrition *f; schlechte ~* sous-alimentation *f;* **E~ungskrankheit** *f* maladie *f* de la nutrition; **E~ungslage** *f* situation *f* alimentaire; **E~ungsminister(ium** **n)** *m* ministre (ministère) *m* du ravitaillement; **E~ungsphysiologe** *m* nutritionniste *m;* **E~ungsweise** *f* mode *m* d'alimentation; **E~ungswissenschaft** *f* hygiène *f* alimentaire; **E~ungszustand** *m med* état *m* nutritionnel.

ernenn|en ⟨*ernennt, ernannte, hat ernannt*⟩ *tr: ~ zu* nommer, désigner, établir dans la charge de, promouvoir; **E~ung** *f* nomination, désignation, promotion *f;* **E~ungsurkunde** *f* lettre *f* de service, brevet *m* de nomination.

erneu|e(r)n *tr* renouveler *(a. im Sinne von wieder anfangen, wiederholen); (biol: regenerieren)* régénérer; *(ersetzen, auswechseln)* remplacer; *(wieder instand setzen, auffrischen)* réparer, rénover, remettre en état *od* à neuf; *(Farbe)* rafraîchir; *(Bild)* restaurer; *mot (Reifen)* rechaper; *mot (Öl)* vidanger; *(Beziehungen)* renouer; *(Gefühl)* raviver; *jur (Prozeß)* reprendre; *pol (Vertrag)* prolonger; *den Angriff ~ (mil)* revenir à la charge; **E~erung** *f* renouvellement *m;* régénération *f;* remplacement *m;* réparation, rénovation *f;* rafraîchissement *m;* restauration *f;* renouement *m;* ravivement *m; jur* reprise; *pol* prolongation *f; poet ~ der Kunst)* renouveau *m;* **~erungsbedürftig** *a,* **~erungsfähig** *a* renouvelable; **~t** *a* répété, réitéré; *adv* à *od* de nouveau.

erniedrig|en *tr fig (demütigen)* abaisser, humilier, dégrader, avilir, mater; *mus* bémoliser; *sich ~* s'abaisser, s'humilier, se dégrader, s'avilir; *fam* s'aplatir; **E~ung** *f fig* abaissement *m,* humiliation, dégradation *f;* avilissement; *fam* aplatissement *m;* **E~ungszeichen** *n mus* bémol *m.*

Ernst *m* ⟨-es, ø⟩ [ɛrnst] **1.** sérieux *m;* *(Würde; Gefährlichkeit)* gravité *f;*

allen ~es tout de bon, pour de bon; *im ~* sérieusement; *mit etw ~ machen* prendre qc au sérieux; *nicht im ~ sprechen* plaisanter; *im ~, das ist mein ~* je parle sérieusement, c'est sérieux; *das ist Ihr ~? im ~?* sérieusement? pour de bon? *pop sans blague? das ist (doch) nicht Ihr ~!* vous plaisantez, vous n'y pensez pas; **e~** *a* sérieux; *(würdevoll; gefährlich)* grave; *~ bleiben* garder *od* tenir son sérieux; *(nicht) ~ nehmen* (ne pas) prendre au sérieux; *alles zu ~ nehmen* regarder par le petit bout de la lorgnette; *nichts ~ nehmen* prendre tout à la blague; *es nicht so ~ nehmen* en prendre et en laisser; *ein ~es Wort mit jdm reden* parler net à qn; *es wird ~* la chose prend une tournure grave *od* mauvaise tournure; **~fall** *m* mil cas *m* de conflit *od* guerre; *im ~ au od* en cas de besoin, si besoin est, s'il en est besoin, si les choses en arrivent là; **e~gemeint** *a,* **e~haft** *a* sérieux; **~haftigkeit** *f* sérieux *m;* **e~lich** *adv* sérieusement, vraiment.

Ernst *m* **2.** *(Vorname)* Ernest *m.*

Ernte *f* ⟨-, -n⟩ ['ɛrntə] récolte *a. fig; (Getreide)* moisson; *(Heu)* fenaison; *(Obst)* cueillette; *(Wein)* vendange *f; fig (Ertrag)* rapport *m; die ~ einbringen* faire *od* enlever *od* rentrer la récolte *od* la moisson; *zweite ~* récolte *f* dérobée; *~ auf dem Halm* récolte *f* sur pied; **~arbeiten** *f pl* récolte *f;* **~arbeiter** *m* moissonneur *m;* **~ausfall** *m* perte *f* de récolte; **~aussichten** *f pl* prévisions *f pl* de récolte; **~dankfest** *n,* **~danktag** *m* (fête *f* d')actions *f pl* de grâces pour la récolte; **~ertrag** *m* (produit *m* de la) récolte *f;* **~fest** *n* fête *f* de la moisson; **~helfer** *m* aide-moissonneur *m;* **~kranz** *m* couronne *f* d'épis; **~maschine** *f* moissonneuse *f;* **e~n** *tr* récolter *a. fig; (Getreide)* moissonner; *(Obst)* cueillir; *(Kartoffeln)* arracher; *fig* recueillir; *itr* faire la moisson; *Beifall ~* recevoir des applaudissements; *Dank ~* trouver de la reconnaissance; *Lob ~* recevoir des éloges; **~schäden** *m pl* dégâts *m pl* causés à la récolte *od* moisson; **~segen** *m* riche moisson *f;* **~wagen** *m* chariot *m* à gerbes; **~zeit** *f* temps *m* de la moisson.

ernüchter|n *tr* désenivrer; dégriser *a. fig; fig* désenchanter, ramener à la raison, *fam* doucher, faire déchanter; *(enttäuschen)* désillusionner, désappointer; **~d** *a fam* refroidissant; **E~ung** *f* dégrisement *a. fig; fig*

désenchantement *m*, *fam* douche; désillusion *f*, désappointement *m*.
Erober|er *m* ‹-s, -› [ɛr'ʔoːbərər] conquérant *m*; **e~n** *tr, a. fig* conquérir, faire la conquête de; *(Festung, Stadt)* prendre; *(feindl. Stellung)* enlever; *(Kanone)* capturer; *fig (die Herzen)* gagner; **~ung** *f* conquête *a. fig*; prise *f*; *auf ~en ausgehen (fig hum)* chercher à faire des conquêtes; **~ungs-krieg** *m* guerre *f* de conquête; **~ungslust** *f* goût *od* désir *m* des conquêtes; **e~ungslustig** *a* conquérant; **~ungswelle** *f hist* poussée *f* conquérante.
erodieren [ero'diːrən] *tr geol* éroder.
eröffn|en *tr (bes. Geschäft, Konto, Kredit, Testament)* ouvrir; *(feierlich)* inaugurer; *(anfangen)* commencer, *(bes. Aussprache, Kampf, mil: Gefecht)* engager, entamer; *(mitteilen)* faire savoir, communiquer, signaler, déclarer *(jdm etw* qc à qn), faire part, s'ouvrir *(jdm etw* de qc à qn); *(förmlich)* notifier *(jdm etw* qc à qn); *mil (Feuer)* ouvrir; *sich ~ (fig)* s'ouvrir, ouvrir son cœur; *(Aussichten)* se présenter; *das Feuer ~ (mil)* ouvrir le feu; *den Konkurs ~* déclarer l'ouverture de la faillite; **E~ung** *f* ouverture; inauguration; *(Mitteilung)* communication, déclaration, notification *f*; *~ der Feindseligkeiten (mil)* ouverture *f* des hostilités; **E~ungsansprache** *f* discours *m od* allocution *f* d'ouverture *od* d'inauguration; **E~ungsbilanz** *f* com bilan *m* d'ouverture *od* d'entrée, balance *f* d'entrée; **E~ungsfeier** *f* cérémonie *f* inaugurale; **E~ungskurs** *m* cours *m* d'ouverture; **E~ungsrede** *f* discours *m* d'inauguration; **E~ungssitzung** *f* séance *f* inaugurale *od* d'ouverture; **E~ungsvorstellung** *f* représentation *f* d'ouverture.
erörter|n *tr* discuter, débattre, aborder; **E~ung** *f* discussion *f*, débat *m*.
Erosion *f* ‹-, -en› [erozi'oːn] *geol* érosion *f*.
Erot|ik *f* ‹-, ø› [e'roːtɪk] érotisme *m*; **e~isch** [e'roːtɪʃ] *a* érotique.
Erpel *m* ‹-s, -› ['ɛrpəl] *zoo* canard *m* (mâle).
erpicht [ɛr'pɪçt] *a: auf etw ~* avide de qc, à l'affût de qc; *aufs Geld ~* âpre au gain, cupide.
erpress|en *tr* extorquer, *(Geständnis)* arracher *(etw von jdm* qc à qn); *jdn (durch Androhung von Enthüllungen)* faire chanter qn; **E~er** *m* ‹-s, -› exacteur; maître chanteur *m*; **e~erisch** *a* extorsionnaire; **E~ung** *f* extorsion, exaction *f*; chantage *m*;

E~ungsversuch *m* tentative *f* d'extorsion *od* de chantage.
erprob|en *tr* éprouver, faire l'épreuve de, mettre à l'épreuve; *tech* essayer, expérimenter; **~t** *a* éprouvé, à toute épreuve; **E~ung** *f* épreuve *f*, essai *m*, expérimentation *f*; *klinische ~ (med)* expérimentation *f* clinique; **E~ungsflieger** *m* pilote *m* d'essai; **E~ungsflug** *m* vol *m* d'essai; **E~ungsstelle** *f* centre *m* d'essai.
erquick|en *tr* rafraîchir, ranimer, récréer; *(stärken)* restaurer; *fig* réconforter; **~end** *a* rafraîchissant; *fig* réconfortant, agréable; **E~ung** *f* rafraîchissement *m*, récréation *f*; *fig* réconfort *m*.

erraten ‹errät, erriet, hat erraten› *tr* deviner; *fam* mettre le nez sur; *(Sie haben es)* ~*! vous y êtes! das ~ Sie nie!* je vous le donne en mille.
errechn|en *tr* calculer; **E~ung** *f* calcul *m*.
erreg|bar [ɛr'reːkbaːr] *a* émotif, émotionnable, susceptible, excitable, irritable; **E~barkeit** *f* ‹-, ø› émotivité, susceptibilité; excitabilité, irritabilité *f*; **~en** [-'reːgən] *tr (in Erregung bringen)* émouvoir, mettre en émoi, agiter, exciter, irriter; *(aufwiegeln)* soulever; *(hervorrufen)* provoquer, faire naître, causer; *(Begierde)* éveiller; *(Neid)* susciter; *jds Mitleid ~* émouvoir qn de compassion; *sich über etw ~* s'émouvoir, s'irriter de qc; **E~er** *m* ‹-s, -› *med* agent (pathogène); *el* excitateur *m*, excitatrice *f*; **E~erkreis** *m el* circuit *m* d'excitation; **E~erspannung** *f el* voltage *m* d'excitation; **E~erspule** *f el* bobine *f* inductrice; **E~erstrom** *m el* courant *m* d'excitation; **E~erwicklung** *f el* bobine *f* excitatrice; **~t** *a* ému, agité, excité, irrité; *(Diskussion)* animé, vif; **E~ung** *f* émotion, agitation *f*, échauffement *m*, excitation, irritation *f*; *in ~ versetzen* mettre en émoi.
erreich|bar *a (zugänglich)* accessible; *fig (Ziel) attr* qu'on peut atteindre; *pred: ~ sein* pouvoir être atteint; **~en** *tr* arriver à, parvenir à, accéder à, gagner; *(einholen)* rejoindre, rattraper; *fig (Ziel)* atteindre; *(gleichkommen)* égaler *(jdn* qn, *e-e S* qc); *den höchsten Grad ~* arriver à son comble; *sein Ziel ~* atteindre son but; **E~ung** *f: nach ~ s-s Zieles* après avoir atteint son but; *zur ~ s-s Zieles* pour atteindre son but.
errett|en *tr* sauver; *(befreien)* délivrer; **E~er** *m* sauveur *m*; **E~ung** *f (Befrei-*

ung) délivrance *f; (aus Seenot)* sauvetage *m.*

erricht|en *tr (Gebäude)* construire; *(Gebäude, Denkmal)* élever, ériger; *math (Lot)* élever; *fig (gründen)* ériger, implanter, établir, fonder, créer; *ein Gedankengebäude* ~ échafauder une théorie; **E~ung** *f* construction, élévation, érection *f;* établissement *m,* fondation, création *f.*

erringen ⟨*erringt, errang, hat errungen*⟩ *tr* gagner, remporter; *den Sieg* ~ remporter la victoire; *e-n Sitz* ~ *(parl)* enlever un siège.

erröten [ɛr'røːtən] ⟨*aux: sein*⟩ *itr* rougir *(über, vor* de), s'empourprer; **E~** *n* rougeur *f.*

Errungenschaft *f* [ɛr'ruŋənʃaft] acquisition *f; jur* acquêts *m pl,* conquêt *m; pl pol a.* acquis *m pl,* conquêtes *f pl.*

Ersatz *m* ⟨-es, ø⟩ *(Auswechslung)* remplacement *m; (Erstattung)* restitution *f; (Schadenersatz)* dédommagement *m,* indemnité *f; (gleichwertiger) (Ersatzstoff)* produit de remplacement, succédané, ersatz *m; med* prothèse; *mil* réserve, recrue *f;* ~... *(in Zssgen)* de rechange, de réserve; *als od zum* ~ en compensation, en remplacement, en revanche; *für* en échange de, à la place de; *als* ~ *dienen für* tenir lieu de; *jdm für etw* ~ *leisten* dédommager qn de qc, donner qc en compensation à qn; *Klage f auf* ~ *(jur)* action *f* de recours; ~**abteilung** *f,* ~**bataillon** *n mil* bataillon *m* de dépôt; ~**anspruch** *m jur* recours *m;* ~**batterie** *f el* pile *f* de rechange; ~**befriedigung** *f* compensation *f;* ~**blei** *n (für Drehbleistift)* mine *f* de rechange *od* de réserve; ~**brennstoff** *m* combustible *m* de réserve; ~**dienst** *m mil (für Kriegsdienstverweigerer)* service *m* compensatoire; ~**einheit** *f mil* (unité *f* de) dépôt *m,* unité *f* de maintenance; ~**erbe** *m* héritier *m* substitué; ~**fahrer** *m mot* (chauffeur) remplaçant *m;* ~**forderung** *f* demande *f* d'indemnité; ~**heer** *n* réserve *f;* ~**kasse** *f (priv. Krankenkasse)* caisse *f* privée d'assurance-maladie; ~**klage** *f jur* action *f* en dommages--intérêts; ~**kompanie** *f* compagnie *f* de dépôt; ~**leistung** *f* indemnité *f* compensatrice; ~**lösung** *f* solution *f* de rechange; ~**mann** *m* ⟨-(e)s, ⁻er *od* -leute⟩ remplaçant, suppléant *m; sport s.* ~**spieler;** ~**mannschaft** *f* équipe *f* remplaçante *od* de réserve; ~**mine** *f* = ~**blei;** *(für Kugelschreiber)* cartouche *f* de rechange; ~**mit-**

tel *n* produit de remplacement, succédané, ersatz; *tech* substitut *m;* ~**pflicht** *f* obligation *f* d'indemniser; **e~pflichtig** *a* responsable du dommage; ~**rad** *n mot* roue *f* de rechange *od* de secours; ~**reifen** *m* pneu *m* de rechange *od* de secours; ~**spieler** *m sport* remplaçant *m;* ~**stoff** *m* matière *f* de remplacement; matériau *m* de substitution; ~**teil** *n tech* élément *m od* pièce de rechange, pièce *f* rapportée *od* de rapport; ~**teillager** *n* dépôt *m* de pièces de rechange; ~**truppen** *f pl* réserve *f,* troupes *f pl* de dépôt; ~**wahl** *f parl* élection *f* complémentaire; **e~weise** *adv* subsidiairement.

ersaufen ⟨*ersäuft, ersoff, ist ersoffen*⟩ *itr agr tech mines u. pop (ertrinken)* se noyer; **ersäufen** *tr (ertränken)* noyer.

erschaff|en ⟨*erschafft, erschuf, hat erschaffen*⟩ *tr lit* créer; **E~er** *m* ⟨-s, -⟩ *(der Welt)* créateur *m* (du monde); **E~ung** *f* ⟨-, {-en}⟩ *(der Welt)* création *f.*

erschallen ⟨*erschallt, erscholl od erschallte, ist erschallt od erschollen*⟩ *itr* résonner, retentir; *(Gelächter)* éclater.

erschauern ⟨*aux: sein*⟩ *itr* frissonner *(vor* de); *jdn* ~ *lassen* donner le frisson à qn, faire frissonner qn.

erschein|en ⟨*erscheint, erschien, ist erschienen*⟩ *itr* paraître, se montrer, se présenter; *als* faire figure de; *(ankommen)* arriver; *(plötzlich, a. von Geistern)* apparaître; *(vor Gericht)* comparaître; *(Buch)* paraître, sortir, être mis en vente; *nicht* ~ *(vor Gericht)* faire défaut; *wieder* ~ reparaître, réapparaître; ~ *lassen (Geist)* évoquer; *(Buch)* publier; *erscheint in Kürze (Buch)* va paraître; *es erscheint mir merkwürdig, daß* je trouve étrange que; *soeben erschienen (Buch)* vient de paraître; **E~en** *n* arrivée; *(plötzliches, bes. e-s Geistes)* apparition; *jur* comparution; *(Buch)* parution, mise *f* en vente *od* en librairie; *ihr* ~ *einstellen (Zeitung, Zeitschrift)* suspendre sa parution; **E~ung** *f (Geister)* apparition; *(inneres Gesicht)* vision *f; (Tatsache)* fait, phénomène; *(Symptom)* symptôme; *(Krankheits~)* accident *m; in* ~ *treten* se montrer, se manifester, se déclarer; *äußere* ~ *(e-s Menschen)* aspect, extérieur, physique *m; gute, tadellose* ~ *(in Stellenanzeigen)* bonne présentation, présentation *f* excellente; *stattliche* ~ *(Mensch)* prestance *f;* **E~ungsdatum** *n (Buch)* date *f*

de parution; **E~ungsfest** *n rel* Épiphanie, fête *f* des Rois; **E~ungsform** *f* aspect *m;* **E~ungsweise** *f (Zeitschrift)* mode *m* de parution.
Erschienene(r) *m jur* comparant *m.*
erschieß|en ⟨*erschießt, erschoß, hat erschossen*⟩ *tr* tuer (d'un coup de feu); *(auf Grund e-s Urteils)* fusiller, passer par les armes, mettre au mur; *sich ~* se brûler la cervelle; *ich bin erschossen (pop)* je suis complètement crevé; **E~ung** *f mil* exécution *f; standrechtliche ~* exécution *f* militaire; **E~ungskommando** *n* peloton *m* d'exécution.
erschlaff|en ⟨*aux: sein*⟩ *itr med* devenir paralytique; *fig* se relâcher, s'amollir, s'alanguir, s'affaiblir, s'affadir, s'avachir; **E~ung** *f* relâchement, amollissement, alanguissement, affaiblissement, affadissement, avachissement *m; physiol* atonie *f.*
erschlagen ⟨*erschlägt, erschlug, hat erschlagen*⟩ *tr* assommer; *vom Blitz ~ werden* être frappé par la foudre; *ich bin ~! (fam)* je n'y comprends rien; je suis mort de fatigue.
erschleich|en ⟨*erschleicht, erschlich, hat erschlichen*⟩ *tr* obtenir par ruse *od* frauduleusement; *(Erbschaft)* capter; **E~ung** *f* obtention frauduleuse; *(e-r Erbschaft)* captation *f;* **erschlichen** *a jur* subreptice; *(durch Verschweigung)* obreptice.
erschließ|en ⟨*erschließt, erschloß, hat erschlossen*⟩ *tr fig (sein Herz; Markt, Reisegebiet)* ouvrir; *(Land)* aménager; *agr (Land)* ouvrir à l'exploitation; *(Baugelände, Einnahmequelle)* mettre en valeur; *(folgern)* inférer, déduire *(aus* de); *sich ~ (Blume, Herz)* s'ouvrir, s'épanouir; **E~ung** *f* ouverture; mise *f* en exploitation *od* en valeur.
erschmeicheln *tr* obtenir à force de *od* par des flatteries.
erschöpf|en *tr (fast nur noch im ppr u. pp gebraucht) (Menschen, Tier, Kräfte)* épuiser; *sich ~* s'épuiser; **~end** *a fig* complet, exhaustif, *(Auskunft)* détaillé; *adv* à fond; *~ behandeln (Thema, Frage)* épuiser; *~ Auskunft geben* donner des renseignements détaillés; **~t** *a (Mensch, Tier)* épuisé, exténué, harrassé; *sport fam* sur les rotules; *(Kräfte)* épuisé; *(Geduld)* à bout; *agr (Boden)* fatigué, amaigri; *~ sein (fam)* avoir le coup de pompe; *meine Mittel sind ~* je suis au bout de mes moyens; *völlig ~* à plat *fam;* **E~ung** *f* épuisement *m,* exténuation *f; in e-n Zustand der ~ geraten* tomber dans l'épuisement;

völlige ~ mal m physiologique od de misère; **E~ungszustand** *m med* inanition *f.*
erschreck|en *tr* ⟨*erschreckt, erschreckte, hat erschreckt*⟩ terrifier, effrayer, épouvanter, faire peur à; *itr* ⟨*erschreckt, erschrak, ist erschrokken*⟩ s'effrayer, s'effrayer, s'épouvanter *(über, vor* de); **~end** *a,* **~lich** *a vx* effroyable, épouvantable.
erschütter|n *tr, a. fig* ébranler, secouer; *fig (seelisch)* émouvoir, frapper, troubler, bouleverser, battre en brèche; **~nd** *a* poignant, bouleversant; **E~ung** *f* trépidation, vibration *f; a. fig* ébranlement *m,* secousse *f,* choc *m; fig* grosse émotion *f,* bouleversement *m; bes. med* commotion *f;* **~ungsfrei** *a* sans vibration, exempt de vibration(s).
erschwer|en *tr (schwieriger machen)* apporter des difficultés à, rendre plus difficile, compliquer; *(verschärfen)* aggraver; *~de Umstände m pl (jur)* circonstances *f pl* aggravantes; **E~ung** *f* complication; aggravation *f.*
erschwindeln *tr* obtenir par ruse *od* frauduleusement, escroquer.
erschwinglich *a (Preis)* abordable, accessible; *für jeden ~ (a.)* à la portée de toutes les bourses.
ersehen ⟨*ersieht, ersah, hat ersehen*⟩ *tr* voir *(aus* dans, par); *daraus ist zu ~ od ersieht man* on voit par là, il en ressort.
ersehnen *tr* désirer ardemment, souhaiter vivement, soupirer après *od* pour.
ersetz|bar *a* remplaçable; **~en** *tr (auswechseln)* remplacer; *(erstatten)* restituer, rembourser, rendre; *(Verlust, Schaden)* compenser, réparer; *jdm etw* dédommager qn de qc; *(Ersatz bieten für)* suppléer à; *(vertreten)* remplacer, tenir lieu de, suppléer; *jdm s-e Auslagen ~* rembourser qn de ses frais; **E~ung** *f* remplacement *m;* restitution *f,* remboursement *m;* compensation *f,* réparation *f;* dédommagement *m.*
ersichtlich *a (augenscheinlich)* évident, manifeste; *daraus ist ~* on voit par là, il ressort de là.
ersinnen ⟨*ersinnt, ersann, hat ersonnen*⟩ *tr* imaginer; *(Geschichte)* inventer.
erspähen *tr* épier, découvrir; *mil* repérer.
erspar|en *tr (Geld)* mettre de côté, économiser; *fig (Arbeit, Mühe)* épargner; *jdm etw ~* épargner qc à qn, dispenser qn de qc, faire grâce de qc à qn; *es wird Ihnen*

nichts erspart bleiben vous ne perdez rien pour attendre; *mir bleibt aber auch nichts erspart!* j'ai vraiment toutes les déveines; **E~nis** *f* ‹-, -se› économie, épargne *f;* ~*se machen* faire *od* réaliser des économies.

ersprießlich *a (heilsam)* salutaire; *(nützlich)* utile, profitable; *(vorteilhaft)* avantageux; *(fruchtbringend)* fructueux; **E~keit** *f* utilité *f,* profit; avantage *m.*

erst [e:rst] *adv (zuerst)* premièrement, en premier lieu; *(anfangs)* d'abord, au commencement; *(vorher)* avant, auparavant, préalablement, au préalable; *(noch, nicht später als)* ne ... que, seulement; *(steigernd: gar)* donc; *(erst einmal)* une fois *(meist nicht zu übersetzen); eben od gerade* ~ tout à l'heure, il n'y a qu'un instant; ~ *gestern* hier seulement; ~ *heute morgen* pas plus tôt que ce matin; ~ *vor einem Monat* il n'y a qu'un mois; ~ *recht* à plus forte raison; ~ *recht nicht* bien moins encore; *wenn ich* ~ *mal weg bin* une fois parti; *ich bin eben* ~ *angekommen* je viens d'arriver, je ne fais que d'arriver; *es ist* ~ *2 Uhr* il y est que deux heures; *ich kann* ~ *morgen kommen* je ne peux pas venir avant demain; *wäre ich nur* ~ *dort!* que je voudrais y être déjà! *und ich* ~*!* et moi donc! *nun* ~ *recht!* raison de plus! *nun* ~ *recht nicht!* moins que jamais! ~**e(r, s)** *a* premier, première; *fig a.* meilleur, meilleure; *das erste* la première chose; *der erstere* le premier; *als erster* le premier; *an erster Stelle* en premier lieu; *aus erster Hand* de première main; *fürs erste* premièrement, d'abord; *(einstweilen)* pour le moment; *im 1. Stock* au premier; *in erster Linie* en premier lieu, au premier chef; *zum ersten Mal* pour la première fois; *als erster ankommen* arriver le premier; *mit großem Vorsprung* arriver bon premier; *etw als erster benutzen* avoir l'étrenne de qc; *etw zum ersten Mal benutzen* étrenner qc; *etw als erster genießen* avoir la primeur de qc; *der, die Erste sein (a.)* remporter la victoire *od* le prix; *das ist das einzige, was ich höre* (c'est la) première nouvelle; *zum ersten! (Auktion)* une fois! *der erste beste* le premier venu; *dem (den) ersten besten* à tout (tous) venant(s); *Erste Hilfe f* premiers soins *m pl;* secourisme *m; 1. Klasse (loc)* première *f; Erste(r) Liebhaber m (theat)* jeune premier *m;* ~**ens** *adv* premièrement, primo (1°), d'abord.

Erst|ansteckung *f med* primo-infec-

tion *f;* ~**aufführung** *f theat* première; *mus* première audition *f;* ~**ausführung** *f tech* prototype *m;* ~**ausgabe** *f (Buch)* édition *f* originale *od* princeps; ~**ausstattung** *f* dotation *f* initiale; ~**besteigung** *f (e-s Berges)* première ascension *f;* ~**druck** *m typ* premier tirage *m;* **e~geboren** *a* premier-né, aîné; ~**geburt** *f jur* primogéniture, aînesse *f; (Bibel)* premier-né *m;* ~**geburtsrecht** *n* droit *m* d'aînesse *od* de primogéniture; **e~genannt** *a* premier nommé; **e~klassig** *a* de première qualité, de (premier) choix, d'élite, de premier ordre; **e~lich** *adv* premièrement, d'abord; ~**ling** *m* ‹-s, -e› premier-né *m; pl (Früchte)* premiers fruits *m pl,* prémices *f pl;* ~**lingsarbeit** *f,* ~**lingswerk** *n* premier ouvrage, début *m;* **e~malig** *a* sans précédent; **e~mals** *adv* (pour) la première fois; **e~rangig** *a* de premier rang *od* ordre; ~**straffällige(r)** *m jur* délinquant *m* primaire.

erstarken ‹*aux: sein*› *itr* devenir fort, prendre des forces; *fig* se fortifier, se raffermir

erstarr|en ‹*aux: sein*› *itr* (se) raidir; *(Körperglied)* devenir raide, s'engourdir; *(Flüssigkeit, weiche Substanz)* se solidifier, se figer; *fig (Blut)* se glacer; *(Mensch)* être glacé; ~ *lassen* raidir; engourdir; figer; glacer; *das Blut* ~ *lassen (fig)* tourner le sang; ~**t** *a:* ~ *vor Kälte* ~ transi (de froid), glacé; *vor Schreck od Entsetzen* ~ stupéfait; *er stand wie* ~ *(da)* il était là comme pétrifié; **E~ung** *f* raideur *f,* raidissement; engourdissement *m,* torpeur; solidification; *fig* stupeur, stupéfaction *f.*

erstatt|en *tr (bes. Geld)* rendre, rembourser, restituer; *jdm s-e Auslagen* ~ rembourser qn de ses frais; *Bericht* ~ faire *od* soumettre un rapport *(über* sur); **E~ung** *f* restitution *f; (der Auslagen)* remboursement *m;* **E~ungspflicht** *f* obligation *f (zur Rückgabe* de restituer, *zur Rückzahlung* de rembourser).

erstaun|en *tr* ‹*aux: haben*› étonner, surprendre; *itr* ‹*aux: sein*› s'étonner, s'ébahir *(über* de); **E~en** *n* ‹-s, ø› étonnement *m,* surprise *f,* ébahissement *m;* stupéfaction *f; zu meinem größten* ~ à ma grande surprise; *in* ~ *versetzen* étonner, ébahir, frapper; *fam* dépasser; *pop* épater; ~**lich** *a* étonnant, surprenant; *pop* raide; *adv* étonnamment; ~**t** *a* étonné, ébahi; ~ *sein* éprouver de l'étonnement.

erstechen ⟨*ersticht, erstach, hat erstochen*⟩ *tr* poignarder.

ersteh|en ⟨*ersteht, erstand, hat erstanden*⟩ *tr* ⟨*aux: haben*⟩ acheter, acquérir; *itr* ⟨*aux: sein*⟩ *(Neubau)* être en cours *od* en voie de construction; *erstanden (pp, poet = auferstanden)* ressuscité; **E~er** *m* ⟨-s, -⟩ acquéreur; *(Auktion)* adjudicataire *m;* **E~ung** *f* acquisition *f.*

ersteig|en ⟨*ersteigt, erstieg, hat erstiegen*⟩ *tr* monter, gravir, faire l'ascension de; *bes. mil (Hindernis)* escalader; *fig* parvenir à; **E~ung** *f* ascension; *mil* escalade *f.*

Ersteiger|er *m* ⟨-s, -⟩ adjudicataire *m;* **e~n** *tr* acheter aux enchères, se rendre adjudicataire de; **~ung** *f* achat *m* aux enchères.

erstellen *tr* aménager, élaborer; *(Bau)* construire.

ersterben ⟨*erstirbt, erstarb, ist erstorben*⟩ *itr fig lit* s'éteindre.

erstick|en *tr* ⟨*aux: haben*⟩ étouffer, suffoquer; *scient* asphyxier; *itr* ⟨*aux: sein*⟩ *a. fig* (s')étouffer, suffoquer *(vor* de), s'asphyxier; *im Keim(e)* ~ *(fig)* étouffer dans l'œuf; **E~en** *n* = *E~ung; ~end* *a* étouffant, suffocant; *(es ist e-e)* ~*e Hitze f* (il fait une) chaleur *f* étouffante; **E~ung** *f* étouffement *m,* suffocation; asphyxie *f;* **E~ungsanfall** *m* étouffement *m;* **E~ungstod** *m* mort *f* par asphyxie.

erstorben [ɛrˈʃtɔrbən] *a (Gefühl)* éteint.

erstreben *tr* tendre à, s'efforcer d'atteindre; viser à; *(Amt, Ehre)* aspirer à, prétendre à; **~swert** *a* digne d'efforts.

erstrecken, *sich* s'étendre *(bis an od zu* jusqu'à; *über [a. zeitl.]* sur); *sich auf etw* ~ *(fig)* s'appliquer à qc, couvrir qc.

erstreiten ⟨*erstreitet, erstritt, hat erstritten*⟩ *tr* conquérir.

erstürm|en *tr* prendre d'assaut, enlever; **E~ung** *f* enlèvement *m.*

ersuchen *tr (bitten)* demander *(jdn um etw* qc à qn; *jdn, etw zu tun* à qn de faire qc); solliciter *(jdn um etw* qc de qn; *jdn, etw zu tun* qn de faire qc); *(auffordern)* requérir, sommer *(jdn, etw zu tun* qn de faire qc); **E~** *n* demande, sollicitation; requête, sommation *f; auf jds* ~ sur la demande, à la requête de qn; ~ *um Auskunft* demande *f* d'information.

ertappen *tr* prendre, attraper, *fam* agrafer, pincer; *(überraschen)* surprendre; *bei e-m Fehler* ~ prendre en faute; *auf frischer Tat* ~ prendre sur le fait *od* en flagrant délit; *ertappt werden (arg)* être fait.

erteil|en *tr* donner; *e-e Antwort* ~ faire une réponse; *jdm e-n Auftrag* ~ donner *od* passer une commande à qn; *Auskunft* ~ donner des renseignements; *den Befehl* ~ donner *od* intimer l'ordre; *s-e Einwilligung* ~ donner son assentiment *(zu* à); *die Erlaubnis, die Genehmigung, die Konzession, das Recht* ~ donner *od* accorder la permission, l'autorisation, la concession *od* licence, le droit; *ein Patent, ein Visum* ~ délivrer un brevet, un visa; *jdm Prokura* ~ donner procuration à qn; *jdm e-n Rat* ~ donner un conseil à qn, conseiller qn; *e-e Rüge, e-n Verweis* ~ infliger *od* administrer un blâme, une semonce; *Unterricht* ~ donner des leçons; *jdm Vollmacht* ~ donner procuration à qn, donner *od* conférer pleins pouvoirs à qn, fonder qn de pouvoir; *das Wort* ~ donner *od* accorder la parole; **E~ung** *f* passation; intimation *f;* délivrement *m (gen* de).

ertönen ⟨*aux: sein*⟩ *itr* retentir, (ré)sonner.

Ertrag *m* ⟨-(e)s, ⸚e⟩ [ɛrˈtraːk, -ˈtrɛːgə] rapport, produit; *(es landwirtsch. od industr. Betriebs)* rendement; *mines* tonnage; *fin* taux de capitalisation; *(Einnahme)* revenu *m;* *(Erlös)* recette *f; pl fin* produits *m pl* financiers; *e-n guten* ~ *bringen* être d'un bon rendement; **e~en** ⟨*erträgt, ertrug, hat ertragen*⟩ *tr (aushalten)* supporter, soutenir, endurer, *pop* déguster; *(auf sich nehmen)* subir, essuyer, souffrir; *(dulden)* tolérer; *nicht zu* ~*(d)* insupportable, intolérable; *schwer zu* ~*(d)* difficile à supporter; *fam* dur à digérer; **e~fähig** *a* productif; **~fähigkeit** *f* productivité, capacité *f* de rendement; **e~reich** *a* de bon rapport, à gros rendement, lucratif; **~sminderung** *f* insuffisance *f* de rendement; **~sregelung** *f* aménagement *m;* **~(s)steigerung** *f* augmentation *f* de rendement; **~(s)steuer** *f* impôt *m* sur les produits *od* bénéfices; **~swert** *m* valeur *f* de rendement.

erträg|lich [-ˈtrɛːk-] *a* supportable; *(leidlich)* passable; **E~nis** *n* ⟨-sses, -sse⟩ *(seltener für: Ertrag, s. d.).*

ertränken *tr* noyer; *sich* ~ se jeter à l'eau.

erträum|en *tr* rêver; *(sich)* ~ (s')imaginer; ~**t** *a* rêvé; imaginaire, chimérique, utopique.

ertrinken ⟨*ertrinkt, ertrank, ist ertrunken*⟩ *itr* se noyer; **E~** *n* noyade *f.*

ertrotzen *tr* obtenir par des bravades; *(Erfolg)* forcer.

ertüchtig|en *tr* fortifier, entraîner; *(abhärten)* endurcir; **E~ung** *f* entraînement, endurcissement *m; körperliche ~* éducation *f od* entraînement *m* physique.

erübrigen [ɛr'ʔyːbrɪgən] *tr* épargner, économiser; *(Zeit)* trouver; *sich ~ (überflüssig sein)* être inutile *od* superflu; *es erübrigt zu tun* il reste à faire.

eruieren [eru'iːrən] *tr (klarstellen)* tirer au clair.

Erupt|ion *f* ⟨-, -en⟩ [erʊptsi'on] *geol* éruption *f;* **e~iv** [-'tiːf] *a* éruptif; **~ivgestein(e** *pl)* *n* roche(s *pl) f* éruptive(s).

erwach|en ⟨aux: sein⟩ *itr* s'éveiller *a. fig,* se réveiller; *aus e-m Traum ~* sortir d'un rêve; *sein Gewissen ist erwacht* sa conscience s'est éveillée; *der Tag erwacht* le jour commence à poindre; **E~en** *n* réveil *m; beim ~* au réveil; à mon, ton *etc* réveil; *geistige(s) ~* prise *f* de conscience.

erwachsen ⟨erwächst, erwuchs, ist erwachsen⟩ *itr lit: ~ zu* grandir et devenir; *fig (hervorgehen)* naître, sortir, résulter *(aus* de); *a (pp)* adulte, grand; **E~e(r)** *m* adulte *m; die Erwachsenen (pl)* les adultes *m pl, fam* les grandes personnes *f pl;* **E~enbildung** *f* formation *f* des adultes; **E~enlehrgang** *m* cours *m* d'adultes.

erwäg|en ⟨erwägt, erwog, hat erwogen⟩ *tr* peser, faire état de; *(bedenken)* considérer; *(prüfen)* examiner (avec soin); songer *(zu* à), penser; *alles wohl erwogen* tout bien pesé; **E~ung** *f* considération *f;* examen *m; in ~, daß* considérant que; *in ~ ziehen* prendre en considération.

erwähl|en *tr lit* choisir, se décider pour; *(Beruf)* embrasser; **E~ung** *f* choix *m.*

erwähn|en *tr* mentionner, faire mention de; *ausdrücklich ~* faire mention expresse de; **E~ung** *f* mention *f; ehrenvolle ~* mention *f* honorable, accessit *m; mil* citation *f.*

erwärm|en *tr* chauffer; (r)échauffer; *sich ~* se chauffer; s'échauffer *a. fig (für* au sujet de); **E~ung** *f* ⟨-, (-en)⟩ (r)échauffement *m.*

erwart|en *tr* attendre, escompter; *(rechnen auf)* s'attendre à; *ich kann es kaum ~, daß ich ... il* me tarde de *...; es ist zu ~, daß* il est à présumer *od* supposer que; *das od es war zu ~* on pouvait s'y attendre; **E~en** *n: über alles ~* au-delà de toute attente; *wider ~* contre toute attente; **E~ung** *f*

attente, expectative; *(Hoffnung)* espérance *f; entgegen allen ~en* contre toute attente *od* prévision; *in ~ (gen)* dans l'attente de *...; jds ~en entsprechen* répondre à l'attente de qn; *in der ~ leben* vivre dans l'expectative; *s-e ~en zu hoch spannen* avoir des espoirs exagérés; *alle od die ~en übertreffen* dépasser toute attente *od* les attentes *od* les espérances; *voll(er) ~, ~ungsvoll a* plein d'espoir.

erweck|en *tr fig* éveiller; exciter, susciter, provoquer, faire naître; *vom Tode ~* ressusciter; **E~ung** *f rel* réveil *m.*

erwehren, *sich jds ~* se défendre de qn; *sich der Tränen nicht ~ können* ne pouvoir retenir ses larmes.

erweichen *tr fig (rühren, umstimmen)* fléchir, attendrir, émouvoir; *sich ~ lassen* se laisser fléchir *od* toucher; *sich nicht ~ lassen* être inexorable; *sich durch jds Tränen ~ lassen* se laisser attendrir aux larmes de qn.

Erweis *m* ⟨-es, -e⟩ [ɛr'vaɪs, -zə]: *den ~ erbringen* fournir la preuve; **e~en** ⟨erweist, erwies, hat erwiesen⟩ *tr (beweisen)* prouver, (dé)montrer; *(Dankbarkeit)* montrer, témoigner; *(e-n Dienst)* rendre; *(e-e Ehre, e-n Gefallen)* faire; *(e-e Gunst)* accorder; *sich ~* se (dé)montrer, se révéler, se trouver *(als ...* être *...); jdm die letzte Ehre ~* rendre les derniers honneurs à qn; **e~lich** *a* démontrable.

erweiter|n *tr* élargir; *(Öffnung)* évaser; *(ausdehnen)* étendre, dilater; *fig (liter. Werk)* amplifier; *(vermehren)* augmenter; *(Geschäft)* agrandir; *sich ~* s'élargir; s'évaser; s'étendre, se dilater; augmenter; s'agrandir; *(Sammlung)* s'enrichir; **~t** *a physiol (Pupille)* dilaté; **E~ung** *f* élargissement; évasement *m;* extension, dilatation; amplification; augmentation *f;* agrandissement; enrichissement *m;* **E~ungsbau** *m* construction *f* d'agrandissement; **E~ungsprogramm** *n* programme *m* d'élargissement.

Erwerb *m* ⟨-(e)s, -e⟩ [ɛr'vɛrp, -bə] *(Erwerbung)* acquisition *f; (Broterwerb)* gagne-pain, travail; *(Erworbenes)* gain, *jur* acquêts *pl m;* **e~en** ⟨erwirbt, erwarb, hat erworben⟩ *tr (a. sich ~)* acquérir; *(durch Arbeit u. fig)* gagner; *sich jds Achtung ~* gagner l'estime de qn; *sein Brot od s-n Lebensunterhalt ~* gagner son pain *od* sa vie; *sich Freunde ~* se faire des amis; *sich Kenntnisse ~* acquérir des connais-

sances; *sich Verdienste um etw* ~
bien mériter de qc; käuflich erwor-
ben acheté à prix d'argent; *unredlich*
erworben mal acquis; ~**er** *m* ‹-s, -›
acquéreur; *(Käufer)* acheteur *m;*
e~sfähig *a* capable de gagner sa vie;
~**sfähigkeit** *f* capacité *od* faculté *f*
de travail; **e~slos** *a* sans travail, chômeur; ~**slose(r)** *m* sans-travail *inv,*
chômeur *m;* ~**slosigkeit** *f* chômage
m; ~**squelle** *f* source de revenus,
ressource *f;* ~**ssinn** *m,* ~**strieb** *m*
esprit *m* industrieux; ~**ssteuer** *f* impôt *m* sur les bénéfices; **e~stätig** *a:*
~ *sein* exercer une profession sala-
riée; ~**stätigkeit** *f* activité *f* professionnelle; **e~sunfähig** *a* incapable
de gagner sa vie; ~**sunfähigkeit** *f*
incapacité *f* de gagner sa vie;
~**szweck** *m: zu* ~*en* dans un but lucratif; ~**szweig** *m* branche d'exploitation *od* d'industrie, profession *f,*
métier *m;* ~**ung** *f* acquisition *f.*
erwider|n *tr* répondre (*auf* à), répli-
quer; *(schlagartig)* riposter, repartir;
(Gruß, Besuch, mil: das Feuer) rendre; *(Gefühl)* payer de retour;
E~ung *f* réponse, réplique; *(schnel-*
le) riposte, repartie *f;* **E~ungsfeuer**
n mil tir *m* de riposte.
erwiesenermaßen [ɛr'vi:zənər-
'ma:sən] *adv* il a été prouvé que.
erwirken *tr* obtenir; *jdm etw* procurer
qc à qn.
erwisch|en *tr (Delinquenten) fam* at-
traper, pincer, coincer; *sich* ~ *lassen*
(a.) se faire prendre *od* pincer; *ich*
habe den Zug gerade noch erwischt
j'ai attrapé mon train de justesse;
wenn ich den erwische! si je le rattrape!
erwünscht *a* souhaité, désiré.
erwürg|en *tr* étrangler; **E~ung** *f*
étranglement *m.*
Erz 1. [e:rts] *n* ‹-es, -e› *(metallhaltiges*
Gestein) minerai; *lit (Bronze)* airain,
bronze *m; abbauwürdige(s)* ~ minerai *m* exploitable; ~**abfälle** *m pl* résidu *m* de minerai; ~**ader** *f* filon *m od*
veine *f* métallifère; ~**aufbereitung** *f*
préparation *f* (mécanique) des minerais; ~**bergwerk** *n* mine *f* (de minerai); ~**brecher** *m (Gerät)* concasseur
m à minerais; **e~en** *a* d'airain, de
bronze; ~**förderung** *f* extraction *f*
des minerais; ~**gang** *m = Erzader;*
~**gießer** *m* fondeur *m* en bronze;
~**grube** *f* mine *f;* **e~haltig** *a* métallifère; ~**klauber** *m mines (Person)*
trieur *m;* ~**lager(stätte** *f)* minerai *m*
gisement *od* gîte *m* métallifère;
~**probe** *f* essai *od* échantillonnage *m*
du minerai; ~**reichtum** *m* richesse *f*

en minerai; ~**verhüttung** *f* traitement *m* des minerais; ~**wäsche** *f* lavage *m* de minerais, laverie *f.*
Erz... ['ɛrts-**2.** *(in Zssgen) rel, hist*
arch(i)-; *pej* achevé, consommé, fieffé,
parfait, grand, maître; ~**bischof** *m*
archevêque, métropolitain *m;* **e~-**
bischöflich *a* archiépiscopal, métropolitain; ~**bistum** *n* ‹-s, ``er›
[-bɪstu:m, -ty:mər] *(Gebiet)* archevêché; *(Amt, Würde)* archiépisco-
pat *m;* ~**bösewicht** *m* scélérat *m*
achevé; **e~dumm** *a* bête à lier *od*
comme une cruche; ~**engel** *m* ar-
change *m;* **e~faul** *a* paresseux *od*
fainéant comme une couleuvre;
~**feind** *m* ennemi juré, grand ennemi
m; ~**gauner** *m,* ~**halunke** *m,* ~**lump**
m, ~**schelm** *m,* ~**spitzbube** *m*
maître *m* fripon; ~**herzog** *m hist* ar-
chiduc *m;* ~**herzogin** *f* archiduchesse
f; **e~herzoglich** *a* archiducal;
~**priester** *m* archiprêtre *m;* ~**stift** *n*
archevêché *m;* ~**vater** *m (Abraham,*
Isaak, Jakob) patriarche *m.*
erzähl|en *tr* (ra)conter, dire, narrer;
(berichten) rapporter, détailler; *von*
etw faire le récit de qc; *genau* ~
détailler; *nette Geschichten* ~ en raconter de belles; *lang und breit* ~ en
raconter; *viel zu* ~ *haben* avoir beaucoup à raconter; *ich kann etwas da*
von ~ j'en sais qc; *man erzählt sich,*
daß on dit que; *das ist zu lang zum*
E~ c'est toute une histoire; *das*
kannst du anderen ~! à d'autres! ~
Sie keine Märchen! à d'autres! ~**end**
a narratif; **E~er** *m* ‹-s, -› conteur,
narrateur; *(Geschichtenerzähler)* ra-
conteur *m; gute(r)* ~ fin diseur *od*
conteur *m;* **E~ung** *f (Tätigkeit)* narration *f; (Bericht)* récit *m,* relation;
(Geschichte) histoire *f,* conte *m; (No-*
velle) nouvelle *f.*
erzeigen *tr* montrer, témoigner; *(Eh-*
re) faire; *sich dankbar* ~ montrer de
la reconnaissance.
erzeug|en *tr physiol* procréer; engen-
drer *a. fig; fig (schaffen)* créer, faire
naître; *(hervorbringen)* former; *(her-*
stellen) produire, fabriquer; *chem*
(Wärme) dégager; **E~er** *m* ‹-s, -›
procréateur, père; *agr tech* producteur, tech fabricant *m; vom* ~ *(com)*
de provenance directe; **E~erbetrieb**
m entreprise *f* productrice;
E~er(höchst)preis *m* prix *m* producteur (maximum); **E~erland** *n*
pays *m* producteur; **E~nis** *n* ‹-sses,
-sse› produit *m,* production, fabrication *f; gewerbliche(s), landwirt-*
schaftliche(s) ~ produit *m* fabriqué
od industriel *od* manufacturé, agrico-

le; **E~ung** *f (Zeugung)* procréation, génération; *fig (wirtschaftl.)* production, fabrication *f;* **E~ungskosten** *pl* frais *m pl* de fabrication; **E~ungsquote** *f,* **E~ungssatz** *m* taux *m* de production.

erzieh|bar *a: schwer ~* difficile; *~en* ‹erzieht, erzog, hat erzogen› *tr* élever, éduquer, faire l'éducation de; *(schulen)* former, faire; *jdn zur Sparsamkeit ~* habituer qn à l'économie; *gut, schlecht erzogen* bien, mal élevé; *schlecht erzogen* sans éducation; *schlecht erzogene(r) Mensch m* mal élevé *m;* **E~er** *m* ‹-s, -› éducateur, pédagogue; *(Hauslehrer)* précepteur *m;* **E~erin** *f* éducatrice; *(Hauslehrerin)* gouvernante, préceptrice *f; ~***e-risch** *a* éducatif, pédagogique; *mit ~er Wirkung* éducatif *a;* **E~ung** *f* ‹-, ø› éducation, instruction *f; e-e gute ~ genossen haben* avoir reçu une bonne éducation; *gemeinsame ~ beider Geschlechter* coéducation *f; staatsbürgerliche ~* instruction *f* civique; **E~ungsanstalt** *f* institution (d'éducation *od* d'enseignement), maison *f* d'éducation); **E~ungsbeihilfe** *f* allocation *f* scolaire *od* d'apprentissage; **E~ungsheim** *n* maison *f* d'éducation; **E~ungsmethode** *f* méthode *f* pédagogique *od* éducative; **E~ungspflicht** *f,* **-recht** *n (der Eltern)* devoir, droit *m* d'éducation (des parents); **E~ungswesen** *n* instruction *f* publique; **E~ungswissenschaft** *f* pédagogie *f;* **E~ungsziel** *n* but *m* éducatif.

erziel|en *tr (erreichen)* obtenir, atteindre, parvenir à, aboutir à; *(Erfolg)* avoir; *com (Preis)* atteindre, *(Gewinn)* réaliser; **E~ung** *f* obtention, atteinte; réalisation *f.*

erzittern ‹aux: sein› *itr* (se mettre à) trembler *od* frémir (*vor* de).

erzürnen *tr* ‹aux: haben› fâcher, irriter, mettre en colère; *itr* ‹aux: sein› se fâcher, s'irriter, se mettre en colère; *sich mit jdm ~* se fâcher *od* se brouiller avec qn.

erzwingen ‹erzwingt, erzwang, hat erzwungen› *tr* forcer, obtenir de *od* par force, extorquer (*von jdm* à qn), *jur* exiger sous la contrainte; **erzwungen** *a* forcé; contraint.

es [εs] **1.** *pron l. (stellvertretend für ein s) (Nominativ)* il, elle; *~ (das Blei) ist schwer* il (le plomb) est lourd; *~ (das Blatt) ist leicht* elle (la feuille) est légère; *acc* le, la, l'; *ich sehe ~ (das Buch, das Meer)* je le vois (le livre), je la vois (la mer); *ich habe ~ (das Buch, das Meer) gesehen* je

l'ai vu (le livre), je l'ai vue (la mer); *sind Sie der Vater, die Mutter? — ja, ich bin ~* êtes-vous le père, la mère? *— oui, je le suis; 2. (unpersönlich) (Nominativ)* il, ce (c'), on, *(bleibt unübersetzt); ~ gibt* il y a; *~ regnet* il pleut; *~ verlangt mich nach* j'ai envie de; *~ ist (nicht) wahr* c'est vrai (ce n'est pas vrai); *~ arbeitet sich hier besser* on travaille mieux ici; *wer ist da? — ich bin ~* qui va là? *— c'est moi; ~ klopft* on frappe; *~ lebe der Kaiser!* vive l'empereur! *gen* en; *ich bereue ~* je m'en repens; *dat* y; *ich bin ~ gewohnt* j'y suis habitué; *acc (wird anders ausgedrückt; s. jeweils das v); ich halte ~ nicht mehr aus* je n'y tiens plus; *~ gut haben* être à son aise.

es [εs] **2.** *n mus* mi *m* bémol; **Es-Dur** *n* mi *m* bémol majeur; *~***-Moll** *n* mi *m* bémol mineur.

Eschatologie *f* ‹-, ø› [εsçatolo'giː] *rel* eschatologie *f.*

Esche *f* ‹-, -n› ['εʃə] frêne *m;* **e-n** *a* en bois de frêne, en *od* de frêne; *~***nholz** *n* (bois de) frêne *m; ~***nwald** *m* frênaie *f.*

Esel *m* ‹-s, -› ['eːzəl] âne *a. fig pej; (Zuchtesel)* baudet *m; auf e-m ~ (reitend)* à dos d'âne; *ich ~!* bête que je suis! *(du, Sie) ~!* espèce d'animal! *alter ~!* vieille bête! *kleine(r) ~, ~***chen** *n* petit âne, ânon, bourricot, bourriquet *m; ~***ei** *f* [-'laɪ] *f* ânerie, bêtise *f; ~***in** *f* ânesse, bourrique *f; ~***brücke** *f fig fam* pont *m* aux ânes, moyen *m* mnémotechnique; *~***sgeschrei** *n* braiment *m; ~***sohr** *n (im Buch)* corne *f; ein ~ machen in (als Lesezeichen)* corner; *~en machen in* écorner; *~***srücken** *m arch* accolade *f; ~***treiber** *m* ânier *m.*

Eskal|ation *f* ‹-, -en› [εskalatsi'oːn] *(Steigerung)* escalade *f; e~***ieren** [-'liːrən] ‹aux: sein› *itr* s'intensifier; *(Preise)* monter en flèche; *der Krieg eskaliert* c'est l'escalade militaire.

Eskimo *m* ‹-s, -s› ['εskimo] Esquimau *m; e~***isch** [-'moːɪʃ] *a* esquimau.

Eskort|e *f* ‹-, -n› [εs'kɔrtə] *mil* escorte *f; mil mar* convoi *m; e~***ieren** [-'tiːrən] *tr* escorter; convoyer.

Esparsette *f* ‹-, -n› [εspar'zεtə] *bot* sainfoin *m.*

Espe *f* ‹-, -n› ['εspə] *bot* tremble *m; ~***nlaub** *n: wie ~ zittern* trembler comme une feuille.

Essay *m od n* ‹-s, -s› ['εsε, 'εse] *lit* essai *m; ~***ist** *m* ‹-en, -en› [-'ɪst] essayiste *m; e~***istisch** *a* essayiste.

eßbar ['εsbaːr] *a* mangeable, bon à manger; *(genießbar, bes. Pilz)* comes-

tible; **E~besteck** *n* couvert *m;*
E~ecke *f* coin *m* repas.

Esse *f* ‹-, -n› ['ɛsə] cheminée; *Schmie-*
de) forge *f;* **~nkehrer** *m* ramoneur
m.

essen ‹*du ißt, er ißt, aß, hat gegessen*›
['ɛsən, ɪst, aːs, -'gesən] *tr* manger;
pop bouffer, boulotter, croûter; *itr*
faire *od* prendre un repas; *zu Abend,*
zu Mittag ~ dîner, déjeuner; *ohne*
Appetit, widerwillig ~ manger du
bout des dents; *auswärts* ~ dîner en
ville; *sich dick und rund* ~ s'empiffrer; *für drei* ~ manger comme quatre; *etw (sehr) gern* ~ aimer (être
gourmand de) qc; *gierig* ~ manger
avidement; *sich satt* ~ manger à sa
faim, se rassasier; *im Stehen* ~ manger sur le pouce; *den Teller leer* ~ vider son assiette; *tüchtig* ~ manger de
ḷ·ṇ appétit; mordre à belles dents;
jdm zu ~ *geben* donner à manger à
qn; *gut* ~ *und trinken* faire bonne
chère; *nichts zu* ~ *haben* n'avoir rien
à manger; *den ganzen Tag noch*
nichts gegessen haben n'avoir pas
encore mangé de la journée; *ich ha-*
be drei Tage nicht(s) gegessen je suis
resté trois jours sans manger; *das*
wird nicht so heiß gegessen (fig) cela
s'arrangera *od* s'apaisera.
Essen *n* ‹-s, -› ['ɛsən] *allg* manger;
(Speise) mets, plat; *(Mahlzeit)* repas;
(Mittagessen) déjeuner; *(Abendes-*
sen) dîner; *(Festessen)* festin, banquet
m; (Imbiß) collation *f,* casse-croûte
m; (Kost) nourriture *f; fam* fricot *m;*
beim ~ pendant le repas; *das* ~ *ab-*
tragen desservir la table; *das* ~ *auf-*
tragen servir le repas; *vom* ~ *aufste-*
hen se lever de table; *uneingeladen*
zum ~ *(da)bleiben* rester *od* manger
à la fortune du pot; ~ *fassen (mil)*
toucher la subsistance; *ein* ~ *geben*
donner à dîner; *das* ~ *machen (a.*
fam) faire à manger, faire la tambouille; *sich zum* ~ *setzen* se mettre à
table; *fürs* ~ *sorgen* s'occuper de la
cuisine; *das* ~ *ist hier sehr gut* on
mange très bien ici; *das* ~ *liegt mir*
wie Blei im Magen j'ai encore mon
dîner sur le cœur; *das* ~ *steht auf*
dem Tisch c'est servi; ~**(s)bon** *m,*
~**(s)gutschein** *m,* ~**(s)marke** *f*
chèque-repas *m;* ~**spause** *f mil*
grand-halte *f;* ~**szeit** *f* heure *f* du repas; ~**träger** *m mil (Gefäß)* bouteillon *m; (kleiner)* boîte *f* à fricot.
Essenz *f* ‹-, -en› [ɛ'sɛnts] essence, huile *f* essentielle.
Esser *m* ‹-s, -› ['ɛsər] mangeur *m;*
schwache(r) ~ petit mangeur *m; star-*

ke(r) ~ gros mangeur *m; unnütze(r)*
~ bouche *f* inutile.
Eß|geschirr *n* ['ɛs-] service *m* de ta-
ble; *mil* gamelle *f;* ~**gier** *f* voracité,
gloutonnerie, goinfrerie *f.*
Essig *m* ‹-s, -e› ['ɛsɪç] vinaigre *m; mit*
~ *anmachen* vinaigrer; *in* ~ *einlegen*
mariner; *zu* ~ *werden (fig fam)* tomber à l'eau, rater; *tourner en eau de*
boudin; ~**äther** *m* éther *m* acétique;
~**bereitung** *f* fabrication *f* du vinaigre; ~**essenz** *f* vinaigre *m* concentré; ~**ester** *m* = ~*äther;* ~**fabrik**
f vinaigrerie *f;* ~**fläschchen** *n* vi-
naigrier *m;* ~**gurke** *f* cornichon *m* au
vinaigre; **e~sauer** *a chem* acéteux,
acétique; *essigsaure(s) Salz n* acétate
m; essigsaure Tonerde f acétate *m*
d'alumine; ~**säure** *f* acide *m* acétique; ~**soße** *f* vinaigrette *f.*
Eß|kastanie *f* ['ɛs-] marron *m,* châtai-
gne *f;* ~**kultur** *f* gastronomie *f;* ~**löf-**
fel *m* cuiller *od* cuillère *f* à bouche
od à soupe *od* de table; ~**löffelvoll**
m cuillerée *f* à bouche; ~**lokal** *n*
bouillon *m;* ~**lust** *f* appétit *m;* ~**ni-**
sche *f (im Wohnzimmer)* coin *m*
salle-à-manger; ~**schokolade** *f* chocolat *m* à croquer; ~**tisch** *m* table *f*
(de la salle à manger); ~**waren** *f pl*
comestibles *m pl,* denrées *f pl* (alimentaires); ~**zimmer** *n* salle *f* à
manger.
Est|e *m* ‹-n, -n› ['ɛstə, 'eːstə], ~**länder**
m ‹-s, -› Estonien *m;* ~**in** *f* Estonien-
ne *f;* ~**land** *n* l'Estonie *f;* **e~ländisch**
a, **e~nisch** *a* estonien.
Ester *m* ‹-s, -› ['ɛstər] *chem* ester,
éther-sel *m.*
Estrade *f* ‹-, -n› [ɛs'traːdə] estrade *f.*
Estrich *m* ‹-s, -e› ['ɛstrɪç] aire *f.*
etabl|ieren [eta'bliːrən] *tr (sich)*
(s')établir; **E~issement** *n* ‹-s, -s›
[etablɪs(ə)'mãː] établissement *m.*
Etage *f* ‹-, -n› [e'taːʒə] étage *m;*
~**nheizung** *f* chauffage par appartement; chauffage *m* central individuel; ~**nleiter** *m (Kaufhaus)* chef *m* de
rayon; ~**nwohnhaus** *n* maison *f* à
appartements (multiples); ~**nwoh-**
nung *f* appartement *m;* ~**re** *f* ‹-, -n›
[-ta'ʒeːrə] *(Möbelstück)* étagère *f.*
Etappe *f* ‹-, -n› [e'tapə] *(Teilstrecke*
e-r Reise, mil: e-s Marsches) étape;
mil (rückwärtige Verbindung) ligne *f*
d'approvisionnement; *mil (rückwär-*
tiges Gebiet) arrière *m;* ~**ngebiet** *n*
mil zone *f* arrière; ~**nhauptort** *m*
mil gîte *m* principal d'étapes;
~**nhengst** *m arg mil* embusqué *m;*
~**nlazarett** *n mil* hôpital *m* d'évacuation primaire; **e~nweise** *adv* par
étapes.

Etat m ⟨-s, -s⟩ [e'ta:] *(Staatshaushalt)* budget m; den ~ **aufstellen** dresser, établir son budget; den ~ **überschreiten** écorner son budget; ~**beratungen** f pl discussion f du budget; **e~mäßig** a fin budgétaire.

etepetete [e:təpe'te:tə] a fam affecté, cérémonieux.

Eth|ik f ⟨-, (-en)⟩ ['e:tɪk] éthique, morale f; ~**iker** m ⟨-s, -⟩ ['e:tikər] moraliste m; **e~isch** ['e:tɪʃ] a éthique, (d'ordre) moral.

Ethno|graph m ⟨-en, -en⟩ [ɛtno'gra:f] ethnographe m; ~**graphie** f ⟨-, -n⟩ [-gra'fi:] ethnographie f; **e~graphisch** [-'gra:fɪʃ] a ethnographique; ~**loge** m ⟨-n, -n⟩ [-'lo:gə] ethnologue m; ~**logie** f ⟨-, ø⟩ [-lo'gi:] ethnologie f; **e~logisch** [-'lo:gɪʃ] a ethnologique.

Etikett n ⟨-(e)s, -e/-s⟩ [eti'kɛt] *(Schildchen)* étiquette, *com* marque f; ~**e** f ⟨-, -n⟩ *(besondere Umgangsformen)* étiquette f; gegen die ~ **verstoßen** manquer à l'étiquette; **e~ieren** [-'ti:rən] tr étiqueter; ~**iermaschine** f machine f à étiqueter; ~**ierung** f étiquetage.

etliche ['ɛtlɪçə] pron (s) pl quelques--un(e)s; (a) pl quelques; ich wüßte ~s darüber zu erzählen j'aurais mon mot à dire là-dessus; ~ **Male**, ~**mal** adv quelquefois.

Etru|rien n [e'tru:riən] geog hist l'Etrurie f; ~**sker** [e'truskər] die m pl les Etrusques m pl; **e~skisch** a étrusque.

Etui n ⟨-s, -s⟩ [ɛt'vi:, ety'i:] étui m, gaine, trousse f.

etwa ['ɛtva] adv *(ungefähr)* environ, autour de, la valeur de; *(vielleicht)* peut-être, par hasard; ~ **hundert** dans les cent; ~ seit depuis environ; so ~ comme qui dirait; vor ~ einer Stunde il y a environ une heure; nicht ~, daß ... non que, ... ce n'est pas que ...; wenn ~ ... s'il arrive que ...; wenn er ~ glaubt ... s'il s'imagine ...; denken Sie nicht ~, daß ... n'allez pas penser que ...

etwaige(r, s) [ɛt'va:ɪç] a éventuel.

etwas ['ɛtvas] pron **1.** (s) quelque chose m; so ~ **wie** comme qui dirait, fam un semblant de; ~ zum Schreiben de quoi écrire; ohne ~ zu sehen sans rien voir; ~ sein od vorstellen *(fam)* être quelque chose; das ist ~ für mich c'est mon affaire; das ist immerhin ~ c'est déjà quelque chose, c'est autant de gagné; **2.** (a) quelque, un peu de; das ist ~ anderes c'est autre chose, c'est différent; ~ Schönes quelque chose de beau;

3. adv un od quelque peu.

Etwas n ⟨-, ø⟩: ein gewisses ~ un je(-)ne(-)sais(-)quoi.

Etymolog|ie f ⟨-, -n⟩ [etymolo'gi:] étymologie f; **e~isch** [-'lo:gɪʃ] a étymologique.

euch [ɔyç] pron *(dat u. acc von: ihr)* vous; *(dat unverbunden)* à vous; das gehört ~ (a.) c'est à vous.

euer, eu(e)re ['ɔyər, 'ɔyrə] pron votre, pl vos; der, die, das Eu(e)re, die Eu(e)ren, le, la, les vôtre(s); ~**sgleichen, ~thalben, ~twegen, ~twillen** s. euresgleichen etc.

Eugen ['ɔyge:n, -'-] m Eugène m; ~**ie** [-'ge:njə] Eugénie f; ~**ik** f ⟨-, ø⟩ [-'ge:nɪk] eugénique f, eugénisme m; **e~isch** [-'ge:nɪʃ] a eugénique.

Eukalyptus m ⟨-s, -/-ten⟩ [ɔyka'lyptʊs] bot eucalyptus m.

euklidisch [ɔy'kli:dɪʃ] a: ~e Geometrie f géométrie f euclidienne.

Eule f ⟨-, -n⟩ ['ɔylə] orn hibou m; chouette f; ~**n nach Athen tragen** *(fig)* porter (de) l'eau à la mer od à la rivière; ~**nspiegel** m *(Schalk)* espiègle m; ~**nspiegelei** f espièglerie f.

Eunuch m ⟨-en, -en⟩ [ɔy'nu:x] eunuque m.

Euphem|ismus m ⟨-, men⟩ [ɔyfe'mɪsmʊs] euphémisme m; **e~istisch** [-'mɪstɪʃ] a euphémistique.

Euphon|ie f ⟨-, -n⟩ [ɔyfo'ni:] gram euphonie f; **e~isch** [-'fo:nɪʃ] a euphonique.

Euphor|ie f ⟨-, ø⟩ [ɔyfo'ri:] euphorie f; **e~isch** [-'fo:rɪʃ] a euphorique.

Euras|ien n [ɔy'ra:zɪən] geog l'Eurasie f; **e~isch** [-'ra:zɪʃ] a eurasien.

eur|erseits ['ɔyr-] adv de votre côté od part; ~**esgleichen** pron vos pareils; ~**ethalben** adv, ~**etwegen** adv, um ~**etwillen** adv à cause de vous, pour (l'amour de) vous; **E~ige** pron (s): der, die, das ~, die ~n le, la, les vôtre(s).

Euro|cheque m ⟨-s, -s⟩ ['ɔyroʃɛk] eurocheque m; ~**cheque-Karte** f carte--eurocheque f; ~**dollar** m eurodollar m; ~**kommunismus** m eurocommunisme m; ~**krat** m ⟨-en, -en⟩ [ɔyro'kra:t] eurocrate m; ~**pa** n [ɔy'ro:pa] l'Europe f; ~**päer** m ⟨-s, -⟩ [-'pɛ:ər] Européen m; **e~päerfeindlich** a antieuropéen, antiblanc; ~**päertum** m ⟨-s, ø⟩ européanisme m; ~**pagedanke** m européanisme m; Anhänger m des ~**ns** européaniste m; **e~päisch** [-'pɛ:ɪʃ] a européen; ~**-afrikanisch** a euroafricain; ~**e Bewegung** f mouvement m européen; ~**e(r) Gedanke** m européanisme m;

E~e *(Wirtschafts-)Gemeinschaft (Abk. E(W)G)* Communauté *f* (Économique) Européenne *(Abk.* C.(E.)E.); E~e *Gemeinschaft für Atomenergie (Abk.* Euratom) Communauté *f* européenne de l'énergie atomique *(Abk.* Euratom); **e~päisieren** [-pɛi'zi:rən] *tr* européaniser; **~päisierung** *f* européanisation *f;* **~pameister(schaft** *f)* m *sport* champion(nat) *m* d'Europe; **~paparlament** *n* Assemblée *f* européenne, Parlement *m* européen; **~papokal** *m sport* Coupe *f* d'Europe; **~parat** *m* Conseil *m* de l'Europe (C.E.); **~pawahl(en** *pl) f* élections *f pl* européennes; **~vision** *f* ⟨-, ø⟩ [ɔyrovi'zio:n] Eurovision *f;* **~visionssendung** *f* émission *f* en Eurovision.

Eurythmie *f* ⟨-, ø⟩ [ɔyryt'mi:] eurythmie *f.*

Eustachische Röhre *f anat* trompe *f* d'Eustache.

Euter *n* ⟨-s, -⟩ ['ɔytər] pis *m.*

Euthanasie *f* ⟨-, ø⟩ [ɔytana'zi:] *(Gnadentod)* euthanasie *f.*

Eva *f* ['e:fa, 'e:va] Ève *f;* **~(s)kostüm** *n fam* tenue *f* d'Ève.

evakuier|en [evaku'i:rən] *tr (Gebiet von Menschen; Menschen aus e-m Gebiet)* évacuer; **E~te(r)** *m* évacué *m;* **E~ung** *f* évacuation *f.*

evangel|isch [evaŋ'ge:lɪʃ] *a* évangélique; protestant; **E~ist** *m* ⟨-en, -en⟩ [-ge'lɪst] évangéliste *m;* **E~ium** *n* ⟨-s, -lien⟩ [-'ge:liʊm, -liən] *(Lehre)* évangile; *(Buch)* Évangile *m; das ~ verkünden* évangéliser; *das ist für ihn ein ~ (fig)* il le prend pour parole d'évangile; *Verkündigung f des ~s* évangélisation *f.*

Eventu|alantrag *m* [evɛntu'a:l-] *jur* conclusion *f* subsidiaire; **~alität** *f* ⟨-, -en⟩ [-tuali'tɛ:t] éventualité *f;* **e~ell** [-tu'ɛl] *a (adv)* éventuel(lement).

Everglaze *n* ⟨-, -⟩ ['ɛvərgle:s] *(Textil)* coton *m* glacé.

Evol|ute *f* ⟨-, -n⟩ [evo'lu:tə] *math* développée *f;* **~ution** *f* ⟨-, -en⟩ [-lutsi'o:n] *(Entwicklung)* évolution *f;* **~vente** *f* ⟨-, -n⟩ [evɔl'vɛntə] *math* développante *f.*

Ewer *m* ⟨-s, -⟩ ['e:vər] *mar* gabare *f;* **~führer** *m* gabarier *m.*

ewig ['e:vɪç] *a rel philos* éternel; *(immerwährend; a. Schnee)* perpétuel; *fam (dauernd)* continuel, incessant; *pej* sempiternel, qui n'en finit pas; *auf ~* (tout) jamais, pour jamais; *(dein) auf ~* (à toi) pour toujours, à jamais, *seit ~en Zeiten* de temps immémorial; *in ~er Angst leben* vivre dans une angoisse perpétuelle; *ich habe*

Sie ~ nicht gesehen (fam) il y a une éternité que je ne vous ai vu; *das dauert ja ~! (fam)* ça n'en finit pas; *das ist ~ schade! (fam)* c'est grand dommage; *der ~e Friede* la paix perpétuelle; *der E~e Jude* le Juif errant; *~e Klagen (fam)* des plaintes sempiternelles; **E~keit** *f* ⟨-, (-en)⟩ éternité *f; fam* siècle *m; e-e ~ (fam)* une paie *pop; in (alle) ~* à tout jamais; *von ~ zu ~ (rel)* dans tous les siècles des siècles; *es ist (schon) e-e ~ her, daß...* il y a des éternités que...; *das dauert ja e-e ~! (fam)* ça n'en finit pas; **~lich** ['e:vɪklɪç] *adv vx poet* éternellement; **E~weibliche,** *das* l'éternel féminin *m.*

exakt [ɛ'ksakt] *a* exact, précis; **E~heit** *f* exactitude, précision *f.*

exaltiert [ɛksal'ti:rt] *a* exalté.

Exam|en *n* ⟨-s, -/-mina⟩ [ɛ'ksa:mən, -mina] examen *m (Redewendungen s. unter: Prüfung);* **~ensangst** *f* trac *m* (avant l'examen); **~ensarbeit** *f* épreuve *f* d'examen; **~ensfrage** *f* question *f* d'examen; **~inand** *m* ⟨-en, -en⟩ [-'nant, -dən] candidat *m;* **~inator** *m* ⟨-s, -en⟩ [-mi'na:tɔr, -'to:rən] examinateur *m;* **e~inieren** [-'ni:rən] *tr* examiner.

Exeg|ese *f* ⟨-, -n⟩ [ɛkse'ge:zə] *rel (Auslegung)* exégèse *f;* **~t** *m* ⟨-en, -en⟩ [-'ge:t] exégète *m.*

Exekutiv|e *f* ⟨-, -n⟩ [ɛkseku'ti:və] , **~gewalt** *f* (pouvoir) exécutif *m.*

Exempel *n* ⟨-s, -⟩ [ɛ'ksɛmpəl] exemple *m; zum ~* par exemple; *ein ~ statuieren* faire un exemple; **~lar** *n* ⟨-s, -e⟩ [-'pla:r] exemplaire *m; erste(s) ~* exemplaire *m* de tête; **e~larisch** [-'pla:rɪʃ] *a (adv* de manière) exemplaire.

exerzier|en *f* [ɛksɛr'tsi:rən] *itr mil* faire l'exercice; **E~en** *n* exercice *m;* **E~marsch** *m* pas *m* de parade; **E~platz** *m* champ *m* de mars *od* de manœuvre, place *f* d'armes.

Exil *n* ⟨-s, -e⟩ [ɛ'ksi:l] exil *m; ins ~ schicken (gehen)* (s')exiler; *im ~ leben* être en exil; **~kubaner** *m* exilé *m* cubain; **~regierung** *f* gouvernement *m* en exil.

existent [ɛksɪs'tɛnt] *a* existant; **E~entialismus** *m* ⟨-, ø⟩ [-tsia'lɪs- mʊs] existentialisme *m;* **E~entialist** *m* ⟨-en, -en⟩ [-'lɪst] existentialiste *m;* **~entiell** [-tɛntsi'ɛl] *a* existentiel; **E~enz** *f* ⟨-, -en⟩ [-'tɛnts] existence *f (a. als Auskommen);* **E~enzberechtigung** *f* droit *m* à l'existence, raison *f* d'être; **~enzfähig** *a* capable d'exister; **E~enzfrage** *f* question *f* vitale; **~enzkampf** *m* lutte *f* pour l'existence; **E~enzminimum** *n* minimum *m* vital *od* nécessaire à l'existence *od* indispensable pour subsister; **E~enzmittel** *n pl* moyens *m pl* d'existence *od* de subsistance; **~ieren** [-'ti:rən] *itr* exister; vivre; *(auskömmlich leben)* subsister, vivre; *für jdn nicht mehr ~ (fam)* être mort pour qn.

exklusiv [ɛksklu'zi:f] *a* exclusif; **E~ität** *f* ⟨-, ø⟩ [-zivi'tɛ:t] exclusivité *f.*

Exkommun|ikation *f* ⟨-, -en⟩ [ɛks-] *rel* excommunication *f;* **e~izieren** [-muni'tsi:rən] *tr* excommunier.

Exkrement *n* ⟨-(e)s, -e⟩ [ɛkskre'mɛnt] *(Ausscheidung, Kot)* excrément *m.*

Exkurs *m* ⟨-es, -e⟩ [ɛks'kʊrs, -zə(s)] *lit* digression *f;* **~ion** *f* ⟨-, -en⟩ [-zi'on] *(Ausflug)* excursion *f.*

Exlibris *n* ⟨-, -⟩ [ɛks'li:brɪs] *(Bücherzeichen)* ex-libris *m.*

Exmatrikul|ation *f* ⟨-, -en⟩ [ɛksmatrikulatsi'o:n] radiation *f* (de la liste des étudiants); **e~ieren** [-'li:rən] *tr* rayer de la liste (des étudiants); *sich ~ lassen* se faire rayer de la liste (des étudiants).

Exot|ik *f* ⟨-, ø⟩ [ɛk'so:tik] exotisme *m;* **e~isch** [ɛ'ksotiʃ] *a* exotique.

Expan|der *m* ⟨-s, -⟩ [ɛks'pandər] *sport* extenseur *m;* **~sion** *f* ⟨-, -en⟩ [-zi'o:n] *phys pol* expansion *f;* **~sionsdrang** *m* expansionnisme *m;* **~sionskraft** *f* force *f* expansive.

Exped|ient *m* ⟨-en, -en⟩ [ɛkspedi'ɛnt] *com* (commis) expéditionnaire *m;* **e~ieren** [-'di:rən] *tr* expédier; **~ition** *f* ⟨-, -en⟩ [-ditsi'o:n] expédition *f; (e-r Zeitung)* bureau *m;* **~itionskorps** *n* corps *m* expéditionnaire.

Experiment *n* ⟨-(e)s, -e⟩ [ɛksperi'mɛnt] expérience *f; ein ~ machen* faire une expérience; **~alphysik** [-'ta:l-] *f* physique *f* expérimentale; **e~ell** [-'tɛl] *a* expérimental; **e~ieren** [-'ti:rən] *itr* expérimenter *(mit etw* qc; *an etw* sur qc).

Expert|e *m* ⟨-n, -n⟩ [ɛks'pɛrtə] expert *m;* **~ise** *f* ⟨-, -n⟩ [-'ti:zə] *(Gutachten)* expertise *f.*

explodieren ⟨aux: sein⟩ *itr* [ɛksplo'di:rən] exploser, faire explosion, détoner, éclater, crever, sauter.

explosibel [ɛksplo'zi:bəl] *a* explosible.

Explosion *f* ⟨-, -en⟩ [ɛksplozi'o:n] explosion, détonation *f,* éclatement *m, fam* crevaison *f;* **~sdruck** *m* pression *f* de l'explosion; **~sgefahr** *f* danger *od* risque *m* d'explosion; **~sgemisch** *n mot* mélange *m* explosif; **~smotor** *m* moteur *m* à explosion; **~sraum** *m mot* chambre *f* d'explosion; **e~ssicher** *a* inexplosible.

explosiv [ɛksplo'zi:f] *a* explosif; **E~geschoß** *n* projectile *m* explosif; **E~stoff** *m* matière *f* explosive, explosif *m;* composés *m pl* explosifs.

Expon|ent *m* ⟨-en, -en⟩ [ɛkspo'nɛnt] *math* exposant; *fig (Vertreter)* représentant, porte-parole, protagoniste *m;* **e~ieren** [-'ni:rən] *tr (e-r Gefahr aussetzen)* exposer; *sich ~* s'exposer *(dat* à).

Export *m* ⟨-(e)s, -e⟩ [ɛks'pɔrt] exportation *f;* **~abteilung** *f* service *m* des exportations; **~artikel** *m* article *m* d'exportation; **~bewilligung(santrag** *m)* *f* (demande en) licence *f* d'exportation; **~eur** *m* ⟨-s, -e⟩ [-'tø:r] exportateur *m;* **e~fähig** *a* exportable; **~firma** *f* firme *f* d'exportation *od* exportatrice; **~förderung** *f* favorisation *f* de l'exportation; **~geschäft** *n (Firma)* maison d'exportation; *(Vorgang)* opération *f* d'exportation; **~handel** *m* commerce *m* d'exportation; **e~ieren** [-'ti:rən] *tr* exporter; **~kaufmann** *m* commerçant *od* négociant *m* exportateur; **~prämie** *f* prime *f* à l'exportation; **~preis** *m* prix *m* d'exportation; **~schlüssel** *m* mode *m* pour le commerce extérieur; **~überschuß** *m* excédent *m* d'exportation; **~ware** *f* marchandise *f* d'exportation.

Exposé *n* ⟨-s, -s⟩ [ɛkspo'ze:] *(Darstellung)* exposé *m; film* synopsis *m.*

expreß [ɛks'prɛs] *adv fam (eilig)* en hâte; *dial (eigens)* exprès; **E~** *m* ⟨-sses, (-sse)⟩ *(fast vx für: Schnellzug)* express, rapide *m;* **E~gut** *n* colis *m* express; **E~zug** *m (fast vx)* = **E~.**

Expression|ismus *m* ⟨-, ø⟩ [ɛksprɛsio'nɪsmʊs] expressionisme *m;* **~ist** *m* ⟨-en, -en⟩ [-'nɪst] expressionniste *m;* **e~istisch** [-'nɪstiʃ] *a* expressionniste.

exquisit [ɛkskvi'zi:t] *a* exquis, choisi.

Extempor|ale *n* ⟨-s, -lien⟩ [ɛkstɛmpo'ra:lə, -liən] *(Schule)* exercice *m* improvisé; **e~ieren** [-'ri:rən] *tr, itr* improviser.

Exterritorialität *f* ⟨-, ø⟩ [ɛkstɛritoriali'tɛ:t] *pol* franchise *f.*

extra ['ɛkstra] *a, attr inv fam* extra-(ordinaire), additionnel, supplémentaire; *adv (noch dazu)* en plus, en sus; *(absichtlich)* exprès; *~ hergestellt* hors série; **E~blatt** *n (Zeitung)* (édition) spéciale *f;* **~fein** *a* extra-fin, su(pe)rfin; **E~kosten** *pl* frais *m pl* supplémentaires; **E~ordinarius** *m (außerordentl. Professor)* professeur *m* sans chaire; **E~post** *f vx* = *Eilpost;* **E~wurst** *f fig fam:* er muß immer e-e ~ *(gebraten) haben* il lui faut toujours qc de particulier; **E~-zug** *m loc* train *m* spécial.

extrahieren [ɛkstraˈhiːrən] *tr chem* extraire; **E~** *n chem* extraction *f.*

Extrakt *m* od *n* ‹-(e)s, -e› [eksˈtrakt] extrait *m; fig* essence *f; ~ionsapparat* [-tsiˈoːns-] *m chem* extracteur *m.*

extravagan|t [ɛkstravaˈgant] *a* extravagant; **E~z** *f* ‹-, en› [-ˈgants] extravagance *f.*

extrem [ɛksˈtreːm] *a* extrême; **E~** *n* ‹-s, -e› extrême *m; von e-m ~ ins andere fallen* passer d'un extrême à l'autre, tomber d'une extrémité dans l'autre *od* d'un excès dans un autre, aller de la cave au grenier; *die ~e berühren sich* les extrêmes se touchent;

E~ist *m* ‹-en, -en› [-ˈmɪst] ultra *m;* **E~itäten** [-ˈtɛːtən] *f pl anat* extrémités *f pl.*

Exzellenz *f* ‹-, -en› [ɛkstsɛˈlɛnts] Excellence *f.*

Exzent|er *m* ‹-s, -› [ɛksˈtsɛntər] *tech* excentrique *m;* **e~risch** [-ˈtsɛntrɪʃ] *a* excentrique *a. fig; fig (überspannt)* exalté, extravagant.

exzerp|ieren [ɛkstsɛrˈpiːrən] *tr* faire des extraits de; **E~t** *n* ‹-(e)s, -e› [ɛksˈtsɛrpt] *(Auszug aus e-m Buch)* extrait *m.*

Exzeß *m* ‹-sses, -sse› [ɛksˈtsɛs(əs)] excès *m.*

Eyeliner *m* ‹-s, -› [ˈailainər] eye-liner *m.*

E-Zug *m* [ˈeː-] rapide, train *m* direct.

F

F, f *n* ⟨-, -⟩ [ɛf] *(Buchstabe)* F, f *m; mus* fa *m;* **F-Dur** *n* fa *m* majeur; **f-Moll** *n* fa *m* mineur.

Fabel *f* ⟨-, -n⟩ ['fa:bəl] *(Literaturgattung)* fable *f,* apologue *m; (Handlung e-r Dichtung)* action, intrigue; *allg (erfundene Geschichte)* fiction, invention *f,* conte *m; ins Reich der ~ gehören (fig)* être inventé de toutes pièces, être de la pure fiction; **~dichter** *m* fabuliste *m;* **f~haft** *a (unwirklich, phantastisch)* fabuleux, imaginaire, phantastique; *fam (übertreibend: großartig)* épatant, étonnant; fabuleux; prodigieux, merveilleux; magnifique, extraordinaire; *adv:* ~ *eingerichtet* merveilleusement bien installé; **f~n** *itr (sich nicht an die Wahrheit halten)* raconter des histoires; *(phantasieren, Unsinn reden)* radoter, divaguer; **~sammlung** *f (Buch)* recueil de fables, fablier *m;* **~tier** *n,* **~wesen** *n* monstre *m* fabuleux.

Fabrik *f* ⟨-, -en⟩ [fa'bri:k, -'brɪk] usine, fabrique, manufacture; *pop pej* boîte *f; ab* od *frei* ~ rendu à l'usine; **~abwässer** *n pl* eaux *f pl* industrielles; **~anlage** *f* établissement(s) *m (pl);* **~ant** *m* ⟨-en, -en⟩ [-'kant] industriel, fabricant, manufacturier, usinier *m;* **~arbeit** *f (Tätigkeit)* travail en usine; *(Erzeugnis)* produit *m* manufacturé; **~arbeiter(in** *f)* *m* ouvrier, ère *m f* (d'usine); **~at** *n* ⟨-(e)s, -e⟩ [-'ka:t] produit *m* (manufacturé); **~besitzer** *m* propriétaire d'usine, industriel *m;* **~direktor** *m* directeur *m* d'usine; **~gebäude** *n* bâtiment *m* industriel; **~gelände** *n* zone *f* industrielle; **~marke** *f,* **~zeichen** *n* marque *f* de fabrique; **f~mäßig** *adv:* ~ *hergestellt* manufacturé; **f~neu** *a* sortant de l'usine; **~preis** *m* prix *m* de fabrique od de revient; **~schornstein** *m* cheminée *f* d'usine; **~sirene** *f* sirène *f* d'usine; **~ware** *f* produit(s *pl) m* manufacturé(s).

Fabrikation *f* ⟨-, -en⟩ [fabrikatsi'o:n] fabrication *f,* usinage *m;* production *f;* **~sfehler** *m* défaut od vice *m* de fabrication; **~sgang** *m* processus *m* de fabrication; **~sgeheimnis** *n* secret *m* de fabrication; **~skosten** *pl* frais *m pl* de fabrication; **~smethode** *f*

méthode *f* de fabrication; **~smodell** *n* modèle *m* de fabrication; **~snummer** *f* numéro *m* de fabrication; **~sprogramm** *n* programme *m* de fabrication; **~sweise** *f* mode *m* de fabrication; **~szweig** *m* branche *f* de fabrication.

fabrizieren [fabri'tsi:rən] *tr* fabriquer, usiner; *(erzeugen)* produire; *allg (machen)* faire.

Fabulant *m* ⟨-en, -en⟩ [fabu'lant] conteur de fables od d'histoires; *(Schwätzer)* conteur *m* de sornettes; **f~ieren** [-'li:rən] *itr* raconter des histoires.

Facette *f* ⟨-, -n⟩ [fa'sɛtə] facette *f;* **~enauge** *f ent* œil *m* à facettes; **f~ieren** [-'ti:rən] *tr (in ~en schleifen)* facetter.

Fach *n* ⟨-(e)s, ⸚er⟩ [fax, 'fɛçər] *(in e-m Behälter, bes. e-r Tasche, e-m Koffer)* compartiment *m; (in e-m Möbelstück)* case *f; (in e-m Bücherschrank, -gestell)* rayon; *(Schubfach)* tiroir; *arch tech (Flächenteil)* pan(neau) *m; (Balkenfeld)* travée; *fig (Berufszweig)* branche, spécialité; *(Lehr-, Unterrichtsfach)* discipline, matière *f; unter Dach und ~ bringen* mener à bien; *vom ~ sein* être du métier od de la branche; *in s-m ~ sehr beschlagen sein* être rompu au métier; *das schlägt nicht in* od *das ist nicht mein ~* ce n'est pas de mon ressort od de ma partie od de ma compétence od *fam* de mon rayon; *ein Mann vom ~* un homme du métier od de la partie; **~arbeit** *f* travail *m* qualifié; **~arbeiter** *m* ouvrier qualifié od spécialisé, professionnel *m; pl* main-d'œuvre *f* spécialisée; **~arzt** *m* médecin *m* spécialiste; **~ausdruck** *m* terme *m* technique od de métier, expression *f* technique; **~bibliothek** *f* bibliothèque *f* spéciale; **~buch** *n* livre *m* spécialisé od technique; **~gebiet** *n* matière, spécialité *f;* **~gelehrte(r)** *m* spécialiste *m;* **f~gemäß** *a* conforme aux règles; *adv a.* en règle; dans les règles; selon les règles de l'art; **~genosse** *m* confrère *m;* **~geschäft** *n* magasin *m* od maison *f* spécialisé(e); **~gruppe** *f* groupe(ment) *m* professionnel; **~handel** *m* commerce *m* spécialisé; **~händler** *m* spécialiste *m;* **~kenntnisse** *f pl* connaissances *f pl* professionnelles *od* spéciales; ~**kraft** *f* = ~*mann*, ~*arbeiter*; ~**kreis** *m: in* ~*en* parmi les hommes du métier *od* les experts; **f~kundig** *a* compétent, expert; ~**leiter** *m (e-s Studienseminars)* conseiller et inspecteur *m* pédagogique; **f~lich** *a* professionnel; *die* ~*en Voraussetzungen erfüllen* être qualifié; ~**literatur** *f* littérature *f* spécialisée; ~**mann** *m* ⟨-s, ⸗er/-leute⟩ homme de *od* du métier, spécialiste, expert *m;* ~ *sein (a.)* s'y entendre; *den* ~ *spielen (a.)* faire l'entendu; **f~männisch** *a* professionnel, spécial; d'homme du métier, d'expert; = *f~kundig; adv: sich* ~ *beraten lassen* consulter un spécialiste *od* un expert; ~**presse** *f* presse *f* professionnelle *od* spécialisée; ~**richtung** *f* spécialité *f;* ~**schaft** *f* groupement *m od* association *f* corporation *f* professionnel(le); ~**schule** *f* école *f* professionnelle; ~**schulwesen** *n* enseignement *m* technique; ~**simpelei** [-simpə'laɪ] *f* manie *f* de parler métier; **f~simpeln** *itr* parler métier *od* travail *od* service; ~**sprache** *f* langage technique *od* du métier; *pej* jargon *m;* ~**studium** *n* études *f pl* spécialisées; ~**unterricht** *m* enseignement *m* professionnel; ~**verband** *m* = ~*schaft;* ~**welt** *f* monde *m* technique; ~**werk** *n* arch pans *m pl* de bois; ~**werkbau** *m* colombage *m,* construction *f* en pans de bois; ~**werkhaus** *n* maison *f* en pans de bois; ~**wissen** *n* = ~*kenntnisse;* ~**wort** *n* mot *m* technique; ~**wörterbuch** *n* dictionnaire *m* spécialisé *od* technique; ~**zeitschrift** *f,* ~**zeitung** *f* périodique *m od* revue *f,* journal *m* spécial(e) *od* professionnel(le).

fächeln ['fɛçəln] *tr* éventer *(jdn* qn); *itr* jouer de l'éventail; *sich* ~ s'éventer.

Fächer *m* ⟨-s, -⟩ ['fɛçər] éventail *m;* ~**antenne** *f* radio antenne *f* en éventail; **f~förmig** *a* en éventail; ~**gewölbe** *n* arch voûte *f* en éventail; **f~n** *tr u. itr* = *fächeln;* ~**palme** *f bot* tallipot *m, scient* coryphe *f* parasol.

Fackel *f* ⟨-, -n⟩ ['fakəl] flambeau *m a. fig;* torche *f;* (*Strohfackel)* brandon *m;* **f~n** *itr fam (zögern)* lanterner; *ohne zu* ~ sans hésiter; *nicht lange* ~ ne faire ni une ni deux; *(gleich zuschlagen)* n'avoir pas les bras gourds; ~**träger** *m* porte-flambeau *m;* ~**zug** *m* retraite *f* aux flambeaux.

Fäd|chen *n* ⟨-s, -⟩ ['fɛtçən] bout *m* de fil; **f~eln** ['fɛːdəln] *tr (einfädeln)* enfiler.

fad|(e) [faːt, -də] *a (Speise u. fig)* fade, insipide; *fam* fadasse; *(nur Speise)* sans saveur; *(abgeschmackt, geistlos)* plat; ~*e(s) Zeug n (fig)* fadaises *f pl;* **F~heit** *f* fadeur *f.*

Faden *m* ⟨-s, ⸗⟩ ['faː-, 'fɛːdən] *a. fig* fil; *(sehr dünner* ~*; anat, zoo, bot; Glühfaden)* filament *m; mar (Längenmaß,* ⟨-s, -⟩) brasse *f; keinen trockenen* ~ *am Leibe haben* n'avoir pas un poil de sec, être trempé jusqu'aux os *od fam* comme une soupe; *die Fäden in der Hand haben od halten (fig)* tenir *od* tirer les ficelles; *nur (noch) an e-m (seidenen)* ~ *hängen (fig)* ne tenir (plus) qu'à un fil, tenir à un cheveu; *keinen guten* ~ *an jdm lassen (fig)* dire pis que pendre de qn; *den* ~ *(der Rede) verlieren* perdre le fil (de son discours); *(Perlen) auf e-n Faden ziehen* enfiler; *da beißt die Maus keinen* ~ *ab (fig)* il n'y a rien à faire; *es hing an e-m (seidenen)* ~ il s'en est fallu de l'épaisseur d'un fil *od* d'un cheveu; *das zieht sich wie ein roter* ~ *durch die Erzählung* od *Geschichte* c'est un fil conducteur; *aus Fäden verschiedener Stärke* od *Farbe gewebt (Textil)* vergé; **f~dünn** *a* mince comme un fil; **f~förmig** *a scient* nématoïde; ~**heftung** *f (Buchbinderei)* brochage *m* au fil de lin; ~**kreuz** *n opt* réticule *m;* ~**nudeln** *f pl* vermicelle *m;* **f~scheinig** *a* usé jusqu'à la corde, élimé, râpé; *fig (Vorwand)* cousu de fil blanc, transparent; ~ *sein (Kleidung a.)* montrer la corde; ~**wurm** *m* filaire *m; pl scient* nématodes *m pl;* **f~ziehend** *a (sehr zähflüssig)* filant.

Fading *n* ⟨-s, -s⟩ ['feːdɪŋ] *radio (Schwund)* fading *m.*

Fagott *n* ⟨-(e)s, -e⟩ [fa'gɔt] *mus* basson *m;* ~**bläser** *m,* ~**ist** *m* ⟨-en, -en⟩ [-'tɪst] bassoniste *m.*

Fähe *f* ⟨-, -n⟩ ['fɛːə] *(Jagd: Füchsin)* renarde *f; (Wölfin)* louve; *(Hündin)* chienne *f.*

fähig ['fɛːɪç] *a (tüchtig, tauglich)* capable *(zu* de); apte *(zu* à); *(bereit)* capable, susceptible *(zu* de); *jur* apte, habile *(zu* à); *dazu* ~ *(imstande) sein, etw zu tun (a.)* être homme à faire qc; *zu allem* ~ *(bereit) sein* être capable de tout; ~*e(r) (tüchtiger) Mensch m* homme *m* de tête; **F~keit** *f (Tüchtigkeit)* capacité, aptitude, faculté; *jur* capacité, habilité *f.*

fahl [faːl] *a (von matter, trüber Farbe)* terne; *(bleich)* blême, blafard; *(blaß)* pâle; *(erdfarben)* terreux; *(bleifarben)* livide; ~**gelb** *a* d'un jaune terne; ~**rot** *a* fauve.

Fähnchen n ⟨-s, -⟩ ['fɛːnçən] fanion; *mil* guidon m; *(zur Markierung auf Karten)* flèche; *fig pop (leichtes od zu kurzes Kleid)* robe f légère od trop courte.

fahnd|en ['faːndən] *itr: nach jdm* ~ rechercher qn; **F~ung** f recherche(s pl) f; **F~ungsdienst** m police f mobile.

Fahne f ⟨-, -n⟩ ['faːnə] drapeau; *(Flagge)* pavillon m; *(Banner)* bannière f; *hist* gonfalon m; *pl typ =* ~*nabzug*; *mit fliegenden* ~*n* bannières déployées; *e-e* ~ *haben (fam: betrunken sein)* sentir l'alcool à plein nez; *unter jds* ~ *kämpfen, marschieren* combattre, marcher sous la bannière de qn; *die* ~ *nach dem Winde drehen* retourner sa veste; *zu den* ~*n gerufen werden* être appelé sous les drapeaux; *sich um jds* ~ *scharen* se ranger sous les drapeaux de qn.

Fahnen|abzug m *typ* placard; *die Fahnenabzüge von etw machen* placarder qc; ~**eid** m serment m de fidélité au drapeau; ~**flucht** f désertion f; **f~flüchtig** a déserteur; ~ *werden* déserter; ~**flüchtige(r)** m déserteur m; ~**junker** m enseigne, aspirant m; ~**korrektur** f *typ* correction f des placards; ~**mast** m mât m pour drapeau; ~**schaft** f hampe f; ~**stange** f lance f de drapeau; ~**träger** m, a. *fig* porte-drapeau; *hist* cornette; *rel* gonfalonnier m; ~**weihe** f bénédiction f des od du drapeau(x).

Fähnrich m ⟨-s, -e⟩ ['fɛːnrɪç] *hist* cornette, porte-drapeau m; ~ *zur See* enseigne m de vaisseau.

Fahr|bahn f ['faːr-] voie; *(Straßendamm)* chaussée; *sport* piste f; *von der* ~ *abkommen (a. fam)* entrer dans le décor; ~**bahnbreite** f largeur f de la chaussée; ~**bahnmarkierung** f signalisation f sur la chaussée; **f~bar** a *(beweglich)* mobile; ~*e(r) Heizkessel* m carbo-scooter m; ~**barkeit** f ⟨-, ø⟩ mobilité f; ~**befehl** m ordre m de circulation; **f~bereit** a *(Fahrzeug)* prêt à faire mouvement; *(Mensch)* prêt à partir; ~**bereitschaft** f *(Einrichtung)* service m de roulage; ~**bücherei** f bibliothèque f itinérante, bibliobus m; ~**damm** m *(e-r Straße)* chaussée f; ~**dienst** m *loc* service m des trains; ~**dienstleiter** m *loc* chef m de service od du mouvement; ~**er** m ⟨-s, -⟩ *allg* conducteur; *mot* chauffeur, pilote m; ~**erflucht** f délit m de fuite; ~**erin** f *allg* conductrice f; ~**erraum** m *loc* poste m de conduite od d'équipage; ~**ersitz** m *mot* siège m du chauffeur; ~**gast** m passager m; ~**gastschiff** n

navire m à passagers; ~**geld** n frais m pl de transport; ~**geldzuschuß** m prime f de transport; ~**gelegenheit** f moyen m de transport; ~**gemeinschaft** f déplacement m en commun à frais partagés; ~**gestell** n *mot* châssis; *aero* train d'atterrissage, atterrisseur m; *das* ~ *ausfahren* baisser le train d'atterrissage; *einziehbare(s)* ~ train m d'atterrissage escamotable; **f~ig** a *(unruhig)* agité; *(zerstreut)* distrait; *(nervös)* nerveux; ~**igkeit** f ⟨-, ø⟩ agitation; distraction, nervosité f; ~**karte** f *loc* billet m; *e-e* ~ *lösen* prendre un billet; *halbe* ~ *(für Kinder)* demi-place f; *kombinierte* ~ *(Eisenbahn-Bus)* billet m combiné fer-car; ~ *1., 2. Klasse* billet m de première, de seconde; ~**kartenausgabe** f guichet m des billets; ~**kartenautomat** m distributeur m de tickets; ~**kartenkontrolle** f contrôle m (des billets); ~**kartenschalter** m guichet m; ~**korb** m cabine f d'ascenseur; **f~lässig** a négligent, nonchalant; *(sorglos)* insouciant; ~*e Körperverletzung, Tötung* f blessure f, homicide m par imprudence; ~**lässigkeit** f négligence, nonchalance f, laisser-aller m; insouciance, incurie f; ~**lehrer** m *mot* moniteur m d'auto-école; ~**nis** f ⟨-, -sse⟩ *jur (bewegl. Vermögen)* biens m pl meubles od mobiliers; ~**plan** m horaire; *(in Heftform)* indicateur m; **f~planmäßig** a prévu; ~**preis** m prix m du transport od *(Taxi)* de la course; *den vollen* ~ *bezahlen* payer place entière; *halbe(r)* ~ demi-tarif m; ~**preisanzeiger** m *(im Taxi)* taximètre, compteur m; ~**prüfung** f examen m du permis de conduire; ~**rad** n bicyclette f; *fam* vélo m, bécane f; ~ *mit Hilfsmotor* bicyclette f à moteur auxiliaire, *fam* vélomoteur m; ~**radklammer** f pince f à pantalon; ~**radklingel** f timbre m; ~**radpumpe** f pompe f à bicyclette; ~**radschuppen** m garage m pour bicyclettes; ~**radständer** m support m pour bicyclettes; ~**rinne** f *mar* chenal m; ~**schein** m ticket, titre m de transport; ~**scheinentwerter** m ⟨-s, -⟩ composteur m; ~**schulauto** n voiture f à double commande; ~**schule** f auto-école f; ~**schüler** m élève m d'auto-école; ~**schullehrer** m moniteur m d'auto-école; ~**straße** f voie f carrossable; ~**strecke** f course od distance f parcourue; ~**stuhl** m ascenseur, lift m; ~**stuhlführer** m liftier m; ~**verbot** n mise f à pied; ~**wasser** n passe f, chenal m; *im richtigen* ~ *sein (fig)* être dans son milieu; **~weg** m voie f carrossable; **~werk** n aero = **~gestell**; **~zeit** f durée f de od du parcours od bes. mar du trajet; **~zeug** n véhicule m; *(Wagen)* voiture f; mar bâtiment m, *(kleines)* embarcation f; **~zeugbestand** m parc de véhicules od de voitures, matériel m roulant; **~zeughalter** m jur détenteur m d'un od du véhicule; **~zeugkolonne** f convoi m od *(zufällige)* file od colonne f de véhicules.

Fähr|e f ⟨-, -n⟩ ['fɛːrə] bac m; *(Seilfähre)* traille f; **~geld** n batelage, péage m; **~mann** m ⟨-s, ˮer/-leute⟩ batelier, batelier, passeur m; **~schiff** n ferry-boat m; **~seil** n va-et-vient m.

fahren ⟨fährt, fuhr, ist gefahren⟩ ['faːrən] itr *(Fahrzeug)* marcher, se déplacer; *(bes. Auto)* rouler; *(Mensch)* aller *(mit dem Fahrrad, dem Wagen, der Bahn, dem Schiff* à od en bicyclette, en voiture, en chemin de fer, en bateau*)*; *(abfahren, -reisen)* partir; *durch* od *über Paris ~* passer par Paris; *in etw ~ (eindringen)* entrer, pénétrer dans qc; *aus etw ~* sortir de qc; tr ⟨hat gefahren⟩ *(ein Fahrzeug)* conduire, piloter; *jdn über den See ~* faire traverser le lac à qn; *(haben, besitzen)* avoir; *(Menschen, Tier)* conduire, transporter; *(Last)* transporter, *(schwere)* charrier; *aus dem Bett ~* sauter en bas du lit; *in die Garage ~* rentrer la voiture au garage; *in die Grube ~ (mines)* descendre au fond; *fig (sterben)* trépasser, mourir; *in Grund und Boden* od *zuschanden ~* abîmer; *gut* od *wohl mit jdm ~* être content de qn; *sich (mit der Hand) in die Haare, über die Stirn ~* se passer vivement la main dans le cheveux, sur le front; *jdn über den Haufen ~ (pop)* renverser qn; *jdn nach Hause ~* ramener qn (à la maison) en voiture; *aus der Haut ~ (fig)* sortir de ses gonds, se mettre hors de soi; *einander in die Haare ~* avoir une prise de bec; *gen Himmel ~ (rel)* monter aux cieux; *in die Höhe ~* sursauter; *jdm an die Kehle ~* se jeter à la gorge de qn, prendre qn à la gorge; *in die Kleider ~* s'habiller en toute hâte; *e-n Mercedes ~* piloter une Mercedes; *rechts, links ~* conduire à droite, à gauche; *rückwärts ~* reculer, faire marche arrière od loc machine arrière; *Schi ~* faire du ski; *schlecht* od *übel mit jdm ~* ne pas être content de qn; *schnell ~ (a. mar)* faire de la route; *zur See ~ (Seemann sein)* être marin; *mit jdm zusammen ~* faire route avec qn;

~lassen *(loslassen)* lâcher; *sich ~ auf dieser Straße fährt es sich gut* c'est une bonne route; *ein Gedanke fuhr mir durch den Kopf* une idée m'a traversé l'esprit od m'est passée par la tête; *das Messer ist mir aus der Hand gefahren* le couteau m'est tombé des mains; *der Schreck fuhr mir in die* od *durch alle Glieder* la frayeur m'a coupé bras et jambes; *~ besser, wenn ... (fam)* vous avez intérêt à inf; *rechts ~!* serrez à droite; *fahr in die* od *zur Hölle* od *zum Teufel!* va-t'en au diable od à tous les diables; *fahr wohl!* adieu! **~d** ppr loc en marche; a *(umherziehend, nicht seßhaft)* errant; **~e** Habe f *(jur)* biens m pl meubles od mobiliers; **~e(r)** Ritter m *(hist)* chevalier m errant; **~e(r)** Sänger od Spielmann m *(hist)* ménestrel m; **~e(s)** Volk n *(lit)* nomades m pl.

Fahrt f ⟨-, -en⟩ [faːrt] *(Bewegung e-s Fahrzeuges)* marche; *(Ortsveränderung mit Hilfe e-s Fahrzeuges)* course f, trajet m; *(Ausflug)* promenade, sortie f; *(Reise)* voyage; *(Fahrstrecke)* parcours m; *auf der ~* en route *(nach* pour*)*; *in (voller) ~ (Fahrzeug)* en (pleine) marche; *in ~ (fig: in Schwung, in lebhafter Stimmung)* en train, en verve; *fam (in Wut)* en rage, enragé, furieux; *während der ~ (e-s Fahrzeugs)* en marche; *freie ~ geben (loc)* débloquer la ligne; *auf ~ gehen (Gruppe)* faire un camp od une sortie; *freie ~ haben (Zug)* avoir la voie libre od le feu vert; *in ~ (Schwung) kommen* être entraîné; se dégeler; *fam* trouver la forme; *das Signal auf ~ stellen (loc)* effacer le signal; *gute ~!* bonne route! *große ~ (mar)* navigation f hauturière; *~ ins Blaue* excursion f surprise; **~auslagen** f pl débours m pl de voyage; **~ausweis** m *(e-s Fahrgastes, Reisenden)* titre m de circulation od de transport; **~enbuch** n livret m de transport; **~enmesser** m poignard m scout; **~regler** m régulateur m de marche; **~richtung** f direction f (de course), sens m (de circulation od de la marche); *in ~ sitzen* être assis dans le sens de la marche; *vorgeschriebene, verbotene ~* sens m obligatoire, interdit; **~richtungsänderung** f changement m de direction od mar de cap; **~richtungsanzeiger** m mot indicateur m (de changement) de direction, flèche f; *(Lichtsignalanlage)* clignotant m; **~schreiber** m ⟨-s, -⟩ tachygraphe m; **~unterbrechung** f arrêt m.

Fährte f ⟨-, -n⟩ ['fɛːrtə] trace, piste f; *jdn auf die richtige, falsche ~ bringen (fig)* mettre qn sur la bonne, mauvaise piste; *auf der falschen ~ sein (fig)* faire fausse route; *die ~ verloren haben (Jagdhund)* être en défaut; *die ~ wiederfinden (Jagdhund)* en reprendre.

fair [fɛːr] a loyal; *~e(s) Spiel n (sport)* jeu loyal, franc jeu, fair-play m.

Fäkal|dünger m [fɛˈkaːl-] engrais m organique; *getrocknete(r) ~* poudrette f; *~ien* [-ˈkaːliən] pl *(Kot)* matières f pl fécales, excréments m pl.

Fakir m ⟨-s, -e⟩ ['faːkɪr, faˈkiːr] fakir m.

Faksimil|e n ⟨-s, -s⟩ [fakˈziːmilə] fac-similé m; **f ~ieren** [-ˈliːrən] tr fac-similer.

fakt|isch ['faktɪʃ] a *(tatsächlich)* réel, effectif; *adv. a.* en réalité; **F~or** m ⟨-s, -en⟩ ['faktor, 'toːrən] *math allg* facteur; *typ* prote m; **F~orei** [-ˈrai] f factorerie f; **F~otum** n ⟨-s, -s/-ten⟩ [-ˈtoːtʊm] *(Mädchen für alles)* factotum m; **F~um** n ⟨-s, -ten⟩ ['faktʊm] *(Tatsache)* fait m; **F~ur** f ⟨-, -en⟩ [-ˈtuːr] *com (Rechnung)* facture f; **F~urenbuch** n facturier m; *~urieren* [-ˈriːrən] tr facturer; **F~uriermaschine** f machine f à facturer.

Fakult|ät f ⟨-, -en⟩ [fakulˈtɛːt] *(Univ.)* faculté f; **f~ativ** [-taˈtiːf] a *(wahlfrei)* facultatif.

falb [falp] a *(fahlrot)* fauve; *(Pferd)* aubère; **F~e** m ⟨-n, -n⟩ [-bə] *(Pferd)* cheval m aubère.

Falbel f ⟨-, -n⟩ ['falbəl] *(Kleidbesatz)* falbala m; **fälbeln** ['fɛlbəln] tr garnir de falbalas.

Falk|e m ⟨-n, -n⟩ ['falkə] *orn* faucon m; *~enauge n: ~n haben (fig)* avoir des yeux de lynx; *~enbeize f, ~enjagd f, ~nerei f* fauconnerie f; *~enier m* ⟨-s, -e⟩ [-ˈniːr], *~ner m* ⟨-s, -⟩ fauconnier m.

Fall 1. m ⟨-(e)s, ⁚e⟩ [fal, 'fɛlə] *(das Fallen, a. phys u. fig)* chute; *der freie ~* la chute libre; *(Wasserfall)* cascade f, cataracte; *(Umstand)* cas m, circonstance, occurrence f; *(Einzelfall, Vorkommen)* cas m a. med; *jur (Strafsache)* affaire f; *gram* cas m; *auf alle Fälle, auf jeden ~* en tous cas, dans tous les cas; *(unbedingt)* de toute façon od manière, à tout prix; *auf keinen ~* en aucun cas, en aucune façon, à aucun prix; *für alle Fälle* à toute(s) fin(s) utiles; *für den ~, daß ...; im ~e, daß ...* au cas où *cond; im besten od günstigsten ~e* en mettant les choses au mieux; dans le meilleur des cas; *in d(ies)em ~* en od dans ce cas; *im schlimmsten* od *äußersten ~e*

au pis aller; *im umgekehrten* od *entgegengesetzten ~e* dans le cas inverse; *in dringenden Fällen* en cas d'urgence; *von ~ zu ~* selon le cas, suivant les circonstances; *zu ~ bringen (fig)* faire tomber, faire faire le saut à; *(Plan, Gesetzesvorlage)* torpiller; *zu ~ kommen* tomber; *fig (scheitern)* échouer; *das ist der ~* c'est (bien) le cas; *das ist nicht der ~* ce n'est pas le cas, il n'en est rien; *das ist ein klarer ~ od (fam) klarer ~!* (fam) c'est clair comme le jour; *das ist mein ~ (paßt mir)* c'est mon fait; *das ist nicht mein ~ (fam)* ce n'est pas mon genre; *das ist bei mir der ~* c'est mon cas, j'en suis là; *setzen wir* od *gesetzt den ~, daß ...* supposons od supposé que *subj; freie(r) ~ (phys)* chute f libre; *~beil* n guillotine f; *~bö* f *mete* courant m descendant; *~brücke* f = Zugbrücke; *~fenster* n fenêtre f à guillotine; *~geschwindigkeit* f vitesse f de chute; *~gesetze* n pl *phys* lois f pl du mouvement de chute; *~grube* f trappe f; *~hammer* m *tech* marteau-pilon m; *~höhe* f hauteur f de chute; *~klappe* f *aero (für Bomben)* trappe f; *~obst* n fruits m pl tombés od talés; *~raum* m *phys* trajectoire f (de chute); *~reep* n *mar (Außentreppe)* échelle f de coupée; *~rohr* n tuyau m d'égout; *~scheibe* f *tele* clapet m; *~schieber* m *tech* registre m à guillotine; *~strick* m *fig* piège m; *~sucht* f *med* haut mal m, épilepsie f; **f~süchtig** a *med* épileptique; *~tank* m *aero* réservoir m en charge; *~tür* f trappe f; *~wind* m *mete* vent m rabattant; *~winkel* m angle m de chute.

Fall 2. n ⟨-(e)s, -en⟩ *mar (Tau)* drisse f.

Falle f ⟨-, -n⟩ ['falə] a. fig piège m, attrape f, traquenard; *(für Vögel)* trébuchet; *fig* guet-apens; *pop (Bett)* pieu, portefeuille m; *in die ~ gehen (a. fig)* tomber od donner dans le piège; *fig* mordre à l'hameçon; *in e-e ~ geraten* donner od tomber dans un piège; *sich in die ~ hauen (pop)* se plumer; *in e-e ~ locken* attirer dans une guet-apens; *in der ~ sitzen (fig)* être pris au piège; *jdm e-e ~ stellen* tendre un piège od un guet-apens à qn; *~nstellen* n piégeage m; *~nsteller* m piégeur m.

fallen ⟨fällt, fiel, ist gefallen⟩ [(-)'falən] itr *(stürzen)* tomber, faire une chute; *pop (Mensch: hinfallen)* ramasser une bûche od une pelle; *(Soldat im Kriege)* tomber od être tué (à la guerre od à l'ennemi), rester sur le champ de bataille, y rester; *(Hoch-*

wasser, Temperatur, Barometer, Preise etc) baisser; *(Hochwasser a.)* décroître; *(sich senken, von e-r Fläche, vom Gelände)* s'affaisser; *(Mensch: sich werfen)* se jeter; *(treffen etc)* tomber *(auf* sur), frapper *(auf etw* qc); *(Blick)* rencontrer *(auf jdn, auf etw* qn, qc); *(Verdacht, Wahl)* se porter; *(Erbschaft: zufallen)* échoir, revenir, passer *(an jdn* à qn); *(Ereignis auf e-n Wochentag)* tomber *(auf e-n Sonntag* un dimanche); *(Licht a.)* venir, pénétrer *(durch etw* par qc); *(in e-n Zustand geraten)* tomber *(mit adverb. Bestimmung);* devenir *(mit a.); (unter ein Gesetz etc)* tomber *(unter* sous); *(unter e-n Begriff)* rentrer *(unter* dans); *(Entscheidung: vollzogen werden)* être pris *od* prononcé; *(Schuß)* partir; *impers: es ist Regen, Schnee gefallen* il est tombé de la pluie, de la neige; *jdm in den Arm ~ (a. fig)* arrêter le bras à qn; *ea. in die Arme ~* se jeter dans les bras l'un de l'autre; *in die Augen ~ (fig)* sauter aux yeux; *zu Boden od auf die Erde ~* tomber à *od* par terre; *jdm zu Füßen ~* se jeter aux pieds de qn; *bei jdm ins Gewicht ~ (fig)* peser lourd aux yeux de qn; *jdm um den Hals ~* se jeter au cou de qn; *jdm in die Hände ~ (fig)* tomber entre les mains *od* dans les griffes de qn; *nicht auf den Kopf gefallen sein (fig)* n'être pas tombé sur la tête; *jdm zur Last ~* être à charge à qn, importuner qn; *nicht auf den Mund gefallen sein (fig)* n'avoir pas la langue dans sa poche; *in Ohnmacht ~* tomber sans connaissance, s'évanouir, défaillir; *jdm, e-r S zum Opfer ~* être victime de qn, de qc; *jdm in die Rede od ins Wort ~* couper la parole à qn, interrompre qn; *aus der Rolle ~ (fig)* sortir de son rôle; *jdm in den Rücken ~ (fig)* tomber dans le dos de qn; attaquer qn par derrière; *durchs Schwert ~* périr par le glaive; *immer auf den gleichen Tag ~* tomber un jour fixe; *mit der Tür ins Haus ~ (fig)* ne pas y aller par quatre chemins; mettre les pieds dans le plat; *in Ungnade ~* tomber en disgrâce; *ins Wasser ~ (a. fig)* tomber à l'eau *od fam* dans le lac; *wie aus allen Wolken ~* tomber des nues; *~ lassen* laisser tomber *od* choir; *(e-e Masche ~ lassen u. fig: ein Wort ~lassen)* lâcher, laisser échapper; *(absichtlich)* glisser; *~lassen (sich nicht mehr kümmern um)* retirer sa main *(jdn* de qn), *pop* semer; *(verzichten auf)* renoncer à; *die Maske ~lassen (fig)* lever le masque; *das*

fällt mir leicht ce n'est qu'un jeu pour moi; *das fällt mir schwer* j'ai de la peine à le faire; *er ließ kein Wort darüber ~* il n'en souffla mot; *mir fiel das Herz in die Hosen (fam)* j'ai eu une peur bleue; *es fiel mir wie Schuppen von den Augen* mes yeux se sont dessillés, des écailles me tombèrent des yeux; *die Tür fiel ins Schloß* la porte claqua; *mir fällt ein Stein vom Herzen* cela m'enlève un poids de l'estomac; *die Würfel sind gefallen* le sort en est jeté; *nicht ~ lassen!* attention aux chutes! *der Apfel fällt nicht weit vom Stamm (prov)* bon chien chasse de race; *tel père, tel fils; es ist noch kein Meister vom Himmel gefallen (prov)* apprenti n'est pas maître; *gut ~d (Stoff)* tombant; **F~** *n* chute; *fig (Abnahme)* diminution; *fin* baisse *f.*

fäll|en ['fɛlən] *tr (Baum)* abattre; *chem* précipiter; *math (Lot)* abaisser; *ein Urteil ~ (jur)* porter *od* rendre un jugement; **F~en** *n* abattage *m; ~ig a fin* échéant, échu; *(zahlbar)* payable, dû; *(Schuld)* exigible; *~werden* venir *od* arriver à échéance; *das ist längst ~ (fam)* la poire est mûre; *noch nicht ~ (Schuld)* inexigible; **F~igkeit** *f fin* échéance; exigibilité *f;* **F~igkeitsdatum** *n* date *f* d'échéance; **F~igkeitstag** *m* jour *m* de l'échéance; **F~igkeitstermin** *m* terme *m* d'échéance; **F~ung** *f ⟨-, (-en)⟩ chem* précipitation *f; math* abaissement *m.*

falls [fals] *conj* au cas où *cond,* si.

Fallschirm *m* ['falʃirm] parachute; *pop* pépin *m; mit dem ~ absetzen (Menschen, bes. mil)* parachuter, larguer; *mit dem ~ abspringen* faire une descente *od* sauter en parachute; *mit dem ~ abwerfen (Geräte od Material)* parachuter, larguer; *den ~ zs.legen* plier le parachute; *der ~ entfaltet od öffnet sich* le parachute se déploie *od* s'ouvre; *~***absprung** *m* descente *f od* saut *m* en parachute; *~***abwurf** *m* parachutage, largage *m; ~***-Fangleine** *f* suspente *f* du parachute; *~***gurt** *m* ceinture *f* de parachute; *~***hülle** *f* voilure *od* calotte *od* cloche *f* du parachute; *~***jäger** *m* (chasseur) parachutiste *m; ~***jäger-Division** *f* division *f* parachutiste; *~***landung** *f* atterrissage *m od* prise de sol *od* arrivée *f* au sol en parachute; *~***-Leuchtbombe** *f* bombe *f* éclairante *à* parachute; *~***rakete** *f* fusée *f* à parachute; *~***sack** *m* sac *m* du parachute; *~***springen** *n* parachutage, parachutisme *m; ~***springer** *m* parachutiste *m; ~~***-Sprungturm** *m* tour *f*

de lancement pour parachutistes; ~-
Tragleine f suspente f du parachute;
~**truppen** f pl unités f pl parachutistes.
falsch [falʃ] a (verkehrt) faux; (nicht
der richtige, nur mit best. Artikel)
pas le bon, le mauvais; (irrtümlich)
erroné; (unkorrekt, unvorschriftsmäßig) incorrect; (unpassend) impropre; (geheuchelt) feint, simulé; (nachgemacht, unecht, bes. von Haaren u.
Bärten) postiche; (nachgeahmt)
imité; (künstlich) artificiel, (von Zähnen) faux; (Würfel, Spielkarte)
faussé, truqué; (Spielkarte: gezinkt)
biseauté; (Name) faux, emprunté,
d'emprunt; (Mensch: unaufrichtig)
faux, pas od peu sincère; (doppelzün-
gig) double; (heuchlerisch) dissimulé,
hypocrite; (heimtückisch, hinterhäl-
tig) sournois, insidieux; (heimtük-
kisch, treulos, verräterisch) perfide,
traître; adv faux; mal; es ~ anfangen
od anfassen s'y prendre de travers;
jdn ~ anfassen od behandeln prendre qn à l'envers, fam à rebrousse-
-poil; etw ~ auffassen od verstehen
prendre qc de travers; mit dem ~en
Bein zuerst aufgestanden sein (fam)
s'être levé du mauvais pied; ~ aussprechen prononcer mal; etw für ~
erklären s'inscrire en faux contre qc,
faire justice de qc; ~ gehen (Uhr)
n'être pas à l'heure; ~ handeln mal
agir; ~ machen faire de travers; ~
schreiben mal orthographier; etw in
~em Licht sehen (fig) ne pas voir qc
sous son vrai jour; ~ singen chanter
faux, fausser; ~ spielen (mus) jouer
faux, fausser; (beim Kartenspiel) tricher (au jeu); ~ sprechen parler in-
correctement; (Sie sind) ~ verbunden vous avez composé un mauvais
numéro; sie ist e-e ~e Katze elle est
fausse comme un jeton; bei ihm ist er
an den F~en geraten avec lui il est
mal tombé; Vorspiegelung f~er Tatsachen récit m mensonger; ~e(r) Hase
m = Hackbraten; ~e(r) Stein m (a.)
doublet m; F~**geld** n fausse(-)monnaie
f; F~**heit** f ‹-, (-en)› fausseté; duplicité;
hypocrisie; sournoiserie; perfidie f;
F~**meldung** f fausse(-)nouvelle f;
F~**münzer** m faux-monnayeur m;
F~**münzerei** f fabrication f de fausse
monnaie, faux-monnayage m;
F~**spieler** m tricheur m.
fälschen ['fɛlʃən] tr (nachmachen)
falsifier; (bes. Banknoten, Unterschrift) contrefaire; (Wein a.) frela-
ter, adultérer, falsifier; (Spielkarte)
truquer, biseauter; (Würfel) truquer;
(abändern) altérer; (verfälschen,

entstellen) fausser; **F~er** m ‹-s, -› falsificateur, faussaire m; ~**lich** a faux,
erroné; adv faussement, à faux, par
erreur; (zu Unrecht) à tort; **F~ung** f
(Tätigkeit) falsification; altération;
(Ergebnis) contrefaçon f, faux m.
Falsett n ‹-(e)s, -e› [fal'zɛt] mus fausset m.
Falt|blatt n ['falt-] dépliant m; ~**boot**
n canot od bateau m pliant; ~**brücke**
f pont m basculant od à bascule; ~**e** f
‹-, -n› pli m; (Runzel) ride f; e-e ~ bekommen (Stoff, Papier) prendre un
pli; ~n bekommen (Stoff) goder, grimacer, grigner, faire des grimaces, se
chiffonner; (Gesicht vom Alter) se rider; in ~n legen (Stoff) plisser; (die
Stirn in ~n legen od ziehen froncer
les sourcils; ~n schlagen od werfen
(Stoff) faire des plis; s-e Stirn legte
od zog sich in ~n il plissa le front;
(häßliche od unerwünschte) ~ goda-
ge m; f~**en** tr plier; die Hände ~
joindre les mains; die Stirn ~ froncer
les sourcils; ~**enbildung** f geol plissement m; ~**engebirge** n montagne
f de plissement; f~**enlos** a sans plis;
(Gesicht) sans rides; f~**enreich** a
(Gesicht) ridé; ~**enrock** m jupe f
plissée; ~**enwurf** m draperie f; ~**er**
m ‹-s, -› ent papillon m; ~**flügel-
(flugzeug** n) m (avion m à) aile f re-
pliable; f~**ig** a plissé, à plis; ~ werden
(Stoff) = ~en bekommen; ~**pro-
spekt** m dépliant m; ~**stuhl** m
(siège) pliant m; ~**transparent** n
dépliorama m; ~**ung** f pliage; (Textil,
geol) plissement m.
Falz m ‹-es, -e› [falts] (Nut) rainure;
feuillure; (Gleitrille) coulisse f;
(Buchbinderei) onglet m; (Briefmar-
kenfalz) charnière f; ~**bein** n (Buchbinderei) plioir m; f~**en** tr (nuten)
rainer; (Blech) replier; (Buchbinderei) plier, encarter; ~**hobel** m feuille-
ret, guillaume m; ~**maschine** f
(Buchbinderei) plieuse f; ~**ziegel** m
tuile f ondulée od à coulisse.

familiär [famili'ɛːr] a (vertraut, vertraulich) familier; aus ~en Gründen
pour des raisons de famille; **F~arität**
f ‹-, -en› [-liari'tɛːt] (Vertraulichkeit)
familiarité f.
Familie f ‹-, -n› [-'miːliə] famille; (Verwandtschaft) parenté f; zur ~ gehö-
ren faire partie de la famille; e-e ~
gründen (heiraten) prendre femme,
se marier; keine ~ (Kinder) haben ne
pas avoir d'enfants; das kommt in
den besten ~n vor ça arrive même
chez les gens bien; das liegt in der ~
c'est de famille; große ~ (a. fam)

smala(h) *f; Ihre* ~ les vôtres; *kinder-reiche* ~ famille *f* nombreuse.
Familien|ähnlichkeit *f* [fa'miːliən-] air *m* de famille; **~angelegenheit** *f* affaire *f* de famille; **~anschluß** *m:* *mit* ~ *(in e-r Anzeige)* vie de famille; **~anzeige** *f* (lettre *f* de) faire-part *m;* déclaration *f* personnelle; **~bande** *n pl fig* liens *m pl* de la famille; **~bei-hilfe** *f* allocation *od* prestatation *f* familiale; **~betrieb** *m* entreprise *f* familiale; **~drama** *n* drame *m* de famille; **~fest** *n* fête *f* de famille; **~gruft** *f* caveau *m* de famille; **~kreis** *m: im* ~ en famille, au sein de la famille; *im engsten* ~*e* dans la plus stricte intimité; **~leben** *n* vie *f* de famille; **~mitglieder,** *die n pl* les membres *m pl* de la famille; **~name** *m* nom *m* de famille *od scient* patronymique; **~oberhaupt** *n* chef *m* de famille; **~pflegerin** *f* aide *f* familiale; **~planung** *f* planning *m* familial, orthogénie *f;* **~rat** *m* conseil *m* de famille; **~roman** *m* roman *m* domestique; **~stammbuch** *n* livret *m* de famille; **~stand** *m* état *m* de famille; **~tag** *m* journée familiale, réunion *f* de famille; **~tragödie** *f* tragédie *f* de famille; **~unterstützung** *f* aide *f* familiale; **~vater** *m* père *m* de famille; **~zulage** *f* allocation *f* familiale.
famos [fa'moːs] *a fam* fameux, épatant.
Fan *m* ⟨-s, -s⟩ [fɛn] *pop (Versessener, Narr)* fan(a) *m.*
Fanal *n* ⟨-s, -e⟩ [fa'naːl] *(Feuerzeichen)* fanal *m.*
Fanat|iker *m* ⟨-s, -⟩ [fa'naːtikər] fanatique *m;* **f~isch** [-'naːtıʃ] *a* fanatique; **~ismus** *m* ⟨-, ø⟩ [-'tısmʊs] fanatisme *m.*
Fanfare *f* ⟨-, -n⟩ [fan'faːrə] *mus* fanfare *f.*
Fang *m* ⟨-(e)s, ⸚e⟩ [faŋ, 'fɛŋə] *(Tätigkeit)* capture, prise; *(Ergebnis)* prise; *(Beute)* proie *f,* butin *m; (beim Fischen)* pêche *f, zoo (Stoßzahn)* défense *f,* croc *m; (Raubvogel: Fuß)* serre *f; e-n guten* ~ *machen* faire une bonne prise; **~arm** *m zoo (Polytyp)* tentacule, bras *m;* **~ball** *m (Spiel)* jeu *m* de balle; ~ *spielen* jouer à la balle; *mit jdm* faire son jouet de qn; **~ei-sen** *n (Falle)* chausse-trape *f;* **~fra-ge** *f* question-piège *f;* **~leine** *f (Jagd)* lasso *m; (zur Lebensrettung)* corde *f* de sauvetage; *pl (e-s Fall-schirms)* suspentes *f pl; (zur Lebensrettung) f tele* localisation *f,* repérage *m;* **~schuß** *m (Jagd)* coup *m* de grâce; **~vorrichtung** *f mines* dispositif d'arrêt, parachute *m* de cage.

fangen ⟨*fängt, fing, hat gefangen*⟩ ['faŋən] *tr* saisir; *a. fig* prendre, attraper; *sich* ~ *(in e-r Falle)* se prendre, être pris; *(Wind)* s'engouffrer; *Feuer* ~ prendre feu; *fig* se ressaisir; *leicht Feuer* ~ *(fig)* s'enflammer facilement; *Grillen* ~ *(fig)* se forger des idées, broyer du noir; *nichts gefangen haben (beim Angeln a.)* revenir bredouille; *er hat sich wieder gefangen (fig)* il a retrouvé son équilibre.
Fant *m* ⟨-(e)s, -e⟩ [fant] *(Laffe, Geck)* fat, freluquet *m.*
Farb|abstufung *f* ['farp-] fondu *m* des couleurs; **~aufnahme** *f* photo *f* en couleurs; **~n machen** *(a.)* faire de la couleur; **~band** *n (der Schreibma-schine)* ruban *m* encreur *od* encré; **~bandspule** *f* bobine *f* du ruban encreur; **~brühe** *f* teinture *f;* **~e** *f* ⟨-, -n⟩ [-bə] *a. fig* couleur; *(Färbung)* teinte *f,* coloris; *(Farbton)* ton *m,* nuance *f; (Gesichtsfarbe)* teint *m;* (~ *e-s Pfer-des)* robe; *(Klangfarbe)* tonalité; *(Färbemittel)* teinture; *(Material zum Malen, Anstreichen)* peinture, couleur; *typ* encre; (~ *der Spielkar-ten)* couleur *f; e-e* ~ *auftragen* étaler *od* mettre une couleur; ~ *bekennen (fig)* jouer cartes sur table; *nicht* ~ *bekennen wollen* avoir peur de s'engager; ~ *bekommen* se colorer; *wie-der* ~ *bekommen* retrouver ses couleurs; *in allen* ~*n spielen* s'iriser; *die* ~ *verlieren* perdre ses couleurs; *die* ~ *wechseln* changer de couleur; *fig* changer de cocarde, tourner casaque; *die* ~ *bröckelt ab* la peinture s'écaille; **f~echt** *a,* **~echt-heit** *f* grand teint *m;* **~enabwei-chung** [-bən-] *f opt* aberration *f* chromatique; **f~enblind** *a med* daltonien; **~enblindheit** *f* daltonisme *m;* **~endruck** *m* ⟨-(e)s, -e⟩ impression *f* (en) couleur(s); **f~enempfind-lich** *a phot* orthochromatique; **~en-empfindlichkeit** *f* orthochromatisme *m;* **~enempfindung** *f physiol* sensation *f* chromatique; **f~enfreu-dig** *a,* **f~enfroh** *a* haut en couleur; **~engrund** *m* fond *m;* **~enholz-schnitt** *m* gravure *f* en couleurs sur bois; **~(en)kasten** *m* boîte *f* de *od* à couleurs; *typ* encrier *m;* **~enlehre** *f* théorie *f* des couleurs; **~enlithogra-phie** *f* chromolithographie *f;* **~en-mischung** *f* mélange *m* des couleurs; **~ennäpfchen** *n* godet *m* à peinture; **~enpracht** *f* éclat *m* (des couleurs); **f~enprächtig** *a* haut en couleur; **~ensinn** *m* sens *m* des couleurs *od* chromatique; **~enskala** *f* gamme *f* des couleurs; **~en-**

spa(ch)tel *m* amassette *f;* ~**enspiel** *n* jeu *m* des couleurs; ~**ensteindruck** *m* = ~*enlithographie;* ~**enstich** *m (Kunst)* gravure *f* en couleurs; ~**entopf** *m* camion *m* (de peinture); ~**enverteilung** *f* distribution *f* des couleurs; ~**enwechsel** *m* zoo caméléonisme *m;* ~**enzerstreuung** *f* opt dispersion *f;* ~**enzusammenstellung** *f* association *f* od assemblage *m* de couleurs; ~**fehler** ['farp-] *m* défaut *m* de chromatisme; ~**fernsehen** *n* télévision *f* (en) couleurs; ~**fernseher** *m,* ~**fernsehgerät** *n* téléviseur *m* couleur, télé-couleur *f;* ~**film** *m* film *m* en couleurs; ~**filter** *m phot* filtre *od* écran coloré, obturateur-écran *m* de couleur; ~**foto** *n* photo(graphie) *f* en couleurs; ~**gebung** *f* coloration *f,* coloris *m,* ~**glas** *n* verre *m* de couleur; ~**holz** *n* bois *m pl* tinctoriaux; **f~ig** [-bɪç] *a* coloré, de *od* en couleur; *fig (Stil)* haut en couleur; ~*e Bevölkerung, Rasse f* population, race *f* de couleur; ~**ige(r** *m) f* homme *m,* femme *f* de couleur; ~**kissen** ['farp-] *n (zum Stempeln)* tampon *m* (encreur); ~**körperchen** *n biol* pigment *m;* ~**kraft** *f* intensité *f* de la coloration; **f~kräftig** *a* haut en couleur; **f~los** *a, a. fig* incolore, sans couleur; ~**losigkeit** *f, a. fig* absence *f* de couleur; ~**photographie** *f* photographie *f* en couleur; ~**schreiber** *m tele* appareil *m* encreur od enregistreur; ~**spritzpistole** *f* pistolet *m* pour la peinture; ~**spritz(verfahr)en** *n* peinture *f* au pistolet; ~**stift** *m* crayon *m* de couleur od (de) pastel; ~**stoff** *m* matière *od* substance *f* colorante, produit *m* tinctorial; ~**tafel** *f* planche *f* en couleurs; ~**ton** *m* ton *m,* teinte *f;* ~**treue** *f* typ phot fidélité *f* des couleurs; ~**walze** *f* typ rouleau *m* encreur; ~**wiedergabe** *f* typ reproduction *f* en couleurs; ~**wirkung** *f* effet *m* de couleur.
Färb|eflotte *f* ['fɛrbə-] *tech (Flüssigkeit)* bain *m* de teinture; ~**emittel** *n* colorant *m,* teinture *f;* **f~en** *tr* colorer; *(bes. Stoffe, gewerblich)* teindre; *itr (abfärben)* déteindre; *sich* ~ se colorer; *blau, rot* ~ teindre en bleu, en rouge; *sich gelb* ~ prendre un ton jaune; jaunir; ~**en** *n* coloration; *(gewerbliches)* teinture *f;* ~**er** *m* ⟨-s, -⟩ teinturier *m;* ~**erdistel** *f bot* carthame *m* des teinturiers; ~**erei** [-'raɪ] *f* teinturerie *f;* ~**ereiche** *f* quercitron; *scient* chêne *m* tinctorial; ~**errinde** *f* écorce *f* du quercitron; ~**erröte** *f bot* garance *f;* ~**erwaid** *m* ⟨-(e)s, -e⟩ [-vaɪt, -də] *bot* pastel *m;* ~**everfah-**

ren *n* procédé *m* tinctorial; ~**ung** *f (Farbe)* coloration *f,* coloris *m,* teinte; *(Farbton)* nuance *f,* ton; *scient* chromatisme *m.*
Farc|e *f* ⟨-, -n⟩ ['farsə] *(Küche: Füllung; theat: Posse)* farce *f;* **f~ieren** [-'siːrən] *tr (Küche)* farcir.
Farinzucker *m* [fa'riː-n-] cassonade *f.*
Farm *f* ⟨-, -en⟩ [farm] exploitation *f* agricole; ~**er** *m* ⟨-s, -⟩ exploitant *m* agricole.
Farnkraut ['farn-] *n* fougère *f.*
Farre *m* ⟨-n, -n⟩ ['farə] *(junger Stier)* jeune taureau *m.*
Färse *f* ⟨-, -n⟩ ['fɛrzə] *(junge Kuh)* taure, génisse *f.*
Fasan *m* ⟨-(e)s, -e(n)⟩ [fa'zaːn] faisan *m;* ~**enhenne** *f* poule *f* faisane; ~**erie** *f* ⟨-, -n⟩ [-nə'riː] faisanderie *f.*
Faschine *f* ⟨-, -n⟩ [fa'ʃiːnə] *mil (Reisiggeflecht)* fascine *f;* ~**nmesser** *n* serp(ett)e *f;* ~**nwerk** *n* fascinage *m.*
Fasching *m* ⟨-s, -e/-s⟩ ['faʃɪŋ] carnaval *n;* ~**streiben** *n* liesse *f* du carnaval; ~**szeit** *f* jours *m pl* gras; ~**szug** *m* cavalcade *f* de carnaval *od* de mi-carême.
Fasch|ismus *m* ⟨-, ø⟩ [fa'ʃɪsmʊs] *pol* fascisme *m;* ~**ist** *m* ⟨-en, -en⟩ [-'ʃɪst] fasciste *m;* **f~istisch** [-'ʃɪstɪʃ] *a* fasciste; **f~istoid** *a* fascisant.
Fasel|ei *f* ⟨-, -en⟩ [fa:zə'laɪ] radotage *m;* ~**er** *m* ⟨-s, -⟩ ['fa:zələr], ~**hans** *m* ⟨-(es), -e/-⁻e⟩ radoteur, bavard *m;* **f~ig** *a (wirr im Kopf)* écervelé, évaporé; **f~n** *itr (wirr reden)* dérailler, divaguer, radoter; *(schwatzen)* bavarder; *von etw* ~ parler à tort et à travers de qc; *der faselt was zusammen!* il dit vraiment n'importe quoi.
Faser *f* ⟨-, -n⟩ ['fa:zər] filament *m,* fil *m; bes. scient u. tech* fibre *f;* ~**geschwulst** *f med* squirr(h)e *m;* **f~ig** *a* filamenteux, filandreux; fibreux; **f~n** *itr* s'effil(och)er; ~**n** *n* effilochage *m;* **f~nackt** *a* nu comme un ver; ~**schreiber** *m* (crayon) feutre *m;* ~**stoff** *m* fibranne, matière fibreuse; *physiol (im Blut)* fibrine *f;* ~**ung** *f* fibration *f.*
Fäserchen *n* ⟨-s, -⟩ ['fɛ:zərçən] fibrille *f.*
Faß *n* ⟨-sses, -⁻sser⟩ [fas, 'fɛsər] tonneau *m; (bes. für Wein)* fût *m; (bes. für Bier)* futaille; *(großes)* tonne *f,* foudre; *(kleines)* baril, tonnelet *m; (Stückfaß)* barrique, pièce; *(Butterfaß)* baratte; *(Heringsfaß)* caque *f; in Fässern* en fût, en cercles; *vom* ~ *(Wein)* à la tireuse; *(Bier)* à la pression; *in Fässer füllen* mettre en fûts; *das schlägt dem* ~ *den Boden aus* c'en est trop; *frisch vom* ~ *(Wein)*

fraîchement tiré; *ein* ~ *Benzin* un fût d'essence; *ein* ~ *ohne Boden (fig)* un gouffre; **~band** *n* cercle *m;* **~bier** *n* bière *f* en tonneau; **~binder** *m* tonnelier *m;* **~daube** *f* douve *f;* **~wein** *m* vin *m* en fût.

Fassade *f* ⟨-, -n⟩ [fa'saːdə] *arch* façade *f, (e-s repräsentativen Gebäudes)* frontispice *m.*

faßbar ['fasbaːr] *a* saisissable; *fig (verständlich)* compréhensible, intelligible, concevable; **F~keit** *f* ⟨-, ø⟩ *fig* intelligibilité *f.*

Fäßchen *n* ⟨-s, -⟩ ['fɛsçən] baril, tonnelet *m.*

fassen ['fasən] *tr (ergreifen, a. e-n verfolgten Menschen)* saisir, empoigner, prendre; *jur* appréhender; *(festnehmen)* arrêter; *mil (in Empfang nehmen)* toucher; *(in e-n Behälter tun, einfüllen)* mettre *(in* en); *(aufnehmen können, von e-m Behälter)* avoir une contenance de; *(a. von e-m Raum)* contenir; *(einfassen)* sertir, enchâsser; *(einrahmen)* encadrer; *(e-e Quelle)* capter; *fig (begreifen, verstehen)* saisir, comprendre; *itr (halten, festsitzen)* tenir; *sich* ~ *(sich wieder beruhigen)* se ressaisir, revenir (à soi), se calmer; *jdn am Arm* ~ saisir qn par le bras; *etw ins Auge* ~ *(fig)* envisager qc; *jdn scharf ins Auge* ~ regarder qn dans le blanc des yeux; *festen Fuß* ~ *(fig)* prendre pied; *e-n Gedanken* ~ concevoir une idée; *sich in Geduld* ~ prendre patience; *jdn bei der Hand* ~ prendre la main à qn; *sich ein Herz* ~ prendre son courage à deux mains; *sich kurz* ~ se résumer, être bref; *Neigung, Abneigung zu jdm* ~ concevoir de l'attachement, de l'aversion pour qn; *in Säcke* ~ mettre en sacs, ensacher; *Wasser* ~ faire eau; *Wurzel* ~ prendre racine; *jdn, etw zu* ~ *bekommen (a.)* s'accrocher à qn, à qc; *etw nicht* ~ *können (fig)* ne pas pouvoir se faire à l'idée de qc, ne pas revenir de qc; *etw nicht in Worte* ~ *können* ne pas trouver les mots pour exprimer *od* traduire qc; *ich kann es nicht* ~ je n'en reviens pas; *ein Grauen faßte mich* je fus saisi d'horreur; *fasse dich! (a.)* du calme! *das ist nicht zu* ~*!* c'est impensable! *(ein Glücksumstand)* c'est un rêve!

faßlich ['fasliç] *a (verständlich)* compréhensible, intelligible; *für jdn* à la portée de qn; *leicht* ~ facile (à comprendre); **F~keit** *f* ⟨-, ø⟩ compréhensibilité, intelligibilité *f.*

Fasson *f* ⟨-, -s/(-en)⟩ [fa'sõː] *(Zuschnitt, Art)* façon; *(Form)* forme *f;*

aus der ~ *sein (Kleidung)* n'avoir plus de forme; *jeder nach seiner* ~ *(fam)* chacun à sa guise; **f~ieren** [-so'niːrən] *tr tech (formen)* façonner, profiler; **~teil** *n tech* pièce *f* façonnée.

Fassung *f* ⟨-, -en⟩ ['fasuŋ] *(Einfassung)* monture; *(bes. von Edelsteinen)* sertissure; *el* douille *f; mines* cuvelage *m; (Gestaltung, Bearbeitung e-s Kunst-, Literaturwerks, bes. in e-r anderen Sprache)* version *f; in dieser* ~ *(a.)* sous cette forme; *(die)* ~ *bewahren (fig)* garder son calme *od* son sang-froid; *jdn aus der* ~ *bringen* faire perdre contenance à qn, décontenancer, désarçonner qn; *fam* faire sortir qn de ses gonds; *sich nicht aus der* ~ *bringen lassen* conserver son sang-froid; *nicht aus der* ~ *zu bringen sein (fam a.)* ne pas se démonter; *aus der* ~ *geraten od kommen, die* ~ *verlieren* perdre contenance, s'impatienter; *man muß es mit* ~ *tragen* il faut rester digne; **~skraft** *f fig (Verständnis)* compréhension, intelligence *f;* **f~slos** *a* décontenancé, déconcerté; **~slosigkeit** *f* ⟨-, ø⟩ manque *m* de sang-froid; **~svermögen** *n* contenance, capacité *f,* volume *m.*

fast [fast] *adv* presque, à peu (de chose) près, pour un peu; *ich wäre* ~ *gefallen* j'ai failli tomber, j'ai manqué de tomber, il s'en est fallu de peu que je ne tombe.

fasten ['fastən] ⟨*hat gefastet*⟩ *itr (nichts essen, bes. rel)* jeûner; *rel (kein Fleisch essen)* faire maigre; **F~en** *n rel* jeûne, *pl* carême *m;* **F~enkur** *f* régime *m* amaigrissant; **F~enspeise** *f* plat *m* maigre; **F~enzeit** *f rel* carême *m;* **F~nacht** *f* carnaval *m;* **F~nachtsdienstag** *m* mardi *m* gras; **F~nachtstreiben** *n* liesse *f* du carnaval; **F~nachtszeit** *f* jours *m pl* gras; **~nachtsumzug** *m* cavalcade *f* de carnaval; **F~tag** *m* jour *m* de jeûne *od* maigre.

Faszikel *m* ⟨-s, -⟩ [fas'tsiːkəl] *(Aktenbündel)* fascicule, dossier *m.*

Faszin|ation *f* ⟨-, -en⟩ [fastsinatsi'oːn] fascination *f;* **f~ieren** [-'niːrən] *tr* fasciner; *(bezaubern)* charmer, enchanter; *(fesseln)* captiver; **f~ierend** *a (bezaubernd)* charmant; *(fesselnd)* captivant.

fatal [fa'taːl] *a (ärgerlich)* fâcheux, ennuyeux; *(unangenehm)* désagréable, contrariant; *(peinlich)* pénible; *fam (dämlich, blöde)* sale; **F~ismus** *m* ⟨-, ø⟩ [-ta'lɪsmʊs] fatalisme *m;* **F~ist** *m* ⟨-en, -en⟩ [-'lɪst] fataliste *m;* **~istisch** [-'lɪstɪʃ] *a* fataliste; **F~ität** *f*

⟨-, -en⟩ [-li'tɛːt] *(Verhängnis)* fatalité; *(Mißgeschick)* contrariété *f*, désagrément *m*; **Fatum** *n* ⟨-s, Fata⟩ ['faːtʊm, -ta] *(Schicksal)* sort *m*; *(Verhängnis)* fatalité *f*.

Fatzke *m* ⟨-n/-s, -n/-s⟩ ['fatskə] *fam (Geck)* gommeux, pommadin; fat, freluquet *m*.

fauchen ['faʊxən] *itr (Katze)* souffler; *(Lokomotive)* souffler, haleter; *fig fam (schimpfen)* rouspéter, gronder.

faul [faʊl] *a (träge)* paresseux, fainéant; *fam (Nahrungsmittel)* gâté, avarié; *(organische Substanz)* pourri, corrompu; *(Zahn)* carié; *fig (fragwürdig)* douteux, véreux, mauvais, vilain, sale; *sich auf die ~e Haut legen (fam)* ne pas lever le petit doigt, *pop* tirer sa flemme; *das sieht ~ aus, das ist e-e ~e Sache* od *~er Zauber* ça ne sent pas bon, c'est une affaire louche; *an der Sache ist etwas ~* il y a quelque chose de louche là-dedans; *~e Ausrede f* faux-fuyant *m*, mauvaise excuse *f*; *~e(r) Frieden m* paix *f* boiteuse; *~e Stelle f (im Obst)* gâté *m*; *~e(r) Witz m* mauvais jeu *m* de mots; *~e(r) Zahler m* mauvais payeur *m*; **F~baum** *m bot* bourdaine *f*; **~en** *itr* pourrir, se gâter; se corrompre, se décomposer; *nicht ~d (Holz)* imputrescible; **~enzen** ['faʊlɛntsən] *itr* paresser, fainéanter, flâner, cagnarder; *fam* flemmarder, se la couler douce; **F~enzer** *m* ⟨-s, -⟩ paresseux, fainéant; *fam* flemmard *m*; *ein ~ sein (pop a.)* avoir un poil dans la main; **F~enzerei** *f* ⟨-, (-en)⟩ [-'raɪ] paresse, fainéantise; *fam* flemme; *pop* rame *f*; **F~heit** *f* ⟨-, ø⟩ paresse, fainéantise; *fam* flemme *f*; **~ig** *a* pourri, corrompu; *med* putride; **F~pelz** *m* = *F~enzer*; **F~schlamm** *m geol* boue *f* sapropélique; **F~tier** *n zoo* paresseux; *scient* aï, bradype *m*; *fig fam* = *F~enzer*; *pl (als Familie)* tardigrades *m pl*.

Fäule *f* ['fɔylə] pourriture *f*; *(Zahnfäule)* carie *f*; **~nis** *f* ⟨-, ø⟩ pourriture, décomposition, putréfaction *f*; **~niserreger** *m (Bakterie)* microbe saprogène; *agent m* de décomposition; **f~nishindernd** *a* antiputride, antiseptique.

Faun *m* ⟨-(e)s, -e⟩ [faʊn] *(Mythologie)* faune *m*; **~a** *f* ⟨-, -nen⟩ *(Tierwelt)* faune *f*; **f~isch** *a* faunesque; *(geil)* lubrique.

Faust *f* ⟨-, ⸚e⟩ [faʊst, 'fɔystə] poing *m*; *auf eigene ~* de son propre chef, de sa propre initiative; *mit geballten Fäusten* les poings serrés; *die ~ ballen, e-e ~ machen* serrer le poing;

mit der ~ drohen menacer du poing; *von der ~ essen* manger sur le pouce; *mit der ~ auf den Tisch hauen* od *schlagen (a. fig)* donner un coup de poing od taper du poing sur la table; *jdm die ~ unter die Nase halten* menacer qn du poing; *das paßt wie die ~ aufs Auge* cela rime comme hallebarde et miséricorde; *fam* cela vient comme un cheveu sur la soupe; **f~dick** *a* gros comme le poing; *es ~ hinter den Ohren haben* être madré od un malin od un fin matois; **f~en** *tr sport* frapper du poing; **~handschuh** *m* moufle *f*; **~kampf** *m* pugilat *m*; **~pfand** *n* gage *m* mobilier; **~recht** *n hist* droit *m* od *fig* loi *f* du plus fort; **~regel** *f* règle *f* générale od approximative; **~riemen** *m* dragonne *f*; **~schlag** *m* coup *m* de poing; *jdn mit Faustschlägen bearbeiten* battre qn à coups de poing.

Fäustchen *n* ['fɔyst-] *sich ins ~ lachen* rire dans sa barbe od sous cape; **~el** *m* ⟨-s, -⟩ *mines (Hammer)* masset *m*; **~ling** *m* ⟨-s, -e⟩ = *Fausthandschuh*.

Favorit(in *f*) *m* ⟨-en, -en⟩ [favo'riːt] favori, ite *m f*; *m*, *fam a.* poulain; *sport* favori *m*.

Faxe *f* ⟨-, -n⟩ ['faksə] *(Scherz)* plaisanterie, farce, bouffonnerie, singerie; *(Täuschung)* blague *f*, bluff *m*; **~nmacher** *m* farceur, bouffon; blagueur *m*.

Fayence *f* ⟨-, -n⟩ [fa'jãːs] faïence *f*.

Fazit *n* ⟨-s, -e/-s⟩ ['faːtsɪt] *(Schlußsumme)* bilan, total; *fig (Ergebnis, Folge)* bilan, résultat *m*; *das ~ ziehen (fig)* dresser le bilan.

Februar *m* ⟨-(s), -e⟩ ['feːbruaːr] février *m*.

Fecht|bahn *f* ['fɛçt-] piste *f* od champ od terrain *m* d'escrime; **~boden** *m* = *~saal*; **~bruder** *m fam* mendiant; *pop* mendigot; *(Landstreicher)* vagabond *m*; **f~en** ⟨ficht, focht, hat gefochten⟩ ['fɛçtən] *itr* se battre (à l'épée od au sabre); tirer les armes; *sport* faire de l'escrime; *fam (betteln)* mendier; *mit den Händen in der Luft ~* gesticuler; **~en** *n* = *~sport*; **~er** *m* ⟨-s, -⟩ *sport* escrimeur, tireur; *hist* gladiateur *m*; **~handschuhe** *m pl* gants *m pl* d'escrime; **~lehrer** *m* maître *m* d'armes; **~maske** *f* masque *m* d'escrime; **~meister** *m* maître *m* d'armes; **~runde** *f* poule *f* d'escrime; **~saal** *m* salle *f* d'escrime od d'armes; **~sport** *m* escrime *f*; **~stellung** *f* mise *f* en garde; **~turnier** *n* tournoi *m* d'escrime.

Feder *f* ⟨-, -n⟩ ['feːdər] *(Vogel- und*

Stahlfeder) plume *f; (Sprungfeder)* ressort *m; aus jds ~ (von jdm verfaßt)* de la plume de qn; *e-e scharfe ~ führen* avoir une plume acérée; *zur ~ greifen* mettre la main à la plume; *etw unter der ~ haben (an etw schreiben)* avoir qc en train *od* en chantier *od* sur le chantier; *jdn aus den ~n holen* faire sortir qn du plumard *od* du lit; *~n lassen (fig fam)* (y) laisser des plumes; *seiner ~ freien Lauf lassen* laisser courir la plume; *noch in den ~n (im Bett) liegen* od *stecken (fam)* être encore au plumard *od* au lit; *sich mit fremden ~n schmücken (fig)* se parer des plumes du paon; *die ~n verlieren = sich federn; die ~ sträubt sich* la plume se refuse; **~ball** *m (Spielzeug)* volant; *(Spiel)* badminton *m;* **~bett** *n* édredon *m;* **~blatt** *n tech* lame *f* de ressort; **~busch** *m* plumet, panache *m*, aigrette *f;* **~fuchser** *m fam pej* gratte-papier, scribouillard *m;* **~fuchserei** *f fam pej* chinoiserie *f;* **~gehäuse** *n (Uhr)* barillet *m;* **~gewicht** *n (Boxen)* poids *m* plume; **~halter** *m* porte-plume *m;* **~kasten** *m* plumier *m;* **~kiel** *m* tuyau *m* de plume; **~krieg** *m* discussion *od* controverse littéraire; polémique *f* **f~leicht** *a* léger comme une plume *od fam* comme une fleur; *~e(r) Anzug m* costume *m* poids plume; **~leichtpapier** *n* papier *m* vélin; **~lesen** *n: nicht viel ~s machen* ne pas (y) aller par quatre chemins, ne pas prendre de gants; *fam* trancher court *od* net; **~matratze** *f* sommier *m* élastique; **f~n** *itr tech* faire ressort; *gut gefedert sein (Wagen)* être bien suspendu; *sich ~ (die Federn verlieren)* perdre ses plumes, se déplumer; *(sich mausern)* muer; **f~nd** *a (elastisch)* élastique, souple; **~ring** *m* ressort *m* élastique; **~spitze** *f (e-r Schreibfeder)* bec *m* de plume; **~strich** *m: (etw mit e-m) ~ (erledigen)* (biffer qc d'un) trait *m* de plume; **~ung** *f a. mot* suspension *f* (à ressort); *mot* ressort *m* de voiture; *mit ~* à ressort(s); **~vieh** *n* volaille *f;* **~waage** *f* peson *m* à ressort; **~wild** *n* gibier *m* à plume; *kleinere(s) ~* menu gibier *m;* **~wisch** *m* plumeau *m;* **~wischer** *m* essuie-plumes *m;* **~wolke** *f* cirrus *m;* **~zeichnung** *f (Kunst)* dessin *od* croquis *m* à la plume; **~zug** *m tech* action *f* du ressort.

Fee *f ⟨-, -n⟩ [fe:, -ən]* fée *f;* **f~nhaft** *a (märchenhaft)* féerique, fabuleux; *(wunderbar)* merveilleux; *(phantastisch)* phantastique; *(prächtig)* ma-

gnifique; **~nkönigin** *f* reine *f* des fées; **~nschloß** *n* château *m* de fée.

Feg|efeuer *n ['fe:gə-] rel* purgatoire *m;* **f~en** *tr ⟨aux: haben⟩* balayer, nettoyer; *(Schornstein)* ramoner; *(Metall blank, glatt machen)* fourbir; *itr ⟨aux: sein⟩ (Wind; fam: Mensch)* passer en tourbillon; *das Gehörn ~ (Wild)* frayer sa tête; *durch die Straßen ~ (Wind)* balayer les rues; **~er** *m ⟨-s, -⟩* balayeur, nettoyeur *m.*

Feh *n ⟨-(e)s, -e⟩ [fe:, -ə] (russ. Eichhörnchen; dessen Pelz)* petit-gris *m.*

Fehde *f ⟨-, -n⟩ ['fe:də] (Streit, meist hist od fig)* querelle *f,* démêlé *m,* lutte *f; jdm ~ ansagen* défier qn; *mit jdm in ~ liegen* avoir des démêlés avec qn; **~handschuh** *m hist* gant(elet) *m; jdm den ~ hinwerfen (fig)* jeter le gant à qn, défier qn; *den ~ aufheben* od *-nehmen (fig)* relever le gant.

fehl *[fe:l] adv: ~ am Ort od Platz* mal placé, déplacé, pas de mise; **F~** *m: ohne ~* sans défaut; **F~anzeige** *f* état *m* néant; **F~betrag** *m* déficit, écart *m; e-n ~ aufweisen* être déficitaire *od* en déficit; **F~diagnose** *f med* erreur *f* de diagnostic; *e-e ~ stellen* faire *od* commettre une erreur de diagnostic; **F~druck** *m ⟨-(e)s, -e⟩ typ* feuille mal venue, maculature *f;* **F~farbe** *f (Kartenspiel)* carte *f* fausse; *e-e ~ abwerfen* jeter une carte fausse, se faire une renonce; **F~geburt** *f* fausse couche *f,* avortement *m;* **fehl=gehen** *⟨aux: sein⟩ itr (e-n falschen Weg gehen)* se fourvoyer, s'égarer, faire fausse route, se tromper de chemin; *(Schuß)* manquer; *nicht ~ (fig: sich nicht irren)* ne pas se tromper; **fehl=greifen** *itr fig* se méprendre, commettre un impair *od* une bévue; **F~griff** *m* méprise *f,* impair *m,* bévue *f;* **F~guß** *m metal (Ergebnis)* pièce *f* manquée; **F~investition** *f fin* mauvais investissement *m;* **F~konstruktion** *f* construction *f* défectueuse; *e-e ~ sein* être mal conçu; **F~lage** *f med* présentation *f* pathologique; **F~leistung** *f psych* acte *m* manqué; *Freudsche ~* lapsus *m;* **fehl=leiten** *tr* fourvoyer; **F~leitung** *f* fausse direction *f;* **F~meldung** *f = ~anzeige;* **F~schlag** *m* coup manqué *od* raté, avorton *m;* **fehl=schlagen** *⟨aux: sein⟩ itr (erfolglos bleiben)* avorter, échouer, se terminer sur un échec *od* des échecs; **F~schluß** *m* raisonnement *m* faux, conclusion *f* erronée; **F~schuß** *m* coup *m* manqué; **F~sichtigkeit** *f med* défaut *m* de (la) vision; **F~start** *m sport* faux départ, départ manqué;

aero décollage *od* départ *m* manqué; *e-n* ~ *machen (sport)* faire un faux départ; **F~stoß** *m (Billard)* manque *m* de touche; **fehl≈treten** *‹aux: sein›* *itr* faire un faux pas, trébucher; **F~tritt** *m a. fig* faux pas *m; e-n* ~ *begehen* faire un faux pas; *(Frau) fam a.* fauter; **F~urteil** *n* contrevérité *f; jur* jugement *m* erroné, erreur *f* judiciaire; **F~verhalten** *n* comportement *m* gaffeur *od* gauche *od* maladroit, bavure *f;* **F~zündung** *f mil* explosion *f* prématurée; *mot* allumage défectueux, raté *m* d'allumage.

fehlen ['fe:lən] *tr (Ziel verfehlen)* manquer; *fam* rater; *itr (vorbeischießen)* manquer le but; *(sich verfehlen, unrecht handeln)* commettre *od* faire une faute, fauter, pécher; *(mangeln, nicht vorhanden sein)* manquer, être manquant, faire faute *od* défaut; *(abwesend sein a.)* être absent; *mir fehlt etw, es fehlt mir (an) etw* il me manque qc, je manque de qc; *es an nichts* ~ *lassen* ne rien négliger, faire son possible; *jdm* ne laisser manquer qn de rien; *an mir soll es nicht* ~ *(fam)* je ferai mon possible; *mir fehlt nichts (ich bin wohlauf)* je suis bien; *du fehlst mir sehr* tu me manques beaucoup; *es fehlt noch viel daran* il s'en manque de beaucoup; *es fehlte nicht viel, es hätte nicht viel gefehlt, es hat od hätte wenig (daran) gefehlt* il s'en est fallu de peu, à peu (de chose) près; *und ich wäre ...* j'ai failli *inf,* j'ai manqué de *inf; was fehlt dir? wo fehlt es?* qu'est-ce que tu as? qu'est- -ce qui ne va pas? où as-tu mal? *das fehlte (gerade) noch! (iron)* il ne manquait (plus) que cela! *weit gefehlt!* tant s'en faut! erreur! loin de là! **F~** *n* manque(ment) *m; scient* carence *f.*

Fehler *m ‹-s, -›* ['fe:lər] *(Mangel, Defekt)* manque, défaut, vice *m; (Versehen, Vergehen)* faute; *(Irrtum)* erreur *f; ohne e-n* ~ *zu machen od zu begehen* sans faire une faute, sans manquer; *s-n* ~ *einsehen* reconnaître sa faute, revenir sur son erreur; *lit* venir à résipiscence; *e-n* ~ *machen od begehen* faire *od* commettre une faute, manquer; *es hat sich ein* ~ *eingeschlichen* une erreur s'est glissée *(in* dans*); das ist der geringste s-r* ~ c'est là son moindre défaut; *du hast e-n kleinen* ~ *an dir* tu as un petit défaut; *grammatische(r)* ~ faute *f* grammaticale *od* de grammaire, solécisme *m; 0 (null)* ~ zéro faute; **f~frei** *a* exempt de défauts, sans défaut(s); correct; *(Schul-, Prüfungsarbeit)* exempt de fautes, sans faute(s); *(Rechnung)*

exempt d'erreurs; ~*e(r) Abzug m (typ)* épreuve *f* en bon à tirer; **~grenze** *f* limite *f* d'erreur; **f~haft** *a* défectueux; incorrect; **~haftigkeit** *f* défectuosité; imperfection *f;* **f~los** *a* = ~*frei;* **~quelle** *f* source *od scient* cause *f* d'erreur; **~sammlung** *f* sottisier *m;* **~zahl** *f* nombre *m* de(s) fautes.

feien ['faiən] *tr (durch e-n Zauber schützen)* douer *od* pourvoir d'un charme; *gegen e-e Krankheit gefeit sein* être immunisé contre une maladie.

Feier *f ‹-, -n›* ['faiər] *(Festlichkeit)* fête; *(feierliche Handlung)* cérémonie, solennité; *(kleine, bes. Familienfeier)* réunion *f; zur* ~ *des Tages* pour célébrer le jour; *e-e* ~ *machen* célébrer une fête; *e-e* ~ *veranstalten* organiser une fête; **~abend** *m (abendliche Freizeit)* soirée; *(Beginn d. abendl. Freiz., Arbeitsschluß)* cessation *f* du travail; *am od nach* ~ pendant la soirée, après la cessation du travail; ~ *machen (aufhören zu arbeiten)* cesser le travail; *schönen* ~*!* bonne soirée! **f~lich** *a* solennel; ~ *begehen* célébrer, fêter; ~ *geloben od versprechen* promettre solennellement; **~lichkeit** *f (Eigenschaft)* solennité *f,* air *m* solennel; *(Handlung)* solennité, cérémonie *f;* **f~n** *tr* fêter, célébrer; *(Menschen verherrlichen, ehren)* fêter, faire fête à, honorer; *itr (nicht arbeiten)* se reposer, chômer; ne rien faire; *fam* faire la noce; *pop* nocer; *krank~ (hum)* se faire porter pâle; *vx* fêter la Saint-Lundi; **~schicht** *f (arbeitsfreier Werktag in e-m Betrieb)* journée *f* de chômage; **~stunde** *f* = ~*lichkeit (Handlung); (freie Stunde)* heure de repos *od* de loisir; *(Schule)* récréation *f;* **~tag** *m rel u. pol* jour de fête; *(freier Tag)* jour *m* férié *od* de repos; *gesetzliche(r)* ~ fête *f* légale; **f~täglich** *a* d'un jour de fête; ~ *aussehen (Mensch)* avoir l'air endimanché; **f~tags** *adv* les jours de fête.

feig|(e) [faik, -gə] *a* lâche, poltron, couard; *(ängstlich)* peureux, pusillanime; *pop* froussard; **F~heit** *f ‹-, (-en)›* lâcheté, poltronnerie, couardise; pusillanimité; *pop* frousse *f;* **F~ling** *m ‹-s, -e›* lâche, poltron, couard *m; fam* poule *f* mouillée.

Feige *f ‹-, -n›* ['faigə] *bot* figue *f;* **~nbaum** *m* figuier *m;* **~nblatt** *n (Kunst)* feuille *f* de vigne.

feil [fail] *a pej* vénal; *(bestechlich)* corruptible; **feil≈bieten** *tr* mettre en vente, offrir; **F~bietung** f mise f en vente; **feil⸗halten** tr = ~bieten.

Feil|bank f ['faɪl-] tech établi m de serrurier; **~e** f ⟨-, -n⟩ lime f; die ~ an etw legen = ~en (fig); **f~en** tr limer, repasser la lime sur; fig (Text) polir; fam fignoler; **~enhauer** m tailleur m de limes; **~enstrich** m trait m de lime; **~icht** n ⟨-s, ø⟩ ['-lɪçt] limaille, limure f; **~kloben** m étau m à main; **~maschine** f étau m limeur; **~späne** m pl, **~staub** m = ~icht.

feilschen ['faɪlʃən] itr a. fig marchander; **F~** n marchandage m.

fein [faɪn] a (dünn, zart) fin, mince, menu, délié, ténu; (klein zerteilt) fin; (genau) fin, exact; (Sinn: scharf) fin; (spitzfindig) subtil; (~fühlend) délicat; (sehr gut, ausgezeichnet) fin, bon, soigné, raffiné, excellent, exquis; (vornehm) distingué, fam huppé; (Herr) galant, (Dame) élégant; (wohlerzogen) bien élevé; e-e ~e Nase haben avoir le nez fin; sich ~ machen se parer; s'endimancher; pop se requinquer; ~ (he)raus sein avoir eu de la chance od fam de la veine; das ist (aber) ~ c'est bon; j'en suis bien aise; fam c'est fameux od chic; das riecht ~ cela sent bon; das schmeckt ~ c'est bon, cela a bon goût; er ist jetzt ~ heraus lui s'en est bien tiré; das hast du ~ gemacht! (fam) c'est très bien! tu t'en es bien tiré! ~e(s) Benehmen n bonnes manières f pl; ~e Dame f (a.) élégante f; ~e(r) Herr od Mann m (a.) homme m de qualité od de bien; **F~abtastung** f radio balayage m à haute définition; **F~arbeit** f travail m de précision; **F~bäckerei** f pâtisserie f; **F~blech** n tôle f fine; **F~blechstraße** f tech train m à tôles fines; **F~blech-Walzwerk** n laminoir m à tôles fines; **F~einsteller** m radio démultiplicateur m; **F~einstellung** f réglage m de précision od parfait, radio démultiplication f; **~fühlend** a, **~fühlig** a délicat, sensible; **F~fühligkeit** f délicatesse f; **F~gebäck** n pâtisserie f; **F~gefühl** n délicatesse f, tact m; **F~gehalt** m (chem u. Edelmetall) titre m; **F~gold** n or m raffiné od fin; **F~heit** f (Zartheit) finesse; (Genauigkeit) exactitude; (Spitzfindigkeit) subtilité; (~fühligkeit) délicatesse; (hohe Qualität) finesse, excellence f; **F~kohle** f fines f pl, houille f menue; **F~korn** n phot typ grain m fin; ~ nehmen (beim Zielen) prendre le guidon fin; **~körnig** a à grain(s) fin(s), à petits grains; **F~kost(geschäft, -haus** n) f (magasin m de) comestibles m pl;

~maschig a à mailles fines; **F~mechanik** f mécanique f de précision; **F~mechaniker** m mécanicien od ajusteur m de précision; **~mechanisch** a de mécanique de précision; **F~messung** f mesurage m de précision; **fein⸗schleifen** tr tech adoucir; **F~schmecker** m ⟨-s, -⟩ gourmet, friand, gastronome; fam bec-fin m; **F~schnitt** m (Tabak) scaferlati m; **F~silber** n argent m raffiné od fin; **~sinnig** a (von gutem Geschmack) d'un goût exquis; (~fühlend) sensible, délicat; **F~sinnigkeit** f délicatesse f; **F~sliebchen** n vx poet (Geliebte) bien-aimée f, amour m; **F~stahl** m acier m fin; **F~stbearbeitung** f superfinish m; **F~ste**, das le fin du fin; la fine fleur (von etw de qc); **F~stellschraube** f vis f micrométrique; **F~stwaage** f balance f de précision; **F~unze** f fin once f d'or fin; **F~wäsche** f linge m fin; **F~waschmittel** n poudre f pour tissus délicats; **F~zerkleinerung** f mines broyage m.

Feind m ⟨-(e)s, -e⟩ [faɪnt, -də] ennemi; (Gegner) adversaire; biol prédateur m; jdn zum ~ haben avoir qn pour ennemi; sich jdn zum ~ machen faire de qn son ennemi; dem ~ nachdrängen (mil) presser l'ennemi; zum ~ übergehen passer à l'ennemi, déserter; Achtung, ~ hört mit! attention! l'ennemi vous écoute; der böse ~ (Teufel) le malin, le diable; erklärte(r) od geschworene(r) ~ ennemi m juré; vor dem ~e gefallen tué od tombé à l'ennemi; **~beobachtung** f mil observation f de l'ennemi; **~berührung** f contact m avec l'ennemi; **~bewegung** f mouvement m de l'ennemi; **~einwirkung** f action f de l'ennemi; **~eshand** f: in ~ pris od occupé par l'ennemi; **~esland** n: im ~ en pays ennemi; **~fahrt** f mar marche f contre l'ennemi; **~flug** m vol m contre l'ennemi; **~gebiet** n territoire m (occupé par l')ennemi; **f~lich** a ennemi bes. mil; hostile; (gegnerisch) adverse, opposé; **~lichkeit** f ⟨-, (-en)⟩ hostilité, inimitié f; **~mächte** f pl pol puissances f pl ennemies; **~nähe** f proximité f de l'ennemi; **~schaft** f inimitié, hostilité; animosité f; in ~ leben être ennemis; in offener ~ leben être à couteaux tirés; darum keine ~! sans rancune; alte ~ vieille rancune f; **f~schaftlich** a hostile; **f~selig** a haineux, hostile; **~seligkeit** f hostilité f; die ~en eröffnen, einstellen ouvrir, suspendre les hostilités; Eröff-

nung, Einstellung f der ~*en* ouverture, suspension *f* des hostilités.

feist [faɪst] *a (fett, dick)* gras, replet, gros; **F**~ *n* ⟨-(e)s, ø⟩ *(Jägersprache: Fett)* graisse *f;* **F~e** *f,* **F~heit** *f,* **F~igkeit** *f* ⟨-, ø⟩ obésité *f.*

feixen ['faɪksən] *itr fam (grinsen)* ricaner.

Felbel *m* ⟨-s, -⟩ ['fɛlbəl] *(Textil)* panne *f.*

Felchen *m* ⟨-s, -⟩ ['fɛlçən] *(Fisch)* féra *f.*

Feld *n* ⟨-(e)s, -er⟩ [fɛlt, '-dər] *(Gelände)* champs *m pl,* campagne; *(Ebene)* plaine *f; (Geländestück)* terrain; *(Akker)* champ *m,* pièce *f* de terre; *mines* champ; *(Schlachtfeld)* champ de bataille; *(Operationsgebiet)* champ *m* d'opérations; *(~zug)* campagne *f; arch* champ, panneau *m,* travée; *(Schachbrett)* case *f; phys el* champ *m; TV* section *f; fig (Gebiet)* champ, terrain, domaine *m; auf freiem* ~*e* pleins champs; *im* ~*e (mil)* en campagne; *(Wappen) im blauen* ~*e* sur champ d'azur; *das* ~ *bebauen od bestellen* cultiver les champs; *das* ~ *behaupten* rester maître du terrain; *auf dem* ~*e der Ehre fallen* tomber au champ d'honneur; *(Gründe) ins* ~ *führen* avancer, invoquer; *quer übers* ~ *gehen* prendre à travers champs; *das* ~ *räumen (fig)* abandonner le terrain, battre la retraite, *ins* ~ *rükken od ziehen* partir en campagne *od* en guerre; *aus dem* ~*e schlagen (fig)* évincer; *im* ~*e stehen (mil)* être aux armées; *zu* ~*e ziehen gegen (fig)* partir en guerre contre; *das liegt noch im weiten* ~*e* c'est encore (bien) loin; *das ist ein weites* ~ *(fig)* c'est un vaste domaine; *mein* ~ *ist die Welt (prov)* je sème à tout vent; *elektrische(s), magnetische(s)* ~ champ *m* électrique, magnétique; ~**ahorn** *m bot* érable *m* champêtre; ~**altar** *m* autel *m* portatif; ~**anzug** *m mil* tenue *f* de campagne; ~**apotheke** *f* pharmacie *f* militaire; ~**arbeit** *f* travail *m* agricole; *pl a.* travaux *m pl* des champs; ~**arzt** *m mil* chirurgien militaire; *fam* major *m;* **f~aus** *adv s.* ~**ein;** ~**ausrüstung** *f mil* équipement *m* de campagne; ~**bestellung** *f* labour(age) *m;* ~**bett** *n mil* lit *m* de camp; ~**blume** *f* fleur *f* des champs; ~**bluse** *f mil* vareuse *f;* ~**bohne** *f* fève *f;* ~**dieb** *m* maraudeur *m;* ~**diebstahl** *m* maraudage *m;* ~**dienst** *m mil* service *m* en campagne; **f~ein** *adv:* ~ *und* f~*aus* à travers champs; ~**fernsprecher** *m mil* appareil *m* téléphonique de campa-

gne; ~**flasche** *f* bidon *m;* ~**forschung** *f scient* recherches *f pl* sur le terrain; *(in der Soziologie)* recherches *f pl* pratiques; ~**frevel** *m* délit *m* rural; ~**früchte** *f pl* produits *m pl* des champs; ~**geistliche(r)** *m* aumônier *m* (militaire); ~**gendarmerie** *f* prévôté, police *f* militaire; ~**geschrei** *n mil hist* cri *m* de ralliement; ~**gottesdienst** *m mil* office *m* de campagne; **f~grau** *a mil* gris verdâtre; ~**hauptmann** *m mil hist* grand capitaine *m;* ~**heer** *n* armée *f* de campagne; ~**herr** *m* général *m* (commandant en chef); ~**herrnkunst** *f* stratégie *f;* ~**herrnstab** *m* bâton *m* de commandement; ~**hühner** *n pl orn (Unterfamilie)* perdrix *f m pl;* ~**hüter** *m* garde *m* champêtre; ~**jäger** *m mil* chasseur *m* (à pied); gendarme *m;* ~**kaplan** *m mil* aumônier *m* (catholique); ~**kessel** *m mil* bouteillon *m;* ~**küche** *f mil* (cuisine) roulante *f;* ~**kümmel** *m bot* serpolet *m;* ~**lager** *n mil* camp, bivouac *m;* ~**lazarett** *n* hôpital *m* de campagne, ambulance *f;* ~**mark** *f (Gemeindegebiet)* territoire *m;* ~**marschall** *m* maréchal *m;* **f~marschmäßig** *a* en tenue de campagne; ~**maus** *f* campagnol *m;* ~**messer** *m* ⟨-s, -⟩ arpenteur *m;* ~**meßkunde** *f* géodésie *f;* ~**mütze** *f mil* calot *m;* ~**post** *f* poste *f* militaire *od* aux armées; *(Aufschrift auf Sendungen)* franchise militaire (F.M.) ~**postamt** *n* bureau *m* postal militaire; ~**postleitstelle** *f* bureau *m* central de la poste militaire; ~**postnummer** *f* (numéro du) secteur *m* postal; ~**salat** *m* mâche, doucette *f;* ~**schlacht** *f:* offene ~ bataille *f* rangée; ~**schmiede** *f mil* forge *f* volante *od* de campagne; ~**spat** *m min* feldspath *m;* ~**stärke** *f* phys puissance du champ; radio intensité *f* de champ; ~**stecher** *m* ⟨-s, -⟩ *opt* jumelle(s *pl*) *f* de campagne; ~**stein** *m* pierre *f; (kleinerer)* gros caillou *m;* ~**stuhl** *m* pliant *m;* ~**telegraph** *m* télégraphe *m* de campagne; ~**truppen** *f pl* formations *f pl* en opération; ~**verstärkung** *f el* renforcement *m* de champ; ~**versuch** *m scient* travaux *m pl* pratiques; ~**webel** *m* adjudant; *fig fam* Monsieur J'ordonne; *hum (Frau)* gendarme, grenadier *m;* ~**weg** *m* chemin *m* rural; ~**werkstatt** *f mil* équipe *f* mobile de réparation; ~**winkelmesser** *m* graphomètre *m;* ~**zeichen** *n mil* insigne *m* (militaire); ~**zug** *m* campagne, expédition *f; e-n* ~ *mitmachen* faire une campagne.

Felg|e f ⟨-, -n⟩ ['fɛlgə] *(Radkranz)* jante f; *sport* soleil m; *auf der ~ fahren (ohne Luft)* rouler à plat; **f~en** tr *(mit e-r ~e, mit ~en versehen)* janter; **~enbremse** f frein m sur jante.

Fell n ⟨-(e)s, -e⟩ [fɛl] *(Tierhaut)* peau; *(des Pferdes)* robe f; *(Pelz)* pelage m, fourrure f; *pop (vom Menschen)* cuir m; *jdm das ~ gerben (fig pop)* tanner (le cuir à) qn; *ein dichtes ~ haben (Tier)* avoir une épaisse fourrure; *ein dickes ~ haben (fig fam)* avoir la peau dure; *sein ~ zu Markte tragen (fam fig)* prendre des risques, se mouiller; *jdm das ~ über die Ohren ziehen (fig fam)* rouler qn; *sich das ~ über die Ohren ziehen lassen* se laisser manger la laine sur le dos; *sich die Sonne übers ~ brennen lassen* paresser; *pop* glandouiller; *dich od dir juckt wohl das ~* est-ce que tu veux une volée? **~handel** m pelleterie f; **~händler** m pelletier m.

Fellache m ⟨-n, -n⟩ [fɛ'laxə] fellah m.

Fels m ⟨-en, -en⟩, **~en** m ⟨-s, -⟩ [fɛls, -zən] roc; *(~hang, ~wand)* rocher m; *(~block, ~gestein)* roche f; **~block** m (bloc m de) roche f; **~boden** m sol m rocheux; **~enbein** n anat rocher m; **f~enfest** a fig inébranlable; *~ an etw glauben* croire qc dur comme fer od fermement; **~engebirge**, *das (die Rocky Mountains)* les montagnes f pl Rocheuses; **~eninsel** f île f rocheuse; **~enkeller** m cave f dans le roc; **~enküste** f côte rocheuse, falaise f; **~enriff** n récif m; **~(en)spitze** f pic m, aiguille, dent f; **~(en)wand** f paroi f rocheuse; **~gestein** n roche f; **f~ig** a rocheux; **~malerei** f peinture f pariétale od rupestre; **~massiv** n massif rocheux, groupe m de rochers.

Feme ['fe:mə], *die, jur hist* la Sainte-Vehme.

femin|in [femi'ni:n] a *(gram: weiblich)* féminin; *(pej: weibisch)* efféminé; **F~inum** n ⟨-s, -na⟩ [femi'ni:nʊm, -na] *gram* féminin m; **F~ismus** m ⟨-, ø⟩ féminisme m; **F~ist(in** f) m ⟨-en, -en⟩ féministe m f; **~istisch** a féministe.

Fenchel m ⟨-s, -⟩ ['fɛnçəl] *bot* fenouil, aneth m doux.

Fenster n ⟨-s, -⟩ ['fɛnstər] fenêtre, croisée; *jur (an der Grundstücksgrenze)* vue f; *zum ~ hinaussehen, -schauen* regarder par la fenêtre; *zum ~ hinauswerfen, aus dem ~ werfen* jeter par la fenêtre; *(fig: das Geld)* jeter l'argent par les fenêtres, brûler la chandelle par les deux bouts; *durchs ~ steigen* passer par la fenêtre; *die ~ des Zimmers gehen auf die Straße* les fenêtres de la chambre donnent sur la rue; **~bank** f appui od rebord m (de la fenêtre); **~beschläge** m pl ferrures f pl de fenêtre; **~brett** n planche od tablette f d'appui; **~briefumschlag** m enveloppe f à fenêtre; **~brüstung** f appui m de fenêtre; **~einfassung** f encadrement m de fenêtre; **~flügel** m battant m (de fenêtre); **~glas** n verre m à vitres; **~kitt** m mastic m de(s) vitrier(s); **~kurbel** f mot manivelle f de lève-fenêtre; **~laden** m volet; *(äußerer)* contre-vent m; **~leder** n peau f de chamois; **~nische** f embrasure f; **~öffnung** f baie (de fenêtre); *jur* vue f; **~pfeiler** m trumeau m; **~platz** m coin-fenêtre m; **~putzer** m laveur m de carreaux; **~rahmen** m châssis m; **~riegel** m targette; crémone f; **~rose** f arch rosace f; **~scheibe** f vitre f, carreau m; **~sturz** m linteau m (de fenêtre); **~tür** f porte-fenêtre f; **~vorhang** m rideau; *(dünner)* store m; **~wange** f jouée f.

Ferien pl ['fe:riən] vacances f pl; *(Urlaub)* congé m; *jur* vacations f pl; *in die ~ gehen* partir en vacances; *~ machen, (sich) ~ nehmen* prendre des vacances; **~dorf** n village m de vacances; **~gast** m vacancier, estivant m; **~heim** n centre m de vacances; **~kolonie** f colonie f de vacances; **~kurs** m cours m de vacances; **~lager** m camp m de vacances; **~pläne** m pl projets m pl de vacances; **f~reif** a qui a besoin de vacances; **~reise** f voyage m de vacances; **~zeit** f temps m des vacances.

Ferkel n ⟨-s, -⟩ ['fɛrkəl] petit cochon, porcelet, goret; *(Spanferkel)* cochon de lait; *fig fam (schmutziger Mensch)* cochon; *pop* saligaud m; **~ei** [-'laɪ] f fam saleté f; **f~n** itr *(Sau)* mettre bas; *fig fam* se conduire comme un cochon od pop saligaud; *(schmutzige Ausdrücke gebrauchen, schmutzige Witze erzählen)* se livrer à des obscénités; *pop* forniquer.

Fermate f ⟨-, -n⟩ [fɛr'ma:tə] *mus* arrêt m.

Ferment n ⟨-s, -e⟩ [fɛr'mɛnt] *chem biol* ferment m; **~ation** f ⟨-, -en⟩ [-tatsi'o:n] *(Gärung)* fermentation f; **f~ieren** [-'ti:rən] tr fermenter.

Fermium n ⟨-s, ø⟩ ['fɛrmiʊm] *chem* fermium m.

fern [fɛrn] a lointain, éloigné, distant; *(a. zeitl.)* reculé; *adv* loin; *aus ~en Tagen* qui remonte loin; *~ von* loin de, à l'écart de; *von nah und ~ de* toute part; *von* ~ *betrachtet* vu de loin; *von* ~ *her* = ~*her; in* ~*en Tagen* dans les siècles à venir; *in nicht zu* ~*er Zeit* avant peu, sous peu; *die Zeit ist noch nicht* ~ il n'y a pas si longtemps; *das sei* ~ *von mir!* Dieu m'en garde *od* préserve! *der F*~*e Osten* l'Extrême-Orient *m.*

Fern|amt *n* ['fɛrn-] *tele* (service) interurbain; *fam* inter *m;* ~ *bitte!* l'inter, s'il vous plaît; ~**anschluß** *m tele* raccordement *m od* communication *od* liaison *f* interurbain(e); ~**antrieb** *m tech* transmission à distance, télécommande *f;* ~**aufklärung** *f aero mil* reconnaissance *f* à grande distance *od* lointaine; ~**aufklärungsflugzeug** *n* avion *m* de grande reconnaissance; ~**aufnahme** *f phot* téléphotographie *f;* ~**auslöser** *m phot* déclencheur *m* à distance; ~**ausschalter** *m el* téléinterrupteur *m;* ~**bahn** *f loc* grande ligne *f;* ~**beben** *n* tremblement de terre à grande distance; séisme *m;* **f**~**bedient** *a tech* télécommandé; **f**~**besprochen** *a* télécommandé par modulation; **fern=bleiben** ⟨*aux: sein*⟩ *itr* ne pas visiter (*e-r S* qc); ne pas participer, ne pas se mêler (*e-r S* à qc); ~**bleiben** *n* absence *f;* ~ *von der Arbeit(sstelle)* absence *f* du lieu de travail, absentéisme *m;* ~**blick** *m* vue *f* panoramique; ~**e** *f* (-, -n) lointain, éloignement *m,* distance *f; aus der* ~ de loin; *in der* ~ au loin, dans le lointain; *in die* ~ *sehen* regarder dans le lointain; *das liegt noch in weiter* ~ nous en sommes encore (bien) loin; **f**~**e** *adv* = **f**~ *(adv);* ~**empfang** *m* réception *f* à grande distance; **f**~**er** *adv (außerdem)* en outre; encore; ~ *liefen (beim Rennen* u. *fig)* le (gros du) peloton; *unter* „~" *liefen" rangieren (sport)* figurer; **f**~**erhin** *adv (in Zukunft)* à l'avenir, désormais; ~**fahrer** *m* (chauffeur) routier *m;* ~**fahrerheim** *n* relais *m* de routiers; ~**fahrt** *f* long trajet; *mil* raid *m;* ~**flug** *m* vol à (grande) distance; long-courrier; *mil* raid *m;* ~**fluglinie** *f* ligne *f* de long -courrier; ~**gas** *n* gaz *m* (amené) à longue distance; ~**gasleitung** *f* conduite *f* de gaz à longue distance; **f**~**gelenkt** *a* téléguidé, télécommandé; ~**e(s) Geschoß** *n* projectile *od* engin télécommandé, missile *m;* ~**gespräch** *n tele* conversation *od* communication *f* interurbaine; ~ *mit Voranmeldung* communication *f* avec préavis; **f**~**gesteuert** *a* = **f**~*gelenkt;* ~**glas** *n* jumelle(s *pl*) *f;* **fern=halten** *tr* tenir éloigné *od* à

l'écart (*jdn von etw* qn de qc); *sich von jdm* ~ éviter qn; *von etw* se tenir à l'écart de qc, ne pas se mêler de qc; ~**heizung** *f* chauffage *m* à distance *od* urbain; **f**~**her** *adv* de loin; ~**kabel** *n tele* câble *m* à longue distance; ~**kopie** *f* télécopie *f;* ~**kopierer** *m* télécopieur *m;* ~**kurs(us)** *m* cours *m* par correspondance; ~**laster** *m fam,* ~**lastzug** *m* mot convoi *m;* ~**lastfahrer** *m* = ~*fahrer;* ~**leitung** *f tele* circuit *m* interurbain; ~**leitungsnetz** *n tele* réseau *m* interurbain; **fern= lenken** *tr* téléguider; ~**lenkung** *f* téléguidage *m,* télécommande *f;* ~**licht** *n* mot feux *m pl* de route; **fern=liegen** *itr: das liegt mir fern* c'est loin de ma pensée; ~**meldeamt** *n* télécommunications *f pl;* ~**meldeanlage** *f* installation *f* de télécommunication; ~**meldedienst** *m* service *m* de télécommunication; ~**meldesatellit** *m* satellite *m* de télécommunication; ~**meldetechnik** *f* télétechnique *f;* ~**meldewesen** *n* télécommunications *f pl;* ~**meßgerät** *n* appareil *m* télémétrique); **f**~**mündlich** *a* t éléphonique; *adv* par téléphone; ~**ost:** *in* ~ en Extrême-Orient; **f**~**östlich** *a* d'Extrême-Orient; ~**ostreise** *f* voyage *m* en Extrême-Orient; ~**rakete** *f* fusée *f* intercontinentale; ~**rohr** *n* longue-vue, lunette *f* d'approche; ~**ruf** *m (Telephongespräch)* appel téléphonique; *(Telefonnummer)* numéro *m* de téléphone; ~**schaltung** *f radio* télécommande *f;* ~**schnellzug** *m loc* train *m* direct; ~**schreiben** *n* télex *m,* lettre *f* télétypée; ~**schreiber** *m (Apparat)* téléscripteur, télétype, téléimprimeur, télex *m; (Mensch)* télexiste *m;* ~**schreiberin** *f* télexiste *f;* ~**schreibnetz** *n* réseau *m* télex; ~**schreibnummer** *f* numéro *m* de télex; ~**schreibstelle** *f* poste télétype, télex *m;* ~**schreibteilnehmer** *m* abonné *m* au réseau télex; ~**schreibvermittlung(sstelle)** *f* poste commutateur de télétype, centre *m* de téléscription; ~**sicherung** *f mil* sûreté *f* éloignée; ~**sicht** *f* vue *f* sur le lointain; **f**~**sichtig** *a,* ~**sichtigkeit** *f* = *weitsichtig etc;* ~**spruch** *m* message *m* téléphonique *od* téléphoné; **fern=stehen** *itr: jdm, e-r S* ~ être étranger à qn, à qc; ~**steueranlage** *f (für Raketen)* groupe *m* de téléguidage; **fern= steuern** *tr* commander à distance, téléguider; ~**steuerung** *f* manœuvre à distance, télécommande *f,* téléguidage *m;* ~**trauung** *f* mariage *m* par procuration; ~**unterricht** *m* enseignement *m* par correspondance; ~**verbindung** *f* télécommunication *f;* ~**verkehr** *m* trafic à grande distance; *loc* service des grandes lignes; *tele* service *m* interurbain; ~**verkehrsstraße** *f* route *od* voie *f* de *od* à grande circulation; ~**wärme** *f* chauffage *m* urbain; ~**weh** *n* nostalgie *f* du voyage; ~**wirkung** *f* effet *m* de distance; ~**ziel** *n fig* but *m* éloigné *od* à long terme; **fern=zünden** *tr* allumer à distance; ~**zündung** *f* allumage *m* à distance.

Fernseh|abend *m* soirée *f* télé; ~**ansager(in** *f)* *m* ['fɛrnze:-] speaker(ine *f)* *m* de télévision; ~**antenne** *f* antenne *f* de télévision; ~**apparat** *m* appareil *od* poste de télévision, téléviseur *m;* ~**aufnahme** *f* prise *f* de télévision; ~**bearbeitung** *f* adaptation *f* à la télévision; ~**bericht** *m* téléreportage *m;* reportage *m* télévisé; ~**bild** *n* image *f* télévisée *od* électronique; ~**bildschirm** *m* écran de télévision, télécran, petit écran *m;* ~**empfang** *m* réception *f* de télévision; ~**empfänger** *m* (*Gerät*) récepteur *od* poste de télévision, téléviseur *m;* **fern=sehen** *itr* regarder la télévision; ~**en** *n* télévision; *fam* télé *f; im* ~ *übertragen* téléviser; ~**er** *m* ⟨-s, -⟩ (*Person*) téléspectateur; (*Gerät*) téléviseur *m;* ~**film** *m* film *m* pour la télévision; ~**gebühren** *f pl* taxe *f* de télévision; ~**gerät** *n* appareil *od* poste *od* récepteur de télévision, téléviseur *m;* ~**kamera** *f* caméra de télévision, télécaméra *f;* ~**kanal** *m* canal *m* de télévision; ~**netz** *n* réseau *m* télévisé *od* de télévision; ~**programm** *n* programme *m* de télévision; ~**schirm** *m* écran *m* de télévision; ~**sender** *m* émetteur *m od* station *f* de télévision; ~**senderaum** *m* = ~*studio;* ~**sendezentrale** *f* centre *m* visio-émetteur; ~**sendung** *f* émission *f* de télévision; ~**spiel** *n* jeu *m* télévisé; ~**studio** *n* studio *m* (de télévision); ~**technik** *f* télétechnique *f;* ~**techniker** *m* technicien de la télévision, télétechnicien *m;* ~**teilnehmer(in** *f)* *m* téléspectateur, trice *m f;* ~**turm** *m* tour *f* de télévision; ~**übertragung** *f* émission *od* transmission *f* de télévision.

Fernsprech|amt *n* ['fɛrnʃprɛç-] bureau téléphonique *od* du téléphone; central *m* (téléphonique); ~**anlage** *f* installation *f od* poste *m* téléphonique; ~**anschluß** *m* (*angeschlossener Apparat*) poste *m* d'abonné; ~**apparat** *m* appareil *m* téléphonique; ~**be-**

trieb *m* exploitation *f* des téléphones; ~**buch** *n* annuaire *m* téléphonique *od* du téléphone; ~**er** *m* ⟨-s, -⟩ (*Apparat*) appareil téléphonique, téléphone *m; öffentliche(r)* ~ téléphone *m* public; ~**gebühr** *f* taxe *f* téléphonique; ~**geheimnis** *n* secret *m* des communications téléphoniques; ~**leitung** *f,* ~**linie** *f* ligne *f* téléphonique; ~**netz** *n* réseau *m* téléphonique; ~**nummer** *f* numéro *m* de téléphone; ~**stelle** *f* poste *m* téléphonique; *öffentliche* ~ poste *m* public; ~**teilnehmer** *m* abonné *m* au téléphone; ~**verbindung** *f* communication *f* téléphonique; ~**verkehr** *m* trafic *m od* communication *f* téléphonique; ~**vermittlung** *f* central *m* (du téléphone); ~**-Vermittlungsstelle** *f* standard *m;* ~**verzeichnis** *n* = ~*buch;* ~**wesen** *n* téléphone *m;* ~**zelle** *f* cabine *f* téléphonique; ~**zentrale** *f* central *m.*

Ferri|acetat *n* ['fɛri-] *chem* acétate *m* ferrique; ~**oxyd** *n* oxyde *m* ferrique; ~**phosphat** *n* phosphate *m* ferrique; ~**sulfat** *n* sulfate *m* ferrique.

Ferrit *m* ⟨-s, -e⟩ [fɛ'ri:t, -'rɪt] *chem* radio ferrite *f.*

Ferro|chlorid *n* [fɛro-] *chem* protochlorure *m* de fer; ~**ferrioxyd** *n* hydroxyde *m* ferrosoferrique; ~**legierung** *f* ferro-alliage *m;* ~**phosphat** *n* phosphate *m* ferreux; ~**sulfat** *n* sulfate *m* ferreux.

Ferse *f* ⟨-, -n⟩ ['fɛrzə] *anat* (*a. des Strumpfes*) talon *m; jdm auf den* ~*n folgen* être aux trousses de qn, emboîter le pas à qn; *jdm nicht von den* ~*n gehen* marcher sur les talons de qn, être toujours suspendu aux basques de qn, ne pas quitter qn d'un pas; *sich an jds* ~*n heften* s'attacher aux pas de qn; *jdm auf den* ~*n sein* être sur les talons *od* aux trousses de qn, talonner qn, serrer qn de près; *die* ~*n zeigen fig* prendre la fuite *od fam* la poudre d'escampette; *verstärkte* ~ (*e-s Strumpfes*) talon *m* renforcé; ~**nbein** *n anat* calcanéum *m;* ~**neinlage** *f* (*e-s Schuhes*) talonnette *f;* ~**ngeld** *n:* ~ *geben* (*fam: fliehen*) tourner les talons, lever le pied.

fertig [fɛrtɪç] *a* (~*gestellt, vollendet*) fini, achevé; (*bereit*) prêt (*zu* à); *fam* (*erschöpft*) rompu de fatigue; *pop* canné; *fam* (*erledigt, zugrunde gerichtet*) fini, perdu; *adv* (*gut, gewandt*) bien, habilement, parfaitement; (*sprechen*) couramment; *mit etw* ~ *sein* avoir fini *od* terminé *od* achevé qc; (*ganz*) ~ *sein* (*fam: erschöpft sein*) être à plat *od* crevé; ~

werden s'achever; *rasch od schnell mit etw* ~ *sein (nicht zögern)* avoir vite fait de qc; *allein* ~ *werden (a.)* y arriver tout seul; *mit etw* ~ *werden (etw beenden, vollenden)* finir, terminer, achever qc; *(zustande kommen)* venir à bout, se tirer de qc; *mit jdm* ~ *werden (s-r Herr werden)* venir à bout de qn; *(jdn loswerden)* se débarrasser, se défaire de qn; *mit jdm nicht* ~ *werden* ne pas arriver à s'entendre avec qn; *ohne jdn, etw* ~ *werden* savoir se passer de qn, de qc; *nicht damit* ~ *werden (sich erfolglos bemühen)* ne pas en sortir; *ich bin gleich* ~ je suis à vous tout de suite; *ich bin* ~ *mit ihm (habe mit ihm gebrochen)* tout est fini entre nous; *Sie sind rasch od schnell (damit)* ~ *geworden* vous avez été vite, il ne vous a pas fallu longtemps; *das wird nie* ~ on n'en verra jamais la fin *od* le bout, c'est toujours à recommencer; *sieh zu, wie du damit* ~ *wirst!* débrouille--toi tout seul! ~ *verpackt* préemballé; **F~bau(weise** *f)* m construction *f* en éléments préfabriqués; **~=bekommen** *tr* (pouvoir) finir *od* achever; **~= bringen** *tr* venir à bout de; *es* ~ *(können)* en trouver le moyen, y arriver; *etw zu tun* être homme à faire qc; **~en** [-gən] *tr (herstellen)* fabriquer, produire, faire; **F~erzeugnis** *n*, **F~fabrikat** *n* produit *m* fini *od* préfabriqué; **F~gesenk** *n* tech matrice *f* finisseuse; **F~haus** *n* maison *f* préfabriquée; **F~keit** *f (Gewandtheit)* adresse; *(Geschicklichkeit)* habileté, dextérité; *(Geschwindigkeit)* rapidité, vélocité *f; (mit Pluralform)* technique *f*, savoir-faire, tour *m* de main; *(Zungenfertigkeit)* volubilité; **F~kleidung** *f (vêtements m pl)* prêt(s) *m* à porter, confection *f*, tout fait *m*; **~=machen** *tr* achever, finir; *(bereit machen)* préparer; *fig fam (müde u. nervös machen)* esquinter, achever; *(heruntermachen)* rabattre la crête à, décrier à belles dents; *sich* ~ faire sa toilette; se préparer; *den habe ich aber fertiggemacht!* je l'ai drôlement remis à sa place! ~= **stellen** *tr* achever, finir; **F~stellung** *f* achèvement *m*, finition, mise *f* au point; **F~teil** *n* élément *m* préfabriqué; **F~ung** *f* ⟨-, (-en)⟩ *tech* usinage *m;* fabrication, production *f;* **F~ungsingenieur** *m* ingénieur *m* de fabrication; **F~ungslohn** *m* prix *m* de main-d'œuvre; **F~ungsprogramm** *n* programme *m* de production; **F~ungsstadium** *n* stade *m* de fabrication; **F~ungsstraße** *f* tech

train *m* finisseur; **F~ungszeit** *f* temps *m* d'usinage, durée *f* de la fabrication; **F~ware** *f* produit *m* manufacturé *od* préfabriqué; **F~(waren)industrie** *f* industrie *f* de produits finis.

Fes *m* ⟨-/-sses, -/-sse⟩ [fɛs] *(oriental. Kopfbedeckung)* fez *m.*

fes [fɛs] *n mus* fa *m* bémol.

fesch [fɛʃ] *a (schick)* chic, pimpant; *fam* chouette; *(flott, forsch)* fringant.

Fessel *f* ⟨-, -n⟩ ['fɛsəl] lien *m; (Kette)* chaîne *f*, fers *m pl; (Fußfessel; fig: Hindernis, Einengung)* entrave *f; (bei Menschen)* attaches *f pl (Pferd: Fußgelenk)* paturon *m; jdm* ~*n anlegen, jdn in* ~*n legen* lier qn, mettre qn aux fers; *in* ~*n schlagen (fig)* entraver; *die* ~*n sprengen (fig)* rompre *od* briser ses liens, briser ses fers; *sie hat schlanke* ~*n* elle a les attaches fines; **~ballon** *m* ballon *m* captif; *arg aero* saucisse *f;* **~gelenk** *n (des Pferdes)* boulet *m;* **~geschwulst** *f vet* javart *m;* **f~los** *a a. fig* sans entraves, libre; **~losigkeit** *f fig* liberté *f;* **f~n** *tr* ligoter, enchaîner, charger de chaînes *od* de fers; *(Tier)* entraver; *fig* captiver, hypnotiser; *jds Aufmerksamkeit* ~ fixer l'attention de qn; *jdn ans Bett* ~ *(fig)* clouer *od* retenir qn au lit; **f~nd** *a (spannend)* captivant; **~ung, Feßlung** *f* ligotage, enchaînement *m.*

fest [fɛst] *a (nicht flüssig)* solide; *(nicht weich)* ferme; *(hart)* dur; *(nicht lose)* fixe; *mil (befestigt)* fortifié; *fig (energisch, unerschütterlich; unabänderlich, endgültig)* ferme; *(beständig, a. von e-m Arbeitsplatz, e-m Börsenkurs)* stable; *(keiner Veränderung, keinem Wechsel unterworfen, a. von Wohnsitz, Preis, Lohn, Gehalt, Kundschaft)* fixe; ~ *arbeiten* travailler ferme; ~ *bleiben (standhalten)* tenir ferme; ~*en Fuß fassen* prendre pied; *e-e* ~*e Hand haben* avoir la main ferme; ~ *kaufen, verkaufen* acheter, vendre ferme; ~ *schlafen* dormir à poings fermés; ~ *(davon) überzeugt sein, daß ...* avoir la ferme conviction que ...; ~ *auf den Beinen stehen* être bien d'aplomb sur ses jambes; *sich* ~ *vornehmen, etw zu tun* prendre la ferme résolution de faire qc; ~ *werden (erstarren)* se solidifier, faire prise; ~*e(s) Gehalt n (a.)* fixe *m;* **~angestellt** *a* employé en permanence; **F~angestellte(r)** *m* employé *m* permanent; **F~antenne** *f* radio antenne *f* fixe; **~=backen** ⟨*aux: sein*⟩ *itr (ankleben)* attacher, coller; **~=beißen,** *sich* ne pas démordre; **~besoldet** *a* à appointements fixes; ~**=binden** *tr* lier *od* attacher solidement; ~**=fahren** ⟨*aux: sein*⟩ *itr: festgefahren sein* être embourbé *od* en panne, ne plus pouvoir avancer; *fig* être au point mort; *sich* ~ *(fig)* s'embourber, s'enferrer, s'enliser; ~**gesetzt** *a:* *zur* ~*en Zeit* à l'heure dite, à point nommé; ~**gewurzelt** *a* (profondément) enraciné; ~**=halten** *tr (zurückhalten)* retenir, clouer; *(anhalten)* arrêter; *(gefangenhalten)* détenir; *fig (in Worten im Bild, in der Erinnerung)* retenir; *etw im Bild* ~ fixer qc sur la pellicule *od* la toile; *itr fig* tenir ferme (*an* à); ne pas démordre (*an* de); *sich* ~ ne pas lâcher prise; *an etw* se tenir ferme, s'accrocher à qc; *starr an etw* ~ *(fig)* être entiché de qc; *halten Sie sich fest!* tenez-vous bien; ~**igen** [-tɪgən] *tr fig* affermir *a. fin;* fortifier, consolider; **F~igkeit** *f* ⟨-, (-en)⟩ *(~er Zustand)* consistance; *(Dichtigkeit)* compacité; *(Härte)* dureté; *(Widerstandsfähigkeit)* résistance; *(Dauerhaftigkeit)* stabilité; *fig (Standhaftigkeit)* fermeté *f a. fin;* aplomb *m,* persévérance *f;* **F~igkeitsgrad** *m tech* degré *m* de résistance; **F~igkeitsprobe** *f,* **F~igkeitsprüfung** *f* épreuve *f od* essai *m* de résistance; **F~igung** *f* affermissement *m;* consolidation, solidification *f;* ~**=keilen** *tr* caler; ~**=kleben** *tr* ⟨*aux: haben*⟩ coller; *itr* ⟨*aux: sein*⟩ *(Vorgang)* s'attacher (solidement); *festgeklebt sein* être attaché solidement, coller *od* adhérer *od* tenir solidement; **F~körper** *m phys* solide *m;* **F~land** *n* terre *f* ferme; *(Kontinent)* continent *m;* ~**ländisch** *a* continental; **F~landsblock** *m geog* masse *f* continentale; **F~landssockel** *m* socle *m* continental; ~**=legen** *tr (bestimmen)* déterminer, établir, arrêter, fixer; *fin* immobiliser; *mil (ausfindig machen)* repérer; *(unbeweglich machen)* immobiliser, bloquer; *jdn auf s-e Äußerung* ~ prendre qn au mot; *sich* ~ *(sich binden)* se lier, s'engager (*auf etw* à qc); **F~legung** *f* détermination *f,* établissement *m,* fixation; *fin mil* immobilisation *f;* ~**=liegen** *itr a. fin* être immobilisé; ~**=machen** *tr (befestigen,* ~*binden)* fixer, attacher, lier; *mar* amarrer; *(abmachen, vereinbaren)* arrêter, fixer; *itr mar* ancrer; **F~meter** *m (cbm Holz)* stère *m;* ~**=nageln** *tr* fixer; *fig* faire river son clou à; **F~nahme** *f* appréhension, arrestation, capture *f;* ~**=nehmen** *tr (verhaften)* saisir, appréhender,

arrêter; *jdn* ~ s'assurer de la personne de qn; **F~offerte** *f com (~es Angebot)* offre *f* ferme; **F~punkt** *m* point *m* fixé *od* de repère; **F~preis** *m* prix *m* fixe *od* définitif; ~**=schnallen** *tr* boucler; ~**=schrauben** *tr* visser; ~**=setzen** *tr (inhaftieren)* emprisonner, écrouer; *fig (bestimmen)* fixer, arrêter; *sich* ~ *(Staub, Schmutz)* se déposer; *(sich niederlassen)* s'établir, se fixer, s'implanter; *Rost hat sich festgesetzt* il y a des traces de rouille; **F~setzung** *f* emprisonnement; *fig* fixation *f;* ~**=sitzen** *itr (nicht von der Stelle können)* ne (pas) pouvoir bouger, être immobilisé *od* en panne; *fig fam (nicht weiterkönnen)* être au bout de son latin; ~**=stampfen** *tr* tasser avec les pieds; ~**=stecken** *tr* attacher *od* fixer *od* maintenir par des épingles; ~**=stehen** *itr* être posé *od* campé *od* établi solidement; *fig* être arrêté *od* un fait établi, ne faire aucun *od* pas de doute; *impers: es steht fest, daß ...* il est établi, c'est un fait, il est de fait que ...; *eins steht fest* une chose est sûre; *es scheint festzustehen, daß ...* il paraît acquis que ...; *e-e* ~*de Tatsache* un fait établi; ~**stellbar** *a (erkennbar)* reconnaissable; ~**=stellen** *tr tech* arrêter, fixer, bloquer; *fig (erkennen)* constater, vérifier; *(a. = anerkennen)* reconnaître; *(erkennen u. ~halten)* établir; *(Preis)* fixer; *jds Personalien* ~ établir l'identité de qn; **F~steller** *m* ⟨-s, -⟩ *tech* arrêtoir *m;* **F~stellknopf** *m* bouton *m* de blocage; **F~stellschraube** *f* vis *f* d'arrêt; **F~stelltaste** *f* touche *f* de blocage; **F~stellung** *f tech* arrêt *m,* fixation *f,* blocage *m; fig* constatation, vérification *f;* établissement; *jur* acte *m od* décision *f* déclaratoire; **F~stellungsbescheid** *m* avis *m* de taxation *od* d'estimation; **F~stellungsklage** *f jur* action *f* en constatation de droit; ~**verzinslich** *a* à taux d'intérêt fixe.

Fest *n* ⟨-(e)s, -e⟩ [fɛst] fête *f; ein* ~ *feiern* célébrer une fête, fêter; *für jdn ein* ~ *veranstalten* donner *od* offrir un fête à qn *od* en l'honneur de qn; *bewegliche(s), unbewegliche(s)* ~ fête *f* mobile, fixe; ~**abend** *m* soirée *f* de gala; ~**akt** *m* cérémonie *f;* ~**ausschuß** *m* comité *m* des fêtes; ~**beleuchtung** *f* illumination *f,* embrasement *m;* ~**essen** *n* banquet, dîner de gala; *fig (übertreibend: gutes Essen)* régal *m; pop* gueuleton *m;* ~**(es)stimmung** *f: in* ~ en fête; ~**gewand** *n* grande tenue *f; im* ~ en grande tenue; ~**halle** f salle f des fêtes; ~**ival** n ‹-s, -s› ['fɛst-, fɛsti'val] festival m; ~**ität** f ‹-, -en› [-vi'tɛːt] hum = ~lichkeit; **f~lich** a de fête; (feierlich) solennel; (prunkvoll) pompeux; in ~er Stimmung en fête; ~ **begehen** solenniser; adv: ~ **gekleidet** endimanché; ~ **geschmückt** paré pour la fête; ~**lichkeit** f (Fest) fête; (Feier) cérémonie f; ~**mahl** n banquet m; ~**ordner** m organisateur m d'une od de la fête; ~**platz** m place f des fêtes; ~**rede** f discours (solennel); (kleine) toast m; ~**redner** m orateur; convive m portant un toast; ~**saal** m = ~halle; ~**schrift** f brochure f commémorative (zu de); ~ **für** jdn publication f en l'honneur de qn; ~**spiele** n pl festival m; ~**spielhaus** n théâtre m des fêtes; ~**tag** m jour m de fête od férié; **f~täglich** a de fête; **f~tags** adv les jours de fête; ~**vorstellung** f (représentation f de) gala m; ~**zug** m cortège m (solennel).

Festung f ‹-, -en› ['fɛstʊŋ] forteresse, place f forte; ~**sbau** m fortification f; ~**swerk** n ouvrage m de fortification.

Fetisch m ‹-(e)s, -e› ['feːtɪʃ] rel u. fig fétiche m; ~**ismus** m ‹-, ø› [-'ʃɪsmʊs] rel u. fig fétichisme m; ~**ist** m ‹-en, -en› [-'ʃɪst] fétichiste m.

fett [fɛt] a (Tier; Mensch: pop: Fleisch. Speise) gras; (Boden) gras, fertile; fig (groß, reich) gros, riche, bon; (einträglich) lucratif; jdn ~ füttern (fam) empiffrer qn; das macht den Kohl nicht ~ (fig) cela ne met pas de beurre dans les épinards; dick und ~ gros et gras; zu ~ (Nahrung) trop riche; ein ~er Bissen (gutes Geschäft) un gros coup; ein ~er Happen un bon morceau; die sieben ~en Jahre n pl les sept années f pl de fertilité; **F~** n graisse f; (~es Fleisch) gras m; chem matière f grasse; pl corps gras, scient lipides m pl; das ~ abschöpfen dégraisser (von etw qc); fig prendre la meilleure part; ~ ansetzen (Mensch: dicker werden) engraisser, grossir, prendre du ventre od de l'embonpoint; jdm sein ~ geben (fig fam: s-e Meinung sagen) rendre son paquet à qn; dire son fait à qn; vom eigenen ~ zehren (fig) vivre sur soi-même od sur son acquis; überflüssige(s) ~ (med) mauvaise graisse f; **F~ablagerung** f physiol adipopexie f; anat dépôt m adipeux; **F~ammer** f orn ortolan m; **F~auge** n (auf der Suppe) œil m (de graisse); **F~creme** f crème f grasse; **F~druck** m typ: in ~ en vedette; ~**en** tr u. itr graisser;

F~en n tech graissage m; **F~fleck** m tache f de graisse; ~**gedruckt** a typ imprimé en (caractères) gras; **F~gehalt** m teneur f en matières grasses; **F~gewebe** n anat tissu m adipeux; **F~heit** f = F~leibigkeit; **F~henne** f bot orpin m; ~**ig** a graisseux; (schmutzig) crasseux; (Haut, Haar) gras; **F~igkeit** f (Zustand) graisse f; pl (~ige Nahrungsmittel) aliments m pl gras; **F~klumpen** m fig fam pej (Mensch) boule f od peloton m de graisse; **F~kohle** f houilles f pl grasses; ~**leibig** a obèse, gras; (dick) gros, replet; **F~leibigkeit** f obésité f; (Wohlbeleibtheit) embonpoint m; **F~mops** m: kleine(r) ~ (fam: Mensch) pot m à tabac; **F~näpfchen** n: (bei jdm) ins ~ treten (fig fam) mettre les pieds dans le plat; **F~papier** n papier m sulfurisé; **F~polster** n anat coussinet de graisse od adipeux; pej bourrelet m de graisse; **F~rand** m (des Rindermagens) gras-double m; **F~säure** f chem acide m gras; **F~schicht** f couche de graisse; scient adiposité f; **F~schweiß** m (der Tiere mit Wollhaaren) suint m; **F~sucht** f med adipose f; **F~wanst** m fig fam (Mensch) mastodonte m; **F~wulst** m bourrelet m de graisse.

Fetus m ‹-sses, -sse› ['feːtus, -sə] physiol fœtus m.

Fetzchen n ‹-s, -› ['fɛtsçən] petit bout m; ~**en** m ‹-s, -› lambeau a. fig; chiffon; (Lumpen) haillon m, guenille f; in ~ en haillons, en guenilles; in ~ gehen s'en aller en lambeaux, tomber en loques; sie prügelten sich, daß die ~ flogen ils se sont battus comme des chiffonniers.

feucht [fɔyçt] a humide, mouillé, moite; ~ werden prendre de l'humidité, s'humecter; **F~e** f ‹-, (-n)› = F~igkeit; ~**en** itr être humide; ~**heiß** a = ~warm; **F~igkeit** f ‹-, ø› humidité, moiteur f; **F~igkeitsgehalt** m degré m d'humidité, teneur f en humidité; ~ der Luft état hygrométrique de l'air, degré m hygrométrique od d'hygrométrie; ~**igkeitsliebend** a bot uliginaire, uligineux; **F~igkeitsmesser** m ‹-s, -› hygromètre, hygroscope m; ~**warm** a d'une chaleur humide.

feudal [fɔy'daːl] a hist féodal; fig fam (piekfein, luxuriös) somptueux, fastueux, luxueux; **F~herrschaft** f, **F~system** n, **F~wesen** n féodalité f; **F~ismus** m ‹-, ø› [-'lɪsmʊs] féodalisme m.

Feuer n ‹-s, -› ['fɔyər] a. mil u. fig feu m; lit poet. bes. fig flammes f pl; (e-s

Diamanten) éclat *m; griechisches* ~
feu grégeois; *bei gelindem, starkem*
~ à petit, à grand feu; *wie* ~ *und
Wasser* comme le jour et la nuit; ~
(an)machen od *anzünden* faire du
feu, allumer un feu; *mit* ~ *belegen,
unter* ~ *nehmen (mil)* prendre sous
le feu; *jdn um* ~ *bitten* demander du
feu à qn; *das* ~ *einstellen (mil)* cesser
le feu; *das* ~ *eröffnen (mil)* ouvrir le
feu; ~ *fangen (a. fig)* prendre feu; *(in
Brand geraten)* s'allumer, s'enflammer; *leicht* ~ *fangen (a. fig)* s'allumer
od s'enflammer facilement; *fig* avoir
l'enthousiasme facile; ~ *geben (mil)*
faire feu; *für jdn durchs* ~ *gehen* se
jeter au feu, passer dans le feu, se
mettre en quatre pour qn; *Öl ins* ~
gießen (fig) jeter de l'huile sur le feu;
für jdn die Kastanien aus dem ~ *holen (fig)* tirer les marrons du feu pour
qn; ~ *an etw legen* mettre le feu à qc;
unter feindlichem ~ *liegen* être sous
le feu de l'ennemi; *das* ~ *schüren*
souffler le feu; ~ *und Flamme sein*
être tout feu tout flamme *(für jdn*
pour qn); *mit dem* ~ *spielen* jouer
avec le feu; *dafür lege ich die Hand
ins* ~ j'en mettrais ma main au feu; ~*!*
au feu! ~ *frei! (mil)* feu à volonté! *gebranntes Kind scheut das* ~ *(prov)*
chat échaudé craint l'eau froide;
~**alarm** *m* alerte *f* au feu; ~**anbeter**
m rel pyrolâtre, ignicole *m;* ~**anforderung** *f mil* demande *f* de tir; ~**an-
zünder** *m* allume-feu *m;* ~**aufnahme** *f mil* ouverture *f* du feu; ~**befehl** *m mil* ordre *m* de tir; ~**bereich**
m mil zone *f* de tir; **f~bereit** *a mil*
prêt à tirer; **f~beständig** *a* résistant
au feu; *scient* réfractaire; ~**beständigkeit** *f* résistance *f* au feu; ~**be-
stattung** *f* incinération *f;* ~**bohne** *f*
haricot *m* d'Espagne; ~**brücke** *f tech*
pont *m* de chauffe; marche *f* od autel
m de foyer; ~**eifer** *m* zèle *m* ardent,
ferveur *f;* ~**eimer** *m* seau *m* à incendie; ~**einstellung** *f mil* cessez-le-feu
m; ~**eröffnung** *f mil* ouverture *f* du
feu; **f~fest** *a* résistant au feu,
incombustible; ignifugé; ~*e(s) Glas n*
verre *m* à feu; ~**festigkeit** *f* résistance au feu, incombustibilité *f;*
~**fresser** *m* ignivore *m;* ~**garbe** *f*
gerbe *f* od jet *m* de feu; **f~gefähr-
lich** *a* facilement inflammable; ~**gefecht** *n* combat *m* par le feu;
~**glocke** *f* tocsin *m;* ~**haken** *m*
(Schüreisen) tisonnier, pique-feu;
(der Feuerwehr) croc *m* à incendie;
~**kraft** *f mil* puissance *od* intensité *f*
de *od* du feu; ~**land** *n geog* la Terre
de Feu; ~**länder(in** *f)* *m* ⟨-s, -⟩

Fuégien, ne *m f;* ~**leiter** *f* échelle *f*
à *od* d'incendie *od* de sauve tage;
~**leitung** *f mil* direction *od* conduite
f du tir; ~**lilie** *f* lis *m* orangé; ~**loch** *n*
tech ouverture *f* de la chauffe; ~**lö-
scher** *m* extincteur *m* d'incendie;
~**löschgerät** *n* prise *f* d'incendie, pare-feu *m;* ~**löschstelle** *f* poste *m*
d'incendie *od* d'eau; ~**löschwagen**
m fourgon-tonne *m* des pompiers;
~**löschwesen** *n* service *m* d'incendie; ~**melder** *m* avertisseur *m* d'incendie; **f~n** *itr (heizen)* chauffer, faire du feu; *mil* faire feu *(auf* sur); *tr*
fam jeter, balancer; *(entlassen)* virer;
~**patsche** *f (Luftschutzgerät)* étouffoir *m;* ~**pause** *f mil* interruption *od*
suspension *f* du feu; **f~rot** *a* rouge
feu *od* comme une pivoine; ~ *werden*
avoir le visage en feu; ~**sbrunst** *f* incendie *m;* ~**schein** *m* lueur du feu;
(am Himmel) lueur *f* d'incendie *od*
de l'incendie; ~**schiff** *n* bateau-feu,
bateau-phare; *hist mil* brûlot *m;*
~**schutz** *m* protection *f* contre l'incendie; *mil* feu *m* de protection;
~**schwamm** *m bot* amadou *m;*
~**sgefahr** *f* danger *m* d'incendie;
f~sicher *a* à l'épreuve du feu, incombustible; ignifugé; ~ *machen* ignifu-
ger; ~**snot** *f: in* ~ menacé par l'incendie *od* par le feu; **f~speiend** *a*
qui lance des flammes; ~*e(r) Berg m*
volcan *m;* ~**sperre** *f mil* barrage *m*
de feu; ~**spritze** *f* pompe *f* à incendie; ~**stärke** *f mil* densité *f* du feu;
~**stein** *m* pierre *f* à feu *od* à briquet
od à fusil; *geol* silex *m;* ~**stelle** *f*
foyer, four, fourneau *m;* ~**stellung** *f*
mil position *f* de tir *od* de feu *od* de
batterie; ~**stoß** *m mil* rafale *f;* ~**taufe**
f baptême *m* du feu; *die* ~ *erhalten*
recevoir le baptême du feu; ~**tod** *m*
supplice *m* du feu; ~**ung** *f (Tätigkeit)*
chauffage; *(Brennmaterial)* combustible *m;* ~**ungsanlage** *f tech* installation *f* de chauffage; ~**unterstützung** *f mil* appui de feu, soutien *m*
par le feu; ~**versicherung** *f* assuran-
ce-incendie *f;* ~**versicherungsan-
stalt** *f* bureau *m* d'assurance-incen-
die; ~**versicherungsgesellschaft** *f*
société od compagnie *f* d'assurance-
-incendie; ~**vorbereitung** *f mil (Vorbereitung des Feuers)* préparation *f*
du tir; *(vorbereitendes* ~*)* tir *m* de
préparation; ~**wache** *f* poste d'incendie; *(Wächter)* piquet *m* d'incendie; ~**waffe** *f* arme *f* à feu; ~**walze** *f*
mil barrage *m* roulant; ~**wasser** *n*
(Branntwein) eau *f* de vie; ~**wehr** *f*
⟨-, -en⟩ (corps *m* des) sapeurs-pom-
piers *m pl;* ~**wehrauto** *n* fourgon-

-pompe *m*, voiture *f* de(s) pompiers; **~wehrleiter** *f* échelle *f* de(s) pompiers; **~wehrmann** *m* (sapeur-)pompier *m;* **~wehrschlauch** *m* manche *f* à incendie; **~werk** *n* feu *m* d'artifice; **~werker** *m* ⟨-s, -⟩ *a. mil* artificier, pyrotechnicien *m;* **~werkskörper** *m* pièce *f* d'artifice; **~wirkung** *f mil* efficacité *f* du tir; **~zange** *f* pincettes *f pl* (de cheminée); **~zeug** *n* briquet *m.*

Feuilleton *n* ⟨-s, -s⟩ [fœj(ə)'tɔ̃(:)] *(e-r Zeitung)* feuilleton *m;* **~ist** *m* ⟨-en, -en⟩ [-to'nıst] feuilletoniste *m.*

feurig ['fɔyrıç] *a* de feu, ardent; *(brennend)* en feu, enflammé; *fig* plein de feu, brûlant, fervent, fougueux, pathétique; *(Pferd)* fringant; *(Wein)* généreux.

Fex *m* ⟨-es/(-en), -e/(-en)⟩ [fɛks] *(Narr)* fou *m.*

Fez *m* 1. = *Fes.*

Fez *m* ⟨-es, ø⟩ [fe:ts] 2. *(fam dial: Spaß)* plaisanterie *f.*

ff ['ɛf'ʔɛf] *a com (prima)* de première qualité.

Fiaker *m* ⟨-s, -⟩ [fi'akər] *(Droschke, Droschkenkutscher)* fiacre *m.*

Fiale *f* ⟨-, -n⟩ [fi'a:lə] *arch* clocheton *m.*

Fiasko *n* ⟨-s, -s⟩ [fi'asko] *(Mißerfolg)* fiasco *m; theat* four *m; fam* veste *f; ein* ~ *erleben* ramasser une veste.

Fibel *f* ⟨-, -n⟩ ['fi:bəl] 1. *(Abc-Buch)* abécédaire; *(in Zssgen: Elementarbuch)* abrégé *m* (de ...), petite histoire *f* (du, de la, des ...). 2. *hist (Gewandspange)* broche *f.*

Fib|er *f* ⟨-, -n⟩ ['fi:bər] *(Faser)* fibre *f;* **~rille** *f* ⟨-, -n⟩ [fi'brılə] *anat* fibrille *f;* **~rin** *n* ⟨-s, ø⟩ [fi'bri:n] *physiol* fibrine *f;* **~rom** *n* ⟨-s, -e⟩ [-'bro:m] *med* fibrome *m;* **f~rös** [- 'brø:s] *a anat (aus Bindegewebe)* fibreux.

Fichte *f* ⟨-, -n⟩ ['fıçtə] *bot* sapin (rouge); *scient* épicéa *m;* **f~n** *a* de *od* en (bois de) sapin; **~nholz** *n* (bois de) sapin *m;* **~nnadel** *f* aiguille *f* de sapin; **~nnadelöl** *n* essence *f* d'aiguilles de sapin; **~nwald** *m* sapinière *f.*

ficken *tr* ['fıkən] *vulg* baiser.

Fideikommiss *n* ⟨-sses, -sse⟩ [fideiko'mıs, 'fi:-] *jur* fidéicommis *m.*

fidel [fi'de:l] *a fam (lustig)* joyeux, gai.

Fidibus *m* ⟨-/sses, -sse⟩ ['fi:dibʊs] allume-pipe *m.*

Fieber *n* ⟨-s, (-)⟩ ['fi:bər] fièvre; *fig* fièvre, passion *f;* ~ *bekommen od (fam) kriegen* être pris de fièvre; *vor* ~ *glühen, zittern* brûler, trembler de fièvre; ~ *haben* avoir de la fièvre *od* de la température; *fam* faire de la température; *vom* ~ *geschüttelt werden* être travaillé par la fièvre; *ich habe wieder* ~ *bekommen* la fièvre

m'a repris; *hitzige(s)* ~ fièvre *f* chaude; *hohe(s)* ~ forte fièvre *f;* **~anfall** *m* accès *m* de fièvre; **f~frei** *a* sans fièvre; **~e(r) Tag** *m (med)* jour *m* intercalaire; **~frost** *m* frissons *m pl* (de fièvre); **f~haft** *a a. fig* fiévreux, fébrile; *adv fig a.* avec fièvre; **~hitze** *f* chaleur *f* fébrile; **f~krank** *a* pris de fièvre; **~kurve** *f* courbe *f* de température; **~messer** *m* ⟨-s, -⟩ = **~thermometer;** **~mittel** *n* fébrifuge *m;* **f~n** *itr* avoir de la fièvre *od* de la température, être fiévreux; *nach etw* ~ *(fig)* attendre qc fiévreusement; *vor Erregung* ~ être en proie à une agitation fébrile; **~phantasie** *f* hallucination *f;* **~schauer** *m* frisson *m;* **~therapie** *f* pyrétothérapie *f;* **~thermometer** *n* thermomètre *m* médical; **f~treibend** *a* pyr(ét)ogène; **~wahn** *m,* **~zustand** *m* délire *m;* **fieb(e)rig** *a* fiévreux, fébrile.

Fiedel *f* ⟨-, -n⟩ ['fi:dəl] *fam (Geige)* violon; *pop* crincrin *m;* **f~n** *itr fam* râcler du violon; **Fiedler** *m* ⟨-s, -⟩ ['-dlər] *fam* râcleur de violon, violoneux *m.*

Figur *f* ⟨-, -en⟩ [fi'gu:r] *(Gestalt)* silhouette, stature, taille; *(Standbild)* statue; *(kleinere)* statuette, figurine; *(e-s Schachspiels)* pièce; *(auf e-r Spielkarte)* figure; *(math, Tanz, Eiskunstlauf)* figure; *aero* acrobatie; *(in e-r Handlung, e-m Geschehen)* personne *f,* personnage *m; in ganzer* ~ *(Malerei)* en pied; *e-e gute Figur haben* être bien fait *od* bien bâti; *e-e tadellose* ~ *haben* être fait au moule; *e-e verbotene* ~ *haben (fam)* être fait comme un z; *e-e gute* ~ *machen* faire (bonne) figure; *keine gute* ~ *machen (fam)* ne pas faire bonne figure; *komische* ~ drôle de bonhomme *(od* bonne femme); *schlanke* ~ silhouette fine; *zierliche* ~ taille *f* menue; **~ant** *m* ⟨-en, -en⟩ ['-'rant] *theat* figurant, comparse *m;* **~ation** *f* ⟨-, -en⟩ [-ratsi'o:n] , **~ierung** *f mus* figuration *f;* **~enscheibe** *f (beim Schießen)* cible-silhouette *f;* **f~ieren** [-'ri:rən] *itr (auf-, in Erscheinung treten)* figurer *(als* acc); donner figure *(als* à); *tr mus* figurer; **~ine** *f* ⟨-, -n⟩ [-'ri:nə] *(Kunst, theat)* figurine *f.*

Figür|chen *n* [fi'gy:r-] figurine, statuette *f;* **f~lich** *a u. adv gram* au figuré.

Fikt|ion *f* ⟨-, -en⟩ [fıktsi'o:n] *(Erdichtung, Unterstellung)* fiction *f;* **f~iv** [-'ti:f] *a (erdichtet, nur gedacht)* fictif.

Filet *n* ⟨-s, -s⟩ [fi'le:] *(Textil, Buchbinderei; Küche)* filet *m; tech* peigneur *m;* **~arbeit** *f (Textil: Filet)* filet *m;*

~**braten** *m* filet *m* (rôti); ~**stempel** *m (Buchbinderei)* fer *m* à fileter.

Filial|bank *f* [fili'a:l-] banque *f* à succursales; ~**e** *f* ‹-, -n› *com* (magasin *m*) succursale, filiale *f;* ~**(groß)betrieb** *m* magasin *m od* entreprise *od* maison *f* à succursales (multiples); ~**leiter** *m* gérant *m* d'une *od* de la succursale.

Filigran(arbeit *f)* *n* ‹-s, -e› [fili'gra:n(-)] *(Textil* u. *fig)* filigrane *m.*

Film *m* ‹-(e)s, -e› [fılm] *(dünne Haut)* film *m; phot (Lichtbildstreifen)* pellicule *f,* film; *(Kunstwerk)* film; *(Lichtspielwesen)* film, cinéma *m; e-n* ~ *drehen (a. von e-m Schauspieler)* tourner un film; *e-n* ~ *einlegen (phot)* charger l'appareil *od (Filmapparat)* la caméra; *zum* ~ *gehen (um* ~*schauspieler zu werden)* aller faire du cinéma; *beim* ~ *sein (als Schauspieler)* faire du cinéma; *mit e-m* ~ *überziehen (tech)* filmer; *e-n* ~ *vorführen* présenter un film; *der* ~ *ist noch nicht angelaufen* le film n'est pas encore sorti; *der* ~ *läuft* on passe le film; *belichtete(r)* ~ *(phot)* pellicule *f* exposée; *dreidimensionale(r)* ~ film *m* à trois dimensions; *kitschige(r)* ~ navet *m fam; plastische(r)* ~ film *m* en relief; *unbelichtete(r)* ~ pellicule *f* vierge; ~**archiv** *n* cinémathèque, filmothèque *f;* ~**atelier** *m* studio *m;* ~**aufnahme** *f* prise *f* de vues de cinéma *od* cinématographiques; ~**band** *n* pellicule *f* (de film); ~**bearbeitung** *f* adaptation *f* au cinéma; **f~en** *tr* filmer, cinématographier; *itr (a. von e-m Schauspieler)* faire du cinéma, tourner; ~**en** *n* filmage *m;* ~**festspiele** *n pl* festival *m* cinématographique *od* du cinéma; ~**freund** *m* cinéphile *m;* ~**gelände** *n* terrain *m* cinématographique; ~**gesellschaft** *f* société *f* cinématographique; ~**gestalter** *m* ensemblier *m;* ~**größe** *f* = ~*star;* ~**held** *m* héros *m* du cinéma; ~**industrie** *f* industrie *f* cinématographique *od* du cinéma; **f~isch** *a* filmique, cinématographique; ~**kamera** *f* caméra *f* (de cinéma); ~**klub** *m* ciné-club *m;* ~**kontrolle** *f* censure *f* cinématographique; ~**kopie** *f* copie *f* de film; ~**kritik** *f* critique *f* cinématographique *od* de cinéma; ~**kritiker** *m* critique *m* de cinéma; ~**kunst** *f* art *m* cinématographique, cinématographie *f;* ~**laufbahn** *f* carrière *f* cinématographique; ~**liebhaber** *m* cinéphile *m;* ~**magazin** *n (Zeitschrift)* magazine *m* cinématographique; ~**probe** *f* (tournage *m* d'une) bande *f* d'essai;

~**produktion** *f* production *f* cinématographique; ~**produzent** *m* producteur *m* cinématographique; ~**projektor** *m* projecteur *m* cinématographique; ~**prüfer** *m* contrôleur *m* de films; ~**prüfstelle** *f* office *m* de contrôle des films; ~**publikum** *n* spectateurs *m pl* de cinéma; public *m;* ~**regisseur** *m* metteur en scène, réalisateur *m;* ~**reklame** *f* publicité *f* par le film; ~**reportage** *f* reportage *m* cinématographique *od* filmé; ~**rolle** *f phot* rouleau *m* de film; ~**satz** *m typ* photocomposition *f;* ~**schaffende(r)** *m* cinéaste *m;* ~**schauspieler (in** *f)* *m* acteur, trice *m f* de cinéma; ~**schöpfung** *f* réalisation *f* (cinématographique); ~**spule** *f* bobine *f od* rouleau *m* de pellicule *od* de film; ~**stadt** *f* ville *f* construite pour un tournage; ~**star** *m* vedette de cinéma *od* de l'écran, star *f;* ~**sternchen** *n* starlette *f;* ~**streifen** *m* (bande *f* de) film *m od* (de) pellicule *f;* ~**studio** *n* = ~*atelier;* ~**szene** *f* scène *f* de film; *kurze* ~ *(a.)* flash *m;* ~**theater** *n* (salle *f* de) cinéma *m;* ~**transport** *m phot* transport *m* de bande; ~**trommel** *f phot* tambour *m* de film *od* à pellicule; ~**verleih** *m* location *od* distribution de films; *(einzelnes Unternehmen)* maison *f* de location de films; ~**verleiher** *m* distributeur *m* de films; ~**vorführer(in** *f)* *m* opérateur, trice *m f;* ~**vorführung** *f* projection *f* de films; ~**vorschau** *f* présentation *f* du prochain film; ~**vorstellung** *f* séance *f* de cinéma; ~**werbung** *f* propagande cinématographique, publicité *f* par film; ~**wissenschaft** *f* filmologie *f;* ~**wissenschaftler** *m* filmologue *m;* ~**zeitschrift** *f* revue *f* de cinéma; ~**zensur** *f* censure *f* cinématographique.

Filter *m od n* ‹-s, -› ['fıltər] filtre *a.* opt *phot radio; opt phot a.* écran *m;* ~**bett** *n tech* couche *f* filtrante; ~**einsatz** *m* (d. Gasmaske) cartouche *f* (du masque à gaz); ~**gerät** *n* appareil *m* à filtrer; ~**kaffee** *m* café *m* moulu; ~**kammer** *f* chambre *f* filtrante *od* de filtration; ~**kohle** *f* charbon *m* à filtrer; ~**masse** *f* masse *f* filtrante; ~**material** *n* matériel *m* de filtrage; ~**mundstück** *n (e-r Zigarette)* bout *m* filtre; *Zigarette f mit* ~ cigarette *f* à bout filtre; **f~n** *tr* filtrer; ~**papier** *n* papier-filtre *m;* ~**tuch** *n* étoffe *f* à filtrer; ~**ung** *f* filtrage *m,* filtration *f;* ~**zigarette** *f* cigarette-filtre *f.*

Filtr|at *n* ‹-(e)s, -e› [fıl'tra:t] filtrat *m;*

~**ation** f ⟨-, -en⟩ [-tratsi'o:n] = *Filtrierung;* ~**ieranlage** [-'tri:r-] f installation f de filtrage od de filtration; **f~ieren** tr = *filtern;* ~**iergerät** n appareil m à filtrer; ~**ierung** f filtration f.

Filz m ⟨-es, -e⟩ [fɪlts] feutre; *fig fam (Geizhals)* ladre, pingre, grigou; grippe-sou, fesse-mathieu m; ~**dichtung** f tech joint m de feutre; **f~en** tr feutrer; *(durchsuchen)* fouiller; ~**hut** m (chapeau de) feutre m; **f~ig** a feutré; *fig fam* ladre, pingre; *pop* rat; ~**igkeit** f fam ladrerie, pingrerie f; ~**laus** f ent morpion m; ~**macher** m feutrier m; ~**okratie** f ⟨-, -n⟩ [fɪltsokra'ti:, -i:ən] magouilles f pl; ~**pantoffeln** m pl pantoufles f pl en feutre; ~**schreiber** m, ~**stift** m feutre, crayon-feutre, stylo-feutre m; ~**sohle** f semelle f de feutre; ~**unterlage** f typ blanchet m (de feutre).

Fimmel m ⟨-s, -⟩ ['fɪməl] tech *(Spaltkeil)* coin m; *fig fam (Besessenheit)* toquade; folie f, e-n ~ haben être toqué *(für* de).

Final|**e** n ⟨-s, -/-s⟩ [fi'na:lə] mus finale m; *sport* (épreuve od poule) finale f; ~**satz** m gram proposition f finale.

Finanz f ⟨-, -en⟩ [fi'nants] *(Geldwesen; Geldlage)* finance f; pl *(Geldangelegenheiten)* finances f pl; ~**abkommen** n accord m financier; ~**abteilung** f section f financière; ~**amt** n perception f; ~**ausgleich** m peréquation f financière; ~**ausschuß** m comité m financier; ~**ausweis** m état m des finances; ~**beamte(r)** m fonctionnaire m aux finances; ~**bedarf** m besoins m pl financiers; ~**bericht** m = ~*ausweis;* ~**blatt** n journal m financier; ~**debatte** f parl débat m sur les finances; ~**gebaren** n régime m financier, politique f financière; ~**gesetzgebung** f législation f financière; ~**gesundung** f consolidation f des finances; ~**gewaltige(r)** m, ~**größe** f grand od puissant m de la finance; **f~iell** [-tsi'el] a financier; ~**e(r) Zusammenbruch** m krach m; **f~ieren** [-'tsi:rən] tr financer; ~**ierung** f financement m; ~**ierungsplan** m plan m de financement; ~**inspektor** m inspecteur m des finances; ~**jahr** n année f budgétaire od fiscale, exercice m (financier); ~**konsortium** n groupe od syndicat m financier; ~**kontrolle** f contrôle m financier; ~**kreise** m pl milieux m pl financiers; ~**krise** f crise f financière; ~**lage** f situation f financière, état m des finances; ~**macht** f pol puissance f financière;

~**mann** m ⟨-(e)s, -leute⟩ homme de finance, financier m; ~**minister** m ministre m des finances; ~**ministerium** n ministère m des finances; ~**politik** f politique f financière od des finances od budgétaire; ~**reform** f réforme f financière; ~**sachverständige(r)** m expert m financier; ~**spritze** f fig injection f de capitaux; ~**system** n système m financier; ~**verwaltung** f administration od régie f financière od des finances; ~**welt** f monde m financier; ~**wesen** n finance f; ~**wirtschaft** f régime m financier; ~**wissenschaft** f science f financière.

Find|**elhaus** n ['fɪndəl-] hospice m des enfants trouvés; ~**elkind** n enfant m trouvé; **f~en** ⟨findet, fand, hat gefunden⟩ tr a. fig trouver; *(antreffen)* rencontrer; *(entdecken)* a. découvrir, mettre au jour; *sich* ~ *(wieder zum Vorschein kommen; vorkommen)* se trouver; *(s-n Weg* ~*)* trouver son chemin od sa voie; *sich in etw* ~ *(schicken)* se faire à qc; *Anerkennung* ~ être reconnu; *Beachtung* ~ intéresser; *Beifall* ~ avoir du succès; *an etw Gefallen* od *Vergnügen* ~ se plaire à qc; *Mittel und Wege* ~ trouver moyen; *Ruhe* ~ trouver la paix; *den Tod* ~ trouver la mort; *sich ins Unabänderliche* ~ se résigner à l'irrémédiable; *Verwendung* ~ être employé od utilisé; *nicht zu* ~ *sein* être introuvable; *das finde ich nicht nett von dir* je ne trouve pas ça bien de ta part; *es fand sich, daß* il se trouva que; *ich finde es hier sehr warm* il fait très chaud ici, je trouve; *das wird sich (schon)* ~ on va le retrouver; on verra bien; tout va s'arranger; *das findet man nicht alle Tage* cela ne se rencontre pas tous les jours; *(wie) gefunden (fig)* tout trouvé; ~**er** m ⟨-s, -⟩ trouveur; *jur* inventeur m; ~**erlohn** m droit m de trouvaille; **f~ig** a ingénieux; inventif; ~**e(r) Kopf** m esprit m ingénieux; débrouillard m; ~**igkeit** f ingéniosité, inventivité f; ~**ling** m ⟨-s, -e⟩ enfant trouvé; geol block m erratique.

Finger m ⟨-s, -⟩ ['fɪŋər] doigt m; *sich die* ~ *nach etw ablecken (fig)* se lécher les doigts de qc; *an den* ~n *abzählen* compter sur ses doigts od sur les doigts de la main; *etw mit spitzen* ~n *anfassen* saisir qc du bout des doigts; *jdm in die* ~ *fallen, unter die* ~ *kommen* tomber sous la main de qn; *etw an den* ~n *hersagen* od *herzählen können* savoir qc sur le bout du doigt; *jdm auf die* ~ *klopfen* taper *od* donner sur les doigts à qn; *die ~ von etw lassen* ne pas se mêler de qc; *krumme od lange ~ machen (fig fam)* avoir les doigts od les mains crochu(e)s *od fam* la patte croche; *keinen ~ krumm machen (fig)* ne rien faire de ses dix doigts; *für jdn keinen ~ rühren (fig)* ne pas remuer le petit doigt pour qn; *sich etw aus den ~n saugen (fig fam: frei erfinden)* inventer qc de toutes pièces; *sich in den ~ schneiden* se couper le doigt; *jdm auf die ~ sehen (fig)* avoir qn à l'œil; *jdm durch die ~ sehen (fig)* être de connivence avec qn; être indulgent pour qn; *sich die ~ verbrennen* se brûler les doigts *od fig* les ailes *od* à la chandelle; *sich um den ~ wickeln lassen (fig fam)* se laisser faire; *fam* se faire embobiner; *mit dem ~ auf jdn zeigen (a. fig)* montrer qn du *od* avec le doigt; *mir jucken die ~ danach (fig)* les doigts m'en démangent; *den kann man um den ~ wickeln (fig fam)* il est souple comme un gant; *das kann man leicht an den ~n abzählen* le compte est vite fait; *das Geld zerrann ihm unter den ~n* l'argent lui filait entre les doigts; *wenn man ihm den kleinen ~ reicht, nimmt er die ganze Hand* si on lui en donne long comme le doigt, il en prend long comme le bras; *lassen Sie die ~ davon.!* ne vous y frottez pas; *wenn mir der zwischen die ~ kommt.!* si je le rattrape! *~ weg.!* *(fam)* bas les mains! bas les pattes! *kleine(r) ~* petit doigt, (doigt) auriculaire *m*; **~abdruck** *m* ‹-(e)s, ⁻e› empreinte *f* digitale; **~breit** *m* largeur *f* de doigt; *keinen ~ davon abgehen* ne pas en céder d'un pouce; **f~dick** *a* gros comme le doigt; de l'épaisseur d'un doigt; **f~fertig** *a* habile de ses doigts *od* de ses mains; *(sehr) ~ sein (a.)* avoir de l'esprit au bout des doigts; **~fertigkeit** *f* habileté des doigts *od* des mains, dextérité *f;* **~glied** *n anat* phalange *f;* **~hut** *m* dé *m* à coudre; *bot* digitale *f;* **~hutvoll** *m: ein ~* un doigt (de); **~ling** *m* ‹-s, -e› doigtier *m;* **f~n** *itr: an etw ~* manier, manipuler, tripoter qc; **~nagel** *m* ongle *m;* **~ring** *m* bague *f;* **~satz** *m mus* doigté *m;* **~spitze** *f* bout *m* du doigt; *mit (den) ~n* du bout des doigts; **~spitzengefühl** *n fig* doigté; tact *m; kein ~ haben (a.)* manquer de tact; **~übung** *f mus* exercice *m* de doigté; **~zeig** *m* avertissement *m,* indication *f;* avis *m.*

fingier|en [fɪŋ'giːrən] *tr (vortäuschen)* feindre, simuler; **~t** *a (erdichtet)* fictif.

Finish *n* ‹-s, -s› ['fɪnɪʃ] *sport* finish *m.*

Fink *m* ‹-en, -en› [fɪŋk] *orn* pinson *m; pl (Familie)* fringillidés *m pl;* **~enschlag** *m* chant *m* du pinson; **~ler** *m* ‹-s, -› *(Vogelsteller)* oiseleur *m.*

Finne ['fɪnə] **1.** *f* ‹-, -n› *(Jugendform der Bandwürmer)* cysterque de ténia; *med* grain *m* de ladre.

Finn|e 2. *f* ‹-, -n› *(Rückenflosse)* nageoire dorsale; *tech* panne *f;* **~wal** *m* zoo rorqual *m.*

Finn|e 3. *m* ‹-n, -n›, **~in** *f* Finlandais, e *m f;* **f~isch** *a* finnois, finlandais; *(das) F~(e)* le finnois; **~land** *n* la Finlande; **~länder(in** *f) m* ‹-s, -› Finlandais, e *m f;* **f~ländisch** *a* finlandais; **~landisierung** *f pol* finlandisation *f.*

finster ['fɪnstər] *a* sombre; *(schwarz)* noir; *(dunkel)* obscur; *fig* sombre, ténébreux, morne; *(unheilvoll)* lugubre, sinistre, noir; *ein ~es Gesicht machen* faire grise mine; *im ~n tappen (fig)* errer dans les ténèbres; *es wird ~* il commence à faire sombre *od* noir *od* nuit; *~e Gedanken m pl* idées *f pl* noires; *das ~e Mittelalter* l'obscur moyen âge; *~e Nacht f* nuit *f* noire *od* épaisse; **F~keit** *f* = *F~nis;* **F~ling** *m* ‹-s, -e› obscurantiste *m;* **F~nis** *f* ‹-, -sse› *a. fig* ténèbres *f pl,* obscurité; *astr* éclipse *f; die Macht der ~ (fig)* l'esprit *m* des ténèbres; *totale, partielle ~ (astr)* éclipse *f* totale, partielle.

Finte *f* ‹-, -n› ['fɪntə] *(Scheinhieb)* feinte, fausse attaque; *(List)* ruse *f.*

Firlefanz *m* ‹-es, -e› ['fɪrləfants] *fam (dummes Zeug)* balivernes, niaiseries, histoires *f pl.*

Firm|a *f* ‹-, -men› ['fɪrma, -mən] *com* firme, maison *f* (de commerce), nom *m od* raison *f* social(e); *unter der ~ ... sous la raison de ...;* **~enbezeichnung** *f* nom *m od* raison *f* social(e); **~eneintragung** *f* inscription *f* d'une *od* de l'entreprise; **~eninhaber** *m* propriétaire *m* de la firme *od* de l'entreprise; **~enname** *m* = **~enbezeichnung;** **~enregister** *n* registre *m* du commerce; **~enschild** *n* enseigne *f,* écriteau *m;* **~enschließung** *f* fermeture *f* d'entreprise; **~enstempel** *m* cachet *m* de la maison *od* de la firme; **~enzeichnung** *f* signature *f* sociale; **f~ieren** [-'miːrən] *tr (unterzeichnen)* signer.

Firmament *n* ‹-(e)s, (-e)› [fɪrma'mɛnt] firmament *m.*

firm|en ['fɪrmən] *tr rel* confirmer; **F~ling** *m* ‹-s, -e› confirmand *m;* **F~ung** *f* confirmation *f.*

Firn(schnee) *m* ⟨-(e)s, -e⟩ [fırn(-)] *(Altschnee)* neiges *f pl* éternelles *od* perpétuelles.

Firnis *m* ⟨-sses, -sse⟩ ['fırnıs] vernis *m;* **f~sen** *tr* vernir, vernisser.

First *m* ⟨-(e)s, -e⟩ [fırst] *(Dachfirst)* faîte, comble; *(Berggipfel)* sommet *m; (Grat)* crête *f;* **~ziegel** *m* tuile *f* faîtière.

fis *n* ⟨-, -⟩ [fıs] *mus* fa *m* dièse; **F~-Dur** *n* fa *m* dièse majeur; **~-Moll** *n* fa *m* dièse mineur.

Fisch *m* ⟨-(e)s, -e⟩ [fıʃ] poisson *m; pl astr* Poissons *m pl; weder ~ noch Fleisch* ni chair ni poisson; mi-figue, mi-raisin; *faule ~e* boniments; bobards *m pl; das sind kleine ~e (fig fam)* c'est des bagatelles; *munter wie ein ~ im Wasser* (heureux) comme un poisson dans l'eau; *stumm wie ein ~* muet comme une carpe; **~adler** *m* huard *m;* **~bein** *n* (fanon *m* de) baleine *f;* **~besteck** *n* couvert *od* service *m* à poisson; **~blase** *f* vessie *f* natatoire; **~blasenstil** *m (Spätgotik)* gothique *m* flamboyant; **~blut** *n: ~ haben* avoir du sang de macreuse *od* de navet; **~bratküche** *f* friterie *f;* **~brut** *f* alevin, fretin *m;* **~dampfer** *m* bateau de pêche, pêcheur; chalutier *m; f~en tr u. itr* pêcher; *mit der Angel, mit dem Netz ~* pêcher à la ligne, au filet; *im trüben ~ (fig)* pêcher en eau trouble; *~ gehen* aller à la pêche; **~er** *m* ⟨-s, -⟩ pêcheur *m;* **~erboot** *n* bateau *m od* barque *f* de pêche *od* de pêcheur; **~erei** [-'raı] *f* pêche *f;* **~ereiaufseher** *m hist* garde-pêche *m; pl* gardes-pêche *m pl;* garde-côte *m (pl* gardes-côtes); **~ereibezirk** *m,* **~ereigebiet** *n* pêcherie *f;* **~ereifahrzeug** *n* bateau *m* de pêche; **~ereihafen** *m* port *m* de pêche; **~fang** *m* capture du poisson; pêche *f;* **~gabel** *f* fourchette *f* à poisson; **~gericht** *n* plat *m* de poisson; **~geschäft** *n* poissonnerie *f;* **~gräte** *f* arête *f* de poisson; **~grätenmuster** *n (Textil)* chevrons *m pl;* **~gründe** *m pl* fond *m* de pêche; **~handel** *m* commerce *m* du *od* de poisson, poissonnerie *f;* **~händler(in** *f)* *m* marchand, e de poisson; poissonnier, ère *m f;* **~kasten** *m* vivier *m;* **~konserven** *f pl* conserves *f pl* de poisson; **~korb** *m* panier *m* à poisson; **~kutter** *m* cotre *m* de pêche; **~laich** *m* frai *m;* **~leim** *m* ichtyocolle *f;* **~markt** *m* marché *m* au poisson; **~mehl** *n* farine *f* de poisson; **~messer** *n* couteau *m* à poisson; **~netz** *n* filet *m* de pêche; **~otter** *m, a. f* loutre *f;* **~pfanne** *f* poissonnière

f; **f~reich** *a* poissonneux; **~reiher** *m orn* héron *m* cendré; **~reuse** *f* nasse *f;* **~rogen** *m* œufs *m pl,* rogue *f;* **~schwarm** *m* banc *m* de poissons; **~sterben** *n* disparition *f* des poissons; **~suppe** *f* soupe *f* de poisson; bouillabaisse *f;* **~teich** *m* vivier *m;* **~tran** *m* huile *f* de baleine *od* de poisson; **~vergiftung** *f* intoxication *f* par le poisson; **~weib** *n pej* poissarde *f;* **~zucht** *f* pisciculture *f;* **~zug** *m a. fig* coup *m* de filet.

Fisimatenten [fizima'tɛntən] *pl fam (Ausflüchte)* pauvres excuses *f pl; machen Sie keine ~!* cessez vos boniments! arrêtez vos histoires!

fisk‖alisch [fıs'ka:lıʃ] *a adm* fiscal; **F~us** *m* ⟨-, (-ken/-se)⟩ ['fıskʊs, -kən] fisc; Trésor *m.*

Fistel *f* ⟨-, -n⟩ ['fıstəl] *med* fistule *f;* **f~n** *itr (mit ~stimme sprechen)* parler d'une voix de fausset; **~stimme** *f* voix *f* de tête, fausset *m.*

fit [fıt] *a sport* en forme, en condition physique; *in etw ~ sein (auf einem Gebiet)* s'y connaître; **F~neß** *f* ⟨-, ø⟩ condition physique, forme *f* physique.

Fittich *m* ⟨-(e)s, -e⟩ ['fıtıç] *(Flügel)* aile *f; unter jds ~en* sous l'aile de qn; *jdn unter s-e ~e nehmen (fig)* prendre qn sous son aile.

Fittings *n pl* ['fıtıŋs] *tech* raccords *m pl* de tuyauterie.

Fitzbohnen ['fıts-] *f pl* haricots *m pl* blancs.

fix [fıks] *a (fest)* fixe; *fam (flink, gewandt)* leste, preste, prompt; *(geschickt)* adroit, habile; *~!* vivement! vite, vite! au trot! au galop! *~ und fertig* fin prêt; *fam* lessivé, vanné; **F~ativ** *n* ⟨-s, -e⟩ [-sa'ti:f] fixatif *m; mot* dissolution *f* (de caoutchouc); **F~auftrag** *m com* ordre *m* à terme; **~en** *tr arg* se piquer (à l'héroïne); **F~er(in** *f)* *m* ⟨-s, -⟩ *arg* héroïnomane *m f;* **F~-Geschäft** *n* marché *m od* opération *f* à terme; **F~ierbad** [-'ksi:r-] *n* bain *m* de fixage; **~ieren** *tr (festhalten, -machen)* fixer; *(anstarren)* fixer du regard, regarder fixement *od* dans les yeux; **F~iermittel** *n* fixatif *m;* **F~iersalz** *n* fixateur *m;* **F~ierung** *f* fixation *f;* **F~igkeit** *f fam (Schnelligkeit, Gewandtheit)* prestesse, promptitude; adresse, habileté *f;* **F~punkt** *m = Festpunkt;* **F~stern** *m* étoile *f* fixe; **F~um** *n* ⟨-s, -a⟩ [fıksʊm, -sa] *(festes Gehalt)* fixe *m.*

Fjord *m* ⟨-(e)s, -e⟩ [fjɔrt] fiord, fjord *m.*

flach [flax] *a (eben)* plat, plan, ras; *(untief)* bas; peu profond *a. fig; fig (oberflächlich)* superficiel, plat; *mit* *der* ~*en Hand* du plat de la main; ~ *(auf dem* od *den Boden)* (tout) à plat; ~ *bauen (arch)* surbaisser; *sich* ~ *auf den Boden* od *die Erde legen* s'aplatir par terre; ~ *machen* aplatir, aplanir; *das liegt auf der* ~*en Hand (fig)* c'est visible à l'œil nu, c'est manifeste od évident; ~*e(s) Dach n* toit *m* en terrasse; ~*e Hand f* plat *m* de la main, paume *f;* ~*e(s) Land n* pays *m* plat, rase campagne, plaine *f;* ~*e See f* mer *f* calme; **F~** *n* ⟨-(e)s, -e⟩ *(Untiefe)* haut-fond *m.*

Flach|bahn *f* ['flax-] *(e-s Geschosses)* trajectoire *f* tendue; ~**bahnschuß** *m* tir *m* à trajectoire tendue; ~**bogen** *m* arch arc *m* surbaissé; ~**bohrung** *f* mines forage *m* horizontal; ~**boot** *n* bateau *m* à fond plat; ~**brenner** *m* tech papillon *m;* ~**dach** *n* toit *m* plat; ~**druck** *m* ⟨-(e)s, -e⟩ *typ* impression *f* à plat; ~**druckpresse** *f* presse *f* à plat; **f~=fallen** ⟨aux: sein⟩ *itr fig fam* tomber à terre; ~**feile** *f* lime *f* plate; ~**hang** *m* pente *f* douce; ~**heit** *f* planéité; *fig* platitude *f;* ~**küste** *f* côte *f* plate od basse; ~**land** *n* pays *m* plat; ~**mann** *m pop (Flasche für Schnaps)* bouteille *f* pour poche revolver; ~**meißel** *m* burin *m* plat; ~**zange** *f* pince *f* plate od serrante.

Fläche *f* ⟨-, -n⟩ ['flɛçə] surface *f a.* math; *math* plan *m; (Oberfläche)* superficie; *(Ebene)* plaine *f; senkrechte, geneigte* ~ plan *m* vertical, incliné.

Flächen|antenne *f* ['flɛçən-] antenne *f* en nappe; ~**ausdehnung** *f* superficie *f;* ~**belastung** *f* charge *f* de surface od *aero* alaire; ~**blitz** *m* éclair *m* en nappe; ~**bombardierung** *f* bombardement *m* en tapis; ~**brand** *m* incendie *m* en surface; ~**druck** *m phys* pression *f* de surface; ~**einheit** *f* unité *f* de superficie; **f~gleich** *a* math égal en surface; **f~haft** *a* dans l'étendue; ~**inhalt** *m* math superficie, aire *f;* ~**maß** *n* mesure *f* de superficie; ~**nutzungsplan** *m* plan *m* d'exploitation des sols.

Flachs *m* ⟨-es, ø⟩ [flaks] *bot* lin *m;* ~**anbau** *m* culture *f* du lin; **f~blond** *a* blond filasse; ~*e Haare n pl* = ~*haar;* ~**breche** *f* ⟨-, -n⟩ ['-brɛçə] broie *f;* ~**darre** *f* séchoir *m* à lin; ~**feld** *n* champ *m* de lin; ~**garn** *n* fil *m* de lin; ~**haar** *n* cheveux *m pl* filasse; ~**kopf** *m (Mensch)* blondin *m;* ~**röste** *f* rouissage *m* du lin; ~**spinnerei** *f* filature *f* du lin.

flachsen ['flaksən] *itr fam (spotten)* se moquer.

flackern ['flakərn] *itr* vaciller, danser; **F~** *n* vacillement *m.*

Fladen *m* ⟨-s, -⟩ ['fla:dən] *(flacher Kuchen)* galette; *(Kuhmist)* bouse *f* (de vache).

Flagge *f* ⟨-, -n⟩ ['flagə] *mil bes. mar (Fahne)* pavillon *m; unter deutscher* ~ *sous* pavillon allemand; *die* ~ *aufziehen* od *heißen* od *hissen* arborer od hisser le pavillon; *die französische* ~ *führen, unter französischer* ~ *segeln* battre pavillon français; *unter fremder, falscher* ~ *segeln* naviguer sous pavillon étranger, sous un pavillon d'emprunt; *die* ~ *streichen* amener le pavillon, mettre pavillon bas; **f~en** *itr* pavoiser; ~**en** *n* pavoisement *m;* ~**engruß** *m mar,* ~**enparade** *f mil* salut *m* au drapeau; ~**ensignal** *n* signalisation *f* par fanions; ~**enstock** *m mar* mât *m* de pavillon; ~**schiff** *n* vaisseau *m* amiral.

Flak *f* ⟨-, -/(-s)⟩ [flak] *(Kurzwort für: Fliegerabwehrkanone u. -artillerie)* canon *m* contre avion od de D.C.A. od antiaérien; *(als Waffengattung)* arme antiaérienne, défense contre avions, D.C.A. *f;* ~**artillerie** *f* artillerie *f* antiaérienne od de défense contre avions od de D.C.A.; ~**batterie** *f* batterie *f* antiaérienne od de défense contre avions od de D.C.A.; ~**feuer** *n* feu od tir *m* antiaérien od de D.C.A.; ~**geschoß** *n* projectile *m* antiaérien; ~**granate** *f* grenade *f* antiaérienne; ~**helfer** *m* auxiliaire *m* de la D.C.A.; ~**schütze** *m* décéiste *m;* ~**sperre** *f* barrage *m* de D.C.A.; ~**stellung** *f* position *f* de D.C.A.

Flakon *n* od *m* ⟨-s, -s⟩ [fla'kɔ̃:] *(Fläschchen)* flacon *m.*

Flame *m* ⟨-n, -n⟩ ['fla:mə], **Flamin** od **Flämin** *f* Flamand, e *m f.*

fläm|isch ['flɛ:mɪʃ] *a* flamand; ~*e Bewegung f (pol)* flamingantisme *m;* ~*e(r) Nationalist m* flamingant *m;* ~**isieren** [-mi'zi:rən] *tr* flamandiser; **F~isierung** *f* flamandisation *f.*

Flamingo *m* ⟨-s, -s⟩ [fla'mɪŋgo] *orn* flamant *m.*

Flamme *f* ⟨-, -n⟩ ['flamə] flamme *f; ein Raub der* ~ *en werden, in* ~*en aufgehen* être la proie des flammes; *in* ~*en stehen* être en flammes; **f~en** *itr* flamber, flamboyer; ~**enbogen** *m el* arc *m* électrique à flamme; **f~end** *a* flamboyant, enflammé; *fig* flamboyant, ardent; ~*e Begeisterung f* enthousiasme *m* ardent; ~*e(r) Blick m* regard *m* flamboyant; ~**enhauch** *m* souffle *m* enflammé; **f~enlos** *a* sans flammes; ~**enmeer** *n* mer *f* de feu; ~**enschutz** *m tech* pare-flamme *m;* ~**enschwert** *n (Bibel)* épée *f* flamboyante od de feu; **f~ensicher**

a ignifugé; **~enstrahl** *m* jet *m* de flamme(s); **~enwerfer** *m* *mil* lance--flammes *m;* **~garn** *f* fils *m* *pl* flammés; **f~ig** *a (Textil)* moiré; **~kohle** *f* charbon *m* flambant; **~ofen** *m* four *m* à réverbère; **~punkt** *m tech* point d'inflammation, point-éclair *m;* **~rohr** *n tech* tube--foyer *m.*

flämmen ['flɛmən] *tr tech (absengen)* flamber.

Fland|ern ['flandərn] *n* la Flandre; **f~risch** *a* flamand.

Flanell *m* ⟨-s, -e⟩ [fla'nɛl] *(Stoff)* flanelle *f;* **~hose** *f* pantalon *m* de flanelle.

flanieren [fla'niːrən] ⟨*aux: sein*⟩ *itr (umherschlendern)* flâner.

Flank|e *f* ⟨-, -n⟩ ['flaŋkə] *allg* u. *mil (Seite), anat (Weiche)* flanc, côté; *sport* saut *m* de côté; *den Feind in der ~ angreifen* od *fassen, dem Feind in die ~ fallen* attaquer l'ennemi de flanc, prendre l'ennemi de *od* en flanc; *dem Feinde die ~ aufrollen* culbuter *od* bousculer l'ennemi par une attaque de flanc; *die ~ ungedeckt lassen (mil)* prêter le flanc; **~enangriff** *m* attaque *f* de flanc; **~endeckung** *f,* **~enschutz** *m* couverture *f* du flanc; **~enfeuer** *n* feu *m* flanquant; **~ensicherung** *f (die Soldaten)* flanc-garde *m;* **f~ieren** [-'kiːrən] *tr* flanquer; **~ierung** *f mil* flanquement *m.*

Flansch *m* ⟨-es, -e⟩ [flanʃ] *tech* bride *f;* **f~en** *tr* brider; **~verbindung** *f* joint *od* raccord *m* à bride(s).

Flappe *f* ⟨-, -n⟩ ['flapə] *(schiefer Mund)* moue *f; e-e ~ ziehen* faire la moue.

Flaps *m* ⟨-es, -e⟩ [flaps] *fam (Flegel)* paltoquet, mufle, goujat *m;* **f~ig** *a fam* grossier, lourdaud.

Fläschchen *n* ⟨-s, -⟩ ['flɛʃçən] petite bouteille *f;* flacon *m;* phiole *f.*

Flasche *f* ⟨-, -n⟩ ['flaʃə] bouteille *f; (Saugflasche)* biberon *m; pop pej (Mensch)* cloche, savate *f,* pauvre type *m; in ~n* en bouteilles, embouteillé; *e-r ~ den Hals brechen (fam: sie austrinken)* vider une bouteille; *e-m Kind die ~ geben* donner le biberon à un enfant; *(gleich) aus der ~ trinken* boire à même la bouteille *od* au goulot; *auf ~n ziehen* mettre en bouteilles, embouteiller.

Flaschen|abfüllmaschine ['flaʃən-] *f* soutireuse à bouteilles, remplisseuse *f;* **~bier** *n* bière *f* en bouteilles od de canettes; **~boden** *m* cul-de-bouteille *m;* **~bord** *m (hinter e-r Theke)* rayon *m* à bouteilles; **~bürste** *f* goupillon

m; **~gas** *n* gaz *m* portatif; **~gestell** *n* porte-bouteilles *m;* **~glas** *n* verre *m* à bouteilles; **f~grün** *a* vert bouteille; **~hals** *m* goulot *od* col *m* de bouteille; **~kasten** *m* casier *m* à bouteilles; **~kind** *n* enfant *m* au biberon; **~korb** *m* panier *m* à bouteilles; **~kürbis** *m* calebasse *f;* **~milch** *f* lait *m* en bouteilles; **~öffner** *m* débouchoir, décapsuleur *m;* **~pfand** *n* consigne *f* (de bouteilles); **~post** *f* bouteille *f* à la mer; **~spüler** *m* ⟨-s, -⟩ *(Gerät)* rince-bouteilles *m;* **~untersatz** *m* dessous *m* de bouteille; **~wärmer** *m* ⟨-s, -⟩ *(für Säuglingsflasche)* chauffe-biberon *m;* **~wein** *m* vin *m* en bouteille(s) *od* bouché; **~winde** *f* vérin *m* à bouteille; **~zug** *m tech* moufle *f,* palan *m.*

Flaschner *m* ⟨-s, -⟩ ['flaʃnər] *(Klempner, Spengler)* plombier-zingueur *m.*

Flatter|geist ['flatər-] *m* écervelé, cerveau *m* d'oiseau; **f~haft** *a* volage, écervelé, évaporé, léger, inconstant; **~haftigkeit** *f* humeur volage, légèreté, inconstance *f;* **~mine** *f mil* fougasse *f;* **f~n** ⟨*aux: sein*⟩ *itr (Tier)* voleter, voltiger; *(Fahne etc im Wind)* flotter, s'agiter; *(Segel a.)* battre; *tech mot (Rad)* flageoler; *aero (Tragfläche)* vibrer; **~n** *n* volettement; flottement; battement *m;* vibration *f;* **flatt(e)rig** *a* = *f~haft;* **~satz** *m typ* composition *f* en drapeau.

flau [flaʊ] *a (schlaff, weich)* mou; *(schwach)* faible; *(Farbe: matt)* mat; *fig (Stimmung)* indolent, languissant; *fin* calme, sans activité; *phot (unscharf)* flou; *~ machen (Stimmung)* baisser; *fin* pousser à la baisse; *die Geschäfte gehen ~ (a.)* c'est le marasme; *mir wird ~ (schlecht)* je vais me trouver mal; **F~heit** *f* ⟨-, ø⟩ mollesse; faiblesse; indolence *f;* **F~te** *f* ⟨-, -n⟩ *(Windstille)* calme (plat); *fin* marasme *m;* morte-saison, période *f* creuse.

Flaum *m* ⟨-(e)s, ø⟩ [flaʊm] *(weiche Federn od Haare)* duvet; *(erster Bart)* poil follet, duvet *m;* **~feder** *f* plumule *f;* **f~ig** *a* duveté, cotonneux; **f~weich** *a* a. *fig* moelleux.

Flaus *m,* **Flausch** *m* ⟨-es, -e⟩ [flaʊs, -ʃ] *(Textil)* frise *f;* **flauschig** *a (weich)* cotonneux.

Flausen *f pl* ['flaʊzən] *fam* fariboles, bourdes, sornettes *f pl;* contes *m pl,* histoires, chansons *f pl;* blague *f;* **~macher** *m fam* blagueur *m.*

Fläz *m* ⟨-es, -e⟩ [flɛːts] *dial (Tölpel, Lümmel)* rustre, mufle, malotru *m;*

f~en, *sich (sich hinlümmeln)* se vautrer; **f~ig** *a* malotru, grossier.

Flechs|e *f* ⟨-, -n⟩ ['flɛksə] *anat (Sehne)* tendon *m;* **f~ig** *a* tendineux.

Flecht|e *f* ⟨-, -n⟩ ['flɛçtə] *(Zopf)* natte, tresse *f; bot* lichen *m; med* dartre, gourme *f;* **f~en** ⟨*flicht, flocht, hat geflochten*⟩ *tr (Zopf)* tresser, natter; *(~werk)* entrelacer, clayonner, clisser; *(Korbwaren)* tresser; *(Stuhl, Kranz)* faire; **~werk** *n* clayonnage *m,* clisse *f.*

Fleck *m* ⟨-(e)s, -e⟩, **~en** *m* ⟨-s, -⟩ ['flɛk(ən)] *(Flicken, Stück)* pièce *f,* morceau *m; (Schmutz-, Farbfleck)* tache; *(Schmutzfleck)* souillure *f; (Stelle, Ort)* endroit *m;* place *f; e-n ~ bekommen* se tacher; *e-n ~ bilden* faire tache; *e-n ~ entfernen* enlever une tache; *aus etw* détacher qc; *das Herz auf dem rechten ~ haben* avoir le cœur bien placé; *nicht vom ~ kommen* ne pas avancer d'un pouce; *immer noch auf dem alten ~ sein* ne pas avoir progressé; *blaue(r) ~ (med)* bleu *m; scient* ecchymose *f;* **~en** *m* ⟨-s, -⟩ *(Ortschaft)* bourg(ade *f*) *m;* **f~enlos** *a* sans tache, immaculé; **~enmittel** *n* détergent *m;* **~enrand** *m* auréole *f;* **~enseife** *f* savon *m* à détacher; **~entfernen** *n* détachage *m;* **~enwasser** *n* produit *m* à détacher, détacheur, détachant *m;* **~fieber** *n,* **~typhus** *m med* typhus *m* (exanthématique); **f~ig** *a (schmutzig)* taché; souillé, sale; *(Obst)* tavelé; **~e Beschaffenheit** *f (des Obstes)* tavelure *f.*

fleddern ['flɛdərn] *tr arg (ausplündern)* entôler, dévaliser; *(Leiche)* détrousser.

Fleder|maus *f* ['fle:dər-] *zoo* chauve-souris *f;* **~wisch** *m* plumeau *m.*

Flegel *m* ⟨-s, -⟩ ['fle:gəl] *(Rüpel)* mufle, malotru, goujat; impertinent, malappris, mal élevé *m;* **~ei** *f* [-'laɪ] muflerie, goujaterie; impertinence, grossièreté *f;* **f ~haft** *a* mufle; impertinent, malappris; grossier; **~haftigkeit** *f* impertinence, grossièreté *f;* **~jahre** *n pl* âge *m* ingrat; **f~n,** *sich* se vautrer.

flehen ['fle:ən] *itr* implorer, supplier *(zu jdm* qn); **F~** *n* imploration, supplication *f;* **~tlich** *a* instant, fervent; *adv* instamment, avec ferveur; *jdn ~ bitten* implorer, supplier qn.

Fleisch *n* ⟨-(e)s, ø⟩ [flaɪʃ] *(am Körper)* chair; *(als Nahrungsmittel u. Speise)* viande; *(Fruchtfleisch)* chair, pulpe *f; ~ essen (rel)* faire gras; *kein ~ essen (rel)* faire maigre; *ins ~ schneiden* couper dans le vif; *(Strick)* entrer

dans la chair; *sich ins eigene ~ schneiden (fig)* se faire tort à soi-même; *gekochte(s) ~* viande *f* bouillie; *wilde(s) ~ (med)* granulations *f pl;* **~bank** *f* étal *m* de boucher; **~beilage** *f: mit ~* garni; **~beschau** *f* inspection *f* sanitaire de la viande; **~beschauer** *m* ⟨-s, -⟩ inspecteur *m* de la viande de boucherie; **~brühe** *f* bouillon *m* de viande; *in ~ gekocht* au gras; *fette ~* bouillon *m* gras; **~brühwürfel** *m* dé *m* de bouillon; **~er** *m* ⟨-s, -⟩ boucher; *(~warenhersteller)* charcutier *m;* **~erei** *f* [-'raɪ] boucherie; charcuterie *f;* **~erhaken** *m* croc *od* crochet *m* de boucherie; **~erhund** *m* mâtin, chien *m* de boucher; **~eslust** *f* désirs *m pl* charnels, concupiscence *f;* **~extrakt** *m* extrait *m* de viande; **~farbe** *f* couleur (de) chair, carnation *f;* **f~farben** *a* couleur chair, incarnat; **~fliege** *f* mouche *f* à viande; **f~fressend** *a zoo* carnivore; **~gericht** *n* plat *m* de viande; **f~ig** *a* charnu; *bot* pulpeux; **~klößchen** *n* ["-'kløsçən] boulette *f* de viande, godiveau *m;* **~klumpen** *m* fam pej masse *f* de chair; **~konserven** *f pl* conserves *f pl* de viande; **~kost** *f* régime *m* carné; **f~lich** *a* charnel, de la chair; **~lichkeit** *f = ~eslust;* **f~los** *a (lebende Glieder)* décharné; *(Kost, Mahlzeit)* sans viande, maigre; **~mehl** *n* farine *f* de viande; **~polster** *n med* coussinet *m* de chair; **~produkt** *n* produit *m* carné; **~schau** *f theat fam* pièce *f* à femmes; **~speise** *f* plat *m* de viande; **~tag** *m* jour *m* gras; **~topf** *m: sich nach den Fleischtöpfen Ägyptens sehnen (fig)* regretter les oignons d'Egypte; **~vergiftung** *f* empoisonnement *m od* intoxication *f* par la viande; **~verkauf** *m: ~ im großen* vente *f* à la cheville; **~verkäufer** *m (an e-r ~bank)* garçon *m* boucher *od* étalier; **~versorgung** *f* ravitaillement *m* en viande; **~waren** *f pl* charcuterie *f;* **~warenhändler** *m* charcutier *m;* **~warenhandlung** *f* charcuterie *f;* **~werdung** *f rel* incarnation *f;* **~wolf** *m* hachoir, moulin *m* à viande; **~wulst** *m med* bourrelet *m* de chair; **~wunde** *f* blessure *f* qui n'atteint que les chairs.

Fleiß *m* ⟨-es, ø⟩ [flaɪs] application, assiduité; diligence *f,* zèle *m; (Bemühungen)* efforts, soins *m pl,* labeur *m; mit ~ = absichtlich adv; s-n ganzen ~ auf etw verwenden* mettre toute son application à qc; *ohne ~ kein Preis (prov)* nul bien sans peine; **f~ig**

a appliqué; diligent; laborieux, travailleur; *(Arbeit)* fait avec soin.

flektier|bar [flɛk'tiːr-] *a gram (Nomen)* déclinable; *(Verbum)* conjugable; **~en** *tr gram (beugen)* décliner; conjuguer.

flenn|en ['flɛnən] *itr fam (weinen, heulen)* pleurnicher; **F~erei** *f* ‹-, (-en)› ['raɪ] *fam* pleurnicherie *f.*

fletschen ['flɛtʃən] *tr: die Zähne ~* montrer les dents.

flex|ibel [flɛ'ksiːbəl] *a (biegsam)* flexible; *a. = flektierbar;* **F~ion** *f* ‹-, -en› [-si'oːn] *gram (Beugung)* flexion *f;* **F~ionsendung** *f gram* terminaison, désinence *f;* **~ionslos** *a grams* sans flexion; **F~ur** *f* ‹-, -en› [-'ksuːr] *geol* flexure *f.*

Flick|arbeit *f* ['flɪk-] rapiècement, rapiéçage; *fig (Stümperei)* fagotage, bousillage *m;* **f~en** *tr* rapiécer; *(ausbessern)* raccommoder, repriser, ravauder; *fam* rafistoler; *(Schuh)* rapetasser; **~en 1.** *n (Tätigkeit)* rapiéçage; raccommodage, reprisage, ravaudage; rapetassage *m;* **2.** *m* ‹-s, -› *(Stück Stoff)* pièce *f,* morceau *m;* reprise *f;* pan d'étoffe, chiffon *m;* **~e-rei** *f* [-'raɪ] *fam* = **~en** *l.;* **~erin** *f* raccommodeuse, ravaudeuse *f;* **~werk** *n* = *~arbeit; fam* rafistolage *m; fig (Buch)* compilation *f; (Dichtung)* centon *m;* **~wort** *n gram* mot *m* explétif; *(in Gedichten)* cheville *f;* **~zeug** *n* nécessaire *m* de réparation.

Flieder *m* ‹-s, -› ['fliːdər] *bot* lilas; *(Holunder)* sureau *m;* **~tee** *m* infusion *f* de sureau.

Fliege *f* ‹-, -n› ['fliːgə] *(ent u. Bärtchen an der Unterlippe)* mouche *f; (Querbinder)* nœud *m* papillon; *zwei ~n mit einer Klappe schlagen (fig)* faire d'une pierre deux coups; *keiner ~ etw tun können* être incapable de faire du mal à une mouche; *ihn ärgert od stört die ~ an der Wand* un rien l'irrite; *spanische ~* mouche d'Espagne, cantharide *f* commune; **~ndreck** *m* chiure(s *pl*) *f* de mouches; **~nfänger** *m* attrape-mouches *m;* **~ngewicht** *n (Boxen)* poids *m* mouche; **~ngitter** *n* toile *f* métallique; **~nklappe** *f,* **~nklatsche** *f* tapette *f;* **~nkopf** *m* *typ* blocage *m;* **~npilz** *m bot* tue--mouches *m,* fausse oronge *f;* **~nschrank** *m* garde-manger *m;* **~nwedel** *m* éventail *m* à mouches.

fliegen ‹*fliegt, flog, geflogen*› ['fliːgən], {-}floːg-] *itr ‹aux: sein›* voler; *aero* aller en avion; *fig (geworfener Gegenstand)* être précipité; *durch etw* traverser qc; *gegen etw* frapper, heurter qc; *(Flugzeug)* s'écraser contre qc;

(sich werfen, eilen) se précipiter, se jeter, sauter; *fam (aus e-r Stelle)* sauter, être viré; *tr ‹aux: haben›* aero *(e-e Maschine)* piloter; *(Person)* transporter par avion; *Passagiere nach Rom ~* conduire des passagers en avion à Rome; *in die Luft ~ (explodieren)* sauter, exploser; *in Stücke ~* voler en éclats; *~ lassen (Vogel)* laisser la liberté; *geflogen werden* être acheminé par avion *(nach à); sie flogen einander in die Arme* ils se sont jetés dans les bras l'un de l'autre; **F~** *n* vol *m;* aviation *f;* **~d** *a* volant; *in ~er Eile* en toute vitesse; *mit ~en Fahnen (fig)* tambour battant; *mit ~en Haaren* les cheveux épars; *~e Festung f (aero)* forteresse *f* volante; *~e Hitze f (med)* bouffée *f* de chaleur; *der F~e Holländer* le Vaisseau fantôme; *~e(s) Personal n (aero)* personnel *m* volant *od* navigant; *~er Puls m* pouls *m* très rapide; *~e Untertasse f* soucoupe *f* volante.

Flieger *m* ‹-s, -› ['fliːgər] *(Flugzeug)* avion; *(Flugzeugführer)* aviateur; aéronaute; pilote; *(Luftwaffensoldat)* aviateur *m;* **~abteilung** *f* groupe *m* d'aviation; **~abwehr(kanone)** *f* = *Flak;* **~abzeichen** *n* insigne *m* d'aviateur *od* d'aviation; **~alarm** *m* alerte *f* aérienne *od* aux avions; *~ geben* sonner la sirène d'alerte; **~angriff** *m* attaque *f* aérienne *od* par avions, raid *m* aérien; **~brille** *f* lunettes *f pl* de vol; **~deckung** *f* abri *m* antiaérien *od* contre avions; **~ei** *f* [-'raɪ] aviation *f;* **~helm** *m* casque *m* de pilote; **~horst** *m* base *f* aérienne *od* d'aviation; **f~isch** *a* aérien; d'aviateur; **~kombination** *f* combinaison *f* de pilote; **~krankheit** *f* mal *m* des aviateurs; **~offizier** *m* officier *m* de l'air; **~schule** *f* école *f* d'aviation *od* de pilotage; **~schutzanzug** *m* tenue *f od* équipement *m* de vol; **~schütze** *m* mitrailleur *m* (de bord); **~staffel** *f* escadrille *f* d'avions; **~tätigkeit** *f* activité *f* aérienne; **f~tauglich** *a* apte au vol; **~tauglichkeit** *f* aptitude *f* au vol; **~zulage** *f* prime *f* de vol.

flieh|en ‹*flieht, floh, geflohen*› ['fliːən] *itr ‹aux: sein›* fuir, s'enfuir, prendre la fuite; *vor jdm* s'enfuir devant qn; *zu jdm* se réfugier chez qn; *tr ‹aux: haben›* fuir, éviter; **~end** *ppr* fuyant, en fuite; *a fig (Stirn)* fuyant; **F~ende(n)** *m pl* fugitifs *m pl;* **F~kraft** *f phys* force *f* centrifuge.

Fliese *f* ‹-, -n› ['fliːzə] dalle *f,* carreau *m;* **f~n** *tr (mit ~n versehen)* daller, carreler; **~nleger** *m* carreleur *m.*

Fließ|arbeit *f* [fliːs-] travail *m* continu; **~band** *n* tapis *m* od chaîne *f* de montage; **~bandarbeit** *f* travail *m* à la chaîne; **~bandfertigung** *f*, **~bandproduktion** *f* production *f* à la chaîne; **f~en** ⟨*fließt, floß, ist geflossen*⟩ ['fliːsen] *itr a. fig* couler; *durch etw (von e-m Fluß)* traverser, arroser qc; *in etw (Fluß)* se verser dans, être tributaire de qc; *der Schweiß floß mir von der Stirn* mon front ruisselait de sueur; **~en** *n* écoulement *m;* **f~end** *a* coulant, liquide; **~e(s)** *Wasser n (in e-m Zimmer)* eau *f* courante; *adv (sprechen)* couramment; **~laut** *m gram* liquide *f;* **~komma** *n* virgule *f* flottante; **~papier** *n* papier *m* buvard.

Flimmer *m* ⟨-s, -⟩ ['flimər] lueur *f* faible et tremblotante; **~haare** *n pl, a.* **~härchen** *n pl zoo* cils *m pl* vibratiles; **f~n** *itr* scintiller; *(Licht)* trembloter; vaciller; *a. film* vibrer; *es flimmert mir vor den Augen* j'ai des éblouissements; **~n** *n* scintillement; tremblotement *m*, vibrations *f pl.*

flink [fliŋk] *a* rapide, prompt; *(behende)* preste, leste, agile; ingambe; *(munter, lebhaft)* alerte, fringant, vif; *immer ~ bei der Hand sein* être toujours prêt à travailler od à donner un coup de main; **F~heit** *f* ⟨-, ø⟩ rapidité, promptitude; prestesse, agilité; vivacité *f.*

Flint *m* ⟨-(e)s, -e⟩ [flint] = *Feuerstein;* pierre *f* à fusil; **~e** *f* ⟨-, -n⟩ fusil *m*, carabine *f; die ~ ins Korn werfen* jeter le manche après la cognée; **~enkugel** *f* balle *f* (de fusil); **~enschuß** *m* coup *m* de fusil.

Flipp|er(automat) *m* ⟨-s, -⟩ ['flipər] flipper, billard *m* électrique; **f~en** *itr* jouer au flipper.

flirren ['flirən] *itr* = *flimmern.*

Flirt *m* ⟨-s, -s⟩ [flirt] flirt *m;* **f~en** *itr* flirter.

Flittchen *n* ⟨-s, -⟩ ['flitçən] *fam (leichtes Mädchen)* poule *f.*

Flitter *m* ⟨-s, -⟩ ['flitər] *(einzelner)* paillette *f; allg* clinquant *m;* **~glanz** *m* clinquant, faux brillant *m;* **~gold** *n* oripeaux *m pl;* **~kram** *m* colifichets *m pl,* fanfreluches *f pl;* **~wochen** *f pl* lune *f* de miel.

Flitz|bogen *m* ['flits-] *(Spielzeug)* arc *m;* **f~en** ⟨*aux: sein*⟩ *itr fam (sausen, rennen)* filer comme une flèche; jouer des guibolles.

floaten ['floːtn] *tr fin (Währung)* flotter.

Flock|e *f* ⟨-, -n⟩ ['flokə] flocon *m; in großen, dichten ~n fallen (Schnee)* tomber à gros flocons *od* à flocons serrés; **f~en** *itr (~en bilden)* floconner, se mettre en *od* faire des flocons; **f~enartig** *a* = *f~ig;* **~enbildner** *m* ⟨-s, -⟩ *chem* floculant *m;* **~enbildung** *f* floculation *f;* **~enblume** *f* centaurée *f;* **f~ig** *a* floconneux, pelucheux; **~seide** *f* soie floche, bourre *f* de soie; **~wolle** *f* bourre *f* de laine.

Floh *m* ⟨-(e)s, ⁓e⟩ [floː, 'floːə] *ent* puce *f; die Flöhe husten hören (fig)* entendre pousser l'herbe; *jdm e-n ~ ins Ohr setzen (fig)* mettre la puce à l'oreille à qn; **~biß** *m* piqûre *f* de puce; **~kiste** *f pop (Bett)* pucier *m;* **~markt** *m* marché *m* aux puces.

Flop *m* ⟨-s, -s⟩ [flop] *(Reinfall)* bide *f.*

Flor **1.** [floːr] *m* ⟨-s, -e⟩ *(Blumenfülle, Blüte)* floraison, fleuraison; **2.** *m* ⟨-s, -e/⁓e)⟩ *(Textil)* crêpe, voile *m; (dünner)* gaze *f; im ~ stehen (fig)* = *f~ieren;* **~a** *f* ⟨-, -ren⟩ *(Mythologie)* Flore; *bot* flore *f;* **~band** *n (Trauerflor)* crêpe *m;* **f~ieren** [-'riːrən] *itr (blühen, fig)* être florissant *od* en fleur.

Floren|tiner(in *f)* *m* ⟨-s, -⟩ [florən'tiːnər] Florentin, e *m f;* **f~tinisch** [-'tiːnɪʃ] *a* florentin; **~z** *n* [-'rɛnts] *geog* Florence *f.*

Florett *n* ⟨-(e)s, -e⟩ [flo'rɛt] *(Stoßwaffe)* fleuret *m;* **~fechten** *n* escrime *f* au fleuret; **~fechter** *m* fleurettiste *m;* **~seide** *f* filoselle *f.*

Floskel *f* ⟨-, -n⟩ ['floskəl] *(Redensart)* fleur *f* de rhétorique; **f~haft** *a (Stil)* fleuri.

Floß *n* ⟨-es, ⁓e⟩ [floːs, 'fløːsə] radeau; train *m* de bois; **~brücke** *f* pont *m* de radeaux; **~holz** *n* bois *m* flotté; **~sack** *m* radeau *m* pneumatique.

flöß|bar ['fløːs-] *a (Fluß)* flottable; **~en** *tr (Holz)* (faire) flotter; **F~er** *m* ⟨-s, -⟩ flotteur; batelier *m* d'un radeau; **F~erei** *f* [-'rai] flottage *m* (du bois).

Flosse *f* ⟨-, -n⟩ ['flosə] *zoo* nageoire *f;* aileron; *aero* plan fixe; *(Höhenflosse)* stabilisateur *m; (Seitenflosse)* dérive *f; (Schwimm~)* palme *f; arg (Hand)* paluche *f;* **~nfüßer** *m pl zoo* pinnipèdes *m pl.*

Flöt|e *f* ⟨-, -n⟩ ['fløːtə] *mus* flûte *f; (Pfeife)* pipe; *(langes Brot)* baguette, flûte *f;* **f~en** *itr* jouer de la flûte; *fig (~d sprechen od singen)* parler, chanter d'une voix flûtée; **~enbläser** *m* flûtiste *m,* (joueur *m* de) flûte *f;* **f~engehen** ⟨*aux: sein*⟩ *itr fam (verlorengehen)* se perdre; s'envoler; **~enspiel** *n* jeu *m* de la flûte; **~enspieler** *m,* **~ist** *m* ⟨-en, -en⟩ [-'tist] = *~enbläser;* **~enton** *m: jdm die Flötentöne beibringen (fig fam)* apprendre la civilité à qn.

flott [flot] *a mar* à flot; *fig (flink,*

leicht) dégagé, déluré, dégourdi, léger; *(leicht, leichtlebig)* gai, gaillard, joyeux; *(schick)* chic, élégant; *(Stil)* cursif; ~ *gehen* marcher d'un pas léger; *fig (Geschäft)* marcher bien; ~ *leben* mener joyeuse vie, mener la vie à grandes guides; *wieder* ~ *werden (mar)* revenir sur l'eau; *hier geht es* ~ *her* ici on s'amuse bien; ~*e(r) Bursche m* gaillard *m;* ~**smachen** *tr mar* mettre à flot; *wieder* ~ remettre à flot; ~**weg** ['-'vɛk] *adv (in einem weg)* d'un trait, en un tour de main *od* tournemain.

Flott *n* ‹-(e)s, ø› [flɔt] *dial* crème *f* de lait.

Flotte *f* ‹-, -n› ['flɔtə] *mar* flotte; *(Marine)* marine *f;* ~**nabkommen** *n pol* traité *m* naval; ~**nmanöver** *n* manœuvres *f pl* navales; ~**nparade** *f* revue *f* navale; ~**nstützpunkt** *m* point *m* d'appui de la flotte, base *f* navale.

Flottille *f* ‹-, -n› [flo'tıl(j)ə] *mar* flottille, escadre *f.*

Flöz *n* ‹-es, -e› [fløːts] *geol* couche sédimentaire, stratification horizontale; *mines (Nutzschicht, bes. Kohle)* veine *f;* ~**gebirge** *n* terrains *m pl* sédimentaires; ~**mächtigkeit** *f* mines épaisseur *f* de la veine; ~**streifen** *m* mines filet *m.*

Fluch *m* ‹-(e)s, ∵e› [fluːx, fly:çə] *(Verfluchung)* malédiction, imprécation *f;* *rel* anathème, blasphème *m;* *(Unsegen)* malédiction *f,* malheur; *(ungehöriger, derber Ausruf)* juron, gros mot *m;* *e-n* ~ *ausstoßen* lancer un juron; **f~beladen** *a* chargé de malédiction(s), maudit; **f~en** *itr* maudire; *jdm od auf jdn* ~ maudire qn, donner sa malédiction à qn; *(e-n* ~, *Flüche ausstoßen)* jurer, pester, maugréer, lancer un *od* des juron(s); *über etw* ~ pester contre qc; *wie ein Landsknecht* ~ jurer comme un charretier; ~**en** *n* jurements, jurons *m pl;* ~**er** *m* ‹-s, -› blasphémateur *m;* **f~würdig** *a* maudissable; exécrable, abominable.

Flucht *f* ‹-, -en› [fluxt] **1.** *(zu: fliehen)* fuite; *(aus etw)* évasion *f;* *fig (Verlassen, Auszug)* exode *m;* *in wilder* ~ en pleine déroute; *die* ~ *nach vorn antreten* pratiquer la (politique de la) fuite en avant; *die* ~ *ergreifen* prendre la fuite *od fam* le large; *in die* ~ *schlagen* mettre en fuite *od* en déroute, faire fuir; *auf der* ~ *sein* être en fuite; *sein Heil in der* ~ *suchen* chercher son salut dans la fuite; ~ *in die Unwirklichkeit* évasion *f* hors de la réalité; **f~artig** *adv* précipitamment; ~**geschwindigkeit** *f (Raum-*

fahrt: 11,2 km/sec) vitesse *f* de libération; ~**verdacht** *m* présomption *f* de fuite; **f~verdächtig** *a* suspect de vouloir fuir; ~**versuch** *m* tentative *f* de fuite; ~**weg** *m* parcours *m* de la fuite.

Flucht *f* ‹-, -en› [fluxt] **2.** *(zu: fliegen; Linie, Richtung)* alignement *m,* enfilade, rangée *f;* **f~en** *tr (in e-e gerade Linie bringen)* aligner; ~**linie** *f arch* alignement *m.*

flücht|en ['flyçtən] *itr ‹aux: sein›* u. *sich* ~ *‹aux: haben›* fuir, s'enfuir, prendre la fuite; se sauver; se réfugier; ~**ig** *a (fliehend)* fuyant, en fuite; fugitif, fuyard; *(schnell vergehend)* fugitif, fugace, passager, éphémère, rapide; *(oberflächlich)* superficiel; *(Eindruck)* vague; *(nachlässig)* négligent, inattentif, distrait; *chem* volatil; *adv a.* à la hâte; superficiellement; ~ *lesen* parcourir; *fam* lire en diagonale; *etw, jdn nur* ~ *gesehen haben* n'avoir vu qc que d'un œil, qn qu'entre deux portes; **F~igkeit** *f* rapidité; négligence, inattention, distraction; *chem* volatilité *f;* **F~igkeitsfehler** *m* faute *od* erreur *f* d'inattention; **F~ling** *m* ‹-s, -e› réfugié *(politischer)* émigré *m;* **F~lingslager** *n* camp *m* de réfugiés; **F~lingsorganisation** *f* organisation *f* des réfugiés.

Flug *m* ‹-(e)s, ∵e› [fluːk, 'fly:gə] vol *m a. aero;* vol(e; *fig (der Gedanken)* envol(ée *f) m; im* ~*e* au vol, à la volée; *(flüchtig)* à la hâte; *die Zeit verging (wie) im* ~*e* le temps passa très vite; *angetriebene(r)* ~ *(e-r Rakete)* vol *m* propulsé; *antriebslose(r)* ~ *(e-r Rakete)* vol *m* libre; ~ *um die Welt* vol *m* autour du monde; ~**abwehr** *f* défense *f* antiaérienne *od* contre avions; ~**abwehrkanone** *f* canon *m* antiaérien *od* contre avions; ~**abwehrrakete** *f* fusée *f* antiaérienne, engin *m* sol-air; ~**asche** *f* cendres *f pl* de carneaux; ~**auftrag** *m aero* mission *f* de vol, ordre *m* de mission; ~**bahn** *f mil* trajectoire *f;* *aero* trajet *m;* ~**ball** *m sport* balle *f* à la volée; ~**begleiter(in** *f) m* steward *m,* hôtesse *f* (de l'air); ~**bereich** *m* rayon *m* d'action; **f~bereit** *a aero* prêt à décoller *od* à s'envoler; ~**betrieb** *m* service *m* aérien; ~**blatt** *n* feuille *f* volante, tract *m; Flugblätter abwerfen* lancer des tracts; ~**boot** *n* hydravion *m* à coque; ~ *ohne Tragflächen* hydrofin *m;* ~**dauer** *f* durée de vol *od* de trajet, autonomie *f* de vol; ~**deck** *n (e-s* ~*zeugträgers)* pont *m* d'envol *od* d'atterrissage; ~**dienst**

m service *m* aérien; ~**drachen** *m*
sport deltaplane *m;* ~**(eid)echse** *f*
zoo ptérosaurien *m;* ~**erfahrung** *f*
aero expérience *f* aérienne; **f~fähig**
a capable de voler; ~**feld** *n* terrain *m*
d'aviation; ~**formation** *f* formation *f*
de vol; *aufgelockerte* od *geöffnete,
geschlossene* ~ formation *f* ouverte,
serrée; ~**gast** *m* passager (d'un
avion), voyageur *m* aérien; ~**gastka-
bine** *f* cabine *f* des passagers;
~**gastraum** *m* poste *m* de passager;
~**gelände** *n* (*für Segelflug*) terrain
m de vol à voile; ~**geschwindigkeit**
f vitesse *f* de vol; ~**gesellschaft** *f*
compagnie *f* de navigation aérienne;
~**hafen** *m* aéroport *m;* ~**hafenauf-
sicht** *f* contrôle *m* de l'aéroport;
~**hafenbake** *f* phare *m* d'aéroport;
~**hafenbefeuerung** *f* feux *m pl* de
l'aéroport; ~**hafendienst** *m* service
m d'aéroport; ~**hafengrenze** *f* limite *f* d'aéroport; ~**hafenleitung** *f* direction *f* de l'aéroport; ~**hafenzone**
f zone *f* de l'aéroport; ~**höhe** *f* altitude *od* hauteur *f* (de vol); *niedrige* ~
faible altitude *f;* ~**kapitän** *m* chef-pi-
lote *m;* **f~klar** *a* en état de vol;
~**körper** *m* missile *m;* ~**lage** *f* position *f* de vol; ~**lärm** *m* bruit *m* des
avions; ~**lehrer** *m* moniteur de vol,
pilote-instructeur *m;* ~**leistung** *f*
performance *f* de vol; ~**leitung** *f* direction *f* de l'aéroport; ~**linie** *f* ligne
f de vol *od* de navigation *od* aérienne; ~**liniennetz** *n* réseau *m* de lignes
aériennes; ~**maschine** *f* machine *f*
volante; ~**mechanik** *f* mécanique *f*
aéronautique; ~**meldedienst** *m* service *m* de surveillance aérienne;
~**meldegerät** *n* radar *m* de guet;
~**meldestelle** *f* station *f od* poste *m*
de surveillance (aérienne); ~**melde-
zentrale** *f* centrale *f* de surveillance
aérienne; ~**meteorologie** *f*
météorologie *f* aéronautique; ~**modell** *n* modèle *m* (réduit) volant;
~**motor** *m* moteur *m* d'avion; ~ *mit
Atomantrieb* propulseur *m* atomique
d'avion; ~**netz** *n* réseau *m* d'aviation;
~**personal** *n* personnel *m* navigant;
~**plan** *m* (*Heft*) indicateur *od* horaire
m aérien; ~**platz** *m* aérodrome,
champ *m* d'aviation; ~**platzgelände**
n terrain *m* d'aviation; ~**prüfung** *f*
essai *m* en vol; ~**richtung** *f* direction
f de vol; ~**sand** *m* sables *m pl* mouvants; ~**saurier** *m* = ~*(eid)echse;*
~**schein** *m* (*e-s Piloten*) brevet de pilote aviateur; (*e-s* ~*gastes*) billet *m*
d'avion; ~**schiff** *n* hydravion *m* à
coque géant; ~**schirm** *m bot* aigrette
f; mit ~ (*Samen*) aigretté; ~**schlepp**

m = ~**zeugschlepp;** ~**schrauber** *m*
girodyne *m;* ~**schreiber** *m* boîte *f*
noire; ~**schrift** *f* tract, pamphlet, libelle *m,* brochure *f* de propagande;
~**schub** *m* (*e-r Rakete*) poussée *f* en
vol; ~**schule** *f* école *f* d'aviation;
~**schüler** *m* élève-pilote *m;* ~**sicherheit** *f* sécurité *f* du vol; ~**sicherung** *f* sécurité *f* aérienne; ~**siche-
rungsbezirk** *m* circonscription *f* ra-
dioaéronautique; ~**sicherungs-
dienst** *m* service *m* de sécurité aérienne *od* de sécurité en vol; ~**steig** *m*
aire *f* de débarquement et d'embarquement; ~**strecke** *f* = ~*linie;*
itinéraire *m;* (*zurückgelegte*) distance
f parcourue; ~**streckenbefeuerung**
f balisage *m* de ligne; ~**strecken-
karte** *f* carte *f* d'itinéraire; ~**stunde**
f heure *f* de vol; ~**tätigkeit** *f* activité
f aérienne; **f~tauglich** *a aero* apte à
voler; ~**tauglichkeit** *f* aptitude *f* au
vol; ~**taxe** *f* avion *m* taxi; ~**technik**
f aérotechnique *f;* **f~technisch** *a*
aérotechnique; ~*e(s) Personal n* personnel *m* technique de l'air; **f~tüch-
tig** *a aero* navigable; ~**tüchtigkeit** *f*
navigabilité *f* ~**überwachung** *f* contrôle *m* de vol; **f~unfähig** *a zoo* incapable de voler; ~**verkehr** *m* trafic
m aérien; ~**weg** *m* itinéraire *m*
aérien; route *f* aérienne; ~**weite** *f*
aero autonomie *f* de vol; ~**werk** *n*
voilure *f; (e-r Rakete a.)* empennage
m; ~**wesen** *n* aviation *f;* ~**wetter** *n*
temps *m* favorable au vol; ~**wetterdienst** *m* service *m* de météorologie
aéronautique; ~**wetterwarte** *f* poste *m od* station *f* météorologique de
l'aviation; ~**widerstand** *m* résistance *f* aérodynamique; ~**wild** *n* gibier *m* à plume; ~**wind** *m* vent *m* relatif; ~**winkel** *m* (*e-s Geschosses*) angle *m* de route; ~**zeit** *f* durée *f* de vol
od de trajet; temps *m* du parcours.
Flügel *m* ⟨-s, -⟩ ['flyːgəl] *zoo* u. *aero* aile *f; (Tragfläche)* plan *m; (e-r Bom-
be)* ailette, *tech* ailette, pale; (*Wind-
mühlenflügel; arch*) aile *f; (Tür-, Fen-
sterflügel)* battant; (*Altarflügel*) volet; (*Lungenflügel*) lobe *m; (Nasen-
flügel; mil*) aile *f; mus* piano *m* à
queue; *jdm die* ~ *beschneiden (fig)*
couper *od* rogner les ailes *od* les ongles à qn; *die* ~ *hängenlassen (fig)*
baisser l'oreille; *mit den* ~*n schlagen
(Vogel)* battre des ailes; *sich die* ~
verbrennen (fig: Schaden nehmen)
se brûler les ailes *od* les doigts; *jdm* ~
(fig: Mut und Schwung) verleihen
donner des ailes à qn; ~**adjutant** *m
mil* aide *m* de camp; ~**altar** *m* retable *m* à volets; ~**decke** *f ent* élytre

m; ~**ende** *n aero* bout *m od* extrémité *f* d'aile; ~**fläche** *f* surface *f* alaire; ~**flattern** *n aero* vibration *f* des ailes; ~**gerippe** *n aero* ossature *f* de l'aile; ~**haube** *f (kath. Schwester)* cornette *f;* ~**holm** *m* longeron *m* (d'aile); ~**kämpfe** *m pl pol* luttes *f pl* de factions; **f~lahm** *a:* ~ *sein (fig)* avoir du plomb dans l'aile; ~**mann** *m* ‹-(e)s, ~er/-leute› *mil* guide *m; rechte(r), linke(r)* ~ guide *m* à droite, à gauche; ~**mutter** *f tech* écrou *m* à ailettes *od* à oreilles *od* à papillon; ~**oberseite** *f aero* face *f* dorsale, extrados *m;* ~**profil** *n aero* profil *m* d'aile; ~**rad** *n* roue *f* à ailettes; ~**schlag** *m orn* .oup *m* d'aile; ~**schlagen** *n* battement *m* d'ailes; ~**schraube** *f* vis *f* à ailettes; ~**schwimmer** *m aero* flotteur d'aile, ballonnet *m;* ~**spitze** *f orn* fouet de l'aile, aileron *m;* ~**stürmer** *m (Fußball)* ailier *m;* ~**tür** *f* porte *f* battante *od* à deux battants; ~**unterseite** *f aero* face *f* ventrale, intrados *m;* ~**verdrehung** *f aero* déformation *f* de l'aile; ~**verspannung** *f aero* haubanage *m* de l'aile; ~**wurzel** *f aero* emplanture *f* d'aile *od* de l'aile.

flügge ['flʏgə] *a* prêt à quitter le nid; ~ *werden (fig)* prendre sa volée.

flugs [flʊks] *adv* à la volée, rapidement, vite; *(sofort)* aussitôt, tout de suite, sur-le-champ.

Flugzeug *n* ‹-(e)s, -e› ['fluːktsɔʏk] avion; *vx* aéroplane *m; das* ~ *abfangen* redresser l'avion, faire une ressource; *das* ~ *abheben* (faire) décoller l'avion; *das* ~ *aufrichten* redresser l'avion; *ein* ~ *einfliegen* essayer un avion en vol; *ein* ~ *steuern* piloter un avion; *ein-, zwei-, drei-, vier-, mehrmotorige(s)* ~ (avion) monomoteur, bimoteur, trimoteur, quadrimoteur, multimoteur *m; ferngesteuerte(s)* ~ avion *m* téléguidé *od* télécommandé; ~**absturz** *m* chute *f* d'un avion; ~**abwehr(kanone)** *f* = *Flak;* ~**bau** *m* construction *f* aéronautique *od* des avions; ~**benzin** *n* essence *f* d'avion; ~**besatzung** *f* équipage *m* (d'un *od* de l'avion); ~**bewaffnung** *f* armement *m* des avions *od* de l'avion; ~**entführer** *m* pirate *m* de l'air; ~**entführung** *f* détournement *m* d'avion; ~**en** *f* piraterie *f* aérienne; ~**fabrik** *f* usine *f* d'avions *od* d'aviation *od* aéronautique; ~**führer** *m* pilote *m* (d'avion); ~**führung** *f* pilotage *m;* ~**halle** *f* hangar *m* (d'avion); *in der* ~ *abstellen* garer; ~**industrie** *f* industrie *f* aéronautique; ~**kanone** *f* canon *m* d'avion;

~**konstrukteur** *m* constructeur *m* d'avions; ~**ladung** *f* charge *f* de l'avion; ~**mechaniker** *m* mécanicien *m* d'avion; ~**modell** *n* modèle *m* d'avion; ~**motor** *m* moteur *m* d'avion; ~**mutterschiff** *n* (navire de) transport *m* d'avions; ~**ortung** *f* repérage *m* des avions; ~**passagier** *m* passager *m* d'un avion; ~**personal** *n* personnel *m* de l'avion; ~**rumpf** *m* fuselage *m;* ~**schlepp** *m* remorquage *m* en vol; ~**schleppstart** *m* départ *m* remorqué par avion; ~**schleuder** *f* catapulte *f od* dispositif *m* de catapultage pour avions; ~**steuerung** *f* commandes *f pl* (des gouvernes); ~**träger** *m* (navire) porte-avions *m; auf e-m* ~ *landen* apponter; ~**trümmer** *pl* débris *m pl;* ~**typ** *m* type *m* d'avion; ~**unglück** *n* accident *m* d'avion *od* aérien; ~**verband** *m* formation *f* (d'avions); ~**werk** *n* = ~**fabrik.**

Fluidum *n* ‹-s, -da› ['fluːidʊm, -ida] *psych (Ausstrahlung)* fluide *m.*

Fluktuation *f* ‹-, -en› [flʊktuatsi'oːn] = *F~ieren; natürliche* ~ *(von Arbeitnehmern)* départs *m pl* naturels; **f~ieren** [-'iːrən] *itr (schwanken, wechseln)* fluctuer; ~**ieren** *n* fluctuation(s *pl*) *f.*

Flunder *f* ‹-, -n› ['flʊndər] *zoo* flet *m.*

Flunkerei *f* ‹-, -en› [flʊŋkə'raɪ] *dial (kleine Lüge)* menterie; *(Aufschneiderei)* hâblerie, forfanterie, fanfaronnade, vantardise *f;* ~**er** *m* ‹-s, -› ['flʊŋkərər] *(Lügner)* menteur; *(Aufschneider)* hâbleur, fanfaron, vantard, *fam* blagueur *m;* **f~n** *itr (lügen)* mentir; *(aufschneiden)* hâbler, fanfaronner, conter des sornettes.

Fluor *n* ‹-s, ø› ['fluːɔr] *chem* fluor *m;* ~**eszenz** *f* ‹-, ø› [fluorɛs'tsɛnts] fluorescence *f;* **f~eszieren** [-'tsiːrən] *itr (aufleuchten)* être fluorescent; **f~eszierend** *a* fluorescent; ~**id** *n* ‹-(e)s, -e› [-'riːt, -də] ~**salz** *n* fluorure *m;* ~**wasserstoffsäure** *f* acide *m* fluorhydrique.

Flur 1. *f* ‹-, -en› [fluːr] *(Wiesen u. Felder)* champs *m pl; durch Feld und* ~ *schweifen* se promener dans les champs; ~**bereinigung** *f* remembrement *od* remaniement *m* parcellaire *od* des parcelles; ~**buch** *n* cadastre *m;* ~**frevel** *m* délit *m* rural; ~**hüter** *m* garde *m* champêtre; ~**name** *m* nom toponymique; lieu-dit *m;* ~**schaden** *m* dégâts *m pl* causés aux cultures; ~**umgang** *m rel* rogations *f pl.*

Flur 2. *m* ‹-(e)s, -e› [fluːr] *(Hausflur)* vestibule; *(Treppenflur)* palier *m;*

(Wohnungsflur) entrée *f,* couloir *m;* ~**garderobe** *f* portemanteau *m* (de vestibule).

Fluß *m* ⟨-sses, ⁻sse⟩ [flʊs, 'flʏsə] *(flie-ßendes Gewässer)* rivière *f; (Strom)* fleuve; *(Fließen)* écoulement; *(der Tränen)* flot; *(des Blutes)* flux; *fig (der Worte)* flot, flux; *tech* flux *m; (fließende Masse)* coulée *f; (~mittel)* fondant *m; min* = ~*spat; in* ~ *bringen (fig)* mettre en train; *wieder in* ~ *bringen* remettre en train, renouveler; *in* ~ *kommen* se mettre en train; *im* ~ *sein (fig)* être en train; *weiße(r)* ~ *(med)* pertes *f pl* blanches, leucorrhée *f;* **f~ab(wärts)** *adv* en aval; ~**arm** *m* bras *m* de rivière; **f~auf(wärts)** *adv* en amont; ~**bett** *n* lit *m* (d'un fleuve); ~**dampfer** *m* bateau *m* fluvial *od* de rivière; ~**diagramm** *n* organigramme *m;* ~**eisen** *n* = ~*stahl;* ~**fisch** *m* poisson *m* de rivière *od* d'eau douce; ~**hafen** *m* gare *f* fluviale; ~**insel** *f* île *f* fluviale; ~**krebs** *m* écrevisse *f* à pattes rouges; ~**lauf** *m* cours *m* (de la rivière); ~**mittel** *n tech* fondant *m;* ~**pferd** *n* hippopotame *m;* ~**regulierung** *f* rectification *f* d'un fleuve; ~**sand** *m* sable *m* de rivière; ~**säure** *f* = *Fluorwasserstoffsäure;* ~**schiffahrt** *f* navigation fluviale, batellerie *f;* ~**spat** *m min* spath *m* fluor, fluorine *f;* ~**stahl** *m* acier *m* doux; ~**ufer** *n* rive *f;* bord *m od* berge *f* (d'une *od* de la rivière).

flüssig ['flʏsɪç] *a* liquide, fluide; *(geschmolzen, bes. Metall)* fondu; *fig (Stil)* coulant, aisé; *fin (verfügbar)* liquide, disponible; *kein Geld* ~ *haben* ne pas avoir d'argent liquide; ~ *machen (schmelzen)* liquéfier, rendre liquide; *sehr* ~ *sprechen* parler très couramment; ~ *werden* se liquéfier, entrer en fusion; ~**≈machen** *tr fin* liquider, réaliser; **F~machung** *f fin* liquidation, réalisation *f.*

Flüssigkeit *f* ⟨-, -en⟩ ['flʏsɪçkaɪt] liquide, fluide *m; (flüssiger Zustand)* liquidité, fluidité; *fig (Stil)* facilité, aisance; *fin* liquidité *f;* ~**sbremse** *f* trein *m* hydraulique; ~**sdruck** *m* pression *f* hydrostatique; ~**sgetriebe** *n* commande *f* hydraulique; ~**skompaß** *m* compas *m* à liquide; ~**smaß** *n* mesure *f* de capacité; ~**smenge** *f* quantité *f* de liquide; ~**smesser** *m* ⟨-s, -⟩ pèse-liquide *m;* ~**spresse** *f* presse *f* hydraulique; ~**sreibung** *f* frottement *m* du liquide; ~**sstand** *m (in e-m Behälter)* hauteur *f* de liquide; ~**sverlust** *m* perte *f* de liquide.

Flüster|er *m* ⟨-s, -⟩ ['flʏstərər] chuchoteur *m;* **f** ~**n** *tr* chuchoter, murmurer; *lit* susurrer; *jdm etw ins Ohr* ~ chuchoter *od* glisser qc à l'oreille de qn; ~**n** *n* chuchotement *m;* ~**propaganda** *f* bouche-à-oreille *m;* ~**ton** *m: im* ~ *sprechen* parler à voix basse *od* tout bas.

Flut *f* ⟨-, -en⟩ [fluːt] flux, flot *m; poet* onde; *(Hochwasser)* inondation *f,* déluge *m; (Gezeitenstand)* marée *f* montante *od* haute; *fig* flot, déluge, torrent *m; pl* vagues *f pl,* flots *m pl; Ebbe und* ~ flux et reflux *m,* marée *f* haute et basse; ~ *von Schimpfwörtern* déluge *m* d'injures; ~ *von Tränen* torrent *m* de larmes; ~ *von Worten* flot *m* de paroles; ~**bett** *n (e-s Flusses)* lit *m* majeur; **f~en** ⟨*aux: sein*⟩ *itr* couler *od* arriver à flots; *in* od *über etw* ~ *(a. fig)* inonder qc; ~**höhe** *f* hauteur *f* de la marée; ~**kraftwerk** *n* usine *f* marémotrice; ~**licht(lampe f)** *n* (projecteur *m* à) flots *m od* de lumière; ~**motor** *m* marémoteur *m;* ~**strom** *m* courant *m* de flot; ~**stunden** *f pl (Hauptgeschäfts- od -verkehrszeit)* heures *f pl* d'affluence; ~**tor** *n (e-r Schleuse)* porte *f* d'amont *od* de tête; ~**welle** *f* raz *m* de marée; ~**zeit** *f* (heure de la) marée *f.*

Fock *f* ⟨-, -en⟩ [fɔk] *mar* misaine *f;* ~**mars** *m* hune *f* de misaine; ~**mast** *m* mât *m* de misaine.

Föder|alismus *m* ⟨-s, ø⟩ [fødera'lɪsmʊs] *pol* fédéralisme *m;* ~**alist** *m* ⟨-en, -en⟩ [-'lɪst] fédéraliste *m;* **f~alistisch** [-'lɪstɪʃ] *a* fédéraliste; ~**ation** *f* ⟨-, -en⟩ [-tsi'oːn] fédération *f;* **f~ativ** [-ra'tiːf] *a* fédératif; ~**ativstaat** *m (Bundesstaat)* État *m* fédéral.

Fohlen *n* ⟨-s, -⟩ ['foːlən] *zoo* poulain *m; (Stutfohlen)* pouliche *f;* **f~** *itr (ein* ~ *zur Welt bringen)* pouliner.

Föhn *m* ⟨-(e)s, -e⟩ [føːn] *mete* fœhn *m.*

Föhre *f* ⟨-, -n⟩ ['føːrə] *bot (Kiefer)* pin *m* sylvestre; ~**nwald** *m* pinède, pineraie, pinière *f.*

fok|al [fo'kaːl] *a phys* focal; **F~alinfektion** *f* infection *f* focale; **F~us** *m* ⟨-, -/-se⟩ ['foːkʊs(ə)] *(Brennpunkt)* foyer *m.*

Folg|e *f* ⟨-, -n⟩ ['fɔlgə] *(Ergebnis)* suite, conséquence *f;* résultat, effet *m; (Abfolge, Reihe)* suite, succession, série; *(Fortsetzung)* continuation *f; für die* ~ pour l'avenir; *in der* ~ dans *od* par la suite; *in bunter* ~ pêle-mêle; *in dichter* ~ dru et menu; *ohne* ~ sans lendemain; *die* ~*n bedenken, an die* ~*n denken* considérer *od* peser les conséquences, réfléchir aux con-séquences; *für die ~n einstehen* endosser toutes les conséquences *od* tous les risques; *e-m Gesuch ~ geben (adm)* faire droit à une demande; *etw zur ~ haben* avoir qc pour conséquence; être suivi de qc; en-traîner qc à la suite; *~n haben* être de *od* tirer à conséquence; *weitreichen-de ~n haben (a.)* mener loin; *e-r S ~ leisten* donner suite à qc; *(e-r Auffor-derung)* obtempérer; *an den ~n (gen) sterben* mourir des suites (de); *Sie haben die ~n zu tragen* vous en supporterez les conséquences; *fam* cela vous retombera sur le dos; *das kann schlimme ~n haben (a.)* c'est un jeu dangereux; *die ~n sind nicht abzusehen* les conséquences sont in-calculables; *die ~n der Operation (a.)* les suites *f pl* opératoires; **~eer-scheinung** *f* conséquence *f,* effet *m;* **f~en** ⟨*aux: sein*⟩ *itr (nachgehen)* sui-vre *(jdm* qn); *fig (befolgen, nachah-men)* suivre *(e-r S* qc); *(gehorchen)* ⟨*hat gefolgt*⟩ obéir *(jdm* qn); *(zeitl. ~)* venir après; *eins auf das andere ~* se succéder; *e-r S* suivre qc, succéder à qc; *aus e-r S* résulter de qc; *jdm auf dem Fuß ~* emboîter le pas à qn; *jdm auf Schritt und Tritt ~* ne pas lâcher qn d'un pas; *(geistig) ~ (können)* (être capable de) suivre; *ich kann ihm darin nicht ~* je ne peux le sui-vre sur ce terrain; *daraus folgt* il en résulte, il s'ensuit *(daß* que); *es folgt, daß (math)* il en résulte que; *wie folgt* comme suit; *Fortsetzung folgt* à suivre; *auf Regen folgt Sonnen-schein (prov)* après la pluie le beau temps; **f~end** *a* suivant, successif, subséquent; *~es* les choses suivantes, ce qui suit; *am ~en Tage* le lende-main; *in der ~en Nacht* la nuit sui-vante; *aus ~em, durch ~es* par ce qui suit; *im ~en* par la suite; *er schreibt ~es* voici ce qu'il écrit; *der, das F~e* le suivant; *mit dem F~en* avec celui qui suit, avec ce qui suit; **f~endermaßen** *adv,* **f~enderwei-se** *adv* de la façon *od* de la manière suivante; **f~enreich** *a* riche de conséquences, important; **f~en-schwer** *a* lourd *od* gros de con-séquences, grave; *~enschwere f* gravité *f; ~enreaktion f* réaction *f* ultérieure; **f~erecht** *a,* **f~erichtig** *a* conséquent, concluant, logique; *~e-richtigkeit f* conséquence *f;* **f~ern** *tr (deduire,* conclure *(aus* de); *~erung f* déduction, conclusion *f; die ~ aus etw ziehen* tirer la conséquence de qc; *~esatz m gram* proposition *f*

consécutive; **f~ewidrig** *a* incon-séquent, illogique; *~ewidrigkeit f* inconséquence *f,* illogisme *m;* *~ezeit f: in der ~* par la suite; **f~lich** ['fɔlk-] *adv* par conséquent, en conséquence; par suite, partant, dès lors; *(also)* donc, ainsi; **f~sam** *a* obéissant, sou-mis, docile; *~samkeit f* obéissance, soumission, docilité *f.*

Fol|iant *m* ⟨-en, -en⟩ [foli'ant] *(Buch in ~o)* in-folio *m; ~e f* ⟨-, -n⟩ ['foːljə] *tech* feuille *f; (des Spiegels)* tain *m;* **f~ieren** [-li'iːrən] *tr (Spiegel)* étamer; *(Buchbogen beziffern)* folioter; *~o n* ⟨-s, -s/-lien⟩ ['foːlio, -liən] *(Buchfor-mat; Blatt im Geschäftsbuch)* folio *m; ~oband m* in-folio *m; ~oblatt n* feuille *f* in-folio; *~oformat n* format *m* in-folio.

Folklor|e *f* ⟨-, ø⟩ ['fɔlkloːr] *(volkstümli-che Überlieferung)* folklore *m; ~ist m* ⟨-en, -en⟩ [-klo'rɪst] folkloriste *m;* **f~istisch** [-'rɪstɪʃ] *a* folklorique.

Follikel *m* ⟨-s, -⟩ [fɔ'liːkəl] *physiol* folli-cule *m.*

Folter *f* ⟨-, -n⟩ ['fɔltər] *(~bank)* cheva-let *m; (~ung)* torture *f; die ~ anwen-den* appliquer la torture; *jdn der ~ unterwerfen* soumettre qn à la tortu-re; *jdn auf die ~ spannen (a. fig)* mettre qn à la torture *od* à la ques-tion *od* au supplice; donner la ques-tion à qn; *fig* faire mourir qn à petit feu, torturer qn; *~bank f* chevalet *m; ~instrument n* instrument *m* de tor-ture; *~kammer f* chambre *f* de tor-ture; *~knecht m* tortionnaire *m;* **f~n** *tr* torturer; *= auf die ~ spannen; ~ung f* torture *f; ~werkzeug n = ~instrument.*

Fön *m* ⟨-(e)s, -e⟩ [føːn] *(Warenzei-chen)* el séchoir (à cheveux), sèche--cheveux *m.*

Fond *m* ⟨-s, -s⟩ [fɔ̃ː] *(Hintergrund; Rücksitz)* fond *m.*

Fonds *m* ⟨-, -⟩ [fɔ̃ː], *des ~* [fɔ̃ː(s)], *die ~* [fɔ̃ːs] *fin* fonds, capital *m.*

Fontäne *f* ⟨-, -n⟩ [fɔn'tɛːnə] jet *m* d'eau.

Fontanelle *f* ⟨-, -n⟩ [fɔnta'nɛlə] *anat* fontanelle *f.*

fopp|en ['fɔpən] *tr* mystifier, duper, berner; **F~er** *m* ⟨-s, -⟩ mystificateur; mauvais plaisant, farceur *m;* **F~erei** *f* [-'raɪ] mystification, duperie; mauvai-se plaisanterie *f.*

forcieren [fɔr'siːrən] *tr (mit Gewalt vorantreiben od steigern)* forcer; *(übertreiben)* exagérer.

Förder|anlage *f* ['fœrdər-] *mines* ins-tallation *f* d'extraction *od* de trans-port; *~band n* transporteur *od* con-voyeur *m* à bande *od* à courroie, bande *f* transporteuse; ~**brücke** *f* pont *m* transporteur; ~**er** *m* ‹-s, -› (~*anlage*) transporteur; *fig (Unterstützer)* promoteur *m;* ~**gerüst** *n mines* charpente *f* d'extraction; chevalement *m;* ~**gut** *n mines* produit *m* extrait; ~**haspel** *f mines* treuil *m* d'extraction *od* de mine; ~**höhe** *f* hauteur *f* de levage *od* d'élévation *od mines* d'extraction; ~**kohle** *f* tout-venant *m*, houille *f* tout-venante; ~**korb** *m* cage (d'extraction), benne *f;* ~**kurs** *m* cours *od* stage *m* de perfectionnement; ~**leistung** *f* production *f* minière; **f**~**lich** *a* profitable, utile; ~**mann** *m mines* hercheur, rouleur *m;* ~**menge** *f* extraction *f;* **f**~**n** *tr (weiterbringen, unterstützen)* faire progresser *od* avancer, pousser; encourager; favoriser, promouvoir; *mines* extraire; hercher, transporter; *zu Tage* ~ *(fig)* mettre au jour; ~*de(s) Mitglied n* membre bienfaiteur, cotisant *m;* ~**rinne** *f tech* gouttière *f* transporteuse; ~**schacht** *m mines* puits *m* d'extraction; ~**schnecke** *f* vis *f* sans fin; ~**seil** *n* câble *m* d'extraction *od* de levage; ~**staaten** *m pl (Erdöl~)* pays *m pl* producteurs de pétrole; ~**stollen** *m*, ~**strecke** *f mines* galerie *f* de roulage; ~**stufe** *f (Schule)* cycle *m* de promotion; ~**tiefe** *f* profondeur *f* (de *od* d'un puits); ~**turm** *m* = ~*gerüst;* ~**ung** *f* avancement; encouragement; secours *m; mines* extraction, récolte *f;* herchage; *tech* transport *m;* ~**wagen** *m mines* wagonnet *m* de mine.

forder|n ['fɔrdərn] *tr* demander *(a. e-n Preis); (Anspruch erheben auf) (erfordern, voraussetzen, erwarten)* exiger; *(zum Duell)* provoquer; *von jdm Genugtuung, Rechenschaft (a. fig)* ~ demander réparation, des comptes à qn; *jdn vor Gericht* ~ citer *od* assigner qn en justice; *viele Opfer* ~ coûter beaucoup de vies humaines; *auf Pistolen* ~ provoquer au pistolet; **F**~**ung** *f* demande; réclamation *f; philos* postulat *m; (zum Duell)* provocation (en duel); *com* créance *f; fin* réalisable *m; die* ~ *erheben od geltend machen* prétendre; *e-e* ~ *erfüllen* satisfaire à une demande; ~*en an jdn stellen* exiger de qn; *hohe* ~*en stellen* demander beaucoup; *avoir beaucoup d'exigence(s); ausstehende* ~ *(com)* créance *f* arriérée; *billige, begründete* ~ réclamation *f* fondée; ~ *vor Gericht (jur)* citation *f* en justice.

Forelle *f* ‹-, -n› [fo'rɛlə] truite *f;* ~ *blau*

truite au bleu; ~**nzucht** *f* élevage *m* de(s) truites.

forensisch [fo'rɛnzɪʃ] *a jur* judiciaire.

Forke *f* ‹-, -n› ['fɔrkə] *(Heu-, Mistgabel)* fourche *f.*

Form *f* ‹-, -en› [fɔrm] *(äußere Gestalt)* forme *f; fig* formes *f pl*, façon; *gram* forme; *(aktive u. passive)* voix *f; tech* moule *m; aus der* ~ *(Kleidung)* déformé; *in* ~ *(sport)* en condition; *in aller* ~ en bonne et due forme; *in guter* ~ *(sport)* en bonne forme; *der* ~ *wegen* pour la forme; *feste od greifbare* ~*en annehmen (fig)* prendre corps; *gefährliche* ~*en annehmen* prendre une tournure inquiétante; *unerfreuliche* ~*en annehmen (fig)* prendre un caractère déplaisant; *die* ~ *betonen (Kleidung)* mouler; *aus der* ~ *bringen* déformer; *auf die einfachste* ~ *bringen* réduire à sa plus simple expression; *e-r S e-e feste* ~ *geben (fig)* donner une forme plus concrète à qc; *sich gut in* ~ *halten (sport)* se maintenir en bonne forme; *aus der* ~ *kommen* se déformer; *in* ~ *sein (fam)* être en forme *od* d'attaque; *die* ~*en verletzen (fig)* manquer aux usages; *die* ~ *nicht verlieren* être indéformable; *die* ~*(en) wahren* garder les formes.

formal [fɔr'ma:l] *a (die* ~ *betreffend; förmlich)* formel; **F**~**ien** *pl* [-'ma:liɛn] = F~*itäten;* **F**~**ismus** *m* ‹-, -men› [-ma'lɪsmʊs] *(Überbewertung des Formalen)* formalisme *m;* **F**~**ität** *f* ‹-, -en› [-li'tɛ:t] *(Förmlichkeit)* formalité *f.*

Formaldehyd *m* ‹-s, ø› ['fɔrm?aldehy:t] *chem* formaldehyde *m.*

Format *n* ‹-(e)s, -e› [fɔr'ma:t] format; *(Bildformat)* cadrage *m; typ* garniture *f; ein Mann, ein Politiker von* ~ un homme, un homme politique d'envergure *od* de grande classe.

Formation *f* ‹-, -en› [fɔrmatsi'o:n] *mil geol* formation *f; geschlossene* ~ *(aero)* formation *f* de vol serrée.

form|bar *a* plastique; **F**~**barkeit** *f* ‹-, ø› plasticité *f;* ~**beständig** *a* indéformable; **F**~**blatt** *n* formulaire *m*, formule *f* imprimée, imprimé *m;* **F**~**brett** *n metal* gabarit *m;* **F**~**dreherei** *f* atelier *m* de profilage; **F**~**eisen** *n* (fer) profilé *m.*

Formel *f* ‹-, -n› *math chem* formule *f; auf e-e* ~ *bringen* formuler; ~**buch** *n* formulaire *m;* **f**~**haft** *a* stéréotypé; ~**haftigkeit** *f* caractère *m* stéréotypé; ~**kram** *m fam* formalités; *pej* chinoiseries *f pl.*

formell [fɔr'mɛl] *a* formel; *adv a.* selon les formes.

formen *tr* former, modeler, façonner; *(machen)* faire; **F~ausschießer** *m typ* metteur *m* en forme; **F~lehre** *f gram* morphologie *f;* ~**reich** *a* aux formes multiples, multiforme; **F~reichtum** *m* richesse *f* des formes; **F~schneider** *m* graveur *m* sur bois.

Form|fehler *m* défaut *od jur* vice *m* de forme; ~**gebung** *f* moulage, modelage, façonnage *m;* **f~gerecht** *a* en bonne (et due) forme; ~**gestalter** *m* styliste *m* industriel; **f~gewandt** *a* qui a des usages *od* du savoir-vivre; **f~ieren** [-'miːrən] *tr (bilden; mil: aufstellen)* former; ~**ierung** *f* formation *f.*

förmlich ['fœrmlıç] *a (in den gehörigen Formen)* dans les formes, en bonne et due forme; *(steif)* guindé; *(feierlich)* cérémonieux; *(regelrecht, wirklich)* véritable; *adv* formellement, en bonne et due forme; *fam (fast)* presque; littéralement; *e-e* ~*e Angst ergriff ihn* une véritable angoisse l'étreignit; **F~keit** *f* formalité *f,* respect des formes; *(Steifheit)* caractère *m* guindé; *(feierliche Handlung)* cérémonie *f; ohne* ~*en* sans cérémonie.

form|los *a* sans forme; *(unförmig)* informe, difforme; *(ungezwungen)* sans façon(s); **F~losigkeit** *f* absence de forme; *(Unförmigkeit)* difformité *f; (Ungezwungenheit)* manque *m* de formes *od* de savoir-vivre; **F~mangel** *m adm jur* vice *m* de forme; **F~maschine** *f* machine *f* à mouler.

Formosa *n* [fɔr'moːza] *hist* Formose *f.*

Form|sache *f* formalité *f; das ist* ~ ce n'est qu'une formalité; ~**schneider** *m* = ~*enschneider;* **f~schön** *a* d'une belle forme, harmonieux; ~**schönheit** *f* beauté *f* formelle; ~**stahl** *m* = ~*eisen; (Werkzeug)* outil *m* de profilage; ~**stein** *m* brique *f* profilée; ~**tief** *n (e-s Menschen, Sportlers)* (période *f* de) méforme *f.*

Formul|ar *n* ⟨-s, -e⟩ [fɔrmu'laːr] formulaire *m,* formule *f* (imprimée); *ein* ~ *ausfüllen* remplir un formulaire; **f~ieren** [-'liːrən] *tr* formuler; *(ausdrücken)* exprimer; ~**ierung** *f* formulation *f,* mode *m* d'expression.

Formung *f* ⟨-, (-en)⟩ formation *f; tech* façonnage, moulage *m.*

forsch [fɔrʃ] *a (kräftig, draufgängerisch)* robuste; fringant, plein d'entrain.

forsch|en ['fɔrʃən] *itr* faire des recherches; rechercher, explorer *(nach etw qc);* **F~er** *m* ⟨-s, -⟩ chercheur, investigateur; *(Gelehrter)* savant *m;* **F~ergeist** *m* génie *m* investigateur; **F~ung** *f* recherche; investigation, exploration *f; wissenschaftliche* ~ recherche *f* scientifique.

Forschungs|anstalt *f* ['fɔrʃungs-] institut *m* de recherche; ~**arbeit** *f* travail *m* de recherche; ~**auftrag** *m* mission *f* de recherche; ~**gebiet** *n* champ *od* domaine *m* de recherche *od* d'investigation; ~**gemeinschaft** *f* communauté *f* de recherche; ~**laboratorium** *n* laboratoire *m* de recherche; ~**rat** *m* conseil *m* de recherche; ~**reise** *f* (voyage *m* d')exploration *f; auf e-e* ~ *gehen* partir en exploration; ~**reisende(r)** *m* explorateur *m;* ~**stätte** *f* centre *m* de recherche; *kernphysikalische* ~ centre *m* de physique nucléaire; ~**stelle** *f* station *f* de recherche; ~**urlaub** *m* congé *m* de recherche.

Forst *m* ⟨-(e)s, -e(n)⟩ [fɔrst] forêt *f;* ~**akademie** *f* école *f* (nationale) des eaux et forêts; ~**amt** *n* administration *f od* service *m* des eaux et forêts; ~**aufseher** *m* garde forestier, inspecteur *m* des eaux et forêts; ~**beamte(r)** *m* employé *m* de l'administration des eaux et forêts; ~**frevel** *m* délit *m* forestier; ~**haus** *n* maison *f* forestière; **f~lich** *a* forestier; ~**mann** *m* ⟨-(e)s, -männer/-leute⟩ forestier *m;* ~**meister** *m* garde *m* général forestier; ~**recht** *n* droit *m* forestier; ~**revier** *n* district *m* forestier; ~**schule** *f* école *f* forestière; ~**schutz** *m* garde *f* des forêts; ~**wesen** *n* eaux et forêts *f pl;* ~**wirt** *m* sylviculteur, exploitant *m* forestier; ~**wirtschaft** *f* sylviculture, exploitation *f* forestière; ~**wissenschaft** *f* sylviculture *f.*

Förster *m* ⟨-s, -⟩ ['fœrstər] (garde) forestier *m;* ~**ei** *f* [-'raı] emploi *m od* charge *f* de garde forestier; = ~*haus;* ~**haus** *n* maison *f* forestière *od* du forestier.

Forsythie *f* ⟨-, -n⟩ [fɔr'zyːtsiə] *bot* forsythia *m.*

fort [fɔrt] *adv (weg)* (ne ...) pas ici *od* là, parti, absent; au loin; *in einem* ~ sans relâche *od* discontinuer, d'un trait; *und so* ~ et ainsi de suite; ~ *dürfen* avoir la permission de s'en aller; ~ *können, müssen, wollen* pouvoir, devoir, vouloir partir; ~ *sein* être parti; *er ist damit* ~ il est parti avec *fam;* ~ *(mit dir)!* va-t'en!

Fort *n* ⟨-s, -s⟩ [foːr] *mil* fort; *(kleines)* fortin *m.*

fort|ab *adv,* ~**an** [fɔrt'ʔap, -'ʔan] *adv* désormais, dorénavant, dès lors; à l'avenir.

Fortbestand *m* continuation, continuité *f,* maintien *m,* perennité; survivance *f;* **fort=bestehen** *itr* continuer (d'exister), subsister, persister, se maintenir, se perpétuer, durer; survivre.

fort=beweg|en, *sich* avancer; se déplacer; **F~ung** *f* ‹-, -en› locomotion *f;* mouvement *m* progressif.

fort=bild|en, *sich* continuer *od* poursuivre ses études, se perfectionner; **F~ung** *f* ‹-, -en› perfectionnement *m;* **F~ungskurs** *m* cours *m* d'adultes; **F~ungsschule** *f* école *f* de perfectionnement; **F~ungsunterricht** *m* instruction *f* postscolaire.

fort=bleiben ‹*aux: sein*› *itr* ne pas (re)venir; demeurer *od* rester absent.

fort=bringen *tr* déplacer, enlever, emporter; *(Menschen)* emmener; faire partir; *sich* ~ *(fam)* gagner sa vie.

Fortdauer *f* continuation, persistance, durée *f;* **fort=dauern** *itr* continuer; durer; **f~nd** *a* continu(el), permanent, perpétuel; *adv* continuellement.

fort=eilen ‹*aux: sein*› *itr* s'en aller à la hâte, se hâter de partir.

fort=entwick|eln, *sich* continuer à se développer; **F~(e)lung** *f* développement *m* ultérieur.

fort=fahren *itr* ‹*aux: sein*› partir, s'en aller; *fig (weitermachen)* continuer, poursuivre; *tr* ‹*aux: haben*› *(Sache)* emporter; *(Person)* emmener; *mit verstärktem Eifer* ~ recommencer de plus belle; *in s-r Rede* ~ continuer son discours.

Fortfall *m* ‹-(e)s, ø› suppression, abolition *f; in* ~ *kommen (adm),* **fort=fallen** ‹*aux: sein*› *itr* être supprimé *od* aboli; *fam* tomber.

fort=fliegen ‹*aux: sein*› *itr* s'envoler; *aero (Mensch) a.* partir en avion.

fort=führ|en *tr (Menschen)* emmener; *fig (fortsetzen)* continuer, prendre la suite de; **F~ung** *f* ‹-, (-en)› *(Fortsetzung)* continuation *f.*

Fortgang *m* ‹-(e)s, ø› *(Weggang)* départ *m; fig (weiterer Ablauf)* suite *f; (im positiven Sinne)* développement, avancement, progrès *m; s-n* ~ *nehmen* continuer, (se) poursuivre; se développer, avancer; **fort=gehen** ‹*aux: sein*› *itr* s'en aller, partir.

fortgeschritten *a fig* avancé, développé; *Kursus m für* **F~e** cours *m* supérieur.

fortgesetzt *a (andauernd)* continu(el), permanent.

forthin [fɔrt'hɪn] *adv* à l'avenir, désormais, dorénavant.

fort=jagen *tr* chasser, mettre à la porte.

fort=kommen ‹*aux: sein*› *itr* (parvenir à) s'en aller, échapper; *fig (weiterkommen)* faire des progrès; faire son chemin, réussir; *(Pflanze: gedeihen)* venir, pousser; *machen Sie, daß Sie* ~*!* allez-vous-en! décampez! filez! **F~** *n fig* avancement, progrès *m.*

fort=lassen *tr (gehenlassen)* laisser partir; *(auslassen)* omettre; supprimer, retrancher; *nicht* ~ *(a.)* retenir.

fort=laufen ‹*aux: sein*› *itr* s'éloigner (en courant) s'enfuir, s'échapper, se sauver; ~**d** *a* suivi, continu; ~ *numerieren* numéroter en continu.

fort=leben *itr* continuer de vivre, survivre; *in s-n Kindern, s-n Werken* ~ (se) survivre dans ses enfants, dans ses œuvres.

fort=machen, *sich* s'en aller, se sauver; *fam* décamper, déguerpir; *sich heimlich* ~ fausser compagnie.

fort=pflanz|en *tr* transmettre; *sich* ~ *(biol)* se reproduire; *phys* se propager; *fig* se répandre, se perpétuer; **F~ung** *f* ‹-, (-en)› *biol* reproduction, génération; *a. phys* propagation *f; geschlechtliche, ungeschlechtliche* ~ génération *f* sexuée, agame; ~ *durch Teilung* scissiparité *f;* ~**ungsfähig** *a* reproductif; **F~ungsfähigkeit** *f* pouvoir *m* de reproduction, reproductivité *f.*

fort=räumen *tr* enlever, débarrasser.

fort=reisen ‹*aux: sein*› *itr* partir (en voyage).

fort=reißen *tr: mit sich* ~ arracher, entraîner, emporter, enlever; *fig (durch Reden)* entraîner.

fort=reiten ‹*aux: sein*› *itr* partir (à cheval).

fort=rennen ‹*aux: sein*› *itr* se sauver à toutes jambes.

Fortsatz *m anat* appendice *m; (Knochenfortsatz)* apophyse *f.*

fort=schaffen *tr* enlever, ôter, faire disparaître; *(Menschen)* éloigner.

fort=schicken *tr (Sache u. Person)* expédier; *(Person)* renvoyer, congédier.

fort=schleichen *itr* ‹*aux: sein*› u. *sich* ~ ‹*aux: haben*› se retirer furtivement; se dérober, s'esquiver.

fort=schleppen *tr (forttragen)* emporter; *(fortschleifen)* traîner derrière soi; *sich* ~ se traîner.

fort=schreiten ‹*aux: sein*› *itr (Arbeit, Zeit)* avancer; = *Fortschritte machen;* ~**d** *a* progressif.

Fortschritt *m* progrès, avancement *m;*

~e machen faire des progrès, progresser; *(Arbeit)* avancer; *materielle(r)* ~ mieux-être *m;* **f~lich** *a* progressiste; avancé; ~e *Gesinnung f,* **~lichkeit** *f* progressisme *m;* **~sfeindlichkeit** *f* immobilisme *m;* **~spartei** *f pol* parti *m* progressiste *od* libéral.

fort=sehnen, *sich* désirer être loin.

fort=setz|en *tr (fortfahren mit)* continuer, poursuivre; **F~ung** *f (Vorgang)* continuation; *(Ergebnis)* suite *f; in* ~*en* en feuilleton; ~ *folgt* à suivre; **F~ungsartikel** *m (Zeitung)* feuilleton *m;* **F~ungsfilm** *m* film *m* à épisodes; **F~ungsroman** *m* (roman-)-feuilleton *m.*

fort=stoßen *tr* pousser.

fort=tragen *tr* emporter, enlever.

fort=treiben *tr* chasser, expulser; *von der Strömung fortgetrieben werden* être emporté par le courant.

fortwährend *a* continuel, constant; *adv* continuellement.

fort=werfen *tr* jeter.

fort=ziehen *tr (aux: haben)* tirer, entraîner; *itr (aux: sein) (aus e-r Wohnung)* déménager; *(aus e-m Lande, a. von Vögeln)* émigrer.

Forum *n ‹-s, -ren/-ra/-s›* ['fo:rʊm] *hist (Marktplatz)* forum *m.*

fossil [fɔ'si:l] *a geol* fossile; **F~** *n ‹-s, -lien›* [-'si:liən] fossile *m.*

Foto *n ‹-s, -s›* ['fo:to] *fam* photo *f; vgl. Photo etc.;* **~album** *n* ['fo:to-] album *m* de photo(graphie)s; **~apparat** *m* appareil *m* photo(graphique); **~atelier** *n* atelier *m* de photographie; **~karte** *f: echte* ~ photographie véritable, véritable photo *f;* **~labor** *n* laboratoire *m* photo(graphique); **~papier** *n* papier *m* photographique; **~reportage** *f* reportage *m* photographique.

Fötus *m* ['fø:tʊs] = *Fetus.*

Foul *n ‹-s, -s›* [faul] *sport* coup *m* défendu; *(Fußball)* faute *f; (Boxen)* coup *m* bas; **f~** *a:* ~ *spielen,* **f~en** *itr* contrevenir aux règles; faire une faute; porter un coup bas.

Fox|(terrier) ['fɔks(tɛriər)] *m (Hunderasse)* fox-terrier *m;* **~trott** *m (Tanz)* fox-trot *m.*

Foyer *n ‹-s, -s›* [foa'je:] *theat (Wandelhalle, -gang)* foyer *m.*

Fracht *f ‹-, -en›* [fraxt] *mar aero* fret *m,* cargaison; *allg* charge *f; (~gebühr, ~geld)* fret *m;* ~ *führen* transporter une cargaison, être chargé; ~ *laden od nehmen* prendre du fret; *in* ~ *nehmen (Schiff)* affréter; **~bedingungen** *f pl* conditions *f pl* d'affrètement *od* de transport; **~brief** *m* lettre *f* de

voiture *od* de chargement; *mar* connaissement *m;* **~dampfer** *m,* **~er** *m* ‹-s, -› cargo *m;* **~flugzeug** *n* avion-cargo, cargo *m* aérien; **f~frei** *a* (en) port *od* fret payé, franco de port; **~führer** *m (Transportunternehmer)* entrepreneur *m* de transport; **~gebühr** *f,* **~geld** *n* frais *m pl* de transport; *mar* fret *m;* **~gut** *n* (marchandise en) petite vitesse *f; als* ~ en *od* par petite vitesse; **~kahn** *m* chaland *m;* **~kosten** *pl* frais *m pl* de transport; **~raum** *m mar* tonnage *m;* **~satz** *m* taux *m* de fret; **~schiff** *n* = *~dampfer;* **~stück** *n* colis *m;* **~tarif** *m* = *~satz;* **f~- und zollfrei** *a* franco de fret et de droits; **~unternehmer** *m* = *~führer;* **~verkehr** *m* transport *m* des marchandises; **~versicherung** *f* assurance *f* sur (le) fret; **~vertrag** *m* charte-partie *f,* connaissement *m.*

Frack *m ‹-(e)s,* ⁓*e/-s›* [frak, 'frɛkə] habit, frac *m;* **~hemd** *n* chemise *f* d'habit; **~schoß** *m* pan *m* d'habit.

Frage *f* ‹-, -n› ['fra:gə] question, demande; *bes. gram* interrogation *f; auf die* ~ à la question; *ohne* ~ sans aucun doute; *fam* pour sûr; *e-e ~ stellen od aufwerfen* poser une question; soulever un problème; *e-r* ~ *ausweichen* éluder une question; *e-e* ~ *beantworten* répondre à une question; *die* ~ *bejahen, verneinen* répondre affirmativement, négativement; *jdn mit* ~*n bestürmen od überhäufen* assaillir qn de questions; *in* ~ *kommen* entrer en ligne de compte; *(Bewerber)* être un candidat valable; *an jdn e-e* ~ *richten, jdm e-e* ~ *stellen* adresser *od* poser une question à qn; *etw in* ~ *stellen* mettre qc en question *od* en doute *od* en cause; *wieder in* ~ *stellen* remettre en question *od* en doute *od* en cause; compromettre; *auf e-e* ~ *zurückkommen* revenir sur une question; *das ist die* ~ c'est la question; *das ist noch die* ~ c'est à savoir; *es ist die* ~, *ob . . .* reste à savoir si . . .; *das ist e-e* ~ *der Zeit* c'est une question *od* affaire de temps; *das kommt nicht in* ~ il n'en est pas question; *das steht außer* ~ il n'y a pas *od* cela ne fait pas de doute; *dumme* ~*!* belle *od* quelle question; *aktuelle* ~ question *f* d'actualité *od* à l'ordre du jour; *schwebende* ~ question *f* (restée) en suspens; *in* ~ *stehend* en question; **~bogen** *m* questionnaire *m;* **~fürwort** *n* pronom *m* interrogatif; **~satz** *m gram* proposition *f* interrogative; **~stellung** *f gram* forme *f* interrogative; *allg* termes *m pl* du problème; *die* ~ *ändern*

od *verschieben* changer la thèse; **~-und-Antwort-Spiel** *n (Quiz)* jeu *m* radiophonique; **~wort** *n* = *~für-wort;* **~zeichen** *n* point *m* d'interrogation.
frag|en ['fra:gən] *tr (Sache u. Person)* demander *(jdn nach etw* qc à qn); *(Person be-, ausfragen)* questionner; interroger; *itr: nach* od *wegen etw* ~ demander qc; *sich* ~ se demander *(ob* si); *impers: es fragt sich* c'est *od* reste à *od* il s'agit de savoir *(ob* si); *gern* od *viel* ~ être questionneur; *nicht lange* od *nicht viel* ~ ne pas hésiter, ne pas faire de façons; *jdn um Rat* ~ demander conseil à qn, consulter qn; *jdn nach dem Weg* ~ demander son chemin à qn; *ich frage nicht viel danach* je ne m'en soucie guère, je m'en moque (bien), je n'en fais pas grand cas; *das frage ich Sie* je vous demande un peu; *eins muß ich Sie noch* ~ j'ai encore une question à vous poser; *er fragte mich nach meinem Vater* il me demanda des nouvelles de mon père; *da* ~ *Sie mich zuviel!* demandez-moi pourquoi; *sehr gefragt (Ware)* très demandé; **F~er** *m* ‹-s, -› questionneur, interrogateur *m;* **F~erei** *f* [-'raɪ] *pej* interrogatoire *m;* **~lich** ['fra:k-] *a (zur Rede stehend)* en question, en cause; *(ungewiß)* incertain, peu sûr; mal assuré; *(zweifelhaft)* douteux, problématique; *das ist sehr* ~ *(a.)* je n'en sais rien; **F~lichkeit** *f* ‹-, ø› caractère *m* problématique; **~los** *adv* incontestablement, sans aucun doute; **~würdig** *a (zweifelhaft)* douteux, problématique; **F~würdigkeit** *f* = *F~lichkeit.*
Fragment *n* ‹-(e)s, -e› [frag'mɛnt] *(Bruchstück)* fragment *m;* **f~arisch** [-'ta:rɪʃ] *a* fragmentaire.

Frakt|ion *f* ‹-, -en› [fraktsi'o:n] *parl* fraction *f,* groupe *m* (parlementaire); **~ionierapparat** [-'ni:r-] *m chem* appareil *m* à fractionner; **f~ionieren** *tr chem* fractionner; **~ionierung** *f chem* fractionnement *m;* **~ionsbeschluß** *m parl* résolution *f* prise par la fraction; **~ionschef** *m,* **~ionsführer** *m* chef *m* du groupe parlementaire; **~ionssitzung** *f* séance *f* de la fraction; **~ionsvorsitzende(r)** *m* = *~ionschef;* **~ionszwang** *m* discipline *f* de vote.
Fraktur *f* ‹-, -en› [frak'tu:r] *med (Knochenbruch)* fracture *f; typ,* **~schrift** *f* caractères *m pl* gothiques, gothique *f.*

Francium *n* ‹-s, ø› ['frantsiʊm] *chem* francium *m.*

frank [fraŋk] *adv:* ~ *und frei (offen, unverblümt)* franchement, carrément, sans ambages, nettement.
Frank *m* [fraŋk] *(Währungseinheit),* **~en** *m* ‹-s, -› *(schweiz. Währungseinheit)* franc *m.*
Frank|atur *f* ‹-, -en› [fraŋka'tu:r] *com* affranchissement *m;* **f~ieren** [-'ki:rən] *tr (Postsendung: freimachen)* affranchir; *ungenügend* **~iert** *(Formel)* affranchissement insuffisant; **~iermaschine** *f* machine *f* à affranchir; **~ierung** *f* affranchissement *m;* **f~o** ['-ko] *adv (postfrei)* franco; franc de port; ~ *Bahnhof, Haus, Schiff* franco en gare, à domicile, à bord.
Frank|e *m* ‹-n, -n› ['fraŋkə] Franconien; *hist* Franc *m;* **~en** *n geog* la Franconie; **~enland,** *das, geog* le pays des Franconiens, la Franconie; **~enreich,** *das, hist* le royaume des Francs; **~furt** [-furt] *n* Francfort *f;* ~ *am Main, an der Oder* Francfort-sur-le-Main, Francfort-sur-l'Oder *f;* **~furter(in** *f)* *m* ‹-s, -› Francfortois, e *m f;* **~furter** *(Würstchen* n) *f* ‹-, -› saucisse *f* de Francfort.
Fränk|in *f* ['frɛŋkɪn] Franconienne *f;* **f~isch** *a geog* franconien; *hist* franc, franque; *(das)* *F~(e)* *)Sprache der Franken der Völkerwanderungszeit)* (le) francique.
franko|phil [fraŋko'fi:l] *a* francophile; **~phob** [-'fo:p] *a* francophobe.
Frankreich *n* la France.
Franktireur *m* ‹-s, -e› [frãti'rø:r] *hist (Freischärler)* franc-tireur *m.*
Frans|e *f* ‹-, -n› ['franzə] frange *f;* **f~en** *tr u. itr* franger; **f~ig** *a* frangé.
Franz [frants] *m (Name)* François *m; aero arg (Beobachter)* observateur *m;* **~iska** [-'tsɪska] *f* Françoise *f;* **~iskaner** *m* ‹-r, -› [-'ka:nər] franciscain *m;* **~iskanerorden** *m* ordre *m* des Franciscains; **~iskus** [-'tsɪskʊs] *m* François *m.*
Franz|band *m* ['frants-] *(Bucheinband)* reliure *f* en cuir; **~branntwein** *m* eau-de-vie *f* de vin; **~mann** *m* ‹-(e)s, ∹er› *pop,* **~ose** *m* ‹-n, -n› [-'tso:zə] Français *m;* **~osenfeind** *m* francophobe *m;* **f~osenfeindlich** *a* francophobe; **~osenfeindlichkeit** *f* francophobie *f;* **~osenfreund** *m* francophile *m;* **f~osenfreundlich** *a* francophile; **~osenfreundlichkeit** *f* francophilie *f;* **f~ösieren** [-tsø'zi:rən] *tr (f~ösisch machen)* franciser; **~ösierung** *f* francisation *f;* **~ösin** ['tsø:z-] *f* Française *f;* **f~ösisch** *a* français; *(das)* *F~(e)* le français; *sich* ~ *empfehlen,* **~en** *Abschied nehmen*

filer à l'anglaise, brûler la politesse; *die* ~*e Schweiz* la Suisse romande; ~*e Spracheigentümlichkeit* f gallicisme *m;* **f~ösischsprachig** *a,* **f~ösischsprechend** *a* francophone; **~ösischlehrer** *m* professeur *m* de français.

frapp|ant [fra'pant] *a (auffallend, überraschend)* frappant, surprenant; **~ieren** [-'piːrən] *tr (leicht unangenehm überraschen)* frapper, surprendre; *(in Eis kühlen)* frapper.

Fräs|arbeit f ['frɛːs-] fraisage *m;* **~e** f ⟨-, -n⟩ ['-zə] = ~*maschine; fam (Barttracht)* collier *m* de barbe; **f~en** *tr* fraiser, tailler (à la fraise); **~er** *m* ⟨-s, -⟩ *(Arbeiter)* fraiseur *m; (Teil der* ~*maschine)* fraise f; **~erfeile** f lime f fraisée; **~maschine** f fraiseuse f.

Fraß *m* ⟨-es, -e⟩ [fraːs] *pop pej* mangeaille, rata(touille f) *m,* bouffe, tambouille f.

Frater *m* ⟨-s, -tres⟩ [-fraːter, -tres] *rel (Bruder)* frère *m;* **f~nisieren** [-ni'ziːrən] *itr (sich verbrüdern)* fraterniser.

Fratz *m* ⟨-es/(-en), -e/-en⟩ [frats] *(Range)* gamin, e, polisson, ne *m* f, garnement *m; (süßer)* ~ *(kleine Schelmin)* friponne, coquine f.

Fratze f ⟨-, -n⟩ ['fratsə] grimace; figure grotesque; *fam* gueule f d'empeigne *od* de raie; *e-e* ~ *machen* grimacer; ~*n schneiden* faire des grimaces; **f~nhaft** *a* grimaçant; **~nmacher** *m* grimacier *m.*

Frau f ⟨-, -en⟩ [frau] femme f; *meine, Ihre* ~ ma, votre femme; *Ihre* ~ *Gemahlin* madame (X); *Ihre* ~ *Mutter* madame votre mère; ~ *X* Madame X; *gnädige* ~ Madame; *zur* ~ *geben* donner pour femme *od* en mariage; *zur* ~ *haben* avoir épousé; *sich an e-e* ~ *hängen (fig)* s'enjuponner; *allen* ~*en nachlaufen* courtiser la brune et la blonde; *sich e-e* ~ *nehmen* prendre femme, se marier; *zur* ~ *nehmen* prendre pour femme *od* en mariage, épouser; *Unsere Liebe* ~ *(rel: Maria)* Notre-Dame f; *die* ~ *des Hauses* la maîtresse de maison; **~chen** *n* petite dame f; **f~lich** *a* qui sied à la femme.

Frauen|arbeit f travail *m* féminin *od* de femme; *adm pol* main-d'œuvre f féminine; **~arzt** *m* gynécologue *m;* **~bewegung** f mouvement *m* de libération de la femme; **~frage** f *pol* féminisme *m;* **~gruppe** f cercle *m od* rencontre f de femmes; **~haar** *n bot* adiante *m;* **f~haft** *a* = *fraulich;* **~haus** *n (für mißhandelte Ehefrauen)* refuge *m* pour femmes battues;

~heilkunde f gynécologie f; **~heim** *n* foyer *m* féminin; **~held** *m* homme *m* à femmes; **~kirche** f (église) Notre-Dame f; **~klinik** f clinique gynécologique; maternité f; **~kloster** *n* couvent *m* de femmes; **~krankheit** f maladie f de la femme; **~literatur** f littérature f féminine; **~rechtlerin** f féministe f; **~rechtsbewegung** f mouvement *m od* ligue f du droit des femmes; **~spezifisch** *a* propre aux femmes; **~stimmrecht** *n* (droit de) vote *m* des femmes; **~tracht** f costume *m* féminin *od* de femme; **~verein** *m* association f féminine; **~wahlrecht** *n* = ~*stimmrecht;* **~zeitschrift** f périodique *m* féminin; **~zentrum** *n* centre *m* culturel pour femmes; **~zimmer** *n meist pej* femme; fille; bougresse; donzelle f; *liederliche(s)* ~ femme f de mauvaise vie.

Fräulein *n* ⟨-s, -/(-s)⟩ ['frɔylaɪn] (ma-)demoiselle f; *Ihr* ~ *Tochter* mademoiselle votre fille; ~ *X* Mademoiselle X.; *gnädige(s)* ~ Mademoiselle.

Freak *m* ⟨-s, -s⟩ [friːk] excentrique *m.*

frech [frɛç] *a* insolent, effronté, impertinent, impudent; audacieux; *fam* culotté; *mit* ~*er Stirn* insolemment, impudemment; *jdn* ~ *anlügen* mentir effrontément à qn; *jdn* ~ *ansehen* regarder qn sous le nez; ~ *sein (a.)* ne pas manquer d'audace *od fam* de toupet; *pop* avoir de l'estomac; **F~dachs** *m* insolent, audacieux *m;* **F~heit** f insolence, effronterie, impertinence, impudence f; *fam* culot, toupet *m; die* ~ *besitzen zu …* avoir l'audace *od fam* le toupet de …; *so eine* ~*!* quelle insolence *od* impertinence! *fam* quel toupet!

Fregat|te f ⟨-, -n⟩ [fre'gatə] *mar* frégate f; **~enkapitän** *m* capitaine *m* de frégate; **~vogel** *m* frégate f.

frei [fraɪ] *a* libre *(von* de); *(in F~heit)* en liberté; *(ungebunden, unabhängig)* indépendant; *(befreit)* exempt, quitte *(von* de); *(offen, unbedeckt)* (à) découvert, dégagé; *(unbesetzt)* libre; *(Gebiet)* inoccupé; *(Stelle, Arbeitsplatz)* vacant; *(verfügbar)* disponible; *(gratis)* gratuit; *(Postsendung)* franc *inv* de port, franco *inv;* *(~gemacht)* affranchi; *(Eintritt)* libre, gratuit; *(Ansichten)* libéral; *(Benehmen)* (trop) libre, sans gêne, sans retenue; *adv (~mütig, offen)* franchement, tout net, sans fard; ~ *Bahnhof, Fabrik, Haus (com)* franco *od* rendu en gare, à l'usine, à domicile; ~ *nach (Text)* adapté de; ~ *Schiff* franco à bord; *auf* ~*em Felde* en plein champ, en pleine *od* rase campagne; ~*en Stücken* de son plein gré, de son propre mouvement, de bon gré, volontairement; spontanément; *unter* ~*em Himmel (nächtigen)* à la belle étoile; ~ *erfinden* improviser; *keinen* ~*en Augenblick haben* n'avoir pas un moment à soi; ~*e Hand haben (fig)* avoir les mains libres; ~*e Kost*, ~*e Wohnung haben* être nourri, logé, *den Rücken* ~ *haben* être couvert sur ses arrières; ~*e Station haben* avoir la table et le logement; *keine* ~*e Stunde mehr haben* n'avoir plus une heure de liberté; *(die)* ~*e Wahl haben* avoir libre choix; ~*en Zutritt haben* avoir libre accès; ~ *lassen (nicht beschreiben)* laisser en blanc; *jdm* ~*e Hand lassen* donner *od* laisser toute liberté *od* toute latitude à qn, donner carte blanche à qn; *e-r S* ~*en Lauf lassen* donner libre cours à qc; ~ *machen (befreien)* libérer; *sich* ~ *machen* se déshabiller; ~ *schalten und walten* agir en toute liberté; ~ *sein (Sache)* être de relais; *sein* ~*er Herr sein* être son maître; *jdn auf* ~*en Fuß setzen* mettre qn en liberté, libérer qn; ~ *(aus dem Stegreif) sprechen* improviser; ~ *stehen (Fußball)* être démarqué; ~ *werden (Energie)* se libérer; *(Gas)* se dégager; *(geistiges Eigentum)* tomber dans le domaine public; *ich bin so* ~ si vous permettez; *morgen ist* ~ *(keine Schule od Arbeit)* c'est demain congé; *haben Sie noch ein Zimmer* ~? avez-vous encore une chambre libre? *ganz od völlig* ~ *(a.)* libre comme l'air; *zu* ~ *(von Anstandsregeln)* licencieux; *die* ~*en Berufe m pl* les professions *f pl* libérales; ~*e(r) Fall m (phys)* chute *f* libre; ~ *vom Feinde (mil)* non occupé (par l'ennemi); ~*e(s) Geleit n* sauf-conduit *m*; ~*er Journalist m* journaliste *m* indépendant *od* free-lance; *die* ~*en Künste f pl* les arts *m pl* libéraux; *ein* ~*es Leben* une vie indépendante; ~*e Liebe f* union *f* libre; ~ *liegend* à découvert; *der* ~*e Markt* le marché libre; ~*e Reserven f pl (fin)* réserves *f pl* disponibles; ~*e(r) Schriftsteller, Journalist m* écrivain, journaliste *m* indépendant; ~ *von Schuld* innocent; ~*e Seite f (in e-m Buch od Heft)* page *f* en blanc; ~ *stehend (Baum)* en plein vent; ~*e(r) Tag m* jour *m* de congé; ~*- tragend (arch)* en porte-à-faux, à portée libre; ~*tragende(r) Flügel m (aero)* aile *f* cantilever; ~*e Übersetzung f* traduction *f* libre; ~ *von Vorurteilen* sans préjugés; *die* ~*e Welt (pol)* le monde

libre; ~*e(r) Wille m (philos)* libre *od* franc arbitre *m;* **F~aktie** *f fin* action *f* gratuite; **F~antenne** *f radio* antenne *f* haute; **F~bad** *n* piscine *f* (à ciel ouvert); **F~ballon** *m* ballon *m* libre; ~**≠bekommen** *tr: e-n Tag* ~ avoir un jour de congé; **F~berufler** *m ‹-s, -›* personne à son compte, personne *f* qui exerce une profession libérale; ~**beruflich** *a u. adv:* ~ *tätig sein* exercer une profession libérale; **F~betrag** *m fin (Steuer)* montant *m* exonéré, exonération, tolérance *f;* **F~beuter** *m ‹-s, -› mar* flibustier, pirate, forban *m;* **F~beuterei** *f* flibuste, piraterie *f;* ~**beuterisch** *a* de flibustier, de pirate; ~**bleibend** *a com* facultatif, conditionnel; *adv* sans engagement, sans obligation, sauf variations; **F~bord** *m* franc bord *m;* **F~brief** *m hist* lettre *f* de franchise; *fig (Vorrecht)* privilège *m;* **F~denker** *m* libre penseur *m;* **F~e**, *das n ‹-n, ø› im* ~*n* en plein air, au grand air; *im* ~*n schlafen* coucher *od* dormir à la belle étoile; **F~e(r)** *m (im Gegensatz zum Sklaven)* homme *m* libre; **F~exemplar** *n (Buch)* exemplaire *m* gratuit *od* de presse; **F~fahrkarte** *f* billet *m* (de parcours) gratuit; **F~fahrt** *f* parcours *m* gratuit; **F~fahrtschein** *m* permis *m* de libre parcours *od* de circulation (gratuite); **F~frau** *f,* **F~fräulein** *n* baronne *f;* **F~gabe** *f (nach behördlicher Prüfung)* homologation *f; (aus e-r verhängten Sperre)* déblocage *m; (beschlagnahmten Eigentums)* levée de la réquisition; *(rationierter Lebensmittel)* levée *f* du rationnement; ~**≠geben** *tr (Menschen)* relâcher, remettre en liberté, relaxer; congédier; *(behördlich)* homologuer; *(aus e-r Sperre)* débloquer; *(Eigentum)* lever la réquisition de *(Lebensmittel)* lever le rationnement de; *itr; (Film)* autoriser la sortie de; *jdm* ~ donner du congé à qn; *für den Verkehr* ~ ouvrir à la circulation; ~**gebig** *a* libéral, généreux; *(sehr)* ~ munificent; *mit etw sehr* ~ *sein* ne pas marchander qc; ~ *mit anderer Leute Sachen umgehen (a.)* être généreux avec les affaires d'autrui; **F~gebigkeit** *f* libéralité, générosité, largesse *f; (große)* ~ munificence *f;* **F~geist** *m* libre penseur *m;* **F~geisterei** *f* libre pensée *f;* ~**geistig** *a* libéral, large d'esprit; **F~gelassene(r)** *m (ehemaliger Sklave)* affranchi, émancipé *m;* **F~gepäck** *n* franchise *f* de bagages; ~**geschaufelt** *a (von Schnee)* désenneigé; **F~grenze** *f fin* tolérance, limite *f* d'imposition; ~**=haben** *itr* être libre, ne pas être de service; *alles* ~ être défrayé de tout; *(gerade)* ~ être relayé; **F~hafen** *m* port *m* franc *od* ouvert; ~**=halten** *tr (nicht versperren)* tenir dégagé; *(Garage)* ne pas stationner devant; *(Stuhl, Platz)* garder; *(beim Trinken)* défrayer, régaler; *Ausfahrt* ~*!* sortie de voiture; **F~handbücherei** *f* bibliothèque *f* de consultation sur place; **F~handel** *m* libre-échange *m*, liberté *f* de commerce; **F~handelszone** *f* zone *f* de libre-échange; ~**händig** *a u.* adv *com* à l'amiable, de gré à gré; *adv (zeichnen, radfahren)* à main levée; *(schießen)* à bras franc; **F~handschießen** *n* tir *m* à bras franc; **F~handzeichen** *n* dessin *m* à main levée; **F~heit** *f* liberté; *(Unabhängigkeit)* indépendance; *(Bewegungsfreiheit)* latitude; *(Ungezwungenheit)* franchise; *adm (Befreiung)* exemption; *(Sonderstellung)* immunité *f*; *(Vorrecht)* privilège *m*; *(Gebührenfreiheit)* franchise *f*; *in voller* ~ en toute liberté; *jdn der* ~ *berauben* priver qn de sa liberté; *sich gewisse* ~*en erlauben* se permettre certaines libertés; *völlige* ~ *haben* jouir d'une liberté entière; *sich gegen jdn* ~*en herausnehmen* se permettre des familiarités envers qn; *jdm alle od volle* ~ *lassen* laisser toute latitude, lâcher la bride à qn; *sich die* ~ *nehmen zu ...* prendre la libert é *od* la hardiesse de ..., se permettre de ...; *jdm die* ~ *schenken* donner la liberté à qn; *in* ~ *setzen* mettre en liberté; *dichterische* ~ licence *f* poétique; *persönliche* ~, ~ *der Person* liberté *f* individuelle; ~ *der Meere (pol)* liberté *f* des mers; *Weg m in die* ~ chemin *m* de la liberté; ~**heitlich** *a* libéral; **F~heitsberaubung** *f* privation *f* de *od* attentat *m* à la liberté; **F~heitsbeschränkung** *f* restriction *f* de la liberté; **F~heitsdrang** *m* soif de liberté, indépendance *f*; **F~heitsentzug** *m* privation *f* de la liberté; **F~heitskämpfer** *m* champion *m* de la liberté; **F~heitskrieg** *m* guerre *f* d'indépendance; **F~heitsliebe** *f* amour *m* de la liberté; ~**heitsliebend** *a* indépendant; **F~heitsstrafe** *f* peine *f* privative de liberté; ~**heraus** *adv* franchement; **F~herr** *m* baron *m*; ~**herrlich** *a* de baron; **F~in** *f* = **F~fräulein**; **F~karte** *f* theat billet *m* de faveur; **F~kauf** *m* rachat *m*; ~**=kaufen** *tr* racheter; ~**=kommen** ⟨*aux: sein*⟩ *itr* trouver la liberté; **F~körperkultur** *f* naturisme *m*;

F~korps *n* mil corps *m* franc, compagnie *f* franche; **F~land** *n* plein champ *m*; **F~landgemüse** *n* légumes *m pl* de plein champ; ~**=lassen** *tr (Gefangenen)* relâcher, (re)mettre en liberté, relaxer; *(Sklaven)* affranchir, émanciper; **F~lassung** *f* (re)mise en liberté, libération *f*, élargissement; affranchissement *m*, émancipation *f*; **F~lauf** *m (am Fahrrad)* roue *f* libre; ~ *mit Rücktrittbremse* embrayage *m* à roue libre; ~**=legen** *tr* mettre à nu *od* à découvert, dégager; déblayer; *(bei Ausgrabungen)* mettre au jour; **F~legung** *f* mise *f* à nu *od* à découvert, dégagement *m;* mise *f* au jour; **F~leitung** *f el* ligne *f* aérienne; ~**lich** *adv (allerdings)* à dire vrai, à vrai dire, à la vérité, il est vrai que...; ~*!* mais *od* ah oui! certainement! bien sûr! je crois bien! **F~lichtbühne** *f* scène *f* en plein air; **F~lichtmalerei** *f* peinture *f* de plein air; **F~lichtmuseum** *n* village *m* reconstitué; **F~lichttheater** *n* théâtre *m* en plein air *od* de verdure; **F~los** *n (bei d. Lotterie)* billet *m* gratuit; **F~luftanlage** *f* installation *f* à ciel ouvert; **F~luftschule** *f* école *f* en plein air; ~**=machen** *tr (Postsendung)* affranchir; **F~machung** *f (Post)* affranchissement *m;* **F~marke** *f* = *Briefmarke;* **F~maurer** *m* franc-maçon *m;* **F~maurerei** *f* franc-maçonnerie; ~**maurerisch** *a* franc-maçonnique; **F~mut** *m,* **F~mütigkeit** *f* franchise, rondeur *f,* caractère ouvert, naturel; *(im Reden)* franc-parler *m;* ~**mütig** *a* franc, ouvert, sincère; *adv a.* avec rondeur, à cœur ouvert; ~**=pressen** *tr (Gefangene)* faire pression pour libérer; **F~pressung** *f* prise *f* d'otages pour la libération de prisonniers; ~**raum** *m* liberté *f* de mouvement *od* d'action; ~**religiös** *a:* ~*e Gemeinde f* communauté *f* religieuse libre; **F~schar** *f* mil corps *m* franc; **F~schärler** *m* ⟨-s, -⟩ [ˈʃɛːrlər] partisan; *hist* franc-tireur *m;* ~**schwebend** *a* à suspension libre; ~**=schwimmen,** *sich* passer son brevet de natation; **F~schwimmer** *m* titulaire *m* du brevet de natation; ~**=setzen** *tr chem* mettre en liberté; **F~sinn** *m* esprit *m* libéral, largeur *f* de vues; *pol vx* libéralisme *m;* ~**sinnig** *a* libéral; ~**=spielen,** *sich (sport)* se démarquer; ~**=sprechen** *tr* acquitter; *jur* déclarer non coupable; *jur* absoudre; *man kann ihn von Überheblichkeit nicht* ~ on peut le taxer d'orgueil; **F~sprechung** *f,* **F~spruch** *m* jur (jugement *od* verdict d')acquitte-

ment *m;* **F~staat** *m* république *f;*
F~statt *f,* **F~stätte** *f* asile *m;* ~=
stehen *itr impers: es steht Ihnen frei*
zu … vous êtes libre de …, libre à
vous de …; ~**stehend** *a (Haus: leer)*
inoccupé; **F~stelle** *f (Stipendium)*
bourse *f;* ~=**stellen** *tr: jdm* ~, *etw zu*
tun laisser qn libre *od* laisser à qn le
choix *od* permettre à qn de faire qc;
F~stilringen *n* lutte *f* libre; **F~stil-**
schwimmen *n* nage *f* libre; **F~stoß**
m (beim Fußball) coup *m* franc;
F~stück *n = F~exemplar;* **F~stun-**
de *f* loisir *m,* récréation *f;* **F~tisch**
m entretien *m od* pension gratuit(e);
(für Studenten) allocation *f* de repas;
F~tod *m* mort *f* volontaire; **F~trep-**
pe *f* escalier extérieur, perron *m;*
F~übungen *f pl sport* exercices *m pl*
d'assouplissement *od* à mains libres;
F~umschlag *m* enveloppe *f* affran-
chie *od* timbrée; **F~wild** *n* gibier non
gardé; *fig* hors-la-loi *m;* ~**willig** *a*
(Mensch, Handlung) volontaire;
(Handlung) spontané; *(Veranstal-*
tung, bes. Unterricht) facultatif; *adv*
a. de bon *od* de son (bon) gré, de
plein gré, à titre bénévole, de gaieté
de cœur; *sich* ~ *melden* prendre *od*
contracter un engagement volontaire; *mil a.* devancer l'appel; **F~willi-**
ge(r) *m a. mil* volontaire, engagé *m;*
F~willigkeit *f* spontanéité *f;* bon
gré *m;* **F~zeichen** *n tele* retour *m*
d'appel; **F~zeit** *f* (heures *f pl* de)
loisir *m,* loisirs *m pl; s-e* ~ *ausfüllen* occuper *od* meubler ses loisirs; **F~zeit-**
gesellschaft *f* société *f* de loisirs;
F~zeitgestaltung *f* organisation *f*
des loisirs; **F~zeithemd** *n* chemise *f*
de week-end; **F~zeitjacke** *f* veste *f*
de week-end; **F~zeitkleidung** *f* tenue *f* de loisirs; **F~zeitlager** *n* camp
m de vacances; **F~zeitwert** *m* potentiel *m* de loisirs; **F~zeitzentrum**
n centre *m* de loisirs; **F~zone** *f com*
zone *f* franche; ~**zügig** *a* libre de
choisir sa résidence; **F~zügigkeit** *f*
liberté *f* du choix de la résidence.
frei|en ['fraiən] *tr (heiraten)* épouser;
itr se marier; **F~er** *m* ⟨-s, -⟩ prétendant; *fam* amateur *m;* **F~ersfüße** *m*
pl: auf ~*n gehen* chercher femme.
Freitag *m* ⟨-(e)s, -e⟩ ['fraita:k] vendredi *m; der Stille* ~ *(Karfeitag)* Vendredi *m* saint.
fremd [frɛmt] *a (anderer)* étranger,
autre; *(~artig)* différent; étrange, singulier; *(unbekannt)* étranger, inconnu; *(e-m anderen gehörig)* d'autrui;
(geliehen, angenommen) emprunté;
für ~*e Rechnung* pour le compte
d'un tiers; *unter e-m* ~*en Namen*

sous un nom emprunté *od* d'emprunt;
~ *(von woanders her) sein (a.)* n'être
pas du pays *od fam* du cru; *sich* ~
fühlen se trouver dépaysé; ~ *tun* être
réservé *od* distant; *(die) Lüge ist ihr*
~ elle ignore le mensonge; ~*e Gelder*
n pl = ~*kapital;* ~*e(s) Gut n* bien *m*
d'autrui; *ein* ~*es Land* un autre pays;
~*e Währung f* monnaie *f* étrangère;
F~arbeiter *m = Gastarbeiter;* ~**ar-**
tig *a* étrange, singulier, bizarre; exo-
tique; **F~artigkeit** *f* étrangeté *f;*
exotisme *m;* **F~e** *f* ⟨-, ø⟩ [-də] (pays)
étranger *m;* **F~enbuch** *n* registre *m*
des voyageurs; ~**enfeindlich** *a*
xénophobe; **F~enfeindlichkeit** *f*
xénophobie *f;* **F~enführer** *m* guide
m; **F~enheim** *m* maison *f* de repos,
hôtel *m* (garni); **F~enindustrie** *f* industrie *f* touristique *od* du tourisme;
F~enlegion *f mil* légion *f* étrangère;
F~enpolizei *f* police *f* des étrangers;
F~enverkehr *m* tourisme *m;* **F~en-**
verkehrsort *m* lieu *m* de tourisme;
F~enverkehrsverein *m* syndicat *m*
d'initiative; **F~enzimmer** *n* chambre
f; **F~e(r)** *m* étranger *m;* **F~erre-**
gung *f el* excitation *f* indépendante;
F~finanzierung *f* financement *m*
par capitaux empruntés; ~=**gehen**
⟨*aux: sein*⟩ *itr fam* être infidèle;
F~heit *f* ⟨-, ø⟩ caractère *m* étranger;
étrangeté, singularité *f; ein Gefühl*
der ~ *haben* se trouver dépaysé;
F~herrschaft *f* domination *f*
étrangère; **F~kapital** *n* capitaux *m*
pl confiés *od* empruntés; **F~körper**
m corps *m* étranger; ~**ländisch** *a*
étranger; **F~ling** *m* ⟨-s, -e⟩ étranger
m; **F~mittel** *n pl fin* moyens *m pl* financiers empruntés; ~**rassig** *a* de race étrangère; **F~sprache** *f* langue *f*
étrangère; **F~sprachenkorrespon-**
dent(in *f)* *m* correspondancier, ère
m f pour les langues étrangères;
F~sprachenstenotypistin *f*
sténotypiste *f* polyglotte; **F~spra-**
chenunterricht *m* enseignement *m*
des langues étrangères; ~**sprachig** *a*
(e-e ~*e Sprache sprechend)* parlant
une langue étrangère; *(Unterricht: in*
einer F~sprache gehalten) en langue
étrangère; ~**sprachlich** *a (e-e* ~*e*
Sprache betreffend) concernant une
langue étrangère; ~*e(r) Unterricht m*
= F~sprachenunterricht; ~**stäm-**
mig *a* de race étrangère; **F~stoff** *m*
matière *f* étrangère; **F~wort** *n* mot
m étranger *od* d'emprunt.
frenetisch [fre'ne:tɪʃ] *a (rasend)* frénétique.
Frequenz *f* ⟨-, -en⟩ [fre'kvɛnts] *(Be-*
such(erzahl)) affluence, fréquenta-

tion; *phys radio* fréquence *f;* ~**abweichung** *f radio* excursion *f* de fréquence; ~**band** *n* bande *f* de fréquences; ~**bereich** *m* gamme *f* de fréquences; ~**messer** *m* ⟨-s, -⟩ fréquencemètre *m;* ~**steigerung** *f* multiplication *f* de fréquence; ~**transformator** *m* transformateur *od* changeur *m* de fréquence.

Fresk|e *f* ⟨-, -n⟩, ~**o** *n* ⟨-s, -ken⟩ ['frɛskə, '-o] *(Kunst)* fresque *f;* ~**o-malerei** *f* peinture *f* à fresque.

Fress|alien *pl* [frɛ'sa:liən] *hum (Eßwaren)* comestibles *m pl,* manger *m; pop* bouffe *f;* ~**e** *f* ⟨-, -n⟩ *vulg (Mund)* gueule *f; jdm in die* ~ *schlagen* donner sur la gueule à qn; **f~en** ⟨*frißt, fraß, hat gefressen*⟩ ['frɛsən] *tr* u. *itr (Tier)* manger; *vulg (Mensch)* bouffer; *(Rost)* corroder; *(Wagen)* sucer; *jdn gefressen haben (fig fam: nicht leiden können)* avoir qn dans le nez; *sich dick od voll* ~ s'empiffrer, se gaver, se taper la cloche; *Kilometer* ~ *(mot fam)* avaler *od* dévorer des kilomètres; *wie ein Scheunendrescher* ~ manger comme quatre; *jetzt hat er's endlich gefressen!* il a enfin pigé! ~**en** *n (der Tiere)* manger *m; vulg* boustifaille, bâfre *f; der Hund hat sein* ~ on a donné à manger au chien; *das war ein gefundenes* ~ *für mich* ce fut une bonne aubaine pour moi; ~**er** *m* ⟨-s, -⟩ *pop* glouton, goinfre *m;* ~**erei** *f* ['-raɪ] *f fam* mangeaille, gloutonnerie, goinfrerie; *pop* bâfrée *f,* gueuleton *m.*

Freß|korb *m* ['frɛs-] *fam* panier *m* aux provisions; ~**napf** *m (für Hund od Katze)* timbale *f* à mangeaille; ~**paket** *n fam* colis *m* de ravitaillement; ~**sack** *m pop* = *Fresser;* ~**welle** *f* vague *f* gastronomique.

Frettchen *n* ⟨-s, -⟩ ['frɛtçən] *zoo* furet *m.*

Freud|e *f* ⟨-, -n⟩ ['frɔydə] joie; *(Fröhlichkeit, Lustigkeit)* réjouissance; *(Heiterkeit)* gaieté, gaîté, allégresse *f; (Glück)* bonheur; *(Vergnügen)* plaisir *m; (Jubel)* jubilation *f; mit* ~n avec plaisir; *(außer sich) vor* ~ (transporté) de joie; ~ *an etw haben* trouver plaisir à qc; *viel* ~ *an etw haben* goûter un vif plaisir à qc; *sich vor* ~ *nicht halten können* ne pas se sentir *od* se tenir de joie; *herrlich und in* ~*n leben* avoir *od* mener la belle vie; ~ *machen* donner de la joie; *jdm* ~ *machen* faire plaisir à qn; *jdm e-e (kleine)* ~ *machen* faire une amabilité à qn; *jds* ~ *sein* faire la joie de qn; *vor* ~ *außer sich sein* ne pas se sentir de joie; *jds* ~ *teilen* partager la joie

de qn; *jdm die* ~ *verderben* gâter la joie de qn; *es wird mir e-e* ~ *sein zu* ... ce sera pour moi un plaisir *od* une joie de ...; *das ist keine* ~ cela n'est pas drôle; *geteilte* ~ *ist doppelte* ~ *(prov)* plaisir partagé, plaisir doublé; ~**enbotschaft** *f* joyeuse nouvelle *f;* ~**enfeuer** *n* feu *m* de joie; ~**engeheul** *n* cris *m pl* d'allégresse; ~**enhaus** *n* maison *f* publique *od* de tolérance; **f~e(n)los** *a,* ~**e(n)losigkeit** *f* = ~*los(igkeit);* ~**enmädchen** *n* fille *f* de joie; **f~enreich** *a* plein de joie(s), joyeux; ~**enruf** *m,* ~**enschrei** *m* cri d'allégresse, hosanna *m;* ~**entag** *m* jour *m* de joie; ~**entaumel** *m* transport *m* de joie, joie folle, ivresse *f* du plaisir; ~**entränen** *f pl* larmes *f pl* de joie; **f~estrahlend** *a* rayonnant de joie, épanoui; **f~etrunken** *a* ivre de joie.

Freudianer(in *f)* *m* ⟨-s, -⟩ [frɔydi'a:nər] freudien, ne *m f.*

freud|ig *a* joyeux; *(heiter)* gai; *(glücklich)* heureux; **F~igkeit** *f* ⟨-, ø⟩ joie, gaieté, gaîté, humeur *f* joyeuse; ~**los** *a* sans joie, triste, morne; **F~losigkeit** *f* tristesse *f.*

Freudsch *a* [frɔytʃ] freudien; ~*e Lehre f* freudisme *m;* ~*e(r) Versprecher m* lapsus *m.*

freuen ['frɔyen] , *sich* être joyeux *od* heureux; *über etw* se réjouir, être bien aise de qc; *auf etw* se réjouir (d'avance) de qc; *impers: das freut mich* cela me fait plaisir, j'en suis bien aise *od* heureux; *sich wie ein Kind* ~ avoir une vraie joie d'enfant; *sich s-s Lebens* ~ être heureux de vivre; *das freut mich sehr* j'en suis ravi; *er freut sich an s-m Besitz* il goûte les joies du propriétaire; *es freut mich sehr, Sie zu sehen* je suis ravi *od* enchanté de vous voir.

Freund *m* ⟨-(e)s, -e⟩ [frɔynt, -də] ami; *(Liebhaber von Sachen)* amateur *m; ein (guter)* ~ *von mir* un (bon) ami à moi, un de mes (bons) amis; *gegen* ~ *und Feind* envers et contre tous; *unter* ~*en* entre amis; ~*e gewinnen* gagner *od* se faire des amis; *jdn zum* ~ *haben* avoir qn pour ami; *dicke* ~*e sein (fam)* être grands amis; *kein* ~ *von etw sein* ne pas être amateur qc; *kein* ~ *von vielen Worten sein* ne pas aimer les paroles superflues; *gute(r), intime(r)* ~ bon ami, ami *m* intime; *mein lieber* ~*!* *(iron)* mon cher; ~**eskreis** *m* cercle *m* d'amis *od* des intimes; ~**espaar** *n* paire *f* d'amis; ~**in** *f* amie *f;* **f~lich** *a (liebenswürdig, nett)* aimable, bienveillant, avenant, accueillant, affable, gracieux; *(herzlich)* cordial, amical; *(Wohnung)* (clair et) accueillant; *(Gegend)* riant; *(Farbe)* gai; *com (Tendenz)* bien disposé; *jdm ~ begegnen, ~ gegen jdn* od *zu jdm sein* faire bonne mine à qn, traiter qn amicalement; *das ist sehr ~ von Ihnen* c'est très aimable à vous, vous êtes tout à fait gentil; *seien Sie so ~ und ... ayez* l'obligeance de ..., faites-moi l'amitié de ..., soyez assez bon pour ...; *bitte recht ~!* *(zum Photographieren)* souriez; *~e Grüße m pl* amitiés *f pl;* **~lichkeit** *f* amabilité, bienveillance, affabilité *f,* air *m* gracieux; cordialité; *(~liches Entgegenkommen)* marque d'amitié, obligeance, civilité *f;* bon office *m; jdm gegenüber die ~ selbst sein (a.)* faire mille amabilités à qn; **~schaft** *f* amitié *f; jdm die ~ kündigen* rompre avec qn; *~ schließen* contracter od lier amitié *(mit jdm* avec qn); *da hört die ~ auf (fam)* là je (il) ne connais (connaît) *etc* plus d'amis; *strenge Rechnung, gute ~ (prov)* les bons comptes font les bons amis; **~schaftlich** *a* amical, d'ami; *etw ~ regeln* régler qc à l'amiable; *~ gegen jdn gesinnt sein* être bien disposé envers qn; *mit jdm in ~e Beziehungen treten* prendre qn en amitié; *~e Beziehungen f pl, ~e(s) Verhältnis n* relations *f pl* amicales; *~e(r) Rat m* conseil *m* d'ami; **~schaftsbeteuerungen** *f pl* protestations *f pl* d'amitié; **~schaftsbezeigung** *f* démonstration *f* od témoignage *od* signe *m* od marque *f* d'amitié; **~schaftsdienst** *m* bon office *m;* **~schaftsspiel** *n sport* match *m* amical; **~schaftsvertrag** *m pol* traité *m* d'amitié.

Frev|el *m* ‹-s, -› ['fre:fəl] méfait, forfait, crime; *rel* sacrilège *m;* **f~elhaft** *a* criminel; *rel* sacrilège, impie; **~elhaftigkeit** *f* ‹-, ø› caractère *m* délictueux; *rel* impiété *f;* **~elmut** *m* audace *f* impie; **f~eln** *itr* se rendre coupable d'un crime; *an jdm* commettre un attentat contre qn; **~eltat** *f* méfait, forfait, crime; attentat *m;* **f~entlich** *adv* criminellement; **~ler** *m* ‹-s, -› scélérat, criminel; *rel* sacrilège, impie *m;* **f~lerisch** *a* = *f~elhaft.*

Friede *m* ‹-ns, -n› ['fri:də] *vx = ~n; ~ seiner Asche!* paix à ses cendres; *soziale(r) ~* paix *f* sociale; *~ ernährt, Unfriede verzehrt (prov)* la paix amasse, la guerre dissipe.

Frieden *m* ‹-s, -› ['fri:dən] paix *f; fig (Ruhe, Stille)* repos, calme *m,* tranquillité *f; um des lieben ~s willen* pour avoir la paix; *um ~ bitten* de-

mander la paix; *~ bringen* porter la paix; *zum ewigen ~ eingehen (sterben)* entrer dans la paix éternelle; *den ~ herstellen* (r)établir la paix; *in ~ leben* vivre en paix; *~ schließen* faire la paix; *~ stiften* faire régner la paix; *den ~ stören* troubler la paix; *bewaffnete(r) ~ (pol)* paix *f* armée; *häusliche(r) ~* paix *f* du ménage.

Friedens|angebot *n* ['fri:dəns-] proposition *f* de paix; **~bedingung** *f* condition *f* de paix; **~bewegung** *f* mouvement *m* pacifiste; **~bruch** *m* infraction à *od* rupture *f* de la paix; **~engel** *m* ange *m* de paix; **~gericht** *n* tribunal *m* de paix; **~instrument** *n* instrument *m* de la paix; **~konferenz** *f* conférence *f* de la paix; **~partei** *f* parti *m* de la paix; **~pfeife** *f* calumet *m* de la paix; **~politik** *f* politique *f* de la paix *od* pacifiste; **~präliminarien** *pl* préliminaires *m pl* de paix; **~produktion** *f* production *f* d'avant-guerre; **~qualität** *f com* qualité *f* d'avant-guerre; **~richter** *m* juge *m* de paix; **~richteramt** *n* justice *f* de paix; **~schluß** *m* conclusion *f* de la paix; **~sicherung** *f* garantie *f* de la paix; **~stärke** *f mil* effectif *m* de paix; **~(s)tifter** *m* pacificateur *m;* **~(s)törer** *m* fauteur de troubles, perturbateur (de la paix); *pol* agitateur, *fam* trublion *m;* **~verhandlungen** *f pl* négociations *f pl* de paix; **~vermittlung** *f* médiation *f* de la paix; **~vertrag** *m* traité *m* de paix; **~vorverhandlungen** *f pl* = *~präliminarien;* **~zeit** *f* temps *m* de paix; *in ~en* en temps de paix.

Fried|erike *f* [fri:də'ri:kə] Frédérique *f;* **~rich** ['fri:drıç] *m* Frédéric *m.*

fried|lich ['fri:t-] *a* pacifique, paisible; **F~fertigkeit** *f* ‹-, ø› caractère *m* pacifique; esprit *m* conciliant; **F~hof** *m* cimetière *m;* **~lich** *a* pacifique; *fig (ruhig)* paisible, calme, tranquille; *mit ~en Mitteln, auf ~em Wege* pacifiquement, en paix; *~e Absichten f pl, Beilegung, Durchdringung f* desseins *m pl,* règlement *m,* pénétration *f* pacifique(s); *~e Koexistenz f* coexistence *f* pacifique; **~liebend** *a* pacifique, épris de paix; **~los** *a* sans repos, inquiet; **F~losigkeit** *f* ‹-, ø› inquiétude *f.*

frieren ‹*friert, fror, gefroren*› ['fri:rən] *itr* ‹*aux: sein*› *(gefrieren)* geler, se congeler, prendre; ‹*aux: haben*› *(Mensch, Tier)* geler, avoir froid; *impers: es friert* il gèle; *es friert mich* je gèle, j'ai froid; *es friert Stein und Bein* il gèle à pierre fendre.

Fries m ⟨-es, -e⟩ [fri:s, -zə] *(arch, Textil)* frise *f.*

Fries|e m ⟨-n, -n⟩ ['fri:zə] **~in** f Frison, ne m f; **f~isch** a frison; **~land** n la Frise.

Friesel|fieber n, **~n** pl ['fri:zəl-] *med* fièvre f miliaire.

Frik|adelle f ⟨-, -n⟩ [frika'dɛlə] *(gebratener Fleischkloß)* boulette f de viande; **~assee** n ⟨-s, -s⟩ [-'se:] *(Ragout von weißem Fleisch)* fricassée f; **f~assieren** [-'si:rən] tr *(als ~assee zubereiten)* fricasser.

frisch [frɪʃ] a *(in ~em Zustand, bes. von Nahrungsmitteln)* frais; *(Gemüse)* vert; *(Teint)* frais; *(gesund u. munter)* frais, éveillé, dispos, alerte, gaillard; en bonne santé; *(kühl)* frais; *fam* frisquet; *(unverbraucht, neu)* frais, nouveau; *mit* **~em** *Mut* avec entrain; *ein* **~es** *Hemd,* **~e** *Wäsche anziehen* changer de chemise, de linge; *das Bett* **~** *beziehen* changer les draps du lit; *auf* **~er** *Tat ertappen* prendre en flagrant délit od sur le fait; *etw in* **~er** *Erinnerung haben* avoir qc présent à la mémoire; **~e** *Luft schöpfen* prendre l'air od le frais; **~** *gestrichen!* prenez garde od attention à la peinture, peinture fraîche; **~** *gewagt ist halb gewonnen (prov)* la fortune sourit aux audacieux; **~** *vom Faß* fraîchement tiré; **~** *von der Kuh (Milch)* qui vient d'être trait; **~** *gebacken (fig fam: gerade ernannt* od *befördert)* frais émoulu; **~** *gepflückt* frais cueilli; **~e** *Luft f* air frais, grand air m; **~** *und munter* frais et dispos; **~** *rasiert* rasé de frais; **F~arbeit** f metal affinage m; **~auf** interj allons! en avant! debout! hardi! courage! **F~e** f ⟨-, ø⟩ fraîcheur f, frais m; *fig* verdeur, vigueur f; *in alter* **~** frais et dispos comme toujours; **F~eisen** f fer m affiné; **~en** tr metal affiner, puddler; **F~en** n affinage, puddlage m; **F~fleisch** n viande f fraîche; **F~gemüse** n légumes m pl verts od frais; **F~haltedatum** n date-limite f; **F~ling** m ⟨-s, -e⟩ zoo marcassin m; **~weg** [-'vɛk] adv hardiment, sans hésiter; **F~zellenbehandlung** f, **F~zellentherapie** f med thérapeutique f par (les) cellules fraîches.

Fris|eur m ⟨-s, -e⟩ [fri'zø:r] coiffeur m; *zum* **~** *gehen* aller chez le coiffeur; **~eursalon** m = **~iersalon**; **~euse** f ⟨-, -n⟩ [-'zø:zə] coiffeuse f; **~iercreme** f [-'zi:r-] crème f à coiffer; **f~ieren** tr coiffer; *fig (wirkungsvoller machen)* arranger; *com (Bilanz)* maquiller; **~ierhaube** f filet od casque m à coiffer; **~iermantel** m peignoir m; **~iersalon** m salon m de coiffure; **~iertisch** m, **~iertoilette** f coiffeuse f; **~ur** f ⟨-, -en⟩ [-'zu:r] coiffure f.

Frist f ⟨-, -en⟩ [frɪst] *(Termin)* terme, délai; *(Aufschub)* répit m; *com fin* prolongation, prorogation f; moratorium; *jur* sursis; *allg (Zeit(raum)* temps m, période f; *auf (kurze)* **~** à (court) terme; *in kürzester* **~** dans le plus bref délai; *nach Ablauf der* **~** à terme échu; *zu dieser* **~** en ce temps; *e-e* **~** *ablaufen* od *verstreichen lassen* laisser expirer un délai; *e-e* **~** *bestimmen* od *festsetzen* fixer od déterminer un délai; *e-e* **~** *bewilligen* od *gewähren* accorder un délai; *die* **~** *einhalten* observer le délai; *e-n Tag, Monat* **~** *haben* avoir un jour, un mois de répit; *die* **~** *überschreiten* dépasser le délai; *die* **~** *verlängern* prolonger le délai; *die* **~** *läuft (am ...) ab* le délai échoit (le ...); **~ablauf** m expiration f du délai; *bei* **~** à l'expiration du terme; **f~en** tr: *kümmerlich sein Leben* **~** vivoter, tirer le diable par la queue; **f~gemäß** a, **f~gerecht** a ponctuel; adv a. au délai fixé od convenu; **f~los** a u. adv sans délai; **~** *entlassen* renvoyer sans préavis; **~e** *Entlassung* f renvoi m sans préavis.

fritt|en ['frɪtən] tr tech fritter; **F~er** m ⟨-s, -⟩ el radio cohéreur m; **F~ung** f el cohésion f.

frivol [fri'vo:l] a *(leichtfertig)* frivole; *(schlüpfrig)* lascif; **F~ität** f ⟨-, -en⟩ [-voli'tɛ:t] *(Leichtfertigkeit)* frivolité f; **F~itätenarbeit** f *(Textil)* frivolité f.

froh [fro:] a joyeux, bien aise, content; *(erfreut)* ravi; *(heiter)* gai; **~en** *Mutes* de bonne humeur; *s-s Lebens nicht mehr* **~** *werden* ne plus avoir de goût à vivre; *ich bin* **~** *darüber* j'en suis content; *ich bin* **~** *(darüber), daß ...* je suis content que, je me réjouis du fait que; *die* **~e** *Botschaft (rel)* la bonne nouvelle; **~galaunt** a de bonne humeur; *fam* bien luné; **~gemut** a joyeux, réjoui; **~locken** itr être transporté de joie, pousser des cris de joie od d'allégresse; exulter; **F~lockung** f exultation, jubilation f; **F~mut** m, **F~sinn** m gaieté, bonne od belle humeur f, enjouement, jovialité f; **~mütig** a, **~sinnig** a gai, enjoué, jovial.

fröhlich ['frø:lɪç] a joyeux, réjoui, enjoué, épanoui, jovial; **F~keit** f ⟨-, ø⟩ joie f, enjouement m, jovialité, gaieté, gaîté f.

fromm [frɔm] *(frommer* od *frömmer)*
a pieux, dévot, religieux; *(Pferd)*
doux, docile; ~*e(s)* *Werk n* œuvre *f*
pie; *ein* ~*er Wunsch* un vœu pieux;
F~en *m: zu jds Nutz und* ~*n* au profit, pour l'intérêt de qn; ~**en**
['frɔmən] *itr a. tr (nutzen, dienlich
sein): jdm* od *jdn* ~ être utile, profiter à qn, servir qn.

Frömm|elei *f* ‹-, en› [frœmə'laɪ] fausse
dévotion, bigoterie, cagoterie, tartuferie *f;* **f~eln** ['frœməln] *itr* faire le
dévot *od* le cagot; ~**igkeit** *f* ‹-, ø›
piété, dévotion, religiosité *f;* ~**ler** *m*
‹-s, -› faux dévot, bigot, cagot, tartufe.

Fron|(arbeit) *f,* ~**dienst** ['fro:n-] *m*
hist u. fig corvée *f;* **f~en** *itr (~dien-
ste leisten)* faire des corvées.

frönen ['frø:nən] ‹*hat gefrönt*› *itr (e-m
Laster huldigen)* s'adonner, s'abandonner à, être l'esclave de.

Fronleichnam|(sfest   *n)*   *m*
[fro:n'laɪç-] *rel* Fête-Dieu *f;* ~**spro-
zession** *f* procession *f* de la Fête-
-Dieu.

Front *f* ‹-, -en› [frɔnt] *arch* façade *f,*
frontispice; *mil* front *m;* première ligne *f; mete* u. *fig, bes. pol* front *m;
auf breiter, schmaler* ~ *(mil)* sur
front large, étroit; *auf der ganzen* ~
sur l'ensemble du front; *mit der* ~
nach ... faisant face à ...; *die* ~ *ab-
schreiten* passer devant le front; *die*
~ *durchbrechen* od *durchstoßen*
rompre *od* percer le front; *an die* ~
gehen aller au *od* sur le front; *die* ~
halten tenir le front; ~ *machen* faire
face; *an der* ~ *stehen* être au *od* sur
le front; *die* ~ *wechseln (a. fig)* faire
volte-face; ~**abschnitt** *m* secteur *m*
(du front); **f~al** [-'ta:l] *a* de front; ~**al-
angriff** *m* attaque *f* de front; ~**antrieb** *m mot* traction *f* avant; ~**aufwind** *m aero* ascendance *f* frontale;
~**ausbuchtung** *f mil* saillant *m* du
front; ~**begradigung** *f* rectification
f du front; ~**bereich** *m* front *m;* ~**bö**
f aero grain *m* frontal; ~**dienst** *m*
service *m* au front; ~**einbuchtung** *f*
poche *f* (du front); ~**einsatz** *m* emploi *m* au front; ~**erfahrung** *f*
expérience *f* du front; ~**flugzeug** *n*
avion *m* de première ligne; ~**gebiet**
n mil zone *f* de l'avant; ~**kämpfer** *m*
combattant du front; *(nach dem
Kriege)* ancien combattant *m;* ~**leitstelle** *f* poste *m* régulateur de mouvements; ~**linie** *f* = ~*verlauf;* ~**lük-
ke** *f* poche *f* (du front); ~**offizier** *m*
officier *m* de troupe; ~**soldat** *m* soldat *m* du front; = ~*kämpfer;* ~**verlauf** *m* tracé *m* du front; ~**vorsprung** *m* saillant *m* (du front);

~**wechsel** *m a. fig* changement *m*
de front; ~**zulage** *f mil* haute paie *f*
(de guerre).

Frosch *m* ‹-(e)s, ⁖e› [frɔʃ, 'frœʃə] grenouille; *(an der Geige)* hausse (d'archet); *tech* came *f; e-n* ~ *im Halse
haben (fig fam)* avoir un chat dans la
gorge; *sei kein* ~*! (ziere dich nicht!)*
ne fais pas de manières; ne te fais pas
prier; ~**biß** *m bot* morrène *f;* ~**geschwulst** *f med* ranule *f;* ~**kraut** *n*
grenouillette *f;* ~**laich** *m* frai *m* de
grenouille; ~**mann** *m* ‹-(e)s, ⁖er›
homme-grenouille *m;* ~**perspektive**
f perspective *f* à ras de terre; ~**pfeffer** *m* = ~*kraut;* ~**schenkel** *m* cuisse *f* de grenouille; ~**teich** *m* gre-
nouillère, mare *f* aux grenouilles.

Frost *m* ‹-(e)s, ⁖e› [frɔst, 'frœstə]
gelée *f,* froid *m; starke(r), strenge(r)*
~ grand froid *m,* forte gelée *f;* ~**aufbruch** *m (der Straßen)* soulèvement
m dû au gel; ~**beule** *f* engelure *f;*
f~empfindlich *a* sensible au gel;
~**empfindlichkeit** *f* sensibilité *f* au
gel; ~**er** *m* ‹-s, -› *tech* freezer *m;*
f~frei *a* sans gelée; **f~ig** *a* froid, glacial, glacé, de glace; *fig* froid; ~**igkeit**
f ‹-, (-en)› *fig* froideur *f;* ~**milderung**
f atténuation *f* des gelées; ~**schäden**
m pl dégâts *m pl* dus à *od* causés par
la gelée; ~**schutzfett** *n* gaisse *f* antigel; ~**schutzmittel** *n* (produit) antigel *m;* ~**schutzröhre** *f* dégivreur
m; ~**schutzscheibe** *f mot* glace *f*
antibuée; ~**tag** *m (mit zeitweiliger
Temperatur unter Null)* jour *m* de
gelée; ~**wetter** *n* temps *m* de gelée.

fröst(e)lig ['frœst-] *a* frileux; ~**eln** *itr*
avoir froid *od* des frissons; *impers:
mich fröstelt* j'ai des frissons.

Frott|ee(stoff *m)* *n* od *m* ‹-/-s, -s›
[frɔ'te:] tissu-éponge *m;* **f~ieren**
[-'ti:rən] *tr* frotter, frictonner; ~**ieren**
n frottement *m,* friction *f;*
~**ier(hand)tuch** *n* serviette-éponge
f.

Frucht *f* ‹-, ⁖e› [fruxt, 'fryçtə] fruit;
(Leibesfrucht) fruit, embryon, fœtus;
fig (Ergebnis, Wirkung) fruit, produit,
résultat, effet *m; die* ~ *(das Getreide)*
les blés *m pl,* la récolte; *Früchte ansetzen (Baum)* se mettre à fruit;
Früchte tragen affruiter; *a. fig* fructifier, porter des fruits; *verbotene
Früchte schmecken am besten* les
fruits défendus sont toujours les meilleurs; *eingemachte Früchte* des fruits
m pl confits; *die Früchte des Feldes*
les fruits *m pl* de la terre; *e-e* ~ *der
Liebe (uneheliches Kind)* un enfant
de l'amour; **f~bar** *a a. fig* fertile,
fécond, productif; *(Land a.)*

généreux; ~**barkeit** *f* ⟨-, ø⟩ fertilité, fécondité, productivité *f;* ~**blase** *f anat* cavité *f* amniotique; ~**boden** *m bot* réceptacle *m;* **f~bringend** *a bot* fructifère; *fig* fructueux, productif; **f~en** *itr: nichts* ~ *(nichts nützen)* rester *od* demeurer sans effet; ~**fleisch** *n* pulpe *f;* ~**folge** *f agr* assolement *m;* ~**geschmack** *m: mit* ~ fruité; **f~ig** *a (Wein)* fruité; ~**knoten** *m bot* ovaire *m;* **f~los** *a fig* infructueux, inutile, inefficace; sans fruit, sans résultat, sans effet; ~**losigkeit** *f* ⟨-, ø⟩ inutilité, inefficacité *f;* ~**mark** *n (Küche)* pulpe *f* de fruits; ~**paste** *f* pâte *f* de fruits; ~**presse** *f* presse-fruits *m;* **f~reich** *a fig* fructueux, productif; ~**saft** *m* jus *m* de fruits; ~**wasser** *n physiol* liquide *m* amniotique; ~**wasseruntersuchung** *f* amniocentèse *f;* ~**wechsel** *m* alternance *f* des cultures; ~**zucker** *m* fructose, lévulose *m.*

Früchtchen *n* ['frYçt-] *ein nettes* ~ *(fig iron)* un joli garnement *od* monsieur *od* moineau; ~**ebrot** *n* croquette *f* aux fruits; **f~ereich** *a = fruchtreich.*

frugal [fru'ga:l] *a (einfach, schlicht)* frugal, sobre; **F~ität** *f* ⟨-, ø⟩ frugalité, sobriété *f.*

früh [fry:] **1.** *a (vor der festgesetzten Zeit)* avant l'heure fixée; *(vorzeitig)* précoce, prématuré; *(~ am Tage)* matinal; *(Gemüse u. Obst:* ~*reif)* hâtif; *am* ~*en Morgen* de grand matin; ~*e Kindheit f* première enfance *f;* *ein* ~*erer Freund von mir* un ancien ami à moi; *ein* ~*es Werk* une œuvre de jeunesse; *ein* ~*er Winter m* un hiver précoce; **2.** *adv* de bonne heure, tôt; *gestern* ~ hier matin; *heute* ~ ce matin; *von* ~ *bis spät* du matin (jusqu')au soir; *zu* ~ trop tôt, avant l'heure; en avance, d'avance, par avance; *zu* ~*er Stunde* tôt le matin; aux aurores; *eine Stunde zu* ~ avec une heure d'avance; ~ *aufstehen* se lever tôt *od* de bonne heure; **F~apfel** *m* pomme *f* d'été; **F~aufsteher** *m* lève-tôt *m fam; ein* ~ *sein* être matinal; **F~beet** *n agr* couche *f;* **F~birne** *f* hâtiveau *m;* **F~e** *f* ⟨-, ø⟩ *in der* ~ le matin; *in aller* ~ de grand *od* de bon matin; ~**er** *(Komparativ von* ~*, adv) (eher, zeitiger)* plus tôt, de meilleure heure; *(einst, ehemals)* autrefois, jadis; *je* ~*er, desto besser* le plus tôt sera le mieux; ~ *oder später* tôt ou tard, un jour ou l'autre; ~**ere(r, s)** *(Komparativ von* ~*, a)* antérieur; *(ehemaliger)* ancien; *(erster)* premier; *in* ~*eren Zeiten* autrefois, au temps jadis;

F~erkennung *f* dépistage *m;* ~**estens** *adv* au plus tôt; ~**este(r, s)** *(Superlativ von* ~*, a)* premier; *(ältester)* (le) plus ancien; **F~geburt** *f (Vorgang)* naissance *f* avant terme; *(Kind)* enfant né avant terme, prématuré *m;* **F~gemüse** *n* primeurs *f pl;* **F~geschichte** *f* protohistoire *f;* ~**geschichtlich** *a* protohistorique; **F~gotik** *f* gothique *m* primitif; **F~jahr** *n* printemps *m; es geht aufs* ~ *zu* le printemps approche; **F~jahrsmesse** *f* foire *f* de printemps; **F~jahrsmüdigkeit** *f* fatigue *f* due au printemps; **F~jahrsputz** *m* nettoyage *m* de printemps; **F~jahrs-Tagundnachtgleiche** *f* équinoxe *m* vernal *od* de printemps; **F~kartoffeln** *f pl* pommes *f pl* de terre nouvelles *od* primeurs; **F~ling** *m* ⟨-s, -e⟩ printemps; *poet* renouveau *m;* ~**ling(s)haft** *a* printanier, de printemps; **F~lingspunkt** *m astr* point *m* vernal; **F~lingssuppe** *f* potage *m* printanier; **F~mette** *f rel* office *m* du matin; ~**morgens** *adv* de grand *od* de bon matin; **F~nebel** *m* brouillard *m od* brume *f* matinal(e); **F~nebelbildung** *f* formation *f* brumeuse matinale; **F~obst** *n* fruits *m pl* précoces; ~**reif** *a* hâtif; *a. fig* précoce; **F~reife** *f a. fig* précocité *f; fig* maturité *f* précoce; **F~rentner** *m* préretraité *m;* **F~schicht** *f:* ~ *haben* être du matin; **F~schoppen** *m* (petit) verre *m* du matin; **F~sport** *m* gymnastique *f* matinale; **F~stück** *n* petit déjeuner *m;* ~**stücken** *itr ⟨hat gefrühstückt⟩* déjeuner, prendre le petit déjeuner; *pop* casser la croûte; ~**vollendet** *a lit psych* trop tôt accompli; ~**zeitig** *a* prématuré, précoce; *adv* de bonne heure, tôt; **F~zündung** *f (der Munition)* allumage prématuré; *(bei e-r Sprengung)* départ *m* prématuré; *mot* avance *f* à l'allumage.

Frust *m* ⟨-s, ø⟩ frustration(s *pl*) *f;* **f~rieren** *tr* frustrer.

Fuchs *m* ⟨-es, ⸚e⟩ [fuks, 'fYksə] *(Tier u. Pelz)* renard; *(Pferd)* alezan *m; (rothaariger Mensch)* roux *m,* rousse *f; arg (Student im 1. Jahr)* bizut(h) *m; wo sich* ~ *und Hase gute Nacht sagen* au fin fond des bois; *alte(r) od schlaue(r)* ~ *(fig)* vieux *od* fin renard, fin *od* rusé compère, rusé, fin merle *m; junge(r)* ~ renardeau *m;* ~**bau** *m* renardière *f,* terrier *m* de *od* du renard; ~**eisen** *n,* ~**falle** *f* piège *f* de renard; **f~en,** *sich (fam: sich ärgern)* se faire de la bile *od* du mauvais sang; *pop* bisquer; *impers: das* ~*t mich* ça m'embête, ça me chiffonne;

~**hatz** f, ~**jagd** f chasse f au renard; **f**~**ig** a = f~rot; = f~(teufels)wild; ~**loch** n = ~bau; ~**pelz** m renard m; **f**~**rot** a roux; roussâtre; ~**schwanz** m queue de renard; bot queue-de-renard; (Säge) scie f égohine; **f**~(**teufels**)**wild** a fâché tout rouge, hors de ses gonds.

Fuchsie f ‹-, -n› ['fʊksiə] bot fuchsia m.

Fuchsin n ‹-s, ø› [fʊ'ksi:n] chem fuchsine f.

Füchsin f ['fʏksɪn] renarde f.

Fucht|el f ‹-, -n› ['fʊxtəl] (Stock): jdn unter der ~ haben avoir qn sous sa coupe; jdn unter die ~ nehmen prendre qn sous sa coupe; unter jds ~ stehen (fig) être sous la férule od la coupe de qn; **f**~**eln** itr agiter les bras, gesticuler; nicht lange ~ = nicht lange fackeln; **f**~**ig** a fam (wütend) enragé, en rage, en colère.

Fuder n ‹-s, -› ['fu:dər] (Hohlmaß für Wein) foudre m; ein ~ Holz une charretée de bois; **f**~**weise** adv par charretées; fig (massenhaft) en masse.

Fug m [fu:k]: mit ~ und Recht à bon droit, en bonne justice, à bonne raison, de bonne guerre.

Fug|e f ‹-, -n› ['fu:gə] **1.** (Furche) sillon m; (Nute) rainure f, joint m, jointure f; aus den od allen ~n gehen se disjoindre, se disloquer (complètement); **f**~**en** tr (~n ziehen in) sillonner; (nuten) rainer, jointoyer; **f**~**enlos** a sans sillons; sans rainures, sans joints.

Fuge f ‹-, -n› ['fu:gə] **2.** mus fugue f.

füg|en ['fy:gən] tr tech joindre, jointoyer, emboîter, assembler; fig lit (anordnen) disposer, régler; sich ~ (sich einordnen) se conformer, s'accommoder, s'adapter; (sich ergeben, resignieren) se résigner; sich wieder ~ rentrer dans son devoir; Gott, das Schicksal hat es so gefügt Dieu, le sort a en a disposé ainsi; es ~te sich, daß le hasard a voulu que; sich ins Unabänderliche ~ se résigner à l'inévitable; ~**lich** ['fy:k-] adv (zu Recht) à bon droit, en bonne justice; ~**sam** a docile, soumis; **F**~**samkeit** f ‹-,(-en)› docilité, soumission f; **F**~**ung** f (Schicksal) destinée f; ~ Gottes od des Schicksals coup m de la Providence od du sort.

fühl|bar ['fy:l-] a tangible, palpable, sensible; (wahrnehmbar) perceptible; (spürbar, deutlich) sensible; sich ~ machen se faire sentir; **F**~**barkeit** f ‹-, ø› tangibilité f; ~**en** tr (tasten) tâter, palper; (empfinden) sentir, éprouver; sich ~ se sentir; sich als...

~ (sich für ... halten) se prendre pour ...; sich für etw verantwortlich ~ se sentir responsable de qc; sich nicht wohl ~ ne pas se sentir bien; jdm auf den Zahn ~ sonder qn; er hat sich angesprochen gefühlt il l'a pris pour lui; wie fühlst du dich? comment te trouves-tu? ~**end** a sensible; **F**~**er** m ‹-s, -› zoo tentacule m, antenne f; die ~ ausstrecken (fig) lancer un ballon d'essai; **F**~**faden** m zoo tentacule m; **F**~**horn** n zoo antenne f; ~**los** a insensible; **F**~**losigkeit** f ‹-, ø› insensibilité f; **F**~**ung** f ‹-, ø› contact m; mit jdm in ~ kommen, sein od stehen, bleiben entrer, être, rester en contact avec qn; ~ suchen chercher du contact; die ~ mit dem Feinde verlieren perdre le contact avec l'ennemi; **F**~**ungnahme** f ‹-, -en› prise f de contact.

Fuhr|e f ‹-, -n› ['fu:rə] (Fahrt) charriage, roulage, transport; (Ladung) charroi m, charretée, charge f; ~**lohn** m frais m pl de transport od de voiture; ~**mann** m ‹-(e)s, -leute/ (-männer)› voiturier, charretier, roulier m; der ~ (astr) le Cocher; ~**park** m (Kraftwagenbestand) parc m; ~**unternehmen** n entreprise f de transports, messageries f pl; ~**unternehmer** m entrepreneur m de transports od de roulage; ~**werk** n (Transportmittel) voiture f; (Fahrzeug) véhicule; (Rollwagen) chariot, camion m; (Karren) charrette f.

führen ['fy:rən] tr (geleiten) conduire, mener, guider; (leiten) conduire, guider; mar gouverner, barrer; aero piloter; mil mener, diriger; (anführen, befehligen) commander; (mit sich ~, bei sich haben) porter, avoir sur (am Leibe) od avec (in der Hand, in e-r Trage) soi; (im Wappen) avoir (dans ses armes); (Fluß: Geröll, Eis) charrier; (Fahrzeug: e-e Ladung) transporter; com (e-n Artikel) tenir, avoir; (etw Langes und Schmales, e-n Graben, e-e Mauer etc anlegen, ziehen) établir, dresser; itr (an erster Stelle stehen) être en tête, tenir la tête; sport mener; (hinführen, s-e Richtung nehmen) mener; sich ~ (sich betragen) se conduire; jdm etw vor Augen ~ évoquer qc aux yeux de qn; représenter qc à qn; den Beweis ~ apporter od établir od fournir od donner la preuve; den Bogen (der Geige) ~ manier l'archet; die Bücher ~ (com) tenir les livres; e-e gute Ehe ~ être bon époux od bonne épouse; être heureux en ménage; etw zu Ende ~ achever, terminer, finir qc; zu e-m *bösen Ende* ~ mener à mal; *zum guten Ende* ~ mener à bonne fin; *die Feder* ~ *(beim Schreiben)* tenir *od* manier la plume; *sich etw zu Gemüte* ~ *(fam)* déguster qc; *ein Gespräch* ~ avoir une conversation; *jdn aufs Glatteis* ~ *(fig)* tendre un piège à qn; *sich gut* ~ avoir une bonne conduite; *jdm (beim Schreiben) die Hand* ~ conduire la main à qn; *die Hand zum Munde* ~ porter la main à la bouche; *auf den Hof* ~ *(Tür)* donner sur la cour; *Klage* ~ *(jur)* porter plainte *(über jdn* contre qn); *Krieg* ~ faire la guerre *(mit* à); *ein frommes, liederliches Leben* ~ mener une vie pieuse, dissolue; *e-n Namen, Titel* ~ porter un nom, un titre; *zu nichts* ~ ne mener *od* n'aboutir à rien; *e-n Prozeß* ~ mener *od* poursuivre un procès; *schöne Redensarten im Munde* ~ se gargariser de formules; *das Ruder* ~ tenir le gouvernail, gouverner; *etw im Schilde* ~ avoir un dessein caché, couver un dessein; *jdn über die Straße* ~ faire traverser la rue à qn; *Verhandlungen* ~ négocier; *jdn in Versuchung* ~ tenter qn; *den Vorsitz* ~ présider; *jdn den rechten Weg* ~ mener qn par le bon chemin; *das Wort* ~ avoir la parole; *das große Wort* ~ avoir le verbe haut; *das führt zu nichts (a.)* cela ne donne rien; c'est une impasse; *das führt zu nichts Gutem* cela ne mène à rien de bon; *das würde zu weit* ~ cela nous entraînerait trop loin; *was führt Sie zu mir?* qu'est-ce qui *od* quel bon vent vous amène? *wohin soll das (noch)* ~*?* à quoi cela aboutira-t-il? *alle Wege* ~ *nach Rom* tous les chemins mènent à Rome; **~d** *a (Persönlichkeit)* dirigeant; *com (Haus)* le *od* la plus renommé(e) *od* connu(e); *(Hotel)* le meilleur; ~**e(s)** *Land* ~ nation-pilote *f; die* ~**en** *Männer m pl* les directeurs, les chefs *m pl;* ~**e** *Stellung f* position *f* en vue.

Führer *m* ⟨-s, -⟩ ['fy:rər] chef, directeur, conducteur; *mil* commandant en chef; *loc* mécanicien; *(e-s öffentl. Verkehrsmittels)* conducteur; *mot* chauffeur; *mar aero* pilote; *(Fremden-, Reiseführer* ⟨*Buch*⟩) guide; *(Buch, Leitfaden)* livre-guide *m;* ~ *e-r* od *der Abordnung (pol)* chef *m* de mission; ~**eigenschaften** *f pl* qualités *f pl* de chef; ~**haus** *n mot* cabine *f;* ~**in** *f* directrice, conductrice *f;* ~**kabine** *f aero* poste de pilotage, habitacle (du pilote), cockpit *m;* **f~los** *a (fahrendes Fahrzeug)* sans chauffeur; *(Flugzeug)* sans pilote;

~**natur** *f* nature *f* de chef; ~**prinzip** *n* principe *m* autoritaire; ~**raum** *m* = ~**kabine;** ~**schaft** *f (Führer pl)* chefs, directeurs, conducteurs *m pl; pol (Führung)* leadership *m;* ~**schein** *m mot* permis de conduire; *aero* brevet *m* de pilote; *s-n* ~ *machen* passer son permis de conduire; ~**scheinentzug** *m* suspension *f* du permis de conduire; ~**scheinprüfung** *f* examen *m* du permis de conduire; ~**sitz** *m* siège *m* du chauffeur *(mot) od* du pilote *(aero);* ~**stand** *m tech* cabine de conduite *od* de manœuvre; *loc* cabine *f od* poste de mécanicien *od* de conduite *od* d'équipage; *aero* poste *m* de pilotage *od* du pilote.

Führung *f* ⟨-, -en⟩ ['fy:ruŋ] *(Leitung)* conduite, direction, gestion; *(Verwaltung)* administration *f; pol* leadership *m; (Besichtigung)* visite *f* guidée *od* commentée; *tech* guide, guidage *m,* glissière; *(Benehmen)* conduite *f; mit der* ~ *beauftragt sein* être chargé de la direction *od mil* du commandement; *wegen guter* ~ *vorzeitig entlassen werden* bénéficier d'une remise de peine pour bonne conduite; *in* ~ *gehen (sport)* prendre la tête; *die* ~ *haben, in* ~ *liegen (sport)* être en tête; *die* ~ *an sich reißen* se rendre maître; *sich jds* ~ *überlassen* se livrer à la direction de qn; *die* ~ *übernehmen* prendre la direction; ~**sbahn** *f tech* glissière *f;* ~**sbehälter** *m (e-s Gasometers)* charpente *f* de guidage; ~**sbügel** *m (des Bogenzirkels)* quart *m* de cercle; ~**sfläche** *f* = ~**sbahn;** ~**sgremium** *n pol* noyau dirigeant, organe *m* directeur; ~**skraft** *f (leitender Angestellter)* cadre *m;* ~**sleiste** *f tech* barre *f* conductrice; ~**sring** *m tech* anneau *m* de guidage; *mil* ceinture *f* de projectile; ~**srolle** *f tech* galet *m* de guidage; ~**sschiene** *f tech* (rail-)guide *m,* glissière; *(für Raketenstart)* rampe *f* de lancement; ~**sstab** *m mil* état-major *m* de commandement *od* d'exécution; ~**sstange** *f* = ~**sschiene;** ~**sstift** *m* cheville *od* tige *f* de guidage; ~**swalze** *f tech* cylindre *m* de guidage; ~**szeugnis** *n* certificat *m* de bonne conduite *od* de bonne vie et mœurs.

Füll|anlage *f* ['fyl-] installation *f* de remplissage; ~**ansatz** *m* manche *f* de remplissage; ~**apparat** *m* appareil *m* de remplissage; ~**bleistift** *m* porte-mine *m;* ~**e** *f* ⟨-, ø⟩ plénitude *f; (große Menge)* grande quantité, masse; *(Reichtum)* richesse, opulence; *(Überfluß)* abondance, profusion *f;*

(Leibesfülle) embonpoint *m*, formes *f pl* pleines; *in Hülle und* ~, *in verschwenderischer* ~ en abondance, à profusion, à foison; *etw in Hülle und* ~ *haben (a.)* regorger de qc; **f~en** *tr* emplir, remplir; garnir *(mit etw* de qc); *(vollstopfen)* bourrer, gonfler; *(Küche)* farcir; *(hohlen Zahn)* plomber, obturer; *(Buch-, Heftseiten)* couvrir; *in ein Faß* od *in Fässer* ~ entonner; *in e-e Flasche* od *in Flaschen* ~ mettre en bouteille(s); *in e-n Sack* od *in Säcke* ~ ensacher; *~er m* ‹-s, -› *fam (~halter)* stylo *m; (in der Zeitung)* (annonce *f)* bouche-trou *m;* **~erde** *f* terre *f* de remblai; **~feder(halter** *m)* *f,* **~halter** *m* stylo(graphe), stylo *m* à encre *od* à plume; **~federtinte** *f,* **~haltertinte** *f* encre *f* stylographique *od* à stylo; **~haar** *n* bourre *f;* **~horn** *n* corne *f* d'abondance; **f~ig** *a (rundlich)* rondelet, replet; **~maschine** *f* machine *f* à remplir; **~masse** *f* pâte *f* de remplissage; **~material** *n* matériel *m* de remplissage; **~ort** *m mines* recette d'accrochage *od* du fond, chambre *f* de chargement; **~schrift** *f (der Schallplatten)* microsillon *m;* **~sel** *n* ‹-s, -› ['-zəl] remplissage *m; (Küche)* farce *f;* **~stutzen** *m* clarinette *f;* **~trichter** *m* trémie *f* de chargement; **~ung** *f* remplissage; *(mit Luft, e-m Gas)* gonflement; *(e-s Zahnes)* plombage *m,* obturation; *(Küche)* farce *f; (e-r Tür)* panneau *m; arch* entrevous *m;* **~vorrichtung** *f* = *~apparat;* **~wagen** *m tech* enfourneuse *f;* **~wort** *n gram* explétif *m.*

Füllen *n* ‹-s, -› ['fylən] = *Fohlen.*

fummeln ['fuməln] *itr fam* tripoter; *(basteln)* bricoler; *in der Tasche* ~ *fam* farfouiller dans sa poche.

Fund *m* ‹-(e)s, -e› [funt, '-də] *(Auffindung, a. fig)* découverte *f; (~stück)* objet *m* trouvé; *(glücklicher ~)* trouvaille, aubaine *f; e-n (guten* od *glücklichen)* ~ *machen* faire une trouvaille; **~büro** *n* bureau *m* des objets trouvés; **~gegenstand** *m* = *~sache;* **~grube** *f fig* mine *f; ~ort m* lieu *m* de découverte; **~sache** *f* objet *m* trouvé; **~stelle** *f* bot lieu *m* de découverte; **~unterschlagung** *f* détournement *m* d'objets trouvés.

Fundament *n* ‹-(e)s, -e› [funda'mɛnt] *arch u. fig* fondation *f,* fondement(s *pl*) *m; fig* base *f; das* ~ *legen (a. fig)* jeter *od* poser le(s) fondement(s) *(zu* de); **f~al** [-'ta:l] *a (grundlegend)* fondamental; **~albegriff** *m* conception *od* notion *f* fondamentale; **~alsatz** *m* principe *m;* **f~ieren** [-'ti:rən] *tr arch*

jeter *od* poser le(s) fondement(s) de; **~ierung** *f* pose *f* du *od* des fondement(s).

Fund|ation *f* ‹-, -en› [fundatsi'o:n] *(Stiftung)* fondation *f;* **f~ieren** [-'di:rən] *tr (gründen, begründen)* fonder; *fin* fonder, consolider; *gut ~iert (pp, fin)* bien fondé; **~ierung** *f* fondation; *fin a.* consolidation *f;* **~us** *m* ‹-, -› ['-dus] *(Grundstück, Bestand)* fonds *m.*

fündig ['fyndıç] *a mines* exploitable, riche; ~ *werden (ein Lager finden)* découvrir.

fünf [fynf] *(Zahlwort)* cinq; ~ *gerade sein lassen (fig)* ne pas y regarder de trop près; *das kannst du dir doch an den* ~ *Fingern abzählen!* c'est pourtant facile à comprendre *od* à saisir; **F~** *f* ‹-, -en› cinq *m;* **F~eck** *n* pentagone *m;* **~eckig** *a* pentagonal; **F~er** *m* ‹-s, -› = *F~;* **~erlei** ['--'laı] *a* de cinq sortes *od* espèces; **~fach** *a* quintuple; *das F~e* cinq fois autant; **~fältig** *a* = *~fach;* **F~flächner** *m math* pentaèdre *m;* **F~frankenstück** *n* pièce *f* de cinq francs; **F~ganggetriebe** *n* boîte *f* de vitesses à cinq rapports; **~gangrad** *n* vélo *m* à cinq vitesses; **~hundert** *(Zahlwort)* cinq cent(s); **F~jahr(es)plan** *m* plan *m* quinquennal *od* de cinq ans; **~jährig** *a* (~ *Jahre alt)* (âgé) de cinq ans; *(von* ~ *er Dauer)* de cinq ans; **F~kampf** *m sport* pentathlon *m;* **F~linge** *pl* quintuplé(e)s *m f pl;* **~mal** *adv* cinq fois; **F~markstück** *n* pièce *f* de cinq marks; **F~pfennigstück** *n* pièce *f* de cinq pfennigs; **F~prozenthürde** *f* barre *f* des cinq pour cent; **~prozentig** *a* à cinq pour cent; **F~prozentklausel** *f* clause *f* des cinq pour cent; **~silbig** *a gram* pentasyllabique; **~stöckig** *a* de cinq étages; **~stündig** *a* de cinq heures; **F~tagewoche** *f* semaine *f* de cinq jours; **~teilig** *a* (divisé) en cinq parties; **F~tel** *n* ‹-s, -› cinquième *m;* **~tens** *adv* cinquièmement; **~te(r, s)** *a* cinquième; *das fünfte Rad am Wagen sein (fam)* être la cinquième roue du carrosse; **F~uhrtee** *m* five o'clock tea, thé *m* (de cinq heures); **~zehn** *(Zahlwort)* quinze; **F~zehntel** *n* quinzième *m;* **~zehnte(r, s)** *a* quinzième; **~zig** *(Zahlwort)* cinquante; **F~ziger(in** *f)* *m* ‹-s, -› quinquagénaire *m f;* **F~zigmarkschein** *m* billet *m* de cinquante marks; **F~zigpfennigstück** *n* pièce *f* de cinquante pfennigs; **~zigste(r, s)** *a* cinquantième; **F~zimmerwohnung** *f* cinq pièces *m.*

fungieren [fʊŋ'giːrən] *itr (ein Amt ausüben)* faire fonction *(als* de). **Funk** *m* ⟨-s, ø⟩ [fʊŋk] *(Rundfunk; drahtlose Telegraphie)* radio, T.S.F. *f;* ~**amateur** *m* amateur *m* de radio; ~**anlage** *f* installation *f od* équipement *m* radio; ~**anruf** *m* appel *m* radio, ~**aufklärung** *f mil* recherche *f* du renseignement par les moyens radio; ~**ausbildung** *f* entraînement *m* radio; ~**ausstellung** *f* salon *m* de la radio; ~**bearbeitung** *f* adaptation radiophonique, mise *f* en ondes; ~**beschickung** *f* radio-correction *f;* ~**betrieb** *m* trafic *m* radio; ~**bild** *n* téléphotographie *f,* bélinogramme; *fam* bélino *m;* ~**dienst** *m* service *m* radio; ~**einrichtung** *f* = ~*anlage;* **f~en** *tr* radiotélégraphier, transmettre par radio; *itr fam* fonctionner, marcher; ~**en 1.** *n* radiotélégraphie *f;* ~**entstörung** *f* antiparasitage *m;* ~**er** *m* ⟨-s, -⟩ *a. mar aero* radio(télégraphiste), opérateur *m* radio; ~**erraum** *m aero* poste *m* du radiotélégraphiste; **f~ferngesteuert** *a* radioguidé; ~**fernschreiben** *n* message *m* radiotélétypé; ~**fernschreiber** *m (Gerät)* radiotélétype, radiotéléimprimeur; *(Mann)* radiotélétypiste *m;* ~**fernsprechen** *n* radio(télé)phonie *f;* ~**fernsprecher** *m (Gerät)* radiotéléphone *m;* ~**fernsteuerung** *f* radioguidage *m;* ~**feuer** *n* radiophare *m;* ~**frequenz** *f* fréquence *f* radio; ~**gerät** *n* appareil *m* (de) radio *od* radioélectrique; ~**gespräch** *n* conversation *f* radiophonique; ~**haus** *n* station *f* émettrice *od* d'émission(s) *od* de T.S.F.; ~**horchdienst** *m* (service *m* d')écoute *f* radio; ~**horchstelle** *f* poste *m* d'écoute radio; ~**kanal** *m* voie *f* radio; ~**kompaß** *m* radiocompas *m;* ~**leitstelle** *f* poste *m* directeur; ~**meßanlage** *f* installation *f* radar; ~**meßgerät** *n* appareil *m* radar; ~**meßstörungen** *f pl* brouillage *m* radar; ~**meßtechnik** *f* détection électromagnétique, technique du radar, radiogoniométrie *f;* ~**nachricht** *f* radiocommunication *f;* ~**navigation** *f* radionavigation *f;* ~**netz** *n* réseau *m* radio(électrique); ~**ortung** *f* repérage radiogoniométrique, radiorepérage *m;* ~**peilanlage** *f* installation *f* radiogoniométrique, radiogoniomètre *m;* ~**peildienst** *m* service *m* radiogoniométrique; ~**peiler** *m,* ~**peilgerät** *n* récepteur radiogoniométrique, radiogoniomètre; *fam* gonio *m;* ~**peilstation** *f,* ~**peilstelle** *f* station *f od* poste *m* radiogoniométrique *od* de repérage; ~**pei-**

lung *f* radiogoniométrie *f,* repérage *m;* ~**peilwagen** *m* voiture *f* de radiogoniométrie; ~**raum** *m* local *m* radio; ~**schatten** *m* zone *f* morte dans les radio-émissions; ~**sender** *m* émetteur *m* radioélectrique; ~**signal** *n* signal *m* radioélectrique; ~**sportbericht** *m* radioreportage *m* sportif; ~**sprechen** *n* radio(télé)phonie *f;* ~**sprecher** *m (Mann)* radiotéléphoniste *m;* ~**sprechgerät** *n* appareil *m* de radiotéléphonie; ~**sprechtrupp** *m* équipe *f* de radiotéléphonie; ~**spruch** *m* radio(télé)gramme, message *m* radio(phonique), radiocommunication *f;* radio *f; durch* ~ par radio; *e-n* ~ *aufnehmen* recevoir un message (radio); ~**spruchnetz** *n* réseau *m* radiotélégraphique; ~**station** *f,* ~**stelle** *f* station *f od* poste radio(télégraphique) *od* de radiodiffusion *od* d'émission *od* de T.S.F.; poste *m* émetteur, station *f* émettrice; ~**stille** *f* silence radio, temps *m* mort, suspension *f* (des émissions radio); ~**störung** *f (beabsichtigte)* brouillage *m; (unbeabsichtigte)* parasites *m pl,* perturbation *f;* ~**streifenwagen** *m* voiture *f* radio; ~**taxi** *n* radio-taxi *m;* ~**technik** *f* technique radiophonique, radiotechnique *f;* **f~technisch** *a* radiotechnique; ~**telegramm** *n* radiogramme *m,* radiolettre *f;* ~**trupp** *m* équipe *f* radio; ~**turm** *m* pylône *m* de T.S.F., tour *f* hertzienne; ~**unterricht** *m* enseignement *m* par radio; ~**verbindung** *f* liaison *f* (par) radio *od* hertzienne, contact *m* radio; *in* ~ *stehen* être en contact par radio; *in* ~ *treten* prendre contact par radio; ~**verkehr** *m* trafic *m od* communication radio, radiocommunication *f;* ~**wagen** *m* voiture *f od* véhicule *m* radio; ~**weg** *m: auf dem* ~*e* par voie radioélectrique; ~**werbung** *f* publicité *od* propagande *f* radiophonique *od* parlée; ~**wesen** *n* radiophonie, radiotélégraphie *f;* ~**wetterdienst** *m* service *m* de diffusion météorologique; ~**zeichengebung** *f mar radio* radiosignalisation *f.*

Fünkchen *n* ⟨-s, -⟩ ['fʏŋkçən] petite étincelle *f; kein* ~ ... *(nicht ein bißchen)* pas un grain *od* brin de ...; *ein* ~ *Geist od Witz* un grain de sel.

Funke *m* ⟨-ns, -n⟩, ~**n 2.** *m* ⟨-s, -⟩ ['fʊŋkə(n)] étincelle *f; (großer)* flammèche *f; keinen* ~*en (von) Ehrgefühl, Verstand haben* ne pas avoir un grain *od* un brin d'amour-propre, de raison; ~*en aus etw schlagen* faire jaillir des étincelles de qc; ~*en sprü-*

hen jeter des étincelles; **f~eln** *itr* étinceler, scintiller, pétiller, éclater; *mit ~den Augen* les yeux étincelants; **~eln** *n* étincellement, scintillement, pétillement *m;* **f~elnagelneu** *a* (tout) flambant neuf; **~enbildung** *f* formation *f* d'étincelles; **~enflug** *m* loc jet *m* de flammèches; **~enregen** *m,* **~ensprühen** *n* pluie *f* d'étincelles; **f~ensprühend** *a* jetant des étincelles; **~enstrecke** *f el* distance *f* explosive, pont *m* d'éclatement; **~enüberschlag** *m* passage *m* d'une étincelle.

Funkie *f* ‹-, -n› ['fuŋkiə] *bot* funkie *f.*

Funktion *f* ‹-, -en› [fuŋktsi'o:n] *(Tätigkeit)* fonction, activité; *(Aufgabe)* tâche; *(Amt)* fonction, charge; *math* fonction *f; in ~ treten* entrer en fonction(s); **~är** *m* ‹-s, -e› [-'nɛ:r] fonctionnaire *m; zu e-m ~ machen* fonctionnariser; **f~ell** [-'nɛl] *a (Funktions-; wirksam)* fonctionnel; **f~ieren** [-'ni:rən] *itr* fonctionner; *(betriebsfähig sein, a.)* marcher; *gut ~ (tech)* être au point; **f~sfähig** *a med: wieder ~ machen* rééduquer; **~sfähigkeit** *f med: Wiedergewinnung f dʳ ~* réadaptation *f* fonctionnelle; **~shemmung** *f med* inhibition *f;* **~sstörung** *f med* perturbation *f* fonctionnelle; **~sverlust** *m med* inhibition *f.*

Funsel *f,* **Funzel** *f* ‹-, -n› ['funzəl, -tsəl] *fam (schlecht brennende Lampe)* lumignon *m.*

für [fy:r] *prp* **1.** *(zugunsten)* pour; en faveur de; *~ jdn, ~ etw bürgen* se porter garant de qn, de qc; *sich ~ jdn, ~ etw einsetzen, ~ jdn, ~ etw eintreten* prendre fait et cause pour qn, pour qc; prendre le parti de qn, prendre parti pour qc; *~ jdn einspringen* remplacer qn; **2.** *(in bezug auf)* pour; quant à; *~ mich genügt es* pour moi, ça suffit; *ich ~ meine Person* pour ma part, en ce qui me concerne; *das ist das beste ~ dich* c'est la meilleure solution pour toi; *~ sich (allein) bleiben* rester seul; *an und ~ sich* en soi, en lui-même, en elle-même; *~ diesmal* pour cette fois; *~ heute* pour aujourd'hui; *~ zwei Jahre* pour (une durée de) deux ans; **3.** *(im Verhältnis zu)* pour; vu; *~ e-n Ausländer spricht er gut Deutsch* pour un étranger il parle bien l'allemand; *~ sein Alter* pour son âge; *~ die damalige Zeit* pour ce temps-là, pour l'époque; **4.** *(gegen, bes. von Heilmitteln)* pour, contre; *~ den Husten* pour od contre la toux; **5.** *(anstelle)* pour; à la place de, en échange de, contre; *~ jdn be-*

zahlen payer à la place de qn; *ich habe ihm ein Buch ~ das Bild gegeben* je lui ai donné un livre pour od en échange de l'image; **6.** *(als)* comme; pour; *~ besser halten* croire préférable; *ich halte ihn ~ ein Genie* je le tiens pour un génie; *ich halte ihn ~ reich* je le crois riche, je crois qu'il est riche; *das halte ich ~ richtig* cela me semble correct; **7.** *(vor): Schritt ~ Schritt* pas à pas; *Mann ~ Mann* l'un après l'autre; *Tag ~ Tag* jour après jour; **8.** *was ~ (ein) ...? was ~ (ein) ...?* quel ...? *was ~ ein Glück!* quelle chance! **F~** *n: das ~ und das Wider* le pour et le contre.

Furage *f* ‹-, ø› [fu'ra:ʒə] *mil* fourrage *m;* **f~ieren** *itr* fourrager, procurer le fourrage.

Fürbitte *f* ‹-, -n› intercession, médiation; prière *f; ~ einlegen,* **f~en** *itr* intercéder; **~er** *m* ‹-s, -› intercesseur, médiateur *m.*

Furche *f* ‹-, -n› ['furçə] *(Ackerfurche)* sillon, rayon; *(Runzel)* sillon *m; e-e ~ ziehen* tracer un sillon; **f~en** *tr* sillonner; **f~ig** *a* sillonné; *(Gesicht)* ridé; **~ung** *f* sillonnement *m.*

Furcht *f* ‹-, ø› [furçt] crainte; *(Angst)* peur; *(Ängstlichkeit)* timidité; *(Befürchtung)* appréhension *f; aus ~ de* crainte (*vor* de); *~ empfinden* od *haben* avoir peur; *~ erwecken* faire peur; **f~bar** *a* redoutable, effrayant; *a. fam (übertreibend)* effroyable; terrible; *adv fam (übertreibend)* énormément, rudement, diablement; *das ist ~ einfach* c'est simple comme bonjour; *das ist ~ nett von Ihnen* c'est tout à fait gentil à vous; **f~einflößend** *a* effrayant, atroce; **f~los** *a* sans peur; intrépide, impavide; hardi; **~losigkeit** *f* ‹-, ø› intrépidité, hardiesse *f;* **f~sam** *a* craintif, peureux; *(ängstlich)* timide; *(feige)* poltron; **~samkeit** *f* ‹-, (-en)› timidité; poltronnerie *f;* caractère *m* craintif od peureux.

fürchten ['fyrçtən] *tr* craindre; avoir peur de, redouter; *(befürchten)* appréhender; *sich ~* avoir peur (*vor* de); *für jds Leben ~* trembler pour la vie de qn; *ich ~e, es ist zu spät* je crains qu'il ne soit trop tard; *er ~et, zu spät zu kommen* il craint d'être en retard; **~erlich** *a a. fam (übertreibend)* effroyable, formidable, terrible, horrible, épouvantable, affreux; *adv fam (übertreibend)* = *furchtbar adv.*

füreinander [fy:r'ʔaɪ'nandər] *adv* l'un pour l'autre; les uns pour les autres.

Furie *f* ‹-, -n› ['fu:riə] *(Mythologie)* Furie; *fig (wütendes Weib)* furie, harpie, mégère *f.*

Furier *m* ⟨-s, -e⟩ [fu'ri:r] *mil* fourrier *m.*

fürlieb=nehmen *itr* = *vorliebnehmen.*

Furnier *n* ⟨-s, -e⟩ [fur'ni:r] *tech* (feuille *f* de) placage *m;* **f~en** *tr* (contre-)plaquer; **~holz** *n* bois de placage, contre-plaqué *m;* **~ung** *f* placage *m.*

Furore *f* [fu'ro:rə]: ~ *machen (fam: Aufsehen erregen)* faire fureur *od* florès.

Fürsorg|e *f* ⟨-, ø⟩ ['fy:rzɔrgə] soins *m pl,* sollicitude *f;* = ~*eunterstützung; öffentliche* ~ assistance *f* publique; *soziale* ~ assistance *f* sociale; **~eamt** *n* bureau *m* d'assistance publique *od* de bienfaisance; **~eeinrichtung** *f* institution *f* sociale; **~eerziehung** *f* éducation *f* forcée *od* disciplinaire; **~er(in** *f)* *m* ⟨-s, -⟩ fonctionnaire *od* employé, e *m f* de l'assistance publique, assistant, e *m f* social(e); **~eunterstützung** *f* secours *m;* **~ewesen** *n* assistance *f* sociale; **f~lich** *a* aux petits soins *(gegenüber jdm* auprès de qn).

Für|sprache *f* intervention, intercession *f;* ~ *für jdn einlegen* intervenir *od* intercéder en faveur de qn; **~sprecher** *m* intercesseur, porte-parole *m.*

Fürst *m* ⟨-en, -en⟩ [fyrst] prince; *(Herrscher)* souverain *m;* **~abt** *m hist* prince-abbé *m;* **~bischof** *m hist* prince-évêque *m;* **~enbund** *m hist* Ligue *f* des princes; **~enhaus** *n* maison princière, dynastie *f;* **~enhochzeit** *f* mariage *m* princier; **~enhof** *m* cour *f* princière; **~ensitz** *m* siège *m* d'un *od* du prince; **~entum** *n* ⟨-s, =er⟩ principauté *f;* **~erzbischof** *m hist* prince-archevêque *m;* **~in** *f* princesse *f;* **~inmutter** *f* princesse-mère *f;* **f~lich** *a* princier *a. fig;* de prince; **~lichkeit** *f (fürstl. Person)* prince *m.*

Furt *f* ⟨-, -en⟩ [furt] gué *m.*

Furunk|el *m* ⟨-s, -⟩ [fu'ruŋkəl] *med* furoncle, *fam* clou *m;* **~ulose** *f* ⟨-, -n⟩ [-'lo:zə] *med* furonculose *f.*

fürwahr [fy:r'va:r] *adv* en vérité, à vrai dire, vraiment.

Fürwort *n* pronom *m.*

Furz *m* ⟨-es, =e⟩ [furts, 'fyrtsə] *pop* pet *m;* **f~en** *itr* péter.

Fusel *m* ⟨-s, -⟩ ['fu:zəl] *fam (schlechter Schnaps)* tord-boyaux *m;* **~öl** *n* huile *f* empyreumatique.

Fusion *f* ⟨-, -en⟩ [fuzi'o:n] *phys chem (Verschmelzung)* com *(Zs.schluß)* fusion *f;* **f~ieren** [-zio'ni:rən] *tr (verschmelzen; zs.schließen)* fusionner.

Fuß *m* ⟨-es, =e⟩ [fu:s, 'fy:sə] *a. allg u.*

fig pied; *pop* ripaton; *arg* arpion *m; (bei vielen Tieren, bes. orn u. ent)* patte *f; (Maß, Versfuß)* pied *m; am* ~*e des Berges* au pied de *od* au bas de *od* en bas de la montagne; *festen* ~*es* de pied ferme; *mit beiden Füßen zugleich* à pieds joints; *stehenden* ~*es* de ce pas; *sur le champ; trockenen* ~*es* à pied sec; *zu* ~ à pied; *pop* à pinces; *so weit mich meine Füße tragen* tant que mes jambes pourront me porter; *jdm zu Füßen fallen* se jeter aux pieds de qn; *(festen)* ~ *fassen* prendre pied; *jdm auf dem* ~*e folgen* emboîter le pas à qn; *zu* ~ *gehen* aller à pied; *kalte Füße haben* avoir froid aux pieds; *zu* ~ *latschen (pop)* prendre le train onze, battre la semelle; *auf großem* ~*e leben* vivre sur un grand pied; mener grand train; *jdm etw zu Füßen legen* déposer qc aux pieds de qn; *gut, schlecht zu* ~ *sein* être bon, mauvais marcheur; *jdn auf freien* ~ *setzen* mettre qn en liberté; *mit den Füßen stampfen* taper les pieds; *auf eigenen Füßen stehen (fig)* voler de ses propres ailes; *mit jdm auf gespanntem* ~ *stehen* avoir des rapports tendus avec qn; *mit jdm auf gutem* ~ *stehen* être en bons termes avec qn; *mit e-m* ~ *im Grabe stehen* avoir un pied dans la tombe; *auf schwachen Füßen stehen (fig)* être mal fondé; *über s-e eigenen Füße stolpern (fig)* se noyer dans un verre d'eau; s'empêtrer partout; *jdm auf den* ~ *treten* marcher sur le pied de qn; *mit Füßen treten (fig)* fouler aux pieds; *sich den* ~ *verstauchen* se tourner le pied; *sich die Füße vertreten* se dégourdir (les jambes en marchant); *fam* battre la semelle; *sich mit Händen und Füßen dagegen wehren, daß...* faire des pieds et des mains pour ne pas...; *er hat od ist mir auf die Füße getreten* il m'a marché sur les pieds *od pop* dessus; *der Boden brannte mir unter den Füßen (fig)* je brûlais *od* j'avais hâte de partir; *das hat (doch) Hand und* ~ cela se tient; *das hat weder Hand noch* ~ *(fig)* cela n'a ni queue ni tête; **~abblendschalter** *m mot* inverseur *m* phare-code; **~abstreicher** *m* décrottoir *m;* **~angel** *f mil* chausse-trape *f;* **~bad** *n* bain de pieds, pédiluve *m;* **~ball** *m (Spiel)* football; *(Ball)* ballon *m* (de football); **~ballfanatiker** *m* fanatique *m* du football; **~ballmannschaft** *f* équipe *f* de football; **~ballmeisterschaft** *f* championnat *m* de football; **~ballplatz** *m* terrain *m* de football; **~ball-**

spiel *n* match *m* de football; ~**ball(spiel)er** *m* footballe(u)r *m;* ~**ballstiefel** *m pl* chaussures *f pl* de football; ~**balltoto** *n* jeu *m* des pronostics sur le football, paris *m pl* de football; ~**bank** *f* bout *m* de pied; ~**bekleidung** *f* chaussure *f;* ~**betrieb** *m tech* mouvement *m od* marche *f* à pédale; ~**boden** *m* plancher; sol *m; auf dem* ~ *(a.)* sur la dure; ~ *mit Strahlungsheizung* sol *m* chauffant; ~**bodenbelag** *m* enduit *m* pour planchers; ~**bodendiele** *f* latte *f* de plancher; ~**bodenheizung** *f* chauffage *m* par le plancher *od* par le sol; ~**breit** *m* ⟨-, -⟩ *jeden* ~ *Landes verteidigen* défendre chaque pied de terrain; *keinen* ~ *zurückweichen* ne pas reculer d'une semelle; ~**bremse** *f mot* frein *m* à pédale; **f~en** ⟨*hat gefußt*⟩ *itr fig (beruhen)* être fondé, se fonder, reposer *(auf* sur); ~**ende** *n (e-s Bettes)* pied *m* (d'un lit); ~**fall** *m* génuflexion *f,* agenouillement *m;* prosternation *f; e-n* ~ *vor jdm tun* faire une génuflexion devant qn; se prosterner devant qn, se jeter aux pieds de qn; **f~fällig** *a* à genoux; prosterné; **f~frei** *a (Rock, Kleid)* qui découvre le pied; ~**gänger** *m* piéton *m;* ~**gängerbrücke** *f* passerelle *f;* ~**gängerinsel** *f* (îlot de) refuge *m* pour piétons; ~**gängerüberweg** *m* passage *m* pour piétons; ~**gängerunterführung** *f* (passage) souterrain *m* pour piétons; ~**gängerzone** *f* zone *f* piétonne *od* piétonnière; ~**gelenk** *n* cou-de-pied *m;* ~**gicht** *f med* goutte aux pieds, podagre *f;* **f~hoch** *a* haut d'un pied; **f~krank** *a* souffrant du *od* des pied(s); ~**lappen** *m pl* chaussettes *f pl* russes; ~**latscher** *m mil fam* pousse-cailloux; *arg* biffin *m;* **f~leidend** *a = f~krank;* ~**matte** *f* paillasson, tapis-brosse, essuie-pieds *m;* ~**note** *f* note (au bas de la *od* des pages), annotation *f;* ~**pfad** *m* sentier *m;* ~**pflege** *f* soins *m pl* donnés par un pédicure; ~**pfleger** *m* pédicure *m;* ~**pilz** *m* mycose *f* (des pieds); ~**raste(r** *m*) *f mot* support de pied(s); repose-pied *m;* ~**reif** *m (exot. Schmuck)* jambelet *m;* ~**reise** *f* voyage *m* à pied; ~**sack** *m* chauffe-pieds *m,* chancelière *f;* ~**schaltung** *f mot* commande *f* à pied *od* par pédale; ~**schemel** *m* petit banc *m;* ~**schweiß** *m* transpiration *f* des pieds; *an* ~ *leiden* transpirer des pieds; ~**sohle** *f* plante *f* du pied; ~**soldat** *m* fantassin *m;* ~**spitze** *f* pointe *f* du pied; ~**spur** *f,* ~**(s)tapfen** *m* empreinte, trace *f,* vestige *m;*

in jds Fuß(s)tapfen treten (fig) marcher sur les pas *od* sur les traces de qn, suivre les brisées de qn; ~**steig** *m* sentier; *(Gehweg)* trottoir *m;* ~**stütze** *f mot =* ~**raste;** ~**tritt** *m* coup *m* de pied; *tech* marche, pédale *f;* ~**truppen** *f pl,* ~**volk** *n* infanterie *f,* fantassins *m pl;* ~**wanderung** *f* excursion *f* à pied; ~**waschung** *f* lavement *m* des pieds; ~**weg** *m (neben e-r Landstraße)* accotement, bas-côté *m;* ~**wurzel** *f anat* tarse *m.*

Füß|chen *n* ⟨-s, -⟩ ['fy:sçən] petit pied *m;* ~**ling** *m* ⟨-s, -e⟩ *(Teil des Strumpfes)* pied *m* de bas.

Fussel *f* ⟨-, -n⟩ ['fusəl] *fam (Fädchen)* petit bout *m* de fil; *e-e* ~ *am Mantel haben* avoir un fil sur son manteau; **f~ig** *a* effiloché; *sich den Mund* ~ *reden (fig fam)* perdre *od* dépenser sa salive; **fußlig** ['fuslıç] *a = f~ig.*

futsch [futʃ] *adv fam (weg)* fichu; *pop* foutu; ~ *sein (a.)* être à l'eau *od* dans le lac.

Futter *n* ⟨-s, ø⟩ ['futər] **1.** *(Fressen für Tiere)* nourriture *f;* fourrage *m,* pâture, pâtée, mangeaille *f;* ~**beutel** *m* bissac *m,* musette *f;* ~**getreide** *n* céréales *f pl* secondaires; ~**kartoffeln** *f pl* pommes *f pl* de terre fourragères *od* à consommation animale; ~**kasten** *m* caisse *f* à fourrage; ~**krippe** *f* mangeoire; *fig* assiette *f* au beurre; ~**mangel** *m* disette *f od* manque *m* de fourrage; ~**mittel** *n pl* produits *m pl* de fourrage; **f~n** *itr pop (essen)* becqueter, béqueter, bouffer; ~**napf** *m = Freßnapf;* ~**neid** *m* jalousie *f* du manger; ~**pflanze** *f* plante *f* fourragère; ~**rübe** *f* betterave *f* fourragère; ~**sack** *m (der Pferde)* musette *f;* ~**schneidemaschine** *f* hache-fourrage, hache-paille *m;* ~**trog** *m* auge, mangeoire *f.*

Futter *n* ⟨-s, -⟩ ['futər] **2.** *(innerer Stoff von Kleidungsstücken)* doublure; *tech* garniture *f; ausknöpfbare(s)* ~ doublure *f* (d'hiver) amovible; ~**al** *n* ⟨-s, -e⟩ [-'ra:l] étui *m,* gaine *f,* fourreau *m;* ~**seide** *f* soie *f* à doublure; ~**stoff** *m* étoffe *f* à doublure.

fütter|n ['fytərn] *tr* **1.** *(Tier)* donner à manger à, faire manger; **F~ung** *f* distribution *f* de la nourriture.

füttern *tr* **2.** *(Schneiderei)* doubler.

Futur *n* ⟨-s, -e⟩, ~**um** *n* ⟨-s, (-ra)⟩ [fu'tu:r(um)] *gram* futur *m;* ~**ismus** *m* ⟨-, ø⟩ [-'rısmus] *(Kunst)* futurisme *m;* ~**ist** *m* ⟨-en, -en⟩ [-'rıst] futuriste *m;* **f~istisch** [-'rıstıʃ] *a* futuriste; ~**ologie** *f* futurologie *f.*

G

G, g *n* ⟨-, -⟩ [ge:] *(Buchstabe)* G, g *m; mus* sol *m;* **G-Dur** *n* sol *m* majeur; **g-Moll** *n* sol *m* mineur; **G-Saite** *f* grosse corde *f;* **G-Schlüssel** *m* clef *f* de sol.

Gabe *f* ⟨-, -n⟩ ['ga:bə] *(Geschenk)* don, présent, cadeau *m; (Opfer~)* offrande; *(milde ~)* aumône, charité *f; (Begabung)* don, talent *n*, faculté, aptitude *f; um e-e (milde) ~ bitten* demander l'aumône *od* la charité; **~ntisch** *m* table *f* des présents *od* des cadeaux.

Gabel *f* ⟨-, -n⟩ ['ga:bəl] *(Eβ~)* fourchette *a. tele; (Ast~, Heu~, Rad~* etc. *a. mil)* fourche *f;* **~bissen** *m pl* bouchées *f pl;* **~deichsel** *f* brancards *m pl*, limonière *f;* **g~förmig** *a* fourchu; **~frühstück** *n* lunch *m;* **~führung** *f tech* guidage *m* à fourche; **~gelen**⁼**t** *n mot* chape *f;* **~hebel** *m* levier *m* à fourche; **~ig** *a* fourchu; **g~n,** *sich* bifurquer; **~stange** *f tech* bielle *f* à fourche; **~stapler** *m* ⟨-s, -⟩ chariot *m* élévateur à fourche; **~umschalter** *m* ⟨-s, -⟩ *tele* interrupteur *m* à bascule; **~ung** *f (Baum, Geweih)* enfourchure *f; (Rohr-, Verkehrs-, Wegegabelung etc)* embranchement *m*, bifurcation *f;* **~weih** *m orn* milan *m;* **gablig** = *~ig.*

gackern ['gakərn] *itr (Henne)* caqueter; *(schwatzen, a. ~eln, ~sen)* caqueter, babiller, bavarder, jaser; **G~** *n (Henne)* caquet; *(Geschwätz, a. Gackelei)* caquet(age), babillage, babillement, bavardage *m.*

Gaffel *f* ⟨-, -n⟩ ['gafəl] *mar* corne *f;* **~schoner** *m* goélette *f* franche; **~segel** *n* brigantine *f.*

gaff|en ['gafən] *itr* badauder, bayer aux corneilles; regarder bouche bée; **G~er** *m* ⟨-s, -⟩ badaud(e *f*) *m;* **G~erei** [-rai] *f* badauderie *f.*

Gag *m* ⟨-s, -s⟩ [gɛ(:)k] gag *m.*

Gagat *m* ⟨-(e)s, -e⟩ [ga'ga:t] *min* jais *m.*

Gage *f* ⟨-, -n⟩ ['ga:ʒə] *(e-s Schauspielers)* traitement *f; (einmalige)* cachet *m.*

gähn|en ['gɛ:nən] *itr* bâiller *(vor, aus* de); *fig (Abgrund)* s'ouvrir; **G~en** *n* bâillement *m; laute(s) ~* bâillement *m* bruyant; **G~krampf** *m* bâillement *m* convulsif.

Gala *f* ⟨-, ø⟩ ['ga(:)la] (toilette *f* de) gala, habit *m* de cérémonie; *in ~* en tenue de soirée; **~uniform** *f* grande tenue *f; in ~* en grande tenue; **~vorstellung** *f* (représentation *f* de) gala *m.*

Gala|ktose *f* ⟨-, -n⟩ [galak'to:zə] *(Zukker)* galactose *m;* **~lith** *n* ⟨-s, ø⟩ [-'lɪt] *(Kunsthorn)* galalithe *f.*

Galan *m* ⟨-s, -e⟩ [ga'la:n] galant *m.*

galant [ga'lant] *a* galant, courtois; **~e(s)** *Abenteuer n* aventure *f* galante; **G~erie** *f* ⟨-, -n⟩ [-tə'ri:] galanterie, courtoisie *f;* **G~eriewaren** *f pl* articles de fantaisie, colifichets *m pl.*

Galeere *f* ⟨-, -n⟩ [ga'le:rə] galère *f;* **~nsklave** *m,* **~nsträfling** *m* galérien *m.*

Galerie *f* ⟨-, -n⟩ [galə'ri:] *arch* galerie *f; theat hum* poulailler, paradis *m.*

Galgen *m* ⟨-s, -⟩ ['galgən] potence *f*, fourches *f pl* patibulaires; *(kleiner)* gibet *m; an den ~ kommen* être pendu; **~frist** *f* délai *od* quart *m* d'heure de grâce; **~gesicht** *n* mine *od* face *f od air m* patibulaire; **~humor** *m* humour *m* noir *od* macabre; **~strick** *m,* **~vogel** *m* pendard, gibier *m* de potence.

Galic|ien *n* [ga'li:tsiən] *(span. Provinz)* la Galice; **~ier(in** *f)* *m* ⟨-s, -⟩ [-tsiər] Galicien, ne *m f;* **g~isch** [-'li:tsɪʃ] *a* galicien.

Galiläa *n* [gali'lɛ:a] la Galilée; **~er** *m* ⟨-s, -⟩ [-'lɛ:ər] Galiléen *m.*

Galilei *m* [gali'le:i] *(italienischer Physiker)* Galilée *m.*

Galiz|ien *n* [ga'li:tsiən] *(in Osteuropa)* la Galicie; **~ier(in** *f)* *m* ⟨-s, -⟩ [-'-tsiər] Galicien(ne *f*) *m;* **g~isch** [-'li:tsɪʃ] *a* galicien.

Gall|apfel *m* ['gal-] (noix de) galle *f;* **~äpfelgerbsäure** *f* acide *m* gallique; **~e** *f* ⟨-, -n⟩ *anat physiol* bile *f*, zoo fiel; *physiol (bes. Rind)* amer; *fig (Bitterkeit)* fiel *m*, amertume; *tech (Gußblase)* paille, soufflure *f* (de fonte); *Gift und ~ speien* vomir son venin, cracher feu et flamme; *mir läuft die ~ (davon) über* ça m'échauffe la bile; je suis hors de moi; **~enanfall** *m* crise *f* de foie; **g~enbitter** *a* amer comme du fiel; **~enblase** *f* vésicule *f* biliaire; **~enfarbstoff** *m* pigment *m* biliaire; **~enfieber** *n* fièvre *f* billieuse; **~engang** m anat canal m cholédoque; **~enkolik** f colique f hépatique; **~enleiden** n affection f biliaire; **~ensteine** m pl calculs m pl lithiase f biliaire(s).

Gallien n ['galiən] la Gaule.

gall|ig a bilieux a. fig; fig fielleux, plein de fiel; (griesgrämig) atrabilaire; (bissig) mordant, piquant, caustique; **G~wespe** f cynips m.

Gallert n ⟨-(e)s, -e⟩ , **~e** f ⟨-, -n⟩ ['ga-, ga'lɛrtə] gélatine f (végétale); (Sülze, Jus) gelée f; **g~artig** a gélatineux; scient colloïdal.

Gall|ien n ['galiən] la Gaule; **~ier** m ⟨-s, -⟩ [-liər] Gaulois m; **g~isch** a gaulois; **~ikanisch** [-li'ka:nɪʃ] a rel hist gallican.

Gallone f ⟨-, n⟩ [ga'lo:nə] (engl. u. amerik. Hohlmaß) gallon m.

Galopp m ⟨-s, -s/-e⟩ [ga'lɔp] galop m, a. Tanz; in gestrecktem od rasendem ~ (fig) au (grand) galop, ventre à terre; ~ anschlagen prendre le od se mettre au galop; in ~ versetzen galoper; **g~ieren** [-'pi:rən] ⟨aux: sein⟩ itr galoper; aller au galop.

Galosche f ⟨-, -n⟩ [ga'lɔʃə] (Überschuh) galoche f, caoutchouc m.

Galvan|isation f ⟨-, ø⟩ [galvanizatsi'o:n] tech med galvanisation f; **g~isch** [-'va:nɪʃ] a galvanique; **~isieranstalt** [-ni'zi:r-] f atelier m de galvanisation; **g~isieren** tr tech med galvaniser; **~ismus** m ⟨-, ø⟩ [-'nɪsmʊs] galvanisme m; **~o** n ⟨-s, -s⟩ [-'va:no] typ galvano(type) m; **~ometer** n galvanomètre m; **~oplastik** f galvanoplastie f; **g~oplastisch** a: **~e** Vervielfältigung f électrotypie f; **~otechnik** f galvanisation f; **~otypie** f électrotypie f.

Gamasche f ⟨-, -n⟩ [ga'maʃə] guêtre; (hohe) jambière f.

Gamet m ⟨-en, -en⟩ [ga'me:t] biol gamète m.

Gammastrahlen m pl ['gama-] rayons m pl gamma.

gamm|eln itr fam traînasser; pop glander; **G ~ler** m ⟨-s, -⟩ ['gamlər] traîne-savates, pop branleur, glandeur.

Gang 1. ⟨-s, ⁻e⟩ ['gaŋ, gɛŋə] (~art) façon f de marcher, allure f, train m; (dé)marche (a. einzelner) (einzelner, Besorgung) course, (Besorgung) commission f; (a. Spazier~) tour m; (Spazier~) promenade; fig (Verlauf) marche f, cours, train m; (Geschäft) marche; tech marche f, jeu, mouvement, fonctionnement m, activité; mot vitesse; arch galerie f, corridor, couloir

a. loc, passage m; (zwischen Sitzreihen) allée f; bot anat canal, tube; anat conduit m; voie; mines veine f, filon m; sport reprise f; (Fechten) assaut; (Küche) service; (Speisen) plat m; im ~e, in vollem ~(e) en (pleine) marche od activité; in ~ bringen faire marcher, mettre en marche od en mouvement od en route od en train od en branle, amorcer; e-n ~ einschalten (mot) passer (en) une vitesse; s-n ~ gehen (fig) aller son train, suivre son cours; s-n alten ~ gehen aller son petit train; in ~ halten (tech) entretenir; in ~ kommen s'amorcer; in vollem ~e sein battre son plein; in ~ setzen mettre en marche; tech commander; mot faire démarrer; ich muß e-n schweren ~ tun une démarche difficile m'attend; es geht alles s-n ~ tout va son petit train-train; direkte(r), große(r) ~ (mot) prise f (directe); schleppende(r) ~ (fig) train m de sénateur; tote(r) ~ (tech) jeu des dents; (mot) point m mort; der ~ der Ereignisse la marche od le cours des événements; **2.** f ⟨-, -s⟩ [gɛŋ] (Gruppe von Verbrechern) gang m; **~art** f (Mensch) façon f de marcher, (dé)marche, allure f, train; (Pferd) air m; **g~bar** a (weg) praticable; fig viable; ~ sein (fig) avoir cours; **~barkeit** f ⟨-, ø⟩ (Weg) praticabilité; fig viabilité f; **~gestein** n mines gangue f; **~schalthebel** m mot levier m de (changement de) vitesse; **~schaltung** f mot changement de vitesse; (Fahrrad) dérailleur m; **~spill** n mar cabestan, vindas m.

gang adj: ~ und gäbe (tout à fait) courant, chose courante.

Gängel|band n ['gɛŋəl-] am ~e führen, **g~n** tr fig mener à la lisière od en tutelle od au doigt et à l'œil, tenir en laisse.

gängig ['gɛŋɪç] a (gebräuchlich) usité, courant; (Ware) marchand, de bon débit.

Gangster m ⟨-s, -⟩ ['gɛŋstər] gangster, bandit m; **~tum** n ⟨-s, ø⟩ , **~unwesen** n gangstérisme, banditisme m.

Gangway f ⟨-, -s⟩ ['gɛŋwɛɪ] passerelle f.

Gans f ⟨-; ⁻e⟩ [gans, 'gɛnzə] oie f; (dumme) ~ (fig pej) oie, dinde, bécasse f.

Gänschen n ⟨-s, -⟩ ['gɛnsçən] petite oie f, oison m; fig pej bécassine, petite sotte f.

Gänse|blümchen n ['gɛnzə-] pâquerette f; **~braten** m oie f rôtie; **~feder** f plume f d'oie; **~fett** n graisse f d'oie; ~**füßchen** *n pl (Satzzeichen)* guillemets *m pl;* ~**geier** *m orn* griffon *m;* ~**haut** *f fig* chair de poule, *scient* réaction ansérine, horripilation *f; es überläuft mich eine* ~ j'en ai *od* ça me donne la chair de poule; ~**klein** *n* abattis *m* d'oie; ~**leberpastete** *f* (pâté de) foie *m* gras; ~**marsch** *m; im* ~ *gehen* marcher à la file indienne *od* à la queue leu leu; *(Studenten)* faire un monôme; ~**rich** *m* ⟨-s, -e⟩ ['--rıç] jars *m;* ~**schmalz** *n* = ~*fett;* ~**spiel** *n* jeu *m* de l'oie; ~**wein** *m hum* du Château La Pompe.

Ganter *m* ⟨-s, -⟩ ['gantər] = *Gänserich.*

ganz [gants] *a* tout, entier, total; *(vollständig, -zählig)* complet; *(unversehrt); (vollkommen)* intact; *(unversehrt); (vollkommen)* parfait; *s: das G*~*e* le tout, le total, l'ensemble *m; ein G*~*es (math)* un entier; *adv* tout (à fait), entièrement, totalement, complètement, absolument; *(vollkommen)* parfaitement; *fam (recht, ziemlich)* assez; *als G*~*es, im* ~*en* en bloc, en corps, en entier, dans l'ensemble, au total, par indivis; *im* ~*en genommen* à tout prendre; au total; *nicht (so)* ~ pas tout à fait; *voll und* ~ à fond, pleinement, sans réserves; ~ *und gar* tout à fait, de fond en comble, rien de moins que; ~ *und gar nicht* (pas *od* point) du tout, pas le moins du monde; ~ *genau (adv)* fort exactement; ~ *oder teilweise* en tout ou en partie; ~ *wenig* bien peu; *ein* ~ *klein wenig* (un) tant soit peu; *ein G*~*es bilden* faire *od* former corps; *aufs G*~*e gehen* mettre *od* risquer le tout pour le tout; *er ist ein* ~*er Kerl* voilà ce qu'on appelle un homme; *ich bin* ~ *Ihrer Meinung* je suis tout à fait de votre avis; *ich bin* ~ *Ohr* je suis tout oreilles *od* tout ouïe; *soweit* ~ *gut!* assez bien! ~ *recht!* c'est vrai, c'est ça, fort bien, parfaitement! ~ *dasselbe* absolument *od* parfaitement la même chose; ~*e Note f (mus)* ronde *f;* ~*e Zahl f (math)* nombre *m* entier; *G*~**heit** *f philos* intégr(al)ité *f; G*~**heitsmethode** *f (Schule)* méthode *f* globale; ~**jährig** *adv* (pendant) toute l'année; *G*~**leder** *n (Buch)* pleine peau *f; G*~**leder(ein)band** *m* reliure *f* pleine; *G*~**leinen** *n (Buch)* toile pleine, pleine toile *f; G*~**leinen(ein)band** *m* reliure *f* toile pleine; *G*~**metallbauweise** *f* construction *f* métal(lique); *G*~**metallflugzeug** *n* avion *m* (entièrement) métallique; *G*~**stahlkarosserie** *f* carrosserie *f* acier; *G*~**tagsbe-**

schäftigung *f* travail *m* à temps complet; *G*~**ton** *m mus* seconde *f* majeure; *G*~**ton-Tonleiter** *f* gamme diatonique; ~**wollen** *a* (de) pure laine; *G*~**zeug** *n (Papierfabrikation)* pulpe *f.*

gänzlich ['gɛntslıç] *a* entier, total, complet; *adv* entièrement, totalement, complètement, absolument, tout à fait.

gar [ga:r] *a (Küche)* assez *od* bien cuit, à point; *(fertig)* prêt; *(Leder)* tanné; *(Stahl)* affiné; *adv (recht, ganz, sehr)* bien, tout, très, *(bei Verneinung)* du tout; *(sogar)* même; *ganz und* ~ *s. ganz;* ~ *kein* pas de ... du tout; ~ *nicht* pas *od* point du tout, nullement; *(rein)* ~ *nichts* rien du tout, absolument rien; ~ *sehr* très; ~ *wohl* bien; ~ *zu (sehr)* par trop; *das ist noch* ~ *nichts!* c'est encore rien, j'en ai vu bien d'autres; *ist sie* ~ *schon verlobt?* serait elle déjà fiancée? *warum nicht* ~*!* allons donc! (ah!) par exemple! **G**~**aus** *m: jdm den* ~ *machen* donner le coup de grâce à qn, achever qn; **G**~**küche** *f* rôtisserie, gargote *f.*

Garage *f* ⟨-, -n⟩ [ga'ra:ʒə] garage *m; in die* ~ *fahren, stellen* garer, rentrer au garage; ~**ninhaber** *m* garagiste *m;* ~**ntor** *n* porte *f* de garage.

Garant *m* ⟨-en, -en⟩ [ga'rant] garant *m;* ~**ie** *f* ⟨-, -en⟩ [-ran'ti:] garantie *f; (Bürgschaft)* caution *f; fig* certificat *m; die* ~ *übernehmen* se porter garant *(für etw* de qc); ~**ielohn** *m* salaire *m* garanti; ~**iepreis** *m* prix *m* garanti; **g**~**ieren** [-'ti:rən] *tr* garantir; *garantiert (frisch)* garanti (frais); ~**ieschein** *m* lettre *f od* bulletin *od* bon *m* de garantie; homologation *f;* ~**ieversprechen** *n* promesse *f* de garantie *od* de porte-fort; ~**iezeichen** *n* label *m* de garantie.

Garbe *f* ⟨-, -n⟩ ['garbə] *agr* gerbe *f; in* ~*n binden* mettre en gerbes, gerber; ~**nbinder** *m (Arbeiter)* botteleur, lieur *m;* ~**nbindemaschine** *f* lieuse *f;* ~**nzuführer** *m (Arbeiter)* engreneur *m.*

Gärbottich *m* cuve *f* de fermentation.

Gardasee ['garda-] *,der* le lac *m* de Garde.

Garde *f* ⟨-, -n⟩ ['gardə] garde *f;* ~**eregiment** *n* régiment *m* de garde; ~**ist** *m* ⟨-en, -en⟩ [-'dıst] garde *m;*

Garderobe *f* ⟨-, -en⟩ [gardə'ro:bə] *(Kleidung)* vêtements *m pl,* garde-robe *f; (Kleiderablage)* garde-robe *f; theat etc* vestiaire *m; (e-s Künstlers)* loge *f; an der* ~ *abgeben* déposer au vestiaire; ~**enfrau** *f* = ~*iere;* ~**enmarke** *f* ticket *m* de vestiaire;

~enständer *m* portemanteau *m;* **~iere** *f* ⟨-, -n⟩ [-bi'ɛ:rə] préposée *f* au vestiaire.

Gardine *f* ⟨-, -n⟩ [gar'di:nə] rideau *m; hinter schwedischen* ~*n (fam)* sous les verrous, à l'ombre; ~*n aufhängen* poser des rideaux; *die* ~ *auf-, zuziehen* tirer le rideau; **~nhalter** *m* patère *f;* **~npredigt** *f* sermon *m* (conjugal), semonce *f; jdm e-e* ~ *halten* sermonner qn; *fam* passer un savon à qn; **~nschlinge** *f* embrasse *f;* **~nschnur** *f* tirette *f,* cordon *m* de rideau; **~nstange** *f* tringle *f* (de rideau).

gär|en ['gɛ:rən] ⟨*gärt, gor* od *gärte, gegoren* od *gegärt*⟩ *itr* ⟨*aux: sein* od *haben*⟩ fermenter; *chem* travailler; *der Wein hat gegoren* le vin a fermenté; *fig: es gärt im Volk* le peuple est en agitation; *(den Geschmack verlieren)* passer, se piquer; devenir aigre; **G~keller** *m* cave *f* de fermentation; **G~ung** *f* fermentation *f; chem* travail *m; fig (Erregung, Unruhe)* agitation, effervescence *f;* **G~ungslehre** *f* zymologie *f;* **G~ungsprozeß** *m* (processus *m* de la) fermentation *f;* **G~ungsverfahren** *n* procédé *m* de fermentation.

Garn *n* ⟨-(e)s, -e⟩ [garn] fil *m; (Netz)* filet, rets *m,* toiles *f pl,* panneau *m; ins* ~ *gehen (fig)* donner od tomber dans le piège od panneau; *ins* ~ *locken (fig)* amorcer, appâter, leurrer, séduire; **~knäuel** *m* od *n* pelote *f* de fil; **~nummer** *f* numéro *m* de fil; **~rolle** *f* bobine *f* de fil; **~spinnerei** *f (Fabrik)* filature *f;* **~winde** *f* dévidoir *m.*

Garnele *f* ⟨-, -n⟩ [gar'ne:lə] *zoo* crevette *f.*

garn|ieren [gar'ni:rən] *tr (Kleid, Speise)* garnir *(mit* de).

Garnison *f* ⟨-, -en⟩ [garni'zo:n] garnison *f; in* ~ *(liegen)* (être) en garnison; **~lazarett** *n* hôpital *m* militaire; **~stadt** *f* ville *f* de garnison.

Garnitur *f* ⟨-, -en⟩ [garni'tu:r] *(Besatz)* garniture *f,* parement; *(Satz zs.gehöriger Dinge)* assortiment, assemblage, jeu; *(Kleidung)* garniture *f; mil* uniforme *m; die erste* ~ *(mil)* la grande tenue; ~ *Bettwäsche* garniture *f* de lit.

garstig ['garstiç] *a (häßlich)* laid, vilain; *(schmutzig)* sale; *(böse)* méchant; *(abstoßend)* repoussant, répugnant, infect; *(unangenehm)* déplaisant; ~*e(s) Wetter n* temps *m* affreux; **G~keit** *f* laideur, saleté, méchanceté *f.*

Garten *m* ⟨-s, ∵⟩ ['gar-, 'gɛrtən] jardin *m; e-n* ~ *anlegen* planter un jardin;

im ~ *arbeiten* jardiner; **~anlage** *f* jardin *m* (public); **~arbeit** *f* jardinage *m;* **~arbeiter** *m* ouvrier *m* jardinier; **~architekt** *m* architecte paysagiste, dessinateur *m* de jardins; **~aster** *f bot* reine- -marguerite *f;* **~bau** *m* ⟨-(e)s, ø⟩ jardinage *m,* horticulture, culture *f* jardinière; **~bauausstellung** *f* exposition *f* d'horticulture; **~erde** *f* terre *f* franche; **~erzeugnisse** *n pl* produits *m pl* maraîchers; **~fest** *n* garden-party *f;* **~freund** *m* amateur *m* de jardinage; **~gerät** *n* outil *od* ustensile *m* de jardinage; **~gestalter** *m* = ~*architekt;* **~gewächs** *n* plante *od* herbe *f* potagère; **~grasmücke** *f orn* fauvette *f* des jardins; **~haus** *n* pavillon *m;* **~kunst** *f* art *m* des jardins; **~land** *n* terrain *m* propre au jardinage; **~laube** *f* tonnelle *f,* berceau *m;* **~lokal** *n* restaurant *m* avec jardin; **~messer** *n* serp(ett)e *f,* émondoir *m;* **~möbel** *n pl* meubles *m pl* de jardin; **~salat** *m* laitue *f* cultivée; **~schau** *f* exposition *f* d'horticulture; **~schere** *f* cisailles *f pl* de jardinier; **~schirm** *m* parasol *m* de jardin; **~schlauch** *m* tuyau *m* d'arrosage; **~spritze** *f* lance *f* d'arrosage; **~stadt** *f* cité-jardin *f;* **~stuhl** *m* chaise *f* de jardin; **~tempel** *m* gloriette *f;* **~theater** *n* théâtre *m* de verdure; **~tisch** *m* table *f* de jardin; **~tür** *f* porte *f* de *od* du jardin; **~weg** *m* allée *f* de jardin; **~wicke** *f bot* pois *m* de senteur; **~wirtschaft** *f* = ~*lokal;* **~zaun** *m* clôture *f.*

Gärtner *m* ⟨-s, -⟩ ['gɛrtnər] jardinier, horticulteur; *(Gemüse~)* maraîcher *m;* **~ei** *f* [-'raɪ] *(Gewerbe)* jardinage *m,* horticulture *f; (Betrieb)* maison *f* d'horticulture, établissement *m* horticole; **~in** *f* ⟨-, -nnen⟩ jardinière *f;* **~inart** *f: nach* ~ *(Küche: mit verschiedenen Gemüsen)* jardinière; **g~isch** *a* horticole; ~*e Anlage f* = *Gartenanlage;* **g~n** *itr* jardiner.

Gas *n* ⟨-es, -e⟩ [ga:s, '-zə] gaz *m (a. als Leucht~); das* ~ *andrehen* ouvrir le gaz; *das* ~ *abstellen* fermer le gaz; ~ *geben (mot fam)* mettre les gaz, accélérer, appuyer sur l'accélérateur *od fam* sur le champignon; *(Küche) aufs* ~ *setzen* mettre sur le feu; ~ *wegnehmen (mot)* couper les gaz; **~abwehr** *f* défense *f* contre les gaz; **~abwehrmaßnahmen** *f pl* mesures *f pl* de protection contre les gaz; **~abzug** *m* évacuation *f* des gaz; **~angriff** *m* attaque *f* par les gaz; **~anstalt** *f* usine *f* à gaz; **~anzünder** *m (Gerät)* allume-gaz *m;* **~austritt** *m* fuite *f* de gaz; **~automat** *m* distributeur *m* automatique de gaz; ~**backofen** *m* four *m* à gaz; ~**bade-ofen** *m* chauffe bain *m* à gaz; ~**bal-lon** *m* aero ballonnet *m;* ~**beleuch-tung** *f* éclairage *m* au gaz; ~**blase** *f* bulle *f* gazeuse; ~**bombe** *f* bombe *f* fumigène; ~**brenner** *m* brûleur à *od* bec *m* de gaz; **g**~**dicht** *a* étanche au gaz; ~**dichte** *f* densité *f* du *od* des gaz; ~**druck** *m* phys pression *od* énergie *f* du gaz; ~**entwicklung** *f* chem dégagement *m* de gaz; ~**er-zeugung** *f* industrie *f* gazière; ~**fa-brik** *f* usine *f* à gaz; ~**feuerzeug** *n* briquet *m* à gaz; ~**flamme** *f* flamme *f* du gaz; *(Brenner)* bec *m* de gaz; **g**~**förmig** *a* gazéiforme, gazeux; ~**förmigkeit** *f* état *m* gazeux, gazéité *f;* ~**gangrän(e** *f)* *n* med gangrène *f* gazeuse; ~**gefahr** *f* dan-ger *m* du *od* des gaz; **g**~**gefüllt** *a* el *(Birne)* rempli de gaz; ~**gemisch** *n* mélange *m* gazeux; ~**generator** *m* gazogène *m;* ~**geruch** *m* odeur *f* de gaz; ~**geschoß** *n* mil projectile *m* à gaz; ~**gewinnung** *f* production *f* de gaz; ~**glühlicht** *n* lumière *f* à incan-descence; ~**granate** *f* obus *m* à gaz; ~**hahn** *m* robinet *m* à gaz; ~**hebei** *m* mot (pédale *f* d')accélérateur *m*, ma-nette *f* des gaz, levier de démarrage, *fam* champignon *m;* aero manette *f* des gaz; ~**(heiz)ofen** *m* poêle *m* à gaz; ~**heizung** *f* chauffage *m* au gaz; ~**herd** *m* cuisinière *f od* réchaud *od* fourneau *m* à gaz; ~**kammer** *f* chambre *f* à gaz; ~**kessel** *m* ga-zomètre *m;* ~**kocher** *m* réchaud *m* à gaz; ~**krieg** *m* guerre *f* des gaz *od* chimique; ~**lampe** *f* lampe *f* à gaz; ~**laterne** *f* bec *m* de gaz; ~**leitung** *f* conduite *f* de gaz; gazoduc; *tech* fee-der *m;* ~**licht** *n* lumière *f* du gaz; ~--**Luft-Gemisch** *n* mélange *m* d'air et de gaz; ~**mann** *m* contrôleur *m* du gaz; ~**maske** *f* masque *m* à gaz; ~**messer** *m* ⟨-s, -⟩ *(Gerät)* compteur *m* à gaz; ~**motor** *m* gazomoteur *m;* ~**ofen** *m* poêle *od* four à gaz, radia-teur *m* à gaz; ~**öl** *n* gas-oil *m;* ~**olin** *n* ⟨-s, ø⟩ [-zo'li:n] gazoline *f;* ~**ometer** *m* ⟨-s, -⟩ gazomètre *m;* ~**pedal** *n* mot (pédale *f* d')accéléra-teur *m;* ~**raum** *m* chambre *f* à gaz; ~**rohr** *n* tuyau *m* à gaz, conduite *f* de gaz; ~**ruß** *m* noir *m* de carbone; ~**schleuse** *f* écluse *f* à gaz; ~**schutz** *m* protection *f* contre les gaz; ~**schutzraum** *m* abri *m* contre les gaz; **g**~**sicher** *a* à l'abri des gaz; ~**spürer** *m* ⟨-s, -⟩ *mil (Gerät)* détec-teur *m* de gaz; ~**turbine** *f* turbine *f* à gaz; ~**turbinenlokomotive** *f* loco-

motive *f* à turbines à gaz; ~**uhr** *f* = ~*messer;* **g**~**vergiftet** *a* gazé; ~**ver-giftung** *f* empoisonnement *m* par un gaz, intoxication *f* par le gaz; ~**ver-sorgung** *f* approvisionnement *m* en gaz; ~**werk** *n* usine *f* à gaz; ~**zelle** *f* aero ballonnet *m;* ~**zufuhr** *f* mot ad-mission *f* des gaz.

Gäßchen *n* ⟨-s, -⟩ ['gɛsçən] ruelle *f.*

Gasse *f* ⟨-, -n⟩ ['gasə] rue (étroite), pe-tite rue, ruelle *f; e-e* ~ *bilden (fig)* fai-re la haie; *Hansdampf in allen* ~n la mouche du coche; ~**nbube** *m,* ~**njunge** *m* gamin, polisson, *pop* voyou, *(in Paris)* titi *m;* ~**nhauer** *m* chanson des rues, rengaine *f.*

Gast 1. *m* ⟨-es, ⸚e⟩ [gast, 'gɛstə] hôte, invité; *(Tisch~)* convive; *(Fremder)* étranger; *(Besucher)* visiteur; *(in e-r Gaststätte)* consommateur; *(in e-m Hotel)* voyageur; *(in e-r Pension)* pensionnaire; *(ungebetener)* intrus; *theat* acteur *m* en tournée; *zu* ~ *bit-ten od laden* inviter; *die Gäste be-grüßen* faire les honneurs de la mai-son *od* de la table; *Gäste haben* avoir du monde; *bei jdm zu od jds* ~ *sein* être l'hôte *od* l'invité de qn; *bei jdm ein gerngesehener* ~ *sein* être le bienvenu chez qn; *viele Gäste m pl* monde *m* fou; **2.** *m* ⟨-s, en⟩ mar ma-telot *m,* ~**arbeiter** *m* ouvrier étran-ger, (travailleur) immigré *m; pl* main--d'œuvre *f* étrangère; ~**aufnahme-vertrag** *m* contrat *m* d'hôtellerie; ~**bett** *n* lit *m* d'amis; **g**~**frei** *a,* **g**~**freundlich** *a* hospitalier, accueil-lant; ~**freund** *m* hôte *m;* ~**freund-schaft** *f* hospitalité *f;* ~**geber(in** *f)* *m* ⟨-s, -⟩ hôte *m,* hôtesse *f;* amphi-tryon *m;* ~**haus** *n,* ~**hof** *m* (petit) hô-tel *m,* hôtellerie *f;* ~**hörer** *m (Univ.)* auditeur *m* libre; **g**~**ieren** [-'ti:rən] *itr theat* jouer en tournée, donner une représentation de tournée; **g**~**lich** *a* hospitalier; *jdn* ~ *aufnehmen* donner l'hospitalité à qn; ~**mahl** *n* festin, banquet *m;* ~**professor** *m* profes-seur *m* étranger *od* associé; ~**recht** *n* lois *f pl* de l'hospitalité; *jdm* ~ *ge-währen* donner l'hospitalité à qn; ~**spiel** *n* représentation *f* d'acteurs en tournée; ~**spielreise** *f* tournée *f;* ~**stätte** *f* café *m,* auberge *f;* ~**stät-ten- und Beherbergungsgewerbe** *n* industrie *f* hôtelière; ~**stube** *f (in e-r Gaststätte)* salle *f;* ~**vorlesung** *f* conférence *f* d'un professeur étran-ger; ~**wirt** *m* hôtelier, aubergiste; *(Schank~)* cafetier, cabaretier; *(Spei-se~)* restaurateur *m;* ~**wirtschaft** *f* = ~*stätte;* ~**zimmer** *n (Hotel)* salle *f* (d'hôtel).

Gäste|buch n ['gɛstə-] livre m d'hôtes; ~**tafel** f: gemeinsame ~ table f d'hôte; ~**zimmer** n (privat) chambre f d'amis.

gastrisch ['gastrıʃ] a med gastrique.

Gastronom m ⟨-en, -en⟩ [gastro'no:m] gastronome m; ~**ie** f ⟨-, ø⟩ [-no'mi:] gastronomie f; **g~isch** [-'no:mıʃ] a gastronomique.

Gatt|e m ⟨-n, -n⟩ ['gatə] mari, époux m; die ~en m pl les époux m pl; **g~en,** sich (zoo) s'accoupler; ~**enliebe** f amour m conjugal; ~**in** f épouse, femme f; ~**ung** f (allg. Sammelbegriff) genre m; espèce, sorte f; bot zoo genre m; ~**ungsbegriff** m nom m collectif od commun; ~**ungsname** m allg nom m générique od (a. gram) commun.

Gatter n ⟨-s, -⟩ ['gatər] grille f, grillage m, claire-voie, clôture f; ~**säge** f scie f à lames multiples.

Gau m ⟨-(e)s, -e⟩ [gaʊ] district, canton m région, contrée f.

Gaudi n, a. f ⟨-s/-, ø⟩ ['gaʊdi] fam, ~**um** n ⟨-s, ø⟩ [-diʊm] joie f, plaisir, amusement m, allégresse f.

Gauk|elei f [gaʊkə'laı], ~**elspiel** n, ~**elwerk** n ['gaʊkəl-] (Kunststückchen) jonglerie f, escamotage, tour m de prestidigitation od de passe-passe; (Posse) bouffonnerie f; (Täuschung) truc m, tromperie f; **g~elhaft** a (phantastisch) fantasmagorique; (trügerisch) trompeur; **g~eln** itr ⟨aux: sein⟩ (flattern) voltiger; ⟨aux: haben⟩ (Taschenspieler) jongler, faire des tours de passe-passe; ~**ler** m ⟨-s, -⟩ jongleur, prestidigitateur, bateleur, escamoteur; (Seiltänzer) saltimbanque; (Betrüger) charlatan; (Spaßmacher) bouffon, farceur m.

Gaul m ⟨-(e)s, ⸚e⟩ [gaʊl, 'gɔʏlə] cheval m; alter ~ rosse, haridelle, f; pop canasson, carcan m; das bringt den stärksten ~ um! ça, c'est un peu fort! e-m geschenkten ~ sieht man nicht ins Maul (prov) à cheval donné, on ne regarde pas à la bouche od bride.

Gaumen m ⟨-s, -⟩ ['gaʊmən] palais m; den ~ kitzeln chatouiller od flatter le palais; mir klebt die Zunge am ~ j'ai la gorge sèche; ~**laut** m gram palatale f; ~**platte** f palais m artificiel; ~**segel** n anat voile m (du palais).

Gauner m ⟨-s, -⟩ ['gaʊnər] filou, fripon, coquin, gredin; fam estampeur; (Betrüger) escroc, tricheur, trompeur, fraudeur, imposteur m; ~**bande** f bande f d'escrocs; ~**ei** f [-'raı] filouterie, escroquerie, friponnerie, fourberie f; **g~n** itr vivre en escroc, escroquer, filouter; ~**sprache** f langue f

verte od du milieu; ~**streich** m tour (d'escroc), vilain tour m.

Gaze f ⟨-, -n⟩ ['ga:zə] gaze f; ~**binde** f med gaze f de pansement; ~**sieb** n tamis m de gaze.

Gazelle f ⟨-, -n⟩ [ga'tsɛlə] zoo gazelle f.

geachtet a de considération.

Geächtete(r) m proscrit, banni m.

Geächze n ⟨-s, ø⟩ gémissement m.

geädert a veiné; (marmoriert) marbré.

Geäst n ⟨-(e)s, ø⟩ branches f pl, branchage m, ramure f.

Gebäck n ⟨-(e)s, -e⟩ pâtisserie(s pl) f, (petits) gâteaux m pl; ~**zange** f pince f à pâtisserie f.

Gebälk n ⟨-(e)s, ø⟩ charpente f, poutrage m, poutres, solives f pl, entablement m.

geballt a (Faust) fermé, serré; ~e Ladung f (mil) charge f concentrée; ~e Kraft f force f conjuguée.

Gebärde f ⟨-, -n⟩ [gə'bɛːrdə] geste m; ~n machen faire des gestes, gesticuler; **g~n,** sich ~ wie prendre des allures de; sich kindisch, närrisch ~ faire l'enfant, le fou; ~**nspiel** n gestes m pl, gesticulation, mimique f; theat jeu, (stummes) jeu m muet, pantomime f; ~**nsprache** f (langage m) mimique f.

gebaren [gə'ba:rən], sich (lit) se conduire, se comporter; se donner un od des air(s) (wie de); **G~** n façon de se conduire, conduite f, airs m pl.

gebär|en ⟨gebiert, gebar, hat geboren⟩ [ge'bɛːrən] tr accoucher de, mettre au monde, enfanter; **G~en** n zoo parturition f; **G~maschine** f pej (kinderreiche Frau) pondeuse f; **G~mutter** f anal matrice f, utérus m; **G~mutterentfernung** f med hystérectomie f; **G~muttervorfall** m descente f de l'utérus, prolapsus m utérin.

Gebäude n ⟨-s, -⟩ [gə'bɔʏdə] bâtiment, immeuble m, construction f; (großes) édifice, monument m; öffentliche(s) ~ hôtel m; ~**front** f façade f; ~**komplex** m groupe m d'édifices; ~**steuer** f impôt m sur la propriété foncière bâtie; ~**versicherung** f assurance f immobilière; ~**vorsprung** m avant--corps m.

gebaut a: gut ~ (Mensch) bien bâti od fait od taillé od tourné, fam bien fichu, pop bien foutu.

Gebein n ⟨-(e)s, -e⟩ os m pl; pl (menschl. Überreste) ossements m pl.

Gebell n ⟨-(e)s, ø⟩ aboiement(s pl) m.

geben ⟨gibt, gab, hat gegeben⟩ ['ge:bən] tr donner; (schenken) faire cadeau od présent de; (widmen) vouer, consacrer; (anbieten) offrir; (reichen) tendre, passer; (gewähren) accorder, offrir, procurer; *(zuteilen)* attribuer, assigner; *(Ohrfeige)* donner; *(Karten)* servir; *theat* donner, représenter, jouer; *tele* transmettre; *(Ertrag)* donner, rendre, rapporter; *(liefern)* fournir; *es jdm ~* frotter les oreilles à qn; *etw auf e-e S ~* faire cas de qc; *von sich ~ (Ton)* proférer; *(Nahrung)* rendre; *(Worte)* lâcher, *fam* débagouler; *ge~ sein (math)* être donné; *sich ~* avoir telle ou telle attitude; *sich gelassen ~* jouer les personnes décontractées, prendre un air dégagé; *sich ~ (Kälte)* s'adoucir; *(Schmerz)* s'apaiser; *(Schwierigkeit)* s'arranger, *fam* se tasser; *(Eifer)* se relâcher; *sich in etw ~* se résigner à qc; *zu ge~er Zeit* en temps opportun *od* utile; *ein (gutes, schlechtes) Beispiel ~* donner un (bon, mauvais) exemple; *zum besten ~ (Witz)* raconter, *(Lied)* chanter, *(Stück)* jouer; *zu denken ~* donner à penser *od* à réfléchir; *sich zu erkennen ~* se faire connaître; *zu essen ~ (dat)* donner à manger; *sich geschlagen ~* s'avouer vaincu; *jdm die Hand ~* tendre *od* serrer la main à qn; *Kredit, Rabatt ~* faire crédit, un rabais; *jdm Stunden ~* donner un cours à qn; *jdm verloren ~* condamner qn; *sich verloren ~* se croire perdu; *zu verstehen ~* donner à entendre; *viel auf etw ~* faire grand cas de qc; *jdm e-n Wink ~* faire signe à qn; *sich zufrieden~* se contenter *(mit* de); *dem habe ich es aber ordentlich ge~!* je l'ai envoyé promener, je lui ai dit ce que je pensais; *Sie ~ (Karten)* à vous la donne *od* de donner; *wer gibt? (Karten)* à qui la donne? *~ Sie mir Herrn X.! (tele)* passez-moi M. X.! *die Voraussetzungen (dazu) sind nicht ge~* les circonstances ne s'y prêtent pas *od* ne le permettent pas; *das wird sich ~* tout finira par s'arranger, *fam* ça va se tasser; *es gibt* il y a; *ich gäbe etwas darum, wenn...* je donnerais cher pour...; *es gibt Leute, die* il y a des gens qui; *was gibt's (Neues)?* qu'est-ce qu'il y a de nouveau? *gibt es Regen?* aurons-nous de la pluie? *er gibt sich, wie er ist* il est très naturel dans son comportement; *das gibt es nicht* cela n'existe pas; *(das) gibt's nicht!* jamais! *das od sowas gibt es! (fam)* ah par exemple! *G~ ist seliger denn Nehmen (prov)* mieux vaut donner que recevoir; *gibst du mir, so geb' ich dir (prov)* donnant donnant; *gut ge~ (fig)* bien asséné; *fam* envoyé; *ge~e Größe f (math)* donnée *f.*

Geber *m* ‹-s, -› ['ge:bər] donneur, donateur; *tele (Mensch)* transmetteur; *(Gerät)* appareil *m* de transmission; *~in f* donneuse, donatrice *f; ~laune f: in ~ sein* être en veine de générosité.

Gebet *n* ‹-(e)s, -e› [gə'be:t] prière, oraison *f, fam* patenôtres *f pl; jdn ins ~ nehmen* confesser qn, tenir qn sur la sellette; *sein ~ sprechen, verrichten* faire sa prière, dire ses prières; *s-e täglichen ~e verrichten* dire ses prières quotidiennes; *stille(s) ~* oraison *f* mentale; *das ~ des Herrn (Vaterunser)* l'oraison *f* dominicale; *~buch n* livre *m* d'heures *od* de prières *od* de messe, paroissien *m; ~mühle f* moulin *m* à prières; *~steppich m* tapis *m* de prière.

Gebiet *n* ‹-(e)s, -e› [gə'bi:t] région, zone *f; (Gelände)* terrain; *adm pol* territoire; *fig (Fach(~))* ressort *m,* spécialité, branche; *(geistiges ~)* sphère *f,* domaine *m; auf allen ~en (fig)* dans tous les domaines; *auf dem ~ (der Technik)* en matière (de technique), en ce qui concerne (la t.); *auf diesem ~* dans ce domaine; *ein weites ~ (fig)* un vaste champ; **g~en** ‹*gebietet, gebot, hat geboten*› *tr (befehlen)* commander, ordonner *(jdm etw qc* à qn); *(einschärfen)* enjoindre *(jdm etw qc* à qn); *(fordern)* exiger, réclamer; *itr* commander *(über ein Volk* à un peuple); *(verfügen)* disposer *(über* de); *e-r S Einhalt ~* retenir qc; *Ruhe ~* imposer silence; *Ehrfurcht ~d* vénérable; *hier ist Vorsicht geboten* la prudence est de mise *od* s'impose ici; *~er m* ‹-s, -› maître, seigneur, souverain *m; ~erin f* maîtresse, souveraine *f;* **g~erisch** *a* impérieux, impératif, dictatorial, despotique; *(anmaßend)* arrogant; *(entschieden)* catégorique, péremptoire; *(unwiderstehlich)* irrésistible; *~sanspruch m pol* revendication *f* territoriale; *~serweiterung f* agrandissement *m* du territoire; *~shoheit f* souveraineté *f* territoriale.

Gebilde *n* ‹-s, -› *(Schöpfung, Werk)* création, œuvre *f,* produit *m; (Gestalt)* forme, figure, configuration *f;* **g~t** *a* cultivé, civilisé, instruit, lettré; *~ sein (a.)* avoir des lettres.

Gebimmel *n* ‹-s, ∅› *fam* tintement *m.*

Gebinde *n* ‹-s, -› *(Bündel)* faisceau; *(Blumen, Garbe)* gerbe *f; (Garn)* écheveau *m; (Faß)* futaille, barrique; *(Dachstuhl)* ferme *f* (de comble).

Gebirg|e *n* ‹-s, -› [gə'bırgə] montagne *f,* monts *m pl; (~smassiv)* massif *m* montagneux; *~ig a* montagneux; *~sartillerie f* artillerie *f* de montagne; ~**sbach** *m* rivière *f od* torrent *m* de montagne; ~**sbeschreibung** *f* orographie *f;* ~**sdorf** *n* village *m* de montagne; ~**sfaltung** *f geol* plissement *m* de montagne; ~**sgegend** *f* contrée *f* montagneuse; ~**sjäger** *m pl mil* infanterie *f* de montagne, *(speziell)* chasseurs *m pl* alpins; ~**skunde** *f* orographie *f;* ~**sschlucht** *f* gorge *f;* ravin *m,* ravine *f;* ~**ssee** *m* lac *m* de montagne; ~**sspalte** *f* fente *od* crevasse *f* de montagne; ~**sstock** *m* massif *m* montagneux; ~**sstraße** *f* route *f* de montagne; ~**ssystem** *n* système *m* montagneux; ~**stal** *n* vallée *f* de montagne; ~**szug** *m* chaîne *f od* système *m* de montagnes.

Gebiß *n* ‹-sses, -sse› [gǝ'bɪs] *(natürliches)* denture, dentition *f; (künstliches)* appareil dentaire, dentier, *fam (a. natürl.)* râtelier; *(am Zaum)* mors, frein *m.*

gebläht *a:* ~*e(s)* Segel *n* voile *f* prise.

Gebläse *n* ‹-s, -› *tech* appareil *m* soufflant; soufflante, soufflerie *f,* ventilateur; *(am Hochofen)* vent *m;* ~**maschine** *f* soufflante *f;* ~**motor** *m* moteur *m* à compresseur; ~**sand** *m* sable *m* de projection.

Geblök *n* ‹-(e)s, ø› [gǝ'blø:k] *(der Schafe)* bêlement *m.*

geblümt *a (Textil)* à fleurs.

Geblüt *n* ‹-(e)s, ø› sang *m; aus fürstlichem* ~ de souche princière; *Fürst m von* ~ prince *m* du sang.

gebogen *a* (re)courbé, courbe, arqué.

geboren ‹*pp von: gebären*› né, de naissance; *(Frau)* ~*e* X née X; ~*e(r) Deutsche(r) m* Allemand *m* de naissance; *zum Dichter* ~ né poète; ~ *werden* naître, être né.

Geborenenüberschuß *m* excédent *m* des naissances sur le décès.

geborgen ‹*pp von: bergen*› sauvé; *a* en sûreté, à l'abri *(vor* de).

Gebot *n* ‹-(e)s, -e› [gǝ'bo:t] *vx rel (Befehl)* commandement *m; (Auktion)* offre, enchère *f; ein* ~ *abgeben, machen* faire une offre; *ein höheres* ~ *machen* couvrir une enchère, surenchérir; *jdm zu* ~*e stehen* être à la disposition *od* aux ordres de qn; *Not kennt kein* ~ *(prov)* nécessité n'a pas de loi; *die Zehn* ~*e (rel)* les dix commandements; *ein* ~ *der Menschlichkeit* un devoir d'humanité; *das* ~ *der Stunde* les nécessités *f pl* de l'heure; **g~en** *a* nécessaire; ~ *sein* s'imposer; *es ist* ~ *zu ...* il importe de ..., il convient de ...

Gebräu *n* ‹-(e)s, -e› [gǝ'brɔy] *(Trank, a. med)* breuvage *m, pej pop* bibine;

allg pej (gemischte Flüssigkeit) mixture *f.*

Gebrauch *m* ‹-(e)s, ⸚e› [gǝ'braux, -'brɔyçǝ] *(Anwendung)* usage, emploi; *(Handhabung)* maniement *m; (Brauch)* coutume, habitude *f; außer* ~ hors d'usage; *in* ~ en usage, en service; *zu beliebigem* ~ à toutes fins utiles; *zum od für den (persönlichen)* ~ à l'usage (personnel); *außer* ~ *kommen* tomber en désuétude; *von etw* ~ *machen* mettre qc en œuvre, user de qc, se servir de qc; *von etw ausgiebigen* ~ *machen* bien profiter de qc; *in* ~ *nehmen* mettre en usage; *sparsam im* ~ économique; **g~en** *tr* employer, faire usage de, user de, se servir de; *(nutzbar machen)* utiliser; *(handhaben)* manier; *(Arznei)* prendre, user de; *nicht mehr* ~ ne plus faire usage de, ne plus utiliser; *zu allem zu* ~ *sein* se prêter à tout, *fam* être bon à toutes les sauces; *zu nichts zu* ~ *sein* être la cinquième roue à un carrosse; *nicht mehr zu* ~*(d)* hors d'usage *od* de service; *das kann ich gut* ~ voilà qui me sera bien utile; ~**sanweisung** *f* mode *m* d'emploi; ~**sartikel** *m* article *m* utilitaire; ~**sdarlehen** *n* prêt *m* à consommation; ~**seignung** *f tech* utilité *f* pratique; **g~sfertig** *a* prêt à l'usage *od* à servir; ~**sgegenstand** *m* objet d'usage courant, objet *m* usuel; ~**sgraphiker** *m* artiste publicitaire, dessinateur en publicité, affichiste *m;* ~**sgüter** *n pl* biens *m pl* de consommation durable; ~**skunst** *f* art *m* appliqué; ~**smuster(schutz m)** *n* (protection *f* des) modèle(s) déposé(s); ~**swert** *m* valeur *f* d'usage; **g~t** *a (schon benutzt)* qui a déjà servi, usagé; *(alt, Buch: antiquarisch)* d'occasion; ~**twagen(ausstellung *f*)** *m* (exposition de) voiture(s) *f od* véhicule(s) *m* d'occasion.

gebräuchlich [gǝ'brɔyçlıç] *a* en usage; *(üblich)* usuel, d'usage; *(gewöhnlich)* commun; *(herkömmlich)* coutumier; *(Ausdruck)* usité, usuel, courant; *nicht mehr* ~ h ors d'usage, désuet; ~ *sein (a.)* avoir cours.

Gebrause *n* ‹-s, ø› mugissement, grondement *m.*

Gebrech|en *n* ‹-s, -› *(Körperfehler)* infirmité *f; allg* défaut *m,* imperfection; *(Schwäche)* faiblesse *f; geistiges* ~ infirmité *f* mentale; **g~en** ‹*gebricht, gebrach, hat gebrochen*› *v impers lit: es gebricht mir an ...* je manque de ...; **g~lich** *a (körperbehindert)* infirme, invalide; *(schwächlich)* caduc, débile, faible; *(altersschwach)* décrépit; *(zerbrechlich)* frêle, délicat; ~**lichkeit** *f*

⟨-, (-en)⟩ infirmité, invalidité; caducité, débilité, faiblesse; décrépitude; délicatesse *f.*

gebrochen *a:* an ~*em Herzen (sterben)* (mourir) de douleur; *mit* ~*er Stimme* d'une voix étranglée; *ganz* ~ *(fig)* accablé de douleur; *adv:* ~ *Deutsch sprechen* écorcher l'allemand; ~ *Französisch sprechen* parler français comme une vache espagnole *fam.*

Gebrodel *n* ⟨-s, ø⟩ bouillonnement *m.*

Gebrüder *pl* frères *m pl;* ~ *Müller (com)* Muller frères.

Gebrüll *n* ⟨-(e)s, ø⟩ *(Rinder u. fig)* mugissement; *(wilde Tiere)* rugissement *m.*

Gebrumme *n* ⟨-s, ø⟩ *(Insekt)* bourdonnement; *fig (Mensch)* grognement, grondement *m.*

Gebühr *f* ⟨-, -en⟩ [gə'by:r] *(Pflicht, Schicklichkeit; nur noch in bestimmten Wendungen; meist pl)* tarif *m;* *(Abgaben)* taxe *f,* droit(s *pl*), impôt *m; nur pl* vacations *f pl; (Arzt, Rechtsanwalt)* honoraires *m pl; nach* ~ dûment, comme il convient; *über* ~ outre mesure, plus que de raison; *zu ermäßigter* ~ à tarif réduit; *e-e* ~ *erheben* lever *od* percevoir une taxe; *jdm die* ~*en erlassen* dispenser qn de la taxe; *doppelte* ~ taxe *f* double; *gesetzliche* ~ taxe *f* légale; ~**enansage** *f tele* indication *od* notification *f* de la taxe; ~**enberechnung** *f jur* taxation *f;* ~**enerhöhung** *f* supplément *m* de taxe, majoration *f* des droits; ~**enerlaß** *m* remise *f* des droits; ~**enermäßigung** *f* modération d'impôt *od* de taxe, réduction *f* des droits; ~**enfestsetzung** *f* fixation *f* des droits; g~**enfrei** *a* exempt de droits *od* taxes, en franchise; ~**enfreiheit** *f* franchise *f;* ~**ennachlaß** *m* dégrèvement *m* d'impôt *od* de taxe; ~**enordnung** *f* tarif des *od* barème *m* d'honoraires; g~**enpflichtig** *a* soumis aux droits *od* à la taxe, taxé; *(Straße, Brücke)* à péage; ~*e Verwarnung f* contravention *f;* ~**ensatz** *m* taux *m* de taxation; ~**ensätze** *m pl* tarif *m; die* ~ *aufstellen für* tarifer; ~**envorschuß** *m* forfait *m.*

gebühr|en [gə'by:rən] *itr* être dû, revenir de droit *(jdm* à qn); *wem es gebührt* à qui de droit; *wie es sich gebührt* comme il se doit, comme il convient; *Ehre, wem Ehre gebührt* à tout seigneur tout honneur; ~**end** *a,* ~**lich** *a (schuldig)* dû *(dat* à); *(verdient)* mérité; *(zukommend)* qui revient, revenant, *jur* afférent *(dat* à); *(angemessen)* convenable; *(anständig)*

décent; *(gerecht)* juste; *adv* dûment, comme il se doit; ~**endermaßen** *adv,* ~**enderweise** *adv* dûment, comme il faut, comme de droit; *(verdienterweise)* selon mes, tes *etc* mérites.

Gebund *n* ⟨-(e)s, -e⟩ faisceau *m, (Stroh)* botte *f; (Garn)* tortis *m;* g~**en** *a (Buch)* relié; *mus* lié; *fig* engagé, assujetti *(an* à); *in* ~*er Form* en vers; ~**enheit** *f (Zwang)* obligation, contrainte *f,* assujettissement *m,* sujétion *f.*

Geburt *f* ⟨-, -en⟩ [gə'bu:rt] naissance *a. fig; (Vorgang)* mise *f* au monde, enfantement, accouchement; *(Leibesfrucht)* fruit *m; (Abstammung, Ursprung)* origine *f; von* ~ *an* de naissance; *vor, nach Christi* ~ avant Jésus-Christ, de l'ère chrétienne; *das war e-e schwere* ~ *(fig)* cela a été laborieux; *Deutscher m von* ~ Allemand de naissance; *Zahl f der (un)ehelichen* ~*en* natalité *f* (il)légitime; ~**enbeschränkung** *f* limitation *f* des naissances; g~**enfördernd** *a,* g~**enfreundlich** *a* nataliste; ~**enkontrolle** *f,* ~**enregelung** *f* contrôle *m od* régulation *f* des naissances; ~**enprämie** *f* prime *f* à la naissance; ~**enrückgang** *m* réduction des naissances, diminution de la natalité, dénatalité *f;* ~**enüberschuß** *m* excédent *m* des naissances; ~**enziffer** *f* natalité *f;* ~**sadel** *m* noblesse *f* héréditaire; ~**sanzeige** *f (beim Standesamt)* déclaration *f* de naissance; *(in der Zeitung)* faire-part *m* de naissance; ~**sdatum** *n* date *f* de naissance; ~**sfehler** *m* tare *f* congénitale; ~**shaus** *n* maison *f* natale; ~**shelfer** *m* accoucheur *m;* ~**shilfe** *f* obstétrique *f;* ~**sjahr** *n* année *f* de la naissance; ~**sjahrgang** *m:* ~ *1950* génération *f* de l'année 1950; *mil* classe *f;* ~**sort** *m* lieu *m* de naissance *od* natal; ~**sregister** *n* registre *m* des naissances; ~**sschein** *m* extrait *od* bulletin *m* de naissance; ~**sstadt** *f* ville *f* natale; ~**stag** *m* jour *m* de (la) naissance; *(als Fest)* anniversaire *m; herzlichen Glückwunsch zum* ~*!* bon anniversaire! ~**stagsfeier** *f* célébration *f* de l'anniversaire; ~**stagsgeschenk** *n* cadeau *m* d'anniversaire; ~**stagskind** *n* celui, celle qui fête son anniversaire; ~**stagstisch** *m* table *f* des cadeaux; ~**surkunde** *f* acte *m* de naissance; ~**swehen** *f pl* mal d'enfant, travail *m;* ~**szange** *f* forceps *m,* fers *m pl.*

gebürtig [gə'bʏrtiç] *a:* ~ *aus* natif de, originaire de, né à.

Gebüsch *n* ⟨-(e)s, -e⟩ buissons *m pl;*
(Dickicht) fourré, taillis, hallier *m.*
Geck *m* ⟨-en, -en⟩ [gɛk] *(Modenarr)*
fat, dandy, gandin, freluquet, *fam*
gommeux, pommadin *m; alte(r)* ~
vieux beau *m;* **g~enhaft** *a* fat, *fam*
zazou; **~enhaftigkeit** *f* fatuité, pose
f.
gedacht *a* imaginaire.
Gedächtnis *n* ⟨-sses, -sse⟩
[gə'dɛçtnɪs] mémoire; *(Erinnerung)*
commémoration *f,* souvenir *m; aus*
dem ~ de mémoire; *(auswendig)* par
cœur; *zum* ~ *(gen)* en mémoire *od* en
commémoration (de); *im* ~ *behalten*
garder en mémoire; *sein* ~ *mit etw*
belasten s'encombrer la mémoire de
qc; *ein gutes* ~ *für etw haben* avoir
une bonne mémoire de qc; *jdm etw*
ins ~ *zurückrufen* remémorer qc à
qn, rafraîchir la mémoire à qn à propos de qc; *sich etw ins* ~ *zurückru-*
fen se remémorer qc; *mein* ~ *läßt*
mich im Stich la mémoire me fait
défaut; *im* ~ *haftengeblieben* gravé
dans la mémoire; *ein schlechtes* ~,
ein ~ *wie ein Sieb* une mémoire de
lièvre; **~hilfe** *f* = ~*stütze;* **~kirche** *f*
église *f* commémorative; **~lücke** *f*
trou *m* de mémoire; **~schwäche** *f*
défaillance *f* de mémoire; **~stütze** *f*
moyen *m* mnémotechnique; **~übung**
f exercice *m* de mémoire.
gedämpft *a* *(Küche)* à l'étouffée;
(Schall) amorti; *mit* ~*er Stimme* à
voix étouffée, à mi-voix.
Gedanke *m* ⟨-ns, -n⟩ pensée; *(Einfall)*
idée, conception; *(Absicht)* intention
f; (Plan) projet, dessein *m; (Begriff)*
notion *f,* concept *m; pl (Denken)*
pensées *f pl,* réflexion, méditation *f;*
in ~*n* en pensée; *(aus Zerstreutheit)*
par distraction, sans y penser; *auf*
den ~*n bringen, daß* amener à penser que; donner l'idée de *inf; jdn auf*
andere ~*n bringen* changer les idées
à qn; distraire qn; *e-n* ~*n fassen* concevoir une idée; *keinen klaren* ~*n*
fassen können s'affoler; *den guten*
~*n haben zu* avoir la bonne idée de;
s-e ~*n nicht beisammenhaben* ne
pas pouvoir rassembler ses idées, être
distrait *od fam* dans les nuages; *auf*
den ~*n kommen zu* . . . s'aviser de . . .;
~*n lesen* lire dans la pensée; *sich* ~*n*
machen s'inquiéter, être préoccupé
(über de), se mettre martel en tête
(über sur), *pop* se faire de la mousse;
sich um jdn ~*n machen* être en peine de qn; *sich keine* ~*n machen* ne
s'inquiéter de rien; *sich jds* ~*n zu ei-*
gen machen épouser les idées de qn;
schwarzen ~*n nachhängen* avoir des

idées noires, broyer du noir; *s-e* ~*n*
sammeln se concentrer; *in* ~*n bei*
jdm sein suivre qn par la pensée; *mit*
dem ~ *spielen zu* . . . nourrir *od* caresser l'idée de . . .; *sich mit dem* ~*n tra-*
gen, mit dem ~*n umgehen zu* . . . songer à . . ., avoir l'intention de . . .; *s-e*
~*n zs.nehmen* rassembler ses idées;
ich werde den ~*n nicht los* je ne puis
m'ôter cette idée *od* cela de la tête;
ich bin nie auf den ~*n gekommen*
cette pensée ne m'a jamais effleuré;
auf diesen ~*n wäre ich nie gekom-*
men cette idée ne me serait jamais
venue; *mir kam der* ~ j'eus l'idée *(zu*
de); *kein* ~*!* pas d'idée! y pensez-
-vous? ~*n sind zollfrei* la pensée est
libre; *der bloße* ~, *schon der* ~ la seule pensée, rien que d'y penser; *gute(r)*
~ bonne idée *f; traurige* ~*n pl* papillons *m pl* noirs; *fam* cafard *m; in* ~*n*
(versunken) plongé dans la *od* ses
méditation(s); **~narmut** *f* manque *m*
d'idées, pauvreté *f* d'esprit; **~naus-**
tausch *m* échange *od* commerce des
idées, échange *m* d'idées *od* de vues;
~nflug *m* élévation *f* de (la) pensée;
~nfreiheit *f* liberté *f* de penser;
~ngang *m* fil *m* des idées; **g~nlos** *a*
irréfléchi, étourdi, distrait; *(mecha-*
nisch) machinal; *adv a.* sans réfléchir,
sans y penser, à l'étourdie; marchina-
lement; **~nlosigkeit** *f* irréflexion,
étourderie *f; aus* ~ par étourderie *od*
inadvertance; **~nlyrik** *f* poésie *f* (lyrique) philosophique; **~nsplitter** *m pl*
pensées *f pl* détachées, aphorismes *m*
pl; **~nstrich** *m* tiret *m;* **~nübertra-**
gung *f* transmission *f* de pensée
~nverbindung *f* association *f*
d'idées; **g~nvoll** *a (nachdenklich)*
pensif; **~nwelt** *f* monde *m* des idées.
gedanklich *a* mental, idéel, intellectuel.
Gedärm *n* ⟨-(e)s, -e⟩ [gə'dɛrm] boyaux,
intestins *m pl.*
Gedeck *n* ⟨-(e)s, -e⟩ couvert; *(im Gast-*
haus) repas *m* à prix fixe; **g~t** *a*
(Neubau) hors d'eau.
gedehnt *adv:* ~ *sprechen* traîner la
voix *od* sur les mots.
Gedeih *m: auf* ~ *und Verderb* à la
grâce de Dieu; **g~en** ⟨*gedeiht, gedieh,*
ist gediehen⟩ [gə'daɪən, -di:-] *itr bot*
pousser *od* venir bien; *allg* prospérer;
(sich entwickeln) se développer;
nicht ~ *(bot) a.* se déplaire; *prächtig*
~ être en pleine prospérité; *fig* ne faire que croître et embellir; *die Sache*
ist so weit gediehen, daß la chose en
est arrivée au point que; *wie weit*
sind die Verhandlungen gediehen?
où en sont les négociations? *unrecht*

Gut gedeihet nicht (prov) bien mal acquis ne profite jamais; **~en** *n allg* prospérité *f,* développement *m,* réussite *f,* succès *m;* **g~lich** *a (günstig)* profitable.

Gedenk|ausgabe *f* édition *f* commémorative; **g~en** *⟨gedenkt, gedacht, hat gedacht⟩* [gǝ'dɛŋkǝn, -daxt] *itr: jds (ehrend)* ~ évoquer la mémoire de qn; *e-r Sache* ~ se souvenir de qc, garder le souvenir de qc; *(in der Rede)* faire mention de qc; *(beabsichtigen)* penser, compter *(zu tun* faire), avoir l'intention, se proposer *(zu tun* de faire); *gedenke mein.' (vx poet)* pense à moi; **~en** *n ⟨-s, ø⟩* mémoire, commémoration *f (an* de); **~feier** *f* fête *f* commémorative; **~marke** *f (Post)* timbre-poste *m* commémoratif; **~münze** *f* médaille *f* commémorative; **~spruch** *m* devise, sentence *f;* **~stein** *m* monument *m* commémoratif; **~tafel** *f* plaque *f* commémorative; **~tag** *m* anniversaire *m.*

Gedicht *n ⟨-(e)s, -e⟩ (längeres)* poème *m, (kurzes)* poésie *f;* **~sammlung** *f* recueil *m* de poésies *od* de poèmes, anthologie *f* (lyrique).

gediegen *a (rein) (Metall)* natif, vierge, pur; *fig allg (echt)* vrai, de bon aloi; *(zuverlässig)* ferme; solide; *(Arbeit)* bien fait; *(Wissen)* solide, approfondi; *ein ~er Charakter* un homme *(od* qn de) solide; **G~heit** *f ⟨-, ø⟩ min* pureté (native); *fig* fermeté, solidité *f.*

Gedinge *n ⟨-s, -⟩ mines (Verabredung von Akkordarbeit)* accord, forfait *m; im* ~ *arbeiten* travailler à la tâche *od* à forfait.

gedörrt *a (Obst)* tapé.

Gedräng|e *n ⟨-s, ø⟩* presse, cohue; *(Menge)* foule *f; fig (Notlage)* embarras *m; ins* ~ *kommen* se trouver dans l'embarras, *fam* se trouver coincé; *es herrscht ein tolles* ~ il y a un monde fou; **g~t** *a* pressé, serré, compact; *(Stil)* concis, dense; ~ *voll (von Menschen)* comble, bondé; **~theit** *f* entassement, encombrement *m,* compacité; *(Stil)* concision *f.*

gedrechselt *a: wie* ~ *(fig)* châtié.

gedrückt *a arch* surbaissé; *fig (Mensch)* déprimé; *(Lage)* pénible, gêné, ~ *sein (fig. Mensch)* être dans le marasme; **G~heit** *f ⟨-, ø⟩ (Niedergeschlagenheit)* dépression *f,* abattement *m; (der Lage)* situation *f* pénible.

gedrungen *a (Körper)* trapu, ramassé; **G~heit** *f ⟨-, ø⟩* taille *f* ramassée.

Geduld *f ⟨-, ø⟩* [gǝ'dʊlt] patience;

(Nachsicht) indulgence; *(Langmut)* longanimité *f; jds* ~ *erschöpfen* épuiser *od* pousser à bout la patience de qn; *mit* ~ *(er)tragen* prendre en patience; *sich in* ~ *fassen* prendre patience; ~ *haben* avoir de la patience, patienter; *mit jdm* ~ *haben* faire preuve de patience envers qn, avoir de l'indulgence pour qn; *jds* ~ *auf die (eine harte) Probe stellen* mettre la patience de qn à (rude) l'épreuve; *die* ~ *verlieren* perdre patience, s'impatienter; *sich mit* ~ *wappnen* s'armer de patience; *mir geht die* ~ *aus, meine* ~ *geht zu Ende* ma patience commence à être à bout; *jede* ~ *hat ein Ende (prov)* la patience a des limites; **g~en** [-dǝn] , *sich* prendre patience, patienter; **g~ig** *a* patient; *(nachsichtig)* indulgent; ~ *ertragen* prendre en patience; *Papier ist* ~ le papier ne refuse pas l'encre; **~sfaden** *m: mir reißt der* ~ la patience m'échappe, ma patience est à bout; **~sprobe** *f* épreuve *f;* ouvrage *m* de patience; **~sspiel** *n* jeu *m* de patience.

gedungen [gǝ'dʊŋǝn] *a: ~e(r) Mörder m* tueur *m* à gages.

gedunsen [gǝ'dʊnzǝn] *a* bouffi, boursouflé.

geehrt *a* honoré; *sehr ~er Herr.'* Monsieur; *Ihr ~es Schreiben* votre honorée.

geeignet *a* apte, propre *(zu, für* à); *(passend)* convenable *(zu* à); *(fähig)* capable *(zu* de); *(Person, Mittel)* approprié; *(Augenblick)* favorable.

geerdet [gǝ'e:rdǝt] *a el radio* mis à la terre *od* à la masse.

Geest *f ⟨-, -en⟩* lande *f* (dans la région de la mer du Nord).

Gefahr *f ⟨-, -en⟩* danger, péril *m; (Drohung)* menace *f; (Wagnis)* risque *m; auf die* ~ *(gen) hin* au risque de; *auf die* ~ *hin, daß* quitte à, même si; *auf eigene* ~ à ses risques; *auf Ihre Rechnung und* ~ à vos risques et périls; *außer* ~ hors de danger; *bei* ~ en cas de danger; *in* ~ en danger; *zu sous la* menace de; *unter der* ~ *(gen)* au péril (de); *e-r* ~ *aussetzen* exposer à un péril *od* à un danger; *sich e-r* ~ *aussetzen* courir un risque; *sich in* ~ *begeben od bringen* s'exposer au danger, se mettre en péril; *in* ~ *bringen* mettre en danger *od* péril; *~en mit sich bringen* comporter des risques; ~ *laufen zu* courir le danger *od* risque de; *in* ~ *schweben od sein* être en danger; *außer* ~ *sein* être hors de danger *od* d'affaire; *es besteht keine* ~ il n'y a pas de danger; *wer sich in* ~ *begibt, kommt darin um* qui cherche le péril y périt; ~**engebiet** n zone f dangereuse; ~**enherd** m pol foyer m de troubles; ~**enklasse** f catégorie f de risques; ~**enmeldung** f avertissement m de danger; ~**enpunkt** m point m de danger; ~**enquelle** f source f de périls; ~**enzone** f = ~**engebiet**; ~**enzulage** f indemnité f de risques; **g~los** a sans danger od risque, sûr; ~**losigkeit** f sûreté, sécurité f; **g~voll** a dangereux.

gefähr⸗den [gə'fɛːrdən] tr mettre en danger; ~**det** a menacé, en danger; **G~dung** f danger (gen pour), risque m (gen de); ~**lich** a dangereux, (nur Sache) périlleux; (gewagt) hasardeux, risqué; (ernst) grave, sérieux; critique; e-e ~e Sache f une affaire dangereuse; ~ verletzt od verwundet grièvement blessé; **G~lichkeit** f ⟨-, (-en)⟩ danger m; (e-r Krankheit) gravité f.

Gefährt n ⟨-(e)s, e⟩ [gə'fɛːrt] véhicule m; ~**e** m ⟨-n, -n⟩ compagnon; camarade m; ~**in** f compagne; camarade f.

Gefälle n ⟨-s, -⟩ inclinaison, déclivité (a. Fluß); loc pente, rampe; (Wasserkraftwerk) différence de niveau; phys el chute f, gradient m; bei e-m ~ von 2% (loc) en rampe de 2 pour cent.

gefallen 1. ⟨gefällt, gefiel, hat gefallen⟩ [gə'falən] itr (angenehm sein) plaire, agréer (jdm à qn); (befriedigen) satisfaire (jdm à qn); (passen) convenir (jdm à qn); sich ~ in se (com)plaire à od en od dans; sich etw ~ lassen encaisser qc fam; sich alles ~ lassen encaisser tout fam; se laisser tondre la laine sur le dos; das gefällt mir (gut) cela me plaît (bien), fam ça me botte; so gefällt es mir voilà qui me plaît; das gefällt mir nicht cela ne me plaît pas; es gefällt mir hier (gut) je me plais ici; es gefällt mir hier nicht je me déplais ici; das lasse ich mir nicht ~ je te, lui etc montrerai de quel bois je me chauffe; das lasse ich mir ~! à la bonne heure! wie gefällt Ihnen der Film? comment trouvez-vous le film? **G~ 1.** m ⟨-s, (-)⟩ complaisance f, service; jdm zu ~ pour faire plaisir à qn; jdm e-n ~ tun od erweisen rendre un service à qn, obliger qn; jdm den ~ tun zu ... faire à qn le plaisir de ... **2.** n ⟨-s, ø⟩ plaisir m; (Belieben) gré m; nach ~ à mon etc gré; an etw ~ finden se (com)plaire à, trouver od prendre plaisir à qc; ich finde ~ an ihm il me plaît.

gefallen 2. ⟨pp von: fallen⟩ tombé; a mil mort; ~**e(s)** Mädchen n fille f

perdue; **G~e(r)** m: die ~en (mil) les morts m pl; **G~endenkmal** n monument m aux morts.

gefällig [gə'fɛlɪç] a complaisant, aimable, accommodant; (dienstfertig) obligeant, serviable; (zuvorkommend) avenant, prévenant, empressé; (angenehm) agréable, plaisant; wenn es Ihnen ~ ist s'il vous plaît; was ist Ihnen ~? qu'y a-t-il pour votre service? que désirez-vous? jdm ~ sein obliger qn; Ihrer ~en Antwort entgegensehend (com) en attendant votre réponse; **G~keit** f complaisance; obligeance f, service m; prévenance f, empressement m; aus ~ par complaisance; jdn um e-e ~ bitten demander un service à qn, solliciter les services od les bons offices de qn; jdm e-e ~ erweisen obliger qn; ich tue es nur aus ~ Ihnen gegenüber je le fais parce que c'est vous; **G~keitsakzept** n, **G~keitswechsel** m (fin) billet od effet m de complaisance; ~**st** adv s'il vous plaît; hör ~ zu voudrais-tu m'écouter? sieh ~ nach! prends la peine de regarder.

Gefall‖sucht f coquetterie f; **g~süchtig** a coquet.

gefangen a en prison, prisonnier, captif; (inhaftiert) détenu; sich ~ geben se constituer prisonnier, se rendre; (Truppe) mettre bas od rendre les armes; **G~e(r)** m prisonnier bes. mil, captif; (Inhaftierter) détenu m; **G~enaussage** f mil déposition f de prisonnier; **G~enaustausch** m échange m de prisonniers; **G~enlager** n camp m de prisonniers; **G~enregister** n registre od livre m d'écrou; **G~ensammelstelle** f point m de ralliement des prisonniers (de guerre); **G~entransport** m convoi m de prisonniers; **G~envernehmung** f interrogatoire m (du od des prisonnier(s)); **G~enwagen** m voiture f cellulaire, pop panier m à salade; **G~enwärter** m gardien de prison, porte-clefs m; ~**=halten** tr tenir en captivité, retenir prisonnier; **G~nahme** f ⟨-, -n⟩, **G~nehmung** f arrestation f, emprisonnement m; mil capture f; ~**=nehmen** tr arrêter, emprisonner; mil faire prisonnier, capturer; **G~schaft** f ⟨-, (-en)⟩ captivité; (Haft) détention f; aus der ~ entlassen (inf) libérer (de captivité); in ~ geraten (mil) être fait prisonnier; Rückkehr f aus der ~ retour m de captivité; ~**=setzen** tr emprisonner.

Gefängnis n ⟨-sses, -sse⟩ [gə'fɛŋnɪs] (Ort) prison, maison f centrale od de réclusion; (Strafe) prison f; ins ~

schicken, stecken envoyer, mettre en prison; ~ *bis zu 3 Jahren* jusqu'à 3 ans de prison; ~**arbeit** *f* travail *m* pénitentiaire; ~**arzt** *m* médecin *m* de la prison; ~**aufseher** *m* gardien *m* de prison; ~**direktor** *m* directeur *m* de prison; ~**hof** *m* préau *m;* ~**ordnung** *f* régime *m* des prisons; ~**strafe** *f* peine *f* de prison; *zu e-r* ~ *verurteilen* condamner à la prison; ~**verwaltung** *f* administration *f* de la prison; ~**wärter** *m* gardien de prison, porte-clefs *m.*

Gefäß *n* ⟨-es, -e⟩ [gə'fɛːs] vase, récipient; *anat bot* vaisseau *m; kommunizierende* ~*e pl (phys)* vases *m pl* communiquants; ~**bildung** *f physiol* vascularisation *f;* **g~erweiternd** *a physiol* vaso-dilatateur; ~**erweiterung** *f* vaso-dilatation *f;* ~**system** *n physiol* vascularisation *f;* **g~verengend** *a* vaso-constricteur; ~**verengung** *f* vaso-constriction *f.*

gefaßt [gə'fast] *a (innerlich vorbereitet)* préparé *(auf* à); *(ergeben)* résigné; *(entschlossen)* résolu; *(ruhig)* calme, tranquille; *sich auf etw* ~ *machen, auf etw* ~ *sein* s'attendre od faire face à qc; *sich auf alles od aufs Schlimmste* ~ *machen, auf alles od aufs Schlimmste* ~ *sein* être prêt à tout, s'attendre à tout *od* au pire; *machen Sie sich auf allerlei* ~*!* tenez-vous bien!

Gefecht *n* ⟨-(e)s, -e⟩ [gə'fɛçt] *(Kampfhandlung)* action, affaire *f; (Zs.stoß)* engagement *m; (Treffen)* rencontre *f; (Kampf)* combat *m; (Schlacht)* bataille *f; außer* ~ *setzen* mettre hors de combat; *hinhaltende(s)* ~ action *f* retardatrice; *klar zum* ~ *(mar)* disposé pour le combat; ~**sabschnitt** *m* secteur *m* de combat; ~**saufklärung** *f* reconnaissance *f* de contact *od* combat; ~**saufstellung** *f* disposition *f* des troupes; ~**sauftrag** *m* objectif *m* de combat; ~**sausbildung** *f* instruction *f* sur *od* exercice *m* pour le combat; ~**sbereich** *m* zone *f* d'action; **g~sbereit** *a* en garde, prêt à combattre; ~ *machen* mettre en garde; ~**sbereitschaft** *f* état *m* d'alerte; ~ *befehlen (mar)* donner l'ordre d'être paré pour le combat; *(Einnehmen n der)* ~ mise *f* en garde; ~**sbericht** *m* bulletin *m* de combat; ~**sberührung** *f* contact *m;* ~**sbreite** *f* largeur *f* du front de bataille; ~**sentwicklung** *f* déploiement *m* de la bataille; ~**sfeld** *n* terrain *m* de combat; ~**sgliederung** *f* dispositif *m* de combat; ~**skopf** *m* ogive *f;* ~**slage** *f* situation *f* tactique; ~**smeldung** *f* rap-

port *m* de bataille; ~**spause** *f* accalmie *f* (du combat); ~**sraum** *m* zone *f* d'action; ~**sstand** *m* poste *m* de combat *od* de commandement; *aero (MG-Turm)* tourelle *f;* ~**sstärke** *f* effectif *m;* ~**sstreifen** *m* = ~**sraum;** ~**sübung** *f* petite guerre *f;* ~**sverlauf** *m* cours *m* de l'action; ~**svorposten** *m* avant-poste *m;* ~**szone** *f* zone *f* d'action *od* de combat.

gefedert *a (Möbel, Wagen)* à ressort(s), *(Wagen)* suspendu.

gefeit [gə'faɪt] *a (geschützt)* invulnérable *(gegen* à).

Gefieder *n* ⟨-s, -⟩ [gə'fiːdər] plumage *m;* **g~t** *a* emplumé; *bot* penné; *(Pfeil)* empenné.

Gefilde *n* ⟨-s, -⟩ [gə'fɪldə] *(pl) poet (Fluren)* guérets, sillons *m pl; die* ~ *der Seligen* les champs *m pl* Elysées, l'Elysée *m.*

geflammt *a tech* flambé; *(Textil)* ondé.

Geflatter *n* ⟨-s, ø⟩ volettement *m.*

Geflecht *n* ⟨-(e)s, -e⟩ entrelacs; *(aus Zweigen)* treillis *m; (aus Weidenruten)* claie *f,* clayon; *anat* plexus *m.*

gefleckt *a (gesprenkelt)* tacheté, marqueté, moucheté.

geflissentlich [gə'flɪsəntlɪç] *a* intentionnel, prémédité; *adv* à dessein, exprès, avec préméditation, de propos délibéré.

Geflügel *n* ⟨-s, ø⟩ volaille *f; Stück n* ~ morceau *m* de volaille; ~**farm** *f* ferme *f* avicole; ~**fleisch** *n* viande *f* blanche; ~**händler** *m* marchand *m* de volaille; ~**schere** *f* cisailles *f pl* à volaille; **g~t** *a orn* ailé; *ent* alifère; ~*e Worte n pl* sentences *f pl,* adages *m pl;* ~**zucht** *f* aviculture *f;* ~**züchter** *m* aviculteur *m.*

Geflunker *n* ⟨-s, ø⟩ [gə'flʊŋkər] *(Aufschneiderei)* fanfaronnade, gasconnade, hâblerie *f,* blagues *f pl; (Lügen)* mensonges *m pl.*

Geflüster *n* ⟨-s, ø⟩ chuchotement; *fig* murmure *m.*

Gefolge *n* ⟨-s, (-)⟩ suite *f,* suivants *m pl,* cortège *m,* escorte *f; im* ~ *haben (fig)* être suivi de; ~**schaft** *f* suite *f; (Betriebsangehörige)* personnel *m; pol (Anhänger)* partisans, adhérents; *(Schüler, Jünger)* disciples *m pl;* ~**smann** *m* ⟨-(e)s, -männer/-leute⟩ partisan *hist* vassal *m.*

gefragt *a (begehrt)* en faveur; *stark* ~ très demandé *od* recherché; *wenig* ~ peu demandé.

gefräßig [gə'frɛːsɪç] *a* glouton, vorace; **G~keit** *f* ⟨-, ø⟩ gloutonnerie, voracité *f.*

Gefreite(r) *m* caporal; brigadier; *mar*

quartier-maître *m* de deuxième classe.

Gefrier|anlage *f* installation *f* de congélation; **~apparat** *m* appareil frigorifique, congélateur *m;* **g~bar** *a* congelable; **g~en** ⟨*gefriert, gefror, ist gefroren*⟩ *itr* (se) geler, se congeler; *(Gewässer)* prendre; **~fach** *n (im Eisschrank)* freezer *m;* **~fleisch** *n* viande *f* frigorifiée, *pop* viande *f* de frigo; **g~getrocknet** *a* lyophilisé; **~punkt** *m* point *od* degré *m od* température *f* de congélation; *auf, über, unter dem* ~ à, au-dessus de, au-dessous de zéro; **~schutzmittel** *n mot* antigel *m;* **g~strocknen** *tr* lyophiliser; **~trocknung** *f* lyophilisation *f;* **~truhe** *f* surgélateur *m.*

gefroren *a* gelé; **G~e(s)** *n* ⟨-n, ø⟩ glace *f.*

Gefüg|e *n* ⟨-s, -⟩ [gə'fy:gə] *(Balken)* assemblage *m; geol* stratification; *fig (Struktur)* structure *f;* **g~ig** *a (fügsam)* accommodant, docile; **~igkeit** *f fig* docilité *f,* caractère *m* accommodant.

Gefühl *n* ⟨-(e)s, -e⟩ sentiment *m,* émotion *f; (Tastsinn)* toucher *m; (Sinnesempfindung)* sensation *f; (Sinn, Verständnis)* sens *(für etw* de qc); *(Takt)* tact *m; für mein* ~ à mon sens; *mit* ~ avec âme; ~ *haben* avoir du sentiment *od* de l'âme; *das* ~ *haben, als ob ...* avoir l'intuition de *od* que ...; *für etwas* ~ *sein* être sensible à; *s-n* ~*en freien Lauf lassen* donner libre cours à ses sentiments; *das habe ich so im* ~ je le sens, mais je ne peux l'expliquer; *tun Sie Ihren* ~*en keinen Zwang an (hum)* ne vous gênez pas; *bleibende(s), starke(s)* ~ sentiment *m* durable, émotion *f* forte; ~ *der Wärme* sensation *f* de chaleur; **g~los** *a* insensible *(für* à), apathique, sans âme, froid, de marbre; *(leidenschaftslos)* impassible; *(hartherzig)* dur, cruel; **~losigkeit** *f* insensibilité, apathie; impassibilité; dureté (de cœur), cruauté *f;* **~sausbruch** *m* transport *m* de passion; **~sduselei** *f fam* sensiblerie *f;* **~sleben,** *das* la vie affective; **~smensch** *m* sentimental *m;* **~smoment** *n* élément *m* passionnel; **~sregung** *f* mouvement du cœur, sentiment *m;* **~ssache** *f* question *f* de doigté; **~swert** *m* valeur *f* sentimentale; **g~voll** *a* plein de sentiment, sentimental; *(empfindsam)* sensible; *fig (zärtlich)* tendre, affectueux.

gefüllt *a (Blume)* double; ~*e(r od s) Bonbon m od n* bonbon *m* fourré.

gefüttert *a (Kleidungsstück)* doublé; *(mit Pelz od Wolle)* fourré.

gegeben *a: zu* ~*er Zeit* en temps voulu *od* utile; **~enfalls** *adv* le cas échéant, à l'occasion, s'il y a lieu; *jur* si le cas y échoit, s'il y échoit.

gegen ['ge:gən] *prp (feindlich)* contre, à l'encontre de; *(meist freundlich)* envers, pour; *(entgegen)* contraire à; ~ *meinen Willen (a.)* malgré moi; *(im Tausch)* en échange de, pour, contre; *(auf ... zu)* vers; *(Zeit)* vers, sur; *(etwa)* à peu près, environ, autour de; *(im Vergleich zu)* auprès de, comparé à, en comparaison de; ~ *bar* au comptant; ~ *Bürgschaft* sous caution; ~ *Mittag* vers midi, aux environs de midi; ~ *4 Uhr* vers (les) 4 heures; ~ *Quittung* contre quittance, sur reçu; *(gut)* ~ *Kopfweh* (bon) pour le mal de tête; *ich wette 10* ~ *1* je parie à dix contre un.

Gegenabdruck *m* contre-épreuve *f.*

Gegenangebot *n* contre-offre *f.*

Gegenangriff *m* contre-attaque, contre-offensive *f.*

Gegenanspruch *m* demande *f* reconventionnelle.

Gegenantrag *m* contre-proposition *f.*

Gegenauftrag *m* contre-mandat *m.*

Gegenaussage *f* déposition *f* contraire.

Gegenbedingung *f* contre-condition *f.*

Gegenbefehl *m* contrordre *m.*

Gegenbeschuldigung *f* récrimination *f;* ~*en erheben (jur)* récriminer.

Gegenbesuch *m: e-n* ~ *machen* rendre une visite.

Gegenbewegung *f tech* mouvement *m* opposé; *pol* réaction *f.*

Gegenbeweis *m* preuve *f* (du) contraire; *den* ~ *liefern* fournir la preuve du contraire.

Gegenblockade *f* blocus *m* de rétorsion.

Gegenbuch *n com* contrepartie *f.*

Gegenbuchung *f* contre-passation, écriture *f* inverse.

Gegenbürg|e *m* arrière-garant *m;* ~**schaft** *f* arrière-caution *f.*

Gegend *f* ⟨-, -en⟩ ['ge:gənt] *(Landstrich)* contrée, région *f,* site; *(Stadtviertel)* quartier; *(Landschaft)* paysage *m.*

Gegendienst *m: jdm e-n* ~ *leisten* payer qn de retour; *zu* ~*en stets bereit* toujours disposé à vous rendre service.

Gegendruck *m tech* contre-pression; *fig* réaction, résistance *f.*

gegeneinander [-'nandər] *adv* l'un contre *od* envers *od* pour l'autre; *(gegenseitig)* mutuellement, réciproquement; ~ *halten (vergleichen)* comparer; ~ *stellen* mettre l'un contre l'autre, opposer.

Gegenerklärung *f* contre-déclaration, réplique *f.*

Gegenforderung *f* contre-demande; *(geldliche)* contre-créance; *jur* demande *f* reconventionnelle.

Gegenfrage *f: mit e-r ~ antworten* répondre par une question.

Gegenfüßler *m* antipode *m.*

Gegengeschenk *n: ein ~ machen* rendre un cadeau.

Gegengewicht *n* contrepoids *m; das ~ halten* contrebalancer (*e-r S* qc).

Gegengift *n* contrepoison, antidote *m*, antitoxine *f.*

Gegengrund *m* raison *f* contraire.

Gegengruß *m* salut rendu; *mar* contre-salut *m.*

Gegengutachten *n* contre-expertise *f.*

Gegenkandidat *m pol* candidat *m* de l'opposition.

Gegenklage *f jur* action *od* demande reconventionnelle, plainte *f* récriminatoire.

Gegenkläger *m* demandeur reconventionnel, reconvenant *m.*

Gegenkraft *f* force *f* antagoniste.

Gegenkurs *m mar* route *f* opposée.

gegenläufig *a tech* contraire, opposé.

Gegenleistung *f* contre-valeur, contrepartie, prestation en retour; *(Entschädigung)* indemnité, compensation, rémunération *f; als ~ für* en échange de; *ohne ~* sans rémunération.

Gegenlicht *n* contre-jour *m, a. phot;* ~**blende** *f phot* pare-soleil *m.*

Gegenliebe *f: keine ~ finden* ne pas être aimé en retour.

Gegenmaßnahme *f* contre-mesure; *(gewaltsame)* mesure *f* de rétorsion, représaille(s *pl*) *f; ~n ergreifen od treffen* prendre des contre-mesures; user de représailles.

Gegenmittel *n* antidote *m.*

Gegenmutter *f tech* contre-écrou, écrou *m* de blocage.

Gegenoffensive *f* contre-offensive *f*, retour *m* offensif.

Gegenpapst *m* antipape *m.*

Gegenpart *m (Gegner)* adversaire, antagoniste *m.*

Gegenpartei *f pol* parti *m* d'opposition; *jur* partie *f* adverse.

Gegenpol *m phys* pôle opposé; *fig* contraire *m.*

Gegenprobe *f* essai *m* contradictoire; contre-épreuve *f, a. pol.*

Gegenpropaganda *f* contre-propagande *f.*

Gegenquittung *f* contre-quittance *f.*

Gegenrechnung *f* contre-mémoire *m; (Ausgleich)* contre-partie *f.*

Gegenrede *f (Widerspruch)* contradiction; *(Erwiderung)* réplique; *jur* contre-déclaration *f.*

Gegenreformation *f rel hist* Contre-Réforme *f.*

Gegenrevolution *f* contre-révolution *f; ~är m* contre-révolutionnaire *m.*

Gegensatz *m* contraire, opposé; *(Widerspruch)* contraste *m*, opposition, contradiction; *(Logik)* antithèse *f; fam* repoussoir *m; im ~ zu* au contraire de, contrairement à, par contraste avec, à l'opposé de, au rebours de; *jdm* à l'encontre de qn; *e-n ~ bilden zu* contraster avec; *die Gegensätze berühren sich, ziehen sich an* les extrêmes se touchent, s'attirent.

gegensätzlich *a* opposé, contrastant; antithétique.

Gegenschlag *m* contrecoup *m.*

Gegenschrift *f (Widerlegung)* réfutation; *jur* défense *f.*

Gegenseite *f* côté opposé; *(Rückseite)* revers *m; fig* opposition; *jur* partie *f* adverse; **g~ig** *a* mutuel, réciproque; *adv a.* par réciprocité; *in ~em Einvernehmen* d'un commun accord; *sich ~ helfen* s'entraider; ~**igkeit** *f* mutualité, réciprocité *f; auf (der Grundlage der) ~* à charge de revanche, à titre de réciprocité; *das beruht auf ~* c'est réciproque, c'est à charge de revanche; *Versicherung f auf ~* assurance *f* mutuelle.

Gegensignal *n* contresignal *m.*

Gegensonne *f astr* anthélie *f.*

Gegenspieler *m (im Glücksspiel)* ponte; *fig* rival, adversaire, antagoniste *m.*

Gegenspionage *f* contre-espionnage *m.*

Gegensprechanlage *f* interphone *m; ~*verkehr** *m tele* transmission *f* duplex.

Gegenstand *m* objet *m; (Angelegenheit)* affaire *f; (Thema)* sujet *m*, matière *f; ~ e-r S sein* faire l'objet de qc; *~ der Beratung* objet *m* de délibération; **g~slos** *a* sans objet *od* intérêt *od* raison d'être; *etw ~ machen* ôter la raison d'être à qc; *~ werden* perdre sa raison d'être.

gegenständlich *a* matériel; objectif.

Gegenstoß *m* contrecoup, retour *m* offensif; *(Fechten)* riposte; *mil* contre-attaque *f* immédiate.

Gegenstrich *m (Textil)* rebours; *(Haar)* contre-poil *m.*

Gegenstrom *m* contre-courant *a. el; el* courant *m* inverse.

Gegenströmung *f* contre-courant *m.*

Gegenstück *n* pendant, homologue *m; das ~ bilden zu* faire pendant à.

Gegentakt *m tech* push-pull, *el* va-et--vient *m; ~schaltung* *f* montage *m* en push-pull.

Gegenteil *n* contraire, opposé, inverse *m; im ~* au contraire, à l'opposé; *das ~ sagen* od *tun (a.)* prendre le contre-pied; *ins ~ verkehren* renverser; *du erreichst nur das ~ (mit deinem …)* tu obtiens le résultat inverse (avec ton …); **g~ig** *a* contraire, opposé.

Gegenterror *m* contre-terrorisme *m.*

Gegenturbine *f* turbine *f* à réaction.

gegenüber [-'ˀy:bər] *adv* vis-à-vis, en face; *das Haus ~* la maison d'en face; *prp dat* vis-à-vis, en face de; *fig (im Vergleich mit)* en face de, auprès de, par rapport à; *(angesichts)* en présence de; *mir ~ (im Umgang mit mir)* envers moi, à mon égard; *Zeugen ~* devant témoins; **G~** *n ⟨-s, -⟩ (Person)* vis-à-vis *m; ~=liegen, sich (feindliche Truppen)* se faire face; **~liegend** *a* d'en face, opposé; **~= stehen,** *sich* se faire face; **~stehend** *a typ* en regard; **~=stellen** *tr* mettre en face, opposer; *fig* mettre en regard *(dat* de); *jur* confronter *(dat* avec); *ea. ~ (vergleichen)* comparer, rapprocher; **G~stellung** *f* opposition; *jur* confrontation; *fig* comparaison *f; ~=treten ⟨aux: sein⟩ itr* faire face *(dat* à).

Gegenunterschrift *f* contreseing *m.*

Gegenverkehr *m* circulation *f* en sens inverse *od* à contre-voie.

Gegenversicherung *f* contre-assurance, réassurance *f.*

Gegenvormund *m jur* subrogé tuteur *m.*

Gegenvorschlag *m* contreproposition *f.*

Gegen|wart *f ⟨-, ø⟩* ['ge:gənvart] présence *f; (Jetztzeit)* temps présent, notre temps *m,* époque *f* actuelle *od* contemporaine; *gram* présent *m; in ~ (gen)* en face (de), *(fig)* à la face (de); en présence (de); *in meiner ~* en ma présence; *in ~ aller Beteiligten* présence de tous les intéressés; **g~wärtig** *a* présent; *(jetzig)* actuel; du moment; *fig (erinnerlich)* présent à l'esprit; *adv* à présent, présentement, actuellement, à l'heure actuelle; *in der ~en Lage* dans la situation présente; **g~wartsnah** *a: ~ gestalten* moderniser; **~e Gestaltung** *f* modernisation *f;* **~wartsproblem** *n* problème *m* de notre temps *od* époque; **~wartswert** *m* valeur *f* actuelle.

Gegenwehr *f* défense, résistance *f.*

Gegenwert *m* contre-valeur, contre--partie *f,* équivalent *m.*

Gegenwind *m* vent *m* contraire *od* debout.

Gegenwinkel *m math* angle *m* opposé.

Gegenwirkung *f* réaction *f.*

gegen=zeichn|en *tr* contresigner; **G~ung** *f* contreseing *m.*

Gegenzeuge *m* témoin *m* adverse.

Gegenzug *m (Schach)* riposte *f; fig* contrecoup; *loc* train *m* en sens inverse.

Gegner|(in *f) m ⟨-s, -⟩* ['ge:gnər] adversaire *m f,* antagoniste *m f; jur* opposant(e *f) m; (Nebenbuhler)* rival(e *f) m; (Feind)* ennemi(e *f) m; es mit e-m starken ~ zu tun haben* avoir à faire à forte partie; *ein ~ der Todesstrafe sein* être ennemi de la peine de mort; **g~isch** *a, a. jur u. pol* adverse, opposé, *mil* ennemi; **~schaft** *f ⟨-, ø⟩* opposition *f,* antagonisme *m,* rivalité *f.*

Gegröle *n ⟨-s, ø⟩* [gə'grø:lə] *pop (Geschrei)* beuglement *m.*

Gehabe *n ⟨-s, ø⟩* manières *f pl* affectées, affectation, afféterie *f, fam* chichi *m,* girie *f;* **g~n,** *sich: gehab(e) dich wohl!* adieu!

Gehackte(s) *n ⟨-n, ø⟩ (Hackfleisch)* viande *f* hachée.

Gehalt [gə'halt] **1.** *m ⟨-(e)s, -e⟩ (Anteil, bes. chem min)* teneur *f,* titre *m; fig (Wesen, Qualität, Wert)* consistance *f,* fond *m,* solidité, valeur *f;* **2.** *n ⟨-(e)s, ⁘er⟩ (der Staatsbeamten)* traitement *m; (der Offiziere)* solde *f; (der Angestellten)* appointements; *(der Hausangestellten)* gages *m pl; sein ~ beziehen* toucher son traitement *od* ses appointements, être aux appointements *(von* de), émarger *(aus der Staatskasse* au budget); *das ~ erhöhen, kürzen* augmenter, réduire le traitement, les appointements; *feste(s) ~* traitement *m* fixe; **g~en** *a: ~ sein zu schweigen* être tenu *od* obligé de se taire; **g~los** *a (Erz)* pauvre; *fig* vide, futile, insignifiant, superficiel, sans valeur; **~losigkeit** *f ⟨-, ø⟩* pauvreté *f; fig* vide *m;* insignifiance, futilité *f;* **g~reich** *a,* **g~voll** *a (Erz)* riche *(an* en), de bon aloi; *(Nahrung)* substantiel, nutritif; *fig* fondé, solide; **~sabbau** *m* diminution *f* des traitements; **~sabzug** *m* retenue *f* sur le traitement; **~sangabe** *f* déclaration *f* de traitement; *(Liste)* liste *f* des salariés; **~sansprüche** *m pl* prétentions *f pl;* **~saufbesserung** *f* augmentation *f od* relèvement *m* de traitement; ~**s(aus)zahlung** *f* paiement *m* des traitements; ~**sempfänger** *m* salarié, employé *m;* ~**serhöhung** *f* = ~*saufbesserung; um* ~ *bitten* demander une augmentation de traitement; *jdm e-e* ~ *gewähren* augmenter qn; ~**sforderung** *f* = ~*sansprüche;* ~**sgruppe** *f* groupe *m od* catégorie *f* de traitement; ~**skürzung** *f* réduction de traitement; diminution *f* des appointements *od* des traitements; ~**sliste** *f* feuille *f* d'émargement *od* de paie; ~**snachzahlung** *f* rappel *m* de traitement; ~**sstufe** *f* échelon *m* de traitement; ~**stabelle** *f* grille *f* des salaires; ~**szulage** *f* supplément *m* de traitement.

Gehänge *n* ‹-s, -› *(Früchte, Blumen)* grappe *f,* feston *m; (Schmuck)* pendeloque, breloque *f.*

geharnischt [gə'harnɪʃt] *a fig* énergique; *(Antwort)* vert.

gehässig [gə'hɛsɪç] *a* haineux; *(zänkisch)* hargneux; *(gallig, giftig)* fielleux; **G~keit** *f* haine; hargne *f;* fiel *m.*

Gehäuse *n* ‹-s, -› *tech* abri, carter, boisseau, *(a. Uhr)* boîtier *m; (Wanduhr)* cage *f; (Rundfunkgerät)* coffre *m; (Kerngehäuse)* trognon *m; (Schneckenhaus)* coquille *f.*

Gehege *n* ‹-s, -› [gə'he:gə] (en)clos *m,* enceinte *f; (für Tiere)* parc *m; (Kaninchen~)* garenne *f; (Jagd)* réserve *f* de chasse; *jdm ins* ~ *kommen (fig)* aller *od* marcher sur les brisées, *fam* marcher sur les plates-bandes de qn.

geheim [gə'haim] *a* secret; *(versteckt)* caché, dérobé; *(okkult)* occulte; *(unbekannt)* inconnu; *(heimlich)* clandestin; *(vertraulich)* confidentiel; *(vertraut)* intime; *(in Titeln)* privé, intime; *im* ~*en* en secret, en cachette; *in* ~*er Sitzung* à huis clos; *streng (vertraulich und)* ~ strictement confidentiel; **G~abkommen** *n* traité *m* secret; **G~agent** *m* agent secret, affidé *m;* **G~befehl** *m* ordre *m* secret; **G~bericht** *m* rapport *m* confidentiel; **G~bund** *m* alliance *f* secrète; **G~dienst** *m* service *m* secret; **G~fach** *n* compartiment *m* à secrets; **G~fonds** *m* fonds *m* secret, caisse *f* noire; **G~gesellschaft** *f* société *f* secrète; ~**zhalten** *tr* tenir secret; **G~haltung** *f* conservation *f* du secret; **G~lehre** *f* rel doctrine *f* ésotérique; **G~mittel** *n* remède secret, arcane *m;* **G~nis** *n* ‹-sses, -sse› secret; *bes. rel* mystère *m; das* ~ *(be)wahren* garder le secret; *in das* ~ *einweihen* mettre dans le secret; *jdm sein* ~ *entlocken* tirer les vers du nez

à qn; *vor jdm ein* ~ *haben* cacher qc à qn; *das* ~ *lüften* dévoiler le secret; *aus etw ein* ~ *machen* faire un secret *od* mystère de qc; *das* ~ *verraten* trahir le secret, *fam* vendre la mèche; *das ist ein* ~ c'est un secret; *das ist das ganze* ~ c'est tout ce qu'il y a de plus simple; *das ist ein offenes* ~ c'est un secret de Polichinelle; *er macht kein* ~ *daraus, daß* il ne cache pas que *od* il ne se cache pas de *inf;* **G~niskrämer** *m* cachottier *m;* **G~niskrämerei** *f* cachotterie *f;* ~**nisvoll** *a* mystérieux; *adv* mystérieusement; ~ *tun* faire le mystérieux, y mettre du mystère; **G~polizei** *f* police *f* secrète; **G~polizist** *m* agent de la police secrète, détective *m;* **G~rat** *m* conseiller *m* privé *od* intime; **G~schrift** *f* cryptographie *f;* **G~sprache** *f* langage *m* secret *od* tele chiffré; **G~tinte** *f* encre *f* sympathique; **G~tuer** *m* ‹-s, -› cachottier *m;* **G~tuerei** *f* cachotterie *f;* **G~treppe** *f* escalier *m* dérobé; **G~tür** *f* porte *f* dérobée *od* secrète; **G~vertrag** *m* traité *m* secret; **G~wissenschaft** *f* occultisme *m;* **G~zeichen** *n* signe *m* secret; *pl* caractères *m pl* cryptographiques.

Geheiß *n* ‹-es, ø› *auf jds* ~ sur l'ordre de qn.

gehemmt *a psych* refréné.

geh|behindert *a* handicapé moteur; *(momentan wegen e-r Verletzung)* éclopé; **G~behinderte(r)** *m* handicapé moteur; éclopé *m;* ~**en** *(geht, ging, ist gegangen)* ['ge:ən, gɪŋ, -'gaŋ-] **1.** *itr allg* aller; *(zu Fuß)* aller à pied, marcher, cheminer; *(spazierengehen)* se promener; *(nach links, rechts)* prendre (à gauche, à droite); *(weggehen)* s'en aller, partir; *(Zug, Schiff: abfahren)* partir; *tech (a. Uhr)* marcher, fonctionner; *(Ware)* se vendre, se débiter; *(Geschäft)* marcher, réussir; *(Gerücht)* courir, circuler; *(Teig)* lever; *(Tür)* battre, claquer; *auf* ouvrir sur, *(Fenster)* donner sur; *bis an (Kleid)* s'arrêter à; *mit jdm* ~ accompagner qn; *(mit e-m Mädchen)* fréquenter qn; *zu jdm* ~ *(jdn besuchen)* aller voir qn; *zum Arzt, Friseur* aller chez le médecin, le coiffeur; *in sich* ~ rentrer en *od* descendre en *od* se replier sur soi-même; **2.** *vor Anker* ~ mouiller; *auf und ab* ~ se promener de long en large, *fam* battre la semelle; *auf die 50* ~ aller sur ses 50 ans, friser *od* frôler la cinquantaine; *nach dem Äußeren* ~ juger sur les apparences; *bei jdm aus und ein* ~ fréquenter qn; *jdm um* *den Bart* ~ flatter *od* courtiser qn; *essen* ~ aller déjeuner *od* dîner; *s-n Gang* od *vor sich* ~ aller *od* suivre son cours; *e-r S auf den Grund* ~ aller au fond de qc; *gut* ~ *(com)* bien marcher, se vendre facilement; *jdm zur Hand* ~ aider *od* assister qn; *zu Herzen* ~ aller droit au cœur; *über jds Horizont* ~ dépasser qn; *jdm durch den Kopf* ~ passer par la tête à qn; *nicht viel unter Menschen* ~ vivre retiré; *rascher, schneller* ~ aller *od* marcher plus vite, hâter *od* presser le pas; *schlafen* ~ aller se coucher; *in Seide* ~ porter des vêtements *od* une robe de soie; *um sicherzu~* pour avoir toutes les garanties possibles, pour être sûr de son fait; *in Stücke* ~ se casser; *in gleiche Teile* ~ être partagé en parts égales; *vonstatten* ~ marcher, avancer; *so weit* ~ *zu* en venir jusqu'à; *etw zu tun* aller jusqu'à faire qc; *behutsam, vorsichtig zu Werke* ~ procéder avec prudence; *einen* ~ *lassen (vulg)* faire *od* lâcher un pet; **3.** *ich gehe jetzt* je vous laisse *(fam);* ~ *(doch* od *schon)!* va (donc)! *geh! geh!* taratata! *geh mir aus den Augen!* loin d'ici! **4.** *impers: es geht* ça va *(a. gesundheitlich); es geht abwärts mit mir, dir etc* mes, tes, *etc* affaires vont mal; *es geht nicht anders* c'est le seul moyen, il faut en passer par là; *es ist anders gegangen (als)* les choses se sont passées autrement (que); *es geht auf Mittag* il va être midi, midi approche; *es geht mir besser* je vais *od* suis mieux; *es geht (alles) drunter und drüber* tout va sens dessus dessous; *es geht mir gut* je vais *od* me porte bien, *fam* ça va bien; *es geht ihm leicht von der Hand* il a le travail facile; *es od das geht nicht* cela ne se peut pas, (ça,) c'est impossible, il n'y a pas moyen; *es geht mir schlecht* je ne vais pas bien, *fam* ça va mal, ça ne va pas; *es geht wie am Schnürchen* cela va comme sur des roulettes; *es geht schon, es wird schon* ~ cela s'arrangera, ça ira; *es geht (so, einigermaßen) (fam)* ça va *od* ça marche (pas trop mal); *es geht mir auch so* il en est de même pour moi, c'est la même chose pour moi; *so geht es nicht* cela ne va pas comme ça; *so geht es, wenn . . .* il en va ainsi lorsque . . ., voilà ce que c'est que de . . .; *das geht mir über alles* je mets cela au-dessus de tout; *es geht nichts über . . .* il n'y a rien de tel que . . .; *es geht um* il y va de; *darum geht es (hier) nicht* la question n'est pas là; *es geht um Leben und Tod* c'est une

question de vie ou de mort, il y va de la vie; *das geht auf dich* c'est toi qui es visé; *fam* attrape! *das geht vorbei od vorüber* ça passera; *fam* ça va se tasser; *das geht zu weit* cela va trop loin, c'en est trop; *worum geht's?* de quoi s'agit-il? *wie geht es Ihnen?* comment allez-vous? comment vous portez-vous? *wie geht's (noch)? (fam)* comment cela va-t-il? (comment) ça va? *das wird schon* ~*!* cela s'arrangera; *mag es* ~*, wie es will!* quoi qu'il arrive, advienne que pourra! *wenn es nach mir ginge* si ce n'était que de moi; *wenn es nach dir geht* si l'on s'en remet à toi; *wenn es (gar) nicht anders geht* si c'est indispensable; *es geht sich gut in diesen Schuhen* ces chaussures sont pratiques pour la marche; **G~** *n* marche *f, a. sport; im* ~ en marchant; *das* ~ *wird mir sauer* j'ai de la peine à marcher; *das Kommen und* ~ le va-et--vient; ~**en≈lassen** *tr (in Ruhe l.)* laisser tranquille; *sich* ~ *(im Benehmen)* se laisser aller; *(in der Kleidung)* se laisser aller, se négliger; **G~er** *m* ⟨-s, -⟩ *sport* marcheur *m;* **G~rock** *m* redingote; *(e-s kath. Geistlichen)* soutanelle *f;* **G~störungen** *f pl* troubles *m pl* de la démarche; **G~versuch** *m: e-n* ~ *machen* essayer de marcher; **G~weg** *m* trottoir *m;* **G~werk** *n (Uhr)* mouvement *m.*

gehetzt *a fig* traqué, bousculé.

geheuer [gə'hɔyər] *a (nur verneint): hier ist es nicht* ~ cela n'inspire pas confiance; *das kommt mir nicht* ~ *vor* l'affaire est suspecte.

Geheul *n* ⟨-(e)s, ø⟩ hurlement(s *pl*) *m; (Sturm)* mugissement *m.*

Gehilf|e *m* ⟨-n, -n⟩, ~**in** *f* aide *m f,* assistant(e *f*) *m; (Amts~)* adjoint(e *f*) *m; (Angestellter)* employé(e *f*) *m,* commis, *(e-s Anwalts)* clerc; *(Geselle e-s Handwerkers)* compagnon *m.*

Gehirn *n* ⟨-(e)s, -e⟩ *(als Substanz)* cervelle *f; (als Organ)* cerveau *m;* ~**blutung** *f* hémorragie *f* cérébrale; ~**entzündung** *f* fièvre *f* cérébrale; ~**erschütterung** *f* commotion *f* cérébrale; ~**erweichung** *f* ramollissement *m* cérébral; ~**fortsatz** *m anat* processus *m* cérébelleux; ~**haut** *f* méninge *f;* ~**hautentzündung** *f* méningite *f;* ~**mark** *n* pulpe *f* cérébrale; ~**masse** *f* matière *f* cérébrale; ~**schale** *f* crâne *m;* ~**schlag** *m* apoplexie, congestion *od* embolie *f* cérébrale, *fam* coup *m* de sang; ~**substanz** *f: graue* ~ corps *m* strié; ~**tätigkeit** *f physiol* cérébration *f;* ~**tod** *m* mort *f* cérébrale; ~**tumor** *m med* tumeur *f* cérébrale; ~**verletzung** *f* lésion *f* cérébrale; ~**wäsche** *f pol* lavage *m* de cerveau; ~**wassersucht** *f* hydrocéphalie *f;* ~**zelle** *f anat* cellule *f* cérébrale.

Gehöft *n* ⟨-(e)s, -e⟩ [gə'hø:ft] ferme, métairie *f.*

Gehölz *n* ⟨-es, -e⟩ [gə'hœlts] bois, bosquet, boqueteau *m.*

Gehör *n* ⟨-(e)s, -e⟩ *(Sinn)* ouïe; *(Sinn für Musik)* oreille *f; nach* ~ *(mus)* d'oreille; *nach* ~ *aufnehmen (tele)* lire au son; ~ *finden* être écouté, se faire écouter; trouver un accueil favorable; *bei jdm* avoir, trouver audience auprès de qn; *ein gutes* ~ *haben* avoir l'oreille fine; *kein musikalisches* ~ *haben* ne pas avoir d'oreille; *jdm* ~ *schenken* ouvrir *od* prêter l'oreille à qn; *sich* ~ *verschaffen* se faire écouter; ~**fehler** *m* défaut *m* d'ouïe; ~**gang** *m anat* conduit *m* auditif *od* auriculaire; **g~los** *a* sourd; ~**losigkeit** *f* surdité *f;* ~**nerv** *m* nerf *m* auditif; ~**organ** *n* organe *m* de l'ouïe; ~**sinn** *m* (sens *m* de l')ouïe *f.*

gehorchen *itr* obéir *(jdm* à qn); marcher au pas; *jdm nicht* ~ désobéir à qn.

gehör|en *itr (a. als Besitz)* appartenir, être *(dat* à); *(als Teil)* faire partie *(zu* de); *(zu e-r Zahl, Gemeinschaft)* être (au nombre, au rang) de; *wie es sich gehört* selon les règles, en bonne règle, comme il faut *od* convient; *bestraft* ~ devoir être puni; *dazu~* en faire partie; *zur Sache* ~ toucher à la question; *jdm beibringen, was sich gehört* apprendre les bonnes manières à qn; *das gehört sich (so)* c'est l'usage, c'est convenable; *das gehört sich nicht (a.)* cela ne se fait pas; *dazu gehört nicht viel* il ne faut pas être grand clerc *od* sorcier pour cela, ce n'est pas sorcier; *diese Frage gehört nicht hierher* cette question n'a rien à voir ici; *du gehörst ins Bett* tu devrais être au lit; *dazu gehört Zeit* il faut du temps pour cela; *alles, was dazugehört (jur)* circonstances et dépendances *f pl;* ~**ig** *a (gehörend)* appartenant *(jdm* à qn); *zu etw* faisant partie de qc; *(gebührend)* dû; *(nötig)* nécessaire, requis; *(passend)* convenable; *(tüchtig)* bon, grand; *adv (gebührend)* dûment, comme il faut, bien; en toute franchise; *in* ~*er Form* en bonne et due forme; *es jdm* ~ *geben* dire son fait *od* ses vérités à qn; *nicht zur Sache* ~ étranger à *od* en dehors de la question; *e-e* ~*e Tracht Prügel* une bonne rossée.

Gehörn *n* ⟨-(e)s, -e⟩ *(Hörner)* cornes *f pl; (Geweih)* bois *m;* **g~t** *a* encorné, cornu.

gehorsam [gə'ho:rza:m] *a* obéissant, docile; **G~** *m* ⟨-s, ø⟩ obéissance, docilité *f; zum* ~ *bringen* contraindre à l'obéissance; *sich* ~ *verschaffen* se faire obéir; ~**st** *adv* très humblement; **G~sverweigerung** *f mil* insubordination *f.*

Gehr|e *f* ⟨-, -n⟩ ['ge:rə], ~**ung** *f (Tischlerei)* (joint à) onglet, biais(ement) *m.*

Geier *m* ⟨-s, -⟩ ['gaɪər] vautour *m.*

Geifer *m* ⟨-s, ø⟩ ['gaɪfər] *(bei Kindern)* bave *a. fig; (bei Epileptikern od Tieren)* écume *f; fig (Bosheit)* venin *m;* **g~n** *itr* baver; *bes. fig* écumer *(vor Wut* de rage); **g~nd** *a* baveux.

Geige *f* ⟨-, -n⟩ ['gaɪgə] violon *m; auf der* ~ *kratzen* racler du violon; *die erste* ~ *spielen (fig)* jouer le premier rôle; *die zweite* ~ *spielen (fig)* être le sous-fifre, jouer un bout de rôle; *der Himmel hängt ihm voller* ~ *n* il est aux anges, il baigne dans la joie; **g~n** *itr* jouer du violon; *tr* jouer au violon; ~**nbau** *m* lutherie *f;* ~**nbauer** *m* ⟨-s, -⟩ luthier *m;* ~**nharz** *n* colophane *f;* ~**nkasten** *m* boîte *f* à violon; ~**nspieler** *m* joueur de violon, violoniste *m;* ~**nvirtuose** *m* violoniste *m* virtuose; ~**r** *m* ⟨-s, -⟩ = ~*nspieler.*

Geigerzähler *m* ['gaɪgər-] *phys* compteur *m* (de) Geiger.

geil [gaɪl] *a (Erde) (fett)* (très) gras; *bot (üppig, wuchernd)* luxuriant, exubérant; *zoo (brünstig)* chaud, en chaleur, en rut; *(Mensch: wollüstig)* luxurieux, lascif, salace; excité *(auf* par); ~*e Triebe m pl (bot)* gourmands *m pl;* **G~heit** *f* ⟨-, ø⟩ *bot* luxuriance, exubérance; *zoo* chaleur *f,* rut *m;* luxure, lasciveté, salacité *f.*

Geisel *f* ⟨-, -n⟩ *(od m* ⟨-s, -⟩) ['gaɪzəl] otage *m;* ~*n stellen* donner des otages; ~**nahme** *f* ⟨-, -n⟩ prise *f* d'otage(s).

Geiser *m* ⟨-s, -⟩ ['gaɪzər] *(heiße Springquelle auf Island)* geyser *m.*

Geisha *f* ⟨-, -s⟩ ['ge:ʃa] geisha *f.*

Geiß *f* ⟨-, -en⟩ [gaɪs] *dial* chèvre *f;* ~**bart** *m bot* ulmaire *f;* ~**blatt** *n bot* chèvrefeuille *m;* ~**bock** *m* bouc *m.*

Geiß|el *f* ⟨-, -n⟩ ['gaɪsəl] fouet *m, a. fig; rel* discipline *f; fig (Plage)* fléau *m;* **g~eln** *tr* fouetter; fustiger *a. fig; rel* flageller *a. fig; fig* châtier, stigmatiser; ~**(e)lung** *f* peine du fouet; fustigation; *rel* flagellation *f;* ~**ler** *m* ⟨-s, -⟩ *rel hist* flagellant *m.*

Geist 1. *m* ⟨-es, -er⟩ [gaɪst] esprit; *(Genius)* génie *m; (Verstand)* intelligence *f,* entendement; *(Gespenst)* fantôme, spectre, revenant *m; den* ~ *aufgeben* rendre l'âme *od* l'esprit; *den* ~ *bilden* former *od* cultiver l'esprit; *im* ~*e bei jdm sein* être auprès de qn en esprit *od* en pensée; *vom bösen* ~ *besessen sein* être possédé du malin; *von* ~ *sprühen* avoir de l'esprit jusqu'au bout des doigts; *von allen guten* ~*ern verlassen sein* avoir perdu le sens; *ich weiß, wes* ~*es Kind er ist* je sais de quel bois il se chauffe; *der* ~ *ist willig, aber das Fleisch ist schwach (prov)* l'esprit est prompt, mais la chair est faible; *der böse* ~ l'esprit malin; *der Heilige* ~ l'Esprit saint, le Saint-Esprit; *ein* ~ *der Kameradschaft* un esprit de camaraderie; *Leben n im* ~*e (rel)* vie *f* spirituelle; *ein Mann von* ~ un homme (remarquablement) intelligent; **2.** *m* ⟨-es, -e⟩ alcool, esprit.

Geister|beschwörer *m* ⟨-s, -⟩ ['gaɪstər-] *(der herbeiruft)* nécromancien; *(der austreibt)* exorciste *m;* ~**beschwörung** *f (Herbeirufung)* nécromancie, conjuration, évocation *f* des esprits; *(Austreibung)* exorcisme *m;* ~**bild** *n* = ~*erscheinung; tele* écho *m;* ~**erscheinung** *f* apparition, vision *f;* ~**glaube** *m* spiritisme *m;* **g~haft** *a* spectral, fantômatique, surnaturel; ~*e Blässe f* pâleur *f* mortelle; **g~n** ⟨*aux: sein*⟩ *itr* rôder (en fantôme); ~**reich** *n* = ~*welt;* ~**seher** *m* visionnaire *m;* ~**stunde** *f* heure *f* des revenants; ~**welt** *f* monde *m* des esprits *od* invisible.

geistes|abwesend ['gaɪstəs-] *a* absent, distrait; *zeitweilig* ~ *sein* avoir des absences; **G~abwesenheit** *f* absence (d'esprit), distraction *f;* **G~arbeit** *f* travail *m* intellectuel; **G~arbeiter** *m* (travailleur) intellectuel; cérébral *m;* **G~bildung** *f* culture *f* (intellectuelle); **G~blitz** *m* éclair *od* éclat de génie, trait *m* d'esprit, saillie, boutade *f;* **G~freiheit** *f* liberté *f* d'esprit; **G~gabe** *f* don de l'esprit, talent *m;* **G~gegenwart** *f* présence *f* d'esprit; ~**gestört** *a* aliéné; ~ *sein* avoir l'esprit dérangé; **G~gestörtheit** *f* trouble *m od* aliénation *f* mental(e); **G~haltung** *f* état *od* tournure *f* d'esprit, mentalité, *f;* ~**krank** *a* aliéné; **G~kranke(r** *m)* *f* malade *m f* mental(e); **G~krankheit** *f* maladie *od* aliénation *f* mentale; **G~leben** *n* vie *f* intellectuelle; **G~richtung** *f* tendance *f* (d'esprit); **G~schärfe** *f* acuité d'esprit, sagacité *f;* ~**schwach** *a* faible d'esprit; imbécile, idiot; **G~schwäche** *f* débilité mentale,

imbécillité, idiotie *f;* **G~schwache(r)** *m* débile *m* mental; ~**verwandt** *a* congénial (*jdm* à qn); **G~wissenschaften** *f pl* lettres *f pl;* **G~zustand** *m* état *m* mental; *jdn auf s-n* ~ *untersuchen* soumettre qn à un examen mental.

geistig ['gaɪstɪç] *a* intellectuel, mental; *(immateriell)* spirituel, immatériel; *(alkoholisch)* spiritueux; ~*e Arbeit f* travail *m* intellectuel; ~*e(s) Eigentum n* propriété *f* intellectuelle *od* littéraire et artistique; ~*e Fähigkeiten f pl* capacités *od* facultés *f pl* intellectuelles; ~*e Getränke n pl* spiritueux *m pl;* ~ *Größe f* grand esprit *m;* ~*e Kraft f* force *f* de l'esprit; ~ *zurückgeblieben* retardé; ~ *umnachtet sein* avoir l'esprit trouble; ~*e(r) Vorbehalt m* réservation *od* restriction *f* mentale; **G~keit** *f* ⟨-, ø⟩ nature intellectuelle; spiritualité *f.*

geistlich ['gaɪstlɪç] *a rel* spirituel; *(kirchlich)* ecclésiastique; *(klerikal)* clérical; *mus* sacré; *die* ~*e Macht f* le spirituel; **G~e(r)** *m allg* ecclésiastique, clerc; *(kath. Pfarrer)* curé, prêtre; *(evang. Pfarrer)* pasteur, ministre *m* (de l'Évangile); **G~keit** *f* ⟨-, ø⟩ clergé *m,* gens *pl* d'église.

geist|los ['gaɪstlo:s] *a* sans esprit; *(dumm)* stupide; *(nichtssagend)* banal, insignifiant; *(langweilig)* insipide, fade; **G~losigkeit** *f* ⟨-, ø⟩ manque *m* d'esprit; stupidité; banalité; insipidité, fadeur *f;* ~**reich** *a* spirituel; *sehr* ~ *sein* avoir de l'esprit jusqu'au bout des ongles; ~*e(r) Mann m* homme *m* d'esprit; ~**sprühend** *a* pétillant d'esprit; ~**tötend** *a fig* abrutissant, assommant; ~**voll** *a* plein d'esprit, spirituel; ~ *sein* avoir de l'esprit.

Geitau *n* ['gaɪ-] *mar* cargue *f.*

Geiz *m* ⟨-es, ø⟩ [gaɪts] avarice; *(übertriebene Sparsamkeit)* parcimonie; *(Knauserei)* ladrerie, lésine, mesquinerie *f; pl bot (Schößlinge)* rejetons *m pl;* **g~en** *itr* être avare (*mit* de); *nach etw* être avide de qc; *tr agr (Rebe)* essarmenter, *(Tabak)* rejetonner; *mit jedem Pfennig* ~ être très près des ses sous; ~**hals** *m,* ~**kragen** *m* avare, ladre, lésineur; *fam* grippe-sou; rat, pingre; *pop* radin, grigou *m;* **g~ig** *a* avare, avaricieux; *(zu sparsam)* parcimonieux; *(knauserig)* ladre; lésinant, lésineur; mesquin, chiche, *fam* dur à la détente, *pop* radin, rat.

Gejammer *n* ⟨-s, ø⟩ plaintes, lamentations, jérémiades *f pl.*

Gejauchze *n* ⟨-s, ø⟩ cris *m pl* de joie, exultation *f.*

Gejohle n ⟨-s, ø⟩ criaillerie f; (Hohnge-schrei) huées f pl.

Gejubel n ⟨-s, ø⟩ jubilation f.

gekachelt a en carreaux de faïence.

Gekeife n ⟨-s, ø⟩ criailleries f pl.

Gekicher n ⟨-s, ø⟩ rires m pl étouffés; ricanement m.

Gekläff n ⟨-(e)s, ø⟩ jappement, glapis-sement; a. fig fam clabaudage m.

Geklapper n ⟨-s, ø⟩ claquement; (der Störche) craquètement m.

Geklatsche n ⟨-s, ø⟩ claquement (des mains); fig (Geschwätz) bavardage, commérage m.

gekleidet ⟨pp von: kleiden⟩ vêtu; gut ~ bien vêtu, fam beau comme un astre; schlecht, (fam) mies ~ mal vêtu, fam mal ficelé, fichu comme l'as de pique.

Geklimper n ⟨-s, ø⟩ (auf d. Klavier) pianotage m.

Geklingel n ⟨-s, ø⟩ tintement m; (Ge-bimmel) drelins m pl.

Geklirr n ⟨-(e)s, ø⟩ cliquetis m.

Geknatter n ⟨-s, ø⟩ pétillement m; pétarade f, a. mot.

geknickt a fig abattu, accablé.

Geknister n ⟨-s, ø⟩ crépitation f, crépi-tement, pétillement, craquètement; (von Seide) frou-frou m.

gekonnt [gə'kɔnt] a (Darbietung) bien exécuté, très réussi.

geköpert a (Textil) croisé à grains d'orge.

gekörnt a (Leder) grainé, grené, gre-nu; metal grenu, granulé.

Gekose n ⟨-s, ø⟩ caresses f pl.

Gekrächze n ⟨-s, ø⟩ croassement(s pl) m.

gekränkt a offensé; tief ~ sein être ulcéré.

Gekreisch n ⟨-(e)s, ø⟩ criaillerie(s pl) f, cris m pl aigus; (von Vögeln) piaille-rie f.

Gekritzel n ⟨-s, ø⟩ griffonnage m; écri-ture f de chat, pattes f pl de mouche.

gekröpft a arch tech coudé.

Gekröse n ⟨-s, -⟩ [gə'krø:zə] anat (Bauchfellfalte) mésentère m; (Kü-che) fraise f, tripes f pl.

gekünstelt a (Benehmen) affecté; (Stil) apprêté, affété, artificiel, factice; (unnatürlich) forcé; (gesucht) re-cherché; étudié; (geziert) maniéré; (geschraubt) guindé; ~ sein sentir l'étude.

Gelächter n ⟨-s, -⟩ [gə'lɛçtər] rire; (Hohn~) ricanement m; in ~ ausbre-chen partir d'un éclat de rire, éclater de rire; sich dem ~ aussetzen s'expo-ser à la risée; (allgemeines) ~ hilarité f (générale); schallendes ~ éclats m pl de rire.

gelackmeiert [gə'lakmaiərt] a fam

(angeführt): der G~e sein s'être fait avoir.

Gelage n ⟨-s, -⟩ banquet, festin m; (Zech~) beuverie, goguette, orgie, bacchanale; fam bamboche f.

gelagert a: in besonders ~en Fällen dans des cas particuliers.

gelähmt a paralysé, perclus; G~e(r) m paralytique, paraplégique; (durch Kinderlähmung) poliomyélitique m.

Gelände n ⟨-s, -⟩ [gə'lɛndə] geog mil terrain; (Gebiet) territoire m; (Stück Land) (pièce de) terre f; (Bau~) ter-rain à bâtir, emplacement m; im ~ sur le terrain; in freiem ~ en rase cam-pagne; das ~ abtasten tâter od son-der le terrain; sich dem ~ anpassen s'adapter au terrain; das ~ ausnützen utiliser le terrain; ~ gewinnen, verlie-ren gagner, perdre du terrain; be-deckte(s) ~ terrain m couvert; durch-schnittene(s) ~ terrain m divisé; ebe-ne(s) od flache(s) ~ terrain m plat od de niveau; nicht einsehbare(s) ~ terrain m caché; hügelige(s) ~ terrain m accidenté; offene(s) ~ terrain m découvert; ~abschnitt m secteur m de terrain; ~anpassung f adapta-tion f au terrain; ~aufnahme f lever od levé m du terrain; aero reconnais-sance f du terrain; ~ausbildung f mil instruction f sur le terrain; ~aus-nutzung f utilisation f du terrain; ~ausschnitt m portion f de terrain; ~auswertung f évaluation f du ter-rain; ~beschaffenheit f nature f du terrain; ~beschreibung f descrip-tion od étude f du terrain; ~bespre-chung f critique f sur le terrain; ~beurteilung f appréciation od étu-de f od examen m du terrain; ~dar-stellung f représentation f topogra-phique, figuré m du terrain; ~dienst m exercices m pl sur le terrain; ~ein-schnitt m coupure, combe f; ~er-kundung f reconnaissance f du ter-rain; ~fahrt f cross-country m; ~ machen faire du tout-terrain; ~fahr-zeug n véhicule m tout-terrain; ~falte f pli m (du terrain); ~formen f pl formes f pl od figuré m du ter-rain; ~gang m mot vitesse f tout-ter-rain; g~gängig a tout-terrain; ~gängigkeit f capacité tout-terrain, aptitude f au tout-terrain; ~gestal-tung f configuration f du terrain; ~gewinn m gain m de terrain; ~kette f mot chenille f; ~kunde f topographie f; ~lauf m sport cross-country m; ~orientierung f orien-tation f sur le terrain, tour m d'hori-zon; ~punkt m point du terrain; (Richtungspunkt) point m de repère;

~**querschnitt** *m* coupe *f* de terrain; ~**reifen** *m* pneu *m* tout-terrain; ~**ritt** *m* chevauchée *f* sur le terrain; ~**schwierigkeiten** *f pl* difficultés *f pl* du terrain; ~**skizze** *f* croquis du terrain *od* topographique, *fam* topo *m;* ~**sport** *m* sport *m* en terrain varié; ~**streifen** *m* bande *f* de terrain; ~**übung** *f* exercice(s *pl*) *m* sur le terrain; ~**unebenheit** *f* accident *m* de terrain; ~**verhältnisse** *n pl* conditions *f pl* du terrain; ~**wagen** *m* mot voiture *f* tout-terrain.

Geländer *n* ⟨-s, -⟩ [gəˈlɛndər] balustrade *f,* parapet, accoudoir; *(an Brükken, Ufern etc)* garde-fou *m; (Treppen~)* rampe *f; tech u. mar* garde--corps *m.*

gelangen ⟨aux: sein⟩ [gəˈlaŋən] *itr* (par)venir, arriver, atteindre *(zu, nach* à; *bis zu od nach* jusqu'à); *in den Besitz e-r S* ~ acquérir *od* gagner qc; *zu Reichtum* ~ faire fortune; *zum Ziel* ~ arriver au but, atteindre son but.

Gelärme *n* ⟨-s, ø⟩ bruit *m* continuel.

Gelaß *n* ⟨-sses, -sse⟩ [gəˈlas] pièce, chambre *f; (kleines)* cabinet *m.*

gelassen *a (ruhig)* calme, tranquille, placide, rassis; *(gleichmütig)* impassible; *(geduldig)* patient; *(ergeben)* résigné; *(beherrscht) attr* de sang--froid, *pred* maître de soi; *adv* sans s'émouvoir; ~ *bleiben* garder son calme; **G~heit** *f* ⟨-, ø⟩ calme *m,* placidité, sérénité; impassibilité; patience; résignation *f;* sang-froid *m;* maîtrise *f* de soi.

Gelatine *f* ⟨-, ø⟩ [ʒelaˈtiːnə] *(Küche)* gélatine *f* culinaire; ~**kapsel** *f* pharm gélule *f.*

Gelaufe *n* ⟨-s, ø⟩ va-et-vient *m,* allées et venues *f pl.*

geläufig [gəˈlɔyfiç] *a (Ausdruck, Redensart)* courant; *jdm* ~ *sein* être familier à qn; *er spricht* ~ *Französisch* il parle français couramment; **G~keit** *f* ⟨-, ø⟩ *(des Ausdrucks)* aisance *f.*

gelaunt *a* disposé; *gut, schlecht* ~ bien, mal disposé *od fam* luné; de bonne, mauvaise humeur.

Geläut *n* ⟨-(e)s, -e⟩, ~ **e** *n* ⟨-s, -⟩ sonnerie *f; (von Glöckchen)* tintement *m; unter dem* ~ *der Glocken* au son des cloches.

gelb [gɛlp] *a* jaune; ~*e Rübe f* carotte *f;* ~ *färben od werden* jaunir; ~**braun** *a* brun jaune; **G~fieber** *n* fièvre *f* jaune; **G~filter** *m od n phot* filtre *od* écran *m* jaune; **G~gießer** *m* fondeur en laiton, dinandier *m;* ~**lich** *a* jaunâtre; **G~sucht** *f* jaunisse *f, scient* ictère *m;* ~**süchtig** *a* ictérique.

Geld *n* ⟨-(e)s, '-er⟩ [gɛlt, -dər] argent *m, (bes. kleineres)* monnaie *f; arg* pèse *od* peze, fric, pognon *m,* galette, oseille *f; für* ~ à prix d'argent; *nicht für* ~ *und gute Worte* ni pour or ni pour argent; *mit gutem* ~*e* en belle et bonne monnaie; ~ *anlegen* faire un placement; *mit s-m* ~*e auskommen* joindre les deux bouts; *jdm* ~ *geben (fig fam)* arroser qn; ~ *haben (pop: reich sein)* avoir de quoi; ~ *genug haben* ne pas être dans le besoin; ~ *wie Heu haben* rouler sur l'or, être tout cousu d'or; *pop* être plein aux as; *kein* ~ *haben* manquer d'argent; *kein* ~ *bei sich haben* n'avoir point d'argent sur soi; *kein* ~ *(mehr) haben* avoir le gousset vide *od* percé, *fam* être fauché; *keinen Pfennig* ~ *haben* n'avoir pas le sou, être sans le sou; *(kein)* ~ *herausrücken* délier *od* dénouer (tenir serrés) les cordons de la bourse; *das od sein* ~ *zum Fenster hinauswerfen (fig)* jeter l'argent par les fenêtres; *sein* ~ *nicht zum Fenster hinauswerfen* ne pas attacher ses chiens avec des saucisses; *für teures* ~ *kaufen* acquérir à prix d'or; *zu* ~ *kommen* faire fortune; gagner de l'argent; *wieder zu seinem* ~ *kommen* récupérer son argent; ~ *springen lassen od verschwenden* faire danser les écus; *vom* ~*e leben* vivre de ses rentes; *zu* ~ *machen* convertir en argent; *alles zu* ~ *machen* faire ressource de tout; ~ *prägen* battre monnaie; *aus allem* ~ *schlagen* faire argent de tout; *im* ~*e schwimmen* rouler sur *od* nager dans l'or, être tout cousu d'or; *ohne (e-n Pfennig)* ~ *sein* être démuni d'argent, *fam* être à sec; *um* ~ *spielen* jouer pour de l'argent; intéresser la partie; *sich* ~ *verschaffen* se procurer de l'argent; ~ *verdienen* gagner de l'argent; ~ *(bei e-r S) verlieren* manger de l'argent, *fam* en être de sa poche; *sein* ~ *im voraus verzehren* manger son blé en herbe; *im* ~*e wühlen (fig)* remuer l'argent à la pelle; *sein* ~ *zurückbekommen* rentrer dans ses fonds; ~ *zurücklegen* faire *od* réaliser des économies; *das ist (so gut wie) bares* ~ c'est de l'or en barre; *das ist nicht mit* ~ *zu bezahlen* c'est impayable; ~ *ist knapp* l'argent est rare; ~ *kommt immer zu* ~ *(prov)* l'eau va toujours à la rivière; ~ *regiert die Welt (prov)* l'argent mène le monde; *fest angelegte(s)* ~ capital *m* immobilisé; *bare(s)* ~ argent comptant *od* en caisse, numéraire *m,* espèces *f pl; echte(s), falsche(s)* ~ monnaie forte, fausse monnaie *f; fremde(s)* ~ *(in e-m Unternehmen)* capitaux *m pl* empruntés; *öffentliche* ~*er pl* deniers *m pl* publics; ~ *und* ~*eswert* argent *et* valeurs; *f pl zu* ~ *zu machen(d), in* ~ *umsetzbar* monnayable; ~**abfindung** *f* indemnité *f;* ~**abwertung** *f* dépréciation *od* dévaluation *f* monétaire *od* de l'argent; ~**angebot** *n* offre *f* d'argent; ~**angelegenheit** *f* affaire *f* pécuniaire *od* d'intérêt; ~**anhäufung** *f* accumulation *f* d'argent; ~**anlage** *f* placement *m* de fonds; *in Grundstücken* immobilisation *f;* ~**anspruch** *m* créance *f* d'argent; ~**anweisung** *f* mandat *m;* ~**aufwertung** *f* revalorisation *f* (de l'argent); ~**ausgabe** *f* dépense *f;* ~**automat** *m* distribanque, distributeur billets de banque, guichet *m* automatique; ~**bedarf** *m* besoin *m* d'argent; ~**beschaffung** *f* mobilisation *f* de fonds; ~**bestand** *m* fonds *m pl* de caisse; encaisse *f;* ~**betrag** *m* somme *f* (d'argent); ~**beutel** *m* (*fast nur noch fig*) bourse *f;* ~**bewegung** *f* mouvement *m* monétaire *od* financier *od* de fonds; ~**bewilligung** *f* allocation *f;* ~**bezüge** *pl mil* prestation *f* en argent *od* en espèces; ~**brief** *m* lettre *f* chargée; ~**briefträger** *m* facteur *m* qui apporte de l'argent; ~**buße** *f* amende *f;* ~**eingang** *m* rentrée *f* d'argent; ~**einlage** *f* apport *m od* mise *f* de fonds; ~**einnehmer** *m* receveur, encaisseur *m;* ~**einsatz** *m* mise *f* d'argent; ~**einwurf** *m* (*Schlitz am Automaten*) fente *f;* ~**entschädigung** *f* indemnité, restitution *f* en valeur; ~**entwertung** *f* dépréciation monétaire *od* de l'argent, démonétisation, dévaluation, dévalorisation, inflation *f;* ~**ersparnis** *f* économie *f* d'argent; ~**forderung** *f* créance *f* monétaire *od* d'argent; ~**frage** *f* question *f* d'argent *od* financière *od fam* de gros sou; ~**geber** *m* prêteur (d'argent), bailleur *m* de fonds; ~**geschäft** *n* opération *f* financière *od* d'argent; ~**geschenk** *n* don *m* d'argent; ~**gier** *f* cupidité *f;* **g**~**gierig** *a* avide d'argent, cupide; ~**hamsterer** *m* thésauriseur; accapareur *od* stockeur *m* d'argent; ~**heirat** *f* mariage *m* d'argent; ~**herrschaft** *f* ploutocratie *f;* ~**hortung** *f* thésaurisation *f;* ~**institut** *n* institut *m* bancaire; ~**kassette** *f* cassette *f;* ~**knappheit** *f* pénurie d'argent, rareté *f* de l'argent; ~**kurs** *m* cours des espèces; *(Wechselkurs)* cours *m* de change; **g**~**lich** *a* pécuniaire, financier; ~**mangel** *m* manque *m* d'ar-

gent; ~**mann** *m* ‹-(e)s, -leute/(-männer)› , ~**mensch** *m* homme *m* d'argent; ~**markt** *m* marché *m* monétaire *od* d'argent; ~**mittel** *n pl* ressources *f pl* financières *od* en argent; ~**not** *f* pénurie *f* d'argent; *in Geldnöten (befindlich)* pressé d'argent; ~**posten** *m* poste *m* d'argent; ~**quelle** *f* ressource *f* (d'argent); ~**reserve** *f* réserve *f* monétaire; ~**sache** *f* affaire *f* d'intérêt; ~**sammlung** *f* collecte, quête *f;* ~**schein** *m* billet de banque, *pop* fafiot *m;* ~**schrank** *m* coffre(-fort) *m;* ~**schrankknacker** *m* ‹-s, -› perceur *m* de coffres-forts; ~**sendung** *f* envoi *m* d'argent; ~**sorgen** *f pl* soucis *m pl* financiers; ~**sorte** *f* espèce *f;* ~**spende** *f* don *m* d'argent; ~**strafe** *f* amende *f;* ~**stück** *n* pièce *f* de monnaie; ~**summe** *f* somme *f* d'argent; ~**tasche** *f* sacoche *f;* ~**überhang** *m* surplus de la circulation (monétaire), (excédent) monétaire *m,* inflation *f* fiduciaire; ~**überweisung** *f* virement *m* de fonds; *telegraphische* ~ mandat *m* télégraphique; ~**umlauf** *m* circulation *f* monétaire; ~**umsatz** *m* mouvement *m* de fonds; ~**verknappung** *f* resserrement *m* du marché monétaire; ~**verlegenheit** *f* embarras *m* d'argent; *in* ~ *sein* avoir un grand besoin d'argent; ~**verlust** *m* perte *od* plaie *f* d'argent; ~**verschwendung** *f* gaspillage *m* d'argent; ~**wechsel** *m* change *m;* ~**wert** *m* valeur *f* monétaire *od* en argent; ~**wesen** *n* finances *f pl; allg* régime *od* système *m* monétaire.

Gelee *n od m* ‹-s, -s› [ʒe'le:] gelée *f.*

gelegen *a (örtlich)* situé; *(Zimmer)* donnant *(nach* sur*)*; *(passend)* opportun; *adv* à propos, à point; *zu* ~*er Zeit* à propos; *es ist mir daran* ~, *daß* il m'importe que *subj; das kommt mir sehr* ~ cela arrive à point nommé pour moi, cela m'arrange (très) bien; *mir ist nicht viel daran* ~ peu m'importe; *was ist daran* ~? qu'importe? **G**~**heit** *f (Anlaß, Möglichkeit)* occasion; *(günstige)* chance, facilité *(zu* de*)*; *(Zufall)* occurrence; *arg* occase *f; ein Kleid für besondere* ~*en* une robe pour les grandes occasions; *bei* ~ à l'occasion; *gen* à l'occasion de, à propos de; *bei dieser* ~ en cette occurrence *od* en l'occurrence; *bei der ersten (besten)* ~ à la première occasion (venue); *bei jeder (passenden)* ~ en toute occasion, à tout propos, *fam* à tout bout de champ; *bei der nächsten* ~ à la prochaine occasion; *bei passender* ~ à propos, en temps et lieu; *bei verschiedenen* ~en en diverses occasions; *bei vielen* ~en en mainte(s) occasion(s); *die* ~ *ergreifen* saisir l'occasion *od* le moment favorable; *die* ~ *beim Schopf ergreifen* saisir l'occasion aux cheveux, saisir la balle au bond; ~ *geben zu* donner l'occasion de; ~ *haben zu* avoir l'occasion de; *sich die* ~ *entgehen lassen, die* ~ *verpassen* laisser échapper, manquer *od* rater l'occasion, *fam* manquer le coche; *die* ~ *nutzen* profiter de l'occasion; *es bietet sich e-e* ~ il se présente une occasion; ~ *macht Diebe (prov)* l'occasion fait le larron; *e-e gute, günstige* ~ une bonne *od* belle occasion, une occasion favorable; **G~heitsarbeit** *f* travail *m* occasionnel *od* de circonstance; **G~heitsarbeiter** *m* travailleur occasionnel, bricoleur *m;* **G~heitsgedicht** *n* vers *m pl* de circonstance, à-propos *m;* **G~heitskauf** *m* (achat *m* d')occasion *f;* **G~heitskunde** *m* client *m* de passage; **G~heitsstück** *n theat* à-propos *m;* ~**tlich** *a* occasionnel, de rencontre; *(zufällig)* accidentel; *adv* occasionnellement, par occurrence, à ses heures, *fam* des fois.

gelehr|ig *a* docile (d'esprit); *(klug)* intelligent; **G~igkeit** *f* ⟨-, ø⟩ docilité (à apprendre); intelligence *f;* **G~samkeit** *f* ⟨-, ø⟩ érudition *f,* savoir *m;* ~**t** *a* savant, érudit, docte; ~*e(s) Haus n (hum)* puits *m* de science; **G~te(r)** *m* savant, érudit, homme *m* d'étude; **G~tenrepublik** *f* république *f* des lettres; **G~tenwelt** *f* monde *m* savant *od* lettré.

Geleier *n* ⟨-s, ø⟩ [gə'laɪər] *fig pej (beim Aufsagen)* monotonie *f.*

Geleise *n* ⟨-s, -⟩ *(vgl. Gleis) (Wagenspur)* ornière *a. fig; loc* voie *f* (ferrée), rails *m pl; aus dem* ~ *bringen (fig)* dérouter; *wieder ins* ~ *bringen (fig)* remettre dans la bonne voie; *aus dem* ~ *kommen* sortir de l'ornière; *wieder ins* ~ *kommen (fig)* reprendre son train accoutumé; *auf ein totes* ~ *schieben (fig)* mettre sur une voie de garage; *aus dem* ~ *springen* dérailler.

Geleit *n* ⟨-(e)s, -e⟩ *(Begleitung)* accompagnement *m,* (re)conduite *f; mil* escorte *f; mil mar* convoi; *(Trauer~)* cortège *m; jdm das* ~ *geben* faire escorte à qn; *freie(s)* ~ sauf-conduit *m;* ~**brief** *m, a. fig* (lettre *f* de) sauf-conduit *m;* **g~en** *tr* accompagner, (re)conduire; *mil* escorter, *mar* convoyer; ~**fahrzeug** *n* escorteur *m;* ~**flugzeug** *n* avion *m* d'escorte;

~**kreuzer** *m mar* croiseur *m* d'escorte; ~**mannschaft** *f* escorte *f;* ~**schein** *m com* acquit-à-caution *m;* ~**schiff** *n* navire d'escorte, escorteur, convoyeur *m;* ~**schutz** *m* convoyage *m;* ~**wort** *n (Buch)* préface *f,* avant-propos *m;* ~**zug** *m mar* convoi *m.*

Gelenk *n* ⟨-(e)s, -e⟩ *anat bot* jointure, articulation *f; tech* joint *m* (articulé); ~**entzündung** *f* arthrite *f;* ~**fortsatz** *m anat* apophyse *f* articulaire; ~**fügung** *f anat* attache *f;* **g~ig** *a (gegliedert)* articulé; *(biegsam)* pliant, pliable, flexible; *(geschmeidig)* souple; ~**igkeit** *f* flexibilité; souplesse *f;* ~**kupp(e)lung** *f tech* accouplement *m* articulé; ~**maßstab** *m* mètre *m* pliant; ~**muffe** *f* = ~*stück;* ~**pfanne** *f anat* glène *f; scient* acétabule; *tech* coussinet *m* de rotule; ~**rheumatismus** *m* rhumatisme *m* articulaire; ~**schmiere** *f anat* synovie *f;* ~**stück** *n tech* joint *m* articulé; ~**stütze** *f tech* support *m* articulé; ~**tuberkulose** *f* tuberculose *f* articulaire; ~**verbindung** *f tech* raccord *m* à rotule, articulation *f;* ~**wassersucht** *f med* hydarthrose *f;* ~**welle** *f tech* arbre *m* à cardan.

gelernt *a:* ~*e(r) Arbeiter m* ouvrier *m* qualifié; ~*e(r) Facharbeiter* ouvrier *m* professionnel (O.P.).

gelesen ⟨*pp von: lesen*⟩: ~ *und genehmigt* lu et approuvé.

Gelichter *n* ⟨-s, ø⟩ *(Gesindel)* canaille *f.*

geliebt *a* aimé, chéri; **G~e(r** *m)* *f* bien-aimé(e *f) m; m fam* gigolo *m; f* maîtresse *f.*

Geliermittel [ʒe'liːr-] *n (Küche)* gélifiant *m.*

gelind|(e) [gə'lɪnt, (-də)] *a (mild, sanft)* doux, modéré, faible; *bei* ~*em Feuer (Küche)* à feu doux; ~*e gesagt* au bas mot; pour ne rien dire de plus; ~*ere Saiten aufziehen* adoucir *od* baisser le ton, filer doux; *mich packte e-e* ~*e Wut* j'ai été pris d'une sainte colère.

gelingen ⟨*gelingt, gelang, ist gelungen*⟩ [gə'lɪŋən, -'laŋ, -'luŋ-] *itr (Unternehmen)* réussir, venir à bien; *impers: es gelingt mir je* réussis (*zu* à), j'arrive (*zu* à); *es will mir nichts* ~ je ne réussis à rien; *es gelingt ihm alles* il réussit en tout, tout lui réussit; **G~** *n* réussite *f,* succès *m.*

Gelispel *n* ⟨-s, ø⟩ zézaiement *f; (Geflüster)* chuchotement *m.*

gellen ['gɛlən] *itr* retentir, résonner; *es gellt mir in den Ohren* les oreilles me tintent; ~**d** *a* perçant, strident, aigu, aigre, à percer les oreilles *od* l'air.

geloben *tr* promettre, (solennelle-ment), faire vœu de; *das Gelobte Land (rel)* la Terre promise.
Gelöbnis *n* ‹-sses, -sse› [gə'lø:pnɪs] promesse *f* (solennelle), vœu *m*.

gelt [gɛlt] **1.** *a (bes. von Kühen: unfruchtbar)* stérile; *(nicht tragend)* non pleine; **2.** *interj* n'est-ce pas?
gelten ‹*gilt, galt, hat gegolten*› ['gɛltən, galt, -'gɔlt-] *tr (wert sein)* valoir; *itr (gültig sein)* être valable *od* valide *od* en vigueur, avoir cours; *(maßgebend sein)* faire autorité *od* loi; *(betreffen)* regarder *(jdm qn)*, concerner *(jdm qn)*, s'adresser *(jdm à qn)*; *als, für* être réputé *od* passer pour; *impers: es gilt zu* il s'agit de, il faut, c'est le moment de; *etwas ~* être estimé *od* en réputation, avoir du crédit, faire bonne figure; *~ lassen* laisser passer, admettre; *das gilt mir (a.)* c'est une pierre dans mon jardin; c'est moi qui suis visé; *das gilt Ihnen* c'est à votre adresse; *das gilt nicht* cela ne compte pas, *fam* cela n'est pas de jeu; *es gilt als ausgemacht, daß* ... il est communément admis que ...; *da gilt keine Ausrede* les faux-fuyants ne sont pas de mise; *das gleiche gilt von ihm* on peut en dire autant pour lui; *es gilt das Leben* il y va de la vie; *wem soll das ~?* à qui en voulez-vous? *was gilt die Wette?* que pariez-vous? *es gilt!* va! tope! **~d** *a (Bestimmung, Gesetz)* en vigueur; *~ machen (sich berufen auf)* se prévaloir de; *(durchsetzen)* faire valoir, affirmer; *für sich ~ machen* se prévaloir de; **G~dmachung** *f* ‹-, ø› *(Berufung (auf ein Recht))* exercice *m;* *(Durchsetzen)* mise *f* en valeur; *gerichtliche ~* action *f* en revendication, demande *f* en justice.
Geltung *f* ‹-, (-en)› ['gɛltʊŋ] *(Gültigkeit)* validité, vigueur *f;* *(Ansehen)* crédit *m,* autorité *f;* *(Bedeutung)* importance *f; zur ~ bringen* mettre en valeur, faire valoir; *~ haben* faire autorité; *(gültig sein)* être valable *od* applicable; *zur ~ kommen* se faire valoir; *(Bild, Kleid)* faire de l'effet; *die Figur (gut) zur ~ kommen lassen (Kleid etc)* dégager la taille; *e-r S ~ verschaffen* faire respecter qc; *sich ~ verschaffen* se faire valoir, s'imposer; **~sbedürfnis** *n,* **~strieb** *m* besoin *m* de se faire valoir; **~sbereich** *m* domaine *od* champ *m* d'application; **~sdauer** *f* durée *f* de la validité.
Gelübde *n* ‹-s, -› [gə'lʏpdə] promesse *f* solennelle, engagement *m* (religieux), vœu *m; ein ~ ablegen od tun* faire un vœu.

Gelumpe *n* ‹-s, ø› *pej (Klamotten)* hardes *f pl.*
gelungen ‹*pp von: gelingen*› bien réussi *od* venu, *(Kompliment)* bien tourné; *a fam* fameux; *(eigenartig, komisch)* drôle.
Gelüst *n* ‹-(e)s, -e› , ~**e** *n* ‹-s, ø› [gə'lʏst(ə)] désir *m,* envie, convoitise *f;* **g~en** *impers: mich gelüstet nach* j'ai grande envie de.

Gemach *n* ‹-(e)s, ⁺er› [gə'ma:x, -'mɛ:çər] chambre *f; (kleines)* cabinet *m;* **g~!** *interj* doucement.
gemächlich [gə'mɛ(:)çlɪç] *a (ruhig, gemütlich)* nonchalant; *adv a.* à son aise; *(langsam)* lentement; **G~keit** *f* ‹-, ø› nonchalance; aise, lenteur *f.*
gemacht *a fam (affektiert)* artificiel.
Gemahl *m* ‹-(e)s, -e› [gə'ma:l] époux *m;* **~in** *f* épouse *f; Ihre Frau ~* Madame N.
gemahnen *tr: jdn an etw ~* rappeler qc à qn.
Gemälde *n* ‹-s, -› [gə'mɛ:ldə] *allg* peinture *f; (Tafelbild)* tableau *m; (auf Leinwand)* toile; *pej* croûte *f; kleine(s) ~* tableautin *m;* **~ausstellung** *f* exposition *f* de peinture *od* de tableaux, salon *m;* **~galerie** *f* galerie *f od* musée *m* de peinture *od* de tableaux; **~sammlung** *f* collection *f* de tableaux; = *~galerie.*
Gemarkung *f* ‹-, -en› *(Grenze)* limites *f pl; (Feldmark, Gemeindegebiet)* finage *m.*
gemasert *a* veiné.
gemäß [gə'mɛ:s] *a (entsprechend)* conforme *(dat à); prp (a. angehängt)* conformément à, en conformité de *od* avec, d'après; par application de, selon, suivant, d'après; **G~heit** *f* conformité *f;* **~igt** *a* modéré; *(Klima)* tempéré.
gemasselt [gə'masəlt] *a tech* en tire-bouchon.
Gemäuer *n* ‹-s, -› [gə'mɔyər] murailles *f pl,* masure *f.*
Gemecker(e) *n* ‹-s, ø› [gə'mɛkər(ə)] *(Nörgeln)* rouspétance *f.*
gemein *a* [gə'maɪn] *a* commun; *(gewöhnlich)* ordinaire, vulgaire; *pej* bas, vil(ain), infâme; *(fig: schmutzig)* sordide; *pop* vache; *etw mit jdm ~ haben* avoir qc de commun avec qn; *manches ~ haben mit* avoir des points communs avec; *~ (frech) werden* tomber dans le vulgaire; *ich will nichts mit ihm ~ haben* je ne veux rien avoir à faire avec lui; *~e(r) Bruch m (math)* fraction *f* ordinaire; *~e(r) Kerl m* gredin, gueux *m,* canaille *f;* **G~eigentum** *n* ‹-s, ø› collectivité *f; in ~ überführen* collectiviser;

G~e(r) *m mil* simple soldat *m;* ~**gefährlich** *a* constituant un danger public; **G~geist** *m* esprit *m* public *od* de corps; ~**gültig** *a* généralement admis *od* reçu *od* applicable; **G~gut** *n* bien *m* commun, choses *f pl* communes, domaine *m* public; *zum* ~ *machen* populariser, vulgariser; **G~heit** *f (Gesinnung)* vulgarité, bassesse; vilenie, infamie, *fam* saleté *f;* ~**hin** *adv* ordinairement, d'ordinaire; **G~nutz** *m* intérêt *m* général; ~ *geht vor Eigennutz (prov)* l'intérêt particulier doit céder à l'intérêt général; ~**nützig** *a* d'intérêt général, d'utilité publique; ~*e Einrichtung f* institution *f* d'utilité publique; **G~platz** *m* lieu *m* commun, banalité *f,* propos *m pl* banals, poncif, cliché *m;* ~**sam** *a* commun, collectif; *adv* en commun; *(mitea.)* ensemble; ~*e Sache machen* se solidariser, faire cause commune *(mit jdm* avec qn); ~*e Erklärung f der Regierungen* déclaration *f* intergouvernementale; *der G~e Markt* le marché commun; ~*(s) Oberkommando n (mil)* commandement *m* interarmées; **G~schaft** *f* communauté, collectivité; *rel* communion *f; (Beziehungen)* commerce *m,* relation(s *pl) f; in* ~ *mit* en société de; *häusliche* ~ communauté *f* de ménage; **G~schaftsantenne** *f* antenne *f* collective; **G~schaftsarbeit** *f* travail *m* d'équipe; **G~schaftsbaden** *n (der Geschlechter)* bain *m* mixte; **G~schaftsbetrieb** *m* entreprise *f* en participation; **G~schaftsbewußtsein** *n* solidarité *f;* **G~schaftseigentum** *n* copropriété *f;* **G~schaftsempfang** *m radio* réception *od* écoute *f* collective; **G~schaftserziehung** *f (der Geschlechter)* coéducation *f;* **G~schaftsgefühl** *n,* -**geist** *m* solidarité *f;* sentiment *m* du coude à coude; **G~schaftshaftung** *f* responsabilité *f* solidaire; **G~schaftsleben** *n* vie *f* en commun; **G~schaftsproduktion** *f film* coproduction *f;* **G~schaftsraum** *m* salle *f* commune; **G~schaftsschule** *f* école *f* interconfessionnelle; **G~schaftsspiel** *n sport* jeu *m* collectif; **G~schaftsverpflegung** *f mil* ordinaire *m;* **G~schaftsvermögen** *n* masse *f* sociale, biens *m pl* indivis; **G~schaftswerbung** *f* publicité *f* collective; **G~schuldner** *m* débiteur *m* en faillite; **G~sinn** *m* = *Gemeinschaftsgeist;* ~**verständlich** *a* populaire, à la portée de tous; ~ *darstellen* populariser, vulgariser; **G~wesen** *n*

communauté *f;* **G~wohl** *n* bien *m* public.

Gemeinde *f* ⟨-, -n⟩ [gə'maɪndə] *adm* commune; *rel (Pfarr~)* paroisse; *(Ordensgemeinschaft)* communauté *f; (beim Gottesdienst)* assistance *f;* ~**ammann** *m (Schweiz)* syndic *m;* ~**anger** *m* = ~**weide;** ~**beamte(r)** *m* officier *od* fonctionnaire *od* employé *m* communal; ~**behörde** *f* autorité *f* communale; ~**betrieb** *m* entreprise *od* exploitation *f* communale; ~**diener** *m rel* appariteur *m;* ~**eigentum** *n* propriété *f* de la commune; ~**einnahmen** *f pl* recettes *f pl* communales; ~**finanzen** *f pl* finances *f pl* communales; ~**haus** *n rel* maison *f* paroissiale; ~**haushalt** *m* budget de la commune; *(franz. Schweiz)* ménage *m* communal; ~**kasse** *f* caisse *f* communale; ~**mitglied** *n* membre de la commune; *rel* paroissien *m;* ~**ordnung** *f* loi *f* sur les communes; ~**politik** *f* politique *f* communale; ~**rat** *m (Körperschaft)* conseil *m* municipal; *(Person* = ~**ratsmitglied)** conseiller *m* municipal; ~**schule** *f* école *f* communale; ~**schwester** *f* infirmière *f* paroissiale; ~**steuer** *f* impôt *m od* taxe communal(e), taxe *f* locale; ~**straße** *f* chemin *m* vicinal; ~**verband** *m* association *f* intercommunale; ~**vertreter** *m* délégué *m* communal *od* municipal; ~**vertretung** *f* délégués *m pl* communaux *od* municipaux; ~**verwaltung** *f* administration municipale, municipalité *f;* ~**vorstand** *m (Körperschaft)* = ~*rat;* ~**vorsteher** *m* maire *m;* ~**wahl** *f* élection *f* municipale; ~**weide** *f* pâturage *m* communal; ~**zentrum** *n* foyer *m* socio-éducatif.

Gemeng|e *n* ⟨-s, -⟩ mélange; *geol* agrégat *m;* ~**sel** *n* ⟨-s, -⟩ [-'-zəl] mélange *m.*

gemessen *a* mesuré, précis; *fig (bedächtig, ernst)* réservé, grave; *in* ~*em Abstand* à bonne distance; ~*en Schrittes* à pas mesurés; **G~heit** *f* ⟨-, ø⟩ mesure, précision; réserve, gravité *f.*

Gemetzel *n* ⟨-s, -⟩ massacre, carnage *m,* tuerie, *fam* boucherie *f.*

Gemisch *n* ⟨-(e)s, -e⟩ mélange *m,* mixture *f; (Treibstoff~)* polycarburant *m; gasreiche(s)* ~ *(mot)* mélange *m* riche; **g~t** *a* mélangé; *(Ehe, Schule, Zug)* mixte; *(Körperschaft)* mi-parti; *(Gesellschaft, Gefühle)* mêlé, *(Gesellschaft)* mélangé; *(Gefühl)* empreint *(mit* de); ~*e(s) Eis n* glace *f* panachée; ~*e(s) Obst, Gemüse n* macédoine *f* de fruits, de légumes; ~*e(r) Salat m* salade *f* panachée; ~*e(r) Verband m (mil)* formation *f* de toutes armes; **g~trassig** *a (Gesellschaft)* multiracial.

Gemme *f* ‹-, -n› ['gɛmə] gemme, pierre *f* gravée.

Gems|bart ['gɛms-] *m* touffe *f* de poils de chamois; ~**bock** *m* chamois *m* mâle; ~**e** *f* ‹-, -n› [-zə] chamois; *(in d. Pyrenäen)* isard *m;* ~**jagd** *f* chasse *f* au chamois; ~**jäger** *m* chasseur *m* de chamois; ~**leder** *n* (peau *f* de) chamois *m*.

Gemunkel *n* ‹-s, -ø› *(heimliches Gerede)* chuchotements *m pl,* rumeurs *f pl.*

Gemurmel *n* ‹-s, ø› murmure(s *pl),* marmottement *m.*

Gemurre *n* ‹-s, ø› grondement(s *pl) m.*

Gemüse *n* ‹-s, -› [gə'my:zə] légume(s *pl) m; gemischte(s)* ~ macédoine *f* (de légumes); ~**bau** *m* culture *f* maraîchère; ~**beilage** *f: mit* ~ *(Küche)* garni; ~**garten** *m* jardin maraîcher, (jardin) potager *m;* ~**gärtner** *m* maraîcher; primeuriste *m;* ~**händler(in** *f) m* marchand, e *m* et *f* de légumes *od* de primeurs; ~**konserven** *f pl* légumes *m pl* en conserve; ~**pflanze** *f* plante *f* potagère; ~**quetsche** *f* presse-purée *m;* ~**suppe** *f* potage aux *od* bouillon *m* de légumes, julienne *f.*

Gemüt *n* ‹-(e)s, -er› [gə'my:t] âme *f,* cœur, sentiment (*s pl) m; die* ~*er pl* les esprits *m pl; sich etw zu* ~*e führen (fam)* déguster qc, se régaler de qc; *sich etw zu* ~*e führen* prendre qc à cœur; **g~lich** *a* confortable, agréable, intime; *(Mensch)* bonhomme, débonnaire; aimable; *adv (in Ruhe)* doucement; *ganz* ~ *(adv)* à la papa *fam;* ~ *leben* avoir la vie douce; *es sich* ~ *machen* se mettre à l'aise; *hier ist es* ~ il fait bon ici; *es war sehr* ~ il régnait une agréable intimité *od* une bonne ambiance; ~**lichkeit** *f* ‹-, ø› confort(able) *m,* intimité *f; da hört doch die* ~ *auf!* c'est inouï; cela n'a pas de nom! **g~los** *a* sans cœur, sans âme, froid; ~**losigkeit** *f* manque *m* de cœur *od* d'âme *od* de sentiment, froideur *f;* **g~voll** *a* plein de cœur, cordial.

Gemüts|art *f,* ~**beschaffenheit** *f* [gə'my:ts-] naturel, tempérament, caractère *m,* complexion *f;* ~**bewegung** *f* émotion *f;* **g~krank** *a* aliéné; ~**krankheit** *f,* ~**leiden** *n* maladie *f* mentale; ~**leben** *n* vie *f* affective *od* sentimentale; ~**mensch** *m fam*

homme *m* de cœur; *fam* bonne pâte *f* d'homme; ~**ruhe** *f* tranquillité *f* d'âme, calme; sang-froid *m; in aller* ~ *(fam)* tout doucement; ~**stimmung** *f,* ~**verfassung** *f,* ~**zustand** *m* état *m* d'âme, disposition d'esprit, humeur *f,* moral *m.*

gen [gɛn] *prp vx poet = gegen;* ~ *Himmel* vers le ciel.

Gen *n* ‹-s, -e› [ge:n] *biol* gène *m* (héréditaire); ~**manipulation** *f* manipulation *f* génétique.

genannt *a* nommé, appelé, dit; surnommé.

genau [gə'nau] *a* exact; *(bestimmt)* précis; *(regelmäßig)* régulier; *(ausführlich)* détaillé; *(richtig, knapp)* juste; *(peinlich* ~*)* scrupuleux, minutieux; *(streng)* strict, rigoureux; *(sparsam)* économe, *pej* parcimonieux; *adv a.* au juste, avec justesse, de près, à *od* au pied de la lettre; ~ *um 3 Uhr* à trois heures précises; *ohne G~eres anzugeben* sans rien préciser; ~ *angeben od bestimmen* préciser; ~ *erzählen* détailler; ~ *gehen (Uhr)* aller juste; *sich* ~ *halten an* se tenir étroitement à; *nicht so* ~ *hinsehen* ne pas y regarder de si près; *jdn* ~ *kennen* connaître qn à fond; ~ *nehmen* prendre à la lettre *od* au pied de la lettre; *es* ~ *nehmen mit (gewissenhaft beachten)* suivre à la lettre; *es nicht so* ~ *nehmen* ne pas y regarder de si près; *das ist* ~ *dasselbe* c'est absolument la même chose; ~*ere Angaben, Mitteilungen f pl* de plus amples détails *m pl,* informations *f pl;* ~**genommen** *adv* strictement parlant; **G~igkeit** *f* ‹-, (-en)› exactitude; précision, *(e-r Waage)* sensibilité; régularité; justesse; minutie; rigueur; économie, *pej* parcimonie; *(in der Wiedergabe)* fidélité *f;* *peinliche* ~ exactitude *f* méticuleuse; **G~igkeitsgrad** *m* degré *m* de précision; ~**so** *adv:* ~ *gut* aussi bien, autant.

Gendarm *m* ‹-en, -en› [ʒan'darm] gendarme *m;* ~**erie** *f* ‹-, -n› [-mə'ri:] gendarmerie *f; (Polizeistation)* poste *od* commissariat *m* de police.

Genealog|e *m* ‹-n, -n› [genea'lo:gə] généalogiste *m;* ~**ie** *f* ‹-, ø› [-'gi:] généalogie *f;* **g~isch** [-'lo:gɪʃ] *a* généalogique.

genehm [gə'ne:m] *a pred: jdm* ~ *sein* convenir à qn, être agréable à qn.

genehm|igen *tr (billigen)* consentir à,

approuver, agréer; *(gestatten, zulassen)* permettre, autoriser; *(gewähren)* accorder; *sich ~ (fam)* s'envoyer, se taper *(ein Gläschen* un verre*)*; *amtlich od behördlich, gerichtlich ~* homologuer; **G~igung** *f* consentement, assentiment *m,* approbation *f,* agrément *m;* permission, autorisation *f; mit ~ (gen)* avec l'autorisation (de); *die ~ einholen* demander l'autorisation; *e-e ~ erteilen* accorder *od* octroyer une permission; *nach vorheriger ~* sur autorisation préalable; *amtliche od behördliche, gerichtliche ~* homologation *f; schriftliche ~* autorisation *f* par écrit; **~igungspflichtig** *a* soumis à l'approbation *od* à une autorisation.

geneigt *a (abfallend)* incliné, penché; *(abschüssig)* (en) déclive; *fig (aufgelegt)* d'humeur, disposé *(zu* à); *(gesonnen)* porté, enclin *(zu* à); *~ machen* disposer *(zu* à); *~ sein* incliner, avoir un penchant *od* une disposition *(zu* à); **G~heit** *f ⟨-, ø⟩* inclinaison, pente; déclivité; *fig* disposition *f (zu* à); *(fig: Hang)* penchant *m,* inclination, disposition, tendance; *(Wohlwollen)* bienveillance *f.*

General *m ⟨-s, -e/⸚e⟩* [gene'ra:l] général *m; kommandierende(r) ~* général *m* en chef; **~agentur** *f* agence *f* générale; **~anwalt** *m* avocat *m* général; **~arzt** *m* médecin *m* colonel; **~baß** *m mus* basse *f* continue; **~bevollmächtigte(r)** *m* fondé *od* mandataire *m* général; **~direktion** *f* direction *f* générale; **~direktor** *m* directeur général, gouverneur *m;* **~feldmarschall** *m* feld-maréchal *m;* **~gouverneur** *m* gouverneur *m* général; **~inspekteur** *m* inspecteur *m* général; **~intendant** *m mil* intendant en chef; *theat* directeur *m* général; **g~isieren** [-li'zi:rən] *tr (verallgemeinern)* généraliser; **~issimus** *m ⟨-, -mi/-musse⟩* généralissime *m;* **~ität** [-li'tε:t], *die (mil)* les généraux; **~kommando** *n* état-major *m* de corps d'armée; **~konsul** *m* consul *m* général; **~konsulat** *n* consulat *m* général; **~leutnant** *m* général de corps d'armée, *(früher)* général *m* de division; **~major** *m* général de division, *(früher)* général *m* de brigade; **~marsch** *m: den ~ blasen* battre la générale; **~oberst** *m* général *m* membre du Conseil supérieur de la guerre; **~probe** *f theat* (répétition) générale *f;* **~prokura** *f* procuration *f* générale; **~quartiermeister** *m* sous-chef *m* d'état-major; **~sekretär** *m* secrétaire *m* général; **~sekretariat**

n secrétariat *m* général; **~staatsanwalt** *m* procureur *m* général; **~stab** *m: Große(r) ~* état-major *m* général; *im ~ (Offizier)* breveté; *~ des Heeres, der Luftwaffe* état-major *m* de l'armée, de l'air; **~stäbler** *m ⟨-s, -⟩* (officier) breveté *m;* **~stabsarzt** *m* médecin *m* inspecteur; **~stabschef** *m* chef *m* d'état-major général; **~stabskarte** *f* carte *f* d'état-major, *fam* topo *m;* **~stabsoffizier** *m* officier *m* d'état- major; **~stände** *m pl hist* États *m pl* généraux; **~streik** *m* grève *f* générale; **~überholung** *f* mot révision *f* générale; **~versammlung** *f* assemblée *f* générale; **~vertreter** *m* agent *m* général; **~vollmacht** *f* mandat *m od* procuration *f* général(e).

Generation *f ⟨-, -en⟩* [generatsi'o:n] génération *f;* **~skonflikt** *m* conflit *m* des générations; **~swechsel** *m biol* génération *f* alternante.

Generator *m ⟨-s, -en⟩* [gene'ra:tor, -'to:rən] *el* générateur *m,* dynamo *f; (Gas~)* gazogène *m;* **~gas** *n* gaz *m* de gazogène.

generell *a* [gene'rεl] *(allgemein)* général.

generisch [ge'ne:rɪʃ] *a (Gattungs-)* générique.

genesen *⟨genest, genas, ist genesen⟩* [gə'ne:zən, -'na:s-] *itr* guérir, se rétablir, recouvrer la santé; *gerade ~ sein von* sortir de; **G~ende(r)** *m* convalescent *m;* **G~ung** *f ⟨-, ø⟩* guérison *f,* rétablissement *m,* convalescence *f; auf dem Wege der ~* en convalescence; **G~ungsheim** *n* maison *f* de convalescents, centre *m* de post-cure; **G~ungsurlaub** *m mil* (congé *m od* permission de) convalescence *f.*

Gene|sis ['ge:nezis], *die (das 1. Buch Mose)* la Genèse.

Genetik *f ⟨-, ø⟩* [ge'ne:tik] *(Vererbungsforschung)* génétique *f;* **~er** *m ⟨-s, -⟩* [-'ne:tɪkər] généticien *m;* **genetisch** [-'ne:tɪʃ] *a* génétique.

Genever *m ⟨-s, -⟩* [(g)ʒə'ne:vər] *(Schnaps)* genévrette *f.*

Genf [gεnf] *n* Genève *f;* **~er** *m ⟨-s, -⟩* Genevois *m; der ~ See* le (lac) Leman, le lac de Genève; *das ~ Abkommen* la convention de Genève; **g~erisch** *a* genevois.

genial [geni'a:l] *a* génial, de génie; **G~ität** *f ⟨-, ø⟩* [-li'tε:t] génialité *f,* génie *m.*

Genick *n ⟨-(e)s, -e⟩* nuque *f; (Hals)* cou *m; (sich) das ~ brechen* (se) casser *od* (se) rompre le cou *a. fig;* **~fänger** *m* couteau *m* de chasse; **~schuß** *m* coup *m* de pistolet dans la nuque; ~**starre** *f* méningite *f* cérébro-spinale.

Genie *n* ⟨-s, -s⟩ [ʒe'ni:] (homme de) génie *m; pej* original *m; verkannte(s)* ~ incompris *m;* ~**streich** *m* coup *m* de génie; *hum pej* bêtise *f.*

genieren [ʒe'ni:rən] *tr (belästigen)* gêner; *sich* ~ se gêner, éprouver de la gêne *od* de l'embarras, *fam* s'en faire; *vor jdm (a.)* se sentir gêné devant qn; *sich nicht* ~ n'être pas gêné; ~ *Sie sich nicht!* ne vous gênez pas!

genieß|bar [gə'ni:s-] *a (Speise)* mangeable, bon à manger; *(Getränk)* potable, buvable, bon à boire; **G~barkeit** *f (Getränk)* potabilité *f;* ~**en** ⟨genießt, genoß, hat genossen⟩ [gə'nɔs-] *tr (Speise)* manger; *(Getränk)* boire, prendre; *(mit Genuß verzehren)* savourer; *fig* jouir de; *nicht zu* ~*(d) (Speise)* immangeable; *(Getränk)* imbuvable; *fig* insupportable, *fam* imbuvable; *etw als erster* ~ avoir la primeur de qc; *e-e gute Erziehung genossen haben* avoir reçu une bonne éducation; *Kredit* ~ avoir du crédit; *etw voll und ganz* ~ jouir pleinement de qc; **G~er** *m* ⟨-s, -⟩ jouisseur; *(Feinschmecker)* gourmet *m;* ~**erisch** *adv* en gourmet *od* connaisseur.

Genital|apparat *m* [geni'ta:l-] appareil *m* génital; ~**ien** *f pl anat* parties *f pl* génitales.

Genitiv *m* ⟨-s, -e⟩ ['ge:-, geni'ti:f, -və] *gram* génitif *m.*

Genius *m* ⟨-, -nien⟩ ['ge:nɪʊs, -niən] génie *m; mein guter* ~ mon ange gardien.

genormt *a* standard(isé); ~*e Größe f* format *m* standard.

Genoss|e *m* ⟨-n, -n⟩ [gə'nɔsə] *(Kamerad)* camarade *a. pol,* compagnon, *fam* compère, copain; *(Helfershelfer)* complice, acolyte *m; und* ~*en (pej)* et consorts; ~**enschaft** *f com* association; (société) coopérative *f,* syndicat *m; (sich) zu e-r* ~ *zs.schließen* (se) syndiquer; *landwirtschaftliche* ~ syndicat *m* agricole; **g~enschaftlich** *a* coopératif; ~**enschaftsbank** *f* banque *f* coopérative; ~**enschaftswesen** *n* système coopératif, coopératisme *m;* ~**in** *f* camarade *a. pol,* compagne, *fam* copine *f.*

Genoveva [geno'fe:fa, -'ve:va] Geneviève *f.*

Genre *n* ⟨-s, -s⟩ [ʒã:r] *(Kunst)* genre *m;* ~**bild** *n* tableau *m* de genre; ~**malerei** *f* peinture *f* de genre.

Gent *n* [gɛnt] Gand *f.*

Genu|a ['ge:nua] *n* Gênes *f;* ~**ese** *m*

⟨-n, -n⟩ [-'e:zər] Génois *m;* **g~esisch** *a* génois.

genug [gə'nu:k] *adv* assez (de), suffisamment; en suffisance; *gerade* ~ juste assez; *nicht* ~ *(a.)* trop peu; ~ *haben* avoir son content *od* son compte; *von* avoir assez de; *an* se contenter de; *mehr als* ~ *haben* avoir plus qu'il n'en faut *od* à revendre; ~ *zum Leben haben* avoir de quoi vivre; *es damit nicht* ~ *sein lassen* ne pas en rester là; *Manns* ~ *sein* être homme (zu à); *sich selbst* ~ *sein* se suffire à soi-même; *ich habe* ~ j'en ai assez; *das ist* ~ cela suffit; *das Beste ist gerade gut* ~ *für ihn* rien n'est trop beau pour lui; *hast du noch nicht* ~*?* ça ne te suffit pas (encore)? ~*!* assez! ~ *davon!* ~ *geredet!* ~ *der Worte!* assez (parlé) là-dessus! trêve de discussions! ~**tun** *itr* contenter, satisfaire *(jdm* qn); *sich nicht* ~ *zu* ne pas cesser de, ne pas tarir de; **G~tuung** *f* satisfaction *f; (nur: gegebene)* réparation *f; von jdm für etw* ~ *fordern* od *verlangen* demander satisfaction *od* réparation *od* raison de qc à qn; *jdm* ~ *geben* donner satisfaction, faire réparation, rendre raison à qn; *sich* ~ *verschaffen* se satisfaire, se faire rendre raison.

Genüg|e *f* ⟨-, ø⟩ [gə'ny:gə] *(nur in Wendungen):* zur ~ assez, en suffisance, suffisamment; *jdm* ~ *leisten* od *tun* satisfaire *od* contenter qn; *e-r S* ~ *leisten* faire face à qc; **g~en** *itr* satisfaire; *jdm* satisfaire *od* contenter qn; *sich an etw* ~ *lassen* se contenter de qc; *den Anforderungen* ~ satisfaire aux exigences; *das genügt* cela suffit, cela fera l'affaire; *es genügt nicht zu* ce n'est pas tout de, c'est peu (que) de; **g~end** *a* suffisant, satisfaisant; *(wertend)* passable, *pred* assez bien; **g~sam** *a* facile à satisfaire, content de peu; *(mäßig)* sobre, frugal, tempérant; *(bescheiden)* modéré, modeste; ~**samkeit** *f* ⟨-, ø⟩ sobriété, frugalité, tempérance; modération, modestie *f.*

Genus *n* ⟨-, -nera⟩ ['ge:nʊs, -nera], *bes. gram* genre *m.*

Genuß *m* ⟨-sses, ⸚sse⟩ [gə'nʊs, -'nʏsə] *(Besitz)* jouissance *f; (Gebrauch)* usage *m; jur (Nießbrauch)* usufruit *m; (Verzehr)* consommation *f; (Vergnügen)* plaisir *m,* jouissance, délectation *f; sich dem* ~ *hingeben* s'adonner à la jouissance *od* au plaisir; *in den* ~ *e-r S kommen* entrer en jouissance de qc; *es ist ein* ~, *sie singen zu hören* elle chante à ravir; ~**fähigkeit** *f* capacité *f* de jouir; ~**mensch** *m* jouisseur, viveur, *fam* noceur *m;* ~**mittel** *n* produit *m* de consommation de luxe; **g~reich** *a* délicieux; ~**sucht** *f* goût *m* du plaisir; **g~süchtig** *a* avide de jouissances *od* de plaisir, adonné aux plaisirs.

Geo|däsie *f* ⟨-, ø⟩ [geode'zi:] *(Erdvermessung)* géodésie *f;* ~**dät** *m* ⟨-en, -en⟩ [-'dɛ:t] *(Landmesser)* géodèse, géodésien *m;* **g~dätisch** [-'dɛ:tɪʃ] *a* géodésique; ~**graph** *m* ⟨-en, -en⟩ [-'gra:f] géographe *m;* ~**graphie** *f* ⟨-, ø⟩ [-'fi:] géographie; *f beschreibende, historische, mathematische, physische, politische* ~ géographie *f* descriptive, historique, mathématique, physique, politique; **g~graphisch** [-'gra:fɪʃ] *a* géographique; ~**loge** *m* ⟨-n, -n⟩ [-'lo:gə] géologue *m;* ~**logie** *f* ⟨-, ø⟩ [-'gi:] géologie *f;* **g~logisch** [-'lo:gɪʃ] *a* géologique; ~**meter** *m* ⟨-s, -⟩ [-'me:tər] géomètre *m;* ~**metrie** *f* ⟨-, -n⟩ [-'tri:] géométrie *f; analytische, darstellende, ebene, nichteuklidische* ~ géométrie *f* analytique, descriptive, plane, non euclidienne; **g~metrisch** [-'me:trɪʃ] *a* géométrique; ~**physik** *f* géophysique *f;* **g~physikalisch** *a* géophysique; ~**physiker** *m* géophysicien *m;* ~**politik** *f* géopolitique *f;* **g~stationär** *a* géostationnaire; **g~thermisch** *a* géothermique.

geöffnet *a* ouvert; *in* ~*er Ordnung (mil)* en ordre déployé; *ganzjährig* ~ *(Hotel)* ouvert toute l'année; *weit* ~ (tout) grand ouvert.

Georg *m* ['ge:ɔrk, ge'ɔrk] Georges *m;* ~**ia** *m* ['dʒɔ:dʒə] *(USA)* la Georgie; ~**ien** *n* [ge'ɔrgiən] *(UdSSR)* la Géorgie; ~**ier** *m* ⟨-s, -⟩ [-'ɔrgiər] Géorgien *m;* ~**ine** *f* ⟨-, -n⟩ [-'gi:nə] *bot* dahlia *m;* **g~isch** [-'ɔrgɪʃ] *a* géorgien.

Gepäck *n* ⟨-(e)s, ø⟩ [gə'pɛk] bagage(s *pl*) *m,* effets *m pl; mil* paquetage *m; sein* ~ *aufgeben* (faire) enregistrer ses bagages; *diplomatische(s)* ~ valise *f* diplomatique; ~**abfertigung** *f,* ~**annahme** *f,* ~**aufgabe** *f (Stelle)* (bureau d')enregistrement *m* des bagages; ~**aufbewahrung** *f* consigne *f* (des bagages); ~**(aufbewahrungs)schein** *m* bulletin *m* de consigne; ~**ausgabe** *f* livraison *f* des bagages; ~**bahnsteig** *m* quai *m* de chargement; ~**halter** *m (Fahrrad)* porte-bagages *m;* ~**karren** *m* chariot *m* à bagages; ~**kontrolle** *f* contrôle *m* des bagages; ~**marsch** *m* marche *f* avec chargement; ~**netz** *n* filet *m* (à bagages); ~**raum** *m* compartiment *m od* soute *od aero* cale *f* à bagages; ~**revision** *f* visite *f* des bagages; ~**schalter** *m* guichet *m* des bagages; ~**schließfach** *n* consigne *f* automa-

tique; ~**schuppen** *m* dépôt *m* des bagages; ~**stück** *n* colis *m;* ~**träger** *m (Person)* porteur *(a. e-s Hotels),* commissionnaire; *(am Fahrrad)* porte-bagages *m; mot* galerie *f;* ~**versicherung** *f* assurance *f* des bagages; ~**wagen** *m* fourgon, wagon *m, (kleiner)* chariot *m* à bagages; ~**zustellung** *f (ins Haus)* livraison *f* des bagages à domicile.

gepanzert *a, a. mar u. zoo* cuirassé; *mil* blindé.

Gepard *m* ⟨-s, -e⟩ ['ge:part, -də] *zoo* guépard *m.*

gepfeffert *a* poivré *a. fig; fig (Preis, Rechnung)* salé; *e-n* ~*en Preis verlangen (a. pop)* saler *(für etw* qc).

gepflegt *a* soigné; *(Haus)* entretenu, bien tenu.

Gepflogenheit *f* ⟨-, -en⟩ [-'pflo:g-] coutume *f.*

gepfropft [gə'pfrɔpft] *adv:* ~ *voll* plein comme un œuf.

Gepiep(s)e *n* ⟨-s, ø⟩ [gə'pi:p(s)ə] *(der Küken)* piaulement; *(kleiner Singvögel)* pépiement *m.*

Geplänkel *n* ⟨-s, -⟩ [gə'plɛŋkəl] *mil* escarmouche *f.*

Geplapper *n* ⟨-s, ø⟩ [gə'plapər] babil(lage), bavardage, caquet *m.*

Geplärr *n* ⟨-(e)s, ø⟩ ,~**e** ⟨-s, ø⟩ [gə'plɛr(ə)] criaillerie, *fam* piaillerie *f.*

Geplätscher *n* ⟨-s, ø⟩ gazouillement *m.*

Geplauder *n* ⟨-s, ø⟩ causerie *f,* bavardage *m.*

Gepolter *n* ⟨-s, ø⟩ fracas, vacarme *m.*

Gepräge *n* ⟨-s, -⟩ empreinte *f, fig* marque *f,* cachet, coin *m.*

Gepränge *n* ⟨-s, ø⟩ [gə'prɛŋə] parade, pompe *f,* luxe, faste *m.*

Geprassel *n* ⟨-s, ø⟩ pétillement; *(Feuer)* crépitement *m.*

Gequake *n* ⟨-s, ø⟩ *pej (der Frösche, a. von Menschen)* coassement *m.*

Gequassel *n* ⟨-s, ø⟩ *pop* jactance *f.*

Gequatsche *n* ⟨-s, ø⟩ *pop* baratin *m.*

gerade [gə'ra:də] *a (geradlinig)* droit, aligné; *fig (unmittelbar)* direct; *(Charakter)* droit, sincère, franc, loyal; *(Zahl)* pair; *adv* droit, en ligne droite; directement; *(genau)* juste(ment), précisément, exactement; *(soeben)* tout à l'heure; *fam (absichtlich)* exprès; *nicht* ~ *(nicht eben)* pas précisément; ~ *so eben* de justesse; ~ *das Gegenteil* tout *od* juste le contraire; ~ *ein Jahr* juste un an; ~ *recht (zeitl.)* à point nommé; ~ *wie* tout comme; *fünf* ~ *sein lassen* ne pas y regarder de trop près; *ich bin* ~ *gekommen* je viens d'arriver; *ich will* ~ *gehen* je suis en train *od* sur le point de partir; *da fällt mir ~ ein* à propos; *das fehlte ~ noch!* il ne manquait plus que cela! *nun ~!* exprès! *nun ~ nicht!* maintenant, je ne (le) veux pas; **G~** *f ⟨-, -n⟩* (ligne) droite *f;* **G~(r)** *m (Boxen): rechte(r), linke(r) ~* direct *m* du droit, du gauche; **~aus** *adv* tout droit; *~ gehen* aller droit devant soi; *gehen Sie immer ~!* allez droit devant vous; *Augen ~! (mil)* fixe! **G~ausflug** *m* vol *m* en ligne droite; **~=biegen** *tr fig* redresser; **G~halter** *m med* appareil *m* orthopédique; **~heraus** *adv* franchement, sans détour, à brûle-pourpoint, *fam* carrément; **~so** *adv* pareillement; **~= stehen** *itr* se tenir droit; *für etw ~ (fig)* répondre de qc; *für alles ~* répondre de tout; payer les pots cassés; **~(s)wegs** *adv* directement, droit fil; **~zu** *adv* tout droit, directement; *fig (freimütig)* franchement, rondement, sans façons, *fam* carrément; *(sogar)* même; *das ist ja ~ Wahnsinn* c'est tout simplement de la folie *od* de la folie pure et simple; *er ist ~ grotesk* il est franchement *od* absolument grotesque; *es ist ~ ein Wunder* c'est un véritable miracle. **gerädert** *a: wie ~* rompu *od* brisé *od* assommé *od* accablé *od fam* claqué de fatigue, vanné, flapi; *wie ~ sein* être rompu de fatigue *od* tout moulu. **Gerad|flügler** *m pl* [gə'ra:t-] *ent* orthoptères *m pl;* **~führung** *f tech* glissière *f,* guides *m pl;* **~heit** *f ⟨-, ø⟩* rectitude *a. fig; fig (Redlichkeit)* droiture, probité, sincérité, loyauté *f;* **g~linig** *a math* rectiligne; *allg en* ligne droite; **~linigkeit** *f* cours *m* rectiligne; **g~sinnig** *a* droit, sincère; **g~zahlig** *a math* pair. **gerammelt** [gə'raməlt] *adv: ~ voll (fam)* archicomble. **Geran|ie** *f ⟨-, -n⟩,* **~ium** *n ⟨-s, -nien⟩* [ge'ra:niə(n), -niʊm] *bot* géranium *m.* **Gerassel** *n ⟨-s, ø⟩* [gə'rasəl] *(von Metallteilen)* cliquetis; *(von Wagen)* roulement(s *pl) m.* **Gerät** *n ⟨-(e)s, -e⟩* [gə'rɛ:t] ustensile(s *pl); (notwendiges ~)* nécessaire; *(Werkzeug)* outil(s *pl),* outillage; *(Mal-, Jagd-, Fisch~)* attirail; *a. mil* engin; *(komplizierteres)* instrument; *(Apparat)* appareil; *radio* poste; *(Hausrat)* meubles *m pl; (Turn~)* agrès *m pl; tech mil (Ausrüstung)* équipement; *mil* matériel, *arg* fourbi *m; (Schiffs~)* apparaux *m pl;* **~ebestand** *m* parc *m* de matériel; **~ekammer** *f mil* magasin *m* du matériel technique; **~ekasten** *m* boîte *f* à outils; **~etasche** *f tech* ha-

vresac *m;* **~eturnen** *n* gymnastique *f* avec agrès, exercices *m pl* aux agrès; **~ewagen** *m* voiture *f* d'outillage; **~schaften** *f pl* ustensiles, outils *m pl,* outillage *m.* **geraten 1.** ⟨*gerät, geriet, ist geraten*⟩ [gə'ra:tən] *itr (zufällig kommen)* arriver (par hasard), parvenir *(an* à); entrer *(in* dans), tomber *(in* dans *od* entre); *(auf e-n Weg)* s'engager *(auf* dans); *(ausfallen)* tourner; *(gelingen)* réussir; *(gedeihen)* prospérer; *an jdn* tomber sur qn; *außer sich ~* sortir de ses gonds; *in Brand ~* prendre feu; *an den Falschen ~* mal tomber; *in schlechte Gesellschaft ~* tomber en mauvaise compagnie; *in Schulden ~* s'endetter; *in Vergessenheit ~* tomber dans l'oubli; *in Verlust ~* être perdu; *pp. a: gut, schlecht ~ (Sache)* bien, mal réussi; *(Lebewesen)* bien, mal tourné; *er ist ganz nach seinem Vater ~* c'est le portrait de son père. **geraten 2.** *(pp von: raten): für ~ halten* juger à propos *(zu* de). **Geratewohl** *n* [gə'ra:tə'vo:l, ----]: *aufs ~* au hasard, à tout hasard, au petit bonheur, à l'aventure, de but en blanc. **geraum** *a attr: ~e Zeit (lange)* longtemps; *seit ~er Zeit* depuis longtemps; *vor ~er Zeit* il y a longtemps. **geräumig** [gə'rɔʏmɪç] *a* spacieux, vaste, ample, grand; **G~keit** *f ⟨-, ø⟩* ampleur, grandeur *f.* **Geräusch** *n ⟨-(e)s, -e⟩* bruit *m; beim leisesten ~* au moindre bruit; **g~arm** *a* silencieux; **~ingenieur** *m film* radio bruiteur *m;* **~kulisse** *f film* radio bruitage *m; e-e ~ verwenden* bruiter; **g~los** *a* sans bruit; **~losigkeit** *f ⟨-, ø⟩* absence *f* de bruit, silence *m;* **g~voll** *a* bruyant. **gerb|en** ['gɛrbən] *tr (Felle)* corroyer; *(rot ~)* tanner; *(Stahl)* corroyer, raffiner; *jdm das Fell ~ (fig)* rosser qn; **G~en** *n* corroi, corroyage *(a. von Stahl),* tannage *m;* **G~er** *m ⟨-s, -⟩* corroyeur, tanneur *m;* **G~erei** *f* [-'raɪ] corroierie, tannerie *f;* **G~erlohe** *f* tan *m;* **G~säure** *f* acide *m* tannique; **G~stoff** *m* tan(n)in *m.* **gerecht** *a* juste; *(rechtschaffen)* probe, honnête, brave; *(Person: unparteiisch)* Sache*: angemessen)* équitable; *(Forderung, Anspruch)* légitime; *(Strafe)* mérité; *den Schlaf des G~en schlafen* dormir du sommeil du juste *od* comme un bienheureux; *jdm ~ werden* rendre justice à qn; apprécier qn à sa juste valeur; *e-r S ~ werden* faire justice à qc, satisfaire à qc; *die ~e Sache* la bonne cause; **G~igkeit** *f* justice; probité, honnêteté *f;* ~ *fordern* demander justice; *jdm* ~ *widerfahren lassen* faire *od* rendre justice à qn; *ausgleichende, göttliche, menschliche* ~ justice *f* commutative, divine, humaine; **G~igkeitsliebe** *f* amour *m* de la justice; **G~igkeitssinn** *m* esprit *m* de la justice; **G~same** *f* ‹-, -n› droit *m*, franchise, concession *f*, privilège *m*.

Gerede *n* ‹-s, ø› verbiage; *(Geschwätz)* bavardage *m*, racontars *m pl*, potin(s *pl*) *m; ins* ~ *bringen* décrier, compromettre, *(Frau)* afficher; *ins* ~ *kommen* être décrié *od* affiché; *(sich nicht um das)* ~ *der Leute (kümmern)* (ne pas se soucier du) qu'en-dira-t'on *m; leere(s)* ~ paroles *f pl* en l'air, *fam* vent *m.*

gereichen *itr: jdm zu* ... ~ servir, contribuer à ... de qn; *jdm zur Ehre, Schande* ~ faire honneur, honte à qn; *jdm zum Nachteil od Schaden* ~ porter préjudice à qn; *jdm zum Vorteil od Nutzen* ~ tourner à l'avantage de qn.

gereizt *a* irrité; **G~heit** *f* irritation *f.*

gereuen *impers: es gereut mich* je m'en repens, je le regrette.

Gerhard *m* ['ge:rhart] Gérard *m.*

Gericht *n* ‹-(e)s, -e› **1.** *jur (Behörde)* cour (de justice), justice *f,* tribunal; *(Gebäude)* palais *m* de justice; *(die Richter)* les juges *m pl; (Sitzung)* audience; *(~sbarkeit)* juridiction, justice *f; auf Anordnung des ~s, von ~s wegen* par ordre judiciaire, sur l'ordre du tribunal; *vor* ~ en justice, devant le juge; à la cour, au tribunal; ~ *abhalten* siéger; *das* ~ *anrufen* se pourvoir en justice; *vor* ~ *auftreten* ester en justice; *jdn vor* ~ *bringen* traduire *od* déférer qn en justice; *etw vor(s)* ~ *bringen* saisir le tribunal de qc; *vor* ~ *erscheinen* (com)paraître à la barre; *mit jdm ins* ~ *gehen (fig)* critiquer, juger qn; *vor* ~ *gehen* se pourvoir en justice; ~ *halten* siéger; *über jdn* juger qn; *vor* ~ *kommen* être traduit en justice; *vor* ~ *laden* appeler *od* citer en justice, mander à la barre; *über jdn, über etw zu* ~ *sitzen* juger qn, porter jugement sur qc; *sich dem* ~ *stellen* se présenter à la justice; se mettre à la disposition de la justice; *jdn vor* ~ *stellen* mettre *od* faire passer qn en jugement; *das höchste od oberste* ~ la Cour suprême *od* la Haute Cour de Justice; *das Jüngste* ~ *(rel)* le Jugement dernier; *über-, untergeordnete(s)* ~ tribunal *m* supérieur, inférieur; *zuständige(s)* ~ justice *f* de ressort. **2.** *(Küche)* mets, plat *m; fertige(s)* ~ plat *m* cuisiné.

gerichtet *a tele* dirigé.

gerichtlich *a* judiciaire; *(rechtsförmig)* juridique; *(adv) auf ~em Wege* par voie de droit; par les voies légales; *jdn* ~ *belangen od verfolgen* poursuivre qn en justice, intenter des poursuites contre qn; ~ *bestätigen* homologuer; ~ *geltend machen* faire valoir en justice; ~ *vorgehen* se pourvoir en justice; ~*e Untersuchung f* enquête *f* judiciaire; ~*e(s) Verfahren n* procédure judiciaire, poursuite *f* en justice, procès *m;* ~*e Verfügung f* acte *m* judiciaire, ordonnance *f,* mandat *m;* ~*e(s) Vergleichsverfahren n* liquidation *f* judiciaire; ~*e Vorladung f* citation *f* en justice.

Gerichts|akten *f pl* [gə'rıçts-] dossier *m* judiciaire; ~**arzt** *m* médecin *m* légiste; **g~ärztlich** *a* médico-légal; ~**barkeit** *f* juridiction *f;* ~**beamte(r)** *m* officier de la justice *od* ministériel, magistrat *m;* **g~bekannt** *a* notoire; ~**beschluß** *m* ordonnance *f* de justice; ~**bezirk** *m* juridiction *f;* ~**chemiker** *m* chimiste *m* légiste; ~**diener** *m* huissier *m* (audiencier); ~**entscheid** *m* décision *f* judiciaire; ~**ferien** *pl* vacances judiciaires, vacations *f pl;* ~**gebäude** *n* palais *m* de justice; ~**gebühren** *f pl* droits *m pl* de justice *od* judiciaires; ~**herr** *m* justicier *m;* ~**hof** *m* cour *f* (de justice), tribunal, siège *m; hohe(r)* ~ haute cour *f* (de justice); *oberste(r)* ~ Cour suprême *od* Haute Cour *f* de Justice; ~**kanzlei** *f* greffe *m;* ~**kosten** *pl* frais *m pl* de justice *od* de procédure; ~**medizin** *f* médecine *f* légale; ~**mediziner** *m* médecin *m* légiste; ~**person** *f* homme *m* de robe; *pl* gens *pl* de justice; ~**saal** *m* audience *f,* auditoire *m;* ~**schreiber** *m* greffier *m* du tribunal; ~**sprache** *f* langage *m* judiciaire *od* juridique *od* du palais; ~**stand** *m* lieu *m* de juridiction; ~**stand(s)klausel** *f* clause attributive *f* de juridiction; ~**stil** *m* style *m* du palais; ~**tag** *m* (jour *m* d')audience *f;* ~**urkunde** *f* acte *m* judiciaire; ~**verfahren** *n* procédure *f* (judiciaire); ~**verfassung** *f* organisation *f* judiciaire; ~**verhandlung** *f* débat(s *pl*) *m* judiciaire(s); ~**vollzieher** *m* huissier *m;* ~**wesen** *n* justice, organisation *f od* système *m* judiciaire.

gerieben [gə'ri:bən] *a* fin(aud), rusé, retors, malin, madré, matois; *fam* futé, roublard; ~*e(r) Kerl* malin, rusé (compère) renard *m,* fine mouche, *fam* ficelle *f,* débrouillard, roublard *m;* ~*e Person f* rusée (commère), fine mouche, roublarde *f;*

G~heit f ⟨-, ø⟩ finesse; *fam* roublardise f.

gering [gə'rɪŋ] a petit; *(Qualität)* bas, inférieur; *(Preis)* bas, modique; *(schwach)* faible; insignifiant, *pej* pauvre, mesquin, piètre; *(Mensch)* bas, humble; *nichts G~eres als* rien de moins que; *kein G~erer als* nul autre que; *nicht im ~sten* (ne …) pas le moins du monde, (ne …) pas du tout; *um ein ~es (ein wenig)* un peu; *von ~em Bleigehalt* à faible teneur en plomb; *wenn auch im ~sten* pour *od* si peu … que *subj; mit ~en Ausnahmen* à peu d'exceptions près; ~ *von jdm denken* avoir peu de considération pour qn; *nicht die ~ste Ahnung haben* n'avoir pas la moindre idée; *ich zweifle nicht im ~sten daran* pour moi, cela ne fait pas l'ombre d'un doute; *das ist meine ~ste Sorge* c'est le moindre *od* le cadet de mes soucis; *das ist das G~ste, was man verlangen kann* c'est le moins qu'on puisse demander; *der G~ste unter uns* le moindre d'entre nous; **~=achten** *tr* faire peu de cas de; mépriser; **G~achtung** f mépris m; **~fügig** a petit; *(unbedeutend)* de peu d'importance, insignifiant, futile, mince; **G~fügigkeit** f petitesse f; peu m d'importance; insignifiance, futilité f; **~=schätzen** *tr* estimer peu, mépriser, dédaigner; **~schätzig** a méprisant, dédaigneux; **G~schätzung** f mépris, dédain m; **~wertig** a de faible *od* de peu de valeur.

gerinn|bar [gə'rɪn-] a coagulable; **G~barkeit** f coagulabilité f; **~en** ⟨gerinnt, gerann, ist geronnen⟩ [-'ran-, -'rɔn-] *itr* se figer, prendre, faire prise, se coaguler; *(Milch)* se cailler; *zum G~ bringen, ~ lassen* figer, coaguler, cailler; **G~sel** n ⟨-s, -⟩ [-'-zəl] ruisselet, filet m d'eau; **G~ung** f coagulation f.

Geripp|e n ⟨-s, -⟩ [gə'rɪpə] squelette m, ossature f; *zoo mar aero* carcasse; *arch u. fig* charpente f; **g~t** a *(Textil)* côtelé.

gerissen a *(zerrissen, geplatzt)* déchiré, crevé, en deux; *fig (schlau)* = *gerieben;* **G~heit** f ⟨-, ø⟩ = *Geriebenheit.*

German|e m ⟨-n, -n⟩ [gɛr'ma:nə], **~in** f Germain, e m f; **~ien** n [-niən] *hist* la Germanie; **g~isch** a germanique; *hist* germain; **g~isieren** [-mi'si:rən] *tr* germaniser; **~isierung** f germanisation f; **~ismus** m ⟨-, -men⟩ [-'nɪsmus, -mən] *(deutsche Spracheigentümlichkeit)* germanisme m; *Germanismen gebrauchen* germaniser;

~ist m ⟨-en, -en⟩ [-'nɪst] germaniste; *(Student a.)* germanisant m; **~istik** f ⟨-, ø⟩ [-'nɪstɪk] germanistique f.

gern [gɛrn] adv volontiers, avec plaisir, de bon gré, de bon cœur, de bonne grâce; *nicht ~ (a.)* à contre-cœur; *gut und ~* aisément, sans problèmes; *zu moins; herzlich ~* de gaieté de cœur; de tout mon cœur; ~ *essen, trinken* aimer; *sich ~ reden hören* s'écouter parler; ~ *mögen* aimer; ~ *tun* aimer faire; *es ~ tun* le faire volontiers; *ich glaube es ~* je veux bien le croire, je le crois sans peine; *ich hätte gern …* je voudrais bien …; *ich möchte ~ wissen* je voudrais bien savoir; *ich bin ~ in Paris* je me plais à Paris, j'aime Paris; *das habe ich nicht ~ getan (fam)* je ne l'ai pas fait exprès; *sehr ~!* bien volontiers! je ne demande pas mieux! ~ *geschehen!* (il n'y a) pas de quoi; ~ *haben:* aimer; *du kannst mich mal ~* fiche-moi le camp! je ne veux plus rien savoir de toi! **G~e-groß** m ⟨-es, -e⟩ fanfaron, hâbleur m.

Geröchel n ⟨-s, ø⟩ [gə'rœçəl] râle(ment) m.

Geröll n ⟨-(e)s, -e⟩ [gə'rœl] éboulis m, galets m pl.

geröstet [gə'rø:stət] a: ~*e(s) Käse-, Schinkenbrot* n croque-monsieur m.

Gerste f ⟨-, (-n)⟩ ['gɛrstə] orge f; **~nkorn** n grain d'orge a. *med; med* orgelet, *fam* compère-loriot m.

Gerte f ⟨-, -n⟩ ['gɛrtə] verge, baguette; *(Reit~)* badine, gaule f.

Geruch m ⟨-(e)s, ¨e⟩ [gə'rux, -'ryçə] odeur f; *(Sinn)* odorat; *(Spürsinn)* flair n; *(Wohl~)* senteur f, parfum; *(Wild~)* fumet m; *fig (Ruf)* odeur, réputation f; *im ~ der Heiligkeit* en odeur de sainteté; *den ~ e-r S annehmen* prendre un goût de qc; *e-n …geruch haben* sentir le …; *in den ~ e-s od e-r… kommen* prendre la réputation de …; **g~los** a inodore, sans odeur; **~losigkeit** f ⟨-, ø⟩ absence f d'odeur; **~snerv** m nerf m olfactif; **~ssinn** m odorat m.

Gerücht n ⟨-(e)s, -e⟩ [gə'ryçt] bruit m, rumeur f; *fam* bobard m; *ein ~ verbreiten* faire courir un bruit; *es geht das ~* le bruit court; *bloße ~e* bruit m en l'air; **~emacher** m alarmiste m; **g~weise** adv d'après la rumeur publique.

gerufen a: *wie ~* à point nommé; *wie ~ kommen* arriver *od* venir à propos, arriver comme marée en carême.

geruh|en *itr* daigner *(zu tun* faire); **~sam** a calme, paisible.

Gerumpel n ⟨-s, ø⟩ [gə'rumpəl] bruit *od* roulement m de(s) voitures.

Gerümpel *n* ⟨-s, ø⟩ [gə'rʏmpəl], *(altes)* ~ bric-à-brac, fatras *m*, vieux meubles *m pl.*

Gerundium *n* ⟨-s, -dien⟩ [ge'rʊndiʊm, -diən] *gram* gérondif *m.*

Gerüst *n* ⟨-(e)s, -e⟩ *(Bau~)* échafaudage; *(Gestell)* tréteau, chevalet *m; (Schau~)* tribune *f; (Gebälk, Gerippe)* charpente *f; fig (Vortrag)* ossature *f;* grandes lignes *f pl; ein* ~ *aufschlagen* monter *od* dresser un échafaudage; ~**klammer** *f* clameaux *m pl,* crampon *m;* ~**stange** *f* perche d'échafaudage, écoperche *f.*

Gerüttel *n* ⟨-s, ø⟩ secousses *f pl; (Wagen)* cahotage *m,* cahots *m pl.*

ges *n* ⟨-, -⟩ [gɛs] *mus* sol *m* bémol; **Ges-Dur** *n* sol *m* bémol majeur.

gesagt ⟨*pp von: sagen*⟩ : ~, *getan* aussitôt dit, aussitôt fait.

Gesalbte|(r) *m: der* ~ *des Herrn* l'oint *m* du Seigneur.

gesalzen *a, a. fig fam* salé, de haut goût; ~*e Rechnung f a.* coup *m* de fusil.

gesamt [gə'samt] *a* total, (tout) entier, global, collectif; tout le, tout la.

Gesamt *n* ⟨-s, ø⟩ (le) total, (la) totalité, (l')ensemble *m,* (le) tout; *(in Zssgen)* = *gesamt;* ~**absatz** *m* ventes *f pl* totales; ~**ansicht** *f* vue *f* d'ensemble *od* générale; ~**aufkommen** *n* rendement *m* total; ~**auflage** *f (Buch)* tirage *m* global; ~**aufstellung** *f* état *m* général; ~**ausfuhr** *f* total *m* des exportations; ~**ausgabe** *f* édition *f* complète; *pl (an Geld)* frais *m pl* totaux; ~**bedarf** *m* besoin *m* total; ~**betrag** *m* montant *m,* somme *f* total(e), total *m;* ~**bevölkerun g** *f* population *f* entière; ~**breite** *f* largeur *f* extérieure *od* hors-tout; g~**deutsch** *a* panallemand; *Bundesminister m für* ~*e Fragen* ministre *m* fédéral pour les questions panallemandes; ~**deutschland** *n* l'Allemagne *f* (tout) entière; ~**eigentum** *n* propriété *f* commune od indivise *od* collective; ~**eigentümer** *m* propriétaire *m* collectif; ~**eindruck** *m* effet *m od* vue *f* d'ensemble; ~**einfuhr** *f* total *m* des importations; ~**einkommen** *n* revenu *m* global; ~**einnahme** *f,* ~**erlös** *m* recette *f* totale; ~**erbe** *m* héritier *m* universel; ~**ergebnis** *n* résultat *m* total; ~**ertrag** *m* produit *m* total; ~**forderung** *f com* créance *f* totale; ~**gewicht** *n* poids *m* total; ~**gewinn** *m* total *m* des bénéfices; ~**gläubiger** *m* créancier *m* solidaire; ~**haftung** *f* responsabilité *f* solidaire; ~**heit** *f* totalité *f,* tout, ensemble *m; (von Menschen)* collectivité *f,*

corps *m;* ~**hochschule** *f* complexe *m* polytechnique; ~**kapital** *n* capital *m* total; ~**kosten** *pl* coût *m* total; ~**lage** *f* situation *f* générale; ~**länge** *f* longueur *f* totale; ~**leistung** *f* effet *od* rendement *m* total, *el* puissance *f* totale; ~**masse** *f fin* masse *f* totale; ~**note** *f,* ~**prädikat** *n (Schule)* note *f* d'ensemble; ~**plan** *m* plan *m* d'ensemble; ~**preis** *m* prix *m* global *od* d'ensemble; ~**produktion** *f* production *f* totale; ~**prokura** *f* procuration *f* collective; ~**rechnung** *f fin* comptabilité *f* nationale; ~**schaden** *m* dommage *m* total; ~**schuld** *f* dette *f* solidaire; ~**schuldner** *m* débiteur *m* solidaire; ~**schuldverhältnis** *n* solidarité *f;* ~**schule** *f* établissement *m* scolaire polyvalent; ~**stimmenzahl** *f* total *m* des votes; ~**strafe** *f* peine *f* collective *od* d'ensemble; ~**summe** *f* somme *f* totale; ~**tonnage** *f* tonnage *m* glob; ': ~**überblick** *m: e-n* ~ *gewinnen* ⟨a. *fig)* faire un tour d'horizon, avoir une vue d'ensemble; ~**übersicht** *f* plan d'ensemble, exposé *m* général; ~**umfang** *m fig* étendue *f* totale; ~**umsatz** *m* chiffre *m* d'affaires total; ~**unkosten** *pl* total *m* des frais encourus; ~**verantwortung** *f* responsabilité *f* collective; ~**verlust** *m* perte *f* totale; ~**vermögen** *n* totalité *f* des biens, avoir *m* total; ~**verpflichtungen** *f pl* obligations *f pl* solidaires; ~**wert** *m* valeur *f* totale; ~**wirtschaft** *f* économie *f* nationale; ~**zahl** *f* nombre *m* total.

Gesandt|e(r) *m pol* envoyé (extraordinaire), ministre *m* plénipotentiaire; ~**schaft** *f* légation *f;* ~**schaftsattaché** *m* attaché *m* de légation); ~**schaftsgebäude** *n,* ~**schaftspersonal** *n* personnel *m* de la légation *f.*

Gesang *m* ⟨-(e)s, ̈-e⟩ [gə'zaŋ, -'zɛŋə] chant; *orn a.* ramage; *rel (Choral)* cantique, *(Lob~)* hymne; *(Teil e-s Epos)* chant *m;* ~**buch** *n rel* livre *m* de cantiques; ~**lehrer** *m* professeur *m* de chant; ~**stimme** *f* partie *f* vocale; ~**verein** *m* société chorale *od* de chant, chorale *f,* orphéon *m.*

Gesäß *n* ⟨-es, -e⟩ [gə'zɛːs] séant *m,* fesses *f pl,* derrière *m;* ~**tasche** *f* poche *f* revolver; ~**weite** *f (d. Hose)* tour *m* de hanches.

Gesause *n* ⟨-s, ø⟩ sifflement *m.*

Gesäusel *n* ⟨-s, ø⟩ *n* murmure *m.*

Geschädigte(r) *m* victime *f.*

Geschäft *n* ⟨-(e)s, -e⟩ [gə'ʃɛft] *(Vorgang)* affaire; *(Beschäftigung)* occupation, besogne *f; (Gewerbe)* métier *m; (Handel)* affaires *f pl,* commerce, négoce *m; (Unternehmen, Firma)* entreprise *f,* fonds *m od* maison *f* de commerce, établissement; *(Büro)* bureau; *(Laden)* magasin *m, (kleinerer)* boutique *f (für etw* de qc); *fam (Notdurft)* besoins *m pl; in ~en* pour affaires; *im Drang der ~e* dans la fièvre des affaires; *ein ~ abschließen* conclure un marché; *ein ~ betreiben* exercer un commerce; tenir boutique; *sich auf ein ~ einlassen* s'engager *od fam* s'embarquer dans une affaire; *in ein ~ wieder einsteigen* se rembarquer dans une affaire; *ein schlechtes ~ gemacht haben* avoir fait une *od* de mauvaise(s) affaire(s); *ein (gutes) ~ machen* faire une (bonne) affaire, faire un bon marché; *gute od große ~e machen* faire de bonnes affaires, gagner gros; *dunkle od unsaubere ~e machen* faire des affaires louches, tripoter; *jdm das ~ verderben* gâter le marché *od* le métier à qn; *sein ~ verstehen* entendre bien son métier, mener bien sa barque; *sich von den ~en zurückziehen* se retirer des affaires; *meine ~e stehen schlecht* mes affaires vont mal; *wie geht das ~?* comment vont les affaires? *faule(s) ~* affaire *f* véreuse, tripotage *m; gute(s), schlechte(s) ~* bon(ne), mauvais(e) marché *m od* affaire *f; ~emacher m* affairiste *m; ~emacherei f* affairisme *m; g~ig a* affairé, empressé, agissant, actif; *~ sein* s'activer; *~ tun* faire l'empressé; *~igkeit f* ⟨-, ø⟩ affairement; empressement *m,* activité *f; g~lich a* d'affaires; commercial; *adv* pour affaires; *jdn ~ sprechen* parler affaires avec qn; *~e Angelegenheit f* affaire *f* (de commerce); *~e Empfehlung f* référence *f; ~ tätig* dans les affaires; *~ verhindert* empêché par les affaires; *~ verreist* en voyage d'affaires.

G(e)schäftlhuber *m* ⟨-s, -⟩ [g(ə)'ʃaftl-] brasseur *m* d'affaires.

Geschäfts|abnahme *f* [gə'ʃɛfts-] diminution *f* des affaires; *~abschluß m* conclusion d'une *od* de l'affaire *od* d'un *od* du marché; opération, transaction *f; ~adresse f* adresse *f* de bureau; *~anschluß m tele* poste *m* d'affaires; *~anteil m* part *f* sociale; *~anzeige f* annonce *f; ~aufgabe f* cessation d'affaires *od* de commerce; *(Liquidation)* liquidation *f; ~aufschwung m* essor *m* des affaires; *~aussichten f pl* perspectives *f pl* commerciales; *~banken f pl* établissements *m pl* de crédit; *~bedingungen f pl* conditions *f pl* d'exploitation; *~beginn m* début *m* des affaires; *~belebung f* reprises *f* des affaires; *~bereich m* champ d'activité, cercle d'affaires; *pol* portefeuille; *adm* ressort *m,* compétence *f; ~bericht m com* rapport *m* d'affaires *od* d'exploitation *od* commercial; *allg* compte rendu de gestion; *(e-s Vereins)* bilan *m* de société; *~betrieb m* négoce *m,* exploitation *f; ~beziehungen f pl* relations *f pl* d'affaires; *~bilanz f* balance *f* des écritures; *~brief m* lettre *f* d'affaires; *~buch n* livre *m* de commerce *od* de comptabilité; *~einlage f* part *f* sociale, apport *m; ~entwicklung f* développement *m* des affaires; *~erfahrung f* expérience *od* pratique *f* des affaires; *~eröffnung f* ouverture *f* de l'entreprise *od* du magasin; *g~fähig a* capable de contracter *od* de disposer; *~ sein* avoir capacité de disposer; *~fähigkeit f* capacité *f* de contracter *od* négociante; *~frau f* marchande *f; ~freund m* correspondant *m; g~führend a* gérant, gestionnaire; *~führer m com* gérant (d'affaires), directeur gérant; *adm* administrateur; *(e-s Vereins)* secrétaire *m; ~führung f* gestion *od* direction des affaires; gérance *f; ~gang m (Besorgung)* course *f* pour affaires; *(Gang der Geschäfte)* courant *m od* marche *od* allure *f* des affaires; *adm* ordre *m* des travaux; *schlechte(r) ~* dépression *f; ~gebaren n com* comportement *m* en affaires; politique *f* d'affaires; *~gebäude n* immeuble *m* commercial; *~geheimnis n* secret *m* commercial; *~geist m* esprit *m* du commerce; *g~gewandt a* versé dans les affaires; *~grundlage f* base *f* commerciale; *~gründung f* fondation *f* d'une *od* de la maison; *~haus n* maison *f* (de commerce), établissement *m; ~inhaber m* propriétaire *m* d'une maison de commerce *od* d'un magasin; *~interesse n* intérêt *m* des affaires; *pl* intérêts *m pl* commerciaux; *~jahr n* année *f* commerciale *od* sociale; exercice *m; ~kapital n* fonds, capital de roulement, capital *m* engagé; *~kenntnis f* connaissance *f* des affaires; *g~kundig a* rompu aux affaires; *~lage f* conjoncture, situation *f* des affaires *od* commerciale; *in guter ~* bien situé; *~leben n* vie *f* commerciale, affaires *f pl; ~leiter m* = *~führer; ~leitung f* gestion des affaires, direction *f; ~leute pl* gens d'affaires, commerçants, négociants *m pl; ~lokal n (Büro)* bureau *m; g~los a (Börse)* inactif, sans activité;

~e Zeit f morte-saison f; ~mann m
⟨-(e)s, -leute/(-männer)⟩ homme d'affaires, négociant, commerçant m: ein
geborener ~ sein avoir la bosse du
commerce fam; kein ~ sein ne pas
s'entendre aux affaires; kleine(r) ~
petit commerçant m; g~mäßig a
propre aux affaires; adv selon l'usage
des affaires; (nach der Routine) en
style d'affaires; ~methoden f pl
méthodes f pl d'affaires; ~ordnung f
adm règlement m intérieur; pol parl
règlement; e-e ~ aufstellen, sich e-e
~ geben arrêter od établir son règlement; die ~ einhalten observer le
règlement; das Wort zur ~ verlangen
soulever une question d'ordre; zur ~!
point d'ordre! ~papiere n pl papiers
m pl d'affaires; ~räume m pl bureaux m pl; ~reise f voyage od déplacement m d'affaires; auf ~ en voyage
d'affaires; ~reisende(r) m voyageur
od voyageur-représentant de commerce, vx commis m (voyageur); ~ri-
siko n risque m des affaires; ~rück-
gang m ralentissement m des affaires; ~sache f affaire f de commerce;
~schluß m heure f de fermeture;
~sitz m siège m commercial; ~spra-
che f langage m commercial od des
affaires; ~stelle f bureau, secrétariat
m; (untergeordnete) agence f;
~stockung f stagnation f des affaires; ~straße f rue f marchande od
commerçante; ~stunden f pl heures
f pl de bureau; ~tätigkeit f activité f
commerciale; ~träger m pol chargé
m d'affaires; g~tüchtig a habile en
affaires; ~übernahme f reprise f
d'une od de l'affaire; ~umsatz m
chiffre m d'affaires; g~unfähig a incapable de contracter; ~unfähigkeit
f incapacité f légale (de contracter);
~unkosten pl frais m pl généraux;
~verbindlichkeit f obligation f
commerciale; ~verbindung f relations f pl d'affaires; mit jdm in ~ stehen, treten avoir affaire, entrer en relations d'affaires avec qn; ~verkehr
m mouvement m d'affaires, opérations f pl; ~verlegung f déplacement d'une od de l'entreprise; transfert m d'un od du magasin; ~viertel
n quartier m d'affaires od commercial
od de commerce; ~welt f monde m
des affaires od commercial, milieux m
pl commerciaux; ~zeit f (Büro) heures f pl de bureau od (Laden) d'ouverture; ~zentrum n centre m des
affaires; ~zimmer n bureau m;
~zweck m: für ~e pour affaire.
geschärft a (Bombe) armé; ~e(r) Arrest m (mil) cellule f.

geschätzt a (geachtet) estimé, en
estime.
geschehi|en ⟨geschieht, geschah, ist ge-
schehen⟩ [gə'ʃe:ən, - ʃi:t, -'ʃa:] itr arriver, se passer, se produire; (stattfinden) avoir lieu, se faire; (zustoßen)
advenir; (getan werden) être fait,
s'accomplir; als wenn nichts ~ wäre
comme si de rien n'était; (das ist)
gern ~!(il n'y a) pas de quoi; ich wußte nicht, wie mir geschah je ne savais
pas ce qui m'arrivait; es ist um mich
~ (vorbei mit mir) c'en est fait de
moi; das geschieht dir (ganz) recht
(so) c'est bien fait pour toi, tu as ce
que tu mérites, tu l'as voulu, pop ça te
fera les pieds; es soll dir nichts ~ on
ne te fera pas de mal; was ~ ist, ist ~
ce qui est fait, est fait; was ist ~? que
s'est-il passé? was soll damit ~? que
faut-il en faire? es muß etwas ~! il
faut faire qc! dein Wille geschehe!
(rel) que ta volonté soit faite! was
auch ~ mag quoi qu'il advienne;
G~nis n ⟨-sses, -sse⟩ événement;
(Vorfall) fait; (Zwischenfall) incident m.
gescheit [gə'ʃaɪt] a (klug) intelligent;
(vernünftig) raisonnable, sensé;
(scharfsinnig) judicieux, sagace; wie
nicht ~ (adv) comme un fou; daraus
werde ich nicht ~ je n'y comprends
rien, je m'y perds, j'y perds mon latin;
du bist (wohl) nicht recht ~! tu n'as
pas tout ton bon sens; fam tu as un
grain (de folie); sei doch ~! sois donc
raisonnable! ne fais pas l'enfant!
G~heit f ⟨-, (-en)⟩ intelligence f; bon
sens; esprit judicieux, jugement m, sagacité f.
Geschenk n ⟨-(e)s, -e⟩ don, présent;
(kleines) cadeau; (Ehren~) hommage
m; (großzügiges) largesse f; (Schen-
kung) donation f; jdm etw zum ~
machen faire présent od cadeau de
qc à qn; kleine ~e erhalten die
Freundschaft les petits présents
entretiennent l'amitié; ~artikel m pl
cadeaux, articles m pl pour offrir;
~exemplar n (Buch) exemplaire m
pour offrir; ~gutschein m chèque-
-cadeau m; ~kiste f caisse-cadeau f;
~packung f emballage m de présentation; ~papier n papier-cadeau m;
g~weise adv en cadeau; à titre gracieux.
Geschicht|chen n [gə'ʃɪçt-] historiet-
te, anecdote f; ~e f ⟨-, -n⟩ (Wissenschaft u. wissenschaftliche Darstellung) histoire; (Erzählung) histoire f,
conte; récit m; (Angelegenheit) affaire f; (Ereignis) événement m; der ~
angehören appartenir à l'histoire; al-

te ~n *aufrühren* réveiller le chat qui dort; *nette, schöne ~n erzählen (iron)* en raconter de belles, en conter *od* dire de bonnes; *schöne ~n machen (iron)* en faire de belles; *das ist e-e alte ~ (a. fam)* c'est du réchauffé; *das ist e-e dumme, (iron) schöne ~* c'est une vilaine, belle histoire; *er hat e-e Magengeschichte (fam)* il a des ennuis avec son estomac; *mach keine ~n! (fam)* ne fais pas d'histoires; *Alte, Mittlere, Neuere, Neueste ~* histoire *f* ancienne, du Moyen Âge, moderne, contemporaine; *Biblische ~* histoire *f* sainte; *die ganze ~ (fam)* tout ça; **g~lich** *a* historique; *etw in s-m ~en Zusammenhang darstellen* faire l'historique de qc; *~e(r) Überblick m* historique *m*.

Geschichts|auffassung *f* [gə'ʃɪçts-] ~**bild** *n* conception *f* de l'histoire; ~**buch** *n* livre *m* d'histoire; ~**fälschung** *f* falsification *f* de l'histoire; ~**forscher** *m* historien *m*; ~**forschung** *f* étude *f* de l'histoire; ~**klitterung** *f* altération *f* de l'histoire; ~**lehrer** *m*, ~**professor** *m* professeur *m* d'histoire; ~**philosophie** *f* philosophie *f* de l'histoire; ~**schreiber** *m* historien, historiographe *m*; ~**studium** *n* étude *f* de l'histoire; ~**stunde** *f* leçon *f od* cours *m* d'histoire; ~**tabelle** *f* tableau *m* historique; **g~trächtig** *a* chargé d'histoire; ~**unterricht** *m* enseignement *m* de l'histoire; ~**werk** *n* ouvrage *m* d'histoire; ~**wissenschaft** *f* (science de l')histoire *f*.

Geschick *n* ⟨-(e)s, -e⟩ [gə'ʃɪk] *(Schicksal)* sort, destin *m*, destinée *f*; **(** = ~**lichkeit** *f* **)** ⟨-, ø⟩ adresse, habileté, dextérité *f*, savoir-faire *m*; ~**lichkeitsprüfung** *f* épreuve *f* d'adresse; ~**lichkeitsspiel** *n* jeu *m* d'adresse; **g~t** *a* adroit, habile *(in etw* dans qc, *im ... à inf)*; ~ *sein* n'être pas manchot; *in etw* être rompu à qc; *sehr ~ sein (im Nähen) a.* avoir des doigts de fée; *sich ~ aus der Affäre ziehen* s'en tirer élégamment.

Geschiebe *n* ⟨-s, -⟩ *geol* ébouilis *m*; ~**mergel** *m* boue glaciaire, marne *f* à blocaux.

geschieden [gə'ʃiːdən] *a* séparé; *(Familienstand)* divorcé (*von jdm* d'avec qn); *wir sind ~e Leute* tout est fini entre nous.

Geschieße *n* ⟨-s, ø⟩ *fam* fusillade *f*; tir *m* continuel.

Geschimpfe *n* ⟨-s, ø⟩ *fam* engueulade *f pop*.

Geschirr *n* ⟨-(e)s, -e⟩ [gə'ʃɪr] *(Tafel-, Tisch~)* vaisselle; *(Küchen~)* batterie

f de cuisine; *(Pferde~)* harnais, harnachement *m*; *sich ins ~ legen (fig)* donner un coup de collier, faire force de voiles, mettre toutes les voiles au vent; *(das) ~ spülen* faire la vaisselle; ~**abtrockner(in** *f)* *m* ⟨-s, -⟩ essuyeur, se *m f* de vaisselle; ~**schrank** *m* vaisselier, buffet *m*; ~**spülautomat** *m*, ~**spülmaschine** *f* machine *f* à laver la vaisselle; lave-vaisselle *m*; ~**spüler(in** *f)* *m* ⟨-s, -⟩ plongeur, se *m f*; *m a.* = ~**spülautomat**; ~**tuch** *n* torchon *m*; ~**wärmer** *m* ⟨-s, -⟩ chauffe-plats *m inv*.

geschlagen *a: e-e ~e Stunde* une grande heure.

Geschlecht *n* ⟨-(e)s, -er⟩ [gə'ʃlɛçt] *(Familie)* famille, race, lignée, descendance; *(Menschenalter)* génération *f*; *biol* sexe; *gram* genre *m*; *die kommenden ~er* nos enfants *m pl*; *das schöne ~* le beau sexe; *das schwache, starke ~* le sexe faible, fort; ~**erfolge** *f* génération, filiation *f*; ~**erdiskriminierung** *f* discrimination *f* entre les sexes; **g~lich** *a* sexuel; ~**sakt** *m* acte sexuel, coït *m*; **g~skrank** *a* atteint d'une maladie vénérienne; ~**skranke(r** *m)* vénérien, ne *m f*; ~**skrankheit** *f* maladie *f* vénérienne; ~**sleben** *n* vie *f* sexuelle; **g~slos** *a biol* asexué; *a. gram* neutre; ~**sorgan** *n* organe *m* génital; ~**sreife** *f* puberté, maturité *f* sexuelle; ~**steile** *n (a. m)* parties *f pl* génitales; ~**strieb** *m* instinct *m* sexuel *od* génésique; ~**umwandlung** *f* changement *m* de sexe; ~**sverkehr** *m* rapports *m pl* sexuels *od* intimes; ~**swort** *n gram* article *m*.

geschliffen *a (Stein)* taillé; *(Glas)* poli, biseauté; *fig (Rede, Schrift)* concis; travaillé; *fam* léché.

Geschlinge *n* ⟨-s, -⟩ *(Eingeweide von Schlachttieren)* fressure *f*.

geschlitzt *a: ~e Tasche f (am Mantel)* poche *f* fendue.

geschlossen ⟨*pp von: schließen*⟩ *adv (ausnahmslos)* à l'unanimité, en corps; *mil* en formation serrée *od* dense *od* compacte; ~! *(theat)* relâche! ~*e Gesellschaft f* société fermée; réunion *f* privée; ~*e Ortschaft f* agglomération *f*; ~*e Siedlung f* habitat *m* concentré; **G~heit** *f* ⟨-, ø⟩ ensemble; accord *m*, harmonie *f*.

Geschluchze *n* ⟨-s, ø⟩ sanglots *m pl*.

Geschmack *m* ⟨-(e)s, ⁝e, *hum* ⁝er⟩ [gə'ʃmak] *(Speise)* goût *m (nach etw* de qc); *(Wohl~)* saveur *f*; *fig* goût *m*; *mit ...geschmack* parfumé au, à la ...; *nach jds ~* au *od* du goût de qn, au gré de qn, à *od* selon la guise de qn; *e-r S ~ abgewinnen* prendre goût à qc; *jdn auf den ~ bringen* en donner le goût à qn; *an etw ~ finden* prendre (du) goût à qc, goûter qc; *~ haben (fig)* avoir du goût; *e-n bitteren ~ auf der Zunge haben* avoir la bouche amère; *e-n unangenehmen ~ im Munde haben* avoir mauvaise bouche *od* un mauvais goût dans la bouche; *jeder nach s-m ~* chacun son goût; *das ist nicht mein ~* cela n'est pas à mon goût; cela ne me plaît pas; *über den ~ soll man nicht streiten (prov)* des goûts et des couleurs il ne faut pas discuter; *gute(r), schlechte(r) ~ (a. fig)* bon, mauvais goût *m;* **g~lich** *a* de goût; **g~los** *a* sans goût, sans saveur; *(fade)* fade, insipide; *fig* de mauvais goût; *sich ~ anziehen od kleiden (fam a.)* se fagoter, se ficeler; **~losigkeit** *f* fadeur, insipidité *f; fig* mauvais goût; *(Taktlosigkeit)* manque *m* de goût; **~sbecher** *m,* **~sknospe** *f anat* papille *f* gustative, bourgeon *m* gustatif; **~seindruck** *m,* **~sempfindung** *f* impression *od* sensation *f* gustative; **~snerv** *m* nerf *m* gustatif; **~sorgan** *n* organe *m* du goût; **~(s)sache** *f: das ist ~* c'est une affaire de goût; **~sverirrung** *f* aberration du *od* erreur *f* de goût; **g~voll** *a, a. fig* de bon goût *od* ton; *(Kleidung)* élégant; *~ gekleidet* mis avec goût *od* élégance.

Geschmeide *n* ⟨-s, -⟩ [gə'ʃmaɪdə] *lit poet* joyaux, bijoux *m pl,* parure *f.*

geschmeidig *a (biegsam)* pliant, flexible, souple; *(elastisch)* élastique; *hämmerbar)* ductile, malléable; *fig (wendig)* souple, maniable; *(Mensch)* adroit, diplomate; *(Sache) (gefügig)* maniable, traitable, docile; *~ sein (a.)* avoir les reins souples; **G~keit** *f* ⟨-, ø⟩ flexibilité, souplesse *a. fig,* élasticité; ductilité, malléabilité; *fig* docilité *f.*

Geschmeiß *n* ⟨-es, ø⟩ vermine; *fig* racaille, canaille *f.*

Geschmetter *n* ⟨-s, ø⟩ *(von Trompeten)* bruit *m* de trompettes, fanfare *f.*

Geschmier *n* ⟨-s, ø⟩, **~e** *n* ⟨-s, ø⟩ barbouillage, gribouillis *m;* **g~t** *adv: das geht (ja) wie ~ (fam)* cela va comme sur des roulettes.

geschmort *a (Küche)* daubé, en daube.

Geschnatter *n* ⟨-s, ø⟩ *(Gans)* criaillerie *f; (Ente)* cancan; *(Weiber)* babil(lage), bavardage, verbiage *m.*

geschniegelt *a: ~ und gebügelt* tiré à quatre épingles.

Geschöpf *n* ⟨-(e)s, -e⟩ créature *f.*

Geschoß *n* ⟨-sses, -sse⟩ [gə'ʃɔs] projectile, engin *m* balistique; *(Gewehr)*

balle *f; (Stockwerk)* étage *m; (fern)gelenkte(s) ~ engin m* (télé)guidé; **~bahn** *f* trajectoire *f;* **~garbe** *f* gerbe *f* d'éclatement; **~hülse** *f* étui *m* de projectile; **~kern** *m* noyau *m* du projectile; **~wirkung** *f* puissance *f* du projectile.

geschraubt *a (Haltung, Benehmen)* affecté, guindé, gourmé; *(Sprache, Stil)* apprêté, forcé, recherché, affecté, affété, maniéré, contourné, guindé, *fam* tarabiscoté.

Geschrei *n* ⟨-(e)s, ø⟩ cris *m pl,* criaillerie, clameur *f,* vociférations *f pl,* éclats de voix, *pop* gueulements *m pl; fig* bruit, tapage; *(des Esels)* braiment *m; mit lautem ~* à grands cris; *viel ~ machen* faire beaucoup de tapage; *um etw ~* faire grand bruit autour de qc; *viel ~ um nichts* beaucoup de bruit pour rien.

Geschreibsel *n* ⟨-s, ø⟩ [gə'ʃraɪpsəl] griffonnage, *fam* gribouillage *m.*

Geschütz *n* ⟨-es, ø⟩ pièce (d'artillerie), bouche *f* à feu, canon *m; ein ~ auffahren* mettre un canon en batterie; *schweres ~ auffahren (fig)* dresser ses batteries; **~bedienung** *f (Mannschaft)* (canonniers) servants *m pl;* **~donner** *m* bruit *m* des canons; **~feuer** *n* tir *m* d'artillerie; canonnade *f;* **~führer** *m* chef *m* de pièce; **~gießerei** *f* fonderie *f* de canons; **~park** *m* parc *m* d'artillerie; **~stand** *m* emplacement *m* de pièce; **~stellung** *f* position *f* de (la) pièce; *eingegrabene ~* alvéole *m;* **~turm** *m mar* tourelle *f.*

geschützt *a: ~ gegen od vor* à l'abri de.

Geschwader *n* ⟨-s, -⟩ [gə'ʃva:dər] *mar aero* escadre *f;* **~flug** *m* vol *m* d'escadre; **~führer** *m aero* chef *m* d'escadre; **~kommandant** *m mar* commandant *m* d'escadre.

Geschwätz *n* ⟨-es, ø⟩ [gə'ʃvɛts] babil(lage), bavardage, caquet; *(Klatsch)* potin *m,* racontars *m pl,* ragot, cancan *m; (dummes) ~* idioties *f pl;* **g~ig** *a* bavard, loquace; *(Kind, Vogel)* babillard; **~igkeit** *f* ⟨-, ø⟩ loquacité, verbosité, incontinence *f* de langage.

geschweift *a (gebogen)* arqué *; tech* échancré.

geschweige *adv: ~ (denn) (um so mehr)* à plus forte raison; *(um so weniger)* encore (bien) moins.

geschwind [gə'ʃvɪnt] *a (schnell)* rapide, prompt; *adv a.* vite; **G~igkeit** *f phys tech (a. geringe)* vitesse; *(hohe)* rapidité, célérité; *(im Handeln)* promptitude; *(Eile, Eifer)* diligence *f;*

mit e-r ~ *von* à la vitesse de; *mit zu hoher, mit voller* ~ à trop vive, à toute allure; *die* ~ *erhöhen, vermindern* augmenter, diminuer la vitesse; *überhöhte* ~ vitesse *f* excessive; **G~igkeitsbegrenzung** *f* limitation *f* de (la) vitesse; **G~igkeitsmesser** *m* ⟨-s, -⟩ compteur (de vitesse), tachymètre, *mar aero* indicateur *m* de vitesse; **G~igkeitsregler** *m* ⟨-s, -⟩ *mot* régulateur *m* de vitesse; **G~igkeitsschwankung** *f* fluctuation *f* de vitesse; **G~igkeitsüberschreitung** *f* excès *m* de vitesse; **G~igkeitsverlust** *m aero* perte *f* de vitesse; **G~schritt** *m* pas *m* accéléré *od* doublé; *im* ~ tambour battant.

Geschwirr *n* ⟨-s, ø⟩ *(von Insekten)* bourdonnement; *(von Pfeilen)* sifflement *m.*

Geschwister *pl* [gə'ʃvɪstər] frère(s) et sœur(s); **~kinder** *n pl* cousins *m pl* germains; **g~lich** *a* fraternel; **~liebe** *f* amour *m* fraternel; **~paar** *n* frère et sœur.

geschwollen *a med* enflé, *(entzündet)* tuméfié; *(Auge)* bouffi; *(Ader)* gonflé; *(Stil)* ampoulé; ~ *reden* parler avec emphase.

Geschworen|e(r) *m* [-'ʃvoːr-] *jur* juré *m; die* ~en les jurés *m pl,* le jury; **~enbank** *f* (banc du) jury *m;* = ~e; **~engericht** *n* (cour *f* d')assises *f pl;* **~enliste** *f* liste *f* des jurés; **~enobmann** *m* chef *m* de jury.

Geschwulst *f* ⟨-, ⸚e⟩ enflure; *(entzündete)* tumeur *f.*

Geschwür *n* ⟨-(e)s, -e⟩ [gə'ʃvyːr] ulcère, abcès *m;* **~bildung** *f* ulcération *f;* **g~ig** *a* ulcéreux.

Geseich *n* ⟨-(e)s, ø⟩ *pop (Geschwätz)* baratin *m.*

Gesell|e *m* ⟨-n, -n⟩ [gə'zɛlə] *(Handwerks~)* compagnon, garçon (*z. B.: Schneider~* garçon tailleur); *(Kerl)* gaillard *m; faule(r)* ~ paresseux *m; lustige(r)* ~ joyeux compère *od* drille *m;* **g~en** *tr* joindre, assembler, associer, réunir; *sich* ~ se joindre (*zu* à), s'assembler, s'associer, se réunir (*zu* avec); **~enjahre** *n pl,* **~enzeit** *f* (années *f pl* de) compagnonnage *m;* **~enprüfung** *f* épreuve *f* de compagnon, examen *m* de fin d'apprentissage artisanal; **g~ig** *a* sociable, liant; *zoo (~ lebend)* grégaire; **~e(s) Beisammensein** *n* réunion amicale *f;* **~igkeit** *f* sociabilité, mondanité; réunion *f* amicale.

Gesellschaft *f* ⟨-, -en⟩ compagnie; *(organisierte u. soziologische)* société; *(Organisation a.)* association *f; (kleinere)* club, cercle *m; theat* trou-

pe; *pej* clique; *(gesellschaftl. Veranstaltung)* réunion; *(Abend~)* soirée *f; in* ~ *de od* en compagnie; *in guter, schlechter* ~ en bonne, mauvaise compagnie; *zum erstenmal in der* ~ *erscheinen* faire son entrée dans le monde; *e-e* ~ *geben* donner une soirée, recevoir; ~ *haben* avoir du monde; *jdm* ~ *leisten* tenir compagnie à qn; *die* ~ *unterhalten* amuser la galerie; *komische* ~! drôle d'équipe! *die bessere* ~ la haute volée *od* société; le beau monde; *eingetragene* ~ société *f* enregistrée; *gelehrte* ~ société *f* savante; *gemischte* ~ société *f* mêlée *od* mélangée; *geschlossene* ~ société *f* fermée; réunion *f* privée; *die gute* ~ la bonne société; *lustige* ~ bande *f* joyeuse; ~ *mit beschränkter Haftung (GmbH)* société *f* à responsabilité limitée (S.A.R.L.); *die* ~ *Jesu* la Compagnie *od* Société de Jésus; **~er** *m* ⟨-s, -⟩ *allg* compagnon; *com* sociétaire, associé *m; als* ~ *annehmen (com)* s'associer; *ein angenehmer* ~ *sein* être d'une compagnie agréable; *unbeschränkt haftende(r)* ~ associé *m* indéfiniment responsable; *stille(r)* ~ *(com)* commanditaire *m; tätige(r)* ~ associé *m* actif; *gute(r)* ~ homme *m* de bonne compagnie; **~erin** *f* dame *od (ledige)* demoiselle *f* de compagnie; **g~lich** *a* social; de société, mondain; **~e** *Veranstaltung f* manifestation mondaine, mondanité *f.*

Gesellschafts|anteil *m* part *f* sociale; **~anzug** *m* tenue *f* de soirée; *(Frack)* habit *m; große(r)* ~ habit *m* de cérémonie; *in großem* ~ en grande tenue; **~dame** *f* dame *f* de compagnie; **g~fähig** *a* présentable; **~inseln**, *die f pl* l'archipel *m* de la Société; **~kapital** *n* capital *od* fonds *m* social; **~kleidung** *f* tenue *f* de soirée; **~kreise** *m pl* milieu *m pl* de la société; **~lehre** *f* sociologie *f;* **~omnibus** *m* (touring) car *m;* **~ordnung** *f* ordre *od* édifice *m* social; **~raum** *m,* **~zimmer** *n* salon *m;* **~recht** *n* droit *m* social *od* des sociétés; **~register** *n* registre *m* du commerce; **~reise** *f* voyage *m* organisé *od* en groupe *od* d'entreprise; *pl* tourisme *m* collectif; **~reisezug** *m* train-croisière *m;* **~schicht** *f* couche *f* sociale; **~spiel** *n* jeu *m* de société; **~stück** *n theat* comédie *f* de mœurs; **~tanz** *m* danse *f* de société; **~vermögen** *n* fortune *od* masse *f od* avoir *od* patrimoine *m* social(e); **~vertrag** *m hist pol* contrat social; *com* acte *od* contrat *m* de société; **~wissenschaft** *f* = ~lehre.

Gesenk *n* ⟨-(e)s, -e⟩ *(Schacht) tech* étampe, matrice *f; mines* puits *m; im* ~ *schmieden* étamper, matricer; ~**presse** *f* presse *f* à étampe; ~**schmieden** *n* étampage *m.*

Gesetz *n* ⟨-es, -e⟩ loi *f, a. fig; im Namen des* ~*es* au nom de *od* de par la loi; *im Sinne des* ~*es* dans l'esprit de la loi; *nach dem* ~ d'après la loi; *ein* ~ *abändern* amender une loi; *ein* ~ *annehmen* adopter une loi; *ein* ~ *aufheben* abroger une loi; *unter ein* ~ *fallen* tomber sous le coup d'une loi; ~*e geben od machen* légiférer; *als* ~ *gelten* faire loi; *sich etw zum* ~ *machen* se faire une loi de qc; *ein* ~ *übertreten* contrevenir à une loi; *(zum)* ~ *werden* entrer dans la législation; *mosaische(s)* ~ *(rel)* mosaïsme *m; ungeschriebene(s)* ~ loi *f* non écrite; *das* ~ *von Angebot und Nachfrage* la loi de l'offre et de la demande; ~**auslegung** *f* définition *f* légale; ~**blatt** *n* bulletin *od* corps *od* recueil des lois, bulletin *m* officiel; ~**buch** *n* code *m;* ~**entwurf** *m* projet *m* de loi; ~**esänderung** *f* modification *f* à la loi; ~**esbestimmung** *f* article *m* de loi, disposition *f* de la loi; ~**esinitiative** *f* initiative *f* législative; ~**eskraft** *f:* ~ *erlangen, haben* acquérir, avoir force de loi; ~**eslükke** *f* lacune *f* de la loi; ~**estafeln** *f pl rel* tables *f pl* de la loi; ~**estext** *m* texte *m* légal; ~**esübertretung** *f* infraction *f* à la loi; ~**esumgehung** *f* manière *f* de contourner la loi; transgression *f* de la loi; ~**esvorlage** *f* projet *m* de loi; *e-e* ~ *einbringen* présenter un projet de loi; **g~gebend** *a* législatif; ~**geber** *m* législateur *m;* ~**gebung** *f* législation *f;* **g~lich** *a* légal; *(gesetzmäßig)* conforme à la loi; *(rechtmäßig)* légitime; ~*e(s) Alter n* âge *m* légal; ~*e(r) Anspruch m* prétention *f* légitime; ~*e Bestimmungen f pl* dispositions *f pl* légales; ~*e(r) Erbe m* héritier *m* légitime; ~*e(r) Feiertag m* fête *f* légale; ~ *(urheberrechtlich) geschützt* breveté; marque déposée; ~*e(r) Vertreter m* mandataire, représentant *m* légal; ~*e(s) Zahlungsmittel n* cours *m od* monnaie *f* légal(e); ~**lichkeit** *f* légalité; *(Rechtmäßigkeit)* légitimité *f;* **g~los** *a* sans loi, anarchique; ~**lose(r)** *m* hors-la loi *m;* ~**losigkeit** *f* anarchie *f;* **g~mäßig** *a* conforme à la loi, légal; *(rechtmäßig)* légitime; *scient* régulier; *adv* d'après la loi; ~**mäßigkeit** *f* légalité; légitimité; *scient* régularité *f;* ~**sammlung** *f* recueil *m* de lois; **g~widrig** *a* contraire aux lois, illégal; *(unrechtmäßig)* illégitime; ~**widrigkeit** *f* illégalité; illégitimité *f.*

gesetzt ⟨*pp von: setzen*⟩ *typ* sur le marbre; *a (ruhig)* posé, rassis; *(ernst)* sérieux, grave; *(nüchtern)* sobre; *(bescheiden)* modeste; ~ *den Fall(, daß)* soit, supposons (que); ~*e(s) Alter n* âge *m* mûr; ~*e(s) Wesen n,* **G~heit** *f* ⟨-, ø⟩ esprit *m* mûr; pondération *f.*

gesichert *a* assuré, en sûreté *(gegen* contre); sûr, à couvert, à l'épreuve *(gegen* de); *(Gewehr)* (mis) au cran d'arrêt; *tech* bloqué; ~*e Position f* situation *f* stable.

Gesicht 1. *n* [gə'zɪçt] ⟨-(e)s, -er⟩ visage *m,* figure; *scient lit poet* face, *(*~*ssinn)* vue; 2. *(Vision, Erscheinung) n* ⟨-(e)s, -e⟩ vision, apparition *f; ins* ~ *(fig)* en face; *ins* ~ *(hinein) (fig)* à brûle-pourpoint; *ein anderes* ~ *bekommen (fig)* prendre un autre aspect; *zu* ~ *bekommen* voir; *die Sonne im* ~ *haben* avoir le soleil en face; *das Zweite* ~ *haben* avoir un don de double vue; *jdm ins* ~ *lachen* rire au nez de qn; *über das ganze* ~ *lachen* rire à gorge déployée; *ein böses od finsteres* ~ *machen* faire grise mine *od* la mine; *ein erschrockenes, erstauntes* ~ *machen* avoir une mine effrayée *od* étonnée; *wieder ein freundliches* ~ *machen* se dérider; *ein langes* ~ *machen* avoir la mine longue, *fam* faire un nez; *ein* ~ *wie sieben Tage Regenwetter machen* avoir une mine d'enterrement *od* déconfite, faire une visage long comme un jour sans pain; *ein saures* ~ *machen* avoir une mine renfrognée; *ein schiefes* ~ *machen od ziehen* faire la moue *od* grimace *od fam* tête; *jdm etw ins* ~ *sagen* dire qc à qn en face; *jdm ins* ~ *schlagen* frapper qn au visage; *jdm ins* ~ *sehen* regarder qn en face; ~*er schneiden* faire des grimaces; *jdm wie aus dem* ~ *geschnitten sein* être le portrait du qn; *jdm ins* ~ *springen (fig)* sauter à la gorge de qn; *jdm gut zu* ~ *stehen* aller bien à qn; *jdm im* ~ *geschrieben stehen (fig)* se lire sur le visage de qn; *über das ganze* ~ *strahlen* avoir une mine joyeuse; *das* ~ *verlieren (fig)* perdre la face; *das* ~ *verziehen* se renfrogner; *das* ~ *wahren* sauver la face; *jdm etw ins* ~ *werfen od schleudern* jeter qc à la face *od* au nez de qn; envoyer qc à la figure de qn, lancer qc à qn; *man muß den Dingen ins* ~ *sehen* il faut voir les choses en face; *blöde(s)* ~ visage *m* de bois; *lange(s), schmale(s)* ~ *(a.)*

visage *m* en lame de couteau; *verwitterte(s)* ~ visage *m* buriné; *Zweite(s)* ~ *(fig)* double vision, voyance *f*; *das* ~ *e-r Stadt* la physionomie d'une ville; ~**chen** *n* petite figure *f*, minois *m*; *(e-s Kindes)* frimousse *f*.

Gesichts|ausdruck *m* [gə'zɪçts-] expression du visage; physionomie *f*; ~**bildung** *f* moulage *m* facial, physionomie *f*; ~**farbe** *f* teint *m*; *e-e gesunde* ~ *haben* avoir le teint coloré *od* bonne mine; ~**feld** *n* champ *m* visuel *od* de vision; ~**index** *m* *(Anthropologie)* indice *m* facial; ~**kreis** *m* horizon *m, a. fig;* ~**massage** *f* massage *m* facial; ~**muskel** *m* muscle *m* facial; ~**nerv** *m* nerf *m* facial; ~**pflege** *f* soins *m pl* du visage; ~**puder** *m* poudre *f* de riz; ~**punkt** *m fig* point de vue, aspect *m; unter diesem* ~ de ce point de vue, sous cet angle; ~**sinn** *m* vue *f;* ~**straffung** *f med* lifting *m;* ~**wasser** *n* lotion *f* faciale; ~**winkel** *m anat* angle facial; *opt* angle visuel; *fig* aspect *m;* ~**züge** *m pl* traits *m pl.*

Gesims *n* ⟨-es, -e⟩ [gə'zɪms, -zə] *arch* *(tragendes Mauerwerk)* entablement *m; (Zierleiste)* moulure, corniche *f; (Tür, Fenster)* chambranle *m.*

Gesinde *n* ⟨-s, -⟩ [gə'zɪndə] domestiques *m pl,* gens *pl* de maison; *pej* valetaille *f;* ~**l** *n* ⟨-s, ø⟩ canaille, racaille, mauvaise graine *f.*

gesinn|t *a (nur in Zssgen)* intentionné, pensant; *feindlich* ~ hostile; **G~ung** *f* ⟨-, (-en)⟩ *(Denkart)* manière de penser; *(Überzeugung)* conviction, opinion *f, a. pol; pol* principes *m pl; liberale* ~ largeur *f* d'esprit; *niedrige* ~ bassesse *f;* **G~ungsgenosse** *m* ami *m* politique; ~**ungslos** *a* sans aveu; **G~ungslosigkeit** *f* manque *m* de principes; **G~ungslump** *m* sale type, *pop* salaud *m;* ~**ungstreu** *a,* ~**ungstüchtig** *a* loyal; **G~ungstreue** *f* loyauté *f,* loyalisme *m;* **G~ungswechsel** *m* changement *m* d'opinion, volte-face *f.*

gesitt|et *a (von guten Umgangsformen)* de bonnes manières, civil; *(kultiviert)* civilisé; ~ *machen* civiliser, humaniser; **G~ung** *f* ⟨-, ø⟩ civilité *f,* bonnes manières *f pl;* civilisation *f.*

Gesocks *n* ⟨-es, ø⟩ [gə'zɔks] *pop* canaille, racaille *f.*

Gesöff *n* ⟨-(e)s, -e⟩ [gə'zœf] *pop* bibine, lavasse *f.*

gesonnen [gə'zɔnən] *a* disposé (*zu* à); ~ *sein, etw zu tun (a.)* avoir l'intention de faire qc.

Gespann *n* ⟨-(e)s, -e⟩ *(Zugtiere)* atte-

lage *m,* paire *f; fig (Menschen)* couple *m.*

gespannt *a allg* tendu; *(Muskel, Sehne, Feder tech)* bandé; *(Pistole, Revolver)* armé; *fig (Mensch)* captivé; *(Aufmerksamkeit)* soutenu; *(Lage, Verhältnisse)* tendu; *mit* ~*en Erwartungen* impatiemment; *mit jdm auf* ~*em Fuße stehen* avoir des rapports tendus avec qn; *ich bin* ~ *auf deinen Freund* je suis curieux de voir ton ami; *ich bin* ~*, was er berichten wird* j'attends son récit avec impatience; **G~heit** *f* ⟨-, ø⟩ *fig* attention soutenue, impatience *f; (der Beziehungen, der Lage)* tension *f.*

Gespenst *n* ⟨-(e)s, -er⟩ [gə'ʃpɛnst] fantôme, spectre; *(Geist e-s Toten)* revenant *m;* ~*er sehen* voir des revenants, avoir des visions, rêver tout éveillé; *überall* ~*er sehen* se faire des fantômes de rien; ~**ergeschichte** *f* histoire *f* de revenants; **g~erhaft** *a,* **g~ig** *a,* **g~isch** *a* fantomal, fantomatique, spectral; ~**erschiff** *n,* ~**erstadt** *f* vaisseau *m,* ville *f* fantôme.

Gesperr|e *n* ⟨-s, -⟩ *tech* fermoir, arrêt, cliquet *m; typ* frisquette *f;* **g~t** *a (Weg)* barré; *(Konto)* bloqué; ~ *gedruckt* espacé; ~*!* interdit!

Gespiel|e *m* ⟨-n, -n⟩, ~**in** *f* poet camarade *m f* de jeu.

Gespinst *n* ⟨-(e)s, -e⟩ [gə'ʃpɪnst] *(Textil)* tissu; *(feinstes)* filé; *ent* cocon *m.*

Gespons *m* ⟨-es, -e⟩ [gə'ʃpɔns] *hum* mari, fiancé *m; n* ⟨-es, -e⟩ femme, fiancée *f.*

Gespött *n* ⟨-(e)s, ø⟩ moquerie, raillerie, dérision *f; sich zum* ~ *(gen) machen, zum* ~ *(gen) werden* devenir la risée (de).

Gespräch *n* ⟨-(e)s, -e⟩ [gə'ʃprɛːç] conversation *f, a. tele,* entretien, dialogue *m; (Plauderei)* causerie *f; (gelehrtes)* colloque; *(Debatte)* débat *m,* discussion; *tele* communication *f; pl pol* dialogue *m; ein (Telefon-)* ~ *abhören* suivre une conversation (téléphonique) sur table d'écoute; *mit jdm ein* ~ *anknüpfen* lier conversation avec qn; *ein* ~ *anmelden (tele)* demander une communication; *mit jdm ein* ~ *über etw beginnen. (a. fam)* entreprendre qn sur qc; *das* ~ *auf etw bringen* faire tomber la conversation sur qc; *sich mit jdm in ein* ~ *einlassen* entrer en conversation avec qn; *mit jdm ein* ~ *führen* s'entretenir avec qn; *ein* ~ *verlängern (tele)* prolonger une communication; *sie war das* ~ *der ganzen Stadt* elle était le sujet de conversation de toute la ville; *dringende(s)* ~ *(tele)* communication *f* urgente; ~ *unter vier Augen* tête-à-tête *m*; ~ *mit Voranmeldung (tele)* communication *f* avec préavis; **g~ig** *a* causeur, communicatif; *pej* bavard, loquace; *jdn* ~ *machen* délier *f od* dénouer la langue à qn; **~igkeit** *f* ⟨-, ø⟩ humeur causeuse; *pej* loquacité *f*; **~sdauer** *f tele* durée *f* de conversation; **~sform** *f*: *in* ~ sous forme de dialogue; **~sgegenstand** *m* sujet *m* de conversation; **~sgrundlage** *f* base *f* de discussion; **~sgruppe** *f* aparté *m*; **~spartner(in** *f)* *m* interlocuteur, trice *m f*; *tele a.* correspondant, e *m f*; **~sstoff** *m* = **~sgegenstand**; *den* ~ *abgeben* faire l'entretien; **~sthema** *n* = **~sgegenstand**; ~ *sein* être le sujet de (la) conversation, être sur le tapis; **g~sweise** *adv* au cours d'une conversation.

gespreizt *a (ausea.stehend)* écarté; *fig* affecté, précieux, guindé; *(Stil)* apprêté, bouffi, ampoulé; **G~heit** *f fig* affectation, bouffissure *f*.

gesprenkelt *a* tacheté, moucheté.

gesprungen *a (Glas)* fêlé.

Gestade *n* ⟨-s, -⟩ [gə'ʃta:də] *poet* rivage *m*, rive *f*.

gestaffelt *a fin (Steuer)* progressif.

Gestalt *f* ⟨-, -en⟩ forme, figure; *(Figur, Körperbau)* figure, tournure, *(Wuchs)* stature, taif; *lit* personnage *m*; *in* ~ *(gen)* sous (la) forme (de), sous la figure (de), en la personne (de); *in beiderlei* ~ *(rel: Abendmahl)* sous les deux espèces; *(feste)* ~ *annehmen* prendre corps, se former, *(Plan)* se dessiner, se concrétiser; *die* ~ *(gen) annehmen* prendre la forme (de); *e-e andere* ~ *annehmen* épouser *od* revêtir une autre forme, changer d'aspect; *sich in s-r wahren* ~ *zeigen* se montrer sous son vrai jour; *menschliche* ~ figure d'homme, forme *f* humaine; *der Ritter von der traurigen* ~ *(Don Quichotte)* le chevalier de la Triste Figure; **g~en** *tr* former, figurer, façonner; *sich* ~ se former, prendre corps, se développer; *zu etw* devenir qc; *sich ganz anders* ~ *(als)* prendre une tout autre allure (que); **~lehre** *f* morphologie *f*; **g~los** *a* sans forme, informe, amorphe; *(unkörperlich)* immatériel; **~losigkeit** *f* absence *f od* manque de forme, amorphisme *m*; **~psychologie** *f* psychologie *f* de la forme, gestaltisme *m*; **~ung** *f* (con)formation, configuration; *min* figuration *f*; *(Formgebung)* façonnement *m*; *(Kunst)* réalisation *f*; **~ungskraft** *f* force fixatrice, *lit poet* faculté *f* fabulatrice; **~wandel** *m* métamorphose *f*.

Gestammel *n* ⟨-s, ø⟩ balbutiements, bégaiements *m pl*.

geständ|ig *a*: ~ *sein* faire des *od* passer aux aveux, avouer; **G~nis** *n* ⟨-sses, -sse⟩ aveu *m*, confession *f*; *ein* ~ *ablegen* = *~ig sein*; *über etw* faire l'aveu de qc.

Gestänge *n* ⟨-s, -⟩ [gə'ʃtɛŋə] *(Geweih)* bois *m*, ramure *f*; *allg* appui *m*; *tech* tiges, tringles *f pl*, tringlerie; *mines* voie *f* ferrée.

Gestank *m* ⟨-(e)s, ø⟩ [gə'ʃtaŋk] mauvaise odeur, puanteur *f*.

gestatten [gə'ʃtatən] *tr* permettre; *(gewähren)* accorder; *wenn Sie (mir)* ~ si vous voulez bien me permettre, sauf votre respect *od* honneur; *wenn es gestattet ist* s'il (m')est permis; ~ *Sie!* permettez, pardon (... Monsieur, Madame, Mademoiselle).

Geste *f* ⟨-, -n⟩ ['gɛstə] geste *m*.

gesteh|en ⟨*gesteht, gestand, hat gestanden*⟩ *tr (bekennen)* confesser, avouer, faire l'aveu de; *itr* faire des aveux; *jur arg* se mettre à table; *(zugeben)* admettre, convenir de; *offen gestanden* à vrai dire, à dire vrai; **G~ungskosten** *pl*, **G~ungspreis** *m* prix *m* coûtant *od* de revient.

Gestein *n* ⟨-(e)s, -e⟩ pierres *f pl*; *min* roche(s *pl*) *f*, minéral *m*; *taube(s)* ~ stérile *m*; **~sbohrer** *m* perforateur *m*, perforatrice *f*; **~sgang** *m* filon *m*; **~shalde** *f* terril *m*; **~shammer** *m* marteau *m* de géologue; **~skunde** *f* pétrographie *f*; **~smasse** *f* masse *f* minérale; **~ssammlung** *f* collection *f* de minéraux; **~sschichten** *f pl* couches *f pl* minérales.

Gestell *n* ⟨-(e)s, -e⟩ bâti; *(Stütze)* support; *(Bock)* tréteau, chevalet; *(Brettergerüst)* échafaudage *m*; *(Möbel)* étagère *f*; *(Sockel)* piédestal *m*; *(Brille)* monture châsse *f*; *(Wagen)* train; *(Fahr~)* mot châssis, *aero* train d'atterrissage, atterrisseur *m*; **~ung** *f* ⟨-, (-en)⟩ *mil* présentation *f*, appel *m*; *(von Material)* fourniture *f*; **~ungsaufschub** *m* sursis *m* d'appel; **~ungsbefehl** *m* ordre *m* d'appel, convocation *f*; **~ungspflicht** *f* obligation *f* de se présenter (au conseil de révision); **g~ungspflichtig** *a* astreint à se présenter (au conseil de révision).

gesteppt [gə'ʃtɛpt] *a* matelassé.

gestern ['gɛstərn] *adv* hier; ~ *früh od morgen, abend* hier matin, soir; ~ *in acht Tagen* d'hier en huit; ~ *vor acht Tagen* il y a eu huit jours hier; *nicht von* ~ *sein (fig fam)* n'être pas tombé de la dernière pluie, n'être pas né d'hier; *ich kenne ihn nicht erst seit* ~

ce n'est pas d'aujourd'hui que je le connais; *mir ist, als ob es ~ gewesen wäre* il me semble que c'était hier.

gesteuert *a* contrôlé; *(Geschoß, Rakete)* commandé, guidé; *(Maschinengewehr, radio)* synchronisé.

gestiefelt *a: der G~e Kater* le chat botté.

gestielt *a* emmanché; *bot* pétiolé; *bot zoo* pédiculé.

Gestikul|ation *f* ⟨-, -en⟩ [gɛstikulatsi'o:n] gesticulation *f;* **g~ieren** [-'li:rǝn] *itr* gesticuler, faire des gestes; *lebhaft* ~ faire de grands gestes.

Gestirn *n* ⟨-(e)s, -e⟩ [gǝ'ʃtɪrn] astre *m,* étoile *f;* **g~t** *a (Himmel)* étoilé, (par)semé d'étoiles.

Gestöber *n* ⟨-s, -⟩ tourbillon *m* (de neige).

Gestöhn *n* ⟨-(e)s, ø⟩ , ~**e** *n* ⟨-s, ø⟩ gémissements *m pl.*

gestört *a* en dérangement; *geol* accidenté; *radio* brouillé; *er ist geistig ~* il est dérangé; *(fam)* il a un grain; *ein ~es Verhältnis zu jdm haben* ne pas bien s'entendre avec qn; *ein ~es Verhältnis zu etw haben* être brouillé avec qc.

Gestotter *n* ⟨-s, ø⟩ bégaiements, balbutiements *m pl.*

Gesträuch *n* ⟨-(e)s, -e⟩ buissons *m pl,* broussailles *f pl;* arbustes, arbrisseaux *m pl.*

gestreift *a* rayé, à raies, à rayures; zébré; strié.

gestreng *a* sévère, rigoureux.

gestrich|elt *a: ~e Linie f* ligne *f* discontinue; ~**en** *a (bemalt)* peint; *(Vorsicht,) frisch ~!* attention *od* prenez garde à la peinture, peinture fraîche; ~ *voll (Maß)* ras.

gestrig ['gɛstrɪç] *a* d'hier; *am ~en Tage* hier.

Gestrüpp *n* ⟨-(e)s, -e⟩ [gǝ'ʃtrʏp] broussailles *f pl,* fourré; *fig (der Paragraphen)* maquis *m.*

Gestühl *n* ⟨-(e)s, -e⟩ *(e-r Kirche)* bancs *m pl; (Chor~)* stalles *f pl.*

Gestümper *n* ⟨-s, ø⟩ bousillage, *fam* bâclage *m.*

Gestüt *n* ⟨-(e)s, -e⟩ [gǝ'ʃty:t] haras *m.*

Gesuch *n* ⟨-(e)s, -e⟩ [gǝ'zu:x] demande, *bes. jur* requête; *(Bewerbung)* sollicitation; *(Bittschrift)* pétition, supplique *f; ein ~ einreichen* faire *od* formuler *od* présenter une demande, présenter requête *(an* à); *e-m ~ entsprechen* faire droit à une demande; ~ *um Waffenhilfe* demande *f* d'armes; ~**steller** *m* requérant, pétitionnaire *m.*

gesucht *a com* demandé; *(begehrt)*

recherché; *fig (gekünstelt)* affecté, maniéré; **G~heit** *f* ⟨-, ø⟩ recherche; affectation, afféterie *f, (bes. Kunst)* maniérisme *m.*

Gesudel *n* ⟨-s, ø⟩ barbouillage, gribouillis *m.*

Gesumm *n* ⟨-(e)s, ø⟩, ~**e** ⟨-s, ø⟩ bourdonnement *m.*

gesund [gǝ'zʊnt] *a* sain *a. fig;* en bonne santé; *pred* bien (portant); *(kräftig)* valide; *(Gesichtsfarbe)* frais; *(Appetit, Schlaf)* bon; *(heilsam, z. B. Klima)* sain, salubre; *fig* salutaire, bon; *(Verstand, Urteil)* sain; *in ~en und kranken Tagen* en période de santé et de maladie; ~ *aussehen* avoir un air de santé; *ein ~es Urteil haben* avoir du jugement; avoir le jugement sain; ~ *machen* guérir; *wieder ~ werden =* ~*en; das ist für ihn ganz* ~ cela lui fait du bien; ~*e(r) Menschenverstand m* bon sens, sens *m* commun; ~ *und munter* (frais et) gaillard; **G~brunnen** *m* source *f* thermale *od* minérale; ~**en** ⟨aux: sein⟩ [-dǝn] *itr* guérir, se rétablir, recouvrer la santé; **G~heit** *f* santé; *(Heilsamkeit)* salubrité *f; sich e-r guten ~ erfreuen* jouir d'une bonne santé; *bei bester ~ sein* être en parfaite santé; *von ~ strotzen* éclater de santé; *auf jds ~ trinken* boire à la santé de qn, porter une santé à qn; *die ~ untergraben* épuiser *od* miner la santé *fam; s-e ~ wiederherstellen* se refaire la santé; ~*!* à vos souhaits! *gute, schwache ~* belle, mauvaise santé *f; zerrüttete ~* santé *f* délabrée; ~**heitlich** *a* sanitaire, hygiénique; *adv* quant à la santé; *aus ~en Gründen* pour raison de santé; *es geht mir ~ gut* je suis en bonne santé; **G~heitsamt** *n* office *m* de la santé *od* d'hygiène, service *m* d'hygiène; **G~heitsappell** *m mil* visite *f* médicale; **G~heitsattest** *n* billet *m* de santé; ~**heitsdienst** *m* service *m* de santé; ~**heitsfördernd** *a* salubre, salutaire; ~**heitsgefährdend** *a* malsain, insalubre; **G~heitsgründe** *m pl: aus ~n,* ~**heitshalber** *adv* pour raison *od* cause de santé; **G~heitslehre** *f* hygiène *f;* **G~heitsministerium** *n* ministère *m* de la santé publique; **G~heitspaß** *m* passeport *m* sanitaire; *mar* patente *f* de santé; *mil* livret *m* médical, *mar* lettre *f* de santé; **G ~heitspolizei** *f* police *f* sanitaire; ~**heitspolizeilich** *a:* ~*e Maßnahmen f pl* régime *m* sanitaire; **G~heitsregel** *f* règle *f* d'hygiène; ~**heitsschädlich** *a* malsain, insalubre, nuisible à la santé; ~*e Wirkung f* morbidité *f;* **G~heitsstand**

m (e-r Bevölkerung) état *m* sanitaire; **G~heitsverhältnisse** *n pl* (état *m* de) santé *f;* **G~heitswesen** *n* régime *m* sanitaire; **G~heitszustand** *m: (allgemeiner)* ~ état *m* (général) de la santé; *gute(r), schlechte(r)* ~ bonne, mauvaise santé *f;* **~schrumpfen** *tr ⟨aux: haben⟩* rationaliser; *itr ⟨aux: sein⟩* être rationalisé; **~=stoßen,** *sich (an etw) ~gestoßen haben (fam pej)* s'en sortir avantageusement; **G~ung** *f:* ~ *der Wirtschaft* rétablissement *m* économique.

Getäfel *n ⟨-s, ø⟩* [gəˈtɛːfəl] lambris(sage) *m,* boiserie *f.*

Getändel *n ⟨-s, ø⟩* badinage, flirt *m.*

geteilt *a* partagé; ~ *sein* se partager; *~er Meinung sein* n' être pas du même avis.

Getier *n ⟨-(e)s, ø⟩* animaux *m pl.*

getigert *a* tigré.

Getöse *n ⟨-s, ø⟩* fracas, vacarme, *fam* brouhaha, tintamarre; *(Aufruhr)* tumulte *m; mit* ~ *(a.)* à cor et à cri.

getragen *a (Kleidung)* usagé; *fig (Gesang etc)* solennel.

Getrampel *n ⟨-s, ø⟩* trépignements, piétinements *m pl.*

Getränk *n ⟨-s, -e⟩* boisson *f,* breuvage *m; geistige ~e* spiritueux *m pl;* **~esteuer** *f* droit *od* impôt sur les boissons, droit *m* de consommation.

Getratsch *n ⟨-s, ø⟩ ,* **~e** *n ⟨-s, ø⟩* [gəˈtraːtʃ(ə)] bavardage (interminable), commérage *m.*

getrauen, *sich* oser *(zu tun* faire), se faire fort *(zu tun* de faire).

Getreide *n ⟨-s, -⟩* céréales *f pl,* blé *m,* grains *m pl;* **~(an)bau** *m* céréaliculture *f;* **~art** *f* espèce *od* sorte *f* de céréales; **~boden** *m (Land)* terre *f* à céréales; **~börse** *f* bourse *f* des céréales *od* des blés *od* des grains; **~ernte** *f* récolte *f* des grains *od* des blés; **~feld** *n* champ *m* de blé; **~handel** *m* commerce *m* des céréales *od* des blés *od* des grains; **~händler** *m* négociant *m* en blés; **~heber** *m* élévateur *m* de grain; **~krankheit** *f* maladie *f* du blé; **~markt** *m* marché *m* céréalier; **~produkt** *n* produit *m* de céréales; **~produktion** *f* production *f* céréalière; **~reiniger** *m,* **~reinigungsmaschine** *f* nettoyeuse *f* à grains, tarare *m;* **~rost** *m (Pilzkrankheit)* rouille *f;* **~silo** *m* silo *m* à blé; **~speicher** *m* grenier *od* magasin *m* à blé; **~vorrat** *m* provision *f* de blé; **~zoll** *m* droit *m* sur les céréales.

getrennt *adv* séparément.

getreu *a* fidèle, loyal; *~e Wiedergabe* reproduction fidèle; **~lich** *adv* fidèlement, loyalement.

Getriebe *n ⟨-s, -⟩ tech* train (d'engrenages), engrenage, rouage, harnais *m,* transmission *f;* organes *m pl* de commande; *(Betriebsamkeit)* agitation *f,* mouvement *m; das* ~ *der Welt* le train *m* de monde *lit; im* ~ *stecken (fig)* être pris *od* saisi dans l'engrenage; **~bremse** *f* frein *m* sur transmission; **~deckel** *m* couvercle *m* de boîte de vitesses; **~fett** *n* graisse *f* à engrenages; **~gang** *m* vitesse *f;* **~gehäuse** *n,* **~kasten** *m* boîte *f* de vitesses; **~motor** *m* moteur *m* à engrenages; **~rad** *n* roue *f* d'engrenage *od* de transmission; **~übersetzung** *f* multiplication *f* par engrenage; **~umschaltung** *f* changement *m* de vitesse; **~welle** *f* arbre *m* de transmission *od* de changement de vitesse; **~zahnrad** *n* pignon *m* de boîte de vitesses.

getrost [gəˈtroːst] *a* confiant, plein de confiance, tranquille; *adv* avec confiance, en toute tranquillité.

getrösten, *sich* avoir confiance, prendre patience.

Getto *n ⟨-s, -s⟩* [ˈgɛto] *(Judenviertel u. fig)* ghetto *m;* **~isierung** *f ⟨-, ø⟩* [-iˈsiːrʊŋ] ghettoïsation *f.*

Getue *n ⟨-s, ø⟩* [gəˈtuːə] manières *f pl* (affectées), affectation, minauderie *f,* cérémonies *f pl; fam* chichi, fla-fla *m.*

Getümmel *n ⟨-s, -⟩* [gəˈtʏməl] *(Gedränge)* presse, cohue *f; (Tumult)* tumulte, vacarme, brouhaha *m; (Kampf~)* mêlée *f.*

getüpfelt [gəˈtʏpfəlt] *a (gefleckt)* moucheté; *(Stoff)* à pois; *weiß* ~ à pois blancs.

geübt *a* exercé, entraîné; *(geschickt)* adroit, **G~heit** *f ⟨-, ø⟩* expérience, pratique; adresse, dextérité *f.*

Gevatter *m ⟨-s/-n, -n⟩* [gəˈfatər] compère; parrain; *(Anrede)* tonton *m;* **~in** *f* commère *f;* **~schaft** *f* compérage *m.*

Geviert *n ⟨-(e)s, -e⟩* [gəˈfiːrt] carré *m; ins* ~ carré *a.*

Gewächs *n ⟨-es, -e⟩* [gəˈvɛks] plante *f,* végétal, *(Wein)* cru *m; med* végétation *f, scient* néoplasme *m,* néoplasie *f; er ist ein eigenartiges* ~ *(fig fam)* c'est un drôle d'outil *od* drôle de pistolet; **~haus** *n* serre *f.*

gewachsen *a: jdm* ~ *sein* tenir tête à qn; *e-r S* ~ *sein* être à la hauteur de qc; *gut* ~ d'une belle venue; *(Mensch)* bien bâti *od* fait, d'une taille bien prise; *schlecht* ~ *(Mensch)* mal fait, *fam* mal fichu; *~e(r) Boden m* sol *m* naturel.

gewagt *a* osé, risqué, hasardé, hasar-

deux; *ein ~es Spiel treiben* jouer gros (jeu); *e-e ~e Sache* un saut périlleux.
gewählt *a (bes. Ausdruck)* choisi.
gewahr *a:* ~ *werden (gen)*, **~en** *tr* voir, remarquer, s'apercevoir de.
Gewähr *f* ‹-, ø› [gə've:r] garantie, caution, sûreté *f; ohne* ~ sans garantie; *für etw* ~ *leisten* garantir qc, se porter garant *od* répondre de qc; **g~en** *tr (Bitte)* accorder, accueillir; accéder à; *(Kredit)* accorder, octroyer; *(Entschädigung)* allouer; *fig (geben, verschaffen)* donner, offrir, procurer; *jdn* ~ *lassen* laisser faire qn; *Vorteile* ~ offrir des avantages; **g~leisten** *tr* garantir, se porter garant de; **~leistung** *f* (prestation de) garantie *f;* **~smann** *m* ‹-es, -leute/-männer› agent *m* de renseignement; **~sträger** *m* garant, répondant *m;* **~ung** *f* accord; octroiement; *(e-r Entschädigung, e-s Kredits)* allocation *f.*
Gewahrsam *m* ‹-s, -e› *(Obhut)* garde; *(Haft)* détention *f; n* ‹-s, -e› *(Gefängnis)* prison *f; in sicherem* ~ en lieu sûr; *in* ~ *haben* avoir sous sa garde; *in* ~ *nehmen* prendre en garde *od* sous sa garde; **~smacht** *f,* **~sstaat** *m pol* puissance *f* détentrice.
Gewalt *f* ‹-, -en› *(zwingende Kraft)* force; *(Zwang)* contrainte *f; (Macht)* pouvoir *m,* puissance; *(staatliche, a. sittliche)* autorité *f; (großer Einfluß)* ascendant; *(Herrschaft)* empire; contrôle *m; (~tätigkeit)* violence; *(Heftigkeit)* véhémence *f; mit* ~ de *od* par force, de haute lutte, à la point de l'épée; *(auf Biegen oder Brechen)* à l'arraché; *mit aller* ~ à toute force; à tour de bras, à bras raccourcis; *mit nackter* ~ *od roher* ~ de vive force; *mit voller* ~ à toute force; *jdm* ~ *antun* faire force *od* violence à qn, violenter qn; ~ *anwenden od gebrauchen* recourir à *od* employer la force; user de violence, employer la *od* user de violence *(gegen* contre); *sich aus jds* ~ *befreien (a. fam)* se tirer *od* s'échapper des pattes de qn; *der* ~ *mit* ~ *begegnen* résister à la force par la force; *jdn in s-e* ~ *bringen* mettre *od* porter la main sur qn; *in jds* ~ *geraten (a.)* tomber sous la patte de qn *fam; jdn in der* ~ *haben* avoir prise sur qn, tenir qn sous sa patte; *über jdn* ~ *haben* avoir autorité sur qn; *sich in der* ~ *haben* être maître de soi, se maîtriser, se posséder; *etw in s-r* ~ *haben* avoir qc en son pouvoir *od* sa puissance; *in jds* ~ *sein* être entre les mains *od* à la merci *od fam* entre les pattes de qn; *die* ~ *über den Wagen verlieren* perdre le contrôle

de sa voiture; *die* ~ *geht vom Volk aus* le pouvoir émane du peuple; ~ *geht vor Recht (prov)* la force prime le droit, force passe droit; *gesetzgebende, richterliche, vollziehende* ~ pouvoir *m* législatif, judiciaire, exécutif; *höhere* ~ *(jur)* force *f* majeure; *die höchste* ~ *(pol)* le pouvoir suprême; *die öffentliche* ~ la force publique; *unumschränkte* ~ autorité *f* absolue; *väterliche, elterliche* ~ autorité *f* paternelle; *die* ~ *des Wassers* l'effort *m* de l'eau; **~akt** *m* acte *m* de violence; **~anwendung** *f* emploi *od* usage *m* de la force; **~enteilung** *f pol* division *od* séparation *f* des pouvoirs; **g~frei** *a* non-violent; **~haber** *m,* **~herrscher** *m* autocrate, dictateur, despote, tyran *m;* **~herrschaft** *f* autocratie, dictature, tyrannie *f;* despotisme *m;* **g~ig** *a (mächtig)* puissant; *(stark)* fort; *(heftig)* violent, rude; *(sehr groß)* gros, énorme, immense, vaste, colossal, *fam* fier, épique, grandissime, super; *adv* grandement, *pop* foutrement, sacrément; *sich* ~ *irren* se mettre le doigt dans l'œil *pop;* **~leistung** *f* tour *m* de force; **g~los** *a* non-violent; **~losigkeit** *f* ‹-, ø› *pol* non-violence *f;* **~marsch** *m* mil marche *f* forcée; **~mensch** *m* tyran; *(Rohling)* brutal *m,* brute *f;* **~mißbrauch** *m* abus *m* de pouvoir; **g~sam** *a* violent; *(Tod)* sanglant; *adv a.* de *od* par force; ~ *öffnen (Tür)* forcer; ~*e Erkundung f (mil)* reconnaissance *f* en force; ~*e(r) Umsturz m* révolution *f* sanglante; **~samkeit** *f* violence *f;* **~streich** *m* coup *od* de force; *mil* coup *m* de main; **~tat** *f* acte *m* de violence; *jur* voie *f* de fait; **g~tätig** *a* violent, brutal; **~tätigkeit** *f* violence, brutalité *f;* **~verzicht** *m* refus *m* de la violence, non-violence *f.*
Gewand *n* ‹-(e)s, ⁀er› vêtement, habit *m.*
gewandt [gə'vant] *a (flink)* agile, leste; *(geschmeidig)* souple; *(geschickt)* adroit, habile *(in* en); *(erfahren)* expérimenté, versé; *(Stil)* aisé, coulant; *etw* ~ *tun* être habile à faire qc; **G~heit** *f* agilité; souplesse; adresse, habileté; facilité *(zu* à); expérience; *(Stil)* aisance *f.*
gewärtig [gə'vɛrtiç] *a: e-r S* ~ *sein* s'attendre à qc; **~en** *tr: zu* ~ *haben* devoir s'attendre à.
Gewäsch *n* ‹-(e)s, ø› [gə'vɛʃ] bavardage, commérage, verbiage *m,* menus propos *m pl; fam* papotage *m.*
Gewässer *n* ‹-s, -› [gə'vɛsər] *pl geog* eaux *f pl; scient* hydrographie *f; mar*

parages *m pl; fließende, stehende* ~ eaux *f pl* courantes, dormantes *od* stagnantes; ~**kunde** *f* hydrographie *f.*

Geweb|e *n* ‹-s, -› [gǝ've:bǝ] tissu *m, a. anat u. fig; ein* ~ *von Lügen* un tissu de mensonges; *(Webart)* texture *f,* tissage *m;* ~**slehre** *f anat* histologie *f;* ~**sneubildung** *f physiol* reformation *f* des tissus; ~**sprobe** *f med* fragment *m* de tissu; *e-e* ~ *entnehmen* prélever un fragment de tissu; ~**süberpflanzung** *f,* ~**sübertragung** *f med* homogreffe *f.*

Gewehr *n* ‹-(e)s, -e› fusil *m;* arme *f; das* ~ *abnehmen* reposer l'arme; *zum* ~ *greifen, ins* ~ *treten* prendre les armes; ~ *bei Fuß stehen* être l'arme au pied; *an die* ~*e!* aux armes! ~ *ab!* reposez arme! *das* ~ *über.!* l'arme sur l'épaule droite! ~ *umhängen!* arme à la bretelle! *präsentiert das* ~*!* présentez arme! *setzt die* ~*e zusammen!* formez les faisceaux! ~**auflage** *f* appui *m* pour le fusil; ~**feuer** *n* feu *m* d'infanterie; ~**führer** *m* chef *n* de pièce; ~**granate** *f* grenade *f* à fusil; ~**griffe** *m pl* maniement *m* du fusil; ~**kolben** *m* crosse *f;* ~**kugel** *f* balle *f* de fusil; ~**pyramide** *f* faisceau *m* (de fusils); ~**schuß** *m* coup *m* de fusil; ~**schütze** *m* (grenadier-)voltigeur, tireur *m;* ~**zubehör** *n* garnitures *f pl* de fusil.

Geweih *n* ‹-(e)s, -e› bois *m,* ramure, tête *f.*

gewellt *a (wellig)* ondulé.

Gewerbe *n* ‹-s, -› (arts et) métier(s) *m (pl),* industrie *f,* commerce; *allg* travail *m,* activité; *(Beruf)* profession *f; ein* ~ *betreiben* exercer un métier; *aus allem ein* ~ *machen* tirer profit de tout; *ambulante(s)* ~ commerce *m* ambulant; ~**aufsicht(samt** *n)* *f* inspection *f* des métiers, (office *m* d')inspection *f* du travail; ~**aufsichtsbeamte(r)** *m* inspecteur *m* du travail; ~**ausstellung** *f* exposition *f* industrielle; ~**bank** *f* banque *f* industrielle; ~**betrieb** *m* exploitation *f* industrielle *od* commerciale; ~**erzeugnis** *n* produit *m* fabriqué; ~**fleiß** *m* industrie *f;* ~**freiheit** *f* liberté *f* industrielle *od* de l'industrie *od* des professions; ~**gericht** *n* conseil *m* des prud'hommes; ~**hygiene** *f* hygiène *f* professionnelle; ~**museum** *n* conservatoire *m* des arts et métiers; ~**ordnung** *f* réglementation des *od* loi *f* sur les professions; ~**schein** *m* patente, licence *f;* ~**schule** *f* école *f* professionnelle *od* industrielle *od* des arts et métiers; ~**steuer** *f* patente *f;*

~**treibende(r)** *m: selbständige(r)* ~ travailleur indépendant; chef *m* d'entreprise.

gewerb|lich [gǝ'vɛrplıç] *a* industriel; professionnel; ~*e(s) Eigentum* *n* propriété *f* industrielle; ~ *genutzte(s) Fahrzeug* *n* véhicule *m* utilitaire; ~*e(r) Raum* *m* local *m* professionnel; ~**smäßig** *a* professionnel, de profession, de métier; ~*e Unzucht* *f* prostitution *f.*

Gewerkschaft *f* [-'vɛrk-] syndicat *m,* union *od* association *f* syndicale; *e-r* ~ *beitreten* se syndiquer; ~**(l)er** *m* ‹-s, -› syndiqué, syndicaliste, unioniste *m;* **g~lich** *a* syndical(iste); *sich* ~ *zs.schließen* se syndiquer; ~ *organisiert* syndiqué; ~**sausschuß** *m* comité *m* de *od* du syndicat; ~**sbewegung** *f* mouvement syndical; syndicalisme *m;* ~**sbund** *m* confédération *f* syndicale ouvrière; ~**sführer** *m* dirigeant *m* syndicaliste; ~**sfunktionär** *m* fonctionnaire *m* de syndicat; ~**shaus** *n* bourse *f* du travail; ~**smitglied** *n* membre d'un syndicat, syndiqué *m;* ~**ssekretär** *m* secrétaire *m* de syndicat; ~**sunterstützung** *f* assistance *f* pour les syndiqués; ~**sversammlung** *f* bourse *f* du travail; ~**svertreter** *m* représentant *m* syndical; ~**swesen** *n* syndicalisme *m;* ~**szugehörigkeit** *f* qualité *f* de syndiqué.

Gewicht *n* ‹-(e)s, -e› [gǝ'vıçt] poids *m, a. fig; fig (Wichtigkeit)* importance *f; nach* ~ *(com)* au poids; *e-r S* ~ *beimessen, auf etw* ~ *legen* attacher du poids *od* de l'importance à qc, tenir à qc; *ins* ~ *fallen* être de poids, avoir de l'importance; *schwer ins* ~ *fallen* être d'une grande importance; *volles* ~ *geben* faire bon poids; *sein* ~ *verlegen (Ski)* déplacer son poids; *an* ~ *verlieren* perdre de son poids; *es fehlt am* ~ le poids n'y est pas; *spezifische(s)* ~ poids *m* spécifique; *tote(s)* ~ poids *m* à vide; ~**heben** *n sport* poids et haltères *m pl,* haltérophilie *f;* **g~ig** *a fig* de (grand) poids, important; ~**igkeit** *f* ‹-, ø› *fig* (grand) poids *m,* importance *f;* ~**sabnahme** *f* diminution *f* du poids; ~**sangabe** *f* déclaration *od* indication *f* du poids; ~**seinheit** *f* unité *f* de poids; ~**stabelle** *f* spécification *f* des poids; ~**sunterschied** *m* différence *f* de poids; ~**sverlust** *m* perte *f* de poids; ~**sverteilung** *f* répartition *f* du poids; ~**szunahme** *f* augmentation *f* du poids.

gewieft [gǝ'vi:ft] *a,* **gewiegt** *a fam (schlau)* futé, *pop* roublard.

Gewieher n ‹-s, ø› hennissements m pl; fig fam (lautes Gelächter) fou rire m.

gewillt a disposé, d'humeur (zu à); ~ sein zu avoir l'intention de inf.

Gewimmel n ‹-s, ø› fourmillement, grouillement m.

Gewimmer n ‹-s, ø› gémissements m pl, lamentations f pl.

Gewinde n ‹-s, -› tech filet, pas m de vis; (Girlande) guirlande f, feston m; ein ~ in etw schneiden fileter, tarauder qc; **~bohrer** m taraud m; **~bohrmaschine** f taraudeuse f; **~buchse** f tampon m de vissage, douille f taraudée; **~drehbank** f tour m à fileter; **~gang** m spire f, filet, pas m de vis; **~nippel** m bague f filetée; **~schneidkopf** m filière f; **~schneidmaschine** f machine f à fileter od tarauder (les vis).

Gewinn m ‹-(e)s, -e› [gə'vɪn] (Vorteil) avantage; (Nutzen) profit; (Verdienst m) gain; com bénéfice, lucre; (Ertrag) revenu, rendement, produit; (im Spiel, durch Spekulation) gain; (in der Lotterie) lot od billet od numéro gagnant; (Überschuß) boni m; (un)ausgeschüttete(r) ~ bénéfice m (non) distribué; ~ abwerfen od bringen donner du bénéfice od des profits, rendre un profit, rapporter des bénéfices; am ~ beteiligt sein être intéressé aux bénéfices, fam avoir part au gâteau; e-n ~ erzielen réaliser un bénéfice; ~e erzielen faire des bénéfices; große ~e erzielen od (fam) einstreichen faire de beaux bénéfices, réaliser de gros gains; mit ~ lesen lire avec profit; den ~ teilen (a. fam) partager le gâteau fam; mit ~ verkaufen vendre avec bénéfice; aus etw ~ ziehen tirer profit de qc; das ist (schon) ein ~ c'est autant de gagné; ~ und Verlust profits et pertes; ~e pl (e-r Partei bei e-r Wahl) progression f; **~abschöpfung** f prélèvement m du bénéfice; **~absicht** f: mit ~ (jur) à but lucratif; **~anteil** m part f de bénéfice od bénéficiaire od de profit; **~ausfall** m perte f de profit; **~ausschüttung** f distribution d'un od du bénéfice, répartition f de(s) bénéfice(s); **~aussicht** f: pl chances f pl de profit; mit sicherer ~ à jeu sûr; **~beteiligung** f participation f aux bénéfices; **g~bringend** a profitable, lucratif; ~ anlegen (Geld) faire profiter; **~chance** f: mit gleichen ~n (a.) à deux de jeu; **g~en** ‹gewinnt, gewann, hat gewonnen› tr gagner a. fig; (Preis im Wettkampf) remporter; (für e-e

Gruppe, Partei) enrôler, (für e-e Partei) engager (für dans); fig prendre, (s')attirer; mines chem extraire; (durch Verarbeitung) tirer (aus de); itr (an Wert zunehmen) gagner (an en); es über sich ~ zu prendre sur soi de; Boden ~ (fig) gagner du terrain; Einfluß ~ prendre de l'influence od de l'ascendant (auf sur); jdn für sich ~ obtenir les bonnes grâces de qn, séduire qn; jds Gunst ~ s'attirer la faveur de qn; die Oberhand ~ prendre le dessus, l'emporter (über sur); den Prozeß ~ (a.) avoir gain de cause; Zeit ~ gagner du temps; sich ~ lassen für se laisser faire pour; jdn (für e-e Sache) zu ~ suchen travailler qn; damit ist nicht viel gewonnen on n'y gagne guère; nous ne sommes pas plus avancés; er gewinnt bei näherer Bekanntschaft il gagne à être connu; wer nicht wagt, der nicht gewinnt; frisch gewagt ist halb gewonnen (prov) qui ne risque rien n'a rien; wie gewonnen, so zerronnen (prov) ce qui vient par la flûte s'en retourne par le tambour; **g~end** ppr a gagnant; fig (Äußeres, Wesen) séduisant; **~er** m ‹-s, -› gagnant; vainqueur m; unter den ~n sein sortir vainqueur; **~liste** f liste f des (numéros) gagnants; **~los** n billet m gagnant; **~(n)ummer** f numéro m gagnant; **g~reich** a profitable, lucratif; **~saldo** m solde m bénéficiaire; **~spanne** f marge f bénéficiaire od de bénéfice; **~steuer** f impôt m sur les bénéfices; **~streben** n amour m du gain; **~sucht** f âpreté f au gain, amour od esprit m du lucre; **g~süchtig** a âpre à la curée od au gain, avide de gain; **~überschuß** m solde m bénéficiaire; **Gewinn-und-Verlust-Konto** n compte m des profits et pertes; **~ung** f mines chem extraction f; (Energie-, Öl~) production f; (Kohle~, Sand~) extraction f; **~verteilung** f répartition f des bénéfices.

Gewinsel n ‹-s, ø› gémissements m pl.

Gewirr n ‹-(e)s, -e› (Wirrwarr) embrouillement, imbroglio, labyrinthe, fam brouillamini m.

gewiß [gə'vɪs] a sûr, assuré, certain; (festgelegt) fixe; adv sûrement, assurément, certainement, certes, à coup sûr, pour sûr, sans aucun doute, sans faute; (unbetont, im Sinne von: wohl) sans doute; interj mais oui! bien sûr! ganz ~! sans aucun doute, infailliblement; bis zu e-m gewissen Grade, in gewissem Sinn dans une certaine mesure; e-r S ~ sein être sûr de qc; s-r S ~ sein être sûr de son fait;

so viel ist ~, *daß* ... toujours est-il que ...; ce qu'il y a de certain, c'est que ...; *du kannst meiner Unterstützung* ~ *sein* mon soutien t'est acquis; *gewisse(s) Etwas n* je-ne-sais-quoi *m; ein gewisses Gefühl* un sentiment vague; *ein gewisser Jemand* un quidam; *gewisse Leute pl* certaines gens *pl; ein gewisser N* un certain *od* nommé N; **gewissermaßen** *adv* en quelque sorte, de quelque manière; pour ainsi dire; comme qui dirait, quasi; **G~heit** *f* certitude, assurance *f;* ~ *erlangen* obtenir des certitudes; *sich* ~ *über etw verschaffen* s'assurer de qc; ~**lich** *adv* certainement.

Gewissen *n* ‹-s, -› conscience *f* (morale); *auf Ehre und* ~ en mon âme et conscience; *mit gutem* ~ en bonne conscience; *nach bestem Wissen und* ~ en toute conscience; *um sein* ~ *zu beruhigen* par acquit de conscience; *das* ~ *belasten* peser sur la conscience; *sein* ~ *beruhigen* apaiser *od* tranquilliser sa conscience; *sein* ~ *entlasten od erleichtern* décharger *od* soulager sa conscience; *sein* ~ *erforschen od prüfen* faire son examen de conscience, s'examiner; *etw auf dem* ~ *haben* avoir qc sur la conscience; *ein gutes od reines* ~ *haben* avoir la conscience nette *od* pure *od* tranquille *od* en repos *od* en paix; *ein schlechtes* ~ *haben* avoir mauvaise conscience; *ein weites* ~ *haben* avoir la conscience large *od fam* élastique; *sich ein* ~ *aus etw machen* se faire un cas de conscience *od* un scrupule de qc; *etw auf sein* ~ *nehmen* charger sa conscience de qc; *jdm ins* ~ *reden* faire appel *od* s'adresser à la conscience de qn; *mir schlägt das* ~ j'ai des remords; *ein gutes* ~ *ist ein sanftes Ruhekissen (prov)* une conscience pure est un bon oreiller; *mein künstlerisches* ~ mes goûts *od* convictions artistiques; *Stimme f des* ~*s* voix *f* de la conscience; **g~haft** *a* consciencieux, scrupuleux; *(peinlich genau)* minutieux, méticuleux; *etw* ~ *machen* mettre de la conscience à qc; ~**haftigkeit** *f* ‹-, ø› (délicatesse de) conscience, probité *f;* scrupules *m pl;* **g~los** *a* sans scrupules, sans principes; ~**losigkeit** *f* ‹-, ø› manque *m* de conscience *od* de scrupules; ~**sangst** *f* trouble *m od* tourments *m pl* de la conscience; ~**sbisse** *m pl* reproches de la conscience, remords; *(vor d. Tat)* scrupules *m pl; sich* ~ *machen* se faire un cas de conscience; *von* ~*n gepeinigt werden* être torturé par sa conscience, avoir la conscience

ulcérée; ~**serforschung** *f* examen *m* de conscience; ~**sfrage** *f* cas *m* de conscience; ~**sfreiheit** *f* liberté *f* de conscience; ~**skonflikt** *m* conflit *m* de conscience; ~**sruhe** *f* tranquillité *f* de conscience; ~**ssache** *f* affaire *f* de conscience; ~**szwang** *m* contrainte *f* morale.

Gewitter *n* ‹-s, -› orage *m*, tempête *f; es ist ein* ~ *im Anzug* le temps est à l'orage; ~**bildung** *f* formation *f* orageuse; ~**bö** *f* rafale *f* d'orage, grain *m* orageux; ~**front** *f* front *m* d'orage; ~**herd** *m* foyer *m* orageux; **gewitt(e)rig** *a* orageux; ~**luft** *f* atmosphère *f* d'orage; **g~n** *itr* faire de l'orage; ~**neigung** *f* tendance *f* orageuse; *zunehmende* ~ aggravation *f* orageuse; ~**regen** *m* pluie *f* d'orage; ~**schauer** *m* averse *f* d'orage; **g~schwanger** *a*, **g~schwer** *a* gros d'orage; ~**schwüle** *f* chaleur *f* orageuse; ~**wolke** *f* nuage *m* orageux.

gewitz(ig)t *a* débrouillard, déluré; *(schlau)* rusé, malin.

Gewoge *n* ‹-s, ø› *(der See, fig: e-r Menschenmenge)* ondoiement *m*.

gewogen [gə'vo:gən] *a: jdm* ~ *sein* être bien disposé pour *od* envers qn *od* à l'égard de qn, avoir de l'inclination *od* de l'affection *od* un faible pour qn; *sich jdn* ~ *machen* gagner les faveurs de qn; **G~heit** *f* ‹-, ø› inclination, bienveillance, faveur *f*, bonnes grâces *f pl*.

gewöhn|en [gə'vø:nən] *tr: (sich)* ~ *an* (s')accoutumer à, (s')habituer à, (se) familiariser avec; *jdn an etw* ~ habituer qn à qc; *sich an etw* ~ *(a.)* prendre l'habitude de qc, *fam* se faire à qc; *sich ans Klima* ~ s'acclimater; *man gewöhnt sich an alles* on se fait à tout; **G~ung** *f* accoutumance *f;* **G~ungsmarsch** *m mil* marche *f* d'endurance.

Gewohn|heit *f (persönliche)* habitude, accoutumance, coutume *f*, usage *m*, pratique *f; aus* ~ par habitude; *nach alter* ~ selon une vieille habitude; *die* ~ *ablegen* se déshabituer; *alte* ~*en ablegen* sortir de l'ornière; *s-e schlechten* ~*en ablegen (a.)* dépouiller le vieil homme; *die* ~ *annehmen zu* prendre *od* contracter l'habitude de, s'accoutumer à; *e-e schlechte* ~ *annehmen (a.)* prendre un mauvais pli; *die* ~ *haben, etw zu tun* avoir coutume de faire qc; *aus der* ~ *kommen* perdre l'habitude; *sich etw zur* ~ *machen* se faire une habitude, faire profession de qc; *zur* ~ *werden* tourner en habitude, passer en coutume; *die Macht der* ~ la force de l'habitude; **g~heitsmäßig** *a* habituel; routinier; *adv* par habitude, (comme) de coutume; **~heitsmensch** *m* homme d'habitude, routinier *m;* **~heitsrecht** *n* droit *m* coutumier, loi *f* coutumière; **~heitstrinker** *m* buveur *m* invétéré; **~heitsverbrecher** *m* récidiviste *m, fam* cheval *m* de retour; **g~t** *a (Sache, Vorgang)* habituel, coutumier, d'usage; *etw* ~ *sein* être habitué *od* accoutumé *od* fait à qc, avoir l'habitude de qc; ~ *sein, etw zu tun* avoir l'habitude *od* coutume de faire qc.

gewöhnlich [gə'vøː-n-] *a (gewohnt)* habituel; *(üblich)* usuel; *(alltäglich)* ordinaire, terre-à-terre; *(mittelmäßig)* commun; *(einfach)* simple; *(unfein, gemein)* vulgaire; *adv* d'habitude; d'ordinaire, en (règle) général(e); *wie* ~ comme à l'ordinaire, comme d'habitude; *unter* ~*en Umständen* dans des circonstances normales; *das ist das G~e* c'est la règle, c'est normal; *das* ~*e Essen* l'ordinaire *m;* **G~keit** *f* caractère *m* ordinaire, banalité; trivialité, vulgarité *f.*

Gewölbe *n* ‹-s, -› [gə'vœlbə] voûte *f; (Gruft)* caveau *m;* **~anfang** *m* arceau, berceau *m;* **~ejoch** *n* travée *f;* **~ekappe** *f* trompe *f;* **~espannweite** *f* échappée *f* de voûte; **~ezwickel** *m* rein *m;* **g~t** *a arch* voûté, cintré; *allg* bombé.

Gewölk *n* ‹-(e)s, -ø› nuages *m pl.*

Gewühl *n* ‹-(e)s, ø› [gə'vyː:l] *(Menschenmenge)* foule, presse, cohue *f.*

gewunden *a (gedreht)* tors, tortu, spiral, en spirale; *(Weg: sich schlängelnd)* tortueux; *(Fluß)* sinueux; *fig (geschraubt)* contourné; *(Winkelzüge machend)* tortueux.

gewürfelt *a* à coupé en petits carrés; *(Stoff)* quadrillé.

Gewürm *n* ‹-(e)s, ø› [gə'vyrm] vermine *f, a. fig pej (Menschen).*

Gewürz *n* ‹-es, -e› [gə'vyrts] épice *f,* condiment *m; (~waren)* épiceries *f pl;* **~essig** *m* vinaigre *m* épicé; **~gurke** *f* cornichon *m;* **~handel** *m* épicerie *f;* **~händler** *m* épicier *m;* **g~ig** *a* aromatique; **~kräuter** *n pl* fines herbes, herbes *f pl* aromatiques; **~nelke** *f* (clou de) girofle *m;* **~regal** *n* étagère *f* à épices; **~ständer** *m (auf dem Tisch)* support *m* à assaisonnement; **g~t** *a* épicé, aromatisé; *stark* ~ relevé.

gezackt *a* denté, dentelé, crénelé; *bot* créné, déchiqueté.

gezahnt *a,* **gezähnt** *a (mit Zähnen versehen)* dentu; *(Rad)* denté; = *gezackt.*

Gezänk *n* ‹-(e)s, ø› [gə'tsɛŋk], **Ge-**

zanke *n* ‹-s, ø› [gə'tsaŋkə] querelles, criailleries, gronderies *f pl.*

Gezappel *n* ‹-s, ø› [gə'tsapəl] frétillements *m pl.*

gezeichnet *a fig* stigmatisé.

Gezeiten *pl* marées *f pl;* **~bewegung** *f* flux et reflux; mouvement *m* des marées; **~hub** *m* amplitude *f* de la marée; **~kraftwerk** *n* usine *f* marémotrice; **~strom** *m,* **~strömung** *f* courant *m* de marée; **~tafel** *f* annuaire *m* des marées; **~wechsel** *m* changement *m* de marée.

Gezerre *n* ‹-s, ø› [gə'tsɛrə] tiraillements *m pl.*

Gezeter *n* ‹-s, ø› [gə'tse:tər] clameurs, vociférations; *(Streit)* criailleries *f pl,* altercation *f.*

geziemen, *sich (impers)* convenir, être convenable; *wie es sich geziemt* comme il convient, comme il faut, dûment; **~d** *a* convenable, décent, (bien)séant; *adv* comme il se doit; dans les formes.

Gezier|e *n* ‹-s, ø› [gə'tsiːrə] manières *f pl* affectées, afféterie *f,* simagrées *f pl,* minauderie, coquetterie *f;* **g~t** *a (gekünstelt)* affecté; maniéré, recherché, mièvre, précieux; **~theit** *f* ‹-, ø› affectation, préciosité, mièvrerie, coquetterie, minauderie *f.*

Gezirp *n* ‹-(e)s, ø›, **~e** *n* ‹-s, ø› [gə'tsirp(ə)] *ent* chant, grésillement *m.*

Gezisch *n* ‹-(e)s, ø›, **~e** *n* [gə'tsiʃ(ə)] sifflements *m pl; (Auszischen)* huées *f pl; theat* sifflets *m pl;* **~el** *n* ‹-s, ø› chuchotement(s *pl*) *m.*

Gezücht *n* ‹-(e)s, -e› [gə'tsyçt] *pej* engeance, race, espèce *f.*

Gezweig *n* ‹-(e)s, ø› ramure *f,* branchage *m.*

Gezwitscher *n* ‹-s, ø› gazouillement, ramage *m.*

gezwungen *a (Miene, Lachen)* de commande; ~ *lachen (lächeln)* (sou)rire du bout des lèvres *od* des dents; ~*e(s) Lachen n* rire *m* jaune; **~ermaßen** *adv* obligatoirement; **G~heit** *f* ‹-, ø›; contrainte *f;* air *m* contraint *od* gêné.

Ghana ['gaːna] *n geog* le Ghana.

Ghetto *n etc.* = *Getto.*

Gicht [giçt] *f* ‹-, ø› *med* goutte, arthrite *f; f* ‹-, -en› *tech* gueulard *m;* **~anfall** *m* accès *m* de goutte; **~gase** *n pl* gaz *m pl* de haut fourneau; **g~isch** *a* goutteux, arthritique; **~knoten** *m med* nodosité *f* goutteuse, tophus *m;* **~öffnung** *f tech* gueulard *m.*

Giebel *m* ‹-s, -› ['giːbəl] *arch* pignon, fronton *m;* **~feld** *n* tympan *m;* **~fenster** *n* lucarne *f* faîtière; *(rundes)* œil-de-bœuf *m;* ~**seite** *f* frontispice *m;* ~**wand** *f* pan *m* de pignon.

Gier *f* ⟨-, ø⟩ [giːr] *(Begierde)* avidité, soif *(nach* de); *(Freß~)* gloutonnerie, voracité; *(Geld~)* cupidité *f;* **g~en** *itr* **1.** désirer avidement, convoiter *(nach etw* qc); **g~ig** *a* avide *(nach* de), âpre *(nach* à); *(freß~)* glouton, vorace; *(geld~)* cupide.

Gier|bewegung ['giːr-] *f mar* embardée *f; aero* (mouvement de) lacet *m;* **g~en** *itr* **2.** *mar* embarder; *aero* faire des mouvements de lacet.

Gieß|bach ['giːs-] *m* torrent *m,* ravine *f;* ~**bett** *n tech* lit *m* de coulée; **g~en** ⟨*gießt, goß, hat gegossen*⟩ *tr* verser; répandre *(über* sur); *(Glas, Metall)* fondre, couler; *(Bildwerk)* jeter en fonte, mouler; *itr impers: es gießt* il pleut à verse; *einen hinter die Binde* ~ *(fam)* se rincer la dalle; *Öl ins Feuer* ~ *(fig)* jeter *od* verser de l'huile sur le feu; *es gießt wie aus Kübeln* od *in Strömen* il pleut à seaux *od* à verse; *wie aus Erz gegossen* pétrifié; ~**er** *m* ⟨-s, -⟩ *(Arbeiter)* fondeur; *(Former)* mouleur; *(Glas~)* verseur *m;* ~**erei** [-'raɪ] *f* fonderie *f;* atelier *m* de moulage; mouillerie *f;* ~**form** *f* moule *m;* ~**kanne** *f* arrosoir *m;* ~**kannenprinzip** *n* saupoudrage *m; nach dem* ~ en soupoudrant; ~**kelle** *f,* ~**löffel** *m tech* puisoir *m,* poche *f* à fonte *od* de coulée; ~**ofen** *m* fourneau *m* (de fonderie).

Gift *n* ⟨-(e)s, -e⟩ [gɪft] poison; *(tierisches, a. fig: Bosheit)* venin *m; sein* ~ *versprizt haben (fig)* avoir vidé son carquois; ~ *sein für (fig fam)* être meurtrier pour; ~ *und Galle sein (fig)* n'être que fiel *od* sel et vinaigre; ~ *und Galle speien* vomir *od* cracher son venin, épancher sa bile *od* son fiel; *darauf könnte ich* ~ *nehmen* j'en mettrais ma main au feu; *darauf können Sie* ~ *nehmen* j'en donnerais ma tête à couper; *blonde(s)* ~ *(hum) (Frau)* blonde *f* incendiaire; *schleichende(s)* ~ poison *m* lent; ~**becher** *m* coupe *f* empoisonnée *od* de ciguë; ~**drüse** *f* glande *f* à venin; ~**gas** *n* gaz *m* toxique; **g~grün** *a* vert acide; **g~ig** *a zoo* venimeux; *(bot min)* vénéneux; *(vergiftet)* empoisonné; *scient* toxique, virulent; *fig* envenimé, plein de fiel; *(boshaft)* malicieux; ~ *wie e-e Natter* méchant comme une vipère; ~*e(r) Blick m (a.)* regard *m* venimeux; ~*e Zunge f* langue *f* de vipère; ~**igkeit** *f* ⟨-, ø⟩ toxicité, virulence; *(Bosheit)* malice; *(Wut)* rage, fureur *f;* ~**kröte** *f fig fam* teigne *f;* ~**mischer(in** *f)* *m* ⟨-s, -⟩ empoison-

neur, euse *m f;* ~**mord** *m* meurtre *m* par empoisonnement; ~**müll** *m* déchets *m pl* toxiques; ~**nudel** *f pop (Person)* poison *m;* ~**pflanze** *f* plante *f* vénéneuse; ~**pille** *f* pilule *f* de poison; ~**pilz** *m,* ~**schwamm** *m* champignon *m* vénéneux; ~**schlange** *f* serpent *m* venimeux; ~**schrank** *m fig (Bibliothek)* armoire *f* interdite; ~**spinne** *f* araignée *f* venimeuse; ~**stoff** *m* toxique; *ecol* produit *m* toxique; *med* virus *m,* toxine *f;* ~**zahn** *m* crochet *m* (à venin); ~**zwerg** *m pej (Mensch)* vipère *f.*

Gigant *m* ⟨-en, -en⟩ [gi'gant] géant *m;* **g~isch** *a* gigantesque, colossal.

Gigerl *m, a. n* ⟨-s, -n⟩ ['giːgərl] dandy, pommadin, gommeux *m.*

Gilde *f* ⟨-, -n⟩ ['gɪldə] *(Zunft)* corporation *f;* corps *m* de métier.

Gimpel *m* ⟨-s, -⟩ ['gɪmpəl] *orn* bouvreuil; *fig* serin, dindon, sot, nigaud *m;* ~**fang** *m* attrape-nigauds *m.*

Ginster *m* ⟨-s, -⟩ ['gɪnstər] *bot* genêt *m.*

Gipfel *m* ⟨-s, -⟩ ['gɪpfəl] *(e-s Berges)* sommet *m,* tête; *(steiler)* cime *f; fig (Höhepunkt)* pinacle, comble, point culminant, zénith, apogée *m; das ist (doch) der* ~*!* c'est un comble! *der* ~ *der Frechheit* le comble de l'insolence; ~**höhe** *f aero* plafond *m; in* ~ *fliegen* plafonner; ~**konferenz** *f,* ~**treffen** *n pol* conférence *od* rencontre *od* session *f* au sommet; ~**leistung** *f* record *m;* **g~n** *itr fig* atteindre son point culminant, culminer, parvenir à son apogée; ~**punkt** *m* point *m* culminant; **g~ständig** *a bot* terminal.

Gips *m* ⟨-es, -e⟩ [gɪps] *min* gypse; *(gebrannt)* plâtre *m; in* ~ *(legen)* med (mettre) dans le plâtre; ~**abguß** *m* moulage *m* (en plâtre); ~**bewurf** *m* enduit *od* crépi *m* de plâtre; ~**brei** *m* pâte *f* de plâtre; ~**brennerei** *f,* ~**bruch** *m* plâtrière *f;* ~**decke** *f* plafond *m* en plâtre; ~**diele** *f* carreau *m od* dalle *od* planche *f* en plâtre; **g~en** *tr* plâtrer; ~**er** *m* ⟨-s, -⟩ plâtrier *f;* ~**erarbeiten** *f pl* petite maçonnerie *f;* ~**figur** *f* moulage, plâtre *m;* **g~haltig** *a* gypseux; ~**marmor** *m* faux marbre *m;* ~**mehl** *n* plâtre *m* en poudre; ~**modell** *n* modèle *m* en plâtre; ~**ofen** *m* four *m* à plâtre; ~**platte** *f* plaque *f* de plâtre; ~**putz** *m* enduit *m* de plâtre; ~**stein** *m* pierre *f* à plâtre; ~**verband** *m med* bandage *m* plâtré.

Giraffe *f* ⟨-, -n⟩ [gi'rafə] girafe *f;* ~**nhals** *m* cou *m* de girafe.

Gir|algeld *n* [ʒi'raːl-] monnaie *f* scriptu-

rale; ~**ant** *m* ⟨-en, -en⟩ [ʒi'rant] *fin*
endosseur *m;* ~**at** *m* ⟨-en, -en⟩ [-'ra:t]
endossé *m;* **g~ieren** [-'ri:rən] *tr* transférer;
(Wechsel) passer à l'ordre d'un tiers,
endosser.

Girlande *f* ⟨-, -n⟩ [gɪr'landə] guirlande
f, feston *m.*

Giro *n* ⟨-s, -s⟩ ['ʒi:ro] *(bargeldlose
Überweisung)* virement, transfert;
(durch Indossament) endossement
m; ~**einlagen** *f pl* dépôts *m pl* à vue
od en compte courant; ~**kasse** *f*
banque *f* de virement; ~**konto** *n*
compte *m* de virement; ~**verband** *m*
association *f* des banques de virement; ~**verkehr** *m* transactions *od*
opérations *f pl* de virement; ~**zentrale** *f* banque *f* centrale de virement.

girren ['gɪrən] *itr (Taube)* roucouler.

gis *n* ⟨-, -⟩ [gɪs] *mus* sol *m* dièse;
~**-Moll** *n* sol *m* dièse mineur.

Gischt *m* ⟨-(e)s, -(e)⟩ *od f* ⟨-,(-en)⟩
[gɪʃt] écume *f; (Meer)* embrun *m.*

Gitarre *f* ⟨-, -n⟩ [gi'tarə] guitare *f.*

Gitter *n* ⟨-s, -⟩ ['gɪtər] grille *f*, grillage,
treillage, treillis *m*, claire-voie *f; radio* grille *f;* ~**batterie** *f radio* batterie *f* de grille *od* de haute tension;
~**bett** *n* lit *m* treillissé; ~**brücke** *f*
pont *m* à grille *od* en treillis; ~**fenster** *n* fenêtre *f* grillagée *od* à barreaux; **g~förmig** *a* treillissé, grillagé;
~**gleichrichter** *m radio* rectificateur
m par grille; ~**kondensator** *m el*
condensateur *m* de grille; ~**konstruktion** *f* charpente *f* à treillis;
~**mast** *m* mât *od* poteau *od* pylône
m en treillis; ~**modulation** *f radio*
modulation *f* par la grille; ~**spannung** *f radio* potentiel *m od* tension
f de grille; ~**stab** *m* barre *f* de treillis; ~**strom** *m radio* courant *m* de
grille; ~**tor** *n*, ~**tür** *f* grille *f;* ~**werk**
n grillage, treillage, treillis *m;* ~**widerstand** *m radio* résistance *f* de
grille; ~**zaun** *m* clôture *f* à claire
-voie, treillis *m.*

Glacéhandschuhe *m pl* [gla'se:-]
gants *m pl* glacés.

Gladiator *m* ⟨-s, -en⟩ [gladi'a:tɔr,
-'to:rən] *hist* gladiateur *m.*

Gladiole *f* ⟨-, -n⟩ [gladi'o:lə] *bot*
glaïeul, lis *m* de Saint-Jean.

Glanz *m* ⟨-es, ø⟩ [glants] *(blendender,
a. fig)* éclat; *(heller, a. fig)* brillant;
(e-r glatten Fläche) lustre; *(Schimmer)* luisant, *(e-s Stoffes)* lissé; *tech
(Leder, Stoff, Papier)* apprêt *m; fig
(Pracht, Herrlichkeit)* splendeur,
magnificence; *(Jugend, Blütezeit)*
fleur; *(Ruhmes~)* gloire, illustration *f;*

mit ~ *(bestehen) (fam)* en beauté;
auf ~ bringen *(fam)* requinquer *pop;*
~ verleihen donner de l'éclat *(e-r S* à
qc); *s-n* ~ *verlieren* perdre son éclat,
se ternir; *er flog mit* ~ *hinaus (hum)*
il a été viré en beauté; ~**bürste** *f*
brosse *f* à reluire; ~**garn** *n* fil *m* brillant; ~**gold** *n* or *m* imité; ~**kalander**
m tech calandre *m* à lustrer; ~**kattun** *m* lustrine *f;* ~**leder** *n* cuir *m*
brillant *od* verni; ~**leistung** *f* brillante performance *f;* **g~los** *a* sans lustre; *(matt)* mat; *(trübe)* terne; *(Augen)* éteint; *fig* sans éclat, modeste,
obscur; ~**nummer** *f* clou *m fam;*
~**papier** *n* papier *m* lissé *od* glacé *od*
satiné; ~**silber** *n* argent *m* imité;
~**stärke** *f* empois *m* luisant; ~**vergoldung** *f* dorure *f* en détrempe;
g~voll *a fig* brillant, magnifique, glorieux; ~**weiß** *n* blanc *m* brillant;
~**zeit** *f* fleur *f*, apogée *m.*

glänzen ['glɛntsən] *itr* briller *a. fig;
(schimmern, leuchten)* (re)luire;
(strahlen) resplendir, rayonner; *(blitzen, blinken)* éclater; *fig (in e-m
Fach)* exceller *(in* en), *fam* faire des
étincelles; *tr tech (polieren)* polir;
(Metall) brunir; *(Papier)* lisser;
(Stoff) lustrer, *(Leder)* vernir; *durch
Abwesenheit* ~ *(fam)* briller par son
absence; *mit etw* ~ exhiber, faire étalage de qc; *es ist nicht alles Gold,
was glänzt (prov)* tout ce qui brille
n'est pas or; **G~** *n* luisance *f;* resplendissement, rayonnement; *tech* polissage; brunissage; lissage; lustrage;
vernissage *m;* ~**d** *a* brillant; *(schimmernd)* (re)luisant; *(leuchtend)* radieux; *(strahlend)* resplendissant,
rayonnant; *(blitzend, blinkend)* éclatant; *tech (poliert)* poli; *(Metall)* bruni; *(Papier)* lissé; *(Stoff)* lustré; *(Leder)* verni; *fig* splendide, superbe,
magnifique; *adv fig* avec éclat; *e-e ~e
Idee* une idée de génie.

Glas 1. *n* ⟨-es, ¨-er⟩ [gla:s, -zəs,
'glɛ:zər] verre *m; (Brille)* verres *m pl,*
lunettes *f pl; (Fernglas)* jumelle(s *pl)*
f; tech tube *m* (à essai); *mit den Gläsern anstoßen* choquer les verres,
trinquer; *zu tief ins* ~ *gucken* boire
plus que de raison; *zu* ~ *verarbeiten*
vitrifier; *Vorsicht,* ~*!* verre(s)! *Bild n
unter* ~ sous-verre *m; farbige(s)* ~
verre *m* de couleur; *geschliffene(s)* ~
verre *m* taillé; *ein* ~ *Wasser* un verre
d'eau; **2.** *n* ⟨-es, -en⟩ [gla:s, -zən] demi-heure *f;* **g~artig** *a* vitreux; ~**auge** *n* œil artificiel *od* de verre; *(Pferd,
Hund)* œil *m* vairon; **g~äugig** *a
(Pferd, Hund)* vairon; ~**ballon** *m
(Korbflasche)* dame-jeanne *f; chem*

ballon *m* (de verre); ~**baustein** *m*
dalle *f* de verre *od* lumineuse; ~**bearbeitung** *f* hyalotechnie *f;* ~**behälter** *m* récipient *m* en verre; ~**blasen**
n soufflage *m;* ~**bläser** *m* souffleur
(de verre), verrier *m;* ~**bläserei** *f*
verrerie *f;* ~**dach** *n* toit *m* en verre;
~**deckel** *m* couvercle *n* de verre;
~**druck** *m* *typ* hyalographie *f;* ~**er** *m*
⟨-s, -⟩ vitrier *m;* ~**erarbeit** *f* vitrage
m; ~**erdiamant** *m* diamant *m* de vitrier; ~**erei** [-'rai] *f* vitrerie *f;* ~**erkitt**
m mastic *m* de(s) vitrier(s); ~**fabrik** *f*
verrerie *f;* ~**fabrikation** *f,* ~**fertigung** *f* fabrication *f* du verre; ~**faden** *m* fil *m* de verre; ~**faser** *f* fibre
f de verre; ~**fluß** *m* vitrification *f;*
~**gefäß** *n* = ~**behälter;** ~**gespinst**
n soie *f* de verre; ~**glocke** *f* globe *m;*
(über e-r Pflanze) cloche *f;* ~**handel**
m vitrerie *f;* ~**haus** *n* serre *f;* ~**haut**
f *anat* membrane *f* hyaloïde; ~**herstellung** *f* hyalotechnie *f;* **g**~**ieren**
[gla'zi:rən] *tr* tech émailler, vernir,
vernisser; *(a. Konditorei)* glacer;
~**ierung** *f* émaillage; vernissage;
glaçage *m;* **g**~**ig** *a (a. Blick)* vitreux;
~**industrie** *f* verrerie *f;* ~**kasten** *m*
cage vitrée, vitrine *f;* ~**kiste** *f* harasse *f;* **g**~**klar** *a (Wasser)* limpide; *fig*
évident; ~**knopf** *m* bouton *m* de verre; ~**kolben** *m* ballon, matras; *(Retorte)* alambic *m,* cornue *f;* ~**körper**
m *anat (Auge)* humeur *f* hyaloïde *od*
vitrée; *a. tech* corps *m* vitré; ~**maler**
m apprêteur *m;* ~**malerei** *f* peinture
f d'apprêt; ~**masse** *f* *tech* verre *m*
en fusion, fritte *f;* ~**ofen** ⁵*m* four *m* de
verrerie; ~**papier** *n* papier *m* de verre *od* verré; ~**perle** *f* perle *f* de
verre; ~**platte** *f* plaque *f* de verre;
~**pulver** *n* *tech* grésil *m;* ~**röhre** *f*
tube *m* de verre; ~**sand** *m* sable *m*
vitrifiable; ~**scheibe** *f* vitre *f,* carreau *m* (de verre); ~**scherbe** *f* tesson *m* de verre; ~**schleifer** *m* tailleur *m* de verre; ~**schleiferei** *f* atelier *m* de tailleur de verre; ~**schrank**
m armoire vitrée, vitrine *f;* ~**seide** *f*
= ~*gespinst;* ~**splitter** *m* éclat *m* de
verre; ~**stab** *m* bâton *m* en verre;
~**staub** *m* poussière *f* de verre;
~**stöpsel** *m* bouchon *m* en verre;
~**tür** *f* porte-fenêtre, porte *f* vitrée;
~**ur** *f* ⟨-, -en⟩ [-'zu:r] *tech* émail; *(Porzellan)* vernis *m,* glaçure *f; (Leder,
Stoff)* glacé *m; (Küche)* glace *f;* ~**ur-
farbe** *f* couleur *f* vitrifiable; ~**veranda** *f* véranda *f* vitrée; ~**versicherung** *f* assurance *f* contre le bris des
glaces; ~**waren** *f* *pl* verrerie *f;*
g~**weise** *adv (trinken)* par verres;
~**wolle** *f* laine *f* de verre.

Gläs|chen *n* ⟨-s, -⟩ ['glɛ:sçən] *ein* ~
(Schnaps) un petit verre; ~**erbecken**
['-zər-] *n* verrière *f;* ~**erkorb** *m* verrier
m; **g**~**ern** *a* de verre; *(Klang)* cristallin; *der* ~*e Mensch (in e-m Überwa-
chungsstaai)* l'homme *m* transparent;
~**ertuch** *n* essuie-verres *m.*
Glast *m* ⟨-es, ø⟩ [glast] *poet (Glanz)*
éclat *m.*
glatt [glat] *a* lisse; *(Stoff)* uni; *(Haut)*
doux; lisse, sans rides; *(Haare)* plat,
lisse; *(kahl)* ras, sans poil, glabre;
(~rasiert) ras(é); *(sauber)* net; *(ge-
glättet)* poli, lissé; *(schlüpfrig)* glissant; *fig (einfach, z. B. Rechnung)*
simple; *(strikt, z. B. Weigerung)* catégorique; *(wendig)* souple; *(einschmeichelnd)* insinuant, patelin, flatteur, mielleux; *das ist (ja)* ~*er Betrug!*
c'est une escroquerie pure et simple!
e-e ~*e Rechnung* un compte rond;
adv facilement, aisément, sans difficulté, sans encombre, sans accroc,
sans anicroche; *fam* = ~*weg; fam
(restlos, ganz)* complètement, entièrement, absolument; ~ *anliegen
(Kleid)* coller; ~ *durchgehen* passer
haut la main *od fam* comme une lettre à la poste; ~ *landen (aero)* faire
un atterrissage parfait; *das ging ihm*
~ *ein* il l'avala comme du lait doux;
das hätte ich ~ *vergessen* un peu
plus, j'allais l'oublier; *er hat es mir* ~
abgeschlagen il me l'a carrément refusé; ~=**bürsten** *tr* coucher *(das Fell*
le poil); **G**~**eis** *n* verglas *m; jdn aufs*
~ *führen (fig)* tendre un piège à qn;
G~**eisgefahr** *f (danger de)* verglas
m; ~=**gehen** ⟨*aux: sein*⟩ *itr* *fig* *fam*
ne pas faire un pli, aller comme sur
des roulettes, passer comme une lettre à la poste; **G**~**haarterrier** *m* terrier *m* à poil ras; ~=**hobeln** *tr tech*
blanchir; ~**rasiert** *a* rasé de près;
~**weg** ['-vɛk] *adv* nettement, (tout)
net, sans façon, bel et bien; ~=**züngig**
a flatteur, patelin, doucereux, mielleux.
Glätt|e *f* ⟨-, -n⟩ ['glɛtə] lisse *m; (Glatt-
eis)* état *m* glissant; *(Benehmen)*
manières *f* *pl* insinuantes; *(Stil)* élégance *f;* ~**ebildung** *f* formation *f* de
verglas; **g**~**en** *tr* lisser, effacer les plis
de; *(Falten)* effacer; *tech* polir, planer; *(Holz)* unir; *(Metall)* adoucir,
brunir; *(Papier)* satiner; *(Stoff)* lustrer; *fig (den Stil)* limer, polir; *sich* ~
(Gesichtszüge) se dérider; ~**er** *m* ⟨-s,
-⟩ *(Arbeiter)* lisseur; polisseur, planeur; brunisseur; satineur; lustreur *m;*
~**maschine** *f (Papierfabrikation)*
machine *f* à lisser, lissoir *m; (Textilin-
dustrie)* lissoir *m,* lisseuse *f.*

Glatze f ⟨-, -n⟩ ['glatsə] tête f chauve, crâne m dénudé; *fam* tête f pelée, *pop* genou m; *e-e ~ haben* être chauve; *pop* n'avoir plus un poil sur le caillou; **~kopf** m *fam* pelé, chauve m; **g~köpfig** a *fam* pelé, chauve.

Glaube *(seltener ~n)* m ⟨-ns, (-n)⟩ ['glaubə(n)] *rel (e-s einzelnen)* foi, croyance *(an etw* à qc, *an Gott* en Dieu): *allg* créance f, crédit m; *(Überzeugung)* conviction; *(Meinung)* opinion; *(Konfession, Religion)* foi, confession, religion f; *in gutem ~n* en toute *od* de bonne foi; *jdm, e-r S ~n beimessen* ajouter foi aux paroles de qn, à qc; *~n finden (Mensch)* trouver créance, se faire croire; *(Worte)* trouver crédit; *jdm, e-r S ~n schenken* donner créance *od* faire crédit à qn, ajouter foi à qc.

glauben ['glaubən] *tr (für wahr halten)* croire *(jdm* qn, *etw* qc); *(meinen)* penser; *(vermuten)* supposer, présumer; *(vertrauen auf)* avoir confiance en; *itr rel* avoir foi *(an* en), croire *(an* à); *an Gott ~* croire en Dieu; *wenn man ihm ~ darf* à l'en croire; *dran ~ müssen (fam)* déchanter; faire son deuil (de qc); *fam* passer le pas; *ich glaube ja, nein* je crois que oui, non; *ich glaube dir aufs Wort* je te crois sur parole; *das glaube ich gern* je veux bien le croire; *ich glaube es Ihnen* je crois ce que vous dites; *das glaube ich nicht* je ne (le) crois pas; *ich glaube nicht daran* je n'y crois pas; *das glaube ich nicht von ihr od ihm* je ne l'en crois pas capable; *das glaube ich schon* je crois bien; *ich möchte fast ~ ...* j'ai presque l'impression ...; *man könnte ~, daß* on dirait que; *das ist nicht od kaum zu ~* c'est à n'y pas croire; *glaub mir's!* va! *fam; ~ Sie mir!* croyez-moi; *ob du es glaubst oder nicht!* que tu le croies ou non; *wer das glaubt!* à d'autres!

Glaubens|artikel m ['glaubəns-] article m de foi; **~bekenntnis** n profession de foi, confession f (de foi); credo m, a. *pol; das Apostolische ~* le Credo; **~bewegung** f mouvement m religieux; **~eifer** m zèle m religieux; *übertriebene(r) ~* fanatisme m religieux; **~freiheit** f liberté f religieuse *od* des cultes; **~genosse** m coreligionnaire m; **~krieg** m guerre f de religion; **~lehre** f dogmatique f; **~sache** f matière f de foi; **~satz** m article de foi, dogme m; **~spaltung** f schisme m; **~zwang** m contrainte f religieuse.

Glaubersalz n ['glaubər-] *pharm* sel de Glauber; *chem* sulfate m de sodium.

glaub|haft ['glaup-] a croyable, digne de foi; *(verbürgt)* authentique; *etw ~ machen* donner créance à qc; **G~haftigkeit** f crédibilité; *(Verbürgtheit)* authenticité f; **G~haftmachung** f *jur* établissement m de l'authenticité; **~lich** a: *es ist kaum ~* c'est difficile à croire; **~würdig** a digne de foi; *(verbürgt)* authentique; **G~würdigkeit** f crédibilité; authenticité f.

gläubig ['glɔybɪç] a *rel* croyant, fidèle; **G~e(r)** m *rel* croyant, fidèle m; **G~er** m ⟨-s, -⟩ [-gər] *com* créancier, créditeur m; *die ~ befriedigen* satisfaire *od* désintéresser les créanciers; *bevorrechtigte(r) ~* créancier m privilégié; **G~erausschuß** m direction f des créanciers; **G~ernation** f nation f créditrice; **G~erversammlung** f assemblée *od* réunion f des créanciers; **G~keit** f ⟨-, ø⟩ [-bɪç-] foi, religiosité f.

glazial [glatsi'aːl] a *geol,* **G~. . .** *(in Zssgen)* glaciaire.

gleich [glaɪç] a égal a. *math; (identisch)* identique, le *od* la même, *pred* la même chose; *(~artig)* pareil, semblable; *(entsprechend)* analogue, égal *(ebenso)* aussi, autant, également; *(anschließend)* d'emblée, *fam* de suite; *(sofort)* aussitôt, tout de suite, à l'instant, immédiatement, sur-le-champ; *(bald)* tout à l'heure, dans un moment; *~ als ... dès que ...; ~ aus etw (trinken)* (boire) à même qc; *(ganz) (pred)* tout comme; *~ zu Anfang* dès le début, dès l'abort, au premier *od* de prime abord; *im ~en Augenblick* au même moment; *~ breit, groß, hoch* de la même largeur, grandeur *od* taille, hauteur; *~ dabei od daneben* tout près; *~ darauf* l'instant d'après; *~ heute* dès aujourd'hui; *~, ob er kommt* qu'il vienne ou non; *~ viel (die ~e Menge)* autant; *in ~er Weise* également, semblablement; *~ weit (entfernt)* à égale distance; *~ wie* n'importe comment; *zu ~er Zeit* en même temps; *jdm, e-r S ~ sein* égaler qn, qc; *immer der ~e sein* être toujours égal à soi-même; *mit jdm auf ~em Fuße stehen* être sur un pied d'égalité *od* pair et compagnon avec qn; *in zwei ~e Teile teilen od zerlegen* partager *od* couper par moitié; *das ~e tun* faire la même chose *od* de même; *G~es mit G~em vergelten* rendre la pareille, rendre la monnaie de sa pièce; *das dachte ich mir ~* je m'en doutais bien; *ich komme ~*

je viens tout de suite; *ich bin ~ wieder da* je reviens tout de suite, je ne fais qu'aller et venir; *das ist mir ~ ce-la* m'est égal; *mir ist alles ~ tout* m'est égal; *das ist (ganz) ~, das bleibt sich ~* c'est tout un, *fam* c'est tout comme; *das läuft aufs ~e hinaus* cela revient au même; *das ist ~ geschehen* c'est l'affaire d'un moment; *habe ich das nicht ~ gesagt!* ne l'avais-je pas dit? *fam* qu'est-ce que je disais! *wie war doch ~ Ihr Name?* quel est votre nom déjà? *~!* un moment! on y va! *bis ~!* à tout à l'heure, à tout de suite, à tantôt; *~ und ~ gesellt sich gern (prov)* qui se ressemble s'assemble; *~***alt(e)rig** *a* du même âge; *~***artig** *a* du même genre, similaire, homogène, analogue; **G~artigkeit** *f* similarité, similitude, parité, homogénéité, analogie *f;* *~***bedeutend** *a* équivalent (*mit* à); *~***berechtigt** *a* égal en droits; à droits égaux; **G~berechtigung** *f* égalité des droits; *jur* concurrence *f;* *~***=bleiben,** *sich* ‹*aux: sein*› rester le *od* la même; *~***bleibend** *a* toujours égal; *med* continent; *(unveränderlich)* invariable, fixe; *~***en** ‹*gleicht, glich, hat geglichen*› [(gə)glıç(ən)] *itr (sehr ähneln)* ressembler (*jdm* à qn), être semblable (*e-r S* à qc); *sie ~ sich wie ein Ei dem anderen, sie ~ einander aufs Haar* ils se ressemblent comme deux gouttes d'eau; *~***ergestalt** *adv,* *~***ermaßen** *adv,* *~***erweise** *adv* pareillement, de la même façon *od* manière; *~***falls** *adv* également, pareillement, semblablement, de même; *danke, ~!* merci, également *od* pour vous de même! *~***farbig** *a* de la même couleur; *scient* isochromatique; *~***förmig** *a* *phys tech* homogène; *(übereinstimmend)* conforme (*mit* à); *(einförmig)* uniforme; *(eintönig)* monotone; *~ buchen od vortragen (com)* passer écriture conforme; **G~förmigkeit** *f* homogénéité; conformité; uniformité; monotonie *f;* *~***gerichtet** *a el* redressé; *~***geschaltet** *a pol* mis au pas; *~***geschlechtlich** *a* homosexuel; *~***gesinnt** *a* sympathisant; *~***gestellt** *a* du même rang; *~***gestimmt** *a* à l'unisson, en harmonie; **G~gewicht** *n* équilibre *m,* balance *f, a. pol;* *im ~* en équilibre; *das ~ bewahren* garder *od* maintenir l'équilibre; *ins ~ bringen* mettre en équilibre, équilibrer, balancer; *aus dem ~ bringen* déséquilibrer, désaxer; *aus dem ~ geraten* perdre l'équilibre; *im ~ halten* maintenir d'aplomb, balancer; *sich das ~ halten* se faire équilibre; *das ~*

herstellen faire l'équilibre; *das ~ stören* déranger *od* troubler *od* rompre l'équilibre; *das ~ verlieren* perdre l'équilibre; *sein ~ wiedergewinnen* retrouver son équilibre; *das ~ wiederherstellen* rétablir l'équilibre; *das europäische ~* l'équilibre *m* européen; *labile(s), stabile(s) ~* équilibre *m* instable, stable; *seelische(s) ~* équilibre *m* moral *od* psychologique; *Verlust m des ~s* rupture *f* d'équilibre; *~***gewichtsgestört** *a* déséquilibré; **G~gewichtslage** *f* position *f* d'équilibre; **G~gewichtssinn** *m* sens *m* de l'équilibre; **G~gewichtsstörung** *f* déséquilibre *m;* **G~gewichtsübung** *f* exercice *m* d'équilibre; **G~gewichtszustand** *m* état *m* d'équilibre; *~***gültig** *a* indifférent *(gegen* à); *(uninteressiert)* détaché, désintéressé; *(abgestumpft)* insensible, impassible, apathique; *adv* avec indifférence; *gegen Vorwürfe ~* insensible aux reproches; *gegen etw ~ werden* se désintéresser de qc; *das ist mir ~* cela m'est égal *od* indifférent, cela ne m'intéresse pas, peu m'importe; *das ist ~* peu importe, cela ne fait ni chaud ni froid; *~, ob er kommt* qu'il vienne ou non; **G~gültigkeit** *f* indifférence *f;* détachement, désintéressement *m;* insensibilité, impassibilité, apathie, *f;* *rel* indifférentisme *m; pop* je-m'en-foutisme *m;* **G~heit** *f* ‹*-, ø*› égalité, parité, *(Gleichartigkeit)* similarité, similitude *f;* **G~heitszeichen** *n math* signe *m* d'égalité; **G~klang** *m mus* unisson *m,* consonance; *(a. der Wort- od Satzendungen u. fig)* consonance, homophonie *f;* *fig (Übereinstimmung)* accord *m,* harmonie *f;* *~***=kommen** ‹*aux: sein*› *itr: jdm ~* égaler qn *(an* en); *e-r S ~ (fast gleich sein)* égaler (presque) qc; **G~lauf** *m tech* synchronisme *m;* *~***laufend** *a* parallèle; *tech* synchron(iqu)e; *~***lautend** *a (Texte)* identique, conforme, similaire; *gram* homonyme, homophone; *~e Abschrift f* copie *f* conforme; *~***=machen** *tr* rendre égal, égaliser, niveler; *dem Erdboden ~* raser; **G~macher** *m pol* égalitaire, niveleur *m;* **G~macherei** *f* manie *f* d'égaliser *od* de niveler; *~***macherisch** *a* égalitaire; **G~maß** *n* (bonnes) proportion(s *pl*), harmonie *f;* *~***mäßig** *a* régulier; *phys tech* homogène; *adv* régulièrement; *~ verteilt* régulièrement distribué, (au fur et) à mesure; **G~mäßigkeit** *f* régularité; *phys tech* homogénéité *f;* **G~mut** *m* ‹*-(e)s, ø*›, *selten f* ‹*-, ø*› égalité *f* d'âme *od* d'humeur; stoïcisme *m; (Gelassenheit)* impassibilité *f,* calme *m; ~***mütig** *a* d'humeur égale, stoïque; *(gelassen)* impassible, calme; ~**namig** *a* du même nom; *math* correspondant, homogène; *phys* de même signe; ~ **machen** *(math: Bruch)* réduire au même dénominateur; **G~namigkeit** *f* homonymie; *math* homogénéité *f;* **G~nis** *n* ‹-sses, -sse› *(Bild)* image *f; (Sinnbild)* symbole *m; (Vergleich)* comparaison; *(bildl. Ausdruck)* figure, métaphore; *(bildl. Erzählung)* allégorie, parabole *f; ~***nisweise** *adv (sprechen)* par paraboles; ~**srichten** *tr el* redresser; **G~richter** *m el* redresseur; *radio* rectificateur, détecteur *m;* **G~richterröhre** *f el* tube redresseur, lampe *f* redresseuse; *radio* tube rectificateur, kénotron *m;* **G~richterstufe** *f radio* étage *m* de détection; **G~richterwerk** *n el* poste *m* de redressement; **G~richtung** *f el* redressement *m; ~***sam** *adv* pour ainsi dire, en quelque sorte; *fam* quasi(ment); *(wie)* comme; ~**sschalten** *tr allg tech* synchroniser; *pol* mettre au pas, uniformiser; **G~schaltung** *f allg* action de coordination, synchronisation; *pol* mise au pas, uniformisation *f;* ~**schenk(e)lig** *math* isocèle; **G~schritt** *m, bes. mil* pas *m* cadencé; cadence *f; im ~* au pas cadencé; *im ~! marsch!* en avant! marche! ~**seitig** *a math* équilatéral; ~**silbig** *a* parisyllabique; ~**sstehen** *itr* égaler *(jdm* qn); *sport* être à égalité *(jdm* avec qn); ~**sstellen** *tr* égaler *(jdm* à qn), mettre à parité *(mit* avec), mettre au même niveau *od* rang, mettre sur le même pied; *jur* assimiler; **G~stellung** *f jur* assimilation; *(bürgerliche)* ~ émancipation *f;* **G~strom** *m el* courant *m* continu; **G~stromempfänger** *m radio* récepteur *m* à courant continu; **G~strommotor** *m* moteur *m* à courant continu; **G~stromnetz** *n* réseau *m* à courant continu; ~**stun** *tr: es jdm ~* égaler qn; *es jdm ~ wollen* rivaliser avec qn; **G~ung** *f math* équation *f; lineare, quadratische* ~ *od* ~ *ersten, zweiten Grades* équation *f* du premier, second degré; ~ *mit einer, mit mehreren Unbekannten* équation *f* à une, à plusieurs inconnue(s); *die* ~ *geht auf* l'équation a une solution; ~**viel** *adv* tout autant; ~*, ob* peu importe que *subj; ~ wer* n'importe qui; ~ *wohin* où que *subj;* ~**wertig** *a* équivalent; *chem gram* de même valence; ~**wie** *conj* comme, ainsi que, de même que; ~**wink(e)lig** *a math*

équiangle, isogone; ~**wohl** *adv* pourtant, cependant, toutefois, tout de même, néanmoins; ~**zeitig** *a* simultané, concomitant; *phys tech* synchron(iqu)e; *(zeitgenössisch)* contemporain *(mit* de); *(zs.treffend)* coïncident; *adv* en même temps, du coup, simultanément; ~ *betreiben od (durch)führen* mener de front; **G~zeitigkeit** *f* simultanéité, concomitance *f;* synchronisme, isochronisme *m;* coïncidence *f; ~***sziehen** *itr* rattraper.

Gleis *n* ‹-es, -e› [glaɪs, -zə(s)] = *Geleise; ~***abschnitt** *m loc* section *f* de bloc; ~**abstand** *m* entrevoie *f; ~***abzweigung** *f* embranchement *m; ~***anlage** *f* (installation des) voie(s *pl*) *f* ferrée(s); ~**anschluß** *m (e-r Fabrik)* raccordement de voie ferrée, raccord *m* à la voie, jonction *f; mit ~* embranché sur le chemin de fer; ~**arbeiten** *f pl* travaux *m pl* de voie ferrée; ~**bettung** *f* ballastage *m* de voie; ~**dreieck** *n* jonction *f* (de voies) triangulaire; ~**heber** *m* pince *f* à rails; ~**kette** *f mot* chenille *f;* ~**kettenantrieb** *m* commande *f* par chenilles; ~**kettenfahrzeug** *n* véhicule *m* chenillé, autochenille *f;* ~**kreuzung** *f* croisement *m* de voies; ~**netz** *n* réseau *m* de voies; ~**überführung** *f* saut-de-mouton *m.*

Gleisner *m* ‹-s, -› ['glaɪsnər] *(Scheinheiliger)* hypocrite, tartufe, papelard *m; ~***ei** *f* [-'raɪ] hypocrisie, tartuferie, papelardise *f; g~***isch** *a* hypocrite, papelard.

gleißen ['glaɪsən] *itr (glänzen)* (re)luire, briller.

Gleit|angriff *m* ['glaɪt-] *mil aero* attaque *f* en vol plané; ~**bahn** *f (Schlittenbahn)* glissoire, glissade *f; tech* glissière *f;* ~**bombe** *f* bombe *f* planante; ~**boot** *n* hydroplane, hydroglisseur *m; g~***en** *(gleitet, glitt, ist geglitten)* [(-)glɪt(-)] *itr* glisser; *mot* déraper; *aero* planer; *tech (in e-r Vorrichtung)* coulisser; *(nicht fassen)* patiner; *auf dem Wasser ~ (a.)* hydroplaner; ~ *lassen (Hand)* glisser; *(Blick)* laisser errer; ~*de Arbeitszeit f* horaire *m* libre *od* mobile *od* variable *od* à la carte; ~*de Lohnskala f* échelle *f* mobile des salaires; ~**en** *n* glissement; *mot* dérapage *m; das ~ verhindernd* antidérapant; ~**fläche** *f* surface glissante, glissière *f;* ~**flug** *m* vol *m od* descente *f* plané(e); *im ~ niedergehen* descendre en vol plané; ~**flugzeug** *n* (avion) planeur *m;* ~**kufe** *f aero* patin *m* d'atterrissage; ~**lager** *n tech* palier lisse, coussinet *m;* ~**landung** *f* atterrissage *m* plané; ~**laut** *m* son *m* transitoire; ~**metall** *n* chem *mot* régule *m; mit* ~ *ausgießen (mot)* réguler; ~**mittel** *n* lubrifiant *m;* ~**riegel** *m* targette *f;* ~**rolle** *f* el trolley *m;* ~**schiene** *f* glissière *f;* ~**schritt** *m (Tanz)* chassé *m;* ~**schuh** *m* tech patin *m;* ~**schutz** *m* mot (enveloppe *f)* antidérapant(e) *m;* ~**schutzkette** *f* chaîne *f* antidérapante; ~**schutzreifen** *m* pneu *m* antid érapant; ~**stück** *n* tech glissoir *m;* ~**tisch** *m* tech table *f* glissoire; ~**verdeck** *n* mot capote *f* pliante; ~**verhältnis** *n* aero finesse *f;* ~**weg** *m* aero courbe *f* od trajet *m* d'atterrissage; ~**wegsender** *m* aero émetteur *m* du trajet d'atterrissage; ~**widerstand** *m* résistance *f* tech de, aero au glissement; ~**winkel** *m* aero angle *m* de glisse; ~**zahl** *f* aero finesse *f;* ~**zeit** *f* horaire *m* libre od mobile od variable od à la carte.

Glencheck *m* ⟨-(s), -s⟩ pied-de-poule *m.*

Gletscher *m* ⟨-s, -⟩ ['glɛtʃər] glacier *m;* ~**bach** *m* torrent *m* glaciaire; ~**brand** *m med* dermite *f* des neiges; ~**bruch** *m* sérac *m;* ~**garten** *m* jardin *m* des glaciers; ~**kunde** *f* glaciologie *f;* ~**landschaft** *f* paysage *m* glaciaire; ~**mühle** *f,* ~**topf** *m* marmite *f* glaciaire, pot *m* de glacier; ~**see** *m* lac *m* glaciaire; ~**spalte** *f* crevasse *f* de glacier; ~**tal** *n* vallée *f* glaciaire; ~**tisch** *m* table *f* glaciaire; ~**tor** *n* porte *f* de glacier; ~**wind** *m* vent *m* glaciaire.

Glied *n* ⟨-(e)s, -er⟩ [gli:t, 'gli:dər] membre *m* a. math *(Gleichung)* membre *m; (Finger~)* phalange *f; (des Bandwurmes)* segment; *(Ketten~)* chaînon, maillon *m; gram (Satz~)* partie *f,* terme; *mil* rang *m,* file *f; in Reih und* ~ en rangs; *bis ins vierte* ~ jusqu'à la quatrième génération; *kein* ~ *rühren können* ne pouvoir remuer ni pied ni patte *fam; die* ~*er (st)recken* s'étirer; *aus dem* ~ *treten (mil)* sortir des rangs; *an allen* ~*ern zittern* trembler de tous ses membres; *ins* ~ *zurücktreten* rentrer dans les rangs; *männliche(s)* ~ membre *m* viril; ~**erbau** *m* membrure, structure; *(Aufbau)* organisation *f;* ~**erfüßer** *m pl zoo* arthropodes *m pl;* g~**erlahm** *a* perclus; g~**ern** *tr* diviser *(in* en); *(inea.fügen)* articuler; *(ordnen, einrichten)* organiser; *(einteilen)* grouper, classifier; *(logisch anea.reihen)* enchaîner; *mil* diviser (par files od rangs), articuler; *(staffeln)* échelonner; *sich* ~ *in* se diviser en; ~**er-**

puppe *f (Spielzeug)* poupée *f* articulée; *(Schneiderpuppe)* mannequin *m;* ~**erreißen** *n* rhumatisme *m;* ~**ertiere** *n pl* articulés *m pl;* ~**erung** *f* anat articulation; *allg* division; *(Aufbau)* organisation *f; (Einteilung)* groupement *m,* classification *f; (logische Verknüpfung)* enchaînement *m; (e-r Rede)* structure *f,* plan *m; mil* division, articulation, organisation, structure *f; (für den Angriff)* dispositif; *(Tiefen~)* échelonnement *m* (en profondeur); *berufliche* ~ répartition *f* par profession; ~**erzuckungen** *f pl* convulsions *f pl;* ~**maßen** *f pl* membres *m pl,* extrémités *f pl* (du corps); g~**weise** *adv* membre par membre; *mil* par rangs od files.

glimm|en ⟨glimmt, glomm od glimmte, hat geglommen od geglimmt⟩ [glɪmən, (-) glɔm(-)] *itr* jeter une faible lueur, brûler sans flamme; *(unter Asche)* couver; **G~er** *m* ⟨-s, -⟩ min mica *m;* **G~erschiefer** *m* min micaschiste *m;* **G~erstein** *m* aventurine *f;* **G~stengel** *m fam* cigarette, *pop* cibiche *f.*

glimpflich ['glɪmpflɪç] *adv: jdn* ~ *behandeln* user de bons proc édés envers qn; ~ *davonkommen* s'en tirer à bon compte.

glitschen ['glɪtʃən] ⟨aux: sein⟩ *itr* glisser; ~**ig** *a* glissant.

glitzern ['glɪtsərn] *itr* étinceler, scintiller.

glob|al [glo'ba:l] *a* global; **G~steuerung** *f fin* direction *f* globale; **G~us** *m* ⟨-/-ses, -ben/-busse⟩ ['glo:bus] globe *m* (terrestre).

Glöck|chen, ~**lein** ['glœk-] *n* clochette, sonnette *f,* grelot *m;* ~**ner** *m* ⟨-s, -⟩ sonneur *m* (de cloches).

Glocke *f* ⟨-, -n⟩ ['glɔkə] cloche *f; (e-r Lampe)* globe *m; (Klingel)* sonnette *f; (am Fahrrad)* timbre *m; bot* cloch(ett)e *f; tech (Luftpumpe)* récipient *m; (Gasometer)* cuve *f; an die große* ~ *hängen* crier sur les toits, carillonner, livrer à la publicité; *die* ~*n läuten (tr)* sonner les cloches; *wissen, was die* ~ *geschlagen hat* savoir à quoi s'en tenir; ~**nblume** *f* campanule, clochette *f;* ~**nboje** *f* bouée *f* à cloche; g~**nförmig** *a* en (forme de) cloche; ~ *fallen (Kleid)* s'évaser; ~**ngeläut(e)** *n* carillon *m; unter* ~ au son des cloches; ~**ngießer** *m* fondeur *m* de cloches; ~**ngießerei** *f* fonderie *f* de cloches; ~**nguß** *m* fonte *f* d'une od de la cloche; ~**ngut** *n,* ~**nmetall** *n,* ~**nspeise** *f* métal *m* de cloche; g~**nhell** *a (Ton)* argentin; ~**nisolator** *m* el isolateur *m* en cloche, cloche *f* isolante; ~**nrock** *m* jupe *f* cloche *od* clochée; ~**nschlag** *m* coup *m* de cloche; *auf den* ~ *à* l'heure sonnante; ~**nspiel** *n* carillon *m*; ~**nstuhl** *m* beffroi *m*; ~**nturm** *m* clocher, campanile, beffroi *m*; *(kleiner)* clocheton *m*; ~**nzug** *m* cordon *m* de sonnette.

Glor|ie *f* ⟨-, -n⟩ ['glo:riə] gloire *f*; ~**ienschein** *m* gloire, auréole *f*, nimbe *m*; **g~ifizieren** [-rifi'tsi:rən] *tr* glorifier; ~**iole** *f* ⟨-, -n⟩ [-ri'o:lə] *(Kunst)* gloire *f*; **g~reich** *a* glorieux.

Gloss|ar *n* ⟨-s, -e⟩ [glɔ'sa:r(ə)] glossaire *m*; ~**e** *f* ⟨-, -n⟩ [glɔsə] note marginale, glose *f*, *a. pej; pl* commentaire *m, a. pej;* ~**n** *machen über*, **g~ieren** [-'si:rən] *tr* gloser sur, commenter; *pej* gloser.

Glotz|auge ['glɔts-] *n med* œil-de- -bœuf *m*; ~**n** *machen (pop)* faire les yeux ronds; ouvrir ses quinquets; ~**e** *f* ⟨-, -n⟩ *fam pej* télé *f; vor der* ~ *sitzen* se mettre les yeux au carré; **g~en** *itr* ouvrir de grands yeux, *fam* faire les yeux ronds.

gluck [glʊk] *interj:* ~, ~*!* glouglou! **G~e** *f* ⟨-, -n⟩ **G~henne** *f* (poule) couveuse *f;* ~**en** *itr (Glucke)* glousser; ~**ern** *itr,* ~**sen** *itr (Flüssigkeit)* glouglouter; **G~ern** *n,* **G~sen** *n* glouglou *m.*

Glück *n* ⟨-(e)s, ø⟩ [glʏk] *(gutes* ~*)* bonheur *m, fam* veine; *(*~*-, Zufall)* fortune *f,* coup *m* de chance; *(Erfolg)* (bonne) chance, bonne fortune *f,* succès *m, fam* veine; *(dauerndes)* prospérité; *(inneres)* félicité *f; auf gut* ~ à tout hasard, au petit bonheur, à l'aventure, à tâtons; *zum* ~ par bonheur, heureusement; ~ *bedeuten od verkünden* être de bon augure; ~ *bringen* porter bonheur; ~ *haben* avoir de la chance *od fam* de la veine, *fam* être verni *od* veinard; ~ *im Unglück haben* avoir de la chance dans son malheur; *mehr* ~ *als Verstand haben* avoir plus d'heur que de science, être plus heureux que sage; *sein* ~ *machen* faire fortune; *von* ~ *sagen können, daß* pouvoir s'estimer heureux de ce que; *sein* ~ *suchen* chercher fortune; *sein* ~ *versuchen* tenter sa chance; *jdm zu etw* ~ *wünschen* féliciter qn pour *od* de qc; *es war mein* ~, *daß* ... bien me prit de *inf; ein* ~, *daß* ...! quelle chance que *subj; das ist ein großes od seltenes* ~ c'est une chance *od* de veine peu commune; *viel* ~! bonne chance! ~ *und Glas, wie leicht bricht das! (prov)* le bonheur est aussi fragile que le verre; *er ist ein Kind des* ~*es* il est né coiffé;

jeder ist s-s ~*es Schmied (prov)* chacun est l'artisan de sa fortune; *vom* ~ *begünstigt* fortuné, *fam* béni des dieux; **g~bringend** *a* heureux, qui porte bonheur, favorable; **g~en** ⟨*aux: sein*⟩ *itr (gelingen)* réussir; *es ist mir geglückt* j'ai réussi *(zu* à*); es will mir nicht* ~ je n'y réussis pas; *das ist schlecht geglückt* c'est manqué; **g~lich** *a allg* heureux; *(vom* ~ *gesegnet)* fortuné; *(erfolgreich)* prospère; *(günstig)* favorable, avantageux; *adv* bien; *sich* ~ *fühlen* se trouver heureux; *e-e* ~*e Hand haben* avoir la main heureuse; ~ *machen* rendre heureux; *sich* ~ *schätzen* s'estimer heureux; *Sie G~er!* heureux que vous êtes! ~*e Reise!* bon voyage! **g~licherweise** *adv* heureusement, par bonheur; ~**sbringer** *m* porte-bonheur *m;* **g~selig** *a* bienheureux; ~**seligkeit** *f* félicité, *rel* béatitude *f;* ~**sfall** *m* coup *m* de bonheur *od* de chance *od* de hasard *od* du ciel, aubaine *f;* ~**sgöttin,** *die* Fortune *f;* ~**sgüter** *n pl* dons *m pl* de la fortune; ~**skäfer** *m* bête *f* à bon Dieu; ~**skind** *n* enfant *m* gâté de la fortune; ~**spilz** *m* veinard, chançard *m; ein* ~ *sein (a.)* être né coiffé; ~**srad** *n* roue *f* de la Fortune; *(der Spielbank)* roulette *f;* ~**sritter** *m* aventurier *m;* ~**ssache** *f: das ist* ~ c'est un coup de dé(s); ~**sspiel** *n* jeu *m* de hasard; ~**sstern** *m* bonne étoile *f;* ~**stag** *m* jour *m* heureux; ~**stopf** *m (bei e-r Verlosung)* urne *f;* **g~strahlend** *a* rayonnant de bonheur, radieux; ~**sumstände** *m pl* circonstances *f pl* heureuses; **g~verheißend** *a* de bon augure; ~**wunsch** *m* vœux, compliments, souhaits *m pl,* félicitations *f pl;* congratulation *f; herzlichen* ~! herzliche Glückwünsche! toutes mes félicitations; *herzlichen* ~ *zum Geburtstag!* bon anniversaire! *Glückwünsche m pl zum Jahreswechsel* vœux *m pl* de bonne année; ~**wunschkarte** *f,* ~**wunschschreiben** *n,* ~**wunschtelegramm** *n* carte, lettre *f,* télégramme *m* de félicitation(s) *od* de luxe.

Glüh|birne ['gly:-] *f el* ampoule *f;* **g~en** *itr* être ardent *od* rouge; *fig* brûler *(vor Eifer* de zèle), être enflammé; *tr metal* faire rougir (au feu), recuire; *chem* calciner; *zu stark* ~ surchauffer; *er* ~*t danach, sich zu rächen* il brûle de se venger; *mir* ~*t der Kopf* la tête me brûle, j'ai la tête en feu; **g~end** *a* brûlant, rouge; *fig* ardent, fervent, volcanique; *in* ~*en Far-*

ben schildern dépeindre sous les couleurs les plus vives; ~ *heiß* brûlant; *(Luft)* torride; ~*e Hitze f* fournaise *f;* ~**faden** *m el* filament *m* (à incandescence); ~**hitze** *f tech* chauffe, chaude *f* (vive); ~**kauter** *m med* électrocautère *m;* ~**licht** *n* lumière *f* à incandescence; ~**ofen** *m tech* four *m* (céramique); *metal* chaufferie *f;* ~**strumpf** *m* manchon *m* à incandescence; ~**wein** *m* vin *m* chaud; ~**würmchen** *n* ver *m* luisant, luciole *f;* ~**zündung** *f* allumage par incandescence, auto-allumage *m* par point chaud.

Glut *f* ⟨-, -en⟩ [glu:t] chaleur ardente, ardeur; *(Feuer)* braise *f,* brasier *m; (Hitze)* chaleur torride; *fig* chaleur, ardeur, ferveur, passion *f,* feu *m;* ~**hauch** *m* souffle *m* embrasé *od* ardent; **g~rot** *a* rouge ardent.

Glyzerin *n* ⟨-s, ø⟩ [glytse'ri:n] glycérine *f;* ~**säure** *f* acide *m* glycérique; ~**seife** *f* savon *m* à la glycérine.

Gnade *f* ⟨-, -n⟩ ['gna:də] grâce; *(Erbarmen)* miséricorde; *(Milde)* clémence; *(Gunst)* faveur; *(des Siegers)* merci *f; (Schonung)* pardon, *mil* quartier *m; auf* ~ *und Ungnade (mil)* à discrétion; *aus* ~ *und Barmherzigkeit* par grâce; *von Gottes* ~*n* par la grâce de Dieu; *um* ~ *bitten* demander grâce *od* miséricorde *od mil* quartier *(jdn* à qn); *e-e* ~ *erbitten* demander une grâce; *sich jdm auf* ~ *und Ungnade ergeben* se livrer à la merci de qn; *jdm e-e* ~ *erweisen* faire une grâce à qn; *bei jdm, vor jds Augen* ~ *finden* trouver grâce aux yeux de qn; ~ *vor Recht ergehen lassen* préférer miséricorde à justice; ~ *walten lassen* faire grâce, user de clémence *od* d'indulgence; *von jdm wieder in* ~*n aufgenommen werden* rentrer en grâce auprès de qn; ~*!* grâce! *Euer* ~*n!* votre Grâce; *Jahr n der* ~ *an* m de grâce; *Stand m der* ~ état *m* de grâce.

Gnaden|akt *m* ['gna:dən-] acte *m* de grâce; ~**ausschuß** *m pol (für Begnadigungen)* commission *f* de grâce; ~**bezeigung** *f* grâce *f;* ~**bild** *n rel* image *f* miraculeuse; ~**brot** *n: das* ~ *bekommen od essen* être entretenu par charité; ~**erlaß** *m* amnistie *f;* ~**frist** *f* délai *m* de grâce; ~**sold** *m* pension *f* octroyée; ~**geschenk** *n* gratification *f;* ~**gesuch** *n* demande *f* od recours *m* en grâce; *ein* ~ *einreichen* former un recours en grâce, se pourvoir en grâce; **g~reich** *a* plein de grâce; ~**stoß** *m* coup *m* de grâce; *den* ~ *geben (dat;*

Jagd) achever *tr;* ~**wahl** *f rel* prédestination *f;* ~**weg** *m* voie *f* de la grâce; *auf dem* ~ *(adm)* à titre de grâce.

gnädig ['gnɛ:dıç] *a (huldreich)* gracieux, clément; *(gütig)* bénin; *(wohlwollend)* bienveillant; *(günstig gesinnt)* favorable, propice; *(herablassend)* condescendant; *Gott sei mir* ~*!* que Dieu me soit en aide! ~*e Frau!* Madame; ~*es Fräulein!* Mademoiselle.

Gneis *m* ⟨-es, -e⟩ [gnaıs, -ze] *min* gneiss *m.*

Gnom *m* ⟨-en, -en⟩ [gno:m] *(Zwerg)* gnome *m;* **g~enhaft** *a* nain, nabot.

Gnos|is *f* ⟨-, ø⟩ ['gno:zıs], ~**tik** *f* ⟨-, ø⟩ ['gnɔstık] *rel hist* gnose *f,* gnosticisme *m;* ~**tiker** *m* ⟨-s, -⟩ ['gnɔstikər] gnostique *m;* **g~tisch** ['gnɔstıʃ] *a* gnostique.

Gobelin *m* ⟨-s, -s⟩ [gobə'lɛ̃:] tapisserie *f.*

Gockel(hahn) *m* ⟨-s, -⟩ ['gɔkəl(-)] *fam* coq *m.*

Go-go-Tänzer(in *f)* *m* danseur *m,* danseuse *f* go-go.

Gold *n* ⟨-(e)s, ø⟩ [gɔlt, -dəs] or *m; mit* ~ *aufwiegen (fig)* acheter au poids de l'or; *im* ~*e schwimmen* rouler sur l'or; *être cousu d'or; nicht mit* ~ *aufzuwiegen sein,* ~ *wert sein* valoir son pesant d'or; ~ *in der Kehle haben (fig)* avoir une voix d'or; *treu wie Gold* franc comme l'or; ~**abfluß** *m fin* sortie *f* de l'or; ~**ammer** *f orn* bruant *m;* ~**amsel** *f orn* loriot *m;* ~**anleihe** *f* emprunt *m* en or; ~**arbeit** *f* orfèvrerie *f;* ~**arbeiter** *m* orfèvre *m;* ~**barren** *m* barre *f od* lingot *m* d'or; ~**basis** *f fin* base-or *f;* ~**bestand** *m* réserve d'or, encaisse--or *f;* ~**blättchen** *n* feuille *f* d'or; ~**blech** *n* or *m* laminé; ~**block** *m fig pol* bloc-or *m;* ~**borte** *f* galon *m* d'or; **g~braun** *a* mordoré; ~**brokat** *m* brocart *m* d'or; ~**buchstabe** *m* lettre *f* d'or; ~**deckung** *f fin* couverture-or *f;* ~**dollar** *m* dollar-or *m;* ~**dublee** *n* doublé *m* (d')or; **g~en** ['-dən] *a* d'or, en or; *(~farbig)* doré; *jdm* ~*e Berge versprechen* promettre monts et merveilles à qn; ~*e Hochzeit f* noces *f pl* d'or; *der* ~*e Mittelweg* le juste-milieu; ~*e Uhr f* montre *f* en or; *das G~e Zeitalter* l'âge *m* d'or; ~**faden** *m* fil *m* d'or; ~**fasan** *m* faisan *m* doré; ~**feder** *f (am Füller)* plume *f* en or; ~**fisch** *m* poisson *m* rouge *od* doré, daurade *f* chinoise, cyprin *m* doré; ~**flitter** *m* paillette *f* (d'or); ~**folie** *f* feuille *f* d'or; ~**fuchs** *m fig pop (~stück)* jaunet *m;* **g~füh-**

rend *a* aurifère; **~gehalt** *m* titre *m* en or; **g~gelb** *a* (jaune) doré; **~gewinnung** *f* production *f* aurifère; **g~glänzend** *a* doré; **~gräber** *m* chercheur *m* d'or; **~grube** *f* mine *f* d'or *a. fig;* **~grund** *m (Kunst)* fond *m* d'or; **~hähnchen** *n orn* roitelet *m;* **g~haltig** *a* aurifère; **g~ig** ['-dıç] *a* doré; *fig fam* joli (petit), mignon; **G~käfer** *m* scarabée *od* escarbot *m* doré; **~kind** *n: mein ~!* mon bijou; **~klausel** *f fin* clause d'or, clause-or *f;* **~klumpen** *m* pépite *f;* **~körnchen** *n* grain *m* d'or; **~kurs** *m* prix--or *m;* **~lack** *m bot* giroflée *f* jaune; **~legierung** *f* demi-fin *m;* **~leiste** *f* bande *f* dorée; **~macher** *m* alchimiste *m;* **~mark** *f* mark-or *m;* **~markt** *m* marché *m* de l'or; **~medaille** *f* médaille *f* d'or; **~münze** *f* pièce *od* monnaie *f* d'or; **g~plattiert** *a* plaqué-or; **~rand** *m: innere(r) ~ (Teller)* (filet de) marli *m;* **~regen** *m bot* cytise *m;* **~reserve** *f* réserve *f* d'or; **~sand** *m* sable *m* aurifère; **~schaum** *m* or *m* en feuilles; *(Filter~)* oripeau, clinquant *m;* **~scheider** *m* affineur *m* d'or; **g~schimmernd** *a* doré; **~schläger** *m* batteur *m* d'or; **~schlägerhaut** *f* baudruche *f;* **~schmied** *m* orfèvre *m;* **~schnitt** *m (Buch)* dorure *f* sur tranche; *mit ~* doré sur tranche; **~standard** *m* étalon-or *m;* **~staub** *m* or *m* moulu; **~stickerei** *f* broderie *f* d'or; **~stück** *n (Münze)* pièce *od* monnaie *f* d'or *fam* jaunet *m;* **~sucher** *m* chercheur *m* d'or; **~tresse** *f* galon *m* d'or; **~- und Devisenreserven** *f pl* réserves *f pl* en or et en devises; **~vorkommen** *n* mines gisement *m* aurifère; **~vorrat** *m* réserve *f* d'or; **~waage** *f* trébuchet *m; auf die ~ legen (fig)* peser; **~währung** *f* étalon-or *m;* **~waren** *f pl* orfèvrerie *f;* **~warenhändler** *m* orfèvre *m;* **~wäscher** *m* laveur d'or, orpailleur *m;* **~wasser** *n (Danziger ~)* eau *od* liqueur *f* d'or; **~wert** *m* valeur-or *f;* **~zahlung** *f* versement *m* en or.

Golf [gɔlf] **1.** *m* ⟨-(e)s, -e⟩ *geog* golfe *m;* **~krieg** *m* guerre *f* du Golfe; **~staaten** *m pl* pays *m pl* du Golfe; **~strom,** *der* le Gulf Stream.

Golf 2. *n* ⟨-s, ø⟩ *sport* golf *m;* **~ball** *m* balle *f* de golf; **~hose** *f* culotte *f* de golf; **~junge** *m* caddie, cadet *m;* **~klub** *m* golf-club *m;* **~platz** *m* terrain *m* de golf; **~schläger** *m (Gerät)* club *m;* **~(spiel)er** *m* ⟨-s, -⟩ golfeur *m.*

Gond|el *f* ⟨-, -n⟩ ['gɔndəl] gondole; *aero* nacelle *f;* **~elführer** *m,* **~oliere**

m ⟨-,-ri⟩ [-doli'e:rə, -ri] gondolier *m;* **~ellied** *n* barcarolle *f;* **g~eln** ⟨aux: sein⟩ *itr* aller en gondole; *fam allg (fahren)* rouler, voyager.

Gong *m (a. f)* ⟨-s, -s⟩ [gɔŋ] gong *m.*

Goniometr|ie *f* ⟨-, ø⟩ [goniome'tri:] *math* goniométrie *f;* **g~isch** [-'me:trıʃ] *a* goniométrique.

gönn|en ['gœnən] *tr (nicht neiden)* ne pas envier *(jdm etw* qc à qn); *(gewähren)* accorder; *nicht ~* envier *(jdm etw* qc à qn); *sich etw ~* s'accorder qc; *ich gönne es dir* grand bien te fasse, tant mieux pour toi; *ich gönne dir das Vergnügen* je ne suis point jaloux de ton plaisir; **G~er(in** *f)* *m* ⟨-s, -⟩ protecteur, trice *m f; (Wohltäter)* bienfaiteur, trice *m f,* patron, ne *m f; (e-s Künstlers)* mécène *m;* **~erhaft** *a* protecteur, air *m* de protection; **G~ermiene** *f* air protecteur, air *m* de protection; **G~erschaft** *f* ⟨-, ø⟩ protection *f;* patronage; mécénat *m.*

Göpel *m* ⟨-s, -⟩ ['gø:pəl], **~werk** *n tech* manège *m.*

Gör *n* ⟨-(e)s, -en⟩ , **~e** *f* ⟨-, -n⟩ petit(e) enfant *m f; fam* gosse *m f,* gamin, e *m f; arg* loupiot *m.*

gordisch ['gɔrdıʃ] *a: der G~e Knoten* le nœud gordien.

Gorilla *m* ⟨-s, -s⟩ [go'rıla] *zoo* gorille *m.*

Gösch *f* ⟨-, -en⟩ [gœʃ] *mar* pavillon de beaupré, jack *m.*

Gosse *f* ⟨-, -n⟩ ['gɔsə] caniveau, ruisseau *m; aus der ~ auflesen (fig)* ramasser dans le ruisseau; *durch die ~ ziehen (fig)* traîner dans la boue; *er wird noch in der ~ enden* il finira dans la rue; **~nstein** *m (Ausguß)* évier *m.*

Gössel *n* ⟨-s, -/-n⟩ ['gœsəl] *(Gänschen)* oison *m.*

Got|en *m pl* ['go:tən] *hist* Goths *m pl;* **~ik** *f* ⟨-, ø⟩ [-tık] *(style)* gothique *m;* **g~isch** ['-tıʃ] *a (Sprache)* gothique *(Kunst)* gothique; **~e Schrift** *f* gothique *m.*

Gott *m* ⟨-(e)s, ⁝er⟩ [gɔt, 'gœtər] *(der eine)* Dieu; *(heidnischer)* dieu *m; in ~es Namen* au nom de Dieu; *leider ~es* hélas, malheureusement; *mit ~es Hilfe* grâce(s) à *od* par la grâce de Dieu; *so ~ will* s'il plaît à Dieu; *um ~es willen* pour l'amour de Dieu; *an ~ glauben* croire en Dieu; *den lieben ~ e-n guten Mann sein lassen* ne se soucier de rien; *~ lästern* blasphémer Dieu; *wie ~ in Frankreich leben* vivre comme un coq en pâte *od* être comme un poisson dans l'eau; *alles in ~es Hand legen* se remettre entre les mains de Dieu; *auf ~ vertrauen* s'en remettre à Dieu; *du bist wohl ganz* *von* ~ *verlassen! (fam)* es-tu fou? *be-hüt' dich* ~! Dieu te garde *od* conduise! *bei* ~! par Dieu! *großer* ~! *o (mein)* ~! grand *od* juste Dieu! mon Dieu! *grüß* ~! bonjour; *vergelt's* ~! Dieu vous (te) le rende! *weiß* ~! Dieu sait! *das wissen die Götter!* Dieu seul le sait; ~ *bewahre! da sei* ~ *vor!* Dieu m'en, t'en *etc* préserve! à Dieu ne plaise! ~ *gebe, daß*...! fasse Dieu que *subj; so wahr mir* ~ *helfe!* que Dieu me soit en aide; ~ *sei Dank!* Dieu merci! Dieu soit loué! ~ *verdamm' mich!* Dieu me damne! *woll(t)e* ~! Dieu le veuille! plaise *od* plût à Dieu! *das weiß* ~! Dieu seul le sait; *an* ~*es Segen ist alles gelegen (prov)* à qui Dieu n'aide rien ne succède; *der liebe* ~ le bon Dieu; *wie ihn* ~ *geschaffen hat* dans le plus simple appareil, en tenue d'Adam; **g~ähnlich** *a* semblable à *od* fait à l'image de Dieu, divin; **~ähnlichkeit** *f* nature divine, divinité *f;* **g~begnadet** *a* qui a reçu la grâce divine; inspiré par Dieu; **g~ergeben** *a* soumis à la volonté divine.

Götter|bild *n* ['gœtər-] idole *f;* **~bote** *m* messager *m* des dieux; **~dämmerung** *f* crépuscule *m* des dieux; **~gatte** *m hum* mari *m;* **g~gleich** *a* semblable aux dieux, divin; **~sage** *f* mythe *m;* **~speise** *f* ambroisie *f, a. fig;* **~trank** *m* nectar *m, a. fig.*

Gottes|acker *m* ['gɔtəs-] cimetière *m;* **~anbeterin** *f ent* mante *f* religieuse *od* prie-Dieu; **~dienst** *m* service divin, office (divin), culte *m;* ~ *halten* célébrer l'office, officier; **g~dienstlich** *a* de l'office, du culte; **~frieden** *m hist* trêve *od* paix *f* de Dieu; **~furcht** *f* crainte de Dieu; piété, religion *f;* **g~fürchtig** *a* craignant Dieu; pieux, religieux; **~gabe** *f* don *m* du ciel; **~geißel** *f* fléau *m* de Dieu; **~gericht** *n* = **~urteil;** **~glaube** *n* croyance *f* en Dieu; **~gnadentum** *n* droit *m* divin; **~haus** *n* maison *f* de Dieu *od* du Seigneur; **~lästerer** *m* blasphémateur, sacrilège *m;* **g~lästerlich** *a* blasphématoire, sacrilège; **~lästerung** *f* blasphème, sacrilège *m;* **~leugner** *m* athée *m;* **~leugnung** *f* athéisme *m; ~lohn *m; um* ~ pour l'amour de Dieu; **~mann** *m* ⟨-es, -männer⟩ homme *m* de Dieu; **~mutter** *f* mère *f* de Dieu; **~sohn** *m* fils *m* de Dieu; **~urteil** *n hist* ordalie *f,* jugement *m* de Dieu; **~vorstellung** *f* idée *f* de Dieu; **~wort** *n* parole *f* de Dieu.

gott|gefällig ['gɔt-] *a* agréable à Dieu; *(Werk)* pie; **~gläubig** *a* croyant en Dieu; **~gleich** *a* semblable à Dieu, divin; **G~heit** *f (göttl. Natur)* divinité; *(Gott)* déité *f.*

Gött|in *f* ['gœt-] déesse *f;* **g~lich** *a* divin; *fig allg, a. iron* sublime; **~lichkeit** *f* ⟨-, ø⟩ divinité, nature *f* divine.

gott|lob ['gɔt'lo:p-] *interj* Dieu (en) soit loué! **~los** *a* athée, irréligieux; *pej* impie; **G~losenbewegung** *f* mouvement *m* irréligieux; **G~losigkeit** *f* athéisme *m,* irréligiosité; impiété *f;* **G~mensch** *m* homme-Dieu *m;* **G~seibeiuns** *m* ⟨-, ø⟩ [-'---/--'--], *der* le diable; le Malin; **~selig** *a* pieux, dévot; **G~seligkeit** *f* piété *f,* dévotion *f;* **~serbärmlich** *a,* **~sjämmerlich** *a* piteux, pitoyable, misérable, navrant; **G~vater** *m* Dieu le Père; **~verlassen** *a (verdammt)* réprouvé, maudit; *fam (abgelegen)* solitaire; **G~vertrauen** *n* confiance *f* en Dieu; **~voll** *a* inspiré par Dieu, divin; *fig fam, oft iron* délicieux, impayable.

Götze *m* ⟨-n, -n⟩ ['gœtsə] faux dieu *m,* idole *f;* **~nbild** *n* idole *f;* **~ndiener** *m* idolâtre *m;* **~ndienst** *m* idolâtrie *f.*

Gouvern|ante *f* ⟨-, -n⟩ [guvɛr'nantə] gouvernante *f;* **~eur** *m* ⟨-s, -e⟩ [-'nø:r] gouverneur *m.*

Grab *n* ⟨-(e)s, ⸚er⟩ [gra:p, 'grɛ:bər] tombeau *m; lit* tombe *f,* sépulcre *m; (~stelle, Grube)* fosse *f; am* ~*e (sprechen)* sur la tombe; *jdn zu* ~*e geleiten* accompagner qn à sa dernière demeure, rendre les derniers devoirs à qn; *mit ins* ~ *nehmen (fig: ein Geheimnis)* emporter dans la tombe; *sich sein (eigenes)* ~ *schaufeln (fig)* creuser sa (propre) fosse *od* son (propre) tombeau; *am Rande des* ~*es od (fam) mit einem Bein od Fuß im* ~*e stehen (fig)* être au bord de la tombe, avoir un pied dans la tombe, *pop* sentir le sapin; *zu* ~*e tragen* porter en terre; *sich im* ~*e umdrehen (fig)* se retourner dans sa tombe; *das Heilige* ~ *(Jesu)* le saint sépulcre; *stumm od verschwiegen wie ein* ~ muet comme la tombe; *das* ~ *des Unbekannten Soldaten* le Tombeau du Soldat inconnu; **~(denk)mal** *n* ⟨-s, -mäler⟩ monument *m* funéraire; **~en** *m* ⟨-s, ⸚⟩ fossé *a. geol; (Wasser~)* canal *m,* rigole; *mil* tranchée *f; in den* ~ *fahren (mot)* verser dans le fossé; *der vorderste* ~ *(mil)* la tranchée de première ligne; **g~en** ⟨gräbt, grub, hat gegraben⟩ *tr (Loch)* creuser; *(Brunnen)* foncer, forer; *mines* extraire; *itr* fouiller; *agr* bêcher; *(Ausgrabungen machen)* faire des fouilles; *nach Gold* ~ chercher de l'or; **~enbagger**

m excavateur *m* de fossés; **~enböschung** *f,* **~enwand** *f mil: innere ~* escarpe; *äußere ~* contrescarpe *f;* **~enkampf** *m,* **~enkrieg** *m* guerre *f* de(s) tranchées; **~ensohle** *f* fond *m* du fossé *od (mil)* de la tranchée; **~enstellung** *f* retranchement *m;* **~enwehr** *f* parapet *m.*

Gräber *m* ⟨-s, -⟩ ['grɛ:bər] *agr* bêcheur; *mines* mineur *m;* **~funde** *m pl* fouilles *f pl.*

Grab|esdunkel *n* ['gra:-] nuit *f* du tombeau; **~esruhe** *f,* **~esstille** *f* silence *m* du tombeau; **~esstimme** *f* voix *f* sépulcrale *od* caverneuse; **~geläut(e)** *n* glas *m* funèbre; **~geleit(e)** *n* convoi mortuaire, cortège *m* funèbre; **~gesang** *m* chant *m* funèbre; **~gewölbe** *n* caveau *m;* **~hügel** *m* tombe *f; hist* tumulus *m;* **~kammer** *f* chambre *f* sépulcrale; **~kapelle** *f* chapelle *f* funéraire; **~kreuz** *n* croix *f* funéraire; **~legung** *f (Kunst)* mise *f* au tombeau; **~mal** *n* ⟨-s, -mäler⟩ tombeau; monument *m* funéraire; **~platte** *f* dalle funéraire *od* tumulaire, pierre *f* sépulcrale *od* tombale; **~rede** *f* oraison *f* funèbre; **~schändung** *f* violation *f* de sépulture *od* de tombeau; **~scheit** *n* bêche *f;* **~schrift** *f* épitaphe, inscription *f* funéraire; **~stätte** *f* tombeau *m,* tombe *f,* sépulcre *m,* sépulture *f;* **~stein** *m* pierre *f* tombale *od* tumulaire *od* sépulcrale *od* funéraire; **~stichel** *m tech* burin, ciselet, poinçon, traçoir *m;* **~ung** *f (archäologische)* fouilles *f pl.*

Grad *m* ⟨-(e)s, -e⟩ [gra:t, -də] degré *m, a. math phys geog; (Univ.: Würde)* grade *m; bei 10 ~ Kälte* par dix degrés au-dessous de zéro; *bis zu e-m gewissen ~* jusqu'à un certain degré *od* point, dans une certaine mesure; *in hohem ~* à un haut degré; extrêmement; *in sehr hohem ~e* à un degré éminent; *im höchsten ~e* au plus haut *od* au dernier degré; *ein hoher ~ der Vollkommenheit* un haut degré de perfection; *zweiten ~es (Verwandtschaft)* au deuxième degré; *fam* à la mode de Bretagne; *math* du deuxième degré; *in ~e einteilen* graduer; *um einen ~ fallen, steigen (Temperatur)* baisser, monter d'un degré; *akademische(r) ~* grade *m* universitaire; *drei ~ Celsius, Wärme, Kälte* trois degrés centigrades, au-dessus de zéro, au-dessous de zéro; **~einteilung** *f* graduation, division en degrés; *(System)* échelle *f* de graduation *od* graduée; **g~ieren** [-'di:rən] *tr (Sole)* faire la graduation

de; **~ierhaus** *n,* **~ierwerk** *n* bâtiment *m* de graduation; **~ierung** *f (der Sole)* graduation *f;* **~messer** *m* ⟨-s, -⟩ échelle graduée; *fig* échelle *f;* **~netz** *n geog* canevas *m* de lignes géographiques *od* géodésiques; **g~uieren** [-du'i:rən] *tr (in Grade einteilen)* graduer; *(e-n akadem. Grad erteilen)* attribuer un diplôme à.

Graf *m* ⟨-en, -en⟩ [gra:f] comte *m;* **~schaft** *f* comté *m.*

Gräf|in *f* ['grɛ:fɪn] comtesse *f;* **g~lich** *a* comtal, de comte.

Gral *m* ⟨-s, ø⟩ [gra:l] *der Heilige ~* le Saint Gral.

Gram *m* ⟨-(e)s, ø⟩ [gra:m] chagrin, tourment *m,* affliction *f;* **g~** *a: jdm ~ sein* en vouloir *od* garder rancune à qn; **g~gebeugt** *a,* **g~voll** *a* accablé de chagrin, tourmenté.

gräm|en ['grɛ:mən] , *sich* se chagriner, s'affliger, s'affecter *(über etw* de qc); *sich zu Tode ~* mourir de chagrin; **~lich** *a* chagrin, morose, hargneux; **G~lichkeit** *f* ⟨-, (-en)⟩ humeur chagrine, morosité *f.*

Gramm *n* ⟨-s, -e *od bei Maßangabe* →⟩ [gram] gramme *m;* **~atik** *f* ⟨-, -en⟩ grammaire *f;* **g~at(ikal)isch** [-'ma(ti'ka:l)ɪʃ] *a* grammatical; *~e(r) Fehler* m faute *f* de grammaire; **~atiker** *m* ⟨-s, -⟩ [-'matikər] grammairien *m;* **~ophon** *n* ⟨-s, -e⟩ [-'fo:n] phono(graphe) *m;* **~ophonnadel** *f* aiguille *f* pour phono(graphe); **~ophonplatte** *f* disque *m.*

Granat *m* ⟨-(e)s, -e⟩ [gra'na:t] *min* grenat *m;* **~apfel** *m bot* grenade *f;* **~(apfel)baum** *m* grenadier; **~e** *f* ⟨-, -n⟩ *mil* obus *m;* **~feuer** *n* tir *m* à obus; **~hülse** *f* douille *f* d'obus; **~splitter** *m* éclat *m* d'obus; **~trichter** *m* trou d'obus, puits d'éclatement, entonnoir *m;* **~werfer** *m mil (Waffe)* lance-grenades *m.*

Grand|e *m* ⟨-n, -n⟩ ['grandə] grand *m* (d'Espagne); **g~ios** [-di'o:s] *a* grandiose.

Granit *m* ⟨-s, -e⟩ [gra'ni:t, '-nɪt] *min* granit *m;* **g~artig** *a* granitique; **~block** *m* bloc *m* de granit.

Granne *f* ⟨-, -n⟩ ['granə] *bot* arête *f; pl* barbe *f; mit ~n versehen (pp)* barbé.

Granul|ation *f* ⟨-, (-en)⟩ [granulatsi'o:n] *med tech* granulation *f;* **g~ieren** [-'li:rən] *tr tech* granuler; **g~iert** *a med* granulé; **~ose** *f* ⟨-, ø⟩ [-'lo:zə] *med* ophtalmie *f* granuleuse.

Graph|ik *f* ⟨-, -en⟩ ['gra:fɪk] art *m* graphique; *(graphische Blätter)* estampes *f pl;* **~iker** *m* ⟨-s, -⟩ ['fɪkər] dessinateur *m;* **g~isch** *a* graphique; **~e**

Anstalt f établissement *m* graphique; ~*e Darstellung f* graphique, diagramme *m;* ~*e(s) Gewerbe n* industrie *f* polygraphique; ~**it** *m* ⟨-(e)s, -e⟩ [-'fi:t, '-fɪt] *min* graphite *m,* plombagine *f; tech* mine *f* de plomb; ~**itschmiere** *f* graisse *f* de graphite; ~**ologe** *m* ⟨-n, -n⟩ [-'lo:gə] graphologue *m;* ~**ologie** *f* ⟨-, ø⟩ [-lo'gi:] graphologie *f.*

graps(ch)en ['grapsən, -ʃən] *tr fam* agripper.

Gras *n* ⟨-es, ⸚er⟩ [gra:s, 'grɛ:zər] herbe *f; scient* gramen *m; pl bot (Familie)* gramin(ac)ées *f pl; ins* ~ *beißen (müssen)* passer le pas; *fam* mordre la poussière, passer l'arme à gauche, *pop* aller manger les pissenlits par la racine, casser sa pipe; *das* ~ *wachsen hören* se croire très fin; *über etw* ~ *wachsen lassen* laisser faire le temps; *darüber ist längst* ~ *gewachsen* c'est une affaire oubliée depuis longtemps; *wo er hinhaut, wächst kein* ~ *mehr* il a la main lourde; ~**affe** *m fam* béjaune *m;* **g~artig** *a* herbacé; **g~bewachsen** *a* herbeux, herbu; ~**decke** *f* couche *f* végétale; **g~en** *itr* paître, brouter; ~**fleck** *m* petit gazon *m; (in e-m Kleidungsstück)* tache *f* d'herbe; ~**frosch** *m* grenouille *f* rousse; **g~grün** *a* vert comme l'herbe; ~**halm** *m* brin *m* d'herbe; ~**hüpfer** *m ent* sauterelle *f;* **g~ig** *a* herbeux, herbu; ~**land** *n* prairie *f;* ~**mäher** *m* ⟨-s, -⟩, ~**mähmaschine** *f* faucheuse *f;* ~**mücke** *f orn* fauvette *f;* ~**narbe** *f* = ~*fleck;* ~**samen** *m* semence *f* d'herbe; ~**schuppen** *m agr* herbier *m;* ~**steppe** *f* savane *f.*

Gräs|chen *n* ['grɛ:s-] , ~**lein** *n* brin *m* d'herbe.

grassieren [gra'si:rən] *itr med (wüten)* régner, sévir.

gräßlich ['grɛslɪç] *a* horrible, affreux, atroce, épouvantable *a. fam (übertreibend); (widerlich)* dégoûtant, hideux, *fam* assommant; **G~keit** *f* horreur, atrocité *f.*

Grat *m* ⟨-(e)s, -e⟩ [gra:t] *geog (Kammlinie)* crête, arête; *arch (Dach~)* arête *f;* ~**sparren** *m* arêtier *m.*

Grät|e *f* ⟨-, -n⟩ ['grɛ:tə] arête *f;* **g~enlos** *a* sans arêtes; ~**ig** *a* plein d'arêtes, *fig (Mensch)* irritable, grincheux.

Gratifikation *f* ⟨-, -en⟩ [gratifikatsi'o:n] gratification, prime *f* d'encouragement; supplément *m,* surpaye *f.*

gratis ['gra:tɪs] *adv* gratis, gratuitement, à titre gracieux, *fam* à l'œil; ~ *und franko* franc de port et de tous frais; **G~angebot** *n* offre *f* gratuite;

G~beilage *f* supplément *m* gratuit; **G~exemplar** *n (Buch)* exemplaire *m* gratuit; **G~kostprobe** *f* dégustation *f* gratuite; **G~probe** *f* essai *m* gratuit.

Grätsche *f* ⟨-, -n⟩ ['grɛ:tʃə] *sport* écart *m; Sprung m in die* ~ saut *m* à l'écart; **g~n** *tr: die Beine* ~ écarter les jambes; *itr* faire un saut carpé.

Gratul|ant *m* ⟨-en, -en⟩ [gratu'lant] congratulateur *m nur fam* hum); ~**ation** *f* ⟨-, -en⟩ [-latsi'o:n] félicitation(s *pl) f;* **g~ieren** [-'li:rən] *itr: jdm zu etw* ~ féliciter qn de *od* pour qc; *ich gratuliere Ihnen herzlich* toutes mes *od* je vous présente mes félicitations cordiales.

grau [grau] *a* gris; *fig (düster)* sombre; *vor* ~*en Jahren* au temps jadis; ~ *in* ~ *(be)malen* grisailler; *fig* faire un tableau très sombre (de la situation); ~**werden** *(Haare)* grisonner; *(Himmel)* s'assombrir; *darüber lasse ich mir keine* ~*en Haare wachsen* je ne m'en soucie pas, c'est le moindre *od* le cadet de mes soucis, *fam* je ne m'en fais pas pas pour cela; *das* ~*e Altertum, die* ~*e Vorzeit* la (plus) haute antiquité, la nuit des temps; **G~** *n* ⟨-s, -/⟨-s⟩⟩ gris *m,* couleur *f* grise; **G~bart** *m* barbe *f* grise; ~**blau** *a* gris(-)bleu; ~**braun** *a* gris(-)brun, bis; **G~brot** *n* pain *m* bis; **G~bünden** *n* les Grisons *m pl;* **G~chen** *n (Esel-chen)* ânon *m;* ~**en** *itr* **1.** *der Tag graut* le jour commence à poindre; **G~guß** *m metal* fonte *f* moulée; moulage *m* en fonte grise; ~**haarig** *a* à cheveux gris; **G~kopf** *m* tête *f* grise, *fam pej* barbon *m;* ~**lich** *a,* **gräulich** *a* grisâtre; ~**meliert** *a (Haar)* grisonnant, *fam* poivre et sel; **G~schimmel** *m* cheval *m* pommelé; **G~schleier** *m phot* voile *m* gris; **G~specht** *m orn* pic *m* cendré; **G~tier** *n (Esel)* grison *m;* **G~wacke** *f geol* grès *m* des houillères; grauwacke *f;* **G~werk** *n (Pelz)* petit-gris *m.*

grauen ['grauən] *itr* **2.** *impers: mir graut davor* cela me fait horreur, j'en ai la hantise; **G~** *n (Schauder)* (frisson *m* d')horreur *f,* effroi *m; von* ~ *gepackt* saisi d'horreur; ~**erregend** *a,* ~**haft** *a,* ~**voll** *a* horrible, affreux, atroce.

graulen ['graulən], *sich fam* avoir peur; *impers: mir grault* j'ai peur.

Graup|eln ['graupəln] *f pl mete* grésil *m;* **g~eln** *itr impers* grésiller; *es graupelt* il grésille; ~**eln** *n* grésillement *m;* ~**elschauer** *m,* ~**elwetter** *n* giboulée *f;* ~**en** *f pl,* ~**enschleim**

m orge mondé; *(~ von Perlgraupen)* orge *m* perlé; **~ensuppe** *f* potage *m* à l'orge mondé.

Graus *m* ‹-es, ø› [graʊs] horreur *f,* effroi *m,* épouvante *f.*

grausam ['graʊzaːm] *a* cruel; *(wild)* féroce; *(barbarisch)* barbare; *(unmenschlich)* inhumain; *adv fig fam (sehr)* énormément; **~e(r)** *Mensch m* (cœur de) tigre *m;* **G~keit** *f* cruauté; férocité; inhumanité *f.*

graus|en ['graʊzən] *itr impers: mir graust* j'ai horreur, je frémis *od* je frissonne d'horreur *(vor* devant); **G~en** *n* horreur, épouvante *f,* effroi *m;* **~enerregend** *a,* **~ig** *a,* **~lich** *a* horrible, épouvantable, affreux.

Grav|eur *m* ‹-s, -e› [gra'vøːr] graveur *m;* **~ieranstalt** *f* [-'viːr-] atelier *m* de gravure; **g~ieren** *tr* graver; **~ierkunst** *f* art *m* de la gravure; **~iernadel** *f* burin, ciselet, poinçon, traçoir *m;* **~ierung** *f,* **~ur** *f* ‹-, -en› [-'vuːr] *(Tätigkeit),* **~üre** *f* ‹-, -n› [-'vyːrə] *(graphisches Blatt)* gravure *f.*

Gravit|ation *f* ‹-, ø› [gravitatsi'oːn] *phys astr* gravitation *f;* **~ationsgesetz** *n* loi *f* de la gravitation; **g~ätisch** [-'tɛːtɪʃ] *a* grave, solennel; **g~ieren** [-'tiːrən] *itr phys* graviter.

Grazi|e *f* ‹-, -n› ['graːtsi̯ə] (bonne) grâce *f; die drei* **~n** les trois Grâces *f pl;* **g~ös** [-'tsi̯øːs] *a* gracieux; *(reizend)* charmant.

Greif *m* ‹-(e)s/-en, -e/-en› [graɪf] *(Fabeltier)* griffon *m.*

Greif|bagger *m* ['graɪf-] excavateur *m od* grue *f* à grappin *od* à benne preneuse; **g~bar** *a (zur Hand)* à portée de la main; *com (Ware)* sous la *od* en main, disponible; *fin (Wert)* tangible; *fig (konkret, real)* saisissable, palpable, tangible; *in* **~er** *Nähe* tout proche; **g~en** ‹greift, griff, hat gegriffen› [(-)grɪf(-)] *tr* prendre, (se) saisir (de); *(packen)* empoigner, *fam* agripper; *mus (Saite)* toucher; *itr: an etw* **~** faire main basse sur qc; s'emparer de qc; *zu etw* **~** *(fig)* avoir recours à qc; *um sich* **~** *fig* s'étendre, se répandre, se propager, gagner du terrain, faire tache d'huile; *jdm unter die Arme* **~** *(fig)* donner un coup d'épaule à qn; *jdm an die Ehre* **~** attenter à l'honneur de qn; *zur Feder* **~** prendre la plume; *in die Tasche* **~** *(fig)* mettre la main au portefeuille; *ins volle* **~** dépenser sans compter; *zu den Waffen* **~** prendre les armes; *das ist zu hoch gegriffen* c'est exagéré; *das ist aus der Luft gegriffen* c'est inventé de toutes pièces, ce sont des paroles en l'air; *die Räder* **~** *nicht* les roues

patinent; **~er** *m* ‹-s, -› *tech* griffe *f a. typ,* harpon; *(e-s Baggers)* grappin *m,* benne *f* preneuse; *(der Nähmaschine)* crochet *m* (tournant); **~erbagger** *m,* **~erkran** *m =* **~bagger**; **~erkübel** *m* benne *f* preneuse; **~schwanz** *m zoo* queue *f* prenante; **~werkzeug** *n zoo* appareil *m* de préhension; **~zange** *f* tenailles *f pl;* **~zirkel** *m* compas *m* d'épaisseur.

greinen ['graɪnən] *itr* pleurnicher, larmoyer.

Greis *m* ‹-es, -e› [graɪs, -zə] vieillard *m;* **g~** *a attr* vieux, âgé; **~enalter** *n* vieillesse *f;* **g~enhaft** *a* sénile; **~enhaftigkeit** *f* sénilité *f;* **~in** *f* vieille (femme) *f.*

grell [grɛl] *a (Farbe)* cru, voyant, criard, tapageur, violent; *(Licht)* cru, vif, éblouissant; *(Ton)* strident, aigu, perçant, cru; **~** *beleuchtet* éclairé violemment; **~bunt** *a* tape-à-l'œil; **G~e** *f* ‹-, ø› *(Farbe, Ton)* crudité *f; (Licht)* éclat *m* (trop vif).

Gremium *n* ‹-s, -mien› ['greːmi̯ʊm, -mi̯ən] *pol* organe *m.*

Grenadier *m* ‹-s, -e› [grena'diːr] grenadier(-voltigeur) *m;* **~bataillon** *n* bataillon *m* de grenadiers(-voltigeurs) *od* d'infanterie.

Grenz|auffanglager *n* ['grɛnts-] camp *m* de passage; **~aufseher** *m,* **~er** *m* ‹-s, -› garde-frontière; *m;* **~bahnhof** *m* gare *f* frontière; **~befeuerung** *f aero* balisage *m* périphérique; **~berichtigung** *f* rectification *f* de frontière; **~bestimmung** *f, a. fig* délimitation *f;* **~bewohner** *m* frontalier *m;* **~bezirk** *m* district *m* frontalier, région *f* front(al)ière *od* limitrophe; **~e** *f* ‹-, -n› *allg* limite; *pol* frontière *f; (~gebiet)* confins *m pl; (~punkt)* terme *m; (Schranke)* borne(s *pl*) *f; (Rand)* bord *m; (Saum)* lisière; *(äußerste ~)* extrémité *f,* confins *m pl; an der* **~** *(pol)* à *od* sur la frontière; *an der* **~** *des guten Geschmacks* à la limite du mauvais goût; *über die grüne* **~** *gehen* passer la frontière en fraude; *sich in* **~n** *halten (fig)* rester dans les bornes; *e-r S* **~n** *setzen* mettre des bornes à qc; *die* **~** *überschreiten* passer la frontière; *die* **~n** *überschreiten (fig)* dépasser *od* franchir les bornes; *jdn in s-e* **~n** *verweisen* remettre qn à sa place; *alles hat s-e* **~n** il y a une limite à tout, il y a raison en *od* pour tout; *äußerste* **~** extrémité *f;* **g~en** *itr:* **~** *an* être attenant *od* contigu, confiner, être voisin *od* limitrophe de; *fig* approcher, tenir de, friser; *das grenzt an Wahnsinn* cela frise la démence; *das grenzt ans*

Wunderbare cela tient du miracle; **g~enlos** *a* sans bornes *od* limites, illimité; *(unendlich)* infini; *fig* immense, *fam* énorme; **~enlosigkeit** *f* infinité, immensité *f;* **~fall** *m* cas *m* limite *od* extrême; **~festlegung** *f* délimitation *f* des frontières; **~festung** *f* place *f* frontière; **~fläche** *f* surface *f* de contact; **~gänger** *m* ‹-s, -› travailleur *m* frontalier; **~gebiet** *n* = **~bezirk;** **~gemeinschaft** *f jur* mitoyenneté *f;* **~graben** *m* fossé *m* mitoyen; **~korrektur** *f pol* rectification *f* de la frontière; **~konsumquote** *f* propension *f* marginale à consommer; **~kosten** *pl* coût *m* marginal; **~krieg** *m* guerre *f* frontalière; **~land** *n* pays *m* limitrophe; **~lehre** *f tech* gabarit *m;* **~linie** *f* ligne *f* limitrophe *od* de démarcation; *fig* limite *f;* **~mark** *f hist* marche *f;* **~nachbar** *m* voisin *m;* **~pfahl** *m* poteau *m* frontière; **~posten** *m* garde-frontière(s), poste *m* frontière; **~schein** *m* laisser-passer *m* frontalier; **~schutz** *m* garde *f* des frontières; **~spannung** *f tech* tension *f* limite; **~sparquote** *f* propension *f* marginale à épargner; **~sperre** *f* fermeture *f* de la frontière; **~stadt** *f* ville *f* frontière; **~station** *f* station *f* frontière; **~stein** *m* borne frontière, pierre *f* de bornage; **~streit(igkeiten** *f pl)* *m* différend *m od* querelle *f* de frontière; **~truppen** *f pl* troupes *f pl* frontalières; **~übergang(sstelle** *f)* *m* point *m* frontière; **~überschreitung** *f,* **~übertritt** *m* passage *m* de la frontière; **~verkehr** *m* trafic *m* frontalier; *kleine(r)* ~ circulation *f* frontalière; **~verletzung** *f* violation *f* de frontière; **~wache** *f,* **~wacht** *f* = **~schutz;** **~wächter** *m* = **~aufseher;** **~wert** *m math* valeur limite; *tech* limite *f;* **~zone** *f* zone *f* frontière; **~zwischenfall** *m* incident *m* de frontière.

Greuel *m* ‹-s, -› ['grɔyəl] horreur, abomination *f; er ist mir ein* ~ je l'ai en *od* il me fait horreur, *fam* c'est ma bête noire; **~märchen** *n* atrocité; **~propaganda** *f* propagande *f* d'atrocités; **~tat** *f* atrocité *f;* **greulich** *a* horrible, abominable, exécrable, atroce.

Griebe *f* ‹-, -n› ['gri:bə] creton *m.*

Griebs *m* ‹-es, -e› [gri:ps] *(Kerngehäuse)* trognon *m.*

Griech|e *m* ‹-n, -n› ['gri:çə] Grec *m;* **~enland** *n* la Grèce; **~entum** *n* ‹-s, ø› hellénisme *m;* **~in** *f* Grecque *f;* **g~isch** *a* grec, hellénique; *g~e(s) Feuer n* feu *m* grégeois.

Gries|gram *m* ‹-(e)s, -e› ['gri:sgra:m]

grincheux, bourru, grognon; *pop* pisse-vinaigre *m;* **g~grämig** *a* morose, grincheux, bourru, grognon.

Grieß *m* ‹-es, -e› [gri:s, -səs] *(grober Sand)* gravier *m; (Küche)* semoule; *med* gravelle *f;* **~brei** *m* bouillie *f* de semoule; **g~ig** *a (körnig)* graveleux *a. med;* **~suppe** *f* potage *m* à la semoule.

Griff *m* ‹-(e)s, -e› [grɪf] *(beim Ringen)* prise *f; (Stiel)* manche *m; (Tür, Koffer, Stock, Degen)* poignée; *(Schere)* branche; *(Henkel)* anse; *tech* attelle; *(zoo, Kralle)* griffe, serre *f; (Fingerspitzengefühl für Stoffe)* toucher *m; mus* touche *f; pl mil* maniement *m* d'armes; *im* ~ *haben (fig): (Situation)* avoir (bien) en main, maîtriser; *(Person)* avoir sous sa coupe; *ein paar ~e machen (Klavier)* jouer *od* plaquer quelques accords; *sich am* ~ *festhalten* se tenir à la poignée; *e-n* ~ *nach etw tun* étendre la main vers qc; *e-n guten* ~ *tun (fig)* avoir la main heureuse; *es ist mit e-m* ~ *getan* c'est fait en un tournemain *od* en un clin d'œil; *ein guter* ~ *(fig)* un coup heureux; *alle Kniffe und* ~*e* toutes les astuces *fam;* **g~bereit** *a* à portée de la main; **~brett** *n (Geige)* touche *f;* **g~ig** *a (Autoreifen)* antidérapant; ~ *sein (mot)* adhérer à la route; **~igkeit** *f* ‹-, ø› adhérence; *(Reifen)* propriété *f* antidérapante.

Griffel *m* ‹-s, -› ['grɪfəl] crayon d'ardoise; *hist* style; *(Stichel)* burin; *bot* style, pistil *m.*

Grill *m* ‹-s, -s› [grɪl] *(Küche)* gril *m;* **g~en** *tr* griller; **~en** *n* grillage *m.*

Grille *f* ‹-, -n› ['grɪlə] *zoo* grillon, *pop* cricri; *(Laune)* caprice *m,* chimère, fantaisie, *fam* lubie *f; ~n fangen (fig)* se forger des idées; **~nfänger** *m fig* songe-creux *m;* **g~nhaft** *a fig* capricieux, fantasque, lunatique; **~nhaftigkeit** *f* caractère *m* capricieux *od* fantasque.

Grimasse *f* ‹-, -n› [gri'masə] grimace *f; ~n schneiden* faire des grimaces, grimacer.

Grimm *m* ‹-(e)s, ø› [grɪm] fureur, rage *f, lit* courroux *m;* **g~ig** *a* furieux, enragé, féroce, farouche; *~e Kälte f* froid *m* de canard *od* de loup; ~ *kalt* horriblement froid.

Grind *m* ‹-(e)s, -e› [grɪnt, -də] *med* teigne, escarre *f;* **g~ig** *a* teigneux.

grinsen ['grɪnzən] *itr* ricaner; **G~** *n* ricanement *m.*

Grippe *f* ‹-, -n› ['grɪpə] grippe, influenza *f; an* ~ *erkrankt* grippé; *die* ~ *haben* être grippé; **grippal** *a,* **g~artig** *a* grippal; **~schutzimpfstoff** *m*

vaccin *m* antigrippe; ~**schutzimpfung** *f* vaccin *m* antigrippe.
Grips *m* ⟨-es, -e⟩ [grips] *pop;* ~ *(Köpfchen)* haben avoir de la jugeotte; *wenig* ~ *haben (pop)* ne pas avoir beaucoup de jugeotte, manquer de cervelle.

grob [gro:p] *a* gros, taillé à coups de serpe; *(plump)* grossier; *(bäurisch)* lourdaud, rustaud; *(unhöflich)* impoli, mal embouché; *(roh)* rude, brutal; *(ordinär)* vulgaire; *ganz* ~ *(adv)* à vue de nez; ~ *fahrlässig (adv)* par négligence grave; *in* ~*en Zahlen* approximativement; *in* ~*en Zügen (schildern)* d'une manière globale; à grands traits; *jdn* ~ *anfahren* brusquer qn; ~ *bearbeiten* dégrossir; *aus dem G*~*en bringen (fig fam)* dégrossir; *ich bin aus dem Gröbsten heraus, das Gröbste ist getan* le plus gros est fait; *die* ~*en Arbeiten* les gros travaux; ~*e Beleidigung f* injure *f* grossière; ~*e Fahrlässigkeit f* négligence *f* grave; ~*e(r) Fehler m* faute *f* grossière *od* grave; ~*e Worte n pl* gros mots *m pl;* ~*e Zahl f* nombre *m* approximatif; **G**~**abstimmung** *f* radio syntonisation *f* grossière; **G**~**blech** *n* tôle *f* forte; **G**~**einstellung** *f* radio réglage *m* approximatif *od* grossier; mise *f* rapide; ~**fädig** *a* à gros fil; ~**faserig** *a (Holz)* à fibres grossières; **G**~**feile** *f* grosse lime *f;* **G**~**heit** *f* grossièreté; *(bäurisches Wesen)* rusticité; *(Unhöflichkeit)* impolitesse; *(Roheit)* rudesse, brutalité; *(*~*e Worte)* gros mot *m; sich* ~*en an den Kopf werfen* s'engueuler comme du poisson pourri *pop;* **G**~**ian** *m* ⟨-(e)s, -e⟩ ['gro:bia:n] grossier, lourdaud, rustre, ours *m* mal léché; ~**körnig** *a* à gros grains; ~**maschig** *a* à grosses mailles; **G**~**sand** *m* gros sable *m;* ~**schlächtig** *a* de nature grossière; **G**~**schmied** *m* forgeron; **G**~**struktur** *f phys* macrostructure *f.*
gröblich ['grø:pliç] *a* gros(sier); *adv* grossièrement.
Grog *m* ⟨-s,-s⟩ [grɔk] grog *m.*
grölen *itr* bramer; *tr* brailler.
Groll *m* ⟨-(e)s, ø⟩ [grɔl] ressentiment *m,* rancœur; rancune; *(Verbitterung)* aigreur, amertume; *(Feindseligkeit)* animosité; *(Zorn)* colère *f;* ~ *hegen (gegen)* = *g*~*en;* **g**~**en** *itr* entretenir des ressentiments; *jdm* garder rancune, en vouloir à qn, bouder qn; *der Donner grollt* le tonnerre gronde; **g**~**end** *a* plein de ressentiments, rancunier; *(zornig)* courroucé.
Grön|land *n* ['grø:n-] le Grœnland; **g**~**ländisch** *a* grœnlandais.

Gros *n* ⟨-sses, -sse⟩ [grɔs] *(144 Stück)* grosse *f; n* ⟨-, -⟩ [gro:, gen, pl gro:s] *mil* gros *m; das* ~ *des Heeres* le gros de l'armée.
Groschen *m* ⟨-s, -⟩ ['grɔʃən] *der* ~ *ist gefallen (fig fam)* j'y suis, tu y es *etc;* ~**roman** *m* roman *m* de quatre sous.
groß [gro:s] *a* grand; *(*~ *u. dick)* gros; *(ausgedehnt)* vaste, ample; *(geräumig)* spacieux; *(lang, a. zeitl.)* long; *(hoch)* haut; *(hochgewachsen)* de grande *od* haute taille; *(erwachsen)* adulte; *(wichtig)* important; *(bedeutend)* grand; *(Fehler)* gros, grave; *(Hitze)* gros, fort; *(Kälte)* intense; *im* ~*en* en grand; *com* en gros; *im* ~*en (und) ganzen* en gros, en général, en somme, somme toute, à tout prendre, en substance; *mit* ~*er Mühe* à grand--peine; *in* ~*en Zügen (fig)* à grands traits; *jdn* ~ *anschauen od ansehen* regarder qn avec surprise; ouvrir grand les yeux en voyant qn; *nur* ~*es Geld haben* ne pas avoir de monnaie; ~*e Stücke auf jdn halten, von jdm* ~ *denken* avoir une haute opinion de qn; ~ *herausstellen (fig)* mettre en vedette; ~*en Wert auf etw legen* faire grand cas de qc; ~*e Augen machen* ouvrir de grands yeux; ~*e Buchstaben schreiben* écrire gros; *größer machen* agrandir; ~ *(mit* ~*em Anfangsbuchstaben) schreiben* écrire avec une majuscule; *gleich* ~ *sein* être de la même taille; ~ *od größer werden* grandir, croître, pousser; *immer größer und schöner werden* ne faire que croître et embellir; *lange Kleider sind jetzt* ~*e Mode* la grande mode actuellement, ce sont les robes longues; *wie* ~ *bist du?* quelle est ta taille? *wie* ~ *war (meine Freude)!* quel(le) fut (ma joie)! *ganz* ~ *(fam)* sensationnel; *der G*~*e Bär (astr)* la grande Ourse; *die* ~*en Drei (hist)* les Trois Grands; ~*e(r) Gang m (mot)* prise *f* directe; ~ *und klein* grands et petits; *das G*~*e Los* le gros lot; *der G*~*e Ozean* le Pacifique; ~*e(s) Paket n,* ~*e Packung f (com)* paquet *m* géant; *e-e größere Summe* une assez grosse somme; *die* ~*e Zehe* le gros orteil; *der* ~*e Zeiger* la grande aiguille, l'aiguille *f* des minutes; **G**~**abnehmer** *m* gros consommateur *m;* **G**~**admiral** *m* grand amiral *m;* **G**~**agrarier** *m* = *G*~*grundbesitzer;* **G**~**aktionär** *m* gros actionnaire, actionnaire *m* principal; **G**~**angriff** *m* attaque de grand style, offensive *f* générale; ~**artig** *a* grandiose, magnifique, imposant, monumental; *(ausgezeichnet)* excellent; *(erhaben)* subli-

me, majestueux; *fam* fameux, épatant, grandissime, super; *adv* à merveille; *sich ~ machen (fam)* faire merveille; *das haben Sie ~ gemacht* vous vous en êtes très bien tiré; *(a.)* je vous retiens; *das ist (ja) ~! (fam)* c'est sensationnel; *~e Idee f* idée *f* géniale *od* de génie; **G~artigkeit** *f* grandeur, magnificence; excellence; sublimité, majesté *f;* **G~aufnahme** *f* film gros plan *m; in ~* en gros plan; **G~auftrag** *m com* grande *od* grosse commande *f;* **G~-Berlin** *n* l'agglomération *f* berlinoise; **G~betrieb** *m* grande entreprise *od* exploitation, exploitation *f* en grand; **G~brand** *m*, **G~feuer** *n* incendie *m* géant; **G~britannien** *n* la Grande-Bretagne; **~britannisch** *a* britannique; **G~buchstabe** *m* lettre majuscule *od* capitale, majuscule *f;* **G~einkauf** *m* achat *m* en gros; **G~einsatz** *m* mil u. allg vaste opération *f; (e-r Waffe)* emploi *m* massif; **G~eltern** *pl* grands-parents *m pl;* **~enteils** *adv* en grande partie; **G~e(r)** *m pol* grand *m; fam (Erwachsener)* grande personne *f;* **G~familie** *f* famille *f* nombreuse; **G~flugzeug** *n* avion gros porteur, avion *m* géant; **G~format** *n* grand format *m; Zigarette f in ~* cigarette *f* géante; **G~funkstation** *f* poste à grandes distances, grand poste *m* radiotélégraphique; **G~fürst** *m hist* grand-duc *m;* **G~fürstin** *f* grande-duchesse *f;* **G~grundbesitz** *m* grande propriété *f* (foncière); **G~grundbesitzer** *m* grand propriétaire, (gros) propriétaire *m* terrien; **G~handel** *m* commerce *m* en *od* de gros; **G~handelsgeschäft** *n* maison *f* de commerce en gros; **G~handelsindex** *m* indice *m* (des prix) de gros; **G~handelspreis** *m* prix *m* de gros; **G~handelsrabatt** *m* rabais *m* de gros; **G~handelsunternehmen** *n* entreprise *f* de gros; **G~handelsvertreter** *m* représentant *m* en gros; **G~händler** *m* marchand *od* négociant en gros, grossiste *m;* **G~handlung** *f* magasin *m* de gros; **~herzig** *a* magnanime, généreux; **G~herzigkeit** *f* magnanimité, générosité *f;* **G~herzog** *m* grand-duc *m;* **G~herzogin** *f* grande--duchesse *f;* **~herzoglich** *a* grand--ducal; **G~herzogtum** *n* grand-duché *m;* **G~hirn** *n* cerveau *m;* **G~hirnrinde** *f* écorce *f* cérébrale; **G~industrie** *f* grande *od* grosse industrie, industrie *f* manufacturière; **G~industrielle(r)** *m* gros industriel *m;* **G~inquisitor** *m rel hist* grand inqui-

siteur *m;* **G~jährigkeit** *f* majorité *f;* **G~kampf(tag)** *m* (journée de) grande bataille *f;* **G~kapitalist** *m* gros capitaliste *m;* **G~kaufmann** *m* = *G~händler;* **G~kind** *n* petit-fils *m*, petite-fille *f;* **G~knecht** *m agr* premier valet *m;* **G~kraftwerk** *n* station à *od* de grande puissance, supercentrale *f;* **G~kreuz** *n (Orden)* grand-croix *f; Ritter od Inhaber m des ~es* grand-croix *m;* **G~loge** *f* ⟨-n, -n⟩ *(Freimaurerei)* grande loge *f;* **G~macht** *f pol* grande puissance *f;* **~mächtig** *a* très puissant; **G~mama** *f fam* grand-maman, bonne-maman, mémère *f;* **G~mannssucht** *f* = *Größenwahn(sinn);* **G~markt** *m* marché-gare *m;* **G~mars** *m mar* grand-hune *f;* **G~mast** *m mar* grand mât *m;* **G~maul** *n* vantard, fanfaron, hâbleur, fier-à-bras, *pop* gueulard *m;* **~mäulig** *a* vantard, fanfaron, *pop* gueulard; **G~meister** *m* grand maître *m;* **G~mogul** *m hist* grand mogol *m;* **G~mut** *f,* **G~mütigkeit** *f* magnanimité, générosité *f;* **~mütig** *a* magnanime, généreux; **G~mutter** *f* grand-mère *f;* **~mütterlich** *a* de grand-mère; **G~neffe** *m* petit-neveu *m;* **G~nichte** *f* petite-nièce *f;* **G~-oheim** *m,* **G~onkel** *m* grand-oncle *m;* **G~oktav** *n typ* grand in-octavo *m;* **G~papa** *m fam* grand-papa, bon-papa, pépère *m;* **G~-Paris** *n* l'agglomération *od* la région *f* parisienne; **G~rabbiner** *m* grand rabbin *m;* **G~raum** *m* grand espace *m;* **G~raumflugzeug** *n* gros-porteur, jumbo(-jet) *m;* **G~raumpolitik** *f* politique *f* des grands espaces; **G~raumraupenwagen** *m* tombereau *m* à chenilles; **G~raumübersichtsgerät** *n* radar *m* de grande distance; **G~raumwirtschaft** *f* économie *f* des grands espaces; **G~reinemachen** *n* grand nettoyage *m;* **G~schnauze** *f pop* grande gueule *f;* **~schnäuzig** = *~mäulig;* **G~segel** *n* grand-voile *f;* **G~siegelbewahrer** *m* garde *m* des sceaux; **G~sohn** *m* petit-fils *m;* **~sprecherisch** *a,* **~spurig** *a* prétentieux, suffisant; *~ auftreten* parader; **G~staat** *m* grand État *m;* **G~stadt** *f* grande ville *f;* **G~stadtmensch** *m,* **G~städter** *m* habitant *m* d'une grande ville; *pl* habitants *m pl* des grandes villes; **~städtisch** *a* des grandes villes, métropolitain; **G~stadtluft** *f* atmosphère *f* d'une *od* de grande(s) ville(s); **G~stadtverkehr** *m* trafic *m* des grandes villes; **G~tante** *f* grand--tante *f;* **G~tat** *f* haut fait, exploit *m;*

G~teil *m* grande partie *f;* **G~tochter** *f* petite-fille *f;* **~=tun** *itr* prendre des airs, se donner de grands airs, faire l'important; **G~unternehmen** *n* grande entreprise *f;* **G~vater** *m* grand-père *m;* **~väterlich** *a* de grand-père; **G~veranstaltung** *f* grande manifestation *f;* **G~verbraucher** *m* gros consommateur *m;* **G~verkauf** *m* vente *f* en gros; **G~vieh** *n* gros bétail *m;* **G~wesir** *m* grand vizir; **G~wild** *n* gros gibier *m;* **G~würdenträger** *m* grand dignitaire *m;* **~=ziehen** *(aufziehen) tr* élever; **~zügig** *a* *(in der Form)* de grand style; *(in den Ansichten)* large d'esprit, à larges vues; *(freigebig)* généreux, libéral; *adv* *(geben)* généreusement; **~** *(tolerant) sein* avoir l'esprit large; *(freigebig)* avoir le cœur sur la main, se livrer à des libéralités; **G~zügigkeit** *f* largeur de vues; générosité, libéralité *f.*

Größ|e *f* ⟨-, -n⟩ ['grø:sə] grandeur *a. fig;* *(Dicke, Stärke)* grosseur; *(Ausdehnung, Umfang)* étendue; *(Weite)* ampleur *f,* *(Rauminhalt)* volume *m;* *(Fassungsvermögen)* contenance, capacité; *(Länge, a. zeitl.)* longueur; *(Höhe)* hauteur; *(Körper~)* taille *f;* *(Papier, Buch, a. fig)* format *m; (Kleidungsstück: Nummer)* taille; *(Hut, Handschuhe, Schuhe)* pointure; *math* grandeur, quantité; *astr (e-s Sternes)* magnitude; *(Stärke)* force, intensité; *(Erhabenheit)* sublimité, majesté; *(berühmte Person)* célébrité *f,* grand personnage; *fam (auf e-m Gebiet)* as *m,* *sport* vedette *f; der ~ nach* par ordre de grandeur, par rang de taille; *... in aller ~* toute la gamme des ...; *in natürlicher ~ (Kunst, Abbildung)* en grandeur nature; *unbekannte ~ (math)* inconnue *f; von der ~ e-s, e-r ...* de la taille d'un, d'une ...; *welche ~ haben Sie? (com)* quelle est votre taille *od* pointure? *fam* quelle taille *od* pointure faites-vous? *Stern m erster ~* étoile *f* de magnitude 1; **~enordnung** *f* ordre *m* de grandeur; *in der ~ (gen)* de l'ordre (de); **~enverhältnis** *n* proportion *f;* **~enwahn(sinn)** *m* folie des grandeurs, mégalomanie *f;* **g~enwahnsinnig** *a* mégalomane; **g~tenteils** *adv* pour la plus grande partie, pour la plupart; *(zeitl.)* la plupart du temps; **g~tmöglich** *a* aussi grand que possible.

Grossist *m* ⟨-en, -en⟩ [grɔ'sɪst] grossiste, négociant *od* marchand *m* en gros.

grotesk [gro'tɛsk] *a* grotesque; **G~e** *f* ⟨-, -n⟩ grotesque *m.*

Grotte *f* ⟨-, -n⟩ ['grɔtə] grotte *f.*

Grüb|chen *n* ⟨-s, -⟩ ['gry:pçən] fossette *f;* **~elei** *f* [-bə'laɪ] rêverie *f;* **g~eln** *itr* ruminer; **~ler** *m* ⟨-s, -⟩ ['gry:blər] rêveur *m;* **g~lerisch** *a* rêveur.

Grube *f* ⟨-, -n⟩ ['gru:bə] fosse *f, a. anat;* creux *m, a. anat; mines* mine, *(offene)* carrière *f; wer andern e-e ~ gräbt, fällt selbst hinein (prov)* tel est pris qui croyait prendre; **~nausrüstung** matériel *m* de fond; **~nbahn** *f* voie *f* de mine; **~nbau** *m,* **~nbetrieb** *m* exploitation *f* minière *od* de mine; **~nbrand** *m* incendie *od* feu *m* de mine; **~nexplosion** *f* explosion *f* de mine; **~nfeld** *n* champ *m* minier; **~ngas** *n* grisou *m; ~ enthaltend* grisouteux; **~nholz** *n* bois *m* de mine; **~nkies** *m* gravier *m* de carrière; **~nlampe** *f* lampe *f* de mineur; **~nlokomotive** *f* locomotive *f* de mine *od* du fond; **~nraum** *m* puits *m* de mine; **~nsand** *m* sable *m* de fouille *od* fouillé; **~nschacht** *m* puits *m* de mine; **~nunglück** *n* accident *m* minier, catastrophe *f* minière; **~nwasser** *n* eau *f* de mine; **~nwetter** *n* coup *m* de grisou.

Grude(koks *m)* *f* ⟨-, -n⟩ ['gru:də(-)] coke *m* de lignite.

Gruft *f* ⟨-, ⁻e⟩ [gruft, 'gryftə] *(Grab)* fosse, tombe *f; (Grabgewölbe)* caveau *m; (Krypta)* crypte *f.*

Grum(me)t *n* ⟨-(e)s, ø⟩ ['grʊm(ə)t] regain *m,* recoupe *f.*

grün [gry:n] *a* vert; *(Frucht: unreif)* vert; *(Getreide)* en herbe; *pol* vert, écologiste; *fig fam (neu, unerfahren)* neuf, inexpérimenté; *am ~en Tisch* autour du tapis vert; *vom ~en Tisch (aus) (fig)* en théorie; *sich ~ und gelb ärgern* être fou furieux *fam; auf keinen ~en Zweig kommen* ne pas réussir; *jdm nicht ~ sein* en vouloir à qn, avoir une dent contre qn; avoir qn en grippe; *~ werden* verdoyer; *(er-~en)* verdir; *~e(r) Hering m* hareng *m* frais; *~e(r) Junge m* blanc-bec *m; ~e(s) Licht n (a. fig.)* feu *m* vert; *~e Politik, Bewegung f* parti, mouvement *m* vert *od* écologiste; *~e Saat f* blé *m* en herbe; *~e Welle* feux *m pl* synchronisés; *~e Welle haben (fig)* n'avoir que des feux verts; *~e(r) Salat m* salade *f* verte; **G~anlage** *f* *(kleinere)* îlot *m* de verdure; **G~donnerstag** *m* Jeudi *m* saint; **G~(e)** *n* ⟨-s, -⟩ vert *m; (Natur)* verdure *f; im G~en* dans la verdure; *mitten in G~en* en pleine verdure; *ins G~e hinausziehen* se mettre au vert *fam;*

bei Mutter G~ schlafen dormir *od* coucher à la belle étoile; *das ist dasselbe in G~ (fam)* c'est du pareil au même *(fam);* **Grüne(r)** *m pol: die Grünen* les verts, les écologistes, *fam* les écolos *m pl;* **G~fink** *m* verdier *m;* **G~fläche** *f* espace *m* vert; **G~futter** *n* (fourrage) vert, herbage *m;* **~gelb** *a* jaune verdâtre; **G~gürtel** *m (e-r Stadt)* ceinture *f* verte *od* de verdure; **G~kern(suppe** *f) m* (potage aux) grain(s) *m* de blé vert; **G~kohl** *m* chou *m* frisé; **G~kram** *m* légumes *m pl* verts; **~lich** *a* verdâtre; **G~schnabel** *m* blanc-bec, béjaune *m,* jeune barbe *f;* **G~span** *m* vert-de-gris *m;* **~** *ansetzen* se vert-de-griser; **G~specht** *m* pivert *m;* **G~streifen** *m (e-r Stadt)* zone *f* de verdure, espace *m* vert; *(entlang e-r Straße)* ligne *f* de verdure; **G~zeug** *n* herbes *f pl* potagères.

Grund *m* ⟨-(e)s, ⁻e⟩ [grʊnt, 'grʏndə] *(tiefste Stelle)* fond; *(Erdboden)* sol, terrain; *(Niederung)* bas-fond; *(flaches Tal)* vallon *m,* vallée *f; (Bodensatz)* dépôt, sédiment; *(~lage)* fondement *m,* base; *fig (Ursache)* cause, raison, source *f; (Beweg~)* motif; *(Beweis~)* argument; *(Anlaß)* sujet *m; auf ~ (a. aufgrund) (gen)* en raison *od* vertu *od* faveur (de), sur la base (de); *auf eigenem ~ und Boden* sur mes, tes *etc* terres (et biensfonds); *aus dem ~e, daß* pour la (bonne) raison que; *aus Gründen (gen)* par mesure (de); *aus bekannten Gründen* pour des raisons manifestes; *aus diesem ~e* pour cette raison, en raison de quoi, de ce chef; *aus dem gleichen ~e* pour la même raison; *aus gutem ~* et pour cause; *aus irgendeinem ~e* pour n'importe quelle raison; *aus welchem ~?* pour quel motif? à quel propos? à propos de quoi? pourquoi? *(ein Glas) bis auf den ~ (leeren)* jusqu'au fond; *im ~e (genommen)* au fond, le fond, après tout, au fait; *im ~e meines Herzens* au fond de mon cœur; *ohne ~* sans raison *od* motif *od* cause, pour des prunes; *ohne rechten ~* sans raison valable; pour un oui, pour un non; *von ~ auf od aus* à fond, de fond en comble, du tout au tout; *in den ~ bohren (mar)* envoyer par le fond, couler (bas); *e-r S auf den ~ gehen* aller au fond *od* à la racine de qc; *~ haben (im Wasser)* avoir pied; *(allen) ~ haben zu* avoir (tout) lieu de; *s-e guten Gründe haben* avoir de bonnes raisons; *~ haben anzunehmen od zu glauben* être fondé à croire; *keinen ~ mehr haben,*

den ~ verlieren (im Wasser) perdre pied *od* terre; *den ~ zu etw legen* jeter les fondements de qc; *der ~ dafür ist, daß* voici pourquoi; *es besteht ~ zu ... il* y a lieu de ...; *das hat s-e guten Gründe* cela s'appuie sur de bonnes raisons; *das ist kein ~ mehr* raison de plus; *das ist kein ~ zum Lachen* il n'y a pas là matière à plaisanterie; il n'y a pas de quoi rire; *ich habe meine Gründe* j'ai mes raisons; *feste(r) ~ (fig)* solide *m; sachliche(r) ~ (jur)* motif *m* de fond; *triftige(r) ~* raison *f* valable; *zureichende(r) ~ (philos)* raison *f* suffisante; *zwingende(r) ~* motif *m* contraignant, raison *f* impérieuse; **~akkord** *m mus* accord *m* fondamental; **g~anständig** *a g~ehrlich;* **~anstrich** *m* (couche *f* de) fond *m,* couche *f* d'apprêt; **~ausbildung** *f* instruction *f* élémentaire; **~bedeutung** *f* sens *m* premier *od* primitif; **~bedingung** *f* condition *f* fondamentale; **~begriff** *m* notion *od* conception *f* fondamentale; **~besitz** *m* propriété foncière *od* immobilière, possession *f* foncière; **~besitzer** *m* propriétaire *m* foncier *od* terrien; **~bestandteil** *m* élément *m* constitutif; *chem* (composé *m* de) base *f;* **~buch** *n* cadastre, livre *od* registre *m* foncier; **~buchamt** *n* bureau *m* du livre foncier *od* du conservateur des hypothèques, conservation *f* des hypothèques; **~buchbeamte(r)** *m* conservateur *m* des hypothèques; **g~ehrlich** *a* foncièrement honnête; **~eigentum** *n,* **~eigentümer** *m* = **~besitz(er);** **~eis** *n* glaces *f pl* de fond; **~empfang** *m* radio réception *f* par accord primaire; **~erfordernis** *n* exigence *f* primaire; **~erwerb** *m* acquisition *f* de terrain; **g~falsch** *a* absolument faux; **~farbe** *f phys* couleur *f* simple *od* primaire; *(Malerei, Zeugdruck)* fond *m;* = **~anstrich;** **~fehler** *m* vice *m* radical; **~feste** *f: in s-n ~n erschüttern* ébranler jusque dans ses fondements; **~fläche** *f math* base *f,* plan *m* inférieur; **~form** *f* forme *f* primitive; *gram* infinitif *m;* **~gebühr** *f* taxe de base *od* fixe; *tele* taxe *f* d'abonnement; **~gedanke** *m* idée *f* fondamentale *od* dominante; **~gehalt** *n* traitement *m* de base; **g~gelehrt** *a* d'un profond savoir; **g~gescheit** *a: ~ sein* avoir de l'esprit jusqu'au bout des doigts; **~gesetz** *n (Verfassung)* loi *f* fondamentale *od* constitutionnelle *od* organique *od* constitutive, statut *m* organique; **g~häßlich** *a* laid comme un pou *od* une chenille; **~herr** *m hist* seigneur *m;* ~**herrschaft** *f* seigneurie *f;* **g~ieren** [-'di:rən] *tr (Malerei)* apprêter, imprimer; *(Färberei)* piéter; ~**ierfirnis** *m* vernis *m* de fond; ~**ierlack** *m* laque *f* de première couche; ~**ierung** *f (Malerei)* couche *od* peinture de fond, apprêt *m;* ~**ierungsmittel** *n (Malerei)* apprêt *m;* ~**industrie** *f* industrie *f* de base; ~**irrtum** *m* erreur *f* fondamentale *od* foncière; ~**kapital** *n* fonds *m* social; ~**kost** *f* régime *m* de base; ~**lage** *f* base *f,* fondement *m; fig* assise, pierre *f* fondamentale; *auf der* ~ *(gen)* à partir de; *die* ~ *bilden, als* ~ *dienen* servir de base; *zur* ~ *haben* reposer sur; *die* ~*n legen* jeter *od* poser les fondements; jeter les bases *(für etw* de qc) ~**lagenforschung** *f* recherche(s) *f* fondamentale(s) *od* de base; **g~legend** *a* fondamental, foncier; *von* ~*er Bedeutung* d'une importance capitale, *adv* complètement, du tout au tout; ~**lehre** *f* doctrine *f* fondamentale, principes, éléments *m pl;* ~**linie** *f* (ligne de) base; *sport* ligne *f* de fond; ~**lohn** *m* salaire *m* de base; **g~los** *a (Gewässer)* sans fond, insondable; *(Weg)* défoncé; *fig (unbegründet)* sans fondement *od* motif; ~**losigkeit** *f fig* absence *f od* manque *m* de fondement; *fig geol* pâte *f;* ~**mauer** *f* (mur *m* de) fondation *f od* soubassement; embasement *m;* ~**moräne** *f geog* moraine *f* de fond; ~**pfandrecht** *n* droit *m* hypothécaire *od* d'hypothèque; ~**pfandverschreibung** *f* hypothèque *f;* ~**pfeiler** *m* pilier de fondation; *fig* soutien *m;* ~**platte** *f tech* sole *f;* ~**preis** *m* prix *m* de base; ~**prinzip** *n* principe *m* de base; ~**problem** *n* problème *m* fondamental; ~**rechnungsart** *f: die vier* ~*en* les quatre opérations *f pl* fondamentales; ~**recht** *n* droit *m* foncier *od pol* fondamental; ~**regel** *f* règle *f* fondamentale, principe *m;* ~**rente** *f* rente *f* foncière; ~**riß** *m* arch plan *m od* section horizontal(e), vue *f* en plan; ~**satz** *m* principe, axiome *m; (Lebensregel)* maxime *f; e-n* ~ *aufstellen* poser un principe; *als* ~ *aufstellen* poser en principe; *(starr) an s-n Grundsätzen festhalten* tenir (bon) à ses principes; *nach s-n Grundsätzen leben* vivre selon ses principes; *(sich) etw zum* ~ *machen* poser qc en principe, se faire un principe de qc; *mein* ~ *heißt ...* j'ai pour principe *(de) ...;* ma devise c'est de *...; ein Mensch mit od von Grundsätzen* quelqu'un qui a des principes; ~**satzerklärung** *f pol* déclaration *f* de principes; **g~sätzlich** *a* fondé sur des principes; *adv* par *od* en principe; **g~satzlos** *a* sans principes; ~**schuld** *f* dette *f* foncière; ~**schuldbrief** *m* titre *m* de dette foncière; ~**schule** *f* école *f* élémentaire *od* primaire; ~**schulunterricht** *m* enseignement *m* primaire; ~**see** *f geol* lame *f* de fond; ~**sprache** *f* langue *f* primitive *od* mère; ~**stein** *m arch* pierre de base, première pierre; *fig* pierre *f* fondamentale; *den* ~ *legen* poser la première pierre *od fig* les fondements; *fig* asseoir les fondations *(zu* de); ~**steinlegung** *f (feierl.)* pose *f* de la première pierre; ~**stellung** *f mil* position *f* normale; ~**steuer** *f* impôt *m* foncier *od* immobilier, cote *od* contribution *od* taxe *f* foncière; ~**steuerrolle** *f* matrice *f* cadastrale; ~**stock** *m fin* base *f,* capital *m;* ~**stoff** *m chem* corps simple, élément *m; tech (Rohstoff)* matière *f* premi ère *od* de base, produit *m* de base; ~**stoffindustrie** *f* industrie *f* primaire *od* de base, service *m* de base; ~**strich** *m (Schrift)* jambage, plein *m;* ~**stück** *n* (bien-)fonds, bien foncier, terrain *m; die angrenzenden* ~*e* les tenants et aboutissants *m pl; (un)bebaute(s)* ~ terrain *m od* propriété *f* (non) bâti(e); ~**stücksmakler** *m* agent immobilier *od* d'affaires, courtier *m* en immeubles; ~**stückspfändung** *f* saisie *f* réelle; ~**stücksrecht** *n* droit *m* foncier; ~**stückssachverständige(r)** *m* expert *m* foncier; ~**stücksverwaltung** *f* gérance *f* d'immeubles; ~**thema** *n mus* thème *m* dominant; ~**ton** *m mus* (note) tonique; *(Malerei)* nuance de fond; *fig (e-r Rede)* note *f* générale; ~**übel** *n* vice *od* mal foncier, grand mal *m;* ~**umsatz** *m physiol* métabolisme *m* basal; ~**ursache** *f* cause *f* fondamentale; **g~verschieden** *a* tout à fait différent; ~ *sein (a.)* différer du tout au tout; ~**wahrheit** *f* vérité *f* fondamentale; ~**wasser** *n* eau(x *pl) f* souterraine(s); ~**wassereinbruch** *m* venue *f* souterraine; ~**wasserspiegel** *m* nappe *f* souterraine *od* phréatique; ~**wasserstand** *m* niveau *m* d'eau souterraine; ~**wehrdienst** *m* service *m* militaire obligatoire; ~**wert** *m* valeur *f* fondamentale; ~**zahl** *f gram* nombre *m* cardinal; *math* base *f;* ~**zins** *m* rente *f* foncière; ~**zug** *m* trait *m* fondamental *od* principal; *pl (e-r Wissenschaft)* éléments *m pl.*

gründ|en ['grʏndən] *tr* fonder; *(einrichten)* établir; *(errichten)* ériger;

(be~, stiften) instituer; *(ins Leben rufen)* créer; *fig (stützen)* appuyer *od* baser *od* faire reposer *(auf* sur); *sich* ~ *auf* être fondé *od* se fonder *od* s'appuyer *od* reposer sur; *fest gegründet* solidement fondé; **G~er** *m* ⟨-s, -⟩ fondateur; créateur *m*; **G~eraktie** *f* part *f* de fondateur; **G~erjahre** *n pl hist (nach 1871)* années *f pl* de fondation *od* de spéculation; **~lich** *a* solide, profond; *(exakt)* détaillé, scrupuleux; *adv* profondément; à fond, de fond en comble, du tout au tout; *jdm* ~ *die Meinung sagen* dire ses vérités à qn; *er hat sich* ~ *blamiert* il a été totalement ridicule; *~e Kenntnisse f pl* connaissances *f pl* approfondies; **G~lichkeit** *f* solidité; *(Tiefe)* profondeur; *(Genauigkeit)* exactitude, minutie *f*; **G~ling** *m* ⟨-s, -e⟩ *(Fisch)* goujon *m*; **G~ung** *f* fondation *f*; établissement *m*; institution; création *f*; **G~ungsjahr** *n* année *f* de (la) fondation; **G~ungsurkunde** *f* acte *m* constitutif; **G~ungsversammlung** *f* assemblée *f* constitutive.

grunzen ['grʊntsən] *itr* grogner; **G~** *n* grognement(s *pl*) *m*.

Grüppchen *n* ⟨-s, -⟩ ['grʏpçən] *pej fam* poignée *f*.

Gruppe *f* ⟨-, -n⟩ ['grʊpə] *allg* groupe, groupement *m, a. com pol mil; (Klasse)* classe, catégorie; *(organisierte)* troupe, formation *f; (Besoldungs~)* échelon; *mil* groupe *m; (Korporalschaft)* escouade *f,* peloton *m; (von Arbeitern od Sportlern)* équipe *f; in der* ~ en groupe; *in* ~*n* en *od* par groupes; **~enarbeit** *f* travail *m* d'équipe; **~enaufnahme** *f,* **~enbild** *n phot* groupe *m*; **~enausbildung** *f mil* instruction *od* école *f* du groupe; **~enbildung** *f* groupement *m*; **~enführer** *m mil* chef *m* de groupe *od* de file; **~eninteressen** *n pl* intérêts *m pl* des différents groupes; **~enkampf** *m sport* match *m* par groupes; **~enpraxis** *f* cabinet *m* de groupe; **~enreise** *f* voyage *m* organisé; **~enschaltung** *f el* montage *m* en série parallèle; **~entherapie** *f* thérapie *f* de groupe; **~enübung** *f (Turnen)* exercice *m* d'ensemble; **~enversicherung** *f* assurance *f* collective *od* de groupe; **g~enweise** *adv* par *od* en groupes; **g~ieren** [-'pi:rən] *tr (anordnen)* grouper, masser, disposer en groupes; *mil* articuler; *(klassifizieren)* classifier; *sich* ~ se grouper, se masser; **~ierung** *f* groupement *m*, disposition en groupes; *mil* articulation; classification *f*.

Grus *m* ⟨-es, -e⟩ [gru:s, -zə(s)] *(Kies)* petit gravier *m;* = **~kohle** *f* charbon menu, poussier, grésillon *m*.

gruselig ['gru:zəlıç] *a* qui fait frissonner *od* dresser les cheveux, qui donne le frisson *od* la chair de poule; **~n** *impers: mir* od *mich gruselt's* j'ai le frisson.

Gruß *m* ⟨-es, ⁻e⟩ [gru:s, 'gry:sə] salut *m, a. mil; (Begrüßung)* salutation(s *pl*) *f; (schriftlicher)* compliments, respects, hommages *m pl; mit besten* od *herzlichen Grüßen, viele liebe Grüße (sendet Dir* od *Ihnen)* bien des choses (de ma part), mon meilleur souvenir, avec toutes mes amitiés; *jdm herzliche Grüße ausrichten* dire bien des choses à qn; *Grüße bestellen* transmettre les amitiés; *e-n* ~ *erwidern* rendre un salut; *richten Sie ihm meine herzlichsten Grüße aus!* faites-lui mes amitiés; ~ *aus X. (auf Andenken)* souvenir de X.; **~formel** *f* formule *f* de politesse; **~pflicht** *f mil* devoir *m* de saluer.

grüßen ['gry:sən] *tr* saluer; *mil* faire le salut militaire *(jdn* à qn); *jdn nicht* ~ *(a.)* ignorer qn; faire semblant de ne pas voir qn; *jdn* ~ *lassen* dire bien des choses, faire ses amitiés à qn; *sei mir gegrüßt!* salut! ~ *Sie ihn von mir!* faites-lui mes amitiés.

Grütz|beutel ['grʏts-] *m med* kyste *m* sébacé, loupe *f;* **~e** *f* ⟨-, -n⟩ gruau *m*.

guck|en ['gʊkən] *itr fam* regarder, jeter un coup d'œil; *(verstohlen)* lorgner, guigner *(nach etw* qc); *aus dem Fenster* ~ regarder par la fenêtre; *(Unterrock)* dépasser; *aus der Tasche* ~ sortir de la poche; *guck mal!* regarde (donc); **G~fenster** *n* vasistas *m*; **G~kasten** *m* kaléidoscope *m*; **G~loch** *n* judas *m*.

Guerilla [ge'rıl(j)a] **1.** *f* ⟨-, -s⟩ *(~krieg, ~einheit)* guérilla *f*; **2.** *m* ⟨-(s), -s⟩ *(~kämpfer)* guérillero *m*; ~... *(in Zssgen)* guérilla; **~kämpfer** *m* guérillero *m*; **~krieg** *m* guérilla *f*.

Guillotin|e *f* ⟨-, -n⟩ [gɪljo'ti:nə, gijo-'ti:nə] guillotine *f*; **g~ieren** [-'ni:rən] *tr* guillotiner.

Guinea [gi'ne:a] *n* la Guinée.

Gulasch *n od m* ⟨-(e)s, -e⟩ ['gu:-, 'gʊlaʃ] goulasch *m*; **~kanone** *f fam* (cuisine) roulante *f*.

Gulden *m* ⟨-s, -⟩ ['gʊldən] florin *m*.

gültig ['gʏltıç] *a* valable; de mise *(a. Geld)*; *jur* valide; *(gesetzlich)* légal, légitime; *(kirchlich* ~*)* canonique; *in* ~*er Form* valablement; *für* ~ *erklären* rendre valable, valider; légaliser, légitimer; ~ *sein* être valable; *ab*...~ *sein* s'appliquer à compter de ...;

(Geld) avoir cours; ~*e Stimme f (Wahl)* suffrage *m* valable; **G~keit** *f* ⟨-, ø⟩ validité, *jur* vigueur; légalité, légitimité *f*; *(Geld)* cours *m*; **G~keitsdauer** *f* durée *od* période *f* de validité; **G~keitserklärung** *f jur* validation *f*.

Gumma *n* ⟨-s, -mata/-men⟩ ['guma(ta)] *med* gomme *f*.

Gummi *n od m* ⟨-s, -[s]⟩ ['gumi] *(Material)* caoutchouc *m*; *(Radier~)* gomme *f* (à effacer); ~**absatz** *m (am Schuh)* talon *m* de caoutchouc; ~**arabikum** *n* ⟨-s, ø⟩ gomme *f* arabique; **g~artig** *a* caoutchouteux, gommeux; ~**ball** *m* balle *f* de caoutchouc *od* élastique; ~**band** *n* ruban élastique *od* caoutchouté, élastique *m*; ~**baum** *m* caoutchouc, gommier *m*; ~**belag** *m* tapis de caoutchouc, caoutchoutage *m*; ~**bereifung** *f* bandage *m* de caoutchouc; ~**dichtung** *f* joint *m* de *od* en caoutchouc; ~**einlage** *f* noyau *m* de caoutchouc; **g~eren** [-'mi:rən] *tr* gommer; *(Stoff)* caoutchouter; *(Papier)* dextriner, encoller; *gummierte(s) Papier n* papier *m* gommé; ~**erung** *f* gommage; caoutchoutage, encollage *m*; ~**finger** *m* doigtier *m* en caoutchouc; ~**gutt** *n* ⟨-s, ø⟩ gomme-gutte *f*; **g~haltig** *a bot* gommifère; ~**handschuh** *m* gant *m* de caoutchouc; ~**harz** *n* gomme-résine *f*; ~**hülle** *f* revêtement *m* en caoutchouc; ~**kissen** *n* coussin *m* en caoutchouc; ~**knoten** *m med* gomme *f*; ~**knüppel** *m* matraque *f* de caoutchouc; ~**lack** *m* gomme *f* laque; ~**lagerung** *f tech* suspension *f* sur caoutchouc; ~**lösung** *f mot* dissolution *f* (de caoutchouc); ~**mantel** *m* manteau de caoutchouc, imperméable *m*; ~**pflaster** *n pharm* diachylon *m* gommé; ~**pfropfen** *m* bouchon *m* de caoutchouc; ~**raupenkette** *f mot* chenille *f* en caoutchouc; ~**reifen** *m* pneu(matique) *m*; ~**ring** *m* bague *f* de caoutchouc; ~**scheibe** *f tech* rondelle *f* de caoutchouc; ~**schlauch** *m (am Rad)* chambre *f* à air; *(Wasserschlauch)* tuyau de *od* boyau *m* en caoutchouc; ~**schuhe** *m pl* caoutchoucs *m pl*; ~**schwamm** *m* éponge *f* de caoutchouc; ~**seil** *n aero* sandow *m*; ~**sohle** *f* semelle *f* en *od* de caoutchouc; ~**stempel** *m* timbre *m* en caoutchouc; ~**stiefel** *m pl* bottes *f pl* en caoutchouc; ~**stöpsel** *m* = ~*pfropfen*; ~**strumpf** *m* bas *m* élastique; ~**überzug** *m* revêtement *m* en caoutchouc; ~**unterlage** *f* appui de *od* isolant *m* (en) caoutchouc;

~**walze** *f* rouleau *m* en caoutchouc; ~**waren** *f pl* articles *m pl* en caoutchouc; ~**wärmflasche** *f* bouillotte *f* en caoutchouc; ~**zelle** *f* cabanon *m*; ~**zug** *m* bande *f* élastique.

Gunst *f* ⟨-, ø⟩ [gunst] faveur; *(Wohlwollen)* grâce *f*, bonnes grâces *f pl*, bienveillance; *(Unterstützung)* protection *f*; *(Vorteil)* avantage *m*; *zu jds ~en* en faveur, *com a.* au bénéfice de qn; *jdm e-e ~ erweisen* faire une faveur à qn; *bei jdm in ~ stehen* être en grâce *od* en faveur auprès de qn, être dans les bonnes grâces de qn; ~**beweis** *m*, ~**bezeigung** *f* (marque de) faveur *f*.

günst|ig ['gʏnstɪç] *a* favorable, propice, opportun; *(vorteilhaft)* avantageux; *zu ~en Bedingungen* à *od* sous des conditions avantageuses; *im ~sten Fall = ~stenfalls; bei ~em Wetter* par un temps favorable *od* propice; *jdm ~ gesinnt sein* favoriser qn; *ein ~es Licht auf jdn werfen* montrer qn sous un jour favorable; *das ist sehr ~ (a.)* c'est tout profit; ~**igstenfalls** *adv* en mettant les choses au mieux; **G~ling** *m* ⟨-s, -e⟩ favori; *(Liebling)* enfant gâté, préféré, chouchou *m*; **G~lingswirtschaft** *f* favoritisme *m*.

Gurgel *f* ⟨-, -n⟩ ['gurgəl] gosier *m*, gorge, *arg* dalle *f*; *jdn an od bei der ~ packen* saisir *od* tenir *od* prendre qn à la gorge; **g~n** *itr (gluckern)* gargouiller; *(die ~ spülen)* se gargariser; ~**n** *n* gargouillement; gargarisme *m*.

Gurke *f* ⟨-, -n⟩ ['gurkə] concombre; *(kleine)* cornichon; *pop (Nase)* pif *m*; *saure ~* cornichon *m* au vinaigre; ~**nsalat** *m* salade *f* de concombres.

gurren ['gurən] *itr (Taube)* roucouler.

Gurt *m* ⟨-(e)s, -e⟩ [gurt] *(Riemen)* courroie, bande; *(Sicherheits~)* ceinture *f* (de sécurité); *(Bett~, Sattel~)* sangle; *(Gürtel)* ceinture *f*, *mil* ceinturon *m*; *(Trag~)* bretelle; *aero* ralingue *f*; ~**anlegepflicht** *f*: *es besteht ~* le port de la ceinture est obligatoire; ~**bett** *n* lit *m* de sangle; ~**bogen** *m arch* arc-doubleau *m*; ~**förderer** *m tech* convoyeur à courroie, transporteur *m* à bande *od* à ruban, bande *f* transporteuse; ~**ung** *f aero* barre *f*; ~**zufuhr** *f tech* alimentation *f* par bande.

Gürtel *m* ⟨-s, -⟩ ['gʏrtəl] ceinture *f*, *a. fig*; *(Absperrung)* cordon *m*; *geog* zone *f*; *sich den ~ enger schnallen (fig)* se serrer la ceinture, *fam* se la serrer; ~**reifen** *m* pneu *m* à carcasse radiale, pneu *m* radial; ~**rose** *f med* zona, herpès *m* zoster; ~**schlaufe** *f* passe-

-ceinture *m;* ~**schnalle** *f* boucle *f* de ceinture; ~**tier** *n* tatou *m;* ~**weite** *f* tour *m* de taille.

gürten ['gʏrtən] *tr* ceindre; *sich* ~ *mit* se ceindre de.

Guru *m* ⟨-s, -s⟩ ['gu:ru, 'guru] gourou *m.*

Guß *m* ⟨-sses, ⁖sse⟩ [gus] *(Wasserstrahl)* jet *m,* douche; *(Regen~)* averse, ondée, *fam* saucée, *pop* rincée; *tech* fonte, coulée *f;* = ~*stück; aus einem* ~ d'un seul jet *a. fig; fig* tout d'une venue; ~**beton** *m* béton *m* coulé; ~**blase** *f* soufflure *f* de fonte; ~**bruch** *m* mitraille *f* de fonte; ~**eisen** *n* fer *m* coulé *od* de fonte, fonte *f* (de fer); **g**~**eisern** *a* de *od* en fonte; ~**fehler** *m* défaut *m* de coulée; ~**form** *f* moule *m* à fonte, lingotière *f;* ~**loch** *n* jet *m* de coulée; ~**naht** *f* bavure, ébarbure *f;* ~**platte** *f* taque *f;* ~**rohr** *n* tuyau *m* de *od* en fonte; ~**stahl** *m* acier *m* coulé *od* fondu; ~**stück** *n* pièce *f* coulée.

gut [gu:t] ⟨*besser, am besten*⟩ *a* bon; de bon aloi; *(~mütig, gütig)* bon; *(sittlich* ~, *rechtschaffen)* bon, vertueux, honnête, brave; *(richtig)* juste, correct; *(nützlich)* utile; *(dienlich)* propre *(zu* à); *(angemessen)* convenable; *(förderlich, heilsam)* salutaire; *(vorteilhaft)* avantageux; *(~ erhalten)* en bon état; *(reichlich)* bon, considérable; *(Gedächtnis)* bon, fidèle; *fin (Scheck)* bon, valable; *adv* bien; *(günstig)* favorablement; *(richtig, einwandfrei)* correctement; *(angemessen)* convenablement; *(gehörig)* dûment, comme il faut; *(ausreichend)* suffisamment; *(reichlich)* amplement, abondamment; *das* G~*e* le bien; le bon; *die* G~*en* les gens de bien, les bons; *im* ~*en* amicalement, à l'amiable, de gré à gré; ~*und gern* bel et bien; *im* ~*en oder im bösen* bon gré, mal gré; de gré ou de force; *im* ~*en Sinne (verstehen)* en bonne part; *in* ~*em Glauben* de bonne foi; *kurz und* ~ bref, en un mot; *zu* ~*er Letzt* en fin de compte; *mehr als* ~ *ist* plus que de raison; *so* ~ *wie* pour ainsi dire, presque; *so* ~ *wie möglich* aussi bien que possible, le mieux possible; *so* ~ *es (eben) geht* tant bien que mal; *so* ~ *es (irgend) geht* le *od* du mieux possible; *wenn alles* ~*geht* si tout va bien; *nichts* G~*es erwarten* n'attendre *od* n'espérer *od* ne présager rien de bon *(von* de); *das* G~*e vorweg genießen* manger son pain blanc le premier; *es* ~ *haben* être à son aise *od* heureux; vivre bien; *es* ~ *mit jdm meinen* vouloir du bien à qn; ~ *messen* faire bon-

ne mesure; ~ *von jdm reden* parler de qn en bons termes; ~ *riechen (itr)* sentir bon; *zu etw* ~ *sein* être bon à qc; *zu allem* ~ *(genug) sein (fam)* être la bonne à tout faire; *jdm* ~ *sein* aimer qn, vouloir du bien à qn; *des* G~*en zuviel sein* passer la mesure; *mit jdm (sehr)* ~ *stehen* être bien *od* en bons termes (au mieux) avec qn; *es* ~ *treffen* bien tomber, avoir de la chance; ~ *(daran) tun zu* faire bien de; *wieder* ~ *werden* s'arranger; ~ *wiegen (com)* faire bon poids; *es geht mir* ~ je vais bien, je me porte bien; *es ist mir noch nie so* ~ *gegangen* cela n'a jamais été si bien pour moi; *mir ist nicht* ~ je suis indisposé; j'ai un malaise; je ne me sens pas bien; *uns steht nichts* G~*es bevor* il y a des points noirs à l'horizon; *Sie haben* ~ *reden, lachen* vous avez beau dire, rire; *es ist* ~ *(genug)* c'est bien *od* bon; *es ist* ~, *daß* ... il est bon que *subj,* heureusement que; *das sieht* ~ *aus* cela fait bien, *fam* ça a de l'allure; *eins ist so* ~ *wie das andere* cela se vaut; *für diesmal mag es* ~ *sein* passe pour cette fois; *wozu ist das* ~ *od soll das* ~ *sein?* à quoi cela sert-il? à quoi bon? *das trifft sich* ~ cela tombe bien; *lassen wir es* ~ *sein!* n'en parlons plus! brisons là(-dessus)! *seien Sie so und ...* ayez la bonté de ..., soyez assez bon pour ..., veuillez ...; *Sie sind* ~! *(fam)* vous êtes bon! *pop* vous en avez une santé; *alles* G~*e!* bonne chance! ~*e Besserung!* meilleure santé! prompt rétablissement! ~ *(so)!* bon! *(nun)* ~! *(es ist ja) schon* ~! soit! passe! va! (c'est) entendu! ne m'en parlez pas! *das ist ja* ~! *(iron)* c'est magnifique! *das Bessere ist des* G~*en Feind (prov)* le mieux est l'ennemi du bien; *Ende* ~, *alles* ~ *(prov)* tout est bien qui finit bien; ~ *e(r) Anzug m* costume *m* du dimanche; *etwas* G~*es (a.)* du gâteau; ~*e(s) Gewissen n* conscience *f* nette; ~*e Kenntnisse f pl* grandes *od* vastes connaissances *f pl;* ~*er Mensch* un homme de bien; ~*e Stube f* salon *m; e-e* ~*e Weile* un bon moment, assez longtemps; ~*e(s) Wetter n* beau temps *m.*

Gut *n* ⟨-(e)s, ⁖er⟩ [gu:t, 'gy:tər] *(Besitz)* bien *m; (Vermögen)* fortune *f;* patrimoine *m; (Land~)* (fonds *m* de) terre, propriété *f,* domaine *m; (Pacht~, Bauern~)* ferme *f; pl (Waren)* marchandises *f pl; unrecht* ~ *gedeihet nicht (prov)* bien mal acquis ne profite jamais; *geistige Güter n pl* biens *m pl* immatériels; *Güter erster, ... Ord-*

nung biens *m pl* de premier, ... rang; *das höchste* ~ le souverain bien; *materielle Güter n pl* biens *m pl* matériels *od* corporels; *unkörperliche Güter n pl* biens *m pl* immatériels *od* incorporels.

Gut|achten *n* ['guːt-] avis (consultatif *od* d'expert), rapport *m* (d'expert), expertise *f; jur pol* mémoire *m; ein* ~ *abgeben* donner un avis, rendre un rapport; *ein* ~ *einholen* recueillir un avis; *ärztliche(s)* ~ avis *od* rapport *m* médical, expertise *f* médicale; *gerichtsärztliche(s)* ~ rapport *m* médico-légal; ~**achter** *m* ⟨-s, -⟩ expert *m; g*~**achtlich** *a* consultatif; *adv* sous forme d'avis; **g**~**artig** *a (Tier)* inoffensif; *med* bénin; ~**artigkeit** *f med* bénignité *f;* **g**~**aussehend** *a* qui a bonne mine; ~**dünken** *n: nach* ~ à volonté, à discrétion; *nach jds* ~ au gré de qn; **g**~**=gehen** ⟨*aux: sein*⟩ *itr: es geht ihm gut* ça marche bien pour lui; *(gesundheitlich)* il va bien; *es wird schon alles* ~ je ne pense pas qu'il y ait de problèmes; *das geht nicht gut!* ça finira mal! ça va se gâter! **g**~**gehend** *a (Geschäft)* bien achalandé; **g**~**gelaunt** *a* de bonne humeur; **g**~**gemeint** *a* fait dans une bonne intention; **g**~**gläubig** *a* de bonne foi; *(leichtgläubig)* crédule; ~**gläubigkeit** *f* bonne foi; crédulité *f;* **g**~**=haben** *tr com* avoir à son crédit *od* actif; ~**haben** *n fin* avoir, actif; *(Spareinlage)* dépôt; *(Überschuß)* boni *m; (Forderung)* créance *f;* ~**habenposten** *m* poste *m* créditeur; **g**~**=heißen** *tr* approuver; acquiescer à; **g**~**herzig** *a* bon; ~**herzigkeit** *f* bonté *f* de cœur; **g**~**mütig** *a* bon; ~ *sein (a.)* être bon enfant *od (von e-r Frau)* bonne personne; *zu, allzu* ~ débonnaire, bonasse; ~*e(r) Mensch m* bonne pâte *f* d'homme; ~**mütigkeit** *f* bonté, bonhomie *f,* bon cœur *m;* **g**~**nachbarlich** *a* de bon voisinage; **g**~**=sagen** *itr: für jdn* ~ répondre de qn, se porter garant pour qn; ~**sbesitzer** *m,* ~**sherr** *m* propriétaire *m* foncier *od* terrien; ~**schein** *m* bon; *(Anteilschein)* coupon *m;* **g**~**=schreiben** *tr fin: jdm etw* ~ porter qc à l'avoir *od* à l'actif *od* au crédit de qn, passer qc au crédit de qn; ~**schrift** *f* créance *f; zur* ~ *auf* à porter au crédit de; ~**schriftsanzeige** *f* avis *m* de crédit *od* de virement, note *f* d'avoir *od* de crédit; ~**sherrschaft** *f hist* seigneurie *f;* ~**shof** *m* ferme *f;* **g**~**situiert** *a (Mensch)* aisé; ~**sverwalter** *m* directeur d'exploitation, gérant *m* d'un

domaine *od* d'une propriété; ~**tat** *f* bonne action *f,* bienfait *m; g*~**=tun** *itr: jdm* ~ faire du bien à qn; **g**~**willig** *a* de bonne volonté; *adv* de son gré, de (son) bon gré; ~**willigkeit** *f* bonne volonté *f.*

Güt|e *f* ⟨-, ø⟩ *(e-s Menschen)* bonté; *(Herzens*~*)* bénignité; *(Freundlichkeit)* bienveillance, douceur; *(Gefälligkeit)* obligeance, complaisance; *(e-r Ware)* (bonne) qualité; *(Gediegenheit)* solidité; *(Vortrefflichkeit)* supériorité; *f; du meine* ~*!* mon Dieu! *erster* ~ *(com)* de première classe; *auf dem Wege der* ~ *(jur)* à l'amiable; *sich in* ~ *einigen* se mettre d'accord à l'amiable; *die* ~ *haben zu ...* avoir la bonté *od* la complaisance de ...; *haben Sie die* ~ *zu ...* ayez la bonté de, veuillez ...; ~**egrad** *m* degré *m* de qualité; ~**everfahren** *n jur* procédure *f* de conciliation; ~**ezeichen** *n* marque *f* de qualité, label *m* de qualité *od* de garantie, estampille *f;* **g**~**ig** *a* bon; *(gutmütig)* bénin; *(freundlich)* aimable; *(zuvorkommend)* obligeant; *(nachsichtig)* complaisant; *Sie sind zu* ~ vous me comblez; **g**~**lich** *a* amiable; *adv u. auf* ~*em Wege* à l'amiable, amicalement, de gré à gré; ~ *beilegen* arranger à l'amiable; *sich* ~ *einigen* s'arranger à l'amiable; *sich* ~ *tun* se donner du bon temps, se régaler *(an etw* de qc); ~*e Regelung f* arrangement *m* à l'amiable.

Güter|abfertigung *f* ['gyːtər-] (bureau *m* d')expédition *f* de(s) marchandises; ~**austausch** *m* échanges *m pl* commerciaux; ~**bahnhof** *m* gare *f* de(s) *od* aux marchandises; ~**beförderung** *f* transport *m* de marchandises; ~**eilverkehr** *m loc mar* messageries *f pl;* ~**fernverkehr** *m* transport *m* à longue distance; ~**gemeinschaft** *f: eheliche* ~ communauté *f* des biens, régime *m* de (la) communauté (des biens); ~**nahverkehr** *m* transport *m* à courte distance; ~**recht** *n* régime *m* des biens; ~**schuppen** *m* dépôt *m,* halle *f* à marchandises; ~**stand** *m: (ehelicher)* ~ régime *m* matrimonial; *gesetzliche(r)* ~ régime *m* légal; ~**tarif** *m* tarif *m* marchandises; ~**transport** *m* transport *m* de marchandises; ~**trennung** *f jur* séparation *f* de biens, régime *m* de la séparation des biens *od* exclusif de communauté *od* dotal; *in* ~ *leben* être séparé de biens; ~**umschlag** *m* roulement *m* de marchandises; ~**verkehr** *m* trafic *od* mouvement *m od* circulation *f* des marchandises; ~**verteilung** *f (Sozio-*

logie) répartition *f* des richesses; **~wagen** *m* wagon *m* de marchandises; flache(r), gedeckte(r), offene(r) ~ wagon *m* plat, couvert, découvert; **~zug** *m* train *m* de marchandises; ~ *mit Personenwagen* train *m* mixte.

Guttapercha *f* ⟨-, ø⟩ od *n* ⟨-s, ø⟩ [guta'pɛrça] gutta-percha *f.*

guttural [gutu'raːl] *a (Kehl-) anat med gram* guttural; *e-e* ~e *Aussprache haben* parler gras; **G~(laut)** *m* ⟨-s, -e⟩ gutturale *f.*

Gymnas|ialdirektor *m* [gymnazi'aːl-] *(in Deutschl.)* directeur; *(in Frankr.: lycée)* proviseur, *(collège)* principal *m;* **~iallehrer** *m* professeur *m* (de lycée *od* cóllège); **~ialunterricht** *m* enseignement *m* secondaire; **~iast** *m* ⟨-en, -en⟩ [-zi'ast] lycéen, collégien *m;* **~ium** *n* ⟨-s, -sien⟩ [-'naːziʊm, -ziən] lycée; *(altgriechisches)* gymnase *m.*

Gymnast|ik *f* ⟨-, ø⟩ [gym'nastɪk] gymnastique *f;* ~ *treiben* faire de la gymnastique; **~ikanzug** *m* justaucorps *m* de gymnastique; **g~tisch** *a* gymnastique.

Gynäkolog|e *m* ⟨-n, -n⟩ [gynɛko'loːgə] *(Frauenarzt)* gynécologue, gynécologiste *m;* **~ie** *f* ⟨-, ø ⟩ [-lo'giː] *(Frauenheilkunde)* gynécologie *f;* **g~isch** [-'loːgɪʃ] *a* gynécologique.

H

H, h *n* ⟨-, -⟩ [ha:] *Buchstabe* H, h *m; mus* si *m;* **H-Dur** *n* si *m* majeur; **h-Moll** *n* si *m* mineur.

ha [ha] *interj* ha! *fam* hein!

Haag *m* [ha:k] *den* ~ la Haye; *im* ~ à la Haye; *das* ~*er Abkommen* la Convention de la Haye; *der* ~*er Internationale Schiedsgerichtshof* la Cour Internationale de justice de la Haye.

Haar *n* ⟨-(e)s, -e⟩ [ha:r] *(Kopfhaar)* cheveu *m; das* ~, *die* ~*e (des Kopfes)* les cheveux *m pl,* la chevelure, *arg* les tiffes *m pl; (Bart-, Körper-, Tier-, Pflanzenhaar)* poil *m; aufs* ~ exactement, au plus juste, *fam* au poil; *mit Haut und* ~*en (fig)* à corps perdu, totalement; *um ein* ~ à peu de chose près; d'un rien; à un cheveu près; *ein* ~ *in der Suppe finden* trouver à redire (à qc); *sich in die* ~*e geraten* s'attraper *od* se prendre aux cheveux, se crêper le chignon; ~*e auf den Zähnen haben (fig: von Frauen)* savoir se défendre; avoir toujours le dernier mot; être un dragon; *jdm kein* ~ *krümmen* ne pas toucher un cheveu à qn; *sich keine grauen* ~*e wachsen lassen (fig)* ne pas se faire de cheveux (blancs); ~*e lassen (müssen) (fig)* laisser des plumes; *an jdm kein gutes* ~ *lassen* déchirer qn à belles dents; *jdm die* ~*e zu Berge stehen lassen* faire dresser à qn les cheveux sur la tête; horripiler qn; *sich in den* ~*en liegen* être aux prises, s'arracher les yeux, se prendre aux cheveux; *fam* se crêper le chignon, se manger *od* se bouffer le nez; *sich die* ~*e raufen* s'arracher les cheveux; *fig* se mordre les doigts *fam; sich die* ~*e schneiden (lassen)* se (faire) couper les cheveux; *die* ~*e spalten (fig)* couper les cheveux en quatre; *die* ~*e verlieren* perdre ses cheveux; *darum lasse ich mir keine grauen* ~*e wachsen (fam)* il n'y a pas de quoi se pendre, c'est le moindre de mes soucis; *da stehen einem die* ~*e zu Berge* cela fait dresser les cheveux sur la tête; *das ist an den* ~*en herbeigezogen* c'est tiré par les cheveux; *blonde, braune, schwarze, glatte, wellige, krause, lange, kurze* ~*e* cheveux *m pl* blonds, bruns, noirs; lisses, ondulés, crépus; longs, courts; *lange* ~*e, kur-*

zer Verstand (prov) cheveux longs et idées courtes; ~**ausfall** *m* chute des cheveux, *scient* dépilation, alopécie *f; kreisförmige(r)* ~ *(med)* pelade *f;* ~**balg** *m anat* follicule *m* pileux, matrice *f* de poil; ~**band** *n* bandeau *m;* ~**besen** *m* balai *m* de crin; ~**boden** *m* cuir *m* chevelu; ~**breit** *n: um ein* ~ à un cheveu (près), il s'en est fallu d'un cheveu (que); ~**bürste** *f* brosse *f* à cheveux; ~**büschel** *n* touffe de cheveux; *(Tolle)* houppe *f; h*~**en,** *sich (Tier, Fell, Pelz)* perdre son poil; ~**entfernung** *f* épilation *f;* ~**entfernungskrem** *f* crème *f* à épiler; ~**entfernungsmittel** *n* dépilatoire *m;* ~**esbreite** *f: um* ~ = *um ein* ~*breit;* ~**farbe** *f* couleur de cheveux; *zoo* couleur *f* du pelage; ~**färbemittel** *n* teinture *f* pour les cheveux; *h*~**fein** *a* fin comme un cheveu, capillaire; *fig* subtil; ~**festiger** *m* fixant *m;* ~**gefäß** *n anat* vaisseau *m* capillaire; *h*~**genau** *adv fam* très exactement; *(erzählen)* par le menu, ric--(à-)rac; *h*~**ig** *a* poilu, velu; *pej* -(à-)rac; *h*~**ig** *a* poilu, velu; *pej (unangenehm)* désagréable, sale; ~**klammer** *f* pince *f* à cheveux; ~**klauberei** *f* = ~*spalterei;* ~**kleid** *n zoo* pelage *m; h*~**klein** *adv* = *h*~*genau;* ~**knoten** *m* chignon *m;* ~**künstler** *m hum* artiste capillaire, figaro *m;* ~**locke** *f* boucle *f* de cheveux; *h*~**los** *a* sans cheveux *od* poils; *(kahl)* chauve, glabre; ~**mode** *f* mode *f* capillaire; ~**nadel** *f* épingle *f* à cheveux; ~**nadelkurve** *f (Straße)* virage *od* tournant *m* en épingle à cheveux; ~**netz** *n* filet *m* à cheveux, résille *f;* ~**öl** *n* brillantine *f;* ~**pflege** *f* soins *m pl* de la chevelure; ~**pflegemittel** *n* produit *m* capillaire; ~**pinsel** *m* pinceau *m* fin; ~**pomade** *f* crème *f* à coiffer; ~**riß** *m (feiner Riß)* fendille *f;* ~**röhrchen** *n* tube *m* capillaire; *h*~**scharf** *a* bien affilé, tranchant; *fig* très exact *od* précis; *adv (ganz dicht)* tout près *(an ... vorbei* de); ~**schleife** *f* ruban, *(im Haar)* nœud *m;* ~**schmuck** *m* parure *f* (dans les cheveux); ~**schneidemaschine** *f* tondeuse *f;* ~**schneiden** *n* coupe *od* taille *f* des cheveux; ~, *bitte!* une coupe, s'il vous plaît! ~**schnitt** *m* = ~*schneiden; (Frisur)* coiffure *f;*

~**schopf** *m* toupet *m* (de cheveux);
wilde(r) ~ tignasse *f;* ~**schwund** *m*
= ~*ausfall;* ~**seil** *n med* séton *m;*
~**sieb** *n* tamis *m* de crin; ~**spalter** *m*
⟨-s, -⟩ éplucheur, tatillon, vétillard *m;*
~**spalterei** *f* subtilité *f;* ~ *treiben*
couper les cheveux *od* un cheveu en
quatre; ~**spray** [-s(ʃ)pre:] *m* od *n* laque *f;* ~**strähne** *f* mèche *f* (de cheveux); **h~sträubend** *a* horripilant; à
faire dresser les cheveux sur la tête;
~**strich** *m (Schrift)* délié *m;* ~**teil** *n*
postiche *m;* ~**tolle** *f* = ~*schopf;*
~**tonikum** *n* tonique *m* pour les cheveux; ~**tracht** *f* coiffure *f;* ~**trock-**
ner *m* sèche-cheveux *m;* ~**waschen**
n, ~**waschmittel** *n* shampooing *m;*
~**wasser** *n* lotion *f* capillaire; ~**wild**
n (kleineres) gibier *m* à poil; ~**wir-**
bel *m* épi *m;* ~**wuchs** *m (Vorgang)*
pousse *f* des cheveux; *(Zustand)* chevelure *f;* ~**wuchsmittel** *n* produit *m*
capillaire; ~**wulst** *m* bourrelet de
cheveux, chignon *m;* ~**wurzel** *f* racine *f* capillaire *od* des cheveux, bulbe
od follicule *m* pileux; ~**zange** *f* pincette, pince *f* à épiler.

Hab [ha:p] : *mein (ganzes)* ~ *und Gut*
n tout mon avoir *m,* toutes mes affaires *f pl;* ~**e** *f* ⟨-, ø⟩ ['ha:bə] bien, avoir
m; (persönliche) effets *m pl* (person-
nels); *(Eigentum)* propriété; *(Besitz)*
possession *f; bewegliche* od *fahren-*
de ~ *(jur)* biens *m pl* meubles *od* mobiliers; *unbewegliche* od *liegende* ~
(jur) immeubles *m pl;* **h~en** ⟨*hat, hat-*
te, hat gehabt, hätte⟩ ['ha:tə, gə'ha:pt]
tr avoir; *(besitzen)* posséder, (dé)te-
nir; *(erhalten haben)* tenir *(von* de);
(enthalten) contenir; *sich* ~ *(fam: so*
tun) se conduire, se comporter; faire
des manières; *(wichtig tun)* faire l'important; *bei sich* ~ *(am Körper)* avoir
od porter sur soi; *etwas für sich* ~
(fig) avoir quelque chose de bon; *das*
für sich ~, *daß* avoir cela de bon que;
gegen jdn etwas ~ avoir de l'animosité *od* une dent contre qn; *mit jdm*
etwas ~ avoir des histoires avec qn;
es mit jdm zu tun ~ avoir affaire à
qn; *jdn über sich* ~ *(fig)* avoir qn
pour supérieur; *jdn unter sich* ~ *(fig)*
avoir qn sous ses ordres; *unter sich* ~
(Abteilung) être à la tête de; *(Sache)*
tenir; *etw (e-e Eigenschaft) von s-m*
Vater ~ tenir qc de son père; *etw im*
Auge ~ avoir qc dans l'œil; *fig* avoir
des vues sur qc; *jdn zum besten* ~
(se) jouer (de) qn; *nichts dagegen* ~
n'avoir rien contre, le vouloir bien;
Durst ~ avoir soif; *Eile* od *es eilig* ~
être pressé; *Fieber* ~ avoir (de) la
fièvre, *fam* faire de la température;

jdn zum Freund ~ avoir qn pour ami;
Geld ~ avoir de l'argent; *Geduld* ~
avoir de la patience; *es gut* ~ être à
son aise *od* heureux; vivre bien; *es im*
Halse ~ avoir mal à la gorge; *Hunger*
~ avoir faim; *e-e Krankheit* ~ *(a.)* faire une maladie *fam; lieber* ~ aimer
mieux, préférer; *am liebsten* ~ aimer
le mieux; *e-n Namen* ~ *(fig)* être qn;
etw nötig ~ avoir besoin de qc; *recht*
~ avoir raison; *s-e Richtigkeit* ~ être
en ordre; *Schwierigkeiten* ~ avoir
des difficultés; *unrecht* ~ avoir tort;
jdn in Verdacht ~ soupçonner qn;
die Wahl ~ avoir le choix; *jdn bei*
sich wohnen ~ *(fam)* avoir qn qui vit
chez soi; *Zeit* ~ avoir le temps; *zu* ~
sein (com) se vendre, être en vente;
etw ~ *wollen* vouloir qc; *(fordern)*
exiger qc; *ich hab's* j'y suis; *ich hätte*
gern je voudrais bien; *beinahe hätte*
ich ... j'ai failli *inf; ich habe ihn (er-*
wischt) je le tiens; *wir* ~ *jetzt Winter*
(maintenant) nous sommes en hiver;
es hat den Anschein, daß il semble, il
paraît que; *das hat nichts auf sich*
od nichts zu sagen cela ne veut rien
dire, ce n'est rien; *das hat keine Eile*
od keine Not, damit hat es gute Wei-
le cela ne presse pas, rien ne presse,
ce n'est pas urgent; *das* ~ *wir schon*
gehabt (im Unterricht) nous l'avons
déjà fait (en cours); *wir* ~*'s noch weit*
nous avons encore un bon bout de
chemin *fam; dafür bin ich nicht zu* ~
je ne veux pas être mêlé à cela; *was*
habe ich (denn) davon? qu'est-ce
que j'y gagne? *welchen Tag, (fam)*
den Wievielten ~ *wir heute?* — *wir* ~
den 10. Juni quel jour *od fam* le combien sommes-nous aujourd'hui? —
nous sommes le 10 juin; *was hast du?*
(was ist dir?) qu'est-ce que tu as?
welche Größe, Nummer ~ *Sie?* quelle
est votre taille, pointure? *pop* quelle
taille, pointure faites-vous? *wir* ~*'s ja!*
(fam hum) pourquoi nous priver! au
diable l'avarice! *er hat es so an sich* il
est comme ça *fam; und damit hat*
sich's (fam) et voilà! c'est fini! *davon*
habe ich was! (iron) cela me fait *od*
fera une belle jambe! *da* ~ *wir's!* od
(fam) die Bescherung! od *(pop) den*
Salat! nous voilà propres *od* bien lo-
tis *od fam* dans de beaux draps! *da*
hast du's! te voilà propre! *da* ~ *Sie's!*
vous voilà propre! *hat sich was!* allons donc! ~**en** *n* ⟨-s, ø⟩ *com* avoir,
crédit *m; Soll und* ~ doit et avoir,
débit et crédit *m;* ~**enichts** *m* ⟨-/-es,
-e⟩ pauvre hère *od* diable, sans-le-sou,
va-nu-pieds *m; pl* gens *pl* de rien *od*
de peu; ~**enposten** *m* poste *m*

créditeur; ~**ensaldo** m solde m créditeur; ~**enseite** f côté m du crédit; ~**enzinsen** m pl intérêts m pl créditeurs; ~**gier** f avidité, cupidité, rapacité; *(Geiz)* avarice f; **h~gierig** a avide, cupide, rapace; *(geizig)* avare; **h~haft** a: jds, e-r S ~ werden s'emparer de, se saisir de, mettre la main sur qn, qc; ~**schaft** f = ~e; ~**seligkeiten** f pl *(Klamotten)* fam nippes, frusques f pl, tout le saint-frusquin od saint-crépin; ~**sucht** f = ~gier; **h~süchtig** = h~gierig.

Habicht m ⟨-s, -e⟩ ['ha:bɪçt] orn autour m; ~**snase** f nez m aquilin.

Habilit|ation f ⟨-, -en⟩ [habilitatsi'o:n] admission f à l'enseignement supérieur; ~**ationsschrift** f thèse f donnant accès à l'enseignement supérieur; **h~ieren** [-'ti:rən], sich être inscrit sur la liste d'aptitude aux fonctions de professeur d'université; se qualifier pour l'enseignement supérieur.

Habitus m ⟨-, ø⟩ ['ha:bitʊs] *(Erscheinungsbild, Anlage, Körperbau)* constitution f, habitus m.

Hack|beil n ['hak-] hachette f; ~**braten** m rôti de viande hachée; *(als Aufschnitt)* pâté m de viande; ~**brett** n hachoir; mus tympanon m; *(schlechtes Klavier)* casserole f; ~**e** f ⟨-, -n⟩ 1. houe; *mines* sape f; **h~en** tr *(den Boden)* houer, piocher; *(Holz)* fendre; *(Fleisch)* hacher; *(picken)* becqueter; ~**fleisch** n viande f hachée; hachis m; ~**klotz** m billot m; ~**maschine** f agr tech piocheuse; *(Fleischwolf)* machine f à hacher, hachoir m; ~**messer** n hachoir, couperet m.

Hacke f ⟨-, -n⟩ 2., ~**n** m ⟨-s, -⟩ ['hakə(n)] *(Ferse)* talon m; jdm auf den ~n sein *(fig)* être sur les talons de qn; die ~n zs.klappen *(mil)* claquer les talons.

Häck|erling m ⟨-s, ø⟩ ['hɛkərlɪŋ] dial, ~**sel** n od m ⟨-s, ø⟩ [-səl] paille f hachée; ~**selmaschine** f hache-paille m.

Hader m ⟨-s, ø⟩ ['ha:dər] lit *(Zank)* querelle, dispute, discorde f; **h~n** itr: mit jdm ~ se quereller avec qn; mit dem Schicksal ~ accuser son sort.

Hadern m pl ['ha:dərn] *(Lumpen)* chiffons m pl; ~**papier** n papier m de chiffons.

Hafen m ⟨-s, ⸚⟩ ['ha:-, 'hɛːfən] 1. port m, a. fig; e-n ~ anlaufen faire escale dans un port; aus e-m ~ auslaufen quitter un port; in den ~ einlaufen entrer au port; im sicheren ~ landen *(fig)* arriver à bon port; im sicheren

~ sein *(fig)* être en lieu sûr; ~**abgaben** f pl = ~gebühren; ~**amt** n bureau m du port; ~**anker** m ancre f à demeure, corps m mort; ~**anlagen** f pl installations f pl portuaires; ~**arbeiter** m ouvrier portuaire, dokker m; ~**arbeiterstreik** m grève f des dockers; ~**aufseher** m gardeport m; ~**bahnhof** m gare f maritime; ~**barkasse** f chaloupe, barcasse f; ~**becken** n bassin m, darse f; ~**behörde** f service m portuaire, autorités f pl du port; ~**betrieb** m activité f portuaire; ~**damm** m jetée f, môle, quai m; ~**dienst** m service m portuaire; ~**einfahrt** f entrée f du port; enge ~ goulet m; ~**gebühr(en** pl**)** f, ~**geld** n droits m pl de port, droit m de quai; ~**kran** m grue f de port; ~**lotse** m pilote m lamaneur; ~**meister** m capitaine du port; *(e-s Binnenhafens)* garde-port m; ~**polizei** f, ~**wache** f police f de(s) port(s); ~**stadt** f ville f portuaire, port m (de mer); ~**überwachung** f contrôle m portuaire.

Hafen m ⟨-s, ⸚⟩ 2. dial *(Topf)* pot m.

Hafer m ⟨-s, (-)⟩ ['ha:fər] avoine f; ihn sticht der ~ *(fig)* sa fortune lui monte à la tête; il a la tête enflée; ~**brei** m bouillie f d'avoine; ~**flocken** f pl flocons m pl d'avoine; ~**grütze** f, ~**mehl** n farine f d'avoine; ~**korn** n grain m d'avoine; ~**quetsche** f concasseur m d'avoine; ~**schleim** m crème f d'avoine.

Haff n ⟨-(e)s, -s/-e⟩ geog haff m.

Hafner m ⟨-s, -⟩ ['ha:fnər] dial *(Töpfer)* potier m.

Haft f ⟨-, ø⟩ [haft] détention, prison f, emprisonnement m, garde f à vue; in ~ détenu a; en prison; aus der ~ entlassen relâcher, libérer, élargir; in ~ halten détenir; in ~ nehmen arrêter, emprisonner; ~**anstalt** f maison f d'arrêt; **h~bar** a responsable; jdn für etw ~ machen rendre qn responsable de qc; *persönlich* ~ contraignable par corps; ~**barkeit** f responsabilité f; ~**befehl** m mandat d'arrêt od de dépôt, ordre m d'écrou, (ordonnance de) prise f de corps; gegen jdn e-n ~ erlassen décerner un mandat d'arrêt contre qn; ~**beschwerde** f pourvoi m contre un mandat d'arrêt; **h~en** itr *(festsitzen)* coller, tenir, s'attacher, adhérer *(an à)*; im Gedächtnis ~ s'imprimer dans la mémoire; *für etw* ~ *(verantwortlich sein)* répondre de qc; *(garantieren)* se porter garant de qc; **h~en=bleiben** ⟨aux: sein⟩ itr: im Gedächtnis ~ se graver dans la mémoire; ~**entlassung** f levée f d'écrou; *bedingte* ~ libération *f* conditionnelle; ~ *unter Sicherheitsstellung* libération *f* sous caution; **~gläser** *n pl opt* verres *m pl* de contact; **~pflicht** *f* responsabilité *f* civile *(für* de); **h~pflichtig** *a* civilement responsable; ~ *werden* encourir une responsabilité; **~pflichtversicherung** *f* assurance responsabilité *f* civile; *(bei Autoversicherung)* assurance *f* au tiers; **~schalen** *f pl* = ~*gläser;* **~streifen** *m* bande *f* d'agrafure; **~ung** *f* ‹-, (-en)› responsabilité *f; die* ~ *ablehnen, die* ~ *nicht übernehmen* décliner la responsabilité; *für etw die* ~ *übernehmen* assumer *od* prendre la responsabilité de qc; *(un)beschränkte* ~ responsabilité *f* (il)limitée; *Gesellschaft mit beschränkter* ~ *(GmbH)* société *f* à responsabilité limitée; **~ungsausschluß** *m* exonération *f* de la responsabilité; **~vermögen** *n phys* adhésion, adhérence *f;* **~wurzel** *f bot* racine *f* à crampons.

Häftling *m* ‹-s, -e› ['hɛftlɪŋ] détenu *m.*

Hag *m* ‹-(e)s, -e› [ha:k] *poet (Hecke)* haie *f; (Gehege)* enclos; *(Hain)* bosquet *m;* **~ebuche** *f* charme *m;* **~ebutte** *f* ‹-, -n› cynorhodon, fruit *m* de l'églantier *od* du rosier; *pop* gratte-cul *m;* **~edorn** *m* ‹-s, -e› aubépine *f.*

Hagel *m* ‹-s, -› ['ha:gəl] grêle *f (a. fig von Steinen, Pfeilen etc); ein* ~ *von Faustschlägen* une grêle de coups; *ein* ~ *von Schimpfworten* une bordée d'injures; **~bildung** *f* formation *f* de grêle; **~korn** *n* grêlon *m;* **h~n** *impers* grêler; *es hagelt (a.)* il tombe de la grêle; *es hagelt (nur so) Schläge* les coups tombent comme (la) grêle *od* dru comme grêle; **~rakete** *f* fusée *f* paragrêle; **~schaden** *m* dommage *m* causé par la grêle; **~schauer** *m* orage *m* de grêle; **~schlag** *m* chute *f* de grêle; **~schutzkanone** *f* canon *m* paragrêle; **~schutzrakete** *f* fusée *f* paragrêle; **~versicherung** *f* assurance *f* contre la grêle; **~wetter** *n* = ~*schauer.*

hager ['ha:gər] *a (mager)* maigre, (grand et) sec, grêle, décharné; *(abgezehrt)* hâve, émacié; **H~keit** *f* ‹-, ø› maigreur *f.*

Hagestolz *m* ‹-es, -e› ['ha:gəʃtɔlts] vieux garçon, célibataire *m* endurci.

haha [ha'ha(:)] *interj (da muß ich lachen)* hi, hi, hi!

Häher *m* ‹-s, -› ['hɛ:ər] *orn* geai *m.*

Hahn *m* ‹-(e)s, ⸗e› [ha:n, 'hɛ:nə] *orn* coq; *tech* robinet *m; (Faß)* cannelle *f; (Gewehr)* chien *m; den* ~ *aufdrehen*

od *öffnen* tourner *od* ouvrir le robinet; *den* ~ *zudrehen* fermer le robinet; *es kräht kein* ~ *danach* personne ne s'en soucie *od* n'y fait attention; ~ *im Korb* coq *m* du village; ~ *im Korb sein* être entouré de femmes; être comme dans un harem; **~enfuß** *m bot* renoncule *f;* **~enkamm** *m bot* crête-de-coq *f;* **~enkampf** *m* combat *m od* joute *f* de coqs; **~enschrei** *m: beim ersten* ~ au chant du coq; **~entritt** *m (im Ei)* chalaze *f;* **~entritt(muster** *n)* *m* pied-de-poule *m;* **~rei** *m* ‹-(e)s, -e› ['ha:nraɪ] *(betrogener Ehemann) pop* cornard, cocu *m.*

Hähnchen *n* ‹-s, -› ['hɛ:nçən] petit coq, cochet *m.*

Hai(fisch) *m* ‹-(e)s, -e› [haɪ(-)] requin, squale *m.*

Hain *m* ‹-(e)s, -e› [haɪn] *poet* bois, bosquet *m.*

Häkchen *n* ‹-s, -› ['hɛ:kçən] (petit) crochet *m.*

Häkelarbeit *f* ['hɛ:kəl-], **~ei** *f* [-'laɪ] ouvrage *m* au crochet; **~garn** *n* fil *m* à crocheter; **h~n** *tr* faire au crochet; *itr* faire du crochet; **~nadel** *f* crochet *m* (à dentelle).

Haken *m* ‹-s, -› ['ha:kən] croc; *(kleiner)* crochet *m; (Kleider-, Wandhaken)* patère *f,* portemanteau; *(Angelhaken)* hameçon *m; (Klammer)* agrafe *f; arch* crampon *m,* harpe *f,* harpon *m; tech* griffe *f; (Boxen)* crochet *m; vom* ~ *nehmen* décrocher; *e-n* ~ *schlagen (Hase, a. fig)* faire un crochet; *die Sache hat e-n* ~ il y a un accroc *od pop* un cheveu dans l'affaire, *fam* ça accroche, *arg* il y a un os; *da sitzt der* ~*!* voilà le hic; **h~** *tr* accrocher *(an* à); *itr u. sich* ~ s'accrocher *(an* à); **h~förmig** *a* crochu; **~kreuz** *n* croix *f* gammée, svastika *m;* **~nase** *f* nez *m* crochu *od* busqué; **~zahn** *m* crochet *m.*

Halali *n* ‹-s, -s/-› [hala'li:] *(Jagdruf)* hallali *m.*

halb [halp] *a* demi; *(in Zssgen)* demi-, mi-, semi-, quasi-; *adv* à demi, (à) moitié; ~ *und* ~ moitié moitié, entre les deux; *(so)* ~ *und* ~ *(fam)* couci-couci, couci-couça, presque; ~ *umsonst* presque pour rien; *nicht* ~ *so viel (wie)* (ne …) pas la moitié autant (que); *auf* ~*e, in* ~*er Entfernung* à mi-distance; *auf* ~*er Höhe* à mi-côte, à mi-hauteur; *auf* ~*em Wege* à moitié chemin, à mi-chemin; *um* ~ *drei* à deux heures et demie; *zum* ~*en Preis* à moitié prix; ~ *öffnen* entrebâiller, entrouvrir; *ein* ~*er Mensch sein* être très diminué; *hum* ne pas être tout à fait soi-même; *auf* ~*em Wege (ste-*

henbleiben) (s'arrêter) à mi-chemin; ~ totschlagen faire mourir sous le bâton; nichts ~ une pas y aller de main morte; ne rien faire à moitié; nur mit ~em Ohr zuhören n'écouter que d'une oreille; es schlägt ~ la demie sonne; das ist ~ so schlimm (fam) ce n'est qu'un demi-mal; das ist nichts H~es und nichts Ganzes ce n'est ni fait ni à faire; ein ~es Dutzend une demi-douzaine; (Karte f zum) ~e(n) Fahrpreis m (billet) demi-tarif m; ein ~es Jahr six mois m pl; ~ lachend, ~ weinend partagé entre le rire et les larmes; ~e Maßnahmen f pl (pej) demi-mesures f pl; ~e Note f (mus) blanche f; e-e ~e Stunde une demi-heure; ~e(r) Ton m (mus) demi-ton m; ~e Volte f (Fechten) demi-volte f; **H~affe** m zoo prosimien m; ~**amtlich** a semi-officiel, officieux; ~e(r) Charakter m officiosité f; **H~atlas** m (Textil) satinette f; **H~automat** m machine f semi-automatique; ~**automatisch** a semi-automatique; **H~baumwolle** f mi-coton m; **H~bildung** f demi-savoir m; **H~blut(pferd)** n demi-sang m; **H~bruder** m demi-frère; (väterlicherseits) frère consanguin; (mütterlicherseits) frère m utérin; **H~damast** m (Textil) damas-cafard m; **H~dunkel** n demi-jour m; **H~edelstein** m pierre f demi-précieuse; **H~fabrikat** n, **H~fertigware** f produit (de)mi-fini od semi-fini, demi-produit m; ~**fett** a (Kohle, typ) demi-gras; **H~flügler** m pl ent hémiptères m pl; **H~franz(band m)** n demi-reliure f; ~**gar** a à moitié cuit; ~**gebildet** a semi-cultivé; ~**geschlossen** a mi-clos; **H~geschwister** pl enfants m pl de deux lits; **H~gott** m demi-dieu m; **H~heit** f (Unvollkommenheit) imperfection, insuffisance; (~e Maßregel) demi-mesure f; ~**ieren** [-'bi:rən] tr partager od couper en deux od par le milieu; ~**iert** a mi-parti; **H~ierung** f mi-partition; math bissection f; **H~insel** f presqu'île; (große) péninsule f; **H~interne(r)** m (Schüler) demi-pensionnaire m; **H~jahr** n semestre m; **H~jahresbilanz** f com bilan m semestriel; ~**jährig** a (âgé) de six mois; ~**jährlich** a semestriel; adv tous les six mois, par semestre; **H~ketten(kraft)fahrzeug** n semi-chenille f; **H~kreis** m demi-cercle, hémicycle m; ~**kreisförmig** a = ~rund; **H~kugel** f hémisphère m; ~**kugelförmig** a hémisphérique; ~**lang** demi-long; ~**laut** a u. adv à

(de)mi-voix; **H~leder(ein)band** m demi-reliure f; **H~leinen** n mi-fil m; (Buch) demi-toile f; **H~leinen(ein)-band** m reliure f demi-toile; **H~leiter** m semi-conducteur m; **H~links** m ⟨-, -⟩ sport inter m gauche; **H~maske** f masque à domino, loup m; ~**mast** adv: auf ~ en berne; ~ flaggen (itr) mettre le pavillon en berne; ~ hissen (tr) mettre en berne; **H~messer** m ⟨-s, -⟩ rayon m; ~**monatlich** a bimensuel; **H~monatsschrift** f journal m bimensuel; **H~mond** m croissant m; (a. als Symbol) croissant m; ~**mondförmig** a en demi-lune f, (a. als Symbol) croissant m; ~**nackt** a à demi od à moitié nu; ~**offen** a (Tür) entrouvert; (Vokal) (de)mi-ouvert; ~**öffentlich** a semi-public; ~**part** adv part à deux, de compte à demi; mit jdm ~ machen être od se mettre de moitié avec qn; **H~pension** f demi-pension f; **H~rechts** m sport inter m droit; ~**rund** a semi-circulaire; ~e(r) Platz, Tisch m demi-lune f; **H~rund** n arch theat hémicycle m; **H~schatten** m pénombre; (Kunst) demi-teinte f; **H~schlaf** m demi-sommeil m, somnolence f; **H~schuh** m chaussure f basse; **H~schwergewicht** n sport poids m mi-lourd; **H~schwester** f demi-sœur f; **H~seide** f (de)mi-soie f; ~**seiden** a mi-soie; **H~seite** f typ demi-page f; ~**seitig** a: ~e Lähmung f hémiplégie f; **H~starke(r)** m demi-sel, blouson m noir; ~**starr** a aero semi-rigide; **H~stiefel** m bottine, mi-botte f, brodequin, bottillon m; ~**stündig** a d'une demi-heure; ~**stündlich** adv toutes les demi-heures; **H~tag** m demi-journée f; ~**tägig** a d'une demi-journée, semi-diurne; **H~tagsarbeit** f, **H~tagsbeschäftigung** f travail od emploi m à temps partiel od à mi-temps; **H~ton** m mus demi-ton m; ~**tot** a (de)mi-mort, à demi od à moitié mort; **H~trauer** f demi-deuil m; **H~vers** m hémistiche m; **H~vokal** m semi-voyelle f; ~**voll** a à moitié plein; ~**wach** a à moitié éveillé; **H~waise** f orphelin, e m f de père od de mère; ~**wegs** ['ve:ks] adv (leidlich) passablement, tant bien que mal; **H~welt** f demi-monde m; **H~weltdame** f demi-mondaine f; **H~wertzeit** f phys chem période f radioactive; **H~wissen** n demi-science f, demi-savoir m; ~**wöchentlich** a bihebdomadaire; adv deux fois par semaine; **H~wolle** f (de)mi-laine f; ~**wollen** a mi-laine; ~**wüchsig** a adolescent; (Junge) imberbe; **H~wüchsige(r)** *m* adolescent *m;* **H~zeit** *f sport* mi-temps *f.*

halber ['halbər] *prp (nachgestellt, a. angehängt)* pour (des raisons de), à cause de; *der Ehre* ~ *(ehrenhalber)* pour l'honneur.

Halde *f* ‹-, -n› ['haldə] *(Hang)* pente *f,* versant, coteau; *(Schutthalde)* éboulis *m; mines* halde *f,* terril, carreau *m;* **~nbestand** *m,* **~nvorrat** *m* stock *m* sur le carreau.

Hälfte *f* ‹-, -n› ['hɛlftə] moitié *f; bis zur* ~ *(Mitte)* jusqu'au milieu; *um die* ~ de moitié; *um die* ~ *mehr* moitié plus; *zur* ~ à *od* par moitié; *zur* ~ *beteiligen, beteiligt sein (com)* mettre, être de moitié; *zur* ~ *tragen (Kosten)* se partager (les frais); *davon muß man die* ~ *streichen* od *abziehen (fig)* il faut en rabattre la *od* de moitié; *meine bessere* ~ *(hum: Ehefrau)* ma moitié.

Halfter *m* od *n* ‹-s, -› ['halftər] licou *m;* **h~n** *tr* mettre le licou à, enchevêtrer.

Halle *f* ‹-, -n› ['halə] *(Saal)* salle *f,* hall *m; (langer Saal)* galerie *f; (Eingang)* vestibule, hall; *(Bahnhof)* hall; *aero* hall, hangar *m;* **~nbad** *n* piscine *f* (couverte); **~nbahn** *f* piste *f* couverte; **~nbau** *m* bâtiment *m* à halls multiples; **~neisbahn** *f* patinoire *f* couverte; **~nkampf** *m sport* match *m* sur terrain couvert; **~nsport** *m* sport *m* sur terrain couvert; **~ntennis** *n* tennis *m* (sur court) couvert; **~nturnen** *n* gymnastique *f* de salle; **~nvorfeld** *n aero* aire *f* de stationnement.

hallen ['halən] *itr (schallen)* résonner, retentir.

hallo [ha'lo:, 'halo] *interj* eh *od* hé (là-bas)! ho! hep! holà! *tele* allô! **H~** *n* ‹-s, -s› [-'lo:] *fig fam (lautes Hin u. Her)* vacarme, brouhaha, *fam* hourvari *m; ein großes* ~ *machen über* crier haro sur.

Hallstattzeit *f* ['halʃtat-] *hist* époque *f* halstattienne.

Halluzinogen *n* ‹-s, -e› [halutsino'ge:n] *pharm* hallucinogène *m.*

Halm *m* ‹-(e)s, -e› [halm] brin; *(Getreidehalm)* chaume, tuyau *m; auf dem* ~ *(agr)* sur pied.

Hälmchen *n* ‹-s, -› ['hɛlmçən] petit brin *m;* ~ *ziehen* tirer à la courte paille.

Halogen *n* ‹-s, -e› [halo'ge:n] *chem* halogène *m;* **h~** *a* halogène; **~scheinwerfer** *m* mot phare *m* à iode.

Hals *m* ‹-es, ‥e› [hals, 'hɛlzə] cou *m; (Kehle)* gorge *f,* gosier; *pop* sifflet,

goulot *m; (Pferd)* encolure *f; (Flasche)* col; *(Geige)* manche *m; aus vollem* ~*e* à pleine gorge, à gorge déployée, à pleins poumons; *bis an den* ~, *bis zum* ~ par-dessus la tête; *bis es einem zum* ~*e raushängt (fam)* (jusqu')à satiété; ~ *über Kopf* précipitamment, la tête la première, *pop* cul par-dessus tête; *sich den* ~ *brechen* se casser *od* se rompre le cou; ~ *über Kopf davonrennen* prendre ses jambes à son cou; *jdm um den* ~ *fallen* se jeter *od* sauter au cou de qn; *es im* ~*e haben* avoir mal à la gorge, *hum* avoir un chat dans la gorge; *e-n rauhen* ~ *haben* être enroué; *jdn, etw auf dem* ~*e haben* avoir qn, qc sur les bras *od* sur le dos; *jdn jdm auf den* ~ *hetzen* mettre qn aux trousses de qn; *den* ~ *kosten* coûter la tête *od* la vie; *im* ~*e kratzen* racler le gosier; *in den falschen* ~ *kriegen* avaler de travers; *fig* prendre en mauvaise part; *aus vollem* ~*e lachen* rire à plein gosier *od* à pleine gorge *od* à gorge déployée; *sich etw auf den* ~ *laden (fam)* se mettre qc sur les bras; *jdm auf dem* ~*e liegen (fig)* être sur le dos de qn; *e-n langen* ~ *machen, den* ~ *recken (um etw zu sehen)* allonger le cou; *jdm auf den* ~ *rücken* tomber sur le dos de qn; *sich jdn, etw vom* ~ *schaffen* se débarrasser, se défaire de qn, de qc; *bis an den* ~ *in Schulden stecken* être dans les dettes jusqu'au cou; *jdm den* ~ *umdrehen* tordre le cou, couper la gorge à qn; *sich jdm an den* ~ *werfen* se jeter au cou de qn; *das hängt mir zum* ~*(e) raus (fig fam)* j'en ai par-dessus la tête, ça me fait suer, *arg* j'en ai marre; *dabei kann man sich (ja) den* ~ *brechen* c'est un jeu à se rompre le cou *od* les jambes; *er kann den* ~ *nicht voll genug kriegen (fam)* il est insatiable; *bleiben Sie mir damit vom* ~*e!* ne m'embêtez pas *od* laissez-moi tranquille *od fam* fichez-moi la paix avec cela! *lange(r)* ~ cou *m* de girafe; *steife(r)* ~ *(med)* torticolis *m;* **~abschneider** *m* ‹-s, -› *fig fam (Wucherer)* requin *m;* **~ader** *f* (veine) jugulaire *f;* **~ausschnitt** *m* encolure, échancrure *f;* décolleté *m;* **~band** *n* collier *m;* **~binde** *f* cravate *f;* **~bräune** *f med* diphtérie *f,* croup *m;* **h~brechend** *a,* **h~brecherisch** *a* à se casser le cou, périlleux; **~eisen** *n* carcan *m* **~entzündung** *f* inflammation de la gorge, angine *f;* **~kette** *f* collier *m;* **~krause** *f hist* collerette; fraise *f; med* minerve *f;* **~länge** *f: um e-e* ~ *gewinnen* gagner d'une en-

colure; ~-**Nasen-Ohren-Arzt** *m*
oto-rhino-laryngologiste *m;* ~-**Na-**
sen-Ohren-Krankheiten *f pl* affec-
tions *f pl* oto-rhino-laryngologiques;
~**ring** *m (Säule)* astragale *m;*
~**schlagader** *f* carotide *f;*
~**schmerzen** *m pl* mal *m* de gorge;
~ *haben* avoir mal à la gorge;
~**schmuck** *m* collier *m;* **h~starrig** *a*
obstiné, opiniâtre, entêté, têtu (comme un mulet); ~**starrigkeit** *f* obstination, opiniâtreté *f;* entêtement *m;*
~**tuch** n cache-col *m*, écharpe *f,* ca-
che-nez, foulard, *(für Damen)* fichu
m; ~**weh** *n* = ~*schmerzen;* ~**weite**
f encolure *f;* ~**wirbel** *m* vertèbre *f*
cervicale.
Halse *f* ⟨-, -n⟩ ['halzə] *mar* amure *f.*
Halt *m* ⟨-(e)s, -e⟩ [halt] *(Anhalten)*
arrêt *m;* halte *f; (Stütze, Unterstüt-*
zung) appui, soutien, support *m; fig*
(Festigkeit) fermeté, fixité, solidité;
(innerer ~*)* consistance, tenue *f; ohne*
~ instable, inconstant, sans caractère;
(beim Klettern) keinen ~ *finden* ne
pas trouver de prise; *jdm e-n* ~ *geben*
être un soutien pour qn; *e-r S* ~ *ge-*
bieten arrêter qc; *(e-n)* ~ *machen* faire (une) halte, s'arrêter; *den* ~ *verlie-*
ren (fig) perdre pied; **h~ 1.** *interj*
halte(-là)! holà! stop! arrêtez-vous! ~*!*
wer da? (mil) halte-là! qui vive?
h~bar *a (dauerhaft)* durable, consistant, résistant, *(Lebensmittel)* de
garde; *(stabil)* stable, solide; *tech*
soutenable; ~ *machen (Lebensmittel)*
conserver; *garantiert* ~ garanti à
l'usage; *nicht* ~ *(Material) (a.)* altérable; ~**barkeit** *f* ⟨-, ø⟩ endurance, durabilité, consistance, résistance *f,* bon
usage *m;* stabilité, solidité *f;* ~**bar-**
keitsdatum *n (vor allem bei Le-*
bensmitteln) date-limite *f;* ~**barma-**
chung *f (von Lebensmitteln)* conservation *f;* ~**efeder** *f* ressort m de retenue; ~**eleine** *f aero* câble *m* de retenue *od* d'amarrage; ~**emast** *m*
aero mât *m* d'amarrage; *hielt,*
hielt, hat gehalten⟩ tr tenir; *mus*
(Ton) soutenir; *(stützen, festhalten)*
soutenir, supporter; *(anhalten)*
arrêter; *(zurückhalten)* retenir; *(auf-*
rechterhalten) maintenir; conserver;
(enthalten) contenir; *(einhalten)* garder, observer; *(Versprechen)* tenir;
(besitzen, unterhalten) avoir, entretenir; *(abhalten, begehen, feiern)*
célébrer; *itr (anhalten, stehenblei-*
ben) s'arrêter, faire (une) halte; *(mit*
dem Wagen) arrêter sa voiture; *(ste-*
henbleiben ohne auszusteigen) stationner; *(festsitzen)* tenir (ferme);
(dauern, dauerhaft sein) tenir, durer,

être solide *od* de bon usage; *sich* ~
(sich aufrecht ~*)* se (main)tenir, se
soutenir, se tenir debout; *(sich ver-*
halten) se conduire, se comporter;
(dauern, bleiben, nicht vergehen) durer; *(Lebensmittel)* se conserver;
(Farbe) tenir; *(Wetter)* persister, se
maintenir, être constant; *(Preise)* être
stable; *mil* se tenir; ~ *für* prendre
pour, regarder *od* considérer comme,
croire, juger; *für zwanzig* ~ *(fam)*
donner vingt ans à; *für (recht, wahr,*
nötig) ~ tenir pour, croire (juste, vrai,
nécessaire); *für gut* ~ trouver bon;
ge~ *werden für* passer pour; *es mit*
jdm od *zu jdm* ~ être pour qn *od* du
côté de qn; *große Stücke auf jdn* ~
avoir une haute opinion de qn; *sich*
an etw ~ *(fest*~*)* se tenir, s'accrocher
à qc; *fig* s'en tenir à qc; *sich an jdn* ~
(jdm nachfolgen) marcher sur les
traces de qn; *wegen e-r S* s'en tenir à
qn pour qc; *an sich* ~ se contenir, se
retenir; *die Bank* ~ *(Spiel)* tenir la
banque; *s-n Einzug* ~ faire son
entrée; *etwas auf sich* ~ se croire
quelqu'un; *mit jdm Freundschaft* ~
être en relations amicales avec qn;
sich frisch ~ se garder frais; *sich ge-*
rade ~ se tenir droit; *Gericht* ~ rendre la justice; *die Tür, das Fenster ge-*
schlossen ~ garder la porte, la
fenêtre fermée; *das Gleichgewicht* ~
garder l'équilibre; *sich gut* ~
(Mensch) se tenir *od* conduire bien;
(Lebensmittel) se garder bien, être de
bonne garde; *an der Hand* ~ tenir
par la main; *Hochzeit* ~ célébrer les
noces; *kurz* ~ *(itr) (mit e-m Fahr-*
zeug) stationner; *auf Lager* ~ avoir
en magasin; *auf dem laufenden* ~
tenir au courant; *ans. gegen das Licht*
~ tenir au, contre le jour *od* à contre-
-jour; *Mahlzeit* ~ prendre un repas;
den Mund ~ tenir sa langue, se taire;
sich nicht od *schlecht* ~ *(Lebensmit-*
tel) se conserver mal; *nichts von etw*
~ ne faire aucun cas de qc; *Ordnung*
~ maintenir l'ordre; *in Ordnung* ~ tenir en ordre; *sich auf e-m Posten* ~
se maintenir à un poste; *e-e Predigt* ~
faire un sermon; *Rat* ~ tenir conseil;
e-e Rede ~ faire *od* prononcer un discours; *mit jdm Schritt* ~ aller du
même pas que qn; *jdn streng* ~ *(fig)*
serrer la bride *od* la vis à qn; *sein*
Versprechen nicht ~ trahir sa promesse; *viel von jdm* ~ avoir qn en
grande estime; *(nicht) viel von etw* ~
faire grand (ne faire aucun) cas de qc;
Vorlesungen ~ faire des cours; *(sein)*
Wort ~ tenir (sa) parole; *im Zaum* ~
(fig) tenir la bride haute (*jdn* à qn);

e-e Zeitung ~ être abonné à un journal; *sich an jdn* ~ *a.* s'adresser à qn; *jur* se retourner contre qn, tenir qn pour responsable; rester près de qn; *sich Pferde* ~ avoir une écurie; *sich nicht* ~ *können (fig)* manquer de souffle; *sich vor Lachen nicht mehr* ~ *können* ne plus se tenir de rire; *ich halte Sie nicht, gehen Sie nur!* je ne vous retiens plus; *ich halte es so* je fais comme cela; *ich weiß, was ich davon zu* ~ *habe* je sais à quoi m'en tenir; *das hält* cela tient; *das hält nicht* cela ne tient pas (debout); *wofür* ~ *Sie mich denn eigentlich od überhaupt?* mais pour qui me prenez-vous? *was* ~ *Sie davon?* qu'en pensez-vous? que vous en semble? **~en** *n (e-s Wagens)* stationnement *m; mus (e-s Tons)* tenue *f;* **~eplatz** *m loc* halte, station; *(Rastplatz)* halte *f* (de routiers); **~epunkt** *m loc* halte, station *f; mil (beim Schießen)* point *m* d'arrêt od de visée; **~er** *m ⟨-s, -⟩ (Federhalter)* porte-plume, stylo *m; (Besitzer, Inhaber)* détenteur *m;* **~e-seil** *n arch tech mar* hauban *m;* **~e-signal** *n loc* signal *m* d'arrêt; **~estation** *f loc* gare *f* d'arrêt; **~estelle** *f* station *f,* (point d')arrêt *m;* **~etau** *n mar* amarre; *aero* corde *f od* câble *m* de manœuvre; **~everbot** *n mot* interdiction *f* de stationner; **~evorrichtung** *f* dispositif *m* de serrage; **~ezeit** *f* temps *m* d'arrêt *od mot* de stationnement; **h~los** *(Mensch)* sans consistance, faible, mou; instable; *(Behauptung)* insoutenable, sans fondement; **~losigkeit** *f (Mensch)* inconsistance, faiblesse, mollesse *f; (Behauptung)* manque *m* de fondement; **h~≈machen** *itr* s'arrêter, faire (une) halte; **~ung** *f (Körperhaltung)* tenue *f,* maintien *m; (Stellung)* posture, position, pose *f; fig* état *m* moral; *(Einstellung)* attitude; *(Verhalten)* conduite *f,* maintien *m,* tenue *f; die* ~ *eines Autos* l'entretien *m* d'une voiture; *s-e* ~ *(Einstellung) ändern* changer d'attitude; *(stramme)* ~ *annehmen (mil)* se mettre au garde-à-vous; *die* ~ *bewahren* faire bonne contenance *od* figure; *e-e feste* ~ *bewahren* garder une attitude ferme; *e-e* ~ *einnehmen* prendre une attitude; *e-e drohende* ~ *einnehmen* se dresser sur ses ergots; *die* ~ *verlieren* perdre contenance; *aufrechte* ~ *(biol: als Merkmal des Menschen)* station *f* verticale; *geduckte* ~ accroupissement *m; innere* ~ état *m* moral; *politische* ~ attitude *f* politique; *stramme* ~ *(mil)* garde-à-vous *m.*

halt 2. *adv dial (eben, nun mal)* justement; ma foi; c'est que.
Halunke *m ⟨-n, -n⟩* [ha'luŋkə] coquin *a. hum,* fripon, gredin, forban, chenapan *m,* canaille *f.*
Hämat|in *⟨-s, ø⟩* [hɛma'tiːn] *(Farbstoff)* hémat(os)ine *f;* **~ologie** *f ⟨-, ø⟩* [-tolo'giː] *(Lehre vom But)* hématologie *f.*
Hamburg *n* Hambourg *m;* **~er** *m ⟨-s, -⟩ (Frikadelle)* hamburger *m;* **~er(in** *f)* *m ⟨-s, -⟩* Hambourgeois, e *m f;* **~er, h~isch** *a* hambourgeois, de Hambourg.
hämisch ['hɛmɪʃ] *a* méchant, malicieux, sournois, hargneux; **~e(s)** *Lachen n* rire *m* sardonique.
Hammel *m ⟨-s, -/ː⟩* ['ha-,'hɛməl] mouton *m;* **~braten** *m* rôti de mouton, mouton *m* rôti; **~fett** *n* graisse *f od* suif *m* de mouton; **~fleisch** *n* mouton *m;* ~ *mit Rüben und Kartoffeln* haricot *m* de mouton; **~herde** *f pej* troupeau *m;* **~keule** *f* gigot *m;* **~kotelett** *n* côtelette *f* de mouton; **~ragout** *n* ragoût *m* de mouton; ~ *mit Rüben (und Kartoffeln)* navarin *m* (aux pommes); **~rücken** *m* selle *f* de mouton; **~sprung** *m parl* vote *m* par portes séparées; **~talg** *m* = *~fett.*
Hammer *m ⟨-s, ː⟩* ['ha-, 'hɛmər] marteau *a. anat; (Schmiedehammer)* martinet; *(Holzhammer)* maillet *m; (~werk)* forge, usine *f* métallurgique; *unter den* ~ *kommen (a. fig)* être vendu aux enchères; ~ *und Sichel (pol)* la faucille et le marteau; **~schlag** *m* coup de marteau; *(Eisensplitter)* mâchefer *m;* **~werfen** *n sport* lancement *m* du marteau.
hämmer|bar ['hɛmər-] *a* malléable; **H~barkeit** *f* malléabilité *f;* **~n** *tr* battre au marteau, marteler; *itr* marteler, *bes. fig (Herz)* battre.
Hämo|globin *n ⟨-s, ø⟩* [hɛmoglo'biːn] *(roter Blutfarbstoff)* hémoglobine *f;* **~rrhoidalknoten** *m* [-mɔroi'daːl-] bourrelet *m;* **~rrhoiden** *f pl* [-roˈiːdən] *med* hémorroïdes *f pl.*
Hampelmann *m ⟨-(e)s, ːer⟩* ['hampəl-] pantin *m.*
Hamster *m ⟨-s, -⟩* ['hamstər] *zoo* hamster *m;* **~er** *m ⟨-s, -⟩* accapareur (de marchandises), thésauriseur *m;* **~fahrt** *f* voyage *m* de ravitaillement; **h~n** *tr* accaparer; *itr (~ gehen)* aller au ravitaillement; **~n** *n* accaparement *m.*
Hand *f ⟨-, ːe⟩* [hant, 'hɛndə] main *(a.* = *~schrift); pop* patte *f;* **1.** *an, bei der* ~ *(nehmen)* par la main; *an* ~ *(gen)* au moyen de; en s'appuyant sur; *aus erster, zweiter* ~ de première, se-

conde main; *bei der* ~ à la main, sous (la) main, en main, à portée de la main; *durch s-r Hände Arbeit* à force de bras; *in der* ~ à *od* dans la main, en main; *in der, die* ~ *Gottes* dans la main *od* entre le mains de Dieu; ~ *in* ~ la main dans la main; *mit der* ~ manuellement, à la main; *mit aufgestützten Händen* les mains sur les hanches; *mit beiden Händen* à *od* des deux mains; *mit eigener* ~ de sa (propre) main, de ses mains; *mit gefalteten Händen* les mains jointes; *mit vollen Händen* à pleines mains; *a. fig* à poignée, sans compter; *unter der* ~ *(unterderhand) (fig)* en sous-main, sous le manteau, en secret; *von langer* ~ *(vorbereitet)* de longue main; *von* ~ *zu* ~ de main en main; *zur* ~ = *bei der* ~; *zu Händen (gen) (Post)* aux bons soins de, à l'attention de, à remettre à; *zur linken, rechten* ~ à (main) gauche, droite; **2.** *mit leeren Händen abziehen* s'en aller les mains vides; *um jds* ~ *anhalten od bitten* demander la main de qn *od* qn en mariage; *selbst* ~ *anlegen* mettre la main à la pâte, prêter la main; *jdm in die Hände arbeiten* faire le jeu *od* les affaires de qn; *die* ~ *ballen* serrer le poing; *freie* ~ *behalten* garder les mains libres; *s-n Wagen in der* ~ *behalten (mot)* rester maître de sa voiture; *jdm die* ~ *bieten (zur Hilfe)* prêter la main à qn; *mit leeren Händen dastehen (fig)* être bredouille; *jdm die* ~ *drücken* serrer *od* toucher la main à qn; *jdm die* ~ *drücken* serrer *od* toucher la main à qn, donner une poignée de main à qn; *gegen jdn die* ~ *erheben* lever la main sur qn; *mit der* ~ *über etw fahren* passer la main sur qc; *jdm in die Hände fallen (Sache)* tomber sous la main de qn; *in jds Hände fallen (Person)* tomber au pouvoir *od* aux mains de qn; *jdm aus der* ~ *fressen (Tier, a. fig von Menschen)* manger dans la main à *od* de qn; *jdm die* ~ *geben* tendre la main à qn; *jdm freie* ~ *geben* = *jdm freie* ~ *lassen; jdm an die* ~ *gehen* donner un coup de main à qn; *durch jds Hände gehen* passer par les mains de qn; *mit jdm* ~ *in* ~ *gehen* marcher la main dans la main avec qn; *von* ~ *zu* ~ *gehen* passer de main en main; *in jds Hände geraten* tomber sous la coupe de qn; *jdm wieder in die Hände geraten (Sache)* repasser par les mains de qn; *(fest) in Händen haben* avoir la haute main sur; *jdn in der* ~ *haben (fig)* avoir qn sous sa coupe; *zur* ~ *haben* avoir sous la main *od* à sa disposition; *aufgesprungene Hände ha-*

ben avoir les mains crevassées; *eine flinke* ~ *haben* être habile *od* adroit de ses mains; *freie* ~ *haben (fig)* avoir les mains libres *od* le champ libre, avoir carte blanche; ~ *und Fuß haben (fig)* tenir debout; *weder* ~ *noch Fuß haben (fig)* n'avoir ni queue ni tête; *geschickte Hände haben (beim Nähen)* avoir des doigts de fée; *e-e glückliche* ~ *haben* avoir la main heureuse *od (im Spiel)* un beau jeu; *das Heft in der* ~ *haben (fig)* mener la barque; *kalte Hände haben* avoir froid aux mains; *e-e leichte* ~ *haben (in der Menschenführung)* avoir la main légère; *bei etw s-e* ~ *im Spiel haben* avoir la main, être pour quelque chose dans qc; *die rechte, linke* ~ *verloren haben* être manchot de la main droite, gauche; *alle Hände voll zu tun haben* être débordé de travail, ne savoir où donner de la tête; *jdn an der* ~ *halten, führen* tenir, mener qn par la main; *in jds Hände kommen* tomber entre les mains de qn; *in andere Hände kommen (fig)* changer de mains; *aus der* ~ *lassen* lâcher, se dessaisir de; *die Hände von etw lassen (fig)* ne pas se mêler de qc; *jdm freie* ~ *lassen* laisser les mains libres *od* le champ libre *od* toute liberté d'action *od* toute latitude à qn; *jdn s-e* ~ *fühlen lassen (fig)* appesantir sa main sur qn; *sich mit Händen greifen lassen (fig)* tomber sous le sens; *von der* ~ *in den Mund leben* vivre au jour le jour, tirer le diable par la queue; *von s-r Hände Arbeit leben* vivre du travail de ses mains; ~ *an etw legen* mettre la main à qc; ~ *an jdn legen* mettre la main sur qn; ~ *an sich legen* attenter à ses jours, se donner la mort; *die* ~ *auf etw legen (a. fig)* mettre la main sur qc; *aus der* ~ *legen* mettre de côté; *die letzte* ~ *an etw legen* mettre la dernière main à qc, donner la dernière touche à qc; *s-e* ~ *für etw ins Feuer legen (fig)* mettre sa main au feu pour qc; *die Hände in den Schloß legen* se croiser les bras; *sich die Hände frei machen* se délier les mains; *sich die Hände schmutzig machen* se salir les mains; *jdn bei der* ~ *nehmen* prendre qn par la main; *etw in die* ~ *nehmen (a. fig)* prendre qc en main(s); *die Sache in die* ~ *nehmen (fig)* prendre l'affaire en mains; *jdm die* ~ *reichen* tendre la main à qn; *die Hände ringen* se tordre les mains; *die Hände rühren* faire œuvre de ses dix doigts; *jdm etw aus der* ~ *schlagen* faire tomber qc des mains de qn; *nicht die ~ vor den Augen sehen* ne voir goutte; *in jds ~ od Händen sein* être entre les mains *od* sous la griffe *od* entre les pattes *od* au pouvoir de qn; *zur ~ sein* être à portée de la main; *gut zur ~ sein (Sache)* être à portée de la main; *mit der Antwort schnell bei der ~ sein* avoir la repartie prompte; *an Händen und Füßen gebunden sein (fig)* avoir pieds et poings liés; *jdm etw in die Hände spielen* livrer (involontairement) qc à qn; faire tomber qc entre les mains de qn; *jdn auf Händen tragen (fig)* faire tout pour qn; *in andere Hände übergehen* changer de mains; *die Hände in der Tasche vergraben* enfouir ses mains dans ses poches; *von langer ~ vorbereiten* préparer de longue main *od* date; *s-e Hände in Unschuld waschen* s'en laver les mains; *sich mit Händen und Füßen dagegen wehren, daß ...* faire des pieds et des mains pour ne pas ...; *von der ~ weisen* repousser, rejeter; *mit beiden* od *vollen Händen zugreifen* prendre à pleines mains; *s-e ~ zurückziehen (a. fig)* retirer sa main; *die Hände über dem Kopf zs.schlagen (erstaunt)* lever les bras au ciel; *(verzweifelt)* s'arracher les cheveux; **3.** *das habe ich bei der ~* c'est à ma portée; *er hat alle Trümpfe in der ~* il a tous les atouts en main; *da lasse ich die Hände davon* je ne m'en mêle pas; *dafür lege ich meine ~ ins Feuer* j'en mettrais ma main au feu; *mir sind die Hände gebunden (fig)* j'ai les mains liées; *das ist nicht von der ~ zu weisen* cela mérite considération, ce n'est pas méprisable; *es ist meinen Händen entglitten* cela m'a glissé des mains; *die ~ juckt mir (fig)* les doigts me démangent; *die Arbeit geht ihm leicht von der ~* il travaille vite; *das hat weder ~ noch Fuß (fig)* cela n'a ni rime ni raison *od* ni queue ni tête; *das liegt auf der ~ (fig)* c'est manifeste *od* évident *od* une chose évidente; *~ aufs Herz!* la main sur la conscience! *~ drauf!* tope (là), touchez là! *Hände hoch!* haut les mains! *Hände weg!* bas les mains! *fam* (à) bas les pattes! *e-e ~ wäscht die` andere (prov)* une main lave l'autre; donnant donnant; **4.** *flache ~* plat *m* de la main, paume *f; hohle ~* creux *m* de la main; *die öffentliche ~* les pouvoirs *m pl* publics, le fisc; *rechte ~ (fig: unentbehrlicher Helfer)* bras droit, *fam* sous-verge *m; (Recht n der) Tote(n) ~ f* mainmorte *f; nicht von der ~ zu*

weisen(d) irréfragable; **~abzug** *m typ* impression *f* faite à la main; **~amboß** *m* tasseau *m;* **~antrieb** *m* commande *f* à la main; *mit ~* commandé à la main; **~apparat** *m tele* combiné *m;* **~arbeit** *f (Tätigkeit)* travail *od* ouvrage *m* manuel, main-d'œuvre; *(Produkt)* travail *m od* fabrication *f* à la main, ouvrage *m* fait à la main; *pl (weibliche)* ouvrages *m pl* de dames; **~arbeiter** *m* travailleur manuel, manœuvre *m;* **~arbeitslehrerin** *f* maîtresse *f* de travail manuel; **~arbeitsunterricht** *m* travail *m* manuel; **~atlas** *m* atlas *m* portatif; **~auflegen** *n rel* imposition *f* des mains; **~ausgabe** *f (Buch)* édition *f* portative; **~ball** *m (Spiel)* handball; *(Ball)* ballon *m* de handball; **~ballspieler** *m, fam* **~baller** *m* ‹-s, -› handballeur *m;* **~betrieb** *m* exploitation *f* à bras d'homme; **~bewegung** *f* geste *m* de la main; **~bibliothek** *f,* **~bücherei** *f* bibliothèque *f* de consultation sur place; **~bohrer** *m* tourniquet *m;* **~bohrmaschine** *f* perceuse *od* mines perforatrice *f* à main; **~breit** *f: keine ~ Landes* pas un pouce de terrain *od* terre; **~bremse** *f* mot frein *m* à main; *die ~ ziehen* mettre le frein à main; **~bremshebel** *m* levier *m* de frein à main; **~buch** *n* manuel *m;* **~druck** *m typ* impression *f* à la main; **~einband** *m (Buch)* reliure *f* privée; **~exemplar** *n (Buch)* exemplaire *m* d'auteur; **~fertigkeit** *f* habileté *f* manuelle; **h~fest** *a* solide, fort, robuste, vigoureux; *ein ~er Bursche* un rude gaillard; **~feuerlöscher** *m* extincteur *m* à main; **~feuerwaffe** *f* arme *f* à feu portative; **~fläche** *f* paume *f od* plat *m* de la main; **h~gearbeitet** *a* fait à la main; **~gebrauch** *m: zum ~* à l'usage ordinaire; **~geld** *n (Vorschuß)* avance *f; (Aufgeld)* arrhes *f pl; (für Vermieter)* pas de porte; *(für Hausangestellte)* denier *m* à Dieu, *a. mil* prime *f* d'engagement; **~gelenk** *n* poignet *m; aus dem ~ (fig)* en un tour de main; *ein loses ~ haben (fig)* avoir la main légère *od* leste; **h~gemacht** *a* fait à la main; **h~gemein** *a: ~ werden* en venir aux mains; **~gemenge** *n* corps à corps *m,* mêlée *f;* **h~genäht** *a (cousu)* main; **~gepäck** *n* bagages à main, petits bagages *m pl;* **~gepäckraum** *m* dépôt *m* des bagages; **h~geschmiedet** *a* forgé (à la) main; **h~geschöpft** *a (Papier)* à la main *od* forme *od* cuve; **h~geschrieben** *a* écrit à la main, manuscrit; **h~gewebt** *a* tissé (à la) main; ~**granate** *f* grenade *f* (à main); *scharfe* ~ grenade *f* réelle; **h~greiflich** *a fig* palpable, évident, manifeste; *jdm etw* ~ *klarmachen* faire toucher du doigt qc à qn; ~ *werden* passer à des voies de fait; ~**greiflichkeit** *f fig* évidence *f; pl* voies *f pl* de fait; ~**griff** *m (zum Handhaben od Festhalten)* poignée, manette; *mot* brassière, croisée *f; (Bewegung)* tour de main; *(Kniff)* truc *m,* ficelle *f;* ~**habe** *f fig* prise *f; e-e* ~ *bieten* donner prise; **h~haben** ⟨*du handhabst, du handhabtest, hast gehandhabt*⟩ *tr* manier, manipuler, employer; *tech* manœuvrer; *fig (anwenden)* appliquer; *leicht zu* ~(*d*) maniable; ~**habung** *f* maniement *m,* manipulation *f,* emploi *m; tech* manœuvre; *fig* application *f; sichere* ~ sécurité *f* d'emploi; ~**harmonika** *f* accordéon *m;* ~**hebel** *m* levier *m* à main; ~**karren** *m* charrette à bras, poussette *f;* ~**koffer** *m* valise, mallette *f;* **h~koloriert** *a* colorié à la main; ~**kurbel** *f mot* manivelle *f;* ~**kuß** *m* baisemain *m;* ~**lampe** *f* baladeuse *f;* ~**langer** *m* ⟨-s, -⟩ manœuvre *f. fig,* homme de peine; *(e-s Maurers)* aide-maçon; *fig* suppôt *m;* ~**leder** *n* manicle, manique *f;* ~**leiste** *f (am Geländer)* main *f* courante; ~**leuchter** *m* bougeoir *m;* **h~lich** *a* maniable, facile à manier; ~**lichkeit** *f* ⟨-, ø⟩ maniabilité *f;* ~**linie** *f* ligne *f* de la main; *die* ~*n deuten* lire dans la main *od* les lignes de la main; ~**liniendeutung** *f* chiromancie *f;* ~**massage** *f* massage *m* manuel; ~**mühle** *f* moulin *m* à bras; ~**pferd** *n* cheval de main; *mil* sous-verge *m;* ~**pfleger(in** *f)* *m* manucure *m f;* ~**presse** *f typ* presse *f* à bras; ~**ramme** *f tech* hie *f,* pilon *m,* demoiselle, dame *f; (zum Eintreiben von Pfählen)* mouton *m* à bras; ~**reichung** *f* coup de main, service *m;* ~**rücken** *m* dos *od* revers *m* de la main, arrière-main *f;* ~**säge** *f* scie *f* à main; ~**satz** *m typ* composition *f* à la main *od* manuelle; ~**schaltung** *f mot* changement *m* de vitesse à main; ~**schellen** *f pl* menottes *f pl, jdm* ~ *anlegen* menotter qn; ~**schlag** *m* coup *m od* poignée *f* de main; *ohne e-n* ~ *(zu tun)* sans y mettre la main; *etw durch* ~ *bekräftigen* toper pour qc; *keinen* ~ *tun* ne faire œuvre de ses dix doigts; ~**schreiben** *n* (lettre) missive *f;* ~**schrift** *f* main, écriture *f; (handgeschriebenes Buch)* manuscrit *m;* **h~schriftlich** *a* écrit à la main, manuscrit; *adv* par écrit; ~**schuh** *m* gant *m; jdn (nicht) mit seidenen* ~*en*

anfassen (ne pas) mettre *od* prendre de gants avec qn; ~**schuhfach** *n (im Auto)* vide-poches *m;* ~**schuhkasten** *m* boîte *f* à gants; ~**schuhleder** *n* cuir *m* de poule; ~**schuhmacher** *m* gantier *m;* ~**schuhnummer** *f* pointure *f;* ~ *7 haben* ganter du sept; ~**schuhweiter** *m* ⟨-s, -⟩ ouvre-gants *m;* ~**schutz** *m* garde-main, pare-main, *(am Gewehr)* protège-main *m;* ~**setzer** *m typ* compositeur *m* à la main; ~**siegel** *n* sceau *m* privé; ~**spiegel** *m* miroir *m od* glace *f* à main; ~**stand** *m sport* arbre *m* droit sur les mains; ~**steuerung** *f* commande *f* à main; ~**stickerei** *f* broderie *f* à la main; ~**streich** *m, bes. mil* coup *m* de main; ~**täschchen** *n,* ~**tasche** *f* sac *m* à main; ~**teller** *m* paume *f;* ~**tuch** *n (einfaches)* essuie-main(s) *m; (Toiletten~)* serviette *f* (de toilette); *das* ~ *werfen (fig)* jeter l'éponge; ~**tuchhalter** *m* porte-serviette(s) *m;* ~**umdrehen** *n: im* ~ en un tour de main *od* tournemain; *pop* en cinq sec; ~**voll** *f* ⟨-, -⟩ : *e-e* ~ *(gen)* une poignée de; ~**wagen** *m* voiture à bras, voiturette *f;* ~**wärme** *f (e-r Flüssigkeit)* température *f* supportable à la main *od* au toucher; ~**webstuhl** *m* métier *m* à bras; ~**werk** *n* métier *m; das* ~ *(die* ~*werker)* le corps de métier, l'artisanat *m; ein* ~ *lernen, betreiben* apprendre, exercer un métier; *jdm das* ~ *legen (fig)* mettre fin aux menées *od* agissements de qn; *jdm ins* ~ *pfuschen od reden* vouloir en remontrer à qn; *sein* ~ *verstehen (fig)* connaître *od* savoir son métier; ~ *hat goldenen Boden (prov)* il n'est si petit métier qui ne nourrisse son maître; ~**werker** *m* ⟨-s, -⟩ artisan, homme *m* du métier; ~**werksbedarf** *m* fourniture *f* aux artisans du bâtiment; ~**werksbetrieb** *m* entreprise *f* artisanale; ~**werksbursche** *m* compagnon; *(Landstreicher)* vagabond, chemineau *m;* ~**werkskammer** *f* chambre *f* des métiers; ~**werksmeister** *m* maître artisan, patron *m;* ~**werkszeug** *n* outils *m pl,* outillage *m;* ~**wörterbuch** *n* lexique *m;* ~**wurzel** *f anat* carpe *m;* ~**zeichnung** *f* dessin *m.*

Händ|chen *n* ⟨-s, -⟩ ['hɛntçən] petite main; *(Kindersprache)* menotte *f;* ~**edruck** *m* ⟨-(e)s, ⁻e⟩ ['-də-] poignée *f od* serrement *m* de main; **h~eringend** *a adv* se tordant les mains; ~**etrockner** *m* ⟨-s, -⟩ *(Gerät)* sèche-mains *m.*

Handel *m* ⟨-, ø⟩ ['handəl] *(Gewerbe)*

commerce; *(Großhandel)* négoce; *(Wirtschaftszweig)* trafic; *(einzelner Vorgang)* marché; *(Tausch)* troc *m;* *fig (Angelegenheit, Geschichte)* affaire *f; nicht im* ~ *(befindlich)* hors commerce; *e-n* ~ *abschließen, (mit jdm) eingehen* conclure *od* faire un marché (avec qn); *e-n* ~ *rückgängig machen* annuler une affaire *od* un contrat; *in den* ~ *bringen* mettre *od* introduire sur le marché, commercialiser; ~ *treiben* faire du commerce *od* du négoce; *mit jdm* faire du commerce, commercer avec qn; *im* ~ *hört die Freundschaft auf (prov)* les affaires sont les affaires; *ein ehrlicher* ~ un marché loyal; ~ *und Wandel (lit)* l'économie *f.*

Händel *m pl* ['hɛndəl] querelle, dispute *f; mit jdm* ~ *suchen* chercher chicane *od* querelle *od* noise à qn; ~**sucht** *f* humeur *f* querelleuse; **h~süchtig** *a* querelleur, chicaneur.

handeln ['handəln] *itr* agir; *(verfahren)* procéder; *(Handel treiben)* faire du commerce *od* négoce; *mil etw* faire le commerce de qc, trafiquer qc; *(feilschen)* marchander; *allg (tätig sein)* agir *(an jdm* envers qn); *(Literaturwerk, Buch)* traiter *(von etw* de qc), avoir pour sujet *(von etw* qc); *tr: gehandelt werden (an der Börse)* se négocier; *sich* ~ *(impers): es handelt sich um* il s'agit de, il est question de; *il y va de; ebenso* ~ en faire autant, faire de même; *mit sich* ~ *lassen* se montrer accommodant; *jdn zum H~ veranlassen* faire agir qn; *jdn zum H~ zwingen* forcer la main à qn; *das ist nicht wie ein Ehrenmann gehandelt (lit)* voilà qui n'est pas d'un homme de bien; *es handelte sich um ... (es war e-e Sache von ...)* c'était l'affaire *od* une affaire de ...; *worum handelt es sich (eigentlich)?* de quoi s'agit-il? **H~** *n (Feilschen)* marchandage *m;* ~**d** *a* agissant, actif; ~**e Person** *f (theat)* personnage, acteur *m.*

Handels|abkommen *n* ['handəls-] accord *m od* convention *f* commercial(e); ~**adreßbuch** *n* annuaire *m* du commerce; ~**agent** *m* agent *m* commercial; ~**artikel** *m* article *m* de commerce; ~**bank** *f* banque *f* commerciale *od* de commerce; ~**bericht** *m* rapport *od* bulletin *m* commercial; ~**beschränkungen** *f pl* restrictions *f pl* des échanges commerciaux; ~**besprechungen** *f pl pol* pourparlers *m pl* commerciaux; ~**betrieb** *m* entreprise *f* commerciale; ~**bezeichnung** *f* nom *m* commercial; ~**beziehungen** *f pl* relations *f pl* commer-

ciales, échange(s *pl*) *m* commercial (commerciaux); ~**bilanz** *f* bilan *m od* balance *f* commercial(e); ~**blatt** *n* journal *od* bulletin *m* du commerce; ~**börse** *f* bourse *f* de commerce; ~**brauch** *m* usage *m* de commerce, usance *f;* ~**dampfer** *m* vapeur marchand, cargo *m;* **h~einig** *a,* **h~eins** *a:* ~ *sein, werden* être, tomber d'accord en affaire; ~ *werden* convenir du prix; ~**erlaubnis** *f* carte de commerce, patente *f;* **h~fähig** *a* commercialisable; ~**firma** *f* maison (de commerce), firme; *jur* raison *f* sociale; ~**flagge** *f* pavillon *m* marchand; ~**flotte** *f* flotte *f* commerciale; ~**freiheit** *f* liberté *f* de *od* du commerce; ~**garten** *m* jardin *m* maraîcher; ~**gärtner** *m* horticulteur *m;* ~**gärtnerei** *f* horticulture *f;* ~**genossenschaft** *f* coopérative *f* commerciale; ~**gericht** *n* tribunal *m* de commerce; **h~gerichtlich** *adv:* ~ *eingetragen* enregistré; ~**gerichtsbarkeit** *f* justice *f* commerciale; ~**geschäft** *n* opération *f* commerciale; ~**gesellschaft** *f* société *od* association *od* compagnie *f* de commerce *od* commerciale; *Offene* ~ société *f* en nom collectif; ~**gesetz** *n* loi *f* commerciale; ~**gesetzbuch** *n* code *m* de commerce; ~**gesetzgebung** *f* législation *f* commerciale; ~**gewicht** *n* avoirdupois *m;* ~**gewinn** *m* bénéfice *m* d'exploitation; ~**größe** *f* taille *f* marchande; ~**hafen** *m* port *m* de commerce *od* marchand; ~**haus** *n* maison *f* (de commerce); ~**hochschule** *f* école supérieure de commerce; *(in Paris)* École *f* des Hautes Études Commerciales; ~**index** *m* indice *m* de commerce; ~**kammer** *f* chambre *f* de commerce; ~**korrespondent** *m* correspondancier *m;* ~**korrespondenz** *f* correspondance *f* commerciale; ~**kredit** *m* crédit *m* commercial; ~**krieg** *m* guerre *f* de commerce *od* commerciale; ~**krise** *f* crise *f* commerciale; ~**luftfahrt** *f* aviation *f* commerciale; ~**mann** *m* ⟨-(e)s, -leute/(-männer)⟩ marchand, commerçant *m;* ~**marine** *f* marine *f* marchande; ~**minister(ium** *n)* *m* minist(è)re *m* du commerce; ~**mission** *f* mission *f* commerciale; ~**name** *m* nom *m* commercial; ~**niederlassung** *f (im Ausland)* factorerie *f,* comptoir *m;* ~**organisation** *f* organisation *f* commerciale; ~**platz** *m* place *f* marchande *od* de commerce; ~**politik** *f* politique *f* commerciale; ~**recht** *n* droit *m* commercial;

~**register** n registre m du commerce; ~**reisende(r)** m voyageur de commerce; *(kleiner)* commis m voyageur; ~**richter** m juge au tribunal de commerce, magistrat m consulaire; ~**schiff** n navire *od* bâtiment m marchand *od* de commerce; ~**schiffahrt** f navigation f commerciale; ~**schranken** f pl barrières f pl commerciales; ~**schule** f école f de commerce *od* commerciale; ~**spanne** f marge f commerciale; ~**sperre** f prohibition f commerciale, embargo m; ~**stadt** f ville f marchande *od* de commerce; ~**statistik** f statistique f commerciale *od* du commerce; ~**teil** m *(e-r Zeitung)* rubrique f commerciale; **h~üblich** a d'usage; *adv* suivant les usages du commerce; ~**- und Zahlungsabkommen** n convention f de commerce et de paiement; ~**unternehmen** n entreprise *od* exploitation f commerciale; ~**verbindung** f liaison f commerciale; ~**verkehr** m mouvement *od* trafic m commercial; ~**vertrag** m traité de commerce; contrat m de société; ~**vertreter** m représentant de commerce, agent m commercial; ~**vertretung** f agence f commerciale; ~**vollmacht** f pouvoir m commercial; ~**ware** f article m de commerce; ~**wechsel** m effet m de commerce; ~**weg** m voie *od* route f commerciale; ~**wert** m valeur f marchande; ~**zentrum** n centre m commercial; ~**zweig** m branche f de commerce.

handeltreibend a commerçant, marchand; **H~e(r)** m commerçant, marchand m.

handikape|n ⟨*hat gehandikapt*⟩ ['hɛndikɛpən] *tr fam* handicaper; **H~er** m ⟨-s, -⟩ *(Pferderennen)* handicapeur m.

Händler m ⟨-s, -⟩ ['hɛndlər] marchand, commerçant, *a. pej* trafiquant; *(Kleinhändler)* débitant m; *ambulante(r)* ~ *(marchand)* forain m; ~**preis** m prix m pour revendeur; ~**rabatt** m rabais m de gros.

Handlung f ⟨-, -en⟩ ['handluŋ] *(Tätigkeit)* action f; *(Tat)* acte, fait m; *theat film* action f; *(Roman)* affabulation f; *(Geschäft)* commerce m; *(Handelshaus)* maison f (de commerce); *(Laden)* boutique f, magasin m; *Einheit der* ~ *(theat)* unité f de l'action *od* d'action; *strafbare, unerlaubte* ~ *(jur)* acte m punissable, illicite; ~**sbevollmächtigte(r)** m *com* mandataire commercial, fondé m de pouvoir; **h~sfähig** a capable d'agir;

~**sfähigkeit** f capacité f d'agir *od* jur d'exercice des droits civils; ~**sfreiheit** f liberté f d'action; ~**sgehilfe** m *(kaufmänn. Angestellter)* commis m; ~**sreisende(r)** m = *Handelsreisender;* **h~sunfähig** a incapable d'agir; ~**svollmacht** f plein pouvoir m, procuration f; ~**sweise** f manière *od* façon f d'agir.

hanebüchen ['ha:nəby:çən] a *(unerhört)* inouï, incroyable; *(grob)* grossier.

Hanf m ⟨-(e)s, ø⟩ [hanf] *bot* chanvre m; ~ *brechen* broyer du chanvre; ~**acker** m chènevière f; ~**bereiter** m chanvrier m; ~**breche** f ⟨-, -n⟩ broisoir m, broie f; ~**dichtung** f *tech* étoupage m en chanvre; **h~en** a, **hänfen** ['hɛnfən] a de chanvre; ~**feld** n = ~*acker;* ~**garn** n fil m de chanvre; ~**leinen** n toile f de chanvre; ~**öl** n huile f de chènevis; ~**samen** m chènevis m; ~**seil** n corde f de chanvre.

Hänfling m ⟨-s, -e⟩ ['hɛnfliŋ] *orn* linot(te) m *(f)*.

Hang m ⟨-(e)s, ∶e⟩ [haŋ, 'hɛŋə] *(Abhang)* pente f; *lit* penchant, versant; *fig (Neigung)* penchant m, inclination *(zu* pour), propension, tendance, disposition f *(zu* à), goût m *(zu* pour); ~**(auf)wind** m ascendance f *(oro-graphique)*, courant m de pente; ~**ende(s)** n *geol* salbande f supérieure.

Hangar m ⟨-s, -s⟩ [hãŋga:r, '--] *aero* hangar m.

Hänge|backe f ['hɛŋə-] bajoue, joue f pendante; ~**bahn** f *loc* voie f suspendue; ~**balken** m *arch* poutre f suspendue; ~**bank** f *mines* recette f, palier m de déchargement; ~**bauch** m ventre m pendant; ~**boden** m *arch* soupente f; ~**brücke** f pont m suspendu; ~**brust** f sein m pendant; ~**decke** f *arch* plafond m suspendu; ~**gerüst** n échafaudage m volant; ~**lager** n *tech* palier m suspendu; ~**lampe** f (lampe à) suspension f; ~**lippe** f lèvre f pendante; ~**matte** f hamac m; ~**motor** m moteur m à suspension; **h~n** *tr* ⟨*hängt, hängte, hat gehängt*⟩ *(aufhängen)* (sus)pendre; *(auf e-n Haken)* accrocher; *(henken)* pendre; *itr* ⟨*hängt, hing, hat gehangen*⟩ [hiŋ, -haŋ-] pendre, être (sus)pendu; *(an e-m Haken)* être accroché; *(haften)* adhérer *(an* à); *fig* tenir, être attaché *(an* à); *(in der Schwebe sein)* être *od* rester en suspens; *(Schule fam)* avoir des difficultés *(in* en); *sich an jdn, etw* ~ s'attacher, *pej* s'agripper, s'accrocher à qn, qc; *am* od *an e-m seidenen Faden* ~ *(fig)* ne tenir qu'à un cheveu; *am Leben* ~ tenir à la vie; *(den Mantel nach dem Winde* ~ *(fig)* voir d'où vient le vent, s'accommoder aux circonstances; *an den Nagel* ~ *(fig) (aufgeben)* pendre au clou; *schlecht* od *ungünstig* ~ *(Bild)* n'être pas dans un bon éclairage; *sehr an etw* ~ tenir beaucoup à qc; *ihm hängt der Himmel voller Geigen* il voit la vie en rose; *ich hänge bei ihm mit 100 Mark (fam)* j'ai une ardoise de cent marks chez lui; *sie hängt sich ihr ganzes Geld auf den Leib (fam)* elle se colle tout son argent sur le dos; *das hat am* od *an e-m seidenen Faden gehangen* il s'en est fallu de peu; ~**n** *n (Aufhängung)* suspension; *(Henken)* pendaison *f; mit* ~ *und Würgen (fam)* à grand-peine; **h~n≈bleiben** ⟨*aux: sein*⟩ *itr* s'accrocher, s'attraper *(an etw* à qc); *fig fam (nicht wegfinden)* prendre racine; *(in der Schwebe bleiben)* rester en suspens; **h~nd** *a* pendant; suspendu; **h~n≈lassen** *tr (vergessen)* laisser, oublier; *den Kopf* od *(fam) die Ohren* ~ baisser l'oreille, *pop* avoir le cafard, ne pas avoir le moral *fam;* ~**ohren** *n pl* oreilles *f pl* pendantes.

Hannibal *m* ['hanibal] *hist* Annibal *m.*

Hannover *n* [ha'no:fər] Hanovre *f; (ehem. Königreich u. preuß. Provinz)* le Hanovre.

Hans [hans] *m* Jean *m;* ~ *Liederlich* noceur *m;* ~**dampf** *m;* ~ *in allen Gassen* brasseur *m* d'affaires; ~**narr** *m (Spaßvogel)* farceur; *(Dummkopf)* (maître) sot *m;* ~**wurst** *m* ⟨-(e)s, -e/(·· e)⟩ bouffon, paillasse, baladin, pitre; *hist theat* arlequin, polichinelle *m;* ~**wurstiade** *f* ⟨-, -n⟩ [-ti'a:də] bouffonnerie, paillasserie *f,* baladinage *m,* pitrerie, arlequinade *f.*

Hans|a, ~e, *die* ['hanza, -zə] *(hist)* la Hanse; **h~eatisch** [-ze'a:tɪʃ] *a,* **h~isch** ['hanziʃ] *a,* **h~estädtisch** *a* hanséatique; ~**estadt** *f* ville *f* hanséatique.

Häns|elei *f* ⟨-, -en⟩ [hɛnzə'laɪ] taquinerie, brimade *f;* **h~eln** ['hɛnzəln] *tr* taquiner, brimer, lutiner.

Hantel *f* ⟨-, -n⟩ ['hantəl] *sport* haltère *m;* **h~n** *itr* faire des haltères.

hantier|en ['han'ti:rən] *itr (handhaben)* manier, manipuler *(mit etw* qc); *(sich zu schaffen machen)* être à la besogne, s'affairer, s'occuper; **H~ung** *f (Handhabung)* maniement *m,* manipulation; *(Tätigkeit)* occupation *f,* affairement *m,* besogne *f.*

hapern ['ha:pərn] *itr (nicht recht*

funktionieren) boiter; *fam* accrocher; *impers: es hapert* il y a une anicroche; *fam* c'est coton; *an etw* il y a qc qui ne marche pas, *(fehlt)* il y a qc qui manque; *im Rechnen hapert's bei ihm* il a quelques difficultés en calcul; *woran hapert's? (fam)* qu'est-ce qui ne colle pas?

Häppchen *n* ⟨-s, -⟩ ['hɛpçən] petit morceau *m.*

Happ|en *m* ⟨-s, -⟩ ['hapən] morceau *m,* bouchée *f; e-n guten* ~ *lieben* aimer les bons morceaux; *leckere(r)* ~ morceau *m* friand; **h~ig** *a (gierig)* avide, glouton; *das ist ein bißchen* ~ *(fam)* c'est un peu fort.

Harakiri *n* ⟨-(s), -⟩ [hara'ki:ri] *(ritueller Selbstmord)* hara-kiri *m.*

Här|chen *n* ⟨-s, -⟩ ['hɛːrçən] cheveu; poil; *(Flaumhaar)* duvet *m;* ~ *(pl) in der Nase* vibrisses *f pl;* **h~en** *a (aus Haar)* de cheveux, de poil, de crin; ~*e(s) Gewand* n haire *f,* cilice *m.*

Hardware *f* ⟨-, -s⟩ ['ha:dwɛə] *inform* matériel, hardware *m.*

Harem *m* ⟨-s, -s⟩ ['ha:rɛm] harem *m.*

Häre|sie *f* ⟨-, -n⟩ [hɛre'zi:] *(Ketzerei)* hérésie *f;* ~**tiker** *m* ⟨-s, -⟩ [-'re:tikər] hérétique *m;* **h~tisch** [-'re:tɪʃ] *a* hérétique.

Harfe *f* ⟨-, -n⟩ ['harfə] harpe *f;* ~ *spielen,* **h~n** *itr* jouer de la harpe; ~**nist** *m* ⟨-en, -en⟩ [-'nɪst] joueur de harpe, harpiste *m;* ~**nspiel** *n* jeu *m* de la harpe.

Harke *f* ⟨-, -n⟩ ['harkə] râteau *m; dem werde ich zeigen, was 'ne* ~ *ist (fam)* je vais lui montrer comment je m'appelle *od* lui dire ses quatre vérités *od* lui dire son fait; **h~n** *tr* ratisser.

Harlekin *m* ⟨-s, -e⟩ ['harleki:n] arlequin *m;* ~**ade** *f* ⟨-, -n⟩ [-ki'na:də] arlequinade *f.*

Harm *m* ⟨-(e)s, ø⟩ [harm] *(Kummer)* affliction *f,* chagrin, tourment *m;* **h~los** *a (ungefährlich)* inoffensif, *bes. med* bénin, anodin; *(unschuldig, friedlich)* innocent, ingénu, paisible; ~**losigkeit** *f* caractère *m* inoffensif; *med* bénignité; innocence, ingénuité *f.*

härmen ['hɛrmən] , *sich* s'affliger, se chagriner, se tourmenter *(um etw* de qc).

Harmon|ie *f* ⟨-, -n⟩ [harmo'ni:] *mus* harmonie *f, a. fig;* ~**ielehre** *f mus* (science de l')harmonie *f;* **h~ieren** [-'ni:rən] *itr* s'accorder *(mit* avec); *mitea.* ~ s'entendre, être à l'unisson; ~**ika** *f* ⟨-, -s, -ken⟩ [-'mo:nika] *(Mund-* od *Zieh~)* harmonica; *(Zieh~)* accordéon *m;* ~**ikatür** *f* porte *f* en accordéon *od* à soufflet;

h~isch [-'moːnɪʃ] *a mus* harmonique; *allg* harmonieux, (bien) proportionné; **~ium** *n* ‹-s, -nien› [-'moːniùm, -niən] *mus* harmonium *m*.

Harn *m* ‹-(e)s, e› [harn] urine *f; vulg* pissat *m;* **~abgang** *m,* **~abfluß** *m: unwillkürliche(r)* ~ *(med)* incontinence *f* d'urine; **~ausscheidung** *f* élimination *f* urinaire; **~beschwerden** *f pl* dysurie *f;* **~blase** *f* vessie *f;* **~brennen** *n med* brûlures *f pl* d'urine; **~drang** *m* = ~*zwang;* **h~en** *itr* uriner; *vulg* pisser; **~en** *n* miction *f;* **~glas** *n* urinal *m;* **~grieß** *m med* gravelle, lithiase *f* urinaire; **~leiter** *m anat* uretère *m;* **~röhre** *f* urètre *m;* **~ruhr** *f* diabète *m,* diurèse *f;* **~säure** *f* acide *m* urique; **~sperre** *f* anurie *f;* **~stein** *m* calcul urinaire, urolithe *m;* **~stoff** *m chem* urée *f;* **~strang** *m anat* ouraque *m;* **h~treibend** *a* diurétique; **~untersuchung** *f* uroscopie *f;* **~vergiftung** *f* urémie *f;* **~verhaltung** *f med* rétention d'urine, anurie *f;* **~zwang** *m* strangurie *f,* ténesme *m.*

Harnisch *m* ‹-(e)s, -e› ['harnɪʃ] harnais *m; (Brust~)* cuirasse; *(Rüstung)* armure *f; jdn in* ~ *bringen* mettre qn en colère, échauffer la bile, chauffer les oreilles à qn; *in* ~ *geraten* se mettre en colère, s'emporter, prendre le mors aux dents.

Harpun|e *f* ‹-, -n› [har'puːnə] harpon *m;* **h~ieren** [-'niːrən] *tr* harponner.

harren ['harən] *itr lit* attendre (*e-r S* od *auf etw* qc), être dans l'attente (*e-r S* od *auf etw* de qc); *auf Gott* ~ espérer en Dieu; **H~** *n* attente (*auf* de); *(Ausharren)* persévérance *f.*

harsch [harʃ] *a* dur, rude, âpre; **H~** *m* ‹-es, ø› *(Schnee)* neige *f* croûtée.

hart [hart] *(härter) a* dur *a. fig, Porno; (fest)* ferme, solide, résistant; *(rauh)* rude, âpre; *(drückend)* lourd, pesant; *(schwer, mühsam)* difficile, rude, pénible; *(streng)* sévère, rigoureux; *(unbeugsam)* inflexible, raide, de fer; *(~herzig, gefühllos)* endurci, insensible; *(grausam)* cruel; *adv (dicht, sehr nahe):* ~ an tout près de; ~ *am Wind (mar)* au plus près du vent; *jdn* ~ *anfahren* rudoyer qn; *jdn* ~ *anfassen* mener qn durement; *jdn* ~ *bedrängen, jdm* ~ *zusetzen* serrer qn de près; *jdm gegenüber e-n* ~*en Stand haben* avoir à faire à forte partie avec qn; *jdm e-e* ~*e Nuß zu knacken geben* donner du fil à retordre à qn; ~ *machen* rendre dur, *a. fig* (en)durcir; *chem* solidifier; ~ *im Nehmen sein (Boxer)* encaisser bien; ~ *werden* (se) durcir, prendre; *chem* se solidifier

es geht ~ *auf* ~ c'est un combat acharné; ils ne se font pas de cadeaux *fam;* ils se rendent coup pour coup; *es fielen* ~*e Worte zwischen ihnen* ils ont eu des mots très durs l'un pour l'autre; ~*e Droge f* drogue *f* forte; ~*e(r) Kampf m* combat *m* acharné; ~*e Kontaktlinsen f pl* lentilles *f pl* dures; ~*e Landung f (aero)* atterrissage *m* brutal; ~*e(s) Los* od *Schicksal n* sort *m* cruel; *ein* ~*es Spiel spielen* jouer gros; ~*e Währung f* devise (*s pl) f* forte(s) *od* appréciée(s); ~*e(s) Wasser n* eau *f* dure; **H~blei** *n* plomb *m* dur(ci); **H~faserplatte** *f* panneau *m* dur, plaque *f* en fibre dure; **H~futter** *n (Körnerfutter der Pferde)* grains *m pl;* **~gefroren** *a* gelé, glacé; **~gekocht** *a (Ei)* dur; **H~geld** *n* monnaie *f* (métallique), argent *m* sonnant, espèces *f pl* sonnantes, numéraire *m;* **H~geldvorrat** *m;* encaisse *f* métallique ; **~gelötet** *a* brasé; **~gesotten** *a* (cuit) dur; *fig* endurci, inflexible, *fam* dur à cuire; **H~glas** *n* verre *m* durci *od* trempé; **H~gummi** *m* caoutchouc *m* durci, ébonite *f;* **H~guß** *m* fonte *f* en coquilles; **H~gußform** *f* lingotière *f;* **H~harz** *n* résine *f* durcie; **~herzig** *a* dur, impitoyable; ~ *sein (a.)* avoir le cœur dur; ~*e(r) Mensch m (a.)* (cœur de) tigre *m;* **H~herzigkeit** *f* dureté *od* sécheresse *f* de cœur; **H~holz** *n* bois *m* dur; **~leibig** *a* constipé; ~ *sein* avoir le ventre dur; **H~leibigkeit** *f* constipation *f;* **~löten** *tr* braser; **~mäulig** *a (Pferd)* dur de la bouche; *fig* difficile à gouverner; **~näckig** *a* opiniâtre, obstiné, tenace, acharné, entêté, têtu; *med* persistant; *adv fam* mordicus; ~ *bestehen auf* s'obstiner à; *er bestand* ~ *darauf* il n'en voulut pas démordre; **H~näckigkeit** *f* opiniâtreté, obstination, ténacité *f,* acharnement, entêtement *m; med* persistance *f;* **H~spiritus** *m* alcool *m* solidifié.

härt|bar ['hɛrt-] *a (Stahl)* trempant; **H~barkeit** *f* trempabilité *f;* **H~e** *f* ‹-, -n› ['hɛrtə] dureté *a. fig; (Haut)* rudesse; *(Stahl)* trempe; *(Farbe)* sécheresse; *fig (Maßnahme, Schicksal)* rigueur; *(Strenge)* sévérité; *(Roheit)* rudesse, cruauté *f; die* ~*n mildern (fig)* arrondir les angles; *unbillige* ~ *(jur)* iniquité *f;* **H~ebad** *n (Stahl)* bain *m* de trempe; **H~egrad** *m* degré de dureté; *(Stahl)* degré *m* de trempe; **~en** *tr* (en)durcir; *(Stahl)* tremper, *(kalthämmern)* écrouir; *sich* ~ (se) durcir, s'endurcir; **H~eofen** *m* four *m* de trempe *od* à tremper; **H~eprüfung** *f* essai *m* de dureté; **H~erei** *f* [-'raɪ] *tech* tremperie *f;* **H~ewert** *m* cote *f* de dureté; **H~ung** *f* durcissement; *(Stahl)* trempage *m,* trempe *f;* **H~ungsverfahren** *m* procédé *m* de trempe.

Harz *n* ⟨-es, -e⟩ [haːrts] résine *f; (Geigen~)* colophane *f; ~ abzapfen* résiner (*e-m Baum* un arbre); **h~en** *itr (Baum)* être résineux; **h~ig** *a* résineux.

Hasard(spiel) *n* ⟨-s, ø⟩ [haˈzart(-)] jeu *m* de hasard.

Hasch|ee *n* ⟨-s, -s⟩ [haˈʃeː] *(Hackfleisch)* hachis *m,* viande *f* hachée; **h~ieren** [-ˈʃiːrən] *tr* hacher.

haschen [ˈhaʃən] *tr* attraper (au vol), saisir au vol, happer; *itr* chercher à attraper *od* saisir *(nach etw* qc), faire la chasse *(nach etw* à qc); courir *(nach etw* après qc); *fig* viser, aspirer, tendre *(nach etw* à qc); *nach Effekt* ~ viser à l'effet; **H~** *n (Spiel): ~ spielen* jouer à s'attraper.

Häschen *n* ⟨-s, -⟩ [ˈhɛːsçən] levraut *m; mein ~! (fam)* mon petit lapin!

Haschisch *m od n* ⟨-(s), ø⟩ [ˈhaʃɪʃ] *(Rauschgift)* haschisch *m.*

Hase *m* ⟨-n, -n⟩ [ˈhaːzə] lièvre; *(Rammler)* bouquin *m; alte(r) ~ (fig)* vieux renard *m; wir werden ja sehen, wie der ~ läuft (fam)* attendons la suite; *wissen, wie der ~ läuft (fig)* y voir clair, *pop* connaître la musique; *mein Name ist ~ (fam)* je ne suis au courant de rien; *da liegt der ~ im Pfeffer!* c'est là que gît le lièvre! voilà le hic! *falsche(r) ~ m (Hackbraten)* pâté *m* de viande; **~nbraten** *m* lièvre *m* rôti; **~nfuß** *m,* **~nherz** *n fig* poltron *m,* poule *f* mouillée; **~njagd** *f* chasse *f* au lièvre; **~npanier** *n: das ~ ergreifen* prendre la poudre d'escampette; **~npfeffer** *m (Ragout)* civet *m* de lièvre; **~nscharte** *f med* bec-de-lièvre *m.*

Hasel|(busch *m)* *f* ⟨-, -n⟩ [ˈhaːzəl(-)], **~strauch** *m* noisetier, coudrier *m;* **~gerte** *f,* **~rute** *f* baguette *f* de coudrier; **~huhn** *n* gelinotte *f;* **~maus** *f* muscardin *m;* **~nuß** *f* noisette *f.*

Häsin *f* ⟨-, -nnen⟩ [ˈhɛːzɪn] hase *f.*

Haspe *f* ⟨-, -n⟩ [ˈhaspə] *(Tür-, Fensterangel)* gond *m; (Tür-, Fensterband)* penture *f; (Klammer)* crampon *m,* happe *f.*

Haspel *f* ⟨-, -n⟩ [ˈhaspəl] *(Garnwinde)* dévidoir; *(Winde, bes. mines)* treuil *m;* **h~n** *tr (Garn)* dévider; *(hochwinden)* guinder; *fig fam (hastig reden)* bredouiller, bafouiller; **~rahmen** *m* tournette *f.*

Haß *m* ⟨-sses, ø⟩ [has] haine *(gegen* de, pour, contre); *(Erbitterung)* animosité; *(Groll)* rancune *f,* ressentiment *m; aus ~ gegen* par haine de; *~ gegen jdn empfinden, e-n ~ auf jdn haben* éprouver de la haine pour *od* contre qn; *von ~ erfüllt sein* avoir de la haine au cœur; **~ausbruch** *m* explosion *f* de haine; **h~erfüllt** *a* haineux.

hassen [ˈhasən] *tr* haïr, avoir en haine, détester; *jdn ~ lernen* prendre qn en haine; **~swert** *a* haïssable, odieux.

häßlich [ˈhɛslɪç] *a* laid *a. fig,* hideux, affreux; *arg* toc; *(Figur)* difforme; *fig (Worte, Charakter)* vilain; *(widerlich)* odieux; *~ machen, ~ werden* enlaidir; *~ sein wie die Nacht* être laid comme un pou *od* un singe; **H~keit** *f* laideur; difformité *f.*

Hast *f* ⟨-, ø⟩ [hast] hâte, précipitation *f; in großer ~* en toute hâte, précipitamment; **h~en** ⟨*aux: sein*⟩ *itr* se hâter, se précipiter; *(Volksmenge)* se presser, se bousculer; **h~ig** *a* précipité; *fig (aufgeregt)* emporté; *adv* en hâte; **~igkeit** *f* ⟨-, ø⟩ = ~.

caresser, cajoler; *(verzärteln)* choyer, dorloter.

Hatz *f* ⟨-, -en⟩ [hats] *(Hetzjagd)* chasse *f* à courre.

Hau *m* ⟨-(e)s, -e⟩ [haʊ] *dial (Forstrevier)* triage *m;* **~degen** *m (Mensch)* sabreur, baroudeur *m; alte(r) ~* grognard, soudard *m;* **~e** *f* ⟨-, -n⟩ *(Hacke)* houe, pioche *f,* pic *m; fam (Schläge)* fessée, raclée, *pop* raclée *f;* **h~en** ⟨*haut, haute/hieb, hat gehauen*⟩ [hiːp] *tr (schlagen)* battre, frapper, taper; *(prügeln) fam* rosser, *pop* cogner; *(Holz)* fendre; *mines* extraire; *(Stein, Feile)* tailler; *sich ~* se battre, *fam* se rosser, *pop* se cogner; *um sich ~* distribuer des coups; *ein Loch ~* faire un trou; *jdn übers Ohr ~ (fig)* tromper, attraper, duper, escroquer qn, *fam* mettre qn dedans, estamper qn; *ich haute mir schnell zwei Eier in die Pfanne (fam)* je me suis fait en vitesse deux œufs sur le plat; *er haut gern über die Stränge* il lui arrive souvent de se laisser aller; *aus Stein ~* sculpter; *in Stücke ~* morceler, casser; **~er** *m* ⟨-s, -⟩ *(Eckzahn e-s Ebers)* défense, broche *f; (a.* **Häuer** *m* ⟨-s, -⟩ [ˈhɔʏər]) abatteur, haveur, mineur *m;* **~klotz** *m* billot *m.*

Häubchen *n* ⟨-s, -n⟩ [ˈhɔʏpçən] béguin; *(Kinderhäubchen)* petit bonnet *m.*

Haube *f* ⟨-, -n⟩ [ˈhaʊbə] bonnet *m,* capeline; *(Trachten- und Schwestern~)* coiffe *f; (e-r Krankenschwester)* bandeau *m; orn* h(o)uppe, crête *f; (Falken~)* chaperon *m; arch (Dach~)*, calotte; *tech* hotte *f; (Hochofen)* bonnet; *mot aero* capot *m; unter die ~ bringen* marier, *fam (Mädchen)* caser; **~nlerche** *f orn* alouette *f* huppée *od* à huppe; **~nsteißfuß** *m* **~ntaucher** *m orn* grèbe *m* huppé; **~nverschluß** *m mot* attache-capot *m.*

Haubitze *f* ‹-, -n› [hau'bitsə] *mil* obusier *m.*

Hauch *m* ‹-(e)s, (-e)› [haux] souffle *m, a. fig; (Ausdünstung)* exhalaison; *(Duft)* odeur *f,* parfum *m; gram* aspiration; *fig (Spur, Andeutung, Anflug)* trace, idée *f,* soupçon *m;* **h~dünn** *a* mince comme un fil; **h~en** *tr* souffler; *(flüstern)* chuchoter, susurrer; *gram* aspirer; **~laut** *m gram* consonne *f* aspirée; **h~zart** *a* léger comme un souffle.

Haufe *m* ‹-ns, -n› *(seltener für:)* **~n** *m* ‹-s, -› ['haufə] tas, amas, monceau *m, fam* tapée *f; (wertloser)* ramassis *m; (geschichteter)* pile *f; (große Zahl)* grand nombre *m,* quantité; *(Anhäufung)* accumulation, agglomération *f,* agrégat *m; (Schar)* groupe *m,* troupe, bande *f; (Volks~)* foule, multitude; *(Masse)* masse *f; in dichten od hellen ~ en masse; e-n ~ Geld ausgeben* dépenser une fortune; *in ~ legen* mettre en tas; *über den ~ schießen* abattre; *über den ~ werfen* renverser, bouleverser, culbuter; *fig* jeter par-dessus bord, *fam* chambarder; *(Berechnungen)* tromper; *der ganze ~ (pop: Menschen)* tout le tremblement; *der große ~ (Menschen)* la foule, la masse, le commun, le vulgaire, *fam* le populo; *ein ~ Arbeit, Fragen (fam)* un tas de travail, de questions; *~ Kinder (fam)* marmaille *f;* **~nschichtwolke** *f* stratocumulus *m;* **h~nweise** *adv* en masse, en quantité, en foule, en *od* par bandes; **~nwolke** *f* cumulus *m.*

häufeln ['hɔyfəln] *tr agr* butter, terrer; **~en** *tr* entasser, accumuler, amonceler, amasser; *sich ~ (fig)* s'accumuler, s'amonceler, s'amasser, se multiplier; *gehäufte(s) Maß n (fig)* mesure *f* comble; **~ig** *a* fréquent; *(zahlreich)* nombreux; *(wiederholt)* répété; *adv* fréquemment, bien des fois, souvent; *~ besuchen* fréquenter; **H~igkeit** *f* ‹-, (-en)› grand nombre *m,* fréquence *f a. scient;* **H~lein** *n (a.* **H~chen** *n)* petit tas *od* monceau *m; (Menschen)* poignée *f; wie ein ~ Unglück (fam)* tout triste; **H~ung** *f* entassement *m,*

accumulation *f,* amoncellement *m; fig* multiplication *f.*

Haupt *n* ‹-(e)s, ⁻er› [haupt, 'hɔyptər] tête *f, a. fig; (Ober~,* Führer) chef; *(e-s Geschäfts)* patron; *(e-r Partei) a.* leader, coryphée *m; (in Zssgen)* principal *a,* capital *a,* cardinal *a,* général *a,* central *a; entblößten ~es, mit entblößtem ~* nu-tête, tête nue; *erhobenen ~es, mit erhobenem ~* la tête haute, le nez en l'air *od* au vent; *gesenkten ~es* la tête basse; *zu Häupten (gen (e-r liegenden Person))* à la tête (de); *das ~ abschlagen* décapiter *(jdm qn); aufs ~ schlagen (mil fam)* défaire, mettre en déroute; infliger une défaite capitale *(jdn à qn); gekrönte(s) ~* tête *f* couronnée; **~absatzgebiet** *n* marché *od* débouché *m* principal; **~abschnitt** *m* partie *f* principale; **~abteilung** *f* section *f* principale; **~achse** *f* axe *m* principal; **~agentur** *f* agence *f* générale *od* centrale; **~aktionär** *m* actionnaire *m* principal; **~altar** *m* maître-autel *m;* **~amt** *n* bureau *m* central; **h~amtlich** *a adv* à titre professionnel; **~anschluß** *m tele* raccordement *m od* ligne *f* principal(e); **~arbeit** *f* gros *m* de l'ouvrage, grosse besogne *f;* **~armee** *f* armée *f* principale; *(Kern e-r Armee)* gros *m* de l'armée; **~artikel** *m com* article *m* principal; **~ast** *m* maîtresse *od* mère branche; *fig* branche *f* mère; **~aufgabe** *f* tâche *od* mission *od adm* fonction *f* principale; **~augenmerk** *n: sein ~ richten auf* diriger son attention principalement sur; **~ausschuß** *m* comité *m* central; **~bahn** *f loc* ligne principale, grande ligne *f;* **~bahnhof** *m* gare *f* centrale; **~bedeutung** *f (e-s Wortes)* sens *m* principal; **~bedingung** *f* condition *f* essentielle; **~beruf** *m* profession *f* principale; **h~beruflich** *a adv* à temps complet *od* plein; **~beschäftigung** *f* occupation *f* principale; **~bestandteil** *m* élément *m* principal *od* dominant *od* constitutif; **~bibliothek** *f* bibliothèque *f* centrale; **~blatt** *n (e-r Zeitung)* feuille *f* principale; **~buch** *n com* grand livre, sommier *m;* **~buchhaltung** *f* comptabilité *f* générale; **~darsteller(in** *f)* *m theat* premier rôle *m,* vedette *f,* protagoniste *m;* **~deck** *n mar* pont *m* principal; **~eigenschaft** *f* qualité *f* dominante *od* maîtresse; **~einfahrt** *f,* **~eingang** *m* entrée *f* principale; **~einflugzeichen** *n aero* signal *m* principal (de périphérie); **~einkommensquelle** *f* source *f* principale de revenu(s); ~**erbe** *m* héritier *m* principal; ~**eslänge** *f: jdn um* ~ *überragen* dépasser qn de la tête; ~**fach** *n (Schule)* matière *od* discipline principale; *(persönl. Sondergebiet)* spécialité *f;* ~**fahrwerk** *m aero* atterrisseur *m* principal; ~**farbe** *f* couleur *f* dominante; ~**feder** *f tech* ressort *m* principal; ~**fehler** *m (Schuld)* principale faute *f; (Schwäche)* défaut *m* capital; ~**feind** *m* ennemi *m* principal; ~**feldwebel** *m* adjudant-chef *m* de compagnie; ~**figur** *f* personnage *m* principal; ~**film** *m (e-s Filmprogramms)* grand film, film *m* à long métrage; ~**fluglinie** *f* grande ligne *f* aérienne; ~**funkfeuer** *n aero* radio radiophare *m* central; ~**funkstelle** *f* poste *m* central de T.S.F.; ~**gasleitung** *f* conduite *f* principale de gaz; ~**gebäude** *n (e-r Stadt)* édifice principal; *(e-s Gebäudekomplexes)* corps *m* de bâtiment *od* de logis; ~**gedanke** *m* idée *f* maîtresse *od* fondamentale; ~**gericht** *n (e-r Mahlzeit)* plat *m* de résistance; ~**geschäft** *n* maison *f* principale *od* mère; ~**geschäftsführer** *m* directeur *m* gérant; ~**geschäftsstunden** *f pl,* ~**geschäftszeit** *f* heures *f pl* d'affluence *od* de pointe; ~**gewinn** *m (Lotterie)* gros lot *m;* ~**gläubiger** *m* principal créancier *m;* ~**grund** *m* raison *f* principale; ~**haar** *n* cheveux *m pl,* chevelure *f;* ~**hahn** *m tech* robinet *m* principal; ~**inhalt** *m (geistiger Gehalt)* substance *f; (Übersicht)* aperçu; *(kurze Inhaltsangabe)* argument, sommaire *m;* ~**kampffeld** *n* zone *f* principale de combat; ~**kasse** *f* caisse *f* centrale; ~**kirche** *f* basilique *f;* ~**knotenpunkt** *m loc* jonction *f* principale; ~**kräfte** *f pl mil* gros *m* des forces; ~**ladung** *f mil* charge explosive; *(e-r Rakete)* charge *f* propulsive; ~**lager** *n mil* dépôt principal; *tech* palier *m* principal; ~**lehrer** *m* professeur *m* principal; ~**leitung** *f tech el* conduite principale; *loc* ligne *f* principale; ~**macher** *m fam* matador *m;* ~**macht** *f mil* gros *m* de l'armée; ~**mahlzeit** *f* repas *m* principal; ~**mann** *m* ⟨-(e)s, -leute⟩ *mil* capitaine; *allg* chef *m;* ~**masse** *f* masse *f* principale; *mil* gros *m;* ~**mast** *m mar* grand mât *m;* ~**merkmal** *n* caractère *m* principal *od* distinctif; ~**messe** *f rel* grand-messe *f;* ~**mieter** *m* locataire *m* principal; ~**moment** *n* moment *m* principal; ~**motiv** *n* thème *m* dominant; ~**nahrungsmittel** *n* aliment *m* principal; ~**nenner** *m math* dénomi-

nateur *m* commun; ~**niederlage** *f com* dépôt *m* principal *od* central; ~**ort** *m* chef-lieu *m;* ~**person** *f* personnage principal *od* central *od* de premier plan, *fam* grand manitou *m;* ~ *sein (fam)* jouer le premier rôle, ~**post(amt** *n) f* (bureau *m* de) poste central(e), grande poste *f,* hôtel *m* des Postes; ~**posten** *m (e-r Rechnung)* article *m* principal; **h~postlagernd** *a* poste restante bureau central; ~**problem** *n* problème *m* cardinal; ~**punkt** *m* point capital; *(Kernpunkt)* point essentiel, nœud *m,* quintessence *f;* ~**quartier** *n: das (Große)* ~ *(mil)* le (grand) Quartier *m* général; ~**quelle** *f a. fig* source *f* principale; ~**richtung** *f mil* repère *m* principal; ~**richtungspunkt** *m mil* point *m* de repère d'ensemble; ~**rohr** *n (e-r Leitung)* tuyau *m* principal; ~**rolle** *f theat. a. fig* premier rôle; *fig* rôle *m* principal; *die* ~ *spielen (theat u. fig)* avoir la vedette; ~**sache,** *die* la chose principale, le principal, l'essentiel *m,* le vif; *in der* ~ en substance; *(im Grunde)* au fond; *der* ~ *nach* en principal, en substance; *zur* ~ *kommen* en venir au fait; *das ist die* ~ *(a.)* c'est le principal *od* l'essentiel; *die* ~ *dabei ist zu* le tout est de; *die* ~ *fehlt noch* ce n'est pas le tout; **h~sächlich** *a* principal, essentiel, capital, majeur; *adv* principalement, notamment, surtout, avant tout; ~**saison** *f* saison *f* de pointe; ~**satz** *m gram* proposition *f* principale; *mus* thème, motif *m;* ~**schacht** *m mines* puits *m* principal; ~**schalter** *m el* commutateur *m* central; ~**schalttafel** *f el* tableau *m* de commande *od* de distribution principal; ~**schlagader** *f* aorte *f;* ~**schlager** *m fig* clou *m;* ~**schlüssel** *m* passe-partout *m;* ~**schriftleiter** *m* rédacteur *m* en chef; ~**schuld** *f* faute principale; *fin* dette *f* principale; ~**schuldige(r)** *m jur* principal coupable; *pol* grand criminel *m;* ~**schuldner** *m* débiteur *m* principal; ~**schwierigkeit** *f* principale difficulté *f;* ~**sender** *m radio* principal poste *m* d'émission; ~**sicherung** *f el* coupe-circuit *m* principal; ~**signal** *n loc* signal (d'arrêt) absolu; *aero* phare *m* lumineux principal; ~**sitz** *m* siège *m* principal *od com* d'exploitation; ~**sorge** *f* préoccupation *f;* ~**spaß** *m fam* fameuse plaisanterie *f;* ~**stadt** *f* capitale, *allg* métropole *f;* **h~städtisch** *a* de la capitale, métropolitain; ~**straße** *f (in e-r Stadt)* grande rue, grand-rue *f;* ~**strecke** *f loc* ligne *f*

principale; *sport* parcours *m* principal; ~**streckenfeuer** *n aero* phare *m* lumineux principal; ~**strom** *m geog* fleuve principal; *el* courant *m* principal; ~**stromkreis** *m el* circuit *m* principal; ~**stück** *n* pièce *f* principale; morceau principal; *rel* article principal; (*Essen*) plat *m* de résistance; ~**stütze** *f* principal soutien; *fig a.* pivot *m,* clef *f* de voûte; ~**stützpunkt** *m mil* point *m* d'appui principal; ~**summe** *f* somme *f* totale, total *m;* ~**tank** *m mot* grand réservoir *m* d'essence; ~**täter** *m jur* auteur *m* principal; ~**teil** *m* partie *f* principale; ~**titel** *m typ* grand titre *m;* ~**ton** *m gram* accent tonique; *mus* son *m* tonique; ~**treffer** *m* (*Lotterie*) gros lot *m;* ~**treppe** *f* grand escalier *m;* ~**triebfeder** *f* ressort *m* principal *a. fig; fig* cheville *f* ouvrière; ~**uhr** *f* (*e-s elektr. Uhrnetzes*) horloge *f* régulatrice; ~**unterschied** *m* différence *f* capitale *od* essentielle; ~**ursache** *f* cause *f* principale; ~**verband(s)platz** *m mil* poste *m* de secours principal; ~**verfahren** *n jur* procédure *f* principale; ~**verhandlung** *f jur* audience *f* principale; ~**verkaufssaison** *f* saison *f* de pointe; ~**verkehrsstraße** *f* grande route, route *od* artère principale, route *od* voie *f* à grande circulation; ~**verkehrsstunden** *f pl,* ~**verkehrszeit** *f* heures *f pl* d'affluence *od* de pointe; ~**vermittlung** *f tele* bureau *m* central (téléphonique); ~**versammlung** *f* assemblée *f* générale; ~**vertreter** *m com* agent *m* principal; ~**verwaltung** *f* direction *f* générale; ~**vorkommen** *n geol mines* gisement *m* principal; ~**wache** *f mil* corps de garde, (*Polizei*) poste *m* de police; ~**wachtmeister** *m* adjudant-chef *m* de compagnie; ~**weg** *m* grand chemin *m;* ~**werk** *n* (*e-s Autors*) œuvre *f* maîtresse; ~**wirkung** *f* effet *m* principal; ~**wort** *n gram* nom, substantif *m;* ~**zeuge** *m jur* témoin *m* principal; ~**ziel** *n,* ~**zweck** *m* but *od* objet *m* principal; ~**zollamt** *n* bureau *m* central des douanes.
Häuptling *m* ⟨-s, -e⟩ ['hɔyptlɪŋ] chef *m* de tribu.
Haus *n* ⟨-es, ⸚er⟩ [haus, 'hɔyzər] maison; *fam* bâtisse *f;* (*Gebäude*) bâtiment, édifice *f;* (*herrschaftl. Stadthaus*) hôtel; (*Herrenhaus e-s Gutes*) manoir *m;* (*Wohnhaus*) habitation; (*Wohnung*) demeure *f,* domicile, logis; (*Heim*) foyer; (~*halt*) ménage *m;* (*Dienerschaft, Personal*) maison *f,*

personnel *m;* (*Familie*) famille, lignée; (*Fürsten~*) maison, dynastie; (*Handels~, Firma*) maison (de commerce), firme; *theat* salle *f* (de spectacles); (*Publikum*) public *m; parl* (*Kammer*) chambre *f;* **1.** *aus gutem* ~*e* de bonne famille, bien né; *außer (dem)* ~(*e*) en ville; *frei* ~ (*com*) franco *od* rendu à domicile; *in jds* ~ (*dat u. acc*) chez qn; *ins* ~ (*com*) à domicile; *nach* ~(*e*) à la maison, chez soi; *von* ~ *aus* d'origine, originairement, de naissance; à l'origine; *von* ~ *zu* ~ *gehen* aller de porte en porte; *com* faire du porte-à-porte; *von zu* ~*e* de chez soi; de sa famille; de son pays; *zu* ~*e* à la maison, au logis, chez soi; *bei mir zu* ~*e* (*in meiner Heimat*) dans mon pays; **2.** *vom* ~*e abholen (com)* prendre à domicile; *jdn nach* ~*e begleiten od bringen* reconduire qn chez lui; *sein* ~ *bestellen* régler ses affaires; *a.* faire son testament; *zu* ~*e bleiben* rester à la maison *od* chez soi, garder le logis; *ein volles* ~ *bringen* (*theat*) faire salle comble; *das ganze* ~ *nach jdm, e-r S durchsuchen* chercher qn, qc de la cave au grenier; *sich (ganz) wie zu* ~*e fühlen* être comme chez soi, ne pas se gêner; *sich nicht zu* ~*e fühlen* se trouver dépaysé; *ein großes* ~ *führen* mener grand train; *nach* ~*e gehen* rentrer (à la maison *od* chez soi); *ein eigenes* ~ *haben (a.)* avoir pignon sur rue; *ein offenes* ~ *haben (fig)* tenir maison ouverte; *das* ~ *hüten* garder la maison; *ins* ~ *liefern (com)* livrer *od* remettre à domicile; *jdn ins* ~ *nehmen* recueillir qn chez soi; *für jdn zu* ~*e sein* y être pour qn; *in etw zu* ~*e sein (fig fam: beschlagen, bewandert sein*) être sur son terrain; *in Paris zu* ~*e sein* être de Paris, habiter Paris; *überall zu* ~*e sein* être chez soi partout; *wie zu* ~*e sein = sich wie zu* ~*e fühlen; vor ausverkauftem (leerem)* ~ *spielen* jouer à bureaux fermés (devant *od* pour les banquettes); *jdm das* ~ *verbieten* interdire l'accès de sa maison à qn; fermer *od* défendre *od* (faire) refuser sa porte à qn; *in demselben* ~ *wohnen* habiter sous le même toit; **3.** *wo sind Sie zu* ~*e?* d'où êtes-vous? *ich bin für ihn nicht zu* ~*e* je ne veux pas le recevoir; *tun Sie (ganz), als ob Sie zu* ~*e wären!* faites comme chez vous! ne vous gênez pas! *auf ihn kannst du Häuser bauen* tu peux avoir toute confiance en lui; *herzliche Grüße von* ~ *zu* ~*!* bien des choses de nous tous à tous les vôtres! *jeder ist Herr in s-m*

~e *(prov)* charbonnier est maître chez lui; *alleinstehende(s)* ~ maison *f* isolée; *Dame* od *Frau f des* ~*es* maîtresse *f* de maison; *fideles* ~ *(fam)* joyeux compère *od* drille *m; gelehrte(s)* ~ *(fam)* puits *m* de science, encyclopédie *f* vivante; *Herr m des* ~*es* maître *m* de maison; *junge(r) Mann m aus gutem* ~*e* fils *m* de famille; *öffentliche(s)* ~ maison *f* publique *od* de tolérance, *pop* bordel *m; volle(s)* ~ *(theat)* salle *f* comble; *das Weiße* ~ la Maison Blanche; ~ *des Herrn* maison *f* de Dieu *od* du Seigneur; ~ *ersten Ranges* hôtel *m* de premier ordre; ~**andacht** *f* culte *m* domestique; ~**angestellte(r m)** *f* employé, e *m f* de maison; *pl* gens *pl* de maison; ~**anschluß** *m tele* branchement *m od* ligne *f* d'abonné, poste *m* privé; ~**apotheke** *f* armoire à pharmacie, pharmacie *f* de famille; ~**arbeit** *f (der Hausfrau)* travaux *m pl* domestiques *od* intérieurs *od* du ménage, travail *m* ménager; *s. a.* ~*aufgabe;* ~**arrest** *m* privation *f* de sortie; ~**arzt** *m* médecin *m* de famille *od* habituel; ~**aufgabe** *f (Schule)* devoir *m;* **h**~**backen** *a fig* terre-à--terre, prosaïque; terne; *fam* pot-au--feu, pantouflard; ~**ball** *m* bal *m* privé; ~**bar** *f: fahrbare* ~ chariot *m* à liqueurs; ~**bau** *m* construction *f* de la *od* des maison(s); ~**bedarf** *m* besoins *m pl* du *od* des ménage(s); ~**besetzer** *m* ⟨-s, -⟩ squatter *m;* ~**besetzung** *f* squattage *m;* ~**besitzer(in f)** *m* propriétaire *m f* (de la maison); ~ *sein (a.)* avoir pignon sur rue; ~**bewohner** *m* habitant *m* de la maison; ~**brand** *m (Heizung)* chauffage *m* domestique; *(Material)* combustibles *m pl* domestiques; ~**brandkohle** *f* charbon *m* domestique; ~**dame** *f* dame *f* de compagnie; ~**diener** *m* domestique, valet *m;* ~**drachen** *m (böses Weib)* mégère, xanthippe *f;* ~**einfahrt** *f* porte *f* cochère; **h**~**en** *itr pej u. fam* gîter, nicher, percher; *übel* ~ faire des ravages; *zs.* ~ manger à la même écuelle; ~**flur** *m* vestibule *m;* ~**frau** *f* ménagère; *(in der Statistik)* femme *f* au foyer; **h**~**fraulich** *a* de (bonne) ménagère; ~**freund** *m* ami de la maison; *pej* sigisbée *m;* ~**frieden** *m* paix *f* domestique *od* du foyer; ~**friedensbruch** *m* violation *f* de *od* du domicile; ~**garten** *m* jardin *m* particulier; ~**gebrauch** *m: für den* ~ à usage domestique; ~**gehilfin** *f* aide de ménage *od* domestique, bonne *f* (à tout faire); ~**gemeinschaft** *f* maisonnée *f fam;* ~**götter** *m pl* dieux

domestiques, (dieux) lares; pénates *m pl;* ~**halt** *m* ⟨-(e)s, -e⟩ *(a. com)* ménage; *(Staats*~*)* budget *m; den* ~ *ausgleichen (pol)* équilibrer le budget; *(jds* ~ *od jdm) den* ~ *führen* od *besorgen* tenir le ménage *od* la maison (de qn); *gemeinsamen* ~ *führen* faire popote ensemble *fam; mit jdm* faire ménage (commun) avec qn; *s-n eigenen* ~ *haben* avoir son *od* être en ménage; *den* ~ *verabschieden (parl)* approuver le budget; *ausgeglichene(r)* ~ budget *m* en équilibre; *außerordentliche(r)* ~ *(pol)* budget *m* extraordinaire; *gemeinsame(r)* ~ ménage *m* commun; **h**~**=halten** *itr* tenir le ménage *od* la maison; *sparsam* ~ économiser; *mit s-n Kräften* ~ ménager ses forces; ~**hälterin** *f* femme *f* de ménage; **h**~**hälterisch** *a* ménager, économe; *adv* avec économie; *mit etw* ~ *umgehen* ménager, économiser qc; ~**halt(s)artikel** *m pl* articles *m pl* de ménage; ~**haltsausschuß** *m parl* commission *f* du budget; ~**haltsbewilligung** *f* vote *m* du budget; ~**haltsbuch** *n* agenda *m;* ~**haltsdebatte** *m parl* débat *m od* discussion *f* budgétaire; ~**haltsdefizit** *n pol* déficit *m* budgétaire; ~**haltseinrichtung** *f* équipement *m* ménager; ~**haltsfehlbetrag** *m pol* mécompte *m* budgétaire; ~**haltsführung** *f pol* gestion *f* budgétaire; ~**haltsgeld** *n* argent *m* du ménage; ~**halt(s)gerät** *n* ustensile *m* de ménage; ~**haltsgesetz** *n* loi *f* budgétaire; ~**haltsjahr** *n* année *f od* exercice *m* budgétaire; ~**haltskommission** *f* = ~*haltsausschuß;* ~**haltslücke** *f pol* impasse *f* budgétaire; ~**haltsmüll** *m* ordures *f pl* ménagères; ~**haltsnachtrag** *m* budget *m* supplémentaire; ~**haltsplan** *m* budget *m; den* ~ *aufstellen* établir *od* fixer le budget; ~**haltsschule** *f* école *f* ménagère, centre *m* d'enseignement ménager; ~**haltsvoranschlag** *m* prévisions *f pl* budgétaires; projet *m* du budget, évaluation *f* budgétaire; ~**halt(s)waren** *f pl* = ~*halt(s)artikel;* ~**haltung** *f* ménage, *adm* foyer *m* domestique; ~**haltungskosten** *pl* dépenses *f pl* du ménage; ~**haltungsvorstand** *m* chef de ménage, chef *od* soutien *m* de famille; ~**herr(in f)** *m* maître(ess)e *m f* de maison, maître *m* de céans; *(Gastgeber)* hôt(ess)e *m f;* **h**~**hoch** *a fig (Überlegenheit)* écrasant; ~ *schlagen (sport)* écraser; ~**hofmeister** *m* intendant, maître *m* d'hôtel; **h**~**ieren** *itr* faire du porte-à-porte, colporter (*mit etw* qc) *a. fig;* ~**ieren** *n* [-'zi:rən] = ~*ierhandel;* ~**ierer** *m* ‹-s, -› colporteur, porte-balle, marchand *m* ambulant; ~**ierhandel** *m* colportage *m;* ~**jacke** *f* veston d'intérieur, coin-de-feu *m;* ~**kleid** *n* robe *f* d'intérieur; négligé, deshabillé *m;* ~**korrektur** *f typ* épreuve *f* première; ~**lehrer** *m* précepteur *m;* ~**lehrerin** *f* gouvernante *f;* ~**mädchen** *n* servante, bonne *f* (à tout faire); ~**mann** *m* homme *m* au foyer; ~**mannskost** *f* nourriture *f* ordinaire; ~**mantel** *m* manteau *m* d'appartement; ~**marder** *m zoo* fouine *f;* ~**marke** *f (des Handwerkers)* marque *f* de tâcheron; ~**meier** *m hist* maire *m* du palais; ~**meister** *m* concierge, gardien *m;* ~**mittel** *n* remède *m* de bonne femme; ~**müll** *m* ordures *f pl* ménagères; ~**mutter** *f* mère *f* de famille; ~**nummer** *f* numéro *m* d'habitation; ~**ordnung** *f (e-r Anstalt)* règlement *m* intérieur; ~**personal** *n* personnel *m* od gens *pl* de maison; ~**putz** *m* nettoyage *m;* ~**rat** *m* ustensiles *m pl* de ménage; *(zur* meubles *m pl* meublants; ~**ratte** *f* rat *m* noir; ~**ratversicherung** *f* assurance *f* mobilière; ~**recht** *n* droit *m* du maître de maison; ~**rock** *m (Jakke)* coin de feu *m; (Schlafrock)* robe *f* de chambre; ~**sammlung** *f* quête *f* à domicile; ~**schlachtung** *f* abattage *m* domestique; ~**schlüssel** *m* clé *f* de la maison; ~**schuhe** *m pl* chaussons *m pl,* pantoufles *f pl;* ~**schwalbe** *f* hirondelle *f* de fenêtre; ~**schwamm** *m* bolet destructeur, *scient* fungus *m;* ~**stand** *m* ménage *m; e-n eigenen* ~ *gründen* se mettre en ménage, fonder une famille; ~**suchung** *f jur* visite domiciliaire, perquisition domiciliaire *od* à domicile, fouille à domicile, *jur* descente *f* de justice; *bei jdm e-e* ~ *vornehmen* faire une descente de justice chez qn; ~**suchungsbefehl** *m* mandat *m* de perquisition; ~**telefon** *n* téléphone privé, interphone *m;* ~**tier** *n* animal *m* domestique; ~**tochter** *f* bonne *f* (à tout faire); ~**tür** *f* porte *f* de la maison; ~**türkontakt** *m el* voleur *m;* ~- **und Grundbesitzer** *m* propriétaire *m* (immobilier); ~**urne** *f hist* urne *f* funéraire en forme de maison; ~**vater** *m* père *od* chef de famille; *(e-r Anstalt)* intendant *m;* ~**verwalter** *m* gérant *m* d'immeubles; ~**wart** *m* = ~*meister;* ~**wirt(in** *f)* *m* propriétaire *m f, arg* proprio *m;* ~**wirtschaft** *f* économie *f* domestique; ~ *(und Heimgestaltung)* art(s *pl*) *m*

ménager(s); **h~wirtschaftlich** *a* ménager; ~**zeitschrift** *f (e-r Firma)* revue *f* d'entreprise; ~**zelt** *f* tente *f* familiale; ~**zins** *m* loyer *m.*

Häus|chen *n* ‹-s, -› ['hɔʏsçən] maisonnette *f* pavillon *m; ganz aus dem* ~ *(fig fam)* hors de soi, estomaqué; *ganz aus dem* ~ *geraten, sein* se mettre, être dans tous ses états; *vor Freude ganz aus dem* ~ *sein* (se) pâmer de joie; *bescheidene(s)* ~ taupinière *f;* ~**erblock** *m* îlot *od* pâté *m* de maisons; ~**ergruppe** *f* groupe *m* de maisons; ~**ermeer** *n* océan *m* de maisons; ~**erreihe** *f* rangée *f* de maisons, ~**erverwaltung** *f* gérance *f* d'immeubles; **h~lich** *a* domestique; *(Mensch)* sédentaire, casanier; *sich* ~ *einrichten* se mettre en ménage; *sich* ~ *niederlassen (fam)* s'installer, planter sa tente; ~*e Angelegenheit f* affaire *f* privée; ~*e(s) Leben n* vie *f* de famille; ~**lichkeit** *f (Ort)* intérieur, chez-soi; home *m; fig* (goût *m* de la) vie *f* de famille.

Hausen *m* ‹-s, -› ['hauzən] *zoo (Stör)* esturgeon *m;* ~**blase** *f (Fischleim)* colle *f* de poisson.

Hausse *f* ‹-, -n› ['ho:s(ə)] *fin (Steigen der Kurse)* hausse *f; auf* ~ *spekulieren* spéculer à la hausse; ~**bewegung** *f,* ~**tendenz** *f* tendance *f* à la hausse; ~**geschäft** *n* opération *f* à la hausse; ~**spekulant** *m* haussier *m;* ~**spekulation** *f* spéculation *f* à la hausse.

Haut *f* ‹-, ⁼e› [haut, 'hɔʏtə] peau *f, (Tierhaut)* cuir *m; (abgeworfene* od *abgezogene)* dépouille *f; zoo bot* tégument *m,* tunique; *(e-r Frucht)* peau, pelure; *(Milch)* peau; *(flache, gespannte)* membrane *f; mar (Beplankung)* revêtement *m; aero (Metallhaut)* recouvrement *m* métallique; *auf der bloßen* ~ à cru, à même la peau; *mit* ~ *und Haaren* cuir et poil, tout cru, tout entier; *unter der, die* ~ entre cuir et chair; *unter die* ~ *(med)* sous-cutané *a; die* ~ *abziehen* dépouiller, écorcher (*e-m Tier* un animal); *(bei e-m Geschäft)* plumer *fam; mit heiler* ~ *davonkommen* s'en tirer sain et sauf *od* sans une égratignure, l'échapper belle, *fam* sauver sa peau; *sich die* ~ *einreiben* s'enduire la peau (*mit* de); *aus der* ~ *fahren* éclater, sortir de ses gonds, se mettre dans tous ses états; *auf der faulen* ~ *liegen* ne faire rien, *fam* se la couler douce; *nicht aus s-r* ~ *können (fig)* être coincé *fam;* être incapable de se laisser aller; *nichts wie* ~ *und Knochen sein* n'avoir que la peau et les os *od* les os et la peau; *s-e ~ zu Markte tragen* faire bon marché de sa peau; payer de sa personne; *sich s-r ~ wehren* défendre sa peau; *sich in s-r ~ wohl fühlen* se trouver bien dans sa peau; *ich möchte nicht in s-r ~ stecken* je ne voudrais pas être dans sa peau; *niemand kann aus seiner ~ (heraus)* on est ce qu'on est *fam; ehrliche ~ (fig)* bonne pâte *f* (d'homme), bon bougre *od* diable *m; bis auf die ~ durchnäßt* trempé jusqu'aux os; **~abschürfung** *f* excoriation *f;* **~arzt** *m* dermatologue *m;* **~atmung** *f* respiration *f* cutanée; **~ausschlag** *m* éruption *f* cutanée; **~blase** *f med* ampoule *f;* **~creme** *f* crème *f* de beauté; **h~eng** *a (Hose, Kleid)* collant, qui moule les formes; **~entzündung** *f* inflammation de la peau, derm(at)ite *f;* **~farbe** *f* teint *m; braune ~* teint *m* hâlé *od* bronzé; **~farbstoff** *m* pigment *m;* **~fetzen** *m* lambeau *m* de peau; **~flügler** *m pl ent* hyménoptères *m pl;* **~jucken** *n* démangeaison *f,* prurit *m;* **~krankheit** *f,* **~leiden** *n* maladie de la peau, dermatose *f;* **~krebs** *m* cancroïde *m;* **h~nah** *adv fig* de tout près; **~pflege** *f* hygiène *f* de la peau; **~pflegemittel** *n* cosmétique *m;* **~reaktion** *f* réaction *f* cutanée; **~reiz(ung** *f)* *m* irritation *f* de la peau; **~talg** *m physiol* sébum *m;* **~übertragung** *f anat* transplantation *f* cutanée; **~unreinheit** *f* impureté *f* de la peau; **~verfärbung** *f* dyschromie *f.*

Häut|chen *n ⟨-s, -⟩* ['hɔʏtçən] pellicule; *anat* membrane, *a. bot* cuticule *f; (auf e-r Flüssigkeit, tech)* film, *tech (auf Öl)* feuil *m;* **h~en** *tr* enlever la peau à, écorcher, dépouiller; *sich ~ (die Haut verlieren)* peler; *(die Haut erneuern)* quitter sa *od* changer de peau, faire peau neuve; *zoo* se dépouiller, muer; **~ung** *f zoo* mue *f.*

Hautevolee *f⟨-, ø⟩* [(h)o:tvo'le:] grand monde; *pop* gratin *m,* haute *f.*

Hautgout *m ⟨-s, ø⟩* [o'gu] *(Wildgeschmack)* faisandé *m; ~ haben* être un peu avancé.

Havanna *n* [ha'vana] *(Stadt)* La Havane; *f⟨-, -s⟩ u.* **~zigarre** *f* havane *m.*

Havarie *f ⟨-, -n⟩* [hava'ri:] *(Seeschaden)* avarie *f; ~ erleiden* s'avarier; **~agent** *m* dispacheur *m;* **~klausel** *f* clause *f* d'avaries; **h~rt** *a* avarié.

he [he:] *interj* hé! eh! ohé! hep! holà!

Heavisideschicht *f* ['hɛvɪsaɪd-] *(Schicht der Ionosphäre)* couche *f* de Heaviside.

Hebamme *f ⟨-, -n⟩* ['he:p'amə, 'he:-

bamə] sage-femme, accoucheuse *f;* **~nschule** *f* maternité *f.*

Heb|ebaum *m* ['he:b-] anspect *m; ~*-**bock** *m mot* chèvre *f,* vérin *m; ~*-**bühne** *f mot* plate-forme *f* d'élévation, pont élévateur, élévateur *m* d'auto(mobile)s; **~eeisen** *n* levier *m* de fer, pince *f;* **~el** *m ⟨-s, -⟩* ['-bəl] levier *m, a. fig; (kleiner)* manette *f; e-n ~ ansetzen* engager un levier; *alle ~ in Bewegung setzen* faire jouer tous les ressorts, mettre tout en œuvre, faire flèche de tous bois, remuer ciel et terre *(um zu* pour); **~elantrieb** *m* commande *f* par levier; **~elarm** *m* bras *m* de levier; **~elkraft** *f phys* moment *m;* **~elschalter** *m el* interrupteur *m* à levier; **~elwaage** *f* pont *m* à bascule; **~elwirkung** *f* effet *m* de levier; **~emaschine** *f* engin *m* de levage; **~emuskel** *m* (muscle) élévateur *m;* **h~en** *⟨hebt, hob, hat gehoben⟩ tr (hochheben)* lever, élever, soulever; *(hochwinden)* hisser, guinder; *(Schiff)* renflouer; *(Auto)* soulever, hausser; *(anheben, erhöhen, a. fig)* lever, hausser; *fig (die Stimme)* élever, hausser; *(Stimmung)* relever; *(vermehren, steigern)* augmenter; *(verbessern)* améliorer, réformer; *(fördern)* relever, encourager; *(hervorkehren)* relever, mettre en relief, faire ressortir, rehausser; *sich ~* se lever, s'élever *a. fig, fig* se relever, reprendre; *(steigen)* hausser; *(zunehmen)* augmenter; *einen ~ (fam) (trinken)* boire un coup, lever *od* hausser le coude, s'arroser *od* se rincer *od* s'humecter le gosier; *aus den Angeln ~ (Tür)* soulever de ses gonds; *(fig)* faire sortir de ses gonds; *in den Himmel ~ (fig)* porter aux nues; *aus dem Sattel ~ (a. fig)* désarçonner; *in den Sattel ~* mettre en selle; *aus der Taufe ~* tenir sur les fonts baptismaux; *gehobener Stil m* style *m* soutenu; *gehobene Stimmung f* atmosphère *f* animée; ambiance *f* joyeuse; **~eprahm** *m mar* prame *f* de levage; **~er** *m ⟨-s, -⟩ (Saugheber)* siphon *m;* **~erolle** *f (Steuerliste)* (matrice *f* du) rôle *m* des contributions; **~esatz** *m (Steuer)* taux *m* des contributions; **~evorrichtung** *f* appareil *m* de levage *od* él évateur; **~e**-**werk** *n* appareil de levage *od* élévatoire; *mar* élévateur *m* à bateaux; **~ung** *f* levée *f,* levage; *(e-s Schiffes)* renflouage *m; (des Bodens)* élévation *f,* soulèvement *m; fig (Vermehrung)* augmentation *f; (Steigerung)* relèvement; *(Förderung)* encouragement *m; com* reprise *f; (im Vers)* syllabe ac-

centuée, tonique; *f;* ~ *der Sittlichkeit*
moralisation *f.*

Hebrä|er *m* ⟨-s, -⟩ [he'brɛ:ər] Hébreu
(nur m); **h~isch** *a* hébraïque; *(das)*
H~(e) (Sprache) l'hébreu *m.*

Hechel *f* ⟨-, -n⟩ ['hɛçəl] *tech* séran, peigne *m;* **h~n** *tr* sérancer, peigner; carder.

Hecht *m* ⟨-(e)s, -e⟩ [hɛçt] brochet *m;*
ein toller ~ *(pop)* un rude gaillard *od*
lapin; ~ *im Karpfenteich (fig)* loup *m*
dans la bergerie; **~sprung** *m*
(Schwimmsport) saut *m* de carpe.

Heck *n* ⟨-(e)s, -e/-s⟩ [hɛk] *mar* poupe
f; mot aero arrière *m; aero* queue *f;*
~fenster *n* lunette *f* arrière;
~flagge *f mar* pavillon *m* de poupe;
~geschütz *n* canon *m* de retraite;
~kanzel *f aero* carlingue *f* de queue;
h~lastig *a aero* lourd de l'arrière;
~laterne *f*, **~licht** *n mar* feu *m* de
poupe *od aero* de queue; **~motor** *m*
mot moteur *m* à l'arrière; **~rad** *n*
mar roue *f* d'arrière *od aero* de
queue; **~raddampfer** *m* vapeur *m* à
roue d'arrière; **~scheibe** *f* vitre *od*
lunette *f* arrière; **~scheibenhei-
zung** *f* désembuage *od* dégivrage *m*
de la vitre arrière; **~scheibenwi-
scher** *m* essuie-glace *m* de la vitre
arrière; **~schütze** *m aero* mitrailleur
m arrière; **~tür** *f* hayon *m;* **~türmo-
dell** *n (Auto)* modèle *m* à hayon.

Hecke *f* ⟨-, -n⟩ ['hɛkə] **1.** *(Einfriedung)*
haie *f* (vive); *mit e-r* ~ *umgeben* entourer d'une haie; *lebende* ~ haie *f*
vive; **~nrose** *f (Strauch)* églantier,
rosier *m* sauvage; *(Blüte)* églantine,
rose *f* sauvage *od* des chiens;
~nschere *f* cisailles *f pl*, sécateur *m;*
~nschütze *m* franc-tireur *m;*
~nspringen *n aero (Tiefflug)* vol *m*
en rase-mottes.

Heck|e *f (Heck-, Zuchtbauer für Vö-
gel)* nichoir *m;* **h~en** *itr (Vögel: Junge zur Welt bringen)* faire des petits,
couver; *(nisten)* nicher; **~en** *n,* **~zeit**
f couvaison, ponte *f.*

heda ['he:da] *interj* hé! ho(là)!

Hederich *m* ⟨-s, -e⟩ ['he:dərıç] *bot*
lierre *m* terrestre.

Heer *n* ⟨-(e)s, -e⟩ [he:r] armée *f* (de
terre); *(Unzahl)* légion, foule, multitude, masse *f; ein ganzes* ~ *von* un régiment de; *stehende(s)* ~ armée *f* permanente; **~esbericht** *m* bulletin *m*
de l'armée, communiqué *m;* **~esleitung**
f direction *f* de l'armée; **~esmacht** *f*
force *f* armée; **~führer** *m* commandant d'armée; *allg* général, capitaine
m; **~lager** *n a. fig* camp *m;* **~scha-
ren** *f pl fig* légions *f pl; die himmli-
schen* ~ les légions *od* la milice cé-

leste(s); **~schau** *f (nur noch fig)*
parade *f.*

Hefe *f* ⟨-, -n⟩ ['he:fə] levain *m, (bes.*
Bierhefe) levure; *(bes. Weinhefe)* lie;
(Bodensatz) lie *f; die* ~ *des Volkes* la
lie *od* le rebut du peuple, les bas-
-fonds *m pl; den Kelch bis auf die* ~
geleert haben avoir toute honte bue;
avoir vidé le calice jusqu'à la lie;
~pilz *m* levure *f;* **~teig** *m* levain *m.*

Heft *n* ⟨-(e)s, -e⟩ [hɛft] *(Griff)* manche
m; (e-r Waffe) poignée *f; (Schreib~)*
cahier; *(Notiz~)* carnet *m; (Lese~)*
brochure; *(Lieferung e-s Buches)* livraison *f,* fascicule *m; das* ~ *in d.*
Hand haben (fig) tenir les commandes; *fam* tenir la queue de la poêle,
être du côté du manche; **~el** *n*
(Schließe) agrafe *f;* **h~en** *tr (mit Nadeln befestigen)* épingler; *(mit Nägeln)* clouer; *(mit Fäden)* faufiler;
(anhaken) agrafer; *(kleben)* coller;
(Buch) brocher; *(Kleid)* bâtir; *fig (s-n*
Blick) fixer *(auf* sur), plonger *(auf*
dans); *sich an etw* ~ *(fig)* s'attacher à
qc; *sich an jds Fersen* ~ suivre qn
comme son ombre; *sich auf etw* ~
(Blick) se fixer, s'arrêter sur qc; **~er**
m ⟨-s, -⟩ *(Schnell~)* classeur *m;* **~fa-
den** *m* faufil; *(des Schneiders)* bâti;
(des Buchbinders) fil *m* à brocher;
~klammer *f (der ~maschine)* agrafe *f;* **~lade** *f (des Buchbinders)* cou-
soir *m;* **~maschine** *f* agrafeuse *f,*
(für Bücher) brocheuse *f;* **~nadel** *f*
(des Buchbinders) aiguille à relier;
med aiguille *f* à suture; **~naht** *f* faufi-
lure *f;* **~pflaster** *n* emplâtre *f (adhésif*
od agglutinant), agglutinatif, taffetas
d'Angleterre, sparadrap *m; ein* ~ *auflegen* appliquer, mettre un emplâtre;
~pflasterstreifen *m* bandelette
adhésive, bande *f* de sparadrap;
h~weise *adv (in Lieferungen)* par
livraisons; **~zwecke** *f* punaise *f.*

heftig ['hɛftıç] *a* violent, véhément;
(stark) fort, intense; *(Regen)* abondant; *(Wind)* grand; *(Schmerz)* aigu;
(Tadel) brusque; *(Streit)* animé; *(Leidenschaft)* ardent; *(stürmisch, ungestüm)* rude, impétueux; *(aufbrausend)* emporté, irascible; *adv* violemment; fortement; à corps perdu; *jdn*
~ *anfahren* brusquer qn; ~ *weinen*
pleurer à chaudes larmes; ~ *werden*
s'emporter; **H~keit** *f* ⟨-, ø⟩ violence,
véhémence; intensité, acuité; brusquerie; ardeur; rudesse, impétuosité *f;*
emportement *m,* irascibilité *f.*

Hege *f* ⟨-, ø⟩ ['he:gə] *(des Wildes)*
conservation *f;* **~emeister** *m* garde-
-chasse *m;* **h~en** *tr (erhalten, schonen)* conserver; *(für die Erhaltung*

(bes. des Wildes) sorgen) avoir *od* prendre soin de; *(schützen)* protéger, garder; *fig (Gefühle)* avoir, éprouver, entretenir, nourrir; *(Hoffnung a.)* caresser; ~ *und pflegen* choyer; ~**er** *m* ⟨-s, -⟩ = ~*emeister.*

Hegemonie *f* ⟨-, -n⟩ [hegemo'ni:] *(Vorherrschaft)* hégémonie *f.*

Hehl *n, a. m* [he:l] : *lit* dissimulation *f,* déguisement *m; ohne* ~ *(offen)* sans déguisement, franchement, ouvertement; *kein(en)* ~ *aus etw machen* ne pas se cacher de qc; ne pas faire mystère de qc, ne pas dissimuler qc; **h**~**en** *tr lit (verheimlichen)* dissimuler, déguiser, celer, cacher; *jur* receler; ~**er** *m* ⟨-s, -⟩ receleur *m;* ~**erei** *f* [-'raɪ] recel, recèlement *m.*

hehr [he:r] *a* *poet (erhaben)* auguste, sublime, majestueux.

Heia *f* ⟨-, -(s)⟩ ['haɪa] *(Kindersprache: Bettchen)* dodo *m.*

Heide 1. *f* ['haɪdə] ⟨-, -n⟩ *bot* bruyère; *(Landschaft)* lande(s *pl*); *(Ödland)* garrigue, varenne *f;* ~**honig** *m* miel *m* de bruyère; ~**kraut** *n* bruyère, *(Büschel)* brande *f.*

Heid|e 2. *m* ⟨-n, -n⟩ *rel* païen *m; pl* gentils *m pl;* ~**enangst** *f fam* peur bleue, *pop* frousse *f;* ~**enarbeit** *f; das ist e-e* ~ c'est le diable à confesser; c'est un travail de bénédictin; ~**engeld** *n: ein* ~ un argent fou; ~**enlärm** *m* vacarme infernal, tapage; *fam* chambard; *pop* bastringue *m;* ~**enmission** *f rel* missions *f pl* étrangères; ~**enspaß** *m* plaisir *m* fou; ~**enspektakel** *m* tapage *m* de tous les diables; ~**entum** *n* ⟨-s, ø⟩ paganisme *m;* ~**in** *f* païenne *f;* **h**~**nisch** *a* païen; *(ungläubig)* mécréant.

Heidelbeere *f* ['haɪdəl-] myrtille, airelle *f.*

heikel ['haɪkəl] *a* *(kitzlig)* délicat, précaire; *(mißlich)* épineux, scabreux; *(Person: schwierig, wählerisch)* difficile.

Heil *n* ⟨-(e)s, ø⟩ [haɪl] *(Glück)* bonheur *m,* félicité; *(Gedeihen)* prospérité *f; bes. rel* salut *m;* ~ *(dat)* gloire (à); *im Jahre des* ~s en l'an de grâce; *sein* ~ *versuchen* tenter sa fortune *od* sa chance, chercher une chance de salut; ~*!* salut! ~ *und Segen* salut et prospérité; **h**~ *a (ganz, unbeschädigt)* entier, intact, indemne; ~ *und gesund* sain et sauf; ~ *and m* ⟨-(e)s, -e⟩ , *der* le Sauveur; ~**anstalt** *f* établissement *m* hospitalier; ~**bad** *n* station *f* thermale; **h**~**bar** *a* guérissable, curable; ~**barkeit** *f* ⟨-, ø⟩ curabilité *f;* ~**behandlung** *f* traitement *m* médi-

cal; **h**~**bringend** *a* salutaire; ~**butt** *m zoo* flétan *m;* **h**~**en** *tr ⟨aux: haben⟩* u. *itr ⟨aux: sein⟩* guérir *(von* de); *itr (Wunde)* (se) cicatriser; **h**~**end** *a* curatif; ~**erde** *f* terre *f* curative; ~**erfolg** *m* succès *m* du traitement; ~**fasten** *n* cure de jeûne, diète *f;* **h**~**froh** *a* très content (d'en avoir fini); ~**gehilfe** *m* aide-médecin *m;* ~**gymnastik** *f* gymnastique *f* médicale *od* fonctionnelle; ~**gymnastiker(in** *f)* *m* kinésithérapeute *m f.*

heilig ['haɪlɪç] *a* saint, sacré; *(unverletzlich)* inviolable; *bei allem, was* ~ *(mir) ist* par tout ce qu'il y a de plus sacré (pour moi); *hoch und* ~ *versprechen* promettre solennellement; *der H*~*e Abend* la veille de Noël; *der H*~*e Geist* le Saint-Esprit, l'Esprit Saint; *das H*~*e Grab* le saint sépulcre; ~*er Himmel!* juste ciel! bonté divine! *die H*~*en Drei Könige* les Rois mages; *das H*~*e Land* la Terre sainte; *die H*~*e Schrift* l'Écriture *f* sainte; *der H*~*e Stuhl* le Saint- Siège; *der H*~*e Vater (Papst)* le Saint-Père; **H**~**e(r** *m)* *f* saint, e *m f; ein wunderlicher* ~*r* un drôle de paroissien; ~**en** *tr* sanctifier; *(weihen)* consacrer; *fig (rechtfertigen)* justifier, sanctionner; *der Zweck* ~*t die Mittel (prov)* la fin justifie les moyens; **H**~**enbild** *n* image *f* de saint(e); **H**~**enleben** *n (Lebensbeschreibung)* hagiographie *f;* **H**~**enschein** *m* auréole; *(Kunst)* gloire *f,* nimbe *m;* ~**zhalten** *tr* sanctifier; **H**~**haltung** *f* sanctification *f;* **H**~**keit** *f* ⟨-, ø⟩ sainteté *f; Seine* ~ *(der Papst)* Sa Sainteté; ~**zsprechen** *⟨hat heiliggesprochen⟩ tr* canoniser; **H**~**sprechung** *f* canonisation *f;* **H**~**tum** *n (Tempel)* sanctuaire, lieu *m* saint; *(Gegenstand)* chose *f* sainte *od* sacrée; **H**~**ung** *f* ⟨-, (-en)⟩ sanctification; *(Weihe)* consécration *f.*

Heil|kraft *f* ['haɪl-] vertu *f* médicinale *od* curative; **h**~**kräftig** *a* curatif, médicamenteux, salutaire; ~**kräuter** *n pl* herbes *od* plantes *f pl* médicinales *od* officinales, *(einheimische)* simples *m pl;* ~**kunde** *f* médecine, science *f* m édicale; ~**kundige(r)** *m* guérisseur *m;* **h**~**los** *a (unselig)* malheureux, *(bedauerlich)* déplorable; *(unabänderlich)* irrémédiable; *(furchtbar, schrecklich)* terrible; ~**massage** *f* massage *m* thérapeutique; ~**methode** *f* méthode de traitement *od* thérapeutique, médication *f; abwartende* ~ expectation *f;* ~**mittel** *n* remède, médicament *m;* ~**pädagogik** *f* pédagogie *f* thérapeutique; ~**pflanze** *f* plante *f* officinale, *(ein-*

heimische) simple *m;* ~**praktiker** *m* guérisseur *m;* ~**quelle** *f* source *f* médicinale *od* thermale; **h~sam** *a (gesund, wirkungsvoll, gut)* salutaire; ~**sarmee,** *die* l'armée *f* du salut; *Angehörige(r m) f der* ~ salutiste *m f;* ~**serum** *n* sérum *m* antitoxique; ~**sgeschichte** *f rel* histoire *f* sainte; ~**stätte** *f* station *f* thérapeutique, sanatorium *m;* ~**ung** *f* ⟨-, (-en)⟩ guérison *f,* rétablissement *m;* cure; *(e-r Wunde)* cicatrisation *f;* ~**ungsprozeß** *m* marche *f* de la guérison; ~**verfahren** *n* traitement *m* curatif; ~**wirkung** *f* effet *m* curatif.

Heim *n* ⟨-(e)s, -e⟩ [haim] domicile *m,* habitation *f; (soziale Einrichtung)* foyer *m,* maison *f,* home; *(eigenes, trautes)* intérieur, chez-soi, home *m;* **h~** *adv* à la maison, chez soi; dans son pays; ~**arbeit** *f* travail *m* à domicile; ~ *machen* travailler à domicile; *etw in* ~ *nehmen* prendre *od* travailler qc à façon; ~**arbeiter** *m* façonnier, ouvrier à façon, travailleur *m* à domicile.

Heimat *f* ⟨-, (-en)⟩ ['haima:t] pays *m,* patrie *f; mil* intérieur *m; aus der* ~ *vertreiben* expatrier; *in die* ~ *zurückkehren* réintégrer (son pays); *in die* ~ *zurückschicken* rapatrier; ~**bahnhof** *m* gare *f* d'attache; ~**dichter** *m* poète *m* régional; ~**flughafen** *m* aéroport *m* de rattachement; ~**hafen** *m* port *m* d'attache; ~**kunde** *f* régionalisme *m;* ~**kunst** *f* art *m* régional; ~**land** *n* pays *m* (natal), patrie *f;* **h~lich** *a* du *od* de mon, ton *etc* pays; **h~los** *a* sans patrie; *jur* apatride; ~**lose(r)** *m* sans-patrie, apatride *m;* ~**losigkeit** *f* ⟨-, ∅⟩ errance; *jur* apatridie *f;* ~**nachrichten** *f pl* radio journal *m* parlé *od* informations *f pl* régional(es); ~**ort** *m* lieu *m* natal *od* d'origine; ~**recht** *n* droit de domicile *od* de naturalité, indigénat *m;* ~**schein** *m* acte *m* d'indigénat; ~**staat** *m* État *m* d'origine; ~**stadt** *f* ville *f* natale; ~**vertriebene(r)** *m* expulsé *m.*

heim≈begeben, *sich* rentrer; ~≈**begleiten** *tr* raccompagner, ramener, reconduire; ~≈**bringen** *tr (Sache)* rapporter; *(Person)* = ~*begleiten;* **H~chen** *n* zoo grillon, *fam* cricri *m;* **H~computer** *m* ordinateur *m* à domicile; ~≈**fahren** ⟨*aux: sein*⟩ *itr* rentrer; **H~fahrt** *f* retour *m; auf der* ~ en rentrant; **H~fall** *m jur* retour *m,* réversion *f;* ~≈**finden** *itr* retrouver son chemin; ~≈**führen** *tr* = ~*bringen; (Frau)* épouser; **H~gang** *m (Tod)* décès, trépas *m;* ~≈**gehen**

⟨*aux: sein*⟩ *itr* rentrer; *fig (sterben)* décéder, trépasser; ~≈**holen** *tr* aller prendre; **H~industrie** *f* industrie *f* domestique; ~**isch** *a* local, du pays; *sich* ~ *fühlen,* ~ *sein* être (comme) chez soi; ~ *machen (werden)* (s')acclimater, (s')habituer; **H~kehr** *f* retour *m,* rentrée *f;* ~≈**kehren** ⟨*aux: sein*⟩ *itr* retourner *od* rentrer chez soi; *im Begriff sein od stehen heimzukehren* être sur le retour; **H~kehrer** *m* ⟨-s, -⟩ (prisonnier de guerre) rapatrié *m;* ~≈**kommen** ⟨*aux: sein*⟩ *itr* = ~*kehren;* ~≈**leuchten** *itr: jdm* ~ *(fig fam)* envoyer promener qn; ~**lich** *a* secret, ni vu ni connu, clandestin, dérobé; *(verstohlen)* furtif; *adv a.* en secret, en cachette, à la dérobée; en dessous, en sous-main, par derrière, sous le manteau, en tapinois, en catimini; ~, *still und leise (adv pop)* en douce; ~ *in etw hineingreifen* glisser une main furtive dans qc; **H~lichkeit** *f* clandestinité *f; in aller* ~ dans le plus grand secret; ~*en vor jdm haben* (avoir à) cacher qc à qn; **H~lichtuer** *m* ⟨-s, -⟩ cachottier *m;* **H~lichtuerei** *f* cachotterie *f;* ~**lich≈tun** *itr* se donner des airs mystérieux; **H~reise** *f* retour *m;* ~≈**schicken** *tr* renvoyer; **H~spiel** *n sport* match *m* à domicile; **H~stätte** *f* habitat; *fig* asile *m; (Siedlung)* cité *f;* ~≈**suchen** *tr (Krankheit, Unwetter, Naturkatastrophe)* toucher, atteindre, frapper, harceler, affliger, éprouver; **H~suchung** *f* affliction, épreuve, plaie, tribulation *f; die* ~ *Mariä (rel)* la Visitation de la Vierge; **H~tücke** *f* malice, malignité, sournoiserie; traîtrise, perfidie, fausseté *f;* ~**tückisch** *a* malicieux, malin *(a. Krankheit),* sournois; *(verräterisch)* traître, perfide; *(falsch)* faux; ~**wärts** *adv* chez soi, à la maison; **H~weg** *m* retour *m; auf dem* ~ au retour, en rentrant; *sich auf den* ~ *machen* prendre le chemin du retour; **H~weh** *n* mal *m* du pays, nostalgie *f; fam* vague à l'âme, cafard *m;* ~ *haben* avoir le mal du pays *od fam* le cafard; **H~wehr** *f* garde *f* nationale; ~≈**zahlen** *tr fig: es jdm* ~ rendre la pareille à qn, rendre à qn la monnaie de sa pièce; *das werden Sie mir* ~*!* je vous le revaudrai, vous ne l'emporterez pas en paradis.

Hein *m* [hain] *: Freund* ~ la Mort; ~**rich** *m,* ~**z** *m* Henri *m;* ~**zelmännchen** *n* lutin *m.*

Heirat *f* ⟨-, -en⟩ ['haira:t] mariage *m; standesgemäße* ~ mariage *m* de convenance; **h~en** *tr* épouser; prendre *(vom Mann)* pour épouse *od* femme, *(von der Frau)* pour époux *od* mari; *itr* se marier; *unter s-m Stande* ~ se mésallier; **~sabsichten** *f pl:* ~ *haben* avoir des projets de mariage; **~santrag** *m* proposition de *od* demande *f* en mariage; *jdm e-n* ~ *machen* demander qn en mariage; **~sanzeige** *f (Bekanntmachung)* annonce *f od* faire-part *m* de mariage; *(Ehewunsch)* annonce *f* matrimoniale; **~serlaubnis** *f* autorisation *f* de mariage; **h~sfähig** *a* mûr pour le mariage, mariable; *(Mädchen)* nubile; *jur* habile à contracter mariage; **~e(s)** *Alter n* âge *m* nubile; **~e** *Tochter f* fille *f* à marier; **~sgut** *n* dot *f;* **~skandidat** *m* prétendant, épouseur *m;* **h~slustig** *a* désireux de se marier; **~sregister** *n* adm registre *m* des mariages; **~surkunde** *f* acte *m* de mariage; **~svermittler(in** *f)* *m* courtier, ère *m* *f* matrimonial(e), agent *m* matrimonial, *fam* faiseuse *f* de mariages; **~svermittlung(sbüro** *n)* *f* agence *f* matrimoniale; **~sversprechen** *n* promesse *f* de mariage; **~svertrag** *m* contrat *m* de mariage.

heischen ['haɪʃən] *tr* demander, réclamer, exiger.

heiser ['haɪzər] *a (durch Erkältung od Schreien)* enroué; *(von Natur, krächzend)* rauque, éraillé; *sich* ~ *schreien* s'égosiller; ~ *sein* avoir la gorge prise *od fam* un chat dans la gorge; ~ *werden* s'enrouer; **H~keit** *f* ⟨-, (-en)⟩ enrouement *m;* voix rauque, raucité *f,* éraillement *m;* *völlige* ~ extinction *f* de voix.

heiß [haɪs] *a* chaud; *(Zone)* torride; *fig* ardent, fervent, passionné; *(Tränen)* brûlant; ~ *machen* chauffer; *jdm die Hölle* ~ *machen (fam)* retourner qn sur le gril; ~ *werden* chauffer; *es ist* ~ il fait chaud; *mir ist* ~ j'ai chaud; *es ging* ~ *her* ça chauffait; *es wird* ~ *hergehen* ça va chauffer (dur) *pop; es wird* ~*! (Spiel)* vous brûlez; **~e** *Quelle f* source *f* thermale; **~blütig** *a fig* chaud, passionné, fougueux; ~ *sein (a.)* avoir le sang chaud; **H~dampf** *m tech* vapeur *f* surchauffée; **~ersehnt** *a* vivement désiré; **~geliebt** *a* passionnément aimé; **H~hunger** *m* faim dévorante *od* féroce; *med* boulimie *f;* **~hungrig** *a* affamé; *(gierig)* vorace; *med* boulimique; **~=laufen** *itr* ⟨*aux: sein*⟩, *sich* ~ *(tech)* s'échauffer, surchauffer; **H~laufen** *n tech* échauffement *m;* **H~luft** *f* air *m* chaud; **H~luftballon** *m* ballon *m* à air chaud, montgolfière *f;* **H~luft-Strahlantrieb** *m aero*

thermopropulsion *f;* **H~luft-Strahltriebwerk** *n aero* thermojet, thermopropulseur *m;* **H~mangel** *f* repasseuse *f* mécanique; **H~sporn** *m* ⟨-(e)s, -e⟩ tête *f* chaude; *pol a.* extrémiste, ultra *m;* **H~wasserheizung** *f* chauffage *m* à eau chaude; **H~wasserspeicher** *m* accumulateur *m* d'eau chaude.

heißen ⟨*heißt, hieß, hat geheißen*⟩ ['haɪsən, hi:s] *tr (nennen)* appeler, nommer; *(bedeuten)* vouloir dire, signifier; *(befehlen:) jdn etw tun* ~ ordonner *od* commander *od* dire à qn de faire qc; *itr* s'appeler, se nommer, avoir nom; *willkommen* ~ souhaiter la bienvenue à; *es heißt, daß ...* on dit, le bruit court que ...; *in diesem Buch heißt es, daß...* dans ce livre, il est dit que ...; *es soll nicht* ~, *daß...* je ne veux pas qu'on dise que ...; *das heißt* c'est-à-dire; ou du moins; *das heißt mit anderen Worten* cela revient à dire; *das soll nicht* ~, *daß* cela ne veut pas dire *od* ce n'est pas pour cela; *... pour autant; hier heißt es schnell handeln* là, il s'agit de faire vite; *das will nicht viel* ~ cela ne dit pas grand-chose; *wie* ~ *Sie?* comment vous appelez-vous? quel est votre nom? *wie heißt dieser Ort?* quel est le nom de ce lieu? *wie heißt das auf französisch?* comment cela se dit-il en français? *was soll das* ~*?* qu'est-ce à dire? qu'est-ce que cela veut dire? *fam* à quoi ça rime?

heiter ['haɪtər] *a* serein, hilare, gai, joyeux; *(Himmel)* clair, pur; *das kann ja* ~ *werden! (fam)* ça s'annonce bien! **H~keit** *f* ⟨-, ø⟩ sérénité, hilarité, gaieté *f,* enjouement *m;* clarté, pureté *f;* ~ *erregend (a.)* hilarant; **H~keitserfolg** *m: e-n* ~ *haben* provoquer le rire.

Heiz|anlage *f* ['haɪts-] installation de chauffage, chaufferie *f; elektrische* ~ équipement *m* de chauffage électrique; **~apparat** *m* appareil de chauffage, calorifère *m;* **h~bar** *a:* ~*e(s) Zimmer n* chambre *f* avec possibilité de chauffage; **~decke** *f* el couverture *f* chauffante; **~draht** *m* fil *m* de chauff(ag)e; **~effekt** *m* effet *m* calorifique; **~element** *n el* élément *m* de chauffage; **h~en** *tr* chauffer *(mit* à); *itr* chauffer, faire du feu; **~er** *m* ⟨-s, -⟩ chauffeur *m;* **~faden** *m* filament *m* de chauffage; **~fläche** *f* surface *f* de chauffe; **~gas** *n* gaz *m* de chauffage; **~gerät(e** *pl)* *n* garniture *f* de foyer; **~gitter** *n* grille *f* de chauffage; **~kessel** *m* chaudière *f* (de chauffage); **~kissen** *n* coussin *m* électrique;

~**körper** m (d. Zentralheizung) radiateur m (d'appartement); ~**körperrippe** f élément m de radiateur; ~**körperverkleidung** f revêtement m de od du od des radiateur(s); ~**kraft** f puissance f calori(fi)que; ~**loch** n tech ouverture f de la chauffe; ~**lüfter** m ‹-s, -› radiateur m soufflant; ~**material** n, ~**stoff** m combustible m; ~**ofen** m: elektrischer ~ radiateur m électrique; ~**öl** n mazout, fuel, pétrole m combustible; ~**platte** f réchaud m od chaufferette f électrique, plaque f chauffante od de chauffe od de cuisson; ~**raum** m chaufferie; (im Ofen) chambre f de chauffe; ~**rohr** n, ~**röhre** f tube m de chauffage; ~**schlange** f serpentin m réchauffeur; ~**sonne** f: elektrische ~ radiateur m électrique; ~**ung** f (Heizen) chauffage m, chauffe f; (Anlage) chauffage m; (Raum) chaufferie f; die ~ an-, abstellen faire marcher, arrêter le chauffage; elektrische ~ chauffage m électrique od radiant; ~**ungsanlage** f = ~anlage; ~**wert** m pouvoir m od valeur f calorifique; ~**widerstand** m el résistance f de chauff(ag)e; radio rhéostat m (de chauffage); ~**wirkung** f effet m calorifique.

Hektar n (a. m) ‹-s, -e› [hɛk'taːr, '--] hectare m.

hektographieren [hɛktogra'fiːrən] tr polycopier, autographier, ronéotyper od ronéoter.

Hektoliter n (a. m) [hekto'liːtər] hecto(litre) m.

Hekt|ik f ‹-, ø› ['hɛktɪk] cavalcade, panique f, affolement m; im Büro herrschte ~ au bureau tout le monde était survolté; die ~ des Lebens le surmenage; das war eine ~! quelle cavalcade od panique, quel affolement; **h~isch** a med hectique; (Treiben) trépidant; (Essen, Sprechen) précipité; ~ sein être sur les nerfs; ein ~er Mensch sein être un grand nerveux, être sur les nerfs; sei nicht so ~! garde ton calme; das ist mir zu ~ je ne veux pas me laisser prendre dans ce tourbillon; hier geht's ~ zu! c'est la panique!

Held m ‹-en, -en› [hɛlt, -dən] héros; (Vorkämpfer) champion m; jugendlicher ~ (theat) jeune premier m; der ~ des Tages l'homme m od l'idole f du jour; ~**endichtung** f poésie f héroïque; ~**enfriedhof** m cimetière m militaire; ~**engedicht** n épopée; (bes. altfranzösisches) chanson f de geste; **h~enhaft** a, **h~enmütig** a

héroïque; ~**enkeller** m arg mil (Unterstand) cagna f; ~**enmut** m héroïsme m; ~**ensage** f légende f; ~**entat** f action héroïque, prouesse f, haut fait, exploit m; ~**entenor** m theat fort ténor m; ~**entod** m mort f héroïque; den ~ sterben mourir au champ d'honneur; ~**entum** n ‹-s, ø› héroïsme m; ~**enverehrung** f vénération f od culte m des héros; ~**in** f héroïne f; **h~isch** a héroïque.

helf|en ‹hilft, half, hat geholfen› ['hɛlfən] itr aider, assister, secourir, seconder (jdm qn); (unterstützen) donner un coup d'épaule (jdm à qn); soutenir (jdm qn); (nützen) être utile, profiter (jdm à qn); ea. ~ s'entraider; gegen etw ~ (Arznei) être bon pour od efficace contre qc; jdm bei der Arbeit ~ aider qn dans son travail; jdm in den Mantel ~ aider qn à mettre son manteau; jdm aus der Verlegenheit ~ tirer qn d'embarras, tendre la perche à qn, dépanner qn; sich zu ~ wissen ne pas être embarrassé; fam savoir se débrouiller od se tirer d'affaire; sich nicht zu ~ wissen (a.) se noyer dans un verre d'eau; ich habe ihn suchen ~ od geholfen je l'ai aidé dans ses recherches; ich kann mir nicht ~, ich muß es sagen je ne puis m'empêcher de le dire; ich weiß mir nicht mehr zu ~ je ne sais plus que faire; dir ist nicht mehr zu ~ tu es perdu; das hilft nichts cela ne sert à rien; da od es hilft alles nichts tout est en vain; es hilft nichts, du mußt ... rien à faire, il faut que tu ...; hilf dir selbst, so hilft dir Gott! (prov) aide-toi, le Ciel t'aidera; ~**er** m ‹-s, -› aide, assistant m; **H~erin** f aide, assistante f; **H~ershelfer** m homme de main, complice, suppôt, séide, acolyte m.

Helikopter m ‹-s, -› [heli'kɔptər] aero (Hubschrauber) hélicoptère m.

Helio|gravüre f [heliogra'vyːrə] typ (Lichtdruck) héliogravure f; ~**therapie** f med héliothérapie f; ~**trop** n ‹-s, -e› [-'troːp] bot, m min héliotrope m; ~**tropin** n ‹-s, ø› [-tro'piːn] chem héliotropine f; **h~zentrisch** a héliocentrique.

Helium n ‹-s, ø› ['heːliʊm] chem hélium m; ~**kern** m hélion m; ~**röhre** f tube m d'hélium.

hell [hɛl] a clair; (erleuchtet) éclairé; (leuchtend) luisant, lumineux, brillant, éclatant, (Licht, Schein) vif; (klar, durchsichtig) clair, limpide; fig (Klang, bes. Stimme) clair; (Kopf) lucide; fam (aufgeweckt, klug) prudent, circonspect, perspicace, clairvoyant; *am* ~*en Tag* en plein *od* au grand jour; *in e-m* ~*en Augenblick* dans un moment de lucidité; *in* ~*en Scharen* en masse; *in der* ~*en Sonne* au grand soleil; ~ *glänzen* jeter un vif éclat; *bis in den* ~*en Tag hinein schlafen* faire la grasse matinée; *der Mond scheint* ~ il fait un beau clair de lune; *es ist* ~ il fait clair; *es ist schon* ~*(er Tag)* il fait déjà grand jour; *es wird* ~ le jour se lève, il commence à faire jour; *das ist (ja)* ~*er Wahnsinn!* c'est de la folie pure! *ich war* ~ *begeistert* j'étais absolument enthousiaste; *ein H*~*es!* une blonde! ~*e(s) Bier n* bière *f* blonde; ~*e Nacht f (im nördl. Sommer)* jour *m* perpétuel; ~**blau** *a* bleu clair; ~**blond** *a* blond; ~**braun** *a* havane; **H**~**dunkel** *n (Kunst)* clair-obscur *m*; ~**e** *a fam (klug)*: ~ *sein* avoir l'œil (américain) *od* la comprenette facile; *sie ist recht* ~*e (fam)* elle n'est pas bête; **H**~**e** *f* ‹-, ø› *strahlende* ~ brillance, vive lumière *f*, éclat *m*; ~**farbig** *a* de couleur claire; ~**gelb** *a*, ~**grau** *a*, ~**grün** *a* jaune, gris, vert clair; ~**hörig** *a*: ~ *sein* avoir l'oreille *od* l'ouïe fine; *(Wohnung)* être sonore; ~ *werden (fig)* dresser les oreilles; **H**~**igkeit** *f* ‹-(en)› clarté, lumière *f*; **H**~**igkeitsgrad** *m (TV)* intensité lumineuse, luminosité *f*; **H**~**igkeitsmesser** *m* ‹-s, -› photomètre, luxmètre *m*; **H**~**igkeitsunterschied** *m* différence *f* de luminosité; ~**(l)euchtend** *a* vif, éclatant; ~**(l)icht** *a*: *am* ~*en Tage* = *am* ~*en Tage*; ~**rot** *a* rouge clair; **H**~**sehen** *n* voyance *f*; **H**~**seher(in** *f* *)* *m* voyant, e *m f*; ~**seherisch** *a* voyant; ~**sichtig** *a (weitblickend)* clairvoyant, lucide; **H**~**sichtigkeit** *f (Weitblick)* clairvoyance, lucidité *f*; ~**wach** *a* éveillé.

Hellebarde *f* ‹-, -n› [hɛlə'bardə] hallebarde *f*.

Hellen|e *m* ‹-n, -n› [hɛ'le:nə] *(Grieche)* Hellène *m*; **h**~**isch** *a* hellénique; **h**~**isieren** [-ni'si:rən] *tr* helléniser; ~**isierung** *f* hellénisation *f*; ~**ismus** *m* ‹-, ø› [-'nɪsmʊs] hellénisme *m*; **h**~**istisch** [-'nɪstɪʃ] *a* hellénistique.

Heller *m* ‹-s, -› ['hɛlər] *(alte Scheidemünze)*: *auf* ~ *und Pfennig bezahlen* payer rubis sur l'ongle *od* recta.

Helling *f* ‹-, -en› ['hɛlɪŋ] *mar* cale *f* *od* berceau de construction, bâti *m* de montage.

Helm *m* ‹-(e)s, -e› [hɛlm] casque; *hist* heaume; *arch* dôme *m*, coupole; *mar* barre (du gouvernail); *chem (e-r Retorte)* chape *f*, chapiteau *m*; ~**busch** *m* panache *m*.

Hemd *n* ‹-(e)s, -en› [hɛmt, -dən] chemise; *pop* bannière; *arg* liquette *f*; *kein (ganzes)* ~ *auf dem Leibe (fig)* vivre dans la misère; *pop* être dans la panade *s-e Meinung wie sein* ~ *wechseln* changer d'avis comme de chemise; ~**bluse** *f* chemisier *m*; ~**brust** *f* plastron *m*; ~**einsatz** *m* devant *m* de chemise; ~**(en)knopf** *m* bouton *m* de chemise; ~**enmatz** *m fam* marmot *m* en chemise; ~**enstoff** *m* tissu *m* od toile *f* pour chemises; ~**hose** *f* combinaison *f*; ~**kragen** *m* col de chemise, faux-col *m*; ~**särmel** *m*: *in* ~*n* en manches *od* bras de chemise; **h**~**särmelig** *a* en manches de chemise; ~**träger** *m* épaulette *f*.

Hemisphäre *f* ‹-, -n› [hemi'sfɛ:rə] hémisphère *m*.

hemm|en ['hɛmən] *tr (anhalten)* arrêter, retenir; *(verlangsamen)* ralentir; *(verzögern)* retarder; *(bremsen)* freiner, *(hindern, a. fig)* gêner, entraver, embarrasser; *fig (zügeln)* enrayer, freiner, mettre un frein à, *bes. psych* refréner, inhiber; ~**end** *a (hinderlich, a. fig)* gênant, embarrassant; **H**~**nis** *n* ‹-sses, -sse› entrave *f*, embarras; *(Hindernis)* obstacle, empêchement *m*; **H**~**schuh** *m* patin *od* sabot d'enrayage, sabot m d'arrêt; *loc* cale *f*; *fig* = *H*~*nis*; **H**~**ung** *f* arrêt *m*, rétention *f*; ralentissement *m*; retardement *m*; freinage; *(Behinderung, a. fig)* empêchement *m*; *tech* arrêt; *(Uhr)* échappement *m*; *psych* inhibition *f*; *pl (Schüchternheit)* gêne *f*; *(keine)* ~*en haben* être gêné; être inhibé; (ne pas se gêner); ~**ungslos** *a* effréné, sans frein; **H**~**ungslosigkeit** *f* impétuosité *f*, emportement *m*.

Hengst *m* ‹-es, -e› [hɛŋst] cheval entier; *(Zucht*~*)* étalon *m*.

Henkel *m* ‹-s, -› ['hɛŋkəl] *(Tasse, Topf)* oreille; *(Korb)* anse; *(Handtasche)* poignée *f*; ~**korb** *m* panier *m* à anse.

henk|en ['hɛŋkən] *tr* pendre; **H**~**en** *n* pendaison *f*; **H**~**er** *m* ‹-s, -› bourreau *m*; *jdn dem* ~ *übergeben* livrer qn au bourreau; *zum* ~ *(mit …)!* au diable …! *hol' dich der* ~! que le diable t'emporte! **H**~**ersbeil** *n* hache *f* du bourreau; **H**~**ersdienst** *m* office *m* de bourreau; **H**~**ersfrist** *f* grâce *f*, *fig* délai *m* extrême; **H**~**ersknecht** *m* valet *m* de bourreau; **H**~**ersmahl(zeit** *f)* *n* dernier repas du condamné; *fig* dîner *m* d'adieu.

Henne *f* ‹-, -n› ['hɛnə] poule *f*; *junge* ~ poulette *f*.

Hennegau, *der* ['hɛnəgau] *geog* le Hainaut.

her [he:r] *adv (örtlich)* (par) ici, de ce

côté(-ci); *um* ... ~ autour de ...; *von* ... ~ de ...; *(zeitlich) von* ... ~ *(seit)* depuis ...; *es ist* ... ~ il y a ...; *hin und* ~ çà et là; par-ci, par-là; de côté et d'autre; *Freund hin, Freund* ~ ... ami ou pas ...; *von alters* ~ de temps immémoriaux; *hinter etw* ~ *sein (fam)* être après qc; *hinter jdm* ~ *sein* être après qn *od* sur la piste de qn; *das ist nicht od damit ist es nicht weit* ~ *(fam)* ce n'est pas grand-chose, ça ne va pas loin; *das ist (schon) lange* ~ il y a (bien) longtemps; *es ist (bald) ein Jahr* ~ ça fait (va faire) un an; *wo hast du (denn) das* ~? où as--tu pris cela? *wo kommst du (denn)* ~? d'où viens-tu? *wie lange ist das* ~? cela s'est passé, il y a combien de temps? *komm* ~! viens (ici *od* par ici); ~ *damit!* (pop) aboule!

herab [hɛ'rap] *adv* en bas, vers le bas; *von* ... ~ en *od* au bas de, du haut de; *von oben* ~ *(fig)* de haut; *(sprechen)* du haut de sa grandeur; ~**≈blicken** *itr: auf jdn* ~ *(fig)* regarder qn de haut; ~**≈fallen** ⟨*aux: sein*⟩ *itr* tomber; ~**≈lassen** *tr* descendre; *sich (an e-m Seil)* ~ se laisser descendre (le long d'une corde); *(fig)* s'abaisser; condescendre *(zu etw* à qc); *etw zu tun* s'abaisser jusqu'à *od* à faire qc, daigner faire qc; ~**lassend** *a* condescendant, protecteur; *(verächtlich)* dédaigneux; *adv* = *mit H~lassung;* **H~lassung** *f* condescendance *f; (mit)* ~ (d'un) air *m* protecteur; ~**≈ schrauben** *tr: s-e Ansprüche* ~ en rabattre; ~**≈sehen** *itr* = ~*blicken;* ~**≈setzen** *tr (Preis)* (a)baisser, réduire, diminuer; *jur (Strafe)* réduire; *fig* = ~*würdigen;* **H~setzung** *f (der Geschwindigkeit)* réduction, diminution *f; (des Preises)* abaissement *m*, réduction *f*, rabais *m; jur* commutation; *fig* = *H~würdigung;* ~**≈stürzen** ⟨*aux: sein*⟩ *itr* fondre *(auf* sur); ~**≈würdigen** *tr* abaisser, dégrader, déprécier, avilir; *sich* ~ *(a.)* se manquer à soi-même; **H~würdigung** *f* abaissement *m*, dégradation, dépréciation *f*, avilissement *m.*

Herald|ik *f* ⟨-, ø⟩ [he'raldɪk] héraldique *f*, blason *m; h~isch* [-'raldɪʃ] *a* héraldique.

heran [hɛ'ran] *adv* tout près; *(nur od immer)* ~! approche(z) (donc)! avance(z)! ~**≈arbeiten,** *sich* se frayer un chemin *(an etw* jusqu'à qc); ~**≈bilden** *tr* former; **H~bildung** *f* formation *f;* ~**≈bringen** *tr* apporter; (r)approcher *(an* de); ~**≈drängen,** *sich* se presser pour approcher *(an jdn* qn); ~**≈fahren** ⟨*aux: sein*⟩ *itr: rechts, links* ~ ser-

rer à droite, gauche; ~**≈gehen** ⟨*aux: sein*⟩ *itr: mit Eifer an e-e S* ~ s'attaquer à qc; ~**≈holen** *tr (Sache)* apporter; *(Person)* amener; *radio fam (einstellen)* capter; ~**≈kommen** ⟨*aux: sein*⟩ *itr* (s')approcher *(an jdn, etw* de qn, qc); arriver *(an jdn, etw* sur qn, qc); *fig (sich vergleichen können)* égaler *(mit jdm, etw* qn, qc); *an sich* ~ *lassen* attendre (patiemment); *die Dinge an sich* ~ *lassen* temporiser, prendre une attitude passive; voir venir; ~**≈machen,** *sich* s'approcher *(an jdn* de qn), accoster *(an jdn* qn); *an etw* se mettre à qc; ~**≈nahen** ⟨*aux: sein*⟩ *itr (örtl. u. zeitl.)* (s')approcher; **H~nahen** *n* approche *f; beim* ~ *(gen)* à l'approche (de) ...; ~**≈pirschen,** *sich* = ~*schleichen;* ~**≈reichen** *itr: an etw* ~ atteindre à qc; *an jdn* ~ *(fig)* égaler qn; ~**≈rücken** ⟨*aux: sein*⟩ *itr* (s')approcher *(a. zeitl.);* mil (s')avancer; ~**≈rufen** *tr* appeler, héler; ~**≈schleichen** *itr* ⟨*aux: sein*⟩ u. *sich* ~ (s')approcher tout doucement *od* à pas de loup *(an* de); ~**≈schleppen** *tr* apporter à grand- peine; ~**≈ tragen** *tr* apporter; *(fig) e-e Sache an jdn* ~ soumettre qc *(an jdn* à qn); ~**≈treten** ⟨*aux: sein*⟩ *itr* (s')approcher; *fig: an jdn* ~ s'adresser à qn, aborder qn; ~**≈wachsen** ⟨*aux: sein*⟩ *itr* croître, grandir; **H~wachsende(r** *m) f* jeune homme *m*, jeune fille *f* (de 18 à 21 ans); ~**≈wagen,** *sich* oser approcher *(an etw* de qc); ~**≈wälzen,** *sich (Menschen)* arriver en masse; ~**≈ ziehen** ⟨*aux: haben*⟩ attirer, tirer à soi; *itr* ⟨*aux: sein*⟩ (s')approcher; *jdn zu etw* ~ soumettre qn à qc; *jdn zur Mitarbeit* ~ utiliser les services de qn, se servir de qn.

herauf [hɛ'rauf] *adv* en haut, vers le haut; ~**≈beschwören** *tr* évoquer; *(e-e Gefahr, ein Unheil)* provoquer, amener, susciter, déclencher; ~**≈bringen** *tr (Sache)* porter en haut, monter; *(Person)* conduire en haut; ~**≈ führen** *tr* conduire en haut; ~**≈helfen** *itr: jdm* ~ aider qn à monter; ~**≈ holen** *tr (Sache)* monter; *(Person)* faire monter; ~**≈kommen** ⟨*aux: sein*⟩ *itr* monter; ~**≈schalten** *itr mot* passer à une vitesse supérieure; ~**≈setzen** *tr (Preis)* hausser, augmenter, majorer; ~**≈ziehen** *tr* ⟨*aux: haben*⟩ tirer en haut; *mar (Tau, Kette)* haler; *itr* ⟨*aux: sein*⟩ *(Gewitter)* monter, s'élever, s'approcher.

heraus [he'raus] *adv* (en) dehors; *aus* ... ~ hors (de); *von innen* ~ du dedans; *vorn* ~ *(wohnen)* sur le devant; ~ *sein (Zahn, Nagel, Fremdkörper;*

fam: Buch (erschienen)) être sorti; *(Geheimnis)* avoir transpiré, être public; *es ist* ~ *(es ist gesagt)* le mot est lâché; ~ *damit!* ~ *mit der Sprache!* parlez! expliquez-vous! *fam* accouchez! ~**≈arbeiten** *tr (plastisch)* faire (res)sortir, dégager; *(profilieren)* profiler; *sich* ~ se tirer d'affaire *od* d'embarras, se débrouiller, *fam* s'en sortir; ~**≈beißen** *tr* arracher avec les dents; ~**≈bekommen** *tr (Nagel, Zahn)* parvenir à arracher; *(~finden)* (re)trouver; *(raten)* deviner; *(lösen)* résoudre; *(als Ergebnis erhalten)* obtenir, recevoir; *aus jdm nichts* ~ *(durch Fragen)* ne pouvoir rien tirer de qn; *ich bekomme 3 Mark* ~ il me revient 3 marks; ~**≈bilden** *tr* former, développer; ~**≈bringen** *tr* porter dehors, sortir; *(Fleck)* enlever, faire partir; *(Ware)* sortir, lancer; *(Buch)* éditer, publier; *theat* porter à la scène; *film* porter à l'écran; *(raten)* deviner; *(in Erfahrung bringen)* savoir; *aus jdm nichts* ~ ne pouvoir rien tirer de qn; *kein Wort* ~ *können* ne pouvoir dire *od* proférer un (seul) mot; ~**≈ drücken** *tr (Saft)* extraire; ~**≈fahren** *tr* ⟨aux: haben⟩ *(Wagen aus der Garage)* sortir; *itr* ⟨aux: sein⟩ sortir; *(Wort)* échapper; ~**≈finden** *tr* (re)trouver, découvrir, dénicher, déchiffrer; *itr u. sich* ~ trouver la sortie; s'en sortir; ~**≈fliegen** *tr (Eingeschlossene)* évacuer par avion; ~**≈ fließen** ⟨aux: sein⟩ *itr* s'écouler; **H~forderer** *m* provocateur; *sport* challenger *m;* ~**≈fordern** *tr* provoquer *(zu* à); m *(zum Duell)* provoquer en duel; *sport* challenger; *zu e-m Boxkampf, Wettlauf* ~ défier à la boxe, à la course; **~fordernd** *a* provocant *(a. Blick);* provocateur; *(anmaßend, frech)* arrogant, insolent; *(kampflustig)* agressif; **H~forderung** *f* provocation *f;* défi; *sport* challenge *m; die* ~ *annehmen* relever le gant; **H~forderungskampf** *m sport* match *m* de défi; ~**≈fühlen** *tr* sentir, deviner; **H~gabe** *f (Übergabe)* remise; *(Rückgabe)* restitution *f; (Freigabe)* dessaisissement *m; (e-s Buchs)* publication *f;* ~**≈geben** *tr (durch e-e Öffnung)* tendre; *(ausliefern)* délivrer; *(zurückerstatten)* restituer; *(Buch)* éditer; *(veröffentlichen)* publier; *(Geld)* donner en retour, rendre; *itr (auf 10 Mark)* rendre (la monnaie sur 10 marks); **H~geber** *m (e-s Buches)* éditeur; *(e-r Zeitung)* (administrateur-)gérant *m;* ~**≈gehen** ⟨aux: sein⟩ *itr (Fleck)* partir, s'en aller; *(Fenster, Zimmer)* donner *(auf, nach* sur); *aus*

sich ~ *(fig)* parler franchement; perdre sa timidité; se dégeler; ~**≈greifen** *tr* retirer *(aus* de); *(auswählen)* choisir (au hasard); ~**≈gucken** *itr fam (aus e-m Fenster)* regarder dehors; *aus e-r Tasche* ~ sortir; ~**≈haben** *tr: es* ~ toucher *od* frapper au but; *den Bogen* ~ *(fam)* avoir trouvé le truc; savoir s'y prendre; ~**≈halten,** *sich aus etw* ~ rester en dehors de qc; ne pas vouloir être mêlé à qc; ~**≈hängen** *tr* suspendre au dehors; *das hängt mir zum Hals heraus (fam)* j'en ai marre; ~**≈heben** *tr* faire sortir, enlever; *(aus e-m Wagen)* descendre; *(hervortreten lassen)* faire ressortir, relever; *(hervorheben, betonen)* accentuer, souligner; ~**≈helfen** *itr* aider à sortir *(jdm aus etw* qn de qc); *sich* ~ s'en sortir, se débrouiller; ~**≈holen** *tr* sortir; *fig (Gewinn, Vorteil)* tirer; *etw* ~ *aus* tirer profit de; *er holt aus allem noch was* ~ il tirerait de l'huile d'un mur; *man muß jedes Wort aus ihm mühsam* ~ il faut lui arracher les mots de la bouche; ~**≈jagen** *tr* chasser, mettre dehors; ~**≈kehren** *tr: den Vorgesetzten* ~ faire le chef; ~**≈klauben** *tr* éplucher; ~**≈klingeln** *tr* faire sortir en sonnant; ~**≈kommen** ⟨aux: sein⟩ *itr* sortir, déboucher *(aus* de); *(die Folge sein)* résulter, être le résultat *(bei* de); *(bekanntwerden)* transpirer, s'ébruiter, se répandre; *(Buch)* sortir, paraître; *(Gesetz)* être publié; *(Los)* gagner; *aus dem Staunen nicht* ~ ne pas revenir de son étonnement; *das kommt auf eins* ~ cela revient au même; *dabei kommt nichts* ~ cela ne mène à rien, c'est peine perdue; ~**≈kriechen** ⟨aux: sein⟩ *itr* sortir en rampant; ~**≈kriegen** *fam für:* ~*bekommen;* ~**≈kristallisieren,** *sich (fig)* résulter; ~**≈lassen** *tr* laisser *od* faire sortir; ~**≈laufen** ⟨aux: sein⟩ *itr* courir dehors, sortir (en courant); ~**≈ lesen** *tr (aus e-m Text)* retirer; ~**≈ locken** *tr* attirer dehors; *etw aus jdm* ~ soutirer qc à qn; ~**≈machen** *tr (Fremdkörper)* extraire; *(Fleck)* enlever; *sich* ~ *(sich entwickeln)* se développer; ~**≈nehmen** *tr* sortir, retirer, enlever, ôter; prendre *(aus* dans); *sich etwas od manches od allerhand od allerlei od zuviel* ~ prendre des libertés; *jdm gegenüber* prendre des licences *od* des privautés avec qn; *jdm die Mandeln* ~ opérer qn des amygdales; **H~nehmen** *n med (der Mandeln)* éradication *f;* ~**≈platzen** ⟨aux: sein⟩ *itr: mit etw* ~ laisser échapper qc; ~**≈pressen** *tr fig (Geld)* extorquer, *(Geständnis)* arracher *(aus jdm* à qn); ~**=putzen** *tr* parer, accoutrer, *fam* attifer; *(Kind)* bichonner; *(lächerlich)* affubler; ~**=ragen** *itr* faire saillie; *aus etw* ~ s'élever au-dessus de qc, dominer qc; ~**=reden,** *sich* trouver une bonne excuse; s'en tirer avec de belles paroles; ~**=reißen** *tr* arracher; *(schlechte Zensur)* racheter, compenser; *(sich)* ~ *(aus e-r üblen Lage) (fig)* (se) tirer d'affaire; ~**= rollen** ⟨*aux: sein*⟩ *itr aero (aufs Rollfeld)* rouler dehors; ~**=rücken** *tr* ⟨*aux: haben*⟩ *(Geld)* financer, *fam* casquer; *(Stuhl)* écarter, pousser; *itr* ⟨*aux: sein*⟩ faire voir (*mit etw* qc), *fam* accoucher (*mit etw* de qc); *nichts mehr* ~ *(fam)* fermer le robinet; *mit d. Sprache* ~ *(fam)* accoucher; *etw wieder* ~ rendre qc; **H~ruf** *m theat* rappel *m;* ~**=rufen** *tr* appeler (au dehors); *theat* rappeler; ~**= schauen** *itr* = ~*gucken;* ~**=schinden** *tr pop,* ~**=schlagen** *tr* ⟨*aux: haben*⟩ *fam (Vorteil, Gewinn)* gratter; tirer (*aus* de), *nebenbei* grappiller; *itr* ⟨*aux: sein*⟩ *(Flamme)* sortir; ~**= schleppen** *tr* traîner dehors; ~**= schneiden** *tr* (dé)couper (*aus* dans); *med* exciser, extirper, réséquer; ~**= sehen** = ~*gucken;* ~**=springen** ⟨*aux: sein*⟩ *itr* sauter dehors; *fig fam (Vorteil)* résulter; ~**=spritzen** ⟨*aux: sein*⟩ *itr* jaillir, gicler; ~**=stecken** *tr* mettre dehors; ~**=stellen** *tr* mettre dehors; *fig (hervorheben)* mettre en évidence *od* en lumière *od* en vedette *od* en relief; *sich* ~ *(sich zeigen)* se montrer, apparaître, se faire jour; *als* se révéler, s'avérer (*als richtig* juste); *er hat sich als Betrüger herausgestellt* il s'est révélé être un escroc; *es hat sich herausgestellt, daß* il est apparu que; ~**=strecken** *tr* tendre, présenter; *die Zunge* ~ tirer la langue; ~**=streichen** *tr (aus e-m Text)* barrer, biffer, effacer; *fig fam (hervorheben: Sache)* mettre en relief; *(Person)* faire mousser; ~**=stürzen** ⟨*aux: sein*⟩ *itr* se précipiter dehors; ~**= suchen** *tr* choisir (*aus* dans); ~**=treten** *tr* ⟨*aux: sein*⟩ *itr* sortir; ~**=wachsen** ⟨*aux: sein*⟩ *itr* sortir (*aus* de); *ich bin aus meinen Sachen herausgewachsen* mes habits sont devenus trop petits; ~**=waschen** *tr* enlever (en lavant); ~**=werfen** *tr (Sache)* jeter dehors; *(Person)* mettre à la porte; ~**=winden,** *sich* se tirer d'embarras; ~**=wirtschaften** *tr (Gewinn)* tirer (*aus* de); ~**=ziehen** *tr* (re)tirer, arracher (*aus* de).

herb [hɛrp] *a (im Geschmack)* revêche, âpre, acerbe; *(Wein)* sec,

vert; *fig (bitter)* amer, acerbe, *(Worte) a.* dur, rude, vert; *allg (streng, rauh)* austère; **H~e** *f* ⟨-, ø⟩ [-bə], **H~heit** *f* ⟨-, ø⟩ âpreté; *(des Weines)* verdeur *f,* vert *m; fig* amertume, acerbité; *(der Worte)* rudesse, verdeur; *allg* austérité *f.*

Herbarium *n* ⟨-s, -rien⟩ [hɛr'ba:riʊm, -rien] herbier *m.*

herbei [hɛr'baɪ] *adv* (par) ici, de ce côté-ci; ~*!* approchez! (venez) à moi! ~**=eilen** ⟨*aux: sein*⟩ *itr* accourir; ~**= führen** *tr fig (verursachen)* causer, occasionner; *(absichtlich)* arranger; ~**=holen** *tr* (aller) chercher; ~**=lassen,** *sich* consentir *od* condescendre (*zu etw* à qc); ~**=reden** *tr: etw* ~ faire arriver qc à force d'en parler; ~**=rufen** *tr* appeler, faire venir, héler; ~**= schaffen** *tr (~bringen)* apporter; *(beschaffen)* procurer; *(Person)* faire venir; ~**=sehnen** *tr,* ~**=wünschen** *tr* désirer (ardemment); ~**=ziehen** *tr: an den Haaren* ~ *(fig)* tirer par les cheveux.

her=bemühen *tr* prier de venir; *sich* ~ prendre *od* se donner la peine de venir.

Herberg|e *f* ⟨-, -n⟩ ['hɛrbɛrgə] *(Unterkunft)* gîte, logis *m; (der ~en)* ~**en** *itr* être hébergé *od* logé *(bei jdm* par qn).

her=bestellen *tr* faire venir, mander; ~**=beten** *tr (herunterleiern)* psalmodier; ~**=bitten** *tr* prier de venir; ~**= bringen** *tr (Sache)* apporter; *(Person)* amener.

Herbst *m* ⟨-(e)s, -e⟩ [hɛrpst] automne *m; (Erntezeit)* récolte; *(Weinlese)* vendange *f; im* ~ *bestellen (agr)* hiverner; ~**abend** *m* soirée *f* d'automne; ~**aster** *f bot* marguerite *f* de la Saint-Michel; **h~en** *impers: es herbstet* l'automne approche; **h~lich** *a* d'automne, automnal; ~**manöver** *n (pl) mil* manœuvre *f* d'automne, grandes manœuvres *f pl;* ~**tag** *m* jour *m* d'automne; ~**-Tagundnachtgleiche** *f* équinoxe *m* d'automne; ~**zeitlose** *f* ⟨-, -n⟩ *bot* colchique, *pop* tue-chien *m.*

Herd *m* ⟨-(e)s, -e⟩ [he:rt, -də] *(Feuerstelle)* foyer, âtre; *(Küchenherd)* fourneau *m* (de cuisine), cuisinière; *mines* table *f; fig (Ausgangspunkt)* foyer *m; am häuslichen* ~ au coin du feu; *Haus und* ~ *haben* avoir un chez-soi; *eigener* ~ *ist Goldes wert (prov)* rien ne vaut son chez-soi; *elektrische(r)* ~ cuisinière *f od* fourneau *m* électrique; ~**platte** *f* sole *f;* ~**ring** *m (zum Verkleinern der Öffnung)* diminutif *m.*

Herde *f* ⟨-, -n⟩ ['he:rdə] troupeau *m a. fig;*

~nmensch *m: ein ~ sein* avoir l'esprit moutonnier *od* des réactions grégaires; ~nmenschentum *n* grégarisme *m;* ~ntier *n* bête *f* de troupeau; ~ntrieb *m* instinct grégaire *a. fig; fig* esprit *m* moutonnier; h~nweise *adv fig* en masse.

herein [hɛ'raɪn] *adv* (en) dedans; ~*!* entrez! *hier* ~*, bitte.'* (entrez) par ici, s'il vous plaît! ~=bekommen *tr* (parvenir à) faire entrer; *com (Ware)* recevoir; *radio (Sender)* capter; ~=bemühen *tr* prier d'entrer; *sich* ~ se donner la peine d'entrer; ~=bitten *tr* prier d'entrer; ~=brechen ⟨*aux: sein*⟩ *itr (Unglück)* fondre (*über jdn* sur qn); *(Nacht)* tomber, descendre, arriver; ~=bringen *tr (Sache)* (ap)porter dedans; *(Person)* (parvenir à) faire entrer; ~=fallen ⟨*aux: sein*⟩ *itr fig fam (betrogen werden)* tomber dans le piège *od* dans le panneau; *fam* donner dedans *od* dans le panneau; *auf etw* couper dans qc; *auf jdn* se faire avoir *od* posséder par qn *pop; darauf fällt jeder herein* chacun s'y laisse prendre; ~=gehen ⟨*aux: sein*⟩ *itr fam =* ~*passen;* ~=holen *tr (Sache)* aller chercher; *(Person)* faire entrer, amener; ~=kommen ⟨*aux: sein*⟩ *itr* entrer; *(Geld)* entrer dans la caisse; ~=lassen *tr* laisser *od* faire entrer; ~=legen *tr fig fam (betrügen, anführen)* mettre *od* ficher *od* fourrer dedans, faire une attrape à; *nach Strich und Faden* ~ en faire voir de toutes les couleurs à; *pop* posséder dans les grandes largeurs; *sich* ~ *lassen* se laisser envelopper (*von* par); ~=locken *tr,* ~=lotsen *tr fam* attirer; ~=passen *itr fig (in e-e Öffnung)* entrer (*in* dans); ~=platzen ⟨*aux: sein*⟩ *itr fig fam* arriver *od* tomber à l'improviste; ~=regnen *impers: es regnet herein* la pluie entre; ~=rufen *tr* appeler; ~=schleichen ⟨*aux: sein*⟩ *itr* entrer d'un pas furtif; ~=schneien ⟨*aux: sein* ⟩ *itr fig fam: hereingeschneit kommen =* ~*platzen;* ~= stürmen ⟨*aux: sein*⟩ *itr* entrer en coup de vent; ~=treten ⟨*aux: sein*⟩ *itr* entrer; ~=ziehen *tr* tirer dedans.

her|=fahren *tr* amener (en voiture); ~= fallen ⟨*aux: sein*⟩ *itr: über etw, über jdn* ~ tomber, fondre, se jeter, se ruer sur qc, sur qn; *über jdn* tomber sur le dos de qn; ~=finden *itr* trouver le chemin; ~=führen *tr* amener; H~gang *m fig (Verlauf)* marche, succession *f; (Einzelheiten)* détails *m pl;* ~=geben *tr* donner, passer, remettre, céder; *wieder* ~ rendre; *das Letzte* ~ se donner complètement;

fournir l'effort maximum; *sich zu etw* ~ se prêter à qc, prêter la main à qc; *dieses Buch gibt wenig her* ce livre n'apporte pas grand-chose; ~gebracht *a* traditionnel, coutumier, d'usage; ~=gehen ⟨*aux: sein*⟩ *itr: hinter jdm* ~ suivre qn; *über etw* ~ se jeter sur qc; *über jdn* ~ *(fig fam)* tomber sur qn (à bras raccourcis); *es ging arg über meine Vorräte her* ils ont fait une brèche dans mes provisions; ~gelaufen *a:* ~*e(r) Mensch m* homme *m* de rien *od* sans aveu; ~*e(s) Volk n* gens *pl* sans aveu *od* sans feu ni lieu; ~=halten *tr (ausstrecken)* tendre; *itr (leiden)* souffrir; *für jdn* ~ *(zahlen)* payer pour qn; ~ *müssen* devoir payer, être le souffre-douleur *od* la tête de Turc; ~=holen *tr (Sache)* aller chercher; *(Person)* amener; ~=hören *itr* écouter.

Hering *m* ⟨-s, -e⟩ ['he:rɪŋ] hareng; *(Zeltpflock)* piquet *m* (de tente); *wie die* ~*e (zs-gedrängt)* comme des harengs (en caque); *grüne(r), marinierte(r)* ~ hareng *m* frais, mariné; ~=sfang(zeit *f*) *m* harengaison *f;* ~sfaß *n* baril *m* à harengs, caque *f;* ~sfischerei *f* pêche *f* du hareng; ~snetz *n* harenguière *f;* ~sräucherei *f* saurisserie *f;* ~szug *m* banc *m* de harengs.

her|=kommen ⟨*aux: sein*⟩ venir (ici); *(sich nähern)* (s')approcher; *(herrühren)* provenir (*von* de); *(Wort: sich ableiten)* être dérivé (*von* de); *(die Folge sein)* résulter (*von* de); H~kommen *n* tradition *f;* ~kömmlich *a =* ~*gebracht;* H~kunft *f* ⟨-, ø⟩ *(Abstammung)* naissance; *(soziale)* extraction; *(Ursprung)* origine; *com (von Waren)* provenance; *(Ableitung e-s Wortes)* dérivation, étymologie *f; niederer* ~ de bas étage; *s-e* ~ *nicht verleugnen können* sentir le terroir; *niedere* ~ basse extraction *od* naissance *od* origine *f;* H~kunftsbezeichnung *ff* d'origine; ~=leiern *tr* psalmodier; *(Rede)* débiter; ~=leiten *tr* conduire (ici), amener; *fig (ableiten)* dériver (*von* de); *(folgern)* déduire (*aus* de); *sich* ~ tirer son origine (*von* de); ~=locken *tr* allécher, attirer; ~=machen: *sich über etw* ~ se mettre à qc, se jeter sur qc; *(etw in Angriff nehmen)* entreprendre, attaquer qc; *über jdn* fondre, tomber, se jeter sur qn.

Herme *f* ⟨-, -n⟩ ['hɛrmə] *(Kunst)* (buste en) hermès *m.*

Hermelin *n* ⟨-s, -e⟩ [hɛrmə'li:n] *zoo* hermine *f;* ~(pelz *m*) *m* ⟨-s, -e⟩ hermine *f, com* roselet *m.*

hermetisch [hɛr'me:tɪʃ] *a* hermétique.
hernach [hɛr'na:x] *adv* après (cela), puis, ensuite, par la suite, plus tard.
her=nehmen *tr* prendre, tirer.
hernieder [hɛr'ni:dər] *adv* en bas, vers le bas.
Hero|enkult *m* [he'ro:ən-] culte *m* des héros; **~enzeitalter** *n* âge *m* héroïque; **~in 1.** *f* (Heldin), **~ine** *f theat (Heldendarstellerin)* héroïne *f;* **h~isch** [-'ro:ɪʃ] *a* héroïque; **~ismus** *m* ⟨-s, ø⟩ [-ro'ɪsmʊs] héroïsme *m;* **~s** *m* ⟨-, -roen⟩ ['he:rɔs, -'ro:ən] héros *m.*
Heroin 2. *n* ⟨-s, ø⟩ [hero'i:n] *pharm* héroïne *f.*
Herold *m* ⟨-(e)s, -e⟩ ['he:rɔlt, -də] héraut; *fig* messager, précurseur *m;* **~sstab** *m* caducée *m.*
Herpes *m* ⟨-, ø⟩ ['hɛrpɛs] *med* herpès *m.*
Herr *m* ⟨-n, -en⟩ [hɛr] *allg* monsieur; *(beim Tanz)* cavalier; *(Gebieter)* maître; *(Eigentümer)* propriétaire; *(Arbeitgeber)* chef, patron; *(Vorgesetzter)* supérieur; *(Adliger, hist: Lehnsherr)* seigneur; *(Herrscher)* souverain *m; der ~ (Gott)* le Seigneur; *aus, in aller ~en Ländern* de, dans tous les coins du monde; *im Jahre des ~n* en l'an de grâce; *sich zum ~n über … aufwerfen* se rendre maître de …; *über etw ~ sein* être maître de qc; *~ über sich (selbst) sein* être libre de sa personne; *sein eigener ~ sein* être son maître; *~ im Hause sein* être maître chez soi; *~ der Lage sein* être maître de la situation; *~ über Leben und Tod sein* avoir droit de vie et de mort; *~ über s-e Leidenschaften sein* être maître de *od* commander à ses passions; *~ seiner selbst sein* être maître de soi; *den (großen) ~n spielen* jouer au maître *od* au grand seigneur; *e-r S ~ werden* vaincre qc; *mein od gnädiger od (im Brief) sehr geehrter ~!* monsieur; *meine ~en!* messieurs; *~ X!* monsieur (M) X; *~ General! ~ Feldwebel!* mon général! mon adjudant! *~ Unteroffizier! ~ Gefreiter!* sergent! caporal! *niemand kann zwei ~en dienen (prov)* nul ne peut servir deux maîtres, on ne peut sonner les cloches et aller à la procession; *wie der ~, so 's Gescherr* tel maître, tel valet; *ältere(r) ~* homme *m* d'un certain âge; *feine(r) ~* beau monsieur *m; ein feiner ~!* fam drôle d'oiseau! *meine (Damen und) ~en!* (Mesdames et) Messieurs! *der ~ des Hauses* le maître de la maison; *der Tag des ~n (Sonntag)* le jour du Seigneur; **~enartikel** *m pl* articles *m pl* pour mes-

sieurs; **~en(be)kleidung** *f* vêtements *m pl* pour hommes, habillement *m* masculin; **~endoppel** *n (Tennis)* double *m* messieurs; **~eneinzel** *n (Tennis)* simple *m* messieurs; **~enessen** *n* dîner *od* repas *m* entre hommes; **~enfriseur** *m* coiffeur *m* pour hommes; **~engarnitur** *f (Manschettenknöpfe u. Krawattenhalter)* parure *f* pour hommes; **~enhaus** *n (e-s Gutes)* maison *f* seigneuriale, manoir, château *m; hist parl* Chambre *f* haute *od* des pairs; **~enhose** *f* pantalon *m* d'homme; **~enkonfektion** *f* confection *f* masculine; **~enleben** *n; ein ~ führen* mener grand train; **h~enlos** *a (Mensch)* sans maître; *(Tier, Sache)* abandonné, non réclamé; *jur* vacant; *~ werden* tomber en déréliction; *~e(s) Gut n* épave *f;* **~enmantel** *m* pardessus *m* d'homme; **~enmode(n pl)** *f* mode(s *pl*) *f* masculine(s); **~enoberbekleidung** *f* = *~(be)kleidung;* **~enrasse** *f* race *f* des seigneurs; **~enschirm** *m* parapluie *m* d'homme; **~enschneider** *m* tailleur *m* pour hommes; **~enschnitt** *m (Frisur)* coupe *f* à la garçonne; **~enschuh** *m* chaussure *f* d'homme; **~ensitz** *m: im ~ (Dame)* à califourchon; **~entaschentuch** *n* mouchoir *m* d'homme; **~entoilette** *f* W.-C. *m* pour hommes; **~enunterkleidung** *f,* **~enunterwäsche** *f* sous-vêtements *m pl* pour hommes; **~enzimmer** *n* cabinet *m* de travail; **~gott,** *der* le Seigneur, Dieu *m;* **~gottsfrühe** *f: in aller ~* de bon *od* grand matin; **~in** *f* maîtresse; *(e-s Landes)* souveraine; *(e-s Betriebes)* patronne *f;* **h~isch** *a* de maître, impérieux, magistral, despotique; *(barsch)* brusque; *(stolz)* hautain; *adv* en maître; **h~je** [hɛr'je:] *interj* ventre-saint-gris! **h~lich** *a (großartig)* magnifique, superbe; *(ausgezeichnet)* excellent; *(prächtig)* sompteux; *(glänzend)* brillant, splendide; *(ausgesucht)* exquis; *(köstlich)* délicieux; *(wunderbar)* merveilleux; *(glorreich)* glorieux; *adv a.* à merveille; **~lichkeit** *f* magnificence; excellence; somptuosité; pompe; *(Glanz)* splendeur *f,* éclat *m; bes. rel* gloire; *(Erhabenheit)* grandeur, majesté *f;* **~schaft** *f (Beherrschung)* domination, maîtrise *f (über* de) *a. fig; (Befehlsgewalt)* commandement *m (über* de, sur), autorité *f; (Regierung e-s Fürsten)* règne, empire *m; (Herrschergewalt)* souveraineté; *hist (Lehnsherrschaft)* seigneurie *f; (Gebiet)* domaine *m; die ~* les maîtres, les patrons *m pl, (in der Sprache der Dienerschaft)* Monsieur et Madame; *meine ~en! (Anrede)* Mesdames et Messieurs! ~ *des Volkes* souveraineté *f* populaire; **h~schaftlich** *a (grundherrlich)* seigneurial; *(Wohnung)* de maître, grand et beau; **h~schen** *itr (Herr sein)* dominer *(über* sur); *(befehlen)* commander (en maître); *(Fürst)* régner *(über* sur); *(regieren)* gouverner; *fig (Seuche, Not)* sévir; *(Ordnung, Ruhe)* régner; *es herrscht Schweigen* le silence règne; **h~schend** *a (vorherrschend)* régnant, (pré)dominant; *(im Schwange)* en vogue; ~**scher** *m* ⟨-s, -⟩ *(Gebieter)* dominateur, maître; *(Landesherr)* souverain; *(regierender Fürst)* prince (régnant), potentat *m;* ~**schergewalt** *f* autorité *f* souveraine; ~**scherhaus** *n* dynastie, maison *f* (régnante); ~**schsucht** *f* soif *f* de pouvoir, caractère despotique, despotisme *m;* **h~schsüchtig** *a* impérieux, autoritaire; *(tyrannisch)* tyrannique, despotique.

her⌐reichen ['he:r-] *tr* passer, tendre, présenter; ~**richten** *tr* arranger; *neu* ~ mettre à neuf; ~**rufen** *tr* appeler; ~**rühren** *itr* (pro)venir, prendre source *(von* dans); *(s-n Grund haben)* tenir *(von* à); ~**sagen** *tr* dire, réciter *(aus dem Kopf* par cœur); ~**schaffen** *tr (Sache)* apporter, procurer; *(Person)* amener, faire venir; ~**schauen** *itr* = ~*sehen;* ~**schikken** *tr* envoyer (ici); ~**sehen** *itr* regarder (ici, par ici); ~**stammen** *itr* avoir son origine *(von* dans), tirer son origine *(von* de); provenir *(von* de); ~**stellbar** *a* qui peut être produit *od* fabriqué; ~**stellen** *tr (hierher stellen)* mettre ici; *(produzieren)* produire, faire, fabriquer, manufacturer, confectionner, créer; *(fabrikmäßig)* usiner; *(schaffen, ins Leben rufen)* créer, réaliser; *tele (Verbindung)* établir; *das Gleichgewicht* ~ établir l'équilibre; **H~steller** *m* ⟨-s, -⟩ producteur, fabricant, manufacturier; *allg* réalisateur *m;* **H~stellung** *f* production, fabrication, manufacture, confection; création, réalisation *f; tele* établissement *m; zur* ~ *e-r S dienen* entrer dans la fabrication *od* confection de qc; **H~stellungsgenehmigung** *f* licence *f* de fabrication; **H~stellungskosten** *pl* frais *m pl* de fabrication *od* de production; *(Selbstkosten)* prix *m* de revient; **H~stellungsland** *n* pays *m* producteur; **H~stellungspreis** *m* prix *m* de fabrique *od* de production; **H~stel-**

lungsverfahren *n* procédé *od* mode *m* de fabrication; **H~stellungszeit** *f* temps *m* d'usinage; ~**tragen** *tr* apporter.

Hertz *n* ⟨-, -⟩ [herts] *el* hertz *m,* période *f* par seconde.

herüber [he'ry:bər] *adv* par ici, de ce côté-ci, en deçà; ~ *und hinüber* deçà (et) delà; ~**geben** *tr,* ~**reichen** *tr* passer; ~**kommen** ⟨*aux: sein*⟩ *itr* venir (par) ici.

Herübersetzung *f* ['he:r-] *(in die Muttersprache)* version *f.*

herum [he'rum] *adv* autour, à l'entour; *um ... ~ (prp; räuml.)* autour de, à l'entour de; *(zeitl.)* autour de, *(gegen)* vers; *(bei Zahlenangaben)* environ; *um Weihnachten* ~ aux environs de *od* vers Noël; *um 2 Uhr* ~ vers *od* aux environs de 2 heures; *im Kreise* ~ à la ronde; ~ *sein (fam: zeitl.)* être fini; *immer um jdn* ~ *(fig: bemüht) sein* s'empresser autour de qn; ~**albern** *itr fam* s'amuser à des niaiseries; ~**balgen,** *sich* se colleter, se battre, se quereller; ~**bekommen** *tr,* ~**bringen** *tr fam (Schlüssel)* arriver à faire tourner; *(überreden)* faire changer d'idée; gagner à ses idées; ~**biegen** *tr* courber, plier; ~**brüllen** *itr pop* gueuler; ~**bummeln** ⟨*aux: sein*⟩ *itr* flâner, battre le pavé, traîner; *fam* se balader, courir la pretantaine *od* prétentaine; ~**doktern** *itr fam: an jdm* ~ droguer qn; *an etw* ~ *fam* bricoler sur qc; ~**drehen** *tr* (re)tourner; *sich* ~ se retourner, faire demi-tour; *den Schlüssel zweimal* ~ fermer à double tour; ~**drücken,** *sich (fam)* traîn(ass)er; ~**fahren** *itr* ⟨*aux: sein*⟩ *fam (ziellos)* aller çà et là *od* par-ci, par-là; *(sich umdrehen)* se retourner; *tr* ⟨*aux: haben*⟩ *fam* promener (en voiture); *um e-e Ecke* ~ tourner un coin; *um ein Kap* ~ doubler un cap; ~**faulenzen** *itr fam* tirer sa flemme; ~**flattern** ⟨*aux: sein*⟩ *itr* voltiger; ~**fliegen** ⟨*aux: sein*⟩ *itr* voler *(um* autour de); *(planlos)* voltiger; ~**fragen** *itr* s'informer partout; ~**fuchteln** *itr: mit dem Säbel* ~ ferrailler; ~**führen** *tr* mener, conduire *(um* autour de); conduire çà et là; *(in der Stadt)* piloter; *jdn an der Nase* ~ mener qn par le bout du nez; *itr* contourner *(um etw* qc); ~**fummeln** *itr fam* tripoter *(an etw* qc); ~**gehen** ⟨*aux: sein*⟩ *itr* circuler, se promener, flâner; passer (de mains en mains); *(Zeit)* passer, s'écouler; contourner; *das geht mir im Kopf herum* cela me trotte dans la tête *od* la cervelle; ~**hetzen** *tr* tracasser, éreinter; ~**hor-**

chen *itr* écouter partout; *(spionieren)* espionner; **~⸗hüpfen** *‹aux: sein› itr* sautiller; frétiller, se trémousser; **~⸗irren** *‹aux: sein› itr* errer; **~⸗jagen** *tr* = ~hetzen; **~⸗kommen** *‹aux: sein› itr: um etw nicht ~ (fam)* ne pas pouvoir échapper *od fam* couper à qc; *weit in e-m Lande ~* voir un pays; *in der Welt ~* voyager beaucoup, courir le monde, voir du pays, *pop* bourlinguer; *ich bin darum herumgekommen (fam)* cela m'a été épargné; **~⸗kramen** *itr fam* (far)fouiller *(in* dans); **~⸗kriechen** *‹aux: sein› itr (planlos)* ramper çà et là; **~⸗kriegen** *tr fam* = ~bekommen; **~⸗laufen** *‹aux: sein› itr* faire le tour *(um* de); *(ziellos)* courir çà et là; *in der Stadt ~* courir la ville; *so kannst du nicht ~!* tu ne peux tout de même pas sortir dans cette tenue! **~⸗liegen** *itr (unordentlich)* traîner; **~⸗lungern** *itr* battre le pavé; traîner la savate; *arg* glander; **~⸗meckern** *itr fam,* **~⸗nörgeln** *itr* geindre *fam;* râler *pop;* **~⸗pfuschen** *itr* bousiller; **~⸗reichen** *tr* faire passer; **~⸗reisen** *‹aux: sein› itr (planlos)* voyager çà et là; voir du pays; *(in e-m Lande)* faire le tour *(in* de); **~⸗reiten** *‹aux: sein› itr* se promener à cheval; *fig* être à cheval *od* insister *(auf etw* sur qc); **~⸗schlagen,** *sich* se battre, *fig (mit Worten)* batailler, *fam* se chamailler *(mit jdm* avec qn); **~⸗schlendern** *‹aux: sein› itr* flâner, *fam* se balader; **~⸗schleppen** *tr: etw mit sich ~* traîner *od fam* trimbaler qc avec soi; *e-e Erkältung mit sich ~* se trimbaler avec un rhume; **~⸗schmarotzen** *itr* piquer l'assiette; **~⸗schmökern** *itr (in Büchern)* fourrager; bouquiner *fam;* **~⸗schnippein** *itr* tailler et rogner; **~⸗schnüffeln** *itr* mettre *od* fourrer son nez *od* fureter partout; **~⸗schreien** *itr* gueuler *pop;* **~⸗sitzen** *itr fig (nichts tun)* ne rien faire; **~⸗sprechen,** *sich* passer de bouche en bouche, se divulguer; se répandre; **~⸗stehen** *itr (Sachen)* traîner; *(Mensch)* badauder, bayer aux corneilles; **~⸗stöbern** *itr* fouiller, fureter *(in* dans); **~⸗stochern** *itr: in den Zähnen ~* se curer les dents; **~⸗stolzieren** *‹aux: sein› itr* se montrer (partout); **~⸗streiten,** *sich* se prendre de parole *od fam* de bec; **~⸗streunen** *‹aux: sein› itr* traîner la savate *fam;* **~⸗stroichen** *‹aux: sein› itr* vagabonder, rôder; **~⸗suchen** *itr* chercher partout; **~⸗tanzen** *itr: jdm auf der Nase ~* se moquer de qn; **~⸗toben** *itr* faire le diable (à quatre); **~⸗tra-**

gen *tr (Neuigkeit)* colporter; **~⸗trampeln** *‹aux: sein› itr: auf jdm ~ (fig)* marcher sur les pieds de qn; **~⸗treiben,** *sich* traîner, vagabonder, courir les cafés *od fam* le guilledou; *wo hast du dich (denn) wieder herumgetrieben?* où étais-tu encore passé? **H~treiberin** *f* galvaudeuse *f;* **~⸗tummeln,** *sich* prendre ses ébats; **~⸗wälzen,** *sich* se rouler; se vautrer; *sich (im Bett) ~* se tourner et se retourner (dans son lit); **~⸗werfen** *tr: das Steuer ~ (fig)* renverser la vapeur; **~⸗wühlen** *itr* = ~stöbern; *fig* fourrager, tripoter *(in* dans); **~⸗zanken,** *sich* se quereller, se disputer, batailler, *fam* se chamailler; **~⸗zerren** *tr* tirailler *(an* à); **~⸗ziehen** *‹aux: sein› itr* flâner, vagabonder, rôder; *sich um etw ~* contourner, entourer qc; **~⸗ziehend** *a* ambulant; nomade.

herunter [hɛˈrʊntər] *adv* en bas, à bas, à terre, du haut; *a fam (gesundheitl.)* bas; *von ... ~ (prp)* du haut de *a. fig,* à bas de; *von oben ~* du haut en bas; *ich kann nicht ~* je ne puis descendre; *~!* descends! descendez! **~⸗bringen** *tr (Sache)* (ap)porter en bas, descendre; *(Person)* faire descendre; **~⸗drücken** *tr* presser vers le bas; *(Preis)* baisser, réduire; **~⸗fallen** *‹aux: sein› itr* tomber; **~⸗gehen** *‹aux: sein› itr fig (Fieber)* diminuer; *(Preis)* baisser; **~⸗gekommen** *a fig* à la dérive, en dérive, *fam* déliquescent; qui a beaucoup baissé; **~⸗handeln** *tr (e-n Betrag)* gagner en marchandant; **~⸗hauen** *tr: jdm eine ~* gifler qn; **~⸗helfen** *itr* aider à descendre *(jdm* qn); **~⸗holen** *tr (Sache)* descendre; *(Person)* faire descendre; *(Vogel, Flugzeug)* descendre, abattre; **~klappbar** *a* rabattable; **~⸗klappen** *tr (Kragen, Sitz)* rabattre; *(Verdeck)* baisser; **~⸗kommen** *‹aux: sein› itr* venir en bas, descendre; *fig (sittlich)* s'encanailler; *er ist sehr heruntergekommen* il est très diminué; il a beaucoup baissé; il se laisse aller; **~laßbar** *a (Fenster)* inclinable; **~⸗lassen** *tr (Menschen)* faire *od* laisser descendre; *(Vorhang)* baisser; *(Autofenster)* baisser, ouvrir; **~⸗leiern** *tr* ânonner, bêler; **~⸗machen** *tr fig (schmähen)* ravaler, mettre à bas, rabaisser; *(nur Person)* rabattre la crête à, déchirer à belles dents, sabrer; **~⸗nehmen** *tr* descendre, dépendre, décrocher; **~⸗purzeln** *‹aux: sein› itr* dégringoler; **~⸗putzen** *tr fig* morigéner, houspiller, chapitrer; **~⸗reißen** *tr* arracher; *fig (scharf kritisieren)* esquinter, déchirer (à belles dents), *fam* éreinter; ~=**schalten** *itr mot* rétrograder; ~=**schlagen** *tr (Nüsse)* gauler; *(Verdeck)* baisser; *(Kragen)* rabattre; *(Kopf)* trancher; ~=**schlucken** *tr* avaler; ~=**sehen** *itr = herabblicken;* ~=**werfen** *tr* jeter (en) bas; ~= **wirtschaften** *tr* ruiner; ~=**ziehen** *tr* tirer en bas; *(Fenster)* baisser.

hervor [hɛrˈfoːr] *adv* en avant; dehors; *unter dem Bett* ~ de dessous le lit; ~= **brechen** ⟨*aux: sein*⟩ *itr* s'élancer, jaillir; *mil* déboucher *(aus* de); ~=**bringen** *tr* produire, engendrer, créer, enfanter, faire naître; *(Ton, Wort)* proférer; *(bewirken)* opérer; **H~bringung** *f* production, création *f;* ~=**gehen** ⟨*aux: sein*⟩ *itr fig (herkommen)* sortir, provenir *(aus* de); *(sich ergeben)* relever, ressortir, résulter, s'ensuivre *(aus* de); *als Sieger aus* ... ~ sortir vainqueur de ...; *daraus geht hervor, daß* ... il en résulte, il ressort de là, il s'ensuit, *jur* il appert que ...; ~=**heben** *tr fig* faire ressortir, donner du relief à, mettre en relief *od* en évidence *od* en valeur *od* en vedette, mettre l'accent sur, accentuer, souligner; appuyer sur, rehausser; *(Umrisse)* dessiner, accuser; *sich* ~ s'élever, ressortir; **H~hebung** *f* mise *f* en évidence; ~=**holen** *tr* tirer *(aus* de); ~=**kehren** *tr fig* faire valoir, étaler; ~=**kommen** ⟨*aux: sein*⟩ *itr* sortir *(aus* de); *(auftauchen)* apparaître, surgir; *(Gestirn)* percer *(aus den Wolken* à travers les nuages); ~= **leuchten** *itr* (re-)luire, briller *(aus* à travers); ~=**locken** *tr* attirer (dehors); ~=**ragen** *itr* s'élever au-dessus de *a. fig;* avancer, saillir, être en saillie; émerger *(aus* de); *fig* se distinguer, exceller; *über jdn, etw* dépasser qn, qc; ~**ragend** *a* saillant, en saillie, proéminent; *fig* (pré)éminent, excellent, marquant, remarquable, exceptionnel, hors ligne *od* classe; *(Person a.)* de marque; ~=**rufen** *tr (Schauspieler)* rappeler (par des applaudissements); *(verursachen)* causer, faire surgir *od* naître, engendrer, *med* provoquer; *(erregen)* soulever, susciter; *(Bewunderung)* exciter; *Bestürzung* ~ semer la consternation; ~**stechend** *a fig (auffallend)* saillant, éminent, frappant; ~=**stürzen** ⟨*aux: sein*⟩ *itr* se précipiter dehors *od* en avant, s'élancer; ~=**suchen** *tr (ausgraben)* déterrer, exhumer; ~=**treten** ⟨*aux: sein*⟩ *itr* sortir, (s')avancer; *arch* faire saillie; *(auftauchen)* émerger, surgir; *fig* apparaître; *(sich abheben)* se détacher, ressortir, se dessiner;

(hervorragen) avoir du relief, marquer; ~ *lassen (fig)* donner du relief à, faire ressortir, mettre en valeur, mettre l'accent sur, marquer; *(Kunst)* rehausser, *(Umrisse)* accuser; ~=**tretend** *(plastisch)* en relief; ~=**tun,** *sich* se mettre en évidence, se faire remarquer, se distinguer, se signaler, s'illustrer, exceller; *(pej)* se mettre en avant; *pop* la ramener; ~=**wagen,** *sich* oser sortir; ~=**zaubern** *tr* faire apparaître (comme) par enchantement; ~=**ziehen** *tr* tirer, sortir *(aus etw* de qc; *unter etw* de dessous qc).

her|wärts [ˈheːrvɛrts] *adv* vers ici, de ce côté(-ci); **H~weg** *m: auf dem* ~ (en) venant ici.

Herz *n* ⟨*des -ens, dem -en, die -en*⟩ [hɛrts] cœur *m (a. im Kartenspiel a. fig); fig a.* entrailles *f pl; (Gemüt, Seele)* âme; *(Mitleid)* pitié *f; (Mut)* courage; *(Kern, Mittelpunkt)* cœur, centre *m; im* ~*en Deutschlands* au cœur de l'Allemagne; *aus vollem* ~*en* à grand cœur, avec effusion; *mit klopfendem* ~*en* le cœur battant; *leichten* ~*ens* d'un cœur léger; *schweren* ~*ens* le cœur gros; *von ganzem* ~*en* de tout mon *etc* cœur, de tout *od* grand cœur, de toute mon *etc* âme; *von* ~*en gern* de bon cœur; bien volontiers; je ne demande pas mieux; *sein* ~ *ausschütten* décharger *od* ouvrir *od* épancher son cœur, s'épancher *(jdm* à qn); vider son sac; *das* ~ *bedrücken* serrer le cœur; *es nicht übers* ~ *bringen zu* ... ne pas avoir le cœur *od* le courage de ...; *jdn an sein* ~ *drükken* presser *od* serrer *od* étreindre qn contre *od* sur son cœur; *sein* ~ *erleichtern* décharger son cœur, s'épancher; *sich ein* ~ *fassen* prendre courage, *fam* prendre son courage à deux mains; *jdm zu* ~*en gehen* aller *od* parler au cœur de qn; *jds* ~ *gewinnen* se faire aimer de qn; *alle* ~*en gewinnen* attirer *od* gagner tous les cœurs; *etw auf dem* ~*en haben* avoir qc sur le cœur; *pop* en avoir gros sur la patate; *ein gutes* ~ *haben (fig)* avoir bon cœur, être généreux; *kein* ~ *haben (fig)* n'avoir pas de cœur; *das* ~ *auf dem rechten Fleck haben* avoir le cœur bien placé; *jdn in sein* ~ *geschlossen haben* porter qn dans son cœur; *das* ~ *auf der Zunge haben* avoir le cœur sur les lèvres; *jds* ~ *höher schlagen lassen* faire battre le cœur à qn; *jdm ans* ~ *legen, etw zu tun* conjurer qn de faire qc; *von* ~*en lieben* aimer d'amour; *jdm am* ~*en liegen* tenir à cœur à qn; *s-m* ~*en Luft machen (fam)* se décharger la rate; *jdm das ~ schwermachen* peser sur le cœur à qn; *sich etw zu ~en nehmen* prendre qc à cœur; *jdn auf ~ und Nieren prüfen* sonder les reins et le cœur de qn, examiner qn sur toutes les coutures; *jdm sein ~ schenken* donner son cœur à qn; *jdn ins ~ schließen* s'attacher à qn; *jdm ans ~ gewachsen sein* tenir au cœur à qn; *ein ~ und eine Seele sein* ne faire qu'un, n'être qu'un en deux corps; *fam* être compère et compagnon; *sein ~ sprechen lassen* laisser parler son cœur; *an gebrochenem ~en sterben* mourir le cœur brisé; *unter dem ~en tragen* porter dans son sein; *das ~ auf der Zunge tragen* être expansif; *das ~ blutet mir* j'ai le cœur qui saigne; *mir fällt ein Stein vom ~en* je me sens soulagé d'un (grand) poids; *mir fiel das ~ in die Hosen (fig fam)* le cœur me manqua; *das geht mir (sehr) zu ~en* cela me retourne; *mir klopft das ~* mon cœur bat; *es liegt mir am ~en zu ...* j'ai à cœur de ...; *das ~ schlug ihm bis zum Hals* son cœur bondit; *mir wird das ~ schwer* j'ai le cœur gros; *Hand aufs ~!* la main sur la conscience! *wes das ~ voll ist, des geht der Mund über (prov)* de l'abondance du cœur la bouche parle; *die Dame meines ~ens* la dame de mes pensées; *so recht nach meinem ~en* tout à fait à mon goût; tel que je l'aime; *ein weiches ~ in rauher Schale* mauvaise tête et bon cœur; *von ~en kommend* cordial, sincère; **~ader** ... *(in Zssgen)* cardiovasculaire *a;* **~allerliebste(r** *m***)** *f* bien-aimé(e *f*) *m;* **~anfall** *m* défaillance *od* crise *f* cardiaque; **~beklemmung** *f* serrement *m* de cœur; **~beschwerden** *f pl* troubles *m pl* cardiaques; **~beutel** *m anat* péricarde *m;* **~beutelentzündung** *f* (péri)cardite *f;* **~beutelwassersucht** *f* hydropisie *f* du péricarde; **~bewegung** *f* rythme *m* cardiaque; **~blatt** *n bot* petite feuille *f* centrale; **~bräune** *f* angine *f* de poitrine; **~bube** *m* (*Karte*) valet *m* de cœur; **~chen** *n: mein ~!* mon chou! mon (ma) petit(e) chéri(e)! **~dame** *f* (*Karte*) dame *f* de cœur; **~eleid** *n* affliction *f*, chagrin, crève-cœur *m;* **h~en** *tr* presser contre *od* sur son cœur, caresser, cajoler; **~ensangelegenheit** *f* affaire *f* de cœur; **~ensangst** *f* angoisse, détresse *f;* **~ensbildung** *f* noblesse *f* de cœur; **~ensbrecher** *m* bourreau *m* des cœurs; **~(ens)bruder** *m* ami *m* cher à mon *etc* cœur; **~ensgrund** *m: aus ~* du fond du cœur; **h~ensgut** *a*

d'un cœur d'or; **~ensgüte** *f* bonté *f* de cœur; **~enslust** *f: nach ~* à cœur joie, tout son content, *fam* à gogo; **~enswunsch** *m* désir *m* profond; *nach ~* à souhait; **h~ergreifend** *a* touchant, saisissant; **~erweiterung** *f* dilatation *f* du cœur; **~fehler** *m* vice *m* du cœur, *scient* déficience *f* cardiaque; **h~förmig** *a* en (forme de) cœur; *scient* cordiforme; **~gegend** *f* région *f* du cœur; **~geräusch** *n* souffle *m* du cœur; **~gift** *n* cardiotoxique *m;* **~grube** *f anat* creux *m* de l'estomac *od scient* épigastrique; **h~haft** *a* brave, courageux, hardi; bon; *adv: ~ lachen* rire de bon cœur; **~haftigkeit** *f* courage *m*, hardiesse *f;* **h~ig** *a* mignon, charmant, gentil; **~infarkt** *m* infarctus *m* du myocarde; **h~innig** *a* cordial, tendre; **~insuffizienz** *f* insuffisance *f* cardiaque; **~kammer** *f anat* ventricule *m* du cœur; **~kirsche** *f* bigarreau *m*, guigne *f;* **~klappe** *f anat* valvule *f* du cœur; **~klappenfehler** *m* affection *f* valvulaire; **~klopfen** *n* battement *m* du cœur, palpitations *f pl; ich habe ~* j'ai le cœur qui bat; **~krampf** *m* spasme *m* cardiaque; angine *f* de poitrine; **h~krank** *a*, **h~leidend** *a* cardiaque; **~krankheit** *f*, **~leiden** *n* maladie de cœur; *scient* affection cardiaque, **~schrittmacher** *m* stimulateur *m* cardiaque; cardiopathie *f;* **~lähmung** *f* paralysie *f* cardiaque; **h~lich** *a* cordial, sincère, affectueux; *adv a.* bien; *von ~em etc cœur; ~ gern* très volontiers, de bon cœur, avec le plus grand plaisir; je ne demande pas mieux; *(mit) ~e(n) Grüße(n)* cordialement, amicalement; avec toutes mes *etc* amitiés; **~lichkeit** *f* ‹-, (-en)› cordialité, tendresse, affection *f;* **~linie** *f math* cardioïde *f;* **h~los** *a fig* sans cœur, de *od* froid comme un marbre, dur, sec, insensible; *~e(r) Mensch m* sans-cœur *m;* **~losigkeit** *f* dureté, sécheresse, insensibilité *f;* **~-Lunge(n)-Maschine** *f med* machine *f* cœur-poumon; **~mittel** *n* cardiotonique *m;* **~muskel** *m* myocarde *m;* **~muskelentzündung** *f* myocardite *f;* **~neurose** *f* névrose *f* tachycardique; **~schlag** *m med* arrêt *m* du cœur; insuffisance *f* cardiaque, **~schrittmacher** *m* stimulateur *m* cardiaque; **~spezialist** *m* cardiologue *m;* **~spitze** *f* pointe *f od* sommet *m* du cœur; **h~stärkend** *a* cordial, cardiaque, réconfortant; **~stillstand** *m* arrêt *m* du cœur; **~stück** *n* partie centrale; *loc (e-r Weiche)* pointe *f* de

cœur; **~tätigkeit** _f_ activité _f_
fonctionnelle du cœur; **~ton** _m_ bruit
_m_ du cœur; **~verfettung** _f_
dégénérescence _f_ graisseuse du
cœur; **~vorhof** _m_ oreillette _f_ du
cœur; **~wand** _f_ paroi _f_ du cœur;
h~zerreißend _a_ déchirant, poignant,
navrant, à fendre le cœur _od_ l'âme.

her≠zählen _tr;_ _an den Fingern_ ~ _kön-_
nen savoir sur le bout du doigt; **~ɛ**
ziehen _tr ⟨aux: haben⟩_ attirer; _itr_
⟨aux: sein⟩ venir demeurer _od_ habiter
ici; _über jdn_ ~ _⟨aux: haben⟩ (schimp-_
fen) dire du mal de qn, _fam_ taper sur
qn, casser du sucre sur le dos de qn.

Herzog _m ⟨-(e)s, ˙̈e/-(e)⟩_ ['hɛrtsoː(ː)k]
duc _m;_ **~in** _f_ duchesse _f;_ **h~lich** _a_ du-
cal; **~tum** _n_ duché _m._

herzu [hɛr'tsuː] _adv_ (par) ici, de ce
côté(-ci).

Hess|e _m ⟨-n, -n⟩_ ['hɛsə], **~in** _f_ Hessois,
e _m f;_ **~en** _n_ la Hesse; **h~isch** _a_ hes-
sois, de (la) Hesse.

Hetäre _f ⟨-, -n⟩_ [he'tɛːrə] _hist_ hétaïre _f._

hetero|gen [hetero'geːn] _a (ungleich)_
hétérogène; **H~genität** _f ⟨-, ø⟩_ [-'tɛːt]
hétérogénéité _f;_ **H~plastik** _f med_
hétéroplastie _f;_ **H~sexualität** _f_
hétérosexualité _f;_ **~sexuell** _a_ hétéro-
sexuel.

Hetz|artikel _m_ ['hɛts-] article _m_ incen-
diaire _od_ de provocation; **~blatt** _n_
journal _m_ provocateur; journal à sensations; **~e** _f ⟨-, -n⟩ (Eile)_ hâte, précipitation _f;_ **h~en** _tr ⟨aux: haben⟩ (ja-_
gen) chasser, traquer; _(Hund)_ lâcher
(auf sur); _(Menschen: verfolgen)_
pourchasser, traquer, talonner; poursuivre, persécuter; _(Redensart)_ user
jusqu'à la corde; _itr (eilen) ⟨aux: sein⟩_
être pressé; _⟨aux: haben⟩ (Hetzreden_
halten) tenir des propos incendiaires;
(den Streit schüren) souffler la discorde; _gegen jdn_ ~ exciter les passions contre qn; _zu Tode_ ~ _(Wild)_
forcer, mettre aux abois; _fig (Redens-_
art) répéter à satiété; _mit allen Hun-_
den gehetzt sein (fig) avoir plus d'un
tour dans son sac; **~er** _m ⟨-s, -⟩ (Jagd)_
piqueur, traqueur; _fig pol_ (agent) provocateur, agitateur _m;_ **~erei** _f_ [-'raɪ]
= ~_e;_ **h~erisch** _a_ provocateur;
~jagd _f_ chasse _f_ à courre; _fig_ = ~_e;_
~kampagne _f pol_ campagne _f_ d'agitation; **~presse** _f_ presse _f_ incendiaire; **~rede** _f_ discours _m_ provocateur
_od_ incendiaire; **~redner** _m_ aboyeur
_m;_ **~schrift** _f_ écrit _m_ incendiaire.

Heu _n ⟨-(e)s, ø⟩_ [hɔy] foin _m;_ ~ _ma-_
chen faire les foins, faner; _Geld wie_ ~
haben remuer l'argent à la pelle, être
cousu d'or; **~boden** _m_ grenier à foin,
fenil _m;_ **~bündel** _n_ botte _f_ de foin;

h~en _itr_ = ~ _machen;_ **~er 1.** _m ⟨-s,_
-⟩ (Arbeiter) faneur _m;_ **~ernte** _f_
récolte des foins, fenaison _f;_ **~fieber**
_n_ fièvre _f_ des foins; **~gabel** _f_ fourche
_f_ à foin; **~haufen** _m_ tas _m od_ meule
_f_ de foin; **~loch** _n (im ~boden)_ abat-
-foin _m;_ **~schnupfen** _m_ rhume _m_
des foins; **~schober** _m,_ **~schuppen**
_m,_ **~stadel** _m_ fenil _m;_ **~schrecke** _f_
ent sauterelle, locuste _f;_ **~schrek-**
kenkrebs _m_ squille _f;_ **~schrecken-**
schwarm _m_ vague _f_ de sauterelles;
~wagen _m_ chariot _m_ à foin;
~wender _m ⟨-s, -⟩ (Gerät)_ faneuse _f._

Heuch|elei _f ⟨-, -en⟩_ [hɔyçə'laɪ] hypo-
crisie, affectation, feinte, dissimulation; _(Betrug)_ imposture; _(Falschheit)_
fausseté, duplicité _f;_ _(Scheinheilig-_
keit) pharisaïsme _m,_ tartuferie, papelardise _f;_ **h~eln** ['hɔyçəln] _tr (vortäu-_
schen) feindre, affecter, simuler; _itr_
(sich verstellen) feindre, faire semblant; **~ler(in _f_)** _m ⟨-s, -⟩_ hypocrite,
grimacier, ère _m f;_ faux dévot _m,_
fausse dévote _f,_ tartufe _m,_ cafard, e _m_
_f;_ **h~lerisch** _a (falsch)_ faux, dissimulé, hypocrite, grimacier; _(schein-_
heilig) cafard, cagot.

Heuer 2. _f ⟨-, -n⟩_ ['hɔyər] _mar (Lohn)_
paie _f,_ salaire _m,_ solde _f;_ _(Anmuste-_
rung) enrôlement _m;_ **~brief** _m (für_
ein Schiff) contrat _m_ d'affrètement,
charte-partie _f;_ **h~n** _tr (Matrosen)_
engager; _(Schiff)_ affréter; **~vertrag**
m (mit e-m Matrosen) contrat _m_
d'engagement.

heu|er ['hɔyər] _adv_ cette année; **~rig** _a_
de cette année; **H~rige(r)** _m_ vin _m_
nouveau.

Heul|boje _f_ ['hɔyl-] _mar_ bouée _f_ à sif-
flet; **h~en** _itr_ hurler; _fam (weinen)_
pleur(nich)er; _(Kind)_ piailler, piauler;
(Sturm) gémir, mugir; _(Sirene)_ hurler; _mit den Wölfen_ ~ _(fig)_ hurler
avec les loups; _vor Wut_ ~ hurler de
rage; _es ist zum H~ (fam)_ c'est à en
pleurer; **~en** _n_ hurlement _m;_ ~ _und_
Zähneklappern des pleurs et des
grincements de dents; **~er** _m ⟨-s, -⟩_
pleurnicheur _m;_ **~erei** _f ⟨-, (-en)⟩_
[-'raɪ] pleurnicherie; _fam_ piaillerie _f;_
pop piaulement _m;_ **~suse** _f ⟨-, -n⟩_
['-zuːzə] _fam_ pleurnicheuse _f._

heut|e ['hɔytə] _adv_ aujourd'hui; =
~zutage; _ab_ ~, _von_ ~ _ab od an_ à partir d'aujourd'hui; _bis_ ~ jusqu'à aujourd'hui; _noch_ ~, ~ _noch_ aujourd'hui
même, dès aujourd'hui; _(noch immer)_
encore aujourd'hui; _von_ ~ _auf mor-_
gen du jour au lendemain; ~ _abend_
ce soir; ~ _früh,_ ~ _morgen_ ce matin; ~
(nach)mittag cet après-midi; ~ _nacht_
cette nuit; ~ ~ _vormittag_ ce matin; ~ _in_

acht, vierzehn Tagen (d')aujourd'hui en huit, quinze; (~) *vor 8 Tagen* il y a (aujourd'hui) huit jours; *mein du ~ kannst besorgen, (das) verschiebe nicht auf morgen* ne remets pas au lendemain ce que tu peux faire le jour même; ~**ig** *a* d'aujourd'hui, de ce jour; *(gegenwärtig)* présent; *(neuzeitlich)* actuel, moderne; *der ~e Tag* ce jour; *mein H~es (Schreiben)* la présente; ~**zutage** *adv* de nos jours.

Hex|e *f* ⟨-, -n⟩ ['hɛksə] sorcière, magicienne *f; alte ~ (Schimpfwort)* vieille sorcière, mégère *f; kleine ~ (hum)* petite coquine *od* friponne *f;* **h~en** *itr* être sorcier *od* sorcière, pratiquer la magie; *ich kann nicht ~* je ne suis pas sorcier; ~**enkessel** *m fig* chaudron *m* aux sorcières; ~**enmeister** *m* sorcier, ensorceleur, magicien *m;* ~**enprozeß** *m* procès *m* de sorcellerie; ~**ensabbat** *m* sabbat *m;* ~**enschuß** *m med* tour de reins, lumbago *m;* ~**enverfolgung** *f a. fig* chasse *f* aux sorcières; ~**enwahn** *m* croyance *f* aux sorcières; ~**erei** *f* ['-'raɪ] sorcellerie, magie *f;* sortilège, maléfice *m.*

hie [hi:] *adv = hier; ~ und da* par-ci, par-là; ~**nieden** ['--- / -'--] *adv lit* ici-bas, en ce bas monde.

Hieb *m* ⟨-(e)s, -e⟩ [hi:p, -bə] coup *m* (tranchant *od* de taille); *(Baum~)* coupe; *(Feilen~)* taille *f; fig (bissige Bemerkung)* coup *m* de bec *od* dent *od* patte; *auf den ersten ~* du premier coup; *auf ~ und Stoß* d'estoc et de taille; ~*e bekommen* recevoir des coups; *jdm e-n ~ versetzen (a. fig)* porter un coup à qn; *fig* donner un coup de griffe à qn; *der ~ galt mir (fig)* c'est moi qui étais visé; *du hast wohl e-n Hieb? (fam)* tu n'est pas bien? *der ~ sitzt* le coup a porté; *sonst setzt es ~e!* (sinon) gare aux coups *od fam* à la casse! **h~fest** *a* invulnérable; **h~reif** *a (Wald)* mûr pour l'abattage; **h~- und stichfest** *a fig* à toute épreuve, irréfutable; ~**-und Stoßwaffe** *f* arme *f* d'estoc et de taille; ~**wunde** *f* balafre *f.*

hier [hi:r] *adv* ici, en ce lieu; *(postalisch)* en ville; *(auf Erden)* en ce monde; *(in diesem Augenblick)* à ce moment; *(bei diesen Worten)* à ces mots; *attr (nachgestellt)* -ci: *dieser ~* celui-ci, *d(ies)er Brief ~* cette lettre--ci, la lettre que voici; *~ und da* çà et là; par-ci, par-là; de loin en loin; *von ~ d'ici; von ~ an* à partir d'ici; *~ draußen, drinnen, oben, unten* là dehors, dedans, en haut, en bas; ici; *~ ist, sind* voici, *fam* voilà; *~ bin ich* me

voici *od fam* voilà; *ich bin nicht von ~* je ne suis pas d'ici; *es steht mir bis ~ (fam)* j'en ai jusqu'ici; *hier X. (tele) X.* à l'appareil; *~ irren Sie* c'est là en quoi vous vous trompez; *~! (mil)* présent! ~**an** *adv* à *od* en ceci; *~ sehen Sie* vous voyez par là; ~**auf** *adv (örtl.)* sur cela, là-dessus; *(zeitl.)* après cela, ensuite; ~**aus** *adv fig* de ceci, de *od* par là; ~**bei** *adv* à ceci, à cela; *(zeitl.)* en même temps; ~**bleiben** ⟨*aux: sein*⟩ *itr* rester (ici); ~**durch** *adv fig* de cette façon, comme cela; *(im Brief)* par la présente; ~**ein** *adv* dans *od* en ceci; ~**für** *adv* pour ceci *od* cela; ~**gegen** *adv* contre ceci, là-contre; ~**her** *adv* (par) ici, de ce côté-ci; *~! (a.)* à moi! *(Jagd)* hourvari! *bis ~ (örtl. u. zeitl.)* jusqu'ici; *(zeitl.)* jusqu'à présent; *das gehört nicht ~* cela n'a rien à voir *od* à faire ici; ~**herum** *adv* par ici; ~**hin** *adv* (vers) ici, par ici; *~ und dorthin* çà et là; par-ci, par-là; ~**in** *adv* là-dedans; *fig* en cela; ~**lassen** *tr* laisser (ici); ~**mit** *adv* avec cela; c'est ainsi que; *(im Brief)* par la présente; ~**nach** *adv* après cela, là-dessus; *fig (demzufolge)* en conséquence; ~**neben** *adv* à côté; *(im Brief)* ci-contre; ~**orts** *adv* en ce pays-ci; ~**sein** ⟨*aux: sein*⟩ *itr* être présent; **H~sein** *n* présence *f;* ~**selbst** *adv* ici-même; *(postalisch)* en ville; ~**über** *adv (Richtung)* par ici, de ce côté-ci; *fig* là-dessus; ~**um** *adv* autour de cela; *(deswegen)* pour cela; ~**unter** *adv, a. fig* là-dessous; *~ versteht man* on entend par là; ~**von** *adv* de cela, en; ~**zu** *adv (zu diesem)* à ceci, à cela; y; *(zu diesem Zweck)* à cet effet; *(außerdem)* en outre, de plus; *~ kommt noch, daß* ajoutez que; ~**zulande** *adv* chez nous, dans *od* en ce pays-ci; ~**zwischen** *adv* entre les deux.

Hier|archie *f* ⟨-, -n⟩ [hierar'çi:] hiérarchie *f;* **h~archisch** [-'rarçiʃ] *a* hiérarchique.

Hieroglyphe *f* ⟨-, -n⟩ [hiero'gly:fe] hiéroglyphe *m.*

hiesig [-hi:zɪç] *a* d'ici, de cet endroit, de cette ville, de ce pays; *(örtlich)* local.

Hifthorn *n* ['hɪft-] cor *m* de chasse.

high [hai] *a arg (von Rauschgift)* camé; *fig* en pleine forme.

Hilf|e *f* ⟨-, -n⟩ ['hɪlfə] aide *f,* secours; *(Unterstützung)* appui *m; (Beistand, bes. med)* assistance *f; (~sperson)* auxiliaire *m f; mit ~ (gen)* à l'aide (de), au *od* par le moyen (de), à la faveur (de), au prix (de); *mit Gottes ~* avec l'aide de Dieu; *ohne fremde ~* tout seul; sans l'aide de personne; par moi-(toi-, lui-, elle-)même; *jdn um ~ bitten* demander du secours *od* de l'aide à qn; *jdm zu ~ kommen* venir en aide à qn *od* au secours *od* à la rescousse de qn; *jds Gedächtnis zu ~ kommen* aider qn à se rappeler qc; *jdm ~ leisten* donner *od* porter *od* prêter secours *od* assistance à qn; *jdm tatkräftige ~ leisten* prêter main-forte à qn; *um ~ rufen* crier *od* appeler au secours; *jdn zu ~ rufen* appeler qn à l'aide *od* à son aide; *(zu)* ~*!* à l'aide! au secours! à moi! *Erste ~ (med)* secourisme *m; die Erste ~* les premiers secours *od* soins *m pl; gegenseitige ~* entraide *f;* **h~ebringend** *a* portant secours; **h~eflehend** *a* implorant du secours; **~eleistung** *f* secours *m,* assistance *f, bes. med; unterlassene ~ (jur)* non-assistance *f* à personne en danger; **~eruf** *m* appel *m* à l'aide *od* au secours; **h~los** *a* impuissant; *(Kranker)* impotent; *(ratlos)* embarrassé; qui ne sait pas se tirer d'affaire; *pop* empoté; **~losigkeit** *f* impuissance, impotence *f;* embarras *m;* **h~reich** *a* secourable, serviable; ~ *sein* avoir le cœur sur la main.

Hilfs| ... ['hɪlfs-] *(in Zssgen) (Ersatz-)* auxiliaire *a,* de secours, de fortune; **~angebot** *n* offre *f* d'aide; **~arbeiter** *m* manœuvre, homme de peine, ouvrier *m* d'extra; **~arzt** *m* médecin *m* assistant; **h~bedürftig** *a* qui a besoin d'aide; **~bedürftigkeit** *f* besoin *m;* **h~bereit** *a* secourable, serviable; **~bereitschaft** *f* serviabilité *f;* **~dienst** *m* secours; service *m* de secourisme *od mil* auxiliaire; **~fonds** *m* fonds *m* de secours; **~frequenz** *f radio* fréquence *f* auxiliaire; **~gelder** *n pl* subsides *m pl;* **~kasse** *f* caisse *f* de secours; **~komitee** *n* comité *m* de soutien; **~kraft** *f (Person)* aide *m f;* **~lehrer(in** *f)* *m* instituteur *m,* trice *f od* professeur *m* remplaçant(e) *od* adjoint(e) d'enseignement, maître(sse) auxiliaire; **~linie** *f math* ligne auxiliaire; *mus* ligne *f* additionnelle; **~maßnahmen** *f pl:* ~ *(treffen)* prendre des) mesures *f pl* d'assistance; **~mittel** *n* moyen (d'action), expédient *m,* ressource *f;* **~motor** *m (a. am Fahrrad)* moteur auxiliaire, servo-moteur *m;* **~organisation** *f* organisation *f* d'aide; **~personal** *n* personnel *m* auxiliaire; **~polizei** *f* police *f* auxiliaire; **~prediger** *m (kath.)* vicaire; *(evang.)* pasteur *m* adjoint; **~programm** *n* programme *m* d'aide; **~quellen** *f pl* ressources *f*

pl; ~ **richter** *m* juge *m* suppléant; **~schule** *f* = *Sonderschule;* **~sender** *m radio* émetteur *m* auxiliaire; **~truppen** *f pl* troupes *f pl* auxiliaires; **~verb(um)** *n,* **~zeitwort** *n* (verbe) auxiliaire *m;* **~vorrichtung** *f* servo-mécanisme *m;* **~werk** *n* œuvre *f* sociale *od* de secours; **~wissenschaft** *f* science *f* accessoire; **~zug** *m loc* train *m* de secours.

Himbeer|e *f* ⟨-, -n⟩ ['hɪmbeːrə] framboise *f;* **~eis** *n* glace *f* à la framboise; **~geist** *m* eau-de-vie *f* de framboises; **~saft** *m,* **~sirup** *m* sirop *m* de framboises; **~strauch** *m* framboisier *m.*

Himmel *m* ⟨-s, -⟩ ['hɪməl] ciel *a. rel (pl* cieux); *(am Bett)* ciel (de lit) *(pl* ciels); *(Thron~, Altar~)* baldaquin *m; am ~* au *od* dans le ciel; *im ~* au ciel; *unter freiem ~* en plein air; *(schlafen)* à la belle étoile; *vom ~* du ciel *od* d'en haut; *gen ~ fahren* monter au ciel; *jdn in den ~ heben (fig)* porter qn aux nues, élever qn jusqu'au ciel, dire merveilles de qn; *das Blaue vom ~ herunter lügen* mentir comme un arracheur de dents; *in den ~ kommen* aller au ciel, gagner le ciel; *zwischen ~ und Erde schweben* être suspendu entre ciel et terre; *im sieb(en)ten ~ sein* être au septième ciel *od* aux anges; *~ und Hölle in Bewegung setzen* remuer ciel et terre; *~ und Hölle versprechen* promettre la lune; *das schreit zum ~* cela crie vengeance; c'est un scandale! *das weiß der ~!* Dieu (seul) le sait! *du lieber ~!* Dieu du ciel! *gerechter ~!* juste ciel! *um ~s willen!* au nom du ciel! pour l'amour de Dieu! *offene(r) ~ (Kunst)* gloire *f;* ~ *und Hölle (Kinderspiel)* marelle *f* (à cloche-pied); *wie vom ~ gefallen (fam)* abasourdi, stupéfait; **h~an** *adv,* **h~auf** *adv* vers le ciel; **h~angst** *a: mir ist ~* j'ai une peur du diable; **~bett** *n* lit *m* à ciel *od* à baldaquin; **h~blau** *a* bleu (de) ciel *od* horizon azuré, azur; **~fahrt** *f: Christi ~* l'Ascension *f; Mariä ~* l'Assomption *f;* **~fahrtskommando** *n mil arg* mission-suicide *f;* **~fahrtsnase** *f fam* nez *m* en pied de marmite *od* en trompette; **h~hoch** *a fig fam* très grand; *adv* jusqu'au ciel, extrêmement; *er ist ihm ~ überlegen* il lui est bien supérieur; **~reich** *n* royaume *m* des cieux *od* céleste *od* éternel; **~sbahn** *f poet* route *f* céleste; **h~schreiend** *a* qui crie vengeance, révoltant, inouï, scandaleux; **~serscheinung** *f* météore *m;* **~sgegend** *f* région *f;* **~sgewölbe** *n* voûte *f* céleste, firmament *m;* **~sglo-**

bus *m* globe *m* céleste; ~**skarte** *f* carte *f* astronomique *od* céleste; ~**skörper** *m* corps *m* céleste; ~**sleiter** *f* échelle *f* de Jacob; ~**srichtung** *f* point *m* cardinal; ~**sschrift** *f* publicité *od* réclame *f* aérienne; ~**(s)schlüssel** *m* *bot* primevère *f;* ~**sstrich** *m* climat *m,* zone, région *f;* ~**szelt** *n* = ~**sgewölbe;** **h~wärts** *adv* vers le ciel; **h~weit** *a: das ist ein* ~*er Unterschied* c'est tout à fait différent, cela fait une grosse différence.

himmlisch ['hɪmlɪʃ] *a* céleste, du ciel; *(göttlich)* divin; *das ist ja* ~*!* c'est divin *od* sublime *od* superbe.

hin [hɪn] *adv (örtl.)* y, là; *a pred fam (verflossen)* fini, passé, *(kaputt)* fichu, flambé, *pop* foutu; *an etw* ~ le long de qc; *auf etw* ~ *(auf Grund e-r S)* sur, à cause de qc; *auf die Gefahr* ~, *daß* au risque de; *über …* ~ par; ~ *und her* çà et là; deçà, delà; de côté et d'autre; de long en large; en long et en large; ~ *und wieder* parfois, de temps en temps *od* à autre, de loin en loin; ~ *und zurück (loc)* aller et retour; *(sich)* ~ *und her bewegen* (s')agiter; ~ *und her drehen* tourner et retourner; ~ *und her gehen, laufen, fahren, reisen* faire la navette; ~ *und her gehen* faire les cent pas; ~ *und her schwanken* balancer; *fig (zögern)* hésiter; *ganz* ~ *sein vor …* *(fam)* n'en pouvoir plus de …; être éperdu de …; *jdn auf etw* ~ *untersuchen* examiner qn pour voir s'il a qc; *chercher à déceler qc chez qn;* ~ *und wieder recht nett* *od vernünftig sein* avoir de bons moments; ~ *und her überlegen* peser et repeser, tourner et retourner; *ich bin ganz* ~ *(~gerissen)* je ne me tiens plus; *das ist* ~ *wie her* c'est blanc bonnet et bonnet blanc; *das ist noch lange* ~ c'est encore bien loin; d'ici là il passera encore de l'eau sous le pont; ~ *ist* ~ ce qui est passé est passé; *Dankbarkeit* ~*, Dankbarkeit her!* gratitude par-ci, gratitude par-là! *wo ist er* ~*?* où est-il allé? *wo will das noch* ~*?* à quoi cela aboutira-t-il? *das H~ und Her* le va--et-vient, les allées et venues *f pl; fig* le flux et reflux, la houle; *nach langem H~ od vielem H~ und Her* après d'interminables débats; ~- **und hergerissen** *pp:* ~ *werden (fig)* être tiraillé entre des sentiments contraires; **H~- und Rückfahrt** *f* aller et retour *m.*

hinab [hɪ'nap] *adv* en bas; en descendant; *hinauf und* ~ en montant et en descendant; ~**≠fahren** ⟨*aux: sein*⟩ *itr,* ~**≠gehen** ⟨*aux: sein*⟩ *itr,* ~**≠steigen** ⟨*aux: sein*⟩ *itr* descendre; ~**≠schauen** *itr,* ~**≠sehen** *itr* regarder en bas; ~**≠schleudern** *tr* lancer *od* précipiter en bas; ~**≠stürzen** ⟨*aux: sein*⟩ *itr* tomber, dégringoler.

hinan [hɪ'nan] *adv* en haut, vers le haut; *den Berg* ~ en montant sur la montagne; ~**≠gehen** ⟨*aux: sein*⟩ *itr,* ~**≠steigen** ⟨*aux: sein*⟩ *itr* monter, gravir.

hin≠arbeiten *itr: auf etw* ~ poursuivre qc, viser à qc.

hinauf [hɪ'nauf] *adv* en haut, vers le haut; en montant; *da* ~ par là; ~**≠arbeiten,** *sich (fig)* parvenir à force de travail; se hisser à la force du poignet; ~**≠fahren** ⟨*aux: sein*⟩ *itr* monter; *(e-n Fluß)* remonter; ~**≠gehen** ⟨*aux: sein*⟩ *itr* aller en haut, monter; *(Preis)* monter, s'élever *(auf* à), être en hausse, augmenter; ~**≠kriechen** ⟨*aux: sein*⟩ *itr* monter en rampant; ~**≠setzen** *tr (Preis)* élever *(auf* à), augmenter; ~**≠steigen** ⟨*aux: sein*⟩ *itr* monter; ~**≠transformieren** *tr el* survolter; ~**≠treiben** *tr* pousser en haut, faire monter; *(Preis)* surélever, hausser; ~**≠ziehen** *tr* ⟨*aux: haben*⟩ tirer en haut; *itr* ⟨*aux: sein*⟩ monter.

hinaus [hɪ'naus] *adv* (en) dehors, vers le dehors; *auf Monate* ~ pour des mois; *da* ~ par là; *darüber* ~ au-delà; *fig* par-dessus le marché; *hier* ~ par ici; *nach vorn, hinten* ~ *(Zimmer)* sur le devant, sur la cour; *oben* ~ par en haut; *über …* ~ *(räuml.)* au-dessus de, au-delà de; *(zeitl.)* au-delà de; *(mehr als)* au-dessus de, en sus de; *über das Grab* ~ au-delà de la tombe; *zum Fenster, zur Tür* ~ par la fenêtre, par la porte; *zum Haus* ~ hors de la maison; *ich muß* ~ il faut que je sorte; *ich bin längst darüber* ~ il y a longtemps que j'ai dépassé ce stade; *wo geht es* ~*?* où est la sortie? *worauf geht od soll das* ~*?* à quoi cela aboutira-t-il? ~ *mit Ihnen!* sortez! ~**≠begleiten** *tr* reconduire; ~**≠blikken** *itr* regarder (en) dehors; ~**≠ekeln** *tr fam: jdn* ~ éliminer *od* faire partir qn en le dégoûtant; ~**≠gehen** ⟨*aux: sein*⟩ *itr* aller dehors, sortir; *auf etw* ~ *(abzielen)* tendre à qc; *über etw* ~ dépasser qc; ~**≠jagen** *tr* chasser; ~**≠komplimentieren** *tr* envoyer promener *fam od* bouler *pop;* ~**≠lassen** *tr* laisser *od* faire sortir; ~**≠laufen** *(aux: sein)* itr sortir en courant; *auf etw* ~ *(fig)* aboutir *od* se ramener *od* se réduire à qc; *auf eins od dasselbe* ~ revenir au même; ~**≠lehnen,** *sich* se pencher en dehors; *nicht* ~*!*

ne pas se pencher en dehors; ~**ragen** *itr: über etw* ~ s'élever au-dessus de qc, dépasser qc; ~**schicken** *tr* envoyer dehors, faire sortir; ~**schieben** *tr* pousser dehors; *fig (aufschieben)* remettre, différer, ajourner, reporter; *(Frist)* prolonger; *(auf die lange Bank schieben)* traîner en longueur; ~**schießen** ‹*aux: sein*› *itr: übers Ziel* ~ *(fig fam)* dépasser le but; ~**schleichen,** *sich* se glisser dehors, sortir furtivement, s'esquiver tout doucement; ~**schmeißen** *tr: jdn* ~ *(fam)* flanquer *od* ficher qn à la porte, dégommer, virer qn; ~**stellen** *tr* mettre dehors; ~**stürzen** ‹*aux: sein*› *itr* se précipiter *od* s'élancer dehors; ~**wachsen** ‹*aux: sein*› *itr: über sich* ~ se surpasser; ~**wagen,** *sich* oser sortir; ~**weisen** *tr* éconduire, montrer la porte *(jdn* à qn); ~**werfbar** *a aero* éjectable; ~**werfen** *tr (Sache)* jeter dehors *od* par la fenêtre; *(Person)* mettre à la porte *(a. aus e-r Stelle) od* dehors; *sein Geld zum Fenster* ~ *(fig)* jeter son argent par les fenêtres; ~**wollen** *itr* vouloir sortir; *auf etw* ~ *(hinzielen)* viser, vouloir en venir à qc; *hoch* ~ avoir de hautes visées; *zu hoch* ~ *(a. fam)* péter *od* peter plus haut que l'on a le derrière *fam od vulg* le cul; *worauf ich hinauswill, ist* je veux dire que; *ich sehe, worauf Sie* ~ je vous vois venir; *worauf wollen Sie hinaus?* où voulez-vous en venir? ~**ziehen** *tr* ‹*aux: haben*› tirer *od* traîner dehors; *(sich)* ~ *(in die Länge ziehen)* traîner en longueur, (se) prolonger; *itr* ‹*aux: sein*› sortir.

Hin|blick *m; im* ~ *auf* en considération *od* vue de, par égard à *od* pour, en égard à; **h~bringen** *tr (Sache)* y porter; *(Person)* y conduire *od* accompagner; *s-e Zeit mit* ... ~ passer son temps à ...; *sein Leben kümmerlich* ~ traîner sa misère, végéter, vivoter; **h~brüten** *tr: vor sich* ~ couver des idées noires; broyer du noir; **h~dämmern** *itr* sommeiller, somnoler, rêvasser.

hinder|lich ['hɪndərlɪç] *a (lästig, störend)* gênant, embarrassant, encombrant; *(ungelegen)* importun; *jdm* ~ *sein (Person)* gêner, contrarier qn; ~**n** *tr (versperren)* encombrer; *(hemmen)* empêcher, entraver; *(behindern)* contrarier, faire obstacle à; *(stören)* déranger, gêner, incommoder, embarrasser; *ich hindere dich nicht daran zu (inf)* je ne t'empêche pas de *inf; ich weiß nicht, was mich daran hindert* je ne sais ce qui me re-

tient; **H~nis** *n* ‹-sses, -sse› *allg* obstacle; *fig* pierre *f* d'achoppement; *(Behinderung)* empêchement *m; (Schwierigkeit)* difficulté *f,* embarras *m,* traverses *f pl; allen* ~*sen zum Trotz* contre *od* malgré vent et marée; *jdm* ~*se in den Weg legen* mettre des obstacles, apporter des difficultés à qn, mettre à qn des bâtons dans les roues; *ein* ~ *nehmen (sport)* franchir un obstacle; *ein* ~ *aus dem Weg räumen* lever *od* écarter un obstacle; *kein* ~ *sein (jur)* n'être pas rédhibitoire; *auf ein* ~ *stoßen* rencontrer un obstacle; *pop* tomber sur un bec; **H~nisbahn** *f sport* parcours *m* d'obstacles; **H~nislauf** *m,* **H~nisrennen** *n* course *f* d'obstacles *od* de steeple *od* de haies; *(nur Rennen)* steeple(-chase) *m;* **H~nisspringen** *n* saut *m* d'obstacles; **H~ung** *f* empêchement *m,* contrariété *f;* **H~ungsgrund** *m* (motif *m* d')empêchement *m.*

hin|deuten *itr* montrer, désigner (du doigt) *(auf etw* qc); *fig (andeuten)* donner à entendre; faire allusion *(auf etw* à qc); laisser prévoir *(auf etw* qc); *(hinweisen)* indiquer *(auf etw* qc).

Hindin *f* ‹-, -nnen› ['hɪndɪn] *vx (Hirschkuh)* biche *f.*

Hindu *m* ‹-(s), -(s)› ['hɪndu] Hindou *m;* ~**ismus** *m* ‹-, ø› [-'ɪsmʊs] hindouisme *m;* ~**kusch** [-'kʊʃ], *der (Gebirge)* l'Hindou-Kouch *m;* ~**stan** [-s'ta:n, '---] *n (Nordindien)* l'Hindoustan *m;* ~**stani** [-s'ta:ni] *n (Sprache)* hindoustani *m.*

hindurch [hɪn'dʊrç] *adv (örtl.)* à travers; *durch etw* ~ à travers qc, au travers de qc, en traversant qc; *(zeitl)* pendant, durant; *das ganze Jahr* ~ pendant toute l'année; *Jahre* ~ des années entières *od* durant; *mitten* ~ en traversant en plein milieu; *lange Zeit* ~ pendant longtemps; ~**arbeiten,** *sich* se frayer un chemin; *(durch ein Buch)* en venir à bout *(durch* de); ~**dringen** ‹*aux: sein*› *itr* pénétrer *(durch etw* qc), passer au travers *(durch etw* de qc), se frayer un passage *(durch etw* à travers qc); ~**fallen** ‹*aux: sein*› *itr* tomber à travers; ~**fließen** ‹*aux: sein*› *itr,* ~**gehen** ‹*aux: sein*› *itr* passer *(durch* à travers, par); traverser *(durch etw* qc); ~**lassen** *tr* laisser passer; ~**laufen** ‹*aux: sein*› *itr* traverser (en courant) *(durch etw* qc); ~**lavieren,** *sich,* ~**winden,** *sich (fig)* nager entre deux eaux; ~**leiten** *tr* conduire à travers; ~**streichen** ‹*aux: sein*› *itr (Wind)* passer *(durch* par, à travers); ~**zie-**

hen *tr* tirer (*durch* par); (*Faden*) (faire) passer (*durch* par); (*Linie*) tracer (*durch* à travers).

hinein [hɪˈnaɪn] *adv* dedans; ~ *in* dans; *mitten in etw* ~ au beau milieu de qc; (*bis*) *tief in die Nacht* ~ bien avant dans la nuit; *in den Tag* ~ *leben* vivre au jour le jour; ~**=arbeiten** *tr* faire entrer; *sich in etw* ~ se familiariser avec (un travail), se mettre au fait de qc; se roder *fam;* ~**=bringen** *tr* porter *od* mettre dedans; ~**=denken:** *sich in etw* ~ bien se représenter qc, s'identifier avec qc; *sich in jds Lage* ~ se mettre à la place de qn; *sich in e-e Rolle* ~ entrer dans un rôle; ~**= dringen** ⟨*aux: sein*⟩ *itr* entrer de force, pénétrer; ~**=finden:** *sich in etw* ~ se familiariser avec qc, s'accommoder de qc, se faire à qc; ~**=gehen** ⟨*aux: sein*⟩ *itr* entrer; (~*passen*) entrer, tenir (*in* dans); ~**=geraten** ⟨*aux: sein*⟩ *itr: in etw* ~ tomber *od* donner dans qc; ~**=hauen** *itr fam:* *tüchtig* ~ (*essen*) manger à belles dents; ~**=knien:** *sich in etw* ~ (*fig*) s'atteler à qc; prendre qc à bras-le-corps; ~**=lachen** *itr: in sich* ~ rire sous cape; ~**= legen** *tr fig* (*prellen*) mettre dedans; ~**=mischen:** *sich in etw* ~ se mêler de qc; ~**=passen** *tr* ajuster, emboîter; *itr* entrer, tenir (*in* dans); *nicht* ~ (*fig: in e-e Gesellschaft*) être déplacé; ~**=reden** *itr: in etw* ~ se mêler de qc; ~**=stecken** *tr* mettre *od* fourrer dedans; (*den Finger*) introduire; *sein Geld in etw* ~ engager son argent dans qc; *s-e Nase in alles* ~ fourrer son nez partout; ~**=stehlen,** *sich* se glisser, s'insinuer (*in* dans); ~**= steigern,** *sich* s'exalter; se monter *fam;* ~**=treiben** *tr* faire entrer (de force); (*Nagel*) enfoncer; ~**=tun** *tr* mettre dedans; ~**=versetzen:** *sich in jds Lage* ~ se mettre à la place de qn; ~**=wagen,** *sich* oser entrer (*in* dans); ~**=wollen** *itr* vouloir entrer; *das will mir nicht in den Kopf hinein* cela ne veut pas m'entrer (dans la tête), cela me dépasse; ~**=ziehen** *tr* (en)traîner (*in* dans); *jdn in etw* ~ (*fig: verwikkeln*) engager *od* impliquer qn dans qc; ~**=zwängen** *tr* faire entrer de force.

hin=fahren *tr* ⟨*aux: haben*⟩ y conduire (en voiture); (*Lasten*) y transporter *od* charrier; *itr* ⟨*aux: sein*⟩ y aller; *über etw* ~ passer la main sur qc; **H~fahrt** *f* aller *m; auf der* ~ à l'aller; (*nur*) ~*! (loc)* aller *m* simple; ~**=fallen** ⟨*aux: sein*⟩ *itr* tomber (par terre), *fam* s'affaler, se flanquer *od* se ficher par terre, ramasser une bûche *od* une

gamelle *od* une pelle; *lang* od *der Länge nach* ~ s'étaler de tout son long; ~ *lassen* laisser tomber; ~**fällig** *a* (*schwach*) faible, débile; (*gebrechlich*) infirme, fragile, caduc; (*vor Alter*) décrépit; (*haltlos*) illusoire, vain, insoutenable; (*ungültig*) caduc, (an)nul(é), périmé; ~ *werden* devenir caduc; (*Bestimmung, Gesetz*) cesser d'être en vigueur; (*Vertrag*) se périmer; **H~fälligkeit** *f* faiblesse, débilité; infirmité, fragilité, caducité; décrépitude; illusion, vanité; nullité *f;* ~**=finden** *itr* trouver son chemin; ~**= fliegen** ⟨*aux: sein*⟩ *itr* aller (quelque part) en avion; voler; *tüchtig* ~ (*fam*) ramasser une bonne pelle; **H~flug** *m aero* vol *m* aller; ~**=fort** [-'-] *adv* désormais, dorénavant, à l'avenir; ~**= führen** *tr* y conduire; *zu* conduire à, chez, vers; *fig* mener (*zu* à); *wo soll das* ~*?* où cela nous mènera-t-il? **H~gabe** *f* don de soi, abandon; (*Ergebenheit*) dévouement; (*Eifer*) zèle *m,* application *f;* **H~gang** *m* (*Tod*) décès, trépas *m;* ~**=geben** *tr* donner; (*überlassen*) laisser; (*preisgeben*) abandonner; (*opfern*) sacrifier; *sich* ~ se donner (*jdm* à qn); s'adonner (*e-r S* à qc), suivre (*e-r S* qc); *sich jdm ganz* ~ se donner à qn corps et âme; *sich e-r S ganz* ~ (*a.*) s'inféoder à qc; *sich trügerischen Hoffnungen* ~ se nourrir de vains espoirs; *sich Illusionen* ~ se repaître de chimères; ~**=gebend** *a* = ~*gebungsvoll;* **H~gebung** *f* abandon; (*Ergebenheit*) dévouement *m;* ~**gebungsvoll** *a* (*ergeben*) dévoué; *adv* avec abandon; ~**gegen** [-'--] *adv* au contraire, par contre; ~**=gehen** ⟨*aux: sein*⟩ *itr* (y) aller, s'y rendre; (*Zeit*) (se) passer; *jdm etw* ~ *lassen* passer qc à qn; *diesmal mag es noch* ~ passe pour cette fois; *das kann nicht so* ~ cela ne se passera pas ainsi; ~**=gehören** *itr* avoir sa place; être à sa place; ~**=geraten** ⟨*aux: sein*⟩ *itr* tomber; ~**gerissen** *a* transporté, ravi, *fam* emballé; ~ *sein* (*a.*) vibrer; ~**geschlampert** *a,* ~**gesudelt** *a* fait *od* taillé à coups de hache; ~**=halten** *tr* tendre, présenter; *fig* (*warten lassen*) faire attendre, lanterner, amuser; *s-n Kopf für etw* ~ assumer pleinement (la responsabilité de) qc; *mit Versprechungen* ~ payer de promesses; ~**haltend** *a* dilatoire; ~*e Verteidigung f (mil)* action *f* retardatrice; ~**=hängen** *tr* (sus)pendre, accrocher; ~**=hauen** *tr fam* (*Arbeit*) trousser, bâcler, *pop* torcher; *itr: das haut hin! (pop)* c'est bien tapé! ça fait le poids! c'est au poil! ça gaze! *das* *haut nicht hin* ça ne colle pas; ~**horchen** *itr,* ~**hören** *itr* écouter; prêter l'oreille (*auf* à).

hinken ['hɪŋkən] *itr* boiter (*auf dem rechten, linken Fuß* du pied droit, gauche); clocher *a. fig (Vergleich); fam* clopiner; ~**d** *a* boiteux *a. fig; adv* clopin-clopant.

hin‖knien *itr* ⟨*aux: sein*⟩ u. *sich* ~ se mettre à genoux, s'agenouiller, mettre le genou à *od* en terre; ~**kommen** ⟨*aux: sein*⟩ *itr* (y) venir; *(gerade)* ~ *(fam)* avoir (juste) de quoi vivre, y arriver (juste); *wo ist ... hingekommen?* qu'est devenu ...? ~**langen** *itr fam* tendre la main (*nach* vers); ~**länglich** *a* suffisant; *adv a.* assez; ~**lassen** *tr* (y) laisser aller (*zu* à, chez); ~**legen** *tr* mettre, (dé)poser, placer; *(Musik, Theater)* exécuter, jouer; *sich* ~ s'étendre, s'allonger; *(zu Bett gehen)* se coucher; *(infolge Krankheit)* s'aliter; ~*!* *(mil)* couchez--vous! ~**leiten** *tr,* ~**lenken** *tr* diriger (*auf* sur, vers); ~**lümmeln,** *sich* se vautrer; ~**nehmen** *tr* prendre, accepter; *fig (erdulden)* supporter; *(einstecken, hinunterschlucken)* avaler; ~**neigen** *itr* pencher, incliner (*zu etw* à qc); **H**~**neigung** *f* inclination *f.*

hinnen ['hɪnən] *adv: von* ~ *gehen (fig)* s'en aller; *(hinscheiden)* trépasser.

hin‖opfern *tr* sacrifier, immoler; ~**passen** *itr* être à sa place; ~**pfuschen** *tr fam (Arbeit)* bâcler, trousser, *pop* torcher, saloper; ~**raffen** *tr* enlever, emporter; ~**reichen** *tr* tendre, passer; *itr (genügen)* suffire; ~**reichend** *a* suffisant; *adv a.* assez; **H**~**reise** *f* (voyage) aller *m; auf der* ~ à l'aller; ~**reisen** ⟨*aux: sein*⟩ *itr* y aller; se rendre (*zu* à, chez) ~**reißen:** *sich* ~ *lassen zu* se laisser entraîner *od* aller à, s'abandonner à; *sich vom Zorn (dazu)* ~ *lassen* se laisser emporter par la colère; ~**reißend** *a* entraînant, ravissant, à ravir; ~**richten** *tr (töten)* exécuter; *durch elektrischen Strom* ~ électrocuter; **H**~**richtung** *f* exécution *f* (capitale), supplice *m;* ~ *durch elektrischen Strom* électrocution *f;* **H**~**richtungskommando** *n mil* peloton *m* d'exécution; ~**rücken** *tr* approcher; ~**sagen** *tr: das habe ich nur so hingesagt* j'ai dit cela comme ça *od* sans penser à mal; ~**sausen** ⟨*aux: sein*⟩ *itr fam* = ~*fallen;* ~**schaffen** *tr* transporter (*zu* à, chez); ~**schicken** *tr* envoyer (*zu* à, chez); ~**schlachten** *tr* massacrer; ~**schlagen** ⟨*aux: sein*⟩ *itr fam* = ~*fallen;* ~**schlam-**

pern *tr fam,* ~**schludern** *tr fam* = ~*pfuschen;* ~**schleifen** *tr,* ~**schleppen** *tr* (y) traîner; *sich hinschleppen* se traîner; ~**schmeißen** *tr fam* jeter, flanquer (à terre); ~**schreiben** *tr (niederschreiben)* écrire; ~**schwinden** ⟨*aux: sein*⟩ *itr* disparaître, s'evanouir; ~**sehen** *itr* y regarder; *genau* ~ regarder de près; *ohne hinzusehen* sans regarder; ~**setzen** *tr* (y) mettre, placer, poser; *(abstellen)* déposer; *sich* ~ s'asseoir; **H**~**sicht** *f* égard, point *m* de vue; *(Erwägung)* considération *f; (Beziehung)* rapport *m; in* ~ *auf* en considération de, en ce qui concerne, en égard à; *in dieser* ~ à cet égard, à ce sujet, sous ce rapport, de ce côté; *in einer* ~ en un sens; *in mehr als einer* ~ à plus d'un titre; *in gewisser* ~ à certains égards; *in jeder* ~ à tous égards, sous tous les rapports, de *od* en tout point; *in mancher* ~ à maints égards; *in vieler* ~ à beaucoup d'égards; ~**sichtlich** *prp* à l'égard de, par rapport à, en ce qui concerne, quant à; ~**sinken** ⟨*aux: sein*⟩ *itr* tomber lourdement; s'écrouler, s'affaisser; ~**sollen** *itr fam: wo sollen die Blumen hin?* où est-ce qu'on met les fleurs? **H**~**spiel** *n sport* match *m* aller; ~**stellen** *tr* (y) mettre, placer, poser; *sich* ~ se placer, se planter, se poster (*vor jdn* devant qn); *(sich)* ~ *als* (se) donner pour; *wieder* ~ remettre, replacer.

hintan‖stellen [hɪnt'ʔan-] *tr (zurückstellen)* remettre; *(aufschieben)* ajourner; **H**~**stellung** *f* négligence *f; unter od mit* ~ *(s-r Person)* au mépris de (sa personne).

hinten ['hɪntən] *adv* derrière, à l'arrière; *(hinter anderen)* en arrière, en queue; *(im Hintergrund)* au fond; *(am Ende)* au bout, à la *od* en queue; *nach* ~ en arrière; *nach* ~ *hinaus s. hinaus; von* ~ par derrière, de dos; *von vorn bis* ~ d'un bout à l'autre; ~ *im Buch* à od vers la fin du livre; ~ *vorbei an* par derrière; *von* ~ *anfangen (Roman)* commencer *od* prendre par la fin; ~ *aufsitzen (auf dem Pferd)* monter en croupe; ~ *ausschlagen (Pferd)* ruer, regimber; *sich von* ~ *und vorn bedienen lassen* se faire servir par tout le monde; ~**herum** *adv* par derrière; *etw* ~ *kriegen (com fam)* obtenir qc par la bande; ~**nach** [--'-] *adv (örtl.)* derrière; *(zeitl.)* après, ensuite; *(zu spät)* après coup; ~**über** [--'--] *adv* à la renverse.

hinter ['hɪntər] *prp (örtl.)* derrière; en arrière de; *(in der Reihenfolge)* après, à la suite de; *einer ~ dem andern* l'un après l'autre, à la file, à la queue leu leu; *~ den Kulissen (fig)* dans la coulisse; *~ Schloß und Riegel* sous les verrous; *~ sich* derrière soi; *etw ~ sich bringen* en finir avec qc, parvenir au bout de qc; *(Entfernung)* couvrir; *etw ~ sich haben* en avoir fini avec qc; venir de faire *od* vivre qc; *~ etw kommen (entdecken)* découvrir qc; *(erkennen)* saisir, comprendre qc; *~ sich lassen (überholen)* dépasser, devancer, distancer; *(übertreffen)* surpasser; *~ jdm, etw her sein* être après qn, qc, suivre qn, qc; *(verfolgen)* être aux trousses de qn, traquer qn; *~ e-r S stecken* être derrière qc; *die Tür ~ jdm zumachen* fermer la porte sur qn; **H~achsantrieb** *m* mot traction *f* arrière; **H~achse** *f* loc mot essieu, mot *a*. pont *m* arrière; **H~backe** *f* fesse *f*; **H~bein** *n* patte *f* de derrière; *sich auf die ~e stellen (Pferd)* se cabrer; *fig* regimber, se dresser *od* monter sur ses ergots; **H~bliebenen,** *die* la famille (du défunt); *adm jur* les ayants cause *od* droit; **H~bliebenenrente** *f* pension de survie, rente *f* des ayants cause; **~bringen** *tr (heimlich mitteilen)* rapporter, dénoncer; **H~bringer** *m* rapporteur, dénonciateur *m*; **H~bringung** *f* rapport *m*; dénonciation *f*; **~drein** [--'-] *adv = ~her*; **~e(r, s)** *a* arrière, de derrière; *(im Hintergrund befindlich)* du fond, reculé; **~einander** [---'--] *adv (örtl.)* l'un(e) derrière l'autre, à la file, en file, d'affilée; *el* en série; *(zeitl.)* l'un après l'autre, *(Reihenfolge)* successivement; *sich ~ aufstellen* prendre la file; *zwei Jahre ~* deux ans de suite, deux années consécutives; *drei Tage ~* trois jours de suite; *~ gehen, laufen, marschieren* aller à la file, marcher l'un après l'autre; **~einander=schalten** *tr el* monter en série; **H~einanderschaltung** *f el* montage *m* en série; **H~feder** *f* mot ressort *m* arrière; **~fragen** *tr* sonder; **H~front** *f arch* façade *f* postérieure; **H~fuß** *m* pied *m* de derrière; **H~gabel** *f (Motor-, Fahrrad)* fourche *f* arrière; **H~gebäude** *n* bâtiment de derrière, arrière-bâtiment *m*; **H~gedanke** *m* arrière-pensée, pensée *f* de derrière la tête; *ohne ~n* sans arrière-pensée; **~gehen** *tr (betrügen)* tromper, duper, abuser, frauder; **H~gestell** *n (Wagen)* arrière-train *m*; **H~grund** *m* fond *(a. Kunst)*; *theat u. fig* arrière-plan *m*; *pl fig* dessous *m pl*; *im ~ bleiben (fig)*

rester dans l'ombre; *in den ~ drängen (fig)* reléguer à l'arrière-plan; *sich im ~ halten (fig)* se tenir derrière le rideau; *die geheimen Hintergründe kennen* connaître le dessous des cartes; *in den ~ treten (fig)* passer à l'arrière-plan; **H~grundmusik** *f* musique *f* de fond, fond *m* musical *od* sonore; **H~halt** *m* embuscade *f*; guet-apens; *(Stütze)* soutien, appui *m*; *in e-n ~ geraten* tomber dans une embuscade; *sich in e-n ~ legen* s'embusquer; *in e-n ~ locken* attirer dans une embuscade; *auf jdn aus dem ~ schießen* canarder qn; **~hältig** *a* insidieux, sournois, dissimulé; **H~hältigkeit** *f* sournoiserie *f*; **H~hand** *f (Pferd)* arrière-main *f*; *die ~ haben (im Kartenspiel)* jouer le dernier; **H~hang** *m (im Gelände)* contre-pente *f*; **H~haupt** *n anat* occiput *m*; **H~haupt(s)bein** *n* os *m* occipital; **H~haupt(s)lappen** *m* lobe *m* occipital; **H~haupt(s)loch** *n* trou *m* occipital; **H~haus** *n* bâtiment *m od* maison *f* sur (la) cour, arrière-corps *m*; **~her** ['--- / --'-] *adv (als letzter)* après les autres, *fam* à la queue; *(nachher)* après coup, plus tard; **~her=laufen** *(aux: sein) itr* courir après; **H~hof** *m* arrière-cour *f*; **H~kante** *f aero (des Flügels)* bord *m* arrière; **H~kopf** *m* derrière de la tête, occiput *m*; **H~lader** *m* ‹-s, -› fusil *m* se chargeant par la culasse; **H~land** *n* arrière-pays, hinterland *m*; **~lassen** *tr (e-e Nachricht)* laisser, déposer; *(unordentliches Zimmer)* laisser derrière soi; *(als Erbe)* laisser en mourant, transmettre; **H~lassenschaft** *f* héritage *m*; *jur* succession *f*; **~lastig** *a aero* lourd de l'arrière; **H~lauf** *m (Wild)* pied *m* de derrière; **~legen** *tr (Gepäck)* mettre en dépôt *(bei chez)*, consigner; *(Geld)* déposer; **H~leger** *m* ‹-s, -› déposant *m*; **H~legung** *f* (mise, remise *f* en) dépôt *m*; consignation *f*; *jur* apport *m*; *gegen ~ (gen)* sur nantissement (de); **H~legungsschein** *m* bulletin *od* récépissé de dépôt, *jur* acte *m* de produit; **H~leib** *m ent* abdomen *m*; **H~list** *f* ruse *f*, artifice, guet-apens *m*; *(Verschlagenheit)* astuce *f*; **~listig** *a* rusé, artificieux, astucieux; *(~hältig)* sournois, insidieux; **H~mann** *m* ‹-(e)s, ¨er› homme de derrière, suivant; *fig (Helfer)* soutien; *(Drahtzieher)* instigateur, machinateur; *fin* endosseur *m* (subséquent); *mein (etc) ~* l'homme *m* derrière moi *etc*; **H~n** *m* ‹-s, -› *fam* derrière, postérieur *m*; *jdm in den ~ kriechen* *(fig vulg: schmeicheln)* baiser le cul à qn; *jdn in den ~ treten* donner un coup de pied dans le derrière *od* aux fesses de qn, botter le derrière *od* les fesses à qn; *jdm den ~ versohlen* fesser qn, donner sur les fesses à qn; **H~nvoll** *m ⟨-, -⟩* fessée *f;* **H~pommern** *n geog* la Poméranie postérieure; **H~rad** *n* roue *f* arrière *od* de derrière; **H~radantrieb** *m mot* commande *f* aux roues arrière; **H~radaufhängung** *f mot* suspension *f* arrière; **H~radbremse** *f* frein *m* arrière; **~rücks** *adv* par derrière; *fig (heimtückisch)* insidieusement; *(verräterisch)* traîtreusement; *jdn ~ überfallen* tirer dans les jambes de qn; **H~schiff** *n mar* arrière *m,* poupe *f;* **H~sitz** *m mot* siège *m* arrière; **~ste(r, s)** *a* dernier; **H~steven** *m mar* étambot *m;* **H~teil** *m* partie *f* postérieure; *n fam = H~n; (e-s Tieres)* arrière-train *m; (des Pferdes)* croupe *f;* **H~treffen** *n mil* arrière-garde *f; ins ~ geraten od kommen (fig)* être en perte de vitesse *od* éclipsé; **~treiben** *tr* faire échouer, déjouer, traverser, contrecarrer; **H~treibung** *f* empêchement *m;* **H~treppe** *f* escalier *m* de service; **H~treppenroman** *m* roman *m* de concierge; **H~tür** *f* porte *f* de derrière *od* de sortie *od* dérobée; *sich eine ~ (ein Hintertürchen) offenhalten od -lassen (fig)* se ménager une porte de sortie; **H~viertel** *n (Schlachttier)* quartier *m* de derrière; *fam (Mensch)* fesse *f;* **H~wäldler** *m ⟨-s, -⟩* homme *m* des bois; **~wärts** *adv* en arrière; **~ziehen** *tr (Geld)* détourner, soustraire; *Steuer, Zoll ~* frauder l'impôt, les droits de douane; **H~ziehung** *f* détournement *m,* soustraction *f;* **H~zimmer** *n* chambre *f* de derrière.

hin|=tragen *tr* (y) porter; **~=treten** *⟨aux: sein⟩ itr* se placer (là), se mettre; **~=tun** *tr* (y) mettre, (y) placer.

hinüber [hɪ'ny:bər] *adv* au-delà, de l'autre côté; *da ~* par là; *über etw ~* par-dessus qc; *a pred fam (kaputt)* fichu; **~=blicken** *itr* regarder de l'autre côté; *zu jdm ~* regarder du côté de qn; **~=bringen** *tr* (trans)porter de l'autre côté; **~=fahren** *tr ⟨aux: haben⟩ = ~bringen; itr ⟨aux: sein⟩* passer *od* conduire *od* aller de l'autre côté; *über etw ~* traverser, franchir qc; **~=gehen** *⟨aux: sein⟩ itr* passer (de l'autre côté); *über etw ~* traverser, franchir qc; *(fam)* décéder; mourir; **~=gelangen** *⟨aux: sein⟩ itr* parvenir

de l'autre côté; **~=lassen** *tr* laisser passer de l'autre côté; **~=reichen** *tr* passer; *itr: ~ (über)* s'étendre (jusqu')au-delà (de); **~=schaffen** *tr =* *~bringen; math* transposer; **~= schauen** *itr,* **~=sehen** *itr = ~blicken;* **~=schwimmen** *⟨aux: sein⟩ itr: über den Fluß ~* traverser la rivière à la nage; **~=setzen** *itr ⟨aux: sein⟩* passer de l'autre côté, traverser; *tr ⟨aux: haben⟩* faire passer de l'autre côté, faire traverser.

Hinübersetzung *f* ['hɪn-] *(in e-e fremde Sprache)* thème *m.*

hinüber|=springen *⟨aux: sein⟩ itr* sauter de l'autre côté; *über etw* sauter par-dessus qc; **~=tragen** *tr* (trans)porter de l'autre côté; **~=werfen** *tr* jeter de l'autre côté; **~=wollen** *itr* vouloir passer de l'autre côté; **~= ziehen** *tr ⟨aux: haben⟩* tirer de l'autre côté; *itr ⟨aux: sein⟩* passer de l'autre côté.

hinunter [hɪ'nʊntər] *adv* en bas; *(zur Erde)* à *od* par terre; *(da) ~!* descendez *bzw* descends (par là); *den Berg ~* en descendant la montagne; *~ von* à bas de; **~=blicken** *itr* regarder en bas; **~=bringen** *tr (Sache)* porter en bas, descendre; *(Person)* faire descendre; **~=fahren** *⟨aux: sein⟩ itr,* **~=gehen** *⟨aux: sein⟩ itr* descendre; **~=fallen** *⟨aux: sein⟩ itr* tomber (à terre); **~= kippen** *tr,* **~=spülen** *tr, pop (Getränk)* lamper, siffler; **~=purzeln** *⟨aux: sein⟩ itr* dégringoler; **~=schauen** *itr,* **~=sehen** *itr = ~blicken;* **~= schlingen** *tr,* **~=würgen** *tr* ingurgiter, engouffrer; **~=schlucken** *tr* avaler, engloutir, gober; *s-n Ärger ~* ravaler sa colère; **~=werfen** *tr* jeter en bas; *jdn die Treppe ~* jeter qn au bas de l'escalier.

Hinweg *m* ['hɪnve:k] aller *m; auf dem ~* à l'aller, en y allant.

hinweg [hɪn'vɛk] *adv* (au) loin; *~!* loin d'ici! *~ mit dir!* va-t'en! *~ damit!* ôtez cela de ma vue! *~ sein itr: über etw ~ ~* en avoir fini avec qc; **~=begeben,** *sich* s'en aller, partir; **~=gehen** *⟨aux: sein⟩ itr: über jdn ~ (a. fig)* passer sur le corps *od* le ventre de qn; *(flüchtig) über etw ~* glisser, passer, ne pas insister sur qc; **~=helfen** *itr: jdm über etw ~* aider qn à surmonter qc; **~=kommen** *⟨aux: sein⟩ itr: über etw ~ (fig)* se consoler de qc; **~=raffen** *tr* enlever, emporter, faucher; **~=sehen** *itr* regarder *(über* par-dessus); *fig* fermer les yeux *(über* sur); *darüber will ich noch ~ (, aber)* passe encore (, mais); **~=setzen:** *sich über etw ~* se mettre au-dessus de qc, passer par-

-dessus qc; *sich über alles* ~ *(bes. Frau)* jeter son bonnet par-dessus les moulins.

Hin|weis *m* ['hınvaıs] mention, indication *f*, renseignement, avertissement *m; (Anweisung)* directive; *(Verweisung)* référence *f*, renvoi *m (auf* à); *unter* ~ *auf* avec mention de; **h~⸗weisen** *tr: jdn auf etw* ~ faire observer *od* donner à entendre qc à qn; *(verweisen)* renvoyer *(auf* à); *itr: auf etw* ~ indiquer, signaler qc; *darauf* ~, *daß* mentionner, faire observer que, attirer l'attention sur le fait que; **h~weisend** *a gram:* ~*e(s) Fürwort n* pronom *m* démonstratif; ~**weisung** *f* = ~*weis;* ~**weiszeichen** *n* signe *m* de renvoi; **h~⸗welken** ⟨*aux: sein*⟩ *itr* se faner, se flétrir, dépérir; **h~⸗werfen** *tr* jeter (à terre); *fig (Zeichnung)* esquisser; *(Gedanken)* ébaucher; *ein Wort* ~ jeter un mot en passant; **h~wieder(um)** [--'-(-)] *adv* en revanche; **h~⸗wollen** *itr* vouloir y aller; **h~⸗zeigen** *itr: auf etw* ~ montrer qc (du doigt); **h~⸗ziehen** *tr* ⟨*aux: haben*⟩ tirer *(zu* vers); *fig (zeitl.)* traîner (en longueur), retarder; prolonger; *itr* ⟨*aux: sein*⟩ partir, aller s'installer *(nach* à); *sich* ~ *(räuml.)* s'étendre; *(zeitl.)* se prolonger, se traîner en longueur; *sich zu jdm hingezogen fühlen* être *od* se sentir attiré par qn; *sich zu etw hingezogen fühlen* avoir de l'inclination pour qc; *es zieht mich nach ... hin* je me sens attiré par ...; **h~⸗zielen** *itr: auf etw* ~ viser à qc.

Hinz [hınts] *m:* ~ *und Kunz (alle Welt)* Pierre et Paul; *(pej)* n'importe qui; ~ *und Kunz zs.trommeln* convoquer le ban et l'arrière-ban.

hinzu [hın'tsu:] *adv (außerdem)* de *od* en plus, en outre, en sus; ~**⸗denken** *tr* ajouter par la pensée; *(ein Wort)* suppléer; *das übrige können Sie sich* ~ vous devinez le reste; ~**⸗dichten** *tr* ajouter en controuvant; ~**⸗eilen** ⟨*aux: sein*⟩ *itr* accourir; ~**⸗fügen** *tr* ajouter *(zu* à); *(im Brief beilegen)* joindre (à); **H~fügung** *f* addition, adjonction *f; unter* ~ *(gen)* en y joignant; **H~gekommene(r)** *m: neu* ~ nouveau venu *m;* ~**⸗gesellen,** *sich* ~ se joindre, s'associer *(zu* à); ~**⸗kommen** ⟨*aux: sein*⟩ *itr* s'approcher, (sur-)venir; *(Sache)* s'ajouter, servir de rallonge *(zu* à); *es kommt noch* ~, *daß;* ~ *kommt noch, daß* à cela s'ajoute que, ajoutez à cela que; ~**⸗legen** *tr,* ~**⸗rechnen** *tr,* ~**⸗schreiben** *tr,* ~**⸗setzen** *tr* ajouter *(zu* à); ~**⸗lernen** *tr etw* ~ apprendre qc de

plus; ~**⸗treten** ⟨*aux: sein*⟩ *itr (herantreten)* (s')approcher *(zu* de); ~**⸗tun** *tr* ajouter, joindre *(zu* à); **H~tun** *n: ohne mein* ~ sans mon intervention; ~**⸗wählen** *tr* coopter, élire par cooptation; ~**⸗zählen** *tr* ajouter (en comptant) *(zu* à); ~**⸗ziehen** *tr* faire prendre part *od* participer *(jdn zu etw* qn à qc); *(zur Beratung)* s'adjoindre, faire appel à, *(Arzt)* consulter; *e-n Spezialisten* ~ avoir recours à un spécialiste; **H~ziehung** *f: unter* ~ *(gen)* en y joignant.

Hiob ['hi:ɔp] *m* Job *m;* ~**sbotschaft** *f,* ~**spost** *f* mauvaise nouvelle *f.*

Hippe *f* ⟨-, -n⟩ ['hıpə] *agr* serp(ett)e *f.*

Hippodrom *m* od *n* ⟨-s, -e⟩ [hıpo'dro:m] *(Reitbahn)* hippodrome *m.*

Hirn *n* ⟨-(e)s, -e⟩ [hırn] *(Organ)* cerveau *m; (Substanz u. Speise)* cervelle; *fig (Verstand)* cervelle *f,* cerveau *m; sich das* ~ *zermartern* se creuser la cervelle; ~**anhang** *m anat* hypophyse *f;* ~**gespinst** *n* chimère *f,* fantôme *m,* utopie, billevesée, élucubration *f; pl* idées *f pl* creuses *od* extravagantes; ~**haut** *f* méninge *f; harte* ~ dure-mère *f;* ~**hautentzündung** *f* méningite *f;* ~**kasten** *m fam* = ~*schale;* ~**lappen** *m* lobe *m* du cerveau; **h~los** *a fig (kopflos)* écervelé, étourdi, sans cervelle; ~**masse** *f* matière cérébrale, cervelle *f;* **h~rissig** *a pop* débile; ~**schale** *f* boîte *f* crânienne, crâne *m;* ~**substanz** *f: graue* ~ matière *f* grise; ~**tod** *m* mort *f* cérébrale; **h~verbrannt** *a fam* complètement fou, absurde.

Hirsch *m* ⟨-(e)s, -e⟩ [hırʃ] cerf *m;* ~**fänger** *m* couteau de chasse, coutelas *m;* ~**geweih** *n* bois *m od* ramure *f* de cerf; ~**horn** *n* corne *f* de cerf; ~**hornsalz** *n chem (Backpulver)* carbonate *m* d'ammonium neutre, levure *f* en poudre; ~**jagd** *f* chasse *f* au cerf; ~**käfer** *m* cerf-volant, lucane *m;* ~**kalb** *n* faon *m;* ~**keule** *f* cuissot *m* de cerf; ~**kuh** *f* biche *f;* ~**leder** *n* peau *f* de cerf *od* de daim; **h~ledern** *a* en (peau de) daim; ~**ziemer** *m* ⟨-s, -⟩ cimier *m* de cerf; ~**zunge** *f bot* scolopendre *f.*

Hirse *f* ⟨-, ø⟩ ['hırzə] *bot* millet, mil *m;* ~**brei** *m* bouillie *f* de millet.

Hirt *m* ⟨-en, -en⟩ [hırt] pâtre; *a. fig (Seelenhirt)* pasteur; *(Schaf~)* berger *m; der gute* ~ *(Jesus)* le bon Pasteur; ~**e** *m* ⟨-n, -n⟩ *vx u. poet* = ~; ~**enamt** *n rel* fonctions *f pl* pastorales; ~**enbrief** *m rel* lettre *f od* mandement *m* pastoral(e); ~**enflöte** *f* chalumeau, pipeau *m;* ~**engedicht**

n pastorale, églogue, bucolique *f;* ~**enhund** *m* chien *m* de berger; ~**enknabe** *m* jeune berger, *poet* pastoureau *m;* ~**enmädchen** *n* jeune bergère, *poet* pastourelle *f;* ~**enstab** *m* bâton *m* de berger, houlette; *rel* crosse *f;* ~**enszene** *f (Kunst)* pastorale *f;* ~**entäschel** *n bot* bourse-à-pasteur *f;* ~**in** *f (Schaf~)* bergère; *poet* pastourelle *f.*

his *n* ⟨-, -⟩ [hɪs] *mus* si *m* dièse.

hissen ['hɪsən] *tr* hisser; *bes. mar* arborer.

Hißtau *n* ['hɪstau] *mar* drisse *f.*

Histolog|ie *f* ⟨-, ø⟩ [hɪstolo'gi:] *anat (Gewerbelehre)* histologie *f;* **h~isch** [-'lo:gɪʃ] *a* histologique.

Histor|ie *f* ⟨-, -n⟩ [hɪs'to:riə] histoire *f;* ~**ienmalerei** *f* peinture *f* historique; ~**iker** *m* ⟨-s, -⟩ [-'to:rikər] historien *m;* **h~isch** [-'to:rɪʃ] *a* historique; ~ *sein* appartenir à l'histoire.

Hit *m* ⟨-s, -s⟩ [hɪt] *(Schlager)* chanson *f* à succès, *(fig)* succès *m* fou; ~**liste** *f* hit-parade, palmarès *m;* ~**parade** *f* hit-parade *m.*

Hitlerjugend *f* ['hɪtlər-] Jeunesses *f pl* hitlériennes.

Hitz|bläschen *n* ['hɪts-], ~**blatter** *f* bouton *m* de chaleur, papule *f;* ~**draht(instrument** *n)* *m el* (instrument à) fil *m* thermique; ~**e** *f* ⟨-, ø⟩ chaleur; *(Erregung)* irritation *f; (Zorn)* emportement *m; in* ~ *geraten* s'échauffer, s'emporter *in der* ~ *des Gefechts* au fort du combat; *fig* dans le feu de l'action *od* de la discussion; *drückende* ~ chaleur *f* accablante *od* étouffante; *fliegende* ~ *(med)* bouffée *f* de chaleur; *tropische* ~ chaleur *f* tropicale; **h~ebeständig** *a* résistant à la chaleur; ~ *sein* aller au feu; ~**ebeständigkeit** *f* résistance *f* à la chaleur; ~**eeinwirkung** *f* effets *m pl* de la chaleur; **h~eempfindlich** *a* sensible à la chaleur; ~**egrad** *m* degré *m* de chaleur; ~**emesser** *m* ⟨-s, -⟩ pyromètre, pyroscope *m;* ~**e-schild** *m* bouclier *m* thermique; ~**e-strahlung** *f* radiation *f* de la chaleur; ~**ewelle** *f* vague *od* onde *f* de chaleur; **h~ig** *a med* fébrile; *(Fieber)* aigu; *(leicht erregbar)* très irritable; irascible; *(heftig, ungestüm)* impétueux, bouillant; *(Debatte)* violent; ~ *werden* s'échauffer, se monter; *nicht so* ~*!* doucement! ~**kopf** *m* tête *f* chaude; *ein* ~ *sein* avoir la tête chaude *od* près du bonnet; ~**pickel** *m,* ~**pocke** *f* bouton *m* de chaleur; ~**schlag** *m* coup *m* de chaleur, insolation *f.*

hm [hm] *interj* hem! heu!

H-Milch *f* ['ha:-] lait *m* longue conservation.

Hobby *n* ⟨-s, -s⟩ ['hɔbi] *(Steckenpferd, fig)* cheval *m* de bataille, dada *m.*

Hobel *m* ⟨-s, -⟩ ['ho:bəl] rabot *m;* ~**bank** *f* établi *m* (de menuisier); ~**maschine** *f* raboteuse *f;* ~**messer** *n* lame *f* de rabot; **h~n** *tr* raboter; *wo gehobelt wird, fallen Späne (prov)* on ne peut pas faire une omelette sans casser d'œufs; ~**span** *m* copeau *m.*

hoch [ho:x] ⟨*höher, am höchsten*⟩ *a* haut *(zehn Meter* de dix mètres); *fig (Ton)* élevé, aigu; *(Stellung, Zahl, Preis)* élevé; *(Strafe)* sévère; *(Geldstrafe)* fort; *(erhaben)* sublime; *(hervorragend, bedeutend)* grand, éminent; *adv fig* beaucoup, bien, fort, très; *auf hoher See* en pleine mer, au large; *im hohen Norden* à l'extrême Nord; *drei Mann* ~ au nombre de trois; *drei Treppen* ~ au 3ᵉ (étage); ~ *in den Jahren* d'un âge avancé; ~ *erfreut* très heureux; *nicht zu* ~ *gegriffen (Zahl)* pas exagéré, raisonnable; *wenn es* ~ *kommt* tout au plus; *wie* ~*? (com fin)* à combien? ~ *oben* tout en haut; ~ *zu Roß* à cheval; ~ *4 (math)* à la puissance 4; *jdm etw* ~ *anrechnen* tenir grand compte de qc à qn; *savoir gré à qn de qc;* ~ *aufhorchen* dresser l'oreille; *e-n hohen Begriff von etw haben* avoir une haute idée de qc; *e-e hohe Meinung von jdm haben* tenir qn en grande estime; *auf dem hohen Roß sitzen (fig)* être monté sur ses grands chevaux; ~ *spielen* jouer gros; *in hohem Ansehen stehen* jouir de beaucoup de considération; *in hoher Blüte stehen* être dans un état florissant; *den Kopf* ~ *tragen (fig)* porter la tête haute; ~ *und heilig versprechen* promettre solennellement; *es* ~ *und heilig versprechen* jurer ses grand dieux; ~ *hinauswollen* avoir de hautes visées; *(zu)* ~ *hinauswollen* viser (trop) haut; *das ist od (fam) hängt mir zu* ~ cela me dépasse, cela passe ma portée, c'est au-dessus *od* hors de ma portée; *die See geht* ~ la mer est agitée *od* houleuse; *es ist hohe Zeit* il est grand temps; *es geht* ~ *her* on s'en donne à cœur joie; *wie* ~ *schätzen Sie ...?* à combien évaluez-vous ...? *Hände* ~*!* haut les mains! ~ *lebe der König!* vive le roi! *er lebe* ~*!* vivat! *der hohe Adel* la haute noblesse; *hohe(s) Alter n* grand *od* belâge, âge *m* avancé; *hohe Ehre f* grand honneur *m; hohe(r) Feiertag m* grande fête *f; hohe(s) Fieber n* forte fièvre, *fam* fièvre *f* de cheval; *das hohe Gericht* la Haute Cour; *hohe(r) Gewinn* m gros gain *m;* ~ *und niedrig* les grands et les petits; *hohe(r) Offizier* m officier *m* supérieur; *hohe Persönlichkeit* f grand personnage *m; Hohe Schule* f *(Reitkunst)* haute école *f; die höheren Sphären* les hautes sphères; *hohe(s) Spiel* n *(Glücksspiel u. fig)* gros jeu *m; hohe(s) Verdienst* n grand mérite *m; hohe Zinsen* m pl gros intérêts *m pl;* **H~** n ⟨-s, -s⟩ *mete* (zone de) haute pression *f,* anticyclone *m; (Hochruf)* vivat *m; ein* ~ *ausbringen* pousser un vivat *(auf jdn* en l'honneur de qn); *ein dreifaches* ~ *für …!* trois hourras pour …! **H~achse** f *aero* axe *m* de lacet *od* de giration; **~achtbar** *a* très estimable; **~≈achten** *tr* estimer beaucoup, avoir *od* tenir en haute *od* grande estime; **H~achtung** f haute considération, grande estime *f,* grand respect *m; Zeichen* n *der* ~ marque *f* de considération; *mit vorzüglicher* ~, **~achtungsvoll** *adv (am Briefende)* avec mes (nos) salutations distinguées; agréez *od* veuillez agréer l'assurance de ma (notre) considération distinguée *od* de mes (nos) sentiments distingués; recevez mes (nos) salutations (les plus) distinguées; **H~altar** *m* maître-autel *m;* **H~amt** *n rel* grand-messe, messe *f* solennelle; **H~antenne** f *radio* antenne *f* extérieure; **~≈arbeiten,** *sich (fig)* se hisser à la force du poignet; **H~ätzung** f gravure *f* en relief; **H~aufnahme** f *phot* vue *f* en hauteur; **H~bahn** f chemin de fer *od* métro *m* aérien; **H~bau** *m* construction au-dessus du sol, superstructure *f;* **H~bauarbeiten** *f pl* travaux *m pl* de superstructure; **~begabt** *a* extrêmement doué; **~beglückt** *a* comblé de joie; **H~behälter** *m* réservoir *m* surélevé; **~beinig** *a* haut sur jambes; **~berühmt** *a* illustre; **~betagt** *a* chargé d'ans *od* de jours; **H~betrieb** *m* grande activité; activité *f* intense; *(zeitweiliger)* coup *m* de feu, pointe *f;* **~≈bringen** *tr pop (auf die Palme bringen)* mettre hors de soi; *wieder* ~ *(pop: wieder auf die Beine bringen)* retaper, requinquer; **H~bunker** *m* abri *m* en surface, tour-abri *f;* **H~burg** f *fig pol* citadelle *f,* fief *m;* **H~decker** *m aero* avion *m* (monoplan) à ailes hautes; **~deutsch** *a* haut-allemand; *(das) H~(e)* (le) haut-allemand; **H~druck** *m tech mete* haute pression; *typ* impression *od* gravure *f* en relief; *mit* ~

(fig) sous pression; **H~druckbehälter** *m* réservoir *m* à haute pression; **H~druckdampfkessel** *m* chaudière *f* à vapeur à haute pression; **H~druckgebiet** n *mete* région *od* zone de haute pression; (zone *f)* anticyclon(iqu)e *m;* **H~druckreifen** *m mot* pneu *m* à haute pression; **H~druckventil** n soupape *f* à haute pression; **H~druckzentrum** n *mete* centre *m* d'anticyclone; **H~ebene** f, **~fläche** f haut plateau *m;* **~empfindlich** *a* très sensible; **~erfreut** *a* enchanté, ravi; **~explosiv** *a* brisant; **~≈fahren** ⟨*aux: sein*⟩ *itr: aus dem Schlaf* ~ se réveiller en sursaut, sursauter; **~fahrend** *a* hautain, altier, arrogant, orgueilleux; **~fein** *a* superfin, extra-fin; **H~finanz,** *die* la haute finance; **~fliegend** *a fig* élevé, ambitieux, vaste; **~flüchtig** *a chem* très volatil; **H~flut** f *fig* flot *m,* masse *f;* **H~form** f: *in* ~ *sein (sport)* être en pleine forme; **H~format** *n* format *m* en hauteur *od* à la française *od* à l'italienne; **~frequent** *a el* à haute fréquence; **H~frequenz** f haute fréquence, hyperfréquence *f;* **H~frequenzbereich** *m radio* gamme *f* des hautes fréquences; **H~frequenzfeld** *n* champ *m* électrique de haute fréquence; **H~frequenzkabel** *n* câble *m* à haute fréquence; **H~frequenzschwingung** f oscillation *f* à haute fréquence; **H~frequenzstrom** *m* courant *m* à haute fréquence; **H~frequenztechnik** f technique *f* de haute fréquence; **H~frequenztelephonie** f, **-telegraphie** f téléphonie *f,* télégraphie *f* à haute fréquence; **H~frequenzverstärker** *m* amplificateur *m* à haute fréquence; **~geachtet** *a* très estimé; **~gebildet** *a* très cultivé; **H~gebirge** *n* haute montagne *f;* **~geboren** *a* de haute naissance, illustre; **~geehrt** *a* très honoré; **H~gefühl** *n* exaltation *f,* enthousiasme *m;* **~≈gehen** ⟨*aux: sein*⟩ *itr (Vorhang)* se lever; *mil (Mine)* sauter; *fam (zornig werden)* s'échauffer, s'emporter, se monter; **~gehend** *a:* **~***e See* f mer *f* forte *od* houleuse; **~gelegen** *a geog* haut; **~gelehrt** *a* très savant, docte; **~gemut** *a* plein de confiance (en soi); **H~genuß** *m* haute jouissance *f,* délice *m,* volupté *f;* **H~gericht** *n hist (Richtstätte)* lieu du supplice; *(Galgen)* gibet *m;* **~geschätzt** *a* fort estimé; **~geschlossen** *a (Kleid)* montant; **H~geschwindigkeitszug** *m* train *m* à grande vitesse (T.G.V.); **~gesinnt** *a* noble; **~gespannt** *a el* à

haute tension; *fig:* ~*e Erwartungen f pl* grands espoirs *m pl;* ~**gestellt** *a* haut placé; ~**gewachsen** *a* grand, de haute taille; **H~glanz** *m* poli, lustre *m; auf* ~ *polieren* faire briller *od* reluire; **H~gotik** *f* gothique *m* rayonnant; ~**gradig** *a* d'un haut degré; *fig* intense, excessif, extrême; *adv* à un haut degré; ~**s halten** *tr (hochheben)* relever; *fig (achten)* tenir en haute estime; **H~haus** *n* immeuble-tour, building *m;* ~**s heben** *tr* (é)lever, relever, soulever; ~**heilig** *a* très saint, sacré; ~**herzig** *a* généreux, magnanime; **H~herzigkeit** *f* générosité, magnanimité *f;* ~**s jubeln** *tr* porter aux nues; ~**kant** *a* de champ, debout; ~**karätig** *a* *fig (Politiker, Fachmann)* extrêmement compétent; **H~keil** *m mete* dorsale *f* anticyclonique; **H~kirche** *f: die (englische)* ~ l'Église *f* épiscopale *od* anglicane; ~**s klappen** *tr* relever; ~**s kommen** ⟨*aux: sein*⟩ *itr (nach e-r Krankheit)* se rétablir, refaire surface *fam; allg* se ressaisir; *impers: das kommt mir hoch (fam)* cela m'écœure *pop;* **H~kommissar** *m* haut-commissaire *m;* **H~konjunktur** *f* haute conjoncture, période *f* de prospérité; ~**konzentriert** *a* très concentré; **H~land** *n* massif *m* montagneux; **H~leistung** *f, a. sport* performance *f;* **H~leistungs** . . . *(in Zssgen)* à *od* de grande capacité *od* puissance, à *od* de grand débit *od* rendement, de haute performance; **H~lohnland** *n* pays *m* ayant des salaires élevés; **H~meister** *m* grand maître *m;* ~**modern** *a* ultra-moderne; **H~moor** *n* fagne; tourbière *f* émergée; **H~mut** *m* hauteur *f,* orgueil *m,* arrogance, présomption, suffisance, morgue *f;* ~ *kommt vor dem Fall (prov)* lorsque l'orgueil chemine devant, honte et dommage suivent de bien près; quiconque s'élève sera abaissé; ~**mütig** *a* altier, hautain, orgueilleux, arrogant, présomptueux, suffisant; ~**näsig** *a fam* guindé; qui prend de grands airs; ~ *sein* se tenir sur son quant-à-soi; *ein* ~*es Frauenzimmer* une pimbêche; **H~nebel** *m* brouillard *m* élevé; ~**notpeinlich** *a jur* criminel; **H~ofen** *m* haut fourneau *m;* **H~parterre** *n* rez-de--chaussée *m* surélevé; ~**prozentig** *a* d'un pourcentage élevé; ~**qualifiziert** *a* très *od* hautement qualifié; ~**s rappeln:** *sich wieder* ~ *(pop: Kranker)* se requinquer; ~**s reißen** *tr: das Flugzeug* ~ faire une montée en chandelle; **H~relief** *n (Kunst)* haut-

-relief, plein relief, relief *m* entier; ~**rot** *a* haut en couleur, vermeil, ponceau; *(Gesicht)* rubicond; **H~ruf** *m* vivat *m;* **H~saison** *f* pleine saison *f,* plein *m* de la saison; *in der* ~ en pleine saison; ~**s schätzen** *tr* = ~*achten;* **H~schätzung** *f* = *H~achtung;* ~**s schlagen** *tr (Kragen)* relever; ~**s schrauben** *tr: s-e Ansprüche* ~ devenir très exigeant; augmenter ses exigences; **H~schulamt** *n* office *m* d'études universitaires; **H~schulbildung** *f* formation *f* universitaire; **H~schule** *f* école supérieure, académie, université *f; technische* ~ école *f* supérieure d'enseignement technique; *tierärztliche* ~ école *f* vétérinaire; ~ *für Lehrerbildung f* école *f* normale primaire; ~ *zur Ausbildung der Lehrer an höheren Schulen (in Frankr.)* école *f* normale supérieure; **H~schüler** *m* étudiant *m;* **H~schulführer** *m (Buch)* guide *m* universitaire; **H~schulleben** *n* vie *f* universitaire; **H~schullehrer** *m* professeur *m* de faculté; **H~schulstudium** *n* études *f pl* supérieures *od* universitaires; **H~schulunterricht** *m* enseignement *m* supérieur; ~**schwanger** *a* en état de grossesse avancée; **H~see** *f* haute mer *f;* **H~seefischerei** *f* grande pêche *f;* **H~seeflotte** *f* flotte *f* de haute mer; **H~seeflugzeug** *n* hydravion *m* de haute mer; **H~seeschiffahrt** *f* navigation *f* au long cours *od* hauturière; ~**sinnig** *a* noble; **H~sitz** *m (Jagd)* affût *m* perché; **H~sommer** *m: im* ~ en plein été; au fort de l'été; ~**sommerlich** *a* de plein été; **H~spannung** *f el* haute tension *f;* **H~spannungskabel** *n* câble *m* à haute tension; **H~spannungsleitung** *f* ligne *f* à haute tension; **H~spannungsmast** *m* pylône *m* métallique à haute tension; **H~spannungsnetz** *n* réseau *m* de haute tension; **H~sprache** *f* langage *m* écrit *od* littéraire; **H~sprung** *m sport* saut *m* en hauteur; ~**stämmig** *a (Baum)* à haute tige; *(Wald)* de haute futaie; **H~stand** *m (Ausguck)* poste *m* d'observation; **H~stapelei** *f* imposture, escroquerie, flibusterie *f;* **H~stapler** *m* ⟨-s, -⟩ chevalier d'industrie, aigrefin, escroc, flibustier, imposteur, *fam* rasta(quouère) *m;* ~**stehend** *a* élevé; *(im Rang)* haut placé; ~**s stellen** *tr (auf e-n höheren Platz)* poser plus haut; **H~stimmung** *f* exaltation *f;* **H~ton** *m gram* accent *m* principal; ~**tönend** *a fig* emphatique; ~*e Worte n pl* grands mots *m pl;* ~**tourig** *a* à plein rendement; **H**~**tourist** *m* alpiniste *m;* ~**trabend** *a fig* emphatique; prétentieux, pompeux, fastueux, grandiloquent, ronflant; ~**streiben** *tr (Preis)* hausser; *die Preise* ~ *(bei e-r Versteigerung)* pousser les enchères; ~**verdient** *a* qui a bien mérité *(um* de); **H**~**verrat** *m* (crime *m* de) haute trahison *f;* **H**~**verräter** *m* coupable *m* de haute trahison; ~**verräterisch** *a* de haute trahison; ~**verzinslich** *a adv* à gros rendement; **H**~**wald** *m* (haute) futaie *f;* **H**~**wasser** *n* (e-s *Flusses)* crue, inondation; *(des Meeres)* marée *f* haute; **H**~**wassermarke** *f* marque *f* des plus hautes eaux; **H**~**wasserschaden** *m* dégâts *m pl* causés par l'inondation; ~**wassersicher** *a* à l'abri des inondations; ~**wertig** *a* de haute qualité, de qualité supérieure; *com* de prix; *(Erz)* de haute teneur, riche *(an* en); ~**wichtig** *a* de grande importance; **H**~**wild** *n* gros gibier *m;* ~**willkommen** *a* fort bienvenu; ~**swinden** *tr* monter, hisser, guinder; *(Auto)* lever (au moyen d'un cric); ~**wirksam** *a* très efficace; **H**~**würden:** *Ew.* ~! *(Anrede e-s Bischofs od e-s höheren evang. Geistlichen)* monseigneur; Votre Grandeur *vx;* ~**würdig** *a* révérend; ~**würdigst** *a* révérendissime; ~**sziehen** *tr aero* = ~*reißen.*

höchlich ['hø:çliç] *adv* hautement, bien, fort, très.

höchst ['hø:çst] *adv* tout à fait, extrêmement, au suprême degré, au dernier point, du dernier; ~**e(r, s)** *a (Superlativ von: hoch)* le plus haut, le plus élevé *a. fig; (größte)* le plus grand; *fig (äußerste)* extrême, suprême, dernier, ultime; en chef; *aufs höchste, im höchsten Grad, in höchstem Maße* = ~ *adv; es ist höchste Zeit* il est grand temps; *höchste(r) Punkt m* point *m* culminant; *das Höchste Wesen* l'Être Suprême.

Höchst| ... *(in Zssgen, bes. scient u. tech)* maximum *a,* maxima *a, a.* maximal *a;* ~**alter** *n* âge *m* limite; ~**auftrieb** *m aero* portance *f* maxima, maximum *m* de portance; ~**beanspruchung** *f* effort *m* maximum; ~**bedarf** *m* besoin *m* maximum; ~**belastung** *f* charge maximum, limite *f* de charge; ~**betrag** *m* montant *m* maximum; *bis zum* ~ *von* jusqu'à concurrence de; **h**~**ens** *adv* tout au plus, à la rigueur, au maximum; ~**fall** *m: im* ~ au maximum; ~**gebot** *n* offre maximum *od* la plus élevée, enchère *f* maximum; ~**gehalt** *n* traitement *m*

maximum; ~**geschwindigkeit** *f* vitesse *f* maximum *od* maxima *od* plafond; *zulässige* ~ limitation *f* de vitesse; *mit* ~ *fahren* rouler à fond; ~**gewicht** *n* poids *m* maximum; ~**grenze** *f* plafond *m; die* ~ *festsetzen für* plafonner; *die* ~ *überschreiten* crever le plafond; ~**leistung** *f tech* effet *od* rendement *od* débit *m od* puissance *od* capacité *f* maximum; *sport* record *m;* ~**lohn** *m* salaire *m* maximum; ~**maß** *n* mesure *f* maximale, maximum *m; ein* ~ *an Verantwortung* un maximum de responsabilité; **h**~**persönlich** *a u. adv* en personne; ~**preis** *m* prix *m* maximum *od* limite *od* plafond; ~**satz** *m fin* taux *m* maximum; ~**stand** *m (der Preise)* niveau *m* le plus élevé *od* maximum; *auf den* ~ *bringen* porter au maximum; ~**strafe** *f* maximum *m* de la peine; **h**~**wahrscheinlich** *adv* selon toutes probabilités; ~**wert** *m* valeur *f* maximum; ~**zahl** *f* nombre *m* maximum.

Hochtour *f* ‹-, en› course *f od* sortie *f* de haute montagne; *auf* ~*en* à plein régime *od* en pleine activité; *auf* ~*en laufen* battre son plein; *jdn auf* ~*en bringen* faire turbiner qn *fam.*

Hochzeit *f* ['hɔx-] *(Trauung)* mariage *m; (*~*sfest)* noce(s *pl) f;* ~ *halten* célébrer ses noces; *man kann nicht auf zwei* ~*en tanzen (prov)* on ne peut pas sonner et aller à la procession *od* être en même temps à la cave et au grenier *od* être à la fois au four et au moulin; *silberne, goldene, diamantene* ~ noces *f pl* d'argent, d'or, de diamant; ~**er(in** *f)* *m* ‹-s, -› (jeune) marié, e *m f;* **h**~**lich** *a* nuptial; ~**sbrauch** *m* coutume *f* nuptiale; ~**sessen** *n* banquet nuptial *od* de noce(s), repas *od* festin *m* de noce(s); ~**sfeier** *f* célébration *f* du mariage; ~**sfest** *n* noce(s *pl) f;* ~**sflug** *m (der Bienen)* vol *m* nuptial; ~**sgast** *m* invité *m* de mariage; ~**sgedicht** *n* épithalame *m;* ~**sgeschenk** *n* cadeau *od* présent *m* de noce(s) *od* de mariage; ~**skleid** *n orn* robe *f* nuptiale; ~**smahl** *n* festin *od* repas *m* de noce(s), ~**snacht** *f* nuit *f* de noce(s); ~**sreise** *f* voyage *m* de noces; ~**stag** *m* jour des noces; *(jährlich wiederkehrender)* anniversaire *m* de mariage; ~**szug** *m* cortège *m* nuptial.

Hock|e *f* ‹-, n› ['hɔkə] **1.** *sport* accroupissement *m,* saut *m* accroupi; *in die* ~ *gehen* s'accroupir; **h**~**en** *itr* être accroupi, *fam (sitzen)* être assis, ne pas bouger; *über den Büchern* ~

sécher sur ses livres; *immer zu Hause* ~ être casanier *od fam* pantouflard; **~er** *m* ⟨-s, -⟩ *(Schemel)* tabouret, escabeau *m;* **~stellung** *f sport* = ~*e*.

Hocke *f* ⟨-, -n⟩ ['hɔkə] **2.** *agr (Haufen)* tas *m* de gerbes.

Höcker *m* ⟨-s, -⟩ ['hœkər] *(Auswuchs)* excroissance, protubérance; *med* gibbosité, tubérosité; *(Buckel, a. d. Kamels)* bosse; *mil* dent *f* de dragon; **h~ig** *a (uneben)* bosselé, raboteux, accidenté, inégal; *(buckelig)* bossu; *med* gibbeux.

Hockey *n* ⟨-s, ø⟩ ['hɔki] *sport* hockey *m;* **~ball** *m* balle *f* de hockey; **~schläger** *m* crosse de hockey, canne *f;* **~spieler** *m* hockeyeur *m.*

Hode *f* ⟨-, -n⟩ od *m* ⟨-n, -n⟩ **~n** *m* ⟨-s, -⟩ ['ho:də(n)] *anat* testicule *m, vulg* couille *f;* **~nbruch** *m med* hernie *f* scrotale; **~nentzündung** *f* orchite *f;* **~nsack** *m* scrotum *m, vulg* bourses *f pl.*

Hof *m* ⟨-(e)s, ⁚e⟩ [ho:f, 'hø:fə] cour *f;* *(Kloster~, Krankenhaus~), Gefängnis~, überdachter Schul~)* préau *m;* *(Bauern~)* ferme, métairie; *(Gerichts-, Fürsten~)* cour; *astr* auréole *f,* halo *m; am* od *bei* ~*e* à la cour; *auf dem* ~ dans la cour; *jdm den* ~ *machen* faire la cour, conter fleurette à qn, courtiser qn; *von Haus und* ~ *vertreiben* évincer; **~amt** *n* charge *f* à la cour; **~dame** *f* dame *f* d'honneur; **h~fähig** *a* admis à la cour; *fig fam* présentable; **~fest** *n* fête *f* à la cour; **~gänger** *m (Bauerngut)* journalier *m;* **h~⸗halten** *itr* tenir sa cour, résider; **~haltung** *f* cour *f;* **~hund** *m* chien de garde, mâtin *m;* **h~ieren** [-'fi:rən] *tr* faire la cour *(jdn* à qn), courtiser *(jdn* qn); **~kanzlei** *f* chancellerie *f* aulique; **~kreise** *m pl* (gens *pl* de) la cour, entourage *m* du roi *etc;* **~leben** *n* vie *f* de cour; **~leute** *pl* gens *pl* de la cour; **~lieferant** *m* fournisseur *m* de (la) cour; **~mann** *m* ⟨-(e)s, -leute⟩ courtisan *m;* **~marschall** *m* maréchal *m* du palais; **~meister** *m* intendant, majordome; *(Prinzenerzieher)* gouverneur, précepteur *m;* **~narr** *m* bouffon (de la cour), fou *m;* **~prediger** *m* prédicateur *m* à la cour; **~rat** *m (Beamter)* conseiller *m* aulique; **~raum** *m* cour *f;* **~schranze** *m* od *f* (vil) courtisan *m;* **~seite** *f (Rückseite e-s Hauses)* côté *m* cour; **~staat** *m* cour; maison du roi; *(Gefolge)* suite *f;* **~tor** *n* porte *f* cochère; **~trauer** *f* deuil *m* de la cour; **~tür** *f* porte *f* sur la cour.

Hoffart *f* ⟨-, ø⟩ ['hɔfart] arrogance,

présomption, suffisance *f;* **hoffärtig** *a* arrogant, présomptueux, suffisant.

hoff|en ['hɔfən] *itr* espérer *(auf etw* (en) qc, *auf jdn* en qn); *(erwarten)* (s')attendre *(auf* à); *auf bessere Zeiten* ~ espérer des temps meilleurs; *auf die Zukunft* ~ espérer en l'avenir; *ich hoffe es* j'espère, je l'espère; *ich hoffe nicht, ich will nicht* ~ j'espère que non; *ich will es* ~ j'y compte bien; *ich hoffe, Sie zu sehen* j'espère vous voir; ~ *wir das Beste!* espérons que tout ira pour le mieux! ayons bon espoir! **H~en** *n:* ~ *und Harren macht manchen zum Narren (prov)* l'espoir est souvent une chimère; **~entlich** *adv* espérons que, il faut espérer que; ~*!* espérons-le! ~ *kommst du!* j'espère (nous espérons) que tu viendras; **H~nung** *f (unbestimmte)* espérance *f; (bestimmte)* espoir *m (auf* de); *(Erwartung)* attente *f;* in der ~ avec *od* dans l'espoir *(zu* de, *daß* que); *die* ~ *aufgeben* perdre tout espoir; *zu großen* ~*en berechtigen* donner de grandes espérances; *in jdm* ~*en erwecken* donner de l'espoir à qn; *alle* ~ *fahrenlassen* abandonner tout espoir; *der* ~ *Ausdruck geben* exprimer l'espoir; *keine* ~ *mehr haben* n'avoir plus d'espoir; *sich* ~*en hingeben, sich* ~*en machen* entretenir des espoirs; *sich falschen* ~*en hingeben* se leurrer de vaines espérances, se bercer d'illusions; *jdm* ~ *machen* donner de l'espoir à qn; encourager qn; *sich* ~*en machen* se nourrir de l'espoir; *jdm alle* ~ *nehmen* ôter toute espérance à qn; *wieder* ~ *schöpfen* reprendre espoir, renaître à l'espoir; *guter* ~ *sein (Frau)* avoir des espérances; *s-e* ~ *auf etw, jdn setzen* mettre, placer ses espérances dans qc, mettre son espoir en qn; *auf jdn, etw große* ~*en setzen* fonder de grands espoirs sur qn, qc; *e-e* ~ *wecken* faire naître, éveiller un espoir; *sich in falschen* ~*en wiegen* se bercer de faux espoirs; *die* ~*en zerstören* anéantir *od* briser *od* détruire les espérances; *letzte* ~ suprême espérance *f;* ~ *auf Besserung* espoir *m* d'(une) amélioration; **~nungsfroh** *a* plein d'espérance, optimiste; **~nungslos** *a* sans espoir, désespéré; *(Sache)* sans issue; **H~nungslosigkeit** *f* désespérance *f,* désespoir *m;* **H~nungsschimmer** *m,* **H~nungsstrahl** *m* lueur *f,* rayon *m* d'espérance *od* d'espoir; **~nungsvoll** *a* plein d'espoir; *(vielversprechend)* qui donne de grandes espérances, qui promet beaucoup, prometteur.

höf|isch ['høfɪʃ] *a* de (la) cour, de courtisan; **~lich** *a* poli, civil; *(ritterlich)* galant, courtois; **H~lichkeit** *f* politesse, civilité; galanterie, courtoisie; obligeance *f; jdm e-e ~ erweisen* faire une politesse à qn; **H~lichkeits-besuch** *m* visite *f* de courtoisie *od* de cérémonie; **H~lichkeitsbezeigung** *f* compliment *m;* **H~lich-keitsformeln** *f pl* formules *f pl* de politesse; **h~lichkeitshalber** *adv* par politesse; **H~ling** *m* ⟨-s, -e⟩ courtisan *m.*

Höhe *f* ⟨-, -n⟩ ['hø:ə] hauteur *f, a. math; (Anhöhe)* haut *m,* élévation, éminence *f; (Gipfel~)* sommet, point *m* culminant; *(Meeres~, ~ über dem Erdboden, astr)* altitude *f; (gleiche ~, bes. d. Wassers, fig)* niveau *m; mus (Ton~)* hauteur, acuité *f; fin (e-s Betrages)* montant; *(~ d. Steuer etc, Satz)* taux; *typ (a. Anzeige)* lignage *m; auf der ~ von* à la hauteur de; *auf gleiche(r) (geogr.) ~* au même niveau, de front; *(Stadt, Ort)* à la même latitude; *auf gleicher ~ mit, in gleicher ~ wie* au niveau de, de niveau avec, de plain-pied avec, au ras de, à fleur de; *auf od in halber ~* à mi-côte; *auf der ~ des Ruhmes* au faîte *od* à l'apogée de la gloire; *auf der ~ der Zeit* à la hauteur de son temps, à la page, *fam* dans le mouvement, dans le vent; *bis zu ~ von ... (Betrag)* jusqu'à concurrence de ...; *in der od die ~ en haut; in die ~* en l'air; *in ~ von ... (Betrag)* d'un montant de ...; *(Betrieb) wieder in die ~ bringen* remettre à flot; *in die ~ fahren (auf-, hochfahren)* sursauter, avoir un haut-le-corps; *auf ~ gehen, ~ gewinnen (aero)* prendre de la hauteur *od* de l'altitude; *in die ~ gehen (Preise)* monter, hausser; *(wütend werden)* s'emporter, enrager; *in die ~ heben = hochheben; in die ~ schießen (bot)* monter en graine; *(Mensch)* pousser comme un champignon; *in die ~ schnellen* faire un bond; *nicht auf der ~ sein (körperlich)* ne pas être *od* se sentir bien d'aplomb *od* dans son assiette; *fam* ne pas être très en forme; *wieder auf der ~ sein (fig)* avoir repris du poil de la bête *fam; in die ~ treiben (Preis, Kurs)* hausser, faire monter; *~ verlieren (aero)* perdre de la hauteur *od* de l'altitude; *das ist (doch) die ~! (fam)* (ça,) c'est le comble! c'est la fin de tout *od* des haricots! on aura tout vu! *lichte ~ (arch)* hauteur *f* du jour; *(Brücke)* tirant *m* d'air; *~ des Lebens* midi *m* de la vie; **~nabstand** *m* intervalle *m* vertical; **~nangabe** *f* cote *f* d'altitude; **~anzug** *m aero* scaphandre *m* d'altitude; **~natmungsgerät** *n aero* inhalateur *m* d'altitude; **~nflosse** *f aero* plan *m* (fixe) horizontal; **~nflug** *m* vol *m* en (haute) altitude; **~nflugzeug** *n* avion *m* stratosphérique; **~ngewinn** *m aero* gain *m* en altitude; **~nkabine** *f aero* cabine *f* étanche; **~nklima** *n* climat *m* des montagnes; **~nkorrektur** *f aero* correction *f* altimétrique; **~nkrankheit** *f* mal *m* des montagnes *od* des aviateurs; **~nkur** *f* cure *f* d'altitude; **~nkurort** *m* station *f* d'altitude *od* de montagne; **~nlader** *m* ⟨-s, -⟩ *aero* compresseur d'altitude, pressurisateur *m;* **~nlage** *f geog* altitude *f;* **~nleistung** *f aero* puissance *f* en altitude; **~nleitwerk** *n aero* empennage *m* horizontal; **~nmarke** *f* repère *m* de nivellement; **~nmesser** *m* ⟨-s, -⟩ *(Gerät)* baromètre altimétrique, altimètre, hypsomètre *m;* **~nrauch** *m* brouillard *m* sec; **~nrekord** *m* record *m* d'altitude; **~nrücken** *m geog* dos *m* de terrain, croupe, crête *f;* **~nruder** *n aero mar* gouvernail *m* à de profondeur; **~n(schicht)linie** *f geog* courbe de niveau, isohypse *f;* **~nschreiber** *m (Gerät)* altimètre *od* baromètre *m* enregistreur; **~nsonne** *f (Gerät)* lampe *f* (électrique) à rayons ultraviolets *od* en quartz; *mit ~ bestrahlen* exposer aux rayons ultraviolets; **~nsteuer** *n = ~nruder;* **~nsteuerung** *f aero* commande *f* de profondeur; **~nunterschied** *m* différence de niveau; *(Straße, Bahnlinie)* dénivellation *f;* **~nverlust** *m aero* perte *f* d'altitude; **~nwind** *m* vent *m* en altitude; **~nwinkel** *m mil* site *m;* **~nzahl** *f* cote *f* de niveau; **~nzug** *m geog* chaîne *f* de collines; **~punkt** *m* point culminant; *(Gipfel)* sommet, faîte; *fig* comble, summum, apogée, acmé, *bes. med* paroxysme *m; auf dem ~ der Macht* à l'apogée du pouvoir; *der ~ des Lebens (a.)* le beau moment de la vie.

Hoheit *f* ⟨-, -en⟩ ['ho:haɪt] *(Erhabenheit)* grandeur, noblesse, sublimité *(Majestät)* majesté *pol* souveraineté: *(Anrede)* (votre) Altesse *f; Königliche ~* Altesse royale; **h~lich** *a* de souverain, régalien; **~sabzeichen** *n* = *~szeichen;* **~sakt** *m* acte *m* de souveraineté; **~sgebiet** *n* territoire *m* national; **~sgewässer** *n pl* eaux *f pl* territoriales, mer *f* territoriale *od* littorale *od* juridictionnelle; **~sgrenze** *f* frontière *f* territoriale; *(Drei-*

meilengrenze) rayon *m* de 3 milles; ~**srecht** *n* droit de souveraineté *od* régalien; *hist* régale *f;* **h~svoll** *a* majestueux; ~**szeichen** *n* insigne *od* emblème *m* de souveraineté *od* de nationalité *od* national; *aero* cocarde *f.*

Hohe|lied ['ho:ə-] ⟨Hohenlied(e)s, im Hohenlied(e), in Salomos Hohemlied(e)⟩ *das (Buch d. Bibel)* le Cantique des Cantiques; ~**priester** *m* ⟨Hohenpriesters, Hohenpriester, ein Hoherpriester, zwei Hohepriester⟩ grand prêtre, pontife *m;* ~**priesteramt** *n* pontificat *m;* **h~priesterlich** *a* pontifical.

höher ['hø:ər] *a* ⟨*Komparativ von: hoch*⟩ plus haut; *(~liegend)* plus élevé; *fig* supérieur *(als* à); *auf* ~*en Befehl* par ordre supérieur; ~*en Orts* en haut lieu; *ein Gelände* ~ *legen* élever le niveau d'un terrain; ~ *stimmen (mus)* hausser; *das Herz schlug ihm* ~ son cœur se mit à battre plus fort; ~*e(r) Beamte(r) m* haut fonctionnaire *m;* ~*e Bildung f* instruction *f* supérieure; ~*e(s) Gebot n (com)* surenchère *f;* ~*e Gewalt f* force *f* majeure; ~*e Instanz f* instance *f* supérieure; ~*e Mathematik f* hautes mathématiques, mathématiques *f pl* supérieures *od* transcendantes; ~*e Schule f* école *f* secondaire; ~*e(r) Steuersatz m* surtaxe *f.*

hohl [ho:l] *a* creux, cave; *(konkav)* concave; *(ausgekehlt)* creusé, évidé; *(Klang)* caverneux; *fig (leer)* creux, vide; *(nichtssagend)* vain, futile; ~ *klingen* sonner creux; ~ *machen* creuser; ~ *werden* se creuser; *die See geht* ~ il y a de la houle; *die* ~*e Hand* le creux de la main; *ein* ~*er Kopf (fig)* une tête creuse; ~*e Phrasen* formules *f pl* creuses; *hum* paroles *f pl* verbales; ~*e See f* houle *f;* ~*e Stimme f* voix *f* creuse *od* caverneuse; ~*e Wangen f pl* joues *f pl* creuses; ~*e(r) Zahn m* dent *f* creuse *od* cariée; **H~ader** *f anat* veine *f* cave; ~**äugig** *a* aux yeux enfoncés; **H~blockstein** *m* brique *f* creuse; **H~bohrer** *m* évidoir *m;* ~**geschliffen** *a* concave; **H~glas** *n* verre *m* concave; **H~glasfabrikation** *f,* **H~glashandel** *m* gobeleterie *f;* **H~heit** *f* ⟨-, (-en)⟩ *fig (Leere)* vide *m;* **H~kehle** *f* gorge, cannelure *f,* cavet *m; arch* cimaise *f,* membre *m* creux; **H~klinge** *f* lame *f* évidée; **H~kopf** *m* tête creuse *od* vide; *fam* tête de linotte, buse *f;* **H~körper** *m* corps *m* creux; **H~kugel** *f* sphère *f* creuse; **H~maß** *n* mesure *f* de capacité; **H~meißel**

m évidoir *m,* gouge *f,* bec-de-corbin *m;* **H~raum** *m* espace *m* creux *od* vide, cavité, *geol* vacuole *f;* **H~saum** *m* ourlet *m* à jour; **H~schliff** *m opt* concavité *f;* **H~spiegel** *m* miroir *m* concave; **H~steg** *m typ* bois *m* de fond; **H~stein** *m* brique *f* creuse; ~**wangig** *a* aux joues creuses; **H~weg** *m* chemin *m* creux; **H~ziegel** *m* tuile creuse *od* en S; *(Ziegelstein)* brique *f* creuse; **H~zirkel** *m* compas *m* d'intérieur *od* à jauge; **H~zylinder** *m* cylindre *m* creux.

Höhl|e *f* ⟨-, -n⟩ ['hø:lə] *(in d. Erde)* caverne *f; (Hohlraum)* creux *m,* cavité *f; (~ wilder Tiere)* tanière *f,* terrier, repaire; *poet* antre *m; anat* cavité *f,* ventricule *m; in die* ~ *des Löwen gehen (fig)* se jeter *od* se mettre dans la gueule du loup; **h~en** *tr* creuser, excaver; ~**enbär** *m* ours *m* des cavernes; ~**enbewohner** *m (Mensch)* habitant des cavernes; *(Tier)* cavernicole *m;* ~**enforscher** *m* spéléologue *m;* ~**enforschung** *f,* ~**enkunde** *f* spéléologie *f;* ~**enmensch** *m* homme des cavernes, troglodyte *m;* ~**ung** *f* cavité; *anat zoo bot geol* vacuole *f.*

Hohn *m* ⟨-(e)s, ø⟩ [ho:n] dérision, raillerie, moquerie; *(feiner)* ironie *f; (bitterer)* sarcasme *m; ein* ~ *auf* un affront à; *jdm zum* ~ en dépit de qn; *par défi; ein* ~ *sein auf* = ~*sprechen (dat); es ist ein* ~ *zu* c'est une moquerie que de; ~**gelächter** *n* rire de dérision, ricanement *m;* ~**geschrei** *n* huées *f pl; mit* ~ *od* ~*rufen empfangen* huer; **h~lachen** ⟨*hohnlacht, hohnlachte / lachte hohn, hohngelacht*⟩ *itr* ricaner; ~**rufe** *m pl* = ~*geschrei;* **h~sprechen** *itr (ein* ~ *sein auf)* braver, défier *(dat* qc); insulter *(dat* à qc).

höhn|en ['hø:nən] *tr* railler, bafouer; se moquer de; ~**isch** ['hø:nɪʃ] *a* railleur, moqueur, ironique, sarcastique; *(Lachen)* sardonique; *adv* d'un air moqueur; ~ *lachen* ricaner.

Höker *m* ⟨-s, -⟩ ['hø:kər] *(Kleinhändler)* revendeur; *(Straßenhändler)* camelot, marchand *m* des quatre-saisons; ~**ei** *f* [-'raɪ] petit commerce *m;* ~**in** *f,* ~**weib** *n* revendeuse, marchande *f* des quatre-saisons; ~**kram** *m* déballage *m* (de revendeur); ~**laden** *m* petite boutique *od* épicerie *f;* **h~n** *itr* tenir un petit commerce.

hokus ['ho:kʊs] *:* ~ *pokus, verschwindibus.'* passez muscade! **H~pokus** *m* ⟨-, ø⟩ [--'---] tour *m* de bateleur *od* passe-passe, jonglerie; *pej* charlatanerie, duperie *f.*

hold [hɔlt] *a (geneigt, vom Glück)*

favorable, propice; *(anmutig)* gracieux, charmant, doux; *jdm ~ sein (lit, von Personen)* vouloir du bien à qn; *das Glück ist mir ~* la fortune me sourit; **~selig** *a (anmutig)* (très) gracieux, plein de grâces; **H~seligkeit** *f* grâce *f,* charme *m.*

Holdinggesellschaft *f* ['houldıŋ-] *fin* holding, omnium *m.*

hol|en ['hoːlən] *tr* aller *od* venir chercher *od* prendre *od* quérir; *sich ~ (fam: e-e Krankheit)* attraper; *sich e-e Abfuhr ~* essuyer un camouflet *od* une rebuffade; *e-n Anzug von der Reinigung ~* aller chercher un costume à la teinturerie; *Atem ~* prendre haleine; *jdn aus dem Bett ~ (fam)* tirer qn de son lit; *sich bei jdm Rat ~* prendre conseil de qn, consulter qn; *sich e-e Erkältung, e-n Schnupfen ~* attraper un rhume; *~ lassen* envoyer chercher, faire venir; *den Arzt ~ lassen* faire appeler le médecin; *da ist nichts zu ~ (fam)* il n'y a rien à y gagner; c'est sans intérêt; *hier ist nichts (mehr) zu ~ (fam)* il n'y a (plus) rien à chercher ici; *hol' dich der Teufel od Henker! (interj fam)* que le diable t'emporte! **H~schuld** *f* dette (re)quérable, quérabilité *f.*

holla ['hola] *interj* holà! hé! ho!

Holl|and *n* ['hɔlant] la Hollande; **~änder** *m* ⟨-s, -⟩ Hollandais; *(Käse)* hollande; *(Spielzeug)* cyclorameur; *(Papierfabrikation)* moulin *m od* pile *f* à cylindres; *der Fliegende ~ (Oper)* le Vaisseau fantôme; **~änderei** *f* [-'raı] *(Meierei)* laiterie *f;* **~änderin** *f* Hollandaise *f;* **h~ändisch** *a* hollandais, de Hollande; *(das)* ~*(e)* le hollandais.

Höll|e *f* ⟨-, (-n)⟩ ['hœlə] enfer(s *pl*) *m, a. fig; in die ~ kommen* aller en enfer, être damné; *jdm die ~ heiß machen (fig fam)* retourner qn sur le gril, échauffer les oreilles de qn, rompre la tête à qn; *jdm das Leben zur ~ machen* rendre à qn la vie impossible; empoisonner qn *pop; das Leben dort ist e-e ~* la vie est infernale là-bas; *die ~ ist los* le diable est déchaîné; *der Weg zur ~ ist mit guten Vorsätzen gepflastert (prov)* l'enfer est pavé de bonnes intentions; *der Fürst der ~* le prince *m* des ténèbres; **~enangst** *f* angoisse mortelle, peur *f* bleue; **~enbrut** *f* engeance *f* infernale; **~enfahrt** *f rel* descente *f* aux enfers; **~enfeuer** *m fig* feu *m* d'enfer *od* à rôtir un bœuf; **~enfürst** *m* prince *m* des ténèbres; **~engestank** *m* puanteur *f* de tous les diables; **~enlärm** *m* bruit d'enfer, bruit *od* tapage *od* va-

carme infernal, tapage *m* de tous les diables; *e-n ~ machen (a. pop)* faire un foin du diable; **~enmaschine** *f* machine *f* infernale; **~enqualen** *f pl* supplices *m pl* éternels; *~ ausstehen* souffrir comme un damné; **~enspektakel** *m = ~enlärm;* **~enstein** *m pharm* pierre *f* infernale; **~entempo** *n: ein ~ (drauf) haben* aller un train d'enfer; *(Autofahrt)* rouler à tombeau ouvert; **h~isch** *a* d'enfer, infernal; *(teuflisch)* diabolique; *fam (riesig)* énorme, colossal.

Hollerithmaschine *f* ['hɔlərıt-, -'rıt-] *(Lochkarten-Buchungsmaschine)* machine *f* à cartes perforées.

Hollywoodschaukel *f* ['hɔlıwʊd-] balancelle *f.*

Holm *m* ⟨-(e)s, -e⟩ [hɔlm] **1.** *(an Leitern)* montant *m; (des Barrens)* barre *f; aero* longeron *m;* **~gurt** *m aero* bride *f* de longeron.

Holm *m* **2.** *(kleine Insel)* îlot *m.*

holp|erig ['hɔlpərıç] *a = ~rig;* **~ern** *itr (sich ungleichmäßig fortbewegen)* (s')avancer d'un pas inégal; *(stolpern)* broncher; *(Wagen)* cahoter; **~(e)rig** *a (Weg)* cahoteux, raboteux, rude, inégal; *fig (Stil)* raboteux, rocailleux, heurté.

hoiterdiepolter [hɔltərdi'pɔltər] *adv* précipitamment, à la hâte.

Holunder *m* ⟨-s, -⟩ [ho'lʊndər] *bot* sureau *m;* **~baum** *m* sureau *m;* **~beere** *f* baie *f* de sureau; **~blüte** *f* fleur *f* de sureau; **~blütentee** *m* infusion *f* de (fleurs de) sureau; **~busch** *m,* **~strauch** *m* (buisson *m od* touffe *f* de) sureau *m.*

Holz *n* ⟨-es, ⸚er⟩ [hɔlts, 'hœltsər] *(Material u. kleinerer Wald)* bois *m; (größerer Wald)* forêt *f; (Orchester)* (les) bois *m pl; ~ auflegen* mettre, nachlegen remettre du bois (dans le feu); *~ sägen (fam hum: schnarchen)* ronfler; *ins ~ schießen (Baum)* pousser à bois; *in ~ schneiden* graver sur bois; *aus einem ~ geschnitzt sein (fig)* être du même bois; *ich bin nicht aus ~ (fig)* je ne suis pas de bois; *ich weiß, aus welchem ~ er geschnitzt ist* je sais de quel bois il est fait; *dürre(s) od trockene(s) ~* bois *m* mort; *gelagerte(s) od luftgetrocknete(s) ~* bois *m* séché à l'air; *grüne(s) ~* bois *m* vert *od* vif; **~abfälle** *m pl* bois *m* de rebut; **~abfuhr** *f* transport *m* du bois; **~apfel** *m* pomme *f* sauvage; **~art** *f* espèce *f* de bois; **h~artig** *a* ligneux; **~baracke** *f* baraque *f* en planches; **~bau(weise** *f)* *m* construction *f* en bois; **~bearbeitung** *f* travail *m* (industriel) du bois; **~bearbeitungs-**

maschine *f* machine *f* à travailler le bois; **~blasinstrumente,** *n pl die* les bois; **~block** *m* bloc *m* de bois; **~bock** *m ent* capricorne *m;* **~boden** *m (unter dem Dach)* grenier *m* à bois; **~bohrer** *m ent* xylophage; *(Gerät)* foret *m* à bois; **~dübel** *m* cheville *f* de bois; **~einschlag** *m* coupe *od* récolte *f* du bois; **h~en** *itr* couper du bois; **~er** *m* ⟨-s, -⟩ = **~**fäller; *(roher Fußballspieler)* footballeur *m* rude *od* brutal; **~erei** *f* [-'raɪ] *(Fußball)* jeu *m* rude *od* brutal; *fam (Schlägerei)* rixe *f;* **~essig** *m* vinaigre de bois, acide *m* pyroligneux; **~fäller** *m* bûcheron *m;* **~faser** *f* fibre *f od* fil *m* de bois; **~faserplatte** *f* panneau *m* de fibres de bois isolant *od* d'aggloméré; **~faserstoff** *m* pâte de bois, lignocellulose *f;* **~feuer** *n* feu *m* de bois; **~feuerung** *f* chauffage *m* au bois; **~fräsmaschine** *f* toupie *f;* **h~frei** *a (Papier)* sans bois, exempt de pâte mécanique; **~gas** *n* gaz *m* de bois; **~(gas)generator** *m* gazogène *m* à bois; **~gasmotor** *m* moteur *m* à gaz de bois; **~geist** *m chem* esprit--de-bois, alcool *m* de bois; **~gerechtsame** *f* affouage *m;* **~hacker** *m* ⟨-s, -⟩ *(~spalter)* coupeur de bois; *(~fäller)* bûcheron *m;* **~hammer** *m* maillet *m;* **~handel** *m* commerce *m* de bois; **~händler** *m* marchand *m* de bois; **~hauer** *m* = **~**fäller; **~haufen** *m* tas *m* de bois; **~haus** *n* maison *f* de *od* en bois; **~hieb** *m* = **~**einschlag; **h~ig** *a (h~artig)* ligneux; *(hart, von Gemüse)* dur; **~imprägnierung** *f* = **~**tränkung; **~käfer** *m* xylophage *m;* **~kasten** *m,* **~kiste** *f (zum Aufbewahren des ~es)* caisse *f* à bois; **~kitt** *m* pâte *f* de bois; **~klotz** *m* billot *m* de bois; **~kohle** *f* charbon *m* de bois; **~kohlenteer** *m* goudron *m* de bois; **~konservierung** *f* conservation *f* du bois; **~konstruktion** *f* construction *f* en bois; **~kopf** *m fig pej (Dummkopf)* lourdaud, balourd *m, fam* cruche *f;* **~lager** *n* dépôt de bois, chantier *m* à bois; **~lege** *f* cave *f* à bois, bûcher *m;* **~leiste** *f* liteau *m; (Zierleiste)* bordure *od* moulure *f* en bois; **~masse** *f* pâte *f* de bois; **~nagel** *m* cheville *f* de bois; **~pantine** *f* sabot *m* (de bois), galoche *f;* **~pflaster** *n (e-r Straße)* pavé *m* en bois; **~platz** *m* = **~**lager; **~schleiferei** *f* fabrique *f* de cellulose *od* de pâte de bois; **~schleifmaschine** *f* machine *f* à poncer le bois; **~schliff** *m* pâte *f* de bois, pâte *f* de bois; **~schliffpapier** *n* papier *m* de pâte de bois; **~schneidekunst** *f*

gravure sur bois, xylographie *f;* **~schneider** *m* graveur sur bois, xylographe *m;* **~schnitt** *m* gravure sur bois, estampe *f* en bois; **~schnitzer** *m* sculpteur *m* sur bois; **~schnitzerei** *f* sculpture *f* sur bois; **~schuh** *m* sabot *m;* **~schuhmacher** *m* sabotier *m;* **~schuhtanz** *m* sabotière *f;* **~schuppen** *m* hangar *m od* remise *f* à bois, bûcher *m;* **~schwamm** *m bot* bolet *m* destructeur; **~sohle** *f* semelle *f* de bois; **~span** *m* copeau *m* (de bois); **~stall** *m* bûcher *m;* **~stapel** = **~**stoß; **~stich** *m typ* gravure *f* sur bois; **~stift** *m* = **~**nagel; **~stoff** *m* pâte à papier, cellulose; *chem* lignine *f;* **~stoß** *m* pile *f* de bois, bûcher *m;* **~täfelung** *f* boiserie *f,* lambris(sage) *m;* **~taube** *f orn (Große ~)* ramier *m;* **~teer** *m* goudron *m* végétal; **~träger** *m arch* poutre *f* en bois; **~tränkung** *f* imprégnation *f* de bois; **~ung** *f* coupe *f* du bois; **h~verarbeitend** *a:* **~**e *Industrie f* industrie *f* travaillant le bois; **~verarbeitung** = **~**bearbeitung; **~verkleidung** *f* boiserie *f,* boisage, revêtement *m* en bois; **~wand** *f* cloison *f* de bois; **~weg** *m* chemin *m* forestier; *auf dem* **~** *sein (fig)* faire fausse route, se fourvoyer; *pop* se gourer; *da bist du auf dem* **~** *(fam)* je t'en fiche; **~wolle** *f* fibre *od* laine *f* de bois; **~wurm** *m* ver du bois, perce-bois, xylophage *m;* **~zellstoff** *m* cellulose de bois, lignocellulose *f;* **~zement** *m* béton *m od* pâte *f* de bois.

Hölz|chen *n* ⟨-s, -⟩ ['hœltsçən] petit (morceau de) bois *m,* bûchette *f;* **h~ern** *a* de *od* en bois, *fig (steif)* raide, sec; *(schwerfällig)* lourd; *er benimmt sich* **~** il est très raide dans son comportement.

homerisch [ho'me:rɪʃ] *a:* **~**e(s) *Gelächter* rire *m* homérique *od* inextinguible.

Hominiden *m pl* [homi'ni:dən] *biol (Familie der Menschenartigen)* hominiens *m pl.*

homogen [homo'ge:n] *a (gleichartig)* homogène; **~isieren** [-geni- 'zi:rən] *tr (innig vermischen)* homogénéiser; **H~ität** *f* ⟨-, ø⟩ [-geni'tɛ:t] homogénéité *f.*

homolog [homo'lo:k] *a (übereinstimmend)* homologue.

Homonym *n* ⟨-s, -e⟩ [homo'ny:m] *(gleichlautendes Wort)* homonyme *m;* **h~** *a (gleichlautend)* homonyme.

Homöopath *m* ⟨-en, -en⟩ [homøo'pa:t] homéopathe *m;* **~ie** *f* ⟨-, ø⟩ [-pa'ti:] *(Heilverfahren)* homéopathie *f;* **h~isch** [-'patɪʃ] *a* homéopathique.

homophil [homo'fi:l] *a* homophile; **H~ie** *f* ⟨-, ø⟩ [-'fi:li:] homophilie *f.*

Homosexu|alität [homosɛksuali'tɛ:t] *f* homosexualité, inversion *f* sexuelle, *pej* mœurs *f pl* spéciales; **h~ell** *a* homosexuel; **~elle(r)** *m* homosexuel, inverti *m.*

Honig *m* ⟨-s, (-e)⟩ ['ho:nɪç] miel *m; mit ~ bestreichen od süßen* emmieller; *~ sammeln (Biene)* butiner; *jdm ~ ums Maul schmieren (fig fam)* passer de la pommade, cirer les bottes à qn, caresser qn dans les sens du poil; *mit ~ gesüßt* miellé; **h~artig** *a* mielleux; **h~bereitend** *a zoo* mellifère, mellifique; **~bereitung** *f* mellification; **~biene** *f* mouche *f* à miel; **~farbe** *f* couleur *f* miellée; **~geruch** *m* odeur *f* miellée; **~kuchen** *m* pain *m* d'épice; **~mond** *m (Flitterwochen)* lune *f* de miel; **~scheibe** *f,* **~wabe** *f* rayon *od* gâteau *m* de miel; **~schleuder** *f* extracteur *m;* **~seim** *m* miel *m* vierge; **~sirup** *m pharm* mellite *f;* **h~süß** *a* doux comme le miel, miellé; *fig pej* mielleux.

Honor|ar *n* ⟨-s, -e⟩ [hono'ra:r] *(Arbeitsvergütung)* honoraire *m (meist pl); (Autoren~)* droits *m pl* d'auteur; **~arprofessor** *m* professeur *m* honoraire; **~atioren** *pl* [-ratsi'o:rən] notabilités *f pl;* **h~ieren** [-'ri:rən] *tr (Anwalt, Arzt)* honorer; *fin (Wechsel)* faire honneur à, honorer, accepter **~ierung** *f* paiement *m* (des honoraires).

Hopfen *m* ⟨-s, -⟩ ['hɔpfən] houblon *m; da ist ~ und Malz verloren (fig)* c'est peine perdue; *mit ~ versehen,* **h~** *tr* houblonner; **~anbau** *m* culture *f* du houblon; **~bauer** *m* houblonnier *m;* **~darre** *f* touraille *f* à sécher le houblon; **~ernte** *f* récolte *f* du houblon; **~feld** *n* houblonnière *f;* **~mehl** *n* lupulin *m;* **~stange** *f* perche à houblon; *fig (langer Mensch)* (grande) perche *f, fam* manche *m* à balai, asperge *f,* échalas *m, pop (Frau)* grande bringue *f.*

hopp ['hɔp] *interj:* ~, ~*!* et au galop! *fam* et que ça saute! **~eln** ⟨aux: sein⟩ *itr (hüpfen)* saut(ill)er. **~la** *interj fam* hop (là)! pardon!

hops [hɔps] *a fam (verloren)* fichu, perdu; *pop* foutu; ~ *gehen (pop: verlorengehen)* se perdre, s'égarer; *(sterben)* crever, casser sa pipe; **H~** *m* ⟨-es, -e⟩ gambade *f;* **~a** *interj fam* hop (là)! **~en** ⟨aux: sein⟩ *itr fam* saut(ill)er, gambader; *das ist gehopst wie gesprungen fam* c'est bonnet

blanc et blanc bonnet; **H~er** *m* ⟨-s, -⟩ = ~ *m.*

Hör|... ['hø:r-] *(in Zssgen)* auditif; **~apparat** *m* = ~*gerät;* **h~bar** *a* perceptible (à l'oreille), audible; *kaum ~* presque imperceptible; **~barkeit** *f* ⟨-, ø⟩ perceptibilité, audibilité *f;* **~bereich** *m allg* fréquences *f pl* audibles; *radio (e-s Senders)* zone *f* d'audibilité; portée *f;* **h~bereit** *a tele* à l'écoute; **~bereitschaft** *f: die ~ unterbrechen (tele)* quitter l'écoute; **~bericht** *m radio* reportage radio(phonique), radioreportage *m;* **~brille** *f (Brille mit ~gerät)* lunettes *f pl* acoustiques *od* auditives.

Horch|dienst *m* ['hɔrç-] *mil* service *m* d'écoute; **h~en** *itr* écouter (*an etw* à qc; *auf etw, jdn* qc, qn; *ob* pour voir si), prêter l'oreille, être aux écoutes, avoir l'oreille au guet; *(spionieren)* espionner; **~er** *m* ⟨-s, -⟩ écouteur (aux portes), indiscret; *(Spion)* espion *m;* **~gerät** *n* appareil *od* récepteur *m* d'écoute; **~posten** *m mil* poste *m* d'écoute; **~taste** *f tele* clé *f* d'écoute; **~trichter** *m aero* pavillon *m* d'écoute; **~trupp** *m* équipe *f* d'écoute.

Horde *f* ⟨-, -n⟩ ['hɔrdə] **1.** *(Flechtwerk)* claie *f;* **2.** *(ungezügelte Schar)* horde, bande, troupe *f.*

Hör|empfang *m* ['hø:r-] *radio* réception *f* auditive; **h~en** *tr* entendre; *(erfahren)* apprendre, savoir; *itr (lauschen, a. radio)* écouter; *radio* être *od* se mettre à l'écoute; *(achtgeben)* faire attention (*auf etw* à qc); *(gehorchen)* obéir (*auf jdn* à qn); *auf die Eltern ~* écouter ses parents; *von jdm ~* entendre parler de qn; *gut ~* avoir l'ouïe *od* l'oreille bonne *od* fine; *die Messe ~* entendre la messe; *auf den Namen ... ~ (bes. Hund)* répondre au nom de ...; *nur auf e-m Ohr ~* n'entendre que d'une oreille; *fig* faire la sourde oreille; *sich gern reden ~* s'écouter parler; *regelmäßig ~ (radio: Sendung)* suivre; *schwer od schlecht ~* être dur d'oreille; *e-e Vorlesung ~* suivre un cours; *sich ~ lassen* se faire entendre; *fig (gut klingen)* sonner bien; *(nichts) von sich ~ lassen* (ne pas) donner de (ses) nouvelles; *nichts ~ wollen* ne pas vouloir entendre parler, ne vouloir rien savoir (*von etw* de qc); *se boucher od* détourner les oreilles; *das höre ich lieber* j'aime mieux cela; *das ist das erste, was ich höre* première nouvelle! *mir ist H~ und Sehen vergangen* j'en ai vu trente-six chandelles; *soviel ich höre* à ce qu'on me dit; *wenn man Sie hört!* à vous entendre; *hör* *mal!* voyons! tiens! *(na)* ~ *Sie mal!* attendez (donc)! allons! dites (donc)! tenez! *Sie werden noch von mir* ~! vous aurez de mes nouvelles; *da wird Ihnen H~ und Sehen vergehen!* je vous en ferai voir de belles! *das läßt sich (schon)* ~! à la bonne heure! *wer nicht ~ will, muß fühlen (prov)* la désobéissance se paie toujours; **~ensagen** *n* ouï-dire *m; vom* ~ par ouï--dire, de réputation; **~er** *m* ⟨-s, -⟩ *(Person, a. radio)* auditeur; *(ständiger) radio* usager; *(Gerät, tele)* récepteur *m; den* ~ *abnehmen, auflegen (tele)* décrocher, raccrocher le récepteur; **~erbefragung** *f radio* (enquête *f* par) sondage *m* des auditeurs; **~erecho** *n radio* écho *m* des auditeurs; **~ergabel** *f tele* fourchette *f* de téléphone; **~erkreis** *m,* **~erschaft** *f* auditoire *m; radio* auditeurs *m pl;* **~ermuschel** *f tele* pavillon *m;* **~ertribüne** *f radio* tribune *f* des auditeurs; **~fehler** *m* erreur *f* d'audition; *med (Gebrechen)* défaut *m* de l'ouïe; **~folge** *f radio (Programm)* ordre *m* des auditions; *(Sendereihe)* série *f* radiophonique; **~frequenz** *f radio* fréquence acoustique, audiofréquence *f;* **~gerät** *n (für Schwerhörige)* appareil *m* auditif, aide-ouïe *f;* **h~ig** *a (leibeigen)* serf; *fig: jdm* ~ *sein* être l'esclave de qn; être entièrement soumis à qn; **~igkeit** *f* ⟨-, ø⟩ *hist* servage *m; fig* sujétion *f;* dépendance *f* totale; **~muschel** *f tele* écouteur *m;* **~nerv** *m anat* nerf *m* auditif; **~organ** *n* organe *m* de l'ouïe; **~probe** *f radio (für Künstler)* audition *f;* **~rohr** *n (für Schwerhörige)* cornet acoustique; *med* stéthoscope *m;* **~saal** *m* salle *f* de cours od de conférences; *(stufenförmiger)* amphithéâtre *m;* **~schärfe** *f* acuité *f* auditive; **~schwelle** *f* seuil *m* d'audibilité; **~spiel** *n radio* pièce radiophonique, audition *f* théâtrale; **~vermögen** *n physiol* capacité *f* auditive; **~weite** *f* portée *f* d'ouïe; *außer* ~ hors de portée d'ouïe; *in* ~ à portée d'ouïe.

Horizont *m* ⟨-(e)s, -e⟩ [hori'tsɔnt] horizon *m, a. fig;* ligne *f* d'horizon; *am* ~ à l'horizon; *s-n* ~ *erweitern (fig)* élargir son horizon; *e-n engen* ~ *haben (fig)* avoir l'esprit étroit; *das geht über meinen* ~ cela me dépasse, cela est hors de portée pour moi *od* hors de ma portée; *geistige(r)* ~ horizon *m* de l'esprit; *politische(r)* ~ horizon *m* politique; **h~al** [-'ta:l] *a (waagerecht)* horizontal; de niveau; **~alantenne** *f* antenne *f* horizontale; **~ale** *f* ⟨-, -n⟩

(ligne) horizontale *f;* **~alebene** *f* plan horizontal, niveau *m;* **~alflug** *m* vol *m* horizontal; **~alprojektion** *f* plan *m od* projection *f* horizontal(e).

Hormon *n* ⟨-s, -e⟩ [hɔr'moːn] *physiol* hormone *f;* **~präparat** *n* préparation *f* hormonale; **~therapie** *f* hormonothérapie *f.*

Horn *n* ⟨-(e)s, ∹er⟩ [hɔrn, 'hœrnər] *(Körperteil, Substanz, Gerät)* corne *f; mus (Blasinstrument)* cor, clairon; *geog (Bergspitze)* pic *m,* dent, aiguille *f; sich die Hörner abstoßen od (abus) ablaufen (fig)* jeter sa gourme; *jdm Hörner aufsetzen (fig)* faire porter des cornes à qn; *pop* cocufier qn; *das* ~ *blasen* sonner du cor; *ins* ~ *stoßen* donner du cor; *ins gleiche* ~ *stoßen (fig)* s'entendre comme larrons en foire; **h~artig** *a* corné; **~brille** *f* lunettes *f pl* (à monture) de corne *od* d'écaille; **~fisch** *m* baliste *m;* **~haut** *f* callosité *f, (Schwiele)* durillon *m; (des Auges)* cornée *f;* **~hautentzündung** *f med* kératite *f;* **~hautfleck** *m: weiße(r)* ~ *(Auge)* taie *f;* **~hauttrübung** *f med* opacité *f* de la cornée; **~hautübertragung** *f med* greffe de la cornée, kératoplastie *f;* **~hecht** *m (Fisch)* orphie *f;* **h~ig** *a* corné; *(Haut)* calleux; **~ist** *m* ⟨-en, -en⟩ [-'nɪst] corniste, cor; *bes. mil* clairon *m;* **~kluft** *f,* **~spalte** *f vet* seime *f;* **~knopf** *m* bouton *m* en corne; **~ochse** *m (Dummkopf)* benêt, idiot *m;* **~signal** *n* sonnerie *f;* **~vieh** *n* bêtes *f pl* à cornes; **~viper** *f* zoo céraste *m.*

Hörn|chen *n* ⟨-s, -⟩ ['hœrnçən] petite corne *f; (Gebäck)* croissant *m; pl zoo (Familie der Nagetiere)* sciuridés *m pl;* **h~en** *a (gehörnt)* cornu; *itr (die Hörner abwerfen)* jeter sa tête; **~erklang** *m* son *m* du cor; **h~ern** *a* de *od* en corne.

Hornisse *f* ⟨-, -n⟩ [hɔr'nisə, 'hɔr-] *ent* frelon *m.*

Horoskop *n* ⟨-s, -e⟩ [horo'skoːp] horoscope *m; jds* ~ *stellen* tirer *od* dresser *od* faire l'horoscope de qn.

Horst *m* ⟨-(e)s, -e⟩ [hɔrst] *bot* touffe *f; (Raubvogelnest)* nid *m; (e-s Adlers)* aire; *aero (Flieger~)* base *f* aérienne; **h~en** *itr (nisten, von Raubvögeln)* faire son nid, nicher; **~peiler** *m aero (Gerät)* goniomètre *m* d'atterrissage.

Hort *m* ⟨-(e)s, -e⟩ [hɔrt] *(Schatz)* trésor; *fig (Zufluchtsort)* rempart, asile *m,* retraite *f; (Schutz)* appui, soutien; *(Kinder~)* crèche, garderie *f* (d'enfants); **h~en** *tr (Geld, Waren)* thésauriser, stocker, accumuler; **~nerin** *f (Kindergärtnerin)* jardinière *f* d'enfants; **~ung** *f (von Geld, Waren)* thésaurisation *f,* stockage *m* (excessif), accumulation *f.*

Hortensie *f* ⟨-, -n⟩ [hɔr'tɛnziə] *bot* hortensia *m.*

Hose *f* ⟨-, -n⟩ ['ho:zə] *fam a. pl (lange)* pantalon *m; (kurze od Knie~)* culotte *f; (enganliegende Damen~)* collant; *arg* froc, grimpant; *hist* haut--de-chausses *m; die ~n anhaben (fig hum)* porter la culotte; *die ~n voll haben (fig vulg: Angst haben)* avoir la chiasse; *in die ~n machen (pop, a.: fig: vor Angst)* faire dans sa culotte; *sich auf die ~n setzen (fig fam: fleißig lernen)* bûcher; *e-m Kind die ~n strammziehen* donner *od fam* flanquer une fessée à un enfant; *das Herz fiel mir in die ~n (fig fam)* le cœur me manqua; *das ist Jacke wie ~* c'est bonnet blanc et blanc bonnet; *ein Paar ~n (fam)* un pantalon, une paire de culottes; **~naufschlag** *m* revers *m* de pantalon; **~nbandorden,** *der* l'ordre *m* de la Jarretière; **~nbein** *n* jambe *f* de pantalon; **~nboden** *m* fond *m* de culotte; **~nbund** *m,* **~ngurt** *m* ceinture *f* de pantalon; **~nklammer** *f (für Radfahrer)* pince *f* à pantalon; **~nklappe** *f,* **~nlatz** *m* pont *m* (de pantalon), braguette *f;* **~nknopf** *m* bouton *m* de culotte; **~nmatz** *m fam* bambin, marmot *m;* **~nnaht** *f* couture *f* de pantalon; **~nrock** *m* jupe-culotte *f;* **~nrolle** *f theat* travesti *m;* **~nscheißer** *m fig vulg* foireux, péteur *m;* **~nschlitz** *m* braguette *f;* **~nsteg** *m* sous-pied *m;* **~nstoßband** *n* talonnette *f;* **~ntasche** *f* poche *f* de pantalon; *mit den Händen in der ~* les mains dans ses poches; **~nträger** *m (pl)* bretelles *f pl.*

Hosp|ital *n* ⟨-s, -e/ː er⟩ [hɔspi'ta:l(ə), -'tɛːlər] hôpital *m;* **~itant** *m* ⟨-en, -en⟩ [-'tant] *(Gasthörer)* auditeur libre; *(Praktikant)* stagiaire *m;* **h~itieren** [-pi'ti:rən] *itr* suivre un cours en auditeur libre; faire un stage; **~iz** *n* ⟨-es, -e⟩ [-'pi:ts] hospice *m.*

Hosteß *f* ⟨-, -essen⟩ ['hɔstɛs, -'-] hôtesse d'accueil; *(euphemistisch)* entraîneuse *f.*

Hostie *f* ⟨-, -n⟩ ['hɔstiə] *rel* hostie *f;* **~nteller** *m* patène *f.*

Hotel *n* ⟨-s, -s⟩ [ho'tɛl] hôtel *m;* **~besitzer** *m* hôtelier *m;* **~boy** *m* chasseur, groom *m;* **~dieb** *m* rat *m* d'hôtel; **~diener** *m* garçon *m* d'hôtel; **~fachschule** *f* école *f* hôtelière; **~gewerbe** *n* industrie hôtelière, hôtellerie *f;* **~ier** *m* ⟨-s, -s⟩ [-təli'e:] =

~besitzer; **~rechnung** *f* note *f* d'hôtel; **~zimmer** *n* chambre *f* d'hôtel.

hott [hɔt] *interj* hue! haïe! **H~ehü** *n* ⟨-s, -s⟩ [hɔtə'hy:] *(Kindersprache: Pferd)* dada *m.*

hu [hu:] *interj* hou! *(Ausdruck der Furcht)* brrr!

hü [hy:] *interj* hue! haïe! *der eine will ~ und der andere hott (fig)* l'un tire à hue et l'autre à dia.

Hub *m* ⟨-(e)s, ⁝ e⟩ [hu:p, 'hy:bə] *tech,* **~e** *f* ⟨-, -n⟩ *(e-s Gasometers)* levée *f;* **~geschwindigkeit** *f* vitesse *f* de levage; **~höhe** *f* = ~; **~kraft** *f,* **~leistung** *f* poussée *f;* **~länge** *f* jeu *m;* **~pumpe** *f* pompe *f* élévatoire; **~raum** *m mot* cylindrée *f;* **~schraube** *f* hélice *f* sustentatrice, rotor *m;* **~schrauber** *m* ⟨-s, -⟩ *aero* hélicoptère *m; mit ~(n) befördert,* **~-** *(in Zssgen)* héliporté *a;* **~schrauberlandeplatz** *m* héliport *m,* héligare *f;* **~werk** *n* dispositif *od* treuil *m* de levage.

hüben ['hy:bən] *adv: ~ und drüben* des deux côtés.

hübsch [hʏpʃ] *a* joli; *(schön)* beau; *(niedlich)* mignon; *(reizend)* charmant, gentil; *adv* joliment, gentiment, bien; *ganz ~ (adv) (nicht wenig)* pas mal; *es ~ bleibenlassen* s'en garder bien; *sich ~ machen (fam)* se pomponner; *das ist ~ von Ihnen* c'est gentil *od* bien aimable à vous; *das ist nicht ~ von Ihnen* ce n'est pas bien de votre part; *~ artig a* bien sage; *eine (ganz) ~e Summe f* une coquette somme; *une somme rondelette.*

Hucke *f* ⟨-, -n⟩ ['hʊkə] *pop (Rücken)* dos *m;* **h~pack** [-pak] *adv fam (auf dem Rücken): jdn ~ tragen* porter qn sur son dos *od* à califourchon; **~packverkehr** *m loc* transport *m* par fer de semi-remorques.

Hud|elei *f* ⟨-, (-en)⟩ [hu:də'laɪ] *dial (Pfuscherei)* bousillage *m;* **h~eln** ['hu:dəln] *itr dial (pfuschen)* bousiller; **~ler** *m* ⟨-s, -⟩ ['-dlər] bousilleur *m.*

Huf *m* ⟨-(e)s, -e⟩ [hu:f] sabot, ongle *m; ungeduldig mit den ~en scharren (Pferd)* gratter la terre du pied, piaffer; **~beschlag** *m* ferrure *f;* **~eisen** *n* fer *m* à cheval; **~eisenbogen** *m arch* arc *m* en fer à cheval *od* outrepassé; **h~eisenförmig** *a* en fer à cheval; **~eisenmagnet** *m* aimant *m* en fer à cheval; **~lattich** *m bot* pas--d'âne, tussilage *m;* **~nagel** *m* clou *m* à cheval; **~schlag** *m (Tritt)* ruade *f; (Geräusch)* battue *f;* **~schmied** *m* maréchal-ferrant *m;* **~schmiede(handwerk** *n)* *f* maréchalerie *f;* **~tiere** *n pl* ongulés *m pl.*

Hüft|bein n ['hʏft-] anat os m iliaque; ~**e** f ‹-, -n› hanche f; bis an die ~ à mi-corps; jdn um die ~ fassen prendre qn par la taille; mit den ~n wakkeln tortiller des hanches; ~**gegend,** die les reins m pl; ~**former** m, ~**gürtel** m, ~**halter** m gaine f; ~**gelenk** n articulation f de la hanche od scient coxofémorale; ~**gelenkpfanne** f cavité f cotyloïde; **h~lahm** a déhanché; ~**leiden** n déficience f de la hanche; ~**umfang** m tour m de hanches; ~**verrenkung** f tour m de reins, luxation f de la hanche; ~**weh** n sciatique, coxalgie f; ~**weite** f tour m de hanches.

Hügel m ‹-s, -› ['hy:gəl] colline f, coteau m, butte; (Anhöhe) élévation, éminence f; (kleiner) monticule, tertre; (rundlicher) mamelon m; **h~ig** a montueux, vallonné, mamelonné; (uneben) accidenté; ~**kette** f chaîne f de collines; ~**land** n (pays m de) collines f pl.

Hugenott|e m ‹-n, -n› [hugə'nɔtə] ~**in** f huguenot, e m f; **h~isch** a huguenot.

Huhn n ‹-(e)s, ⁒er› [hu:n, 'hy:nər] (Henne) poule f; (als Art) coq m; pl a. volaille f; mit den Hühnern zu Bett gehen (fig) se coucher comme les poules; da lachen ja die Hühner! (fig fam) c'est parfaitement ridicule! gebratene(s) ~ poulet m rôti; gemästete(s) ~ poularde f; junge(s) ~ poulette f; verrückte(s) ~ (fig fam) fou m, folle f; toqué, e m f; ~ in od auf Reis poule f au riz.

Hühnchen n ‹-s, -› ['hy:nçən] (a. Hähnchen) poulet m; mit jdm noch ein ~ zu rupfen haben (fig fam) avoir maille à partir od un compte à régler avec qn.

Hühner|auge n ['hy:nər-] med cor, œil-de-perdrix m; ~**augenmittel** n pharm coricide m; ~**augenoperateur** m pédicure m; ~**braten** m poulet m rôti; ~**brühe** f consommé m de poulet; ~**brust** f (Küche) blanc de poulet; med thorax m en entonnoir; ~**dieb** m voleur m de volaille; ~**ei** n œuf m de poule; ~**farm** f ferme f à poulets; ~**habicht** m orn autour m; ~**hof** m basse-cour f; ~**hund** m chien d'arrêt, braque m; ~**jagd** f chasse f à la perdrix; ~**korb** m cage f à poules; ~**leiter** f échelle f de poulailler; ~**stall** m poulailler m; ~**stange** f perchoir, juchoir m; ~**suppe** f bouillon m de poule; ~**vögel** m pl (Ordnung) gallinacés m pl; ~**zucht** f élevage m de (la) volaille, aviculture f; ~**züchter** m éleveur m de volaille.

huhu [hu'hu:] interj hi, hi, hi!

hui [huɪ] interj vlan! v'lan! **H~** s: im od in e-m ~ en un clin d'œil.

Huld f ‹-, ø› [hʊlt] (Geneigtheit) grâce; (Gunst) faveur; (Wohlwollen) bienveillance; (Milde) clémence f; **h~igen** ['-dɪgən] itr, a. fig rendre hommage (jdm à qn); (e-r Dame) faire la cour (dat à); (e-r Ansicht) adhérer (dat à); (e-r Gewohnheit, e-m Laster) aimer (e-r S qc), s'adonner (dat à); sich ~ lassen recevoir les hommages; ~**igung** f hommage(s pl) m; jdm s-e ~ darbringen présenter od offrir od faire agréer ses hommages à qn; ~**igungseid** m serment m d'allégeance; **h~reich** a, **h~voll** a plein de grâce, gracieux; (wohlwollend) bienveillant; (milde) clément.

Hüll|e f ‹-, -n› ['hʏlə] enveloppe; (Decke, Umschlag) couverture f; (Gehäuse) étui m, gaine f; (Buch) emboîtage m; (Fallschirm) voilure f; (Kleidung) vêtement(s pl) m; (Schleier) voile m; bot zoo peau f, tégument; bot (Blütenhülle) involucre m; in ~ und Fülle en abondance, en masse, à profusion, à foison, fam à gogo; die sterbliche ~ la dépouille mortelle; **h~en** tr (einwickeln) envelopper, draper (in de); (bedecken) couvrir (in de); in Dunkel ~ obscurcir, assombrir; fig (verschleiern) voiler; sich in Schweigen ~ se renfermer dans le silence; **h~enlos** a (unverhüllt, nackt, a. fig) (à) nu.

Hüls|e f ‹-, -n› ['hʏlzə] bot peau; (Schote) cosse, gousse; (Geschoß~, tech) douille f; **h~en** tr (ent~) écosser, écaler; ~**enfrüchte** f pl bot légumineuses f pl; (trockene) légumes m pl secs; **h~entragend** a bot légumineux; **h~ig** a bot muni d'une cosse od d'une gousse.

human [hu'ma:n] a humain; **H~ismus** m ‹-, ø› [-'nɪsmʊs] humanisme m; **H~ist** m ‹-en, -en› [-'nɪst] humaniste m; ~**istisch** [-'nɪstɪʃ] a humaniste; classique; ~e Bildung f formation f classique; ~e(s) Gymnasium n (als Einrichtung) enseignement m secondaire classique; ~**itär** [-ni'tɛ:r] a humanitaire; **H~ität** f ‹-, ø› [-'tɛ:t] humanité f; **H~itätsduselei** f pej humanitarisme m déplacé.

Humbug m ‹-s, ø› ['hʊmbʊk] (Unsinn) non-sens m, folie, absurdité; (Schwindel) charlatanerie, mystification, blague f.

Hummel f ‹-, -n› ['hʊməl] ent bourdon m.

Hummer m ‹-s, -› ['hʊmər] zoo homard *m;* ~**mayonnaise** *f* homard *m* mayonnaise.

Humor *m* ⟨-s, (-e)⟩ [hu'mo:r] humour *m; (fröhliche Stimmung)* bonne humeur *f;* ~ *haben* avoir de l'humour; *mit* ~ *hinnehmen* prendre en riant; ~**eske** *f* ⟨-, -n⟩ [-'rɛskə] *(Erzählung)* histoire humoristique; *theat* pièce *f* humoristique; ~**ist** *m* ⟨-en, -en⟩ [-'rɪst] humoriste *m;* **h**~**istisch** [-'rɪstɪʃ] *a.* **h**~**voll** *a* humoristique; **h**~**los** *a* sans humour, dépourvu d'humour.

humpeln ⟨aux: sein od haben⟩ ['hʊmpəln] *itr* boiter, clocher; *fam* clopiner, aller clopin-clopant; *er ist nach Hause gehumpelt* il est rentré chez lui en boitillant; *nach s-m Unfall hat er lange gehumpelt* il a boité longtemps après son accident.

Humpen *m* ⟨-s, -⟩ ['hʊmpən] hanap *m.*

Humus *m* ⟨-, ∅⟩ ['hu:mʊs] *agr* humus, terreau *m,* terre *f* végétale; ~**bildung** *f* formation *f* de l'humus; ~**boden** *m,* ~**erde** *f* terre *f* végétale; ~**decke** *f,* ~**schicht** *f* couche *f* de terre végétale; **h**~**sauer** *a chem* ulmique.

Hund *m* ⟨-(e)s, -e⟩ [hʊnt, -də] chien *(a. Weberei);* mine *(Förderwagen)* chien *m,* berline *f,* wagonnet *m; pl zoo (als Gattung)* canins; *(als Familie)* canidés *m pl; wie ein begossener* ~ *abziehen* partir l'oreille basse *od* tout penaud; *auf den* ~ *bringen* ruiner; *vor die* ~*e gehen, auf den* ~ *kommen* faire le saut, tomber dans la misère; *wie Katze und* ~ *leben* vivre comme chien et chat; *jdm wie ein* ~ *nachlaufen* suivre qn comme un chien *od* un caniche; *auf dem* ~ *sein* être sur la paille *od fam* dans une misère noire *od pop* dans la débine; *bekannt sein wie ein bunter* ~ être connu comme le loup blanc; *das ist ein dikker* ~! quelle bévue! *a.* c'est un sacré problème! *er ist mit allen* ~*en gehetzt* il a plus d'un tour dans son sac; *den letzten beißen die* ~*e* c'est le dernier qui trinque *fam; damit lockt man (bei mir) keinen* ~ *hinterm Ofen hervor* cela ne prend pas (avec moi); *da liegt der* ~ *begraben* c'est là que gît le lièvre, voilà le hic; voilà le fond de l'affaire; *ein toter* ~ *beißt nicht mehr (prov)* chien mort ne mord plus; ~*e, die bellen, beißen nicht (prov)* (tous les) chien(s) qui aboie(nt) ne mord(ent) pas; *bei diesem Wetter jagt man keinen* ~ *vor die Tür* c'est un temps à ne pas mettre un chien dehors; *kommt man über den* ~, *so kommt man auch über den Schwanz (prov)* quand on a

avalé le bœuf, il ne faut pas s'arrêter à la queue; *böser* ~, *zerrissenes Fell (prov)* chien hargneux a toujours l'oreille déchirée; *falsche(r)* ~ *(pop)* faux jeton *m; fliegende(r)* ~ *(Fledermaus)* roussette *f; junge(r)* ~ chiot *m; mit allen* ~*en gehetzt (fam)* retors *a;* ~**eausstellung** *f* exposition *f* canine *od* de chiens; ~**ebiß** *m* morsure *f* de chien; **h**~**eelend** *a: mir ist* ~ je suis malade comme un chien; ~**ehütte** *f* niche *f* (à chien), chenil *m;* ~**ekälte** *f* froid *m* noir *od* de loup *od* de canard; ~**ekuchen** *m* biscuit *m* pour chiens; ~**eleben** *f fig* vie *f* de chien; ~**eleine** *f* laisse *f,* ~**eliebhaber** *m* amateur *m* de chiens; ~**eloch** *n fig fam (Elendsquartier)* chenil, taudis *m;* ~**emarke** *f* plaque *f* de chien; *arg mil (Erkennungsmarke)* plaque *f* d'identité; **h**~**emüde** *a pred* exténué, harassé, éreinté, *fam* vanné, sur les dents; *ich bin* ~ *(a.)* je tombe de fatigue; ~**enase** *f* truffe *f;* ~**epeitsche** *f* fouet *m;* ~**erasse** *f* race *f* canine *od* de chiens; ~**erennen** *n* course *f* de chiens *od* de lévriers; ~**esteuer** *f* taxe *f od* impôt *m* sur les chiens; ~**ewache** *f mar* quart *m* de minuit à 4 heures; ~**ewetter** *n fam* temps de chien, chien *od* diable *m* de temps; ~**ezucht** *f* élevage *m* de chiens; ~**ezwinger** *m* chenil *m;* ~**sfott** *m* canaille *f; pop* salaud, jean-foutre *m;* ~**sfötterei** *f* [-'fœtə'raɪ] infamie, canaillerie; *pop* cochonnerie *f;* **h**~**sföttisch** ['-'fœtɪʃ] *a* salaud *pop;* **h**~**sgemein** *a* ignoble, infâme, abject; ~**shai** *m zoo* (petite) roussette *f;* **h**~**smiserabel** *a fam* très mauvais; *mir ist* ~; *s.* **h**~**eelend;** **h**~**smüde** = ~*emüde;* ~**srose** *f bot* = Heckenrose; ~**sstern,** *der (astr)* la canicule, Sirius *m;* ~**stage,** *die* les jours *m pl* caniculaires, la canicule.

hundert ['hʊndərt] cent; *gegen od etwa od ungefähr od circa od an die* ~ une centaine; *alle* ~ *Jahre stattfindend* centennal, séculaire; **H**~ *n* ⟨-s, -e⟩ cent *m,* centaine *f; zu* ~*en* par centaines; *vom* ~ pour cent; **H**~**er** *m* ⟨-s, -⟩ *math* centaine *f; (Geldschein)* billet *m* de cent; ~**erlei** ['---'laɪ] *a* de cent espèces; *allg (mancherlei)* trente-six choses; ~**fach** *a,* ~**fältig** *a* centuple; *adv* au centuple; ~**gradig** *a (Winkelmaß)* centigrade; **H**~**jahrfeier** *f* [-'ja:rfaɪər] centenaire *m;* ~**jährig** *a* centenaire, séculaire; **H**~**jährige(r)** *m* centenaire *m;* **H**~**kilometertempo** *n* vitesse *f* de 100 km (à l'heure); ~**köpfig** *a* aux cent têtes; ~**mal** *adv* cent fois;

H~meterlauf *m sport* course *f* de 100 mètres plat; **~prozentig** *a u. adv* à cent pour cent; **H~satz** *m* pourcentage *m;* **H~schaft** *f* centurie *f;* **H~stel** *n* ⟨-s, -⟩ centième *m;* **~ste(r, s)** *a* centième; *vom Hundertsten ins Tausendste kommen* parler à bâtons rompus, faire des coq-à-l'âne; **~tausend** cent mille; **H~tausende** *pl* des centaines de mille (*von* de).

Hünd|in *f* ['hʏnd-] chienne *f;* **h~isch** *a fig (kriecherisch)* rampant, servile; *(gemein)* vilain.

Hüne *m* ⟨-n, -n⟩ ['hy:nə] géant, colosse *m;* **~ngestalt** *f* stature *f* gigantesque; **~ngrab** *n* dolmen *m,* table *f* du diable; **h~nhaft** *a* gigantesque, colossal.

Hunger *m* ⟨-s, ø⟩ ['hʊŋər] faim (*nach* de); *fig (Verlangen)* faim, soif *f,* appétit *m* (*nach* de); **~** *bekommen* commencer à avoir faim; *(keinen)* **~** *haben* (n')avoir (pas) faim, *fam* avoir la dent; *großen* **~** *haben* avoir très *od* bien faim, *fam* avoir l'estomac dans les talons; **~** *leiden* souffrir de la faim; **~**s *sterben* mourir de faim; *s-n* **~** *stillen* apaiser *od* assouvir *od* calmer *od* rassasier sa faim; *vor* **~** *umfallen* tomber d'inanition; **~** *ist der beste Koch (prov)* il n'est sauce que d'appétit; **~blockade** *f* blocus *m* de la famine; **~gefühl** *n* tiraillements *m pl* d'estomac; **~jahr** *n* année *f* de famine *od* de disette; **~künstler** *m* jeûneur *m;* **~kur** *f med* diète *f* absolue, régime *m* de jeûne; **~leider** *m* famélique, claquefaim, meurt-de-faim, *fam* traîne-malheur, traîne-misère, *pop* crève-la-faim *m;* **~lohn** *m* salaire *m* de famine *od* dérisoire; **h~n** *itr* ne pas manger à sa faim; *(fasten)* jeûner; *(aus gesundheitlichen Gründen)* faire diète; **~ödem** *n med* œdème *m* d'alimentation *od* de carence *od* de dénutrition *od* épidémique *od* de guerre; **~quelle** *f* source *f* intermittente; **~snot** *f* famine; *(Teuerung)* disette *f;* **~streik** *m* grève *f* de la faim, jeûne *m* de protestation; **~tod** *m:* den **~** *sterben* mourir de faim *od* d'inanition; **~tuch** *n:* am **~** *nagen* manger de la vache enragée, tirer le diable par la queue; **hungrig** ayant faim, affamé; *(sehr)* **~** *sein = (großen) Hunger haben.*

Hunne *m* ⟨-n, -n⟩ ['hʊnə] *hist* Hun *m.*

Hup|e *f* ⟨-, -n⟩ ['hu:pə] *mot* (cornet) avertisseur *m,* corne, trompe *f;* klaxon *m;* **h~en** *itr* donner un coup de corne, corner; klaxonner; **~en** *n* coup *m* de trompe *od* de klaxon; **~** *verbo-*

ten! avertisseurs sonores interdits; **~konzert** *n* concert *m* d'avertisseurs.

hüpfen ['hʏpfən] ⟨*aux: sein*⟩ *itr* sautiller; bondir; *(springen)* sauter; *auf einem Bein* **~** sauter à cloche-pied; *das ist gehüpft wie gesprungen (fig)* c'est bonnet blanc et blanc bonnet *od* chou vert et vert chou.

hupp [hʊp] *interj* houp!

Hürde *f* ⟨-, -n⟩ ['hʏrdə] claie *f,* clayon *m; sport* haie *f; e-e* **~** *nehmen* franchir *od* sauter une haie; **~nlauf** *m,* **~nläufer** *m sport* course *f,* coureur *m* de haies; **~nsprung** *m* saut *m* de haie.

Hur|e *f* ⟨-, -n⟩ ['hu:rə] prostituée, coureuse, fille, femme de mauvaises mœurs, *fam* grue, *vulg* putain, catin, garce, salope, saleté *f;* **h~en** *itr* forniquer; se débaucher; **~enbock** *m vulg* putassier *m;* **~enhaus** *n vulg* maison *f* publique *od* de tolérance, bordel *m;* **~enkind** *n* bâtard *m;* **~ensohn** *m vulg* fils *m* de putain; **~erei** *f* [-'raɪ] prostitution; paillardise; mœurs *f pl* licencieuses; *allg (außerehelicher Geschlechtsverkehr)* fornication.

hurra [hʊ'ra:, 'hʊra] *interj* hourra! **~** *rufen,* **~** *schreien* pousser des hourras, chanter victoire; **H~patriot** *m* chauvin, patriotard *m;* **H~patriotismus** *m* chauvinisme, patriotisme *m* cocardier.

hurtig ['hʊrtɪç] *a (flink)* preste, diligent, agile, leste; *(schnell)* rapide, prompt; *(munter)* alerte, allègre, gai; **H~keit** *f* ⟨-, ø⟩ prestesse, diligence, agilité; promptitude *f.*

Husar *m* ⟨-en, -en⟩ [hu'za:r] *mil* hussard *m;* **~enmütze** *f* colback *m.*

husch [hʊʃ] *interj:* **~,** **~!** hop(, hop)! vite (, vite)! **H~** *m* ⟨-es, -e⟩: *im* **~** au galop; *ich war (nur) auf e-n* **~** *bei ihm* je ne fis qu'un saut chez lui; **~en** ⟨*aux: sein*⟩ *itr* (se) glisser *od* passer rapidement *od* furtivement.

hüsteln ['hy:stəln] *itr* toussoter.

Husten *m* ⟨-s, (-)⟩ ['hu:stən] toux *f,* rhume *m* de poitrine; *den* **~** *haben* tousser, être enrhumé; **h~** *itr* tousser; *auf etw* **~** *(fig)* cracher sur qc, faire fi de qc; *Blut* **~** cracher le sang; *die Flöhe* **~** *hören (hum)* se croire plus fin que les autres; *ich werde dir was* **~!** je t'en donnerai; tu peux toujours courir *pop;* **~anfall** *m* quinte *f* de toux; **~bonbon** *m* od *n* pastille *f* contre la toux; **h~lindernd** *a,* **h~stillend** *a* béchique, pectoral; **~mittel** *n* béchique *m;* **~reiz** *m* irritation des bronches, envie *f* de tousser; **~saft** *m* sirop *m* contre la toux.

Hut 1. *m* ⟨-(e)s, ⸚e⟩ [hu:t, 'hy:tə] chapeau *a. bot (Pilz); pop* galurin; *arg* bitos *m; mit dem* ~ *in der Hand* le chapeau à la main; *vor jdm den* ~ *abnehmen od ziehen* ôter son chapeau, mettre chapeau bas, donner un coup de chapeau à qn, se découvrir devant qn; *den* ~ *aufbehalten* garder son chapeau, rester couvert; *den* ~ *aufsetzen* mettre son chapeau; *unter einen* ~ *bringen (fig)* mettre d'accord; harmoniser; *den* ~ *in die Stirn drükken* enfoncer son chapeau; *den* ~ *lüften* soulever son chapeau; *da geht einem (ja) der* ~ *hoch* c'est à n'y plus tenir; *das kannst du dir an den* ~ *stecken! (fam)* je m'en moque; ~ *ab!* chapeau bas! *alter* ~ *(fig fam)* vieille histoire; de l'histoire ancienne; ~**band** *n* ruban *m* de chapeau; ~**besatz** *m* garniture *f* de chapeau; ~**bürste** *f* brosse *f* à chapeau(x); ~**fabrik** *f* chapellerie *f;* ~**former** *m* ⟨-s, -⟩ *(Gerät)* forme *f* à chapeaux, conformateur *m;* ~**formerin** *f* apprêteuse *f;* ~**futter** *n* coiffe *f* (de chapeau); ~**garniererin** *f* garnisseuse *f* de chapeaux; ~**geschäft** *n* chapellerie *f;* ~**krempe** *f* bord *m* d'un *od* du chapeau; ~**macher** *m* chapelier *m;* ~**nadel** *f* épingle *f* à chapeau; ~**schachtel** *f* carton *m* à chapeau; ~**schleier** *m* voilette *f;* ~**schnur** *f* cordon *m* de chapeau; *das geht mir über die* ~ *(fig fam)* j'en ai par-dessus la tête; ~**ständer** *m* porte-chapeau(x) *m.*

Hut 2. *f* ⟨-, ø⟩ [hu:t] *(Aufsicht, Schutz)* garde, surveillance *f; in jds* ~ sous la garde de qn; *auf der* ~ *sein* être *od* se tenir sur ses gardes, se tenir sur la réserve, être sur le qui-vive, se mettre sur ses gardes, prendre garde, veiller au grain.

Hütchen *n* ⟨-s, -⟩ ['hy:tçən] *fam (Damenhütchen)* bibi *m.*

Hüt|ebub ['hy:tə-] *m,* ~**ejunge** *m* gardeur *m;* **h**~**en** *tr (bewachen)* garder, surveiller; veiller sur *od* à; ~ *vor (schützen)* préserver de, garantir de *od* contre; *sich* ~ *vor* se garder de, prendre garde à; *sich* ~, *etw zu tun* se garder de faire qc; *das Bett, Zimmer, Haus* ~ *(wegen Krankheit)* garder le lit, la chambre, la maison; *ich werde mich* ~*! je* m'en garderai bien! *hüte dich, daß du nicht* ... prends garde à ne pas ...; ~ *Sie sich!* soyez sur vos gardes! ~**er** *m* ⟨-s, -⟩ gardien *m (Aufseher)* surveillant; *(Wärter)* garde; *(Viehhüter)* gardeur *m;* ~**erin** *f* gardienne; surveillante; garde; gardeuse *f.*

Hütte *f* ⟨-, -n⟩ ['hʏtə] *(kleines, ärmli-*

ches Haus) cabane; *(mit Strohdach)* chaumière; *(aus Holz)* baraque; *(kleine* ~, *bes. primitiver Völker)* hutte, case, cahute; *(kleine, bes. Wald*~*)* loge *f; (Berg-, bes. Senn*~*)* chalet *m; (elende)* masure; *tech (Eisen*~*)* usine métallurgique, aciérie; *(meist pl)* forge; *(Schmelz*~*)* fonderie *f;* ~**narbeiter** *m* ouvrier *m* métallurgiste; ~**nbesitzer** *m* maître *m* de forges; ~**nbetrieb** *m* exploitation *f* métallurgique; ~**nerzeugnis** *n* produit *m* métallurgique; ~**nindustrie** *f* industrie *f* métallurgique; ~**nkunde** *f* métallurgie *f;* ~**nmeister** *m* inspecteur *m* d'une *od* de la fonderie; ~**nwerk** *n* usine *f* métallurgique; ~**nwesen** *n* métallurgie *f.*

Hutzel *f* ⟨-, -n⟩ ['hʊtsəl] *dial (Dörrobst)* fruit *m* séché; *fig (altes Weiblein)* petite vieille *f;* ~**brot** *n (Früchtebrot)* pain *m* aux fruits secs; **h**~**ig** *a,* **hutzlig** *a (schrumpelig)* ratatiné.

Hyäne *f* ⟨-, -n⟩ [hy'ɛ:nə] *zoo* hyène *f.*

Hyazinthe *f* ⟨-, -n⟩ [hya'tsɪntə] *bot* jacinthe *f;* ~**nzwiebel** *f* bulbe *m* de jacinthe.

Hybrid|e *f (a. m)* ⟨-n, -n⟩ [hy'bri:də] *scient (Bastard)* hybride *m;* **h**~**(isch)** *a* hybride.

Hydrant *m* ⟨-en, -en⟩ [hy'drant] *tech* bouche à eau *od* d'incendie, borne d'incendie, prise *f* d'eau.

Hydrat *n* ⟨-(e)s, -e⟩ [hy'dra:t] *chem* hydrate *m.*

Hydraul|ik *f* ⟨-, ø⟩ [hy'draolık] *phys tech* hydraulique *f;* **h**~**isch** [-'draolɪʃ] *a* hydraulique.

Hydrier|anlage *f* [hy'dri:r-] ~**werk** *n* *chem tech* installation *f* d'hydrogénation; **h**~**en** *tr* hydrogéner; ~**ung** *f* hydrogénation *f.*

Hydro|dynamik [hydrody'na:mik] *f* *phys (Strömungslehre)* hydrodynamique *f;* ~**genium** *n* ⟨-s, ø⟩ [-'ge:niʊm] *chem (Wasserstoff)* hydrogène *m;* ~**graphie** *f* *geog (Gewässerkunde)* hydrographie *f;* ~**kultur** *f [(für Zimmerpflanzen)* hydroculture *f;* ~**lyse** *f* ⟨-, -n⟩ [-'ly:zə] *chem* hydrolyse *f;* **h**~**lytisch** [-'ly:tɪʃ] hydrolytique; ~**mechanik** *f* *phys (Mechanik der Flüssigkeiten)* mécanique *f* des fluides; ~**meter** *n* hydromètre *m;* ~**statik** *f* *phys* hydrostatique *f;* **h**~**therapeutisch** *a* *med* hydrothérapeutique; ~**therapie** *f* *(Wasserheilkunde)* hydrothérapie *f.*

Hygien|e *f* ⟨-, ø⟩ [hygi'e:nə] hygiène *f;* **h**~**isch** [-gi'e:nɪʃ] *a* hygiénique.

Hygro|meter *n* [hygro'metər] hygromètre *m;* **h**~**phil** [-'fi:l] *a* *bot (wasserliebend)* uliginaire, uligineux; ~**skop**

n ⟨-s, -e⟩ [-'sko:p] hygroscope *m;* **h~skopisch** [-'sko:pɪʃ] *a (Feuchtigkeit an sich ziehend)* hygroscopique.

Hymn|e *f* ⟨-, -n⟩ ['hʏmnə] hymne *m*, rel *f;* **h~isch** *a* hymnique; **~us** *m* ⟨-, -nen⟩ hymne *m.*

Hyperbel *f* ⟨-, -n⟩ [hy'pɛrbəl] *(math; Redekunst: Übertreibung)* hyperbole *f.*

Hypno|se *f* ⟨-, -n⟩ [hʏp'no:zə] hypnose *f;* **h~tisch** [-notiʃ] *a* hypnotique; **~tiseur** *m* ⟨-s, -e⟩ [-ti'zø:r] hypnotiseur *m;* **h~tisieren** [-ti'zi:rən] *tr* hypnotiser.

Hypochond|er *m* ⟨-s, -⟩ [hypo'xɔndər] hypocondriaque *m;* **~rie** *f* ⟨-, ø⟩ [-xɔn'dri:] hypocondrie *f;* **h~risch** [-'xɔndrɪʃ] *a* hypocondriaque.

Hypophyse *f* ⟨-, -n⟩ [hypo'fy:zə] *anat (Hirnanhang)* hypophyse, glande *f* pituitaire.

Hypostase *f* ⟨-, -n⟩ [hypo'sta:zə] hypostase *f; (Sprachwissenschaft)* translation *f.*

Hypothenuse *f* ⟨-, -n⟩ [hypote'nu:zə] *math* hypoténuse *f.*

Hypothek *f* ⟨-, -en⟩ [hypo'te:k] hypothèque *f (auf* sur); *e-e ~ ablösen* od *abtragen* od *abzahlen* od *tilgen* amortir *od* purger une hypothèque; *e-e ~ aufnehmen* asseoir *od* lever *od* prendre une hypothèque; *mit e-r ~ belasten* grever d'une hypothèque, hypothéquer; *e-e ~ bestellen* constituer une hypothèque; *e-e ~ kündigen (Gläubiger)* donner avis de retrait d'une hypothèque; *e-e ~ löschen* radier une hypothèque; *erste, zweite ~* hypothèque *f* de premier, second rang; *Belastung f mit e-r ~* dette *f* hypothécaire; **h~arisch** [-te'ka:rɪʃ] *a* hypothécaire; *~ belasten, sichern* hypothéquer; *~e Sicherheit f* gage *m* hypothécaire; *gegen ~e Sicherheit* sur hypothèque; **~enanleihe** *f* emprunt *m* hypothécaire *od* sur hypothèque; **~enbank** *f* banque *f* hypothécaire *od* foncière *od* immobilière; **~enbestellung** *f* constitution d'une hypothèque, affectation *f* hypothécaire; **~enbrief** *m* lettre *od* cédule *f* od titre *m* hypothécaire *od* d'hypothèque; **~enforderung** *f* créance *f* hypothécaire; **h~enfrei** *a* libre d'hypothèques; **~engläubiger** *m* créancier hypothécaire, prêteur *m* sur hypothèque; **~enlast** *f* charge *f* hypothécaire; **~enpfandbrief** *m* obligation *f* hypothécaire *od* foncière; **~enrecht** *n* droit *m* hypothécaire *od* d'hypothèque; **~enschuld** *f* dette *f* hypothécaire; **~enschuldner** *m* débiteur *m* hypothécaire; **~enzinsen** *m pl* intérêts *m pl* hypothécaires.

Hypothe|se *f* ⟨-, -n⟩ [hypo'te:zə] hypothèse; *(Annahme)* supposition, présomption *f;* **h~tisch** [-'te:tɪʃ] *a* hypothétique.

Hyster|ie *f* ⟨-, -n⟩ [hʏste'ri:] *med* hystérie *f;* **~iker(in** *f)* *m* ⟨-s, -⟩ [-'te:rikər] hystérique *m f;* **h~isch** [-'te:rɪʃ] *a* hystérique.

I

I, i *n* ⟨-, -⟩ [iː] *(Buchstabe)* I, i *m; es fehlt nicht der Punkt auf dem i (fig)* il ne manque pas un iota; **I-Punkt** *m* point *m* sur l'i; **I-Tüpfelchen** *n fig fam* iota *m.*

i [iː] *interj* fi! pouah! ~ *bewahre!* ~ *wo!* mais non! allons donc! y pensez--vous?

I a *a (sprich: eins a)* marqué de l'A.

iahen [i'aːən] *itr (schreien, vom Esel)* braire.

iberisch [i'beːrɪʃ] *a geog* ibérique; *die I~e Halbinsel* la péninsule ibérique.

ich [ɪç] *pron (mit v verbunden)* je; *(unverbunden)* moi; *pop* bibi; ~ *auch nicht* (ni) moi non plus; ~ *für meine Person (fam)* quant à moi; ~ *selbst* moi-même; ~ *bin's* c'est moi; *hier bin* ~ me voici; ~ *Ärmster!* malheureux que je suis! *und* ~ *erst!* et moi donc! **I~** *n* ⟨-/-s, -/-s⟩ *das* le moi; *mein früheres* ~ mon moi antérieur; *das liebe* ~ ma, ta, sa petite personne; *ein zweites* ~ un autre moi-même; **I~bewußtsein** *n* conscience *f* du moi; *ein starkes* ~ *haben* avoir conscience de sa propre valeur; **I~bezogenheit** *f* égocentrisme *m;* **I~-Erzähler** *m* narrateur *m* à la première personne; **I~--Roman** *m* roman *m* à la première personne; **I~sucht** *f* égoïsme; *(Eigenliebe)* amour-propre, amour *m* de soi.

Ichneumon *m od n* ⟨-s, -e/-s⟩ [ɪç'nɔʏmɔn] *zoo* ichneumon *m,* mangouste *f.*

Ichthyo|l *n* ⟨-s, ø⟩ [ɪçtʏ'oːl] *pharm* ichthyol *m;* **~logie** *f* ⟨-, ø⟩ [-lo'giː] *(Fischkunde)* ichthyologie *f;* **~saurier** *m* ⟨-s, -⟩ [-'zaʊriər] **~saurus** *m* ⟨-, -rier⟩ [-'zaʊrʊs, -riər] *zoo* ichthyosaure *m.*

Ideal *n* ⟨-s, -e⟩ [ide'aːl] idéal; *(Muster)* prototype *m; das* ~ *e-s, e-r* ... un, une ... par excellence; **i~** *a* idéal, parfait; **~fall** *m* cas *m* idéal; **i~isieren** [-ali'ziːrən] *tr* idéaliser; **~ismus** *m* ⟨-, ø⟩ [-'lɪsmʊs] idéalisme *m;* **~ist** *m* ⟨-en, -en⟩ [-'lɪst] idéaliste *m;* **i~istisch** [-'lɪstɪʃ] *a* idéaliste; **~welt** *f* monde *m* idéal.

Idee *f* ⟨-, -n⟩ [i'deː, i'deːən] idée; *(Vorstellung)* conception; *(Begriff)* notion *f,* concept *m; (Gedanke)* pensée; *(Einfall)* inspiration; *(Vorschlag)* suggestion *f; e-e* ~ *(fam: ein ganz klein wenig)* une idée, un tout petit peu; *e-e* ~ *Salz* un soupçon *m* de sel; *keine* ~ *von etw haben (fam), sich keine* ~ *von etw machen* ne pas avoir la moindre idée de qc; *voller ~n stecken* être plein d'idées; *das ist e-e ~!* tiens! c'est une idée; *fixe* ~ idée fixe, obsession *f; geniale* ~ *(a.)* idée *f* de génie; **i~ll** [ide'ɛl] *a (vorgestellt, gedacht)* idéel, idéal; *(der Möglichkeit nach vorhanden)* virtuel; **~nassoziation** *f* association *f* d'idées *od* des idées; **i~nreich** *a* riche en idées; **~nwelt** *f* monde *m* des idées.

Iden *pl* ['iːdən] *hist: die* ~ *des März* les ides *f pl* de mars.

ident|ifizieren [idɛntifi'tsiːrən] *tr* identifier; **I~ifizierung** *f* identification *f;* **~isch** [i'dɛntɪʃ] *a* identique *(mit* à); **I~ität** *f* ⟨-, ø⟩ [-ti'tɛːt] identité *f;* **I~itätskrise** *f* crise *f* d'identité; **I~itätsnachweis** *m* preuve *f* d'identité.

Ideolog|e *m* ⟨-n, -n⟩ [ideo'loːgə] idéologue *m;* **~ie** *f* ⟨-, -n⟩ [-lo'giː] idéologie *f;* **i~isch** [-'loːgɪʃ] *a* idéologique.

Idiom *n* ⟨-s, -e⟩ [idi'oːm] *(Sprache)* idiome *m,* langue *f;* **i~atisch** [-'maːtɪʃ] *a* idimatique.

Idiosynkrasie *f* ⟨-, -n⟩ [idiozʏnkra'ziː] *med (Überempfindlichkeit), psych (starke Abneigung)* idiosyncrasie *f.*

Idiot *m* ⟨-en, -en⟩ [idi'oːt] idiot, *fam* fou, *arg* tordu *m; halbe(r)* ~ *(fam)* gaga *m;* **~ie** *f* ⟨-, -n⟩ [-'tiː] idiotie, *fam* folie *f;* **i~isch** [idi'oːtɪʃ] *a* idiot, *fam* fou.

Idol *n* ⟨-s, -e⟩ [i'doːl] idole *f.*

Idyll *n* ⟨-s, -e⟩ [i'dʏl] **~e** *f* ⟨-, -n⟩ *(Literatur, Kunst)* idylle *f;* **i~isch** [i'dʏlɪʃ] *a* idyllique.

Igel *m* ⟨-s, -⟩ ['iːgəl] *zoo* hérisson *m;* **~stellung** *f mil* hérisson *m.*

Ignor|ant *m* ⟨-en, -en⟩ [igno'rant] ignorant; *(Dummkopf)* sot, imbécile *m;* **~anz** *f* ⟨-, ø⟩ [-'rants] ignorance *f;* **i~ieren** [-'riːrən] *tr (nicht wissen wollen)* ignorer; *(nicht beachten)* faire semblant *od* affecter *od* feindre de ne pas connaître *(jdn* qn); ne pas tenir compte *(etw* de qc).

ihm [iːm] *pron (mit v verbunden u. mit prp)* lui; *(unverbunden)* à lui.

ihn [i:n] *pron (mit v verbunden)* le; *(unverbunden)* (c'est) lui (que); *(mit prp)* lui.

ihnen [i:nən] *pron (mit v verbunden)* leur; *(unverbunden)* à eux *m*, à elles *f*; *(mit prp)* eux *m*, elles *f;* **I~** *(Höflichkeitsanrede, sing u. pl) (mit v verbunden u. mit prp)* vous; *(unverbunden)* à vous.

ihr [i:r] *pron (dat von: sie (sing); mit v verbunden)* lui; *(unverbunden)* à elle; *(mit prp)* elle; *pl* vous; *(possessiv) (ein weibl. Besitzer)* son *m*, sa *f,* ses *pl; (mehrere Besitzer)* leur *sing,* leurs *pl; der, die, das ~(ig)e (ein weibl. Besitzer)* le sien, la sienne; *(a. die I~(ig)en)* les siens *m pl; (mehrere Besitzer)* le, la leur; *(a. die I~(ig)en)* les leurs; **I~** *pron (possessiv, Höflichkeitsform); pl (~e)* vos; *der, die, das ~(ig)e,* le, la vôtre; *das ist ~e Sache od Angelegenheit* c'est votre affaire; *tun Sie das ~e!* faites votre devoir; *auf das ~e! (Wohl; entgegennend)* à la vôtre! *ganz der ~e* tout à vous; **~er** *(Genitiv von „sie" (pl))* d'eux, d'elles; *es waren ~ drei* ils, elles étaient trois; **~erseits** *adv (auf eine weibl. Person bezogen)* de sa part, de son côté; *(auf mehrere Personen bezogen)* de leur part od côté; **I~erseits** *adv (Höflichkeitsform)* de votre part od côté; **~esgleichen** *pron (auf eine Person bezogen)* son, *(auf mehrere)* leur pareil; **I~esgleichen** *pron (Höflichkeitsform)* votre pareil; **~ethalben** *adv,* **~etwegen** *adv,* **~etwillen,** *um (adv)* à cause d'elle, d'eux, d'elles; pour elle, eux, elles; *(mit großen Anfangsbuchstaben, Höflichkeitsform)* à cause de od pour vous.

Ileus *m* ⟨-, lleen⟩ ['i:leʊs, -leən] *anat* occlusion *f* intestinale.

Ilias *f* ⟨-, ø⟩ ['i:lias] *die ~* l'Iliade *f.*

illegal ['ɪ-, ɪle'ga:l] *a (ungesetzlich, unrechtmäßig)* illégal; **I~ität** *f* ⟨-, ø⟩ [-'tɛ:t] illégalité *f.*

illegitim ['ɪ-, ɪlegi'ti:m] *a (ungesetzlich; unehelich)* illégitime; **I~ität** *f* ⟨-, ø⟩ [-'tɛ:t] illégitimité *f.*

illiquid ['ɪ, ɪlik'vi:t] *a fin* insolvable.

illoyal ['ɪ-, ɪloa'ja:l] *a (unehrlich; staatsfeindlich)* déloyal; **I~ität** *f* ⟨-, ø⟩ [-'tɛ:t] déloyauté *f.*

Illumin|ation *f* ⟨-, -en⟩ [ɪlumi natsi'o:n] *(Festbeleuchtung)* illumination *f;* **~ator** *m* ⟨-s, -en⟩ [-'na:tɔr, -'to:rən] *(Buchmaler)* enlumineur *m;* **i~ieren** [-'ni:rən] *tr (festlich beleuchten)* illuminer; *(Buch ausmalen)* enluminer.

Illus|ion *f* ⟨-, -en⟩ [ɪluzi'o:n] illusion *f; sich ~en hingeben, sich ~en machen*

se faire des illusions, se flatter *od* se bercer d'illusions, s'illusionner *(über* sur); se faire des idées *od* de fausses espérances, se repaître de chimères, être sa (propre) dupe *od* la dupe de soi-même; *sich keine ~en machen über* ne pas se dissimuler; **i~ionslos** *a* sans illusions; **i~orisch** [-'zo:rɪʃ] *a* illusoire.

Illustr|ation *f* ⟨-, -en⟩ [ɪlʊstratsi'o:n] illustration *f;* **i~ieren** [-'tri:rən] *tr* illustrer *a. fig (anschaulich machen);* **i~iert** *a* illustré; *~e Zeitung f,* **~ierte** *f* (journal) illustré *m.*

Iltis *m* ⟨-sses, -sse⟩ ['ɪltɪs] *zoo* putois *m.*

im [ɪm] = *in dem.*

Image *n* ⟨-(s), -s⟩ ['ɪmɪtʃ] image *f* de marque; **~verlust** *m* perte *f* de prestige.

imaginär [imagi'nɛ:r] *a, a. math* imaginaire.

Imbiß *m* ⟨-sses, -sse⟩ ['ɪmbɪs] collation *f, fam* casse-croûte *m; e-n ~ nehmen* prendre une collation, manger un morceau, *fam* casser une *od* la croûte; **~halle** *f,* **~stube** *f* buvette *f,* bar *m.*

Imit|ation *f* ⟨-, -en⟩ [imita'tsio:n] imitation; *(Fälschung)* falsification *f; (unechter Schmuck)* simili *m;* **i~ieren** [-'ti:rən] *tr* imiter; *(fälschen)* contrefaire, falsifier, fausser.

Imker *m* ⟨-s, -⟩ ['ɪmkər] apiculteur *m;* **~ei** [-'raɪ] *f* apiculture *f;* **~maske** *f* masque *m* d'apiculteur.

immanen|t [ima'nɛnt] *a philos (innewohnend)* immanent; **I~z** *f* ⟨-, ø⟩ [-'nɛnts] immanence *f.*

immateriell ['ɪ-, ɪmateri'ɛl] *a* immatériel.

Immatrikul|ation *f* ⟨-, -en⟩ [ɪmatrikula'tsio:n] *(Univ.)* immatriculation, inscription *f;* **~ationsurkunde** *f* certificat *m* d'immatriculation; **i~ieren** [-'li:rən] *tr* immatriculer, inscrire; *sich ~ (lassen)* se faire inscrire, s'inscrire, prendre ses inscriptions *(in* à).

Imme *f* ⟨-, -n⟩ ['ɪmə] *vx, dial (Biene)* abeille *f.*

immens [ɪ'mɛns] *a* immense; *adv* immensément.

immer ['ɪmər] *adv* toujours; *(unaufhörlich)* sans cesse, continuellement, constamment; *wann auch ~ ...* à quelque moment que *subj; was auch ~* quoi que *subj; wer auch ~ ...* qui que ce soit qui *subj; wie auch ~ ...* de quelque façon que *subj; wo auch ~ ...* où que *subj; auf od für ~* pour toujours, à (tout) jamais, à perpétuité; sans retour, à la vie et à la mort; *noch*

~, ~ **noch** toujours, encore; *schon* ~ (depuis) toujours; de tout temps; ~ *besser* de mieux en mieux; ~ *größer* de plus en plus grand; ~ *mehr* de plus en plus; ~ *schlimmer* de plus en plus mauvais *a*, mal *adv;* de mal en pis *adv;* ~ *weniger* de moins en moins; ~, *wenn* . . . toutes les fois que; ~ *wieder* toujours; ~ *größer werden (a.)* grandir de jour en jour; *fangen Sie* ~ *an!* commencez donc! *er kommt* ~ *noch nicht* il ne vient toujours pas; ~**dar** *adv lit* toujours, à jamais; ~**fort** *adv* continuellement, constamment, sans cesse; ~**grün** *a bot* à feuilles persistantes; **I~grün** *n* ⟨-s, -e⟩ *bot* pervenche *f;* ~**hin** *adv* toujours (est-il que), toutefois; en tout cas; *(wenigstens)* du moins; *das ist* ~ *(et)was* c'est toujours ça; *er hat sich* ~ *entschuldigt* en tout cas, il s'est excusé; ~*! (meinetwegen!)* à la bonne heure! soit! *(im Ton des Vorwurfs)* tout de même! ~**während** *a* continuel, perpétuel; ~**zu** *adv* toujours, sans cesse *od* arrêt.

Immi|grant *m* ⟨-en, -en⟩ [ɪmi'grant] immigrant; immigré *m;* ~**gration** *f* [ɪmigra'tsio:n] immigration *f;* **i~grieren** ⟨*aux: sein*⟩ *itr* immigrer.

Immissionen *f pl* [ɪmɪ'sio:nən] *ecol* immissions *f pl.*

Immobil|iarkredit *m* [ɪmobili'a:r-] crédit *m* immobilier; ~**ien** *f pl* [-'bi:liən] immeubles, biens *m pl* immeubles *od* immobiliers *od* fonciers; ~**iengesellschaft** *f* société *f* immobilière; ~**ienhandel** *m* commerce *m* d'immeubles; ~**ienmakler** *m* agent *m* immobilier; ~**ienmarkt** *m* marché *m* immobilier *od* d'immeubles.

Immortelle *f* ⟨-, -n⟩ [ɪmɔr'tɛlə] *bot* immortelle *f.*

immun [ɪ'mu:n] *a med* immunisé *(gegen* contre); *parl* jouissant de l'immunité parlementaire; *fig* blindé; ~ *machen* = ~*isieren; fig* blinder; ~**isie-ren** [-ni'zi:rən] *tr med* immuniser; **I~isierung** *f med* immunisation *f;* **I~ität** *f* ⟨-, ø⟩ [-ni'tɛ:t] *med jur parl* immunité *f; diplomatische, parlamentarische* ~ immunité *f* diplomatique, parlementaire.

Imperativ *m* ⟨-s, -e⟩ ['ɪm-, ɪmpera'ti:f] *gram* impératif *m.*

Imperfekt *n* ⟨-s, -e⟩ ['ɪm-, ɪmpɛr'fɛkt] *gram* imparfait *m.*

Imperial|ismus *m* ⟨-, ø⟩ [ɪmperia-'lɪsmʊs] *pol* impérialisme *m;* ~**ist** *m* ⟨-en, -en⟩ [-'lɪst] impérialiste *m;* **i~istisch** [-'lɪstɪʃ] *a* impérialiste.

impertin|ent [ɪmpɛrti'nɛnt] *a* impertinent, insolent; *(zudringlich)* impor-

tun; **I~enz** *f* ⟨-, -en⟩ [-'nɛnts] impertinence, insolence; importunité *f.*

Impf| . . . ['ɪmpf-] *(in Zssgen)* vaccinal; ~**arzt** *m* vaccinateur *m;* **i~en** *tr (Menschen)* vacciner *(gegen* contre); *(mit ~stoff)* inoculer; ~**en** *n,* ~**ung** *f* vaccination, inoculation *f;* ~**gegner** *m* antivaccinateur *m;* ~**ling** *m* ⟨-s, -e⟩ vacciné, e *m f;* ~**nadel** *f* vaccinostyle *m;* ~**pflicht** *f,* ~**zwang** *m* vaccination *f* obligatoire; ~**schein** *m* certificat *m* de vaccination; ~**stoff** *m* vaccin *m.*

implo|dieren [ɪmplo'di:rən] ⟨*aux: sein*⟩ *itr* imploser; **I~sion** *f* ⟨-, -en⟩ [ɪmplo'zio:n] implosion *f.*

Imponderabilien *pl* [ɪmpɔndera'bi:liən] impondérables *m pl.*

imponieren [ɪmpo'ni:rən] *itr: jdm* ~ en imposer à qn, impressionner qn; ~**d** *a* imposant.

Import *m* ⟨-(e)s, -e⟩ [ɪm'pɔrt] *com* importation *f;* ~**agent** *m* commissionnaire *m* importateur; ~**artikel** *m* article *m* d'importation; ~**e** *f* ⟨-, -n⟩ *(echte Havannazigarre)* véritable havane *m;* ~**eur** *m* ⟨-s, -e⟩ [-'tø:r] importateur *m;* ~**firma** *f* firme *od* maison *f* d'importation; ~**geschäft** *n,* ~**handel** *m* commerce *m* d'importation; **i~ieren** [-'ti:rən] *tr* importer.

imposant [ɪmpo'zant] *a* imposant.

impoten|t ['ɪmpotɛnt, ɪmpo'tɛnt] *a med* impuissant; **I~z** *f* ⟨-, -en⟩ ['ɪmpotɛnts, ɪmpo'tɛnts] impuissance *f.*

imprägnier|en [ɪmprɛ'gni:rən] *tr chem* imprégner, imbiber *(mit* de), *(wasserdicht machen)* imperméabiliser; *(sättigen)* saturer *(mit* de); **I~ung** *f* imprégnation *f.*

Impresario *m* ⟨-s, -s/-ri⟩ [ɪmpre'za:rio, -ri] imprésario *m.*

Impression|ismus *m* ⟨-, ø⟩ [ɪmprɛsio'nɪsmʊs] impressionnisme *m;* ~**ist** *m* ⟨-en, -en⟩ [-'nɪst] impressionniste *m;* **i~istisch** [-'nɪstɪʃ] *a* impressionniste.

Impressum *n* ⟨-s, -ssen⟩ [ɪm'prɛsʊm] *typ* enseigne *f* d'imprimeur.

Improvis|ation *f* ⟨-, -en⟩ [ɪmprovizatsi'o:n] improvisation *f;* **i~ieren** [-vi'zi:rən] *tr u. itr* improviser.

Impuls *m* ⟨-es, -e⟩ [ɪm'pʊls, -lzə] impulsion *f; phys* quantité de mouvement; *radio* impulsion *f;* **i~iv** [-'zi:f] *a* impulsif; ~**e(r) Mensch** *m* impulsif *m.*

imstande [ɪm'ʃtandə] *a:* ~ *sein zu* être de force *od* homme, femme à *od* en état *od* à même *od* capable de *od* en mesure de.

in [ɪn] *prp (Grundbedeutung)* dans, en; à; **1.** *(räuml.)* ~ *der Hand, Tasse, Kiste* dans la main, tasse, caisse; ~ *e-m Wagen* dans une *od* à bord d'une voiture; ~ *dem od im Zimmer, Haus(e), Gebiet, Land(e)* dans la chambre, la maison, le district, le pays; ~ *Deutschland* en Allemagne; *im katholischen Spanien* dans l'Espagne catholique; ~ *Brasilien* au Brésil; ~ *den Vereinigten Staaten* aux États-Unis; *es ~ sich haben (fig) (Mensch)* tromper son monde, être plus fort qu'on n'en a l'air; *(Sache)* être plus difficile qu'on ne croyait; *im Garten* au jardin; ~ *diesem Garten* dans ce jardin; ~ *der Stadt (allg)* dans la ville; *(nicht zu Hause)* en ville; ~ *Paris* à Paris; *(innerhalb, im Gebiet von)* dans Paris; ~ *der Schule, im Theater (im Gebäude)* dans l'école, dans le théâtre; *(beim Unterricht, bei der Vorstellung)* à l'école, au théâtre; ~ *der Heimat,* ~ *der Fremde* au *od* dans son pays, à l'étranger; ~ *der Mitte* au milieu; *im Norden* au nord; *im Regen* sous la pluie; *im ersten Stock* au premier (étage); ~ *...einband* sous reliure de...; *im Buch, Roman, Film* dans le livre, roman, film; **2.** *(zeitl.): im Anfang* au commencement, au début; ~ *der, aller Frühe* au matin; de grand matin; ~ *der Nacht* dans *od* pendant la nuit; ~ *e-r kalten Nacht* par une nuit froide; ~ *diesen Tagen* ces jours-ci; ~ *der nächsten Woche* la semaine prochaine; *im Mai* en mai; *im Monat Mai* au mois de mai; *im Frühling* au printemps; *im Sommer, Herbst, Winter* en été, automne, hiver; ~ *diesem Jahre* cette année; *im Jahre 1970* en 1970; *im vorigen Jahr* l'année dernière; ~ *zehn Jahren (zukünftiger Zeitpunkt)* dans dix ans; *(Zeitraum)* en dix ans; ~ *kurzer Zeit* en peu de temps; ~ *kurzem* sous peu; ~ *meinem ganzen Leben* de toute ma vie; *im Alter* pendant la vieillesse; *im Alter von ...* à l'âge de ...; **3.** *(Art u. Weise): im Chor* en chœur; ~ *Eile* à la hâte; ~ *eigener Person* lui-même *od* elle-même; en personne; ~ *strengem Ton* d'un ton sévère; *(Stoff)* ~ *Gold, Marmor, Leder* en or, marbre, cuir; *er spricht* ~ *Rätseln* il parle par énigmes; **4.** ~ *die Schule gehen* aller à l'école; *etw* ~ *der Hand haben od halten* avoir *od* tenir qc à la main; ~ *drei Teile teilen* diviser en trois parties; *ins Wasser werfen* jeter à l'eau; ~ *der ...straße wohnen* habiter rue ...

inaktiv ['ɪn?akti:f, in?ak'ti:f] *a (untätig)* inactif; *(außer Dienst)* retraité, pensionné.

Inangriffnahme *f* ⟨-, -n⟩ commencement *m* des travaux, mise *f* en œuvre *od* pratique.

Inanspruchnahme *f* ⟨-, -n⟩ *(e-s Gegenstandes)* utilisation; *(e-s Menschen)* occupation; *(von Hilfsquellen)* mise *f* à contribution; *unter* ~ *(gen)* par le moyen *od* (e-r Behörde) les voies (de); *völlige* ~ *(Beschäftigtsein)* absorption *f (durch* dans).

Inaugenscheinnahme *f* ⟨-, -n⟩ inspection; *jur* descente *f* sur les lieux.

Inbegriff *m (Wesen)* substance, quintessence; *(Verkörperung)* incarnation, personnification *f;* parangon *m (lit); der* ~ *der Dummheit* la sottise personnifiée *od* en personne; i~**en** *a* (y) compris, inclusivement.

Inbesitznahme *f* ⟨-, -n⟩ prise *f* de possession.

Inbetrieb|nahme *f* ⟨-, -n⟩ mise *f* en activité *od* exploitation *od* service; ~**setzung** *f tech* mise *f* en exploitation *od* marche *od* mouvement, démarrage *m*.

In|brunst *f* ⟨-, ø⟩ ['ɪnbrʊnst] ferveur, ardeur *f;* i~**brünstig** *a* fervent, ardent; *adv a.* avec ferveur.

Indanthrenfarbstoffe *m pl* [ɪndan'tre:n-] indanthrènes *m pl.*

indem [ɪn'de:m] *conj (während)* pendant que; *(dadurch, daß)* en ...; *er bleibt in Form,* ~ *er ständig trainiert* il reste en forme grâce à un entraînement suivi; ~ *er das sagte (a.)* en disant cela.

Indemnität *f* ⟨-, ø⟩ [ɪndɛmni'tɛ:t] *parl* indemnité *f.*

Inder(in *f) m* ⟨-s, -⟩ ['ɪndər] Indien, ne *m f,* Hindou, oue *m f.*

indes(sen) [ɪn'dɛs(ən)] *adv (zeitlich)* pendant ce temps, cependant, en attendant, sur ces entrefaites; *(einräumend)* cependant, pourtant, néanmoins, toutefois; *conj (einräumend)* tandis que.

Index *m* ⟨-/-es, -e/**Indizes**⟩ ['ɪndɛks, '-ditsɛs] *math com* indice; *(Register)* index *m a. rel,* table *f* alphabétique; *auf den* ~ *setzen (rel)* mettre à l'index; *auf dem* ~ *stehen* être à l'index; *mit e-m* ~ *versehen (com)* indexer; ~**zahl** *f com* chiffre-indice *m.*

Indian|er(in *f) m* ⟨-s, -⟩ [ɪndi'a:nər] Indien, ne *m f;* ~**ergeschichte** *f* histoire *f* de Peaux-Rouges; ~**erhäuptling** *m* chef *m* indien; ~**erreservat** *n* réserve *f* indienne; ~**erstamm** *m* tribu *f* indienne; i~**isch** *a* indien.

Indien n ['ındiən] les Indes f pl, l'Inde f.

Indienststellung f entrée en service; mil mise en activité; mar, aero mise f en service od armement.

indifferen|t [ındıfe'rɛnt, 'ın-] a phys indifférent; chem neutre, inerte; fig (teilnahmslos, gleichgültig) indifférent, inerte; **I~z** f ⟨-, -en⟩ [-'rɛnts] phys chem fig indifférence f.

Indigo m od n ⟨-, (-s)⟩ ['ındigo] (Farbstoff) indigo m; **i~blau** a indigo.

Indikat|iv m ⟨-s, -e⟩ ['ın-, -dika'ti:f] gram indicatif m; **~or** m ⟨-s, -en⟩ [ındi'ka:tɔr, -'to:rən] tech chem indicateur m.

indirekt ['ın-, ındi'rɛkt] a indirect (a. Beleuchtung); adv a. par contrecoup od ricochet; **~e(s)** Licht n faux jour m.

indisch ['ındıʃ] a indien, hindou, des Indes; der I~e Ozean l'océan m Indien.

indiskret ['ın-, -dis'kre:t] a indiscret; (taktlos) indélicat; (neugierig) curieux; **I~ion** f ⟨-, -en⟩ [-'tsi'o:n] indiscrétion; indélicatesse; curiosité; pol fuite f.

indiskutabel ['ındıskuta:bl] a inadmissible.

individu|alisieren [ındividuali'zi:rən] tr individualiser; **I~alismus** m ⟨-, ø⟩ [-'lısmʊs] individualisme m; **I~alist** m ⟨-en, -en⟩ [-'lıst] individualiste m; **~alistisch** [-'lıstıʃ] a individualiste; **I~alität** f ⟨-, -en⟩ [-'tɛ:t] individualité f; **~ell** [-du'ɛl] a individuel; **I~um** n ⟨-s, -duen⟩ [ındi'vi:duʊm, -duən] individu.

Indizien [ın'di:tsiən] n pl indices m pl; **~beweis** m jur preuve f par indices od présomption.

indizier|en [ındi'tsi:rən] tr scient (anzeigen) indiquer; **~t** a (angezeigt, ratsam) indiqué.

Indo|china n [ındo'çi:na] l'Indochine f; **~chinese** m Indochinois m; **i~chinesisch** a indochinois; **~germanen**, die m die pl les Indo-européens m pl; **i~germanisch** a indo-européen; **~loge** m ⟨-n, -n⟩ [-'lo:gə] indianiste m; **~logie** f ⟨-, ø⟩ [-lo'gi:] indianisme m, **~nesien** n [-'ne:ziən] l'Indonésie f; **~nesier(in** f**)** m ⟨-s, -⟩ [-'ne:ziər] Indonésien, ne m f; **i~nesisch** a indonésien.

Indoss|ament n ⟨-s, -e⟩ [ındɔsa'mɛnt] fin endos(sement) m; **~ant** m ⟨-en, -en⟩ [-'sant] endosseur m; **~at** m ⟨-en, -en⟩ [-'sa:t] , **~ar** m ⟨-s, -e⟩ [-'ta:r] endossé, endossataire m; **i~ieren** tr (Wechsel) endosser; **~ierung** f endossement m.

Indukt|anz f ⟨-, ø⟩ [ındʊk'tants] el inductance f; **~ion** f ⟨-, (-en)⟩ [-tsi'o:n] philos, el induction f; **~ionselektrizität** f électricité f d'induction od induite; **~ionsspule** f el bobine f d'induction od de self, self m; **~ionsstrom** m el courant m d'induction od induit; **i~iv** [ındʊk'ti:f, 'ın-] a philos, el inductif; **~ivität** f ⟨-, -en⟩ [-'tɛ:t] el coefficient m d'induction, inductance f; **~or** m ⟨-s, -en⟩ [-'dʊktɔr, -'to:rən] el inducteur m; tele magnéto f d'appel.

industrial|isieren [ındʊstriali'zi:rən] tr industrialiser; sich ~ (a.) s'équiper; **I~isierung** f industrialisation f, équipement m industriel.

Industrie f ⟨-, -n⟩ [ındʊs'tri:] industrie f; chemische ~ industrie f chimique; holz-, eisenverarbeitende ~ industrie f travaillant le bois, le fer; verarbeitende ~ industrie f de transformation od transformatrice od utilisatrice; ~ der Steine und Erden industrie f extractive; ~ zur Verarbeitung landwirtschaftlicher Erzeugnisse industrie f agricole; **~abfälle** m pl déchets m pl industriels; **~abgase** n pl fumées f pl industrielles; **~abwässer** n pl eaux f pl industrielles; **~anlage** f installation f industrielle; **~arbeiter** m ouvrier m d'usine; **~arbeiterschaft** f ouvriers m pl d'usine; **~ausrüstung** f équipement m industriel; **~ausstellung** f exposition f industrielle; **~diamant** m diamant m pour l'industrie; **~erzeugnis** n produit m industriel od fabriqué od manufacturé; **~gas** n gaz m industriel; **~gebiet** n (e-s Landes) région industrielle; (e-r Stadt) zone f industrielle; **~gelände** n terrain m od zone f industrielle(le); **~gewerkschaft** f syndicat m des ouvriers industriels od d'usine; **~gigant** m géant m de l'industrie; **~kapazität** f capacité f industrielle; **~kapitän** m chef m d'industrie; **~kartell** n entente f industrielle; **~konzern** m trust m industriel; **~kreise** m pl cercles m pl industriels; **~land** n pays m industriel; **~landschaft** f paysage m usinier; **i~ll** [-tri'ɛl] a industriel; ~ Revolution f révolution f industrielle; **~lle(r)** m industriel m; **~magnat** m magnat m de l'industrie; **~messe** f foire f industrielle; **~monopol** n monopole m d'industrie; **~müll** m rejets m pl industriels; **~nation** f nation f industrielle; **~papiere** n pl, **~werte** m pl fin valeurs f pl industrielles; **~potential** n potentiel m industriel; **~produkt** n produit m industriel;

~**produktion** *f* production *f* industrielle; ~**roboter** *m* robot *m;* ~**staat** *m* État *m* industriel; ~**stadt** *f* ville--usine *f;* ~- **und Handelskammer** *f* Chambre *f* du commerce et de l'industrie; ~**unternehmen** *n* entreprise *f* industrielle; ~**verband** *m* fédération *f* industrielle; ~**verlagerung** *f* déplacement *m* de l'industrie; ~**werte** *m pl fin* valeurs *f pl* industrielles; ~**wirtschaft** *f* économie *f* industrielle; ~**zentrum** *n* centre *od* foyer *m* industriel; ~**zweig** *m* branche *f* d'industrie *od* de l'industrie.

ineinander [ɪnˀaɪˈnandər] *adv* l'un(e) dans l'autre, les un(e)s dans les autres; ~=**fließen** ⟨*aux: sein*⟩ *itr (sich vermischen)* se fondre; ~=**fügen** *tr* emboîter; ~=**greifen** *itr* s'engrener; *fig* s'enchaîner; *(zs.arbeiten)* collaborer, coopérer; **I~greifen** *n tech* engrenage; *fig* enchaînement *m,* action *f* combinée; *(Zs.arbeit)* collaboration, coopération *f;* ~=**laufen** ⟨*aux: sein*⟩ *itr (Farben)* = ~*fließen;* ~**schiebbar** *a* télescopique; ~**e** *Betten n pl* lits *m pl* jumeaux gigognes; ~**e** *Schachteln f pl (Spielzeug)* boîtes *f pl* gigognes; ~=**schieben,** *sich* se télescoper.

infam [ɪnˈfaːm] *a* infâme, éhonté; **I~ie** *f* ⟨-, -n⟩ [-ˈmiː] infamie *f.*

Infant *m* ⟨-en, -en⟩ [ɪnˈfant] *hist* infant *m;* ~**in** *f* infante *f.*

Infanterie *f* ⟨-, -n⟩ [ɪnfantəˈriː] *mil* infanterie *f;* ~**angriff** *m* assaut *m* d'infanterie; ~**ausbildung** *f* instruction *f* d'infanterie; ~**division** *f* division *f* d'infanterie; ~**flieger** *m* aviateur *m* à la disposition de l'infanterie; ~**flugzeug** *n* avion *m* d'accompagnement d'infanterie; ~**geschoß** *n* balle *f;* ~**geschütz** *n* canon *m* d'infanterie; ~**regiment** *n* régiment *m* d'infanterie; ~**stellung** *f* position *f* d'infanterie; ~**unterstützung** *f* appui *od* soutien *m* d'infanterie; **Infanterist** *m* ⟨-en, -en⟩ [-ˈrɪst] fantassin *m.*

infantil [ɪnfanˈtiːl] *a (kindlich, unreif)* infantile; **I~ismus** *m* ⟨-, -men⟩ [-ˈlɪsmʊs] *med* infantilisme *m.*

Infarkt *m* ⟨-(e)s, -e⟩ [ɪnˈfarkt] *med* infarctus *m.*

Infektion *f* ⟨-, -en⟩ [ɪnfɛktsiˈoːn] *med* infection *f;* ~**sherd** *m* foyer *m* d'infection; ~**skrankheit** *f* maladie *f* infectieuse.

Inferiorität *f* ⟨-, ø⟩ [ɪnferioriˈtɛːt] infériorité *f.*

Infiltration *f* [ɪnfɪltraˈtsioːn] *(von Agenten)* infiltration *f;* **i~ieren** [-ˈtriːrən] *tr* infiltrer.

Infinitesimalrechnung *f* [ɪnfiniteziˈmaːl-] calcul *m* infinitésimal.

Infinitiv *m* ⟨-s, -e⟩ [ˈɪn-,-finiˈtiːf] *gram* infinitif *m.*

infizier|en [ɪnfiˈtsiːrən] *tr med* infecter *(mit* de); **I~ung** *f* infection *f.*

Inflation *f* ⟨-, -en⟩ [ɪnflatsiˈoːn] inflation *f; angebotsbedingte* ~ inflation par l'offre; *galoppierende* ~ inflation galopante, hyperinflation *f; schleichende* ~ inflation *f* rampante; **i~istisch** [-ˈnɪstɪʃ] *a* inflationniste; ~**sgefahr** *f* danger *m* d'inflation; ~**sgewinn** *m* profit *m* d'inflation; ~**sgewinnler** *m* ⟨-s, -⟩ profiteur *m* d'inflation; ~**szeit** *f* époque *f* d'inflation.

infolge [ɪnˈfɔlgə] *prp gen* par suite de, en conséquence de; ~**dessen** *adv* par suite, par conséquent, en conséquence (de quoi), dès lors, *fam* du coup.

Informatik *f* ⟨-, ø⟩ [ɪnfɔrˈmaːtɪk] informatique *f;* ~**er(in** *f)* *m* ⟨-s, -⟩ informaticien, ne *m f.*

Information *f* ⟨-, -en⟩ [ɪnfɔrmatsiˈoːn] information; *(Nachricht)* nouvelle *f; (Auskunft)* renseignement *m; (Anweisung)* instruction *f;* ~**en einholen** prendre des renseignements; ~**ationsbüro** *n* agence *f* de renseignements; ~**ationsgespräch** *n pol* entretien *m* d'information; ~**ationsminister(ium** *n)* *m* minist(è)re *m* de l'information; ~**ationsquelle** *f* source *f* d'information; ~**ationstagung** *f* session *f* d'information; **i~ativ** *a* informatif, **i~atorisch** [-maˈtoːrɪʃ] *a* informatif, instructif; **i~ieren** [-ˈmiːrən] *tr* informer, mettre au courant *(über* sur); renseigner *(über* sur); *über etw informiert sein* avoir connaissance de qc; **i~iert** *a: (gut od genau, schlecht od ungenau)* ~ *(bien, mal)* informé.

infra|rot [ˈɪnfraroːt] *a* infrarouge; **I~rotstrahlung** *f* radiation *f* infrarouge; **I~struktur** *f* infrastructure *f.*

Infusion *f* ⟨-, -en⟩ [ɪnfuziˈoːn] infusion *f;* ~**ionstierchen** *n pl* [ɪnfuziˈoːns-], ~**orien** *n pl* [-ˈzoːriən] infusoires *m pl;* ~**orienerde** *f geol (Kieselgur)* terre *f* d'infusoires.

Ingangbringen *n,* ~**setzung** *f* mise en marche *od* train, (re)mise *f* en route, démarrage *m.*

Ingebrauchnahme *f* ⟨-, -n⟩ (mise *f* en) usage *m.*

Ingenieur *m* ⟨-s,-e⟩ [ɪnʒeniˈøːr] *m* ingénieur *m;* ~**büro** *n* bureau *m* des constructions.

Ingredien|s *n* ⟨-, -dienzien⟩, ~**z** *f* ⟨-, -dienzen⟩ [ɪnˈgreːdiɛns(ts), -diˈɛnts(i)ən] *(beide meist pl) (Bestandteil, Zutat)* ingrédient *m.*

Ingrimm *m* ⟨-(e)s, ø⟩ ['ıngrım] rage contenue, fureur rentrée; *(Groll)* rancune *f*, ressentiment *m;* **i~ig** *a* rageur, enragé.

Ingwer *m* ⟨-s, (-)⟩ ['ıŋvər] *(bot u. Gewürz)* gingembre *m.*

Inhaber *m* ⟨-s, -⟩ ['ınha:bər] *(e-s Geschäftes)* détenteur, propriétaire, patron; *(e-r Gaststätte)* tenancier; *(Besitzer)* possesseur; *(Eigentümer)* propriétaire; *(e-s Amtes, Titels (a. sport),* *e-r Urkunde, e-s Ausweises)* titulaire; *(e-r Berechtigung, e-s Patentes, e-r Aktie, sport: e-s Titels)* détenteur; *(e-s Ausweises, e-r Aktie; fin:* Überbringer) porteur *m; (e-r Schuldverschreibung)* obligataire *m; auf den ~ lauten (fin)* être (libellé) au porteur; **~aktie** *f* action *f* au porteur; **~papiere** *n pl* papiers *od* effets *od* titres *m pl od* valeurs *f pl* au porteur; **~scheck** *m* chèque *m* au porteur; **~wechsel** *m* lettre *f* de change au porteur.

inhaftier|en *tr* arrêter, emprisonner; **I~ung** *f* arrestation *f,* emprisonnement *m,* détention *f.*

Inhal|ation *f* ⟨-, -en⟩ [ınhalatsi'o:n] *med* inhalation *f;* **~ations-,** **~ierapparat** *m* inhalateur *m;* **i~ieren** [-'li:rən] *tr* inhaler; *itr* prendre *od* faire des inhalations.

Inhalt *m* ⟨-(e)s, -e⟩ ['ınhalt] *(e-s Behälters* od *Gefäßes, von etw Gesprochenem, Geschriebenem od Gedrucktem)* contenu *m; math (Rauminhalt)* volume *m, (Flächeninhalt)* contenance; *jur (e-s Textes)* teneur; *(Gegenstand e-r Äußerung)* matière; *(~sverzeichnis)* table *f* (des matières); *folgenden ~s* de la teneur suivante; *dem ~ nach* en substance; *s-m ganzen ~ nach* dans tous ses détails; *ohne ~ (fig)* vidé de sa substance; *(Leben)* privé de sens, vide; *zum ~ haben* avoir pour sujet; *Form und ~* la forme et le fond; *wesentliche(r) ~* fond, essentiel *m;* **i~lich** *a* concernant le contenu; *adv* quant au *od* dans le contenu; **~sangabe** *f* résumé, sommaire, précis, abrégé *m,* analyse; *(bei Postsendungen)* déclaration *f* (du contenu); **i~(s)leer** *a,* **i~(s)los** *a* vide, creux; *fig* sans fond, superficiel; **i~(s)reich** *a,* **i~(s)schwer** *a,* **i~(s)voll** *a* substantiel; *(bedeutsam)* significatif; *(tief)* profond; **~süber-** **sicht** *f,* **~sverzeichnis** *n* table *f* analytique *od* des matières.

inhärent [ınhɛ'rɛnt] *a (innewohnend)* inhérent.

Inhibitor *m* ⟨-s, -en⟩ [ınhi'bi:tor, -'to:rən] *chem* substance *f* inhibitrice.

Initial|e *f* ⟨-, -n⟩ [initsi'a:lə] *typ* (lettre) initiale, lettrine, lettre *f* en marqueterie; **~sprengstoff** *m* explosif *m* d'amorçage; **~zündung** *f* amorçage *m* initial.

Initiat|ive *f* ⟨-, -n⟩ [initsia'ti:və] initiative *f; (Unternehmungsgeist)* esprit *m* d'entreprise; *auf jds ~ (hin)* à l'initiative, à l'instigation de qn; *aus eigener ~* de sa propre initiative, de son propre chef *od* mouvement; *die ~ ergreifen* prendre l'initiative; **~or** *m* ⟨-s, -en⟩ [-'tsia:tor, -'to:rən] animateur, promoteur *m.*

In|jektion *f* ⟨-, -en⟩ [ınjɛktsi'o:n] *med* injection, piqûre *f;* **i~jizieren** [-ji'tsi:rən] *tr* injecter.

Injurie *f* ⟨-, -n⟩ [ın'ju:riə] *jur (Beleidigung, Verbal~)* injure, offense, diffamation *f; (Unrecht, Real~)* outrage *m* par voie de fait, violence *f.*

Inka *m* ⟨-(s), -(s)⟩ ['ıŋka] inca *m.*

Inkarnation *f* ⟨-, -en⟩ [ınkarnatsi'o:n] *rel (Fleischwerdung), fig (Verkörperung)* incarnation *f.*

Inkasso *n* ⟨-s, -s/-ssi⟩ [ın'kaso] *com* encaissement, recouvrement *m;* **~abteilung** *f* rayon d'encaissements, service *m* de recouvrement; **~auftrag** *m* ordre *m* d'encaissement; **~büro** *n* agence *f od* bureau *m* d'encaissements *od* de recouvrements; **~gebühren** *f pl* droits *m pl* d'encaissement; **~spesen** *pl* frais *m pl* d'encaissement; **~wechsel** *m* lettre *f* de change d'encaissement, effet *m* à l'encaissement.

Inklination *f* ⟨-, -en⟩ [ınklinatsi'o:n] *phys* inclinaison *f.*

inklusive [ınklu'zi:və] *adv* inclusivement, (y) compris.

inkognito [ın'kɔgnito] *adv* incognito; **I~** *n* ⟨-s, -s⟩ incognito *m.*

inkommensurabel [ınkɔmɛnzu-'ra:bəl] *a math* incommensurable.

inkompetent ['ın-, -kɔmpe'tɛnt] *a* incompétent.

inkonsequen|t ['ın-, -kɔnze'kvɛnt] *a* inconséquent; **I~z** *f* ⟨-, -en⟩ ['ınkɔnzekvɛnts, -'kvɛnts] inconséquence *f.*

inkorrekt ['ın-, -kɔ'rɛkt] *a* incorrect; **I~heit** *f* incorrection *f.*

Inkraft|setzung *f* mise *f* en vigueur; **~treten** *n* entrée *f* en vigueur; *Zeitpunkt m des ~s* date *f* d'entrée en vigueur.

Inkreis *m math* cercle *m* inscrit.

inkriminieren [ınkrimi'ni:rən] *tr (beschuldigen)* incriminer.

Inkrust|ation *f* ⟨-, -en⟩ [ınkrustatsi'o:n] *(Kunstgewerbe u. chem)* incrustation *f;* **i~ieren**

[-'ti:rən] *tr (durch Einlagen verzieren)* incruster.

Inkubat|ionsstadium [ınkuba-'tsio:ns-] *n med* stade *m* d'incubation; **~ionszeit** *f* période *f* d'incubation; **~or** *m* ⟨-s, -en⟩ [-'ba:tor, -'to:rən] *(Brutapparat)* étuve *f* à incubation.

Inkunabel *f* ⟨-, -n⟩ [ınku'na:bəl] *typ hist* incunable *m.*

Inland *n* intérieur *m;* **~eis** *n geog* ice-field *m;* **~sabsatz** *m* vente *f* intérieure; **~sauftrag** *m* commande *f* intérieure; **~sbedarf** *m* besoins *m pl* intérieurs; **~serzeugnis** *n* produit *m* national; **~serzeugung** *f* production *f* nationale; **~sgeschäft** *n,* **~shandel** *m* commerce *m* intérieur; **~smarkt** *m* marché *m* intérieur *od* national; **~sporto** *n* affranchissement *m* en régime intérieur; **~spreis** *m* prix *m* intérieur; **~sprodukt** = **~serzeugnis;** **~sverbrauch** *m* consommation *f* intérieure.

Inländ|er *m* ⟨-s, -⟩ habitant du pays *m;* **i~isch** *a* intérieur; *(Erzeugnis)* national, du pays.

Inlaut *m gram* son *m* médial.

Inlett *n* ⟨-(e)s, -e⟩ ['ınlɛt] enveloppe *f* d'édredon.

inliegend *adv* ci-inclus, ci-joint.

inmitten [ın'mıtən] *prp gen* au milieu de.

inne|≠haben *tr* avoir (en sa possession); *(Amt, Stellung)* occuper, exercer; *sport (Titel)* détenir; **~≠halten** *tr (einhalten)* observer; *(Weg)* suivre (toujours); *itr (aufhören)* s'arrêter; **~** *mit* cesser de; **~≠werden** ⟨*aux: sein⟩ itr: e-r S* **~** s'apercevoir de qc, se rendre compte de qc; **~≠wohnen** *itr* être inhérent (*dat* à).

innen ['ınən] *adv* à l'intérieur, (au *od* en) dedans; *nach* **~** en dedans, vers le dedans, vers l'intérieur; *von* **~** *(heraus)* du *od* en dedans, de l'intérieur; **I~ansicht** *f* intérieur *m;* **I~anstrich** *m* enduit *m* intérieur; **I~antenne** *f radio* antenne *f* intérieure; **I~architekt** *m* architecte-décorateur, ensemblier *m* (décorateur); **I~aufnahme** *f photo od film* scène *f* d'intérieur; *prise de vue f* en intérieur; **I~beleuchtung** *f* éclairage *m* intérieur; **I~dienst** *m* service de bureau; *mil* service *m* intérieur; **I~einrichtung** *f* aménagement *od* équipement *od* appareillage *m* intérieur; **I~fläche** *f* surface *f* intérieure, *(im tech)* face *f* intérieure, intérieur *f* en *tech* taraudage *m;* **I~hof** *m* cour *f* intérieure; **I~leben** *n* vie *f* intérieure; **I~minister(ium** *n)* *m* minist(è)re *m* de l'intérieur; **I~politik** *f* politique *f*

intérieure; **~politisch** *a* dans le domaine intérieur; **I~raum** *m* intérieur *m;* **I~seite** *f* côté *m od (Zeitung)* page *f* intérieur(e); *arch (e-r Wölbung)* intrados *m;* **I~stadt** *f* centre de la ville, centre *m* ville; **I~wand** *f* mur *m* de refend, cloison, paroi *f;* **I~welt** *f* monde *m* intérieur.

Inner|asien ['ınər-] *n* l'Asie *f* centrale; **i~betrieblich** *a* interne de l'exploitation; **i~deutsch** *a* interne à l'Allemagne; *(zwischen den beiden deutschen Staaten)* interallemand; **i~dienstlich** *a* interne du service; **~eien** [-'raıən] *f pl (Fleisch)* cinquième quartier *m;* abats *m pl;* **i~e(r, s)** *a (räumlich)* intérieur; *adm* interne; *(häuslich)* domestique; *med* interne; *(körpereigen)* intestin; *(Gefühl)* intime; *(wesentlich, eigentlich)* intrinsèque; *innere Angelegenheit f* affaire *f* intérieure *od* interne; *innere Anleihe, Schuld f (fin)* emprunt *m,* dette *f* intérieur(e); *innere(r) Halt m* consistance *f; innere Medizin f* pathologie *f* interne; *innere(r) Monolog m* monologue *m* intérieur; *innere Stadt f* centre *m* de la ville; *innerste Überzeugung f* conviction *f* intime; *innere(r) Wert m* valeur *f* intrinsèque; *es fehlt ihm an innerem Halt* il est inconsistant *od* il manque d'équilibre *od* il a une personnalité peu structurée; **I~e,** *das (räumlich)* l'intérieur, le dedans, le centre; *fig (der Kern)* les entrailles *f pl,* le cœur, l'âme *f; im Innern* au dedans; *von (geog)* à l'intérieur de, au fond de; *in meinem Innern, im Innern* dans *od* en mon for intérieur; *im tiefsten Innern (gen)* au fin fond (de); *(beim Suchen) das* **~** *nach außen kehren* mettre tout sens dessus dessous (pour trouver qc); *Minister(ium n) m des Inneren* = *Innenminister(ium);* **i~halb** *prp gen (örtl.)* à l'intérieur de, au *od* en dedans de, dans, en, au sein de; *(zeitl.)* dans *od* en l'espace de, dans le délai de, en, *(Belgien)* endéans; *adv* à l'intérieur, au dedans; **~** *dreier Tage nach Empfang (com)* dans les trois jours après (la) *od* qui suivent la réception; **i~lich** *a* intérieur; interne; *(seelisch)* intime; *(tief)* profond; *(herzlich)* cordial; *(aufrichtig)* sincère; *adv* intérieurement, au fond du cœur; **~** *(med: anzuwenden)* ingestible; **~** *ausgeglichen (Mensch)* équilibré; **~lichkeit** *f* ⟨-, ø⟩ profondeur *f* des sentiments, profondeur et sincérité *f;* **i~molekular** *a scient* intra-moléculaire; **i~politisch** *a* = *innenpolitisch;* **i~sekretorisch** *a* *physiol* à sécrétion interne *od* endocrine; **i~ste(r, s)** *a (räuml.);* = *innere(r, s); fig* intime; (le) plus profond *od* secret; *im innersten Herzen* au fond du cœur; **I~ste,** *das* le centre; le noyau; *bis ins ~* jusqu'au fond des entrailles, jusqu'à la moelle; *in meinem Innersten* au fond de mon cœur; au fond de mon âme, de toute mon âme.

Innerv|ation *f* ⟨-, ø⟩ [ɪnɛrvatsi'oːn] *physiol* innervation *f;* **i~ieren** [-'viːrən] *tr* innerver.

innig ['ɪnɪç] *a (tiefempfunden, herzlich)* cordial; *(stark, heiß)* fervent, ardent; *(lebhaft)* vif; *(aufrichtig)* sincère; *(zärtlich)* tendre; *(vertraut)* intime; **I~keit** *f* ⟨-, (-en)⟩ cordialité; ferveur, ardeur; vivacité; sincérité; tendresse; intimité *f.*

Innung *f* ⟨-, -en⟩ ['ɪnʊŋ] corporation *f;* corps *m* de métier.

inoffiziell ['ɪn-, -ˀɔfitsi'ɛl] *a* non officiel.

Inquisit|ion *f* ⟨-, -en⟩ [ɪnkvizitsi'oːn] *rel hist* inquisition *f;* **~ionsgericht** *n* saint-office *m;* **~or** *m* ⟨-s, -en⟩ [-'ziːtɔr, -'toːrən] inquisiteur *m;* **i~orisch** [-'toːrɪʃ] *a* inquisitorial.

ins [ɪns] = *in das;* **~besondere** *adv* surtout, spécialement, particulièrement, notamment; **~geheim** *adv* secrètement, en secret, en cachette, sous le manteau; **~gemein** *adv* communément, en général, d'ordinaire; **~gesamt** *adv* tous (ensemble), dans l'ensemble, en totalité, au total, en tout, en corps; *sich ~ belaufen auf* se monter en total à, former un total de.

Insasse *m* ⟨-n, -n⟩ *(e-r Anstalt)* pensionnaire; *(e-s Fahrzeugs)* occupant *m.*

Inschrift *f* inscription, *scient* épigraphe *f;* **~enkunde** *f* épigraphie *f;* **i~lich** *a* épigraphique.

Insekt *n* ⟨-(e)s, -en⟩ [ɪn'zɛkt] insecte *m;* **i~enfressend** *a zoo* insectivore; **~e Pflanze** *f (a.)* attrape-mouches *m;* **~enfresser** *m zoo* insectivore *m;* **~enkunde** *f,* **~enlehre** *f* entomologie *f;* **~enmittel** *n* insecticide *m;* **~enpulver** *n* poudre *f* insecticide; **~enstich** *m* piqûre *f* d'insecte *f.*

Insel *f* ⟨-, -n⟩ ['ɪnzəl] île *f; auf e-r ~* dans une île; *kleine ~* îlot *m; schwimmende ~* île *f* flottante; **~bewohner** *m* insulaire, îlien *m;* **~charakter** *m,* **~lage** *f* insularité *f;* **~gruppe** *f* groupe *m* d'îles; **~meer** *n,* **~welt** *f* archipel *m;* **~reich** *n* empire *m* insulaire; **i~reich** *a* riche en îles; **~stadt** *f* ville *f* insulaire.

Inser|at *n* ⟨-(e)s, -e⟩ [ɪnze'raːt] annonce

f; ein ~ aufgeben = *inserieren;* **~atenannahme** *f,* **~atenbüro** *n* bureau *m* d'annonces; **~atenteil** *m* colonne des annonces, page *f* des annonces classées; **~ent** *m* ⟨-en, -en⟩ [-'rɛnt] annonceur *m;* **i~ieren** [-'riːrən] *itr* mettre une annonce.

Insignien [ɪn'zɪgniən] *pl* insignes, emblèmes; *hist* honneurs *m pl.*

inso|fern ['ɪnzoːfɛrn, --'-] *adv,* **~weit** *adv* jusqu'à ce point, dans cette mesure; *conj* en tant que, dans la mesure où.

insolven|t ['ɪn-, -zɔl'vɛnt] *a fin (zahlungsunfähig)* insolvable; **I~z** *f* ⟨-, -en⟩ [-'vɛnts] insolvabilité, déconfiture; *(Bankrott)* faillite, banqueroute *f.*

in spe [ɪn'speː] *a fam* en herbe.

Inspekt|eur *m* ⟨-s, -e⟩ [ɪnspɛk'tøːr] inspecteur, surveillant, visiteur *m;* **~ion** *f* ⟨-, -en⟩ [-'tsioːn] inspection; *(Aufsicht)* surveillance *f; (Prüfung)* contrôle *m;* **~ionsfahrt** *f,* **~ionsreise** *f* tournée *f* d'inspection; **~or** *m* ⟨-s, -en⟩ [-'spɛktɔr, -'toːrən] = **~eur;** *agr* gérant *od* administrateur d'un *od* du domaine; *loc* inspecteur *m* (des chemins de fer).

Inspiz|ient *m* ⟨-en, -en⟩ [ɪnspitsi'ɛnt] *mil theat* inspecteur *m;* **i~ieren** [-'tsiːrən] *tr* inspecter, surveiller.

Install|ateur *m* ⟨-s, -e⟩ [ɪnstala'tøːr] installateur, appareilleur; *(Rohrleger)* plombier-zingueur; *(Elektriker)* électricien *m;* **~ation** *f* ⟨-, -en⟩ [-tsi'oːn] installation *f;* **~ationsarbeiten** *f pl* travaux *m pl* d'installation; **~ationsgeschäft** *n* plomberie *f,* installations *f pl* sanitaires; **i~ieren** [-'liːrən] *tr* installer; *tech* équiper; *sich ~ (fig: sich niederlassen)* s'établir.

instand [ɪn'ʃtant]: *~ halten (tr)* entretenir, (main)tenir en (bon) état; *(wieder) ~ setzen (tr) (befähigen)* mettre en état *(zu* de); *(reparieren)* (re)mettre en (bon) état, remettre à neuf, réparer, *fam* retaper; *mot a.* dépanner; *(ausbessern, flicken)* rapiécer, raccommoder; **I~haltung** *f* ⟨-, (-en)⟩ entretien *m,* maintenance *f;* **I~haltungsarbeiten** *f pl* travaux *m pl* d'entretien; **I~haltungsdienst** *m* service *m* d'entretien; **I~haltungskosten** *pl* frais *m pl* d'entretien; **I~setzung** *f* (re)mise en état, réparation *f; mot a.* dépannage; rapiéçage, raccommodage *m;* **I~setzungsarbeiten** *f pl* travaux *m pl* de remise en état *od* de réparation; **I~setzungsdienst** *m* service *m* de réparation; **I~setzungsfahrzeug** *n* véhicule *m* de dépannage; **I~setzungs-**

kosten *pl* frais *m pl* de réparation *od* de remise en état.

inständig ['ɪn'ʃtɛndɪç] *a* pressant, instant; *adv:* ~ *bitten* prier instamment, implorer, adjurer, demander en grâce (*jdn um etw* qc à qn); ~*e Bitten f pl (a.)* instances *f pl.*

Instanz *f* ⟨-, -en⟩ [ɪn'stants] *jur* instance *f; in erster, letzter* ~ en première, dernière instance, en premier, dernier ressort; *in letzter* ~ *entscheiden* juger sans appel; *sich an e-e* ~ *wenden* s'adresser à une instance *f; höhere* ~ (*jur*) instance *od adm* autorité *f* supérieure; ~**enweg** *m: (auf dem)* ~ (par la) voie *f* hiérarchique; *den* ~ *einhalten* suivre la voie hiérarchique; ~**enzug** *m* ordre *m* des instances *od* de juridiction.

Instinkt *m* ⟨-(e)s, -e⟩ [ɪn'stɪŋkt] instinct *m; aus* ~ d'instinct, par instinct, instinctivement; ~ *haben* avoir de l'instinct; *e-n untrüglichen* ~ *haben* avoir un instinct infaillible; *aus* ~ *handeln* agir d'instinct; **i~iv** [-'tiːf] *a,* **i~mäßig** *a* instinctif.

Institut *n* ⟨-(e)s, -e⟩ [ɪnsti'tuːt] institution *f; (Anstalt)* établissement; *(Lehranstalt)* institut; *(für Mädchen)* pensionnat *m;* ~**ion** *f* ⟨-, -en⟩ [-'tsioːn] *(Einrichtung)* institution *f.*

instruieren [ɪnstru'iːrən] *tr* instruire, donner des instructions à; **I~ktion** *f* ⟨-, -en⟩ [-struk'tsioːn] instruction; *(Anweisung)* direction, directive; *mil* consigne *f;* règlement *m.*

Instrument *n* ⟨-(e)s, -e⟩ [ɪnstru'mɛnt] instrument *a. mus; phys a.* appareil; *(Werkzeug)* outil; *(Gerät)* ustensile; *jur (Urkunde)* instrument, acte (juridique), document *m* officiel; *optische* ~*e n pl* instruments *m pl* d'optique; ~**albegleitung** *f mus* accompagnement *m* d'instrument(s); ~**almusik** *f* musique *f* instrumentale; ~**alsatz** *m mus* composition *f* instrumentale; ~**ation** *f* ⟨-, -en⟩ [-ta'tsioːn] = ~*ierung;* ~**enbrett** *n mot mar aero* tableau *m* de bord; ~**enflug** *m aero* vol *m* aux instruments; ~**enlandung** *f aero* atterrissage *m* aux instruments *od* sans visibilité; ~**enmacher** *m mus* fabricant d'instruments de musique; *(Geigenbauer)* luthier *m;* ~**enschrank** *m* armoire *f* à instruments; **i~ieren** [-'tiːrən] *tr mus (selten)* orchestrer, *(selten)* instrumenter; ~**ierung** *f* instrumentation, orchestration *f.*

Insulaner *m* ⟨-s, -⟩ [ɪnzu'laːnər] insulaire, îlien *m.*

Insulin *n* ⟨-s, ø⟩ [ɪnzu'liːn] *(Warenzeichen) pharm* insuline *f.*

Insurgent *m* ⟨-en, -en⟩ [ɪnzʊr'gɛnt] *(Aufständischer)* insurgé *m;* ~**rektion** *f* ⟨-, -en⟩ [ɪnzurɛk'tsioːn] *(Aufstand)* insurrection *f.*

inszenieren [ɪnstse'niːrən] *tr theat film* mettre en scène; *fig* arranger, monter; **I~ung** *f theat film* mise en scène, *theat a.* présentation *f.*

intakt [ɪn'takt] *a (unberührt, unbeschädigt)* intact.

Intarsia *f* ⟨-, -sien⟩ [ɪn'tarzia, -ziən] marqueterie *f.*

Integral *n* ⟨-s, -e⟩ [ɪnte'graːl] *math* intégrale *f;* ~**alhelm** *m (von Motorradfahrer)* casque *m* intégral; ~**alrechnung** *f* calcul *m* intégral; ~**ation** *f* ⟨-, -en⟩ [-gra'tsioːn] *(Vervollständigung, Zs.schluß)* intégration *f;* **i~ieren** [-'griːrən] *tr (ergänzen, zs.schließen) a. math* intégrer; ~*de(r) Bestandteil m* partie *f* intégrante; **i~iert** *a* intégré; ~*e(r) Schaltkreis m* circuit *m* intégré; ~**ität** *f* ⟨-, ø⟩ [-gri'tɛːt] *(Unversehrtheit, Unbescholtenheit)* intégrité *f.*

Intellekt *m* ⟨-(e)s, ø⟩ [ɪntɛ'lɛkt] intellect *m;* **i~ektuell** [-tu'ɛl] *a* intellectuel; ~**ektuelle(r)** *m* intellectuel *m; die Intellektuellen pl (a.)* l'intelligentsia *f;* **i~igent** [-tɛli'gɛnt] *a* intelligent; ~**igenz** *f* ⟨-, -en⟩ [-'gɛnts] intelligence *f* supérieure; *die* ~ *(Schicht der wissenschaftl. Gebildeten)* les intellectuels *m pl,* l'intelligentsia *f;* ~**igenzprüfung** *f* test *m* d'intelligence, épreuve *f* de niveau mental; ~**igenzquotient** *m* quotient *m* intellectuel.

Intendant *m* ⟨-en, -en⟩ [ɪntɛn'dant] *TV radio theat* directeur *m;* ~**ur** *f* ⟨-, -en⟩ [-'tuːr] intendance *f a. mil.*

Intensität *f* ⟨-, (-en)⟩ [ɪntɛnzi'tɛːt] intensité *f;* **i~iv** [-tɛn'ziːf] *a* intense; *bes. agr u. tech* intensif; **i~ivieren** [-'viːrən] *tr* intensifier; ~**ivierung** *f* intensification *f;* ~**ivkurs** *m* cours *m* intensif; ~**ivstation** *f (im Krankenhaus)* service *m* de réanimation.

Intercity *m* ⟨-s, -s⟩ [ɪntər'sɪti], ~**-Zug** *m,* **IC** *m* Intercité *m* (I.C.).

interdisziplinär [ɪntərdɪstsipli'nɛːr] *a* interdisciplinaire.

interessant [ɪntɛrɛ'sant] *a* intéressant; *(anziehend, reizvoll)* attirant, attrayant; *sich* ~ *machen* se rendre intéressant, se faire remarquer; **I~e** *n* ⟨-s, -n⟩ intérêt *m (an* à, *für* pour); *im* ~ *der Allgemeinheit* dans l'intérêt public; *von allgemeinem* ~ d'intérêt général; ~ *bekommen an* = ~ *nehmen an; jdm. e-r S* ~ *entgegenbringen* porter intérêt à qn, qc; ~ *erregen od erwecken od finden* susciter *od* éveiller de l'intérêt; *an etw ~ finden, an* od *für etw ~ haben* s'intéresser à qc; *an etw ~ haben* être ip̨téressé par, avoir envie d'acheter qc; *an* od *für etw kein ~ haben* ne pas s'intéresser à qc, se désintéresser de qc, n'avoir que faire de qc; *mit jdm gemeinsame ~n haben* avoir partie liée avec qn; *die gleichen ~n haben (a.)* manger à la même écuelle; *in jds ~ liegen* être dans l'intérêt de qn; *~ nehmen an* prendre (de l')intérêt à; *das ~ an etw verlieren* se désintéresser de qc; *jds ~n vertreten* défendre les intérêts de qn; *jds ~n wahren* sauvegarder les od veiller aux intérêts de qn; *jds ~n wahrnehmen* entrer dans les intérêts de qn; *sein besonderes ~ gilt (dat)* il s'intéresse tout particulièrement à ...; *auseinandergehende* od *-strebende ~n* intérêts *m pl* divergents; *das öffentliche ~* l'intérêt *m* commun od général od public, la chose publique; *Wahrung f der ~n* sauvegarde *f* des intérêts; **~elos** *a* désintéressé; **I~elosigkeit** *f* désintéressement *m;* **I~engemeinschaft** *f* communauté *f* d'intérêts; **~,** **I~engruppe** *f* groupement *m* od association *f* d'intérêts; **I~enkonflikt** *m* conflit *m* od discussion *f* d'intérêts; **I~ensphäre** *f pol* sphère *f* d'intérêt; **I~ent** *m* ⟨-en, -en⟩ [-'sɛnt] intéressé *m;* ~**ieren** [-'si:rən] *tr* intéresser; *sich für jdn, etw ~* s'intéresser à qn, qc; *jdn nicht ~ (a.)* glisser sur (l'esprit de) qn.

Interface *n* ⟨-s, -s⟩ ['ɪntərfeɪs] *inform* interface *f.*

Interfer|enz *f* ⟨-, -en⟩ [ɪntɛrfe'rɛnts] *phys radio* interférence *f;* ~**enzstreifen** *m* frange *f* d'interférence; ~**ometer** *n* ⟨-s, -⟩ interféromètre *m.*

Interieur *n* ⟨-s, -s/-e⟩ [ɛ̃teri'ø:r] *(Innenraum)* intérieur *m.*

Interim *n* ⟨-s, -s⟩ ['ɪnterɪm] *(vorläufige Regelung)* intérim *m;* **i~istisch** [-'mɪstɪʃ] *a* intérimaire, provisoire, temporaire; *adv a.* par intérim; ~**saktie** *f* action *f* provisoire; ~**slösung** *f* solution *f* intérimaire; ~**sschein** *m fin* certificat od titre provisoire, script *m;* ~**swechsel** *m fin* lettre *f* de change provisoire.

Interjektion *f* ⟨-, -en⟩ [ɪntɛrjɛktsi'o:n] *gram* interjection *f.*

interkonfessionell [ɪntɛrkɔnfɛsio-'nɛl] *a* interconfessionnel.

interkontinental [ɪntɛrkɔntinɛn'ta:l] *a* intercontinental; **I~rakete** *f* fusée *f* intercontinentale, missile *m* intercontinental.

Interlinearübersetzung *f* [ɪntɛrline'a:r-] traduction *f* interlinéaire.

Intermezzo *n* ⟨-s, -s/-zzi⟩ [ɪntɛr'mɛtso] *theat mus* intermède *a. fig,* divertissement *m.*

intermittierend [ɪntɛrmɪ'ti:rənt] *a scient* intermittent.

intern [ɪn'tɛrn] *a* interne; **I~at** *n* ⟨-(e)s, -e⟩ [-'na:t] internat *m,* maison *f* d'éducation; **I~e(r)** *m* interne, pensionnaire *m;* ~**ieren** [-'ni:rən] *tr* interner; **I~ierte(r)** *m* interné *m;* **I~ierung** *f* internement *m;* **I~ierungslager** *n* camp *m* d'internement; **I~ist** *m* ⟨-en, -en⟩ [-'nɪst] *(Arzt)* spécialiste *m* des maladies internes.

international [ɪntɛrnatsio'na:l] *a* international; **I~e,** *die (pol)* l'Internationale *f;* ~**isieren** [-'zi:rən] *tr* internationaliser; **I~ismus** *m* ⟨-, -en⟩ [-'lɪsmʊs] internationalisme *m.*

interparlamentarisch [ɪntɛrparlamɛn'ta:rɪʃ] *a:* I~e Union *f* union *f* interparlementaire.

Interpell|ation *f* ⟨-, -en⟩ [ɪntɛrpɛlatsi'o:n] *parl* interpellation *f;* **i~ieren** [-'li:rən] *itr* interpeller.

interplanetarisch [ɪntɛrplane'ta:rɪʃ] *a* interplanétaire.

interpolieren [ɪntɛrpo'li:rən] *tr (einschalten, a. math)* interpoler.

Interpret *m* ⟨-en, -en⟩ [ɪntɛr'pre:t] interprète *m;* ~**ation** *f* ⟨-, -en⟩ [-'tsio:n] *(Auslegung)* interprétation *f;* **i~ieren** [-'ti:rən] *tr (deuten)* interpréter; *(erklären)* expliquer.

interpunkt|ieren [ɪntɛrpʊŋk'ti:rən] *tr itr* mettre la ponctuation; **I~ion(szeichen** *n)* *f* ⟨-, (-en)⟩ [-pʊŋk'tsio:n] (signe *m* de) ponctuation *f.*

Interrail-Paß *m* ['ɪntərreɪl-] carte *f* Inter-Rail.

Intervall *n* ⟨-s, -e⟩ [ɪntɛr'val] *mus* intervalle *m.*

interven|ieren [ɪntɛrve'ni:rən] *itr pol* intervenir; **I~tion** *f* ⟨-, -en⟩ [-vɛn'tsio:n] intervention *f; bewaffnete ~* intervention *f* armée.

Interview *n* ⟨-s, -s⟩ [ɪntɛr'vju:, 'ɪn-] interview *f;* **i~en** [-'vju:ən] *tr* interviewer, soumettre à une interview; ~**er** *m* ⟨-s, -⟩ interviewer *m.*

Interzonen|handel [ɪntɛr'tso:nən-] *m,* ~**verkehr** commerce, trafic *m* interzones; ~**paß** *m,* ~**schein** *m* passeport od laissez-passer *m* interzones.

Inthronisation *f* ⟨-, -en⟩ [ɪntroniza'tsio:n] intronisation *f.*

intim [ɪn'ti:m] *a* intime; *(vertraut)* familier; ~*e(r) Verkehr m* rapports *m pl* sexuels; **I~ität** *f* ⟨-, -en⟩ [-mi'tɛ:t]

intimité f; **I~us** m ‹-, -mi› ['ıntimus]
ami m intime.

intoleran|t ['ıntolerant, ıntole'rant] a
intolérant; **I~z** f ‹-, (-en)› [-'rants] intolérance f.

intonieren [ıntoni'rən] tr mus entonner.

intrans|igent [ıntranzi'gɛnt] a (unver-
söhnlich) intransigeant; **I~igenz** f
‹-, ø› [-'gɛnts] intransigeance f; **~itiv**
[-zi'ti:f, 'in-] a gram intransitif, neutre.

intravenös [ıntrave'nø:s] a med intra-
veineux; durch ~e Einspritzung par
voie intraveineuse.

intrig|ant [ıntri'gant] a intrigant;
I~ant(in f) m ‹-en, -en› intrigant, e;
finassier, ère m f; **I~e** f ‹-, -n›
[-'tri:gə] intrigue, cabale f; **I~enspiel**
n intrigues f pl; **I~enstück** n theat
comédie f d'intrigue; **~ieren** [-'gi:rən]
itr intriguer (gegen contre); fam intri-
gailler; arg magouiller.

Inumlaufsetzen n fin mise en circulation, émission f.

in- und auswendig adv: ~ kennen
savoir sur le bout du doigt.

Invalid|e m ‹-n, -n› [ınva'li:də] invalide;
mil mutilé m; **~enrente** f pension od
rente f d'invalidité, invalides m pl;
~enversicherung f assurance contre l'invalidité, assurance-invalidité f;
~ität f ‹-, ø› [-di'tɛ:t] invalidité f.

Invasion f ‹-, -en› [ınva'zio:n] invasion
f.

Invent|ar n ‹-s, -e› [ınvɛn'ta:r] inven-
taire m; das ~ aufnehmen faire od
dresser od établir l'inventaire; leben-
de(s) (Viehbestand), tote(s) ~ cheptel
m vif, mort; **~araufnahme** f,
~arisation f ‹-, -en› [-riza'tsio:n]
établissement m de l'inventaire;
i~arisieren [-ri'zi:rən] tr inventorier,
faire l'inventaire de; **~arstück** n
pièce f d'inventaire, objet m invento-
rié; **~arverzeichnis** n registre m
d'inventaire; **~ur** f ‹-, -en› [-'tu:r] com
inventaire m; ~ machen dresser od
établir od faire l'inventaire; **~uraus-
verkauf** m solde m pour cause d'inventaire, liquidation f après inventaire, soldes m pl; **~urverzeichnis** n
état m de l'inventaire.

invest|ieren [ınvɛs'ti:rən] tr (in ein
Amt einweisen) investir; fin (anlegen) placer, investir, engager; **I~ie-
rung** f, **I~ition** f ‹-, -en› [-ti'tsio:n]
com placement, investissement m;
I~itionsgüter n pl biens m pl d'investissement; **I~itionsquote** f taux m
des investissements; **I~or** m ‹-s, -en›
[ın'vɛstɔr, -'to:rən] investisseur m.

inwendig a intérieur; adv à l'intérieur,
au-dedans.

inwie|fern, ~weit [--'-] adv combien,
dans quelle mesure, (jusqu')à quel
point.

Inzahlungnahme f ‹-, -n› reprise f en
compte.

Inzucht f ‹-, ø› (unter Vieh) croisement m d'animaux apparentés; (unter
Menschen) union f consanguine.

inzwischen adv entre-temps, en attendant; provisoirement; (bis dahin)
d'ici là.

Ion n ‹-s, -en› [i'o:n] phys ion m; **~en-
austausch** m échange m d'ions;
~isation f ‹-, (-en)› [-niza'tsio:n]
phys ionisation f; **i~isieren**
[-ni'zi:rən] tr phys ioniser; **~isierung**
f = ~isation; effet m électronique;
~osphäre f ‹-, ø› [-no'sfɛ:rə] io-
nosphère f.

ionisch [i'o:nıʃ] a geog hist ionien;
arch ionique; das I~e Meer la mer
Ionienne; ~e Säulenordnung f ordre
m ionique.

Iran m [i'ra:n] (der) l'Iran m; **~er(in f)**
m ‹-s, -› [i'ra:niər] Iranien, ne m f;
i~isch [i'ra:nıʃ] a iranien.

ird|en ['ırdən] a de od en terre; **~e(s)
Geschirr** n poterie f; **~isch** a astr
terrestre; (nicht himmlisch) de ce
monde, d'ici-bas.

Ir|e m ‹-n, -n› ['i:rə], **~in** f Irlandais, e m
f; **i~isch** a irlandais, d'Irlande; der
I~e Freistaat la République irlandai-
se; die I~e See la mer d'Irlande;
~land n l'Irlande f; **~länder** m =
~e; **i~ländisch** a = i~isch.

irgend ['ırgənt] adv: wenn ich ~ kann,
wenn es ~ geht od möglich ist pour
peu que ce soit possible, s'il y a la
moindre possibilité; so gut es ~ geht
du mieux possible; ~ etwas n'importe
quoi; quelque chose; ~ jemand n'importe qui; quelqu'un; **~ein(e)** [-'ʔaın]
pron a quelconque, n'importe quel,
quelque; **~eine(r)** pron s n'importe
lequel, laquelle; quelqu'un(e); **~ein-
mal** adv une fois, un jour (quelconque); n'importe quand; wenn ~ si jamais; **~wann** adv n'importe quand,
en quelque temps od à quelque moment que ce soit; **~wie** adv n'importe comment, d'une manière quelconque; **~wo** adv, **~wohin** adv quelque
part, n'importe où; **~woher** adv de
n'importe où.

Iridium n ‹-s, ø› [i'ri:diʊm] chem iridium m.

Iris f ‹-, -› ['i:rıs] anat bot iris m; **i~ie-
ren** [iri'zi:rən] itr s'iriser; **~ieren** n irisation f; **i~ierend** a iridescent, irisé.

Iron|ie f ‹-, -n› [iro'ni:] ironie f; ~ des
Schicksals ironie f du sort; **i~isch**

[i'ro:nɪʃ] *a* ironique; **i~isieren** [ironi'zi:rən] *tr* ironiser.

irrational ['ɪ-, ɪratsio'na:l] *a, a.* math irrationnel; **I~zahl** *f* nombre *m* irrationnel.

irr|(e) ['ɪr(ə)] *a (verrückt)* fou, dément, aliéné; ~ *(verwirrt) sein* être déconcerté *od* perplexe; *(im Irrtum)* être dans l'erreur; *an jdm* ~ *werden* ne plus savoir que penser de qn; perdre la confiance en qn; **I~e** *f* ⟨-, ø⟩ : *in die* ~ *führen* égarer; *fig (täuschen)* mystifier, duper; *in die* ~ *gehen* s'égarer; **I~e(r** *m)* *f* fou, folle *m f,* dément *m,* aliéné, e *m f;* **~e=führen** *tr fig* induire en erreur, donner le change à, tromper; **~eführend** *a (täuschend)* trompeur, faux; ~*e Werbung f* publicité *f* mensongère; **I~eführung** *f* tromperie, duperie, mystification *f;* **~e=gehen** ⟨aux: sein⟩ *itr* s'égarer, faire fausse route, se fourvoyer; *(Brief)* s'égarer; *fig* se tromper; **~egeleitet** *a fig* mis hors de la bonne route; **~e= leiten** *tr* tromper, duper; **~e=machen** *tr* déconcerter, désorienter; *(von s-r Meinung abbringen)* faire changer d'avis; *sich nicht* ~ *(von s-r Meinung abbringen) lassen* ne pas démordre de son opinion, *fam* ne pas perdre le nord; **~en** *itr* ⟨aux: sein⟩ *(umherschweifen)* errer; *fig (Gedanken)* vaguer; ⟨aux: haben⟩ *(falscher Meinung sein)* être dans l'erreur; *sich* ~ se tromper *(in dans, in jdm* sur le compte de qn), se méprendre, s'abuser, être dans l'erreur, faire fausse route; *sich gewaltig od schwer* ~ *(fam)* se ficher od se fourrer dedans, se mettre *od* se ficher *od* se fourrer le doigt dans l'œil; *pop* prendre des vessies pour des lanternes; *sich im Datum, in der Zeit* ~ se tromper de date, d'heure; *sich in der Person* ~ faire erreur sur la personne; *sich sehr* ~ être loin de son compte; *wenn ich (mich) nicht irre* si je ne me trompe *od* si je ne m'abuse, si j'ai bonne mémoire, sauf erreur de ma part; *ich habe mich gründlich in ihm geirrt* je me suis complètement trompé sur son compte; **I~enanstalt** *f,* **I~enhaus** *n* asile *od* hospice *m od* maison d'aliénés, maison *f* de santé; **I~enarzt** *m* psychiatre *m;* **~e=reden** *itr (unzs.hängend reden)* tenir des propos incohérents, divaguer; *med* délirer; **I~esein** *n med* folie, démence, aliénation *f* mentale; **I~fahrt** *f* course vagabonde, odyssée *f;* **I~garten** *m* labyrinthe, dédale *m;* **I~glaube** *m rel (Ketzerei)* hérésie, hétérodoxie *f;* **~gläubig** *a* hérétique, hétérodoxe;

~ig *a (falsch)* erroné, faux; **~igerweise** *adv* par erreur; **I~läufer** *m (Post)* envoi en souffrance; *loc (Wagen)* dévoyé *m;* **I~lehre** *f* = *I~glaube;* **I~licht** *n* ⟨-(e)s, -er⟩ feu *m* follet; **I~sinn** *m* ⟨-(e)s, ø⟩, *a. fam (übertreibend)* folie; démence *f;* **~sinnig** *a* fou, dément, aliéné; **I~tum** *m* ⟨-s, ¨er⟩ *(falsche Meinung)* erreur *f;* (Miß-verständnis) malentendu *m; (Versehen)* méprise, bévue *f; jdn über e-n* ~ *aufklären* tirer qn d'erreur; *sich im* ~ *befinden, im* ~ *sein* être dans l'erreur; *e-n* ~ *begehen* commettre *od* faire une erreur; *s-n* ~ *einsehen* revenir de son erreur, se détromper; *sich als* ~ *herausstellen* se révéler (être) une erreur; *Sie sind od da sind Sie im* ~ vous vous trompez; *das ist ein* ~ il y a un malentendu *od fam* maldonne; *das war ein* ~ *von mir* j'ai fait erreur, je me suis trompé; ~ *od ~tümer vorbehalten (com)* sauf erreur (ou omission); *materielle(r)* ~ erreur *f* de fait; **~tümlich** *a* erroné; *adv* par erreur *od* méprise; **I~ung** *f* erreur, méprise *f;* **I~weg** *m fig* mauvais chemin *m,* fausse voie *f; auf* ~*e geraten (fig)* s'écarter du bon *od* droit chemin, s'égarer; **I~wisch** *m* ⟨-s, -e⟩ = *I~licht; (Kobold)* farfadet, lutin *m.*

irreal ['ɪ-, ɪre'a:l] *a* irréel; **I~ität** *f* ⟨-, -en⟩ [-'tɛ:t] irréalité *f.*

irregulär ['ɪ-, ɪregu'lɛ:r] *a* irrégulier.

irrelevant ['ɪ-, ɪrele'vant] *a* insignifiant, sans importance.

irrelig|iös ['ɪ-, ɪreligi'ø:s] *a* irréligieux; **I~iosität** *f* ⟨-,(-en)⟩ [-'tɛ:t] irréligiosité *f.*

Irrigator *m* ⟨-s, -en⟩ [ɪri'ga:tor, -'to:rən] *med* injecteur, bock *m* à injections.

irritieren [ɪri'ti:rən] *tr (reizen)* irriter, agacer; *(verwirren)* déconcerter.

Ischias *f, a. m od n* ⟨-, ø⟩ ['ɪʃias] goutte *f* sciatique.

Isegrim *m* ⟨-s, -e⟩ ['i:zɛgrɪm] *fig (mürrischer Mensch)* grognon *m.*

Islam *m* ⟨-s, ø⟩ ['ɪslam, ɪs'la:m] *rel* islam, islamisme *m; (islamische Welt)* Islam *m;* **i~isch** [-'la:mɪʃ] *a allg* islamique; **i~isieren** [-'zi:rən] *tr* islamiser; **~isierung** *f* [---'--] islamisation *f;* **~it** *m* ⟨-en, -en⟩ [-'mi:t] islamite *m;* **i~itisch** [-'mi:tɪʃ] *a* islamite.

Is|land *n* ['i:slant] l'Islande *f;* **~länder(in** *f)* *m* Islandais, e *m f;* **i~ländisch** *a* islandais; **I~e(s)** *Moos n (bot)* lichen *m* d'Islande.

Iso|bare *f* ⟨-, -n⟩ [izo'ba:rə] *mete* isobare *f;* **~hypse** *f* ⟨-, -n⟩ [-'hʏpsə] *geog* courbe *f* de niveau; **~kline** *f* ⟨-, -n⟩ [-'kli:nə] *geog* (ligne) isocline *f;* **~merie** *f* ⟨-, ø⟩ [-me'ri:] *bot chem* isomérie *f;* ~**therme** *f* ⟨-, -n⟩ [-'tɛrmə] *mete geog* isotherme *f;* ~**top** *n* ⟨-s, -e⟩ [-'to:p] *chem* isotope *m.*

Isolat|ion *f* ⟨-, -en⟩ [izola'tsio:n] *(Absonderung)* isolement *m; el* isolation *f;* ~**ionismus** *m* ⟨-, ø⟩ [-'nɪsmʊs] *pol* isolationnisme *m;* ~**or** *m* ⟨-s, -en⟩ [-'la:tɔr, -'to:rən] *el* isolateur *m,* isoloir, isolant *m.*

Isolier|anstrich *m* [izo'li:r-] enduit *m* isolant; ~**band** *n* ruban *m od* bande isolant(e), bande *f* isolatrice, chatterton *m;* ~**draht** *m* fil *m* isolateur; i~**en** *tr* isoler *a. el;* ~**fähigkeit** *f el* pouvoir *m* isolant; ~**glocke** *f* cloche *f* isolante; ~**haft** *f* mise *f* au secret; régime *m* de l'isolement carcéral; ~**klemme** *f* pince *f* isolante; ~**masse** *f* pâte *f* isolante; ~**material** *n,* ~**mittel** *n* matière *f* isolante, isolant *m,* matériaux *m pl* isolants; ~**pappe** *f* carton *m* isolant; ~**platte** *f* plaque *f* isolante *od* d'isolation; ~**raum** *m med* chambre *f* d'isolement, *(kleiner)* box *m;* ~**schemel** *m* isoloir *m;* ~**schicht** *f* chape *f* isolante; *el* couche *f od* bourrage *m* isolant(e); ~**schutz** *m* revêtement *m* isolant; ~**überzug** *m* pellicule *f* isolante; ~**ung** *f (Absonderung)* isolement *m; el (Vorgang)* isolation; *(Material)* enveloppe *f* isolante; ~**zelle** *f jur* prison *f* cellulaire.

Israel *n* ['ɪsraɛl] *(Staat, hist u. rel: Volk)* Israel *m;* ~**i** *m* ⟨(-s),(-s)⟩ [-ra'e:li] *f pol* Israélien, ne *m f;* i~**isch** [-'e:lɪʃ] *a* israélien; ~**it(in** *f)* *m* ⟨-en, -en⟩ [-e'li:t] *rel u. hist* Israélite *m f;* i~**itisch** [-'li:tɪʃ] *a* israélite.

Ist| ... ['ɪst-] ... effectif, réel; ~**-Bestand** *m* (inventaire) effectif *m;* ~**-Stärke** *f mil* effectif net *od* réel, chiffre *m* des effectifs.

Isthmus *m* ⟨-, -men⟩ ['ɪstmʊs, -mən] *geog (Landenge)* isthme *m.*

Ital|ien *n* [i'ta:liən] l'Italie *f;* ~**iener(in** *f)* *m* ⟨-s, -⟩ [-li'e:nər] Italien, ne *m f;* i~**ienisch** [-li'e:nɪʃ] *a* italien, d'Italie; *(das)* I~*(e)* *n* l'italien *m;* ~**iker** *m* ⟨-s, -⟩ [i'ta:likər] *pl hist* Italiotes *m pl;* i~**isch** [i'ta:lɪʃ] *a hist* italique; ~**owestern** *m* western-spaghetti *m.*

J

J, j *n* ⟨-, -⟩ [jɔt] J, j *m.*
ja [ja:] *(bejahend)* oui; *(einräumend)* bien, mais; *(sogar)* et même; ~? tu dis? vous dites? *fam* hein? *aber* ~! mais si! *na* ~! *(fam)* après tout; enfin! *nun* ~! hé, hé! *o* ~! mais oui! oh oui! oh oui! certes! ~ *dann* alors; ~ *doch!* mais oui! mais si! si, si! si fait! ~ *freilich (adv)* bien sûr; sans doute, vraiment; *interj* mais oui! ~ *sogar* et même, voire même; ~ *was?* eh mais? *mit Ja antworten* répondre affirmativement; ~ *sagen* dire que oui; *zu etw* consentir à qc; *zu allem* ~ *(und amen) sagen* consentir à tout; être un béni-oui-oui *fam; mit Ja stimmen (parl)* voter pour; *ich glaube, sage* ~ *(betont)* je crois, dis que oui; *ich habe es* ~ *gesagt* je l'avais bien dit; *das kann ich verstehen,* ~ *sogar billigen* je comprends et même j'approuve cela; *Sie wissen* ~ ... vous savez bien ...; ~ *oder nein?* oui ou non? c'est à prendre ou à laisser; *glaube* ~ *nicht* ...! ne va pas croire ..., ne crois surtout pas ...; *sage* ~ *nicht* ...! ne va pas dire ..., garde-toi bien de dire ..., surtout ne dis pas ..., ne dis pas ..., je t'en prie; *da bist du* ~! mais te voilà! tiens, te voilà! te voilà enfin! *das ist* ~ *furchtbar od schrecklich!* mais c'est terrible! *das ist* ~ *e-e schöne Geschichte! (iron)* en voilà une belle affaire! **J~sager** *m* ⟨-s, -⟩ béni-oui-oui *m;* ~**wohl** (mais) oui! parfaitement!
Jacht *f* ⟨-, -en⟩ [jaxt] *mar* yacht *m;* ~**klub** *m* yacht-club *m.*
Jäckchen *n* ⟨-s, -⟩ ['jɛkçən] brassière *f.*
Jack|e *f* ⟨-, -n⟩ ['jakə] *(Herrenjacke)* veston *m,* veste; *(Damenjacke, Kostümjacke)* veste, jaquette *f; (Unterjacke)* gilet *m* de laine; *das ist* ~ *wie Hose (fig)* c'est bonnet blanc et blanc bonnet, *pop* le même tabac, c'est kif-kif (bourricot); ~**enkleid** *n* deux-pièces *m;* ~**ett** *n* ⟨-(e)s, -e/-s⟩ [ʒa'kɛt] = ~*e.*
Jagd *f* ⟨-, -en⟩ [ja:kt, -dən] chasse *f; (Verfolgung)* poursuite *(auf* de); *(~wesen)* vénerie *f;* = ~*gebiet; auf die* ~ *gehen* aller *od* partir à la chasse; *auf etw* ~ *machen* faire la chasse à qc; *die wilde* ~ la chasse infernale; *die* ~ *nach dem Glück* la recherche frénétique du bonheur; la course au bonheur; ~**anzug** *m* costume *m* de chasse; ~**aufseher** *m* garde-chasse *m;* ~**ausdruck** *m* terme *m* de vénerie; ~**ausrüstung** *f* équipement *m* de chasse; **j~bar** *a* bon à chasser; ~**beute** *f* tableau *m* de chasse; ~**bomber** *m* chasseur *m* bombardier; ~**flieger** *m aero* pilote *m* de chasse; ~**flugzeug** *n* avion de chasse, chasseur *m;* ~**frevel** *m* délit de chasse, braconnage *m;* ~**gebiet** *n* (domaine *m* de) chasse *f;* ~**geschichte** *f* récit *m* de chasse; ~**geschwader** *n aero* (escadre de) chasse *f;* ~**gesellschaft** *f* participants *m pl* d'une chasse; ~**gewehr** *n* fusil *m* de chasse; ~**haus** *n* rendez-vous *m* de chasse; ~**horn** *n mus* cor *m* de chasse, trompe *f;* ~**hund** *m* chien de chasse; *(Vorstehhund)* chien *m* d'arrêt; ~**hüter** *m* garde-chasse *m;* ~**hütte** *f* pavillon *m* de chasse; ~**kommando** *n mil* détachement *m* de chasse; ~**pacht** *f* bail *m* de chasse; ~**recht** *n* droit *m* de chasse; ~**revier** *n* réserve *f* de chasse; ~**schein** *m* permis *m* de chasse; ~**schloß** *n* château *m* de chasse; ~**schutz** *m aero: mit* ~ escorté de chasseurs; ~**staffel** *f aero* escadrille *f* de chasse; ~**tasche** *f* gibecière, carnassière *f;* ~**verband** *m aero* formation *f* de chasseurs; ~**zeit** *f* saison *f* de la chasse.
jagen ['ja:gən] *tr* ⟨*aux: haben*⟩ chasser, faire la chasse à; *(verfolgen)* poursuivre, pourchasser; *itr* ⟨*aux: haben*⟩ chasser; ⟨*aux: sein*⟩ *(dahinjagen)* courir, galoper, aller à toute vitesse *od* à fond de train; *fig* aller *od* prendre le grand galop; *nach etw* ~ courir après qc; *aus dem Hause* ~ chasser de la maison, mettre à la porte; *zu Tode* ~ *(Pferd)* crever; *damit kannst du mich* ~ ça me dégoûte; *ein Ereignis jagt das andere* les événements se succèdent rapidement.
Jäger *m* ⟨-s, -⟩ ['jɛ:gər] chasseur *a. mil; aero* avion de chasse, chasseur *m;* ~**ei** *f* ⟨-, ø⟩ [-'raɪ] chasse, vénerie; *(Haus)* maison *f* de garde-chasse; ~**in** *f* chasseuse *f;* ~**latein** *n* histoires *f pl od* argot *m* de chasseurs; ~**meister** *m* louvetier, lieutenant *m* de louveterie; ~**sprache** *f* argot *m* des chasseurs.

Jaguar *m* ‹-s, -e› ['ja:gua:r] *zoo* jaguar *m.*

jäh [jɛ:] *a (steil)* escarpé, raide, abrupt, rapide; *(plötzlich)* soudain, brusque; *(überstürzt)* précipité; *(ungestüm)* impétueux; *(aufbrausend)* fougueux; *adv a. (mit plötzlicher Heftigkeit)* brusquement; **Jäheit** *f* ‹-, ø› précipitation; impétuosité *f;* ~**lings** *adv* soudain(ement), subitement; précipitamment; **J~zorn** *m (Eigenschaft)* caractère emporté, tempérament *m* colérique, irascibilité; *(Zornausbruch)* colère *f* subite, accès de colère, emportement *m;* ~**zornig** *a* irascible; colère, coléreux, colérique; emporté, fougueux.

Jahr *n* ‹-(e)s, -e› [ja:r] *(als bloße Zeiteinheit)* an *m; (in s-m Verlauf, mit Bezug auf s-n Inhalt)* année; *arg* berge *f; alle* ~*e* tous les ans; *alle zwei* ~*e* tous les deux ans; *auf viele* ~*e hinaus* pour bien des années; *ein paar* od *einige* ~*e (lang)* quelques années; *einmal im* ~ une fois par an; ~ *für* ~ chaque année; une année après l'autre; *die dreißiger* ~*e* les années trente; *das ganze* ~ *(hindurch* od *über)* (pendant) toute l'année; *im* ~, *aufs* ~ *gerechnet* par an; *im* ~*e 1960* en (l'an) 1960; *einmal im* ~ une fois par an; *in den besten* ~*en (im besten Alter)* à la fleur de l'âge; *in einem* ~, *übers* ~ dans un an, d'ici un an; au bout d'un an; *in mittleren* ~*en* entre deux âges; *jedes* ~ tous les ans; *letztes* od *vergangenes* od *voriges* ~ l'an dernier *od* passé, l'année dernière *od* passée; *mit den* ~*en* avec les années *od* le temps *od* l'âge; l'âge venant; *nächstes* ~ l'année prochaine; *seit* ~ *und Tag* depuis (bien) longtemps; *viele* ~*e lang* pendant bien des années; *von* ~ *zu* ~ d'année en année; *vor (vielen)* ~*en* il y a bien des années; *vor einem* ~ il y a un an; *die besten* ~*e hinter sich haben* n'être plus tout jeune; *seine* ~*e spüren* sentir le poids des ans; *noch nicht die* ~*e haben zu ...* n'être pas encore en âge de ...; *in die* ~*e kommen (alt werden)* prendre de l'âge; *bei* ~*en sein* être avancé en âge; *jdm ein glückliches neues* ~ *wünschen* souhaiter la bonne année à qn; *die besten* ~*e (des Lebens)* les belles années; *ein dreiviertel, ein halbes* ~ neuf, six mois *m pl; das laufende* ~ l'année *f* courante; *das neue* ~ la nouvelle année.

jahr|aus [ja:r'ʔaus] *adv;* ~*:* ~*ein* bon an, mal an; d'une année à l'autre; **J~buch** *n* ['ja:r-] annuaire, almanach *m; pl* annales *f pl,* chronique *f;*

~**elang** *a* qui a *od* avait duré des années; *adv* pendant de longues années.

Jahres|abonnement *n* ['ja:rəs-] abonnement *m* annuel; ~**abrechnung** *f,* ~**abschluß** *m,* ~**bilanz** *f com* comptes *m pl* de fin d'année, règlement *m* annuel des comptes, clôture *f* annuelle des livres, bilan *m* annuel *od* de fin d'année; ~**abschlußprämie** *f* prime *f* de fin d'année; ~**anfang** *m* commencement *m* de l'année; ~**ausweis** *m,* ~**bericht** *m com* compte rendu *od* rapport *m* annuel; ~**beitrag** *m* cotisation *f* annuelle; ~**durchschnitt** *m* moyenne *f* annuelle; ~**einkommen** *n* revenu *m* annuel; ~**einnahme** *f* recette *f* annuelle; ~**ende** *n* fin *f* d'année *od* de l'année; *vor* ~ avant la fin de l'année; ~**erzeugung** *f* production *f* od rendement *m* annuel(le); ~**frist** *f: binnen* od *in* ~ d'ici un an; *nach* ~ au bout d'un an; *vor* ~ il y a un an; ~**gehalt** *n* traitement *m* annuel; ~**inventur** *f* inventaire *m* annuel; ~**lauf** *m* cours *m* de l'année; ~**miete** *f* loyer *m* annuel; ~**mittel** *n* mete moyenne *f* annuelle; ~**produktion** *f* = ~*erzeugung;* ~**rate** *f* annuité *f;* ~**rente** *f* rente annuelle, annuité *f;* ~**ring** *m bot* couche *f* annuelle, cerne *m;* ~**schluß** *m* fin *f* d'année; ~**schnitt** *m: im* ~ bon an, mal an; ~**tag** *m* anniversaire *m;* ~**tagung** *f* congrès *m* annuel; ~**umsatz** *m* chiffre *m* d'affaires *od* transactions *f pl* annuel(les); ~**urlaub** *m* congé *m od* vacances *f pl* annuel(les), mil permission *f* annuelle; ~**verbrauch** *m* consommation *f* annuelle; ~**versammlung** *f* assemblée *f* annuelle; ~**wechsel** *m,* ~**wende** *f* nouvel an *m;* ~**zahl** *f* (chiffre *m* de l')année *f; (auf Münzen)* millésime *m;* ~**zahlung** *f* paiement *od* versement *m* annuel, annuité *f;* ~**zeit** *f* saison *f;* **j~zeitlich** *a* saisonnier.

Jahr|fünft *n* [ja:r'fʏnft] ‹-(e)s, -e› espace de 5 ans, lustre *m;* ~**gang** *m (Geburtsjahrgang)* génération annuelle; *(Rekrutenjahrgang)* classe; *(Schule)* promotion; *(Wein, Zeitschrift)* année *f;* ~**hundert** *n* ‹-s, -e› [ja:r'hʊndərt] siècle *m;* **j~hundertealt** *a* multiséculaire; **j~hundertelang** *adv* pendant des siècles; ~**hundertfeier** *f* (fête *f* du) centenaire *m;* ~**hundertwende** *f* tournant de *od* changement *m* de siècle; ~**markt** *m* foire *f;* ~**marktsbude** *f* baraque *f* foraine; ~**tausend** *n* millénaire *m;* ~**tausendfeier** *f* (fête *f* du) millénaire *m;* ~**zehnt** *n* ‹-(e)s, -e› [jaːrˈtseːnt] période de dix ans, décennie *f;* j~**zehntelang** *adv* pendant des dizaines d'années.

jähr|en [ˈjɛːrən], *sich: sein Tod jährt sich heute zum erstenmal* il y a aujourd'hui un an qu'il est mort; *der Tag jährt sich bald, an dem ...* c'est bientôt l'anniversaire du jour où ...; ~**ig** *a* d'un an; *(an eine Zahl angehängt)* de ... ans; ~**lich** *a* annuel; *adv* par an; *einmal* ~ une fois par an; **J**~**ling** *m* ‹-s, -e› animal *m* d'un an.

Jakob [ˈjaːkɔp] *m* Jacques; *(Bibel)* Jacob; ~**iner** *m* ‹-s, -› [-koˈbiːnər] *hist* jacobin *m;* ~**inermütze** *f* bonnet *m* phrygien *od* rouge.

Jalousie *f* ‹-, -n› [ʒaluˈziː] *(zum Ziehen)* jalousie; *(zum Klappen)* persienne *f.*

Jammer *m* ‹-s, ø› [ˈjamər] *(Elend)* misère, calamité, détresse *f; (Kummer)* chagrin *m,* affliction; *(Verzweiflung)* désolation *f,* désespoir *m; (Wehklagen)* plaintes, lamentations, jérémiades *f pl; es ist ein* ~ *(, daß ...)* c'est malheureux, quel malheur (que ...); *daß, zu* c'est une misère que, que de; *es wäre ein* ~*, wenn* il serait vraiment dommage que *subj;* ~**bild** *n* aspect pitoyable, tableau de désolation, spectacle *m* lamentable; ~**geschrei** *n* cris *m pl* lamentables, lamentations *f pl;* ~**gestalt** *f* figure *f* pitoyable; ~**lappen** *m fam* geignard, mollasson, pleure-misère, lavette *m;* j~**n** *itr* se lamenter; *(klagen)* se plaindre; *(seufzen)* gémir, geindre; *nach jdm od etw* ~ réclamer qn *od* qc d'un ton plaintif; *das* ~*t mich* cela me fait pitié; ~**n** *n* lamentations *f pl;* j~**schade** *a: das ist* ~*!* c'est grand dommage, c'est déplorable; ~**tal** *n* vallée *f* de larmes; j~**voll** *a* = *jämmerlich.*

jämmerlich [ˈjɛmərlɪç] *a (elend)* misérable; *(erbärmlich)* pitoyable, piteux, minable, *(mitleiderregend)* à faire pitié; *(herzzerreißend)* déchirant, navrant; *(beklagenswert)* déplorable, lamentable; *(traurig)* triste, affligeant; **J**~**keit** *f* ‹-,(-en)› *(Elend)* misère *f; (Erbärmlichkeit)* état *m* pitoyable *od* lamentable.

Jänner *m* ‹-(s), -› [ˈjɛnər] *(österreichisch),* **Januar** *m* ‹-(s), -e› [ˈjanuaːr] janvier *m.*

Japan [ˈjaːpan] *n* le Japon; ~**er(in** *f)* *m* ‹-s, -› [jaˈpaːnər] Japonais, e *m f;* Nippon, ne *m f;* j~**isch** [-ˈpaːnɪʃ] *a* japonais, du Japon, nippon; *(das)* J~**isch(e)** (le) japonais; ~**papier** *n* papier *m* du Japon.

Jargon *m* ‹-s, -s› [ʒarˈɡɔ̃:] *(Berufssprache)* jargon *m.*

Jasmin *m* ‹-s, -e› [jasˈmiːn] *bot* jasmin *m.*

Jaspis *m* ‹-sses, -sse› [ˈjaspɪs, -sə] *min* jaspe *m.*

jät|en [ˈjɛːtən] *tr agr* sarcler; *(entkrauten)* désherber; **J**~**maschine** *f* sarcleuse *f.*

Jauche *f* ‹-, -n› [ˈjaʊxə] *agr* purin *m,* eaux-vannes *f pl; med (Eiter)* sanie *f,* ichor *m;* ~**(n)faß** *n* tonneau *m* à purin; ~**(n)grube** *f* fosse *f* à purin, purot *m.*

jauchz|en [ˈjaʊxtsən] *itr* pousser des cris d'allégresse, exulter, *fam* jubiler; **J**~**en** *n* cris *m pl* d'allégresse, exultation *f;* **J**~**er** *m* ‹-s, -› cri *m* d'allégresse.

jaulen [ˈjaʊlən] *itr (Hund)* pleurer.

Jazz *m* ‹-, ø› [dʒɛs, jats] jazz *m;* ~**fanatiker** *m* fanatique *m* du jazz; ~**kapelle** *f* orchestre de jazz, jazz-band *m;* ~**musik** *f* (musique *f* de) jazz *m.*

je [jeː] *adv (jemals)* jamais; *(vor e-r Zahl)* chaque, chacun *(nachgestellt);* à la fois; ~ ..., *desto* ... *(mit Komparativen)* plus ..., plus ... *(mit Positiven);* ~ *mehr, weniger* ..., *desto mehr, weniger* ... plus, moins ... plus, moins ...; ~ *nachdem* c'est selon; ~ *nachdem, ob* selon que, suivant que; ~ *und* ~ en tout temps; ~ *nach Größe* par rang de taille; ~ *nach dem Fall,* den Umständen selon le cas, les circonstances; ~ *eher,* ~ *lieber* le plus tôt sera le mieux; ~ *länger, desto besser* plus cela dure, mieux cela vaut; ~ *mehr, desto besser* plus il y en a, mieux cela vaut; ~ *weiter wir kommen* à mesure que nous avançons; *wer hätte das* ~ *gedacht!* comment imaginer une chose semblable! ~**her** *adv: von* ~ de tout temps, depuis toujours; de mémoire d'homme, depuis que le monde est le monde; ~**mals** *adv* jamais; ~**weilig** *a (derzeitig)* actuel; *(betreffend)* respectif; ~**weils** *adv (jedesmal)* chaque fois.

jed|enfalls [jeːd-] *adv* en tout cas, de toute façon, quoi qu'il en soit, toujours est-il que; **jede(r, s)** *pron a* tout; chaque; *jede(r, s) dritte etc ...* un(e) ... sur trois *etc; jeder von uns* chacun d'entre nous; *s (alleinstehend)* chacun, tout le monde; *jeder, der* quiconque; *jeden Augenblick* à tout moment, d'un moment à l'autre; *in jeder Hinsicht* à tous égards; *ohne jeden Zweifel* sans aucun doute; *das kann jeder* c'est à la portée de tout le monde; *jedem das Seine* à chacun le sien; *jeder beliebige* le premier venu; *jeder einzelne* chacun en particulier; **~erlei** ['--'laɪ] *a* de toute sorte; *auf ~ Weise* de toute façon; **~ermann** *pron* chacun, tout le monde; **~erzeit** *adv* en tout temps, à tout moment, à tous moments; à toute(s les) heure(s), toujours; **~esmal** *adv (pop* à) chaque fois, toutes les fois; **~**, *wenn (conj)* chaque fois que, toutes les fois que; **~esmalig** *a* (de) chaque (fois).

jedoch [je'dɔx] *adv* cependant, pourtant, toutefois.

Jelängerjelieber *n* ⟨-s, -⟩ [-'---'--] *bot (Geißblatt)* chèvrefeuille *m.*

jemand ['je:mant] *pron* quelqu'un; *(verneint)* personne, aucun; *es ist ~ da* il y a quelqu'un *od* du monde; *ein gewisser J~* certaine personne, un quidam; *~ anders, sonst ~* quelqu'un d'autre; *~ Fremdes* quelqu'un d'étranger, quelque étranger, un étranger.

Jena *n* ['je:na] *geog* Iéna *f; ~er Glas n* pyrex *m.*

jen|e(r, s) ['je:n-] *pron a* ce(t) *m*, cette *f*, ces *pl (mit angehängtem* -là); *an jenem Tage* ce jour-là; *s* celui-là *m*, celle-là *f*, ceux-là *m pl*, celles-là *f pl*; *in* cela, *fam* ça; *dieser und jener* celui-ci et celui-là; *a.* l'un ou l'autre, quelques-uns; *bald dieser, bald jener* tantôt l'un, tantôt l'autre; *dies und jenes* ceci et cela; *über dies und jenes reden* parler de choses et d'autres; **~seitig** *a* de l'autre côté, au-delà, ultérieur; *am ~en Ufer* sur l'autre rive; **~seits** *adv* de l'autre côté, au-delà; *prp gen* de l'autre côté de, au-delà de, par-delà; *~ der Alpen, des Atlantiks, des Kanals, des Rheins (gelegen)* transalpin, transatlantique *od* d'outre-Atlantique, d'outre-Manche, transrhénan *od* d'outre-Rhin; **J~seits,** *das* l'au-delà, l'autre monde *m; ins ~ befördern (pop)* expédier dans l'autre monde.

Jeremiade *f* ⟨-, -n⟩ [jeremi'a:də] *(Klagelied)* jérémiade *f.*

Jesu|it *m* ⟨-en, -en⟩ [jezu'i:t] jésuite *m;* **~itenorden,** *der* la Société *od* Compagnie de Jésus; **j~itisch** [-'i:tɪʃ] *a* jésuitique; **~s** *m* ['je:zus] Jésus *m; ~ Christus m* Jésus-Christ *m; das Buch ~ Sirach* l'Ecclésiastique *m;* **~skind** *n (Kunst)* jésus *m.*

Jet *m* ⟨-(s), -s⟩ [dʒɛt] avion à réaction, jet *m;* **~-set** *m* ⟨-s, ø⟩ ['dʒɛtsɛt] clientèle *f* des Boeing, monde *m* des playboys; **j~ten** ⟨*aux: sein*⟩ *itr* aller en avion.

jetz|ig [jɛtsɪç] *a* présent, actuel; d'aujourd'hui, d'à présent, de nos jours; *in der ~en Zeit* actuellement; **~t** [jɛtst]

adv maintenant, à présent, présentement, actuellement, à l'heure qu'il est; *(dann)* alors; *bis ~* jusqu'à présent, jusqu'ici; *eben ~* à l'instant (même); *erst ~ ...* ce n'est que maintenant que *...;* *für ~* pour le moment *od* l'instant; *gerade ~* juste en ce moment; *von ~ an* à partir de maintenant, désormais, dorénavant, à l'avenir; *~ oder nie* maintenant ou jamais; **J~tzeit** *f* (temps) présent *m.*

jeweil|ig *a* respectif; correspondant; du moment; du jour (du mois, de l'année ...); *(Preise)* courant; **~s** *adv* chaque fois; respectivement.

jiddisch ['jɪdɪʃ] *a* yiddish; *das J~(e) (Sprache)* le yiddish.

Jiu-Jitsu *n* ⟨-(s), ø⟩ ['dʒi:u 'dʒɪtsu] *sport* jiu-jitsu *m.*

Job *m* ⟨-s, -s⟩ [dʒɔb] *fam* travail, job; boulot *m;* **j~ben** *itr* travailler (occasionnellement); avoir un job; **~sharing** *n* ⟨-s, ø⟩ ['dʒɔbʃɛərɪŋ] travail *m* à temps partagé.

Joch *n* ⟨-(e)s, -e⟩ [jɔx] joug *m; arch* travée *f; geog (Paß)* col *m; el* culasse *f; sein ~ abschütteln (fig)* secouer son joug; *ein ~ Ochsen* une paire de bœufs; **~bein** *n anat* os de la pommette *od* malaire, zygoma *m;* **~weite** *f arch* portée *f* de travée.

Jockei *m* ⟨-s, -s⟩ ['dʒɔki] jockey *m.*

Jod *n* ⟨-(e)s, ø⟩ [jo:t, '-dəs] *chem* iode *m; j~haltig* *a* iodifère; **~id** *n* ⟨-(e)s, -e⟩ [-'di:t, -də] iodure *m;* **~kalium** *n* iodure *m* de potassium; **~natrium** *n* iodure *m* de sodium; **~oform** *n* ⟨-s, ø⟩ [-do'fɔrm] *pharm* iodoforme *m;* **~silber** *n* iodure *m* d'argent; **~tinktur** *f pharm* teinture *f* d'iode; **~vergiftung** *f* intoxication *f* par l'iode, iodisme *m.*

jod|eln ['jo:dəln] *tr u. itr* iouler, jodler; **J~ler** *m* ⟨-s, -⟩ ['-dlər] *(Person)* iouleur *m; (das Jodeln)* tyrolienne *f.*

jogg|en ['dʒɔgn] *itr* faire du jogging; **J~er(in** *f)* *m* ⟨-s, -⟩ adepte *m f* du jogging; **J~en** *n* ⟨-s, ø⟩ jogging *m.*

Joghurt *m od n* ⟨-s, -s⟩ ['jo:gʊrt] yaourt, yogourt *m.*

Johann|(es) *m* ['jo:han, jo'han(əs)] Jean *m; ~es der Täufer* (Saint) Jean-Baptiste *m;* **~i(s)** *n*, **~istag** *m* [-'hani, -nɪs] *(24. Juni)* la Saint-Jean; **~isbeere** *f* groseille *f; schwarze ~* cassis *m;* **~isbrot** *n bot* caroube *f;* **~isbrotbaum** *m* caroubier *m;* **~isfeuer** *n* feu *m* de la Saint-Jean; **~iskäfer** *m* ver luisant, *scient* lampyre *m; ~iter* *m* ⟨-s, -⟩ [-'ni:tər] chevalier *m* de Saint-Jean; **~iterorden,** *der* l'ordre *m* de Saint-Jean.

johlen ['jo:lən] *itr* criailler, hurler, *fam* brailler, beugler.

Joint *m* ⟨-, -s⟩ [dʒɔɪnt] *arg* joint *m*.

Jo-Jo *n* ⟨-s, -s⟩ [jo:'jo:] yo-yo *m*.

Jolle *f* ⟨-, -n⟩ ['jɔlə] *mar* yole; nacelle *f*.

Jongl|eur *m* ⟨-s, -e⟩ [ʒɔ̃'glø:r] jongleur *m*; **j~ieren** [-'gli:rən] *itr* jongler.

Joppe *f* ⟨-, -n⟩ ['jɔpə] veston *m*, vareuse *f*.

Jordan ['jɔrdan] *der* le Jourdain; **~ien** *n* [-'da:niən] la Jordanie; **~ier(in** *f*) *m* ⟨-s, -⟩ [-'da:niər] Jordanien, ne *m f*; **j~isch** [-'da:nɪʃ] *a* jordanien.

Joule *n* ⟨-(s), -⟩ [dʒu:l, ʒu:l] joule *m*.

Journal *n* ⟨-s, -e⟩ [ʒur'na:l] *(Tagebuch)* journal (intime); *com* livre journal *m*; **ins ~ eintragen** noter sur son journal; **~ismus** *m* ⟨-, ø⟩ [-'lɪsmʊs] journalisme *m*; **~istenberuf** *m*, **~istik** *f* ⟨-, ø⟩ [-'lɪstɪk] journalisme *m*; **~ist** *m* ⟨-en, -en⟩ [-'lɪst] journaliste *m*; **j~istisch** [-'lɪstɪʃ] *a* journalistique.

jovial [jovi'a:l] *a* jovial, gaillard; *(leutselig)* affable; **J~ität** *f* ⟨-, ø⟩ [-'tɛ:t] jovialité, humeur joviale, gaillardise; affabilité *f*.

Jubel *m* ⟨-s, ø⟩ ['ju:bəl] jubilation, exultation *f*; cris d'allégresse, transports *m pl* de joie; **~jahr** *n* année *f* jubilaire, jubilé *m*; *alle ~e (einmal)* bien rarement; **j~n** *itr* exulter, triompher, pousser des cris d'allégresse, *fam* jubiler.

Jubil|ar(in *f*) *m* ⟨-s, -e⟩ [jubi'la:r] personne *f* *od* celui *m* (celle *f*) qui fête son anniversaire *od* jubilé; **~äum** *n* ⟨-s, -läen⟩ [-'lɛ:um, -ən] fête *f* anniversaire; *fünfzigjährige(s) ~* jubilé *m*; **j~ieren** [-'li:rən] *itr* jubeler.

juch|he(i), **~heisa**, **~heißa**, **~heirass(ass)a** [jux'he:, -'haɪ, -za, -sa, -'haɪras(as)a] *interj* gué!

Juchten|(leder *n*) *n od m* ⟨-s, ø⟩ ['juxtən] cuir *m* de Russie; **j~** *a* de cuir de Russie.

juck|en ['jukən] *itr u. tr (Körperstelle)* démanger *(jdn* à qn); *impers: es juckt mich* cela me démange, j'ai des démangeaisons; *sich ~* se gratter; *mir juckt's in den Fingern (fig)* les doigts me démangent; *wen's juckt, der kratze sich (prov)* qui se sent galeux se gratte; **J~en** *n*, **J~reiz** *m* démangeaison(s *pl*) *f*; *med* prurit *m*; **~end** *a med* prurigineux; **J~pulver** *n* poil *m od* poudre *f* à gratter.

Jud|äa *n* [ju'dɛ:a] la Judée; **~e** *m* ⟨-n, -n⟩ ['ju:də] juif *m*; *der Ewige ~* le Juif errant; **~enchristentum** *n hist rel* judéochristianisme *m*; **~engegner** *m* antisémite *m*; **j~engegnerisch** *a* antisémite; **~entum** *n* ⟨-s, ø⟩ judaïsme *m*; **~enverfolgung** *f*

persécution *f* des juifs; **~enviertel** *n* quartier des juifs, ghetto *m*.

Jüd|in *f* ⟨-, -nnen⟩ ['jy:d-] juive *f*; **j~isch** *a* juif; *rel* judaïque; *pej* youpin.

Judo *n* ⟨-(s), ø⟩ *sport* ['ju:do] judo *m*; **~griff** *m* prise *f* de judo; **~ka** *m* ⟨-s, -s⟩ [ju'do:ka] judoka *m*.

Jugend *f* ⟨-, ø⟩ ['ju:gənt] jeunesse; *(Kindheit)* enfance; *(Jünglingsalter)* adolescence *f*; *die ~ (die jungen Leute)* la jeunesse *f*, les jeunes gens *pl*; *in der Blüte der ~* à la fleur de l'âge; *von (früher) ~ an* dès sa jeunesse, dès l'âge tendre; *~ muß sich austoben* il faut que jeunesse se passe; *~ hat keine Tugend (prov)* jeunesse n'a pas de sagesse; *frühe ~* première jeunesse *f*; **~alter** *n* jeune âge *m*, jeunesse, adolescence *f*; **~amt** *n* office *m* de la jeunesse *od* de l'enfance *od* des mineurs; **~anwalt** *m* avocat *m* des mineurs; **~bewegung** *f* mouvement *m* de jeunesse; **~buch** *n* livre *m* pour la jeunesse; **~erinnerung** *f* souvenir *m* de jeunesse; **~freund** *m* *(alter Freund)* ami *od* camarade d'enfance; *(Freund der ~)* ami *m* de la jeunesse; **~frische** *f* fraîcheur de la jeunesse, verdeur *f*; **~fürsorge** *f* aide *f* sociale à la jeunesse; **j~gefährdend** *a* dangereux pour la jeunesse; **~gericht** *n* tribunal *m* pour enfants *od* de mineurs; **~gruppe** *f* groupement *m* de(s) jeunes; **~haft** *f* détention *f* juvénile; **~haus** *n* maison *f* de jeunes; **~herberge** *f* auberge *f* de jeunesse; **~jahre** *n pl* (années *f pl* de) jeunesse *f*; **~kriminalität** *f* délinquance *f* juvénile; **~lager** *n* camp *m* de jeunes; **~leiter** *m* animateur *m* de jeunesse; **~lich** *a* juvénile; *(jung)* jeune, adolescent; *(von ~er Frische)* frais, vigoureux; *~ aussehen* avoir l'air jeune, faire jeune; *~e(s) Aussehen* *n* air *m* de jeunesse; *~e(r) Liebhaber(in* *f*) *m* *(theat)* jeune premier, ère *m f*; *~e(r) Verbrecher* *m* délinquant *m* mineur; *~liche(r)* *m* mineur *m*; *~e unter 16 Jahren haben keinen Zutritt* interdit aux moins de seize ans; *~e(r)* *m unter 18 Jahren* mineur *m* de dix-huit ans; **~lichkeit** *f* ⟨-,(-en)⟩ juvénilité, jeunesse *f*; *(Aussehen)* air *m* jeune; **~liebe** *f (Person)* premier amour; amour *m* de jeunesse; **~literatur** *f* littérature pour la jeunesse; **~pflege** *f* = *~fürsorge*; **~psychologie** *f* psychologie *f* de l'adolescent; **~richter** *m* juge *m* pour enfants *od* mineurs; **~schrift** *f* lecture *f* pour la jeunesse; **~schutz** *m* protection *f* de l'enfance *od* de la jeunesse; ~**stil** *m* modern style *m;* ~**strafanstalt** *f* maison *f* de correction; ~**streich** *m,* ~**sünde** *f* écart *m* de jeunesse; ~**werk** *n (e-s Dichters)* œuvre *f* de jeunesse; ~**wettkämpfe** *m pl* épreuves *f pl* pour juniors; ~**zeit** *f* jeunesse, adolescence *f;* ~**zeitschrift** *f* revue *f od* périodique *od* journal *m* pour la jeunesse *od* des jeunes; ~**zentrum** *n* maison *f* de jeunes.

Jugoslaw|e *m* ‹-n, -n› [jugo'sla:və], ~**in** *f* Yougoslave *m f;* ~**in** [-'sla:viən] *n* la Yougoslavie; **j~isch** [-'sla:vɪʃ] *a* yougoslave.

Juli *m* ‹-s,(-s)› ['ju:li] (mois de) juillet *m.*

Jumbo *m* ‹-s, -s› ['jumbo, 'dʒambo], ~**-Jet** *m* jumbo-jet, gros-porteur *m.*

jung [juŋ] ‹*jünger, am jüngsten*› *a* jeune; *fig* nouveau; *in* ~*en Jahren* dans la jeunesse; *von* ~ *auf* de jeunesse; dès son (mon, ton) jeune âge; ~ *aussehen* avoir l'air jeune, faire jeune; ~ *machen, wieder* ~ *werden* rajeunir; ~ *gewohnt, alt getan (prov)* ce que poulain prend en jeunesse, il continue en vieillesse; on garde ses habitudes de jeunesse; *nicht mehr* ~ *(Mensch)* d'un certain âge, entre deux âges; *noch* ~ d'hier; ~ *und alt* jeunes et vieux; ~*e Erbsen f pl* petits pois *m pl;* ~*e(s) Gemüse n* légumes *m pl* frais; ~*e(r) Wein m* vin *m* nouveau *od* vert; **J~akademiker** *m* jeune universitaire *m;* **J~brunnen** *m* fontaine *f* de Jouvence; **J~e** *m* ‹-n, -n/Jungs/ -ns› garçon, gars, gamin, *fam* gosse, *pop* moutard *m; alter* ~*! (fam)* vieille branche! *dumme(r)* ~ nigaud *m; kleine(r)* ~ garçonnet, *fam* bambin, mioche *m; schwere(r)* ~ *(pop)* caïd *m; ungezogene(r)* ~ polisson *m;* **J~e(s)** *n* ‹-n, -n› *(Tier)* petit *m;* ~*e werfen,* ~**en** *itr* mettre bas; ~**enhaft** *a* puéril; *pej* de gamin; **J~enhaftigkeit** *f* ‹-, ø› puérilité *f;* **J~enstreich** *m* tour *m* de gamin, gaminerie, polissonnerie *f;* **J~fer** *f* ‹-, -n› ['-fər] = **J~frau;** *vx (junges Mädchen)* demoiselle; *hum* jouvencelle; *tech (Ramme)* demoiselle, dame, hie *f; alte* ~ vieille fille *f;* **J~fernfahrt** *f mar* croisière *f* inaugurale; **J~fernflug** *m aero* baptême de l'air, premier vol *m;* **J~fernhäutchen** *n anat* hymen *m;* **J~fernrede** *f* début *m* oratoire; **J~fernschaft** *f* = **J~fräulichkeit;** **J~frau** *f* vierge, pucelle *f; die* ~ *(astr)* la Vierge; *die Heilige* ~ la sainte Vierge; *die* ~ *von Orléans* la Pucelle d'Orléans; ~**fräulich** *a* virginal, (de) vierge; *(keusch)* chaste; **J~fräulichkeit** *f* virginité *f,*

pucelage *m; (Keuschheit)* chasteté *f;* **J~geselle** *m* célibataire, (vieux) garçon *m; eingefleischte(r)* ~ célibataire *m* endurci; **J~gesellenleben** *n* vie *f* de garçon; **J~gesellentum** *n* célibat *m;* **J~gesellenwirtschaft** *f pej* ménage *m* de garçon; **J~gesellenwohnung** *f* garçonnière *f,* logement *m* de garçon; **J~gesellin** *f* garçonne *f;* **J~holz** *n* taillis *m;* **J~lehrer** *m* instituteur *m* stagiaire; **J~steinzeit** *f* néolithique *m;* ~**steinzeitlich** *a* néolithique *m pl;* **J~vermählte** *pl* jeunes mariés *m pl;* **J~vieh** *n* jeunes bêtes *f pl.*

Jüng|elchen *n* ‹-s, -› ['jyŋəlçən] garçonnet, petit garçon; *pej* jeunot *m;* **j~er** *a (Komparativ von: jung)* plus jeune; *(Bruder, Schwester)* cadet, puîné; ~ *machen, werden* rajeunir; *er ist 5 Jahre* ~ *als ich* il est mon cadet de 5 ans; *er sieht* ~ *aus, als er ist* il ne paraît pas son âge; *der J~e (von zwei Künstlern gleichen Namens)* le jeune; *(als Sohn)* fils; ~**er** *m* ‹-s, -› disciple *m;* **j~ferlich** *a* de fille; ~**ling** *m* ‹-s, -e› *vx u. poet* jeune homme, adolescent, *lit* éphèbe; *hum, sonst vx* jouvenceau *m;* **j~st** *adv* dernièrement, (tout) récemment; **j~ste(r, s)** *a (Superlativ von: jung)* (le, la) plus jeune; *(letzter)* dernier; *der, die Jüngste (Bruder, Schwester)* le, la cadet(te); *in der jüngsten Zeit* ces derniers temps; *das Jüngste Gericht, der Jüngste Tag (rel)* le Jugement dernier.

Juni *m* ‹-(s), -s› ['ju:ni] (mois de) juin *m;* ~**käfer** *m* hanneton *m* de la Saint-Jean.

junior ['ju:nior] *a (nachgestellt)* junior, fils; **J~chef** *m* chef *m* junior; ~**-Paß** *m (der Eisenbahn)* carte *f* Jeune.

Junker *m* ‹-s, -› ['juŋkər] gentilhomme campagnard *od* terrien, *pej* hobereau; *hist (junger Edelmann)* jeune noble, cadet *m;* ~**tum** *n* ‹-s, ø› aristocratie *f* terrienne; *pej* hobereaux *m pl.*

Jupiter *m* ['ju:piter, -tər] *rel hist, astr* Jupiter *m;* ~**lampe** *f film* lampe *f* à arc.

Jur|a 1. *n* ['ju:ra] *pl (die Rechte):* ~ *studieren* étudier le *od* faire son droit; ~**isprudenz** *f* ‹-, ø› [jurɪspru'dɛnts] jurisprudence, science *f* juridique; ~**ist** *m* ‹-en, -en› [-'rɪst] juriste, homme de loi, légiste; *(Rechtsgelehrter)* jurisconsulte; *(Student)* étudiant *m* en droit; *die* ~*en pl* les gens du robe, *pej* la basoche; ~**istensprache** *f* style *m* du palais; **j~istisch** [-'rɪstɪʃ] *a* juridique; ~*e(r) Beistand m* conseiller *m* juridique; ~*e Fakultät f* faculté *f* de droit; ~*e Person f* personne *f* juridique *od* civile *od* morale; ~**isterei** *f* ⟨-, ø⟩ [-'raɪ] *fam* = ~*isprudenz;* ~**y** *f* ⟨-, -s⟩ [ʒy'riː, 'ʒy:ri] *(Schwur-, Preisgericht)* jury *m.*

Jura ['ju:ra] **2.**, *der (geog)* le Jura; *der Schweizer, Schwäbische, Fränkische* ~ le Jura franco-suisse, souabe, franconien; ~**(formation** *f)* *m geol* jurassique *m.*

just [jʊst] *adv* juste(ment), précisément; ~**ieren** [-'tiːrən] *tr tech* ajuster, régler, *(d. Spielraum)* rattraper; *typ* justifier; **J~ierschraube** *f* vis *f* d'ajustage *od* de réglage; **J~ierung** *f* ajustage, réglage, rattrapage *m; typ* justification *f.*

Justiz *f* ⟨-, ø⟩ [jʊs'ti:ts] justice *f;* ~**beamte(r)** *m* magistrat *m* (judiciaire); ~**behörde** *f* autorité *f* judiciaire; ~**gebäude** *n* palais *m* de justice; ~**irrtum** *m* erreur *f* judiciaire *od* de justice; ~**minister** *m* ministre de la justice; *(in Frankreich a.)* garde *m* des sceaux; ~**ministerium** *n* ministère *m* de la justice; ~**mord** *m* meurtre *m* judiciaire; ~**palast** *m* = ~*gebäude;* ~**rat** *m (Titel)* conseiller *m* à la cour; ~**verwaltung** *f* administration *f* de la justice.

Jute *f* ⟨-, ø⟩ ['ju:tə] *(bot u. Textil)* jute *m;* ~**spinnerei** *f* filature *f* de jute.

Juwel *m od n* ⟨-s, -en *fig* -e⟩ [ju've:l] joyau, bijou *m; pl a.* joaillerie *f;* ~**endiebstahl** *m,* ~**enraub** *m* vol *m* de pierres précieuses; ~**enhandel** *m* joaillerie, bijouterie *f;* ~**enhändler** *m,* ~**ier** *m* ⟨-s, -e⟩ [-ve'li:r] joaillier, (orfèvre) bijoutier *m;* ~**iergeschäft** *n,* ~**ierladen** *m* bijouterie *f.*

Jux *m* ⟨-es, -e⟩ [jʊks] *fam* plaisanterie, bouffonnerie, farce, *fam* blague, *pop* rigolade *f; (sich) e-n* ~ *machen* rigoler *pop; sich e-n* ~ *aus etw machen* prendre qc à la rigolade.

K

K, k *n* ‹-, -› [ka:] *(Buchstabe)* K, k *m.*
Kabale *f* ‹-, -n› [ka'ba:lə] cabale, intrigue, brigue, trame *f.*
Kabarett *n* ‹-s, -s/-e› [kaba'rɛt, -'re:] cabaret *m (artistique), fam* boîte *f* de nuit; ~**ist(in** *f) m* ‹-en, -en› [-'tɪst] fantaisiste *m f;* ~**sänger(in** *f) m* chansonnier *m,* divette *f.*
kabbel|ig ['kabəlɪç] *a (gekräuselt; von der See)* moutonné; ~**n** *itr (sich kräuseln)* moutonner; *a.: sich* ~ *(fam: sich zanken)* se chamailler, se prendre de bec.

Kabel *n* ‹-s, -› ['ka:bəl] *tech* câble *m;* ~**auftrag** *m* ordre *m* télégraphique; ~**bericht** *m* rapport *m* par câble; ~**fernsehen** *n* câblodistribution, télévision *f* par câble; ~**gramm** *n* câblogramme *m;* ~**klemme** *f* serre-câble *m;* ~**länge** *f* encablure *f;* ~**leger** *m* ‹-s, -› *mar* mouilleur *m* de câbles; ~**muffe** *f* boîte *f* de jonction; **k~n** *tr* u. *itr* câbler; ~**rolle** *f* tambour *m* à câble; ~**schacht** *m* puits *m* à câbles; ~**schuh** *m* raccord *m* de câble; ~**verbindung** *f* liaison par câble; *(Stelle)* jonction *f* de câble; ~**winde** *f* treuil *m* à câble; ~**zuführung** *f* arrivée *f* de câble.
Kabeljau *m* ‹-s, -e/-s› ['ka:bəljau] *zoo* cabillaud *m,* morue *f.*
Kabine *f* ‹-, -n› [ka'bi:nə] cabine; *aero* carlingue, *f,* habitacle *m;* ~**naufladung** *f aero* pressurisation *f;* ~**nbahn** *f* télébenne, télécabine *f;* ~**nflugzeug** *n* avion *m* à cabine *od* à habitacle; ~**nkoffer** *m* malle-cabine *f;* ~**nroller** *m mot* scooter *m* à cabine.
Kabinett *n* ‹-s, -e› [kabi'nɛt] *(kleines Zimmer, Museum, pol)* cabinet; *pol a.* ministère *m;* ~**sbeschluß** *m* décision *f* du cabinet; ~**schef** *m* chef *m* de cabinet; ~**sfrage** *f parl* question *f* de cabinet; ~**skrise** *f* crise *f* ministérielle; ~**srat** *m (Ministerrat)* conseil *m* des ministres; ~**ssitzung** *f* séance *f* du conseil des ministres; ~**stück** *n* pièce *f* de musée; ~**sumbildung** *f* remaniement *m* du cabinet.
Kabriolett *n* ‹-s, -s› [kabrio'lɛt] cabriolet *m a. mot; mot* décapotable *f.*
Kabuff *n* ‹-s, -e/-s› [ka'buf] *pop pej*

(kleiner Raum) réduit *m,* cage *f* à poules *fam.*
Kachel *f* ‹-, -n› ['kaxəl] carreau *m;* ~**ofen** *m* poêle *m* de *od* en faïence.
Kack|e *f* ‹-, ø› ['kakə] *vulg* caca, bran *m;* **k~en** *itr vulg* faire caca.
Kadaver *m* ‹-s, -› [ka'da:vər] cadavre *m; pop* macchabée *m; (Aas)* charogne *f;* ~**gehorsam** *m* obéissance *f* aveugle.
Kadenz *f* ‹-, -en› [ka'dɛnts] cadence *f.*
Kader *m* ‹-s, -› ['ka:dər] *mil (Stamm)* cadre *m; die* ~ *aufstellen (mil)* encadrer *(e-r Einheit* une unité).
Kadett *m* ‹-en, -en› [ka'dɛt] *mil* cadet, élève-officier *m;* ~**enanstalt** *f* école *f* militaire.
Kadmium *n* ‹-s, ø› ['katmiʊm] *chem* cadmium *m.*
Käfer *m* ‹-s, -› ['kɛ:fər] coléoptère *m.*
Kaff *n* ‹-s, -s/-e› [kaf] *pop pej (Ort)* patelin, bled *m.*
Kaffee *m* ‹-s, (-s)› ['kafe, ka'fe:] *(bot u. Getränk)* café; *arg mil* jus *m* (de chaussettes); ~ *kochen, trinken* faire, prendre *od* boire du café; *(un)gebrannte(r)* ~ café *m* torréfié (vert); *(un)gemahlene(r)* ~ café *m* en poudre (en grains); *schwarze(r)* ~ café noir *od* nature, *fam* noir, *pop* jus *m; Tasse f* ~ tasse *f* de café; ~ *mit Milch* café crème *od* au lait, crème *m;* ~ *mit Schnaps* café *m* arrosé *pop;* ~**bohne** *f* grain *m* de café; **k~braun** *a* café *inv;* ~**brenner** *m (Gerät)* torréfacteur *m;* ~-**Ersatz** *m* succédané *m* de café; ~-**Extrakt** *m* essence *f* de café; ~**filter** *m* filtre *m* à café; ~**gedeck** *n* café *m* complet; ~**grund** *m* = ~*satz;* ~**haus** *n* café *m;* ~**hausbesitzer** *m* cafetier *m;* ~**kanne** *f* cafetière *f;* ~**löffel** *m* cuiller à café, petite cuiller *f;* ~**maschine** *f* cafetière *f* automatique, percolateur *m;* ~**mischung** *f* mélange *m* de café; ~**mühle** *f* moulin *m* à café; ~**pause** *f* pause *f* café; ~**pflanzer** *m* caféier *m;* ~**pflanzung** *f,* ~**plantage** *f* plantation de café, caféière *f;* ~**satz** *m* marc *m* de café; ~**service** *n* service *m* à café; ~**strauch** *m* caféier *m;* ~**tasse** *f* tasse *f* à cafè; ~**wärmer** *m* ‹-s, -› couvre-cafetière, cosy *m.*
Kaffer 1. *m* ‹-s, -› ['kafər] *fam* idiot *m,* bête *f.*

Kaffer 2. ⟨-n, -n⟩ ['kafər] *(meist) die Kaffern m pl (Bantuvolk)* les Cafres *m pl;* ~**hirse** *f bot* blé *m* de Guinée.

Käfig *m* ⟨-s, -e⟩ ['kɛːfɪç] cage *f.*

kahl [kaːl] *a (Kopf, Mensch)* chauve; pelé *(a. Gegend)*, dégarni *(a. Baum, Zimmer); (Baum, Gegend, Zimmer, Wand)* nu; dépouillé; *fig (ärmlich)* pauvre, triste, misérable; ~ *scheren* tondre; *arg* mettre la boule à zéro; ~ *werden (Mensch, Kopf) a. fam* se peler, se dégarnir, se déplumer; *allg* se dénuder, se dépouiller; ~**fressen** *tr* tondre; ~**geschoren** *a* tondu; **K~heit** *f* ⟨-, ø⟩ *(Mensch)* calvitie; *allg* nudité; *fig (Ärmlichkeit)* pauvreté *f;* **K~kopf** *m* (tête *f)* chauve, *fam* pelé *m;* ~**köpfig** *a* chauve, pelé; **K~köpfigkeit** *f* ⟨-, ø⟩ calvitie *f;* **K~schlag** *m (Wald)* coupe *f* blanche *od* nette.

Kahn *m* ⟨-(e)s, ⸚e⟩ [kaːn, 'kɛːnə] canot *m,* barque; *(kleiner)* petite barque, nacelle *f; (großer)* bateau; *(Lastkahn)* chaland *m; (Schleppkahn)* péniche *f; aero arg* avion *m* de transport; ~ *fahren* faire du canotage, canoter; *alte(r)* ~ *(pop pej: Schiff)* rafiot *m;* ~**fahrt** *f,* ~**partie** *f* promenade *f* en canot *od* sur l'eau.

Kai *m* ⟨-s, -e/-s⟩ [kaɪ] *mar* quai; *(Landungsstelle)* débarcadère *m; franko* ~ livré à quai; ~**anlagen** *f pl* quais *m pl;* ~**gebühren** *f pl,* ~**geld** *n* droits *m pl* de quai, quayage *m;* ~**mauer** *f* mur *m* d'un *od* du quai.

Kaiser *m* ⟨-s, -⟩ ['kaɪzər] empereur *m; sich um des* ~*s Bart streiten* disputer de la chape de l'évêque; *wo nichts ist, hat der* ~ *sein Recht verloren (prov)* où il n'y a pas de quoi, le roi perd son droit; ~**adler** *m orn* aigle *m* royal; ~**haus** *n (Dynastie)* maison *f* impériale; ~**in** *f* impératrice *f;* ~**krone** *f a. bot* couronne *f* impériale; **k~lich** *a* impérial, d'empereur; *Seine K~e Majestät* Sa Majesté impériale; ~**reich** *n* empire *m;* ~**schnitt** *m med* (opération) césarienne, hystérotomie *f;* ~**schwamm** *m bot* oronge *f* vraie; ~**tum** *n* ⟨-s, ø⟩ *(Reich)* empire *m; (Würde)* dignité *f* impériale; ~**wahl** *f* élection *f* de l'empereur; ~**würde** *f* dignité *f* impériale.

Kajak *m, a. n* ⟨-s, -s⟩ ['kaːjak] *(Paddelboot)* kayac *m.*

Kajüte *f* ⟨-, -n⟩ [ka'jyːtə] *mar* cabine *f,* salon *m.*

Kakadu *m* ⟨-s, -s⟩ ['kakadu] *orn* cacatoès, cacatois *m.*

Kakao *m* ⟨-s, (-s)⟩ [ka'kaːo, -'kaʊ] cacao *m; jdn durch den* ~ *ziehen (fig fam)* jeter le ridicule sur qn, tourner qn en ridicule, blaguer qn, dauber sur qn, se payer la tête de qn; ~**baum** *m* cacaotier, cacaoyer *m;* ~**bohne** *f* (amande *f* de) cacao *m;* ~**butter** *f,* ~**öl** *n* beurre *m* de cacao; ~**pflanzung** *f* cacaotière, cacaoyère *f;* ~**pulver** *n* cacao *m* en poudre.

Kakerlak *m* ⟨-s/-en, -en⟩ ['kaːkərlak] *ent* blatte *f,* cafard, cancrelat; *(Albino)* albinos *m.*

Kakifeige *f* kaki *m.*

Kakteen [kak'teːən] *f pl bot (Familie)* cactées, plantes *f pl* grasses; ~**tus** *m* ⟨-/-sses, -teen/-sse⟩ ['kaktʊs, -sə] cactus, cactier *m.*

Kalander *m* ⟨-s, -⟩ [ka'landər] *tech* calandre *f;* **k~n** *tr* calandrer.

Kalauer *m* ⟨-s, -⟩ ['kaːlaʊər] calembour *m;* **k~n** *itr* faire des calembours.

Kalb *n* ⟨-(e)s, ⸚er⟩ [kalp, 'kɛlbər] veau *m;* **k~en** *itr* vêler; ~**fell** *n* peau *f* de veau; ~**fleisch** *n* veau *m,* viande *f* blanche; ~**sbraten** *m* veau rôti, rôti *m* de veau; ~**sfrikassee** *n* blanquette *f* (de veau), sauté *m* de veau; ~**shachse,** ~**shaxe** *f* jarret *m* de veau; ~**skeule** *f* cuisseau *m;* ~**skotelett** *n* côte *f* de veau; ~**sleber** *f* foie *m* de veau; ~**(s)leder** *n* veau; *(Schuhe, Taschen)* box *m;* in ~ *(gebunden)* relié) en veau; ~**snierenbraten** *m* longe *f* de veau; ~**sschnitzel** *n* escalope *f* de veau.

Kaldaunen [kal'daʊnən] *f pl (Gekröse der Schlachttiere)* tripes *f pl.*

Kaleidoskop *n* ⟨-s, -e⟩ [kalaɪdo'skoːp] kaléidoscope *m;* **k~isch** [-'skoːpɪʃ] *a* kaléidoscopique.

Kalendarium *n* ⟨-s, -rien⟩ [kalɛn'daːrium, -iən] calendrier *m;* ~**er** *m* ⟨-s, -⟩ [-'lɛndər] calendrier; *(Taschen~)* agenda *m; (Buch)* almanach *m; immerwährende(r)* ~ calendrier *m* perpétuel; ~**erblock** *m* bloc-calendrier *m* éphéméride *f;* ~**erjahr** *n* année *f* civile; ~**ertag** *m* jour *m* du calendrier.

Kalesche *f* ⟨-, -n⟩ [ka'lɛʃə] calèche *f.*

kalfatern [kal'faːtərn] *tr mar (abdichten)* calfater, aveugler.

Kali *n* ⟨-s, -s⟩ ['kaːli] *min* potasse *f,* kali *m;* ~**bergbau** *m* industrie *f* extractive de la potasse; ~**bergwerk** *n* mine *f* de potasse; ~**dünger** *m* engrais *m* potassique; ~**lauge** *f* lessive *f* de potasse; ~**salpeter** *m* nitrate *m* de potassium; ~**salz** *n* sel *m* potassique.

Kaliber *n* ⟨-s, -⟩ [ka'liːbər] *mil tech* calibre; *fig fam (Mensch)* acabit *m; schweren* ~*s* de gros calibre; ~**ermaß** *n* calibre *m;* ~**erring** *m* mil lunette *f;* **k~rieren** [-'briːrən] *tr mil tech* calibrer.

Kalif *m* ⟨-en, -en⟩ [ka'li:f] calife *m;* ~**at** *n* ⟨-(e)s, -e⟩ [-'fɑ:t] califat *m.*
Kaliforn|ien *n* [kali'fɔrniən] la Californie; **k~isch** [-'fɔrniʃ] *a* californien.
Kaliko *m* ⟨-s, -s⟩ ['kaliko] *(Kattun)* calicot *m.*
Kalium *n* ⟨-s, ø⟩ ['ka:liom] potassium *m; doppeltkohlensaure(s)* ~ bicarbonate *m* de potassium; *chlorsaure(s)* ~, ~**chlorat** *n* chlorate *m* de potassium; ~**chlorid** *n (Chlorkalium)* chlorure *m* de potassium; ~**permanganat** *n* permanganate *m* de potassium.
Kalk *m* ⟨-(e)s, -e⟩ [kalk] chaux *f;* ~ *brennen* cuire de la chaux; *mit* ~ *düngen* chauler; *(un)gelöschte(r)* ~ chaux *f* éteinte (vive); ~**ablagerung** *f* dépôt *m* calcaire; ~**anstrich** *m* enduit *m* de chaux; **k~arm** *a* pauvre en chaux; **k~artig** *a* calcaire; ~**bewurf** *m* crépi *m* (à la chaux); ~**bildung** *f* formation *f* calcaire; ~**brenner** *m (Arbeiter)* chaufournier *m;* ~**brennerei** *f* chaufournerie *f;* ~**bruch** *m* carrière *f* de pierre à chaux; ~**dünger** *m* engrais *m* potassique; ~**düngung** *f* chaulage *m;* **k~en** *tr (tünchen)* enduire de chaux, blanchir à la chaux; *agr* chauler; ~**felsen** *m pl* roches *f pl* calcaires; ~**gehalt** *m* teneur *f* en chaux; ~**grube** *f* fosse *f* à chaux; ~**(halt)ig** *a* calcaire, calcarifère; ~**mangel** *m* manque *m* de chaux; ~**milch** *f* lait *m* de chaux; ~**ofen** *m* four à chaux, chaufour *m;* ~**sinter** *m* concrétion *f* calcaire; ~**stein** *m* pierre *f* à chaux, calcaire *m;* ~**tuff** *m* travertin *m;* ~**wasser** *n* blanc *m od* eau *f* de chaux; ~**werk** *n* usine *f* à chaux.
Kalkul|ation *f* ⟨-, -en⟩ [kalkulatsi'o:n] *com* calcul *m;* ~**ationsfehler** *m* erreur *f* de calcul; ~**ationsgrundlage** *f* base *f* de calcul; ~**ationspreis** *m* prix *m* calculé; ~**ator** *m* ⟨-s, -en⟩ [-'lɑ:tor, -'to:rən] *(Angestellter)* calculateur *m;* **k~ieren** [-'li:rən] *tr u. itr* calculer; *a. fig* faire le décompte (de); *falsch* ~ faire une erreur de calcul; *scharf* ~ calculer au (plus) juste.
Kalor|ie *f* ⟨-, -n⟩ [kalo'ri:] calorie *f; große* ~ *(1000* ~*n)* frigorie *f;* **k~ienarm** *a* basses calories; ~**ienbedarf** *m* besoins *m pl* énergétiques; ~**iengehalt** *m* quantité *f* de calories; ~**ienmenge** *f: ausreichende* ~ suffisance *f* énergétique; **k~ienreich** *a* riche en calories; ~**ik** *f* ⟨-, ø⟩ [-'lo:rɪk] *(Wärmelehre)* thermologie *f;* ~**imeter** *n* ⟨-s, -⟩ calorimètre *m.*
kalt [kalt] ⟨*kälter, am kältesten*⟩ *a* froid; *pop* frisquet; *(kühl)* frais; *(eis~)* glacé, glacial; *geog (arktisch)* arcti-

que; *fig* froid, glacial; *(unempfindlich, gefühllos)* frigide; *(leidenschaftslos)* impassible; *(gleichgültig)* indifférent; *(hart, schroff, scharf)* sec; *adv u. auf* ~*em Wege (tech)* à froid; ~ *baden (itr)* prendre *od* des bain(s) froid(s); ~*es Blut bewahren* garder son sang- froid; ~ *essen* manger froid; ~ *hämmern (tech)* écrouir; ~ *werden* (se) refroidir; *das läßt mich* ~ *(fig)* cela me laisse froid, je le vois d'un œil indifférent, cela ne me fait ni chaud ni froid; *es lief mir* ~ *über den Rücken, es überlief mich* ~ cela m'a fait froid dans le dos, j'ai eu des frissons, je frissonnais; *mir ist* ~ j'ai froid; *es ist* ~ il fait froid; ~**=bleiben** ⟨*aux: sein*⟩ *itr* = ~*es Blut bewahren;* **K~blüter** *m* ⟨-s, -⟩ *zoo* animal *m* à sang froid; ~**blütig** *a zoo* à sang froid; *fig* de sang-froid; *adv* avec sang-froid, sans sourciller; *(mit Überlegung)* de propos délibéré; **K~blütigkeit** *f* ⟨-, ø⟩ *fig* sang-froid *m; (Geistesgegenwart)* présence *f* d'esprit; ~**brüchig** *a (Metall)* aigre; **K~färben** *n* teinture *f* à froid; **K~front** *f mete* front *m* froid; **K~hämmern** *n* écrouissage *m;* ~**lächelnd** *a* cynique; ~**=legen** *tr (Hochofen)* mettre hors feu; **K~leim** *m* colle *f* à froid; **K~licht** *n* lumière *f* froide; **K~luft** *f mete* air *m* froid; **K~lufteinbruch** *m* descente *f* d'air froid; ~**=machen** *tr pop (töten)* descendre *arg;* **K~nadelradierung** *f* gravure *f* à la pointe-sèche; **K~schale** *f (Küche)* potage *m* froid aux fruits; **K~schlagen** *n (Öl)* pression *f* à froid; **K~schmieden** *n* écrouissage *m;* ~**schnäuzig** *a* froid et insensible; **K~start** *m mot* démarrage *m* à froid; ~**=stellen** *tr fig pol* mettre à pied *od* sur une voie de garage, éliminer, limoger, *fam* débarquer, éloigner, exécuter, fendre l'oreille à; **K~stellung** *f pol* élimination *f;* **K~verformung** *f tech* écrouissage *m;* ~**=walzen** *tr tech* laminer à froid; **K~wasserbehandlung** *f,* **K~wasserheilanstalt** *f* traitement *m,* établissement *m* hydrothérapique; **K~wasserkur** *f* traitement *m* hydrothérapique; **K~welle** *f (Frisur)* permanente, indéfrisable *f* à froid; **K~ziehen** *n tech* étirage *m* à froid.
Kälte *f* ⟨-, ø⟩ ['kɛltə] *(tiefe Temperatur)* froid *m; (Winterkälte)* froidure *f; (Frost)* gel *m;* gelée; *fig (Gefühlskälte)* froideur, frigidité, apathie; *(Gleichgültigkeit)* indifférence *f; vor* ~ *zittern* grelotter; *wir haben 5°* ~ il

fait cinq degrés de froid; *fam* il fait moins cinq; *große* od *strenge* ~ grand froid *m;* ~**anlage** *f* installation *f* frigorifique; **k~beständig** *a* résistant au froid; ~**beständigkeit** *f* résistance *f* au froid; ~**einbruch** *m* coup *m* de froid; **k~empfindlich** *a* sensible au froid; ~**gefühl** *n* sensation *f* de froid; ~**grad** *m* degré *m* de froid; ~**maschine** *f* machine *f* frigorifique; ~**mischung** *f* mélange *m* frigorifique od réfrigérant; ~**mittel** *n* agent *m* frigorifique; ~**periode** *f* période *f* de froid; ~**rückfall** *m* retour *m* du froid; ~**schauer** *m* frisson, saisissement *m;* ~**schock** *m* *med* hydrocution *f;* ~**schutz** *m* protection *f* contre le froid; ~**schutzmittel** *n* *mot* antigel *m;* ~**technik** *f* froid *m;* ~**techniker** *m* (technicien) frigoriste *m;* ~**welle** *f* vague *f* de froid.

Kalvarienberg *m* [kal'va:riən-] *rel* calvaire *m.*

Kalvin|ismus *m* ‹-, ø› [kalvi'nısmʊs] *rel* calvinisme *m;* ~**ist(in** *f)* *m* ‹-en, -en› [-'nıst] calviniste *m* *f;* **k~(ist)isch** [-'vi:nıʃ, -vi'nıstıʃ] *a* calvinien (calviniste).

Kalzin|ation *f* ‹-, ø› [kaltsinatsi'o:n] ,~**ierung** *f* [-'ni:r-] *chem* calcination *f;* **k~ieren** [-'ni:rən] *tr* *chem* calciner.

Kalzium *n* ‹-s, ø› ['kaltsiʊm] *chem* calcium *m.*

Kambodscha *n* [kam'bɔdʒa] le Cambodge; **k~nisch** [-'ʒa:nıʃ] cambodgien.

Kamee *f* ‹-, -n› [ka'me:(ə)] camée *m.*

Kamel *n* ‹-(e)s, -e› [ka'me:l] chameau; *fig fam pej* imbécile, nigaud *m*, bête *f;* ~*!* espèce d'idiot! ~**flausch** *m,* ~**haar** *n* poil *m* de chameau; ~**haardecke** *f* couverture *f* en poil de chameau; ~**hengst** *m* chameau *m* mâle; ~**reiter** *m* méhariste *m;* ~**stute** *f* chamelle *f;* ~**treiber** *m* chamelier *m.*

Kamelie *f* ‹-, -n› [ka'me:liə] *bot* camélia *m.*

Kamelle *f* ‹-, -n› [ka'mɛlə]: *alte* ~*n* *pl* vieillerie *f.*

Kamera *f* ‹-, -s› ['kamera] appareil *m* (photographique); *film* caméra *f;* ~**mann** *m* ‹-(e)s, -männer/-leute› *film* caméraman, opérateur *m;* **k~scheu** *a* qui n'aime pas se laisser photographier; ~**wagen** *m* *film* chariot *m* pour caméra.

Kamerad *m* ‹-en, -en› [kamə'ra:t, -dən] camarade, compagnon, *fam* copain *m;* ~**schaft** *f* ‹-, (-en)› camaraderie *f;* **k~schaftlich** *a* de bon camarade; *adv* en bon camarade; ~**schaftsgeist** *m* esprit *m* de camaraderie od d'équipe od de corps.

Kamikaze *m* ‹-, -› [kami'ka:tsə] kamikaze *m;* *fig* suicide *m;* ~*. . . (in* *Zssgen)* kamikaze; ~**einsatz** *m* mission *f* suicide; ~**flieger** *m* kamikaze *m.*

Kamille *f* ‹-, -n› [ka'mılə] *bot* camomille *f;* ~**ntee** *m* infusion *f* de camomille.

Kamin *m* ‹-s, -e› [ka'mi:n] *(a. im Gebirge)* cheminée *f; am* ~ au coin *m* du feu; ~**aufsatz** *m* manteau *m* de cheminée; ~**garnitur** *f* *(Uhr, Vasen* od *Leuchter)* garniture *f* de cheminée; ~**kehrer** *m* ‹-s, -› ramoneur *m;* ~**platte** *f* contrecœur, contre-feu *m;* ~**schirm** *m* garde-feu, pare-étincelles, écran *m.*

Kamm *m* ‹-(e)s, ⸚e› [kam, 'kɛmə] peigne; *(weiter)* démêloir *m; (Hahnen~, Wellen~)* crête; *(Gebirgs~)* crête, arête *f; (Fleischerei: Nackenstück)* collet *m; alles über einen* ~ *scheren (fig)* mettre tout dans le même sac; *ihm schwillt der* ~ *(fig)* il lève la crête, il a la tête enflée; *a.* il monte sur ses grands chevaux; ~**garn** *n* fil d'étaim, (fil *m* de) laine *f* peignée, peigné *m;* ~**garnspinnerei** *f* filature *f* de peigné; ~**(m)acher** *m* peignier *m;* ~**(m)uschel** *f* *zoo* peigne, *scient* pecten *m;* ~**rad** *n* *tech* roue *f* à cames od à dents, pignon *m;* ~**wolle** *f* laine *f* peignée.

kämmen ['kɛmən] *tr* peigner *(a. Textil);* donner un coup de peigne à; *sich* ~ se peigner; *nach vorn* ~ ramener en avant.

Kammer *f* ‹-, -n› ['kamər] *(kleines Zimmer)* chambre *a. pol jur com tech; (Schlafzimmer)* chambre *f* à coucher; *mil* magasin; *tech* alvéole *m;* ~**diener** *m* valet *m* de chambre; ~**frau** *f* femme de chambre, camériste *f;* ~**herr** *m* *pol* chambellan *m;* ~**jäger** *m* chasseur *m* de parasites; ~**musik** *f* musique *f* de chambre; ~**spiele** *n* *pl* théâtre *m* intime; ~**ton** *m* *mus* la *m* du diapason; ~**zofe** *f* femme de chambre; *bes. theat* soubrette *f.*

Kämmer|chen *n* ‹-s, -› ['kɛmərçən] chambrette *f;* ~**ei** *f* [-'raı] *(Stadtkasse)* recette *f* municipale; ~**er** *m* ‹-s, -› *(Kammerherr)* chambellan; *(päpstlicher)* camérier; *(Schatzmeister)* trésorier; *(Stadt~)* trésorier *m* municipal; ~**lein** *n* = ~*chen.*

Kämpe *m* ‹-n, -n› ['kɛmpə] *lit* champion, jouteur *m; wackere(r)* ~ rude jouteur *m.*

Kampf *m* ‹-(e)s, ⸚e› [kampf, 'kɛmpfə] *allg. a. fig* lutte *f; (Gefecht, ~handlung)* combat *m,* action *f; (Zs.stoß)* choc *m; (Geplänkel)* escarmouche; *(Schlacht)* bataille; *(Krieg)* guerre *f a. fig; (Ausea.setzung)* conflit *m; (Streit)* querelle, dispute, controverse, altercation; *(Schlägerei)* bagarre, rixe *f,* **fam** grabuge *m; (Wettkampf)* compétition *f,* concours, match, championnat *m; in ehrlichem* ~ de bonne lutte; *den* ~ *aufgeben* abandonner le combat; *den* ~ *aufnehmen (fig)* se jeter dans l'arène; *e-n* ~ *austragen (sport)* disputer un match; *den* ~ *eröffnen* ouvrir *od* engager le combat; *im* ~*e fallen* tomber sur le champ de bataille *od* au combat; *e-r S den* ~ *angesagt haben* faire la guerre à qc; *im* ~ *liegen mit* être aux prises avec; *jdn zum* ~ *stellen* imposer le combat à qn; *sich zum* ~ *stellen* accepter le combat; faire face à l'ennemi; *das kostet mich e-n schweren* ~ cela me coûte beaucoup; *heftige(r)* ~ haute lutte *f; schwere(r)* ~ rude combat *m;* ~ *ums Dasein* lutte *f* pour la vie *od* l'existence; ~ *auf Leben und Tod* lutte *f* mortelle; ~ *um die Macht* lutte *f* pour le pouvoir; ~ *bis zum letzten Mann* jusqu'auboutisme *m;* ~ *bis aufs Messer* lutte *f* à couteaux tirés; ~**abschnitt** *m* secteur *m* de combat; ~**ansage** *f* défi *m;* ~**bahn** *f* sport stade *m,* arène *f;* ~**begier(de)** *f* envie de combattre, combativité, ardeur au combat *od* belliqueuse, agressivité *f;* **k~bereit** *a* prêt au combat *od* à se battre, en état de se battre; *mar* paré; *immer* ~ *sein* être toujours sur la brèche; ~**bund** *m* ligue *f;* ~**einheit** *f* unité *f* tactique; **k~erfahren** *a:* ~ *sein* avoir l'expérience du combat; **k~erprobt** *a* aguerri; ~**eslust** *f* = ~*begier(de);* **k~esmüde** *a* de guerre lasse; **k~fähig** *a* en état de combattre; apte au combat; ~**fahrzeug** *n* véhicule *m* de combat; ~**feld** *n,* ~**gebiet** *n* zone *f* de combat, champ *m* de bataille; ~**flieger** *m* aviateur *od* pilote *m* de combat; ~**fliegerei** *f* aviation *f* de combat; ~**flugzeug** *n* avion *m* de combat; ~**front** *f* front *m* (de combat); ~**führung** *f* tactique *od* conduite *f* du combat; ~**gas** *n* gaz *m* de combat; ~**geist** *m* esprit *m* combatif *od* d'attaque; ~**gelände** *n* terrain *m* de combat; ~**geschwader** *n* aero escadre *f* de combat; **k~gewohnt** *a* aguerri; ~**gewühl** *n* mêlée *f;* ~**hahn** *m* coq *m* de combat; ~**handlung** *f* opération, action *f; die* ~*en beginnen od eröffnen, beenden od einstellen* ouvrir, cesser *od* suspendre les hostilités; *Beginn m od Eröffnung, Been-*

digung od Einstellung f der ~*en* ouverture, cessation *od* fin *f* des hostilités; ~**kraft** *f* combativité, force *od* valeur *f* combative, potentiel *m* combatif, puissance *f* offensive; **k~los** *adv* sans combattre; ~**lust** *f* = ~*begier(de);* **k~lustig** *a* batailleur *a;* ~**mittel** *n pl* moyens *od* engins *m pl* de combat; ~**platz** *m* champ *m* de bataille *a. fig; fig* lice, arène *f; den* ~ *betreten* entrer en lice; ~**preis** *m* palme *f;* ~**richter** *m* sport arbitre *m;* ~**spiel** *n* lutte *f,* combat; *(Turnier)* tournoi *m;* ~**sportarten** *f pl* arts *m pl* martiaux; ~**stand** *m* poste de combat, abri *m* actif; *aero* tourelle *f;* ~**stärke** *f* effectif *m* de combat; ~**stellung** *f* position *f* de combat; ~**stoff** *m* gaz de combat, agent *m* de guerre chimique; ~**tätigkeit** *f* activité *f* combative; ~**truppe** *f* troupe *f* de combat; **k~unfähig** *a* hors de combat; ~ *machen* mettre hors de combat; ~**verband** *m* formation *f* de combat *od* aero de bombardiers *od* d'avions de chasse; ~**wagen** *m* char *m* de combat *od* d'assaut; ~**wille** *m* volonté *f* de combattre.

kämpf|en ['kɛmpfən] *itr allg. a. fig* lutter; *bes. mil* combattre (*gegen jdn* qn); livrer bataille; se battre, être aux prises (*mit jdm* avec qn); *(streiten)* se quereller, se disputer (*mit jdm* avec qn); *(im Wettkampf)* jouter (*mit jdm* avec qn); *(im Widerstreit sein)* être en conflit (*mit* avec); *mit Schwierigkeiten zu* ~ *haben* avoir à combattre *od* à essuyer des difficultés; *mit sich selbst* ~ *(fig)* faire un effort sur soi-même; prendre sur soi (*zu* de); *mit den Tränen* ~ refouler *od* retenir ses larmes; se retenir de pleurer; ~**end** *a: die* ~*e Truppe* la troupe combattante; **K~er** *m* ⟨-s, -⟩ lutteur; *mil* combattant; *(Krieger)* guerrier; *(Ringer)* athlète; *(Boxer)* boxeur; *fig (Vor~)* champion, protagoniste, militant; *arch* sommier *m;* ~**erisch** *a* combatif.

Kampfer *m* ⟨-s, ø⟩ ['kampfər] *pharm* camphre *m; mit* ~ *versetzen* camphrer; ~**baum** *m* camphrier *m;* ~**kraut** *n* camphrée *f;* ~**öl** *n* huile *f* camphrée; ~**spiritus** *m* alcool *m* camphré.

kampieren [kam'piːrən] *itr* camper.

Kanad|a ['kanada] *n* le Canada; ~**ier(in** *f)* *m* ⟨-s, -⟩ [-'naːdiər] Canadien, ne *m f;* **k~isch** [-'naːdɪʃ] *a* canadien, du Canada.

Kanal *m* ⟨-s, ∵e⟩ [ka'naːl, -'nɛːlə] canal *m; (Abwasser~)* égout; *tech anat* conduit; *anat med* trajet; *anat bot*

tube *m; TV* chaîne *f; inform* voie *f;
der ~ (Ärmel~)* la Manche; *jenseits
des ~s* outre-Manche; **~deckel** *m*
bouche *f* d'égout, tampon *m* de fosse;
~inseln, *die f pl* les îles *f pl* anglo-
-normandes; **~isation** *f ‹-, -en›*
[-lizatsi'o:n] , **~isierung** *f* canalisation *f* d'écoulement; **k~isieren**
[-'zi:rən] *tr* canaliser; **~netz** *n* réseau
m de canaux, *od (für Abwässer)* de la
canalisation; **~reiniger** *m* égoutier
m.

Kanapee *n ‹-s, -s›* ['kanape, kana'pe:]
(fast vx) canapé *m.*

Kanar|ienvogel [ka'na:riən-] *m* canari
m; **k~isch** [-'na:rɪʃ] *a: die K~en Inseln f pl* les îles *f pl* Canaries.

Kandare *f ‹-, -n›* [kan'da:rə] *(Gebiß
des Zaumes)* mors *m; jdn an die ~
nehmen* tenir la bride haute à qn, faire marcher *od* mener qn à la baguette.

Kandelaber *m ‹-s, -›* [kande'la:bər]
candélabre *m.*

Kandid|at *m ‹-en, -en›* [kandi'da:t]
candidat *(für* à); *(Bewerber)* aspirant;
(für e-e Akademie) récipiendaire *m;
e-n ~en aufstellen* présenter un candidat; **~atenliste** *f* liste *f* des candi-
dats; **~atur** *f ‹-, -en›* [-da'tu:r] candidature *f; von s-r ~ zurücktreten* retirer sa candidature; **k~ieren** [-'di:rən]
itr se porter candidat, poser sa candidature *(für* à).

kand|ieren [kan'di:rən] *tr (Küche)* fai-
re candir; confire; *itr* u. *sich ~
(Früchte)* (se) candir; *kandierte
Früchte f pl* fruits *m pl* confits;
K~is(zucker) *m ‹-, ø›* ['kandɪs] (su-
cre) candi *m.*

Kaneel *m ‹-s, -e›* [ka'ne:l] *(Zimt)* cannelle *f.*

Kanevas *m ‹-/-sses, -/-sse›*
['kanəvas, -sə] *(Gittergewebe)* canevas *m.*

Känguruh *n ‹-s, -s›* ['kɛŋguru] *zoo*
kangourou *m.*

Kaninchen *n ‹-s, -›* [ka'ni:nçən] lapin
m; junge(s) ~ lapereau *m; wilde(s),
zahme(s) ~* lapin *m* de garenne, de
clapier; **~bau** *m* terrier *m* de lapin;
~fell *n* peau *f* de lapin; **~fleisch** *n a.*
viande *f* blanche; **~gehege** *n* garenne *f;* **~jagd** *f* chasse *f* au lapin;
~stall *m* clapier *m.*

Kanister *m ‹-s, -›* [ka'nɪstər] bidon *m.*

Kännchen *n ‹-s, -›* ['kɛnçən] petit pot
m; burette *f.*

Kanne *f ‹-, -n›* ['kanə] pot *m; (kleine)* pichet; *(große)* broc, bidon *m; es gießt
(wie) aus ~n fam* il pleut des halle-
bardes; **~gießer** *m* politicien *m* de
café; **k~nweise** *adv* par bidons.

kannelier|en [kanə'li:rən] *tr* canneler,
évider; **K~ung** *f* cannelure *f,* évida-
ge, évidement *m.*

Kanniball|e *m ‹-n, -n›* [kani'ba:lə] can-
nibale, anthropophage; *fig a,* ogre *m;*
k~isch [-'ba:lɪʃ] *a* de cannibale; *fig*
sauvage, rude; *adv fam (mordsmä-
ßig)* diablement; **~ismus** *m ‹-, ø›*
[-'lɪsmʊs] cannibalisme *m,* anthropophagie *f.*

Kann-Vorschrift *f* disposition *f* facul-
tative.

Kanon *m ‹-s, -s›* ['ka:nɔn] canon *m;
~iker m ‹-s, -›* [-'no:nikər], **~ikus** *m
‹-, -kər›* [-'no:nikʊs] *(Domherr)* chanoine *m;* **k~isch** [-'no:nɪʃ] *a* canonique, canonial; **k~isieren** [-ni'zi:rən]
tr (heiligsprechen) canoniser; **~isie-
rung** *f* canonisation *f.*

Kanon|ade *f ‹-, -n›* [kano'na:də] *mil*
canonnade *f;* **~e** *f ‹-, -n›* [-'no:nə] canon *m,* pièce *f* d'artillerie) *od* bouche *f*
à feu; *fig fam, bes. sport* as *m; mit ~n
auf od nach Spatzen schießen (fig)*
tirer *od* user sa poudre aux moineaux; *das ist unter aller ~ (fam)*
c'est au-dessous de tout, cela ne vaut
pas un fétu *od* un zeste *od pop* tripette; **~enboot** *n* canonnière *f;* **~en-
donner** *m* bruit *od* grondement *m* du
od de(s) canon(s); **~enfutter** *n fig
fam* chair *f* à canon; **~enkugel** *f*
boulet *m;* **~enofen** *m* poêle *m* cylindrique en fonte; **~enrohr** *n* canon *m,*
bouche *f* à feu; **~enschuß** *m* coup *m*
de canon; **~enstand** *m aero* tourelle
f à canon; **~ier** *m ‹-s, -e›* [-'ni:r]
canonnier, artilleur *m.*

Känozoikum *n ‹-s, ø›* [kɛno'tso:ikʊm]
geol ère *f* cénozoïque.

Kantate *f ‹-, -n›* [kan'ta:tə] *mus* canta-
te *f.*

Kant|e *f ‹-, -n›* ['kantə] arête *f* (vive);
(Rand) bord *m,* bordure; *(Saum)* lisière *f; (Ski~)* carre *f; sich etw auf
die hohe ~ legen (fig fam)* mettre qc
de côté, en mettre à gauche; **k~en** *tr
(auf die ~e stellen)* mettre sur la car-
ne, pencher; *(Faß)* hausser; *(mit e-m
Rand versehen)* garnir d'une bordure; *(beim Skilaufen)* mettre de la
carre; *(Stein)* tailler; *(Holz)* équarrir;
nicht ~.! ne pas culbuter; **~en** *m ‹-s, -›*
(Brotrest) croûton, quignon *m;* **~ha-
ken** *m tech* renard, grappin *m; jdn
beim ~ kriegen (fam)* saisir qn au
collet; **~holz** *n* bois *m* équarri *od*
carré *od* à arêtes vives; **k~ig** *a* carré,
équarri, à arête(s) vive(s); *(Form, bes.
Gesicht)* anguleux; **~ behauen** *od
schneiden* équarrir.

Kantine *f ‹-, -n›* [kan'ti:nə] *(mil u.*

Werks~) cantine *f;* **~nwirt** *m* cantinier *m.*

Kanton *m* ⟨-s, -e⟩ [kan'to:n] *(Verwaltungsbezirk)* canton *m;* **k~al** [-to'na:l] *n (~s-)* cantonal; **~ist** *m* ⟨-en, -en⟩ [-'nɪst] *unsichere(r)* ~ planche *f* pourrie; *fam* fumiste *m.*

Kantor *m* ⟨-s, -en⟩ ['kantɔr, -'to:rən] chantre, maître *m* de chapelle.

Kanu *n* ⟨-s, -s⟩ ['ka:nu, ka'nu:] *sport* canoë, canot *m,* pirogue *f,* canadien *m;* ~ *fahren* faire du canoë; **~fahren** *n,* **~sport** *m* canoéisme, canotage *m;* **~fahrer** *m* canoéiste *m.*

Kanüle *f* ⟨-, -n⟩ [ka'ny:lə] *med* canule *f.*

Kanzel *f* ⟨-, -n⟩ ['kantsəl] *rel* chaire; *aero* coupole (avant) *f,* nez du fuselage, balcon *m; die* ~ *besteigen* monter en chaire; *von der* ~ *herab verkünden* annoncer en chaire; **~redner** *m* prédicateur *m.*

Kanzlei *f* ⟨-, -en⟩ [kants'laɪ] chancellerie, secrétairerie *f,* secrétariat; *jur* bureau *m;* **~beamte(r)** *m* employé *m* de chancellerie; **~diener** *m* huissier *m;* **~gebühr** *f jur* droit *m* de greffe; **~papier** *n* papier *m* ministre *od* écu; **~schreiber** *m* greffier *m;* **~stil** *m* style *m* du palais *od* administratif; **~vorsteher** *m* chef *m* de bureau.

Kanzler *m* ⟨-s, -⟩ ['kantslər] chancelier *m;* **~amt** *n* chancellerie *f;* **~kandidat** *m* candidat *m* à la chancellerie; **~schaft** *f* chancellerie *f.*

Kaolin *n od m* ⟨-s, -e⟩ [kao'li:n] *(Porzellanerde)* kaolin *m.*

Kap *n* ⟨-s, -s⟩ [kap] *geog* cap, promontoire *m; das* ~ *der Guten Hoffnung* le cap de Bonne-Espérance.

Kapaun *m* ⟨-s, -e⟩ [ka'paʊn] *(verschnittener Hahn)* chapon *m.*

Kapazität *f* ⟨-, -en⟩ [kapatsi'tɛ:t] capacité *a. fig (Mensch); (e-r Maschine) a.* puissance *f; fig (Mensch)* expert *m,* autorité *f; die* ~ *ausnutzen* exploiter la capacité.

Kap|ee *n* [ka'pe:]: *schwer von* ~ *(pop)* lourd (d'esprit), nigaud; *schwer von* ~ *sein a.* avoir la comprenette lente *fam;* **k~ieren** [-'pi:rən] *tr pop* comprendre, saisir, *arg* piger.

Kapell|e *f* ⟨-, -n⟩ [ka'pɛlə] *rel arch* chapelle *f; mus* orchestre *m; mil* fanfare; *chem metal* coupelle *f,* têt *m;* **~enofen** *m metal* fourneau *m* de coupelle; **~meister** *m* chef *m* d'orchestre, *mil* de musique.

Kaper 1. *f* ['ka:pər] ⟨-, -n⟩ *(Gewürz)* câpre *f.* **2.** *m* ⟨-s, -⟩ *vx (Seeräuber)* corsaire *m;* **k~n** *tr* capturer, prendre, enlever; *fig* accaparer; *gekaperte(s) Schiff n* prise *f.*

Kapillar|gefäße [kapɪ'la:r-] *n pl anat*

vaisseaux *m pl* capillaires; **~röhre** *f* tube *m* capillaire.

Kapital *n* ⟨-s, -e/-ien⟩ [kapi'ta:l, -liən] capital, principal *m;* fonds *m pl; (am Bucheinband)* tranchefile *f; fixes, stehendes* ~ capital fixe; *konstantes* ~ capital constant; *variables* ~ capital variable; *das* ~ *angreifen* entamer le capital; *das* ~ *aufbringen* réunir les fonds *(für* de); ~ *aufnehmen* se procurer *od* trouver des capitaux; *das* ~ *erhöhen* faire une augmentation de capital; ~ *aus etw schlagen (fig)* exploiter qc, tirer profit de qc; *sein* ~ *in* etw *stecken* investir son capital dans qc; **~abgabe** *f* prélèvement *m* sur le capital *od* les capitaux; **~abschöpfung** *f* absorption *f* de capital; **~abwanderung** *f* fuite *f od* exode *m* des capitaux; **~anlage** *f* placement de capital *od* de capitaux, investissement *m* de fonds; **~anteil** *m* part *f* du capital; **~aufbringung** *f* mobilisation *f* de capital; **~ausfuhr** *f* exportation *f* de capitaux; **~bedarf** *m* besoin *m* en capital; **~beschaffung** *f* financement *m* du capital (de l'entreprise); **~beteiligung** *f* part *f* du capital; **~bilanz** *f* balance *f* des capitaux *od* des mouvements de capitaux; **~bildung** *f* formation *od* constitution de *od* du capital *od* des capitaux, capitalisation *f;* **~einlage** *f* mise *f* de fonds; **~einsatz** *m* capitaux *m pl* utilisés; **~erhöhung** *f* augmentation *f* de *od* du capital; **~ertrag** *m* rendement *od* produit d'un *od* du capital, revenu *m* mobilier; **~ertrag(s)steuer** *f* impôt *m* sur le revenu (du capital); **~flucht** *f* émigration *od* fuite *f od* exode *m* de(s) capitaux; **~gesellschaft** *f* société *f* de capitaux; **k~isieren** [-li'zi:rən] *tr (in Kapital umwandeln)* capitaliser; **~isierung** *f* capitalisation *f;* **~ismus** *m* ⟨-, ø⟩ [-'lɪsmʊs] capitalisme *m;* **~ist** *m* ⟨-en, -en⟩ [-'lɪst] capitaliste *m;* **k~istisch** *a* capitaliste; **k~kräftig** *a* bien pourvu de fonds; **~mangel** *m* manque *m od* pénurie *f* de capitaux; **~markt** *m* marché *m* financier *od* des valeurs; **~sbilanz** *f* balance *f* des opérations en capital; **~schöpfung** *f* création *f* de capitaux; **~schwund** *m* consomption *f* des capitaux; **~umsatz** *m* mouvement *m* des capitaux; **~umschlag** *m* rotation *f* des capitaux; **~verbrechen** *n* crime capital; **~verlust** *m* perte *f* en capital *od* en capitaux; **~vermögen** *n* fortune *f* en capital; **~zusammenfassung** *f* groupement *m* de capitaux; **~zusammenlegung** *f* fusion *f* de capitaux.

Kapitän *m* ⟨-s, -e⟩ [kapi'tɛ:n] *mar* capitaine; *(auf kleinen Fahrzeugen)* patron; *aero* commandant *m*; ~ *zur See (Dienstgrad)* capitaine *m* de vaisseau; ~**leutnant** *m* lieutenant *m* de vaisseau.

Kapitel *n* ⟨-s, -⟩ [ka'pɪtəl] chapitre *m a. rel; das ist ein* ~ *für sich* c'est une affaire à part; ~**einteilung** *f* division *f* en chapitres; ~**überschrift** *f* titre *m* du *od* tête *f* de chapitre.

Kapitell *n* ⟨-s, -e⟩ [kapi'tɛl] *arch* chapiteau *m*.

Kapitol [kapi'to:l], *das (in Rom u. Washington)* le Capitole.

Kapitular *m* ⟨-s, -e⟩ [kapitu'la:r] *(Domherr)* chanoine *m*; ~**ation** *f* ⟨-, -en⟩ [-la'tsio:n] *mil* capitulation *f*; **k~ieren** [-'li:rən] *itr* capituler, se rendre.

Kaplan *m* ⟨-s, ⸚e⟩ [ka'pla:n, -'plɛ:nə] *rel* vicaire, chapelain *m*.

Kapok *m* ⟨-s, ø⟩ ['ka:pɔk] *(Pflanzenwolle)* kapok *m*; ~**wollbaum** *m* kapokier *m*.

Kappe *f* ⟨-, -n⟩ ['kapə] bonnet *m*, toque, calotte *f; (enganliegende)* serre--tête; *(am Schuh)* bout *m; tech* chape, coiffe *f; (Dach)* chaperon *m; (flaches Tonnengewölbe)* calotte surbaissée; *(Fallschirm)* voilure *f; etw auf s-e* ~ *nehmen (fig)* prendre qc sous son bonnet; *jedem Narren gefällt seine* ~ à chaque fou sa marotte.

kappen ['kapən] *tr (Baum: entwipfeln)* étêter; *(Hahn: verschneiden)* chaponner; *mar (Mast: abschlagen; Tau, Anker: abschneiden)* couper.

Käppi *n* ⟨-s, -s⟩ ['kɛpi] *(Soldatenmütze)* képi *m*.

Kapriccio *n* ⟨-s, -s⟩ [ka'prɪtʃo] *mus* caprice *m*; ~**iole** *f* ⟨-, -n⟩ [kapri'o:lə] *(Luftsprung)* cabriole *f; (närrischer Einfall)* caprice *m*; **k~iziös** [-pritsi'ø:s] *a (launenhaft)* capricieux.

Kapsel *f* ⟨-, -n⟩ ['kapsəl] capsule *a. bot; (Behälter)* boîte *f*, étui *m; pharm* gélule; *(Quecksilber~)* cuvette; *tech (Gießerei)* enveloppe; *(Keramik)* cassette *f; ~***barometer** *n* baromètre *m* à cuvette; **k~förmig** *a* capsulaire; ~**maschine** *f* capsuleuse *f*.

kaputt [ka'pʊt] *a fam (zerbrochen)* cassé; *fam* fichu; *pop* foutu; *(erschöpft)* fourbu, épuisé; *(Tier: verendet)* crevé; ~=**arbeiten,** *sich* s'abrutir de *od* se tuer au travail, ~=**gehen** ⟨*aux: sein*⟩ *itr* se casser; ~=**machen** *tr (Sache)* esquinter, abîmer; *pop* amocher, bigorner; *alles* ~ être brise--tout; *die Arbeit macht mich ganz* *kaputt* le travail me tue *fam; (Person)* tuer, *pop* étendre.

Kapuze *f* ⟨-, -n⟩ [ka'pu:tsə] capuchon *m*, capuche; *(am Hals geschlossene)* cagoule *f*; ~**iner(mönch)** *m* ⟨-s, -⟩ [-pu'tsi:nər] capucin *m;* ~**inerkresse** *f bot* capucine *f*.

Karabiner *m* ⟨-s, -⟩ [kara'bi:nər] *mil* carabine *f;* ~**haken** *m* porte-mousqueton *m*.

Karaffe *f* ⟨-, -n⟩ [ka'rafə] carafe *f; (kleine)* carafon *m*.

Karambolage *f* ⟨-, -n⟩ [karambo'la:ʒə] *(Billard, fam: mot)* carambolage *m;* **k~ieren** [-'li:rən] *itr (Billard u. mot)* caramboler.

Karamel *m* ⟨-s, ø⟩ [kara'mɛl] caramel *m;* ~**bonbon** *m od n,* ~**le** *f* caramel *m; ~***zucker** *m* caramel *m*.

Karat *n* ⟨-(e)s, -e⟩ [ka'ra:t] carat *m; ...***karätig** *a (an e-e Zahl angehängt)* de ... carats.

Karate *n* ⟨-(s), ø⟩ [ka'ra:tə] *sport* karaté *m;* ~**ka** *m* ⟨-s, -s⟩ [kara'te:ka] karatéka *m;* ~**kämpfer** *m* karatéka *m*.

Karawane *f* ⟨-, -n⟩ [kara'va:nə] caravane *f;* ~**serei** *f* ⟨-, -en⟩ [-vanzə'raɪ] caravansérail *m*.

Karbid *n* ⟨-(e)s, -e⟩ [kar'bi:t, -də] carbure *m;* ~**lampe** *f* lampe *f* à acétylène.

Karbolineum *n* ⟨-s, ø⟩ [karboli'ne:ʊm] carbolinéum *m;* ~**säure** *f* [-'bo:l-] *chem* acide *m* phénique.

Karbon *n* ⟨-s, ø⟩ [kar'bo:n] *geol* carbonifère *m;* ~**at** *n* ⟨-(e)s, -e⟩ [-bo'na:t] *chem (kohlensaures Salz)* carbonate *m;* **k~isieren** [-ni'zi:rən] *tr* carbonater.

Karbunkel *m* ⟨-s, -⟩ [kar'bʊŋkəl] *med* charbon, anthrax *m*.

Kardangelenk *n* [kar'da:n-] *mot* joint *m* de cardan; ~**getriebe** *n* mot transmission *f* à cardan; ~**welle** *f tech* (arbre à) cardan *m*.

Kardätsche *f* ⟨-, -n⟩ [kar'dɛ:tʃə] *(Pferdebürste)* brosse *f* pour chevaux; **k~en** *tr* brosser.

Karde *f* ⟨-, -n⟩ ['kardə] *bot* cardère *f; tech* carde *f*.

Kardinal *m* ⟨-s, ⸚e⟩ [kardi'na:l, -'nɛ:lə] *rel* cardinal *m;* ~**frage** *f* question *f* principale; ~**skollegium** *n* sacré collège *m;* ~**swürde** *f* cardinalat *m;* ~**tugend** *f* vertu *f* théologale; ~**zahl** *f gram* nombre *m* cardinal.

Kardiogramm *n* ⟨-(e)s, -e⟩ [kardio'gram] *med* cardiogramme *m*.

Karenz(frist, -zeit) *f* ⟨-, -en⟩ [ka'rɛnts] *(Warte-, Sperrzeit)* délai *m* (de carence).

Karfreitag *m* [ka:r'fraɪta:k] Vendredi *m* saint.

Karfunkel m ⟨-s, -⟩ [kar'fʊŋkəl] min escarboucle f.

karg [kark] ⟨karger/kärger, am kargsten/kärgsten⟩ a (sparsam) économe, ménager; (geizig) avare (mit de); (knauserig) parcimonieux, chiche, ladre; (ärmlich, dürftig, von e-r Sache) maigre, mesquin; (Mahl) frugal; (Boden) pauvre (an en); **~en** itr être avare (mit etw de qc); (knausern) lésiner (mit etw sur qc); **K~heit** f ⟨-, (-en)⟩ parcimonie, mesquinerie, lésinerie; (Dürftigkeit, Armut) indigence f.

kärglich ['kɛrklɪç] a pauvre, maigre, chiche, mesquin; (Mahlzeit) frugal, maigre; in ~en Verhältnissen leben vivre petitement od chichement.

kariert [ka'ri:rt] a (Papier) quadrillé; (Stoff) à carreaux.

Kari|es f ⟨-, ø⟩ ['ka:riɛs] med carie f; **k~ös** [-ri'ø:s] a carié.

Karik|atur f ⟨-, -en⟩ [karika'tu:r] caricature f, (portrait-)charge f (m); **~aturenzeichner** m, **~aturist** m ⟨-en, -en⟩ [-tu'rɪst] caricaturiste m; **k~ieren** [-'ki:rən] tr caricaturer, charger.

karitativ [karita'ti:f] a charitable, de charité, de bienfaisance.

Karl [karl] m Charles m; ~ der Große Charlemagne m; ~ V. (deutscher Kaiser) Charles-Quint m.

Karmeliter(in f) m ⟨-s, -⟩ [karme'li:tər] carm(élit)e m (f).

Karm(es)in n ⟨-s, ø⟩ [kar'm(e'z)i:n] (roter Farbstoff), **~rot** n carmin, cramoisi m; **k~rot** a carmin, cramoisi.

Karneol m ⟨-s, -e⟩ [karne'o:l] min cornaline f.

Karneval m ⟨-s, -e/-s⟩ ['karnəval] carnaval m.

Karnies n ⟨-es, -e⟩ [kar'ni:s, -zə] arch corniche f; doucine f; **~hobel** m doucine f.

Kärnt|en n ['kɛrntən] la Carinthie; **~ner** m ⟨-s, -⟩ Carinthien m; **k~nerisch** [-nərɪʃ] a carinthien.

Karo n ⟨-s, -s⟩ ['ka:ro] carreau m (a. Spielkarte).

Karolinger m ⟨-s, -⟩ ['ka:rolɪŋər] hist Carolingien m.

Kaross|e f ⟨-, -n⟩ [ka'rɔsə] carrosse m; **~erie** f ⟨-, -n⟩ [-sə'ri:] loc mot carrosserie f; mot châssis m d'automobile; **~eriebau** m (Industrie) carrosserie f; **~eriebauer** m mot carrossier m.

Karotin n ⟨-s, ø⟩ [karo'ti:n] chem biol carotène m.

Karotte f ⟨-, -n⟩ [ka'rɔtə] carotte f.

Karpaten [kar'pa:tən] , die pl les Karpates f pl.

Karpfen m ⟨-s, -⟩ ['karpfən] carpe f; junge(r) ~ carpeau m, carpette f; ~

blau (Küche) carpe f au bleu; **~teich** m carpier m.

Karre f ⟨-, -n⟩, **~n 1.** m ⟨-s, -⟩ ['karə(n)] (vierrädrig) chariot m; (zweirädrig) carriole, charrette; (nur: ~) pop (Fahrrad) bécane f; alte Karre (Auto) pop chignole f, vieux clou m; den ~n in den Dreck fahren (fig fam) jeter la carriole dans l'ornière, gâter les affaires od les choses; den ~n aus dem Dreck ziehen tirer le char de l'ornière; **k~n** tr charrier, brouetter; **~nladung** f charretée f.

Karree n ⟨-s, -s⟩ [ka're:] (mil u. Küche) carré m.

Karren m ⟨-s, -⟩ **2.** geol lapiez, lapiaz m pl.

Karriere f ⟨-, -n⟩ [kari'ɛ:rə] (des Pferdes) galop m de charge; fig (Laufbahn) carrière f; ~ machen faire carrière, arriver; **k~bewußt** a carriériste; **~frau** f carriériste f; **~macher** m arriviste, carriériste m.

Kärrner m ⟨-s, -⟩ ['kɛrnər] charretier; (Fuhrmann) voiturier m.

Karst m ⟨-(e)s, -e⟩ [karst] **1.** (Hacke) houe, pioche f.

Karst m ⟨-(e)s,(-e)⟩ [karst] **2.** geog Karst m.

Kartätsch|e f ⟨-, -n⟩ [kar'tɛ:tʃə] mil boîte à mitraille f; **k~en** itr mitrailler.

Kartäuser m ⟨-s, -⟩ [kar'tɔyzər] chartreux m; **~kloster** n (Kartause) chartreuse f.

Karte f ⟨-, -n⟩ ['kartə] allg (Land-, Spiel-, Speise-, Post-, Visitenkarte) carte f; (Karteikarte) fiche f; (Eintritts-, Fahrkarte) billet, ticket m; die gelbe, rote ~ (beim Fußball) le carton jaune, rouge; nach der ~ (essen) à la carte; statt ~n cet avis tient lieu de faire-part; e-e ~ abwerfen se débarrasser od (bes. beim Bridge) se défausser d'une carte; s-e ~ aufdekken (a. fig) montrer od étaler od découvrir son jeu; die (Land)~ aufschlagen déplier la carte; gute, schlechte ~n haben (Spiel) avoir du, ne pas avoir de jeu; niemanden od sich nicht in die ~n sehen lassen (a. fig), fig: mit verdeckten ~n spielen cacher od couvrir son jeu; die ~n legen tirer les cartes; die ~n auf den Tisch legen abattre son jeu; alles auf eine ~ setzen (fig) jouer son va-tout, risquer le tout pour le tout, mettre tous ses œufs dans le même panier; ~n spielen jouer aux cartes; mit offenen ~n spielen (fig) jouer cartes sur table, jouer od y aller franc jeu; ein Spiel ~n un jeu de cartes.

Kartei f ⟨-, -en⟩ [kar'taɪ] fichier m; cartothèque f; **~karte** f fiche f, feuillet *m* mobile; ~**kasten** *m* fichier, casier, classeur *m*.

Kartell *n* ⟨-s, -e⟩ [kar'tɛl] *(Vereinigung)* association, entente, fédération, union *f;* groupement *m* professionnel; *com* cartel *m;* ~**gesetz** *n* loi *f* sur les cartels; **k~ieren** [-'liːrən] *tr* réunir en cartel; ~**vertrag** *m* accord *m* de cartel.

Karten|automat *m* ['kartən-] distributeur *m* de tickets; ~**blatt** *n geog* feuille, carte *f;* ~**brief** *m* carte-lettre *f;* ~**geben** *n (beim Spiel)* donne *f;* ~**haus** *n mar* chambre *f* à cartes; *fig* château *m* de cartes; *wie ein* ~ *zs.fallen* s'effondrer comme un château de cartes; ~**kunde** *f* cartographie *f;* ~**kunststück** *n* tour *m* de cartes; ~**legen** *n* cartomancie *f;* ~**legerin** *f* tireuse de cartes, cartomancienne *f;* ~**lesen** *n* lecture *f* de la carte; ~**material** *n* matériel *m* cartographique; ~**netz** *n* canevas *m;* ~**reiter** *m* cavalier *m* (pour fiches); ~**schlägerin** *f* = ~*legerin;* ~**spiel** *n* jeu *m od* partie *f* de cartes; ~**spieler** *m* joueur *m* de cartes; ~**ständer** *m* support *m* pour cartes; ~**tasche** *f* étui à cartes, porte-cartes *m;* ~**tisch** *m* table *f* à cartes; ~**verlag** *m* édition *f* de géographie; ~**vorverkauf** *m theat* location *f;* ~**werk** *n (Buch)* atlas *m*.

Kartoffel *f* ⟨-, -n⟩ [kar'tɔfəl] pomme de terre; *fam* patate *f;* ~*n schälen* éplucher *od* peler des *od* les pommes de terre; *die* ~*n von unten besehen (pop fig)* manger les pissenlits par la racine; *die dümmsten Bauern haben die größten* ~*n (prov)* aux innocents les mains pleines; *der hat aber eine* ~*! pop* il a un sacré pif! *pop;* ~**anbau** *m* culture *f* des pommes de terre; ~**brei** *m* purée *f* de pommes de terre; ~**ernte** *f* récolte *f* des pommes de terre; ~**käfer** *m ent* doryphore *m;* ~**kloß** *m,* ~**knödel** *m* croquette *f* de pommes de terre; ~**kraut** *n* fanes *f pl* de pommes de terre; ~**mehl** *n,* ~**stärke** *f* fécule *od* farine *f* de pommes de terre; ~**nase** *f pop* pif, *arg* tarin *m;* ~**puffer** *m* crêpe *f* aux pommes de terre; ~**püree** *n* = ~*brei;* ~**quetsche** *f (Küche)* presse-purée, passe-purée, écraseur *m* à pommes de terre; ~**roder** *m,* ~**schleuder** *f (Gerät)* arracheur, arrachoir *m,* arracheuse *f;* ~**salat** *m* salade *f* de pommes de terre; ~**schalen** *f pl* épluchures, pelures de pommes de terre *f pl;* ~**suppe** *f* potage *m* aux pommes de terre.

Karto|graph *m* ⟨-en, -en⟩ [karto'graːf] cartographe, ingénieur *m* géographe;

k~graphisch *a* cartographique; ~ *aufnehmen* (re)lever; ~**thek** *f* ⟨-, -en⟩ [-'teːk] = *Kartei.*

Karton *m* ⟨-s, -s/(-e)⟩ [kar'tɔ̃:, -'toːn(s/ə)] *(Pappe)* carton (d'emballage); *(Pappschachtel; Kunst)* carton *m;* ~**age** *f* ⟨-, -n⟩ [-to'naːʒə] cartonnage *m;* ~**agenfabrik** *f* cartonnerie *f;* **k~ieren** [-to'niːrən] *tr (Buch)* cartonner.

Kartusch|e *f* ⟨-, -n⟩ [kar'tuʃə] *mil* cartouche, gargousse *f; (Kunst)* cartouche *m;* ~**enhülse** *f* douille *f* de cartouche.

Karussell *n* ⟨-s, -s/-e⟩ [karu'sɛl] manège de chevaux de bois, carrousel *m*.

Karwoche *f* ['kaːrvɔxə] semaine *f* sainte.

Karzer *m* ⟨-s, -⟩ ['kartsər] cachot *m*.

Kaschemme *f* ⟨-, -n⟩ [ka'ʃɛmə] *fam* cabaret borgne, *pop* caboulot *m*.

kaschieren [ka'ʃiːrən] *tr (überkleben, bes. typ)* doubler.

Kaschmir *n* ['kaʃmɪr, kaʃ'miːr] *(Land)* le Cachemire; *m* ⟨-s, -e⟩ *(Textil)* cachemire *m*.

Käse *m* ⟨-s, -⟩ ['kɛːzə] fromage *m; fig fam* baratin *m,* imbécillités *f pl; Schweizer* ~ fromage de Gruyère, gruyère *m;* **k~artig** *a* caséeux; ~**bereitung** *f,* ~**fabrikation** *f* fromagerie *f;* ~**bildung** *f* caséification *f;* ~**blatt** *n fam pej (Provinzzeitung)* feuille *f* de chou; ~**brot** *n* tartine *f* de fromage; ~**fabrikant** *m* fromager *m;* ~**geschäft** *n,* ~**handel** *m* fromagerie *f;* ~**glocke** *f* cloche *f* à fromage; ~**händler** *m (Grossist)* négociant *m* en fromages; ~**kuchen** *m* gâteau *m* au fromage; ~**made** *f* ver du fromage, asticot *m;* ~**messer** *n* couteau *m* à fromage; ~**milbe** *f* mite *f* du fromage; **k~n** *itr* faire du fromage; *(Milch)* se cailler *od* coaguler; ~ *lassen (Milch)* caséifier; ~**platte** *f* plateau *m* de fromage; ~**rei** *f* [-'raɪ] fromagerie *f;* ~**reibe** *f* râpe *f* à fromage; ~**stoff** *m,* **Kasein** *n* [kaze'iːn] *chem* caséine *f.*

Kasel *f* ⟨-, -n⟩ ['kaːzəl] *rel* chasuble *f.*

Kasematte *f* ⟨-, -n⟩ [kazə'matə] *mil* casemate *f.*

Kasern|e *f* ⟨-, -n⟩ [ka'zɛrnə] *mil* caserne *f,* quartier *m;* ~**enbereich** *m* casernement *m;* ~**enhof** *m* cour *f* de (la) caserne; ~**enhofgeist** *m* caporalisme *m;* ~**enstube** *f* chambre *f* de caserne; **k~ieren** *tr* (en)caserner.

käsig ['kɛːzɪç] *a* caséeux; *fig fam (Gesichtsfarbe)* blême.

Kasino *n* ⟨-s, -s⟩ [ka'ziːno] casino, club, cercle; *mil* cercle militaire, mess *m*.

Kaskade f ⟨-, -n⟩ [kas'ka:də] cascade f.
Kaskoversicherung f ['kasko-] assurance tous risques, assurance-corps f.
Kasperle n od m ⟨-s, -⟩ ['kaspərlə] polichinelle, guignol, pantin m; ~**theater** n guignol m.
Kassa|buch n ['kasa-] livre m des opérations au comptant; ~**geschäft** n marché m od opération od transaction f au comptant.
Kassation f ⟨-, (-en)⟩ [kasa'tsio:n] (Ungültigmachung e-r Urkunde) annulation; (Aufhebung e-s Gerichtsurteils) cassation; (Dienstentlassung) destitution f, congédiement, renvoi m; ~**sgericht** n tribunal m od cour f de cassation.
Kasse f ⟨-, -n⟩ ['kasə] (Behälter) caisse f; (Zahltisch) comptoir m; (Raum) caisse f, comptoir m; (Zahlstelle, Institut) caisse; (Bargeld) encaisse f, fonds m pl, espèces f pl, comptant m; bei sofortiger od gegen ~ (au) comptant; mit der ~ durchgehen, (fam) durchbrennen partir avec la caisse, fam manger la grenouille; die ~ führen tenir la caisse od les cordons de la bourse; gemeinsame ~ führen faire caisse commune; getrennte ~ führen avoir des comptes séparés; payer chacun pour soi; ~ machen faire sa od la caisse; (gut) bei ~ sein avoir la bourse bien garnie, être à flot od en fonds od pop argenté; schlecht od knapp od nicht bei ~ sein avoir la bourse plate, être à court d'argent; être raide fam; gemeinsame ~ bourse commune; pop grenouille f; ~**nabschluß** m balance f od arrêté m de caisse; ~**nanweisung** f bon m de caisse; ~**narzt** m médecin m de caisse od conventionné; ~**nbeamte(r)** m caissier m; ~**nbeleg** m pièce f de caisse; ~**nbericht** m rapport od compte m rendu de la caisse; ~**nbestand** m fonds de od argent m en caisse, encaisse f, fonds m de roulement; ~**nbilanz** f balance f de caisse; ~**nblock** m bloc m de caisse; ~**nbote** m garçon m de recette(s); ~**nbuch** n livre m de caisse; ~**ndefizit** n, ~**nfehlbetrag** m déficit m od tare f de caisse; ~**ndiebstahl** m détournement m de fonds, déprédation f; ~**neingang** m entrée od recette f de caisse; ~**nerfolg** m theat pièce f à succès; ~**nführer** m caissier m; ~**nführung** f gestion f de la caisse; ~**nprüfung** f vérification f de la caisse; ~**nschein** m (Anweisung) bon de caisse; (Banknote) billet m de banque; ~**nskonto** n escompte m au

comptant; ~**nstand** m situation f de la caisse; ~**nstunden** f pl heures f pl d'ouverture des guichets; ~**ntag** m jour m de caisse od de recette; ~**nüberschuß** m excédent m de caisse; ~**numsatz** m, ~**nverkehr** m mouvement m de caisse; ~**nzettel** m bordereau m de caisse.
Kasserolle f ⟨-, -n⟩ [kasə'rɔlə] (Stieltopf) casserole f.
Kassette f ⟨-, -n⟩ [ka'sɛtə] cassette f; (für ein Buch) emboîtage m, châsse f; phot châssis; arch caisson m; ~**ndecke** f arch plafond m à caissons; ~**nrahmen** m phot (cadre) intermédiaire m; ~**nrecorder** m ⟨-s, -⟩ [-'--rekɔrdər] magnétophone m (à cassettes); (tragbarer) mini-cassette m; ~**nsammlung** f magnétothèque f.
Kassiber m ⟨-s, -⟩ [ka'si:bər] arg message m clandestin (d'un prisonnier).
kassier|en [ka'si:rən] tr (ein~) encaisser, faire la recette (etw de qc); fig fam (entwenden) se mettre dans la poche, ramasser; (für ungültig erklären) annuler, rescinder, invalider, vicier, rendre nul; (Gerichtsurteil) casser, infirmer; **K~(er)** m ⟨-s, -⟩ [-'si:r(ər)] caissier, buraliste; garçon m de recettes; **K~erin** f (in e-m Geschäft) caissière f.
Kastagnette f ⟨-, -n⟩ [kastan'jɛtə] castagnette f.
Kastanie f ⟨-, -n⟩ [kas'ta:niə] (Roß- u. Eßkastanie) châtaigne f; (Eßkastanie) marron m; die ~n aus dem Feuer holen (fig) tirer les marrons du feu; kandierte ~ marron m glacé; ~**nbaum** m (Eß~) châtaignier, marronnier; (Roß~) marronnier m (d'Inde); **k~nbraun** a marron inv; ~**nröster** m grille-marron(s) m; ~**nwäldchen** n (von Eß~n) (petite) châtaigneraie f.
Kästchen n ⟨-s, -⟩ ['kɛstçən] boîte f, (bes. Schmuck~) coffret m.
Kaste f ⟨-, -n⟩ ['kastə] caste f; ~**ngeist** m esprit m de caste.
kastei|en [kas'taiən] tr rel mortifier, macérer, châtier; **K~ung** f mortification, macération f.
Kastell n ⟨-s, -e⟩ [kas'tɛl] allg fortification f; (Burg) château m fort; ~**an** m ⟨-s, -e⟩ [-'la:n] intendant m d'un od du château.
Kasten m ⟨-s, ⸚/(-)⟩ ['kas-, 'kɛstən] allg caisse, boîte f; (mit Fächern) boîtier; (Truhe) coffre, bahut m; (Schrank) armoire; pop pej (Haus) boîte; pop (Gefängnis) fam cage f, pop violon m, arg mil taule f; alte(r) ~ (fam: Auto) bagnole, chignole f;

vieux tacot *m*; ~**aufbau** *m* mot fourgon *m*; ~**möbel** *n pl* meubles *m pl* de rangement; ~**wagen** *m* caisson; *loc* wagon à caisse; *mot* fourgon *m*.

Kastr|at *m* ⟨-en, -en⟩ [kas'tra:t] castrat, eunuque *m*; ~**ation** *f* ⟨-, (-en)⟩ [-tratsi'o:n] castration, émasculation *f*; **k~ieren** [-'tri:rən] *tr* châtrer, émasculer; *(Tier)* bistourner.

Kas|uistik *f* ⟨-, ø⟩ [kazu'ɪstɪk] casuistique *f*; ~**us** *m* ⟨-, -⟩ ['ka:zʊs] *gram* cas *m*.

Katafalk *m* ⟨-s, -e⟩ [kata'falk] catafalque *m*.

Katakombe *f* ⟨-, -n⟩ [kata'kɔmbə] catacombe *f*.

Katalog *m* ⟨-(e)s, -e⟩ [kata'lo:k, -gə] catalogue *m*, liste, nomenclature; *com* documentation *f*; **k~isieren** [-gi'zi:rən] *tr* cataloguer; ~**isierung** *f* catalogage *m*; ~**karte** *f* fiche *f*; ~**kasten** *m* tiroir *m* à fiches; ~**nummer** *f* cote *f*; ~**preis** *m* prix *m* de catalogue *od* marqué *od* tarif.

Katalysator *m* ⟨-s, -en⟩ [kataly'za:tɔr, -'to:rən] *chem* catalyseur; *mot* épurateur *m* de gaz d'échappement.

Katamaran *m* ⟨-s, -e⟩ [katama'ra:n] *(Segelboot)* catamaran *m*.

Katapult *m* od *n* ⟨-(e)s, -e⟩ [kata'pʊlt] catapulte *f*; ~**anlage** *f aero* installation *f* de catapultage; **k~ieren** [-'ti:rən] *tr aero* catapulter; ~**schlitten** *m aero* chariot *m* de catapultage; ~**start** *m aero* décollage *od* lancement par catapulte *od* catapulté, catapultage *m*.

Katarakt *m* ⟨-(e)s, -e⟩ [kata'rakt] *(Wasserfall)* cataracte *f*.

Katarrh *m* ⟨-s, -e⟩ [ka'tar] *med* catarrhe, rhume *m*.

Katast|er *m* od *n* ⟨-s, -⟩ [ka'tastər] cadastre *m*; ~**eramt** *n* bureau *od* office *m* du cadastre; ~**erauszug** *m* extrait *m* du cadastre; **k~rieren** [-'tri:rən] *tr* cadastrer.

katastroph|al [katastro'fa:l] *a* catastrophique; **K~e** *f* ⟨-, -n⟩ [-'tro:fə] catastrophe *f*; cataclysme; *(Natur~)* sinistre *m*; *das ist e-e* ~! c'est une catastrophe! **K~eneinsatz** *m* opération *f* de sauvetage; **K~enfall** *m* cas *m* de catastrophe; *nukleare(r), atomare(r)* ~ catastrophe *f* nucléaire; **K~engebiet** *n* zone *f* sinistrée; **K~enstimmung** *f* panique *f*.

Katech|et *m* ⟨-en, -en⟩ [katɛ'çe:t] *rel* catéchiste *m*; ~**ismus(unterricht)** *m* ⟨-, -men⟩ [-'çɪsmʊs, -mən] catéchisme *m*; *den Katechismus lehren* catéchiser *(jdn* qn).

Kategor|ie *f* ⟨-, -n⟩ [katego'ri:] catégorie *f*; **k~isch** [-'go:rɪʃ] *a* catégorique; *(im weiteren Sinne a.)* péremptoire.

Kater *m* ⟨-s, -⟩ ['ka:tər] chat (mâle), matou; *fig fam (Katzenjammer)* mal *m* aux cheveux; *e-n* ~ *haben (fig fam)* avoir mal aux cheveux, avoir la gueule de bois, être vaseux; *der Gestiefelte* ~ le chat botté.

Kathed|er *n, a. m* ⟨-s, -⟩ [ka'te:dər] chaire *f*; ~**erweisheit** *f iron* sagesse *f* professorale; ~**rale** *f* ⟨-, -n⟩ [-te'dra:lə] cathédrale *f*; ~**ralglas** *n* verre *m* cathédrale.

Kathod|e *f* ⟨-, -n⟩ [ka'to:də] *el* cathode *f*; ~**enstrahlen** *m pl* rayons *m pl* cathodiques.

Kathol|ik(in *f***)** *m* ⟨-en, -en⟩ [kato'li:k] catholique *m f*; **k~isch** [-'to:lɪʃ] *a* catholique; *die* ~*e Welt* la catholicité; **k~isieren** [-toli'zi:rən] *tr (katholisch machen)* convertir au catholicisme; *itr (zum Katholizismus neigen)* pencher vers *od* incliner au catholicisme; ~**izismus** *m* ⟨-, ø⟩ [-li'tsɪsmʊs] catholicisme *m*; ~**izität** *f* ⟨-, ø⟩ [-litsi'tɛ:t] *(kath. Rechtgläubigkeit)* catholicité *f*.

Kattun *m* ⟨-s, -e⟩ [ka'tu:n] *(Baumwollstoff)* toile de coton, cotonnade *f*, calicot *m*; *bedruckte(r)* ~ indienne *f*; **k~en** *a* de coton.

katz|balgen ['kats-], *sich* ⟨haben sich gekatzbalgt⟩ se prendre aux cheveux; **K~balgerei** *f* échange *m* de coups; ~**buckeln** ⟨hat gekatzbuckelt⟩ *itr* faire patte de velours *od* la chattemite; *vor jdm* cirer *od pop* lécher les bottes de qn.

Kätzchen *n* ⟨-s, -⟩ ['kɛtsçən] chaton *a. bot*, petit chat; *fam* minet, te *m f*.

Katze *f* ⟨-, -n⟩ ['katsə] *(als Art u. allg)* chat *m*; *(nur weibl.)* chatte *f*; *für die Katz(e) (vergeblich)* en pure perte; *pop* pour la peau; *wie die* ~ *um den heißen Brei gehen* tourner autour du pot; *die* ~ *im Sack kaufen (fig)* acheter chat en poche *od* les yeux fermés; *die* ~ *aus dem Sack lassen (fig)* livrer un secret; *fam* vendre la mèche; *der* ~ *die Schelle umhängen (fig)* attacher le grelot; *das ist für die Katz* c'est pour le roi de Prusse *od fam* pour des prunes; *die* ~ *läßt das Mausen nicht (prov)* qui naît poule aime à gratter; chassez le naturel, il revient au galop; *bei Nacht sind alle* ~*n grau (prov)* la nuit, tous les chats sont gris; *wenn die* ~ *nicht zu Hause ist, tanzen die Mäuse (prov)* le chat parti, les souris dansent; *falsche* ~ *(fig)* chattemite *f*; *neunschwänzige* ~ *(Peitsche)* chat *m* à neuf queues; *wildernde* ~ *(chat)* haret *m*; **k~nartig** *a* félin; ~**nauge** *n (Rückstrahler)* réflecteur rouge, cataphote *m;* **k~nfreundlich** *a* félin, câlin; ~ *sein* faire patte de velours; **~nfreundlichkeit** *f* chatterie *f;* **~ngold** *n min* mica *m* jaune; **~nhai** *m zoo* roussette *f;* **~njammer** *m:* ~ *haben* avoir mal aux cheveux; **~nmusik** *f fig* charivari *m,* musique *f* de chiens et de chats *od* enragée; **~nsilber** *n min* mica *m* blanc; **~nsprung** *m fam* enjambée; *das ist nur ein* ~ *(von hier)* c'est à deux pas (d'ici); **~nstreu** *f* litière *f* pour chats; **~nwäsche** *f:* ~ *machen (fam)* se laver le bout de nez.

Kauderwelsch *n* ⟨-(s), ø⟩ ['kaʊdərvɛlʃ] baragouin, charabia *m;* **k~en** ⟨*hat gekauderwelscht⟩ itr* baragouiner, parler bas breton *od* grec *od* hébreu *od* petit nègre.

Kaue *f* ⟨-, -n⟩ ['kaʊə] *mines* lavoir *m.*

kau|en ['kaʊən] *tr* mâcher; *scient* mastiquer; *langsam od mühsam* ~ mâchonner; *an den Nägeln* ~ se ronger les ongles; *Tabak* ~ chiquer; **K~gummi** *m* chewing-gum *m;* **K~muskel** *m* muscle masticateur, masséter *m;* **K~tabak** *m* tabac *m* à chiquer; *Rolle f* ~ torque *f; Stück n* ~ chique *f.*

kauern ['kaʊərn] ⟨*aux: haben od sein⟩ itr* se tenir accroupi *od* à croupetons; *sich* ~ s'accroupir, se tapir, se blottir; **K~** *n* accroupissement *m.*

Kauf *m* ⟨-(e)s, -̈e) [kaʊf, 'kɔyfə] achat *m; (kleiner) (Erwerbung)* emplette; *(Erwerbung)* acquisition *f; durch* ~ à titre d'achat; *e-n* ~ *abschließen* arrêter *od* conclure *od* passer un marché; *e-n* ~ *rückgängig machen* révoquer un marché; *etw (mit) in* ~ *nehmen* s'accommoder de qc; *sehr günstige(r) od vorteilhafte(r)* ~ affaire *f* d'or, marché *m* en or; ~ *nach Ansicht* vente *f* après examen; ~ *auf nach Probe* vente *f* à l'essai, après essai; ~ *auf Raten* achat *m* à tempérament; ~ *auf feste Rechnung* marché *m* ferme; ~ *mit Rückgaberecht* achat *m* à condition; ~ *auf Ziel* achat *m* à terme; **~abschluß** *m* (conclusion *f* d'un *od* du) marché *m;* **~auftrag** *m* ordre *m* d'achat; **~brief** *m* lettre *f* d'achat, acte de vente; titre *m* de propriété; **k~en** *tr* acheter *(etw von jdm* qc à qn); faire emplette de; acquérir; *(bestechen)* acheter; *sich jdn* ~ *(fig)* demander des comptes à qn; *den werde ich mir* ~*! (fig fam)* il me le paiera! **~haus** *n* grand magasin *m;* **~herr** *m* négociant *m;* **~kraft** *f* pouvoir *m* d'achat; **~kraftschwund** *m* érosion *f* monétaire; **~kraftüberhang** *m* excédent de pouvoir d'achat, pouvoir *m* d'achat

excédentaire; *den* ~ *abschöpfen* absorber *od* éponger le pouvoir d'achat excédentaire; **~laden** *m* boutique *f,* magasin *m;* **~leute** *pl: unter* ~*n* de marchand à marchand; **~lust** *f* demande *f,* intérêt *m;* demande, propension *f* à l'achat; **~lustige(r)** *m* amateur *m;* **~mann** *m* ⟨-(e)s, -leute⟩ *(Krämer)* épicier; *(mit Ladengeschäft)* marchand; *(Großkaufmann)* commerçant, négociant; *(Geschäftsmann)* homme *m* d'affaires; **k~männisch** *a:* ~*e(r) Angestellte(r) m* employé de commerce; ~*e(r) Betrieb m* exploitation *f* commerciale; **~mannschaft** *f* corps *m* des marchands *od* commerçants, négociants *m pl,* monde commercial; commerce *m;* **~preis** *m,* **~summe** *f* prix *m* d'achat; **~schein** *m* bordereau *m* d'achat; **~vertrag** *m* contrat *m* d'achat *od* de vente; **~wert** *m* valeur *f* d'achat; **~zwang** *m* obligation *f* d'achat; *kein* ~ entrée libre.

Käuf|er *m* ⟨-s, -⟩ ['kɔyfər] acheteur, acquéreur; *(Abnehmer)* preneur; *(Kunde)* client *m; als* ~ *auftreten* être acheteur; *e-n* ~ *finden (Ware)* trouver acheteur *od* preneur; **k~lich** *a fig (bestechlich)* vénal, corruptible, mercenaire; *adv:* ~ *erwerben* acquérir par (voie d')achat *od* à titre onéreux; ~ *sein* mettre sa conscience à l'encan, être vénal; **~lichkeit** *f* ⟨-, (-en)⟩ *(Bestechlichkeit)* vénalité *f.*

Kaulquappe *f* ⟨-, -n⟩ ['kaʊlkvapə] *zoo* têtard *m.*

kaum [kaʊm] *adv (nur mit Mühe)* à grand-peine; *(nicht viel, schwerlich)* ne ... guère; sans doute pas; *(gerade, eben)* à peine; *etw* ~ *erwarten können* attendre qc avec impatience; *ich kann es* ~ *glauben* j'ai de la peine à le croire; *er wird es* ~ *tun (können)* il y a peu de chances pour qu'il le fasse; cela m'étonnerait qu'il le fasse; ~ *war er zu Hause, da rief er mich an* à peine arrivé chez lui, il m'appela au téléphone.

Kausal|gesetz *n* [kaʊ'za:l-] principe *m* de causalité; **~ität** *f* ⟨-, (-en)⟩ [-zali'tɛ:t] causalité *f;* **~zusammenhang** *m* rapport *m* de causalité *od* causal, relation *f od* lien de cause à effet, lien *m* causal.

Kaution *f* ⟨-, -en⟩ [kaʊtsi'o:n] *jur* caution, garantie *f; (~ssumme)* cautionnement *m; gegen* ~ sous caution; *e-e* ~ *stellen* verser une *od* fournir (une) caution; **k~sfähig** *a* capable de fournir caution; **k~spflichtig** *a* sujet à cautionnement.

Kautschuk m ⟨-s, -e⟩ ['kaʊtʃʊk] caoutchouc m; ~**milch** f latex m.

Kauz m ⟨-es, ∺e⟩ [kaʊts, 'kɔʏtsə] orn chevêche f; komische(r) ~ (fig) drôle m de citoyen od de paroissien od de type od (fam) de coco.

Kavalier m ⟨-s, -e⟩ [kava'liːr] cavalier, galant homme, homme m du monde; ~**sdelikt** n peccadille f; ~**(s)start** m départ m en chandelle.

Kavaller|ie f ⟨-, (-en)⟩ [kavalə'riː] mil cavalerie f; ~**ist** m ⟨-en, -en⟩ [-'rɪst] cavalier m.

Kaviar m ⟨-s, (-e)⟩ ['kaːviar] caviar m.

keck [kɛk] a hardi, audacieux, osé; (tapfer) brave; (mutig) courageux; (verwegen) téméraire; (forsch) fringant; (frech) effronté, impertinent, impudent, désinvolte; adv a. à la dragonne; **K~heit** f hardiesse, audace; bravoure f; courage m; témérité f; effronterie, impertinence, impudence, désinvolture f.

Kegel m ⟨-s, -⟩ ['keːgəl] math cône m; (Berg~) montagne conique; (des Spiels) quille f; typ (Schrift~) corps m (de lettre); die ~ aufstellen planter les quilles; ~ schieben jouer aux quilles; gerade(r), schiefe(r), abgestumpfte(r) ~ (math) cône m droit, oblique, tronqué; ~**bahn** f jeu m de quilles; ~**fläche** f, ~**mantel** m math surface f conique; **k~förmig** a conique; ~**kugel** f boule f (du jeu de quilles); **k~n** itr jouer aux quilles; ~**projektion** f geog projection f conique; ~**rad** n tech roue f od pignon m conique; ~**radgetriebe** n engrenage m à roues coniques; ~**schatten** m cône m d'ombre; ~**schnitt** m math section f conique; ~**spiel** n jeu m de quilles; ~**stumpf** m math cône tronqué, tronc m de cône; **Kegler** m ⟨-s, -⟩ joueur m de quilles.

Kehl|e ['keːlə] f ⟨-, -n⟩ gorge f, gosier, fam sifflet m, avaloire f, pop goulot m; arch (Hohlkehle) cannelure, gorge f; aus voller ~ à pleine gorge, à gorge déployée; die ~ anfeuchten od begießen (fam) pop s'humecter od se rincer la dalle; e-e ausgepichte ~ haben (fam) avoir le gosier pavé od l'entonnoir od la dalle en pente; e-e trockene ~ haben avoir le gosier sec od la pépie; etw in die falsche ~ kriegen (fam) avaler qc de travers; sich die ~ aus dem Halse schreien (fig fam) s'égosiller; jdm das Messer an die ~ setzen (fig) mettre à qn le couteau sous la gorge od l'épée dans les reins; jdm an die ~ springen sauter à la gorge de qn; die ~ zuschnüren (fig) serrer la gorge; mir war die ~

wie zugeschnürt j'avais la gorge serrée; das Wort blieb mir in der ~ stecken je demeurai court; **k~en** tr canneler, évider; ~**kopf** m anat larynx m; ~**kopfentzündung** f laryngite f; ~**kopfmikrophon** n microphone de larynx, laryngophone m; ~**kopfschnitt** m med laryngotomie f; ~**kopfspiegel** m miroir laryngien, laryngoscope m; ~**laut** m gutturale f; ~**leiste** f arch talon m, doucine f; ~**stimme** f voix f de gorge od de tête; ~**ung** f arch tech cannelure; moulure f; ~**ziegel** m noue f.

Kehr|aus m ⟨-, ∅⟩ ['keːr²aʊs] (letzter Tanz) dernier tour de danse, branle m; den ~ machen renvoyer tout le monde; fam donner un (bon) coup de balai; ~**besen** m balai m; ~**blech** n = Kehrichtschaufel; **k~en** tr **1.** (fegen) balayer; (den Schornstein) ramoner; kehre vor deiner eigenen Tür! mêle-toi de tes affaires! ~**icht** m od n ⟨-(e)s, ∅⟩ [-rɪçt] balayures, ordures f pl; ~**ichteimer** m boîte à ordures, poubelle f; **Kehrichthaufen** m tas m de balayures; ~**ichtschaufel** f pelle f à poussière od à ordures; ~**maschine** f balayeuse f; ~**walze** f rouleau m balayeur.

Kehr|bild n ['keːr-] opt image f inversée; ~**e** f ⟨-, -n⟩ tournant; (Kurve) virage m; sport volte-face; loc boucle f; aero renversement m; ~ (über den Flügel) (aero) vrille f horizontale, tonneau m; **k~en** tr **2.** (wenden) tourner; sich ~ an se soucier de, faire attention à od cas de, tenir compte de; das Oberste zuunterst ~ mettre tout sens dessus dessous; jdm den Rücken ~ tourner le dos à qn; rechtsum kehrt! (mil) demi-tour, droite! in sich gekehrt replié sur soi-même; ~**reim** m refrain m; ~**seite** f envers, fig (der Medaille) revers (de la médaille); (Schattenseite) mauvais côté m; **k~t=machen** itr (umkehren) revenir sur ses pas, rebrousser chemin; mil faire demi-tour; ~**twendung** f volte-face f a. fig; fig retournement; mil demi-tour; aero renversement m.

keifen ['kaɪfən] itr (schimpfen) gronder; (schreien) cri(aill)er, fam brailler; pop ronchonner, rouspéter, grincher.

Keil m ⟨-(e)s, -e⟩ [kaɪl] coin m; (Stoffkeil, Zwickel) élargissure f; tech coin m, clavette; (Bremsklotz) cale f; ein ~ treibt den anderen (prov) un clou chasse l'autre; ~**absatz** m talon m américain; ~**bein** n anat (os m cunéiforme od) sphénoïde m; ~**e** f

⟨-, ø⟩ *fam (Schläge)* raclée, rossée *f;* **k~en** *tr tech (ver~, fest~)* coincer, claveter, caler; *typ* serrer; *(für e-e student.* Verbindung *werben)* racoler; *pop (prügeln)* rosser; *sich ~ (pop)* se rosser; **~er** *m* ⟨-s, -⟩ *zoo* sanglier *m* mâle; *alte(r) ~* solitaire *m;* **~erei** *f* [-'raɪ] *fam* bagarre, rixe, chamaillerie *f,* grabuge *m;* **k~förmig** *a* en forme de coin; *scient* cunéiforme; **~haue** *f mines* pic *m;* **~hose** *f (*pantalon*)* fuseau *m;* **~kissen** *n* traversin *m;* **~rahmen** *m* châssis *m* à coins; **~riemen** *m* mot courroie *f* trapézoïdale; **~schrift** *f* écriture *f* cunéiforme.

Keim *m* ⟨-(e)s, -e⟩ [kaɪm] *allg* u. *fig* germe, *scient* u. *fig* embryon *m; fig* semence *f; im ~ ersticken* étouffer dans l'œuf, couper à la *od* dans les racine(s); *den ~ legen für (fig)* être à l'origine de; *den ~ e-r Krankheit in sich tragen* couver une maladie; *~e treiben* germer; **~bläschen** *n biol* vésicule *f* germinative; **~blatt** *n bot* cotylédon *m;* **~drüse** *f anat* glande *f* génitale; **k~en** *itr* germer *a. fig; fig (entstehen)* naître, se préparer; **k~end** *a* en germe; *fig* naissant; **k~fähig** *a* germinatif; **~fähigkeit** *f* pouvoir *m* germinatif, faculté *f* germinative; **k~frei** *a* stérilisé, aseptique; *(Milch)* pasteurisé; *~ machen* stériliser; *(Milch)* pasteuriser; *(desinfizieren)* désinfecter; **~gang** *m bot* funicule *m;* **~körper** *m* gemmule *f;* **~ling** *m* ⟨-s, -e⟩ *bot* germe, embryon *m;* **k~tötend** *a* antiseptique, germicide, bactéricide; **~ung** *f* germination *f;* **~zelle** *f biol* cellule germinale; *fig* semence, origine *f.*

kein [kaɪn] *pron a* (ne . . .) pas *od* point (de), ne . . . aucun; *~ . . . mehr* (ne . . .) plus (de); *~ anderer (als er)* personne d'autre (que lui); *~ Mensch* pas personne; pas un chat; *keine(r, s) s* pas un(e) *od* aucun(e) *od* nul(le) *od* personne (. . . ne); *keine(r, s) von beiden* ni l'un ni l'autre, aucun des deux (. . . ne); **~erlei** ['--'laɪ] *a* (ne . . .) nul; **~erseits** *adv* (ne . . .) de nulle part *od* d'aucun côté; **~esfalls** *adv,* **~eswegs** *adv* (ne . . .) en aucun cas, en aucune façon, en rien (du tout), rien moins que, pas *od* point du tout, aucunement, nullement; **~mal** *adv* (ne . . .) pas une (seule) fois; *einmal ist ~ (prov)* une fois n'est pas coutume.

Keks *m* od *n* ⟨-/-es, -/e⟩ [ke:ks] biscuit(s *pl*), gâteau(x *pl*) *m* sec(s); **~fabrik** *f* biscuiterie *f.*

Kelch *m* ⟨-(e)s, -e⟩ [kɛlç] coupe *f; bot rel* calice *m; den ~ bis zur Neige lee-*

ren (fig) boire la coupe *od* le calice jusqu'à la lie; **~blatt** *n bot* sépale *m;* **k~förmig** *a* en forme de coupe; **~glas** *n* coupe *f.*

Kelle *f* ⟨-, -n⟩ ['kɛlə] cuiller à pot, louche *f,* puisoir *m; (der Maurer)* truelle *f.*

Keller *m* ⟨-s, -⟩ ['kɛlər] cave *f; (kleiner)* caveau; *(Weinkeller, nicht gewölbt)* cellier *m;* **~ei** *f zoo* cloporte *m;* **~ei** *f* [-'raɪ] caves *f pl;* **~fenster** *n,* **~loch** *n* soupirail *m;* **~geschoß** *n* sous-sol *m;* **~gewölbe** *n* voûte *f* de cave; *pej (schlechte Wohnung)* trou *m;* **~meister** *m* caviste, sommelier; *com* maître de chai; *(im Kloster)* cellérier *m;* **~treppe** *f* escalier *m* de la cave; **~tür** *f* porte *f* de cave; **~wechsel** *m fin* lettre *f* de change fictive *od* en l'air, effet *m* de complaisance; **~wohnung** *f* sous-sol *m.*

Kellner *m* ⟨-s, -⟩ ['kɛlnər] garçon *m* (de café, d'hôtel); **~in** *f* serveuse, fille *f* de salle.

Kelt|e *m* ⟨-n, -n⟩ ['kɛltə] Celte *m;* **k~isch** *a* celtique.

Kelter *f* ⟨-, -n⟩ ['kɛltər] pressoir *m;* **k~n** *tr* press(ur)er.

Kenn|buchstabe *m* ['kɛn-] lettre *f* distinctive; **k~en** ⟨*kennt, kannte, hat gekannt*⟩ [kɛnt, 'kantə] *tr* connaître; savoir; *etw in- und auswendig ~* connaître qc comme sa poche, savoir le fonds et le tréfonds de qc; *jdn dem Namen nach ~* connaître qn de nom; *nicht ~ (a.)* ignorer, être ignorant de; *jdn überhaupt nicht ~* ne connaître qn ni d'Ève ni d'Adam; *keine Rücksicht ~* être impitoyable *od* sans scrupules; *sich vor Wut nicht mehr ~* ne plus se connaître *od* posséder de colère; *jetzt kenne ich ihn (iron)* il m'a édifié sur mon compte; *ich kenne meine Pappenheimer (fam)* je sais à qui j'ai affaire; je connais mes clients *od* mes lascars; **k~en≈lernen** *tr* faire la connaissance (*jdn* de qn), faire *od* lier connaissance (*jdn* avec qn); apprendre à connaître (*etw* qc); *jdn näher ~* faire plus ample connaissance de *od* avec qn; *bei näherem K~ gewinnen* gagner à être connu; *Sie werden mich noch ~! (iron)* vous aurez de mes nouvelles! **~er** *m* ⟨-s, -⟩ connaisseur, bon juge; *(Sachverständiger)* expert *m; (Autorität)* autorité *f; den ~ spielen (a.)* faire l'entendu; **~erblick** *m* regard *od* œil *m* de connaisseur; *mit ~* en connaisseur; **~ermiene** *f* air *m* entendu; **~gerät** *n aero* interrogateur-répondeur *m;* **~karte** *f* carte *f* d'identité; **~(n)ummer** *f* numéro *m* indicatif; **k~tlich** *a*

(re)connaissable (an à); (unterscheid-
bar) facile à distinguer; (bezeichnet)
marqué; (deutlich) distinct, net, clair;
~ machen marquer, désigner; ~**tnis** f
⟨-, -sse⟩ connaissance, notion f; pl a.
(Wissen) savoir m, intelligence, instruction f; in ~ der Sachlage en connaissance de cause; jdm etw zur ~
bringen od geben porter qc à la connaissance de qn; von etw ~ erhalten
prendre connaissance de qc; ~e erwerben s'instruire; jdm von etw ~ geben, in ~ setzen donner notification
de qc à qn; informer od instruire od
prévenir qn de qc, mettre qn au fait
de qc, communiquer qc à qn; von etw
~ haben avoir communication de qc;
von etw ~ od etw zur ~ nehmen
prendre connaissance od acte de qc;
sich ~ von etw verschaffen se mettre
au fait de qc; über ausgebreitete od
solide ~ verfügen connaître beaucoup de choses; avoir (eu) une formation très solide; ~**tnisnahme** f: nach
~ après avoir pris connaissance; zur
~ à titre d'information; pour votre information; k~**tnisreich** a fort instruit, savant; ~**ung** f inform indicatif
m; ~**wort** n mil mot m d'ordre od de
passe od de ralliement; ~**zeichen** n
marque f, signe, indice m, indication,
caractéristique; (Unterscheidungs-
merkmal) marque f distinctive,
critère, critérium; (Merkzeichen)
repère m; amtliche(s) ~ (mot)
numéro m d'immatriculation; besondere ~ (Paßvermerk) signes m pl
particuliers; ~**zeichenleuchte** f mot
feu m éclaire-plaque; ~**zeichen-
schild** n plaque f minéralogique od
d'immatriculation; k~**zzeichnen** tr
marquer; fig caractériser; k~**zeich-
nend** a caractéristique; ~**zeichnung**
f marquage m; ~**ziffer** f math index
m; (Logarithmus) caractéristique f;
com chiffre-indice, code m.

kenter|bar ['kɛntər-] a: nicht ~ (mar)
inchavirable; ~**n** ⟨aux: sein⟩ itr mar
chavirer.

Keram|ik f ⟨-, -en⟩ [ke'ra:mɪk] cérami-
que; (Gegenstände) poterie f;
k~**isch** a céramique.
Keratom n ⟨-s, -e⟩ [kera'to:m] med
(Schwiele) kératose f.
Kerb|e f ⟨-, -n⟩ ['kɛrbə] (en)coche, en-
taille f, cran m; in die gleiche ~ hau-
en (fig) enfoncer le même clou; k~**en**
tr (en)cocher, marquer d'une coche,
entailler; (auszacken) denteler,
créneler; ~**holz** n ['kɛrp-] taille f, bois
m entaillé; etw auf dem ~ haben
(fig) avoir qc sur la conscience;

~**messer** n cochoir m; ~**tier** n insecte m.
Kerker m ⟨-s, -⟩ ['kɛrkər] geôle f, cachot m; ~**meister** m geôlier m.
Kerl m ⟨-(e)s, -e/(-s)⟩ [kɛrl] homme, individu, garçon, fam gaillard, drôle,
lascar, pop type, bougre, zig(ue), arg
gonze, gus, mec, zèbre m; pej (mit a)
espèce f de (mit s); anständige(r) ~
honnête homme m; arme(r) ~ pauvre
diable od hère m; blöde(r) od dämli-
che(r) od dumme(r) ~ espèce f
d'imbécile, nigaud m; ekelhafte(r) ~
(fam) salaud m; feine(r) ~ chic type,
type m bien; ganze(r) ~ ce qu'on appelle un homme; gemeine(r), gräßli-
che(r) ~ vilain monsieur; fripon, filou
m; fam fripouille f, sale type m; hüb-
sche(r) ~ beau bambin, bel enfant;
prächtige(r) ~ (fam) bonne pâte f
(d'homme); gräßliche(r), widerli-
che(r) ~ vilain moineau od oiseau m;
kleine(r) ~ = ~chen; komische(r) ~
drôle m de lascar; schlechte(r) ~
mauvais sujet m; ich kann den ~
nicht leiden je ne peux pas supporter
ce type; ~**chen** n petit bonhomme,
pop moucheron m.
Kern m ⟨-(e)s, -e⟩ [kɛrn] (e-r Steinfrucht) pépin; (e-r Steinfrucht) noyau
m; (e-r Nuß) amande; (e-r Melone, e-s
Kürbisses, e-r Gurke) graine f; biol
(Zellkern), phys (a. Atomkern), tech
(Formkern), fig (~punkt) noyau m;
(Reaktor~) cœur m; fig (die Haupt-
sache, das Wesentliche) substance,
quintessence f, cœur, essentiel, suc,
vif m; e-n guten ~ haben (Mensch)
avoir un bon fond; auf den ~ der Sache kommen, zum ~ der Sache vor-
dringen od vorstoßen entrer dans le
vif du sujet; das also ist des Pudels ~
(Goethe) c'était donc cela! voilà le fin
mot de l'histoire! ~**beißer** m orn
gros-bec m; ~**beschuß** m bombardement m atomique; ~**bohrung** f
mines sondage à carotte, carottage
m; ~**brecher** m mines brise-carotte
m; ~**brennstoff** m combustible m
nucléaire; k~**deutsch** a foncière-
rement allemand; ~**energie** f énergie
f nucléaire; ~**explosion** f explosion f
nucl éaire; ~**forschung** f recherche
od science f nucléaire; europäische
Organisation f für ~ conseil m européen de la recherche nucléaire
(Abk: C.E.R.N.) ~**frage** f question f
capitale; ~**frucht** f fruit m à pépins;
~**gehäuse** n, ~**haus** n (e-r ~frucht)
trognon m; k~**gesund** a foncièrement sain, plein de santé; k~**haft** a
= k~ig fig; ~**holz** n cœur m du bois;
k~**ig** a (Frucht) plein de pépins; fig

(kräftig) vigoureux, solide; *(Nahrung)* substantiel; *(markig)* nerveux, énergique; **~kraft** *f* énergie *f* nucléaire *od* atomique; **~kraftgegner** *m* (militant) antinucléaire *m;* **~kraftwerk** *n* centrale *f* nucléaire *od* atomique; **~ladung** *f phys* charge du noyau; *(Rakete)* tête *f* atomique; **~leder** *n* cuir *m* de choix; **k~los** *a* sans pépins; **~obst** *n* fruits *m pl* à pépins; **~physik** *f* physique *od* science *f* nucléaire; **~problem** *n* problème *m* principal; **~punkt** *m* vif *m;* **~reaktion** *f phys* réaction *f* nucléaire; **~reaktor** *m* réacteur *m* nucléaire, pile *f* atomique; **~schatten** *m* noyau *m* d'ombre, ombre *f* pure; **~seife** *f* savon *m* de Marseille; **~spaltung** *f* fission *f* nucléaire; **~spruch** *m* sentence *f;* **~strahlung** *f* radiation *f* nucléaire; **~stück** *n* pièce *od* partie essentielle, pièce *f* maîtresse, noyau, cœur *m;* **~teilchen** *n phys* nucléon *m;* **~teilung** *f biol* mitose (du noyau), caryocinèse, karyokinèse *f;* **~truppen** *f pl* troupes *f pl* d'élite; **~umwandlung** *f phys* transformation *f* nucléaire; **~verschmelzung** *f phys* fusion *f* nucléaire; **~waffen** *f pl* armes *f pl* nucléaires; **~waffenversuch** *m* essai *m* nucléaire; **~wissenschaft** *f* nucléonique *f;* **~wolle** *f* laine *f* mère; **~zerfall** *m phys* désintégration *f* du noyau.

Kerosin *n* ‹-s, ø› [kero'zi:n] *(Petroleum)* kérosène *m.*

Kerze *f* ‹-, -n› ['kɛrtsə] *(Talgkerze)* chandelle; *(Wachs-, Stearinkerze)* bougie *f; rel (große Wachskerze)* cierge *m; mot (Zündkerze)* bougie *f* (d'allumage); **k~ngerade** *a* droit comme un cierge *od* un manche *od* une statue; **~nhalter** *m* chandelier; *(kleiner)* bougeoir *m;* **~nlicht** *n: bei* ~ aux chandelles; **~nstärke** *f el* puissance *f* en bougies.

Kescher *m* ‹-s, -› ['kɛʃər] *(Angeln)* nasse *f; (Landenetz)* épuisette *f.*

keß [kɛs] *(kesser)* ['kɛsər] *a fam (schneidig)* déluré, aguichant; *kesse Motte (fig fam)* luron, ne *m f.*

Kessel *m* ‹-s, -› ['kɛsəl] chaudron *m; (großer, bes. tech)* chaudière; *(Kochtopf)* marmite; *(Teekessel)* bouilloire; *(Talkessel)* vallée *f* encaissée, cirque *m; mil* zone d'encerclement; *(Jagd)* enceinte *f;* **~anlage** *f tech* installation *f* de chaudière; **~armatur** *f* garniture *f* de chaudière; **~behälter** *m* container-citerne *m;* **~druck** *m* pression *f,* timbre *m;* **~flicker** *m* rétameur *m;* **k~förmig** *(Tal)* encaissé;

~haken *m* crémaillère *f;* **~haus** *n* salle de chauffe *od* des chaudières, chaufferie *f;* **~pauke** *f mus* timbale *f;* **~schlacht** *f* bataille *f* d'encerclement; **~schmied** *m* chaudronnier *m;* **~stein** *m* (dépôt de) tartre *m,* incrustations *f pl; pop* calcaire *m; den* ~ *entfernen* détartrer *(aus etw* qc); *Entfernung f des* ~s détartrage *m;* **~treiben** *n (Jagd)* battue *f; fig* encerclement *m;* **~wagen** *m loc* wagon-citerne, wagon-réservoir; *mot* camion-citerne *m.*

Kette *f* ‹-, -n› ['kɛtə] chaîne *f; (Halskette)* collier *m; tech (Raupenkette)* chenille; *(Weberei)* chaîne; *(Bergkette)* chaîne *f* (de montagne s); *(Postenkette)* cordon *m; (Rebhühner)* compagnie; *aero (3 Flugzeuge)* patrouille *f; e-e* ~ *bilden* faire la chaîne; *an die* ~ *legen (Hund)* mettre à la chaîne; *in* ~*n legen (Menschen)* mettre aux fers; **k~ln** *tr (Textil)* entrelacer; **k~n** *tr (verbinden)* lier, joindre; *an jdn gekettet sein (fig)* être attaché à qn; **~nantrieb** *m* commande *od* transmission *f* par chaîne; **~nbaum, Kettbaum** *m (Weberei)* ensouple *f;* **~nbrief** *m* lettre *f* boule de neige; **~nbruch** *m math* fraction *f* continue; **~nbrücke** *f* pont *m* suspendu; **~nfahrzeug** *n* véhicule *m* à chenilles; **~nführer** *m aero* chef *m* de patrouille; **~ngelenk** *n,* **~nglied** *n* chaînon, anneau *m;* **~ngetriebe** *n* engrenage *m* à chaîne; **~nhandel** *m* commerce *m* par intermédiaires; **~nhund** *m* chien *m* d'attache; **~nkasten** *m tech mot* carter de chaîne; *mar* puits *m* aux chaînes; **~npanzer** *m hist* cotte *f* de mailles; **~nrad** *n (Uhr)* roue *f* à chaîne; **~nraucher** *m* fumeur *m* acharné *od* enragé; **~nreaktion** *f phys chem fig* réaction *f* en chaîne *od* caténaire; **~nstich** *m (Stickerei)* point *m* de chaînette.

Ketzer *m* ‹-s, -› ['kɛtsər] hérétique, hétérodoxe *m;* **~ei** *f* [-'rai] hérésie, hétérodoxie *f;* **~gericht** *n* inquisition *f;* **k~isch** *a* hérétique, hétérodoxe; **~richter** *m* inquisiteur *m;* **~verbrennung** *f* autodafé *m;* **~verfolgung** *f* persécution *f* des hérétiques.

keuch|en ['kɔʏçən] *itr* haleter, souffler; *med* anhéler; **K~husten** *m* coqueluche *f.*

Keule *f* ‹-, -n› ['kɔʏlə] *(Waffe)* massue *f; sport* mil *m; (Kalb)* cuisse; *(Rind)* culotte *f; (Hammel)* gigot; *(Wild)* cuissot; *(Geflügel) fam* pilon *m;* **k~nförmig** *a* en forme de massue; **~nschlag** *m* coup *m* de massue *a.*

fig; **~nschwingen** *n sport* exercice *m* aux mils.

keusch [kɔyʃ] *a* chaste, continent; *(rein)* pur; *(schamhaft)* pudique; *(sittsam)* vertueux; **K~heit** *f* ‹-, ø› chasteté, continence; pureté; pudicité *f.*

Khaki *n* ‹-s, ø› *(Farbe), m* ‹-s, ø› *(Stoff)* ['ka:ki] kaki *m;* **k~farben** *a* kaki *inv.*

Kichererbse *f bot* pois *m* chiche.

kichern *itr* ['kɪçərn] rire sous cape, ricaner; *dauernd* ~ être rieur; **K~** *n* ricanement, rire *m* étouffé.

Kiebitz *m* ‹-es, -e› ['ki:bɪts] *orn* vanneau *m.*

kiebitzen ['ki:bɪtsən] *itr fam (beim Spiel ungebeten zuschauen)* faire galerie; assister en badaud à qc.

Kiefer *m* ['ki:fər] **1.** ‹-s, -› *anat* mâchoire *f, scient* maxillaire *m;* **~klemme** *f med* trisme *m;* **~knochen** *m* mâchoire *f,* os *m* maxillaire.

Kiefer 2. *f* ‹-, -n› *bot* pin *m; gemeine* ~ pin *m* sylvestre; **~nspanner** *m ent* phalène *f* du pin; **~nwald** *m* pinède *f;* **~nzapfen** *m* cône *m od* pomme *f* de pin.

Kieker *m* ‹-s, -› ['ki:kər] *auf dem* ~ *sein (fam: aufpassen)* être sur le qui-vive; *er hat mich auf dem* ~ *(fam)* je suis sa bête noire.

Kiel [ki:l] *m* ‹-(e)s-, -e› **1.** *(Feder~)* tuyau *m.* **2.** *(Schiff)* quille, carène *f;* **~bogen** *m arch* accolade *f;* **k~holen** *tr* caréner; **~legung** *f* mise *f* sur cale *od* en chantier; **~linie** *f mar* ligne *f* de file; **k~oben** *adv* la quille en l'air; **~raum** *m* (fond *m* de) cale *f; im* ~ à fond de cale; **~wasser** *n* sillage *a. fig,* remous *m;* houache *f (vx).*

Kiemen *f pl* ['ki:mən] *zoo* branchies, ouïes *f pl;* **~atmung** *f* respiration *f* branchiale.

Kien *m* ‹-(e)s, ø› [ki:n], **~holz** *n* bois *m* de pin *od* résineux; **~apfel** *m* pomme *f* de pin; **~span** *m* copeau *m* résineux.

Kiepe *f* ‹-, -n› ['ki:pə] *(Rückentragkorb)* hotte *f.*

Kies *m* ‹-es, -e› [ki:s, -zə(s)] gravier *m; (grober)* pierraille *f; (Geröll)* galets *m pl; arg (Geld)* galette *f; mit* ~ *bestreuen* graveler; **~grube** *f* gravière *f;* **k~ig** ['-zɪç] *a* graveleux; **~weg** *m* sentier *m* recouvert de gravier.

Kiesel *m* ‹-s, -› ['ki:zəl] *(rauher)* caillou, *(glatter)* galet *m;* **~erde** *f min* terre siliceuse; *chem* silice *f;* **~gur** *f* farine fossile, terre *f* d'infusoires; **k~haltig** *a* siliceux; **k~n** *tr (mit Kies bestreuen)* graveler; **~säure** *f* acide *m* silicique.

kikeriki [kikəri'ki:] *interj* cocorico, coquerico.

kill|en ['kɪlən] *tr arg* estourbir; **K~er** *m* ‹-s, -› *allg* tueur; *(Messerstecher)* arg chourineur *m.*

Kilo|(gramm) *n* ‹-s, -/-s› ['ki:lo] kilo-(gramme) *m;* **~(gramm)kalorie** *f phys* kilocalorie, grande calorie *f; 1000* ~*n* thermie *f;* **~grammeter** *n* kilogrammètre *m;* **~hertz** *n radio* kilocycle *m;* **~meter** *m* kilomètre *m;* ... ~ *fahren* faire ... kilomètres; ~ *fressen (fam)* avaler *od pop* bouffer des kilomètres, faire de la route; **~meterfresser** *m fam* mangeur *m* de kilomètres; **~metergeld** *n* indemnité *f* kilométrique; **~meterstein** *m* borne *f* kilométrique; **~meterzähler** *m mot* compteur kilométrique, kilométreur *m;* **~volt** *n el* kilovolt *m;* **~watt** *n* kilowatt *m;* **~wattstunde** *f* kilowatt-heure *m,* calorie-heure *f.*

Kimm *f* ‹-, ø› [kɪm] *geog mar aero (Horizont)* horizon *m;* **~tiefe** *f geog* abaissement *m;* **~ung** *f* = ~; *mar (Luftspiegelung)* mirage *m.*

Kimme *f* ‹-, -n› ['kɪmə] *(Einschnitt)* (en)taille, encoche, rainure *f; (am Faß)* jable; *mil (Teil der Visiereinrichtung)* cran *m* de mire.

Kimono *m* ‹-s, -s› [ki'mo:no, 'ki:mono, 'kɪmono] kimono *m.*

Kind *n* ‹-(e)s, -er› [kɪnt, -dər] enfant *m f, fam* gamin, e *m f,* gosse *m f, arg* môme, mouflet, moutard *m; von* ~ *auf* dès mon *etc od* dès l'enfance; *mit* ~ *und Kegel (fam)* avec armes et bagages, avec toute la smala(h); *an* ~*es Statt annehmen* adopter; *das* ~ *mit dem Bade ausschütten (fig)* jeter l'or avec les crasses; *od (Neologismus)* jeter l'enfant avec l'eau du bain; *ein* ~ *bekommen, (fam) kriegen* avoir un enfant; *ein* ~ *erwarten (schwanger sein)* attendre un enfant; *~er haben (a.)* être chargé de famille; *sich bei jdm lieb* ~ *machen* s'attirer les bonnes grâces de qn; *das* ~ *beim (rechten) Namen nennen* appeler un chat un chat; *kein* ~ *mehr sein* être sorti de l'enfance; *Sie sind ein* ~ *des Todes* vous êtes un homme mort; *man sieht, wes Geistes* ~ *Sie sind* on voit bien quelle espèce d'homme vous êtes *od* de quel bois vous êtes fait *od* vous vous chauffez; *das weiß jedes* ~ c'est enfantin; *das ist ein totgeborenes* ~*!* *(fig)* l'affaire est condamnée *od fam* ratée d'avance; *was für ein* ~ *Sie sind!* quel enfant vous êtes! *gebranntes* ~ *scheut das Feuer (prov)* chat échaudé craint l'eau froide; *~er und Narren sagen die Wahrheit (prov)*

enfants et sots sont devins; *aus ~ern
werden Leute (prov)* on ne voit pas
grandir ses enfants; *wer sein ~ lieb-
hat, züchtigt es (prov)* qui aime bien,
châtie bien; *~er und ~eskinder* enfants et petits-enfants; *~ der Liebe*
enfant *m* naturel *od* illégitime; *ein ~
s-r Zeit* un enfant de son époque;
~bett *n* couches *f pl; im ~* en couches; **~bettfieber** *n* fièvre *f*
puerpérale *od* de lait; **~chen** *n* petit
enfant, bébé, *fam* fanfan, petiot, marmot *m.*

Kinder|arbeit *f* ['kɪndər-] travail *m* des
enfants *od* des mineurs; **~arzt** *m*
pédiatre *m;* **~beihilfe** *f* allocations *f
pl* familiales; **~bett(stelle** *f) n* lit *m*
d'enfant; **~brei** *m* bouillie *f* (de bébé);
~buch *n* livre *m* d'enfant *od* pour
enfants; **~ei** *f* [-'raɪ] enfantillage *m,*
puérilité; *(Streich)* gaminerie; *(Be-
langlosigkeit)* bagatelle *f,* rien *m;*
~erholungsheim *n* home *m* d'enfants; **~ermäßigung** *f* réduction *f*
pour les enfants; **~fahrkarte** *f* billet
m demi-tarif; **k~feindlich** *a* mal
adapté pour les enfants; *(Gesellschaft, Mensch)* hostile aux enfants;
~fest *n* fête *f* enfantine; **~frau** *f*
bonne d'enfants; *(Amme)* nourrice *f;*
~fräulein *n* gouvernante, bonne *f*
d'enfants; **~freund** *m* ami *m* des enfants; **k~freundlich** *a* adapté pour
les enfants; *(Gesellschaft, Mensch)*
qui aime les enfants; **~funk** *m* émissions *f pl* enfantines; **~fürsorge** *f* assistance *od* aide *f* à l'enfance; **~gar-
ten** *m* jardin *m* d'enfants, (école) maternelle, crèche, garderie *f;* **~gärtne-
rin** *f* jardinière *od* gardienne d'enfants, institutrice *f* d'école maternelle;
~geld *n* allocation *f* familiale; **~ge-
schrei** *n* cris *m pl od* criailleries *f pl*
d'enfants *od* des enfants; **~glaube** *m*
croyance *f* enfantine; **~gottes-
dienst** *m* service *m (evang.) od* messe *f (kath.)* d'enfants; **~heilkunde** *f*
médecine infantile, pédiatrie *f;* **~heil-
stätte** *f* sanatorium *m* d'enfants;
~heim *n* maison *f od* home *m* d'enfants; **~hort** *m* crèche, garderie *f;*
~kleid *n* robe *f* de fillette; **~klinik** *f*
clinique *f* pédiatrique *od* pour enfants; **~krankheit** *f* maladie *f* des
enfants *od* d'enfants *od* infantile; *fig*
défaut *m* de jeunesse; **~lähmung** *f*
spinale ~ paralysie infantile, poliomyélite *f;* **k~leicht** *a* simple comme
bonjour, enfantin; **k~lieb** *a: ~ sein*
aimer les enfants; **~lied** *n* chanson *f*
enfantine; **k~los** *a (Ehepaar)* sans
enfant(s); *(Ehe)* stérile; **~losigkeit** *f*
⟨-, ø⟩ manque *m od* absence *f* d'en-

fants; *(Unfruchtbarkeit)* stérilité *f;*
~mädchen *n* bonne *f* d'enfants;
~mantel *m* manteau *m* d'enfant;
~märchen *n* conte *m* d'enfant;
~mehl *n* farine *f* lactée; **~nährmit-
tel** *n* aliment *m* infantile *od* pour
bébé; **~nahrung** *f* alimentation *f* infantile; **~narr** *m* ami *m* passionné des
enfants; **~psychologie** *f* psychologie *f* de l'enfant; **k~reich** *a: ~e Familie f* famille *f* nombreuse; **~schreck**
m loup-garou, croque-mitaine *m;*
~schuhe *m pl* chaussures *f pl* d'enfant; *noch in den ~en stecken* être
encore dans les langes *od* au maillot
od à l'état embryonnaire, ne faire encore que de naître; *den ~en entwachsen (a)* sorti de l'enfance;
~schürze *f* tablier *m* d'enfant; **k~si-
cher** *a* spécialement conçu pour la
sécurité des enfants; **~sicherung** *f
(an der Autotür)* sécurité *f* enfants;
~sitz *m (im Auto)* siège *m* pour en-
fant(s); **~spiel** *n* jeu *m* d'enfant *a. fig;*
~spielplatz *m* aire *f* de jeux;
~spielzeug *n* jouet *m* d'enfant, *fam*
babiole *f;* **~sprache** *f* langage *m* enfantin; **~sterblichkeit** *f* mortalité *f*
infantile; **~stube** *f fig: e-e gute,
schlechte ~ gehabt haben* avoir été
bien, mal élevé; **~waage** *f* pèse-bébé
m; **~wagen** *m* voiture *f* d'enfant;
~wäsche *f* layette *f;* **~zeit** *f* enfance
f; **~zimmer** *n* chambre *f* d'enfant(s);
~zulage *f* allocation *f* familiale;
~zuschlag *m* supplément *m* pour
enfants à charge; supplément *m* familial (de traitement).

Kindes|alter *n* ['kɪndəs-] enfance *f,*
bas âge *m;* **~aussetzung** *f* abandon
m d'enfant; *jur* exposition *f* de part;
~beine *n pl: von ~n an* dès la *od* sa
etc plus tendre enfance; **~entführer**
m ravisseur *m* d'enfant; **~entfüh-
rung** *f* enlèvement *m* d'enfant; **~lie-
be** *f* amour *m* filial; **~mißhandlung**
f violences *f pl* contre les enfants;
~mord *m* meurtre d'un enfant, infan-
ticide *m;* **~mörder(in** *f)* *m* infantici-
de *m f;* **~pflicht** *f* devoir *m* filial;
~raub *m* rapt *m* d'enfant; **~unter-
schiebung** *f,* **~vertauschung** *f*
supposition *od* substitution *f* d'enfant
od jur de part.

Kind|heit *f* ⟨-, ø⟩ ['kɪnthaɪt] enfance *f,*
bas âge *m;* **~heitserinnerungen** *f pl*
souvenirs *m pl* d'enfance; **k~isch**
['-dɪʃ] *a (Mensch)* enfantin, niais;
(Handlung) puéril; *sich ~ benehmen*
od gebärden faire l'enfant, *fam* le
bébé; *~ sein* être enfant; *~ werden*
tomber en enfance *od* dans le radotage; *~e(r) Alte(r m) f* gâteux, se *m f,*

m fam gaga *m;* ~*e(s) Wesen n* puérilité *f;* **k~lich** *a* enfantin, d'enfant; *(unschuldig)* innocent, candide; *(naiv)* naïf, ingénu; ~**lichkeit** *f* ⟨-, (-en)⟩ caractère *m* enfantin; innocence, candeur; naiveté, ing énuité *f;* ~**skopf** *m fig* grand enfant; *(Dummkopf) fam* bêta, niais *m;* ~**spech** *n physiol* méconium *m;* ~**taufe** *f* baptême *m.*

Kinet|ik *f* ⟨-, ⍉⟩ [ki'ne:tɪk] *phys* cinétique *f;* **k~isch** [ki'ne:tɪʃ] *a phys (Bewegungs-)* cinétique.

Kinkerlitzchen *pl* ['kɪŋkərlɪtsçən] *fam (Plunder, Tand)* fanfreluches *f pl,* colifichets *m pl; (Albernheiten)* sottises *f pl.*

Kinn *n* ⟨-(e)s, -e⟩ [kɪn] menton; *vorspringende(s), zurücktretende(s)* ~ menton *m* saillant, fuyant; *spitze(s)* ~ *(a. fam)* menton *m* de *od* en galoche; ~**backe(n** *m) f,* ~**lade** *f* mâchoire, mandibule *f;* ~**bart** *m,* ~**bärtchen** *n* barbiche, impériale *f, fam* bouc *m;* ~**haken** *m sport* crochet à la mâchoire, uppercut *m; (am Zaum)* gourmette *f.*

Kino *n* ⟨-s, -s⟩ ['ki:no] cinéma, *pop* ciné, *arg* cinoche *m; ins* ~ *gehen* aller au cinéma; ~**besitzer** *m* exploitant *m* de cinéma; ~**besuch** *m* fréquentation *f* des cinémas; ~**besucher** *m* spectateur *m* de cinéma; ~**orgel** *f* orgue *m* de cinéma; ~**reklame** *f* publicité dans les cinémas, réclame par le cinéma, propagande *f* cinématographique; ~**vorstellung** *f* séance *f* cinématographique *od* de cinéma.

Kiosk *m* ⟨-(e)s, -e⟩ [ki'ɔsk] kiosque *m.*

kipp|bar ['kɪp-] *a* à bascule; **K~e** *f* ⟨-, -n⟩ *(Kante)* arête *f; fam (Zigarettenstummel) pop* mégot *m; auf der* ~ *stehen* être en équilibre instable; *fig* ne tenir qu'à un fil; ~**(e)lig** *a* branlant; ~**eln** *itr* chanceler, basculer; ~**en** *tr* ⟨*aux: haben*⟩ pencher, faire basculer; *(umkippen)* renverser, culbuter; *itr* ⟨*aux: sein*⟩ *(umkippen)* faire la bascule, chavirer; *aus den Latschen* ~ *(pop fig)* tomber sur le derrière; en rester comme deux ronds de flan; **K~er** *m* ⟨-s, -⟩ culbuteur, basculeur, verseur *m;* **K~frequenz** *f radio* fréquence *f* de balayage; **K~hebel** *m tech* basculeur *m;* **K~karren** *m* brouette *f* à bascule; tombereau *m;* **K~kübel** *m* benne *f* basculante; **K~lade** *f* abattant *m;* **K~lastwagen** *m* camion *m* basculant; **K~lore** *f* wagonnet *m* à bascule; **K~schalter** *m* interrupteur *m* culbuteur *od* à bascule; **K~schaltung** *f* bascule *f;* ~**sicher** *a* inversable; **K~sicherung** *f*

tech stabilisateur *m;* **K~vorrichtung** *f* dispositif d'inclinaison, basculateur *m;* **K~wagen** *m* wagon *m* basculant *od* à bascule, benne *f* basculante.

Kirche *f* ⟨-, -n⟩ ['kɪrçə] *(Gebäude)* église, *(evang.)* temple *m; (Einrichtung)* Église *f; pej* goupillon; *(Gottesdienst)* service (divin *od* religieux), office *m; in die od zur* ~ *gehen, die* ~ *besuchen* aller à l'église; ~**halten** *(kath.)* célébrer l'office divin; *(evang.)* faire le prêche; *die* ~ *im Dorf lassen (fig)* garder la tête froide; *die streitende, triumphierende* ~ l'Église *f* militante, triomphante.

Kirchen|älteste(r) *m* ['kɪrçən-] ancien *m;* ~**bann** *m* excommunication *f,* interdit *m; in den* ~ *tun* excommunier; ~**behörde** *f* autorité *f* ecclésiastique; ~**besuch** *m* fréquentation *f* des offices; ~**buch** *n* registre *m* paroissial; ~**buße** *f* pénitence *f;* ~**chor** *m* lutrin *m,* maîtrise *f;* ~**chorleiter** *m* maître *m* de chapelle; ~**diener** *m (Küster) (kath.)* sacristain, bedeau; *(evang.)* marguillier *m;* ~**fahne** *f* bannière *f,* gonfalon, gonfanon *m;* **k~feindlich** *a* anticlérical, voltairien; ~**fenster** *n* vitrail *m (pl* vitraux); ~**fest** *n* fête *f* religieuse; ~**fürst** *m* prince *m* de l'Église; ~**gemeinde** *f* paroisse *f;* ~**gesang** *m (das Singen)* chant *m* d'église; ~**geschichte** *f* histoire *f* ecclésiastique; ~**jahr** *n* année *f* ecclésiastique *od* religieuse; ~**konzert** *n* concert *m* spirituel; ~**lehrer** *m* docteur *m* de l'Église; ~**licht** *n fig: er ist kein (großes)* ~ ce n'est pas une lumière; ~**lied** *n* cantique *m;* ~**maus** *f: arm wie e-e* ~ pauvre comme un rat d'église *od* comme Job; ~**musik** *f* musique *f* religieuse *od* sacrée *od* d'église; ~**ordnung** *f* règlements *m pl od* règles *f pl* de l'Église; ~**rat** *m (evang. kirchl. Behörde)* consistoire; *(Person)* membre du consistoire, conseiller *m* ecclésiastique; ~**recht** *n* droit *m* canon; ~**rechtler** *m* canoniste *m;* **k~rechtlich** *a* canonique; ~**reform** *f* réforme *f* de l'Église; ~**schändung** *f* profanation *f,* sacrilège *m;* ~**spaltung** *f* schisme *m;* ~**staat,** *der* les États *m pl* de l'Église; ~**steuer** *f* impôt *m* ecclésiastique; ~**tag** *m: Deutsche(r) Evangelische(r)* ~ Congrès *m* synodal de l'Église évangélique allemande; **k~treu** *a* bien pensant; ~**vater** *m hist* Père *m* de l'Église; ~**versammlung** *f (kath.)* concile; *(evang.)* synode *m;* ~**vorstand** *m (kath.)* conseil de fabrique; *(evang.)* conseil *m* presbytéral; ~**vorsteher** *m* membre du conseil; *nur* *kath.* conseiller de fabrique, marguillier *m.*

Kirch|gang *m* ['kırç-] *erste(r)* ~ *(e-r Wöchnerin)* relevailles *f pl;* **~hof** *m (Friedhof)* cimetière *m;* **~lein** *n* petite église, chapelle *f;* **k~lich** *a* ecclésiastique, religieux, spirituel; de l'Église; *sich* ~ *trauen lassen* se marier à l'église; *~e Trauung f* mariage *m* religieux; *~e(r) Würdenträger m* dignitaire *m* ecclésiastique; **~spiel** *n* paroisse *f;* **~turm** *m* clocher *m,* tour *f* d'église; **~turmpolitik** *f* politique *f* de clocher; **~weih** *f* fête patronale, kermesse *f.*

kirre ['kırə] *a fam (zahm)* apprivoisé, soumis; *jdn* ~ *machen* apprivoiser, *fam* amadouer qn; ~ *werden* s'apprivoiser, filer doux; **~n** *tr* = ~ *machen.*

Kirsch *m* ‹-(e)s, -› [kırʃ] = *~wasser;* **~baum** *m* cerisier *m;* **~blüte** *f* fleur *f* de cerisier; **~e** *f* ‹-, -n› cerise *f; mit ihm ist nicht gut ~en essen* il ne fait pas bon se frotter à lui, il est mauvais coucheur, c'est un rude joueur; **~kern** *m* noyau *m* de cerise; **~kernbeißer** *m orn* gros-bec *m* commun; **~kuchen** *m* tarte *f* aux cerises; **~lorbeer** *m bot* laurier-cerise *m;* **k~rot** *a* rouge cerise; **~saft** *m* jus *m* de cerises; **~torte** *f* tarte *f* aux cerises, clafouti(s) *m;* **~wasser** *n (Schnaps)* kirsch *m.*

Kissen *n* ‹-s, -› ['kısən] coussin; *(Kopfkissen)* oreiller; *tech* matelas *m;* **~bezug** *m,* **~überzug** *m* taie *f* d'oreiller.

Kiste *f* ‹-, -n› ['kıstə] caisse; *(kleinere, bes. Zigarrenkiste)* boîte *f; pop (Fernseher)* télé *f; (alte ~) (fam: Auto)* tacot *m,* bagnole, guimbarde *f; (Flugzeug)* coucou, *arg* zinc *m;* **~ndeckel** *m* couvercle *m* de caisse; **~nheber** *m* lève-caisses *m;* **~nöffner** *m* ouvre-caisses *m.*

Kitsch *m* ‹-(e)s, ø› [kıtʃ] œuvre *f* de basse qualité, tape-à-l'œil; *(Neologismus)* kitsch *m; (Schund)* toc, chiqué *m,* camelote *f;* **~film** *m* navet *m;* **k~ig** *a* de mauvais goût; *(Neologismus)* kitsch; *~e(s) Bild n* croûte *f.*

Kitt *m* ‹-(e)s, -e› [kıt] *(Glaserkitt)* mastic; *chem tech* lut *m;* **k~en** *tr* mastiquer; luter.

Kittchen *n* ‹-s, -› ['kıtçən] *pop (Gefängnis)* bloc, violon *m,* taule *f,* cabanon *m; ins* ~ *bringen (pop)* coffrer, foutre au bloc.

Kittel *m* ‹-s, -› ['kıtəl] *(Arbeits~)* blouse *f; (Fuhrmanns ~)* sarrau *m,* souquenille *f;* **~schürze** *f* blouse-tablier *f,* tablier-blouse *m.*

Kitz *n* ‹-es, -e›, **~e** *f* ‹-, -n› ['kıts(ə)] *(Zicklein)* chevreau; *(Reh)* faon *m.*

Kitz|el *m* ‹-s, ø› ['kıtsəl] chatouillement *m; (Jucken)* démangeaison *a. fig; fig (Gelüst)* envie *f;* **k~(e)lig** *a* chatouilleux; *fig (heikel)* délicat, graveleux, scabreux; **k~eln** *tr u. itr* chatouiller, titiller; *(jucken)* démanger; *tr fig* flatter; *es kitzelt mich zu* j'ai terriblement envie de; **~ler** *m* ‹-s, -› *anat* clitoris *m.*

Klabautermann *m* ‹-(e)s, ⸗er› [kla'bautərman] *(Schiffskobold)* lutin *m* marin.

Kladde *f* ‹-, -n› ['kladə] *(erste Niederschrift)* brouillon *m; com* main *f* courante; *(Buch)* brouillard *m.*

Kladderadatsch *m* ‹-(e)s, -e› [kladəra'datʃ] *fam (Spektakel)* charivari, pétard, chambard *m; (Zs.bruch)* catastrophe, débâcle *f.*

klaffen ['klafən] *itr* béer, bâiller, être entrouvert; **~d** *a (Wunde)* béant.

kläff|en ['klɛfən] *itr (Hund)* japper, glapir; *(Jagdhund)* clabauder; *fig (Mensch)* criailler, clabauder, déblatérer; **K~er** *m* ‹-s, -› *(Hund)* jappeur, roquet; *a. fig (Mensch)* clabaud(eur); *fig* aboyeur *m.*

Klafter *m* od *n* ‹-s, -› ['klaftər] *(altes Längenmaß)* toise; *(Holzmaß)* corde *f;* **k~n** *tr (abmessen)* toiser; *(Holz)* corder.

klag|bar ['kla:k-] *a:* ~ *sein (Sache)* donner lieu à une plainte; ~ *werden (gegen jdn* contre qn, *wegen etw* pour qc); **K~e** *f* ‹-, -n› [-gə] *allg u. jur* plainte; *jur* demande, action; *(Beschwerde)* (com)plainte *f,* doléances *f pl,* grief *m; e-e* ~ *abweisen* rejeter une demande; *jdn mit s-r* ~ *abweisen* débouter qn de sa demande; *in ~n ausbrechen* se répandre en plaintes; *e-e* ~ *einreichen* formuler od déposer une plainte, intenter un procès; *gegen jdn (a.: anstrengen)* porter plainte contre qn, (faire) appeler qn en justice, intenter un procès à qn; ~ *erheben* intenter une action; *gegen jdn* porter une accusation contre qn; ~ *führen über* se plaindre de; **K~eabweisung** *f* jugement *m* de rejet od de débouté; **K~ebegründung** *f* motivation *f* de la plainte; **K~egeschrei** *n* lamentations *f pl;* **K~egrund** *m jur* grief *m;* **K~elaut** *m: keinen* ~ *von sich geben* ne pas laisser échapper une plainte; **K~elied** *n* complainte *f, pej* jérémiades *f pl; ~er singen (fig)* chanter le miséréré, se répandre en jérémiades; **K~emauer** *f (in Jerusalem)* Mur *m* des Lamentations; **~en** *itr* se plaindre (*über etw* de qc); *(jammern)* se lamenter; *(wehklagen)* gémir; *jur* porter plainte (en justice) *(gegen jdn* contre qn, *wegen etw* pour qc); *furchtbar* od *mächtig* ~ *(fam)* crier misère; „...", *klagte er* «...», dit-il d'un ton plaintif *od* chargé de reproches; **K~epunkt** *m jur* chef *m* d'accusation; **K~erecht** *n* droit *m* d'action; **K~erücknahme** *f jur* désistement *m* (d'instance); **K~eruf** *m* cri *m* plaintif; **K~esache** *f jur* procès *m,* cause *f;* **K~eschrift** *f jur* plainte (écrite), demande *f;* **K~eweg** *m: auf dem* ~*e* par voie de justice; **K~eweib** *n* pleureuse *f;* **K~ezustellung** *f jur* signification *f* de la demande.

Kläg|er(in *f) m* ⟨-s, -⟩ ['klɛ:gər] *jur* plaignant, e *m f,* demandeur *m,* demanderesse *f; öffentliche(r)* ~ plaignant *m* public; **k~erisch** *a: der* ~*e Anwalt* l'avocat *m* du demandeur *od* de la partie plaignante; **k~lich** ['-klɪç] *a (jammernd)* plaintif, dolent; *(beklagenswert)* lamentable, déplorable; *(jämmerlich)* pitoyable, piteux, misérable; *der Versuch ist* ~ *mißlungen* la tentative a lamentablement échoué; ~**lichkeit** *f* ⟨-, (-en)⟩ état *od* caractère *m* lamentable *od* déplorable *od* pitoyable.

Klamauk *m* ⟨-s, ø⟩ [kla'mauk] *fam* chambard, chahut, *pop* bousin, boucan, barouf(le) *m.*

klamm [klam] *a (eng)* étroit, serré; *(feucht)* moite; *(starr vor Kälte)* (en-) gourd(i); ~ *an Geld fam* raide.

Klamm *f* ⟨-, -en⟩ [klam] *(Felsschlucht mit Wasserlauf)* gorge *f,* ravin *m.*

Klammer *f* ⟨-, -n⟩ ['klamər] pince *f,* crochet *m; med* agrafe *f; (Krampe)* crampon *m,* crampe, happe, harpe *f,* harpon *m; mus typ* accolade *f; pl (Krampen)* a. clameaux; ~ *auf, zu* ouvrez, fermez la parenthèse; *in* ~*n setzen* mettre entre parenthèses; *mit* ~*n verbinden (typ)* accoler; *runde, eckige* ~ parenthèse *f,* crochet *m;* **k~n** *tr (befestigen)* fixer avec des pinces; *med* agrafer; *(mit Krampen)* cramponner; *sich* ~ *an* se raccrocher, se cramponner à *a. fig.*

Klamotten *f pl* [kla'mɔtən] *fam pej (Plunder)* nippes, hardes *f pl; pop* fringues, frusques *f pl; in alten* ~ mal nippé.

Klampe *f* ⟨-, -n⟩ ['klampə] *mar* taquet *m.*

Klampfe *f* ⟨-, -n⟩ ['klampfə] *(Gitarre) mus* guitare *f.*

Klang *m* ⟨-es, ⁒e⟩ [klaŋ, 'klɛŋə] son, ton; *(der Stimme)* timbre *m; (e-s bewegten Gegenstandes)* résonance *f;*

e-n guten ~ *haben* sonner bien; *fig: sein Name hat e-n guten* ~ il jouit d'une bonne réputation; *dumpfe(r), helle(r), tiefe(r)* ~ son *m* sourd, clair, grave *od* bas; ~**farbe** *f* timbre *m; radio* tonalité *f;* ~**(farben)regelung** *f radio* réglage *m* de la tonalité; ~**(farben)regler** *m radio* régulateur *od* contrôleur *m* de la tonalité; ~**figur** *f phys* figure *f* sonore; ~**fülle** *f* puissance du son, sonorité *f;* **k~getreu** *a:* ~*e Wiedergabe f* haute fidélité *f;* ~**instrument** *n* instrument *m* sonore; **k~los** *a phys* sourd, insonore; *(Stimme)* blanc; ~**malerei** *f,* ~**nachahmung** *f* onomatopée *f;* ~**reflektor** *m film radio* drapeau *m;* **k~rein** *a* net, pur; ~**reinheit** *f* netteté, pureté; *radio* pureté de la réception *od* de l'audition, fidélité, musicalité *f;* ~**stärke** *f radio* puissance *f* du son; ~**stufe** *f mus* intervalle *m;* **k~voll** *a* sonore; *(Stimme)* étoffé, vibrant; ~**welle** *f phys* onde *f* sonore; ~**wirkung** *f mus* effet *m* musical.

Klapp|bett *n* ['klap-] lit pliant, lit-cage *m;* ~**brücke** *f* pont *m* basculant *od* à bascule; ~**deckel** *m* couvercle à charnière, boîtier *m;* ~**e** *f* ⟨-, -n⟩ trappe *f,* abattant *m,* patte *f; (~deckel)* couvercle; *(e-s Briefumschlags)* rabattant *m; (Schneiderei)* patte *f; (e-r Tasche)* rabat (de poche); *mus (Blasinstrument)* clé; *anat, bot* valvule; *(~ventil)* valve *f,* clapet *m; mines* bille *f; tele aero* volet; *pop (Bett)* pieu, pucier *m; pop (Mund)* gueule *f,* bec *m; die* ~ *aufreißen (pop)* avoir une grande gueule; *la* ramener; *zwei Fliegen mit e-r* ~ *schlagen (fig)* faire d'une pierre deux coups; *halt die* ~*! (pop)* ta gueule! boucle-la! **k~en** *itr (schlagen)* claquer, battre; *fam fig (in Ordnung gehen)* marcher à souhait; *zum K~ kommen* aller se déclencher; *die Sache klappt (fam)* ça colle; *es hat geklappt (fam)* ça a marché; *es klappt alles tadellos* od *wie am Schnürchen (fam)* tout va très bien *od* comme sur des roulettes; c'est réglé comme du papier à musique; ~**enschrank** *m tele* tableau annonciateur *od* à volets, standard téléphonique, commutateur *m* à clapets; ~**entext** *m (in e-m Buch)* texte *m* du rabat; ~**enventil** *n* clapet *m;* ~**(fahr)rad** *n* bicyclette *f* pliable; ~**horn** *n mus* (cornet à) piston *m;* ~**(p)ult** *n* pupitre *m* pliant; ~**sitz** *m* strapontin, siège abattant *od* rabattable *od* basculant *od* escamotable; *theat mot* strapontin *m;* ~**stuhl** *m* chaise *f* pliante, (siège) pliant *m;*

~**tisch** *m* table *f* pliante; ~**treppe** *f* escalier *m* pliant; ~**verdeck** *n* *mot* capote *f* (amovible); ~**zylinder** *m* (chapeau) claque *od* gibus *m*.

Klapper *f* ‹-, -n› ['klapər] claquet *m*, claquette, cliquette; *(Knarre)* crécelle *f; (Spielzeug)* hochet *m, (Tanzklapper)* castagnette *f;* **k~dürr** *a* maigre comme un clou, d'une maigreur squelettique, *fam* sec comme une trique *od* un coup de trique; ~**gestell** *n* *fam (dürrer Mensch)* squelette *m; fam (altes Auto)* os; tas *m* de ferraille; **k~ig** *a* branlant, fragile; *fig fam (Mensch)* rabougri; ~**kasten** *m fam (Klavier)* chaudron *m,* casserole *f; tech* clou; *mot* tacot, tapecul *m;* **k~n** *itr* claquer, cliqueter; *(Storch)* craqueter, claqueter; *(Mühle)* faire tic tac; ~**n** *n* bruit de ferraille; *(Schreibmaschine)* cliquetis *m;* ~ *gehört zum Handwerk (prov)* il faut savoir faire valoir sa marchandise; ~**schlange** *f zoo* serpent à sonnettes, crotale *m;* ~**storch** *m fam* cigogne *f;* **klapprig** = ~*erig.*

Klaps *m* ‹-es, -e› [klaps] *fam* tape, claque, taloche *f; e-n* ~ *haben* avoir un grain (de folie) *od* une araignée au plafond; *kleine(r)* ~ tapette *f.*

klar [kla:r] *a (hell)* clair; *(rein)* pur; *(deutlich)* net, distinct; *(durchsichtig)* transparent; *(Himmel, Flüssigkeit)* limpide; *(Wetter)* a. serein; *(Verstand)* a. lucide; *fig (deutlich)* clair; *(verständlich)* intelligible; *(offenbar)* évident; *mar (bereit)* dégagé, paré; ~ *und deutlich (adv)* avec précision; *sich über etw im ~en sein* voir clair dans qc; *sich über etw ~ werden* (commencer à) comprendre qc; *das ist doch* ~ cela s'entend, c'est évident *od* une chose évidente, *fam* c'est couru; ~? *(fam)* nous y sommes? ~*er Fall! (fam)* évidemment! ~ *Schiff! (mar)* paré! ~**blickend** *a* clairvoyant, perspicace; **K~heit** *f* ‹-, ø› clarté; pureté; netteté; transparence, limpidité; sérénité; lucidité; évidence *f;* ~ *in etw bringen (fig)* éclaircir qc; ~**=legen** *tr,* ~**=machen** *tr fig* expliquer, exposer, éclaircir; *jdm etw klarmachen* faire comprendre qc à qn; *sich etw klarmachen* se rendre compte de qc; *das Schiff klarmachen (mar)* appareiller; **K~scheibe** *f mot* disque *m* antibuée; **K~schrift** *f; in* ~ *(nicht chiffriert)* en clair; ~**=sehen** *itr* voir clair; **K~sichthülle** *f* protège-documents *m;* **K~sichtpackung** *f* emballage *m* sous cellophane; **K~sichtscheibe** *f* vitre *f* anti-buée; ~**=stellen** *tr* (re)mettre au point, mettre en

évidence; **K~stellung** *f* mise *f* au point; **K~text** *m (nicht chiffriert)* texte *m* en clair; *im* ~ *heißt das (fig)* en un mot, ça veut dire.

Klär|anlage *f* ['klɛ:r-] station d'épuration, installation *f* de clarification *od* de décantation *od* de décantage; ~**becken** *n* bassin *m* de décantation *od* de décantage *od* de dépôt; **k~en** *tr* clarifier; *(Flüssigkeit)* décanter; *chem* dépurer; *fig* éclaircir, tirer au clair, élucider; *sich* ~ se clarifier; *fig (sich aufklären)* s'éclaircir, s'élucider; ~**mittel** *n* clarifiant *m;* ~**schlamm** *m* boues *f pl* d'épuration; ~**ung** *f* ‹-, (-en)› clarification; décantation *f; fig* éclaircissement *m,* élucidation *f.*

Klarinett|e *f* ‹-, -n› [klari'nɛtə] *mus* clarinette *f;* ~**ist** *m* ‹-en, -en› [-'tɪst] clarinettiste *m.*

Klasse *f* ‹-, -n› ['klasə] classe *(a. bot, zoo, Soziologie, Schule, sport, loc, mar); allg* a. catégorie, division *f; a pop (prima)* bath, chouette; *erster* ~ *(attr)* de première classe; *in* ~*n einteilen* class(ifi)er, répartir par classes; *erster* ~ *fahren* voyager en première classe; *e-e* ~ *überspringen, wiederholen* sauter, redoubler une classe; *die besitzende* ~ les possédants *m pl; er ist große* ~ *(fam)* il est du tonnerre, il a de la classe; *die unteren* ~*n (Schule)* les classes élémentaires; ~**narbeit** *f,* ~**naufsatz** *m* composition *f* (écrite); **k~nbewußt** *a* conscient de sa classe; ~**nbewußtsein** *n* conscience *f* de classe; ~**nbuch** *n (Schule)* journal *m* (de la classe); ~**neinteilung** *f* classement *m,* classification *f;* ~**ngeist** *m* esprit *m* de classe; ~**nhaß** *m* haine *f* de(s) classes; ~**njustiz** *f* justice *f* de classe(s); ~**nkamerad** *m* camarade *m* de classe; ~**nkampf** *m* lutte *f* des classes; ~**nlehrer** *m* professeur *m* principal; ~**nlotterie** *f* loterie *f* en plusieurs tirages; ~**nunterschiede** *m pl* distinction *f* des classes; ~**nzimmer** *n* (salle de) classe *f.*

klass|ifizieren [klasifi'tsi:rən] *tr* class(ifi)er; **K~ifizierung** *f* classification *f,* classement *m;* **K~ik** *f* ‹-, ø› ['klasɪk], **K~izismus** *m* ‹-, ø› [-'tsɪsmʊs] classicisme *m;* **K~iker** *m* ‹-s, -› ['klasikər] classique *m;* ~**isch** ['klasɪʃ] *a* classique.

klatsch [klatʃ] *interj* flac! **K~** *m* ‹-(e)s, -e› *(Klaps)* claque *f; fam (Geschwätz)* cancan; caquet, potin *m,* racontar; bavardage, commérage *m;* chronique *f* scandaleuse; **K~base** *f* cancanière, commère; *pop* pipelette *f;* **K~e** *f* ‹-, -n› *(Gegenstand)* claquette *f;* ~**en** *itr ⟨aux: haben⟩* claquer; *⟨aux: sein⟩ (fallen) zu Boden* ~ s'écraser; *(Regen)* fouetter; *⟨aux: haben⟩ (schwatzen)* bavarder, jaser; *fam* dégoiser, caqueter, potiner, cancaner; *über jdn (fam)* casser du sucre sur la tête *od* le dos de qn, *pop* débiner *(über jdn* qn); *Beifall* ~ applaudir *(jdm* qn); *in die Hände* ~ battre *od* claquer des mains; *jdm e-e* ~ *(fam)* flanquer une gifle à qn; ~*de(r) Regen m* pluie *f* battante; ~**haft** *a* bavard, cancanier, potinier; **K~haftigkeit** *f* ⟨-, ø⟩ manie *f* de faire des cancans; **K~maul** *n* potinier, ère; cancanier, ère *m f;* **K~mohn** *m,* **K~rose** *f* pavot, coquelicot *m;* ~**naß** *a* trempé jusqu'aux os; **K~sucht** *f* = *K~haftigkeit;* **K~weib** *n* = *K~base.*

klaub|en [ˈklaubən] *tr (sortieren)* trier; *fig: Worte* ~ ~ ergoter sur les mots, couper les cheveux en quatre; **K~e-rei** *f* [-ˈrai] *fig* ergotage *m,* subtilités *f pl.*

Klau|e *f* ⟨-, -n⟩ [ˈklauə] *zoo (Kralle)* griffe *f,* ongle *m; (Fuß)* patte *f,* pied *m; tech* griffe, patte *f; fam (unleserliche Schrift)* grimoire *m,* pattes *f pl* de mouche; *pl tech, a. fig* tenailles *f pl; in jds* ~**en** *geraten, sein* tomber sous les griffes, être entre les pattes de qn; **k~en** *tr fam (stehlen)* chiper, faucher chaparder, volatiliser, *pop* barboter; *itr* jouer des mains; ~**en-kupp(e)lung** *f tech* accouplement à griffes *od* à crabots, embrayage *m* à griffes.

Klaus *m* [klaus] Colas, Nicolas *m.*

Klaus|e *f* ⟨-, -n⟩ [ˈklauzə] *(Mönchszelle)* cellule *f; (Einsiedelei)* ermitage *m; (Schlucht)* cluse *f,* défilé *m;* ~**el** *f* ⟨-, -n⟩ clause, réserve, stipulation *f;* ~**ner** *m* ⟨-s, -⟩ *rel* reclus, ermite, solitaire *m;* ~**nerin** *f* recluse *f;* ~**ur** *f* ⟨-, -en⟩ [-ˈzuːr] *rel* clôture *f; unter* ~ *sous* surveillance; ~**urarbeit** *f* composition *f* faite sous surveillance; devoir *m* sur table; interrogation *f* écrite.

Klaviatur *f* ⟨-, -en⟩ [klaviaˈtuːr] *mus* clavier *m.*

Klavier *n* ⟨-es, -e⟩ [klaˈviːr] piano *m; am* ~ au piano; ~ *spielen* jouer du piano; ~**auszug** *m* partie *f* de piano; ~**begleitung** *f* accompagnement *m* de piano; ~**hocker** *m* tabouret *m* de piano; ~**konzert** *n (Veranstaltung)* récital de piano; *(Werk)* concerto *m* pour piano; ~**lehrer(in** *f) m* professeur *m* de piano; ~**schule** *f (Buch)* méthode *f* de piano; ~**spiel** *n* le piano *m;* ~**spieler(in** *f) m* pianiste *m f;* ~**stimmer** *m* accordeur *m* de pianos; ~**stück** *n* morceau *m* de piano;

~**stunde** *f* leçon *f* de piano: ~**virtuose** *m* pianiste *m* virtuose.

kleb|en [ˈkleːbən] *tr* coller; *(Anschlagzettel)* afficher; *bes. med* agglutiner; *itr (haften)* (se) coller, être collant, (s')attacher, adhérer, tenir *(an* à) *a. fig; fig fam (Mensch)* être attaché *(an* à); *med* s'agglutiner; *jdm eine* ~ *(pop)* flanquer une tarte *od* un marron à qn; *mir klebt die Zunge am Gaumen* j'ai la gorge sèche; *an seinen Händen klebt Blut* il y a du sang sur ses mains, ses mains sont souillées de sang; **K~emarke** *f* vignette *f* collante; autocollant *m;* **K~er** *m* ⟨-s, -⟩ = *K~stoff; chem* colle *f* végétale, gluten; *(Arbeiter)* colleur *m; (Auf~)* autocollant *m;* **K~(e)streifen** *m* ruban *m* adhésif *od* de fixage; bande *f* de papier collant; ~**rig** *a* collant, gluant, adhésif; *(kleberhaltig)* glutineux; *(zähflüssig)* visqueux; **K~rigkeit** *f* ⟨-, (-en)⟩ glutinosité, viscosité *f;* **K~stoff** *m* substance *f* adhésive, agglutinant *m,* colle *f* (blanche).

kleckern [ˈklɛkərn] *itr fam* faire des taches; *nicht* ~, *sondern klotzen (fig fam)* mettre le paquet.

Klecks *m* ⟨-es, -e⟩ [klɛks] *(bes. Tintenfleck)* tache *f* (d'encre), pâté *m;* **k~en** *itr* faire des taches *od* pâtés; *(Feder)* cracher; *pej (schlecht schreiben od malen)* barbouiller; ~**er** *m* ⟨-s, -⟩ barbouilleur *m;* ~**erei** *f* [-ˈrai] barbouillage *m; (Bild)* croûte *f;* **k~ig** *a* taché, plein de taches *od* pâtés.

Klee *m* ⟨-s, ø⟩ [kleː] *bot* trèfle *m; über den grünen* ~ *loben* porter aux nues; *vierblättrige(r)* ~ trèfle *m* à quatre feuilles; ~**blatt** *n* feuille *f* de trèfle; *ein sauberes* ~ *(fig iron)* un beau *od* joli trio; ~**feld** *n* tréflière *f;* ~**salz** *n chem* sel *m* d'oseille.

Kleiber *m* ⟨-s, -⟩ [ˈklaibər] *orn* sittelle *f.*

Kleid *n* ⟨-(e)s, -er⟩ [klait, -dər] *allg* habit, vêtement *m; (Frauenkleid)* robe, *(elegantes)* toilette *f; die* ~**er** *wechseln (a.)* se changer; ~**er** *machen Leute (prov)* l'habit fait le moine; **k~en** *tr* habiller; *(gut stehen)* aller bien, seoir *(jdn* à qn); *sich* ~ s'habiller; *in Worte* ~ *(fig)* mettre en forme, donner forme à, exprimer; ~**erablage** *f* vestiaire *m;* ~**erbad** *n* nettoyage à sec; *(Geschäft)* pressing *m,* blanchisserie *f;* ~**erbügel** *m* cintre *m;* ~**erbürste** *f* brosse *f* à habits; ~**erhaken** *m* portemanteau *m,* patère *f;* ~**erlaus** *f ent* pou *m* du corps; ~**ermotte** *f ent* mite des étoffes, teigne *f* des draps; ~**erschrank** *m* garde-robe *(pl* garde-robes), armoire *f* à habits; ~**erstoff** *m* tissu

m pour robes, étoffe *f* pour costumes; **k~sam** *a* seyant; ~ *sein* aller bien; **~ung** *f* habillement *(a. Vorgang)*, vêtements, habits *m pl,* costume *m; in bürgerlicher* ~ *(nicht in Uniform)* en civil; *getragene* ~ habits *m pl* usagés; **~ungsstück** *n* vêtement *m.*
Kleie *f* ⟨-, -n⟩ ['klaɪə] son; *(grobe)* bran *m.*
klein [klaɪn] *a* petit *a. fig,* menu; *(winzig)* exigu, infime; *(verschwindend ~)* minuscule, microscopique, imperceptible; *(unbedeutend)* faible, médiocre, insignifiant; *fig (geringfügig, unbedeutend)* minime, médiocre, insignifiant, peu important; *pej (armselig)* mesquin, piètre; *(~lich, engherzig)* borné, étroit, mesquin; *ein* ~ *wenig* un (tout) petit peu, un tantinet; *im* ~*en* au petit pied, en miniature; *com* au *od* en détail; *von* ~ *auf* dès mon *etc* enfance; ~ *anfangen (fam)* partir de rien; ~ *beigeben (fam)* céder le terrain, filer doux; *e-n k~en sitzen haben (fam)* en avoir un petit coup dans l'aile; *jdn von* ~ *auf kennen* avoir vu naître qn; ~*er machen* diminuer; ~ *schreiben (im ganzen)* écrire menu; *(auf)* ~ *stellen (Gasflamme)* mettre en veilleuse; *im* ~*en verkaufen* faire le détail; ~*er werden* rapetisser, diminuer; ~*e(r) Fehler m* faute *f* légère; ~*e(r) Geist m* petit esprit, esprit *m* mesquin; ~*e(s) Geld n = K~geld; die* ~*en Leute pl* les petites gens, le petit *od* menu *od* bas peuple; *der* ~*e Mann (fig)* l'homme du peuple; ~*e Terz (mus)* tierce *f* mineure; *das* ~*ere Übel* le moindre mal; ~ *von Wuchs* de petite stature *f.*
Klein *n* ⟨-s, ø⟩ [klaɪn] *(~fleisch)* abattis; *mines* amas *m* de pierres, pierraille *f;* **~anzeige** *f* petite annonce *f;* **~asien** *n* l'Asie *f* Mineure; **~bahn** *f loc* (chemin *m* de fer à) voie *f* étroite, petit chemin de fer, *fam* tortillard *m;* **~bauer** *m* petit cultivateur *od* propriétaire *m;* **~besitz** *m* petite propriété *f;* **~betrieb** *m* petite exploitation *od* entreprise *f;* **~bildkamera** *f* appareil *m* pour photos de format réduit; **~buchstabe** *m* (lettre) minuscule, petite lettre *f;* **~bürger** *m* petit bourgeois *m;* **k~bürgerlich** *a* de (la) petit(e) bourgeois(ie); petit bourgeois; **~bürgertum** *n* petite bourgeoisie *f;* **~familie** *f* famille *f* nucléaire; **~flugzeug** *n* avionnette *f;* **~format** *n bes. phot* petit format *m;* **~garten** *m* jardin *m* ouvrier; **~geld** *n* (petite *od* menue) monnaie *f;* **~gewerbe** *n* petite industrie *f;* **k~gläubig** *a* pusillanime; **~gläubigkeit** *f*

pusillanimité *f;* **~=hacken** *tr* hacher menu; **~handel** *m* petit commerce, commerce *m* de détail; *im* ~ au détail; **~handelsgeschäft** *n* magasin *m* de vente au détail; **~handelspreis** *m* prix *m* de détail; **~händler** *m* détaillant, petit marchand, marchand *m* au détail; **~heit** *f* ⟨-, ø⟩ petitesse; *(Geringfügigkeit)* exiguïté *f;* **~hirn** *n anat* cervelet *m;* **~holz** *n* petit od menu bois *m; arg aero* casse *f;* ~ *machen (arg aero)* casser du bois; **~igkeit** *f* bagatelle *f,* rien *m, fam* vétille, babiole *f; e-e* ~ *(fam)* du billard; *pl* menus faits, détails *m pl; sich über jede* ~ *ärgern od aufregen* se fâcher pour un rien; *sich um* ~*en (herum)streiten* chercher la petite bête; *das hat mich (nur) e-e* ~ *gekostet* je l'ai eu pour presque rien; *(das ist e-e)* ~*!* c'est un jeu d'enfant; la belle affaire! *das ist keine* ~*!* ce n'est pas une petite affaire, *fam* ce n'est pas de la tarte! **~igkeitskrämer** *m* pédant, vétillard, tatillon, coupeur de cheveux en quatre, *fam* pinailleur *m;* **~igkeitskrämerei** *f* pédanterie *f;* **~kalibergewehr** *n* carabine *f* de petit calibre *od* miniature; **~kind** *n* petit enfant *m;* **~kram** *m* riens *m pl,* vétilles, *fam* babioles, broutilles *f pl,* menu fretin *m;* **~krieg** *m* guerre de partisans, guérilla *f;* **k~=kriegen** *tr fig fam* (e-n Gegner) aplatir; *nicht kleinzukriegen(d) a* de fer; **~kunstbühne** *f* cabaret *m;* **k~laut** *a* décontenancé, interdit, découragé; *jdn* ~ *machen* décontenancer qn; ~ *werden* baisser le ton, filer doux; **~lebewesen** *n* micro-organisme, microbe *m; durch* ~ *verursacht (med)* microbien; **k~lich** *a* petit, pédant, vétilleux, tatillon; *(genau)* minutieux; *(mit Geld)* chiche; *(engstirnig)* étroit, borné, mesquin; *(schikanös)* chicanier; **~lichkeit** *f* pédanterie; minutie, mesquinerie *f; (Zopfigkeit)* chinoiserie *f pl;* **~möbel** *n pl* petits meubles *m pl;* **~mut** *m,* **~mütigkeit** *f* pusillanimité *f,* esprit timoré; *(Feigheit)* manque *m* de courage; **k~mütig** *a* pusillanime, timoré, découragé; **~od** *n* ⟨-(e)s, -e/ -dien⟩ ['klaɪnoːt, -də, -'noːdjən] *a. fig* bijou; joyau; *fig* trésor *m;* **~rentner** *m* petit rentier *m;* **k~=schneiden** *tr (Küche)* émincer; **~sparer** *m* petit épargnant *m;* **~staat** *m* petit État *m;* **~staaterei** *f* particularisme *m;* **~stadt** *f* petite ville *f;* **~städter** *m* provincial *m;* **k~städtisch** *a* provincial; **~stkind** *n* bébé, nourrisson *m;* **~stwagen** *m mot* cyclecar *m;* **~tier** *n scient* animalcule *m;* **~verdiener** *m* gagne-petit *m;* ~**verkauf** *m* vente *f* au détail; ~**verkaufspreis** *m* prix *m* de détail; ~**vieh** *n* petit *od* menu bétail *m;* ~**wagen** *m* mot voiture *f* de faible cylindrée; ~**wild** *n* menu gibier *m.*

Kleist|er *m* ⟨-s, -⟩ ['klaɪstər] colle *f* (d'amidon *od* de pâte); **k~(e)rig** *a* collant, gluant; *fam (Backwerk)* gluant; **k~ern** *tr* coller; ~**erpinsel** *m* brosse *f* à colle; ~**ertopf** *m* pot *m* à colle.

Klemm|backe *f* ['klɛm-] *tech* griffe *f;* ~**bolzen** *m* boulon *m* d'assemblage *od* de serrage; ~**e** *f* ⟨-, -n⟩ *(Klammer)* pince *f; el* serre-fils *m,* borne *f; fig fam* pétrin *m, (geldlich)* gêne *f; aus der* ~ hors d'affaire; *in die* ~ *kommen od geraten* avoir des ennuis; *in der* ~ *sein od sitzen (fam)* être coincé *od* dans le pétrin *od* pris entre deux feux *od* pris en sandwich; *(geldlich)* tirer le diable par la queue, *vulg* être embêté; *aus der* ~ *ziehen (fig fam)* repêcher; *sich* tirer son épingle du jeu; se débrouiller; *vulg* se démerder; **k~en** *tr* serrer, presser, pincer; *fam (stehlen)* chiper, chaparder, *pop* barboter; *itr (verklemmt sein)* coincer; ~**enkasten** *m el* boîte *f* à bornes; ~**enleiste** *f tele* planchette *f* de raccordement; ~**enspannung** *f el* tension *f* aux bornes; ~**er** *m* ⟨-s, -⟩ *opt (Kneifer)* pince-nez *m;* ~**schraube** *f* vis *f* de serrage; *el* serre-fils *m.*

Klempner *m* ⟨-s, -⟩ ['klɛmpnər] ferblantier; *(~ u. Rohrleger)* plombier(-zingueur) *m;* ~**ei** *f* [-'raɪ] ferblanterie; plomberie *f;* ~**laden** *m (fig pop) (Ordensreihe(n) auf der Brust)* batterie *f* de cuisine.

Klepper *m* ⟨-s, -⟩ ['klɛpər] *fam (schlechtes Pferd)* canasson *m,* rosse, haridelle *f, arg mil* bourrin *m.*

Kleptoman|e *m* ⟨-n, -n⟩ [klɛpto'maːnə] , ~**in** *f* cleptomane *m f;* ~**ie** *f* ⟨-, -n⟩ [-maˈniː] *(Stehlsucht)* cleptomanie *f.*

kler|ikal [kleriˈkaːl] *a pol* clérical; **K~iker** *m* ⟨-s, -⟩ ['kleːrikər] *rel* ecclésiastique *m;* **K~us** *m* ⟨-, ø⟩ ['kleːrʊs] *(Geistlichkeit)* clergé *m.*

Klette *f* ⟨-, -n⟩ ['klɛtə] *bot* bardane *f,* glouteron *m; fig fam (Mensch)* crampon *m; sich wie e-e* ~ *an jdn hängen* se cramponner à qn; *wie* ~*n anea. hängen* être comme cul et chemise ~**nwolf** *m tech* échardonneuse *f.*

Kletter|eisen *n* ['klɛtər-] crampon, grappin *m;* ~**er** *m* ⟨-s, -⟩ grimpeur, ascensionniste *m;* ~**mast** *m,* ~**stange** *f (Turngerät)* mât; *(mit aufgehängten Preisen)* mât *m* de cocagne; **k~n** ⟨*aux: sein*⟩ *itr* grimper *(auf* sur, *an* à);

~ *auf* escalader; ~**pflanze** *f* plante *f* rampante; ~**rose** *f (als Pflanze)* rosier *m* sarmenteux; ~**schuhe** *m pl* étriers *m pl* à grimper; ~**seil** *n* corde *f* lisse; ~**sprosse** *f bot* vrille *f;* ~**vögel** *m pl* grimpeurs *m pl;* ~**wand** *f sport (im Gebirge)* école de rocher, varappe *f.*

Klient(in *f)* *m* ⟨-en, -en⟩ [kliˈɛnt] client, e *m f.*

Klima *n* ⟨-s, -s/-te⟩ ['kliːma, -'maːtə] climat *m; (sich) an das* ~ *gewöhnen* (s')acclimater; ~**anlage** *f* conditionnement *m* de l'air, installation *f* de climatisation *f,* climatiseur *m; mit (e-r)* ~ *(ausgestattet od versehen)* a climatisé, à air conditionné; ~**heilbad** *n* station *f* thermale climatique; ~**heilkunde** *f,* ~**therapie** *f* climatisme *m;* ~**kterium** *n* ⟨-s, ø⟩ [-makˈteːriʊm] *physiol* ménopause *f;* ~**kunde** *f* climatologie *f;* **k~tisch** [-'maːtɪʃ] *a* climatique; ~**e(r)** *Kurort m* station *f* climatique; **k~tisieren** [-tiˈziːrən] *tr (mit e-r ~anlage versehen)* climatiser, conditionner; ~**tisierung** *f* climatisation *f,* conditionnement *m* de l'air.

Klimbim *m* ⟨-s, ø⟩ [klɪmˈbɪm] *fam (Plunder)* fatras, bric-à-brac *m; (Getue, Umstände)* chichi *m; der ganze* ~ *(pop)* tout le bazar *od* tremblement.

klimm|en ⟨*klimmt, klomm/klimmte, ist geklommen/geklimmt*⟩ ['klɪmən] *itr* grimper; *auf* gravir; **K~zug** *m sport* suspension *f* fléchie.

Klimper|kasten *m* ['klɪmpər-] *fam (Klavier)* chaudron *m;* **k~n** *itr* tinter; *mus (auf dem Klavier)* tapoter (du piano), *fam* pianoter; *mit dem Geld (in der Tasche)* ~ faire sonner son argent.

Klinge *f* ⟨-, -n⟩ ['klɪŋə] lame; *(Degen)* épée *f,* fer *m; die* ~*n kreuzen* croiser l'épée *od* le fer; *über die* ~ *springen lassen* passer au fil de l'épée; *er führt e-e gute* ~ c'est une bonne *od* fine lame.

Klingel *f* ⟨-, -n⟩ ['klɪŋəl] sonnette; *(Schelle)* clochette *f; (am Fahrrad)* timbre *m; (elektrische)* ~ sonnerie *f* (électrique); ~**anlage** *f* sonnerie *f;* ~**beutel** *m rel* bourse *f* à quêter; ~**knopf** *m* bouton *m* de sonnette; **k~n** *itr* sonner; *dauernd* ~ *(Mensch)* se pendre à la sonnette; *es klingelt* on sonne; *das Telefon klingelt* le téléphone sonne; ~**schnur** *f,* ~**zug** *m* cordon *m* de sonnette; ~**zeichen** *n* coup *m* de sonnette.

klingen ⟨*klingt, klang, hat geklungen*⟩ ['klɪŋən, klaŋ, -klʊŋən] *itr* sonner, résonner, retentir; *(Glocke)* tinter; *fig*

(Worte) sonner, *(auf den Sinn bezogen)* paraître; *die Gläser* ~ *lassen* choquer les verres; *die Ohren* ~ *mir, es klingt mir in den Ohren* les oreilles me tintent; **K~** *n (der Gläser)* tintement *m;* ~**d** *a* sonore.

klingklang ['klɪŋklaŋ] *interj* tintin! drelin, drelin!

Klin|ik *f* ⟨-, -en⟩ ['kli:nɪk] clinique *f;* ~**i-ker** *m* ⟨-s, -⟩ ['kli:nikər] *(médecin)* clinicien *m;* **k~isch** ['kli:nɪʃ] *a* clinique.

Klink|e *f* ⟨-, -n⟩ ['klɪŋkə] *(Türklinke)* poignée, clench(ett)e *f,* loquet *m; tech (Sperr-, Schaltklinke)* cliquet; *tele* jack *m;* **k~en** *itr* presser le loquet.

Klinker *m* ⟨-s, -⟩ ['klɪŋkər] *(Baustein)* brique *f* hollandaise *od* recuite *od* vernissée.

klipp [klɪp] *interj:* ~, *klapp.'* clic-clac! flic-flac! *adv:* ~ *und klar* clair et net; **K~klapp** *n* ['-klap] *(der Mühle)* tic-tac *m.*

Klipp|e *f* ⟨-, -n⟩ [klɪpə] écueil, brisant *m;* ~**fisch** *m* morue *f* salée *od* verte.

Klipper *m* ⟨-s, -⟩ ['klɪpər] *aero* clipper *m.*

klirren ['klɪrən] *itr* cliqueter; *(Gläser)* tinter.

Klisch|ee *n* ⟨-s, -s⟩ [kli'ʃe:] *typ* cliché, galvano *m;* ~**ieranstalt** *f* clicherie *f;* **k~ieren** [-'ʃi:rən] *tr* clicher; ~**ieren** *n* clichage *m.*

Klistier *n* ⟨-s, -e⟩ [klɪs'ti:r] *med* lavement, clystère *m; jdm ein* ~ *geben, jdn* **k~en** *tr* administrer un lavement à qn; ~**spritze** *f* seringue *f* à lavements.

klitsch [klɪtʃ] *interj:* ~, *klatsch.'* flic-flac! **K~** *m* ⟨-es, -e⟩ *dial pej* bouillie, pâte *f;* ~**ig** *a (Backwaren)* pâteux; ~**naß** *a* trempé jusqu'aux os *od* comme une soupe.

Klo *n* ⟨-s, -s⟩ [klo:] *fam* toilettes *f pl; aufs* ~ *gehen* aller aux toilettes.

Kloake *f* ⟨-, -n⟩ [klo'a:kə] égout; *a. zoo u. fig* cloaque *m.*

Klob|en *m* ⟨-s, -⟩ ['klo:bən] *(Holzklotz)* billot *m* de bois, bûche *f; tech* valet *m;* **k~ig** *a (Möbelstück)* massif, trapu; aux lignes lourdes; *(Mensch: plump)* grossier, rude, pataud.

Klon *n* ⟨-s, -e⟩ [klo:n] *(Genetik)* clone *m;* **k~en** *tr* cloner; ~**en** *n* clonage *m.*

klönen ['klø:nən] *itr fam (plaudern)* babiller, bavarder, causer.

klopf|en ['klɔpfən] *itr* frapper; *(Herz)* battre, palpiter; *(Herz, Motor)* cogner; *tr (ausklopfen, schlagen)* battre; *(klapsen)* taper, *(sanft)* tapoter *(auf etw* qc); *(Steine)* casser; *auf den Busch* ~ *(fig)* battre les buissons, *(fig)* sonder *od* tâter le terrain; *jdm auf die Finger* ~ donner sur les doigts à

qn; *an die Tür* ~ frapper à la porte; *eher würde ich Steine* ~ *(fig)* j'aimerais mieux casser des cailloux; *es klopft* on frappe; **K~en** *n* battement; *mot* cognement *m;* **K~er** *m* ⟨-s, -⟩ *(Teppichklopfer)* tapette *f,* battoir; *(Türklopfer)* heurtoir, marteau; *tele* parleur; *radio* décohéreur *m;* ~**fest** *a mot* antidétonant; **K~festigkeit** *f mot* pouvoir *m* antidétonant; **K~holz** *n* maillet *m;* **K~peitsche** *f* martinet *m.*

Klöppel *m* ⟨-s, -⟩ ['klœpəl] *(Glockenklöppel)* battant; *(Spitzenklöppel)* fuseau *m* (à dentelle); ~**kissen** *n* coussinet *m* à dentelles; **k~n** *itr* faire de la dentelle; *tr (Spitzen)* tricoter; ~**spitze** *f* dentelle *f* au(x) fuseau(x).

kloppen ['klɔpən], *sich dial pop (sich schlagen)* se bouffer le nez, se colleter.

Klops *m* ⟨-es, -e⟩ [klɔps] *dial (Kloß)* quenelle *f.*

Klosett *n* ⟨-s, -e/-s⟩ [klo'zɛt] cabinets, lieux *m pl* d'aisance, water-closet, W.--C., *fam* waters *m pl;* ~**becken** *n* cuvette *f* de W.-C.; ~**brille** *f* lunette *f;* ~**bürste** *f* balai *m* de W.-C.; ~**deckel** *m* couvercle *m* de W.-C.; ~**papier** *n* papier *m* hygiénique; ~**sitz** *m* abattant *m* de cuvette *od* de W.-C.

Kloß *m* ⟨-es, ⸚ße⟩ [klo:s, 'klø:sə] *(geformte Kugel)* boule; *(Küche)* boulette *f; e-n* ~ *im Halse haben (fam) (bedrückt sein)* avoir une boule dans la gorge; ~**brühe** *f: klar wir* ~ *(hum)* clair comme l'eau de roche.

Kloster *n* ⟨-s, ⸚⟩ ['klo:s-, 'klø:stər] monastère, couvent *m; ins* ~ *gehen* entrer au couvent *od* en religion, se faire moine, prendre l'habit *od* le froc; *(Mädchen)* se faire religieuse, prendre le voile; *ins* ~ *stecken* mettre en religion; ~**bruder** *m* religieux, moine *m;* ~**frau** *f* religieuse, *fam* nonne, nonnain *f;* ~**kirche** *f* église *f* conventuelle; ~**leben** *n* vie *f* monastique *od* monacale; ~**schule** *f* école *f* conventuelle *od* monastique.

klösterlich ['klø:stərlɪç] *a* conventuel, claustral.

Klotz *m* ⟨-es, ⸚/(⸚er)⟩ [klɔts, 'klœtsə] bloc *m* de bois, bûche *f; (Hackklotz)* billot *m; fig fam (Tölpel)* masse *f* de chair, lourdaud, rustre *m, fam* bûche, souche *f; auf e-n groben* ~ *gehört ein grober Keil (prov)* à rude âne, rude ânier; à vilain, vilain et demi; *grobe(r)* ~ *(fig)* ours *m* mal léché; **k~en** *itr pop (hart arbeiten)* travailler dur, bosser; *(viel ausgeben)* dépenser beaucoup; *siehe a. kleckern;* **k~ig** *a (massig)* massif; *(schwer)* lourd;

(grob) grossier; *fig fam (riesig)* énorme; *adv fig fam* énormément, *pop* besef.

Klub *m* ⟨-s, -s⟩ [klʊp] club, cercle *m;* **~kampf** *m sport* match *m* interclub; **~lokal** *n* club *m;* **~mitglied** *n* clubiste *m;* **~sessel** *m* fauteuil-club, fauteuil *m* de cuir *od* bas; **~zimmer** *n* cabinet *m* particulier.

Kluft [klʊft] **1.** *f* ⟨-, ⸚e⟩ *(Spalte)* fente, crevasse, *geol* faille; *(Schlucht)* ravine, gorge *f; fig* fossé *m.* **2.** *f* ⟨-, (-en)⟩ *pop (Kleidung)* frusques *f pl;* uniforme *m.*

klug [kluːk] ⟨klüger, am klügsten⟩ *a* intelligent; *(scharfsinnig)* sagace, perspicace; *(vernünftig)* sensé, judicieux; *(weise)* sage; *(aufgeweckt)* éveillé; *(schlau, vorsichtig)* prudent, avisé; *(listig)* astucieux, rusé, fin; *(erfinderisch)* ingénieux; **~** *reden* dire des choses sensées; parler d'or; **~** *sein (a.)* ne pas faire l'enfant; **~** *genug sein, um zu (a.)* avoir le bon esprit de; *so* **~** *sein wie zuvor* être Gros-Jean comme devant; *nicht* **~** *werden aus* ne rien comprendre à; *das war sehr* **~** *von dir* tu t'y es pris très astucieusement; *man wird nicht* **~** *daraus* on y perd son latin, c'est la bouteille à l'encre; *da bin ich so* **~** *wie zuvor od um nichts klüger!* me voilà bien avancé! *der Klügere gibt nach (prov)* reculer n'est pas céder; *durch Schaden wird man* **~** *(prov)* dommage rend sage; **K~heit** *f* ⟨-, (-en)⟩ intelligence; sagacité, perspicacité; sagesse; prudence; astuce, finesse; ingéniosité *f;* **~reden** *itr* faire l'entendu; en remontrer; donner des leçons; **K~redner** *m,* **K~scheißer** *m pop* raisonneur *m.*

Klügel|ei *f* ⟨-, -en⟩ [klyːgəˈlaɪ] subtilité, argutie *f;* **k~n** [ˈklyːgəln] *itr* subtiliser, ergoter.

Klümpchen *n* ⟨-s, -⟩ [ˈklʏmpçən] *(Blut)* caillot; *(Küche)* grumeau *m.*

Klump|en *m* ⟨-s, -⟩ [ˈklʊmpən] boule, pelote; *(Masse)* masse *f; (Haufen)* tas *m; (Erd-, Butterklumpen)* motte *f; (Metallklumpen)* bloc *m; (Statistik)* grappe *f;* **~fuß** *m* pied *m* bot; **k~ig** *a* grumeleux.

Klüngel *m* ⟨-s, -⟩ [ˈklʏŋəl] *pej (Sippschaft)* clique, coterie *f,* clan *m.*

Kluppe *f* ⟨-, -n⟩ [ˈklʊpə] *tech (Schneidkluppe)* tenaille, filière; *(Spannkluppe)* mordache *f.*

Klüse *f* ⟨-, -n⟩ [ˈklyːzə] *mar* écubier *m.*

Klüver(baum) *m* ⟨-s, -⟩ [ˈklyːvər] *mar* foc *m.*

knabbern [ˈknabərn] *tr (a. itr:* **~** *an)* croquer, grignoter; *nichts zu* **~** *haben*

(fam) danser devant le buffet; *daran wird er noch lange zu* **~** *haben (fig)* il n'est pas au bout des ses peines.

Knabe *m* ⟨-n, -n⟩ [ˈknaːbə] garçon(net), enfant *m;* **~nalter** *n* âge *m* enfantin, enfance *f;* **~nanzug** *m* costume *m* de garçonnet; **k~nhaft** *a* enfantin; *pej* puéril; **~nkraut** *n bot* orchis *m.*

Knack *m* ⟨-(e)s, -e⟩ [knak] *(leichter Knall)* crac, craquement *m;* **k~** *interj* crac! **k~en** *itr* craquer; *tr (Nüsse)* casser; *(Geldschrank)* forcer, ouvrir par effraction; *fig fam (Rätsel)* deviner, résoudre; **~er** *m* ⟨-s, -⟩ : *alter* **~** *(fam)* vieux gâteux *m;* **~geräusch** *n radio tele* crépitement *m;* **~laut** *m* explosive *f;* **~s** *m* ⟨-es, (-e)⟩ *(Sprung, Riß)* fêlure *f; e-n* **~** *haben (fig)* avoir le timbre fêlé.

Knäckebrot *n* [ˈknɛkə-] galette *f* suédoise *od* croustillante.

Knäkente *f* [ˈknɛːk-] *orn* sarcelle *f.*

Knall *m* ⟨ -(e)s, -e⟩ [knal] éclat; *(Tür, Peitsche)* claquement *m; (Feuerwaffe)* détonation *f,* coup *m* de feu; *(Explosion, a. mot)* explosion, fulmination *f;* **~** *und Fall (adv)* au coup de marteau; **~** *und Fall entlassen* renvoyer sans autre forme de procès; *sich* **~** *und Fall verlieben (fam)* avoir le coup de foudre; **~bonbon** *m od n* bonbon *m* fulminant; **~effekt** *m theat* coup *m* de théâtre; *fig* mot *m* de la fin; **k~en** *itr* éclater; *(Tür, Peitsche)* claquer; *(Schuß)* partir, retentir; *(explodieren)* faire explosion, exploser, détoner, fulminer; *fam (schießen)* tirer; *jdm eine* **~** *(pop) (runterhauen)* flanquer une gifle à qn; *mit der Peitsche* **~** faire claquer son fouet; *den Pfropfen* **~** *lassen* faire sauter le bouchon; **~erbse** *f* pois *m* fulminant; **~frosch** *m* pétard *m;* **~gas** *n* gaz détonant *od* oxhydrique, mélange *m* tonnant; **k~rot** *a fam* rouge vif.

knapp [knap] *a (eng)* étroit, serré, juste; *(spärlich)* rare, maigre; *(geringfügig)* modique, exigu; *(beschränkt)* borné, limité; *(Zeit)* bref; *(Stil)* concis, succinct; *adv (kaum)* (tout) juste, à peine, ne ... guère; *mit* **~** *er Not* de justesse, à grand-peine; *mit* **~** *er Not davonkommen* l'échapper belle; **~** *dran sein, sein* **~** *es Auskommen haben* être juste, avoir tout juste de quoi vivre; **~** *bei Kasse sein* être à court d'argent; **~** *werden (Ware)* s'épuiser; *und nicht zu* **~** *! (fam)* et comment! **~** *e Mehrheit f (parl)* faible majorité *f; e-e* **~** *e Stunde* une petite heure; à peine une heure; **~halten** *tr* traiter chichement; **K~heit** *f* ⟨-, (-en)⟩ *(En-*

ge) étroitesse, justesse; *(Mangel)* rareté, pénurie, disette; *(Geringfügigkeit)* modicité; *(des Stils)* concision *f;* ~ *an Arbeitskräften* pénurie *f* de main-d'œuvre.

Knapp|e *m* ‹-n, -n› ['knapə] *hist* écuyer, valet; *mines* mineur *m;* ~**schaft** *f mines* personnel *m* d'une *od* de la mine; corporation *f od* corps *m* des mineurs; ~**schaftsrente** *f* retraite *f* des mineurs; ~**schaftsversicherung** *f* assurance *f* des mineurs.

Knarr|e *f* ‹-, -n› ['knarə] *(Spielzeug)* crécelle *f; pop (Gewehr)* flingot, flingue *m;* **k~en** *itr* craquer; *(Tür)* grincer, gémir.

Knast *m* ‹-(e)s, -e› [knast] *arg (Gefängnis)* taule *f.*

Knaster *m* ‹-s, -› ['knastər] **1.** *fam (bes. schlechter Tabak)* perlot *m arg.*

Knaster(bart) *m* ‹-s, -› ['knastər(-)] **2.** *dial (Brummbär)* grognard, bougonneur *m.*

knattern ['knatərn] *itr* ‹bei Bewegung aux: sein› pétiller, *fam* péter; pétarader *a. mot; (knistern)* crépiter, craqueter.

Knäuel *m od n* ‹-s, -› ['knɔyəl] peloton; *fam* tapon *m; (Garn)* pelote *f; fig (Menschen)* tas, attroupement *m.*

Knauf *m* ‹-(e)s, ‥e› [knauf, 'knɔyfə] *(Degen)* pommeau; *(Säule)* chapiteau *m.*

Knauser *m* ‹-s, -› ['knauzər] lésineur, ladre, *fam* pingre, rat *m;* ~**ei** *f* [-'rai] lésin(eri)e, ladrerie, *fam* pingrerie, économie *f* de bouts de chandelle; **k~ig** *a* lésineur, ladre, chiche, *fam* pingre, dur à la détente, *pop* radin; **k~n** *itr* lésiner; *nicht* ~ faire bien les choses; ne pas être avare *(mit etw* de qc).

knautsch|en ['knautʃən] *tr fam (zerknittern)* froisser, chiffonner; *itr* = *knittern itr;* ~**ig** *a* froissé; **K~lackleder** *n* cuir *m* verni frippé.

Knebel *m* ‹-s, -› ['kne:bəl] *(Spannkeil)* garrot *a. med; mar aero* cabillot; *(zum Verkeilen des Mundes)* bâillon *m;* ~**bart** *m* barbiche, impériale *f;* **k~n** *tr a. fig* bâillonner, garrotter; *fig* museler; *(unterdrücken)* supprimer.

Knecht *m* ‹-(e)s, e› [knɛçt] *(Bauern~)* garçon *od* valet de ferme; *(Haus~)* domestique, valet; *allg (Diener)* valet, serviteur; *hist (Unfreier)* serf, esclave *m;* ~ *Ruprecht* le père Fouettard *m;* **k~en** *tr* servir, réduire en servitude; **k~isch** *a* servile; ~**schaft** *f* ‹-, (-en)› servitude *f,* servage, esclavage *m;* ~**ssinn** *m* servilité *f;* ~**ung** *f* ‹-, (-en)› asservissement *m.*

Kneif *m* ‹-(e)s, -e› [knaif] *(Schustermesser)* tranchet *m.*

kneif|en ‹kneift, kniff, hat gekniffen› ['knaifən] *tr* pincer *(jdn in die Backe* la joue à qn); *itr (Gegenstand am Körper)* pincer; *fig fam (sich drükken)* s'éclipser, flancher, caner; se dérober, s'esquiver; **K~er** *m* ‹-s, -› *opt* pince-nez, lorgnon, binocle *m;* **K~zange** *f* tenailles *f pl,* pince *f.*

Kneip|e *f* ‹-, -n› ['knaipə] *fam* cabaret, estaminet *m,* buvette *f; fam* bistrot, assommoir, *pej* boui-boui; *pop* bousin *m, pej* boîte *f; von* ~ *zu* ~ *ziehen* courir *od* tirer une bordée; être en goguette; **k~en** *itr fam (zechen)* chopiner, *pop* riboter; ~**erei** *f* ‹-, (-en)› [-'rai] *fam* beuverie, *fam* bamboche, *pop* ribote *f;* ~**ier** *m* ‹-s, -s› [-pi'e:] *fam,* ~**wirt** *m fam* bistrot, *pop* mastroquet, *arg* taulier *m.*

knet|bar ['kne:t-] *a* pétrissable; ~**en** *tr (Teig)* pétrir; *(Ton)* corroyer; *(Wachs)* modeler; *(weich* ~*, massieren)* malaxer; *(massieren)* masser; **K~en** *n* pétrissage; malaxage; massage *m;* **K~maschine** *f* pétrin mécanique, malaxeur *m;* **K~masse** *f* plastiline *f.*

Knick *m* ‹-(e)s, -e› [knik] *(unvollständiger Bruch)* brisure *f; (Falte)* pli *m,* pliure, froissure *f; (Biegung)* coude *m,* courbure; *dial (Hecke)* haie *f* (vive); ~**ebein** *n* ‹-s, ø› crème *f* à la liqueur; ~**ig** *a* qui a les jambes torses; qui marche en canard; **k~en** *tr* ‹aux: haben› *(unvollständig brechen)* briser; *(falten)* plier, plisser; *(biegen, krümmen)* couder, courber; *fig (seelisch)* affliger, accabler; *itr* ‹aux: sein› *(umknicken)* briser; *nicht* ~*!* ne pas plier! ~**er** *m* ‹-s, -› *fam,* **k~(e)rig** *a,* ~**(e)rigkeit** *f,* **k~ern** *itr fam* = *Knauser etc;* ~**festigkeit** *f tech* résistance *f* au flambage; ~**flügel** *m aero* aile *f* en dièdre; ~**s** *m* ‹-es, -e› révérence *f; e-n* ~ *machen,* **k~sen** *itr* faire une révérence.

Knickerbocker ['knikərbɔkər] *pl* culotte *f* de golf.

Knie *n* ‹-s, -› [kni:, 'kni:ə] genou *a. tech; tech* coude; *allg (Biegung, bes. e-r Straße, e-s Flusses)* coude *m; auf den* ~*n* à genoux; *sich das* ~ *aufschlagen* s'écorcher le genou; *die* ~ *beugen* fléchir les genoux *(vor* devant); *übers* ~ *brechen (fig)* brusquer, décider à la légère; *auf die* ~ *fallen* se mettre à genoux; *in die* ~ *gehen (fig)* céder, s'incliner, plier le genou; *auf den* ‥~ *liegen* être à genoux; *vor jdm* être aux genoux de qn; *weich in den* ~*n sein (fam)* avoir les jambes en coton; *in die ~ sinken* tomber à genoux; *in die ~ zwingen* (faire) mettre à genoux; faire toucher les épaules; *fig* subjuguer, triompher de; **~beuge** *f sport* flexion *f* des genoux; **~beule** *f (in der Hose)* genou *m;* **~fall** *m* génuflexion; *fig* prosternation *f;* **k~fällig** *adv* à genoux; **k~frei** *a:* *~e(r) Rock m* jupe *f* arrêtée au-dessus du genou; **~geige** *f* = *Cello;* **~gelenk** *n* articulation *od* jointure *f* du genou; *tech* genou(illère *f) m;* **k~hoch** *adv (bis an die ~)* jusqu'aux genoux; **~hose** *f hist* culotte *f* de golf; **~kehle** *f* jarret, creux *m* poplité; **k~n** *itr* s'agenouiller, se mettre à genoux; être à genoux (*vor jdm* devant qn); **k~nd** ['kni:ənt] *a* à genoux; **~riemen** *m (des Schusters)* tire-pied *m;* **~rohr** *n* tuyau coudé, genou *m;* **~scheibe** *f anat* rotule *f;* **~scheibenreflex** *m* réflexe *m* rotulien; **~schützer** *m* protège-genou *m;* **~strumpf** *m* (de)mi-bas *m*, chaussette *f* (montante); **~stück** *n (Kunst)* portrait en demi-grandeur; *tech* genou, raccord *od* tuyau *m* coudé; **~wärmer** *m* genouillère *f.*

Kniff *m* ⟨-(e)s, -e⟩ [knɪf] *(Kneifen)* pincement; *(Falte)* pli; *fig (Kunstgriff)* artifice *m*, ruse, ficelle, finasserie *f*, système, truc *m; pl* tripotage *m;* **k~en** *tr* plier, plisser; **k~(e)lig** *a (Sache)* délicat, subtil, difficultueux, épineux; *(Mensch)* finassier, finaud; *~ sein (Mensch)* chercher la petite bête.

knipsen ['knɪpsən] *itr* claquer (*mit den Fingern* des doigts); *fam phot* photographier; *el* tourner le bouton; *tr (wegschnellen)* lancer du bout des doigts *od* d'une chiquenaude; *(lochen)* poinçonner, perforer; *phot* prendre en instantané, photographier.

Knirps *m* ⟨-es, -e⟩ [knɪrps] *(Mensch)* bout d'homme, nabot, *fam* mioche, marmo(use)t, *pop* moucheron, courtebotte *m; (Taschenschirm, Warenzeichen)* tom-pouce *m.*

knirschen ['knɪrʃən] *itr* craquer, crier, crisser; *vor Wut ~ (fig)* écumer de rage; *mit den Zähnen ~* grincer des dents.

knistern ['knɪstərn] *itr* craqueter; *(Feuer)* pétiller; *(Stoff)* crépiter; *(Seide)* froufrouter.

Knittelverse *m pl* ['knɪtəl-] vers *m pl* raboteux *od* boiteux, *bes.* vers *m pl* de Hans Sachs.

knitt|erfrei ['knɪtər-] *a* infroissable; **~(e)rig** *a* froissé; **~ern** *itr* se froisser,

se chiffonner, se friper, faire des faux plis.

Knobel|becher *m* ['kno:bəl-] cornet *od* gobelet *m* à dés; *mil hum* botte *f;* **k~n** *itr (würfeln)* jouer aux dés; *(losen)* tirer au sort; *fig (herumraten)* se creuser la cervelle; *(e-e Entscheidung treffen)* jouer à pile ou face.

Knoblauch *m* ⟨-(e)s, ø⟩ ['kno:plaʊx] *bot* ail *m; mit ~ zubereiten* ailler; **~presse** *f* presse *f* à ail.

Knöchel *m* ⟨-s, -⟩ ['knœçəl] *anat (Finger)* nœud *m; (Fuß)* cheville, malléole *f;* **~chen** *n* osselet *m;* **~socke** *f* socquette *f.*

Knochen *m* ⟨-s, -⟩ ['knɔxən] os *m; bis in die ~ (fam)* au fond de l'âme; *kein Mark in den ~ haben (fig)* n'avoir pas de sang dans les veines; *das ist mir so in die ~ gefahren (fig fam)* cela m'a cassé bras et jambes; *das steckt mir in den ~ (fam)* c'est ancré en moi; *mir tun alle ~ weh (fam)* je suis brisé de fatigue; *~ pl (beim Fleisch) (com)* réjouissance *f; ein müder ~ (fam)* une lavette *f;* **~bau** *m* structure *f* osseuse; **~bildung** *f* ossification, consolidation *f* osseuse; **~bruch** *m* fracture *f;* **~durchmeißelung** *f* ostéotomie *f;* **~erweichung** *f med* ostéomalacie *f;* **~fett** *n* graisse *f od* suif *m* d'os; **~fraß** *m* nécrose *f* osseuse; **~gerüst** *n* ossature, charpente *f* osseuse, squelette *m;* **~gewebe** *n* tissu *m* osseux; **~haut** *m* périoste *m;* **~hautentzündung** *f* périostite *f;* **~leim** *m* gélatine (d'os), ostéocolle *f;* **~mark** *n* moelle *f* (osseuse); **~markentzündung** *f* ostéomyélite *f;* **~mehl** *n* poudre *od* farine *od* cendre *f* d'os; **~splitter** *m* éclat *m* d'os, esquille *f;* **~substanz** *f* substance *f* osseuse; **k~trocken** *a* très sec; **~tuberkulose** *f* tuberculose *f* osseuse; **~verletzung** *f* lésion *f* osseuse.

knöchern ['knœçərn] *a* osseux, d'os, en os; *fig* sec, raide, racorni.

knochig ['knɔxɪç] *a* osseux, décharné; *(grob~)* ossu.

Knockout *m* ⟨-(s), -s⟩ [nɔk'aʊt] *sport* knock-out *m*, mise *f* hors de combat.

Knödel *m* ⟨-s, -⟩ ['knø:dəl] *(Küche)* boulette *f.*

Knoll|e *f* ⟨-, -n⟩ ['knɔlə] *bot* tubercule; *(Zwiebel)* bulbe *m;* **~en** *m* ⟨-s, -⟩ *(Klumpen)* grumeau *m; (Schwellung, Auswuchs)* tubérosité; *(Geschwulst)* tumeur; *(Höcker)* bosse, protubérance *f;* **~enblätterpilz** *m* oronge *f* vineuse; **~engewächs** *n bot* plante *f* bulbeuse; **~ensellerie** *m* céleri-rave *m;* **k~ig** *a (klumpig)* grumeleux; *bot* tubéreux, bulbeux.

Knopf *m* ‹-(e)s, ⸚e› [knɔpf, 'knœpfə] bouton *m; (Knauf)* pomme *f,* pommeau; *(Drücker)* poussoir; *(Klingelknopf)* bouton; *tech (Zapfen)* mamelon *m; fam* petit bonhomme *m; e-n ~ annähen* coudre un bouton; *auf den ~ drücken* presser le bouton, pousser le *od* appuyer sur le déclic; *du kannst es dir an den Knöpfen abzählen (, ob)* il n'y a pas à réfléchir très longtemps (pour savoir si); *mir ist ein ~ abgegangen* j'ai un bouton qui a sauté; **~loch** *n* boutonnière *f; im ~* à la boutonnière; *aus allen Knopflöchern platzen (fam)* éclater dans sa peau; *sich e-e Blume ins ~ stecken* fleurir sa boutonnière; *blinde(s) ~* boutonnière *f* fermée; **~lochseide** *f* soie *f* à boutons; **knöpfen** *tr* boutonner.

knorke ['knɔrkə] *a dial pop (prima)* épatant, formidable.

Knorp|el *m* ‹-s, -› ['knɔrpəl] *anat* cartilage; *(im Fleisch)* croquant *m;* **~el‌haut** *f anat* périchondre *m;* **k~(e)lig** *a* cartilagineux.

Knorr|en *m* ‹-s, -› ['knɔrən] *(im Holz)* nœud *m; (am Stamm od Ast)* loupe *f,* broussin *m, scient* exostose *f;* **k~ig** *a* noueux, raboteux; *(kräftig)* vigoureux; *(grob)* grossier.

Knosp|e *f* ‹-, -n› ['knɔspə] *(Blatt~)* bourgeon; *(Blüten~)* bouton *m; (der Fortpflanzung dienende)* gemme *f;* **~en ansetzen** *od treiben,* **k~en** *itr* bourgeonner; boutonner; **~ung** *f* ‹-, (-en)› : *Fortpflanzung f durch ~ (biol)* gemmiparité *f.*

Knot|en *m* ‹-s, -› ['kno:tən] nœud *a. mar; bot* genou; *(Knötchen)* nodule; *med* nodus *m,* nodosité *f,* tubercule *m; (Beule)* bosse *f; (Haar)* chignon; *fig* nœud, obstacle *m;* complication *f, fam* hic; *theat* nœud *m; das Haar zu einem ~ aufstecken* se faire un chignon; *den ~ durchhauen (fig)* trancher le nœud; *e-n ~ machen od schürzen, aufmachen od lösen* faire, défaire un nœud; *e-n ~ in etw machen* faire un nœud à qc; *den ~ schürzen (theat)* nouer l'intrigue; *da steckt der ~! (fam)* voilà le hic! *gordische(r) ~* nœud *m* gordien; **k~en** *tr* nouer; *itr* faire un nœud; faire du filet; **~enpunkt** *m* nœud d'assemblage *od* de communication, point de raccordement, (point *m* de) jonction, patte-d'oie *f; loc* nœud *m* ferroviaire, gare *f* de jonction *od* d'embranchement *od* de bifurcation; **~enstock** *m* bâton *m* noueux; **~enwurz** *f bot*

scrofulaire *f;* **k~ig** *a* noueux; *bot* noduleux; *fig (plump)* grossier, rustre.

Knöterich *m* ‹-s, -e› ['knø:tərɪç] *bot* renouée *f.*

Know-how *n* ‹-s, ø› ['noʊhaʊ] savoir-faire *m.*

Knuff *m* ‹-(e)s, ⸚e› [knʊf, 'knʏfə] coup de poing, horion *m,* bourrade *f;* **k~en** *tr* donner des coups de poing *od* des bourrades *(jdn* à qn).

Knülch *m* ‹-s, -e› [knʏlç] *fam pej (Kerl)* type *m.*

knüll(e) ['knʏl(ə)] *a fam (betrunken)* gris, ivre.

knüllen ['knʏlən] *tr* froisser, chiffonner.

Knüller *m* ‹-s, -› ['knʏlər] *fam (Schlager, Reißer)* sensation *f; (Lied)* tube *m.*

knüpfen ['knʏpfən] *tr a. fig* nouer, lier; *(Knoten, Netz)* faire; *fig* former; *itr* faire du filet; *(Bande) enger ~* resserrer (les liens); *etw an e-e Bedingung ~* soumettre qc à une condition.

Knüppel *m* ‹-s, -› ['knʏpəl] *(Stock)* bâton, gourdin *m,* matraque, *fam* trique *f; (Rundholz)* rondin *m; tech* billette *f; jdm (e-n) ~ zwischen die Beine werfen (fig) ~* mettre des bâtons dans les roues à qn; **~damm** *m* chemin *m* de rondins; **k~dick** *a fam: er hat es ~ hinter den Ohren* c'est un madré; *(besoffen)* soûl *od* saoul; **~holz** *n* bois *m* rond; **~schaltung** *f mot* vitesse *f* au plancher; **~steuerung** *f aero* pilotage *m* au manche.

knurr|en ['knʊrən] *itr (Hund)* gronder; *(Magen)* grouiller, gargouiller; *fig (Mensch)* grogner, *fam* bougonner, *pop* ronchonner; *mein Magen knurrt* j'ai des gargouillements; **~ig** *a (Mensch)* grondeur, grognon.

knusp|ern ['knʊspərn] croquer, croustiller, grignoter; **~(e)rig** *a (Küche)* croustillant, croquant; *fig fam (jugendfrisch)* joli à croquer.

Knute *f* ‹-, -n› ['knu:tə] knout *m.*

knutschen ['knu:tʃən] *tr pop (herzen)* caresser, *fam* bécoter, tripoter, *pop* peloter.

Knüttel *m* ‹-s, -› ['knʏtəl] = *Knüppel.*

koagulieren [koagu'li:rən] *chem tr* ‹aux: haben› coaguler; *itr* ‹aux: sein› se coaguler.

Koalition *f* ‹-, -en› [koali'tsio:n] *pol* coalition *f;* **~sfreiheit** *f pol* liberté *f* d'association; **~skrieg** *m* guerre *f* de coalition; **~spartner** *m* partenaire *m* de coalition; **~srecht** *n* droit *m* de coalition *od* d'association *od* syndical; **~sregierung** *f* gouvernement *m* de coalition; **~swechsel** *m* changement *m* de coalition.

koaxial [koʔaˈksia:l] *a* coaxial; **K~leitung** *f* câble *m* coaxial.

Kobalt *n* ‹-s, ø› [ˈko:balt] *chem* cobalt *m;* **k~blau** *a* cobalt; **~bombe** *f* bombe *f* au cobalt.

Koben *m* ‹-s, -› [ˈko:bən] *(Stall)* étable *f.*

Kobold *m* ‹-(e)s, -e› [ˈko:bɔlt, -də] lutin, farfadet, esprit *m* follet.

Kobra *f* ‹-, -s› [ˈko:bra] *zoo* cobra, serpent *m* à lunettes.

Koch *m* ‹-(e)s, ⁝e› [kɔx, ˈkœçə] cuisinier, *mar a.* coq *m; viele Köche verderben den Brei (prov)* trop de cuisiniers gâtent la sauce; *zweite(r)* ~ sous-chef *m;* **~buch** *n* livre *m* de cuisine; **k~en** *itr (Flüssigkeit)* bouillir; *(Speise)* cuire; *(die Küche führen)* faire la cuisine; *tr* cuisiner, préparer, faire; *gut* ~ *(können)* être bon cuisinier, bonne cuisinière; *vor Wut* ~ bouillir de colère, bouillonner de fureur; **~en** *n (Sieden)* cuisson; *(Aufwallen)* ébullition; *(Tätigkeit)* cuisine *f; zum* ~ *bringen* faire bouillir; **k~end** *a* bouillant, en ébullition; **~er** *m* ‹-s, -› *(Gerät)* réchaud *m; elektrisch(r)* ~ réchaud *m* électrique; **k~fest** *a* lavable à l'eau bouillante, garanti à l'ébullition; **~e** *Wäsche f* linge *m* qui peut bouillir; **~geschirr** *n* batterie de cuisine; *mil* gamelle *f;* **~herd** *m* fourneau *m* de cuisine, cuisinière *f;* **~kessel** *m* marmite *f,* chaudron fait-tout, faitout *m;* **~kunst** *f* art *m* culinaire, gastronomie *f;* **~löffel** *m* cuiller *f* de bois *od* à pot; **~nische** *f* coin-cuisine *m,* kitchenette, cuisinette *f;* **~platte** *f* plaque *f* de cuisson, réchaud *m;* **~rezept** *n* recette *f;* **~salz(lösung** *f)* *n* (solution *f* de) sel *m* de cuisine; **~schule** *f* cours *m* de cuisine; **~topf** *m* pot *m,* marmite *f; (großer)* fait-tout, faitout *m;* **~wäsche** *f* linge *m* à bouillir; **~zeit** *f* temps *m* de cuisson.

Köcher *m* ‹-s, -› [ˈkœçər] carquois *m.*

Köchin *f* ‹-, -nnen› [ˈkœçɪn] cuisinière *f; gute od tüchtige* ~ *(fam)* cordon--bleu *m.*

Kode *m* ‹-s, -s› [ˈko:t] *(Schlüssel zu Geheimschriften)* code *m; ~telegramm* *n* télégramme *m* codé.

Köder *m* ‹-s, -› [ˈkø:dər] appât *m,* amorce *f;* leurre *m a. fig;* **k~n** *tr* appâter, amorcer, leurrer; *fig* allécher.

Kod|ex *m* ‹-/es, -e/-dizes› [ˈko:dɛks, '-ditsɛs] *(alte Handschrift in Buchform)* manuscrit; *(Gesetzbuch u. fig)* code *m;* **k~ifizieren** [-difiˈtsi:rən] *tr* codifier; **~ifizierung** *f* codification *f;*

~izill *n* ‹-s, -e› [-diˈtsɪl] *jur (Zusatz)* codicille *m.*

kodier|en [koˈdi:rən] *tr* coder; **K~ung** *f* codage *m.*

Koedukation *f* ‹-, ø› [koedukatsiˈo:n] éducation *f od* enseignement *m* mixte; **~sschule** *f* école *f* mixte *od* géminée.

Koeffizient *m* ‹-en, -en› [koɛfitsiˈɛnt] *math phys* coefficient *m.*

Koexistenz *f* ‹-, ø› [koɛksɪsˈtɛnts] *pol* coexistence *f; friedliche* ~ coexistence *f* pacifique.

Koffein *n* ‹-s, ø› [kɔfeˈi:n] caféine *f;* **k~frei** *a* décaféiné; **k~haltig** *a* caféiné.

Koffer *m* ‹-s, -› [ˈkɔfər] portemanteau; *(großer)* coffre *m,* malle; *(Handkoffer)* valise, mallette; *mil* cantine *f; s-n* ~ *packen* faire *od* boucler sa valise *od* sa malle; *s-e* ~ *packen (abreisen)* faire *od* boucler ses valises; **~gerät** *n,* **~radio** *n* poste (de radio) portatif, poste valise *od* en coffre, récepteur *m* portatif; **~raum** *m* mot coffre *m; a. mar aero* soute *f.*

Kognak *m* ‹-s, -s› [ˈkɔnjak] *(offiziell: Weinbrand aus der Gegend von Cognac)* cognac *m; fam* = *Weinbrand m.*

kohä|rent [kohɛˈrɛnt] *a (zs.hängend)* cohérent; **K~renz** *f* ‹-, ø› [-ˈrɛnts] *(Zs.hang)* cohérence *f;* **K~sion** *f* ‹-, ø› [-ziˈo:n] *phys* cohésion *f;* **~siv** [-ˈzi:f] *a (zs.haltend)* cohésif.

Kohl *m* ‹-(e)s, -e› [ko:l] **1.** chou *m; das macht den* ~ *nicht fett (fig fam)* ça ne met pas de beurre dans les épinards; *aufgewärmte(r)* ~ *(fig)* du réchauffé; **~dampf** *m fam* faim-valle *f; ~ schieben (fam)* se mettre la ceinture, *pop* bouffer des briques, se brosser le ventre, claquer du bec, la sauter; **~kopf** *m* (tête *f* de) chou *m;* **~rabi** *m* ‹(-s), (-s)› [-ˈra:bi] chou-rave *m;* **~roulade** *f* paupiette *f* de choux; **~rübe** *f* chou-navet, rutabaga *m;* **~strunk** *m* trognon *m* de chou; **~suppe** *f* soupe *f* aux choux; **~weißling** *m* ent piéride *f* du chou.

Kohl *m* ‹-(e)s, ø› [ko:l] **2.** *fam (Geschwätz, Unsinn)* bavardage, radotage, galimatias *m; ~ reden* baratiner; *das ist doch alles* ~ c'est du baratin *od* du verbiage; **k~en** *itr* **1.** *fam (lügen)* mentir.

Kohle *f* ‹-, -n› [ˈko:lə] charbon *m; (Steinkohle)* houille *f; (Zeichenkohle)* fusain *m; mit ~n heizen* chauffer au charbon; *auf jds Haupt glühende ~n sammeln (fig)* faire honte à qn; *(wie) auf glühenden od heißen ~n sitzen od stehen* être sur des charbons ardents, être *od* marcher sur des épines, être sur la braise *od* sur le gril *od* au supplice; ~*n übernehmen (mar)* faire du charbon; *tierische* ~ noir *m* animal; *weiße* ~ houille *f* blanche; **k~beheizt** *a* chauffé au charbon; ~**bürste** *f* el balai *m* de charbon; ~**gewinnung** *f* extraction houillère, exploitation *f* houillère; ~**hydrate** *n pl chem* hydrates de carbone; *biol* glucides *m pl;* ~**kraftwerk** *n* centrale *f* thermique au charbon; **k~n** *itr* **2.** *(verkohlen)* carboniser, charbonner; *mar* = ~*n übernehmen.*

Kohlen|abbau *m* ['ko:lən-] exploitation *od* extraction *f* de la houille; ~**aufbereitung** *f* préparation *f od* traitement *m* du charbon; ~**becken** *n geol* bassin houiller; *(Gerät)* brasier, brasero *m;* ~**bergbau** *m* charbonnage *m;* ~**bergwerk** *n* houillère, mine *f* de houille *od* de charbon; ~**blende** *f min* anthracite *m;* ~**brennen** *n* carbonisation *f* du bois; ~**bunker** *m mar* soute *f* à charbon; ~**dampfer** *m* charbonnier *m;* ~**dioxyd** *n* anhydride *m* carbonique; ~**eimer** *m* seau *m* à charbon; ~**element** *n el* pile *f* à charbon; ~**faden** (**lampe** *f*) *m* (lampe *f* à) filament *m* de charbon; ~**feuerung** *f* chauffage *m* au charbon; ~**filter** *m* od *n* filtre *m* à charbon; ~**flöz** *n* couche *od* veine *f* de houille, gîte *m* houiller; ~**förderung** *f* production *f* charbonnière *od* houillère; ~**formation** *f geol* formation *f* houillère; ~**gas** *n* gaz *m* de houille; ~**gebiet** *n* bassin *m* houiller; ~**gebirge** *n geol* terrain *m* houiller; ~**glut** *f* braise *f,* brasier *m;* ~**grube** *f* = ~*bergwerk;* ~**grus** *m* menu (charbon), charbon menu, grésillon *m;* ~**halde** *f* stock *m* de charbon, charbonnerie *f;* **k~haltig** *a geol* carbonifère; *mines* houiller, houilleux; ~**handel** *m* négoce *m* charbonnier; ~**händler** *m* charbonnier, *pop* bougnat *m;* ~**handlung** *f* commerce *m* de charbon; ~**herd** *m* fourneau *m* à charbon; ~**hydrate** *n pl* = *Kohlehydrate;* ~**kasten** *m* caisse *f* à charbon; ~**keller** *m* cave *f* à charbon, charbonnier *m;* ~**knappheit** *f* pénurie *f* de charbon; ~**lager** *n mines* gisement *m* houiller; *com* dépôt *od* entrepôt *od* stock *m* de charbon; ~**lagerplatz** *m* parc *m* à charbon; ~**meiler** *m* meule *f od* fourneau *m* à charbon *od* de charbonnier, charbonnière *f;* ~**monoxyd** *n* monoxyde *m* de carbone; ~**ofen** *m* four *od* poêle *m* à charbon; ~**oxyd** *n*

chem oxyde *m* de carbone; ~**revier** *n* = ~*gebiet;* ~**sack** *m* sac *m* à charbon; **k~sauer** *a* carbonique, carbonaté; ~*e(s)* Salz *n* carbonate *m;* ~**säure** *f* acide *m* carbonique; **k~säurehaltig** *a (Getränk)* gazeux; ~**schacht** *m* puits *m* de charbonnage; ~**schaufel** *f* pelle *f* à charbon, *tech* à feu *od* de four; ~**schiff** *n* (bateau) charbonnier *m;* ~**staub** *m* poussier *m;* ~**stift** *m el* crayon *m* de lampe à arc; ~**stoff** *m chem* carbone *m;* **k~stoffhaltig** *a* carboneux, carboné, carburé; ~**teer** *m* goudron de houille, coaltar *m;* ~**teerfarbe** *f* couleur *f* de coaltar; ~**träger** *m,* ~**trimmer** *m mar* soutier *m;* ~**verbrauch** *m* consommation *f* de charbon *od* charbonnière; ~**versorgung** *f* alimentation *f od* approvisionnement *m* en charbon; ~**vorkommen** *n* gisement *m* houiller; ~**vorrat** *m* approvisionnement *od* stock *m* de charbon; ~**wagen** *m mines* banne, benne, berline *f; loc* tender *m;* ~**wasserstoff** *m chem* hydrocarbure *m;* ~**zange** *f* pince *f* à charbon; ~**zufuhr** *f tech* amenée *f* de charbon.

Kohle|papier *n* ['ko:lə-] papier *m* carbone; ~**skizze** *f* esquisse *f* au charbon; ~**stift** *m (zum Zeichnen)* fusain *m;* ~**zeichnung** *f* (dessin au) fusain *m,* charbonnée *f.*

Köhler *m* ⟨-s, -⟩ ['kø:lər] charbonnier *m;* ~**glaube** *m* foi *f* du charbonnier.

Kohlmeise *f* ⟨-, -n⟩ ['ko:lmaizə] *orn* (mésange) charbonnière *f.*

kohl(raben)schwarz ['ko:l-] *a* de jais, noir comme (du) jais *od* de la suie *od* de l'encre *od* un four.

Koitus *m* ⟨-, -⟩ ['ko:itus] *physiol* coït *m.*

Koje *f* ⟨-, -n⟩ ['ko:jə] *mar* cabine, couchette *f.*

Kokain *n* ⟨-s, ø⟩ [koka'i:n] *pharm* cocaïne, drogue blanche, *arg* neige *f;* ~**sucht** *f* cocaïnisme *m;* ~**ist(in** *f*) *m* ⟨-en, -en⟩ [-'nist] cocaïnomane *m f.*

Kokarde *f* ⟨-, -n⟩ [ko'kardə] cocarde *f.*

Kokerei *f* ⟨-, -en⟩ [ko:kə'rai] cokerie *f.*

kokett [ko'kɛt] *a* coquet; **K~erie** *f* ⟨-, -n⟩ [-tə'ri:] coquetterie *f;* ~**ieren** [-'ti:rən] *itr* coqueter, faire le coquet, la coquette, flirter; **K~ieren** *n* flirt *m.*

Kokille *f* ⟨-, -n⟩ [ko'kilə] *tech (Gußform)* coquille, lingotière *f; f;* ~**nguß** *m* fonte *f od* moulage *m* en coquillet(s).

Kokon *m* ⟨-s, -s⟩ [ko'kɔ̃:] *ent* cocon *m.*

Kokos|faser *f* ['ko:kɔs-] fibre *f* de coco; ~**fett** *n* beurre *m* de coco; cocose *f (Markenartikel);* ~**makrone** *f* congolais *m;* ~**matte** *f* natte *f* (en fibres) de coco; ~**milch** lait *m* de coco;

~**nuß** *f* noix *f* de coco; ~**öl** *n* huile *f* de coco, *pop* de copra(h); ~**palme** *f* cocotier *m.*

Kokotte *f* ‹-, -n› [ko'kotə] femme galante, cocotte, *pop* allumeuse *f.*

Koks *m* ‹-es, -e› [ko:ks] coke *m;* ~**ofen** *m tech* four *m* à coke.

Kolben *m* ‹-s, -› ['kolbən] *(Keule)* massue; *(Gewehr~)* crosse *f; (Glasgefäß)* ballon, matras *m; (Retorte)* cornue *f,* alambic; *tech* piston; *bot (Blüten~)* régime *m; (Schilfrohr)* panicule *f; (Mais)* épi *m;* ~**boden** *m* mot tête *f* de piston; ~**bolzen** *m* axe de piston, (axe de) pied *m* de bielle; ~**dichtung** *f tech* garniture *f* de piston; ~**flugzeug** *n* avion *m* à piston; ~**hieb** *m* coup *m* de crosse; ~**hub** *m tech* levée de piston, pulsation *od* course *f* de piston; ~**mantel** *m* jupe *f* du piston; ~**motor** *m* moteur *m* à piston(s); ~**pumpe** *f* pompe *f* à piston; ~**spiel** *n* jeu *m* du piston; ~**stange** *f* bielle *f* (de piston); ~**wasserkäfer** *m ent* hydrophile *m;* ~**weg** *m tech* course *f* de piston.

Kolchos *m od n* ‹-, -e› ['kolços], ~**e** *f* ‹-, -n› [kol'ço:zə] kolkhoze *m;* ~**bauer** *m,* ~**bäuerin** *f* kolkhozien, ne *m f.*

Kolibakterien *f pl* colibacilles *m pl.*

Kolibri *m* ‹-s, -s› ['ko:libri] *orn* colibri, oiseau-mouche *m.*

Kolik *f* ‹-, -en› ['ko:lık, ko:'li:k] *med* colique *f,* tranchées *f pl.*

Kolkrabe *m* ['kolk-] corbeau *m.*

Kollaborateur *m* ‹-s, -e› [kolabora'tø:r] collaborateur *m.*

kollationieren [kolatsio'ni:rən] *tr (prüfend vergleichen)* collationner.

Kolleg *n* ‹-s, -s/-gien› [ko'le:k, -giən] *(akadem. Vorlesung)* cours *m; ins* ~ *gehen* aller au cours; ~**e** *m* ‹-n, -n› [-gə], ~**in** *f (Amtsgenosse)* collègue *m f,* confrère *m; pol* homologue *m;* ~**geld** *n* droits *m pl* d'inscription; ~**heft** *n* cahier *m* de cours; **k~ial** [-gi'a:l] *a* de collègue, de confrère, confraternel; *adv* en collègue, en confrère; ~**ium** *n* ‹-s, -gien› [-'le:gium, -giən] corps *m,* assemblée *f,* conseil; *rel* collège *m;* ~**mappe** *f* porte-documents *m.*

Kollekte *f* ‹-, -n› [ko'lɛktə] *(Geld-sammlung)* collecte, quête; *(Gebet)* collecte *f;* ~**ion** *f* ‹-, -en› [-'tsio:n] *com* collection *f; e-e* ~ *vorführen od zeigen* présenter une collection; ~**iv** *n* ‹-s, -e/-s› collectif *m;* **k~iv** [-'ti:f] *a* collectif; ~*e Sicherheit f* sécurité *f* collective; ~**ivbewußtsein** *n philos* conscience *f* collective; ~**ivhaftung** *f* responsabilité *f* collective; ~**ivismus** *m* ‹-, ø› [-'vısmus] *pol* collecti-

visme *m;* ~**ivschuld** *f* culpabilité *f* collective; ~**ivseele** *f* âme *f* collective; ~**ivstrafe** *f* punition *od* peine *f* collective; ~**ivvertrag** *m jur* contrat *od* accord *m* collectif; ~**ivarbeitsvertrag** *m* convention *f* collective; ~**ivwirtschaft** *f* économie *f* collectiviste, collectivisme *m;* ~**or** *m* ‹-s, -en› [-'lɛktor, -'to:rən] *el* collecteur *m; (Sonnen~)* capteur *m.*

Koller *m* ‹-s, -› ['kolər] *vet (Pferde)* vertigo *m a. fig; fam* (accès *m* de) colère *od* fureur *f;* **k~n** *itr (Eingeweide)* gargouiller, grouiller.

kollidieren [koli'di:rən] *itr ‹aux: sein›* entrer en collision; *‹aux: sein od haben›* *(zeitlich)* coïncider; **K~sion** *f* ‹-, -en› [-'zio:n] collision *f.*

Kollier *n* ‹-s, -s› [koli'e:] *(Halsband)* collier, tour *m* de cou.

Kollodium *n* ‹-s, ø› [ko'lo:dium] *chem pharm* collodion *m;* **k~id(al)** [-lo'i:t, -i'da:l] *a chem* colloïdal; ~**id** *n* ‹-(e)s, -e› [-'i:t, -də] *chem* colloïde *m.*

Kolloquium *n* ‹-s, -quien› [ko'lo:kvium, -kviən, {-'lo-}] *(wissenschaftl. Unterhaltung)* colloque *m.*

Köln *n* [kœln] Cologne *f;* ~**ischwasser** *n* eau *f* de Cologne.

Kolon *n* ‹-s, -s/-la› ['ko:lon, '-la] *gram* deux points *m pl.*

kolonial [koloni'a:l] *a* colonial; **K~ialwaren** *f pl* denrées *f pl* coloniales, produits *m pl* coloniaux; **K~ialwarenhändler** *m* épicier *m;* **K~ialwarenhandlung** *f* épicerie *f;* **K~ie** *f* ‹-, -n› [-'ni:] colonie *f; ehemalige* ~ ex-colonie *f;* **K~isation** *f* colonisation *f;* **K~isator** *m* ‹-s, -en› [-'za:tor, -'to:rən] colonisateur *m;* ~**isieren** [-'zi:rən] *tr* coloniser; **K~ist** *m* ‹-en, -en› [-'nıst] colon, planteur *m.*

Kolonnade *f* ‹-, -n› [kolo'na:də] *arch* colonnade *f;* ~**e** *f* ‹-, -n› [-'lonə] *mil typ* colonne; *(Arbeiter)* équipe *f; in* ~*(n)* par colonne(s); *die fünfte* ~ *(pol)* la cinquième colonne; *geschlossene* ~ *(mil)* colonne *f* serrée; ~**enführer** *m mil* chef de brigade; *(Vorarbeiter)* chef *m* d'équipe.

Kolophonium *n* ‹-s, ø› [kolo'fo:nium] *(Geigenharz)* colophane *f.*

Koloratur *f* ‹-, -en› [kolora'tu:r] *mus* fioritures *f pl,* roulade *f;* ~**atursängerin** *f* air *m* à vocalises; ~**atursopran** *m* soprano *m* à vocalises; **k~ieren** [-'li:rən] *tr* colorier; *mus* orner de fioritures, fioriturer; ~**it** *n* ‹-(e)s, -e› [kolo'ri:t, -'rıt] coloris *m.*

Koloß *m* ‹-sses, -sse› [ko'los, -sə] colosse *m;* **k~ssal** *a* colossal, énorme; *fam (übertreibend)* formidable, faramineux; ~**sseum** [-'se:ʊm], *das (in Rom)* le Colisée.

Kolport|age *f* ⟨-, (-n)⟩ [kɔlpɔr'ta:ʒə] *com* colportage *m;* ~**eur** *m* ⟨-s, -e⟩ [-'tø:r] colporteur *m;* **k~ieren** [-'ti:rən] *tr (hausieren mit, Gerüchte: herumtragen)* colporter.

Kolumne *f* ⟨-, -n⟩ [ko'lumnə] *typ* colonne *f; (im Satz)* paquet *m;* ~**nbreite** *f* largeur *f* de colonne; ~**ntitel** *m typ* ligne *f* de tête.

Koma *n* ⟨-s, -s/-ta⟩ ['ko:ma, -ta] *med (tiefe Bewußtlosigkeit)* coma *m.*

Kombin|at *n* ⟨-(e)s, -e⟩ [kɔmbi'na:t] combinat *m;* ~**ation** *f* ⟨-, -en⟩ [kɔmbina'tsio:n] *(Verbindung, Zs.stellung, Gedankenfügung; sport)* combinaison; *(Vermutung)* conjecture; *(Hemdhose, einteiliger Schutzanzug)* combinaison *f; (Herrenanzug mit unterschiedlicher Hose u. Jacke)* ensemble *m;* alpine, nordische ~ *(Skisport)* combiné *m* alpin, nordique; ~**ationsgabe** *f,* ~**ationsvermögen** *n* esprit *m* de combinaison; ~**ationsschloß** *n* cadenas *m* à combinaison; ~**ationsspiel** *n sport* jeu *m* de combinaisons; ~**ationszange** *f* pince *f* universelle; **k~ieren** [-'ni:rən] *tr* combiner; *(vermuten)* conjecturer.

Kombiwagen *m* fourgonnette *f.*

Kombüse *f* ⟨-, -n⟩ [kɔm'by:zə] *mar (Küche)* cambuse *f.*

Komet *m* ⟨-en, -en⟩ [ko'me:t] *astr* comète *f.*

Komfort *m* ⟨-s, ø⟩ [kɔm'fo:r] confort, standing *m; mit allem* ~ grand confort; **k~abel** [-fɔr'ta:bəl] *a* confortable.

Kom|ik *f* ⟨-, ø⟩ ['ko:mɪk] comique *m;* ~**iker** *m* ⟨-s, -⟩ ['-mikər] comique *m;* **k~isch** ['ko:mɪʃ] *a* comique, bouffon; un, e drôle de ...; *fam* farce, *(seltsam)* étrange; *pop* bidonnant.

Komitee *n* ⟨-s, -s⟩ [komi'te:] comité *m.*

Komma *n* ⟨-s, -s/-ta⟩ ['kɔma, -ta] *gram math* virgule *f.*

Kommand|ant *m* ⟨-en, -en⟩ [kɔman'dant] *mil mar* commandant *m;* ~**antur** *f* ⟨-, -en⟩ [-'tu:r] *mil* état-major *m* de la place; ~**eur** *m* ⟨-s, -e⟩ [-'dø:r] *mil* commandant, chef (d'unité); *(e-s Ordens)* commandeur *m;* **k~ieren** [-'di:rən] *tr* commander; *(ab~)* détacher *(zu* à); *itr* avoir *od* exercer le commandement; *jdn* ~ *(fam)* faire marcher qn (à la baguette); **k~ierend** *a:* ~**e(r)** *General m* général *m* en chef; ~**itgesellschaft** *f* [-'di:t-] *com* (société en) commandite *f;* ~ *auf Aktien* société *f* en commandite par actions; ~**itist** *m* ⟨-en, -en⟩ [-di'tɪst] *com* commanditaire *m.*

Kommando *n* ⟨-s, -s⟩ [kɔ'mando] *(formelhafter Befehl; Befehlsgewalt)* commandement; *(Stab)* état-major; *(Abteilung)* détachement *m; (Arbeits~)* équipe, corvée *f; (Sondertruppe)* commando *m; auf* ~ au commandement; *das* ~ *übernehmen, führen, niederlegen* prendre, avoir, déposer le commandement; *die Kompanie hört auf mein* ~*!* je prends le commandement de la compagnie; ~**brücke** *f mar* passerelle *f* (de commandement); ~**kapsel** *f (e-s Raumschiffes)* module *m* de commande; ~**stab** *m* bâton *m* de commandement; ~**stand** *m* réduit de commandement; *(im U-Boot)* kiosque *m;* ~**turm** *m mar* tourelle *f* de commandement, blockhaus *m.*

kommen ⟨*kommt, kam, ist gekommen*⟩ [(-)'kɔm-, ka:m] *itr* **1.** venir, *(zu e-m anderen)* aller, *pop* (se) radiner; *(ankommen)* arriver; *(sich nähern)* (s')approcher; *(gelangen)* parvenir *(zu* à); *(eintreffen, -treten)* arriver, se faire, se produire; *(herkommen, -rühren)* résulter, être le résultat *od* la conséquence, (pro)venir *(von* de); *(wohin gehören)* se ranger; **2.** *wenn Sie mir so* ~ si vous le prenez sur ce ton-là; *da soll mir einer* ~ *und sagen ... (fam)* qu'on ose seulement venir me dire ...; *wenn es hoch kommt* tout au plus; *wenn es zum Krieg kommt* si la guerre éclate; *was auch* ~ *mag* quoi qu'il arrive; **3.** *auf etw* ~ trouver, se rappeler qc; *auf etw zu sprechen* ~ en venir à parler de qc; *immer wieder auf etw (zu sprechen)* ~ revenir toujours, ne pas tarir sur qc; *dazu* ~ *zu* arriver à, parvenir à; *zu Ende* ~ finir; *gegangen, geritten, gefahren, geflogen* ~ venir *od* aller *od* arriver à pied, à cheval, en voiture, en avion; *gelaufen od gerannt* ~ accourir; *sehr gelegen* ~ arriver *od* venir fort à propos *od* à point; *hinter etw* ~ *(fig fam)* trouver, découvrir, éventer qc; *ans Licht, an den Tag* ~ venir au jour, percer; *zu etw (einfach) nicht* ~ *(fig)* ne pas trouver le temps de qc; *zu nichts* ~ n'arriver à rien; *todsicher* ~ arriver *od* venir comme mars en carême; *um etw* ~ perdre qc, être frustré de qc; *unter Menschen* ~ être sociable; *ganz nach s-m Vater* ~ être bien le fils de son père; *vor jdm* ~ *(rangieren)* précéder qn; *nicht sehr weit mit etw* ~ *(fig)* ne pas aller bien loin dans qc; *zu Wort* ~ avoir la parole; *wieder zu sich* ~ reprendre connaissance *od* ses esprits, revenir à soi *od* d'un évanouissement; **4.** *jdn* ~ *las-*

sen faire venir, appeler qn; *es dahin ~ lassen* laisser les choses en venir là; *lange ~ sehen (a. fig)* voir venir à l'avance; *von weitem ~ sehen* voir venir de loin; **5.** *ich komme zu Ihnen* j'irai vous voir; *ich komme auf Sie zu* je viendrai vous voir, j'irai vous trouver; *ich komme nicht darauf* cela ne me revient pas; *so lasse ich mir nicht ~* on ne me parle pas sur ce ton-là; *ich bin nicht aus den Kleidern od (fam) Sachen gekommen* je ne me suis pas déshabillé; *mir kam der Gedanke* il me vint l'idée; *das kam mir od mich teuer zu stehen* cela m'a coûté cher; *die Tränen kamen ihr* les larmes lui montèrent aux yeux; *das Unglück kam über mich* le malheur s'abattit sur moi; *kein Wort kam über s-e Lippen* il ne proféra pas une (seule) parole; *das Beste kommt noch* vous n'avez pas tout vu; vous verrez encore mieux; *das kommt von ... cela (pro)vient de ...*, c'est l'histoire de ...; *das kommt daher, daß ...* cela vient de ce que, la cause en est que ...; *das ist von (ganz) allein gekommen* cela s'est fait tout seul; *ich habe es ~ sehen* je l'avais bien dit; *das kommt nicht in Frage* il n'en est pas question; *das kommt auf 10 Mark* cela va coûter 10 marks; *dazu kommt noch, daß ...* ajoutez à cela que ...; *es hat so ~ müssen* c'était écrit; *es ist so weit gekommen, daß ...* les choses en sont à un point tel que ...; *da kommt nicht viel bei raus (pop)* ça ne sert pas à grand-chose; *wie komme ich zu der Ehre? (fig) ~ Sie zu uns?* serez-vous des nôtres? *wie ~ Sie dazu?* qu'est-ce qui vous prend? *wie ~ Sie (denn) darauf?* qu'allez-vous chercher là? *(pop); wie kommt es, daß ...?* comment se fait-il que ...? *woher kommt es, daß ...?* d'où vient que ...? *(ich) komme (gleich od schon)!* j'arrive! *komm her!* viens (ici); *pop* amène-toi; *komm! komm! (beschwichtigend)* allons! allons! *wo ~ Sie denn her?* d'où sortez-vous (donc)? *komm mir nicht mehr vor die Augen!* ne reparais plus devant mes yeux; *~ Sie mir nicht damit!* so können Sie mir nicht ~! laissez-moi tranquille avec cela; pas de ces manières-là! *da kommt er!* le voilà! *er soll mir nur ~!* qu'il y vienne! *das kommt davon!* vous y voilà! *das kommt davon, wenn ... (Schadenfreude)* voilà ce qui arrive quand ...; *komme, was da wolle!* advienne que pourra! vogue la galère! **6.** *kommt Zeit, kommt Rat (prov)* la nuit porte conseil; *wer zuerst kommt, mahlt zuerst (prov)* les premiers chaussent les bottes; **K~** *n* venue, arrivée *f; das ~ und Gehen* le va-et-vient, les allées et venues *f pl; ~d a* à venir, qui vient; *die ~e Woche* la semaine prochaine.

Komment|ar *m* ‹-s, -e› [kɔmɛn'ta:r] commentaire *m; ~ator m* ‹-s, -en› [-'ta:tɔr, -'to:rən] commentateur *m; k~ieren tr* [-'ti:rən] commenter.

Kommers *m* ‹-es, -e› [kɔ'mɛrs, -zə(s)] réunion *od* beuverie *f* d'étudiants; **~buch** *n* recueil *m* de chansons d'étudiants.

kommerz|ialisieren [kɔmɛrtsiali-'zi:rən] *tr fin* commercialiser; **K~ialisierung** *f* commercialisation *f; ~iell* [-tsi'ɛl] *a* commercial.

Kommilitone *m* ‹-n, -n›, **Kommilitonin** *f* [kɔmili'to:nə, -'to:nın] camarade *m f* d'études.

Kommis *m* ‹-, -› [kɔ'mi:] *gen* [kɔ'mi:(s)] *pl* [-'mi:s] commis, employé *m* de commerce.

Kommiß *m* [kɔ'mıs] *fam* (service) militaire *m; beim ~* dans le militaire; **~brot** *n* pain *m* de munition, *arg mil* boule *f;* **~stiefel** *m pl* brodequins *m pl* réglementaires.

Kommiss|ar *m* ‹-s, -e› [kɔmı'sa:r] commissaire *m; Hohe(r) ~ (pol)* Haut Commissaire *m; ~ariat n* ‹-(e)s, -e› [-sari'a:t] commissariat *m; k~arisch* [-'sa:rıʃ] *a* (à titre) provisoire; *adv* provisoirement; *~ vernehmen (jur)* (faire) entendre par juge commis; **~ion** *f* ‹-, -en› [-'sio:n] *pol com (Auftrag)* commission *f,* ordre; *(Ausschuß) a.* comité *m; in ~* en commission, en dépôt; *gemischte ~ commission f* mixte; **~ionär** *m* ‹-s, -e› [-sio'nɛ:r] *com* commissionnaire *m;* **~ionsbuchhandel** *m,* **~ionsbuchhandlung** *f* librairie *f* commissionnaire; **~ionsgebühr** *f* provision *f,* (droit *m* de) commission *f;* **~ionsgeschäft** *n* commerce *m* de consignation, maison *f* de commission; *ein ~ haben* faire la commission; **~ionshandel** *m* commerce *m* de commission; **~ionslieferung** *f* fourniture *f* à titre de dépôt; **~ionsware** *f (Buchhandel)* livres *m pl* à condition.

Kommode *f* ‹-, -n› [kɔ'mo:də] commode *f.*

Kommodore *m* ‹-s, -s/-n› [kɔmo-'do:rə] *mar* chef *m* d'escadre.

kommunal [kɔmu'na:l] *a* communal, municipal; **K~anleihe** *f* emprunt *m* communal *od* municipal; **K~betrieb** *m* exploitation *f* municipale; **K~politik** *f* politique *f* communale.

Kommun|ikant *m* ⟨-en, -en⟩
[kɔmuni'kant] *rel* communiant *m;*
K~ion *f* ⟨-, -en⟩ [-ni'oːn] *rel* communion *f; (der Sterbenden)* viatique
m; zur ~ gehen aller à la communion
od communier.
Kommuniqué *n* ⟨-s, -s⟩ [kɔmynī'keː]
pol communiqué *m.*
Kommun|ismus *m* ⟨-, ø⟩
[kɔmu'nɪsmʊs] communisme *m;*
K~ist *m* ⟨-en, -en⟩ [-'nɪst] communiste *m; ~istisch* [-'nɪstɪʃ] *a* communiste.
kommunizieren [kɔmuni'tsiːrən] *itr*
phys communiquer; *rel* communier.
Kommut|ation *f* ⟨-, -en⟩
[kɔmuta'tsioːn] *math (Vertauschbar-
keit)* commutation *f; ~ator m* ⟨-s,
-en⟩ [-'taːtɔr, -'toːrən] *el* commutateur
m; **k~ieren** [-'tiːrən] *tr el* commuter;
~ierung f el commutation *f.*
Komöd|iant *m* ⟨-en, -en⟩ [komødi'ant]
comédien, *pej* histrion, cabotin *m;*
~iantentum n ⟨-s, ø⟩ *pej* cabotinage
m; ~ie f ⟨-, -n⟩ [-'møːdiə] comédie *f;*
~ spielen (fig) jouer la comédie.
Kompagnon *m* ⟨-s, -s⟩ [kɔmpan'jõː]
com associé *m.*
kompakt [kɔm'pakt] *a* compact; *fig*
monolithique; *~e Mehrheit f (parl)*
majorité *f* massive; **K~heit** *f* compacité *f;* monolithisme *m.*
Kompanie *f* ⟨-, -n⟩ [kɔmpa'niː] *mil*
com compagnie *f; ~chef m, ~führer*
m commandant *m* de compagnie.
Komparativ *m* ⟨-s, -e⟩ ['kɔm-, kɔmpa-
ra'tiːf] *gram* comparatif *m.*
Komparse *m* ⟨-n, -n⟩ [kɔm'parzə]
theat film figurant *m.*
Kompaß *m* ⟨-sses, -sse⟩ ['kɔmpas,
-sə(s)] boussole *f; mar aero* compas
m; nach dem ~ à la boussole, *mar*
aero au compas; *~gehäuse n* boîte *f*
de la boussole; *~häuschen n mar*
habitacle *m; ~nadel f* aiguille *f* de
(la) boussole; *~peilung f* relèvement
m au compas.
Kompen|dium *n* ⟨-s, -dien⟩
[kɔm'pɛndium, -diən] *(Handbuch)*
compendium, abrégé, manuel *m;*
~sation f ⟨-, -en⟩ [-za'tsioːn] compensation *f; ~sationsgeschäft n*
opération *od* transaction *f* de compensation; **k~sieren** [-'ziːrən] *tr* compenser; *~sierung f* compensation *f.*
kompeten|t [kɔmpe'tɛnt] *a* compé-
tent; **K~z** *f* ⟨-, -en⟩ [-'tɛnts] compétence, attribution; *jur a.* juridiction *f;*
K~zstreit *m* conflit *m* de compétence *od* d'attribution *od* de juridiction;
K~züberschreitung *f* excès *m* de
pouvoir.
Komplementär *m* ⟨-s, -e⟩

[komplemɛn'tɛːr] *jur* associé *m* indéfiniment responsable; *~farbe f* couleur *f* complémentaire.
Komplet *n* ⟨-(s), -s⟩ [kõ'pleː] *(Kleid*
mit Jacke od Mantel) ensemble *m;*
k~t [kɔm'plɛt] *a* complet, entier;
k~tieren [-'tiːrən] *tr* compléter.
Komplex *m* ⟨-es, -e⟩ [kɔm'plɛks] complexe *a. psychol; arch* ensemble;
(Häuserblock) pâté *m* (de maisons);
k~ *a* complexe.
Komplikation *f* ⟨-, -en⟩
[kɔmplika'tsioːn] complication *f;*
med accident *m.*
Kompliment *n* ⟨-(e)s, -e⟩
[kɔmpli'mɛnt] compliment *m; ein un-*
passendes ~ machen faire un compliment hors de saison; *mein ~!* mes
compliments! *lassen Sie Ihre ~e!*
trêve de compliments!
Kompliz|e *m* ⟨-n, -n⟩ [kɔm'pliːtsə]
complice, acolyte, *fam* compère *m;*
k~ieren [-pli'tsiːrən] *tr* compliquer;
k~iert *a* compliqué; *med (Knochenbruch)* multiple; *~iertheit f* ⟨-, (-en)⟩
complication, complexité *f.*
Komplott *n* ⟨-(e)s, -e⟩ [kɔm'plɔt] complot *m,* conspiration *f; ein ~ schmieden* former *od* tramer *od* ourdir un
complot; *jdn ins ~ ziehen* mettre qn
dans le complot.
Kompo|nente *f* ⟨-, -n⟩ [kɔmpo'nɛntə]
composante *f;* **k~nieren** [-'niːrən] *tr*
mus composer; *~nist m* ⟨-en, -en⟩
[-'nɪst] compositeur *m; ~sition f*
⟨-, -en⟩ [-zi'tsioːn] *allg (Aufbau), mus*
composition *f; ~situm n* ⟨-s, -ta⟩
[-'poːzitʊm, -ta] *gram* composé *m.*
Kompost *m* ⟨-(e)s, -e⟩ [kɔm'pɔst] *agr*
compost *m.*
Kompott *n* ⟨-(e)s, -e⟩ [kɔm'pɔt] compote *f; ~schüssel f* compotier *m;*
~(t)eller m assiette *f* à dessert.
kompr|eß [kɔm'prɛs] *a adv typ* sans
interlignes *od* interlignage; **K~esse** *f*
⟨-, -n⟩ [-'prɛsə] *med* compresse *f;*
K~essor *m* ⟨-s, -en⟩ [-'prɛsɔr,
-'soːrən] *mot* compresseur *m.*
komprimier|en [kɔmpri'miːrən] *tr*
comprimer; *~t a* comprimé.
Komprom|iß *m od n* ⟨-sses, -sse⟩
[kɔmpro'mɪs, -sə] compromis *m;*
ein(en) ~ eingehen, schließen accepter, faire *od* passer un compromis;
~ißbereitschaft f attitude *f* conci-
liante; *~ißformel f pol* formule *f* de
compromis; **k~ittieren** [-mi'tiːrən]
(sich) (se) compromettre.
Komtesse *f* ⟨-, -n⟩ [kõ-, kɔm'tɛsə]
comtesse *f.*
Komtur *m* ⟨-s, -e⟩ [kɔm'tuːr] *hist* com-
mandeur *m; ~ei f*⟨-, -en⟩ [-'raɪ] com-
manderie *f.*

Kondens|ator *m* ⟨-s, -en⟩ [kɔndɛn'zaːtɔr, -'toːrən] *tech* condenseur; *el* condensateur *m;* **k~ieren** [-'ziːrən] *tr* condenser; *kondensierte Milch f,* **~milch** *f* lait *m* condensé *od* concentré; **~streifen** *m aero* traînée *f* de condensation; **~wasser** *n* eau *f* de condensation *od* condensée.

Konditionalsatz *m* [kɔnditsio'naːl-] *gram* (proposition) *f* conditionnelle *f.*

Konditor *m* ⟨-s, -en⟩ [kɔn'diːtɔr, -'toːrən] pâtissier (et confiseur) *m;* **~ei** *f* ⟨-, -en⟩ [-'raɪ], **~waren** *f pl* pâtisserie (et confiserie) *f.*

Kondol|enz *f* ⟨-, -en⟩ [kɔndo'lɛnts] condoléance *f;* **~enzbesuch** *m* visite *f* de condoléance; **k~ieren** [-'liːrən] *itr* faire *od* présenter *od* offrir ses condoléances (*jdm* à qn).

Kondom *m od* ⟨-s, -e/(-s)⟩ [kɔn'doːm] *med* préservatif *m.*

Konfekt *n* ⟨-(e)s, -e⟩ [kɔn'fɛkt] (articles *m pl* de) confiserie *f,* sucreries, dragées *f pl,* bonbons *m pl;* **~ion** *f* ⟨-, -en⟩ [-'tsioːn] *(Fertigkleidung)* confection *f,* (vêtements *m pl* tout faits *od*) prêt(s) *m* à porter; **~ionsanzug** *m* costume *m* de confection; **~ionsgeschäft** *n* maison *f* de confection; **~ionsgröße** *f* taille *f.*

Konfer|enz *f* ⟨-, -en⟩ [kɔnfe'rɛnts] conférence *f; (Lehrerkonferenz)* conseil *m* des professeurs; *e-e ~ abhalten* tenir conférence; **~enzbeschluß** *m* arrêt *m* de conférence; **~enzdolmetscher** *m* interprète *m* de conférence; **~enzraum** *m* salle *f* de conférence; **~enzteilnehmer** *m* participant *m* à une *od* la conférence; **~enztisch** *m* table *f* de conférence; **~enzzimmer** *n* = **~enzraum;** *(Schule)* salle *f* du conseil; **k~ieren** [-'riːrən] *itr* tenir conférence; *mit jdm über etw ~* conférer avec qn de qc.

Konfession *f* ⟨-, -en⟩ [kɔnfɛsi'oːn] *rel (Bekenntnis)* confession *f;* **k~ell** [-sio'nɛl] *a* confessionnel; **k~slos** *a* sans confession; **~sschule** *f* école *f* confessionnelle; **~swechsel** *m* changement *m* de confession, conversion *f.*

Konfetti *pl* [kɔn'fɛti] confetti *m pl.*

Konfirm|and *m* ⟨-en, -en⟩ [kɔnfɪr'mant, -dən] confirmand *m;* **~andenunterrricht** *m* catéchisme *m;* **~ation** *f* ⟨-, -en⟩ [-matsi'oːn] confirmation *f;* **k~ieren** [-'miːrən] *tr* confirmer.

Konfis|kation *f* ⟨-, -en⟩ [kɔnfɪs-katsi'oːn] confiscation *f;* **k~zieren** [-'fɪsʦiːrən] *tr* confisquer.

Konfitüre *f* ⟨-, -n⟩ [kɔnfi'tyːrə] *(Marmelade)* confiture *f.*

Konflikt *m* ⟨-(e)s, -e⟩ [kɔn'flɪkt] conflit *m; in ~ geraten* entrer en conflit.

Konföderation *f* ⟨-, -en⟩ [kɔnfødɛratsi'oːn] *(Staatenbund)* confédération *f.*

konform [kɔn'fɔrm] *a* conforme (*mit* à); *adv: ~ gehen mit fam* être d'accord avec.

konfrontieren [kɔnfrɔn'tiːrən] *tr* confronter (*mit* avec).

konfus [kɔn'fuːs] *a* confus, troublé, déconcerté; *~ machen* troubler, déconcerter, embrouiller.

Kongreß *m* ⟨-sses, -sse⟩ [kɔn'grɛs] congrès *m;* **~teilnehmer** *m* membre d'un *od* du congrès, congressiste, délégué *m.*

kongru|ent [kɔngru'ɛnt] *a math* congruent, coïncident; **K~enz** *f* ⟨-, -en⟩ [-'ɛnts] *math* congruence, coïncidence *f;* **~ieren** [-gru'iːrən] *itr math u. fig* coïncider (*mit* avec).

König *m* ⟨-(e)s, -e⟩ ['køːnɪç -gə] roi *m; im Namen des ~s* de par le roi; *die Heiligen Drei ~e* les rois *m pl* mages; **~in** *f* reine *f;* **~inmutter** *f* reine *f* mère; **~inpastete** *f* bouchée *f* à la reine; **~inwitwe** *f* reine *f* douairière; **k~lich** ['-nɪklɪç] *a* royal, de *od* du roi; *~e(s) Schloß* *n* palais *m* royal; **~reich** ['-nɪk-] *n* royaume *m;* **~sadler** *m orn* aigle *m* royal; **~skerze** *f* bot molène *f;* **~skrone** *f* couronne *f* royale; **~skuchen** *m* cake *m;* **~smord** *m,* **~smörder** *m* régicide *m;* **~stiger** *m* tigre *m* royal; **~streue** *f* royalisme *m;* **~swürde** *f* dignité royale, royauté *f;* **~tum** *n* ⟨-s, ø⟩ royauté *f.*

kon|isch ['koːnɪʃ] *a (kegelförmig)* conique; **K~us** *m* ⟨-, -sse/-nen⟩ ['koːnʊs, -sə/-nen] *(Kegel)* cône *m.*

Konjug|ation *f* ⟨-, -en⟩ [kɔnjuga'tsioːn] *gram* conjugaison *f;* **k~ieren** [-'giːrən] *tr* conjuguer; *~iert werden* se conjuguer.

Konjunkt|ion *f* ⟨-, -en⟩ [kɔnjʊŋk'tsioːn] *gram astr* conjonction *f;* **~iv** *m* ⟨-s, -e⟩ ['kɔnjʊŋktiːf, kɔnjunk'tiːf] *gram* subjonctif *m.*

Konjunktur *f* ⟨-, -en⟩ [kɔnjʊŋk'tuːr] *com* conjoncture, situation *f* économique *od* du marché; *(günstige)* marché *m* favorable; *rückläufige ~* récession *f;* **k~abhängig** *a* dépendant de l'activité économique, soumis à *od* dépendant de la conjoncture; **~aufschwung** *m* essor *m* conjoncturel; **~ausgleichsrücklage** *f* réserve *f* pour l'égalisation de la conjoncture; **~belebung** *f* relance *f;* **k~empfindlich** *a* sensible à la conjoncture; ~**entwicklung** *f* évolution *f* économique; ~**flaute** *f* marasme *m* économique, stagnation *f* de l'activité économique; ~**forschung** *f* analyse *f* od étude(s *pl*) *f* des marchés; ~**gewinn** *m* profit *m* de conjoncture; ~**ritter** *m fam pej* sauteur; *a.* politicien *m* opportuniste; ~**rückgang** *m* baisse *f* conjoncturelle, ralentissement *m* de l'activité économique, récession *f;* ~**schwankungen** *f pl* fluctuations *f pl* de (la) conjoncture od conjoncturelles; **k~unabhängig** *a* indépendant de l'activité économique od de la conjoncture.

konkav [kɔn'ka:f] *a bes. opt* concave.

Konkord|anz *f* ⟨-, -en⟩ [kɔnkɔr'dants] *(Zs.stellung)* concordance *f.;* ~**at** *n* ⟨-(e)s, -e⟩ [-'da:t] concordat *m.*

konkret [kɔn'kre:t] *a* concret, réel, tangible; *im* ~*en Fall* dans la réalité; ~*e Formen annehmen* se concrétiser.

Konkubin|at *n* ⟨-(e)s, -e⟩ [kɔnkubi'na:t] *(wilde Ehe)* concubinage *m;* ~**e** *f* ⟨-, -n⟩ concubine *f.*

Konkurr|ent *m* ⟨-en, -en⟩ [kɔnku'rɛnt] concurrent, rival, compétiteur *m;* ~**enz** *f* ⟨-, -en⟩ [-'rɛnts] concurrence, rivalité, compétition *f; (die* ~*enten)* les concurrents *m pl; außer* ~ hors concours; *jdm* ~ *machen* faire concurrence à qn, concurrencer qn; **k~enzfähig** *a* capable de concurrencer; *(Preis)* compétitif; ~**enzfähigkeit** *f* capacité de concurrence, compétitivité *f;* ~**enzfirma** *f* maison *f* concurrente; ~**enzkampf** *m* concurrence *f;* **k~enzlos** *a* sans concurrence; *(Ware, Preis)* hors (de) pair; ~**enzneid** *m* jalousie *f* de métier; ~**enzunternehmen** *n* entreprise od maison *f* concurrente od rivale; **k~ieren** [-ku'ri:rən] *itr* concourir; *mit jdm* ~ concurrencer qn.

Konkurs *m* ⟨-es, -e⟩ [kɔn'kurs, -zə] *com jur* faillite, banqueroute *f;* ~ *anmelden* se déclarer en faillite, déposer son bilan; *(den)* ~ *eröffnen* ouvrir la procédure de (la) faillite; *in* ~ *geraten,* ~ *machen* faire faillite; ~**anmeldung** *f* dépôt *m* de bilan; ~**erklärung** *f* déclaration *f* od mise *f* en faillite; ~**eröffnung** *f* ouverture *f* de la faillite; ~**forderung** *f* créance *f* de la faillite; ~**gläubiger** *m* créancier *m* de la faillite; ~**masse** *f* masse *f* od actif *m* de la faillite; ~**ordnung** *f* règlement *m* des faillites; ~**verfahren** *n* procédure *f* de faillite, procédé *m* en matière de faillite; ~**verwalter** *m* administrateur de la faillite, directeur des créanciers, syndic *m* (de la faillite).

können ⟨*ich kann; ich konnte; ich könnte; habe gekonnt/...(inf) können*⟩ ['kœnən, kan, (-)'kɔnt] *aux tr u. itr (unter gewissen Umständen in der Lage* od *imstande sein, die Möglichkeit haben)* pouvoir; *(kunstgerecht ausüben* od *ausführen können, wissensmäßig beherrschen, gelernt haben)* savoir; *(imstande, fähig sein zu)* être capable od en mesure od à même od en état de; *(die Möglichkeit haben zu)* avoir la faculté de; *(dürfen)* pouvoir; *so gut ich (es) kann* de mon mieux; *etwas* ~ avoir de l'étoffe; *für etw nichts* ~ n'être pour rien dans qc; *nicht mehr* ~ *(fam)* n'en pouvoir plus; *nicht mehr (laufen)* ~ ne plus pouvoir marcher, traîner la jambe; *nicht umhin~ zu* ne pouvoir s'empêcher od se retenir de; *ich kann nicht anders* je ne puis faire autrement; *ich kann nichts dafür* je n'y peux rien; *ich kann nicht mehr (fam)* je n'en peux plus; ~ *vor Lachen!* comment voulez-vous que je fasse? *wer kann das getan haben?* qui peut bien (en) être responsable? *ich kann es Ihnen (leider) nicht sagen* je ne saurais vous le dire; *ich kann nicht weg* je ne peux pas partir; *ich kann nicht weiter* je ne peux pas aller plus loin; *ich lief, so schnell ich konnte* je courais à toutes jambes; *er kann sich noch so anstrengen* il aura beau faire, quoi qu'il fasse; *Sie* ~ *es mir glauben* croyez-moi; *das* ~ *Sie sagen, tun* dites-le! faites-le! *man könnte meinen, daß...* on dirait que ...; *das kann sein* cela se peut, c'est possible; *es könnte sein, daß* il se pourrait od serait possible que *subj; es kann nicht jeder tun, was er will* on ne peut pas toujours faire ce qu'on veut; *mir kann keiner! fam* personne ne peut rien me faire; je ne crains personne; **K~** *n* pouvoir; *(Wissen)* savoir *m; (Fähigkeit)* faculté, capacité; *(Möglichkeit)* possibilité *f.*

Konnex *m* ⟨-es, -e⟩ [kɔ'nɛks] *(Zs.hang)* connexion, liaison *f.*

Konnossement *n* ⟨-(e)s, -e⟩ [kɔnɔsə'mɛnt] *com mar* connaissement *m,* police *f* de chargement.

Konsekutivdolmetschen *n* ['kɔn-, kɔnzeku'ti:f-] interprétation *f* consécutive.

konsequen|t [kɔnze'kvɛnt] *a* conséquent; ~ *denken* avoir de la suite dans les idées; ~ *sein* avoir l'esprit de suite; **K~z** *f* ⟨-, -en⟩ [-'kvɛnts] *(Folgerichtigkeit, Zielstrebigkeit)* conséquence *f,* esprit *m* de suite; *(Folgerung)* conséquence; *(Folge)* conséquence *f*, résultat *m; (weitreichende)* ~en haben mener loin; *die* ~*(en)* ziehen tirer les conséquences.

konserv|ativ [kɔnzɛrva'ti:f] *a* conservateur; **K~ativismus** *m* ⟨-s, ø⟩ [-'tivɪsmʊs] *pol* conservatisme *m;* **K~ator** *m* ⟨-s, -en⟩ [-'va:tɔr, -'to:rən] conservateur *m* (de musée); **K~atorium** *n* ⟨-s, -rien⟩ [-'to:riʊm, -riən] *mus* conservatoire *m;* **K~e** *f* ⟨-, -n⟩ [-'zɛrvə] conserve *f;* **K~enbüchse** *f*, **K~endose** *f* boîte *f* de conserve; **K~enfabrik** *f* conserverie *f;* **K~englas** *n* bocal *m;* **K~enindustrie** *f* industrie *f* des conserves; ~**ieren** [-'vi:rən] *tr* conserver; **K~ierung(smittel** *n)* *f* (substance de) conservation *f.*

Konsign|ation *f* ⟨-, -en⟩ [kɔnzɪgnatsi'o:n] *com* consignation *f;* **k~ieren** [-'ni:rən] *tr com mil* consigner.

Konsistorium *n* ⟨-s, -rien⟩ [kɔnzɪs'to:riʊm, -riən] *rel* consistoire *m.*

Konsol|e *f* ⟨-, -n⟩ [kɔn'zo:lə] *arch* console *f*, corbeau *m; (Brettstütze)* console *f*, support *m;* **k~idieren** [-li'di:rən] *tr* consolider; ~**idierung** *f* consolidation *f;* ~**s** *m pl* fonds *m pl* consolidés.

Konsonant *m* ⟨-en, -en⟩ [kɔnzo'nant] *gram* consonne *f.*

Konsort|en *m pl* [kɔn'zɔrtən] *jur bes. pej* consorts *m pl; und* ~ et consorts; ~**ium** *n* ⟨-s, -tien⟩ [-tsiʊm, -tsiən] *com* consortium, syndicat, groupe *m.*

konsta|nt [kɔn'stant] *a math phys* constant; *allg* stable; **K~nte** *f* ⟨-, -n⟩ *math phys* (quantité) constante *f;* ~**tieren** [-'ti:rən] *tr* constater.

Konstellation *f* ⟨-, -en⟩ [kɔnstɛlatsi'o:n] *astr* constellation *f.*

konsterniert [kɔnstɛr'ni:rt] *a* consterné, déconcerté, désemparé.

konstitu|ieren [kɔnstitu'i:rən] *tr (einsetzen, bestimmen)* constituer; ~*de Versammlung f pol hist* (assemblée) constituante *f;* **K~tion** *f* ⟨-, -en⟩ [-tsi'o:n] *pol med* constitution *f;* ~**tionell** [-tsio'nɛl] *a* constitutionnel.

konstru|ieren [kɔnstru'i:rən] *tr tech math gram* construire; *(entwerfen)* concevoir, projeter, dessiner; *itr gram* faire la construction (d'une phrase), construire; **K~kteur** *m* ⟨-s, -e⟩ [-truk'tø:r] (ingénieur) constructeur *m;* **K~ktion** *f* ⟨-, -en⟩ [-tsi'o:n] *tech math gram* construction; *(Entwurf)* conception *f*, projet, dessin *m;* **K~ktionsbüro** *n* bureau *m* d'études *od* de construction; **K~ktionsfehler** *m* défaut *od* vice *m* de construction; **K~ktionsteil** *n tech* pièce *f* de cons-

truction; **K~ktionszeichner** *m* dessinateur *m* projecteur; **K~ktionszeichnung** *f* plan *m* de construction.

Konsul *m* ⟨-s, -n⟩ ['kɔnzʊl] consul *m;* ~**argerichtsbarkeit** *f* juridiction *f* consulaire; ~**at** *n* ⟨-(e)s, -e⟩ [-'la:t] consulat *m;* ~**ent** *m* ⟨-en, -en⟩ [-'lɛnt] *jur* consultant *m;* **k~tieren** [-'ti:rən] *tr* consulter.

Konsum *m* ⟨-s, ø⟩ [kɔn'zu:m] *(a. von Drogen, (fig) Unterhaltung)* consommation *f; öffentliche(r) od staatliche(r)* ~ consommation publique; *private(r)* ~ consommation privée; *fam (~verein)* coop *f* od *m;* ~**ent** *m* ⟨-en, -en⟩ [-'mɛnt] consommateur *m;* ~**genossenschaft** *f*, ~**verein** *m* (société) coopérative *f* de consommation *od* de consommateurs; ~**gesellschaft** *f* société *f* de consommation; ~**güter** *n pl* articles *m pl* de consommation; **k~ieren** [-'mi:rən] *tr* consommer; ~**verzicht** *m* réduction *f* de la consommation.

Kontakt *m* ⟨-(e)s, -e⟩ [kɔn'takt] contact *m a. el*, relation; *el (Steckkontakt)* prise de courant; *(Stift)* broche *f; mit jdm* ~ *aufnehmen, in* ~ *treten* entrer en contact avec qn; *mit jdm* ~ *haben, in* ~ *stehen* être en contact avec qn; *fam* avoir le contact avec qn; ~**abzug** *m phot* épreuve *f* par contact; **k~arm** *a (Mensch)* renfermé; ~**fähigkeit** *f psych* sens *m* des contacts; ~**finger** *m tech* doigt *m* de contact; ~**fläche** *f* surface *f* de contact; **k~freudig** *a (Mensch)* sociable, liant, ouvert; ~**gläser** *n pl opt* verres *m pl* de contact; ~**knopf** *m*, ~**schalter** *m el* bouton *m* de contact; ~**linse** *f*, ~**schale** *f opt* lentille *f* de contact, verre *m* de contact, lentille *f* cornéenne; ~**mann** *m* agent *m* de liaison; ~**mine** *f mil* mine *f* automatique; ~**ring** *m* anneau *m* de contact; ~**rolle** *f el* trolley *m;* ~**stift** *m el* broche *f;* ~**stöpsel** *m el* fiche *f* (de contact).

Konten|plan *m* ['kɔntən-] *fin* plan *m* comptable; ~**sperre** *f*, ~**sperrung** *f* blocage *m* des comptes.

Konter|admiral *m* ['kɔntər-] *mar* contre-amiral *m;* ~**bande** *f (Schmuggelware)* contrebande *f;* ~**revolution** *f* contre-révolution *f.*

Kontinent *m* ⟨-(e)s, -e⟩ ['kɔn-, kɔnti'nɛnt] continent *m;* **k~al** [-'ta:l] *a* continental; ~**alklima** *n* climat *m* continental; ~**almacht** *f pol* puissance *f* continentale; ~**alsperre** *f hist* blocus *m* continental; ~**alverschiebung** *f geol* dérive *f* des continents.

Kontingent *n* ⟨-(e)s, -e⟩ [kɔntɪŋ'gɛnt]

(Anteil) contingent, quota *m;* **k~ieren** [-'tiːrən] *tr* contingenter, fixer le contingent de; **~ierung** *f* contingentement *m.*

kontinuierlich [kɔntinu'iːrliç] *a* continu(el), suivi; **K~ität** *f* ⟨-, ø⟩ [-i'tɛːt] continuité *f.*

Konto *n* ⟨-s, -ten/-ti⟩ ['kɔnto, -tən/-ti] *fin* compte *m; ein ~ (ab)schließen* arrêter un compte; *ein ~ eröffnen* ouvrir un compte *(bei* à); *sein ~ überziehen* mettre son compte à découvert; **~abschluß** *m* arrêté *m* de compte; **~auszug** *m* extrait *od* relevé *od* bordereau *m* de compte; *e-n ~ ausfertigen od machen* faire un relevé de compte, relever un compte; **~buch** *n* livre *m* de comptes; **~inhaber** *m* titulaire *m* d'un compte; **~korrent** *n* ⟨-s, ø⟩ [-kɔ'rɛnt] compte *m* courant; **~korrentbuch** *n* grand livre *m;* **~stand** *m* solde *m* (du compte).

Kontor *n* ⟨-s, -e⟩ [kɔn'toːr] comptoir, bureau *m;* **~ist(in** *f)* *m* ⟨-en, -en⟩ [-'rɪst] employé, e *m* *f* de bureau.

kontra ['kɔntra] *prp* contre; **K~** *n* ⟨-s, -s⟩ *jdm ~ geben (Spiel)* contrer qn; **K~baß** *m* *mus* contrebasse *f;* **K~punkt** *m* *mus* contrepoint *m.*

Kontrahent *m* ⟨-en, -en⟩ [kɔntra'hɛnt] *jur* contractant *m,* partie *f* contractante.

Kontrakt *m* ⟨-(e)s, -e⟩ [kɔn'trakt] contrat *m,* convention *f,* accord, pacte, traité *m; e-n ~ brechen* rompre un contrat, briser un accord; *e-n ~ schließen* faire *od* passer un contrat, passer *od* conclure un accord; **~bruch** *m* rupture *od* violation *f* de contrat; **k~lich** *a* contractuel; *adv* par contrat.

Kontrast *m* ⟨-(e)s, -e⟩ [kɔn'trast] contraste *m;* **k~ieren** [-'tiːrən] *itr* contraster, être en *od* faire contraste *(mit* avec); *(stark)* trancher *(mit* sur); **k~reich** *a* contrasté; **~wirkung** *f* effet *m* de contraste.

Kontroll|abschnitt *m* [kɔn'trɔl-] coupon *m* *od* fiche *f* *od* talon de contrôle, talon *m;* **~apparat** *m* *tech* appareil *m* de contrôle; **~beamte(r)** *m* **~eur;** **~e** *f* ⟨-, -n⟩ contrôle *m; (Prüfung)* vérification *f; (Überwachung)* surveillance *f;* **~eur** *m* ⟨-s, -e⟩ [-'løːr] contrôleur *m;* **~gang** *m* ronde *f;* **~gebiet** *n* zone *f* de contrôle; **~gerät** *n* appareil *m* contrôleur; **k~ierbar** *a* contrôlable; **k~ieren** [-'liːrən] *tr* contrôler, examiner, inspecter, passer en revue; vérifier; *(Rechnung a.)* apurer; *(überwachen)* surveiller; **~karte** *f* carte *f* de contrôle; **~kas-**

se *f* caisse *f* de contrôle *od* enregistreuse; **~kommission** *f* commission *f* de contrôle; **~(l)ampe** *f* *tech* lampe- témoin, lampe-pilote, veilleuse *f;* **~(l)icht** *n* voyant *m;* **~(l)iste** *f* liste *f* de contrôle; **~marke** *f* plaque *f* de contrôle; **~maßnahme** *f* mesure *f* de contrôle; **~nummer** *f* numéro *m* de contrôle; **~organ** *n* organe *m* de contrôle; **~punkt** *m,* **~stelle** *f* poste *m* de contrôle; **~rat** *m; der Alliierte ~* le Conseil de Contrôle Allié; **~schein** *m,* **~zettel** *m* fiche *f* de contrôle; **~system** *n* système *m* de contrôle; **~turm** *m* *aero* tour *f* de contrôle; **~uhr** *f* montre *od* horloge de contrôle, contrôleuse *f,* contrôle de présence; horloge *f* de pointage; *(d. Wächter)* contrôleur *m* de rondes; **~vorrichtung** *f* mécanisme *m* de contrôle; **~zentrum** *n* *cosm* centre *m* de contrôle; **~zettel** *m* = **~schein.**

Kontroverse *f* ⟨-, -n⟩ [kɔntro'vɛrzə] controverse *f.*

Kontur *f* ⟨-, -en⟩ [kɔn'tuːr] contour *m.*

Konus *m* ⟨-, -sse/-nen⟩ ['koːnʊs] *math tech* cône *m.*

Konvent *m* ⟨-(e)s, -e⟩ [kɔn'vɛnt] convent *m,* assemblée *f;* **~ion** *f* ⟨-, -en⟩ [-'tsioːn] convention *f,* accord, traité *m; die Genfer ~* les accords *m pl* de Genève, la convention de Genève; **~ionalstrafe** *f* peine conventionnelle *od* contractuelle, clause *f* pénale; **k~ionell** [-tsio'nɛl] *a* conventionnel; **~e Waffen** *f pl* armes *f pl* classiques.

konvergent [kɔnver'gɛnt] *a* *math phys* convergent; **K~enz** *f* ⟨-, -en⟩ [-'gɛnts] convergence *f;* **~ieren** [-'giːrən] *itr* converger.

Konversation *f* ⟨-, -en⟩ [kɔnvɛrza'tsioːn] conversation *f,* entretien, colloque *m;* **~slexikon** *n* encyclopédie *f; wandelnde(s) ~ (hum)* encyclopédie *f* vivante.

konvert|ierbar [kɔnvɛr'tiːr-] *a* *fin* convertible; **K~keit** *f* convertibilité *f;* **~ieren** *tr fin* convertir; *itr rel* se convertir; **K~ierung** *f* *fin* conversion *f;* **K~ierungsanleihe** *f* emprunt *m* de conversion; **K~it** *m* ⟨-en, -en⟩ [-'tiːt] *rel* converti *m.*

konvex [kɔn'vɛks] *a* *opt* convexe, bombé.

Konvikt *n* ⟨-(e)s, -e⟩ [kɔn'vɪkt] *rel* foyer *m* de séminaristes.

Konvolut *n* ⟨-(e)s, -e⟩ [kɔnvo'luːt] *(Sammelband)* recueil *m* factice.

Konzentr|at *n* ⟨-(e)s, -e⟩ [kɔntsɛn'traːt] *chem geol* concentré *m;* **~ation** *f* ⟨-, -en⟩ [-tra'tsioːn] concentration *f;* **~ationsfähigkeit** *f* faculté *f* de concentration; **~ationslager** n camp m de concentration; **k~ieren** [-'tri:rən] tr concentrer; *sich ~* se concentrer; **k~isch** [-'tsɛntrıʃ] a math concentrique.

Konzept n ⟨-(e)s, -e⟩ [kɔn'tsɛpt] brouillon m, minute f; *jdn aus dem ~ bringen* faire perdre le fil à qn; *aus dem ~ kommen* perdre le fil; **~papier** n papier m brouillon *od* bulle.

Konzern m ⟨-s, -e⟩ [kɔn'tsɛrn] *fin* groupe, groupement (industriel *od* d'entreprises), trust, cartel, consortium m.

Konzert n ⟨-(e)s, -e⟩ [kɔn'tsɛrt] *(Musikaufführung)* concert; *(Solokonzert) (Musikstück)* concerto m; **~büro** n, **~direktion** f organisateur m de concert; **~flügel** m piano m de concert; **~haus** n salle f de concert; **k~ieren** [-'ti:rən] itr donner un concert *od* récital; **~meister** m chef m d'orchestre *od* de musique; **~saal** m salle f de concert; **~sänger** m chanteur m de concert.

Konzession f ⟨-, -en⟩ [kɔntsɛ'sio:n] *(Zugeständnis)* concession; *com* concession, licence, patente; *pol (Gebiet)* concession f; *jdm e-e ~ erteilen* accorder une concession à qn; **k~iert** [-sio'ni:rt] a licencié, patenté; **~sinhaber** m concessionnaire m.

Konzil n ⟨-s, -e/-lien⟩ [kɔn'tsi:l(ə/iən)] *rel* concile m; **~sväter,** *die* m pl les pères m pl conciliaires.

konzipieren [kɔntsi'pi:rən] tr physiol concevoir; *(entwerfen)* faire un brouillon de.

Koordin|ate f ⟨-, -n⟩ [koordi'na:tə] *math* coordonnée f; **~atensystem** n système m de coordonnées *od* d'axes; **~ationsstörung** f [-natsi'o:ns-] *med* incoordination f; **k~ieren** [-'ni:rən] tr coordonner.

Kopenhagen n [kopən'ha:gən] Copenhague f.

Köper m ⟨-s, -⟩ ['kø:pər] *(Textil)* croisé m; **k~n** tr croiser.

Kopf m ⟨-(e)s, ⁓e⟩ [kɔpf, 'kœpfə] tête f a. fig u. tech; pop caboche f, caisson; *(Briefkopf, inform: Nachrichten~)* en-tête m; *(Titel)* tête, manchette f, chapeau; *(Schlagwort)* mot-vedette m; *(Vorderseite e-r Münze)* face; *(Verstand)* tête f, esprit, cerveau m, cervelle; *(kluger Mensch)* tête, capacité; *(Person, in Zahlenangaben)* tête, personne f; *am ~ (gen) (fig)* à la tête (de); *~ an ~* serrés les uns contre les autres; *auf den ~ (der Bevölkerung), pro ~* par tête *od* personne; *aus dem ~* par cœur, de mémoire; *im ~* en tête; *(Rechnen)* de

tête; *mit bloßem ~ (Mann)* nu-tête, tête nue; *(Frau a.)* en cheveux; *mit klarem ~* à tête reposée; *von ~ bis Fuß* des pieds à la tête, de la tête aux pieds, de pied en cap, jusqu'au bout des ongles; *e-e Belohnung auf jds ~ aussetzen* mettre à prix la tête de qn; *klaren ~ behalten* garder la tête froide; *im ~ behalten* retenir; *auf s-m ~ bestehen* s'entêter, s'obstiner; *mit seinem ~ bezahlen* payer de sa tête; *seinen ~ durchsetzen (fam)* arriver à ses fins; *nur s-m ~ folgen* n'en faire qu'à sa tête; *mit dem ~ durch die Wand gehen (fig fam)* suivre son idée fixe; *im ~ haben (fam)* avoir en tête; *e-n schweren ~ haben* avoir la tête lourde *od* pesante; *den ~ verloren haben (a.)* avoir la tête à l'envers; *ein Brett vor dem ~ haben (fam)* être bouché; *mit s-m ~ für etw haften* répondre de qc sur sa tête; *nur nach s-m ~ handeln* n'en faire qu'à sa tête *od* volonté, faire ses quatre volontés, agir à son idée; *den ~ hinhalten (a. fig)* tendre le cou *od* la gorge; *e-n roten ~ kriegen* piquer un fard; *den ~ hängenlassen (fig)* avoir la tête basse; *pop* broyer du noir; *sich etw durch den ~ gehen lassen* réfléchir à qc; *sich nicht auf dem ~ herumtreten od herumtrampeln lassen* ne pas se laisser marcher sur les pieds; *jdm den ~ heiß machen (fig)* échauffer la tête de qn; *jdn (um) e-n ~ kürzer machen (pop)* raccourcir qn d'une tête; *über die Köpfe hinweg reden (fig)* se perdre dans les nues; *sich etw aus dem ~ schlagen* s'ôter qc de la tête *od* de l'esprit; *sich vor den ~ schlagen* se frapper le front; *den ~ schütteln* hocher *od* secouer la tête *(über etw* devant qc); *ein kluger ~ sein* avoir de la tête, être un(e) homme (femme) de tête; *nicht auf den ~ gefallen sein (fam)* ne pas être tombé sur la tête; *wie vor den ~ geschlagen sein (fam)* être hébété; être *od* rester *od* demeurer interdit *od* abasourdi *od* stupéfait; *(um) e-n ~ größer sein als jem* avoir une tête de plus que qn; *sich etw in den ~ setzen* se mettre qc en tête *od* dans la tête *od* dans l'idée; se fourrer qc dans la tête; *e-n Preis auf jds ~ setzen* mettre à prix la tête de qn; *den ~ in den Sand stecken (fig)* adopter la politique de l'autruche; *auf dem ~ stehen* être la tête en bas; *fig* être sens dessus dessous; *zu ~ steigen (Wein)* monter à la tête a. fig *od* au cerveau, porter à la tête, être capiteux, *fam* taper; *auf den ~ stellen (fig)* mettre sens dessus dessous, invertir, dénaturer; *jdn vor den ~ stoßen (fig)* heurter, choquer, brusquer, désobliger qn, heurter qn de front; *den ~ hoch tragen (a. fig)* porter *od* marcher la tête haute; *jdm den ~ verdrehen* (faire) tourner la tête *od* la cervelle à qn; *fam* tournebouler qn; *den ~ verlieren* perdre la tête *od* l'esprit, *fam* la boule, *arg* la boussole; *jdm den ~ waschen (fig fam)* laver la tête, frotter les oreilles, secouer les puces, passer un savon à qn; *jdm etw an den ~ werfen (fig fam)* jeter qc à la face *od* à la figure de qn; *den ~ in den Nacken werfen (fig)* se rengorger; *nicht wissen, wo einem der ~ steht* ne (pas) savoir où donner de la tête *od* de quel côté se tourner *od* où on en est; *mit dem ~ durch die Wand wollen (fig)* donner de la tête contre les murs; *sich den ~ zerbrechen (fig)* se casser *od* se creuser la tête, se creuser la cervelle *od* l'esprit, se mettre l'esprit à la torture, s'ingénier (*wie man tun könnte* à faire); *die Köpfe zs.stecken* chuchoter; *er ist mir über den ~ gewachsen (fig)* je ne viens plus à bout de lui; *das geht mir im ~ herum* cela me trotte dans la tête *od* la cervelle, cela me hante; *das will mir nicht in den ~ hinein* cela ne veut pas m'entrer (dans) la tête, cela me dépasse; *das hat ihn den ~ gekostet* il l'a payé de sa vie; *~ oder Schrift? (Münze)* pile ou face? *~ hoch!* du courage! *~ weg!* gare (à) la tête! *was man nicht im ~ hat, muß man in den Beinen haben (prov)* quand on n'a pas de tête, il faut avoir des jambes; *so viel Köpfe, so viel Sinne (prov)* autant de têtes, autant d'avis; *ein heller ~* un esprit ouvert *od* éveillé; ~**arbeit(er** *m)* ƒ travail(leur) *m* intellectuel; ~**bahnhof** *m* tête de ligne, gare ƒ en cul-de-sac; ~**ball** *m sport* tête ƒ; ~**band** *n* serre-tête, bandeau *m*; ~**bedeckung** ƒ coiffure ƒ, couvre-chef *m*; *die ~ aufbehalten* rester couvert; ~**brett** *n (Bett)* tête ƒ; ~**deckchen** *n (auf e-r Sessellehne)* appui(e)-tête *m*; ~**ende** *n (e-s Bettes)* chevet *m*; *am ~ (allg: vorn)* en tête; ~**füßer** *m pl zoo* céphalopodes *m pl*; ~**grind** *m med* teigne ƒ; ~**grippe** ƒ encéphalite ƒ; ~**haar** *n* cheveux *m pl*, chevelure ƒ; ~**haltung** ƒ port *m* de tête; ~**haut** ƒ cuir *m* chevelu; ~**hörer** *m tele radio* écouteur, casque *m* d'écoute *od* téléphonique *od* radio; ~**kissen** *n* oreiller *m*; ~**kissenbezug** *m* taie ƒ (d'oreiller); ~**kohl** *m* chou *m* pommé;

k~lastig *a mar aero* lourd de l'avant, versable; ~**laus** ƒ pou *m* de tête; ~**lehne** ƒ appui(e)-tête *m*; **k~los** *a* sans tête; *zoo* acéphale; *fig* écervelé, sans cervelle, étourdi; ~**losigkeit** ƒ *fig* étourderie ƒ; ~**polster** *n* traversin, *fam* polochon *m*; ~**putz** *m* coiffure ƒ; ~**rampe** ƒ quai *m* en bout; ~**rechnen** *n* calcul *m* mental; ~**salat** *m bot* laitue (pommée); *(Küche)* salade ƒ de laitue; **k~scheu** *a (Pferd)* ombrageux; *(Mensch)* effarouché; *jdn ~ machen* effaroucher qn; ~**schmerzen** *m pl* maux *m pl* de tête, migraine ƒ; *~ haben* avoir mal à la tête *od* des maux de tête *od* la migraine; *sich um etw ~ machen* se faire du souci *od fam* de la bile pour qc; ~**schuß** *m (Verletzung)* blessure ƒ par balle à la tête; ~**schütteln** *n* hochement *m* de tête; ~**schützer** *m* passe-montagne *m*; ~**sprung** *m sport* plongeon *m; e-n ~ machen (a.)* piquer une tête; ~**stand** *m sport* arbre fourchu; *aero* capotage *m; e-n ~ machen (sport)* faire l'arbre fourchu; *aero* capoter; ~**steg** *m typ* blanc *m* de tête; **k~zstehen** *itr fig* être bouleversé *od* affolé *od fam* tourneboulé; ~**stein** *m* pavé *m*; ~**steuer** ƒ *hist* capitation, cote ƒ personnelle; ~**stimme** ƒ voix ƒ de tête, fausset *m*; ~**stück** *n tech* tête ƒ; ~**stütze** ƒ mot appui-tête *m*; ~**sülze** ƒ *(Küche)* hure ƒ; ~**tuch** *n* foulard, fichu *m*, fanchon; *(warmes)* frileuse ƒ; **k~über** *adv* la tête la première; *fig* à corps perdu; ~**waschen** *n* shampooing *m*; ~**weh** *n = ~schmerzen*; ~**weide** ƒ saule *m* têtard; ~**zerbrechen** *n* casse-tête; *fam* tintouin *m; jdm ~ machen od verursachen* être un casse-tête pour qn.

Köpf|chen *n* ⟨-s, -⟩ ['kœpfçən] petite tête ƒ; *~ haben (fig fam)* avoir de la tête *od fam* de la jugeote; **k~en** *tr* décapiter, guillotiner; *(Baum)* étêter, écimer; *sport* donner un coup de tête à, frapper avec la tête.

Kop|ie ƒ ⟨-, -n⟩ [ko'pi:] *(Abschrift; Kunst; film)* copie; *(Nachahmung)* imitation, contrefaçon; *phot* épreuve ƒ; *fertige ~ (film)* standard *m*; ~**ieranstalt** ƒ ['-pi:r-] établissement de tirage; ~**ierbuch** *n com* carnet *m* de copies; **k~ieren** ['-'pi:rən] *tr* copier, prendre copie de; *fig* imiter, contrefaire; *phot* tirer; ~**ierer** *m* ⟨-s, -⟩, ~**iergerät** *n*, ~**iermaschine** ƒ copieur *m*, machine ƒ à copier; ~**iermaske** ƒ *phot* cache *m*; ~**ierpresse** ƒ presse ƒ à copier; ~**ierrahmen** *m phot* châssis positif, châssis-presse *m*;

~**ierstift** m crayon m à copier; ~**ier-tinte** f encre f à copier; ~**ist** m ‹-en, -en› [-'pɪst] copiste m.
Kopilot m ['ko:-] aero copilote m.
Kopp|el 1. n ‹-s, -› ['kɔpəl] (~riemen) couple, laisse f; mil ceinturon m; f (durch Riemen verbundene Tiere) couple f; **2.** f‹-, -n› (Weide) pâturage, enclos m; **k~eln** tr (Tiere) coupler; allg (verbinden) jumeler (mit à); el (ac)coupler, connecter; radio accoupler, réagir; cosm (Raumschiffe) opérer l'arrimage od l'amarrage de; ~**elnavigation** f aero navigation f estimée od à l'estime; ~**(e)lung** f radio couplage, accouplement m; ~**(e)lungsmanöver** n cosm arrimage, amarrage m, jonction f; ein ~ durchführen opérer l'arrimage od l'amarrage.
kopulieren [kopu'li:rən] tr agr greffer; **K~** n greffe f (par rameau détaché).
Koralle f ‹-, -n› [ko'ralə] corail m; ~**nfischer** m corailleur m; ~**nfi-scherei** f pêche f du corail; ~**ninsel** f île f corallienne, atoll m; ~**nkette** f collier m de corail; ~**nriff** n récif m corallien; ~**ntiere** n pl polypes coralligènes; lithozoaires m pl.
Koran [ko'ra:n, 'ko:ra:n] der, rel le Coran.
Korb m ‹-(e)s, ‑̈e› [kɔrp, 'kœrbə] panier m; (ohne Henkel) corbeille, (länglicher) bourriche f, mannequin m; (großer bes. Waschkorb) manne; (großer Weidenkorb) banne; (großer Gemüsekorb) couffe f; (Binsen-, Einkaufskorb) cabas m; (kleiner Henkelkorb) mannette; (kleiner Weidenkorb) bannette f; fig (Absage) refus m; e-n ~ bekommen essuyer od s'attirer un refus; jdm e-n ~ geben éconduire qn; ~**ball** m sport (ballon de) basket-ball m; ~**blütler** m pl bot composacées f pl; ~**flasche** f bouteille clissée; (große) dame-jeanne, bonbonne f; ~**flechter** m, ~**macher** m vannier m; ~**flechterei** f, ~**macherei** f, ~**waren** f pl vannerie f; ~**möbel** n pl meubles m pl en rotin; ~**sessel** m fauteuil m en rotin; ~**voll** m panerée, mannée f; ~**weide** f bot osier, saule m des vanniers.
Kord m ‹-(e)s, -e› ['kɔrt, -də(s)] (Rippsamt) velours m à côtes od côtelé; ~**hose** f pantalon m en velours côtelé.
Kord|e f ‹-, -n› ['kɔrdə] tresse f; ~**el** f ‹-, -n› = Bindfaden; (kurze) cordelette f; **k~ieren** [kɔr'di:rən] tr (Textil) moleter.
Koriander m ‹-s, (-)› [kori'andər] bot coriandre f.

Korinthe f ‹-, -n› [ko'rɪntə] (Art Rosine) raisin m de Corinthe.
Kork m ‹-(e)s, -e› [kɔrk] (Material) liège; (Pfropfen) bouchon m (de liège); ~**absatz** m talon m de liège; ~**eiche** f chêne-liège m; ~**en** m ‹-s, -› = ~ (Pfropfen); **k~en** a de od en liège; ~**(en)zieher** m ‹-s, -› tire-bouchon m; ~**(en)zieherlocken** f pl: (mit) ~ (frisé en) tire-bouchons m pl; ~**mundstück** n bout m de liège; ~**platte** f plaque f de liège; ~**presse** f mâche-bouchon(s) m; ~**ring** m rondelle f en liège; ~**sohle** f semelle f de liège.
Korn n ‹-(e)s, ‑̈er› [kɔrn, 'kœrnər] grain; (Getreide) blé m, grains m pl; typ phot grain; m ‹-(e)s, -e› (Visiereinrichtung) guidon (en grain d'orge); m ‹-(e)s, ø› (Schnaps) eau-de-vie f de grain; jdn, etw aufs ~ nehmen coucher od mettre qn, qc en joue, viser qn, qc; jdn (fig fam) repérer qn, avoir qn à l'œil; gestrichenes ~ nehmen prendre le guidon affleurant; ~**abstufung** f, ~**größenbestimmung** f granulométrie f; ~**blume** f bl(e)uet m; ~**boden** m = ~speicher; ~**branntwein** m eau-de-vie f de grain; ~**feld** n champ m od pièce f de blé; ~**haus** n halle f aux blés; ~**käfer** m, ~**wurm** m charançon m; ~**kammer** f fig grenier m; ~**rade** f ‹-, -n› bot nielle f; ~**silo** m od n silo m à blé; ~**speicher** m grenier m à blé.
Körn|chen n ‹-s, -› ['kœrnçən] fig grain m; **k~en** tr (körnig formen) grener; (zerkleinern) granuler; ~**er** m ‹-s, -› tech pointeau m; **k~ig** a grenu, granulaire, granuleux; ~**ung** f grenure; granulation f.
Korne|liuskirschbaum m [kɔr'ne:lius-] cornouiller m (mâle); ~**kirsche** f cornouille f.
Kornett m ‹-(e)s, -e/-s› [kɔr'nɛt] mil vx cornette m; n mus cornet m.
Korona f ‹-, -nen› [ko'ro:na] astr el couronne f; fam (fröhliche Runde) joyeuse compagnie f.
Körper m ‹-s, -› ['kœrpər] anat phys corps m; feste(r) ~ (corps) solide m; ~**bau** m conformation (du corps), fam anatomie f; **k~behindert** a handicapé physique; ~**behinderte(r)** m handicapé m physique; ~**chen** n phys corpuscule m; ~**form** f forme f physique; ~**gegend** f région f du corps; ~**geruch** m odeur f corporelle; ~**gewicht** n poids m (du corps); ~**haltung** f tenue f, port, maintien m; ~**kraft** f force f physique; **k~lich** a corporel, physique; (stofflich)

matériel; ~e *Anlage f* immobilisation *f* corporelle; ~e *Ertüchtigung f* entraînement *m* (physique); **k~los** *a* sans corps, incorporel; *(unstofflich)* immatériel; ~**pflege** *f* hygiène du corps od corporelle, soins *m pl* corporels; ~**puder** *m* talc *m;* ~**schaft** *f adm* corps *m,* corporation, société *f; gesetzgebende* ~ législature *f;* ~ *des öffentlichen Rechts* collectivité de od entité *f* du droit public; **k~schaftlich** *a* corporatif; ~**schaftssteuer** *f* impôt *m* sur les sociétés od sur le revenu des personnes morales; ~**teil** *m* partie *f* du corps; ~**verletzung** *f* blessure, *jur* lésion corporelle, atteinte *f* à l'intégrité corporelle; *fahrlässige, schwere* ~ lésion *f* corporelle par imprudence, grave.

Korporalschaft *f* ⟨-, -en⟩ [kɔrpo'ra:lʃaft] *mil* escouade, chambrée *f.*

korpulent [kɔrpu'lɛnt] *a* corpulent, replet, obèse; ~**enz** *f* ⟨-, ø⟩ [-'lɛnts] corpulence, réplétion, obésité *f,* embonpoint *m.*

Korps *n* ⟨-, -⟩ [ko:r] *gen* [ko:r(s)] *pl* [ko:rs] *mil* corps *m; (Univ.)* corporation *f* d'étudiants; *diplomatische(s)* ~ corps *m* diplomatique; ~**geist** *m* esprit de corps od corporatif, sentiment *m* du coude à coude.

Korpus ['kɔrpʊs] **1.** *m* ⟨-, -se⟩ *fam* académie *f;* **2.** *f* ⟨-, ø⟩ *typ* (corps) dix *m;* **3.** *n* ⟨-, -pora⟩ *scient, Linguistik* corpus *m;* ~ *juris* *n* ⟨--, ø⟩ corps *m* de droit.

korrekt [kɔ'rɛkt] *a* correct; **K~heit** *f* correction *f* ⟨-, ø⟩; **K~or** *m* ⟨-s, -en⟩ [-'rɛktɔr, -'to:rən] *typ* correcteur (d'imprimerie), réviseur *m;* **K~ur** *f* ⟨-, -en⟩ [-'tu:r] correction; *typ* épreuve *f;* ~ *lesen* lire od corriger od revoir une (od des od les) épreuve(s); *die erste* ~ *lesen (typ)* lire au pouce; *zweite* ~ révision *f;* **K~urabzug** *m,* **K~urbogen** *m* épreuve *f;* **K~urfahne** *f* (épreuve *f* en) placard *m;* **K~urlesen** *n* correction *f* des épreuves; **K~urzeichen** *n* *typ* signe *m* od marque *f* de correction.

Korrespondent *m* ⟨-en, -en⟩ [kɔrɛspɔn'dɛnt] correspondant *m; com (Angestellter)* correspondancier *m;* ~**enz** *f* ⟨-, -en⟩ [-'dɛnts] correspondance *f,* courrier *m;* ~**enzbüro** *n* agence *f;* **k~ieren** [-'di:rən] *itr* être en correspondance, correspondre (*mit jdm* avec qn).

Korridor *m* ⟨-s, -e⟩ ['kɔrido:r] *(Gang)* corridor; *(kleiner)* couloir; *(Hausflur)* vestibule *m;* ~**tür** *f* porte *f* d'appartement.

korrigieren [kɔri'gi:rən] *tr (e-n Text)* corriger *a. typ: (zum zweiten Male)* réviser; *allg* rectifier, amender; *sich* ~ *(beim Sprechen)* se reprendre.

Korrosion *f* ⟨-, -en⟩ [kɔrozi'o:n] *geol chem tech* corrosion *f;* **k~sfest** *a* résistant à la corrosion.

korrumpieren [kɔrʊm'pi:rən] *tr* corrompre; **K~ption** *f* ⟨-, -en⟩ [-rʊptsi'o:n] corruption *f.*

Korsar *m* ⟨-, -en⟩ [kɔr'za:r] *mar* corsaire, pirate *m.*

Korse *m* ⟨-n, -n⟩ ['kɔrzə] , ~**in** *f* Corse *m f;* ~**ika** *n* ['kɔrzika] la Corse; **k~isch** ['kɔrzɪʃ] *a* corse.

Korsett *n* ⟨-(e)s, -e/-s⟩ [kɔr'zɛt] corset *m,* gaine *f;* ~**stange** *f* busc *m,* baleine *f* de corset.

Korvette *f* ⟨-, -n⟩ [kɔr'vɛtə] *mar* corvette *f;* ~**nkapitän** *m* capitaine *m* de corvette.

Koryphäe *f* ⟨-, -n⟩ [kory'fɛ:ə] coryphée, *fam* as *m.*

Kosak *m* ⟨-en, -en⟩ [ko'zak] *hist* Cosaque *m.*

Koschenille *f* ⟨-, -n⟩ [kɔʃə'nɪljə] *ent,* ~**(farbe)** *f* cochenille *f.*

koscher ['ko:ʃər] *a rel u. allg* ca(w)cher.

Kosekante *f* ⟨-, -n⟩ ['ko:ze'kantə] *math* cosécante *f.*

kosen ['ko:zən] *tr* caresser, câliner; *itr* faire le câlin; échanger des caresses; **K~name** *m* nom de tendresse, petit nom *m;* **K~wort** *n* mot *m* tendre.

Kosinus *m* ⟨-, -⟩ ['ko:zinʊs] *pl* [-nu:s] *math* cosinus *m.*

Kosmetik *f* ⟨-, ø⟩ [kɔs'me:tɪk] cosmétologie *f; (Mittel)* (produit) cosmétique, produit *m* de beauté; ~**etiker(in** *f*) *m* ⟨-s, -⟩ [-'me:tikər] esthéticien, ne, visagiste *m f;* ~**etikum** *n* ⟨-s, -ka⟩ (produit) cosmétique, produit *m* de beauté; **k~etisch** [-'me:tɪʃ] *a* cosmétique; **k~isch** ['kɔsmɪʃ] *a* cosmique; ~e *Strahlung f* rayons *m pl* cosmiques; ~**ogonie** *f* ⟨-, -n⟩ [-mogo'ni:] cosmogonie *f;* **k~ogonisch** [-'go:nɪʃ] *a* cosmogonique; ~**ologie** *f* ⟨-, -n⟩ [-lo'gi:] cosmologie *f;* **k~ologisch** [-'lo:gɪʃ] *a* cosmologique; ~**onaut(in** *f*) *m* ⟨-en, -en⟩ [-mo'naʊt] cosmonaute *m f;* ~**onautik** *f* ⟨-, ø⟩ [-'naʊtɪk] cosmonautique *f;* ~**opolit** *m* ⟨-en, -en⟩ [-po'li:t] cosmopolite *m;* **k~opolitisch** [-'po:li:tɪʃ] *a* cosmopolite; ~**os** *m* ⟨-, ø⟩ ['kɔsmɔs] univers *m.*

Kost *f* ⟨-, ø⟩ [kɔst] *(Essen)* nourriture, (bonne) chère; *(Verpflegung)* table *f,* manger *m; für* ~ *und Logis (arbeiten)* au pair; *freie* ~ *haben* être nourri; *jdn in* ~ *geben, nehmen* mettre, prendre qn en pension; *bei jdm in* ~

sein être en pension chez qn; *geistige* ~ nourritures *f pl* spirituelles; *auf schmale* ~ *setzen* mettre au régime (maigre); *gesunde* ~ régime *m* sain *od* équilibré; *schmale* ~ maigre pitance *f; schwere* ~ régime *m* trop riche; *fig* plat *m* indigeste; ~**gänger** *m* pensionnaire *m;* ~**geld** *n* (prix *m* de la) pension *f;* ~**probe** *f (Tätigkeit)* dégustation *f; (Warenprobe)* échantillon *m;* ~**verächter** *m: kein* ~ *sein* ne pas bouder la bonne chère.

kost|bar ['kɔst-] *a (wertvoll)* précieux, de (grand) prix; *(prächtig)* magnifique, somptueux; **K~barkeit** *f* grande valeur *f,* grand prix; *(Gegenstand)* objet *m* précieux; ~**spielig** *a* cher, coûteux, dispendieux, onéreux; **K~spieligkeit** *f* grands coûts *m pl.*

Kosten *pl* ['kɔstən] *(vgl. Unkosten)* coût *m,* frais, dépens *m pl; (Ausgaben)* dépenses *f pl; auf* ~ *(gen)* aux frais (de); *fig* au détriment (de); *auf eigene* ~ à ses (propres) frais; *mit hohen* ~ à grands frais; *mit wenig* ~ à peu de frais; *die* ~ *aufbringen od bestreiten od tragen* subvenir *od* pourvoir aux dépenses, fournir à la dépense *od* aux frais, faire *od* supporter les frais, *fam* payer les violons; *für die* ~ *aufkommen* faire face aux frais; ~ *mit sich bringen* entraîner des frais; *jdm die* ~ *ersetzen od erstatten* rembourser les frais à qn; *auf s-e* ~ *kommen* rentrer dans *od* faire ses frais *a. fig,* rentrer dans ses débours, récupérer des frais; *fig* trouver son compte *(bei etw* à qc*);* être content; *(bei e-r Unterhaltung)* s'amuser, se distraire; *dabei auf s-e* ~ *kommen (pop)* s'y retrouver; *nicht auf s-e* ~ *kommen (fig)* trouver du décompte; en être de sa poche; *bei etw* être la dupe de qc; *auf jds* ~ *leben* vivre aux dépens, être *od* vivre aux crochets de qn; *keine* ~ *scheuen, nicht auf die* ~ *sehen* ne pas regarder à la dépense; *e-n Teil der* ~ *übernehmen* participer aux frais; *mit* ~ *verbunden sein,* ~ *verursachen* entraîner *od* occasionner des dépenses *od* des frais; *die* ~ *vergüten od zurückerstatten* rembourser les frais; *jdn zur Zahlung der* ~ *verurteilen (jur)* condamner qn aux frais; *diese Flasche geht auf meine* ~ c'est moi qui paie cette bouteille; c'est moi qui arrose *fam;* ~**anschlag** *m* évaluation *f* des frais, devis *m;* ~**aufstellung** *f* état *od* établissement *m* des frais; ~**aufwand** *m* frais *m pl,* dépenses *f pl;* ~**beteiligung** *f* participation *f* aux frais; ~**dämpfung** *f* diminution *od* réduction *f* des coûts

od des frais; ~**deckung** *f: bei* ~ par *od* sous bénéfice d'inventaire; ~**ersparnis** *f* économie *f* de frais; ~**erstattung** *f* restitution *f* des frais; ~**explosion** *f* explosion *f* des prix; ~**frage** *f* question *f* des frais; **k~frei** *a,* **k~los** *a* sans frais, exempt de frais, gratuit; *adv* gratuitement, à titre gracieux; **k~pflichtig** *a* tenu de payer les frais; *adv:* ~ *verurteilt werden* être condamné au fond et aux frais; ~**punkt** *m* prix *m;* ~**rechnung** *f* compte *od* mémoire *m* de(s) frais; ~ *folgt* sous suite de tous frais; ~**übernahme** *f* prise *f* en charge de(s) frais; ~**überschlag** *m* aperçu *m* des frais; ~**umlegung** *f,* ~**verteilung** *f* répartition *f* des frais; ~**voranschlag** *m* devis *m* estimatif; *e-n* ~ *machen* établir un devis estimatif; ~**vorschuß** *m* avance *f* des frais, provision *f.*

kosten ['kɔstən] *tr* **1.** *(probieren)* goûter *(etw* (à) qc*); (Getränk)* déguster; *(versuchen)* essayer; **2.** coûter, revenir à, valoir; *fig* prendre, demander, exiger; *es sich etw* ~ *lassen* ne pas regarder à la dépense, y mettre le prix; *es sich viel Mühe* ~ *lassen* se donner bien du mal; *viel Zeit* ~ prendre beaucoup de *od* bien du temps; *das kostet an die 100 Mark* ça va chercher dans les cent marks; *es hat mich od mir einige Überwindung gekostet* il a fallu que je fasse un certain effort; *was kostet das?* combien cela coûte-t-il? *pop* ça fait combien? *koste es, was es wolle!* coûte que coûte!

köstlich ['kœstlɪç] *a (Speise)* délicat, délicieux, savoureux; *(ausgezeichnet)* exquis; *(hervorragend)* excellent; *(reizend, reizvoll)* charmant; **K~keit** *f* délicatesse; excellence; *(Sache)* chose *f* exquise.

Kostüm *n* ⟨-s, -e⟩ [kɔs'ty:m] *allg* costume; *(Jackenkleid)* (costume) tailleur; *(Maskenkostüm)* travesti *m,* robe *f* de bal masqué é; ~**ball** *m,* ~**fest** *n* bal *m* costumé *od* travesti; **k~ieren** [-ty'mi:rən] *tr* costumer; *(verkleiden)* travestir; ~**probe** *f theat* répétition *f* en costume.

Kot *m* ⟨-(e)s, ø⟩ [ko:t] *(Straßenschmutz)* boue, crotte, fange, gadoue; *(Matsch)* bourbe *f; (Exkremente)* excréments *m pl; (Mist)* fiente *f; mit* ~ *bespritzen* crotter, éclabousser; *von* ~ *reinigen* décrotter; *im* ~ *steckenbleiben* s'embourber; *sich im* ~ *wälzen (a. fig)* se vautrer dans la boue; *in den* ~ *ziehen (a. fig)* traîner dans la boue; ~**flügel** *m mot* aile *f,* garde-boue, garde-crotte *m (vx);* **k~ig** *a* boueux, crotté, bourbeux.

Kotau *m* ‹-s, -s› [ko'tau] *(Fußfall)* prosternation; *fig* salamalecs *m pl.*

Kotelett *n* ‹-(e)s, -s/(-e)› [kotə'lɛt, ko'tlɛt] *(Küche)* côtelette *f;* ~**en** *pl (Backenbart)* favoris *m pl.*

Köter *m* ‹-s, -› ['køːtər] *pej* mâtin; *(kleiner) fam; arg* cabot *m.*

Kotierung *f* cotation *f* en bourse; *zur* ~ *zugelassen werden* être admis à la cote officielle.

kotzen ['kɔtsən] *itr pop* dégueuler, dégobiller; *mot pop* bafouiller; *das kotzt mich an (fig vulg)* j'en ai marre; *(a.)* je trouve ça dégueulasse *vulg;* **K~** *n mot pop* bafouillage *m.*

Krabb|e *f* ‹-, -n› ['krabə] *zoo (Taschenkrebs)* crabe, cancre *m; (Garnele)* crevette *f; arc* crochet; *fig fam (Kind, Mädchen)* marmot, môme *m;* **k~eln** *itr* ‹aux: sein› *(Käfer)* marcher, grimper; *fam (Kind)* marcher à quatre pattes; *tr* ‹aux: haben› *fam* démanger, gratter; ~**ennetz** *n* haveneau, havenet *m.*

Krach *m* ‹-(e)s, -e/-s/(ˑe)› [krax, ('krɛçə)] craquement; claquement; *fam (Lärm)* bruit, tapage, fracas, vacarme, *(Radau)* chahut *m; fam (Streit)* brouillerie *f*, grabuge *m; (laute Szene)* scène *f* violente; *fin* krach *m*, débâcle *f; mit Ach und* ~ à grand-peine, de justesse; ~ *machen (fam) (lärmen)* faire du chahut; ~ *schlagen (fam) (e-n Skandal machen)* faire un esclandre; *es kam zum* ~ il y eut un esclandre; **k~** *interj* crac! **k~en** *itr* ‹aux: haben› *(Donner)* gronder, rouler; *(Bett, Fußboden)* craquer; *(Tür, Schuß)* claquer; ‹aux: sein› *(bersten)* éclater; ~**mandel** *f* amande *f.*

krächzen ['krɛçtsən] *itr (Rabe)* croasser; ~**d** *a (Stimme)* criard.

krack|en ['krakən, 'krɛkən] *tr chem tech* craquer, traiter par craquage; **K~en** *n*, **K~verfahren** *n* craquage, cracking *m.*

Krad *n* ‹-(e)s, ˑer› [kraːt, 'krɛːdər] *mil* moto(cyclette) *f;* ~**melder** *m* agent *m* de liaison *od* de transmission motocycliste, estafette *f* (motocycliste).

Kraft *f* ‹-, ˑe› [kraft, 'krɛftə] *allg u. phys* force, énergie; *tech* puissance *f; fig (Macht)* pouvoir *m;* intensité *f*, nerf; *(Schwung)* élan *m; (Tatkraft)* énergie; *(Lebenskraft)* vigueur, sève; *(innewohnende, sittliche* ~*)* vertu; *(Wirksamkeit)* vertu, efficacité *f; (Hilfs-, Arbeitskraft)* aide *m f; aus eigener* ~ par ses propres moyens; *in meinen Kräften* en mon pouvoir; *mit aller* ~ de toutes mes *etc* forces; *mit voller* ~ à plein rendement, à pleins bras; *nach Kräften, nach (besten)*

Kräften de mon *etc* mieux; *dans la mesure de mes etc* moyens; énergiquement, vigoureusement; *de toute* semes *etc* forces; *jdn wieder zu Kräften bringen* ravigoter qn *fam; s-e ganze* ~ *einsetzen (a. fig)* mettre (tout) le paquet; *für, (um) zu* mettre, employer, consacrer toute son énergie à; *Kräfte (Personal) einstellen* embaucher du personnel; *mit frischen Kräften* avec de nouvelles forces; *Kräfte haben* avoir du biceps *fam od* du muscle *pop; wieder zu Kräften kommen* reprendre des *od* réparer *od* recouvrer ses forces, se réconforter *(durch* par); *s-e Kräfte mit jdm messen* mesurer ses forces avec qn; *Kräfte sammeln* rassembler ses forces; *neue* ~ *schöpfen* puiser de nouvelles forces (*in* dans); *am Ende s-r* ~ *sein* être à bout (de son rouleau); *in* ~ *sein (adm jur)* être en vigueur; *bei Kräften sein* être vigoureux; *außer* ~ *setzen* abolir; *(wieder) in* ~ *setzen* (re)mettre en vigueur; *außer* ~ *treten* cesser d'être en vigueur; *in* ~ *treten* entrer en vigueur, prendre effet; *alle Kräfte zs.nehmen* rassembler *od* réunir toutes ses forces; *das geht über meine* ~ *od Kräfte* cela sur(p)asse mes forces, c'est au-dessus de mes forces *od* de mes facultés; *meine Kräfte haben nachgelassen* mes forces ont baissé *od* diminué; *innewohnende* ~ virtualité *f; rückwirkende* ~ *(jur adm)* effet *m* rétroactif, force *f* rétroactive; *treibende* ~ force motrice, puissance *f* pilote; **k~** *prp gen* en vertu de; ~**anstrengung** *f* effort *m; letzte* ~ rush *m*, dépenses *f pl* de forces; ~**aufwand** *m* dépense *f* d'énergie *od* de(s) forces; *mit dem geringsten* ~ consommant un minimum de puissance; ~**ausdruck** *m* mot fort, gros mot *m;* ~**bedarf** *m tech* puissance nécessaire *od* requise, énergie *f* absorbée; ~**brühe** *f* consommé, bouillon *m;* ~**droschke** *f* taxi *m;* ~**einheit** *f phys* unité *f* dynamique; ~**ersparnis** *f* économie *f* d'efforts; ~**fahrer** *m* automobiliste, chauffeur *m;* ~**fahrsport** *m* automobilisme *m;* ~**fahrzeug** *n* (véhicule *m*) automobile *f;* ~**fahrzeughändler** *m* concessionnaire *m* en automobiles; ~**fahrzeugschein** *m* carte *f* grise; ~**fahrzeugsteuer** *f* taxe *f od* impôt *m* sur les véhicules *od* voitures *od* automobiles; ~**fahrzeugverkehr** *m* circulation *f* automobile; ~**fahrzeugversicherung** *f* assurance-auto(mobile) *f;* ~**feld** *n phys* champ *m* de force; ~**futter** *n* fourrage *m* concentré; ~**leistung** f tour m de force, performance f; ~**linie** f phys ligne f de force od de flux; **k~los** a sans force od énergie od vigueur od vie; (schwach) faible, débile; scient asthénique; (Stil) cotonneux; (wirkungslos) inefficace; jur invalide, nul; für ~ erklären déclarer nul, invalider; ~**loserklärung** f invalidation f; ~**losigkeit** f manque m de force od de vigueur; (Schwäche) faiblesse, débilité, langueur, asthénie; jur invalidité, nullité f; ~**meier** m ‹-s, -› fam fanfaron, bravache, rodomont m; ~**mensch** m homme fort, athlète, hercule; arg malabar m; ~**messer** m ‹-s, -› (Gerät) dynamomètre m; ~**nahrung** f aliment m énergétique; ~**post** f poste f automobile; ~**probe** f épreuve f od tour m de force; ~**quelle** f source f énergétique od d'énergie; ~**rad** n moto(cyclette) f; ~**radfahrer** m motocycliste m; ~**reserve** f réserve f od appoint m de puissance; **k~spendend** a (Nahrung) énergétique; ~**stoff** m mot essence f, carburant m; klopffeste(r) ~ supercarburant m; ~**stoffgemisch** n mélange m; ~**stoffverbrauch** m consommation f de carburant; **k~strotzend** a plein de vigueur; ~**überschuß** m réserve f de puissance, excès m de force; ~**übertragung** f transmission de puissance, télédynamie f; ~**verbrauch** m puissance f absorbée; ~**versorgungsanlage** f installation f énergétique; **k~voll** a plein de force od de vigueur, vigoureux; (tatkräftig) énergique; (Stimme) vibrant; ~**wagen** m auto(mobile), voiture f; ~**wagenbestand** m parc m automobile; ~**werk** n centrale (électrique), station f électrique.

Kräft|eersparnis f ['krɛftə-] épargne f des forces; ~**egleichgewicht** n équilibre m des forces; ~**ehaushalt** m économie f des forces; ~**everfall** m med dépérissement, marasme m; ~**everlagerung** f déplacement m des forces; ~**ezersplitterung** f éparpillement m des forces; **k~ig** a fort, robuste, solide, puissant, vigoureux; (Mensch, Tier) étoffé; (Nahrung) substantiel; **k~igen** tr fortifier, affermir, restaurer, donner des forces à; ~**igung** f renforcement, (r)affermissement m; ~**igungsmittel** n med pharm fortifiant, cordial, tonique m.

Kragen m ‹-s, -› ['kraːgən] (allg) col; (Kleid, Rock, Mantel a.) collet; (loser Hemd~) faux col m; jdn beim ~ pakken saisir od prendre qn au collet,

mettre la main au collet de qn; nun geht es ihm an den ~ le voilà pris à la gorge; ça va mal pour lui fam; das kann ihm den ~ kosten il y va de sa tête; da platzt einem ja der ~! (fam) je finirai par éclater! (halb)steife(r) ~ col m dur (demi-souple); weiche(r) ~ col m souple; ~ mit umgebogenen Ecken col m cassé; ~**knopf** m bouton m de col; ~**nummer** f = ~weite; ~**schoner** m cache-col m; ~**stäbchen** n baleine f de col; ~**weite** f encolure f.

Kragstein m ['kraːk-] arch console f, corbeau, tasseau m.

Kräh|e f ‹-, -n› ['krɛːə] orn corneille f; eine ~ hackt der andern nicht die Augen aus (prov) les loups ne se mangent pas entre eux; **k~en** itr (Hahn) chanter; fig (Mensch) crier, piailler; ~**enfüße** m pl (Runzeln) pattes-d'oie f pl; ~**ennest** n nid m de corneille; fig mar hune, vigie f; ~**winkel** n pej (Nest, Kaff) Trifouillis-les-Oies f.

Krakeel m ‹-s, ø› [kra'keːl] fam (Lärm) tapage, grabuge, chahut m; (Streit) querelle f; **k~en** se disputer itr faire du tapage od grabuge od chahut; ~**er** m ‹-s, -› braillard; querelleur; casseur m d'assiettes.

Krakelfüße m pl ['kraːkəl-] (Gekritzel) pattes f pl de mouche, griffonnage m.

Krall|e f ‹-, -n› ['kralə] ongle m; (Raubtier, Raubvogel) griffe; (Raubvogel) serre f; die ~n zeigen (bes. fig) montrer les griffes; **k~en** tr (mit den Krallen packen) griffer; (kratzen) égratigner; die Finger in etw ~ s'agripper à qc; labourer qc avec les ongles.

Kram m ‹-(e)s, ø› [kraːm] pej fam (Plunder) fatras, fourbi, m; das paßt mir nicht in den ~ cela ne fait pas mon affaire; kümmere dich um deinen ~! occupe-toi de tes affaires; alte(r) ~ vieillerie f; der ganze ~ (pop) tout le bazar, toute la boutique; **k~en** itr fouiller, farfouiller (in dans); ~**laden** m pej bric-à-brac m.

Krämer m ‹-s, -› ['krɛːmər] vx od fig épicier, boutiquier m; ~**geist** m pej esprit m mercantile od marchand; ~**seele** f pej âme f mercantile, épicier m.

Krammetsvogel m ['kraməts-] grive f.

Krampe f ‹-, -n› , ~**n** m ‹-s, -› ['krampə(n)] tech crampon, cavalier m; happe, patte-fiche f; flache(r) ~ queue f de carpe.

Krampf m ‹-(e)s, ⁓e› [krampf,

'krɛmpfə] *med* crampe, convulsion *f,* spasme *m; (fig fam)* embarras *m pl;* simagrées *f pl; Krämpfe bekommen* être saisi de convulsions; ~**ader** *f* varice *f;* ~**aderbruch** *m* varicocèle *f;* ~**adergeschwür** *n* ulcère *m* variqueux; **k**~**artig** *a* = *k*~*haft;* **k**~**en,** *sich* se crisper, se contracter convulsivement; **k**~**haft** *a* convulsif, spasmodique; ~*e Anstrengungen machen* faire des efforts désespérés; **k**~**ig** *a* = *k*~*haft;* **k**~**stillend** *a* antispasmodique.

Kran *m* ⟨-(e)s, ⁚e/(-e)⟩ [kra:n, 'krɛ:nə] *tech* grue *f,* appareil de levage; *mar* crône *m;* ~**arm** *m* flèche *f* de grue; ~**führer** *m* grutier, conducteur *m* de grue; ~**ich** *m* ⟨-(e)s, -e⟩ ['-nɪç] *orn* grue *f; Gemeine(r)* od *Graue(r)* ~ grue *f* cendrée; ~**waage** *f* bascule *f* à grue; ~**wagen** *m loc* wagon-grue; *mot* camion-grue *m,* dépanneuse *f.*

krank [kraŋk] *a* malade; *(leidend)* souffrant; *sich* ~ *lachen* se pâmer od se tordre de rire; ~ *machen* rendre malade; *sich* ~ *melden* se faire porter malade; ~ *schreiben* déclarer malade; *sich* ~ *stellen* faire le malade, *fam* tirer au flanc; ~ *werden* tomber malade; attraper *od* contracter une *od* être pris d'une maladie; *wieder* ~ *werden* retomber malade; **K**~**e(r** *m)* *f* malade *m f; (Patient)* client, e *m f;* ~**en** *itr* être malade, souffrir, être atteint *(an* de); *fig* pécher *(an par).*

kränk|eln ['krɛŋkəln] *itr* être maladif *od* malingre *od* souffreteux *od* toujours souffrant; ~**en** *tr (verletzen)* blesser, froisser, mortifier; *(beleidigen)* offenser; *(demütigen)* humilier; *(weh tun)* chagriner, peser sur le cœur *(jdn* à qn); ~**lich** *a* maladif, malingre, souffreteux, infirme; **K**~**lichkeit** *f* ⟨-, ø⟩ état *m* maladif; infirmité *f;* **K**~**ung** *f* blessure *f,* froissement *m,* mortification; offense; humiliation *f.*

Kranken|abteilung *f* ['kraŋkən-] *mil* infirmerie *f;* ~**auto** *n* = ~*wagen;* ~**besuch** *m* visite *f* à un malade; ~**bett** *n* lit *m* de malade; ~**buch** *n* registre *m* des malades; ~**fürsorge** *f* assistance *f* médicale gratuite; ~**geld** *n* allocation *od* prestation de maladie, indemnité *f* de maladie *od* journalière; ~**haus** *n* hôpital; *(städtisches)* hôtel-Dieu *m; (privates)* maison *f* de santé; *arg* hosto, hosteau *m; in ein* ~ *aufnehmen, einliefern, einweisen (a.)* hospitaliser; *Aufnahme, Einlieferung, Einweisung f in ein* ~ *(a.)* hospitalisation *f;* ~**hausanlage** *f* cité *f* hospitalière; ~**hausarzt** *m* médecin *m* d'hôpital; ~**hausaufenthalt** *m,*

~**hausbehandlung** *f* hospitalisation *f;* ~**kasse** *f* caisse *f* de maladie *od* d'assurance-maladie; ~**kost** *f* diète *f,* régime *m;* ~**lager** *n* = ~*bett;* ~**pflege** *f* soins *m pl* (donnés aux malades); ~**pfleger(in** *f)* *m* infirmier, infirmière *m f,* garde-malade *m f; f* aide *f* soignante; ~**schein** *m* bulletin *od* certificat *m od* feuille *f* de maladie; ~**schwester** *f* infirmière *f;* ~**stube** *f* chambre *f* de malade; ~**stuhl** *m* chaise *f* de malade; ~**träger** *m* brancardier *m;* ~**versicherung** *f* assurance-maladie *f;* ~**wagen** *m* (fourgon *od* véhicule *m* d')ambulance, voiture-infirmerie, voiture *f* sanitaire; ~**wärter(in** *f)* *m* garde-malade *m f; m* infirmier *m;* ~**zimmer** *n (im Privathaus)* chambre *f* de malade; *(im Krankenhaus)* salle *f* des malades.

krank⸗feiern *itr fam* prétexter une maladie (pour ne pas travailler); avoir une maladie diplomatique; *arg mil* se faire porter pâle.

krankhaft ['kraŋkhaft] *a* maladif, morbide, pathologique.

Krankheit *f* ⟨-, -en⟩ ['kraŋkhaɪt] maladie *f,* mal *m,* affection; *(Leiden)* souffrance *f; e-e* ~ *bekommen, sich e-e* ~ *zuziehen* attraper *od* contracter *od* prendre une maladie, être pris d'une maladie; *sich e-e* ~ *holen (fam)* prendre mal; *e-e* ~ *haben (fam a)* faire une maladie; ~**sbericht** *m* bulletin *m* de santé; ~**sbild** *n* tableau de maladie *od* nosographique, syndrome *m;* ~**serreger** *m* agent *m* pathogène; ~**serscheinung** *f* symptôme *m* de maladie; ~**sfall** *m* cas *m* de maladie; **k**~**shalber** *adv* pour cause de maladie, pour raison de santé; ~**shäufigkeit** *f* morbidité *f;* ~**sherd** *m* foyer *m* de la maladie; ~**skeim** *m* germe *m* pathogène; ~**sverlauf** *m* marche *f* od cours *m* d'une *od* de la maladie; ~**szeichen** *n* signe *m* de *od* d'une maladie.

Kranz *m* ⟨-es, ⁚e⟩ [krants, 'krɛntsə] couronne; *(Toten~)* couronne mortuaire; *fig (Kreis)* ceinture *f;* ~**gesims** *n,* ~**leiste** *f arch* corniche *f.*

Kränz|chen *n* ⟨-s, -⟩ ['krɛntsçən] petite couronne *f; fig* (petit) cercle *m,* réunion *f,* cénacle *m;* **k**~**en** *tr* couronner.

Krapfen *m* ⟨-s, -⟩ ['krapfən] *(Gebäck)* beignet *m.*

Krapp *m* ⟨-(e)s, ø⟩ [krap] *(Färberpflanze)* garance *f.*

kraß [kras] *a* crasse *(nur f),* grossier, cru.

Krater *m* ⟨-s, -⟩ ['kra:tər] *geol* cratère *m.*

Kratz|bürste *f* ['krats-] *fig fam* per-

sonne *f* revêche; **k~bürstig** *a fig fam* revêche, rébarbatif, récalcitrant, aimable comme une porte de prison; **~e** *f* ⟨-, -n⟩ *tech* grattoir, racloir, râble *m; (Wollkratze)* carde *f;* **~eisen** *n* décrottoir, racloir *m,* racl(ett)e *f;* **k~en** *tr* gratter, racler; *(ritzen)* égratigner; *(Katze)* griffer; *tech (Wolle)* carder; *itr* gratter; *(Schreibfeder)* crier, grincer; *auf der Geige* ~ racler du violon; *im Halse* ~ gratter la gorge; *sich (am Kopf, hinter dem Ohr)* ~ se gratter (la tête, l'oreille); *im Sand* ~ *(Hund)* gratter le sable; **~er** *m* ⟨-s, -⟩ *(~spur)* rayure; *(~wunde)* égratignure *f;* **~fuß** *m fam iron (Verbeugung)* courbette, révérence *f;* **~geräusch** *n radio* (bruit *m* de) friture *f.*
Krätz|e *f* ⟨-, ø⟩ ['krɛtsə] *med* gale, psore, psora, *arg* gratte *f; tech* déchet *m;* **~er** *m* ⟨-s, -⟩ *(Wein)* piquette *f;* **k~ig** *a med* galeux, psorique; **~milbe** *f ent* sarcopte, acarus *m.*

kraulen ['kraʊlən] **1.** *tr* gratter doucement; *(streicheln)* caresser. **2.** *itr sport* nager le crawl.
kraus [kraʊs] *a (Haar)* crépu, frisé; *(Stirn)* ridé; *(Stoff)* froissé; *fig (Gedanken)* embrouillé, confus; *die Stirn* ~ *ziehen* froncer les sourcils; **K~e** *f* ⟨-, -n⟩ *hist (Hals~)* fraise, collerette *f;* **K~haar** *n* cheveux *m pl* crépus *od* frisés; **~haarig** *a,* **~köpfig** *a* aux cheveux crépus *od* frisés; **K~kopf** *m* tête *f* crépue *od* frisée.
kräusel|n ['krɔʏzəln] *tr (Haare)* fris(ott)er, onduler, boucler; *(Wasser)* rider; *(Stoff)* crêper, froncer, plisser; *sich* ~ *(Wasser)* se rider; *(Rauch)* tourbillonner; **K~krepp** *m,* **K~perlon** *n (Textil)* mousse *f* (de) nylon, nylon-mousse *m.*
Kraut *n* ⟨-(e)s, ⁓er⟩ [kraʊt, 'krɔʏtər] herbe *f; (Kohl)* chou *m; (Pflanzenabfall)* tiges *f pl* (feuillues); *mit fein(gehackt)en Kräutern (Küche)* aux fines herbes; *wie* ~ *und Rüben (durchea.)* sens dessus dessous; *Kräuter sammeln* herboriser; *ins* ~ *schießen* monter en graine; *wider den Tod ist kein* ~ *gewachsen (prov)* il y a remède à tout, hors à la mort; **k~artig** *a* herbacé; **k~en** *itr (jäten)* sarcler; **~junker** *m pej* hobereau *m;* **~kopf** *m* tête *f* de chou; **~sellerie** *m* (feuilles *f pl* de) céleri *m.*
Kräuter|essenz *f* ['krɔʏtər-] , **~extrakt** *m* jus *m* d'herbes; **~käse** *m* fromage *m* aux herbes; **~sammler** *m* herborisateur *m;* **~suppe** *f* bouillon d'herbes *od* aux herbes, potage *m*

aux herbes, julienne *f;* **~tee** *m* tisane, infusion *f.*
Krawall *m* ⟨-s, -e⟩ [kra'val] tumulte *m,* bagarre *f,* tapage, *fam* chahut, *pop* boucan, barouf(e) *m.*
Krawatte *f* ⟨-, -n⟩ [kra'vatə] cravate *f;* **~nhalter** *m* pince *f* à cravate; **~nnadel** *f* épingle *f* de cravate.
kraxeln ⟨aux: sein⟩ ['kraksəln] *itr dial u. fam* grimper.
kreativ [krea'ti:f] *a* créatif; **K~ität** *f* ⟨-, ø⟩ imagination créative, créativité *f,* esprit *m* créateur.
Kreatur *f* ⟨-, -en⟩ [krea'tu:r] créature *f.*
Krebs *m* ⟨-es, -e⟩ [kre:ps] *zoo* écrevisse *f; (Taschenkrebs)* crabe, cancre; *med* cancer, carcinome; *astr* Cancer *m;* **k~artig** *a zoo* crustacé; *med* cancéreux; **~bildung** *f* cancérisation *f;* **k~en** *itr* pêcher l'écrevisse; *fig fam* = *den* ~*gang gehen;* **k~erregend** *a* cancérigène; **~fischerei** *f* pêche *f* aux écrevisses; **~forscher** *m* cancérologue *m;* **~forschung** *f* cancérologie *f;* **~forschungsinstitut** *n* centre *m* anticancéreux; **~gang** *m* marche *f* en écrevisse *od* à reculons; *den* ~ *gehen* aller *od* marcher comme une écrevisse, aller à reculons; *fig fam* faire des progrès à l'envers; **~geschwulst** *f,* **~geschwür** *n* tumeur *f* cancéreuse, carcinome *m; fig* cancer *m;* **k~krank** *a,* **k~leidend** *a* cancéreux; **~krankenhaus** *n* centre *m* anticancéreux; **k~rot** *a* rouge comme une écrevisse; **~schaden** *m fig* chancre *m,* gangrène *f;* **~schere** *f* pince *f* d'écrevisse; **~suppe** *f* bisque *f;* **~vorsorge(untersuchung)** *f* dépistage *m* du cancer; **~zelle** *f med* cellule *f* cancéreuse.
Kredenz *f* ⟨-, -en⟩ [kre'dɛnts] crédence *f,* dressoir *m;* **k~en** *tr* offrir, présenter.
Kredit 1. *m* ⟨-(e)s, -e⟩ [kre'di:t] *fin* crédit; *fig (Ansehen)* crédit *m* réputation *f;* **2.** *n* ⟨-s, -s⟩ ['kre:dɪt] *(Haben)* avoir *m; auf* ~ à crédit, à terme; *e-n* ~ *aufnehmen* avoir recours à un crédit; *jdm e-n* ~ *einräumen* od *gewähren* od *geben* accorder *od* allouer *od* consentir un crédit à qn; *e-n* ~ *eröffnen* ouvrir un crédit; ~ *haben* avoir du crédit; *fig* jouir d'un (grand) crédit; *jdm* ~ *verschaffen* accréditer qn; *kurz-, langfristige(r)* ~ crédit *m* à court, long terme; **~abkommen** *n* contrat *m* d'emprunt; **~abteilung** *f* service *m* des crédits; **~antrag** *m* demande *f* d'ouverture de crédit; **~anstalt** *f,* **~bank** *f* établissement *m od* institution *od* banque *f* de crédit;

~auskunft f renseignements m pl de crédit; **~brief** m lettre f de crédit, accréditif m; **~eröffnung** f ouverture f de crédit; **k~fähig** a solvable; **~fähigkeit** f solvabilité f; **~geber** m créditeur m; **~genossenschaft** f coopérative f de crédit; **~geschäft** m opération f de crédit; **~gewährung** f octroi m d'un crédit; **~grenze** f limite f de crédit; **k~ieren** [-'ti:rən] tr créditer (jdm etw qn de qc); **~institut** n = **~anstalt;** **~karte** f carte f de crédit; **~kauf** m achat m à crédit od à terme; **~markt** m marché m financier; **~nehmer** m emprunteur m; **~or** m ‹-s, -en› ['kre:ditɔr, -'to:rən] = **~geber;** **~orenkonto** n compte m créditeur; **~posten** m poste m créditeur; **~seite** f crédit, avoir m; **~system** n, **~wirtschaft** f régime m des crédits; **~wesen** n organisation f du crédit; **k~würdig** a digne de crédit, solide; **~würdigkeit** f solidité f.

Kreide f ‹-, -n› ['kraɪdə] craie f; geol a. = **~zeit**; bei jdm in der ~ stehen (fam) avoir une ardoise chez qn; bunte ~ craie f de couleur; Stück n ~ bâton m de craie; **k~artig** a geol crayeux, crétacé; **k~bleich** a, **k~weiß** a fig blanc comme un linge; **~fels(en)** m roche f crétacée; **k~haltig** a, **kreidig** a crayeux; **~zeichnung** f (dessin au) crayon m; **~zeit** f geol crétacé m.

Kreis m ‹-es, -e› [kraɪs, -zə(s)] math u. fig cercle m; allg rond; fig (bes. Sagen~) cycle m; (Lebens~, Bereich) sphère f, milieu, domaine; (~ Gleichgesinnter) cercle, (kleiner) cénacle; (Verwaltungsbezirk) district, arrondissement, canton m; im ~e en rond, circulairement; fig (mit gen) au od dans le sein (de); im ~ (herum) à la ronde; in (gut)unterrichteten ~en dans les milieux (bien) informés; im ~e der Seinen od s-r Lieben au sein de sa famille, parmi les siens; e-n ~ beschreiben décrire od tracer un cercle; e-n ~ bilden former un od se ranger en cercle; sich im ~e setzen s'asseoir en rond; im ~ sitzen, tanzen être assis, danser en rond; immer weitere ~e ziehen (fig) (Vorfall) avoir des répercussions de plus en plus larges; amtliche ~e milieux m pl officiels; die führenden ~e les dirigeants m pl; **~abschnitt** m math segment m; **~arzt** m médecin m administratif; **~ausschnitt** m math secteur m; **~bahn** f astr orbite f; in e-e ~ (um die Erde) bringen mettre en od sur orbite, satelliser; in e-e ~ treten um

s'inscrire sur une orbite autour de; **~bewegung** f mouvement m circulaire od giratoire od de rotation; **~bogen** m math arc m (de cercle); **~el** m ‹-s, -› toupie f; (kleiner) sabot; phys tech gyroscope m; **~elbewegung** f mouvement m gyroscopique; **~elhorizont** m aero horizon m artificiel; **~elkompaß** m mar aero compas m gyroscopique; **k~eln** ‹aux: sein od haben› itr tournoyer, pirouetter, tourbillonner; **~elpumpe** f pompe f rotative od centrifuge; **~elwirkung** f effet m gyroscopique; **k~en** ‹aux: sein od haben› itr effectuer un mouvement circulaire, tourner (um autour de); (Raubvogel, aero) tournoyer; (Blut, Geld) circuler; (in der Runde) ~ (Becher) circuler à la ronde; **~fläche** f (aire f du) cercle m; **k~förmig** a circulaire, rond, orbiculaire, en cercle; **~frequenz** f el pulsation f; **~lauf** m mouvement m circulaire, rotation, (Blut) circulation; astr révolution f; (der Natur) cycle m; (der Jahreszeiten) succession f; **~lauforgane** n pl appareil m circulatoire; **~laufstörungen** f pl troubles m pl de la circulation od circulatoires; **~linie** f math ligne f circulaire; **~prozeß** m tech cycle m; **k~rund** a circulaire, rond; **~säge** f scie f circulaire; fam (Strohhut) canotier m; **~stadt** f chef-lieu m (d'arrondissement etc); **~umfang** m math circonférence f (du cercle); **~verkehr** m mot sens m giratoire; (Verkehrskreisel) round-point m.

kreischen ['kraɪʃən] itr crailler, fam brailler; (Vögel) piailler; (Säge, Tür) crier, grincer; **~d** a (Stimme) aigu, perçant, criard; de crécelle.

kreiß|en ['kraɪsən] itr être en mal d'enfant; **K~ende** f ['-səndə] femme f en mal d'enfant; **K~saal** m salle f de travail.

Krematorium n ‹-s, -rien› [krema'to:rium, -riən] crématorium, (four) crématoire m.

Kreml m ['kre:ml], der le Kremlin; **~forscher** m kremlinologue m.

Krempe f ‹-, -n› ['krɛmpə] (Hut) (re-) bord m.

Krempel ['krɛmpəl] **1.** m ‹-s, ø› fam (Kram) fatras m; fourbi, bric-à-brac m; der ganze ~ (pop) tout le bazar od tremblement.

Krempel 2. f ‹-, -n› ['krɛmpəl] tech (Spinnerei) carde, machine f à carder; **k~n** tr tech carder.

Kreol|e m ‹-n, -n› [kre'o:lə], **~in** f créole m f.

krepieren ‹aux: sein› [kre'pi:rən] itr

(Lebewesen) crever; *mil* éclater; *pop (Mensch) a.* casser sa pipe.

Krepp *m* ⟨-s, -s/-e⟩ [krɛp] *(Flor, Gummi)* crêpe *m;* ~**(p)apier** *n* papier *m* crêpé *od* crépon; ~**sohle** *f* semelle *f* (de) crêpe.

Kresse *f* ⟨-, -n⟩ ['krɛsə] *bot* cresson *m.*

Kret|a *n* ['kreːta] *geog* la Crète; ~**er(in** *f)* *m* ⟨-s, -⟩ Crétois, e *m f.*

Kreuz *n* ⟨-es, -e⟩ [krɔʏts] *allg u. rel* croix *f; mus* dièse; *(Kartenspiel)* trèfle *m; fig (Leid)* croix, souffrance, affliction *f,* chagrin *m; anat* reins *m pl; in die* ~ *und (in die) Quere, k~ und quer* en tous sens, à hue et à dia; *über* ~ en croix; *sich das* ~ *brechen* se casser les reins; *aufs* ~ *fallen (fig fam)* tomber des nues; *vor jdm zu* ~*e kriechen* fléchir *od* plier le genou, courber l'échine, s'aplatir devant qn; *das* ~ *predigen (hist)* prêcher la croisade; *ein* ~ *schlagen* faire le signe de la croix, se signer; *ans* ~ *schlagen* attacher à *od* clouer à *od* sur la croix, mettre sur la *od* en croix; *mir tut das* ~ *weh* j'ai mal aux reins; *es ist ein* ~ c'est un malheur *od* un calvaire; *das Eiserne* ~ la croix *f* de fer; ~**abnahme** *f (Kunst)* descente *f* de croix; ~**band** *n: unter* ~ sous bande; ~**bandsendung** *f* envoi *m* sous bande; ~**bein** *n anat* sacrum *m;* ~**blume** *f arch* fleuron *m;* **k~brav** *a* sage comme une image; ~**dorn** *m bot* nerprun *m;* **k~en** *tr (aux: haben)* croiser; *(Straße)* couper; *(überschreiten)* traverser; *(Rassen)* croiser, hybrider, métisser; *itr (aux: sein) mar* croiser; *(beim Segeln)* louvoyer; *sich* ~ *(Straßen)* se couper; *(Briefe, Rassen)* se croiser; ~**er** *m* ⟨-s, -⟩ *mar* croiseur *m;* ~**erhöhung** *f (Kunst)* exaltation *f* de la sainte croix; ~**estod** *m* supplice *m* de la croix; ~**eszeichen** *n* signe *m* de la croix; ~**fahrer** *m hist* croisé *m;* ~**fahrt** *f hist* croisade; *mar* croisière *f;* ~**feuer** *n* feu *m* croisé; *ins* ~ *nehmen* prendre entre deux feux; **k~fidel** *a* gai comme un pinson; **k~förmig** *a* en (forme de) croix; *scient* crucial, *bes. bot* cruciforme; ~**gang** *m arch rel* cloître *m;* ~**gelenk** *n tech* articulation *f* à cardan; ~**gewölbe** *n arch* voûte *f* d'arête; ~**heer** *n* croisés *m pl;* **k~igen** *tr* crucifier; ~**igung** *f* mise en croix, crucifixion *f,* crucifiement *m;* ~**kopf** *m tech* tête *f* de *od* du piston; ~**kraut** *n bot* séneçon *m;* **k~lahm** *a* éreinté, fourbu; *(Pferd, Hund)* épointé; ~**mast** *m mar* mât *m* d'artimon; ~**otter** *f* vipère *f* commune; ~**ritter** *m* = ~*fahrer;* ~**schmerzen** *m pl* mal *m* aux *od* de

reins; ~ *haben* avoir mal aux reins; ~**schnabel** *m orn* bec-croisé *m;* ~**see** *f mar* mer *f* contraire; ~**spinne** *f* araignée *f* porte- croix; ~**stich** *m (Stickerei)* point *m* de croix *od* croisé; ~**tragung** *f (Kunst)* portement *m* de croix; ~**ung** *f* croisement *m a.* loc biol; *(Weg~)* croisée *f; (Straßen~)* carrefour *m,* intersection *f; (Übergang)* passage; *loc* appareil *m* de voie; *biol* hybridation *f;* **k~unglücklich** *a fam* malheureux comme les pierres; ~**ungspunkt** *m* point *m* d'intersection; ~**verband** *m med* bandage croisé, spica *m;* ~**verhör** *n jur* audition *f od* interrogatoire *m* contradictoire; *ins* ~ *nehmen* interroger contradictoirement; ~**weg** *m* carrefour; *rel* chemin *m* de croix; **k~weise** *adv* en (forme de) croix; ~**worträtsel** *n* mots *m pl* croisés; ~**zug** *m hist* croisade *f.*

kribb|(e)lig [krɪb(ə)lɪç] *a fam* irritable, nerveux, impatient; ~**eln** *itr fam (jucken)* démanger; *(wimmeln)* fourmiller, grouiller.

Kricket *n* ⟨-s, ø⟩ ['krikət] *sport* cricket *m.*

kriech|en ⟨*kriecht, kroch, ist gekrochen*⟩ [kriːçən, (-)krɔx(-)] *itr* ramper, se traîner; *bot* ramper, tracer; *vor jdm (fig)* ramper devant qn, cirer les bottes de qn, flagorner qn; *zu Kreuze* ~ baisser pavillon, faire amende honorable; ~**end** *a* rampant; **K~er** *m* ⟨-s, -⟩ *fig pej* reptile, flagorneur, lèche- bottes *m; ein* ~ *sein (a.)* avoir l'échine souple *od* flexible, avoir les reins souples; **K~erei** *f* [-'raɪ] *pej* servilité, flagornerie *f;* ~**erisch** *a* rampant, servile; **K~tier** *n* reptile *m.*

Krieg *m* ⟨-(e)s, -e⟩ [kriːk, -gə(s)] guerre *f; in* ~ *und Frieden* à la guerre et en temps de paix; *sich im* ~ *befinden* être en guerre; *jdm den* ~ *erklären* déclarer la guerre à qn; *gegen jdn* ~ *führen* faire la guerre à qn; *im* ~ *sein* être en guerre, porter les armes; ~ *spielen (Kinder)* jouer à la petite guerre; *in den* ~ *ziehen* (s'en) aller *od* partir en guerre; ~ *ist* ~ c'est la guerre; *à la guerre comme à la guerre; Eintritt m in den* ~ entrée *f* en guerre; *heiße(r), kalte(r)* ~ guerre *f* chaude, froide; *totale(r)* ~ guerre *f* totale; *zum* ~ *gerüstet* armé pour la guerre; ~ *bis aufs Messer* guerre *f* à outrance *od* à mort; ~**er** *m* ⟨-s, -⟩ guerrier, homme *m* de guerre; *alte(r)* ~ vétéran *m;* ~**erdenkmal** *n* ⟨-s, ̈ -er⟩ monument *m* aux morts (de la guerre); **k~erisch** *a* guerrier, belliqueux, belliciste, martial; ~*e Haltung* *f* bellicisme *m;* **~erwitwe** *f* veuve *f* de guerre; **k~führend** *a* belligérant; *die ~en Mächte f pl* les belligérants; *Status m e-r ~en Macht* belligérance *f;* **~führung** *f* conduite *od* direction *f* de la guerre; *oberste ~* direction *f* suprême de la guerre.

kriegen ['kri:gən] *tr fam (bekommen, erhalten)* avoir, recevoir, *(Erstrebtes)* obtenir; *(e-e Krankheit)* attraper, prendre; *(ein Kind erwarten)* attendre, *(zur Welt bringen)* accoucher de; *(es mit der) Angst ~* prendre peur; *nicht genug ~ (können)* ne jamais avoir assez *(von* de); *Hunger, Durst ~* prendre faim, soif; *geschenkt ~* recevoir en cadeau; *er ist nicht totzu~* il est infatigable *od* increvable; *ich werde dich schon ~!* je t'aurai bien, je te retrouverai; je t'attraperai bien; *da kriegst du es mit mir zu tun* tu auras affaire à moi; **K~** *n: ~ spielen* jouer à se poursuivre.

Kriegs|ausbruch ['kri:ks-] *m: bei ~* à la déclaration de guerre, au début des hostilités; **~auszeichnung** *f* médaille *f* militaire; **~beil** *n: das ~ begraben, wieder ausgraben* enterrer la hache de guerre, reprendre le sentier de la guerre; **~bemalung** *f* maquillage *m* de guerre; **k~bereit** *a* sur le pied de guerre; **~bereitschaft** *f: in ~* sur le pied de guerre; **~bericht(er-statt)er** *m* correspondant *m* aux armées; **~beschädigte(r)** *m* mutilé *m* de (la) guerre; **~blinde(r)** *m* aveugle *m* de guerre; **~dienst** *m* service *m* de guerre; **~dienstverwei-gerer** *m* objecteur *m* de conscience; **~drohung** *f* menace *f* de guerre; **~ende** *n* fin *f* de la guerre; **~entschädigung** *f* indemnité(s *pl*) *f* de guerre; **~ereignisse** *n pl* événements *od* faits *m pl* de guerre; **~erklärung** *f* déclaration *f* de guerre; **~fall** *m: im ~* en cas de guerre; **~fuß** *m: mit jdm auf dem ~ stehen* être *od* vivre sur le pied de guerre, être brouillé avec qn; **~gefahr** *f* danger *m od* menace *f* de guerre; **~gefan-gene(r)** *m* prisonnier *m* de guerre; **~gefangenenlager** *n* camp *m* de prisonniers de guerre; **~gefangen-schaft** *f* captivité *f; in ~ geraten od kommen* être fait prisonnier (de guerre); **~gericht** *n* conseil *m* de guerre, cour *f* martiale; *vor ein ~ stellen* traduire en conseil de guerre; **~geschädigte(r)** *m* sinistré *m* de guerre; **~geschichte** *f* histoire *f* militaire; **~gewinn** *m* profit *m* de (la) guerre; **~gewinnler** *m* ⟨-s, -⟩ profiteur de guerre; **~glück** *n* fortune *f*

des armes; **~handlung** *f* acte *od* fait *m* de guerre; **~herr** *m: Oberste(r) ~* chef suprême, généralissime *m;* **~hetzer** *m* fomentateur *od* fauteur *m* de guerre; **~industrie** *f* industrie *f* (du matériel) de guerre; **~kamerad** *m* compagnon *m* d'armes; **~kind** *n* enfant *m* né pendant la guerre; **~ko-sten** *pl* frais *m pl* de la guerre; **~kunst** *f* art *m* militaire *od* de la guerre; **~list** *f* ruse *f* de guerre, stratagème *m;* **~marine** *f* marine *f* de guerre; **~material** *n* matériel *m* de guerre; **k~müde** *a* las de la guerre; *adv* de guerre lasse; **~opfer** *n* victime *f* de guerre; **~opferversorgung** *f* assistance *f* aux victimes de la guerre; **~rat** *m* conseil *m* de guerre; **~recht** *n* droit *m* de (la) guerre, lois *f pl* de la guerre, législation *f* martiale; *nach ~* de bonne guerre; **~(sach)schaden** *m* dommage (matériel) *od* sinistre *m* de guerre; **~schauplatz** *m* théâtre *m* de la guerre *od* des opérations; **~schiff** *n* navire *od* bâtiment *od* vaisseau *m* de guerre; **~schuld** *f* responsabilité *f* de (la) guerre; **~schulden** *f pl* dettes *f pl* de guerre; **~schuldfrage** *f* question *f* des responsabilités de la guerre; **~spiel** *n* jeu *m* de (la) guerre; **~spielzeug** *n* jouets *m pl* guerriers; **~teilnehmer** *m (ehemaliger)* ancien combattant *m;* **~treiber** *m* fauteur de guerre, belliciste *m;* **~verbrechen** *n* crime *m* de guerre; **~verbrecher** *m* criminel *m* de guerre; **~versehrte(r)** *m = ~beschädigte(r);* **~vorberei-tungen** *f pl* préparatifs *m pl* de guerre; **k~wichtig** *a* stratégique; **~wirren** *pl* troubles *m pl* de la guerre; **~zeit** *f* temps *m* de guerre; **~zustand** *m* état *m* de guerre; *sich im ~ befinden* être en guerre; *in den ~ versetzen* mettre sur le pied de guerre.

Krim [krim], *die* la Crimée; **~krieg,** *der* la guerre de Crimée; **~stecher** *m* jumelle(s *pl*) *f* (de campagne).

Krimi *m* ⟨-s, -s⟩ ['kri:mi, 'krımi] *fam (Roman)* policier, polar; *(Film)* film *m* policier.

krimin|al [krimi'na:l] *a* criminel; **K~al-abteilung** *f* chambre *f* criminelle; **K~albeamte(r)** *m* officier *m* de police judiciaire; **K~alfall** *m* affaire *f* criminelle; **K~alfilm** *m* film *m* policier; **K~alistik** *f* ⟨-, ø⟩ [-'lıstık] criminologie *f;* **K~alität** *f* ⟨-, ø⟩ [-li'tɛːt] criminalité *f;* **K~alpolizei** *f* police *f* judiciaire; *die ~ (in Frankr.)* la Sûreté; **K~alroman** *m* roman *m* policier; ~**ell** [-'nɛl] *a* criminel; **K~el-le(r)** *m f* malfaiteur *m*, criminel, le *m f;* **K~ologe** *m* ⟨-n, -n⟩ criminologiste, criminologue *m;* **K~ologie** *f* ⟨-, ø⟩ [-nolo'gi:] criminologie *f.*

Krimskrams *m* ⟨-(es), ø⟩ ['krɪms-krams, (-zəs)] *fam (Plunder)* bric-à--brac, fatras, fourbi *m.*

Kringel *m* ⟨-s, -⟩ ['krɪŋəl] *(Gebäck)* craquelin, bretzel *m.*

Krinoline *f* ⟨-, -n⟩ [krino'li:nə] crinoline *f.*

Krippe *f* ⟨-, -n⟩ ['krɪpə] *(Futter~)* mangeoire, crèche; *(Weihnachts~; Anstalt)* crèche *f;* ~**ntod** *m med* décès *m* inexplicable des nourrissons.

Kris *m* ⟨-es, -e⟩ [kri:s, -zəs] *(Dolch der Malaien)* criss *m.*

Kris|e *f* ⟨-, -n⟩ ['kri:zə] crise *f; e-e* ~ *herbeiführen* entraîner *od* provoquer une crise; **k~eln** *itr impers: es kriselt* une crise se prépare; **k~enfest** *a* à l'abri des crises; ~**engebiet** *n*, ~**enherd** *m* point *m* chaud *od* névralgique; ~**engefahr** *f* menace *f* de crise; **k~engeschüttelt** *a* ébranlé par une série de crises; ~**enstab** *m* état-major *m* de crise; ~**enzeit** *f* temps *m* de crise; ~**is** *f* ⟨-, -sen⟩ ['kri:zɪs] = ~*e.*

Kristall *m* ⟨-s, -e⟩ *(Körper)*, *n* ⟨-s, ø⟩ [krɪs'tal] *(geschliffenes Glas)* cristal *m;* **k~ähnlich** *a* cristalloïde; **k~artig** *a* cristallin; ~**bildung** *f* cristallisation *f;* ~**detektor** *m radio* détecteur *m* à (cristal de) galène; ~**eis** *n* glace *f* cristalline; **k~en** *a* de cristal, cristallin; ~**fabrik(ation)** *f* cristallerie *f;* ~**glas** *n* cristal *m;* ~**grube** *f* cristallière *f;* **k~in(isch)** [-'li:n(ɪʃ)] *a* cristallin; ~**isation** *f* ⟨-, -en⟩ [-za'tsio:n] = ~*bildung;* ~**isationsgefäß** *n* cristallisoir *m;* **k~isieren** [-li'zi:rən] *tr* cristalliser; *itr* (se) cristalliser; **k~klar** *a* cristallin; ~**ographie** *f* ⟨-, ø⟩ [-logra'fi:] cristallographie *f;* **k~oid** *n* ⟨-(e)s, -e⟩ [-lo'i:t, -də] *chem* cristalloïde *m;* ~**sachen** *f pl,* ~**waren** *f pl* cristaux *m pl;* ~**schleifer** *m*, ~**sucher** *m* cristallier *m;* ~**zucker** *m* sucre *m* cristallisé.

Krit|erium *n* ⟨-s, -rien⟩ [kri'te:riʊm, -riən] critérium, critère *m;* ~**ik** *f* ⟨-, -en⟩ [-'ti:k] critique *f*, examen *m; (negative a.)* censure *f; unter aller* ~ au-dessous de tout; *Anlaß zur* ~ *geben* donner prise *od* se prêter à la critique; *e-e gute* ~ *haben* être bien accueilli par la critique; ~ *üben* se livrer à la critique; critiquer *(an etw qc);* ~**ikaster** *m* ⟨-s, -⟩ [-ti'kastər] *pej* criticailleur, démolisseur *m;* ~**iker** *m* ⟨-s, -⟩ ['kri:tikər] critique, censeur *m;* **k~iklos** *a (Mensch)* sans esprit criti-

que; *adv* sans critiquer; ~**iklosigkeit** *f* absence *f od* manque *m* de sens critique; **k~isch** ['kri:tɪʃ] *a* critique; ~*e(r) Moment m* moment *m* psychologique; **k~isieren** [-ti'zi:rən] *tr* critiquer; *(negativ)* censurer.

kritt|eln ['krɪtəln] *itr* ergoter *(an, über etw* sur qc); **K~ler** *m* ⟨-s, -⟩ critique pédant, chicanier, ergoteur *m.*

Kritz|elei *f* ⟨-, -en⟩ [krɪtsə'laɪ] griffonnage *m;* pattes *f pl* de mouche; **k~(e)lig** *a* griffonné; **k~eln** *tr u. itr* griffonner.

Krokodil *n* ⟨-s, -e⟩ [kroko'di:l] crocodile *m;* ~**stränen** *f pl* larmes *f pl* de crocodile.

Krokus *m* ⟨-, -/-sse⟩ [kro:kʊs] *bot* crocus *m.*

Kron|e *f* ⟨-, -n⟩ ['kro:nə] couronne *(a. als Währungseinheit, Zahnersatz u. tech); (Baumkrone)* cime, houppe *f; arch* couronnement *m; einen in der* ~ *(e-n Schwips) haben (fam)* être éméché; *das setzt allem die* ~ *auf* c'est le comble; *was ist Ihnen in die* ~ *gefahren? (fam)* quelle mouche vous a piqué? ~**enkranich** *m* grue *f* couronnée; ~**erbe** *m*, ~**gut** *n*, ~**juwelen** *n pl* héritier, bien *m*, joyaux *m pl* de la couronne; ~**leuchter** *m* lustre *m;* ~**prätendent** *m*, ~**prinz** *m* prince impérial, royal; *(französischer)* dauphin *m;* ~**prinzessin** *f* princesse *f* impériale, royale; ~**rat** *m* conseil *m* de la couronne; ~**zeuge** *m* témoin principal *od* numéro un, témoin-clé *m.*

krön|en ['krø:nən] *tr a. fig* couronner; *fig* mettre le sceau à; *von Erfolg gekrönt sein (a.)* se solder par un succès; **K~ung** *f* couronnement *m;* ~ *Mariä (Kunst)* couronnement *m* de la Vierge.

Kropf *m* ⟨-(e)s, ̈-e⟩ [krɔpf, 'krœpfə] *orn* jabot, gésier; *med* goitre *m;* **k~ig** *a med* goitreux; ~**taube** *f orn* pigeon *m* boulant.

kröpf|en ['krœpfən] *tr (Raubvogel)* manger; *tech* couder, épauler; *Gänse* ~ gaver des oies *f pl;* ~**ig** *a med* goitreux; **K~ung** *f tech* coude, étranglement *m.*

Kröseleisen n ['krø:zəl-] *tech* grésoir, grugeoir *m.*

Krösus *m* ⟨-, -sse⟩ ['krø:zʊs, -zə] *(Reicher)* crésus, richard *m.*

Kröte *f* ⟨-, -n⟩ ['krø:tə] *zoo* crapaud *m; fig fam pej* teigne *f.*

Krück|e *f* ⟨-, -n⟩ ['krʏkə] béquille; *tech metal* crosse *f*, râble; *(Papierfabrikation)* ferlet; *(zum Kalkrühren)* rabot; *(Brauerei)* brassoir *m; an* ~*n gehen*

marcher avec des béquilles; **~stock**
m = **~e.**

Kruckenkreuz *n* ['krʊkən-] croix *f* potencée.

Krug *m* ⟨-(e)s, ̈ e⟩ [kruːk, 'kryːgə] cruche, jarre *f*, broc; *(kleiner)* cruchon, pichet *m; dial (Gasthaus, Schenke)* auberge *f*, cabaret *m; der* ~ *geht so lange zum Brunnen, bis er bricht (prov)* tant va la cruche à l'eau qu'à la fin elle se casse.

Krume *f* ⟨-, -n⟩ ['kruːmə] *(Brot~)* mie; *(Acker~)* terre *f* arable.

Krüm|el *m* ⟨-s, -⟩ ['kryːməl] *(kleine Krume)* miette *f; allg* brin *m;* **k~(e)lig** *a* friable; **k~eln** ⟨*ich krüm(e)le*⟩ *tr* émietter; *itr* s'émietter.

krumm [krʊm] *a* courbe, courbé, crochu; *(verkrümmt, verwachsen, schief)* tordu, tors; ~ *biegen* courber, tordre; ~ *e Wege gehen (fig)* suivre des chemins tortueux; *sich* ~ *(und schief) lachen* se tordre de rire; *~e Finger machen (fam: stehlen)* chiper, chaparder; *keinen Finger* ~ *machen (fig fam: nichts tun)* ne pas remuer le petit doigt; *etw auf die ~e Tour machen* prendre les chemins de traverse pour arriver à qc; atteindre qc par des voies détournées; ~ *und lahm schlagen* rouer de coups; battre comme plâtre; ~ *sitzen* se tenir courbé; ~ *werden* se courber; se voûter; *metal (beim Härten)* s'envoiler; *~e Beine n pl* jambes *f pl* torses; *~e Linie f* ligne *f* courbe; *~e Nase f* nez *m* crochu; *~e Touren f pl (fam)* voies *f pl* obliques; **~beinig** *a* aux jambes torses, bancal; **K~darm** *m anat* iléon, iléum *m;* **K~holz** *n* bois *m* tortu; **~linig** *a math* curviligne; **~=nehmen** *tr fam (übelnehmen)* prendre de travers; mal prendre; **K~säbel** *m* cimeterre *m;* **K~stab** *m rel* crosse, houlette *f*.

krümm|en ['krʏmən] *tr* (re)courber, (re)plier, cambrer; *(verbiegen)* contourner, déformer; *sich* ~ se courber, se (re)plier; *(sich winden)* se tordre, se tortiller; *sich* ~ *vor Lachen, Schmerzen* se tordre de rire, de douleur; *sich* ~ *und winden (fig)* tergiverser; se tortiller (pour ne pas dire qc); *ihm wurde kein Haar gekrümmt* on n'a pas touché (à) un cheveu de sa tête; **K~ung** *f* courbe, courbure, incurvation *f;* **K~ungsradius** *m math* rayon *m* de raccordement.

Krupp *m* ⟨-s, ø⟩ [krʊp] *med* croup *m*.

Kruppe *f* ⟨-, -n⟩ ['krʊpə] *(des Pferdes)* croupe *f*.

Krüppel *m* ⟨-s, -⟩ ['krʏpəl] estropié, infirme, invalide; *(einarmiger)* man-

chot; *(ohne Beine)* cul-de-jatte; *(ohne Arme und Beine)* homme-tronc *m; zum* ~ *machen* estropier; **k~haft** *a*, **krüpp(e)lig** *a* estropié, infirme.

Krust|e *f* ⟨-, -n⟩ ['krʊstə] croûte *a. med; med (Schorf)* a. escarre *f;* **~enbildung** *f* encroûtement *m; geol* incrustation; *med* escarrification *f;* **~entier** *n* crustacé *m* **k~ig** *a* en croûte; recouvert d'une croûte.

Kruzifix *n* ⟨-es, -e⟩ ['kruː-, krutsi'fɪks] crucifix *m*.

Krypt|a *f* ⟨-, -ten⟩ ['krʏpta] *arch rel* crypte *f;* **~on** *n* ⟨-s, ø⟩ ['krʏptɔn, -'toːn] *chem* krypton *m*.

Kübel *m* ⟨-s, -⟩ ['kyːbəl] baquet, cuveau *m*, benne, tinette *f; (Eimer)* seau *m; mar* baille *f; es gießt wie mit* ~*n* il pleut à (pleins) seaux.

kub|ieren [ku'biːrən] *tr (zur 3. Potenz erheben)* cuber; *geläufiger:* élever au cube *od* à la puissance trois; **K~ikmaß** *n* [ku'biːk-] mesure *f* de volume; **K~ikmeter** *n, a. m* mètre cube; *(Holzmaß)* stère *m;* **K~ikwurzel** *f meth* racine *f* cubique; **K~ikzahl** *f* (nombre) cube *m;* **K~ikzentimeter** *n, a. m* centimètre *m* cube; **~isch** ['kuːbɪʃ] *a* cubique; **K~ismus** *m* ⟨-, ø⟩ [-'bɪsmʊs] *(Kunst)* cubisme *m;* **K~us** *m* ⟨-, -/-ben⟩ ['kuːbʊs] *pl* ['kuːbʊs, '-bən] *math (Würfel)* cube *m*.

Küche *f* ⟨-, -n⟩ ['kʏçə] cuisine; *fam* popote, *pop* tambouille; *mar* cambuse *f; die* ~ *besorgen* faire la cuisine; *in der* ~ *helfen* aider à la cuisine, mettre la main à la pâte; *sie steht den ganzen Tag in der* ~ *(fig)* elle n'a pas d'autre horizon que sa cuisine *od* son ménage; *kalte* ~ repas *m (pl)* froid(s); *moderne* ~ cuisine *f* fonctionnelle; **~nabfälle** *m pl* déchets *m pl* de cuisine, épluchures *f pl;* **~nbenutzung** *f* usage *m od* utilisation *od (Recht)* jouissance *f* de la cuisine; **~nbulle** *m arg mil* cuistot *m;* **~nchef** *m* chef (de cuisine *od* cuisinier), cuisinier *m* chef; **~nfee** *f hum* fée *f* de la cuisine; **~ngarten** *m* (jardin) potager *m;* **~ngerät** *n* ustensile *m* de cuisine; **~ngeschirr** *n* batterie *f* de cuisine; **~nherd** *m* fourneau *m* de cuisine, cuisinière *f;* **~njunge** *m* garçon de cuisine, marmiton *m;* **~nkräuter** *n pl* herbes *f pl* potagères; **~nlatein** *n* latin *m* de cuisine; **~nmädchen** *n* fille *f* de cuisine; **~nmeister** *m* = **~nchef;** **~nmesser** *n* couteau de cuisine; *(großes)* coutelas *m;* **~möbel** *n pl* meubles *m pl* de cuisine; **~npersonal** *n* cuisine *f;* personnel *m* de la cuisine; **~nschabe** *f ent* cafard, cancrelat *m;* **~nschelle** *f bot* pulsatille *f;*

~nschrank *m* buffet *m* de cuisine;
~nschürze *f* tablier *m* de cuisine *od*
de cusinière; ~nstuhl *m*, ~ntisch *m*,
~nwaage *f* chaise, table, balance *f*
de cuisine; ~nzettel *m* menu *m*.
Kuchen *m* ⟨-s, -⟩ ['ku:xən] gâteau *m;*
(Feingebäck) pâtisserie *f; Stück m* ~
morceau *m od* tranche *f* de gâteau;
~**bäcker** *m* pâtissier *m;* ~**blech** *n*
plaque *f* (à gâteaux); ~**form** *f* forme
f od moule *m* à gâteau(x) *od* à pâtisserie; ~**gabel** *f* fourchette *f* à gâteaux; ~**ständer** *m* serviteur *m*
muet; ~**teig** *m* pâte *f* de gâteau;
~**teller** *m* assiette *f* à gâteaux.
Küchlein *n* ⟨-s, -⟩ ['ky:çlaın] **1.** *(Kü-
chelchen)* petit gâteau *m;* **2.** *orn*
poussin *m.*
Kuckuck *m* ⟨-s, -e⟩ ['kʊkʊk] *orn* coucou *m; hol' dich der* ~*!* que le diable
t'emporte! *das weiß der* ~*!* qui diable
peut le savoir! *zum* ~ *(noch mal)!* au
diable! que diable! morbleu! ~**sblu-
me** *f* (fleur *f* de) coucou *m;* ~**sei** *n*
œuf *m* de coucou; *fig (Kind)* enfant
m substitué; ~**sruf** *m* chant *m* du
coucou; ~**suhr** *f* coucou *m.*
Kufe *f* ⟨-, -n⟩ ['ku:fə] *(Schlitten~)* patin
m a. aero.
Küfer *m* ⟨-s, -⟩ ['ky:fər] *(Böttcher)* tonnelier; *(Kellermeister)* encaveur, caviste *m;* ~**ei** *f* [-'raı] tonnellerie *f.*
Kugel *f* ⟨-, -n⟩ ['ku:gəl] *allg* boule *f,*
globe *m; (kleine)* bille; *math* sphère
f; (Erd~) globe *m; (Geschoß)* balle *f;*
(Kanonen~) boulet *m; (Billard~,
tech)* bille *f; sport (zum Stoßen)*
poids *m; jdm, sich e-e* ~ *durch den
Kopf jagen* loger à qn une balle dans
la tête; se faire sauter *od* se brûler la
cervelle; *e-e ruhige* ~ *schieben (fam)*
se la couler douce; *die* ~ *stoßen
(sport)* lancer le poids; *von e-r* ~ *getroffen werden* recevoir une balle;
verirrte ~ balle *f* perdue; ~**abschnitt** *m math* segment *m* de
sphère; ~**ausschnitt** *m math* secteur *m* sphérique; ~**blitz** *m* éclair en
boule, *fig* fulminant; ~**fang** *m*
pare-balles *m*, butte *f;* **k~fest** *a* à
l'épreuve des balles, pare-balles;
~**fläche** *f math* surface *f* sphérique;
~**form** *f* forme *f* sphérique; **k~för-
mig** *a* sphérique, globulaire, globuleux, en boule; ~**gelenk** *n tech* articulation *f* sphérique *od* à boulet *od* à
rotule; ~**gelenklager** *n tech* palier
m articulé à billes; ~**gestalt** *f* sphéri-
cité *f;* **k~ig** *a* globuleux, sphérique;
~**kopf** *m tech* rotule *f; (von Schreibmaschine)* boule *f;* ~**kopfschreib-
maschine** *f* machine *f* à écrire à
boule; ~**lager** *n tech* roulement *od*

palier *od* coussinet *m* à billes; **k~n** *tr*
⟨*aux: habe*n⟩ rouler; *itr* ⟨*aux: sei*n⟩ u.
sich ~ ⟨*aux: habe*n⟩ rouler (comme
une boule); *sich* ~ *vor Lachen (fam)*
so tordre de rire; ~**pfanne** *f tech*
coussinet sphérique, alvéole *m;* ~**regen** *m* grêle *f* de balles; ~**rund** *a*
rond comme une boule; ~**scharnier**
n genou *m;* ~**schreiber** *m* stylo *m* à
bille; **k~sicher** *a* = **k~fest;**
~**spiel(platz** *m)* jeu *m* de boules;
~**stoßen** *n sport* lancement *m* du
poids; ~**zapfen** *m tech* rotule *f;*
kuglig = **k~ig.**
Kuh *f* ⟨-, ⸚e⟩ [ku:, 'ky:ə] vache *f;* ~**euter** *n* pis *m* de vache; ~**fladen** *m*
bouse *f* de vache; ~**glocke** *f* sonnail-
le, clarine *f;* ~**handel** *m fig* marchandage, maquignonnage *m;* ~**haut** *f:
das geht auf keine* ~ *(fig fam)* c'est
incroyable *od* inouï; ~**hirt** *m* vacher
m; ~**milch** *f* lait *m* de vache; ~**pok-
ken** *f pl vet* vaccine *f;* ~**pocken-
impfung** *f* vaccination *f* jenné-
rienne; ~**reigen** *m* ranz *m* des vaches; ~**reiher** *m* garde-bœuf *m;*
~**stall** *m* étable à vaches, vacherie *f.*
kühl [ky:l] *a* frais, *fam* frisquet; *fig*
froid, glacial, de glace; *(Empfang)*
glacé; *im K~en* au frais; ~ *werden* se
rafraîchir; *~er werden (fig)* (se)
refroidir; ~ *aufbewahren od lagern!*
garder au frais! **K~anlage** *f tech*
refroidisseur, frigorifique *m;* **K~ap-
parat** *m tech* refroidisseur,
réfrigérant *m;* **K~e** *f* ⟨-, ∅⟩ frais *m*,
fraîcheur, *fig* froideur, sécheresse *f;
in der* ~ au frais; ~**en** *tr (abkühlen
lassen)* refroidir; *(erfrischen)* rafraîchir; *(Lebensmittel, Getränke)* fri-
gorifier; *(mit Eis)* mettre à la glace;
(Getränk) frapper *(mit Eis* de glace);
phys tech réfrigérer; *(Glas)* recuire;
fig refroidir; *(Zorn)* assouvir; ~**end** *a*
rafraîchissant; réfrigérant; ~*e Um-
schläge m pl* compresses *f pl* glacées;
K~er *m* ⟨-s, -⟩ *tech* mot refroidisseur;
mot aero radiateur *m* (d'automobile,
d'avion); **K~ereinfüllstutzen** *m*
goulot *m* du radiateur *od* de remplissage; **K~erfigur** *f mot* figurine *f* de
bouchon de radiateur; **K~ergitter** *n*
volet *m* de radiateur; **K~erhaube** *f*
couvre-radiateur, revêtement *m* du
radiateur, calandre *f,* capot *m;* **K~er-
verkleidung** *f* protège-radiateur,
grillage *m,* calandre *f;* **K~erver-
schluß** *m mot* bouchon *m* de radiateur; **K~gefäß** *n* réfrigérant *m;*
K~haus *n* dépôt *od* entrepôt *od* magasin *m* frigorifique; **K~hauslage-
rung** *f* entrepôt *m* frigorifique;
K~mantel *m mil (am MG)* envelop-

pe *f* réfrigérante; **K~mittel** *n* réfrigérant *m;* **K~raum** *m* chambre *f* froide *od* frigorifique; **K~rippe** *f* *tech* ailette *f* de refroidissement; *mil (MG)* aileron *m;* **K~schiff** *n* *mar* bateau *od* navire *m* frigorifique; **K~schlange** *f* *tech* serpentin *m* refroidisseur; **K~schrank** *m* réfrigérateur *m,* frigidaire *(Warenzeichen); fam* frigo *m;* **K~truhe** *f* vitrine *f* réfrigérante *od* réfrigérée; **K~turm** *m* tour *f* de refroidissement; **K~ung** *f* *(Erfrischung)* rafraîchissement *m; tech* réfrigération *f; mot (von Reaktor)* refroidissement *m;* **K~wagen** *m loc* wagon réfrigérant *od* frigorifique *od* isothermique; **K~wasser** *n* *mot* eau *f* de refroidissement; **K~wassermantel** *m* enveloppe *f* de la circulation d'eau; **K~wasserraum** *m* chambre *f* à eau à refroidissement.

kühn [ky:n] *a* hardi, courageux, audacieux; *(furchtlos)* intrépide; *(forsch)* fringant; *(tollkühn)* téméraire; *(Behauptung)* osé; **K~heit** *f* ‹-, (-en)› hardiesse *f,* courage *m,* audace; intrépidité; témérité *f.*

Kujon *m* ‹-s, -e› [ku'jo:n] *fam* fripon, coquin *m;* **k~ieren** [-'ni:rən] *tr fam* vexer, tracasser.

Küken *n* ‹-s, -› ['ky:kən] *orn* poussin *m.*

kulan|t [ku'lant] *a* arrangeant, accommodant, prévenant; *com* coulant *od* rond en affaires; **K~z** *f* ‹-, ø› [-'lants] aisance, prévenance *f.*

Kuli *m* ‹-s, -s› ['ku:li] coolie *m; mot (Gepäckständer)* galerie *f,* porte-bagages *m.*

kulinarisch [kuli'na:rɪʃ] *a* culinaire.

Kulisse *f* ‹-, -n› [ku'lɪsə] *theat* coulisse *f; pl* cantonade *f; hinter den ~n (a. fig)* dans la coulisse; *com* coulisse *f,* marché *m* libre; *e-n Blick hinter die ~n tun (fam)* voir le dessous des cartes; **~nschieber** *m* machiniste *m.*

Kuller|augen *n pl* ['kʊlər-] ~ *machen* ouvrir de grands yeux; **k~n** ‹aux: sein› *itr* rouler.

Kulmin|ation *f* ‹-, -en› [kulmina'tsio:n] *astr* culmination *f;* **~ationspunkt** *m* point culminant, apogée *m;* **k~ieren** [-'ni:rən] *itr* culminer.

Kult *m* ‹-(e)s, -e› [kʊlt] *rel* culte *m; e-n ~ mit etw treiben (fig)* idolâtrer qc; **k~isch** *a* cultuel; **~ivator** *m* ‹-s, -en› [-ti'va:tɔr, -'to:rən] *agr (Gerät)* cultivateur *m;* **k~ivierbar** *a* agr cultivable; **k~ivieren** [-ti'vi:rən] *tr agr u. fig* cultiver; *fig* civiliser; **k~iviert** *a fig* cultivé, civilisé; **~stätte** *f* lieu *m* sacré; **~ur** *f* ‹-, -en› [-'tu:r] *agr u. fig (e-s einzelnen)* culture; *fig (e-r größeren Gemeinschaft)* civilisation *f;*

~urabkommen *n* *pol* accord *m* culturel; convention *f* culturelle; **~uraustausch** *m* échange *m* culturel; **~urbeutel** *m* *(Waschbeutel)* trousse *f* de toilette; **~urboden** *m* *agr* sol *m* cultivé; **k~urell** [-tu'rɛl] *a* culturel; **k~urfähig** *a agr* cultivable, arable; *fig* civilisable; **k~urfeindlich** *a* hostile à la civilisation; **~urfilm** *m* (film) documentaire *m;* **~urgeographie** *f* géographie *f* démographique et sociale; **~urgeschichte** *f* histoire *f* de la civilisation; **~urgüter** *n pl* biens *m pl* culturels; **~urkampf** *m hist* lutte *f* contre l'ultramontanisme; **~urland** *n agr* terre *f* arable; **~urmensch** *m* homme *m* civilisé; **~urpflanze** *f* plante *f* cultivée; **~urpolitik** *f* politique *f* de propagande intellectuelle; **~ursprache** *f* langue *f* culturelle; **~urstufe** *f* degré *m* de civilisation; **~urtasche** *f* *(Waschbeutel)* trousse *f* de toilette; **~urträger** *m* élément *od* facteur *m* de civilisation; **~urvolk** *n* peuple *m* civilisé; **~urzentrum** *n* centre *m* culturel, maison *f* de la culture; **~us** *m* ‹-, -te› ['kʊltʊs, -tə] *rel* culte *m;* **~usminister(ium** *n)* *m* minist(è)re *m* de l'éducation nationale et de la culture.

Kümmel *m* ‹-s, -› ['kʏməl] *(bot, Gewürz)* cumin; *(Schnaps)* kummel *m;* **~türke** *m:* *schuften wie ein ~* travailler comme un turc *od* nègre.

Kummer *m* ‹-s, ø› ['kʊmər] chagrin *m,* peine, affliction *f; (Sorge)* souci; *(Verdruß)* ennui *m; jdm ~ bereiten* *od* *machen* causer *od* faire du chagrin, faire de la peine, donner du fil à retordre à qn; *jdm viel ~ machen* abreuver qn de chagrin; *~ haben* avoir du ressentir du chagrin, avoir de la peine; **k~voll** *a* chagrin, soucieux; **kümmer|lich** ['kʏmərlɪç] *a* *(elend)* misérable; *(erbärmlich)* piteux; *(ärmlich, dürftig)* pauvre, maigre, mesquin, chiche; *(verkümmert, schwach)* chétif, rabougri; *ein ~es Leben führen* vivre à l'étroit *od* petitement; **~n,** *sich* se soucier, s'occuper, prendre soin *(um* de); *sich um jeden Dreck ~ (pop)* se mêler de tout; *sich um etw nicht ~* ne pas se soucier, ne pas avoir cure de qc; *was kümmert Sie das?* que vous importe? qu'est-ce que cela peut bien vous faire? ~ *Sie sich (doch) um Ihre Angelegenheiten!* mêlez-vous de vos affaires; **K~nis** *f* ‹-, -sse› chagrin, souci *m,* affliction *f.*

Kummet *n* ‹-s, -e›, **Kumt** *n* ‹-s, -e› ['kʊm(ə)t] *(Pferdegeschirr)* collier *m* de cheval, attelles *f pl.*

Kump|an *m* ⟨-s, -e⟩ [kum'pa:n] compagnon, camarade, *fam* compère, copain, *pej* acolyte *m; lustige(r)* ~ joyeux luron *m;* ~**el** *m* ⟨-s, -e/-s⟩ mines (ouvrier) mineur; *allg fam* copain, *vulg* colon, *arg* pote(au) *m.*
Kumulus(wolke *f)* *m* ⟨-, -li⟩ ['kumulʊs] cumulus *m.*
kund [kʊnt] *a:* ~ *und zu wissen tun* faire savoir; **K**~**e 1.** *f* ⟨-, (-n)⟩ *(Nachricht)* nouvelle; *(Kenntnis)* connaissance; *(Lehre)* science *f;* **K**~**e 2.** *m* ⟨-n, -n⟩, **K**~**in** *f (Käufer)* client, e; acheteur, se *m f; (Stammkunde)* habitué, e *m f;* pratique *f; m fam pej (Landstreicher)* vagabond, chemineau; *pop (Kerl)* type, copain *m;* **K**~**endienst** *m* service *m* après-vente(s); **K**~**enfang** *m* racolage *m,* **K**~**enkreis** *m* clientèle *f;* **K**~**enwerber** *m com* démarcheur *m;* ~**=geben** *tr* publier, manifester; *(mitteilen)* annoncer, *(äußern, enthüllen)* faire connaître *od* savoir, manifester, révéler; *(bekanntmachen)* annoncer, notifier, publier; **K**~**gebung** *f allg* démonstration; *pol* manifestation; *(Erklärung)* déclaration; *(Bekanntmachung)* notification, publication *f;* ~**ig** *a (unterrichtet, wissend)* instruit, informé *(gen* de); *(erfahren)* entendu *(gen* à), expérimenté, versé *(gen* dans); ~**=machen** *tr* publier, notifier, annoncer; *(mitteilen)* faire savoir; **K**~**machung** *f (Bekanntmachung)* notification, publication *f;* **K**~**schaft** *f* ⟨-, (-en)⟩ *com* clientèle, pratique *f,* achalandage; *(e-s Rechtsanwalts)* cabinet *m* (d'affaires); *(Nachricht)* nouvelle, information *f; (Erkundung)* nouvelles, informations *f pl,* renseignements *m pl; auf* ~ *ausschicken* envoyer aux nouvelles *od* aux informations; *auf* ~ *gehen;* ~**schaften** *itr* aller aux nouvelles *od* aux informations *od* à la découverte; **K**~**schafter** *m* ⟨-s, -⟩ agent d'information; *(Beobachter)* observateur; *(Spion)* espion *m;* ~**=tun** = ~**geben.**
künd|bar ['kʏnt-] *a (Vertrag)* résiliable, résoluble; *(Geld)* remboursable; ~**en** ['-dən] *tr lit poet* faire savoir; ~**igen** *tr allg (z. B. e-e Freundschaft)* retirer; *(Vertrag)* dénoncer, résilier; *fristlos* ~ dénoncer sans préavis; *(Darlehen, Hypothek)* donner avis de retrait de; *itr (dem Arbeitnehmer, Arbeitgeber, Mieter, Vermieter)* donner congé *od* ses huit jours *(jdm* à qn); *ihm ist gekündigt worden* il a reçu son congé *od* avis de licenciement; **K**~**igung** *f allg (e-s Vertrages)* dénonciation, résiliation *f; (fristgerechte)* préavis;

(e-s Darlehens, e-r Hypothek) (avis de) retrait; *(e-s Arbeits- od Mietverhältnisses)* congé; *(vorherige Benachrichtigung)* préavis *m; mit monatlicher* ~ avec préavis d'un mois; *ordnungsgemäße, rechtzeitige* ~ congé *m* dans les règles, en temps utile; **K**~**igungsfrist** *f* délai *m od* période *f* de préavis *od* d'avertissement, délai-congé *m;* **K**~**igungsgrund** *m* motif *m* de congédiement *od* renvoi; **K**~**igungsschutz** *m* protection de l'employé, sécurité *f* de l'emploi; **K**~**igungstermin** *m* terme *m* de congé *od* de préavis.
künftig ['kʏnftɪç] *a* futur, à venir; en herbe; *adv u.* ~**hin** *adv* à l'avenir; *(von jetzt ab)* désormais, dorénavant.
Kunst *f* ⟨-, ⸚e⟩ [kʊnst, 'kʏnstə] art *m; (Geschicklichkeit)* adresse, habileté *f; (~griff)* artifice *m,* ruse *f; am Ende s-r* ~ *sein* être au bout de son latin *od fam* de son rouleau; *das ist keine* ~ *(fam)* ce n'est pas sorcier, *pop* ce n'est pas malin; *das ist die ganze* ~ *(?) (fam)* voilà tout (ce n'est pas plus malin que ça? *pop); allen Menschen recht getan ist eine* ~, *die niemand kann (prov)* on ne peut contenter tout le monde et son père *(La Fontaine); die bildenden Künste* les arts *m pl* plastiques; *die Freien Künste (hist)* les arts libéraux; *die schönen Künste* les beaux-arts *m pl; die Schwarze* ~ la magie noire; ~**akademie** *f* école *f* des beaux-arts; ~**anstalt** *f typ* imprimerie *f* artistique d'art; ~**ausdruck** *m* terme *m* technique; ~**ausstellung** *f* exposition *f* artistique; ~**bauten** *m pl* travaux *od* ouvrages *m pl* d'art; ~**begeisterung** *f* enthousiasme *m* pour l'art; ~**beilage** *f (e-r Zeitschrift)* supplément *m* artistique; ~**blatt** *n* gravure *f* d'art; ~**druckpapier** *n* papier *m* couché *od* chromo; ~**dünger** *m* engrais *m* artificiel *od* chimique; ~**eis** *n* glace *f* artificielle; ~**erziehung** *f* éducation *f* artistique; ~**faser(stoff** *m) f* (étoffe de) fibre(s) *f* artificielle(s) *od* synthétique(s); **k**~**fertig** *a* adroit, habile, ingénieux; ~**fertigkeit** *f* adresse, habileté, ingéniosité *f,* savoir-faire *m;* ~**fliegerei** *f* acrobaties *f pl* aériennes; ~**flug** *m* vol *m* acrobatique *od* de haute école; ~**freund** *m* ami *m* des arts; ~**gegenstand** *m* objet *m* d'art; **k**~**gemäß** *a,* **k**~**gerecht** *a* conforme aux règles de l'art; méthodique; *adv a.* avec méthode; ~**geschichte** *f* histoire *f* de l'art; **k**~**gestopft** *a:* ~*e Stelle f* rentraire *f;* ~**gewerbe** *n* art(s *pl) m* décoratif(s)

od appliqué(s) *od* industriel(s); ~**ge-werbeschule** *f* école *f* des arts et métiers *od* des arts décoratifs *od* d'art industriel; ~**griff** *m (Kniff)* tour *m* de main; ~**handel** *m* commerce *m* d'objets d'art; ~**händler** *m* marchand *m* d'objets d'art; ~**handlung** *f* galerie *f* d'art; ~**handwerk** *n* métier *od* artisanat *m* d'art; ~**handwerker** *m* artisan *m* d'art; ~**harz** *n* résine *f* synthétique; ~**historiker** *m* historien *m* de l'art; ~**honig** *m* miel *m* artificiel; ~**kenner** *m* connaisseur *m* d'art; ~**kritiker** *m* critique *m* d'art; ~**leder** *n* cuir *m* artificiel, imitation *f* cuir, aggloméré de cuir, simili-cuir, synderme *m;* ~**licht** *n phot* lumière *f* artificielle; ~**liebhaber** *m* amateur *m* d'art; **k**~**los** *a* sans art; *fig* simple; ~**maler** *m* artiste *m* peintre; ~**mittel** *n* moyen *m* artificiel; ~**pause** *f* pause *f* intentionnelle; **k**~**reich** *a* plein d'art, ingénieux; *adv* artistement; ~**reiter** *m* écuyer *m;* ~**sammlung** *f* collection *f* (d'objets) d'art; ~**schreiner** *m* ébéniste *m;* ~**schreinerei** *f* ébénisterie *f;* ~**seide** *f* soie artificielle, rayonne *f;* ~**sinn** *m* sens *m* artistique; **k**~**sinnig** *a* de goût; ~**springen** *n (Schwimmsport)* plongeons *m pl* du tremplin; ~**stoff** *m* matière *f* plastique *od* synthétique, plastique, produit *m* artificiel *od* synthétique; **k**~**stoff-beschichtet** *a* recouvert d'une matière synthétique; **k**~**stopfen** *tr* stopper; *itr* faire des reprises perdues; ~**stopfen** *n* stoppage, rentrayage *m,* reprise *f* perdue; ~**stop-fer(in** *f)* *m* ⟨-s, -⟩ stoppeur, se; rentrayeur, se *m f;* ~**stopferei** *f (Werk-statt)* atelier *m* de stoppage *od* de rentrayage; ~**stück** *n* tour *m* d'adresse; ~*e vorführen* bateler, faire des tours d'adresse; *das ist kein (gro-ßes)* ~ *(fig fam)* ce n'est pas sorcier; ~**tischler(ei** *f)* *m* = ~*schreiner(ei);* ~**verein** *m* société *f* d'amis des arts; ~**verlag** *m* (maison d')édition *f* d'œuvres d'art; ~**verständige(r)** *m* expert *m* en art; ~**verständnis** *n* intelligence *f* de l'art; **k**~**voll** *a* = *k*~*reich;* ~**werk** *n* œuvre *f* d'art; ~**wert** *m* valeur *f* artistique; ~**wolle** *f* laine artificielle, fibran(n)e *f;* ~**wort** *n* terme *m* technique.

Künst|elei *f* ⟨-, -en⟩ [kynstə'laɪ] raffinements *m pl,* affectation, afféterie *f;* **k**~**eln** ['kynstəln] *itr* raffiner, subtiliser *(an etw* sur qc); ~**ler(in** *f)* *m* ⟨-s, -⟩ artiste *m f;* **k**~**lerisch** *a (Person)* artiste; *(Sache)* artistique; ~*e Darbie-tung* *f* manifestation *f* artistique; ~**lername** *m* nom *m* de guerre *od*

d'artiste; ~**lerschaft** *f* ⟨-, (-en)⟩ artistes *m pl;* ~**lertum** *n* ⟨-(e)s, ø⟩ génie *m* artistique; **k**~**lich** *a* artificiel; *chem* synthétique; *(nachgemacht)* factice.

kunterbunt ['kʊntər-] *a (buntscheck-kig)* bariolé; *(durcheinander)* pêle--mêle; *hier sieht's ja* ~ *aus! (hum)* quel beau désordre!

Kupee *n* ⟨-s, -s⟩ [ku'pe:] *loc* compartiment; *mot* coupé *m.*

Kupfer *n* ⟨-s, (-)⟩ ['kʊpfər] cuivre *m; in* ~ *stechen* graver sur cuivre; *reine(s)* ~ cuivre *m* rouge; **k**~**artig** *a* cuprique; ~**azetat** *n* verdet *m;* ~**berg-werk** *n* mine *f* de cuivre; ~**blech** *n* feuille *f* de cuivre; ~**draht** *m* fil *m* de cuivre; ~**erz** *n* minerai *m* de cuivre; ~**geschirr** *n* cuivres *m pl;* **k**~**haltig** *a* cuprifère; ~**hütte** *f* cuivrerie *f;* ~**kies** *m* cuivre *m* pyriteux; ~**lasur** *f* azurite *f;* **k**~**n** *a* de *od* en cuivre; **k**~**rot** *a* cuivré; ~ *färben* cuivrer; ~**schmied** *m* chaudronnier *m;* ~**schmiede** *f* chaudronnerie, cuivrerie *f;* ~**stecher** *m* ⟨-s, -⟩ graveur *m* sur cuivre *od* en taille-douce *od* au burin; ~**stich** *m* gravure sur cuivre *od* au burin, taille-douce *f;* ~**stich-kabinett** *n* cabinet *m* d'estampes; ~**tiefdruck** *m typ* impression sur cuivre *od* en taille-douce, hélio(gra-vure) *f;* ~**vitriol** *n chem* vitriol *m* de cuivre *od* bleu; ~**waren** *f pl* cuivres *m pl,* chaudronnerie *f;* ~**waren-händler** *m* chaudronnier *m.*

kupieren [ku'pi:rən] *tr (stutzen)* couper.

Kupolofen *m* [ku'po:l-] *tech* cubilot, coupelot *m.*

Kuppe *f* ⟨-, -n⟩ ['kʊpə] *(e-s Berges)* sommet (arrondi); *(e-s Fingers)* bout *m.*

Kuppel *f* ⟨-, -n⟩ ['kʊpəl] *arch* coupole *f,* dôme *m;* ~**dach** *n* dôme *m.*

Kupp|elei *f* ⟨-, -en⟩ [kʊpə'laɪ] proxénétisme *m;* **k**~**eln** ['kʊpəln] *tr* accoupler; *tech* (ac)coupler, accro-cher; *loc* atteler, réunir; *mot* embra-yer; ~**(e)lung** *f tech* couplage, accou-plement; *loc* attelage; *mot* embraya-ge *m;* ~**(e)lungsfeder** *f mot* ressort *m* d'embrayage; ~**(e)lungshebel** *m* *mot* levier d'embrayage, embrayeur *m;* ~**(e)lungspedal** *n* pédal *f* d'em-brayage; ~**(e)lungsscheibe** *f* pla-teau *m* d'embrayage; ~**(e)lungs-stange** *f tech* bielle *f* d'accouple-ment; ~**(e)lungsstück** *n* raccord *m* de liaison; ~**ler(in** *f)* *m* ⟨-s, -⟩ entre-metteur, se, proxénète *m f.* maque-reau *m,* maquerelle *f.*

Kur *f* ⟨-, -en⟩ [ku:r] *med* cure *f,* traitement *m; e-e ~ machen* faire une cure, suivre un traitement; *zur ~ gehen* aller faire une cure; **~aufenthalt** *m* séjour *m* (dans une station) thermal(e); **~gast** *m* curiste *m;* **~haus** *n* maison *f* de cure, établissement thermal, casino *m;* **k~ieren** [-'riːrən] *tr (ärztl. behandeln)* traiter, soigner; *(heilen)* guérir; *sich (mit Medikamenten) ~* se droguer; **~ort** *m* ville d'eau, station *f* thermale; *klimatische(r) ~* station *f* climatique; **~pfuscher** *m* charlatan, médicastre, médecin *m* marron; **~pfuscherei** *f* charlatanerie *f;* **~saal** *m* casino *m;* **~taxe** *f* taxe *f* de séjour.

Kür *f ⟨-, ø⟩* ['kyːr] *(Wettkampf)* figures *f pl* libres.

Küra|ß *m ⟨-sses, -sse⟩* ['kyːras, -sə] *(Brustharnisch)* cuirasse *f;* **~ssier** *m ⟨-(e)s, -e⟩* [-ra'siːr] *mil hist* cuirassier *m.*

Kurat|el *f ⟨-, -en⟩* [kura'teːl] *jur* curatelle *f; unter ~ stehen, stellen* être, mettre en tutelle; **~or** *m ⟨-s, -en⟩* [-'raːtor, -'toːrən] curateur, syndic *m;* **~orium** *n ⟨-s, -rien⟩* [-'toːrium, -riən] conseil *m* administratif *od* d'administration.

Kurbel *f ⟨-, -n⟩* [kurbəl] manivelle *f;* **~achse** *f* axe *m* coudé; **~antrieb** *m* commande *f* par bielle; **~gehäuse** *n,* **~kasten** *m* boîte de la manivelle, enveloppe *f* du vilebrequin; **k~n** *itr* tourner la manivelle; **~stange** *f tech* bielle *f;* **~welle** *f* arbre *od* essieu coudé, arbre de manivelle, vilebrequin *m;* **~wellenlager** *n* palier *m* de vilebrequin *od* de manivelle.

Kürbis *m ⟨-sses, -sse⟩* ['kyrbis, -sə] citrouille, courge *f,* potiron *m;* **~flasche** *f* calebasse *f.*

Kurd|e *m ⟨-n, -n⟩* ['kurdə], **~in** *f* Kurde *m f;* **k~isch** *a* kurde; **~istan** *n* ['kurdistan] le Kurdistan.

kür|en *⟨kürt, kor, hat gekoren⟩* ['kyːrən, (-)'koːr(-)] *tr lit poet* choisir; élire; **K~übung** *f sport* exercice *m* libre.

Kurfürst|(in *f)* ['kuːr-] *m hist* Electeur, trice *m f;* **~entum** *n,* **~enwürde** *f* électorat *m;* **k~lich** *a* électoral.

Kurie *f ⟨-, -n⟩* ['kuːriə] *hist u. rel* curie *f.*

Kurier *m ⟨-s, -e⟩* [ku'riːr] courrier, messager *m;* **~dienst** *m* service *m* du courrier; **~flugzeug** *n* avion-estafette *m.*

kurios [kuri'oːs] *a* curieux, drôle, bizarre; **K~ität** *f ⟨-, -en⟩* [-riozi'tɛːt] curiosité, bizarrerie; *(einzelne)* chose *f* curieuse.

Kurrentschrift *f* [ku'rɛnt-] écriture *f* courante.

Kurs *m ⟨-es, -e⟩* [kurs, '-zə(s)] *mar*

route *f; mar aero* cap *m; (Ortung, fig: Orientierung, a. pol)* orientation *f; fin (Umlauf)* cours *m,* circulation *f; (Rate)* cours, taux, change; *(Kursus)* cours *m; außer ~* hors (de) circulation *od* cours; *zum ~ von (fin)* au cours de; *vom ~ abweichen (mar)* dévier; *den ~ ändern, wechseln, e-n neuen ~ einschlagen (a. fig)* changer de cap; *den ~ halten* maintenir le cap; *~ nehmen auf (mar)* faire route vers; *mar aero* mettre le cap sur; *arg aero* piquer vers; *außer, in ~ setzen (fin)* retirer de la, mettre en circulation; *im ~ stehen (fin)* être coté à la bourse, se coter; *bei jdm hoch im ~ stehen (fig)* être en *od* jouir d'un grand crédit auprès de qn; *e-n falschen ~ steuern (mar, a. fig)* faire fausse route; *amtliche(r), gesetzliche(r) ~* cours *m* officiel, légal; *harter ~ (pol)* ligne *f* dure; **~abweichung** *f mar* variation *f* de *od* du cap; **~anzeiger** *m aero* indicateur *m* de direction; **~bericht** *m com* bulletin *m* de la bourse; **~buch** *n loc* indicateur *m;* **~gewinn** *m fin* bénéfice *m* sur le cours *od* sur le *od* au change; **k~ieren** *⟨aux: haben od sein⟩* [-'ziːrən] *itr (Geld)* circuler, avoir cours; *(Gerücht)* courir; **~ive** *f ⟨-, -n⟩* [-'ziːvə] *typ* italique *f;* **~ivschrift** *f* cursive *f;* **~makler** *m com* agent de change, courtier *m;* **~notierung** *f fin* cote *f* (des cours); **k~orisch** [-'zoːriʃ] *a: ~e Lektüre* lecture *f* cursive; **~rückgang** *m com* recul *m* des cours; **~schwankungen** *f pl com* fluctuations *f pl* des cours; **~stabilisierung** *f fin* stabilisation *f* des cours; **~stabilität** *f aero* stabilité *f* de cap; **~stand** *m fin* niveau *m* des cours; **~steigerung** *f com* hausse *f* des cours; **~sturz** *m fin* effondrement *m od* chute *f* des cours; **~teilnehmer** *m* stagiaire *m;* **~treiber** *m fin* haussier *m;* **~us** *m ⟨-, -rse ⟩* ['kurzus, -rzə] *(Lehrgang)* cours, stage *m;* **~verlust** *m fin* perte *f* au *od* sur le change; **~wagen** *m loc* voiture *f* directe; **~wert** *m* valeur *f* marchande; **~zettel** *m fin* bulletin *m* des cours *od* changes *od* de la cote, n des changes.

Kürschner *m ⟨-s, -⟩* ['kyrʃnər] pelletier, fourreur *m;* **~ei** *f* [-'raɪ] pelleterie *f.*

Kurv|e *f ⟨-, -n⟩* ['kurvə/-fə] *math* (ligne) courbe; *allg* courbe *f,* tournant; *(Straße, aero)* virage *m; in die ~ gehen (loc mot)* s'inscrire dans la courbe; *mot* s'engager dans le virage; *die ~ nehmen,* virer, prendre le virage; *aus der ~ geschleudert werden (mot)* déraper dans le virage; *e-e ~ schnei-*

den prendre un virage à la corde; *enge, flache, gedrückte, senkrechte* ~ *(aero)* virage *m* serré, à plat, piqué, à la verticale; **überhöhte** ~ virage *m* relevé; **k~en** ⟨*aux: sein*⟩ *itr* virer; ~**en(gleit)flug** *m* vol *m* (plané) en virages; ~**enlage** *f aero* tenue *f* en virage; ~**enlineal** *n* règle *f* courbe, pistolet *m;* **k~enreich** *a* sinueux.

kurz [kʊrts] ⟨*kürzer, am kürzesten*⟩ *a (räumlich)* court; *(Schritt)* petit; *(zeitlich)* bref, de peu de durée; *(summarisch)* sommaire; *(schroff)* prompt, brusque; *(Schlag)* sec; *adv* bref, brièvement, en somme; *binnen* od *in* ~*em* dans peu (de temps), avant (qu'il soit) peu, d'ici peu, sous peu, prochainement; *bis vor* ~*em* jusqu'à une date récente; *in kürzester Zeit* dans le plus bref délai; *mit* ~*em Kleid* court-vêtu, e; *seit* ~*em* depuis peu; *über* ~ *oder lang* tôt ou tard, un jour ou l'autre; *(noch) vor* ~*em, vor* ~*er Zeit* il y a peu de temps, il n'y a pas longtemps, l'autre jour; ~ *und bündig (adv)* clairement, sans détour; ~ *danach* od *darauf* peu de temps après; ~ *gesagt,* ~ *und gut* pour tout dire, en somme, somme toute, en un mot comme en cent; enfin, en un mot; ~ *vorher* od *zuvor* peu (de temps) avant; ~ *vor dem Winter* à l'approche de l'hiver; *um mich* ~ *zu fassen* pour abréger; *um es* ~ *zu machen* pour abréger, pour en finir, pour être bref; ~ *anbinden (Tier)* attacher (de) court; ~ *erklären* expliquer brièvement *od* en peu de mots; *sich* ~ *fassen* être bref; *ein* ~*es Gedächtnis haben* avoir la mémoire courte; *bei etw zu* ~ *kommen* ne pas trouver son compte à qc; *es* ~ *machen* ne pas faire de façons; *kürzer machen* raccourcir; ~ *und klein schlagen* mettre *od* réduire en miettes, hacher menu comme chair à pâté; *(ganz)* ~ *schneiden (Haare)* couper (très) court; *kürzer werden* (se) raccourcir; *den kürzeren ziehen* avoir le dessous; *fasse dich* ~*!* sois bref; ~ *von Verstand iron* (un peu) borné, limité; *s-e Freude war* ~ sa joie a été de courte durée; ~ *angebunden (fig)* avare de paroles, peu aimable; **K~arbeit** *f* travail *m* à temps réduit; chômage *m* partiel; ~**atmig** *a* asthmatique, poussif; ~*sein (a.)* manquer de souffle; **K~atmigkeit** *f* ⟨-, ø⟩ asthme *m;* **K~ausbildung** *f* formation *f* od *mil* entraînement *m* accéléré(e); ~**beinig** *a* aux jambes courtes; **K~berichte** *m pl* chroniques *f pl;* ~**erhand** *adv* sans hésiter, sans autre forme de procès;

~**faserig** *a* à fibre courte; **K~film** *m* (film de) court métrage *m;* ~**fristig** *a* à court terme, à bref délai, à courte date *od* échéance; ~**gefaßt** *a* bref, concis, succinct, sommaire; **K~geschichte** *f* historiette *f,* récit *m;* **K~haardackel** *m* basset *m* à poils ras; ~**haarig** *a* zoo à poils courts; *(Textil)* à poil ras; ~**=halten** *tr: jdn* ~ tenir la bride (serrée) à qn; **K~huber** *m* ⟨-s, -⟩ moteur *m* plat; ~**lebig** *a* de courte durée, éphémère; **K~nachrichten** *f pl radio* flash *m;* ~**=schließen** *tr el* court-circuiter; *sich* ~ *(fig)* se mettre en rapport; **K~schi** *m* miniski *m;* **K~schluß** *m el* court-circuit *m;* **K~schrift** *f* sténographie *f;* **K~sendung** *f radio* courte émission *f;* ~**sichtig** *a, a. fig* myope; ~ *sein (a.)* avoir la vue courte *od* basse; *sehr* ~ *sein (a. fig, fam)* ne pas voir plus loin que le bout de son nez; ~*e Politik f* politique *f* à courte vue; **K~sichtigkeit** *f* ⟨-, ø⟩ myopie; *a. fig* vue *f* courte od basse; **K~socke** *f* mi-chaussette *f;* **K~streckenlauf** *m sport* sprint *m;* **K~streckenläufer** *m* coureur de vitesse, sprinter *m;* ~**um** *adv* bref, en un mot, enfin; **K~waren** *f pl* (articles *m pl* de) mercerie *f;* **K~warenhändler** *m* mercier *m;* **K~warenhandlung** *f* mercerie *f;* ~**weg** *adv* tout court, sans détours, *fam* tout de go; **K~weil** *f* ⟨-, ø⟩ passe-temps, amusement, divertissement *m;* ~**weilig** *a* amusant, divertissant; **K~welle(n** *pl)* *f radio* onde(s *pl)* *f* courte(s); **K~wellenbereich** *m* gamme *f* des ondes courtes; **K~wellenempfänger** *m,* **K~wellengerät** *n* appareil *m* à ondes courtes; **K~wellensender** *m* émetteur *od* poste *m* à onde(s) courte(s); **K~wort** *n* ⟨-(e)s, ⁼er⟩ abréviation *f;* **K~zeitspeicher** *m inform* registre *m.*

Kürz|e *f* ⟨-, ø⟩ ['kʏrtsə] *(räumlich)* peu *m* de longueur; *(zeitlich)* courte durée, brièveté; *(des Ausdrucks)* brièveté, concision *f; in* ~ *(bald)* sous peu, dans peu (de temps) avant peu; *(kurz zs.gefaßt)* en peu de mots, compendieusement; ~**el** *n* ⟨-s, -⟩ *(Stenographie)* sigle *m;* **k~en** *tr* raccourcir; *(ab-, ver*~*)* écourter, abréger; *(verringern)* diminuer, réduire; *(Beträge)* rogner; *(Kredit)* amputer; *math* réduire, simplifier; **k~lich** *adv* récemment, dernièrement, l'autre jour, ces derniers jours; ~**ung** *f* raccourcissement *m; (Abkürzung)* abréviation; *(Verringerung)* diminution, réduction; *math* simplification; *theat* coupure *f.*

kuscheln ['kʊʃəln], *sich* se lover, se pelotonner.

kuschen ['kʊʃən] *itr (Hund)* (se) coucher; *fig fam (den Mund halten)* ne souffler mot; ~*! kusch (dich)!* coucher!

Kusine *f* ‹-, -n› [ku'zi:nə] cousine *f.*

Kuß *m* ‹-sses, ⸚sse› [kʊs, 'kʏsə] baiser *m;* **k~echt** *a,* **k~fest** *a (Lippenstift)* indélébile; ~**hand** *f: jdm e-e ~ zuwerfen* envoyer un baiser (de la main) à qn; **Küßchen** *n* ‹-s, -› ['kʏsçən] *fam* bise *f,* bécot *m.*

küssen ['kʏsən] *tr* embrasser; *(Kindersprache)* faire mimi *(jdn* à an); *(die Hand, die Stirn)* baiser.

Küste *f* ‹-, -n› ['kʏstə] côte *f,* rivage, bord de la mer; *(~ngebiet)* littoral *m; an der ~* sur la côte; *die ~ befahren* caboter; *an der ~ entlangfahren* longer la côte; côtoyer; *der ~ zutreiben* affaler à la *od* gagner la côte.

Küsten|abschnitt *m* ['kʏstən-] division *f* maritime; ~**befestigung** *f* fortification *f* côtière; ~**bewohner** *m* habitant du littoral, riverain *m;* ~**dampfer** *m,* ~**fahrzeug** *n* vapeur de cabotage, caboteur, cabotier *m;* ~**fischerei** *f* pêche *f* côtière; ~**fluß** *m* fleuve *m* côtier; ~**gebiet** *n pol* territoire *m* maritime; zone *f* côtière; ~**gewässer** *n pl* mer *f* territoriale; eaux *f pl* territoriales; ~**schiffahrt** *f* navigation *f* côtière, cabotage *m; ~ treiben* caboter; ~**schutz** *m* défense *f* côtière; ~**straße** *f* route *f* côtière; ~**streifen** *m* littoral *m; schmale(r) ~* cordon *m* littoral; ~**wachschiff** *n* (vaisseau) garde-côte *m.*

Küster *m* ‹-s, -› ['kʏstər] sacristain, bedeau; *(evang.)* marguillier *m.*

Kustos *m* ‹-, -toden› ['kʊstɔs, -'to:dən] conservateur *m* de musée; *typ* réclame *f.*

Kutsch|bock *m* ['kʊtʃ-] siège *m* (du cocher); ~**e** *f* ‹-, -n› calèche *f; (stattliche)* carrosse, équipage *m;* ~**enschlag** *m* portière *f* (de carrosse); ~**er** *m* ‹-s, -› cocher *m;* **k~ieren** ‹*aux: sein*› [-'ʃi:rən] *itr* aller en carrosse; *(selbst fahren)* conduire un équipage; ~**pferd** *n* cheval *m* de carrosse.

Kutte *f* ‹-, -n› ['kʊtə] *rel* froc *m; die ~ ablegen (fam)* se défroquer, *fam* jeter le froc aux orties.

Kutter *m* ‹-s -› ['kʊtər] *mar* cotre *m.*

Kuvert *n* ‹-s, -s/-e› [ku'vɛrt, -'vɛ:r] *(Briefumschlag)* enveloppe *f; (Gedeck)* couvert *m.*

Kybernet|ik *f* ‹-, ø› [kybɛr'ne:tɪk] cybernétique *f;* ~**iker** *m* ‹-s, -› cybernéticien *m;* **k~isch** *a* cybernéticien.

kyrillisch [ky'rɪlɪʃ] *a (Schrift)* cyrillique.

L

L, l *n* ⟨-, -⟩ [ɛl] *(Buchstabe)* L, l *f* od *m*.
Lab *n* ⟨-(e)s, -e⟩ [laːp, -bə] *(Ferment im Kälbermagen)* présure *f;* **~kraut** *n bot* gaillet, caille-lait *m;* **~magen** *m* caillette *f; scient* abomasum *m.*
labb|(e)rig [ˈlab(ə)rɪç] *a dial (fade)* fade, insipide; *(schlaff)* flasque, mou; *fig* mollasse; **~ern** *itr mar (schlaff werden)* faséyer, fasier, fasiller.
Lab|e *f* ⟨-, ø⟩ [ˈlaːbə] rafraîchissement; *fig* réconfort *m;* **~eflasche** *f (e-s Sanitäters)* bidon *m* de l'infirmier; **l~en** *tr* rafraîchir; *a. fig* réconforter; *sich ~ (fig)* se délecter; *an etw* se repaître de qc; **l~end** *a* rafraîchissant; réconfortant; **~etrunk** *m* boisson *f* rafraîchissante; réconfortant *m;* **~sal** *n* ⟨-(e)s, -e⟩ soulagement; *fig* réconfort *m;* **~ung** *f* rafraîchissement; réconfort *m.*
labial [labiˈaːl] *a bes. gram (Lippen-)* labial; **L~(laut)** *m* ⟨-s, -e⟩ (consonne) labiale *f.*
labil [laˈbiːl] *a phys, a. fig* instable; *chem biol, a. fig* labile; **L~ität** *f* ⟨-, ø⟩ [-liˈtɛːt] instabilité; *f (seelische)* ~ déséquilibre *m* (psychique).
Labor *n* ⟨-s, -s/(-e)⟩ [laˈboːr] *fam (~atorium)* labo *m;* **~ant** *m* ⟨-en, -en⟩ [-boˈrant] préparateur *m;* **~antin** *f* préparatrice, laborantine *f;* **~arbeiter** *m* garçon *m* de laboratoire; **~atorium** *n* ⟨-s, -rien⟩ [-raˈtoːrium, -riən] laboratoire *m;* **~(atoriums-)versuch** *m* essai *m* de laboratoire; **~baby** *n* bébé *m* éprouvette; **l~ieren** [-ˈriːrən] *itr (sich abmühen)* faire des efforts, s'efforcer; peiner; *(sich mit e-m Leiden) plagen)* être travaillé (*an* par), souffrir (*an* de).
Labyrinth *n* ⟨-(e)s, -e⟩ [labyˈrɪnt] *(Irrgang)* labyrinthe *a. anat;* dédale *m a. fig;* **l~isch** *a* labyrintique.
Lach|anfall *m* [ˈlax-] éclat *m* de (fou) rire; *e-n ~ haben* éclater od pouffer de rire; **~e** *f* ⟨-, (-n)⟩ **1.** *fam (Gelächter)* risée *f,* rire *m;* **l~en** *itr* rire *(über* de); *sich e-n Ast ~ (pop)* rire comme un bossu; *sich ins Fäustchen ~* rire sous cape *od* dans sa barbe; *jdm ins Gesicht ~* rire au nez à qn; *gezwungen ~* rire du bout des dents od des lèvres, rire jaune; *aus vollem Halse ~* rire à gorge déployée *od* à ventre déboutonné *od* comme un bossu; *hä-*

misch od höhnisch ~ ricaner; *herzlich od von Herzen ~* rire de bon cœur; *sich krank ~* se pâmer de rire; *sich krank gelacht haben* être malade de rire; *Tränen ~* rire aux larmes; *nichts zu ~ haben (fig)* n'être pas couché sur des roses; *darüber kann ich nur ~* je ne fais qu'en rire; *das Herz lachte mir im Leibe* je me sentais le cœur en fête; *da gibt's nichts zu ~* il n'y a pas (là) de quoi rire; *daß ich nicht lache!* vous me faites (tu me fais) rire; *Sie haben gut ~!* vous en riez à votre aise; *da ~ ja die Hühner!* c'est ridicule *od* grotesque; *das wäre ja gelacht, wenn …!* il ferait beau voir que …; *wer zuletzt lacht, lacht am besten (prov)* rira bien qui rira le dernier; **~en** *n* rire *m; sich biegen od kugeln od wälzen vor ~ (fam)* se tordre de rire; *jdn zum ~ bringen* faire rire qn; *fam* dilater la rate à qn; *fam* désopiler qn; *brüllen od wiehern vor ~* s'esclaffer de rire, rire aux éclats; *sich vor ~ den Bauch halten* se tenir les côtes de rire; *sich nicht halten können vor ~* ne plus pouvoir se tenir de rire; *zum ~ herausfordern* prêter à rire; *aus dem ~ nicht herauskommen* rire sans arrêt; *vor ~ platzen* étouffer *od* pouffer de rire; *sich das ~ verbeißen od verkneifen* étouffer un rire; *sich das ~ nicht verbeißen od verkneifen können* ne pouvoir s'empêcher de rire; *mir ist (gar) nicht zum ~ (zumute)* je ne suis pas d'humeur *od* je n'ai pas le cœur à rire; *das Weinen war od stand mir näher als das ~* j'étais plus près des larmes que du rire; *das ist nicht zum ~* il n'y a pas de quoi rire, il n'y a pas là matière à plaisanterie; *alberne(s) ~* rire *m* stupide, bête; *gezwungene(s) ~* rire *m* jaune *od* forcé; *hämische(s) od höhnische(s) ~* ricanement, rire *m* sardonique; *krampfhafte(s) ~* rire *m* convulsif; **l~end** *a* riant; **~er** *m* ⟨-s, -⟩ rieur *m; die ~ auf seiner Seite haben* avoir les rieurs de son côté; **~gas** *n* gaz hilarant; *scient chem* protoxyde *m* d'azote; **l~haft** *a* ridicule; **~haftigkeit** *f* ridicule *m;* **~krampf** *m med* rire *m* convulsif; **~möwe** *f* (mouette) rieuse *f;* **~muskel** *m* (muscle) risorius *m* (de Santorini); **~salve** *f* explosion *f* de rire; ~**taube** *f* pigeon *m* rieur.

Lache *f* ‹-, -n› ['laxə] **2.** *(Pfütze)* flaque; *(a. Blutlache)* mare *f.*

Lache *f* ‹-, -n› ['laxə] **3.** *(Kerbe im Baum)* entaille *f.*

läch|eln ['lɛçəln] sourire *(über* de); avoir un sourire; *(kleines Kind u.) im Schlaf* ~ rire aux anges; **L~eln** *n* sourire *m; ein* ~ *spielte um s-e Lippen* un sourire errait sur ses lèvres; ~**erlich** *a* ridicule; *(zum Lachen)* risible; *sich* ~ *machen* se rendre ridicule; se couvrir de ridicule, se ridiculiser, prêter à rire; *jdn* ~ *machen* tourner qn en ridicule, couvrir qn de ridicule, ridiculiser qn; jeter du ridicule sur qn; *etw* ~ *machen* tourner qc en plaisanterie *od* en ridicule, ridiculiser qc; *ins L~e ziehen* tourner en ridicule *od* en dérision *od* en plaisanterie, ridiculiser; *mir ist (gar) nicht* ~ *zumute* je ne suis pas d'humeur à rire; je n'ai pas envie de rire; *das ist wirklich* ~ cela est d'un ridicule achevé *od* parfait; *machen Sie sich nicht* ~*!* ne soyez pas *od* ne vous rendez pas ridicule! *das ist doch* ~*!* mais c'est ridicule!

Lachs *m* ‹-es, -e› [laks] *zoo* saumon *m; kleine(r) od junge(r)* ~ saumoneau *m;* **l~fang** *m* pêche *f* au *od* du saumon; **l~farben** *a* saumon; ~**forelle** *f* truite *f* saumonée; ~**schinken** *m* jambon *m* saumoné.

Lack *m* ‹-(e)s, -e› [lak] (gomme) laque *f,* vernis *m;* ~**arbeit** *f (Gegenstand)* laque *m;* **l~artig** *a* laqueux; **l~en** *tr* = *l~ieren;* ~**farbe** *f* laque (colorée), peinture *f* laquée; ~**firnis** *m* laque *f* (de Chine); vernis *m;* **l~ieren** [-'ki:rən] *tr* laquer, vernir, vernisser; *jdm eine* ~ *(fig fam)* flanquer une gifle *od* une taloche à qn; ~**ierer** *m* ‹-s, -› laqueur, vernisseur *m;* ~**iermaschine** *f* machine *f* à laquer *od* à vernir; ~**ierpinsel** *m* queue-de-morue *f;* ~**ierte,** *der (fam)* la dupe; ~**ierung** *f* laquage, vernissage *m;* ~**leder** *n* (cuir) verni *m;* ~**schuhe** *m pl* (chaussures *f pl*) verni(e)s *m pl.*

Lackmus *m od s* ‹-, ø› ['lakmus] *chem* tournesol *m;* ~**flechte** *f bot* orseille *f;* ~**papier** *n* papier *m* de tournesol; ~**tinktur** *f* teinture *f* de tournesol.

Lade *f* ‹-, -n› ['la:də] *(Truhe)* coffre, bahut *m; allg (Kasten)* caisse *f; (Webstuhl)* battant *m.*

Lade|aggregat *n* ['la:də-] *el* groupe *m* de charge *od* de batterie; ~**anlage** *f* installation *f* de transbordement; ~**baum** *m* mât *m* de charge, chèvre

f; ~**bühne** *f* rampe *od* plate-forme *f* de chargement; ~**damm** *m* mar embarcadère *m;* ~**dichte** *f* densité *f* de chargement *od* de la charge; ~**druck** *m aero* pression *f* d'admission; ~**fähigkeit** *f* capacité de charge(ment), charge *f* utile; ~**fläche** *f* surface *f* de chargement; ~**gebühr** *f* droits *m pl* de chargement; ~**gewicht** *n* poids *m* de chargement; *zulässige(s)* ~ charge *f* admise; ~**gleichrichter** *m el* redresseur *m* de charge d'accumulateurs; ~**gleis** *n* voie *f* de chargement; ~**gurt** *m mil (MG)* sangle à cartouches, bande-chargeur *f;* ~**hemmung** *f mil* incident de chargement, enrayage *m;* ~**kai** *m* quai *m* d'embarquement; ~**kran** *m* grue *f* de chargement; ~**luft** *f aero* air *m* d'alimentation; ~**luke** *f mar* écoutille *f* de chargement; ~**meister** *m* maître *m* débardeur.

laden *tr* ‹lädt/ladet, lud, hat geladen› [la:dən, lɛ:t, lu:t, -dən] **1.** *(Fracht, mil, el)* charger; *mil a.* approvisionner; *sich etw auf den Hals* ~ *(fig)* se mettre qc sur le dos; *e-e Schuld auf sich* ~ se rendre coupable d'une faute; *ge~ sein (fig fam)* être furieux; *auf jdn* avoir une dent contre qn; *schwer ge~ haben (fig fam: betrunken sein)* avoir du vent dans les voiles, être soûl comme une bourrique; ~ *und sichern! (mil)* charger, puis mettre à la sûreté; **L~ 1.** *n (Auf-, Be-, a. el)* chargement *m;* **2.** *(einladen)* inviter, convier, prier, *jur (vorladen)* citer, appeler, assigner; *vor Gericht* ~ citer en justice; *zu Tisch* ~ inviter à déjeuner *od* à dîner.

Laden 2. *m* ‹-s, ¨› ['la:-, 'lɛ:dən] *(Kauf~)* boutique *f; (größerer)* magasin; *(Geschäft)* fonds (de commerce); *(Fenster~)* volet *m; den* ~ *schmeißen (fig fam)* en venir à bout; ~**besitzer** *m* propriétaire de *od* du d'un magasin, patron *m;* ~**dieb** *m* voleur *m* à l'étalage; ~**diebstahl** *m* vol *m* à l'étalage; ~**einrichtung** *f* établissement *m od* installation *od* fourniture *f* d'un *od* du magasin; ~**fenster** *n (Schaufenster)* vitrine, devanture *f;* ~**geschäft** *n* magasin *m;* ~**hüter** *m (unverkäufliche Ware)* rossignol *m;* ~**inhaber** *m* boutiquier, patron *m;* ~**miete** *f* loyer *m* de magasin; ~**preis** *m* prix de vente *od* de détail; *(Buch)* prix *m* fort *od* de librairie; ~**schild** *n* enseigne *f;* ~**schluß** *m* fermeture *od* clôture *f* des magasins; ~**schlußgesetze** *n pl* lois *f pl* sur la fermeture des magasins; ~**straße** *f* rue *f* commerçante; ~**tisch** *m* comptoir *m*.

Lader *m* ‹-s, -› ['la:dər] *Arbeiter)* chargeur *m*.

Lade|rampe *f* ['la:də-] = ~*bühne;* ~**raum** *m* espace *m* chargeable; *mar* cale; *aero* soute *f;* ~**schein** *m* bulletin *m od* lettre *f* de chargement; ~**spannung** *f el* tension *f* de charge; ~**stelle** *f* station *f* de (re)charge(ment), endroit *m* de chargement; ~**streifen** *m mil (Gewehr)* lame *f* chargeur; *(Jagdgewehr, Pistole)* chargeur *m;* ~**strom** *m el* courant *m* de charge; ~**vorrichtung** *f* appareil *od* mécanisme *m* de chargement.

lädieren [lɛ'di:rən] *tr (beschädigen)* endommager.

Ladung *f* ‹-, -en› ['la:duŋ] **1.** *(Nutzlast)* charge *a. el; mar* cargaison *f; fam (Wucht, Essen)* lest *m; mit, ohne* ~ en charge, à vide; *die* ~ *löschen (mar)* décharger la cargaison; *e-e* ~ *an Bord nehmen* prendre du fret; ~ *Pulver (mil)* charge *f* de poudre; **2.** *jur* citation, assignation *f; jdm e-e* ~ *zustellen (jur)* signifier une assignation à qn; ~ *zu e-m Termin* citation *f* en justice.

Lafett|e *f* ‹-, -n› [la'fɛtə] *mil* affût *m;* **l~ieren** [-'ti:rən] *tr (auf d. Lafette bringen)* affûter; ~**ierung** *f* affûtage *m.*

Laffe *m* ‹-, -n› ['lafə] *fam (Geck)* gommeux, freluquet, fat, godelureau *m.*

Lage *f* ‹-, -n› ['la:gə] situation, posture *f; (Verhältnisse)* conditions, circonstances *f pl; (Wohnlage, Standort)* site, emplacement *m; a.* orientation; *(e-s Gebäudes)* exposition *(nach Süden* au midi); *(Stellung)* position, posture; *(Schicht)* couche *f; (~ Papier)* cahier *m; geol* strate *f; mar* gisement *m; (e-s gesunkenen Schiffes)* gîte; *(Runde)* tournée *(Bier* de bière); *bei dieser* ~ *der Dinge* dans cet état de choses; *in allen* ~n en toute(s) circonstance(s); *die* ~ *e-r S bestimmen* localiser qc, déterminer la position de qc; *sich in e-e üble* ~ *bringen (pop a.)* se mettre dans de beaux draps; *die* ~ *erkunden* reconnaître *od* tâter le terrain; *in der gleichen* ~ *sein* être dans le même cas *od* logé à la même enseigne; *in e-r heiklen od kitzligen* ~ *sein* être dans une situation critique, tenir le loup par les oreilles; *in e-r schwierigen* ~ *sein* être en porte-à-faux, ne pas en mener large; *in e-r mißlichen od üblen od unangenehmen* ~ *sein* être mal en point, n'être pas à la noce; *in der* ~ *sein, etw zu tun* être en état *od* en mesure *od* à

même de faire qc; *nicht in der* ~ *sein, etw zu tun* être *od* se trouver dans l'impossibilité de faire qc; ne pas être en mesure de faire qc; *jdn in die* ~ *versetzen zu* ... mettre qn à même de *od* en état de ...; *sich in jds* ~ *versetzen* se mettre à la place de qn; *sich in allen* ~n zurechtfinden s'arranger de toute situation; *fam* être débrouillard; *die* ~ *beruhigt sich* les choses s'arrangent; *richtige* ~ *(mar)* assiette *f; schwierige* ~ *(a.)* mauvaise passe *f;* ~**bericht** *m* rapport sur la situation, compte rendu *od* exposé *m* de la situation; ~**besprechung** *f* analyse *f* de la situation; ~**bestimmung** *f* détermination de la position, localisation, orientation *f;* ~**plan** *m (Karte)* tracé général; *fig* plan *m* de situation *od* d'ensemble.

Lager *n* ‹-s, -› ['la:gər] *(Bett)* couche *f,* lit; *(Unterkunft)* ~ *wilder Tiere)* gîte *m; (des Hasen)* forme *f; (Truppen~ Zelt~)* camp, campement; *fig (Partei, Seite)* camp, côté; *n* ‹-s, -/'›́ *(Depot)* dépôt, magasin, *(Vorrat)* stock, fonds (de commerce); *geol (Vorkommen)* gisement, gîte *m,* couche; *tech* boîte *f,* boîtier, coussinet, palier, roulement; *(Stütze)* appui, roulement *m; ab* ~ pris à l'entrepôt, ex magasin; *auf* ~ en magasin, en stock, en rayon; *das* ~ *od sein* ~ *abbrechen* lever le camp; *ein* ~ *anlegen* constituer un stock; *das* ~ *aufschlagen* établir le camp; *auf* ~ *haben od halten* avoir *od* tenir en magasin, stocker; *auf* ~ *nehmen* mettre en magasin *od* en stock, emmagasiner, stocker; *ins andere* ~ *übergehen (a. fig)* passer dans l'autre camp; *fig* virer de bord; *sein* ~ *verlassen (Wild)* débucher; *vorgeschobene(s), rückwärtige(s)* ~ *(mil)* dépôt *m* avant, arrière; ~**abbau** *m com* réduction *f* des stocks; ~**bestand** *m* stock, stock(s *pl*) *m* disponible(s) *od* en magasin, marchandise *f* en magasin; *den* ~ *aufnehmen* établir l'inventaire des marchandises; ~**bier** *n* bière *f* de fermentation basse; ~**buch** *n* livre *m* de *od* du magasin *od* des inventaires; ~**buchhalter** *m* magasinier-comptable *m;* ~**feuer** *n* feu *m* de camp; ~**futter** *n tech* garniture *f* de coussinet; ~**gebühr** *f* (droit de) magasinage *m,* taxe *f* d'entrepôt; ~**halle** *f* halle *f* de dépôt; ~**halter** *m* = ~*verwalter;* ~**haltung** *f* stockage, magasinage *m;* ~**haus** *n* entrepôt; *mar* dock *m;* ~**ist** *m* ‹-en, -en› [-'rɪst] magasinier *m;* ~**kommandant** *m* commandant *m* de camp; ~**kosten** *pl* frais *m pl* d'emmagasinage *od* de

magasinage *od* d'entreposage; **~le-
ben** *n* vie *f* des camps; **~leiter** *m*
chef *m* de camp; **~leitung** *f* commandement *m od* autorités *f pl* du
camp; **~metall** *n chem mot* métal *od*
alliage antifriction; régule *m; mit ~
ausgießen (mot)* réguler; **~miete** *f*
(droit de) magasinage *m;* **l~n** *itr (auf
dem Boden liegen)* être étendu *od*
installé par terre; être couché; *fam*
gîter; *(kampieren, a. mil)* camper;
(Vorrat, Ware) être en magasin *od*
en stock *od* emmagasiné *od* stocké;
(Wein) être sur le chantier, reposer;
tr (Ware) mettre en magasin *od* en
dépôt *od* en stock, emmagasiner,
stocker; *(Wein)* mettre sur le chantier; *~ lassen* garder *od* laisser en
dépôt; *dieser Fall ist ähnlich gelagert* ce cas présente des ressemblan-
ces; **~platz** *m (e-s Zeltlagers)* emplacement du camp; *(Warenlager)* chantier, dépôt, lieu *od* emplacement *m* de
stockage; **~raum** *m* halle *f* de dépôt;
~schein *m* bulletin de dépôt,
récépissé *m od* quittance *f* d'entrepôt; *durch e-n ~ sichern* warranter;
~schuppen *m* hangar *m;* **~stätte** *f
geol* gîte *od* gisement *m* (métallifère);
~umschlag *m com* rotation *f* des
stocks; **~ung** *f com* stockage,
(em)magasinage, entreposage *m;*
(Einlagerung) mise *f* en stock *od* en
magasin; *(von Atommüll)* stockage
m; geol gisement, conditionnement
*m; gangförmige, geschichtete, massi-
ge ~ (geol)* gisement *m* en filon, en
couche, en amas; **l~ungsfähig** *a
(Ware)* stockable; **~ungsfähigkeit** *f*
stockabilité *f;* **~ungskosten** *pl =
~kosten;* **~verwalter** *m* magasinier,
garde-magasin; chef *m* de magasin;
~verzeichnis *n* inventaire *m* (des
marchandises en stock); **~vorrat** *m*
provision *f* en dépôt *od* en magasin,
stock *m;* **~zeit** *f* (temps de) magasinage *m.*
Lago Maggiore ['la:go mad'dʒo:re],
der le lac Majeur.
Lagune *f* ⟨-, -n⟩ [la'gu:nə] *geog* lagune
f; (e-s Atolls) lagon *m.*
lahm [la:m] *a (gelähmt)* paralysé *a.
fig;* perclus; *(hinkend)* boiteux;
(schlaff, schwach) mou, sans force;
fam (ermüdet) courbatu, éreinté;
tech (Feder) lâche; *fig* faible, insuffisant, cousu de fil blanc; *(Geschäft)*
languissant; **L~e(r)** *m* paralysé; *(Hin-
kender)* boiteux *m;* **~en** *itr* traîner la
jambe; *(hinken)* boiter, être boiteux,
clopiner; **L~heit** *f* ⟨-,(-en)⟩ paralysie
f; (Schlaffheit) mollesse; *fig* faiblesse,
lenteur *f;* **~=legen** *tr* paralyser; *jdn*

(völlig) ~ couper bras et jambes à qn;
L~legung *f* arrêt *m.*
lähm|en ['lɛ:mən] *tr med u. fig* paraly-
ser; *jdn völlig* ~ *(fig a.)* couper bras
et jambes à qn; **~end** *a* paralysant;
L~ung *f a. fig* paralysie *f; halbseiti-
ge* ~ *(med)* hémiplégie *f.*
Laib *m* ⟨-(e)s, -e⟩ [laɪp, -bə] *(Brot)* miche; *(Käse)* meule *f.*
Laich *m* ⟨-(e)s, -e⟩ [laɪç] *zoo* frai *m;*
l~en *itr* frayer; **~en** *n* frai; *(Heringe)*
relouage *m;* **~platz** *m* frayère *f;*
~zeit *f* saison *f* du frai; *(Heringe)* relouage *m.*
Laie *m* ⟨-n, -n⟩ ['laɪə] *rel* laïque, séculier; *(Nichtfachmann)* profane; *pl rel*
laïcat *m;* **~nbruder** *m rel* (frère) lai,
frère *m* convers; **~nbruderschaft** *f*
confrérie *f;* **l~nhaft** *a* de profane;
adv en profane; **~nrichter** *m* juge *m*
laïque.
Laizismus *m* ⟨-, ø⟩ [lai'tsɪsmʊs] laïcis-
me *m.*
Lakai *m* ⟨-en, -en⟩ [la'kaɪ] *a. fig (Kriecher)* laquais; *fam* larbin *m;* **l~en-
haft** *a fig (kriecherisch)* servile.
Lake *f* ⟨-, -n⟩ ['la:kə] *(Salzlösung)* saumure *f.*
Laken *n* ⟨-s, -⟩ ['la:kən] *(Bettuch)* drap
m (de lit).
lakonisch [la'ko:nɪʃ] *a* laconique.
Lakritze *f* ⟨-, -n⟩ [la'krɪtsə] *(suc m de)*
réglisse *f;* **~nsaft** *m* jus *m* de réglisse
f; **~nstange** *f* bâton *m* de réglisse.
lallen ['lalən] *itr* bredouiller, bégayer,
balbutier; **L~** *n* bégaiement(s *pl*), bal-
butiement(s *pl*) *m.*
Lama ['la:ma] **1.** *n* ⟨-s, -s⟩ *zoo* lama *m;*
2. *m* ⟨-(s), -s⟩ *(buddhistischer Priester)* lama *m;* **~ismus** *m* ⟨-, ø⟩
[-'ɪsmʊs] *rel* lamaïsme *m.*
Lamberts(hasel)nuß *f* ['lambɛrts-]
aveline *f.*
Lamell|e *f* ⟨-, -n⟩ [la'mɛlə] lam(ell)e;
tech ailette, touche *f,* disque, segment
m; **l~enförmig** *a* lamellaire; **~en-
kühler** *m mot* radiateur *m* à ailettes
od à lames; **~enkupp(e)lung** *f* embrayage *m* à disques; **~enmagnet** *m*
aimant *m* lamellaire *od* feuilleté;
~ensicherung *f el* fusible *m* à lame;
l~ieren *tr tech* feuilleter; **~ierung** *f*
feuilletage *m.*
lament|ieren [lamɛn'ti:rən] *itr* se la-
menter; **L~o** *no* ⟨-s, -s⟩ [-'mɛnto] *fam
(Gejammer)* lamentation *f.*
Lametta *n* ⟨-s, ø⟩ [la'mɛta] *(Metallfä-
den als Christbaumschmuck)* lamel-
les *f pl* (de métal).
Lamm *n* ⟨-(e)s, ⸚er⟩ [lam, 'lɛmər]
agneau *m; das* ~ *Gottes (Jesus)*
l'Agneau *m* de Dieu *od* sans tache;
~braten *m* agneau rôti, rôti *m*

d'agneau; **l~en** *itr (Schaf)* agneler; *(Ziege)* chevroter, chevret(t)er; **~fell** *n* peau d'agneau, toison *f;* **~fleisch** *n* agneau *m;* **l~fromm** *a* doux comme un agneau; **~sgeduld** *f* patience *f* d'ange; **~wolle** *f* laine *f* agneline *od* d'agneau.

Lämm|chen *n* ‹-s, -› ['lɛmçən] petit agneau, agnelet *m;* **~ergeier** *m* vautour des agneaux; *scient* gypaète *m* barbu; **~erwolke** *f* cirrus *m;* **~lein** *n* = **~chen.**

Lamp|e *f* ‹-, -n› ['lampə] lampe *f; sich einen auf die ~ gießen (pop: sich besaufen)* s'arroser le gosier; **~enanzünder** *m* allumeur de réverbères, lampiste *m;* **~enfabrikant** *m* lampiste *m;* **~enfabrikation** *f* lampisterie *f;* **~enfieber** *n fam* trac *m;* **~enlicht** *n* lumière *f* d'une *od* de la lampe; *bei* ~ à la lumière d'une *od* de la lampe; **~enschirm** *m* abat-jour *m;* **~ion** *m* ‹-s, -s› [lãpi'ɔ̃:] lampion *m;* lanterne *f* vénitienne.

lancier|en [lã'si:rən] *tr* lancer; **L~rohr** *a (für Torpedos)* tube *m* lance-torpilles.

Land *n* ‹-(e)s, ⁀er› [lant, 'lɛndər] *(im Gegensatz zum Wasser)* terre *f; (Staat)* pays *m; (im Gegensatz zur Stadt)* campagne; *(Ackerland)* terre *f,* champs *m pl,* bien *m; auf dem ~e* à la campagne; *aus aller Herren Ländern* de tous les pays du monde; *an ~ bringen od setzen* mettre à terre; *an ~ gehen, ans ~ kommen* aller od descendre à terre, débarquer; *aufs ~ gehen* aller à la campagne; *außer ~es gehen* quitter le pays, s'expatrier, s'exiler; *des ~es verweisen* exiler, expulser; *sich aufs ~ zurückziehen* se retirer à la campagne; *(fig a.) fam* aller plein le dos des choux; *10 Jahre sind seitdem ins ~ gegangen* dix ans ont passé depuis ce temps(-la); *andere Länder, andere Sitten (prov)* autres pays, autres mœurs; *die blockfreien od neutralen Länder* les pays non-engagés, le tiers monde; *das feste ~* la terre ferme; *hum* le plancher des vaches; *das Gelobte, Heilige ~ (Palästina)* la Terre promise, sainte; *im ~e geboren* indigène; *~ und Leute* le pays et ses habitants; **~adel** *m* aristocratie terrienne, noblesse *f* campagnarde; **~arbeit** *f* travail *m* agricole *od* des champs; **~arbeiter** *m* ouvrier *m* agricole; **~arzt** *m* médecin *m* de campagne; **~besitz** *m* propriété *f* rurale; **~besitzer** *m* propriétaire *m* terrien; **~bevölkerung** *f* population *f* rurale *od* de la campagne; **~bewohner** *m* habitant de la campagne,

campagnard *m;* **~brot** *n* pain *m* de campagne; **~brücke** *f geog* pont *m* de terre; **~butter** *f* beurre *m* fermier; **~edelmann** *m* gentilhomme *m* campagnard; **~eigentum** *n,* **~eigentümer** *m* = **~besitz(er);** **l~einwärts** *adv* vers l'intérieur du pays; **~enge** *f* isthme *m;* **~flucht** *f* exode *m* rural, désertion *f* des campagnes; **l~flüchtig** *a* fugitif, réfugié; **~ werden** s'expatrier, s'exiler; **~frau** *f* campagnarde; *(Bäuerin)* paysanne *f;* **l~fremd** *a* étranger au pays; **~friede(n)** *m* paix *od* sûreté *f* publique; **~friedensbruch** *m* violation *f* de la paix publique; **~funk** *m* émissions *f pl* agricoles; **~gemeinde** *f* commune *f* rurale; **~gewinn** *m* pol acquisition *f* territoriale; **~graf** *m hist* landgrave *m;* **~gräfin** *f hist* landgrav(in)e *f;* **~grafschaft** *f hist* landgraviat *m;* **~gut** *n* propriété *f* rurale, fonds de terre, domaine *m;* **~haus** *n* maison de campagne; *kleine(s) ~ (a.)* cottage *m;* **~heer** *n* armée *f* de terre; **~karte** *f* carte *f* géographique; **~kreis** *m* arrondissement *m* (rural); **~krieg** *m* guerre *f* terrestre; **l~läufig** *a* courant, généralement usité, commun(ément admis); **~leben** *n* vie *f* rurale *od* champêtre *od* à la campagne; **~leute** *pl* gens *pl* de la campagne, campagnards *m pl;* **~luft** *f* air *m* de la campagne; **~macht** *f* puissance *f* continentale; **~mann** *m* ‹-(e)s, -leute/(-männer)› campagnard; *(Bauer)* paysan *m;* **~maschinen** *f pl* machines *f pl* agricoles; **~messer** *m* ‹-s, -› arpenteur, géomètre *m;* **~nahme** *f* ‹-, -n› *hist* conquête et colonisation *f;* **~partie** *f* partie de campagne, excursion *f;* **~pfarrer** *m* curé *od (evang.)* pasteur *m* de campagne; **~plage** *f* calamité *f* (publique), fléau *m;* **~pomeranze** *f fam* gardeuse d'oies, dindonnière *f;* **~rat** *m (etwa:)* sous-préfet; *(Belgien)* commissaire *m* d'arrondissement; **~ratsamt** *n (etwa:)* sous-préfecture *f; (Belgien)* commissariat *m* d'arrondissement; **~rücken** *m* hauteurs *f pl,* hauts *m pl;* **~schildkröte** *f* tortue *f* terrestre; **~schulheim** *n* internat *m* à la campagne; **~seite** *f* côté *m* de la terre; **~siedlung** *f* colonie *f* agricole; **~sitz** *m* maison, propriété *f* de campagne; **~stadt** *f* petite ville *f* (rurale); **~stände** *m pl hist* états *m pl* provinciaux; **~straße** *f* grand-route, route *f* départementale; **~streicher** *m* vagabond, chemineau *m;* **~streicherei** *f* vagabondage *m;* **~streitkräfte** *f pl* forces *f pl* terrestres; **~strich** *m*

contrée, région *f;* climat *m;* ~**sturm**
m mil (réserve de l')armée *f* territoriale, arrière-ban *m;* ~**tag** *m* diète *f;*
~**tagswahlen** *f pl* élections *f pl*
régionales; ~**tier** *n* animal *m* terrestre; ~**transport** *m* transport *m* par
terre *od* terrestre; ~- **und See-**
streitkräfte *f pl* forces *f pl* de terre
et de mer; ~**urlaub** *m mar* permission *f* de descendre à terre; ~**ver-**
messung *f* géodésie *f,* nivellement;
arpentage *m;* ~**vogt** *m hist* bailli *m;*
~**volk** *n* = ~**leute;** l~**wärts** *adv* vers
la terre; ~**weg** *m* voie *f* de terre *od*
terrestre, chemin *m* de terre; *auf*
dem ~*e* par voie de terre; *den* ~ *be-*
nutzen prendre la voie de terre;
~**wehr** *f* armée *f* territoriale; ~**wein**
m vin *m* du pays *od* du cru; ~**wind** *m*
vent *m* de terre; ~**wirt** *m* agriculteur,
cultivateur, exploitant *m* agricole;
~**wirtschaft** *f* agriculture, économie
f rurale; l~**wirtschaftlich** *a* agricole, rural, agronomique; ~*e(r) Betrieb*
m exploitation *f* agricole *od* rurale;
~*e Genossenschaft f* coopérative *f*
agricole; ~*e Geräte n pl* outillage *m*
agricole; l~*e Hochschule f* école *f*
supérieure d'agriculture, institut *m*
agronomique; ~*e Versammlung f* co-
mice *m* agricole; ~**wirtschaftsaus-**
stellung *f* exposition *f* agricole, salon *m* de l'agriculture; ~**wirt-**
schaftsbank *f* banque *f* agricole;
~**wirtschaftskunde** *f* agronomie *f;*
l~**wirtschaftskundlich** *a* agronomique; ~**wirtschaftsminister(ium**
n) *m* minist(è)re *m* de l'Agriculture;
~**wirtschaftsschule** *f* école *f*
d'agriculture; ~**zunge** *f geog* pointe
(de terre), langue *f* de terre.
Landauer *m* ⟨-s, -⟩ ['landauər] *(Wa-*
gen) landau *m.*
Ländchen *n* ⟨-s, -⟩ ['lɛntçən] petit pays
m.
Lande|bahn *f* ['landə-] *aero* piste *f*
d'atterrissage; ~**deck** *n aero* pont *m*
d'atterrissage, plage *f;* ~**einrichtun-**
gen *f pl* installations *f pl* d'atterrissage; ~**erlaubnis** *f aero* autorisation *f*
d'atterrir; ~**funkfeuer** *n* radiophare
(directionnel) *od* goniomètre *m* d'atterrissage; ~**klappe** *f* volet *m* d'atterrissage; ~**kopf** *m mil* tête *f* de
débarquement; ~**kreuz** *n aero* croix
f d'atterrissage; ~**kufe** *f* patin *m* d'atterrissage; ~**leitstrahl** *m* faisceau *m*
directeur d'atterrissage; ~**licht** *n* feu
m d'atterrissage, balise *f* de piste;
~**platz** *m mar* poste d'accostage;
aero champ *od* terrain *m* d'atterrissage; ~ *für Hubschrauber* héliport *m,*
héligare *f;* ~**raum** *m mar* zone de

débarquement; *aero* zone *f* d'atterrissage; ~**richtung** *f aero* direction *f*
od sens *m* d'atterrissage; ~**schein-**
werfer *m* projecteur *m* d'atterrissage; ~**signal** *n aero* signal *m* d'atterrissage; ~**sporn** *m aero* atterrisseur
m à béquille; ~**steg** *m mar* embarcadère *m;* ~**stelle** *f mar* lieu de
débarquement; *aero* lieu *m* d'atterrissage; ~**streifen** *m aero* piste *f* d'atterrissage; ~-**T** *n* T *m* d'atterrissage;
~**verbot** *n* interdiction *f* d'atterrissage; ~**versuch** *m aero* tentative
f d'atterrissage; ~**zeichen** *n* =
~*signal;* ~**zone** *f aero* zone *f* d'atterrissage.
landen ['landən] *itr* ⟨*aux: sein*⟩ *mar*
prendre *od* toucher terre, aborder,
accoster; *a. aero* atterrir; *aero a.* se
poser, arriver; *(auf e-m Flugzeugträ-*
ger) apponter; *(auf dem Mond)*
alunir; *fig fam* arriver, donner *od*
tomber *(in* dans); finir; *tr* ⟨*aux: ha-*
ben⟩ *(an Land setzen, bes. Truppen)*
débarquer, mettre à terre; *fig fam*
(Schlag) flanquer, porter; *bei mir*
kannst du damit nicht ~ *(fam)* ça ne
prend pas avec moi.
Länder|eien *f pl* [lɛndə'raɪən] terres *f*
pl, biens *m pl* ruraux; ~**kampf** *m*
['lɛndər-] *sport* match *m od* rencontre *f* international(e); ~**kunde** *f*
géographie *f;* l~**kundlich** *a* géographique; ~**mannschaft** *f sport* équipe *f* nationale; ~**spiel** *n* = ~*kampf.*
Landes|aufnahme *f* ['landəs-] levé *m*
de *od* du terrain; *Amt n für* ~ office
m de cartographie; *topographische* ~
relevé *m* topographique; ~**beschrei-**
bung *f* chorographie *f;* ~**bischof** *m*
(evang. dtsch.) évêque *m* d'une Église
provinciale; ~**ebene** *f; auf* ~ à
l'échelle nationale *od (in Deutsch-*
land) du Land; ~**erzeugnis** *n* =
~*produkt;* ~**farben** *f pl* couleurs *f pl*
nationales; l~**flüchtig** *a* = *land-*
flüchtig; ~**grenze** *f* frontière *f;* ~**in-**
nere, *das* l'intérieur *m* du pays;
~**kind** *n* sujet *m;* ~**kirche** *f* Église *f*
nationale; *(in Deutschland)* Église
(protestante) d'une région; ~**kunde** *f*
(etwa:) géographie *f* nationale;
l~**kundig** *a* connaissant le pays;
l~**kundlich** *a* de géographie nationale, géographique; ~**produkt** *n* produit *m* du pays; ~**regierung** *f* gouvernement *m* national *od (in*
Deutschland) du Land; ~**sitten** *f pl*
mœurs *f pl* du pays; ~**sprache** *f* langue *f* nationale *od* du pays; ~**tracht** *f*
costume *m* national; ~**trauer** *f* deuil
m national; l~**üblich** *a* en usage dans
le pays, usuel; ~**vater** *m* souverain

m; ~**verrat** *m* (haute) trahison *f;* crime *m* contre la sûreté extérieure de l'État; ~**verräter** *m* traître *m* à son pays; ~**verteidigung** *f* défense *f* nationale *od* du territoire; ~**verwaltung** *f* administration *f* publique; ~**verweisung** *f* expulsion, expatriation, proscription *f,* bannissement *m;* ~**verwiesene(r)** *m* expulsé, *a.* exilé, proscrit, banni *m;* ~**währung** *f* monnaie *f* nationale.

Länd∣ler *m* ⟨-s, -⟩ ['lɛntlər] *mus* (danse) tyrolienne *f;* l~**lich** *a* rural, rustique, villageois; champêtre, agreste.

Landschaft *f* ⟨-, -en⟩ ['lantʃaft] paysage *(a. Kunst),* site *m; (Gegend)* contrée, région *f;* l~**lich** *a* de *od* du paysage; régional; *adv:* ~ *schön* od *reizvoll sein* présenter de beaux paysages; ~**sgärtner** *m* (jardinier) paysagiste *m;* ~**sgärtnerei** *f* arrangement *m* de jardins; ~**sgestalter** *m* architecte *m* paysagiste; ~**sgestaltung** *f* architecture *f* de paysage; ~**smaler** *m* peintre de paysages, paysagiste *m;* ~**sschutz** *m* protection *f* des paysages *od* sites; ~**sschutzgebiet** *n* zone *f* protégée.

Landser *m* ⟨-s, -⟩ ['lantsər] *fam (Soldat)* troupier, pioupiou; *pop* troufion; *arg* griveton *m.*

Lands∣knecht *m* ['lants-] *hist* lansquenet *m;* ~**leute** *pl* compatriotes *m pl; wir sind* ~ *(a.)* nous sommes du même pays; ~**mann** *m* ⟨-(e)s, ⁝er/-leute⟩ compatriote *m; was für ein* ~ *sind Sie?* d'où *od* de quel pays êtes--vous? ~**männin** *f* compatriote *f.*

Landung *f* ⟨-, -en⟩ ['landʊŋ] *mar (Schiff)* accostage; *(Passagiere)* débarquement *m,* mise *od* descente *f* à terre; *aero (Flugzeug)* atterrissage; *(auf e-m Flugzeugträger)* appontage *m; (Passagiere)* descente *f* d'avion; *zur* ~ *ansetzen (aero)* amorcer l'atterrissage, s'apprêter à atterrir; ~*frei! (aero)* autorisé à atterrir; ~ *auf dem Mond* alunissage *m;* ~**sboot** *n* bateau *m* de débarquement; ~**sbrücke** *f (Flugzeugträger)* pont d'atterrissage, appontement *m;* ~**smanöver** *n aero* manœuvre *f* d'atterrissage; ~**splatz** *m mar* poste d'accostage, débarcadère; *aero* terrain *m* d'atterrissage; ~**struppen** *f pl* troupes *f pl* de débarquement; ~**sversuch** *m* tentative *f* de débarquement *mar od* d'atterrissage *aero.*

lang [laŋ] ⟨*länger, am längsten*⟩ *a* long; *(mit Zahlenangabe)* d'une longueur de ..., ... de *od* en long; *gleich, verschieden* ~ *(räuml.)* de (la) même longueur, de *od* d'une longueur

différente; *(zeitl.)* de (la) même durée, de *od* d'une durée différente; *des* ~*en und breiten* = ~ *und breit (adv); vor* ~*en Jahren, vor* ~*er Zeit* il y a bien des années, il y a bien longtemps; *vor nicht allzu* ~*er Zeit* il n'y a pas si *od* très longtemps; *einen* ~*en Arm haben (fig)* avoir le bras long; *auf die* ~*e Bank schieben* faire traîner en longueur; ~*e Beine haben* avoir de longues jambes; *fam* être haut sur pattes; *das ist e-e* ~*e Geschichte* c'est toute une histoire; *von* ~*er Hand (vorbereitet) (fig)* de longue main; *auf* ~*e Sicht* à long terme; *adv: 10 Jahre* ~ dix ans durant, pendant dix ans; ~ *und breit (fig)* longuement, en long et en large; *sich* ~ *und breit über etw auslassen* s'étendre sur qc; *den ganzen Tag* ~ tout au long de la journée; *über kurz oder* ~ tôt ou tard; ~ *hinfallen* tomber de tout son long *od* de sa hauteur.

lang∣anhaltend ['laŋ-] *a* long, de longue durée; ~**atmig** *a* de longue haleine; **L~baum** *m (Wagenteil)* perche, flèche *f;* ~**beinig** *a* à longues jambes, haut sur jambes; **L~eweile** *f* ⟨-, ø⟩ ennui *m; aus, vor L~e(r)weile* par ennui, d'ennui; *die* ~ *vertreiben* chasser l'ennui; *jdm* ~ *machen* ennuyer qn; *mich plagt die* ~ l'ennui me tue; ~**faserig** *a (Wolle)* peigné; **L~finger** *m fam (Dieb)* chapardeur, larron *m;* ~**fristig** *a* à long terme, à longue date *od* durée *od* échéance; ~**gestreckt** *a* allongé, oblong; *(ausgestreckt, von e-m Menschen)* étendu de tout son long; ~**gezogen** *a (räuml.)* étiré; *(zeitl.)* prolongé; **L~haardackel** *m* griffon *m* basset; ~**haarig** *a (Tier)* à poil(s) long(s); *(Mensch)* aux cheveux longs; **L~haus** *n arch rel* longue nef *f;* **L~holz** *n* bois *m* en long *od* de fil; **L~holzwagen** *m* voiture *f* pour bois en long; ~**jährig** *a* qui dure *od* a duré de longues années, long; *(Freund)* vieux; **L~lauf** *m (Schi)* ski *m* de fond; **L~läufer** *m* fondeur *m;* **L~laufschi** *m* ski *m* de fond; ~**lebig** *a* qui vit longtemps; *scient* macrobite; **L~lebigkeit** *f* longévité *f;* ~**=legen,** *sich (pop)* se pieuter; ~**=liegen** *itr fam (a. krank)* être sur le dos *od* le flanc; **L~mut** *f* ⟨-, ø⟩ longanimité, indulgence, patience *f;* ~**mütig** *a* indulgent, patient; ~**nasig** *a* à *od* au nez long; **L~ohr** *n: Meister* ~ maître *m* Aliboron; ~**sam** *a* lent; *(schleppend)* traînant; ~*er gehen* ralentir; ~*er gehen lassen* ralentir le pas; ~ *heranreifen (fig)* se mijoter; ~ *reifen lassen* mijoter; ~er werden diminuer de vitesse, ralentir; nur od immer ~.! doucement!

L~samkeit f ‹-,(-en)› lenteur; (Weitschweifigkeit) longueur f; ~**samlaufend** a à régime lent od réduit, à faible vitesse, au ralenti; **L~schäfter** m pl fam (Schaftstiefel) bottes f pl à tige; **L~schläfer** m grand dormeur, lève-tard m; **L~schwelle** f loc longrine f; **L~spielplatte** f trente-trois tours m; ~**stielig** a à longue tige; scient longicaule; **L~streckenbomber** m bombardier m à grand rayon d'action od stratégique od transcontinental; **L~streckenflug** m vol m de distance; **L~streckenflugzeug** n avion m à grand rayon d'action; **L~streckenjäger** m aero chasseur m à grand rayon d'action; **L~streckenlauf** m (über 5000 m) sport course f de (grand) fond; **L~streckenläufer** m coureur m de fond; **L~streckenrekord** m record m de fond; **L~streckenverkehr** m: im ~ en long-courrier; **L~weile** f = L~eweile; ~**weilen** [-'laŋ-] tr ennuyer; fam embêter, barber, bassiner; pop raser; vulg emmerder; entsetzlich od zu Tode ~ (fam) assommer, empoisonner; sich s'ennuyer comme une carpe, mourir od périr d'ennui, s'ennuyer à mourir; (beim Warten) se morfondre; ~**weilig** a ennuyeux; hum somnifère, soporifique; (geistlos) insipide; (verdrießlich) fastidieux, fâcheux; (auf die Nerven gehend) lassant; fam embêtant, assommant, barbant, bassinant; pop rasant, rasoir; ~**e(r) Mensch** m (a. pop) raseur, rasoir m; ~**e(r) Schwätzer** m (a. fam) robinet m d'eau tiède; ~**e(s) Zeug** n (pop) rasoir m; **L~welle(n** pl) f grandes ondes, ondes f pl longues; ~**wierig** a de longue haleine od durée; das ist e-e ~e Geschichte od Sache c'est la mer à boire; ~**e Arbeit** f ouvrage m de patience; **L~wierigkeit** f longue durée f.

lange ['laŋə] ‹länger, am längsten› adv (lange Zeit) longtemps; beaucoup; a. (noch ~) jusqu'à od d'ici (à) demain; nicht ~ darauf peu (de temps) après; noch ~ nicht pas de sitôt, il s'en faut de beaucoup; schon ~ depuis longtemps, de loin; seit ~m depuis longtemps, de longue date; so ~ wie aussi longtemps que, tant que; wie ~? combien de temps? seit ~? depuis quand? ~ nicht so ... beaucoup moins ...; ~ vor (zeitl.) bien avant; ~ aufbleiben veiller tard; ~ brauchen (viel Zeit benötigen) mettre longtemps (zu etw à faire qc); ~ dauern être long; nicht ~

fragen ne pas s'arrêter à poser des questions; ~ machen (fam) être long; nicht mehr ~ machen (fam: dem Tode nahe sein) ne plus aller loin; ~ reichen (Vorrat) mener loin; schon ~ her sein dater de loin; ~ warten (a. fam) poireauter; ~ auf sich warten lassen se faire attendre; es ist schon ~ her il y a bien longtemps od beau temps od (fam) belle lurette; daß ... il y a déjà longtemps que ...; das ist (noch) ~ hin ce n'est pas demain la veille; warten Sie schon ~? y a-t-il longtemps que vous attendez? da kannst du ~ warten! (fam) tu peux toujours attendre!

Länge f ‹-, -n› ['lɛŋə] longueur a. sport; (Dauer) durée; geog astr math longitude; (lange Silbe) longue f; (Filmstreifen) métrage m; pl fig (e-s Buches) longueurs f pl; der ~ nach d'après la od en longueur; in die ~ en long; in die ~ und in die Breite en long et en large, de long en large; von 10 m ~ de dix mètres de long; der ~ nach beschießen od bestreichen (mil) battre od prendre d'enfilade; der ~ nach hinfallen tomber de tout son long; (sich) in die ~ ziehen (fig) tirer od traîner en longueur; sich faire long feu; östliche, westliche ~ longitude f est, ouest; ~**ngrad** m degré de longitude, méridien m; ~**nmaß** n mesure f de longueur od linéaire; ~**nmessung** f longimétrie f; ~**nunterschied** m geog mar différence f en longitude.

langen ['laŋən] itr fam (genügen) suffire, être suffisant od assez; (greifen) saisir, prendre, atteindre (nach etw qc); tr: jdm eine ~ (Ohrfeige) flanquer une gifle à qn; mir langt's! (fam) j'en ai jusque-là; das langt! ça suffit; pop la barbe!

länger ['lɛŋər] a (Komparativ von lang) plus long; (ziemlich lang) long, prolongé; adv (Komparativ von lange) plus longtemps, davantage; einen Tag ~ un jour de plus; je ~, je lieber; je ~, desto besser (zeitl.) le plus longtemps sera le mieux; ~e Zeit (lange) (assez) longtemps, quelque od un certain temps; ~ dienen (mil) se rengager, s'être rengagé; arg rempiler; ~ dienende(r) Freiwillige(r) m rengagé; arg rempilé m; ~ machen (tr) (r)allonger; ~ werden s'allonger, se rallonger; (die Tage im Frühling) allonger, augmenter, croître.

länglich ['lɛŋlɪç] a allongé, oblong.

Langobarden m pl [laŋgo'bardən] hist Lombards m pl.

längs [lɛŋs] adv = der Länge nach

prp gen od *dat* le long de; **L~achse** *f* axe *m* longitudinal *od* de roulis; **~gestreift** *a* rayé en long, à raies longitudinales; **L~holm** *m aero* longeron *m* longitudinal; **L~neigungsmesser** *m* ⟨-s, -⟩ inclinomètre *m;* **L~richtung** *f* sens *m* de la longueur *od* longitudinal; **L~schnitt** *m* plan *m* od section *od* coupe *f* longitudinal(e) *od* vertical(e); **L~seite** *f* grand côté *m;* **~seits** *adv mar* le long du bord; *prp gen* le long de; **L~streifen** *m* rayure *f* longitudinale.

längst [lɛŋst] *adv: schon* ~ depuis longtemps; ~ *nicht so* ... bien loin de ..., beaucoup moins ...; ~ *vergessen* bien oublié; **~ens** *adv (spätestens)* au plus tard; tout au plus; **L~lebende,** *der (jur)* le (dernier) survivant.

Languste *f* ⟨-, -n⟩ [laŋ'gustə] *zoo* langouste *f;* **~nnetz** *n* langoustier *m.*

Lanthan *n* ⟨-s, ø⟩ [lan'ta:n] *chem* lanthane *m.*

Lanz|e *f* ⟨-, -n⟩ ['lantsə] lance *f; für jdn e-e* ~ *brechen* od *einlegen* rompre une *od* courir une *od* des lance(s) pour qn *od* en faveur de qn; **~en ste-***chen* jouter; **l~enförmig** *a* lanciforme; **~enstechen** *n* joute *f;* **~ette** *f* ⟨-, -n⟩ [-'tsɛtə] lancette; *med* aiguille *f;* **l~ettförmig** *a* lancéolé.

Lao|s *n* ['la:ɔs] le Laos; **l~tisch** [la'o:tiʃ] *a* laotien.

lapidar [lapi'da:r] *a (kurz u. markant)* lapidaire.

Lapislazuli *m* ⟨-, -⟩ ['la:pɪs'la:tsuli] *min* lapis(-lazuli) *m,* lazulite *f.*

Lappalie *f* ⟨-, -n⟩ [la'pa:liə] bagatelle, vétille; futilité; *fam* babiole, brouille *f; pl a.* menu fretin *m.*

Lapp|e *m* ⟨-n, -n⟩ ['lapə], **~in** *f,* **~länder(in** *f)* *m* Lapon, e *m f;* **l~isch** *a,* **l~ländisch** *a* lapon; **~land** *n* la Laponie.

Lappen *m* ⟨-s, -⟩ ['lapən] *(Lumpen)* chiffon, lambeau; *(Wisch~)* torchon; *anat bot* lobe, *a.* appendice *m; pej (Geschriebenes)* chiffon *m; jdm durch die* ~ *gehen (fam: entwischen)* filer entre les doigts à qn, brûler la politesse à qn.

läpper|n ['lɛpərn] *tr: es läppert sich zs. (fam)* les petits ruisseaux font les grandes rivières; **L~schulden** *f pl* dettes *f pl* criardes.

läppisch ['lɛpɪʃ] *a* niais, inepte.

Lapsus *m* ⟨-, -⟩ ['lapsus, *pl* 'lapsu:s] *(Versehen)* lapsus *m,* bévue, faute *f.*

Lärche *f* ⟨-, -n⟩ ['lɛrçə] *bot* mélèze; *scient* larix *m.*

Larifari *n* ⟨-, ø⟩ [lari'fa:ri] niaiserie *f,* non-sens *m;* **l~** *interj* chansons que tout cela!

Lärm *m* ⟨-(e)s, ø⟩ [lɛrm] (grand) bruit; *(Krach)* vacarme, fracas, tapage *m;* ~ *machen* = **l~en;** ~ *schlagen (a.)* donner l'alerte; *viel* ~ *um nichts* beaucoup de bruit pour rien; **~bekämpfung** *f* lutte *f* contre le bruit *od* antibruit; **~belästigung** *f* dérangement *m* par le bruit; *(als Umweltfaktor)* pollution *f* sonore; **~belastung** *f* bruit *m,* nuisances *f pl* sonores; **l~en** *itr* faire du bruit *od* du tapage, tapager; **l~end** *a* bruyant, tapageur, tumultueux, turbulent; *adv* à grand bruit, à cor et à cri; **~macher** *m* tapageur *m;* **~schutz** *m* protection contre le bruit, protection *f* contre les nuisances sonores; **~schutzhelm** *m* casque *m* antibruit; **~schutzwall** *m* écran *m* antibruit; **~schutzwand** *f* écran sonore, mur *m* antibruit.

Larve *f* ⟨-, -n⟩ [larfə] *(Maske)* masque *m; ent* larve *f; jdm die* ~ *herunterreißen (fig)* arracher son masque à qn; **~ntaucher** *m orn* macareux *m.*

lasch [laʃ] *a dial fam (schlaff)* mou, flasque; mollasse; *(lässig)* nonchalant.

Lasche *f* ⟨-, -n⟩ ['laʃə] *tech (Verbindungsstück)* couvre-joint *m,* menotte; *loc* éclisse; *(Schuh)* languette *f;* **~nnietung** *f* rivure *f* à couvre-joint.

Laser *m* ⟨-s, -⟩ ['le:zər] laser *m;* **~drukker** *m* imprimante *f* à laser; **~strahl** *m* rayon *m* laser.

lasieren [la'zi:rən] *tr (mit Lasur versehen)* glacer.

lassen ⟨*läßt, ließ, hat gelassen; laß!*⟩ [(-)las(ən), lɛst, li:s] *tr (zulassen)* laisser; *(veranlassen)* faire; *(gestatten)* permettre *(tun de faire); (nicht tun)* ne pas faire; *(absehen von)* renoncer *(etw à qc); (Gegenstand liegen~* od *stehen~)* laisser; *(Menschen ver-, zurück~)* laisser, quitter; *einen* ~ *(pop: furzen)* péter; *etw auf sich beruhen* ~ ne pas pousser qc plus loin; *es dabei bewenden* od *sein Bewenden haben* ~ s'en tenir là, accepter les choses telles qu'elles sont; *dahingestellt sein* ~ laisser en doute; *e-n Furz* ~ lâcher un pet; *sich etw nicht gefallen* ~ ne pas permettre *od* admettre *od* tolérer qc; *sich gehen~ (fig)* se laisser aller; *gewähren* ~ laisser faire; *jdn grüßen* ~ faire transmettre ses salutations, *fam* donner le bonjour à qn; *holen* ~ envoyer chercher; *von sich hören* ~ donner de ses nouvelles; *jdn* od *von jdm etw machen* ~ faire faire qc à *od* par qn; *sich machen* ~ se faire faire; *sich etw nicht nehmen* ~ *(fig)* ne pas renoncer à qc, ne pas se désister *od* se départir de qc; *sich nichts sagen* ~ ne vouloir écouter personne; *nicht mit sich scherzen od spaßen* ~ ne pas entendre raillerie od la plaisanterie; *sich sehen* ~ se montrer, se produire; *alles stehen und liegen* ~ abandonner tout; *auf sich warten* ~ se faire attendre; *jdm Zeit* ~ donner du *od* le temps à qn; *sich Zeit* ~ prendre son temps; *sich nicht zwingen* ~ ne pas souffrir de contrainte; *sich vor* ... *nicht zu* ~ *wissen* ne pas se tenir de ...; *ich lasse bitten* faites entrer; *ich habe mir sagen* ~ je me suis laissé dire, j'ai appris, on m'a dit; *ich kann es nicht* ~ c'est plus fort que moi; *er läßt mit sich reden od handeln* on peut discuter avec lui; *das läßt sich denken* cela se conçoit *od* s'entend; *darüber läßt sich reden* on peut s'entendre là-dessus; *darüber ließe sich viel sagen* il y aurait beaucoup à dire là--dessus; *das muß man ihm* ~ il faut lui rendre cette justice; ~ *wir das!* n'insistons pas, n'en parlons plus, passons; *laß(t) uns gehen!* partons; *laß das (sein)!* laisse cela! ~ *Sie mich!* laissez-moi! ~ *Sie nur!* allez! ~ *Sie (doch) (das)!* laissez donc! ~ *Sie sich das gesagt sein!* tenez-vous le pour dit! ~ *Sie sich nicht stören!* ne vous dérangez pas! ~ *Sie mich nur machen!* laissez-moi faire! ~ *Sie mal sehen!* faites voir! *tun Sie, was Sie nicht* ~ *können!* faites ce que bon vous semble! *laßt uns singen, beten!* chantons! prions! *das läßt sich hören!* voilà qui s'appelle *od* est parler.

lässig ['lɛsɪç] *a* nonchalant; *(gleichgültig)* indolent; *(nachlässig)* négligent; **L~keit** *f* ⟨-, (-en)⟩ nonchalance; indolence; négligence, incurie *f.*

läßlich ['lɛslɪç] *a (verzeihlich)* pardonnable; *(Sünde)* véni el.

Lasso *m od n* ⟨-s, -s⟩ ['laso] lasso *m.*

Last *f* ⟨-, -en⟩ [last] *(Traglast a. fig)* fardeau; *(Bürde)* faix *m; (Belastung, a. el)* charge; *(Ladung)* cargaison *f,* chargement; *(Gewicht)* poids *m; (undankbare Arbeit)* corvée *f; pl (Abgaben)* charges *f pl; (Steuern)* impôts *m pl; mit voller* ~ à pleine charge; *zu* ~*en (gen)* à la charge (de); *zu* ~*en des Haushalts (pol)* sur le budget; *zu Ihren* ~*en* à votre débit; *jdm zur* ~ *fallen* être à charge à qn, tomber sur le dos *od* sur les bras de qn; *(lästig sein)* importuner qn; *zu jds* ~*en gehen; fig* être à la charge de qn, être imputable à qn; *jdm etw zur* ~ *legen* mettre qc à la charge *od* sur le compte de qn; *e-e schwere* ~ *zu tragen haben (fig)* traîner un boulet; *zur* ~

schreiben (com) passer en dépense; *die* ~ *tragen (fig)* payer la charge; *s-e* ~ *tragen (fig)* porter sa croix; *die* ~ *e-r Sache tragen* (sup-)porter le poids *od* la charge de qc; *er ist mir e-e* ~ il m'est incommode, il me gêne, je le porte sur mes épaules; ~**auto** *n* camion; poids *m* lourd; **l~en** *itr a. fig* peser *(auf* sur); *fig a.* s'appesantir *(auf* sur); ~**enaufzug** *m* monte-charge *m;* ~**enausgleich** *m adm* compensation *od* répartition *od* péréquation *f* des charges; ~**enfallschirm** *m* parachute *m* à matériel *od* de charge; **l~enfrei** *a* exempt de charges; ~**er 1.** *m* ⟨-s, -⟩ *fam* = ~*auto;* ~**kahn** *m* péniche *f,* chaland *m;* ~**kraftwagen** *m* = ~*auto;* ~**pferd** *n* cheval *m* de bât; ~**schrift** *f com* note *f* de débit; ~**schriftanzeige** *f* avis *m* de débit; ~**tier** *n* bête *f* de somme *od* de charge, animal *m* de bât; ~**träger** *m* portefaix; *(in Paris)* fort *m* des halles; ~**wagen** *m* camion *m; mot* = ~*auto;* ~**wagenfahrer** *m* camionneur *m;* ~**zug** *m* camion à remorque, train *m* routier.

Laster *n* ['lastər] **2.** ⟨-s, -⟩ vice *m; e-m* ~ *frönen od verfallen sein* être adonné à *od* être l'esclave d'un vice; *lange(s)* ~ *(fam: großer Mensch)* grand flandrin *m;* **l~haft** *a* vicieux, immoral; dépravé, débauché, dissolu; *ein* ~*es Leben führen* vivre dans le vice; ~*e(r) Mensch m* vicieux *m;* ~**haftigkeit** *f* ⟨-,(-en)⟩ immoralité, dépravation *f;* ~**höhle** *f* sentine *f* (du vice), antre *m* du vice; ~**leben** *n* vie *f* déréglée *od* dissolue, débauches *f pl.*

Läster|er *m* ⟨-s, -⟩ ['lɛstərər] médisant; *(Verleumder)* calomniateur, diffamateur; *(Gottes~)* blasphémateur *m;* **l~lich** *a (gottlos)* blasphématoire, impie; ~**maul** *n* mauvaise *od* méchante langue; langue *f* de serpent *od* de vipère *od* venimeuse; **l~n** *tr* médire *(jdn* de qn); *(verleumden)* calomnier, diffamer; *(Gott* ~*)* blasphémer; *(fluchen)* jurer; ~**n** *n,* ~**ung** *f* médisance, diffamation *f; (Gotteslästerung)* blasphème *m;* ~**zunge** *f* = ~*maul.*

lästig ['lɛstɪç] *a* importun, embarrassant; *(unbequem)* incommode, gênant, malaisé; *(unangenehm)* désagréable; *(aufdringlich)* fâcheux, *fam* collant; *(unerwünscht)* indésirable; *fam* embêtant; *jdm* ~ *fallen* importuner *od* incommoder qn; *(Lärm, Reden)* casser la tête à qn; *fam* embêter qn; *pop* emmieller qn; *jdm* ~ *werden* commencer à importuner *od* à incommoder qn; ~*e(r) Mensch m* importun, fâcheux, gêneur; *pop* emmerdeur *m;* **L~keit** *f* ⟨-, ø⟩ importunité, incommodité *f.*

Lasur *f* ⟨-, -en⟩ [la'zu:r], **~farbe** *f* glacis *m;* **~stein** *m* lapis-lazuli *m,* lazulite *f.*

lasziv [las'tsi:f] *a* lascif, voluptueux; **L~ität** *f* ⟨-, -en⟩ [-vi'tɛ:t] lascivité *f.*

Latein *n* ⟨-s, ø⟩ [la'taɪn] latin *m,* langue *f* latine; *mit s-m ~ am Ende sein (fig)* être au bout de son latin *od* de son rouleau; **~amerika** *n* l'Amérique *f* latine; **l~amerikanisch** *a* latino-américain; *die ~en Länder n pl* les pays *m pl* d'Amérique latine; **l~isch** *a* latin; *das L~e = Latein.*

latent [la'tɛnt] *a* *scient (verborgen; aufgespeichert)* latent.

Latern|a magica *f* ⟨- -, (-ae -ae)⟩ [la'tɛrna 'ma:gika, (-nɛ ... -kɛ/-tsɛ)] lanterne *f* magique; **~e** *f* ⟨-, -n⟩ [-'tɛrnə] lanterne *f; (Hand~)* falot; *(Straßen~)* réverbère; *(Schiffs-, Signal~)* fanal *m;* **~enanzünder** *m* allumeur *m* de réverbères, lanternier *m;* **~enpfahl** *m* réverbère *m.*

Latifundien *n pl* [lati'fundiən] latifundia *m pl.*

Latin|er *m* ⟨-s, -⟩ [la'ti:nər] *hist* Latin *m;* **l~isieren** [-ni'zi:rən] *tr* latiniser; **~ist** *m* ⟨-en, -en⟩ [-'nɪst] latiniste *m;* **~ität** *f* ⟨-, ø⟩ [-'tɛ:t] latinité *f.*

Latrine *f* ⟨-, -n⟩ [la'tri:nə] latrines *f pl; pop* gogueneaux *m pl;* **~ngerücht** *n,* **~nparole** *f fam* bouthéon, bouteillon *m;* radio *f* cuisine.

Latsche *f* ⟨-, -n⟩ ['latʃə] **1.** *bot* pin *m* nain *od* de montagne.

Latsch|e *f* ⟨-, -n⟩, **~n** *m* ⟨-s, -⟩ ['la:tʃə(n)] **2.** *fam (Hausschuh)* pantoufle; *(abgetragener Schuh)* savate; *pop* godasse, tatane *f;* **l~en** ⟨*aux: sein*⟩ *itr* traîner les pieds *od* fam la patte; **l~ig** *a* *fam (schleppend)* traînant; *(nachlässig)* négligent.

Latte *f* ⟨-, -n⟩ ['latə] latte, tringle *f,* liteau *m; sport* barre *f; lange ~ (fam: großer Mensch)* grande perche *f,* manche *m* à balai; *eine lange ~ (fig fam)* une longue liste; *jdn auf der ~ haben* détester, ne pas pouvoir supporter qn; **~nkiste** *f,* **~ntür** *f* caisse, porte *f* à claire-voie; **~nrost** *m* caillebotis *m;* **~nverschlag** *m,* **~nwerk** *n,* **~nzaun** *m* lattis *m.*

Lattich *m* ⟨-s, -e⟩ ['latɪç] *bot* laitue *f.*

Latwerge *f* ⟨-, -n⟩ [lat'vɛrgə] *pharm* électuaire *m.*

Latz *m* ⟨-es, ⁖e⟩ [lats, 'lɛtsə] *(Brust~)* bavette *f; (Hosen~)* pont *m;* **~hose** *f* pantalon *m* à bavette, cotte-tablier, cotte *f* américaine.

Lätzchen *n* ⟨-s, -⟩ ['lɛtsçən] bavette *f.*

lau [lau] *a* tiède, attiédi; *fig* indifférent;

~ *werden* tiédir, *a. fig* s'attiédir; **L~heit** *f* ⟨-, ø⟩ tiédeur; *fig* indifférence *f;* **~warm** *a* tiède.

Laub *n* ⟨-(e)s, ø⟩ [laup, -bəs] feuillage *m,* feuilles *f pl,* verdure; *(~werk)* frondaison *f; (welkes)* ~ fanes *f pl;* **~baum** *m* arbre *m* à feuilles (caduques); **~dach** *n* dôme *m od* voûte de feuillage *od* de verdure, ramée *f;* **~fall** *m* chute des feuilles, défeuillaison, effeuillaison *f;* **~frosch** *m* rainette *f;* **~hüttenfest** *n rel* fête *f* des tabernacles; **~säge** *f* scie *f* à chantourner *od* à découper; **~wald** *m* forêt *f* à essences feuillues; **~werk** *n* feuillage *m,* frondaison *f; (Kunst)* rinceau *m.*

Laube *f* ⟨-, -n⟩ ['laubə] tonnelle; *arch (Bogengang)* arcade *f;* **~ngang** *m* berceau *m,* charmille *f;* **~nkolonie** *f* jardins *m pl* ouvriers; lotissement *m* de jardins.

Lauch *m* ⟨-(e)s, -e⟩ [laux] *bot (Porree)* poireau; *(als Gattung)* ail *m.*

Lauer *f* ['lauər] *: auf der* ~ au guet; *sich auf die* ~ *legen* se mettre aux aguets; *auf der* ~ *liegen* être aux aguets; **l~n** *itr* guetter; *fig a.* attendre *(auf etw* qc).

Lauf *m* ⟨-(e)s, ⁖e⟩ [lauf, 'lɔyfə] *(a. Wettlauf)* course *f; (Verlauf)* cours, courant; *astr* cours *m; tech* marche, allure *f,* fonctionnement; *(Fahrzeug)* roulement *m; mus* trait; *(Schußwaffe)* canon *m; (Jägersprache: Bein, Fuß)* jambe *f,* pied *m,* patte *f; im* ~ *(beim* ~*en)* en courant; *im* ~*e des Gesprächs* au cours de l'entretien; *im* ~*e der Woche, des Jahres* au cours *od* dans le courant de la semaine, de l'année; *im* ~*e e-s Jahres* dans *od* en l'espace d'un an; *im* ~*e der Zeit* avec le temps; *e-r S freien* ~ *lassen* donner *od* laisser libre cours à qc; *den Dingen ihren* ~ *lassen* laisser les choses aller leur train; *s-n Tränen freien* ~ *lassen* laisser couler ses larmes; *aus dem* ~ *schießen (Fußball)* shooter dans sa foulée; *das ist der* ~ *der Welt* ainsi va le monde *od* vont les choses; **~bahn** *f (im Beruf)* carrière; *tech* voie de roulement; *(Torpedo)* trajectoire *f; s-e* ~ *beginnen (a.)* faire ses premières armes; *e-e* ~ *einschlagen* entrer dans *od* choisir *od* embrasser une carrière; **~bursche** *m* garçon de courses *od* de magasin *od* livreur; *(bei e-m Rechtsanwalt)* saute-ruisseau; *pop* arpète *m;* **~feuer** *n: sich wie ein* ~ *verbreiten (fig)* se répandre comme une traînée de poudre; **~fläche** *f tech* surface *f* de roulement; **~frist** *f adm* délai *m* de circulation; **~gewicht** n (Waage) poids mobile, curseur m; **~graben** m mil boyau m; **~junge** m = **~bursche**; **~karren** m pont m roulant; **~katze** f chariot od palan m roulant; **~kran** m grue f locomobile od roulante; **~kundschaft** f clientèle f de passage; **~mädchen** n fille f de magasin, vx trottin m; pop arpète f; **~masche** f maille f coulée od tombée od filée; **~n** bekommen se démailler; ich habe e-e ~ im Strumpf une maille de mon bas a filé, j'ai un bas qui file; **~maschenreparatur** f remmaillage m (de bas); **~paß** m: jdm den ~ geben envoyer qn promener od au diable, fam envoyer qn paître; **~planke** f mar traversine f; pl passavant m; **~rad** n (Turbine) rotor m, roue f mobile od (Kran) portante od loc porteuse od aero d'atterrisseur; **~rädchen** n molette f; **~richtung** f tech direction f de la marche; **~rille** f tech gorge f de roulement; **~rolle** f tech galet m; **~schiene** f glissière f; **~schritt** m pas m (de) gymnastique; im ~, marsch, marsch! pas de gymnastique! en avant, marche! **~sohle** f semelle f extérieure; **~stall** m, **~ställchen** n parc m pour bébé f; **~steg** m passerelle f; **~vogel** m oiseau m coureur; **~werk** n loc train od mécanisme m de roulement; **~zeit** f sport temps m de od du parcours; (Uhr) durée de marche; film durée f de projection; radio temps m de propagation; (Radar) période; allg durée f d'acheminement, délai de circulation, terme m d'échéance; (Brunstzeit bei Hündinnen) époque des chaleurs f pl, rut m; **~zettel** m feuille de recherches od d'enquête; mil fiche f de circuit.

laufen ⟨läuft, lief, ist gelaufen; lauf(e)!⟩ ['laʊfən, lɔvf-, li:f(-)] itr courir; fam (gehen) aller à pied, marcher; parcourir (e-e Strecke un bout de chemin); (Maschine) fonctionner, marcher; (Motor) tourner; (Fahrzeug; Tränen) rouler; (Flüssigkeit) couler; (Gefäß) fuir; jur fin courir, prendre cours (von à partir de); (Vertrag) être valide (pour); film passer; durch etw ~ traverser qc; um etw ~ tourner autour de qc; ins Geld ~ coûter cher; auf Grund ~ s'échouer; in den Hafen ~ entrer au port; sich müde ~ se fatiguer à courir; parallel ~ mit être parallèle à; jdm in den Weg ~ croiser qn sur son chemin, rencontrer qn inopinément; mit jdm um die Wette ~ faire une course avec qn; ge~ kommen arriver en courant; nicht mehr

~ können ne plus pouvoir mettre un pied devant l'autre; **~lassen** (freilassen) laisser partir; alles (so) **~lassen** laisser tout aller; die Dinge **~lassen** laisser aller les choses; langsamer ~ lassen mettre au ralenti; ihm läuft die Nase il a la goutte au nez od la roupie; es läuft mir dabei kalt über den Rücken cela me fait froid dans le dos, me donne des frissons; das läuft auf eins hinaus cela revient au même; **L~** n course f; mil pas m de course; (Gehen) marche f; **~d** a fig (gegenwärtig, im Ablauf befindlich) courant, en cours; adv (durchgehend) en permanence, sans interruption; am **~en** Band à la chaîne; fig sans arrêt; auf dem **~en** bleiben se tenir au courant; aufs **~e** bringen mettre au courant (Person) od (Sache) à jour; (sich) auf dem **~en** halten (Person) (se) tenir au courant od à jour; über etw (se) mettre au fait de qc; auf dem **~en** sein (Person) être au courant od à jour; (Person od Sache) être à jour (mit de); ~ unterrichten tenir au courant (de la situation); langsam, schnell ~ (tech) à régime lent, rapide; **~e** Nummer f numéro m courant od d'ordre od de série od suivi; **Lauferei** f [-'raɪ] a. pl fam allées et venues f pl.

Läufer m ⟨-s, -⟩ ['lɔʏfər] (Person) coureur; (Fußball) demi; (Schach) fou; (Teppich) chemin, tapis d'escalier; (Tischläufer) chemin de table; (Schieber) curseur; el rotor, induit m; **~erreihe** f (Fußball) demis m pl; **~erschwein** n cochon m de lait; **l~ig** a (Hündin: brünstig) en chaleur, en chasse; **~igkeit** f ⟨-, (-en)⟩ rut m, chaleur f.

Lauge f ⟨-, -n⟩ ['laʊgə] lessive f a. chem; **l~n** tr (Wäsche) lessiver; **~n** n lessivage m; **l~nartig** a chem alcalin; **l~nfest** a chem antibase.

Laun|e f ⟨-, -n⟩ ['laʊnə] (Stimmung) humeur f; (Grille, Marotte) caprice m, lubie; (Einfall) fantaisie; (flüchtige Neigung) passade f; aus ~ par humeur od caprice; bei guter, schlechter ~ de bonne, mauvaise humeur; nach jds ~ au gré de qn; je nach ~ selon mon etc caprice; s-e schlechte ~ an jdm auslassen passer sa mauvaise humeur sur qn; jdn bei guter ~ erhalten entretenir qn dans de bonnes dispositions; **~n** haben = launisch sein; gute, schlechte ~ haben, in guter, schlechter ~ sein être de bonne, mauvaise humeur; fam être bien, mal luné; gute ~ haben (a.) être dans son bon jour; schlechte ~ haben (a.) avoir de l'humeur, *fam* être de mauvais poil; *schlechte* ~ *(a.)* mauvaise humeur, maussaderie, bouderie *f;* **l~enhaft** *a (launisch)* instable, lunatique, d'humeur changeante; *(eigenwillig)* capricieux; **~enhaftigkeit** *f* ‹-, (-en)› caractère *m* changeant *od* capricieux; **l~ig** *a (witzig)* amusant, divertissant; **~e(r)** *Einfall m* boutade, saillie *f;* **l~isch** *a ~enhaft;* ~ *sein (a.)* avoir des sautes d'humeur.

Laus *f* ‹-, ⁻e) [laʊs, 'lɔyzə] pou *m; jdm Läuse in den Pelz setzen (fig)* donner du fil à retordre à qn; *dir ist wohl e-e* ~ *über die Leber gekrochen!* quelle mouche t'a piqué? **~bub** *m,* **~ejunge** *m* gamin, mauvais garnement *m;* **l~en** *tr* épouiller; *fig fam (Geld abnehmen)* plumer; *ich denke, mich laust der Affe!* ça m'a coupé la chique; **l~ig** *a* pouilleux; *fig fam (armselig)* misérable; *es ist* ~ *kalt* il fait un froid de canard.

lausch|en ['laʊʃən] *itr* écouter (attentivement), prêter l'oreille; *(heimlich)* être aux écoutes; **L~er** *m* ‹-s, -› écouteur *m; pl (Jägersprache: Ohren)* oreilles *f pl;* **~ig** *a (traulich)* discret, intime.

Läusekraut ['lɔyzə-] *n* herbe aux poux, pédiculaire *f.*

Lausitz ['laʊzɪts] *die, geog* la Lusace.

laut [laʊt] **1.** *a* haut; *(~stark, kräftig)* intense, fort; *(lärmend)* bruyant; *(hörbar)* perceptible; ~ *werden (Stimmen, Rufe)* s'élever; *(bekanntwerden)* devenir public, s'ébruiter; ~ *werden lassen* manifester; **~e(s)** *Lachen n* éclats *m pl* de rire; **2.** *adv (vernehmlich)* haut; *(kräftig)* fort; *(mit ~er Stimme)* à haute voix; *ganz* ~ tout haut; *so* ~ *ich (etc) konnte* à tue-tête; ~ *auflachen* éclater de rire; ~ *aufschreien* pousser un cri *od* des cris; ~ *denken* penser tout haut; ~ *lachen* rire bruyamment *od* aux éclats; *(sehr)* ~ *reden (a.)* avoir le verbe haut; ~ *singen* chanter fort; ~ *(und deutlich) sprechen* parler haut (et distinctement); **~er!** plus haut! plus fort! **3.** *prp gen (nach, gemäß)* d'après, suivant, selon; en vertu de, aux termes de, conformément à; ~ *Befehl* conformément à l'ordre *od* aux ordres; ~ *Gesetz* aux termes de *od* conformément à la loi; ~ *Rechnung* suivant compte remis; ~ *Weisung* selon les instructions; **~hals** *adv (aus voller Kehle)* à pleine gorge.

Laut *m* ‹-(e)s, -e› [laʊt] son *m;* ~ *geben (Hund)* donner de la voix; *keinen* ~ *von sich geben* ne souffler

mot; **~angleichung** *f* assimilation *f* consonantique; **~bildung** *f* formation *f* des sons; **~gesetz** *n* loi *f* phonétique; **l~getreu** *a* (de) haute fidélité; **l~ieren** [-'tiːrən] *tr* syllabiser; **~lehre** *f* phonétique *f;* **l~lich** *a* phonétique; **l~los** *a* sans bruit, silencieux; **~e(r)** *Blähung f od Wind m* vesse *f;* **~e** *Stille f* silence *m* profond; **~losigkeit** *f* ‹-, ø› silence *m* profond *od* absolu; **l~malend** *a* onomatopéique; **~e(s)** *Wort n,* **~malerei** *f* onomatopée *f;* **~schrift** *f* écriture *f* phonétique; **~signal** *n* signal *m* sonore; **l~stark** *a* intense, fort, puissant; **~stärke** *f* intensité sonore; *radio* puissance *f* du son, niveau *m* (de réception); *mit voller* ~ *(radio)* à plein volume; *auf volle* ~ *eingestellt sein (radio, a. pop)* beugler; **~stärkeregelung** *f radio* réglage *od* contrôle *m* de volume; **~stärkeregler** *m radio* régleur *m* de puissance; **~verschiebung** *f gram* mutation *f* consonantique; **~verstärker** *m* amplificateur *m* (acoustique); **~wandel** *m* changement *m* phonétique; **~zeichen** *n* signe *m* phonique.

Laute *f* ‹-, -n› ['laʊtə] *mus* luth *m;* **~nspieler** *m* joueur *m* de luth.

laut|en ['laʊtən] *itr (klingen)* sonner; *(folgenden Wortlaut haben)* être, dire, porter; *der Titel lautet* le titre est; *das Urteil lautet auf...* c'est une sentence de...; *wie lautet...?* quel(le) est (la teneur de)...? **2.** *auf Franken lautend* libellé en francs; *auf den Inhaber lautend* (libellé) au porteur, nominatif; *auf jds Namen lautend* fait *od* établi au nom de qn.

läut|en ['lɔytən] *tr u. itr* sonner; *itr (Glocke) a.* appeler; *ich habe etw* ~ *hören* je n'en sais rien de certain; *es hat geläutet* on a sonné; **L~ewerk** *n loc* sonnerie *f.*

lauter ['laʊtər] *a (rein)* pur, net, clair, limpide; *fig (ehrlich)* honnête, sincère; intègre; *adv (nichts als)* rien ... que, ne ... que; *vor* ~ *Glück habe ich ...* j'étais si heureux que ...; *das sind* ~ *Lügen* ce ne sont que des mensonges, c'est pur mensonge; **L~keit** *f* ‹-, (-en)› pureté, netteté, clarté, limpidité; *fig* honnêteté, sincérité, intégrité *f.*

läuter|n ['lɔytərn] *tr chem* épurer, purifier, clarifier, décanter, filtrer, rectifier; *tech* affiner; *fig (charakterlich)* corriger, réformer; **L~ung** *f chem* épuration, purification, clarification, décantation, filtration *f; tech* (r)affinage *m; fig* correction, réforme *f.*

Lautsprecher *m* ['laʊt-] diffuseur; *ra-*

dio haut-parleur *m;* ~**box** *f* baffle *m;*
~**reklame** *f* publicité *f* par haut-par-
leurs; ~**übertragung** *f* transmission
f par haut-parleur(s); ~**wagen** *m*
voiture *f* haut-parleur.

Lava *f* ‹-, -ven› ['la:va] *geol* lave *f;*
~**strom** *m* coulée *f* de lave.

Lavendel *m* ‹-s, -› [la'vɛndəl] *bot* la-
vande *f;* ~**wasser** *n* eau *f* de lavan-
de.

lavieren [la'vi:rən] **1.** *itr mar a. fig* louvoyer; *mar* tirer des bordées; *fig* biaiser; **2.** *tr (Kunst)* passer au lavis, délaver.

Lawine *f* ‹-, -n› [la'vi:nə] *a. fig* avalanche *f;* **l~nartig** *a u. adv* comme une
avalanche; ~ *anwachsen* faire boule
de neige; ~**ngefahr** *f* danger *m*
d'avalanche.

lax [laks] *a (schlaff)* lâche; *(Mensch)*
veule; *(lässig)* négligent; *(Sitten: lok-
ker)* facile; **L~ativ** *n* ‹-s, -e› [-'ti:f,
-və] *(Abführmittel)* laxatif *m;* **L~heit**
f laxité *f.*

Lazarett *n* ‹-(e)s, -e› [latsa'rɛt] hôpital
(militaire); *arg mil* hosto *od* hosteau
m; in ein ~ einweisen hospitaliser;
Einweisung f in ein ~ hospitalisation
f; ~**flugzeug** *n* avion *m* sanitaire;
~**schiff** *n* navire-hôpital, vais-
seau-hôpital *m;* ~**zug** *m* train sanitaire.

leas|en ['li:zən] *tr* avoir en leasing;
L~ing *n* leasing *m.*

Lebe|dame *f* femme *f* de mœurs faci-
les; ~**hoch** *n* ‹-s, -s› [le:be'ho:x] vivat
m; ein ~ auf jdn ausbringen porter
un toast à qn; ~**mann** *m* ‹-(e)s, ⸚er›
['le:bə-] *viveur; fam* noceur *m;* ~**wesen** *n* être vivant, organisme *m; mi-
kroskopisch kleine(s) ~* animalcule,
microorganisme *m;* ~**wohl** *n* ‹-(e)s,
-s/-e› [-'vo:l] adieu *m; jdm ~ sagen*
dire adieu *od* faire ses adieux à qn.

leben ['le:bən] *itr* vivre (*von* de), être
en vie *od* vivant; exister; *nicht mehr
~* n'être plus de ce monde; *für jdn,
etw ~ (fig)* s'être voué à qn, à qc; ~ *in
(e-m Land, e-r Stadt) a.* habiter *acc;
flott ~* mener grande vie; *auf großem
Fuß ~* vivre sur un grand pied, mener
grand train; *gut, schlecht ~* faire bonne, mauvaise chère; *gut, schlecht zusammen ~* vivre en bonne, mauvaise
intelligence; *von der Hand in den
Mund ~* vivre au jour le jour; *kümmerlich ~* vivoter, végéter; *nicht
schlecht ~* faire bonne chère; *zu ~
haben* avoir de quoi vivre *od* son
pain assuré; ~ *und ~ lassen* vivre et
laisser vivre; *zu ~ scheinen (Bild-
werk)* paraître animé; *hier lebt es
sich gut* il fait bon vivre ici; ~ *Sie*

wohl! adieu! *es lebe die Freiheit!* vive
la liberté!

Leben *n* ‹-s, -› ['le:bən] vie; existence;
(Beseeltheit) âme; *(reges ~)* animation *f;* mouvement *m; (Lebhaftigkeit)*
vivacité *f,* entrain *m; (~sweise)* façon
f de vivre; train *m* de vie; *(~sge-
schichte)* vie, biographie *f; (Schicksal)* destin(ée *f) m; am ~* en vie; *auf
der Höhe des ~s (Mann)* dans la force *od (Frau)* à la fleur de l'âge; *auf ~
und Tod* à la vie et à la mort; *für
mein ~ gern (cond)* je donnerais ma
vie pour *(inf); in meinem ganzen ~,
mein ganzes ~ hindurch* toute ma
vie, ma vie durant; *nie im ~* jamais de
la vie; *nach dem ~ (Kunst)* d'après
nature; *zwischen ~ und Tod* entre la
vie et la mort; *zeit meines ~s, mein ~
lang* (pendant) toute ma vie, ma vie
durant; *ein ~ lang* toute une vie; *sein
~ aushauchen* rendre le dernier soupir; *wie das blühende ~ aussehen*
avoir l'air en pleine forme, respirer la
santé; *sein ~ beschließen* finir ses
jours; *mit dem ~ bezahlen* payer de
sa vie; *am ~ bleiben* rester en vie; ~
in etw bringen animer qc; *ums ~
bringen* mettre à mort; *mit dem ~
davonkommen* s'en tirer vivant, *fam*
en réchapper; *dem Marmor ~ ein-
hauchen* donner de l'âme au marbre;
*sein ~ einsetzen od aufs Spiel setzen
od (fam) in die Schanze schlagen*
exposer, risquer sa vie; *am ~ erhalten* maintenir en vie; *zu neuem ~ erwecken (fig)* faire revivre, ressusciter,
renouveler; *sein ~ (kümmerlich) fri-
sten* traîner sa misère; vivoter,
végéter; *ein lockeres ~ führen* faire
la noce; *das ~ genießen* jouir de la
vie; *genug zum ~ haben* avoir de
quoi vivre *od fam* de quoi faire bouillir la marmite; *ein zähes ~ haben*
avoir la vie dure; *am ~ hängen* tenir
à la vie; *ums ~ kommen, sein ~ verlieren* perdre sa vie, périr; *sein ~ lassen (müssen)* laisser sa vie *od fam* sa
peau *od* ses os; *s-m ~ ein Ende machen, sich das ~ nehmen* mettre fin à
ses jours, se donner la mort; *fam* se
détruire, se supprimer; *jdm das ~
sauer od schwer machen* rendre la
vie dure à qn; *sich das ~ schön machen* se faire une vie agréable, se
donner du bon temps; *sich das ~
schwer machen* se compliquer la vie;
sich das ~ nehmen wollen attenter à
ses jours; *jdm das ~ retten* sauver la
vie à qn; *nur sein nacktes ~ retten
können* ne pouvoir sauver que sa vie
od fam sa peau; *etw ins ~ rufen* donner la vie *od* le jour *od* naissance à

qc, faire naître *od* surgir qc, promouvoir qc; *aus dem ~ scheiden* quitter la vie; *das ~ schenken (e-m Kind)* donner la vie *od* le jour à; *(e-m Besiegten)* donner *od* faire quartier à, faire grâce de la vie à; *zwischen ~ und Tod schweben* être entre la vie et la mort; *(nicht mehr) am ~ sein* (n')être (plus) en vie; *jdm nach dem ~ trachten* attenter aux jours de qn; *sein ~ teuer verkaufen* vendre chèrement sa vie; *fam* vendre cher sa peau; *(mitten) aus dem ~ gerissen werden* être arraché à la vie; *ins ~ zurückrufen* faire revivre, rappeler *od* ramener à la vie, ressusciter; *das ist kein ~!* ce n'est pas une vie *od* une existence! *und sollte es das ~ kosten!* cela dût-il en coûter la vie; *ein erfülltes ~* une existence bien remplie; *ein lustiges ~* une joyeuse vie; *das öffentliche ~* la vie publique; *rege(s) ~* animation *f*; *das süße ~* la douceur de vivre; *aus dem ~ gegriffen* pris sur le vif; *das ~ nach dem Tode (rel)* la survie; *~ und Treiben* animation *f*; **l~spendend** *a* vivifiant; *fig* animateur; **l~sprühend** *a* plein de vie, sémillant.

lebend ['le:bənt] *a, a. fig* vivant; *(Vieh)* sur pied; *(Ziel beim Schießen)* animé; *es war kein ~es Wesen zu sehen* il n'y avait âme qui vive; *~e(s) Inventar n (agr jur)* cheptel *m* vif; *~ Sprachen f pl* langues *f pl* vivantes; *~e(s) Wesen n* être *m* vivant; **L~e(r)** *m* vivant; *jur* vif *m*; *unter L~en (jur)* entre vifs; **~gebärend** *a zoo* vivipare; **L~gewicht** *n* poids *m* vif *od* vivant; *Kilo ~* kilo vif; **~ig** *a* vivant, vif, animé; *es vom L~igen nehmen (fig)* faire le prix à la tête du client; *tondre la laine sur le dos de qn*; *bei ~em Leib verbrennen* être brûlé vif; **~iggebärend** *a = ~gebärend;* **L~igkeit** *f* ⟨-, ø⟩ vivacité, animation *f*.

Lebens|abend ['le:bəns-], *der* le soir de la vie, les vieux jours; **~abriß** *m* notice *f* biographique; **~abschnitt** *m* période *f* de la vie; **~ader** *f fig* artère *f*; **~alter** *n* âge *m*; **~art** *f* genre *m* de vie, manière *f* de vivre; habitudes, manières *f pl*; usage *m*; *jdm gute ~ beibringen* apprendre à qn les bonnes manières; *~ haben* avoir du savoir-vivre *od* des manières; **~aufgabe** *f* but *m* suprême, tâche *f* de toute une vie; **~äußerung** *f* manifestation *f* vitale; **~baum** *m bot* thuya *m*; **~bedingungen** *f pl* conditions *f pl* vitales *od* d'existence; **l~bejahend** *a* optimiste; **~bereich** *m* milieu *m* (social), ambiance *f*; **~beschreibung**

f, **~bild** *n* biographie, vie *f*; **~dauer** *f* durée (de la vie); *tech* durée (d'existence); *(von Gebrauchsgut)* durée d'utilisation; *(Dauerhaftigkeit)* durabilité *f*; **~elixier** *n* élixir *m* de longue vie; **~ende** *n* terme *m* de la vie; *gegen sein ~* sur le tard; *bis an sein ~* jusqu'à sa mort; **~erfahrung** *f* expérience *f* de la vie; **~erwartung** *f* durée *f* moyenne de la vie, espérance *f* de vie; **l~fähig** *a biol u. fig* viable; **~fähigkeit** *f* viabilité *f*; **~form** *f* mode *m* d'existence; **~frage** *f* question *f* vitale *od* de vie ou de mort; **l~fremd** *a* qui ne connaît rien de la *od* pas la vie; **~freude** *f* joie *f* de vivre; **l~froh** *a* heureux de vivre, gai (et optimiste); **~gefahr** *f* danger *m* de mort; *unter ~* au péril de ma *etc* vie; *in ~ schweben* être entre la vie et la mort; *~!* (Warnschild) danger de mort! **l~gefährlich** *a* très dangereux, périlleux; **~gefährte** *m* compagnon, époux *m;* **~gefährtin** *f* compagne, épouse *f;* **~gemeinschaft** *f* vie *f* commune; **~genuß** *m* jouissances *f pl* (de la vie); **~geschichte** *f* biographie, (histoire de la) vie *f;* **~gewohnheiten** *f pl* mœurs, habitudes *f pl;* **~glück,** *das* le bonheur de la vie, la félicité; **l~groß** *a* grandeur nature; **~größe** *f (Kunst)* grandeur *f* nature *od* naturelle; *in (voller) ~* en grand; *über ~* plus grand que nature; **~haltung** *f* train *m* (de vie); **~haltungsindex** *m* indice *m* du coût de la vie; *dem ~ anpassen* indexer; *Anpassung f an den ~* indexation *f;* **~haltungskoeffizient** *m* coefficient *m* du coût de la vie; **~haltungskosten** *pl* coût *m* de la vie, frais *m pl* d'existence; **~hunger** *m* soif *f, od* désir *m* de vivre; **~jahr** *n* année *f* (de la vie); *im 40. ~ stehen* être dans sa quarantième année; **~kampf** *m* lutte *f* pour la vie; **l~klug** *a* qui a l'expérience *f* de la vie; **~klugheit** *f* expérience de la vie, du monde; sagesse *f* pratique; **~knoten** *m anat* nœud *m* vital; **~kraft** *f* force vitale, vitalité *f;* **~kunst** *f* art *m* de vivre; **~künstler** *m: ein ~ sein* savoir vivre; **~lage** *f: in jeder ~, in allen ~n* dans toutes les circonstances; **l~lang** *adv* la vie durant; **l~länglich** *a u. adv, jur* à vie, à perpétuité; *a (Rente)* viager; *~e Haft f* emprisonnement *m* à vie; **~lauf** *m (geschriebener)* curriculum vitae *m;* **~licht** *n poet* flambeau *m* de la vie; *jdm das ~ ausblasen* ôter la vie à qn; **~linie** *f (in der Hand)* ligne *f* de vie; **~lust** *f* joie *f* de vivre; **l~lustig** *a* heureux de vivre; attaché à la vie; **~mitte,** *die* le midi de la vie; ~**mittel** n pl vivres m pl, denrées f pl; (Eßwaren) comestibles, produits m pl alimentaires; mil subsistances f pl; ~**mittelgeschäft** n (magasin m d')alimentation, épicerie f; ~**mittelhändler** m épicier m; ~**mittelkarte** f adm carte f d'alimentation; ~**mittelknappheit** f rareté od pénurie f des vivres; ~**mittelmarke** f adm ticket m de ravitaillement; ~**mittelpaket** n colis m de ravitaillement; ~**mittelpreise** m pl prix m pl alimentaires; ~**mittelrationierung** f rationnement m alimentaire; ~**mittelvergiftung** f intoxication f alimentaire; ~**mittelversorgung** f ravitaillement, approvisionnement m en vivres; ~**mittelvorrat** m provisions f pl (de vivres); l~**müde** a las de vivre od de la vie, dégoûté de la vie; ~**mut** m courage, espoir, optimisme m; l~**nah** a actuel, pratique; ~**nerv** m fig centre m vital; l~**notwendig** a vital, (absolument) indispensable; ~**notwendigkeit** f nécessité f vitale; ~**raum** m espace m vital; ~**rente** f rente f viagère; ~**retter** m sauv(et)eur; (Gerät) appareil m respiratoire; ~**rettungsmedaille** f médaille f de sauvetage; ~**standard** m standard od niveau m de vie; ~**stellung** f situation od position f permanente od sociale; l~**tüchtig** a énergique, pratique; ~**überdruß** m dégoût m de la vie; l~**überdrüssig** a dégoûté de la vie; ~**unterhalt** m subsistance f, entretien m, moyens m pl d'existence; s-n ~ verdienen gagner sa vie; l~**untüchtig** a mal adapté à la vie; ~**untüchtigkeit** f inadaptation f à la vie; ~**versicherung** f assurance sur la vie, assurance-vie; assurance f (en cas de) décès; ~**versicherungsgesellschaft** f compagnie f d'assurance sur la vie; l~**wahr** a pris sur le vif; vivant, parlant; ~**wandel** m conduite, vie, manière f de vivre; mœurs f pl; schlechte(r) ~ mauvaises mœurs f pl; ~**weg** m (chemin od cours m de la) vie, carrière f; auf s-m ~e au cours de son existence; ~**weise** f genre od train od style m de vie, manière f de vivre; med régime m; zoo mœurs f pl; natürliche ~ naturisme m; ~**weisheit** f sagesse f pratique; ~**werk** a (Gesamtwerk) œuvre m; l~**wert** a (Leben) digne d'être vécu; l~**wichtig** a (d'intérêt) vital; essentiel; physiol vital; ~e Güter n pl produits m pl de première nécessité; ~e Interessen n pl intérêts m pl vitaux; ~**wille** m vouloir-vivre m; ~**zeichen**

n signe od scient indice m de vie; kein ~ von sich geben ne pas donner signe de vie; ~**zeit** f: auf ~ à vie, pour la vie, à perpétuité; ~**rente** f rente f viagère; ~**zweck** m raison f de vivre.

Leber f ⟨-, -n⟩ ['le:bər] foie m; frisch von der ~ weg ouvertement, franchement; was ist dir über die ~ gelaufen od gekrochen? quelle mouche t'a piqué? quel chien t'a mordu? ~**blümchen** n hépatique f; ~**entzündung** f hépatite f; ~**fleck** m tache f hépatique, nævus m; ~**haken** m sport crochet m au foie; ~**knödel** m boulette f de foie; l~**krank** a, l~**leidend** a malade du foie, hépatique; ~**kranke(r)** m hépatique m; ~**krankheit** f, ~**leiden** n maladie f de od du foie; ~**krebs** m med cancer m du foie; ~**lappen** m anat lobe m du foie; ~**pastete** f pâté m de foie (gras); ~**schrumpfung** f cirrhose f atrophique; ~**schwellung** f élargissement m du foie; ~**tran** m huile f de foie de morue; ~**wurst** f saucisse f pâté m de foie; die gekränkte ~ spielen (fam) prendre la mouche; ~**zirrhose** f med cirrhose f.

leb|haft ['le:p-] a (a. Phantasie, Farbe) vif, plein de vie od de vivacité; actif; (munter) alerte; fringant; éveillé; (temperamentvoll) sémillant; (Handel, Verkehr) animé, intense; (Schilderung) vivant; (Stil) alerte, haut en couleur; adv vivement; avec animation; ~ empfinden avoir un sentiment très vif de; L~**haftigkeit** f ⟨-, (-en)⟩ vivacité, activité; (Munterkeit) alacrité; (Temperament) sémillance; (Behendigkeit) promptitude; (Belebtheit) animation f; ~**los** a (wie tot) sans vie, inanimé; (regungslos) inerte; (fig) atone; L~**losigkeit** f absence f de vie; fig manque m d'animation; L~**tag** m: mein ~ jusqu'à la fin de mes jours; mein ~ nicht ne ... de ma vie, jamais de ma vie; L~**zeiten** f pl: zu ~ (gen) du vivant (de); zu s-n ~ de son vivant.

Lebkuchen m ['le:p-] pain m d'épice(s).

lechzen ['lɛçtsən] itr (dürsten) avoir soif, être assoiffé od altéré (nach de) a. fig; fig (heftig begehren) (se) languir, brûler (nach de), convoiter ardemment.

Leck n ⟨-(e)s, -s⟩ [lɛk] (undichte Stelle) fuite; mar voie f d'eau; ein ~ bekommen = ~ werden; l~ a (undicht); ~ sein fuir, avoir une fuite od une voie d'eau, faire eau; ~ werden faire (une voie d')eau; ~**age** f ⟨-, ø⟩

[-'ka:ʒə] (~stelle) fuite; (L~en) fuite f, coulage; (~verlust) coulage m; **l~en 1.** itr fuir, avoir une fuite od une voie d'eau.

lecken ['lɛkən] **2.** tr lécher; sich die Finger od die Lippen nach etw ~ s'en lécher les doigts od les lèvres od pop les babines; wie geleckt (fam) tiré à quatre épingles.

lecker ['lɛkər] a (schmackhaft) délicieux, délicat; (appetitlich) appétissant; (wählerisch) friand, gourmand, difficile; ~ aussehen (Speise) avoir bonne mine; **L~bissen** m, **L~ei** f [-'raɪ] friandise f, morceau m friand od de choix; **L~maul** n fam fine bouche f, gourmet m, pop fine gueule f; **L~mäulchen** n petit gourmet m.

Leder n ⟨-s, -⟩ ['le:dər] cuir m, peau f; vom ~ ziehen dégainer; in ~ gebunden relié en cuir; zäh wie ~ coriace; **~arbeiter** m peaussier m; **~beutel** m sac m en cuir; **~einband** m reliure f en cuir; **~etui** n étui m de cuir; **~fett** n graisse f à cuir; **~gamaschen** f pl (hohe) houseaux m pl; **~gürtel** m ceinture f de cuir; **~handel** m peausserie f; **~händler** m peaussier m; **~handschuh** m gant m de peau; **~haut** f anat derme m; (d. Auges) sclérotique f; **~hose** f culotte f de cuir od de peau; **l~ig** a (zäh) coriace; **~industrie** f industrie f du cuir; **~jacke** f veste f en cuir; **~koffer** m malle od valise f en cuir; **~mantel** m manteau m de cuir; **l~n** a de cuir od en cuir; de od en peau; fig (zäh) coriace; (langweilig) sec, ennuyeux; **~riemen** m courroie f; **~schürze** f tablier m de cuir; **~sohle** f semelle f de cuir; **~tasche** f sac m en cuir; **~verarbeitung** f transformation f du cuir; **~waren** f pl articles m pl de maroquinerie; **~warenhandel** m, **~warenhandlung** f maroquinerie f; **~warenhändler** m maroquinier m.

ledig ['le:dɪç] (unverheiratet) non marié, célibataire; ~ bleiben (a.) rester vieux garçon (Mann) od (Mädchen) vieille fille; e-r S ~ sein être délivré od libre de qc; ~e Mutter f mère f célibataire, fille-mère f; ~e(r) Stand m célibat m; **~lich** [-klɪç] adv uniquement, purement, simplement; seulement; ne … plus.

Lee f ⟨-, ø⟩ [le:] côté m sous le od abrité du vent; **~seite** f côté m sous le vent; **l~wärts** adv sous le vent.

leer [le:r] a vide; (geleert) vidé; (unbeschrieben) blanc; el (Batterie) à plat; (nicht möbliert) non meublé; (unbesetzt) inoccupé, libre, vacant; fig

(nichtssagend, wertlos) vain, sans valeur; adv bes. tech à vide; mit ~en Händen les mains vides; ~ ausgehen (fig) revenir les mains vides; e-n ~en Magen haben avoir le ventre creux; ~ lassen (Papier) laisser en blanc; ~ laufen (Maschine) tourner à vide; ~laufen (Gefäß) se vider; ~ machen vider; vor ~em Haus spielen (theat) jouer pour les banquettes; ~stehen être vide od inoccupé; ~ werden se vider; ~e Drohungen f pl menaces f pl en l'air; ~es Geschwätz n bavardage m; ~e Versprechungen f pl vaines promesses f pl; das sind ~e Worte m pl ce ne sont que des mots; **L~darm** m jejunum m; **L~e** f ⟨-, ø⟩ vide m; fig inanité, vanité f; **~en** tr vider, désemplir; (Abort) vidanger; (räumen) évacuer; fam (Flasche) mettre sur le côté; den Briefkasten ~ faire la levée; **L~gewicht** n poids m à vide; **L~gut** n loc emballages m pl vides; **L~heit** f ⟨-, (-en)⟩ = L~e; **L~lauf** m marche f à vide a. fig od au point mort, roulement à vide; mot aero ralenti; fig piétinement m; **L~laufstellung** f: in ~ au point mort; en position de ralenti; **L~laufverluste** m pl pertes f pl à vide; **~stehend** a (Wohnung) vide, inoccupé, libre; **L~taste** f (Schreibmaschine) barre f d'espacement; **L~ung** f vidage m, évacuation; (Abort) vidange; (Briefkasten) levée f (du courrier).

Lefze f ⟨-, -n⟩ ['lɛftsə] (Lippe von Tieren) babine f.

legal [le'ga:l] a légal; **~isieren** [-gali'zi:rən] tr légaliser; **L~isierung** f légalisation f; **L~ität** f ⟨-, ø⟩ [-li'tɛ:t] légalité f.

Legasthen|ie f ⟨-, ø⟩ [legaste'ni:] (Lese- und Schreibschwäche) dyslexie f; **~iker** m ⟨-s, -⟩ [legas'te:nikər] dyslexique m; **l~isch** [-'te:nɪʃ] a dyslexique.

Legat m [le'ga:t] ⟨-en, -en⟩ (päpstlicher Gesandter) légat m; n ⟨-(e)s, -e⟩ jur (Vermächtnis) legs m; **~ar** m ⟨-s, -e⟩ [-ga'ta:r] (Vermächtnisnehmer) légataire m; **~ion** f ⟨-, -en⟩ [-'tsio:n] pol légation f; **~ionsrat** m conseiller m de légation.

Lege|henne f ['le:gə-], **~huhn** n (poule) pondeuse f; **~röhre** f ent tarière f, scient oviscapte m; **~zeit** f (saison de la) ponte f.

legen ['le:gən] tr mettre, poser, placer; (lang hinlegen) coucher; (ausbreiten) étendre (über sur); Karten zum Wahrsagen tirer; (Wäsche) plier; (Vögel: Eier) pondre; sich ~ (sich hinlegen) se coucher; (sich ausstrek-

ken) s'étendre, s'allonger; *(Getreide)* verser; *(nachlassen)* se calmer; *(Wind, Fieber)* s'abattre, s'apaiser, tomber; *sich auf etw ~ (fig)* s'adonner à qc; *(sich um etw bemühen)* s'appliquer à qc; *sich aufs Bitten ~* se mettre à supplier; *in Asche ~* réduire en cendres *f pl; in Falten ~* mettre en plis, plisser; *in Ketten ~* enchaîner; *Feuer ~ auf (mil)* appliquer un tir sur; *den Grundstein ~* poser la première pierre; *(die) letzte Hand an etw ~* mettre la dernière main à qc; *die Hände in den Schoß ~* se croiser les bras, rester inactif; *jdm das Handwerk ~* mettre fin aux menées de qn; s'interposer; *jdm etw ans Herz ~* recommander chaudement qc à qn; *jdm etw in den Mund ~ (fig; eingeben)* insinuer, suggérer qc à qn; *etw an den Tag ~* se manifester *od* se signaler par qc; *Wert auf etw ~* attacher de l'importance à qc, tenir compte de qc; *das wird sich ~ (fam)* ça va se tasser; *legt an!* *(mil: das Gewehr)* en joue! **L~** *n (Eierlegen)* ponte *f.*

legend|är, ~enhaft [legɛn'dɛːr] *a* légendaire; **L~e** *f ⟨-, -n⟩* [le'gɛndə] *(Sage; Umschrift, Zeichenerklärung)* légende *f.*

legier|en [le'giːrən] *tr metal* allier; *(Küche)* lier; **L~ung** *f metal* alliage *m;* **L~ungsbestandteil** *m* élément *m* d'alliage; **L~ungsstahl** *m* acier *m* allié.

Legion *f ⟨-, -en⟩* [legi'oːn] *a. fig* légion *f; ihre Zahl ist ~* ils sont légion; **~är** *m ⟨-s, -e⟩* [-'nɛːr], **~soldat** *m* légionnaire *m.*

Legislat|ive *f ⟨-, -n⟩* [legisla'tiːvə] *pol* pouvoir *m* législatif; **~urperiode** *f* [-'tuːr-] *parl* législature *f.*

legitim [legi'tiːm] *a* légitime; **L~ation** *f ⟨-, -en⟩* [-tima'tsion] légitimation; preuve *f* d'identité; **L~ationskarte** *f,* **L~ationspapier** *n* pièce *f* d'identité; **~ieren** [-'miːrən] *tr* légitimer; *sich ~ (sich ausweisen)* établir *od* prouver son *od* justifier de son identité; **L~ierung** *f = L~ation;* **L~ität** *f ⟨-, ø⟩* [-'tɛːt] légitimité *f.*

Leguan *m ⟨-s, -e⟩* [legu'aːn] *zoo* iguane *m; pl (Familie)* iguanidés *m pl.*

Lehen *n ⟨-s, -⟩* ['leːən] *hist* fief *m; zu ~ geben* donner en fief; **~s...** *(in Zssgen) = Lehns-.*

Lehm *m ⟨-(e)s, -e⟩* [leːm] (terre) glaise, (terre) argil(eus)e *f; ~boden* *m* sol *m* glaiseux *od* argileux; **~grube** *f* glaisière *f; ~hütte* *f* cabane *f* en torchis; **l~ig** *a* glaiseux, argileux; **~wand** *f* torchis *m; ~ziegel* *m* brique *f* d'argile.

Lehn|e *f ⟨-, -n⟩* ['leːnə] *(Rücken~)* dos, dossier; *(Arm~)* accoudoir, bras; *allg (Stütze)* appui, support *m; (Abhang)* pente *f;* versant, talus *m;* **l~en** *tr* appuyer *(an* contre), adosser *(an* à); *itr u. sich ~* s'appuyer *(an* contre), s'adosser *(an* à); *sich aus dem Fenster ~* se pencher par la fenêtre; **~sessel** *m,* **~stuhl** *m* fauteuil *m,* bergère *f; (niedriger)* crapaud *m.*

Lehns|dienst *m* ['leːns-] service *m* de vassal; **~eid** *m* prestation *f* de foi et hommage; *den ~ leisten* rendre foi et hommage; **~folge** *f* succession *f* féodale; **~frei** *a jur* allodial; **~herr** *m* suzerain *m;* **~mann** *m* homme lige, feudataire, vassal *m;* **~pflicht** *f* vasselage *m;* **l~pflichtig** *a* lige; **~recht** *n,* **~system** *m* droit, régime *m* féodal; **~träger** *m = ~mann;* **~wesen** *n* féodalité *f.*

Lehnwort *n* ['leːn-] *gram* mot *m* d'emprunt.

Lehr|amt *n* ['leːr-] fonctions *f pl* d'instituteur *od* de professeur; *(Univ.)* professorat *m;* **~amtskandidat** *m* (instituteur) stagiaire *m;* **~anstalt** *f* établissement *m* d'enseignement, institution *f* (d'enseignement); *höhere ~* école *f* secondaire; **~auftrag** *m: e-n ~ haben* être chargé de cours; **l~bar** *a* qui peut être enseigné; **~bataillon** *n* bataillon *m* d'instruction; **~beauftragte(r)** *m* chargé *m* de cours; **~befähigung** *f* aptitude *f* à l'enseignement; **~befugnis** *f (Univ.)* droit *m* d'enseigner; *~ haben* être certifié; **~beruf** *m* profession *f* d'instituteur *od* de professeur; métier *m* qualifié; **~brief** *m* certificat *m* d'aptitude *f* professionnelle; *(bei Fernlehrgang)* cahier *m* d'enseignement; **~buch** *n allg* livre d'enseignement; *(größeres)* manuel, cours; *(mittleres)* traité; *(kleineres)* précis, abrégé *m; ~fach* *n* discipline *f; ~film* *m* film *m* éducatif *od* documentaire *od* d'enseignement; **~freiheit** *f* liberté *f* d'enseignement; **~gang** *m* cours (d'instruction *od* d'études); *(Praktikum)* stage *m;* **~gangsleiter** *m* directeur *m* du cours; **~gangsteilnehmer** *m* stagiaire *m;* **~gebäude** *n (System)* système *m;* **~gedicht** *n* poème *m* didactique; **~geld** *n hist* frais *m pl* d'apprentissage; *~ (be)zahlen od geben (fig)* apprendre à ses dépens; **l~haft** *a* didactique; pédant; **~herr** *m* maître, patron *m; ~jahr* *n* année *f* d'apprentissage; *pl fig* années *f pl* de formation; **~junge** *m = ~ling;* **~körper** *m* corps *m* enseignant *od* professoral *od* des professeurs;

~kräfte *f pl* enseignants *m pl;* **~ling** *m* ⟨-s, -e⟩ apprenti; **~lingswart** *m* inspecteur *m* d'apprentissage; **~lingswohnheim** *n* maison *f* od foyer *m* d'apprentis; **~mädchen** *n* apprentie *f;* **~meinung** *f* doctrine *f;* **~meister** *m* = **~herr;** *fig* maître, précepteur; **~methode** *f* méthode *f* d'enseignement; **~mittel** *n pl* matériel *m* d'enseignement; **~mittelfreiheit** *f* gratuité *f* des livres scolaires; **~offizier** *m* officier *m* instructeur; **~personal** *n,* **~personen** *f pl* personnel *m* enseignant; **~plan** *m* programme scolaire, programme *od* plan *m* d'études; **l~reich** *a* instructif; **~saal** *m* salle *f* de cours; **~satz** *m allg* thèse *f; math* théorème; *rel* dogme *m;* **~stelle** *f* place *f* d'apprenti; **~stoff** *m* matière *f* d'enseignement; **~stuhl** *m* chaire *f* (*für* de); **~tätigkeit** *f* enseignement *m;* **~vertrag** *m* contrat *m* d'apprentissage; **~werkstatt** *f,* **~werkstätte** *f* centre *od* atelier *m* d'apprentissage; **~zeit** *f* (temps d')apprentissage *m.*

Lehre *f* ⟨-, -n⟩ ['le:rə] **1.** *(Vorschrift)* leçon *f,* précepte; *(Warnung)* avertissement *m; (Unterweisung)* instruction *f,* enseignement; *(Handwerks~)* apprentissage; *rel* dogme *m,* doctrine; *scient* théorie *f; e-e ~ durchmachen* faire un apprentissage; *in die ~ geben* mettre en apprentissage; *jdm e-e ~ sein (fig)* servir de leçon à qn; *aus etw e-e ~ ziehen* tirer une leçon de qc; *das soll mir e-e ~ sein (a.)* cela m'apprendra (à vivre); **2.** *(Meßinstrument)* jauge *f,* calibre, gabarit *m.*

lehren ['le:rən] *tr* enseigner; *jdn etw* apprendre qc à qn, instruire qn dans qc; *die Folge wird es ~* qui vivra verra.

Lehrer(in *f)* *m* ⟨-s, -⟩ ['le:rər(-)] *(Volksschule)* instituteur, trice; maître *m,* maîtresse *f; (höhere Schule)* professeur *m; aufsichtführende(r) ~* surveillant *m;* **~austausch** *m* échange *m* d'instituteurs *od* de professeurs; **~kollegium** *n* corps *m* enseignant *od* des professeurs *od* des instituteurs; **~konferenz** *f* conseil *m* des professeurs *od* des instituteurs; **~mangel** *m* pénurie *f* de professeurs *od* d'instituteurs; **~schaft** *f* corps *m* enseignant, enseignants; professeurs, instituteurs *m pl;* **~streik** *m* grève *f* de l'enseignement.

Leib *m* ⟨-(e)s, -er⟩ [laıp, -bər] *(Körper)* corps *a. fig; (Bauch)* ventre; *(Unterleib)* abdomen *m; fig (Inneres)* entrailles *f pl,* sein *m; bei lebendigem ~e* vif; *mit ~ und Seele* corps et âme;

am eigenen ~(e) erfahren apprendre à ses dépens; *gesegneten ~es sein (vx)* être enceinte; *e-r Sache zu ~e gehen* s'attaquer à qc; *kein Hemd auf dem ~e haben* n'avoir rien à se mettre (sur le dos); *noch nichts im ~ haben* n'avoir encore rien mangé, être à jeun; *fam* avoir le ventre vide; *den Teufel im ~e haben* avoir le diable au corps; *sich jdn vom ~ halten* tenir qn à distance; *jdm auf den ~ rücken* serrer qn de près; *jdm auf den ~ geschrieben sein* être fait sur mesure pour qn; *am ganzen ~e zittern* trembler de tous ses membres, être tout tremblant; *bleiben Sie mir damit vom ~e!* ne m'importunez pas avec cela! ne m'ennuyez pas avec cela! *drei Schritt vom ~!* ne m'approchez pas! *~ und Leben* la vie et l'intégrité corporelle; **~arzt** *m* médecin *m* personnel; **~binde** *f* ceinture *f* hypogastrique *od* orthopédique *od* de soutien; **l~eigen** *a hist* attaché à la glèbe); **~eigene(r)** *m* serf *m* (attaché à la glèbe); **~eigenschaft** *f* ⟨-, ø⟩ servage *m;* **l~en** *itr: wie er leibt und lebt* (juste) comme il est; *fam* tout craché; **~eserbe** *m* héritier *m* naturel *od* direct; **~eserziehung** *f* éducation *f* physique; **~esfrucht** *f* fruit (des entrailles); *physiol* foetus; *jur* enfant *m* conçu; **~eskräfte** *f pl: aus ~n schreien* crier de toutes ses forces *od* à plein gosier *od* à tue-tête; **~esstrafe** *f* peine *f* corporelle *od* afflictive, châtiment *m* corporel; **~esübungen** *f pl* exercices *m pl od* culture physique(s), gymnique *f;* **~esvisitation** *f* fouille *f* à corps; **~garde** *f,* **~gardist** *m* garde *f, m* du corps; **~gedinge** *n* apanage *m,* rente *od* annuité *f* viagère; **~gericht** *n* mets *od* plat *m* favori *od* préféré *od* de prédilection; **l~haftig** *a* en chair et en os, en personne; personnifié, incarné; **~haftige, der (Teufel)** le diable; **l~lich** *a* corporel, physique; *sein ~er Sohn* son propre fils; **~e(s) Wohlbefinden** *n* bien-être *m;* **~rente** *f* rente viagère *od* perpétuelle *od* à fonds perdu, pension *f* viagère; **~riemen** *m* ceinturon *m;* **~schmerzen** *m pl* mal *m* au ventre, douleurs intestinales, coliques *f pl;* **~schneiden** *n* tranchées *f pl;* **~- und Magengericht** *n* = **~gericht;** **~ung** *f arch* embrasure *f,* intrados *m;* **~wache** *f* = **~garde;** **~wächter** *m* = **~gardist.**

Leiche *f* ⟨-, -n⟩ ['laıçə] corps, cadavre; *(Toter)* mort; *(Beerdigung)* enterrement *m; (Anatomie)* sujet; *pop* macchabée *m; typ* bourdon *m; über ~n*

gehen être sans scrupules; *nur über meine ~!* il faudrait me passer sur le corps! *wandelnde ~ (fig)* cadavre ambulant, déterré, trompe-la-mort *m*.
Leichen|begängnis *n* ['laiçən-] funé-railles, obsèques *f pl*, enterrement *m;* **~beschauer** *m* médecin *m* de l'état civil; médecin *m* légiste; **~bittermie-ne** *f* mine *f od* air *m od* figure d'en-terrement, figure *f* de croque-mort; **I~blaß** *a* pâle comme un mort, plus pâle que la mort, blanc comme un lin-ceul; **~** *aussehen* avoir l'air d'un déterré; **~gift** *n* virus *m* cadavérique; **~halle** *f*, **~haus** *n* dépôt *m od* mai-son *f* mortuaire; morgue *f;* institut *m* médico-légal; **~öffnung** *f* autopsie *f;* **~raub** *m* enlèvement *m* de cadavre; **~räuber** *m* détrousseur *m* de cada-vres; **~rede** *f* oraison *f* funèbre; **~schändung** *f* violation *f* de sépul-ture; **~schau** *f* visite *f* de cadavre; **~schauhaus** *n* morgue *f;* **~schmaus** *m fam* repas *m* d'enter-rement; **~starre** *f* rigidité *f* cadavé-rique; **~stein** *m* pierre *f* funéraire; **~träger** *m* porteur (du cercueil); *fam* croque-mort *m;* **~tuch** *n* linceul, suaire, drap *m* mortuaire; **~verbren-nung** *f* crémation *f;* **~wagen** *m* cor-billard, fourgon *m* funéraire; **~zug** *m* cortège funèbre *od* de deuil, convoi *m* funèbre.
Leichnam *m* ⟨-(e)s, -e⟩ ['laiçna:m] = *Leiche.*
leicht [laiçt] *a (von geringem Ge-wicht)* léger *(a. Kleidung, Speise, Ge-tränk, Erkältung, Musik etc);* *(schwach, unbedeutend)* léger, petit, insignifiant; *(Schlaf)* léger, délicat; *(Fehler)* véniel; *(leichtsinnig)* léger, étourdi; *(Arbeit, Aufgabe)* facile; *(be-quem)* aisé; *(mühelos)* sans peine; *(einfach)* simple; *(oberflächlich)* su-perficiel; *~ ansteigen (fin adm)* s'in-scrire en légère augmentation; *es ~ haben* avoir la belle vie; *es nicht ~ haben* avoir la vie dure; *das ist mir ein ~es* ce n'est qu'un jeu pour moi; *es wird mir ~(er) ums Herz* je me sens soulagé; *das ist ~ gesagt* cela est vite dit; *das kann ~ anders kommen* il se peut bien que les choses tournent autrement; *das ist ~ zu machen* c'est facile à faire; *das ist ~ möglich* cela se peut bien; *das ist keine ~e Sache* ce n'est pas chose légère; *wie ~ ist ein Unglück passiert!* un malheur est vite arrivé; *zu ~ befrachtet (mar)* lège; *~e(s) Mädchen* *n* fille de mauvaise vie, femme *f* galante; *~ montierbar* facile à monter; *~e(s) Schanzzeug (mil)* outils *m pl* portatifs; *~e(r) Sieg*

m victoire *f* facile; *~e(r) Tod* *m* belle mort *f;* *~ verderblich (Lebensmittel)* périssable; *~ zugänglich* d'accès faci-le; **L~athlet** *m* sportif *m* pratiquant l'athlétisme; **L~athletik** *f* athlétisme *m;* **L~bau(weise *f*)** *m* ⟨-s, ø⟩ cons-truction *f* légère; **L~benzin** *n* essen-ce *f* légère; **~bewaffnet** *a* légère-ment armé; **~=fallen** ⟨*aux: sein*⟩ *itr: jdm ~* être facile *a od* pour qn; *es fällt mir nicht leicht, das zu tun* j'ai de la peine à faire cela; **~faßlich** *a* facile (à comprendre); **~fertig** *a* léger, volage; peu scrupuleux; = **~sinnig;** *adv* à la légère; sans scrupu-les; **L~fertigkeit** *f* légèreté, frivolité *f;* = **L~sinn;** **L~flugzeug** *n* avion *m* léger; **~flüssig** *a* liquéfiable, fusible; **L~fuß** *m* étourdi, écervelé; *fam* étourneau *m;* **~füßig** *a* agile, lest, aux pieds légers; **L~gewicht** *n (Bo-xen)* poids *m* léger; **~gläubig** *a* crédule; *(einfältig)* naïf, *fam* jobard; *~e(r) Mensch* *m a.* gobeur, gogo *m fam;* **L~gläubigkeit** *f* ⟨-, ø⟩ crédu-lité; *fam* jobarderie, jobardise; naïveté *f;* **~herzig** *a* au cœur léger; gai, enjoué; **L~herzigkeit** *f* ⟨-, ø⟩ gaieté, gaîté *f*, enjouement *m;* **~hin** *adv* à la légère; **L~igkeit** *f* ⟨-, ø⟩ légèreté; facilité; *(Ungezwungenheit)* aisance; *(Behendigkeit)* agilité *f; mit ~ (a.)* en se jouant; **~löslich** *a* facile-ment soluble; **~=machen** *tr: jdm etw ~* rendre qc facile *od* faciliter qc à qn; *es sich ~ se donner du bon temps; fam* en prendre à son aise; **L~ma-trose** *m* matelot *m* de pont; **L~me-tall** *n* métal léger; *(Legierung)* alliage *m* léger; **L~metallbau** *m* cons-truction *f* en métal léger; **L~motor-rad** *n* vélomoteur *m;* **~=nehmen** *tr* prendre à la légère; *etw ~ (auf die leichte Schulter ~)* prendre qc à la légère; **L~öl** *n* huile *f* légère; **L~sinn** *m* ⟨-(e)s, ø⟩ légèreté; *(Leichtfertig-keit)* frivolité; *(Sorglosigkeit)* insou-ciance; *(Unbesonnenheit)* étourderie, irréflexion; *(Unbedachtsamkeit)* im-prudence *f; ~sinnig* *a* léger, *fam* tête en l'air; *(flatterhaft)* volage, éva-poré; *(vergnügungssüchtig)* dissipé; *(sorglos)* insouciant; imprudent; *(un-besonnen)* étourdi; *(kopflos)* écer-velé; *adv* à l'étourdie; *~e(r) Mensch* *m* étourdi, écervelé *m;* tête *f* de linot-te; **~sinnigerweise** *adv* à la légère, par légèreté; étourdiment; **~verdau-lich** *a* facile à digérer, léger; **~ver-derblich** *a* périssable; **~verletzt** *a*, **~verwundet** *a* légèrement blessé; **L~verletzte(r)** *m*, **L~verwunde-te(r)** *m* blessé *m* léger; **~verständ-**

lich *a* facile à comprendre.
Leichter *m* ‹-s, -› ['laɪçtər] *mar* allège *f;* **l~n** *tr mar* alléger.
leid [laɪt] *a:* ~ *tun* faire de la peine; *er tut mir* ~, *es tut mir* ~ *um ihn* il me fait pitié *od* de la peine, je le prends en pitié; *das* od *es tut mir (sehr, fam schrecklich)* ~ je regrette, j'ai le regret *(daβ* que), je suis au(x) regret(s), tous mes regrets, j'en suis navré *od* désolé *od* fâché; *das bin ich* ~, *ich bin es* ~ j'en suis las.
Leid *n* ‹-(e)s, ø› [laɪt(s), -dəs] peine, affliction *f*, tribulations *f pl,* souffrance; *(Schmerz)* douleur *f; (Kummer)* chagrin *m; (Elend)* misère *f; (Übel)* mal *m; jdm ein* ~ *(an)tun* od *zufügen* faire du mal à qn; *sich ein* ~ *antun* attenter à ses jours; *jdm sein* ~ *klagen* conter ses peines à qn; ~ *tragen* porter le deuil *(um jdn* de qn); ~**tragende(r)** *m* personne qui est en *od* porte le deuil; *fig* victime *f; bei etw der* ~ *sein* avoir à souffrir de qc; **l~voll** *a* douloureux, plein de douleur(s); ~**wesen** *n: zu meinem (groβen)* ~ à mon (grand) regret *od* déplaisir *od* chagrin.
Leideform *f* ['laɪdə-] *gram* passif *m*.
leiden ‹leidet, litt, hat gelitten› ['laɪdən, (-)'lɪt(-)] *itr allg* souffrir *(an, unter etw* de qc); avoir mal, être souffrant; *an etw* ~ être sujet à qc; *fig (Sache)* pécher *(an etw* par qc); *tr (dulden, ertragen)* endurer, éprouver, essuyer, subir; *(dulden, zulassen)* supporter, tolérer, permettre; *keinen Aufschub, keine Unterbrechung* ~ ne souffrir aucun retard, aucune interruption; *Mangel* ~ *an* manquer de, avoir besoin de; *Not* ~ être dans la misère; *jdn nicht* ~ *können* être mal disposé pour *od* envers qn, avoir de l'aversion pour *od* contre qn, avoir qn en aversion, haïr qn, ne pas pouvoir souffrir qn; *jdn nicht mehr* ~ *können* avoir pris qn en grippe; *sich* od *ea. nicht* ~ *können* ne pas pouvoir se souffrir, se déplaire, ne pas se sentir; *(gut)* ~ *mögen* aimer bien; **L~** *n* **1.** souffrance, peine; *(Schmerz)* douleur, *(Krankheit)* affection, maladie *f; er sieht aus wie das* ~ *Christi (fam)* il a un visage *od* un air de requiem; ~**d** *a* souffrant; *(kränklich)* souffreteux; **L~schaft** *f* passion *f; poet* feu; *allg* emportement; *fam* emballement *m; von e-r heftigen* ~ *(für jdn) ergriffen werden* s'éprendre violemment (de qn), se prendre d'une grande passion (pour qn); *e-r* ~ *frönen* s'abandonner *od* se livrer à une passion; *meine* ~ *ist* ... j'ai la passion de ... ; ~**schaft-**

lich *a* passionné, emporté; *(glühend, feurig)* brûlant, fervent, ardent, fougueux, enragé; *fam* emballé; *adv* passionnément; ardemment; violemment; ~ *erregen* passionner; ~ *lieben* aimer passionnément *od* à la folie; ~ *werden* se passionner; **L~schaftlichkeit** *f* ‹-, ø› passion; *(Inbrunst)* ferveur; *(Heftigkeit)* véhémence, violence *f*, emportement *m;* fougue *f;* ~**schaftslos** *a* sans passion; *fig a.* impassible, indolent, flegmatique; *(Stil, Redner)* glacial; **L~schaftslosigkeit** *f* ‹-, ø› impassibilité, apathie, indolence *f*, flegme *m;* ~**sfähig** *a* capable de souffrir; **L~sfähigkeit** *f* capacité, *f* de souffrance; **L~sgefährte** *m,* **L~sgenosse** *m* compagnon *od* frère *m* d'infortune; **L~sgeschichte** *f rel* Passion *f;* **L~skelch** *m* calice *m* d'amertume; **L~smiene** *f* mine *f* de martyr; **L~sweg** *m (Christi)* chemin *m* de (la) croix.
Leiden *n* ['laɪdən] **2.** *geog* Leyde *f;* ~*er Flasche f (phys)* bouteille *f* de Leyde.
leid|er ['laɪdər] *adv* malheureusement; *interj* hélas! ~ *muβ ich sagen, daβ* ... je regrette d'avoir à dire que ... ; ~ *Gottes!* à mon grand regret; ~**ig** *a (ärgerlich)* fâcheux; *(unangenehm)* désagréable, déplaisant; ~**lich** ['-tlɪç] *a* passable; *pred* pas trop mal; convenable; *(erträglich)* supportable, tolérable; *adv* passablement, pas trop mal.
Leier *f* ‹-, -n› ['laɪər] *mus* lyre *f; das ist (immer) die alte* ~ *(fam)* c'est toujours la même chanson *od* litanie *od* rengaine; *die alte* ~ *(fig fam)* la ritournelle, la scie; ~**kasten** *m* orgue *m* de Barbarie; ~**(kasten)mann** *m* ‹-(e)s, ⁀er› joueur *m* d'orgue (de Barbarie); **l~n** *itr fig (monoton sprechen)* parler d'une voix monotone; ~**schwanz** *m orn* ménure(-lyre), oiseau-lyre *m*.
Leih|amt *n* ['laɪ-] mont-de-piété; *(in Frankr.)* Crédit municipal; *pop* clou *m*, ma tante *f;* ~**bibliothek** *f,* ~**bücherei** *f* bibliothèque *f* de prêt; **l~en** ‹leiht, lieh, hat geliehen› *tr* prêter *(jdm etw* qc à qn); *etw von jdm* emprunter qc à qn; *nicht gern* ~ n'être pas prêteur; *jdm sein Ohr* ~ écouter qn; ~**en** *n (Ausleihen)* prêt; *(Entleihen)* emprunt *m;* ~**frist** *f* délai *m* de prêt; ~**gabe** *f* prêt, commodat *m;* ~**gebühr** *f* taux *m* de prêt; ~**haus** *n* = ~*amt;* ~**schein** *m* bulletin *m* de prêt; ~**- und Pachtabkommen** *n hist* accord *m* prêt et bail; ~**verkehr** *m (der Bibliotheken)* service *m* de

prêt(s); *auswärtige(r)* ~ prêt de bibliothèque à bibliothèque, service *m* de prêt par correspondance; **l~weise** *adv* à titre de prêt; en location; **~zettel** *m* = *~schein.*

Leim *m* ‹-(e)s, -e› [laɪm] colle *f* forte; *auf den* ~ *gehen* donner *od* tomber dans le panneau, mordre à l'hameçon, se laisser prendre à l'appeau, *fam* gober l'appât *od* le morceau; *jdm* s'en laisser conter par qn; *aus dem* ~ *gehen* se décoller, se disloquer, se disjoindre, se défaire; **l~en** *tr* coller; *(Papier, Stoff)* encoller; *fig fam* engluer, duper; **~farbe** *f* peinture à la colle, détrempe *f;* **l~ig** *a* collant, gluant; **~ring** *m* *agr* ceinture-piège *f;* **~rute** *f* gluau *m; mit ~n fangen* prendre à la glu; **~sieder** *m* fabricant *m* de colle (forte); **~tiegel** *m,* **~topf** *m* pot *m* à colle; **~ung** *f* encollage *m.*

Lein *m* ‹-(e)s, -e› [laɪn] *bot* lin *m;* **~acker** *m* linière *f;* **~en** *n* ‹-s, -› toile *f* (de lin); *grobe(s)* ~ grosse toile *f; in* ~ *(gebunden)* (relié) en toile; **l~en** *a* de lin, de toile, de fil; **~enband** *n* ruban *m* de fil; *m (Buch)* reliure *f* (en) toile; **~endamast** *m* linge *m* damassé; **~enfabrikant** *m,* **~enhändler** *m* toilier *m;* **~enfabrikation** *f,* **~handel** *m* toilerie *f;* **~engarn** *n* fil *m* de lin; **~enindustrie** *f* industrie *f* linière; **~enlaken** *n* = *~entuch;* **~enpapier** *n* papier *m* de lin; **~enschuh** *m* chaussure de toile, espadrille *f;* **~entuch** *n* drap *m* de toile; **~enzeug** *n* linge *m;* **~eweber(ei** *f)* *m* = *~weber(ei);* **~kuchen** *m* tourteau *m* de lin; **~öl** *n* huile *f* de lin; **~ölfirnis** *m* vernis *m* à l'huile de lin; **~saat** *f,* **~samen** *m* graine de lin, linette *f;* **~tuch** *n* = *~entuch; dial (Laken)* drap *m;* **~wand** *f* toile *f; film* écran *m; in* ~ *verpacken* entoiler; *auf die* ~ *bringen (film)* mettre *od* porter à l'écran; *ungebleichte* ~ toile *f* bise *od* écrue; **~weber** *m* toilier *m;* **~weberei** *f* toilerie *f.*

Leinle *f* ‹-, -n› [ˈlaɪnə] corde *f,* cordeau *m; (Hunde~)* laisse; *(Lauf~)* longe *f; an der* ~ *führen* mener *od* tenir en laisse; *an die* ~ *nehmen* mettre en laisse; **~pfad** *m (Treidelpfad)* chemin *m* de halage.

leise [ˈlaɪzə] *a (tonschwach)* bas, faible; *(leicht)* léger; *(sanft)* doux; *adv* sans bruit; *(mit ~r Stimme)* bas, à voix basse; *beim ~sten Geräusch* au moindre bruit; *mit ~n Schritten* à pas étouffés *od* feutrés; *auf ~n Sohlen* à pas de loup; ~ *gehen* marcher doucement; *e-n ~n Schlaf haben* avoir le sommeil léger; *~er stellen (radio)*

baisser; *bitte ~!* silence, s'il vous plaît! *nicht die ~ste Ahnung, Spur* pas l'ombre d'un doute, d'une trace; **L~treter** *m* ‹-s, -› personne sournoise.

Leiste *f* ‹-, -n› [ˈlaɪstə] bande, latte, tringle *f;* liteau, listel, listeau, liston *m; (Zierleiste)* baguette; *arch* moulure; *typ* bordure; *anat* aine *f;* **~nbeuge** *f* *anat* (pli *m* de l')aine *f;* **~nbruch** *m* *med* hernie *f* inguinale; **~ndrüse** *f* ganglion *m* de l'aine; **~ngegend** *f* région *f* inguinale; **~ngrube** *f* fossette *f* inguinale; **~nhobel** *m* tarabiscot *m.*

Leisten *m* ‹-s, -› [ˈlaɪstən] *(Schuhform)* forme *f; alles über e-n* ~ *schlagen (fig)* mettre tout dans le même sac.

leisten [ˈlaɪstən] *tr (tun)* faire, accomplir; *(ausführen)* exécuter, effectuer, réaliser; *(hervorbringen)* produire; *tech* rendre, avoir un rendement de; *etwas, viel* ~ travailler bien, beaucoup; *sich etw* ~ *(gönnen)* se permettre, s'offrir, se payer qc; *e-n Eid* ~ prêter serment; *jdm Gesellschaft* ~ tenir compagnie à qn; *jdm Hilfe* ~ prêter secours à qn, aider qn; *nichts (Rechtes)* ~ ne faire rien qui vaille; *etw Tüchtiges* ~ faire du bon travail; *Widerstand* ~ résister *(jdm, e-r S* à qn, à qc); *sich etw (finanziell)* ~ *können* avoir les moyens de se payer *od* s'offrir qc; *sich etw* ~ *(erlauben, herausnehmen) können* pouvoir se permettre qc; *das kann ich mir (finanziell)* ~ c'est à ma portée; *das (bisher) Geleistete* les réalisations *f pl; die geleistete Arbeit* les travaux accomplis.

Leistung *f* ‹-, en› [ˈlaɪstʊŋ] *(Ausführung)* accomplissement *m,* exécution, réalisation; *(Beitrag)* contribution; *(Produktion)* production *f; (Zahlung)* paiement *m;* ~ *in Naturalien* prestation *f* en nature; *(Lieferung)* fourniture *f; tech* travail effectué *od* fourni; *(Ausstoß)* rendement, débit *m;* efficience *f; (~sfähigkeit)* puissance, capacité *f; allg* effort *m; sport* performance; *fin adm (Dienst), jur (Eid)* prestation *f; e-e* ~ *vollbringen* accomplir un effort *od* un exploit; *große* ~ (grand) exploit *m,* prouesse *f,* beau résultat *m; schöpferische* ~ effort *m* créateur.

Leistungslabfall *m* [ˈlaɪstʊŋs-] diminution *od* perte *f* de puissance; **~angabe** *f tech* indication *f* de la puissance; **~anzeiger** *m* indicateur *m* de puissance; **~bedarf** *m tech* puissance *f* requise; **~bereich** *m tech* régime *m;* **~druck** *m* stress *m;* **I~fähig** *a* efficace; efficient; *tech* puissant; à grande puissance; *com* capable (de produire); **~fähigkeit** *f* énergie productice; *tech* (capacité *f* de) rendement *m,* puissance *f; körperliche* ~ endurance *f,* moyens *m pl* physiques; *(wirtschaftliche)* ~ capacité *f* de production; **~gesellschaft** *f* méritocratie *f;* **~grad** *m* degré *m* de rendement; **~grenze** *f* limite *f* de puissance *od* de rendement; **~lohn** *m* salaire *m* au rendement; **~prämie** *f* prime *f* de productivité *od* de rendement; **~prüfung** *f* essai *od* test *m* de performance *od* de puissance *od* de rendement; **~schau** *f* concours *m;* **I~schwach** *a* d'un rendement faible; **~soll** *n* production *f* imposée; **~sport** *m* sport *m* de compétition; **~stand** *m* résultats *m pl* obtenus; **I~stark** *a* d'un grand rendement; **~steigerung** *f* augmentation *f* de puissance *od* de rendement; **~verstärker** *m* el amplificateur *m* de puissance; **~zulage** *f* prime *f* de productivité *od* de rendement.

Leit|achse *f* ['laɪt-] *tech* essieu *m* avant *od* directeur; **~artikel** *m* éditorial, article *m* de fond de tête, tête *f,* leader(-article) *m;* **~artikler** *m* ⟨-s, -⟩ éditorialiste *m;* **I~bar** *a* maniable; **~bild** *n* idéal, guide *m;* **~blech** *n loc* écran pare-fumée; *aero* déflecteur *m;* **~faden** *m (Lehrbuch)* manuel, guide; compendium; abrégé, précis *m;* **I~fähig** *a el* conductible; **~fähigkeit** *f* conductibilité *f,* pouvoir *m* conducteur; **~fahrzeug** *n* véhicule-pilote *m;* **~flosse** *f aero* plan *m* fixe de direction; **~fossil** *n geol* fossile *m* caractéristique; **~gedanke** *m* idée générale *od* directrice; idée *f* mère; **~hammel** *m* bélier; *fig* chef de bande, meneur *m; der* ~ *sein (fig) a.* mener le branle de la danse; **~kranz** *m (Turbine)* diffuseur *m; (Rakete)* couronne *f* directrice; **~linie** *f math* directrice *f;* **~planke** *f mot* glissière *f* de sécurité, rail *m* de sécurité; **~rad** *n* roue *f* directrice; **~rolle** *f tech* poulie de guidage *od* de renvoi, roulette-guide *f;* **~satz** *m* principe *m* directeur, directive *f;* **~schiene** *f loc* contre-rail *m; tech* glissière *f* de guidage; **~seil** *n* (~riemen) guide, longe *f; (Ballon)* guiderope, câble-guide *m;* **~signal** *n* (signal) pilote *m;* **~stelle** *f mil* poste régulateur (des mouvements); *allg* poste directeur; *tele* poste du chef de réseau; *aero* poste de commande; *radio* poste *m* directeur; **~stern** *m fig* guide *m;* **~strahl**

m aero axe *m* balisé *od* d'atterrissage; **~tier** *n* animal *m* de tête; **~vermerk** *m* indication *f* de la route; *(Post)* acheminement *m;* **~vorrichtung** *f* dispositif *m* de guidage; **~weg** *m tele* parcours *m,* route, (voie *f* d')acheminement *m;* **~werk** *n aero* empennage(s *pl*) *m,* gouvernes; *(Bombe)* ail(ett)es *f pl;* **~wert** *m el* conductance *f.*

leiten ['laɪtən] *tr* mener; *a. phys* conduire; *a. fig* guider, diriger; *(den Vorsitz haben)* présider *(über etw* qc); *(verwalten)* administrer, gérer, diriger; *(befehligen)* commander; *(regieren)* gouverner, régir; *(Verkehr: umleiten)* détourner; *sich von etw* ~ *lassen* être guidé par qc, s'inspirer de qc; **~d** *a (führend)* dirigeant, principal; en chef; *(anweisend)* directeur; *el* conducteur; *gut schlecht* ~ *(el)* bon, mauvais conducteur; **~e(r)** *Angestellte(r) m* cadre *m* (supérieur); **~e** *Stellung f* situation *f* de premier plan.

Leiter ['laɪtər] **1.** *m* ⟨-s, -⟩ *(Führer)* guide, dirigeant, conducteur; *(Dienststellen~)* chef de service; *(Direktor)* directeur; *(Geschäftsführer)* gérant; *(e-r Versammlung, Abordnung)* président; *el* conducteur *m.*

Leiter 2. *f* ⟨-, -n⟩ échelle *a. fig;* (e-s Wagens) ridelle; *(Stufen-, Ton~)* gamme *f; von der* ~ *fallen* tomber en bas de l'échelle; **~wagen** *m* voiture *f od* chariot *m* à ridelles.

Leitung *f* ['laɪtʊŋ] *(Führung)* conduite, direction; *(Verwaltung)* gestion, administration; *(e-r Versammlung od Abordnung)* présidence *f; mil* commandement *m; tech (Rohr~)* tuyauterie, canalisation; *(Gas-, Wasser~)* conduite; *el* ligne *f,* fil, câble *m; tele* ligne, jonction *f; unter der* ~ (gen) sous la direction *od* présidence (de); *sich in die* ~ *einschalten (tele)* entrer dans le circuit; *e-e lange* ~ *haben (fig fam)* ne pas avoir la comprenette facile; mettre du temps à comprendre *fam; e-e* ~ *legen (tele)* établir une ligne; *die* ~ *schalten auf (tele)* renvoyer le circuit sur; *die* ~ *e-r S übernehmen* prendre la direction de qc; *die* ~ *ist besetzt* la ligne est occupée; *durchgeschaltete* ~ *(tele)* ligne *f* d'interconnexion.

Leitungs|abschnitt *m* ['laɪtʊŋs-] *tele* tronçon *m* de ligne; **~bau** *m* tele construction *f* de ligne; **~draht** *m* fil *m* conducteur *od* de ligne; **~führung** *f tele* tracé *m* (de la ligne); **~mast** *m* support de ligne (électrique); *(großer)* pylône *m* (métallique); **~netz** *n (Wasser)* canalisation *f; el* réseau électrique *od* de distribution; *tele* réseau *m* (de lignes); **~rohr** *n* tube *od* tuyau *m* de conduite *od* de canalisation; **~strom** *m* courant *m* conduit *od* de conduction; **~wasser** *n* eau *f* de la ville *od* du robinet; **~weg** *m* el itinéraire *m*; **~widerstand** *m* el résistance *f* de la ligne.

Lekt|ion *f* ⟨-, -en⟩ [lɛktsi'o:n] *a. fig* leçon *f; jdm e-e* ~ *erteilen (fig)* donner une leçon à qn; **~or** *m* ⟨-s, -en⟩ ['lɛktɔr, -'to:rən] *(Univ., Verlag, theat)* lecteur *m*; **~orat** *n* ⟨-(e)s, -e⟩ [-to'ra:t] poste *m* de lecteur; **~üre** *f* ⟨-, (-n)⟩ [-'ty:rə] lecture *f*.

Lemniskate *f* ⟨-, -n⟩ [lɛmnɪs'ka:tə] *math* lemniscate *f*.

Lemure *m* ⟨-n, -n⟩ [le'mu:rə] *(Gespenst)* lémure *m; pl zoo (Halbaffen)* lémuriens *m pl.*

Lende *f* ⟨-, -n⟩ ['lɛndə] *meist pl. anat* lombes; *(Kreuz)* reins *m pl;* **~nbraten** *m (vom Rind)* (rôti *m* d')aloyau *m;* **~ngegend** *f* région lombaire, (région *f* des) reins *m pl;* **l~lahm** *a* éreinté; *fig (Beweisführung, Entschuldigung)* faible, boiteux; **~nschurz** *m* pagne *m;* **~nstück** *n (Rind)* aloyau, filet *m; untere(s)* ~ bavette *f;* **~nwirbel** *m* vertèbre *f* lombaire.

Lenk|achse *f* ['lɛŋk-] essieu *m* mobile *od* de direction; **l~bar** *a tech* dirigeable, gouvernable; *fig (Mensch)* traitable, docile; **~e(r)** *Ballon m* ballon *m* dirigeable; **~e(s)** *Luftschiff n (Zeppelin)* dirigeable *m;* **~barkeit** *f* ⟨-, (-en)⟩ *mot* maniabilité; *aero* dirigeabilité; *fig* docilité *f;* **~gehäuse** *n* carter *m od* boîte *f* de direction; **~hebel** *m* levier *m* de direction *od* de manœuvre; **~rad** *n* volant *m* (de direction); **~radschaltung** *f mot* vitesses *f pl* au tableau de bord; **~rakete** *f* fusée *f* (télé)guidée; **l~sam** *a (Mensch)* traitable, docile; **~samkeit** *f* ⟨-, (-en)⟩ docilité *f;* **~säule** *f mot* tube *m od* colonne *f* de direction; **~stange** *f (Fahrrad)* guidon *m; mot* barre de direction *od* directrice; *tech* bielle *f;* **~vorrichtung** *f* mécanisme *m* de direction.

lenk|en ['lɛŋkən] *tr* diriger, guider; *(Fahrzeug)* conduire; *aero* piloter; *(führen)* mener; *fig (Menschen)* gouverner, régir; *adm (Wirtschaft)* planifier; *(Gedanken, Blick)* aiguiller; *auf sich* ~ attirer sur *od* à soi; *jds Aufmerksamkeit auf etw* ~ appeler l'attention de qn sur qc; *das Gespräch auf etw* ~ amener la conversation sur qc; *seine Schritte* ~ *nach* diriger ses pas vers; *den Verdacht*

auf jdn ~ faire porter le soupçon sur qn; *sich* ~ *lassen* être docile; *ge~te Wirtschaft f* économie *f* dirigée; **L~er** *m* ⟨-s, -⟩ *(Fahrer)* conducteur; *(Lenkstange)* guidon; *fig (Gott)* arbitre *m; (prov) der Mensch denkt, Gott lenkt* l'homme propose, Dieu dispose; **L~ung** *f (Leitung, Führung)* direction; *(Ausrichtung)* orientation, régulation *f;* ~ *der Wirtschaft* dirigisme *m.*

Lenz *m* ⟨-es, -e⟩ [lɛnts] *poet* printemps, renouveau *m; 20* ~*e zählen (alt sein)* compter *od* avoir vingt printemps; *der* ~ *des Lebens* le printemps de la vie.

lenz|en ['lɛntsən] *itr mar (vor dem Sturm laufen)* courir devant le vent; *tr mar (leer pumpen)* pomper l'eau de; **L~pumpe** *f* pompe *f* de cale.

Leopard *m* ⟨-en, -en⟩ [leo'part, -dən] *zoo* léopard *m.*

Lepra *f* ⟨-, ø⟩ ['le:pra] *med* lèpre *f;* **l~krank** *a* lépreux; **~kranke(r)** *m* lépreux *m;* **~station** *f* léproserie *f.*

Lerche *f* ⟨-, -n⟩ ['lɛrçə] *orn* alouette *f.*

lern|bar ['lɛrn-] *a* que l'on peut apprendre, qui s'apprend; **L~begier(de)** *f* envie *f od* désir *m* d'apprendre; **~begierig** *a,* **~eifrig** *a* avide *od* désireux d'apprendre, studieux, appliqué; **L~eifer** *m* zèle *m* (pour l'étude), application *f.*

lernen ['lɛrnən] *tr* apprendre (*etw zu tun* à faire qc); *(studieren)* étudier *fam* bûcher, potasser, *itr (in der Lehre sein)* être en apprentissage; *auswendig* ~ apprendre par cœur; *Deutsch, Französisch* ~ apprendre l'allemand, le français; *gut, schlecht* ~ travailler bien, mal en classe; *ein Handwerk* ~ apprendre un *od* faire l'apprentissage d'un métier; *etwas Latein* ~ se frotter de latin *fam; lesen, schreiben, rechnen* ~ apprendre à lire, à écrire, à compter; *man lernt nie aus* on apprend à tout âge; *lerne was, so kannst du was! (prov)* apprends et tu sauras; **L~** *n* études *f pl; (Lehre)* apprentissage *m; das* ~ *fällt ihm schwer* il apprend avec difficulté; **L~de(r)** *m (Schüler)* écolier, élève; *(Student)* étudiant; *(Lehrling)* apprenti *m.*

Lern|er *m* ⟨-s, -⟩ ['lɛrnər] apprenant *m;* **l~fähig** *a* capable d'apprendre.

Les|art *f* ['le:s-] version; *(andere* ~*)* variante *f;* **l~bar** *a (leserlich)* lisible, déchiffrable; **~barkeit** *f* ⟨-, ø⟩ lisibilité *f.*

Lesb|ierin *f* ⟨-, -nnen⟩ ['lɛsbiərɪn], **~e** *f* ⟨-, -n⟩ *pop* lesbienne *f;* **l~isch** *a* lesbien.

Lese f ⟨-, -n⟩ ['le:zə] *(Wein~)* vendange f.

Lese|abend m ['le:zə-] soirée f littéraire; **~brille** f lunettes f pl pour lire od pour la lecture; **~buch** n livre m de lecture; anthologie, *scient* chrestomathie f; **~drama** n drame m injouable; **~ecke** f coin m de lecture; **~halle** f salle f de lecture, athénée m; **~hunger** m fringale f de lecture; **l~hungrig** a avide de lecture; **~lampe** f veilleuse, lampe f de lecture; **~probe** f échantillon m de lecture; *theat* lecture f; **~pult** n pupitre; *rel* lutrin m; **~ratte** f rat m de bibliothèque; liseur, se m f; **~saal** m salle f de lecture; **~stoff** m lecture f; **~stück** n (morceau m de) lecture f; **~übung** f exercice m de lecture; **~zeichen** n liseuse f; *(festes Band)* signet m; **~zimmer** n salle f de lecture; **~zirkel** m cercle m od réunion f de lecture.

lesen ⟨liest, las, hat gelesen; lies!⟩ ['le:zən, li:s(-), la:s, -zən] tr *(Text)* lire; *(entziffern)* déchiffrer; *(sammeln, bes. Reisig)* ramasser; *(Ähren)* glaner; *(Trauben)* vendanger; *(pflükken)* cueillir; *(aus-, ver~)* trier; itr *(Kolleg ~)* faire un cours *(über* sur); *(Ähren ~)* glaner; *immer wieder ~* lire et relire; *laut ~* lire à haute voix; *leicht, schwer zu ~ sein* être d'une lecture facile, difficile; **L~** n lecture f; déchiffrement m; *(der Messe)* célébration f; *(Sammeln)* ramassage; *(Aus-, Ver~)* triage m; *nach einmaligem ~* après simple lecture; **~swert** a digne d'être lu; *~ sein* mériter d'être lu; **leserlich** a = *lesbar;* **Leserlichkeit** f ⟨-, (-en)⟩ = *Lesbarkeit.*

Leser m ⟨-s, -⟩ ['le:zər] lecteur, liseur m; *pl* public m; **~brief** m *(in e-r Zeitung)* lettre f à la rédaction; **~ecke** f *(in e-r Zeitung)* courrier m des lecteurs; **~kreis** m, **~schaft** f ⟨-, (-en)⟩ cercle m de lecteurs, public m; **~zahl** f *(e-r Zeitung)* nombre m de lecteurs, degré m de lecture; **~zuschrift** f = *~brief.*

Lesung f ⟨-, -en⟩ ['le:zʊŋ] lecture f; *in erster, zweiter ~ (parl)* en première, seconde lecture.

letal [le'ta:l] a *(tödlich)* mortel, délétère.

Letharg|ie f ⟨-, ø⟩ [letar'gi:] *(Schlafsucht; Teilnahmslosigkeit)* léthargie f; **l~isch** [-'targɪʃ] a léthargique.

Lett|e m ⟨-n, -n⟩ ['lɛtə], **~in** f Letton, ne m f; **l~isch** a letton; *(das) L~(e)* le letton, le lette; **~land** n la Lettonie.

Letten m ⟨-s, -⟩ ['lɛtən] = *Lehm.*

Letter f ⟨-, -n⟩ ['lɛtər] *typ* lettre f, caractère typographique od d'imprimerie, type, plomb m; *bewegliche ~n* caractères m pl mobiles; **~nmetall** n métal m à (fondre des) caractères od à lettres.

Lettner m ⟨-s, -⟩ ['lɛtnər] *arch rel* jubé m.

Letzt f [lɛtst]: *zu guter ~* en fin de compte; *fam* à la fin des fins.

letzt|e(r, s) [lɛtst-] a dernier, ultime; *(abschließende)* final; *(neueste)* (le) plus récent, (le) dernier; *(äußerste)* extrême, suprême; *als ~es Mittel, als ~e Rettung* en désespoir de cause; *an ~er Stelle* en dernier (lieu); *bis zum ~en* jusqu'au bout; à outrance; *fam* jusqu'à la gauche; *bis auf den ~en Mann* jusqu'au dernier (homme); *das ~e Mal* la dernière od l'autre fois; *im ~en Augenblick* au dernier moment; *fam* au pied levé; *in den ~en Jahren, Tagen* ces dernières années, ces derniers jours; *in ~er Zeit* ces derniers temps, ces temps derniers, récemment; *zum ~en Mal* pour la dernière fois; *~en Endes* enfin od au bout du compte, en dernière analyse; *~en Montag* lundi dernier; *die ~e Woche* la semaine dernière; *das L~e daransetzen* jouer son va-tout; *zum ~en Mittel greifen* recourir aux moyens extrêmes; *das L~e od sein L~es (her)geben (verschenken)* donner jusqu'à sa dernière chemise, donner tout au monde, se saigner aux quatre veines *(für* pour); *die ~e Hand legen an* mettre la dernière main à; *ich wäre der ~e, der ...* je suis le dernier homme qui ...; *den ~en beißen die Hunde (prov)* au dernier les os; *das wäre das L~e!* ce serait la fin de tout od un pis aller; *fam mit ihm ist Matthäi am ~en* il est à l'article de la mort; *der ~e Bissen* le morceau honteux *fam; die L~en Dinge (rel)* les fins dernières, les quatre fins du monde; *die ~en Meldungen od Nachrichten* les informations de dernière heure, les dernières nouvelles f pl; *der ~e Schliff (pop)* le fion; *das ~e Viertel (Mond)* le dernier quartier; **L~bietende(r)** m *com* dernier enchérisseur m; **~enmal:** *zum ~* pour la dernière fois; **~ens** *adv* dernièrement, l'autre jour, récemment; **~ere(r)** a ce dernier, celui-ci; **~genannte(r)** a cité en dernier lieu; **~hin** *adv* = *~ens;* **~instanzlich** a *u. adv* en dernier ressort; **~jährig** a de l'an dernier, de l'année dernière; **~lich** = *letztens;* = *letzten Endes;* **~willig** a *jur* testamentaire; *adv* par testament; *~e Verfügung* f acte m de dernière volonté.

Leu m ⟨-en, -en⟩ [lɔy] *poet* lion m.

Leucht|bake f ['lɔyçt-] , **~boje** f balise od bouée f lumineuse; **~bombe** f bombe f éclairante; **~dichte** f phys brillance, densité f lumineuse; **~e** f ⟨-, -n⟩ *(Licht)* lumière; *(Lampe)* lampe f, appareil m d'éclairage; *fig (Mensch)* lumière f; aigle; coryphée; *fam* as m; **~elektron** n photo-électron m; **l~en** itr luire, donner de la lumière, être lumineux; *(glänzen)* briller, resplendir; *fig (Augen)* rayonner; *jdm* ~ éclairer qn; **~en** n lueur f; resplendissement, rayonnement m; *phys* luminescence f; **l~end** a lumineux; *(Farbe)* vif; *(strahlend)* rayonnant; *fig* éclatant, frappant; **~e(s)** Vorbild n exemple m éclatant; **~er** m ⟨-s, -⟩ *(Kerzen~)* chandelier; *(Hand~)* bougeoir; *(Arm~; Kandelaber)* candélabre m; *(Wand~)* applique f; *(Kron~)* lustre m; **~fallschirmrakete** f fusée f lumineuse od éclairante à parachute; **~farbe** f peinture f lumineuse; **~feuer** n mar fanal, phare m; **~fläche** f panneau m lumineux; **~gas** n gaz m éclairant od d'éclairage; **~geschoß** n projectile m lumineux od éclairant od traceur; **~granate** f obus m éclairant; **~käfer** m ver m luisant, luciole f; **~kompaß** m boussole f lumineuse; **~körper** m corps m lumineux od éclairant; **~kraft** f pouvoir m éclairant; puissance od intensité f lumineuse; **~patrone** f cartouche f éclairante; **~pistole** f pistolet m éclairant od lance-fusées; **~rakete** f fusée f éclairante; **~schiff** n bateau-feu, bateau-phare m; **~signal** n signal m lumineux; **~spur** f trace f lumineuse; **~spurgeschoß** n projectile m traçant od traceur, balle f traçante od traceuse; **~spurmunition** f munition(s pl) f traçante(s) od traceuse(s); **~stift** m marqueur m fluorescent; **~stofflampe** f, **~stoffröhre** f lampe f, tube m fluorescent(e); **~turm** m phare m; **~zeichen** n appel od signal lumineux, voyant m; **~zifferblatt** n cadran m lumineux.

leugn|en ['lɔygnən] tr nier, désavouer, démentir; *(abstreiten)* contester; jur dénier; *ich leugne es nicht (a.)* je ne dis pas le contraire; *das ist nicht zu* ~ c'est indéniable od incontestable; *es kann nicht geleugnet werden, daß...* on ne saurait nier que ...; **L~en** n, **L~ung** f dénégations f pl, désaveu m; contestation f.

Leuk|ämie f ⟨-, -n⟩ [lɔykɛ'mi:] med leuc(ocyth)émie f ⟨-⟩; **~ozyten** m pl [-ko'tsy:tən] *(weiße Blutkörperchen)* leucocytes, globules m pl blancs.

Leumund m ⟨-(e)s, ø⟩ ['lɔymʊnt, -dəs] réputation f, renom m; renommée f; gute(r), schlechte(r) ~ bonne, mauvaise réputation f; **~szeugnis** n certificat m de bonne vie et mœurs od de bonne conduite.

Leutchen pl ['lɔytçən] bonnes gens pl.

Leute pl ['lɔytə] gens m pl *(wenn ein a mit weibl. Endung unmittelbar vorausgeht:* f pl*)*; monde m; *(Personal)* gens pl de maison, domestiques; *(Arbeitskräfte, Soldaten)* hommes m pl; *unter die* ~ *bringen* faire circuler, divulguer; *unter die* ~ *gehen* od *kommen* sortir, aller dans le od voir du monde; *nicht unter die* ~ *gehen* ne voir personne; *s-e* ~ *kennen* connaître ses gens; *wir sind (fortan) geschiedene* ~ tout est fini entre nous *(désormais)*; *die* ~ *sagen es* on le dit; *was werden die* ~ *dazu sagen?* qu'en dira-t-on? *alle* ~ tout le monde, tous les gens; *die anständigen* ~ les honnêtes gens; *die feinen* ~ les gens bien; *pop* le gratin; *die großen* ~ *(die Erwachsenen)* les grandes personnes; *junge, alte* ~ jeunes m, vieilles f gens; *die kleinen* ~ les petites gens, les gens de peu, le petit monde, le menu peuple; *lit* les humbles; *fam* le (menu) fretin; *die rechtschaffenen* ~ les braves gens; ~ *von Rang und Stand* gens de qualité; *es sind* ~ *bei uns (Besuch)* nous avons du monde; *meine* ~ *(fam: Familie)* les miens, ma famille; *(Personal)* mes gens; *(Arbeiter, Soldaten)* mes hommes; *armer* ~ *Kind* de famille pauvre; **~schinder** m exploiteur, requin m.

Leutnant m ⟨-e, -s/(-e)⟩ ['lɔytnant] sous-lieutenant m; ~ *zur See* enseigne m de vaisseau de 2e classe; **~sstelle** f lieutenance f.

leutselig ['lɔyt-] a affable; *(wohlwollend)* bienveillant; **L~keit** f affabilité; bienveillance f.

Levant|e [le'vantə], *die* le Levant; **~iner** m ⟨-s, -⟩ [-'ti:nər] pl Levantins m pl; **l~inisch** [-'ti:nɪʃ] a levantin.

Levit m ⟨-en, -en⟩ [le'vi:t] rel lévite m; *jdm die* ~en *lesen* faire la morale à qn; sermonner, chapitrer, morigéner qn.

Levkoje f ⟨-, -n⟩ [lɛf'ko:jə] bot giroflée f.

Lexik f ⟨-, ø⟩ ['lɛksɪk] lexique m.

lexik|alisch [-si'ka:lɪʃ] a lexical; **L~ograph** m ⟨-en, -en⟩ [-ko'gra:f] lexicographe m; **L~ographie** f ⟨-, ø⟩ [-gra'fi:] lexicographie f; **~ographisch** [-'gra:fɪʃ] a lexicographique; **L~on** n ⟨-s, -ka/-ken⟩ ['lɛksikɔn, -ka, -kən] dictionnaire; *(Handwörter-*

buch) lexique *m; (Konversations~)* encyclopédie *f; lebende(s) od wandelnde(s)* ~ *(fam: Mensch)* encyclopédie *f* vivante.

Liane *f* ⟨-, -n⟩ [li'a:nə] *bot* liane *f.*

Libanǀese *m* ⟨-n, -n⟩ [liba'ne:zə] Libanais *m;* **l~esisch** [-'ne:zɪʃ] *a* libanais; **~on** ['li:banɔn]*, der (Gebirge)* le Liban; *(der)* ~ *m* ⟨-s⟩ *(Staat)* le Liban *m.*

Libelle *f* ⟨-, -n⟩ [li'bɛlə] *ent* libellule, demoiselle *f; (Wasserwaage)* niveau *m* d'eau.

liberal [libe'ra:l] *a pol allg* libéral; *(freigebig a.)* généreux, large; **~isieren** [-li'zi:rən] *tr* libéraliser; **L~isierung** *f* libéralisation *f;* **L~ismus** *m* ⟨-, ø⟩ [-'lɪsmʊs] libéralisme *m;* **~istisch** [-'lɪstɪ ʃ] *a* libéral; **L~ität** *f* ⟨-, ø⟩ [-li'tɛ:t] *(Freigebigkeit)* libéralité; générosité *f.*

Liberiǀa *n* [li'be:ria] *geog* le Libéria; **~(an)er** *m* ⟨-s, -⟩ [-'be:riər] Libérien *m;* **l~anisch** [-ri'a:nɪʃ] *a* libérien.

Librettǀist *m* ⟨-en, -en⟩ [librɛ'tɪst] librettiste *m;* **~o** *n* ⟨-s, -s/-ti⟩ [li'brɛto, -ti] *(Textbuch)* livret *m.*

Libyǀen *n* ['li:byən] la Libye; **~er** *m* ⟨-s, -⟩ ['li:byər] Libyen *m;* **l~isch** ['li:bɪʃ] *a* libyen.

Licht *n* ⟨-(e)s, -er⟩ [lɪçt] lumière *a. fig; (Helligkeit)* clarté *f; (Beleuchtung)* éclairage *m; (~schein)* lueur *f; (Tages~)* jour *m; n* ⟨-(e)s, -er/(-e)⟩ *(Talg~)* chandelle; *(Wachs~)* bougie *f; (Verkehrssignal, mar)* feu *m; (Malerei)* tache claire, lumière *f; (Jägersprache: Auge)* œil *m; bei* ~ à la lumière; *bei* ~ *besehen od betrachtet* regardé de près; *gegen das* ~ à contre-jour; *in anderem* ~ *(fig)* sous un autre jour; *in falschem* ~ *(Bild)* en faux jour; *in günstigem* ~ sous un jour favorable; ~ *(an)machen od anzünden od einschalten* allumer la lumière *od* l'électricité, tourner le bouton électrique *od* l'interrupteur; *jdm ein* ~ *aufstecken (fig)* ouvrir les yeux à qn, éclairer la lanterne de qn; *das* ~ *ausmachen od ausschalten* éteindre la lumière, couper l'électricité; *ans* ~ *bringen (fig)* mettre au jour, dévoiler; ~ *in etw bringen (fig)* jeter le *od* du jour sur qc, faire la lumière sur *od* dans qc, éclaircir qc; *das* ~ *der Welt erblicken* voir le jour *od* la lumière; *etw in günstigem* ~ *erscheinen lassen* faire voir *od* présenter qc sous un jour favorable *od* avantageux; *jdn hinters* ~ *führen* donner le change à qn, duper, tromper qn, en faire accroire à qn; *fam* posséder, *pop* monter le coup à qn, mener qn en barque *od* en bateau; *jdm aus dem* ~ *gehen* s'ôter

de devant le jour de qn; *das* ~ *im Rücken haben* être à contre-jour; *etw ans* ~ *halten* approcher qc de la lumière; *ans* ~ *kommen (fig)* se faire jour *od* connaître, se découvrir, se dévoiler; *sein* ~ *leuchten lassen (fig)* se faire valoir, *pop* mousser; *etw in neuem* ~ *sehen* voir qc sous un jour nouveau *od* sous un nouvel aspect; *etw ins rechte* ~ *rücken od setzen od stellen* mettre qc dans son vrai jour *od* en (bonne) lumière *od* en valeur; *das* ~ *scheuen (fig)* fuir le jour, redouter la lumière; *sich selbst im* ~ *sitzen* se faire du tort à soi-même, être assis devant soi; *jdm im* ~ *stehen* cacher le jour à qn; *sich in ein günstiges od ins rechte* ~ *stellen (fig a.)* se mettre en valeur; *in ein schiefes* ~ *stellen* présenter sous un faux jour; *sein* ~ *unter den Scheffel stellen (fig)* mettre sa lumière sous le boisseau; *ein günstiges* ~ *werfen auf, in günstigem* ~ *zeigen od darstellen* faire re voir *od* présenter sous un jour favorable; *ein schlechtes* ~ *auf jdn werfen* nuire *od* porter atteinte à la réputation de qn, porter atteinte à qn; *mir geht ein* ~ *auf* il me vient une lueur, je commence à comprendre *od* à y voir clair; *er ist kein großes* ~ il n'est pas une lumière; *das* ~ *ist an, aus* la lumière est allumée, éteinte; *wo viel* ~ *ist, ist viel Schatten (prov)* toute médaille a son revers; *Ewige(s)* ~ *(rel)* veilleuse *f* du sanctuaire; *gelbe(s), grüne(s), rote(s)* ~ feu *m* orange, vert, rouge; *ein kleines* ~ *(fig)* un pauvre sire *od* type, un pas grand-chose; *schlechte(s)* ~ mauvaise lumière *f; a. fig* faux jour *m;* ~ *und Heizung* l'éclairage et le chauffage; *das* ~ *der Öffentlichkeit* le grand jour; **~anlage** *f* installation *f* d'éclairage; *automatische* ~ minuterie *f;* **l~beständig** *a* = *l~echt;* **~beugung** *f phys* diffraction *f;* **l~beugend** diffringent; **~bild** *n* photo(graphie) *f;* **~bildersammlung** *f* photothèque *f;* **~bildervortrag** *m* conférence *f* avec *od* accompagnée de projections (lumineuses); **~bildner** *m* ⟨-s, -⟩ photographe *m;* **l~blau** *a* bleu clair; **~blick** *m* trait *m* de lumière; *fig* éclaircie, perspective *f* réjouissante, rayon d'espérance; signe *od* symptôme *m* réjouissant; **~bogen** *m* arc *m* électrique; **~bogenschweißung** *f* soudure *f* à l'arc; **l~brechend** *a* réfringent; **~brechung** *f* réfraction *f;* **~brechungsvermögen** *n* réfringence *f;* **~bündel** *n* faisceau *od* pinceau *m* lumineux;

~**büschel** *n* aigrette *f* lumineuse; ~**druck** *m* phototypie, héliogravure *f;* l~**durchlässig** *a* translucide, diaphane; ~**durchlässigkeit** *f* translucidité, diaphanéité *f;* l~**echt** *a* résistant à la lumière; bon *od* grand teint; ~**echtheit** *f* solidité *f* à la lumière; ~**effekt** *m* effet *m* de lumière; ~**einheit** *f* unité *f* de lumière; étalon *m* d'intensité lumineuse; ~**einwirkung** *f* action *f* de la lumière; l~**elektrisch** *a* photo-électrique; l~**empfindlich** *a* sensible à la lumière, impressionnable; ~ *machen (phot)* sensibiliser; ~**empfindlichkeit** *f phot* sensibilité (à la lumière), impressionnabilité *f;* ~**erglanz** *m (von Kerzen)* éclat *m* des bougies *od (von el. Licht)* des lustres; l~**erloh** *adv:* ~ *brennen* être tout en flammes, flamber; ~**ermeer** *n poet* océan *m* de lumière; ~**fleck** *m (auf d. Radarschirm)* spot *m* (lumineux); ~**flut** *f* flot *m* de lumière; ~**geschwindigkeit** *f* vitesse *f* de la lumière; ~**hof** *m arch* cour *f* intérieure *od* vitrée; *phot* halo *m;* l~**hoffrei** *a phot* antihalo; ~*e Schicht f (phot)* enduit *m* antihalo; ~**hupe** *f* avertisseur *m* lumineux; ~**jahr** *n astr* année-lumière *f;* ~**kegel** *m* cône lumineux *od* de lumière, pinceau de lumière; *(Scheinwerfer)* faisceau *m* lumineux *od* de lumière; ~**lehre** *f* optique *f;* ~**leitung** *f* câble *od* circuit *m* d'éclairage; ligne *f* électrique; ~**loch** *n arch* jour *m,* lunette *f; tech* regard *m;* ~**maschine** *f* dynamo, génératrice *f;* ~**mast** *m* pylône *m;* ~**meß** *f rel* chandeleur *f;* ~**messer** *m* ⟨-s, -⟩ *(Gerät)* photomètre *m;* ~**messung** *f* photométrie *f; mil* repérage *m* optique; ~**nelke** *f bot* lychnide *f,* lychnis *m;* ~**netz** *n* réseau d'éclairage, secteur *m;* ~**pausapparat** *m,* ~**pausgerät** *n* appareil *m* à calquer; ~**pause** *f* copie *f* héliographique; photocalque *m;* ~**pauspapier** *n* papier *m* héliographique *od* photocalque; ~**quant** *n phys* photon *m;* ~**quelle** *f* source *od* fontaine *f* lumineuse; ~**reflektor** *m film radio* réflecteur *m* (de lumière); ~**reflex** *m* reflet *m* de lumière; ~**reiz** *m* impression *f* lumineuse; ~**reklame** *f* publicité *od* réclame *f* lumineuse; ~**satz** *m typ* photocomposition *f;* ~**schacht** *m* cour *f* intérieure; ~**schalter** *m* commutateur *od* interrupteur *m* (électrique); ~**schein** *m* lueur *f,* reflet *m* de lumière; l~**scheu** *a* qui craint *od* fuit la lumière *od* le jour; *scient* lucifuge; *fig* ténébreux; *med* photophobe; ~**schirm** *m* écran; abat-jour, gar-

de-vue, diffuseur *m;* ~**schleuse** *f* sas *m;* ~**schranke** *f* barrage *m* optique; ~**schutzfaktor** *m (von Sonnenschutzmittel)* indice *m* de protection; l~**schwach** *a* peu lumineux, à *od* de faible luminosité; ~**signal** *n* signal lumineux *od* optique; *(Verkehrszeichen)* feu *m* de circulation; ~**spielhaus** *n,* ~**spieltheater** *n* (théâtre) cinéma(tographe) *m;* l~**stark** *a* de grande intensité lumineuse; *phot* à grande ouverture; ~**stärke** *f* intensité *od* puissance lumineuse; *opt* luminosité *f;* ~**strahl** *m* rayon lumineux *od* de lumière; trait *m* de lumière; ~**streifen** *m* filet *m* de lumière; ~**strom** *m* flux *m* lumineux; ~- **und Schattenseiten** *f pl (fig)* avantages et inconvénients *m pl;* l~**undurchlässig** *a* opaque; ~**verhältnisse** *n pl* éclairage *m;* l~**voll** *a* lumineux; *fig* lucide, clair; ~**wellen** *f pl* ondes *f pl* lumineuses; ~**wendigkeit** *f biol* héliotropisme *m;* ~**wesen** *n* être *m* céleste; ~**wirkung** *f* effet *m* lumineux.

licht [lıçt] *a (hell)* clair; *(dünn, spärlich)* clairsemé, rare; *am* ~*en Tage* au grand *od* en plein jour; ~*e Momente haben* avoir des moments de lucidité; ~*e Höhe f (arch)* hauteur du jour; *(einer Brücke)* hauteur *f* libre (d'un pont); ~*e Stelle f (Wald)* clairière *f;* ~*e Maschen f pl (Netz)* mailles *f pl* lâches; ~*e Weite f (arch)* diamètre *m* intérieur; *tech* alésage.

licht|en ['lıçtən] *tr* **1.** *(Wald)* éclaircir; *(Baum)* élaguer; *fig (die Reihen)* décimer; *sich* ~ s'éclaircir, se raréfier, se faire rare; **L~ung** *f (im Walde)* clairière *f.*

lichten *tr* **2.** *den Anker* ~ lever l'ancre, appareiller; **L~** *n:* ~ *des Ankers* appareillage *m.*

Lid *n* ⟨-(e)s, -er⟩ [li:t, -dər] *anat* paupière *f;* ~**flattern** *n* tremblement *m* des paupières; ~**rand** *m* bord *m* de la paupière; ~**(rand)entzündung** *f* blépharite *f;* ~**schatten** *m (Make-up)* fard *m* à paupières; ~**strich** *m (Make-up)* trait *m* d'eye-liner *od* de crayon *od* de kohl.

lieb [li:p] *a (wert, teuer)* cher; *(geliebt)* (bien-)aimé, chéri; *(angenehm)* agréable; *(nett)* gentil; *(liebenswürdig)* aimable, charmant; *den* ~*en langen Tag* toute la sainte journée; *wenn dir dein Leben* ~ *ist* si tu tiens à la vie; *sich bei jdm* ~ *Kind machen* s'attirer les bonnes grâces de qn; *das ist mir sehr* ~ j'en suis très content; *es wäre mir* ~*, wenn ...* j'aimerais que ...; *seien Sie so* ~ *und ...* ayez la bonté de ...; *du ~er Himmel!* *du ~e Zeit!* mon Dieu! bonté divine *od* du ciel! *mein L~er!* mon cher! *fam* mon vieux! mon brave! mon chéri! **L~** *n* ⟨-s, ø⟩ *lit* bien-aimé, e *m f;* **~äugeln** *itr* jouer de la prunelle; *mit jdm* lancer des œillades, faire de l'œil *od* les yeux doux à qn; *mit etw ~ (fig)* lorgner qc; caresser (le désir de) qc, désirer qc; **L~chen** *n* bien-aimée, chérie; *pop* petite *od* bonne amie *f;* **L~e** *f* ⟨-, (-en)⟩ ['-bə] amour *m* (*zu* de, pour, envers), affection, inclination; *(Nächsten~)* charité *f; aus ~ zu* par amour pour, pour l'amour de; *vor ~ auffressen wollen* manger de caresses *od* de baisers; *für jdn ~ empfinden* éprouver de l'amour pour qn; *vor ~ vergehen* se consumer d'amour; *mit dem Mantel od Mäntelchen der ~ zudecken* taire par charité; *~ macht blind (prov)* l'amour est aveugle; *alte ~ rostet nicht (prov)* on revient toujours à ses premières amours; *die kindliche ~* la piété filiale; *~ auf den ersten Blick* coup *m* de foudre; **L~e-diener** *m pej* flatteur *m;* **L~ediene-rei** *f* flatterie, flagornerie, obséquiosité, servilité *f;* **~edienern** *itr* être obséquieux *od* servile; **L~elei** *f* [-'laɪ] amourette *f,* flirt *m;* aventure galante, intrigue *f* amoureuse; **~eln** *itr* flirter; **~en** *tr* aimer, chérir, affectionner; *über alles ~* aimer par-dessus *od* plus que tout; *was sich liebt, das neckt sich (prov)* qui s'aime, se chamaille; **L~ende(r** *m)* *f* amant(e *f) m,* amoureux, se *m f;* **~enswert** *a* digne d'amour, chérissable; **~enswürdig** *a* aimable, gentil, amène; *das ist sehr ~ von Ihnen* c'est très aimable à vous; vous êtes trop aimable; *wären Sie so ~ und ...?* voudriez-vous avoir la gentillesse de ...? **L~enswürdig-keit** *f* amabilité, gentillesse *f;* **~er** *adv (komparativ von: gern)* plutôt, mieux; *~ haben* aimer mieux, préférer; *etw ~ tun* aimer mieux *od* préférer faire qc; *das habe ich ~, das ist mir ~* j'aime mieux cela; *ich wüßte nicht, was ich ~ täte* je ne demande pas mieux (*als zu* que de); *laß das od es ~ (sein)!* n'en fais rien! *tue es ~ nicht!* il vaut mieux que tu ne le fasses pas; *~ nicht! (fam)* j'aime mieux pas; **L~esabenteuer** *n* aventure *f* amoureuse *od* galante; **L~esbote** *m* messager *m* d'amour; **L~esbrief** *m* lettre *f* d'amour, billet doux, poulet *m;* **L~esdienst** *m* complaisance, obligeance *f; jdm e-n ~ erweisen* obliger qn; **L~esentzug** *m* privation *f* d'affection; **L~eserklärung** *f* décla-

ration *f* d'amour; *e-e ~ machen* se déclarer; **L~esgaben** *f pl* dons *m pl* charitables; **L~esgedicht** *n* poème *m* d'amour; **L~esgeständnis** *n* aveu *m* d'amour; **L~esglück** *n* bonheur *m* d'aimer; **L~esgott,** *der* Amour, Cupidon *m;* **L~esheirat** *f* mariage *m* d'amour; **L~esknochen** *m (Gebäck)* éclair *m;* **~eskrank** *a* malade d'amour; **L~eskummer** *m* chagrin *m* d'amour; **L~esleben** *n* vie *f* sexuelle; **L~eslied** *n* chanson *f* d'amour; **L~esmahl** *n rel* agape *f;* **L~esmüh(e)** *f: verlorene ~* peines *f pl* (d'amour) perdues; **L~espaar** *n* couple *m* d'amoureux; **L~estragödie** *f* drame *m* passionnel; **L~estrank** *m* philtre *m* (d'amour); **~evoll** *a* affectueux, tendre; **L~frauenkirche** *f* église *f* Notre--Dame; **~gewinnen** *tr: jdn ~* prendre qn en affection; se prendre d'amitié pour qn, concevoir de l'amitié pour qn; **~haben** *tr* aimer; **L~ha-ber** *m* ⟨-s, -⟩ amant, amoureux; *(schmachtender)* soupirant; *fig (Sammler)* amateur *m; jugendliche(r) ~ (theat)* jeune premier *m;* **L~haberausgabe** *f (Buch)* édition *f* de luxe; **L~haberbühne** *f* théâtre *m* d'amateurs; **L~haberei** *f* passion, prédilection *f; (Steckenpferd)* dada *m; aus ~* en amateur; **L~haberpreis** *m* prix *m* d'amateur; **L~haberwert** *m* valeur *f* d'amateur; **~kosen** *tr* caresser, cajoler, câliner; *(fam* faire des mamours (*jdn* à qn); **L~kosung** *f* caresse, cajolerie; *(Schmeichelei)* câlinerie *f;* **~lich** *a* amène, suave; *(anmutig)* gracieux, riant; *(angenehm)* agréable, plaisant; *(reizvoll)* charmant; *(köstlich)* délicieux; **L~lich-keit** *f* ⟨-, ø⟩ aménité, douceur; grâce *f;* agrément; charme *m;* **L~ling** *m* ⟨-s, -e⟩ chéri, e; mignon, ne; bien-aimé, e *m f; fam* chou, loulou *m;* (m'a)mie *f; (Kind)* enfant gâté, *fam* bichon *m; kleine(r) ~* (petit) jésus *m;* **L~lings...** *(in Zssgen)* favori, préféré, de prédilection; **L~lings-buch** *n* livre *m* préféré *od* de chevet; **L~lingsschriftsteller** *m* auteur *m* préféré; **L~lingsspeise** *f* plat *m* préféré; **L~lingsthema** *n* cheval *m* de bataille; **~los** *a* sans amour; *(kalt, hartherzig)* froid, sec, dur; **L~losig-keit** *f* sécheresse de cœur, dureté *f;* **~reich** *a* affectueux, aimant; **L~reiz** *m* charme *m,* attraits *m pl;* **L~schaft** *f* liaison; amourette *f,* flirt *m;* **~ste(r, s)** *a (Superlativ von: lieb)* = **~lings...;** *am liebsten (adv, Superlativ von: gern)* de préférence; *am lieb-*

sten haben aimer le mieux; **L~ste(r m)** *f* bien-aimé, e *m f;* **L~stöckel** *n* od *m* ⟨-s, -⟩ *bot* livèche *f.*

Lied *n* ⟨-(e)s, -er⟩ [li:t, -dər] chanson *f; (ernstes)* chant; *(Kirchenlied)* hymne, cantique *m; davon kann ich ein ~ singen (fig)* j'en sais quelque chose; j'ai passé par là; je suis payé pour le savoir; *es ist immer das alte ~* c'est toujours la même chanson *od* antienne; *das ist das Ende vom ~* cela devait arriver *od* finir ainsi; *das ~ ist aus (fig)* finie la chanson; *~ ohne Worte (mus)* romance *f* sans paroles; **~chen** *n* chansonnette *f;* **~erabend** *m* récital *m* de chant; **~erbuch** *n* recueil *m* de chansons; **~ermacher** *m* auteur-compositeur *m;* **~ertafel** *f* orphéon *m*, société *f* chorale.

Lieder|jan *m* ⟨-(e)s, -e⟩ ['li:dərja:n] *fam* noceur, fêtard, viveur, débauché *m;* **l~lich** *a* débauché, déréglé, dissolu, dévergondé; *(unordentlich)* désordonné; *(schlampig)* négligent; *(Arbeit)* négligé, bâclé, *fam* bousillé; *ein ~es Leben führen* mener une vie dissolue *od fam* de bâton de chaise *od* de patachon; *~e(r) Kerl od Patron m =* ~*jan;* ~*e(s) Frauenzimmer* od *Weibsbild n* drôlesse, gourgandine, polissonne *f;* **~lichkeit** *f* ⟨-, ø⟩ débauche *f*, dérèglement, dévergondage *m*, inconduite *f*, libertinage; *(Unordentlichkeit)* désordre, manque *m* de soin, négligence *f.*

Liefer|angebot *n* ['li:fər-] = ~*ungsangebot;* ~**ant** *m* ⟨-en, -en⟩ [lifə'rant] fournisseur, pourvoyeur, approvisionneur *m;* ~**auftrag** *m* ordre *m* de livraison, commande *f;* **l~bar** *a* livrable, disponible; *jederzeit od sofort ~* livrable à tout moment; ~**bedingungen** *f pl* conditions *f pl od* termes *m pl* de livraison; ~**er** *m* ⟨-s, -⟩ = ~*ant;* ~**fahrrad** *n* bicyclette *f* de livraison; ~**firma** *f* fournisseur *m;* ~**frist** *f* délai *od* terme *m* de livraison; **l~n** *tr* livrer; fournir; *(Wasser, Strom)* débiter; *fig (Beweis)* fournir, donner, administrer; *an den Strang ~* livrer au gibet *m; ins Haus ~* livrer *od* porter à domicile; *geliefert sein (fam fig)* être ruiné *od* perdu; *ich bin geliefert (a.)* je suis fichu; ~**ort** *m* lieu *m* de livraison; ~**pflicht** *f* obligation *f* de livrer; ~**schein** *m* bon *od* bordereau *od* bulletin *od* certificat *od* récépissé *m* de livraison; ~**soll** *n* dû *m* (prévu par le plan); ~**termin** *m* date *f* de livraison; ~**ung** *f* livraison, fourniture, remise; *(Abgabe)* prestation *f; (Sendung)* envoi; *(Buch)* fascicule *m; bei, nach ~* à, après livraison; *in ~en*

(Buch) par livraisons; *~ frei Haus* livraison *f* à domicile *od* gratuite; *~ ins Haus* remise *f* à domicile; ~**ungsangebot** *n* soumission *f; ein ~ machen* soumissionner; ~**ungsannahme** *f* agréation *f* de la marchandise livrée; ~**ungsbedingungen** *f pl* = ~*bedingungen;* ~**ungsvertrag** *m* contrat de livraison, marché *m* à livrer; ~**ungsverzögerung** *f,* ~**ungsverzug** *m* retard *m* de livraison; ~**ungszeit** *f* délai *m* de livraison; ~**vertrag** *m* = ~*ungsvertrag;* ~**wagen** *m* voiture de livraison; camionnette, fourgonnette *f; dreirädrige(r) ~* tricycle *m* à moteur; ~**zeit** *f* = ~*frist.*

Liege *f* ⟨-, -n⟩ ['li:gə] couchette, chaise *f* longue; ~**geld** *n* (droit de) magasinage *m;* ~**halle** *f (Sanatorium)* galerie *f* de cure; ~**kur** *f* cure *f* de repos; ~**platz** *m loc* couchette *f;* ~**sessel** *m* aero fauteuil-couchette *m;* ~**sitz** *m mot* siège-couchette *m;* ~**stuhl** *m* chaise *f* longue; *mar* transatlantique *m;* ~**stütz** *m* ⟨-es, -e⟩ *sport* appui *m* avant; ~**tage** *m pl mar* estarie *f,* jours *m pl* de planche; ~**terrasse** *f (Sanatorium)* terrasse *f* de cure; ~**wagen** *m loc* voiture-couchettes *f;* ~**wiese** *f* pelouse *f;* ~**zeit** *f* = ~*tage.*

liegen ⟨*liegt, lag, hat gelegen*⟩ ['li:gən, la:k, gə'le:gən] *itr* être placé *od* couché *od* étendu; *(sich befinden)* se trouver, être; *(Zimmer)* donner *(nach* sur), être exposé *(nach* à), *(geog: gelegen sein)* être situé; *mil (Truppenteil)* être stationné; *mar* mouiller, être amarré; *fig (ruhen)* reposer; *(beruhen)* tenir *(an* à), siéger *(an* dans); *(zusagen, gefallen)* convenir *(jdm* à qn), être dans le genre *(jdm* de qn); *so wie die Dinge ~* dans cet état de choses; *im Bett ~* être au lit; *über, unter dem Durchschnitt ~* être supérieur, inférieur à la moyenne; *auf der Straße ~ (fig) (Mensch)* être sur le pavé; *mot* tenir la route; *im Ziel ~ (sport)* coiffer l'objectif; *das liegt auf der Hand (fig)* c'est évident; *es liegt mir (viel) daran, Ihnen zu sagen* je tiens à vous dire; *es liegt mir (viel) daran, daß Sie kommen* il m'importe que vous veniez; *daran ist mir nicht viel gelegen* je n'y attache pas beaucoup d'importance; *das lag nicht in meiner Absicht* ce n'était pas dans mes intentions, je ne l'ai pas fait exprès; *das liegt mir fern* c'est loin de ma pensée; *das liegt mir nicht* ce n'est pas mon genre; *das liegt mir sehr am Herzen* j'y tiens beaucoup, cela me tient beaucoup à cœur; *das liegt nicht in meiner Macht* ce n'est pas en mon pouvoir; *das liegt an Ih-nen* cela dépend de vous; *es liegt nur an Ihnen* il ne tient qu'à vous; *das liegt daran, daß ...* c'est que ...; *daran soll es nicht ~* qu'à cela ne tienne; *zehn Jahre ~ zwischen ... und* dix ans séparent ... et; *an wem liegt das?* à qui la faute? *woran liegt das?* d'où cela vient-il? à quoi cela tient-il? **~ͺbleiben** ⟨aux: sein⟩ *itr (auf dem Boden)* rester par terre; ne pas se relever; *(im Bett)* rester couché (au lit); *(vergessen werden, unerledigt bleiben)* être oublié; rester en souffrance; *pop* rester en carafe; *loc* rester en souffrance *od* détresse; *mot* rester en panne; *(Schnee)* tenir; **~d** *a* couché; *auf dem Bauch ~* à plat ventre; **L~de(r** *m)* f *(Kunst: ruhende Figur)* gisant(e *f) m;* ~ͺlassen *tr* laisser (là *od* traîner), abandonner; *jdn links ~ (fig)* tourner le dos à qn; **~ͺ und stehenͺlassen** *tr* laisser en plan. **Liegenschaft** *f* ⟨-, -en⟩ [ˈliːɡənʃaft] *(Grundbesitz)* bien foncier, domaine *m* immobilier; *pl* biens-fonds, immeubles *m pl;* ~**samt** *n* (bureau du) cadastre *m*.

Liek *n* ⟨-(e)s, -en⟩ [liːk] *mar* ralingue *f*.

Lift *m* ⟨-(e)s, -e/-s⟩ [lɪft] *(Fahrstuhl)* ascenseur; *(Aufzug)* monte-charge *m; (Schiͺ~)* téléski, remonte-pente, *fam* tire-fesses *m;* ~**boy** *m* liftier, garçon *m* d'ascenseur.

liften [ˈlɪftən] *tr med* faire un lifting; *sich das Gesicht ~ lassen* se faire faire un lifting; **L~** *n* lifting *m*.

Liga *f* ⟨-, -gen⟩ [ˈliːɡa, -ɡən] *hist pol sport* ligue *f; Sport a.* division *f;* ~**spiel** *n* match *m* en division d'honneur *od* en première division.

Ligatur *f* ⟨-, -en⟩ [liɡaˈtuːr] *med typ* ligature; *mus* liaison *f; pl typ* accolure *f*.

Lignin *n* ⟨-s, -e⟩ [lɪˈɡniːn] *(Holzstoff)* lignine *f*.

Liguster *m* ⟨-s, -⟩ [liˈɡustər] *bot* troène *m*.

liierͺen [liˈiːrən], *sich (sich eng verbinden)* se lier; s'associer *(mit jdm* avec *od* à qn); **~t** *a* lié.

Likör *m* ⟨-s, -e⟩ [liˈkøːr] liqueur; *(dickflüssiger)* crème *f;* ~**fabrikant** *m,* ~**händler** *m* liquoriste *m;* ~**flasche** *f* bouteille *f* à liqueur; ~**glas** *n* verre *m* à liqueur ~**schrank** *m* cabaret *m;* ~**service** *n* service *m* à liqueur.

Liktorenbündel *n* [lɪkˈtoːrən-] faisceau *m* de licteur.

lila [ˈliːla] *a inv* lilas.

Lilie *f* ⟨-, -n⟩ [ˈliːli̯ə] *bot* lis *m;* ~**ngewächse** *n pl bot* liliacées *f pl;*

~**nbanner** *n,* ~**nwappen** *n hist* fleur *f* de lis.

Liliputaner(in *f)* *m* ⟨-s, -⟩ [lilipuˈtaːnər] lilliputien, ne *m f*.

Limonͺade *f* ⟨-, -n⟩ [limoˈnaːdə] limonade *f;* ~**adeverkäufer** *m* limonadier *m;* ~**e** *f* ⟨-, -n⟩ [-ˈmoːnə] *(Zitrone)* limon *m;* ~**enbaum** *m* limonier *m*.

Limousine *f* ⟨-, -n⟩ [limuˈziːnə] *mot* limousine, conduite *f* intérieure.

lind [lɪnt] *a* **1.** *(lau)* doux, mou, suave; ~**ern** [ˈ-dərn] *tr* adoucir, alléger, calmer; *med* soulager, apporter un soulagement à, lénifier; *(Schmerz)* apaiser; **L~erung** *f* ⟨-, (-en)⟩ adoucissement, soulagement; apaisement; *fig* baume *m; jdm ~ verschaffen* soulager qn; **L~erungsmittel** *n* lénitif, palliatif; *(schmerzstillendes)* calmant, sédatif *m*.

lind *a* **2.** *(~grün)* vert tilleul; **L~e** *f* ⟨-, -n⟩, **L~enbaum** *m* tilleul *m;* **L~enblüte** *f* fleur *f* de tilleul; **L~enblütentee** *m* infusion *f* de tilleul.

Lindwurm *m* [ˈlɪnt-] *(Drachen)* dragon *m*.

Lineal *n* ⟨-s, -e⟩ [lineˈaːl] règle *f; ein ~ verschluckt haben (fig)* avoir avalé son parapluie, se tenir droit *od* raide comme un passe-lacet; *~ mit Maßstab* règle *f* graduée.

linear [lineˈaːr] *a math* linéaire; **L~zeichnen** *n,* **L~zeichnung** *f* dessin *m* linéaire.

Linguist *m* ⟨-en, -en⟩ [lɪŋɡuˈɪst] linguiste *m;* ~**ik** *f* ⟨-, ø⟩ [-ˈɪstɪk] linguistique *f;* l~**isch** [-ˈɪstɪʃ] *a* linguistique.

Linie *f* ⟨-, -n⟩ [ˈliːni̯ə] ligne *a. math mil; (Genealogie)* branche; *(mar: Äquator)* ligne (équinoxiale); *(öffentlicher Verkehr)* ligne *f; typ* filet *m; die ~ (fam) = die schlanke ~; auf der ganzen ~ (fig)* sur toute la ligne; *in erster ~* en première ligne, en premier lieu; *in gerader ~* en ligne droite; *in zweiter ~* en second lieu, en sous-ordre; *in ~ zu einem Glied (mil)* en ligne sur un rang; *in ~ aufstellen (a.)* aligner; *auf s-e ~ achten* soigner sa ligne; *die ~ passieren (mar)* couper l'équateur; *ab-, aufsteigende ~ (Genealogie)* ligne *f* descendante, ascendante; *fette, gestrichelte ~ (typ)* ligne *f* grasse, discontinue; *männliche, weibliche ~ (Genealogie)* ligne *f* masculine, féminine; *die schlanke ~* la ligne (svelte); ~**nblatt** *n* transparent, guide-âne *m;* ~**nblitz** *m* éclair *m* fulminant *od* en sillon; ~**nführung** *f* tracé *m* (de la ligne); ~**nrichter** *m sport* juge *m* de touche; ~**nschiff** *n* vaisseau *m* de ligne; l~**ntreu** *a pol* dans la ligne; ~**ntreue**

f: Mangel an ~ *(pol)* déviationnisme *m;* ~**ntruppen** *f pl* (troupes *f pl* de) ligne *f.*

lin(i)ieren [lini'i:rən, -'ni:rən] *tr* régler; **L~maschine** *f* régleuse *f;* ~**t** *a* réglé; **L~ung** *f* réglage *m;* réglure *f.*

link|e(r, s) [lɪŋk-] *a* gauche; *pop (unredlich)* de salaud; ~*er Hand* à (main) gauche, sur la gauche; *zur* ~*en Hand (Ehe)* de la main gauche; *mit dem* ~*en Fuß aufgestanden sein (fig)* s'être levé du pied gauche; *mein* ~*er Nachbar od Nebenmann* mon voisin de gauche; ~*e Seite f* (côté *m*) gauche *f; (untere Seite)* revers; *(Stoff)* envers; *(e-s Reittieres)* côté *m* du montoir; **L~e** *f* ⟨-n, -n⟩ *(~e Hand; parl)* gauche *f; zur* ~*n* à gauche; *äußerste* ~ *(pol)* extrême gauche *f; gemäßigte* ~ *(pol)* centre *m* gauche; ~**en** *tr arg (hereinlegen, betrügen)* baiser; *gelinkt werden* se faire baiser; **L~e(r)** *m pol* gauchiste *m;* ~**isch** *a* gauche, maladroit, embarrassé, emprunté, *fam* empoté; ~*e(s) Wesen n* gaucherie, maladresse *f.*

links [lɪŋks] *adv* à gauche, du côté gauche; *(auf der unteren Seite)* à l'envers; *nach* ~ *(hin)* à gauche; *von* ~ *(her)* de (la) gauche; *von* ~ *nach rechts* de gauche à droite; ~ *von mir* à ma gauche; ~ *fahren* prendre la gauche, tenir sa gauche; *mot* conduire à gauche; *weder* ~ *noch rechts sehen (fig)* aller son droit chemin; ~ *stehen (pol)* être de gauche; ~ *marschiert auf!* vers la gauche en ligne! ~ *ran!* appuyez à gauche! **L~außen(stürmer)** *m sport* ailier *m* gauche; **L~drall** *m tech* pas *m* gauche; *pol* tendance *f* vers la gauche; **L~drehung** *f* rotation *f* à gauche; **L~er** ⟨-s, -⟩ *fam* = L~händer; ~**gängig** *a (Schraube)* à pas à gauche; **L~gewinde** *n* filet *m* à gauche; **L~händer** *m* ⟨-s, -⟩ ['-hɛndər] gaucher *m;* ~**händig** ['-hɛndɪç] *a* gaucher; ~**herum** *adv* à gauche; **L~innen(stürmer)** *m sport* inter *m* gauche; **L~kurve** *f* virage *m* à gauche; ~**läufig** *a tech* tournant à gauche; ~**orientiert** *a pol* gauchisant; **L~partei** *f* parti *m* de gauche; ~**radikal** *a* de l'extrême gauche; ~**rheinisch** *a* de la *od* situé sur la rive gauche du Rhin; **L~ruck** *m pol* coup *m* de barre à gauche; **L~rutsch** *m pol* glissement *m* à gauche; **L~schwenkung** *f pol* virage *m* à gauche; **L~steuerung** *f mot* direction *f* de *od* à gauche; ~**um!** *adv mil* à gauche, gauche! **L~verkehr** *m* circulation *f* à gauche.

Linnen *n* ⟨-s, -⟩ ['lɪnən] = *Leinen.*

Linol|eum *n* ⟨-s, ø⟩ [li'no:leʊm] linoléum *m;* ~**eumdruck** *m typ* clichage *m* sur linoléum; ~**schnitt** *m* gravure *f* sur linoléum.

Linotype|setzer *m* ['laɪnotaɪp-] *typ* linotypiste *m;* ~**(setzmaschine)** *f* linotype *f.*

Linse *f* ⟨-, -n⟩ ['lɪnzə] *bot opt* lentille *f; anat* cristallin *m;* **l~nförmig** *a* lentiforme, lenticulaire; ~**ngericht** *n: für ein* ~ *(fig)* pour un plat de lentilles; ~**nsuppe** *f* potage *m* aux lentilles.

Lippe *f* ⟨-, -n⟩ ['lɪpə] lèvre *a. anat; zoo* babine *f; bot* pétale *m od* corolle *f* labié(e); *(Orchidee)* labelle *m; pl a. pop* badigoinces *f pl; sich auf die* ~*n beißen* se mordre les lèvres; *sich die* ~*n färben* se mettre du rouge à lèvres; *aufgesprungene* ~*n haben* avoir les lèvres gercées *od* crevassées; *die* ~*n zusammenpressen* pincer les lèvres; *an jds* ~*n hängen (fig)* être suspendu aux lèvres de qn; *e-e* ~ *riskieren (fam)* lâcher une impertinence; *an die* ~*n setzen* porter aux lèvres; *kein Wort kam über s-e* ~*n* il n'a pas desserré les dents *od* soufflé mot; *die Worte fließen ihm leicht von den* ~*n* il parle avec une grande aisance *f;* ~**nbekenntnis** *n* aveu *m od* formule *f* prononcé(e) du bout des lèvres; ~**nblütler** *m pl bot* labiacées *f pl;* **l~nförmig** *a* labié; ~**nlaut** *m gram* labiale *f;* ~**nstift** *m* (bâton *od* crayon de) rouge *m* à lèvres.

liquid [li'kvi:t] *a fin (flüssig, verfügbar)* liquide; **L~a** *f* ⟨-, -den/-dä⟩ [-da, -dən/-dɛ] *gram* (consonne) liquide *f;* **L~ation** *f* ⟨-, -en⟩ [-datsi'o:n] *fin zur* liquidation *f; in* ~ *gehen* entrer en liquidation; **L~ationsantrag** *m* demande *f* en liquidation; **L~ator** *m* ⟨-s, -en⟩ [-'da:tor, -'to:rən] liquidateur *m;* ~**ieren** [-'di:rən] *tr fin (auflösen)* liquider; *(in Rechnung stellen)* compter; *pol* limoger *fam;* **L~ierung** *f pol* limogeage *m fam;* **L~ität** *f fin* liquidité *f.*

Lira *f* ⟨-, -re⟩ ['li:ra, -re] *(italien. Währung)* lire *f.*

lispeln ['lɪspəln] *itr u. tr* zézayer; bléser; *(flüstern)* susurrer, chuchoter; **L~** *n* zézaiement; susurrement, chuchotement *m.*

Lissabon *n* ['lɪsabɔn] Lisbonne *f.*

List *f* ⟨-, -en⟩ [lɪst] ruse *f; (Trick)* artifice, tour (d'adresse), *fam* truc; *(Kriegslist)* strata gème; = ~*igkeit; zu e-r* ~ *greifen* recourir à la ruse; **l~enreich** *a* plein de ruse *od* d'astuce; **l~ig** *a* rusé, astucieux, fin(aud), subtil, artificieux; **l~igerweise** *adv* par ruse, par finesse, astucieusement; ~**igkeit** f ‹-, ø› astuce, malice, finesse f.

Liste f ‹-, -n› ['lɪstə] liste f, relevé, état, tableau; *(Steuerliste)* rôle; *com* catalogue m; *e-e* ~ *aufstellen* établir od dresser une liste; *in e-e* ~ *eintragen* inscrire od mettre od porter sur une liste; *auf der* ~ *stehen* figurer od être sur la liste; *aus der* ~ *streichen* rayer de la liste; *schwarze* ~ liste f noire; *auf die schwarze* ~ *setzen* mettre à l'index; *auf der schwarzen* ~ *stehen* être à l'index; ~**npreis** m *com* prix m de catalogue; ~**nverbindung** f *pol* apparentement m; ~**nwahl** f *parl* scrutin m de liste.

Litanei f ‹-, -en› [lita'naɪ] *rel* litanies f *pl; fig fam* litanie, antienne, kyrielle f.

Litau|en ['lɪtauən, 'li:-] n la Lituanie; ~**er(in** f) m ‹-s, -› Lituanien, ne m f; **l~isch** a lituanien; *(das) L~(e)* le lituanien.

Liter m od n ‹-s, -› ['li:tər] litre; *pop (bes. Wein)* litron m; ~**flasche** f bouteille f d'un litre; **l~weise** adv *(verkaufen)* au litre; *(trinken)* par litres.

Liter|arhistoriker m [lite'ra:r-] historien m de la littérature; **l~arisch** [-'ra:rɪʃ] a littéraire; ~**at** m ‹-en, -en› [-'ra:t] homme de lettres, littérateur; *pej* écrivassier m; *pl* gens *pl* de lettres; ~**atur** f ‹-, -en › [-ra'tu:r] littérature f; *schöne* ~ (belles-)lettres f *pl;* ~**aturangaben** f *pl* bibliographie f; ~**aturgattung** f genre m littéraire; ~**aturgeschichte** f histoire f littéraire od de la littérature; ~**aturpapst** m *iron* pontife, mandarin m; ~**aturpreis** m prix m littéraire; ~**aturwissenschaft** f lettres f *pl.*

Litfaßsäule f ['lɪtfas-] colonne f d'affiches; colonne f Morris.

Lithograph m ‹-en, -en› [lito'gra:f] lithographe m; ~**ie** f ‹-, -n› [-gra'fi:] lithographie f; **l~ieren** [-'fi:rən] tr lithographier; **l~isch** [-'gra:fɪʃ] a lithographique; ~**e** Anstalt f atelier m od imprimerie f lithographique; ~**e(r)** Schiefer m pierre f lithographique.

Liturg|ie f ‹-, -n› [litur'gi:] *rel* liturgie f; **l~isch** [-'turgɪʃ] a liturgique.

Litze f ‹-, -n› ['lɪtsə] cordon, passepoil m, soutache f; *mit* ~n *besetzen* soutacher; ~**ndraht** m toron m; ~**nzwirn** m fil m d'arcade.

Livius m ['li:vius] *hist* Tite-Live m.

Liv|land n ['li:flant] la Livonie; ~**länder(in** f) m ‹-s, -› Livonien, ne m f; **l~ländisch** a livonien.

Livree f ‹-, -n› [li'vre:, -'vre:ən] livrée f.

Lizentiat m ‹-en, -en› [litsɛntsi'a:t] *(akadem. Grad)* licencié m.

Lizenz f ‹-, -en› [li'tsɛnts] *(Genehmigung)* licence f; *in* ~ sous licence; *e-e* ~ *erteilen, zurückziehen* accorder, retirer une licence; ~**gebühr** f droit m de licence, redevance f; ~**inhaber** m porteur de od détenteur m d'une licence; ~**nehmer** m licencié m; ~**vertrag** m contrat m de licence.

Lob n ‹-(e)s, ø› [lo:p, -bəs] louange f, éloge m; *(schmeichelhaftes)* compliment m; *mil* félicitations f *pl; (lobendes Zeugnis)* satisfecit; *(ehrenvolle Erwähnung, bes. a. Schule)* accessit m; *zu jds* ~ à la louange de qn; *(das höchste)* ~ *ernten* recevoir des éloges (le plus bel éloge); *jdm ein* ~ *spenden* louer qn, faire l'éloge de qn; *ein* ~ *verdient haben* être digne de louange; *mit dem* ~ *nicht zurückhalten* ne pas ménager ses éloges; *Gott sei* ~ *und Dank!* Dieu soit loué! *einstimmige(s)* ~ concert m de louanges; *über alles* ~ *erhaben* au-dessus de tout éloge; **l~en** ['-bən] tr louer, faire l'éloge de; *(überschwenglich)* vanter; *(preisen)* prôner, exalter; *rel* célébrer; *(Gott)* glorifier; *ich kann ihn nur* ~ je n'ai qu'à me louer de lui; **l~end** a élogieux; *mit* ~en *Worten* en termes élogieux; *sich* ~ *über jdn äußern* faire l'éloge de qn; ~ *erwähnen* signaler avec éloge; **l~enswert** a, **l~enswürdig** a louable, digne d'éloges; ~**eserhebung** f panégyrique m; ~**gedicht** n dithyrambe m; ~**gesang** m *rel* hymne m; *pl* laudes f *pl;* **l~hudelei** f adulation, flagornerie f; **l~hudeln** tr od *itr: jdn* od *jdm* ~ aduler, flagorner, encenser, qn; couvrir qn de fleurs, jeter des fleurs à qn; *fam* donner de l'encensoir à qn; ~**hudler** m ‹-s, -› adulateur, flagorneur; *(Beweihräucherer)* encenseur, thuriféraire m; ~**lied** n: *ein* ~ *auf jdn singen* chanter od célébrer les louanges de qn; **l~preisen** tr ‹lobpreist, lobpries, hat gelobpreist/lobgepriesen, zu lobpreisen› exalter; *rel* glorifier, célébrer; ~**preisung** f glorification f; ~**rede** f éloge, panégyrique m; ~**redner** m apologiste; panégyriste m; **l~rednerisch** a louangeur, laudatif; **l~singen** ‹lobsingt, lobsang, hat lobgesungen, zu lobsingen› tr chanter des louanges; **löblich** ['lø:plɪç] a louable.

Lobby f ‹-, -s/Lobbies› ['lɔbi] groupe de pression, lobby m; ~**ist** m ‹-en, -en› [-'ɪst] membre m d'un groupe de pression.

Loch n ‹-(e)s, ⁓er› [lɔx, 'lœçər] trou m; *(Lücke)* trouée; *(Öffnung)* ouverture; *(Bresche)* brèche f; *(Höhlung)* creux *m;* cavité *f; (im Käse)* œil *m; (Billard)* blouse *f; (Schlag~)* nid-de-poule *m; (in e-r Kanalwand)* larron; *fam (schlechte Wohnung)* trou, taudis, galetas *m,* tanière *f,* chenil *m; pop (Gefängnis)* tôle *f,* trou, bloc; *m; ein ~ in etw reißen* faire un trou *od* accroc à qc; *jdm ein ~ in den Bauch fragen (fam)* cribler qn de questions; *ein ~ haben (mot: Reifen)* être crevé; *auf* od *aus dem letzten ~ pfeifen (fig)* être à bout (de ressources) *od* aux abois *od* réduit à la dernière extrémité; ne (plus) battre que d'une aile; *wie ein ~ saufen (pop)* boire comme une éponge *od* un trou, avoir l'avaloir en pente; *jdn ins ~ stecken (fam)* fourrer qn en prison, mettre qn en tôle, coffrer qn; *sich ein ~ in den Bauch stehen (lange warten)* faire le pied de grue; **~abstand** *m film* pas *m* de la perforation; **~eisen** *n* emporte-pièce, mandrin *m; mit dem ~ durchbohren* équarrir; **l~en** *tr* perforer; poinçonner; **~en** *n = ~ung;* **~er** *m* ⟨-s, -⟩ perforateur *m;* **~feile** *f* queue-de-rat *f;* **~karte** *f* carte *f* perforée; **~kartenmaschine** *f* machine *f* de mécanographie *od* à statistiques; perforatrice *f;* composteur *m;* **~koralle** *f zoo* madrépore *m;* **~säge** *f* scie *f* à guichet; **~schriftübersetzer** *m (Maschine)* interpréteuse, traductrice *f;* **~stanze** *f* poinçonneuse *f;* **~stickerei** *f* broderie *f* à jour; **~streifen** *m* bande *f* perforée; **~taster** *m* ⟨-s, -⟩ maître-à-danser *m;* **~ung** *f* perforation *f,* perçage, poinçonnage *m;* **~zange** *f* emporte-pièce *m; (für Fahrkarten)* poinçonneuse *f,* perforateur *m;* **~ziegel** *m* brique *f* perforée; **~zirkel** *m* maître-à-danser *m.*

Löchelchen *n* ⟨-s, -⟩ ['lœçəlçən] petit trou *m;* **l~(e)rig** *a* plein de trous; *(durchlöchert)* troué, percé; **l~ern** *tr fig fam* jdn ~ tanner qn.

Löckchen *n* ⟨-s, -⟩ ['lœkçən] bouclette, frisette *f.*

Lock|e *f* ⟨-, -n⟩ ['lɔkə] boucle *f* (de cheveux); *in ~n legen* mettre en boucles, boucler; *sich in die ~n fahren* se crêper le chignon; **l~en** *tr* **1.** boucler, friser; *sich ~* boucler; **~enkopf** *m* tête *f* bouclée; **~enstab** *m* fer *m* à friser; **~enwickel** *m* papillote *f; (aus Metall)* bigoudi, rouleau *m;* **l~ig** *a* bouclé.

lock|en ['lɔkən] *tr* **2.** *(reizen)* charmer; *(anziehen)* attirer, allécher; *(ködern)* leurrer, appâter; *fig* amorcer; *(Vogel s-e Jungen)* appeler; *in e-e Falle ~* attirer dans un piège; *jdm das Geld*

aus der Tasche ~ soutirer de l'argent à qn; *damit lockt man keinen Hund vom Ofen* ça ne prend pas; *das schöne Wetter lockt mich ins Freie* le beau temps m'engage à sortir; **~end** *a* attrayant, séduisant; **L~mittel** *n* appât *m,* amorce *f;* **L~pfeife** *f (zum Vogelfang)* appeau, pipeau *m; mit der ~ fangen* piper; **L~ruf** *m (Vogel)* cri *m* d'appel; **L~spitzel** *m* (agent) provocateur; mouchard *m;* **L~ung** *f (Reiz)* charme, attrait, appât *m; (Verführung)* séduction; *(Versuchung)* tentation *f; fig* appel *m;* **L~vogel** *m (Jagd)* appelant, appeau *m,* moquette *f.*

locker ['lɔkər] *a (Masse)* poreux, spongieux; *(Teig, Backware)* léger; *(Erdboden)* meuble; *(schlaff, weich)* lâche; *(lose, wackelnd)* branlant; *(Knoten)* mal *od* peu serré; *fig (Lebenswandel)* léger, relâché, déréglé, dissolu, licencieux, libertin; *fam (lässig)* décontracté; *ein ~es Leben führen* mener une vie dissolue; *~ lassen = ~n; ~ machen (den Boden auflockern)* rendre meuble; *(zu) ~ sein (Seil, Kette)* avoir du mou; *~ sitzen* avoir du jeu; *~ werden (schlaff werden)* se relâcher; *(sich lockern)* se desserrer; *(Zahn)* se déchausser; **~lassen** *itr: nicht ~ (fam)* ne pas démordre, revenir à la charge; s'obstiner, s'entêter; **~machen** *tr: Geld ~* délier la bourse; **~n** *tr* desserrer; *(den Körper)* assouplir; *(fig die Disziplin)* relâcher; *sich ~ (a.)* se disloquer; **L~ung** *f (des Bodens)* ameublissement; *(e-s Gewebes)* relâchement; *(des Körpers, von Maßnahmen)* assouplissement; *(e-s Stiftes, e-r Schraube)* desserrage *m; tech (a.)* dislocation *f;* **L~ungsübungen** *f pl sport* exercices *m pl* d'assouplissement.

loco ['lo:ko] *adv com (am Ort, hier)* en ville.

Loden *m* ⟨-s, -⟩ ['lo:dən] *(Textil)* loden *m;* **~mantel** *m* (manteau en) loden *m.*

lodern ['lo:dərn] *itr (Feuer)* flamber, flamboyer; **~d** *a fig* ardent, exalté, délirant.

Löffel *m* ⟨-s, -⟩ ['lœfəl] cuiller, cuillère *f; (Schöpflöffel)* louche; *(Jägersprache: Ohr)* oreille *f; jdn über den ~ barbieren* duper, rouler qn; *jdm einen od eins hinter die ~ geben (fam)* frotter les oreilles à qn; *einen od eins an die ~ kriegen (fam)* se faire frotter les oreilles; **~bagger** *m* pelle *f* (mécanique *od* à godets); **~biskuit** *m* biscuit *m* à la cuiller; **~bohrer** *m tech* mèche

à cuiller, tarière *f* (simple); ~**kraut** *n*
herbe *f* aux cuillers; *scient* cochléaria
m; l~**n** *tr u. itr* manger *od* puiser à la
cuiller; ~**reiher** *m orn* spatule *f;*
~**schale** *f* cuilleron *m;* ~**voll** *m* cuillerée *f;* l~**weise** *adv* par cuillerées.

Log *n* ‹-s, -e› [lɔk, -gə] *mar* loch *m;*
das ~ *werfen* filer le loch; ~**buch** *n*
journal *od* livre *m* de loch *od* de
bord; l~**gen** ['lɔgən] *itr* = *das* ~
werfen; ~**leine** *f* ligne *f* de loch.

Logarith|menrechnung *f*
[loga'rɪtmən-] calcul *m* logarithmique; ~**mentafel** *f* table *f* de(s) loga-
rithmes; l~**misch** *a* logarithmique;
~**mus** *m* ‹-, -mən› [-mən] logarithme
m.

Loge *f* ‹-, -n› ['lo:ʒə] *theat* loge, baignoire; *(Freimaurerei)* loge *f;* ~**nbru-
der** *m* frère *m;* ~**nmeister** *m*
vénérable *m;* ~**nschließer(in** *f) m*
theat ouvreur *m,* ouvreuse *f* (de loges).

Logier|besuch *m* [lo'ʒi:r] invité(s) *m*
(pl) qui loge(nt); ~**en** *tr u. itr* loger;
des invité(s); l~**en** *tr u. itr* loger;
~**gast** *m* invité *m* qui loge.

Log|ik *f* ‹-, ø› ['lo:gɪk] logique *f;* ~**iker**
m ‹-s, -› ['lo:gikər] logicien *m;* l~**isch**
['lo:gɪʃ] *a* logique; l~**ischerweise**
adv logiquement; ~**istik** *f* ‹-, ø›
[lo'gɪstɪk] *mil* logistique *f;* l~**istisch**
[-'gɪstɪʃ] *a mil* logistique.

Logis *n* ‹-, -› [lo'ʒi:, *gen* -ʒi:(s), *pl* -ʒi:s]
(Wohnung) logement, logis *m; Kost
und* ~ *haben* avoir la table et le logis,
être logé et nourri.

Logopäd|e *m* ‹-n, -n› [logo'pɛ:də] or-
thophoniste *m;* ~**ie** *f* ‹-, ø› [-pɛ'di:]
orthophonie *f.*

Loh|brühe ['lo:-] *f (Gerberei)* jusée *f;*
~**e** *f* ‹-, -n› **1.** *(Gerbrinde)* tan *m;*
l~**en** *tr (Gerberei)* tanner; l~**gar** *a*
tanné; ~**gerber** *m* tanneur *m;* ~**gerberei** *f* tannerie *f;* ~**gerbung** *f* tan-
nage *m* végétal; ~**grube** *f* fosse *f* à
tan; ~**kuchen** *m* briquette *f* de tan.

Lohe *f* ‹-, -n› ['lo:ə] **2.** *(Flammen)*
flammes *f pl;* l~**n 2.** *itr* flamboyer.

Lohn *m* ‹-(e)s, ⸚-e› [lo:n, 'lø:nə] *allg* salaire *m; (Arbeiter)* paie, paye *f;*
(Hausangestellte) gages *f pl; fig (Belohnung)* récompense *f; gegen* ~ à
gages; *zum* ~ *(zur Belohnung)* pour
od en récompense; *s-n verdienten* ~
erhalten recevoir sa récompense,
être traité selon ses mérites; ~**abbau**
m réduction *od* diminution *f* des salaires; ~**abhängige(r)** *m* salarié *m;*
~**abkommen** *n* convention *f* salaria-
le; ~**abrechnung** *f (Schein)* bulletin
m de paye; ~**absprache** *f* accord *m*
sur les salaires; ~**abzug** *m* retenue *f*

sur le salaire; ~**angleichung** *f* alignement *od* rajustement *m* des salaires; ~**anhebung** *f* relèvement *m* des
salaires; ~**arbeit** *f* travail *m* salarié;
~**arbeiter** *m* travailleur *od* ouvrier *m*
salarié; ~**aufbesserung** *f* = ~*anhebung;* ~**aufkommen** *n* masse *f* sala-
riale *od* des salaires; ~**ausfall** *m* perte *f* de gain; ~**ausgleich** *m* ajustage
od ajustement *m* des salaires; ~**auszahlung** *f* paiement *m* des salaires,
paie *f;* ~**bewegung** *f* mouvement *m*
des salaires; ~**buchhaltung** *f,* ~**büro** *n* bureau *m* de paie; ~**diener** *m*
extra *m;* ~**empfänger** *m* salarié *m*
(payé à l'heure); *pl adm* personnel *m*
ouvrier; l~**en** *tr: jdm etw* ~ récompenser qn de qc; *sich* ~ être profitable, donner un rendement, rapporter; *fig* valoir la peine; *es lohnt sich
(nicht)* cela (ne *od* n'en) vaut (pas) la
peine; *das lohnt sich nicht* le jeu ne
od n'en vaut pas la chandelle; *ein Besuch lohnt sich (com)* une visite s'impose; l~**end** *a (wieder einbringend)*
payant, rémunérateur; *(einträglich)*
lucratif; *(vorteilhaft)* avantageux,
profitable; ~**erhöhung** *f* augmentation *od* majoration *f od* relèvement
m de *od* du salaire; ~**forderung** *f* revendication (s *pl) od* dem ande *f* de
salaire; ~**index** *m* indice *m* des salaires; ~**kampf** *m* lutte *f* pour l'augmentation des salaires; ~**kürzung** *f*
= ~*abbau;* ~**liste** *f* bordereau *m od*
feuille *f* de paie *od* des salaires *od*
d'émargement; ~**niveau** *n* niveau *m*
des salaires; ~-**Preis-Spirale** *f* esca-
lade *od* spirale *f* des salaires et des
prix; ~**skala** *f* échelle *f* des salaires,
barème, éventail *m; gleitende* ~
échelle *f* mobile des salaires; ~**steuer** *f* impôt *m* sur les salaires (et les
traitements); ~**stopp** *m* blocage *m*
des salaires; ~**streifen** *m* bulletin *m*
de paie; ~**stufe** *f* échelon *od* groupe
m de salaire; ~**summe** *f* total *m* des
salaires; ~**tabelle** *f* barème *m* des salaires; ~**tag** *m* jour *m* de paie; *hum*
la Sainte-Touche; ~**tarif** *m* tarif *m* de
salaires; ~**tüte** *f* enveloppe *f* de paie;
~-**und Preisstopp** *m* blocage *m* des
salaires et des prix; ~**vereinbarung**
f accord *m* salarial; ~**verhandlungen** *f pl* négociations *f pl* collectives
sur les salaires; ~**zahlung** *f* paiement
m des salaires; ~**zettel** *m* fiche *f od*
bulletin *m* de paie *od* de salaire; ~**zuschlag** *m* surpaie *f.*

löhn|en ['lø:nən] *tr* payer *(jdn* qn), faire
la paie *(jdn* de qn); **L~ung** *f* salaire
m, paie *f; (Hausangestellte)* gages *f*
pl; mil allg solde *f; (Offiziere u.*

Mannschaften) prêt *m; (Offiziere)* paie *f;* **L~ungstag** *m* jour *m* de paie.

Loipe *f* ⟨-, -n⟩ ['lɔypə] *(Langlauf~)* piste *f* de ski de fond.

Lok *f* ⟨-, -s⟩ [lɔk] = *Lokomotive.*

Lokal *n* ⟨-(e)s, -e⟩ [lo'ka:l] *(Raum)* local *m,* salle *f; (Gastwirtschaft)* bar, café; *fam* bistrot *m;* **I~** *a* (d'ordre) local; **~anästhesie** *f* anesthésie *f* locale; **~bericht** *m* information *f* recueillie sur les lieux; **~bericht(erstatt)er** *m* correspondant local, échotier *m;* **~besichtigung** *f jur* reconnaissance *f* des lieux; **~blatt** *n* journal *m* local; **~e(s)** *n (in der Zeitung)* chronique *f od* nouvelles *f pl* locale(s), faits *m pl* divers; **~isation** *f* ⟨-, -en⟩ [lizatsi'o:n] , **~isierung** localisation *f;* **I~isieren** [-'zi:rən] *tr* localiser; **~ität** *f* ⟨-, -en⟩ [-li'tɛ:t] localité *f; pl a.* êtres *m pl;* **~kenntnisse** *f pl* connaissance *f* des lieux; **~kolorit** *n* couleur *f* locale; **~nachrichten** *f pl* nouvelles *f pl* locales; *fam* (rubrique *f* des) chiens *m pl* écrasés; **~patriotismus** *m* patriotisme *m* de clocher; **~presse** *f* presse *f* locale; **~teil** *m (e-r Zeitung)* chronique *f* locale; **~termin** *m jur* descente *f* de justice *od* sur les lieux; *e-n* **~** *abhalten* descendre sur les lieux; **~verbot** *n: in e-m Lokal* **~** *haben* être interdit d'accès dans un café.

loko *adv* [lo:ko] = *loco;* **L~markt** *m com* disponible *m;* **L~preis** *m* prix *m* sur place; **L~ware** *f* marchandise *f* disponible *od* sur place.

Lokomotiv|e *f* ⟨-, -n⟩ [lokomo'ti:və] locomotive *f; mit zwei* **~n** à double traction; *elektrische* **~** *(E-Lok)* locomotive *f* électrique; **~führer** *m* conducteur de machine; mécanicien; *(Belgien)* machiniste *m;* **~führerstand** *m* cabine *f* du mécanicien; **~heizer** *m* chauffeur *m;* **~schuppen** *m* dépôt *m* des locomotives, rotonde *f.*

Lokus *m* ⟨-, -/-sse⟩ ['lo:kʊs, -sə] *fam* waters, lieux *m pl* d'aisances.

Lombard *m od n* ⟨-(e)s, -e⟩ [lɔm'bart, -də] *fin* prêt *m* sur gage(s) *od* nantissement *od* titre(s); **~bank** *f* banque *f* de prêts (sur gages); **~darlehen** *n* = **~; ~geschäft** *n* = **~;** emprunt *m* lombard; **I~ieren** [-'di:rən] *tr* prêter sur gages; **~vorschuß** *m* avance *f* sur nantissement.

Lombard|e *m* ⟨-n, -n⟩ [lɔm'bardə], **~in** *f* Lombard, e *m f;* **~ei** [-'daɪ], *die, geog* la Lombardie; **I~isch** [-'bardɪʃ] *a* lombard.

London *n* ['lɔndɔn] Londres *f;* **~er(in** *f)* *m* ⟨-s, -⟩ Londonien, ne *m f.*

Longitudinalwellen *f* [lɔŋgitudi'na:l-] *pl phys* ondes *f pl* longitudinales.

Looping *m od s* ⟨-s, -s⟩ ['lu:pɪŋ] *aero* looping *m,* boucle *f;* **~** *nach oben, unten* looping *m* normal, à l'envers.

Lorbeer *m* ⟨-s, -en⟩ ['lɔrbe:r] *(Pflanze u. Zweig)* laurier *m; pl fig (Ruhm)* lauriers *m pl; auf s-n* **~en** *ausruhen (fig)* s'endormir sur ses lauriers; **~en** *ernten (fig)* moissonner des lauriers; **~baum** *m* laurier *m;* **~(blätter** *n pl)* *m (Küche)* laurier-sauce *m;* **~kranz** *m* couronne *f* de laurier(s); **~zweig** *m* branche *f* de laurier.

Lore *f* ⟨-, -n⟩ ['lo:rə] *loc* lorry, lori, truc *m.*

Lorenz *m* ['lo:rɛnts] *(Name)* Laurent *m.*

Lorgnette *f* ⟨-, -n⟩ [lɔrn'jɛtə] *opt* face--à-main *m.*

Los *n* ⟨-es, -e⟩ [lo:s, -zə(s)] *(Schicksal)* sort, destin; *(Anteil)* lot; *(Lotterie~)* billet de loterie, lot *m; durch das* **~** *bestimmen* désigner par tirage au sort; *das Große* **~** *gewinnen od ziehen* gagner le gros lot; *das* **~** *entscheiden lassen od ziehen od vx werfen;* tirer au sort; **~** *in der Nähe der Gewinnummer (Lotterie)* approchant *m; das* **~** *ist gefallen (fig)* le sort en est jeté; **I~en** *itr* tirer (au sort).

los [lo:s] *a (abgegangen, -gerissen, -gebrochen)* dégagé, détaché, défait, dénoué, délié; parti; *vgl. lose; interj* marche! allons! allez! partez! vas-y! allez-y! oust(e)! en vitesse! *(et)was* **~** *haben (fam)* avoir de l'idée, être calé *od* fort; *in e-r S* être calé *od* fort en qc, se connaître en qc; *etw* **~** *sein* en être pour qc, être quitte de qc; *(von etw befreit sein)* être débarrassé *od* délivré de qc; *ich weiß (nicht), was mit ihm los ist* je sais bien (je ne sais pas) ce qu'il a; *als ob od wenn nichts* **~** *wäre* comme si de rien n'était; *der Teufel od die Hölle ist* **~** le diable est déchaîné; *mit ihm ist nicht viel* **~** *(fig)* ce n'est pas un as, on ne peut pas attendre grand-chose de lui; *da ist nichts (viel, was)* **~** *(fam)* la vie (n')est (pas) monotone là-bas; *was ist denn mit Ihnen* **~?** *(fam)* qu'est-ce qui vous prend? *was ist (denn)* **~?** qu'est-ce qu'il y a? qu'est-ce donc? qu'y a-t-il donc? que se passe-t-il? *war etwas* **~?** est-ce qu'il s'est passé quelque chose? **~** *geht's!* (et) fouette, cocher! *auf die Plätze! fertig!* **~!** *(sport)* à vos marques! prêts! partez! *mit ihm ist nicht viel* **~** ce n'est pas un homme de grande valeur; **~=bekommen** *tr,* **~=bringen** *tr* parvenir à détacher *od* à dégager; **~=binden** *tr* délier, dénouer, détacher, défaire; *mar* démarrer; ~**=brechen** ⟨*aux: sein*⟩ *itr fig (Sturm etc)* se déchaîner, éclater; ~**=donnern** *itr* tonner (*gegen jdn* contre qn); *fam (Fahrzeug)* partir avec fracas; ~**=drücken** *itr (schießen)* appuyer *od* presser sur la détente; ~**=eisen** *tr fam* parvenir à libérer; ~**=fahren** ⟨*aux: sein*⟩ *itr* démarrer, partir; *auf jdn* ~ foncer sur qn; ~**=gehen** ⟨*aux: sein*⟩ *itr fam (weggehen)* s'en aller, partir; *fam (sich lösen)* se défaire, se détacher; *(anfangen)* se déclencher, commencer; *(Gewehr)* se décharger; *(Schuß)* partir; *auf jdn* ~ marcher droit *od* se jeter sur qn; *gerade darauf* ~ *(fig)* ne pas y aller par quatre chemins; ~**=kaufen** *tr* racheter; ~**=kommen** ⟨*aux: sein*⟩ *itr* parvenir à se dégager *od* se débarrasser *od* se libérer (*von* de); *von etw nicht* ~ *(fig)* être possédé par qc; ~**=kriegen** *tr fam* parvenir à détacher; ~**=lachen** *itr: laut* ~ partir d'un éclat de rire; ~**=lassen** *tr* lâcher; *jdn nicht mehr* ~ *(fig)* retenir l'intérêt de qn, tenir qn sous le charme, fasciner qn; ~**=legen** *itr fam* commencer, démarrer; *plötzlich* ~ prendre le mors aux dents; ~**=lösen** *tr* détacher; séparer; *sich* ~ *(fig)* se libérer (*von* de); ~**=machen** *tr* détacher, dégager, défaire; *mar* démarrer; ~**=marschieren** ⟨*aux: sein*⟩ *itr* se mettre en marche *od* en route; *auf etw* ~ marcher droit sur qc; ~**=platzen** ⟨*aux: sein*⟩ *itr fam (Mensch)* éclater (de rire); ~**=poltern** *itr* se gendarmer; ~**=reißen,** *sich* s'arracher, se détacher; *sich von etw* ~ s'arracher à qc; ~**=sagen,** *sich* se dédire, se désolidariser (*von* de); ~**=schießen** *itr fig fam* y aller carrément; *schießen Sie los!* allez-y carrément! ~**=schlagen** *tr fig fam (billig verkaufen)* vendre à bas prix, brader; *itr* commencer l'attaque; frapper (*auf jdn* qn); *fig* tirer le glaive; ~**=schnallen** *tr* déboucler; ~**=schrauben** *tr* dévisser; ~**=sprechen** *tr* déclarer libre; acquitter; *rel* absoudre; *von etw* tenir quitte de qc; **L~sprechung** *f* affranchissement; acquittement *m; rel* absolution *f;* ~**=steuern** ⟨*aux: sein*⟩ *itr fam: auf etw* ~ aller droit à qc; ~**=stürmen** ⟨*aux: sein*⟩ *itr* partir en courant; *auf jdn, etw* ~ fondre *od* se précipiter sur qn, qc; ~**=stürzen** ⟨*aux: sein*⟩ *itr* se précipiter (*auf* sur); ~**=werden** ⟨*aux: sein*⟩ *tr* se débarrasser, se défaire de; *ich werde den Gedanken nicht los* je ne puis m'ôter cela *od* cette idée de la tête; ~**=wik-**

keln *tr* dévider; ~**=ziehen** ⟨*aux: sein*⟩ *itr* partir, s'en aller; *fam* se mettre en campagne; *gegen jdn* ~ *(fig fam: auf jdn schimpfen)* déblatérer contre qn.

lösbar ['lø:sba:r] *a tech* détachable, amovible; *fig (Probleme)* résoluble.

Lösch|anlage *f* ['lœʃ-] installation *f* d'extinction; ~**apparat** *m* extincteur *m;* ~**blatt** *n* (papier) buvard *m;* ~**eimer** *m* seau *m* à incendie; **l~en** *tr* **1.** *(Feuer, Licht, Kalk)* éteindre; *(Feuer)* *a.* étouffer; *(den Durst)* étancher, apaiser; *(Schrift)* effacer, biffer, rayer; *(Hypothek)* radier; *tele* annuler; *den Durst* ~ *(a.)* se désaltérer; ~**en** *n* extinction *f;* étouffement; étanchement, apaisement; effacement *m,* radiation *f;* ~**er** *m* ⟨-s, -⟩ *(Tinten~)* tampon-buvard *m;* ~**fahrzeug** *n* voiture *f* de pompiers *od* à incendie; ~**flüssigkeit** *f* liquide *m* extincteur; ~**gerät** *n* = ~*apparat;* ~**mannschaft** *f* équipe *f* d'incendie; ~**papier** *n* (papier) buvard, papier *m* brouillard; ~**taste** *f tele* bouton *m* d'annulation; ~**trupp** *m,* ~**zug** *m* équipe *f* de pompiers; ~**ung** *f* **1.** *(e-r Hypothek)* mainlevée, radiation (hypothécaire); *(e-r Firma; jur: Strafe)* radiation *f.*

lösch|en ['lœʃən] *tr* **2.** *(Schiffsladung)* débarquer, décharger; **L~en** *n,* **L~ung** *f* **2.** débarquement, déchargement *m.*

lose ['lo:zə] *a (locker, wackelnd)* branlant; *tech* volant; *(Blätter Papier) a.* détaché; *(Haare)* flottant; *(Ware)* sans emballage, en vrac; *(Munition)* décaissé; *fig (leichtfertig)* frivole, licencieux; ~ *Reden führen* en dire de vertes *fam;* ~ *sein (Knopf)* s'en aller; ~ *sitzen avoir du jeu;* ~ *werden (Zähne)* se déchausser; ~*(s) Blatt n* papier *m od* feuille *f* volant(e); **L~blattbuch** *n* livre *m* à feuilles mobiles; **L~blattbuchführung** *f* comptabilité *f* à feuille(t)s mobiles.

Lös|egeld *n* ['lø:z-] rançon *f;* **l~en** *tr (losmachen)* desserrer, détacher, séparer; *(aufbinden)* délier; *chem* dissoudre; *math (Aufgabe)* résoudre, solutionner; *(Rätsel)* deviner, déchiffrer; *(Fahrkarte)* prendre; *sich* ~ *(Knoten, Haare)* se défaire; *chem* ~ se dissoudre; *sport* décoller; *die Bremse* ~ desserrer le(s) frein(s); *e-e Karte* ~ prendre un billet; *den Knoten* ~ *(fig)* dénouer l'intrigue; *sein Verhältnis zu jdm* ~ rompre ses relations avec qn; **l~lich** [-slıç] *a chem* soluble; *nicht* ~ insoluble; ~**lichkeit** *f* ⟨-, (-en)⟩ solubilité *f.*

Löß *m* ‹-ßes/-sses, ø-ße/-sse› [lœs, løːs] *geol* lœss; diluvium *m* glaiseux; ~**mergel** *m* lœss *m* marneux.

Losung *f* ‹-, -en› ['loːzuŋ] *mil (Erkennungswort)* mot *m* d'ordre *od* de passe; devise *f*; *(Jagd)* fiente *f*, fumées *f pl*; ~**swort** *n* = ~ *mil*.

Lösung *f* ‹-, -en› ['løːzuŋ] *(Loslösung)* séparation; *chem* (dis)solution; *math* (ré)solution; *(Rätsel, Problem)* solution *f*; *bes. theat* dénouement *m*; *friedliche, politische* ~ *(pol)* règlement *m* pacifique, politique; *e-e befriedigende* ~ *finden* recevoir une solution satisfaisante; *der* ~ *harren (Problem)* rester sans solution *od* en suspens; ~**smittel** *n chem* (dis)solvant *m*.

Lot *n* ‹-(e)s, -e› [loːt] *(Senkblei)* fil *m* à plomb, *mar* sonde *f*; *(Setzwaage)* niveau *m* de maçon *od* à perpendicule; *math (Senkrechte)* perpendiculaire, verticale; *(Gewicht)* demi-once *f*; *im* ~ *d'aplomb; ins* ~ *bringen (fig)* mettre en ordre; *ein* ~ *fällen* tirer *od* abaisser *od* élever une perpendiculaire *(auf* sur); *im* ~ *sein (fig)* être en bon ordre *od* en bonne règle; **l~en** *tr* passer au fil à plomb; *mar* sonder; *itr* prendre l'aplomb; ~**leine** *f* ligne *f* de sonde; **l~recht** *a* perpendiculaire; d'aplomb; ~**ung** *f* sondage, coup *m* de sonde.

Löt|apparat *m* ['løːt-] appareil *m* à souder; **l~bar** *a* soudable; **l~en** *tr* souder; *(hart~)* braser; ~**en** *n* soudage *m*, brasure *f*; ~**kolben** *m* fer *m* à souder; ~**lampe** *f* lampe *f* à souder *od* de soudeur; ~**metall** *n* métal *m* de soudure; ~**rohr** *n* chalumeau *m*; ~**stelle** *f* (point *m* de) soudure *f*, endroit *m* soudé; brasure *f*; ~**zinn** *n* étain *m* à souder *od* de soudure.

Lothring|en *n* ['loːtriŋən] la Lorraine; ~**er(in** *f)* *m* ‹-s, -› Lorrain, e *m f*; **l~isch** *a* lorrain.

Lotos(blume *f)* *m* ‹-, -› ['loːtɔs] lotus *m*.

Lotse *m* ‹-n, -n› ['loːtsə] pilote, lamaneur *m*; **l~n** *tr* piloter; ~**n** *n* pilotage, lamanage *m*; ~**nboot** *n* bateau-pilote *m*; ~**ndienst** *m* pilotage, lamanage *m*; ~**nfisch** *m* (poisson) pilote *m*; ~**nflagge** *f* pavillon *m* de pilote; ~**ngebühr** *f*, ~**ngeld** *n* frais *m pl* de lamanage.

Lott|erbett *n* ['lɔtər-] *(österr.)* = *Couch;* ~**erbube** *m* vaurien; fainéant *m*; **l~(e)rig** *a (schlampig)* négligent; *(liederlich)* dissolu, bohème; ~**erleben** *n* vie dissolue *od* de bohème; *pop* bringue *f*; ~**erwirtschaft** *f* laisser-aller *m*, incurie *f*.

Lotterie *f* ‹-, -n› [lɔtə'riː] loterie *f*; ~**einnehmer** *m* encaisseur *m* de loterie; ~**gewinn** *m* lot *od* billet *m* gagnant; ~**los** *n* billet de loterie, lot *m*.

Lotto(spiel) *n* ‹-s, -s› ['lɔto] (jeu de) loto *m*.

Löwe *m* ‹-n, -n› ['løːvə] lion; *astr* Lion *m; in die Höhle des* ~*n gehen (fig)* se jeter *od* se mettre dans la gueule du loup; *junge(r)* ~ lionceau *m*; ~**nanteil** *m: (sich den)* ~ *(nehmen)* (se tailler. *od* prendre la) part du lion; ~**nbändiger** *m* ‹-s, -› dompteur *m* de lions; ~**ngrube** *f* fosse *f* aux lions; ~**herz** *n: Richard* ~ *(hist)* Richard Cœur de Lion; ~**nhof,** *der (d. Alhambra)* la cour des Lions; ~**njagd** *f* chasse *f* au lion; ~**nmaul** *n* mufle *m* de lion; *bot* muflier *m*, gueule-de-loup *f*; ~**nzahn** *m bot* pissenlit *m*, dent-de-lion *f*; **Löwin** *f* lionne *f*.

loyal [loa'jaːl] *a* loyal; **L~ität** *f* ‹-, (-en)› [-li'tɛːt] loyauté *f*.

Luchs *m* ‹-es, -e› [luks] *zoo* lynx, loup-cervier *m*; ~**augen** *n pl fig* yeux *m pl* de lynx.

Lücke *f* ‹-, -n› ['lʏkə] lacune, trouée, brèche *f*, vide, *fam* loup *m*; *fig (Unterbrechung)* solution *f* de continuité; hiatus, trou *m*; *(frei gelassene Stelle in e-m Schriftstück)* fenêtre *f*; *e-e* ~ *schließen* combler une lacune; *mil* colmater une brèche; *auf* ~ *stehend* (disposé) en quinconce; ~**nbüßer** *m* bouche-trou *m*; **l~nhaft** *a* lacuneux; *fig (unvollständig)* défectueux, incomplet; ~**nhaftigkeit** *f* défectuosité *f*; **l~nlos** *a* sans lacune(s) *od* vide(s); *(vollständig)* complet; ~**nlosigkeit** *f* ‹-, ø› état *m* complet.

Luder *n* ‹-s, -› ['luːdər] *(Jägersprache: Aas)* charogne; *vulg (Weibsbild)* garce, bougresse *f*; ~**jan** *m* = *Liederjan;* ~**leben** *n* vie *f* crapuleuse, débauches *f pl.*

Ludwig *m* ['luːtvɪç] Louis *m*.

Luft *f* ‹-, ⁀e› [luft, 'lʏftə] air; *(~zug)* souffle *m*; *(Atmosphäre)* atmosphère *f*; *an der freien* ~ en plein air, à l'air libre; *in frischer* ~ au grand air; *die* ~ *herauslassen aus* dégonfler; *jdn wie* ~ *behandeln* ignorer qn; *in die* ~ *fliegen (explodieren)* sauter; *an die* ~ *gehen* prendre l'air; *in die* ~ *gukken* regarder en l'air; *fam* gober les mouches; *in der* ~ *hängen, schweben* ne pas avoir de base solide; ~ *holen* (re)prendre haleine; *in die* ~ *jagen (sprengen)* faire sauter; *keine* ~ *kriegen* étouffer; *von* ~ *und Liebe leben* vivre d'amour et d'eau fraîche; *in der* ~ *liegen (fig)* être dans l'air; *seinem*

Ärger ~ *machen* se soulager, exhaler son dépit, épancher sa bile; *s-m Herzen* ~ *machen* ouvrir son cœur; *durch die* ~ *schießen (Vogel)* fendre l'air; *frische* ~ *schnappen (fam)* prendre un bol d'air, s'aérer; *nach* ~ *schnappen* chercher à respirer; ~ *schöpfen* prendre l'air; *frische* ~ *schöpfen* prendre le frais; *wieder* ~ *schöpfen* reprendre haleine; *für jdn* ~ *sein* ne pas exister pour qn; *jdn an die* ~ *setzen (fam)* mettre *od fam* flanquer *od pop* foutre qn à la porte; *fam* flanquer qn dehors; *es hängt noch in der* ~ *(fig)* c'est encore à l'état de projet; *es liegt etwas in der* ~ il y a de l'orage dans l'air; *es ist dikke* ~ *(fig fam)* il va y avoir du grabuge; ça barde; il y a du pétard; *das ist völlig aus der* ~ *gegriffen* c'est inventé de toutes pièces, c'est pure invention; *die* ~ *ist (wieder) rein (fig)* il n'y a (plus) rien à craindre, il n'y a pas (plus) de danger; *frische* ~ *zehrt* le grand air creuse; *heiße, stickige* ~ touffeur *f*; ~**abkommen** *n* pacte *m* aérien; ~**abschluß** *m: unter* ~ à l'abri de l'air; ~**abschnitt** *m* région *f* aérienne; ~**abwehr** *f* défense *f* antiaérienne *od* contre avions; ~**abzug** *m tech* évent *m*; ~**angriff** *m* raid *m* (aérien), agression *od* attaque *f* aérienne; *(schwerer* ~*)* bombardement *m* aérien; ~**ansaugstutzen** *m* tube *m* d'aspiration d'air; ~**aufklärung** *f* reconnaissance *f* aérienne; ~**aufsicht** *f* contrôle *m* local du trafic aérien; ~**austritt** *m* sortie *f* d'air; ~**bad** *n* bain *m* d'air; ~**ballon** *m* aérostat; ballon *m*; ~**basis** *f* base *f* aérienne; ~**beobachtung** *f* observation *f* aérienne; ~**bereifung** *f* bandage *m* pneumatique; ~**beschaffenheit** *f* qualité *f* de l'air; ~**bewegung** *f* vents *m pl*; ~**bild** *n* photo(graphie) *od* vue *f* aérienne; ~**blase** *f* bulle d'air; *metal* soufflure *f*; ~**bremse** *f* frein *m* aérodynamique *od* pneumatique; ~**brücke** *f* pont *m* aérien; l~**dicht** *a* étanche à l'air, hermétique; ~ *abgeschlossen* isolé hermétiquement; ~*e(r) Abschluß m* étanchéité *f* à l'air; ~**dichte** *f* densité *f* de l'air; ~**druck** *m* pression *f* atmosphérique *od* barométrique; ~**druckbremse** *f* frein *m* pneumatique *od* à air (comprimé); ~**druckhammer** *m* marteau *m* à air comprimé; ~**druckregulierung** *f* pressurisation *f*; ~**druckschwankungen** *f pl* variations *f pl* barométriques; ~**druckwelle** *f* onde *f* explosive; ~**druckwirkung** *f (bei e-r Explosion)* effet *m* du souffle;

l~**durchlässig** *a* perméable à l'air; ~**einlaß** *m* admission *f* d'air; ~**einsatz** *m mil aero* opération *f* aérienne; ~**eintritt** *m tech* entrée *f* d'air; ~**erneuerung** *f* renouvellement *m* de l'air; ~**fahrt** *f* aviation, aéronautique, navigation *f* aérienne; *zivile* ~ navigation *f* aérienne civile; ~**fahrtausstellung** *f* salon *m* de l'aviation; ~**fahrtforschung** *f* recherche *f* aéronautique; ~**fahrtgesellschaft** *f* compagnie *f* (de navigation) aérienne *od* d'aviation; ~**fahrtmedizin** *f* médecine *f* de l'aviation; ~**fahrttechnik** *f* technique *f* aéronautique; ~**fahrtweg** *m* route *f* de l'air; ~**fahrzeug** *n* aéronef *m*; ~**feuchtigkeit** *f* humidité *f* atmosphérique; ~**feuchtigkeitsmesser** *m* hygromètre, hygroscope *m*; ~**filter** *m od n* filtre *m* à air; ~**flotte** *f* flotte *f* aérienne; ~**fracht** *f* fret *m* aérien; ~**frachtbrief** *m* lettre *f* de transport aérien; ~**gefecht** *n* combat *m* aérien; ~**geist** *m* esprit de l'air; sylphe *m*, sylphide *f*; l~**gekühlt** *a mot* refroidi par air; ~**geschwader** *n* escadre *f* aérienne; ~**gewehr** *n* fusil *m* od carabine *f* à air comprimé; ~**hauch** *m* souffle *m* d'air; *warme(r)* ~ bouffée *f* de chaleur; ~**herrschaft** *f* suprématie *f* aérienne; ~**hoheit** *f* souveraineté *f* aérienne; ~**hülle** *f* atmosphère *f*; l~**ig** *a (frisch)* exposé à l'air, aéré; *(leicht)* aérien, vaporeux, léger; *fig (leichtsinnig)* évaporé, écervelé, volage, léger; *sehr* ~ *wohnen* être logé aux quatre vents; ~**igkeit** *f* ⟨-, ø⟩ légèreté *f*; ~**ikus** *m* ⟨-, -sse⟩ ['luftikus, -sə] *fam* hurluberlu, écervelé *m*; ~**kabel** *n* câble *m* aérien; ~**kampf** *m* combat *od (zwischen zwei Flugzeugen)* duel *m* aérien; ~**kanal** *m* conduit *m* à air, buse *f* d'aérage, évent *m*; ~**kissen** *n* coussin à air *od* pneumatique; coussin *m* d'air; ~**kissenfahrzeug** *n* hovercraft *(Warenzeichen)*, aéroglisseur *m*; *Hafen für* ~*e* hoverport *m*; ~**klappe** *f* volet *m* d'aération; *tech* ventouse *f*; *mot* régulateur *m* d'air; ~**korridor** *m* corridor *od* couloir *m* aérien; l~**krank** *a* atteint du mal de l'air; ~ *sein* avoir le mal de l'air; ~**krankheit** *f* mal *m* de l'air; ~**krieg** *m* guerre *f* aérienne; ~**kühlung** *f* refroidissement *m* par air; ~**kur** *f* cure *f* d'air; ~**kurort** *m* station *f* climatique; ~**landedivision** *f* division *f* aéroportée; ~**landekopf** *m* tête *f* de pont aérien; ~**landekorps** *n* corps *m* aéroporté; ~**landemanöver** *n* manœuvre *f* aéroportée; ~**lande-**

panzer *m* char *m* aéroporté; ~**landetruppen** *f pl* troupes *f pl* aéroportées *od* parachutées; ~**landung** *f* débarquement aéroporté, parachutage *m;* l~**leer** *a* vide (d'air); ~*e(r) Raum m* vide *m;* ~**leitung** *f* aérien *m;* ~**linie** *f* ligne droite; *aero* ligne *f* aérienne; *in der* ~ à vol d'oiseau, en ligne droite; ~**linienentfernung** *f* distance *f* en ligne droite; ~**loch** *n tech* évent *m,* ventouse *f; aero* trou *m* d'air, cheminée *f;* ~**mangel** *m* manque *m* d'air; ~**manöver** *n* manœuvres *f pl* aériennes; ~**matratze** *f* matelas *m* pneumatique; ~**mine** *f* mine aérienne *od* à paroi mince, torpille *f* aérienne; ~**navigation** *f,* ~**ortung** *f* navigation *f* aérienne; ~**pirat** *m* pirate *m* de l'air; ~**pistole** *f* pistolet *m* à vent; ~**post** *f* courrier *m* aérien, poste *f* aérienne, service *m* postal aérien; *(mit)* ~*!* par avion; ~**postbrief** *m* lettre-avion *f;* ~**postleichtbrief** *m* aérogramme *m;* ~**postpapier** *n* papier *m* pelure *od* par avion; ~**pumpe** *f* pompe *f* à air *od* à pneumatiques; *mot* gonfleur *m;* ~**raum** *m aero* espace *od* domaine *m* aérien; ~**reifen** *m* pneu(matique) *m;* ~**reiniger** *m* épurateur *m* d'air; ~**reinigung** *f* épuration *f* de l'air; ~**reklame** *f* publicité *od* réclame *f* aérienne; ~**rettungsdienst** *m* service *m* aérien d'un SAMU; ~**röhre** *f anat* trachée(-artère) *f,* conduit *m* respiratoire; ~**röhrenschnitt** *m med* trachéotomie *f;* ~**sack** *m aero* ballonnet *m;* ~**schacht** *m* puits *m* d'air *od* d'aérage *od* mines d'aération; ~**schicht** *f* couche *f* atmosphérique *od* d'air; ~**schiff** *n* aéronef *m; lenkbare(s)* ~ dirigeable *m;* ~**schiffahrt** *f* aérostation *f;* ~**schiffer** *m,* ~**schifführer** *m* aérostier *m;* ~**schiffhalle** *f* hangar *m;* ~**schlacht** *f* bataille *f* aérienne; ~**schlange** *f (aus Papier)* serpentin *m;* ~**schleuse** *f* écluse *f* à air; ~**schloß** *n* château *m* en Espagne; *Luftschlösser bauen* faire *od* bâtir des châteaux en Espagne; rêver tout éveillé; ~**schneise** *f* couloir *m* aérien; ~**schraube** *f* hélice *f;* ~**schraubenantrieb** *m* commande *f* de l'hélice; ~**schraubenblatt** *n,* ~**schraubenflügel** *m* pale *f* d'hélice; ~**schraubenstrahl** *m* sillage *od* souffle *m* de l'hélice; ~**schraubentriebwerk** *n* propulseur *m* à hélice; ~**schraubenturbine** *f* turbopropulseur *m;* ~**schutz** *m* protection *f* (anti)aérienne; *zivile(r)* ~ défense *f* civile *od* passive; ~**schutzbunker** *m* abri

m (bétonné); ~**schutzdienst** *m* service *m* de défense passive; ~**schutzhelfer** *m* auxiliaire *m* de la protection civile; ~**schutzkeller** *m* cave-abri *f;* ~**schutzraum** *m* abri *m;* ~**schutzübung** *f* exercice *m* de défense passive; ~**schutzwart** *m* chef *m* d'îlot; ~**schwingung** *f* vibration *f* de l'air; ~**sicherung** *f* couverture *f* aérienne; ~**sog** *m aero* remous *m;* ~**sonde** *f* sonde *f* atmosphérique; ~**spalt** *m* el entrefer *m;* ~**sperre** *f* barrage *m* aérien, interdiction *f* de survoler; ~**sperrgebiet** *n* zone *f* aérienne interdite; ~**spieg(e)lung** *f* mirage *m;* ~**sprung** *m (a. e-r Forelle)* saut en l'air; bond *m,* cabriole, gambade; *fam* galipette *f; Luftsprünge machen (a.)* voltiger; ~**stoß** *m* bouffée *f* d'air, coup de vent; *(bei e-r Explosion)* souffle *m;* ~**strahl** *m* filet *m od* veine *f* d'air; ~**strahlantrieb** *m,* ~**strahltriebwerk** *n* propulseur *m* par réaction; ~**streitkräfte** *f pl* forces *f pl* aériennes; ~**strom** *m (im Windkanal)* écoulement *m* d'air; *kalte(r), warme(r)* ~ bouffée *f* de froid, de chaleur; ~**strömung** *f* courant *m* atmosphérique *od* aérien; ~**stutzen** *m aero* prise *f* d'air; ~**stützpunkt** *m* base *od* plate-forme *f* aérienne; ~**taxi** *n* avion-taxi *m;* ~**temperatur** *f* température *f* de l'air; ~**torpedo** *m* torpille aérienne, aérotorpille, bombe *f* planante; ~**transport** *m* transport *m* aérien *od* par air *od* par voie aérienne; ~**transportflotte** *f* flotte *f* aérienne de transport; l~**trocken** *a* séché à l'air; l~**tüchtig** *a* apte au vol; ~**überfall** *m* attaque *f* aérienne par surprise; raid *m* aérien inopiné; ~**überlegenheit** *f* supériorité *f* aérienne; ~**überwachung** *f* surveillance *f* aérienne; ~**unterlegenheit** *f* infériorité *f* aérienne; ~**unterstützung** *f mil* appui *od* soutien *m* aérien; ~**veränderung** *f* changement *m* d'air; ~**verbesserer** *m* (-s, -) désodorisant *m;* ~**verbindung** *f* liaison *f* aérienne; ~**verdichtung** *f* compression *f* d'air; ~**verdünnung** *f* raréfaction *f* de l'air; ~**verflüssigung** *f* liquéfaction *f* de l'air; ~**verkehr** *m* circulation *f* aérienne, service *od* trafic *m* aérien; ~**verkehrsnetz** *n* réseau *m* aérien; ~**verschmutzung** *f* pollution *f* atmosphérique; ~**verteidigung** *f* défense *f* aérienne; ~**verunreinigung** *f* pollution *f* atmosphérique *od* de l'air; ~**waffe** *f mil* armée de l'air; force *f* aérienne; *taktische* ~ aviation *f* tactique; ~**waffenoffizier** *m* officier *m* d'aviation; ~**warndienst** *m* service *m* d'alerte (aérienne); ~**wechsel** *m* changement *m* d'air ~**weg** *m*: *auf dem* ~*e* par avion; ~**widerstand** *m* résistance *f* aérodynamique *od* de l'air; ~**wirbel** *m* tourbillon *m* d'air; ~**wurzel** *f bot* racine *f* aérienne; ~**ziel** *n mil* objectif *m* aérien; ~**zufuhr** *f*, ~**zuführung** *f* adduction *od* amenée *f* d'air; ~**zuführung(sleitung)** *f aero* prise *f* d'air ~**zug** *m* courant *m* d'air; ~**zwischenfall** *m* incident *m* aérien; ~**zwischenraum** *m el* entrefer *m*.

Lüft|chen *n* ⟨-s, -⟩ ['lʏftçən] souffle (de vent), vent *m* léger, brise *f*; *es geht kein* ~ il n'y a pas un brin d'air *od* de vent; **l~en** *tr* (*Zimmer*) aérer, éventer; (*Bett, Kleidung*) mettre à l'air; (*den Hut*) soulever (son chapeau); *itr* (*die Luft erneuern*) renouveler l'air; *den Schleier* ~ (*fig*) lever le voile; ~**er** *m* ⟨-s, -⟩ ventilateur *m*; ~**ung** *f* aération *f*; aérage *m*; ventilation *f*; ~**ungsöffnung** *f* buse *f* d'aération; ~**ungsrohr** *n* tuyau *m* de ventilation, manche *f* à air; ~**ungsschacht** *m* puits *m* d'aérage.

Lug *m* ⟨-(e)s, ø⟩ [lu:k] (*Lüge*): *mit* ~ *und Trug* frauduleusement.

Lüg|e *f* ⟨-, -n⟩ ['ly:gə] mensonge *m*; *jdn e-r* ~ *bezichtigen* accuser qn de mensonge; *jdn* ~*n strafen* infliger un démenti à qn, convaincre qn de mensonge; ~*n haben kurze Beine* (*prov*) le mensonge ne mène pas loin, tout finit par se savoir; *fromme, plumpe* ~ pieux, gros mensonge *m*; *um keine* ~ *verlegen sein* ne pas être à court de mensonge; **l~en** ⟨*lügt, log, hat gelogen*⟩ [lo:k, (-)'lo:gən] *itr* mentir, dire un mensonge; *wie gedruckt* ~; ~, *daß sich die Balken biegen; das Blaue vom Himmel herunter* ~ (*fam*) mentir comme un arracheur de dents *od* comme on parle *od* respire; *das ist gelogen* il, elle a menti; *wer einmal lügt, dem glaubt man nicht, und wenn er auch die Wahrheit spricht* (*prov*) a beau dire vrai qui a menti; ~**endetektor** *m* (*Gerät*) détecteur *m* de mensonges, machine *f* à détecter le mensonge; ~**enfeldzug** *m pol* campagne *f* de mensonges; ~**engeschichte** *f* conte *m* en l'air; ~**engewebe** *n* tissu *m* de mensonges; **l~enhaft** *a* (*Mensch*) menteur, faux; (*Sache*) mensonger, faux, controuvé; ~**enhaftigkeit** *f* ⟨-, ø (-en)⟩ (*Mensch*) goût du *od* penchant au mensonge; (*Sache*) caractère *m* mensonger; ~**enmärchen** *n* histoire *f*, mensonge *m*; ~**enmaul** *n* menteur *m* (effronté); ~**ennetz** *n* = ~*engewebe*;

~**enpropaganda** *f* propagande *f* mensongère; ~**ner(in** *f*) *m* ⟨-s, -⟩ ['-gnər] menteur, euse *m f*; **l~nerisch** *a* menteur, faux.

lugen ['lu:gən] *itr* (*spähen*) guetter, épier, scruter, regarder.

Lukas *m* ['lu:kas] Luc *m*.

Luke *f* ⟨-, -n⟩ ['lu:kə] *arch* lucarne; *mar* écoutille *f*.

lukrativ [lukra'ti:f] *a* (*einträglich*) lucratif.

lukullisch [lu'kulɪʃ] *a* plantureux, somptueux.

Lulatsch *m* ⟨-(e)s, -e⟩ ['lu:la(:)tʃ] *fam* (*langer Kerl*) escogriffe; grand flandrin *m*.

lullen ['lulən] *tr*: *in den Schlaf* ~ endormir par des berceuses.

Lumberjack *m* ⟨-s, -s⟩ ['lambərdʒɛk] veste-blouson *f*.

Lümmel *m* ⟨-s, -⟩ ['lʏməl] mufle, goujat, malotru, malappris; *fam* paltoquet; *pop* pignouf; (*Bauern*~) rustre *m*; ~**ei** *f* [-'laɪ] muflerie, goujaterie, grossiereté *f*; **l~haft** *a* malotru, malappris, grossier; ~**haftigkeit** *f* grossiereté *f*; **l~n**, *sich* se vautrer.

Lump *m* ⟨-en, -en⟩ [lʊmp] mauvais sujet; va-nu-pieds, gueux *m*; *fam* crapule *f*; *gredin; pop* salaud *m*; **l~en**: *sich nicht* ~ *lassen* bien faire les choses, ne pas être chiche; ~**en** *m* ⟨-s, -⟩ (*Fetzen*) lambeau, haillon *m*, guenille, loque *f*; (*Lappen*) chiffon; (*Papierfabrikation*) pilot *m*; *in* ~ (*gehüllt*) en guenilles, vêtu de haillons; ~**engeld** *n*: *für ein* ~ (*fam*) à vil prix; ~**engesindel** *n* canaille, racaille, mauvaise graine; *fam* gueusaille *f*; ~**enkerl** *m* = ~; ~**enpack** *n* = ~*engesindel*; ~**ensammler** *m* chiffonnier; *hum* (*letzte(r) Bahn, Bus*) balai *m*; ~**enwolf** *m tech* effilocheuse *f*; ~**erei** *f* [-'raɪ] (*Gaunerei*) gueserie, vilenie, *fam* crasse; (~*endreck*) bagatelle, vétille *f*; **l~ig** *a* (*niederträchtig*) vil; (*armselig*) mesquin, misérable; *für* ~*e 10 Groschen* pour 10 misérables sous.

Lünette *f* ⟨-, -n⟩ [ly'nɛtə] *arch* lunette *f*.

Lunge *f* ⟨-, -n⟩ ['lʊŋə] poumon(s *pl*); (*Fleischerei*) mou *m*; *e-e gute* ~ *haben* avoir du poumon *od* de bons poumons; (*fam*) *auf* ~ *rauchen* avaler la fumée; *sich die* ~ *aus dem Leib schreien* s'époumoner, s'user les poumons; *er hat es auf od mit der* ~ il est poitrinaire; *eiserne* ~ (*med*) poumon d'acier; *die grüne* ~ *e-r Stadt* le poumon d'une ville; ~**narterie** *f* artère *f* pulmonaire; ~**nbläschen** *n* alvéole *m od* vésicule *f* pulmonaire; ~**nblutung** *f* hémorragie *f* pulmo-

naire; **~nembolie** f embolie f pulmonaire; **~nentzündung** f pneumonie
f; **~nerweiterung** f emphysème m
pulmonaire; **~nfell** n plèvre f;
~nfellentzündung f pleurésie f;
~nflügel m poumon m; **~nhaschee**
n (Küche) hachis m de mou; **~nheil-
stätte** f sana(torium), aérium m;
l**~nkrank** a poitrinaire, phtisique, tuberculeux; **~nkranke(r)** m poitrinaire, tuberculeux m; **~nkrankheit** f affection pulmonaire, maladie f de poitrine; **~nkraut** n bot pulmonaire f;
~nkrebs m cancer m du poumon;
~nlappen m lobe m du poumon;
~nschlag m med embolie f pulmonaire; **~nschwindsucht** f, **~ntu-
berkulose** f phtisie od tuberculose f
pulmonaire; **~nspitze** f sommet m
du poumon; **~nvene** f veine f pulmonaire.

lungern ['luŋərn] itr traîner, paresser,
fainéanter.

Lunker m ⟨-s, -⟩ ['luŋkər] metal (Hohlraum) retassure f.

Lunte f ⟨-, -n⟩ ['luntə] mèche f; ~ riechen (fig) éventer od découvrir la
mèche; éventer la mine.

Lupe f ⟨-, -n⟩ ['lu:pə] opt loupe f; unter
die ~ nehmen (fig) passer au tamis,
scruter, examiner de près.

lupenrein ['lu:pənrain] a fig irréprochable, au-dessus de tout soupçon
(politique).

lupfen ['lupfən] tr, **lüpfen** ['lʏpfən] tr
dial (heben) (sou)lever.

Lupine f ⟨-, -n⟩ [lu'pi:nə] bot lupin m.

Luppe f ⟨-, -n⟩ ['lupə] metal loupe f,
massé, pain m; **~neisen** n fer m en
loupes.

Lupulin n ⟨-s, -⟩ [lupu'li:n] (Bitterstoff
des Hopfens) glandules f pl de houblon, lupuline f.

Lurch m ⟨-(e)s, -e⟩ [lurç] zoo amphibie,
batracien m.

Lust f ⟨-, ⸚e⟩ [lust, 'lʏstə] (Freude) joie
f; (Vergnügen) plaisir; (Verlangen)
désir m, envie; (Begierde) appétence
f, appétit m, convoitise; (Sinnenlust)
volupté f; mit ~ und Liebe avec
grand plaisir; nach ~ und Laune à
mon etc gré; au gré de ma etc fantaisie; s-e ~ befriedigen passer son envie; s-n Lüsten frönen être l'esclave
de ses passions; (große) ~ haben zu
avoir (grande) envie de od le goût de
od l'esprit à; être en humeur de; keine ~ zur Arbeit haben (zeitweise) a.
fam avoir la flemme, tirer sa flemme;
(dauernd) avoir un poil dans la main;
jdm ~ machen zu faire à qn envie de;
jdm die ~ zu etw nehmen enlever od
ôter od faire passer l'envie de qc à

qn; mit ~ und Liebe bei der Sache
sein avoir le cœur à l'ouvrage; ich bekomme od (fam) kriege ~ zu il me
prend l'envie od la fantaisie de; ich
habe keine ~ mehr (a.) cela ne
m'intéresse plus; wenn Sie ~ dazu
haben si le cœur vous en dit; **~bar-
keit** f divertissement m; fête f; **~gar-
ten** m jardin m d'agrément od de
plaisance; l**~ig** a (vergnügt) joyeux,
gai; enjoué; (unterhaltsam) plaisant,
amusant, drôle, pop rigolo; (Sache)
amusant, réjouissant, divertissant;
sich über jdn ~ machen rire od
s'égayer aux dépens de qn, tourner qn
en ridicule, se moquer de qn; fam
mettre qn en boîte, se payer la tête
de qn, se ficher de qn; pop se foutre
de qn; über etw se moquer, se ficher,
faire des gorges chaudes de qc; pop
se foutre de qc; ~ sein (a.) s'amuser;
(scherzen) pop rigoler; es geht ~ zu
on s'amuse bien; ~! hardi! Bruder ~
joyeux compère, loustic, pop rigolo
m; **~e(r)** Bruder od Kumpan m
(fam) gai luron m; **~igkeit** f gaieté f,
enjouement m, jovialité f; l**~los** a
(Mensch) sans entrain; (Geschäft)
languissant; (Börse) sans animation;
sans affaires; **~losigkeit** f langueur
f; (Börse) manque m d'animation;
~molch m fam = Lüstling; **~mord**
m meurtre m avec viol; **~schloß** n
château m de plaisance; **~spiel** n
comédie f; **~wäldchen** n bosquet m;
l**~wandeln** ⟨aux: sein od haben⟩ itr
se promener, flâner.

Lüst|er m ⟨-s, -⟩ ['lʏstər] (Glanzüber-
zug; Kronleuchter) lustre m; l**~rieren**
[-'tri:rən] tr (Textil: glänzend machen) lustrer.

lüst|ern ['lʏstərn] a (begehrlich) con-
cupiscent; (sinnlich) voluptueux, libi-
dineux; (geil) lubrique; **L~ernheit** f
concupiscence f, désir m charnel; lubricité f; **L~ling** m ⟨-s, -e⟩ satyre,
débauché; (Lebemann) polisson;
(Wüstling) paillard m.

Luther|aner m ⟨-s, -⟩ [lutə'ra:nər] rel
luthérien m; l**~isch** ['lutərɪʃ, lu'te:rɪʃ]
a luthérien; **~tum** n luthéranisme m.

lutsch|en ['lutʃən] tr u. itr fam suçoter,
sucer; **L~er** m ⟨-s, -⟩ sucette; (Schnuller) tétine f.

Lüttich n ['lʏtɪç] Liège f.

Luv f ⟨-, ø⟩ [lu:f] mar lof, côté m du
vent; l**~en** [-vən/-fən] itr lofer, aller
au lof; **~seite** f; l**~wärts** adv
au vent, du côté du vent.

Lux n ⟨-, -⟩ [luks] opt lux m; **~meter** n
luxmètre m.

Luxemburg ['luksəmburk] n (Land:
le) Luxembourg f (Stadt); **~er(in** f)

m ⟨-s, -⟩ Luxembourgeois, e *m f;*
l~isch *a* luxembourgeois.
luxuriös [lʊksuri'øːs] *a* luxueux; fastueux, somptueux.
Luxus *m* ⟨-, ø⟩ ['lʊksʊs] luxe *m,* somptuosité *f;* ~ *treiben* faire du luxe; *das
ist* ~ c'est du luxe; **~anfertigung** *f*
fabrication *f* de luxe; **~artikel** *m* article *od* objet *od* produit *m* de luxe;
~ausführung *f* présentation *f* de
luxe; **~ausgabe** *f (Buch)* édition *f* de
luxe; **~hotel** *n* hôtel de luxe, palace
m; **~jacht** *f mar* cruiser *m;* **~modell**
n modèle *m* de luxe; **~steuer** *f* taxe *f*
de luxe, impôt *m* sur les articles de
luxe *od* sur le luxe; **~wagen** *m* voiture *f* de luxe; *loc* pullman *m.*
Luzern *n* [lu'tsɛrn] *geog* Lucerne *f.*

Luzerne *f* ⟨-, -n⟩ [lu'tsɛrnə] *bot* luzerne
f.
Luzifer *m* ['luːtsifɛr] *rel* lucifer *m.*
Lymph|bahn *f* ['lʏmf-] *anat* voie *f*
lymphatique; **~drüse** *f* = ~*knoten;*
~e *f* ⟨-, ø⟩ *physiol* lymphe *f;* vaccin
m; **~gefäß** *n anat* vaisseau *m* lymphatique; **~knoten** *m* ganglion *m*
(lymphatique).
lynch|en ['lʏnçən] *tr* lyncher; **L~justiz**
f lynchage *m.*
Lyr|a *f* ⟨-, -ren⟩ ['lʏːra] *mus hist* lyre *f;*
~ik *f* ⟨-, ø⟩ ['lyːrɪk] poésie *f* lyrique, lyrisme *m;* **~iker** *m* ⟨-s, -⟩ ['-rikər]
poète *m* lyrique; **l~isch** ['lyːrɪʃ] *a* lyrique.
Lyzeum *n* ⟨-s, -zeen⟩ [lyˈtseːʊm,
-ˈtseːən] lycée *m* (de jeunes filles).

M

M, m *n* ‹-, -› [ɛm] *(Buchstabe)* M, m *m* od *f.*

Mäander *m* ‹-s, -› [mɛ'andər] *(Fluß-windung)* méandre *m; (Zierband)* grecque *f.*

Maar *n* ‹-(e)s, -e› [ma:r] *geog* cratère *m.*

Maas *f* [ma:s] *(Fluß)* Meuse *f.*

Maat *m* ‹-(e)s, -e/-en› [ma:t] *mar* matelot, marin; *(Dienstgrad)* second maître *m.*

Mach|art *f* ['max-] mode *m* de fabrication; *(Kleidung)* façon *f;* **m~bar** *a* faisable; **~e** *f* ‹-, ø› *fam (Schein)* semblant *m,* apparence *f; (Vortäuschung)* bluff *m;* feinte; *(Getue)* affectation *f; das ist doch nur* ~ ce n'est que pour la frime; **~enschaft** *f* ‹-, (-en)› *meist pl* menée, machination, intrigue *f;* **~werk** *n* méchant ouvrage, ouvrage *m* gâché; œuvre *f* de basse qualité, avorton *m.*

machen ['maxən] **1.** *tr allg* faire; *(herstellen)* produire, *pop* fabriquer; *(bilden)* former, composer; *(errichten)* construire; *(zustande bringen)* opérer; *(erschaffen)* créer; *(bewirken)* causer; *(in e-n Zustand versetzen)* rendre; *(in Ordnung bringen)* arranger, disposer; *(ernennen)* nommer, faire *(zu etw* qc); *(kosten)* faire, coûter, revenir à; *itr (nur Imperativ) mach, mach!* allons! vite, vite! hâte--toi! dépêche-toi! *sich* ~ *(fam: gedeihen, vorankommen)* faire des progrès, s'arranger; *sich an etw* ~ *(etw in Angriff nehmen)* se mettre, s'atteler à qc, commencer qc; *sich aus etw nichts* ~ ne pas s'intéresser à qc, ne faire aucun cas *od* se moquer de; *fam* se balancer, *pop* se foutre de qc; *sich wenig od nicht viel aus etw* ~ ne pas tenir à qc; faire peu de cas, ne pas se soucier de qc; *sich davon~* s'en aller, décamper; **2.** *den Anfang mit etw* ~ être le premier à faire qc; *Appetit* ~ donner de l'appétit; *e-n Besuch* ~ rendre visite; *Durst* ~ donner soif; *ein Ende* ~ *mit* mettre fin à; *Ernst* ~ agir pour de bon; *mit etw* prendre qc au sérieux; *sich über etw Gedanken machen* s'inquiéter, se faire du souci au sujet de qc; *kein Geheimnis aus etw* ~ ne pas faire mystère de qc; *etw zu Geld* ~ faire argent de qc; *sich gut* ~ faire bien *od* joli; *sich das Haar* ~ s'arranger les cheveux; *jdm den Hof* ~ faire la cour à qn; *jdm den Kopf heiß* ~ monter la tête à qn; *nicht mehr lange* ~ *(fam)* ne plus aller loin; *Licht* ~ donner de la lumière, allumer la lumière; *Mühe* ~ donner du mal; *jdm Mut* ~ donner du courage à qn; *es jdm recht* ~ contenter, satisfaire qn; *es sich zur Regel* ~ zu s'imposer la règle de; *s-e Sache gut* ~ jouer bien son jeu; *schöne Sachen* ~ *(fig iron)* en faire de belles; *sich zu schaffen* ~ s'affairer; *schlecht* ~ noircir, dire du mal de qn; *schnell* ~ se hâter, se presser; *Witze* ~ plaisanter; *etw* ~ *lassen* faire faire qc; *nicht wissen, was man* ~ *soll (a.)* ne savoir sur quel pied danser; *mit jdm (alles)* ~ *(können), was man will* faire passer qn par où l'on veut, manier qn comme de la cire; *so macht er's immer* il n'en fait jamais d'autres; *mit ihm kann man* ~*, was man will od kann jeder* ~*, was er will od kann man alles* ~ on en fait ce qu'on veut; *das wird so gemacht* ça se fait comme ça; *das muß noch mal gemacht werden* c'est à refaire, c'est partie remise; *das od so was macht man nicht* ça ne se fait pas; *das macht nichts* cela *od* ça ne fait rien, il n'y a pas de mal; *dagegen ist nichts zu* ~ on n'y peut rien; *was* ~ *Sie (denn)?* que devenez--vous? *was* ~ *Sie (noch)? (fam)* que faites-vous dans la vie? *was macht es, wenn ...?* quel mal y a-t-il à inf? *où est le mal si ...? mach dir nichts d(a)raus!* ne t'en fais pas! *was soll man da* ~*?* que voulez-vous qu'on y fasse? que pourrait-on bien faire? *was macht das (schon)!* qu'importe! *nichts zu* ~*!* rien à faire! *nichts mehr zu* ~*! (fam)* plus rien à faire.

Macher *m* ‹-s, -› ['maxər] homme énergique *od* important, leader *m.*

Machiavell|ismus *m* ‹-, ø› [makiave'lɪsmʊs] machiavélisme *m;* **m~istisch** [-'lɪstɪʃ] *a* machiavélique.

macho ['matʃo] *a pop (betont männlich)* macho; **M~typ** *m pop pej* macho *m.*

Macht *f* ‹-, ⸚e› [maxt, 'mɛçtə] pouvoir *m; allg u. mil* force; *bes. pol (Staat als* ~) puissance *f; (~bereich)* empire *m; (Autorität)* autorité; *(Einfluß)* influence *f,* ascendant *m; an der ~ (pol)* au pouvoir; *aus eigener ~* de mon, ton *etc* propre chef; *mit aller ~* de toute ma, ta *etc* force; *die ~ ergreifen* prendre le *od* s'emparer du pouvoir, prendre la haute main; *jdm ~ geben* investir qn d'autorité; *an die ~ kommen* arriver au pouvoir; *in jds ~ liegen* dépendre de qn; *an der ~ sein* être au pouvoir; *bewaffnete ~* force *f* armée; *dunkle od geheime Mächte pl* puissances *f pl* occultes; *geistliche ~* pouvoir *m* spirituel; *kriegführende Mächte pl* puissances *od* parties *f pl* belligérentes; *weltliche ~* pouvoir *od* bras séculier, temporel *m; die ~ der Gewohnheit* la force de l'habitude; **~befugnis** *f* pouvoir *m,* autorité *f; aus eigener ~* de sa propre autorité, de son propre chef; *richterliche ~* pouvoir *m od* autorité discrétionnaire, autorité *f* de justice; *Überschreitung f der ~se* excès *m* de pouvoir; **~bereich** *m* compétence *f,* ressort *m; pol* sphère *f* (d'influence); **~ergreifung** *f* prise de pouvoir, arrivée *od* accession *f* au pouvoir; **~haber** *m* ‹-s, -› homme au pouvoir, potentat *m;* **~kampf** *m* lutte *f* pour le pouvoir; **m~los** *a* impuissant; *(schwach)* faible; *~ sein (a.)* avoir pieds et poings liés; *dagegen ist man ~* on n'y peut rien, on ne peut rien contre; **~losigkeit** *f* ‹-, ø› impuissance; faiblesse *f;* **~politik** *f* politique *f* de force; **~probe** *f* épreuve *f* de force; **~spruch** *m* acte *od* coup *m* d'autorité; décision *f* autoritaire *od* souveraine *od* sans appel; **~stellung** *f* position *f* de force; **~streben** *n* aspirations *f pl* au pouvoir; **~übernahme** *f = ~ergreifung;* **m~voll** *a* puissant; **~vollkommenheit** *f* pouvoir *m* absolu, omnipotence *f; aus eigner ~ = aus eigener ~;* **~wechsel** *m* changement *m* de gouvernement; **~wort** *n* parole *f* énergique; *ein ~ sprechen* faire acte d'autorité.

mächtig ['mɛçtıç] *a* puissant, fort; *(fähig)* capable; *pred* maître *(e-r S* de qc); *fig. a. fam (sehr groß)* gigantesque, énorme, immense; *adv fam (gewaltig)* énormément; *fam* rudement, bigrement, fichtrement; *~ sein (a.)* avoir les reins solides; *seiner nicht mehr ~ sein* n'être plus maître de soi; *e-r Sprache ~ sein* posséder une langue; **M~e(r)** *m* (homme) puissant *m; die ~n pl* les puissants *m pl;* **M~keit** *f* ‹-, (-en)› mines épaisseur *f.*
Mach-Zahl *f* ['max-] *aero* nombre *m* de Mach.

Madagas|kar *n* [mada'gaskar] Madagascar *f;* **~se** *m* ‹-n, -n› [-'gasə], **~sin** *f* Malgache *m f;* **m~sisch** [-'gasıʃ] *a* malgache.
Mädchen *n* ‹-s, -› ['mɛ:tçən] *(kleines ~)* petite fille, fillette, *fam* gosse, gamine; *(junges ~)* jeune fille *od* personne; *lit* demoiselle; *(Dienst~)* bonne, servante *f; leichte(s) ~* gigolette *f; ~ für alles* bonne *f* à tout faire; **~gymnasium** *n* lycée *m* de jeunes filles; **m~haft** *a* de jeune fille; *adv* comme une jeune fille; **~haftigkeit** *f* ‹-, ø› caractère *m od* manières *f pl* de jeune fille; **~handel** *m* traite *f* des blanches; **~heim** *n* maison *f od* foyer *m* des jeunes filles; **~kammer** *f* chambre *f* de bonne; **~name** *m* nom *m* de jeune fille; **~pensionat** *n* pensionnat *m* de jeunes filles; **~raub** *m* rapt *m* de jeune fille; **~räuber** *m* ravisseur *m* de jeune(s) fille(s); **~schule** *f* école *f* de jeunes filles; **~zimmer** *n = ~kammer.*
Mad|e *f* ‹-, -n› ['ma:də] *ent* asticot; *pop* ver *m; wie die ~ im Speck leben* être (heureux) comme un coq en pâte; **m~ig** *a* véreux, plein de vers; *fam* habité; *~ machen (fig fam)* éreinter.
Madeira *n* [ma'de:ra] *(Insel)* Madère *f; m* ‹-s, -s› *(Wein)* madère *m.*
Mädel *n* ‹-s, -/(-s, -n)› ['mɛ:dəl] *fam = Mädchen.*
Madjar *m* ‹-en, -en› [ma'dja:r] *(Ungar)* Magyar *m;* **m~isch** [-'dja:rıʃ] *a* magyar.
Madonn|a [ma'dɔna], *die* la Vierge, la Madone; *(~enbild)* madone, image *f* de la Vierge; **m~enhaft** *a* de madone.
Magazin *n* ‹-s, -e› [maga'tsi:n] *(Lager)* magasin, dépôt, entrepôt *m; (e-s Museums)* réserves *f pl; (am Gewehr, fest)* magasin; *(beweglich)* chargeur; *(Zeitschrift)* magazine *m;* **~verwalter** *m* magasinier, chef *m* de dépôt.
Magd *f* ‹-, ⸚e› [ma:kt, 'mɛ:kdə] servante; *(Bauern~)* fille de ferme; *vx (Jungfrau)* vierge *f;* **Mägd(e)lein** *n lit = Mädchen.*
Magdalena *f* [makda'le:na] Madeleine *f.*
Magen *m* ‹-s, ⸚/-› ['ma:gən] estomac *m; e-n leeren ~ haben* avoir l'estomac *od* le ventre creux *od* vide; *jdm auf dem od im ~ liegen (fig)* demeurer *od* rester sur l'estomac *od* sur le cœur à qn; *schwer im ~ liegen* peser sur l'estomac; *sich den ~ überladen* lester son estomac, se lester l'estomac; *sich den ~ verderben* attraper une indigestion; *mir hängt der ~*

(schief) (fam) j'ai l'estomac dans les talons; *einem hungrigen* ~ *ist schlecht predigen* ventre affamé n'a point d'oreilles; **~ausgang** *m* pylore *m;* **~beschwerden** *f pl* troubles *m pl* gastriques *od* de l'estomac; **~bitter** *m* ⟨-s, -⟩ digestif, amer, bitter *m;* **~blutung** *f* hémorragie gastrique *od* de l'estomac, gastrorragie *f;* **~-Darm-Kanal** *m* tube *m* gastro-intestinal; **~-Darm-Katarrh** *m* gastro-entérite *f;* **~gegend** *f* région *f* gastrique; **~geschwür** *n* ulcère *m* gastrique *od* de l'estomac; **~grube** *f* creux *m* de l'estomac; **~knurren** *n* gargouillement; *scient* borborygme *m;* **~krampf** *m* crampe *f* d'estomac; *scient* gastrospasme *m; pl* tiraillements *m pl* (d'estomac); **~krankheit** *f* maladie *f* de l'estomac; **~krebs** *m* cancer *m* de l'estomac; **~leiden** *n* affection *f* gastrique *od* de l'estomac; **~operation** *f* gastrotomie *f;* **~resektion** *f* gastrectomie *f;* **~saft** *m* suc *m* gastrique; **~säure** *f* acidité *f* gastrique; **~schlag** *m* (Boxen) coup *m* dans l'estomac; **~schleimhautentzündung** *f* gastrite *f;* **~schmerzen** *m pl* douleurs *f pl od* maux *m pl* d'estomac, gastralgie *f;* **~schrumpfung** *f* rétrécissement *m* de l'estomac; **m~stärkend** *a* stomachique, digestif; **~tropfen** *m pl* stomachique *m;* **~verstimmung** *f* embarras *m* gastrique; indigestion *f;* **~wand** *f* paroi *f* de l'estomac.

mager ['ma:gǝr] *a (a. Küche, Boden)* maigre; *(Mensch a.)* décharné; *fig (dürftig)* maigre, pauvre; ~ *machen* rendre maigre, amaigrir; ~ *werden* (a)maigrir; *etwas od ein bißchen* ~ maigrelet; *ziemlich od reichlich* ~ maigrichon *fam; pop* maigriot; ~*e(s) Fleisch n* maigre *m;* ~*e Kost f* maigre chère, pitance *f;* **M~e(s)** *n (Fleisch)* maigre *m;* **M~keit** *f* ⟨-, ø⟩ maigreur *f;* **M~kohle** *f* charbon *m* maigre, houille(s *pl*) *f* maigre(s); **M~milch** *f* lait *m* écrémé; **M~sucht** *f* maigreur *f* (endocrinienne); *(psychisch bedingt)* anorexie *f* (mentale).

Mag|ie *f* ⟨-, ø⟩ [ma'gi:] magie *f;* **~ier** *m* ⟨-s, -⟩ ['ma:giǝr] magicien; *hist* mage *m;* **m~isch** ['ma:gɪʃ] *a* magique; ~*e(s) Auge n (in d. Haustür)* microviseur, *fam* œil-de-Moscou; *radio* œil *m* magique, mire *f;* ~*e(s) Quadrat n (Rätsel)* mots *m pl* carrés.

Magistrat *m* ⟨-(e)s, -e⟩ [magɪs'tra:t] municipalité *f*, conseil *m* municipal; **~ur** *f* ⟨-, -en⟩ [-tra'tu:r] magistrature *f*.

Magma *n* ⟨-s, -men⟩ ['magma] *geol* magma *m*.

Magnat *m* ⟨-en, -en⟩ [ma'gna:t] magnat *m*.

Magnesi|a *f* ⟨-, ø⟩ [-'gne:zia] *chem (Bittererde)* magnésie *f*, oxyde *m* de magnésium; **~um** *n* ⟨-s, ø⟩ [-'gne:ziʊm] magnésium *m;* **m~umhaltig** *a* magnésien; **~um(blitz)licht** *n* éclair *m* de magnésium; **~umpulver** *n* magnésium *m* pulvérisé *od* en poudre.

Magnet *m* ⟨-(e)s/-en, -e/-en⟩ [ma'gne:t] aimant *m;* **~anker** *m* el armature *f* d'aimant; **~(apparat)** *m* mot magnéto *f;* **~ausschalter** *m* el interrupteur *m* d'excitation; **~band(gerät)** *n* (enregistreur à *od* sur) ruban *m* magnétique; **~eisen** *n* fer *m* magnétique; **~eisenerz** *n* magnétite *f;* **~eisenstein** *m* pierre *f* magnétique; **m~elektrisch** *a* magnéto-électrique; **~feld** *n* champ *m* magnétique; **~feldröhre** *f* magnétron *m;* **m~isch** [-'gne:tɪʃ] *a* magnétique; *(~ gemacht)* aimanté; ~ *machen* aimanter; ~ *werden* s'aimanter; **~iseur** *m* ⟨-s, -e⟩ [-ti'zø:r] magnétiseur *m;* **m~isieren** [-ti'zi:rǝn] *tr (Eisen)* aimanter; *(Menschen)* magnétiser; **~isierung** *f* aimantation; magnétisation *f;* **~ismus** *m* ⟨-, ø⟩ [-'tɪsmʊs] magnétisme *m; tierische(r)* ~ magnétisme *m* animal; **~karte** *f* carte *f* magnétique; **~kern** *m* noyau *m* d'(électro-)aimant; **~mine** *f* mine *f* magnétique; **~nadel** *f* aiguille *f* aimantée; **~ophon** *n* ⟨-s, -e⟩ [-to'fo:n] magnétophone *m;* **~platte** *f* disque *m* magnétique; **~pol** *m* pôle *m* d'aimant; **~spule** *f* el bobine *f* d'induction; **~stab** *m* barre *f* aimantée; **~streifen** *m* piste *f* magnétique; **~tonband** *n* bande *f od* ruban *m* magnétique; **~verstärker** *m* amplificateur *m* magnétique; **~zünder** *m* magnéto *f* (d'allumage); **~zündung** *f* mot allumage *m* par magnéto.

Magnolie *f* ⟨-, -n⟩ [ma'gno:liǝ] *bot* magnolia, magnolier *m*.

Mahagoni(holz) *n* ⟨-s, ø⟩ [maha'go:ni] (bois d')acajou *m*.

Mäh|binder *m* ⟨-s, -⟩ ['mɛ:-] *agr* moissonneuse-lieuse *f;* **~drescher** *m* ⟨-s, -⟩ moissonneuse-batteuse *f;* **m~en 1.** *tr agr* faucher; *(Rasen)* tondre; **~en** *n* fauchage *m;* **~er** *m* ⟨-s, -⟩ faucheur *m;* **~maschine** *f* faucheuse, moissonneuse *f*.

mähen 2. ['mɛ:ǝn] *itr fam (blöken)* bêler.

Mahl *n* ⟨-(e)s, -e/(¨-e)⟩ [ma:l] repas; *(Festmahl)* banquet, festin *m;* **~zeit** *f* repas; *e-e* ~ **einnehmen** *(mittags)* déjeuner; *(abends)* dîner; *(gesegnete)* ~*.!* bon appétit! *prost* ~*!* *(fam iron)* je t'en, je vous en souhaite!

mahl|en ⟨*mahlt, mahlte, hat gemahlen*⟩ ['maːlən] *tr (Körner)* moudre; *allg* broyer, concasser, écraser; *(fein)* triturer, pulvériser; *grob,* *fein* ~ moudre gros, fin; *gemahlene(r) Kaffee m* café *m* moulu; **M~en** *n* moulure, mouture *f;* concassage *m;* trituration *f;* **M~gang** *m tech* tournant *m;* **M~geld** *n* mouture *f;* **M~strom** *m* malstrom, maelström *m.*

Mahn|brief *m* ['maːn-] lettre *f* monitoire *od* d'avertissement *od* de rappel, avertissement *m od* sommation *f* écrit(e); **m~en** *tr* exhorter *(zu* à); avertir; *(erinnern)* rappeler *(jdn an etw* qc à qn); *(auffordern)* sommer; *(Schuldner)* mettre en demeure; ~**gebühr** *f* frais *m pl* de sommation; ~**mal** *n* ⟨-(e)s, -e/(⁻er)⟩ mémorial, monument *m* commémoratif; ~**ruf** *m* exhortation *f,* avertissement *m;* ~**schreiben** *n* (lettre de) sommation *f;* ~**ung** *f (Warnung)* avertissement *m; (Aufforderung)* sommation *f; com* rappel *m* de paiement, mise *f* en demeure; *gebührenfreie* ~ avertissement *m* sans frais; ~**wort** *n* (parole d')exhortation *f;* ~**zettel** *m* avertissement *m.*

Mähne *f* ⟨-, -n⟩ ['mɛːnə] crinière; *fam pej* tignasse *f.*

Mähre *f* ⟨-, -n⟩ ['mɛːrə] *(schlechtes Pferd)* canasson *m,* haridelle, rosse *f.*

Mähr|en *n* ['mɛːrən] la Moravie; **m~isch** *a* ['mɛːrɪʃ] morave.

Mai *m* ⟨-(e)s, (-e)⟩ [maɪ] mai *m; des Lebens* ~ le printemps de la vie; ~**baum** *m* (arbre de) mai *m;* ~**feier** *f* fête *f* du 1ᵉʳ mai; ~**glöckchen** *n bot* muguet *m;* ~**käfer** *m* hanneton *m;* ~**käferbekämpfung** *f* hannetonnage *m;* ~**wurm** *m* ent méloé *m.*

Maid *f* ⟨-, -en⟩ [maɪt, -dən] *poet hum* jeune fille *f.*

Mai|land ['maɪlant] *n* Milan *m;* **m~ländisch** *a* milanais.

Mainz *n* [maɪnts] Mayence *f.*

Mais *m* ⟨-es, (-e)⟩ [maɪs] maïs, blé *m* d'Espagne *od* de Turquie *od* d'Inde; ~**brot** *n,* ~**feld** *n,* ~**kolben** *m,* ~**korn** *n,* ~**mehl** *n* pain, champ, épi, grain *m,* farine *f* de maïs.

Maisch *m* ⟨-(e)s, -e⟩, ~**e** *f* ⟨-, n⟩ *(Mischung beim Bierbrauen)* trempe *f;* ~**bottich** *m* ['maɪʃ-] brassin *m;* **m~en** *tr* mettre en trempe.

Maison(n)ettewohnung *f* [mɛzo'nɛt-] duplex *m.*

Majestät *f* ⟨-, -en⟩ [majɛs'tɛːt] majesté

f; Seine, Ihre ~ Sa Majesté; *Eure* ~ Sire, Madame; **m~isch** *a* majestueux; ~**sbeleidigung** *f* lèse-majesté *f;* ~**sverbrechen** *n* crime *m* de lèse-majesté.

Majolika *f* ⟨-, -ken⟩ [ma'joːlika, -kən] majolique, maïolique *f.*

Majonäse *f* ⟨-, -n⟩ [majo'nɛːzə] mayonnaise *f.*

Major *m* ⟨-s, -e⟩ [ma'joːr] commandant *m;* ~**at** *n* ⟨-(e)s, -e⟩ [-jo'raːt] *(Ältestenrecht)* majorat, droit d'aînesse; *(Gut)* majorat *m;* ~**domus** *m* ⟨-, -⟩ [-'doːmʊs] *hist* maire *m* du palais; ~**ette** *f* ⟨-, -n⟩ [maʒɔ'rɛt] majorette *f;* **m~isieren** [-ri'ziːrən] *tr (übereinstimmen)* majoriser; ~**ität** *f* ⟨-, (-en)⟩ [-ri'tɛːt] majorité *f.*

Majoran *m* ⟨-s, -e⟩ ['maː-, majo'raːn] *(Pflanze)* marjolaine *f; (Gewürz)* origan *m.*

Majuskel *f* ⟨-, -n⟩ [ma'jʊskəl] *(Großbuchstabe)* majuscule, capitale *f.*

Makak *m* ⟨-s/-en, -en⟩ ['maːkak, ma-'ka(ː)k, *pl* ma'ka(ː)kən] *(Affe)* macaque *m.*

Makel *m* ⟨-s, -⟩ ['maːkəl] défaut *m;* tache, tare; souillure *f;* **m~los** *a* immaculé, impeccable, irréprochable; sans tache *od* tare *od* défaut(s); ~**losigkeit** *f* ⟨-, ø⟩ pureté (absolue), perfection *f.*

Mäk|elei *f* ⟨-, -en⟩ [mɛkə'laɪ] critique *f* mesquine, dénigrement *m;* **m~(e)lig** ['mɛːk(ə)lɪç] *a fam* grincheux; *(wählerisch)* difficile; *(beim Essen)* délicat; **m~eln** *itr* trouver à redire *(an etw* sur *od* à qc); critiquer, dénigrer *(an jdm, etw* qn, qc); ~**ler** *m* ⟨-s, -⟩ grincheux, critiqueur, dénigreur, rouspéteur *m.*

Makkaroni [maka'roːni] *pl* macaroni *m inv.*

Makler *m* ⟨-s, -⟩ ['maːklər] courtier, agent d'affaires; *(Börsen~)* agent *m* de change; ~**gebühr** *f* (droit *m od* prime *od* provision *f* de) courtage *m;* ~**geschäft** *n (Gewerbe)* agence *f* d'affaires; *(einzelner Vorgang)* (opération *f* de) courtage *m.*

Mako *f* ⟨-, -s⟩ *od m od n* ⟨-(s), -s⟩ ['mako] *(Textil)* jumel *m.*

Makrele *f* ⟨-, -n⟩ [ma'kreːlə] *(Fisch)* maquereau *m.*

Makro|biotik *f* ⟨-, ø⟩ [makro'bioːtɪk] macrobiotique *f;* **m~biotisch** *a* [makro'bioːtɪʃ] macrobiotique; ~**kosmos** *m* macrocosme *m;* ~**molekül** *n* macromolécule, molécule *f* géante; **m~skopisch** *a* macroscopique; ~**struktur** *f* macrostructure *f;* **m~zephal** *a biol* macrocéphale.

Makrone f ⟨-, -n⟩ [ma'kro:nə] *(Gebäck)* macaron *m.*
Makul|atur f ⟨-, -en⟩ [makula'tu:r] maculature *f*, papier *m* de rebut; vieux papiers *m pl; allg* rebut *m; pred* bon pour l'épicier; *als ~ verkaufen* mettre à la rame; **~aturbogen** *m* feuille *f* gâtée; **m~ieren** [-'li:rən] *tr* mettre à la rame; réduire en pulpe.
mal [ma:l] *adv, a. math* fois; *fam (gelegentlich)* des fois; *nicht ~ (fam)* ne ... même pas; *2 ~ 2 ist 4* 2 fois 2 font 4; *ich muß ~ sehen (fam)* je demande à voir; *wir wollen ~ sehen (fam)* allons voir; *ich muß ~ (wohin) (aufs WC, fam)* il faute que j'aille quelque part; *besuchen Sie mich doch ~!* venez donc me voir; *denk (dir) ~!* imagine-toi! *denken Sie ~!* pensez donc! *guck od schau ~ her!* regarde-moi ça! *fam* regarde voir! *hör ~ (her od zu)!* écoute! *sieh ~! schau ~!* voyons! *hören Sie ~!* écoutez donc! *fam* écoutez voir! *kosten, probieren, versuchen Sie ~!* essayez pour voir! goûtez cela! *versuchen Sie es ~!* essayez donc! *(zu tun de faire)*; **M~** *n* ⟨-(e)s, -e⟩ **1.** *(nur in adverbialen Bestimmungen)* fois *f; das erste, zweite etc, andere, nächste, vorige od letzte ~* la première, deuxième *od* seconde *etc*, l'autre, la prochaine, la dernière fois; *dieses ~* cette fois; *ein ums andere ~* une fois sur deux, alternativement; *mit einem ~* tout à coup, subitement; *(so) manches ~* mainte(s) fois; *zum ersten etc, letzten ~* pour la première *etc*, dernière fois; *zu wiederholten ~en* à plusieurs reprises; **~=nehmen** *tr* multiplier (*5 mit 2 5 et* 2); **M~zeichen** *n math* signe *m* de multiplication.
Mal *n* ⟨-(e)s, -e/⁻er⟩ [ma:l, 'mɛlər] **2.** *(Zeichen, Fleck)* signe *m*, marque, tache; *(Mutter~)* envie *f*, stigmate, nævus *m; (Wund~)* cicatrice *f; blaues ~* ecchymose *f, fam* bleu *m; (Denk~)* pierre *f* commémorative.
Malachit *m* ⟨-s, -e⟩ [mala'xɪt, -'xi:t] *min* malachite *f.*
Malai|e *m* ⟨-n, -n⟩ [ma'laɪə], **~in** *f* Malais, e *m f;* **m~isch** [-'laɪʃ] *a* malais.
Malaria f ⟨-, ø⟩ [ma'la:ria] malaria *f*, paludisme *m*, fièvre *f* paludéenne; **~kranke(r)** *m* paludéen *m; ~kur f* malariathérapie, paludothérapie *f.*
Malaysia *n* [ma'laizia] la Malaisie.
Mal|buch *n* ['ma:l-] livre *m* à colorier; **m~en** *tr* peindre; *(porträtieren)* faire le portrait de; *fig (schildern)* (dé)peindre, représenter; *sich ~ (sich spiegeln)* se peindre, se refléter, se réfléchir; *zum M~ (sehr schön)* à cro-

quer; *sich ~ lassen* faire faire son portrait; **~er** *m* ⟨-s, -⟩ *(Kunstmaler)* (artiste) peintre; *(Anstreicher)* peintre *m* (en bâtiment); *schlechte(r) ~* barbouilleur *m; ~erarbeit f* peinture *f; pl* travaux *m pl* de peinture; **~eratelier** *n* atelier de peintre, studio *m; ~erei f* [-'raɪ] peinture *f; ~ grau in grau* grisaille *f; ~erin f* femme *f* peintre; **m~erisch** *a* pittoresque; **~erleim** *m* maroufle *f; ~erschule f hist* école *f* de peinture; **~erwerkstatt** *f* = *~eratelier;* **~kasten** *m* boîte *f od* de couleurs *od* de peinture; **~weise** *f* manière *f* de peindre, méthode picturale; *(Pinselstrich)* touche *f.*
Mallorca *n* [ma'lɔrka] *geog* la Majorque.
Malt|a *n* ['malta] la Malte; **~eser(in** *f)* *m* ⟨-s, -⟩ [-'te:zər] Maltais, e *m f; m (Hund)* griffon maltais, bichon *m; ~eserkreuz n* croix *f* de Malte; **~eserorden** *m* ordre *m* de Malte; **~eserritter** *m* chevalier *m* de Malte; **m~esisch** [-'te:zɪʃ] *a* maltais.
Maltose *f* ⟨-, ø⟩ [mal'to:zə] *(Malzzucker)* maltose *f.*
Malus *m* ⟨-/-sses, -/-sse⟩ ['ma:lus] *(Universität)* compensation *f* négative d'après la moyenne fédérale; *(Versicherung)* malus *m.*
Malv|e *f* ⟨-, -n⟩ ['malvə] *bot* mauve *f;* **m~enfarbig** *a* mauve; **~engewächse** *n pl* malvacées *f pl.*
Malz *n* ⟨-es, ø⟩ [malts] malt *m; ~bier n* bière *f* de malt; **~bonbon** *m od n* cachet *m* de malt; **~darre** *f* touraille *f;* **m~en** *tr* malter; **~en** *n* maltage *m; ~extrakt m* extrait *m* de malt; **~kaffee** *m* café *m* de malt; **~keller** *m,* **~tenne** *f* germoir *m; ~schrot m od n* malt *m* égrugé; **~zucker** *m* maltose *f.*
Mälzer *m* ⟨-s, -⟩ ['mɛltsər] malteur *m; ~ei f* [-'raɪ].
Mam|a *f* ⟨-, -s⟩ ['mama, ma'ma] *fam* maman *f; ~i f* ⟨-, -s⟩ *(Kindersprache)* mémé *f.*
Mammon ['mamɔn] *der* le mammon, le veau d'or; *dem ~ dienen* adorer le veau d'or; **~sdiener** *m* adorateur *m* du veau d'or.
Mammut *n* ⟨-s, -e/-s⟩ ['mamʊt, -'mu:t] *zoo* mammouth *m; ~baum m* séquoia, wellingtonia *m.*
Mamsell *f* ⟨-, -en/-s⟩ [mam'zɛl] *fam (Köchin)* cuisinière *f.*
man [man] *pron* on, l'on; *(Anrede an Leser)* vous; *adv dial = mal, einmal, nur; ~ muß (inf)* il faut *inf od* que *subj; wenn ~ ihn hört* à l'entendre.
manag|en ['mɛnɪdʒən] *tr fam* diriger;

organiser; **M~ement** n ⟨-s, -s⟩
['mænɪdʒmənt] management m;
M~er m ⟨-s, -⟩ manager, organisateur, dirigeant d'entreprise, cadre m
supérieur (commercial); **M~er-
krankheit** f surmenage m intellectuel od nerveux.

manch|(er, e, es) [manç(-)] pron
maint, certain, tel, plus d'un; **~e** pl a.
plusieurs, nombre de, (d')aucuns; **~er-
lei** [-'laɪ] a inv divers, différent; toutes sortes (de); **~erorts** adv en
maints lieux; **~es** (bon) nombre (de);
maintes choses; **~** Mal maintes fois;
wie **~** Mal! combien od que de fois!
~mal adv quelquefois, parfois; main-
te(s) fois; pop des fois.

Manchester m ⟨-s, ø⟩ [man'ʃɛstər]
(Textil) velours m côtelé.

Mand|ant m ⟨-en, -en⟩ [man'dant]
mandant, commettant; (e-s Rechtsanwalts) client m; **~at** n ⟨-(e)s, -e⟩
[-'daːt] (Auftrag) mandat (et pouvoir), pouvoir m; sein **~** niederlegen
(parl) renoncer à od abandonner son
mandat; **~atar** m ⟨-s, -e⟩ [-da'taːr]
mandataire m; **~atsgebiet** n territoire m sous mandat; **~atsmacht** f
puissance f mandataire; **~atsver-
waltung** f administration f du mandat.

Mandarin m ⟨-s, -e⟩ [manda'riːn] (chi-
nes. Beamter) mandarin m; **~e** f ⟨-,
-n⟩ mandarine f; **~enbaum** m man-
darinier m.

Mandel f ⟨-, -n⟩ ['mandəl] (Frucht)
amande f; anat amygdale f; gebrannte
~ amande pralinée, praline f;
~augen n pl yeux m pl en amande;
~baum m amandier m; **~baum-
pflanzung** f amandaie f; **~entzün-
dung** f amygdalite f; **m~förmig** a
en amande; **~milch** f lait m d'amandes; **~öl** n essence od huile f d'amandes; **~paste** f pâte f d'amandes;
~seife f savon m aux amandes.

Mandoline f ⟨-, -n⟩ [mando'liːnə] mandoline f; **~nspieler** m mandoliniste
m.

Mandrill m ⟨-s, -e⟩ [man'drɪl] zoo mandrill m.

Mandschu m ⟨-(s), -⟩ ['mandʒu,
'mantʃu] (Mensch) Mandchou m; n
⟨-(s), ø⟩ (Sprache) mandchou m; **~rei**
[-'raɪ] die la Mandchourie; **m~risch**
[-'dʒuː-/ -'tʃuːrɪʃ] a mandchou.

Manege f ⟨-, -n⟩ [ma'neːʒə] (Reitbahn)
manège m.

Manen pl ['maːnən] (Geister der Toten) mânes m pl.

Mangan n ⟨-s, ø⟩ [maŋ'gaːn] chem
manganèse m; **~at** ⟨-(e)s, -e⟩
[-ga'naːt], **~säuresalz** n manganate

m; **~blende** f manganèse m sulfuré;
~dioxyd n, **~(i)oxyd** n oxyde m
manganique; **~erz** n minerai m de
manganèse; **m~haltig** a manga-
nésien, manganésifère; **~hydroxyd**
n, **~it** m ⟨-s, -e⟩ [-'niːt] manganite f;
~(mon)oxyd n oxyde m manganeux.

Mangel 1. m ⟨-s, ⸚⟩ ['maŋəl, 'mɛŋəl]
(Fehlen) manque m, absence f, défaut
m (an de); (Knappheit) disette, pénurie f, dénuement m; indigence, rareté;
scient carence f; (Fehler) défaut m,
défectuosité; (Unzulänglichkeit) insuffisance, imperfection f, jur vice m;
aus **~** an faute de; aus **~** an Beweisen (jur) faute de preuves; **~** haben
an manquer de; **~** leiden être dans le
besoin; daran ist kein **~** ce n'est pas
ce qui fait défaut, il n'en manque pas;
~ an Arbeitskräften, Arbeitskräfte**~**
penurie f de main-d'œuvre; **~** an Gelegenheit, an gutem Willen manque
m d'occasion, de bonne volonté; **~ar-
tikel** m article m rare; **~beruf** m
métier m déficitaire; **~erscheinung**
f med trouble m carentiel; **m~haft** a
(unzureichend) insuffisant, déficient,
imparfait; (fehlerhaft) défectueux, vicieux; (unbefriedigend) peu satisfaisant, médiocre; adv insuffisamment,
peu, mal; **~e** Ausführung f malfaçon
f; **~e** Ernährung f carence f nutrive
od alimentaire; **~haftigkeit** f insuffisance, déficience, imperfection;
défectuosité f, vice m; médiocrité f;
~krankheit f maladie f par carence
od carentielle; **~lage** f pénurie f;
m~n 1. itr impers manquer, faire
défaut; es mangelt mir an Geld je
manque d'argent, je suis à court d'argent; l'argent me manque od me fait
défaut; **m~nd** a: wegen **~er** Erfahrung faute d'expérience; **~e** Eignung
f incapacité f; **~e** Erziehung f manque m d'éducation; **~e** Vorbereitung f
impréparation f; **m~s** prp gen manque de, à défaut de, faute de; **~ware**
f marchandise f rare.

Mangel 2. f ⟨-, -n⟩ ['maŋəl] (Wäsche-
rolle) calandre f; **~holz** n rouleau m
de calandre; **m~n 2.** tr calandrer.

Mängelrüge f ['mɛŋəl-] avis m des
défauts, réclamation f.

Mangold m ⟨-s, (-e)⟩ ['maŋgɔlt, -də]
bot bette f (à côte od à carde).

Man|ie f ⟨-, -n⟩ [ma'niː] manie f;
m~isch ['maːnɪʃ] a maniaque,
~-depressive(s) Irresein n psychose
maniaque-dépressive, folie f circulaire od périodique.

Manier f ⟨-, -en⟩ [ma'niːr] manière f,
façon f; (Stil) style m; pl formes f pl;
jdm **~en** beibringen apprendre les

bonnes manières à qn, *fam* décrotter qn; *keine ~en haben* manquer de manières; *was sind das für ~en!* en voilà des façons! *das ist keine ~* ce n'est pas une façon d'agir; **m~iert** *a* maniéré, affecté, recherché; **~iertheit** *f,* **~ismus** *m* ⟨-, ø⟩ [-ni'rısmʊs] *(Kunst)* maniérisme *m;* **m~lich** [-'ni:rlıç] *a* poli, civil; qui a de bonnes manières; **~lichkeit** *f* ⟨-, ø⟩ bonnes manières *f pl.*

Manifest *n* ⟨-es, -e⟩ [mani'fɛst] *pol* manifeste *m;* **m~** *a (offenbar)* manifeste, évident; **m~ieren** [- 'ti:rən] *tr* manifester.

Maniküre *f* ⟨-, -n⟩ [mani'ky:rə] manucure *f;* **m~n** *tr* manucurer, faire les mains à; **~etui** *n,* **~necessaire** *n* onglier *m,* trousse *f* de manucure.

Manko *n* ⟨-s, -s⟩ ['maŋko] *(Fehlbetrag)* déficit; *allg fam (Fehler)* manque, défaut *m.*

Mann *m* ⟨-(e)s, ⁛er⟩ [man, 'mɛnər] homme; *(Ehemann)* mari, *fam* légitime; *(Soldat od Arbeiter, mit Zahlwort)* homme *m; hist (Dienst-, Lehnsmann) m* ⟨-(e)s, -en⟩ féal, homme-lige *m; bis auf den letzten ~* jusqu'au dernier (homme); *~ für ~* un par un, l'un après l'autre; *~ gegen ~* corps à corps; *pro ~* par homme, par tête; *wenn Not am ~ ist* en cas de besoin; *an den ~ bringen (fam: Mädchen)* trouver épouseur pour; *s-e Ware an den ~ bringen* trouver preneur pour *od* débiter sa marchandise; *sich an den ~ gebracht haben (Mädchen)* avoir trouvé à se caser; *es verstehen, s-e Ware (gut) an den ~ zu bringen* vendre bien, faire bien valoir; *s-n ~ finden* trouver son maître *od* à qui parler; *zum ~ haben* avoir pour mari; *bis zum letzten ~ kämpfen* se faire hacher; *e-n toten ~ machen (Schwimmen)* faire la planche; *zum ~ nehmen* prendre pour mari; *ein ganzer ~ sein* être tout à fait un homme; *der ~ für etw sein* être taillé pour qc; *nicht der ~ zu etw sein* n'être pas homme à qc; *~s genug sein, um zu* être homme de taille à; *für einen ~ stehen (einig sein)* être solidaires; *s-n ~ stehen* se montrer à la hauteur de sa tâche, être à son poste, faire bonne figure; *mit ~ und Maus untergehen (Schiff)* périr corps et biens; *Sie sind mein ~ od der ~, den ich brauche!* vous êtes mon homme, vous faites mon affaire! *das ist der ~, den ich brauche!* voilà mon homme! *mein lieber ~! (fam)* mon cher! *~ über Bord!* un homme à la mer! *alle ~ an Deck!* tout le

monde sur le pont! *selbst ist der ~!* ne compte que sur toi; *ein ~, ein Wort! (prov)* homme d'honneur n'a qu'une parole; *ein feiner ~* un homme comme il faut; *ein gemachter ~* un homme arrivé; *junge(r) ~* jeune homme *m; junge(r) ~ aus gutem Hause* fils *m* de famille; *~ von Ehre* homme *m* d'honneur; *~ von Entschluß* homme *m* de tête; *~ der Feder* homme *m* de plume; *~ von Geist* homme *m* d'esprit; *~ von Geschmack* homme *m* de goût; *~ des öffentlichen Lebens* homme *m* public; *der ~ auf der Straße* l'homme *m* de la rue; *~ der Tat* homme *m* d'action *od* de main; *~ aus dem Volk* homme *m* du peuple *od* du commun; *~ von Welt* homme *m* du monde; **m~bar** *a* pubère; *(Mädchen)* nubile; **~barkeit** *f* ⟨-, ø⟩ puberté; nubilité *f;* **~esalter** *n* âge *m* adulte *od* mûr *od* viril; *im besten ~* dans la force de l'âge; **~eskraft** *f* virilité *f;* **m~haft** *a* vaillant, énergique, courageux, résolu; **~haftigkeit** *f* ⟨-, ø⟩ vaillance, énergie *f,* courage *m;* **~heit** *f* ⟨-, ø⟩ virilité *f;* **~jahr** *n* année *f* de main-d'œuvre; **~loch** *n tech* trou *m* d'homme, ouverture *f* de visite; **~sbild** *n pop* (bon)homme *m;* **~schaft** *f mil* troupe; *mil sport* équipe *f; mar* équipage *m; pl mil* hommes *m pl* de troupe; **~schaftsdienstgrad** *m mil* grade *m* de troupe; **~schaftsführer** *m sport* capitaine, chef *m* d'équipe; **~schaftsgeist** *m* esprit *m* d'équipe; **~schaftsrennen** *n* course *f* par équipes; **~schaftsspiele** *n pl* sport *m* d'équipe; **m~schoch** *a* de la hauteur od taille d'un homme; **~shöhe** *f: in ~* à hauteur d'homme; **~sleute** *pl pop,* **~svolk** *n pop* hommes *m pl;* **~sperson** *f pop* homme *m;* **m~stoll** *a* nymphomane; **~stollheit** *f* nymphomanie *f;* **~tag** *m* jour *m* de main-d'œuvre; **~weib** *n* femme hommasse, virago, amazone *f.*

Manna *f* ⟨-(s), ø⟩ *od f* ⟨-, ø⟩ ['mana] manne *f.*

Männ|chen *n* ⟨-s, -⟩ ['mɛnçən] *(a.* **~lein** *n)* petit (bon)homme, bout d'homme; *(männl. Tier)* mâle *m; ~ machen (Tier)* faire le beau; **~erchor** *m* chœur *m* d'hommes; **~ergesangverein** *m* orphéon *m,* société *f* chorale; **~erkleidung** *f* vêtements *m pl* d'homme; **~erstimme** *f* voix *f* d'homme *od* mâle; **~ertreu** *f* ⟨-, -⟩ *bot* véronique *f;* **m~lich** *a biol* mâle; *gram* masculin; *(mannhaft)* viril; *~ aussehend, wirkend (Frau)* hommasse; *~ und weiblich (gram)* des deux genres; ~**lichkeit** f ‹-, ø› masculinité; *(Mannhaftigkeit)* virilité f.

Mannequin n a. m ‹-s, -s› [manə'kɛ̃:, 'manəkɛ̃] mannequin m.

mannig|fach ['manıç-] a, ~**faltig** a varié, divers, différent, multiple; adv diversement, de différentes manières; **M~faltigkeit** f ‹-, ø› variété, diversité f.

Manometer n ‹-s, -› [mano'me:tər] manomètre m.

Manöv|er n ‹-s, -› [ma'nø:vər] mil u. fig manœuvre(s pl); fig ruse f; ~**ergelände** n terrain m de manœuvre; ~**erleiter** m directeur m de l'exercice; ~**erleitung** f direction f supérieure des manœuvres; ~**erschäden** m pl dégâts de manœuvre, dommages m pl causés au cours de manœuvres; **m~rieren** [-nø'vri:rən] tr u. itr manœuvrer; itr faire les manœuvres; ~**rieren** n manœuvres f pl; **m~rierfähig** a manœuvrable; en état de manœuvrer; aero maniable; ~**rierfähigkeit** f ‹-, ø› manœuvrabilité; aero maniabilité f; **m~rierunfähig** a désemparé; mar n'obéissant pas à la barre.

Mansarde f ‹-, -n› [man'zardə] mansarde f; ~**ndach** n toit od comble m à la Mansard od en mansarde od brisé; ~**nfenster** n fenêtre f mansardée; ~**nzimmer** n mansarde f.

Mansch m ‹-es, ø› [manʃ] fam flotte f; **m~en** tr u. itr fam tripoter; ~**en** n, ~**erei** f [-'raı] fam tripotage m.

Manschette f ‹-, -n› [man'ʃɛtə] manchette f, poignet m; tech rondelle, rosette, virole f; (Blumentopf) cache-pot m; ~**n haben** (fig pop) avoir la frousse; ~**nknopf** m bouton m de manchette.

Mantel m ‹-s, ∸› ['mantəl, 'mɛntəl] manteau m; (Herren~) pardessus m; mil capote f; tech manteau m; chemise, enveloppe f; metal moule; (MG) manchon m; (mot, Fahrrad) enveloppe f; den ~ nach dem Winde hängen (fig) tourner comme une girouette; ~**aufschlag** m revers m de od au manteau; ~**blech** n tech tôle f d'enveloppe; ~**geschoß** n mil projectile m chemisé od à chemise; ~**kragen** m collet m de manteau; ~**kühlung** f tech refroidissement m par circulation; ~**linie** f math génératrice f; ~**tarif** m tarif m collectif; ~**tasche** f poche f de pardessus; ~**vertrag** m contrat-cadre, contrat-type m.

Mantille f ‹-, -n› [man'tıl(j)ə] mantille f.

Mantisse f ‹-, -n› [man'tısə] math mantisse f.

manu|ell [manu'ɛl] a manuel; adv a. à od avec la main; **M~faktur** f ‹-, -en› [-fak'tu:r] vx (Fabrik) manufacture f; **M~fakturwaren** f pl produits m pl manufacturés; **M~skript** n ‹-(e)s, -e› [-nu'skrıpt] manuscrit m; typ copie f; film scénario m; **M~skripthalter** m typ porte-copie m.

Maois|mus m ‹-, ø› [mao'ısmʊs] maoïsme m; ~**t** m ‹-en, -en› [-'ıst] maoïste m; **m~tisch** a [-'ıstıʃ] maoïste.

Mappe f ‹-, -n› ['mapə] (grand) portefeuille m; (Sammel~, Ordner) chemise f, classeur; (Zeichen~) carton m; (Umlauf~) chemise-bordereau; (Aktentasche) serviette f; (Schul~) cartable; (Kolleg~) porte-documents m.

Maquis m ‹-, ø› [ma'ki:], gen [-'ki:(s)] pol (im Zweiten Weltkrieg) maquis m; in den ~ gehen prendre le maquis.

Marabu m ‹-s, -s› ['ma:rabu] orn marabout m; ~**t** m (mohammed. Einsiedler) marabout m.

Maraschino m ‹-s, -s› [maras'ki:no] (Likör) marasquin m.

Marathon|lauf m ['ma:ratɔn-] (course f) marathon m; ~**läufer** m coureur m de marathon.

Märchen n ‹-s, -› ['mɛ:rçən] conte m (de fées), fable f; (dummes Zeug) conte (bleu); (Lügengeschichte) conte m (en l'air od fait à plaisir), histoire f; ~**buch** n livre m de contes; ~**erzähler** m conteur m; **m~haft** a fabuleux, féerique; ~**land** n pays m féerique od des merveilles; ~**prinz** m prince m charmant; ~**spiel** n theat féerie f; ~**welt** f monde m fabuleux od féerique.

Marder m ‹-s, -› ['mardər], ~**fell** n mart(r)e f.

Margarete f [marga're:tə] Marguerite f.

Margarine f ‹-, (-n)› [marga'ri:nə] margarine f.

Margerite f ‹-, -n› [margə'ri:tə] bot grande marguerite, marguerite f des prés.

Marginalie f ‹-, -n› [margi'na:liə] note f marginale.

Mari|a f [ma'ri:a], ~**e** f [-'ri:] Marie f; ~**enbild** n [-'ri:ən-] rel image de la Vierge, (Kunst) madone f; ~**endienst** m, ~**enkult** m rel marianisme m; ~**enfest** n rel fête f de Notre-Dame; ~**englas** n mica m; ~**enjahr** n rel année f mariale; ~**enkäfer** m coccinelle; pop bête f à bon Dieu; ~**enkirche** f (église od cathédrale) Notre-Dame f; ~**ennessel** f bot marrube m; ~**enverehrung** f culte m de Marie.

Marianen [mari'a:nən], *die, geog* les Mariannes, les îles *f pl* des Larrons.

Marihuana *n* ⟨-s, ø⟩ [mari'hua:na] marihuana, marijuana *f.*

Marin|ade *f* ⟨-, -n⟩ [mari'na:də] marinade *f;* **m~ieren** [-'ni:rən] *tr* mariner.

Marine *f* ⟨-, -n⟩ [ma'ri:nə] marine; *mil* force(s *pl*) navale(s), armée *f* de mer; **~abschnitt** *m* secteur *m* maritime; **~akademie** *f* école *f* (supérieure de guerre) navale; **~arsenal** *n* arsenal *m* maritime, base *f* navale d'entretien; **~artillerie** *f* artillerie *f* de marine *od* navale; **~arzt** *m* médecin *m* de la marine; **~attaché** *m* attaché *m* naval; **m~blau** *a* bleu marine; **~flak** *f* artillerie *f* contre avions navale; **~flieger(ei** *f*)*m* aéronavale, aéronautique *f* navale; **~flugplatz** *m* terrain *m* d'aéronavale; **~flugstützpunkt** *m* base *f* aéronavale; **~flugzeug** *n* avion *m* de l'aéronavale; **~glas** *n* jumelle(s *pl*) *f* (de) marine; **~infanterie** *f* infanterie *f* de marine; **~ingenieur** *m* ingénieur *m* de marine; **~lazarett** *n* hôpital *m* de la marine; **~leitung** *f* commandement *m* en chef de la marine; **~offizier** *m* officier *m* de marine; **~pioniere** *m pl* génie *m* maritime; **~schule** *f* école *f* navale; **~soldat** *m* soldat *m* de l'infanterie de marine; **~streitkräfte** *f pl,* **~truppen** *f pl* forces *f pl* maritimes *od* navales; **~stützpunkt** *m* base *f* navale; **~unteroffiziere** *m pl* maistrance *f;* **~unteroffizierschule** *f* école *f* de maistrance; **~verwaltungsoffizier** *m* commissaire *m* de la marine.

Marionette *f* ⟨-, -n⟩ [mario'nɛtə] marionnette *f a. fig; fig* putin *m;* **~nregierung** *f* gouvernement *m* fantoche; **~ntheater** *n* théâtre *m* de marionnettes.

Mark *n* [mark] **1.** ⟨-(e)s, ø⟩ *anat* moelle; *bes. bot* pulpe *f; (Küche, bes. in Zssgen)* concentré *m; fig (Kern)* (quint)essence, substance *f; jdn bis aufs ~ aussaugen* ronger qn jusqu'aux os; *durch ~ und Bein gehen* pénétrer jusque dans la moelle des os; *kein ~ in den Knochen haben (fig)* n'avoir pas de sang dans les veines; *verlängerte(s) ~ (anat)* bulbe *m* rachidien; **m~erschütternd** *a* déchirant; **m~ig** *a* moelleux; *fig* énergique, vigoureux; **~klößchen** *n* quenelle *f* de moelle; **~knochen** *m* os *m* à moelle.

Mark 2. *f* ⟨-, -en⟩ *(Grenzgebiet)* marche *f;* **~graf** *m,* **~gräfin** *f hist* margrave *m,* margravine *f;* **~grafschaft** *f* margraviat *m;* **~scheide** *f* mines

borne *f;* **~stein** *m* borne *f; ein ~ sein (fig)* marquer une étape; **~ung** *f* = *Feld~.*

Mark 3. *f* ⟨-, -⟩ *(Währungseinheit)* mark *m; Deutsche ~* mark *m* allemand; **~stück** *n* pièce *f* d'un mark.

markant [mar'kant] *a (auffallend)* marquant; *(ausgeprägt)* marqué, prononcé, accusé.

Marke *f* ⟨-, -n⟩ ['markə] *(Zeichen)* marque *f,* repère; *(Brief~, Gebühren~)* timbre; *(Lebensmittel~)* ticket; *(Spiel~, Automaten~)* jeton *m; (Erkennungs~)* plaque; *com (Firma)* marque *f; eingetragene ~* marque déposée; *fam pej (Typ, Kerl)* numéro, type *m;* **~nartikel** *m* article *od* produit *m* de marque; **m~nlos** *a: ~e(r) Artikel m (com)* produit *m* générique; **~nschutz** *m* protection *f* de la propriété industrielle; **~nware** *f* marchandise *f* de marque.

Marketender|ei *f* ⟨-, -en⟩ [markətɛndə'raɪ] cantine *f;* **~in** *f* ⟨-, -nnen⟩ [-'tɛndərɪn] cantinière, vivandière *f;* **~ware** *f* [-'tɛndər-] articles *m pl* de cantine.

Marketerie *f* ⟨-, -n⟩ [markətə'ri:] *(Einlegearbeit)* marqueterie *f.*

markier|en [mar'ki:rən] *tr* marquer; *(auf e-r Karte)* repérer; *(Marschweg)* signaler, jalonner; *(betonen, hervorheben)* accentuer, souligner; *fam (simulieren, spielen)* simuler, faire; **M~pflock** *m,* **M~stab** *m* piquet (-repère) *m;* **M~ung** *f* marquage; repérage; jalonnement *m; (Betonung)* accentuation *f;* **M~ungsfähnchen** *n* fanion *m* de marquage; **M~ungsfolien** *f pl* feuilles *f pl* de marquage; **M~ungsfunkfeuer** *n* radio-borne, radiobalise *f;* **M~ungslinie** *f* trait *m* de marquage; **M~ungspunkt** *m* repère *m;* **M~ungszeichen** *n* repère *m,* balise *f.*

märkisch ['mɛrkɪʃ] *a (brandenburgisch)* brandebourgeois.

Markise *f* ⟨-, -n⟩ [mar'ki:zə] *(Sonnendach)* marquise *f,* store *m.*

Markt *m* ⟨-(e)s, ⁻e⟩ [markt, 'mɛrktə] *(Ort)* marché *m; (Jahr~)* foire *f; (Absatz~)* débouché *m; auf dem ~* au marché; *~ abhalten* tenir un marché; *auf den ~ bringen, kommen* mettre *od* lancer *od* introduire, être mis sur le marché; *den ~ für etw erschließen* ouvrir le marché à qc; *vom ~ verdrängen* refouler du marché; *auf den ~ werfen* jeter *od* déverser sur le marché; *(arabischer) ~* souk *m; einheimische(r) ~* marché *m* national *od* intérieur; *freie(r) ~* marché *m* libre;

der Gemeinsame ~ *(pol)* le Marché commun; *graue(r), schwarze(r)* ~ marché gris, noir; **~analyse** *f* analyse *f* du marché; **~ausgleich** *m* compensation *f* des cours de marché; **~bericht** *m* rapport *m* *od* revue *f* *od* bulletin *m* du marché, mercuriale *f;* **~bude** *f* échoppe *f;* **m~fähig** *a* vendable, négociable; **~flecken** *m* bourg(ade *f) m;* **~forscher** *m* enquêteur *m* commercial; **~forschung** *f* recherche(s *pl) f* *od* sondages et études de marché, étude *od* analyse *f* du *od* des marché(s); ~ *treiben* prospecter le marché; **~frau** *f* marchande *od* dame de la halle; *pej* poissarde *f;* **~führer** *m* concurrent *m* principal; **m~gängig** *a* négociable, marchand; **~gebühr** *f* taxe *f* *od* droits *m* *pl* du marché; hallage *m;* **~gefälle** *n* différence *f* entre les prix d'achat et de vente; **m~gerecht** *a* *adv* s'accordant avec les *od* conforme aux conditions du marché (libre); **~halle** *f* halle *f,* marché *m* couvert; **~händler** *m* marchand *m* de la halle; **~lage** *f* situation du marché, position *f* de place; **~lücke** *f* créneau *m* de vente; **~ordnung** *f* réglementation *f* du marché; **m~orientiert** *a* axé sur le marché; **~platz** *m* (place *f* du) marché *m;* **~preis** *m* cours *od* prix du marché, prix *m* courant; **~schreier** *m* charlatan, bonimenteur, histrion *m;* **~schreierei** *f* charlatanisme *m;* **m~schreierisch** *a* charlatanesque; *fig* *a.* tapageur; **~schwankungen** *f* *pl* fluctuations *f* *pl* du marché; **~tag** *m* jour *m* de marché *od* de foire; **~verlauf** *m* allure *f* du marché; **~wert** *m* valeur *f* marchande, prix *m* courant; **~wirtschaft** *f* économie *f* de marché; *freie* ~ libre discipline *f, soziale* ~ économie *f* sociale de marché.

Markus *m* ['markʊs] Marc *m;* **~platz** *m* (in Venedig) place *f* Saint-Marc.

Marmelade *f* ⟨-, -n⟩ [marmə'la:də] confiture *f;* **~brot** *n* tartine *f* de confiture.

Marmor *m* ⟨-s, -e⟩ ['marmɔr] marbre *m;* **~arbeit** *f* marbrerie *f;* **~arbeiter** *m* marbrier *m;* **m~artig** *a* marmoréen; **~bild** *n* statue *f* de marbre; **~block** *m* ⟨-(e)s, ⸚e⟩ bloc *m* de marbre; **~bruch** *m* marbrière *f;* **~büste** *f* buste *m* de marbre; **m~ieren** [-mo'ri:rən] *tr* marbrer; **~ierer** *m* ⟨-s, -⟩ marbreur *m;* **m~iert** *a* veiné; **~ierung** *f* marbrure *f;* marbre *m* feint; **~industrie** *f* industrie *f* marbrière; **m~n** ['marmɔrn] *a* marmoréen, de marbre; **~papier** *n* pa-

pier *m* marbré; **~platte** *f* plaque *f* de marbre; **~säule** *f* colonne *f* de marbre; **~schleifen** *n* polissage *m* de marbre; **~schleifer** *m* tourneur *m* de marbre; **~schleiferei** *f* marbrerie *f;* **~tafel** *f* plaque *f* de marbre; **~werk** *n* marbrerie *f.*

Marod|eur *m* ⟨-s, -e⟩ [maro'dø:r] *mil* maraudeur *m;* **m~ieren** [-'di:rən] *itr* marauder.

Marokk|aner(in *f)* *m* ⟨-s, -⟩ [maro'ka:nər] Marocain, e *m* *f;* **m~anisch** [-'ka:nɪʃ] *a* marocain; **~o** [-'rɔko] *n* le Maroc.

Marone *f* ⟨-, -n⟩ [ma'ro:nə] marron *m,* châtaigne *f.*

Maroquin *m* *a.* *n* ⟨-s, ø⟩ [maro'kɛ̃:] *(Saffian)* maroquin *m.*

Marotte *f* ⟨-, -n⟩ [ma'rɔtə] marotte *f,* caprice *m;* *fam* toquade *f.*

Marquis *m* ⟨-, -⟩ [mar'ki:] *gen* [-'ki:(s)] *pl* [-'ki:s], **~e** *f* ⟨-, -n⟩ [-'ki:zə] marquis, e *m* *f.*

Mars 1. *m* ⟨-, -e⟩ [mars, -zə] *mar* hune *f;* **~rahe** *f; untere* ~ vergue *f* de hune; **~segel** *n* hunier *m.*

Mars 2. *m* ⟨-, ø⟩ *rel* *astr* Mars *m;* **~bewohner** *m* Martien *m;* **~feld** *n* champ *m* de Mars.

marsch [marʃ] *interj* marche! en avant! *mil* en avant, marche! ~, ~! *(mil)* pas gymnastique! *ohne* ~! *(mil)* pas de route, marche! ~, *hinaus!* hors d'ici!

Marsch 1. *m* ⟨-es, ⸚e⟩ [marʃ, 'mɛrʃə] *a. mil* mus marche *f; mil (Bewegung, a. von Fahrzeugen)* mouvement, déplacement *m; (Vormarsch)* progression *f; auf dem* ~ en marche, en route; *von ... nach ...* en progression de ... vers ...; *in* ~ *setzen* mettre en marche *od* en route, acheminer (*nach* sur, vers); **~befehl** *m (für e-e Einheit)* ordre de marche *od* de mouvement *od* de transport; *(für e-n einzelnen)* ordre *m* de mission; feuille *f* de route; **m~bereit** *a,* **m~fertig** *a* prêt à marcher *od* à faire mouvement; **~flugkörper** *m* mil missile *m* de croisière; **~gepäck** *n* bagages *m* *pl* *od* paquetage *m* de route; **m~ieren** ⟨*aux: sein*⟩ *itr* marcher; faire mouvement *(auf ... zu* sur, vers); **~de Kolonne** *f* colonne *f* en marche; **~kolonne** *f* colonne *f* de marche *od* de route; *(Fahrzeuge)* convoi *m;* **~kompaß** *m* boussole *f* de marche; **~lied** *n* chanson *f* de marche; **~musik** *f* musique *f* militaire; **~ordnung** *f; (in)* ~ *(en)* formation *f* *od* ordre *m* de marche; *sich in* ~ *aufstellen* se former en colonnes; **~pause** *f* halte *f* (horaire); **~richtung** *f* direction *f* de marche;

~**route** *f* itinéraire *m;* ~**verpflegung** *f* vivres *m pl* de route; ~**weg** *m* itinéraire *m;* ~**zeit** *f* délais *m pl* de route.
Marsch 2. *f* ‹-, -en› [marʃ], ~**boden** *m,* ~**land** *n* noue *f.*
Marschall *m* ‹-s, ⸚e› ['marʃal, -ʃɛlə] maréchal *m;* ~**rang** *m,* ~**würde** *f* maréchalat *m;* ~**(s)stab** *m* bâton *m* de maréchal.
Marstall *m* ‹-(e)s, ⸚e› ['marʃtal, -ʃtɛlə] écurie *f* (royale *etc*).
Marter *f* ‹-, -n› ['martər] martyre *m;* *fig* supplice *m,* torture *f;* **m~n** *tr* martyriser; *fig* torturer, mettre au supplice; ~**pfahl** *m* poteau *m* de torture(s); ~**werkzeug** *n* instrument *m* de torture.
Martha *f* ['marta] Marthe *f.*
martialisch [martsi'a:lɪʃ] *a* martial.
Martin|ofen ['marti:n-] *m* metal four *m* Martin; ~**shorn** *n* (*von Polizei, Krankenwagen*) sirène *f;* ~**verfahren** *n* procédé *m* Martin.
Märtyrer|(in *f*) *m* ‹-s, -› ['mɛrtyrər] martyr, e *m f; jdn zum* ~ *machen* faire un martyr de qn; ~**krone** *f* couronne *f* de martyr; ~**tod** *m* martyre *m;* mort *f* de martyr; ~**tum** *n* ‹-s, ø›, **Martyrium** *m* ‹-s, -rien› [-'ty:riʊm, -rjən] martyre *m.*
Marx|ismus *m* ‹-, ø› [mar'ksɪsmʊs] marxisme *m;* ~**ist** *m* ‹-en, -en› [-'ksɪst] marxiste *m;* **m~istisch** [-'sɪstɪʃ] *a* marxiste.
März *m* ‹-(es)/*poet* -en, -e› [mɛrts] mars *m.*
Marzipan *n, a. m* [martsɪ'pa:n, 'martsɪpa:n] massepain *m.*
Masch|e *f* ‹-, -n› ['maʃə] **1.** (*Schlinge*) maille *f;* point *m; e-e* ~ *fallen lassen* laisser tomber od filer une maille; ~**endraht** *m* treillis od grillage *m* de fil de fer *od* métallique; **m~enfest** *a* (*Strumpf*) indémaillable; ~**enwerk** *n* réseau *m* de mailles; **m~ig** *a* de od à mailles.
Masche 2. *fam* (*Trick*) combine *f,* truc, filon *m; die* ~ *finden* trouver la combine, le filon.
Maschine *f* ‹-, -n› [ma'ʃi:nə] machine *f a. loc;* (*Gerät*) engin *m;* mécanique *f; aero* appareil *m; auf* od *mit der* ~ *schreiben* taper (à la machine), dactylographier; **m~geschrieben** *a* écrit à la machine; **m~ll** [-ʃi'nɛl] *a* mécanique, à la machine; ~ *bearbeiten* usiner; ~*e Bearbeitung f* usinage *m;* ~ *hergestellt* fait à la machine.
Maschinen|anlage *f* [ma'ʃinən-] machinerie, installation *f* mécanique, équipement *m* moteur; ~**antrieb** *m* commande *f* mécanique; ~**arbeit** *f*

travail *od* ouvrage *m* à la machine; ~**bau** *m* construction *f* mécanique od de machines; ~**bauer** *m* constructeur de machines, mécanicien constructeur, ingénieur *m* mécanicien; ~**betrieb** *m: auf* ~ *umstellen* mécaniser; ~**buchhaltung** *f* mécanographie *f;* ~**druck** *m* impression *f* à la machine; ~**fabrik** *f* ateliers *m pl* de construction de machines *od* de constructions mécaniques; ~**fett** *n* graisse *f* de machines; ~**gewehr** *n* schwere(s) ~ (SMG) mitrailleuse *f; mit schwerem* ~ *beschießen* mitrailler; *leichte(s)* ~ (LMG) fusil *m* mitrailleur; *überschwere(s)* ~ mitrailleuse *f* lourde (d'infanterie) *od* de grande puissance; ~**gewehrfeuer** *n* tir *m* de mitrailleuse; ~**gewehrnest** *n* nid *od* abri *m* de mitrailleuse; ~**gewehrschütze** *m* mitrailleur *m;* ~**gewehrstand** *m* emplacement de mitrailleuse, poste *m* de mitrailleur; ~**halle** *f* halle *od* salle *f* des machines; ~**haus** *n* bâtiment des *od* pavillon *m* aux machines; ~**ingenieur** *m* ingénieur *m* mécanicien; ~**kanone** *f* canon automatique, canon-mitrailleur *m;* **m~mäßig** *a* mécanique; ~**meister** *m* (contremaître) mécanicien; *bes. theat* machiniste *m;* ~**öl** *n* huile *f* à machines; ~**pistole** *f* mitraillette *f,* pistolet *m* mitrailleur; *pop* sulfateuse *f;* ~**raum** *m* salle *od* chambre *f* des machines; ~**saal** *m* salle *f* des machines; ~**satz** *m* groupe *m* (de machines); *typ* composition *f* mécanique; ~**schaden** *m* avarie *f* de machine; ~**schlosser** *m* serrurier-mécanicien *m;* ~**schreiben** *n* dactylographie *f;* ~**schreiber(in** *f*) *m* dactylo(graphe) *m f;* ~**schrift** *f* écriture *f* à la machine; *in* ~, **m~schriftlich** dactylographié, écrit od tapé à la machine; ~**schuppen** *m* loc rotonde *f;* ~**setzer** *m* compositeur à la machine, opérateur *m;* ~**stickerei** *f* broderie *f* à la machine; ~**teil** *n* élément *m* de (la) machine; ~**waffe** *f* arme *f* automatique; ~**wärter** *m* surveillant *od* soigneur *m* de machines; ~**zeitalter** *n* ère *f* du machinisme.
Maschin|erie *f* ‹-, -n› [maʃinə'ri:] machinerie, mécanique *f;* ~**ist** *m* ‹-en, -en› [-'nɪst] machiniste, mécanicien *m.*
Maser *f* ‹-, -n› ['ma:zər] (*im Holz*) madrure *f,* veines *f pl,* ronce *f;* ~**holz** *n* bois *m* madré *od* veiné, ronce *f;* **m~ig** *a* madré, veiné, ronceux; **m~n** *tr* madrer, veiner; ~**ung** *f* madrure *f.*
Masern *pl* ['ma:zərn] *med* rougeole *f.*
Mask|e *f* ‹-, -n› ['maskə] masque *m; fig*

façade *f*, camouflage *m; ohne* ~ à visage découvert; *die* ~ *abnehmen od lüften* lever le masque, se démasquer; *die~ fallenlassen (fig)* jeter *od* lever *od* (dé)poser le masque; *jdm die* ~ *vom Gesicht reißen (fig)* arracher *od* ôter le masque à qn, démasquer qn; ~**enball** *m* bal *m* masqué; ~**enbildner** *m* ⟨-s, -⟩ maquilleur *m;* ~**enkostüm** *n* travesti, déguisement *m;* ~**enzug** *m,* ~**erade** *f* ⟨-, -n⟩ [-'ra:də] mascarade *f;* **m~ieren** [-'ki:rən] *tr a. fig* masquer; ~**ierung** *f* déguisement; *fig (Tarnung)* camouflage *m.*

Maskott|chen *n,* ~**e** *f* ⟨-, -n⟩ [mas'kɔtçən, -'kɔtə] mascotte *f.*

Maskulinum *n* ⟨-s, -na⟩ [masku'li:num, -na] *(gram)* masculin *m.*

Masoch|ismus *m* ⟨-, ø⟩ [mazɔ'xɪsmus] masochisme *m;* ~**ist** *m* ⟨-en, -en⟩ [-'xɪst] masochiste *m;* **m~istisch** [-'xɪstɪʃ] *a* masochiste.

Maß 1. *n* ⟨-ßes, -ße⟩ [ma:s] mesure; *(Ausdehnung)* étendue, dimension; *(Verhältnis)* proportion *f; (Eich~)* étalon *m,* jauge *f; fig (Grad)* degré *m; (Schranken)* borne(s *pl*), limite(s *pl*); **2.** *f* ⟨-, -(e)⟩ *(Bierkrug)* chope *f; pl (~zahlen)* cotes *f pl; im gleichen* ~*e* au fur et à mesure; *in dem* ~*e, daß...* à ce point que, au point de *inf; in dem* ~*e wie* à mesure que, au fur et à mesure que, dans la mesure où *od* de; *im höchsten* ~*e* au dernier degré; *in hohem* ~*e* dans une large mesure; à un haut degré; *in reichem* ~*e* abondamment, à profusion; *in zunehmendem* ~*e* de plus en plus; *mit* ~ *und Ziel* avec mesure; *nach* ~ sur mesure; *nach dem* ~ *(gen)* dans la mesure (de); *ohne jedes* ~, *ohne* ~ *und Ziel, über die* ~*en* outre mesure; *über alle* ~*en* au-delà de toute expression, (jusqu')à l'excès; *kein* ~ *kennen* n'avoir pas *od* manquer de mesure; *mit gleichem* ~*e messen (fig)* tenir la balance égale; *mit zweierlei* ~ *messen (fig)* avoir deux poids et deux mesures; ~ *nehmen* prendre mesure; *zu etw* prendre les mesures de qc; *das* ~ *vollmachen* combler la mesure, faire déborder le vase; *das* ~ *ist voll* la mesure est pleine *od* (à son) comble; *es hat alles sein* ~ *und Ziel (prov)* il y a une limite à tout; ~*e und Gewichte* poids et mesures; ~**analyse** *f chem* analyse *f* volumétrique, titrage *m;* **m~analytisch** *a* volumétrique; ~**anzug** *m* complet *m* sur mesure; ~**arbeit** *f* travail *m* sur mesure; ~**einheit** *f* unité *f* de mesure; ~**gabe** *f: mit der* ~, *daß...* sous réserve que

...; *nach* ~ *(gen)* dans la mesure (de), au fur et à mesure (de), au prorata (de); **m~gebend** *a,* **m~geblich** *a* décisif; déterminant; prépondérant; compétent, autorisé; ~ *sein* faire autorité *od* foi; **m~=halten** *itr* garder la mesure, se modérer; *nicht* ~ manquer de mesure; ~**kleidung** *f* habillement *m od* vêtements *m pl* sur mesure; ~**konfektion** *f* mesure industrielle *od* américaine, prémesure *f;* ~**krug** *m* chope *f;* ~**liebchen** *n bot* pâquerette *f;* **m~los** *a* démesuré, sans *od* outre mesure; *(unmäßig)* immodéré; au-delà de toute mesure; *(übermäßig)* excessif; outrancier, à outrance; *(grenzenlos)* immense, sans bornes; ~**losigkeit** *f* démesure *f;* excès *m;* immensité *f;* ~**nahme** *f* ⟨-, -n⟩ *(~regel)* mesure; *(Handlung)* opération, action *f;* ~ *ergreifen* prendre des mesures; *strenge* ~*n ergreifen* recourir à des mesures sévères *od* de rigueur; *einschneidende* ~*n treffen* couper dans le vif; *halbe* ~ demi-mesure *f;* ~**nehmen** *n* prise *f* des mesures; ~**regel** *f* = ~*nahme;* **m~regeln** *tr* prendre des mesures disciplinaires contre; ~**reg(e)lung** *f* mesure *f* disciplinaire; ~**schuhe** *m pl* chaussures *f pl* faites sur mesure; ~**skizze** *f* croquis *m* coté; ~**stab** *m (Kartenmaßstab)* échelle; *(Lineal)* règle (graduée); *fig* norme *f; (Vergleich)* critère *m; in großem, kleinem* ~*e* sur une grande *od* large, petite échelle; *im* ~ *1 : 100 000* au cent millième; *den* ~ *für etw abgeben* mesurer qc; *e-n strengen* ~ *anlegen* appliquer *od* utiliser des critères sévères; **m~stäblich** *a,* **m~stab(s)gerecht** *a* à l'échelle; **m~voll** *a* mesuré, avec mesure; *(mäßig)* modéré; ~**werk** *n arch* réseau *m;* ~**zahl** *f* cote *f;* ~**zeichnung** *f* dessin *m* coté.

Mass|age *f* ⟨-, -n⟩ [ma'sa:ʒə] *med* massage *m;* ~ *und Heilgymnastik* kinésitérapie *f;* ~**eur** *m* ⟨-s, -e⟩ [-'søːr] masseur *m;* ~ *und Heilgymnastiker m* kinésithérapeute, masseur-rééducateur *m;* ~**eurin** *f* ⟨-, -nen⟩ *(Berufsbezeichnung),* ~**euse** *f* ⟨-, -n⟩ [-'søːzə] masseuse *f;* **m~ieren** [-'si:rən] *tr* **1.** *med* masser; ~**ieren** *n med* massage *m.*

Massak|er *n* ⟨-s, -⟩ [ma'sa:kər] *(Gemetzel)* massacre *m;* **m~rieren** [-'kri:rən] *tr* massacrer.

Masse *f* ⟨-, -n⟩ ['masə] *(Menge)* masse *a. phys, fin; (bes. Menschen~)* foule *f; pop (Haufen)* tas *m,* flopée *f; mil* gros *m; (Teig)* pâte; *(unförmiger Gegenstand)* masse; *(Konkurs~)* masse *f; eine* ~ ... *(pop) (viel, nicht von Geld)* un tas de; beaucoup de; ~*n von (pop)* des masses de; *in* ~*(n) (pop)* en pagaille; *in der* ~ *untertauchen* se mêler à la foule; *die breite od große* ~ la grande masse, les masses *f pl,* le plus grand nombre; ~**forderung** *f (beim Konkurs)* créance *f* de la masse; ~**gläubiger** *m fin* créancier *m* de la masse; ~**schuld** *f fin* dette *f* de la masse; ~**schuldner** *m fin* débiteur *m* de la masse; ~**verwalter** *m* syndic *m* de la faillite.

Massel *m* ['masəl] **1.** ⟨-s, ø⟩ *arg (Glück)* veine, chance *f,* pot *m;* **2.** *f* ⟨-, -n⟩ *tech* gueuse *f,* gueuset *m.*

Massen|absatz *m* ['masən-] vente *f* en grandes quantités; ~**ansturm** *m com* rush *m* (*auf* sur); ~**arbeitslosigkeit** *f* chômage *m* de masse; ~**anziehung** *f phys* gravitation *f;* ~**artikel** *m com* article *m* de masse *od* de série, pièce *f* de fabrication en masse; ~**aufgebot** *n* levée *f* en masse; ~**auflage** *f typ* gros tirage *m;* ~**aussperrung** *f* lock-out *m* général; ~**auswanderung** *f* émigration *f* en masse, exode *m;* ~**bewegung** *f pol* mouvement *m* de masses; ~**defekt** *m (Atomphysik)* perte *f od* défaut *m* de masse; ~**demonstration** *f* manifestation *f* massive *od* en masse; ~**einsatz** *m* emploi *m* en masse; ~**einwanderung** *f* immigration *f* en masse; ~**elend** *n* paupérisme *m;* ~**entlassung** *f* débauchage collectif, coup *m* de balai; ~**erhebung** *f pol* levée *f* en masse; ~**erzeugung** *f,* ~**fabrikation,** ~**fertigung** *f* production *od* fabrication *f* en masse *od* en grande série; ~**flucht** *f* fuite *f* en masse, exode *m;* ~**grab** *n* fosse *f* commune; ~**gut** *n* matériaux *m pl* en masses; ~**güter** *n pl* marchandises *f pl* en vrac; **m~haft** *a* en masse, massif; ~**herstellung** *f* = ~**erzeugung;** ~**hysterie** *f* hystérie *f* collective; ~**kundgebung** *f* = ~**demonstration;** ~**medien** *n pl* [-'me:diən] masse-médias, masse media *m pl;* ~**mensch** *m* homme de la masse *od* des foules; ~**mord** *m* meurtre *m* en masse; ~**produktion** *f* = ~**erzeugung;** ~**psychologie** *f* psychologie *f* des foules; ~**suggestion** *f* suggestion *f* grégaire; ~**tierhaltung** *f* élevage *m* industriel; ~**tourismus** *m* tourisme *m* de masse; ~**verbrauch** *m* consommation *f* de masse *od* en masse(s); ~**verdummung** *f: systematische* ~ obscurantisme *m;* ~**verhaftungen** *f pl* arrestations *f pl* massives *od* en masse; ~**vernich-**

tung(swaffen *f pl) f* (armes *f pl* de) destruction *f* massive; ~**versammlung** *f* réunion *f* de masse, meeting *m* massif; **m~weise** *adv* en masse(s); *fam* comme s'il en pleuvait; ~**zerstörungen** *f pl* destructions *f pl* massives.

mass|ieren [ma'si:rən] *tr* **2.** *mil* concentrer, quadriller; *(Kunst)* tasser; ~**iert** *a (Angriff)* massif, en masse, en force; **M~ierung** *f* concentration *f,* quadrillage, cumul *m,* abondance *f;* ~**ig** ['masɪç] *a* massif, en amas; ~**iv** [-'si:f] *a* massif; *arch* (~ *gebaut)* construit en dur.

mäßig ['mɛ:sɪç] *a (gemäßigt)* modéré; *(genügsam)* frugal, sobre; *(mittel~)* moyen, médiocre, passable, tel quel; *(niedrig, bes. Preis)* modéré, modique; ~**en** *tr* modérer; *(mildern)* tempérer; *(Worte)* adoucir; *(einschränken)* contenir; *(herabsetzen)* diminuer; *sich im Ausdruck* ~ ménager ses expressions; **M~keit** *f* ⟨-, ø⟩ *(Genügsamkeit)* frugalité, sobriété, tempérance *f;* **M~ung** *f* modération; *(Herabsetzung)* diminution *f.*

Mast [mast] **1.** *m* ⟨-es, -en/(-e)⟩ *(~baum)* mât *f; el tele* poteau; *(Gittermast)* pylône *m;* ~**baum** *m* mât *m;* ~**korb** *m mar* hune *f;* ~**werk** *n mar* mâture *f.*

Mast 2. *f* ⟨-, -en⟩ *agr* engraissement *m;* ~**darm** *m* rectum *m;* ~**futter** *n* engrais *m;* ~**gans** *f* oie *f* grasse; ~**huhn** *n* poularde *f;* ~**kur** *f* cure *f* d'engraissement; ~**vieh** *n* bétail *m* à l'engrais; bêtes *f pl* grasses.

mäst|en ['mɛstən] *tr* engraisser, mettre à l'engrais; **M~en** *n,* **M~ung** *f* engraissement *m.*

Mastix *m* ⟨-(es), ø⟩ ['mastɪks] *(Harz)* mastic *m.*

Masuren *n* [ma'zu:rən] *geog* la Mazurie.

Match *n* ⟨-(e)s, -s/-e⟩ [mɛtʃ] *(Tennis)* match *m.*

Mate *f* ⟨-, -n⟩ ['ma:te] *bot* maté *m;* ~**tee** *m* thé *m* du Paraguay *od* des jésuites.

Mater *f* ⟨-, -n⟩ ['ma:tər] = *Matrize.*

Material *n* ⟨-s, -lien⟩ [materi'a:l, -'aliən] matériel *m,* matière *f; (Baustoff)* matériau(x *pl) m; (fig: Unterlagen)* documents *m pl,* documentation *f; spaltbare(s)* ~ matière *f* fissible; ~**abnahme** *f* réception *f* du matériel; ~**anforderung** *f* demande *f* de matériel; ~**auswechs(e)lung** *f arch* relancis *m;* ~**beanspruchung** *f* effort *m* des matériaux; ~**beschaffung** *f* fourniture *f* de matériaux; ~**fehler** *m* défaut *od* vice *m* de matériel *od* de matière; **m~isieren** [-riali'zi:rən] *tr* matérialiser; **~ismus** *m* ⟨-s, ø⟩ [-'lɪsmʊs] matérialisme *m;* **~ist** *m* ⟨-en, -en⟩ [-'lɪst] matérialiste *m;* **m~istisch** [-'lɪstɪʃ] *a* matérialiste; **~knappheit** *f* pénurie *f* du matériel; **~kosten** *pl* dépenses *f pl od* frais *m pl* de matériel; **~lager** *n* dépôt *m* de matériel, de matériaux; **~prüfung** *f* épreuve *f od* examen *m* du matériel *od* des matériaux; épreuve *f* de matériel; **~sammlung** *f* documents; documentation *f;* **~schaden** *m* dégâts *m pl* matériels; **~schlacht** *f* bataille *f* de matériel.

Materie *f* ⟨-, -n⟩ [ma'te:riə] matière *a. fig;* substance *f;* sujet, thème *m; mit der ~ vertraut (a.)* initié; **m~ell** [-teri'ɛl] *a* matériel; *in ~er Hinsicht* matériellement; *~e(s) Recht n* fond *m* du droit; *~e(r) Wert m (a.)* valeur *f* intrinsèque.

Mathematik *f* ⟨-, ø⟩ [matema'ti:k] mathématiques; sciences exactes; *arg (Schule)* math *f pl; höhere ~* mathématiques *f pl* supérieures *od* transcendantes; *niedere ~* mathématiques *f pl* élémentaires; *reine, angewandte ~* mathématiques *f pl* pures, appliquées *od* mixtes; **~iker** *m* ⟨-s, -⟩ [-'ma:tikər] mathématicien *m;* **m~isch** [-'ma:tɪʃ] *a* mathématique; *m~-naturwissenschaftliche Fakultät f* faculté *f* des sciences.

Matjeshering *m* ['matjəs-] hareng *m* vierge.

Matratze *f* ⟨-, -n⟩ [ma'tratsə] matelas, *(Feder~)* sommier *m.*

Mätresse *f* ⟨-, -n⟩ [mɛ'trɛsə] maîtresse; *vx* courtisane *f.*

Matriarchat *n* ⟨-(e)s, -e⟩ [matriar'ça:t] *(Mutterrecht)* matriarcat *m;* **~ikel** *f* ⟨-, -n⟩ [-'tri:kəl] *(Verzeichnis)* matricule *f;* **~ikelnummer** *f* numéro *m* (de) matricule; **~ize** *f* ⟨-, -n⟩ [-'tri:tsə] *tech* matrice *f; (mit Maschinenschrift)* stencil *m;* **~one** *f* ⟨-, -n⟩ [-'tro:nə] matrone *f.*

Matrose *m* ⟨-n, -n⟩ [ma'tro:zə] *(a. als Dienstgrad)* matelot *m; (Seemann)* marin *m;* **~nanzug** *m* costume *m* marin; **~nbluse** *f* vareuse *f;* **~nkragen** *m* col *m* marin; **~nmütze** *f* béret de marin, bonnet *m* de matelot.

Matsch *m* ⟨-es, ø⟩ [matʃ] *fam (weiche Masse)* gâchis *m; (nasser Schmutz)* boue *f;* **m~ig** *a (schlammig)* boueux; *(Obst)* blet.

matt [mat] *a (glanzlos)* mat, terne, sans lustre; *(Metall)* éteint; *(Glas)* dépoli; *(Schimmer)* pâle, faible; *(Blick)* sans éclat; *(schlaff, abgespannt)* las, sans énergie; fatigué,

épuisé; *(Stimme)* mourant; *(Kunst)* sans vigueur; *(Stil)* inexpressif, fade; *(Schach)* échec et mat; *~ schleifen* dépolir; *jdn ~ setzen (Schach u. fig)* faire qn échec et mat, donner échec et mat à qn; **M~glas** *n* verre *m* dépoli; **M~gold** *n or m* mat; **M~heit** *f* ⟨-, ø⟩ matité *f,* ton *m* mat; **~ieren** [-'ti:rən] *tr* matir, rendre mat; *(Glas)* dépolir; **M~igkeit** *f* ⟨-, ø⟩ lassitude, langueur *f,* manque *m* d'énergie; fatigue *f,* épuisement *m;* **M~scheibe** *f phot* verre *m* dépoli; *fam (Bildschirm)* écran *m; e-e ~ haben (fam: beim Denken)* avoir un trou.

Matte *f* ⟨-, -n⟩ ['matə] **1.** *(Geflecht)* natte *f; (Fuß~)* paillasson; *sport* tapis *m; auf die ~ legen (sport)* envoyer au tapis.

Matte *f* **2.** *(Alpenweide)* pâturage (alpestre), alpage *m.*

Matterhorn ['matərhorn] , *das (geog)* le (mont) Cervin.

Matthäus *m* [ma'tɛ:ʊs] Matthieu; *Matthäi am letzten sein* être à court d'argent; *mit ihm ist Matthäi am letzten* il est à la dernière extrémité; **~evangelium,** *das* l'Évangile *m* selon saint Matthieu.

Mätzchen *n pl* ['mɛtsçən] minauderies, singeries *f pl; ~ machen* minauder.

Matze *f* ⟨-, -n⟩ , **~n** *m* ⟨-s, -⟩ ['matsə(n)] pain *m* azyme.

mau [mau] *a fam* moche.

Mauer *f* ⟨-, -n⟩ ['mauər] mur *m;* muraille *f; die Große ~ (der Chinesen)* la Grande Muraille; *für Zssgen s. a. Maurer-;* **~absatz** *m* redan, redent *m;* **~anschlag** *m* affiche *f* murale; **~blümchen** *n: ~ sein* faire tapisserie; **~ei** *f* [-'rai] = *Maurerei;* **~fläche** *f: glatte ~* nu *m* de mur; **~fraß** *m (durch Salpeterbildung)* nitrification *f;* **~fuge** *f* ligne *f* de refend; **~gecko** *m zoo* gecko *m* des murailles; **~kappe** *f* chaperon *m;* **m~n** *tr* maçonner; **~öffnung** *f* baie *f;* **~pfeffer** *m bot* poivre *m* de muraille; **~pflanze** *f* plante *f* murale; **~rille** *f* = *~fuge;* **~riß** *m* lézarde, fente *f* dans le mur; **~schwalbe** *f,* **~segler** *m orn* martinet *m;* **~verband** *m arch* liaison *f* de maçonnerie, appareil *m;* **~vorsprung** *m* encorbellement *m;* **~werk** *n* (ouvrage *m* de) maçonnerie *f.*

Mauke *f* ⟨-, ø⟩ ['maukə] *vet* malandre *f.*

Maul *n* ⟨-(e)s, ˙er⟩ [maul, 'mɔylər], *a. pop u. pej* gueule; *pop* goule *f;* mufle *m; das ~ aufreißen (pop)* gueuler, japper; *ein großes ~ haben (fig)* être *od* avoir une grande gueule; *ein loses*

~ *haben* être une mauvaise *od* méchante langue, avoir la langue bien affilée; *das* ~ *halten* ne pas ouvrir le bec; *(nichts verraten)* ne pas vendre la mèche; *ein* ~ *machen (fam)* faire une gueule *od* la moue; *das* ~ *voll nehmen (fig)* faire le fanfaron; *nicht aufs* ~ *gefallen sein (fig)* avoir la langue bien pendue, ne pas avoir la langue dans sa poche; *jdm das* ~ *stopfen (pop)* clore *od* clouer le bec, rabattre le caquet à qn; *halt's* ~*! (pop)* ta gueule! ~ *und Nase aufsperren* être éberlué; *die bösen Mäuler* les mauvaises langues; ~**affe** *m:* ~*n feilhalten* badauder, bayer aux corneilles; **m~en** *itr* faire la *od* une gueule *od* la moue, faire la *od* sa lippe; bouder; *fam* rouspéter, râler; **m~faul** *a:* ~ *sein* ne pas desserrer les dents, ne pas dire mot; ~**held** *m* capitan, fanfaron, bravache *m;* ~**korb** *m,* ~**korbgesetz** *n* muselière *f;* ~**schelle** *f fam* taloche, gifle *f; jdm e-e* ~ *geben od* talocher qn; ~**taschen** *f pl (Küche)* ravioli *m pl;* ~- *und* **Klauenseuche** *f vet* fièvre aphteuse; *fam* cocotte *f;* ~**werk** *n fam* grande gueule *f; ein gutes* ~ *haben* avoir la langue bien pendue.

Maulbeer|baum *m* ['maʊlbɛ:r-] mûrier *m;* ~**e** *f* mûre *f;* ~**(seiden)-spinner** *m ent* bombyx *m* du mûrier.

Maul|esel *f* ['maʊl-] (petit) mulet *m;* ~**eselstute,** ~**tierstute** *f* mule *f;* ~**tier** *n* (grand) mulet *m;* ~**tierpfad** *m* chemin *m* muletier; ~**tiertreiber** *m* muletier *m.*

Maulwurf *m* ['maʊl-] taupe *f;* ~**sfalle** *f* taupière *f;* ~**sgrille** *f* taupe-grillon *m,* courtilière *f;* ~**shaufen** *m,* ~**shügel** *m* taupinière *f.*

Maur|e *m* ⟨-n, -n⟩ ['maʊrə] Maure, More *m;* ~**in** *f* Mauresque, Moresque *f;* **m~isch** *a* maur(esqu)e, mor(esqu)e.

Maurer *m* ⟨-s, -⟩ ['maʊrər] maçon *m;* ~**arbeit** *f,* ~**ei** *f* ['-raɪ] maçonnage *m,* maçonnerie *f;* ~**geselle** *m* compagnon *m* maçon; ~**handwerk** *n* métier *m* de maçon; ~**kelle** *f* truelle *f;* ~**lehrling** *m* apprenti *m* maçon; ~**meister** *m* maître *m* maçon; ~**polier** *m* contremaître *m* maçon.

Maus *f* ⟨-, ⁻e⟩ [maʊs, 'mɔʏzə] souris *f; fig meist* rat *m; mit Speck fängt man Mäuse (prov)* on n'attrape pas les mouches avec du vinaigre; *wenn die Mäuse satt sind, schmeckt das Mehl bitter (prov)* au dégoûté le miel est amer; ~**efalle** *f* souricière *f;* ~**eloch** *n* trou *m* de souris; **m~en** *itr (Mäuse fangen)* prendre des souris; *tr fam hum (stibitzen)* chiper; **m~etot** *a*

hum bien *od* raide mort; **m~grau** *a* gris souris.

mauscheln ['maʊʃəln] *itr (jiddisch sprechen)* avoir le parler juif; *allg (undeutl. sprechen)* baragouiner.

Mäuschen *n* ⟨-s, -⟩ ['mɔʏsçən] souriceau *m; mein* ~*!* mon rat! ma chérie! **m~still** *a (Kind)* sage comme une image; *es ist* ~ on entendrait trotter une souris *od* voler une mouche.

Mäuse|bussard *m* ['mɔʏzə-] *orn* buse *f;* ~**dreck** *m* crotte *f* de souris; ~**fraß** *m* mangeures *f pl* de souris.

Mauser *f* ⟨-, -n⟩ ['maʊzər] mue *f; in der* ~ en mue; **m~n,** *sich* muer; *fig* faire peau neuve.

mausig ['maʊzɪç] *a: sich* ~ *machen (fam)* se dresser *od* se monter sur ses ergots, faire l'important.

Mausoleum *n* ⟨-s, -leen⟩ [maʊzo'le:ʊm, -'le:ən] mausolée *m.*

Maut *f* ⟨-, -en⟩ [maʊt], ~**gebühr** *f* péage *m;* ~**schranke** *f* barrière *f* de péage.

maxim|al [maksi'ma:l] *a* maximal; *attr* maximum, maxima *inv; adv* au maximum; **M~...** *(in Zssgen)* = ~ *(a); vgl. Höchst-;* **M~e** *f* ⟨-, -n⟩ [-'ksi:mə] maxime *f;* **M~um** *n* ⟨-s, -ma⟩ ['maksimʊm, -ma] maximum *m;* ~-**Minimum-Thermometer** *n* thermomètre *m* à maxima et minima.

Mayonnaise *f* ⟨-, n⟩ [majo'nɛ:zə] mayonnaise *f.*

Mazedon|ien [matse'do:niən] *n* la Macédoine; ~**ier(in** *f*) *m* ⟨-s, -⟩ [-'do:niər] Macédonien, ne *m f;* **m~isch** [-'do:nɪʃ] *a* macédonien.

Mäzen *m* ⟨-s, -e⟩ [mɛ'tse:n] *(Gönner)* mécène *m;* ~**atentum** *n* ⟨-s, ø⟩ [-tse'na:təntu:m] mécénat *m.*

Mazurka *f* ⟨-, -s⟩ [ma'zʊrka] *(Tanz)* mazurka *f.*

Mechan|ik *f* ⟨-, -en⟩ [me'ça:nɪk] mécanique *f;* ~**iker** *m* ⟨-s, -⟩ [-'ça:nikər] mécanicien; *fam* mécano *m;* **m~isch** [-'ça:nɪʃ] *a, a. fig* mécanique; ~*e Werkstatt f* atelier *m* de (construction) mécanique; **m~isieren** [-çani'zi:rən] *tr* mécaniser; ~**isierung** *f* mécanisation *f;* ~**ismus** *m* ⟨-, -men⟩ [-'nɪsmʊs, -mən] mécanisme *m.*

Mecker|er *m* ⟨-s, -⟩ ['mɛkərər] *fam* rouspéteur, *pop* râleur *m;* **m~n** *itr (Ziege)* chevroter, bêler; *fam (Mensch)* rouspéter; *pop* râler, renauder; ~**stimme** *f* voix *f* chevrotante; ~**ziege** *f fig pop* rouspéteuse *f.*

Meckifrisur *f* ['mɛki-] cheveux *m pl* en brosse.

Medaill|e *f* ⟨-, -n⟩ [me'daljə] médaille *f;* ~**on** *n* ⟨-s, -s⟩ [-'ljõ:] *a. arch* médaillon *m.*

Mediante f ‹-, -n› [me'diantə] *mus* médiante f.

Medien pl ['me:diən] média m pl.

Medik|ament n ‹-(e)s, -e› [medika'mɛnt] médicament, remède m; **m~amentös** [-mɛn'tø:s] a médicamenteux; **~aster** m ‹-s, -› *(Quacksalber)* médicastre, empirique, empiriste m; **~us** m ‹-, -kusse/-dizi› ['me:dikʊs, '-ditsi] *hum* = *Arzt.*

medio, M~ ['me:dio] *com (Mitte): (M)~ Januar* (à la) mi-janvier; *per M~* à la mi-mois.

mediterran [meditɛ'ra:n] a *geog* méditerranéen.

Medium n ‹-s, -dien› ['me:diʊm, -diən] *scient* milieu; *(Mittler, bes. beim Spiritismus)* médium m; **~ismus** m ‹-, ø› [-diu'mɪsmʊs] *(Spiritismus)* médium nité f.

Medizin f ‹-, -en› [medi'tsi:n] *(Heilkunde)* médecine f; *(Heilmittel)* médicament, remède m; *innere* ~ médecine f interne; **~ball** m médecine-ball m; **~er** m ‹-s, -› *(Arzt)* médecin; *(Student)* étudiant m en médecine; **m~isch** a *(Medizin-)* de médecine; *(ärztlich)* médical; *(arzneilich)* médicinal; **~e** Fakultät f faculté f de médecine; **~mann** m ‹-(e)s, ‥er› sorcier (guérisseur), guérisseur m; **~student** m étudiant en médecine; *fam* carabin m; **~studium** n études f pl médicales.

Meduse f ‹-, -n› [me'du:zə] *zoo* méduse f; **~nhaupt** n *(Mythologie)* tête f de Méduse.

Meer n ‹-es, -e› [me:r] mer f; *(Welt~)* océan m; **~aal** m *zoo* congre m; **~äsche** f *zoo* muge m; **~barbe** f *zoo* mulle m; **~busen** m golfe m; **~enge** f détroit m; **~katze** f *(Affe)* guenon f, *scient* cercopithèque m; **~rettich** m raifort m; **~saline** f marais m salant, salanque f; **~schaum** m écume f de mer; **~schaumpfeife** f pipe f d'écume (de mer); **~schweinchen** n cochon d'Inde, cobaye m; **~wasser** n eau f de mer; **~wasserentsalzung** f dessalement m de l'eau de mer.

Meeres|ablagerungen f pl ['me:rəs-] sédiments m pl marins; **~arm** m bras m de mer; **~boden** m fond m de la mer; **~fauna** f faune f marine; **~flora** f flore f marine; ~ *forscher* m océanaute m; **~grund** m = ~boden; **~höhe** f: *(mittlere)* ~ niveau m (moyen) de la mer; **~insel** f île f pélagique; **~kunde** f océanographie f; **~kundler** m ‹-s, -› océanographe m; **~küste** f côte f de la mer; **~leuchten** n brasillement m; **~spiegel** m niveau m od surface f de la

mer; **~stille** f calme m plat, bonace f; **~strand** m plage f; **~strömung** f courant m marin.

Mega|curie n ['mega-] mégacurie m; **~hertz** n radio mégahertz m; **~lith** m ‹-s/-en, -e/-en› [-'li:t, -'lɪt] *(großer Stein)* mégalithe m; **m~lithisch** [-'li:tɪʃ] a mégalithique; **~phon** n ‹-s, -n› [-'fo:n] mégaphone, porte-voix m; **~tonne** f mégatonne f; **~volt** mégavolt m; **~watt** n mégawatt m.

Megäre f ‹-, -n› [me'gɛ:rə] *(böses Weib)* mégère, mâtine, tigresse f.

Mehl n ‹-s, (-e)› [me:l] farine; *allg* poudre f; *mit* ~ *bestreuen* (en)fariner; *grobe(s)* ~ grésillon m; **m~artig** a farinacé; **~beutel** m blutoir m; **~brei** m bouillie f (de farine); **m~haltig** a farineux; **~handel** m minoterie f; **~händler** m minotier m; **m~ig** a farineux; **~käfer** m ténébrion m; **~kloß** m quenelle f de farine; **~sack** m sac m à farine; **~schwalbe** f hirondelle f de fenêtre; **~schwitze** f *(Küche)* roux m; **~speise** f farineux m; **~tau** m *(Pflanzenkrankheit)* blanc; *(beim Wein)* mildiou m; **~wurm** m *(Larve des ~käfers)* ver m de farine.

mehr [me:r] adv *(Komparativ von viel)* plus (de); *(alleinstehend)* davantage; ~ *als* plus que; *(vor e-r Zahl)* plus de; ~ *und* ~ de plus en plus; *immer* ~ de plus en plus; *je* ~ . . ., *desto* . . . plus . . . plus . . .; *kaum* ~ (ne . . .) presque plus; *nicht* ~ ne . . . plus; *nicht* ~ *und nicht weniger* ni plus ni moins; *nie* ~ (ne . . .) jamais plus; *noch* ~ encore plus, davantage; *noch (weit)* ~ tant et plus; *um so* ~ d'autant plus *(als* que); *(alleinstehend)* à plus forte raison, à fortiori; *und noch* ~ et plus encore; *fam* et le pouce; ~ *denn je* plus que jamais; ~ *noch* bien plus; ~ *als nötig* plus qu'il ne faut; *nach* ~ *schmecken* avoir un goût de revenez-y; *was noch* ~ *ist* qui plus est, bien plus; *man hat* ~ *davon, wenn . . .* il est plus profitable de *inf; was wollen Sie* ~? que voulez-vous de plus? ~ *als das!* il y a mieux que cela; *kein Wort* ~! plus un mot! tais-toi! taisez-vous! *ein Grund* ~ raison de plus.

Mehr n ‹-, ø› [me:r] plus; *(Überschuß)* surplus, excédent m; **m~en** tr augmenter; *sich* ~ augmenter, se multiplier, s'accroître; **m~ere** ['me:rərə] plusieurs pl; **m~eres** n diverses choses f pl; **m~erlei** ['--'lai] = m~eres; a diverses m; **m~fach** a multiple, plural; *(wiederholt)* répété, réitéré; adv plusieurs fois, à plusieurs od diverses reprises; *mit ~er Schallgeschwindigkeit* d'une vitesse égale à plusieurs fois celle du son; *ein M~es von etw sein (a.)* être équimultiple de qc; *~e Staatsangehörigkeit* cumul *m* de nationalités; **~fachempfang** *m radio* réception *f* multiple *od* sur antennes espacées; **~fachstecker** *m el* prise *f* multiple; **~heit** *f* majorité; *(Vielzahl)* pluralité *f; die ~* le grand nombre; *in der ~ (befindlich)* majoritaire; *mit absoluter ~ (parl)* à majorité absolue; *die ~ der abgegebenen Stimmen erhalten od auf sich vereinigen* recueillir la majorité des suffrages exprimés; *absolute, einfache, kompakte, relative ~* majorité *f* absolue, simple, massive, relative; *die schweigende ~* la majorité silencieuse; **~heitsbeschluß** *m parl* décision *f* à la *od* de majorité; **~heitspartei** *f* parti *m* majoritaire; **~heitsprinzip** *n pol* majoritarisme *m; ~heitswahl* *f* suffrage *od* scrutin *m* majoritaire; **m~mals** *adv* plusieurs fois; à plusieurs reprises; **~ung** *f* augmentation *f*, accroissement *m*.

Mehr|**achsantrieb** *m* ['me:r-] *mot* commande *od* transmission *f* sur essieux multiples; **~achser** *m* ⟨-s, -⟩ *mot* véhicule *m* à essieux multiples; **~anfall** *m com* arrivages *m pl* plus abondants, **~arbeit** *f* surcroît *m* de travail; **~aufwand** *m* surcroît *m* de dépenses; **~ausgabe** *f* excédent *m* de dépenses; **m~bändig** *a (Buch)* en plusieurs volumes; **~bedarf** *m* besoins *m pl* supplémentaires; **~belastung** *f* surcharge *f; e-e ~ mit sich bringen* accroître les charges; **~betrag** *m* (somme *f* en) excédent *m; ~decker* *m* ⟨-s, -⟩ *aero* (avion) multiplan *m;* **m~deutig** *a* ambigu; **~deutigkeit** *f* ambiguïté *f;* **~einkommen** *n* revenu *m* en excédent; **~einnahme** *f* excédent *m* de recettes; **~erlös** *m*, **~ertrag** *m* surplus, excédent *m;* **~erzeugung** *f* surproduction *f;* **~familienhaus** *n* immeuble *m* collectif; **~farbendruck** *m* impression *f* (en) couleur(s); **m~geschossig** *a arch* à (plusieurs) étages; **~gewicht** *n* excédent *od* supplément de poids, surpoids *m;* **~gewinn** *m* excédent *m* de bénéfice; **m~gleisig** *a loc* à plusieurs voies; **m~glied(e)rig** *a* à plusieurs rangs *od* rangées; **m~jährig** *a* de plusieurs années; *bot* pluriannuel; **~kanalbetrieb** *m TV* multiplex *m;* **~kanalempfänger** *m TV* appareil *m* à plusieurs canaux; **~kosten** *pl* excédent *m* de frais, frais *m pl od* dépenses *f pl*

supplémentaires; **~kreis(empfäng)er** *m radio* récepteur *m* à plusieurs circuits; **~ladegewehr** *n*, **~lader** *m* ⟨-s, -⟩ fusil *m* à répétition; **~leistung** *f* augmentation *f* de rendement; **m~malig** *a* répété, réitéré; **m~motorig** *a* multimoteur; **~parteiensystem** *n* système *m* pluripartite; **~phasenstrom** *m el* courant *m* polyphasé; **m~phasig** *a el* polyphasé; **m~polig** *a el* multipolaire; **~porto** *n* port supplémentaire; excédent *m* de port; **m~rohrig** *a (Feuerwaffe)* multitubulaire; **m~schichtig** *a u. adv* à plusieurs couches; **m~seitig** *a pol* multilatéral; **m~silbig** *a* polysyllabe; *~e(s) Wort* *n* polysyllabe *m; ~sitzer* ⟨-s, -⟩ *m aero* (avion) multiplace *m;* **m~sprachig** *a (Mensch)* polyglotte; *(Buch)* multilingue; **m~stellig** *a* à plusieurs chiffres; **m~stimmig** *a* à plusieurs voix; **m~stöckig** *a arch* à plusieurs étages; **~stufenantrieb** *m (Rakete)* (système *m* de) propulsion *f* à plusieurs étages; **~stufenrakete** *f* fusée *f* à *od* de plusieurs étages; **m~stufig** *a (Rakete)* à plusieurs étages; **m~stündig** *a*, **m~tägig** *a* de plusieurs heures, jours; **m~teilig** *a* en plusieurs parties; *bot* pluripartite; **~umsatz** *m com* excédent *m* de vente; **~verbrauch** *m* consommation *f* additionnelle, excédent *m* de consommation; **~wert** *m* plus-value *f;* **m~wertig** *a chem* polyvalent; **~wertigkeit** *f chem* polyvalence *f;* **~wertsteuer** *f* taxe *f* à la valeur ajoutée (T.V.A.); **~zahl**, *die* la plus grande partie, la majorité, la plupart; *gram* le pluriel; **~zeller** *m* ⟨-s, -⟩ *biol* organisme *m* pluricellulaire; **m~zellig** *a biol* pluricellulaire; **m~zügig** *a (Schule)* polyvalent; **~zweckfahrzeug** *n* véhicule *m* à usages multiples; *mar* navire *m* de servitude; **~zweckflugzeug** *n* avion *m* à missions multiples *od* toutes missions; **~zweckhalle** *f* salle *f* polyvalente; **~zylindermotor** *m* moteur *m* multicylindrique.

meiden ⟨*meidet, mied, hat gemieden*⟩ ['maɪdən, mi:t/-dən] *tr* éviter; *(ausweichen)* fuir.

Meile *f* ⟨-, -n⟩ ['maɪlə] mille *m;* lieue *f; ~nstein* *m* pierre *od* colonne *f* miliaire; **m~nweit** *adv: ~ davon entfernt sein, zu ... (fig)* être à cent lieues de ...

Meiler *m* ⟨-s, -⟩ ['maɪlər] meule (à charbon *od* de charbonnier), charbonnière *f*.

mein|(e) [maɪn] *pron attr* mon, ma; *pl*

mes; *pred* ~e(r, s) u. *der, die, das meine* le mien, la mienne; ~ *und dein* le tien et le mien; *für* ~*(en) Teil* pour ma part; ~*es Erachtens* à mon avis; ~*es Wissens* à ce que je sais; ~*e Damen und Herren!* mesdames et messieurs! ~er *(gen von: ich)* de moi; *er gedenkt* ~ il se souvient de moi; il pense à moi; ~**erseits** *adv* de mon côté, de *od* pour ma part; quant à moi; inversement; ~**esgleichen** *pron sing* mon égal; *pl* mes égaux, mes semblables, mes pareils; ~**esteils** *adv* = ~*erseits;* ~**ethalben** *adv,* ~**etwegen** *adv* à cause de *od* pour moi; ~*! (ich habe nichts dagegen)* je le veux bien, je ne m'y oppose pas; d'accord! soit! passe! va! *iron* tant qu'il te, vous plaira! ~**etwillen** *adv: um* ~ pour moi; ~**ige,** *der, die, das (pron)* le mien, la mienne; *die M~n pl (meine Familie)* les miens, ma famille.

Meineid *m* ⟨-(e)s, -e⟩ ['maın?aıt, -də] parjure, faux serment *m; e-n* ~ *schwören* se parjurer, faire un parjure *od* faux serment; **m~ig** *a* parjure; ~ *werden* se parjurer.

meinen ['maınən] *tr* être d'avis; estimer; dire; *(denken)* penser; *(glauben)* croire; *(sagen wollen)* entendre, (vouloir) parler (de); *dazu* ~ en dire; *es ernst* ~ être sérieux, parler sérieusement; *es gut* ~ faire bien les choses; ne pas avoir de mauvaises intentions; *mit jdm* vouloir du bien à qn, avoir de bonnes intentions envers qn; *ich meine nur so* ce n'est qu'une idée; *damit sind Sie gemeint* cela s'adresse à vous; *man könnte od sollte* ~ on dirait, on aurait dit, il est à croire; *es war nicht böse gemeint* il n'y avait pas de mauvaise intention; *das war nicht so gemeint* c'est une façon de parler; *was* ~ *Sie damit?* qu'entendez-vous *od* que voulez-vous dire par là? *was* ~ *Sie dazu?* qu'en pensez-vous? *wen* ~ *Sie?* de qui parlez-vous? *wie* ~ *Sie?* vous disiez? plaît-il? *wie* ~ *Sie das?* comment entendez-vous cela? *das will ich* ~*!* je pense bien! je le crois bien! *wie Sie* ~*!* comme vous voudrez.

Meinung *f* ⟨-, -en⟩ ['maınuŋ] *(Ansicht)* opinion *f,* avis *m,* manière de voir; *(Idee)* idée, pensée; *pol* optique *f; meiner* ~ *nach, nach meiner* ~ à mon avis, à ce que je pense; *nach meiner unmaßgeblichen* ~ à mon humble avis; *s-e* ~ *ändern* changer d'avis *od* d'idée; virer (de bord), tourner bride, retourner sa veste; *s-e* ~ *äußern* exprimer *od* faire connaître

od donner son opinion *od* avis; *sich e-e* ~ *bilden* se faire une opinion; *für s-e* ~ *eintreten* avoir le courage de ses opinions; *e-e gute, schlechte, hohe* ~ *von ... haben* avoir une bonne, mauvaise, haute opinion de ...; *mit s-r* ~ *hinterm Berg halten (fam)* mettre son drapeau dans sa poche, dissimuler ses opinions; *s-e* ~ *sagen* dire son avis *od* son opinion, se prononcer; *jdm die od s-e* ~ *sagen* dire son fait *od* ses vérités, faire la leçon à qn; *jdm gehörig die* ~ *sagen* sonner les cloches à qn *fam; der* ~ *sein, daß* être d'avis que; *anderer* ~ *sein* être d'un autre avis; *der gleichen od derselben od gleicher* ~ *sein wie, einer* ~ *sein mit* être du même avis que; partager l'opinion de; *fam* marcher avec, être du bord de; *einer* ~ *sein* être unanime; *verschiedener* ~ *sein* différer; *die entgegengesetzte* ~ *vertreten* faire *od* soutenir la contrepartie; *ich bin ganz Ihrer* ~ *(a.)* j'abonde dans votre sens; *die* ~*en gehen ausea.* od *sind geteilt* les avis sont partagés; *es herrscht nur eine* ~ *darüber* tout le monde est d'accord là-dessus; *ganz meine* ~*!* je vous *od* te crois; *öffentliche* ~ opinion *f* (publique), cri *m* public; *vorgefaßte* ~ idée *f* préconçue, parti *m* pris; ~**sänderung** *f* volte-face *f; e-e* ~ *herbeiführen* ramener l'opinion; ~**säußerung** *f* manifestation *f* d'opinion; *(Recht der) freie(n)* ~ liberté *f* d'expression, droit *m* d'exprimer son opinion; ~**saustausch** *m* échange *m* de vues; ~**sforscher** *m* analyste *m* de sondages; ~**sforschung** *f* analyses *f pl* de sondage; ~**sumfrage** *f* sondage *m* d'opinion; ~**sverschiedenheit** *f* divergence *od* différence d'opinions *od* de vues, dissension *f; (Streit)* différend *m.*

Meise *f* ⟨-, -n⟩ ['maızə] *orn* mésange *f.*

Meißel *m* ⟨-s, -⟩ ['maısəl] ciseau, burin *m; (des Bildhauers)* ognette *f;* **m~n** *tr* ciseler, buriner.

meist [maıst] *adv (zeitl.)* le plus souvent, la plupart *od* les trois quarts du temps; *allg* dans la plupart *od* la généralité des cas, généralement; **M~begünstigung** *f* régime *m* préférentiel; **M~begünstigungsklausel** *f pol com* clause *f* de la nation la plus favorisée; ~**bietend** *adv* au plus offrant et dernier enchérisseur; *der M~e* le plus offrant; ~**e** *a: der, die, das* ~ *...* le plus de, la plupart de ...; *das* ~ la plus grande partie; *die* ~*n (...) pl* la plupart (de); le plus grand nombre, la majeure partie, la majorité; *am* ~*n* le plus;

in den ~n Fällen dans la majorité des cas; die ~n Leute pl la plupart od les trois-quarts des gens; die ~ Zeit la plupart du temps; **~ens** adv, **~enteils** adv = ~; **M~gebot** n dernière enchère f; **~gelesen** a (le, la) plus lu.

Meister m ⟨-s, -⟩ ['maɪstər] maître; (Chef) patron; sport champion m; s-n ~ finden (fig) trouver son maître od plus fort que soi; es ist noch kein ~ vom Himmel gefallen apprenti n'est pas maître; il y a commencement à tout; das Werk lobt den ~ (prov) c'est à l'œuvre qu'on reconnaît l'artiste; ~ vom Stuhl (Freimaurerei) vénérable m; **~brief** m brevet od diplôme m de maîtrise; **m~haft** a magistral, parfait; adv en maître, magistralement, à la perfection; **~hand** f: von ~ de main de maître; **~in** f maîtresse; patronne; sport championne f; **m~lich** a = m~haft; **m~n** tr (Aufgabe) s'acquitter de, venir à bout de; (Schwierigkeit) vaincre, faire face à; **~prüfung** f examen m de maîtr(is)e; épreuve f de maître; **~schaft** f maîtrise; (Kunst) maestria f; sport championnat m; (Überlegenheit) supériorité; (Vollkommenheit) perfection f; **~schaftskampf** m sport match m de championnat; **~singer** m maître m chanteur; **~stück** n, **~werk** n chef-d'œuvre m.

Mekka n ['mɛka] la Mecque.

Melancholie f ⟨-, (-n)⟩ [melaŋko'li:] mélancolie f; **~iker** m ⟨-s, -⟩ [-'ko:likər] mélancolique m; **m~isch** [-'ko:lɪʃ] a mélancolique.

Melanesien n [mela'ne:ziən] geog la Mélanésie; **~ier** m ⟨-s, -⟩ [-'ne:ziər] Mélanésien m; **m~isch** [-'ne:zɪʃ] a mélanésien.

Melasse f ⟨-, -n⟩ [me'lasə] mélasse f.

Meldeamt n ['mɛldə-] (Einwohner~) bureau des déclarations; mil bureau m de recrutement; **~fahrer** m estafette f; **~flugzeug** n avion m estafette; **~frist** f délai m de déclaration; **~liste** f liste f des inscriptions; **~pflicht** f (für e-e Person) inscription od (für e-e Sache) déclaration f obligatoire; **m~pflichtig** a (Person) soumis à l'inscription; (Sache) à déclarer; **~reiter** m estafette f montée od à cheval; **~schluß** m clôture f des inscriptions; **~stelle** f bureau de réception od de déclaration od d'inscription; (Radar) centre m de détection lointaine; **~zettel** m com lettre f d'avis.

melden ['mɛldən] tr (ankündigen) annoncer, apprendre (jdn qn; jdm etw qc à qn); (mitteilen) signaler; avertir, informer (jdm etw qn de qc); faire part (jdm etw à qn de qc); (berichten) rendre compte (jdm etw à qn de qc); rapporter; tele transmettre (par message); (anmelden) faire inscrire; sich ~ se présenter (bei jdm à od chez qn; zu etw pour qc); se proposer (für etw pour qc); (sich anmelden) se faire inscrire; (Schule) lever la main; tele répondre (à l'appel); sich freiwillig ~ s'engager; sich krank ~ se faire porter malade; sich ~ lassen se faire annoncer; es meldet sich niemand (tele) (ça) ne répond pas; wen darf ich ~? qui dois-je annoncer? **M~er** m ⟨-s, -⟩ mil estafette f; agent m de transmission; **M~ung** f annonce f; avertissement, faire-part m, notification, information, communication f; compte rendu, rapport; tele avertissement; radio message m; (An~, bes. sport) (demande d')inscription f; jdm ~ machen (mil) rendre compte à qn; s-e ~ zurücknehmen od zurückziehen (sport) déclarer forfait; letzte ~en (Zeitung) dernière heure f.

meliert [me'li:rt] a mélangé; (Haar) grisonnant; grau~ (a.) poivre et sel.

Melioration f ⟨-, -en⟩ [melioratsi'o:n] agr amélioration f, amendement m; **m~ieren** [-'ri:rən] tr améliorer, amender.

Melisse f ⟨-, -n⟩ [me'lɪsə] bot mélisse f; **~ngeist** m pharm eau f de mélisse.

Melkeimer m ['mɛlk-] seau m à traire; **m~en** ⟨melkt, melkte/molk, hat gemolken/gemelkt⟩ tr traire; **~en** n traite, mulsion f; **~kübel** m bac m à traire; **~er** m ⟨-s, -⟩ trayeur m; **~maschine** f trayeuse f; **~schemel** m tabouret m pour traire.

Melodie f ⟨-, -n⟩ [melo'di:] mélodie f, air m; **m~dienreich** a, **m~diös** [-di'ø:s] a mélodieux; **m~disch** [-'lo:dɪʃ] a mélodique.

Melodram(a) n ⟨-s, -men⟩ [melo'dra:m(a)] mélodrame m.

Melone f ⟨-, -n⟩ [me'lo:nə] bot melon; (Hut) (chapeau) melon m, cape f; **m~nartig** a melonné; **~nbeet** n melonnière f; **~nkürbis** m melonnée f.

Meltau m ⟨-(e)s, ø⟩ ['me:ltaʊ] (Honigtau) miellat m, miellée f.

Membran(e) f ⟨-, -(e)n⟩ [mɛm'bra:nə] membrane f; bes. tele diaphragme m; **~pumpe** f pompe f à membrane od à diaphragme.

Memme f ⟨-, -n⟩ ['mɛmə] poltron, couard, dégonflé m; fam poule f mouillée m.

Memoiren pl [memo'a:rən] mémoires f pl.

Memor|abilien *pl* [memora'bi:liən] =
Memoiren; **~andum** *n* [-'randʊm,
-dən/-da] ‹-s, -den/-da› *pol* memo-
randum, aide-mémoire *m;* **m~ieren**
[-'ri:rən] *tr* apprendre par cœur.

Menag|e *f* ‹-, -n› [me'na:ʒə] *(Gewürz-
ständer)* huilier *m;* **~erie** *f* ‹-, -n›
[-naʒə'ri:] *(Tierschau)* ménagerie *f.*

Menetekel *n* ‹-s, -› [mene'te:kəl]
(Warnung) avertissement *m* fatidique.

Menge *f* ‹-, -n› ['mɛŋə] quantité; *(große)* multitude *f,* grand nombre *m,*
masse; *fam* tapée *f; (Haufen)* tas,
amas *m; (Menschen~)* foule, cohue *f;*
pop populo *m; e-e (ganze)* ~ *(gen)*
(fam) quantité (de), un tas *od* ramas
(de), pas mal (de), force *(ohne Artikel); pop* des masses (de), une flopée
(de); *in* ~ en quantité, à la douzaine;
in großen od (fam) rauhen ~*n* à profusion, en masses, par millions, comme s'il en pleuvait; *in kleinen* ~*n* par
petites quantités; *mitten in der* ~ au
plus épais de la foule; *sich unter die*
~ *mischen, in der* ~ *untertauchen* se
mêler à *od* avec la foule; *e-e* ~ *Geld
verdienen (fam)* gagner des mille et
des cents; **~nbestimmung** *f scient*
analyse *f* quantitative; **~neinheit** *f*
unité *f* de quantité; **~nlehre** *f math*
théorie *f* des ensembles; **m~nmäßig**
a quantitatif; **~nverhältnis** *n scient*
constitution *f* quantitative.

meng|en ['mɛŋən] *tr* mêler; mélanger;
M~futter *n* dragée *f;* **M~gestein** *n*
geol conglomérat *m;* **M~korn** *n*
(Weizen, Roggen u. Gerste) mouture
f; (Weizen u. Roggen) méteil *m;*
M~sel *n* ‹-s, -› ['-zəl] mélange *m,*
mixture *f.*

Menhir *m* ‹-s, -e› ['mɛnhɪr] *hist (Stein-
denkmal)* menhir *m.*

Meniskus *m* ‹-, -ken› [me'nɪskʊs,
-kən] *phys opt anat* ménisque *m.*

Mennige *f* ‹-, ø› ['mɛnɪgə] *(rote Farbe)*
minium *m.*

Mensa *f* ‹-, -s/-sen› ['mɛnza, -zən]
restaurant *m* universitaire; *fam*
resto-u *m.*

Mensch *m* ‹-en, -en› [mɛnʃ] homme,
être *m* (humain); *fam pej* ~ ‹-es, -er›
créature *f; liederliches* ~ traînée *f;
die* ~*en (poet)* les humains *m pl; kein*
~ *(niemand)* personne; *nicht (mehr)
wie ein* ~ *aussehen (übertreibend)*
n'avoir pas (plus) figure *od* forme humaine; *unter (die)* ~*en kommen* voir
du monde; ~ *werden (rel)* s'incarner,
se faire homme; *ein (ganz) anderer* ~
werden (fig) faire peau neuve; *er ist
auch nur ein* ~ c'est un homme comme nous; *so sind die* ~*en nun einmal*

les hommes sont ainsi faits; *es wim-
melte von* ~*en* il y avait foule; *der* ~
denkt, Gott lenkt (prov) l'homme
propose et Dieu dispose; *allen* ~*en
recht getan ist eine Kunst, die niemand kann (prov)* qui sert au commun sert à pas un; ~*! (interj);* ~ *Meier!* bigre! diantre! nom d'une pipe *od*
de nom! **~heit** *f* ‹-, ø› humanité *f;*
genre *m* humain; **m~heitlich** *a* humain; universel; **~heitskultur** *f* civilisation *f* humaine; **m~lich** *a* humain;
durch ~*es Versagen* par le fait de
l'homme; *nach* ~*er Voraussicht* humainement parlant; **~lichkeit** *f* ‹-, ø›
humanité *f;* **~werdung** *f rel* incarnation; *biol* hominisation *f.*

Menschen|affe *m* ['mɛnʃən-] anthro-
poïde *m;* **~alter** *n* génération *f;* **~art**
f nature *f* humaine; **~bild** *n philos*
conception *f* de l'homme; **~feind** *m*
misanthrope *m;* **m~feindlich** *a* misanthrope; **~fleisch** *n* chair *f* humaine; **~fresser** *m* anthropophage *m;*
~fresserei *f* anthropophagie *f,* cannibalisme *m;* **~freund** *m* philanthrope *m;* **m~freundlich** *a* philanthropique; *a* affable, bienveillant; **~freund-
lichkeit** *f* philanthropie, humanité *f;*
~führung *f* conduite *f* des hommes;
mil a. (exercice du) commandement
m, action *f* psychologique; **~geden-
ken** *n: seit* ~ de mémoire d'homme;
~geschlecht, *das* le genre humain,
l'espèce *f,* la race humaine; **~gestalt**
f forme *f* humaine; **~hand** *f: von* ~
de main d'hommes; **~kenner** *m:* ~
sein connaître les hommes; **~kennt-
nis** *f* connaissance *f* des hommes;
~kunde *f* anthropologie *f;* **~leben** *n*
vie *f* humaine; ~ *fordern od kosten*
faire des victimes; *es ist kein* ~ *zu be-
klagen* il n'y a pas eu mort d'homme;
m~leer *a* dépeuplé, désert; **~liebe** *f:
aus reiner* ~ pour l'amour de Dieu;
~massen *f pl* masses *f pl;* **~mate-
rial** *n* matériel *m* humain; **~menge** *f*
foule, multitude *f; wogende* ~ houle *f*
humaine; **m~möglich** *a* humainement possible; *das* ~*e tun* faire tout
son possible; **~opfer** *n rel* sacrifice *m*
humain; **~pflicht** *f* devoir *m;* **~po-
tential** *n* ressources *f pl* en hommes;
~raub *m* rapt *m;* **~rechte** *n pl* droits
m pl de l'homme; **m~scheu** *a* sauvage; *(schüchtern)* timide; **~e(s) Mädchen** *n* sauvageonne *f;* **~scheu** *f*
sauvagerie *f;* **~schinder** *m* écor-
cheur; *(Blutsauger)* exploiteur *m;*
~schlag *m* race *f* d'hommes; **~seele**
f: es war keine ~ *zu sehen* il n'y avait
âme qui vive; *fam* il n'y avait pas un
chat; **~skind** *n:* ~*!* mon vieux!

~**sohn,** *der (rel)* le Fils de l'homme; ~**strom** *m* flot *m* humain *od* de gens; ~**tum** *n* ⟨-s, ø⟩ dignité *f* d'homme; **m~unwürdig** *a* indigne d'un homme; ~**verstand** *m: gesunde(r)* ~ bon sens, sens *m* commun; ~**werk** *n* ouvrage *m* de la main des hommes; œuvre *f* des hommes; ~**würde** *f* dignité *f* humaine *od* d'homme.

Menstru|ation *f* ⟨-, -en⟩ [mɛnstruatsi'o:n] *physiol* menstruation *f,* menstrues, règles *f pl;* ~**ationsbeschwerden** *f pl* dysménorrhée *f;* **m~ieren** [-'i:rən] *itr* avoir ses règles.

Mensur *f* ⟨-, -en⟩ [mɛn'zu:r] *(Duell)* duel *m* d'étudiants; *mus* mesure *f.*

Mentalität *f* ⟨-, -en⟩ [mɛntali'tɛ:t] mentalité *f.*

Mentor *m* ⟨-s, -en⟩ ['mɛntɔr, -'to:rən] mentor; guide, conseiller *m.*

Menü *n* ⟨-s, -s⟩ [me'ny:] menu *m; das* ~ *zs.stellen* faire *od* établir *od* dresser le menu.

Menuett *n* ⟨-(e)s, -e⟩ [menu'ɛt] *(Tanz)* menuet *m.*

Mergel *m* ⟨-s, -⟩ ['mɛrgəl] *geol* marne *f; mit* ~ *düngen* marner; ~**boden** *m* sol *m* marneux; ~**grube** *f* marnière *f; Arbeiter m in e-r* ~ marneur *m.*

Meridian *m* ⟨-s, -e⟩ [meridi'a:n] *geog* méridien *m;* ~**höhe** *f astr* hauteur *f* méridienne.

Meringe *f* ⟨-, -n⟩ [me'rɪŋə] *(Gebäck)* meringue *f.*

Merino *m* ⟨-s, -s⟩ [me'ri:no] mérinos *m;* ~**wolle** *f* (laine *f)* mérinos *m.*

merk|bar ['mɛrk-] *a* perceptible, sensible; **M~blatt** *n* feuille *f* de renseignements, (note *f)* aide-mémoire *m;* **M~buch** *n,* **M~büchlein** *n* guide-âne *m; vgl. Notizbuch;* **M~er** *m* ⟨-s, -⟩ *e-n guten* ~ *haben (fam)* avoir du flair; ~**lich** *a* sensible; visible; évident; **M~mal** *n* ⟨-s, -e⟩ marque *f* (distinctive), signe (caractéristique); indice *m,* caractéristique *f; (Unterscheidungs~)* critère *m;* **M~vers** *m* vers *m* mnémotechnique; ~**würdig** *a (seltsam)* curieux, singulier; ~**würdigerweise** *adv* curieusement, chose curieuse; **M~würdigkeit** *f* curiosité, singularité; chose *f* curieuse *od* étrange; **M~zeichen** *n* repère *m; mit* ~ *versehen* repérer; **M~zettel** *m* fiche *f* mémento.

merken ['mɛrkən] *tr* remarquer; *(wahrnehmen)* s'apercevoir de; *(spüren)* sentir; *sich etw* ~ retenir, ne pas oublier qc; *nichts* ~ n'y voir que du feu; *jdn etw nicht* ~ *lassen* ne pas laisser entendre *od* paraître *od* voir qc à qn; *ich merke mir alles (a.)* je

tiens registre de tout; *das werde ich mir* ~ je m'en souviendrai; j'en prendrai (bonne) note; cela me servira de leçon; j'en ferai mon profit; *ich habe schon lange gemerkt, worauf Sie hinauswollten* je vous ai vu venir de loin; *das muß man sich* ~ c'est bon à savoir; *davon ist nichts (mehr) zu* ~ il n'y paraît pas (plus); ~ *Sie sich das!* retenez bien cela! enfoncez-vous bien ça dans la tête! mettez *od* notez cela sur vos tablettes! tenez-vous pour averti! tenez-vous-le pour dit!

Merowinger *m pl* ['me:rovɪŋər] *hist* Mérovingiens *m pl.*

merzerisieren [mɛrtsəri'zi:rən] *tr (Textil)* merceriser.

Merzvieh *n* ['mɛrts-] bétail *m* impropre à la reproduction.

meschugge [me'ʃʊgə] *a pop* maboul, louf(oque), cinglé; *arg* dingue.

Mesner *m* ⟨-s, -⟩ ['mɛsnər] *rel* sacristain *m.*

Meso|lithikum *n* ⟨-s- ø⟩ [mezo'li:tikʊm] *hist* mésolithique *m;* ~**potamien** *n* [-po'ta:miən] la Mésopotamie; ~**(tro)n** *n* ⟨-s, -en⟩ ['me:zɔn, -'zo:nən; 'me:zotrɔn, -'tro:nən] *phys* méso(tro)n *m;* ~**zoikum** *n* ⟨-s, ø⟩ [-'tso:ikʊm] *geol* mésozoïque *m.*

Meß|apparat *m* ['mɛs-] appareil de mesure, indicateur *m;* **m~bar** *a* mesurable, mensurable; ~**barkeit** *f* mensurabilité *f;* ~**becher** *m (aus Blech)* moque *f;* ~**behälter** *m (e-r Benzinpumpe)* jaugeur *m;* ~**bereich** *m* calibre *m;* ~**bildverfahren** *n* photogrammétrie *f;* ~**daten** *n pl* résultats *m pl* des mesures; ~**fehler** *m* erreur *f* de mesure; ~**genauigkeit** *f* précision *f* de (la) mesure; ~**gerät** *n* appareil de mesure, mesureur *m;* ~**glas** *n chem* éprouvette *f* graduée; ~**instrument** *n* instrument *m* de mesure; ~**kette** *f,* ~**leine** *f* chaîne, corde *f* d'arpenteur; ~**latte** *f* mire *f,* jalon *m;* ~**punkt** *m* point *m* de repère *od* de mesure; ~**rädchen** *n* curvimètre *m;* ~**schnur** *f* cordeau *m;* ~**stange** *f* = ~*latte;* ~**tisch** *m* planchette *f* (topographique); ~**tischblatt** *n* feuille *f* de *od* levé à la planchette, plan *m* directeur; ~**trupp** *m tele* équipe *f* de mesure *od* de dérangement; ~**uhr** *f* indicateur à cadran, comparateur; *(Zähler)* compteur *m;* ~**verfahren** *n* procédé *m* de repérage *od* de mesurage; ~**wert** *m* valeur *f* mesurée; ~**zahl** *f* nombre index, indice *m; pl (Statistik)* valeurs *f pl;* ~**zylinder** *m* éprouvette *f* graduée.

Meß|buch *n* ['mɛs-] *rel* livre de messe,

missil; paroissien *m;* ~**diener** *m rel*
servant *od* enfant *m* de chœur; ~**ge-**
wand *n* chasuble *f;* ~**kännchen** *n* burette *f;* ~**kelch** *m*
calice *m;* ~**opfer** *n* sacrifice *m* de la
messe; oblation *f;* ~**ordnung** *f rel*
ordo *m;* ~**tuch** *n rel* corporal *m.*
Messe *f* ‹-, -n› ['mɛsə] **1.** *rel* messe *f;*
zur ~ *läuten* sonner la messe; *die* ~
lesen dire *od* célébrer la messe; *e-e* ~
stiften fonder une messe; *feierliche*
od öffentliche ~ grand-messe *f; stille*
~ messe *f* basse.
Messe 2. *com* foire *f;* ~**amt** *n* office
m de la foire; ~**besucher** *m* visiteur
m de la foire; ~**gelände** *n* terrain de
(la) *od* champ *m* de foire; ~**stand** *m*
stand *m* de foire *od* d'exposition.
Messe 3. *mil* mess *m.*
messen ‹*mißt, maß, hat gemessen;*
miß!› [(-)'mɛsən, maːs, mɪs-] *tr* mesurer, prendre la mesure de; *(mit*
dem Metermaß) métrer; *fig (mit dem*
Blick) toiser; *(groß, lang sein; mit*
Zahlenangabe) mesurer *(zwei Meter*
deux mètres); *(Lot)* rapporter; *(ei-*
chen) jauger; *(loten)* sonder; arpenter; *sich mit jdm* ~ se mesurer, jou-
ter, *fam* s'aligner avec qn; *mit dem*
Blick ~ mesurer du regard *od* des
yeux, toiser; *genau, mit* ~ *(com)* mesurer ras, comble; *s-e Kräfte mit jdm*
~ mesurer ses forces avec qn;
Messung *f* mesurage, métrage *m;*
(Körpermessung) mensuration *f.*
Messer *m* ‹-s, -› ['mɛsər] couteau; *arg*
surin; *(Operationsmesser)* bistouri *m;*
bis aufs ~ *(fig)* à outrance; *jdn ans* ~
liefern livrer qn à la mort; *jdm das* ~
auf die Brust od an die Kehle setzen
mettre à qn le couteau *od* le poignard
sur *od* sous la gorge; *auf des* ~*s*
Schneide stehen (fig) ne tenir qu'à un
fil; *mir sitzt das* ~ *an der Kehle (fig)*
j'ai le couteau sous *od* sur la gorge;
~**bänkchen** *n* porte-couteau *m;*
~**held** *m* bandit, apache *m;* ~**putz-**
maschine *f* polissoir *m;* ~**schmied**
m coutelier *m;* ~**schmiede(hand-**
werk *n) f* coutellerie *f;* ~**spitze** *f:*
e-e ~ ... une pointe de ...; ~**stecher**
m = ~*held;* ~**stich** *m* coup *m* de
couteau.
messianisch [mɛsi'aːnɪʃ] *a* messiani-
que; **M~s** [me'siːas] *der* le Messie.
Messing *n* ‹-s, (-e)› ['mɛsɪŋ] laiton,
cuivre *m* jaune; ~**draht** *m* fil *m* de
laiton *od* d'archal; **m~en** *a* de laiton.
Mestize *m* ‹-n, -n› [mɛs'tiːtsə], ~**in** *f*
métis, se *m f.*
Met *m* ‹-(e)s, ø› [meːt] *hist (Getränk)*
hydromel *m.*
Metall *n* ‹-s, -e› [me'tal] métal *m; aus*

~ métallique; *mit* ~ *überziehen*
métalliser; *in* ~ *auszahlbar* métallique; ~**ader** *f geol* veine *f* de métal;
~**arbeiter** *m* (ouvrier) métallurgiste;
fam métallo; ouvrier *m* en métaux;
~**baukasten** *m* boîte *f* de construction métallique; ~**bearbeitung** *f* usinage *m* des métaux; ~**bearbei-**
tungsmaschine *f* machine *f* pour le
travail des métaux; ~**druck** *m typ*
métallographie *f;* **m~en** *a* métallique
a. fig, de métal; ~**fadenlampe** *f* lampe *f* à filaments métalliques; ~**geld** *n*
monnaie *f* métallique, espèces *f pl*
sonnantes; ~**glanz** *m* éclat *m od* reflets *m pl* métallique(s); ~ *geben*
métalliser *(e-r S* qc); ~**guß** *m* métal
m coulé; **m~haltig** *a* métallifère;
~**industrie** *f* industrie *f* métallurgique; **m~isch** *a* métallique; ~ *glän-*
zend métallin; **m~isieren** [-li'ziːrən]
tr métalliser; ~**kunde** *f* métallographie *f;* ~**(l)egierung** *f* alliage *m*
métallique; ~**ographie** *f* ‹-, ø›
[-logra'fiː] métallographie *f;* ~**oid** *n*
‹-(e)s, -e› [-lo'iːt, -də] *chem (Nicht-*
metall) métalloïde *m;* ~**putzmittel** *n*
brillant *m* (pour métaux); ~**reserve** *f*
fin réserve *f* métallique; ~**säge** *f* scie
f à métaux; ~**schild** *n* enseigne *f*
métallique; ~**späne** *m pl* battitures *f*
pl; ~**spritzverfahren** *n* procédé *m*
de métallisation au pistolet; ~**über-**
zug *m* revêtement *m* métallique;
~**urg** *m* ‹-en, -en› [-'lʊrk, -gən]
métallurgiste *m;* ~**urgie** *f* ‹-, ø›
[-lʊr'giː] métallurgie *f;* ~**verarbei-**
tung *f* usinage *m* des métaux;
~**währung** *f* étalon *m* métallique;
~**waren** *f pl* articles *m pl* métalliques; ~**warenfabrik** *f* usine *f* d'articles métalliques.
Metamerie *f* ‹-, ø› [metame'riː] *chem*
métamérie *f;* ~**morphose** *f* ‹-, -n›
[-mɔr'foːzə] *(Verwandlung)* métamorphose *f;* ~**pher** *f* ‹-, -n› [-'tafər]
(bildl. Ausdruck) métaphore *f;*
m~phorisch [-'foːrɪʃ] *a* métaphorique; ~**physik** *f philos* métaphysique
f; **m~physisch** *a* métaphysique;
~**stase** *f* ‹-, -n› [-'staːzə] *med* métastase *f;* ~**these** *f* ‹-, -n›, ~**thesis** *f* ‹-,
-sen› [-'teːzə(n), -'taːtezɪs] métathèse
f; ~**zoon** *n* ‹-s, -zoen› [-'tsoːɔn, -ən]
biol métazoaire *m.*
Meteor *m od n* ‹-s, -e› [mete'oːr]
météore, bolide *m;* ~**eisen** *n* fer *m*
météorique; **m~isch** [-'oːrɪʃ] *a*
météorique; ~**it** *m* ‹-s, -e› [-o'riːt, -'rɪt]
= ~*stein;* ~**ologe** *m* ‹-n, -n›
[-oro'loːgə] météorologiste, météoro-
logue *m;* ~**ologie** *f* ‹-, ø› [-lo'giː]
météorologie *f;* **m~ologisch**

[-'lo:gɪʃ] *a* météorologique; ~**stein** *m* aérolithe *m,* pierre *f* météorique; météorite *m.*

Meter *m* od *n* ⟨-s, -⟩ ['me:tər] mètre *m;* ~**band** *n* (*Maß*) mètre *m* souple; ~**kilogramm** *n tech* kilogrammètre *m;* ~**maß** *n* mesure *f* métrique, mètre; (*Zollstock*) mètre pliant; (*~zahl*) métrage *m;* ~**sekunde** *f* mètre *m* par seconde; **m~weise** *adv* par mètres; ~**zahl** *f* métrage *m.*

Methan *n* ⟨-s, ø⟩ [me'ta:n] *chem* méthane, gaz *m* des marais.

Method|e *f* ⟨-, -n⟩ [me'to:də] méthode *f;* ~**ik** *f* ⟨-, en⟩ [-'to:dɪk] méthodologie *f;* **m~isch** [-'to:dɪʃ] *a* méthodique.

Method|ismus *m* ⟨-, ø⟩ [meto'dɪsmʊs] *rel* méthodisme *m;* ~**ist** *m* ⟨-en, -en⟩ [-'dɪst] *rel* méthodiste *m;* **m~istisch** [-'dɪstɪʃ] *a rel* méthodiste.

Methyl *n* ⟨-s, ø⟩ [me'ty:l] *chem* méthyle *m;* ~**alkohol** *m* (*Holzgeist*) alcool méthylique, esprit-de-bois, *com* méthylène *m;* ~**chlorid** *n* chlorure *m* de méthyle; ~**enblau** *n* bleu *m* de méthylène.

Metr|ik *f* ⟨-, ø⟩ ['me:trɪk] métrique *f;* **m~isch** ['me:trɪʃ] *a* métrique; ~**es System** *n* système *m* métrique; ~**olo gie** *f* ⟨-, ø⟩ [-trolo'gi:] (*Maß- u. Gewichtskunde*) métrologie *f;* ~**onom** *n* ⟨-s, -e⟩ [-'no:m] *mus* métronome *m;* ~**opole** *f* ⟨-, -n⟩ [-'po:lə] métropole *f;* ~**opolit** *m* ⟨-en, -en⟩ [-po'li:t] *rel* métropolite *m;* ~**um** *n* ⟨-s, -tra/-tren⟩ ['me:trʊm, -tra/ -trən] (*Versmaß*) mètre *m.*

Mett *n* ⟨-(e)s, ø⟩ [mɛt] *dial* (*Hackfleisch*) viande *f* hachée; ~**wurst** *f* andouille *f.*

Mette *f* ⟨-, -n⟩ ['mɛtə] *rel* matines *f pl.*

Metteur *m* ⟨-s, -e⟩ [me'tø:r] *typ* metteur *m* en pages.

Metz|elei *f* ⟨-, -en⟩ [mɛtsə'laɪ] massacre *m,* tuerie *f,* carnage *m,* boucherie *f;* **m~eln** ['mɛtsəln] *tr* (*niedersäbeln*) sabrer, massacrer; (*zerhacken*) tailler en pièces; *dial* (*schlachten*) tuer, abattre; ~**ger** *m* ⟨-s, -⟩ [-'gər] boucher; (*Wurstmacher*) charcutier *m;* ~**gerei** *f* [-'raɪ] boucherie; charcuterie *f;* ~**gersfrau** *f* bouchère *f.*

Meuch|elmord *m* ['mɔyçəl-] (meurtre avec *od* par) guet-apens *m;* ~**elmörder** *m,* ~**ler** *m* ⟨-s, -⟩ assassin, meurtrier *m;* **m~eln** *tr* assassiner; **m~lerisch** *a* assassin, meurtrier; **m~lings** *adv* par guet-apens.

Meute *f* ⟨-, -n⟩ ['mɔytə] (*Jagd*) meute; *fig* tourbe *f.*

Meuter|ei *f* ⟨-, -en⟩ [mɔytə'raɪ] mutinerie, émeute *f;* ~**er** *m* ⟨-s, -⟩ ['mɔytərər] mutin, émeutier *m;*

m~isch *a* mutin, séditieux; **m~n** *itr* se mutiner.

Mexik|aner(in *f)* *m* ⟨-s, -⟩ [mɛksi'ka:nər] Mexicain, e *m f;* **m~anisch** [-'ka:nɪʃ] *a* mexicain; ~**o** *n* ['mɛksiko] (*Land*) le Mexique; (*Stadt*) Mexico *m.*

Mezzosopran *m* ['mɛtso-] *mus* mezzo-soprano *m.*

miauen [mi'aʊən] *itr* miauler; **M~** *n* miaulement *m.*

mich [mɪç] *pron acc* me; (*an den Imperativ angehängt u. alleinstehend*) moi; *pop* bibi; *über* ~ (*a.*) sur mon compte.

Mich|(a)el ['mɪçaɛl, -çəl] *m* Michel *m;* ~**aeli(s)** *n* ⟨-, ø⟩ [-ça'e:li] ~**aelstag,** *der* (*29. Sept.*) la Saint-Michel.

mick(e)rig ['mɪk(ə)rɪç] *a fam* (*schwach*) faible, faiblard.

Mieder *n* ⟨-s, -⟩ ['mi:dər] corselet *m;* ~**höschen** *n* gaine *f;* ~**waren** *f pl* corsets *m pl.*

Mief *m* ⟨-(e)s, ø⟩ [mi:f] *fam* (*schlechte Luft*) air *m* vicié *od* confiné.

Miene *f* ⟨-, -n⟩ ['mi:nə] (*Gesichtsausdruck*) mine *f;* (*Aussehen*) air *m;* ~ *machen zu* faire mine de; *eine finstere* ~ *machen* faire grise mine; *gute* ~ *zum bösen Spiel machen* faire contre mauvaise fortune bon cœur; *keine* ~ *verziehen* ne pas sourciller; *ohne e-e* ~ *zu verziehen* sans sourciller; ~**nspiel** *n* mines *f pl,* mimique *f; theat* mime *m.*

mies [mi:s] *a fam* mauvais, moche; ~**e** *Sache f* sale histoire *f; mir ist (so)* ~ je suis mal fichu; ~ *gekleidet* ficelé comme l'as de pique; **M~epeter** *m* ⟨-s, -⟩ ['-zepə:tər] *fam* pessimiste *m;* ~**epet(e)rig** *a fam* pessimiste; **M~macher** *m fam* défaitiste *m;* **M~macherei** *f fam* défaitisme *m.*

Miesmuschel *f* ['mi:s-] *zoo* moule *f.*

Miet|ausfall *m* ['mi:t-] perte *f* de loyer; ~**auto** *n* = ~*wagen;* ~**beihilfe** *f* allocation de logement, allocation-logement *f;* ~**e** *f* ⟨-, -n⟩ **1.** loyer *m,* location *f;* (*Vierteljahres~*) terme; *theat* abonnement *m; außer* ~ (*theat*) hors série; *in* ~ à louage; *zur* ~ en location; *zur* ~ *wohnen* être locataire; ~**einkommen** *n,* ~**einnahmen** *f pl* revenu *m* locatif; **m~en** *tr* louer (*von jdm* à qn), prendre en location *od* à louage *od* à loyer *od* à bail; (*Zimmer*) arrêter; (*Schiff*) affréter, prendre à fret; ~**entschädigung** *f* indemnité *f* de location; ~**er** *m* ⟨-s, -⟩ locataire, preneur; (*Schiff*) affréteur *m; zu Lasten des* ~*s gehende Reparatur f* réparation *f* locative; ~**erhöhung** *f* hausse *f* des loyers; ~**erschaft** *f* locataires *m pl;* ~**erschutz** *m* protection *f* des locataires; ~**ertrag** *m* rapport *m* locatif; **m~frei** *a* exempt de loyer; *adv* sans payer de loyer; ~**freigabe** *f* libération *f* des loyers; ~**fuhrwerk** *n* voiture *f* de louage; ~**kauf** *m* location-vente *f;* ~**kosten** *pl* charges *f pl* locatives; ~**ling** *m* ⟨-s, -e⟩ *(Söldner)* mercenaire *m;* ~**pferd** *n* cheval *m* de louage; ~**preis** *m* prix *m* locatif *od* de location; ~**quittung(sbuch** *n)* *f* (livret *m* de) quittance *f* de loyer; ~**rückstand** *m,* ~**schulden** *f pl* loyer *m* arriéré; ~**senkung** *f* baisse *f* des loyers; ~**shaus** *n* maison *f* de rapport, immeuble *m* de rapport *od (Schweiz)* locatif; ~**skaserne** *f* caserne, cage *f* à poules; ~**(s)steigerung** *f =* ~*erhöhung;* ~**stopp** *m* blocage *m* des loyers; ~**vertrag** *m* contrat de location, rapport *m* locatif; ~**vorauszahlung** *f* avance *f* de loyer; ~**wagen** *m* voiture *f* de louage; *(Taxe)* taxi *m;* **m~weise** *adv* à louage, en location; à titre de bail; ~**wert** *m* valeur *f* locative; ~**wohnung** *f* appartement loué *od* locatif; logement *m* locatif; ~**zahltag** *m* terme *m;* ~**zins** *m =* ~*e.*

Miete *f* ⟨-, -n⟩ ['mi:tə] **2.** *agr* meule *f,* silo *m.*

Miez|(e) *f* ⟨-, -(e)n⟩ [mi:ts(ə)], ~**ekatze** *f fam* minon *m;* minet, te *m f.*

Migräne *f* ⟨-, -n⟩ [mi'grɛ:nə] *(Kopfweh)* migraine *f; an* ~ *leiden* être migraineux.

Mikro|bar *n* ['mikro-] *phys (Druck von 1 dyn/cm²)* barye *f;* ~**be** *f* ⟨-, -n⟩ [-'kro:bə] microbe *m;* ~**benherd** *m* foyer *m* microbien; ~**biologie** *f* microbiologie *f;* ~**chemie** *f* microchimie *f;* ~**chirurgie** *f* microchirurgie *f;* ~**computer** *m* micro-ordinateur *m;* ~**elektronik** *f* micro-électronique *f;* ~**fauna** *f* microfaune *f;* ~**fiche** *f* od *n* ⟨-s, -s⟩ [-fi:ʃ] microfiche *f;* ~**film** *m* microfilm *m; auf* ~ *aufnehmen* microfilmer; *Herstellung f von* ~*en* microcinématographie *f;* ~**film-Lesegerät** *n* appareil *m* de lecture pour microfilm(s); ~**flora** *f* microflore *f;* ~**kokkus** *m* ⟨-, -kken⟩ [-'kɔkus] *(Bakterie)* microcoque, micrococcus *m;* ~**kopie** *f* microfilm *m; e-e* ~ *machen* microfilmer *(von etw* qc); ~**kosmos** *m* microcosme *m;* ~**meter** *n* micromètre *m;* ~**meterschraube** *f* vis *f* micrométrique; ~**n** *n* ⟨-s, -⟩ ['mi:krɔn] *(1/1000 mm)* micron *m;* ~**nesien** *n* [-'ne:ziən] *geog* la Micronésie; ~**nesier** *m* ⟨-s, -⟩

[-'ne:ziər] Micronésien *m;* ~**organismus** *m biol* micro-organisme *m;* ~**phon** *n* ⟨-s, -e⟩ [-'fo:n] microphone, transmetteur; *fam* micro *m;* ~**phonkapsel** *f* capsule *f* microphonique, boîtier *m;* ~**phonträger** *m film* perchman *m;* ~**prozessor** *m* microprocesseur *m;* ~**skop** *n* ⟨-s, -e⟩ [-'sko:p] microscope *m;* **m~skopisch** *a* microscopique; ~*e Untersuchung f* microscopie *f;* ~**struktur** *f* microstructure *f;* ~**tom** *m* od *n* ⟨-s, -e⟩ [-'to:m] microtome *m;* ~**welle** *f* micro-onde *f;* ~**wellenherd** *m* four *m* à micro-ondes.

Milb|e *f* ⟨-, -n⟩ ['mɪlbə] *ent* mite *f; (Krätz~)* acarus, sarcopte *m; pl (als Ordnung)* acariens *m pl;* **m~ig** *a* mité.

Milch *f* ⟨-, ø⟩ [mɪlç] lait *m; (d. Fische)* lait(anc)e *f; dicke* od *gestandene* ~ lait *m* caillé; *kuhwarme* ~ lait *m* bourru; ~**absonderung** *f* sécrétion mammaire, lactation *f;* ~**bar** *f* milk-bar *m;* ~**bart** *m fam* jeune barbe *f,* poil *m* follet; ~**borke** *f med* gourme *f;* ~**brötchen** *n* petit pain au lait; *(in Belgien)* pistolet *m;* ~**diät** *f* régime *m* lacté; ~**drüse** *f* glande *f* mammaire; **m~en** *itr* avoir *od* donner du lait; **m~end** *a bot* lactescent; ~**er** *m* ⟨-s, -⟩ *(Fisch)* poisson *m* laité *od* à laitance; ~**erzeugnisse** *n pl* produits *m pl* laitiers; ~**erzeugung** *f* production *f* laitière; ~**fieber** *n* fièvre *f* lactée *od* de lait; ~**flasche** *f* bouteille *f* à lait; ~**frau** *f* laitière *f;* ~**gebiß** *n* première dentition, dentition *f* de lait; ~**geschäft** *n* crémerie *f;* ~**gesicht** *n* blanc-bec, béjaune *m;* ~**glas** *n* verre *m* laiteux *od* dépoli; **m~haltig** *a* lactifère; ~**händler(in** *f)* *m* laitier, ère *f;* **m~ig** *a* laiteux, lacté, lactescent; **m~igweiß** *a* blanc laiteux *od* lacté; ~**kaffee** *m* café *m* au lait; ~**kännchen** *n* crémier *m;* ~**kanne** *f (kleine)* gamelle *f* à lait; *(große)* bidon *m* à lait; ~**kuh** *f* vache *f* laitière *od* à lait; ~**kur** *f* cure *f* de lait, régime *m* lacté; ~**laden** *m =* ~*geschäft;* ~**ling** *m* ⟨-s, -e⟩ *(Pilz)* lactaire *m;* ~**mädchen** *n* laitière *f;* ~**mädchenrechnung** *f* plans *m pl* sur la comète; ~**mann** *m* ⟨-(e)s, -männer⟩ laitier *m;* ~**messer** *m* ⟨-s, -⟩ lacto(-densi)mètre, pèse-lait *m;* ~**ner** *m* ⟨-s, -⟩ *=* ~*er;* ~**produkte** *n pl =* ~*erzeugnisse;* ~**pulver** *n* lait *m* en poudre; ~**reis** *m* riz *m* au lait; ~**saft** *m bot* lait, latex *m;* **m~sauer** *a; milchsaure(s) Salz* *n* lactate *m;* ~**säure** *f* acide *m* lactique; ~**schokolade** *f* chocolat *m* au lait;

~**schorf** m = ~borke; ~**speisen** f pl laitage m; ~**spiegel** m (e-r Kuh) écusson m; ~**straße** f astr voie f lactée; ~**straßensystem** n astr galaxie f; ~**suppe** f soupe f au lait; ~**topf** m pot m à lait; ~**verwertung(sindustrie)** f industrie f laitière; ~**waage** f pèse-lait m; ~**wagen** m voiture f de laitier; ~**zähne** m pl dents f pl de lait; ~**zucker** m sucre m de lait; scient lactose f.

mild [mɪlt] a doux; (Wetter) a. clément; (Klima) tempéré; (lau) tiède; (gütig) bénin; (barmherzig) charitable; (großmütig) clément; (nachsichtig) indulgent; (Strafe) léger; adv avec indulgence od bienveillance; ~e Gabe f aumône f; **M~e** f ⟨-, ø⟩ ['-də] douceur; (Güte) bonté; (Großmut) clémence; (Nachsicht) indulgence f; ~ walten lassen agir avec clémence; ~**ern** tr adoucir; (lindern) atténuer; (abschwächen) atténuer, mitiger; (mäßigen) modérer; (Strafe) commuer; ~**ernd** a: ~e Umstände m pl (jur) circonstances f pl atténuantes; **M~erung** f (Wetter) adoucissement m; (Strafe) atténuation f; ~**herzig** a bénin; charitable; **M~herzigkeit** f ⟨-, ø⟩ bonté; charité f; ~**tätig** a charitable; **M~tätigkeit** f ⟨-, ø⟩ charité f.

Milieu n ⟨-s, -s⟩ [mili'ø:] milieu m, ambiance f.

militant [mili'tant] a (kämpferisch) militant.

Militär m ⟨-s, -s⟩ [mili'tɛ:r] (höherer Offizier) militaire; soldat, homme m de guerre; das ~ ⟨-s, ø⟩ l'état m militaire; les militaires m pl, les troupes f pl, l'armée f; zum ~ gehen se faire soldat, entrer dans l'armée; **m~ähnlich** a paramilitaire; ~**arzt** m médecin m militaire; ~**attaché** m attaché m militaire; ~**befehlshaber** m gouverneur m en chef; ~**behörde** f autorités f pl militaires; ~**bündnis** n alliance f militaire; ~**dienst(zeit** f) m service m militaire; s-n Militärdienst ableisten faire son service; ~**diktatur** f dictature f militaire; ~**flugzeug** n avion m militaire; ~**friedhof** m cimetière f militaire; ~**führerschein** m permis m de conduire militaire; ~**gefängnis** n prison f militaire; ~**geistliche(r)** m aumônier m militaire; ~**gericht** n tribunal m militaire; ~**gerichtsbarkeit** f juridiction od justice f militaire; ~**gouverneur** m gouverneur m militaire; ~**haushalt** m budget m militaire; **m~isch** [-'tɛ:rɪʃ] a militaire; ~e Ausbildung f instruction f militaire; ~e Ehren f pl

honneurs f pl militaires; ~**kapelle** f musique f militaire; ~**macht** f puissance f militaire; ~**marsch** m marche f militaire; ~**maß** n (Körpergröße) taille f minimum réglementaire; ~**mission** f mission f militaire; ~**musik** f musique militaire; ~**papiere** n pl papiers m pl militaires; ~**personal** n personnel m militaire; ~**polizei** f police f militaire; ~**regierung** f gouvernement m militaire; ~**revolte** f soulèvement m militaire; ~**seelsorge** f aumônerie f; ~**strafgerichtsbarkeit** f juridiction f pénale militaire; ~**strafgesetzbuch** n code m (pénal od de justice) militaire; ~**verwaltung** f administration f militaire; ~**zeit** f = ~dienstzeit.

militar|isieren [militari'zi:rən] tr militariser; **M~isierung** f militarisation f; **M~ismus** m ⟨-, ø⟩ [---'rɪsmʊs] militarisme m; **M~ist** m ⟨-en, -en⟩ [-'rɪst] militariste m; ~**istisch** [-'rɪstɪʃ] a militariste.

Miliz f ⟨-, -en⟩ [mi'li:ts] (Bürgerwehr) milice f.

Mill|e n ⟨-, -⟩ ['mɪlə] com (1000 Stück) mille m; ~**iampere** n ['-li-] el milliampère m; ~**iardär** m ⟨-s, -e⟩ [-liar'dɛ:r] milliardaire m; ~**iarde** f ⟨-, -n⟩ [-li'ardə] milliard m; ~**ibar** n mete millibar m; ~**igramm** n milligramme m; ~**imeter** m od n millimètre m; ~**imeterpapier** n papier m millimétré; ~**ion** f ⟨-, -en⟩ [-li'o:n] million m; ~**ionär** m ⟨-s, -e⟩ [-lio'nɛ:r] millionnaire m; ~**ionenerbschaft** f héritage m à millions; **m~ionenschwer** a riche à millions; **m~ionste(r, s)** a millionième; ~**ionstel** n ⟨-s, -⟩ [-li'o:nstəl] millionième m.

Milz f ⟨-, -en⟩ [mɪlts] anat rate f; ~**brand** m charbon m, pustule f maligne; ~**entzündung** f splénite f.

mim|en ['mi:mən] tr fam (nachahmen) mimer, imiter; (so tun, als ob) feindre, simuler, faire; **M~ese** f ⟨-, -n⟩ [-'me:zə] biol (Schutztracht) mimétisme m; **M~ik** f ⟨-, ø⟩ ['mi:mɪk] mimique f; theat jeux m pl de physionomie; **M~ikry** f ⟨-, ø⟩ ['mɪmikri] = ~ese; ~**isch** a mimique.

Mimose f ⟨-, -n⟩ [mi'mo:zə] bot mimosa m; a. fig sensitive f; **m~nhaft** a sensitif.

Minarett n ⟨-(e)s, -e⟩ [mina'rɛt] arch rel minaret m.

minder ['mɪndər] adv (weniger) moins; mehr oder ~ plus ou moins; nicht ~ pas moins; ~**begütert** a moins riche; ~**bemittelt** a économiquement faible; geistig ~ (hum) peu doué; **M~einnahme** *f* moins-perçu *m;* **M~heit** *f* minorité *f;* **M~heitenfrage** *f* problème *m* des minorités; **M~heitengruppe** *f* communauté *f* minoritaire; **M~heitenrecht** *n* droit *m* minoritaire *od* des minorités; **M~heitenschutz** *m* protection *f* des minorités; **~jährig** *a* mineur; **M~jährige(r** *m)* *f* mineur, e *m f;* **M~jährigkeit** *f* ‹-, ø› minorité *f;* **~n** *tr* amoindrir, diminuer, réduire; *(herabsetzen)* rabaisser, rabattre; déprécier; *(abschwächen)* atténuer; **M~ung** *f* amoindrissement *m,* diminution, réduction *f;* rabaissement *m,* dépréciation; atténuation *f;* **M~wert** *m* moins-value *f;* **~wertig** *a* de valeur *od* qualité inférieure; ~ *machen* inférioriser; **M~wertigkeit** *f* infériorité *f;* **M~wertigkeitsgefühle** *n pl,* **M~wertigkeitskomplex** *m* sentiment, complexe *m* d'infériorité; **M~zahl** *f: in der* ~ en minorité.

Mindest|alter *n* ['mɪndəst-] âge *m* minimum *od* requis; **~auflage** *f* tirage *m* minimum; **~betrag** *m* (somme *f)* minimum *m;* **m~e,** *das* le moins, la moindre chose, le minimum; *nicht im* ~*n* pas le moins du monde, nullement; *zum* ~*n* = ~*ens; das ist das* ~ c'est le moins; **~einkommen** *n* revenu *m* minimum; **m~ens** *adv* au moins, pour le moins; au minimum, au bas mot; **~ertrag** *m* rendement *m* minimum; **~gebot** *n* enchère *f* minimum; **~gehalt** *n* salaire *m* minimum; appointements *m pl* minima; **~geschwindigkeit** *f* vitesse *f* minima; **~gewicht** *n* poids *m* minimum; **~leistung** *f* puissance *f* minimum; **~lohn** *m* salaire *m* minimum; **~maß** *n* mesure *f* minimale *od* minimum; **~preis** *m* prix minimum, prix-plancher *m; zum* ~ *berechnen* compter au rabais; **~reservebildung** *f* constitution *f* de réserves minima; **~satz** *m* taux *m* minimum; **~strafe** *f* minimum *m* de la peine; *unter die* ~ *hinuntergehen (jur)* descendre au-dessous du minimum de la peine; **~tarif** *m* tarif *m* minimum; **~voraussetzung** *f* condition *f* préalable minimum; **~wert** *m* valeur *f* minimum *od* minima; **~zahl** *f* minimum; *parl (zur Beschlußfähigkeit)* quorum *m.*

Mine *f* ‹-, -n› ['mi:nə] *(Bergwerk; Sprengkörper)* mine; *(Drehbleistift)* mine (de plomb), cartouche *f; auf e-e* ~ *laufen* toucher une *od* mar couler sur une mine; ~*n legen* poser *od mar* mouiller des mines; ~*n räumen* enlever *od mar* draguer des mines; *alle* ~*n springen lassen (fig)* faire jouer

tous les ressorts; *auf e-e* ~ *treten* marcher sur une mine.

Minen|feld *n* ['mi:nən-] champ *m* de mines; **~gürtel** *m* ceinture *f* de mines; **~legen** *n* pose *f od mar* mouillage *m* de mines; **~leger** *m* ‹-s, -› *(Mann)* poseur *od (Schiff)* mouilleur *m* de mines; **~räumboot** *n* dragueur (de mines), bateau *m* dragueur; **~räumen** *n* déminage *m;* **~sperre** *f* barrage *m* de mines; **~suchboot** *n* dragueur *m* (de mines); **~suchen** *n* détection *f* des mines; **~sucher** *m* ‹-s, -› *(Mann)* démineur *m;* **~suchgerät** *n* détecteur *m* de mines; **m~verseucht** *a* infesté de mines; **~werfer** *m* ‹-s, -› lance-mines *m.*

Mineral *n* ‹-s, -e/-lien› [mine'ra:l, -liən] minéral *m; e-r Sache* ~*ien zusetzen* minéraliser qc; **~bad** *n* station *f* hydrominérale; **~iensammlung** *f* collection *f* de minéraux; **m~isch** [-'ra:lɪʃ] *a* minéral; **~oge** *m* ‹-n, -n› [-'lo:gə] minéralogiste *m;* **~ogie** *f* ‹-, ø› [-lo'gi:] minéralogie *f;* **m~ogisch** [-'lo:gɪʃ] *a* minéralogique; **~öl** *n* huile minérale, essence *f* (minérale); *feste(s)* ~ graisse *f* minérale; **~ölsteuer** *f* taxe *f* sur le pétrole; **~quelle** *f* source *f* d'eau minérale; **~reich** *n* règne *m* minéral; **~salz** *n* sel *m* minéral.

Miniatur *f* ‹-, -en› [minia'tu:r] miniature *f; in* ~ en miniature; **~bild** *n* = ~; **~maler** *m* miniaturiste *m;* **~malerei** *f* miniature *f.*

Mini|bus *m* ['mɪnibʊs, 'mi:ni-] minibus *m;* **~golf** *n* golf *m* miniature; **~kassette** *f* minicassette *f;* **~rock** *m* mini-jupe *f.*

minim|al [mini'ma:l] *a (Mindest-)* minimal; **M~. . .** *(in Zssgen)* minimum *a,* minimal; **M~um** *n* ‹-s, -ma› ['mi:nimʊm, -ma] minimum *m; auf ein* ~ *herabsetzen* minimiser.

Minister *m* ‹-s, -› [mi'nɪstər] ministre *m;* ~ *ohne Geschäftsbereich* ministre *m* sans portefeuille; **~amt** *n* ministère *m;* **~bank** *f* banc *m* des ministres; **~ialbeamte(r)** [-teri'a:l-] *m* fonctionnaire *m* ministériel; **~ialdirektor** *m* directeur *m* au ministère; **~ialdirigent** *m* sous-directeur *m* au ministère; **~ialerlaß** *m* arrêté *od* décret *m* ministériel; **~ialrat** *m* conseiller *m* au ministère; **m~iell** [-teri'ɛl] *a* ministériel; **~ium** *n* ‹-s, -rien› ['te:riʊm, -riən] ministère *m;* ~ *für Auswärtige Angelegenheiten od des Äußeren* ministère *m* des affaires étrangères; **~konferenz** *f* conférence *f* ministérielle; **~posten** *m* portefeuille ministériel; *fam* maroquin *m;*

~präsident *m* président du conseil; *(jetzt)* Premier ministre *m;* **~rat** *m* conseil *m* des ministres *od* de cabinet; **~resident** *m* (ministre) résident *m;* **~verantwortlichkeit** *f* responsabilité *f* ministérielle; **~wechsel** *m* changement *m* de ministère.

Ministr|ant *m* ⟨-en, -en⟩ [minɪsˈtrant] *rel* = *Meßdiener;* **m~ieren** [-ˈtriːrən] *itr* servir la messe.

Minna *f* [ˈmɪnɑ]: *grüne ~ (pop: Polizei-Zellenwagen)* panier *m* à salade.

Minne *f* ⟨-, ø⟩ [ˈmɪnə] *poet (Liebe)* amour *m* courtois; **~sang** *m hist* poésie *f* des troubadours; **~sänger** *m,* **~singer** *m hist* troubadour *m.*

Minor|ität *f* ⟨-, (-en)⟩ [minoriˈtɛːt] minorité *f;* **M~it** *m* ⟨-en, -en⟩ [-noˈriːt] *rel* frère *m* mineur.

Minorka *n* [miˈnɔrka] *geog* la Minorque.

minus [ˈmiːnʊs] *adv* moins; **M~** *n* ⟨-, -⟩ différence *f* en moins, déficit *m; ein ~ machen* faire du déficit; **M~kel** *f* ⟨-, -n⟩ [miˈnʊskəl] *hist* lettre *f* minuscule; **M~pol** *m phys* pôle *m* négatif; **M~zeichen** *n* (signe) moins *m.*

Minute *f* ⟨-, -n⟩ [miˈnuːtə] minute *f; auf die ~ (genau)* à la minute; *auf die letzte ~, in letzter ~* à la dernière minute, au tout dernier moment; *unangenehme od bange ~n durchleben* passer un mauvais quart d'heure; *keine ruhige ~ haben* n'avoir pas une minute de repos; **m~nlang** *a* de plusieurs minutes; *adv* pendant des minutes; **~nzeiger** *m* aiguille des minutes, grande aiguille *f.*

Minze *f* ⟨-, -n⟩ [ˈmɪntsə] *bot* menthe *f.*

mir [miːr] *pron dat* me; *(an den Imperativ angehängt)* moi; *(alleinstehend)* à moi; *pop* bibi; *von ~ (a.)* sur mon compte; *von ~ aus* quant à moi.

Mirabelle *f* ⟨-, -n⟩ [miraˈbɛlə] *bot* mirabelle *f.*

Mirakel *n* ⟨-s, -⟩ [miˈraːkəl] miracle *m.*

Misch|apparat *m* [ˈmɪʃ-] mélangeur *m,* mélangeuse *f;* **m~bar** *à* miscible; **~barkeit** *f* miscibilité *f;* **~bauweise** *f* construction *f* mixte; **~becher** *m* mélangeur *m;* **~brot** *n* pain *m* bis; **~ehe** *f* mariage mixte; *(rassische)* mariage *m* interracial; **m~en** *tr* mêler *(mit* avec, à), mélanger; *(Wein)* couper; *(Gift)* préparer; *(die Karten)* battre; *sich in etw ~* se mêler de qc; s'ingérer, s'immiscer *(in etw* dans qc); *sich unter das Volk ~* se mêler au peuple; **~er** *m* ⟨-s, -⟩ *(Gerät)* mélangeur *m,* mélangeuse *f;* **m~farben** *a* de couleur mélangée; **~faser** *f* textile *m* métisse; **~futter** *n* mélange *m* de grains; *(für Geflügel)* bisaille *f;* **~gas**

n mélange *m* de gaz; **~gefäß** *n (offenes)* bac *od (geschlossenes)* récipient *m* de mélange; **~gemüse** *n* macédoine *f* (de légumes); **~gut** *n arch* matériaux *m pl* mélangés *od* à mélanger; **~ling** *m* ⟨-s, -e⟩ métis, hybride, sang *m* mêlé; **~masch** *m* ⟨-(e)s, -e⟩ [ˈmɪʃmaʃ] pêle-mêle, mic-mac; *fam* tripotage *m,* salade *f; fig (Durcheinander)* (em)brouillamini *m fam,* olla-podrida *f;* **~maschine** *f* machine *f* à mélanger, mélangeur *m,* mélangeuse *f,* malaxeur; mixer, mixeur; batteur *m* électrique; **~pult** *n film* table *f* de mixage; **~rasse** *f* race *f* mélangée; **~raum** *m film* salle *f* de mixage; **~sendung** *f com* envoi *m* groupé; **~trommel** *f* tambour *m* mélangeur; **~ung** *f* mélange *m,* mixtion *f; (Gemischtes)* composé; *biol (Kreuzung)* métissage; *film (Ton~)* mixage *m;* **~ungsverhältnis** *n* proportion *f od* rapport *m* de *od* du mélange; **~wald** *m* forêt *f* à essences mixtes.

miserabel [mizeˈraˑbəl̩] *a fam* misérable, pitoyable, minable.

Mispel *f* ⟨-, -n⟩ [ˈmɪspəl] *(Frucht)* nèfle *f; (Strauch)* néflier *m.*

mißacht|en [mɪsˈʔ-] *tr* ⟨*hat mißachtet*⟩ mépriser, mésestimer, dédaigner; estimer peu; **M~ung** *f* mépris *m,* mésestime *f,* dédain *m; (Verruf)* déconsidération *f; (e-s Gesetzes)* non-respect *m,* non-observation *f; unter ~ (gen)* au mépris (de).

mißbehagen [ˈmɪs-] *itr* ⟨*hat mißbehagt, mißzubehagen*⟩ déplaire *(jdm* à qn); **M~** *n* malaise *m,* gêne *f.*

mißbild|en [ˈmɪs-] ⟨*er mißbildet(e), hat mißgebildet, mißzubilden*⟩ *tr* déformer; **M~ung** *f* déformation *f;* malformation; difformité, monstruosité *f;* **~en bewirkend** tératogène.

mißbillig|en [ˈmɪsˈbɪligən] *tr* ⟨*er mißbilligt(e), hat mißbilligt*⟩ désapprouver, condamner; *(verwerfen)* réprouver; **~end** *a* désapprobateur, réprobateur; **M~ung** *f* désapprobation, réprobation, animadversion *f.*

Mißbrauch *m* [ˈmɪsbraʊx] abus; emploi *m* abusif; *(Entwürdigung)* profanation *f; ~ treiben mit* faire abus de; *~ der Amtsgewalt* abus *m* de pouvoir *od* d'autorité; **m~en** ⟨*er mißbraucht(e), hat mißbraucht*⟩ *tr* abuser de, mal user de, faire mauvais usage de; *(Güte)* exploiter; *(Vertrauen)* trahir; **mißbräuchlich** *a* abusif.

mißdeut|en [mɪsˈdɔʏtən] *tr* ⟨*er mißdeutet(e), hat mißdeutet*⟩ mal interpréter; interpréter de travers;

M~ung *f* interprétation *f* fausse *od* erronée.

missen ['mɪsən] *tr* se passer de.

Mißerfolg *m* ['mɪs-] insuccès, échec *m*, non-réussite, déconvenue *f*.

Mißernte *f* ['mɪs-] récolte déficitaire *od* en déficit, mauvaise récolte *f*.

Misse|tat *f* ['mɪsə-] méfait, forfait, crime *m*; **~täter** *m* malfaiteur, criminel *m*.

mißfallen [mɪs'falən] *itr* ⟨er *mißfällt*, *mißfiel*, *hat mißfallen*⟩ déplaire (*jdm* à qn); offusquer (*jdm* qn); *(Anstoß erregen)* choquer (*jdm* qn); **M~** *n* déplaisir *m*; *jds* ~ *erregen* = *jdm* ~; **mißfällig** *a* déplaisant, offusquant, choquant; défavorable; *adv* avec déplaisir, défavorablement.

mißgebildet ['mɪs-] *a* déformé.

Mißgeburt *f* ['mɪs-] monstre; *pej* avorton *m*.

mißgelaunt ['mɪs-] *a* mal luné *od* disposé, maussade, de mauvaise humeur.

Mißgeschick *n* ['mɪs-] disgrâce, mauvaise fortune, adversité, déconvenue, malchance; mésaventure *f*.

Mißgestalt *f* ['mɪs-] *(Ungeheuer)* être difforme, monstre *m*; **m~** *a (von Natur)* difforme, monstrueux; **m~et** *a (von Menschenhand)* contrefait.

mißgestimmt ['mɪs-] *a* = *mißgelaunt*.

mißglücken [mɪs'glʏkən] *itr* ⟨es *mißglückt(e)*, *ist mißglückt*⟩ ne pas réussir; mal tourner, échouer; *es ist mir mißglückt* je n'ai pas réussi.

mißgönnen [mɪs'gœnən] *tr* ⟨er *mißgönnt(e)*, *hat mißgönnt*⟩ envier (*jdm etw* qc à qn).

Mißgriff *m* ['mɪs-] faute, erreur; *fam* gaffe *f*; *schwere(r)* ~ énormité *f*.

Miß|gunst *f* ['mɪs-] envie, jalousie *f*; **m~günstig** *a* envieux, jaloux.

mißhand|eln [mɪs'handəln] *tr* ⟨er *mißhandelt(e)*, *hat mißhandelt*⟩ maltraiter, brutaliser; **M~lung** *f* mauvais traitement *m*; *pl a.* sévices *m pl*.

Mißheirat *f* ['mɪs-] mésalliance *f*.

mißhellig ['mɪs-] *a* discordant; *(uneins)* en désaccord; **M~keit** *f* discordance; mésentente, mésintelligence; *(Meinungsverschiedenheit)* dissension *f*; *pl (Streit)* différends *m pl*.

Mission *f* ⟨-, -en⟩ [mɪsi'oːn] *allg* mission *f*; *Innere* ~*(rel)* œuvres *f pl* charitables; **~ar** *m* ⟨-s, -e⟩ [-sio'naːr] missionnaire *m*; **m~ieren** [-'niːrən] *itr* faire *od* prêcher la mission; **~sanstalt** *f rel* mission *f*; **~schef** *m pol* chef *m* de mission; **~sgesellschaft** *f* société *f* des missions; **~shaus** *n rel* mission *f*; **~skunde** *f*

rel missiologie *f*; **~swesen** *n* mission *f*.

Mißjahr *n* ['mɪs-] mauvaise année *f*.

Mißklang *m* ['mɪs-] *mus* dissonance, note discordante *od* fausse; *(a. sprachlich)* cacophonie *f*; *fig* désaccord *m*.

Mißkredit *m* ['mɪs-] discrédit *m*; *jdn in* ~ *bringen* jeter le discrédit sur qn, discréditer, déconsidérer qn; *in* ~ *geraten od kommen* tomber en discrédit *od* dans la déconsidération.

mißleiten [-'--] *tr* ⟨er *mißleitet(e)*, *hat mißleitet od mißgeleitet*⟩ égarer, fourvoyer; *(verführen)* séduire.

mißlich ['mɪslɪç] *a (unerfreulich)* fâcheux, désagréable; **M~keit** *f* caractère *m* fâcheux.

mißliebig ['mɪs-] *a* mal vu; impopulaire; *sich* ~ *machen* se rendre impopulaire; *(bei jdm)* perdre les bonnes grâces de qn; **M~keit** *f* défaveur; impopularité *f*.

mißlingen [mɪs'lɪŋən] *itr* ⟨es *mißlingt*, *mißlang*, *ist mißlungen*⟩ ne pas réussir, échouer, faire long feu; *pop* louper; *es mißlingt mir* je ne réussis pas; **M~** *n* non-réussite *f*, insuccès, échec *m*; **mißlungen** *a* mal venu; ~*e(s) Stücke n* loup *m*.

Mißmut *m* ['mɪs-] morosité, mauvaise humeur, humeur *f* chagrine; **m~ig** *a* morose, de mauvaise humeur.

mißraten [mɪs'raːtən] *itr* ⟨es *mißrät*, *mißriet*, *ist mißraten*⟩ ne pas réussir, mal tourner; *a (Mensch)* mal tourné, dénaturé.

Mißstand *m* ['mɪs-] inconvénient *m*; *e-n* ~ *beseitigen* remédier à un inconvénient.

Mißstimmung *f* ['mɪs-] dépit; *(Unbehagen)* malaise *m*; *(schlechte Laune)* mauvaise humeur *f*.

Miß|ton *m* ['mɪs-] son *m* discordant, note discordante; *fig (Disharmonie)* discordance *f*; **m~tönend** *a* discordant.

mißtrau|en [mɪs'trauən] *itr* ⟨er *mißtraut(e)*, *hat mißtraut*⟩ se méfier, se défier (*jdm* de qn); **M~en** *n* ['mɪs-] méfiance, défiance *f (gegen* de); *jds* ~ *erregen* inspirer de la méfiance à qn; **M~ensantrag** *m*, **M~ensvotum** *n parl* motion *f*, vote *m* de défiance; *konstruktive(s)* ~ vote *m* de défiance constructif; **~isch** *a* défiant, méfiant; *(argwöhnisch)* soupçonneux; ~ *machen* mettre en défiance; ~ *werden* prendre ombrage.

Mißvergnüg|en *n* ['mɪs-] déplaisir; mécontentement *m*; **m~t** *a* mécontent *(über* de).

Mißverhältnis *n* ['mɪs-] disproportion

f, déséquilibre *m,* disparité *f; fig* discordance, mauvaise harmonie *f; in ein ~ bringen* disproportionner; *in e-m ~ stehen* être disproportionné.

mißver|ständlich ['mɪs-] *a* ambigu; *~ sein (a.)* prêter à malentendu; **M~ständnis** *n* malentendu *m,* méprise *f; ~stehen tr ‹er mißversteht, mißverstand, hat mißverstanden›* mal comprendre, se méprendre sur, prendre *od* tourner en mal.

Mißwirtschaft *f* ['mɪs-] mauvaise gérance *od* gestion *od* administration *od* régie *f.*

Mist *m ‹-es, ø›* [mɪst] fumier *m; (Kuh~)* bouse; *(Kot)* fiente; *fig (Dreck, Schund)* camelote *f;* ramassis, fatras; *(Pfusch)* bousillage *m; (Blödsinn)* idiotie, bêtise *f; ~ verzapfen (fam)* dégoiser, débloquer, déconner *(pop),* dire des âneries, des inepties; *das ist nicht auf seinem ~ gewachsen (fam)* ce n'est pas de son cru; *~beet n* couche *f* de fumier; *~e f ‹-, -n› (~grube)* trou *m* à fumier; **m~en** *tr (Stall)* nettoyer de son fumier; *itr* enlever le fumier; *~* **fink** *m fam* sale type; cochon; *pop* sal(ig)aud *m; ~gabel f* fourche *f* à fumier; *~haufen m* tas *m* de fumier; **m~ig** *a fam* sale, boueux; *~käfer m* bousier *m; ~stück n, ~vieh n, ~zeug n pop pej* fumier *m; ~wagen m* chariot *m* à fumier.

Mistel *f ‹-, -n›* ['mɪstəl] *bot* gui *m.*

Miszell(ane)en *pl* [mis'tsɛlən, -'laːneən/-la'neːən] *lit* mélanges *m pl.*

mit [mɪt] *prp (Begleitung)* avec; accompagné de; *(instrumental)* de, à, par; *(versehen ~, im Besitz von)* à; *(bei e-m v)* aussi, également, *fam* avec; *~ Absicht* à dessein; *~ offenen Armen* à bras ouverts; *~ blauen Augen* aux yeux bleus; *~ Gewalt* de force; *~ den Jahren* avec le temps; *~ jedem Jahr* d'année en année; *~ zwanzig Jahren* à (l'âge de) 20 ans; *~ offenem Munde* bouche bée; *~ der Post* par la poste; *~ dem heutigen Tage* à partir d'aujourd'hui; *~ einem Wort* en un mot; *~ der Zeit* avec le temps; *etw nicht ~ ansehen können* ne pas pouvoir soutenir qc; *es ~ berücksichtigen* en tenir compte également; *es gut ~ jdm meinen* vouloir du bien à qn; *~ dabei sein* y participer, y être présent, y assister, en être; *~ jdm zu tun haben* avoir affaire à qn; *Böses ~ Gutem vergelten* rendre le bien pour le mal; *es ist aus ~ mir* c'en est fait de moi; *nieder ~ dem Tyrannen!* à bas le tyran!

Mitangeklagte(r) *m* ['mɪt-] coaccusé, coinculpé *m.*

Mitarbeit *f* ['mɪt-] collaboration, coopération *f, unter ~ (gen)* avec la collaboration (de), en collaboration (avec); **mit=arbeiten** *itr* collaborer, coopérer *(an etw* à qc); *~er m* collaborateur; coopérateur *m; ständige(r) ~ (e-r Zeitung)* correspondant *m* permanent; *~erstab m* équipe *f* de collaborateurs.

Mitbegründer *m* ['mɪt-] cofondateur *m.*

mit=bekommen ['mɪt-] *tr (als Mitgift)* avoir en dot; *fam (verstehen)* piger, comprendre; *was hast du ~?* qu'est-ce qu'on t'a donné (à emporter)?

mit=benutz|en ['mɪt-] *tr* user *od* employer *od* jouir *(etw* de qc) en commun; **M~ung** *f* usage *od* emploi *m* en commun; **M~ungsrecht** *n* jouissance *f* en commun.

mit=besitzen ['mɪt-] *tr* posséder en commun.

Mitbestimmung(srecht *n)* *f* ['mɪt-] (droit *m* de) cogestion *f.*

Mitbewerber *m* ['mɪt-] compétiteur, concurrent *m.*

Mitbewohner *m* ['mɪt-] cohabitant *m.*

mit=bring|en ['mɪt-] *tr (Person)* (r)amener; *(Sache)* (r)apporter; **M~sel** *n ‹-s, -›* chose *f* apportée; *(Geschenk)* petit cadeau *m.*

Mitbürger *m* ['mɪt-] concitoyen *m.*

Miteigen|tum *n* ['mɪt-] copropriété; copossession *f; ~tümer m* copropriétaire; copossesseur *m.*

miteinander [mɪt?aɪ'nandər] *adv* ensemble; en commun; l'un avec l'autre, les uns avec les autres; de compagnie; *(gut) ~ auskommen* s'entendre (bien); *alle ~* tous ensemble.

Mit|erbe *m* ['mɪt-] , *~erbin f* cohéritier, ère *m f.*

mit=erleben ['mɪt-] *tr* vivre, voir; *(aktiv)* assister, participer *(etw* à qc).

mit=ess|en ['mɪt-] *itr* manger avec moi *etc;* **M~er** *m med* comédon; *fam* point *m* noir.

mit=fahr|en ['mɪt-] *itr* aller avec moi *etc;* m'accompagner *etc; ~ lassen (im Auto)* prendre à bord *fam;* **M~er** *m* passager *m;* **M~erzentrale** *f* agence *f* arrangeant des déplacements en voiture, allostop *m;* **M~gelegenheit** *f: e-e ~ nach Paris suchen* chercher une voiture pour Paris; *jdm e-e ~ nach Paris anbieten* proposer à qn de l'emmener à Paris.

mit=fühlen ['mɪt-] *itr: mit jdm ~* partager les sentiments de qn, sympathiser avec qn; *~d a* compatissant.

mit=führen ['mɪt-] *tr* avoir avec soi.

mit=geben ['mɪt-] *tr* donner (à emporter); *(als Mitgift)* donner (en dot); *jdm e-n Brief* ~ charger qn d'une lettre.

Mitgefangene(r) *m* ['mɪt-] codétenu *m.*

Mitgefühl *n* ['mɪt-] compassion *f; (Beileid)* condoléances *f pl.*

mit=gehen ['mɪt-] ⟨aux: sein⟩ *itr* aller avec *fam; mit jdm* aller avec qn; accompagner, suivre qn; *(geistig folgen)* suivre; ~ *lassen (fam: stehlen)* subtiliser, chaparder, chiper; *pop* rifler.

mitgenommen ['mɪt-] *a fam (Mensch)* épuisé, fatigué; *(Sache)* défait.

Mitgift *f* ['mɪt-] dot *f;* biens *m pl* dotaux; ~**jäger** *m* coureur *m* de dots.

Mitglied *n* ['mɪt-] membre, adhérent, affilié *m;* ~ *werden* s'affilier (*in* à); *fördernde(s)* ~ membre *m* bienfaiteur; *korrespondierende(s), ordentliche(s)* ~ *(e-r Akademie)* correspondant, membre *m* résidant; ~**erversammlung** *f* réunion *f* des membres; ~**erzahl** *f (e-r Partei)* effectif *m;* ~**sbeitrag** *m* cotisation, contribution *f;* ~**schaft** *f* qualité de membre, appartenance, adhésion, affiliation *f;* ~**skarte** *f* carte *f* de membre *od* d'adhérent; ~**(s)staat** *m* État *od* pays *m* membre.

Mithäftling *m* ['mɪt-] codétenu *m.*

Mithaftung *f* responsabilité commune *od* partagée; corresponsabilité *f.*

mit=halten ['mɪt-] *itr* être de la partie, en être.

mit=helfen ['mɪt-] *itr* assister, coopérer, concourir *(bei* à); *tüchtig* ~ pousser à la roue *fam.*

Mitherausgeber *m* ['mɪt-] coéditeur *m.*

Mithilfe *f* ['mɪt-] assistance, coopération *f,* concours *m.*

mithin [mɪt'hɪn] *adv* ainsi, donc, par conséquent, en conséquence.

mit=hör|en ['mɪt-] *tr tele* intercepter, capter; *itr allg* écouter; **M~klinke** *f tele* jack *m* d'écoute.

Mitinhaber *m* ['mɪt-] copropriétaire, codétenteur, associé *m.*

mit=kämpf|en ['mɪt-] *itr* prendre part au combat *od* à la lutte; **M~er** *m* combattant; compagnon *m* d'armes.

Mitkläger *m* ['mɪt-] *jur* codemandeur *m.*

mit=kommen ['mɪt-] ⟨aux: sein⟩ *itr (begleiten)* venir avec *fam;* accompagner *(mit jdm* qn); *(geistig folgen können)* suivre; *nicht* ~ n'être pas à la page; *da komme ich nicht mehr mit* cela me dépasse, je m'y perds.

mit=können ['mɪt-] *itr fam* = *mitkommen können.*

mit=kriegen ['mɪt-] *tr fam* = *mitbekommen.*

mit=laufen ['mɪt-] ⟨aux: sein⟩ *itr: mit jdm* ~ suivre qn; **M~läufer** *m pol* suiveur, sympathisant *m.*

Mitlaut *m* ['mɪt-] *gram* consonne *f.*

Mitleid *n* ⟨-(e)s, ∅⟩ ['mɪt-] pitié; *(Mitgefühl)* commisération, compassion *f; jds* ~ *erregen od erwecken* faire pitié à qn; *mit jdm* ~ *haben* avoir pitié de qn; *kein* ~ *kennen* n'être pas humain; ~**enschaft** *f: in* ~ *ziehen* affecter; faire subir les conséquences; **m~erregend** *a* piteux, pitoyable; **m~ig** *a* compatissant; **m~(s)los** *a* impitoyable, sans pitié; **m~(s)voll** *a* plein de pitié, compatissant.

mit=machen ['mɪt-] *tr (Veranstaltung)* participer, assister, prendre part *(acc* à); *(Mode)* suivre; *itr (dabeisein)* se mettre *od* être de la partie; *allg* être en jeu, en être; *nicht* ~ *(wollen)* ne pas marcher; *ich mache mit* je suis des vôtres; *ich habe schon ganz was anderes mitgemacht!* j'en ai vu bien d'autres; *machen Sie mit?* en êtes-vous?

Mitmensch *m* ['mɪt-] prochain; semblable *m.*

mit=nehm|en ['mɪt-] *(Sache)* emporter; *(Mensch od größeres Tier)* emmener; *fam (körperlich od seelisch ermüden)* épuiser, secouer; *arg od hart* ~ malmener; **M~er** *m tech* entraîneur, taquet *od* doigt *m* d'entraînement.

mitnichten [mɪt'nɪçtən] *adv* (ne ...) point du tout *od* nullement *od* aucunement.

Mitra *f* ⟨-, -tren⟩ ['mi:tra, -trən] *(Bischofsmütze)* mitre *f.*

mit=rechnen ['mɪt-] *tr (berücksichtigen)* y comprendre; *itr* compter aussi.

mit=reden ['mɪt-] *itr: ein Wort mitzureden haben* avoir voix au chapitre; *Sie haben hier nichts mitzureden* cela ne vous regarde pas.

Mitregent *m* ['mɪt-] corégent *m;* ~**schaft** *f* corégence *f.*

mit=reisen ['mɪt-] ⟨aux: sein⟩ *itr* voyager avec ...; **M~de(r)** *m* voyageur du même compartiment *od* autocar *etc;* compagnon *m* de voyage; *pl* (les) autres voyageurs.

mit=reißen ['mɪt-] *tr* exciter, entraîner, enthousiasmer, passionner; *fam* emballer.

mitsamt [mɪt'zamt] *prp dat (zs. mit)* avec.

mit=schicken ['mɪt-] *tr* envoyer en

même temps; *(beifügen)* joindre, ajouter *(mit etw* à qc).

mit=schleppen ['mɪt-] *tr* traîner avec soi; *fam* trimbaler.

mit=schreiben ['mɪt-] *itr* prendre des notes; *tr* prendre note *(etw* de qc).

Mitschuld *f* ['mɪt-] complicité *f;* **m~ig** *a* complice *(an* de); **~ige(r)** *m* complice *m;* **~ner** *m* codébiteur *m.*

Mitschüler(in *f)* *m* ['mɪt-] condisciple *m f,* camarade *m f* de classe.

mit=schwingen ['mɪt-] *itr (Akustik)* vibrer par résonance; **M~** *n* résonance *f.*

mit=singen ['mɪt-] *itr* chanter *(mit* avec).

mit=spiel|en ['mɪt-] *itr* prendre part *od* participer au jeu; *fig (mitwirken, a. von Sachen)* entrer en jeu; *nicht mehr ~ (fig)* en avoir assez; *jdm übel ~* jouer un mauvais tour, faire un mauvais parti à qn, (en) donner (pour) son compte à qn; en faire voir à qn (de toutes les couleurs); **M~er** *m theat* acteur; *sport* coéquipier *m.*

Mitsprache(recht *n)* *f* ['mɪt-] *pol* (droit *m* d')intervention *f;* (droit *m* de) codécision *f;* **mit=sprechen** *itr* dire son mot, intervenir; *fig (Sache)* entrer en considération.

Mittag *m* ['mɪtaːk] midi *m; am hellen ~* en plein midi; *gegen ~* vers midi; *heute m~* à midi; *zu ~ essen* déjeuner, luncher; *(in einigen Gegenden Frankreichs, in der Schweiz u. in Belgien noch)* dîner; *nicht zu ~ essen (a.)* dîner par cœur; **~essen** *n* déjeuner, lunch; *(teilweise noch)* dîner *m;* **m~s** *adv* à midi; *(um) 12 Uhr ~* (à) midi; **~shitze** *f* chaleur *f* du midi; **~shöhe** *f astr* hauteur *f* méridienne; **~slinie** *f* ligne *f* méridienne; **~smahl(zeit** *f) n = ~essen;* **~spause** *f* pause *f* repas *od* de midi; **~sruhe** *f,* **~(s)schlaf** *m* sieste; *fam* méridienne *f; Mittagsruhe halten, e-n Mittag(s)schlaf machen* faire la sieste; **~(s)sonne** *f* soleil *m* de midi; **~(s)stunde** *f: in der od um die ~* vers midi; **~stisch** *m: ~ von 12 bis 14 Uhr* service *m* de midi à 14 heures; **~szeit** *f* midi *m; um die ~* vers midi, sur le temps *od* à midi de midi.

Mittäter *m* ['mɪt-] complice; *jur* coauteur *m;* **~schaft** *f* complicité *f.*

Mitte *f* ⟨-, -n⟩ ['mɪtə] milieu, centre *m; aus unserer ~* d'entre nous; *in der ~* au milieu, au centre; *in unserer ~* parmi nous; *~ Januar* (à la) mi-janvier; *~ Vierzig* être quarante et cinquante ans; *die ~ einnehmen, in der ~ liegen* tenir le milieu; *die ~ halten (fig)* garder la mesure; *in die ~ neh-*

men encadrer; *die Wahrheit liegt in der ~ (a.)* la vérité est entre les deux; *die goldene ~* le juste milieu.

mitteil|bar ['mɪt-] *a* communicable; **mit=teilen** *tr* communiquer; faire part *(jdm etw* de qc à qn); faire connaître *od* savoir, signaler *(jdm etw* qc à qn); informer, aviser; signaler *(jdm etw* qn de qc); *amtlich ~* notifier; **~sam** *a* communicatif, expansif; **M~samkeit** *f* ⟨-, ø⟩ caractère *m* communicatif, expansion *f;* **M~ung** *f* communication; information *f;* avis; *(amtliche ~)* communiqué *m,* notification; *(vertrauliche ~)* confidence *f; jdm vertrauliche ~en machen (a. fam)* tuyauter qn; *sofern keine entgegengesetzte ~ erfolgt* sauf avis contraire; *schriftliche ~* note *f;* **M~ungsbedürfnis** *n* besoin *m* de confidence *od* d'expansion *od* d'épanchement; expansivité *f.*

Mittel *n* ⟨-s, -⟩ ['mɪtəl] moyen; *(Hilfs~)* expédient; *(Träger)* véhicule; *(wirkende Kraft)* agent; *(Heilmittel)* remède *m,* médecine; *(Durchschnitt)* moyenne *f; pl (Hilfs-, Geldmittel)* moyens *m pl,* ressources *f pl; (Geld-, Vermögen)* capitaux, fonds *m pl;* fortune *f; im ~* en moyenne, en terme moyen; *mit allen ~n* par tous les moyens, de toutes les façons; *~ und Wege finden* trouver moyen; *sich ins ~ legen* s'entremettre, s'interposer, intervenir; *ihm ist jedes ~ recht* il fait flèche de tout bois, il s'accroche à toutes les branches; *arithmetische(s), geometrische(s) ~* moyenne *f* arithmétique, géométrique *od* proportionnelle; *öffentliche ~ pl (fin)* deniers *m pl* publics; *örtliche(s) ~ (med)* topique *m; verfügbare ~ pl* moyens *od* fonds *m pl* disponibles, disponibilités *f pl; ~ zum Zweck* moyen *m* d'arriver au but; **~alter** *n* Moyen Âge *m;* **m~alterlich** *a* du Moyen Âge; *lit* médiéval; *fam* moyenâgeux; **~amerika** *n* l'Amérique *f* centrale; **m~amerikanisch** *a* d'Amérique centrale; **m~bar** *a* indirect; **~begriff** *m philos* moyen terme *m;* **~betrieb** *m* exploitation *od* entreprise *f* moyenne; **~buchstabe** *m gram* médiale *f;* **~deutschland** *n* l'Allemagne *f* centrale; **~ding** *n fam* chose *f* intermédiaire; **~europa** *n* l'Europe *f* centrale; **m~europäisch** *a: ~e Zeit f* heure *f* de l'Europe centrale; **m~fein** *a* de qualité moyenne; **~finger** *m* doigt du milieu, majeur; *scient* médius *m;* **m~fristig** *a* à moyen terme; **~fuß** *m anat* métatarse *m;* **~gebirge** *n* montagne *f* moyenne; ~**gewicht** n (Boxen) poids m moyen; ~**glied** n philos math moyen terme m; anat phalangine f; mil rang m du centre; **m~groß** a de grandeur od (Mensch) de taille moyenne; ~**größe** f grandeur f moyenne; ~**grund** m second plan m; ~**hand** f anat métacarpe m; **m~hochdeutsch** a moyen haut allemand; (das) M~ (e) (le) moyen haut allemand; ~**klassen** f pl (d. höh. Schulen) classes f pl moyennes; ~**kurs** m cours m moyen; ~**lage** f position f centrale; **m~ländisch** a méditerranéen; das M~e Meer la Méditerranée; ~**latein** n bas latin m; ~**läufer** m sport demi-centre m; ~**linie** f math (ligne) médiane; sport ligne f du milieu; **m~los** a dépourvu de od sans ressources; démuni; (völlig ~) sans moyens de subsis tance od d'existence, indigent; völlig ~ dastehen être réduit à rien, fam être fauché; ~**losigkeit** f absence f de ressources; dénuement m, impécuniosité; indigence f; ~**mächte, die,** f pl hist les puissances f pl de l'Europe centrale; ~**mars** m mar hune f de beaupré; ~**maß** n taille f moyenne; **m~mäßig** a (a. pej) médiocre, tel quel; (durchschnittlich) moyen; ~**mäßigkeit** f médiocrité f; ~**meer, das** la Méditerranée; ~**ohr** n anat oreille f moyenne; ~**ohrentzündung** f otite f (moyenne); ~**partei** f parti m du centre; die ~en pl (a.) le centre; ~**punkt** m point central; allg centre, milieu; fig cœur; (Brennpunkt) foyer m; gemeinsame(r) ~ (mehrerer Kreise) (math) homocentre m; ~**ring** m (Gewehr) grenadière f; **m~s** prp gen moyennant, par le od au moyen de; à la faveur de; ~**satz** m philos moyen terme m; ~**scheitel** m raie f au milieu; ~**schicht(en** pl**)** f classes moyennes; ~**schiff** n arch nef f centrale od principale; ~**schule** f collège m d'enseignement général; ~**schwanzstück** n (Rind) tranche f; ~**smann** m ⟨-(e)s, -leute/-männer⟩, ~**sperson** f intermédiaire, tiers m; médiateur, trice m f; personne f interposée; ~**sorte** f qualité f moyenne; ~**spur** f (Straße) voie f centrale; ~**stab** m (Zelt) mât m de tente; ~**stadt** f ville f moyenne; ~**stand** m classe f moyenne; ~**steg** m typ barre f du compositeur; ~**stellung** f position f intermédiaire; ~**strecke** f sport demi-fond m; ~**streckenlauf** m, ~**streckenläufer** m course f, coureur m de demi-fond; ~**streckenrakete** f fusée f à moyenne

portée, missile m de portée intermédiaire; ~**streckenrekord** m record m de demi-fond; ~**streifen** m (der Autobahn) bande f médiane; ~**stück** n morceau m du milieu, partie f centrale; ~**stufe** f (Schule) = ~klassen; ~**stürmer** m sport (avant-)centre m; ~**teil** m od n partie f centrale; ~**überlassung** f attribution f de fonds; ~**wald** m taillis m sous futaie; ~**wand** f mur m mitoyen; ~**weg** m fig moyen terme, compromis m; e-n ~ gehen prendre un moyen terme; ~**welle(n** pl**)** f radio onde(s pl) f moyenne(s); ~**wellenbereich** m gamme f des ondes moyennes; ~**wellensender** m émetteur od poste m à onde(s) moyenne(s); ~**wert** m (valeur) moyenne f; ~**wort** n gram participe m.

mitten ['mɪtən] adv: ~ in au beau od en plein milieu de, en plein centre de, au cœur de, au od dans le sein de; ~ aus du milieu de; ~ durch ... à travers, au travers de ... ~ unter en plein milieu de, parmi; ~ ins Herz en plein cœur; ~ in der Nacht en pleine nuit; ~ im Winter en plein hiver; ~**drin** ⟨-'-⟩ adv au beau od en plein milieu; ~**durch** ⟨-'-⟩ adv par le milieu.

Mitternacht f ['mɪtər-] ⟨-, ø⟩ minuit m; gegen ~ vers minuit; um ~, **m~s** adv à minuit; ~**smesse** f rel messe f de minuit; ~**ssonne** f soleil m de minuit; **mitternächtig** a, **mitternächtlich** a de od à minuit.

Mittfasten pl ['mɪtfastən] mi-carême f.

Mittler m ⟨-s, -⟩ ['mɪtlər] (Ver~, a. rel) médiateur m.

mittlere(r, s) ['mɪtlərə-] a allg moyen; (im Mittelpunkt befindlich) central, du milieu; (dazwischen befindlich) intermédiaire; (mittelmäßig) médiocre; im ~en Alter, ~en Alters entre deux âges; von ~er Größe de taille moyenne; e-e ~e Linie einhalten tenir le juste milieu; ~e Ortszeit heure f moyenne; der ~e Osten le Moyen-Orient; ~**weile** adv entre(-)temps, en attendant, sur ces entrefaites.

mittschiffs ['mɪtʃɪfs] adv au centre od milieu du navire, en pleine coque.

Mittsommer m ['mɪt-] été m de la Saint-Jean.

mit≈tun ['mɪt-] itr = mitmachen.

Mittwoch m ⟨-(e)s, -e⟩ ['mɪtvɔx] mercredi m.

mitunter [mɪt'ʔʊntər] adv parfois, quelquefois, de temps en temps, de temps à autre.

Mitunterzeichner m ['mɪt-] co(ntre)-signataire m.

mitverantwortlich ['mɪt-] a: ~ sein partager la responsabilité; **M~keit** f responsabilité f conjointe.

Mitverbundene(r) m ['mɪt-] coobligé m.

Mitverfasser(in f) m ['mɪt-] coauteur m.

Mitverschworene(r) m ['mɪt-] conjuré m.

Mitversicherung f ['mɪt-] assurance f additionnelle.

Mitvormund m ['mɪt-] cotuteur m.

Mitwelt f ['mɪt-] contemporains m pl.

mit=wirk|en ['mɪt-] itr apporter son concours (an, bei etw à qc); **M~enden,** die, pl theat les acteurs; mus les exécutants m pl; **M~ung** f concours m; collaboration; participation f; unter ~ (gen) avec le concours (de).

Mitwiss|en n ['mɪt-]: ohne mein ~ à mon insu; **~er** m confident; complice m; **~erschaft** f complicité f.

mit=zählen ['mɪt-] tr comprendre (dans le compte); itr (von Bedeutung sein) compter, être dans le compte, faire nombre; avoir son importance.

Mix|becher m [mɪks-] mixe(u)r m; **m~en** tr mélanger; **~er** m ⟨-s, -⟩ (Bar~) barman m; **~tur** f ⟨-, -en⟩ [-'tuːr] mixture, mixtion f.

Mnemotechn|ik f [mnemo'tɛçnɪk] (Gedächtniskunst) mnémotechnie f; **m~isch** a mnémotechnique.

Moa m ⟨-(s), -s⟩ ['moːa] orn dinornis m.

Mob m ⟨-s, ø⟩ [mɔp] populace, canaille f; pop populo m.

Möbel n ⟨-s, -⟩ ['møːbəl] meuble m; pl a. ameublement, mobilier m; eigene ~ haben être dans ses meubles; antike ~ pl meubles m pl d'époque; **~ausstellung** f salon m de l'ameublement; **~(bezug[s])stoff** m tissu m d'ameublement; **~fabrik** f fabrique f de meubles; **~geschäft** n maison f de meubles; **~händler** m marchand m de meubles; **~haus** n maison f d'ameublement; **~politur** f encaustique f; **~schreiner** m, **~tischler** m ébéniste m; **~schreinerei** f; **~tischlerei** f ébénisterie f; **~speicher** m garde-meuble m; **~stück** m meuble m; **~wagen** m fourgon m od voiture f de déménagement; offene(r) ~ tapissière f.

mobil [mo'biːl] a (beweglich) mobile; fam (flink) actif, vif; ~ machen (tr u. itr) mobiliser; **M~iar** n ⟨-s, -e⟩ [-bili'aːr] mobilier, ameublement m; **M~iarbesitz** m propriété f mobilière; **M~iarvermögen** n biens m pl

meubles od mobiliers; **M~iarversteigerung** f vente f od enchères f pl mobilière(s); **~isieren** [-li'ziːrən] tr mil u. fig mobiliser; **M~isierung** f fig mobilisation f; **M~machung** f mil mobilisation, mise f sur pied de guerre; **M~machungsbefehl** m ordre m de mobilisation.

möblier|en [mø'bliːrən] tr meubler; **~t** a (Zimmer, Haus) meublé, garni; ~ vermieten, wohnen louer, habiter od vivre en meublé od garni; **~e(s) Haus** n, **~e Wohnung** f meublé, garni m; **~e(s) Zimmer** n (chambre f) meublé(e) od garni(e) m; **M~ung** f ameublement m.

Mockturtlesuppe f ['mɔktœrtəl-] potage m à la fausse tortue.

Modalität f ⟨-, -en⟩ [modali'tɛːt] a. philos modalité f.

Mode f ⟨-, -n⟩ ['moːdə] mode f; fam (Brauch) usage m, coutume f; fig en vogue; aus der ~ hors de od passé de mode, démodé; nach der (neuesten) ~ à la (dernière) mode; in ~ bringen mettre à la mode; sich nach der ~ kleiden, die ~ mitmachen se mettre à la mode, suivre la mode; aus der ~ kommen passer de mode; ~ sein être en vogue; (Kleidung) se faire; ~ werden devenir la mode; das ist (nun mal) so ~ c'est la mode (ainsi); die neueste ~ la dernière mode, le dernier cri; **~artikel** m article m mode od fantaisie od de Paris; **~blatt** n hist gravure f de mode; **~farbe** f couleur f (à la) mode od en vogue, coloris m mode; **~geschäft** n magasin m de modes od de nouveautés; **~haus** n = **~geschäft**; die führenden **~häuser** la Haute Couture; **~kollektion** f collection f de mode; **~(n)schau** f présentation f de collection défilé m de mannequins; **~sache** f: das ist ~ (fam) c'est une question de mode, ça change avec la mode; **~salon** m maison f de couture; **~schaffen** n haute couture f; **~schöpfer** m couturier m; **~stoff** m étoffe f fantaisie; **~waren** f pl articles m pl de mode od de Paris; **~warengeschäft** n magasin m de modes od de fantaisie; **~zeitschrift** f, **~zeitung** f journal m de modes.

Model m ⟨-s, -⟩ ['moːdəl] (Form) moule m; **m~n** tr modeler, mouler, façonner.

Modell n ⟨-s, -e⟩ [mo'dɛl] modèle, type m, maquette f; tech patron m; ein ~ von etw anfertigen modeler qc; nach e-m ~ arbeiten travailler sur od d'après un modèle; ~ stehen (Kunst) poser; (berufsmäßig) faire le métier

de modèle; **~eur** *m* ⟨-s,-e⟩ [-'lø:r],
~ierer *m* ⟨-s, -⟩ [-'li:rər] modeleur *m;*
m~ieren [-'li:rən] *tr* modeler, former,
façonner; **~ieren** *n* modelage *m;*
~iermasse *f* pâte *f* à modeler; **~ier-**
stab *m* ébauchoir *m;* **~ierton** *m* terre *f* à modeler; **~ierung** *f* modelage,
modelé *m;* **~ierwachs** *n* cire *f* à modeler; **~kleid** *n* (robe *f*) modèle *m;*
~kollektion *f (Mode)* collection *f*
de modèles; **~schneider(in** *f*) *m*
modéliste *m f;* **~schreiner** *m,*
~tischler *m* maquettiste *m;*
~schreinerei *f,* **~tischlerei** *f* atelier
m de maquettiste; **~vertrag** *m* contrat *m* type; **~zeichner** *m* modéliste
m.
Modem *m* od *n* ⟨-s, -s⟩ ['mo:dɛm] *in-*
form modem *m.*
Moder *m* ⟨-s, ø⟩ ['mo:dər] pourri(ture
f) *m,* moisissure *f;* **~geruch** *m* odeur
f de moisi; **m~ig** *a,* **modrig** *a* pourri,
moisi; **m~n** *itr* pourrir, moisir.
Moderator *m* ⟨s, -en⟩ [mo:də'ra:tɔr]
(Radio, Fernsehen) animateur, meneur *m* de jeu.
modern [mo'dɛrn] *a* moderne, à la
mode, de mise; *die M~e (Kunst)* le
moderne; *die M~en (Künstler)* les
modernes *m pl;* ~ *werden (aufkom-*
men) devenir la mode; *~e(r) Charak-*
ter m modernité *f;* **~isieren**
[-ni'zi:rən] *tr* moderniser; **M~isie-**
rung *f* modernisation *f;* **M~ismus**
m ⟨-, ø⟩ ['nısmʊs] *rel* modernisme *m;*
M~ität *f* ⟨-, -en⟩ [-ni'tɛ:t] modernité
f.
Modifi|kation *f* ⟨-, -en⟩ [modifi-
katsi'o:n] modification *f;* **m~zierbar**
[-'tsi:r-] *a* modifiable; **~zierbarkeit** *f*
modificabilité *f;* **m~zieren** *tr* modifier; **m~zierend** *a* modifiant, modifi-
cateur.
modisch ['mo:dɪʃ] *a* au goût du jour, à
la mode, moderne; fantaisie.
Modistin *f* ⟨-, -nnen⟩ [mo'dıstın]
modiste; marchande *f* de modes *od*
de nouveautés.
Modul *m* ⟨-s, -n⟩ ['mo:dʊl] *math phys*
tech module *m;* **~ation** *f* ⟨-, -en⟩
[modulatsi'o:n] *mus tech* modulation
f; **m~ieren** [-'li:rən] *tr* u. *itr mus* mo-
duler.
Modus *m* ⟨-, -di⟩ ['mo:dʊs, -di] *allg* u.
gram mode *m.*
Mofa *n* ⟨-s, -s⟩ ['mo:fa] cyclomoteur *m,*
mobylette *f;* **~-Fahrer** *m* cyclomotoriste *m.*
Mog|elei *f* ⟨-, -en⟩ [mo:gə'laı] *fam*
trich(eri)e, fraude *f;* **m~eln**
['mo:gəln] *itr* tricher, frauder; **~ler** *m*
⟨-s, -⟩ ['-glər] tricheur *m.*
mögen ⟨*ich mag; ich mochte, ich*

möchte; habe gemocht/mögen⟩
['mø:gən, ma:k, 'mɔxtə, 'mœçtə, gə-
'mɔxt] *tr (gern haben)* aimer; goûter;
apprécier; *(haben wollen, wünschen)*
vouloir (bien), avoir envie de; désirer;
(können, dürfen) pouvoir; *gern* ~ aimer bien; avoir de l'affection *(jdn*
pour qn); *(Speise)* être friand de; *lie-*
ber ~ aimer mieux, préférer; *jdn*
nicht (mehr) ~ avoir pris qn en
grippe; *sich nicht* ~ *(nicht leiden*
können) ne pas pouvoir se voir *od* se
sentir; *ich möchte* je voudrais; *ich*
möchte gern je voudrais *od* j'aimerais
bien; *was ich auch tun mag* quoi que
je puisse faire, quoi que je fasse; *er*
mag 10 Jahre alt sein il peut avoir
dix ans; *mag er noch so arm sein* si
pauvre qu'il soit; *man möchte mei-*
nen on dirait; *(für) diesmal mag es*
noch hingehen passe pour cette fois;
das mag sein cela se peut; *es mag*
sein, daß il se peut que *subj; es*
mochte 12 Uhr sein il pouvait être
midi; *wo mag er bloß sein od (fam)*
stecken? où peut-il bien être? *das*
hätte ich sehen ~! j'aurais (bien) voulu voir cela; *was mag dies bedeuten?*
qu'est-ce que cela peut signifier? *du*
magst sagen, was du willst tu as beau
dire.

möglich ['mø:klıç] *a* possible; *lit* potentiel; *(aus-, durchführbar)* faisable,
praticable; *so bald wie* ~ le plus tôt
possible, aussitôt que possible, au plus
tôt; *so gut, so schnell wie* ~ aussi
bien, aussi vite que possible; le mieux,
le plus vite possible; *so oft wie* ~ le
plus souvent possible; *im Rahmen*
des M~en dans la mesure du possible; *so viel wie* ~ autant que possible,
le plus possible; *so wenig wie* ~ le
moins possible; *im Bereich des M~en*
liegen être du domaine du *od* des
choses possible(s); *das ist (durchaus*
od wohl) ~ c'est (bien) possible, cela
se peut (bien); *es ist* ~, *daß ...* il est
possible, il se peut que *subj; und wie*
ist das ~? et par quel moyen? *wie ist*
es ~, *daß ...?* comment se fait-il que
...? (das ist ja) nicht ~! (mais ce
n'est) pas possible! (ça) par exemple!
alles ~e toutes sortes de choses;
~enfalls *adv,* **~erweise** *adv* peut-
-être, si c'est possible; **M~keit** *f* possibilité, éventualité; *lit* potentialité;
(Durchführbarkeit) praticabilité *f; pl*
a. éventail *m; nach* ~ dans la mesure
du possible, autant que possible; **~st**
adv (vor e-m a od adv) = so ... wie
möglich; sein ~es tun faire (tout) son
possible, faire de son mieux.

Mohairwolle [mo'hɛːr-] *f* (laine *f*) mohair *m.*

Mohammed *m* ['moːhamɛt] Mahomet *m;* ~**aner(in** *f*) *m* ‹-s, -› [-me'daːnər] Musulman, e; Mahométan, e *m f;* **m~anisch** [-'daːnɪʃ] *a* musulman, mahométan.

Mohn *m* ‹-(e)s, -e› [moːn] pavot *m;* ~**(blume** *f*) *m* (*Klatschmohn*) coquelicot *m;* ~**kapsel** *f* tête *f* de pavot; ~**öl** *n* huile *f* de pavot; ~**pflanzen** *f pl* (*Familie*) papavéracées *f pl;* ~**samen** *m* graine(s *pl*) *f* de pavot.

Mohr *m* ‹-en, -en› [moːr] *vx* nègre *m;* ~**enhirse** *f* mil *m* d'Inde *od* d'Afrique *od* à épis; ~**enkopf** *m* (*Gebäck*) chou *m,* profiterole *f;* ~**enwäsche** *f* (*fig*) peine *f* perdue.

Möhre *f* ‹-, -n› ['møːrə], **Mohrrübe** ['moːr-] *f* carotte *f.*

Moir|é *m od n* ‹-s, -s› [moa'reː] (*Textil*) moire *f;* **m~ieren** [-'riːrən] *tr* moirer; **m~iert** *a* moiré.

mok|ant [mo'kant] *a* moqueur, railleur; ~**ieren** [-'kiːrən], *sich* se moquer (*über jdn* de qn), railler (*über jdn* qn).

Mokassin *m* ‹-s, -s/-e› ['mɔk-, moka'siːn], ~**slipper** *m* ‹-s, -› mocassin *m.*

Mokka *m* ‹-s, -s› ['mɔka] moka *m;* ~**likör** *m* crème *f* de moka; ~**schnittchen** *n,* ~**torte** *f* moka *m;* ~**tasse** *f* tasse *f* à moka.

Molch *m* ‹-(e)s, -e› [mɔlç] *zoo* triton *m.*

Moldau ['mɔldau], *die* (*Landschaft*) la Moldavie.

Mole *f* ‹-, -n› ['moːlə] *mar* môle *m,* jetée *f;* ~**nkopf** *m* musoir *m.*

Molekül *n* ‹-s, -e› [mole'kyːl] *phys chem* molécule *f;* **m~ular** [-ku'laːr] *a* *phys chem* moléculaire; ~**ulargewicht** *n* poids *m od* masse *f* moléculaire.

Molk|e *f* ‹-, ø› ['mɔlkə] petit-lait *m;* ~**erei** *f* [-'rai] laiterie *f;* ~**ereiprodukte** *n pl* produits *m pl* laitiers.

Moll 1. *n* [mɔl] ‹-, ø›, ~**tonart** *f mus* mode *m* mineur; ~**tonleiter** *f* gamme *f* mineure.

Moll 2. *m* ‹-(e)s, -e/-s› (*Textil*) molleton *m.*

mollig ['mɔlıç] *a* *fam* (*angenehm warm*) bien *od* agréablement chaud; (*rundlich*) potelé, grassouillet.

Molluske *f* ‹-, -n› [mɔ'luskə] *zoo* mollusque *m.*

Molotowcocktail *m* ‹-s, -s› ['moːlotɔfkɔkteːl] (*Waffe*) cocktail *m* Molotov.

Molton *m* ‹-s, -s› ['mɔltɔn] = *Moll 2.*

Molybdän *n* ‹-s, ø› [molʏp'dɛːn] *chem* molybdène *m.*

Moment 1. *m* [mo'mɛnt] ‹-(e)s, -e› (*Augenblick; vgl. d.*) moment, instant *m; im* ~ (*jetzt*) à cette heure, à l'heure qu'il est; (*gerade*) justement, à l'instant même; *im letzten* ~ au dernier moment; ~ (*mal*)*!* un instant! minute! *den richtigen* ~ *verpassen* manquer le moment; *lichte(r)* ~ (*med*) moment *od* intervalle *m* lucide; *psychologische(r)* ~ moment *m* psychologique; *der rechte od gegebene* ~ le bon moment, la bonne heure; **m~an** [-mɛn'taːn] *a* momentané; *adv* momentanément; pour le moment, pour l'instant; ~**aufnahme** *f* (photo *od* prise *f*) instantané(e) *m;* ~**verschluß** *m* *phot* obturateur *m* instantané; ~**zündung** *f* *tech* allumage *m* instantané.

Moment 2. *n* ‹-(e)s, -e› (*Gesichtspunkt*) point de vue; (*Anlaß*) facteur, motif, mobile; *phys tech* moment, facteur *m.*

Monade *f* ‹-, -n› [mo'naːdə] *philos* monade *f;* ~**nlehre** *f* monadologie *f.*

Monarch *m* ‹-en, -en› [mo'narç] monarque *m;* ~**ie** *f* ‹-, -n› [-'çiː] monarchie *f; absolute, konstitutionelle* ~ monarchie *f* absolue, constitutionnelle; **m~isch** [-'narçıʃ] *a* monarchique; ~**ist** *m* ‹-en, -en› [-'çıst] monarchiste *m;* **m~istisch** [-'çıstıʃ] *a* monarchiste.

Monat *m* ‹-(e)s, -e› ['moːnat] mois *m; am 10. dieses* ~s le 10 courant; *im* ~ (*m~lich*) par mois; *im Laufe des* ~s dans le courant du mois; *im* ~ (*m~lich*) par mois; *im Laufe des* ~s dans le courant du mois; *im 6.* ~ (*Schwangere*) enceinte de 6 mois; *im* ~ *Mai* au mois de mai; **m~elang** *adv* durant des mois, des mois durant; **m~lich** *a* mensuel; *adv* par mois, au mois; ~*e Zahlung* *f* mensualité *f;* ~**sabschluß** *m* *com* bilan *m* mensuel; ~**sausweis** *m* = ~*sbericht* (*fin*); ~**sbericht** *m* *allg* rapport *m* mensuel; *fin* relevé *m* de fin de mois, situation *f* mensuelle; ~**sbetrag** *m* mensualité *f;* ~**sbinde** *f* serviette *f* hygiénique *od* périodique; ~**sdurchschnitt** *m* moyenne *f* mensuelle; ~**sfluß** *m* *physiol* règles, menstrues *f pl,* menstruation *f;* ~**sfrist** *f: in* ~ dans le délai d'un mois; ~**sgehalt** *n* traitement *m od* appointements *m pl* mensuel(s); ~**skarte** *f* abonnement *m* mensuel; ~**smittel** *n* = ~*sdurchschnitt;* ~**srate** *f* acompte *m* mensuel, mensualité *f; in* ~*n* par mensualités; ~**srose** *f* rose *f* de tous les mois; ~**sschrift** *f* publication *od* revue *f od* journal *m* mensuel(le); ~**swechsel** *m fin* traite *f* à trente jours; **m~(s)weise** *adv* au mois; ~**szeitschrift** *f* mensuel *m*.

Mönch *m* ⟨-(e)s, -e⟩ [mœnç] moine *a. typ;* religieux *m;* **m~isch** *a* monacal, monastique; ~**sgrasmücke** *f orn* fauvette *f* à tête noire; ~**skloster** *n* monastère *m;* ~**skutte** *f* froc *m;* ~**slatein** *n* latin *m* de bréviaire *od* de sacristie; ~**sorden** *m* ordre *m* religieux *od* monastique; ~**(s)tum** *n* ⟨-s, ø⟩ monachisme *m;* ~**szelle** *f* cellule *f* de religieux.

Mond *m* ⟨-(e)s, -e⟩ [mo:nt, -də] *(der Erde)* lune *f; astr allg* satellite; *vx poet (Monat)* mois *m;* den ~ *anbellen* aboyer *od* hurler à la lune; *fig* pester en vain; *zum* ~ *fliegen* aller dans la lune; *in den* ~ *gucken (fig fam: nichts kriegen)* revenir les mains vides, en être pour ses frais, faire chou blanc *(bei etw* de qc); *auf dem* ~ *landen* alunir; *auf dem* ~ *leben (fig)* vivre dans la lune; *hinterm* ~ *(rückständig) sein* ne pas être à la page; *der* ~ *scheint* il fait clair de lune; *Sie kommen wohl vom* ~? descendez-vous de la lune? *abnehmende(r), zunehmende(r)* ~ lune *f* décroissante, croissante; ~**aufgang** *m* lever *m* de la lune; ~**bahn** *f* orbite *f* de la lune; ~**finsternis** *f* éclipse *f* de lune; ~**fisch** *m* poisson-lune *m*, môle *f;* ~**gesicht** *n fam* lune, trogne *f;* ~**jahr** *n* année *f* lunaire; ~**kalb** *n* môle *f; pej* idiot *m;* ~**landefähre** *f* module *m* lunaire; ~**landschaft** *f* paysage *m* lunaire; ~**landung** *f* alunissage *m;* ~**licht** *n* clair *m* de lune; ~**monat** *m* mois *m* lunaire; ~**oberfläche** *f* surface *f* lunaire; ~**phase** *f* phase *f* de la lune; ~**rakete** *f* fusée *f od* engin *m* lunaire; ~**scheibe** *f* disque *m* de la lune; ~**schein** *m* clair *m* de lune; *bei* ~ au clair de la lune; ~**sichel** *f* croissant *m* de lune; ~**stein** *m min* pierre *f* de lune; ~**sucht** *f* somnambulisme *m;* **m~süchtig** *a* somnambule; ~**umkreisung** *f* vol *m* circumlunaire; ~**umlaufbahn** *f* orbite *f* lunaire; ~**viertel** *n* quartier *m* de la lune; ~**wechsel** *m* changement *m* de lune.

mondän [mɔn'dɛ:n] *a* mondain.

Möndchen *n* ⟨-s, -⟩ ['møːntçən] *anat* lunule *f.*

Monegass|e *m* ⟨-n, -n⟩ [mone'gasə] *(Einwohner von Monaco)* Monégasque *m;* **m~isch** [-'gasɪʃ] *a* monégasque.

Moneten *pl* [mo'neːtən] *fam (Geld)* picaillons *m pl,* fric; *pop* pognon *m; arg* grisbi *m,* pépettes *f pl.*

Mongol|e *m* ⟨-n, -n⟩ [mɔŋ'goːlə], ~**in** *f* Mongol, e *m f;* ~**ei** [-go'laɪ], *die* la Mongolie; **m~isch** [-'goːlɪʃ] *a* mongol(ique).

mon|ieren [mo'niːrən] *tr (mahnen)* réclamer *(wegen e-r S* qc); *(rügen)* blâmer, critiquer; **M~itum** *n* ⟨-s, -ta⟩ ['moːnitʊm, -ta] blâme *m.*

Mon|ismus *m* ⟨-, ø⟩ [mo'nɪsmʊs] *philos* monisme *m;* ~**ist** *m* ⟨-en, -en⟩ [-'nɪst] moniste *m.*

Mono|chord *n* ⟨-(e)s, -e⟩ [mono'kɔrt, -də] *mus* monocorde *m;* **m~chrom** *a (einfarbig)* monochrome; ~**gamie** *f* ⟨-, ø⟩ [-ga'miː] *(Einehe)* monogamie *f;* **m~gam(isch)** [-'gaːm(ɪʃ)] *a* monogam(iqu)e; ~**graphie** *f* ⟨-, -n⟩ [-gra'fiː] monographie *f;* ~**gramm** *n* ⟨-s, -e⟩ ['gram] monogramme *m;* ~**kel** *n* ⟨-s, -⟩ [-'nɔkəl] monocle *m;* ~**kini** *m (Badeanzug)* monokini *m;* ~**kultur** *f agr* monoculture *f;* ~**lith** *m* ⟨-s/-en, -e/-en⟩ [-'liːt/-'lɪt] *(Denkmal aus einem Steinblock)* monolithe *m;* ~**log** *m* ⟨-(e)s, -e⟩ [- 'loːk, -gə] monologue *m; e-n* ~ *halten* monologuer; **m~man(isch)** [-'maːn(ɪʃ)] *a* monoman(iaqu)e; ~**manie** *f* ⟨-, -n⟩ [-ma'niː] *(fixe Idee)* monomanie *f;* **m~phon** *a* monophonique; ~**phonie** *f* monophonie *f;* ~**pol** *n* ⟨-s, -e⟩ [-'poːl] monopole *m;* **m~polisieren** [-poli'ziːrən] *tr* monopoliser; **M~polkapitalismus** *m* capitalisme *m* monopoliste; ~**polstellung** *f* situation *f* de monopole; ~**schi** *m* monoski *m;* ~**theismus** *m* monothéisme *m;* ~**theist** *m* monothéiste *m;* **m~theistisch** *a* monothéiste; **m~ton** [-'toːn] *a* monotone; ~ *lesen (a.)* ânonner; ~**tonie** *f* ⟨-, -n⟩ [-to'niː] monotonie *f.*

Monoxid *n*, **Monoxyd** *n* ['moːnɔksyːt, 'mɔnɔksyːt, monɔ'ksyːt] *chem* monoxyde *m.*

Monster|essen *n* ['mɔnstər-], ~**konzert** *n*, ~**prozeß** *m* dîner, concert, procès *m* monstre.

Monstranz *f* ⟨-, -en⟩ [mɔn'strants] *rel* ostensoir *m.*

monstr|ös [mɔn'strøːs] *a* monstrueux; **M~osität** *f* ⟨-, -en⟩ [-trozi'tɛ:t] monstruosité *f;* **M~um** *n* ⟨-s, -tren/-tra⟩ ['mɔnstrʊm, -trən/-tra] monstre *m.*

Monsun *m* ⟨-s, -e⟩ [mɔn'zuːn] *mete* mousson *f.*

Montag *m* ⟨-(e)s, -e⟩ ['moːnta:k] lundi *m; blauen* ~ *machen* fêter (la) Saint-Lundi.

Mont|age *f* ⟨-, -n⟩ [mɔn'taːʒə] montage *m. a. phot film;* assemblage *m;* ~**agearbeiten** *f pl* travaux *m pl* de montage; ~**ageband** *n* tapis *m* roulant de montage; ~**agebau** *m* construction *f* en éléments préfabriqués *od* en série; ~**agehalle** *f* hall *od* atelier *m* de montage; ~**agetisch** *m* table *f* de montage; ~**eur** *m* ‹-s, -e› [-'tøːr] (ajusteur-)monteur, assembleur *m;* ~**euranzug** *m* salopette *f,* bleu *m;* ~**iereisen** *n* [-'tiːr-] démonte-pneu *m;* **m~ieren** *tr* monter, assembler; ~**ierung** *f* montage, assemblage *m;* ~**ur** *f* ‹-, -en› [-'tuːr] mil tenue *f,* uniforme; *(Ausrüstung)* équipement *m.*

Montan|industrie *f* [mɔn'taːn-] industrie *f* minière et métallurgique, mines et métallurgie *f pl;* ~**union** *f hist* Communauté *f* Européenne du Charbon et de l'Acier; pool *m* charbon-acier.

Monument *n* ‹-(e)s, -e› [monu'mɛnt] monument *m;* **m~al** [-'taːl] *a* monumental; ~**albau** *m* édifice *m* monumental; ~**alfilm** *m* superproduction *f.*

Moor *n* ‹-(e)s, -e› [moːr] marécage, marais *m;* ~**bad** *n* bain *m* de boue; **m~ig** *a* marécageux.

Moos *n* ‹-es, -e› [moːs, -zə] **1.** *bot* mousse *f; Isländische(s)* ~ lichen *m* d'Islande; **m~grün** *a* vert mousse; **m~ig** ['-zɪç] *a* moussu, couvert de mousse; ~**rose** *f* rose-mousse *f.*

Moos *n* ‹-es, ø› [moːs, -zəs] **2.** *arg u. fam (Geld)* trèfle *m,* oseille *f,* pognon *m.*

Mop *m* ‹-s, -s› [mɔp] balai *m* à franges; **m~pen** *tr* reluire avec un balai (à franges).

Moped *n* ‹-s, -s› ['moːpɛt/('moːpeːt)] cyclomoteur *m;* ~**fahrer** *m* cyclomotoriste *m.*

Mops *m* ‹-es, ⁀e› [mɔps, 'mœpsə] carlin; *fig fam (Fett~)* pot *m* à tabac; **m~en** *tr fam (stehlen)* chiper, gripper.

Moral *f* ‹-, ø› [mo'raːl] morale; *(Nutzanwendung)* morale, moralité *f;* **m~isch** *a* moral; ~*e Betrachtungen anstellen,* **m~isieren** [-rali'ziːrən] *itr* moraliser; ~**ist** *m* ‹-en, -en› [-'lɪst] moraliste *m;* ~**ität** *f* ‹-, (-en)› [-li'tɛːt] *(Sittlichkeit)* moralité; *(Sittenlehre)* morale *f;* ~**prediger** *m pej* moralisateur; prêcheur, sermonneur; prédicateur *m;* ~**predigt** *f* homélie *f; jdm e-e* ~ *halten* faire la morale à qn.

Moräne *f* ‹-, -n› [mo'rɛːnə] *geol* moraine *f.*

Morast *m* ‹-(e)s, -e/⁀e› [mo'rast(ə), -'rɛstə] bourbe *f,* marais; *pop* patrouillis *m; fig pej* fange *f; im* ~ *stekkenbleiben* s'embourber; **m~ig** *a* bourbeux; marécageux.

Moratorium *n* ‹-s, -rien› [mora-'toːriʊm, -riən] *(Aufschub)* moratoire, sursis; atermoiement *m.*

morbid [mɔr'biːt] *a* morbide; **M~ität** *f* ‹-, ø› [-idi'tɛːt] *(Krankheitsziffer u. fig)* morbidité *f.*

Morchel *f* ‹-, -n› ['mɔrçəl] *bot* morille *f.*

Mord *m* ‹-(e)s, -e› [mɔrt, -də] meurtre, assassinat *m; e-n* ~ *begehen* commettre un meurtre; *versuchte(r)* ~ tentative *f* d'assassinat; *es wird* ~ *und Totschlag geben* il y aura des morts; ~**anklage** *f: unter* ~ *stehen* être accusé de meurtre; ~**anschlag** *m* attentat *m* à la vie *(auf jdn* de qn); ~**brenner** *m* incendiaire *m;* **m~en** *tr* assassiner; *itr* commettre un *od* des meurtre(s); **m~gierig** *a* sanguinaire; ~**s** ... *(in Zssgen)* pop rude; ~**shunger** *m* faim de loup, fringale *f;* ~**skerl** *m* rude gaillard, type épatant *m od* formidable; ~**slärm** *m* vacarme infernal *od* de tous les diables; **m~smäßig** *a fam* rude, formidable, terrible, fou, énorme; ~**sspaß** *m: es gab e-n* ~ on s'est payé une bosse de rire; ~**tat** *f* = ~*;* ~**verdacht** *m: unter* ~ *stehen* être soupçonné de *od* d'avoir commis un meurtre; ~**versuch** *m* tentative *f* d'assassinat; ~**waffe** *f* arme *f* meurtrière.

Mörder *m* ‹-s, -› ['mœrdər] meurtrier, assassin; homicide *m; (Hilfe)* ~*!* au meurtre! ~**grube** *f: aus s-m Herzen keine* ~ *machen* parler à cœur ouvert, avoir le cœur sur les lèvres; ~**hand** *f: von* ~ *sterben* être assassiné; ~**in** *f* meurtrière *f;* **m~isch** *a* meurtrier, homicide; *fig* sanglant; **m~lich** *adv fam (sehr)* effroyablement, épouvantablement, terriblement, énormément; ~ *schreien* crier à tue-tête.

Mores *pl* ['moːrɛs]: *ich will dich* ~ *lehren!* je t'apprendrai la politesse.

Morgen *m* ‹-s, -› ['mɔrgən] matin *m; (Vormittag)* matinée *f; (Feldmaß)* arpent *m; am* ~ le matin; *am anderen od nächsten* ~ le lendemain matin; *eines (schönen)* ~*s* un (beau) matin, un de ces matins; *früh am* ~ le matin de bonne heure; de bon *od* grand matin; *jdm e-n guten* ~ *wünschen* souhaiter *od* donner le bonjour à qn; *guten* ~*!* bonjour! ~**andacht** *f* prière *f od* office *m* du matin; ~**ausgabe** *f (Zeitung)* édition *f* du matin; ~**blatt** *n* journal *m* du matin; ~**dämmerung** *f* aube; pointe *f* du jour; **m~dlich** [-tlɪç] *a* matinal, du matin; ~**gebet** *n* prière *f* du matin; ~**grauen** *n: im* ~ à l'aube; à la pointe du jour, au petit jour; ~**kaffee** *m* café matinal; petit déjeuner *m;* ~**kühle** *f: in der* ~ à la fraîche; ~**land,** *das vx poet* l'Orient *m;* le Levant; ~**luft** *f* air *m* du matin; ~ *wittern (fig fam)* flairer une bonne occasion; ~**post** *f* courrier *m* du matin; ~**rock** *m* robe *f* de chambre, saut-de-lit, peignoir *m* (d'appartement); ~**rot** *n,* ~**röte** *f* aurore *f; m*~**s** *adv (am Morgen)* le matin; *(nach e-r Zeitangabe)* du matin; ~**sonne** *f* soleil *m* levant; ~**ständchen** *n* aubade *f;* ~**stern** *m* étoile matinale *od* du matin; *hist (Waffe)* masse *f* d'armes; ~**stunde** *f* heure *f* matinale; ~**unterhaltung** *f: musikalische* ~ matinée *f* musicale; ~**veranstaltung** *f* matinée *f; literarische* ~ matinée *f* littéraire; ~**zeitung** *f =* ~*blatt.*

morgen ['mɔrgən] *adv* demain; *ab* ~*, von* ~ *an* à partir de demain, dès demain; *(noch) bis* ~ *(früh)* (jusqu')à demain, d'ici (à) demain; *von heute auf* ~ du jour au lendemain; ~ *früh, mittag, abend* demain matin, midi, soir; ~ *in acht Tagen,* ~ *über acht Tage* demain en huit; ~ *ist Sonntag* c'est demain dimanche; ~ *ist auch (noch) ein Tag* demain il fera jour; à demain les affaires.

morgig ['mɔrgɪç] *a* de demain; *der* ~*e Tag* la journée de demain.

Moritz *m* ['moːrɪts] Maurice *m.*

Mormone *m* ⟨-n, -n⟩ [mɔr'moːnə] *rel* mormon *m;* ~**ntum** *n* ⟨-s, ø⟩ mormonisme *m.*

Morph|eus *m* ['mɔrfɔʏs]: *in* ~' *Armen (poet: im Schlaf)* dans les bras de Morphée; ~**inismus** *m* ⟨-, ø⟩ [-fi'nɪsmʊs] morphinomanie *f;* ~**inist** *m* ⟨-en, -en⟩ [-'nɪst] morphinomane *m;* ~**ium** *n* ⟨-s, ø⟩ ['mɔrfiʊm] morphine *f;* ~**iuminjektion** *f,* ~**iumspritze** *f* piqûre *od* injection *f* de morphine; **m**~**iumsüchtig** *a* morphinomane; ~**iumvergiftung** *f* morphinisme *m.*

Morphologie *f* ⟨-, ø⟩ [mɔrfolo'giː] *(Gestalt-, Formenlehre)* morphologie *f;* **m**~**isch** [-'loːgɪʃ] *a* morphologique.

morsch [mɔrʃ] *a* pourri; **M**~**heit** *f* ⟨-, ø⟩ pourriture *f.*

Morse|alphabet *n* [mɔrzə-] alphabet *m* morse; ~**apparat** *m* télégraphe *m* morse; **m**~**n** *itr* télégraphier; ~**zeichen** *n* signal *m* morse.

Mörser *m* ⟨-s, -⟩ ['mœrzər] *(Küche, pharm, mil)* mortier *m;* ~**stößel** *m* pilon *m.*

Mortalität *f* ⟨-, ø⟩ [mɔrtali'tɛːt] *(Sterblichkeit)* mortalité *f.*

Mörtel *m* ⟨-s, -⟩ ['mœrtəl] mortier *m;* ~**kelle** *f* truelle *f.*

Mosaik *n* ⟨-s, -e(n)⟩ [moza'iːk] *a. fig* mosaïque *f; mit* ~*en ausstatten* mo-

saïquer; ~**fußboden** *m* sol *m* en mosaique; ~**künstler** *m* (artiste *m*) mosaïste *m;* ~**tisch** *m* table *f* en mosaïque.

mos|aisch [mo'zaːɪʃ] *a rel* mosaïque; **M**~**es** *m* ['moːzəs] Moïse *m; die fünf Bücher M*~*e od M*~*is* le Pentateuque.

Moschee *f* ⟨-, -n⟩ [mɔ'ʃeː, -ən] *rel* mosquée *f.*

Moschus *m* ⟨-, ø⟩ ['mɔʃʊs] *(Riechstoff),* ~**tier** *n* musc *m.*

Mosel ['moːzəl], *die* la Moselle; ~**(wein)** *m* moselle *m.*

Moskau *n* ['mɔskaʊ] Moscou *f;* ~**er(in** *f)* *m* ⟨-s, -⟩ Moscovite *m f;* ~**er** *a* moscovite.

Moskito *m* ⟨-s, -s⟩ [mɔs'kiːto] *ent* moustique *m;* ~**netz** *n* moustiquaire *f.*

Moslem *m* ⟨-s, -s⟩ ['mɔslɛm] Musulman *m.*

Most *m* ⟨-(e)s, -e⟩ [mɔst] *(Trauben*~*)* moût; *(Apfel*~*)* cidre *m;* ~**äpfel** *m pl* pommes *f pl* à cidre; ~**erei** *f* [-'raɪ] cidrerie *f;* ~**obst** *n* fruits *m pl* à cidre.

Motel *n* ⟨-s, -s⟩ [mo'tɛl] motel *m.*

Motette *f* ⟨-, -n⟩ [mo'tɛtə] *mus* motet *m.*

Motiv *n* ⟨-s, -e⟩ [mo'tiːf, -və] *(Beweggrund)* motif, mobile; *jur* considérant; *mus* motif; *lit poet* thème *m;* **m**~**ieren** [-'viːrən] *tr* motiver; ~**ierung** *f* motivation *f.*

Moto-Cross *n* ⟨-, -e⟩ [moto'krɔs] moto-cross *m.*

Motor *m* ⟨-s, -en⟩ ['moːtɔr/ mo'toːr(ən)] moteur; *mit abgestelltem, laufendem* ~ moteur arrêté, en marche; *den* ~ *abstellen* arrêter le moteur; *den* ~ *anlassen* mettre le moteur en marche; *e-n* ~ *einbauen* motoriser *(in etw qc); den* ~ *warm werden lassen* faire chauffer le moteur; *mit e-m* ~ *versehen* motoriser; *der* ~ *springt an* le moteur part; ~**anlage** *f* aero groupe-moteur *m;* ~**antrieb** *m* commande *f* par moteur; *mit* ~ commandé par moteur; ~**ausfall** *m* arrêt *m* du moteur; ~**barkasse** *f* chaland *m* automobile *od* à moteur; **m**~**betrieben** *a* à moteur; ~**block** *m* ⟨-s, ⁀e⟩ bloc-moteur *m;* ~**bock** *m* bâti-moteur, berceau-moteur *m;* ~**boot** *n* canot *m* automobile *od* à moteur; ~**bremse** *f* frein *m* moteur; ~**defekt** *m* défectuosité *od* panne *f* de *od* du moteur; ~**drescher** *m* motobatteuse *f;* ~**enanlage** *f* installation *f* à force motrice; ~**enbau** *m* construction *f* de moteurs; ~**engeräusch** *n,* ~**enlärm** *m* bruit *m* du *od* des moteur(s); ~**enkraftstoff** *m* combustible *od* carburant *m* pour moteur(s); ~**enöl** *n* huile *f* pour moteur(s); ~**enschlosser** *m* mécanicien *m* de moteur; ~**fahrzeug** *n* véhicule *m* à moteur; ~**flugzeug** *n* avion *m* à moteur; ~**gehäuse** *n* carcasse *f od* bâti *m* de moteur; **m~gezogen** *a* à traction automobile; ~**gondel** *f aero* fuseau-moteur *m*; ~**haube** *f* capot *m* de *od* du moteur; **m~isch** [-'to:rɪʃ] *a physiol* moteur; **m~isieren** [-tori'zi:rən] *tr* motoriser; *motorisierte Landwirtschaft f* motoculture *f*; ~**isierung** *f* motorisation *f*; ~**jacht** *f* yacht *m* à moteur; ~**karren** *m* diable *m* à moteur; ~**lagerung** *f* suspension *f od* berceau *m* du moteur; ~**leistung** *f* puissance *f* du moteur; ~**lokomotive** *f* locomotive *f* à moteur; **m~los** *a* sans moteur; ~**mäher** *m* motofaucheuse *f*; ~**öl** *n* mot huile *f* pour moteur; ~**panne** *f* panne *f* de moteur; ~**pflug** *m* charrue *f* automobile *od* à moteur, motoculteur *m*; ~**pumpe** *f* pompe à moteur, motopompe *f*; ~**rad** *n* motocyclette; *fam* moto *f*; ~ *fahren* faire de la moto; ~ *mit Beiwagen* motocyclette *f* à remorque latérale *od* à side-car; ~**radfahrer** *m* motocycliste *m*; ~**radrennen** *n* course *f* motocycliste; ~**radrennfahrer** *m* coureur *m* motocycliste; ~**radsport** *m* motocyclisme *m*; ~**raum** *m* compartiment *m* pour le moteur; ~**roller** *m* scooter *m*; ~**säge** *f* scie *f* à moteur; ~**schaden** *m* = ~*defekt*; ~**schiff** *n* bateau à moteur, automoteur *m*; ~**schlepper** *m* tracteur *m*; ~**schlitten** *m* motoneige *f*; ~**segler** *m* planeur *m* à moteur auxiliaire; ~**spritze** *f* (*Feuerwehr*) motopompe *f*; ~**störung** *f* panne *f* de moteur; *eine* ~ *beheben* dépanner un moteur; ~**triebwagen** *m* autorail *m*, micheline *f*; ~*- und Segelflugzeug n:* *kombinierte(s)* ~ motoplaneur *m*; ~**verkleidung** *f* revêtement *od* carénage *m* du moteur; ~**wagen** *m* voiture *f* automobile; ~**wassersport** *m* sport motonautique, motonautisme *m*; ~**welle** *f* arbre *m* moteur.

Motte *f* ⟨-, -n⟩ ['mɔtə] mite, teigne, gerce *f*; **m~nfest** *a* antimite; ~**nfraß** *m* mangeure *f* de mites; ~**nkiste** *f fig* magasin *m* aux accessoires; ~**nloch** *n* trou *m* de mite; ~**nsack** *m* housse *f* antimite; ~**nschutzmittel** *n* antimite *m*; **m~nzerfressen** *a* mité.

Motto *n* ⟨-s, -s⟩ ['mɔto] devise, épigraphe *f*.

moussieren [mu'si:rən] *itr (schäumen)* mousser.

Möwe *f* ⟨-, -n⟩ ['møːvə] mouette *f; (große)* goéland *m*.

Mucke *f* ⟨-, -n⟩ ['mʊkə] *(Laune)* caprice *m*, lubie *f*.

Mücke *f* ⟨-, -n⟩ ['mʏkə] *allg* moucheron; *(Stechmücke)* cousin, moustique *m; aus e-r* ~ *e-n Elefanten machen (fig)* faire une montagne d'un rien; ~**nschwarm** *m* essaim *m* de moucherons; ~**nstich** *m* piqûre *f* de moustique.

Mucker *m* ⟨-s, -⟩ ['mʊkər] sournois; grognon; *(Frömmler, Heuchler)* bigot, cagot *m*; **m~isch** *a* sournois; grognon; bigot, cagot; ~**tum** *n* ⟨-s, -⟩ bigoterie, cagoterie *f*.

Muck‖s) *m* ⟨-(e)s, -e⟩ [mʊk(s)] *fam: keinen* ~ *tun, (sich) nicht* **m~sen** *itr (sich nicht rühren, ganz still sein)* ne pas broncher, ne souffler mot; **m~smäuschenstill** *a (Kind)* sage comme une image.

müd‖e ['myːdə] *a (ermüdet)* fatigué; *(abgespannt)* las; *(erschöpft)* éreinté, fourbu, harassé; *fam (hundemüde)* vanné; *(schläfrig)* pris de sommeil; *sich* ~ *laufen* se fatiguer à force de courir; ~ *machen* fatiguer, lasser; ~ *(schläfrig) sein* avoir sommeil; *e-r S* ~ *sein* être las de qc; ~ *werden* se fatiguer, se lasser; *nicht* ~ *werden, etw zu tun* ne pas se lasser de faire qc; **M~igkeit** *f* ⟨-, ø⟩ fatigue; lassitude *f; vor* ~ de fatigue; *(Schläfrigkeit)* de sommeil; *vor* ~ *umfallen (a.)* n'avoir plus de jambes; dormir debout.

Muff [mʊf] **1.** *m* ⟨-(e)s, ø⟩ *(Schimmel)* moisissure; *(Geruch)* odeur *f* de moisi; **m~ig** *a (schimmelig)* moisi; ~ *riechen* sentir le renfermé *od* le moisi *od* le remugle.

Muff 2. *m* ⟨-(e)s, -e⟩ *(Handwärmer)* manchon *m*, ~**e** *f tech* manchon, raccord *m*; ~**enkupp(e)lung** *f* accouplement *m* par manchon; ~**enrohr** *n* tuyau *m* à manchon.

Muff‖el 1. *m* ['mʊfəl] ⟨-s, -⟩ *fam (brummiger Mensch)* grognon, ronchonneur *m*; **m~(e)lig** *a* grognon, grincheux.

Muffel 2. *f* ⟨-, -n⟩ *tech* moufle *m*; ~**ofen** *m* fourneau *m* à coupelle.

Muffel 3. *n* ⟨-s, -⟩ *(Mufflon)* mouflon *m*.

Müh‖e *f* ⟨-, -n⟩ ['myːə] peine *f; (Anstrengung)* effort *m; (Schwierigkeit)* difficulté *f; mit* ~ péniblement, avec peine; *mit geringer* ~ sans beaucoup d'effort; *mit großer od vieler* ~ avec bien des efforts; *mit* ~ *und Not* à grand-peine; *sich* ~ *geben* se donner de la peine (*zu de) od* du mal (*zu* pour), s'efforcer (*zu od* à); s'évertuer (*zu* à); *sich alle od die größte od alle erdenkliche* ~ *geben* se donner toutes les peines du monde, faire tout au monde (*um zu* pour); se tuer (*um zu* à); *sich (sehr) viel* ~ *geben* se donner bien du mal, faire des pieds et des mains; *sich die* ~ *machen zu* se donner le mal *od* la peine, prendre la peine de; *sich unnütze* ~ *machen* perdre son temps; *sich viel* ~ *machen* se donner du mal *od* un mal de chien; *keine* ~ *scheuen* ne pas ménager sa peine *od* la fatigue, ne ménager aucun effort; *der* ~ *wert sein* valoir la peine *od fam* le coup; *nur mit* ~ *tun können* avoir de la peine à faire; *das ist verlorene od vergebliche* ~ c'est peine perdue; *geben Sie sich keine (weitere)* ~*!* ne vous donnez pas la peine; inutile d'insister; n'insistez pas! **m~elos** *a* aisé, facile; *adv* sans peine *od* effort *od* difficulté; facilement; *(spielend)* haut la main, par-dessous la jambe; ~ *zum Ziel gelangen (a.)* arriver dans un fauteuil; **~elosigkeit** *f* ‹-, ø› facilité *f;* **m~en,** *sich* se donner du mal; *sich umsonst* ~ perdre sa peine; **m~evoll** *a* pénible, difficile; **~ewaltung** *f* peines *f pl,* efforts *m pl;* ~**sal** *f* ‹-, -e› peines *f pl; (schwere Arbeit)* labeur, travail *m* pénible; **m~sam** *a,* **m~selig** *a* pénible; *(schwierig)* difficile; *adv a.* avec peine *od* difficulté; ~**seligkeit** *f* peines *f pl,* efforts *m pl.*

Mühl|bach *m* ['myːl-] chenal *m;* ~**e** *f* ‹-, -n› moulin *m; fam (Maschine, Fahrrad)* bécane; *(altes Auto)* bagnole *f,* tacot *m;* ~**enbesitzer** *m* minotier *m;* ~**graben** *m* bief *m;* ~**rad** *n* roue *f* de moulin; ~**stein** *m* meule *f;* ~**werk** *n* moulage *m; wie ein* ~ comme le claquet d'un moulin.

Mulatt|e *m* ‹-n, -n› [mu'latə], ~**in** *f* mulâtre, esse *m f; fam (dunkler Typ)* moricaud *m.*

Mulde *f* ‹-, -n› ['muldə] *(Trog)* auge; *geog* auge *f,* bassin *m,* vallée *f* synclinale; **m~nförmig** *a* en (forme d')auge; ~**nkipper** *m* ‹-s, -› *(Lastwagen)* basculeur *m* à auge.

Mülhausen *n* [myːl'hauzən] *(im Elsaß)* Mulhouse *m.*

Mull *m* ‹-(e)s, -e› [mul] *(Textil)* voile *m* de mousseline; ~**binde** *f* (bande de) gaze *f.*

Müll *m* ‹-(e)s, ø› [myl] ordures; *(Kehricht)* balayures *f pl;* ~**abfuhr** *f (Tätigkeit)* enlèvement *od* ramassage *m od* collecte *f* des ordures (ménagères); *(Organisation)* ordures *f pl* ménagères, voirie *f;* ~**ablade-platz** *m,* ~**deponie** *f* décharge *f* (pu-

blique); ~**eimer** *m* boîte à *od* aux ordures, poubelle *f;* ~**fuhrmann** *m* (é)boueur, boueux *m;* ~**grube** *f* fosse *f* à *od* aux ordures; ~**haufen** *m* tas *m* d'ordures; ~**kasten** *m* boîte *f* à ordures; ~**kutscher** *m* = ~*fuhrmann;* ~**sack** *m* sac-poubelle *m;* ~**schlukker** *m* ‹-s, -› vide-ordures *m;* ~**tonne** *f* poubelle *f;* ~**verbrennung** *f* incinération *f;* ~**verbrennungsanlage** *f* incinérateur *m; (größer)* usine *f* d'incinération d'ordures; ~**verwertung** *f* utilisation *f* des immondices; ~**verwertungsanlage** *f* dépotoir *m;* ~**wagen** *m* tombereau *m* de nettoyage, camion-benne *m;* ~**zerkleinerer** *m* ‹-s, -› broyeur *m* d'ordures.

Müller *m* ‹-s, -› ['mylər] meunier *m;* ~**ei** [-'rai] *f* meunerie *f.*

Mulm *m* ‹-(e)s, ø› [mulm] *dial (lockere Erde)* terre pulvérulente; *(faules Holz)* vermoulure *f;* **m~ig** *a* pulvérulent; vermoulu; *fig fam (faul, bedenklich)* louche, précaire; *es wird* ~ ça va barder; *das ist e-e* ~*e Sache* c'est la bouteille à l'encre.

Multi *m* ‹-s, -s› ['multi] *(multinationaler Konzern)* société *f* multinationale; **m~lateral** *a (mehrseitig)* multilatéral; ~**millionär** *m* multimillionnaire *m;* ~**national** *a* multinational; ~**plikation** *f* ‹-, -en› [-plikatsi'oːn] multiplication *f;* **m~plizieren** [-pli'tsiːrən] *tr* multiplier.

Mumie *f* ‹-, -n› ['muːmiə] momie *f;* **m~fizieren** [mumifi'tsiːrən] *tr* momifier; ~**fizierung** *f* momification *f.*

Mumm *m* ‹-s, ø› [mum] *fam (Schneid)* poigne *f;* ~ *haben (a.)* avoir du cran *od* de l'estomac, en avoir.

Mummelgreis *m* ['muməl-] vieillard *m* édenté.

Mummenschanz *m* ['mumən-] mascarade *f.*

Mumpitz *m* ‹-es, ø› ['mumpits] *fam (Quatsch)* blagues *f pl;* ineptie *f;* non-sens *m.*

Mumps *m* ‹-, ø› [mumps] *med* oreillons *m pl.*

Münch|en ['mynçən] *n* Munich *m;* ~**(e)ner(in** *f) m* ‹-s, -› Munichois, e *m f;* ~**(e)ner** *a* munichois; ~ *(Bier) n* bière *f* de Munich.

Münchhaus|en *m* ['mynçhauzən] Monsieur *m* de Crac; ~**(en)iade** *f* ‹-, -n› [-ziʼaːdə] fanfaronnade *f.*

Mund *m* ‹-(e)s, ⁻er› [munt, 'myndər] bouche *f; ohne den* ~ *aufzutun* sans desserrer les dents; *von* ~ *zu* ~ de bouche en bouche *od* à oreille; *sich das Brot vom* ~*e absparen* s'ôter le pain *od* les morceaux de la bouche, prendre sur sa nourriture; ~ und Nase aufsperren (fam), mit offenem ~e dastehen être od rester bouche bée od éberlué; den ~ nicht auftun ne pas ouvrir la bouche od desserrer les dents; jdm über den ~ fahren (fig) couper la parole à qn; im ~e führen avoir à la bouche; zum ~e führen porter à la bouche od aux lèvres; nicht auf den ~ gefallen sein (fig fam) être prompt à la riposte od à la réplique, ne pas avoir la langue dans sa poche; von ~ zu ~ gehen passer de bouche en bouche; den ~ halten tenir od avaler sa langue; reinen ~ halten demeurer bouche cousue; savoir tenir sa langue; garder le secret; den ~ nicht halten können avoir la langue trop longue; an jds ~e hängen être suspendu aux lèvres de qn; jdm den ~ wässerig machen faire venir l'eau à la bouche de qn; jdm nach dem ~e reden flatter qn; sich den ~ fusselig reden dépenser sa salive; aus dem ~e riechen sentir de la bouche; in aller ~e sein être dans toutes les bouches; jdm den ~ stopfen fermer la bouche, clouer le bec, mettre un bouchon od un bâillon à qn; jdm den ~ verbieten interdire à qn de parler; sich den ~ verbrennen (fig) avoir un mot malheureux; den ~ verziehen faire la petite bouche; pop pincer le bec; den ~ voll nehmen (fig fam) fanfaronner, faire le fanfaron, y aller fort; das Wasser läuft einem im ~e zs. l'eau en vient à la bouche; das ist in aller ~e tout le monde en parle; halt den ~! (ferme) ta bouche! ~art f (Dialekt) dialecte, patois m; ~ sprechen patoiser; m~artlich a patois, dialectal; ~atmung f inspiration f par la bouche; m~en itr: jdm ~ être au goût de qn; m~faul a avare de paroles, peu loquace; ~fäule f aphte m; m~gerecht a: es (den Leuten) ~ machen (fig) employer des paroles sucrées; ~geruch m mauvaise haleine f; ~ haben sentir de la bouche; ~harmonika f harmonica m; ~höhle f cavité f buccale od orale; ~loch n tech œil m; (Tunnel) embouchure; (Stollen) ouverture f; ~pflege f hygiène f de la bouche; ~raub m vol m de nourriture; ~schenk m hist échanson m; ~stellung f position f de la bouche; ~stück n (Blasinstrument) embouchure f, embouchoir, bec; (Zigarette) bout m; m~tot a: ~ machen museler, bâillonner; ~tuch n serviette f (de table); ~verkehr m relations f pl sexuelles orales; ~voll m bouchée f; ~vorrat m provisions f pl de bouche;

~wasser n eau f dentifrice; pharm collutoire m; ~werk n fam: ein gutes ~ haben avoir la langue bien pendue od bien déliée; pop avoir du bagou(t); ~winkel m coin m de la bouche, commissure f des lèvres; ~-zu-~-Beatmung f (Erste Hilfe) bouche-à-bouche m.

Münd|el m ⟨-s, -⟩ ['mʏndəl] pupille m f; ~elgeld n capital m de mineur; m~elsicher a jur de tout repos; ~e Anlage f placement m de père de famille; m~ig a majeur; für ~ erklären déclarer majeur, émanciper; ~ werden arriver à sa majorité; ~igkeit f ⟨-, ø⟩ majorité f; ~igkeitserklärung f déclaration f de la majorité.

münd|en ['mʏndən] ⟨aux: sein od haben⟩ itr (Fluß) se jeter (in dans), être tributaire (in de); (Abwasserkanal) se déverser (in dans); (Straße) déboucher (in dans), aboutir (in od auf à); ~lich ['-tlɪç] a oral, verbal; adv a. de vive voix; ~e Prüfung f, M~liche(s) n (examen) oral m; M~ung f allg bouche; (Fluß a.) embouchure f; (Delta) bouches f pl; tech a. orifice m, ouverture, entrée; (Schußwaffe) bouche f; M~ungsarm m (Fluß) bras m de l'embouchure; M~ungsfeuer n mil lueur f à od de la bouche; M~ungsgebiet n geog delta m; M~ungskappe f mil couvre-bouche m; M~ungsschoner m mil protège-bouche m.

Munition f ⟨-, en⟩ [munitsi'oːn] munitions f pl; s-e ~ verschießen épuiser ses munitions; ~sarbeiter m ouvrier m d'une fabrique de munitions; ~sbehälter m container m à munitions; ~sdepot n dépôt m de munitions, cartoucherie f; ~sfabrik f cartoucherie f; ~skiste f caisse f à munitions; ~slager n = ~sdepot; ~snachschub m ravitaillement od réapprovisionnement en en munitions; ~sschiff n (navire-)transport m de munitions.

munkeln ['mʊŋkəln] itr fam (heimlich reden) chuchoter.

Münster n ⟨-s, -⟩ ['mʏnstər] cathédrale f.

munter ['mʊntər] a (wach) éveillé; (lebhaft) vif; (flink) alerte; (fröhlich) gai, allègre, enjoué; (forsch) fringant; ~ machen (r)éveiller; gesund und ~ sein (a.) se porter comme un charme; ~ werden s'éveiller, se réveiller; ~ wie ein Fisch im Wasser heureux comme un poisson dans l'eau; M~keit f ⟨-, ø⟩ (Lebhaftigkeit) vivacité f, entrain m; (Fröhlichkeit) gaîté, gaieté, gaillardise f; (Aufgewecktheit) esprit *m* éveillé; **M~macher** *m fam (Medikament)* stimulant *m.*

Münz|anstalt *f* ['mʏnts-] atelier *m* monétaire; **~e** *f* ⟨-, -n⟩ monnaie *f; (~amt)* Hôtel *m* des monnaies, Monnaie *f; mit klingender ~ (bar)* en espèces sonnantes (et trébuchantes); *mit gleicher ~* en *od* de même monnaie; *jdm mit gleicher ~ heimzahlen* payer qn de retour; le rendre; rendre la pareille, rendre *od* donner à qn la monnaie de sa pièce; *etw für bare ~ nehmen* prendre qc pour (de l')argent comptant; *fam* gober qc; **~einwurf** *m (an Automaten)* fente *f* pour la monnaie; **m~en** *itr* battre monnaie; *tr* monnayer; *das ist auf mich gemünzt* c'est une pierre dans mon jardin; **~fernsprecher** *m* taxiphone *m;* **~fuß** *m* étalon *m* monétaire; **~gold** *n* or *m* monnayé; **~kabinett** *n* cabinet *m* de médailles; **~kenner** *m* numismate, médailliste *m;* **~kunde** *f* numismatique *f;* **~prägung** *f* frappe des monnaies, monétisation *f;* **~prüfer** *m* essayeur *m;* **~recht** *n* droit *m* de frapper *od* battre monnaie; **~sammler** *m* collectionneur de médailles, médailliste *m;* **~sammlung** *f* collection *f* de médailles, médaillier *m;* **~schrank** *m* médaillier *m;* **~stätte** *f* atelier *m* monétaire; **~stempel** *m* coin *m;* **~umlauf** *m* circulation *f* des pièces de monnaie *od* métallique; **~waage** *f* trébuchet *m;* **~wesen** *n* système monétaire *m; adm* monnayage *m.*

mürb|e ['mʏrbə] *a (Küche)* tendre; *(gut gebacken od gekocht)* bien cuit; *(bröckelig)* friable; *(brüchig)* cassant, fragile; *(abgenutzt)* usé; *~ machen (Fleisch)* mortifier; *(Menschen)* mater, dompter; **M~ebraten** *m* filet *m;* **M~egebäck** *n* gâteau *m* mousseline; **M~eteig** *m* pâte *f* brisée; **M~heit** *f* ⟨-, ø⟩ ['mʏrp-] friabilité *f.*

Murks *m* ⟨-es, ø⟩ [mʊrks] *dial fam (Pfuscharbeit)* bâclage, bousillage *m;* **m~en** *itr fam* bâcler, bousiller.

Murmel *f* ⟨-, -n⟩ ['mʊrməl] *(Spielkügelchen)* bille *f.*

murmeln ['mʊrməln] *tr u. itr* murmurer, grommeler, marmotter, marmonner; *in den Bart ~* marmotter entre ses dents.

Murmeltier *n* ['mʊrməl-] marmotte *f; wie ein ~ schlafen* dormir comme une marmotte *od* un loir *od* une souche *od* un plomb.

murren ['mʊrən] *itr* gronder *(über* de); grogner; *fam* grognonner; **M~** *n* grondement, grognement *m.*

mürrisch ['mʏrɪʃ] *a (griesgrämig)*

grincheux, morose; *(brummig)* grognon; *~e(s) Wesen n* morosité *f.*

Mus *n* ⟨-es, -e⟩ [muːs, -zə] marmelade, purée *f.*

Muschel *f* ⟨-, -n⟩ ['mʊʃəl] *zoo* coquillage *m; (Mies~)* moule; *(Schale)* coquille *f; (Ohr~)* pavillon; *tele (Hör~)* écouteur *m;* **~erde** *f* falun *m;* **~fleisch** *n* coquillage *m;* **m~förmig** *a* en forme de coquille; **m~haltig** *a geol* coquillier; **~kalk** *m geol* coquillart *m;* **~sammlung** *f* collection *f* de coquillages, coquillier *m;* **m~übersät** *a* coquilleux; **~werk** *n arch* coquillages *m pl; (in Grotten)* rocaille *f;* **~zucht** *f* élevage *m* des moules, industrie *f* moulière; **~züchterei** *f* moulière *f.*

Muschkote *m* ⟨-n, -n⟩ [mʊʃ'koːtə] *mil fam* tourlourou; *arg* troufion, pioupiou *m.*

Mus|e *f* ⟨-, -n⟩ ['muːzə] muse *f;* **~eum** *n* ⟨-s, -seen⟩ [mu'zeːʊm, -ən] musée; *(für Naturkunde)* muséum *m;* **~eumswärter** *m* gardien *m* de musée; **m~isch** *a* artistique; littéraire; musicien.

Musel|man(n) *m* ⟨-en, -en⟩ ['muːzəlman, -manən/-maːnən], **~manin** [-maː-], **~männin** [-mɛ-] *f* musulman, e *m f;* **m~manisch** [-'maː-], **m~männisch** [-mɛ-] *a* musulman.

Musik *f* ⟨-, -en⟩ [mu'ziːk] musique; *arg* zizique *f; ~ machen* faire de la musique; *in ~ setzen* mettre en musique, musiquer, composer; *leichte ~* musique *f* légère; *pej* musiquette *f; mechanische, elektronische ~* musique *f* mécanique, électronique; **~abend** *m* soirée *f* musicale; **~akademie** *f* conservatoire *m* (de musique); **~alien** [-zi'kaːliən] *pl* musique *f;* **~alienhändler** *m* marchand *m* de musique; **~alienhandlung** *f* magasin *m* de musique; **m~alisch** [-'kaːlɪʃ] *a (Musik-)* musical; *(~begabt)* musicien; *~ sein (a.)* être doué pour la musique; **~alität** *f* ⟨-, ø⟩ [-kali'tɛt] *(musikalisches Empfinden)* sens *m* de la musique; *(musikalische Wirkung)* effet *m od* qualité *f* musical(e); **~ant** *m* ⟨-en, -en⟩ [-'kant] musicien; *(Dorf~)* ménétrier *m;* **~antenknochen** *m anat fam* petit juif *m;* **~begleitung** *f* accompagnement *m;* **~box** *f* juke-box *m;* **~direktor** *m* chef *m* de musique; **~drama** *n* drame *m* musical; **~er** *m* ⟨-s, -⟩ ['muːzikər] musicien *m;* **~freund** *m* mélomane, amateur *m* de musique; **~hochschule** *f* = **~akademie**; **~instrument** *n* instrument *m* de musique; **~kapelle** *f* orchestre *m; mil* musique *f;* ~**kriti-ker** *m* critique *m* musical; ~**leben** *n* vie *f* musicale; ~**lehrer(in** *f*) *m* professeur *m* de musique; ~**meister** *m mil* chef *m* de musique; ~**pavillon** *m* kiosque *m* à musique; ~**schrank** *m* combiné-radio *m;* ~**schriftsteller** *m* écrivain *m* musical; ~**stück** *n* morceau *m* de musique; ~**truhe** *f* = ~*schrank;* ~**verlag** *m* édition *f* de musique; ~**werk** *n* composition *f;* ~**wissenschaft** *f* musicologie *f;* ~**wissenschaftler** *m* musicologue *m.*

Musivgold *n* [mu'zi:f-] or *m* mussif.

musizieren [muzi'tsi:rən] *itr* faire de la musique, musiquer; ~**d** *a* musicien.

Muskat *m* ⟨-(e)s, -e⟩ [mʊs'ka:t] muscade *f;* ~**blüte** *f (Gewürz)* macis *m;* ~**eller(wein)** *m* ⟨-s, -⟩ [-ka'tɛlər] (vin) muscat *m;* ~**nuß** *f* (noix) muscade *f;* ~**nußbaum** *m* muscadier *m;* ~**reibe** *f* râpe *f* à muscade.

Muskel *m* ⟨-s, -n⟩ ['mʊskəl] muscle *m;* ~*n* **haben** *(fam)* avoir du muscle *od* du biceps; ~**faser** *f* fibre *f* musculaire; ~**kater** *m* courbature *f;* ~**kraft** *f* force *f* musculaire; *mit* ~ à bras; ~**protz** *m fam* costaud *m pop;* ~**riß** *m med* déchirure *f* musculaire; *fam* effort *m;* **muskulös** *a* musculeux, musclé; vigoureux.

Muß *n* ⟨-, ø⟩ [mʊs] nécessité *f;* ~**heirat** *f* mariage *m* forcé; ~-**Vorschrift** *f* disposition *f* impérative.

Muße *f* ⟨-, ø⟩ ['mu:sə] loisir *m;* ~**stunden** *f pl,* ~**zeit** *f* temps *m od* moments *m pl od* heures *f pl* de loisir.

Musselin *m* ⟨-s, -e⟩ [mʊsə'li:n] *(Stoff)* mousseline *f.*

müssen ⟨*ich muß; ich mußte; ich müßte; habe gemußt/müssen*⟩ [mʏsən, (-)mʊs(-)] *itr: ich muß tun (Notwendigkeit)* il faut que je fasse, il me faut faire; *(Zwang)* je suis contraint *od* forcé de faire; *(Verpflichtung)* je dois faire, j'ai à faire, je suis obligé de faire; *(nicht umhinkönnen)* ne pas s'empêcher de faire, ne pas pouvoir ne pas faire; *(oder) ich müßte mich sehr irren* ou je ne m'y connais plus; *er muß gleich kommen* il va venir tout de suite; *das muß wahr sein* ce doit être vrai; *er müßte denn krank geworden sein* à moins qu'il ne soit tombé malade; *drei Jahre mußten vergehen, bis* ... il a fallu attendre trois ans pour que *subj: muß ich Ihnen sagen, daß* ...? est-il besoin de vous dire que ...?

müßig ['my:sɪç] *a (untätig)* oisif, désœuvré; *(nutzlos)* oiseux, inutile; inoccupé; fainéant; *es ist* ~. *darüber*

zu reden c'est inutile d'en parler; **M~gang** *m* ⟨-(e)s, ø⟩ oisiveté *f,* désœuvrement *m;* ~ *ist aller Laster Anfang (prov)* l'oisiveté est (la) mère de tous les vices; **M~gänger** *m* ⟨-s, -⟩ oisif; désœuvré *m;* ~**gängerisch** *a* fainéant.

Muster *n* ⟨-s, -⟩ ['mʊstər] modèle, type; exemple *(Prototyp)* prototype; *(Vorbild)* idéal; *(Probe)* spécimen, échantillon; *(Zeichnung)* dessin; *(Schnittmuster)* patron *m; nach dem* ~ *(gen)* à l'instar (de); *als* ~ *dienen* servir de modèle; *als* ~ *hinstellen* proposer en exemple; *nach* ~ *kaufen* acheter sur échantillon; *zum* ~ *nehmen* prendre pour modèle; ~ *ohne Wert* échantillon *m* sans valeur; ~**anstalt** *f* établissement *m* modèle; ~**beispiel** *n* exemple typique; modèle *m;* ~**betrieb** *m* exploitation *od* entreprise *f* modèle; ~**bezirk** *m* région-pilote *f;* ~**brief** *m* lettre *f* type; ~**buch** *n com* livre *m* d'échantillons; ~**exemplar** *n* exemplaire *m* modèle *od* type; **m~gültig** *a* exemplaire; ~**gültigkeit** *f* ⟨-, ø⟩ perfection *f;* ~**gut** *n* ferme *f* modèle; **m~haft** *a* = *m~gültig;* ~**haftigkeit** *f* ⟨-, ø⟩ = ~*gültigkeit;* ~**heft** *n* cahier *m* d'échantillons; ~**knabe** *m* enfant *m* modèle; ~**koffer** *m* boîte *od* valise *f* à échantillons, marmotte *f;* ~**kollektion** *f* collection *f* de modèles *od* d'échantillons, échantillonnage *m;* ~**messe** *f com* foire *f* d'échantillons; **m~n** *tr (prüfen)* examiner; *(inspizieren)* inspecter; *(Truppen)* passer en revue; *(Wehrpflichtigen)* faire passer devant le conseil de révision; ~**prozeß** *m* procès-pilote *m;* ~**schule** *f* école *f* modèle; ~**schüler** *m* écolier *od* élève *m* modèle; ~**schutz** *m* protection *f* des modèles (déposés); ~**staat** *m* État *m* modèle; ~**stadt** *f* cité *f* modèle; ~**ung** *f (Prüfung)* examen *m; (Besichtigung)* inspection; *mil* revue; *(Wehrpflichtiger)* révision *f;* ~**ungsbescheid** *m* (notification de la) décision *f* du conseil de révision; ~**ungskommission** *f* conseil *m* de révision; ~**vertrag** *m* traité *m* type; ~**zeichnung** *f* tracé *n.*

Mut *m* ⟨-(e)s, ø⟩ [mu:t] courage *m; (Tapferkeit)* bravoure, vaillance; *(Kühnheit)* audace, hardiesse; *(Unerschrockenheit)* intrépidité *f; (Schneid)* cran *m; mit frischem* ~ avec entrain; ~ *fassen* prendre courage; *wieder* ~ *fassen* reprendre courage *od* cœur, relever la tête; *fam* reprendre du poil de la bête; *jdm* ~ *machen* donner *od* inspirer du courage à qn, encourager qn; *jdm wieder ~ machen* redonner du courage *od* du cœur à qn; (re)mettre le cœur au ventre de qn; *jdm den ~ nehmen* décourager qn; *guten ~es sein* avoir bon courage; *den ~ sinken lassen od verlieren* perdre courage, se décourager; *ich habe nicht den ~ (dazu)* (a.) le cœur me manque; *es gehört ~ dazu* il y faut du courage; **m~ig** *a* courageux; **m~los** *a* découragé; sans courage; *~ machen* décourager, démoraliser; **~losigkeit** *f* manque de courage, découragement *m;* démoralisation *f;* **m~maßen** *tr ⟨er mutmaßt(e), hat gemutmaßt⟩* ['mu:tma:sən] supposer, présumer, conjecturer; **m~maßlich** *a* supposé, présomptif, conjectural; *die ~e Entwicklung* l'évolution *f* prévisible; **~maßung** *f* supposition, présomption, conjecture *f; ~probe f* épreuve *f* de courage; **~wille** *m* pétulance, folâtrerie, espièglerie; *(Schalkhaftigkeit)* malice *f;* **m~willig** *a* pétulant, folâtre, espiègle; malicieux; *adv* de propos délibéré, à dessein; *~e Zerstörung f* destruction *f* sans motif.

Mut|ation *f ⟨-, -en⟩* [mutatsi'o:n] *biol* mutation; *(Stimmwechsel)* mue *f;* **m~ieren** [-'ti:rən] *itr biol* muter; *(Stimme)* muer.

Mütchen *n* ['my:tçən], *das: an jdm sein ~ kühlen* passer sa colère, décharger sa bile sur qn.

Mutter *f ⟨-, ⸚⟩* ['mʊtər, 'mʏtər] mère *f; f ⟨-, -n⟩ tech* écrou *m; keine ~ mehr haben* être orphelin de mère; *bei ~ Grün schlafen* dormir à la belle étoile; *werdende und stillende Mütter pl* femmes *f pl* enceintes et allaitantes; *~ Gottes = ~gottes;* **~boden** *m,* **~erde** *f* terreau *m,* terre *f* végétale *od* arable; **~gesellschaft** *f* société *f* mère; **~gestein** *n geol* roche-mère *f;* **~gottes** *f* Mère *f* de Dieu; **~gottesbild** *n* (image de la) madone *f;* **~haus** *n rel* maison *f* mère; **~herz** *n* cœur *m* maternel *od* de mère; **~kirche** *f* église *f* mère; **~korn** *n bot* ergot *m;* **~kuchen** *m physiol* placenta, délivre *m; ~land* *n allg* mère patrie; *pol* métropole *f,* territoire *m* métropolitain; *das französische ~* la France métropolitaine; **~leib** *m* sein *m* de la mère; **~liebe** *f* amour *m* maternel; **m~los** *a* sans mère(s); **~mal** *n ⟨-s, -e⟩* marque de naissance, tache de naissance *od* de vin; envie *f; scient* nævus *m; ein ~ haben (a.)* être né marqué; **~milch** *f* lait *m* maternel; *mit der ~ einsaugen (fig)* sucer avec le lait maternel; **~mord** *m,* **~mörder**

m matricide *m;* **~recht** *n* matriarcat *m;* **~schaf** *n* brebis *f;* **~schaft** *f ⟨-, ⍉⟩* maternité *f;* **~schaftsurlaub** *m* congé *m* (de) maternité; **~schiff** *n* (navire *od* bâtiment) ravitailleur *m;* **~schoß** *m* sein *m* (maternel); **~schraube** *f* boulon *m* à tête et écrou; **~schutz** *m* protection *od* assistance *f* maternelle *od* de la maternité; **m~seelenallein** *a* tout *od* absolument seul; **~seite** *f: von ~ du* côté de la mère, maternel; **~söhnchen** *n* enfant *m* gâté; **~sprache** *f* langue *f* maternelle; **~sprachler** *m ⟨-s, -⟩* locuteur *m* natif; **~stelle** *f: bei jdm ~ vertreten* tenir lieu de mère à qn; **~tag** *m* fête *f* des mères; **~tier** *n* femelle *f;* **~witz** *m* bon sens (héréditaire), esprit *m* naturel.

Mütter|beratung *f* ['mʏtər-] consultation *f* maternelle *od* de nourrissons; **~beratungsstelle** *f* office *m* de consultation maternelle; **~chen** *n* mémère, petite mère *f; alte(s) ~* (bonne) vieille *f;* **~genesungsheim** *n* centre *m* de postcure féminine; **~heim** *n* maison *f* maternelle, foyer *m* maternel; **~hilfswerk** *n* œuvre *f* d'aide aux mères; **m~lich** *a* maternel; **m~licherseits** *adv* du côté de la mère, maternel; **~lichkeit** *f ⟨-, ⍉⟩* sentiment *m* maternel; **~sterblichkeit** *f* mortalité *f* maternelle.

Mutti *f ⟨-, -s⟩* ['mʊti] *(Kindersprache)* maman *f.*

Mütze *f ⟨-, -n⟩* ['mʏtsə] *(mit Schirm)* casquette *f; (ohne Schirm)* bonnet; *(Basken~)* béret *m* (basque); **~nschirm** *m* visière *f* (de casquette).

My *n ⟨-(s), -s⟩* [my:] *(1/1000 mm)* micron *m.*

Myriade *f ⟨-, -n⟩* [myri'a:də] *(10 000; Unzahl)* myriade *f.*

Myrrhe *f ⟨-, -n⟩* ['mʏrə] *bot* myrrhe *f.*

Myrte *f ⟨-, -n⟩* ['mʏrtə] *bot* myrte *m.*

Myst|erienspiel *n* [mʏs'te:riən-] *hist rel theat* mystère *m;* **m~eriös** [-'teri'ø:s] *a* mystérieux; **~erium** *n ⟨-s, -rien⟩* [-'te:riʊm, -riən] mystère *m; ~ifikation f ⟨-, -en⟩* [-tifikatsi'o:n], **~ifizierung** *f* mystification *f;* **m~ifizieren** [-tifi'tsi:rən] *tr (täuschen)* mystifier; **~ik** *f ⟨-, ⍉⟩* ['mʏstik] mystique *f,* mysticisme *m; ~iker m ⟨-s, -⟩* ['mʏstikər] mystique *m;* **m~isch** ['mʏstiʃ] *a* mystique; **~izismus** *m ⟨-, ⍉⟩* [-ti'tsɪsmus] mysticisme *m, vx* mysticité, mystique *f.*

myth|isch ['my:tɪʃ] *a* mythique; **M~ologie** *f ⟨-, -n⟩* [-tolo'gi:] mythologie *f;* **~ologisch** [-'lo:gɪʃ] *a* mythologique; **M~os** *m ⟨-, -then⟩* ['my:tɔs, -tən] mythe *m.*

N

N, n *n* ⟨-, -⟩ [ɛn] *(Buchstabe)* N, n *m* od *f.*

na [na] *interj* allons! eh bien! ∼? hein? ∼, ∼! allons! *fam* par exemple! ∼ *also!* eh bien! tu vois! vous voyez! ∼ *hör mal!* ∼ *so was!* ça, par exemple! ça alors! ∼ *(und) ob!* et comment! si je comprends! je pense bien! ∼ *und?* et alors? mais encore? et puis après? ∼ *wenn schon!* eh bien, soit!

Nabe *f* ⟨-, -n⟩ ['naːbə] *(am Rad)* moyeu *m;* ∼**nbohrer** *m* tarière *f* à moyeux; ∼**nkappe** *f* chaperon *od* chapeau *m* du moyeu.

Nabel *m* ⟨-s, -⟩ ['naːbəl] nombril; *a. bot u. fig* ombilic *m;* ∼**bruch** *m* hernie *f* ombilicale; ∼**schnur** *f* physiol cordon *m* ombilical; ∼**schwein** *n* pécari *m.*

Nabob *m* ⟨-s, -s⟩ ['naːbɔp, -bə] *(reicher Mann)* nabab *m.*

nach [naːx] *prp (räuml.)* à (destination de), vers; *(∼ e-m Lande)* en; *(zeitl.)* après, à la suite de, au bout de; *(Reihenfolge)* après; *(zufolge, gemäß)* d'après, suivant, selon, conformément à; *com* de date *(nachgestellt);* *(verkaufen, ausführen ∼)* sur; *einer ∼ dem ander(e)n* l'un après l'autre, un à un; ∼ *und* ∼ peu à peu, petit à petit, goutte à goutte, par degré(s); ∼ *wie vor* (tout) comme avant; *Viertel* ∼ *fünf* cinq heures et quart; ∼ *dem Alphabet* par ordre alphabétique; *dem od allem Anschein* ∼ selon *od* d'après les apparences; ∼ *Art (gen)* à la façon (de), à la manière (de), à la mode (de); ∼ *(französischer* etc*) Art* à la (française); ∼ *Belieben* à volonté, à discrétion; ∼ *dem Gedächtnis* de mémoire; ∼ *Geschmack* selon le goût; ∼ *Gewicht (verkaufen)* au poids; ∼ *Größe (Konfektion)* selon la taille; *(Speisekarte: Fisch)* selon grosseur; ∼ *der Größe (antreten)* par rang de taille; ∼ *Maß* sur mesure; ∼ *meiner Meinung, meiner Meinung* ∼ à mon avis, selon moi; ∼ *der Mode* à la mode; ∼ *Möglichkeit* si c'est possible; *dem Namen* ∼ de nom; *(immer) der Nase* ∼ (tout) droit devant soi; ∼ *der Natur (Kunst)* d'après nature; *der Reihe* ∼ à tour de rôle, successivement; ∼ *meiner Uhr* à ma montre; *(je)* ∼ *den Umständen* selon *od*

suivant les circonstances; ∼ *den Worten (gen)* au dire (de); ∼ *... (ab-) reisen, fahren* partir pour ...; ∼ *jdm arten, kommen, schlagen* tirer sur qn; ∼ *jdm fragen* demander qn; ∼ *Hause gehen* rentrer (chez soi); ∼ *hinten, vorn heraus (liegen) (Zimmer)* (donner) sur la cour, sur la rue; ∼ *etw riechen* sentir qc; ∼ *etw schießen* tirer sur qc; ∼ *etw schmecken* avoir goût de qc; *es sieht* ∼ *Regen aus* le temps est à la pluie; *mir* ∼*!* suivez-moi! ∼ *Ihnen!* après vous; *der Zug* ∼ *Paris* le train (à destination) de Paris; *adv:* ∼ *wie vor* après comme avant.

nach=äff|en ['naːx-] *tr* mimer, contrefaire; *fam* singer; **N∼erei** *f* [-'raɪ] singerie *f.*

nach=ahm|en ['naːx-] *tr (Menschen)* imiter, copier; *(Sache)* imiter, contrefaire; *(Kunst)* pasticher; ∼**enswert** *a* digne d'être imité; exemplaire; **N∼er** *m* ⟨-s, -⟩ imitateur, copiste; *(Kunst)* pasticheur; *(Fälscher)* contrefacteur *m;* **N∼ung** *f* imitation *f; (Gegenstand)* simili *fam; (Kunst)* pastiche *m; (Fälschung)* contrefaction, contrefaçon *f; vor* ∼*en wird gewarnt!* se méfier des imitations!

Nachbar|(in *f)* *m* ⟨-n/(-s), -n⟩ ['naxbaːr] voisin, e *m f; gute Nachbarn haben* être bien avoisiné; ∼**dorf** *n* village *m* voisin; ∼**haus** *n* maison *f* voisine; ∼**land** *n* pays *m* limitrophe; **n∼lich** *a* voisin; de voisin; *adv* en (bon(s)) voisin(s); ∼**schaft** *f* ⟨-, ∅⟩ voisinage *m; (Nähe)* proximité *f; die* ∼ *(d. Nachbarn)* les voisins *m pl;* ∼**schaftshilfe** *f* aide *f* de bon voisinage; ∼**schaftsrecht** *n* droit *m* de voisinage.

Nachbehandlung *f* ['naːx-] *med* postcure *f; tech* traitement *m* ultérieur.

nach=bereiten ['naːx-] *tr* retravailler.

nach=bess|ern ['naːx-] *tr* retoucher; **N∼erung** *f* retouche *f.*

nach=bestell|en ['naːx-] *tr* commander en supplément, faire une seconde commande de; **N∼ung** *f* ordre *m* supplémentaire, seconde commande *f.*

nach=bet|en ['naːx-] *tr fig pej* ânonner, répéter (machinalement), se faire l'écho de; **N∼er** *m* perroquet; *fam* béni-oui-oui *m; pl a.* gent *f* moutonnière.

nach≈bezahlen ['na:x-] *tr* payer en supplément; *itr* payer un supplément.

Nachbezugsrecht *m* ['na:x-] *fin* droit *m* de souscription supplémentaire.

Nachbild *n* ['na:x-] *physiol* image *f* consécutive; **nach≈bilden** *tr* reproduire; imiter, copier; **~ung** *f* reproduction; imitation, copie *f; (Kunst)* pastiche *m.*

Nachblüte *f* ['na:x-] seconde floraison *f.*

Nachblutung *f* ['na:x-] hémorragie *f* secondaire.

nachbörslich ['na:x'bø:rs-, -'bœrslıç] *a* en marché libre; après clôture.

Nachbuchung *f* ['na:x-] *fin* écriture ultérieure.

Nachbürgschaft *f* ['na:x-] arrière-caution *f.*

nach≈datieren ['na:x-] *tr* postdater.

nachdem [na:x'de:m] *conj* après que; après *inf; adv* après; *je ~ (adv)* selon les circonstances, selon le cas; c'est selon; cela *od fam* ça dépend; *conj* selon que.

nach≈denk|en ['na:x-] *itr* réfléchir (*über* à), méditer (*über* sur); **N~en** *n* réflexion, méditation *f;* **~lich** *a* méditatif, pensif.

Nachdichtung *f* ['na:x-] adaptation; imitation *f.*

nach≈drängen ['na:x-] *itr* se presser derrière.

Nachdruck *m* ⟨-(e)s, ø⟩ ['na:x-] *(Betonung)* insistance, *f* emphase; *(Festigkeit)* fermeté; *typ m* ⟨-(e)s, -e⟩ reproduction; *(unerlaubter)* contrefaçon *f; (Buch)* livre *m* contrefait; *mit ~ = nachdrücklich (adv); etwas mit ~ betreiben* activer qc; *auf etw ~ legen* insister, appuyer sur qc, souligner qc; *~ verboten* reproduction interdite; **nach≈drucken** *tr typ* reproduire, réimprimer; *(unerlaubt)* contrefaire; **n~svoll** *a,* **nachdrücklich** *a* emphatique, ferme; *adv* avec insistance; avec fermeté.

nach≈dunkeln ['na:x-] ⟨*aux: sein*⟩ *itr (Gemälde)* se rembrunir.

Nachdurst *m* ['na:x-] soif *f* (après la consommation d'alcool).

nach≈eifer|n ['na:x-] *itr: jdm ~* être l'émule de qn; se modeler sur qn; **N~ung** *f* émulation *f.*

nach≈eilen ['na:x-] ⟨*aux: sein*⟩ *itr: jdm ~* courir après qn.

nacheinander [--'--] *adv* l'un après l'autre, à tour de rôle, successivement, de suite.

nach≈empfinden ['na:x-] *tr: das kann*

ich Ihnen ~ je vous comprends tout à fait.

Nachen *m* ⟨-s, -⟩ ['naxən] nacelle, barque *f; poet* esquif *m.*

Nacherbe *m* ['na:x-] héritier *m* substitué; *als ~n einsetzen* substituer.

Nachernte *f* ['na:x-] seconde récolte *f.*

nach≈erzähl|en ['na:x-] *tr* répéter; **N~ung** *f* répétition *f; (Schule)* compte *m* rendu de lecture.

Nachfahr *m* ⟨-en/-s, -en⟩ ['na:xfa:r] descendant *m;* **nach≈fahren** ⟨*aux: sein*⟩ *itr: jdm ~* suivre qn (en voiture *etc*).

Nachfall *m* ['na:x-] *mines* éboulis *m.*

nach≈färben ['na:x-] *tr* reteindre.

Nach|faßbesuch *m* ['na:x-] *com* (visite *f* de) rappel *m;* **n~≈fassen** *itr (beim Essen)* avoir une seconde portion; **~fassen** *n (bei Nichtbeantwortung)* réclamation *f* faute de réponse.

nach≈feilen ⟨'na:x-⟩ *tr* retoucher à la lime.

Nachfolg|e *f* ['na:x-] succession *f; ~ Christi* imitation *f* de Jésus-Christ; **nach≈folgen** ⟨*aux: sein*⟩ *itr* suivre (*jdm* qn); *fig* suivre les traces (*jdm* de qn); **n~end** *a* suivant, subséquent, consécutif; **~er** *m* ⟨-s, -⟩ successeur *m;* **~estaat** *m* État *m* succédant.

nach≈forder|n ['na:x-] *tr* demander en plus *od* en sus; **N~ung** *f* demande *f* en sus, rappel *m.*

nach≈forsch|en ['na:x-] *itr* faire des recherches *od* des enquêtes *od* des investigations; **N~ung** *f* recherche, enquête, investigation *f; ~en anstellen* faire des recherches (*nach* sur).

Nachfrage *f* ['na:x-] *a. com* demande *f; die ~ befriedigen* satisfaire *od* faire face à la demande; *es herrscht starke ~ danach* cela est très demandé; **nach≈fragen** ['na:x-] *itr* demander des nouvelles, s'informer, se renseigner.

Nachfrist *f* ['na:x-] prolongation *f* du terme.

nach≈fühlen ['na:x-] *tr: jdm (etw) ~* comprendre qn, se mettre à la place de qn.

nachfüllbar ['na:x-] *(Behälter)* rechargeable; **nach≈füllen** *tr (Flüssigkeit)* ajouter; *(Gefäß, Behälter)* recharger.

Nachgärung *f* ['na:x-] fermentation *f* secondaire.

nach≈geben ['na:x-] *itr* céder, fléchir, capituler, lâcher prise, battre en retraite; *fam* baisser pavillon; *tech (sich biegen)* fléchir, ployer; s'affaisser; *(Fuß-, Erdboden)* se dérober (sous les pieds); *fin* fléchir, reculer; être en repli; *tr* ajouter; *jdm in nichts ~* ne le céder en rien à qn; **N~** *n* fléchissement *m; zum* ~ *zwingen* faire céder, ployer.

nachgeboren ['na:x-] *a* posthume.

Nachgebühr *f* ['na:x-] surtaxe *f.*

Nachgeburt *f* ['na:x-] rejet *m* du placenta; placenta *m.*

nach=gehen ['na:x-] ⟨*aux: sein*⟩ *itr* suivre (*jdm* qn); *(nachforschen)* faire des investigations (*e-r S* de qc) *od* des recherches (*e-r S* sur qc); *(Uhr)* retarder; *s-r Arbeit* ~ vaquer à son travail.

nachgelassen ['na:x-] *a (Werk)* posthume.

nachgeordnet ['na:x-] *a* subordonné, inférieur.

nachgerade ['--'--] *adv* enfin, à la fin.

Nachgeschmack *m* ['na:x-] arrière-goût *m.*

nachgestellt ['na:x-] *a gram* placé après le nom.

nachgewiesenermaßen ['-----'--] *adv* comme il a été prouvé.

nachgiebig ['na:x-] *a* pliant, flexible, souple; *fig* conciliant, accommodant; **N~keit** *f* flexibilité *a fig,* souplesse; *fig* facilité *f,* esprit conciliant, caractère *m* accommodant.

nach=gießen ['na:x-] *tr* ajouter (en versant).

Nachglühen *n* ['na:x-] incandescence *f* résiduelle.

nach=grübeln ['na:x-] *itr: über etw* ~ se creuser la cervelle *od* la tête au sujet de qc.

Nachhall *m* ['na:x-] retentissement *m; phys* résonance *f;* **nach=hallen** *itr* retentir; résonner.

nachhaltig ['na:x-] *a* durable, persistant, constant, permanent; *(wirksam)* efficace; **N~keit** *f* ⟨-, ø⟩ persistance, constance; efficacité *f.*

nach=hängen ['na:x-] *itr: (e-m Gedanken, e-m Traum)* ~ caresser (une idée, un rêve).

Nachhause|gehen *n* [na:x'hauzə-]: *beim* ~ en rentrant; **~kommen** *n: jdn beim* ~ *antreffen* prendre qn au débotté.

nach=helfen ['na:x-] *itr: jdm* ~ donner un coup d'épaule à qn.

nachher ['-- / -'-] *adv* après, plus tard; ensuite, puis; *(hinterher)* après coup; *bis* ~*!* à tout à l'heure! à tantôt! **~ig** [-'--] *a* postérieur, ultérieur.

Nachhilfe *f* ['na:x-] aide, assistance *f;* **~stunden** *f pl,* **~unterricht** *m* leçons particulières *od* de rattrapage, répétitions *f pl.*

nach=hinken ['na:x-] ⟨*aux: sein*⟩ *itr fig* retarder.

Nachholbedarf *m* ['na:x-] besoins *m pl* de compensation *od* de rattrapage; **nach=holen** *tr* rattraper, récupérer.

Nachhut *f* ['na:x-] *mil* arrière-garde *f;* **~gefecht** *n* combat *m* d'arrière-garde.

nach=jagen ['na:x-] *itr* ⟨*aux: sein*⟩: *e-r S* ~ courir après qc; *tr* ⟨*aux: haben*⟩: *jdm e-e Kugel* ~ tirer après qn.

Nachklang *m* ['na:x-] retentissement *m; fig* réminiscence *f,* souvenir *m;* **nach=klingen** ⟨*aux: sein*⟩ *itr* retentir, résonner.

Nachkomm|e *m* ⟨-n, -n⟩ ['na:x-] descendant *m; ~n haben (a.)* faire souche; **nach=kommen** ⟨*aux: sein*⟩ *itr* venir plus tard; *(Schritt halten)* rester au courant; *(e-r Aufforderung)* donner suite à; *(e-r Vorschrift)* se conformer à; *(e-m Befehl)* exécuter; *s-n Verpflichtungen (nicht)* ~ faire honneur à (être en défaut de) ses obligations; *ich komme nach* je vous suivrai *od* rejoindrai; **~enschaft** *f* descendance, lignée, progéniture, postérité *f;* **Nachkömmling** *m* ⟨-s, -e⟩ ['-kœmlɪŋ] tardillon *m fam,* retardataire; enfant *m* né tardivement.

Nachkriegs|... ['na:x-] *(in Zssgen)* d'après-guerre; **~zeit** *f* après-guerre *m.*

Nachkur *f* ['na:x-] *med* postcure *f.*

nach=laden ['na:x-] *tr mil* recharger; **N~** *n* rechargement *m.*

Nachlaß *m* ⟨-sses, -sse⟩ ['na:xlas] *com* réduction, remise *f; (Rabatt)* rabais *m; (Hinterlassenschaft)* succession *f; (e-s Gefallenen)* fonds et effets *m pl;* **~gegenstand** *m* objet *m* faisant partie de la succession; **~gericht** *n* tribunal *m* des successions; **~verbindlichkeit** *f* obligation *f* de la succession; **~verwalter** *m* curateur *od* administrateur *m* (à la succession); **~verwaltung** *f* administration *f* de la succession.

nach=lassen *tr (lockern)* (re)lâcher, desserrer, détendre; *(vom Preise)* rabattre; *(tr (schwächer werden)* diminuer d'intensité, s'amoindrir, se relâcher, faiblir; *(Sturm, Lärm)* s'apaiser; *(Schmerz)* se calmer; *(Fähigkeit)* s'appauvrir; *(Eifer)* se refroidir; *nicht* ~ *(a.)* n'avoir ni fin ni cesse; **N~** *n* diminution *f;* relâchement; tassement; apaisement; appauvrissement; refroidissement *m;* **nachgelassen** *pp (Werk)* posthume, d'outre-tombe; **N~schaft** *f* succession *f.*

nachlässig ['na:x-] *a (Mensch im Tun)* négligent; nonchalant, inexact; *(~ gekleidet; Sache)* négligé; *adv a.* par manière d'acquit; **N~keit** *f* négligence *f,* manque *m* de soin, incurie *f,* laisser-aller *m.*

nach=laufen ['na:x-] ⟨*aux: sein*⟩ *itr*

courir (*jdm* après qn), (pour)suivre (*jdm* qn); *den Weibern* ~ *(fam)* courir le jupon.

Nachläufer, die *m pl* la gent moutonnière.

Nachlese *f* ['na:x-] *agr (Getreide: Tätigkeit)* glanage *m*; *(das Gesammelte)* glanure *f*; *(Wein)* grappillage *m*; *fig* glane *f*; recueil *m* complémentaire; ~ *halten* glaner; grappiller; **nach=lesen** *tr (nochmal lesen)* relire; *(prüfen)* vérifier.

nach=liefer|n ['na:x-] *tr* livrer *od* fournir plus tard; **N~ung** *f* livraison postérieure *(spätere)*, supplémentaire *od* complémentaire *(ergänzende)*.

nach=lös|en ['na:x-] *itr loc* prendre un supplément; **N~eschalter** *m* (guichet *m* des) suppléments *m pl.*

nach=machen ['na:x-] *tr (Menschen u. Sache)* imiter; *(Menschen)* copier; *(fälschen)* contrefaire; *es jdm* ~ *en* faire autant que qn.

nachmal|ig ['na:x-] *a* postérieur, ultérieur; ~s *adv* par la suite, plus tard.

nach=messen ['na:x-] *tr* vérifier la mesure de.

Nachmieter *m* ['na:x-] nouveau locataire *m.*

Nachmittag *m* ['na:x-] après-midi; *pop* tantôt *m*; **n~s** *adv* (dans) l'après-midi; ~skonzert *n* matinée *f* musicale; ~sveranstaltung *f,* ~svorstellung *f* matinée *f.*

Nachnahme *f ⟨-, -n⟩* ['na:x-] remboursement *m*; *gegen* ~ contre remboursement; *durch* ~ *erheben* disposer par remboursement; ~gebühren *f pl* frais *m pl* de remboursement; ~sendung *f* envoi *m* contre remboursement.

Nachname *m* ['na:x-] nom *m* de famille.

nach=plappern ['na:x-] *tr* répéter machinalement.

Nachporto *n* ['na:x-] surtaxe *f.*

nachprüf|bar ['na:x-] *a* contrôlable, vérifiable; **nach=prüfen** *tr* contrôler, vérifier, récoler; **N~ung** *f* contrôle *m*, vérification, révision *f*; *(Nachexamen)* examen *m* supplémentaire.

nach=rechn|en ['na:x-] *tr* vérifier; **N~ung** *f* vérification *f.*

Nachrede *f* ['na:x-] *(Buch)* épilogue *m*, postface *f*; *üble* ~ médisance, diffamation *f*; *fam* racontars *m pl*; **nach=reden** *tr* répéter; *jdm etw Schlechtes* ~ médire, dire du mal de qn.

nach=reichen ['na:x-] *tr (Speise)* repasser; *(Beleg)* fournir plus tard, faire suivre ultérieurement.

nach=reifen ['na:x-] *⟨aux: sein⟩ itr (Obst)* mûrir après la cueillette.

nach=reisen ['na:x-] *⟨aux: sein⟩ itr: jdm* ~ (partir pour) rejoindre qn.

nach=rennen ['na:x-] *⟨aux: sein⟩ itr =* nachlaufen.

Nachricht *f ⟨-, -en⟩* ['na:xrıçt] nouvelle; *(Mitteilung)* information, communication *f*; *(Anzeige)* avis; *(Auskunft, a. mil)* renseignement; *(amtliche* ~*, a.)* communiqué; *(ausgerichtete* ~*)* message *m*; *pl radio TV* actualités, informations *f pl*; *e-e* ~ *bringen* apporter une nouvelle; *die* ~ *von etw erhalten* recevoir la nouvelle de qc; *ich habe keine* ~ *von ihm* je n'ai pas de ses nouvelles; *Sie hören* ~*en (radio)* voici le journal *od* notre bulletin d'information; *die letzten* ~*en* les dernières nouvelles *f pl*; *vermischte* ~*en* faits *m pl* divers.

Nachrichten|abteilung *f* ['na:x-] *mil* bataillon *m* de transmissions; ~agent *m* informateur *m*; ~agentur *f* agence *f* d'information(s) *od* de presse; ~blatt *n* feuille *f* *od* journal *m* d'information(s); ~büro *n* bureau *m* *od* agence *f* d'information(s); ~dienst *m* service d'information *od* mil des transmissions *od (Polizei)* de renseignements; *radio* journal *m* parlé; ~kopf *m* *inform* en-tête *m*; ~magazin *n* magazine *m* d'informations; ~netz *n* réseau *m* de transmissions *od* de télécommunications; ~offizier *m* officier *m* des transmissions; ~quelle *f* source *f* d'information; *(Person)* informateur *m*; ~satellit *m* satellite *m* de (télé)communication(s); ~sperre *f* black-out *m*; ~sprecher *m radio* speaker *m*; ~stelle *f* centre *m* de(s) renseignements; ~technik *f* télécommunication *f*; ~trupp *m mil* équipe *f* *od* atelier *m* de transmissions; ~truppen *f pl* service *m* des transmissions; ~übermitt(e)lung *f,* ~übertragung *f* transmission *f* des informations *od* des renseignements; ~wesen *n* renseignements *m pl*; *mil* transmissions *f pl*; ~zentrale *f* centre *m* de(s) renseignements.

nachrichtlich ['na:x-] *adv* pour information, à titre de renseignement, par forme d'avis.

Nachruf *m* ['na:x-] *(in e-r Zeitung)* article *m* nécrologique, nécrologie *f*; **nach=rufen** *tr: jdm etw* ~ crier qc après qn.

Nachrüstung *f* ['na:x-] armement *m* additionnel *od* complémentaire.

nach=sagen ['na:x-] *tr (wiederholen)* répéter; *jdm etw Gutes, Schlechtes* ~ dire du bien, du mal de qn.

Nachsaison f ['na:x-] arrière-saison, après-saison f.

Nachsatz m ['na:x-] gram second membre; philos second terme; (Nachschrift) post-scriptum m.

nach=schauen ['na:x-] itr: jdm ~ suivre qn du regard od des yeux; ~, ob ... (aller) voir si ...

nach=schicken ['na:x-] tr faire suivre (jdm qn).

nach=schlag|en ['na:x-] tr (Wort, Stelle, in e-m Buch) chercher; itr compulser, consulter (in e-m Buch un livre); jdm ~ (nacharten) tenir de qn; **N~e-werk** n ouvrage m de référence.

nach=schleichen ['na:x-] ⟨aux: sein⟩ itr: jdm ~ suivre qn furtivement, se faufiler derrière qn.

Nachschlüssel m ['na:x-] fausse(-)clé f, passe-partout; fam rossignol m.

nach=schreiben ['na:x-] tr (mitschreiben) écrire après coup; **N~schrift** f notes f pl; (Nachtrag) post-scriptum m.

Nachschub m ['na:x-] renfort(s pl); mil approvisionnement, ravitaillement m; ~**basis** f, ~**lager** n, ~**linie** f base f, dépôt m, ligne f de ravitaillement; ~**weg** m voie f de ravitaillement.

nach=sehen ['na:x-] itr suivre du regard od des yeux (jdm qn); (sich informieren) s'informer; (in e-m Buch) consulter (in etw qc); tr (durchsehen, prüfen) vérifier, examiner; (entschuldigen) passer (jdm etw qc à qn); **N~** n: das ~ haben en être pour ses frais; n'avoir plus qu'à dire amen.

nach=senden ['na:x-] tr faire suivre; bitte ~! prière de faire suivre.

nach=setzen ['na:x-] ⟨aux: sein⟩ itr: jdm ~ poursuivre qn, s'élancer od bondir à la poursuite de qn.

Nachsicht f ['na:x-] indulgence, tolérance, complaisance f; gegen jdn ~ üben user d'indulgence envers qn; **n~ig** a indulgent; adv avec indulgence; ~**igkeit** f = ~; **n~svoll** a = n~ig.

Nachsilbe f ['na:x-] gram suffixe m.

nach=sinnen ['na:x-] itr réfléchir, méditer (über etw sur qc); songer (über etw à qc); **N~** n réflexion, méditation f.

nach=sitzen ['na:x-] itr (Schule) être en retenue; ~ lassen mettre en retenue; **N~** n retenue f.

Nachsommer m ['na:x-] été m de la Saint-Martin.

Nachspeise f ['na:x-] dessert m.

Nachspiel n ['na:x-] theat épilogue m; fig suite(s pl) f; ein gerichtliches ~ haben avoir des suites judiciaires.

nach=spionieren ['na:x-] itr fam = nachspüren.

nach=sprechen ['na:x-] tr répéter.

nach=spüren ['na:x-] itr: jdm ~ épier qn.

nächst [nɛ:çst] prp dat (räuml.) tout près de; (Reihenfolge) après; **N~be-ste,** der, die, das le premier, la première venu(e); ~**dem** [-'de:m] adv après cela; ~**e(r, s)** a (räuml.) (le) plus proche; (Weg) (le) plus court; (Reihenfolge) prochain, suivant; premier; ~es Jahr l'année prochaine; ~es Mal la prochaine fois; ~en Sonntag dimanche prochain; ~e Woche la semaine prochaine; als ~es ensuite; am ~en le plus proche od près; (Weg) le plus court; aus ~er Nähe (schießen tirer) à bout portant; fürs ~e d'abord; im ~en Augenblick od Moment l'instant d'après; im ~en Jahr l'année suivante; in ~er Nähe tout près; in der ~en Zeit (très) prochainement; die ~en Angehörigen les parents les plus proches; der ~e (in der Reihenfolge) le suivant; der ~, bitte! au suivant, s'il vous plaît; der **N~e** (Mitmensch) le prochain; jeder ist sich selbst der ~ (prov) charité bien ordonnée commence par soi-même; **N~e,** das la première chose (à faire), le plus urgent; **N~enliebe** f amour m du prochain, charité f, altruisme m; ~**ens** adv prochainement; ~**folgend** a suivant, prochain; ~**höher** a immédiatement supérieur; **N~liegende,** das (fig) le plus urgent.

nach=stehen ['na:x-] itr: jdm ~ être inférieur à qn, ne pas égaler qn; jdm in nichts ~ ne le céder en rien à qn; ~**d** a suivant; adv ci-après, ci-dessous.

nach=steigen ['na:x-] ⟨aux: sein⟩ itr: jdm ~ suivre qn clandestinement.

nach=stell|en ['na:x-] tr ⟨aux: haben⟩ placer après; (Uhr) retarder; (regulieren) régler, (r)ajuster, rattraper; itr ⟨aux: sein⟩: jdm ~ poursuivre, traquer, chasser qn, prendre qn en chasse; **N~en** n réglage, rattrapage m; **N~ung** f meist pl embûches, poursuites f pl.

Nachstoß m ['na:x-] sport riposte f; mil talonnement m; **nach=stoßen** itr sport riposter; mil talonner.

nach=suchen ['na:x-] itr: um etw ~ solliciter, quémander, demander qc.

Nacht f ⟨-, ¨e⟩ [naxt, 'nɛçta] a. fig nuit f; (Dunkelheit, a. fig) obscurité f; fig ténèbres f pl; die ganze ~ (über) toute la nuit, jusqu'au matin; bei ~, des ~s, in der ~ de od la nuit, nuitamment; bei Einbruch der ~ à la nuit tombante, à la tombée de la nuit; *bei ~ und Nebel, im Schutze der ~* à la faveur de la nuit, clandestinement; *heute n~* cette nuit; *über ~ (die ~ über)* pendant *od* durant la nuit; *(von heute auf morgen, sehr schnell)* du jour au lendemain; *wie Tag und ~ (verschieden)* comme le jour et la nuit; *die ganze ~ aufbleiben* passer la nuit; *über ~ bleiben* rester pour la nuit; *die ~ zum Tage machen* faire de la nuit le jour et du jour la nuit; *sich die ~ um die Ohren schlagen, die ganze ~ auf den Beinen sein* passer la nuit; *pop* faire la bamboula; *die ~ verbringen* passer la nuit; *fam* gîter; *bei e-m Kranken* veiller un malade; *die ganze ~ kein Auge zutun* ne pas fermer l'œil de (toute) la nuit; *es wird ~, die ~ bricht herein* il se fait nuit, la nuit descend *od* tombe *od* vient; *gute ~!* bonne nuit! *bei ~ sind alle Katzen grau (prov)* la nuit, tous les chats sont gris; *häßlich wie die ~* laid comme un pou; ~**angriff** *m* attaque *f* de nuit; ~**arbeit** *f* travail *m* de nuit, veilles *f pl; (geistige)* ~ élucubration(s *pl*) *f;* ~**asyl** *n* asile *m* de nuit; ~**aufnahme** *f phot* vue *f* (prise) de nuit; ~**blindheit** *f med* héméralopie *f;* ~**creme** *f* crème *f* de nuit; ~**dienst** *m* service *m* de nuit; ~**fahrt** *f* trajet *m* de nuit; ~**falter** *m* papillon *m* de nuit, phalène *f;* ~**flug** *m* vol *m* de nuit; ~**frost** *m* gelée *f* matinale *od* nocturne; ~**geschirr** *n* = ~*topf;* ~**gewand** *n* robe *f* de nuit; ~**hemd** *n* chemise *f* de nuit; ~**klub** *m* club *m* de nuit; ~**lager** *n* gîte *m;* ~**lampe** *f* lampe de chevet, veilleuse *f;* ~**leben** *n* vie *f* nocturne; ~**lokal** *n* boîte *f* de nuit; ~**luft** *f* fraîcheur *f* de la nuit; ~**mahr** *m* ⟨-(e)s, -e⟩ cauchemar *m;* ~**marsch** *m mil* marche *f* de nuit; ~**mensch** *m* couche-tard *m;* ~**musik** *f* sérénade *f;* ~**mütze** *f* bonnet *m* de nuit; ~**portier** *m* veilleur *m* de nuit; ~**quartier** *n* logis; abri *m* pour la nuit; ~**ruhe** *f* repos *m* nocturne; **n~s** *adv* (pendant) la nuit, de nuit, nuitamment; *um 3 Uhr ~* à 3 heures de la nuit; ~**schattengewächse** *n pl* solanacées *f pl;* ~**schicht** *f mines* poste *m* de nuit; *(Mannschaft)* équipe *f* de nuit; *~ haben (allg)* être de nuit; **n~schlafend** *a: zu ~er Zeit* quand tout le monde dort; ~**schwalbe** *f orn* engoulevent *m;* ~**schwärmer** *m fam* noctambule, rôdeur de nuit; bambocheur; *pop* vadrouilleur *m;* ~**speicherheizung** *f* chauffage *m* par accumulation; ~**speicherofen** *m* chauffage par accumulation, accumu-

lateur *m;* ~**stuhl** *m* chaise *f* percée; ~**tarif** *m* tarif *m* de nuit; ~**tisch** *m* table *f* de nuit *od* de chevet; ~**tischlampe** *f* lampe *f* de chevet; ~**topf** *m* vase de nuit, pot *m* de chambre; ~**übung** *f mil* exercice *m* de nuit; ~**viole** *f bot* julienne *f;* ~**vogel** *m* oiseau *m* nocturne *od* de nuit; ~**vorstellung** *f theat film* séance *f* nocturne; ~**wache** *f* garde de nuit; *(mehrerer Personen)* veillée *f; die ~ (Gemälde von Rembrandt)* la Ronde de nuit; ~**wächter** *m* gardien *od* veilleur *m* de nuit; **n~wandeln** ⟨*aux: sein*⟩ *itr* être somnambule; ~**wandeln** *n* somnambulisme *m;* ~**wandler** *m* ⟨-s, -⟩ somnambule *m;* **n~wandlerisch** *a* somnambule; *mit ~er Sicherheit* infailliblement; ~**zeit** *f: zur ~* en nocturne, de nuit; ~**zug** *m* train *m* de nuit.

Nachteil *m* ['na:x-] désavantage, inconvénient; *(Schaden)* préjudice, détriment; *(Behinderung)* handicap *m; zum ~ (gen)* au préjudice *od* détriment (de); *jdm ~e bringen, von ~ sein* porter *od* causer préjudice à qn; *~e von etw haben* subir des préjudices de qc; *im ~ sein* être désavantagé; *mit ~en verbunden* sujet à des inconvénients; **n~ig** *a* désavantageux; préjudiciable; *(abträglich)* défavorable.

nächt|elang ['nɛçtəlaŋ] *adv* (pendant *od* durant) des nuits entières; ~**igen** ['nɛçtɪgən] *itr* passer la nuit; *fam* gîter; ~**lich** *a* nocturne; *~e Ruhestörung f* tapage *m* nocturne; ~**licherweile** *adv* nuitamment, de nuit.

Nachtigall *f* ⟨-, -en⟩ ['naxtigal] rossignol *m.*

Nachtisch *m* ['na:x-] dessert *m; beim ~ (a.)* entre la poire et le fromage.

Nachtrag *m* ['na:x-] supplément, additif; *(Versicherung)* avenant; *(Testament)* codicille *m;* **nach≈tragen** *tr (hinzufügen)* ajouter, suppléer; *jdm etw ~* porter qc derrière qn; *fig* porter *od* garder rancune à qn de qc; avoir de la rancune contre qn pour qc; **n~end** *a* rancunier; ~**shaushalt** *m* budget *m* supplémentaire; ~**szahlung** *f* versement *m* additionnel; **nachträglich** ['na:xtrɛ:klɪç] *a (später eingehend)* ultérieur, postérieur; *(ergänzend)* supplémentaire; *adv* après coup; *(zusätzlich)* additionnellement; *~ bezahlen* payer après *od* postérieurement *od* ultérieurement.

nach≈trauern ['na:x-] *itr: jdm, e-r S ~* regretter qn, qc.

Nachtrupp *m* ['na:x-] *mil* arrière--garde *f.*

nach=tun ['na:x-] *tr: es jdm ~ en faire autant que qn.*

Nachuntersuchung *f* ['na:x-] *allg* examen *m* de vérification *od* de contrôle; *med* contre-visite *f* (médicale).

Nachvermächtnis *n* ['na:x-] arrière--legs *m*.

nach=versicher|n ['na:x-] *itr* compléter l'assurance; **N~ung** *f* assurance *f* supplémentaire.

nach=vollziehen *tr (Gedankengang)* suivre; *(verstehen)* comprendre.

nach=wachsen ['na:x-] ⟨*aux: sein*⟩ *itr* repousser; se reproduire, se régénérer.

Nachwahl *f* ['na:x-] élection *f* od scrutin *m* complémentaire.

Nachwehen *f pl* ['na:x-] *physiol* tranchées utérines; *fig* suites *f pl* fâcheuses.

nach=weinen *itr* déplorer (*jdm, e-r S* qn, qc); *jdm, e-r S keine Träne ~* ne pas regretter qn, qc.

Nachweis *m* ⟨-es, -e⟩ ['na:x-] preuve, justification; *chem* détection *f; zum ~ (gen)* à l'appui (de); *den ~ erbringen* od *führen* od *liefern, daß* ... administrer *od* apporter *od* fournir la preuve ...; **n~bar** *a* démontrable, vérifiable; *chem* détectable, décelable **nach=weisen** *tr (beweisen)* prouver, démontrer, justifier; mettre en évidence; *jur* établir; *chem* détecter, déceler; *s-e Befähigung ~* justifier *od* prouver sa qualification; **~stelle** *f* service *m* de documentation; **~ung** *f* = *Nachweis;* indication, preuve, constatation *f;* **n~lich** *adv* comme on peut en apporter la preuve.

Nachwelt *f* ['na:x-] postérité *f*.

nach=werfen ['na:x-] *tr: jdm etw ~* jeter qc après qn *od fig* à la tête à qn.

nach=wiegen ['na:x-] *tr* vérifier le poids (*etw* de qc).

nach=wirk|en ['na:x-] *itr* retentir, avoir des répercussions; **N~ung** *f* action *f* ultérieure; retentissement *m*, répercussions *f pl*, effet *m* ultérieur; *pl med* reliquat *m*, séquelle *f; die ~en e-r S spüren* se ressentir de qc.

Nachwort *n* ['na:x-] *(Buch)* postface *f*, épilogue *m*.

Nachwuchs *m* ['na:x-] *bot* rejet; *(Wald)* recrû *m; der ~ (Menschen)* les jeunes *m pl;* la relève; **~schwierigkeiten** *f pl* difficultés *f pl* de recrutement.

nach=zahl|en ['na:x-] *tr* payer après *od* postérieurement *od* ultérieurement; *itr* payer *od* verser un supplément; **N~ung** *f* paiement *od* versement supplémentaire, supplément;

rappel; *(nachträgliche Zahlung)* paiement *m* postérieur *od* ultérieur.

nach=zähl|en ['na:x-] *tr* recompter, vérifier; **N~ung** *f* vérification *f*.

nach=zeichn|en ['na:x-] *tr* copier; **N~ung** *f* copie *f*.

nach=ziehen ['na:x-] *tr* tirer *od* traîner après soi; *(Schraube)* resserrer; *(Strich)* retracer; *(Augenbrauen)* refaire; *das Bein ~* traîner la jambe *od fam* la patte; *itr (jds Beispiel folgen)* en faire autant.

nach=zotteln ['na:x-] ⟨*aux: sein*⟩ *itr fam* suivre lentement.

Nachzügler *m* ⟨-s, -⟩ ['na:x-] traînard, retardataire, attardé *m*.

Nachzündung *f* ['na:x-] *mot* retard *m* à l'allumage.

Nackedei *m* ⟨-(e)s, -e/-s⟩ ['nakədaɪ] *hum* enfant *m* nu.

Nacken *m* ⟨-s, -⟩ ['nakən] nuque; *(Küche: vom Schwein)* échinée *f; den ~ (unter das Joch) beugen* courber *od* plier l'échine; *jdm den ~ steifen* encourager qn; *er hat den Schalk od Schelm im ~* c'est un espiègle (né); **~schlag** *m* coup *m* sur la nuque; *pl fig* revers *m pl*, traverses *f pl;* **~schutz** *m* couvre-nuque, protège--nuque *m*.

nackend ['nakənt] *a* = *nackt.*

nackt [nakt] *a; pop* à poil; *fig* dénudé, dépouillé; *(Fels)* vif; *sich ~ ausziehen* se mettre (tout) nu; **N~aal** *m zoo* gymnote *m;* **N~heit** *f* ⟨-, ø⟩ nudité *f;* **N~kultur** *f* nudisme; naturisme *m; Anhänger m der ~* nudiste, naturiste *m;* **N~schnecken** *f pl* limacidés *m pl;* **N~tänzerin** *f* danseuse *f* nue.

Nadel *f* ⟨-, n⟩ ['na:dəl] *(ohne Öhr)* épingle; *(mit Öhr)* aiguille *f; (wie) auf ~n sitzen (fig)* être sur des charbons ardents, être dans ses petits souliers; **~arbeit** *f* ouvrage *m* à l'aiguille; **~baum** *m* conifère, (arbre) résineux *m;* **~büchse** *f* épinglier; porte-aiguilles, étui *m* à aiguilles; **~feile** *f* queue--de-rat *f;* **n~förmig** *a* en forme d'aiguille; *scient* aciculaire; **~geld** *n* argent *m* de poche; **~hölzer** *n pl* conifères *m pl;* **~kissen** *n* pelote *f* (à épingles); **~öhr** *n* trou d'aiguille, chas *m;* **~palme** *f bot* raphia *m;* **~spitze** *f* pointe *f* d'épingle *od* d'aiguille; **~stich** *m* piqûre *f* od (*a. fig*) coup d'épingle; *(Nähstich)* point *m* (de couture); **~wald** *m* forêt *f* de conifères *od* de résineux.

Nadir *m* ⟨-s, ø⟩ ['na:dɪr/na'di:r] *astr* nadir *m*.

Nagel *m* ⟨-s, ⁀⟩ ['na:gəl, 'nɛ:gəl] *tech* clou *m; (Stift)* broche, pointe; *(Holznagel)* cheville *f; anat* ongle *m; mit*

Nägeln beschlagen clouter, garnir de clous; *jdm auf den Nägeln brennen (fig)* prendre qn à la gorge; *sich die Nägel schneiden, feilen und putzen* se faire les ongles; *das Geschäft an den ~ hängen (fig)* jeter le froc aux orties; *an den Nägeln kauen* se ronger les ongles; *sich etw unter den ~ reißen (fam)* gratter *od* grignoter qc, mettre qc dans sa manche; *pop* s'envoyer qc; *den ~ auf den Kopf treffen (fig)* mettre le doigt dessus, rencontrer *od* toucher juste; *das brennt auf den Nägeln (a.)* c'est très urgent; ~**bett** *n anat* lit *m od* matrice *f* de l'ongle; ~**bohrer** *m* avant-clou *m;* ~**bürste** *f* brosse *f* à ongles; ~**eisen** *n* arrache-clou *m;* ~**feile** *f* lime *f* à ongles; **n~förmig** *a anat* ongulé; ~**geschwür** *n* mal *m* blanc, tourniole *f;* panaris *m;* ~**kasten** *m* boîte à clous, cloutière *f;* ~**klaue** *f* tire-clou *m;* ~**kopf** *m,* ~**kuppe** *f* tête *f* (de clou); ~**lack** *m* vernis *m* à ongles; ~**lackentferner** *m* ⟨-s, -⟩ dissolvant *m;* **n~n** *tr* clouer *(an, auf* à); *(benageln)* clouter; **n~neu** *a* tout *od* flambant neuf; ~**pflege** *f* manucure *f;* ~**pflegenecessaire** *n* onglier *m;* ~**polierer** *m* polissoir *m* (à ongles); ~**politur** *f* = ~*lack;* ~**probe** *f: die ~ machen* faire rubis sur l'ongle; ~**reiniger** *m* cure-ongles *m;* ~**schere** *f* ciseaux *m pl* à ongles, coupe-ongles *m,* onglier *m pl;* ~**schuhe** *m pl* souliers *m pl* cloutés; ~**zieher** *m* ⟨-s, -⟩ = ~*klaue.*

nag|en ['na:gən] *tr a. fig* ronger *(an etw* qc, *an jdm* qn); ~**end** *a* rongeur; *(Kummer)* déchirant; **N~er** *m* ⟨-s, -⟩, **N~etier** *n* rongeur *m.*

nah|(e) [na:(ə)] *a (näher, am nächsten) (räuml.)* proche; *(benachbart)* voisin, attenant; *(zeitl.)* proche, imminent; *fig (nahestehend)* intime; *adv* près; ~*e bei* près de, à proximité de; ~*(e) beiea.* l'un près de l'autre; *ganz* ~*(e)* tout près; *(an, bei* de); *von* ~ *und fern* de près et de loin; ~*e bevorstehen* être imminent; ~*e kommen* s'approcher *(jdm, e-r S* de qn, de qc); ~*(e) sein (zeitl.)* approcher; ~*e daran sein zu ...* être sur le point de ...; ~*e an Fünfzig sein* approcher la cinquantaine; *dem Tod, Ziel* ~*e sein* être près de la mort, de la fin, toucher au but; *jdm zu* ~*e treten (fig)* froisser qn; *ich war* ~*e daran zu ...* j'ai failli *inf,* il s'en est fallu de peu que je *subj,* j'étais sur le point de *inf; der N~e Osten* le Proche-Orient; ~*e(r) Verwandter(r) m* proche parent *m;* **N~abwehr** *f,* **N~angriff** *m mil*

défense, attaque *f* rapprochée; **N~aufklärer** *m aero* avion *m* de reconnaissance tactique; **N~aufklärung** *f mil* reconnaissance *f* rapprochée; **N~aufnahme** *f phot* photo(graphie) *od* vue *f* prise de près; *film* gros plan *m;* **N~beobachtung** *f* observation *f* rapprochée; ~**ebei** *adv* tout près; ~**e=bringen** *tr: jdm etw ~ (Wissen)* rendre qc accessible à qn, mettre qc à la portée de qn; *(verständlich, vertraut machen)* faire comprendre, faire toucher du doigt qc à qn; ~**e=gehen** *⟨aux: sein⟩ itr (seelisch ergreifen)* toucher de près *(jdm* qn); *das geht einem* ~*e* c'est navrant; ~**e=kommen** *⟨aux: sein⟩ itr (beinahe gleichkommen)* approcher *(dem Ziel* du but, *der Wahrheit* de la vérité); ~**e=legen** *tr (empfehlen)* donner à entendre, faire comprendre, recommander, suggérer *(jdm etw* qc à qn); ~**e=liegen** *itr (leicht zu finden sein)* se concevoir aisément *od* facilement, tomber sous le sens; *die Vermutung liegt nahe, daß ...* on est tenté de croire que ...; ~**eliegend** *a* facile à comprendre *od* à concevoir *od* à imaginer; ~**en** *itr ⟨aux: sein⟩ u. sich ~ ⟨aux: haben⟩* (s')approcher; **N~en** *n* approche *f;* ~**e=stehen** *itr (vertraut, verbunden sein)* être intime *od* lié *(jdm* avec qn); ~**estehend** *a (vertraut)* intime; *(verbunden)* lié; ~**e=treten** *⟨aux: sein⟩ itr (vertraut werden)* se familiariser *(jdm* avec qn); ~**ezu** *adv* à peu (de chose) près, presque; **N~kampf** *m* combat rapproché, (combat) corps à corps; *mar* abordage *m;* **N~kampfwaffe** *f* arme *f* de combat rapproché; **N~ost** *m: in ~* en Proche-Orient; ~**östlich** *a* proche-oriental; **N~sicherung** *f mil* sûreté *f* rapprochée; **N~verkehr** *m* trafic *od* service routier à petite distance; trafic suburbain; *tele* trafic *od* service *m* (téléphonique) à courte distance; **N~verkehrsnetz** *n loc* réseau *m* express régional; **N~verkehrszug** *m* train *m* de banlieue; **N~ziel** *n* but *m* rapproché *od* immédiat.

Näh|arbeit *f* ['nɛ:-] ouvrage *m* de couture; **n~en** *tr* coudre; *med* suturer; *itr med* faire une suture; *doppelt genäht hält besser (prov)* deux précautions valent mieux qu'une; ~**erei** *f* [-'raɪ] couture *f;* ~**erin** *f* couturière *f; (in e-m Modehaus)* petite main; *(Maschinen~)* mécanicienne *f;* ~**faden** *m,* ~**garn** *n* fil *m* à coudre; ~**kasten** *m* boîte à ouvrage, travailleuse *f;* ~**korb** *m* panier *m od* corbeille *f* à ouvrage;

~**mädchen** *n* petite main; *fam (in Paris)* midinette *f;* ~**maschine** *f* machine *f* à coudre; ~**nadel** *f* aiguille *f* (à coudre); ~**seide** *f* soie *f* à coudre; ~**tisch** *m* table *f* à ouvrage; ~**tischchen** *n* chiffonnier *m;* ~**zeug** *n* nécessaire *m* ou trousse *f* de couture.

Nähe *f* ⟨-, ø⟩ ['nɛːə] proximité *f,* voisinage *m; (Umgebung)* environs *m pl; aus der* ~ de près; *aus nächster* ~, *ganz aus der* ~ de très ou tout près; *(schießen)* à bout portant; *aus zu großer* ~ de trop près; *in der* ~ à deux pas d'ici; *gen* près de, à proximité de; *hier in der* ~ près ou proche d'ici; *ganz in der* ~, *in nächster* od *unmittelbarer* ~ tout od très près, à proximité immédiate, dans le voisinage immédiat.

näher ['nɛːər] *a (Komparativ von: nah)* plus proche; *(Weg)* plus court; *(genauer)* plus détaillé od précis; *adv* plus près (*an, bei* de); ~ *bestimmen (gram)* qualifier; *auf etw* ~ *eingehen* entrer dans les détails de qc; *jdn* ~ *kennen* connaître qn bien od assez; *jdn* ~ *kennenlernen* faire plus ample connaissance avec qn; *treten Sie* ~*!* approchez(-vous); *die* ~*en Umstände* les détails *m pl; (etw)* ~*bringen tr (vertrauter machen); jdm etw* ~ *éveiller* l'intérêt de qn pour qc; *der Lösung* ~ *approcher* de la solution; **N~es** *n:* ~ *bei, siehe* pour plus amples renseignements od informations s'adresser à, voir; ~**kommen** ⟨*aux: sein*⟩ *itr fig* s'approcher de; *sich* ~ *(fig)* se rapprocher l'un de l'autre; ~**n**, *sich* (s')approcher (*jdm* de qn); *sich s-m Ende* ~ toucher à sa fin; *sich jdm zu* ~ *versuchen (fig)* faire des avances à qn; ~**treten** ⟨*aux: sein*⟩ *itr (vertrauter werden): jdm* ~ se familiariser avec qn; **N~ung** *f math (An~)* approximation *f;* **N~ungsverfahren** *n* méthode *f* d'approximation; **N~ungswert** *m* valeur *f* approximative.

Nähr|boden *m* ['nɛːr-] *fig* terrain *m* favorable, bouillon *m* de culture; **n~en** *tr* nourrir *a. fig (Gefühl); (ein Kind stillen)* allaiter; *itr (nahrhaft sein)* être nourrissant od nutritif; *sich* ~ se nourrir (*von* de); ~**flüssigkeit** *f* liquide *m* alimentaire; ~**gewebe** *n bot (des Samens)* albumen *m;* ~**lösung** *f (für Bakterien)* bouillon od milieu *m* de culture; ~**mittel** *n pl* produits *m pl* alimentaires; ~**salz** *n* sel *m* nutritif; ~**stoff** *m* substance *f* nutritive, nutriment *m; pl a.* matières *f pl* d'alimentation; ~**wert** *m* valeur nutritive

od alimentaire od énergétique, nutritivité *f.*

nahrhaft ['naːrhaft] *a* nourrissant, nutritif; *(kräftig)* substantiel; *fig (einträglich)* lucratif; **N~igkeit** *f* ⟨-, ø⟩ qualités *f pl* nutritives.

Nahrung *f* ⟨-, ø⟩ ['naruŋ] nourriture *f;* ~ *zu sich nehmen* prendre de la nourriture; *flüssige* ~ (aliments) liquides *m pl; geistige* ~ nourriture *f* spirituelle; ~**saufnahme** *f physiol* ingestion *f; die* ~ *verweigern* refuser la nourriture; ~**sbedürfnis** *n,* ~**smangel** *m* besoin, manque *m* de nourriture; ~**smittel** *n* aliment *m,* denrée *f* od produit *m* alimentaire; ~**smittelindustrie** *f* industrie *f* alimentaire od de l'alimentation; ~**smittelprüfer** *m* essayeur *m;* ~**ssorgen** *f pl* souci *m* du pain quotidien.

Naht *f* ⟨-, ⁻e⟩ [naːt, 'nɛːtə] couture *f; tech* joint *m,* soudure *f; anat bot* suture *f;* **n~los** *a (Textil)* sans couture; *tech* sans joint od soudure; ~**stelle** *f fig* couture, ligne *f* de soudure, point de suture; *mil (zwischen zwei Einheiten)* point *m* de jonction.

naiv [na'iːf] *a* naïf, ingénu; **N~e** *f* ⟨-n, -n⟩ [-və] *theat* ingénue *f;* **N~ität** *f* ⟨-, (-en)⟩ [-ivitɛːt] naïveté, ingénuité *f.*

Name *m* ⟨-ns, -n⟩ ['naːmə] nom *m; (Benennung)* dénomination; appellation *f; (Ruf)* renom *m,* renommée, réputation *f; in jds* ~*n* au nom, de la part de qn; *in meinem* ~*n* en mon nom personnel; *im* ~*n des Gesetzes* au nom de la loi; *im* ~*n des Königs* de par le roi; *(nur) dem* ~*n nach* de nom, nominalement; *unter falschem* ~*n* sous un faux nom, sous une fausse identité; *e-n falschen* ~*n annehmen* déguiser son nom; *die* ~ *aufrufen* faire l'appel (nominal); ~*n nicht behalten (können)* être brouillé avec les noms propres; *s-n* ~*n für etw hergeben* prêter son nom pour qc; *sich e-n* ~*n machen* se faire un nom; *beim* ~*n nennen* nommer par son nom; *das Kind beim (rechten)* ~ *nennen* appeler un chat un chat; *s-n* ~*n sagen* dire od décliner son nom; *s-n* ~*n unter etw setzen* apposer son nom sous qc, signer qc; *mit vollem* ~*n unterschreiben* signer en toutes lettres; *mein* ~ *ist .... (a.)* je m'appelle ...; *wie ist Ihr* ~*?* quel est votre nom? *angenommene(r)* ~ nom d'emprunt od de guerre, pseudonyme *m; bekannte(r)* ~ nom-pilote *m; auf den* ~*n lautend* nominatif; *ein guter* ~ *ist mehr wert als Gold* bonne renommée vaut mieux que ceinture dorée; ~**nforschung** *f* onomastique, science *f* des noms; ~**ngebung** *f* dénomination *f;* ~**ngedächtnis** *n* mémoire *f* des noms; ~**nkunde** *f* = ~*nforschung;* ~**nliste** *f* liste *f* nominative, état *m* nominatif; **n~nlos** *a* sans nom, anonyme; *fig (unsagbar)* indicible, inexprimable; ~**nlosigkeit** *f* ‹-, (-en)› anonymat *m;* ~**nregister** *n* index *m* onomastique; **n~ns** *adv (mit ~n)* du nom de, nommé, appelé; *prp gen (im ~n von)* au nom de, de la part de; ~**nsänderung** *f* changement *m* de nom; ~**nsangabe** *f* désignation *f* du nom; ~**nsstempel** *m* griffe *f;* ~**nsschild** *n* étiquette, plaque *f;* ~**nstag** *m* fête *f; jdm zum ~ gratulieren* souhaiter sa fête à qn; ~**nsverwechslung** *f* confusion *od* erreur *f* de noms; ~**nsverzeichnis** *n* = ~*nliste;* ~**nsvetter** *m* homonyme *m;* ~**nszug** *m* signature, griffe *f; (verkürzt)* parafe *m;* **n~ntlich** *a* nominal; nominatif; *adv* nominalement, nommément; *(insbesondere)* notamment; ~*e Abstimmung f* scrutin *m* nominal; ~*e(r) Aufruf m* scrutin, appel *m* nominal.

namhaft ['na:mhaft] *a (bekannt)* renommé, réputé, connu; *(beträchtlich)* considérable, notable, important; *jdn ~ machen* nommer qn, donner le nom de qn.

nämlich ['nɛ:mlɪç] *a attr: der ~e* le même; *das ~e* la même chose; *adv* (à) savoir, c'est-à-dire; c'est que.

nanu [na'nu:] *interj fam* ça alors! par exemple! pas possible! hé! quoi donc! allons donc! hein!

Napalm *n* ‹-s, ø› ['na:palm] napalm *m;* ~**bombe** *f* bombe f au napalm.

Napf *m* ‹-(e)s, ¨-e› [napf, 'nɛpfə] écuelle, terrine; *(Eβ~)* gamelle; *(Satte)* jatte *f; (Schale)* bol *m;* ~**kuchen** *m* savarin *m;* **Näpfchen** *n* godet *m.*

Naphtha *n* ‹-s, ø› od *f* ‹-, ø› ['nafta] *(Roherdöl)* naphte *m;* ~**alin** *n* ‹-s, ø› [-'li:n] naphtaline *f,* naphtalène *m;* ~**ol** *n* ‹(-s), -e› [-'to:l] *chem* naphtol *m.*

Napoleon *m* [na'po:leɔn] Napoléon *m;* **n~isch** [-pole'o:nɪʃ] *a* napoléonien.

Narb|e *f* ‹-, -n› ['narbə] *med* cicatrice *f; bot* stigmate; *(im Leder)* grain *m; (Pflanzendecke)* couche *f* végétale; **n~en** *tr (Leder)* grener; *fein ~ (Leder, Papier)* greneler; ~**enbildung** *f* cicatrisation *f;* ~**enleder** *n* chagrin *m;* **n~envoll, n~ig** *a* cicatrisé; grêlé; ~**ig** *(Leder)* grenu; ~**ung** *f (Leder)* grenure *f.*

Narde *f* ‹-, -n› ['nardə] *bot* nard *m.*

Narko|se *f* ‹-, -n› [nar'ko:zə] *(Betäubung)* narcose, anesthésie *f;* ~**tikum** *n* ‹-s, -ka› [-'ko:tikʊm] narcotique; insensibilisateur *m;* **n~tisch** *a* narcotique; **n~tisieren** [-kotizi:rən] *tr* narcotiser.

Narr *m* ‹-en, -en› [nar] fou *a. hist (Hof~); an jdm e-n ~en gefressen haben* avoir le béguin, raffoler, être entiché de qn; *jdn zum ~en haben* mystifier qn, tourner qn en dérision *od* en ridicule; *fam* se payer la tête de qn; **n~en** *tr* mystifier, duper; se jouer *(jdn* de qn); ~**enfreiheit** *f* liberté *f* du fou; ~**enhände** *f pl: ~ beschmieren Tisch und Wände (prov)* les muralles sont le papier des sots; ~**enhaus** *n* maison *f* de fous; ~**enkappe** *f* bonnet *m* de fou, marotte *f;* ~**en(s)possen** *f pl* bouffonneries, pitreries, arlequinades *f pl;* ~**enstreich** *m* folie *f;* ~**etei** *f* [-'taɪ], ~**heit** *f* folie, facétie, *f;* **Närrin** *f* folle; sotte *f;* **närrisch** ['nɛrɪʃ] *a* fou; *pop* loufoque; *arg* dingue; *(kauzig)* drôle, comique; *(albern)* niais, nigaud.

Narwal *m* ‹-(e)s, -e› ['narva(:)l] *zoo* narval *m.*

Narz|isse *f* ‹-, -n› [nar'tsɪsə] *bot* narcisse *m;* ~**ißmus** *m* ‹-, ø› [-'tsɪsmʊs] *psych* narcissisme *m.*

nasal [na'za:l] *a scient (Nasen-)* nasal; ~**ieren** [-za'li:rən] *tr (durch die Nase aussprechen)* nasaliser; **N~ierung** *f* nasalisation *f;* **N~laut** *m gram* nasale *f.*

nasch|en ['naʃən] *tr* manger par gourmandise; *itr* manger des friandises; *gern ~* aimer les friandises, être friand; **N~er** *m* ‹-s, -› friand, gourmand *m;* **N~erei** *f* [-'raɪ] *(N~haftigkeit; N~werk)* friandise, gourmandise *f;* ~**haft** *a* friand, gourmand; **N~haftigkeit** *f* ‹-, ø› gourmandise *f;* **N~katze** *f* gourmande *f;* **N~werk** *n* friandise, gourmandise *f; (Süßigkeiten)* sucreries *f pl.*

Nase *f* ‹-, -n› ['na:zə] nez; *(Hund)* a. truffe *f; (Geruchs-, fig: Spürsinn)* flair; *fig (Vorsprung, a. tech)* nez; *(an e-m Gefäß)* bec *m; jdm etw an der ~ ansehen* voir qc au nez de qn; *jdm etw auf die ~ binden* raconter *od* en faire accroire qc à qn; *jdm e-e ~ drehen* faire un pied de nez à qn; *der ~ nach gehen* aller droit devant soi; *e-e feine* od *gute ~ haben* avoir le nez fin *od* creux, avoir du nez *od* du flair; *die ~ von etw voll haben (fam)* avoir plein le dos *od* par-dessus la tête de qc; *jdn an der ~ herumführen* mener qn par le bout du nez, prendre qn pour dupe, duper qn; *von jdm an der*

~ *herumgeführt werden* être la dupe de qn; *jdm auf der* ~ *herumtanzen* mener qn par le bout du nez; *sich nicht auf der* ~ *herumtanzen lassen* ne pas se laisser faire; *auf der* ~ *liegen (fig)* être malade; *sich die* ~ *putzen* se moucher; *jdm etwas unter die* ~ *reiben* jeter qc au nez *od* à la face *od* à la figure de qn; *die* ~ *rümpfen* froncer *od* hausser les sourcils, faire la moue, rechigner; *durch die* ~ *sprechen* parler du nez; *s-e* ~ *in etw stekken (fig)* mettre *od* fourrer son nez dans qc, s'ingérer dans qc, se mêler de qc; *die* ~ *in die Bücher stecken* se coller sur ses livres; *jdm in die* ~ *steigen od ziehen* monter *od* prendre au nez à qn; *jdm mit der* ~ *auf etw stoßen (fig)* mettre à qn le nez sur qc; *jdm etw vor der* ~ *wegschnappen* enlever qc sous le nez de qn; *sich den Wind um die* ~ *wehen lassen (fig)* rouler sa bosse; *mir blutet die* ~ je saigne du nez; *fasse dich an deiner (eigenen)* ~! occupe-toi od mêle-toi de tes affaires! ~**naffe** *m zoo* nasique *m;* ~**nbein** *n anat* os *m* nasal; ~**nbluten** *n* saignement *m* de nez; *scient* hémorragie *f* nasale; ~ *haben* saigner du nez; ~**nflügel** *m anat* aile *f* du nez; ~**nhöhle** *f* fosse *f* nasale; **n~(n)lang** *adv: alle* ~ *(fam)* à tout (tous) moment(s), à tout bout de champ; ~**n-Rachen-Entzündung** *f* rhinopharyngite *f;* ~**nloch** *n* narine *f; (Pferd)* naseau *m;* ~**nrücken** *m* dos *m* du nez; ~**nscheidewand** *f* cloison *f* nasale; ~**nschleim** *m* mucosités *f pl* nasales; ~**nschleimhaut** *f* membrane *f* pituitaire; ~**nschleimhautentzündung** *f* rhinite *f;* ~**nspitze** *f* bout *m* du nez; ~**nstüber** *m* ⟨-s, -⟩ nasarde, chiquenaude *f;* ~**nwurzel** *f anat* racine *f od* sommet *m* du nez; **n~ weis** *a* impertinent, infatué; ~**weis** *m* touche-à-tout *m.*

näseln ['nɛzəln] *itr* nasiller, parler du nez; **N~** *n* nasillement *m;* ~**d** *a* nasillard.

nas|führen ['na:s-] *tr* mener par le bout du nez; **N~horn** *n zoo* rhinocéros *m.*

naß [nas] *a ⟨nasser/nässer, am nassesten/nässesten⟩ (durchnäßt)* mouillé, trempé; *(feucht)* humide; ~ *machen* mouiller, tremper; *sich* ~ *machen,* ~ *werden* se mouiller; ~ *bis auf die Haut* trempé jusqu'aux os; **N~** *n ⟨-sses, ø⟩ lit (Flüssigkeit)* liquide *m;* ~**kalt** *a* froid et humide; *es ist* ~ il fait un froid humide; **N~reinigung** *f (Waschen)* blanchissage *m;* **N~wäsche** *f* linge *m* lavé et non séché.

Nassauer *m ⟨-s, -⟩* ['nasauər] *(Schmarotzer)* pique-assiette, écornifleur, parasite *m; (Regenguß)* averse *f;* **n~n** *itr* être un pique-assiette *od* parasite.

Näss|e *f ⟨-, ø⟩* ['nɛsə] humidité *f; vor* ~ *(zu) schützen!* *(com)* craint l'humidité *od* la pluie; **n~en** *itr* suinter; *der Nebel näßt* il bruine.

Nato *f,* **NATO** *f ⟨-, ø⟩* ['na:to] OTAN *m;* ~**anhänger** *m* atlantiste *m.*

Nation *f ⟨-, -en⟩* [natsi'o:n] nation *f; die Vereinten ~en pl* les Nations *f pl* unies.

national [natsio'na:l] *a* national; **N~charakter** *m* caractère *m* national; **N~china** *n* la Chine nationaliste; **N~farben,** *die f pl* les couleurs *f pl* nationales; **N~feiertag** *m* fête *f* nationale; **N~garde** *f* garde *f* nationale *od (in Belgien)* civique; **N~gefühl** *n* esprit *m* national; **N~gericht** *n (Speise)* plat *m* national; **N~held** *m* héros *m* national; **N~hymne** *f* hymne *od* chant *m* national; ~**isieren** [-nali'zi:rən] *tr* nationaliser; **N~isierung** *f* nationalisation *f;* **N~ismus** *m ⟨-, -men⟩* ['-ısmʊs, -mən] nationalisme *m;* **N~ist** *m ⟨-en, -en⟩* ['-'lıst] nationaliste *m;* ~**istisch** [-'lıstıʃ] *a* nationaliste; **N~ität** *f ⟨-, -en⟩* [-li'tɛ:t] nationalité *f;* **N~itätenprinzip** *n* principe *m* des nationalités; **N~itätskennzeichen** *n mot* plaque *f* de nationalité; **N~konvent** *m hist* convention *f* nationale; **N~mannschaft** *f sport* équipe *f* nationale; **N~ökonom** *m* économiste *m;* **N~ökonomie** *f* économie *f* politique; **N~park** *m geog* parc *m* national; **N~sozialismus** *m* national-socialisme *m, pej* nazisme *m;* **N~sozialist** *m* national-socialiste, *pej* nazi *m;* ~**sozialistisch** *a* national-socialiste; *pej* nazi; **N~stolz** *m* fierté *f* nationale; **N~versammlung** *f pol* assemblée *f* nationale.

Natrium *n ⟨-s, ø⟩* ['na:triʊm] *chem* sodium *m;* ~**chlorid** *n (Kochsalz)* chlorure *m* de sodium; ~**sulfat** *n* sulfate *m* de soude.

Natron *n ⟨-s, ø⟩* ['na:trɔn] soude *f; doppeltkohlensaure(s)* ~ bicarbonate *m* de soude; ~**lauge** *f* soude *f* caustique; ~**salpeter** *m* nitrate *m* de sodium.

Natter *f ⟨-, -n⟩* ['natər] *zoo* couleuvre *f; fig* vipère *f;* ~**gras** *n bot* scorsonère *f* (d'Espagne).

Natur *f ⟨-, -en⟩* [na'tu:r] nature *f; (Körperverfassung)* constitution *f; (Veranlagung)* complexion *f,* caractère, tempérament *m; in* ~ *(jur)* en essence; *nach der* ~ *(Kunst)* d'après na-

ture; *s-r* ~ *nach* de son naturel, par essence; *von* ~ ... d'un naturel ...; *in der* ~ *der Sache liegen* être dans la nature des choses; *s-e wahre* ~ *zeigen (a.)* montrer, laisser passer le bout de l'oreille; *die wahre* ~ *bricht immer wieder durch (prov)* chassez le naturel, il revient au galop; ~**albezüge** *m pl* [-tu'ra:l-] rémunérations *f pl* en nature; ~**alien** [-'ra:liən] *pl agr* produits *m pl* du sol; ~**alienkabinett** *n hist* cabinet *m* d'histoire naturelle; **n~alisieren** [-rali'zi:rən] *tr (einbürgern)* naturaliser; ~**alisierung** *f* naturalisation *f;* ~**alismus** *m* ‹-, -men› [-'lısmʊs, mən] naturalisme *m;* ~**alist** *m* ‹-en, -en› [-'lıst] naturaliste *m;* **n~alistisch** [-'lıstıʃ] *a* naturaliste; ~**alleistung** *f* prestation *f* en nature; ~**allohn** *m* salaire *m* en nature; ~**beschreibung** *f* histoire *f* naturelle; ~**bursche** *m* ingénu *m;* **n~ell** [-'rɛl] *a inv (nachgestellt) (Küche)* au naturel; ~**ell** *n* ‹-s, -e› naturel *m*, complexion *f*, caractère *m;* ~**ereignis** *n*, ~**erscheinung** *f* phénomène *m* naturel; **n~farben** *a* de couleur *f* naturelle; ~**forscher** *m*, ~**freund** *m* naturaliste *m;* **n~gegeben** *a* naturel; **n~gemäß** *a* conforme à la nature, naturel; ~**geschichte** *f* histoire *f* naturelle; ~**gesetz** *n* loi *f* naturelle *od* de la nature; **n~getreu** *a* naturel; *adv* au naturel; ~**gewalt** *f* forces *f pl* de la nature; ~**haushalt** *m* équilibre *m* naturel; ~**heilkunde** *f* médecine naturiste, physiothérapie *f;* ~**heilkundige(r)** *m* médecin *m* naturiste; ~**katastrophe** *f* catastrophe *f* naturelle; ~**kind** *n* ingénu, e *m f;* ~**kunde** *f* histoire *f* naturelle; ~**lehre** *f* physique *f* et chimie *f;* ~**liebe** *f* amour *m* de la nature; ~**mensch** *m* homme *m* de la nature; ~**philosophie** *f* philosophie *f* naturelle *od* de la nature; ~**produkt** *n* produit *m* naturel; ~**recht** *n* droit *m* naturel; ~**reich** *n* règne *m* de la nature; **n~rein** *a* naturel; ~**schutz** *m* protection *od* défense *f* de la nature; *unter* ~ *stehen* être classé site naturel protégé; ~**schutzgebiet** *n* site *m* protégé, réserve *f,* parc *m* national(e); ~**seide** *f* soie *f* naturelle; ~**spiel** *n* jeu *m* de la nature; ~**trieb** *m* instinct *m;* ~**volk** *n* peuple *m* primitif; ~**wissenschaften**, *die f pl* les sciences *f pl* (naturelles *od* physiques); ~**wissenschaftler** *m* naturaliste *m;* ~**zustand** *m* état naturel; état *m* de (pure) nature; sauvagerie *f.*
natürlich [na'ty:rlıç] *a* naturel; *(einfach)* simple, sans recherche *od*

apprêt; *(naiv)* naïf; *jur (Person)* physique; *adv (selbstverständlich)* naturellement, évidemment; bien entendu *od* sûr; **N~keit** *f* ‹-, ø› naturel *m; (Einfachheit)* simplicité; *(Naivität)* ingénuité, naïveté *f.*
Nautik *f* ‹-, ø› ['naʊtık] art *m* nautique, navigation *f;* ~**ilus** *m* ‹-, -/-sse› ['naʊtilʊs, -ə] *zoo* nautile, nautilus *m;* **n~isch** ['naʊtıʃ] *a* nautique.
Navigation *f* ‹-, ø› [navigatsi'o:n] *(Schiffahrt)* navigation *f;* ~**ationsgeräte** *n pl aero* instruments *m pl* de navigation; ~**ationsraum** *m aero* cabine *f* de pilotage; ~**ator** *m* ‹-s, -en› [-'ga:tɔr, -'to:rən] *aero* navigateur *m;* **n~ieren** [-'gi:rən] *itr mar aero* naviguer.
Nazi *m* ‹-s, -s› ['na:tsi] nazi *m;* **n~istisch** [na'tsıstıʃ] *a* nazi; ~**ismus** *m* ‹-, ø› [-'tsısmʊs] nazisme *m.*
ne [ne:] *fam* = *nein.*
Neandertaler *m* ‹-s, -› [ne'andərta:lər] *hist* homme *m* de Néandert(h)al.
Neapel *n* [ne'a:pəl] Naples *f;* **n~olitanisch** [neapoli'ta:nıʃ] *a* napolitain.

Nebel ‹-s, -› ['ne:bəl] brouillard *m*, brume; *astr* nébuleuse; *fig (vom Alkohol)* fumée *f; feuchte(r)* ~ brouillasse *f; künstliche(r)* ~ nuages *m pl* artificiels; *leichte(r)* ~ brumasse *f; in* ~ *gehüllt* embrumé, pris dans le brouillard; ~**bank** *f* nappe *f* de brouillard; ~**bildung** *f* formation *f* brumeuse; ~**bombe** *f* bombe *f* fumigène; ~**decke** *f* nappe *f* de brouillard; ~**fetzen** *m pl* paquets *m pl* de brouillard; ~**fleck** *m astr* nébuleuse *f;* ~**gerät** *n* (appareil) fumigène *m;* ~**geschoß** *n* projectile *m* fumigène; ~**granate** *f* obus *m* fumigène; **n~haft** *a* nébuleux; *fig a.* vague; ~**handgranate** *f* grenade *f* fumigène; ~**horn** *n* corne *od* trompe de brume; sirène *f* (de brouillard); **n~ig** *a* brumeux; *mar a.* gras; *es ist* ~ = *es nebelt; es ist leicht* ~ il brumasse; ~**kerze** *f mil* chandelle *f* fumigène; ~**krähe** *f* corneille *f* mantelée; ~**lampe** *f mot* projecteur *m* perce-brouillard; **n~n** *itr impers: es nebelt* il fait de la brume *od* du brouillard, il bruine; ~**nieseln** *n* bruine *f;* ~**patrone** *f* cartouche *f* fumigène; ~**scheinwerfer** *m* phare *m* anti-brouillard; ~**schicht** *f* couche *f* de brouillard; ~**schleier** *m* rideau *m* de brume; ~**schlußleuchte** *f mot* feu *m* arrière de brouillard; ~**schwaden** *m* brouillard *m* flottant; ~**wand** *f* écran *m* de brume; ~**wer-**

fer *m* ‹-s, -› *mil* mortier *m* Nebel; **neblig** ['-blıç] *a* = n~ig.

neben ['ne:bən] *prp (örtl.)* à côté de, près de; *fig (außer)* en plus de, outre; **~an** [-'an] *adv* à côté; *(von)* ~ d'à -côté; **~bei** [-'baı] *adv* = ~an; *(beiläufig)* en passant, entre parenthèses, accessoirement; *(außerdem)* en outre, de plus; *(so)* ~ sans avoir l'air d'y toucher; ~ *bemerkt* od *gesagt* soit dit en passant; *etw* ~ *tun* faire qc par- -dessus l'épaule; **~einander** [-'nandər] *adv* l'un à côté de l'autre, de front, côte à côte; *dicht* ~ bord à bord; ~ *liegend (Zimmer)* jumeaux, jumelles; **N~einander** *n* ‹-s, ø› coexistence; simultanéité *f;* **~einander=legen** *tr,* **=setzen** *tr,* **=stellen** *tr* mettre od placer l'un à côté de l'autre, juxtaposer; **N~einanderschaltung** *f* montage od couplage *m* en dérivation od en parallèle.

Neben|abgabe *f* ['ne:bən-] taxe *f* accessoire; **~absicht** *f* intention *f* od but *m* secondaire; arrière-pensée *f;* **~absprache** *f* stipulation *f* accessoire; **~allee** *f* contre-allée *f;* **~altar** *m* autel *m* latéral; **~amt** *n* fonction *f* od emploi *m* secondaire od accessoire; **n~amtlich** *a* à titre de fonction secondaire; **~anschluß** *m el* dérivation *f,* shunt; *tele (Verbindung)* raccordement *m* od communication secondaire; ligne *f* supplémentaire; *(Stelle)* poste *m* supplémentaire; **~apparat** *m tele* appareil *m* accessoire; **~arbeiten** *f pl* travaux *m pl* accessoires; **~ausgaben** *f pl* dépenses *f pl* accessoires, faux od menus frais *m pl;* **~ausgang** *m* sortie latérale, porte *f* de dégagement; **~bedeutung** *f* signification *f* secondaire, second sens, sens *m* détourné; **~beruf** *m* profession *f* accessoire od marginale; **n~beruflich** *a* u. *adv* à titre accessoire, à temps partiel; **~beschäftigung** *f* occupation *f* od emploi *m* accessoire; **~buhler** *m* rival *m;* **~buhlerschaft** *f* rivalité *f;* **~eingang** *m* entrée *f* latérale; **~einkommen** *n,* **~einkünfte** *pl,* **~einnahmen** *f pl* revenus od émoluments *m pl* od recettes *f pl* accessoires, revenus *m pl* casuels; **~fach** *n (Schule)* matière od discipline *f* secondaire; **~figur** *f theat* personnage *m* secondaire; *(Kunst)* figurine *f;* **~fluß** *m* affluent *m;* **~frage** *f* question *f* secondaire; **~gebäude** *n* annexe, dépendance, appartenance *f;* **~gebühren** *f pl* frais *m pl* accessoires; **~gedanke** *m* arrière-pensée *f;* sous-entendu *m;* **~gelaß** *n* petit réduit, débarras,

dégagement, cagibi *m;* **~g(e)leis(e)** *n* contre-voie, voie *f* accessoire od secondaire; **~geräusch** *n* bruit *m* étranger; *tech* friture *f; radio* (bruit) parasite *m;* **~gericht** *n (Küche)* hors-d'œuvre *m;* **~geschmack** *m* arrière-goût *m;* **~gewinn** *m* profits *m pl* accessoires; *kleine(r)* ~ grappillage *m fam;* **n~her** [-'he:r] *adv (n~hin)* à côté, en passant; *(gleichzeitig)* en même temps; *(außerdem)* de plus, en outre; **~hode** *f anat* épididyme *m;* **~karte** *f geog* papillon *m;* **~klage** *f jur* demande *f* accessoire; **~kläger** *m* partie *f* civile; **~kosten** *pl* frais accessoires; faux frais; *jur* loyaux coûts *m pl; (für Wohnung)* charges *f pl;* **~kriegsschauplatz** *m* théâtre *m* d'opérations secondaire; **~linie** *f (Verkehr)* ligne latérale od secondaire; *(Familie)* ligne *f* collatérale; **~mann** *m* ‹-(e)s, -männer/ -leute› *mil: (rechter, linker)* ~ voisin *m* (de droite, de gauche); **~niere** *f anat* capsule od glande *f* surrénale; **n~=ordnen** *tr* coordonner; **~person** *f* personnage secondaire od épisodique; *theat* figurant, comparse; **~produkt** *n* sous-produit, produit *m* accessoire; **~prozeß** *m chem* réaction *f* secondaire; **~raum** *m* pièce *f* attenante od *(kleinerer)* de service; **~rolle** *f theat* rôle *m* de figurant; **~sache** *f* chose accessoire od secondaire, bagatelle *f,* hors-d'œuvre *m; pl* contingences *f pl; das ist* ~ c'est secondaire od sans importance, cela ne compte pas; **n~sächlich** *a* accessoire, secondaire, insignifiant, sans importance; **~sächlichkeit** *f* manque *m* d'importance; **~satz** *m gram* proposition *f* subordonnée; **~sender** *m radio* émetteur *m* répétiteur; **~sonne** *f mete* par(h)élie *m;* **~sprechen** *n tele* mélange *m* de conversation, diaphonie *f;* **n~stehend** *a (Abbildung)* ci- -contre; **~stelle** *f* bureau auxiliaire; *tele* poste *m* supplémentaire; **~strafe** *f jur* peine *f* accessoire; **~straße** *f* petite rue; *(Seitenstraße)* rue latérale od adjacente; *(Querstraße)* (rue de) traverse *f;* **~strecke** *f loc* voie *f* secondaire; **~strom** *m el* courant *m* dérivé od induit; **~tisch** *m* table voisine; *(zum Abstellen)* desserte *f;* **~umstände** *m pl* circonstances *f pl* accessoires; **~verdienst** *m* gain *m* accessoire od supplémentaire, recettes *f pl* accessoires; **~weg** *m* chemin *m* latéral; **~winkel** *m math* angle *m* adjacent od supplémentaire; **~wirkung** *f allg* effet *m* accessoire; *med* réaction *f* secondaire; **~zimmer** *n*

pièce *od* chambre voisine, pièce *f* de
côté; *(kleines)* cabinet *m* particulier;
(e-r Gaststätte) arrière-salle *f;*
~**zweck** *m* but *m* secondaire.
nebst [ne:pst] *prp dat* avec; outre.
Necessaire *n* ‹-s, -s› [nesɛ'sɛ:r] *(Rei-
se~)* nécessaire *m* (de voyage),
trousse *f* (de toilette).
neck|en ['nɛkən] *tr* taquiner, lutiner;
fam mettre en boîte; **N~erei** [-'raɪ] *f*
taquinerie; *fam* mise *f* en boîte;
~**isch** ['nɛkɪʃ] *a* taquin, lutin; *(schel-
misch)* narquois.
nee [ne:] = *ne.*
Neffe *m* ‹-n, -n› ['nɛfə] neveu *m.*
Neg|ation *f* ‹-, en› [negatsi'o:n] *(Ver-
neinung(swort))* négation *f;* **n~ativ**
['ne(:)gati:f, nega'ti:f] *a* négatif; *(ungünstig)* défavorable; *die ~e Seite
(e-r S)* l'envers *m;* ~**ativ** *n* ‹-s, -e›
phot négatif *m;* épreuve *f* négative,
cliché *m;* ~**klausel** *f* clause *f* prohibitive *od* suspensive; **n~ieren**
[ne'gi:rən] *tr* nier; ~**ierung** *f (Verneinung)* négation *f.*
Neger *m* ‹-s, -› ['ne:gər] nègre, noir;
film radio (Licht-, Klangreflektor)
drapeau *m; die ~ pl (Gesamtheit)* la
négritude; ~**häuptling** *m,* ~**stamm**
m chef *m,* tribu *f* nègre; ~**in** *f* négres-
se, noire *f;* ~**kind** *n,* ~**lein** *n* négrillon
m.
Negligé *n* ‹-s, -s› [negli'ʒe:] *(Haus-
kleid, -rock)* négligé *m.*
negr|itisch [ne'gri:tɪʃ] *a,* ~**oid**
[negro'i:t] *a scient* négroïde.
nehmen ‹*er nimmt, nahm, hat genommen; nimm!*› ['ne:mən, na:m(-),
-'nɔmən, nɪm(-)] *tr* prendre; *(ergreifen)* saisir; *(an~)* accepter, recevoir;
(weg~) ôter, enlever, emporter, retirer; *(sich aneignen)* s'approprier; *etw
an sich ~* prendre qc; *etw auf sich ~
(fig)* se charger de qc, prendre qc à
tâche; *(Entbehrungen)* s'infliger qc;
es auf sich ~ le prendre sur soi, s'en
charger; *jdn zu sich ~* prendre ou recueillir qn chez soi; *etw zu sich ~ (essen)* manger od prendre qc; *sich in
acht ~ vor* prendre garde à; *s-n Anfang ~* commencer; *in Angriff ~*
commencer, se mettre à; *an Bord ~*
prendre à bord; *ein Ende ~* prendre
fin, finir, se terminer; *es genau ~* être
très consciencieux *od* scrupuleux; *in
Kauf ~* accepter; *den Mund voll ~*
avoir le verbe haut; *sich (fürs Kino)
Zeit ~* prendre le temps (d'aller au cinéma); *jdn zu ~ wissen* savoir prendre qn; *ich nehme es (zum geforder-
ten Preise)* je suis *od* il y a preneur;
Gott hat ihn zu sich genommen Dieu
l'a rappelé à lui; *woher ~ und nicht*

stehlen? d'où prendrais-je bien cela?
*entweder ~ Sie es oder Sie ~ es
nicht!* c'est à prendre ou à laisser; *~
Sie es nicht tragisch!* ne vous en faites pas! *wenn Sie es so ~.!* à ce comp-
te(-là); *wie man es nimmt.*! c'est selon,
cela dépend; *genaugenommen* proprement dit.
Nehmer *m* ‹-s, -› ['ne:mər] preneur *m.*
Nehrung *f* ‹-, -en› ['ne:rʊŋ] *geog*
langue *f* de terre, cordon *m* littoral.
Neid *m* ‹-(e)s, ø› [naɪt, -dəs] envie, jalousie *f; aus ~* par envie; ~ *erregen*
exciter la jalousie, faire envie od des
jaloux; *vor ~ platzen* crever d'envie;
blaß werden vor ~ être dévoré od
rongé d'envie; **n~en** *tr: jdm etw ~*
envier qc à qn; ~**er** *m* ‹-s, -› envieux,
jaloux *m;* ~**hammel** *m fam* = ~*er;*
n~isch [-dɪʃ] *a* envieux, jaloux *(auf
de); jdn ~ machen (a.)* faire loucher
qn *pop; auf jdn ~ sein (a.)* jalouser
qn; **n~los** *a* sans envie.
Neig|e *f* ‹-, -n› ['naɪgə] *(nahendes En-
de)* déclin *m,* fin *f; (Rest)* reste *m; etw
bis zur ~ auskosten* boire qc jusqu'à
la lie; *es bis zur ~ auskosten* jouir de
son reste; *zur ~ gehen* être à od sur
son déclin, tirer *od* toucher à sa fin;
n~en *tr* pencher, incliner, baisser; *itr
fig* tendre, avoir tendance *od* un penchant, être enclin *od* porté *(zu* à); *sich
~* se pencher, s'incliner *(zu* vers);
(Tag) baisser; *(zu Ende gehen)* décliner, être sur son déclin; ~**ung** *f
(Schräge)* inclinaison; *(stärkere)* pente, déclivité *f; fig (Vorliebe)* penchant
m (zu pour), tendance, propension *f
(zu* à); goût *m (zu* pour); *(Zu~)* inclination, sympathie *f (zu* pour); *aus ~*
par inclination *od* sympathie; *flüchtige ~* passade *f;* ~**ungsebene** *f* plan
m d'inclinaison; ~**ungsehe** *f* mariage
m d'inclination; ~**ungsmesser** *m*
‹-s, -› clinomètre *m;* ~**ungswinkel** *m
math* angle *m* d'inclinaison; pente *f*
d'un plan.
nein [naɪn] non; ~ *sagen* dire (que)
non; *nicht ~ sagen können (a.)* ne
pas savoir refuser; *ich glaube,
fürchte ~* je crois, j'ai peur que non;
aber ~! mais non! que non! *ach ~.!*
pas possible! ~*, so was!* (ça) par
exemple! ~ *und abermals ~!* mille
fois non! **N~** *n* ‹-s, ø› non *m,* réponse
f négative; *mit ~ antworten* répondre
négativement.
Nekrolog *m* ‹-(e)s, -e› [nekro'lo:k,
-gə] *(Nachruf)* nécrologe *m.*
Nektar *m* ‹-s, ø› ['nɛktar] *a. bot* nectar
m.
Nelke *f* ‹-, -n› ['nɛlkə] *(Blume)* œillet *m;
(Gewürz)* clou *m* de girofle; *gefüllte*

~ *(Blume)* œillet *m* mignardise; ~**npfeffer** *m* poivre *m* long.

Nenn|betrag *m* ['nɛn-] *fin* montant *m* nominal; **n~en** ⟨*nennt, nannte, hat genannt; wenn ich nennte (selten)*⟩ ['nɛnən, -'nant(-)] *tr* nommer, appeler; *(Namen)* dire; *(erwähnen)* citer; *(bezeichnen als)* qualifier, traiter de; *sich* ~ s'appeler; *(sich ausgeben für)* se dire, s'intituler, se qualifier de; *sport (sich melden)* s'inscrire *(für* à); *ein Kind nach jdm* ~ donner à un enfant le nom de qn; prénommer un enfant du nom de qn; *das nenne ich ...!* voilà qui s'appelle ... *od* qui est ...! **n~enswert** *a* notable, remarquable, appréciable; ~**er** *m* ⟨-s, -⟩ *math* dénominateur *m; auf einen* ~ *bringen (math)* réduire au même dénominateur; ~**form** *f gram* infinitif *m;* ~**leistung** *f tech* débit *m od* puissance *f* nominal(e) *od* homologué(e)t; ~**ung** *f* mention, citation *f; sport* engagement *m,* inscription *f;* ~ *im Tagesbefehl (mil)* citation *f* à l'ordre du jour; ~**wert** *m fin* valeur *f* nominale *od* faciale *od* extrinsèque; *zum* ~ au pair.

Neo|faschismus *m* [neo-] néo-fascisme *m;* ~**klassizismus** *m* néo-classicisme *m;* ~**kolonialismus** *m* néo-colonialisme *m;* ~**logismus** ⟨-, -men⟩ [-lo'gɪsmʊs] *m (neues Wort)* néologisme *m;* ~**nazismus** *m* néo-nazisme *m.*

Neon *n* ⟨-s, ø⟩ ['ne:ɔn] *chem tech* néon *m* ~**beleuchtung** *f,* ~**röhre** *f* éclairage au, tube *m* (de) *od* lampe *f* au néon.

Nepal *n* [ne'pa:l] le Népal; ~**er** *m* ⟨-s, -⟩ [-'pa:lər], ~**ese** *m* ⟨-n, -n⟩ [-pa'le:zə] Népalais *m;* **n~esisch** [-'le:zɪʃ], **n~isch** [-'pa:lɪʃ] *a* népalais.

neppen ['nɛpən] *tr fam (prellen)* estamper, étriller, tondre.

Neptunium *n* ⟨-s, ø⟩ [nɛp'tu:niʊm] *chem* neptunium *m.*

Nerv *m* ⟨-s, -en⟩ [nɛrf, '-fən] nerf *m; den* ~ *e-s Zahnes abtöten* désensibiliser une dent; *jdm auf die* ~*en fallen od gehen* taper sur les nerfs à qn, énerver, ennuyer, agacer, lasser, tourmenter, *fam* embêter, *pop* bassiner qn; *jdm auf den* ~*en herumtrampeln (pop)* taper sur le système de *od* à qn; *mit den* ~*en fertig od runter sein (fam)* avoir les nerfs en pelote *od* en boule, être en boule; *die* ~*en verlieren* s'affoler; *Sie haben* ~*en! (pop)* vous en avez une santé! *auf die* ~*en gehend* malencontreux, agaçant, tracassier, assommant; **n~en** ['nɛrfən] *tr fam* taper sur les nerfs de, énerver; ~**enarzt** *m* neurologue, neurologiste

m; **n~enaufreibend** *a* énervant; ~**enbahn** *f anat* voie *f* nerveuse; ~**enbündel** *n fig fam* paquet *m* de nerfs; ~**enende** *n anat* terminaison *f* nerveuse; ~**enentzündung** *f* névrite *f;* ~**enheilanstalt** *f,* ~**enklinik** *f* maison *f* de santé; ~**enknoten** *m* ganglion *m;* ~**enkrankheit** *f,* ~**enleiden** *n* affection *od* maladie *f* nerveuse; ~**enkrieg** *m* guerre *f* des nerfs; ~**enkrise** *f* crise *od* attaque de nerfs, crise *f* émotive; ~**ensäge** *f fig fam* scie *f,* gêneur, casse-pieds; *pop* raseur, emmerdeur *m;* ~**enschmerz** *m* névralgie *f;* ~**enschock** *m* choc *m* nerveux, secousse *f* nerveuse; **n~enschwach** *a* neurasthénique; ~**enschwäche** *f* neurasthénie *f;* **n~enstärkend** *a pharm* nervin; ~**e(s) Mittel** *n* nervin *m;* ~**ensystem** *n* système *m* nerveux; ~**enüberreizung** *f* surexcitation *f* nerveuse; ~**enzentrum** *n* centre *m* nerveux; ~**enzusammenbruch** *m* effondrement *m* nerveux, prostration *f;* **n~ig** ['-vɪç/'-fɪç] *a* nerveux; *fig* vigoureux; **n~ös** [-'vø:s] *a* nerveux; *jdn* ~ *machen* énerver qn, prendre *od* taper sur les nerfs à qn; ~ *sein (a.)* avoir ses nerfs; ~ *werden* s'énerver; *Sie können einen (ja)* ~ *machen!* vous êtes énervant; ~**osität** *f* ⟨-, ø⟩ [-vozi'tɛːt] nervosité *f,* énervement; *fam* tracassin *m.*

Nerz *m* ⟨-es, -e⟩ [nɛrts] *zoo (a. Pelz)* vison *m.*

Nessel 1. *f* ['nɛsəl] ⟨-, -n⟩ *bot* ortie *f; sich in die* ~*n setzen (fig)* se mettre dans de beaux draps; *Große* ~ ramie *f;* ~**ausschlag** *m,* ~**sucht** *f med* urticaire *f;* ~**fieber** *n* (fièvre) urticaire *f;* **2.** ~**(tuch** *n)* *m* ⟨-s, -⟩ *(Baumwollstoff)* coton *m.*

Nest *n* ⟨-(e)s, -er⟩ [nɛst] nid *a. fig pej; fam (Haar~)* chignon; *(Beton)* alvéole; *fig pej (kleiner Ort)* trou, patelin, bled *m; ein* ~ *od* ~*er ausnehmen* dénicher des oiseaux; *(s)ein* ~ *bauen (Vogel)* nidifier; *das eigene* ~ *beschmutzen* cracher dans la soupe; *das* ~ *leer finden (fig) a.* trouver *od* faire buisson creux; *sich ins warme* ~ *setzen (fig)* se mettre dans du coton; *im warmen* ~ *sitzen (fig)* avoir les pieds bien au chaud; *warme(s)* ~ *(fig)* bon nid *m;* ~**bau** *m* nidification *f;* ~**ei** *n* nichet *m;* ~**häkchen** *n* petit poussin, dernier-né; *fam* culot *m;* ~**ling** *m* ⟨-s, -e⟩ petit oiseau au nid; *fig* petit enfant *m;* ~**voll** *n* ⟨-, -⟩ nichée *f.*

nett [nɛt] *a (freundlich)* gentil, aimable; *(hübsch)* joli, coquet, propret; ~

zu jdm sein (a.) faire bonne mine à qn; *das ist ~ von Ihnen* c'est gentil à vous; **N~igkeit** *f* gentillesse *f.*

netto ['nɛto] *adv* net; **N~betrag** *m* montant *m* net; **N~einkommen** *n* revenu *m* net; **N~einnahme** *f* recette *f* nette; **N~gehalt** *n* traitement *m* net; **N~gewicht** *n* poids *m* net; **N~klausel** *f fin* clause *f* de versement net; **N~lohn** *m* salaire *m* net; **N~preis** *m* prix *m* net; **N~tara** *f* tare *f* réelle.

Netz *n* ⟨-es, -e⟩ [nɛts] *allg* filet, rets, lacis *m; (Jagd)* toiles *f pl; (der Spinne)* toile; *(Haarnetz)* filet *m*, résille *f; geog (Grad-, Gitternetz)* canevas; *(Verkehr, tele)* réseau; *el* secteur *m; jdm ins ~ gehen* tomber dans les rets de qn; *ins ~ jagen (sport)* envoyer *od* loger dans les filets; *ein ~ spannen* tendre un filet; **~anschluß** *m el* branchement *m od* alimentation *f* sur le secteur; *radio* réseau *m; mit ~* sur secteur; **n~artig** *a* réticulé; **~auge** *n* œil *m* à faces; **~ball** *m* balle *f* de filet; **~empfänger** *m radio* récepteur alimenté par le réseau, poste *m* secteur; **~flügler** *m pl ent* névroptères *m pl;* **n~förmig** *a* réticulaire; **~gerät** *n* = **~empfänger;** **n~gespeist** *a el* alimenté par le réseau; **~gewebe** *n* cellular *m;* **~gewölbe** *n* voûte *f* réticulée; **~haut** *f anat* rétine *f;* **~hautablösung** *f med* décollement *m* de (la) rétine; **~hautbild** *n* image *f* de la rétine; **~hautentzündung** *f* rétinite *f;* **~hemd** *n* chemise *f* en cellular *od* en fileté; **~magen** *m (der Wiederkäuer)* bonnet *m;* **~spannung** *f el* tension *f* de *od* du réseau *od* secteur; **~spiel** *n (Tennis)* jeu *m* au filet; **~strom** *m* courant *m* de *od* du secteur; **~strumpf** *m* bas *m* résille.

netzen ['nɛtsən] *tr poet (befeuchten)* humecter *(mit* de); mouiller, arroser; *(mit Tränen)* baigner (de larmes).

neu [nɔy] *a (noch nicht dagewesen)* nouveau; *(ungebraucht)* neuf, *fam* inédit; *(frisch)* frais; *(jung)* récent, de fraîche date; *(Superlativ: jüngste)* dernier; *adv (kürzlich)* nouvellement, fraîchement; *aufs ~e* à nouveau; *von ~em* de nouveau, de plus belle; *~ anfangen* recommencer; *~ bauen* reconstruire; *~ bearbeiten* remanier; *e-e ~e Zeile beginnen* aller à la ligne; *~ bilden* régénérer; *auf ~ bringen, ~ herrichten od machen* remettre à neuf; *~ gestalten* remanier; réorganiser; *~ gruppieren* regrouper; *~ schreiben (Buch)* refondre; *~ verteilen* redistribuer; *das ist mir ~* je ne le savais pas; *das ist nichts N~es* cela se

voit tous les jours; *was (gibt's) N~es?* quoi de neuf *od* nouveau? *glückliches ~es Jahr!* bonne année! *~e Bewirtschaftung f, ~er Inhaber m* changement *m* de propriétaire; *~e(s) Programm n (theat)* programme *m* renouvelé; *~artig a* inédit; **N~bauwohnung** *f* appartement *m* nouvellement construit; **N~e(r)** *m (Neuling)* nouveau (venu) *m; die ~eren (Menschen der Neuzeit)* les modernes *m pl;* **~erdings** *adv (kürzlich)* récemment, depuis peu, nouvellement; *(von neuem)* de nouveau; **N~erer** *m* ⟨-s, -⟩ (in)novateur, initiateur *m;* **N~erung** *f* innovation *f;* **~este(r, s)** *(Superlativ von: ~) a.* dernier; *das N~este (Mode)* les dernières nouveautés *f pl; (das N~este vom Tage)* l'actualité *f,* les dernières nouvelles, les nouvelles *f pl* du jour; **~estens** *adv* tout récemment; **N~heit** *f* nouveauté *f;* **N~igkeit** *f* nouvelle *f;* **N~igkeitskrämer** *m* colporteur *m* de nouvelles; **~lich** *adv* dernièrement, ces derniers jours, l'autre jour; *~ abends* l'autre soir; **N~ling** *m* ⟨-s, -e⟩ novice, débutant, néophyte, nouveau débarqué, apprenti *m; ein ~ sein (a.)* arriver de son pays.

Neu|abschlüsse *m pl* ['nɔy-] *com* nouvelles affaires *f pl;* **~anmeldung** *f* nouvelle inscription *f;* nouvel abonnement *m;* **~anschaffung** *f* nouvelle acquisition *f;* **~auflage** *f (e-s Buches)* nouvelle édition *f;* **~bau** *m* construction *f* nouvelle; **~bearbeitung** *f (Buch)* remaniement *m,* refonte *f;* **~begebung** *f fin* nouvelle émission *f;* **~bekehrte(r)** *m* nouveau converti, néophyte *m;* **~belebung** *f com* regain *m* d'activité; **~bewertung** *f* réévaluation *f;* **~bildung** *f biol* néoformation *f; (Gewebs~)* néoplasme *m,* néoplasie *f; (sprachliche ~)* néologisme *m;* **~druck** *m* ⟨-(e)s, -e⟩ réimpression *f;* **~einstellung** *f (von Personal)* nouvelle embauche *f;* **~einstufung** *f* reclassement *m;* **~erscheinung** *f (Buch)* nouveauté *f; die letzten ~en* les dernières nouveautés; **~erwerbung** *f* nouvelle acquisition; nouveauté *f; pl (Museum)* derniers enrichissements *m pl;* **~fassung** *f* remaniement *m;* **~fundland** *n* Terre-Neuve *f;* **~fundländer** *m* ⟨-s, -⟩ *(Hunderasse)* terre-neuve *m;* **n~gebacken** *a fig fam* frais émoulu; **n~geboren** *a* nouveau-né; *sich wie ~ fühlen* se sentir tout ragaillardi; **~geborene(s)** *n* nouveau-né *m;* **n~geschaffen** *a* nouvellement créé; **~gestaltung** *f*

remaniement *m*, réorganisation *f;*
~**gier(de)** *f* ⟨-, ø⟩ curiosité, indiscrétion *f; aus* ~ par curiosité; **n~gierig**
curieux (*auf* de); indiscret; *ich bin* ~,
ob ... je suis curieux de savoir si ...;
das macht mich ~ cela m'intrigue,
cela pique ma curiosité; ~**gliederung** *f* regroupement *m*, réorganisation *f;* ~**gotik** *f* néo-gothique *m;*
n~gotisch *a* néo-gothique; ~**grad**
m math (1/400 e-s Kreises) grade *m;*
~**griechisch(e, das)** *n* (le) grec moderne; ~**gründung** *f* fondation *od*
création *f* nouvelle; ~**gruppierung** *f*
regroupement *m;* ~**guinea** *n* la Nou-
velle-Guinée; ~**hebräisch(e, das)** *n*
(l')hébreu moderne; ~**hoch-
deutsch(e, das)** *n* (le) haut allemand moderne; ~**inszenierung** *f*
theat présentation *f* nouvelle; ~**jahr**
n (1. Januar) jour *m* de l'an; *etw zu* ~
schenken donner qc pour étrenne;
glückliches ~*! (fam) prost* ~*!* bonne
année! ~**jahrsbotschaft** *f pol* message *m* de nouvel an; ~**jahrsge-
schenk** *n* étrennes *f pl;* ~**jahrstag**
m premier *od* jour *m* de l'an; ~**land** *n*
terre *f* nouvelle *od* inconnue; domaine *m* inconnu; ~ *erschließen* défricher du terrain vierge; ~**landgewin-
nung** *f* défrichement *m;* **n~modisch**
a à la mode nouvelle, à la dernière
mode; ~**mond** *m* nouvelle lune *f;*
~**ordnung** *f* réorganisation *f,* reclas-
sement *m;* ~**orientierung** *f* orientation *f* nouvelle; ~**philologe** *m* professeur *m* de langues modernes; ~**regelung** *f* nouveau règlement *m;*
~**reich** *m,* ~**reiche(r)** *m* nouveau riche *m;* ~**schnee** *m* neige *f* nouvelle
od vierge; ~**seeland** *n* la Nouvelle-
-Zélande; **n~seeländisch** *a* néo-
-zélandais; ~**silber** *n* maillechort, cu-
pronickel *m;* **n~sprachlich** *a* des
langues vivantes; ~**stadt** *f* ville *f*
neuve; **n~testamentlich** *a rel* du
Nouveau Testament; **N~vermähl-
te(n)** *pl* nouveaux mariés, jeunes
époux *m pl;* ~**verteilung** *f* redis-
tribution *f;* ~**wahl** *f parl* nouvelle
élection *f;* renouvellement *m;* ~**wert**
m valeur *f* à l'état neuf; **n~wertig** *a*
à l'état neuf; ~**zeit** *f* temps *m pl* modernes; **n~zeitlich** *a* moderne.

neun [nɔyn] neuf; **N~auge** *n zoo* lam-
proie *f; pop* septœil *m;* **N~eck** *n*
ennéagone *m;* ~**erlei** ['--'laı] *a* de
neuf espèces *od* sortes; ~**fach** *a u.*
adv neuf fois autant; ~**hundert** neuf
cent(s); ~**mal** *adv* neuf fois; **N~mal-
kluge(r)** *m* Monsieur *m* Je-sais-tout;
~**tausend** neuf mille; **N~tel** *n* ⟨-s, -⟩
neuvième *m;* ~**tens** *adv* neuvième-

ment; ~**te(r, s)** *a* neuvième; ~**zehn**
dix-neuf; ~**zehnte(r, s)** *a* dix-neuvième; ~**zig** quatre-vingt-dix; *auf* ~
sein (fig fam) être à cran; ~**zigjährig** *a* nonagénaire; **N~e(r)** *m* nonagénaire *m;* ~**zigste(r, s)** *a* quatre-
-vingt-dixième; **N~zigstel** *n* ⟨-s, -⟩
quatre-vingt-dixième *m.*

Neur|algie *f* ⟨-, -n⟩ [nɔyral'gi:] *med*
névralgie *f;* **n~algisch** [-'ralgıʃ] *a a.*
fig névralgique; ~**asthenie** *f* ⟨-, ø⟩
neurasthénie *f;* ~**astheniker** *m* ⟨-s, -⟩
neurasthénique *m;* **n~asthenisch** *a*
neurasthénique; ~**itis** *f* ⟨-, -tiden⟩
[nɔy'ri:tıs, -ri'ti:dən] névrite *f;*
~**ochirurg** *m* neurochirurgien *m;*
~**chirurgie** *f* neurochirurgie *f;* ~**ologe** *m* ⟨-n, -n⟩ [-ro'lo:gə] = *Nerven-
arzt;* ~**ologie** *f* ⟨-, ø⟩ [-lo'gi:] neurolo-
gie *f;* ~**opsychiatrie** *f* neuropsy-
chiatrie *f;* ~**ose** *f* ⟨-, -n⟩ [-'ro:zə]
névrose *f;* ~**otiker** *m* ⟨-s, -⟩
[-'ro:tikər] névrosé *m;* **n~otisch**
[-'ro:tıʃ] *a* névrotique, de névrosé.

neutr|al [nɔy'traːl] *a* neutre; *pol* non
aligné; *für* ~ *erklären,* ~**alisieren**
[-traliʔ'zi:rən] *tr* neutraliser; **N~alisie-
rung** *f* neutralisation *f;* **N~alismus**
m ⟨-, ø⟩ [-'lısmʊs] neutralisme *m;*
~**alistisch** [-'lıstıʃ] *a* neutraliste; **N~a-
lität** *f* ⟨-, ø⟩ [-li'tɛ:t] neutralité *f; bewaffnete, ständige,* ~ *wohlwollende* ~
neutralité *f* armée, perpétuelle, bienveillante; **N~alitätsverletzung** *f*
violation *f* de la neutralité; **N~ali-
tätsvertrag** *m* traité *m* de neutralité; **N~ino** *n* ⟨-s, -s⟩ [-'tri:no] *phys*
neutrino *m;* **N~on** *n* ⟨-s, -en⟩
['nɔytron, -'tro:nən] *phys* neutron *m;*
N~onenbombe *f,* **N~onenwaffe** *f*
bombe *f* à neutrons; **N~um** *n* ⟨-s,
-tra⟩ [-trʊm, -tra] *gram* (nom) neutre
m.

nicht [nıçt] *adv (bei a)* non; *(bei a u.*
adv) pas; *(bei v)* ne ... pas; *absolut* ~
(fam) ni de près ni de loin; *bestimmt*
od durchaus ~ *(ganz und) gar* ~
pas le moins du monde, en rien (du
tout), aucunement; ne ... point; *auch*
~ (ni *od* ne ... pas) non plus; *das gerade* ~ pas précisément; *wenn* ~, *wo*
~ *(sonst)* sinon; ~ *(etwa) daß* ce n'est
pas que; ~ *(ein)mal* pas même; ne ...
même pas; ~ *im mindesten* = *durchaus* ~; ~ *mehr* ne ... plus; ~ *mehr
und* ~ *weniger* ni plus, ni moins; ~
nur ne ... que; ~ *nur ...,* *sondern*
auch non seulement ..., mais encore;
~ *umsonst* (ne ...) pas pour rien; ~
viel (ne ...) pas beaucoup; ~ *weniger
als* rien moins que; ~ *zuviel* (ne ...)
pas trop; ~ *wahr?* n'est-ce pas? *dann
eben* ~*!* tant pis! ~ *daß ich wüßte!*

pas que je sache; ~ *doch* mais non! ~ *schlecht!* ~ *übel!* pas mauvais! pas mal!

Nicht|achtung *f* ['nɪçt-] non-respect *m*, irrévérence *f*, manque *m* d'égards; **n~amtlich** *a* non officiel, inofficiel; **~anerkennung** *f jur* désaveu *m; fin pol* non-reconnaissance *f;* **~angriffspakt** *m* pacte *m* de non--agression; **~annahme** *f* non-acceptation *f;* **~anwendung** *f* non-application *f;* **~ausführung** *f* non-exécution *f;* **~ausübung** *f* (e-s Rechts) non-usage *m* (d'un droit); **~beachtung** *f* inobservation; (e-r Verkehrsvorschrift) non-observation *f*, non--respect, refus *m; gesellschaftl. Isolierung)* quarantaine *f;* **~befolgung** *f* inobservance *f;* ~ *des Einberufungsbefehls* insoumission *f;* **~beitreibungsfall** *m: im* ~ à défaut du recouvrement; **~benutzung** *f* non-utilisation *f;* **~bestehen** *n: bei* ~ (e-r Prüfung) en cas d'échec; **n~betrieblich** *a* hors exploitation; **~bezahlung** *f* non-paiement *m;* **~einhaltung** *f* (e-r Vorschrift, Anordnung) inobservance; (e-s Vertrages, e-r Frist) inobservation *f*, non-respect *m;* **~einlösbarkeit** *f fin* inconvertibilité *f;* **~einlösung** *f fin* non-acceptation *f;* **~einmischung** *f pol* non-intervention, non-ingérence *f;* **~eintreibbarkeit** *f: im Falle der* ~ en cas d'insolvabilité; **~eisenmetall** *n* métal *m* non-ferreux; **~erfüllung** *f* (e-r Verpflichtung) manquement (à une obligation); inaccomplissement *m;* inexécution; *jur* défaillance *f;* **~erscheinen** *f jur* non-comparution, contumace *f;* **~fachmann** *m* non--professionnel, non-expert *m;* **n~fettend** *a* non graissant; **~gebrauch** *m* non-usage *m;* **~gefallen** *n com: (bei)* ~ (en cas de) non-convenance, non--satisfaction *f; bei* ~ *Geld zurück* remboursement si pas satisfait; **~gelingen** *n* non-réussite *f;* **n~gewerblich** *a* non lucratif; **~heranziehung** *f:* ~ *(zum Wehrdienst)* exemption *f;* **~kämpfende(r)** *m* non-combattant *m;* **n~kriegführend** *a* non-belligérant; *Status m e-r* ~*en Macht* non-belligérance *f;* **n~leitend** *a* el non-conducteur; **~leiter** *m* el non--conducteur, isolant *m;* **~metall** *n chem* non-métal, métalloïde *m;* **~mitglied([s]staat** *m) n* (pays *m*) non-membre *n;* **~raucher** *m* non-fumeur *m;* **n~rostend** *a* inoxydable; **~schuld** *f fin* indu *m;* **~schwimmer** *m* non-nageur *m;* **~sein** *n* non--être *m;* **n~solidarisch** *a: sich* ~ er-

klären *mit* se désolidariser de; **~übereinstimmung** *f* non-conformité *f;* **~übertragbarkeit** *f jur* incommutabilité *f;* **~unterzeichner** *m pol* non-signataire *m;* **~verantwortlichkeit** *f* non-responsabilité *f;* **~verbreitung** *f:* ~ *von Kernwaffen* non-dissémination *f* des armes nucléaires; **n~verbrieft** *a* non garanti par écrit; **~vererbung** *f jur* intransmissibilité *f;* **~verkauf** *m* non--vente *f;* **~vollstreckung** *f jur* non--exécution *f;* **~vorbestrafte(r)** *m* délinquant *m* primaire; **~vorhandensein** *n* non-existence *f;* ~ *pfändbarer Gegenstände* carence *f;* **~wähler** *m pol* abstentionniste *m;* **~wissen** *n* ignorance *f;* **~zahlung** *f* non-paiement *m;* **~zulassung** *f* non--admission *f;* **~zutreffende(s)** *n* mention *f* inutile; **~zutreffendes streichen** rayez *od* biffez les mentions od les indications inutiles *od* les mentions qui ne conviennent pas.

Nichte *f* ⟨-, -n⟩ ['nɪçtə] nièce *f*.

nichtig ['nɪçtɪç] *a allg* vain, futile; *jur* nul, non avenu, caduc; *für* ~ *erklären* rendre nul, annuler, invalider, *jur* casser; *null und* ~ nul et non avenu; **N~keit** *f* (Wertlosigkeit) futilité, inanité, vanité; (Ungültigkeit) nullité *f;* **N~keitsbeschwerde** *f;* **N~keitsklage** *f* recours *m od* demande *f* en annulation *od* en nullité *od* en cassation; N~keitsbeschwerde einlegen, N~keitsklage erheben recourir en cassation, se pouvoir en cassation *od* en nullité; **N~keitserklärung** *f* annulation *f*.

nichts [nɪçts] rien; (bei v) ne ... rien; *absolut* ~ (fam) absolument rien, moins que rien, rien de rien; *für* ~ *und wieder* ~ pour rien (du tout); *fam* pour des prunes; *gar* ~, *überhaupt* ~ rien du tout; *gar* ~ (bei v) ne ... rien du tout; *fam* ne ... goutte; *ganz und gar* ~, *rein gar* ~ rien de rien; *so gut wie* ~ si peu que rien, autant dire rien; *mir* ~, *dir* ~ sans (plus de) façon(s), sans se gêner; *fam* sans crier gare, tout de go, de but en blanc; *sonst* ~, *weiter* ~ (bei v ne ...) rien de plus od d'autre; *um* ~ *und wieder* ~ à propos de rien; *von* ~ *her (stammend)* de peu de chose; ~ *als* rien que; ~ *anderes* (ne ...) rien d'autre; ~ *dergleichen* (ne ...) rien de pareil; ~ *mehr* (ne ...) plus rien; ~ *Neues* rien de nouveau; ~ *weniger* rien de moins; *als* (ne ...) rien moins que; *zu* ~ *kommen* ne réussir à rien; *in* ... ~ *können* être nul en ...; ~ *dagegen tun* od *machen können* (fam) n'y pouvoir rien (faire); *als ob* ~ *geschehen wäre* comme si de rien n'était; *ich kann* ~ *dafür* ce n'est pas ma faute; *da ist* ~ *d(a)ran* il n'en est rien; *da ist* ~ *zu machen* il n'y a rien à faire; *daraus wird* ~ il n'en sortira *od* cela ne donnera rien, cela ne se fera pas; *das hat* ~ *zu sagen* cela ne veut rien dire; *das ist* ~ ce n'est rien; *fam* c'est zéro; *das ist* ~ *für mich* ce n'est pas mon affaire; *das ist so gut wie gar* ~ *(fig)* cela ou rien, c'est tout un; *das ist (immerhin) besser als* ~ c'est déjà ça; *das macht* ~ cela ne fait rien; *es ist* ~ *damit* il n'en est rien; *wenn es weiter* ~ *ist!* si ce n'est que cela! ~ *da!* pas de ça! ~ *davon!* ne parlons pas de cela! pas un mot là-dessus! ~ *lieber als das!* je ne demande pas mieux; ~ *(mehr) zu machen!* (plus) rien à faire! *von* ~ *kommt* ~ *(prov)* on ne fait rien de rien; **N~** *n* ⟨-, (-e)⟩ : *das* ~ le néant; *ein* ~ *(so gut wie nichts)* un rien; *um ein* ~ pour un oui, pour un non; *vor dem* ~ *stehen* se trouver en face de rien *od* devant la ruine; ~**ahnend** *adv* sans se douter de qc; ~**destoweniger** [-'ve:nɪgər] *adv* néanmoins, nonobstant; il n'en est pas moins vrai que; **N~könner** *m* nullité *f*, zéro *m*; **N~nutz** *m* ⟨-es, -e⟩ propre *od* bon à rien, vaurien *m*; ~**nutzig** *a* inutile, qui ne vaut rien; *(ungezogen)* méchant; **N~nutzigkeit** *f* inutilité; *(Ungezogenheit)* méchanceté *f*; ~**sagend** *a* insignifiant, futile, falot; **N~tuer** *m* ⟨-s, -⟩ fainéant; *fam* rossard *m*; **N~tun** *n* désœuvrement *m*, oisiveté *f*, farniente *m*; *(Untätigkeit)* inaction; *(Faulheit)* fainéantise *f*; ~**würdig** *a* bas, vil, abject, misérable; **N~würdigkeit** *f* bassesse, vilenie, abjection *f*.

Nickel *n* ⟨-s, ø⟩ ['nɪkəl] nickel *m*; ~**eisen** *n* ferro-nickel *m*; ~**stahl** *m* acier au nickel, invar *m*.

nick|en ['nɪkən] *itr* incliner la tête; *(zustimmend)* faire un signe de tête; *fam (schlummern)* sommeiller; **N~erchen** *n fam (Schläfchen)* petit somme; *pop* roupillon *m*.

nie [ni:] *adv* (ne ...) jamais; ~ *und nimmer* (jamais,) au grand jamais; jamais de la vie; *das wird* ~ *fertig* c'est toujours à recommencer; ~ *mehr!* jamais plus! *fam* plus souvent! ~ *noch* ~ *dagewesen* sans précédent.

nieder ['ni:dər] *a (niedrig)* bas; *fig (Rang)* inférieur; *(Gesinnung)* bas, vil; *adv* en bas; *von* ~*er Herkunft* de basse origine *od* extraction; *auf und*

~ *gehen* monter et descendre; ~ *mit ...!* à bas ...! conspuez ...!

Niederbayern *n* ['ni:-] la Basse-Bavière.

nieder=beugen ['ni:-] *tr* courber (vers la terre) *fig (seelisch)* abattre, accabler, affliger; *sich* ~ se pencher, se baisser.

nieder=blicken ['ni:-] *itr* baisser les yeux.

nieder=brennen ['ni:-] *tr ⟨aux: haben⟩* réduire en cendres; *itr ⟨aux: sein⟩* être réduit en cendres.

niederdeutsch ['ni:-] *a* bas allemand.

Niederdruck *m* ['ni:-] *tech mete* basse pression *f*; ~**gebiet** *n* zone *f* de basse pression.

nieder=drücken ['ni-] *tr* baisser, affaisser; *fig* déprimer, accabler; ~**d** *a fig* dépressif.

nieder=fallen ['ni-] *⟨aux: sein⟩ itr: vor jdm* ~ se prosterner devant qn, se jeter aux pieds de qn.

Niederfrequenz *f* ['ni:-] *radio* basse fréquence *f*; ~**bereich** *m radio* gamme *f* des basses fréquences.

Niederführung *f* ['ni:-] *radio* descente *f* d'antenne.

Niedergang *m* ['ni:-] *(Rückgang, Verfall)* récession *f*; décadence *f*; déclin *m*.

niedergedrückt ['ni:-] *a* = *niedergeschlagen.*

nieder=gehen ['ni:-] *⟨aux: sein⟩ itr (Regen)* s'abattre; *aero* descendre, se poser.

niedergeschlagen ['ni:-] *a fig* abattu, déprimé, accablé, découragé; résigné; *adv* avec résignation; **N~heit** *f* ⟨-, ø⟩ abattement *m*, dépression *f*, accablement, découragement *m*; résignation *f*; *tiefe* ~ prostration *f*.

niedergeschmettert ['ni:-] *a* catastrophé *fam.*

nieder=hocken ['ni-] *⟨aux: sein⟩ itr* s'accroupir.

nieder=holen ['ni:-] *tr (Flagge)* amener.

Niederholz *n* ['ni:-] taillis *m.*

Niederjagd *f* ['ni:-] chasse *f* au menu gibier.

nieder=kauern ['ni:-] *⟨aux: sein⟩ itr* s'accroupir, se tapir; se tenir à croupetons.

nieder=knien ['ni:-] *⟨aux: sein⟩ itr* s'agenouiller; se mettre à genoux.

nieder=knüppeln ['ni:-] *tr* matraquer.

nieder=|kommen ['ni:-] *⟨aux: sein⟩ itr* accoucher (*mit* de); **N~kunft** *f* ⟨-, ⁓e⟩ accouchement *m.*

Niederlage *f* ['ni:-] *mil* défaite *f*; *fig* échec; *com* (magasin d')entrepôt *m*; *(Zweigstelle)* succursale *f*; *jdm e-e* ~

beibringen infliger une défaite à qn; *e-e* ~ *erleiden* essuyer *od* subir une défaite; *schwere* ~ *(fam)* volée *f* de bois vert; *vernichtende* ~ *(sport)* écrasement *m.*

Nieder‖lande ['ni:-], *die pl* les Pays-Bas *m pl;* ~**länder(in** *f)* *m* ‹-s, -› Néerlandais *m;* **n~ländisch** *a* néerlandais.

nieder≈lass‖en ['ni:-] *tr (herunterlassen* (a)baisser, descendre; *tech* échouer; *sich* ~ *(sich setzen)* s'asseoir, prendre place; *(Kamel)* baraquer; *(Vogel)* se poser; *(s-n Wohnsitz nehmen)* s'établir, s'installer, se fixer; *sich häuslich* ~ *(fam a.)* planter son clou; **N~ung** *f* établissement *m; (Zweigstelle)* succursale, agence; *(Siedlung)* colonie *f;* **N~ungsfreiheit** *f* liberté *f* d'établissement.

nieder≈leg‖en ['ni:-] *tr* mettre bas; (dé)poser; *(umhauen)* abattre; *(abbrechen)* démolir; *(die Arbeit)* arrêter, cesser; *(sein Amt)* déposer, se démettre, démissionner de, résigner; *(bestimmen, festlegen)* fixer; *sich* ~ se coucher; *(ins Bett)* se mettre au lit; *sein Amt* ~ *(a.)* donner sa démission, démissionner; *die Krone* ~ abdiquer; *schriftlich* ~ mettre *od* passer par écrit, coucher sur le papier, consigner; **N~ung** *f (d. Arbeit)* arrêt *m,* cessation; *(d. Amtes)* déposition *f.*

nieder≈machen ['ni:-] *tr,* **nieder≈metzeln** *tr* abattre, massacrer, exterminer.

Niedermoor *n* ['ni:-] tourbière *f* de plaine.

Niederösterreich *n* ['ni:-] la Basse-Autriche.

nieder≈prasseln ['ni:-] ‹*aux: sein*› *itr* s'abattre.

nieder≈reißen *tr (Bau)* abattre, démolir; *fig (umwerfen)* renverser.

nieder≈ringen ['ni:-] *tr, a. fig* terrasser.

Niederrhein ['ni:-], *der* le Rhin inférieur; **n~isch** *a* du Rhin inférieur.

Niedersachsen *n* ['ni:-] la Basse-Saxe.

nieder≈schießen ['ni:-] *tr* abattre d'un coup *od* à coups de fusil.

Niederschlag *m* ['ni:-] *mete* précipitation(s *pl) f; chem* précipité; *(Boxen)* knock-out *m; fig* répercussion *f; s-n* ~ *finden (fig)* se traduire *(in* en); *radioaktive Niederschläge m pl* retombée(s *pl) f* radioactive(s); **nieder≈schlagen** *tr* abattre, terrasser, étendre par terre, atterrer, assommer; *(Aufstand)* réprimer; *(Widerstand a.)* détruire; *(d. Augen)* baisser; *jur* arrêter, classer; *sich* ~ *(Dampf)* se liquéfier; *chem* se précipiter; *fig* se

traduire *(in* en) ~**smenge** *f mete* pluviosité, quantité *f* de précipitation; *jährliche* ~ pluie *f* annuelle; ~**ung** *f* annulation *f; fin* acquittement *m* d'un déficit; *jur* non-lieu *m.*

Niederschlesien *n* ['ni:-] la Basse-Silésie.

nieder≈schmettern ['ni:-] *tr* atterrer, terrasser; *fig* foudroyer; écraser, anéantir; ~**d** *a* accablant, foudroyant, catastrophique.

nieder‖≈schreiben ['ni:-] *tr* mettre *od* coucher par écrit, écrire, noter; **N~schrift** *f (Tätigkeit)* mise *f* par écrit; *(Ergebnis)* écrit *m.*

nieder≈schreien ['ni:-] *tr* huer.

nieder≈setzen ['ni:-] *tr* déposer; *(zu Boden)* mettre bas *od* par terre; *sich* ~ s'asseoir.

Niederspannung *f* ['ni:-] *el* basse tension *f.*

nieder≈stechen ['ni:-] *tr* abattre *od (töten)* tuer d'un coup *od* à coups de couteau *od* de poignard *od* d'épée.

nieder≈steigen ['ni:-] ‹*aux: sein*› *itr* descendre.

nieder≈strecken *tr* étendre par terre; terrasser, abattre.

nieder≈stürzen ['ni:-] ‹*aux: sein*› *itr* tomber, s'écrouler.

Niederstwertprinzip *n* principe *m* de la plus basse évaluation.

Nieder‖tracht *f* ‹-, ø› ['ni:-] bassesse, infamie, vilenie, abjection *f;* **n~trächtig** *a* bas, infâme, vil, abject; ~**trächtigkeit** *f* = ~*tracht.*

nieder‖≈trampeln ['ni:-] *tr,* ~**treten** ['ni:-] *tr* piétiner, fouler (aux pieds).

Niederung *f* ‹-, -en› ['ni:dərʊŋ] terrain bas, bas-fond *m;* dépression *f.*

nieder≈walzen ['ni:-] *tr, a. fig* écraser.

niederwärts ['ni:-] *adv* vers le bas.

nieder≈werf‖en ['ni:-] *tr* jeter (à) bas *od* par terre; *(Aufstand)* réprimer; *fig* vaincre; *sich* ~ se jeter à terre; *vor jdm* se jeter aux pieds de qn; **N~ung** *f (des Feindes)* défaite; *(e-s Aufstandes)* répression *f.*

Niederwild *n* ['ni:-] menu gibier, gibier *m* à poil.

niedlich ['ni:tlɪç] *a allg* joli; *(Mensch)* mignon, gentil; *(Sache)* coquet; *fam* croquignolet, mimi; **N~keit** *f* joliesse; gentillesse *f.*

Niednagel *m* ['ni:t-] *med* envie *f.*

niedrig ['ni:drɪç] *a* bas *a. fig,* peu élevé; *(Preis a.)* modéré, modique; *fig (Gesinnung)* bas, vil; *scient* faible; *adv* bas; ~ *geschätzt (Zahl)* au bas mot; *zu e-m* ~*eren Preis* à moins; ~*er hängen od machen od stellen* (a)baisser; *zu* ~ *schätzen* sous-estimer, sous-évaluer; ~ *spielen* jouer petit jeu; ~*e(r) Brennstoffverbrauch* m *(mot)* sobriété *f* en carburant; **N~keit** *f fig* bassesse *f;* **N~lohnland** *n* pays *m* ayant des bas salaires; **N~preisländer** *n pl* pays *m pl* à bas niveau de prix; ~*stehend* a bas; **N~wasser** *n* marée *f* basse, basses eaux *f pl*, étale *m* de jusant.

niemals ['niːmals] *adv* (*bei v:* ne ...) jamais; ~ *mehr* (ne ...) jamais plus; ~ *mehr!* jamais plus!

niemand ⟨*acc: niemand(en), dat: niemand(em), gen: niemand(e)s⟩* ['niːmant, -də-] *pron (als Objekt)* ne ... personne; *(als Subjekt)* personne *od* aucun *od* nul ... ne; *(alleinstehend)* personne; ~ *außer* personne autre que; *sonst* ~, ~ *anders* aucun *od* nul autre, personne (d')autre; ~*(en) brauchen (a.)* se suffire; *es ist* ~ *da* il n'y a personne; **N~sland** *n* no man's land *m*, zone *f* neutre.

Niere *f* ⟨-, -n⟩ ['niːrə] rein; *(Küche)* rognon *m; jdm an die* ~*n gehen (fig fam)* toucher qn au vif; ~**nbecken** *n anat* bassinet *m* du rein; ~**nbeckenentzündung** *f* pyélite *f;* ~**nblutung** *f* hémorragie *f* rénale; ~**nentzündung** *f* néphrite *f;* ~**nfett** *n* graisse *f* de rognon; **n~nförmig** *a:* ~*e(r) Tisch m* table *f* haricot; ~**ngrieß** *m* lithiase *f* rénale; ~**nkolik** *f* colique *f* néphrétique; **n~nkrank** *a* néphrétique; ~**nleiden** *n* maladie *f* des reins; ~**nschwund** *m* atrophie *f* rénale; ~**nstein** *m med* calcul rénal, néphrolithe *m; pl (Krankheit)* lithiase *f* rénale; ~**nstück** *n (Kalb)* longe *f* (de veau).

nieseln ['niːzəln] *itr impers* bruiner, brouillasser; **N~regen** *m* bruine, pluie *f* fine.

niesen ['niːzən] *itr* éternuer; **N~en** *n* éternuement *m; scient* sternutation *f;* **N~pulver** *n* poudre *f* à éternuer; **N~wurz** *f bot* (h)ellébore *m* (fétide).

Nießbrauch *m* ⟨-(e)s, ø⟩ ['niːs-] *jur* usufruit *m;* jouissance *f* usufruitière.

Niet *m od n* ⟨-(e)s, -e⟩, *a.* ~**e** *f* ⟨-, -n⟩ [niːt(ə)] **1.** *tech* rivet *m;* ~**eisen** *n* fer *m* à river; **n~en** *tr* river, riveter; ~**hammer** *m* marteau-riveur, rivoir, brochoir *m;* ~**maschine** *f* machine à river, riveuse *f;* ~**nagel** *m* rivet *m;* ~**naht** *f tech* ligne *od* file *f od* rang de rivets, joint *m* rivé; **n~- und nagelfest** *a: alles, was nicht* ~ *war* tout ce qui n'était pas fixé solidement; ~**ung** *f* rivure *f*.

Niete *f* ⟨-, -n⟩ ['niːtə] **2.** *(Los)* billet non gagnant, numéro perdant; *fig pej*

(Mensch) zéro *m; pop* branleur, foutriquet *m*.

Nigger *m* ⟨-s, -⟩ ['nɪgər] *pej (Neger)* négro *m*.

Nihilismus *m* ⟨-, ø⟩ [nihi'lɪsmʊs] nihilisme *m;* ~**ist** *m* ⟨-en, -en⟩ [-'lɪst] nihiliste *m;* **n~istisch** [-'lɪstɪʃ] *a* nihiliste.

Nikolaus *m* ['niː-, 'nɪkolaʊs] Nicolas *m*.

Nikotin *n* ⟨-s, ø⟩ [niko'tiːn] nicotine *f;* **n~frei** *a* dénicotinisé; ~**vergiftung** *f* intoxication *f* par la nicotine, nicotinisme, tabagisme *m*.

Nil [niːl], *der* le Nil; ~**pferd** *n* hippopotame *m*.

Nimbus *m* ⟨-, -sse⟩ ['nɪmbʊs, -ə] *(Heiligenschein)* a. *fig* nimbe *m*, auréole *f; fig* prestige *m; sich mit dem* ~ *der Unfehlbarkeit umgeben* s'auréoler d'infaillibilité; ~**wolke** *f* nimbus *m*.

nimmer ['nɪmər] *adv dial poet* = *nie(mals);* **N~leinstag,** *der* la Saint-Glinglin, la semaine des quatre jeudis; *auf den* ~ *verschieben* renvoyer aux calendes grecques; ~**mehr** *adv dial poet* = *nie(mals) mehr;* **N~satt** *m* ⟨-(e)s, -e⟩ glouton *m;* **N~wiedersehen** *n: auf* ~ pour toujours.

Nippel *m* ⟨-s, -⟩ ['nɪpəl] *tech* raccord *m* (à vis), douille *f; (Speiche)* écrou *m*.

nippeln ['nɪpəln] *itr* siroter; grappiller *(an etw* qc); **N~flut** *f* marée *f* de morte eau; **N~tide** *f* morte-eau *f*.

Nippes *pl* ['nɪpəs], ~**sachen** *f pl* bibelots, colifichets, objets *m pl* d'étagère.

nirgends ['nɪrgənts] *adv*, ~**(s)wo** *adv* nulle part; *sonst* ~*s* nulle part ailleurs.

Nische *f* ⟨-, -n⟩ ['niːʃə] *arch* niche *f*.

Niß *f* ⟨-, -sse⟩, **Nisse** *f* ⟨-, -n⟩ [nɪs(ə)] *ent* lente *f*.

Nissenhütte *f* ['nɪsən-] baraque *f* Nissen.

nisten ['nɪstən] *itr* nicher, faire son nid; **N~kasten** *m* nichoir *m*.

Nitrat *n* ⟨-(e)s, -e⟩ [ni'traːt] nitrate, azotate *m;* **n~athaltig** *a* nitraté; ~**id** *n* ⟨-(e)s, -e⟩ [-'triːt, -də] azoture *m;* ~**ierapparat** *m* [-'triːr-] appareil *m* de nitrification; **n~ieren** [-'triːrən] *tr* nitrer; ~**ierhärtung** *f* nitruration *f;* ~**ierung** *f* nitrification *f;* ~**obenzol** *n* ['-tro-] nitrobenzine, nitrobenzène *m;* ~**oglyzerin** *n* nitroglycérine *f;* ~**olack** *m* laque *f* cellulosique; ~**otoluol** *n* ⟨-, ø⟩ [-tolu'oːl] nitrotoluène *m;* ~**ozellulose** *f* nitrocellulose *f*.

Niveau *n* ⟨-s, -s⟩ [ni'voː] *a. fig* niveau *m; wissenschaftliche(s)* ~ niveau *m* scientifique; **n~ellieren** [-vɛ'liːrən] *tr* niveler; ~**ellierung** *f* nivellement *m*.

Nix *m* ⟨-es, -e⟩, ~**e** *f* ⟨-, -n⟩ [nɪks(ə)] ondin, e *m f*.

Nizza n ['nɪtsa] Nice f.
nobel ['no:bəl] a noble; distingué; fam (freigebig) chic; sélect inv; pop rupin.
Nobelpreis m [no'bɛl-] prix m Nobel; ~**träger** m (titulaire du) prix m Nobel.
noch [nɔx] adv encore; weder..., ~... ni ..., ni ...; ~ bevor od ehe avant même que subj od que de inf; ~ dazu (außerdem) de plus, en outre; ~ (ein)mal encore une fois; ~ einmal so groß deux fois plus grand; ~ einmal so viel deux fois autant; le double; ~ heute, heute ~ aujourd'hui même; ~ immer, immer ~ toujours, encore; ~ mal encore une fois; ~ mehr plus encore; ~ nicht pas encore; ~ lange nicht pas avant longtemps; ~ nie jamais encore; ~ und ~ (fam) en masse; er wird schon ~ kommen il finira par venir; wäre er auch ~ so reich, ... si riche qu'il soit ... od soit-il; (darf es) sonst ~ etwas (sein)? et avec cela? und was ~? (fam) et avec ça? tun Sie das nicht ~ mal! n'y revenez plus! das fehlte gerade ~! auch das ~! il ne manquait plus que cela; ~**malig** a répété, réitéré, nouveau; ~**mals** adv encore (une fois).
Nock n ⟨-(e)s, -e⟩ a. f ⟨-, -en⟩ [nɔk], mar bout m de vergue.
Nocken m ⟨-s, -⟩ ['nɔkən] tech came f, ergot, mentonnet m; ~**welle** f arbre m à cames.
Nomad|e m ⟨-n, -n⟩ [no'ma:də] nomade m; **n~enhaft** a nomade; ~**enleben** n vie f nomade; ~**entum** n ⟨-s, ø⟩ nomadisme m; **n~isieren** [-madi'zi:rən] itr nomadiser.
Nomen n ⟨-s, Nomina⟩ ['no:mɛn, 'no:mina] gram nom m; ~**klatur** f ⟨-, -en⟩ [nomɛnkla'tu:r] scient nomenclature f.
nomin|al [nomi'na:l] a (Namens-; fin: Nenn ...) nominal; **N~aleinkommen** n produit m nominal; **N~alismus** m ⟨-, ø⟩ [-na'lɪsmʊs] philos nominalisme m; **N~alleistung** f, **N~allohn** m, **N~alwert** m puissance f, salaire m, valeur f nominal(e); **N~ativ** m ⟨-s, -e⟩ ['no:-, nomina'ti:f] gram nominatif m; ~**ell** [-mi'nɛl] a nominal, de nom; ~**ieren** [-'ni:rən] tr (ernennen) nommer; **N~ierung** f nomination f.
None f ⟨-, -n⟩ ['no:nə] rel none; mus neuvième f.
Nonius m ⟨-, -nien/-niusse⟩ ['no:nius, -niən, -niusə] tech vernier m.
Nonkonformis|mus m ⟨-, ø⟩ [nɔnkɔnfor'mɪsmʊs] non-conformisme; anticonformisme m; ~**t** m ⟨-en,

⟨-en⟩ [-'mɪst] non-conformiste, anticonformiste m; **n~tisch** a [-'mɪstɪʃ] non-conformiste, anticonformiste.
Nonne f ⟨-, -n⟩ ['nɔnə] religieuse; hum nomme, nonnain f; ent nonne m; junge ~ nonnette f; ~**nkloster** n couvent m de femmes.
nonstop [nɔn'[tɔp] adv non-stop; **N~flug** m vol m non-stop; **N~kino** n cinéma m permanent.
Nopp|e f ⟨-, -n⟩ ['nɔpə] (Textil) noppe f; **n~en** tr noper; ~**ensamt** m velours m bouclé.
Nord m ⟨-(e)s, ø⟩ = ~en; m ⟨-(e)s, (-e)⟩ [nɔrt] = ~wind; (in Zssgen) du Nord, nord a, septentrional; ~**afrika** n l'Afrique f du Nord; ~**afrikaner(in** f) m Nord-Africain, e m f; **n~afrikanisch** a nord-africain; ~**amerika** n l'Amérique f du Nord; ~**amerikaner(in** f) m Nord-Américain, e m f; **n~amerikanisch** a de l'Amérique du Nord; ~**atlantikpakt** m Pacte m de l'Atlantique Nord; ~**atlantikrat** m Conseil m de l'Atlantique Nord; **n~atlantisch** a de l'Atlantique Nord; ~**e** Verteidigungsgemeinschaft f (NATO) Organisation f du Traité de l'Atlantique Nord (OTAN); **n~deutsch** a de l'Allemagne du Nord; ~**deutsche(r** m) f Allemand, e m f du Nord; ~**deutschland** n l'Allemagne f du Nord; ~**en** m ⟨-s, ø⟩ [-dən] nord, septentrion m; im ~ (gen) au nord (de); (mit der Front) nach ~ bauen exposer au nord; nach (dem) ~ vers le nord; von ~ du nord; nach ~ drehen (Wind) nordir; nach ~ liegen (a.) être exposé au nord; ~**england** n l'Angleterre f du Nord; ~**europa** n l'Europe f du Nord; ~**frankreich** n le Nord de la France; ~**halbkugel** f hémisphère m nord od boréal; ~**hang** m versant m septentrional; **n~isch** a nordique; du Nord; ~**e** Kombination f (sport) combiné m nordique; ~**kap**, das le cap Nord; ~**korea** n la Corée du Nord; **n~koreanisch** a nord-coréen; ~**küste** f côte f septentrionale; ~**lage** f exposition f au nord; ~**licht** n aurore f boréale; ~~**Ostsee-Kanal** m canal m de Kiel; ~**ost(en)** m nord-est m; **n~östlich** a (du) nord-est; prp au nord-est (gen de); ~**pol** m pôle m nord od boréal od arctique; ~**polargebiet**, das les régions f pl polaires boréales; ~**polexpedition** f expédition f au pôle nord; ~**rand** m (e-s Gebirges) versant m septentrional; ~**rhein-Westfalen** n la Rhénanie--du-Nord-Westphalie f; ~**see**, die la mer du Nord; ~**seite** f côté m od fa-

ce f nord; ~**staaten,** die m pl (der
USA) les États m pl du Nord;
~**staatler** m ‹-s, -› m (USA) nordiste
m; ~**stern** m étoile f polaire; ~**viet-
nam** n le Nord Viet-nam; ~**wand** f
(e-s Berges) paroi f nord; **n~wärts**
adv vers le nord; ~ steuern (mar) faire le nord; ~**west(en)** m nord-ouest
m; **n~westlich** a (du) nord-ouest;
prp au nord-ouest (gen de); ~**wind** m
vent m du nord.

nördlich ['nœrtlıç] a septentrional,
(du) nord; ~ (gen) od von au nord
(de).

Nörg|elei f ‹-, -en› [nœrgə'laı] dénigre-
ment m, critique; fam rouspétance f;
n~eln ['nœrgəln] itr ‹aux: haben›
grogner, dénigrer, critiquer, ergoter,
trouver à redire à tout; fam
rouspéter; **n~(e)lig** [-g(ə)lıç] a grincheux; ~**ler** m ‹-s, -› ['-glər] déni-
greur, ronchonneur; rouspéteur m.

Norm f ‹-, -en› [nɔrm] norme: règle f;
standard m; als ~ gelten servir de
norme, faire autorité; nicht der ~ entsprechend hors série; **n~al** [-'maːl] a
normal; ~**alarbeitstag** m journée f
normale; ~**alfall** m cas m normal; im
~ normalement; ~**alfluglage** f position f de vol en palier; ~**algröße** f
taille f normale; **n~alisieren**
[-mali'ziːrən] tr normaliser; ~**alisierung** f normalisation f; ~**almaß** n
étalon m; ~**almeter** n étalon du
mètre, mètre-étalon m; ~**alnull** f
(NN) zéro normal; niveau m moyen
de la mer; ~**alnullhöhe** f geog cote f
par rapport au zéro normal;
~**alspur(bahn)** f loc (ligne à) voie f
normale; ~**aluhr** f horloge f régulatrice od pneumatique; ~**alverbrau-
cher** m consommateur m normal od
ordinaire; geistige(r) ~ (hum) personne f sans prétentions intellectuelles; ~**alvertrag** m contrat-type m;
~**alzeit** f heure légale od du fuseau;
n~ativ [-ma'tiːf] a (maßgebend) nor-
matif; **n~en** tr normaliser, standardiser, régler; ~**enausschuß** m comité
m de normalisation; ~**enerhöhung** f
élévation f des normes (de travail);
~**ierung** f, ~**ung** f normalisation,
standardisation f; ~**zeile** f typ ligne f
de pied.

Normann|e m ‹-n, -n› [nɔr'manə] Nor-
mand m; **n~isch** [-'manıʃ] a normand.

Norweg|en n ['nɔrveːgən] la Norvège;
~**er(in** f) m ‹-s, -› Norvégien, ne m f;
n~isch a norvégien.

Not f ‹-, ⁓e› [noːt, 'nøːtə] (Notlage)
nécessité f, besoin m; (große ~)
détresse f; (Mangel) manque m,

pénurie f, dénuement m; (Bedürftigkeit) indigence; (Armut) pauvreté f;
(Elend) misère, pop débine, mouise f;
(Sorge) souci m; (Mühe) peine, difficulté f; (Gefahr) péril, danger m; in
Nöten (a.) dans la gêne od pop dèche;
mit knapper ~ de justesse; tout juste,
à grand-peine; ohne ~ sans nécessité;
zur ~ au besoin, à la rigueur; mit
knapper ~ davon- od entkommen
l'échapper belle; in ~ geraten tomber
dans la misère od pop dans la dèche;
s-e (liebe) ~ haben mit … avoir bien
du mal avec …; jdm aus der ~ helfen
tirer qn d'affaire; ~ leiden être dans
le besoin od dans la misère; aus der
~ eine Tugend machen faire de
nécessité vertu; wenn ~ am Mann ist
en cas de besoin od de nécessité; es
hat keine ~ (es eilt nicht) rien ne
presse; in ~ frißt der Teufel Fliegen (prov) faute de grives on mange
des merles; ~ kennt kein Gebot
(prov) nécessité n'a point de loi,
nécessité fait loi; ~ lehrt beten (prov)
la faim chasse le loup du bois; ~
macht erfinderisch (prov) nécessité
est mère d'inventions od d'industrie;
~**anker** m ancre f de secours, fig de
salut; ~**anlage** f tech poste m de secours; ~**arzt** m médecin m de service; ~**aufnahme** f admission f d'urgence; ~**ausgang** m porte od sortie
f de secours; ~**ausstieg** m sortie od
issue f de secours; ~**behelf** m
expédient, pis-aller, provisoire m;
~**beleuchtung** f éclairage m de secours od de sûreté; ~**bremse** f frein
de secours, signal m d'alarme; ~**durft**
f besoin(s pl) m, nécessité f; s-e ~ verrichten faire ses besoins; fam se
soulager; **n~dürftig** a à peine suffisant; (behelfsmäßig) provisoire, de
fortune; adv tant bien que mal; ~**fall**
m cas m de besoin od d'urgence; im
~, **n~falls** adv au besoin, en cas de
besoin od de nécessité, si besoin est,
s'il en est besoin, à la rigueur; ~**flagge** f mar pavillon m de détresse;
n~gedrungen adv forcément, par
nécessité od force, bon gré, mal gré; ~
~**geld** n monnaie f auxiliaire; ~**gesetz** n décret-loi m; ~**groschen** m
encas, en-cas m; caisse f de
prévoyance; (sich) e-n ~ zurücklegen
garder une poire pour la soif; ~**hafen** m port m de refuge od de salut;
~**lage** f détresse, situation critique,
calamité f; **n~landen** itr ‹er notlan-
det/-e, ist/hat notgelandet, notzulan-
den› aero faire un atterrissage forcé;
~**landung** f atterrissage m forcé od
en catastrophe; **n~leidend** a nécessi-

teux, indigent; *fin (Wechsel)* en souffrance; ~**leine** *f* corde *f* d'alarme *od* de sûreté, cordon *m* d'alerte; ~**lösung** *f* expédient *m;* solution *f* provisoire *od* de fortune; ~**lüge** *f* pieux mensonge, mensonge *m* innocent *od* officieux; ~**maßnahme** *f* mesure *f* d'austérité *od* d'urgence; ~**mast** *m* mât *m* de rechange; ~**ruf(säule** *f) m* poste *m* d'appel *m* de secours; ~**schlachtung** *f* abattage *m* forcé *od* urgent; ~**schrei** *m* cri *m* d'alarme *od* de détresse; ~**signal** *n* signal *m* de détresse *od* d'alarme; ~**sitz** *m* siège accessoire *od* de réserve, strapontin *m;* ~**stand** *m* état de nécessité *od* d'urgence; *jur* cas *m* de nécessité; ~**standsarbeiten** *f pl* travaux *m pl* urgents *od* de secours; ~**standsgebiet** *n* zone *f* sinistrée; ~**standsgesetz** *n* loi *f* (sur l'état) d'urgence; ~**taufe** *f (kath.)* ondoiement; *(evang.)* baptême *m* d'urgence; ~**verband** *m med* pansement provisoire *od* d'urgence, premier pansement *m;* ~**verkauf** *m* vente *f* d'urgence; ~**verordnung** *f* décret-loi *m;* n~**wassern** *itr ⟨er notwassert/-e, ist/ hat notgewassert, notzuwassern⟩ aero* faire un amerrissage forcé; ~**wasserung** *f* amerrissage *m* forcé; ~**wehr** *f* légitime défense *f; in ~* à son corps défendant; n~**wendig** ['--- / '--] *a* nécessaire; *(unerläßlich)* indispensable; ~ *machen* rendre nécessaire, nécessiter; n~**wendigerweise** *adv* nécessairement, forcément; ~**wendigkeit** *f* nécessité *f; in die ~ versetzt sein zu* ... se trouver dans la nécessité de ...; ~**wohnung** *f* logement *m* provisoire, habitation *f* d'urgence; ~**wurf** *m aero* largage *m* de secours; ~**zeichen** *n =* ~*signal;* ~**zucht** *f* viol *m;* n~**züchtigen** *tr ⟨er notzüchtigt/-e, hat genotzüchtigt⟩* violer.
Nota *f ⟨-, -s⟩* ['no:ta] *(Notiz; Rechnung)* note *f.*
Notar *m ⟨-s, -e⟩* [no'ta:r] notaire, officier public; *hum* tabellion *m;* ~**iat** *n ⟨-(e)s, -e⟩* [-tari'a:t] *(Amt)* notariat *m; (Büro)* étude *f* de notaire; ~**iatsgebühr** *n* droit *m* notarial; ~**iatsurkunde** *f* acte *m* notarié; n~**iell** [-ri'ɛl] *a* notarial; *adv* par-devant notaire; ~ *beglaubigt* (certifié par acte) notarié; ~ *beglaubigte Urkunde f* acte *m* notarié; ~ *beurkundet* dressé par-devant (le) notaire.
Note *f ⟨-, -n⟩* ['no:tə] *(Notiz, Mitteilung; Zensur; mus)* note *f; (Banknote)* billet (de banque); *fig (Wesenszug)* trait *m,* marque *f,* cachet *m; nach* ~*n (fig*

fam) comme il faut, solidement; *eine ~ halten (mus)* rester sur une note; ~*n lesen (mus)* lire la musique; ~*n wechseln (pol)* échanger des notes; *ganze ~ (mus)* ronde *f; halbe ~ (mus)* blanche *f;* ~**naufruf** *m fin* retrait *m* de billets (de banque); ~**nausgabe** *f fin* émission *f* de billets; ~**nbank** *f* banque *f* d'émission; ~**nblatt** *n* feuillet *m* de musique; ~**ndeckung** *f fin* couverture *f* (métallique) des billets; ~**ndruck** *m fin* impression *f* de billets (de banque); ~**ndurchschnitt** *m (Schule)* moyenne *f* des notes; ~**nheft** *n mus* cahier *m* de musique; ~**npapier** *n* papier *m* (à) musique; ~**npresse** *f fin* presse *f* à billets de banque; ~**nreserve** *f* réserve *f* de billets; ~**nschrift** *f* notation *f* musicale; ~**nständer** *m* pupitre *m* de musicien; ~**nsystem** *n mus* portée *f;* ~**numlauf** *m fin (Vorgang)* circuit *m* monétaire, circulation *f* fiduciaire; *(Geld)* billets *m pl* en circulation; numéraire *m;* ~**nwechsel** *m pol* échange *m* de notes.
notier|en [no'ti:rən] *tr* noter, prendre note de; *fin (an der Börse)* coter; **N~ung** *f fin* cotation, cote *f.*
nötig ['nø:tɪç] *a* nécessaire; *wenn od falls* ~ s'il le faut; ~ *haben (zu)* avoir besoin (de); *das N~e zum Leben haben* avoir de quoi vivre; *für* ~ *halten* croire nécessaire; ~ *machen* rendre nécessaire, nécessiter; *das N~e veranlassen* donner les ordres nécessaires; *es ist* ~, *daß* ... il est nécessaire que, il faut que *subj;* ~**en** [-gən] *tr* obliger, contraindre, forcer, *sich (lange)* ~ *lassen* se le faire dire; se faire tirer la manche od l'oreille; *sich nicht lange* ~ *lassen* ne pas se faire prier; *sich genötigt sehen zu* ... se voir obligé de ...; ~**enfalls** *adv =* *notfalls;* **N~ung** *f* obligation, contrainte, *f* instances *f pl.*
Notiz *f ⟨-, -en⟩* [no'ti:ts] not(ic)e *f; sich* ~*en machen* prendre des notes; *von etw* ~ *nehmen* prendre connaissance de qc, faire attention à qc; ~**block** *m ⟨-s, -s⟩* bloc-notes *m;* ~**buch** *n* carnet, calepin, agenda *m.*
notorisch [no'to:rɪʃ] *a* notoire, public, manifeste.
Nougat *m, a. n ⟨-s, -s⟩* ['nu:gat/nu'ga:] nougat *m.*
Novell|e *f ⟨-, -n⟩* [no'vɛlə] nouvelle *jur* loi *f* dérogatoire, amendement *m;* n~**ieren** [-'li:rən] *tr* amender; ~**ist** *m ⟨-en, -en⟩* [-'lɪst] nouvelliste *m.*
November *m ⟨-(s), -⟩* [no'vɛmbər] novembre *m.*

Novität f ⟨-, -en⟩ [novi'tɛ:t] *(Neuheit)* nouveauté f.

Noviz|e m ⟨-n, -n⟩ [no'vi:tsə], **~in** f novice m f; **~iat** m ⟨-(e)s, -e⟩ [-vitsi'a:t] noviciat m, probation f.

nu [nu:] *adv fam* = **nun.**

Nu m [nu:] *im* ~ en moins de rien, en un rien de temps; *fam* en cinq sec.

Nubien n ['nu:biən] *geog* la Nubie.

nüchtern ['nʏçtərn] *a (ohne Frühstück)* à jeun; *(ohne Alkohol)* (ne ...) pas grisé; *fig (mäßig)* sobre; *(sachlich)* objectif, réaliste; *(vernünftig)* raisonnable; *(schmucklos)* sans ornement, simple; *(Stil)* dépouillé, prosaïque, terre à terre; *adv a.* de sang-froid; *nicht ganz* ~ *(a.)* entre deux vins; *auf* ~*en* od *mit* ~*em Magen* à jeun; *(Betrunkenen)* ~ *machen* dégriser; ~ *werden* se dégriser; **N~heit** f ⟨-, ø⟩ *(Mäßigkeit)* sobriété f; *(Kaltblütigkeit)* sang-froid m; *tempérance; (Schmucklosigkeit)* simplicité f; *(Poesielosigkeit)* prosaïsme m.

nuckeln *itr fam (Säuglinge)* sucer, têter.

Nuckelpinne f ['nʊkəl-] *fam (Auto)* bagnole f.

Nudel f ⟨-, -n⟩ ['nu:dəl] nouille f *meist pl; (Faden~)* vermicelle m; **n~n** *tr* gaver, empâter; **~suppe** f potage m aux nouilles od au vermicelle.

Nugat m od n = **Nougat.**

nukle|ar [nukle'a:r] *a phys (Kern-)* nucléaire; **N~medizin** f médicine f nucléaire; **N~arpark** m matériel m nucléaire; **N~arwaffe** f arme f nucléaire; **N~in** n ⟨-s, -e⟩ [-'i:n] *biol* nucléine f; **N~insäure** f acide m nucléique; **N~on** n ⟨-s, -en⟩ ['nu:kleɔn, nukle'o:nən] *phys* nucléon m; **N~oproteid** [-kleo-] n *chem biol* nucléoprotéide f; **N~us** m ⟨-, -klei⟩ ['nu:kleʊs, -ei] *biol (Zellkern)* noyau m (cellulaire).

null [nʊl] *(Zahlwort)* zéro; ~ *Bock!* *(arg)* j'ai la flemme, ça me casse les pieds! ~ *Komma nichts (fam)* en cinq sec; ~ *Fehler m pl* zéro faute; a: ~ *und nichtig* nul et non avenu; *jur* entaché de nullité; *für* ~ *und nichtig erklären* annuler; *jur* annihiler; **N~** f ⟨-, -en⟩ zéro m; *fig fam (Mensch)* nullité f; *pop* foutriquet, zozo m; *auf* ~ *stehen (Thermometer)* être à zéro; *er ist eine völlige* ~ *(fig)* c'est un zéro en chiffre; **N~bock-Generation** f génération f de blasés; **~diät** f *med* jeûne m complet; **N~(l)eiter** m *tech* fil m neutre; **N~(l)ösung** f *pol* mil option f zéro; **N~meridian** m méridien m origine; **N~punkt** m (point) zéro m; **~serie** f avant-série f;

N~start m *aero* décollage m sur place; **N~stellung** f position f zéro od neutre od de repos; **N~strich** m marque f de zéro; **N~tarif** m gratuité f (des transports en commun urbains); **N~wachstum** n croissance f zéro.

numer|ieren [nume'ri:rən] *tr* numéroter; *fortlaufend* ~ numéroter en continu; **N~ierung** f *(Tätigkeit)* numérotage m; *(Zustand)* numération f; *mit fortlaufender* ~ numéroté en continu; **N~ierungsstempel** m numéroteur m; **~isch** [-'meriʃ] a numérique.

Numerus **clausus** m ⟨--, ø⟩ ['nu:merʊs'klaʊzʊs] numerus clausus m.

Numismat|ik f ⟨-, ø⟩ [numɪs'ma:tɪk] numismatique f; **~iker** m ⟨-s, -⟩ [-'ma:tikər] numismate m; **n~isch** [-'ma:tɪʃ] a numismatique.

Nummer f ⟨-, -n⟩ ['nʊmər] numéro m; *(Bekleidung: Größe)* taille, pointure f; *eine gute* ~ *haben (fam)* avoir la cote *(bei jdm* auprès de qn); *mit einer* ~ *versehen* numéroter; *die* ~ *wählen* composer le numéro; *laufende* ~ numéro m courant od d'ordre od de série od suivi; **~nbeleuchtung** f mot éclairage m de la plaque; **~nfolge** f ordre m numérique; **~nscheibe** f *tele* cadran od disque m d'appel; **~nschild** n *mot* plaque f d'immatriculation od minéralogique; **~nstempel** m numéroteur m.

nun [nu:n] *adv (jetzt)* maintenant, à présent; = ~ *ja;* ~*?* alors? *von* ~ *an* dorénavant, désormais, dès à présent, à l'avenir; ~ *aber* or; ~ *ja* à dire vrai, à la vérité, en effet; *das ist* ~ *einmal so!* il en est ainsi; *fam* c'est comme ça; ~*! hé* od eh (bien)! hein! allons! ~ *gut!* eh bien, soit! **~mehr** *adv* à présent, maintenant; *(von nun an)* désormais; **~mehrig** a actuel, d'à présent.

Nunti|atur f ⟨-, -en⟩ [nʊntsia'tu:r] *rel pol* nonciature f; **~us** m ⟨-, -tien⟩ ['nʊntsiʊs, -tsiən] nonce m.

nur [nu:r] *adv* seulement; *(bei v a.)* ne ... que; *(allerdings)* mais; *(vor e-m s od pron)* seul a *(nachgestellt); nicht* ~ ..., *sondern auch* ... non seulement ..., mais aussi od encore ...; ~ *ein wenig* un tant soit peu; ~ ... *nicht* excepté ..., à l'exception de ..., sauf ...; ~ *noch (Mengenangabe)* ne ... plus que; ~ *noch 3.— DM (com: Preisauszeichnung) a.* soldé 3 DM; ~ *so* ... ce n'est qu'ainsi que ...; ~ *so tun (fam)* faire semblant; *lassen Sie mich* ~ *machen!* vous n'avez qu'à me laisser faire; ~ *zu!* allez-y!

Nürnberg *n* ['nʏrnbɛrk] Nuremberg *f.*
nuscheln ['nuʃəln] *itr (fam: undeut-lich sprechen)* bredouiller, parler in-distinctement.
Nuß *f* ⟨-, ⁅sse⟩ [nus, 'nʏsə] *(Walnuß)* noix; *(Haselnuß)* noisette *f; das ist eine harte* ~ c'est un os *od* un dur morceau; cela donne du fil à retordre; **~baum** *m (a. Holz)* noyer *m;* **n~braun** *a* noisette; **~knacker** *m* casse-noix, casse-noisettes *m;* **~knackergesicht** *n* menton *m* en galoche; **~kohle** *f* noix *f;* **~öl** *n* huile *f* de noix; **~schale** *f* coquille *f* de noix; *grüne* ~ brou *m* (de noix); **~schokolade** *f* chocolat *m* aux noisettes; **~torte** *f* gâteau *m* aux noix.
Nüster *f* ⟨-, -n⟩ ['nʏːstər/'nʏs-] *meist pl* narine *f,* naseau *m.*
Nut *f* ⟨-, -en⟩, **~e** *f* ⟨-, -n⟩ [nuːt(ə)] *(Fuge)* rainure, entaille *f;* **n~en** *tr* rainer, faire des rainures dans.
Nutria *f* ⟨-, -s⟩ ['nuːtria] *zoo* myopotame *m* coypou; **~(pelz** *m) f* ⟨-s, -s⟩ nutria *m,* loutre d'Amérique.
Nutte *f* ⟨-, -n⟩ ['nutə] *pop* putain, traînée *f.*
nutz [nuts] *a: zu nichts* ~ *sein* n'être bon à rien; **N~** *m: zu jds* ~ *und Frommen* pour le bien de qn; **N~anwendung** *f* application, utilisation; *(Lehre)* morale *f;* **~bar** *a* utilisable, *(Wald)* exploitable; ~ *machen* utiliser; faire servir, mettre à profit *od* en valeur; **N~barmachung** *f* utilisation, mise en valeur, exploitation *f;* **~bringend** *a* profitable, fructueux, lucratif; ~ *anlegen (Geld)* faire profiter; ~ *sein* faire du profit; ~ *verwenden* mettre à profit; **~e** *Verwendung f (a.)* utilisation *f* efficace; **N~effekt** *m* rendement, travail *m* utile, efficience *f;* **~en** *tr* utiliser, mettre à profit, faire valoir; *(Wald)* exploiter, aménager; *itr = nützen;* **N~en** *m* ⟨-s, ø⟩ *(Nütz-lichkeit)* utilité *f;* *(Gewinn)* profit, bénéfice; *(Vorteil)* avantage; *(Ertrag)* rapport, fruit *m; mit* ~ avec fruit; ~

bringen, von ~ *sein* être utile *od* pro-fitable, faire du profit; ~ *ziehen aus* profiter, tirer profit *od* parti de; met-tre à profit, faire son profit (de), se prévaloir de; **N~fahrzeug** *n* véhicu-le *m* utilitaire; **N~fläche** *f* surface *f* utile; **N~holz** *n* bois *m* d'œuvre; **N~last** *f* charge *f* util(isabl)e, poids *m* utile; **N~lastraum** *m (Rakete)* ca-bine *f* à charge utile; **N~leistung** *f* puissance *f* utile *od* effective, rende-ment *m* (effectif); **~los** *a* inutile; in-fructueux, vain; *(verloren)* perdu; *adv (umsonst)* en pure perte, *fam* pour des prunes; **N~losigkeit** *f* ⟨-, ø] inu-tilité; vanité, inanité, futilité *f;* **N~nießer** *m* ⟨-s, -⟩ ['-niːsər] *jur* usu-fruitier; *allg* profiteur *m;* **N~nie-ßung** *f* jouissance *f* (usufruitière); *jur* usufruit *m;* **N~pflanze** *f* plante *f* économique; **N~spannung** *f* el ten-sion *f* effective; **N~strom** *m* courant *m* utile; **N~ung** *f* utilisation, exploi-tation; *(Boden)* mise *f* en culture; *(Wald)* aménagement *m; (Nutznie-ßung)* jouissance *f;* **N~ungsart** *f* mode *m* d'exploitation; **N~ungsbe-rechtigte(r)** *m* ayant-droit à la jouissance; usager *m;* **N~ungsdauer** *f* durée *f* d'utilisation; **N~ungsrecht** *n* droit *m* usufructuaire *od* de jouis-sance; **N~ungswert** *m* valeur *f* de jouissance *od* de rapport; **N~wert** *m* valeur *f* utile.
nützen ['nʏtsən] *itr* être utile *od* bon, rendre service, profiter *(jdm* à qn); *zu etw* ~ servir à qc; *das nützt nichts* ce-la ne sert à rien; *was nützt das? (a.)* à quoi bon? **~lich** *a* utile; *(vorteilhaft)* avantageux; *(gewinnbringend)* profi-table, fructueux; *sich* ~ *machen* se rendre utile; **N~lichkeit** *f* utilité *f* ⟨-, ø⟩.
Nylon *n* ⟨-s, ø⟩ ['naɪlɔn] nylon *m;* **~strumpf** *m* bas *m* (de *od* en) nylon; **n~verstärkt** *a* renforcé *od* (allein-stehend) renfort nylon.
Nymphe *f* ⟨-, -n⟩ ['nʏmfə] nymphe *f.*

O

O, o n ⟨-, -⟩ [oː] *(Buchstabe)* O, o m.
o [o] *interj (mit dem darauffolgenden Wort verbunden; alleinstehend s. oh)* ô! *o daß ...!* je voudrais que ...; *o doch!* mais si! *o ja!* mais oui! *o nein!* eh non! que non! *o weh!/aïe!* misère! *o wie schön!* que c'est beau!
Oase *f* ⟨-, -n⟩ [oˈaːzə] a. *fig* oasis *f.*
ob [ɔp] **1.** *conj* si; ~ ... *oder* ~ que ... ou que *subj;* ~ *er kommt oder nicht* qu'il vienne ou non; *als* ~ comme si; *es ist, als* ~ on dirait que; *nicht als* ~ *non (pas) que subj; so tun als* ~ ... faire semblant de *inf; und* ~! et comment! tu penses! ma foi! oui; *und* ~ *er wütend war!* pensez s'il était furieux; **2.** *prp dat, vx (über)* au-dessus de, sur; *gen od dat, lit (wegen)* à cause de.
Obacht *f* ⟨-, ø⟩ [ˈoːbaxt] *(Aufmerksamkeit)* attention *f,* soin *m;* ~ *geben* faire attention, prendre garde *(auf* à).
Obdach *n* [ˈɔp-] abri, asile, refuge *m;* **o~los** *a* sans abri, sans asile, sans logis; **~lose(r)** *m* sans-abri, sans-asile, sans-logis *m;* **~losenasyl** *n* asile de nuit; foyer *m* d'hébergement; **~losenheim** *n* refuge *od* foyer *m* pour les sans-abri.
Obduktion *f* ⟨-, -en⟩ [ɔpdʊktsiˈoːn] autopsie *f,* **o~zieren** [-duˈtsiːrən] *tr* autopsier, faire l'autopsie de.
O-Beine *n pl* [ˈoː-] jambes *f pl* arquées; **O-beinig** *a* aux jambes arquées.
Obelisk *m* ⟨-en, -en⟩ [obeˈlɪsk] obélisque *m.*
oben [ˈoːbən] *adv* en haut; *(auf der Oberfläche)* à la surface; *(auf Kisten)* haut; *(in e-m Schriftstück, Buch)* ci-dessus; *da od dort* ~ là-haut; *nach* ~ en haut, vers le haut; *von* ~ d'en od de haut; *von* ~ *herab (fig)* de haut; *von* ~ *bis unten de od* du haut en bas, d'un bout à l'autre, de bout en bout; *weiter* ~ plus haut; *wie* ~ *(gesagt)* comme ci-dessus; ~ *auf* en haut de; *von* ~ *bis unten ansehen* toiser; *von* ~ *herab antworten* répondre du bout des lèvres; *von* ~ *herab behandeln* regarder par-dessus l'épaule; le prendre de haut *(jdn* avec qn); *von* ~ *herab sprechen* parler du haut de sa grandeur; *von* ~ *herab sein (fam: stolz tun)* le prendre de haut;

mir steht's bis hier ~ *(fam)* j'en ai plein le dos *od* une indigestion; **~an** *adv* tout en haut; *(bei Tisch)* au haut bout; *(in der Reihenfolge)* au premier rang; *(in e-r Liste)* en tête; **~auf** *adv* sur le dessus, à la surface; ~ *sein (fig)* avoir le dessus; **~drein** *adv* en outre, par-dessus le marché, de *od* par surcroît, bien plus, qui plus est; **~erwähnt** *a* susmentionné, mentionné plus haut; **~genannt** *a* susdit; **~hin** *adv* légèrement, en passant; **~hinaus** *adv:* ~ *wollen* viser trop haut; **O~-ohne-Bedienung** *f* serveuses *f pl* aux seins nus; **~stehend** *a* ci-dessus.
Ober *m* ⟨-s, -⟩ [ˈoːbər] *(Kellner)* garçon *m* (de café); *Herr* ~! garçon!
Oberarm *m* [ˈoː-] *(partie f* supérieure du) bras *m;* **~bein** *n* humérus *m;* **~muskel** *m* biceps *m.*
Oberarzt *m* [ˈoː-] médecin (en) chef, médecin-chef; *mil* médecin *m* lieutenant.
Oberaufseher *m* [ˈoː-] surveillant général, surintendant *m;* **~sicht** *f* haute surveillance, surintendance *f.*
Oberbau *m* [ˈoː-] *arch* superstructure; *loc* voie *f* permanente.
Oberbayern *n* [ˈoː-] la Haute-Bavière.
Oberbefehl *m* [ˈoː-] commandement *m* supérieur *od* en chef; **~shaber** *m* commandant m en chef.
Oberbegriff *m* [ˈoː-] *philos* majeur *m; allg* concept *m* (plus) général.
Oberbekleidung *f* [ˈoː-] vêtements *m pl* de dessus.
Oberbergamt *n* [ˈoː-] bureau *m* supérieur des mines.
Oberbett *n* [ˈoː-] dessus de lit, édredon *m.*
Oberbramsegel *n* [ˈoː-] *mar* cacatois *m.*
Oberbürgermeister *m* [ˈoː-/oːbərbʏrger-] (premier) maire, président *m* du conseil municipal.
Oberdeck *n* [ˈoː-] *mar* pont (supérieur), tillac *m.*
obere(r, s) [ˈoːbərə-] *a* supérieur, plus élevé, haut; de dessus, d'en haut.
Oberfeldarzt *m* [ˈoː-], **~veterinär** *m mil* médecin, vétérinaire *m* lieutenant-colonel; **~webel** *m* adjudant--chef *m.*
Oberfläche *f* [ˈoː-] surface; *(Außen-*

fläche, bes. math) superficie *f; an od auf der ~* à la surface; *gen (a.)* à fleur de; *an die ~ kommen* faire surface, émerger; *(wieder) an die ~ kommen* revenir à la surface; **~enbehandlung** *f* traitement *m* des surfaces; **~enspannung** *f phys* tension *f* superficielle; **o~lich** *a, a. fig* superficiel; *adv, a. fam* à la va-vite; **~e(r)** *Abbau m (mines)* grappillage *m;* **~lichkeit** *f* caractère *m* superficiel, légèreté *f.*

Ober|förster *m* ['o:-] garde *m* général (des forêts); **~forstmeister** *m* conservateur *m* des forêts.

Oberfranken *n* ['o:-] la Haute-Franconie.

obergärig ['o:-] *a (Bier)* à *od* de fermentation élevée.

Obergefreite(r) *m* ['o:-] caporal-chef; *(Artillerie, Panzer)* brigadier-chef *m.*

Obergeschoß *n* ['o:-] *arch* étage *m* supérieur.

Obergewalt *f* ['o:-] *pol* suprématie *f.*

oberhalb ['o:ǝrhalp] *prp gen* au-dessus de; *(flußaufwärts)* en amont de.

Oberhand *f* ['o:-]: *die ~ behalten* prévaloir, l'emporter *(über* sur); *(wieder) die ~ gewinnen* (re)prendre le dessus; *die ~ haben* avoir la suprématie *od* le dessus *(bei* dans).

Oberhaupt *n* ['o:-] chef *m.*

Oberhaus *n* ['o:-] *pol (Großbritannien)* Chambre *f* haute *od* des lords.

Oberhaut *f* ['o:-] *anat* épiderme *m.*

Oberhemd *n* ['o:-] chemise *f* de jour.

Oberherrschaft *f* ['o:-] suprématie *f.*

Oberhoheit *f* ['o:-] *pol* suzeraineté *f.*

Oberin *f* ⟨-, -nnen⟩ ['o:bǝrɪn] *rel* supérieure, prieure *f; Amt n od Würde f e-r ~* prieuré *m.*

Oberingenieur *m* ['o:-] ingénieur *m* principal *od* en chef.

oberirdisch ['o:-] *a* au-dessus du sol; *el* aérien.

Oberitalien *n* ['o:-] la Haute-Italie.

Oberkellner *m* ['o:-] maître *m* d'hôtel.

Oberkiefer *m* ['o:-] mâchoire *f* supérieure.

Oberklassen *die, f pl* ['o:-] *(Schule)* les classes supérieures, les grandes classes *f pl.*

Oberkleidung *f* ['o:-] vêtements *m pl* de dessus.

Oberkommand|ierende(r) *m* ['o:-] *mil* commandant en chef; *(der NATO)* haut *od* d'état-major interarmées; **~o** *n* haut commandement *m.*

Oberkörper *m* ['o:-] *anat* haut du corps, buste *m.*

Oberlauf *m* ['o:-] *(e-s Flusses)* cours supérieur, haut cours *m.*

Oberleder *n* ['o:-] *(Schuh)* empeigne *f.*

Oberlehrer *m* ['o:-] professeur *m.*

Oberleitung *f* ['o:-] *adm* direction; *el* caténaire *f,* fil *m* aérien, ligne *f* aérienne *od* de contact; **~smaterial** *n* matériaux *m pl* de ligne aérienne; **~somnibus** *m* trolleybus *m.*

Oberleutnant *m* ['o:-] lieutenant *m; ~ zur See* enseigne *m* de vaisseau de 1ère classe.

Oberlicht *n* ['o:-] jour d'en haut, éclairage *m* zénithal.

Oberlippe *f* ['o:-] lèvre *f* supérieure.

Obermaat *m* ['o:-] *mar* maître *m.*

Oberösterreich *n* ['o:-] la Haute-Autriche.

Oberpfalz ['o:-] *, die* le Haut-Palatinat.

Oberpostdirektion *f* ['o:-/'o:bǝr-'post-] administration *f* générale des postes.

Oberpriester *m* ['o:-] grand prêtre *m.*

Oberprima *f* ['o:-] classe *f* terminale (d'un collège).

Oberrabbiner *m* ['o:-] *rel* grand rabbin *m.*

Oberrhein ['o:-], *der* le Haut-Rhin.

Obersatz *m* ['o:-] *(Logik)* majeure *f.*

Oberschenkel *m* ['o:-] cuisse *f.*

Oberschicht *f* ['o:-] couche *f* supérieure; *fig* classes *f pl* supérieures.

oberschlächtig ['o:-] *a (Wasserrad)* d'en dessus.

Oberschlesien *n* ['o:-] la Haute-Silésie.

Oberschul|e *f* ['o:-] école *f od (einzelne)* établissement *m* secondaire; **~rat** *m* inspecteur *m* général; **Oberschüler** *m* lycéen *m.*

Oberschwelle *f* ['o:-] *arch* linteau *m.*

Oberschwester *f* ['o:-] infirmière-major, infirmière *f* en chef.

Oberseite *f* ['o:-] surface *f,* dessus; *aero (Flügel)* extrados *m.*

Oberst *m* ⟨-en/-s, -en/(-e)⟩ ['o:bǝrst] colonel *m; ~arzt* *m* médecin *m* colonel; **~leutnant** *m* lieutenant-colonel *m; ~veterinär* *m* vétérinaire *m* colonel.

oberste(r, s) ['o:bǝrst-] *a (Superlativ von: obere)* (le) plus haut, (le) plus élevé; *(erste)* premier; *(fig, bes. adm: höchste)* suprême, supérieur; *das ~e Gericht* la cour suprême; *die ~e Gewalt* le pouvoir suprême.

Oberstaatsanwalt *m* ['o:-] procureur *m* général *od (in Frankr.)* de la République.

Oberstabs|arzt *m* ['o:-], **~veterinär** *m* médecin, vétérinaire *m* commandant.

Obersteiger *m* ['o:-] *mines* maître *m* porion.

Oberstimme *f* ['o:-] *mus* soprano *m.*

Oberstübchen *n* ['o:-]: *nicht (ganz)*

richtig im ~ *sein (fig fam)* avoir le cerveau troublé *od* dérangé *od* fêlé *od* timbré, avoir une araignée au plafond.
Oberstudiendirektor *m* ['o:-] proviseur *m*.
Oberstufe ['o:-], *die (Schule)* le second cycle, les humanités *f pl.*
Obertasse *f* ['o:-] tasse *f.*
Oberteil *n* od *m* ['o:-] partie *f* supérieure.
Oberton *m* ['o:-] *mus* son *m* harmonique.
Oberwasser *n* ['o:-] *(Schleuse)* bief *m* supérieur; ~ *haben (fig)* avoir le dessus.
Oberweite *f* ['o:-] *(Kleidung)* (tour *m* de) poitrine *f.*
Oberwelt *f* ['o:-] *(im Gegensatz zur Unterwelt)* monde *m* des vivants.
Oberwolle *f* ['o:-] laine *f* mère.
obgleich [ɔp'glaɪç] *conj* quoique, bien que, encore que, malgré que *subj.*
Obhut *f* ['ɔp-] garde, protection *f; in s-e* ~ *nehmen* prendre en garde, prendre sous sa garde *od* protection.
obige(r, s) ['o:bɪgə] *a* susdit, susmentionné; ci-dessus.
Objekt *n* ⟨-(e)s, -e⟩ [ɔp'jɛkt] objet; *gram* complément (d'objet); *(Wertgegenstand)* objet *m* de valeur; **o~iv** [-'ti:f] *a (sachlich)* objectif; *(unparteiisch)* impartial; ~**iv** *n* ⟨-s, -e⟩ *opt* objectif *m;* **o~ivieren** [-ti'vi:rən] *tr philos* objectiver; ~**ivierung** *f* objectivation *f;* ~**ivität** *f* ⟨-, ø⟩ [-vi'tɛːt] objectivité; impartialité *f.*
Oblate *f* [o'bla:tə] *(Gebäck)* oublie *f,* plaisir *m; rel* hostie *f* non consacrée.
ob=liegen ['ɔp-, ɔp'li:gən] *itr ⟨es obliegt mir / liegt mir ob, oblag mir / lag mir ob, es hat/ist mir oblegen, obzuliegen⟩: jdm* ~ incomber à qn, être à la charge de qn; **O~heit** *f* devoir *m,* charge, obligation *f.*
obligat [obli'ga:t] *a (unerläßlich)* de rigueur, indispensable; **O~ion** *f* ⟨-, -en⟩ [-gatsi'o:n] *fin (persönl. Haftung)* obligation *f;* **O~ionsgläubiger** *m,* **O~ionsinhaber** *m* obligataire *m;* **O~ionsschuldner** *m* débiteur *m* obligataire; ~**orisch** [-'to:rɪʃ] *a* obligatoire; **Obligo** *n* ⟨-s, -s⟩ ['o:-/'ɔbligo] *fin* obligation *f,* engagement *m,* garantie *f.*
Obmann *m* ⟨-(e)s, -männer/-leute⟩ ['ɔp-] *(Vertrauensmann)* homme de confiance; *(Schiedsrichter)* arbitre *m.*

Oboe *f* ⟨-, -n⟩ [o'bo:ə] *mus* hautbois *m;* ~**ist** *m* ⟨-en, -en⟩ [obo'ɪst] hautboïste *m.*
Obolus *m* ⟨-, -/-sse⟩ ['o:bolus] *(kleiner*

Beitrag) obole *f; s-n* ~ *entrichten* apporter son obole.
Obrigkeit *f* ⟨-, -en⟩ ['o:brɪçkaɪt] autorité *f;* pouvoir *m* public; **o~lich** *a* de l'autorité; ~**sstaat** *m* État *od* régime *m* autoritaire.
obschon [ɔp'ʃo:n] = *obgleich.*
Observatorium *n* ⟨-s, -rien⟩ [ɔpzɛrva'to:riʊm, -riən] = *Sternwarte.*
Obsidian *m* ⟨-s, -e⟩ [ɔpzidi'a:n] *min* obsidienne *f.*
ob=siegen ['ɔp-, ɔp'zi:gən] *itr ⟨er siegt(e) ob / obsiegt(e), hat obgesiegt/ obsiegt, obzusiegen / zu obsiegen⟩* l'emporter, triompher (*über* sur).
obskur [ɔps'ku:r] *a* obscur; caché, peu clair; **O~ant** *m* ⟨-en, -en⟩ [-sku'rant] obscurantiste *m.*
Obst *n* ⟨-es, ø⟩ [o:pst] fruits *m pl;* ~**bau** *m* arboriculture *f* (fruitière); ~**baum** *m* arbre *m* fruitier; ~**dampfer** *m* cargo *m* fruitier; ~**ernte** *f* récolte des fruits, cueillette *f; (Zeit f der)* ~ cueillaison, cueille *f;* ~**fleck** *m* tache *f* de fruits; ~**garten** *m* jardin fruitier, verger *m;* ~**gärtner** *m* jardinier *m* pépiniériste; ~**geschäft** *n* = ~*handlung;* ~**händler** *m* marchand de fruits, fruitier *m;* ~**handlung** *f* fruiterie *f;* ~**kammer** *f,* ~**keller** *m* fruitier *m;* ~**konserven** *f pl* conserves *f pl* de fruits; ~**kuchen** *m* = ~*torte;* ~**markt** *m* marché *m* aux fruits; ~**messer** *n* pèle-fruits *m;* ~**pflücker** *m (Gerät)* cueille-fruits *m;* ~**plantage** *f* plantation *f* fruitière; **o~reich** *a* abondant en fruits; ~**salat** *m* salade *f* de fruits; ~**schale** *f (Gefäß)* coupe *f* à fruits; *pl (Abfälle)* épluchures *f pl;* ~**torte** *f* tarte *f* aux fruits; ~**- und Gemüsehändler(in** *f)* *m* marchand, e *m f* de primeurs *od* des quatre-saisons; ~**wein** *m* vin *m* de fruits.
obstru|ieren [ɔpstru'i:rən] *tr (behindern; med: verstopfen)* obstruer; **O~ktion** *f* ⟨-, -en⟩ [-strʊktsi'o:n] *parl med* obstruction *f.*
obszön [ɔps'tsø:n] *a* obscène; **O~ität** *f* ⟨-, -en⟩ [-tsøni'tɛːt] obscénité *f.*
Obus *m* ⟨-sses, -sse⟩ ['o:bus, -ə] = *Oberleitungsomnibus.*
ob=walten ['ɔp-, ɔp'valtən] *itr ⟨er waltet(e) ob/obwaltet(e), er hat obgewaltet, obzuwalten⟩ (vorliegen)* y avoir; *(herrschen)* prédominer, régner; ~**d** *a* présent.
obwohl [ɔp'vo:l] = *obgleich.*
Ochs *m fam,* ~**e** *m* ⟨-(e)n, -(e)n⟩ ['ɔks(ə)] bœuf *m; fig fam (Dummkopf)* idiot, imbécile *m, wie der* ~ *vorm Berg dastehen* ne savoir que

faire; *wie der* ~*(e) vorm neuen Scheunentor stehen (fam)* tomber sur un bec; **o~en** *itr fam (pauken)* piocher, potasser; *pop* bûcher; **~enauge** *n arch* œil-de-bœuf *m;* **~enfleisch** *n* bœuf *m;* **~enfrosch** *m* grenouille-taureau *f;* **~engespann** *n* paire *f* de bœufs; **~enkarren** *m* char *m* à bœufs; **~enmaulsalat** *m* salade *f* de museau de bœuf; **~enschwanzsuppe** *f* potage *m* à la queue de bœuf; **~entreiber** *m* bouvier *m;* **~enziemer** *m* nerf *m* de bœuf; **~enzunge** *f* langue *f* de bœuf.

Ocker *m* od *n* ⟨-s, -⟩ ['ɔkər] ocre *f; mit* ~ *färben* ocrer; **o~gelb** *a* ocreux.

Ode *f* ⟨-, -n⟩ ['oːdə] ode *f.*

öde ['øːdə] *a (wüst)* désert, pelé; *(unbebaut)* inculte, vague; *(unbewohnt)* inhabité; *fig (langweilig)* monotone, ennuyeux, triste; **Ö~** *f* ⟨-, -n⟩ *(Wüste)* désert *m; (Einöde)* solitude; *fig (Stumpfheit)* monotonie *f,* ennui *m;* **Ödland** *n* ['øːt-] terre *f* (vaine et) vague, terrain *m* inculte.

Ödem *n* ⟨-s, -e⟩ [ø'deːm] *med* œdème *m;* **ö~atös** [ødema'tøːs] *a* œdémateux.

oder ['oːdər] *conj* ou; *(sonst)* autrement, sinon; *entweder ... ~ ...* ou ... ou ...; ~ *aber* ou bien; ~ *auch* ou bien encore.

Ödipuskomplex *m* ['øːdipʊs-] *psych med* complexe *m* d'Œdipe.

Odyssee *f* ⟨-, -n⟩ [odʏ'seː, -ən] *(Epos)* Odyssée; *fig (Irrfahrt)* odyssée *f;* **~eus** *m* [o'dʏsɔʏs] Ulysse *m.*

Ofen *m* ⟨-s, :⟩ ['oː-, 'øːfən] poêle, fourneau; *(Back~)* four *m;* **~bank** *f* banquette *f* du poêle; **~ecke** *f* coin *m* du feu; **~gabel** *f* fourgon *m;* **~klappe** *f* clé *f* du poêle, registre *m;* **~loch** *n* bouche *f* du fourneau; **~rohr** *n* tuyau de poêle; **~röhre** *f* tuyau *m* de poêle; **~rost** *m* grille *f* (de poêle); **~sau** *f tech* loup *m;* **~schirm** *m* écran (de poêle), garde-feu, pare-étincelles *m;* **~schwarz** *n,* **~schwärze** *f* brillant *m* noir; **~setzer** *m* fumiste, poêlier *m;* **~setzerei** *f* fumisterie *f.*

offen ['ɔfən] *a* ouvert *a. fig; (Gelände, Wagen; mil: ungeschützt)* découvert; *fig (öffentlich)* public; *(Stelle: frei)* vacant, libre; *(Kredit)* libre, à découvert, en blanc; *(unentschieden)* indécis, pendant, en suspens; *(freimütig)* franc, sans réserve; sincère; *(unverhüllt, unmißverständlich)* manifeste; *weit* ~ tout(e) *od* grand(e) ouvert(e); *adv: (ganz)* ~ ouvertement, franchement, à cœur ouvert, à visage découvert, sans réserve, sans mystère; *auf* ~*er See* en pleine mer, au

large; *auf* ~*er Straße* en pleine rue; *mit* ~*en Armen (a. fig)* à bras ouverts; *mit* ~*em Mund* bouche bée; ~*und ehrlich (adv)* purement et simplement, ouvertement, rondement; ~ *gesagt,* ~ *gestanden (adv)* à vrai dire, à dire vrai, sans mentir; *die Augen, Ohren* ~ *haben* avoir l'œil, l'oreille ouvert(e); ~ *zutage liegen* être évident *od* manifeste; ~ *reden* od *sprechen* parler ouvertement *od* à cœur ouvert *od* avec abandon; *es ganz* ~ *sagen* le dire sans ambages; ~ *(und ehrlich) sein* ne pas y aller par quatre chemins; ~*e(r) Brief m* lettre *f* ouverte; ~*e(r) Güterwagen m* wagon plat, truc(k) *m;* **O~e** *Handelsgesellschaft f* société *f* en nom collectif; *die* ~*e See* le large; ~*e Stelle f* vacance *f;* ~*e(r) Wein m* vin *m* en carafe; ~*e Wunde f* plaie *f* vive; **~bar** ['---/--'] *a* apparent, manifeste, évident; *adv* apparemment, évidemment; ~ *werden* se manifester, se révéler; **~baren** [ɔfən'baːrən] *tr* ⟨*er offenbart(e), hat (ge)offenbart, zu offenbaren*⟩ *bes. rel* révéler; manifester; *(Geheimnis)* dévoiler, découvrir; **O~barung** *f* [-'baː-] révélation; manifestation *f; die* ~ *des Johannes (rel)* l'Apocalypse *f;* **O~barungseid** *m* serment *m* déclaratoire; **~zbleiben** ⟨*aux: sein*⟩ *itr* rester ouvert; *fig (unentschieden bleiben)* rester indécis *od* en suspens; **~zhalten** *tr* maintenir ouvert; *fig* réserver; **O~heit** *f* franchise; sincérité *f; in aller* ~ en toute franchise; **~herzig** *a* franc, sincère; ~ *sein (a.)* être d'un naturel expansif; ~ *gekleidet (hum)* débraillé; **O~herzigkeit** *f* franchise; sincérité *f;* abandon *m;* **~kundig** *a* notoire, patent, manifeste; de notoriété (publique); *adv* au vu et au su de tout le monde; **O~kundigkeit** *f* ⟨-, ∅⟩ notoriété *f;* **~zlassen** *tr* laisser ouvert *od* à découvert; *(unbeschrieben lassen)* laisser en blanc; *fig* laisser en suspens; **~zlegen** *tr fig* découvrir, dévoiler; **~sichtlich** *a* évident, manifeste, apparent; qui saute aux yeux; *adv* évidemment, apparemment; *(ganz)* ~ évidemment, de toute évidence; **~zstehen** *itr (geöffnet sein)* être ouvert; **~stehend** *a (Rechnung)* non payé, non réglé.

offensiv [ɔfɛn'ziːf] *a* offensif; **O~e** *f* ⟨-, -n⟩ [-və] offensive *f; zur* ~ *übergehen* passer à l'offensive; *die* ~ *ergreifen* prendre l'offensive; **O~krieg** *m* guerre *f* offensive; **O~waffe** *f* arme *f* offensive; *strategische* ~*n* armes *f pl* offensives stratégiques.

öffentlich ['œfəntlıç] *a* public; *adv* publiquement, en public; *im ~en Interesse* dans l'intérêt public; *~ auftreten* se présenter en public; *~ bekanntmachen* rendre public, publier; *in die ~e Hand überführen* nationaliser; *~e Bekanntmachung f* avis *m* (au public); *die ~en Gelder pl* les deniers *m pl* publics; *die ~e Hand* les collectivités publiques, les autorités *f pl,* le trésor public; *~e(s) Haus n (Bordell)* maison *f* de tolérance; *Mann m des ~ en Lebens* personne *f* publique; *~e Versammlung f* réunion *f* publique, meeting *m;* **Ö~keit** *f* public; *jur* lieu public; *(Eigenschaft)* caractère *m* public; *in der ~* en public; *in aller ~* au vu et au su de tout le monde; *unter Ausschluß der ~ (jur)* à huis clos; *vor die ~ treten, sich in der ~ zeigen* paraître en public; *der ~ übergeben* livrer à la publicité; **Ö~keitsarbeit** *f* relations *f pl* publiques; **~-rechtlich** *a* de droit public.

offer|ieren [ɔfeˈriːrən] *tr com* offrir; **O~te** *f ⟨-, -n⟩* [ɔˈfɛrtə] offre *f; e-e ~ einreichen (a.)* soumissionner.

Offiz|iaiverteidiger *m* [ɔfitsiˈaːl-] avocat d'office, défenseur *m* officieux; **~iant** *m ⟨-en, -en⟩* [-tsiˈant] *rel* officiant, célébrant *m; o~iell* [-ˈɛl] *a* officiel; *~ machen* officialiser.

Offizier *m ⟨-s, -e⟩* [ɔfiˈtsiːr] officier *m; zum ~ ernannt werden* être nommé officier; *~ des Beurlaubtenstandes* officier *m* des cadres de réserve *od* en non-activité *od* de complément; *~ vom Dienst* officier *m* de jour *od* de semaine *od* de permanence; **~san-wärter** *m* aspirant *m; ~skasino n* cercle des officiers, mess *m; ~skoffer* *m* cantine *f* d'officier; **~(s)korps** *n* corps *m* des officiers; **~slager** *n (Oflag)* camp *m* d'officiers prisonniers; **~slaufbahn** *f* carrière *f* d'officier; **~smesse** *f mar* carré *m* des officiers; **~spatent** *n* brevet *m* d'officier.

Offiz|in *f ⟨-, -en⟩* [ɔfiˈtsiːn] *(Apotheke)* officine; *(Druckerei)* imprimerie *f;* **o~inal** [-ˈnaːl] *a,* **o~inell** [-ˈnɛl] *a pharm* officinal.

offiziös [ɔfitsiˈøːs] *a* officieux.

öffn|en ['œfnən] *tr* ouvrir; déclore; *(Flasche)* déboucher; *(Brief a.)* décacheter; *sich ~ (Fallschirm)* se déployer; *mit Gewalt ~* forcer; *hier ~!* côté à ouvrir; **Ö~er** *m ⟨-s, -⟩ (Dosen~)* ouvre-boîtes *m;* **Ö~ung** *f allg* ouverture *f; (Loch)* trou *m,* trouée *f; (Mündung)* orifice *m; (Eingang)* entrée *f; gewaltsame ~* bris *m;*

Ö~ungszeit *f* temps *m od* heures *f pl* d'ouverture.

Offset|druck *m ⟨-(e)s, -e⟩* ['ɔfsɛt-] *(impression f)* offset *m; ~walze* *f* rouleau *m* offset.

oft [ɔft] *adv* souvent, fréquemment; bien des *od* nombre de fois; *wie ~?* combien de fois? à quel intervalle? *wie ~ ...!* que de fois ...! *des öfteren = öfters; ~malig* *a* fréquent, réitéré; **~mals** *adv = ~;* **öfters** ['œftərs] *adv* assez souvent.

oh [oː] *interj (alleinstehend)* oh! ho! heu!

Oh(ei)m *m ⟨-s, -e⟩* ['oː(haɪ)m] oncle *m.*

Ohm *n ⟨-s, -⟩* [oːm] *el* ohm *m; ~meter* *n* ohmmètre *m.*

ohne ['oːnə] *prp* sans; *(frei von)* dépourvu de, dénué de, dépouillé de; *(ausgenommen)* excepté; *~ daß* sans que *subj; ~ (etwas) zu (sagen)* sans (rien dire); *~ mein Wissen* à mon insu; *ich werde auch ~ ihn fertig* je me passerai bien de lui; *es geht auch ~ das* cela n'est pas nécessaire; *~ mich!* très peu pour moi! *das ist nicht (ganz) ~ (fam: nicht von der Hand zu weisen)* ce n'est pas si mal, ce n'est pas de la petite bière; **~dies** [-ˈdiːs] *adv,* **~hin** [-ˈhɪn] *adv* sans cela, toute façon, aussi bien; **~gleichen** [-ˈglaɪçən] *a inv (nachgestellt)* sans pareil *od* égal *od* précédent; unique.

Ohnmacht *f ⟨-, -en⟩* ['oːn-] *med* évanouissement *m,* syncope, pâmoison; *fig (Machtlosigkeit)* impuissance; faiblesse *f; in ~ fallen* s'évanouir, perdre connaissance *od* ses esprits, se trouver mal, se pâmer; *pop* tomber dans les pommes, tourner de l'œil; **ohnmächtig** *a* évanoui, sans connaissance; *fig* impuissant; *~ werden = in ~ fallen.*

oho [oˈhoː] *interj* oh, oh! *od* oh là là!

Ohr *n ⟨-(e)s, -en⟩* [oːr] oreille; *pop* feuille *f; bis über die ~en* jusqu'aux oreilles; *mit eigenen ~en (hören)* de ses propres oreilles; *mit gespitzten ~en* l'oreille dressée; *bei jdm ein williges ~ finden* avoir l'oreille de qn; *jdm etw ins ~ flüstern, sagen* souffler, dire qc à l'oreille de qn; *die ~en offen haben (fig)* avoir l'oreille ouverte; *die ~en von etw voll haben* avoir les oreilles (re)battues de qc; *die ~en hängenlassen (fig)* avoir l'oreille basse; *jdn übers ~ hauen (fig fam)* duper qn, *pop* rouler, estamper qn; *sich übers ~ hauen lassen (fam)* se laisser tondre, se faire arranger; *zu e-m ~ hinein- und zum anderen wieder hinausgehen* entrer par une oreille et sortir par l'autre; *nur mit* *halbem* ~ *hin-* od *zuhören* n'écouter que d'une oreille; *jdm zu* ~*en kommen* venir od arriver aux oreilles, venir à la connaissance de qn; *sich (verlegen) hinterm* ~ *kratzen* se gratter l'oreille ; *jdm die* ~*en langziehen* tirer les oreilles à qn; *sich aufs* ~ *legen* se coucher, (aller) faire un petit somme od la sieste; *jdm sein* ~ *leihen* prêter l'oreille à qn; *jdm in den* ~*en liegen* rebattre od rompre les oreilles à qn (*mit etw* avec qc); *tauben* ~*en predigen* parler à un sourd od à un mur, prêcher dans le désert, donner des coups d'épée dans l'eau; *sich etw hinter die* ~*en schreiben (fig)* se tenir qc pour dit; *ganz* ~ *sein* être tout oreilles od ouïe; écouter de toutes ses oreilles; *auf einem* ~ *taub sein* ne pas entendre d'une oreille; *die* ~*en spitzen* dresser od tendre l'oreille od les oreilles, avoir l'oreille au guet; *die* ~*en steifhalten* prendre son courage à deux mains; *die* ~*en stutzen (e-m Hund)* essoriller (un chien); *bis über die* ~*en in Schulden stecken (a.)* être noyé od criblé de dettes; *s-n* ~*en nicht trauen* ne pas en croire ses oreilles; *jdm die* ~*en volljammern* étourdir qn de plaintes; *jdm das Fell über die* ~*en ziehen* dépouiller od plumer qn; *bis über die* ~*en rot werden* rougir jusqu'au blanc des yeux; *nur mit halbem* ~ *zuhören* n'écouter que d'une oreille ; *es ist mir zu* ~*en gekommen, daß ...* il m'est parvenu aux oreilles que ...; *mir klingen die* ~*en* les oreilles me tintent; *wer* ~*en hat, der höre!* à bon entendeur salut! *bis über die* ~*en verliebt* fou (*in* de); ~**enarzt** *m* spécialiste *m* des oreilles; ~**enbeichte** *f* confession *f* auriculaire; o~**enbetäubend** *a* assourdissant, à percer les oreilles, à crever le tympan, à fendre la tête, à rompre la cervelle; ~**enentzündung** *f* otite *f;* ~**enfledermaus** *f* oreillard, vespertilion *m;* ~**enklappe** *f (an e-r Mütze)* couvre-oreilles *m;* ~**enklingen** *n* tintement *m* d'oreilles; ~**enleiden** *n* affection *f* auriculaire; ~**enrobbe** *f zoo* otarie *f;* ~**ensausen** *n* bourdonnement d'oreilles; cornement *m;* ~**enschmalz** *m* cérumen *m;* ~**enschmaus** *m* régal *m* pour l'oreille; ~**enschmerzen** *m pl* douleur d'oreille, otalgie *f;* ~**enschützer** *m* protège-oreilles *m;* ~**ensessel** *m* fauteuil *m* à oreilles; ~**enzeuge** *m* témoin *m* auriculaire; ~**eule** *f orn* duc *m;* ~**feige** *f* gifle *f,* soufflet *m,* claque; *fam* taloche, calotte; *pop* beigne *f;* o~**feigen** *tr* ⟨*hat geohr-*

feigt⟩ gifler, souffleter; *fam* talocher, calotter; ~**feigengesicht** *n pop* tête *f* à gifles; ~**gehänge** *n* pendant *m* (d'oreille); ~**klips** *m* pince-oreille *m;* ~**läppchen** *n* lob(ul)e od bout *m* d'oreille; ~**löffel** *m* cure-oreilles *m;* ~**muschel** *f* conque *f* od pavillon *m* de l'oreille; ~**rand** *m anat* hélix *m;* ~**ring** *m* boucle *f* d'oreille; ~**speicheldrüse** *f* parotide *f;* ~**wurm** *m* perce-oreille *m;* ~**zipfel** *m* bout *m* de l'oreille.

Öhr *n* ⟨-(e)s, -e⟩ [ø:r] *(Nadelöhr)* chas, trou (de l'aiguille); *tech* œillet *m.*

Okarina *f* ⟨-, -s/-nen⟩ [oka'ri:na] *mus* ocarina *m.*

okay [o'ke:] *fam (in Ordnung)* d'accord.

okkult [ɔ'kʊlt] *a (verborgen)* occulte; **O~ismus** *m* ⟨-, ø⟩ [-'tɪsmʊs] occultisme *m;* **O~ist** *m* ⟨-en, -en⟩ [-'tɪst] occultiste *m;* ~**istisch** [-'tɪstɪʃ] *a* occultiste.

Ökolog|e *m* ⟨-n, -n⟩ [øko'lo:gə] écologiste *m;* ~**ie** *f* ⟨-, ø⟩ [økolo'gi:] écologie *f;* **ö~isch** *a* écologique.

Ökonom *m* ⟨-en, -en⟩ [øko'no:m] économe; *(Landwirt)* agronome *m;* ~**e-trie** *f* économétrie; ~**ie** *f* ⟨-, -n⟩ [-no'mi:] économie *f;* **ö~isch** [-'no:mɪʃ] *a* économique.

Ökosystem *n* ['ø:kozyste:m] écosystème *m.*

Okt|aeder *n* ⟨-s, -⟩ [ɔkta'e:dər] *math* octaèdre *m;* ~**ant** *m* ⟨-en, -en⟩ [-'tant] *mar (Meßgerät)* octant *m;* ~**anzahl** *f tech* indice *m* d'octane; ~**av** *n* ⟨-s, -e⟩ [-'ta:f, -və] = ~*avformat;* ~**avband** *m,* ~**avformat** *n (Buch)* in-octavo *m;* ~**ave** *f* ⟨-, -n⟩ [-'ta:və] *mus* octave *f;* ~**ett** *n* ⟨-(e)s, -e⟩ [-'tɛt] *mus* octuor *m.*

Oktober *m* ⟨-(s), -⟩ [ɔk'to:bər] octobre *m.*

Okul|ar *n* ⟨-s, -e⟩ [oku'la:r] *opt* oculaire *m;* **o~ieren** [-li:rən] *tr agr* écussonner; ~**ieren** *n* écussonnage *m,* greffe *f* par œil; ~**iermesser** *n* écussonnoir *m.*

Ökumen|e *f* ⟨-, ø⟩ [øku'me:nə] œcuménée *f;* **ö~isch** [-'me:nɪʃ] *a* œcuménique; ~*e Bewegung f (rel)* œcuménisme *m;* ~*e(s) Konzil n (rel)* concile *m* œcuménique.

Okzident *m* ⟨-s, ø⟩ ['ɔk-, ɔktsi'dɛnt] *(Abendland)* occident *m.*

Öl *n* ⟨-(e)s, -e⟩ [ø:l] huile; essence *f; (Erd~)* pétrole; fuel *m; (Heiz~)* mazout *m;* ~ *ins Feuer gießen (fig)* jeter od verser de l'huile sur le feu; ~ *auf die Wogen gießen (fig)* apaiser, calmer la situation; *in* ~ *malen* peindre à l'huile; ~ *wechseln (mot)* faire la vidange; *ätherische(s)* ~ huile volatile, essence *f; geweihte(s)* ~ saintes huiles *f pl;* ~**ablaß** *m mot* vidange *f* d'huile; ~**abscheider** *m* ‹-s, -› séparateur *m* d'huile; ~**bad** *n* bain *m* d'huile; ~**baum** *m* olivier *m;* ~**behälter** *m* réservoir *m* à huile; ~**berg,** *der (Bibel)* le mont *m* des Oliviers; ~**bild** *n* = ~*gemälde;* ~**bohrloch** *n,* ~**bohrung** *f* puits *m* à huile *od* pétrole; ~**brenner** *m (Gerät)* brûleur *m* à huile; **ö~dicht** *a* étanche à l'huile; ~**druck** *m* ‹-(e)s, -e› *typ* impression à l'huile; *tech* pression *f* d'huile; ~**(druck)bremse** *f* frein *m* oléohydraulique; ~**druckmesser** *m* ‹-s, -› indicateur *m* de pression d'huile; ~**druckschmierung** *f* graissage *m od* lubrification *f* à huile sous pression; **ö~en** *tr* huiler, lubrifier; *(schmieren)* graisser; *(salben)* oindre; ~**en** *n* huilage *m,* lubrification *f;* graissage *m;* ~**er** *m* ‹-s, -› *tech* graisseur *m* (à huile); **ö~exportierend** *a* exportateur de pétrole; ~**exportland** *n* pays *m* exportateur de pétrole; ~**farbe** *f* couleur *f* à l'huile; ~**feld** *n* champ *m* pétrolifère; ~**feuerung** *f* chauffage *m* au mazout; ~**filter** *m od n* filtre *m* à huile; ~**fläschchen** *n* burette *f* à huile; ~**fleck** *m* tache *f* d'huile; ~**förderland** *n* pays *m* producteur de pétrole; ~**förderung** *f* production *f* de pétrole *od* pétrolifère; ~**frucht** *f* fruit *m* oléagineux; ~**gas** *n* gaz *m* d'huile; ~**gemälde** *n* peinture *f* à l'huile; ~**gemisch** *n* mélange *m* d'huile et d'essence; ~**gesellschaft** *f* compagnie *f* pétrolière; **ö~getränkt** *a* imprégné d'huile; ~**gewinnung** *f* extraction *f* d'huile; *(Erd~)* extraction *f* de pétrole; ~**götze** *m: wie ein* ~ *dastehen* se tenir là comme un abruti; **ö~haltig** *a bot* oléagineux; *geol* pétrolifère; ~**heizung** *f* chauffage *m* au mazout; **ö~ig** *a.* huileux; *(ölhaltig)* oléagineux; *(fettig)* onctueux; *(Wein)* velouté; ~**kanister** *m* bidon *m* à huile; ~**kännchen** *n* burette *f* à huile; ~**kohle** *f* *tech* calamine, huile *f* carbonisée; ~**konzern** *m* société *f* pétrolière; ~**konzession** *f* concession *f* pétrolière; ~**krise** *f* crise *f* du pétrole; ~**kuchen** *m* tourteau, gâteau de marc d'olives; pain *m* de trouille; ~**kühler** *m* radiateur *m* à huile; ~**kühlung** *f* refroidissement *m* à huile; ~**lack** *m* vernis *m* gras; ~**lager** *n* entrepôt *m* d'huile; ~**lampe** *f.* ~**lämpchen** *n* lampe *f* à huile, quinquet *m;* ~**leitung** *f* pipeline; *(in Kanada)* oléoduc *m;* ~**malerei** *f* peintu-

re *f* à l'huile; ~**manometer** *n* manomètre à huile, indicateur *m* de pression d'huile; ~**markt** *m* marché *m* du pétrole; ~**meßstab** *m* réglette-jauge *f;* ~**motor** *m* moteur *m* à huile; ~**mühle** *f* huilerie *f;* ~**müller** *m* huilier *m;* ~**multi** *m fam (multinationaler Ölkonzern)* multinationale *f* du pétrole; ~**nut(e)** *f* gorge *f* d'huile *od* de graissage; ~**ofen** *m* poêle *m* à mazout; ~**palme** *f* palmier *m* à huile; ~**papier** *n* papier *m* huilé; ~**pest** *f* marée *f* noire; ~**pflanze** *f* plante *f* oléagineuse; *pl* oléacées *f pl;* ~**preis** *m (Erd~)* prix *m* du pétrole *od* du brut; ~**presse** *f* presse *f* à huile; ~**produzent** *m (Erd~)* producteur *m* de pétrole; ~**pumpe** *f* pompe *f* à huile; ~**quelle** *f (Erd~)* puits *m* de pétrole; ~**raffinerie** *f* raffinerie *f* d'huile; ~**reiniger** *m* épurateur *m* d'huile; ~**reinigung** *f* épuration *f* d'huile; ~**rückstand** *m* résidu *m* d'huile; ~**sardine** *f* sardine *f* à l'huile; ~**säure** *f* acide *m* oléique; ~**schiefer** *m min* schiste *m* bitumineux; ~**schmierung** *f* graissage *m* à huile; ~**schutzblech** *n tech* pare-huile *m;* ~**sieb** *n* crépine *f od* tamis *m* à huile; ~**stand** *m* niveau *m* d'huile; ~**standsmesser** *m* ‹-s, -› indicateur *m od* jauge *f* (de niveau) d'huile; ~**stoßdämpfer** *m* amortisseur *m* hydraulique; ~**sumpf** *m* puisard *m* (d'huile); ~**tank** *m* réservoir *m* d'huile *od* à huile; caisse *f* à huile; ~**tanker** *m* pétrolier *m;* ~**teppich** *m* nappe *f* de pétrole; ~**tuch** *n* toile *f* huilée *od* vernie; ~**ung** *f* huilage *m,* lubrification *f;* graissage *m; rel* onction *f; die Letzte* ~ *(rel)* l'extrême-onction *f;* ~**verbrauch** *m* consommation *f* d'huile; ~**verknappung** *f (Erd~)* pénurie *f* de pétrole; ~**verknappung** *f (Erd~)* pénurie *f* de pétrole; ~**vorkommen** *n* gisement *m* pétrolifère; ~**waage** *f* oléomètre *m;* ~**wanne** *f mot* réservoir *od* carter *m* d'huile; gouttière *f* à l'huile; ~**wechsel** *m* vidange *od* changement *od* renouvellement *m* d'huile; ~**zeug** *n mar* ciré *m* (de marin); ~**zufuhr** *f.* ~**zuführung** *f* amenée *f* d'huile.

Oleander *m* ‹-s, -› [ole'andər] *bot* oléandre, laurier-rose *m.*

Oligarch *m* ‹-en, -en› [oli'garç] *pol* oligarque *m;* ~**ie** *f* ‹-, -n› [-'çi:] oligarchie *f;* **o~isch** [-'garçiʃ] *a* oligarchique.

Oligozän *n* ‹-s, ø› [oligo'tsɛ:n] *geol* oligocène *m.*

Oliv|e *f* ‹-, -n› [o'li:və] olive *f;* ~**enbaum** *m* olivier *m;* ~**enernte** *f* olivaison *f;* **o~enförmig** *a* olivaire; **~enhain** *m* oliv(er)aie, olivette *f;* **~enöl** *n* huile *f* d'olive; **~enpresse** *f* détritoir *m;* **o~grün** *a* vert olive, olivacé, (couleur d')olive.

Olymp [o'lʏmp] , *der* ⟨-s, ø⟩ , *geog rel* l'Olympe; *theat fam* paradis, *hum* poulailler *m;* **~iade** *f* ⟨-, -n⟩ [-pi'a:də] *hist* olympiade *f; sport* jeux *m pl* Olympiques; **~iameister** *m* [o'lʏmpiə-], **~iasieger** *m* (champion) olympique *m;* **~ier** *m* ⟨-s, -⟩ [o'lʏmpiər] olympien *m;* **o~isch** [o'lʏmpɪʃ] *a* olympien; *die O~en (Winter-)Spiele n pl* les jeux *m pl* Olympiques (d'hiver).

Oma *f* ⟨-, -s⟩ ['o:ma] *fam* grand--maman, bonne maman, mémère; *(Kindersprache)* mémé *f.*

Ombudsmann *m* ⟨-(e)s, -männer⟩ ['ɔmbʊtsman] médiateur *m.*

Omelett *n* ⟨-(e)s, -s/-e⟩ , **~e** *f* ⟨-, -n⟩ [ɔm(ə)'lɛt] *(Küche)* omelette *f.*

Om|en *n* ⟨-s, -/Omina⟩ ['o:mən, 'omina] augure, présage *m; ein gutes, böses ~ sein* être de bon, mauvais augure; **o~inös** [omi'nø:s] *a* de mauvais augure.

Omnibus *m* ⟨-sses, -sse⟩ ['ɔmnibʊs, -ə] omnibus, autobus; *(Reise~, Gesellschafts~)* (auto)car *m;* **~fahrer** *m* chauffeur *m* d'autobus; **~haltestelle** *f* arrêt *m* d'autobus; **~linie** *f* ligne *f* d'autobus; **~schaffner** *m* receveur *m* d'autobus.

Onan|ie *f* ⟨-, ø⟩ [ona'ni:] onanisme *m,* masturbation *f;* **o~ieren** [-'ni:rən] *itr* se masturber; **~ist** *m* ⟨-en, -en⟩ [-'nɪst] onaniste *m.*

Ondul|ation *f* ⟨-, -en⟩ [ɔndulatsi'o:n] ondulation *f;* **o~ieren** [-'li:rən] *tr (Haare wellen)* onduler.

Onkel *m* ⟨-s, -⟩ ['ɔŋkəl] oncle; *(Kindersprache)* tonton *m;* **~ehe** *f fam* collage *m,* union *f* libre.

onomato|poetisch [onomatopo'e:-tɪʃ] *a (klangnachahmend)* onomatopéique; **O~pöie** *f* ⟨-, -n⟩ [-pø'i:] onomatopée *f.*

Opa *m* ⟨-s, -s⟩ ['o:pa] *fam* grand-papa, bon papa, pépère *m.*

Opal *m* ⟨-s, -e⟩ [o'pa:l] *min* opale *f;* **~eszenz** *f* ⟨-, ø⟩ [opalɛs'tsɛnts] opalescence *f;* **o~isieren** [-li'zi:rən] *itr* opaliser; **o~isierend** *a* opalescent.

Oper *f* ⟨-, -n⟩ ['o:pər] *mus* opéra *m; (Gebäude)* Opéra *m; komische ~* opéra *m* comique, comédie *f* lyrique; **~ette** *f* ⟨-, -n⟩ [ope'rɛtə] opérette *f;* **~ettensängerin** *f* divette *f;* **~nball** *m* bal *m* de l'opéra; **~nbuch** *m* livret *m* d'opéra; **~nglas** *n* jumelle(s *pl*) de théâtre, lorgnette *f;* **o~nhaft** *a*

d'opéra; **~nhaus** *n* Opéra, théâtre *m* lyrique; **~nsänger(in** *f)* *m* chanteur *m,* cantatrice *f* d'opéra.

Operat|eur *m* ⟨-s, -e⟩ [opera'tø:r] *film* opérateur *m; med (Arzt)* chirurgien *od* assistant *m* chargé de l'opération; **~ion** *f* ⟨-, -en⟩ [-tsi'o:n] opération; *med a.* intervention *f* (chirurgicale); *sich e-r ~ unterziehen* se faire opérer; **~ionslampe** *f* scialytique *m;* **~ionsnarbe** *f* cicatrice *f* provenant d'une *od* de l'opération; **~ionsplan** *m mil* plan *m* des opérations, conception *f* de manœuvre; = **~ionssaal** *m* salle *f* d'opérations; **~ionstisch** *m* table *f* d'opérations; *pop* billard *m;* **~ionsziel** *n mil* objectif *m* d'opération; **o~iv** [-'ti:f] *a med* opératoire; *mil* opérationnel; *adv med (auf ~em Wege)* par voie opératoire; *~ entfernen* réséquer; *~e(r) Eingriff m* intervention *f* chirurgicale.

Operator *m* ⟨-s, -en⟩ [opə'ra:tor, -'to:rən] *inform* opérateur *m.*

operier|bar [ope'ri:r-] *a: (nicht) ~* (in)opérable; **~en** *tr med* opérer; *itr med* faire *od* pratiquer une opération; *mil* opérer, manœuvrer, faire *od* effectuer une opération; *sich ~ lassen* se faire opérer.

Opfer *n* ⟨-s, -⟩ ['ɔpfər] *(Handlung)* sacrifice *m, a. fig;* offrande; *fig* immolation; *(~tier, a. fig)* victime *f;* holocauste *m; (Meß~)* oblation *f; fig fam (Person)* gibier *m; sich große ~ auferlegen (a.)* se saigner; *~ bringen* faire des sacrifices; *ein ~ bringen* faire un sacrifice (*jdm* à qn); *fam* faire un effort (pour qn); *große ~ bringen* faire de grands sacrifices; *jdm, e-r S zum ~ fallen* être la victime de qn, de qc; *~ fordern (Unglück)* faire des victimes; *kein ~ scheuen* ne reculer devant aucun sacrifice; *große(s) ~ (fig)* holocauste *m;* **o~bereit** *a* plein d'abnégation; *~ sein (a.)* faire abnégation de soi; **~bereitschaft** *f* disposition au sacrifice; abnégation *f;* **~gabe** *f* offrande *f;* **~gang** *m* sacrifice; *(sinnloser)* holocauste *m;* **~geist** *m* esprit *m* de sacrifice; **o~n** *tr, a. fig* sacrifier, immoler; *sich ~* se sacrifier (*für* pour); faire abnégation de soi; **~priester** *m* sacrificateur *m;* **~schale** *f* patène *f;* **~sinn** *m* = ~geist; **~stock** *m* tronc *m* d'église *od* des pauvres; **~tier** *n* victime *f;* holocauste *m;* **~tod** *m* sacrifice *m* (de sa vie); **~ung** *f* sacrifice *m* (*gen* de); **o~willig** *a* prêt au sacrifice, dévoué; **~willigkeit** *f* dévouement *m;* = ~geist.

Opiat *n* ⟨-(e)s, -e⟩ [opi'a:t] *pharm* opiacé *m.*

Opium *n* ⟨-s, ø⟩ ['o:piʊm] opium *m*, drogue *f* brune; *mit ~ versetzen* opiacer; **o~haltig** *f* opiacé; **~handel** *m* trafic *m* d'opium; **~höhle** *f* fumerie *f* (d'opium); **~pfeife** *f* pipe *f* à opium; **~raucher** *m* fumeur *m* d'opium; **~rausch** *m* ivresse *f* morphinique *od* thébaïque; **~saft** *m* laudanum *m; ~ enthaltend* laudanisé; **~sucht** *f* opiomanie *f;* **o~süchtig** *a* opiomane; **~süchtige(r)** *m* opiomane *m;* **~tinktur** *f = ~saft.*

Opossum *n, (Pelz) m* ⟨-s, -s⟩ [o'pɔsʊm] *zoo* opossum *m.*

Oppon|ent *m* ⟨-en, -en⟩ [ɔpo'nɛnt] *(Gegner)* opposant; adversaire *m;* **o~ieren** [-'ni:rən] *itr* faire de l'opposition; s'opposer *(gegen* à).

opportun [ɔpɔr'tu:n] *a* opportun; **O~ismus** *m* ⟨-, ø⟩ [-tu'nɪsmʊs] opportunisme *m;* **O~ist** *m* ⟨-en, -en⟩ [-'nɪst] opportuniste *m;* **~istisch** [-'nɪstɪʃ] *a* opportuniste; **O~ität** *f* ⟨-, (-en)⟩ [-ni'tɛt] opportunité *f.*

Opposition *f* ⟨-, -en⟩ [ɔpozitsi'o:n] opposition *f;* **o~ell** [-'nɛl] *a* de l'opposition; **~sführer** *m pol* chef *m* de l'opposition; **~spartei** *f* parti *m* d'opposition; **~spresse** *f* presse *f* d'opposition.

Opt|ant *m* ⟨-en, -en⟩ [ɔp'tant] *pol* optant *m;* **o~ieren** [-'ti:rən] *itr* opter *(für* pour); **~ion** *f* ⟨-, -en⟩ [-tsi'o:n] option; **~ionsrecht** *n* droit de préférence.

Opt|ik *f* ⟨-, -en⟩ ['ɔptɪk] optique *f; fig (Eindruck)* aspect, air *m*, apparence *f;* **~iker** *m* ⟨-s, -⟩ ['ɔptikər] opticien; *(Augen~)* lunetier *m;* **o~isch** ['ɔptɪʃ] *a* optique; *~e(s) Gerät n* appareil *m* d'optique; *pl* matériel *m* d'optique; *~e Täuschung f* illusion *f* d'optique.

optim|al [ɔpti'ma:l] *a* optimum *inv;* le meilleur (possible), le plus favorable; **O~ismus** *m* ⟨-, ø⟩ [-'mɪsmʊs] optimisme *m;* **O~ist** *m* ⟨-en, -en⟩ [-'mɪst] optimiste *m;* **~istisch** [-'mɪstɪʃ] *a* optimiste; *~ sein (a.)* avoir bon moral; **O~um** *n* ⟨-s, -ma⟩ ['ɔptimʊm, -ma] optimum *m.*

opulen|t [opu'lɛnt] *a (üppig)* opulent; **O~z** *f* ⟨-, ø⟩ [-'lɛnts] opulence *f.*

Opus *n* ⟨-, Opera⟩ ['o:-/'ɔpʊs, -pera] *mus* œuvre, opus *m.*

Orakel *n* ⟨-s, -⟩ [o'ra:kəl] oracle *m;* **o~haft** *adv* comme un oracle; **o~n** *itr* rendre un *od* des oracle(s); *allg fam* jouer les augures.

oral [o'ra:l] *a* oral; *~ einnehmen (med)* prendre par voie buccale.

Orange *f* ⟨-, -n⟩ [o'rã:ʒə] *(Apfelsine)* orange *f;* **o~** *a (gelbrot)* orange; **~ade** *f* ⟨-, -n⟩ [-'ʒa:də] *(Getränk)* oran-

geade *f;* **~at** *n* ⟨-s, -e⟩ [-'ʒa:t] *(eingezuckerte ~nschalen)* orangeat *m;* **o~farben** *a* orange; **~nbaum** *m* oranger *m;* **~nblüte** *f* fleur *f* d'oranger; **~ngarten** *m* orangerie, plantation *f* d'orangers; **~nschale** *f* peau, écorce *f* (d'orange), zeste *m* d'orange; **~rie** *f* ⟨-, -n⟩ [-ʒə'ri:] orangerie *f.*

Orang-Utan *m* ⟨-s, -s⟩ ['o:raŋ"u:tan] *zoo* orang-outan(g); *pop* jocko *m.*

Oratorium *n* ⟨-s, -rien⟩ [ora'to:riʊm, -riən] *(Hauskapelle)* oratoire; *mus* oratorio *m.*

Orchester *n* ⟨-s, -⟩ [ɔr'kɛstər] orchestre *m;* **~begleitung** *f* accompagnement *m* d'orchestre, orchestration *f;* **~loge** *f theat* avant-scène *f;* **~musik** *f* musique *f* orchestrale; **~raum** *m* fosse *f* (d'orchestre); **~sessel** *m theat* fauteuil *m od* stalle *f* d'orchestre.

orchestr|al [ɔrkɛs'tra:l] *a* orchestral; **~ieren** [-'tri:rən] *tr* orchestrer; **O~ierung** *f* orchestration *f;* **O~ion** *n* ⟨-s, -s/-trien⟩ [-'çɛstriɔn] *(mechan. Musikinstr.)* orchestrion *m.*

Orchidee *f* ⟨-, -n⟩ [ɔrçi'de:ə, -e:ən] *bot* orchidée *f.*

Orden *m* ⟨-s, -⟩ ['ɔrdən] *(Vereinigung)* ordre; *rel* ordre religieux; *(Auszeichnung)* ordre *m*, mil *a.* décoration, médaille *f; in e-n (geistlichen) ~ eintreten* entrer en religion; se faire religieux *od* religieuse; *jdm e-n ~ verleihen* conférer une décoration *à qn;* décorer, médailler qn; **o~geschmückt** *a* décoré, médaillé; **~sband** *n* ruban *m* (d'un ordre); **~sbruder** *m* frère, religieux *m;* **~sgeistliche(r)** *m* membre *m* du clergé régulier; *pl* clergé *m* régulier; **~sgelübde** *n* vœux *m pl* monastiques; **~sregel** *f* règle *f* (d'un ode de l'ordre); **~sritter** *m* chevalier *m* d'un *od* de l'ordre; **~sschleife** *f* rosette *f;* **~sschnalle** *f* barrette *f;* **~sschwester** *f* sœur, religieuse *f;* **~sstern** *m* étoile, plaque *f;* **~stracht** *f* habit *m* religieux; **~sträger** *m* décoré, médaillé *m;* **~sverleihung** *f* (remise de) décoration *f.*

ordentlich ['ɔrdɛntlɪç] *a (geordnet)* ordonné, en ordre; rangé, réglé; convenable; *(Mensch)* ordonné, rangé, comme il faut; *(achtbar)* honnête; *(regulär)* régulier, ordinaire; *fam (reichlich)* abondant; copieux; *adv fam (einigermaßen gut)* comme il faut, convenablement; *(ganz) ~ (adv: tüchtig)* pas mal; *nichts O~es* rien qui vaille; *~e(s) Gericht n jur* tribunal *m* ordinaire; *ein ~er Mensch m* un homme bien; *~e(s) Mitglied n* membre *m* titulaire; ~e(r) *Professor m (Univ.)* professeur *m* titulaire (de chaire); **O~keit** *f* ‹-, ø› caractère *m* ordonné, régularité *f.*

Order *f* ‹-, -s/-n› ['ɔrdər] *(Befehl)* ordre *m; com* commande *f; an die ~ (gen)* à l'ordre (de); *an eigene ~ (fin)* à son propre ordre; *an fremde ~ (fin)* à l'ordre d'un tiers; ~**buch** *n* livre *od* carnet *m* de commandes; ~**geber** *m* donneur *m* d'ordre; **o~n** *tr com* commander; ~**papier** *n (fin)* effet *od* papier *m* à ordre *od* endossable.

Ordin|alzahl *f* [ɔrdi'na:l-] nombre *m* ordinal; **o~är** [-'nɛ:r] *a pej (gewöhnlich, gemein)* commun, vulgaire, trivial; ~**ariat** *n* ‹-(e)s, -e› [-nari'a:t] *(Univ.)* chaire *f* de professeur titulaire; ~**arius** *m* ‹-s, -rien› [-'na:riʊs, -riən] *(Univ.)* professeur *m* titulaire (de chaire); ~**ate** *f* ‹-, -n› [-'na:tə] *math* ordonnée *f;* ~**ation** *f* ‹-, -en› [-natsi'o:n] *rel* ordination; *med (Sprechstunde)* consultation; *(Rezept)* ordonnance *f;* **o~ieren** [-'ni:rən] *tr rel* ordonner, consacrer; *med (vorschreiben)* ordonner.

ordn|en ['ɔrdnən] *tr* ordonner, mettre en ordre *od* en règle, mettre de l'ordre dans, ranger, régler, classer; *(das Haar)* arranger; *alphabetisch, chronologisch* ~ classer par ordre alphabétique, chronologique; *nach der Größe* ~ mettre par rang de taille; **O~en** *n* rangement, classement *m;* **O~er** *m* ‹-s, -› ordonnateur; organisateur; *(Aktenhefter)* (dossier-)classeur *m.*

Ordnung *f* ‹-, -en› ['ɔrdnʊŋ] *(Zustand)* ordre, (bon) état; *(Handlung)* (ar)rangement, classement, règlement *m,* disposition *f; (Verfassung)* règlement, statut; *zoo* ordre *m; der ~ halber* pour le bon ordre, pour la bonne forme; *in ~* en (bonne) règle, dans la règle; *tech* en bon état; *fam (Mensch)* de bon acabit; *nicht ganz in ~ (fam: Mensch, gesundheitl.)* mal fichu; *in der ~* dans l'ordre; *in guter ~* en bon ordre; ~ *in etw bringen* mettre de l'ordre dans qc, régler qc; *etw (wieder) in ~ bringen* (re)mettre qc en ordre; *in ~ gehen* être en bonne voie; *sich an ~ gewöhnen* se discipliner; ~ *halten* maintenir l'ordre; *in ~ halten* tenir en ordre *od* en (bon) état; *die ~ herstellen* établir l'ordre; *zur ~ rufen* rappeler à l'ordre; ~ *schaffen* faire *od* mettre de l'ordre; *für ~ sorgen* maintenir l'ordre; faire la police; *das werde ich schon in ~ bringen* j'y mettrai bon ordre; *es*

herrscht ~ l'ordre règne; *es ist alles in* ~ tout est pour le mieux; *in* ~ ce sera fait; *soweit wäre alles in* ~ jusqu'ici tout va bien; *geht in* ~! (c'est) entendu! *geöffnete* ~ *(mil)* formation *f* ouverte; *mustergültige* ~ ordre *m* parfait; ~**sdienst** *m* service *m* d'ordre; **o~sgemäß** *a* conforme aux règles, réglementaire, régulier; *adv* dûment, en bonne (et due) forme; **o~shalber** *adv* pour la bonne règle *od* forme; ~**sliebe** *f* goût *m* de l'ordre; **o~sliebend** *a* ordonné, rangé; ~**smäßigkeit** *f* régularité *f;* ~**spolizei** *f* police *f* de l'ordre public; ~**sruf** *m parl* rappel *m* à l'ordre; ~**ssinn** *m* esprit *m* de l'ordre; ~**sstrafe** *f* peine *od* amende *f* disciplinaire; ~**szahl** *f math* nombre ordinal; *chem* nombre *od* numéro *m* atomique.

Ordonnanz *f* ‹-, -en› [ɔrdɔ'nants] *mil (Bursche)* ordonnance *f,* planton *m;* ~**offizier** *m* officier *m* d'ordonnance.

Organ *n* ‹-s, -e› [ɔr'ga:n] *anat u. fig* organe *m; adm* institution *f; pl, anat a.* appareil *m;* ~**bank** *f* banque *f* d'organes; ~**erkrankung** *f* maladie *f* organique; ~**iker** *m* ‹-s, -› [-'ga:nikər] *chem* organicien *m;* ~**spende** *f* don *m* d'organe; ~**spender** *m* donneur *m* d'organe.

Organisa|tion *f* ‹-, -en› [ɔrganizatsi'o:n] organisation *f;* ~**tionsgabe** *f* qualités *f pl od* talent *m* organisateur; ~**tionsplan** *m* organigramme *m;* ~**tor** *m* ‹-s, -en› [-ni'za:tɔr, -'to:rən] organisateur *m;* **o~torisch** [-'to:rɪʃ] *a* organisateur, relatif à l'organisation.

organisch [ɔr'ga:nɪʃ] *a, a. chem* organique; ~ *eingliedern* intégrer organiquement.

organisier|en [ɔrgani'zi:rən] *tr* organiser; *arg (stehlen)* grouper, chiper, barboter; ~**t** *a pol (gewerksch.)* syndiqué.

Organismus *m* ‹-s, -men› [ɔrga'nɪsmʊs, -mən] organisme *m.*

Organist *m* ‹-en, -en› [ɔrga'nɪst] *mus* organiste *m.*

Organdy *m* ‹s, ø› [ɔr'gandi] *(Stoff)* organdi *m.*

Orgasmus *m* ‹-, -men› [ɔr'gasmʊs] *physiol* orgasme *m.*

Orgel *f* ‹-, -n› ['ɔrgəl] orgue *m; die* ~ *spielen* jouer de l'orgue; ~**balg** *m* soufflet *m* d'orgue; ~**bauer** *m* ‹-s, -› facteur *m* d'orgues; ~**gehäuse** *n* buffet *m* d'orgue; ~**konzert** *n* récital *m* d'orgue; ~**musik** *f* musique *f* pour orgue; **o~n** *itr* jouer de l'orgue; ~**pfeife** *f* tuyau *m* d'orgue; *wie die* ~*n* en rang d'oignons; ~**spiel** *n* jeu *m* de l'orgue; ~**spieler** *m* joueur *m* d'orgue.

orgi|astisch [ɔrgi'astɪʃ] *a* orgia(sti)-que; **O~e** *f* ⟨-, -n⟩ ['ɔrgiə] orgie *f;* ~*n feiern* faire des orgies.

Orient ['o:riɛnt, ori'ɛnt] , *der* l'Orient *m,* le Levant; ~**ale** *m* ⟨-n, -n⟩ [-'ta:lə], ~**alin** *f* Oriental, e *m f,* Levantin, e *m f;* **o~alisch** [-'ta:lɪʃ] *a* oriental, levantin; *ein* ~*es Gepräge geben* orientaliser (*e-r S* qc); ~**alist** *m* ⟨-en, -en⟩ [-ta'lɪst] orientaliste *m;* ~**alistik** *f* ⟨-, ø⟩ [-'lɪstɪk] orientalisme *m;* **o~alistisch** [-'lɪstɪʃ] *a* orientaliste.

orientier|en [oriɛn'ti:rən] *tr* orienter, mettre au point; *sich* ~ (*a. fig*) s'orienter; *fig* prendre le vent, se mettre au courant; *sich im Gelände* ~ faire un tour d'horizon; *über alles orientiert sein* connaître tous les tenants et les aboutissants; **O~ung** *f* orientation *f* (*a. e-s Gebäudes*); (*Überblick*) tour *m* d'horizon; *fig* mise *f* au point; *die* ~ *verlieren* perdre l'orientation; **O~ungsstufe** *f* (*Schule*) cycle *m* d'orientation; **O~ungsvermögen** *n* faculté *f* d'orientation.

origin|al [origi'na:l] *a* original; (*echt*) authentique; **O~al** *n* ⟨-s, -e⟩ original; (*Mensch*) (homme) original; (*Urschrift*) autographe, manuscrit, texte *m;* (*Originalurkunde*) minute *f; im* ~ (*Schrift*) dans le texte; **O~aleinband** *m* reliure *f* d'éditeur *od* originale; **O~alfassung** *f* version *f* originale; *in* ~ *mit Untertiteln* (*film*) en version originale sous-titrée; **O~alhandschrift** *f* autographe *m;* **O~alität** *f* ⟨-, -en⟩ [-nali'tɛ:t] originalité *f;* **O~alkopie** *f* (*Kunst*) répétition *f;* **O~alpackung** *f* emballage *m* d'origine; **O~alreportage** *f radio* reportage *m* en direct; **O~alsendung** *f radio* émission *f* en direct; **O~alurkunde** *f* acte *m* minutaire, minute *f;* ~**ell** [-gi'nɛl] *a* original; (*eigenartig*) singulier, curieux, drôle.

Orkan *m* ⟨-s, -e⟩ [ɔr'ka:n] ouragan *m;* **o~artig** *a* comme un ouragan, violent; ~*e(r) Beifall m* applaudissements *m pl* à tout rompre.

Orn|ament *n* ⟨-(e)s, -e⟩ [ɔrna'mɛnt] ornement *m; mit e-m* ~ *verzieren* ornementer; **o~amental** [-'ta:l] *a* ornemental; **o~amentieren** [-'ti:rən] *tr* ornementer; ~**amentik** *f* ⟨-, ø⟩ [-'mɛntɪk] ornementation *f.*

Ornat *m* ⟨-(e)s, -e⟩ [ɔr'na:t] robe *f* de cérémonie; *rel* habits *m pl* sacerdotaux.

Ornitholog|e *m* ⟨-n, -n⟩ [ɔrnito'lo:gə] ornithologue, ornithologiste *m;* ~**ie** *f* ⟨-, ø⟩ [-lo'gi:] (*Vogelkunde*) ornithologie *f.*

Oropax *n* ⟨-, ø⟩ [oro'paks] (*Warenzeichen*) boule *f* Quiès (*Warenzeichen*).

Ort *m* ⟨-(e)s, -e⟩ [ɔrt] (*Stelle*) lieu *a. math m* ⟨-(e)s, ⁚er⟩ endroit *m,* place *f;* (~*schaft*) endroit *m,* localité *f; mines n* ⟨-(e)s, ⁚er⟩ front *m* de taille; *am angegebenen* ~ (*e-r Schrift*) à l'endroit cité; *an* ~ *und Stelle* sur les lieux *od* le terrain; (*am rechten* ~) sur place, à sa place; (*am Bestimmungs*~) à sa destination; (*am Treffpunkt*) à l'endroit convenu; *höheren* ~*es* en haut lieu; *sich an* ~ *und Stelle begeben* se rendre sur place *od* sur les lieux; *hier ist nicht der* ~ *zu* … ce n'est pas le lieu pour …, il serait déplacé de …; *geometrische(r)* ~ lieu *m* géométrique; ~ *der Handlung* (*theat*) scène *f;* **o~en** *tr aero* faire le point de, repérer; ~**er** *m* ⟨-s,-⟩ *aero* navigateur, observateur *m;* ~**erraum** *m* poste *m* de navigateur *od* d'observateur; ~**schaft** *f* localité *f,* endroit *m; geschlossene* ~ agglomération *f;* ~**scheit** *n* (*Wagen*) palonnier *m;* ~**ung** *f aero* orientation, détermination *f* du point, repérage *m;* ~**ungskarte** *f aero* carte *f* de navigation; ~**ungspunkt** *m* point *m* de repère.

Ört|chen *n* ⟨-s, -⟩ ['œrtçən] *fam* petit endroit *od* coin *m;* **ö~lich** *a* local; *med* topique; ~*e Störungen f pl* (*radio*) parasites *m pl* locaux; ~**lichkeit** *f* localité *f.*

ortho|dox [ɔrto'dɔks] *a* orthodoxe; **O~doxie** *f* ⟨-, ø⟩ [-'ksi:] orthodoxie *f;* **O~graphie** *f* ⟨-, -n⟩ [-gra'fi:] orthographe *f; neue* ~ néographie *f;* **o~graphisch** [-'gra:fɪʃ] *a* orthographique; ~*e(r) Fehler m* faute *f* d'orthographe; **O~päde** *m* ⟨-n, -n⟩ [-'pɛ:də] orthopédiste *m;* **O~pädie** *f* ⟨-, ø⟩ [-pɛ'di:] orthopédie *f;* ~**pädisch** [-'pɛ:dɪʃ] *a* orthopédique; ~*e Schuhe m pl* chaussures *f pl* correctives.

Orts|angabe *f* ['ɔrts-] indication *f* du lieu; **o~ansässig** *a* résident, établi dans la localité; **o~anwesend** *a* (*Bevölkerung*) présent; ~**ausgang** *m* issue *f* de la localité; ~**befund** *m jur* état *m* de(s) lieux; ~**behörde** *f* autorité *f* locale; ~**besichtigung** *f* inspection des lieux; *jur* descente *f* sur les lieux; ~**bestimmung** *f* localisation; *mar* détermination *f* du point, relèvement *m;* ~**empfang** *m radio* réception *f* locale *od* régionale; **o~fest** *a* fixe, stationnaire; ~**gedächtnis** *n* mémoire *f* locale *od* des lieux; ~**gespräch** *n tele* communication *f* locale *od* urbaine; ~**kenntnis** *f* connaissance *f* des lieux; ~ *haben* connaître les lieux; **~kommandant** *m* commandant *m* de la place; **~kommandantur** *f* bureau *m* de la place; **~krankenkasse** *f* caisse *f* locale de maladie; **o~kundig** *a* connaissant les lieux; **~name** *m* nom de lieu, toponyme *m*; **~namenkunde** *f* toponymie *f*; **~netz** *n* *tele* réseau *m* local *od* urbain; **~netzkennzahl** *f* *tele* indicatif *m* interurbain; **~polizei** *f* police *f* locale; **~schild** *n* plaque *f* indicatrice; **~teil** *m* quartier; faubourg *m*; **o~üblich** *a* conforme à l'usage local; **~veränderung** *f* déplacement *m*; **~verkehr** *m* trafic local; *tele* service *m* local *od* urbain; **~vermittlung** *f* *tele* standard *od* central, bureau *m* local; **~vertretung** *f*: *die* ~ *haben (com)* faire la place; **~verzeichnis** *n* nomenclature *f* des localités; **~zeit** *f* heure *f* locale; **~zuschlag** *m* indemnité *f* de résidence.

Öse *f* ⟨-, -n⟩ ['ø:zə] œillet; *(Ring)* anneau *m*.

osmanisch [ɔs'ma:nɪʃ] *a* ottoman.

Osmo|se *f* ⟨-, -n⟩ [ɔs'mo:zə] *biol* osmose *f*; **o~tisch** [-'mo:tɪʃ] *a* osmotique.

Ost *m* [ɔst] ⟨-s, ø⟩ *(Himmelsrichtung, Wind*: *m* ⟨-(e)s, -e)⟩ est *m*; **~afrika** *n* l'Afrique *f* orientale; **~asien** *n* l'Extrême-Orient *m*; **~-Berlin** *n* Berlin-Est *m*; **~block**, *der,* **~blockstaaten**, *die m pl* (les pays *m pl* de) l'Est *m*; **o~deutsch** *a* est-allemand; **~deutschland** *n* l'Allemagne *f* orientale; **~en** *m* ⟨-s, ø⟩ *(Himmelsrichtung)* est *m*; *der* ~ *(Orient)* l'Orient *m*, le Levant; *pol* l'Est *m*; *der Nahe, Mittlere, Ferne* ~ le Proche-Orient, le Moyen-Orient, l'Extrême-Orient *m*; **~europa** *n* l'Europe *f* orientale; **o~europäisch** *a* est-européen; **~goten** *m pl* ['ɔst-'go:tən] *hist* Ostrogoths *m pl*; **~indien** *n* les Indes *f pl* orientales; **~küste** *f* côte *f* orientale *od* de l'est; **~mark** *f* *hist* Marche *f* de l'Est; *fam (Deutsche Mark Ost)* mark *m* oriental; **~preußen** *n* la Prusse orientale; **o~römisch** *a*: *das O~e Reich (hist)* l'Empire *m* romain d'Orient *od* byzantin; **~see,** *die* la (mer) Baltique; **~seite** *f* côté *m* est; **~verträge** *m pl* traités *m pl* avec les pays de l'Est; **~~West-Beziehungen** *f pl* *pol* relations *f pl* est-ouest; **~~West-Handel** *m* commerce *m* est-ouest; **~wind** *m* vent *m* d'est; **o~zonal** *a* de la zone d'occupation soviétique; **~zone** *f (Deutschlands)* Zone d'occupation, Zone *f* est *od* orientale *od* soviétique; **östlich** *a* oriental, de l'est, d'est; *adv:* à l'est (*von* de).

ostentativ [ɔstɛnta'ti:f] *a* ostensible, manifeste; *(großtuerisch)* ostentatoire.

Oster|ei *n* ['o:stər-] œuf *m* de Pâques; **~hase** *m* lièvre *m* de Pâques; **~lamm** *m* agneau *m* pascal; **~n** *n* ⟨-, ø⟩ *od* *f pl* Pâques *m*; *fröhliche* ~! joyeuses Pâques! **~sonntag** *m* dimanche *m* de Pâques; **~woche** *f* semaine *f* sainte *od* de Pâques; **~zeit** *f* temps *m* pascal; **österlich** ['ø:stərlɪç] *a* pascal.

Österreich *n* ['ø:stəraɪç] l'Autriche *f*; **~er(in** *f)* *m* ⟨-s, -⟩ Autrichien, ne *m f*; **ö~isch** *a* autrichien.

Östrogen *n* ⟨-s, -e⟩ [œstro'ge:n] *anat pharm* estrogène, œstrogène *m*.

Oszill|ation *f* ⟨-, -en⟩ [ɔstsɪlatsi'o:n] *(Schwingung)* oscillation *f*; **~ator** *m* ⟨-s, -en⟩ [-'la:tɔr, -'to:rən] oscillateur *m*; **o~ieren** [-'li:rən] *itr* osciller; **~ogramm** *n* ⟨-s, -e ⟩ [-lo'gram] oscillogramme *m*; **~ograph** *m* ⟨-en, -en⟩ [-lo'gra:f] oscillographe *m*.

Otter **1.** *f* ⟨-, -n⟩ ['ɔtər] *(Schlange)* vipère *f*; **2.** *m* ⟨-s, -⟩ *(Fisch~)* loutre *f*; **~ngezücht** *n* *fig* race *f* de vipères.

Otto|motor *m* ['ɔto-] moteur *m* à carburation; **~~Normalverbraucher** *m* M. Durand.

Ouvertüre *f* ⟨-, -n⟩ [uvɛr'ty:rə] *mus* ouverture *f*.

oval [o'va:l] *a* ovale; **O~** *n* ⟨-s, -e⟩ ovale *m*.

Ovation *f* ⟨-, -en⟩ [ovatsi'o:n] ovation *f*; *jdm e-e* ~ *bringen* ovationner qn.

Overall *m* ⟨-s, -s⟩ ['ouvərɔ:l] *(Kleidungsstück)* survêtement *m*, salopette *f*.

Overheadprojektor *m* ['ouvərhed-] rétroprojecteur *m*.

Oxyd *(fachsprachlich:* **Oxid**) *n* ⟨-(e)s, -e⟩ [ɔ'ksy:t, -'si:t, -də] *chem* oxyde *m*; **~ation** *f* ⟨-, -en⟩ [ɔksydatsi'o:n] oxydation *f*; **~ationsprodukt** *n* produit *m* de l'oxydation; **o~ierbar** [ɔksy'di:r-] *a* oxydable; **o~ieren** ⟨*aux: sein* od *haben*⟩ *itr* oxyder; **~ierung** *f* oxydation *f*.

Ozean *m* ⟨-s, -e⟩ ['o:-/otse'a:n] océan *m*; **~dampfer** *m* (navire) long-courrier; *(auf d. Atlantik)* paquebot *m* transatlantique; **~ien** *n* [-'a:niən] l'Océanie *f*; **o~isch** [-'a:nɪʃ] *a* *allg* océanique; *(aus Ozeanien)* océanien; **~ograph** *m* ⟨-en, -en⟩ océanographe *m*; **~ographie** *f* ⟨-, ø⟩ [-nogra'fi:] *(Meereskunde)* océanographie *f*.

Ozelot *m* ⟨-s, -e⟩ ['o:-/'ɔtselɔt] *zoo* ocelot *m*.

Ozon *n (m)* ⟨-s, -ø⟩ [o'tso:n], *fam* *m* ozone *m*; **o~haltig** *a* ozon(is)é.

P

P, p *n* ⟨-, -⟩ [pe:] *(Buchstabe)* P, p *m*.
paar [pa:r] *a (gleich)* pair; ~ *oder un-paar* pair ou impair; *ein* ~ ... quelques ...; peu de ...; *(alleinstehend)* quelques-un(e)s; *ein* ~ *Zeilen (a.)* un petit mot; **P~** *n* ⟨-(e)s, -e⟩ paire *f; (Mann u. Frau, Männchen u. Weibchen)* couple *m; ein* ~ *sein (zs.gehören)* faire la paire; *junge(s)* ~ (nouveaux *od* jeunes) mariés *m pl; ein* ~ *Schuhe* un paire de chaussures; **~en** *tr (Zuchttiere)* accoupler, apparier, appareiller; *fig (verbinden)* joindre, allier; *sich* ~ *(Tiere)* s'accoupler; *gepaart (pp, a) anat bot* conjugué; **P~hufer** *m pl zoo* artiodactyles *m pl;* ~**ig** *a biol* pair, géminé; *allg* apparié, appareillé; *nicht* ~ dépareillé; **P~lauf** *m (Eiskunstlauf)* patinage *m* par couple; ~**mal** *adv: ein* ~ quelques fois; **P~ung** *f* accouplement, appariement, appareillage *m;* **P~ungszeit** *f orn* pariade *f;* ~**weise** *adv* par couples, par paires, deux à deux; ~ *anordnen* apparier, jumeler; **P~zeher** *m pl* = **P~hufer**.
Pacht *f* ⟨-, -en⟩ [paxt] bail; *agr* affermage *m,* ferme *f; in* ~ à louage, en location; *in* ~ *haben* tenir à bail; **p~en** *tr* prendre à bail *od* à ferme; *fam (für sich beanspruchen)* monopoliser; ~**ertrag** *m,* ~**geld** *n* (af)fermage *m;* ~**grundstück** *n,* ~**gut** *n,* ~**hof** *m,* ~**land** *n* terre à bail, ferme *f;* ~ **und Leihgesetz** *n* loi *f* prêt et bail; ~**ung** *f* prise *f* à bail; ~**vertrag** *m* contrat de fermage, bail *m* à ferme; **p~weise** *adv* à bail, à ferme; ~**zins** *m* prix du bail; (af)fermage *m;* **Pächter** *m* ⟨-s, -⟩ ['pɛçtər] preneur; tenancier; *agr* fermier *m*.
Pack 1. *m* ⟨-(e)s, -e/⁖e⟩ [pak, 'pɛkə] *(Bündel)* paquet *m,* liasse *f; (Ballen)* ballot *m; mit Sack und* ~ avec armes et bagages; ~**eis** *n* pack *m,* glaces *f pl* (accumulées), banquise *f;* **p~en** *tr (ergreifen)* empoigner; *fam* agripper; *a. fig* saisir; *fig* émouvoir, toucher; *(einpacken)* empaqueter, emballer; *(zs.packen)* paqueter; *itr (s-e Koffer* ~*)* faire ses bagages; *sich* ~ *(fam: weggehen)* plier bagage, décamper, filer, prendre le large; *in Kisten* ~ mettre en caisse(s), encaisser; *s-n Koffer* ~ faire sa *od* la valise *od* malle; *s-e Sachen* ~ plier bagage; ~**en** *n* paquetage *m; m* gros paquet; *(Bücher)* ballot *m; jeder hat s-n* ~ *zu tragen (prov)* chacun porte sa croix; **p~end** *a (ergreifend)* saissisant, captivant; passionnant; ~**er** *m* ⟨-s, -⟩ paqueteur, emballeur *m;* ~**erei** *f* ['raɪ] (~*raum)* salle *f* d'emballage; ~**esel** *m fig pej* bête *f* de somme, cheval *m* de bât; *beladen wie ein* ~ chargé comme un mulet; ~**hof** *m* entrepôt *m;* ~**lage** *f arch* blocage; *(Straße)* encaissement *m;* ~**leinwand** *f* toile *f* d'emballage, canevas *m;* ~**maschine** *f* machine *f* à emballer; ~**nadel** *f* aiguille d'emballeur, broche *f* à emballage; ~**papier** *n* papier *m* d'emballage; ~**sattel** *m* bât *m;* ~**tasche** *f* sacoche *f;* ~**ung** *f* empaquetage, emballage, habillage; présentation *f; (Päckchen)* paquet *m; tech* garniture *f; med* enveloppement *m; große* ~ *(com)* paquet *m* géant; ~**wagen** *m* fourgon *m;* ~**zettel** *m* fiche *f* de paquetage.
Pack 2. *n* ⟨-(e)s, ø⟩ [pak] *(Gesindel)* canaille, racaille, mauvaise graine *f*.
Päckchen *n* ⟨-s, -⟩ ['pɛkçən] (petit) paquet *m; (Zigaretten)* paquet *m*.
Pädagog|e *m* ⟨-en, -en⟩ [pɛda'go:gə] pédagogue *m;* ~**ik** *f* ⟨-, ø⟩ [-'go:gɪk] pédagogie *f;* **p~isch** [-'go:gɪʃ] *a* pédagogique; *P~e Akademie f* école *f* normale primaire.
Padd|el *n* ⟨-s, -⟩ ['padəl] pagaie *f;* ~**elboot** *n* canoë, kayak *m;* **p~eln** *itr* pagayer, faire du canoë; ~**ler** *m* ⟨-s, -⟩ [-dlər] canoëiste *m*.
Päderast *m* ⟨-en, -en⟩ [pɛde'rast] pédé(raste) *m;* ~**ie** *f* ⟨-, ø⟩ [-'ti:] pédérastie *f*.
paff [paf] *interj* pan!
paffen ['pafən] *itr fam* fumer à grosses bouffées.

Page *m* ⟨-n, -n⟩ ['pa:ʒə] page; *(Hotel~)* chasseur (d'hôtel), groom *m;* ~**nkopf** *m (Frisur)* cheveux *m pl* à la Jeanne d'Arc.
paginier|en [pagi'ni:rən] *tr* paginer; marquer les pages de; **P~stempel** *m* numéroteur *m;* **P~ung** *f* pagination *f*.
Pagode *f* ⟨-, -n⟩ [pa'go:də] *arch rel* pagode *f*.
pah [pa:] *interj* = *bah*.

Paillette f ‹-, -n› [paiˈjɛtə] *(Metall-plättchen auf Kleidung)* paillette f.
Pair m ‹-s, -s› [pɛːr] *hist* pair m; ~ie f ‹-, -n› [pɛˈriː], ~swürde f pairie f.
Pak f ‹-, -(s)› [pak] *(Panzerabwehrka-none)* canon m antichar.
Paket n ‹-(e)s, -e› [paˈkeːt] *allg* paquet; *(Post~)* colis m (postal); *gro-ße(s)* ~ *(com)* paquet m géant; ~an-nahme f, ~ausgabe f réception, livraison f des colis; ~beförderung f manutention f; p~ieren [-keˈtiːrən] tr *(verpacken)* (em)paqueter; ~iermaschine f machine f à empaqueter; ~karte f feuille f de colis, bulletin m d'expédition; ~satz m typ paquetage m; ~schalter m guichet m des colis postaux; ~setzer m typ paquetier m; ~zustellung f distribution f des colis.
Pakistan n [ˈpaːkista(ː)n] le Pakistan; ~er(in f) m ‹-s, -› [-ˈtaːnər] Pakistanais, e m f; p~isch [-ˈtaːnɪʃ] a pakistanais.
Pakt m ‹-(e)s, -e› [pakt] pacte m; p~ieren [-ˈtiːrən] itr pactiser.
Paladin m ‹-s, -e› [ˈpaː-/palaˈdiːn] *hist* paladin m.
Paläo|graph m ‹-en, -en› [palɛoˈgraːf] paléographe m; ~graphie f ‹-, ø› [-graˈfiː] paléographie f; p~gra-phisch [-ˈgraːfɪʃ] a paléographique, ~lithikum n ‹-s, ø› [-ˈliːtɪkʊm] paléolithique n; p~lithisch [-ˈliːtɪʃ] a paléolithique; ~ntologe m ‹-n, -n› [-ɔntoˈloːgə] paléontologiste, paléontologue m; ~ntologie f ‹-, ø› [-loˈgiː] paléontologie f; p~ntologisch a [-ˈloːgɪʃ] paléontologique; ~zoikum n ‹-s, ø› [-ˈtsoːikʊm] paléozoïque n, ère f primaire; p~zoisch [-ˈtsoːɪʃ] a paléozoïque.
Palast m ‹-es, ¨e› [paˈlast, -ˈlɛstə] palais; château m; ~revolution f révolution f de palais.
Palästin|a n [palɛˈstiːna] la Palestine; ~enser m ‹-s, -› [-tiˈnɛnzər] Palestinien m; p~ensisch [-tiˈnɛnzɪʃ] a palestinien.
Palaver n ‹-s, -› [paˈlaːvər] palabre f od m; p~n itr fam palabrer.
Paletot m ‹-s, -s› [ˈpaləto] paletot, pardessus m.
Palette f ‹-, -n› [paˈlɛtə] a. fig palette f.
Palisade f ‹-, -n› [paliˈzaːdə] palissade f; mit e-r ~ umgeben palissader.
Palisander(holz) m ‹-s, -› [paliˈzandər] palissandre m.
Pallasch m ‹-(e)s, -e› [ˈpalaʃ] *(Säbel)* latte f.
Palliativ(mittel) n ‹-s, -e› [paliaˈtiːf] pharm palliatif m.

Palm|baum m [ˈpalm-] = ~e; ~e f ‹-, -n› *(Baum)* palmier m; *(Siegespalme)* palme f; jdn auf die ~ bringen *(pop)* faire monter od bisquer qn; échauffer les oreilles à qn, mettre qn hors de soi od de lui; *pop* foutre qn en colère; ~(en)blatt n = ~(en)zweig; ~en-hain m palmeraie f; ~enhaus n palmarium m; ~enkohl m palmiste m; ~enmark n palmite m; ~(en)zweig m palme, branche f de palmier; ~in n ‹-s, ø› [-ˈmiːn] *(Warenzeichen)* cocose f; ~öl n huile f de palme; ~sonn-tag m dimanche m des Rameaux, Pâques f pl fleuries; ~wedel m = ~(en)zweig; ~wein m vin m de palme.
Pampelmuse f ‹-, -n› [ˈpam-/ pampəlˈmuːzə] pamplemousse m.
Pamphlet n ‹-(e)s, -e› [pamˈfleːt] pamphlet m; ~ist m ‹-en, -en› [-fleˈtɪst] pamphlétaire m.
pampig [ˈpampɪç] a fam *(frech)* culotté; effronté, insolent; ~ werden *(fam)* être mal embouché, devenir insolent.
Panama|hut m ‹-s, -s› [-ˈpa(ː)nama-] panama m; ~kanal m canal m de Panama.
panamerikanisch [panʔa-] a panaméricain.
panaschier|en [panaˈʃiːrən] itr *(beim Wählen)* panacher; **P~system** n panachage m.
Panda m ‹-s, -› [ˈpanda] zoo panda m.
Paneel n ‹-s, -e› [paˈneːl] *(Wandtäfe-lung)* panneau, lambris m.
Panier n ‹-s, -e› [paˈniːr] vx *(Banner)* bannière f.
panier|en [paˈniːrən] tr *(Küche)* paner; **P~mehl** n panure, chapelure f.
Pan|ik f ‹-, -en› [ˈpaːnɪk] panique f; ~ikmacher m alarmiste m; ~ikma-cherei f alarmisme m; ~ikstim-mung f affolement m, panique f; p~isch [ˈpaːnɪʃ] a: ~e(r) Schrecken m terreur f panique.
Panne f ‹-, -n› [ˈpanə] fam *(Unfall, Störung)* panne; *(Reifen~)* crevaison f; e-e ~ haben avoir une od tomber od être od rester en panne.
Panoptikum n ‹-s, -ken› [paˈnɔptikʊm, -kən] musée m de figures de cire.
Panorama n ‹-s, -men› [panoˈraːma] panorama m; ~spiegel m mot rétro-viseur m panoramique.
Pansen m ‹-s, -› [ˈpanzən] *(Wieder-käuermagen)* panse f.
Panslawismus m [pan-] panslavisme m.
Panthe|ismus m ‹-, ø› [panteˈɪsmʊs] panthéisme m; ~ist m ‹-en, -en›

[-'ɪst] panthéiste *m;* **p~istisch** [-'ɪstɪʃ] *a* panthéiste.
Panther *m* ⟨-s, -⟩ ['pantər] *zoo* panthère *f.*
Pantine *f* ⟨-, -n⟩ [pan'ti:nə] *(Holzschuh)* sabot *m.*
Pantoffel *m* ⟨-s, -n⟩ [pan'tɔfəl] babouche, mule *f; alte(r)* ~ savate, pantoufle *f; er steht unter dem* ~ sa femme porte la culotte; **~blume** *f* calcéolaire *f;* **~held** *m* mari *m* qui se laisse mener par sa femme; jocrisse *m;* **~tierchen** *n* paramécie *f.*
Pantomim|e [panto'mi:mə] **1.** *f* ⟨-, -n⟩ pantomime *f;* **2.** *m* ⟨-n, -n⟩ , mime *m theat* mimodrame *m;* **p~isch** *a* pantomimique.
pan(t)sch|en ['pan(t)ʃən] *tr (Getränke verfälschen)* mouiller; frelater, sophistiquer; *itr (planschen)* patauger, barboter; **P~er** *m* ⟨-s, -⟩ falsificateur, fraudeur *m;* **P~erei** *f* [-'raɪ] frelatage, mouillage *m;* falsification *f.*
Panzer *m* ⟨-s, -⟩ ['pantsər] *hist* cuirasse; *zoo* carapace *f; test; mil (~wagen)* (engin) blindé, char (de combat); *(~ung)* blindage *m;* **~abteilung** *f* bataillon *m* de chars; **~abwehrkanone** *f* = *Pak;* **~abwehrrakete** *f* engin *m* antichar(s); **~angriff** *m* attaque *f* blindée *od* par des *od* les chars; **~besatzung** *f* équipage *m* de *od* du char; **p~brechend** *a (Munition)* perforant, à pénétration, de rupture; **~division** *f* division *f* blindée *od* de chars; **~fahrzeug** *n* véhicule *m* blindé; **~falle** *f* piège *m* antichar; **~faust** *f* lance-fusées (léger) antichar(s), bazooka *m;* **~geschoß** *n* projectile *m* antichar *od* perce-cuirasse; **~glas** *n (schußfestes Verbundglas)* verre *m* blindé; **~graben** *m* fossé *m od* tranchée *f* antichar(s); **~hemd** *n hist* cotte *f* de mailles, haubert *m;* **~kreuzer** *m mar* croiseur *m* cuirassé; **~kuppel** *f* coupole *f* cuirassée *od* blindée; **~mine** *f* mine *f* antichar(s); **p~n** *tr* cuirasser *a. fig;* blinder; **~platte** *f mar* plaque *f* de blindage; **~regiment** *n: (schweres)* ~ régiment *m* de chars (lourds); **~schiff** *n* vaisseau *od* navire *m* cuirassé; **~schrank** *m (Geldschrank)* coffre-fort *m;* **~schreck** *m* bazooka, lance-fusées *od* lance-roquettes *m* antichar(s); **~spähwagen** *m* engin *m* blindé de reconnaissance; **~sperre** *f* barrage *m* antichar(s); **~tür** *f* porte *f* blindée *od* cuirassée; **~turm** *m (Panzer)* tourelle (de char); *mar* tourelle *f* blindée *od* cuirassée; **~ung** *f mil mar el* blindage; cuirassement *m;* **~wagen** *m* char *od* engin *m*

blindé; *mot =* **~kraftwagen**, **~werk** *n (Festung)* fortin *m* blindé; **~weste** *f* gilet *m* antiballes.
Päonie *f* ⟨-, -n⟩ [pɛ'oːniə] *bot* pivoine *f.*
Papa *m* ⟨-s, -s⟩ ['papa/pa'pa:] papa *m.*
Papagei *m* ⟨-en/-s, -en/-e⟩ [papa'gaɪ] perroquet *m; pl (Edel~en)* psittacidés *m pl; weibliche(r)* ~ perruche *f;* **~enkrankheit** *f* psittacose *f;* **~taucher** *m orn* macareux *m* (commun).
Paperback *m* ⟨-s, -s⟩ ['pɛɪpəbæk] *(Studienausgabe)* volume *m* cartonné.
Papier *n* ⟨-s, -e⟩ [pa'piːr] papier *m; (Wert~)* valeur *f;* effet, titre *m pl (Ausweise)* papiers *m pl* (d'identité); *zu* ~ *bringen* coucher *od* fixer *od* jeter *od* mettre sur le papier; *das steht nur auf dem* ~ cela n'existe que sur le papier; ~ *ist geduldig (prov)* le papier souffre tout; *ein Blatt od Bogen* ~ une feuille de papier; **~abfälle** *m pl* rognures *f pl* de papier; **~blume** *f* fleur *f* en papier; **~brei** *m* pâte *f* à papier; **~deutsch** *n* style *m* sec *od* terne (en allemand); **~einführer** *m typ* guide-papier *m;* **p~en** *a* de papier; *fig (Stil)* sec; **~fabrikant** *m* papetier *m;* **~fabrik(ation)** *f* papeterie *f;* **~geld** *n* ⟨-(e)s, ø⟩ papier-monnaie *m,* monnaie *f* de papier *od* fiduciaire; **~geldumlauf** *m* circulation *f* fiduciaire; **~geschäft** *n,* **~handel** *m,* **~handlung** *f* papeterie *f;* **~händler** *m* papetier *m;* **~handtuch** *n* serviette *f* en papier; **~hülle** *f* enveloppe *f* en papier; **~industrie** *f* industrie *f* du papier; **~korb** *m* panier *m od* corbeille *f* à papier(s); *in den* ~ *werfen od (fam) wandern lassen* jeter au panier; **~krieg** *m* paperasserie *f;* **~maché** *n* ⟨-s, -s⟩ [-piema'ʃe:] papier maché, carton-pâte *m;* **~manschette** *f (für Blumentöpfe)* cache-pot *m;* **~masse** *f* pâte *f* à papier; **~messer** *n* coupe-papier *m;* **~mühle** *f* = ~*fabrik;* **~schere** *f* ciseaux *m pl* à papier; **~schlange** *f* serpentin *m;* **~schneidemaschine** *f* massicot *m;* **~serviette** *f* serviette *f* en papier; **~streifen** *m* bande *f* de papier; **~taschentuch** *n* mouchoir *m* en papier *od* à jeter; **~tüte** *f* sachet *m* de papier; **~waren** *f pl* papeterie *f.*
Pap|ismus *m* ⟨-, ø⟩ [pa'pɪsmʊs] *rel pej* papisme *m;* **~ist** *m* ⟨-en, -en⟩ [-'pɪst] papiste *m;* **p~istisch** [-'pɪstɪʃ] *a* papiste.
Papp *m* ⟨-(e)s, -e⟩ [pap] *dial (Brei)* mastic *m; (Kleister)* colle *f;* **~band** *m (Bruch)* volume *m* cartonné; **~e** *f* ⟨-, -n⟩ carton *m; pop* = ~ *(Brei); das ist nicht von* ~ *(fig fam)* ce n'est pas de la petite bière, c'est sérieux, ce n'est

pas trop mal; ~**einband** *m* reliure *f* papier; **p~en** *tr fam* coller; ~**enstiel** *m: das ist kein* ~ *(fig)* ce n'est pas une bagatelle; **p~ig** *a (breiig)* pâteux; *(Schnee)* tenace; ~**maché** *n* ‹-s, -s› [-ma'ʃe:] papier mâché, carton-pâte *m;* ~**nase** *f* nez *m* en carton; ~**schachtel** *f* (boîte *f* en *od* de) carton *m;* ~**schere** *f* cisailles *f pl* de cartonnier *od* de relieur; ~**schnee** *m* neige *f* mouillée; ~**teller** *m* assiette *f* en carton.

Pappel *f* ‹-, -n› ['papəl] peuplier *m;* ~**(holz** *n)* *f* (bois de) peuplier *m; p~n a (aus ~holz)* en (bois de) peuplier.

päppeln ['pɛpəln] *tr fam (Kind füttern)* donner la becquée *od* la bouillie à.

Pappenheimer *m pl* ['papənhaımər] : *s-e* ~ *kennen* connaître ses gens *od* son monde.

papperlapapp [papərla'pap] *interj* turlututu! patati-patata!

Paprika *m* ‹-s, -s› ['paprika] *(Gewürz)* paprika *m; (Schote)* piment doux, poivron *m.*

Papst *m* ‹-es, ⁼e› [pa:pst, 'pɛ:pstə] pape, souverain *m* pontife; ~**tum** *n* ‹-s, ø› papauté *f;* ~**wahl** *f* élection *f* d'un *od* du pape.

päpstlich ['pɛ:pstlıç] *a* papal, du pape; pontifical; ~*er sein als der Papst (fig)* être plus royaliste que le roi.

Papua *m* ‹-(s), -(s)› ['pa:pua/pa'pu:a] *geog* Papou *m.*

Papyrus|(**staude,** ~**rolle** *f)* *m* ‹-, -ri› [pa'py:rus, -ri] papyrus *m;* ~**kunde** *f* papyrologie *f.*

Parab|**el** *f* ‹-, -n› [pa'ra:bəl] *(math; Gleichnis)* parabole *f;* **p~olisch** [-'bo:lıʃ] *a* parabolique; ~**olspiegel** *m* [-'bo:l-] miroir *m* parabolique.

Parade *f* ‹-, -n› [pa'ra:də] *mil* revue *f,* défilé *m; (mit Waffen)* prise d'armes; *(Fechten, Reiten)* parade *f; die* ~ *abnehmen* passer les troupes en revue; ~**beispiel** *n* exemple *m* typique; ~**bett** *n* lit *m* de parade; ~**marsch** *m* = ~ *u.* ~*schritt;* ~**pferd** *n fig* air *m* de bravoure; exemple *m* favori; ~**platz** *m* place *f* d'armes; ~**schritt** *m* pas *m* de parade; ~**stück** *n* morceau *m* de bravoure; ~**uniform** *f* grande tenue *f;* **paradieren** [-'ra:di:rən] *itr* parader; *mit etw* faire parade de qc.

Paradentose *f* ‹-, -n› [paradɛn'to:zə] *med* déchaussement *m* des dents.

Paradies *n* ‹-es, -e› [para'di:s] paradis *m; fig a.* Terre *f* promise; ~**apfel** *m* tomate *f;* **p~isch** [-'di:zıʃ] *a* paradisiaque; ~**vogel** *m* oiseau de paradis, paradisier *m;* ~**witwe** *f orn* veuve *f.*

paradox [para'dɔks] *a* paradoxal; **P~** *n* ‹-es, -e›, **P~on** *n* ‹-s, -xa› [pa'ra:dɔksɔn, -sa] paradoxe *m;* **P~ie** *f* ‹-, -n› [-'si:] paradoxisme *m.*

Paraffin *n* ‹-s, -e› [para'fi:n] paraffine *f; mit* ~ *überziehen* paraffiner; ~**isolierschicht** *f* enduit *m* paraffiné; ~**kerze** *f,* ~**öl** *n* bougie, huile *f* de paraffine.

Paragraph *m* ‹-en, -en› [para'gra:f] *(Abschnitt)* paragraphe, article *m;* ~**enreiter** *m* procédurier *m;* ~**enreiterei** *f* ergoterie, chicane *f* procédurière; ~**(enzeichen** *n)* *m* paragraphe *m.*

parall|**aktisch** [paralaktıʃ] *a astr* parallactique; **P~axe** *f* ‹-, -n› [-'laksə] parallaxe *f.*

parallel [para'le:l] *a* parallèle *(zu à);* ~ *dazu* sur un plan parallèle; ~ *schalten (el)* monter en parallèle; **P~e** *f* ‹-, -n› parallèle *f, fig: m; e-e* ~ *ziehen (math)* tirer une parallèle; *fig (Vergleich)* tracer *od* établir *od* faire un parallèle *(zwischen* entre) mettre en parallèle; **P~ismus** *m* ‹-, -men› [-le'lısmus] *allg,* **P~ität** *f* ‹-, ø› [-li'tɛ:t] *math* parallélisme *m;* **P~kreis** *m geog* parallèle *m;* ~**laufend** *a* parallèle; **P~ogramm** *n* ‹-s, -e› [-lo'gram] *math* parallélogramme *m;* **P~schaltung** *f el* mise *f od* montage *od* accouplement *od* couplage *m* en parallèle; **P~straße** *f* rue *f* parallèle.

Paraly|**se** *f* ‹-, -n› [para'ly:zə] *med (Lähmung)* paralysie *f; (progressive)* ~ démence *f* paralytique; **p~sieren** [-ly'zi:rən] *tr (lähmen, a. fig)* paralyser; ~**tiker** *m* ‹-s, -› [-'ly:tikər] paralytique *m;* **p~tisch** *a* paralytique.

paramilitärisch [para-] *a* paramilitaire.

Paranuß *f* ['pa:ra-] châtaigne *f* du Brésil.

Paraph|**e** *f* ‹-, -n› [pa'ra:fe] *(Namenszug)* paraphe, parafe *f;* **p~ieren** [-ra'fi:rən] *tr* parapher, parafer.

Paraphras|**e** *f* ‹-, -n› [para'fra:zə] *lit mus* paraphrase *f;* **p~ieren** [-fra'zi:rən] *tr* paraphraser.

Parasit *m* ‹-en, -en› [para'zi:t] *biol u. allg* parasite *m;* **p~är** [-zi'tɛ:r] *a,* **p~isch** [-'zi:tıʃ] *a* parasit(air)e; ~**ismus** *m* ‹-, ø› [-'tısmus] *biol* parasitisme *m.*

parat [pa'ra:t] *a (bereit)* prêt.

Paratyphus *m* ['pa:ra-] paratyphoïde *f.*

Pärchen *n* ‹-s, -› ['pɛ:rçən] *dim von Paar* couple *m.*

pardauz [par'dauts] *interj* patatras!

Parforcejagd f [par'fɔrs-] chasse f à courre.

Parfüm n ⟨-s, -e/-s⟩ [par'fy:m] parfum m; ~**erie** f ⟨-, -n⟩ [-fymə'ri:] (Fabrikation u. Geschäft) parfumerie f; ~**eur** m ⟨-s, -e⟩ [-fy'mø:r] parfumeur m; ~**fläschchen** n flacon m à parfum; p~**ieren** [-'mi:rən] tr parfumer; ~**zerstäuber** m vaporisateur m.

pari pair; **P~emission** f émission f au pair.

Paria m ⟨-s, -s⟩ ['pa:ria] rel u. fig paria; fig ilote m.

parieren [pa'ri:rən] **1.** tr (abwehren) parer; **2.** itr (gehorchen) obéir.

Paris|er(in f**)** m ⟨-s, -⟩ [pa'ri:zər] Parisien, ne m f; m fam (Kondom) capote f anglaise; préservatif m (masculin) ~**er, p~(er)isch** a parisien.

Parität f ⟨-, ø⟩ [pari'tɛ:t] (Gleichstellung, a. fin) parité f; **p~isch** [-'tɛ:tiʃ] a paritaire.

Park m ⟨-s, -s/-e⟩ [park] (Garten; in Zssgen a.: Depot) parc m; ~**anlage** f parc m; ~**aufseher** m gardien m de parc; ~**bäume** m pl (e-s Landsitzes) arbres m pl marronteaux; **p~en** tr parquer, garer; itr stationner; mot se garer; ~**en** n parcage, stationnement m; ~ erlaubt od gestattet parcage od stationnement autorisé; ~ verboten! défense de parquer od de stationner! stationnement interdit! **p~end** a en stationnement; ~**erlaubnis** f: mit ~ (Straße, Platz) stationnable; ~**gebühr** f taxe f de stationnement; ~**haus** n silo m à automobiles, parking m couvert; ~**hochhaus** n parking m à plusieurs étages; ~**licht** n mot feu m de stationnement; ~**lücke** f place f (pour se garer); ~**platz** m parc m od place f de stationnement, parc (à voitures), parking m; (großer) aire f de stationnement; bewachte(r) ~ parking m surveillé od payant; unterirdische(r) ~ parking m souterrain; ~**scheibe** f disque m de stationnement; ~**streifen** m (für Wagen) accotement m de stationnement, allée f de garage; ~**uhr** f parc(o)mètre m; ~**verbot** n interdiction f de stationner; Ende n des ~s fin f de l'interdiction (de stationnement).

Parkett n ⟨-(e)s, -e⟩ [par'kɛt] arch jur fin parquet; theat orchestre m; ~**(fuß)boden** m parquet(age) m; **p~ieren** [-'ti:rən] tr parqueter; ~**ierung** f parquetage m; ~**legen** n parquetage m, parqueterie f; ~**leger** m parqueteur, poseur m de parquet.

Parlament n ⟨-(e)s, -e⟩ [parla'mɛnt] parlement m; ~**är** m ⟨-s, -e⟩ [-'tɛ:r]

(Unterhändler) parlementaire m; ~**arier** m ⟨-s, -⟩ [-'ta:riər] parlementaire m; **p~arisch** [-'ta:rɪʃ] a parlementaire; der P~e Rat le Conseil Parlementaire; ~e Regierungsform f système od régime représentatif, gouvernement m parlementaire; ~**arismus** m ⟨-, ø⟩ [-ta'rɪsmʊs] parlementarisme m; ~**sbeschluß** m vote m od décision f du parlement; ~**sdebatte** f débat m parlementaire; ~**seröffnung** f ouverture f du parlement; ~**sferien** pl vacances f pl parlementaires; ~**sgebäude,** das (in London) le Parlement; ~**smitglied** n membre du parlement, parlementaire m; ~**ssitzung** f séance f du parlement; ~**sverhandlung** f débat m parlementaire.

Parmesankäse m [parme'za:n-] parmesan m.

Parod|ie f ⟨-, -n⟩ [paro'di:] parodie f; **p~ieren** [-'di:rən] tr parodier; ~**ist** m ⟨-en, -en⟩ [-'dɪst] parodiste m; **p~istisch** [-'dɪstɪʃ] a parodiste.

Parodontose f ⟨-, -n⟩ [parodɔn'to:zə] = Paradentose.

Parole f ⟨-, -n⟩ [pa'ro:lə] mot de passe, mot m d'ordre; fig (Wahlspruch) slogan m.

Paroli n ⟨-s, -s⟩ [pa'ro:li]: jdm ~ bieten ne pas s'en laisser remonter par qn.

Part m ⟨-s, -e⟩ [part] (Anteil) part; mus partie f.

Partei f ⟨-, -en⟩ [par'taɪ] pol parti m; (Klüngel) faction; jur partie f; (Wohn~) occupant m; e-r ~ angehören être d'un parti; e-r ~ beitreten, in e-e ~ eintreten entrer dans od adhérer à un parti; ~ ergreifen prendre parti (für pour, gegen contre); für jdn embrasser la cause de qn, prendre fait et cause pour qn, se ranger du côté de qn; die ~ wechseln changer de parti; fig tourner casaque; ~**abzeichen** n insigne m od marque f de parti (politique); ~**anwärter** m aspirant, candidat m; ~**buch** n carte f od livret m de membre d'un od du parti; ~**disziplin** f discipline f d'un od du parti; ~**feind** m antiparti m; **p~feindlich** a antiparti inv; ~**freund** m parl colistier m; ~**führer** m chef de parti, leader m; ~**führung** f direction f du parti; ~**funktionär** m permanent m; ~**gänger** m partisan m; ~**geist** m esprit de parti; (Voreingenommenheit) esprit m partisan; ~**genosse** m membre m du parti; **p~isch** a partial; ~ sein (fig a.) avoir deux poids et deux mesures; ~**kongreß** m congrès m od du parti; ~**leitung** f direction f du parti;

p~lich *a* partial; **~lichkeit** *f* ‹-, ø› partialité *f;* esprit *m* partisan; **p~los** *a* sans appartenance politique; indépendant, neutre; **~lose(r)** *m* sans--parti *m;* **~losigkeit** *f* ‹-, ø› indépendance, neutralité *f;* **~mann** *m* ‹-(e)s, -leute/(-männer)› *(bes. engstirniger)* homme *m* de parti; **~mitglied** *n* membre *m* du parti; **~nahme** *f* ‹-, -n› prise *f* de position; **~organisation** *f* organisation *f* du parti; **~politik** *f* politique *f* de *od* du parti; **p~politisch** *a* de politique de parti, relatif à la politique du parti; **~presse** *f* presse *f* d'opinion; **~programm** *n* programme *m* de *od* du parti; **~tag** *m* congrès *m* de *od* du parti; **~vorstand** *m* comité *m* directeur d'un *od* du parti; **~zugehörigkeit** *f* appartenance *f* (au parti).

parterre [par'tɛr] *adv* au rez-de--chaussée; **P~** *n* ‹-s, -s› rez-de--chaussée *m.*

Partie *f* ‹-, -n› [par'tiː] *(Teil, Ab-, Ausschnitt; com; tech; mus; Ausflug)* partie *f; (Heirat)* parti *m; e-e gute ~ machen* faire un bon mariage; *mit von der ~ sein* être de la partie; *er, sie ist e-e gute ~* c'est un bon *od* riche parti.

partiell [partsi'ɛl] *a (Teil-)* partiel.

Partikl|el *f* ‹-, -n› [par'tiːkəl] *gram* particule *f;* **~ularismus** *m* ‹-, ø› [-tikula'rɪsmʊs] particularisme *m;* **~ularist** *m* ‹-en, -en› [-la'rɪst] particulariste *m;* **p~ularistisch** [-'rɪstiʃ] *a* particulariste.

Partisan *m* ‹-s/-en, -en› [parti'zaːn] partisan *m; ~e* *f* ‹-, -n› *hist (Waffe)* pertuisane *f;* **~enbekämpfung** *f* opérations *f pl* de contre-guérilla; **~enkrieg** *m* guerre de partisans; guérilla *f.*

parti|tiv [parti'tiːf] *a gram (Teilungs-)* partitif; **P~tur** *f* ‹-, -en› [-'tuːr] *mus* partition *f;* **P~zip** *n* ‹-s, -pien›, **P~ium** *n* ‹-s, -pia› [-'tsiːp(iʊm), -piən/-pia] *gram* participe *m; ~ des Präsens, des Perfekts* participe *m* présent, passé; **~zipieren** *itr* [-tsi'piːrən] participer *(an* à).

Partner|(in f) *m* ‹-s, -› ['partnər] partenaire *m f; com* associé *m;* **~schaft** *f* participation; *com pol* association *f; (von Städten)* jumelage *m;* **~stadt** *f* ville *f* jumelée.

partout [-'tuː] *adv fam* absolument.

Party *f* ‹-, -s/-ties› ['paːrti(ː)s] partie (de plaisir), surprise-partie *f.*

Parvenü *m* ‹-s, -s› [parvə'nyː] parvenu *m.*

Parze *f* ‹-, -n› ['partsə] *(Mythologie)* Parque *f.*

Parzell|e *f* ‹-, -n› [par'tsɛlə] parcelle *f,* lot *m;* **p~ieren** [-'liːrən] *tr* parceller, lotir; **~ierung** *f* parcellement, lotissement *m.*

Parzival *m* ['partsifal] Perceval *m.*

Pasch *m* ‹-(e)s, -ə/ːe› [paʃ, 'pɛʃə] *(Spiel)* doublet *m; (Würfel)* rafle *f; (Domino)* partout *m; e-n ~ werfen* rafler.

Pascha *m* ‹-s, -s› ['paʃa] pacha *m.*

Paspel *f* ‹-, -n› od *m* ‹-s, -› ['paspəl] passepoil *m;* **p~ieren** [-'liːrən] *tr* passepoiler.

Paß *m* ‹-sses, ːsse› [pas, 'pɛsə] *(Eng~)* passage, défilé *m; (Gebirgs~)* col; *(Reise~)* passeport *m; e-n ~ ausstellen, erneuern, verlängern* délivrer, renouveler, prolonger *od* proroger un passeport; **~bild** *n* photo *f* d'identité; **~gang** *m (Reitkunst)* amble *m;* **~gänger** *m* cheval *m* ambleur; **~inhaber** *m* titulaire *m* du passeport; **~kontrolle** *f* contrôle *m* des passeports; **~stelle** *f* bureau *od* office *m* des passeports; **~straße** *f* route *f* de col; **~wesen** *n* régime *m* des passeports; **~zwang** *m* passeport *m* obligatoire.

Passag|e *f* ‹-, -n› [pa'saːʒə] passage *m,* galerie; *(Überfahrt)* traversée *f; (Abschnitt e-s Buches etc)* passage *m; ~ier* *m* ‹-s, -e› [pasa'ʒiːr] passager *m; blinde(r) ~* passager *m* clandestin; **~ierbuch** *n mar* livre *m* de bord; **~ierdampfer** *m* paquebot *m;* **~ierflugzeug** *n* avion *m* (de transport) de passagers; **~ierliste** *f* liste *f* des passagers.

Passah(fest) *n* ‹-s, ø› ['pasa] pâque *f* (juive).

Passant *m* ‹en, -en› [pa'sant] passant *m.*

Passat(wind) *m* ‹-(e)s, -e› [pa'saːt] (vent) alizé *m.*

Passe *f* ‹-, -n› ['pasə] *(am Kleid)* empiècement *m.*

passen ['pasən] *itr (Kleider, Schuhe etc)* aller (bien), être à la mesure *od* à la taille; *allg* être juste, convenir; *zu jdm, etw ~* aller bien avec qn, qc; être assorti, faire pendant à qc; *zuea. ~* s'accorder; *auf jdn, etw ~ (Beschreibung)* cadrer avec qn, qc; *jdm ~ (gefallen)* convenir à qn, *fam* botter qn; *auf etw ~ (achtgeben)* faire attention à qc, surveiller qc; *(auf ein Spiel verzichten)* passer; *(Domino)* bouder; *sich ~ (sich schicken)* convenir, être convenable *od* séant *od* de mise, se faire; *genau ~* aller juste; *gut ~* aller bien (*zu* avec); *gut zuea. ~ (Mann u. Frau)* faire un bon ménage; *nicht zu etw ~* être incompatible avec qc; *das* *paßt mir (gut)* cela me va (m'arrange tout à fait); *das paßt mir ausgezeichnet* cela m'arrange à merveille, je ne demande pas mieux; *das paßt mir nicht* cela ne m'arrange pas, cela ne fait pas mon affaire; *das würde mir ~* cela m'arrangerait, cela ferait mon affaire; *wie es Ihnen paßt* à votre convenance, à *od* selon votre guise; *das paßt sich gut, schlecht* cela tombe bien, mal; *das paßt nicht hierher* c'est déplacé ici; *das paßt (zeitlich) schlecht* cela tombe mal; *das könnte Ihnen so ~!* (y) pensez-vous! **~d** *a (geeignet)* approprié, adéquat; *(angebracht, angemessen)* convenable, propre, juste; de mise, de saison; *(treffend)* congru, pertinent; *(zs.passend)* assorti; *(zweckmäßig)* opportun; *bei ~er Gelegenheit* en temps et lieu; *bei jeder ~en und unpassenden Gelegenheit* à tous propos et hors de propos; *das P~e finden (fig)* trouver chaussure à son pied; *es für ~ halten zu ...* juger à propos de ...; *das P~e sagen* parler d'or.

Passepartout *n* ⟨-s, -s⟩ [paspar'tu:] *(Hauptschlüssel; Rahmen)* passe-partout *m*.

passier|bar [pa'si:r-] *a (überschreitbar)* franchissable; **~en** *itr* ⟨*aux: sein*⟩ *(vor-, hinübergehen)* passer; *(sich ereignen)* se passer, se produire, arriver, avoir lieu; *(angehen)* passer; *tr* ⟨*aux: haben*⟩ *(Küche: seihen)* passer; *das soll mir nicht noch einmal ~!* on ne m'y (re)prendra *od* rattrapera plus! *das kann jedem ~* cela peut arriver à tout le monde; *was ist passiert?* qu'est-ce qui est arrivé *od* s'est passé? **P~schein** *m allg* laissez-passer; *(Presseausweis)* coupe-file; *(Zollfreischein)* passavant *m*.

Passion *f* ⟨-, -en⟩ [pasi'o:n] *(Leidenschaft)* passion; *rel* Passion *f*; **p~iert** [-sio'ni:rt] *a* passionné; *(Raucher)* endurci; **~sblume** *f* passiflore, grenadille, fleur *f* de la passion; **~sspiel** *n theat rel* mystère *m* de la Passion; **~szeit** *f* carême *m*.

passiv ['pa-/pa'si:f] *a (untätig)* passif; **~e(s)** *Wahlrecht n* éligibilité *f*; **P~** *n* ⟨-s, (-e)⟩ *gram* passif *m*, voix *f* passive; **P~a** [-'si:va] *pl fin* passif *m*, masse *f* passive, dettes *f pl* passives; **P~bilanz** *f* bilan *m* déficitaire; **P~ität** *f* ⟨-, ø⟩ [-sivi'tɛ:t] passivité *f*; **P~posten** *m* élément *m* de passif; **P~seite** *f* côté *m* passif.

Passung *f* ⟨-, -en⟩ ['pasʊŋ] *tech* ajustage *m*.

Passus *m* ⟨-, -⟩ ['pasʊs, *pl* -su:s] *(Schriftstelle)* passage *m*.

Past|a, ~e *f* ⟨-, -ten⟩ ['pasta, -tə] pâte *f*.

Pastell|(bild) *n* ⟨-(e)s, -e⟩ [pas'tɛl] (dessin au) pastel *m; in ~ malen* pasteller, dessiner au pastel; **~farbe** *f* (couleur *f* à) pastel *m;* **~maler** *m* pastelliste *m;* **~malerei** *f* (peinture *f* au) pastel *m;* **~stift** *m* (crayon (de)) pastel *m*.

Pastete *f* ⟨-, -n⟩ [pas'te:tə] *(Paste)* pâté; *(Gebäck)* vol-au-vent *m;* **~nform** *f* tourtière *f;* **~nfüllung** *f* godiveau *m*.

Pasteuris|ation *f* ⟨-, -en⟩ [pastørizatsi'o:n] , **~ierung** *f* pasteurisation *f;* **p~ieren** [-'zi:rən] *tr* pasteuriser.

Pastille *f* ⟨-, -n⟩ [pas'tɪlə] pastille *f*.

Pastinake *f* ⟨-, -n⟩ [pasti'na:kə] *bot* panais *m*.

Pastor *m* ⟨-s, -en⟩ ['pasto:r, -'to:rən] *(kath.) (evang.)* pasteur, ministre *m* (de l'Évangile); **p~al** [-to'ra:l] *a (feierlich, gesalbt)* pastoral, onctueux; **~ale** *f* ⟨-, -n⟩ *mus poet* pastorale *f*.

pastos [pas'to:s] *a* pâteux; *~ malen* peindre dans la pâte *od* en pleine pâte.

Patagonien *n* [pata'go:niən] la Patagonie.

Pat|e *m* ⟨-n, -n⟩ ['pa:tə] parrain *m; ~ stehen bei* être parrain de, tenir sur les fonts baptismaux; **~engeschenk** *n* cadeau *m* de baptême; **~enkind** *n* filleul, e *m f;* **~enonkel** *m* parrain *m;* **~enschaft** *f* parrainage *m; die ~ übernehmen für* parrainer; **~entante** *f,* **~in** *f* marraine *f*.

Patene *f* ⟨-, -n⟩ [pa'te:nə] *rel (Hostienteller)* patène *f*.

patent [pa'tɛnt] *a fam (geschickt)* adroit, habile; *(famos)* chic, chouette.

Patent *n* ⟨-(e)s, -e⟩ [pa'tɛnt] brevet *m* (d'invention); *ein ~ anmelden* demander un brevet; **~amt** *n* office *od* bureau *m* des brevets (d'invention); **~anmeldung** *f* demande *f* de brevet; **~anwalt** *m* agent *m* de brevet(s); **~erteilung** *f* délivrance *f* du brevet; **p~ieren** [-'ti:rən] *tr* breveter; **~inhaber** *m* détenteur *od* titulaire *m* de *od* d'un brevet; **~lösung** *f* formule *f* passe-partout *od* valable; **~recht** *n* législation *f* sur les brevets; **~rezept** *n* remède *m* miracle; **~schrift** *f* exposé *m* d'invention, description de brevet, lettre *f* patente; **~schutz** *m* protection *f* des inventions *od* des brevets; **~verletzung** *f* contrefaçon *f* de marque; **~verschluß** *m (an e-r Flasche)* fermeture *f* brevetée; **~verwertung** *f* exploitation *f* d'un brevet.

Pater *m* ⟨-s, -/-tres⟩ ['pa:tər, -trɛs] *rel* (révérend) père *m;* **~noster** *n* ⟨-s, -⟩ [patər'nɔstər] *(Vaterunser)* Pater, Notre Père *m;* patenôtre *f;* **~noster** *m* ⟨-s, -⟩ , **~werk** *n tech* élévateur *m* à godets, noria *f,* chapelet *m.*

path|etisch [pa'te:tɪʃ] *a* déclamatoire; **~ogen** [-to'ge:n] *a med* pathogène; **P~ogenese** *f* ⟨-, -n⟩ [-ge'ne:zə] pathogénie *f;* **P~ologe** *m* ⟨-n, -n⟩ [-'lo:gə] pathologiste *m;* **P~ologie** *f* ⟨-, ø⟩ [-lo'gi:] pathologie *f;* **~ologisch** [-'lo:gɪʃ] *a* pathologique; **P~os** *n* ⟨-, ø⟩ ['pa:tɔs] pathétique *m;* emphase *f; (Schwulst)* pathos *m.*

Patience *f* ⟨-, -n⟩ [pasi'ã:s] *(Kartenspiel)* patience, réussite *f; e-e ~ legen* faire une patience *od* une réussite.

Patient(in *f)* *m* ⟨-en, -en⟩ [patsi'ɛnt] malade *m f; (e-s Arztes)* client, e *m f; (bei e-r Operation)* patient, e *m f; pl* *a.* clientèle *f.*

Patin|a *f* ⟨-, ø⟩ ['pa:tina] patine *f;* **p~ieren** [pati'ni:rən] *tr* patiner.

Patr|iarch *m* ⟨-en, -en⟩ [patri'arç] *rel u. allg* patriarche *m;* **p~iarchalisch** [-'ça:lɪʃ] *a* patriarcal; **~iarchat** *n* ⟨-(e)s, -e⟩ [-'ça:t] patriarcat *m;* **~imonium** *n* ⟨-s, -nien⟩ ['mo:nium, -niən] patrimoine *m;* **~iot** *m* ⟨-en, -en⟩ [-tri'o:t] patriote *m;* **p~iotisch** [-'o:tɪʃ] *a* patriotique; *(Mensch)* patriote; **~iotismus** *m* ⟨-, ø⟩ [-o'tɪsmʊs] patriotisme *m;* **~ize** *f* ⟨-, -n⟩ [-'tri:tsə] *(Prägestock)* poinçon *m;* **~izier(in** *f)* *m* ⟨-s, -⟩ [-'tri:tsiər] patricien, ne *m f;* **~izierhaus** *n* hôtel *m* (particulier); **p~izisch** [-'tri:tsɪʃ] *a* patricien; **~on(in** *f)* *m* ⟨-s, -e⟩ [-'tro:n] *(Schutzheiliger)* patron, ne *m f; hum pej (Kerl)* type; *arg* mec *m; ein sauberer ~ (iron)* un joli monsieur; **~onat** *n* ⟨-(e)s, -e⟩ [-tro'na:t] patronat *f; rel* patronage *m.*

Patrone *f* ⟨-, -n⟩ [pa'tro:nə] cartouche *f; phot* chargeur *m;* **~nfüller** *m* stylo *m* à cartouches; **~ngurt** *m* bande (souple) à cartouches, bande-chargeur *f* (articulée); **~nhülse** *f* douille *f* de cartouche; **~ntasche** *f* cartouchière, giberne *f;* **~ntrommel** *f* tambour *m* à cartouches.

Patrouill|e *f* ⟨-, -n⟩ [pa'trʊljə] patrouille *f;* **p~ieren** [-'lji:rən] *itr* patrouiller.

patsch [patʃ] *interj* flac! floc! vlan! **P~** *m* ⟨-(e)s, -e⟩ *(klatschender Schlag)* tape *f;* **P~e** *f* ⟨-, -n⟩ *fam (Ohrfeige)* gifle *f; (Händchen)* menotte *f; (Fliegen~)* chasse-mouches *m; (Notlage:) jdm aus der ~ helfen* tirer qn d'embarras, sortir qn du pétrin; tendre la

perche à qn, dépanner qn; *in der ~ sitzen od stecken* être dans le pétrin; être frais; *da sitzen wir schön in der ~!* nous voilà dans de beaux draps! **~en** *itr (schlagen)* donner une claque *od* tape, claquer, taper *(auf* sur); **P~händchen** *n* menotte *f;* **~(e)naß** *a* trempé comme une soupe, mouillé jusqu'aux os; *fam* saucé.

patt [pat] *a (Schach)* pat; **P~** *n* ⟨-s, -s⟩ pat *m.*

Patte *f* ⟨-, -n⟩ ['patə] *(Schneiderei)* patte *f,* rabat *m* (de poche).

patzig ['patsɪç] *a* impertinent, arrogant, insolent.

Pauk|ant *m* ⟨-en, -en⟩ [pau'kant] *(student.)* duelliste *m;* **~boden** *m (student.)* salle *f* d'armes; **~e** *f* ⟨-, -n⟩ ['paukə] *mus* mil grosse caisse; *(Kessel~)* timbale *f; die ~ schlagen,* (fig) *auf die ~ hauen* battre de la grosse caisse; *mit ~n und Trompeten durchfallen* échouer lamentablement, *fam* ramasser une fameuse veste; **p~en** *itr* battre de la grosse caisse *od* de la timbale; *(student.: fechten)* se battre en duel; *fam (angestrengt lernen)* bachoter, piocher, potasser, bûcher; **~enhöhle** *f anat* caisse *f* du tympan; **~enschlag** *m* coup *m* de timbale; **~enschläger** *m* timbalier *m;* **~enwirbel** *m* roulement *m* de timbale; **~er** *m* ⟨-s, -⟩ *(~enschläger)* timbalier; *fam (Schule)* prof *m;* **~erei** *f* [-'rai] bachotage, piochage *m.*

Paul|aner *m* ⟨-s, -⟩ [pau'la:nər] *rel* minime *m;* **~us** *m* ['paulʊs] Paul *m.*

Paus|back *m* ⟨-(e)s, -e⟩ ['paus-] poupon, poupard *m;* **p~backig** *a,* **p~bäckig** *a* aux joues rondes, poupard; *fam* mafflu, joufflu.

pauschal [pau'ʃa:l] *a* global, forfaitaire; *(Urteil)* en bloc; *a. adv* à forfait, en bloc; **P~betrag** *m,* **P~e** *f* ⟨-, -n⟩ *(n* ⟨-s, -lien⟩ *)* montant *m* global, somme *f* forfaitaire; **P~gebühr** *f* taxe *f* forfaitaire; **~ieren** [-ʃa'li:rən] *tr (abrunden)* globaliser; évaluer forfaitairement; *jdm die Steuern ~* imposer qn à forfait; **P~ierung** *f* globalisation *f;* **P~preis** *m* prix *m* global *od* forfaitaire; **P~reise** *f* voyage *m* organisé; *m* tarif *m* forfaitaire; **P~summe** *f* somme *f* globale *od* forfaitaire; **P~tarif** *m* tarif *m* à forfait; **P~urteil** *n* généralisation *f;* **P~versicherung** *f* assurance *f* globale; **P~vertrag** *m* forfait *m.*

Paus|e *f* ⟨-, -n⟩ ['pauzə] **1.** *(Unterbrechung)* pause *a. mus;* halte *f a. mil;* temps *m* d'arrêt; *(Schule)* récréation *f;* silence *m; theat (Bühnenanweisung)* un temps; *(zwischen den Ak-*

ten) entracte m; nach der ~ (theat) à la reprise; ~ *haben* être en récréation; *(e-e)* ~ *machen* faire la *od* une pause; *halbe* ~ *(mus)* demi--pause *f;* **p~enlos** *a u. adv* sans pause *od* repos *od* arrêt *od* rémission *od* relâche *od* répit; **~enzeichen** *n radio* indication *f* de la station, indicatif, signal *m* acoustique; *mus* silence *m;* **p~ieren** [-'zi:rən] *itr* pauser *a. mus,* faire une pause.

Paus|e 2. *(Durchzeichnung)* calque *m;* **p~en** *tr* calquer; **~papier** *n* papier à calquer, papier-calque *m.*

Pavian *m* ‹-s, -e› ['pa:via:n] *zoo* babouin; *scient* cynocéphale *m.*

Pavillon *m* ‹-s, -s› ['pavɪljõ, -l'jo:n, -l'jõ:] *allg* pavillon *m; (Gartentempel)* gloriette *f.*

Pazif|ik *m* ‹-s, ø› [pa'tsi:fɪk, 'patsifɪk] *(océan)* Pacifique *m;* **p~isch** [-'tsi:fɪʃ] *a geog* pacifique; *P~e(r) Ozean m =* ~*ik;* **~ismus** *m* ‹-s, ø› [-tsi'fɪsmʊs] pacifisme *m;* **~ist** *m* ‹-en, -en› [-'fɪst] pacifiste *m;* **p~istisch** [-'fɪstɪʃ] *a* pacifiste.

Pech *n* ‹-(e)s, (-e)› [pɛç] poix; *fig fam (Unglück)* malchance, déveine; *pop* guigne *f,* guignon *m,* tuile; *arg* poisse *f;* ~ *haben (fam)* avoir la *od* être dans la déveine; *pop* avoir du guignon; *(bes. im Spiel)* prendre une culotte; *ewig* ~ *haben, vom* ~ *verfolgt werden (fam)* être poursuivi par la malchance *od* la guigne; *wie* ~ *und Schwefel zs.halten* faire bloc, être inséparables; *wer* ~ *angreift, besudelt sich (prov)* qui touche de la poix souille ses mains; *vom* ~ *verfolgt (Person) (fam)* malchanceux; *fam* guignard; **~blende** *f* ‹-, ø› ['blɛndə] *geol* pechblende *f;* **~draht** *m* fil poissé, ligneul *m;* **p~finster** *a* noir comme dans un four; **~harz** *n* poix-résine *f;* **p~ig** *a* poisseux, poissé; **~kiefer** *f* pitchpin *m;* **~kohle** *f* jais *m;* **~nase** *f hist arch* mâchicoulis *m;* **p~schwarz** *a fig* noir comme poix *od* du cirage *od* (du) jais; **~strähne** *f fam* série *f* noire; *e-e* ~ *haben (im Spiel)* jouer de malheur; *allg* être poursuivi par la malchance *od* la guigne; **~vogel** *m* malchanceux, se *m f; vx fam* déveinard, guignard; *pop* purotin *m; ein* ~ *sein (a.)* ne pas être chanceux, ne pas avoir de chance.

Pedal *n* ‹-s, -e› [pe'da:l] pédale *f; das* ~ *treten (mus)* mettre la pédale.

Pedant *m* ‹-en, -en› [pe'dant] maniaque, pinailleur, homme tatillon *m;* **~erie** *f* ‹-, -n› [-tə'ri:] minutie, méticulosité *f* exagérée; **p~isch** [-'dantɪʃ] *a*

pointilleux, maniaque, pinailleur, rétilleux.

Pedell *m* ‹-s, -e› [pe'dɛl] *(Univ.)* appariteur *m.*

Pegel *m* ‹-s, -› ['pe:gəl] échelle *f* fluviale *od* d'eau; étiage *m;* **~stand** *m* niveau *m* (d'un *od* du fleuve).

Peil|anlage *f* ['paɪl-] *aero* goniomètre *m;* **~empfänger** *m* récepteur *m* (du radio)gonio(mètre); **p~en** *tr* prendre le relèvement de, relever, goniométrer; *fig* sonder; *über den Daumen* ~ *(pop)* juger au pifomètre; *die Lage* ~ *(mar)* faire le point; *fig* sonder le terrain; *fam* tâter le pavé; **~er** *m* ‹-s, -› goniomètre; *fam* gonio *m;* **~funk** *m* radiogoniométrie *f;* **~stelle** *f* station *f* radiogoniométrique; **~funker** *m* opérateur *m* radiogoniométrique; **~gerät** *n* appareil *od* récepteur radiogoniométrique, récepteur-gonio, gonio(mètre), détecteur *m* aérien; **~kompaß** *m* radio-compas *m;* **~netz** *n* réseau *m* de triangulation; **~rahmen** *m* cadre *m* radiogoniométrique *od* de homing; **~sender** *m* poste *m* émetteur radiogoniométrique; **~station** *f,* **~stelle** *f* poste *m* radiogoniométrique; **~strahl** *m* faisceau de repérage; axe *m* balisé; **~ung** *f* (prise *f* de) relèvement *m;* **~zeichen** *n pl* signaux *m pl* de relèvement.

Pein *f* ‹-, ø› [paɪn] *(Schmerz)* douleur, peine, souffrance *f; (Qual)* tourment *m,* torture *f;* supplice *m;* **p~igen** *tr* faire souffrir; tourmenter, torturer, tenailler, martyriser; **~iger** *m* ‹-s, -› tortionnaire, bourreau *m;* **~igung** *f* torture *f,* martyr *m;* **p~lich** *a* pénible, gênant, embarrassant, ennuyeux; ~ *(genau)* minutieux, méticuleux; ~ *berühren (fig)* gêner, mettre dans l'embarras; ~ *einhalten* respecter strictement; ~ *wirken* jeter du *od* un froid; *es wäre mir* ~, *wenn ich ... cela* m'ennuyerait de *inf;* **~lichkeit** *f* caractère *m* pénible, gêne *f.*

Peitsche *f* ‹-, -n› ['paɪtʃə] fouet *m; mit der* ~ *knallen* faire claquer son fouet; **p~n** fouetter; *(aus-)* fustiger; *fig (heftig schlagen)* battre violemment, cingler; **~nhieb** *m* coup *m* de fouet; **~nknall** *m* claquement *m* de fouet; **~nstiel** *m* manche *m* de fouet.

Pekinese *m* ‹-n, -n› [peki'ne:zə] *(Hund)* pékinois *m.*

pekuniär [pekuni'ɛ:r] *a* pécuniaire; *~e Schwierigkeiten f pl* difficultés *f pl* pécuniaires *od* d'argent.

Pelerine *f* ‹-, -n› [pelə'ri:nə] pèlerine *f.*

Pelikan *m* ‹-s, -e› ['pe:-, peli'ka:n] *orn* pélican *m.*

Pell|e *f* ‹-, -n› ['pɛlə] pelure *f; (Wurst~)* peau *f; jdm nicht von der ~ gehen (fam)* être toujours sur les talons de qn *od* (sus)pendu aux basques de qn; **p~en** *tr* peler, éplucher; **~kartoffeln** *f pl* pommes *f pl* de terre en robe des champs *od fam* de chambre.

Peloponnes [pelopɔ'ne:s], *der, geog* le Péloponnèse.

Pelz *m* ‹-es, -e› [pɛlts] *(Fell)* peau; *(bearbeitet)* fourrure *f;* **~besatz** *m* garniture *f* de fourrure; **p~besetzt** *a* garni de fourrure; **p~gefüttert** *a* doublé de fourrure, fourré; **~e** *Jacke f* canadienne *f; ~e(r) Mantel m* pelisse *f;* **~geschäft** *n* magasin *m* de fourrures; **~handel** *m* pelleterie *f;* **~händler** *m* fourreur, pelletier *m;* **~handschuh** *m* gant *m* fourré; **p~ig** *a (dicht behaart)* velu; **~jacke** *f* veste *f* de fourrure; **~kappe** *f* toque *f* de fourrure; **~kragen** *m* col *m* de fourrure; **~mantel** *m* manteau *m* de fourrure; **~mütze** *f* bonnet *m* de fourrure; *(mit Schirm)* casquette *f* en fourrure; **~stiefel** *m pl* bottes *f pl* fourrées; **~tier** *n* animal *m* à fourrure; **~tierzucht** *f* élevage *m* des animaux à fourrure; **~ware** *f,* **~werk** *n* fourrures *f pl,* pelleterie *f.*

Pendant *n* ‹-s, -s› [pã'dã:] *(Gegenstück)* homologue *m.*

Pendel *n* ‹-s, -› ['pɛndəl] pendule; *(Uhr)* balancier *m;* **~ausschlag** *m* amplitude *f* des oscillations d'un *od* du pendule; **~bewegung** *f* mouvement *od* va-et-vient *m* pendulaire; oscillation *f,* balancement *f;* **p~n** *itr* ‹aux: haben› osciller, balancer; *(Verkehr)* ‹aux: sein› faire la navette; **~n** *n* oscillations *f pl,* balancement *m;* **~scheibe** *f (Uhr)* lentille *f* de pendule; **~schwingung** *f* oscillation *f* pendulaire *od* de pendule; **~tür** *f* porte *f* battante; **~uhr** *f* pendule *f;* **~verkehr** *m* service de navette, trafic *m* de va-et-vient.

Pendler *m* ‹-s, -› ['pɛndlər] banlieusard *m;* **~verkehr** *m* navette, migration *f* alternante.

penetrant [pene'trant] *a (Geruch)* fort, pénétrant; *(Mensch)* envahissant, importun.

penibel [pe'ni:bəl] *a fam (peinlich genau)* méticuleux, minutieux.

Penis *m* ‹-, -sse/Penes› ['pe:nis, -ə/-nɛs] *anat* pénis, membre *m* viril.

Penizillin *n* ‹-s, -e› [penitsɪ'li:n] *pharm* pénicilline *f;* **~behandlung** *f* pénicillinothérapie *f.*

Penn|al *n* ‹-s, -e› [pɛ'na:l] = ~e *l.;* **~äler** *m* ‹-s, -› [-'nɛ:lər] *fam (Schüler)*

potache *m; ~e f* ‹-, -n› ['pɛnə] **1.** *fam (Schule)* bahut *m,* boîte *f.*

Penn|bruder *m* ['pɛn-] *fam* clochard, vagabond *m; ~e f* ‹-, -n› **2.** *arg* asile *m* de nuit; **p~en** *itr pop (schlafen)* roupiller, pioncer; **~er** *m* ‹-s, -› clochard *m.*

Pension *f* ‹-, -en› [pãsi'õ:, pɛnzi'o:n] *(Ruhegehalt)* pension, retraite; *(Ruhestand)* retraite; *(Fremdenheim)* maison *f* de repos; *in (voller) ~ (Verpflegung u. Unterkunft)* en pension; *in ~ geben, sein* mettre, être en pension; **~är** *m* ‹-s, -e› [-sjo'nɛ:r] *(Ruheständler)* retraité; *(Pensionsgast)* pensionnaire; *(Schüler)* interne *m;* **~at** *n* ‹-(e)s, -e› [-'na:t] pensionnat; *(Schule)* internat *m;* **p~ieren** [-'ni:rən] *tr* mettre à la retraite, retraiter; *sich ~ lassen* prendre sa retraite; **p~iert** *a* retraité, en retraite; **~ierung** *f* mise *f* à la retraite; **~salter** *n* âge *m* de la retraite; **p~sberechtigt** *a* ayant *od* qui a droit à une pension; **~sberechtigung** *f* droit *m* à la pension *od* retraite; **~sgast** *m* pensionnaire *m;* **~skasse** *f* caisse *f* de(s) pension(s) *od* de retraite; **~srücklage** *f* retenue *f;* **~sverpflichtung** *f* exigibilité *f* de pension.

Pensum *n* ‹-s, -sen/-sa› ['pɛnzʊm, -za/-zɛn] *(Aufgabe)* tâche; *(Lehrstoff)* leçon *f,* thème *m.*

Penta|eder *n* ‹-s, -› [pɛnta'e:dər] *math* pentaèdre *m;* **~gon** *n* ‹-s, -e› [-'go:n] *math* pentagone *m;* **~gramm** *n* ‹-s, -e› pentacle *m;* **~teuch** *m* ‹-s, ø› [-'tɔʏç] *rel* pentateuque *m.*

Peperoni *f* ‹-, -› [pepe'ro:ni] piment *m.*

Pepsin *n* ‹-s, -e› [pɛp'si:n] *physiol pharm* pepsine *f.*

per [pɛr] *prp (durch, mit)* par; *~ Adresse … (bei)* aux soins de …; *~ Bahn* par (le chemin de) fer; *~ Saldo* pour solde; *~ Stück* la pièce; *~ ultimo* à fin de mois.

perennierend [pɛrɛ'ni:rənt] *a bot (überwinternd)* vivace.

perfekt [pɛr'fɛkt] *a (vollkommen)* parfait, accompli, achevé, consommé; *(abgemacht, gültig)* conclu, définitif; **P~** *n* ‹-(e)s, (-e)› ['-- / -'-] *gram* passé *m* composé; **P~ion** *f* perfection *f;* **P~ionismus** *m* ‹-, ø› [-tsio'nɪsmʊs] perfectionnisme *m;* **P~ionist** *m* ‹-en, -en› [-tsio'nɪst] perfectionniste *m.*

perfid|(e) [pɛr'fi:t, -də] *a (treulos)* perfide; **P~ie** *f* ‹-, -n› [-fi'di:] perfidie *f.*

perforier|en [pɛrfo'ri:rən] *tr* perforer; **P~maschine** *f* machine à perforer, perforeuse *f;* **P~ung** *f* perforation *f.*

Pergament *n* ‹-(e)s, -e› [pɛrga'mɛnt] parchemin *m;* **p~artig** *a* parche-

miné; ~**papier** n papier m parchemin.
Pergola f ‹-, -len› ['pɛrgola] arch pergola f.
Perihel n ‹-s, -e›, ~**ium** n ‹-s, -lien›
[peri'he:l(ium)] astr périhélie m.
Period|e f ‹-, -n› [peri'o:də] (Zeitraum;
gram) période f; el cycle m; physiol
règles, menstrues f pl; (Sitzungs~)
session f; ~**ensystem** n chem classification f périodique; ~**ika** n pl pério-
diques m pl; p~**isch** [-'rjo:dɪʃ] a ‹-, ø›
périodique; ~**izität** f [-rioditsi'tɛ:t]
périodicité f.
Peripherie f ‹-, -n› [perife'ri:] (Rand,
a. fig) périphérie f.
Periskop n ‹-s, -e› [peri'sko:p] (Sehrohr) périscope m.
Perl|e f ‹-, -n› ['pɛrlə] perle f; ~**n** vor
die Säue werfen jeter des perles aux
pourceaux; echte ~ perle f fine;
p~**en** itr (Schweiß) perler; (Sekt)
pétiller; a (aus ~en) en od de perles;
~**enfischer** m pêcheur m de perles;
~**enfischerei** f pêche f des perles;
~**enkette** f collier m de perles; ~**en-
stickerei** f broderie f en perles;
p~**farben** a perlé; p~**grau** a gris
(de) perle; ~**graupen** f pl orge m
perlé; ~**huhn** n pintade f; ~**muschel**
f huître f perlière; ~**mutt(er** f ‹-, ø›)
n ‹-s, ø› nacre f (de perle); p~**mut-
tern** a en od de nacre; ~**schrift** f typ
perle f; ~**stab** m arch perle f;
~**zwiebel** f (Lauch) poireau m.
perman|ent [pɛrma'nɛnt] a (ständig)
permanent; P~**enz** f ‹-, ø› permanence f.
Permanganat n ‹-(e)s, -e›
[pɛrmaŋga'na:t] chem permanganate
m.
Peroxyd n ‹-(e)s, -e› ['pɛr?ɔksy:t, -də]
chem peroxyde m.
Perpendik|el n od m ‹-s, -›
[pɛrpɛn'di:kəl] (Uhrpendel) pendule
m; ~**ularstil** m (engl. Spätgotik) style
m perpendiculaire.
Perpetuum mobile n ‹- -, -s/-tua -lia›
[pɛr'pe:tuʊm 'mo:bilə, -'bi:lia] mouvement m perpétuel.
perplex [pɛr'plɛks] a perplexe, stupéfait, embarrassé, confus; ~ sein (a.)
rester coi od fam baba.
per procura [pɛr pro'ku:ra] com par
procuration.
Persenning f ‹-, -e(n)› [pɛr'zɛnɪŋ]
(Textil) prélart m.
Pers|er(in f) m ‹-s, -› ['pɛrzər] Persan,
e; m f; die (alten) ~**er** m pl les Perses
m pl; ~**erkriege,** die m pl (hist) les
guerres f pl médiques; ~**ianer** m ‹-s,
-› [-zi'a:nər] (Pelz) astrakan, astracan
m; (Mantel) manteau m d'astrakan;

~**ianerklaue** f patte f d'astrakan;
~**ien** n ['pɛrziən] la Perse; p~**isch**
['pɛrzɪʃ] a persan; der P~e Meerbusen le golfe Persique.
Persilschein m [pɛr'zi:l-] certificat m
de dénazification; fig réhabilitation f.
Person f ‹-, -en› [pɛr'zo:n] a. gram
personne f; (Kunst, Literatur, theat)
personnage; (Einzel~) individu m;
ich für meine ~ quant à moi; pour
ma part; in (eigener) ~ en personne,
personnellement, en propre; pro ~
par homme, par tête; handelnde ~
acteur m; juristische, natürliche ~
personne f morale, physique; Verneh-
mung f zur ~ interrogatoire m
d'identité; ~**al** n ‹-s, ø› [-zo'na:l] personnel; (Haus ~) personnel m od
gens m pl de maison; fliegende(s) ~
(aero) personnel m navigant od volant; ~**alabbau** m diminution od
réduction od compression f od licen-
ciement m de od du personnel; ~**al-
abteilung** f, ~**albüro** n service m du
personnel; ~**alakten** f pl dossier m
personnel od individuel; ~**alausga-
ben** f pl dépense f du personnel;
~**alausweis** m carte od pièce f
d'identité; ~**albestand** m effectif m
du personnel; ~**alchef** m chef od directeur m du personnel; ~**aleinspa-
rungen** f pl compression f de personnel; ~**alien** pl [-'na:liən] identité f,
signalement m; s-e ~ angeben décliner son identité; die ~ feststellen relever l'identité, prendre le signalement; ~**alkosten** pl frais m pl de
personnel; ~**almangel** m manque m
de personnel; an ~ leiden manquer
de personnel; ~**alpolitik** f politique f
(de recrutement) du personnel; ~**al-
pronomen** n gram pronom m personnel; ~**alstärke** f effectif m du
personnel; ~**alunion** f pol union f
personnelle; ~**alwechsel** m mouvement m (du personnel); p~**ell** [-'nɛl] a
(persönlich) personnel; (das ~al betreffend) concernant le personnel;
~**enaufzug** m (Fahrstuhl) ascenseur
m; ~**enbahnhof** m gare f des voyageurs; ~**enbeförderung** f transport
m de(s) voyageurs; ~**enbeschrei-
bung** f signalement m; ~**endampfer**
m navire à passagers, bateau m omnibus; kleine(r) ~ bateau-mouche m;
~**enkraftwagen** m voiture f de tourisme; ~**enkreis** m allg cercle m;
adm catégorie f de personnes; ~**enkult** m culte m de la personne od de
la personnalité; ~**enrufanlage** f
télérecherche f; téléappel m; ~**en-
schaden** m dommage m corporel;
~**enstand** m état m civil; ~**enver-**

kehr *m* transport *od* trafic *m* des voyageurs; **~enverzeichnis** *n theat* personnages *m pl;* **~enwaage** *f* bascule *f* pour les personnes, pèse-personne *m;* **~enwagen** *m loc* wagon *m* de voyageurs; *mot =* **~enkraftwagen;** **~enzug** *m loc* train *m* omnibus; **~ifikation** *f* ⟨-, -en⟩ [-nifikatsi'o:n], **~ifizierung** *f* personnification *f;* **p~ifizieren** [-fi'tsi:rən] *tr* personnifier.

persönlich [pɛr'zøːnlıç] *a* personnel; *adv* personnellement, en personne; *(für mich)* à part moi; *ich* **~** personnellement *od* quant à moi *od* pour ma part, je ...; **~** *erscheinen (a.)* faire acte de présence; *e-e* **~e** *Note geben* personnaliser *(e-r S* qc); **~** *haften* répondre sur sa propre personne; **~** *übergeben* remettre en main(s) propre(s); **~** *werden* faire des personnalités; **P~keit** *f* personnalité *f; (bedeutender Mensch)* personnage *m; bekannte* **~** vedette *f;* **P~keitsspaltung** *f psych* dédoublement *m* de la personnalité; **P~keitswahl** *f parl* scrutin *m* uninominal.

Perspektiv|e *f* ⟨-, -n⟩ [pɛrspɛk'ti:və] perspective; *fig* optique *f; pl fig* horizon *m;* **p~isch** [-'ti:vɪʃ] *a* perspectif, en perspective; **~e** *Darstellung f (a.)* stéréographie *f.*

Peru [pe'ru:] *n* le Pérou; **~aner(in** *f) m* ⟨-s, -⟩ [-ru'a:nər] Péruvien, ne *m f;* **p~anisch** [-'a:nıʃ] *a* péruvien.

Perücke *f* ⟨-, -n⟩ [pe'rvkə] perruque *f;* **~nmacher** *m* perruquier *m;* **~ntaube** *f* pigeon *m* capucin.

pervers [pɛr'vɛrs] *a* pervers; perverti; **P~ion** *f* ⟨-, -en⟩ [-zi'o:n] perversion *f;* **P~ität** *f* ⟨-, (-en)⟩ [-zi'tɛ:t] perversité *f.*

Pessar *n* ⟨-s, -e⟩ [pɛ'sa:r] pessaire, diaphragme *m.*

Pessim|ismus *m* ⟨-, ø⟩ [pɛsi'mısmʊs] pessimisme *m;* **~ist** *m* ⟨-en, -en⟩ [-'mıst] pessimiste *m;* **p~istisch** [-'mıstıʃ] *a* pessimiste.

Pest *f* ⟨-, ø⟩ [pɛst] peste; *fig a.* lèpre *f; wie die* **~** *hassen* haïr comme la peste *od* la mort; *jdm die* **~** *an den Hals wünschen* vouloir mal de mort à qn; **p~artig** *a* pestilent(iel); **~bazillus** *m* bacille *m* de la peste *od* pesteux; **~beule** *f* bubon *m* pestilentiel; *fig* gangrène *f;* **~hauch** *m* souffle *m* pestilentiel; **~ilenz** *f* ⟨-, -en⟩ [-ti'lɛnts] pestilence *f;* **p~krank** *a* pestiféré; **~kranke(r)** *m* pestiféré *m.*

Pestizid *n* ⟨-s, -e⟩ [pɛsti'tsi:t] pesticide *m.*

Peter *m* ['pe:tər] Pierre *m; Schwarze(r)* **~** nain *m* jaune; pouilleux *m;*

jdm den Schwarzen **~** *zuschieben fig fam* refiler *od* repasser le bébé à qn; **~skirche** *f* église *f* Saint-Pierre; **~spfennig** *m* denier *m* de Saint-Pierre.

Petersilie *f* ⟨-, ø⟩ [petɛr'zi:liə] *bot* persil *m.*

Petit *f* ⟨-, ø⟩ [pə'ti:] *(Schriftgrad)* (corps) huit *m.*

Petition *f* ⟨-, -en⟩ [petitsi'o:n] *(Bittschrift)* pétition *f;* **p~ieren** [-tsio'ni:rən] *itr* pétitionner; **~srecht** *n* droit *m* de pétition.

Petro|chemie *f* [petroçe'mi:] pétrochimie *f;* **~dollar** *m* ['petro-] pétrodollar *m;* **~leum** *n* ⟨-s, ø⟩ [pe'tro:leʊm] pétrole; **~leumkocher** *m,* **~leumlampe** *f* réchaud *od* fourneau *m,* lampe *f* à pétrole.

Petschaft *n* ⟨-s, -e⟩ ['pɛtʃaft] *(Siegel)* cachet, sceau *m.*

Petunie *f* ⟨-, -n⟩ [pe'tu:niə] *bot* pétunia *m.*

Petz *m* [pɛts]: *Meister* **~** *(Bär)* l'ours *m* Martin.

petz|en ['pɛtsən] *itr fam (Schule: angeben)* moucharder, rapporter; **P~er** *m* ⟨-s, -⟩ mouchard, rapporteur *m.*

Pfad *m* ⟨-(e)s, -e⟩ [pfa:t, -də] sentier *m;* **~finder** *m* (boy-)scout *m;* **~finderbewegung** *f* scoutisme *m;* **~finderin** *f* guide *f;* **p~los** *a* impraticable.

Pfaffe *m* ⟨-n, -n⟩ ['pfafə] *rel pej* calotin; *pop* corbeau; *arg* ratichon *m; pl* calotte, prêtraille *f;* **~ntum** *n* ⟨-s, ø⟩ cléricalisme *m;* = **~n** *pl;* **pfäffisch** ['pfɛfıʃ] *a pej* clérical.

Pfahl *m* ⟨-(e)s, ⁚e⟩ [pfa:l, 'pfɛ:lə] pal, pieu; *(Pfosten)* poteau; *(Zaun~, Schanz~)* palis; *(Grund~, Dalben~)* pilot; *(Reb-)* échalas, paisseau *m; e-n* **~** *einrammen* enfoncer *od* planter un pieu; **~bau** *m* (construction *f* sur) pilotis *m;* **~baudorf** *n,* **~bausiedlung** *f* cité *f* lacustre; **~bauten** *m pl* habitations *f pl* lacustres; **~gründung** *f arch* palification *f;* **~muschel** *f* moule *f;* **~wurzel** *f bot* (racine *f*) pivot(ante) *m; e-e* **~** *treiben* pivoter; **pfählen** ['pfɛ:lən] *tr (Baum)* palisser; *(Reben)* échalasser; *(Verbrecher)* empaler.

Pfalz *f* ⟨-, -en⟩ [pfalts] *hist (kaiserl. Burg)* château *m* impérial; *die* **~** *(geog)* le Palatinat; **~graf** *m hist* comte *m* palatin; **p~gräflich** *a* palatin; **pfälzisch** [pfɛltsıʃ] *a* palatin, du Palatinat.

Pfand *n* ⟨-(e)s, ⁚er⟩ [pfant, 'pfɛndər] gage, nantissement *m; (Bürgschaft, Sicherheit)* garantie, sûreté; *(Flaschen~)* consigne *f; gegen* **~** sur gage *od* nantissement; *ein* ~ *einlösen* retirer un gage; *jdm ein* ~ *geben (a.)* nantir qn; *durch ein* ~ *sichern* gager; **~brief** *m* lettre *f* de gage, acte *m* de nantissement; obligation *od* cédule *f* hypothécaire *od* foncière; **~flasche** *f* bouteille *f* consignée; **~geber** *m* gageur *m;* **~gläubiger** *m* créancier *m* sur gage *od* gagiste; **~haus** *n* mont-de-piété *m;* **~hinterlegung** *f* dépôt *m* de gage; **~inhaber** *m* détenteur *m* du gage; **~leihe** *f* prêt *m* sur gage; *(Leihhaus)* maison *f* de prêt, mont-de-piété *m;* **~leiher** *m* prêteur *m* sur gage *od* sur nantissement; **~recht** *n* droit *m* de gage; **~schein** *m,* **~zettel** *m* reconnaissance *od* quittance *f od* reçu *m* de nantissement; **~schuldner** *m* gageur *m;* **~verschreibung** *f* obligation *f* hypothécaire *od* foncière.

pfänd|bar ['pfɛntbar] *a* saisissable, exploitable; **~en** [-dən] *tr* saisir; **P~erspiel** *n* jeu *m* innocent *od* des gages; *ein* ~ *machen* jouer aux gages; **P~ung** *f* (exploit *m* de) saisie *f;* **P~ungsbefehl** *m* mandat *od* ordre *m* de saisie.

Pfann|e *f* ⟨-, -n⟩ ['pfanə] *(Brat~)* poêle, rôtissoire *f; (kleine)* poêlon; *(Brau~)* brassin *m; tech* poche; *tech (Dreh~),* typ crapaudine *f; (Gewehr)* bassinet *m; (Ziegel)* tuile creuse; *anat (Gelenk~)* cotyle, cavité *f* glénoïde; **~kuchen** *m (Omelett)* omelette; *(mit Mehl)* galette, crêpe *f; (Berliner)* beignet *m.*

Pfarr|amt *n* ['pfar²amt], **~e** *f* ⟨-, -n⟩ ['pfarə] cure *f;* **~bezirk** *m,* **~ei** *f* [-'raɪ] , **~gemeinde** *f* paroisse *f;* **~er** *m* ⟨-s, -⟩ = *Pastor;* **~frau** *f* femme *f* d'un *od* du pasteur; **~haus** *n* maison curiale, cure *f;* presbytère *m;* **~kind** *n* paroissien, ne *m f;* **~kirche** *f* église *f* paroissiale; **~stelle** *f* cure *f.*

Pfau *m* ⟨-(e)s/en, -en⟩ [pfaʊ] paon *m;* **~enauge** *n (Augenfleck)* ocelle *f; (Schmetterling)* paon *m;* **~enfeder** *f* plume *f* de paon; **~entaube** *f* pigeon *m* paon; **~henne** *f* paonne *f;* **~küken** *n* paonneau *m.*

Pfeffer *m* ⟨-s, ø⟩ ['pfɛfər] poivre *m; geh hin, wo der* ~ *wächst!* va-t'en à tous les diables; ~ *und Salz (Stoffmuster)* poivre et sel; **~büchse** *f,* **~dose** *f* poivrier *m,* poivrière *f;* **~gurke** *f* cornichon *m;* **~korn** *n* grain *m* de poivre; **~kuchen** *m* pain d'épice, pavé *m* (de pain d'épice); **~minz** *n* ⟨-es, -e⟩ *(Bonbon)* pastille *f* de menthe; **~minze** *f* bot menthe *f* (poivrée *od* anglaise); **~minz(likör)** *m* menthe *f* (poivrée) **~minz(plätz-**

chen) *n* (pastille de) menthe *f;* **~minztee** *m* pharm feuilles *f pl* de menthe; *(aufgebrüht)* infusion *od* tisane *f* de menthe; **~mühle** *f* moulin *m* à poivre; **p~n** *tr* poivrer; *pop (schmeißen)* foutre; *gepfefferte Preise (fam)* prix *m pl* salés; **~nuß** *f* petit pain *m* d'épice; **~plantage** *f* poivrière *f;* **~strauch** *m* poivrier *m;* **~streuer** *m* poivrière *f.*

Pfeif|e *f* ⟨-, -n⟩ ['pfaɪfə] *mus (Quer~)* fifre; *(Orgel~)* tuyau; *(Signal~)* sifflet *m; (Tabaks~)* pipe, *fam* bouffarde *f; (Indianer~)* calumet *m; nach jds* ~ *tanzen (fig)* se laisser mener par qn; être à la botte de qn; **p~en** ⟨*pfeift, pfiff, hat gepfiffen*⟩ [(-)'pfɪf(-)] *tr u. itr* siffler *(e-m Hund* un chien); *(Querpfeife spielen)* jouer du fifre; *leise* ~ siffloter; *auf etw* ~ *fam* se balancer, se moquer, faire fi, se ficher, *vulg* se foutre de qc; *drauf* ~ *(fig)* s'asseoir dessus; *aus dem letzten Loch* ~ être au bout de son rouleau; **~en** *n* sifflement; *med radio* souffle *m; leise(s)* ~ sifflotement *m;* **p~end** *a med* sibilant; **~enkopf** *m* tête *f od* fourneau de pipe, godet *m;* **~enraucher** *m* fumeur *m* de pipe; **~enreiniger** *m* cure-pipe *m;* **~enstopfer** *m* bourre-pipe *m;* **~er** *m* ⟨-s, -⟩ *mus* fifre *m;* **~konzert** *n* sifflets *m pl;* **~signal** *n* signal *m* sifflé; **~ton** *m* sifflement *m.*

Pfeil *m* ⟨-(e)s, -e⟩ [pfaɪl] flèche *f,* trait *m; e-n* ~ *abschießen* décocher une flèche *od* un trait; *wie ein* ~ *losschnellen* partir comme un trait; *s-e* ~*e verschießen (a. fig)* épuiser ses flèches; **p~geschwind** *a* = *p~schnell;* **~gift** *n* curare *m;* **~kraut** *n* sagittaire *f;* **~naht** *f anat* suture *f* sagittale; **p~schnell** *a* rapide comme une flèche *od* comme un trait; *adv* en flèche, à tire-d'aile; **~schuß** *m* coup *m* de flèche; **~spitze** *f* pointe *f* de flèche.

Pfeiler *m* ⟨-s, -⟩ ['pfaɪlər] pilier *m; (Brücken~)* pile *f* de pont; *(Stand~)* pylône; *(Wand~)* pilastre *m;* **~brücke** *f* pont *m* cantilever *od* à consoles.

Pfennig *m* ⟨-(e)s, -e⟩ [-'pfɛnɪç, -gə] pfennig *m; ohne e-n* ~ *auszugeben* sans bourse délier; *nicht einen* ~ *geben für* ne pas donner un sou de; *auf den* ~ *achten (fig)* être près de ses sous; *keinen* ~ *(Geld) haben, ohne einen* ~ *sein* n'avoir pas un centime *od* le sou, être sans le sou; *pop* n'avoir pas le rond *od* un sou vaillant *od* un radis, être fauché; *keinen* ~ *Geld mehr haben (pop)* n'avoir plus un sou vaillant *od* radis; *jeden* ~ *(zehnmal)*

umdrehen, ehe man ihn ausgibt ne pas jeter son lard aux chiens; ne pas attacher ses chiens avec des saucisses; *wer den ~ nicht ehrt, ist des Talers nicht wert (prov)* les petits ruisseaux font les grandes rivières; **~absatz** *m* talon *m* aiguille; **~fuchser** *m* ⟨-s, -⟩ *fam* grippe-sou *m.*
Pferch *m* ⟨-(e)s, -e⟩ [pfɛrç] parc, enclos *m.*
Pferd *n* ⟨-(e)s, -e⟩ ['pfeːrt, -də] cheval; *(Turngerät)* cheval d'arçon *m; zu ~e* à cheval; *wie ein ~ arbeiten* travailler comme un bœuf *od* un nègre; *das ~ am Schwanz aufzäumen (fig)* mettre la charrue *od* la charrette devant les bœufs; *ein ~ reiten* monter un cheval; *aufs ~ steigen* monter à cheval; *keine zehn ~e brächten mich dorthin, dazu* je ne voudrais pas y être, même en peinture; le diable ne me ferait pas faire cela; *mit dem kann man ~e stehlen* il est homme à vous suivre partout; *sein bestes ~ im Stall (fig)* la plus belle plume de son aile *od* chapeau, la meilleure pièce de son sac; **~eapfel** *m* crottin *m* (de cheval); **~ebahn** *f hist* tramway *m* à chevaux; **p~ebespannt** *a* (à traction) hippomobile; **~e(bestand m)** *pl* écurie *f;* **~edecke** *f* housse *f,* caparaçon *m;* **~edressur** *f* manège *m;* **~edroschke** *f* fiacre *m;* **~efleisch** *n* cheval *m;* **~efleischerei** *f,* **~emetzgerei** *f,* **~eschlachterei** *f* boucherie *f* chevaline *od* hippophagique; **~efuhrwerk** *n* véhicule *m* hippomobile; **~efuß** *m* pied *m* de cheval; **~egespann** *n* attelage *m* (de chevaux); **~egetrappel** *n* battue *f;* **~ehandel** *m* maquignonnage *m;* **~ehändler** *m* maquignon *m;* **~eknecht** *m* garçon *od* valet d'écurie, palefrenier *m;* **~ekoppel** *f* paddock *m;* **~erasse** *f* race *f* chevaline; **~erennbahn** *f* hippodrome *m;* **~erennen** *n* course *f* de chevaux; **~eschwanz** *m (a. Frisur)* queue *f* de cheval; **~estall** *m* écurie *f;* **~estärke** *f (PS)* cheval-vapeur *m* (ch); **~ewagen** *m* voiture *f* à chevaux; **~ewechsel** *m* relais *m* de chevaux; **~ezucht** *f* élevage *m* des chevaux.
Pfiff *m* ⟨-(e)s, -e⟩ [pfɪf] sifflement; *(mit e-r Pfeife)* coup de sifflet; *fig fam* truc *m; den ~ heraushaben (fig)* connaître le truc *od* la ficelle; **p~ig** *a* finaud, malin, madré, rusé; **~igkeit** *f* ⟨-, ø⟩ finesse, finauderie, ruse *f;* **~ikus** *m* ⟨-/-sses, -/-sse⟩ ['pfɪfikʊs] *hum* finaud, fin *od* rusé compère, combinard, débrouillard; *vulg* démerdard *m.*

Pfifferling *m* ⟨-s, -e⟩ ['pfɪfərlɪŋ] *(Eierschwamm)* chanterelle, girolle *f; fig fam (wertloses Zeug)* fifrelin *m; keinen ~ wert sein* ne pas valoir un sou *od* tripette.
Pfingst|en ['pfɪŋstən] *n od f (pl)* la Pentecôte; **~montag** *m,* **~sonntag** *m* lundi, dimanche *m* de la Pentecôte; **~rose** *f* pivoine, rose *f* de Notre-Dame.
Pfirsich *m* ⟨-s -e⟩ ['pfɪrzɪç] pêche *f;* **~baum** *m* pêcher *m;* **~blüte** *f* fleur *f* de pêcher; **~kern** *m* noyau *m* de pêche.
Pflänz|chen *n* ['pflɛnts-] plant *m; ein nettes ~* un joli garnement.
Pflanze *f* ⟨-, -n⟩ ['pflantsə] *f* plante *f,* végétal; *(Setz~)* plant *m;* **p~en** *tr* planter; *(anpflanzen)* cultiver; **~enfaser** *f* fibre *f* végétale; **~enfett** *n* graisse *f* végétale; **p~enfressend** *a* herbivore, phytophage; **~enfresser** *m* herbivore, phytophage *m;* **~enheilkunde** *f* phytothérapie *f;* **~enkost** *f* régime *m* végétarien *od* végétal; **~enkunde** *f* botanique, phytologie *f;* **~enöl** *n* huile *f* végétale; **~enreich** *n* règne *m od* nature *f* végétal(e); **~enschutz** *m* protection *f* des plantes od des végétaux; **~enschutzmittel** *n* produit *m* phytosanitaire; **~enwelt** *f* monde *m* végétal; **~enwuchs** *m* végétation *f;* **~er** *m* ⟨-s, -⟩ planteur *m;* **~gut** *n* plants *m pl;* **p~lich** *a* végétal; **~ung** *f* plantation *f.*
Pflaster *n* ⟨-s, -⟩ ['pflastər] *med* emplâtre; *(Heft~)* sparadrap, taffetas gommé *od* d'Angleterre; *(Straßen~)* pavé *m; das ~ e-r Straße aufreißen* dépaver une rue; *das ~ treten (fig)* battre le pavé; *das ~ wird ihm zu heiß (fig)* le pavé lui brûle les pieds; *die Stadt ist ein teures ~* la vie est chère en ville; **~er** *m* ⟨-s, -⟩ paveur *m;* **~maler** *m* artiste *m* des rues; **p~müde** *a* fatigué de marcher; **p~n** *tr* paver; **~n** *n* pavage, pavement *m;* **~stein** *m* pierre *f* à paver; **~treter** *m vx (Straßenbummler)* batteur *m* de pavé; **~ung** *f* pavage *m;* **Pflästerchen** *n fig* emplâtre *m.*
Pflaume *f* ⟨-, -n⟩ ['pflaʊmə] prune *f; (Back~)* pruneau *m;* **~nbaum** *m* prunier *m;* **~nkern** *m* noyau *m* de prune; **~nkompott** *n* compote *f* de prunes; **~nkuchen** *m* tarte *f* aux prunes; **~nmarmelade** *f,* **~nmus** *n,* confiture *f* de prune, prunelée *f;* **p~nweich** *a fam: ~ sein (Mensch)* être une pâte *od* cire molle.
Pfleg|e *f* ⟨-, -n⟩ ['pfleːgə] soins *m pl; (Instandhaltung)* entretien *m; tech* maintenance; *(Verwaltung)* surveil-

lance, administration; *fig* culture *f;* *ein Kind in* ~ *geben, nehmen* mettre, prendre un enfant en nourrice; **p~e-bedürftig** *a:* ~ *sein* avoir besoin de *od* demander des soins; **~ebefohlene(r** *m*) *f* pupille *m f; jds* ~ *sein* être à la charge de qn; **~eeltern** *pl* parents *m pl* nourriciers; **~efall** *m* personne *f* nécessitant des soins; **~ekind** *n* enfant *m* en nourrice; **p~eleicht** *a* d'entretien facile, facile au lavage; **~emutter** *f* mère *f* nourrice; **p~en** *tr* soigner; avoir *od* prendre soin de; *(Gegenstand)* entretenir; *(Maschine)* surveiller; *(Garten, Interessengebiet)* cultiver; *(Betätigung)* exercer; *itr vx* ⟨*pflog, hat gepflogen*⟩ ['pflo:k/-gən] *(gewohnt sein)* avoir coutume *od* l'habitude *(zu tun* de faire); *Rats* ~ tenir conseil; *der Ruhe* ~ s'adonner au repos; **~epersonal** *n* gardes-malades *m pl;* **~er** *m* ⟨-s, -⟩ *(Kranken~)* garde-malade, infirmier; *jur* curateur, tuteur; *adm* administrateur *m;* **~erin** *f* aide-soignante; *(Kranken~)* garde-malade, infirmière *f;* **~evater** *m* père *m* nourricier; **p~lich** ['-klıç] *a* soigneux; *adv a.* avec soin; **~ling** *m* ⟨-s, -e⟩ ['-klıŋ] = ~*ekind;* **~schaft** *f* curatelle *f.*

Pflicht *f* ⟨-, -en⟩ [pflıçt] devoir *m;* *(Verpflichtung)* obligation *f; sport* figures *f pl* imposées; *mit gleichen Rechten und* ~*en* avec les mêmes droits et obligations; *es als s-e* ~ *ansehen od betrachten, es für s-e* ~ *halten, etw zu tun* se croire obligé *od* se faire un devoir *od* se mettre en devoir de faire qc; *s-e* ~ *erfüllen* accomplir *od* remplir son devoir; *s-e* ~ *(und Schuldigkeit) tun* faire son devoir *od* son office; *s-e* ~ *verletzen, versäumen* manquer à *od* trahir son devoir; *es ist meine* ~ *zu* ... il est de mon devoir de ...; *die ehelichen* ~*en* le devoir conjugal; **~beitrag** *m* cotisation *od* contribution *f* obligatoire; **p~bewußt** *a* conscient de son devoir; *adv* par devoir; **~bewußtsein** *n* conscience *f* du *od* de son devoir; *aus* ~ par devoir; **~erfüllung** *f* accomplissement *m* du devoir; *treue* ~ fidélité *f;* **~exemplar** *n (Buch)* exemplaire *m* du dépôt légal; *Ablieferung f der* ~*e* dépôt *m* légal; **~fach** *n (Schule)* matière *f* obligatoire; **~gefühl** *n* sentiment *m* du devoir *od* de ses devoirs; **p~gemäß** *a* conforme au *od* à son devoir; **p~(ge)treu** *a* fidèle à son devoir; loyal; **~lauf(en** *n*) *m (Eiskunstlauf)* figures *f pl* imposées; **~lektüre** *f* lecture *f* obligatoire; **~reserve** *f*

réserve *f* minimum legale *od* obligatoire; **p~schuldig** *a* dû; *adv* dûment; **~teil** *m* od *n jur* réserve (légale *od* légitime *od* héréditaire); part *f* réservataire, légitime *m;* **~treue** *f* fidélité *f* au *od* à ses devoirs; **~übung** *f* sport exercice *m* imposé; épreuve-type; *mil* période *f* obligatoire; **~untersuchung** *f: (ärztliche)* ~ examen *m* médical obligatoire; **p~vergessen** *a* oublieux de son *od* de ses devoir(s), déloyal; **~e(r)** *Beamte(r) m* (fonctionnaire) prévaricateur *m;* **~vergessenheit** *f* oubli *m* de son *od* de ses devoir(s); **~verletzung** *f (im Amt)* forfaiture, prévarication *f;* **~versicherung** *f* assurance *f* obligatoire; **~verteidiger** *m* avocat *m* commis d'office; **p~widrig** *a* contraire au devoir; déloyal.

Pflock *m* ⟨-(e)s, ⁻e⟩ [pflɔk, 'pflœkə] cheville *f,* piquet; taquet; *(kleinerer)* goujon *m,* goupille, fiche *f; e-n* ~ *zurückstecken (fig)* mettre de l'eau dans son vin, rabaisser ses prétentions, en rabattre.

pflück|en ['pflʏkən] *tr* cueillir; **P~er** *m* ⟨-s, -⟩ *(Mensch)* cueilleur; *(Gerät)* cueilloir *m;* **P~erin** *f* cueilleuse *f;* **P~maschine** *f* cueilleuse *f* mécanique.

Pflug *m* ⟨-(e)s, ⁻e⟩ ['pflu:k, 'pfly:gə] charrue *f;* **~schar** *f* soc *m;* **~sterz** *m* mancheron *m.*

pflüg|en ['pfly:gən] *tr* passer la charrue sur; *(bestellen)* labourer; **P~en** *n* labourage *m;* **P~er** *m* ⟨-s, -⟩ laboureur *m.*

Pfort|ader *f* ['pfort-] *anat* veine *f* porte; **~e** *f* ⟨-, -n⟩ porte *f.*

Pfört|chen *n* ['pfœrt-] portillon *m;* **~ner** *m* ⟨-s, -⟩ portier, concierge; *(im Gefängnis)* guichetier; *anat* pylore *m;* **~nerloge** *f* loge *f* de concierge; **~nerstelle** *f,* **~nerwohnung** *f* conciergerie *f.*

Pfosten *m* ⟨-s, -⟩ ['pfɔstən] poteau; *(Tür~, Fenster~)* montant, jambage *m.*

Pfote *f* ⟨-, -n⟩ ['pfo:tə] patte *f.*

Pfriem *m* ⟨-(e)s, -e⟩ [pfri:m] *(Werkzeug)* poinçon *m;* **~engras** *n* stipe *f.*

Pfropf *m* ⟨-(e)s, -e⟩, **~en** *m* ⟨-s, -⟩ ['pfrɔpf(ən)] *allg* tampon; *(Kork)* bouchon; *(Stöpsel)* bondon *m; (e-r Patrone)* bourre *f; (Blut~)* caillot; *(Eiter~)* bourbillon *m;* **p~en** *tr* **1.** *(Flasche verschließen)* boucher.

pfropf|en ['pfrɔpfən] *tr* **2.** *bot* greffer, enter; **P~en** *n bot* greffage *m;* **P~messer** *n* greffoir, entoir *m;* **P~reis** *n* greffe *f,* greffon *m,* ente *f.*

Pfründ|e *f* ⟨-, -n⟩ ['pfrʏndə] prébende;

a. iron sinécure *f;* bénéfice *m;* ~**ner** *m* ⟨-s, -⟩ ['-dnər] *(~eninhaber)* prébendier; bénéficier *m.*

Pfuhl *m* ⟨-(e)s, -e⟩ [pfu:l] *(Sumpfloch)* mare *f; a. fig* bourbier *m.*

Pfühl *m* od *n* ⟨-(e)s, -e⟩ [pfy:l] *poet* coussin, traversin *m;* couche *f;* lit *m.*

pfui [pfʊi] *interj* fi! pouah! hou!

Pfund *n* ⟨-(e)s, -e⟩ [pfunt, -də] livre *f; mit s-m ~e wuchern* faire valoir son talent; ~ *Sterling* livre *f* sterling; **p~ig** *a fam (großartig)* épatant, chouette; *pop* bath; ~**skerl** *m* type épatant, chic *od* bon type *m;* ~**ssache** *f* chose *od* affaire *f* épatante; **p~weise** *adv* à la livre, par livres.

Pfusch *m* ⟨-(e)s, ø⟩ [pfuʃ] *fam* = ~*erei;* **p~en** *tr* bâcler, gâcher, faire *od* tailler à coups de hache; *itr* bousiller; ~**er** *m* ⟨-s, -⟩ bâcleur, gâcheur, bousilleur, sabreur; *(Kur~)* charlatan *m;* ~**erei** *f* ⟨-, -en⟩ ['-raɪ] *fam* bousillage; travail *m* bâclé.

Pfütze *f* ⟨-, -n⟩ ['pfʏtsə] flaque (d'eau); mare *f.*

Phalanx *f* ⟨-, -langen⟩ ['fa:laŋks, fa-'laŋən] *hist fig anat* phalange *f.*

phallisch ['falɪʃ] *a* phallique; **P~okrat** *m* ⟨-en, -en⟩ [falo'kra:t] *pej* phallocrate *m;* **P~us** *m* ⟨-, -lli/-llen/-se⟩ ['falʊs, 'fali, -lən, -ʊsə] phallus *m;* **P~ussymbol** *n* symbole *m* phallique.

Phänomen *n* ⟨-s, -e⟩ [fɛno'me:n] phénomène; *fam (Mensch) a.* as *m;* **p~menal** [-me'na:l] *a* phénoménal, prodigieux; *fam* faramineux, formidable; ~**menalismus** *m* ⟨-s, ø⟩ [-na'lɪsmʊs] *philos* phénoménalisme *m;* ~**typus** *m* ⟨-, -pen⟩ ['-ty:pʊs] *biol (Erscheinungsform)* phénotype *m.*

Phantasie *f* ⟨-, -n⟩ [fanta'zi:] imagination, fantaisie; *(Hirngespinst)* chimère *f; (Fieberwahn)* fantasme *m; fam* folle *f* du logis; ~**asiegebilde** *n* chimère *f;* **p~asielos** *a* sans imagination; ~**asielosigkeit** *f* manque *m* d'imagination; **p~asieren** [-'zi:rən] *itr* s'abandonner à son imagination, rêvasser; *(faseln)* radoter, battre la campagne; *fam* dérailler; *med* délirer; *mus* improviser; ~**asieren** *n* rêvasserie *f;* radotage; délire *m;* improvisation *f;* **p~asievoll** *a* plein d'imagination, imaginatif; ~**asmagorie** *f* ⟨-, -n⟩ [-tasmago'ri:] *(Truggebilde)* fantasmagorie *f;* ~**ast** *m* ⟨-en, -en⟩ ['-tast] fantasque, rêveur, esprit chimérique *od* romanesque, visionnaire, mythomane; *pej* songe-creux *m;* ~**asterei** [-tastə'raɪ] *f* idées *f pl* fantastiques; **p~astisch** [-'tastɪʃ] *a* fantastique; *(bizarr)* fantasque, fan-

tasmagorique; *fam (großartig)* faramineux, délirant, mirobolant, féodal; ~**om** *n* ⟨-s, -e⟩ [-'to:m] fantôme *m; e-m ~ nachjagen* courir après une ombre; ~**ombild** *n (Suchbild der Polizei)* portrait-robot *m.*

Pharao *m* ⟨-s, -raonen⟩ ['fa:rao, fara'o:nən] pharaon *m;* ~**nengrab** *n* sépulture *f* de pharaon; **p~nisch** [-'o:nɪʃ] *a* pharaonique.

Pharisäer *m* ⟨-s, -⟩ [fari'zɛ:ər] *rel, a. fig* pharisien *m;* ~**ertum** *n* ⟨-s, ø⟩, *a. fig* pharisaïsme *m;* **p~isch** [-'zɛ:ɪʃ] *a, a. fig* pharisaïque.

Pharmaindustrie *f* ['farma-] industrie *f* pharmaceutique; ~**kologe** *m* ⟨-n, -n⟩ [farmako'lo:gə] pharmacologiste, pharmacologue *m;* ~**kologie** *f* ⟨-, ø⟩ [-lo'gi:] pharmacologie *f;* **p~kologisch** [-'lo:gɪʃ] *a* pharmacologique; ~**zeut** *m* ⟨-en, -en⟩ [-'tsɔʏt] pharmacien *m;* ~**konzern** *m* usine *f* pharmaceutique; ~**zeutik** *f* ⟨-, ø⟩ [-'tsɔʏtɪk] pharmaceutique *f;* **p~zeutisch** [-'tsɔʏtɪʃ] *a* pharmaceutique; ~**zie** *f* ⟨-, ø⟩ [-'tsi:] pharmacie *f.*

Phase *f* ⟨-, -n⟩ ['fa:zə] *a. el* phase *f; fig (Stadium)* stade *m;* ~**ngleichheit** *f* coïncidence *f* des phases; ~**nmesser** *m* ⟨-s, -⟩ phasemètre *m;* ~**nregler** *m* régulateur *m* de phase; ~**nunterschied** *m* différence *f* de phase; ~**nverschiebung** *f* décalage de phase, déphasage *m;* **p~nverschoben** *a* déphasé; ~**nverzögerung** *f el* retard *m* de phase.

Phenol *n* ⟨-s, ø⟩ [fe'no:l] *chem* acide *m* phénique.

Philanthrop *m* ⟨-en, -en⟩ [filan'tro:p] *(Menschenfreund)* philanthrope *m;* ~**ie** *f* ⟨-, ø⟩ [-tro'pi:] philanthropie *f;* **p~isch** [-'tro:pɪʃ] *a* philanthropique.

Philatelie *f* ⟨-, ø⟩ [filate'li:] philatélie *f;* ~**ist** *m* ⟨-en, -en⟩ [-'lɪst] philatéliste *m;* **p~istisch** [-'lɪstɪʃ] *a* philatélique.

Philharmonie *f* ⟨-, -n⟩ [fil-] *mus* société *f* philharmonique; **p~isch** *a* philharmonique.

Philippinen [fili'pi:nən] *die, geog* les Philippines *f pl;* ~**isch** [-'pi:nɪʃ] *a* philippin.

Philister *m* ⟨-s, -⟩ [fi'lɪstər] *hist* Philistin; *fig (Spießer)* philistin, bourgeois, épicier *m;* **p~erhaft** *a,* **p~rös** [-lɪs'trø:s] *a* philistin, bourgeois, prudhommesque; ~**ertum** *n* ⟨-s, ø⟩ prudhommerie *f.*

Philologe *m* ⟨-n, -n⟩ [filo'lo:gə] philologue *m;* ~**ie** *f* ⟨-, -n⟩ [-lo'gi:] philologie *f;* lettres *f pl;* **p~isch** [-'lo:gɪʃ] *a* philologique.

Philosoph *m* ⟨-en, -en⟩ [filo'zo:f] philosophe *m;* ~**ie** *f* ⟨-, -n⟩ [-zo'fi:] philosophie *f;* **p~ieren** [-'fi:rən] *itr* philosopher; **p~isch** [-'zo:fɪʃ] *a* philosophique.

Phiole *f* ‹-, -n› [fi'o:lə] fiole, topette *f.*

Phlegm|a *n* ['flɛgma] ‹-s, ø› flegme *m;* ~**atiker** *m* ‹-s, -› [-'ma:tikər] flegmatique *m;* **p~atisch** [-'ma:tɪʃ] *a* flegmatique.

Phlox *f* ‹-, -e› *od m* ‹-es, -e› [flɔks] *bot* phlox *m.*

Phon *n* ‹-s, -s› [fo:n] *(Lautstärkeeinheit)* phone, décibel *m;* ~**em** *n* ‹-s, -e› [fo'ne:m] phonème *m;* ~**etik** *f* ‹-, ø› [fo'ne:tɪk] phonétique *f;* ~**etiker** *m* ‹-s, -› [-'ne:tikər] phonéticien, phonétiste *m;* **p~etisch** [-'ne:tɪʃ] *a* phonétique; ~**ologe** *m* ‹-n, -n› [-'lo:gə] phonologue *m;* ~**ologie** *f* ‹-, ø› [-lo'gi:] phonologie *f;* ~**ologisch** *a* phonologique.

Phönix *m* ‹-(es), -e› ['fø:nɪks] *(Mythologie)* phénix *m.*

Phöniz|ien *n* [fø'ni:tsiən] *hist* la Phénicie; ~**ier** *m* ‹-s, -› [-tsiər] Phénicien; **p~isch** [-'ni:tsɪʃ] *a* phénicien.

Phosphat *n* ‹-(e)s, -e› [fɔs'fa:t] *chem* phosphate *m;* ~**dünger** *m* engrais *m* phosphaté; **p~haltig** *a* phosphaté.

Phosphor *m* ‹-s, ø› ['fɔsfɔr] *chem* phosphore *m;* ~**bombe** *f* bombe *f* au phosphore; ~**eszenz** *f* ‹-, ø› [-fɔrɛs'tsɛnts] phosphorescence *f;* **p~eszierend** [-fɔrɛs'tsi:rənt] *a* phosphorescent; **p~haltig** *a* phosphoreux; **p~ig** [-'fɔrɪç] *a:* ~*e Säure f* acide *m* phosphoreux; **p~sauer** *a: phosphorsaure(s) Salz n* phosphate *m;* ~**säure** *f* acide *m* phosphorique; ~**vergiftung** *f* phosphorisme *m.*

Photo *n* ‹-s, -s› ['fo:to] *fam* photo *f, vgl. Foto etc;* ~ *m* ‹-s, -s› , ~**apparat** *m* appareil *m* (photographique); **p~elektrisch** *a:* ~*e Zelle f* cellule *f* photo-électrique; **p~gen** [-'ge:n] *a (lichterzeugend)* photogène; *(bildwirksam)* photogénique; ~**graph** *m* ‹-en, -en› [-'gra:f] photographe *m;* ~**graphie** *f* ‹-, -n› [-gra'fi:] photographie; *fam* photo *f; echte* ~ photographie véritable, véritable photo *f;* **p~graphieren** [-gra'fi:rən] *tr* photographier; *sich* ~ *lassen* se faire photographier; **p~graphisch** [foto'-] *a* photographique; ~*e(s) Atelier n* atelier *m* de photographe; ~**kopie** *f* photocopie *f;* **p~kopieren** *tr* photocopier; ~**kopierer** *m* ‹-s, -›, ~**kopiergerät** *n* photocopieur *m;* **p~mechanisch** *a* photomécanique; ~*e(s) Druckverfahren n* procédé *m* photomécanique; ~**modell** *n* mannequin *m;* ~**montage** *f* montage photographique, photomontage, découpage,

truquage *m;* ~**n** *n* ‹-s, -en› [fo'to:n, -'to:nən] *phys* photon *m;* ~**papier** *n* papier *m* photographique; ~**reportage** *f* reportage *m* photographique; ~**safari** *f* safari-photo *m;* ~**synthese** *f biol* photosynthèse *f;* ~**termin** *m* séance *f* de photographie; ~**thek** *f* ‹-, -en› [-'te:k] photothèque *f.*

Phrase *f* ‹-, -n› ['fra:zə] phrase *f; pl* boniments *m pl fam; leere* ~*n* de belles paroles; ~*n machen od (fam) dreschen* faire des phrases od du verbiage, phraser; ~**ndrescher** *m* faiseur de phrases, phraseur, déclamateur, rhéteur *m;* ~**ndrescherei** *f* ‹-, (-en)› emphase, rhétorique *f;* **p~nhaft** *a* verbeux, emphatique; ~**nhaftigkeit** *f* ‹-, (-en)› phraséologie, emphase *f;* ~**nheld** *m,* ~**nmacher** *m* = ~*ndrescher;* ~**ologie** *f* ‹-, -n› [-zeolo'gi:] phraséologie *f.*

Phys|ik *f* ‹-, ø› [fy'zi:k] physique *f;* **p~ikalisch** [-zi'ka:lɪʃ] *a* physique; ~*chemisch a* physico-chimique; ~**iker** *m* ‹-s, -› ['fy:zikər] physicien *m;* ~**iognomie** *f* ‹-, -n› [-ziognɔ'mi:] physionomie *f;* ~**iognomik** *f* ‹-, ø› [-'gno:mɪk] physiognomonie *f;* **p~iognomisch** [-'gno:- mɪʃ] *a* physiognomonique; ~**iologe** *m* ‹-n, -n› [-zio'lo:gə] physiologiste *m;* ~**iologie** *f* ‹-, ø› [-lo'gi:] physiologie *f;* **p~iologisch** [-'lo:gɪʃ] *a* physiologique; **p~isch** ['fy:zɪʃ] *a* physique.

Pian|ino *n* ‹-s, -s› [pia'ni:no] *mus* pianino *m;* ~**ist(in** *f)* *m* ‹-en, -en› [-'nɪst] pianiste *m f;* ~**o(forte)** *n* ‹-s, -s› [pi'a:no] piano *m* droit.

picheln ['pɪçəln] *itr fam* chopiner, lamper, licher.

Picke *f* ‹-, -n›, **Pickel** *m* ‹-s, -› ['pɪkə(l)] **1.** pioche *f,* pic *m.*

Pickel *m* ‹-s, -› ['pɪkəl] **2.** *med* (petit) bouton *m,* pustule *f;* **pick(e)lig** *a* couvert de boutons *od* de pustules; fleuri.

picken ['pɪkən] *itr* becqueter, béqueter; picorer.

Picknick *n* ‹-s, -e/-s› ['pɪknɪk] pique-nique *m;* **p~en** *itr* pique-niquer; ~**koffer** *m* nécessaire *m* de pique-nique.

piekfein ['pi:k'faɪn] *a dial fam* tiré à quatre épingles; *pop* rupin.

piep [pi:p] *interj* piu! **P~** *m* ‹-s, -e› *: keinen* ~ *sagen* ne pas souffler mot; ~**e:** *das ist mir* ~ je m'en balance *od* fiche; ~**en** *itr (Vogel)* pépier; piailler; *(Küken)* piauler; *bei dir piept's wohl?* tu es cinglé? **P~en** *n* pépiement; piaulement *m; fam* piaillerie *f; das ist zum* ~ *(fam)* c'est rigolo *od* marrant; **P~matz** *m* ‹-es, -e/=e› *(fam: Vogel)* oiseau *m;* ~**sen** *itr* = ~*en;* ~**sig** *a (Stimme)* grêle; *(schwächlich)* chétif, souffreteux.

Pier *m, a. f* ⟨-s, -e/-s⟩ [pi:r] *mar* jetée *f,* môle, embarcadère, débarcadère *m.*

piesacken ['pi:zakən] *tr fam (quälen)* tourmenter, tracasser, tarabuster, asticoter.

Piet|ät *f* ⟨-, ø⟩ [pie'tɛ:t] piété *f;* **p~ät-los** *a* impie, sans respect; ~**ätlosig-keit** *f* impiété *f,* manque *m* de piété; **p~ätvoll** *a* plein de piété, pieux; ~**is-mus** *m* ⟨-, ø⟩ [-'tɪsmʊs] *rel* piétisme *m;* ~**ist** *m* ⟨-en, -en⟩ [-'tɪst] piétiste *m.*

piff, paff (, puff)! ['pɪf 'paf 'pʊf] pif! paf!

Pigment *n* ⟨-(e)s, -e⟩ [pɪ'gmɛnt] *(Farb-stoff)* pigment *m;* ~**bildung** *f,* ~**ie-rung** [-'ti:rʊŋ] *f* pigmentation *f;* **p~ieren** *tr* pigmenter.

Pik [pi:k] **1.** *m* ⟨-s, -e/-s⟩ *(Bergspitze)* pic *m;* ~**e** *f* ⟨-, -n⟩ *(Spieß)* pique *f; von der ~ auf dienen* sortir du rang, pas-ser par tous les grades; ~**ee** *m* ⟨-s, -s⟩ [pi'ke:] *(Textil)* piqué *m;* **p~ieren** [-'ki:rən] *tr agr* piquer; **p~iert** *a (be-leidigt)* piqué, vexé; **p~(s)en** *tr fam (stechen)* piquer.

Pik 2. *m* ⟨-s, -e⟩ *fam (Groll)* animosité *f; e-n ~ auf jdn haben* avoir *od* gar-der *od* conserver une dent contre qn, avoir pris qn en grippe.

Pik 3. *n* ⟨-s, -s⟩ *(Spielkartenfarbe)* pique *m.*

pikant [pi'kant] *a (Speise)* épicé, re-levé; *fig (Geschichte)* piquant; **P~e-rie** *f* ⟨-, -en⟩ [-tə'ri:, -tə'ri:ən] piquant *m.*

Pikkolo *m* ⟨-s, -s⟩ ['pɪkolo] *(Kellner-lehrling)* piccolo *m;* ~**flöte** *f* piccolo *m,* petite flûte *f.*

Pikrinsäure *f* [pi'kri:n-] acide *m* picrique.

Pilaster *m* ⟨-s, -⟩ [pi'lastər] *arch* pilastre *m.*

Pilger(in *f)* *m* ⟨-s, -⟩ ['pɪlgər] pèlerin, e *m f;* ~**fahrt** *f* pèlerinage *m;* **p~n** ⟨*aux: sein*⟩ *itr* faire un *od* aller en pèlerinage; *fam* pèleriner; ~**schaft** *f* pèlerinage *m;* ~**stab** *m* bâton de pèlerin, bourdon *m.*

Pille *f* ⟨-, -n⟩ ['pɪlə] pilule *f; die (Anti-baby)~* la pilule (anticonceptionnel-le); *die (bittere) ~ schlucken (fig)* avaler la pilule *od* la dragée; *die (bit-tere) ~ versüßen* dorer *od* sucrer la pilule; *bittere ~ fig)* pilule amère *od* difficile à avaler, dragée *f* amère; ~**ndreher** *m hum* potard, pharma-cien; *(Mistkäfer)* bousier *m;* ~**nknick** *m* effet *m* pillule.

Pilot *m* ⟨-en, -en⟩ [pi'lo:t] pilote *m;* ~**ballon** *m* ballon-pilote; ballon-son-

de *m;* ~**projekt** *n* projet *m* pilote; ~**studie** *f* rapport *m* pilote; ~**ver-such** *m* projet *m* pilote.

Pilz *m* ⟨-es, -e⟩ [pɪlts] champignon *m; wie ~e aus der Erde schießen* champignonner; ~**beet** *n* champi-gnonnière *f;* ~**esammler** *m* ramas-seur *m* de champignons; ~**krankheit** *f* maladie cryptogamique, mycose *f;* ~**vergiftung** *f* empoisonnement *m od* intoxication *f* par les champi-gnons; ~**züchter** *m* champignonniste *m.*

Pinakothek *f* ⟨-, -en⟩ [pinako'te:k] *(Gemäldesammlung)* pinacothèque *f.*

Pinasse *f* ⟨-, -n⟩ [pi'nasə] *mar* canot *m* de bord.

pingelig ['pɪŋəlɪç] *a fam* tatillon.

Pinguin *m* ⟨-s, -e⟩ [pɪŋgu'i:n] *orn* pin-gouin, manchet *m.*

Pinie *f* ⟨-, -n⟩ ['pi:niə] *bot* pin *m* pignon *od* parasol.

Pinke(pinke) *f* ⟨-, ø⟩ ['pɪŋkə('pɪŋkə)] *fam (Geld)* pognon *m,* pépettes *od* pépètes *f pl*

Pinkel *m* ⟨-s, -⟩ ['pɪŋkəl] *pop: feine(r) ~* type élégant, godelureau, freluquet *m.*

Pinkel|bude *f* ['pɪŋkəl-] *fam* pissotière *f;* **p~n** *itr fam* pisser, faire pipi; ~**pause** *f fam* pause-pipi *f.*

Pinne *f* ⟨-, -n⟩ ['pɪnə] *(Stift)* pointe; *(Zwecke)* broquette; *(Hammer~)* panne; *mar* barre *f.*

Pinscher *m* ⟨-s, -⟩ ['pɪnʃər] *(Hunderas-se)* griffon *m.*

Pinsel *m* ⟨-s, -⟩ ['pɪnzəl] pinceau *m; (breiter)* brosse *f; (Töpferei)* putois; *fig alberner Mensch)* niais, nigaud *m;* ~**ei** *f* [-'laɪ] peinturlurage, barbouilla-ge *m;* **p~n** *itr fam* u. *pej* peinturlurer, barbouiller; ~**strich** *m* coup *m* de pinceau; *(Malweise)* touche *f; (kräfti-ger ~)* accent *m.*

Pinzette *f* ⟨-, -n⟩ [pin'tsɛtə] pinc(ett)e *f.*

Pionier *m* ⟨-s, -e⟩ [pio'ni:r] *mil* sapeur; *a. fig* pionnier *m; pl* ~**korps** *n* génie *m.*

Pipeline *f* ⟨-, -s⟩ ['paiplain] oléoduc *m.*

Pipette *f* ⟨-, -n⟩ [pi'pɛtə] pipette *f.*

Pipi *n* [pi'pi:] *~ machen (Kinderspra-che)* faire pipi.

Pips *m* ⟨-es, ø⟩ [pɪps] *vet* pépie *f.*

Pirat *m* ⟨-en, -en⟩ [pi'ra:t] pirate, écu-meur *m* de mer; ~**ensender** *m* émet-teur *m od* radio pirate, radio *f* libre; ~**ensendung** *f radio* émission *f* pi-rate; ~**entum** *n* ⟨-s, ø⟩, ~**erie** *f* ⟨-, -n⟩ [-ratə'ri:] piraterie *f.*

Piroge *f* ⟨-, -n⟩ [pi'ro:gə] *mar* pirogue *f.*

Pirol *m* ‹-s, -e› [pi'ro:l] *orn* loriot *m*.

Pirouette *f* ‹-, -n› [piru'ɛtə] pirouette *f*; *aero a.* tonneau *m* vertical.

Pirsch *f* ‹-, ø› [pɪrʃ] *(Jagd)* chasse *f* à tir.

Piss|e *f* ‹-, ø› ['pɪsə] *vulg* pissat *m*, pisse *f*; **p~en** *itr vulg* pisser.

Piß|ort *m* ['pɪs-] pissoir *m*; **~pott** *m* ‹-(e)s, ∵e› [-pɔt] *pop* goguenot, gogueneau *m*.

Pistazie *f* ‹-, -n› [pɪs'ta:tsiə] *(Nuß)* pistache *f*; *(Baum)* pistachier *m*.

Piste *f* ‹-, -n› ['pɪstə] *(Spur, Bahn)* piste *f*.

Pistole *f* ‹-, -n› [pɪs'to:lə] *(Waffe)* pistolet *m*; *(Münze)* pistole *f*; *mit vorgehaltener* ~ le pistolet braqué; *wie aus der* ~ *geschossen* du tac au tac; *jdm die* ~ *auf die Brust setzen (fig)* mettre à qn le couteau sur la gorge; **~nschießen** *n* tir *m* au pistolet; **~nschuß** *m* coup *m* de pistolet; **~ntasche** *f* étui *m od* gaine *f* pour pistolet.

pitsch(e)patsch(e)naß ['pɪtʃ(ə)-'patʃ(ə)'nas] *a* trempé jusqu'aux os.

Pizz|a *f* ‹-, -s› ['pɪtsa] pizza *f*; **~eria** *f* ‹-, -s› [pɪtse'ri:a] pizzeria *f*.

Placebo *n* ‹-s, -s› [pla'tse:bo] *pharm* placebo *m*.

plack|en ['plakən], *sich* **~en** se tracasser, s'esquinter; **P~erei** *f* [-'raɪ] corvée; tracas (-serie *f*) *m*.

pläd|ieren [plɛ'di:rən] *itr* plaider *(für* pour); **P~oyer** *n* ‹-s, -s› [plɛdoa'je:] *allg* plaidoyer *m*; *(Staatsanwalt)* réquisitoire *m*, *(Verteidiger)* plaidoirie *f*.

Plage *f* ‹-, -n› ['pla:gə] tourment *m*, peine; *(große)* calamité *f*; fléau *m*; *(Land~)* plaie *f*; *(Übel)* mal *m*; **~geist** *m* taquin, (esprit) tracassier; *fam* casse-pieds, crampon; *pop* raseur *m*; **p~n** *tr* tourmenter, tracasser, *vx* vexer; *(belästigen)* importuner, incommoder; *fig (bedrücken)* préoccuper, travailler; *fam* tarabuster, turlupiner; *sich* ~ se tourmenter.

Plagi|at *n* ‹-(e)s, -e› [plagi'a:t] plagiat, démarquage *m*, piraterie *f*; **~ator** *m* ‹-s, -en› [-gi'a:tor, -'to:rən] plagiaire, démarqueur, écumeur *m* littéraire; **p~ieren** [-gi'i:rən] *tr* plagier, démarquer, pirater.

Plakat *n* ‹-(e)s, -e› [pla'ka:t] affiche *f*; placard *m*, pancarte *f*; *ein* ~ *ankleben od anschlagen* (ap)poser, coller, placarder une affiche; **p~ieren** [-ka'ti:rən] *tr* afficher; **~maler** *m* affichiste *m*; **~malerei** *f* peinture *f* d'affichage; **~säule** *f* colonne *f* Morris; **~träger** *m* homme-sandwich *m*; **~werbung** *f* publicité *f* par affiches.

Plakette *f* ‹-, -n› [pla'kɛtə] plaquette *f*.

plan [pla:n] *a (eben)* plan, uni; **P~** *m* ‹-(e)s, ∵e› [pla:n, 'plɛ:nə] **1.**: *auf dem* ~ *erscheinen, auf den* ~ *treten (fig)* entrer en lice; **~ieren** [pla'ni:rən] *tr* aplanir, niveler, planer; **P~iergerät** *n* niveleur *m*; **P~ierraupe** *f* bulldozer, tracteur *m* niveleur; **P~ierung** *f* aplanissement, nivellement, planage *m*; **P~imeter** *n* ‹-s, -› [-ni'me:tər] *(Flächenmesser)* planimètre *m*; **P~imetrie** *f* ‹-, ø› [-me'tri:] planimétrie *f*; **~imetrisch** [-'me:trɪʃ] *a* planimétrique.

Plan *m* ‹-(e)s, ∵e› [pla:n] **2.** *(Karte)* plan *m*; *(Entwurf)* épure *f*, tracé *m*; *(Projekt)* projet; *(Absicht)* dessein *m*, visée *f*; *(Stunden~, Fahr~)* horaire *m*; *e-n* ~ *entwerfen* dresser *od* établir *od* faire un plan; *große Pläne (im Kopf) haben* voir grand; *Pläne schmieden* faire des projets; **p~en** *tr* projeter; *(ins Auge fassen)* envisager, se proposer; *(organisieren)* planifier; *itr* faire des projets; **~er** *m* ‹-s, -› planificateur, planiste, projeteur; *mil* opérationnel *m*; **p~los** *a u. adv* sans plan *od* méthode *od* système; **~losigkeit** *f* manque *m* de méthode *od* de système; **p~mäßig** *a* méthodique, systématique; *(regelmäßig)* régulier; *(fahr~)* prévu; *adv* méthodiquement, avec méthode, systématiquement; *(wie vorgesehen)* comme prévu; **~e** *Bewegung* *f* *(mil)* manœuvre *f*; ~ *beflogene Strecke* *f* *(aero)* ligne *f* régulière; **~mäßigkeit** *f* *(Regelmäßigkeit)* régularité *f*; **~quadrat** *n* carré *m* du plan directeur; **~quadratzahl** *f* coordonnées *f pl* du plan directeur; **~soll** *n* quota (imposé par le plan); objectif *m* du plan; **~spiel** *n*, **~übung** *f* mil jeu tactique, exercice *m* sur la carte; **~stelle** *f adm* poste *m* prévu dans le tableau des effectifs; **~ung** *f* planification *f*; *im Stadium der* ~ en cours *od* voie d'étude; *industrielle* ~ planning *m*; *staatliche* ~ planification *f* par l'État; **p~voll** *a* méthodique, systématique; **~wirtschaft** *f* économie *f* planifiée *od* dirigée, planisme, dirigisme *m*; **~zeichnen** *n* dessin *m* de plans topographiques; **~ziel** *n* objectif *m* prévu *od* désigné.

Plan|e *f* ‹-, -n› ['pla:nə] bâche, banne *f*; prélart *m*; **~wagen** *m* voiture *f* à bâche; *loc* wagon *m* bâché.

Pläneschmied *m* faiseur *m* de projets.

Planet *m* ‹-en, -en› [pla'ne:t] *astr* planète *f*; **p~arisch** [-ne'ta:rɪʃ] *a* planétaire; **~arium** *n* ‹-s, -rien›

[-'ta:riʊm, -riən] planétarium *m;* **∼enbahn** *f* orbite *f* (d'une planète); **∼enstand** *m astr* aspect *m* des planètes; **∼oid** *m* ⟨-en, -en⟩ [-to'i:t, -dən] *astr* astéroïde *m.*

Planke *f* ⟨-, -n⟩ ['plaŋkə] planche *f,* madrier, ais *m;* **∼ngang** *m* virure *f* de bandages.

Plänk|elei *f* ⟨-, -en⟩ [plɛŋkə'laɪ] *mil* escarmouche *f;* **p∼eln** ['plɛŋkəln] *itr* tirailler, escarmoucher.

Plankton *n* ⟨-s, ø⟩ ['plaŋktɔn] *biol* plancton *m.*

Plansch|becken *n* ['planʃ-] bassin à barboter, pataugeoir *m,* grenouillère *f;* **p∼en** *itr* s'agiter dans l'eau; patauger, barboter.

Plantage *f* ⟨-, -n⟩ [plan'ta:ʒə] plantation *f.*

Plapper|ei *f* ⟨-, (-en)⟩ [plapə'raɪ] babillage, bavardage *m,* jacasserie *f;* **∼maul** *n fam* moulin *m* à paroles, jacasse *f;* **p∼n** ['plapərn] *itr* babiller, bavarder, *fam* jacasser, jaboter.

plärr|en ['plɛrən] *itr* criailler, piailler, piauler; *(Radio)* beugler; **P∼en** *n* criaillerie *f;* **P∼er** *m* ⟨-s, -⟩ criailleur, piaillard, piauleur *m.*

Plasma *n* ⟨-s, -men⟩ ['plasma] plasma *m.*

Plastik 1. *f* ⟨-, -en⟩ ['plastɪk] *(Bildnerei)* sculpture; *med* greffe *f;* **2.** *n* ⟨-, ø⟩ plastique *m;* **∼becher** *m* gobelet *m* en plastique; **∼bombe** *f* bombe *f* au plastic; **∼folie** *f* pellicule *f* plastifiée; **∼sprengstoff** *m* plastic *m; mit ∼ sprengen* plastiquer; **∼tasche** *f,* **∼tüte** *f* sac *m* en plastique; **∼teller** *m* assiette *f* en plastique; **∼zelt** *n med* bulle *f* de plastique.

Plastilin *n* ⟨-s, ø⟩ [plasti'li:n] *(Knetmasse)* plastiline, pâte *f* à modeler.

plast|isch ['plastɪʃ] *a* plastique; *(halberhaben)* anaglyphe; *∼e Wiedergabe f (film)* anaglyphe *m; ∼ darstellen* mettre en relief; *∼ hervortretend* en relief; **∼izität** *f* ⟨-, ø⟩ [-titsi'tɛ:t] plasticité *f.*

Platane *f* ⟨-, -n⟩ [pla'ta:nə] *bot* platane *m.*

Platin *n* ⟨-s, ø⟩ [pla'ti:n, 'pla:ti:n] platine *m;* **p∼blond** *a* blond platine; **∼draht** *m* fil *m* de platine; **p∼ieren** [plati'ni:rən] *tr (mit ∼ überziehen)* platiner.

platonisch [pla'to:nɪʃ] *a (unsinnlich)* platonique.

platsch [platʃ] *interj* flac!

plätschern ['plɛtʃərn] *itr (Mensch)* barboter; *(Wasser)* clapoter, murmurer; **P∼** *n* clapotis; murmure *m.*

platt [plat] *a* plat; *(abgeplattet)* aplati; *(Nase) a.* épaté, camus; *(Reifen)* *(tout)* à plat; *fig (gewöhnlich, gemein)* plat, commun, banal, trivial; *fam (erstaunt)* ébahi, épaté; *ganz ∼ (fig fam)* syncopé; *∼ drücken* aplatir, écraser; *∼ auf die Erde fallen* tomber à plat; *sich ∼ hinwerfen* se mettre à plat ventre; *da war ich ∼!* *(fam)* j'étais renversé *od* baba, cela m'a assis; *da bist du ∼!* *(pop)* tu en restes baba, ça te la coupe; **P∼** *n* ⟨-(s), ø⟩ = *P∼deutsch;* **∼deutsch** *a* bas-allemand; **P∼deutsch** *n* bas-allemand *m;* **P∼erbse** *f* ['plat-] *bot* gesse *f;* **P∼fisch** *m* poisson *m* plat; **P∼form** *f* ⟨-, -en⟩ plate-forme *f;* **P∼fuß** *m* pied plat; *fam (Fahrrad, mot)* pneu *m* à plat; *∼ haben (fam mot)* rouler dégonflé *od* à plat; **P∼fußeinlage** *f* support *m* pour pieds plats; semelle *f* orthopédique *od* de redressement; **∼füßig** *a* à pieds plats; **P∼heit** *f fig* platitude, banalité *f;* **P∼nase** *f* nez *m* plat *od* épaté *od* camus; **∼nasig** *a* camard, camus; **P∼stich** *m* couture *f* plate; **P∼würmer** *m pl* zoo plathelminthes *m pl.*

Plätt|brett *n* ['plɛt-] planche *f* à repasser; **∼chen** *n* plaquette *f; tech* lamette *f;* **∼eisen** *n* fer *m* à repasser; **p∼en** *tr* repasser; **∼erei** *f* [-'raɪ] atelier *m* de repassage; **∼erin** *f* repasseuse *f.*

Platte *f* ⟨-, -n⟩ ['platə] plaque *a. phot;* tablette; *(Fliese)* dalle *f; (Kachel)* carreau *m; tech* planche *f,* plateau *m;* taque; lame *f; (Schallplatte)* disque; *(flache Schüssel)* plat; *fam (Glatze)* crâne *m* dénudé; *e-e andere ∼ auflegen (a. fig)* changer de disque; *kalte ∼ (Küche)* assiette *f* anglaise; **∼nleger** *m* carreleur *m;* **∼nspieler** *m* tourne-disque; pick-up; *(Koffergerät)* électrophone *m;* **∼nteller** *m* platine *f;* **∼nwechsler** *m* changeur *m* de disques.

Plattensee ['platənze:], *der, geog* le lac Balaton.

platterdings *adv fam* tout simplement.

plattier|en [pla'ti:rən] *tr tech* plaquer; **P∼ung** *f* placage; plaqué *m.*

Platz *m* ⟨-es, ∵e⟩ [plats, 'plɛtsə] place *f (a. Sitz∼);* emplacement; *(Stelle)* endroit; *(Ort)* lieu; *(Raum)* espace; *(Sitz∼)* siège *m; vom (Stadt)* place; *mil (Standort)* garnison; *(fester ∼)* place *f* forte; *(Übungs∼, Sport∼, Flug∼)* terrain *m; (∼ in e-r Stadt)* place *f, (runder ∼)* rond-point *m; jdm e-n ∼ anweisen* placer qn; *s-n ∼ ausfüllen (fig)* être à son poste; *∼ behalten* rester assis; *jds ∼ einnehmen* prendre la place de qn; *∼ greifen (fig)* prendre pied, s'implanter; *in e-r S ∼*

haben entrer, tenir dans qc; *e-n fe-sten* ~ *haben* prendre rang (*unter* parmi); *e-n guten, schlechten* ~ *haben* être bien, mal placé; ~ *lassen für* laisser place à; *jdm* ~ *machen* faire place, céder la place à qn; *sich* ~ *machen od verschaffen* se faire (faire) place; *an s-m* ~*e sein* être à sa place; *fehl am* ~*e sein* être inopportun *od* déplacé, n'avoir que faire là; *jdn an s-n* ~ *verweisen (fig)* remettre qn à sa place; *s-n* ~ *wechseln* changer de place; ~ *(da)!* ~ *gemacht!* place! gare! *auf die Plätze! (sport)* à vos marques! en piste! *der* ~ *an der Sonne (fig)* la place au soleil; ~**angst** *f med* agoraphobie *f; fam* claustrophobie *f;* ~**anweiser(in** *f) m* placeur, se; placier, ère *m f;* ~**anweiserin** *f (im Kino)* ouvreuse *f;* ~**karte** *f* ticket de réservation; *loc* ticket *m* de location; ~**konzert** *n* concert *m* public *od* en plein air; ~**mangel** *m* manque *m* de place; *wegen* ~*s* faute de place; **p**~**raubend** *a* encombrant; ~**verteilung** *f* emplacement *m*.

Plätzchen *n* ⟨-s, -⟩ ['plɛtsçən] *(kleiner Platz)* petite place *f; (Gebäck)* petit gâteau *m* sec.

Platz|e *f* ['platsə]: *sich die* ~ *(an den Hals) ärgern, die* ~ *kriegen (pop)* crever de rage, bisquer; **p**~**en** ⟨*aux: sein*⟩ *itr (bersten)* éclater; crever *(a. Reifen); (sich spalten)* se fendre, se fêler; *fam (explodieren)* exploser; *fig fam* échouer, rater; *vor Ärger od Wut* ~ crever *od* étouffer de rage; ~**en** *n* éclatement *m; (Reifen)* crevaison *f; zum* ~ *voll (fig)* plein comme un œuf; ~**patrone** *f* cartouche *f* à blanc; ~**regen** *m* pluie battante, averse, ondée *f;* ~**wunde** *f* plaie, blessure *f.*

Plauder|ei *f* ⟨-, -en⟩ [plauðə'raɪ] causerie *f;* ~**er** *m* ⟨-s, -⟩ ['plauðərər] causeur *m; gewandte(r)* ~ fin diseur *m;* **p**~**n** *itr* causer; deviser; faire la causette; *aus der Schule* ~ *(fig)* être indiscret; ~**stündchen** *n* causette *f;* ~**tasche** *f* bavard, e *m f,* jaseur *m,* jacasse *f;* ~**ton** *m: im* ~ sur le ton de la causerie.

Plausch *m* ⟨-(e)s, -e⟩ [plauʃ] bavardage, papotage *m;* **p**~**en** *itr* bavarder, papoter.

plausib|el [plau'zi:bəl] *a* plausible; *jdm etw* ~ *machen* faire comprendre qc à qn; **P**~**ilität** *f* plausibilité *f;* **P**~**ilitätskontrolle** *f inform* contrôle *m* de vraisemblance.

Play|back *n* ⟨-s, -s⟩ ['pleɪbæk] play-back *m;* ~**boy** *m* ⟨-s, -s⟩ ['pleɪbɔɪ] play-boy *m.*

Plazenta *f* ⟨-, -s/ten⟩ [pla'tsɛnta] *physiol* placenta *m.*

Plazet *n* ⟨-s, -s⟩ ['pla:tsɛt] *(Erlaubnis)* approbation *f.*

plazieren [pla'tsi:rən] *sich (sport)* se placer; *(Tennis)* être tête de série.

Pleb|ejer *m* ⟨-s, -⟩ [ple'be:jər] plébéien *m;* **p**~**ejisch** [-'be:jɪʃ] *a* plébéien; ~**iszit** *n* ⟨-(e)s, -e⟩ [-bis'tsi:t] *(Volksentscheid)* plébis cite *m;* ~**s** *f* ⟨-/-es, ø⟩ [plɛps, ple:ps] plèbe, populace *f.*

Pleistozän *n* ⟨-s, ø⟩ [plaɪsto'tsɛ:n] *geol* pléistocène *m.*

Pleite *f* ⟨-, -n⟩ ['plaɪtə] *fam* faillite, banqueroute; *pop* mistoufle, mouise *f; e-e* ~ *erleben* ramasser une veste; ~ *machen* faire faillite *od* la culbute: **p**~ *a* en faillite; ~ *gehen* faire faillite; ~ *sein* être fauché comme les blés.

plemplem [plɛm'plɛm] *a inv fam (verrückt)* marteau *inv; arg* dingue, louf *inv.*

Plen|arsitzung *f* [ple'na:r-] *parl* séance *f* plénière; ~**um** *n* ⟨-s, ø⟩ ['ple:nʊm] assemblée *f* plénière.

Pleuel|(stange *f) m* ⟨-s, -⟩ ['pɔʏəl] *tech* bielle *f.*

Plexiglas *n* ⟨-es, ø⟩ ['plɛksi-] *(Warenzeichen)* plexiglas *m (Warenzeichen).*

Pliozän *n* ⟨-s, ø⟩ [plio'tsɛ:n] *geol* pliocène *m.*

Pliss|ee *n* ⟨-s, -s⟩ [pli'se:] plissé *m;* **p**~**ieren** [-'si:rən] *tr (in Falten legen)* plisser.

Plomb|e *f* ⟨-, -n⟩ ['plɔmbə] *(Bleisiegel)* (sceau de) plomb; plomb de garantie *od* de sûreté; *(Zahnfüllung)* plombage *m;* **p**~**ieren** [-'bi:rən] *tr* plomber; *(Zahn a.)* obturer; ~**ierung** *f* plombage *m.*

Plötze *f* ⟨-, -n⟩ ['plœtsə] *(Fisch)* gardon *m.*

plötzlich ['plœtslɪç] *a* soudain, subit; brusque; *adv* soudain, soudainement, subitement, brusquement; tout à coup, tout d'un saut, de plein saut; **P**~**keit** *f* ⟨-, ø⟩ soudaineté *f.*

Pluderhose *f* ['plu:dər-] pantalon *m* bouffant.

plump [plʊmp] *a (dick u. unförmig)* épais, lourd, pesant, disgracieux; *(schwerfällig, ungeschickt)* lourdaud, balourd; *(grob)* grossier, rustaud, rustique; ~*e Vertraulichkeit f* privauté *f;* **P**~**heit** *f* lourdeur, balourdise; mauvaise grâce; grossièreté *f;* ~**s** *interj* p(l)ouf! floc! ~**sen** ⟨*aux: sein*⟩ *itr* faire pouf, tomber lourdement.

Plunder *m* ⟨-s, ø⟩ ['plʊndər] *(Lumpen)* guenilles *f pl; (Wust, Trödel)* fatras, bric-à-brac *m; pop* fichaise *f,* frusques *f pl; fig* guenille *f.*

Plünder|ei f ‹-, -en› [plʏndəˈraɪ] pillage, maraudage m; ~**er** m ‹-s, -› [ˈplʏndərər] pilleur, pillard, maraudeur, déprédateur m; **p~n** tr piller; (Ort) saccager, mettre à sac; fig dépouiller; ~**ung** f pillage, maraudage m, déprédation f; sac; fig dépouillement m.

Plural m ‹-s, -e› [ˈpluː-, pluˈraːl] gram pluriel m; ~**endung** f terminaison f du pluriel; **p~istisch** [-ˈlɪstɪʃ] a (Gesellschaft) pluraliste.

plus [plʊs] conj (und) plus; ~ minus 5 à peu près 5; **P~** n ‹-, -› (Überschuß) plus, excédent, surplus m; das ist ein ~ für mich c'est un bon point pour moi; **P~pol** m phys pôle m positif; **P~punkt** m bon point m; **P~quamperfekt** n ‹-s, -e› [ˈ-kvam-] gram plus-que-parfait m; **P~zeichen** n math signe m plus.

Plüsch m ‹-(e)s, -e› [plyːʃ] peluche f.

Plutokrat m ‹-en, -en› [plutoˈkraːt] ploutocrate m; ~**ie** f ‹-, -n› [-kraˈtiː] ploutocratie f; **p~isch** [-ˈkraːtɪʃ] a ploutocratique.

pluton|isch [pluˈtoːnɪʃ] a geol plutonien; **P~ium** n ‹-s, ø› [-ˈtoːniʊm] chem plutonium m.

Pneu m ‹-s, -s› [pnɔy] pneu m; ~**matik** f ‹-, -en› [-ˈmaːtɪk] phys pneumatique f; **p~matisch** [-ˈmaːtɪʃ] a pneumatique; ~**mothorax** m ‹-(es), -e› [-moˈtoːraks] med pneumo(thorax) m.

Po m ‹-s, -s› [poː] fam (Hintern) derrière; postérieur m.

Pöbel m ‹-s, ø› [ˈpøːbəl] populace, plèbe, canaille f; fam populo m; **p~haft** a populacier, vulgaire; poissard, canaille; ~**haftigkeit** f vulgarité, grossièreté f; ~**herrschaft** f ochlocratie f.

pochen [ˈpɔxən] itr frapper, cogner, heurter (an à); (Schläfen, Herz) battre; tr tech bocarder; auf etw ~ (fig) se prévaloir, se targuer de qc; (fordern) réclamer qc.

Pocke f ‹-, -n› [ˈpɔkə] (Impfpustel) pustule f (variolique); pl (Krankheit) variole, petite vérole f; ~**nimpfung** f vaccination f anti-variolique od contre la variole; **p~nnarbig** a variolé, grêlé.

Podest n od m ‹-[e]s, -e› [poˈdɛst] (Treppenabsatz) palier m.

Podex m ‹-(es), -e› [ˈpoːdɛks] hum (Gesäß) derrière, postérieur m.

Podium n ‹-s, -dien› [ˈpoːdiʊm, -diən] estrade, tribune f, podium m; ~**sdiskussion** f débat m public.

Poe|m n ‹-s, -e› [poˈeːm] (Gedicht) poème m; ~**sie** f ‹-, -n› [-eˈziː] poésie f; **p~sielos** a prosaïque; ~**sielosigkeit** f prosaïsme m; ~**t** m ‹-en, -en› [poˈeːt] poète m; ~**taster** m rimailleur m; ~**tik** f ‹-, -en› [-ˈeːtɪk] poétique f; **p~tisch** [-ˈeːtɪʃ] a poétique.

Point|e f ‹-, -n› [poˈɛ̃ːtə] pointe f; mot de la fin, fin mot m; **p~ieren** [-ˈtiːrən] tr (hervorheben) souligner; ~**illismus** m ‹-, ø› [-tiˈlɪs-, -ˈjɪsmʊs] (Kunst) pointillisme m.

Pokal m ‹-s, -e› [poˈkaːl] coupe f; ~**spiel** n sport match m de coupe.

Pökel m ‹-s, -› [ˈpøːkəl] (Salzlake) saumure f; ~**faß** n saloir m; ~**fleisch** n viande f salée, petit-salé m, salaison f; ~**hering** m hareng m saumuré; **p~n** tr saler; saumurer; ~**n** n salaison f.

Pol m ‹-s, -e› [poːl] geog phys pôle m; Flug m über den ~ vol m transpolaire; ruhende(r) ~ (fig) point m fixe; **p~ar** [poˈlaːr] a geog polaire; ~**areis** n glaces f pl polaires; ~**arexpedition** f expédition f polaire; ~**arforscher** m explorateur m des régions polaires; ~**arfront** f mete front m polaire; ~**arfuchs** m renard m blanc; ~**argebiet** n région f polaire; ~**arisation** f ‹-, -en› [-larizatsiˈoːn] polarisation f; **p~arisieren** [-riˈziːrən] tr polariser; ~**arisierung** f polarisation f; ~**arität** f ‹-, -en› [-riˈtɛːt] polarité f; (der Nördliche, Südliche) ~**arkreis** m (le) cercle m polaire (arctique, antarctique); ~**arlicht** n aurore f boréale od (am Südpol) australe; ~**armeer** n océan m Glacial ~**arstern** m Étoile polaire, Polaire f; ~**höhe** f distance f polaire; astr hauteur f polaire od du pôle; ~**kappe** f geog calotte f glaciaire.

Polaroid|kamera f [polaroˈiːt-] (Warenzeichen) polaroïd m; ~**verfahren** n procédé m polaroïd.

Pol|e m ‹-n, -n› [ˈpoːlə], ~**in** f Polonais, e m f; ~**en** n la Pologne; **p~nisch** [ˈpɔlnɪʃ] a polonais; (das) P~(e) n le polonais; ~**onäse** f ‹-, -n› [poloˈnɛːzə] polonaise f.

Polem|ik f ‹-, -en› [poˈleːmɪk] polémique f; ~**iker** m ‹-s, -› [-ˈleːmɪkər] polémiste m; **p~isch** [-ˈleːmɪʃ] a polémique; **p~isieren** [-miˈziːrən] itr polémiquer.

Polente f ‹-, ø› [poˈlɛntə] arg (Polizei) maison Poulaga, renifle, rousse; pop flicaille f, poulets m pl.

Police f ‹-, -n› [poˈliːs(ə)] (Versicherungsschein) police f (d'assurance).

Polier m ‹-s, -e› [poˈliːr] (Vorarbeiter der Bauhandwerker) contremaître m.

Polier|bürste f [poˈliːr-] brosse à polir, polissoir m; **p~en** tr polir, lustrer;

fourbir, brunir; vernir; encaustiquer; **~er** m ⟨-s, -⟩ polisseur, lustreur, brunisseur m; **~maschine** f polisseuse, lustreuse f; **~stahl** m polissoir, brunissoir m; **p~t** a *(Reis)* glacé; **~wachs** n encaustique m; **Politur** f ⟨-, -en⟩ [-li'tu:r] poli; vernis m.

Poliklinik f [poli'-] policlinique f, dispensaire m.

Polit|büro n [po'lit-] Politbureau m; bureau m politique; **~esse** f ⟨-, -n⟩ [-'tɛsə] contractuelle f; **~ik** f ⟨-, (-en)⟩ [-li'ti:k] politique f; *über ~ sprechen* parler od discuter politique; *immer die gleiche ~ verfolgen* ne pas changer de politique, suivre la même politique; *~ der Stärke* politique f des gros bataillons; *~ der offenen Tür* politique f od système m de la porte ouverte; **~iker** m ⟨-s, -⟩ [-'li:tikər] (homme) politique, politicien m; **~ikum** n ⟨-s, -ka⟩ [-'li:tikʊm] sujet m politique; **p~isch** [-'li:tɪʃ] a politique; **p~isieren** [-liti'zi:rən] itr parler politique; *pej* politiquer; tr *(e-n politischen Charakter geben)* politiser *(e-e S qc)*; ~isierung f politisation f; **~ologe** m ⟨-n, -n⟩ [-o'lo:gə] politologue m; **~ologie** f ⟨-, ø⟩ [-olo'gi:] politologie f.

Polizei f ⟨-, (-en)⟩ [poli'tsaɪ] police; *(städtische ~ in Paris)* garde f municipale; **~aktion** f opération f de police; **~aufsicht** f surveillance f policière; *unter ~* sous surveillance; **~beamte(r)** m agent od fonctionnaire de police, policier, officier m de paix; **~behörde** f police f; **~bericht** m rapport m de police; **~büro** n bureau m de police; **~gefängnis** n, **~gewahrsam** m dépôt (de police), *fam* violon m; **~gericht** m tribunal m de police; **~gewalt** f pouvoir m de police; **~griff** m clé f; **~inspektor** m inspecteur m de police; **~kommissar** m commissaire m (de police); **p~lich** a policier, de la police; *adv* par mesure de police; *~en Schutz fordern* requérir la force publique; **~präfekt** m, **~präsident** m préfet m de police; **~präsidium** n préfecture f de police; **~revier** n commissariat od poste m (de police); **~sperre** f barrage m de police; **~spitzel** m indicateur; *arg* indic m; **~staat** m État od régime m policier; **~strafe** f peine f correctionnelle od de simple police; **~streife** f patrouille f de police; **~stunde** f heure f de clôture; **~truppe** f force f de police; **~verordnung** f règlement m de police; **~vorschrift** f prescription f de police; **~wache** f poste m de police;

~**wagen** m fourgon m cellulaire; **p~widrig** a contraire aux règlements de police.

Polizist m ⟨-en, -en⟩ [poli'tsɪst] agent de police, policier, sergent de ville; *(in Paris)* gardien de la paix; *pop* flic, argousin m, vache f; *arg* cogne, poulet m.

Polka f ⟨-, -s⟩ ['pɔlka] *(Tanz)* polka f.

Pollen m ⟨-s, -⟩ ['pɔlən] *bot* pollen m.

Poller m ⟨-s, -⟩ ['pɔlər] mar bitte f (d'amarrage).

Polo|(spiel) n ⟨-s, -s⟩ ['po:lo(-)] polo m; **~hemd** n (chemisette f) polo m.

Polster n ⟨-s, -⟩ ['pɔlstər] *(Kissen)* coussin; *(Wagen~)* matelas m; *fig* réserves f pl; **~material** n matelassure f; **~möbel** n pl meubles m pl rembourrés od capitonnés; **p~n** tr rembourrer; capitonner, matelasser; **~nagel** m clou m de tapisserie; **~sessel** m, **~stuhl** m fauteuil m, chaise f rembourré(e); **~ung** f rembourrage, capitonnage m; *(Material)* matelassure f.

Polter|abend m ['pɔltər-] veille f des noces; **~er** m ⟨-s, -⟩ tapageur, gendarme m; **~geist** m esprit m frappeur; **p~n** itr tapager, faire du tapage.

Poly|äthylen n ⟨-s, -e⟩ [polyɛty'le:n] *chem* polyéthylène m; **~eder** n ⟨-s, -⟩ [poly'e:dər] *math* polyèdre m; **~ester** m ⟨-s, -⟩ [poly'ɛstər] *chem* polyester m; **p~gam** [-'ga:m] a polygame; **~gamie** f ⟨-, ø⟩ [-ga'mi:] polygamie f; **~gamist** m ⟨-en, -en⟩ [-'mɪst] polygame m; **~gon** n ⟨-s, -e⟩ [-'go:n] *math* polygone m; **p~mer** ['me:r] a *chem* polymère; **~merie** f ⟨-, -n⟩ [-me'ri:] *chem biol* polymérie f; **~merisation** f ⟨-, -en⟩ [-rizatsi'o:n] *chem* polymérisation f; **~nesien** n [-'ne:ziən] la Polynésie; **~nesier** m ⟨-s, -⟩ [-'ne:ziər] Polynésien m; **p~nesisch** [-'ne:zɪʃ] a polynésien; **~nom** n ⟨-s, -e⟩ [-'no:m] *math* polynôme m; **p~phon** [-'fo:n] a polyphonique; **~phonie** f ⟨-, ø⟩ [-fo'ni:] polyphonie f; **~technikum** n école f d'enseignement technique général; **p~technisch** a polytechnique; **~theismus** m polythéisme m; **p~theistisch** a polythéiste; **~urethan** n polyuréthane m.

Polyp m ⟨-en, -en⟩ [po'ly:p] *zoo* polype, poulpe m, pieuvre f; *med* polype m; *hum (Polizist)* vache f, argousin m; **p~enartig** a polypeux; *fig* tentaculaire; **~enstock** m polypier m.

Pomad|e f ⟨-, -n⟩ [po'ma:də] pommade f; **p~ig** a *fam (träge)* flemmard, lambin; **p~isieren** tr pommader.

Pomeranze *f* ‹-, -n› [poməˈrantsə] orange amère, bigarade *f.*

Pommer|(in *f)* *m* ‹-n, -n› [ˈpɔmər] Poméranien, ne *m* *f;* **p~(i)sch** *a* poméranien; **~n** *n* la Poméranie.

Pomp *m* ‹-(e)s, ø› [pɔmp] pompe *f,* faste *m;* **p~haft** *a,* **p~ös** *a* pompeux; fastueux.

Pompon *m* ‹-s, -s› [pɔ̃-, pɔmˈpɔ̃:] *(Troddel)* pompon *m.*

pontif|ikal [pɔntifiˈkaːl] *a rel* pontifical; **P~ikalamt** *n* messe *f* pontificale; *ein ~ halten (rel)* officier en pontife, *vx* pontifier; **P~ikat** *n* ‹-(e)s, -e› [-fiˈkaːt] pontificat *m.*

Pontius *m* [ˈpɔntsiʊs]: *~ Pilatus (hist rel)* Ponce Pilate *m; von ~ zu Pilatus laufen (fig fam)* courir les quatre coins de la ville; *von ~ zu Pilatus schicken* renvoyer de Ponce à Pilate.

Ponton *m* ‹-s, -s› [pɔ̃-, pɔnˈtɔ̃:] *(Brückenschiff)* ponton *m;* **~brücke** *f* pont *m* de pontons.

Pony 1. *n* ‹-s, -s› [ˈpɔni] *zoo* poney *m;* **2.** *m* ‹-s, -s› frange *f;* **~frisur** *f* coiffure *f* à la chien *od* à frange.

Pool *m* ‹-s, -s› [puːl] *com* pool, groupement *m.*

Pop *m* ‹-(s), ø› [pɔp] *mus* pop *m;* **~fan** *m* amateur *m* du pop; **~musik** *f* musique *f* pop.

Popanz *m* ‹-es, -e› [ˈpoːpants] *(Schreckgespenst)* croque-mitaine *m.*

Pope *m* ‹-n, -n› [ˈpoːpə] *rel* pope *m.*

Popel *m* ‹-s, -› [ˈpoːpəl] *fam (verhärteter Nasenschleim)* morve *f* endurcie; *(Rotznase, Kind)* morveux *m;* **p~n** *itr fam (in der Nase bohren)* se fourrer le doigt dans le nez.

pop(e)lig [ˈpoːp(ə)lıç] *a fam* misérable, pitoyable; *(geizig)* ladre, pingre.

Popelin *m* ‹-s, -e›, **~e** *f* ‹-e, ø› [pɔpəˈ-liːn(ə)] *(Textil)* popeline *f.*

Popo *m* ‹-s, -s› [poˈpoː] *fam* postérieur, derrière *m.*

popul|är [popuˈlɛːr] *a* populaire; **~arisieren** [-lariˈziːrən] *tr* populariser, vulgariser; **P~arisierung** *f* popularisation *f;* **P~arität** *f* ‹-, ø› [-riˈtɛːt] popularité *f;* **~ärwissenschaftlich** *a: ~e(r) Schriftsteller m* vulgarisateur *m; ~e(s) Werk n* ouvrage *m* de vulgarisation.

Por|e *f* ‹-, -n› [ˈpoːrə] pore *m;* **p~ig** *a,* **p~ös** [poˈrøːs] *a* poreux; **~osität** *f* ‹-, ø› [-roziˈtɛt] porosité *f.*

Porno *m* ‹-s, -s› [ˈpɔrno] *fam* porno *m;* **~film** *m* film *m* porno; **~graphie** *f* ‹-, ø› [-graˈfiː] pornographie *f;* **p~graphisch** *a* [-ˈgraːfıʃ] pornographique.

Porphyr *m* ‹-s, -e› [ˈpɔrfyr, -(ˈ)fyːr] *geol* porphyre *m.*

Porree *m* ‹-s, -s› [ˈpɔre] *bot* poireau *m.*

Portal *n* ‹-s, -e› [pɔrˈtaːl] *arch* portail *m.*

Porte|feuille *n* ‹-s, -s› [pɔrtˈføːj] portefeuille *m; pol (Geschäftsbereich): Minister m ohne ~* ministre *m* sans portefeuille; **~monnaie** *n* ‹-s, -s› [-ˈnɛː/-mɔˈnɛː] bourse *f,* porte-monnaie *m; das reißt ins ~ (fam)* cela fait un trou dans le porte-monnaie.

Portier *m* ‹-s, -s› [pɔrtiˈe:] portier, concierge; *fam* pipelet *m;* **~e** *f* ‹-, -n› [-tiˈɛːrə] portière *f;* **~sfrau** *f* concierge, portière; *fam* pipelette *f;* **~sloge** *f,* **~swohnung** *f* loge de concierge, conciergerie *f.*

Portion *f* ‹-, -en› [pɔrtsiˈoːn] portion *f.*

Porto *n* ‹-s, -s/-ti› [ˈpɔrto, -ti] port *m;* **p~frei** *a* franc *od* exempt de port; *adv* franco de port, port payé; **~kasse** *f* caisse *f* de port; **~kosten** *pl* frais *m pl* de port; **p~pflichtig** *a* soumis à la taxe; *~! port* dû; *~e Dienstsache f* lettre *f* officielle en port dû.

Porträt *n* ‹-(e)s, -s/-e› [pɔrˈtrɛː(t), -ˈtrɛːs] portrait *m;* **p~ieren** [-trɛˈtiːrən] *tr* faire le portrait de, portraiturer; **~ist** *m* ‹-en, -en› [-ˈtɪst], **~maler** *m* portraitiste, peintre *m* de portraits; **~malerei** *f* peinture *f* de portrait.

Portug|al *n* [ˈpɔrtugal] le Portugal; **~iese** *m* ‹-n, -n› [-ˈgiːzə], **~iesin** *f* Portugais, e *m f;* **p~iesisch** [-ˈgiːzıʃ] *a* portugais; *(das) P~(e) n* (le) portugais.

Portwein *m* [ˈpɔrt-] porto *m.*

Porzellan *n* ‹-s, -e› [pɔrtsɛˈlaːn] porcelaine *f;* **~erde** *f* terre *f* à porcelaine, kaolin *m;* **~geschirr** *n* porcelaine *f;* **~industrie** *f* industrie *f* porcelainière; **~kiste** *f* harasse *f;* **~kitt** *m* colle *f* de porcelaine; **~manufaktur** *f* manufacture *f* de porcelaine; **~waren** *f pl* porcelaines *f pl.*

Posaun|e *f* ‹-, -n› [poˈzaʊnə] trombone *m; die ~ des Jüngsten Gerichts* la trompette du jugement dernier; **p~en** *itr ‹er posaunte, hat posaunt›* sonner de la trompette; **~enbläser** *m* trombon(ist)e *m.*

Pos|e *f* ‹-, -n› [ˈpoːzə] *(gesuchte Stellung u. Haltung)* pose *f;* **p~ieren** [poˈziːrən] *itr* poser; **~ition** *f* ‹-, -en› [-zitsiˈoːn] position; *(beim Fechten)* figure *f; (im Staatshaushalt)* chapitre *m; sich e-e ~ schaffen* se faire une position; *in gesicherter, guter ~ sein* avoir une position stable; avoir une jolie situation *od* un joli poste; **~itionslampe** *f,* **~itionslaterne** *f* mar feu *m* de position; **~itionslicht** *n* *aero* feu *m* de position *od* de stationnement; **~itionsmeldung** *f* rapport *m od* signalisation *f* de position; **~itiv** *phot m* ⟨-s, -e⟩ ['po:-, pozi'ti:f], *gram m* ⟨-s, -e⟩ ['po:-] positif *m;* **~itivist** *m* ⟨-en, -en⟩ [-'vist] *a* positiviste; **~itivismus** *m* ⟨-, ø⟩ [-'vismʊs] *philos* positivisme *m;* **~tron** *n* ⟨-s, -en⟩ ['po:zitro:n, -'tro:nən] *phys* positron *m;* **~itur** *f* ⟨-, -en⟩ [-'tu:r] posture *f; sich in ~ setzen* od *werfen* se rengorger, bomber le torse.

Poss|e *f* ⟨-, -n⟩ ['posə] *theat* farce, facétie, pièce *f* burlesque; *pl (Späße)* bouffonneries, balivernes *f pl;* **~en reißen** faire le farceur *od* le bouffon; **~en** *m* ⟨-s, -⟩ *(Streich)* mauvais tour *m; jdm e-n ~* spielen jouer un tour à qn; **p~enhaft** *a* facétieux, burlesque, bouffon, **~enhaftigkeit** *f* bouffonnerie *f;* **~enreißer** *m* farceur, bouffon, pitre, paillasse, baladin, histrion *m;* **~enspiel** *n* farce, bouffonnerie *f;* **p~ierlich** [-'si:r-] *a* drôle, plaisant.

Post *f* ⟨-, -en⟩ [post] *(Einrichtung)* poste *f; (Amt, Gebäude)* (bureau *m* de) poste *f; (Briefe)* courrier *m,* lettres *f pl; durch die* od *mit der ~* par poste; *mit gleicher, mit der nächsten ~* par le même, le prochain courrier; *die ~ abholen* retirer le courrier; *die ~ aufgeben* expédier son courrier; *auf die* od *zur ~ bringen* mettre à la poste; *die ~ durchsehen* dépouiller le courrier; *die ~ erledigen* faire son courrier; *auf die ~ geben* poster; *eingehende, ausgehende ~* courrier *m* à la rentrée, au départ; **p~alisch** [-'ta:lɪʃ] *a* postal; **~amt** *n* bureau *m* de poste; **~anweisung** *f* mandat--poste, mandat *m* postal; *telegraphische ~* mandat-poste télégraphique, télégramme *m* mandat; **~auftrag** *m* mandat *m* de recouvrement postal; **~auto** *n* fourgon *m* od voiture *f* postal(e), *(Omnibus)* car *m* postal; **~beamte(r)** *m,* **~beamtin** *f* employé, e des postes; postier, ère *m f;* **~bezirk** *m* circonscription *f* postale; **~bezug** *m (Zeitung)* abonnement *m* postal; **~bote** *m* facteur *m;* **~dampfer** *m* paquebot-poste *m;* **~direktor** *m* directeur *m* des Postes; **~einlieferungsschein** *m* récépissé *m* postal; **~fach** *n* boîte *f* postale; **~flugzeug** *n* avion *m* postal; **~gebühr(en** *pl)* *f* taxe *f* postale; **~geheimnis** *n* secret *m* postal; **~giroamt** *n* ['-ʒi:ro-] office *od* bureau *od* centre *m* de(s) chèques postaux; **~girokonto** *n* compte *m* (de) chèques postaux; **~giroverkehr** *m* service *m* des chèques postaux; **~halter** *m hist* maître *m* de poste;

~horn *n* cor *m* de postillon; **~karte** *f* carte *f* postale; **~kutsche** *f hist* diligence *f;* **~kutscher** *m hist* postillon *m;* **p~lagernd** *adv* poste restante, en dépôt; **~leitstelle** *f* centre *m* d'acheminement postal; **~leitzahl** *f* (numéro *m* de) code *m* postal; **~meister** *m = ~halter;* **~minister(ium** *n)* *m* minist(è)re *m* des postes; **~paket** *n* colis *m* postal; **~sack** *m* sac *m* postal; **~schalter** *m* guichet *m* (de la poste); **~scheck** *m* chèque *m* postal; **~scheckamt** *n s.* **~giroamt;** **~scheckkonto** *n s.* **~girokonto;** **~scheckverkehr** *m s.* **~giroverkehr;** **~schiff** *n* paquebot-poste, courrier *m;* **~schließfach** *n = ~fach;* **~sparbuch** *n* livret *m* d'épargne postal; **~sparkasse** *f* caisse *f* d'epargne postale; **~stelle** *f* bureau *m* de poste auxiliaire; **~stempel** *m* cachet *m; Datum n des ~s* date *f* de la poste; **~tarif** *m* tarif *m* postal; **~überweisung** *f* virement *m* postal; **~verbindung** *f* liaison *f* postale; **~verkehr** *m* trafic *m* postal; **~versand** *m: für den ~ geeignet* postable; **~wagen** *m* loc wagon--poste *m,* poste *f* ambulante; **p~wendend** *adv* par retour du courrier; **~wertzeichen** *n* timbre--poste *m;* **~wurfsendung** *f* envoi postal collectif, courrier *m* hors sac, correspondance *f* sans adresse; **~zug** *m* train *m* postal.

Postament *n* ⟨-(e)s, -e⟩ [posta'mɛnt] piédestal, socle *m.*

Posten *m* ⟨-s, -⟩ ['postən] *(Ware)* lot; *(Buchungsbetrag)* article, poste *m,* entrée *f; (Stellung, Amt)* emploi *m,* position *f,* poste *m,* place, charge *f; mil (Wach~)* poste *m,* sentinelle *f; (Schrotsorte)* chevrotines *f pl; auf dem ~ (an s-m Platz)* à son poste; *fig fam (wohlauf)* gaillard; *s-n ~ ausfüllen* être solide au poste, avoir *(fig fam)* être solide au poste, avoir bon pied bon œil; *nicht auf dem ~ sein (fig)* ne pas être od ne pas se sentir dans son assiette; *~ stehen* être de od en faction; *auf verlorenem ~ stehen (fig)* défendre une cause perdue, être perdu; *~ vor Gewehr* sentinelle *f* devant les armes; **~ablösung** *f* relève *f* (de la sentinelle); **~jäger** *m* pej arriviste *m;* **~kette** *f,* **~linie** *f mil* ligne *f* de(s avant-)postes; **~kontrolle** *f* visite *f* des gardes.

Poster *n* ⟨-s, -⟩ ['postər] *(dekoratives Plakat)* poster *m.*

postier|en [pos'ti:rən] *tr (aufstellen)* poster, placer; *sich ~* se planter; **P~ung** *f mil* mise *f* en place.

Postille f ⟨-, -n⟩ [pɔs'tɪlə] rel sermonnaire m.

Postillion m ⟨-s, -e⟩ ['pɔs-, pɔstɪl'joːn] postillon m.

postoperativ [pɔst?opera'tiːf] a med postopératoire.

Postskript n ⟨-(e)s, -e⟩ [pɔst'skrɪpt] (Nachschrift) postscriptum m.

Postulat n ⟨-(e)s, -e⟩ [pɔstu'laːt] (Forderung) postulat m.

postum [pɔs'tuːm] a (nachgeboren, -gelassen) posthume; adv à titre posthume.

poten|t [po'tɛnt] a physiol puissant; **P~tat** m ⟨-en, -en⟩ [-'taːt] (Machthaber, regier. Fürst) potentat m; **P~tial** n ⟨-s, -e⟩ [-tsi'aːl] phys allg potentiel m; **~tiell** [-tsi'ɛl] a (möglich) potentiel; **P~z** f ⟨-, -en⟩ [-'tɛnts] math phys physiol puissance f; in der 4. ~ (math) à la 4ᵉ puissance; in e-e ~ erheben, **~zieren** [-'tsiːrən] tr élever à une puissance.

Potpourri n ⟨-s, -s⟩ ['pɔtpuri] mus potpourri m.

potztausend ['pɔts'tauzənt] interj parbleu! morbleu!

poussier|en [pu'siːrən] itr fam flirter; tr fam faire du plat (jdn à qn); **P~stengel** m fam flirteur, conteur m de fleurettes.

Präambel f ⟨-, -n⟩ [prɛ'ambəl] (Einleitung) préambule m.

Präbende f ⟨-, -n⟩ [prɛ'bɛndə] (kirchl. Pfründe) prébende f.

Pracht f ⟨-, ø⟩ [praxt] (Prunk) magnificence, somptuosité f, luxe m; pompe f; faste m; (Glanz) splendeur f; es ist e-e wahre ~! c'est magnifique! **~ausgabe** f (Buch) édition f de luxe; **~bau** m édifice m somptueux; **~einband** m reliure f de luxe; **~exemplar** n exemplaire m de luxe; **~kerl** m, **~mensch** m fam maître homme m, maîtresse femme f, cœur d'or; gaillard m superbe; **~stück** n pièce f magnifique od superbe; **p~voll** a = prächtig; **prächtig** ['prɛçtiç] a somptueux, luxueux, magnifique, superbe; splendide; fam (herrlich) épatant.

Prädikat n ⟨-(e)s, -e⟩ [prɛdi'kaːt] gram verbe; (Rangbezeichnung) titre m; (Schulzensur) note, mention f; **~snomen** n gram attribut m.

Präexistenz [prɛ-] f rel philos préexistence f.

Präfekt m ⟨-en, -en⟩ [prɛ'fɛkt] préfet m; **~ur** f ⟨-, -en⟩ [-'tuːr] préfecture f.

Präferenz f ⟨-, -en⟩ [prɛfe'rɛnts] préférence f; **~grenze** f marge f préférentielle; **~system** n régime m préférentiel.

Präfix n ⟨-es, -e⟩ [prɛ'fɪks] gram préfixe m.

Prag n [praːk] Prague f.

Präg|edruck m ['prɛːgə-] typ gaufrage m; **p~en** tr (Münzen) frapper, battre; (stanzen) étamper, estamper; typ empreindre; (Wort) forger, former; fig (gestalten) former; **~estempel** m estampe, étampe f coin m, matrice f; **~ung** f (von Münzen) frappe f, monnayage m; typ empreinte f; allg estampage m; fig (Gestalt) marque f; caractère m.

pragmat|isch [prag'maːtɪʃ] a (sachlich) pragmatique; **P~ismus** m ⟨-s, ø⟩ [-ma'tɪsmʊs] philos pragmatisme m.

prägnan|t [prɛ'gnant] a (Stil: kurz u. bündig) serré, succinct, concis; dense **P~z** f ⟨-, ø⟩ [-'gnants] concision; densité f.

prähistorisch [prɛ-] a préhistorique.

prahl|en ['praːlən] itr se vanter, hâbler, fanfaronner; fam crâner; faire le fier od le fanfaron; mit etw afficher qc, faire étalage od ostentation, se targuer de qc; **P~er** m ⟨-s, -⟩ vantard, hâbleur, fanfaron, bravache; fam crâneur m; **P~erei** f [-'rai] vantardise, vanterie, hâblerie, fanfaronnade; fam crânerie, jactance, rodomontade f; **~erisch** a vantard, crâne, hâbleur, fanfaron; adv avec jactance od ostentation; **P~hans** m ⟨-es, ⁻e⟩ ['-hans, '-hɛnzə] = **~er; P~sucht** f vantardise f.

Prahm m ⟨-(e)s, -e/⁻e⟩ [praːm] mar prame f.

Prakt|ik f ⟨-, -en⟩ ['praktɪk], meist pl (Kniffe) trucs, artifices; stratagèmes m pl; **p~ikabel** [-ti'kaːbəl] a (benutzbar, gangbar) praticable; **~ikant** m ⟨-en, -en⟩ [-'kant] stagiaire m; **~iker** m ⟨-s, -⟩ ['praktikər] praticien m; **~ikum** n ⟨-s, -ka/-ken⟩ ['praktikum, -ka, -kən] stage m; **~ikus** m ⟨-, -sse⟩ [-tikʊs] hum débrouillard m; **p~isch** ['praktɪʃ] a pratique; adv en fait; en vérité; **~e(r) Arzt** m médecin (de médecine générale), (omni)praticien m; **~e Ausbildung** f stage m; ein ~es Beispiel un exemple réel; **p~izieren** [-ti'tsiːrən] tr (ausüben) pratiquer.

Prälat m ⟨-en, -en⟩ [prɛ'laːt] rel prélat m.

Präliminar|frieden m [prɛlimi'naːr-] paix f préliminaire; **~ien** [-'naːriən] pl (Vorverhandlungen) préliminaires m pl.

Praline f ⟨-, -n⟩ [pra'liːnə] chocolat m, crotte f (de chocolat).

prall [pral] a (voll, stramm) bondé, rebondi; (Reifen) gonflé à bloc; (derb, *kräftig)* dru, ferme; *in der ~en Sonne* en plein soleil; **P~** *m* ‹-(e)s, -e› *(Stoß)* heurt, choc; *(Auf~)* bond *m;* **~en** ‹*aux: sein*› *itr: auf etw* ~ heurter qc; s'emboutir contre *od* sur qc.

prälud|ieren [prɛlu'di:rən] *itr mus* préluder; **P~ium** *n* ‹-s, -dien› [-'lu:diʊm, -djən] prélude *m.*

Prämi|e *f* ‹-, -n› ['prɛ:miə] prime; *(Belohnung)* récompense; *(Zulage)* prime *f* d'encouragement; *erhöhte* ~ surprime *f;* **~engeschäft** *n* marché *m* à prime; **~enschein** *m* quittance *f* de prime; **p~(i)eren** [-'mi:rən] *tr* primer; récompenser; accorder un prix à; **~(i)erung** *f* adjudication *f* d'un *od* du prix *(gen* à).

prangen ['praŋən] *itr* briller, resplendir.

Pranger *m* ‹-s, -› ['praŋər] *hist* pilori *m; an den* ~ *stellen (a. fig)* mettre au pilori.

Pranke *f* ‹-, -n› ['praŋkə] griffe; patte *f; fig pop (kräftige Hand)* battoir *m.*

Präpar|at *n* ‹-(e)s, -e› [prɛpa'ra:t] *chem pharm* préparation *f; anatomische(s)* ~ pièce *f* d'anatomie; *organische(s)* ~ composé *m* organique; **~ator** *m* ‹-s, -en› [-'ra:tɔr, -'to:rən] préparateur; *(von Tieren u. Pflanzen)* naturaliste *m;* **p~ieren** [-'ri:rən] *tr* préparer; *(Tier, Pflanze)* naturaliser; **~ieren** *n* préparation *f.*

Präposition *f* ‹-, -en› [prɛpozitsi'o:n] *gram* préposition *f;* **p~al** [-tsio'na:l] *a* prépositionnel; **~e(s)** *Objekt n* régime *m* indirect.

Prärie [prɛ'ri:], *die, geog* la Prairie.

Präsen|s *f* ‹-, -tia/-zien› ['prɛ:zəns, -'zɛntsia, -tsiən] *gram* présent *m;* **~t** *n* ‹-(e)s, -e› [prɛ'zɛnt] présent, cadeau *m;* **p~tieren** [-'ti:rən] *tr* présenter; *präsentiert das Gewehr!* présentez arme! **~zbibliothek** *f* bibliothèque *f* de consultation sur place; **~zgelder** *n pl parl* vacations *f pl;* **~zstärke** *f mil* effectif *m* présent.

Präservativ *n* ‹-s, -e› [prɛzɛrva'ti:f] *med (Schutzmittel)* préservatif *m.*

Präsid|ent *m* ‹-en, -en› [prɛzi'dɛnt] président *m;* **~entenwahl** *f* élection *f* présidentielle *od* du président; **~entschaft** *f* présidence *f;* **~entschaftskandidat** *m* candidat *m* à la présidence; **~ialsystem** *n* [-di'a:l-] *pol* régime présidentiel, présidentialisme *m;* **p~ieren** [-'di:rən] *itr* présider; **~ium** *n* ‹-s, -dien› [-'zi:diʊm, -diən] présidence *f; (e-r Partei)* comité *m* directeur.

prasseln ['prasəln] *itr* ‹*aux: haben*› *(Feuer)* crépiter; ‹*aux: sein*› *(herunter~)* tomber avec fracas; *(Regen)*

tomber dru; **P~** *n* crépitation *f;* fracas *m.*

prass|en ['prasən] *itr (schlemmen)* faire bombance; *fam* faire la noce *od* la bombe; *pop* ripailler, faire ripaille, se goberger; **P~er** *m* ‹-s, -› *fam:* noceur, bambocheur, ripailleur *m;* **P~erei** *f* [-'raɪ] débauche (de table); *fam* bombance; *pop* ripaille *f.*

präsumtiv [prɛzʊm'ti:f] *a (mutmaßlich)* présomptif; **P~erbe** *m* héritier *m* présomptif.

Präten|dent *m* ‹-en, -en› [prɛtɛn'dɛnt] *(Bewerber)* prétendant *m;* **p~tiös** [-tsi'ø:s] *a (anspruchsvoll)* prétentieux.

Präteritum *n* ‹-s, -ta› [prɛ'te:ritʊm] *gram* prétérit *m.*

Pratze *f* ‹-, -n› ['pratsə] *pej (klobige Hand)* battoir *m.*

Präventivkrieg *m* [prɛvɛn'ti:f-] guerre *f* préventive.

Praxis *f* ‹-, -xen› ['praksɪs] pratique *f; (Arzt~)* cabinet (de consultation); *(Anwalts~)* cabinet *m* (d'affaires), étude; *(Kundschaft)* clientèle *f; in der* ~ dans la pratique, sur le plan pratique; *in die* ~ *umsetzen* mettre en pratique.

Präzedenzfall *m* [prɛtse'dɛnts-] précédent; *jur* préjugé *m; e-n* ~ *schaffen* créer *od* établir un précédent.

präzis|(e) [prɛ'tsi:s, -zə] *a* précis, exact; **~ieren** [-'zi:rən] *tr* préciser; **P~ion** *f* ‹-, ∅› [-zi'o:n] précision *f;* **P~ionsabwurf** *m aero mil* bombardement *m* de précision; **P~ionsarbeit** *f,* **P~ionsinstrument** *n,* **P~ionswaage** *f* travail, instrument *m,* balance *f* de précision.

predig|en ['pre:dɪɡən] *tr u. itr* prêcher; *itr pej* sermonner; *tauben Ohren* ~ prêcher dans le désert; **P~en** *n* prédication *f;* **P~er** *m* ‹-s, -› prédicateur; *(Sitten~)* prêcheur *m;* **P~t** *f* ‹-, -en› [-'dɪçt] *allg* prédication *f; (kath.)* sermon; *(evang.)* prêche *m; e-e* ~ *halten* faire un sermon.

Preis *m* ‹-es, -e› [praɪs, '-zə] prix *m; (Belohnung)* récompense, prime; *(Lob)* louange *f,* éloge *m; um jeden* ~ à tout prix, coûte que coûte; *um keinen* ~ à aucun prix; *um keinen* ~ *der Welt* pour rien au monde, pas pour un empire, pas pour tout l'or du monde; *zum* ~ *von* à raison de, sur le pied de; *zu e-m angemessenen* ~ à juste prix; *zu ermäßigten* ~*en* à tarif réduit; *zum halben* ~ à moitié prix; à demi-tarif; *e-n* ~ *ausmachen od* convenir d'un prix; *e-n* ~ *auf jds Kopf (aus)setzen* mettre la tête de qn à prix; *mit e-m* ~ *auszeichnen* *(a.)* couronner; *sich um e-n* ~ *bewerben* disputer un prix; *die* ~*e drücken* gâter le marché *od* le métier, gâcher le métier; *die* ~*e erhöhen od heraufsetzen, senken od herabsetzen* augmenter, baisser *od* diminuer les prix; *mit dem* ~ *heruntergehen* rabattre du prix; *im* ~*e steigen* augmenter de prix; *äußerste(r)* ~ prix serré à l'extrême, (tout) dernier prix *m; feste(r)* ~ prix *m* fixe; *mäßige(r)* ~ prix *m* modique; *vereinbarte(r)* ~ prix *m* fait *od* convenu; ~**abbau** *m* diminution *od* réduction *od* baisse *f* des prix; ~**abmachungen** *f pl* accords *m pl* sur les prix; ~**abschlag** *m* diminution *od* réduction *f* des prix; ~**absprache** *f* entente *f* sur les prix; ~**angabe** *f* indication *f* de *od* du prix; ~**angebot** *n* offre *f* de prix; ~**angleichung** *f* rajustement *m* des prix; ~**anstieg** *m* hausse *f* des prix; ~**aufschlag** *m* majoration *f* (de prix) ~**ausgleich** *m* péréquation *f* des prix; ~**aushang** *m* prix courant affiché, affichage *m* des prix; ~**ausschreiben** *n* (mise *f* au) concours *m;* ~**auszeichnung** *f* affichage *m* du *od* des prix; ~**bewegung** *f* mouvement *m* des prix; **p**~**bewußt** *a:* ~ *sein* faire attention aux prix; ~**bildung(sstelle)** *f* (office *m* de) formation *f* des prix; ~**bindung** *f* prix *m pl* imposés, accord *m* sur les prix; contrôle *m* od surveillance *f* des prix; ~**drückerei** *f* compression *f* *od* gâchage *m* de(s) prix; ~**einbruch** *m* effondrement *m* des prix, baisse *f* brutale; ~**entwicklung** *f* développement *m od* évolution *f* des prix; ~**erhöhung** *f* hausse, augmentation *od* élévation *od* majoration *f od* relèvement *m* de(s) prix (*um* de); ~**ermäßigung** *f* diminution *od* réduction *f* de(s) prix; ~**frage** *f* question *f* de prix; *(Wettbewerb)* sujet *m* de concours; ~**gefüge** *n* structure *f* des prix; **p**~**gekrönt** *a* primé, couronné; ~**gericht** *n* jury *m;* ~**grenze** *f* limite *f* des prix; **p**~**günstig** *a* (d'un prix) avantageux; ~**index** *m* indice *m* des prix; ~**kontrolle** *f* contrôle *m* des prix; ~**lage** *f: in dieser* ~ dans ces *od* dans cette gamme de prix; *in jeder* ~ à tous les prix; *in welcher* ~? dans quels prix? ~**liste** *f* liste *f* des prix, barème, prix-courant, éventail *m;* ~**nachlaß** *m* = ~*abschlag;* ~**niveau** *n* niveau *m* des prix; ~**notierung** *f* cotation *f;* ~**politik** *f* politique *f* des prix; ~**regelung** *f* réglementation *f* des prix; ~**richter** *m* membre *m* du jury; *die* ~ *pl* le jury;

~**schere** *f* différence *f* des prix; ~**schild** *n* étiquette *f* de prix; ~**schwankungen** *f pl* fluctuations *f pl* des prix; ~**senkung** *f* baisse *f* des prix; ~**skala** *f* gamme *f* de prix; ~**spanne** *f* décalage *m* des prix, marge *f* de prix *od* bénéficiaire; ~**stabilisierung** *f* stabilisation *f* des prix; ~**stabilität** *f* stabilité *f* des prix; ~**staffelung** *f* échelle *f* des prix; ~**stand** *m* niveau *m* des prix; ~**steigerung** *f* renchérissement *m; vgl.* ~*erhöhung;* ~**stopp** *m* blocage *m* des prix; ~**sturz** *m* chute *od* dégringolade des prix; *(Börse)* baisse *f* soudaine; ~**träger(in** *f)* *m* laurétat, e (récipiendaire); *sport a.* champion, ne *m f;* ~**treiber** *m* renchérisseur *m;* ~**treiberei** *f* hausse *f* abusive *od* illicite; ~**überwachung** *f* surveillance *f* *od* contrôle *m* des prix; ~**unterbietung** *f* vente au-dessous des prix, baisse *f* publicitaire; *(beim Export)* dumping *m;* ~**unterschied** *m* différence *f od* écart *m* de prix; ~**verteilung** *f* distribution *f* des prix; ~**verzeichnis** *n* prix-courant *m;* **p**~**wert** *a* bon marché; *adv* à bon marché; ~**zettel** *m* affiche *od* étiquette *f* de prix.

Preiselbeere *f* ['praɪzəl-] airelle *f* rouge.

preisen ⟨*preist, pries, hat gepriesen*⟩ *tr (loben)* louer, vanter, faire l'éloge de, prôner, exalter, magnifier; *sich glücklich* ~ s'estimer heureux.

Preis|gabe *f* ['praɪs-] abandon *m; unter* ~ en abandonnant (*e-r S* qc); **p**~=**geben** *tr* abandonner, livrer (en proie); *(opfern)* sacrifier; *mil (Gelände)* céder (du terrain); **p**~**gegeben** *a dat* de proie à, à la merci de, au gré de.

prekär [pre'kɛːr] *a* précaire.

Prell|bock *m* ['prɛl-] *loc* butoir, heurtoir *m; fig* ~**en** *tr* contusionner; *fig* berner; *fig (betrügen)* frustrer, duper; filouter, escroquer; ~**er** *m* ⟨-s, -⟩ *(Mensch)* filou, berneur *m;* ~**erei** *f* ['raɪ] duperie, filouterie, escroquerie *f;* ~**schuß** *m* ricochet *m;* ~**stein** *m* chasse-roue, bouteroue *f;* ~**ung** *f* *med* contusion *f.*

Premier *m* ⟨-s, -s⟩ [premi'e:], ~**minister** *m* président du conseil; *(d. brit.)* premier ministre(s) *m.*

Premiere *f* ⟨-, -n⟩ [prə'mieːrə, -'miɛːrə] *theat* première *f.*

Presbyteri|aner *m* ⟨-s, -⟩ [prɛsbyteri'aːnər] *rel* presbytérien *m;* **p**~**anisch** [-'riaːnɪʃ] *a* presbytérien; ~**um** *n* ⟨-s, -rien⟩ [-'teːriʊm, -riən] presbytère *m.*

Presse f ‹-, -n› ['prɛsə] *(Gerät, Maschine)* presse; *(d. Zeitungen)* presse f; journaux m pl; fam *(Schule)* boîte f à bachot(age); *unter der ~* sous presse; *e-e gute, schlechte ~ haben* avoir une bonne, mauvaise presse; ~**agentur** f agence f de presse; ~**amt** n, ~**büro** n bureau m de (la) presse; ~**ausweis** m carte f de presse, coupe-file m; ~**chef** m chef m des services de presse; ~**dienst** m service m de presse; ~**erklärung** f communiqué m devant la presse; ~**feldzug** m campagne f de presse; ~**freiheit** f liberté f de la presse; ~**gesetz** n loi f sur la presse; ~**jargon** m jargon m journalistique; ~**konferenz** f conférence f de presse; ~**korrespondent** m correspondant m de presse; ~**meldung** f, ~**notiz** f information f de presse; ~**photograph** m reporter(-) photographe m; ~**referent** m attaché m de presse; ~**rundschau** f, ~**spiegel** m revue f de (la) presse; ~**sprecher** m porte-parole m; ~**stimmen** f pl écho m de la presse; ~**tribüne** f tribune f de la presse; ~**vertreter** m correspondant m.

press|en ['prɛsən] tr presser; *(zs.drükken)* comprimer; *(aus~)* pressurer; *(an sich ~)* serrer; *(Tuch)* catir; **P~en** n pressage m; compression f; pressurage; catissage m; ~**ieren** [-'si:rən] itr fam dial presser, être urgent; *das pressiert nicht* ça ne presse pas, rien ne presse.

Preß|form f ['prɛs-] tech matrice f; ~**kohle** f (charbon m en) briquette(s) f; ~**kopf** m *(Küche)* fromage m de tête; hure f; ~**luft** f air m comprimé; ~**luftbohrer** m perforateur m pneumatique; ~**lufthammer** m marteau m pneumatique od à air comprimé.

Prestige n ‹-s, ø› [prɛs'ti:ʒə] *(Ansehen)* prestige m.

Preuß|e m ‹-n, -n› ['prɔYsə] Prussien m; ~**en** n la Prusse; **p~isch** a prussien; ~**ischblau** n bleu m de Prusse.

prickeln ['prɪkəln] tr picoter; itr titiller; **P~** n picotement m; titillation f; ~**d** a titillant; fig piquant; *das P~e (des Weines)* le pétillant.

Priem m ‹-(e)s, -e› [pri:m] chique f; **p~en** itr chiquer.

Priester m ‹-s, -› ['pri:stər] prêtre m; *~ werden (a.)* prendre la soutane; ~**amt** n sacerdoce; (saint) ministère, ministère m des autels; ~**in** f prêtresse f; ~**könig** m prêtre-roi m; **p~lich** a sacerdotal; presbytéral; ~**schaft** f clergé m; ~**seminar** n séminaire m; ~**stand** m prêtrise; soutane f; ~**tum**

n ‹-s, ø› sacerdoce m; ~**weihe** f ordination f.

prima ['pri:ma] a fam com de première qualité; allg fameux, sensationnel, épatant; pop bath; adv à merveille; *sich ~ machen (fam)* faire merveille; *das geht ~ (fam)* ça va on ne peut mieux; *das ist (ja) ~! (fam)* c'est chouette! pop c'est au poil! **P~ballerina** f theat première danseuse, danseuse f étoile; **P~donna** f ‹-, -donnen› [-'dɔna] theat première cantatrice f; **P~wechsel** m fin première f de change, premier m (de change).

primär [pri'mɛ:r] a primaire; adv en premier lieu; **P~batterie** f el batterie f de pile; **P~energie** f énergie f primaire; **P~stadium** n med état m primitif.

Primas m ‹-, -sse/-maten› ['pri:mas, -'ma:tən] rel primat m.

Primat m od n ‹-(e)s, -e› [pri'ma:t] *(Vorrang)* primauté f; rel primatie f; pl zoo primates m pl.

Prime f ‹-, -n› ['pri:mə] mus prime f.

Primel f ‹-, -n› ['pri:məl] bot primevère f.

primitiv [primi'ti:f] a primitif; **P~ität** f ‹-, ø› [-tivi'tɛ:t] primitivité f.

Primus m ‹-, -mi/-sse› ['pri:mʊs] *(Schule)* premier, major m.

Primzahl f ['pri:m-] nombre m premier.

Printout m ‹-s, -s› ['prɪntaut] inform listage m.

Prinz m ‹-en, -en› [prɪnts] prince m; ~**eßbohnen** f pl [-'tsɛs-] haricots m pl princesse; ~**essin** f ‹-, -nnen› [-'tsɛsɪn] princesse f; ~**eßkleid** n robe f princesse; ~**gemahl** m prince m consort; **p~lich** a princier; ~**regent** m prince-régent m.

Prinzip n ‹-s, -ien/(-e)› [prɪn'tsi:p, -piən] principe m; aus *~* par principe; im *~* en principe; ~**al** m ‹-s, -e› [-tsi'pa:l] *(Geschäftsinhaber)* chef, patron; ~**at** n a. m ‹-(e)s, -e› [-'pa:t] hist principat m; **p~iell** [-'piɛl] a u. adv par principe; ~**ienfrage** f [-piən-] question f de principe; ~**ienreiter** m pej doctrinaire m; *ein ~ sein (a.)* être à cheval sur les principes od sur les règles; ~**ienstreit** m dispute f sur les principes.

Prior|(in f**)** m ‹-s, -en› ['pri:or, -'o:rən] rel prieur, e m f; un prieuré m; ~**ität** f ‹-, -en› [-ri'tɛ:t] *(Vorrang)* priorité, préférence f.

Prise f ‹-, -n› [pri:zə] *(kleine Menge)* pincée, *(Tabak)* prise f; mar prise f, vaisseau m capturé; *gute ~ sein* être de bonne prise; ~**ngericht(shof** m**)**

n cour *f od* tribunal *od* conseil *m* des prises; **~nordnung** *f* règlement *m* des prises; **~nrecht** *n* droit *m* de prise.

Prism|a *n* ⟨-s, -men⟩ ['prɪsma] *math opt* prisme *m;* **p~atisch** *a* prismatique; **~enfeldstecher** *m,* **~englas** *n* jumelle(s *pl*) *f* à prismes.

Pritsche *f* ⟨-, -n⟩ ['prɪtʃə] *(Liege)* couchette; *(Schläger, Narren~)* batte *f.*

privat [pri'va:t] *a* privé, particulier; *adv* en particulier; par voie privée; ~ *wohnen* loger chez des particuliers; **~im** [-'va:tɪm] *adv* à titre privé; = ~ *(adv);* **~isieren** [-vati'zi:rən] *itr* vivre en particulier *od* en rentier; *tr* transférer au secteur privé; **~isierung** *f* dénationalisation, privatisation *f.*

Privat|adresse *f* [pri'va:t-] *od* **~anschrift** *f,* **~angelegenheit** *f,* **~anschluß** *m tele* adresse, affaire, connexion *f* privée; **~audienz** *f* audience *f* particulière; **~besitz** *m* propriété *f* privée; **~detektiv** *m* détective *m;* **~dozent** *m* privat-docent; *(in Frankr.)* maître *m* de conférences; **~eigentum** *n* = *~besitz;* **~einkommen** *n* revenu *m* personnel *od* privé; **~entnahme** *f com* prélèvement *m* privé *od* personnel; **~flugzeug** *n* avion *m* privé; **~geschäfte** *n pl* opérations *f pl* effectuées à titre privé; **~gespräch** *n tele* conversation *f* privée; **~haus** *n* maison *f* particulière; **~initiative** *f* initiative *f* privée; **~interessen** *n pl* intérêts *m pl* privés; **~kapital** *n* capital *m* privé; **~klage** *f jur* action *f* civile; **~kläger** *m* partie *f* civile; **~klinik** *f* clinique privée, maison *f* de santé; **~leben** *n* vie *f* privée, privé *m; in jds* ~ *herumschnüffeln* éplucher la vie de qn; **~lehrer** *m* précepteur *m;* **~mann** *m* ⟨-(e)s, -männer/-leute⟩ homme privé, particulier *m;* **~patient** *m* client *m* privé; **~person** *f* personne *f* privée; **~recht** *n* droit *m* privé; *internationale(s)* ~ droit *m* international privé; **p~rechtlich** *a* de droit privé; **~sache** *f* affaire *f* privée *od* particulière; *das ist* ~ c'est l'affaire de chacun; **~sammlung** *f* collection *f* particulière; **~schule** *f* école *f* privée *od* libre; **~sekretär** *m* secrétaire *m* particulier; **~stunde** *f* leçon *f* particulière; **~n geben** *(a.)* courir le cachet *fam;* **~unternehmen** *n* entreprise *f* privée *od* individuelle; **~unterricht** *m* leçons *f pl* particulières; enseignement *m* libre; **~vermögen** *n* fortune *f* personnelle; **~wagen** *m* voiture *f* personnelle *od*

particulière; **~wirtschaft** *f* économie *od* industrie *f* privée.

Privileg *n* ⟨-(e)s, -gien⟩ [privi'le:k, -gien] privilège *m;* **p~ieren** [-le'gi:rən] *tr* privilégier.

pro [pro:] *prp (je)* par; ~ *Kopf, Mann* par tête, homme; **P~** *n: das* ~ *und Kontra* le pour et le contre.

probat [pro'ba:t] *a* éprouvé; *(Mittel)* souverain.

Probe *f* ⟨-, -n⟩ ['pro:bə] épreuve *f; (Versuch)* essai *m;* expérience *f; (Prüfung)* test; examen *m; theat* répétition *f; (Warenprobe, Muster)* spécimen, échantillon *m; auf od zur* ~ à l'essai; *die* ~ *bestehen* soutenir *od* supporter l'épreuve; *e-e* ~ *entnehmen* prélever un échantillon; *die* ~ *machen* faire la preuve *(auf* de); *e-e* ~ *nehmen* prélever un échantillon; *auf die* ~ *stellen* mettre à l'épreuve *od* à l'essai; *(die Geduld)* exercer; **~abzug** *m* épreuve *f;* **~alarm** *m* exercice *m* d'alerte; **~arbeit** *f* travail *m* d'épreuve; **~aufnahme** *f:* ~*n drehen (film)* réaliser des bouts d'essai; **~band** *m (Buch)* livre *m* modèle; **~druck** *m* ⟨-(e)s, -e⟩ *typ* épreuve; impression *f* d'essai; **~entnahme** *f* prélèvement *m od* prise *f* d'échantillon; **~exemplar** *n* spécimen *m;* **~fahrt** *f allg* course *od* marche *od* sortie *f* d'essai, parcours de garantie; *mot* essai sur route; *mar* essai *m* à la mer; **~flug** *m* vol *m* d'essai; **~heft** *n (Zeitschrift)* spécimen *m;* **~jahr** *n* année *f* probatoire *od* d'épreuve; **~lieferung** *f com* envoi *m* à titre d'essai; **p~n** *tr* u. *itr* essayer, tester; *theat* répéter; **~nummer** *f (Zeitung)* (numéro) spécimen *m;* **~seite** *f* page *f* d'essai *od* spécimen; **~sendung** *f* envoi *m* de spécimens; **~stück** *n (Muster)* échantillon, modèle; *(erster Versuch)* fig coup *m* d'essai; **p~weise** *adv* à titre d'essai; **~zeit** *f* temps *m od* période *f* d'essai *od* d'épreuve; stage *m; rel (Noviziat)* probation *f.*

probier|en [pro'bi:rən] *tr (versuchen)* essayer; *(erproben)* éprouver; *tech* faire l'essai de; *(Speise)* goûter; *(Getränk)* déguster; **P~en** *n (Küche)* dégustation *f;* ~ *geht über Studieren (prov)* expérience passe science; **P~glas** *n* tube *m* à essai, éprouvette *f.*

Problem *n* ⟨-s, -e⟩ [pro'ble:m] problème *m; das ist kein* ~ *(fam)* il n'y a pas de *od* cela ne pose pas de problème, ce n'est pas gênant; **~atik** *f* ⟨-, ø⟩ [-ble'ma:tɪk] caractère problématique, ensemble *m* des problèmes; **p~atisch** [-'ma:tɪʃ] *a*

problématique; ~**stellung** f données
f pl d'un od du problème.
Prodekan m ['pro-] *(Univ.)* vice-
-doyen m.
Produkt n ⟨-(e)s, -e⟩ [pro'dukt] produit m; production f; *(Ergebnis)*
résultat m; ~**enbörse** f bourse f des
produits naturels; ~**enhandel** m
commerce m des produits naturels;
~**enmarkt** m marché m de produits;
p~iv [-'ti:f] a productif; ~**ivität** f ⟨-,
ø⟩ [-tivi'tɛ:t] productivité f.
Produktion f ⟨-, -en⟩ [produktsi'o:n]
production f; ~**saufnahme** f mise f
en fabrication; ~**sausfall** m perte f
de production; ~**sbeschränkung** f,
~**seinschränkung** f restriction f de
(la) production; ~**seinheit** f unité f
de production; ~**serhöhung** f augmentation f de la production; ~**sgenossenschaft** f coopérative f de
production; ~**sgüter** n pl biens m pl
de production; ~**sgüterindustrie** f
industrie f des moyens de production;
~**sindex** m indice m de (la) production; ~**skapazität** f capacité f de
production; ~**skosten** pl coût m od
frais m pl de production; ~**sleistung**
f rendement m de production; ~**sleiter** m chef od *(film)* directeur m de
production; ~**smittel** n pl moyens m
pl de production; ~**srückgang** m
baisse f de (la) production; ~**ssoll** n
production f imposée; ~**sstand** m
niveau m de la production; ~**sstätte**
f lieu de production, centre m producteur; ~**ssteigerung** f augmentation f de la production; ~**süber-
schuß** m excédent m de production,
production f excédentaire; ~**sumfang** m, ~**svolumen** n volume m de
la production; ~**sweise** f méthode f
de production; ~**sziffer** f chiffre m
de production; ~**szunahme** f augmentation f de la production.
Produz|ent m ⟨-en, -en⟩ [produ'tsɛnt],
a. *film* producteur m; **p~ieren**
[-'tsi:rən] tr produire, fabriquer; *sich*
~ *(auftreten)* se produire.

profan [pro'fa:n] a profane; ~**ieren**
[-fa'ni:rən] tr profaner; **P~ierung** f
profanation f.
Profess|ional m ⟨-s, -s⟩ [prə'fɛ∫ənəl]
(Berufssportler) professionnel m;
p~ionell [profsio'nɛl] a professionnel; ~**or** m ⟨-s, -en⟩ [-'fɛsɔr, -'so:rən]
professeur m (d'université); *ordentli-
che(r)* ~ professeur m titulaire (d'une
chaire); *außerordentliche(r)* ~ professeur m chargé de cours; ~**ur** f ⟨-,
-en⟩ [-'su:r] chaire f (de professeur),
professorat m (de l'enseignement

supérieur); **Profi** m ⟨-s, -s⟩ ['pro:fi]
sport = *Professional.*
Profil n ⟨-s, -e⟩ [pro'fi:l] profil m;
coupe f; *(Reifen)* sculpture f; *fig* image m; *im* ~ de profil; *im* ~ *darstellen*
profiler; *sich im* ~ *abheben von* se
profiler sur; **p~ieren** [-fi'li:rən] tr
profiler; *sich* ~ se faire remarquer, se
mettre en valeur, tenir un créneau;
p~iert a *tech* profilé; *fig (Mensch)*
marquant; prononcé; ~**ierung** f pro-
filage m; ~**neurose** f besoin m
constant de se mettre en avant;
~**reifen** m pneu m sculpté; ~**stahl** m
profilés m pl.
Profit m ⟨-(e)s, -e⟩ [pro'fi:t] profit m;
~**chen** n fam gratte f; *sein* ~ *machen* grappiller; ~**gier** f avidité de
âpreté f au gain; **p~gierig** a avide de
profit; ~**e(r)** *Mensch* m profiteur m;
p~ieren [-fi'ti:rən] itr profiter (*von*
de; *an* de, sur); gagner (*an* à); bénéficier (*von* de); ~**jäger** m; ~**macher** m
profiteur, grappilleur m.
pro forma [pro: 'fɔrma] adv pour la
forme; *fig fam* par acquit de conscience.
Pro-forma-Rechnung f [pro:'fɔrma-]
facture f pro forma od fictive od simulée od pour la forme; ~~**Wechsel**
m fin billet m de complaisance.
Prognose f ⟨-, -n⟩ [pro'gno:zə] med
pronostic m; *allg* prévision f.
Programm n ⟨-s, -e⟩ [pro'gram] a. *inform* programme m; *das* ~ *gestalten*
(radio) programmer; *neue(s)* ~
(theat) programme m renouvelé;
Zweite(s) ~ *(radio, TV)* deuxième
chaîne f; ~**änderung** f changement
m de programme; **p~atisch**
[-'ma:tɪ∫] a: ~*e Rede* f discours-programme m; **p~gemäß** a u. adv suivant le programme; ~**gestalter** m
radio programmateur m; ~**gestaltung** f radio programmation f;
p~ieren [-'mi:rən] tr tech programmer; ~**ierer** m ⟨-s, -⟩ *inform* programmateur, programmeur m; ~**ier-
sprache** f langage m formel od de
programmation; **p~iert** a tech pro-
grammé; ~**ierung** f tech programmation f; ~**(m)usik** f musique f descriptive od à programme; ~**steuerung** f programmation f; ~**vorschau** f aperçu m des prochains pro-
grammes; radio TV prochaines émissions f pl; ~**wechsel** m changement
m de programme.
progressiv [progrɛ'si:f] a progressif.
Prohibit|ion f ⟨-, -en⟩ [prohibitsi'o:n]
prohibition f; ~**ionist** m ⟨-en, -en⟩
[-tsio'nɪst] prohibitionniste m; **p~iv**
[-'ti:f] a prohibitif; ~**ivgesetz** n loi f

prohibitive; ~**ivzoll** *m* droit *m* prohibitif.

Projekt *n* ⟨-(e)s, -e⟩ [pro'jɛkt] projet *m;* ~**enmacher** *m fam* homme *m* à projets; **p~ieren** [-'tiːrən] *tr* projeter; ~**il** *n* ⟨-s, -e⟩ [-'tiːl] *(Geschoß)* projectile *m;* ~**ion** *f* ⟨-, -en⟩ [-tsi'oːn] projection *f;* ~**ionsapparat** *m,* ~**ionsgerät** *n* appareil de projection, projecteur *m;* ~**ionslampe** *f* lampe *f* de projection; ~**ionsschirm** *m,* ~**ionswand** *f* écran *m.*

Projektor *m* ⟨-s, en⟩ [pro'jɛktɔr, -'toːrən] *(Bildwerfer)* projecteur *m;* **projizieren** [-ji'tsiːrən] *tr* projeter.

Proklam|ation *f* ⟨-, -en⟩ [proklamatsi'oːn], ~**ierung** *f* proclamation *f;* **p~ieren** [-'miːrən] *tr* proclamer.

prokommunistisch [pro-] *a* communisant, procommuniste.

Prokur|a *f* ⟨-, -ren⟩ [pro'kuːra] *com* procuration *f; jdm* ~ *erteilen* donner procuration à qn, fonder qn de procuration; ~**ist** *m* ⟨-en, -en⟩ [-ku'rɪst] fondé *m* de procuration *od* de pouvoir.

Prolet *m* ⟨-en, -en⟩ [pro'leːt] *pop* prolo *m;* ~**ariat** *n* ⟨-s, ø⟩ [-letari'at] prolétariat *m; akademische(s)* ~ prolétariat *m* intellectuel; ~**arier** *m* ⟨-s, -⟩ [-'taːriər] prolétaire *m;* **p~arisch** [-'taːrɪʃ] *a* prolétaire, prolétarien; **p~arisieren** [-tariʔziːrən] *tr* prolétariser, désembourgeoiser; ~**arisierung** *f* prolétarisation *f.*

Prolog *m* ⟨-(e)s, -e⟩ [pro'loːk, -gə] prologue *m.*

Prolong|ation *f* ⟨-, -en⟩ [proloŋgatsi'oːn] *fin* prolongation *f;* **p~ieren** [-'giːrən] *tr fin* prolonger, renouveler.

Promen|ade *f* ⟨-, -n⟩ [promə'naːdə] *(Spaziergang)* promenade *f; (Weg)* a. cours *m;* ~**adendeck** *n mar* pont supérieur, promenoir *m;* ~**adenmischung** *f hum (Hund)* chien *m* mâtiné; **p~ieren** [-'niːrən] *⟨aux: sein od haben⟩* se promener.

Promille *n* ⟨-(s), -⟩ [pro'mɪlə] pour mille *m;* ~**grenze** *f* limite *f* maximum admissible d'alcool, taux *m* d'alcoolémie (maximum).

prominen|t [promi'nɛnt] *a* éminent, marquant; en vedette; **P~te(r)** *m* personnalité (de premier plan), célébrité; *theat film* vedette, étoile *f; sport* as *m;* **P~z** *f* ⟨-, ø⟩ [-'nɛnts] *(Personen)* personnalités *f pl* (de premier plan).

Promo|tion *f* ⟨-, -en⟩ [promotsi'oːn] promotion *f,* doctorat *m;* **p~vieren**

[-'viːrən] *tr* recevoir docteur; *itr* passer *od* être reçu docteur.

prompt [prɔmpt] *a* prompt; **P~heit** *f* promptitude *f.*

Pronom|en *n* ⟨-s, -n/-mina⟩ [pro'noːmən, -mina] *gram* pronom *m;* **p~inal** [-nomiʔnaːl] *a* pronominal.

Propag|anda *f* ⟨-, ø⟩ [propa'ganda] propagande, publicité *f;* ~ *machen* faire de la propagande; ~**andafeldzug** *m* campagne publicitaire, opération *f* de propagande; ~**andist** *m* ⟨-en, -en⟩ [-'dɪst] propagandiste *m;* **p~andistisch** [-'dɪstɪʃ] *a* propagateur; ~*e Bearbeitung f (von Menschen)* bourrage *m* de crâne; **p~ieren** [-'giːrən] *tr* propager, préconiser; ~**ierung** *f* propagation, préconisation *f.*

Propan(gas) *n* ⟨-s, ø⟩ [pro'paːn] propane, propagaz *m.*

Propeller *m* ⟨-s, -⟩ [pro'pɛlər] propulseur *m,* hélice *f;* ~**blatt** *n* pale *f* d'hélice; ~**rad** *n* brasseur *m;* ~**turbine** *f* turbine *f* à hélice, turbopropulseur *m.*

Prophe|t *m* ⟨-en, -en⟩ [pro'feːt] prophète, vaticinateur *m; der* ~ *gilt nichts in s-m Vaterland (prov)* nul n'est prophète en son pays; ~**tie** *f* ⟨-, -n⟩ [-fe'tiː] prophétie *f;* ~**tin** *f* prophétesse *f;* **p~tisch** [-'feːtɪʃ] *a* prophétique; **p~zeien** [-'tsaiən] *tr* prophétiser, augurer; *(voraussagen)* prédire, pronostiquer; *itr* vaticiner; prédire l'avenir; ~**zeiung** *f* prophétie, vaticination, prédiction *f* (de l'avenir).

prophyla|ktisch [profy'laktɪʃ] *a* prophylactique; **P~xe** *f* ⟨-, -n⟩ [-'laksə] prophylaxie *f.*

Proportion *f* ⟨-, -en⟩ [proportsi'oːn] proportion *f;* **p~al** [-tsio'naːl] *a* proportionnel; *direkt, umgekehrt* ~ directement, inversement proportionnel; en raison directe, inverse; ~**ale** *f* ⟨-, -n⟩ [-'naːlə] *math* proportionnelle *f;* ~**alwahl** *f* *(Proporz(wahl) f) m* ⟨-es, -e⟩ [pro'pɔrts(-)] représentation *f* proportionnelle, élection *f* à la proportionnelle; **p~iert** [-'niːrt] *a: gut* ~ (bien) proportionné; *(Mensch) a. fam* bien bâti.

Propst *m* ⟨-(e)s, ⸚e⟩ [proːpst, 'prøːpstə] *rel (kath.)* prieur; *(evang.)* surintendant *m.*

Prorektor *m* ['pro-] vice-recteur *m.*

Prosa *f* ⟨-, ø⟩ ['proːza] prose *f;* ~**iker** *m* ⟨-s, -⟩ [-'zaːikər] prosateur *m; fig fam* homme prosaïque *od* terre à terre *m;* très pot-au-feu; **p~isch** [-'zaːɪʃ] *a, a. fig* prosaïque; ~**ist** *m* ⟨-en, -en⟩

[proza'ɪst] prosateur *m;* ~**werk** *n* œuvre *f* en prose.

prosit ['pro:zɪt], **prost** [pro:st] *interj* à votre *od* ta santé! ~ *Neujahr!* bonne année!

Prospekt *m* ⟨-(e)s, -e⟩ [pro'spɛkt] *(Werbeschrift)* prospectus *m; (Ansicht)* perspective, vue; *theat* toile *f* de fond.

Prostitu|ierte *f* ⟨-n, -n⟩ [prostitu'iːrtə] prostituée; femme *f* de mauvaise vie; ~**tion** *f* ⟨-, ø⟩ [-tutsi'oːn] prostitution *f.*

Proszeniumsloge *f* [pro'stseːniʊm-] *theat* avant-scène *f.*

prote|gieren [prote'ʒiːrən] *tr* protéger, patronner; *fam* pistonner; **P~ktion** *f* ⟨-, -en⟩ [-tɛktsi'oːn] protection *f; fam* piston *m;* **P~ktionismus** *m* ⟨-, ø⟩ [-tsio'nɪsmʊs] *(Schutzzollpolitik)* protectionnisme *m;* **P~ktorat** *n* ⟨-(e)s, -e⟩ [-to'raːt] *pol* protectorat; *allg* patronage *m.*

Prote|id *n* ⟨-(e)s, -e⟩ [prote'iːt, -də] *chem* protéide *m;* ~**in** *n* ⟨-s, -e⟩ [-te'iːn] *chem* protéine *f.*

Protest *m* ⟨-(e)s, -e⟩ [pro'tɛst] protestation *f; (Wechsel)* protêt *m;* ~ *erheben* od *einlegen* élever *od* formuler une protestation, protester; *zu* ~ *gehen lassen (Wechsel)* protester; ~**ant(in** *f)* *m* ⟨-en, -en⟩ [-'tant(-)] *rel* protestant, e *m f;* **p~antisch** [-'tantɪʃ] *a* protestant; ~**antismus** *m* ⟨-, ø⟩ [-'tɪsmʊs] protestantisme *m;* **p~ieren** [-'tiːrən] *itr u. tr (Wechsel)* protester; ~**kundgebung** *f* manifestation *f* d'opposition, meeting *m* de protestation; ~**marsch** *m* marche *f* de protestation; ~**note** *f pol* note *f* de protestation; ~**rufe** *m pl* clameurs de protestation, protestations *f pl.*

Prothe|se *f* ⟨-, -n⟩ [pro'teːzə] prothèse *f;* membre artificiel; *(Zahn~)* appareil *m;* ~**senträger** *m* porteur *m* de prothèse; **p~tisch** [-'teːtɪʃ] *a* prothétique.

Protokoll *n* ⟨-s, -e⟩ [proto'kɔl] *(Niederschrift)* procès-verbal *m; pol* protocole *m; ein* ~ *aufnehmen* dresser *od* établir un procès-verbal; *das* ~ *führen* rédiger *od* tenir le procès--verbal; *zu* ~ *geben* consigner *od* faire inscrire au procès-verbal; *zu* ~ *nehmen* inscrire *od* insérer au procès-verbal; prendre acte de; **p~arisch** [-'laːrɪʃ] *a* protocolaire; ~**aufnahme** *f* verbalisation *f;* ~**führer** *m* rédacteur *m* du procès-verbal; **p~ieren** [-'liːrən] *tr* prendre en procès--verbal; ~**ierung** *f* prise *f* en procès--verbal.

Proto|n *n* ⟨-s, -en⟩ ['pro:tɔn, -'to:nən]

phys proton *m;* ~**plasma** *n biol* protoplasma, protoplasme *m;* ~**typ** *m* ⟨-s, -en⟩ [proto'tyːp] prototype *m;* ~**zoen** *n pl* [-'tso:ən] *(Urtierchen)* protozoaires *m pl.*

Protuberanz *f* ⟨-, -en⟩ [protube'rants] *astr* protubérance *f.*

Protz *m* ⟨-en/-es, -e/-en⟩ [prɔts] nouveau riche, richard *m;* **p~en** *itr* se donner des airs, faire le fanfaron *od* le flambard *od* flambart; *mit etw* faire étalage *od* parade de qc; **p~ig** *a* plein d'ostentation, ostentatoire; bouffi d'orgueil.

Protz|e *f* ⟨-, -n⟩ ['prɔtsə], ~**wagen** *m* *mil* avant-train *m.*

Provenienz *f* ⟨-, -en⟩ [proveni'ɛnts] provenance *f.*

Provenzal|e *m* ⟨-n, -n⟩ [provɛn'tsa:lə], ~**in** *f* Provençal, e *m f;* **p~isch** [-'tsa:lɪʃ] *a* provençal.

Proviant *m* ⟨-s, -e⟩ [provi'ant] approvisionnement *m,* vivres *m pl,* subsistances; *(Mundvorrat)* provisions *f pl* (de bouche); *mit* ~ *versehen* approvisionner.

Provinz *f* ⟨-, -en⟩ [pro'vɪnts] province *f;* ~**bewohner(in** *f)* *m,* ~**ler(in** *f)* *m* ⟨-s, -⟩ provincial, e *m f;* ~**bühne** *f* théâtre *m* de province; ~**ialismus** *m* ⟨-, -men⟩ [-tsia'lɪsmʊs, -mən] , ~**lertum** *n* ⟨-s, ø⟩ provincialisme *m;* **p~iell** [-tsi'ɛl] *a* provincial; ~**stadt** *f* ville *f* de province; ~**zeitung** *f* journal *m* régional.

Provis|ion *f* ⟨-, -en⟩ [provizi'o:n] *com* provision, commission; *(Verkaufs~)* guelte *f; auf* ~ *reisen* voyager à la provision; **p~orisch** [-'zo:rɪʃ] *a* provisoire, intérimaire, par intérim; *adv a.* à titre provisoire; ~**orium** *n* ⟨-s, -rien⟩ [-'zo:rɪʊm, -riən] (solution *f)* provisoire *m.*

Provo|kateur *m* ⟨-s, -e⟩ [provoka'tø:r] provocateur *m;* ~**kation** *f* ⟨-, -en⟩ [-tsi'o:n], ~**zierung** *f* provocation *f;* **p~katorisch** [-'to:rɪʃ] *a,* **p~zierend** [-'tsi:rənt] *a* provocateur; **p~zieren** *tr* provoquer (zu à).

Prozedur *f* ⟨-, -en⟩ [protse'du:r] procédure *f; fig pej* corvée *f.*

Prozent *n* ⟨-(e)s, -e⟩ [pro'tsɛnt] pour cent *m; in* ~*en* en pour cent; *zu wieviel* ~? à quel pour cent? ~**rechnung** *f* calcul *m* des pourcentages; ~**satz** *m* pourcentage, taux *m;* **p~ual** [-tu'a:l] *a* pour cent; ~*e(r) Anteil m* pourcentage *m.*

Prozeß *m* ⟨-sses, -sse⟩ [pro'tsɛs] *jur* procès *m;* cause *f; (Rechtsstreit)* litige; *tech (Verfahren)* procédé *m,* opération *f; chem* processus *m,* réaction *f; e-n* ~ *anstrengen* intenter un procès; *e-n* ~ *einleiten* instruire une cause; *e-n* ~ *führen* conduire *od* poursuivre un procès, plaider une cause; *in e-n* ~ *hineinziehen* od *einbeziehen* mettre en cause; *jdm den* ~ *machen (fig)* faire le procès à qn; *kurzen* ~ *machen* trancher court *od* net, ne pas y aller par quatre chemins; *mit jdm* expédier *od* exécuter qn sans autre forme de procès; ~**akten** *f pl* (pièces *f pl,* dossier du) procès *m;* **p~fähig** *a* capable d'ester en justice; habile à procéder; ~**fähigkeit** *f* capacité *f* d'ester en justice; ~**führer** *m* plaideur *m;* ~**führung** *f* procédure *f;* ~**gegenstand** *m* objet *m* du procès *od* du litige; ~**gegner** *m* partie *f* adverse; ~**hansel** *m* ‹-s, -› plaideur, procédurier *m;* ~**kosten** *pl* frais *m pl* de (la) procédure; ~**ordnung** *f* (code *m* de) procédure *f;* ~**recht** *n* droit *m* judiciaire; **p~süchtig** *a* processif, procédurier; **p~unfähig** *a* incapable d'ester en justice; ~**vollmacht** *f* pouvoir *m* d'ester en justice, autorisation de *od* procuration *f* pour plaider; ~**weg** *m: auf dem* ~ contentieusement.

prozess|ieren [protsɛ'si:rən] *itr* plaider; *mit jdm* faire un procès à qn; **P~ion** *f* ‹-, -en› [-si'o:n] procession *f.*

prüde ['pry:də] *a* prude; *fam* bégueule; **P~rie** *f* ‹-, ø› [-'ri:] pruderie; bégueulerie *f.*

Prüf|gerät *n* ['pry:f-] appareil *m* de contrôle; ~**gestell** *n* table *f* d'essai; ~**instrument** *n* instrument *m* de vérification; ~**ling** *m* ‹-s, -e› candidat *m;* ~**stand** *m* banc *od* poste *m od* plate-forme *f* d'essai(s); ~**standerprobung** *f* essai *m* au banc; ~**stein** *m* tech u. *fig* pierre *f* de touche; ~**stelle** *f* office *m* de contrôle; ~**taste** *f* touche *od* clé *f* d'essai; ~**tisch** *m* table *f* d'essai; ~**zeichen** *n* marque *f* de contrôle; ~**zeit** *f* temps *m* d'épreuve.

prüfen ['pry:fən] *tr* examiner *(a. Menschen);* faire l'examen de; *(genau* ~) scruter, passer en revue *od* par l'étamine; *fam* éplucher; *(untersuchen)* étudier, mettre à l'étude, sonder; *(versuchen)* essayer; *(besichtigen)* inspecter, contrôler; *(nach~)* vérifier; *(erproben, (fig; heimsuchen)* éprouver; mettre à l'épreuve; *(testen)* tester; *(als Sachverständiger)* expertiser; *(bei der Abnahme)* réceptionner; *com* apurer; *typ* reviser, réviser; *typ mot* homologuer; *tech* étalonner; *(probieren)* goûter; *(Getränk)* déguster; *jdn auf Herz und Nieren* ~ *(fig)*

sonder les reins et le cœur de qn, examiner qn sur toutes les coutures; ~**d** *a* examinateur; *(forschend)* scrutateur, investigateur; *(fragend)* interrogateur; *jdn von oben bis unten* ~ *betrachten* examiner qn de la tête aux pieds.

Prüfer *m* ‹-s, -› ['pry:fər] examinateur; *(Schule)* a. correcteur, examinateur *m; (Kontrolleur)* contrôleur, vérificateur; *(Buch~)* réviseur; *tech* essayeur; *(Wein~)* dégustateur *m.*

Prüfung *f* ‹-, -en› ['pry:fuŋ] examen *m (a. von Menschen); (Untersuchung)* étude *f,* sondage *m,* investigation *f; (Besichtigung)* inspection *f,* contrôle; *(Versuch, Probe)* essai *m; (Nach~)* vérification; *(Erprobung, Heimsuchung)* épreuve *f; (Test)* test; *com* apurement *m; (Weinprobe)* dégustation *f; bei od nach näherer od genauer* ~ après examen approfondi, après plus ample examen; *nach der* ~ *der Unterlage* sur le vu des pièces; *e-e* ~ *abhalten* faire un examen; *e-e* ~ *ablegen* od *machen* subir *od* passer un examen; *e-e* ~ *bestehen* être reçu à un examen; *in e-r* ~ *durchfallen* échouer à un examen; *schwere* ~*en durchmachen* passer par *od* essuyer *od* subir de dures épreuves; *sich zu e-r* ~ *melden* se présenter à un examen; *etw e-r* ~ *unterziehen* soumettre qc à l'examen; *sich e-r* ~ *unterziehen* subir un examen; *sich auf e-e* ~ *vorbereiten* préparer un examen; *schriftliche, mündliche* ~ examen *m* écrit, oral; épreuves *f pl* écrites, orales; ~**sangst** *f* peur *f* des examens; ~**sarbeit** *f (Schule)* épreuve *f* (d'examen); *schriftliche* ~ épreuve *f* écrite; ~**sausschuß** *m (Schule)* commission d'examen *od* scolaire; *com tech* commission *f* de vérification; *theat* comité de lecture; *allg* comité *od* jury *m* d'examen; ~**sbericht** *m tech* rapport *m* d'épreuve *od* d'essayage; ~**sergebnis** *n* résultat *m* de l'examen; ~**sfrage** *f* question *f* d'examen; ~**sgebühren** *f pl* frais *m pl* d'examen; ~**sgegenstand** *m* sujet *m* d'examen; ~**skommission** *f* = ~*sausschuß.*

Prügel *m* ‹-s, -› ['pry:gəl] *(Stock)* bâton, gourdin *m; pl* coups *m pl* de bâton; *Tracht f* ~ volée, *fam* rossée, raclée *f;* ~**ei** *f* [-'laɪ] rixe, bagarre *f;* ~**knabe** *m* souffre-douleur *m; fam* tête *f* de Turc; **p~n** *tr* donner des coups de bâton à, battre, corriger, taper sur, rosser, rouer (de coups); *sich mit jdm* ~ se battre avec qn; ~**strafe** *f* peine *od* punition *f* corporelle.

Prunk *m* ⟨-(e)s, ø⟩ [prʊŋk] faste *m*, pompe *f*, luxe, apparat *m*, parade, somptuosité *f*; ~**bett** *n* lit *m* de parade; **p~en** *itr* étaler un grand faste; *mit etw* faire parade *od* étalage *od* ostentation de qc; *fig a.* briller; ~**gemach** *n* chambre *f* d'apparat; ~**saal** *m* salle *f* d'apparat; ~**sucht** *f* amour *m* du faste; **p~süchtig** *a* qui aime le faste *od* la pompe; **p~voll** *a* fastueux, pompeux, somptueux.

prusten ['pruːstən] *itr* s'ébrouer; *(heftig niesen)* éternuer très fort; **P~** *n* ébrouement *m*.

Psalm *m* ⟨-s, -en⟩ [psalm] psaume *m*; ~**en** *singen* psalmodier; ~**endichter** *m*, ~**ist** *m* ⟨-en, -en⟩ ['mɪst] psalmiste *m*; **Psalter** *m* ⟨-s, -⟩ ['psaltər] psautier *m*.

pseudonym [psɔydo'nyːm] *a* pseudonyme; **P~** *n* ⟨-s, -e⟩ pseudonyme; nom *m* de guerre *od* de plume.

pst [pst] *interj* pst! psitt! chut!

Psych|e *f* ⟨-, n⟩ ['psyːçə] *scient* âme *f*; psychisme *m*; ~**iater** *m* ⟨-s, -⟩ [-çi'aːtər] psychiatre *m*; ~**iatrie** *f* ⟨-, ø⟩ [-'triː] psychiatrie *f*; **p~iatrisch** [-'aːtrɪʃ] *a* psychiatrique; **p~isch** ['psyːçɪʃ] *a* psychique; ~**oanalyse** *f* [-ço-] psychanalyse *f*, freudisme *m*; ~**oanalytiker** *m* [-ço-] psychanalyste *m*; **p~oanalytisch** [-ço-] *a* psychanalitique; **p~ogen** [-ço'geːn] *a med* psychogène; ~**ologe** *m* ⟨-n, -n⟩ [-ço'loːgə] psychologue *m*; ~**ologie** *f* ⟨-, ø⟩ [-lo'giː] psychologie *f*; *angewandte, vergleichende* ~ psychologie *f* appliquée, comparée; **p~ologisch** [-'loːgɪʃ] *a* psychologique; ~*e Kriegführung f (mil)* guerre *f* psychologique; ~**oneurose** *f* psychonévrose *f*; ~**opath(in** *f)* *m* ⟨-en, -en⟩ [-'paːt] psychopathe *m* *f*; **p~opathisch** [-'paːtɪʃ] *a* psychopathique; ~**opharmaka** *n pl* drogues *f pl* psychiatriques; ~**ose** *f* ⟨-, -n⟩ [-'çoːzə] psychose *f*; ~**osomatik** *f* ⟨-, ø⟩ [-zo'maːtɪk] psychosomatique *f*; **p~osomatisch** [-'maːtɪʃ] *a* psychosomatique-, ~**otherapeut** *m* ⟨-en, -en⟩ psychothérapeute *m*; **p~otherapeutisch** *a* psychothérapeutique; ~**otherapie** *f* ⟨-, ø⟩ [-tera'piː] psychothérapie *f*.

Pubertät *f* ⟨-, ø⟩ [pubɛr'tɛːt] puberté, maturité *f* sexuelle; *(Alter) n* âge *m* de puberté; ~**szeit** *f* période *f* pubertaire.

publ|ik [pu'bliːk] *a* public; ~ *machen* rendre public, livrer à la publicité; ~ *werden (a.)* s'ébruiter; **P~ikation** *f* ⟨-, -en⟩ [-blikatsi'oːn] publication *f*; **P~ikum** *n* ⟨-s, ø⟩ ['puːblikʊm] public

m, assistance *f*; *(Zuhörerschaft)* auditoire *m*; *vor das* ~ *treten* se montrer au public; **P~ikumsgeschmack** *m* goût *m* du public; **P~ikumsliebling** *m* enfant *m* chéri du public; ~**izieren** [-li'tsiːrən] *tr* publier; **P~izist** *m* ⟨-en, -en⟩ [-'tsɪst] publiciste *m*; **P~izistik** *f* ⟨-, ø⟩ [-'tsɪstɪk] journalisme *m*; **P~izität** *f* ⟨-, ø⟩ [-tsi'tɛːt] publicité *f*.

Puck *m* ⟨-s, -s⟩ [pʊk] *(Kobold)* lutin; *sport* palet *m*.

Pudding *m* ⟨-s, -e/-s⟩ ['pʊdɪŋ] crème *f*, entremets; *(Plum~)* pouding *m*; ~**form** *f* moule *m* (à crème).

Pudel *m* ⟨-s, -⟩ ['puːdəl] caniche, barbet *m*; *des* ~*s Kern (fig)* le fin mot (de l'histoire); *wie ein begossener* ~ *dastehen, abziehen* avoir l'air d'un chien battu, s'en aller tout penaud *od* la queue basse; ~**mütze** *f* bonnet *m* fourré; **p~naß** *a* mouillé jusqu'aux os, trempé comme une soupe.

Puder *m* ⟨-s, -⟩ ['puːdər] poudre *f*; ~ *auflegen* mettre de la poudre; ~**dose** *f* poudrier *m*, boîte *f* à poudre; **p~n** *tr* poudrer; ~**quaste** *f* houppe à poudre, houpette *f*; ~**zucker** *m* sucre *m* en poudre.

puff [pʊf] *interj* pouf! pof! pan!

Puff *m* ⟨-(e)s, -e⟩ [pʊf] **1.** *dial (Bausch)* bouffant; *(Sitz)* pouf *m*; ~**ärmel** *m* manche *f* bouffante *od* à ballon; ~**bohne** *f* fève *f* des marais; **p~en** *tr* **1.** *(bauschen)* bouffer.

Puff 2. *m* ⟨-(e)s, ∵e/-e⟩ *(Stoß)* coup, choc *m*, bourrade *f*; *fam* ramponneau *m*; **p~en** *tr* **2.** *(stoßen)* donner des bourrades à, pousser; ~**er** *m* ⟨-s, -⟩ *loc* tampon, amortisseur *m*; *(Küche)* omelette *f* de pommes de terre; ~**erstaat** *m*, ~**erzone** *f* État *m*, zone *f* tampon.

Puff 3. *m* ⟨-s, -s⟩ *fam (Bordell)* claque, bordel *m*.

Puff 4. *n* ⟨-(e)s, ø⟩, ~**spiel** *n* trictrac, jacquet *m*; ~**brett** *n* jan *m*.

puh [puː] *interj* pouah! peuh!

Pulk *m* ⟨-s, -s/-e⟩ [pʊlk] *mil u. aero* petite formation *f* serrée; attroupement *m*.

Pulle *f* ⟨-, -n⟩ ['pʊlə] *fam (Flasche)* bouteille *f*.

Pull|i *m* ⟨-s, -s⟩ ['puli] *(Kurzform von: Pullover)* pull *m*; ~**over** *m* ⟨-s, -⟩ [pu'loːvər, pul'?o-] pull-over, chandail *m*; ~**under** *m* ⟨-s, -⟩ [pu'lʊndər] débardeur *m*.

Puls *m* ⟨-es, -e⟩ [pʊls, -zə] pouls *m*; *(~schlag)* pulsation *f*; *jdm den* ~ *fühlen* tâter *od* prendre le pouls à qn; ~**ader** *f* artère *f*; **p~en** [-'zən] *itr*, **p~ieren** [-'ziːrən] *itr* battre; avoir des pulsations; *pulsierende(s) Leben n* *(fig)* vie intense; vive animation *f;* ~**schlag** *m* battement *m* du pouls, pulsation *f,* rythme *m* cardiaque; ~**wärmer** *m* mitaine *f.*

Pult *n* ⟨-(e)s, -e⟩ [pʊlt] *a. inform* pupitre *m;* ~**dach** *n* (toit en) appentis *m.*

Pulver *n* ⟨-s, -⟩ ['pʊlfər, -vər] poudre; *fam (Geld)* galette *f, pop* pognon *m; das* ~ *nicht erfunden haben (fig)* n'avoir pas inventé la poudre (à canon) *od* le fil à couper le beurre, n'être pas un aigle; *sein* ~ *verschossen haben (fig)* être au bout de son rouleau; *er ist keinen Schuß* ~ *wert* il ne vaut pas la corde pour le pendre; ~**faß** *n* baril *m* à *od* de poudre; *fig* poudrière *f;* **p**~**ig** [-fərɪç] *a* pulvérulent; **p**~**isieren** [-veri'ziːrən] *tr* pulvériser; réduire en poudre; *fig* réduire à rien *od* en poussière; ~**isierung** *f* pulvérisation *f;* ~**kaffee** *m* café *m* soluble; ~**magazin** *n* magasin *m* à poudre, poudrière *f;* ~**schnee** *m* (neige) poudreuse *f.*

Puma *m* ⟨-s, -s⟩ ['puːma] *zoo* puma *m.*

pumm(e)lig ['pʊm(ə)lɪç] *a fam* rondelet, boulot, potelé.

Pump *m* ⟨-(e)s, ø⟩ [pʊmp] *fam (Borg)* tapage; crédit *m; auf* ~ à crédit, *fam* à l'œil; *auf* ~ *leben* vivre d'emprunt; **p**~**en** *tr* 1. *fam: etw von jdm* ~ taper qn de qc; *jdm etw* ~ prêter qc à qn.

Pump|anlage *f* ['pʊmp-] installation *f* de pompage; ~**e** *f* ⟨-, -n⟩ pompe *f;* **p**~**en** *tr* 2. pomper; ~**enschwengel** *m* bras *m* de pompe; ~**station** *f,* ~**werk** *n* station de pompage, usine *f* hydraulique.

Pumpernickel *m* ⟨-s, -⟩ ['pʊmpərnɪkəl] pain *m* noir de Westphalie.

Pumphose *f* ['pʊmp-] pantalon *m* de golf *od* bouffant.

Pumps *m pl* [pœmps] *(Damenschuhe)* escarpins *m pl.*

punisch ['puːnɪʃ] *a hist* punique; *die P*~*en Kriege m pl* les guerres *f pl* puniques.

Punk *m* ⟨-s, ø⟩ [paŋk] *mus* punk *m;* ~**er(in** *f)* ⟨-s, -⟩ punk *m f;* ~**mode** *f* mode *f* punk; ~**rock** *m mus* musique *f* punk.

Punkt *m* ⟨-(e)s, -e⟩ [pʊŋkt] *math gram typ allg* point; *(Ort)* endroit; *(Paragraph, Artikel)* article *m; (Gesprächsgegenstand)* matière *f; tele* spot *m;* ~ *für* ~ point par point, de point en point; ~ *acht Uhr* à huit heures sonnantes; ~ *12 Uhr* à midi précis, (à) midi juste; *in diesem* ~ à cet égard; *in vielen* ~*en* à beaucoup d'égards; *den wunden* ~ *berühren (fig)* mettre le doigt sur la plaie, toucher la corde sensible; *nach* ~*en schlagen, siegen* battre, vaincre aux points; *nun mach aber 'n* ~*! (fam)* en voilà assez! as-tu fini? *dunkle(r)* ~ *(fig)* ombre *f; der springende* ~ le point délicat, décisif, le plus important; *strittige(r)* ~ point d'accrochage *od* litigieux; *tote(r)* ~ *(phys tech fig)* point *m* mort; *wunde(r)* ~ point faible, défaut *m* de la cuirasse; ~**gleichheit** *f sport* égalité *f* de points; **p**~**ieren** [-'tiːrən] *tr* pointiller, ponctuer, marquer de points; *med* ponctionner; *(Kunst)* grener; ~**iernadel** *f med* aiguille pour ponction; *(Kunst)* échoppe *f;* **p**~**iert** *a (Linie)* pointillé; *(Kunst)* grené; ~**ierung** *f (Linie)* pointillage *m; (Kunst)* grenure *f;* ~**ion** *f* ⟨-, -en⟩ [-tsi'oːn] *med* ponction, paracentèse *f;* ~**koralle** *f zoo* millépore *m;* ~**richter** *m sport* pointeur *m;* ~**sieg** *m* victoire *f* aux points; ~**sieger** *m sport* vainqueur *m* aux points; ~**um** ['pʊŋktʊm] *n: und damit* ~*!* un point, c'est tout; ~**ur** *f* ⟨-, -en⟩ [-'tuːr] = ~*ion;* ~**wertung** *f sport* pointage, classement *m* par points; ~**zahl** *f sport* nombre de points, score *m.*

Pünkt|chen *n* ['pʏŋkt-] petit point *m;* **p**~**lich** *a* ponctuel; *(Mensch)* régulier; *adv* à l'heure (exacte); *fam* recta; ~ *sein od kommen* être à l'heure; ~**lichkeit** *f* ⟨-, ø⟩ ponctualité, exactitude; régularité *f; mit militärischer* ~ à l'heure militaire, militairement.

Punsch *m* ⟨-(e)s, -e⟩ [pʊnʃ] punch *m.*

Punz|e *f* ⟨-, -n⟩ ['pʊntsə] *(Grabstichel)* poinçon, emboutissoir, burin *m;* **p**~**en** *tr* poinçonner, emboutir, ciseler.

Pup *m* ⟨-(e)s, -e⟩ [puːp] *pop (Furz)* pet *m;* **p**~**en** *itr (furzen)* péter.

Pupille *f* ⟨-, -n⟩ [pu'pɪlə] *anat* pupille *f;* ~**nabstand** *m* distance *f* interpupillaire; ~**nerweiterung** *f* dilatation des pupilles, mydriase *f.*

Püppchen *n* ⟨-s, -⟩ ['pʏpçən] petite poupée *f; fam (Mädchen)* poupée, pépée *f.*

Puppe *f* ⟨-, -n⟩ ['pʊpə] poupée *f; (Draht*~*)* marionnette *f; (mechanisch bewegte* ~*)* automate *m; zoo* chrysalide *f; (Kind)* poupon *m; bis in die* ~*n schlafen (fam)* dormir *od* faire la grasse matinée; *mit* ~*n spielen* jouer à la poupée; ~**ngesicht** *n* visage *m* de poupée; ~**nhaus** *n,* ~**nküche** *f,* ~**stube** *f,* ~**wagen** *m* maison, cuisine, chambre, voiture *f* de poupée; ~**nspiel** *n,* ~**nspieler** *m,* ~**ntheater** *n* jeu, joueur, théâtre *m* de marionnettes; ~**nwagen** *m* voiture *f* de poupée.

Pups *m* ⟨-es, -e⟩ [pu:ps], **p~en** *itr pop* = *Pup, pupen.*

pur [pu:r] *a (rein)* pur; *(alkohol. Getränk: unvermischt)* sec; **P~ismus** *m* ⟨-, ø⟩ [pu'rɪsmʊs] *(Reinigungseifer)* purisme *m.*

Püree *n* ⟨-s, -s⟩ [py're:] purée *f.*

Puritan|er *m* ⟨-s, -⟩ [puri'ta:nər] puritain *m;* **p~isch** [-'ta:nɪʃ] *a* puritain; **~ismus** *m* ⟨-, ø⟩ [-ta'nɪsmʊs] puritanisme *m.*

Purpur *m* ⟨-s, ø⟩ ['pʊrpʊr] *(Farbstoff, Stoff)* pourpre *f; (Farbton)* pourpre *m;* **p~farben** *a,* **p~n** *a,* **p~rot** *a* pourpré, purpurin; **~mantel** *m* (manteau *m* de) pourpre *f;* **~schnecke** *f* pourpre *f* (de Tyr).

Purzel|baum *m* ['pʊrtsəl-] culbute *f; e-n ~ schlagen* faire la *od* une culbute; **p~n** ⟨*aux: sein*⟩ *itr* culbuter; *(herunter~)* dégringoler; *pop* débouler.

Pust|e *f* ⟨-, ø⟩ ['pu:stə] *fam (Atem)* souffle *m,* haleine *f; außer ~ kommen* perdre haleine; **~eblume** *f fam* pissenlit *m,* dent-de-lion *f;* **p~en** *itr* souffler; *(keuchen)* haleter; **~erohr** *n* sarbacane *f.*

Pust|el *f* ⟨-, ø⟩ ['pʊstəl] *med* pustule *f;* **~elbildung** *f* pustulation *f;* **p~ulös** [-tu'lø:s] *a* pustuleux.

Put|e *f* ⟨-, -n⟩ ['pu:tə] dinde *f; fig fam* bécasse *f;* **~enbraten** *m* dinde *f* rôtie; **~er** *m* ⟨-s, -⟩ dindon *m; junge(r) ~* dindonneau *m;* **p~errot** *a* rouge comme un coq *od* une dinde; *~ werden* rougir jusqu'au blanc des yeux.

Putsch *m* ⟨-(e)s, -e⟩ [pʊtʃ] putsch, coup *m* de force; **p~en** *itr* tenter un coup de force; **~ist** *m* ⟨-en, -en⟩ [-'ʃɪst] putschiste *m.*

Putt|e *f* ⟨-, -n⟩, **~o** *m* ⟨-s, -tti/-tten⟩ ['pʊtə, -o, -ti/-tən] *(Kunst)* angelot; amour *m.*

Putz *m* ⟨-es, ø⟩ [pʊts] *(Putzen)* nettoyage *f, (modischer Zierat)* parure *f,* atours *m pl; (Aufmachung)* toilette *f; arch (Verputz)* crépi, enduit *m;* **p~en** *tr (reinigen)* nettoyer; *(blank machen, polieren)* astiquer, polir, lustrer; *(Metall)* fourbir, décaper; *(Schu-*

he) cirer; *(Pferd)* panser, étriller; *(Gemüse)* éplucher; *(Kerze)* moucher; *(Brille)* essuyer; *(schmücken)* parer, orner; *sich ~* faire sa toilette; *se parer; sich die Nase ~* se moucher; *sich die Zähne ~* se laver les dents; **~er** *m* ⟨-s, -⟩ *mil* brosseur *m;* **~frau** *f* femme *f* de ménage *od* de journée; **~lappen** *m* chiffon à nettoyer, torchon *m;* **~machergeschäft** *n* magasin *m* de modes; **~macherin** *f* modiste; *(Geschäftsinhaberin)* marchande *f* de modes *od* de nouveautés; **~mann** *m* homme *m* de ménage; **~mittel** *n* produit *m* à nettoyer *od* à polir; **~sucht** *f* coquetterie *f;* **p~süchtig** *a* coquet; **~tag** *m* jour *m* de grand nettoyage; **~tuch** *n* chiffon *m; = ~lappen;* **~wolle** *f* laine *f* de nettoyage; *a.* déchets *m pl* de coton; **~zeug** *n* nécessaire *m od* trousse *f od* effets *m pl* de nettoyage.

putzig ['pʊtsɪç] *a* drôle, cocasse.

Puzzle *n* ⟨-s, -s⟩ ['pazl] puzzle *m.*

Pygmä|e *m* ⟨-n -n⟩ [pyg'mɛ:ə] pygmée *m;* **p~enhaft** *a,* **p~isch** [-'mɛ:ɪʃ] *a* pygméen.

Pyjama *m* ⟨-s, -s⟩ [pi'(d)ʒa:ma, py'ja-ma] pyjama *m.*

Pylon *m* ⟨-en, -en⟩, **~e** *f* ⟨-, -n⟩ [py'lo:n(ə)] *arch hist* pylône *m.*

Pyramid|e *f* ⟨-, -n⟩ [pyra'mi:də] *arch math allg* pyramide *f;* **p~enförmig** *a,* **p~al** [-mi'da:l] *a,* pyramidal; **~enpappel** *f* peuplier *m* pyramidal; **~enstumpf** *m* pyramide *f* tronquée, tronc *m* de pyramide.

Pyrenäen [pyre'nɛ:ən], *die pl* les Pyrénées *f pl.*

Pyrit *m* ⟨-s, -e⟩ [py'ri:t, -'rɪt] *min* pyrite *f.*

Pyro|lyse *f* ⟨-, -⟩ [pyro'ly:zə] *(Schwelverfahren)* pyrolyse *f;* **~technik** *f (Feuerwerkerei)* pyrotechnie *f;* **~techniker** *m* pyrotechnicien *m;* **p~technisch** *a* pyrotechnique.

pythagoreisch [pytago're:ɪʃ] *a* pythagoricien; pythagorique.

Pythonschlange *f* ['py:tɔn-] python *m.*

Q

Q, q *n* ⟨-, -⟩ [ku:] *(Buchstabe)* Q, q *m.*

Quabbe *f* ['kvabə] bourrelet *m* de graisse; **q~lig** *a* flasque, gélatineux, grassouillet, mollasse; **q~ln** *itr* trembloter, être mou *od* sans consistance.

Quack *m* ⟨-(e)s, -e⟩ [kvak] *dial (Quatsch)* foutaise *f;* ~**elei** *f* [-'laɪ] *dial (unentschlossenes Handeln)* barguignage; *(Faselei)* bafouillage, radotage *m;* **q~eln** *itr* barguigner; bafouiller, radoter; ~**salber** *m* ⟨-s, -⟩ ['-zalbər] *pej* charlatan, médicastre; marchand *m* d'orviétan; ~**salberei** *f* [-'raɪ] charlatanerie *f;* charlatanisme *m;* **q~salberisch** *a* charlatanesque; **q~salbern** *itr* faire le charlatan.

Quaddel *f* ⟨-, -n⟩ ['kvadəl] *med dial* papule *f.*

Quader *m* ⟨-s, -⟩, *a. f* ⟨-, -n⟩ ['kva:dər], *math* parallélépipède *m* rectangle *od* droit; = ~**stein** *m* pierre *f* de taille.

Quadr|ant *m* ⟨-en, -en⟩ [kva'drant] *math* quadrant, quart *m* de cercle; ~**at** *n* ⟨-(e)s, -e⟩ [-'dra:t] *math* carré; *typ* cadrat *m; im* ~ *(math)* au carré; *ins* ~ *erheben* élever au carré; **q~atisch** [-'dra:tɪʃ] *a* quadratique, carré; ~*e Gleichung f* équation *f* du second degré; ~**atkilometer** *n* ⟨-s, -⟩ kilomètre *m* carré; ~**atlatschen** *m od f pl pop* grol(l)es, godasses *f pl;* ~**atmeile** *f* mille *m* carré; ~**atmeter** *n od m* mètre carré, centiare *m;* ~**atnetz** *n* quadrillage *m* de carte; ~**atschädel** *m fam* tête *f* carrée; ~**atur** *f* ⟨-, -en⟩ [-'dra'tu:r] *math* quadrature *f (des Kreises* du cercle); ~**atwurzel** *f* racine *f* carrée; ~**atzahl** *f,* ~**atzentimeter** *n od m* nombre, centimètre *m* carré; **q~ieren** [-'dri:rən] *tr* élever au carré *od* à la seconde puissance; ~**ierung** *f* quadrillage *m;* ~**iga** *f* ⟨-, -gen⟩ ['-dri:ga] *(Viergespann)* quadrige *m;* ~**ille** *f* ⟨-, -n⟩ *(Tanz)* quadrille *m.*

quaken ['kva:kən] *itr (Frosch)* coasser; *(Ente)* faire coin-coin; **Q~** *n* coassement *m;* coin-coin *m.*

quäken ['kvɛ:kən], *itr* piailler, piauler, criailler.

Quäker *m* ⟨-s, -⟩ ['kvɛ:kər] quaker *m; pl a.* société *f* des amis.

Qual *f* ⟨-, -en⟩ ['kva:l] tourment *m,* torture *f,* supplice *m; die* ~ *der Wahl* l'embarras *m* du choix; **q~voll** *a* plein de tourments; *(Schmerzen)* atroce; *(grausam)* cruel.

quäl|en ['kvɛ:lən] *tr* tourmenter, torturer, martyriser; *(plagen)* tracasser; *(keine Ruhe lassen)* hanter; *(belästigen)* molester, harceler, importuner; *sich (sehr)* ~ se tourmenter; *(sich abmühen)* se donner (bien) du mal; *von Gewissensbissen gequält* rongé de remords; *von Schmerzen gequält* accablé de douleur; ~**end** *a* torturant; *(nervenaufreibend)* tracasser; **Q~erei** *f* [-'raɪ] tourments *m pl,* tortures, vexations; tracasseries *f pl;* **Q~geist** *m* taquin, e *m f;* persécuteur, tracassier, *fam* casse-pieds *m.*

Qual|ifikation *f* ⟨-, -en⟩ [kvalifikatsi'o:n] qualification; *(Befähigung)* capacité, aptitude *f;* **q~ifizierbar** [-lifi'tsi:r-] *a* qualifiable; **q~ifizieren** *tr* qualifier; *qualifiziert zu* qualifié pour; *qualifizierter Diebstahl m* vol *m* qualifié; ~**ifizierung** *f* = ~*ifikation;* ~**ität** *f* ⟨-, -en⟩ [-'tɛ:t] qualité *f; hervorragende* ~ qualité *f* supérieure; **q~itativ** [-ta'ti:f] *a* qualitatif; ~**itätsarbeit** *f* travail *m* de qualité; ~**itätserzeugnis** *n* produit *m* de (haute) qualité; ~**itätsunterschied** *m* différence *f* de qualité *od* qualitative; ~**itätsware** *f* marchandise *f* de qualité *od* de (premier) choix.

Qualle *f* ⟨-, -n⟩ ['kvalə] *zoo* méduse *f.*

Qualm *m* ⟨-(e)s, ø⟩ [kvalm] (épaisse) fumée, bouffée *f* de fumée; **q~en** *itr* fumer, faire beaucoup de fumée; émettre une épaisse fumée; *(Lampe)* filer; *(Raucher)* fumer comme une cheminée; **q~ig** *a* fumeux, rempli de fumée.

Quant *n* ⟨-s, -en⟩ [kvant] *phys* quantum *m (pl* quanta); ~**enmechanik** *f* mécanique *f* quantique; ~**entheorie** *f* théorie *f* des quanta; ~**ität** *f* ⟨-, -en⟩ [-ti'tɛ:t] quantité *f;* **q~itativ** [-ta'ti:v] *a* quantitatif; ~**um** *n* ⟨-s, -ten⟩ ['kvantʊm] *(Menge)* quantité; *(Anteil)* portion *f.*

Quappe *f* ⟨-, -n⟩ ['kvapə] *(Fisch)* lotte *f; (Kaul~)* têtard *m.*

Quarantäne *f* ⟨-, -n⟩ [kvaran'tɛ:nə] *mar* quarantaine *f; unter* ~ *stellen* mettre en quarantaine; ~**flagge** *f* pavillon *m* de quarantaine.

Quark *m* ⟨-s, ø⟩ [kvark] fromage *m* blanc; *fig fam (dummes Zeug)* foutaises, bêtises *f pl.*

Quart *f* ⟨-, -en⟩ [kvart] = ~*e; n (Buchformat)* in-quarto *m;* ~**al** *n* ⟨-s, -e⟩ [-'ta:l] *(Vierteljahr)* trimestre *m;* ~**al(s)-** *(in Zssgen)* trimestriel; ~**al(s)säufer** *m* buveur *m* intermittent; **q~al(s)weise** *adv* par trimestre; ~**är** *n* ⟨-s, ø⟩ [-'tɛ:r] *geol* (ère *f)* quaternaire *m;* ~**band** *m* volume *m* in-quarto; ~**e** *f* ⟨-, -n⟩ *(mus, Fechtkunst)* quarte *f;* ~**ett** *n* ⟨-(e)s, -e⟩ [-'tɛt] *mus* quatuor *m;* ~**format** = ~ *n.*

Quartier *n* ⟨-s, -e⟩ [kvar'ti:r] *(Unterkunft)* logement; *mil* cantonnement; *(Stadtviertel)* quartier *m;* ~ *beziehen (mil)* cantonner, s'installer au cantonnement; *im* ~ *liegen (mil)* être cantonné; ~ *machen* préparer le cantonnement; ~**macher** *m* (sous-)officier *m* de cantonnement; *pl* détachement *m* précurseur.

Quarz *m* ⟨-es, -e⟩ [kvarts] *min* quartz *m;* ~**faden** *m* filament *m* de quartz; **q~gesteuert** *a aero* stabilisé au quartz; ~**glas** *n* verre *m* quartzeux; **q~haltig** *a* quartzifère, quartzeux; **q~ig** *a* quartzeux; ~**kristall** *m* cristal *m* de quartz; ~**lampe** *f* lampe *f* à quartz; ~**sand** *m* sable *m* quartzeux; ~**steuerung** *f radio* contrôle *m* à quartz; ~**uhr** *f* montre *f* à quartz.

Quasar *m* ⟨-s, -e⟩ [kva'za:r] *astr* quasar *m.*

quasi ['kva:zi] *adv* quasi(ment), pour ainsi dire.

Quassel|ei *f* ⟨-, -en⟩ [kvasə'laɪ] *fam* radotage *m,* jacasserie *f;* **q~n** ['kvasəln] *itr fam* radoter, jacasser; jacter; ~**strippe** *f hum* téléphone *m; (Mensch)* radoteur, se *m f;* jacasse *f.*

Quast *m* ⟨-(e)s, -e⟩ [kvast] *dial (Büschel)* touffe; *(Pinsel)* brosse *f;* ~**e** *f* ⟨-, -n⟩ *(Troddel)* houppe.

Quäst|or *m* ⟨-s, -en⟩ ['kvɛstɔr, -'to:rən] *hist* questeur *m;* ~**ur** *f* ⟨-, -en⟩ [-'tu:r] *hist* questure *f; (Univ.)* caisse *f.*

Quatsch *m* ⟨-es, ø⟩ [kvatʃ] *fam* radotage, bafouillage; non-sens *m;* ~*! zut!* **q~en** *tr fam* radoter, bafouiller; *itr: dämlich od dumm* ~ dégoiser, débloquer, baratiner; ~**erei** *f* [-'raɪ] radotage, bafouillage *m;* ~**kopf** *m* radoteur; *pop* Ja(c)quot *m.*

Quecke *f* ⟨-, -n⟩ ['kvɛkə] *bot* chiendent *m.*

Quecksilber *n* ['kvɛk-] mercure, vif-argent *m; das reine* ~ *sein (fig)* avoir du vif-argent dans les veines; *fam* avoir la bougeotte; ~**barometer** *n*

baromètre *m* à mercure; ~**dampf** *m* vapeur *f* de mercure; **q~haltig** *a* mercuriel, mercurifère; ~**oxyd** *n* oxyde *m* mercurique; ~**oxydul** *n* oxyde *m* mercureux; ~**präparate** *n pl pharm* mercuriaux *m pl;* ~**salbe** *f* onguent *m* mercuriel; ~**säule** *f* colonne *f* de mercure *od* barométrique); ~**vergiftung** *f* intoxication *f* mercurielle, hydrargyrisme *m;* **quecksilb(e)rig** *a fig* vif, frétillant, sémillant.

Quell *m* ⟨-(e)s, -e⟩ *poet,* ~**e** *f* ⟨-, -n⟩ ['kvɛl(ə)] source *a. fig;* fontaine *f; aus bester* ~ *(fig)* de première main; *aus derselben* ~ de la même provenance; *aus guter, sicherer* ~ de bonne source *od* part, de source sûre; *aus zuständigster* ~ de source bien informée; *aus halbamtlicher* ~ de source officieuse; *an der* ~ *sitzen* être à la source *(gen* de); *fam (an d. Futterkrippe)* tenir l'assiette au beurre; **q~en** ⟨quillt, quoll, ist gequollen⟩ [(-)'kvɔl(-), kvɪl-] *itr* sourdre, jaillir; *(fließen)* (s'é)couler; *fig* émaner, sortir *(aus* de); *(im Wasser weich werden)* (se) gonfler; *tr* ⟨quellt, quellte, hat gequellt⟩ *(weich werden lassen)* faire gonfler; *(Trockengemüse)* réhydrater; ~**enangabe** *f* indication de la source, référence *f (publicitaire)*; ~**enforschung** *f* étude *f* des sources; ~**enmaterial** *n* documentation *f;* ~**ennachweis** *m* = ~*enangabe;* ~**enstudium** *n* = ~*enforschung;* ~**enwert** *m fig* valeur *f* documentaire; ~**nymphe** *f* naïade *f;* ~**stärke** *f* rendement *m* d'une *od* de la source; ~**wasser** *n* eau *f* de source *od* vive.

Queng|elei *f* ⟨-, -en⟩ [kvɛŋə'laɪ] *fam (Nörgelei)* geignements *m pl;* **q~(e)lig** ['kvɛŋ(ə)lɪç] *a fam* geignant, grincheux; *pop* geignard; **q~eln** *itr fam* geindre, pleurnicher; grincher; ~**ler** *m* ⟨-s, -⟩ geignard, grincheux *m.*

Quentchen *n* ['kvɛntçən] *ein* ~ un (petit) peu.

quer [kve:r] *adv* de *od* en travers, en écharpe; ~ *auf dem Bett* en travers du lit; ~ *durch od über* à *od* au travers de; *sich* ~ *legen, stellen* se mettre en travers; ~ *übereinanderlegen* croiser; **Q~achse** *f* axe *m* transversal *od* de tangage; **Q~balken** *m* poutre transversale, traverse *f; (kleinerer)* traversine *f;* **Q~bewegung** *f* mouvement *m* transversal; **Q~binder** *m (Schlips)* nœud *m* papillon; ~**durch** *adv* à travers; **Q~e** *f* ⟨-, ø⟩: *in die Kreuz und (in die)* ~ en tous sens; par ci, par là; *jdm in die* ~ *kom-*

men *od laufen* venir *od* se jeter à la traverse de qn; *fig* contrecarrer qn; *mir ist etw in die* ~ *gekommen* il m'est survenu un contretemps; **~feldein** *adv:* ~ *(laufen* couper) à travers champs; **Q~feldeinlauf** *m sport* cross-country *m;* **Q~flöte** *f* flûte *f* traversière; **Q~format** *n (Buch)* format *m* oblong; **Q~führung** *f tech* glissière *f* transversale; **Q~gang** *m mines* filon *m* transversal; **~gestreift** *a* rayé en travers; *(Muskel)* strié; **Q~holz** *n (Tonne)* traversin *m; arch* enture; *tech* entretoise *f;* **Q~kopf** *m* tête carrée *f;* **~köpfig** *a* qui a l'esprit de travers; **Q~leiste** *f* contre-latte *f;* **Q~pfeife** *f mus* fifre *m;* **Q~riegel** *m* traversine, entretoise *f;* **Q~ruder** *n aero* aileron *m;* **Q~schiff** *n arch rel* transept *m,* croisée *f;* **Q~schlag** *m mines* galerie *f* transversale; **Q~schläger** *m mil* ricochet *m;* **Q~schnitt** *m* coupe *f* transversale *od* en travers, plan *m* transversal; *med* section *f* transversale (de la moelle); **~schnittsgelähmt** *a* paraplégique; **Q~steuerung** *f aero* commande *f* latérale; **Q~straße** *f* (rue de) traverse *f;* **Q~streifen** *m* bande *f* transversale; *pl a.* rayure *f* transversale; **Q~strich** *m* barre *f* (transversale); **Q~summe** *f* somme *f* des chiffres (d'un nombre); **Q~träger** *m tech* traverse *f,* support *m* transversal; **Q~treiber** *m* mauvais esprit, gêneur, trublion *m;* **Q~treibereien** *f pl* menées, intrigues *f pl;* **Q~verbindung** *f* jonction *od* liaison transversale; *tele* interconnexion *f;* **Q~wand** *f* cloison *f* de traverse; **Q~weg** *m* chemin *m* de traverse.

Querul|ant *m* ‹-en, -en› [kveru'lant] homme litigieux *od* processif, rouspéteur; procédurier *m;* **q~ieren** [-'li:rən] *itr* rouspéter.

Quetsch|e *f* ‹-, -n› ['kvɛtʃə] *(Presse)* presse *f; fam (kleine Kneipe)* petit bistrot *m; (kl. Laden)* petite boutique; *(Schule)* boîte *f* à bachot; **q~en** *tr* presser, serrer; *(zer~)* écraser, broyer; *med* meurtrir, contusionner; *sich e-n Finger* ~ s'écraser un doigt; **~kartoffeln** *f pl* purée *f* de

pommes de terre; **~kommode** *f mus hum* accordéon *m;* **~ung** *f med* meurtrissure, contusion, ecchymose *f;* **~wunde** *f* plaie *f* contuse.

quick [kvɪk] *a dial* vif, alerte; **~lebendig** *a fam* vif comme le salpêtre.

quiek [kvi:k] *interj* couic! **~en** *itr* pousser des cris aigus, criailler.

Quiet|ismus *m* ‹-, ø› [kvie'tɪsmʊs] *rel* quiétisme *m;* **~ist** *m* ‹-en, -en› quiétiste *m;* **q~istisch** [-'tɪstɪʃ] *a* quiétiste.

quietsch|en ['kvi:tʃən] *itr (kreischen)* pousser des cris aigus; *(Tür)* grincer; **~vergnügt** *a* gai comme un pinson.

Quint|(e) *f* ‹-, -en› ['kvɪnt(ə)] *(mus, Fechtsport)* quinte *f;* **~essenz** *f* ‹-, -en› ['kvint?-] quintessence *f;* **~ett** *n* ‹-(e)s, -e› [-'tɛt] *mus* quintette *m.*

Quirl *m* ‹-(e)s, -e› [kvɪrl] moulinet *m; bot* verticille; *fig* tourbillon *m;* **q~en** *tr (Küche)* battre; *itr fig* tourbillonner; **q~ig** *a fig* vif.

Quisling *m* ‹-s, -e› ['kvɪslɪŋ] *pej (Kollaborateur)* collaborateur, *pop* collabo *m.*

quitt [kvɪt] *a* quitte; ~ *sein* être *od* faire quitte à quitte; *nun sind wir* ~ nous voilà quitte; **~ieren** [-'ti:rən] *tr (Rechnung)* acquitter; *(Zahlung)* donner acquit *od* quittance de, quittancer; *den Dienst* ~ quitter *od* abandonner le service; *am Rande* ~ émarger; **Q~ung** *f* quittance *f,* acquit, reçu, récépissé *m* (de paiement); *fig (Lohn)* récompense *f; gegen* ~ contre quittance; *e-e* ~ *ausstellen* donner quittance *od* décharge.

Quitte *f* ‹-, -n› ['kvɪtə] coing *m; wilde* ~ cognasse *f;* **~nbaum** *m* cognassier *m;* **q~(n)gelb** *a* jaune comme un coing.

Quiz *n* ‹-, -› [kvɪs] jeu(-concours) *m;* **~master** *m* ‹-s, -› ['kvɪsma:stər] animateur, meneur *m* de jeux radiophoniques *od* télévisés.

Quorum *n* ‹-s, ø› ['kvo:rʊm] *parl* quorum *m.*

Quot|e *f* ‹-, -n› ['kvo:tə] *(Anteil)* quotepart *f,* contingent, taux, pourcentage *m;* **~ient** *m* ‹-en, -en› [-tsi'ɛnt] *math* quotient *m;* **q~ieren** *tr (den Preis angeben)* coter; **q~isieren** [-ti'zi:rən] *tr (in ~en aufteilen)* cotiser; **~isierung** *f* cotisation *f.*

R

R, r *n* ‹-, -› [ɛr] *(Buchstabe)* R, r *m* u. *f.*
Rabatt *m* ‹-(e)s, -e› [ra'bat] rabais *m*,
remise; ristourne; *(Nachlaß)* réduction *f; (Skonto)* escompte *m; (e-n)* ~
geben od *gewähren* faire *od* accorder
un escompte; *(e-n)* ~ *erhalten* jouir
d'une réduction; *mit* ~ *verkaufen*
vendre au rabais; **r~ieren** [-'tiːrən] *tr*
(e-n Betrag) rabattre, faire un rabais
de; **~marke** *f* timbre *m* d'escompte;
~satz *m* taux *m* de rabais *od* remise.
Rabatte *f* ‹-, -n› [ra'batə] *(Beet)*
plate-bande, bordure; *(Kleid)* ourlet,
rabat *m.*
Rabatz *m* ‹-es, ø› [ra'bats] *fam*
(Krach) chahut, chambard *m.*
Rabbi *m* ‹-(s), -bbinen› ['rabi, -'biːnən]
rel hist rabbi *m;* **~ner** *m* ‹-s, -›
[-'biːnər] *rel* rabbin *m;* **r~nisch**
[-'biːnɪʃ] *a* rabbinique.
Rabe *m* ‹-n -n› ['raːbə] corbeau *m; wie*
ein ~ *stehlen* être voleur comme une
pie; *weiße(r)* ~ *(fig)* merle *m* blanc;
~naas *n fig pej* charogne *f;* **~nel-**
tern *pl fig pej* parents *m pl* dénatu-
rés; **~nmutter** *f* marâtre, mère *f*
dénaturée, bourreau *m* d'enfant;
r~nschwarz *a* noir comme (du) jais
od comme un four; **~nvater** *m* père
dénaturé, bourreau *m* d'enfant.
rabiat [rabi'aːt] *a (wütend)* furieux, furibond; *(grob)* brutal.
Rabulist *m* ‹-en, -en› [rabu'lɪst]
(Rechtsverdreher) chicaneur, chicanier, ergoteur, avocassier *m;* **~erei** *f*
[-'raɪ], **~ik** *f* ‹-, ø› [-'lɪstɪk] chicane *f,*
ergotage *m,* avocasserie *f;* **r~isch**
[-'lɪstɪʃ] *a* chicaneur, chicanier.
Rach|e *f* ‹-, ø› ['raxə] vengeance; *hist*
lit vindicte *f; aus* ~ par vengeance;
für etw pour se venger de qc; ~ *neh-*
men tirer vengeance *(an jdm* de qn);
nach ~ *schreien* crier *od* demander
vengeance; *auf* ~ *sinnen* méditer sa
vengeance; **~eakt** *m* acte *m* de vengeance; **~edurst** *m* soif *f od* appétit
m de vengeance; **r~edurstig** *a*
altéré de vengeance; **~gier** *f,* **~sucht**
f esprit *m* vindicatif *od* de vengeance; **r~gierig** *a* vindicatif.
Rachen *m* ‹-s, -› ['raxən] gosier *m,*
gorge; *(a. von Raubtieren)* gueule *f;*
scient pharynx *m;* arrière-bouche *f;*
pop goulot; *fig (Abgrund)* gouffre *m;*
~blütler *m pl bot* scrofulariacées *f*
pl; **~höhle** *f anat* cavité *f* pharyngée;
~mandel *f anat* amygdale *f* pharyn-
gienne; **~putzer** *m hum (starker*
Schnaps) casse-pattes, *pop* tord-
-boyaux *m; (saurer Wein)* piquette
f; **~spiegel** *m* pharyngoscope *m;*
~- und Kehlkopfentzündung *f*
pharyngo-laryngite *f.*
räch|en ['rɛçən] *tr* venger *(jdn* qn, *etw*
qc); *sich an jdm für etw* ~ se venger
sur qn de qc; *das wird sich* ~ cela aura des conséquences fâcheuses; **R~er**
m ‹-s, -› vengeur *m;* **R~erin** *f* venge-
resse *f.*
Rachit|is *f* ‹-, ø› [ra'xiːtɪs] *med* rachitis-
me *m,* nouure *f;* **r~isch** [-'xiːtɪʃ] *a* ra-
chitique, noué.
Racker *m* ‹-s, -› ['rakər] *pej* od *fam*
polisson, ne; (petit, e) coquin, e; fripon, ne *m f.*
Rad 1. *n* ‹-(e)s, ̈-er› [raːt, 'rɛːdər] *allg*
roue; *(Fahrrad)* bicyclette *f; fam*
vélo *m; unter die Räder kommen* se
faire écraser; *(fig)* être ruiné, succomber; *ein* ~ *schlagen (Pfau u.*
sport) faire la roue; *das fünfte* ~ *am*
Wagen (fig) la cinquième roue du
carrosse *od* de la charrette; **2.** *n* ‹-, -›
(Maßeinheit) rad *m;* **~abstand** *m*
écartement *m* des roues; **~antrieb** *m*
commande *f* par roues; **~ball** *m*
(Spiel) cycle-ball *m;* **~dampfer** *m*
bateau *m* à aubes; **r~eln** *itr,* **r~=fah-**
ren ‹*aux: sein*› *itr* aller à bicyclette;
fam pédaler; **~fahrer** *m* cycliste *m;*
~fahrt *f* randonnée *f* à bicyclette;
~(fahr-)weg *m* route *od* piste *f* cyclable; **~kappe** *f* chapeau de roue,
enjoliveur *m;* **~kasten** *m* couvre-
-roue *m;* **~kranz** *m* jante *f;* **~ler** *m*
‹-s, -› ['-dlər] = ['-dlər] *~fahrer;* **~renn-**
bahn *f* vélodrome *m,* piste *f* cycliste;
~rennen *n* course *f* cycliste; **~renn-**
fahrer *m* coureur *m* cycliste;
~schaufel *f* aube *f;* **r~=schlagen** *itr*
faire la roue; **~sport** *m* cyclisme *m;*
~spur *f* trace de roue, ornière *f;*
~tour *f* excursion *f* cycliste *od* à bicyclette; **~wandern** *n* cyclotourisme
m; **~wechsel** *m* changement *m* de
od d'une roue; **~welle** *f mar* arbre *m*
de roue.
Radar *m* od *n* ‹-s, ø› ['raːdaːr, ra'daːr]
(Funkmessen u. -orten) radar *m;*
~abtastung *f* balayage *m* radar;

~**anlage** f installation f radar; ~**bild** n image f radar; ~**entfernungsmesser** m radar-télémètre m; ~**falle** f mot contrôle-radar m; ~**gerät** n appareil radar, engin m de détection; ~**kontrolle** f mot contrôle-radar m; ~**landehilfe** f aide f radar à l'atterrissage; ~**meßgerät** n radar m; ~**navigation** f navigation f au radar; ~**schirm** m écran m radar; ~**station** f station f radar, relais-radar m; ~**steuerung** f commande f par radar; ~**störvorrichtung** f dispositif m de brouillage radar; ~**verbindung** f liaison f par radar; ~**warndienst** m guet m radar.

Radau m ⟨-s, ø⟩ [ra'dau] *fam (Lärm, Krach)* chahut, tapage; *pop* boucan m; ~ *machen* chahuter; tapager; *(grölen)* beugler; ~**macher** m chahuteur, tapageur, casseur m d'assiettes.

Räd|chen n ⟨-s, -⟩ ['rɛːtçən] petite roue, roulette; *(Sporn-, Lauf~)* molette f; **r~ern** ['-dərn] *tr hist* rouer; *wie gerädert sein* être tout moulu; ~**ertier**, ~**ertierchen** n pl rotifères m pl; ~**erwerk** n rouage m.

Rade f ⟨-, -n⟩ ['raːdə] *bot (Kornrade)* nielle f.

radebrechen ['raːdəbrɛçən] *tr (e-e Sprache)* écorcher, baragouiner; *Französisch* ~ parler le français comme une vache espagnole.

Rädelsführer m ['rɛːdəls-] meneur, instigateur, boutefeu m; *der* ~ *sein* mener la danse.

radial [radi'aːl] *a* radial.

radier|en [ra'diːrən] *tr* u. *itr (aus~)* effacer; gommer; gratter; *(Kunst)* graver od graver à l'eau forte; **R~er** m ⟨-s, -⟩ graveur à l'eau forte od à la pointe sèche, aquafortiste m; *fam* = **R~gummi** m gomme f (à effacer); **R~messer** n grattoir m; **R~nadel** f pointe de graveur, échoppe f; **R~ung** f (gravure od estampe à l')eau-forte f.

Radieschen n ⟨-s, -⟩ [ra'diːsçən] radis m.

radikal [radi'kaːl] *a* radical; *pol a.* extrémiste; **R~** n ⟨-s, -e⟩ *chem* radical m; **R~e(r)** m *pol* radical, extrémiste m; **R~enerlaß** m *pol* décret m excluant les personnes de tendances politiques extrémistes de la fonction publique; ~**isieren** [-kali'ziːrən] *tr* radicaliser; **R~ismus** m ⟨-, -men⟩ [-'lɪsmʊs] radicalisme m.

Radio n ⟨-s, -s⟩ ['raːdio] *(vgl. Rundfunk, Funk)* radio, télégraphie sans fil, T.S.F.; *(Rundfunk)* radiodiffusion f; *im* ~ à la radio; *das* ~ *an-, abstellen* brancher, arrêter od couper la radio; ~ *hören* écouter la radio;

r~aktiv *a* radioactif; ~*e Abfälle* m pl déchets m pl radioactifs; ~*e Ausschüttung* f fall-out m; ~*e Niederschläge* m pl retombée(s pl) f radioactive(s); ~*e(r) Stoff* m radio-élément m; ~*e Strahlung* f radiation f atomique; ~*e Versuchung* f contamination f radioactive; ~**aktivität** f radioactivité, radiation f atomique; ~**apparat** m poste m de radio; ~**durchsage** f message m radio; **r~elektrisch** *a* radio-électrique; ~**element** n radio-élément m; ~**fachmann** m radio m *fam*; ~**gerät** n = ~*apparat*; ~**gramm** n ⟨-s, -e⟩ [-'gram] radiogramme m; ~**logie** f ⟨-, ø⟩ [-lo'giː] radiologie f; **r~logisch** [-'loːgɪʃ] *a* radiologique; ~**lyse** f ⟨-, -n⟩ radiolyse f; ~**meter** n ⟨-s, -⟩ [-'meːtər] radiomètre m; **r~metrisch** [-'meːtrɪʃ] *a* radiométrique; ~**musik** f musique f radiophonique; ~**programm** n programme m de T.S.F.; ~**röhre** f lampe f (de récepteur radio); ~**sender** m poste m de T.S.F.; ~**skop** n ⟨-s, -e⟩ [-'skoːp] radioscope m; ~**skopie** f ⟨-, ø⟩ [-sko'piː] radioscopie f; ~**sonde** f radiosonde f; ~**station** f station f émettrice, poste m émetteur; ~**technik** f technique radiophonique, radiotechnique f; ~**techniker** m radiotechnicien m; ~**therapie** f radiothérapie, curiethérapie f; ~**übertragung** f radiodiffusion f; ~**wecker** m radioréveil m.

Radium n ⟨-s, ø⟩ ['raːdiʊm] *chem* radium m; ~**behandlung** f radiumthérapie f; **r~haltig** a radifère; ~**therapie** f = *Radiotherapie*.

Radius m ⟨-, -dien⟩ ['raːdiʊs, -diən] *math* u. *fig* rayon m; ~**vektor** m *(Leitstrahl)* rayon m vecteur.

Radon n ⟨-s, ø⟩ ['raːdɔn] *chem* radon m.

Radscha m ⟨-s, -s⟩ ['raː(ː)dʒa] *(ind. Fürst)* ra(d)jah m.

raff|en ['rafən] *tr (Stoff)* relever, retrousser; *(zs.~)* ramasser; *film (Zeit)* accélérer; **R~gier** f cupidité f; ~**gierig** a, ~**ig** a avide; cupide; **R~ke** m ⟨-s, -s⟩ ['-kə] *fam pej* nouveau riche m.

Raffin|ade f ⟨-, ø⟩ [rafi'naːdə] *(Zucker)* sucre m raffiné; ~**ation** f ⟨-, -en⟩ [-natsi'oːn] *(Verfeinerung)* raffinage m; ~**erie** f ⟨-, -n⟩ [-nə'riː] raffinerie f; ~**esse** f ⟨-, -n⟩ [-'nɛsə] raffinement m; subtilité f; **r~ieren** [-'niːrən] *tr* raffiner; ~**ieren** n raffinage m; **r~iert** a, a. *fig* raffiné; *fig* subtile, retors, astucieux; ~**iertheit** f a. *fig* raffinement m; *fig* subtilité, astuce f.

ragen ⟨*aux: sein*⟩ ['raːgən] *itr* s'élever, se dresser; *über etw* dominer qc.

Ragout *n* ⟨-s, -s⟩ [ra'guː] *(Küche)* ragoût; *(von Fleischresten)* salmigondis; *fam* fricot *m*.

Rahle *f* ⟨-, -n⟩ ['raːə] *mar* vergue *f*; **~segel** *n* voile *f* carrée.

Rahm *m* ⟨-(e)s, ø⟩ [raːm] *dial* crème *f*; *den* ~ *abschöpfen (fig)* faire son beurre, tirer la couverture à soi; **r~ig** *a* crémeux; **~käse** *m* fromage *m* à la crème.

Rahmen *m* ⟨-s, -⟩ ['raːmən] cadre; *(Tür, Fenster)* châssis; *(Brillen~)* monture *f*; *(Zimmerei)* bâti *m*; *tech* forme *f*; *(Spannrahmen)* étendoir; *(Stickrahmen)* métier *m*; *(Schuh)* trépointe *f*; *fig* limites *f pl*; décor *m*; *im* ~ *(gen)* dans le cadre *od* la mesure (de); *im* ~ *des Möglichen* dans la mesure du possible; *aus dem* ~ *fallen (fig)* sortir de l'ordinaire; *den* ~ *sprengen* dépasser le cadre de qc, aller trop loin; **r~** *tr* encadrer, monter; **~abkommen** *n pol* accord-cadre *m*; **~gesetz** *n* loi-cadre *f*; **~plan** *m* plan-type *m*; **~programm** *n* programme *m* général.

Rain *m* ⟨-(e)s, -e⟩ [raɪn] *(Ackergrenze)* lisière *f*; **~farn** *m bot* tanaisie *f* (vulgaire).

räkeln ['rɛːkəln] = rekeln.

Rakete *f* ⟨-, -n⟩ [ra'keːtə] *tech* fusée; *mil* roquette *f*; *ferngelenkte od -gesteuerte* ~ engin *m od* fusée *f* téléguidé(e); *zweistufige* ~ fusée *f* à deux étages; *e-e* ~ *abschießen* lancer une fusée; **~nabschußbasis** *f* base *od* rampe *f* de lancement de fusée; *cosm* aire *f* de lancement; **~nantrieb** *m* propulsion *f* par fusée(s), moteur *m* fusée; *mit* ~ propulsé par fusée(s) **~nflugzeug** *n* avion-fusée *m*; **~ngeschoß** *n* projectile-fusée *m*, fusée *f* balistique; **~nkopf** *m* ogive *f* de fusée; **~nmotor** *m*, **~ntriebwerk** *n* propulseur *m* à réaction; **~nstartgerät** *n* lance-fusées *m*; **~nstufe** *f* étage *m* (d'une fusée); **~ntechnik** *f* fuséologie, technique *f* des fusées; **~ntechniker** *m* fuséologue *m*; **~nträger** *m (Flugzeug)* avion *m* porte-engin(s); **~nwaffe** *f* arme-fusée *f*; **~nwerfer** *m* lance-fusée(s); lance-roquette(s) *m*.

Rammlbär *m* ['ram-] **~bock** *m* mouton *m* (de sonnette); **r~dösig** *a fam (benommen)* abasourdi, étourdi; ~ *machen* abasourdir; **~e** *f* ⟨-, -n⟩ *(Hand~)* mouton *m*, hie, dame, demoiselle; *(Pfahl~)* sonnette *f*; **r~en** *tr* damer; *mar aero* éperonner; *mot* accrocher, heurter, tamponner.

rammleln ['ramǝln] *itr (Hasen)* s'accoupler; **R~ler** *m* ⟨-s, -⟩ bouquin; lièvre *od* lapin *m* mâle.

Rampe *f* ⟨-, -n⟩ ['rampə] *a. theat* rampe *f*; *bewegliche od tragbare* ~ rampe *f* roulante; **~nlicht** *n theat* (feux *m pl* de la) rampe *f*.

ramponieren [rampo'niːrən] *tr fam* amocher; endommager, abîmer.

Ramsch [ramʃ] **1.** *m* ⟨-es, (-e)⟩ camelote, (marchandise *f* de) rebut *m*; *pop* saloperie *f*; *im* ~ *kaufen* acheter en bloc; ~ *verkaufen* cameloter; **r~en** *tr* acheter en bloc *od* à vil prix; **~laden** *m* magasin *m* à quatre sous; **~ware** *f* = ~.

Ramsch 2. ⟨es, -e⟩ *(Kartenspiel)* rams *m*.

ran [ran] *adv fam* = heran; ~! vas-y! *pop* amène-toi! *rechts* ~! appuyez à droite! ~ *an den Feind!* sus à l'ennemi!

Rand *m* ⟨-(e)s, ⁓er⟩ [rant, 'rɛndər] bord *m*; bordure; lèvre *f*; *(erhöhter)* rebord *m*; *(Kante)* arête; *(Saum)* lisière; *(Wald~)* lisière *f*; *(Stadt~)* abords *m pl*; *(unter den Augen)* cerne *m*; *(Schmutz~)* auréole; *typ* marge; *(genähter ~ e-s Schuhs)* trépointe *f*; *am* ~e en marge; *am* ~e *bemerkt* soit dit en passant; *außer* ~ *und Band* sorti *od* hors de ses gonds, déchaîné; *mit* ~ *(Brille)* à verres cerclés; *jdn an den* ~ *des Verderbens bringen* mettre qn à deux doigts de sa perte; *außer* ~ *und Band geraten* sortir de ses gonds; *dunkle Ränder um die Augen haben* avoir les yeux cernés; *mit etw nicht zu* ~ *e kommen (fam)* ne pas venir à bout de qc; *am* ~e *des Verderbens stehen* être proche de la ruine; *das versteht sich am* ~e cela va sans dire; **~bemerkung** *f* note marginale *od* en marge, glose *f* (marginale); **~en** *machen über* gloser sur; **~erscheinung** *f* phénomène *m* marginal; **~gebiet** *n* région *f* limitrophe; *pl fig* contrées *f pl* marginales; **~gruppe** *f* groupe *m* marginal; **~lage** *f* position *f* excentrique; **~leiste** *f* rebord *m*; **r~los** *a (Brille)* à verres nus; **~staat** *m* État *m* limitrophe; **~steller** *m (Schreibmaschine)* margeur *m*; **~verzierung** *f typ* vignette *f*.

randalieren [randa'liːrən] *itr (lärmen)* faire du chahut *od* du vacarme; chahuter, tapager.

rändleln ['rɛndəln] *tr (Münze)* créneler; **R~elscheibe** *f tech* molette *f*; **~ern** *tr tech* faire un bord à.

Rang *m* ⟨-(e)s, ⁓e⟩ [raŋ, 'rɛŋə] rang *m*; *(Klasse)* classe *f*; *(Stufe)* échelon *m*;

(Stand) condition *f; mil* grade; *fig* standing *m; theat* galerie *f; ersten* ~es de premier ordre, de première classe; *von hohem* ~ de haut rang, d'un rang élevé; *fig* d'un niveau élevé; *jdm den* ~ *ablaufen* prendre le pas sur qn, couper l'herbe sous le pied de qn; damer le pion à qn; *e-n* ~ *einnehmen* prendre un rang; *den* ~ *e-s od e-r... haben* avoir rang de..., être au rang de ...; *jdm den* ~ *streitig machen* disputer la préséance à qn; ~**abzeichen** *n* insigne *m od* marque *f* de grade; ~**folge** *f* hiérarchie *f;* **r~höher** *a mil* d'un grade supérieur; ~**klasse** *f* classe *f;* ~**liste** *f mil* annuaire militaire; *sport* classement *m;* **r-mäßig** *a* u. *adv* dans l'ordre hiérarchique; ~**ordnung** *f* ordre de préséance, ordre *m* hiérarchique, hiérarchie *f;* ~**gesellschaftliche** ~ échelle *f* sociale; ~**streit(igkeit** *f)* *m* dispute *f* de préséance.

Range *m* ‹-n, -n› od *f* ‹-, -n› ['raŋǝ] *(unartiges Kind)* gosse *m f;* polisson, ne *m f;* pop môme *m.*

ran=gehen ['ran-] ‹aux: sein› *itr fam:* *tüchtig* ~ abattre de la besogne; *pop* en mettre un coup, tomber la veste.

Rangier|anlage *f* [rãˈʒiːr-] installation *f* de manœuvre; ~**bahnhof** *m* gare *f* de triage *od* de manœuvre *od* d'évitement; **r~en** *tr* u. *itr loc* garer, trier, manœuvrer; *itr allg* avoir tel ou tel rang, prendre rang; *an erster Stelle* ~ avoir le premier rang; ~**en** *n* triage *m,* manœuvre *f;* ~**gleis** *n* voie *f* de triage *od* de manœuvre *od* d'évitement; ~**lokomotive** *f* locomotive *f* de triage *od* de manœuvre.

rank [raŋk] *a (schlank)* élancé, mince, grêle.

Rank|e *f* ‹-, -n› ['raŋkǝ] *bot* vrille *f; (der Rebe)* sarment *m;* **r~en** ‹aux: haben *od* sein› *itr* grimper; *am Boden* ~ *(bot)* tracer; ~**enmuster** *n,* ~**enornament** *n,* ~**enwerk** *n* ramage, rinceau *m.*

Ränke *m pl* ['rɛŋkǝ] intrigues, manigances, machinations *f pl;* ~**schmied** *m* intrigant, machinateur *m* d'intrigue(s); ~**spiel** *n* intrigues *f pl,* cabale *f;* ~**sucht** *f* intrigue *f;* **r~süchtig** *a* intrigant; ~ *sein (a.)* avoir l'esprit d'intrigue.

ran=kriegen ['ran-] *itr fam:* jdn tüchtig ~ serrer la vis à qn, visser qn.

Ranunkel *f* ‹-, -n› [raˈnuŋkǝl] *bot* renoncule *f.*

Ränzel *n a.* *m* ‹-s, -› ['rɛntsǝl]: *sein* ~ *schnüren* plier bagage.

Ranzen *m* ‹-s, -› ['rantsǝn] *(Schulran-*

zen) sac *m* (d'écolier), sacoche, gibecière; *pop (Bauch)* panse, bedaine *f.*

ranzig ['rantsiç] *a* rance; ~ *werden* rancir.

rapid(e) [raˈpiːd(ǝ)] *a* rapide.

Rapier *n* ‹-s, -e› [raˈpiːr] *(zum Schlagen)* rapière *f; (zum Stoßen)* fleuret *m.*

Rappe *m* ‹-n, -n› ['rapǝ] cheval *m* noir *od* moreau.

Rapp|el *m* ‹-s, -› ['rapǝl] *fam (Wutanfall)* accès *m* (de colère); *(Verrücktheit)* toquade, lubie *f; du hast wohl einen* ~? *(fam)* qu'est-ce qui te prend? quelle mouche t'a piqué? **r~(e)lig** *a* toqué, timbré, quinteux; **r~eln** *itr tech* claquer, cliqueter, faire du bruit; *bei dir rappelt's wohl?* tu n'es pas bien?

Rappen *m* ‹-s, -› ['rapǝn] *(schweiz. Münze)* centime *m.*

Raps *m* ‹-es, -e› [raps] *bot* colza *m;* ~**öl** *n,* ~**saat** *f* huile, graine *f* de colza.

Rapunzel *f* ‹-, -n› [raˈpuntsǝl] *bot* mâche, doucette *f.*

rar [raːr] *a* rare; *sich* ~ *machen* se faire rare; ~ *werden* se raréfier; **R~ität** *f* ‹-, -en› [rariˈtɛːt] rareté *f;* (objet *m* de) curiosité *f.*

rasan|t [raˈzant] *a mil (flach, gestreckt)* rasant, tendu; *fam* = *rasend;* **R~z** *f* ‹-, ø› [-ˈzants] rasance; *(Flugbahn)* tension *f.*

rasch [raʃ] *a* prompt; rapide; *adv a.* vite; ~ *erledigen (a.)* expédier; ~ *machen (fam)* faire vite, se dépêcher; **R~heit** *f* ‹-, ø› promptitude, rapidité, vitesse *f.*

rascheln ['raʃǝln] *itr* froufrouter; faire un léger bruit; **R~** *n* froufrou, friselis *m.*

ras|en ['raːzǝn] *itr (vor Wut)* ‹aux: haben› rager, faire rage, être hors de soi, *fam* fumer; *fig fam (schnell fahren)* ‹aux: sein› aller *od* prendre le grand galop; aller à toute vitesse, rouler à toute allure; *arg* gazer; *gegen etw* s'emboutir contre qc; ~**end** *a* enragé, furieux, furibond; *(Beifall)* frénétique; *fig fam (~ viel)* fou; *in* ~*er Eile* à toute vitesse; *mit* ~*er Geschwindigkeit* à une allure folle; *jdn* ~ *machen* faire enrager *od* bondir *od* mousser *od* bouillir qn; *ich könnte* ~ *werden (a.)* c'est à se taper la tête contre les murs; ~*e Zahnschmerzen m pl* une rage de dents; **R~erei** *f* [-ˈraı] *(Wut)* fureur, furie; *(Wahnsinn)* frénésie *f; mot* excès *m* de vitesse, allure *f* excessive; *jdn in* ~ *bringen* exaspérer, faire enrager qn.

Rasen *m* ‹-s, -› ['raːzǝn] (tapis de) gazon *m; (~fläche)* pelouse *f; mit ~* *verkleiden* gazonner, revêtir de gazon; ~**fläche** *f,* ~**platz** *m* pelouse *f;* ~**mäher** *m* tondeuse *f* (à gazon); ~**sprenger** *m (Gerät)* arroseuse *f* ~**streifen** *m* cordon *m* de gazon; ~**walze** *f* rouleau *m* pour gazon.

Rasier|apparat *m* [ra'zi:r-] rasoir *m* mécanique; *elektrische(r)* ~ rasoir *m* électrique; ~**becken** *n* bassin *od* plat *m* à barbe; ~**creme** *f* crème *f* à raser; **r~en** *tr* raser, faire la barbe *(jdn* à qn); *sich* ~ se faire la barbe, se raser; *sich* ~ *lassen* se faire faire la barbe; *gut, schlecht rasiert* bien, mal rasé; ~**en** *n* rasage *m; ~ oder Haarschneiden?* pour la barbe ou les cheveux? ~**klinge** *f* lame *f* de rasoir; ~**messer** *n* rasoir *m;* ~**pinsel** *m* blaireau, pinceau *m* à barbe; ~**schaum** *m* mousse *f* à raser; ~**seife** *f* savon à raser *od* à barbe; *Stück n* ~ bâton *m* à barbe; ~**spiegel** *m* miroir *m* à barbe; ~**wasser** *n* après-rasage *m; ~***zeug** *n* trousse *f* à barbe.

Räson *f* ⟨-, ø⟩ [rɛ'zõ:] raison *f,* bon sens *m; zur ~ bringen* amener à la raison; **r~ieren** [-zo'ni:rən] *itr* raisonner; *(nörgeln)* ergoter.

Raspel *f* ⟨-, -n⟩ ['raspəl] râpe *f;* **r~n** *tr* râper.

Rasse *f* ⟨-, -n⟩ ['rasə] race *f; man merkt die gute* ~ bon sang ne peut mentir; ~**hund** *m* chien *m* de race; ~**ndiskriminierung** *f* discrimination *f* raciale; ~**nfanatiker** *m* raciste *m;* ~**nfanatismus** *m* racisme *m;* **r~nfeindlich** *a* antiraciste; ~**nfrage** *f* question *f* raciale; ~**ngruppe** *f* groupe *m* racial; ~**nhaß** *m* haine *f* raciale; ~**nintegration** *f* intégration *f* raciale; ~**nkampf** *m* lutte *f* des races; ~**nkreuzung** *f* croisement de(s) races, métissage *m;* ~**ntrennung** *f* ségrégation *f* raciale *od* des races; ~**nunterschied** *m* différence *f* raciale; ~**nverfolgung** *f* persécution *f* raciale; ~**pferd** *n* cheval *m* de race; **r~rein** *a* de race pure; **rassig** *a fam* racé; *pop* girond; **rassisch** *a* racial; ~ *gemischt* multiracial; **Rassismus** *m* racisme *m.*

Rassel *f* ⟨-, -n⟩ ['rasəl] *(Klapper)* crécelle *f;* ~**bande** *f* bande *f* bruyante d'enfants; **r~n** *itr* cliqueter, résonner; *mit dem Säbel* ~ *(fig)* prendre une attitude menaçante; ~**n** *n* cliquetis *m.*

Rast *f* ⟨-, -en⟩ [rast] repos *m,* pause, halte *f; (Ruhepause)* relâche *m,* récréation *f; mil* grand-halte *f; ohne* ~

und Ruh sans repos ni trêve; **r~en** *itr* faire (une) halte; se reposer; ~**haus** *n* = ~**stätte; r~los** *a* sans repos, sans relâche, sans trêve, sans cesse; *(unablässig)* incessant, infatigable; ~**losigkeit** *f* agitation *f* continuelle *od* incessante; ~**platz** *m* aire *f* de repos; ~**stätte** *f (an der Autobahn)* restaurant d'autoroute, restoroute; relais *m; (mit Tankstelle)* station *f* et halte.

Raster *m od n* ⟨-s, -⟩ ['rastər] *tech* glace *f* quadrillée; *typ* réseau *m,* trame *f; (Bildfunk)* quadrillage *m.*

Rasur *f* ⟨-, -en⟩ [ra'zu:r] *(Rasieren)* rasage *m; (ausradierte Stelle)* rature *f.*

Rat *m* ⟨-(e)s, ·· e/-schläge⟩ [ra:t, 'rɛ:tə] *(~schlag)* conseil, avis *m; (Vorschlag)* suggestion *f; (Kollegium)* conseil; *(Person)* conseiller *m; auf m-n* ~ *(hin)* sur mon conseil; *jds* ~ *befolgen* suivre le conseil de qn; *jdn um* ~ *bitten od fragen* consulter qn, demander conseil à qn; *jds* ~ *einholen* prendre l'avis de qn; *mit sich (selber) zu* ~ *e gehen* bien réfléchir; ~ *halten* = **r~schlagen**; *auf keinen* ~ *hören* ne prendre conseil *od* avis de personne; ~ *schaffen* y pourvoir, trouver voies et moyens; *immer* ~ *wissen* être homme de bon conseil; *sich keinen* ~ *mehr wissen* ne savoir plus que faire; *jdn zu* ~*e ziehen* prendre conseil auprès de qn *od* l'avis de qn; *etw (ein Buch) zu* ~*e ziehen* consulter qc; *da ist guter* ~ *teuer* c'est difficile; *que faire? guter* ~ *kommt über Nacht (prov)* la nuit porte conseil; *kommt Zeit, kommt* ~ *(prov)* qui vivra, verra; **r~en** ⟨*rät, riet, hat geraten*⟩ *tr (e-n* ~ *geben)* conseiller; *(empfehlen)* recommander; *(Rätsel)* deviner; *jdm etw zu* ~ *aufgeben (fig)* donner du fil à retordre à qn; *das R~ aufgeben* donner sa langue au chat; *ich rate Ihnen zur Vorsicht* je vous conseille la prudence; *das* ~ *Sie nicht!* je vous le donne à deviner *od* en dix *od* en cent *od* en mille; *wem nicht zu* ~ *ist, dem ist auch nicht zu helfen (prov)* à parti pris point de conseil; ~**geber** *m* conseiller *m;* ~**haus** *n (e-r Stadt)* hôtel *m* de ville; *(e-s kleineren Ortes)* mairie *f;* **r~los** *a* embarrassé, perplexe, désemparé, déconcerté; ~**losigkeit** *f* ⟨-, ø⟩ embarras *m,* perplexité *f;* **r~sam** *a* conseillé, opportun, convenable; *für* ~ *halten zu* juger *od* croire utile de; *es wäre* ~ *zu* il serait expédient de; ~**schlag** *m* conseil *m;* **r~schlagen** *itr* tenir conseil, délibérer; ~**schluß** *m* arrêt, décret *m;* ~**sdiener** *m* huissier *m;* ~**sherr** *m (Stadtrat)* conseiller municipal, sénateur *m; ~***skeller** *m* restaurant *m od* brasserie *f* de l'hôtel de ville; ~**sschreiber** *m* secrétaire *m* de mairie; ~**ssitzung** *f,* ~**sversammlung** *f* (séance *f* du) conseil *m.*

Rate *f* ‹-, -n› ['ra:tə] *com* acompte *m (Schweiz)* rate; *allg* quote-part; *(Monatsrate)* mensualité *f; in* ~*n (be-) zahlen* payer par *od* en acomptes *od* termes *od* en plusieurs versements; *auf* ~*n od* ~*nzahlung kaufen* acheter à tempérament; ~**nkauf** *m* achat *m* par acomptes *od* à tempérament; **r~nweise** *adv* par acomptes, à tempérament, à terme; *fig* par petits paquets; ~**nzahlung** *f* paiement *m* par acomptes *od* termes *od* à tempérament; *pl* versements *m pl* échelonnés.

Räte|regierung *f* ['rɛ:tə-] gouvernement *m* des soviets; ~**republik** *f* république *f* des conseils *od* soviétique.

Rät|ien *n* ['rɛ:tsiən] la Rhétie; **r~oromanisch** [rɛtoro'ma:nɪʃ] *a* rhéto-roman.

Ratifi|kation *f* ‹-, -en› [ratifikatsi'o:n], ~**zierung** *f* [-'tsi:rʊŋ] ratification *f;* ~**kationsurkunde** *f* instrument *m* de ratification; **r~zieren** [-'tsi:rən] *tr* ratifier.

Ration *f* ‹-, -en› [ratsi'o:n] ration *f; eiserne* ~ ration *f od* vivres *m pl* de réserve; **r~al** [-tsio'na:l] *a* rationnel; **r~alisieren** [-nali'zi:rən] *tr* rationaliser; ~**alisierung** *f* rationalisation *f;* ~**alisierungsschutz** *m* mesures *f pl* anti-rationalisation; ~**alismus** *m* ‹-s, ø› [-'lɪsmʊs] rationalisme *m;* ~**alist** *m* ‹-en, -en› [-na'lɪst] rationaliste *m;* **r~alistisch** [-'lɪstɪʃ] *a* rationaliste; **r~ell** [-'nɛl] *a (vernünftig)* rationnel; *(zweckmäßig)* approprié, fonctionnel; **r~ieren** [-'ni:rən] *tr adm* rationner; **r~iert** *a* soumis au rationnement; ~**ierung** *f* rationnement *m;* ~**ierungssystem** *n* régime *m* de rationnement.

Rätsel *n* ‹-s, -› ['rɛ:tsəl] énigme *f,* mystère *m; (Aufgabe)* devinette *f; ein* ~ *aufgeben, lösen* poser, résoudre une devinette; *in* ~*n sprechen* parler par énigmes; *ich stehe vor e-m* ~*, das od es ist mir ein* ~ *(a.)* c'est inconcevable (pour moi); je n'y comprends rien; *des* ~*s Lösung* le mot de l'énigme, le fin mot de l'histoire; *das ist des* ~*s Lösung* voilà l'explication; ~**ecke** *f* coin *m* des chercheurs; **r~haft** *a* énigmatique; *(unerklärlich)* incompréhensible, inconcevable, indéchiffrable; *(geheimnisvoll)* mys-

térieux; ~**haftigkeit** *f* caractère *m* énigmatique; incompréhensibilité *f;* mystérieux *m;* ~**löser** *m* ‹-s, -› solutionniste *m; geschickte(r)* ~ œdipe *m;* **r~n** *itr* deviner; ~**raten** *n fig* spéculations *f pl.*

Ratte *f* ‹-, -n› ['ratə] rat *m; (weibl.* ~*)* rate *f; von* ~*n befreien* dératiser; ~**nbekämpfung** *f* dératisation *f;* ~**nfalle** *f* ratière *f;* ~**nfänger** *m (Mensch)* (chien) ratier *m;* ~**ngift** *n* mort-aux--rats *f,* raticide *m;* ~**nkönig** *m fig (unentwirrbare Schwierigkeit)* enchevêtrement *m;* ~**nloch** *n fig* nid *m* à rats; ~**nschwanz** *m fig (endlose Folge)* cascade *f.*

Rätter *m* ‹-s, -› ['rɛtər] *tech (Sieb)* crible *m* oscillant.

rattern ['ratərn] *itr* pétarader; **R~** *n* pétarade *f; mot* broutage *m.*

Ratze *f* ‹-, -n› ['ratsə] *fam* = *Ratte.*

Raub *m* ‹-(e)s, ø› [raʊp, -bəs] rapine *f,* brigandage, vol *m* à main armée; *(Beraubung)* spoliation *f; (Plünderung)* pillage *m; (Menschenraub)* rapt *m; fig (Beute)* proie *f; auf* ~ *ausgehen* chercher sa proie; *ein* ~ *der Flammen werden* devenir la proie des flammes; ~**bau** *m allg* exploitation *f* abusive *od* dévastatrice; pillage *m; geog* déprédation *f;* ~ *treiben* exploiter d'une façon abusive *(an etw* qc); *an s-r Gesundheit* abîmer sa santé; ~**druck** *m* édition *f* pirate; **r~en** ['-bən] *tr* ravir *(a. Menschen u. fig);* voler, dérober; prendre; *(plündern)* piller; *ich raube Ihre Zeit* j'abuse de votre temps; ~**gier** *f* rapacité *f;* **r~gierig** *a* rapace, vorace, avide de proie; ~**mord** *m* vol et assassinat, meurtre *m* aux fins de voler; ~**mörder** *m* voleur et assassin *m;* ~**platte** *f* copie *f* pirate d'un disque; ~**pressung** *f* copie *f* pirate; ~**ritter** *m* chevalier *m* brigand; ~**tier** *n* carnassier, carnivore *m;* ~**überfall** *m* attaque *od* agression *f* à main armée; hold-up *m;* ~**vogel** *m* oiseau *m* de proie.

Räuber *m* ‹-s, -› ['rɔʏbər] brigand, bandit, voleur; spoliateur; *(Straßen~)* détrousseur, voleur *m* de grand chemin; *wie ein* ~ *aussehen (fam)* être fait comme un voleur; ~**bande** *f* bande *f* de brigands; ~**ei** *f* [-'raɪ] *fam* brigandage; *(Plünderung)* pillage *m;* ~**geschichte** *f* histoire *f od* conte de brigands; *fig* conte *m* bleu; ~**hauptmann** *m* chef *m* de brigands; ~**höhle** *f* nid de brigands, repaire; *fig* coupe-gorge *m;* **r~isch** *a* rapace; pillard; de brigand; **r~n** *itr* piller; ~**pi-**

stolen *f pl fam hum* histoires *f pl* de brigand.

Rauch *m* ‹-(e)s, ø› [raʊx] fumée *f; in* ~ *aufgehen (fig)* s'en aller *od* s'évanouir en fumée; *wo* ~ *ist, ist auch Feuer (prov)* il n'y a pas de fumée sans feu; **~abzug** *m* conduit(e *f) m* de fumée; **~bildung** *f* production *f od* dégagement *m* de fumée; **~bombe** *f* bombe *f* fumigène; **r~en** *itr* u. *tr* fumer; *auf Lunge* ~ avaler *od* inhaler la fumée (de la cigarette); *mir raucht der Kopf* la tête me tourne; *(bitte) nicht* ~*!* (prière de) ne pas fumer; **~en** *n:* ~ *verboten!* défense de fumer; **~entwick(e)lung** *f* dégagement *m od* émission *f* de fumée; **~er** *m* ‹-s, -› fumeur *m; starke(r)* ~ grand *od* gros fumeur *m;* **~erabteil** *n loc* compartiment *m* de fumeurs; **~erhusten** *m* toux *f* de fumeur; **~erlunge** *f* poumon *m* de fumeur; **~fahne** *f* panache *od* ruban *m od* traînée *f* de fumée; *pl* flots *m pl* de fumée; *dünne* ~ filet *m* de fumée; **~fang** *m* (hotte de) cheminée *f;* **~faß** *n rel* encensoir *m;* **~fleisch** *n* viande *f* fumée; **r~frei** *a* sans fumée; **r~geschwärzt** *a* noirci par la fumée; **~glas** *n* verre *m* fumé; **r~ig** *a* fumeux; **r~los** *a* sans fumée; **~säule** *f* colonne *f* de fumée; **~schleier** *m* écran de fumée, rideau *m* fumigène; **~schwaden** *m (pl)* nuages *m pl* d'incendie; **~schwalbe** *f* hirondelle *f* rustique *od* de cheminée; **~spurmunition** *f* projectile *m* traceur; **~tabak** *m* tabac *m* à fumer; **~verbot** *n* défense *f* de fumer; **~vergiftung** *f* intoxication *f* par la fumée; **~verzehrer** *m* fumivore *m;* **~waren** *f pl* **1.** tabacs *m pl;* **~wölkchen** *n* flocon *m* de fumée; **~wolke** *f* nuage *m* de fumée; *(kleine)* bouffée *f;* **~zimmer** *n* fumoir *m.*

Räucher|aal *m* ['rɔʏçər-] anguille *f* fumée; **~bude** *f pej* tabagie *f;* **~faß** *n* = *Rauchfaß m;* **~kammer** *f tech* fumoir *m;* **~kerzchen** *n,* **~kerze** *f* parfum *m od* pastille *f* à brûler; **r~n** *tr (Fleisch, Wurst)* fumer; *(Heringe)* saurer; *itr* faire des fumigations, brûler des parfums; **~n** *n* fumage; saurissage *m;* **~pfanne** *f* cassolette *f;* **~stäbchen** *n* bâton *m* d'encens; **~ung** *f med* fumigation *f; rel* encensement *m;* **~waren** *f pl* produits *m pl* fumés.

Rauch|waren *f pl* ['raʊx-] **2.,** **~werk** *n (Pelze)* pelleterie *f;* **~warenhändler** *m* pelletier *m.*

Räud|e *f* ‹-, -n› ['rɔʏdə] *med vet* gale, teigne *f;* **r~ig** *a* galeux, teigneux.

rauf [raʊf] *adv fam* = *herauf.*

Rauf|bold *m* ‹-(e)s, -e› ['raʊfbɔlt, -də] batailleur, spadassin, bretteur, bretailleur, ferrailleur *m;* **r~en** *tr: sich die Haare* ~ s'arracher les cheveux; *sich* ~ se chamailler, se battre; **~erei** *f* [-'raɪ] rixe *f;* **~lust** *f* humeur *f* batailleuse *od* querelleuse; **r~lustig** *a* batailleur, querelleur.

Raufe *f* ‹-, -n› ['raʊfə] *agr* râtelier *m.*

rauh [raʊ] *a allg* âpre *a. fig; (Fläche)* raboteux, rugueux; *bot (borstig)* hispide; *(Stimme)* rauque; *(Klima)* rigoureux, rude, inclément; *(Gegend)* sauvage; *(Mensch)* rêche, revêche, rébarbatif; *(Ton, Sprache)* dur; *(Sitten)* sauvage, grossier; *adv* vertement, à la dure; *in* ~*en Mengen* en masse, comme s'il en pleuvait; ~ *anfahren* rudoyer; *e-e* ~*e Schale haben (fig)* être rêche *od* revêche; *die* ~*e Wirklichkeit* la dure réalité; **R~bein** *n* rustre, meneur *m* d'ours; **~beinig** *a* revêche, grossier; **R~bewurf** *m* = *R~putz;* **Rauheit** *f* âpreté *f;* rigueur; rudesse; dureté; grossièreté *f;* ~*en tr* (~ *machen)* rendre raboteux *od* rugueux; *(Tuch)* lainer; **R~futter** *n* foin *m* et paille *f;* **~haarig** *a* hirsute; **R~haarterrier** *m* terrier *m* à poil dur; **R~maschine** *f (Textil)* laineuse *f;* **R~putz** *m* crépi *m,* crépissure *f;* enduit *m* hourdé; **R~reif** *m* givre *m,* gelée *f* blanche.

Raum *m* ‹-(e)s, ·̈e› [raʊm, 'rɔʏmə] *a. philos astr* espace *m; (Ausdehnung, Weite)* étendue; *(bestimmter* ~*, Platz)* place *f; (Spielraum)* jeu *m; (Zimmer)* pièce *f,* local *m; (Gebiet)* région, zone *f; auf knappem* ~ *(fig)* dans un volume restreint; *wenig* ~ *beanspruchen (Sache)* tenir peu de place; ~ *bieten für* offrir de la place pour; *e-n breiten* ~ *einnehmen* tenir une grande place; ~ *geben (e-r Bitte)* céder, acquiescer, consentir (à); *(e-m Gedanken, e-r Vorstellung)* donner place *od* du champ à, admettre; se livrer à; *zu fünft in e-m* ~ *wohnen* vivre à cinq dans la même pièce; *geschlossene(r)* ~ local *m* clos; *gewerblich genutzte(r)* ~ local *m* à usage professionnel; *tote(r)* ~ *(mil)* espace *m* mort; ~ *und Zeit* l'espace *m* et le temps; **~anzug** *m (Weltraumanzug)* scaphandre *m,* combinaison *f* spatiale; **~aufteilung** *f* aménagement *m;* **~bedarf** *m* place *f* requise; **~bild** *n* image *f* stéréoscopique *od* en relief; **~bildmesser** *m* ‹-s, -› télémètre stéréoscopique, stéréotélémètre *m;* **~bildmessung** *f* stéréophotogrammétrie *f;* **~einheit** *f math* unité *f* de volume; **~ersparnis**

f économie *f* de place; *zwecks* ~ pour gagner de la place; ~**fähre** *f* navette *f* spatiale; ~**fahrer** *m* cosmonaute, astronaute, spationaute *m;* ~**fahrt** *f* navigation *f* spatiale; *(einzelner Flug)* voyage *m* spatial *od* dans l'espace; ~**fahrtprogramm** *n* programme *m* spatial; ~**fahrtzentrum** *n* centre aérospatial; ~**fahrzeug** *n* véhicule spatial *od* de l'espace, astronef *m;* ~**flug** *m* mission *f* spatiale, *od* vol *m* spatial *od* cosmique; *bemannte(r)* ~ vol *m* (spatial) habité; ~**flugkörper** *m* engin *m* spatial; ~**forschung** *f* recherche(s *pl*) *f* spatiale(s); ~**gefühl** *n* sens *m* de l'espace; ~**gestalter** *m (Innenarchitekt)* décorateur, ensemblier *m;* ~**gestaltung** *f* décoration *f;* ~**inhalt** *m* volume *m;* capacité *f,* cubage *m;* ~**kapsel** *f* cabine spatiale; capsule *f* spatiale; ~**krankheit** *f* mal *m* de l'espace; ~**kunst** *f* art *m* décoratif; **labor** *n* laboratoire *m* spatial; ~**lehre** *f* stéréométrie *f;* ~**mangel** *m* manque *m* de place; ~**maß** *f* mesure *f* de volume; ~**meter** *n, a. m* mètre cube; *(Holz)* stère *m;* ~**pflegerin** *f* femme *f* de ménage *od* de journée; ~**planung** *f* aménagement *m* du territoire; ~**schiff** *n* vaisseau spatial, véhicule spatial, astronef *m;* ~**sonde** *f* sonde *f* spatiale; ~**sparend** *a* peu encombrant; ~**transporter** *m* navette *f* spatiale; ~**verteilung** *f* aménagement *m,* disposition *f;* **r~**-**zeitlich** *a* spatio-temporel.

Räum|boot *n* ['rɔʏm-] dragueur *m* de mines; **r~en** *tr (aufgeben, zur Verfügung stellen)* vider, évacuer, quitter; *(von Schutt)* déblayer; *(Hafen)* curer; *(Minen)* déterrer, *mar* draguer; *tech* brocher; *itr com* réaliser son stock, liquider; *beiseite* ~ mettre de côté; *den Saal* ~ (faire) évacuer la salle; ~**gerät** *n* machine à déblayer; *mar* drague *f;* **r~lich** *a* spatial, dans l'espace); ~ *beschränkt sein* manquer de place; ~*e Entfernung f* éloignement *m;* ~*e(s) Sehen n* vue *f* stéréoscopique; ~*e Tiefe f (film)* relief *m;* ~**lichkeiten** *f pl (Räume)* locaux *m pl;* ~**ung** *f* évacuation *f;* déblaiement *m com* liquidation *f;* ~**ungsarbeiten** *f pl* travaux *m pl* de dégagement; ~**ungs(aus)verkauf** *m* liquidation *f* (générale *od* totale); ~**ungsbefehl** *m* arrêté *m* d'expulsion; ~**ungsklage** *f* demande *f* d'expulsion.

raunen ['raʊnən] *itr* murmurer; chuchoter.

raunz|en ['raʊntsən] *itr dial (nörgeln)* gronder, grogner; **R~er** *m* ⟨-s, -⟩ grognon *m;* **R~erei** *f* [-'raɪ] grognerie *f.*

Raupe *f* ⟨-, -n⟩ ['raʊpə] *ent* chenille *a. tech; (Uniform)* torsade *f;* ~**nfahrzeug** *n* véhicule *od* engin *m* chenillé *od* à chenille(s); *kleine(s)* ~ chenillette *f;* ~**nfraß** *m* dégâts *m pl* causés par les chenilles; ~**nnest** *n* chenillère *f;* ~**nschlepper** *m* tracteur *m* à chenilles, auto-chenille *f.*

raus [raʊs] *fam* = *heraus;* ~*!* hors d'ici! va-t'en! *pop* oust(e)! *nun ist es* ~ *(fam: gesagt)* le mot est lâché; ~**ekeln** *tr: jdn* ~ se débarrasser de qn par des brimades; ~**fliegen** ⟨*aux: sein*⟩ *itr fam* sauter; ~**gehen** ⟨*aux: sein*⟩ *itr fam (aus e-m Raum)* déblayer le plancher; ~**hängen** *itr: das hängt mir zum Halse heraus! (fam)* j'en ai marre; ~**kommen** ⟨*aux: sein*⟩ *itr: (dabei)* ~ *(fam)* en sortir, en résulter; ~**rücken** *tr fam (Geld)* lâcher; *pop* abouler; ~**schmeißen** *tr pop* sortir, vider, sacquer; ~**werfen** *tr fam* flanquer à la porte; *(Angestellten)* virer.

Rausch *m* ⟨-es, ⁓e⟩ [raʊʃ, 'rɔʏʃə] *a. fig* ivresse *f,* enivrement *m; fig* griserie *f; im* ~ en état d'ivresse; *sich e-n* ~ *antrinken* s'enivrer; *s-n* ~ *ausschlafen* cuver son vin; *e-n* ~ *haben* être ivre *od* gris; ~**gift** *n* stupéfiant *m,* drogue *f;* ~ *gebrauchen* se droguer; ~**giftdezernat** *n* brigade *f* des stupéfiants; ~**gifthandel** *m* trafic *m* des stupéfiants; ~**gifthändler** *m* trafiquant *m* de stupéfiants; ~**giftsüchtige(r)** *m* drogué; **r~haft** *a* enivré; **Räuschlein** *n* pointe *f* de vin.

rausch|en ['raʊʃən] *itr* bruire; *(Wind)* mugir; *(Blätter)* susurrer; *(Stoff)* froufrouter; *(Radio)* grésiller; **R~en** *n* bruissement; mugissement; susurrement; froufrou *m;* ~**d** *a (Fest)* magnifique; ~*e(r) Beifall m* tempête *f* d'applaudissements; **R~gold** *n* oripeau *m.*

räuspern, *sich* ['rɔʏspərn] se racler la gorge.

Raute *f* ⟨-, -n⟩ ['raʊtə] *(Rhombus)* losange, rhombe *m; bot* rue *f;* **r~nförmig** *a* en losange, rhombique; ~**ngewächse** *n pl* rutacées *f pl.*

Ravioli [ra'vio:li] *pl* ravioli *m pl.*

Razzia *f* ⟨-, -zzien/-s⟩ ['ratsia, '-siən] rafle, razzia *f; e-e* ~ *machen* faire une rafle.

Reag|ens *n* ⟨-, -genzien⟩ [re'a:gɛns/ rea'gɛns, -'gɛntsiən], ~**enz** *n* ⟨-es, -zien⟩ [-'gɛnts] *chem* réactif *m;* ~**enzglas** *n* éprouvette *f,* tube *m* (à essai); **r~ieren** *itr chem* agir; *allg* réagir, être sensible *(auf* à); *schnell* ~ avoir du réflexe.

Reaktion *f* ⟨-, -en⟩ [reaktsi'o:n] réaction *f;* ~ *auf Reize (biol)* irritabilité *f;* **r~är** [-tsio'nɛːr] *a pol* réactionnaire; **~är** *m* ⟨-s, -e⟩ réactionnaire *m;* **~sfähigkeit** *f psych* pouvoir *m* de réaction; *physiol* réactivité *f;* **~sgeschwindigkeit** *f,* **~szeit** *f* vitesse *f od* temps *m* de réaction.

reaktivier|en [reakti'viːrən] *tr allg* rappeler à l'activité; *mil* réactiver; **R~ung** *f mil* rappel *m* à l'activité.

Reaktor *m* ⟨-s, -en⟩ [re'aktɔr, -'toːrən] *phys* réacteur *m,* pile *f* (atomique); **~kern** *m* cœur *m* du réacteur.

real [re'aːl] *a (wirklich)* réel, effectif, concret; **R~einkommen** *n* revenu *od* produit *m* réel; **~isierbar** [-'ziːr-] *a* réalisable; **~isieren** *tr* réaliser; **R~isierung** *f* réalisation *f;* **R~ismus** *m* ⟨-, ø⟩ [-'lɪsmʊs] réalisme *m;* **R~ist** *m* ⟨-en, -en⟩ [-'lɪst] réaliste *m;* **~istisch** [-'lɪstɪʃ] *a* réaliste; **R~ität** *f* ⟨-, -en⟩ [-li'tɛːt] réalité *f;* **R~katalog** *m* catalogue *m* analytique; **R~lohn** *m* salaire *m* réel; **R~politik** *f* politique *f* réaliste; **R~wert** *m* valeur *f* réelle.

Rebbach *m* ⟨-s, ø⟩ ['rɛbax] *arg (Gewinn)* chopin *m pop.*

Reb|e *f* ⟨-, -n⟩ ['reːbə] *(Weinstock)* (cep *m* de) vigne *f; (Weinranke)* sarment, pampre *m;* **~enart** *f* cépage *m;* **~enblut** *n,* **~ensaft** *m poet* jus *m* de la treille; **~engeländer** *n* treillage *m;* **~laus** ['reːp-] *f* phylloxéra *m; von der* ~ *befallen* phylloxéré; **~ling** *m* ⟨-s, -e⟩ *(Schößling)* sarment *m;* **~messer** *n* serpette *f;* **~stock** *m* (pied *m* de) vigne *f,* cep *m* (de vigne).

Rebell *m* ⟨-en, -en⟩ [re'bɛl] rebelle, révolté *m;* **r~ieren** [-'liːrən] *itr* se rebeller, se révolter; **~ion** *f* ⟨-, -en⟩ [-li'oːn] rébellion, révolte *f;* **r~isch** [-'bɛlɪʃ] *a* rebelle.

Rebhuhn *n* ['rɛp-] perdrix *f; junge(s)* ~ perdreau *m.*

Rebus *m od n* ⟨-, -sse⟩ ['reːbʊs(ə)] *(Bilderrätsel)* rébus *m.*

rechen ['rɛçən] *tr (harken)* ratisser; **R~** *m* ⟨-s, -⟩ *(Harke)* râteau *m.*

Rechen|aufgabe *f* ['rɛçən-] problème (d'arithmétique), devoir *m* de calcul; **~brett** *n* boulier *m;* **~buch** *n* livre *m* d'arithmétique; **~exempel** *n* ⟨-⟩ *~aufgabe;* **~fehler** *m* erreur *od* faute *f* de calcul; mécompte *m;* **~künstler** *m* calculateur *m* prodige; **~lehrer** *m* maître *m* d'arithmétique; **~maschine** *f* machine à calcul(er); calculatrice *f; elektrische* ~ machine *f* électrocomptable; *elektronische* ~ calculatrice *f* électronique; **~schaft** *f* ⟨-, ø⟩ raison *f; (Bericht)* compte *m* rendu; *über etw* ~ *ablegen* rendre compte

de qc; *niemandem* ~ *schuldig sein* n'avoir de comptes à rendre à personne; *jdn zur* ~ *ziehen* demander compte *od* des explications à qn; **~schaftsbericht** *m* compte rendu, rapport *m* de gestion; **~schieber** *m* règle à calcul *od* logarithmique, échelle *f* logarithmique; **~stunde** *f (Schule)* leçon *f* de calcul *od* d'arithmétique; **~tabelle** *f* barème *m;* **~tafel** *f* table *f* à calculer, abaque *m;* **~unterricht** *m* enseignement *m* du calcul *od* de l'arithmétique; **~werk** *n inform (von Computer)* organe *m od* unité *f* de calcul.

Recherchen *f pl* [re'ʃɛrʃən] *(Nachforschungen)* recherches *f pl.*

rech|nen ['rɛçnən] *tr* calculer, compter, faire le compte de; *(ansehen als)* ranger *(zu, unter* parmi); compter au nombre, mettre au nombre *od* rang *(zu, unter* de); *itr* compter, tabler *(mit, auf* sur); *(gefaßt sein auf)* s'attendre *(mit etw* à qc); *alles in allem gerechnet* tout compte fait, somme toute; *mit allem* ~ *(a.)* faire la part de l'imprévu; *mit e-m Erfolg* ~ escompter un succès; *mit jedem Pfennig* ~ compter chaque sou; *mit jdm od etw* ~ compter *od* parier sur qn *od* qc; *mit dem Schlimmsten* ~ envisager le pire; *damit können Sie nicht* ~ vous ne pouvez tabler là-dessus; *es muß damit gerechnet werden, daß ...* il faut s'attendre à ce que ...; **R~nen** *n* calcul *m;* **R~ner** *m* ⟨-s, -⟩ calculateur; arithméticien *m; (Gerät)* calculatrice *f;* **~nergesteuert** *a inform* commandé par ordinateur; **~nerisch** *a* arithmétique; *adv* par des calculs, par voie de calcul.

Rechnung *f* ⟨-, -en⟩ ['rɛçnʊŋ] *(Rechnen)* calcul; *(Berechnung)* compte; *(Kostenforderung)* compte *m,* note, facture *f,* mémoire *m; (in e-r Gaststätte)* addition; *fam* douloureuse *f; auf eigene* ~ pour son propre compte; *auf eigene* ~ *und Gefahr* à ses risques et périls; *auf gemeinsame* ~ en participation; *für fremde* ~ pour le compte d'autrui; *e-e* ~ *ausstellen* dresser *od* établir *od* faire un compte *od* une facture; *e-e* ~ *begleichen* apurer un compte, régler un mémoire; *für fremde* ~ *handeln* agir pour le compte d'autrui; *(dabei) auf s-e* ~ *kommen* (y) trouver son compte; *jdm e-n Strich durch die* ~ *machen (fig)* traverser les desseins de qn; *die* ~ *ohne den Wirt machen n (fig)* compter sans l'hôte *od* sans son hôte; se tromper dans ses prévisions; *auf s-e* ~ *nehmen* prendre sur son compte; *in*

~ *stellen* mettre *od* passer *od* porter en compte; *jdm etw in* ~ *stellen* porter qc au *od* sur le compte de qn; *e-r Sache* ~ *tragen* tenir compte de qc; *auf neue* ~ *vortragen* porter à un nouveau compte; *die* ~ *geht auf* le compte est bon; *s-e* ~ *ging nicht auf (fig)* il s'est trompé dans ses calculs; *gepfefferte* ~ *(fam)* coup de fusil; *glatte* ~ compte *m* rond; *offene* ~ compte *m* ouvert *od* courant; ~**sab-schluß** *m* apurement *m* de compte; ~**saufstellung** *f* établissement *m* de compte; ~**sbeleg** *m* pièce *f* comptable *od* justificative; ~**sbetrag** *m* montant *m* de (la) facture; ~**sbuch** *n* livre *m* de comptabilité *od* de compte; ~**sführer** *m* (agent) comptable; *mil* sous-officier *m* comptable; ~**sführung** *f* comptabilité, gestion *f* comptable; ~**shof** *m* Cour *f* des comptes; ~**sjahr** *n* exercice *m* (financier), année *f* fiscale; ~**sprüfer** *m* vérificateur *od* commissaire *m* aux comptes; ~**sprüfung** *f* vérification *f* des comptes; ~**sstelle** *f* service *m* de comptabilité; ~**svorlage** *f* présentation *f* d'une *od* de la facture; ~**swesen** *n* (service *m* de) comptabilité *f*.

recht [rɛçt] *a (Seite, Winkel)* droit; *(richtig)* juste; *(wahr, echt)* vrai, véritable; *(~mäßig)* légitime; *(geeignet)* convenable, opportun; *adv (sehr)* bien, très; fort; *(ziemlich)* assez, passablement; *(gehörig)* comme il faut; *(richtig)* juste; *am* ~*en Ort* au bon endroit; *erst* ~ à plus forte raison; *erst* ~ *nicht!* encore moins; *ganz* ~ *(adv)* tout juste; très bien! *gerade* ~ *(adv)* à point (nommé); *(gerade) im* ~*en Augenblick* à point nommé; *mehr als* ~ *ist* plus que de raison; *wie* ~ *und billig (ist)* comme de raison; *zur* ~*en Zeit* à temps; en temps utile; à point (nommé); à propos; ~ *eigentlich* par excellence; ~ *gern* bien volontiers; ~*er Hand* à main droite; ~ *und schlecht* tant bien que mal; ~ *oder unrecht* à tort ou à raison; ~ *behalten* avoir finalement raison, finir par avoir raison, l'emporter; *jdm (nicht)* ~ *geben* donner raison (tort) à qn; ~ *haben* avoir raison; *gerade* ~ *kommen* arriver *od* venir à propos *od* à point, bien tomber; *an den R~en kommen* trouver son homme *od* à qui parler; *es jdm* ~ *machen* satisfaire qn; *es jedem* ~ *machen wollen (a.)* ménager la chèvre et le chou; *nach dem R~en sehen* avoir l'œil, veiller au bon ordre, faire un *od* des contrôle(s); *jdm (gerade)* ~ *sein* faire l'affaire de qn; *fam* botter qn; *jds* ~*e*

Hand sein être le bras droit de qn; *nicht* ~ *wissen* ne pas savoir au juste; *nichts R~es zustande bringen* ne faire rien qui vaille; *das ist mir (ganz od durchaus)* ~ je (le) veux bien, cela me va *od* me convient; cela m'arrange tout à fait; *das ist mir gerade* ~ je ne demande pas mieux; *mir ist alles* ~ je m'accommode de tout; *das kommt mir gerade* ~*!* cela fait mon affaire! *pop* ça me botte! *das ist mir was R~es!* c'est du propre! *das geschieht dir (ganz)* ~ tu ne l'as pas volé; *dir ist nichts* ~ *zu machen* tu fais le difficile; *wenn es Ihnen* ~ *ist* si cela vous arrange *od* vous convient; *ihm ist jedes Mittel* ~ il fait flèche de tout bois; *das ist mir der R~e! (iron)* parlez-moi de celui-là! *das ist nur* ~ *und billig* cela va de droit, ce n'est que justice; *das geht nicht mit* ~*en Dingen zu* le diable s'en mêle; *nun erst* ~*!* maintenant plus que jamais; *nun erst* ~ *nicht!* maintenant encore moins!; *so ist's* ~*!* ~ *so!* c'est bien! à la bonne heure! *was dem einen* ~ *ist, ist dem andern billig (prov)* il ne doit pas y avoir deux poids et deux mesures; *tue* ~ *und scheue niemand (prov)* fais ce que dois, advienne que pourra; il faut bien faire et laisser dire; *der* ~*e Mann* l'homme *m* qu'il faut *od* de la situation; *die* ~*e Seite (Stoff)* l'endroit *m*; *typ* le recto; **R~e,** *die* ⟨-n, -n⟩ *(~e Hand u. pol)* la droite; *(Boxen a.)* le droit *m*; *zur R~en* à droite; *äußerste* ~ *(pol)* extrême droite *f*; **R~e(r)** *m pol* homme *od* politicien *m* de droite.

Recht *n* ⟨-(e)s, -e⟩ [rɛçt] *allg u. jur* droit *m*; *(Berechtigung)* raison; *(Gerechtigkeit)* justice; *(Gesamtheit der Gesetze)* législation; *(Befugnis)* autorisation *f*; *pl (Wissenschaft)* jurisprudence *f*; *mit* ~ avec raison; de droit, à bon droit, à juste titre; *mit gleichem* ~ au même titre; *mit um so größerem* ~ à plus forte raison; *mit gutem* ~ à bonne raison; *mit vollem* ~ de plein droit, par droit et raison, à juste titre; *mit welchem* ~*?* de quel droit? *mit* ~ *oder Unrecht* à tort ou à raison; *von* ~*s wegen* de droit, à bon droit; *ein* ~ *ausüben* excercer un droit; *sein* ~ *behaupten (a.)* disputer le terrain; faire valoir ses droits; *zu* ~ *bestehen* être fondé en droit; *in jds* ~ *eingreifen* aller sur les droits de qn; *sein* ~ *fordern od verlangen* demander justice; *ein* ~ *auf etw haben* avoir droit à qc; *das* ~ *auf seiner Seite haben* avoir la justice de son côté; *von e-m* ~ *Gebrauch machen* user d'un droit; *ein* ~

geltend machen faire valoir un droit; *sein* ~ *geltend machen* poursuivre son droit; *im* ~ *sein* être dans son droit; ~ *sprechen* rendre la justice; *die* ~*e studieren* étudier le droit; *jdm zu s-m* ~ *verhelfen* faire *od* rendre justice à qn; *das steht mir von* ~*s wegen zu* cela me revient de droit; *alle* ~*e vorbehalten* tous droits réservés; *und das od zwar mit* ~*!* et pour cause! *gleiches* ~ *für alle!* même droit pour tous! *bürgerliche(s), gemeine(s), kanonische(s), öffentliche(s)* ~ droit *m* civil, commun, canon(ique), public; *das deutsche* ~ la législation allemande *ererbte* ~*e (pl)* droits *m pl* successifs; *gültige(s)* ~ loi *f* applicable; *die politischen, verfassungsmäßigen* ~*e* les libertés *f pl* publiques, constitutionnelles; *(wohl)erworbene* ~*e (pl)* droits *m pl* acquis; ~ *auf Arbeit* droit *m* au travail; ~ *auf Freiheit* liberté *f* naturelle; ~ *der freien Meinungsäußerung* libre discussion *f*; *das* ~ *des Stärkeren* la raison *od* le droit *od* la loi du plus fort.

Recht|eck *n* ['rɛçt-] rectangle *m*; **r~eckig** *a* rectangulaire; **r~en** *itr (streiten)* contester, disputer; ~**ens** *(zu Recht)* de droit, à bon droit; **r~fertigen** *tr* justifier; *sich* ~ se disculper *(wegen* de); *(nicht) zu* ~*(d)* (in)justifiable; ~**fertigung** *f* justification; disculpation, apologie *f*; *das bedarf keiner* ~ *(a.)* cela ne demande pas d'excuse; ~**fertigungsschrift** *f* mémoire *m* justificatif; **r~gläubig** *a rel* orthodoxe; ~**gläubigkeit** *f* orthodoxie *f*; ~**haberei** *f* ergotage, ergotement *m*, ergoterie *f*; **r~haberisch** *a* ergoteur; **r~lich** *a* juridique; légal; *(redlich)* loyal, équitable, probe; ~*e Anerkennung f (gerichtliche)* légalisation; *(gesetzliche)* légitimation *f*; ~ *anerkennen* légaliser, légitimer; ~**lichkeit** *f* ⟨-, ø⟩ *(Redlichkeit)* loyauté, probité, rectitude *f*; **r~los** *a* mis hors la loi, sans droits; ~**losigkeit** *f* ⟨-, ø⟩ mise hors la loi; proscription *f*; **r~mäßig** *a* légitime; légal; *für* ~ *erklären* légitimer; légaliser; ~**mäßigkeit** *f* ⟨-, ø⟩ légitimité; légalité *f*; **r~schaffen** *a* droit, honnête, probe, intègre; ~**schaffenheit** *f* ⟨-, ø⟩ droiture, honnêteté, probité, intégrité *f*; ~**schreibfehler** *m* faute *f* d'orthographe; ~**schreibung** *f* orthographe *f*; ~**sprechung** *f* jurisprudence *f*; **r~weisend** *a geog* vrai, géographique; **r~wink(e)lig** *a* rectangulaire, rectangle; orthogonal; en *od* d'équerre; ~*e(s) Dreieck n* triangle *m* rectangle; **r~zeitig** *a* oppor-

tun; *adv* à temps, en dû temps; ~**zeitigkeit** *f* ⟨-, ø⟩ opportunité *f*.

rechts [rɛçts] *adv* à droite; sur la droite; *nach, von* ~ à, de droite; ~ *neben dem od vom Hause* à droite de la maison; ~ *gehen od fahren* prendre *od* tenir la *od* sa droite; ~ *ran!* appuyez à droite! ~ *schwenkt, marsch!* changement de direction à droite, marche! **R~abbieger** *m (Verkehr)* véhicule *m od* celui qui tourne à droite; **R~abweichung** *f* déviation *f* vers la droite; **R~außen** *m* ⟨-, -⟩ *sport* ailier *m* droit; **R~drall** *m (Feuerwaffe)* pas *m od* rayures *f pl* à droite; ~ *haben* être à rayé à droite; **R~drehung** *f* rotation *f* à droite; **R~er** *m* ⟨-s, -⟩ *fam* = **R~händer**; ~**gängig** *a* tournant *od (Schraube)* fileté à droite; **R~gewinde** *n tech* filet *m* à droite; **R~händer** *m* ⟨-s, -⟩ droitier *m*; ~**händig** *a* droitier; **R~innen** *m* ⟨-, -⟩ *sport* inter *m* droit; **R~kurve** *f* virage *m* à droite; **r~orientiert** *a pol* de droite; **R~partei** *f* parti *m* de droite; *die* ~*en pl (a.)* la droite; ~**radikal** *a pol* d'extrême droite; ~**rheinisch** *a* de la rive droite du Rhin; **R~ruck** *m pol* coup *m* de barre à droite; **R~rutsch** *m pol* glissement *m* à droite; **R~schwenkung** *f mil* changement de direction à droite; *fig pol* virage *m* à droite; ~**seitig** *a* du côté droit; **R~steuerung** *f mot* direction *f* de *od* à droite; ~**um!** *(mil)* à droite — droite! **R~verkehr** *m* circulation *f* à droite; **R~wendung** *f mil* demi-tour *m* à droite.

Rechts|abteilung *f* ['rɛçts-] section *f od* service juridique, service *od* bureau *m* du contentieux; ~**anspruch** *m* prétention *f* juridique, droit, titre *m*; ~**anwalt** *m (als Prozeßführer)* avoué; *(plädierender)* avocat; *(nicht plädierender)* avoué *m*; ~ *werden* prendre la robe; ~**anwaltschaft** *f* barreau *m*; ~**anwaltsordnung** *f* loi *f* sur le barreau; ~**auskunft** *f* renseignements *m pl* juridiques; ~**begehren** *n* demande *f* en justice; ~**beistand** *m (Tätigkeit)* conseil juridique; *(Person)* avocat *m* conseil; ~**belehrung** *f* instruction *f* judiciaire; ~**berater** *m* conseiller juridique; *(Syndikus)* syndic *m*; ~**beugung** *f* prévarication *f*; ~**brecher** *m* violateur *m* des lois; ~**bruch** *m* violation *f* du droit; ~**denken** *n* pensée *f* juridique; ~**einwand** *m* objection *f* juridique, pourvoi *m*; **r~fähig** *a* ayant la capacité juridique; ~ *sein* jouir des droits civils; ~**fähigkeit** *f* ⟨-, ø⟩ capacité juridique; jouissance *f* des droits

civils; ~**fall** m cas m litigieux, cause f;
~**frage** f question f de droit; ~**gang**
m procédure f; ~**gelehrte(r)** m ju-
riste, jurisconsulte, légiste m; ~**geschäft** n acte m od opération f juridique; ~**gleichheit** f égalité f civile
od devant la loi; ~**grund** m cause juridique, juste cause f, titre m;
~**(grund)satz** m maxime f juridique
od de droit; r~**gültig** a valide, valable, authentique, légal; in ~er Form
sous forme légale; ~**gültigkeit** f ‹-,
ø› validité; authenticité, légalité f;
~**gutachten** n expertise f juridique,
avis m de droit; ~**handel** m litige m,
affaire (judiciaire), cause f; ~**handlung** f acte m juridique; ~**hilfe** f assistance od entraide f judiciaire;
~**hilfeersuchen** n demande d'assistance juridique; commission f roga-
toire; ~**konsulent** m avocat m consultant; ~**kraft** f ‹-, ø› force de loi, autorité f de la chose jugée; ~ erlangen
acquérir l'autorité de la chose jugée;
~ haben avoir force de loi; r~**kräftig**
a passé en loi; (Urteil) définitif, exécutoire; ~ machen (a.) homologuer;
~ werden (Urteil) passer en force de
chose jugée, prendre force de loi;
r~**kundig** a qui connaît le droit;
~**kundige(r)** m homme de loi, légiste
m; ~**lage** f situation f juridique od
légale; ~**mittel(belehrung f)** n pl
(indication f des) voies f pl de recours; ~**nachfolger** m ayant cause,
successeur m au droit; ~**pflege** f administration de la justice, juridiction
f; ~**schutz** m protection f légale od
juridique; ~**schutzversicherung** f
assistance f juridique; ~**sicherheit** f
garantie f juridique; ~**spruch** m sentence f, jugement m, arrêt, verdict m;
~**staat** m état m de droit; ~**staat-
lichkeit** f ‹-, ø› légalité f; ~**stellung**
f statut m od situation od condition f
juridique; ~**streit** m litige m; ~**titel**
m titre m (constitutif), qualité f (en
justice); ~**unsicherheit** f insécurité f
du droit; r~**verbindlich** a valable;
obligatoire; ~**verbindlichkeit** f obligation f (juridique); ~**verdreher** m
‹-s, -› avocassier, robin, chicaneur m;
~**verdrehung** f entorse à la loi, avocasserie, chicane f; ~**verhältnisse** n
pl situation f juridique; ~**verletzung**
f violation od lésion de droit, infraction f à la loi; ~**vertretung** f
représentation f juridique; ~**verweigerung** f déni m de justice; ~**weg** m
voie f judiciaire od légale od de droit;
auf dem ~e par voie de droit od de
justice, par la voie judiciaire; unter
Ausschluß des ~s sans la possibilité

d'un recours aux tribunaux; den ~ beschreiten prendre la voie des od
avoir recours aux tribunaux, recourir
à la od se pourvoir en justice; r~**widrig** a contraire au droit, illégal; ~**widrigkeit** f illégalité f; ~**wissenschaft**
f (science f du) droit m, jurisprudence
f; ~ studieren faire son droit.

Reck n ‹-(e)s, -e› [rɛk] sport barre f fixe; r~**en** tr (die Glieder) étendre, étirer; (den Hals) allonger; sich ~ s'étirer fam; ~**stange** f barre f.

Recke m ‹-n, -n› ['rɛkə] poet (Held)
héros m; r~**nhaft** a héroïque, de
héros.

Recorder m ‹-s, -› [re'kɔrdər] (Kasset-
ten~) magnétophone m.

Recycling n ‹-s, ø› [rɪ'saiklɪŋ] (Wiederaufbereitung von Rohstoffen) recyclage m; ~ des Mülls récupération
f des déchets.

Redakt|eur m ‹-s, -e› [redak'tø:r]
rédacteur m; ~ für Vermischtes faits-
-diversier m; ~**eurin** f ‹-, -nnen›
['-tø:rɪn] rédactrice f; ~**ion** f ‹-, -en›
[-ktsi'o:n] rédaction f; r~**ionell**
[-tsio'nɛl] a rédactionnel; ~**ions-
schluß** m (Zeitung) (heure) limite f
de la rédaction; dead-line m.

Rede f ‹-, -n› ['re:də] (Sprache,
Sprachfähigkeit) langage m;
(Sprachwissenschaft) parole f; (Äußerung) paroles f pl, propos m pl;
(Unterhaltung) entretien m, conversation; (Ansprache) allocution, harangue f; (längere) discours a. gram;
(kurze a.) speech; s-n ~n nach à l'entendre (dire); jdm in die ~ fallen
couper la parole à qn; lose ~n führen
tenir des propos grivois; pop en dire
de vertes; nichts auf die ~n der Leute geben ignorer les commérages; e-e
~ halten faire od prononcer un discours; e-e ~ schwingen (arg Schule)
faire un laïus, laïusser; jdm ~ (und
Antwort) stehen rendre raison à qn;
se justifier devant qn; jdn zur ~ stellen demander raison à qn; wegen etw
demander des explications à qn sur
qc; es ist die ~ von ... il est question
de ...; davon ist nicht die ~ il n'en sera pas question; die ~ kam auf ... la
conversation tomba sur ...; davon
kann nicht die ~ sein cela est hors
de question; davon kann noch lange
nicht die ~ sein il n'en est pas question d'ici longtemps; das ist nicht der
~ wert cela ne vaut pas la peine od
c'est inutile d'en parler; wovon ist
(hier) die ~? de quoi s'agit-il? de quoi
est-il question? der langen ~ kurzer
Sinn, ... tranchons le mot, ...; direkte,
indirekte ~ (gram) discours m direct,

indirect; *lose* ~*n* (*pl*) paroles *f pl* crues; *programmatische* ~ discours-programme *m;* ~**duell** *n* duel *m od* joute *f* oratoire; ~**figur** *f* métaphore *f;* ~**fluß** *m* flot *od* flux *m* de paroles; ~**freiheit** *f* ⟨-, ø⟩ liberté *f* de parole; ~**gabe** *f* ⟨-, ø⟩ éloquence, faconde *f*, talent *m* d'orateur; **r**~**gewandt** *a* habile à parler, disert, éloquent; ~ *sein* avoir la parole facile; ~**gewandtheit** *f* ⟨-, ø⟩ facilité de parole *od* d'élocution, élocution *f* aisée, bien-dire *m;* ~**kunst** *f* ⟨-, ø⟩ art *m* oratoire, rhétorique *f; s-e ganze* ~ *aufbieten* (*, um*) *zu* user de toute son éloquence pour; ~**schwall** *m* déluge de paroles, verbiage *m,* verbosité *f;* ~**teil** *m gram* partie *f* du discours; ~**übung** *f* exercice *m* oratoire; ~**weise** *f* manière *od* façon de parler; méthode *f* oratoire; ~**wendung** *f* tournure, locution, phrase *f* toute faite; ~**zeit** *f parl* temps *m* de parole.

reden ['re:dən] *itr* parler (*über, von* de); (*ausführlich*) discourir; (*e-e Rede halten*) prononcer un discours; *über alles* ~ arguer sur tout (*lit*), parler de tout; *wie ein Buch* ~ avoir une fière tapette *pop; dauernd* ~ jaser comme un merle; *endlos über etw* ~ s'étendre sur qc; discourir à perte de vue sur qc; *Gutes über jdn* ~ dire du bien de qn; (*sehr*) *laut* ~ avoir le verbe haut; *über Politik* ~ parler politique; *mit sich* ~ *lassen* (*fig*) n'être pas intransigeant; entendre raison; *die Leute* ~ *lassen* laisser dire les gens; *von sich* ~ *machen* faire parler de soi, faire du bruit; *Sie haben gut* ~ vous en parlez bien à votre aise; *man wird noch lange davon* ~ on en parlera encore longtemps; *darüber läßt sich* ~ on peut s'entendre là-dessus; il y a du pour et du contre; ~ *wir nicht (weiter) darüber!* restons-en là! **R**~ *n* dire *m,* parole *f; s-m* ~ *nach à* l'entendre; *von etw viel* ~*s machen* faire beaucoup de bruit autour de qc; ~ *ist Silber, Schweigen ist Gold* (*prov*) la parole est d'argent, le silence est d'or; **R**~**sart** *f* locution, tournure; façon *od* manière *f* de parler; *das ist nur so e-e* ~ c'est une manière de parler; *abgedroschene* ~ cliché, poncif, poncis *m; allgemeine* ~ phrase *f* toute faite; *bloße* ~*en pl* (*pej*) de belles paroles *f pl;* **Rederei** *f* ['raı] *fam* bavardage *m.*

redigieren [redi'gi:rən] *tr* rédiger.
Rediskont *m* ⟨-(e)s, -e⟩ [redıs'kɔnt] *fin* réescompte *m;* **r**~**fähig** *a* réescomptable; **r**~**ieren** [-'ti:rən] *tr* rées-

compter; ~**ierung** *f* (opération *f* de) réescompte *m.*

redlich ['re:tlıç] *a* honnête, probe, loyal, sincère, de bonne foi, intègre; *in der* ~*sten Absicht* de la meilleure foi du monde; *sich* ~ *bemühen* faire des efforts sincères; **R**~**keit** *f* ⟨-, ø⟩ honnêteté, probité, droiture, loyauté, sincérité, bonne foi *f.*

Redner *m* ⟨-s, -⟩ ['re:dnər] orateur; (*Vortragender*) conférencier *m;* ~**bühne** *f: die* ~ *besteigen* monter à la tribune; ~**gabe** *f* talent *od* don oratoire, don *m* de la parole; **r**~**isch** *a* oratoire; ~**pult** *n* chaire *f.*

Redoute *f* ⟨-, -n⟩ [re'du:tə] *mil hist* redoute *f;* (*Maskenball*) bal *m* masqué.

redselig ['re:t-] *a* loquace, causeur, bavard, verbeux; **R**~**keit** *f* ⟨-, ø⟩ loquacité; verbosité *f.*

Reduktion *f* ⟨-, -en⟩ [redʊktsi'o:n] réduction *f; math* (*Gleichung*) abaissement *m;* ~**sanlage** *f tech* installation *f* de réduction; ~**smittel** *n chem* réducteur *m.*

reduzier|bar [redu'tsi:r-] *a* réductible; *math* (*Gleichung*) abaissable; **R**~**barkeit** *f* réductibilité *f;* ~**en** *tr* réduire; diminuer; *math* (*Gleichung*) abaisser.

Reed|e *f* ⟨-, -n⟩ ['re:də] *mar* rade *f; auf der* ~ *liegen* être en rade; *geschlossene, offene* ~ rade *f* fermée, foraine; *innere* ~ petite rade *f;* ~**er** *m* ⟨-s, -⟩ armateur; (*Verfrachter*) fréteur *m;* ~**erei** *f* [-'raı] armement *m.*

reell [re'ɛl] *a* (*ehrlich, redlich*) sincère, honnête, loyal; (*Firma*) respectable, solide; (*Angebot*) raisonnable.

Reep *n* ⟨-(e)s, -e⟩ [re:p] *dial mar* (*Seil*) cordage *m.*

Refektorium *n* ⟨-s, -rien⟩ [refɛk'to:rıʊm, -rien] *rel arch* réfectoire *m.*

Refer|at *n* ⟨-(e)s, -e⟩ [refe'ra:t] (*Bericht*) rapport, compte rendu, exposé; (*Dienststelle*) bureau, service *m;* ~**endar** *m* ⟨-s, -e⟩ [-rɛn'da:r] stagiaire *m;* ~**endarzeit** *f* stage *m;* ~**ent** *m* ⟨-en, -en⟩ [-'rɛnt] rapporteur; conseiller *m* (rapporteur); ~**enzen** *f pl* [-'rɛntsən] (*Empfehlungen*) références, recommandations *f pl;* ~ *beibringen* donner des références; **r**~**ieren** [-'ri:rən] *itr* faire un rapport *od* un exposé (*über etw* de qc); exposer, rendre compte (*über etw* de qc).

Reff *n* ⟨-(e)s, -e⟩ [rɛf] *mar* ris *m;* **r**~**en** *tr* ar(r)iser.

Reflekt|ant *m* ⟨-en, -en⟩ [reflɛk'tant] (*Kauflustiger*) intéressé *m;* **r**~**ieren** [-'ti:rən] *tr* (*zurückstrahlen*) refléter, réfléchir, réverbérer; *itr: auf etw* ~

s'intéresser à qc, avoir des visées sur qc; ~**or** *m* ‹-s, -en› [-'flɛktɔr, -'to:rən] *(Hohlspiegel)* réflecteur *m;* **r~orisch** [-'to:rɪʃ] *a phys* réflexe.

Reflex *m* ‹-es, -e› [re'flɛks] *phys* reflet; *physiol* réflexe *m;* ~**bewegung** *f physiol* action *f od* phénomène réflexe; sursaut *m;* ~**bildung** *f med* conditionnement *m;* ~**ion** *f* ‹-, -en› [-si'o:n] *phys u. fig (Nachdenken)* réflexion *f;* **r~iv** [-'si:f] *a gram* réfléchi; ~*e(s) Verbum n* verbe *m* pronominal; ~**ivpronomen** *n* pronom *m* réfléchi.

Reform *f* ‹-, -en› [re'fɔrm] réforme, réorganisation *f;* ~**ation** [-matsi'o:n], *die rel hist* la Réforme; ~**ationsfest** *n rel* fête *f* de la Réformation; ~**ator** *m* ‹-s, -en› [-'ma:tɔr, -'to:rən] réformateur *m;* **r~atorisch** [-'to:rɪʃ] *a* réformateur; **r~bedürftig** *a:* ~ *sein* devoir être réorganisé; ~**bestrebungen** *f pl* tendances *f pl* réformatrices; ~**bewegung** *f* réformisme *m;* ~**er** *m* ‹-s, -› réformateur *m;* **r~erisch** *a,* **r~freundlich** *a* réformiste; ~**haus** *n* magasin *m* d'alimentation de régime; **r~ieren** [-'mi:rən] *tr* réformer; **r~iert** *a rel* réformé; ~**kost** *f* alimentation *f* de régime; ~**maßnahmen** *f pl* réformes *f pl;* ~**programm** *n* programme *m* réformiste.

Refrain *m* ‹-s, -s› [rə'frɛ̃:] *(Kehrreim)* refrain *m.*

Refrakt|ion *f* ‹-, -en› [refraktsi'o:n] *opt* réfraction *f;* ~**or** *m* ‹-s, -en› [-'fraktɔr, -'to:rən] *opt* réfracteur *m.*

Refugium *n* ‹-s, -gien› [re'fu:giʊm, -giən] *(Zufluchtsort)* refuge *m.*

Regal *n* ‹-s, -e› [re'ga:l] **1.** *(Wand- od Schrankbrett)* étagère *f; (bes. für Bücher)* rayon; *(Fächergestell)* rayonnage *m,* étagère *f; (Büchergestell)* rayons *m pl* (de bibliothèque), *typ* casier *m.*

Regal *n* ‹-s, -lien› [re'ga:l, -liən] **2.** *(Hoheitsrecht)* droit *m* régalien, régale *f.*

Regatta *f* ‹-, -tten› [re'gata, -tən] régate; course *f* de bateaux à voile.

rege ['re:gə] *a (geschäftig)* actif; *(lebhaft)* vif, éveillé, alerte; *(flink)* agile; *(Verkehr)* animé, intense.

Regel *f* ‹-, -n› ['re:gəl] règle *f; (Vorschrift)* règlement; *(Grundsatz)* principe *m; (Norm)* norme *f; physiol* règles, menstrues *f pl; in der* ~ en règle générale; *(gewöhnlich)* ordinairement, normalement, d'habitude; *nach allen* ~*n der Kunst (a. iron)* dans toutes les règles de l'art; *die* ~ *haben (med)* avoir ses règles; *sich etw zur* ~ *machen* se faire une règle

od s'imposer la règle de qc; *die* ~ *ist bei ihr ausgeblieben (physiol)* elle n'a pas eu ses règles; *das ist die* ~ c'est la règle; *keine* ~ *ohne Ausnahme (prov)* il n'y a pas de règle sans exception; *Ausnahmen bestätigen die* ~ l'exception confirme la règle; *grammatische* ~ règle *f* de grammaire; ~**detri** *f* ‹-, ø› [-de'tri:] *math (Dreisatz)* règle *f* de trois; ~**fall** *m* cas *m* normal; **r~los** *a* sans règle(s); irrégulier; ~*e Flucht f* déroute *f;* ~**losigkeit** *f* irrégularité *f; (Unordnung)* dérèglement *m;* **r~mäßig** *a* régulier; *(geregelt)* réglé; *adv* régulièrement; *in* ~*en Abständen (zeitl.)* périodiquement; ~ *wiederkehrend* périodique; ~**mäßigkeit** *f* régularité *f;* **r~n** *tr* régler, mettre en règle *od* en ordre; *(in Ordnung bringen)* régulariser; *(Angelegenheit)* accommoder, mettre au point; *(durch Verordnung)* réglementer, régir; *(festlegen)* fixer; *sich von selbst* ~ s'arranger de soi-même; **r~recht** *a* conforme aux règles; *(wirklich)* vrai, véritable; *adv* en règle, dans *od* selon *od* suivant les règles; *fam* complètement; *ein* ~*er Reinfall* un véritable attrape-nigauds; ~**stab** *m phys* barre *f* de contrôle; ~**studium** *n (Univ.)* durée *f* prévue des études; ~**ung** *f* règlement *m; adm* réglementation *f; tech* réglage *m; (des Verkehrs)* régulation *f;* **r~widrig** *a* contraire à la règle, irrégulier; ~**widrigkeit** *f* irrégularité *f.*

regen ['re:gən] *tr* remuer; *sich* ~ se remuer, bouger, s'agiter; *fam* s'actionner; *(Gefühl)* s'éveiller, naître; *es regt sich kein Lüftchen* il n'y a pas un souffle de vent.

Regen *m* ‹-s, -› ['re:gən] pluie; *pop* flotte *f; bei* ~ par temps de pluie; *im* ~ sous la pluie; *vom* ~ *in die Traufe kommen (fig)* tomber de mal en pis *od* de Charybde en Scylla; *es sieht nach* ~ *aus* le temps est à la pluie; *strichweise* ~ pluies éparses et passagères; *auf* ~ *folgt Sonnenschein (prov)* après la pluie le beau temps; **r~arm** *a* sec; ~**bö** *f* grain *m* (de pluie); ~**bogen** *m* arc-en-ciel *m;* ~**bogenfarben** *f pl* couleurs du l'arc-en-ciel; irisations *f pl;* **r~bogenfarben** *a* irisé; ~**bogenhaut** *f anat* iris *m;* ~**bogenpresse** *f* presse *f* du cœur; ~**dach** *n* auvent *m;* **r~dicht** *a* imperméable; ~**fälle** *m pl* chutes *f pl* de pluie; ~**guß** *m* ondée, averse; *fam* saucée *f;* **r~mantel** *m* imperméable, manteau *m* de pluie; ~**menge** *f* pluie *f* tombée; pluviosité *f;* ~**messer** *m*

⟨-s, -⟩ pluviomètre *m;* ~**pfeifer** *m orn* pluvier *m;* **r~reich** *a* pluvieux; ~**rinne** *f* gouttière *f;* ~**schauer** *m* averse (de pluie), ondée, giboulée *f;* ~**schirm** *m* parapluie; *pop* pépin *m; große(r)* ~ riflard *m pop;* ~**tag** *m* jour *m* de pluie; ~**tropfen** *m* goutte *f* de pluie; ~**wasser** *n* eau *f* pluviale, eaux *f pl* de pluie; ~**wetter** *n* temps *m* pluvieux *od* de pluie; *ein Gesicht wie drei Tage* ~ *machen* avoir une mine d'enterrement, faire un visage long comme un jour sans pain; ~**wolke** *f* nuage de pluie, haut-pendu *m;* ~**wurm** *m* ver de terre; *scient* lombric *m;* ~**zeit** *f* saison *f* pluviale *od* des pluies; *(in den Tropen)* hivernage *m.*

Regener|ation *f* ⟨-, -en⟩ [regeneratsi'o:n] *biol* régénération *f;* **r~ieren** *tr* régénérer.

Regensburg *n* ['re:gənsburk] Ratisbonne *f.*

Regent|(in *f)* *m* ⟨-en, -en⟩ [re'gɛnt(-)] *(Staatsoberhaupt)* souverain, e; *(Verweser)* régent, e *m f;* ~**schaft** *f* régence *f.*

Regie *f* ⟨-, -n⟩ [re'ʒi:] *adm* régie; *theat film* mise *f* en scène; *fig* direction *f;* ~**assistent** *m* assistant *m* du réalisateur; ~**gehilfe** *m* avertisseur *m.*

regieren [re'gi:rən] *tr (verwalten)* gouverner, diriger; *(herrschen über)* régner *(etw* sur qc); *gram* régir, gouverner.

Regierung *f* ⟨-, -en⟩ [re'gi:ruŋ] *(Tätigkeit u. Einrichtung)* gouvernement; *(~szeit) e-s Fürsten)* règne *m; an der, die* ~ au gouvernement; *unter der* ~ *(gen)* sous le règne (de); *e-e* ~ *bilden, stürzen* former, renverser un gouvernement; ~**sabkommen** *n* accord *m* intergouvernemental; ~**sanhänger** *m* homme *m* du pouvoir; ~**santritt** *m* avènement *m* au pouvoir *od* au trône; ~**sbeamte(r)** *m* fonctionnaire *m* gouvernemental; ~**sbezirk** *m allg* circonscription *f* administrative; *(in Frankr.)* département *m;* ~**sbildung** *f* formation *f* du cabinet; ~**schef** *m* chef *m* de *od* du gouvernement; ~**serklärung** *f* déclaration *f* gouvernementale *od* ministérielle; **r~sfeindlich** *a* antigouvernemental; ~**sform** *f* forme *f od* mode *m* de gouvernement, régime, système *m; monarchische, republikanische, parlamentarische* ~ gouvernement *od* régime *m* monarchique, républicain, représentatif; **r~sfreundlich** *a* gouvernemental; ~**sgeschäfte** *n pl* affaires *f pl* gouvernementales; ~**sgewalt** *f* pouvoir

m gouvernemental, autorité *f* ministérielle; ~**skoalition** *f* coalition *f* gouvernementale; ~**skrise** *f* crise *f* gouvernementale *od* ministérielle; ~**smehrheit** *f* majorité *f* de gouvernement; ~**spartei** *f* parti *m* gouvernant *od* gouvernemental; ~**spräsident** *m (in Frankr.)* préfet; *(in Belgien)* gouverneur *m* de province; ~**ssitz** *m* siège *m* (du gouvernement); ~**ssprecher** *m* porte-parole *m* du gouvernement; ~**sumbildung** *f* remaniement *m* ministériel; ~**svorlage** *f* projet *m* de loi gouvernemental; ~**swechsel** *m* changement *m* de gouvernement; ~**szeit** *f* durée *f* de gouvernement; *(von König)* règne *m.*

Regime *n* ⟨-(s), -(s)⟩ [re'ʒi:m] *pol* régime; système *m* politique; ~**kritiker** *m* dissident; **r~kritisch** *a* dissident.

Regiment *n* ⟨-(e)s, -e⟩ [regi'mɛnt] *allg (Führung)* direction *f,* gouvernement; *mil n* ⟨-(e)s, -er⟩ régiment *m; das* ~ *bei etw führen* avoir la haute main dans qc; ~**sabschnitt** *m* secteur *m* du régiment; ~**sarzt** *m* médecin-chef *m* du régiment; ~**sbefehl** *m* ordre *m* du régiment; ~**skommandeur** *m* commandant *m* de régiment; ~**sstab** *m* état-major *m* de régiment.

Region *f* ⟨-, -en⟩ [regi'o:n] région *f; in höheren* ~*en schweben (fig)* être dans les nuages, se perdre dans les espaces imaginaires; **r~al** [-gio'na:l] *a* régional; ~**alismus** *m* ⟨-, ø⟩ [-na'lɪsmus] régionalisme *m.*

Regisseur *m* ⟨-s, -e⟩ [reʒi'sø:r] *theat* metteur en scène; *film* réalisateur *m.*

Regist|er *n* ⟨-s, -⟩ [re'gɪstər] registre *m a. mus (Orgel); (Liste)* liste *f,* rôle; *(Buch)* index *m,* table *f* alphabétique; *mit e-m* ~ *versehen (Buch)* indexer; *alle* ~ *ziehen (fig)* fair rlèche de tout bois; mettre tout en œuvre; ~**erto-nne** *f (2,830 m³)* tonneau *m* de registre; ~**rator** *m* ⟨-s, -en⟩ [-'tra:tor, -'to:rən] greffier *m;* ~**ratur** *f* ⟨-, -en⟩ [-'tu:r] *(Tätigkeit)* enregistrement; *(Einrichtung)* fichier *m,* greffe *f;* bureau *m* du courrier; ~**raturschrank** *m* armoire-classeur *f;* ~**rierapparat** *m* [-'tri:r-] *(appareil)* enregistreur, totalis(at)eur *m;* ~**rierballon** *m* ballon enregistreur, ballon-sonde *m;* **r~rieren** *tr* enregistrer; ~**rierkasse** *f* caisse *f* enregistreuse; ~**rierung** *f* enregistrement *m;* ~**riervorrichtung** *f* mécanisme *m* enregistreur.

Reglement *n* ⟨-s, -s⟩ [reglə'mã:] *(Vorschrift)* règlement *m;* **r~ieren** [-glemɛnti:rən] *tr* réglementer; *fig pej (Menschen)* enrégimenter; ~**iersucht** *f* manie *f* de réglementer;

~ierung f réglementation f; fig pej enrégimentation f, enrégimentement m.

Regler m ‹-s, -› ['reːglər] tech régulateur, appareil m de réglage; **~ventil** n soupape f de réglage.

reglos ['reːkloːs] a immobile, inerte; **R~igkeit** f ‹-, ø› immobilité f.

regnen ['reːgnən] itr pleuvoir; pop flotter; es regnet (a.) il tombe de la pluie od de l'eau; es regnet wie mit Eimern od in Strömen il pleut à seaux od à verse, la pluie tombe à torrents; sollte es ~ s'il vient à pleuvoir; **R~er** m ‹-s, -› (Gerät) irrigateur, arroseur m (rotatif); **~erisch** a pluvieux.

Regreß m ‹-sses, -sse› [re'grɛs] (Rückgriff) recours m; ~ nehmen gegen avoir recours contre; **~klage** f action f récursoire od de recours; **~nehmer** m personne f ayant recours; **~pflicht** f responsabilité f civile; **r~pflichtig** a civilement responsable.

Regression f ‹-, -en› [regrɛsi'oːn] régression f; **r~iv** [-'siːf] a (rückläufig) régressif.

regsam ['reːkzaːm] a mobile, actif; (lebhaft) vif; **R~keit** f ‹-, ø› mobilité, activité; vivacité f.

regulär [regu'lɛːr] a régulier; **R~ator** m ‹-s, -en› [-'laːtor, -'toːrən] régulateur m; **~ierbar** a réglable; **~ieren** [-'liːrən] tr régler; fin régulariser; tech ajuster; **R~ierhebel** m levier m régulateur; **R~ierschraube** f vis f de réglage; **R~ierung** f réglage m, régulation f, ajustage m, mise au point; fin régularisation f.

Regung f ‹-, -en› ['reːgʊŋ] mouvement; (Gefühlsregung) sentiment m naissant, émotion f; pl mouvements m pl, vie f; **r~slos** a = reglos; **~slosigkeit** f ‹-, ø› = Reglosigkeit.

Reh n ‹-(e)s, -e› [reː] (als Art) chevreuil m; (Ricke) chevrette f; **~bock** m chevreuil m; **~braten** m rôti de chevreuil, chevreuil m rôti; **r~braun** a fauve; **~keule** f cuissot m de chevreuil; **~kitz** n chevrillard, faon m; **~posten** m (Munition) chevrotine f; **~rücken** m, **~ziemer** m selle f de chevreuil.

Rehabilitation f ‹-, (-en)› [rehabilitatsi'oːn], **~ierung** f allg réhabilitation; med rééducation f; **r~ieren** [-'tiːrən] tr réhabiliter.

Reibach m ‹-s, ø› ['raɪbax] = Rebbach.

Reible f ‹-, -n› ['raɪbə], **~eisen** n râpe f; **~elaut** m gram fricative f; **r~en** ‹reibt, rieb, hat gerieben› tr frotter;

(ab~) frictionner; (zer~) broyer; (raspeln) râper; sich die Hände ~ se frotter les mains; sich an jdm ~ (fig) chercher querelle à qn; jdm etw unter die Nase ~ jeter qc à la figure de qn; sich wund ~ s'écorcher; **~er** m ‹-s, -› (Gerät) frotteur; broyeur m; **~ereien** f [-'raɪən] pl fig frottements m pl, frictions f pl; **~fläche** f = ~ungsfläche.

Reibung f ‹-, -en› ['raɪbʊŋ] a. fig frottement m, friction f; **~selektrizität** f électricité par frottement, tribo-électricité f; **~sfläche** f surface f frottante od de friction; fig point m de friction; **~skoeffizient** m coefficient m de frottement; **r~slos** a u. adv sans frottement; fig sans accroc(s), sans à-coup(s), sans heurt(s), sans anicroches, sans histoires; comme sur des roulettes fam; **~sverlust** m perte f par frottement; **~swärme** f chaleur f de frottement; **~swiderstand** m résistance f de frottement.

Reich n ‹-(e)s, -e› [raɪç] (großes, bes. Kaiserreich u. fig) empire; (Königreich u. fig) royaume; fig règne, domaine m; das Deutsche ~ (1871—1945) l'Empire allemand, le Reich; das Heilige Römische ~ Deutscher Nation (hist) le Saint Empire romain germanique; das Dritte ~ le troisième Reich; das ~ Gottes le royaume de Dieu; das ~ der Mitte (China) l'Empire m du Milieu; **~sadler** m aigle f impériale; **~sapfel** m globe m impérial; **~shauptstadt, die** (hist) la capitale du Reich; **~skanzler** m hist chancelier m du Reich; **~spräsident** m président m du Reich; **~sstadt** f: (freie) ~ (hist) ville f impériale; **r~sunmittelbar** a hist immédiat.

reich [raɪç] a riche (an de, en) a. fig; fig abondant, fécond, fertile; (Mahl) opulent; fam (Mensch) huppé; in ~em Maße abondamment, à profusion; ~ werden faire fortune; e-e ~e Auswahl un vaste choix, un grand assortiment (an de); **~ausgestattet** a étoffé; **~haltig** a riche; abondant; (ergiebig) fécond; (abwechslungs~) varié; **R~haltigkeit** f ‹-, ø› richesse, abondance; fécondité; variété f; **~illustriert** a très illustré; **~lich** a copieux, abondant, plantureux; med profus; adv largement, à profusion, comme s'il en pleuvait, on ne peut plus, tant et plus; fam un peu beaucoup; (geben) à pleine(s) main(s), fam grassement; ~ vorhanden sein abonder; **R~tum** m ‹-s, ⁻er› richesse; (großer) opulence; (Vermögen) fortune; *(Überfluß)* abondance; *(Fruchtbarkeit)* fertilité; *(Vielfalt)* variété *f.*

reich|en ['raiçən] *tr (hinhalten, geben)* tendre, passer, donner, offrir *(jdm etw qc à qn)*; *itr (gehen, sich erstrekken)* aller *(bis zu* jusqu'à); aboutir *(bis zu* à); *(sich ausdehnen)* s'étendre; *(nach oben)* monter, s'élever; *(nach unten)* descendre *(bis zu* jusqu'à); *(Kleid)* s'arrêter *(bis an* à); *(Schußwaffe)* porter *(bis zu* jusqu'à); *(genügen)* suffire; *an etw ~* atteindre qc; *mit etw ~* avoir assez de qc; *solange der Vorrat reicht* jusqu'à l'épuisement du stock; *gerade ~ (mit s-m Gelde)* joindre les deux bouts; *lange ~ (Vorrat)* mener loin; *weit ~* porter loin; *so weit der Blick reicht* à perte de vue; *das reicht* cela suffit, c'est assez; *mir reicht's (fam)* j'en ai assez, j'en ai jusque là, j'en ai plein le dos; *pop* j'en ai marre; **R~weite** *f* portée *f*; *(Aktionsradius)* rayon *m* d'action; *außer ~* hors d'atteinte; *in ~* à portée *(gen* de).

reif [raif] *a* mûr; *(mannbar, heiratsfähig)* pubère; *in ~erem Alter, in ~eren Jahren* entre deux âges; *nur attr* d'âge mûr, d'un certain âge; *~ werden* mûrir; *~e(s) Urteil n* jugement *m* bien pesé; **R~e** *f* ⟨-, ø⟩ maturité; *(Geschlechts~)* puberté *f*; *zur ~ bringen* (faire) mûrir, amener à maturité; *fig* faire éclore; *zur ~ kommen* mûrir, venir à maturité; *beginnende ~ (Obst)* véraison *f*; *mangelnde ~* vert *m*; *die mittlere ~ (Schule)* le B.E.P.C., le brevet d'études du premier cycle; **R~egrad** *m* degré *m* de maturité; **~en** ⟨*aux: sein⟩ itr* **1.** mûrir, venir à maturité; *(mannbar werden)* atteindre l'âge de la puberté; *bot* aboutir; **R~en** *n* maturation *f*; mûrissage, mûrissement *m*; *zum ~ bringen = zur R~e bringen*; **R~eprüfung** *f* baccalauréat; bac *m fam*; *arg* bachot *m*; **R~eteilung** *f biol* division réductrice, réduction *f* chromatique; **R~ezeugnis** *n* diplôme *m* de bachelier; **~lich** *a* mûr; *adv (überlegen)* mûrement; *nach ~er Überlegung* après mûre réflexion, (toute) réflexion faite, après avoir mûrement réfléchi, en dernière analyse; **R~ung(sprozeß** *m*) *f*, **R~werden** *n* maturation *f*.

Reif 1. *m* ⟨-(e)s, ø⟩ [raif] *mete* gelée *f* blanche, givre, frimas *m*; **~ansatz** *m* dépôt *m* de givre; **r~bedeckt** *a* givré; **r~en** *itr* **2.**: *es hat gereift* il y a (eu) de la gelée blanche, il est blanc gelé.

Reif 2. *m* ⟨-(e)s, -e⟩ *(Ring)* anneau;

(Arm~) bracelet; *(Stirn~)* diadème *m*; *(Spielzeug)* = *~en; ~rock* *m* robe *f* à panier.

Reifen *m* ⟨-s, -⟩ ['raifən] *(Faß)* cercle; *(Spielzeug)* cerceau; *(Gummireifen)* pneu(matique) *m; ~ spielen* jouer au cerceau; *eiserne(r) ~* bande *f* de fer; *schlauchlose(r) ~* pneu *m* sans chambre à air; **~decke** *f mot (Fahrrad)* enveloppe *f; ~druck* *m mot* pression *f* de gonflage; **~heber** *m* démonte-pneu *m; ~panne* *f fam = ~schaden*; **~profil** *n* profil *m* de pneu; **~schaden** *m* crevaison *f,* pneu *m* crevé; **~wechsel** *m mot* changement *m* de pneu(s).

Reigen *m* ⟨-s, -⟩ ['raigən] ronde; danse *f; den ~ eröffnen (fig)* ouvrir *od* mener la danse.

Reihe *f* ⟨-, -n⟩ ['raiə] rangée; *mil* file, colonne; *(Zimmer)* suite, enfilade; *(Folge)* suite, série; succession; *(Buchhandel)* collection; *math* progression *f; mus* série *f; e-e (ganze) ~ (fam)* une ribambelle; tout une série *f (von* de); *e-e (lange) ~* une procession; *e-e ~ (von)* plusieurs; *außer der ~* avant mon, ton *etc* tour; par faveur; *in einer ~* à la ligne, à la od en file, en rang d'oignons; *in Reih und Glied* en rangs; *der ~ nach* l'un après l'autre; chacun son tour, à tour de rôle, tour à tour; *wieder in die ~ kommen* reprendre sa place; *fig bes. med* se rétablir; *in ~ marschieren lassen (mil)* dédoubler; *in ~ schalten (el)* monter en série; *sich in die vorderste ~ spielen (fig)* se pousser au premier rang; *aus der ~ tanzen (fig)* ne pas faire comme les autres; *die ~n der ... vermehren* grossir la liste des ...; *ich bin an der ~* c'est mon tour, c'est à moi; *wer ist an der ~?* à qui le tour? *arithmetische, geometrische ~* progression *f* arithmétique, géométrique; **r~n** *tr* ranger; mettre en rang(s); *auf e-e Schnur ~* enfiler; **~nbau** *m* construction *f* en série; **~nfolge** *f* ordre *m* (de priorité); suite, succession; *(der Gläubiger)* collocation *f; in alphabetischer, chronologischer od zeitlicher ~* par ordre alphabétique, chronologique *od* de date; *~ der Dringlichkeit* ordre *m* d'urgence; **~nhaus** *n* habitation *f* individuelle en bande continue; **~nmotor** *m* moteur *m* en ligne; **~nschaltung** *f el* accouplement *od* couplage *od* montage *m od* mise *f* en série; **~nuntersuchung** *f med: röntgenologische ~* radiographie *f* collective; **r~nweise** *adv* par rangs, par files, par séries; **reihum** *adv = der Reihe nach.*

Reiher *m* ⟨-s, -⟩ ['raɪər] *orn* héron *m;*
junge(r) ~ héronneau *m;* ~**kolonie** *f,*
~**stand** *m* héronnière *f.*

Reim *m* ⟨-(e)s, -e⟩ [raɪm] rime *f;* ~*e*
machen rimer; ~*e schmieden (fam)*
rimailler; *ich kann mit k-n ~ darauf*
machen (fig) je n'y comprends rien;
r~en *tr u. itr* rimer; *sich ~* rimer *(auf*
avec); *wie reimt sich das? (fig)* à
quoi cela rime-t-il? ~**er** *m* ⟨-s, -⟩ versificateur, métromane *m;* ~**schmied**
m pej rimeur, croqueur *m* de rimes;
~**wörterbuch** *n* dictionnaire *m* de
rimes.

rein [raɪn] **1.** *a allg u. fig* pur; *(ohne*
Beimischung) sans mélange; *chem* à
l'état pur; *(Alkohol)* absolu; *(makel-*
los) parfait, sand défaut; *(unschuldig)*
pur, innocent, sans faute; *(sauber)*
net, propre; *mus (Ton), com (Ge-*
winn) net; *av fam (gänzlich)* nettement, parfaitement, complètement,
tout; *aus ~em Mitleid* par pure pitié;
im ~en en règle; *vom ~ juristischen*
Standpunkt aus du point de vue purement juridique; *~ zufällig* par pur
accident; *ins ~e bringen* mettre au
net *(a)* à jour, mettre *od* tirer au clair;
(regeln) régulariser; *~ halten* tenir
propre; *mit sich (selbst) ins ~e kom-*
men (über) se réconcilier avec soi;
mit sich im ~en sein être bien sûr de
son fait; *ins ~e schreiben* écrire au
propre, recopier; *~ aus dem Häus-*
chen sein (fig fam) être dans tous ses
états; *chemisch ~* chimiquement pur;
~e Vernunft f (philos) raison *f* pure;
R~abzug *m typ* épreuve *f* sans faute; **R~benzol** *n* benzine *f;* **R~ein-**
nahme *f* recette *f* nette; **R~(e)ma-**
chefrau *f* femme *f* de ménage *od* de
journée; **R~(e)machen** *n* nettoyage,
nettoiement *m;* **R~erlös** *m;* **R~er-**
trag *m* produit *m* net; ~**(e)weg**
['-vɛk] *adv* tout à fait, absolument;
R~gewinn *m* bénéfice *m* net;
R~heit *f* pureté; netteté; propreté;
(Unschuld) innocence, virginité *f;* ~**i-**
gen *tr* nettoyer; *(von Schmutz)*
décrasser; décrotter; *(von Flecken)*
détacher; *(ausfegen, ausschlämmen)*
curer; *(Luft, Wasser)* assainir; *tech*
purger; *tech rel fig* purifier; *med* nettoyer, déterger; *(Blut, Säfte)* dépurer;
chemisch ~ nettoyer à sec; ~**igend** *a*
purifiant, purificateur; *med* purgatif,
détersif, abstergent; *rel* purificatoire;
R~igung *f* nettoyage, nettoiement *m;*
décrassage; détachage; curage *m; a.*
fig purification, épuration; *med*
détersion; purgation, purge *(e-r Wun-*
de) abstersion; *rel* lustration *f; che-*
mische ~ nettoyage à sec; dégraissa-

ge *m;* **R~igungsanstalt** *f (chemi-*
sche ~) teinturerie *f;* **R~igungsmit-**
tel *n* produit pour nettoyer; *med*
purgatif, détersif, détergent *m;*
R~kultur *f biol* population *f* pure; *in*
~ *(fig)* cent pour cent; ~**lich** *a, a. fig*
propre, net; *adv fig* nettement;
R~lichkeit *f* ⟨-s, ø⟩ propreté, netteté
f; ~**rassig** *a* (de) pure race, (de) pur
sang; *nicht* ~ *(Hund)* mâtiné;
R~rassigkeit *f* ⟨-, ø ⟩ pureté *f* du
sang; **R~schrift** *f (Tätigkeit)* mise au
propre; *(Ergebnis)* copie *f* définitive;
~**seiden** *a* (de pure soie; ~**≈waschen,**
sich (fig) se blanchir, se disculper;
~**wollen** *a* (de) pure laine.

rein 2. *fam* = *herein;* **R~fall** *m fam*
déception; *theat* four *m; e-n ~ erle-*
ben ramasser une veste *pop;* ~**≈fal-**
len ⟨*aux: sein*⟩ *itr (fig)* se mettre dedans, être mis dedans, tomber dans le
panneau; *darauf fällt jeder rein* les
plus rusés y sont pris; ~**≈hauen** *itr:*
tüchtig ~ (essen) bien se tenir à table;
~**≈legen** *tr fam: jdn ~* mettre qn dedans; attraper qn; *pop* mener qn en
bateau; *jdn ~ wollen* finasser avec
qn.

Reis 1. *m* ⟨-es, (-e)⟩ ['raɪs, -zəs] *bot*
(Küche) riz *m; Huhn n auf od in ~*
poule *f* au riz; *polierte(r) ~* riz *m*
glacé; ~**bau** *m* riziculture *f;* ~**bauer**
m riziculteur *m;* ~**brei** *m* riz *m* au
lait; ~**feld** *n* rizière *f;* ~**papier** *n* papier *m* de riz; ~**pudding** *m: überbak-*
kene(r) ~ gâteau *m* de riz; ~**suppe** *f*
potage *m* au riz; ~**wein** *m (Sake)*
saké, saki *m.*

Reis 2. *n* ⟨-es, -er⟩ ['raɪs, -zər] *(Zweig-*
lein) brindille *f,* rameau *m; (Pfropf~)*
greffe *f; (Schößling)* rejet(on) *m;*
~**erbesen** *m* balai *m* de bouleau; ~**ig**
n ⟨-s, ø⟩ [-zɪç] ramée *f,* branchages *m*
pl, broutilles *f pl,* petit *od* menu bois
m; ~**igbündel** *n* fagot *m,* javelle,
bourrée *f; (kleines)* margotin *m.*

Reise *f* ⟨-, -n⟩ ['raɪzə] voyage *m;* tour *m;*
auf ~n en voyage; *auf die ~ od auf*
~n gehen aller *od* partir en voyage;
~n machen voyager; *e-e ~ machen*
faire un voyage; *dauernd od immer*
auf ~n sein courir le monde; *pop*
rouler sa bosse; *e-e ~ wert sein* valoir
le voyage; *glückliche ~!* bon voyage!
~ *um die Welt* tour *m* du monde;
~**andenken** *n* souvenir *m;* ~**apo-**
theke *f* nécessaire *m* de pharmacie;
~**artikel** *m pl* articles *m pl* de voyage; ~**ausrüstung** *f* équipement *m* de
voyage; ~**autobus** *m* (auto)car *d'ex-*
cursion), touring-car *m;* ~**bedarf** *m*
provisions *f pl* de route; ~**begleiter**
m accompagnateur *m;* ~**bekannt-**

schaft f connaissance f de voyage; **~bericht** m relation f de voyage; **~beschreibung** f récit m od narration f de voyage; **~büro** n agence f od bureau m de tourisme od de voyage; **~decke** f couverture f de voyage, plaid m; **~eindrücke** m pl impressions f pl de voyage; **r~fertig** a prêt à partir; **~ sein** (a.) être sur le départ, avoir le pied à l'étrier; **~fieber** n fièvre f du départ; **~führer** m guide m; **~gefährte** m compagnon m de voyage; **~geld** n argent m pour un od le voyage; **~gepäck** n bagages m pl accompagnés; **~gepäckversicherung** f assurance f de(s) bagages; **~gesellschaft** f caravane f; **~koffer** m; (großer) malle; (kleiner) valise f; **~kosten** pl frais m pl de voyage od de déplacement; **~kostenvergütung** f indemnité f de déplacement od de route; **~krankheit** f mal m du voyage; **~leiter** m responsable m de od du groupe; **~lektüre** f lecture f pour le od de voyage; **~lust** f envie f de voyager, goût m des voyages; **r~lustig** a: **~ sein** avoir envie de voyager od le goût des voyages; **~necessaire** n nécessaire m od trousse f (de voyage od de toilette); **~omnibus** m (touring-)car, autocar m (d'excursion); **~paß** m passeport m; **~pläne** m pl projets m pl de voyage; **~proviant** m casse-croûte m (de voyage); **~route** f itinéraire m; **~ruf** m (im Radio) message m personnel; **~scheck** m chèque m touriste od de voyage; **~schreibmaschine** f machine f à écrire portative; **~spesen** pl = **~kosten**; **~tasche** f sac m de voyage; (große) fourre-tout m; **~veranstalter** m organisation f de voyages; **~verkehr** m circulation f des voyageurs; **~wecker** m réveil m de voyage; **~welle** f vague f des voyages; **~wetter** n temps m de vacances; **~wetterversicherung** f assurance f mauvais temps villégiature; **~zeit** f temps m de vacances; die beste **~** la meilleure période pour voyager; **~ziel** n destination f.

reisen [raizən] ⟨aux: sein⟩ itr voyager, faire un od des voyages; com être commis voyageur; nach ... aller, se rendre à ...; faire route, partir pour ...; zu jdm aller rejoindre qn; mit jdm zs. faire route avec qn; gern **~** aimer (à) voyager, aimer les voyages, ne pas tenir od rester en place; **R~,** das les voyages m pl; **R~de(r)** m voyageur; touriste; com commis m voyageur.

Reiß|aus m [rais'ʔaus]: **~** nehmen

prendre la fuite od le large, détaler, déguerpir; **~brett** n planche f à dessin od à dessiner; **~feder** f tire-ligne m; **r~fest** a résistant déchirure; indéchirable; **~leine** f aero corde f du panneau de déchirure; **~nagel** m punaise f; **~schiene** f (équerre f en) T, té m; **~verschluß** m fermeture f éclair od à glissière; **~wolf** m (Wollspinnerei) carde(-effilocheuse) f; **~zahn** m (dent) canine f; **~zeug(etui)** n (boîte à od de od pochette f de) compas m pl; **~zwecke** f punaise f.

reißen ⟨reißt, riß, gerissen⟩ ['raisən, (-)'ris(-)] tr ⟨aux: haben⟩ tirer avec force; (zerren) tirailler; (ab~) arracher; (zer~) déchirer; an sich tirer à soi, agripper; accaparer; fig s'emparer de, se saisir de, usurper; mit sich entraîner; itr ⟨aux: sein⟩ se rompre, se déchirer; se casser; (bersten) se fendre, se crevasser; sich **~** s'écorcher; um etw s'arracher, se disputer qc; ins Geld **~** (fig) faire un trou dans le budget; jdm etw aus den Händen **~** arracher qc des mains de qn; die Latte **~** (sport) faire tomber od accrocher la barre; in Stücke **~** mettre en pièces, déchirer; mir reißt die Geduld od der Geduldsfaden la patience m'échappe, je suis à bout de patience; man reißt sich um ihn on se l'arrache; ich reiße mich nicht darum cela ne m'enthousiasme guère, je ne me battrais pas pour cela; **R~en** n (heftige Schmerzen) déchirement m, élancements m pl; (Rheuma) rhumatisme m; **~end** a (Tier) féroce; (Wasser) torrentiel, impétueux; (Schmerz) lancinant; **~** (ab)gehen (Ware) s'enlever; **~en Absatz finden** partir comme des petits pains; **R~er** m ⟨-s, -⟩ (Verkaufsschlager) marchandise f qu'on s'arrache; (Buch, theat) livre m, pièce f à succès; **~erisch** a (Reklame, Titel) tape-à-l'œil.

Reit|bahn f ['rait-] manège m; **~gerte** f badine f; **~halle** f manège m couvert; **~hose** f culotte f de cheval; **~knecht** m palefrenier m; **~kostüm** n costume m de cheval; (für Damen) amazone f; **~kunst** f équitation f; manège m; **~lehrer** m professeur m d'équitation; **~peitsche** f cravache f; **~pferd** n cheval m de selle; monture f; **~sattel** m; manège m; **~sport** m équitation f, hippisme m; **~stiefel** m pl bottes f pl à l'écuyère; **~tier** n monture f; **~~ und Fahrturnier** n concours m hippique; **~~ und Zugpferd** n cheval m à deux mains; **~unterricht** m leçons f pl d'équitation; ~**weg** *m* (piste) cavalière *f;* ~**zeug** *n* équipement *m* pour l'équitation.

reit|en ‹*reitet, ritt, geritten*› ['raitən, (-)'rit(-)] *itr* ‹*aux: sein*› aller *od* être *od* monter à cheval, être en selle, chevaucher; *(rittlings sitzen)* chevaucher, être à califourchon; *tr* ‹*aux: haben*› monter (*ein Pferd* un cheval); *ohne Sattel* ~ monter à cru; *Schritt, Trab, Galopp* ~ aller au pas, trot, galop; *ihn reitet der Teufel* il a le diable au corps; **R~en** *n* équitation *f;* ~**end** *a* monté, à cheval.

Reiter *m* ‹-s, -› ['raitər] cavalier *a. mil; (Kunst~)* écuyer; *tech* cavalier, curseur; *(Kartei)* onglet *m;* ~**ei** *f* ‹-, (-en)› [-'rai] *mil* cavalerie *f;* ~**in** *f* cavalière; amazone; *(Kunst~in)* écuyère *f;* ~**regiment** *n* régiment *m* de cavalerie; ~**smann** *m* ‹-(e)s, -männer› homme à cheval, cavalier *m;* ~**standbild** *n* statue *f* équestre.

Reiz *m* ‹-es, -e› [raits] *physiol* excitation; *med* irritation *f; (Anreiz)* stimulant; *allg* attrait, charme, appât *m; das verliert nie s-n* ~ on ne s'en dégoûte jamais; *weibliche* ~*e (pl)* appas *m pl (lit); der* ~ *der Neuheit* le charme de la nouveauté; **r~bar** *a physiol* excitable, irritable; *allg* susceptible; *(jähzornig)* irascible; ~**barkeit** *f* ‹-, ø› excitabilité, irritabilité; susceptibilité; irascibilité *f; nervöse* ~ hyperesthésie *f;* **r~en** *tr (erregen)* exciter, irriter, agacer, piquer; *(herausfordern)* provoquer; *(ärgern)* offusquer, mettre en colère, monter la tête à; *(anregen)* stimuler; *(locken)* attirer, charmer, tenter; *itr (Kartenspiel)* faire une enchère; *jds Neugier, Phantasie* ~ piquer la curiosité, l'imagination de qn; *das reizt mich* la main *od* les doigts me démange(nt); *das reizt mich nicht* cela ne me dit rien (qui vaille); je ne suis pas très chaud *(fam); r~end a (entzückend)* charmant, ravissant; *(niedlich)* mignon, joli; *das ist ja* ~! *(fam iron)* c'est magnifique *od* gentil *od* du joli! me voilà gentil! ~**klima** *n* climat *m* vivifiant; **r~los** *a* sans attrait, sans charme; *(fade)* fade, insipide; ~**mittel** *n med* excitant, stimulant; *pharm* irritant *m;* ~**schwelle** *f physiol* seuil *m* d'excitation; ~**stoff** *m* substance *f* irritante; ~**überflutung** *f* trop grande stimulation *f;* ~**ung** *f med* irritation *f;* **r~voll** *a* plein de charme *od* d'attrait, ravissant, attrayant; ~**wäsche** *f* dessous *m pl* sexy.

Rekapitul|ation *f* ‹-, -en› [rekapi-

tulatsi'o:n] *(Wiederholung)* récapitulation *f;* **r~ieren** [-'li:rən] *tr* récapituler.

rekeln ['re:kəln] , *sich* s'étirer; se vautrer.

Reklam|ation *f* ‹-, -en› [reklamatsi'o:n] réclamation *f;* **r~ieren** [-'mi:rən] *tr* réclamer.

Reklame *f* ‹-, -n› [re'kla:mə] réclame, publicité *f;* ~ *machen* faire de la réclame *od* de la publicité; ~**artikel** *m* article *m* de réclame; ~**film** *m* film *m* publicitaire; ~**fläche** *f* panneau *m* d'affichage; ~**flugzeug** *n* avion *m* publicitaire; ~**preis** *m* prix-réclame, prix *m* d'accrochage; ~**rummel** *m* battage *m;* ~**schild** *n* enseigne *f* publicitaire; *(an der Landstraße)* panneau *m* routier; ~**tafel** *f* tableau *m* de publicité, panneau publicitaire, panneau-réclame *m;* ~**trick** *m* ruse *f* publicitaire; ~**verkauf** *m* vente-réclame *f;* ~**wagen** *m* voiture-réclame *f;* ~**wesen** *n* réclame, publicité *f;* ~**zettel** *m* prospectus *m.*

rekognoszier|en [rekɔgnɔs'tsi:rən] *tr jur* reconnaître; **R~ung** *f* reconnaissance *f.*

rekonstru|ieren [rekɔnstru'i:rən] *tr* reconstruire, reconstituer; **R~ktion** *f* ‹-, -en› reconstruction; *fig* reconstitution *f.*

Rekonvaleszen|t *m* ‹-en, -en› [rekɔnvales'tsɛnt] convalescent *m;* ~**z** *f* ‹-, ø› [-'tsɛnts] convalescence *f.*

Rekord *m* ‹-(e)s, -e› [re'kɔrt, -də] record *m; e-n* ~ *aufstellen, brechen, halten* établir, battre, détenir un record; *den* ~ *verbessern, drücken* améliorer, abaisser le record; ~**besuch** *m* chiffre *m* record de visiteurs; ~**ernte** *f* récolte *f* record; ~**inhaber(in** *f)* *m* détenteur, trice *m f* d'un *od* du record; recordman *m,* recordwoman *f;* ~**versuch** *m,* ~**zeit** *f,* ~**ziffer** *f* tentative *f,* temps *m,* chiffre *m* record.

Rekrut *m* ‹-en, -en› [re'kru:t] *mil* recrue *f,* conscrit; *pop* bleu *m; pl arg mil* bleusaille *f;* ~**enausbildung** *f* instruction *f* des recrues; ~**enjahrgang** *m* classe *f;* **r~ieren** [-kru'ti:rən], *sich* se recruter *a. fig (aus* dans); ~**ierung** *f* recrutement *m.*

Rektion *f* ‹-, -en› [rɛktsi'o:n] *gram* régime *m,* rection *f.*

Rektor *m* ‹-s, -en› ['rɛktɔr, -'to:rən] *(Schulleiter)* directeur; *(Univ.)* recteur *m;* ~**at** *n* ‹-(e)s, -e› [-to'ra:t] *(Univ.)* rectorat *m;* ~**enkonferenz** *f (Univ.)* Conférence *f* des Recteurs.

Rekurs *m* ‹-es, -e› [re'kurs, -zə] *(Einspruch)* appel, recours *m.*

Relais n ⟨-, -⟩ [rə'lɛ:], gen [-'lɛ:(s)], pl [-'lɛ:s] el radio relais m; ~**kette** f chaîne f des relais; ~**sender** m radio émetteur-relais m; ~**station** f station f relais, relais m (hertzien); ~**steuerung** f commande f par relais.

relativ [rela'ti:f] a relatif; **R~ismus** m ⟨-, ø⟩ [-ti'vɪsmʊs] relativisme m; ~**istisch** [-'vɪstɪʃ] a relativiste; **R~ität** f ⟨-, (-en)⟩ [-tivi'tɛ:t] relativité f; **R~itätstheorie** f: (spezielle, allgemeine) ~ théorie f de la relativité (restreinte, général(isé)e); **R~pronomen** n pronom m relatif; **R~satz** m proposition f relative.

Relegation f ⟨-, -en⟩ [relegatsi'o:n] (Verweisung von der Schule) renvoi m; **r~ieren** [-'gi:rən] tr renvoyer.

relevant [rele'vant] a (bedeutend) important, pertinent, significatif; **R~z** f ⟨-, -en⟩ [-'vants] importance f.

Relief n ⟨-s, -s/-e⟩ [reli'ef] relief m; ~**druck** m typ impression f en relief; ~**karte** f carte f en relief.

Religion f ⟨-, -en⟩ [religi'o:n] religion; (als Schulfach) instruction f religieuse; ~**sfreiheit** f liberté f religieuse od de culte; ~**sgemeinschaft** f communauté f religieuse; ~**sgeschichte** f histoire f des religions; ~**skrieg** m guerre f de religion; ~**slehre** f instruction f religieuse; **r~slos** a (innerlich) irréligieux; (äußerlich) sans confession; ~**slosigkeit** f ⟨-, ø⟩ irréligiosité, irréligion f; ~**sphilosophie** f philosophie f de la religion; ~**sstifter** m fondateur m d'une religion; ~**sunterricht** m instruction f religieuse; catéchisme m; ~**swissenschaft** f = ~**sgeschichte**.

religiös [religi'ø:s] a religieux; (fromm) pieux; ~e Kunst f art m sacré; **R~osität** f ⟨-, ø⟩ [-giozi'tɛ:t] religiosité (Frömmigkeit) piété f.

Relikt n ⟨-(e)s, -e⟩ [re'lɪkt] (Überbleibsel) vestige m.

Reling f ⟨-, -s/(-e)⟩ ['re:lɪŋ] mar bastingage, garde-corps m.

Reliquiar n ⟨-s, -e⟩ [relikvi'a:r] rel reliquaire m; ~**e** f ⟨-, -n⟩ [-'li:kviə] relique f; ~**enkult** m culte m des reliques; ~**enschrein** m reliquaire m, châsse f.

Rem n ⟨-, -⟩ [rem] (Maßeinheit) rem m.

remilitarisieren [remilitari'zi:rən] tr remilitariser; **R~ung** f remilitarisation f.

Reminiszenz f ⟨-, -en⟩ [reminɪs'tsɛnts] (Erinnerung) réminiscence f.

remis [rə'mi:] a (unentschieden) nul; **R~** n ⟨-, -/-en⟩ [rə'mi:, -'mi:zən] nullité, partie f nulle.

Remission f ⟨-, -en⟩ [remɪsi'o:n] (Buchhandel) justification f; ~**ttende** f ⟨-, -n⟩ [-'tɛndə] (Buchhandel) retour (en librairie), exemplaire défraîchi, invendu m; pl (Zeitungen) bouillons m pl; ~**ttent** m ⟨-en, -en⟩ [-'tɛnt] com remettant, remetteur m; **r~ttieren** [-'ti:rən] tr com renvoyer; (Zeitungen) bouillonner; (Bücher) justifier.

Remmidemmi n ⟨-s, ø⟩ [rɛmi'dɛmi] arg ribouldingue f.

Remoulade(nsoße) f ⟨-, -n⟩ [remu'la:də] rémoulade f.

Rempelei f ⟨-, -en⟩ [rɛmpə'laɪ] dial fam accrochage m, bousculade f; **r~n** ['rɛmpəln] tr accrocher, bousculer.

Ren n ⟨-s, -s/-e⟩ [rɛn] zoo renne m.

Renaissance f ⟨-, n⟩ [rənɛ'sã:s] hist (Kunst) u. fig renaissance f.

Rendite f ⟨-, -n⟩ [ren'di:tə] fin taux m de capitalisation.

Rendezvous n ⟨-, -⟩ [rãde'vu:], gen [-'vu:(s)], rendez-vous m.

Renegat m ⟨-en, -en⟩ [rene'ga:t] rel renégat m.

Reneklode f ⟨-, -n⟩ [rɛ:ne'klo:də] bot reine-claude f.

renitent [reni'tɛnt] a (widerspenstig) récalcitrant, réfractaire; insoumis; **R~z** f ⟨-, ø⟩ [-'tɛnts] insoumission f.

Rennbahn f ['rɛn-] piste f; champ m de course; (Aschenbahn) (piste) cendrée f; (Pferde~) hippodrome; turf; (Rad~) vélodrome; (Auto~) autodrome m; ~**boot** n bateau de course, racer m; **r~en** ⟨rennt, rannte, ist gerannt⟩ [(-)'rant(-)] courir; pop faire vinaigre; gegen etw se cogner od se heurter contre qc; jdn über den Haufen ~ renverser qn en courant; mit dem Kopf gegen od durch die Wand ~ (fig) se cogner la od donner de la tête contre les murs, foncer à l'aveuglette; sie kann (noch) ~ wie ein Wiesel (fam) elle court comme un lapin; **R~en** n course f; das ~ aufgeben (fig) abandonner la partie; gut im ~ liegen (fig) être en bonne position; das ~ machen gagner la course; a. fig l'emporter; fig fam décrocher la timbale; tote(s) ~ course f avec deux ex æquo à l'arrivée; ~**er** m ⟨-s, -⟩ coureur; (Pferd) cheval m de course; fig (Verkaufserfolg) article m à succès; ~**fahrer** m coureur m (cycliste, automobile); **r~jacht** f mar yacht de course, racer m; ~**leitung** f commission f des courses; ~**mannschaft** f équipe f de course; ~**pferd** n cheval de course, coureur, racer m; ~**platz** m champ de course; (Pferde~) turf m; ~**rad** n bicyclette f de course; ~**reiter** m (berufsmäßiger) jockey m; ~**saison** f saison f hippique; ~**schuhe** m pl sport souliers m pl od chaussures f pl à pointes; ~**sport** m course f; (Pferde~) turf m; ~**stall** m a. mot écurie f de course; ~**strecke** f parcours m od piste f (de course); circuit m; (Straße) piste f (routière); ~**wagen** m voiture f de course; schwere(r) ~ bolide m (de course).

Renne f ⟨-, -n⟩ ['rɛnə] (Kälberlab) présure f.

Ren(n)tier = Ren.

Renomm|ee n ⟨-s, -s⟩ [reno'me:] ((guter) Ruf) renommée f; renom m, réputation f; ein gutes ~ haben jouir d'une bonne od d'une grande renommée; **r~ieren** [-'mi:rən] itr crâner, fanfaronner, se vanter; pop faire le fanfaron od le malin; **r~iert** a renommé; ~**ist** m ⟨-en, -en⟩ [-'mɪst] crâneur, fanfaron; vantard m.

renovier|en [reno'vi:rən] tr remettre à neuf; **R~ung** f remise f à neuf.

rent|abel [rɛn'ta:bəl] a rentable, profitable, lucratif, d'un od de bon rapport; **R~abilität** f [-tabili'tɛ:t] rentabilité, productivité f financière; (Ergiebigkeit) bon rendement; (guter Ertrag) rapport m; **R~abilitätsgrenze, ~sschwelle** f seuil m de rentabilité.

Rente f ⟨-, -n⟩ ['rɛntə] rente, annuité f; (Altersrente) pension f; ~**nablösung** f rachat m de rente; ~**nalter** n âge de la retraite, troisième âge m; ~**nanhebung** f augmentation f de la retraite; ~**nanpassung** f revalorisation f périodique de la retraite; ~**nanstalt** f caisse f de rente(s); ~**nantrag** m demande f de rente; ~**nbank** f banque f de rente(s); crédit m foncier; ~**nberechtigte(r)** m titulaire m d'une od de la rente; ~**nempfänger** m retraité, bénéficiaire m d'une pension; ~**nerhöhung** f augmentation f de la retraite; ~**nfinanzierung** f financement m de la retraite; ~**npolitik** f politique des retraites; ~**nreform** f réforme f des rentes sociales; ~**nsicherung** f retraite assurée, assurance f (d'une (de la) retraite; ~**nversicherung** f assurance-retraite f.

Rentier m ⟨-s, -s⟩ [rãti'e:] rentier m.

rentieren [rɛn'ti:rən], sich être rentable, donner un rendement, rapporter; fam payer; das rentiert sich nicht (fig fam) ça ne vaut pas la peine; ça ne paie pas.

Rentner m ⟨-s, -⟩ ['rɛntnər] bénéficiaire d'une pension, retraité m.

Reorganis|ation f [re-] réorganisation

f, remaniement m; **r~ieren** tr réorganiser, remanier.

repar|abel [repa'ra:bəl] a réparable; **R~ation** f ⟨-, -en⟩ [-ratsi'on] (Wiederherstellung) réparation f; pl pol réparations f pl; **R~ationszahlung** f prestation f, paiement m à titre de réparation; **R~atur** f ⟨-, -en⟩ [-'tu:r] réparation, remise f en état; mot a. dépannage m; in ~ en réparation; laufende ~en réparations f pl courantes; ~**aturbedürftig** a: ~ sein avoir besoin d'être réparé; **R~aturkosten** pl frais m pl de réparation; **R~aturwerkstatt** f atelier de réparation(s) od d'entretien; mot service de dépannage, garage m; ~**ieren** [-'ri:rən] tr réparer, rhabiller, remettre en état; mot dépanner.

repatriier|en [repatri'i:rən] tr rapatrier; **R~ung** f rapatriement m.

Repertoire n ⟨-s, -s⟩ [repɛrto'a:r] theat répertoire; (e-s Sängers) tour m de chant; ~**stück** n pièce f de od du répertoire.

repet|ieren [repe'ti:rən] tr (wiederholen) répéter; **R~iergewehr** n fusil m à répétition; **R~itor** m ⟨-s, -en⟩ [-'ti:tor, -'to:rən] répétiteur m; **R~itorium** n ⟨-s, -rien⟩ [-'to:riʊm, -riən] (Unterricht) cours de répétition; (Buch) mémento, aide-mémoire m.

Replik f ⟨-, -en⟩ [re'pli:k] (Erwiderung) réplique f.

Report m ⟨-(e)s, -e⟩ [re'port] fin report m; ~**age** f ⟨-, -n⟩ [-'ta:ʒə] reportage m; ~**er** m ⟨-s, -⟩ [-'portər] reporter m; ~**geber** m fin reporteur m; ~**geschäft** n fin opération od transaction f de report; ~**nehmer** m fin reporté m.

Repräsent|ant m ⟨-en, -en⟩ [reprɛzɛn'tant] représentant m; ~**antenhaus** n Chambre f des députés; ~**ation** f ⟨-, -en⟩ [-tatsi'o:n] représentation f; ~**ationskosten** pl frais m pl de représentation; **r~ativ** [-'ti:f] a représentatif; ~e(r) Charakter m (e-r Veranstaltung) représentativité f; **r~ieren** [-'ti:rən] tr u. itr représenter.

Repressalie f ⟨-, -n⟩ [reprɛ'sa:liə(n)] représailles f pl, (mesure de) rétorsion f; ~**n anwenden** user de représailles.

Reprise f ⟨-, -n⟩ [re'pri:zə] theat reprise f.

Reprodu|ktion f ⟨-, -en⟩ [reprodʊktsi'o:n] (bes. typ) reproduction f; erweiterte ~ reproduction f élargie; ~**ktionsverfahren** n typ procédé m de reproduction; **r~zieren** [-'tsi:rən] tr reproduire.

Reptil n ⟨-s, -ien/-e⟩ [rɛp'ti:l, -ljən] zoo reptile m.

Republik f ⟨-, -en⟩ [repu'bli:k] république f; die Deutsche Demokratische ~ la République démocratique allemande; **~aner** m ⟨-s, -⟩ [-bli'ka:nər] républicain m; **r~anisch** [-'ka:nɪʃ] a républicain.

Requiem n ⟨-s, -s⟩ ['re:kviɛm] rel (messe f de) requiem; mus requiem m.

requirieren [rekvi'ri:rən] tr réquisitionner; **R~siten** n pl [rekvi'zi:tən] theat accessoires m pl; **R~siteur** m ⟨-s, -e⟩ [-zi'tø:r] theat accessoiriste m; **R~sition** f ⟨-, -en⟩ [-tsi'o:n] réquisition f.

resch [rɛʃ] a dial (knusprig) croustillant.

Reseda f ⟨-, -s⟩ [re'ze:da] bot réséda m.

Reservat n ⟨-(e)s, -e⟩ [rezɛr'va:t] réserve f; **~e** f ⟨-, -n⟩ [-'zɛrvə] réserve f; (Rücklage) en-cas; com a. volant m; (in Zssgen: Ersatz-) de rechange; in ~ haben od halten avoir od garder en réserve; **~n schaffen** accumuler des réserves; in ~ stellen mettre en réserve; operative **~n** pl (mil) masse f de manœuvre; stille ~ (fin) réserve f cachée od latente od occulte; **~ebestände** m pl stocks m pl de réserve; **~efonds** m fonds m pl de réserve; **~enbildung** f fin accumulation f de réserves; **~eoffizier** m officier m de réserve; **~erad** n mot roue f de rechange; **~etank** m mot nourrice f, bidon m de réserve; **~eübung** f mil période f d'instruction; **r~ieren** [-'vi:rən] tr réserver; (Platz) retenir; **r~iert** a, a. fig (zurückhaltend) réservé; sehr ~ sein se tenir sur ses gardes od fam sur son quant-à-soi; **~iertheit** f attitude f réservée; fam quant-à-soi m; **~ist** m ⟨-en, -en⟩ [-'vɪst] mil réserviste m; **~oir** n réservoir m.

Resident m ⟨-en, -en⟩ [rezi'dɛnt] pol résident m; **~enz(stadt)** f ⟨-, -en⟩ [-'dɛnts] résidence f; **r~ieren** [-'di:rən] itr résider.

Resignation f ⟨-, -en⟩ [rezignatsi'o:n] résignation f; **r~ieren** [-'ni:rən] itr se résigner, se faire une raison; **r~iert** a résigné; adv avec résignation.

resolut [rezo'lu:t] a (entschlossen, willensstark) décidé, déterminé, résolu; **R~ion** f ⟨-, -en⟩ [-lutsi'o:n] (Entschließung) résolution f.

Resonanz f ⟨-, -en⟩ [rezo'nants] phys, a. fig résonance f; **~anzboden** m mus table f d'harmonie; **~ator** m ⟨-s, -en⟩ [-'na:tɔr, -'to:rən] phys el résonateur m.

Resopal n ⟨-s, ø⟩ [rezo'pa:l] (Waren-

zeichen) formica m (Warenzeichen).

resorbieren [rezɔr'bi:rən] tr med résorber; **R~ption** f ⟨-, -en⟩ [-ptsi'o:n] résorption f.

Resozialisierung f ⟨-, -en⟩ [rezotsiali'zi:rʊŋ] réinsertion f dans la société.

Respekt m ⟨-(e)s, ø⟩ [re-, rɛs'pɛkt] respect m (vor pour), crainte f (vor de); sich ~ verschaffen se faire respecter od craindre; **r~abel** [-'ta:bəl] a respectable; **~blatt** n typ (page de) garde f; **~frist** f fin terme m de grâce; **r~ieren** [-'ti:rən] tr respecter; craindre; **r~ive** [-'ti:və] adv (beziehungsweise) respectivement; **r~los** a irrespectueux, irrévérencieux, irrévérent, sans respect; **~losigkeit** f irrespect m, irrévérence f, manque m de respect; **~sperson** f personnage m od personne f respectable; **~tage** m pl fin jours m pl de faveur od de grâce od de répit; **r~voll** a respectueux, plein de respect.

Ressort n ⟨-s, -s⟩ [rɛ'so:r] (Geschäftsbereich) ressort, département m, compétence f; (e-s Ministers) portefeuille m.

Rest m ⟨-(e)s, -e⟩ [rɛst] reste a. math; (Überschuß) surplus; (Überbleibsel) vestige; (Flüssigkeit in e-m Gefäß) fond; (Rückstand) résidu; (Stoffrest) m ⟨-(e)s, -er⟩ coupon; (Restbetrag) restant, reliquat; fin (Saldo) solde m; pl (Überbleibsel) vestiges, fam reliquats; (e-r Mahlzeit) reliefs; com (Stoffe) fins m pl de série; jdm den ~ geben (fig) achever qn; donner le coup de grâce à qn; den ~ kann man sich denken et cætera...; letzte(r) ~ reliquat m; die sterblichen ~e les restes m pl (mortels), la dépouille (mortelle); **~auflage** f reste m (d'un tirage); pl surplus m d'éditeurs; **~bestand** m reste, reliquat m; **~betrag** m restant, reliquat m; **~everkauf** m vente f de fins de série; **r~lich** a restant, de reste; (zurückbleibend) résiduel; **r~los** a entier, complet, total, intégral, cent pour cent; adv fam a. parfaitement; **~posten** m com reste m; **~schuld** f redû m; **~schuldner** m reliquataire m.

Restant m ⟨-en, -en⟩ [rɛs'tant] = Restschuldner.

Restaurant n ⟨-s, -s⟩ [rɛsto'rã:] restaurant m; brasserie f; **~ateur** m ⟨-s, -e⟩ [-ta'tø:r] (Speisewirt) restaurateur m; **~ation** f ⟨-, -en⟩ [-atsi'o:n] pol hist restauration f; (Speiselokal) restaurant m; **~ator** m ⟨-s, -en⟩ [-'ra:tɔr, -'to:rən] (Wiederhersteller von Kunstwerken) restaurateur m;

r~ieren [-'ri:rən] tr (wiederherstellen) restaurer; ~ierung f restauration f.

Result|ante f <-, -n> [rezul'tantə] math résultante f; ~at n <-(e)s, -e> [-'ta:t] résultat m; r~atlos a sans résultat(s); r~ieren [-'ti:rən] itr résulter.

Resüm|ee n <-s, -s> [rezy'me:] (Zs.fassung) résumé m; r~ieren [-'mi:rən] tr résumer.

retardieren [retar'di:rən] tr (verzögern) retarder.

Retorte f <-, -n> [re'tɔrtə] chem cornue f, alambic m; ~nbaby n bébé m éprouvette.

rett|en ['retən] tr sauver; (befreien) délivrer; sich aufs Dach ~ se réfugier sur le toit; rette sich, wer kann! sauve qui peut! ~end a sauveur, salvatrice; R~er m <-s, -> allg sauveur; (Lebensretter) sauveteur m.

Rettich m <-s, -e> ['retiç] radis noir; pop raifort m.

Rettung f <-, -en> ['retuŋ] sauvetage m; (Befreiung) délivrance f; (Hilfe) secours m; letzte ~ planche f de salut; ~ aus Seenot sauvetage m maritime; ~saktion f opération f de sauvetage; ~sanker m fig ancre od planche f de salut; ~sarbeiten f pl travaux m pl de sauvetage; ~sboot n bateau od canot m de sauvetage; ~sdienst m service m de secours od de sauvetage; ~sgürtel m ceinture f de sauvetage; ~shubschrauber m hélicoptère m de sauvetage; ~sleine f corde f de sauvetage; ~sleiter f échelle f de sauvetage; r~slos adv sans retour, sans remède, irrémédiablement, inéluctablement; ~smannschaft f équipe f de sauvetage; ~smedaille f médaille f de sauvetage; ~sring m ceinture od bouée f de sauvetage; ~sstation f poste m de sauvetage; ~sversuch m tentative f de sauvetage; ~swagen m ambulance f.

Retusch|e f <-, -n> [re'tuʃə, -tu:ʃə] a. phot retouche; phot opération f corrective; r~ieren [-tu'ʃi:rən] tr retoucher.

Reu|e f <-, ø> ['rɔyə] repentir m (über de); vx repentance f; (Bedauern) regret m (über de); rel pénitence; (Zerknirschung) contrition; (tätige ~) résipiscence f; ~ bezeigen venir à résipiscence; r~en tr impers: es reut mich je le regrette; il m'en cuit; r~evoll a, r~ig a, r~mütig a repentant; pénitent, contrit.

Reuse f <-, -n> ['rɔyzə] (Fisch~) nasse f; (Hummer~) casier m.

Revanch|e f <-, -n> [re'vãːʃ(ə)] revan-

che f; a. = ~partie; ~ geben donner la revanche; ~ nehmen (Spiel) prendre sa revanche; ~partie f, ~espiel n contrepartie, partie f od match m de revanche; r~ieren [-'ʃi:rən], sich prendre sa revanche (bei jdm für etw sur qn de qc); (a. im positiven Sinne) rendre la pareille (bei jdm à qn); ich werde mich dafür ~ c'est à charge de revanche.

Reverenz f <-, -en> [reve'rɛnts] révérence f.

Revers 1. n od m <-, -> [re(ə)'vɛːr], gen [-'vɛːr(s)], pl [-'vɛːrs] (Kleideraufschlag) revers m; **2.** m <-es/-, -e/-> [re'vɛrs, -'vɛːr, -zə(s)] (Rückseite e-r Münze) revers m; **3.** m <-es, -e> [re'vɛrs, -zə] fin (Verpflichtungsschein) lettres f pl réversales, contre-lettre f; r~ibel [-'zi:bəl] a (umkehrbar) réversible.

revidieren [revi'di:rən] tr réviser, revoir, vérifier.

Revier n <-s, -e> [re'vi:r] allg (Bezirk) district, canton, secteur; (Forst~) district m, garderie f; (Jagd~) chasse f; mines district; (Polizei~) commissariat m (de police); mil (Krankenstube) infirmerie f; ~förster m garde m forestier; r~krank a mil malade à la chambre.

Revision f <-, -en> [revizi'o:n] révision, vérification; visite f; jur pourvoi m en révision od cassation; typ révision, tierce f; ~ einlegen se pourvoir en révision od en cassation; ~seinlegung f recours m en révision; ~sinstanz f instance f de révision od en cassation; ~sverfahren n jur procédure f de révision.

Revisor m <-s, -oren> [re'vi:zɔr, -'zo:rən] réviseur a. typ; vérificateur; com (Buchprüfer) contrôleur m des comptes.

Revolt|e f <-, -n> [re'vɔltə] révolte, insurrection, mutinerie f; r~ieren [-'ti:rən] itr se révolter, s'élever (gegen contre); r~ierend a révolté, insurrectionnel.

Revolution f <-, -en> [revolutsi'o:n] révolution f; r~är [-tsjo'nɛr] a révolutionnaire; ~är m <-s, -e> révolutionnaire m; r~ieren [-'ni:rən] tr a. fig révolutionner; ~skrieg m guerre f révolutionnaire.

Revolver m <-s, -> [re'vɔlvər] revolver m; mit e-m ~ erschießen tuer od abattre d'un coup de revolver; ~blatt n journal m à sensation od à cancans od à scandales; pl: die ~blätter la petite presse; ~held m fam bravache m; ~tasche f étui m à revolver.

Revue f <-, -n> [rə-, re'vyː] (Zeitschrift)

revue; *theat* revue *f* à grand spectacle; ~ *passieren lassen (fig)* passer en revue; ~**film** *m* film *m* de music-hall.

Reyon *m* od *n* ⟨-, ø⟩ [rɛ'jɔ̃:] *(Kunstseide)* rayonne *f*.

Rezens|ent *m* ⟨-en, -en⟩ [retsɛn'zɛnt] *(Kritiker)* critique *m* (littéraire); **r~ieren** [-'zi:rən] *tr* faire un *od* le compte rendu de, analyser; ~**ion** *f* ⟨-, -en⟩ [-zi'o:n] compte *m* rendu, critique *f* (littéraire); ~**ionsexemplar** *n (Buch)* exemplaire *m* de presse.

rezent [re'tsɛnt] *a geol* actuel.

Rezept *n* ⟨-(e)s, -e⟩ [re'tsɛpt] *(Küche)* recette *f*; *med* ordonnance; *fig allg* formule *f*; **r~pflichtig** *a* délivré seulement sur ordonnance.

Rezession *f* ⟨-, en⟩ [retsɛ'sio:n] *(Konjunktur)* récession *f*.

rezipro|k [retsi'pro:k] *a (gegenseitig)* réciproque; **R~zität** *f* ⟨-, ø⟩ [-protsi'tɛ:t] réciprocité *f*.

Rezit|ation *f* ⟨-, -en⟩ [retsitatsi'o:n] récitation *f*; ~**ativ** *n* ⟨-s, -e⟩ [-ta'ti:f] *mus* récitatif *m*; **r~ieren** [-'ti:rən] *tr* réciter.

Rhabarber *m* ⟨-s, ø⟩ [ra'barbər] *bot* rhubarbe *f*.

Rhapsodie *f* ⟨-, -n⟩ [rapso'di:] *mus* rhapsodie *f*.

Rhein [raɪn], *der* le Rhin; *jenseits des* ~*s* outre-Rhin; ~**brücke** *f* pont *m* du Rhin; ~**bund**, *der, hist* la Confédération du Rhin; ~**fall**, *der* la chute du Rhin; **r~isch** *a*, **r~ländisch** *a* rhénan; ~**land**, *das, a. pl: die* ~*lande* la Rhénanie; ~**Pfalz** *n* la Rhénanie-Palatinat; ~**länder(in** *f)* *m* Rhénan, e *m f*; ~**provinz**, *die (hist)* la Prusse-Rhénane; ~**seitenkanal**, *der* le canal d'Alsace; ~**wein** *m* vin *m* du Rhin.

Rheostat *m* ⟨-(e)s, -e⟩ [reo'sta:t] *el* rhéostat *m*.

Rhesus|affe *m* ['re:zʊs-] rhésus *m*; ~**faktor** *m biol* facteur *m* rhésus.

Rhetor *m* ⟨-s, -en⟩ ['re:tor, -'to:rən] rhéteur *m*; ~**ik** *f* ⟨-, ø⟩ [-'to:rɪk] rhétorique *f*; **r~isch** [-'to:rɪʃ] *a* rhétorique; ~*e Frage f* interrogation *f* oratoire *od* rhétorique.

Rheuma *n* ⟨-s, ø⟩ ['rɔʏma] = ~*tismus;* ~**tiker** *m* ⟨-s, -⟩ [-'ma:tikər] rhumatisant *m*; **r~tisch** [-'ma:tɪʃ] *a* rhumatismal; ~**tismus** *m* ⟨-, -men⟩ [-'tɪsmʊs] rhumatisme *m*.

Rhinozeros *n* ⟨-/-sses, -sse⟩ [ri'no:tseros, -ə] *zoo* rhinocéros *m*.

rhomb|isch ['rɔmbɪʃ] *a* rhombique, rhomboïdal; rhombiforme; **R~oeder** *n* ⟨s, -⟩ [-bo'e:dər] *min* rhomboèdre *m*; **R~oid** *n* ⟨-(e)s, -e⟩ [-bo'i:t, -də]

math rhomboïde *m*; **R~us** *m* ⟨-, -ben⟩ ['rɔmbʊs] *math* rhombe, losange *m*.

Rhone ['ro:nə] , *die* le Rhône; *(in Zssgen a.)* rhodanien *a*.

Rhönrad *n* ['rø:n-] *sport* roue *f* vivante.

Rhythm|ik *f* ⟨-, ø⟩ ['rʏtmɪk] rythmique *f*; **r~isch** ['rʏtmɪʃ] *a* rythmique, cadencé; ~**us** *m* ⟨-, men⟩ ['rʏtmʊs, -mən] rythme *m*, cadence *f*.

Ribonukleinsäure *f* [ribonukle'i:n-] acide *m* ribonucléique.

Richt|antenne *f* ['rɪçt-] antenne *f* dirigée *od* directionnelle *od* parabolique, cadre *m* orienté; ~**bake** *f mar* remarque *f*; ~**baum** *m (Gerät)* levier *m* de manœuvre; ~**beil** *n (des Henkers)* hache *f* (du bourreau); ~**blei** *n* fil *m* à plomb; ~**block** *m* billot *m*; ~**fernrohr** *n* mil lunette *f* de pointage; ~**fest** *n (beim Hausbau)* fête *f* de fin de chantier; ~**funk** *m* câble *od* faisceau *m* hertzien; radio *f* relais; ~**funkfeuer** *n* radiophare *m* directionnel; ~**geschwindigkeit** *f* mot vitesse *f* réglementée; ~**latte** *f* = ~*scheit; (Geschütz)* jalon de pointage, jalon-mire *m*; ~**linien** *f pl* lignes *f pl* de conduite, palier *m* d'application; idées *od* lignes *f pl* directrices *od* générales, principes *m pl* directeurs; *allgemeine* ~ *(pol)* politique *f* de base; ~**platz** *m* lieu *m* du supplice; ~**preis** *m* prix *m* recommandé *od* indicatif; ~**satz** *m com* taux *m* de base; ~**scheit** *n* équerre *f*; ~**schnur** *f (Meßinstrument)* cordeau *m*; *fig* ligne *od* règle de conduite, gouverne *f*; ~**schwert** *n* glaive *m* de la justice; ~**stätte** *f* = ~*platz;* ~**strahl** *m* radio TV faisceau *m* (dirigé); ~**waage** *f* niveau *m* à plomb; ~**wert** *m* valeur *f* indicative, élément *m* d'évaluation *od* d'appréciation; ~**zahl** *f com* indice *m*.

richten ['rɪçtən] *tr (aus~, bes. Waffe)* pointer (*auf* sur, vers); *(Fernglas, die Augen)* braquer (*auf* sur); *(lenken)* diriger, porter, tourner (*auf* vers), axer (*nach* sur); *(Worte)* adresser (*an* à); *(Aufmerksamkeit)* appliquer (*auf* à); *(Blick)* porter *od* fixer (*auf* sur); *(auf~)* (re)dresser, ériger, élever; *(gerade machen)* aligner; *(regeln)* régler, ordonner; *(in Ordnung bringen)* mettre en ordre, ajuster; *(herrichten)* mettre en œuvre, préparer, arranger, disposer; *jur* juger; *über jdn* se faire le juge de qn; *(hinrichten)* exécuter, supplicier; *sich* ~ *nach* s'orienter vers, se régler sur; suivre; se mettre à l'unisson de, se conformer à; *gram* s'accorder avec; *nach jdm* se régler sur qn, prendre exemple sur qn, se mettre au diapason de qn; *sich nach den Umständen* ~ agir selon les circonstances; ~ *Sie sich danach!* ceci soit dit pour votre gouverne; *richt't euch! (mil)* à droite — alignement! **R~** *n* pointage; redressement; ajustement *m;* préparation *f,* arrangement *m,* disposition *f.*

Richter *m* ⟨-s, -⟩ ['rɪçtər] juge, magistrat *m; vor dem* ~ par-devers le juge; *jdn in e-r S als* ~ *anrufen* faire qn juge de qc, prendre qn pour juge dans qc; *sich zum* ~ *aufwerfen* s'ériger en juge; *vor den* ~ *bringen* traduire en justice, porter devant le tribunal; ~ *in eigener Sache sein* être juge et partie; *ordentliche(r), stellvertretende(r)* ~ magistrat *m* titulaire, suppléant; ~ *in Strafsachen* juge *m* au pénal; ~ *in Zivilsachen* juge *m* (au) civil; **~amt** *n,* **~kollegium** *n* judicature, magistrature *f;* **r~lich** *a* judiciaire; **~e** *Entscheidung f* décision *f* judiciaire; **~e** *Gewalt f* pouvoir *m* judiciaire *od* de juridiction; **~spruch** *m* prononcé *m od* décision *f* judiciaire; **~stand** *m* ordre *m* judiciaire, judicature, magistrature *f,* juges *m pl;* **~stuhl** *m* tribunal, siège *m.*

richtig ['rɪçtɪç] *a* juste, correct, exact; *(Weg)* bon; *(echt)* véritable, vrai, authentique; *im ~en Augenblick* au bon moment, à point nommé; *~er gesagt* pour mieux dire; ~ *gehen (Uhr)* être à l'heure; *es für* ~ *halten* juger bon; ~ *rechnen* calculer juste; *das R~e sagen* parler d'or; *auf dem ~en Wege sein* être sur le bon chemin; *nicht ganz* ~ *im Kopf sein* avoir la tête *od* le timbre fêlé(e); *das R~e treffen* toucher *od* deviner juste; *das R~e getroffen haben (a.)* être dans le vrai; *das ist genau das R~e für mich* c'est justement ce qu'il me faut *od* mon affaire; *machen Sie es, wie Sie es für* ~ *halten!* faites comme vous jugerez bon; *der ist mir der R~e! (iron)* parle(z)-moi de celui-là! *sehr ~!* parfaitement! exactement! *(das ist)* ~! c'est cela! *od fam* ça! c'est exact; vous y êtes! *ein ~er Angeber* le type du crâneur; *der ~e Mann* l'homme qu'il faut; **~gehend** *a (Uhr)* exact; *fam (echt)* vrai, véritable; **R~keit** *f* ⟨-, ø⟩ justesse, exactitude; *(e-r Aussage)* véracité; *(e-r Übersetzung)* fidélité *f; für die* ~ *(der Abschrift)* pour copie conforme; *jur* pour ampliation; *für die* ~ *der Ausfertigung* pour expédition conforme; *für die* ~ *der Unterschrift* pour la certification matérielle

de la signature; *s-e* ~ *haben* être juste *od* exact *od* vrai; **~=stellen** *tr* mettre au point, rectifier, corriger; **R~stellung** *f* mise au point, rectification *f; e-r* ~ *bedürfen* exiger une mise au point.

Richtung *f* ⟨-, -en⟩ ['rɪçtʊŋ] direction *f,* sens; *mil* alignement *m; fig* orientation, tendance; *philos* obédience *f; aus* ~ ... *(loc)* en provenance de ...; *in allen ~en* dans toutes les directions, en tous sens, de toute(s) part(s); *in entgegengesetzter od umgekehrter* ~ en sens contraire *od* inverse; *in welcher* ~? pour quelle direction? *die* ~ *ändern* changer de direction; *die* ~ *nach* ... *einschlagen* prendre la direction de ...; *die* ~ *verlieren* perdre la direction *od mar* le nord; **~sänderung** *f* changement *m* de direction; **~sangabe** *f* indication *f* de direction; **~sanzeiger** *m* mot indicateur *m od* flèche *f* de direction; **~skreisel** *m* boussole *f* gyroscopique; **r~slos** *a u. adv* sans but; **~spunkt** *m* point *m* de repère *od* de mire; **~stafel** *f (auf e-m Aussichtsturm)* table *f* d'orientation; **r~weisend** *a fig* directeur, pilote.

Ricke *f* ⟨-, -n⟩ ['rɪkə] *zoo* chevrette *f.*

riech|en ⟨riecht, roch, hat gerochen⟩ ['ri:çən] *tr* sentir; *(wittern)* flairer; *fig (ahnen)* deviner; *itr* sentir *(nach etw* qc); avoir une odeur *(nach etw* de qc); *fam* empester *(nach etw* qc); *jdn nicht* ~ *können (fig)* ne pouvoir sentir *od* souffrir qn *od* voir qn en peinture *od* encaisser *od pop* blairer qn; *aus dem Munde* ~ puer de la bouche; *das riecht sauer (fig fam)* cela sent le brûlé; **R~er** *m* ⟨-s, -⟩ *(Nase): e-n guten* ~ *haben (fam)* avoir du flair, avoir le nez creux; *für etw* flairer qc; **R~fläschchen** *n* flacon *m* de senteur *od* de sels; **R~kissen** *m* sachet *m* de senteur; **R~nerv** *m* nerf *m* olfactif; **R~salz** *n* sels *m pl* volatils.

Ried *n* ⟨-(e)s, -e⟩ [ri:t, -də] *bot (Schilf)* roseau, jonc; *(Sumpf)* marais *m;* **~gras** *n bot* laîche *f; scient* carex *m.*

riefe(l)n ['ri:fə(l)n] *tr dial (furchen)* canneler.

Riege *f* ⟨-, -n⟩ ['ri:gə] *(Turner)* section *f.*

Riegel *m* ⟨-s, -⟩ ['ri:gəl] *(Tür)* verrou *m; (Schub~, Dreh~)* targette *f; (am Türschloß)* pêne *m; (Seife)* barre, brique *f,* pain; *(Schokolade)* bâton *m,* bille *f; (Kleidung)* bride *f; den* ~ *vorschieben* mettre *od* pousser *od* tirer le verrou; *e-n* ~ *vorschieben vor* ... *(fig)* mettre obstacle à, empêcher; **r~n** *tr* verrouiller.

Riemen *m* ⟨-s, -⟩ ['riːmən] courroie; *(langer, schmaler)* lanière; *(Ruder)* rame *f; sich in die* ~ *legen* souquer ferme, ramer à tour de bras; *sich am* ~ *reißen (fig pop)* se ronger le sang, cravacher; *den* ~ *enger schnallen (fig)* se serrer la ceinture; ~**antrieb** *m* commande *f* par courroie(s); ~**blatt** *n mar* pelle d'aviron; *tech* pale *f;* ~**scheibe** *f* poulie *f* (d'entraînement), tambour *m;* ~**spanner** *m tech* tendeur *m* de courroie.

Ries *n* ⟨-es, -e⟩ [riːs, -zə] *(Papiermaß)* rame *f.*

Ries|e *m* ⟨-n, -n⟩ ['riːzə] géant, colosse *m;* ~**enarbeit** *f* travail *m* de géant *od* gigantesque *od* colossal *od* d'Hercule; ~**enerfolg** *m* succès *m* fou; ~**enfortschritt** *m:* ~*e machen* marcher à pas de géant; **r~engroß** *a,* **r~enhaft** *a* gigantesque, colossal; ~**enhai** *m zoo* pèlerin *m;* ~**enkraft** *f* force *f* herculéenne; ~**enmolekül** *n* molécule *f* géante; ~**enrad** *n* grande roue *f;* ~**enschachtelhalm** *m* calamite *f;* ~**enschildkröte** *f* tortue *f* géante; ~**enschlange** *f* boa *m;* ~**enschritt** *m:* *mit* ~*en* à pas de géant; ~**enslalom** *m sport* slalom *m* géant; **r~stark** *a* fort comme un turc; ~**enwelle** *f sport* grand soleil *m;* ~**enwuchs** *m biol* gigantisme *m;* **r~ig** *a* gigantesque, colossal, herculéen; géant, monstre; *fam* énorme, immense, formidable; ~**in** *f* ⟨-, -nen⟩ géante *f.*

Riesel|felder *n pl* ['riːzəl-] champs *m pl* d'épandage *od* d'irrigation; **r~n** ⟨*aux: sein od haben*⟩ *itr* ruisseler; (s'é)couler; *fam* dégouliner.

Riff *n* ⟨-(e)s, -e⟩ [rɪf] *(Klippe)* récif *m;* ~**koralle** *f* madrépore *m.*

Riffel *f* ⟨-, -n⟩ ['rɪfəl] *tech (Kamm)* drège *f;* *(überhöhter Streifen)* côte *f,* listel *m;* ~**blech** *n* tôle *f* striée; ~**glas** *n* verre *m* cannelé; **r~n** *tr tech* dréger; *arch* canneler; ~**ung** *f* cannelure *f.*

Rigor|ismus *m* ⟨-, ø⟩ [rigo'rɪsmʊs, -mən] rigorisme *m;* **r~os** [-'ros] *a (streng)* rigoureux, sévère, dur; ~**osum** *n* épreuves *f pl* orales de l'examen de doctorat.

Rikscha *f* ⟨-, -s⟩ ['rɪkʃa] pousse-pousse *m.*

Rille *f* ⟨-, -n⟩ ['rɪlə] rainure; gorge; *(flache)* raie; *arch* cannelure, strie, gorge *f;* *(Schallplatte)* sillon *m;* **r~n** *tr* canneler, strier; ~**nprofil** *n* profil *m* cannelé; ~**nrad** *n tech* touret *m.*

Rimesse *f* ⟨-, -n⟩ [ri'mɛsə] *fin* remise; traite *f.*

Rind *n* ⟨-(e)s, -er⟩ [rɪnt, -dər] *(Art)* bœuf, bovin; *(junger Ochse)* bouvillon *m;* *(junge Kuh)* génisse *f; pl (Gattung)* bovinés; *(Familie)* bovidés *m pl;* ~**erbestand** *m* bovins *m pl;* ~**erbraten** *m* rôti de bœuf; bœuf *m* rôti; ~**erfett** *n* graisse *f od* suif *m* de bœuf; ~**erfilet** *n* filet de bœuf, tournedos; *(auf dem Rost gebraten)* châteaubriant, châteaubriand *m;* ~**erpest** *f vet* peste *f* bovine; ~**errasse** *f* race *f* bovine; ~**ertalg** *m* = ~*erfett;* ~**ertuberkulose** *f* tuberculose *f* bovine; ~**erzucht** *f* élevage *m* des bœufs; ~**erzunge** *f* langue *f* de bœuf; ~**fleisch** *n* (viande *f* de) bœuf *m;* ~ *in Gemüse* bœuf *m* (à la) mode; ~ *mit Zwiebeln* bœuf miroton *m;* ~**(s)leder** *n* (cuir de) bœuf *m od* (de) vache *f;* **r~(s)ledern** *a* de *od* en cuir (de bœuf *od* de vache); ~**sragout** *n* sauté *m* de bœuf; ~**vieh** *n* bovins *m pl; fam (Schimpfwort)* brute *f,* animal, butor, imbécile *m.*

Rinde *f* ⟨-, -n⟩ ['rɪndə] *(Baum, Gehirn)* écorce; *(Brot, Käse)* croûte *f;* ~**nlaus** *f ent* psoque *m.*

Ring *m* ⟨-(e)s- ,e⟩ [rɪŋ] *allg* anneau *m;* *(Schmuck~)* bague; *(Siegel~)* chevalière; *(Ehe~)* alliance *f; (Servietten~)* rond; *tech* anneau, cerceau *m,* virole, frette, bague *f,* cercle *m; (Dichtungs~)* rondelle *f; (Box~)* ring; *zoo (Hals~)* collier; *(um die Augen, e-e Wunde, e-n entfernten Fleck)* cerne; *fig (Menschengruppe)* cercle; *com* cartel, trust, pool; *adm* syndicat *m;* ~*e um die Augen haben* avoir les yeux cernés *od* battus; ~**buch** *n* classeur *m;* ~**bucheinlage** *f* feuille *f* de classeur; ~**finger** *m* annulaire *m;* **r~förmig** *a* annulaire, circulaire; ~**geschäft** *n* filière *f* tournante; ~**heft** *n* classeur *m;* ~**lein** *n* annelet *m;* ~**mauer** *f* mur *m* d'enceinte; ~**richter** *m (Boxen)* juge *od* arbitre *m* du ring; ~**scheibe** *f* cible *f* à zones; ~**straße** *f* périphérique *m;* ~**wall** *m* rempart *m* (d'enceinte).

Ringel *m* ⟨-s, -⟩ ['rɪŋəl] rond *m,* volute *f;* ~**blume** *f* souci *m;* ~**chen** *n* annelet *m;* ~**gedicht** *n* rondeau *m;* ~**haar** *n* cheveux *m pl* bouclés; ~**locke** *f (Haar)* anglaise *f;* **r~n** *tr* anneler, boucler; *sich* ~ *(Haar)* boucler; *(Schlange)* se lover; *(Wurm)* se tortiller; ~**natter** *f* zoo couleuvre *f* à collier; ~**reihen,** ~**tanz** *m (Tanz)* ronde *f;* ~**taube** *f* pigeon *m* ramier; ~**würmer** *m pl* annélides *m pl.*

ring|en ⟨*ringt, rang, hat gerungen*⟩ ['rɪŋən] *itr* lutter; être aux prises; se débattre; *mit jdm um etw (fig)* disputer qc à qn; *tr (wringen)* tordre; *die*

Hände ~ se tordre les mains; **R~en** *n* (haute) lutte *f;* **R~er** *m* ‹-s, -› lutteur *m;* **R~kampf** *m* (match *m* de) lutte *f;* **R~kämpfer** *m* lutteur *m.*

rings [rɪŋs] *adv:* ~ *um ... herum* à l'entour de ...; **~(her)um** *adv* alentour, (tout) autour, de tous côtés, à la ronde.

Rinn|e *f* ‹-, -n› ['rɪnə] *(~stein)* caniveau; conduit *m; (Abzugsgraben)* rigole; *in der* ~ *enden (fig)* tomber bien bas; *(Dach~)* gouttière; *mar (Fahrt~)* passe *f,* chenal; *geol* couloir *m;* **r~en** ‹rinnt, rann, ist geronnen› [ran, -'rɔn-] *itr (Flüssigkeit)* couler, ruisseler; *(a. Sand etc)* s'écouler; *(Zeit)* s'écouler, filer; *(Gefäß)* avoir une fuite; *fam (tröpfeln)* dégouliner; **~en** *n* ruissellement; écoulement *m; (e-s Gefäßes)* fuite *f;* **~leiste** *f* larmier *m;* **~sal** *n* ‹-(e)s, -e› ['-za:l] petit cours d'eau, ruisselet *m;* **~stein** *m* caniveau; *(Ausguß)* évier *m.*

Ripp|chen *n* ‹-s, -› ['rɪp-] *(Küche)* côtelette *f;* **~e** *f* ‹-, -n› *anat* côte; *(Schokolade)* barre; *arch* branche; *(Heizkörper)* ailette; *aero (Flügel~)* nervure *f; man kann ihm die* ~n *zählen* on lui compte(rait) les os; *das kann ich mir (doch) nicht aus den* ~n *schneiden* je ne peux pas faire l'impossible; **r~en** *tr (mit Rippen versehen)* canneler; **~enbruch** *m med* fracture *f* de côte(s); **~enfell** *n anat* plèvre *f;* **~enfellentzündung** *f* pleurésie *f;* **~enheizkörper** *m* radiateur *m* à ailettes; **~enstoß** *m* coup *m* dans le flanc, bourrade *f; jdm e-n* ~ *versetzen* donner un coup dans le flanc à qn; **~enstück** *n (Küche)* entrecôte *f;* **~samt** *m* velours *m* côtelé.

Rips *m* ‹-es, -e› [rɪps] *(Textil)* reps *m.*

Risiko *n* ‹-s, -s/-ken› ['ri:ziko, -kən] risque *m; auf mein* ~ à mes risques et périls; *das versicherte* ~ le risque garanti; *ein* ~ *eingehen od auf sich nehmen* courir *od* prendre un risque; *fig fam* risquer le paquet; **~faktor** *m* risque *m;* **~freudigkeit** *f* esprit *m* de risque; **~prämie** *f* prime *f* de risque; **~studie** *f* étude *f* de risques; **~versicherung** *f* assurance vie *f* temporaire *od* à terme.

risk|ant [rɪs'kant] *a* risqué, hasardé, hasardeux, aventuré; **~ieren** [-'ki:rən] *tr* risquer; *etw* ~ s'aventurer à faire qc; *nichts* ~ jouer la carotte; *viel* ~ jouer gros jeu.

Rispe *f* ‹-, -n› ['rɪspə] *bot* panicule *f;* **~ngras** *n* mil *m* à grappes.

Riß *m* ‹-sses, -sse› [rɪs] *(in Stoff, Papier)* déchirure *f; (durch Hängenbleiben)* accroc *m; (Schrunde)* gerçure;

(Sprung in Glas u. Porzellan) fissure, fêlure; *(in Mauerwerk)* lézarde *f,* étonnement *m; (in Metall)* crique; *(Spalt)* fente, crevasse; *(Bruch, a. fig)* rupture; *(Spaltung)* scission *f; (Zeichnung)* tracé *m,* épure *f; Risse bekommen* = *rissig werden;* **~wunde** *f* (plaie par) déchirure *f.*

rissig ['rɪsɪç] *a (Haut)* gercé; *(Erde)* crevassé; *(Glas, Porzellan)* fendillé, trésaillé, craquelé; *(Mauerwerk)* lézardé; ~ *werden* se gercer; se crevasser; se fendre; se fendiller, se fissurer, se fêler; se lézarder.

Rist *m* ‹-es, -e› [rɪst] *(Fußrücken)* coude-pied; *(Handgelenk)* poignet *m.*

Ritt *m* ‹-(e)s, -e› [rɪt] chevauchée; course *od (Spazier~)* promenade à cheval, cavalcade *f;* **r~lings** [-lɪŋs] *adv* à cheval, à califourchon; **~meister** *m* capitaine *m* (de cavalerie).

Ritter *m* ‹-s, -› ['rɪtər] chevalier *m; zum* ~ *schlagen* armer chevalier; *arme* ~ *(Küche)* pain *m* perdu; *fahrende(r)* ~ chevalier *m* errant; ~ *ohne Furcht und Tadel* chevalier *m* sans peur et sans reproche; **~burg** *f* château *m* fort; **~gut** *n* domaine *m* od terre *od* propriété *f* seigneurial(e); **~kreuz** *n (Orden)* croix *f* de Chevalier; **~kreuzträger** *m* chevalier *m* de la Croix de Fer; **r~lich** *a* chevaleresque; *fig* courtois, galant; **~lichkeit** *f* ‹-, (-en)› caractère *od* esprit *m* chevaleresque; courtoisie *f;* **~orden** *m* ordre *m* de chevalerie; *der Deutsche* ~ l'ordre Teutonique; **~roman** *m* roman *m* de chevalerie; **~saal** *m* salle *f* des chevaliers; **~schaft** *f* chevalerie *f;* **~schlag** *m* accolade *f; jdm den* ~ *erteilen* armer qn chevalier; **~sporn** *m bot* pied-d'alouette *m;* **~tum** *n* ‹-(e)s, ø› chevalerie *f.*

Rit|ual *n* ‹-s, -e/-lien› [ritu'a:l, -liən] rituel *m;* **~ualmord** *m* meurtre *m* rituel; **r~uell** [-'ɛl] *a* rituel; **~us** *m* ‹-, -ten› ['ri:tus] rite *m.*

Ritz *m* ‹-es, -e› , **~e** *f* ‹-, -n› ['rɪts(ə)] *(kleiner Spalt)* petite fente, fissure; *(Kratzer, Schramme)* éraflure, égratignure *f;* **r~en** *tr* rayer; *(schrammen)* érafler, égratigner.

Ritzel *n* ‹-s, -› ['rɪtsəl] *tech* pignon *m.*

Rival|e *m* ‹-n, -n› [ri'va:lə] **~in** *f* rival, e *m f;* **r~isieren** [-vali'zi:rən] *itr* rivaliser; **r~isierend** *a* rival; **~ität** *f* ‹-, -en› [-li'tɛ:t] rivalité *f.*

Riviera [rivi'ɛ:ra] , *die (italienische)* ~ la Riviera; *die französische* ~ la Côte d'Azur.

Rizinus *m* ‹-, -/-sse› ['ri:tsinus-, -sə]

bot ricin *m; pop* grande épurge *f; ~öl n* huile *f* de ricin.

Roastbeef *n* ⟨-s, -s⟩ ['ro:stbi:f] rosbif *m.*

Robbe *f* ⟨-, -n⟩ ['rɔbə] phoque *m; pl (Ordnung)* pinnipèdes *m pl; r~n* ⟨*aux: sein*⟩ *itr* se traîner en rampant; **~nfang** *m,* **~nschlag** *m* chasse *f* aux phoques.

Robe *f* ⟨-, -n⟩ ['ro:bə] *(Amtstracht)* robe *f.*

Robinie *f* ⟨-, -n⟩ [ro'bi:niə] *bot* robinier, faux acacia *m.*

robot|en ['rɔbɔtən] *itr fam (schuften)* bosser, boulonner; **R~er** *m* ⟨-s, -⟩ robot, automate *m.*

robust [ro'bʊst] *a* robuste; *(stark)* fort; *(widerstandsfähig)* résistant; **R~heit** *f* robustesse; force; résistance *f.*

Roch|ade *f* ⟨-, -n⟩ [rɔ'xa:də, rɔ'ʃa:də] *(Schach)* roque *m; r~ieren* [rɔ'xi:rən, rɔ'ʃi:rən] *itr* roquer.

röcheln ['rœçəln] *itr* râler; **R~** *n* râle(ment) *m.*

Rochen *m* ⟨-s, -⟩ ['rɔxən] *zoo* raie *f.*

Rock *m* ⟨-(e)s, ⁻e⟩ [rɔk, 'rœkə] *(Damen~)* jupe *f; (Herrenjacke)* habit *m; mil (Waffen~)* tunique *f; der Heilige ~ (in Trier)* la Sainte Tunique; **~schoß** *m* pan *m,* basque *f; sich an jds Rockschöße hängen* ne pas quitter les jupes *od* les basques de qn, être toujours pendu aux basques de qn; **~zipfel** *m* pan *m* d'habit; **Röckchen** *n* petite jupe *f.*

Rocken *m* ⟨-s, -⟩ ['rɔkən] *(Spinn~)* quenouille *f.*

Rocker *m* ⟨-s, -⟩ ['rɔkər] blouson noir, *fam* loulou *m, arg* loubard *m.*

Rocky Mountains ['rɔki 'maʊntınz] , *die pl* les (Montagnes) Rocheuses *f pl.*

Rodel *m* ⟨-s, -⟩ ['ro:dəl] luge *f,* toboggan *m;* **~bahn** *f* piste *f* de luge; **r~n** ⟨*aux: sein od haben*⟩ *itr* luger, faire de la *od* aller en luge; **~schlitten** *m* = **~**; **Rodler** *m* ⟨-s, -⟩ lugeur *f.*

Rod|eland *n* [ro:də-] essart(s *pl*) *m;* **r~en** *tr (Wald)* défricher, essarter; *(Kartoffeln, Rüben)* arracher; **~ung** *f (Tätigkeit)* essartement, essartage *m; (Fläche)* essarts *m pl.*

Rog|en *m* ⟨-s, -⟩ ['ro:gən] œufs *m pl* de poisson; **~(e)ner** *m* ⟨-s, -⟩ poisson *m* œuvé *od* ovigère.

Roggen *m* ⟨-s, ø⟩ ['rɔgən] seigle *m;* **~brot** *n,* **~feld** *n,* **~mehl** *n* pain, champ *m,* farine *f* de seigle.

roh [ro:] *a (ungekocht, ungebraten)* cru, pas cuit; *(unbearbeitet)* (é)cru, brut, fruste, vert, non affiné, non travaillé; *(brutal)* brutal, rude; *(grob)* grossier; *(ungebildet)* inculte, fruste; *adv a.* à la dure; *mit ~er Gewalt* brutalement; *wie ein ~es Ei anfassen (fig)* prendre avec des gants, ménager, traiter avec délicatesse; *~ behauen (a)* équarri grossièrement; *~e(s) Ei n, ~e(r) Schinken m* œuf, jambon *m* cru.

Roh|abzug *m* ['ro:-] première épreuve *f;* **~alkohol** *m* flegme *m;* **~bau** *m* gros œuvre *m,* gros ouvrages *m pl,* grosse maçonnerie, maçonnerie *od* construction *f* brute, corps *m* (de bâtiment); *im ~ (fertig)* en maçonnerie brute; **~baumwolle** *f* coton *m* brut; **~benzol** *n* benzol *m;* **~betrag** *m* montant *m* brut; **~diamant** *m* diamant *m* brut; **~eisen** *n* fonte *f* brute; **Roheit** *f* brutalité, rudesse; *(Grobheit)* grossièreté; *(Grausamkeit)* cruauté *f;* **~erz** *n* minerai *m* brut; **~fassung** *f* film copie *f* de travail; **~gewicht** *n* poids *m* brut; **~gewinn** *m* bénéfice *m* brut; **~gummi** *n* caoutchouc *m* brut; **~kost** *f* crudités *f pl;* alimentation *f* naturiste; **~kupfer** *n* cuivre *m* brut; **~leder** *n* cuir *m* brut; **~leinen** *n* toile *f* écrue; **~ling** *m* ⟨-s, -e⟩ *tech* pièce brute; *(Mensch)* brute *f,* pandour *m;* **~material** *n* matière *f* brute *od* première, matériaux *m pl* bruts; **~metall** *n* métal *m* brut *od* cru; **~öl** *n* pétrole *m od* huile *f* brut(e); **~produkt** *n* produit *m* brut *od* non manufacturé; **~seide** *f* soie *f* écrue *od* grège; **~stahl** *m* acier *m* brut; **~stoff** *m* matière *f* première; **~stoffbedarf** *m* besoins *m pl* de *od* en matières premières; **~stoffgewinnung** *f* production *f* première; **~stoffknappheit** *f,* **~stoffmangel** *m* pénurie *f* de matières premières; **~stoffmarkt** *m* marché *m* des matières premières; **~stoffversorgung** *f* approvisionnement *m* en *od* de matières premières; **~wolle** *f* laine *f* crue; **~zucker** *m* sucre *m* brut *od* roux, cassonade *f.*

Rohr *n* ⟨-(e)s, -e⟩ [ro:r] *bot* roseau, jonc *m; (größere Arten)* canne *f; tech* tuyau, tube; *mil (Feuerwaffe)* canon *m; gezogene(s), glatte(s) ~* canon *m* rayé, lisse; *spanische(s) ~ (bot)* jonc d'Inde; *(Material)* rotin *m* (Spazierstock) jonc *m;* **~ammer** *f* = **~sperling;** **~ansatz** *m* tubulure *f;* **~anschluß** *m* raccord *m* de tuyau; **~biegemaschine** *f* machine *f* à cintrer les tubes; **~bruch** *m* bris *m* de tuyau, rupture *f* de *od* d'une *od* de la conduite; **~dichtung** *f* garniture *f* de tuyau; **~dommel** *f* ⟨-, -n⟩ *orn* butor *m;* **~flechter** *m* canneur *m;* **~flöte** *f* chalumeau *m;* ~**geflecht** *n* cannage *m;* ~**kolben** *m bot* panicule *f* du roseau; ~**krepierer** *m* ‹-s, -› *mil* éclaté *m* dans l'âme; ~**kühler** *m* réfrigérateur *m* tubulaire; ~**leger** *m* poseur *m* de tuyaux *od* de conduites; ~**leitung** *f: tuyauterie, conduite f; (Pipeline)* pipe-line *m;* ~**möbel** *n pl* meubles *m pl* en rotin; ~**netz** *n* tuyauterie; canalisation *f;* ~**post** *f* poste *f* pneumatique; ~**postbrief** *m* (carte *f)* pneu(matique) *m;* ~**schelle** *f* attache de tuyau, bride *f* d'attache, collier *m* de fixation; ~**spatz** *m: wie ein ~ schimpfen* rouspéter sans cesse, jurer comme un charretier; ~**sperling** *m* bruant *m* des roseaux; ~**stock** *m* canne *f; (Schule)* bâton *m;* ~**stuhl** *m* chaise *f* cannée; ~**verlegung** *f* déplacement *m* de tuyaux; ~**weihe** *f* ‹-, -n› *orn* busard *m* des roseaux; ~**wischer** *m* ‹-s, -› *(Gerät)* écouvillon; *tech* hérisson *m;* ~**zucker** *m* sucre *m* de canne.

Röhr|chen *n* ‹-s, -› ['røːrçən] petit tuyau *m;* ~**e** *f* ‹-, -n› tube, tuyau, conduit *m; radio* lampe *f; in die ~ gucken (fam)* regarder la télévision; *(müssen) (pop)* se mettre la ceinture; *Eustachische ~ (anat)* trompe *f* d'Eustache; ~**icht** *n* ‹-s, -e› ['-rıçt] roseaux *m pl;* cannaie *f;* ~**ling** *m* ‹-s, -e› ['-lıŋ] *(Pilz)* bolet *m.*

röhren ['røːrən] *itr (Hirsch)* bramer.

Röhren|gleichrichter *m* ['røːrən-] redresseur *m* à lampes; ~**knochen** *m* os *m* long; ~**prüfgerät** *n* dispositif *m* à essayer les lampes; ~**widerstand** *m* résistance *f* de lampe.

Rokoko *n* ‹-(s), ø› ['rɔkoko, ro'kɔko], ~**stil** *m (Kunst)* (style) Louis XV; *pej* rococo *m.*

Roll|assel *f* ['rɔl-] *zoo* iule *m;* ~**bahn** *f aero* piste *f* de roulement; *mil* itinéraire *m* routier; ~**bahre** *f* brancard *m od* civière *f* à roulettes; ~**band-maß** *n* mètre *m* roulant; ~**brett** *n (Skateboard)* planche *f* à roulettes; ~**feld** *n aero* aire *f* d'atterrissage et de décollage; *mil* aire *f* de manœuvre *od* de mouvement; ~**fuhrdienst** *m* camionnage *m;* ~**fuhrmann** *m* routier, camionneur *m;* ~**fuhrunternehmen** *n* entreprise *f* de transport *od* de camionnage; ~**geld** *n* (frais *m pl* de) camionnage, factage *m;* ~**gut** *n* marchandises *f pl* de camion nage; ~**kragen(pullover)** *m* (pullover à) col *m* roulé; ~**kutscher** *m* = ~**fuhrmann;** ~**(l)aden** *m* volet roulant; rideau de fer *m;* ~**mops** *m* hareng *m* roulé; ~**schinken** *m* jambon *m* roulé; ~**schrank** *m* classeur *m* à ri-

deau; ~**schreibtisch** *m* bureau *m* à rideau; ~**schuh** *m* patin *m* à roulettes; ~ *laufen* patiner à roulettes; ~**schuhbahn** *f* piste *f* de patinage à roulettes; ~**schuhlaufen** *n* patinage *m* à roulettes; ~**schuhläufer** *m* patineur *m* à roulettes; ~**schwanzaffe** *m* sapajou *m;* ~**sitz** *m (im Boot)* siège *m* à glissière; ~**steg** *m* tapis *m* roulant; ~**strecke** *f aero* longueur de roulement, distance *f* parcourue au décollage; ~**stuhl** *m* fauteuil *m* roulant; ~**stuhlfahrer** *m* handicapé *m* dans un fauteuil roulant; ~**treppe** *f* escalier roulant, escalator *m (Warenzeichen);* ~**wagen** *m* chariot, fardier *m.*

Rolle *f* ‹-, -n› ['rɔlə] *allg, a. tech u. sport* rouleau *m;* bobine; *(unter Möbeln)* roulette, rotule *f; tech (Lauf~)* galet *m; (Block~)* poulie *f; (an der Angel)* moulinet; *(Haspel)* touret; *(Trommel)* cylindre *m; (Wäsche~)* calandre *f; (Bündel)* boudin *m; (Draht~)* couronne *f; aero (Bewegung)* tonneau; *(Liste)* rôle *m,* liste *f; theat u. fig* rôle *m; aus der ~ fallen (fig)* sortir de son rôle; *e-e ~ spielen* jouer un rôle; *fig (wichtig sein)* faire figure, entrer en ligne de compte; *bei etw* être de moitié dans qc; *die ~ e-s, e-r ... spielen (theat)* tenir le rôle, faire le personnage de ...; *e-e ~ zum erstenmal spielen (theat)* créer un rôle; *e-e große, geringe ~ spielen* jouer un grand, petit rôle; *bei etw keine, e-e geringe, große ~ spielen* entrer *od* être pour rien, peu, beaucoup dans qc; *e-e ~ übernehmen* prendre un rôle; *das spielt keine (große) ~* cela n'a pas d'importance; peu importe; *das spielt e-e große ~ für mich* cela m'importe beaucoup; ~**nbesetzung** *f theat* distribution *f* des rôles; ~**nfach** *n theat* emploi *m;* ~**nlager** *n tech* roulement *od* palier *m* à rouleaux; ~**nspiel** *n* jeu *m* de rôles; ~**nverteilung** *f* = ~**nbesetzung.**

roll|en ['rɔlən] *tr* ‹aux: haben› rouler; *(zs.-, einrollen)* enrouler; *(Wäsche)* calandrer; *(Tabak)* rôler; *(walzen)* passer au rouleau, cylindrer; *itr* ‹aux: sein› rouler; *(Donner)* gronder; ~**de(s)** *Material m* matériel *m* roulant; **R~en** *n* roulement; *mar aero* roulis; *(Donner)* grondement; *(Wäsche)* calandrage *m;* **R~er** *m* ‹-s, -› *(Spielzeug)* trottinette, patinette *f; (Motorroller)* scooter *m;* **R~erfahrer** *m* scootériste *m;* **R~o** *n* ‹-s, -s› ['rɔlo] = *Rouleau.*

Rom *n* [roːm] Rome *f.*

Romadur *m* ⟨-(s), ø⟩ ['rɔmaduːr] *(Käse)* (fromage de) romandur *m*.

Roman *m* ⟨-s, -e⟩ [ro'maːn] roman *m;*
e-n ~ machen aus, zu e-m ~ gestalten
romancer; *historische(r), psychologi-sche(r) ~* roman *m* historique, psychologique; **~figur** *f* personnage *m*
de roman; **~form** *f: in ~ bringen* romancer; **r~haft** *a* romanesque;
~held *m* héros *m* de roman;
~schriftsteller(in *f)* *m* romancier,
ère *m f;* **~zyklus** *m* roman-fleuve *m.*

Roman|en [ro'maːnən], *die pl* les Latins *m pl;* **~ik** *f* ⟨-, ø⟩ ['-'maːnɪk] *(bildende Kunst)* roman *m;* **r~isch** *a*
(Sprache, Volk) latin; *(Kunst)* roman;
~ist *m* ⟨-en, -en⟩ ['-'nɪst] romaniste
m; **~istik** *f* ⟨-, ø⟩ ['-'nɪstɪk] étude *f* des
langues latines; **r~istisch** ['-'nɪstɪʃ] *a*
romaniste.

Romant|ik *f* ⟨-, ø⟩ [ro'mantɪk] *(Kunst)*
romantisme; *fig* romanesque *m;*
~iker *m* ⟨-s, -⟩ ['-'mantikər] romantique *m;* **r~isch** *a* romantique; *(malerisch)* pittoresque.

Romanze *f* ⟨-, -n⟩ [ro'mantsə] romance *f.*

Röm|er(in *f)* *m* ⟨-s, -⟩ ['røːmər] Romain, e *m f;* **r~isch** *a* romain;
r~isch-katholisch *a* catholique romain.

Rond|ell *n* ⟨-s, -e⟩ [rɔn'dɛl] *(Rundbeet)*
parterre *m* rond; **~o** *n* ⟨-s, -s⟩
['rɔndo] *mus* rondeau *m.*

röntgen ['rœntɡən] *tr* radiographier;
(durchleuchten) radioscopier; **R~** *n*
radiographie *f;* **R~apparat** *m* appareil *m* de radiographie; **R~aufnahme** *f* radiographie *f; e-e ~ machen*
prendre une radio(graphie); **R~bild** *n*
radiographie *f;* **R~blitz** *m* éclair *m*
de rayons; **R~dermatitis** *f* radiodermite *f;* **R~diagnose** *f* radiodiagnostic *m;* **R~durchleuchtung** *f* radioscopie *f;* **R~ologe** *m* ⟨-n, -n⟩
[-ɡeno'loːɡə] radiologiste, radiologue
m; **R~ologie** *f* ⟨-, ø⟩ [-lo'ɡiː] radiologie *f;* **~ologisch** [-'loːɡɪʃ] *a* radiologique; **R~schädigung** *f* radiolésion,
radiopathie *f;* **R~strahlen** *m pl*
rayons *m pl* X *od* de Rœntgen;
R~therapie *f* radiothérapie *f;*
R~untersuchung *f* examen radiographique *od* aux rayons; *(Durchleuchtung)* examen *m* radioscopique.

rosa ['roːza] *a inv* rose; **R~** *n* ⟨-s, -⟩ rose *m.*

Rose *f* ⟨-, -n⟩ ['roːzə] *bot arch* rose *f;*
(Strauch) rosier; *med* érysipèle *m;*
nicht auf ~n gebettet sein (fig) ne
pas être sur du velours; *keine ~ ohne*
Dorn (prov) il n'y a pas de roses sans
épines; **r~nfarben** *a* (couleur) de ro-

se; **~ngarten** *m* roseraie *f;*
~ngewächse *n pl* rosacées *f pl;*
~nholz *n* bois *m* de rose; **~nhonig**
m miel *m* rosat; **~nkäfer** *m* cétoine *f*
dorée; **~nknospe** *f* bouton *m* de rose; **~nkohl** *m* chou *m* de Bruxelles;
~nkranz *m rel* chapelet, rosaire *m;*
den ~ beten dire *od* réciter *od* égrener son chapelet; **~nkreuzer** *m pl*
Rose-Croix *f;* **~nmontag** *m* Lundi *m*
gras; **~nöl** *n* huile *od* essence *f* de roses; **r~nrot** *a* rose; **~nstock** *m,*
~nstrauch *m* rosier *m;* **~nstrauß** *m*
bouquet *m* de roses; **~nwasser** *n*
eau *f* (de) rose; **~nzeit** *f* saison *f* des
roses; **~nzucht** *f* culture *f* des rosiers; **~nzüchter** *m* rosiériste *m.*

Rosette *f* ⟨-, -n⟩ [ro'zɛtə] rosace;
(Schleifen~) rosette *f.*

rosig ['roːzɪç] *a* rose; *(zartrosa)* rosé;
fig rassurant; *alles in ~em Lichte se-hen (fig)* voir tout en rose.

Rosine *f* ⟨-, -n⟩ [ro'ziːnə] raisin *m* sec;
~n im Kopf haben avoir de grands
projets; viser (trop) haut, voir (trop)
grand; *die ~n aus dem Kuchen pik-ken (fig fam)* extraire la moelle de
l'os, prendre le meilleur pour soi.

Rosmarin *m* ⟨-s, ø⟩ [rɔsma'riːn,
'roːsmariːn] *bot* romarin *m.*

Roß *n* ⟨-sses, -sse⟩ [rɔs] *(Pferd)* cheval; *poet* coursier; *fam a.* imbécile,
sot *m; sich aufs hohe ~ setzen, auf*
dem hohen ~ sitzen (fig) monter,
être monté sur ses grands chevaux; le
prendre de haut; *hoch zu ~* perché
sur son cheval; **~apfel** *m hum* crottin *m* (de cheval); **~haar** *n* crin *m;*
~haarbesen *m* balai *m* de crin;
~haareinlage *f* tissu *m* crin; **~haar-matratze** *f* matelas *m* de crin;
~kamm *m (Striegel)* étrille *f;*
~kastanie *f (Frucht)* marron d'Inde;
(Baum) marronnier *m* d'Inde; **~kur** *f*
fig remède *m* de cheval; **~schlach-terei** *f* boucherie *f* chevaline *od*
hippophagique.

Rost [rɔst] **1.** *m* ⟨-(e)s, -e⟩ *(Gitter)*
grille *f; (Brat~, tech)* gril; *(Latten~)*
caillebotis *m; (Bett~)* sommier *m;*
vom ~ (Küche) grillé; *auf dem ~*
braten faire cuire sur le gril, griller;
~braten *m* grillade *f.*

Rost 2. *m* ⟨-(e)s, ø⟩ *(Eisenoxyd)* rouille
f; ~ ansetzen se rouiller; *den ~ ent-fernen von* dérouiller; **~ansatz** *m*
dépôt *m* de rouille; **r~braun** *a* (brun)
rouille, rubigineux; **r~en** *itr* se rouiller; *scient* s'oxyder; **~en** *f* formation
de rouille, oxydation *f;* **r~farben** *a*
= **r~braun;** **~fleck** *m* tache *f* de
rouille; **r~frei** *a* sans rouille; *(nicht-rostend)* inoxydable, non-corrosif, an-

tirouille; **r~ig** *a* rouillé; **r~narbig** *a* piqué; **~schutz** *m* protection *f* contre la rouille; **~schutzanstrich** *m*, **~schutzfarbe** *f*, **~schutzlack** *m* peinture, couleur *f*, vernis *m* antirouille; **~schutzmittel** *n* (enduit) antirouille *m*; **~umwandler** *m* ‹-s, -› dérouillant *m*.

Röst|brot *n* ['rœst-/røːst-] pain grillé, toast *m*; **~e** *f* ‹-, -n› ['røːstə] *(Flachs~)* rouissoir *m*; **r~en** *tr (Fleisch, Kastanien, Brot)* griller; *(Mehl)* faire roussir; *(Kaffee)* griller, torréfier; *(Flachs)* rouir; **~en** *n* grillage *m a. chem tech; (Kaffee)* torréfaction *f; (Flachs)* rouissage *m;* **~er** *m* ‹-s, -› *(Gerät)* grilloir; *(Brotröster)* grille-pain, toaster *m*; **~kartoffeln** *f pl* pommes *f pl* (de terre) sautées.

rot [roːt] *a* rouge; *(Haar)* roux; *(Gesicht)* rubicond; **~** *anstreichen (Tag im Kalender)* marquer d'une croix; **~** *sehen (fig)* voir rouge; *für jdn ein ~es Tuch sein (fig)* être la bête noire de qn; **~** *werden (a. im Gesicht)* rougir, devenir rouge; *(im Gesicht)* s'empourprer, s'allumer; *bis über die Ohren* **~** *werden* rougir jusqu'au blanc des yeux; *er lief* **~** *an* le rouge lui monta au visage; *die* **R~e** *Armee* l'Armée *f* Rouge; *der* **~e** *Faden (fig)* le fil conducteur; *das* **R~e** *Kreuz* la Croix-Rouge; *das* **R~te** *Meer* la mer Rouge; *die* **~en** *Zahlen (fig)* le déficit *m; in die* **~** *kommen* faire du déficit, perdre de l'argent; **R~** *n* ‹-s, -/(-s)› rouge *m;* **~** *auflegen* (se) mettre du rouge; **R~auge** *n* = *R~feder;* **~bakkig** *a*, **~bäckig** *a* aux joues rouges *od* vermeilles; **~blond** *a* blond roux; **~braun** *a* rouge tirant sur le brun; *(Haar)* auburn *inv;* **~brüchig** *a metal* cassant à chaud; **R~china** *n* la Chine populaire; **R~dorn** *m bot* épine *f* rouge; **R~eisenstein** *n min* hématite *f* rouge, oligiste *m;* **R~feder** *f zoo* gardon *m;* **R~filter** *m opt* écran *m* rouge; **R~fuchs** *m (Pferd)* (cheval) alezan *m;* **~glühend** *a* (chauffé au) rouge; **R~glut** *f* rouge *m* sombre; **~grau** *a (Pferd)* rouan; **~haarig** *a* roux, rousseau, aux cheveux roux; *fam* rouquin; **R~haut** *f (Indianer)* Peau-Rouge *m;* **R~käppchen** *n* le petit Chaperon rouge; **R~kehlchen** *n orn* rouge-gorge *m*, rubiette *f;* **R~kohl** *m*, **R~kraut** *n* chou *m* rouge; **R~kreuzschwester** *f* infirmière *f* de la Croix-Rouge; **R~kupfererz** *n* cuprite *f;* **R~lauf** *m med* érysipèle, érésipèle *m;* **R~schimmel** *m (Pferd)* cheval *m* rouan; **R~schwänzchen** *n* rouge-queue *m;* **R~stift** *m* crayon *m* rouge, sanguine *f;* **R~tanne** *f* épicéa *m;* **~wangig** *a* = *~backig;* **R~wein** *m* vin rouge; *pop* gros rouge; *arg* rouquin *m; ein Glas* **~** *(a. fam)* un coup de rouge; *leichte(r)* **~** petit bleu *m;* **R~welsch** *n* ‹(-es), ø› langue *f* verte; argot *m;* **R~wild** *n* bêtes *f pl* fauves.

Rotang *m* ‹-s, -e› ['roːtaŋ] *bot* rotin *m*.

Rot|ation *f* ‹-, -en› [rotatsi'oːn] rotation *f;* **~ationsdruck** *m typ* impression *f* par *od* sur (machine) rotative; **~ationsmaschine** *f typ* (presse) rotative *f;* **~ationspapier** *n* papier *m* journal *od* à journaux *od* à revues; **~ationssystem** *n pol (bei den Grünen)* (pratique *f* du) tourniquet *m;* **~ationstiefdruck** *m* rotogravure, hélio *f;* **r~ieren** [-'tiːrən] *itr* tourner (sur soi-même *od* sur son axe); *typ a.* rouler; **r~ierend** *a* rotatoire, rotatif; **~or** *m* ‹-s, -en› ['roːtɔr, -'toːrən] *tech el* rotor, induit *m;* **~orflugzeug** *n* avion *m* à ailes rotatives.

Röt|e *f* ‹-, ø› ['røːtə] rougeur; *(d. Haares)* rousseur *f; die* **~** *stieg ihm ins Gesicht* le feu lui monta au visage; **~el** *m* ‹-s, -› *min* sanguine *f;* = *~elstift;* **~eln** *pl med* rubéole, roséole, *(Masern)* rougeole *f;* **~elstift** *m* crayon *m* rouge *od* à la sanguine; **~elzeichnung** *f* (dessin *m* à la) sanguine *f;* **r~en** *tr* rougir; *(die Wangen a.)* colorer; *sich* **~** rougir, devenir rouge; **r~lich** *a* rougeâtre, tirant sur le rouge; *(Haar)* roussâtre; **~ung** *f (der Haut)* rougeur *f*.

Rotte *f* ‹-, -n› ['rɔtə] *mil* troupe *f*, peloton *m;* file; *allg* bande *f; (Arbeiter)* équipe *f;* **~narbeiter** *m* homme *m* d'équipe; **r~nweise** *adv* par troupes *od* bandes.

Rotund|a *f* ‹-, ø› [ro'tunda] *typ* lettres *f pl* rondes; **~e** *f* ‹-, -n› *arch* rotonde *f*.

Rotz *m* ‹-es, -e› [rɔts] *pop (Nasenschleim u. vet)* morve *f;* **r~ig** *a* morveux; **~lappen** *m pop* tire-jus *m;* **~nase** *f fam* morveux, se *m f*.

Rouge *n* ‹-s, -s› [ruːʒ] *(rote Schminke)* rouge *m*.

Roul|ade *f* ‹-, -n› [ru'laːdə] *(mus, Küche)* roulade *f;* **~eau** *n* ‹-s, -s› [-'loː] store *m;* **~ett** *n* ‹-(e)s, -e/-s› [-'lɛt] *(Spiel)* roulette *f*.

Route *f* ‹-, -n› ['ruːtə] *(Reiseweg)* itinéraire, parcours *m*.

Routin|e *f* ‹-, ø› [ru'tiːnə] *(Gewandtheit, Fertigkeit)* savoir-faire *m; pej* routine *f;* **~emeldung** *f adm* rapport *m* périodique; **~ier** *m* ‹-s, -s› [-tini'eː] routinier *m;* **r~iert** [-'niːrt] *a* routinier; expérimenté; rompu aux affaires.

Rowdy *m* ⟨-s, -s/-dies⟩ ['raʊdi] voyou, apache *m*.

Royalist *m* ⟨-en, -en⟩ [roaja'lɪst] royaliste *m*; **r~isch** [-'lɪstɪʃ] *a* royaliste.

rubbeln ['rʊbəln] *tr* u. *itr dial (reiben)* frotter.

Rüb|e *f* ⟨-, -n⟩ ['ry:bə] rave *f*; *pop (Kopf)* boule, bobine *f*, bol *m*; *arg* cloche *f*; *gelbe ~ (dial: Mohrrübe)* carotte *f*; *rote ~* betterave *f* (rouge); *weiße ~* navet *m*; **~enfeld** *n* champ *m* de betteraves, ravière *f*; **~enschnaps** *m* alcool *m* de betterave; **~enschnitzel** *pl* cossettes *f, n pl*; **~enzucker** *m* sucre *m* de betterave; **~öl** *n* huile *f* de navette *od* de colza; **~same(n)** *m*, **~sen** *m* ⟨-s, ø⟩ ['ry:psən] navette *f*, colza *m*.

Rubel *m* ⟨-s, -⟩ ['ru:bəl] *(Währungseinheit)* rouble *m*.

Rubin *m* ⟨-s, -e⟩ [ru'bi:n] *min* rubis *m*; **~glas** *n* verre *m* rubis.

Rubr|ik *f* ⟨-, -en⟩ [ru'bri:k] rubrique *f*; **r~izieren** [-bri'tsi:rən] *tr* insérer dans une rubrique.

Ruch *m* ⟨-(e)s, ⁻e⟩ [ru:x, 'ry:çə; rʊx, 'rʏçə] *poet = Geruch.*

ruch|bar ['ru:xba:r] *a* public, notoire; *~ werden* s'ébruiter; **~los** *a* infâme, scélérat; **R~losigkeit** *f* infamie, scélératesse *f*.

Ruck *m* ⟨-(e)s, -e⟩ [rʊk] saccade *f*, à-coup *m*; *(Stoß)* secousse *f*; *(Auffahren)* haut-le-corps, sursaut *m*; *mit e-m ~* d'un (seul) coup; *sich e-n ~ geben (fig)* faire un effort; *~ nach der Seite* embardée *f*; **r~** *interj:* hau ~! oh! hisse! *~, zuck* promptement, énergiquement, *fam* en cinq sec; **r~artig** *a* saccadé; *adv* d'un (seul) coup, en sursaut; **r~weise** *adv* par saccades, par à-coups.

Rückansicht *f* ['rʏk-] vue *f* de l'arrière.

Rückantwort *f* ['rʏk-] *(Post)* réponse *f*; **~karte** *f* carte-réponse *f.*

Rückbeförderung *f* ['rʏk-] renvoi *m.*

Rückberufung *f* ['rʏk-] rappel *m.*

rückbezüglich ['rʏk-] *a gram* réfléchi.

Rückbildung *f* ['rʏk-] régression *f.*

Rückblende *f* ['rʏk-] *film* flash-back *m*; *~ auf das vergangene Jahr* rétrospective *f* de l'année passée.

Rückblick *m* ['rʏk-] coup d'œil *od* regard *m* en arrière; *fig* rétrospective *f.*

rück=buchen ['rʏkˌbu:xa:r] *tr* ristourner, contre-passer.

Rückbuchung *f* ['rʏk-] *fin* ristourne, contre-passation *f.*

Rückbürg|e *m* ['rʏk-] certificateur *m*

(de caution); **~schaft** *f* arrière-caution *f.*

rück=datieren ['rʏk-] *tr* antidater.

Rückdeckung *f* ['rʏk-] réassurance *f.*

rücken ['rʏkən] *tr ⟨aux: haben⟩* pousser, déplacer; remuer; *itr ⟨aux: sein⟩ jdm auf den Leib ~* relancer qn.

Rücken *m* ⟨-s, -⟩ ['rʏkən] *a. fig* dos *m*; *(Küche: vom Schwein)* échinée; *(Hammel)* selle *f*; *(Hase)* râble *m*; *(Berg~)* croupe *f*; *mil* arrières *m pl*; *~ an ~* dos à dos; *auf dem ~* sur *od* dans le dos; *(Hände)* derrière le dos; *hinter jds ~ (a. fig)* derrière le dos de qn; *sich den ~ decken (fig)* couvrir *od* protéger ses arrières; *auf den ~ fallen (a. fig)* tomber à la renverse; *(Pferd, fam a. Mensch)* tomber les quatre fers en l'air; *jdm in den ~ fallen* attaquer qn dans le dos *od* par derrière; *im ~ fassen (mil)* prendre à revers; *sich den ~ freihalten (fig)* se ménager une retraite; *e-n breiten ~ haben (fig)* avoir bon dos; *jdm den ~ kehren* tourner *od* montrer le dos à qn; *e-n krummen ~ machen* courber le dos; *jdm den ~ stärken (fig)* épauler *od* soutenir qn; *jdm den ~ zukehren od zuwenden* tourner *od* présenter le dos à qn; *es lief mir kalt über den ~ (fig)* j'en avais froid dans le dos; **~angriff** *m* attaque *f* à revers *od* sur les arrières; **~deckung** *f mil* couverture *f* de l'arrière; *(Festung)* parados *m*; *(Nachhut)* arrière-garde *f*; **~flosse** *f zoo* nageoire *f* dorsale; **~lage** *f* position *f* couchée sur le dos, *(Schwimmen)* planche *f*; **~lehne** *f* dossier *m*; *verstellbare ~* dossier *m* rabattable; **~mark** *n anat* moelle *f* épinière; *verlängerte(s) ~* moelle *f* allongée, bulbe *m* rachidien; **~marksnerv** *m* nerf *m* rachidien; **~marksschwindsucht** *f* ataxie *f* locomotrice progressive; **~nummer** *f (e-s Rennfahrers)* dossard *m*; **~schild** *m zoo* carapace *f*; *ent* écusson *m*; *(Buch)* étiquette *f* du dos; **~schmerzen** *m pl* douleurs *f pl* dans le dos *od* dorsales; **~schwimmen** *n* nage *f* sur le dos; **~stütze** *f (für Kranke)* dossier-lit *m*; **~wind** *m* vent *m* arrière; *~ haben (mar)* avoir le vent en poupe.

Rückerinnerung *f* ['rʏk-] reminiscence *f.*

Rückerstattung *f* ['rʏk-] remboursement *m*; restitution *f.*

Rückfahr|karte *f* ['rʏk-], **~schein** *m* billet *m* d'aller et retour *od* de retour.

Rückfahrt *f* ['rʏk-] retour *m*; *auf der ~* au retour, en revenant.

Rück|fall *m* ['rʏk-] *jur med* récidive;

med u. allg rechute *f; e-n ~ haben* od *erleiden* récidiver; Neigung *f zu Rückfällen (jur med)* récidivité *f;* **r~fällig** *a jur* récidiviste; *bes. rel* relaps; *~ werden* récidiver; *(Kranker)* rechuter; **~fällige(r)** *m jur* récidiviste; *a. rel* relaps; *fam* cheval *m* de retour.

Rückflug *m* ['rʏk-] vol *m* (de) retour; *auf dem ~* au retour.

Rückforderung *f* ['rʏk-] *jur* demande *f* de remboursement *od* en restitution.

Rückfracht *f* ['rʏk-] fret *od* chargement *m* de retour; **~kosten** *pl* frais *m pl* de retour.

Rückfrage *f* ['rʏk-] demande *f* de précisions *od* d'instructions complémentaires; **rück=fragen** *itr* demander des précisions *(bei jdm* à qn).

Rückführung *f* ['rʏk-] *(in die Heimat)* rapatriement *m*, remise; réduction *m*.

Rückgabe *f* ['rʏk-] reddition; restitution; rétrocession *f; (von leeren Flaschen* od *Gläsern)* retour *m; mit der Bitte um ~* avec prière de retour; **~pflicht** *f* obligation *f* de rendre; **~recht** *n: mit ~ kaufen* acheter à condition.

Rück|gang *m* ['rʏk-] *allg* mouvement *m* rétrograde; *(Nachlassen)* diminution *f*, ralentissement *m*; régression; *com fin* baisse *f; (Niedergang)* déclin *m;* **r~gängig** *a* rétrograde; *~ machen (Maßnahme)* annuler, résilier; *(Kauf, Geschäft)* annuler; *(Entscheidung)* revenir sur; *nicht mehr ~ gemacht werden können (Geschäft)* être définitif; **~gängigmachung** *f* annulation, résiliation *f*, résiliement, résilîment *m*.

Rückgebäude *n* ['rʏk-] bâtiment *m* arrière.

rückgeführt ['rʏk-] *a (in die Heimat)* rapatrié.

Rückgewinnung *f* ['rʏk-] récupération *f*.

Rückgliederung *f* ['rʏk-] rattachement *m*, réintégration *f*.

Rückgrat *n* ['rʏk-] *anat* échine, épine dorsale, colonne *f* vertébrale; *~ haben (fig)* ne pas plier l'échine; *kein ~ haben (fig)* avoir du sang de navet dans les veines; **~verkrümmung** *f* déviation de la colonne vertébrale, lordose; scoliose *f*.

Rückgriff *m* ['rʏk-] recours *m*.

Rückgut *n* ['rʏk-] marchandises *f pl* de retour.

Rückhalt *m* ⟨-(e)s, (-e)⟩ ['rʏk-] soutien, appui *m; fin* réserve *f*, assises *f pl;* **r~los** *a u. adv* sans réserve; sans arrière-pensée; *adv* franchement; **~e** *Offenheit f* franchise *f* parfaite.

Rückhand *f* ['rʏk-] *sport* revers *m*.

Rückhub *m* ['rʏk-] *tech* relevage *m*.

Rückkauf *m* ['rʏk-] rachat; réméré *m;* **~srecht** *n* droit *m* de réemption *od* de rachat *od* de réméré; *Verkauf m mit ~* vente *f* à réméré; **~swert** *m* valeur *f od* prix *m* de rachat.

Rückkehr *f* ⟨-, ⌀⟩ ['rʏk-] retour *m*, rentrée *f; bei meiner ~* à mon retour, en rentrant; *au retour de mon voyage; ~ in die eheliche Wohnung (jur)* réintégration *f* du domicile conjugal.

Rückkopp(e)lung *f* ['rʏk-] *radio* (rétro)réaction *f*.

Rückkunft *f* ⟨-, ⌀⟩ ['rʏk-] = *Rückkehr.*

Rücklage *f* ['rʏk-] *allg* réserve *f*, encas; *fin* réserve *f*, volant *m; gesetzliche, freiwillige, satzungsgemäße ~n* réserves légales, facultatives, statutaires; **~fonds** *m* fonds *m* de réserve *od* de prévision *od* de provision.

Rück|lauf *m* ['rʏk-] *tech* marche *f* arrière; *senkrechte(r) ~* relevage *m;* **r~läufig** *a* rétrograde, régressif; *(Preise)* en baisse; *~e Bewegung f* rétrogradation; régression *f;* **~laufrohr** *n* trop-plein *m*.

Rücklicht *n* ⟨-(e)s, -er⟩ ['rʏk-] *mot* feu *m* (rouge) arrière.

rücklings ['rʏk-] *adv (liegen)* sur le dos; *(fallen)* à la renverse; *(von hinten)* par derrière.

Rückmarsch *m* ['rʏk-] marche rétrograde; *mil* retraite *f*.

Rückmeldung *f* ['rʏk-] rapport *m* de retour.

Rücknahme *f* ⟨-, -n⟩ ['rʏk-] reprise *f*.

Rückporto *n* ['rʏk-] port *m* de retour.

Rückprall *m* ['rʏk-] rebondissement *m*, répercussion *f; (Billard)* effet *m* rétrograde.

Rückreise *f* ['rʏk-] (voyage de) retour *m; auf der ~* au retour; *auf der ~ sein* être sur le retour.

Rückruf *m* ['rʏk-] *tele* rappel *m*.

Rucksack *m* ['rʊk-] sac *m* à dos; **~reisende(r)** *m* personne *f* qui voyage avec un sac à dos.

Rückschau *f* ['rʏk-] *(revue)* rétrospective *f; r~end* *adv* rétrospectivement.

Rückschlag *m* ['rʏk-] réaction *f; (Fehlschlag)* échec, à-coup *m*, traverse; *fin* baisse *f* subite; *(Gegenschlag)* contrecoup; *(Tennis)* renvoi *m* de la balle; *fig* rebondissement; revers *m*.

Rückschläger *m (Tennis)* joueur *m* qui renvoie la balle; *Vorteil ~* avantage *m* dehors.

Rückschluß *m* ['rʏk-] conclusion,

déduction *f; aus etw den ~ ziehen* tirer la conclusion *od* conclure de qc.

Rückschritt *m* ['rʏk-] pas *m* en arrière; *pol* réaction *f; r~lich* *a (Entwicklung)* rétrograde; *pol* réactionnaire.

Rückseite *f* ['rʏk-] *(hintere Seite)* derrière, dos; *(untere Seite)* revers, envers; *typ* verso *m; (e-r Münze)* revers *m; auf der ~ (gen)* au dos (de); *siehe ~* voir au verso; *die ~ des Mondes* la face opposée *od* invisible de la lune; *~ e-s Tiefs (mete)* traîneau *m* d'un système dépressionnaire.

Rücksicht *f* ⟨-, -en⟩ ['rʏk-] considération *f*, égards *m pl; mit ~ auf* en tenant compte de, en considération de, eu égard à, en raison de, par considération pour; *ohne ~ auf* sans égard pour; *ohne ~ auf Alter und Geschlecht* sans exception d'âge ni de sexe; *~ nehmen auf* tenir compte de, avoir égard à, prendre garde à; *(achten)* respecter; *(schonen)* ménager; *auf nichts ~ zu nehmen brauchen* n'avoir rien à ménager; *~nahme f* ⟨-, ø⟩ ménagement *m; r~sios a* u. *adv* sans égards *(gegen* pour); sans ménagement; *a* brutal, impitoyable; *~e(r) Fahrer m* chauffard *m fam; ~slosigkeit f* manque *m* d'égards; brutalité *f; r~svoll a* plein d'égards *(gegen* pour); attentionné; *adv* avec ménagements; *jdn ~ behandeln* avoir des égards pour qn; ménager qn.

Rücksitz *m* ['rʏk-] *(Wagen)* banquette *f* arrière, fond; *(Motorrad)* tan-sad *m*.

Rückspiegel *m* ['rʏk-] (miroir) rétroviseur *m*.

Rückspiel *n* ['rʏk-] *sport* match *m* retour.

Rücksprache *f* ['rʏk-] consultation *f*, entretien *m*, pourparlers *m pl; nach ~ mit* après consultation de; *mit jdm ~ nehmen* conférer avec qn.

Rückstand *m* ['rʏk-] *chem* résidu; reste; *com* arriéré *m; jur* demeure *f; im ~ bleiben (com)* demeurer en reste *od* en arrière; *pl fin* arrérages; *tech* déchets *m; Rückstände eintreiben* faire rentrer des arriérés; *im ~ sein* être en retard *(mit* pour).

rückständig ['rʏk-] *a fin (Zahlung)* arriéré, en retard; *(Schuldner)* retardataire; *fig* arriéré, rétrograde; *~ sein (fig)* ne pas être à la page *od* dans le vent; *~e Miete f* loyer *m* arriéré; *R~keit f* mentalité *f* arriérée.

Rückstau *m* ['rʏk-] refoulement *m*.

Rückstellung *f* ['rʏk-] *fin* (mise en) réserve, provision *f*.

Rückstoß *m* ['rʏk-] coup en arrière, recul *m; phys* répercussion *f; bes.* mot

réaction *f; ~antrieb m* propulsion *f* par réaction *od* par jet; *r~frei a* sans recul; *~kraft f* force de recul; *mot* force *f* de réaction; *~triebwerk n* moteur à réaction, réacteur *m*.

Rückstrahl|er *m* ['rʏk-] cataphote, catadioptre *m; ~ung f* réflexion *f*.

Rückstrom *m* ['rʏk-] courant *m* de retour.

Rücktaste *f* ['rʏk-] touche *f* de rappel.

Rücktritt *m* ['rʏk-] *(vom Amt)* démission; retraite; *(vom Vertrag)* résiliation *f; (Fahrrad)* rétropédalage *m; s-n ~ erklären* donner sa démission, démissionner; *~bremse f* (frein à) rétropédalage; frein *m* à contre-pédale; *~gesuch n* demande *f* de retraite, démission; *~sschreiben n* lettre *f* de démission.

rück=übersetz|en ['rʏk-] ⟨*hat rück-übersetzt*⟩ *tr* retraduire; *R~ung f* retraduction *f*.

Rückübertragung *f* rétrocession *f*.

rück=vergüt|en ['rʏk-] ⟨*hat rückvergütet*⟩ *tr* rembourser; *R~ung f (Storno)* ristourne *f; (Rückerstattung)* remboursement *m*.

rück=versicher|n ['rʏk-] ⟨*hat rückversichert*⟩ *sich* se réassurer; *R~te(r) m* réassuré *m; R~ung f* réassurance, contre-assurance *f; R~ungsvertrag m* contrat *m* de réassurance.

Rückwand *f* ['rʏk-] paroi *f* arrière; *(e-s Kamins)* contrecœur; *(e-s Lastwagens)* hayon *m*.

Rückwanderer *m* ['rʏk-] émigrant *m* qui revient.

rückwärt|ig *a* ['rʏk-] arrière; *~e(s) Gebiet n (mil)* (zone *f*) arrière *m; ~e Stellung f (mil)* position *f* arrière; *~e Verbindungen f pl* (liaisons *f pl*) arrières *m pl; ~s adv* en arrière, à reculons; *~ fahren (itr)* faire marche arrière; *R~sbewegung f* mouvement en arrière *od* vers l'arrière; *mil a.* repli; *fig* reflux *m;* rétrogradation *f; R~sgang m* mot marche *f* arrière; *R~slagerung f* med rétroversion *f; R~sstreuung f* rétrodiffusion *f*.

Rückweg *m* ['rʏk-] (chemin de) retour; *mil* itinéraire *m* de repli; *auf dem ~* sur le retour, en retournant; *jdm den ~ abschneiden* couper la retraite à qn.

rückwirk|end ['rʏk-] *a adm* rétroactif; *phys* réactif; *~e Kraft besitzen* avoir (un) effet rétroactif; *R~ung f* réaction, répercussion *f; mit ~ vom ...* avec rappel depuis ...

rückzahl|bar ['rʏk-] *a* remboursable; *R~ung f* remboursement *m; (Amortisation)* amortissement *m; R~ungs-rate f* quote-part *f* d'amortissement.

Rückzieher *m* ⟨-s, -⟩ ['rʏk-] *(Fußball)* retourné *m; fam: e-n* ~ *machen* se rétracter, se dédire.

Rückzug *m* ['rʏk-] *mil* retraite *f; (planmäßiger)* repli *m; den* ~ *antreten, zum* ~ *blasen (fig)* battre en retraite; **~sgefecht** *n* combat *m* en retraite; **~slinie** *f* ligne *f* de retraite.

Rüde *m* ⟨-n, -n⟩ ['ry:də] *(männl. Hund, Wolf, Fuchs)* mâle; *(Hetzhund)* chien *m* de chasse.

rüde ['ry:də] *a* rude, brutal.

Rudel *n* ⟨-s, -⟩ ['ru:dəl] *(Hochwild)* harde; *(Wölfe)* bande; *(Menschen)* bande, troupe *f;* **r~weise** *adv (Tiere)* par *od* en bandes.

Ruder *n* ⟨-s, -⟩ ['ru:dər] rame *f,* aviron; *(Steuer~, a. aero)* gouvernail *m; aero* commandes *f pl; (~pinne)* barre *f; das* ~ *fest in der Hand haben (fig)* tenir la barre; *ans* ~ *kommen (fig)* prendre le gouvernail; *pol* prendre les leviers de commande; *am* ~ *sein (fig)* tenir le gouvernail; **~bank** *f* banc *m* des rameurs; **~blatt** *n* pale *f* d'aviron, plat de l'aviron; *(Steuer)* safran *m;* **~boot** *n* bateau *od* canot *m od* barque *f* à rames; **~er** *m* ⟨-s, -⟩ rameur; *mar* nageur *m;* **~fuß** *m zoo* patte *f* natatoire; **~gabel** *f* porte-rame *m;* dame *f* (de nage); **~haus** *n mar* timonerie *f;* **~klub** *m* club *m* d'aviron; **r~n** *itr* ramer; *sport* faire de l'aviron; *kräftig* ~ faire force de rames; **~n** *n* = *~sport;* **~pinne** *f mar* timon *m;* barre *f* du gouvernail; **~regatta** *f* régate *f* de canoë; **~sport** *m* aviron, canotage *m;* **~stange** *f* perche *f* à aviron *od* à rame; **~verein** *m* = *~klub.*

Rudiment *n* ⟨-(e)s, -e⟩ [rudi'mɛnt] rudiment *m;* **r~är** [-'tɛ:r] *a* rudimentaire.

Ruf *m* ⟨-(e)s, -e⟩ [ru:f] *allg* cri; *(Anruf, bes. tele)* appel; *tele (Nummer)* numéro *m* (de téléphone); *(guter* ~*)* réputation; renommée *f,* renom *m; (Berufung)* nomination; vocation *f; in gutem, schlechtem* ~ *(stehend)* bien, mal famé; *jdn um s-n guten* ~ *bringen* perdre qn de réputation; *jdn in schlechten* ~ *bringen* discréditer qn; *e-n* ~ *(als Professor) erhalten* recevoir une offre de nomination *(an e-e Univ.* à une université); *e-n guten, schlechten* ~ *haben* jouir d'une bonne réputation, être mal vu partout; *im* ~ *stehen (gen od zu)* avoir le réputation (de); *er ist besser als sein* ~ il vaut mieux que son nom; **r~en** ⟨*ruft, rief, hat gerufen*⟩ [(-)ru:f-] *tr* appeler; *itr* crier; *nach jdm* appeler qn; *ins Gedächtnis* ~ rappeler; *zu Hilfe*

~ appeler au secours; *wieder ins Leben* ~ rappeler à la vie; *wie gerufen kommen* venir *od* arriver à point nommé *od* à propos *od* pic *od fam* au poil; ~ *lassen* faire venir, appeler; **~er** *m* ⟨-s, -⟩ celui qui crie *od* qui appelle *od* qui a crié *od* appelé; **~name** *m* prénom *m* usuel; **~nummer** *f tele* numéro *m* d'appel *od* de téléphone; **~weite** *f: in, außer* ~ à, hors de portée de (la) voix; **~zeichen** *n* indicatif *m* (d'appel).

Rüffel *m* ⟨-s, -⟩ ['rʏfəl] réprimande, semonce *f; fam* savon *m;* **r~n** *tr* réprimander, tancer, attraper; passer un savon *(jdn* à qn).

Rüge *f* ⟨-, -n⟩ ['ry:gə] *(Tadel)* blâme *m;* réprimande *f; jdm e-e* ~ *erteilen* = *jdn rügen;* **r~en** *tr* blâmer, censurer, réprimander, gourmander.

Ruhe *f* ⟨-, ø⟩ ['ru:ə] *(Unbewegtheit)* repos *m a. phys,* tranquillité *f; (Stille)* calme; *(Schweigen)* silence; *(innere~)* calme *m,* tranquillité, sérénité *f; (Erholung)* repos *m,* détente *f,* délassement *m; in* ~ *(überlegen)* à tête reposée; *in (aller)* ~ tranquillement, sans se presser, en prenant son temps; *sich zur* ~ *begeben* aller se coucher; ~ *bewahren* garder son calme, rester calme; *nicht aus der* ~ *zu bringen sein* ne jamais perdre son sang-froid; *jdm* ~ *gebieten* imposer silence à qn; *keine* ~ *haben* n'avoir pas de repos; *bis . . .* n'avoir pas de cesse que *subj;* ~ *halten* se tenir tranquille; *nicht od keinen Augenblick zur* ~ *kommen* n'avoir pas le loisir de respirer; *in* ~ *lassen* laisser tranquille *od* en paix; *jdm keine od jdn nicht in* ~ *lassen* ne pas laisser de repos *od* de répit à qn; *fam* talonner *od* turlupiner qn; *sich zur* ~ *setzen (Selbständiger)* se retirer des affaires; *(Unselbständiger)* prendre sa retraite; *man hat keine* ~ *vor ihm* il ne vous laisse pas tranquille; ~*!* paix (donc)! *angenehme* ~*!* bonne nuit! *immer mit der* ~*!* doucement! tout doux! du calme! *laß mich in* ~*!* laisse-moi tranquille *od* en paix! *fam* ne m'embête pas! fiche-moi la paix! *pop* fous-moi la paix! **~ebank** *f* banc *m* public; **r~ebedürftig** *a:* ~ *sein* avoir besoin de repos; **~ebett** *n* lit *m* de repos; **~egehalt** *n* pension *f* de retraite *od* d'ancienneté; **~egehaltsempfänger** *m* retraité, pensionné *m;* **~elage** *f* position *f* d'équilibre; **r~elos** *a* sans repos, toujours en mouvement; *(unruhig)* inquiet, agité; **~elosigkeit** *f* ⟨-, ø⟩ inquiétude, agitation *f* (continuelle); **r~en** *itr (unbewegt sein)* reposer, être tranquille; *(liegen, getragen werden)* reposer *(auf* sur); *(Blick)* être fixé *(auf* sur); *(Verdacht)* peser *(auf* sur); *(sich ausruhen)* se reposer, se détendre, se délasser; *(begraben sein)* reposer; *(Arbeit)* avoir cessé, avoir été arrêté *od* suspendu; *(Angelegenheit)* être en sommeil; *nicht eher ~, als bis ...* n'avoir (pas) de repos *od* cesse que ... ne *subj; ~ lassen* laisser reposer *od* dormir; *(Blick)* arrêter *(auf* sur); *hier ruht (Toter)* ci--gît; *~de(s) Kapital n* capital *m* improductif; **~epause** *f* temps *m* de repos; **~epunkt** *m* point *m* de repos; **~estand** *m* retraite *f; im ~* en retraite; *in den ~ treten* prendre sa retraite; *in den ~ versetzen* mettre à la retraite; **~estätte** *f (Grab)* dernière demeure *f;* **~estellung** *f* position *f* de repos *od tech* d'arrêt; *in ~* en repos; *mil* en cantonnement; **~estörer** *m* tapageur, perturbateur *m* (de l'ordre public); **~estörung** *f* perturbation *f* (de l'ordre public); *nächtliche ~* tapage *m* nocturne; **~etag** *m* jour de repos; *(Geschäft)* repos *m* hebdomadaire; **~ezeit** *f* temps *m* de repos; **r~ig** *a (still, a. Mensch)* tranquille, silencieux; *(friedlich)* calme, paisible; *(heiter)* serein; *(beruhigt)* rassuré; *(gelassen, gesetzt)* rassis; *bei ~er Überlegung* à tête reposée; *~ bleiben* rester calme, garder son calme; *keine ~e Minute (mehr) haben* n'avoir pas (plus) une minute de repos; *~ schlafen (können)* dormir tranquille *od* sur ses deux oreilles; *sich ~ verhalten* se tenir tranquille; *~ verlaufen* se passer sans incident; *~er werden* se rassurer; *das können Sie ~ machen! (fam)* vous pouvez bien le faire! *du könntest ~ (mal) ... (fam)* tu pourrais bien ...

Ruhm *m* ⟨-(e)s, ø⟩ [ru:m] gloire *f; sich mit ~ bedecken, ~ ernten* se couvrir de gloire; **r~bedeckt** *a* couvert de gloire; **~begier(de)** *f* amour *m* de la gloire; **r~begierig** *a* avide de gloire; **~eshalle** *f* temple de la gloire; panthéon *m;* **~estat** *f* fait *m* glorieux; **r~los** *a* sans gloire; obscur; **~losigkeit** *f* ⟨-, ø⟩ obscurité *f;* **r~voll** *a* glorieux.

rühm|en ['ry:mən] *tr (preisen)* glorifier, magnifier, célébrer, prôner, vanter; rendre gloire à, chanter la gloire de; *(loben)* lou(ang)er; faire l'éloge de; *sich e-r S ~* se faire gloire *od* se glorifier de qc; **~lich** *a* glorieux; digne d'éloges; *nicht sehr ~* pas très fameux.

Ruhr *f* [ru:r] ⟨-, ø⟩ *med* dysenterie *f.*

Ruhrgebiet *n* bassin *m* de la Ruhr.

Rühr|apparat *m* ['ry:r-] *tech* mélangeur, malaxeur; *chem* agitateur *m;* **~ei** *n* œufs *m pl* brouillés; *~ mit Schinken* œufs *m pl* au jambon; **r~en** *tr (umrühren)* agiter, brouiller; gâcher; *(Teig)* pétrir; *(bewegen)* remuer, mouvoir; *mus (schlagen)* battre; *(ergreifen, erregen)* émouvoir; *(~selig machen)* toucher, attendrir; *itr: an etw ~* toucher à qc; *sich ~* se mouvoir, se remuer, bouger; *sich nicht ~* ne pas bouger; *fig* ne pas faire un geste; *sich nicht ~ können* ne pas pouvoir remuer *od* bouger; *rührt euch! (mil)* repos! *(beim Marschieren)* pas de route! **r~end** *a* touchant, émouvant, attendrissant; **r~ig** *a* actif, dynamique; *(immer in Bewegung)* remuant; *(fleißig)* assidu, appliqué; *sehr ~ sein (a.)* se donner du mouvement; **~igkeit** *f* ⟨-, ø⟩ activité *f,* dynamisme *m;* assiduité, application *f;* **~löffel** *m* cuiller *f* à pot; **~michnichtan** *n* ⟨-, -⟩ [-mɪçnɪçt?an] *bot* balsamine *f;* **r~selig** *a* larmoyant, sentimental; **~seligkeit** *f* sentimentalité *f;* **~stab** *m chem* agitateur *m;* **~stück** *n theat* comédie *f* larmoyante *od* attendrissante; **~ung** *f* ⟨-, (-en)⟩ attendrissement *m,* émotion *f;* **~werk** *n = ~apparat.*

Ruin *m* ⟨-s, ø⟩ [ru'i:n] *(Untergang)* ruine, perte *f,* déclin *m,* déconfiture *f;* **~e** *f* ⟨-, -n⟩ ruine; *fig a.* épave *f;* **~enstadt** *f* ville *f* en ruines; **r~ieren** [-i'ni:rən] *tr (Sache)* démolir, esquinter, *pop* amocher; *(Person)* ruiner; **r~iert** *a (Person a.)* achevé; *(Geschäft)* coulé; *~ sein (Person a.)* être à terre *od arg* lessivé.

Rülps *m* ⟨-es, -e⟩ [rʏlps], **~er** *m* ⟨-s, -⟩ *pop* rot *m;* **r~en** *itr pop* roter.

Rum *m* ⟨-s, -s⟩ [rʊm] rhum, tafia *m.*

rum [rʊm] *fam = herum.*

Rumän|e *m* ⟨-n, -n⟩ [ru'mɛ:nə], **~in** *f* Roumain, e *m f;* **~ien** *n* [-'mɛ:niən] la Roumanie; **r~isch** ['mɛ:nɪʃ] *a* roumain; *(das) R~(e)* le roumain.

Rummel *m* ⟨-s, ø⟩ ['rʊməl] *fam (lärmender Betrieb)* foire, kermesse *f;* animation *f;* bruit, vacarme, tapage, brouhaha *m; den ~ kennen* connaître le truc *od* la musique *od pop* la combine; *der ganze ~* tout le fourbi; **~platz** *m fam* parc d'attractions; *(Jahrmarkt)* champ *m* de foire.

Rumor *m* ⟨-s, ø⟩ [ru'mo:r] *fam (Lärm)* rumeur *f,* vacarme, tapage *m;* **r~en** *itr* faire du bruit *od* du tapage; **~en** *n* tapage *m.*

Rumpel|kammer *f* ['rʊmpəl-] (cabinet de) débarras, fourre-tout *m;* **~kasten**

m fourre-tout; *(alter Wagen)* guimbarde *f; r~n itr ⟨aux: haben⟩* faire du tapage; *⟨aux: sein⟩ (Wagen)* cahoter.

Rumpf *m* ⟨-(e)s, ⁚e⟩ [rʊmpf, 'rʏmpfə] *anat* tronc *m; zoo* carcasse; *mar* coque, carcasse *f; aero* fuselage *m; (Flugboot)* coque-fuselage *f; ~beuge f* flexion *f* (du tronc).

rümpfen ['rʏmpfən] *tr: die Nase ~* faire la moue; *fig* rechigner *(über etw à qc).*

Rumpsteak *n* ⟨-s, -s⟩ ['rʊmpste:k] *(Küche)* rumsteck, romsteck *m.*

rum≈saufen ['rʊm-] *itr fam* bambocher, faire la bamboche.

rund [rʊnt] *a* rond; arrondi; *(kreisförmig)* circulaire; *(Gesicht)* rond, plein; *fig (Zahl)* rond; *adv u. ~ gerechnet* en nombre rond, en somme ronde; *~ 100* à peu près cent environ cent, une centaine; *~ um etw gehen (Person od Sache)* faire le tour de qc; *~ machen* arrondir; *~ werden* s'arrondir; *~e Summe f* compte *m* rond; **R~** *n* ⟨-(e)s, -e⟩ rond; *(Kreis)* cercle *m;* **R~e** *f* ⟨-, -n⟩ ronde *f a. mil,* tour *m; (Lage: Bier etc)* tournée, *arg* resucée *f; (Gesellschaft)* cercle; *sport* round *m,* reprise *f; in der ~* à la ronde; *(im Kreis)* en rond; *eine ~ geben* offrir od payer une tournée; *die ~ machen* faire la ronde; *noch 'ne ~.! (pop)* remettez-ça; *~en tr* arrondir; *sich ~* s'arrondir; **R~heit** *f* ⟨-, ø⟩ rondeur, rotondité *f; ~heraus adv (offen, freimütig)* franchement; tout net; *~herum adv* tout autour; à la ronde; *~lich a* arrondi, rondelet; *(Mensch)* potelé, *fam* grassouillet, boulot; *~umher adv* à la ronde; **R~ung** *f* rond, arrondi *m;* rondeur, rotondité *f; arch* galbe; *tech* arrondissage *m; e-r S e-e ~ geben (tech)* arrondir qc.

Rund|bau *m* ['rʊnt-] *arch* rotonde *f; ~blick m* tour d'horizon; panorama *m; ~bogen m arch* arc *m* (en) plein cintre; *~brief m* (lettre) circulaire *f; ~eisen n* barre *f* ronde; *r~erneuern tr ⟨hat runderneuert⟩* mot *(Reifen)* rechaper; *~erneuerung f* rechapage *m; ~fahrt f* circuit *m; (Stadt~)* visite *f* commentée (d'une od de la ville); *~feile f* lime *f* ronde; *~flug m* circuit *m* aérien; *~frage f* enquête *f; ~gang m* tour *m; bes. mil* ronde *f; ~gesang m* ronde *f; ~holz n (mit Rinde)* bois de od en grume; *(ohne Rinde)* bois *m* rond, rondins *m pl; ~lauf m (Turngerät)* pas-de-géant, vindas *m; r≈laufen ⟨aux: sein⟩ itr tech* tourner rond; *~peilgerät n* goniomètre *m* panoramique; *~reise f* circuit; périple *m;* tour(née *f) m;*

~reisefahrkarte f billet *m* circulaire; *~schau f (Zeitschrift)* revue *f; ~schreiben n* lettre circulaire *od* collective, circulaire *f; durch ~* par circulaire; *~stab m (Säule)* astragale *m; ~stahl m* acier *m* rond; *~strahlantenne f* antenne *f* omnidirectionnelle; *~strahl-Funkfeuer n* radiophare *m* non directionnel; *~strahlung f* rayonnement *m* circulaire; *r~weg adv* nettement, (tout) net, carrément, bel et bien.

Rundfunk *m* ['rʊnt-] radio(diffusion), télégraphie sans fil, T.S.F., radiophonie *f; im ~, über den ~* à la radio; *durch den ~* par la voie des ondes; *für den ~* par la voie des ondes; *für den ~ bearbeiten* mettre en ondes; *~ hören* écouter la radio; *über den ~ verbreiten* radiodiffuser; *~ansager(in f) m* speaker(ine *f) m; ~ansprache f* allocution *f* radiodiffusée; *~bearbeitung f* adaptation *f; ~empfang m* réception *f* d'émissions radiophoniques; *~empfänger m* récepteur radiophonique *od* de T.S.F., poste *m* récepteur; *~gebühren f pl* redevance *od* taxe *f* radiophonique; *~gerät n* récepteur radio(phonique) *od* de T.S.F., appareil *m* de T.S.F., radio *f; ~hörer m* auditeur *m* de radio *od* de T.S.F.; *~konzert n* concert *m* radiophonique; *~nachrichten f pl* journal *m od* presse *f* parlé(e); *~netz n* réseau *m* radiophonique; *~programm n* programme *m* radiophonique *od* des émissions de T.S.F.; *~reportage f* reportage radiodiffusé, radioreportage *m; ~sender m* (poste) émetteur, émetteur *m* de T.S.F.; *(Betrieb) = ~station; ~sendung f* émission *f* radiophonique *od* radiodiffusée *od* de radio; *~sprecher(in f) m = ~ansager; ~station f* station *f* émettrice *od* d'émission(s) *od* de radiodiffusion *od* de T.S.F.; *~technik f* radiotechnique, technique *f* de la radiodiffusion; *~techniker m* radiotechnicien *m; ~teilnehmer m* abonné *m* de la T.S.F.; *~übertragung f* transmission *od* diffusion radiophonique; radiodiffusion *f; ~werbung f* publicité *f* à la radio; *~wesen n* radiophonie *f; ~zeitschrift f* revue *f* de T.S.F.

Runen *f pl* ['ru:nən] runes *f pl; ~nschrift f* caractères *m pl* runiques.

Runge *f* ⟨-, -n⟩ ['rʊŋə] ranche *f; ~nwagen m* wagon *m* à ranchers.

Runkelrübe *f* ['rʊŋkəl-] betterave *f* fourragère.

runter ['rʊntər] *adv fam = herunter.*

runter≈rutschen ['rʊntər-] ⟨aux: sein⟩

itr: du kannst mir den Buckel ~ *(pop)* tu peux te brosser.

Runz|el *f* ⟨-, -n⟩ ['rʊntsəl] ride *f;* **r~(e)lig** *a* ridé; ~ *werden* se rider; **r~eln,** *sich* ~ se rider; *tr: die Stirn* ~ froncer les sourcils.

Rüpel *m* ⟨-s, -⟩ ['ry:pəl] grossier, malotru, mufle *m;* **~ei** [-'laɪ] *f* grossièreté, muflerie *f; f;* **r~haft** *a* grossier, malotru; *(ungezogen)* mal élevé, sans éducation; **~haftigkeit** *f* grossièreté *f.*

rupfen ['rʊpfən] *tr (herausreißen)* arracher; *(Geflügel)* plumer; *fig fam (das Geld aus der Tasche ziehen)* plumer, tondre, ratiboiser; soutirer de l'argent *(jdn à* qn); *mit jdn ein Hühnchen zu* ~ *haben (fig)* avoir un compte à régler avec qn; **R~ 1.** *n mot (Kupplung)* grippage, grippement *m;* **2.** *m* ⟨-s, -⟩ *(Gewebe)* jute *m.*

Rupie *f* ⟨-, -n⟩ ['ru:pіə] *(Währungseinheit)* roupie *f.*

rupp|ig ['rʊpɪç] *a (struppig)* ébouriffé; *(zerlumpt, schäbig)* déguenillé, loqueteux, râpé; *(rüpelhaft)* grossier, malotru; **R~igkeit** *f* grossièreté *f.*

Rüsche *f* ⟨-, -n⟩ ['ry:ʃə] *(am Kleid)* ruche *f; (am Hemd)* jabot *m.*

Ruß *m* ⟨-ßes, ø⟩ [ru:s] suie *f; tech* noir *m,* calamine *f;* **r~en** *itr* faire de la suie, fumer; **~flocke** *f* flocon *m* de suie; **r~ig** *a* couvert de suie, fuligineux; *tech* mot calaminé.

Russ|e *m* ⟨-n -n⟩ ['rʊsə], **~in** *f* Russe *m f;* **~enfeind** *m,* **r~enfeindlich** *a* russophobe *(m); ~***enfreund** *m,* **r~enfreundlich** *a* russophile *(m);* **r~ifizieren** [-sifi'tsi:rən] *tr* russifier; **r~isch** *a* russe, de Russie; *(das) R~(e)* le russe; *r~e Eier n pl* œufs *m pl* à la russe.

Rüssel *m* ⟨-s, -⟩ ['rʏsəl] *(Elefant u. niedere Tiere)* trompe *f; (Schweine)* groin; *(Wildschwein)* boutoir *m;* **~käfer** *m* charançon *m;* **~tiere** *n pl* proboscidiens *m pl.*

Rußland *n* ['rʊs-] la Russie; *das europäische, asiatische* ~ la Russie d'Europe, d'Asie.

rüst|en ['rʏstən] *tr (herrichten)* préparer; *itr (aufrüsten)* s'armer; *sich zu etw* ~ se préparer à qc; *zum Kriege* ~ faire des préparatifs de guerre, se préparer à la guerre; **~ig** *a* vigoureux, robuste; *(noch* ~*)* vert; *noch* ~ *sein (für sein Alter)* porter bien son âge; ~ *voranschreiten (Arbeit)* être mené rondement; **R~igkeit** *f* ⟨-, ø⟩ vigueur, robustesse; verdeur *f;*

R~kammer *f hist* salle *f* d'armes; **R~ung** *f (Auf~)* armement *m; hist (Harnisch)* armure *f;* **R~ungsauftrag** *m* commande *f* d'armes; **R~ungsausgaben** *f pl* dépenses *f pl* militaires; **R~ungsbeschränkung** *f* limitation *f* des armements; **R~ungsbetrieb** *m* usine *f* d'armement; **R~ungsexport** *m* exportations *f pl* d'armes; **R~ungsindustrie** *f* industrie *f* d'armement *od* de guerre; **R~ungskontrolle** *f* contrôle *m* des armements; **R~ungswettlauf** *m* course *f* aux armements; **R~zeug** *n (Werkzeug)* outils *m pl,* outillage; *(Ausrüstung)* équipement *m; fig* outils *m pl.*

Rüster *f* ⟨-, -n⟩ ['ry:stər] *bot (Ulme)* orme *m.*

Rustika *f* ⟨-, ø⟩ ['rʊstika] *arch* bossage *m.*

Rute *f* ⟨-, -n⟩ ['ru:tə] verge *a. anat; (Schwanz von Hund, Wolf, Fuchs)* queue; *(Angel~)* canne à pêche, gaule *f;* **~nbündel** *n hist* faisceau *m* (des licteurs); **~ngänger** *m* ⟨-s, -⟩ radiesthésiste; sourcier *m.*

Ruthen|e *m* ⟨-n, -n⟩ [ru'te:nə], **~in** *f* Ruthène *m f;* **~ium** *n* ⟨-s, ø⟩ [-'te:nіʊm] *chem* ruthénium *m.*

Rutsch *m* ⟨-(e)s, -e⟩ [rʊtʃ] glissement; *(Berg~)* éboulement *m; guten* ~ *(ins neue Jahr)! (fam)* bonne année! **~bahn** *f (zum Schlittern)* glissoire *f; (Gestell)* toboggan *m;* **~e** *f* ⟨-, n⟩ *(Holz~)* glissoir; *mines* bac; *tech* toboggan *m;* **r~en** *(aux: sein) itr* glisser; *tech* patiner, riper; *mot (Reifen)* déraper; chasser; *(Berg)* s'ébouler; *fam (Essen)* passer, descendre; **~en** *n* glissement; patinage; dérapage *m; ins* ~ *kommen* commencer à glisser; **r~fest** *a mot* antidérapant; **~festigkeit** *f* adhérence *f* à la route; **~gefahr** *f: ~!* route glissante! **r~ig** *a* glissant; **~partie** *f* glissade *f.*

Rüttel|beton *m* ['rʏtəl-] béton *m* vibré; **r~n** *tr (schütteln)* secouer; *(erschüttern)* ébranler; *(bewegen)* agiter; *itr (Wagen)* cahoter; *an etw nicht* ~ *(fig)* ne rien changer, ne pas toucher à qc; *jdn aus dem Schlaf* ~ éveiller qn en le secouant; *an der Tür* ~ secouer la porte; *daran ist nicht zu* ~ il n'y a pas à tortiller, c'est comme ça; *ein gerüttelt Maß an . . .* un tas de . . .; **~n** *n (Wagen)* cahotement *m,* cahots *m pl;* **Rüttler** *m* ⟨-s, -⟩ *tech* vibrateur *m.*

S

S, s *n* ⟨-, -⟩ [ɛs] *(Buchstabe)* S, s *m* od
f; **S-Kurve** *f* courbe en S.
Saal *m* ⟨-(e)s, Säle⟩ [zaːl, 'zɛːlə] salle *f;*
(kleiner) salon *m; (langer)* galerie *f;*
(Halle), a. ~**bau** *m* hall *m;* ~**dienst**
m (Personen) huissiers *m pl;* ~**tochter** *f (Schweiz: Kellnerin)* fille de salle, serveuse *f;* ~**tür** *f* porte *f* de la salle.
Saar *f* [zaːr] *(Fluß u. Land),* ~**gebiet,**
das, ~**land,** *das* la Sarre; ~**länder(in**
f) *m* ⟨-s, -⟩ Sarrois, e *m f;* **s~län-
disch** *a* sarrois.
Saat *f* ⟨-, en⟩ [zaːt] *(Aus~)* semaille(s
pl); *(~gut),* a. *fig* semence *f; (junge
~)* semis *m; wie die ~, so die Ernte
(prov)* on récolte ce qu'on a semé;
comme tu sèmeras, tu moissonneras;
~**feld** *n* champ *m* emblavé, emblavu-
re *f;* ~**getreide** *n* blé *m* de semence;
~**gut** *n* semences *f pl;* ~**korn** *n* grain
m de semence; ~**krähe** *f* freux *m.*
Sabbat *m* ⟨-s, -e⟩ ['zabat] *rel* sabbat *m.*
Sabb|el *m* ⟨-s, ø⟩ , ~**er** *m* ⟨-s, ø⟩ ['zabəl,
-bər] *dial (ausfließender Speichel)*
bave *f;* ~**ellätzchen** *n,* ~**erlätzchen**
n bavoir *m;* **s~eln, s~ern** *itr* baver;
fig bavarder, radoter, dire des bêtises.
Säbel *m* ⟨-s, -⟩ ['zɛːbəl] sabre *m; mit
dem ~ rasseln* traîner le sabre; *fig*
agiter le spectre de la guerre; ~**beine**
n pl jambes *f pl* arquées; **s~beinig** *a*
bancal; ~**fechten** *n* escrime *f* au sabre; ~**hieb** *m* coup *m* de sabre; **s~n**
tr u. *itr* couper irrégulièrement;
~**raßler** *m* ⟨-s, -⟩ traîneur *m* de sabre.
Sabot|age *f* ⟨-, -n⟩ [zabo'taːʒə] sabota-
ge *m;* ~**ageabwehr** *f* contre-sabota-
ge *m;* ~**ageakt** *m* (acte de) sabotage
m; ~**eur** *m* ⟨-s, -e⟩ [-'tøːr] saboteur *m;*
s~ieren [-'tiːrən] *tr* saboter.
Sa(c)charin *n* ⟨-s, ø⟩ [zaxa'riːn]
saccharine *f.*
Sach|aufwendungen *f* *pl* ['zax-]
dépenses *f pl* de matériel; ~**bearbei-
ter** *m adm* employé *m* compétent;
~**berater** *m* conseiller *m* technique;
~**beschädigung** *f* dommage *m* (de
choses), détérioration, déprédation *f;*
~**besitz** *m* possession *f* de choses;
~**beweis** *m* preuve *f* matérielle;
~**bezüge** *m pl* rémunération *f* en nature; **s~dienlich** *a* pertinent; utile,
pratique; ~**dienlichkeit** *f* pertinen-
ce; utilité *f;* ~**entschädigung** *f* in-

demnité *f* en nature; ~**erklärung** *f*
explication *f* des faits; ~**gebiet** *n*
catégorie *f,* domaine *m;* matière *f;*
nach ~en ordnen grouper selon la
matière; **s~gemäß** *a* approprié,
adéquat; ~**investitionen** *f pl* investissements *m pl* en biens corporels;
~**kapitalbildung,** ~**vermögensbil-
dung** *f* formation *f* de capital sous
forme de biens corporels; ~**katalog**
m catalogue *m* analytique; ~**kenner**
m expert *m;* ~**kenntnis** *f* connaissance *f* des choses *od* professionnelle,
compétence *f; mit ~* en connaissance
de cause; **s~kundig** *a* expert;
compétent; ~**kundige(r)** *m* expert
m; ~**lage** *f* état *m* des choses *od* de
cause; faits *m pl,* circonstances *f pl,*
situation *f;* ~**leistung** *f* rémunération *od* prestation *f* en nature; **s~lich**
a conforme aux faits, concret, positif;
pratique, matériel; *(unparteiisch)* objectif, impartial, neutre; *(Stil: nüchtern)* sobre, dépouillé; *adv* a. sans
passion, avec souci d'objectivité; *aus
~en Gründen* pour des raisons de
fait; *~ bleiben* od *sein* s'en tenir aux
faits; ~**lichkeit** *f* ⟨-, (-en)⟩ conformité
aux faits; objectivité, impartialité.
neutralité; sobriété *f; neue ~ (Kunst)*
néoréalisme *m;* ~**mangel** *m* défaut,
vice *m;* ~**register** *n* index, répertoire
*m; ein ~ anlegen zu; ins ~ aufneh-
men* répertorier; ~**schaden** *m* dommage *m od* dégâts *m pl* matériel(s);
~**spende** *f* don *m* en nature; ~**ver-
halt** *m* état des choses, fait *m*
matériel; *den ~ klarlegen* exposer les
faits; *der wahre ~* la vérité des faits;
~**vermögen** *n: bewegliche(s) ~*
biens mobiliers *m pl;* **s~verständig**
a expert; ~**verständige(r)** *m* expert
m; amtlich bestellter ~ commissaire
-expert *m;* ~**verständigenaus-
schuß** *m,* ~**verständigenkommis-
sion** *f* comité d'experts, jury *m* d'expertise; ~**verständigengutachten**
n expertise *f; ein ~ einholen* recueillir une expertise; ~**verständigen-
schätzung** *f* estimation *f* par l'expert; ~**walter** *m* ⟨-s, -⟩ *allg* mandataire; *(Anwalt)* avoué *m;* ~**wert** *m*
valeur *f* réelle; *pl* biens *m pl* réels;
~**wörterbuch** *n* dictionnaire *m* en-
cyclopédique,   encyclopédie   *f;*

~zwang m nécessité f (résultant d'une situation).

Sache f ⟨-, -n⟩ ['zaxə] *(realer Gegenstand)* chose f; objet m, matière f; com article m; *(Angelegenheit)* affaire, jur cause f; pl *(persönlicher Besitz, bes. Kleider)* effets, vêtements; *(Gepäck)* bagages; *(Güter)* biens m pl; *(Mobiliar)* mobilier m, meubles m pl; *in ~n ...* (adm jur) dans l'affaire ...; *in eigener ~* en son propre nom; *zur ~ (jur) (vernehmen)* sur les faits; *bei der ~ bleiben (fig)* ne pas s'écarter du sujet; *nicht bei der ~ bleiben* s'écarter du sujet; *jdn bitten, bei der ~ zu bleiben* rappeler qn à la question; *auf die ~ selbst eingehen* entrer en matière; *nicht zur ~ gehören* n'avoir rien à faire à l'affaire od à la question; *zur ~ kommen* aller au fait od au sujet, entrer en matière od dans le vif du sujet; *sofort zur ~ kommen* aller droit au fait, en venir au fait sans détours; *wieder zur ~ kommen* revenir au fait od au sujet od à ses moutons; *gemeinsame ~ machen* faire cause commune (*mit jdm* avec qn); *s-e ~ gut machen* jouer bien son jeu; *s-e (Sieben)~ packen* plier bagage, prendre ses cliques et ses claques; *jds ~ sein* être l'affaire de qn; appartenir à qn (*zu ... de ...*); *nicht (ganz) bei der ~ sein* être distrait od dans la lune od dans les nuages; *s-r ~ sicher sein* être sûr de son fait; *in eigener ~ sprechen* parler pour soi, plaider sa cause; *s-e ~ verstehen* savoir son métier; *etw von der ~ verstehen* être du métier; *ich weiß noch ganz andere ~n* j'en sais bien d'autres; *das ist meine ~* ce n'est mon affaire; *das ist nicht meine ~* ce n'est pas mon affaire, cela ne me regarde pas; *es ist Ihre ~ zu ...* c'est à vous de ...; *es ist nicht Ihre ~ zu ...* ce n'est pas votre affaire; *das ist eine abgekartete ~* c'est un coup monté; *das ist e-e andere ~* c'est autre chose, c'est différent; *das ist e-e ~ für sich* c'est un fait à part; *das ist nicht jedermanns ~* ce n'est pas l'affaire de tout le monde; *die ~ ist erledigt* od *gemacht* l'affaire est réglée, c'est chose faite; *fam* l'affaire est dans le sac; *die ~ macht mir Spaß* le jeu me plaît; *das tut nichts zur ~* cela ne fait rien à l'affaire; *kommen wir wieder zur ~!* revenons à nos moutons! *mach doch keine ~n!* allons donc! *das ist die ~!* c'est du tout cuit! *das sind mir schöne ~n!* en voilà de belles! *zur ~!* au fait! au sujet! à la question! *die gute ~ (fig)* la bonne cause;

e-e wichtige ~ une affaire importante od fam d'État; *zur ~ gehörig* pertinent; *nicht zur ~ gehörig* hors de cause; *hors de* od *mal à propos.*

Säch|elchen n ⟨-s, -⟩ ['zεçəlçən] (jolie) petite chose f; **s~lich** a gram neutre.

Sachs|e m ⟨-n, -n⟩ ['zaksə], **Sächsin** f Saxon, ne m f; **~en** n la Saxe; **sächsisch** ['zεksɪʃ] a saxon, de Saxe.

sacht [zaxt] a *(leise)* bas, léger, faible; **~(e)** adv *(leise, behutsam)* doucement, en douceur, à pas de velours; *(vorsichtig)* avec précaution; *~!* (allez-y) doucement! tout doux!

Sack m ⟨-(e)s, ⁔e⟩ [zak, 'zεkə] sac m; *(Tasche, Beutel, a. med)* poche f; vulg *(Hoden~)* bourses f pl; *mit ~ und Pack* avec armes et bagages; *mit ~ und Pack davongehen* prendre son sac et ses quilles od fam ses cliques et ses claques; *jdn in den ~ stecken (fig fam)* l'emporter sur qn; **~bahnhof** m gare f en cul-de-sac; **s~en** tr ⟨aux: haben⟩ dial *(in e-n ~ tun)* ensacher, mettre en sac; itr ⟨aux: sein⟩ dial *(sinken)* se tasser, s'affaisser; **s~förmig** a en forme de sac; **~füllmaschine** f ensacheuse f; **~gasse** f impasse f, cul-de-sac m; *sich in e-r ~ befinden (fig)* suivre une impasse od au pied du mur; *in e-e ~ geraten (fig)* s'engager dans une impasse; **~hüpfen** n *(Spiel)* course f en sac; **~kleid** n robe-sac f; **~leinen** n, **~leinwand** f toile à sacs od d'emballage, grosse toile f; **~träger** m portefaix, débardeur m; **~tuch** n fam *(Taschentuch)* mouchoir m; **~voll** m sachée f.

Säck|chen n ⟨-s, -⟩ ['zεkçən] petit sac, sachet m; **~el** m ⟨-s, -⟩ bourse f.

Sad|ismus m ⟨-, ø⟩ [za'dɪsmʊs] sadisme m; **~ist** m ⟨-en, -en⟩ [-'dɪst] sadiste m f; **s~istisch** [-'dɪstɪʃ] a sadique.

sä|en ['zε:ən] tr a. fig semer; **S~er** m ⟨-s, -⟩, **S~mann** m ⟨-(e)s, -männer⟩ semeur m; **S~maschine** f machine f à semer, semoir m.

Safari f ⟨-, -s⟩ [za'fa:ri] safari m; **~anzug** m tenue f de safari; **~park** m réserve f.

Safe m, a. n ⟨-s, -s⟩ [zε:f, sεɪf] coffre-fort m.

Saffian m ⟨-s, ø⟩ ['zafia(:)n] *(~leder)* maroquin m; **~arbeiter** m maroquinier m.

Safran m ⟨-s, -e⟩ ['zafra(:)n] bot *(Farbe)* safran m; *mit ~ färben* safraner; **s~gelb** a safrané; **~gelb** n safran m.

Saft m ⟨-(e)s, ⁔e⟩ [zaft, 'zεftə] allg bot physiol fig suc m; bot sève f; *(Frucht~)* jus; pharm sirop m; pl *physiol* humeurs *f pl; ohne ~ und Kraft* sans goût ni saveur; *fam* en détrempe; **s~en** *itr (~ geben)* juter; **s~ig** *a* succulent; juteux; *(Obst)* fondant; *fig (derb)* savoureux, vert, salé, *fam* corsé; *~ sein* juter; **~igkeit** *f* ‹-, (-en)› succulence; *(Holz)* verdeur *f;* **s~los** *a* sans suc *od* sève *od* jus; *(trocken)* sec; *fig* insipide; fade; *s~-und kraftlos* = *ohne ~ und Kraft.*

Sage *f* ‹-, -n› ['za:gǝ] légende *f; (Götter-, Helden~)* mythe *m; es geht die ~* le bruit court; **s~nhaft** *a* légendaire; mythique; *fam (übertreibend)* fabuleux; **~nkreis** *m* cycle *m* de légendes; **~nschatz** *m* trésor *m* de légendes; **s~numwoben** *a* baigné *od* entouré de légendes.

Säge *f* ‹-, -n› ['zɛ:gǝ] scie; *(Fuchsschwanz)* égoïne *f; (Baum~)* passe-partout *m; singende ~* scie *f* musicale; **~band** *n,* **~blatt** *n* lame *od* feuille *f* de scie; **~bock** *m* chevalet *(de* scieur), baudet *m;* **~fisch** *m zoo* poisson-scie *m,* scie *f;* **~maschine** *f* scie *f* mécanique; **~mehl** *n* sciure *f* (de bois), bran *m* de scie; **~mühle** *f* scierie *f;* **s~n** *tr* scier; *itr fam (schnarchen)* ronfler; **~n** *n* sciage *m; ~r* *m* ‹-s, -› scieur *m;* **~späne** *m pl =* **~mehl;** **~werk** *n* scierie *f.*

sagen ['za:gǝn] *tr (mitteilen; befehlen; bedeuten)* dire; *fam* faire; *besser gesagt ...* pour mieux dire ..., disons mieux ...; *genauer gesagt* plus précisément; *richtiger gesagt* plus exactement; *unter uns gesagt* soit dit entre nous; *wie (soeben) gesagt* comme je l'ai dit, comme je viens de dire; *ohne ein Wort zu ~* sans mot dire; *dazu ~* en dire; *es ~ (aussprechen)* lâcher le mot; *etwas ~ (a.)* dire son mot; *jdm s-e Meinung ~* dire son fait *od* ses vérités à qn; *nichts od keinen Ton od kein Wort ~* ne rien dire, ne dire *od* souffler mot; *nichts zu ~ haben* n'avoir rien à dire *od* pas d'ordres à donner; *viel dazu zu ~ haben* (y) avoir à dire; *~ lassen* faire savoir; *sich nichts ~ lassen* ne vouloir écouter personne, montrer beaucoup d'indépendance; *ne pas entendre raison; es sich nicht zweimal ~ lassen* ne pas se le faire répéter deux fois, ne pas se faire prier; *sich etw gesagt sein lassen* se tenir qc pour dit; *sich ~ lassen müssen, daß ...* s'entendre dire que ...; *damit ~ wollen, daß* vouloir dire par là que, entendre par là que; *das Gesagte zurücknehmen* retirer ce qu'on a dit; *wenn ich so ~ darf* si j'ose parler *od* m'exprimer ainsi; si j'ose dire; si je puis m'expri-

mer ainsi; *ich sage das nicht noch einmal! (fig a.)* je ne vous le dirai pas deux fois; *ich kann dasselbe von mir ~* je peux en dire autant; *ich möchte Ihnen (gern) ~ (a.)* je viens vous dire; *ich muß schon ~ ...* je l'avoue ...; *ich will es dir genau ~ (a.)* je vais te faire un dessin; *Sie haben mir nichts zu ~* je n'ai pas à recevoir d'ordres *od* d'ordres à recevoir de vous; *man möchte ~* on dirait, on aurait dit; *so sagt man* c'est (du moins) ce qu'on dit; *wie man sagt (a.)* comme dit l'autre *fam; wie ... sagt* au dire de ..., selon le dire de ...; *das od so etwas sagt man nicht* ce n'est pas de mise; *damit ist alles gesagt* c'est tout dire, cela dit tout; *das ist leicht gesagt* c'est vite dit; *damit ist nicht gesagt, daß ...* cela ne veut pas dire, cela n'implique pas que *subj; das hat nichts zu ~* cela ne compte pas, ce n'est rien, cela ne fait rien, cela n'a pas d'importance, il n'y a pas de mal; *man kann also ~* autant dire; *dagegen ist nichts zu od läßt sich nichts ~* il n'y a rien à dire à cela, il n'y a pas à dire; *c'est sans réplique, il n'y a pas de réplique à cela; dazu ist nichts zu ~* il n'y a rien à dire à cela, c'est tout dire, cela dit tout; *damit soll nicht gesagt sein, daß ...* cela ne veut pas dire (pour autant) que ...; *gesagt, getan* aussitôt dit, aussitôt fait; *was ~ Sie dazu?* qu'en dites-vous? *was wollen Sie damit ~?* que voulez-vous dire *od* qu'entendez-vous par là? *was hat das zu ~?* qu'importe? *~ Sie mal!* dites donc! *~ Sie nur nicht, daß ...* n'allez pas dire que ...; *was Sie nicht (alles) ~! (iron)* vous en dites de belles *od* de toutes les couleurs! *wem ~ Sie das!* à qui le dites-vous? *lassen Sie sich das gesagt sein!* tenez-vous-le pour dit! que cela vous serve de leçon! *das soll er mir noch einmal ~!* qu'il vienne me le redire! *da sage noch einer, daß ...!* qu'on vienne encore prétendre que ...; *zu ~ haben* avoir le commandement, être le chef; *sage und schreibe* pas moins que (de *vor Zahlen*).

Sago *m, a. n* ‹-s, ø› ['za:go] sagou; *(im weiteren Sinne)* tapioca *m;* **~palme** *f* sagou(t)ier *m.*

Sahara ['za:ha-, za'ha:ra], *die, geog* le Sahara.

Sahne *f* ‹-, ø› ['za:nǝ] crème *f; die ~ abschöpfen von (a. fig)* écrémer; **~bonbon** *m od n* caramel *m;* **~eis** *n* crème *f* glacée; **~kännchen** *n* crémier *m;* **~käse** *m* crème *f* de fromage; ~**torte** f gâteau m à la crème; **sahnig** a crémeux.

Saison f ⟨-, -s⟩ [zɛ'zɔ̃:] (Hauptgeschäftszeit) saison f; ~**arbeit** f travail od emploi m saisonnier; ~**arbeiter** m travailleur od ouvrier m saisonnier; ~**artikel** m pl com articles m pl saisonniers; ~**ausverkauf** m, ~**schlußverkauf** m vente f od soldes f pl de fin de saison; s~**bedingt** a saisonnier; s~**bereinigt** a fin com désaisonnalisé, après ajustement des variations saisonnières; ~**einfluß** m, ~**komponente** f facteur m saisonnier; ~**schwankungen** f pl fluctuations od variations f pl saisonnières.

Saite f ⟨-, -n⟩ ['zaitə] mus corde f; (Tennisschläger) boyau m; e-e ~ anschlagen (a. fig) faire vibrer une corde; andere ~n aufziehen (fig) changer de ton; gelindere ~n aufziehen (fig) mettre de l'eau dans son vin; ~**ninstrument** n instrument m à cordes.

Sakko m ⟨-s, -s⟩ ['zako] veston m; ~**anzug** m complet-veston m.

sakral [za'kra:l] a rel, a. mus sacré, saint; **S~ament** n ⟨-(e)s, -e⟩ [-kra'mɛnt] sacrement m; ~**amental** [-mɛn'ta:l] a sacramentel; **S~ileg** n ⟨-s, -e⟩ [-'le:k, -gə], **S~ilegium** n ⟨-s, -gien⟩ [-'le:gium, -giən] (Kirchenschändung, Gotteslästerung) sacrilège m; **S~istan** m ⟨-s, -e⟩ [-kris'ta:n] (kath. Küster) sacristain m; **S~istei** f ⟨-, -en⟩ [-'tai] f sacristie f; ~**osankt** [-kro'zaŋkt] a sacro-saint.

säkular [zɛku'la:r] a séculaire; **S~isation** f ⟨-, (-en)⟩ [-larizatsi'o:n] sécularisation f; ~**isieren** [-ri'zi:r ən] tr (verweltlichen, verstaatlichen) séculariser.

Salamander m ⟨-s, -⟩ [zala'mandər] zoo salamandre f.

Salami f ⟨-, (-/-(s))⟩ [za'la:mi] (Wurst) salami m.

Salat m ⟨-(e)s, -e⟩ [za'la:t] salade; (Kopf~) laitue f; da haben wir den ~! (fam) voilà le bouquet! nous voilà dans de beaux draps! gemischte(r) ~ salades f pl variées; ein Kopf~ une (tête de) salade; römische(r) ~ laitue f romaine; ~**besteck** n couvert m à salade; ~**korb** m panier m à salade; ~**schleuder** f essoreuse f à salade; ~**schüssel** f saladier m; ~**soße** f vinaigrette f.

Salbader m ⟨-s, -⟩ [zal'ba:dər] pej (Schwätzer) rabâcheur, péroreur m; ~**ei** f [-'rai] rabâchage, rabâchement m; s~**n** itr rabâcher, pérorer.

Salbe f ⟨-, -n⟩ ['zalbə] onguent m; (Haar~) crème f; med pommade f, li-

niment m; s~**en** tr oindre; rel hist sacrer (zum König roi); (Toten) embaumer; ~**öl** n rel saintes huiles f pl; (saint) chrême m; ~**ung** f, a. fig onction f; hist rel sacre m; s~**ungsvoll** a pej onctueux, mielleux, cérémonieux; adv cérémonieusement.

Salbei m ⟨-s, ø⟩ od f ⟨-, ø⟩ ['zalbai, -'bai] bot sauge f.

saldieren [zal'di:rən] tr fin solder; **S~o** m ⟨-s, -den/-dos/-di⟩ ['zaldo] fin solde, reliquat m, balance f d'un compte; per ~ pour solde; e-n ~ aufweisen accuser od présenter un od se balancer par un solde (von de); **S~oauszug** m balance f; **S~oguthaben** n solde m créditeur; **S~orest** m reliquat m; **S~oübertrag** m report m du solde à nouveau; **S~ovortrag** m solde m à nouveau; **S~owechsel** m traite f od effet m pour solde de compte; **S~ozahlung** f paiement m pour solde.

Salier m ⟨-s, -⟩ ['za:liər] hist Salien m; s~**isch** ['za:lɪʃ] a: die ~en Franken les Francs m pl saliens; das S~e Gesetz (über die Erbfolge) la loi salique.

Saline f ⟨-, -n⟩ [za'li:nə] saline f.

Salizylsäure f [zali'tsy:l-] acide m salicylique.

Salm [zalm] **1.** m ⟨-(e)s, -e⟩ zoo saumon m; **2.** m ⟨-s, (-e)⟩ fam (Gerede) litanie f.

Salmiak m ⟨-s, ø⟩ [zalmi'ak, 'zal-] chem sel ammoniac, chlorure m d'ammonium; ~**geist** m ammoniaque f, alcali m volatil.

Salmonellen f pl [zalmo'nɛllən] salmonellas f pl.

Salomo m ['za:lomo] Salomon m; s~**nisch** [-'mo:nɪʃ] a: ~e(s) Urteil n jugement m de Salomon.

Salon m ⟨-s, -s⟩ [za'lɔ̃:, -'lo:n] salon m; s~**fähig** a présentable (en société); ~**löwe** m salonnard m.

salopp [za'lɔp] a (Kleidung) négligé; (Mensch) négligent; désinvolte; nonchalant; (Ausdrucksweise) relâché, vulgaire.

Salpeter m ⟨-s, ø⟩ [zal'pe:tər] chem salpêtre m; ~ auswittern (arch), streuen (agr) salpêtrer; ~**bildung** f, ~**fraß** m salpêtrage m, nitrification f; ~**grube** f salpêtrière, nitrière f; s~**haltig** a, s~**ig** a nitreux; s~**sauer** a nitrique, salpetersaure(s) Salz n nitrate m; ~**säure** f acide m nitrique od azotique; ~**ung** f = ~**bildung**; ~**werk** n salpêtrière f; **salpetrig** = s~**ig**.

Salto m ⟨-s, -s/-ti⟩ ['zalto, -ti] saut m; ~ **mortale** m saut m périlleux.

Salut m ⟨-(e)s, -e⟩ [za'lu:t] mil (Ehren-gruß) salut m, salve f d'honneur; **s~ieren** [-lu'ti:rən] tr u. itr mil saluer (vor jdm qn).
Salve f ⟨-, -n⟩ ['zalvə] mil (allg a.) salve, volée f.
Salweide f ⟨-, -n⟩ ['za:lvaidə] marsault m.
Salz n ⟨-es, -e⟩ [zalts] sel m; ~ gewinnen (aus d. Meer) sauner; **s~artig** a salin; ~**bergwerk** n mine de sel (gemme), saline f; ~**bildung** f salification f; **s~en** ⟨salzt, salzte, hat gesalzen⟩ tr saler; ~**en** n (Ein~) salaison f; ~**fabrikant** m salinier m; ~**faß** n saloir m; (kleines) salière f; ~**garten** m (Meersaline) marais m salant; ~**gehalt** m salinité, salure f; ~**gewinnung** f saliculture f, saunage m; ~**gurke** f cornichon m salé; **s~haltig** a salifère; ~**händler** m marchand de sel, salinier, saunier m; ~**haufen** m meulon, (kegelförmiger) pilot m; ~**hering** m hareng m pec od salé; **s~ig** a salé, salin; ~**kartoffeln** f pl pommes f pl de terre à l'anglaise; ~**kraut** n bot salicorne f; ~**lake** f saumure f; ~**näpfchen** n (Gefäß u. Schönheitsfehler) salière f; ~**quelle** f source f salée; ~**säule** f statue f de sel; ~**säure** f acide chlorhydrique, esprit-de-sel m; ~ **see** m lac m salé; ~**sieder** m saunier m; ~**siederei** f saunerie f; ~**sole** f ⟨-, -n⟩ ['-zo:lə] saumure f; ~**stange** f bâtonnet m salé; ~**steppe** f steppe f saline; ~**streuer** m ⟨-s, -⟩ salière f; ~**sumpf** m (in Nordafrika) chott m; ~**teich** m marais m salant; ~**wasser** n eau f salée.
Samariter m ⟨-s, -⟩ [zama'ri:tər] hist rel Samaritain; med infirmier m volontaire; der Barmherzige ~ le bon Samaritain.
Same m ⟨-ns, -n⟩ ['za:mə] lit poet = Samen.
Samen m ⟨-s, -⟩ ['za:mən] bot, a. fig graine f; physiol (männlicher ~) sperme m; (Saatgut) semence; fig (Nachkommen) postérité f; ~ tragen donner de la graine; ~**bank** f banque f du sperme; ~**bildung** f physiol spermatogenèse f; ~**bläschen** n vésicule f séminale; ~**erguß** m physiol éjaculation f; ~**faden** m physiol spermatozoïde m; ~**fluß** m spermatorrhée f; ~**handel** m, ~**handlung** f graineterie f; ~**händler** m grainetier m; ~**kapsel** f bot capsule f séminale, conceptacle m; ~**korn** n graine f; ~**lappen** m bot cotylédon m.
Sämereien f pl [zɛ:mə'raiən] semences, graines f pl.
sämig ['zɛ:miç] a (Suppe) velouté.

sämisch ['zɛ:miʃ] a (fettgegerbt) chamoisé; ~ gerben chamoiser; **S~gerber** m chamoiseur m; **S~leder** n peau f de chamois.
Sammel|abschreibung f ['zaməl-] amortissement m collectif; ~**anleihe** f emprunt m collectif; ~**anschluß** m tele raccordement m collectif; ~**aufgabe** f (com) expédition f collective od en grosses quantités; ~**band** m (Buch) recueil m factice; (von Gedichten) anthologie f; ~**becken** n bassin od réservoir collecteur; fig centre m de ralliement; ~**begriff** m notion f collective; terme m générique; ~**behälter** m réservoir, dépôt; container m; ~**bestellung** f com commande f collective od groupée; ~**bezeichnung** f = ~name; ~**brief** m lettre f collective; ~**büchse** f boîte f à collectes; ~**ergebnis** n total m d'une od de la collecte; ~**fahrkarte** f, ~**fahrschein** m billet m collectif od de groupe; ~**hinterlegung** f dépôt m multiple; ~**käufe** m pl achats m pl groupés; ~**konto** n compte m collectif; ~**ladung** f groupage m; ~**linse** f opt lentille f convergente; ~**liste** f liste f de souscription; ~**mappe** f carton-emboîtage m; ~**name** m (nom) collectif m; ~**nummer** f numéro m collectif; ~**platz** m lieu m od (größerer) zone f de rassemblement; ~**punkt** m point m de rassemblement od de ralliement; ~**sendung** f (Post) envoi m collectif od groupé; ~**stecker** m el prise f multiple; ~**stelle** f (für Sachen) dépôt central; (für Personen) point de ralliement; mil (für Verwundete) point m de rassemblement (des blessés); ~**surium** n ⟨-s, -rien⟩ [-'zu:rium, -riən] ramassis, salmigondis m, macédoine f; ~**transport** m transport m (en) commun od groupé; ~**werk** n ouvrage m collectif; ~**wort** n nom m collectif; ~**wut** f manie f de collectionner.
sammeln ['zaməln] tr (zs.bringen) (r)assembler, réunir, grouper, ramasser; (anhäufen) (r)amasser, accumuler (a. Kenntnisse); empiler; (ein~, pflücken) (re)cueillir, récolter; (Übriggebliebenes) glaner; (Spenden) collecter, quêter, faire la quête od la collecte de; (aus Liebhaberei) collectionner; mil rassembler, rallier; (Erfahrungen) acquérir, faire; sich ~ (Sachen) s'accumuler, s'amasser, s'empiler; (Personen) s'assembler, se rassembler, se réunir; fig se recueillir; se concentrer; (in sich gehen) se replier sur soi; Kräfte ~ rassembler ses

forces; *Pflanzen* ~ *(a.)* herboriser; **S~** *n* cueillette, récolte *f;* collectionnement; *(von Menschen)* rassemblement *m,* réunion *f;* ramassage *m,* accumulation *f;* ralliement; *mil* rassemblement, ralliement *m; zum* ~ *blasen, trommeln* sonner, battre le rappel; ~*!* *(mil)* rassemblement! ralliement!

Samml|er *m* ⟨-s, -⟩ ['zamlər] *(Liebhaber)* collectionneur; *(Spenden~)* quêteur; *tech* ramasseur; *el* collecteur; *(Akku)* accumulateur *m;* ~**erstempel** *m* marque *f* de collection; ~**ung** *f (von Spenden)* collecte, quête; *(Kunst~ u. ä.)* collection *f; (Text~)* recueil; *fig (Andacht)* recueillement *m,* récollection; concentration *f; e-e* ~ *veranstalten* faire une collecte.

Samowar *m* ⟨-s, -e⟩ [zamo'va:r] *(russ. Teemaschine)* samovar *m.*

Samstag *m* ['zamsta:k] samedi *m.*

samt [zamt] *prp dat* avec, y compris; accompagné de; *adv:* ~ *und sonders* sans exception; tous ensemble.

Samt *m* ⟨-(e)s, -e⟩ [zamt] *(Stoff)* velours *m; in* ~ *und Seide (fig)* en grande tenue; **s~artig** *a* velouté, de velours; *bot* peluché, pelucheux; ~ *aufrauhen* velouter; **s~en** *a (aus* ~*)* de velours; ~**handschuh** *m: jdn mit* ~*en anfassen (fig)* prendre qn avec des gants; **s~ig** *a* velouté; ~**kleid** *n* robe *f* de velours; ~**palme** *f bot* latanier *m;* ~**pfötchen** *n (Katze)* patte *f* de velours.

sämtlich ['zɛmtlıç] *adv (vollzählig)* tous (ensemble), au complet; ~**e** *a pl (alle)* tous les; ~ *Werke n pl (e-s Autors)* œuvres *f pl* complètes.

Samum *m* ⟨-s, -s/-e⟩ ['za:mum, za-'mu:m] *(heißer Sandsturm)* simoun *m.*

Sanatorium *n* ⟨-s, -rien⟩ [zana-'to:rium, -riən] maison *f* de repos, préventorium; *(für Lungenkranke)* sana(torium) *m.*

Sand *m* ⟨-(e)s, -e⟩ [zant, -də] sable; *(feiner)* sablon *m; auf* ~ *bauen (fig)* bâtir sur le sable; *mit* ~ *bedecken* od *zuschütten* couvrir de sable, ensabler; *mit* ~ *polieren* gréser; *jdm* ~ *in die Augen streuen (fig)* jeter de la poudre aux yeux de qn; *im* ~*e verlaufen (fig)* se perdre dans le sable, finir en queue de poisson; ~**aal** *m zoo* lançon *m;* ~**bank** *f* banc *m* de sable; ~**boden** *m* terrain *m* sablonneux; ~**dorn** *m bot* hippophaé, argousier *m;* **s~farben** *a* couleur de sable; ~**floh** *m* chique *f;* ~**form** *f (Spielzeug)* moule *m* à sable; ~**grube** *f* carrière de sable, sablière; *(für feinen Sand)*

sablonnière *f;* ~**haufen** *m* tas *m* de sable; **s~ig** *a (~haltig)* sableux, sablonneux; ~**kasten** *m* sablière; *mil (für Lehrzwecke)* boîte *f* od bac *m* à sable; ~**korn** *n* grain *m* de sable; ~**kuchen** *m* sablé *m;* ~**mann** *m* ⟨-(e)s, ø⟩ *(Märchengestalt)* marchand *m* de sable; ~**papier** *n* papier *m* de verre; ~**sack** *m* sac de sable; *sport* punching-ball *m;* ~**stein** *m* (pierre *f* de) grès *m;* ~**steinbruch** *m* carrière de grès, grésière *f;* ~**strahl** *m* jet *m* de sable; *mit* ~ *reinigen* sabler; ~**strahlgebläse** *n* sableuse *f* (pour décapage); *Reinigung f mit* ~ sablage *m;* ~**streuen** *n (im Winter)* sablage *m* (antidérapant); ~**streufahrzeug** *n* véhicule *m* de répandage de sable; ~**sturm** *m* tempête *f* de sable, simoun *m;* ~**torte** *f* gâteau *m* de Savoie; ~**uhr** *f* sablier *m;* ~**wüste** *f* désert *m* de sable; ~**zucker** *m* sucre *m* cristallisé.

Sandal|e *f* ⟨-, -n⟩ [zan'da:lə] sandale *f;* ~**ette** *f* ⟨-, -n⟩ [-da'lɛtə] sandalette *f,* pied-nu *m.*

Sandelholz *n* ['zandəl-] (bois *m* de) santal *m.*

sanft [zanft] *a (weich)* doux, mou; *(leicht, sacht)* léger; *(angenehm)* amène; *(~mütig)* doux, placide; *(zärtlich)* tendre; *(ruhig, still)* calme, paisible; *adv: (ganz)* ~ (tout) doucement; *ruhe* ~*! (auf Grabsteinen)* qu'il (qu'elle) repose en paix; **S~heit** *f* ⟨-, ø⟩, **S~mut** *f* ⟨-, ø⟩ douceur, placidité, mansuétude *f;* ~**mütig** *a* doux, placide.

Sänfte *f* ⟨-, -n⟩ ['zɛnftə] chaise *f* à porteurs.

Sang *m* ⟨-(e)s, ⸚e⟩ [zaŋ, 'zɛŋə] chant *m; mit* ~ *und Klang* tambour battant; ~**esbruder** *m* orphéoniste *m;* **s~esfroh** *a* qui aime à chanter; **s~- und klanglos** *adv:* ~ *abziehen, verschwinden* partir, s'en aller sans tambour ni trompette.

Sänger *m* ⟨-s, -⟩ ['zɛŋər] chanteur; *fig poet (Dichter)* chantre; *(Chor~)* choriste; *(Vereins~)* orphéoniste *m;* ~**bund** *m* orphéon *m;* ~**fest** *n* concours *m* d'orphéons; ~**in** *f allg* chanteuse; *(Opern-, Konzert~)* cantatrice; *(Kabarettistin)* divette *f;* ~**krieg** *m* tournoi *m* de poésie.

Sanguin|iker *m* ⟨-s, -⟩ [zaŋgu'i:nikər] type *m* sanguin; **s~isch** [-'gwi:nıʃ] *a* sanguin; de tempérament sanguin.

sanier|en [za'ni:rən] *tr (Stadt, Stadtteil), med* u. *fin* assainir; *med* désinfecter; *(Betrieb)* redresser, remettre sur pied *od* en ordre, réorganiser, restructurer; *sich* ~ redresser sa situation; **S~ung** *f* assainissement; redressement *od* rétablissement *m* financier *od* des finances; **S~ungsarbeiten** *f pl* travaux *m pl* d'assainissement; **S~ungsmittel** *n med* moyen *m* de désinfection; *(vorbeugendes)* prophylactique *m;* **S~ungsplan** *m* plan *m* d'assainissement *od* de restructuration.

sanit|är [zani'tε:r] *a* sanitaire; **~e** *Einrichtungen* od *Anlagen f pl* installations *f pl* sanitaires; **S~äter** *m* ‹-s, -› [-'tε:tər] infirmier, secouriste; *mil* sanitaire *m.*

Sanitäts|ausrüstung *f* [zani'tε:ts-] équipement *m* sanitaire; **~auto** *n* ambulance *f;* **~depot** *n* dépôt *m* sanitaire; **~dienst** *m* service *m* de santé; **~einheit** *f mil* unité *f* médicale; **~einrichtung** *f* installation *f* sanitaire; **~fahrzeug** *n* (véhicule *m* d')ambulance *f;* **~flugzeug** *n* avion *m* sanitaire; **~kasten** *m* cantine *f* médicale; **~kolonne** *f* équipe *f* sanitaire; **~kompanie** *f* compagnie *f* médicale; **~korps** *n mil* corps *m* du service de santé; **~offizier** *m* officier *m* du service de santé (militaire); **~pers nal** *n* personnel *m* sanitaire, hospitaliers *m pl;* **~tasche** *f* trousse *f* médicale; **~unteroffizier** *m* sous--officier *m* infirmier; **~wagen** *m* ambulance *f;* **~wesen** *n* service *m* de santé; **~zug** *m* train *m* d'ambulance.

San Marino *n* [zan ma'ri:no] *(Staat)* Saint-Marin *m.*

Sankt [zaŋkt]: *der ~ Bernhard (geog)* le Saint-Bernhard; *~ Gallen n* Saint--Gall *m; der ~ Gotthard (geog)* le (Saint-)Gothard; **~uarium** *n* ‹-s, -rien› [-tu'a:riʊm, -riən] *rel* sanctuaire *m.*

Sanktion *f* ‹-, -en› [zaŋktsi'o:n] *pol* sanction *f;* **s~ieren** [-tsjo'ni:rən] *tr (Maßnahmen)* approuver; *(Gesetz)* adopter.

Sansibar *n* ['zan-, zanzi'ba:r] *geog* Zanzibar *m.*

Sanskrit *n* ‹-(e)s, ø› ['zanskrɪt] *(Sprache)* sanskrit *m;* **~forscher** *m* sanscritiste *m.*

Saphir *m* ‹-s, -e› ['za:fɪr, za'fi:r] *min* saphir *m.*

Sappe *f* ‹-, -n› ['zapə] *mil* sape *f.*

sapper|lot [zapər'lo:t] *interj,* **~ment** [-'mεnt] *interj* sapristi! sacrebleu!

Sarazen|e *f* ‹-n, -n› [zara'tse:nə] *hist* Sarrasin *m;* **s~isch** [-'tse:nɪʃ] *a* sarrasin.

Sard|elle *f* ‹-, -n› [zar'dεlə] anchois *m;* **~ellenbutter** *f* beurre *m* d'anchois; **~ine** *f* ‹-, -n› [-'di:nə] sardine *f;*

~inenfischer *m* sardinier *m;* **~inennetz** *n* sardinière *f.*

Sardin|ien *n* [zar'di:niən] la Sardaigne; **~ier(in** *f)* *m* ‹-s, -› [-'di:niər] Sarde *m f;* **s~isch** [-'di:nɪʃ] *a* sarde.

sardonisch [zar'do:nɪʃ] *a (Lachen)* sardonique.

Sarg *m* ‹-(e)s, ⁚e› [zark, 'zεrgə] cercueil *m,* bière *f;* **~deckel** *m* couvercle *m* de cercueil.

Sari *m* ‹-s, -s› ['za:ri] *(indisches Frauengewand)* sari *m.*

Sarkas|mus *m* ‹-, (-men)› [zar'kasmʊs] sarcasme *m;* **s~tisch** [-'kastɪʃ] *a* sarcastique.

Sarkophag *m* ‹-s, -e› [zarko'fa:k, -gə] *(Steinsarg)* sarcophage *m.*

Sarong *m* ‹-s, -s› ['za:rɔŋ] *(malaiisches Bekleidungsstück)* sarong *m.*

Satan *m* ['za:tan] Satan *m;* **s~isch** [-'ta:nɪʃ] *a* satanique.

Satellit *m* ‹-en, -en› [zatε'li:t] *astr tech pol* satellite *m;* **~enfernsehen** *n* mondovision *f;* **~enfunk** *m* liaison *f* par satellite; **~enstaat** *m* État *m* satellite; **~enträger** *m* lance-satellites *m.*

Satin *m* ‹-s, -s› [sa'tε̃:] *(Textil)* satin *m;* **s~ieren** [-ti'ni:rən] *tr (Papier glätten)* satiner, calandrer; **~ieren** *n* satinage *m.*

Satir|e *f* ‹-, -n› [za'ti:rə] satire *f;* **~iker** *m* ‹-s, -› [-'ti:rikər] (poète *od* auteur) satirique *m;* **s~isch** [-'ti:rɪʃ] *a* satirique.

Satisfaktion *f* ‹-, -en› [zatɪsfaktsi'o:n] *(Genugtuung)* satisfaction, réparation *f* d'honneur.

satt [zat] *a* rassasié; *(gesättigt)* saturé; *(Farbe)* chargé, foncé; *fig pred (überdrüssig)* repu, saturé, las; *sich ~ essen* manger à sa faim *od* son content; *an etw sich ~ essen* se rassasier de qc; *sich nicht ~ essen* rester *od* demeurer sur la faim *od* sur son appétit; *etw ~ haben od sein (fig)* avoir assez de qc, être rassasié *od* saturé *od* repu de qc; *es ~ haben fam* en avoir jusque là *od* une indigestion *od* marre; *~ machen* rassasier; *sich an etw nicht ~ sehen können* ne pas se rassasier de regarder qc; *~ sein* n'avoir plus faim; *sich ~ trinken* boire à sa soif; **S~heit** *f* ‹-, ø› satiété *f;* **~sam** *adv (hinlänglich)* suffisamment.

Sattel *m* ‹-s, ⁚› ['zatəl, 'zεtəl] selle; *geog* croupe *f; geol* anticlinal; *mus (an e-m Streichinstrument)* sillet *m; ohne ~ (reiten)* à poil, à cru; *aus dem ~ heben* désarçonner, démonter; *jdn in den ~ heben (fig)* mettre à qn le pied à l'étrier; *fest im ~ sitzen (fig)* être ferme sur ses étriers *od* bien en selle; *nicht fest im ~ sitzen (fig)* branler au *od* dans le manche; *in allen Sätteln gerecht* habile en tout; *fam* débrouillard; **~dach** *n* toit *m* en bâtière; **~decke** *f* housse *f* de selle; **~falte** *f geol* selle *f;* **s~fest** *a: in etw ~ sein* être ferré sur qc *od* versé dans qc; **s~förmig** *a* en dos d'âne; *geol* anticlinal; **~gurt** *m* sangle *f;* **~kissen** *n* panneau *m;* **s~n** *tr* seller; *(Packtier)* bâter; **~nase** *f* nez *m* en pied de marmite *od* camus; **~pferd** *n* cheval *m* de selle; **~schleppanhänger** *m* *mot* semi-remorque *f;* **~schlepper** *m* tracteur *m* de semi--remorque; **~steg** *m* troussequin *m;* **~tasche** *f* sacoche *f;* **~trunk** *m* coup *m* de l'étrier; **~zeug** *n* sellerie *f.*

sättig|en ['zɛtɪgən] *tr* rassasier; *chem fig* saturer; **~end** *a* rassasiant; **S~ung** *f* ‹-, (-en)› rassasiement *m;* satiété; *chem* saturation *f;* **S~ungsgrad** *m chem* degré *m* de saturation; **S~ungspunkt** *m chem* point *m* de saturation.

Sattler *m* ‹-s, -› ['zatlər] sellier, bourrelier *m; ~ und Polsterer* bourrelier--sellier *m;* **~ei** *f* [-'raɪ] sellerie, bourrellerie *f.*

saturieren [zatu'ri:rən] *tr (fig: sättigen)* saturer; *saturierte(r) Markt m* marché *m* encombré.

Satyr *m* ‹-s/-n, -n/-e› ['za:tyr] satyre *m;* **~spiel** *n theat* satyre *f.*

Satz *m* ‹-es, ⸚e› [zats, 'zɛtsə] *gram* phrase, proposition; *(aufgestellter ~)* thèse *f; (Lehr~, philos~)* principe; *math* théorème; *(Grund~)* axiome; *mus* mouvement *m; (Tennis)* partie *f,* set; *(Quote)* taux; *(Gebühren~)* tarif *m; (~ zs.gehöriger Dinge)* série *f,* jeu *m,* garniture *f; com* assortiment; *mot (Reifen)* train *m; typ* composition *f; (Sprung)* bond, saut *m,* enjambée *f; (Boden~, Sediment)* fond, résidu, dépôt, sédiment *m; (bes. Wein)* lie *f; (Kaffee~)* marc *m; in od mit einem ~ d'un (seul) bond; in langen Sätzen à* grandes *od* longues foulées; *im ~ stehenbleiben (typ)* rester sur le marbre; *ungedruckte(r) ~ (typ)* composition *f* vierge; *vollständige(r) ~ (typ)* frappe *f; der ~ vom zureichenden Grunde* le principe de la raison suffisante; **~anordnung** *f typ* indication *f* pour la composition; **~aussage** *f gram* verbe *m;* **~bau** *m* agencement *m;* structure *od* construction *f* de la phrase; **~bild** *n typ* aspect *m* typographique; **~breite** *f typ* justification *f;* **s~fertig** *a,* **s~reif** *a typ* bon à la composition; **~gegenstand** *m gram* sujet *m;* **~kosten** *pl typ* frais *m pl* de

composition; **~lehre** *f gram* syntaxe *f;* **~spiegel** *m typ* surface *f* d'impression; **~teil** *m gram* partie *f* de (la) phrase; **~ung** *f* règlement; statut *m; pol* charte *f;* **~ungsänderung** *f* modification *f* des *od* aux statuts; **s~ungsgemäß** *a* statutaire; *adv* conformément aux statuts; **s~ungswidrig** *a* contraire aux statuts; **s~weise** *adv gram* phrase par phrase; **~zeichen** *n* signe *m* de ponctuation.

Sau *f* ‹-, ⸚e› [zau, 'zɔyə] *(weibl. Schwein)* truie; *f* ‹-, -en› *(Wild~)* laie *f; allg (Schwein), fig vulg (Mensch)* cochon *m; unter aller ~ (fam)* au-dessous de tout; **~arbeit** *f pop* corvée *f;* **~bohne** *f* fève *f;* **s~dumm** *a fam* bête comme ses pieds *od* à manger du foin; **~erei** *f* [-'raɪ] *pop* cochonnerie, saloperie *f;* **~fraß** *m* mangeaille, boustifaille *f;* **s~grob** *a pop* rustre, rustand; **~haufen** *m* pagaille, pagaye *f;* **~hirt** *m* porcher *m;* **s~igeln** ['-ʔi:gəln] *itr fam* dire des cochonneries, raconter des plaisanteries obscènes; **~kerl** *m pop* salaud, salopard *m;* **s~mäßig** *a pop* de cochon, pourri; *adv* comme un cochon; **~stall** *m* porcherie *a. fig; fig pop* étable à pourceaux, vraie pétaudière *f;* **~wetter** *n pop* temps de cochon *od* de chien *od* pourri, bougre *m* de temps; **~wirtschaft** *f pop* pétaudière *f;* **s~wohl** *a pop: sich ~ fühlen* se sentir bien dans sa peau.

sauber ['zaubər] *a* propre, net: *(Wäsche a.)* blanc; *(sorgfältig)* soigneux; *(genau)* exact; *(hübsch)* joli; *(tadelfrei)* droit, intègre; *das ist mir e-e ~e Gesellschaft! (iron)* c'est du beau monde *od* une belle confrérie; **~halten** *tr* nettoyer, entretenir; **S~haltung** *f* entretien *m;* **S~keit** *f* ‹-, ø› propreté, netteté; blancheur; exactitude; droiture, intégrité *f;* **~machen** nettoyer.

säuber|lich ['zɔybərlɪç] *adv (sorgfältig)* soigneusement, exactement; **~n** *tr* nettoyer *a. mil (vom Feinde),* curer; *fig pol* épurer; **S~ung** *f* ‹-, (-en)› nettoiement; *a. mil* nettoyage *m; pol* épuration *f;* **S~ungsaktion** *f pol* (opération d')épuration, purge; *mil* opération *f* de nettoyage; *fam* coup *m* de balai.

Saudi-Arabien [zaudiʔa'ra:biən] *n* l'Arabie *f* Séoudite *od* Saoudite.

sauer ['zauər] *a* aigre, sur, acide; *(unreif, unausgereift, bes. Wein)* vert; *(Milch)* tourné; *agr (Boden)* salé; *fig (Arbeit)* amer, dur, pénible, désagréable; *saure(r) Hering m* hareng *m* saur; *saure(r) Regen m (ecol)* pluies *f pl* acides; *ein saures Gesicht machen* renfrogner sa mine, faire la moue; rechigner *(zu* à); *jdm das Leben ~ machen* mener *od* rendre la vie dure à qn; ~ *sein (fig fam)* être irrité *od* contrarié *od* de mauvaise humeur; *auf etw ~ reagieren (fam)* prendre qc en mauvaise part; ~ *werden* devenir aigre, surir; *(Milch)* tourner; *fig* s'aigrir; *es sich ~ werden lassen* ne pas ménager sa peine *od* la fatigue; se donner beaucoup de *od* bien du mal; *gib ihm Saures!* fais-lui en voir; *saure(r) Geschmack m* acidité *f; saure Gurke f* cornichon *m* au vinaigre; *in den sauren Apfel beißen (fig)* avaler la pilule; **S~ampfer** *m bot* oseille *f;* **S~braten** *m* viande *f* marinée; **S~brunnen** *m* eau *f* minérale; **S~dorn** *m* épine-vinette *f;* **S~kirschbaum** *m* griottier *m;* **S~kirsche** *f* griotte *f;* **S~klee** *m* oxalide *f* (acide); **S~kraut** *n* choucroute *f; ~ mit Speck* od *Würstchen* choucroute *f* garnie; **S~milch** *f (Dickmilch)* (lait) caillé *m;* **S~teig** *m* levain *m; ~***töpfisch** *a* renfrogné, morose, revêche.

säuer|lich ['zɔyərlɪç] *a* aigrelet, acidulé; *(Wein)* verdelet; ~ *werden* s'aciduler; **S~ling** *m* ⟨-s, -e⟩ *(Mineralwasser)* eau *f* minérale; ~**n** *tr (sauer machen)* rendre aigre, aigrir; **S~ung** *f* ⟨-, (-en)⟩ acidification *f.*

Sauerstoff *m* ['zauər-] oxygène *m; mit ~ anreichern* oxygéner; ~**anreicherung** *f* oxygénation *f; ~***apparat** *m* appareil *m* à oxygène; ~**behälter** *m* réservoir *m* à oxygène; ~**flasche** *f* bouteille *f od* ballon *m* à oxygène; ~**gehalt** *m* teneur *f* en oxygène; ~**gerät** *n med* appareil à oxygène, inhalateur d'oxygène; **s~haltig** *a* oxygéné; ~**mangel** *m* manque *m* d'oxygène; *scient* hypoxie *f;* ~**maske** *f* masque *m* à oxygène; ~**versorgung** *f physiol* oxygénation *f; ~***zelt** *n med* tente *f* à oxygène; ~**zufuhr** *f* alimentation *f* en oxygène.

Sauf|bold *m* ['zauf-] , ~**bruder** *m pop* = *Säufer;* **s~en** *⟨säuft, soff, hat gesoffen⟩* ['zaufən] *tr u. itr (Tier)* boire; *itr (Tier)* s'abreuver; *pop (Mensch)* picoler, pinter, pomper, chopiner; *arg* écluser; ~**erei** *f* [-'rai] beuverie, soûlerie *f; a.* ~**gelage** *n* bombe, bringue, ribote *f.*

Säufer *m* ⟨-s, -⟩ ['zɔyfər] poivrot, ivrogne, soûlard, riboteur, noceur *m;* ~**stimme** *f* voix *f* de rogomme; ~**wahnsinn** *m* délirium tremens *m* (alcoolique).

Säug|amme *f* ['zɔyk-] nourrice *f;* **s~en** [-gən] *tr* allaiter; ~**en** *n* allaitement *m;* ~**er** *m* ⟨-s, -⟩ , ~**etier** *n* mammifère *m; ~***ling** *m* ⟨-s, -e⟩ ['-klɪŋ] nourrisson, enfant *m* à la mamelle; ~**lingsausstattung** *f* layette *f;* ~**lingsheim** *n* pouponnière *f;* ~**lingsmilch** *f* lait *m* maternisé; ~**lingspflege** *f* puériculture *f;* ~**lingspflegerin** *f* puéricultrice *f;* ~**lingssterblichkeit** *f* mortalité *f* infantile.

Saug|apparat *m* ['zauk-] appareil d'aspiration, aspirateur *m; ~***bagger** *m* drague *f* suceuse; **s~en** *⟨saugt, saugte/sog, hat gesaugt/gesogen⟩* ['zaugən] *tr (Säugling, Tierjunges)* téter; *(lutschen)* sucer; *fam* suçoter; *tech* aspirer; *an etw ~* sucer qc; ~**er** *m* ⟨-s, -⟩ *(Tierjunges)* animal *m* qui tète encore; *(Schnuller)* tétine *f; tech* aspirateur *m;* **s~fähig** *a* absorbant; ~**fähigkeit** *f* capacité *f od* pouvoir *m* d'absorption; ~**flasche** *f* biberon *m;* ~**heber** *m* ⟨-s, -⟩ siphon *m;* ~**kraft** *f* force *f* d'aspiration; ~**leitung** *f* conduite *od* tuyauterie *f* d'aspiration; ~**napf** *m,* ~**näpfchen** *n* ventouse *f;* ~**pumpe** *f* pompe *f* aspirante; ~**rohr** *n* tuyau *m* d'aspiration; ~**rüssel** *m* ent suçoir *m;* ~**strom** *m aero* courant *m* (d'air) aspiré; ~**stutzen** *m tech* buse *f* d'aspiration; ~**- und Druckpumpe** *f* pompe *f* aspirante et foulante; ~**ventil** *n* soupape *f* d'aspiration; ~**wirkung** *f* effet *m* d'aspiration.

säuisch ['zɔyɪʃ] *a vulg* cochon; dégueulasse.

Säule *f* ⟨-, -n⟩ ['zɔylə] *arch u. fig* colonne; *phys* pile *f; kleine ~* colonnette *f;* ~**ngang** *m* colonnade, arcade *f,* portique *m;* ~**nhalle** *f* salle *f* hypostyle; ~**nhals** *m* gorge *f* de colonne; ~**nheilige(r)** *m* (anachorète) stylite *m;* ~**nordnung** *f* ordre *m* de colonnes; ~**nplatte** *f* plinthe *f;* ~**nschaft** *m* escape *f.*

Saum *m* ⟨-(e)s, ⸚e⟩ [zaum, 'zɔymə] *(Besatz)* ourlet *a. fig; fig (Rand)* bord *m,* bordure; *(Waldes~)* lisière, orée *f;* ~**naht** *f* ourlet *m;* ~**stich** *m* point *m* d'ourlet.

säumen ['zɔymən] **1.** *tr (einfassen)* border; *(Stoff)* ourler.

säum|en ['zɔymən] **2.** *itr (zaudern)* tarder, hésiter; **S~en** *n (Zaudern)* hésitation *f; (Verzug)* retard *m; ~***ig** *a (langsam)* lent; *(nachlässig)* négligent; *com* retardataire; *jur* défaillant; ~*e(r) Zahler m* défaillant *m;* **S~nis** *f* ⟨-, -sse⟩ *od n* ⟨-sses, -sse⟩ retard; *(Nichterfüllung)* défaut *m;* **S~nis-**

verfahren n procédure f par défaut; **S~niszuschlag** m majoration od taxe supplémentaire pour od indemnité f de retard.

Saum|pfad m ['zaʊm-] sentier m muletier; **~tier** n bête f de somme.

saumselig ['zaʊm-] a (lässig) indolent, lent, lambin; (nachlässig) négligent; **S~keit** f ‹-, (-en)› indolence, lenteur; négligence f.

Sauna f ‹-, -s/-nen› ['zaʊna] sauna m.

Säure f ‹-, -n› ['zɔʏrə] aigreur, acidité f; chem acide m; (Wein) verdeur f, vert m; **~bad** n metal bain m acide; **s~beständig** a résistant od inattaquable aux acides, antiacide; **~beständigkeit** f résistance f aux acides; **s~bildend** a acidifiant; **~bildung** f acidification f; **s~fest** a = s~beständig; **s~frei** a sans acide; **~gehalt** m teneur f en acide; **~gemisch** n mélange m d'acides; **~grad** m acidité f; **s~haltig** a acidifère; **~messer** m ‹-s, -› acidimètre, pèse-acide m; **~vergiftung** f med acidose f.

Sauregurkenzeit f [zaʊrə'gʊrkən-] com hum morte-saison, accalmie f.

Saurier m ‹-s, -› ['zaʊriər] zoo saurien m.

Saus m [zaʊs] in ~ und Braus leben mener joyeuse vie od la vie à grandes guides; fam faire la noce od la bringue od la ripaille, ripailler; **s~en** ['-zən] itr **1.** ‹aux: haben› (Gegenstand durch die Luft) fendre l'air; (mit Geräusch) siffler; (Ohren) siffler, bourdonner, tinter; **2.** ‹aux: sein› (Fahrzeug) filer à toute allure, foncer; fam rouler sur les chapeaux de roue; (Mensch, fam) dévaler, se précipiter; etw ~ lassen (fam: darauf verzichten) faire une croix sur qc; **~en** n sifflement; bourdonnement m.

säuseln ['zɔʏzəln] itr susurrer, murmurer; **S~** n susurrement, murmure m.

Savanne f ‹-, -n› [za'vanə] geog savane f.

Savoy|en n [za'vɔʏən] la Savoie; **~er(in** f) m ‹-s, -› Savoyard, e m f; **s~isch** [-'vɔʏɪʃ] a savoyard.

Saxophon n ‹-s, -e› [zakso'foːn] saxophone; fam saxo m; **~ist** m ‹-en, -en› [-fo'nɪst] saxophoniste m.

Scanner m ‹-s, -› ['skɛnə] tech scanner m.

Schabe f ‹-, -n› ['ʃaːbə] ent blatte f; (Küchen~) cafard, cancrelat m.

Schab|efleisch n ['ʃaːbə-] (Rindergehacktes) haché m; **~eisen** ['ʃaːp-] n racloir, grattoir m; (für Steine) ripe; (Reibe) râpe f; **s~en** ['-bən] tr racler; (ab~) gratter; (raspeln) râper;

~er m ‹-s, -› ['-bər] racloir, grattoir m; **~kunst(blatt** n) f mezzo-tinto m; **~messer** n grattoir m; **~sel** n ‹-s, -› ['-psəl] raclure f.

Schabernack m ‹-(e)s, -e› ['ʃaːbərnak] niche f, tour m; aus ~ pour faire une niche, pour jouer un tour; jdm e-n ~ spielen faire une niche, jouer un tour à qn.

schäbig ['ʃɛːbɪç] a (fadenscheinig) râpé, élimé, usé; (armselig) misérable; fig (Charakter) mesquin, rapiat, sordide; **S~keit** f ‹-, ø› fig mesquinerie, sordidité f.

Schablone f ‹-, -n› [ʃa'bloːnə] patron, poncis, poncif, pochoir; fig (Abklatsch) poncis, poncif m; (Schema) routine f; nach der ~ (fig) par routine; **s~nhaft** a fig poncif, stéréotypé; routinier; **~nhaftigkeit** f schématisme m.

Schabracke f ‹-, -n› [ʃa'brakə] (Satteldecke) chabraque f; (Scharteke) vieux truc m.

Schach n ‹-s, -s› [ʃax] (jeu m d')échecs m pl; (Stellung) échec m; jdm ~ bieten (a. fig) faire échec à qn; in ~ halten (fig) tenir en échec od en respect; ~ spielen jouer aux échecs; ~ (dem König)! échec (au roi)! **~aufgabe** f problème m d'échecs; **~brett** n échiquier m; **s~brettartig** a en échiquier, en damier; **~figur** f pièce f d'échecs; fig pion m; die ~en aufstellen disposer les pièces; **~klub** m club m d'échecs; **s~matt** [-'mat] a échec et mat; fig fam (erschöpft) fourbu, épuisé; ~ sein (a.) être sur les dents; **~meisterschaft** f championnat m d'échecs; **~partie** f partie f od match m d'échecs; **~spiel** n jeu m d'échecs; **~spieler** m joueur m d'échecs; **~turnier** n tournoi m d'échecs; **~verein** m = ~klub; **~zug** m a. fig coup m.

Schacher m ‹-s, ø› ['ʃaxər], **~ei** f [-'raɪ], **~n** n trafic m malhonnête; **~er** m ‹-s, -› mercanti m; **s~n** itr marchander.

Schächer m ['ʃɛxər] ‹-s, -› brigand m; der gute (gottlose) ~ le bon (mauvais) larron; **~kreuz** f fourches f pl patibulaires.

Schacht m ‹-(e)s, ⁀e› [ʃaxt, 'ʃɛçtə] mines puits m (de mine), fosse; (Bergwerk) mine; (Lüftungs~) cheminée; (Fahrstuhl~) cage f; (Einsteig~) trou d'homme, regard; aero alvéole m; e-n ~ abteufen foncer od creuser un puits; in den ~ einfahren descendre dans la mine; **~abteufung** f fonçage m d'un od du puits; **~anlage** f installation f d'un od du puits; **~deckel** m couverte m du trou d'homme; **~ge-**

bäude n mines bâtiment m d'extraction od de puits od du puits; ~**hauer** m mines avaleur m.

Schachtel f ‹-, -n› ['ʃaxtəl] boîte f, (Papp~) carton m; alte ~ (fig fam) (vieux) tableau m; pop vieille toupie, rombière f; ~**halm** m prèle f; ~**satz** m gram phrase f à tiroirs.

schächt|en ['ʃɛçtən] tr égorger od tuer (d'après le rite juif); **S~er** m ‹-s, -› boucher m (juif).

schade ['ʃaːdə] a dommage; sich für etw zu ~ sein ne pas s'abaisser à faire qc; zu ~ für trop bon pour; (das ist) ~ (c'est) dommage; es ist ~ c'est dommage (um jdn, etw pour qn, qc; daß que subj); wie ~! quel dommage!

Schädel m ‹-s, -› ['ʃɛːdəl] crâne m; sich den ~ einschlagen se briser od se fendre le crâne; ~**bohrer** m perce- -crâne; scient trépan m; ~**bruch** m fracture f du crâne; ~**decke** f calotte f crânienne od du crâne; ~**grube** f anat étage m; ~**höhle** f cavité f crânienne; ~**index** m scient indice m céphalique; ~**knochen** m os m crânien; ~**lehre** f craniologie f; ~**verletzung** f lésion f od traumatisme m crânien(ne).

schaden ['ʃaːdən] itr nuire, porter préjudice, causer du dommage (jdm, e-r S à qn, à qc); jdm donner atteinte (à qn), trahir les intérêts (de qn), faire du mal (à qn); (dem Ansehen) porter atteinte à; jdm zu ~ suchen (a.) chercher à nuire à qn; das schadet nichts il n'y a pas de mal, cela ne fait rien; ça ne gâte rien; das schadet dir gar nichts c'est bien fait pour toi; das könnte nicht ~ cela ne ferait pas de mal.

Schaden m ‹-s, ⸚› ['ʃaː-, 'ʃɛːdən] dommage; mal m; avarie f; (Nachteil) détriment, préjudice m; (Verlust) perte f; (großer, schwerer ~) ravage(s pl) m; (angerichtete(r) ~) méfaits m pl; (Schadhaftigkeit) dégradation f; zu jds ~ au détriment de qn; den ~ abschätzen od aufnehmen faire l'expertise des dégâts; ~ anrichten od verursachen causer du dommage od du dégât od des dégâts; faire (bien) du od des od de grands ravage(s); für den ~ aufkommen (a.) fam payer les pots cassés; für den ~ haften être responsable du dommage; zu ~ kommen, ~ leiden od nehmen se faire du mal; éprouver od subir du dommage; nicht zu ~ kommen (bei e-m Unfall) sortir indemne (bei de); den ~ regeln régler les dommages; den ~ tragen supporter le dommage; mit ~ verkaufen vendre à

perte; durch ~ klug werden apprendre à ses dépens; den ~ wiedergutmachen réparer les dommages; jdm ~ zufügen causer od porter préjudice à qn; donner une entorse à qn; es soll Ihr ~ nicht sein vous n'aurez pas là à regretter; der ~ ist behoben le, la ... marche de nouveau; an seiner Seele ~ nehmen compromettre le salut de son âme; ~**anmeldung** f déclaration f du sinistre; ~**ersatz** m dédommagement m, indemnité f, dommages et intérêts, dommages-intérêts m pl; jur réparation(s) f de(s) dommage(s) od du préjudice od civile(s); ~ beanspruchen réclamer une indemnité; auf ~ klagen intenter une action en dommages-intérêts; jdn auf ~ verklagen poursuivre qn en dommages-intérêts; ~ leisten réparer un dommage; jdm dédommager qn; ~**ersatzanspruch** m droit m à réparation; ~**ersatzforderung** f demande d'indemnisation od en dommages-intérêts; réclamation f; ~**ersatzleistungen** f pl réparations f pl civiles; **s~ersatzpflichtig** a tenu à réparation du dommage; ~**freude** f malin plaisir m, joie f maligne; **s~froh** a: ~ sein se réjouir du malheur d'autrui; ~**sanzeige** f avis m od déclaration f de sinistre; ~**sfall** m cas m de dommage; (Eintritt des) ~(es) survenance f du sinistre; ~**sfeststellung** f constatation f des dommages; ~**smeldung** f avis m d'avarie; ~**sumfang** m étendue f d'un od du dommage

schad|haft ['ʃaːt-] a défectueux; ~ werden se détériorer; s'abîmer; **S~haftigkeit** f défectuosité f, état m défectueux; ~**los** adv: sich ~ halten rentrer dans od se récupérer de ses frais; an etw se dédommager od se rattraper sur qc, s'indemniser de qc; **S~stoff** m ecol polluant m, substance f nocive.

schäd|igen ['ʃɛː-dɪgən] tr porter atteinte (jdn à qn), trahir les intérêts (jdn de qn); **S~iger** m ‹-s, -› auteur m d'un od du dommage; **S~igung** f atteinte (gen à); med lésion f; ~**lich** [-tlɪç] a nuisible; (gesundheitlich) nocif; malfaisant; (nachteilig) préjudiciable; (verderblich) pernicieux; **S~lichkeit** f nuisibilité, nocivité f; **S~ling** m ‹-s, -e› ['-tlɪŋ] allg parasite; (Tier) (animal) nuisible m; **S~lingsbekämpfung** f destruction des parasites, lutte f contre la vermine; **S~lingsbekämpfungsmittel** n insecticide, pesticide m.

Schaf n ‹-(e)s, -e› [ʃaːf] (Art) mouton m; (Mutter~) brebis f; fig pej âne,

cornichon, idiot, benêt, imbécile *m;*
die ~e von den Böcken sondern (fig)
séparer le bon grain de l'ivraie; *räu-*
dige(s) ~ *(fig)* brebis *f* galeuse;
schwarze(s) ~ *(fig)* fléau *m,* honte *f;*
~**bock** *m* bélier *m;* ~**fell** *n* peau de
mouton; toison *f;* ~**garbe** *f* bot
achillée, mille-feuille *f;* ~**herde** *f*
troupeau *m* de moutons; ~**hürde** *f*
parc *m* à moutons; ~**käse** *m* fromage *m* de brebis; ~**lamm** *n* agneau *m,*
agnelle *f;* ~**leder** *n* basane *f;* **s~le-**
dern *a* de basane; ~**pelz** *m* peau *f* de
mouton; ~**pocken** *f pl vet* clavelée *f;*
~**rasse** *f* race *f* ovine; ~**schere** *f*
forces *f pl;* ~**schur** *f* tonte *f* des
moutons; ~**(s)kopf** *m fig pej* sot en
trois lettres, cornichon *m;* ~**stall** *m*
bergerie *f; poet* bercail *m;* ~**weide** *f*
pacage *m* à moutons; ~**wolle** *f* laine
f de brebis; ~**zucht** *f* élevage *m* de
moutons; ~**züchter** *m* éleveur *m* de
moutons.

Schäf|chen *n* ⟨-s, -⟩ ['ʃɛːfçən] agneau
m; pl = ~*wolken; sein* ~ *ins trocke-*
ne bringen (fig) faire sa pelote, *sein*
~ *im trockenen haben (fig)* être bien
nanti; ~**chenwolken** *f pl* nuages *m*
pl moutonnés; ~**er** *m* ⟨-s, -⟩ berger *m;*
~**erei** *f* [-'rai] bergerie *f;* ~**ergedicht**
n poème *m* bucolique; pastorale, bergerie *f;* ~**erhund** *m* (chien de) berger
m; deutsche(r) ~ berger *m* allemand;
~**erhütte** *f* cabane *f* de berger; ~**e-**
rin *f* bergère *f; junge* ~ bergerette *f;*
~**erspiel** *n* (comédie) pastorale *f;*
~**erstündchen** *n* heure *f* du berger.

schaffen 1. ⟨*schafft, schuf, hat ge-*
schaffen⟩ [(-)'ʃafən, ʃuːf] *tr (er~)*
créer; *(hervorbringen)* produire; engendrer, faire naître, mettre au monde, donner le jour à; *(ins Leben ru-*
fen) appeler à la vie, constituer; *e-n*
Ausgleich ~ rétablir l'équilibre; *Ord-*
nung ~ établir l'ordre; *wie ge~ für*
taillé pour; **S~** *n: das dichterische, li-*
terarische ~ la création poétique,
littéraire; **S~drang** *m* élan *m*
créateur; **S~sfreude** *f* joie *f* créatrice; **S~skraft** *f* force *f* créatrice.

schaffen 2. ⟨*schafft, schaffte, hat ge-*
schafft⟩ ['ʃafən] *tr (arbeiten)* travailler, besogner; *tr (vollbringen)* accomplir, venir à bout de; *(bewältigen,*
mit Zahlenangabe) faire; *es* ~ réussir, arriver, y parvenir, faire son chemin, en sortir; *fam* emporter le morceau; *es nicht* ~ *(a.)* ne pas en sortir;
es nicht (ganz) ~ rester court; *beisei-*
te ~ mettre de côté; *aus dem Hause*
~ (faire) sortir de la maison; *auf die*
Seite ~ détourner; *zu* ~ *haben mit*
avoir à faire avec; *mit etw nichts zu*

~ *haben* n'être pour rien dans qc; ne
pas se mêler de qc; *sich zu* ~ *machen*
mit s'affairer à; *sich viel zu* ~ *ma-*
chen se donner beaucoup de peine;
jdm (sehr od viel) zu ~ *machen* donner du mal à qn; *(absichtlich)* donner
du fil à retordre, en faire voir de toutes les couleurs à qn; *damit habe ich*
nichts zu ~ cela ne me regarde pas;
das ~ *Sie nie! (a.)* vous pouvez courir; *nun haben Sie's geschafft! (a.)*
vous y voilà! *so, das wäre geschafft!*
ça y est.

Schaffner(in *f)* *m* ⟨-s, -⟩ ['ʃafnər] *loc*
contrôleur, euse *m f; (Straßenbahn,*
Autobus) receveur, euse *m f.*

Schaffung *f* ⟨-, ø⟩ ['ʃafʊŋ] création *f,*
réalisation *f,* établissement *m.*

Schafott *n* ⟨-(e)s, -e⟩ [ʃa'fɔt] échafaud
m; aufs ~ *steigen* monter à l'échafaud.

Schaft *m* ⟨-(e)s, ⏑e⟩ [ʃaft, 'ʃɛftə] *(Stiel)*
manche, bâton; *(Baum, Säule, Waf-*
fe) fût *m; (Säule a.)* escape *f; (Waf-*
fe) bois *m; (Fahne)* hampe; *(Anker)*
verge; *(Stiefel)* tige *f;* **s~ständig** *a:*
mit ~ *der Blütenhülle* uniflore; ~**stie-**
fel *m pl* bottes *f pl* à tige; **schäften**
['ʃɛftən] *tr* munir d'un fût *od* d'une
hampe; *(Gewehr)* monter; *(Stiefel)*
(re)monter.

Schah *m* ⟨-s, -s⟩ [ʃaː] (s)chah *m.*

Schakal *m* ⟨-s, -e⟩ [ʃa'kaːl, 'ʃaːkaːl] *zoo*
chacal *m.*

Schake *f* ⟨-, -n⟩ ['ʃaːkə], **Schäkel** *m*
⟨-s, -⟩ ['ʃɛːkəl] *tech mar (Kettenglied)*
maille *f,* chaînon *m.*

Schäker *m* ⟨-s, -⟩ ['ʃɛːkər] badin; flir-
teur *m;* ~**ei** *f* [-'rai] badinage; flirt *m;*
~**in** *f* flirteuse *f;* **s~n** *itr* badiner, bati-
foler, folâtrer; flirter.

Schal *m* ⟨-s, -e/-s⟩ [ʃaːl] *(Halstuch)* ca-
che-nez; fichu; *(aus Seide)* foulard;
(Umschlagetuch) châle *m.*

schal [ʃaːl] *a (abgestanden)* éventé; *a.*
fig fade, insipide; ~ *werden* s'éventer;
S~heit *f* ⟨-, ø⟩ fadeur, insipidité *f.*

Schal|brett *n* ['ʃaːl-] entrevous *m,*
banche; ~**e** *f* ⟨-, -n⟩ *(Gefäß)* coupe *f,*
bol *m,* jatte *f; (Schüssel)* plat *m;* écuelle; *allg* cuvette *f; (Waag~)* plateau
m; (Kartoffel~) épluchure; *(Hülsen-*
früchte) cosse, gousse *f; (Zitronen- u.*
Orangen~) zeste *m; (Nuß-, Man-*
del~) écale; *(Nuß-, Eier-, Muschel~)*
coquille; *zoo* écaille; *(Schildkröte)* carapace; *tech (Guß~)* coquille; *fig*
(das Äußere) surface *f,* dehors *m pl;*
pl (Abfälle von Obst, Kartoffeln)
épluchures *f pl; gut od prima in* ~
(pop) bien fringué *od* nippé *od* har-
naché *od arg* sappé; *schlecht in* ~

(pop) ficelé *od* foutu comme l'as de pique; *sich in ~ schmeißen (fam)* se mettre sur son trente-et-un; *weiche(s) Herz in rauher ~* mauvaise tête et bon cœur; **~enbauweise** *f* construction *f* (mono)coque; **~enguß** *m* coulage *od* moulage *m* en coquilles; **~enkreuz** *n aero (des Windmessers)* moulinet *m;* **~entier** *n* coquillage *m;* **~ung** *f (Bretterverkleidung)* coffrage *m;* **~wand** *f* = *~brett.*

Schäl|chen *n ⟨-s, -⟩* ['ʃɛːlçən] petit(e) bol, ravier *m od* coupe *od* jatte *f;* **s~en** *tr (Obst)* peler; *(Kartoffeln)* éplucher; *(enthülsen)* écosser; *(Reis, Baum)* décortiquer; *(Nüsse)* ébrouer; *(Baum)* écorcer; *(Eier)* éplucher; *sich ~ (Baum)* s'écorcer, se décortiquer; *(Haut)* peler; **~maschine** *f* décortiqueur *m,* décortiqueuse; *(Küche)* éplucheuse *f;* **~ung** *f (Baum)* décorticage *m,* décortication *f.*

Schalk *m ⟨-(e)s, -e/⁻e⟩* [ʃalk, 'ʃɛlkə] espiègle, fumiste, farceur *m; ihm sitzt od er hat den ~ im Nacken* c'est un pince-sans-rire; **s~haft** *a* espiègle; goguenard, narquois; **~haftigkeit** *f ⟨-, ø⟩* espièglerie, goguenardise *f.*

Schall *m ⟨-(e)s, (-e/⁻e)⟩* [ʃal, 'ʃɛlə] son; *(Geräusch)* bruit; *(Knall)* éclat; *(Klang)* timbre *m; ~ und Rauch (fig)* bruit et fumée; **~abdichtung** *f* isolement *m od* isolation *f* acoustique *od* phonique; **~brechung** *f* réfraction *f* du son; **s~dämmen** *tr (nur Infinitiv)* insonoriser; **s~dämmend** *a* insonore; **~dämmung** *f* insonorisation *f;* **s~dämpfend** *a* amortissant le son; **~dämpfer** *m* amortisseur *od* modérateur du son; *mot (pot)* silencieux *m;* **~dämpfung** *f* amortissement *m* du son *od* du bruit; **~deckel** *m* abat-son *m;* **s~dicht** *a* insonore, isophone; *~ machen* insonoriser; **~dichte** *f* isophonie *f;* **~druck** *m* pression *f* du son; **s~en** *itr* (ré)sonner, retentir; **s~end** *a* résonnant, retentissant; *~e(s) Gelächter n* rire bruyant, éclat *m* de rire; *in ~es Gelächter ausbrechen* pouffer de rire; *~ lachen* rire aux éclats, s'esclaffer; **~geschwindigkeit** *f* vitesse *f* sonique *od* du son; **~isolierung** *f* isolation *f,* insonorisation *f;* **~kammer** *f tele* abat-son *m;* **~(l)lehre** *f* acoustique *f;* **~(l)loch** *n mus (Saiteninstrument)* ouïe; *(Glokkenturm)* baie *f* de clocher; **~mauer** *f* mur *m* du son; *die ~ durchbrechen* passer *od* franchir le mur du son; **~messer** *m ⟨-s, -⟩* phonomètre, sonomètre *m;* **~nachahmung** *f* imi-

tation phonétique, onomatopée *f;* **~ortung** *f* repérage *m* acoustique *od* au son; **~pegel** *m* niveau *m* du son; **~platte** *f* disque *m; auf ~ aufnehmen* enregistrer sur disque; **~plattenaufnahme** *f* enregistrement *m* (sur disque); **~plattenhändler** *m* disquaire *m;* **~plattenhülle** *f* pochette de disque; **~plattenmusik** *f* musique *f* enregistrée; **~plattensammlung** *f* collection *f* de disques, discothèque *f;* **~plattenschrank** *m* discothèque *f;* **s~schluckend** *a* = *s~dicht;* **~signal** *n* signal *m* sonore *od* acoustique; **~stärke** *f* intensité *f* sonore *od* du son; **~stärkemesser** *m ⟨-s, -⟩* phonomètre *m;* **~technik** *f* acoustique *f;* **~trichter** *m* pavillon, cornet; *(Sprachrohr)* mégaphone *m;* **s~undurchlässig** *a* imperméable au son; **~welle** *f* onde *f* sonore; **~wiedergabe** *f* reproduction *f* sonore.

Schalmei *f ⟨-, -en⟩* [ʃal'maɪ] *mus* chalumeau *m.*

Schalotte *f ⟨-, -n⟩* [ʃa'lɔtə] *(Zwiebel)* échalote *f.*

Schalt|anlage *f* ['ʃalt-] *el* installation *f* de distribution; **~bild** *n* schéma *m* de connexion *od* de couplage; **~brett** *n* tableau *m* de distribution *od* de commande; **s~en** *itr (verfügen)* disposer *(mit etw de qc); mot* changer de vitesse; *fig fam (begreifen)* piger; *tr el* connecter, brancher; *in e-n andern Gang ~ (mot)* changer de vitesse; *in den 2. Gang ~* passer la *od* en seconde; *auf warm ~* mettre sur chaud; *parallel ~* brancher en parallèle *(mit à); in Reihe ~* brancher en série *(mit avec); nach Belieben ~ und walten* faire à sa guise *od* selon son bon plaisir; **~en** *n mot* changement *m* de vitesse; **~er** *m ⟨-s, -⟩ el* commutateur, coupleur, contacteur, interrupteur; *(Schiebefenster)* guichet *m;* **~erbeamte(r)** *m* employé du guichet, guichetier *m;* **~erdienst** *m* service *m* du guichet; **~erhalle** *f,* **~eröffnung** *f,* **~erschluß** *m* hall *m,* ouverture *f,* fermeture *f* des guichets; **~erstunden** *f pl* heures *f pl* d'ouverture (des guichets); **~getriebe** *n* mécanisme de manœuvre à engrenage, engrenage *m* de manœuvre; commande *f* de mise en action; **~hebel** *m allg* levier de commande; *el* levier d'interrupteur; *mot* levier *m* de changement de vitesse; **~jahr** *n* année *f* bissextile; **~kasten** *m* boîte *f* de distribution *od* de manœuvre; **~plan** *m* = *~bild;* **~pult** *n* pupitre *m* de commande; **~raum** *m* salle *f* de commande *od* de distribution; **~schrank** *m el* cabine *f* de distribution; ~**skizze** f = ~bild; ~**tafel** f = ~brett; ~**tag** m jour m intercalaire; ~**uhr** f (für Nachtbeleuchtung) minuterie f (pour éclairage temporaire); ~**ung** f el mise f en circuit, branchement, couplage, assemblage, montage; mot changement m de vitesse; ~**vorrichtung** f appareil od mécanisme m de couplage; ~**werk** n installation f de distribution; dispositif m de commutation, station f de commande.

Schaluppe f ⟨-, -n⟩ [ʃaˈlupə] mar chaloupe f.

Scham f ⟨-, ø⟩ [ʃaːm] honte; (~haftigkeit) pudeur f; = ~teile; alle ~ abgetan haben avoir toute honte bue; ich möchte vor ~ in die Erde versinken je voudrais être à cent pieds sous terre; falsche ~ fausse od mauvaise honte; ~**bein** n anat pubis m; ~**berg** m anat mont m de Vénus; ~**bogen** m arcade f pubienne; ~**fuge** f symphyse f pubienne; ~**gefühl** n pudeur f; das ~ verletzen blesser la pudeur; alles ~ verlieren perdre toute honte, verloren haben avoir toute honte bue; ~**gegend** f anat région f pubienne; ~**haare** n pl poils m pl du pubis; s~**haft** a pudique, pudibond, prude; arg pudibar; ~**haftigkeit** f ⟨-, ø⟩ pudeur, pudicité; pudibonderie f; ~**lippe** f lèvre f de la vulve; s~**los** a sans pudeur, sans vergogne; (unzüchtig) impudique; (unverschämt) éhonté, effronté; (zynisch) cynique; ~**losigkeit** f ⟨-, ø⟩ impudeur f, dévergondage m; (Unverschämtheit) impudence, effronterie f; s~**rot** a rouge de honte; ~ werden rougir de honte; ~**röte** f rougeur f (de la pudeur); jdm die ~ ins Gesicht treiben faire rougir qn de honte; ~**teile** pl parties f pl (honteuses).

Schaman|e m ⟨-n, -n⟩ [ʃaˈmaːnə] rel chaman(e) m; ~**ismus** m ⟨-, ø⟩ [-maˈnɪsmʊs] chamanisme m.

schämen [ˈʃɛːmən], sich avoir honte, être honteux (e-r S de qc); sich zu Tode ~ mourir de honte; schämst du dich nicht! tu n'as pas honte! (pfui) schäm dich! tu devrais avoir honte.

Schamotte f ⟨-, ø⟩ [ʃaˈmɔtə] chamotte, argile od terre f réfractaire; ~**stein** m brique f réfractaire.

Schampun n ⟨-s, ø⟩ [ʃamˈpuːn] shampooing m; s~**ieren** [-puˈniːrən] tr faire un shampooing (jdn à qn).

Schampus m ⟨-, ø⟩ [ˈʃampʊs] fam (Sekt) champagne m.

schand|bar [ˈʃant-] a honteux; ignominieux, infâme; **S~e** f ⟨-, ø⟩ [-də] honte f, déshonneur m, infamie, ignomi-

nie f; opprobre m; zu jds ~ à la honte de qn; zu m-r ~ (a.) à ma confusion; jdn vor ~ bewahren garder qn du déshonneur; jdm ~ machen faire honte à qn; ich muß zu m-r (großen) ~ gestehen j'avoue à ma (grande) honte; das od es ist (wirklich) e-e ~! c'est une honte, c'est grand-honte, c'est abominable; **S~fleck** m opprobre m, souillure, flétrissure, tare f; **S~mal** n ⟨-(e)s, -e/ːer⟩ stigmate m, marque f d'infamie; **S~maul** n mauvaise langue f; **S~pfahl** m (Pranger) pilori m; **S~tat** f infamie, vilenie, turpitude f; (Verbrechen) crime m.

schänd|en [ˈʃɛndən] tr (entehren) déshonorer; (besudeln) salir, souiller; flétrir; (entstellen) mutiler, défigurer; abîmer; (entweihen) profaner, polluer; (vergewaltigen) violer, violenter, outrager; ~**lich** a honteux, infâme, ignominieux, ignoble; scandaleux; **S~lichkeit** f ⟨-, (-en)⟩ infamie, ignominie, vilenie, turpitude f; **S~ung** f (Entstellung) mutilation, défiguration; (Entweihung) dégradation, profanation, pollution f; (Vergewaltigung) viol m.

Schank|bier n [ˈʃaŋk-] bière f à la pression; ~**erlaubnis** f, ~**konzession** f licence od concession f de débit; ~**tisch** m comptoir; fam zinc m; ~**wirt** m débitant (de boissons), marchand de vin; cabaretier m; ~**wirtschaft** f débit m de boissons.

Schanker m ⟨-s, -⟩ [ˈʃaŋkər] med chancre m.

Schanze f ⟨-, -n⟩ [ˈʃantsə] (Sprung~) tremplin m; mil retranchement, fortin m, redoute f; s~**en** itr mil se retrancher; allg (schwer arbeiten) piocher, trimer.

Schar f ⟨-, -en⟩ [ʃaːr] 1. bande, troupe, meute f; pl (Massen) masse, foule, légion f, bataillon m; e-e ~ Kinder une ribambelle d'enfants; in ~en en masse, en foule; in hellen ~en dru comme (les) mouches; s~**en** tr grouper, rassembler (um autour de); sich um jdn ~ faire od former (un) cercle, former bloc autour de qn; s~**enweise** adv en od par bandes od troupes; en masse(s).

Schar 2. (Pflug~) soc m.

Scharade f ⟨-, -n⟩ [ʃaˈraːdə] (Rätsel) charade f.

Scharbockskraut n ⟨-(e)s, ø⟩ [ˈʃaːrbɔks-] petite éclaire f.

Schären f pl [ˈʃɛːrən] geog îlots m pl rocheux.

scharf [ʃarf] ⟨schärfer, am schärfsten⟩ a (Schneide, Kante) aiguisé, affilé, acéré, tranchant, coupant, vif; (Spitze) aigu; *(Speise)* âcre, âpre, piquant, fort; *chem* mordant; *(Geruch)* âcre, piquant, pénétrant; *(Wind)* cinglant, vif; *(Ton, Stimme)* aigu, strident; *(Gehör)* subtil, fin; *(Blick, Auge)* perçant; *(Beobachtungsgabe)* incisif; *(Brille)* fort; *(Bild, Foto)* net, précis; *(Umrisse, Gesichtszüge)* marqué, accentué, accusé; *(Kurve)* prononcé; *sport (Ball)* dur; *fig (Verstand)* sagace, pénétrant, vif; *(Worte, Kritik)* mordant, cinglant, caustique, acrimonieux, acide, acerbe, sévère, vif; *(Tadel a.)* vert; *(Zucht, Disziplin)* sévère; *(Be-, Überwachung)* minutieux; *(Konkurrenz)* serré; *(Angriff)* vif; *(Kampf)* acharné; *mil (Munition)* chargé à balle; *(Handgranate)* amorcé; *(Bombe)* armé; *jdn ~ anfassen* être sévère *od* strict avec qn; *jdn ~ ansehen* regarder qn fixement *od* dans le blanc des yeux; *~ aufpassen* faire bien attention; *~ bewachen* garder *od* surveiller étroitement *od* de près; *~ einstellen* mettre au point; *~ laden* charger à balles; *~ machen (Geschoß)* amorcer; *(Zünder)* armer; *~ nachdenken* se concentrer; *~ schießen* tirer à balles réelles; *auf jdn od etw ~ sein (fam)* avoir très envie de qn *od* qc; *pop* en pincer pour qn; *allzu ~ macht schartig (prov)* lame trop effilée s'ébrèche; **S~abstimmung** *f radio* réglage *m* précis; **S~blick** *m* ⟨-(e)s, ø⟩ perspicacité, clairvoyance *f;* **~blickend** *a* perspicace; clairvoyant; **S~einstellung** *f* mise *f* au point; **~kantig** *a* à vive(s) arête(s); **~=machen** *tr: jdn ~ (aufhetzen)* inciter qn à la haine; *(neugierig machen)* exciter la curiosité de qn; **S~machen** *n (Munition)* amorçage *m;* **S~macher** *m* agitateur, provocateur, instigateur, fomentateur; démagogue *m;* **S~richter** *m* exécuteur (des hautes œuvres); *(Henker)* bourreau *m;* **S~schießen** *n* tir *m* (à balles) réel(les); **S~schütze** *m* tireur *m* d'élite; **~sichtig** *a fig* perspicace, pénétrant; **S~sichtigkeit** *f* ⟨-, ø⟩ perspicacité, pénétration *f;* **S~sinn** *m* sagacité, subtilité, finesse, pénétration; perspicacité, lucidité *f;* **~sinnig** *a* sagace, subtil, perspicace.

Schärf|e *f* ⟨-, -n⟩ ['ʃɛrfə] *(Schneide)* tranchant *m; (Sinnesorgan, Instrument)* acuité; *(Bild, Umrisse)* netteté, précision; *fig (Verstand)* acuité, subtilité, lucidité; *(e-r Äußerung)* causticité, acrimonie, âpreté; *(Strenge)* sévérité, rigueur *f; ~ des Gehörs* acuité *f* auditive; **s~en** *tr* aiguiser, affûter, biseauter; *(die Sinne)* aviver;

(den Verstand) aiguiser; **~ung** *f* ⟨-, (-en)⟩ aiguisage, affûtage *m.*

Scharlach *m* ⟨-s, ø⟩ ['ʃarlax] *(~farbe)* écarlate; *med (~fieber)* scarlatine *f;* **s~(farb)en** *a,* **s~rot** *a* écarlate.

Scharlatan *m* ⟨-s, -e⟩ ['ʃarlatan, -'ta:n] charlatan; *(Betrüger)* imposteur *m;* **~erie** *f* ⟨-, -n⟩ [-tana'ri:] charlatanerie *f.*

Scharmützel *n* ⟨-s, -⟩ [ʃar'mʏtsəl] escarmouche, échauffour ée *f,* engagement *m;* **s~n** *itr* tirailler.

Scharnier *n* ⟨-s, -e⟩ [ʃar'ni:r] charnière *f;* **~gelenk** *n anat* ginglyme *m.*

Schärpe *f* ⟨-, -n⟩ ['ʃɛrpə] *(breites Band)* écharpe *f.*

Scharr|e *f* ⟨-, -n⟩ ['ʃarə] racloir *m,* ratissoire *f,* grattoir *m;* **s~en** *itr* racler; *(bes. Huhn)* gratter; *(mit den Hufen ~)* piaffer; *(mit den Füßen ~)* trépigner.

Schart|e *f* ⟨-, -n⟩ ['ʃartə] brèche, dent; *(Schieß~)* embrasure *f,* créneau *m,* meurtrière *f; e-e ~ auswetzen (fig)* prendre une revanche, réparer un échec; **s~ig** *a* ébréché; **~ machen** ébrécher; **~ werden** s'ébrécher.

Scharteken *f pl* [ʃar'te:kən] bric-à-brac, fatras *m.*

scharwenzeln [ʃar'vɛntsəln] ⟨aux: sein od haben⟩ *itr* s'empresser; faire des courbettes; flagorner.

Schaschlik *m od n* ⟨-s, -s⟩ ['ʃaʃlık] *(Fleischspieß)* brochette *f* (de viande), (chiche-)kébab *m.*

schassen ['ʃasən] *tr fam (rauswerfen)* vider, sacquer.

Schatten *m* ⟨-s, -⟩ ['ʃatən] ombre *f a. fig; (schattiges Laubwerk)* ombrage *f; fig (Verdacht)* soupçon *m; (Geist, Gespenst)* ombre *f,* fantôme, spectre *m; im ~* à l'ombre *a. fig (gen de); (blaue od schwarze) ~ um die Augen haben* avoir les yeux cernés; *nur noch ein ~ seiner selbst sein* n'être plus que l'ombre de soi-même; *jds ~ sein (fig a.)* être l'âme damnée de qn; *~ spenden* faire de l'ombre; *jdn in den ~ stellen (fig)* éclipser, effacer qn; faire ombre, faire *od* donner *od* porter ombrage à qn; *s-e ~ vorauswerfen (fig)* se faire pressentir; *~ werfen* faire (de) l'ombre *(auf etw* sur qc); **~bild** *n* ombre *f; (Kunst)* = **~riß;** *TV* écho *m;* **~dasein** *n: ein ~ führen* vire dans l'ombre; **s~haft** *a fig* fantomatique, vague, imprécis; **~kabinett** *n pol* cabinet *m* fantôme; **~könig** *m* roi *m* fantôme; **s~los** *a* sans ombre; **~reich** *n (Unterwelt)* royaume *m* des ombres; **~riß** *m* silhouette *f;* **~seite** *f* côté de l'ombre; *fig* revers de la médaille, mauvais

côté *m; auf der* ~ du côté de l'ombre;
s~spendend *a* ombrageant; **~spiel**
n ombres *f pl* (chinoises); *fig* fantasmagorie *f.*
schatt|ieren [ʃa'tiːrən] *tr (Kunst)* om-
brer; *fig* nuancer; *schattierte Linie f*
(typ) filet *m* gras-maigre; **S~ierung** *f*
répartition *od* distribution des ombres; *fig* nuance *f,* ton *m;* **~ig** *a* om-
bragé; ombreux.
Schatulle *f* ‹-, -n› [ʃa'tulə] cassette *f,*
coffret *m.*
Schatz *m* ‹-es, ⸚e› [ʃats, 'ʃɛtsə] *a. fig*
trésor *m;* richesses *f pl; fig* fonds *m,*
somme *f; (versteckter ~)* magot *fam;*
fam (Geliebte(r)] bijou *m;* chéri, e *m*
f; dulcinée *f; mein ~!* mon cœur!
mon, ma chéri(e)! **~amt** *n* trésorerie
f; das ~ le Trésor; *(das britische)*
l'Échiquier *m;* **~anweisung** *f* certificat de trésorerie; bon *m* du Trésor;
~gräber *m* chercheur *m* de trésors;
~kammer *f* chambre du trésor,
trésorerie *f;* **~kanzler** *m (England)*
chancelier *m* de l'Échiquier; **~käst-
chen** *n,* **~kästlein** *n* coffret (aux
trésors), écrin; *fig (Sammlung)* recueil *m;* **~meister** *m* tr ésorier; *parl*
questeur *m;* **~meisterei** *f* questure *f;*
~wechsel *m* effet *m* du Trésor.
schätz|bar ['ʃɛts-] *a* évaluable;
S~chen *n fam* petit trésor *m; mein*
~! ma chérie! ma biche! **~en** *tr (ab~)*
évaluer, estimer, classer; *fin* coter,
taxer; *(hoch~)* apprécier, priser; *jdn*
estimer; *sich glücklich* ~ s'estimer
heureux; *zu* ~ *wissen* apprécier, être
sensible à; *wie alt* ~ *Sie mich?* quel
âge me donnez-vous? *er ist schwer*
zu ~ *(dem Alter nach)* on ne lui donne pas d'âge; **~enswert** *a* estimable,
appréciable; **S~er** *m* ‹-s, -› taxateur,
(commissaire-)priseur *m;* **S~ung** *f*
évaluation, estimation, mise à prix;
classification; cotisation, taxation;
appréciation *f; nach meiner* ~
d'après mes calculs; *nach ungefäh-
rer, vorsichtiger* ~ d'après une estimation approximative, réservée;
~ungsweise *adv* approximativement, à l'estime; **S~wert** *m* prix *m*
d'estimation; valeur *f* estimative *od*
d'estimation.
Schau *f* ‹-, -en› [ʃau] vue (d'ensemble);
(Ausstellung) exposition *f,* étalage *m,*
montre; *theat* revue; *mil* parade *f;*
etw zur ~ *stellen* faire montre *od* étalage de qc; étaler, exhiber qc; *sich zur*
~ *stellen* se donner en spectacle; *etw*
zur ~ *tragen* faire étalage de qc; étaler, afficher, arborer qc; **~bild** *n* diagramme *m;* **~bude** *f* baraque *f* foraine; **~budenbesitzer** *m* forain *m;*

~bühne *f* scène *f; (Theater)* théâtre
m; **s~en** *itr* regarder; *tr* voir; *jdm ins*
Herz ~ *(fig)* lire dans le cœur de qn;
tief in etw ~ plonger ses regards dans
qc; *schau! schau!* tiens, tiens! *schau*
(mal einer) an! regarde! *dem Tod ins*
Auge ~ regarder la mort en face; *voir*
la mort de près; **~fenster** *n* vitrine,
devanture *f;* étalage *m; im* ~ *liegen*
être à l'étalage; **~fensterauslage** *f*
étalage *m;* **~fensterbeleuchtung** *f*
éclairage d'étalage; rampe *f;* **~fen-
sterbummel** *m* lèche-vitrines *m;*
~fensterdekorateur *m* étalagiste
m; **~fensterdekoration** *f* décoration *f* d'étalage; **~fensterscheibe** *f*
vitre *f* de vitrine; **~fensterwettbe-
werb** *m* concours *m* d'étalage *od* de
vitrine; **~flug** *m aero* vol *m* de
démonstration; **~geschäft** *m* show-
-business *m;* **~kasten** *m* vitrine *f;*
~lust *f* curiosité *f;* **s~lustig** *a* curieux; **~lustige(r)** *m* badaud *m;*
~münze *f* médaille *f;* **~packung** *f*
emballage *m* factice *od* de décoration, présentation *f* factice; **~platz** *m*
theat lieu *m,* scène; *fig* scène *f;*
théâtre *m;* **~prozeß** *m* procès-
-démonstration, procès-simulacre *m;*
~spiel *n allg u. fig* spectacle; *(als Literaturgattung)* drame *m;* **~spieler**
m acteur; artiste dramatique; *a fig*
comédien; *fig fam* héros *m* de mélodrame; *als* ~ *auftreten* faire du
théâtre; *feurige(r)* ~ brûleur *m* de
planches; *schlechte(r)* ~ cabot(in) *m;*
~spielerei *f (Verstellung)* dissimulation, hypocrisie *f;* **~spielerin** *f* actrice; comédienne; *pej* cabotine *f;*
s~spielerisch *a* d'acteur, d'actrice;
~spielerkind *n* enfant *m* de la balle;
s~spielern *itr* faire du théâtre; *(sich*
verstellen) jouer la comédie; **~spiel-
haus** *n* salle *f* de spectacle; théâtre
m; **~spielkunst** *f* art *m* dramatique;
~steller *m* ‹-s, -› montreur, forain *m;*
~stellung *f* mise *f* en montre;
~turnen *n* fête *f* de gymnastique.
Schauder *m* ‹-s, -› ['ʃaudər] frisson,
frémissement, tressaillement *m;*
(Grausen) horreur, horripilation *f;*
s~erregend *a* horrifiant, horrifique;
s~haft *a* horrible, affreux, épouvantable, atroce; *das ist ja* ~! *(a.)* c'est
une horreur! **s~n** *itr* frissonner,
frémir, tressaillir, avoir horreur *(vor*
de); ~ *machen* faire frissonner *od*
frémir *od* tressaillir; faire horreur,
donner un frisson à; horripiler; horripiler; *impers: mich schaudert* = *ich*
schaudere; **s~nd** *a* horrifié; **s~voll** *a*
= *s~haft.*
Schauer *m* ‹-s, -› ['ʃauər] *(Regen~)*

averse, ondée; *(bes. mit Hagel gemischt)* giboulée; *(Schnee~)* chute; *(Schreck)* horreur *f;* frisson; ~**geschichte** *f* histoire *f* horrible; **s~lich** *a* horrible, macabre, lugubre; ~**mann** *m* débardeur *m;* **s~n** *itr* frissonner, frémir; *schaudern; impers: mich schauert = ich schau(e)re;* **s~voll** *a = s~lich;* ~**wetter** *n* temps *m* à averse.

Schaufel *f* ⟨-, -n⟩ ['ʃaufəl] *allg* pelle; *(Rad~)* palette, ailette, aube; *(des Damhirsches)* empaumure *f; (~geweih)* bois *m* palmé; ~**bagger** *m* drague *f* à godets; **s~n** *itr* pelleter, travailler à la pelle; *tr (Schnee etc)* enlever (avec une pelle); *(Loch, Grab)* creuser; ~**rad** *n* roue *f* à aubes *od* à palettes; ~**voll** *f* pelletée *f.*

Schaukel *f* ⟨-, -n⟩ ['ʃaukəl] *(~brett)* balançoire, bascule *f,* tapecul *m; (Strick~)* escarpolette *f;* ~**bewegung** *f* mouvement *od* jeu *m* de bascule; ~**brücke** *f* pont *m* basculant *od* à bascule; **s~n** *tr* balancer, bercer, basculer; *itr* se balancer; *(schwanken)* osciller, vaciller, chanceler, brimbaler; *sich* ~ se balancer; *wir werden das Kind schon* ~ *(fig fam)* nous nous débrouillerons bien, on va arranger l'affaire; ~**n** *n* balancement, bercement; vacillement *m;* ~**pferd** *n* cheval *m* à bascule; ~**politik** *f* politique *f* de bascule *od* d'équilibre; ~**stuhl** *m* chaise *f od* fauteuil à bascule, rocking-chair *m.*

Schaum *m* ⟨-(e)s, ¨-e⟩ [ʃaum, 'ʃɔymə] *(grober)* écume; *(feiner)* mousse; *(Eier~)* neige *f; (Glas~)* suint *m; (Seifen~)* mousse *f;* ~ *vor dem Mund* écume *f* à la bouche; ~ *schlagen (fig)* faire de la mousse; *zu* ~ *schlagen (Eiweiß)* battre en neige; *zu* ~ *werden (fig: dahinschwinden)* s'en aller en fumée, s'évanouir; **s~bedeckt** *a* couvert d'écume, écumeux; ~**beton** *m* béton *m* cellulaire; ~**bildung** *f* production *f* de mousse; ~**gummi** *n od m* caoutchouc mousse, crêpe *m* (de latex); **s~ig** *a* écumeux; mousseux; ~**kelle** *f,* ~**löffel** *m* écumoire *f;* ~**kraut** *n* cardamine *f;* ~**kronen** *f pl (auf d. Wellen)* moutons *m pl;* ~**löschgerät** *n* extincteur *m* à mousse; ~**schläger** *m (Küchengerät)* fouet (à œuf), moussoir; *fig (Prahler)* blagueur; charlatan *m;* ~**schlägerei** *f fig* blague, charlatanerie *f;* ~**stoff** *m* mousse *f* de nylon; ~**wein** *m* (vin) mousseux *m.*

schäumen ['ʃɔymən] *itr* écumer, bouillonner; mousser; *(Sekt)* pétiller;

(Wellen) moutonner; *vor Wut* ~ écumer de rage; ~**d** *a* écumant; mousseux.

schaurig ['ʃauriç] *a* lugubre, macabre; horrible.

Scheck *m* ⟨-s, -s/(-e)⟩ [ʃɛk] chèque *m (über de); e-n* ~ *ausstellen, einlösen, sperren* émettre *od* tirer, toucher, barrer un chèque; ~**buch** *n,* ~**heft** *n* carnet de chèques, chéquier *m;* ~**formular** *n* formule *f* de ch èque; ~**inhaber** *m* porteur *m* d'un *od* du chèque; ~**karte** *f* carte *f* d'identité bancaire; ~**konto** *n* compte-chèques *m;* ~**verkehr** *m* opérations *od* transactions *f pl* par chèques.

Scheck|e *m* ⟨-n, -n⟩, *f* ⟨-, -n⟩ ['ʃɛkə] *(scheckiges Pferd od Rind)* cheval *m,* jument *f* pie; bœuf *m,* vache *f* pie; **s~ig** *a* tacheté; bigarré, bariolé, panaché; *(Pferd, Rind)* pie.

scheel [ʃe:l] *a (Blick: schief)* oblique, torve; *adv:* ~ *ansehen* regarder de travers.

Scheffel *m* ⟨-s, -⟩ ['ʃɛfəl] *hist* boisseau *m; sein Licht nicht unter den* ~ *stellen (fig)* ne pas mettre la lumière sous le boisseau; savoir se mettre en valeur; **s~n** *tr fig (zs.raffen, bes. Geld)* amasser; **s~weise** *adv* par boisseaux.

Scheibe *f* ⟨-, -n⟩ ['ʃaibə] *(runde)* disque *m; tech (Unterleg~)* rondelle; *(Riemen~)* poulie *f; (Töpfer~)* tour *m; (Rändel~)* molette *f; (Skalen-, tele: Nummern~)* disque, cadran; *(Schieß~)* carton *m; (Ziel~)* cible *f; (Wurf-, Eishockey~)* palet; *(viereckige Fenster~)* carreau *m, (beliebiger Form)* vitre; *mot* glace; *(Brot)* tranche; *(Wurst, Zitrone)* rondelle *f; (Honig)* rayon, gâteau *m; auf die* ~ *schießen* faire un carton; *in* ~**n** *schneiden* couper en *od* par tranches; ~**nbremse** *f mot* frein *m* à disque(s); **s~nförmig** *a* en forme de disque; *scient* discoïde; ~**ngardine** *f* brise-bise *m;* ~**nhonig** *m* miel *m* en rayons; ~**nschießen** *n* tir *m* à la cible; ~**nwaschanlage** *f* lave-glace *m;* ~**nwischer** *m mot* essuie-glace *m.*

Scheich *m* ⟨-s, -e/-s⟩ [ʃaiç] cheik *m.*

Scheide *f* ⟨-, -n⟩ ['ʃaidə] *(Trennungslinie)* ligne *f* de partage *od* de séparation; *(e-r Hieb- u. Stichwaffe)* fourreau *m,* gaine *f; anat* vagin *m; aus der* ~ *ziehen* dégainer; *wieder in die* ~ *stecken* regainer; ~**nspülung** *f* injection *f* vaginale; ~**wand** *f* cloison; paroi *f;* mur de refend; *anat bot tech* diaphragme; *(Walnuß)* zeste *m; fig* barrière *f;* ~**wasser** *n chem* eau-forte *f;* ~**weg** *m* carrefour *m; an* *e-m od am* ~ *stehen (fig)* être au carrefour, se trouver à la croisée des chemins.

scheiden ⟨*scheidet, schied, geschieden*⟩ ['ʃaɪdən, (-)'ʃiːt/-dən] *tr* ⟨*aux: haben*⟩ *(trennen)* séparer, partager, diviser; *mines* séparer, trier; *(Ehe)* dissoudre; *itr* ⟨*aux: sein*⟩ *(Abschied nehmen)* partir; *von jdm* quitter qn; *vonea.* ~ se quitter; *aus dem Amt* ~ quitter son emploi; *sich* ~ *lassen* divorcer *(von jdm* d'avec qn); *hier* ~ *sich die Geister* ici les avis sont partagés; *unsere Wege* ~ *sich* nos chemins se séparent; *aus dem Amt* ~*d* sortant; *das* ~*de Jahr* l'année qui s'achève.

Scheidung *f* ⟨-, -en⟩ ['ʃaɪduŋ] *(Ehe~)* divorce *m; mines* séparation *f*, triage, scheidage *m; die* ~ *einreichen* demander le divorce; *in* ~ *leben* être en instance de divorce; *auf* ~ *klagen* plaider en séparation; demander le divorce; ~**sanwalt** *m* avocat *m* spécialisé dans les divorces; ~**sgrund** *m* motif(s *pl*) *m od* cause *f* de divorce; ~**sklage** *f* action *od* demande *od* plainte *f* en divorce; *die* ~ *einreichen* intenter une action en divorce; ~**sprozeß** *m* procès *m od* instance *f* en divorce; ~**ssache** *f* cause *f* matrimoniale.

Schein *m* ⟨-(e)s, -e⟩ [ʃaɪn] *(Licht~)* lueur, lumière; clarté *f; (Glanz)* éclat, brillant; *(An~)* semblant *m*, apparence, illusion *f; (Aussehen)* air *m*, dehors *m pl; (schwacher* ~, *Spur)* ombre; *(Zettel)* fiche; *(Bescheinigung)* attestation *f*, certificat, *(standesamtliche)* acte *m; (Univ.)* unité de valeur; *(Erlaubnis~)* permis; *(Empfangs~)* récépissé; *(Gepäck~)* bulletin; *(Fahr-, Geld~)* billet; *(Geld~, pop)* fafiot, faffe *m; dem* ~*e nach* en apparence, selon l'apparence; *unter dem* ~ *(gen)* sous couverture *od* couvert *od* couleur (de); *(nur) zum* ~ par manière d'acquit; pour la forme *od* la montre *od* la frime; *den* ~ *erwecken* donner l'illusion; *sich den* ~ *geben zu ...* se donner l'air de, faire semblant de ...; *nach dem äußeren* ~ *urteilen* juger sur les apparences; *den* ~ *wahren, retten* sauv(egard)er les apparences; *der* ~ *trügt (prov)* les apparences sont trompeuses, l'habit ne fait pas le moine, l'air ne fait pas la chanson; *falsche(r)* ~ faux-semblant *m; schöne(r)* ~ brillant *m; trügerische(r)* ~ trompe-l'œil *m;* ~**abgang** *m theat* fausse sortie *f;* ~**angriff** *m* attaque simulée, fausse attaque *f;* ~**argument** *n* argument *m* spécieux;

~**asylant** *m* faux réfugié *m;* **s~bar** *a* apparent; spécieux; *(Bild)* virtuel; *adv* en apparence; ~**blüte** *f* prospérité *f* illusoire; ~**ehe** *f* mariage *m* blanc *od* fictif *od* simulé; **s~en** ⟨*scheint, schien, hat geschienen*⟩ ['ʃaɪnən, (-)'ʃiːn(-)] *itr* luire, briller, rayonner; *(den Anschein haben)* sembler, paraître, avoir l'air *(von* de); *mehr* ~ *wollen, als man ist* vouloir paraître plus que ce que l'on est; *der Mond scheint* il fait clair de lune; *die Sonne scheint* il fait du soleil; *die Sonne scheint ins Zimmer* le soleil donne dans la chambre; *impers: wie mir scheint* à ce qu'il me semble, à ce qu'il paraît; *es scheint so, so scheint es, so scheint mir ce od fam* ça me semble; *wie mir scheint* à ce qu'il paraît; *mir scheint, daß ...* il me semble que ...; *fam* m'est avis que ...; *es scheint nur so* ce n'est qu'apparence; ~**frieden** *m* paix *f* fourrée *od* plâtrée; ~**gebot** *n (Auktion)* mise *f* fictive; ~**gefecht** *n* combat simulé *od* feint, simulacre *m* de combat; ~**geschäft** *n* marché *m* fictif; *pl* affaires *f pl* à la gomme *od* à la noix; ~**gewölbe** *n* fausse-voûte *f;* **s~heilig** *a* hypocrite, papelard, cagot; ~ *tun* faire le bon apôtre; ~**heilige** *f* sainte nitouche *f fam;* ~**heilige(r)** *m* faux dévot, hypocrite, tartufe, cagot, papelard *m;* ~**heiligkeit** *f* fausse dévotion, hypocrisie, tartuferi, papelardise *f;* ~**kauf** *m* achat *m* fictif *od* simulé; ~**regierung** *f* gouvernement *m* fantoche; ~**tod** *m* mort *f* apparente; **s~tot** *a* mort en apparence; ~**tote(r)** *m* mort *m* en apparence; ~**vertrag** *m* contrat *m* simulé; ~**welt** *f: in e-r* ~ *leben* être *od* se perdre dans les espaces imaginaires; ~**werfer** *m allg* projecteur; *mar* fanal; *mot* phare *m;* ~ *mit Fernlicht, mit abgeblendetem Licht* phare *m* route, code; ~**werferlicht** *n* feu *m* des projecteurs; ~**widerstand** *m* résistance fictive *od* apparente; *el* impédance *f.*

Scheiß|dreck *m* ['ʃaɪs-], ~**e** *f* ⟨-, ø⟩ *vulg* merde *f;* ~*!* merde (alors)! **s~en** ⟨*scheißt, schiß, hat geschissen*⟩ ['ʃaɪsən, (-)'ʃɪs(-)] *itr vulg* chier; ~**kerl** *m vulg* merdeux, jean-foutre *m;* sale gueule *f;* ~**wetter** *n vulg* putain *f* de temps.

Scheit *n* ⟨-(e)s, -e⟩ [ʃaɪt] bûche *f;* ~**erhaufen** *m* bûcher *m;* ~**holz** *n* bois *m* de quartier.

Scheitel *m* ⟨-s, -⟩ ['ʃaɪtəl] *allg* sommet; *anat* vertex *m; (im Haar)* raie *f; e-n* ~ *ziehen* tracer une raie; *vom* ~ *bis zur Sohle* de pied en cap, jusqu'au bout des ongles; ~**bein** n anat (os) pariétal m; ~**lappen** m anat lobe m pariétal; **s~n** tr: die Haare ~ faire la raie; ~**punkt** m point culminant a. fig; (Gestirn) zénith; sommet; fig apogée m; ~**winkel** m pl angles m pl opposés par le sommet.

scheitern ⟨aux: sein⟩ ['ʃaɪtərn] itr mar u. fig échouer, faire naufrage; mar (untergehen) sombrer; fig avorter, aller à l'échec; **S~** n mar u. fig naufrage; nur fig échec m; zum ~ bringen faire échouer; zum ~ verurteilt voué à l'échec od à l'insuccès.

Schellack m ⟨-(e)s, -e⟩ ['ʃɛlak] laque en feuilles od en écailles, gomme f laque.

Schell|e f ⟨-, -n⟩ ['ʃɛlə] (Glöckchen) clochette f, grelot; tech collier, étrier m, bride f; der Katze die ~ umhängen (fig) attacher le grelot; **s~en** itr (klingeln) tirer la sonnette; sonner (jdm qn); es ~t on sonne; ~**enbaum** m chapeau m chinois; ~**enkappe** f marotte f; ~**entrommel** f tambour m de basque; ~**kraut** n grande éclaire; chélidoine f.

Schellfisch m ['ʃɛl-] églefin, aiglefin, aigrefin m, morue f noire.

Schelm m ⟨-(e)s, -e⟩ [ʃɛlm] fripon, coquin; (Schalk) espiègle, farceur m; ein ~, wer Arges dabei denkt! honni soit qui mal y pense; arme(r) ~ pauvre diable m; ~**engesicht** n mine f friponne; ~**enroman** m roman m picaresque; ~**enstreich** m, ~**enstück** n friponnerie; coquinerie, fourberie f; ~**erei** f [-'raɪ] espièglerie f; **s~isch** a espiègle, lutin, mutin.

Schel|te f ⟨-, -n⟩ ['ʃɛltə] gronderie, rebuffade, réprimande f; ~ bekommen être grondé od réprimandé; **s~en** ⟨schilt, schalt, hat gescholten⟩ tr gronder, réprimander, morigéner.

Schema n ⟨-s, -s/-mata/(-men)⟩ ['ʃeːma(s), -mata (-mən)] schéma, schème; (Muster) modèle; (Plan) plan m; nach ~ F uniformément; comme tout le monde; **s~tisch** [-'maːtɪʃ] a schématique; **s~tisieren** [-mati'ziːrən] tr schématiser; ~**tismus** m ⟨-, -men⟩ [-ma'tɪsmʊs, -mən] schématisme m.

Schemel m ⟨-s, -⟩ ['ʃeːməl] escabeau m, sellette f.

Schemen m ⟨-s, -⟩ ['ʃeːmən] (Schatten) ombre f; **s~haft** a fig irréel; vague.

Schenk|e f ⟨-, -n⟩ ['ʃɛŋkə] cabaret, estaminet m, buvette f; pop bistrot m.

Schenkel m ⟨-s, -⟩ ['ʃɛŋkəl] anat cuisse; (Zirkel) branche f; math (Winkel) côté m; ~**bruch** m (Kno-

chenbruch) fracture du fémur; (Eingeweidebruch) hernie f crurale; ~**hals(bruch)** m (fracture f du) col m du fémur; ~**knochen** m fémur m.

schenk|en ['ʃɛŋkən] tr donner; offrir; faire cadeau od présent (jdm etw de qc à qn); (erlassen) dispenser (jdm etw qn de qc); faire grâce (jdm etw de qc à qn); (Schulden) tenir quitte (jdm etw qn de qc); (ein~) verser (à boire); sich etw ~ (darauf verzichten) se dispenser de qc; e-r S Aufmerksamkeit od Beachtung ~ faire attention, apporter de l'attention, prêter attention à qc; jdm Vertrauen ~ faire confiance, donner od accorder sa confiance à qn; das ist (so gut wie) geschenkt c'est donné; (nichts wert) ça ne vaut rien; geschenkt ist geschenkt donné est donné; **S~ende(r** m) f donateur, trice m f; jur a. disposant m; **S~ung** f donation f, don m; (gemeinnützige) dotation f; ~ unter Lebenden donation f entre vifs; **S~ungssteuer** f impôt m sur les donations entre vifs; **S~ungsurkunde** f (acte m de) donation f.

scheppern ['ʃɛpərn] itr (klappern) cliqueter.

Scherbe f ⟨-, -n⟩ ['ʃɛrbə] tesson, morceau; (Splitter) éclat m; in (tausend) ~n en miettes; in ~n gehen se casser od se briser en morceaux; ~n m ⟨-s, -⟩ = ~; ~**ngericht** n hist ostracisme m.

Scher|e f ⟨-, -n⟩ ['ʃeːrə] (paire f de) ciseaux m pl; (Blech~) cisailles f pl; zoo (Krebs) pince f; **s~en** ⟨scherk, schor, hat geschoren⟩ **1.** tr (a. Schafe) tondre; (Haare a.) couper; (Bart a.) faire; ~**en** n tonte; coupe f; ~**enfernrohr** n jumelle(s pl) périscopique(s), lunette f binoculaire; ~**enschleifer** m ⟨-s, -⟩ rémouleur, repasseur m de ciseaux; ~**enschnitt** m silhouette f; ~**maschine** f tondeuse f; ~**messer** n rasoir m; ~**wolle** f laine f de tonte.

scher|en ⟨schert, scherte, hat geschert⟩ ['ʃeːrən] **2.** tr impers: was schert mich das! je m'en fiche! scher dich zum Henker od Teufel! va-t'en au diable! scher dich um deinen Kram! occupe-toi de tes oignons; sich um nichts ~ (fam) se ficher de tout; **S~erei(en** pl) f [-'raɪ] ennuis m pl, tracas(series f pl) m; jdm (viel) ~ machen donner (bien) du tracas à qn.

Scherflein n ⟨-s, -⟩ ['ʃɛrflaɪn]: sein ~ beitragen apporter son obole (zu etw à qc).

Scherge m ⟨-n, -n⟩ ['ʃɛrgə] hist (Hä-

scher) sbire; *pej (Befehlsvollstrek-ker)* bourreau *m.*

Scherz *m* ⟨-es, -e⟩ [ʃɛrts] plaisanterie *f,* badinage *m,* boutade, blague; *pop* rigolade *f; (Witz)* mot *m* pour rire; *aus* od *im* od *zum ~* par plaisanterie, pour plaisanter, pour rire; *mit jdm s-n ~ treiben* se jouer de qn; *den ~ zu weit treiben* pousser trop loin la plaisanterie *od* la raillerie; *das ist kein ~* je ne plaisante pas; c'est du sérieux; *der ~ geht zu weit* cela passe la plaisanterie, c'est pousser trop loin la plaisanterie; *~ beiseite!* plaisanterie *od* raillerie à part! *pop* blague à part! *schlechte(r)* od *üble(r) ~* mauvaise plaisanterie, plaisanterie *f* de mauvais aloi *od* goût; **~artikel** *m* attrape *f; pl a.* folie *f;* **~bonbon** *m* od *n* dragée *f* od bonbon *m* attrape; **s~en** *itr* plaisanter, badiner; *pop* rigoler; *nicht mit sich ~ lassen* ne pas entendre plaisanterie *od* raillerie; *ich scherze nicht = das ist kein Scherz; Sie (belieben zu) ~* vous voulez rire; *Sie ~ wohl?* ah ça, plaisantez-vous? **~frage** *f,* **~gedicht** *n,* **~rätsel** *n* question, poésie, devinette *f* facétieuse; **s~haft** *a* plaisant, railleur, badin, facétieux; **~haftigkeit** *f* caractère *m* facétieux; **~wort** *n* ⟨-(e)s, -e⟩ plaisanterie *f;* mot *m* pour rire.

scheu [ʃɔy] *a* timide, craintif, effarouché; *(menschen~)* farouche, sauvage; *(Blick)* hagard, fuyant; *(Pferd)* ombrageux, emballé; *~ machen* effaroucher; *~ werden* s'effaroucher; *(Pferd) ~ en;* **S~** *f* ⟨-, ø⟩ timidité; *(Angst)* peur; *(Furcht)* crainte *f; (Ehrfurcht)* respect *m;* **~en** *tr (fürchten)* craindre, appréhender, redouter; *itr (zurückschrecken)* reculer *(vor de-vant); (Pferd)* s'effaroucher, s'emballer, prendre le mors aux dents; *sich ~* avoir peur *(vor de;* zu tun de faire); *keine Ausgabe od Kosten ~* ne pas regarder à la dépense; *keine Mühe ~* ne pas épargner *od* ménager sa peine; *um zu* ne ménager aucun effort pour; *er scheut keine Mühe* rien ne lui coûte; **S~klappe** *f a. fig* œillère *f.*

Scheuch|**e** *f* ⟨-, -n⟩ [ʃɔyçə] *(Vogel~)* épouvantail *m;* **s~en** *tr* effaroucher, chasser.

Scheuer *f* ⟨-, -n⟩ ['ʃɔyər] *(Scheune)* grange *f.*

Scheuer|**bürste** *f* ['ʃɔyər-] brosse *f* en chiendent; **~frau** *f* femme *f* de ména-ge; **~lappen** *m* serpillière *f;* **~leiste** *f* antébois *m;* **s~n** *tr allg (reiben)* frotter; *(reinigen)* (r)écurer, laver; *(Boden)* frotter; *sich wund ~* s'écor-cher; **~pulver** *n* poudre *f* à (r)écurer;

~sand *m* sablon *m* à (r)écurer; **~tuch** *n* = **~lappen.**

Scheune *f* ⟨-, -n⟩ ['ʃɔynə] grange *f;* **~ndrescher** *m: wie ein ~ fressen (pop)* manger comme un ogre *od* à ventre déboutonné, avoir un joli coup de fourchette; **~ntor** *n: den Mund wie ein ~ aufreißen (pop)* ouvrir (la bouche comme) un four.

Scheusal *n* ⟨-s, -e⟩ ['ʃɔyzaːl] monstre; *(übertreibend)* vilain *m; fam* horreur *f.*

scheußlich ['ʃɔyslıç] *a (a. übertrei-bend)* hideux, atroce, abominable, monstrueux; *(schrecklich, entsetz-lich)* horrible, épouvantable; *fam* vi-lain; **S~keit** *f* hideur, atrocité, monstruosité, horreur *f.*

Schi *m* ⟨-s, -er/(-)⟩ [ʃiː] ski *m; auf ~ern* à skis; *~ fahren* od *laufen* faire du ski, skier, aller à skis; **~anzug** *m* ha-billement *m* pour le ski; **~ausrü-stung** *f* équipement *m* de ski; **~fah-ren** *n* ski *m;* **~fahrer(in f)** *m* skieur, euse *m f;* **~gelände** *n* champ *m* de ski; **~hose** *f* pantalon de ski, fuseau *m;* **~hütte** *f* refuge *od* (de montagne), chalet *m;* **~kurs** *m* classe *f* de neige; **~laufen** *n = ~fahren;* **~läufer(in f)** *m* ⟨-s, -⟩ = *~fahrer(in);* **~lehrer** *m* moniteur *od* professeur *m* de ski; **~lift** *m* téléski, (re)monte-pente, *fam* tire-fesses *m;* **~mütze** *f* bonnet *m* de ski; **~piste** *f* piste *f* skiable; **~sport** *m* ski *m;* **~springen** *n,* **~sprung** *m* saut *m* à skis; **~schanze** *f* tremplin *m* de ski *m;* **~spur** *f* trace *f* de ski; **~ständer** *m* mot porte-skis *m;* **~stiefel** *m pl* chaussures *f pl* de ski; **~stock** *m* bâton *m* de ski; **~stunde** *f* cours *m* de ski; **~wachs** *n* fart *m.*

Schicht *f* ⟨-, -en⟩ [ʃıçt] *allg* couche; *geol* assise, strate *f,* étage, lit *m; phot* surface; *(Gesellschafts~)* couche so-ciale, classe; *(Arbeiter pl e-r ~)* équi-pe *f; ~ arbeiten* faire les trois-huit *od* les deux-huit; **~arbeit** *f* travail *m* posté; **~arbeiter** *m* travailleur *m* posté; **s~en** *tr* disposer *od* ranger par couches; *(Holz)* empiler; **~enbil-dung** *f geol* stratification *f;* **~enfol-ge** *f geol* lambeau *m* de couches; **~enkunde** *f* stratigraphie *f;* **~ge-stein** *n* roche *f* stratifiée; **~linie** *f geol* courbe *f* de niveau; **~ung** *f* dis-position *f* par couches; *geol* stratifica-tion *f; gesellschaftliche ~* classement *m* social; **~unterricht** *m* enseigne-ment par *od* système *m* de roule-ment; **~wechsel** *m* relève *f* (des équipes); **s~weise** *adv* par couches; par lits; *(arbeiten)* par équipes;

~wolke *f* stratus *m; hohe ~* altostratus *m.*

schick [ʃɪk] *a* chic *inv; (piekfein)* pimpant; *pop* rupin; *~e(r) Kerl m, ~e(s) Weib n (pop)* rupin, e *m f;* **S~** *m* ⟨-(e)s, ø⟩ chic *m; ~ haben* avoir du chic.

schick|en ['ʃɪkən] *tr allg* envoyer; *(Sache)* faire parvenir; expédier, adresser; *nach jdm ~* envoyer chercher, faire venir, faire appeler qn; *sich in etw ~ (fügen)* se soumettre, se résigner à qc; s'accommoder, s'adapter, se faire à qc; *sich ~ (impers: sich geziemen)* seoir, convenir, être convenable *od* séant, se faire; *sich ins Unabänderliche od Unvermeidliche ~* se faire une raison; *das schickt sich nicht (a.)* cela ne se fait pas, cela est contraire aux usages; *f;* **S~ung** *f (Fügung)* arrêt *od* décret *m* (de la Providence).

schicker ['ʃɪkər] *a arg (betrunken)* rond, noir.

schicklich ['ʃɪklɪç] *a* convenable, bienséant, décent; **S~keit** *f* ⟨-, ø⟩ convenance, bienséance, décence *f,* bon ton; décorum *m.*

Schicksal *n* ⟨-s, -e⟩ ['ʃɪkzaːl] destinée *f,* destin, sort *m,* fortune; *(Fatum)* fatalité *f; sich in sein ~ fügen* se soumettre à son destin, *(a.)* baisser *od* plier les épaules; *sein ~ in die Hand nehmen* prendre son destin en main; *jdn s-m ~ überlassen* abandonner qn à son sort; **s~haft** *a* fatal, fatidique; **~haftigkeit** *f* ⟨-, ø⟩ fatalité *f;* **s~(s)ergeben** *a* résigné; **~sfrage** *f* question *f* fatale *od* cruciale *od* décisive; **~sfügung** *f* arrêt *m* du destin; **~sgemeinschaft** *f* communauté *f* de sort; **~sschlag** *m* coup du sort, revers de fortune, retour *m* de la fortune; *pl a.* vicissitudes *f pl; schwere(r) ~ (a.)* coup *m* d'assommoir; **s~sverbunden** *a* liés par un sort commun.

Schieb|ebühne *f* ['ʃiːbə-] (pont *od* chariot) transbordeur *m; ~edach* *n* toit *m* coulissant *od* ouvrant; **~efenster** *n* fenêtre *od* châsse à coulisse(s); *(vertikal verstellbares)* fenêtre à guillotine; *(an e-m Wagen)* glace *f* coulissante; **s~en** ⟨schiebt, schob, hat geschoben⟩ [(-)'ʃoːp/-bən] *tr* pousser, faire glisser; *itr aero* voler en crabe *od* de travers; déraper; *com pej* trafiquer; *auf die lange Bank ~* faire traîner en longueur; *Kegel ~* jouer aux quilles; *die Schuld auf jdn ~* rejeter la faute sur qn; *er muß immer geschoben werden (fig fam)* il faut toujours le pousser; **~er** *m* ⟨-s, -⟩ *tech*

coulisse *f,* coulisseau, glisseur, curseur, tiroir; *(Regulier~)* registre; *(für Bettlägerige)* bassin hygiénique *od* de lit; *com pej* trafiquant, profiteur, mercanti, fricoteur *m;* **~ergeschäft** *n* affaire *f* de mercanti; *~e machen* trafiquer; **~etür** *f* porte *f* coulissante *od* à coulisse *od* glissante *od* à glissière *od* roulante; **~ewand** *f* cloison *f* à coulisse *od* extensible; **~ung** *f* opération *f od* manœuvres *f pl* frauduleuse(s); tripotage; passe-droit *m,* triche *f.*

Schieds|gericht *n* ['ʃiːts-] tribunal *m* arbitral *od* d'arbitrage; **s~gerichtlich** *a* arbitral; *~e(s) Urteil n* sentence *f* arbitrale; **~gerichtsbarkeit** *f* juridiction *f* arbitrale; **~gerichtshof** *m: Haager ~* Cour *f* d'arbitrage de la Haye; **~gerichtsverfahren** *n* procédure *f* arbitrale; **~gerichtsvertrag** *m* traité *m od* convention *f* d'arbitrage; **~mann** *m* ⟨-(e)s, -männer⟩ arbitre *m; ~richter* *m* arbitre; *sport* (juge-)arbitre *m; (bei e-m Fußballspiel) ~ sein* arbitrer (un match de football); *Fehlentscheidung f des ~s (sport)* erreur *f* d'arbitrage; **~richteramt** *n sport* arbitrage *m;* **s~richterlich** *a* arbitral, compromissoire; **~spruch** *m* arbitrage *m,* sentence *od* décision *f od* jugement *m* arbitral(e); *durch ~ entscheiden* arbitrer; *e-m ~ unterwerfen* soumettre à un arbitrage.

schief [ʃiːf] *a* oblique; *a. adv* en biais, de travers, de guingois; *(geneigt)* incliné, penché; *fig* faux, erroné; *a. adv* de travers; *~ ansehen (fig)* regarder de travers *od* de côté; *auf die ~e Ebene geraten (fig)* s'écarter du bon chemin; *~ stehen* être incliné *od* penché, porter à faux; *in e-m ~en Licht stehen* être sous un faux jour; *~ stellen* incliner, pencher; *~e Ebene f* plan *m* incliné; *~ und krumm* tortu, contourné; **S~e** *f* ⟨-, ø⟩ obliquité *f,* biais, travers *m;* inclinaison, pente; *fig* fausseté *f;* **~gegangen** *a (fam)* foutu *pop;* **~=gehen** ⟨*aux: sein*⟩ *itr fam* aller *od* marcher *od* tourner mal, se gâter, finir en queue de poisson; *die Sache geht ~* l'affaire prend une mauvaise tournure; **~gewickelt** *a (pop)* mal embarqué, tordu; **S~hals** *m orn* torticolis *m;* **S~heit** *f = S~e; ~=lachen,** *sich* se tordre de rire; **~=liegen** *itr* être en mauvaise posture; se tromper, faire erreur; *vulg* foirer, péter dans la main; **~=treten** *tr (Schuhabsatz)* éculer; **~wink(e)lig** *a math* à angles obliques.

Schiefer *m* ⟨-s, -⟩ ['ʃiːfər] *min (in Platten spaltbares Gestein)* schiste *m;*

(Ton~) ardoise *f; mit* ~ *(be)decken* ardoiser, couvrir d'ardoises; **s~artig** *a* schisteux; ardoiseux, ardoisier; **s~blau** *a* bleu ardoise; ~**bruch** *m* ardoisière *f;* ~**dach** *n* toit *m* en ardoise(s); **s~farben** *a* ardoisé; ~**gebirge** *n: das Rheinische* ~ le Massif schisteux rhénan; ~**gestein** *n* roche *f* schisteuse; ~**platte** *f* feuille *od* plaque *f* d'ardoise; ~**tafel** *f (zum Schreiben)* ardoise *f;* **schief(e)rig** *a* schisteux, lamelleux.

schiel|äugig ['ʃi:l-] *a* louche, bigle; ~**en** *itr* loucher, bigler; *pop* avoir un œil qui dit zut à l'autre; *fig* lorgner, guigner *(nach etw* qc); **S~en** *n* louchement; *scient* strabisme *m.*

Schienbein *n* ['ʃi:n-] tibia; *(Pferd, Rind)* canon *m;* ~**schützer** *m* protège-tibia *m.*

Schiene *f* ⟨-, -n⟩ ['ʃi:nə] *med* éclisse, attelle; gouttière; *tech* bande, barre *a. el;* rampe *f; (loc, Straßenbahn)* rail *m;* **s~n** *tr med* éclisser; *tech* bander; ~**nabstand** *m* entre-rail *m;* ~**nbus** *m (Triebwagen)* autorail *m,* micheline, automotrice *f;* ~**nfahrzeug** *n* véhicule *m* sur rails; **s~ngebunden** *a* roulant sur rails; **s~ngleich** *a:* ~**e(r)** *Übergang m* passage *m* à niveau; ~**nlager** *n* coussinet *m* de rail; ~**nleger** *m loc* poseur *m* de rails; ~**nnetz** *n* réseau *m* ferroviaire *od* de chemin de fer; ~**nräumer** *m* ⟨-s, -⟩ *loc* garde-boue *m;* ~**nstrang** *m* file de rail(s), voie *f* ferrée; ~**nverkehr** *m* trafic *m* ferroviaire; ~**nweg** *m* voie *f* ferrée; *auf dem* ~ par (voie) fer(rée).

schier [ʃi:r] *a* pur; *adv* presque; à peu près, peu s'en faut que ...; absolument, totalement; ~ *unmöglich* tout à fait impossible.

Schierling *m* ⟨-s, -e⟩ ['ʃi:rlɪŋ] *bot,* ~**s-becher** *m hist* ciguë *f.*

Schieß|ausbildung *f* ['ʃi:s-] instruction *f* du tir; *f;* ~**befehl** *m* ordre *m* d'ouvrir le feu; ~**bude** *f* stand *m od* baraque *f* de tir; tir forain; *pop* casse-pipes *m;* ~**budenfigur** *f* poupée; *fig* caricature *f; wie eine* ~ *aussehen* avoir l'air grotesque; ~**gewehr** *n* fusil *m;* ~**hund** *m: wie ein* ~ *aufpassen* être aux aguets *od* sur ses gardes; ~**meister** *m* mines boutefeu *m;* ~**ordnung** *f* instruction *f* sur le tir; ~**platz** *m* champ *m* de tir; ~**pulver** *n* poudre *f* (à canon *od* de projection); ~**scharte** *f* créneau *m,* meurtrière, embrasure, barbacane *f;* ~**scheibe** *f* panneau(-cible) *m,* cible *f;* carton *m;* ~**sport** *m* tir *m;* ~**stand** *m* stand (de tir), tir *m;* ~**übung** *f* exercice *m od*

école *f* de tir; ~**verbot** *n* interdiction *f* de tirer.

schießen ⟨schießt, schoß, geschossen⟩ ['ʃi:sən, (-)'ʃos(-)] *tr* ⟨aux: haben⟩ tirer; *(Pfeil)* lancer; décocher; darder; *(Rakete)* envoyer; *(Wild)* tuer, abattre; *(Fußball)* shooter; *itr* ⟨aux: haben⟩ tirer des coups de feu, faire feu; ⟨aux: sein⟩ *(los~)* s'élancer, se précipiter; *(Raubvogel)* fondre *(auf* sur); *(heraus~)* jaillir *(aus* de); *blind* ~ tirer à blanc; *aus dem Boden* ~ sortir de terre; *aus kurzer Entfernung* ~ tirer de près; *gut* ~ *(Person)* être bon tireur; *über den Haufen* ~ abattre d'un coup de feu *od* comme un chien; *in die Höhe* ~ *(wachsen)* pousser en hauteur; *(aufspringen)* sursauter, bondir; *jdm durch den Kopf* ~ *(fig)* traverser l'esprit à qn; *ins Kraut* ~ monter en graine; *scharf* ~ tirer à balle(s); *ein Tor* ~ marquer un but; *tot~* abattre; *schieß mal los! (fam)* allons, vas-y! démarre! *weit* ~ *(Waffe)* porter loin; *sich* ~ se battre ⟨en duel⟩ au pistolet; *das Blut schießt ihm ins Gesicht* le sang lui monte au visage; **S~** *n* tir; lancement *m; ausgehen wie das Hornberger* ~ finir en queue de poisson; *das ist (ja) zum* ~! *(pop)* c'est roulant *od* tordant *od* marrant; **Schießerei** *f* [-'raɪ] échange *m* de coups de feu, fusillade; *fam* tiraillerie *f.*

Schiff *n* ⟨-(e)s, -e⟩ [ʃɪf] navire, bateau, bâtiment, vaisseau *m, a. arch;* arch *(Kirchen~)* nef; *typ* galée *f; (im Herd)* bain-marie *m; auf dem* ~ à bord; *mit dem* ~ *fahren* aller en bateau; *das* ~ *verlassen* quitter le bord; **s~bar** *a* navigable; *(Fluß a.)* marchand; ~ *machen* rendre navigable, canaliser; ~ *sein (a.)* porter bateau; ~**barkeit** *f* ⟨-, ø⟩ navigabilité *f;* ~**barmachung** *f* canalisation *f;* ~**bau** *m* construction *f* navale; ~**bauingenieur** *m* ingénieur *m* naval; ~**bruch** *m, a. fig* naufrage *m;* ~ *erleiden (a. fig)* faire naufrage; *fig* échouer, sombrer; **s~brüchig** *a* naufragé; ~**brüchige(r)** *m* naufragé *m;* ~**brücke** *f* pont *m* flottant *od* de bateaux; ~**chen** *n tech (Nähmaschine)* navette *f; mil fam (Mütze)* calot *m;* ~**e** *f* ⟨-, ø⟩ *(vulg: Pisse)* pissat *m,* pisse *f;* **s~en** *itr vx* naviguer; *vulg (pissen)* pisser.

Schiffahrt *f* ['ʃɪf-] navigation *f;* ~**sagentur** *f* agence *f* maritime; ~**sakte** *f pol* acte *m* de navigation; ~**sgesellschaft** *f* compagnie *f* maritime *od* de navigation; ~**slinie** *f* ligne *f* de navigation; ~**svertrag** *m* traité *m* de navigation; ~**sweg** *m* route de navigation, voie *f* navigable *od* maritime.

Schiffer *m* ⟨-s, -⟩ ['ʃɪfər] *(Seemann)* marin, matelot; *(Seefahrer)* navigateur; *(Binnen~)* marinier, batelier *m;* ~**klavier** *n fam* accordéon *m;* ~**knoten** *m* nœud *m* de marin *od* de batelier *od* de drisse.

Schiffs|agentur *f* ['ʃɪfs-] agence *f* maritime; ~**anlegestelle** *f* appontement, embarcadère *m;* ~**arzt** *m* médecin *m* de bord; ~**bau**... = *Schiffbau...;* ~**bauch** *m* cale *f;* ~**besatzung** *f* équipage *m;* ~**besen** *m* goret *m;* ~**boden** *m* fond *m* de cale; ~**hebewerk** *n* élévateur *m* pour bateaux; ~**junge** *m* mousse *m;* ~**katastrophe** *f* catastrophe *f* navale; ~**koch** *m* cuisinier de bord; coq *m;* ~**körper** *m* = ~*rumpf;* ~**kran** *m* crône, portemanteau *m;* ~**kreisel** *m* stabilisateur *m* gyroscopique; ~**küche** *f* cuisine de bord, coquerie, cambuse *f;* ~**ladeschein** *m* connaissement *m;* ~**ladung** *f* cargaison; batelée *f;* ~**makler** *m* courtier *m* maritime; ~**mannschaft** *f* équipage *m;* ~**maschinist** *m* mécanicien *m* de bord; ~**modell** *n* modèle *m* de navire; ~**papiere** *n pl* papiers *m pl* de bord; ~**pfandbrief** *m* cédule *f* hypothécaire maritime; ~**planke** *f* bordage, franc-bord *m;* ~**raum** *m* = ~*bauch; (Tonnage)* tonnage *m,* jauge *f;* ~**rumpf** *m* coque, carcasse *f;* ~**schnabel** *m* éperon *m;* ~**schraube** *f* hélice *f* (de navire); ~**tagebuch** *n* journal *m* de bord; ~**treppe** *f* escalier *m* de navire; ~**turbine** *f* turbine *f* à bateaux; ~**uhr** *f* montre *f* marine; ~**verband** *m* formation *f* de vaisseaux; ~**verkehr** *m* mouvement *od* trafic *m* *(auf See)* maritime, *(auf Flüssen)* fluvial; ~**vermessung** *f* jaugeage *m;* ~**vertrag** *m* contrat *m* d'affrètement; ~**wache** *f* quart *m; (Ausguck)* vigie *f;* ~**winde** *f* cabestan *m;* ~**zwieback** *m* biscuit *m* de mer.

schift|en ['ʃɪftən] *tr arch* adosser; **S~ung** *f* adossement *m.*

Schikan|e *f* ⟨-, -n⟩ [ʃi'ka:nə] chicane, vexation, molestation, tracasserie *f; mit allen* ~*n (fam)* avec tout ce qu'il faut; **s~ieren** [-ka'ni:rən] *tr* chicaner, vexer, molester, tracasser; faire des misères *(jdn* à qn); *fam* tarabuster; **s~ös** [-ka'nø:s] *a (Mensch)* chicanier, chicaneur, tracassier; *(Maßnahme)* vexatoire.

Schild 1. *m* [ʃɪlt, -də(r)] ⟨-(e)s, -e⟩ *hist mil* bouclier, pavois *m; m od n (Wappen~)* écu(sson) *m;* **2.** *n* ⟨-(e)s, -er⟩

(Hinweis~) écriteau, panneau *m; (Laden~)* enseigne; *mot (Nummern~)* plaque *f; (kleines* ~*)* panonceau *m; (Etikett)* étiquette *f; etw im* ~*e führen* projeter un mauvais coup; machiner; mijoter, manigancer qc; *Böses im* ~*e führen* avoir de mauvaises intentions; *auf den* ~ *heben (hist)* élever sur le pavois; ~**bürger** *m* nigaud *m;* ~**bürgerstreich** *m* nigauderie, balourdise *f;* ~**drüse** *f* (corps *m od* glande) thyroïde *f;* ~**drüsenhormon** *n* thyroxine *f;* ~**erhaus** *n* [-dər-] guérite *f;* **s~ern** *tr* (dé)peindre, retracer; *(beschreiben)* décrire; *(darstellen)* représenter; ~**erung** *f* description, peinture; *(Darstellung)* représentation; *(~ e-s Vorgangs)* narration *f;* ~**erwald** *m hum* maquis *m;* ~**knappe** *m hist* écuyer *m;* ~**kraut** *n bot* scutellaire *f;* ~**kröte** *f* tortue *f;* ~**krötensuppe** *f* bouillon de tortue, potage *m* à la tortue; ~**laus** *f* cochenille *f,* kermès *m;* ~**patt** *n* ⟨-(e)s, ø⟩ écaille *f.*

Schilf *n* ⟨-(e)s, -e⟩ [ʃɪlf] roseau, jonc *m;* ~**matte** *f* natte *f* de jonc; ~**rohr** *n* roseau *m.*

Schiller *m* ⟨-s, -⟩ ['ʃɪlər] chatoiement *m;* **s~n** *itr* chatoyer, miroiter, s'iriser; ~**n** *n* chatoiement, miroitement *m; (in den Regenbogenfarben)* irisation *f;* **s~nd** *a* chatoyant, miroitant, changeant; *(in den Regenbogenfarben)* irisé, iridescent; *fig* ambigu; ~**taft** *m* taffetas *m* changeant; ~**wein** *m* (vin) rosé *m.*

Schillerkragen *m* ['ʃɪlər-] col *m* Danton.

schilpen ['ʃɪlpən] *itr (Spatz)* pépier.

Schimär|e *f* ⟨-, -n⟩ [ʃi'mɛ:rə] chimère *f;* **s~isch** [-'mɛrɪʃ] *a* chimérique.

Schimmel ['ʃɪməl] *1. m* ⟨-s, ø⟩ *bot* moisi *m,* moisissure *f;* **s~n** *itr* moisir; ~**pilz** *m* moisissure *f;* **schimm(e)lig** *a* moisi, chanci.

Schimmel 2. *m* ⟨-s, -⟩ *zoo* cheval *m* blanc.

Schimmer *m* ⟨-s, ø⟩ ['ʃɪmər] lueur *f,* reflets *m pl; (Glanz)* éclat *m; keinen blassen* ~ *haben* ne savoir absolument rien; n'avoir pas la moindre idée *(von* de); **s~n** *itr* jeter une (faible) lueur; (re)luire; *(glänzen)* briller; **s~nd** *a* luisant; éclatant.

Schimpanse *m* ⟨-n, -n⟩ [ʃim'panzə] *zoo* chimpanzé *m.*

Schimpf *m* ⟨-(e)s, -e⟩ [ʃɪmpf] affront, outrage *m,* injure, insulte; avanie; *(Schande)* ignominie *f; (Schandfleck)* opprobre *m; mit* ~ *und Schande* ignominieusement, honteusement; *jdm e-n* ~ *antun* faire un affront à qn; **s~en** *itr* gronder; *pop* rouspéter; *auf jdn, etw* invectiver, déblatérer, maugréer, pester contre qn, qc; *tr* traiter, qualifier (*jdn etw* qn de qc); **~erei** *f* [-'rai] invectives, injures *f pl; pop* engueulade *f,* engueulement *m;* **s~lich** *a* ignominieux, injurieux, honteux; infamant, déshonorant; **~name** *m* nom *m* injurieux; **~wort** *n* ⟨-(e)s, -e/⁻er⟩ gros mot *m,* injure *f,* terme injurieux; mot *m* péjoratif.

Schind|aas *n* ['ʃɪnt-] charogne *f;* **~anger** *m,* **~grube** *f* voirie *f;* **s~en** ⟨*schindet, schindete, hat geschunden*⟩ ['ʃɪndən, -ʃunt/-dən] *tr (häuten)* équarrir; écorcher; *fig (abhetzen, quälen)* harasser, tracasser; maltraiter; *(Pferd beim Reiten)* éreinter, crever; *sich ~* s'éreinter, s'esquinter, s'échiner; se donner beaucoup de mal; *fam* se tuer; *Eindruck ~ (pop)* faire de l'esbroufe; **~er** *m* ⟨-s, -⟩ équarrisseur; *fig* écorcheur, exploiteur *m;* **~erei** *f* [-'rai] équarrissage; *(Abdeckerei)* équarrissoir *m; fig* tracasserie *f,* éreintement *m,* exploitation; *(schwere Arbeit)* corvée; *arg* mistoufle *f;* **~luder** *n* charogne *f; mit jdm ~ treiben* od *spielen* bafouer od traiter qn honteusement; **~mähre** *f* haridelle, ross(inant)e *f; fam* canasson *m.*

Schindel *f* ⟨-, -n⟩ ['ʃɪndəl] bardeau, tavaillon *m;* **~dach** *n* toit *m* de od en bardeaux.

Schinken *m* ⟨-s, -⟩ ['ʃɪŋkən] jambon *m; fam pej (Gemälde)* croûte *f,* navet; *(dickes Buch)* gros bouquin *m; pl pop (Hinterbacken)* fesses *f pl;* **~brötchen** *n* sandwich *m* au jambon; **~wurst** *f* saucisson *m* au jambon.

Schipp|e *f* ⟨-, -n⟩ ['ʃɪpə] pelle *f; e-e ~ machen (den Mund verziehen)* faire la moue; *jdn auf die ~ nehmen (fam)* mettre qn en boîte; **s~en** *tr* ramasser od enlever à la pelle; *itr* travailler à la pelle; **~en** *n* ⟨-, -⟩ *(Spielkartenfarbe)* pique *m;* **~er** *m* ⟨-s, -⟩ pelleteur, terrassier *m.*

Schirm *m* ⟨-(e)s, -e⟩ [ʃɪrm] *(Regen~)* parapluie; *(Sonnen~, Garten~)* parasol; *(Fall~)* parachute; *(Wand~)* paravent; *(Bild~)* écran; *(Ofen~)* pare-étincelles; *(Lampen~)* abat-jour, *(e-r Hängelampe)* céladon *m; (Mützen~)* visière *f; (Wand-, Ofen-, Kamin-, Licht~)* écran; *(Pilz~)* chapeau; *fig (Schutz)* abri, refuge *m,* protection, égide *f;* **~antenne** *f* antenne *f* en parapluie; **~bild** *n* image-radar *f;* **~bildaufnahme** *f* radiographie *f;* **s~en** *tr* abriter; protéger; **~futteral**

n fourreau *m* de parapluie; **~gestänge** *n,* **~gestell** *n* monture *f* de parapluie; **~herr** *m* protecteur, patron *m;* **~herrin** *f* protectrice, dame *f* patronnesse; **~herrschaft** *f* patronage *m; unter jds ~* sous l'égide od les auspices od le patronage de qn; **~hülle** *f* = **~futteral;** **~kappe** *f (Fall~)* voilure *f;* **~mütze** *f* casquette *f; mil (a. Polizei, Post)* képi *m;* **~ständer** *m* porte-parapluies *m;* **~ung** *f el* blindage, antiparasitage *m;* **~wand** *f* écran; *(spanische Wand)* paravent *m.*

Schirokko *m* ⟨-s, -s⟩ [ʃi'rɔko] mete sirocco *m.*

schirr|en ['ʃɪrən] *tr (Pferd)* atteler; harnacher; **S~meister** *m* conducteur *m* des équipages.

Schism|a *n* ⟨-s, -men/-mata⟩ ['ʃɪsma, -mən, -mata/'sçɪs-] *rel* schisme *m;* **~atiker** *m* ⟨-s, -⟩ [-'ma:tikər] schismatique *m;* **s~atisch** [-'ma:tɪʃ] *a* schismatique.

Schiß *m* [ʃɪs]: *~ (vulg: Angst) haben* avoir la trouille od les jetons.

schizo|id [ʃitso'i:t, sçi-] *a psych* schizoïde; **~phren** [-'fre:n] *a med* schizophrène; **S~phrenie** *f* ⟨-, -n⟩ [-fre'ni:] schizophrénie *f.*

schlabb|(e)rig ['ʃlab(ə)rɪç] *a* mou; **~ern** *itr (hörbar trinken* od *Suppe essen)* laper; boire bruyamment.

Schlacht *f* ⟨-, -en⟩ [ʃlaxt] bataille; action *f; e-e ~ liefern* od *schlagen* livrer (une) bataille (*jdm* à qn); *die ~ bei* od *an . . . la bataille de . . .;* **~bank** *f: zur ~ führen* mener à l'abattoir; **~beil** *n* hache *f* de boucher; **s~en** *tr* tuer, abattre; *(abstechen)* saigner; *fig* égorger, massacrer; **~en** *n* abattage *m;* **~enbummler** *m* ⟨-s, -⟩ *vx* spectateur *m* (de bataille); *sport* supporter *m* d'une équipe en déplacement; **~enlenker,** *der* le Dieu des batailles; **~enmaler** *m* peintre *m* de batailles; **~er** *m* ⟨-s, -⟩ boucher; *(Wurstmacher)* charcutier *m;* **~erei** *f* [-'rai], **~erladen** *m* boucherie; charcuterie *f;* **~ersfrau** *f* bouchère; charcutière *f;* **~feld** *n* champ *m* de bataille; *das ~ behaupten* rester maître du champ de bataille; **~geschrei** *n* cri *m* de guerre; **~getümmel** *n,* **~gewühl** *n* mêlée *f;* **~gewicht** *n* poids *m* abattu od mort; **~haus** *n,* **~hof** *m* abattoir *m;* **~kreuzer** *m* croiseur *m* de bataille; **~ochse** *m* bœuf *m* de boucherie; **~opfer** *n* victime *f; lit* holocauste *m;* **~ordnung** *f: (in) ~ (aufstellen* ranger en) ordre *m* de bataille; **~plan** *m, a. fig* plan *m* de bataille; **~platte** *f* assortiment *m* de charcuterie; **~ruf**

m cri *m* de guerre; ~**schiff** *n* cuirassé *m* d'escadre; ~**ung** *f* abattage *m;* ~**vieh** *n* animaux *m pl* od bêtes d'abattoir od de boucherie, viandes *f pl* sur pied; *Stück n* ~ animal *m* de boucherie.

Schlächter ['ʃlɛçtər] *etc* = *Schlachter etc.*

Schlacke *f* ‹-, -n› ['ʃlakə] scorie, crasse *f,* laitier; *metal* mâchefer *m,* écume; *fig* impureté *f;* ~**nabstich** *m* coulée *f* du laitier; ~**nbildung** *f* scorification *f;* **s**~**nfrei** *a* exempt de scories; ~**nhalde** *f* crassier *m;* ~**nkuchen** *m* gâteau *m* de scories; ~**nstein** *m* brique *f* de laitier; ~**nzement** *m* ciment *m* de laitier; **schlackig** *a* scoriacé.

schlackern ['ʃlakərn] *itr (schlenkern)* brimbaler, bringuebaler, vaciller.

Schlackwurst *f* ['ʃlak-] cervelas *m.*

Schlaf *m* ‹-(e)s, ø› [ʃlɑːf] sommeil; *(kurzer)* somme; *(Kindersprache)* dodo *m; im* ~ en dormant; *fig (etw können)* sur le bout du doigt, par--dessus la jambe, machinalement; *im besten* ~ en plein sommeil; *es sich am* ~ *abziehen* prendre sur son sommeil; *e-n festen* ~ *haben* avoir le sommeil profond; *e-n leichten* ~ *haben* avoir le sommeil léger, ne dormir que d'un œil od sur une oreille; *jdn aus dem* ~ *reißen* arracher qn au sommeil; *den* ~ *des Gerechten schlafen* dormir du sommeil du juste od comme un bienheureux; *in* ~ *singen, wiegen* endormir en chantant, berçant; *der* ~ *befiel od kam über mich* le sommeil s'empara de moi; *bleierne(r)* ~ sommeil *m* de plomb; *in tiefen* ~ *versunken* plongé dans le sommeil; *sich des* ~*es nicht erwehren können* tomber de sommeil; *aus dem* ~ *auffahren* s'éveiller en sursaut; *den Seinen gibt's der Herr im* ~ la fortune lui vient en dormant; ~**anzug** *m* pyjama *m;* ~**couch** *f* canapé--lit *m;* ~**entzug** *m* privation *f* de sommeil; ~**gelegenheit** *f* endroit *m* où dormir; ~**gemach** *n lit* = ~**zimmer;** ~**genosse** *m* camarade od compagnon *m* de lit od de chambre; ~**kautsch** *f* = ~**couch;** ~**kranke(r)** *m* sommeilleux *m;* ~**krankheit** *f* maladie *f* du sommeil; ~**lied** *n* berceuse *f;* **s**~**los** *a* sans sommeil; ~*e Nacht f* nuit *f* blanche; ~**losigkeit** *f* ‹-, ø› insomnie *f; an* ~ *leidend* insomniaque; ~**mittel** *n* somnifère, soporifique *m;* ~**mütze** *f* bonnet de nuit; *fam (Mensch)* bonnet *m* de coton; *fam* gnangnan *m f;* **s**~**mützig** *a* endormi; *fam* gnangnan *inv;* ~**raum** *m,* ~**saal** *m* dortoir *m;* ~**rock** *m* robe *f* de

chambre; ~**sack** *m* sac *m* de couchage; ~**stadt** *f* ville od cité *f* dortoir; ~**stelle** *f* couche *f; (Nachtquartier)* gîte *m;* ~**störung** *f* insomnie *f; an* ~*(en) leiden* avoir des insomnies; ~**sucht** *f med* somnolence *f;* ~**tablette** *f* somnifère *m;* ~**tiefe** *f* profondeur *f* du sommeil; ~**trunk** *m* somnifère *m;* **s**~**trunken** *a* ivre de sommeil, somnolent; ~**trunkenheit** *f* somnolence *f;* ~**wagen** *m loc* wagon-lit *m,* voiture-lit *f;* ~**wagenabteil** *n* compartiment *m* de wagon-lit; **s**~**wandeln** ‹*aux: haben* od *sein*› *itr* être somnambule; ~**wandeln** *n* somnambulisme *m;* ~**wandler** *m* ‹-s, -› somnambule *m;* ~**zimmer** *n* chambre *f* à coucher.

Schläf|chen *n* ‹-s, -› ['ʃlɛːfçən] (petit) somme; *pop* roupillon *m.*

Schläfe *f* ‹-, -n› ['ʃlɛːfə] tempe *f; mit grauen* ~*n* aux tempes grises; ~**nbein** *n* os *m* temporal; ~**nlappen** *m anat* lobe *m* temporal.

schlafen ‹*schläft, schlief, hat geschlafen*› [(-)'ʃlaːfən] *itr* dormir; *(übernachten)* coucher; *(schlummern)* sommeiller; *(Kindersprache)* faire dodo; *pop* pioncer, roupiller; *auswärts* od *nicht zu Hause* ~ découcher; *getrennt* ~ *(Eheleute)* faire chambre à part; *gut, schlecht* ~ bien, mal dormir; *wie ein Murmeltier* ~ dormir comme un loir od une marmotte od une souche; *bis in den Tag hinein* od *bis in den hellen Tag* od *(fam) bis in die Puppen* ~ faire la grasse matinée; ~ *gehen* aller se coucher, aller od se mettre au lit; *mit jdm* ~ coucher avec qn; *nicht* ~ *können (a. hum)* se battre avec son oreiller; *vor … nicht* ~ *können* ne pas dormir de …; ~ *Sie wohl!* dormez bien! **S**~**gehen** *n: vor dem* ~ avant de se coucher; **S**~**szeit** *f: es ist* ~ il est l'heure de se coucher.

Schläf|er(in *f)* *m* ‹-s, -› ['ʃlɛːfər] dormeur, se *m f;* **s**~**rig** *a* pris de sommeil, somnolent; ~ *machen* donner envie de dormir *(jdn* à qn), endormir; ~ *sein* avoir sommeil; ~**rigkeit** *f* ‹-, ø› somnolence, envie de dormir; *fig* indolence *f.*

schlaff [ʃlaf] *a* flasque, lâche, relâché; *(weich)* mou; *(weichlich)* mollasse *a. fig; fig* veule, avachi, avachi; sans ressort; inerte, atone; ~ *machen* relâcher; amollir *a. fig; fig* aveulir, avachir; ~ *werden* se relâcher; *a. fig* s'amollir; *fig* s'aveulir, s'avachir; **S**~**heit** *f* ‹-, ø› laxité; *a. fig* mollesse; *fig* veulerie *f;* manque *m* de ressort; inertie *f.*

Schlafittchen *n* [ʃlaˈfɪtçən]: *jdn am od beim ~ nehmen (fam)* prendre *od* saisir qn au collet, mettre la main au collet de qn.
Schlag *m* ⟨-(e)s, ⸚e⟩ [ʃlaːk, ˈʃlɛːɡə] *allg a. fig* coup *m; (mit d. Hand)* tape *f; (heftiger)* horion; *(Faust~)* coup *m* de poing, *pop* châtaigne; *(Holz: Ein~)* coupe; *agr* sole *f; (~ Essen) pop* rab(iot) *m; (Wagentür)* portière *f; fig (plötzlicher Schaden)* coup *m* d'arrêt, atteinte *f; (Schicksals~)* choc; *physiol (Herz~)* battement *m; (Puls~)* pulsation; *med (~anfall)* apoplexie, attaque *f, fam* coup de sang; *(Hitz~)* coup *m* de chaleur; *(elektr. ~)* secousse *od* commotion *f* (électrique); *(Blitz-, Donner~)* coup (de foudre, de tonnerre); *(e-s Singvogels)* chant *m,* roulade; *(Art, Wesen)* trempe, espèce, race *f, fam* acabit, calibre *m; pl (Prügel) fam* rossée *f; auf einen ~* d'un seul coup *od* jet; *mit einem ~* tout d'un coup; *~ auf od um ~* coup sur coup; dru et menu; *~ 8 Uhr* à 8 heures sonnantes *od* juste *od* pile; *~ auf ~ antworten* répondre du tac au tac; *in Schläge einteilen (agr)* assoler; *jdm e-n ~ versetzen* donner *od* assener *od* administrer un coup à qn; *mich soll der ~ treffen, wenn ...* je veux mourir si ...; *harte(r), schwere(r) ~ (fig)* coup *m* de massue; *~ aufs Auge (a.)* coquard *m pop; ~ ins Kontor (fam)* coup *m* de tampon; *~ ins Wasser (fig)* coup *m* d'épée dans l'eau; **~abtausch** *m (Boxen)* échange *m* de coups; *fig (Wortgefecht)* joute *f* oratoire; *nukleare(r) ~* conflit *m* nucléaire; **~ader** *f* artère *f;* **~anfall** *m* attaque *f* (d'apoplexie), *fam* coup *m* de sang; *e-n ~ bekommen od erleiden* être frappé d'apoplexie; **s~artig** *a* brusque, soudain, subit, instantané; *adv a.* d'un seul coup; **~artigkeit** *f* soudaineté, instantanéité *f;* **~ball** *m* éteuf *m;* **~baum** *m* barrière *f;* **s~fertig** *a* prompt à la répartie *od* à la riposte; *adv* du tac au tac; *~ antworten (a.)* renvoyer la balle *fam; ~ sein (a.)* avoir de l'à-propos; *~e Antwort f* riposte *f;* **~fertigkeit** *f* ⟨-, ø⟩ esprit d'à-propos, don *m* de repartie; **~holz** *n allg* battoir *m; sport* bat(te *f) m;* **~instrumente** *n pl mus* instruments *m pl* de percussion; *die ~* la percussion; **~kraft** *f mil* puissance de choc; *fig* vigueur *f;* **s~kräftig** *a* puissant; *mil* combatif; *(Argument)* concluant; **~licht** *n* ⟨-(e)s, -er⟩ *a. fig* trait *m* de lumière; *pl a.* pleines lumières *f pl;* **s~lichtartig** *a: etw ~ beleuchten (fig)* mettre qc en lumière;

~loch *n (Straße)* nid-de-poule *m,* flache *f;* **~obers** *n* ⟨-, ø⟩, **~rahm** *m,* **~sahne** *f* crème *f* fouettée *od* Chantilly; **~ring** *m* coup-de-poing *m* (américain); **~schatten** *m* ombre *f* portée; **~seite** *f mar: ~ haben* donner de la bande; *pop (Betrunkener)* avoir du roulis *od* du vent dans les voiles; **~stock** *m (der Polizei)* matraque *f;* **~stockeinsatz** *m* matraquage *m;* **~werk** *n (Uhr)* sonnerie *f;* **~werkzeug** *n* instrument *m* contondant; **~wetter** *n mines* grisou *m;* **~wetterexplosion** *f* coup *m* de grisou; **s~wetterführend** *a* grisouteux; **s~wettersicher** *a* antigrisouteux; **~wort** *n* ⟨-(e)s, -e/(⸚er)⟩ slogan; *(Katalog)* mot-souche *m;* **~worteintragung** *f (Katalog)* notice-matière *f;* **~wortkatalog** *m* catalogue-matières *m* alphabétique; **~zeile** *f* manchette *f,* gros titre *m; etw in ~n bringen (Zeitung)* titrer (gros) sur qc; **~zeug** *n mus* batterie *f* (de jazz); **~zeuger** *m* ⟨-s, -⟩, **~zeugspieler** *m* batteur *m.*
schlagen ⟨*schlägt, schlug, hat geschlagen*⟩ [(-)ˈʃlaːɡən] *tr* battre *(a. den Takt),* frapper *(a. Münzen); (klopfen)* taper; *(besiegen)* battre; *(Feind)* vaincre, défaire; *(Schlacht)* livrer; *(Wunde)* infliger; *(Holz)* couper, abattre; *(Laute)* toucher, jouer de; *itr (Herz, Puls)* battre; *(Uhr)* sonner; *(Vogel)* chanter; *(Wachtel)* carcailler; *nach jdm, e-r S ~* porter un coup à qn, qc; *fig (arten)* tenir *(nach* de) ressembler *(nach* à); tirer *(nach* sur); *um sich ~* donner des coups dans tous les sens; *sich ~* se battre *(mit jdm* contre qn); se collletter; *Alarm ~* donner l'alerte; *die Augen zu Boden ~* baisser les yeux; *mit Blindheit ~ (fig)* frapper de cécité; *jdn zu Boden ~* terrasser qn; *braun und blau ~* meurtrir de coups; *sich an die Brust ~* se frapper la poitrine; *in die Erde ~* enfoncer dans la terre; *in die Flucht ~* mettre en fuite *od* dérouter; *mit Händen und Füßen um sich ~* se défendre à coups de pieds et à coups de poings; *(Zinsen) zum Kapital ~* joindre au capital, capitaliser; *aus etw Kapital ~ (fig)* tirer profit de qc; *sich etw aus dem Kopf ~* s'ôter qc de la tête; *ein Kreuz ~* se signer; *kurz und klein ~ od in Stücke ~* mettre en pièces, réduire en morceaux; casser en mille morceaux; *fam* mettre en capilotade; *sich durchs Leben ~* vivre péniblement; *sich auf jds Seite ~* se ranger *od* se mettre du côté de qn; *vernichtend ~ (sport)* écraser; *in die*

Wand ~ planter dans le mur; *sich durch die Welt* ~ faire son chemin dans le monde; *etw in den Wind* ~ se moquer, *fam* se ficher de qc; *sich ge~ geben (fig a.)* s'avouer vaincu *od* battu; *haushoch ge~ werden (sport)* se faire enfoncer, *fam* recevoir la pâtée; *ich gebe mich* od *ich erkläre mich für ge~* je m'avoue vaincu *od* battu; *es hat 12 ge~* midi a *od* est sonné; *meine Stunde hat ge~* mon heure a sonné *od* est venue; *e-e ge~e Stunde* une heure d'horloge; **S~** *n (Flügel, Herz)* battement *m; (Puls)* pulsation *f; (Vogel)* chant; *(Uhr)* coup *m; ~d* *a* frappant; *(überzeugend)* convaincant; *(Beweis)* concluant; *~e(s) Wetter n* mines (coup de) grisou *m.*

Schlager *m* ⟨-s, -⟩ ['ʃlaːɡər] *mus* air *m* en vogue; *pej* rengaine, scie *f,* tube *m; com* succès *m; ~melodie f* mélodie *f* en vogue; *~sänger(in f)* *m* chanteur *m,* chanteuse *f* à succès.

Schläger *m* ⟨-s, -⟩ ['ʃlɛːɡər] *(jem, d. schlägt)* celui qui frappe *od* a frappé; *(Raufbold)* querelleur, bagarreur; bretteur, spadassin *m; (Fechtwaffe)* rapière *f; sport (Schlagholz)* bat *m; (Kricket)* batte *f; (Golf)* club *m; (Hockey)* canne, crosse; *(Tennis)* raquette *f; ~ei f* [-'raɪ] bagarre, rixe, mêlée *f.*

Schlaks *m* ⟨-es, -e⟩ [ʃlaːks] *fam (großer, linkischer Mensch)* escogriffe *m; s~ig* *a* dégingandé.

Schlamassel *m, a. n* ⟨-s, -⟩ [ʃla'masəl] *fam (Durchea.)* gâchis, micmac; *pop* foutoir *m.*

Schlamm *m* ⟨-(e)s, (-e/ːe)⟩ [ʃlam, 'ʃlɛmə] limon *m; (Schlick)* vase; *(Morast)* bourbe; *(Schmutz, a. fig)* fange, boue *f; jdn aus dem* ~ *ziehen (fig)* tirer qn du pétrin; *~bad n* bain *m* de boue; *~beißer m (Fisch)* loche *f* d'étang; *s~ig* *a* limoneux; vaseux; bourbeux, fangeux, boueux; *~loch n* fondrière *f; ~teich m* bassin *m* de dépôt; *~vulkan m* volcan *m* de boue.

schlämm|en ['ʃlɛmən] *tr (von Schlamm reinigen)* débourber, curer; *tech chem* laver, léviger; **S~kreide** *f* blanc *m* d'Espagne *od* de Meudon, craie *f* lévigée.

schlamp|ampen [ʃlam'pampən] *itr (schlemmen, prassen) fam* ripailler, faire ripaille, faire la bombe *od* bombance; **S~e** *f* ⟨-, -n⟩ *fam* souillon *f; pop* salope, cochonne *f; ~en itr fam (unordentlich sein od arbeiten)* être débraillé; bousiller; *pop* saloper; *bei e-r Arbeit* ~ bâcler un travail; **S~er** *m* ⟨-s, -⟩ gâcheur *m;* **S~erei** *f* [-'raɪ] désordre *m;* incurie, négligence *f;*

~ern itr = schlampen; ~ig a (unordentlich) négligé, malpropre, débraillé; *(Arbeit)* bâclé, bousillé; *adv* à la va-vite.

Schlange *f* ⟨-, -n⟩ ['ʃlaŋə] serpent *m; fig a.* vipère; *(Menschenreihe)* queue; *(Auto~)* file *f; tech (~nrohr)* serpentin *m; kleine* ~ serpenteau *m; e-e* ~ *bilden* faire la queue; *e-e* ~ *am Busen nähren (fig)* réchauffer un serpent dans son sein; ~ *stehen* faire la queue; *~nadler* *m* serpentaire *m; s~nartig a* serpentin; *~nbeschwörer* *m* ⟨-s, -⟩ charmeur *m* de serpents; *~nbiß* *m* morsure *f* de serpent; *~ngift n* venin *m; ~nhaut f* peau *f* de serpent; *~nkraut n bot* serpentaire *f; ~nkühler* *m* radiateur *m* à serpentins; *~nleder n* peau *f* de serpent; *~nlinie f* ligne *f* sinueuse *od* serpentine; *typ* filet *m* tremblé; *~nmensch m* contorsionniste, homme *m* serpent; *~nrohr n tech* serpentin *m; ~nwurzel f bot* serpentaire *f.*

schlängeln ['ʃlɛŋəln], *sich* serpenter, aller en serpentant, décrire des méandres *(durch* par); *um etw* s'enrouler autour de qc.

schlank [ʃlaŋk] *a* élancé, svelte; mince, délié, effilé; *(Taille)* fin; ~ *machen (Kleid)* amincir; *~(er) werden* maigrir; **S~heit** *f* ⟨-, ø⟩ sveltesse *f;* **S~heitskur** *f* cure *f* amaigrissante *od* d'amaigrissement; *~weg* ['-vɛk] *adv* carrément, rondement, sans façons; *fam* tout de go.

schlapp [ʃlap] *a fam (schlaff)* flasque, lâche, mou; avachi, relâché; *(müde)* flapi, éreinté; **S~e** *f* ⟨-, -n⟩ *fam (kleine Niederlage)* tape; *pop* veste *f; e-e* ~ *einstecken* boire un bouillon; *pop* ramasser *od* prendre une veste; *~en fam itr* claquer; *tr (Pantoffel)* traîner; laper; **S~en** *m* ⟨-s, -⟩ *(alter Pantoffel)* savate, pantoufle *f;* **S~hut** *m (für Damen)* capeline *f; (für Herren)* chapeau *m* à large bord; *~=machen fam* flancher, renoncer, abandonner; **S~schwanz** *m fam pej* nouille, andouille; chiffe, lavette *f; ein* ~ *sein (a.)* être mou comme une chique.

Schlaraffenland *n* [ʃla'rafən-] pays *m* de cocagne.

schlau [ʃlaʊ] *a (klug)* prudent, fin, finaud; *(listig)* rusé, astucieux, plein d'astuce; *(verschlagen)* cauteleux; *(pfiffig)* malin, futé, madré, retors; *so* ~ *sein zu ... sein* avoir l'astuce de ...; *ich werde nicht* ~ *daraus* je n'y comprends rien; **S~heit** *f* ⟨-, ø⟩ prudence, finesse, subtilité; ruse, astuce; madrerie *f;* **S~kopf** *m,* **S~berger** *m* ⟨-s, -⟩

fam, **S~meier** *m* ⟨-s, -⟩ *fam* finaud, fin matois *od* rusé (compère) *m.*

Schlauch *m* ⟨-(e)s, ⁻e⟩ [ʃlaux, 'ʃlɔʏçə] tuyau (flexible), boyau *m; (mot, Fahrrad)* chambre *f* à air; *(Leder-, Wein~)* outre *f; (Feuerwehr~)* tuyau *m* à incendie; **~boot** *n* canot *od* radeau *m* pneumatique; **s~en** *tr fam (mitnehmen)* pomper; **~leitung** *f* canalisation souple, tuyauterie *f* flexible; **s~los** *a (Reifen)* sans chambre (à air).

Schläue *f* ⟨-, ø⟩ ['ʃlɔʏə] = *Schlauheit.*

Schlaufe *f* ⟨-, -n⟩ ['ʃlaʊfə] *(Schleife)* nœud (coulant); *tech (a. Gürtel~)* passant *m.*

schlecht [ʃlɛçt] *a allg* mauvais; *(mäßig)* médiocre; *(armselig)* piètre; *(traurig)* triste; *fam (mies)* moche; *(verdorben)* gâté, pourri; *(Luft)* vicié; *(Zeiten)* dur, difficile; *(unheilvoll)* maléfique; *(bösartig)* méchant, malfaisant; *(gemein)* véreux, pervers; *(Scherz)* de mauvais goût *od* aloi; *adv* mal; *nicht ~ (fam)* pas mal; *das S~e* le mal; le mauvais côté; *immer ~er* de mal en pis; *in ~er Gesellschaft* en mauvaise compagnie; *recht und ~* tant bien que mal; *mehr ~ als recht* plus mal que bien; *~ aufnehmen* prendre en mauvaise part; *~ aussehen (Person)* avoir mauvaise mine *od* les traits tirés; *(Sache)* faire mauvais effet; *~ behandeln* traiter mal, malmener; *jdm e-n ~en Dienst erweisen* desservir qn; *es ~ (getroffen) haben* être ¬al loti; *an jdm ~ handeln* se conduire mal avec qn; *jdm etw S~es nachsagen* dire du mal de qn; *~ von jdm reden* parler de qn en mauvais termes; *bei jdm ~ angeschrieben sein* être mal noté *od* vu de qn, être en défaveur auprès de qn, ne pas être dans les papiers de qn; *auf jdn, etw ~ zu sprechen sein* être défavorable à qn, qc; *~ stehen (Sache) (fig)* aller mal; *~ werden (sich zersetzen)* se corrompre, se gâter; *~er werden* empirer, se détériorer; *jdm etw S~es wünschen* vouloir du mal à qn; *es geht mir ~* je vais mal; *mir ist ~* j'ai mal au cœur; *mir wird ~* je me sens mal; *das wird dir ~ bekommen (fig)* cela ne te réussira pas; *das ist ~ von dir* c'est mal de ta part; *es geht ihm sehr ~ (a.)* il est mal en point; *es steht ~ mit ihm* ça va mal avec lui, il file un mauvais coton; *dabei kann e-m (ja) ~ werden!* cela donne la nausée, cela soulève le cœur; *~ gemacht* mal fichu *fam; ~e(s) Geschäft n (Vorgang)* mauvais marché *m;* **~erdings** *adv* tout simplement, tout bonnement, purement et simplement, de toute façon, absolument; *~ unmöglich* absolument impossible; **~gebaut** *a,* **~gewachsen** *a* mal bâti; **~=gehen** ⟨*aux: sein*⟩ *itr (fig)* battre de l'aile; *(Geschäft)* aller mal; *mir geht es schlecht* je suis mal en point; **~gelaunt** *a* de mauvaise humeur, maussade, *fam* mal luné; *~ sein (a.)* être mal disposé, ne pas être à prendre avec des pincettes; **S~heit** *f,* **S~igkeit** *f (Bosheit)* méchanceté; *(Gemeinheit)* vilenie, bassesse *f;* **~hin** *adv* = *~erdings;* **~=machen** *tr: jdn ~* dire du mal de qn, médire de qn; noircir, dénigrer, calomnier qn; **~weg** [-vɛk] *adv* tout simplement, tout bonnement; **S~weggekommene(r** *m)* *f fig* déshérité, e *m f;* **S~wetterflug** *m* vol *m* par mauvais temps *od* mauvaise visibilité; **S~wettergebiet** *n* zone *f* de mauvais temps; **S~wettergeld** *n (auf dem Bau)* intempéries *f pl;* **S~wetterlandung** *f aero* atterrissage *m* par mauvaise visibilité.

schleck|en ['ʃlɛkən] *tr* manger par gourmandise; **S~er** *m* ⟨-s, -⟩ , **S~ermaul** *n* gourmand, e *m f;* **S~erei** *f* [-'raɪ] friandise *f.*

Schlegel *m* ⟨-s, -⟩ ['ʃle:gəl] *(Holzhammer)* maillet; *(Schlagholz)* battoir; *(Kalbskeule)* cuisseau; *(Wildkeule)* cuissot *m; (Hühner~)* cuisse *f.*

Schleh|dorn *m* ['ʃle:-] prunellier *m,* épine *f* noire; **~e** *f* ⟨-, -n⟩ = *~dorn; (Frucht)* prunelle *f.*

Schlei *m* ⟨-(e)s, -e⟩ [ʃlaɪ] = *Schleie.*

schleich|en ⟨*schleicht, schlich, ist geschlichen*⟩ ['ʃlaɪçən, (-)'ʃlɪç(-)] *itr* aller *od* marcher à pas de loup *od* furtivement; se glisser, se faufiler; *sich in etw ~* s'introduire furtivement dans qc; **~end** *a* furtif; *(Gift)* lent; *(Krankheit)* lent, insidieux; *(Inflation)* rampant; *adv a.* à la dérobée, en tapinois; **S~er** *m* ⟨-s, -⟩ *fig* sournois, dissimulé, hypocrite *m;* **S~erei** *f* [-'raɪ] *fam* sournoiserie, dissimulation, hypocrisie *f;* **S~handel** *m* commerce *od* trafic clandestin, commerce *m* interlope; contrebande *f;* **S~händler** *m* trafiquant (clandestin); marchand interlope; *(Schmuggler)* contrebandier *m;* **S~weg** *m* chemin *m od* voie détourné(e); *fig a.* voie *f* tortueuse; *auf ~en* par des détours *od* menées; **S~werbung** *f* publicité *f* clandestine.

Schleie *f* ⟨-, -n⟩ ['ʃlaɪə] *(Fisch)* tanche *f.*

Schleier *m* ⟨-s, -⟩ ['ʃlaɪər] *a. fig* voile *m;* gaze; *(am Hut)* voilette *f;*

(Rauch~) rideau *m* (de fumée); *e-n ~ über etw breiten (fig)* tirer le rideau sur qc; *e-n ~ vor den Augen haben (fig)* avoir un brouillard devant les yeux; *den ~ lüften (bes. fig)* lever le voile; *den ~ nehmen (fig: Nonne werden)* prendre le voile; **~eule** *f* effraie *f;* **s~haft** *a fam (rätselhaft)* mystérieux, énigmatique; *(unbegreiflich) das ist mir ~ (a.)* je n'y vois que du brouillard; je ne suis pas devin; **~schwanz** *m (Fisch)* cyprin *m* à queue de voile; **~stoff** *m,* **~tuch** *n* voile *m.*

Schleif|apparat *m* ['ʃlaɪf-] appareil *m* à rectifier; **~bahn** *f dial = Schlitterbahn;* **~lack** *m* vernis *m* à polir; **~maschine** *f* machine à rectifier; rectifieuse *f;* **~mittel** *n* abrasif *m;* **~ring** *m* bague *f* de contact od de frottement *od* collectrice; **~schritt** *m (Tanz)* glissé *m;* **~sporn** *m aero* patin *m* de béquille; **~stein** *m* pierre à aiguiser; meule *f;* affiloir(e *f) m;* **~trog** *m* auget *m* de meule.

Schleife *f* ⟨-, -n⟩ ['ʃlaɪfə] nœud *m,* boucle, bouffette *f; (Schlinge)* lacet; *(Rosette)* chou; *(Kurve)* virage, tournant, lacet; *(Fluß)* méandre *m,* boucle; *aero* boucle, volte *f; el* circuit *m* fermé; *inform* boucle *f.*

schleif|en ['ʃlaɪfən] **1.** ⟨*schleift, schliff, hat geschliffen*⟩ [(-)'ʃlɪf(-)] *tr (schärfen)* meuler, aiguiser, affiler, affûter; *(Glas)* polir; *(Diamant)* tailler; *tech* rectifier, dresser; *arg mil (drillen)* dresser; **2.** ⟨*schleift, schleifte, hat geschleift*⟩ *tr (auf dem Boden)* traîner; *mil (Festungsanlagen)* raser, démanteler; *mus* couler; *itr ⟨aux: sein⟩ dial = schlittern;* **S~en** *n* aiguisage, affilage, affûtage, polissage, brillantage *m;* taille; rectification *f,* dressage; *(Niederreißen)* rasement, démantèlement *m;* **S~er** *m* ⟨-s, -⟩ aiguiseur; affileur, affûteur; polisseur; tailleur; rectifieur; *(Scheren~)* rémouleur; *mus* coulé *m;* **S~erei** *f* ['-raɪ] atelier *m* d'aiguisage *od* d'affilage; **S~stein** *m* affiloir *m,* meule *f;* **S~ung** *f mil (e-r Festung)* rasement, démantèlement *m.*

Schleim *m* ⟨-(e)s, -e⟩ [ʃlaɪm] *physiol* mucus *m;* mucosité; *(Nasen-, Rachen-, Magen~)* pituite *f; bot* mucilage *m; med (zäher ~)* glaire; *(Schnekke)* bave; *(Küche: Brei)* bouillie, crème *f; ~ absondern* baver; *~ auswerfen* expectorer; *~ aushusten od ausspucken* cracher; **~absonderung** *f* sécrétion *f* muqueuse; **~auswurf** *m* expectoration *f;* **~drüse** *f* (glande) muqueuse *f;* **s~en** *itr* pro-

duire des mucosités; **~haut** *f* muqueuse *f;* **s~ig** *a* muqueux; pituiteux; mucilagineux; glaireux; *fig pej* mielleux; **~suppe** *f* bouillie *f.*

Schlemm *m* ⟨-s, -e⟩ [ʃlɛm] *(Kartenspiel)* chelem *m; s~ machen, werden* faire, être chelem.

schlemm|en ['ʃlɛmən] *itr (üppig essen)* ripailler, faire ripaille *od* bombance; **S~er** *m* ⟨-s, -⟩ ripailleur, gourmand, débauché *m;* **S~erei** *f* ['-raɪ] **S~erleben** *n,* **S~ertum** *n* ⟨-s, ø⟩ ripaille, bombance, débauche *f;* **~erhaft** *a* de ripailleur, de débauché.

Schlempe *f* ⟨-, -n⟩ ['ʃlɛmpə] *agr* vinasse *f,* marc *m.*

schlender|n ['ʃlɛndərn] ⟨*aux: sein*⟩ *itr* flâner; *fam* se balader; **S~ern** *n* flânerie; *fam* balade *f;* **S~rian** *m* ⟨-(e)s, ø⟩ ['-dria:n] ornière *f* (de la routine), train-train *m; im alten ~ weitermachen* continuer son petit train-train, suivre son petit bonhomme de chemin; *der alte ~* les vieux errements *m pl.*

schlenkern ['ʃlɛŋkərn] *tr od itr* agiter, brandiller *(etw od mit etw qc); mit den Armen od die Arme ~* aller les bras ballants; *mit den Beinen ~ (a.)* gambiller.

Schlepp|dampfer *m* ['ʃlɛp-] (bateau) remorqueur *m;* **~e** *f* ⟨-, -n⟩ *(am Kleid)* traîne; queue *f; tech (Lastschlitten)* traîneau; *metal* chariot *m* de transport; **s~en** *tr, a. fig* traîner; *mar loc mot* remorquer; *mar* haler, touer; **~en** *n* traînage; *mar* remorquage; halage, touage *m;* **s~end** *a, a. fig* traînant; *fig* languissant; *adv:* ~ *sprechen* parler en traînant sur les mots; **~enträger** *m* celui qui porte la traîne; **~er** *m* ⟨-s, -⟩ *mot* tracteur; *mar* remorqueur; *(Arbeiter)* hercheur; *fig pej (Kundenwerber)* rabatteur; *(Werber für ein Hotel)* pisteur *m;* **~erführer** *m mar* remorqueur *m;* **~flug** *m* vol *m* remorqué; **~flugzeug** *n* avion *m* remorqueur; **~kahn** *m* péniche *f,* chaland *m* remorque *f;* **~lift** *m* téléski, remonte-pente, *fam* tire-fesses *m;* **~netz** *n* chalut *m,* drague, drège, dreige *f,* traîneau *m,* seine *f;* **~schiffahrt** *f* remorquage, halage, touage *m;* **~tau** *n* câble *m* de remorquage; *aero (Ballon)* guiderope *m; in jds ~ (fig)* à la remorque de qn; *sich in jds ~ befinden (a.)* nager dans les eaux de qn; *jdn ins ~ nehmen* prendre qn à la remorque; *sich von jdm ins ~ nehmen lassen* se laisser remorquer par qn; **~zug** *m* convoi remorqué, train de remorque *od* de remorquage; *mar a.* train *m* de péniches *od* de touage.

Schles|ien *n* ['ʃleːziən] la Silésie; **~ier(in** *f)* *m* ⟨-s, -⟩ [-ziər] Silésien, ne *m f;* **s~isch** ['ʃleːzɪʃ] *a* silésien.

Schleswig-Holstein *n* ['ʃleːsviç 'hɔlʃtaɪn] le Schleswig-Holstein.

Schleuder *f* ⟨-, -n⟩ ['ʃlɔydər] fronde; catapulte; *hist* baliste; *tech* toupie (mécanique); *(Trocken~)* essoreuse *f; (Milch~)* centrifugeur, se *m f; (Honig~)* extracteur *m;* **~ball** *m* ballon *m* à lanière; **~bewegung** *f* mot mouvement *m* dérapant; **~er** *m* ⟨-s, -⟩ lanceur *m;* **~gefahr** *f:* ~*! (Warnung)* route glissante! **~honig** *m* miel *m* coulé *od* d'extracteur; **~maschine** *f* catapulte *f;* **s~n** *tr* ⟨aux: haben⟩ lancer, catapulter; projeter; *(Wäsche)* essorer; *(Milch)* centrifuger; *fig (Bann)* fulminer; *itr* ⟨aux: sein od haben⟩ mot déraper, chasser, faire une embardée; **~n** *n* lancement, catapultage *m;* tech centrifugation *f;* dérapage *m;* embardée *f;* **~preis** *m* prix *m* sacrifié *od* écrasé; **s~sicher** *a* mot antidérapant; **~sitz** *m* aero siège *m* éjectable; **~start** *m* catapultage *m;* **~ware** *f* camelote, marchandise *f* vendue à vil prix.

schleunig|e(r, s) ['ʃlɔynɪç(-)] *a* prompt, rapide, précipité; **~st** *adv* au plus vite, dans les plus brefs délais.

Schleuse *f* ⟨-, -n⟩ ['ʃlɔyzə] écluse *f; die* **~n** *öffnen (a. fig)* ouvrir les vannes, lâcher les écluses; **s~n** *tr* écluser, sasser; *fig* manœuvrer; **~ngeld** *n* droit *m* d'écluse; **~nhaupt** *n* musoir *m;* **~nkammer** *f* sas *m,* chambre *f* d'écluse; **~ntor** *n* porte *f* d'écluse; **~nwand** *f* bajoyer *m;* **~nwärter** *m* éclusier *m;* **~nwasser** *n* éclusée *f.*

Schlich *m* ⟨-(e)s, -e⟩ [ʃlɪç] *meist pl* trucs *m pl,* manigances, menées, manœuvres *f pl,* manège; *fam* tripotage *m; hinter jds* ~*e kommen* découvrir *od* démasquer les menées *od* éventer les ruses de qn.

schlicht [ʃlɪçt] *a (einfach)* simple; *(bescheiden)* modeste; *(nüchtern, trokken)* sobre; *(flach, glatt)* plat, lisse; *(einfarben)* uni; ~ *und einfach (adv)* (tout) simplement; ~ *um* ~ *(arbeiten)* au pair; **S~e** *f* ⟨-, -n⟩ *(Textil)* empois *m;* **~en** *tr (glätten)* aplanir; *(a. Häute enthaaren)* planer; *(Garn)* lisser; *(Wäsche)* empeser; *fig (regeln, ordne.)* arranger; *(Streit)* aplanir, accommoder (à l'amiable); arbitrer; **S~er** *m* ⟨-s, -⟩ médiateur, conciliateur, arbitre; *jur* amiable compositeur *m;* **S~feile** *f* lime *f* douce; **S~hammer** *m* marteau *m* à planer; **S~heit** *f*

⟨-, ø⟩ simplicité; modestie; sobriété *f;* **S~hobel** *m* rabot *m* plat; **S~ung** *f* arrangement, accommodement *m,* conciliation *f,* arbitrage *m;* **S~ungsausschuß** *m,* **S~ungskommission** *f* comité *m od* commission *f* d'arbitrage *od* de conciliation, conseil *m* d'arbitrage; **S~ungsverfahren** *n* procédure *f* de conciliation; **S~ungsversuch** *m* tentative *f* de conciliation; essai *m* d'arbitrage.

Schlick *m* ⟨-(e)s, -e⟩ [ʃlɪk] *dial (Schlamm)* limon *m;* vase *f* (de mer); **s~en** *itr u. sich* ~ se remplir de vase; **s~(e)rig** *a,* **s~ig** *a* vaseux.

Schliere *f* ⟨-, -n⟩ ['ʃliːrə] *(streifige Stelle im Glas)* boursouflure *f.*

Schließ|blech *n* ['ʃliːs-] gâche *f,* moraillon, fermoir *m;* **~fach** *n (Bank)* compartiment *m* de coffre-fort; *(Post)* boîte *f* postale; *loc* compartiment *m* de consigne automatique; **~feder** *f* ressort *m* de fermeture *od (Schußwaffe)* récupérateur; **~haken** *m* mentonnet, fermoir *m;* **~klappe** *f* = **~blech; ~korb** *m* malle *f* d'osier; **~muskel** *m* muscle orbiculaire, (muscle) constricteur, sphincter *m.*

Schließe *f* ⟨-, -n⟩ ['ʃliːsə] fermeture, clavette *f.*

schließen ⟨schließt, schloß, hat geschlossen⟩ ['ʃliːsən, (-)'ʃlɔs(-)] *tr (zumachen)* fermer; *(füllen: Lücke)* combler, colmater; *mil (die Reihen), typ (die Form)* serrer; *fig (beenden); (Rede, Schrift)* terminer, finir, achever; *(Debatte)* clore; *(Sitzung)* clore, lever; *(ab~) (Konto)* arrêter; *(Vertrag)* conclure, passer; *(Bündnis)* conclure; *(folgern)* conclure, déduire, inférer *(aus etw* de qc); *itr (zugehen)* fermer; *(aufhören, enden)* finir; *(se)* terminer, s'achever *(mit* sur); *sich* ~ *(Lücke)* se fermer; *in sich* ~ *(ein~, umfassen)* comporter, comprendre; embrasser, renfermer; englober, impliquer; *von sich auf andere* ~ juger d'autrui par soi-même; *in die Arme* ~ serrer dans ses bras; *ein* ~ *mit Gewinn, e-m Fehlbetrag od Defizit* ~ se solder par un bénéfice, déficit; *jdn ins Herz* ~ prendre qn en affection; *e-n Kompromiß* ~ faire *od* passer un compromis; *auf etw* ~ *lassen* indiquer, pronostiquer qc; *darauf* ~ *lassen, daß...; (Anzeichen)* laisser penser que ...; *daraus ist zu od läßt sich* ~*, daß...* on peut en conclure, il en résulte que ...

Schließer *m* ⟨-s, -⟩ ['ʃliːsər] *(Gefängnis)* geôlier, guichetier, porte-clefs; *(Wach- u. Schließgesellschaft)* garde-vigile *m.*

schließlich ['ʃliːslɪç] *adv* enfin, à la fin, finalement, en définitive; *fam* après tout, au bout du *od* en fin de compte; *(an letzter Stelle)* en dernier (lieu); ~ *etw tun* finir par faire qc; ~ *doch* malgré tout.

Schließung *f* ⟨-, -en⟩ ['ʃliːsʊŋ] *(Laden, Museum, Schalter)* fermeture; *(Sitzung)* clôture; *(Vertrag, Ehe)* conclusion *f.*

Schliff *m* ⟨-(e)s, -e⟩ [ʃlɪf] *tech* poli(ssage), meulage *m,* rectification; *(Edelstein)* taille *f; fig fam (Lebensart)* savoir-vivre *m,* politesse *f; mil fam* dressage *m;* ~ *kriegen (fig fam)* se dégrossir; *der letzte* ~ *(fam)* le fion *pop; e-r S den letzten* ~ *geben (fam)* donner le coup de fion à qc *pop,* mettre la dernière touche à qc; perler, fignoler qc.

schlimm [ʃlɪm] *a (schlecht, übel)* mauvais; *(schwer, ernst)* grave; *(unheilvoll)* funeste, fatal; *(ärgerlich)* fâcheux; *(charakterlich schlecht, böse)* méchant, vicieux; *adv* mal; *das S~e* le mal; *e-n ~en Finger haben* avoir mal au doigt; *ein ~es Ende nehmen* finir mal; ~ *dran sein* être en mauvaise posture; *das ist nicht* ~ il n'y a pas de mal, ce n'est rien *od* pas une affaire; *das ist halb so* ~ ce n'est qu'un demi-mal, ce n'est pas la mer à boire; ~**er** *(Komparativ von:* ~) a pire; *adv* pis; ~ *werden* empirer, s'aggraver; *immer* ~ *werden* aller de mal *od* de pis en pis; *was noch* ~ *ist* qui pis est; ~**ste(r, s)** *(Superlativ von:* ~) a le, la pire; *adv* le pis; *im schlimmsten Fall = schlimmstenfalls; das Schlimmste annehmen* prendre *od* mettre les choses au pis; *aufs Schlimmste gefaßt sein* s'attendre au pire; ~**stenfalls** *adv* au pis aller, au pire, à la rigueur.

Schling|e *f* ⟨-, -n⟩ [ʃlɪŋə] *(Schlaufe)* nœud coulant; *(Jagd)* lacs, lacet, collet *m; (für Vögel)* pantière; *med* écharpe *f; in der* ~ *fangen* prendre au collet; ~*n legen* poser des collets; *sich od s-n Kopf aus der* ~ *ziehen (fig)* tirer son épingle du jeu, se tirer d'affaire; **s~en** *(schlingt, schlang, hat geschlungen)* tr *(winden)* enlacer, enrouler; *(schlucken)* avaler; *scient* déglutir; *sich* ~ s'enrouler, s'entortiller *(um* autour de); *(Pflanze)* grimper *(um* à); ~**ensteller** *m* poseur *m* de collets; ~**pflanze** *f* plante *f* grimpante.

Schlingel *m* ⟨-s, -⟩ ['ʃlɪŋəl] *kleine(r)* ~ polisson, galopin; *(schlauer Bursche)* ficelle *f.*

schlinger|n ['ʃlɪŋərn] *itr mar* rouler;

das Schiff schlingert (a.) il y a du roulis; **S~n** *n* roulis *m;* **S~tank** *m* tank *m* antiroulis.

Schlips *m* [ʃlɪps] ⟨-es, -e⟩ cravate *f,* nœud *m* papillon; *jdm auf den* ~ *treten (fig)* vexer, froisser, blesser qn.

Schlitt|en *m* ⟨-s, -⟩ ['ʃlɪtən] *(Rodel~)* luge *f; (Sportrodel)* toboggan; *(Pferde~)* traîneau; *tech* support; *(Schreibmaschine)* chariot; *(MG)* traîneau, affût *m; fam (alte Maschine, altes Fahrrad)* bécane *f,* sabot *m;* ~ *fahren* faire du traîneau; *mit jdm* ~ *fahren (fig fam)* rudoyer qn, réprimander qn brutalement; ~**enfahrt** *f* promenade *f* en traîneau; ~**enführung** *f tech* glissière *f* de chariot; ~**enlift** *m* télétraîneau *m;* ~**enpartie** *f = ~enfahrt;* ~**erbahn** *f* glissoire *f;* **s~ern** *(aux: sein od haben)* itr glisser, faire des glissades; ~**ern** *n* glissade *f;* ~**schuh** *m* patin *m;* ~ *laufen* patiner; ~**schuhbahn** *f* patinoire *f;* ~**schuhlaufen** *n* patinage *m;* ~**schuhläufer** *m* patineur *m.*

Schlitz *m* ⟨-es, -e⟩ ['ʃlɪts] *(Ritze, Spalt)* fente, fissure; *(Riß)* fêlure, crevasse; *(Einschnitt)* taillade *f,* crevé *m; (Hosen~)* braguette; *tech* entaille, lumière *f;* ~**ärmel** *m pl hist* manches *f pl* à taillades; ~**augen** *n pl (:* ~ *haben avoir les)* yeux *m pl* bridés; **s~äugig** *a* aux yeux bridés; ~**blende** *f phot* diaphragme *m* à fente; **s~en** tr fendre, fissurer; *(aufschneiden)* taillader, entailler; ~**ohr** *n fig (fam)* filou, fripon, finaud, rusé compère *m;* **s~ohrig** *a fam* rusé, malin, trompeur.

schlohweiß ['ʃloːˈvais] *a (Haar)* blanc comme neige.

Schloß *n* ⟨-sses, ⁝sser⟩ [ʃlɔs, 'ʃlœsər] *(Gebäude)* château; *(Palast)* palais *m; (Verschluß)* serrure *f; (Vorhänge~)* cadenas *m; (Gewehr~)* culasse mobile; *(Koppel~)* plaque du ceinturon; *(am Armband)* attache *f; ins* ~ *fallen* enclaveter; *ein* ~ *aufbrechen od sprengen* faire sauter une serrure; *hinter* ~ *und Riegel setzen, sitzen* mettre, être sous les verrous; ~**graben** *m* douve *f;* ~**herr(in** *f) m* châtelain, e *m f;* ~**hof** *m* cour *f* d'honneur *od* du château; ~**hund** *m: wie ein* ~ *heulen (fam)* pleurer comme un veau *od* comme une Madeleine *od* à chaudes larmes; ~**verwalter** *n* gardien *m* (du château); ~**verwaltung** *f* conciergerie *f;* ~**wache** *f* garde *f* du château.

Schlößchen *n* ⟨-s, -n⟩ ['ʃlœsçən] petit château, châtelet *m.*

Schloße *f* ⟨-, -n⟩ ['ʃloːsə] *(Hagelkorn)* grêlon *m;* **s~n** *itr impers* grêler.

Schlosser *m* ⟨-s, -⟩ ['ʃlɔsər] serrurier; **~arbeit** *f,* **~handwerk** *n* serrurerie *f;* **~ei** *f* serrurerie *f;* atelier *m* de serrurier; **s~n** *itr* faire de la serrurerie; **~werkstatt** *f* atelier *m* de serrurerie.

Schlot *m* ⟨-(e)s, -e/(ˋe)⟩ [ʃloːt, 'ʃløːtə] cheminée *f* (d'usine); *wie ein ~ rauchen* fumer comme un pompier *od* une cheminée; **~baron** *m pej* magnat *m* d'industrie.

schlott|(e)rig ['ʃlɔt(ə)rɪç] *a* dégingandé, flageolant, branlant; *(Kleidung)* flottant; *(Gang)* mal assuré; *~ gehen* marcher d'un pas mal assuré; **~ern** *itr* flageoler, branler; *(zittern)* trembler; *(Kleidung)* flotter; *die Kleider ~ ihm um den Leib* il flotte *od* nage dans ses vêtements.

Schlucht *f* ⟨-, -en⟩ [ʃluxt] gorge *f,* ravin; *(Engpaß)* défilé *m;* **~enbildung** *f geol* ravinement *m.*

schluchz|en ['ʃluxtsən] *itr* sangloter; **S~en** *n* sanglots *m pl;* **S~er** *m* ⟨-s, -⟩ sanglot *m.*

Schluck *m* ⟨-(e)s, -e/(ˋe)⟩ [ʃluk, 'ʃlʏkə] gorgée *f; fam* coup *m; pop* goutte *f; mit einem ~* d'un trait, *fam* d'un coup; *tüchtige(r) ~* grande gorgée; *pop* lampée *f;* **~auf** *m* ⟨-s, ø⟩ hoquet *m; den ~ haben* avoir le hoquet, hoqueter; **~beschwerden** *f pl* troubles *m pl* de la déglutition; **s~en** *tr* avaler; déglutir; *fig fam (an sich reißen)* avaler; *(Beleidigung)* boire; *(ein Betrieb)* absorber, racheter; *Wasser ~ (fam: beim Schwimmen)* boire une tasse; **~en** *n* déglutition; absorption *f; m = ~auf;* **~er** *m* ⟨-s, -⟩ *arme(r) ~* pauvre hère *od* diable *od* bougre; traîne-malheur, traîne-misère *m;* **~impfstoff** *m* vaccin *m* buccal; **~impfung** *f* vaccination *f* par ingestion *od* par voie buccale; **s~weise** *adv* par gorgées.

Schlückchen *n* ⟨-s, -⟩ ['ʃlʏkçən] petite gorgée *f; fam* petit coup *m; pop* goutte *f.*

Schlud|erarbeit *f* ['ʃluːdər-], **~erei** [-'raɪ] *f* gâchis, bâclage, massacre, bousillage *m;* **s~(e)rig** *a* bâclé, fait sans soin *od* à la va-vite; *adv* à la *od* à coups de serpe; **s~ern** *itr* bousiller, bâcler; *mit od bei etw ~* bâcler qc.

Schlummer *m* ⟨-s, ø⟩ ['ʃlumər] sommeil (léger); (petit) somme *m;* **~lied** *n* berceuse *f;* **~mutter** *f hum (Wirtin)* logeuse *f;* **s~n** *itr* sommeiller; être assoupi; **s~nd** *a fig (verborgen)* caché; virtuel, potentiel; **~rolle** *f* traversin *m.*

Schlund *m* ⟨-(e)s, ˋe⟩ [ʃlunt, 'ʃlʏndə] gosier *m; gorge f; (Abgrund)* gouffre, abîme *m.*

Schlupf|jacke *f* ['ʃlupf-] chandail *m;* **~loch** *n,* **~winkel** *m* recoin, repaire, refuge *m; (Versteck)* cachette *f;* **~wespe** *f* pimple, ichneumon *m.*

schlüpf|en ['ʃlʏpfən] ⟨aux: sein⟩ *itr* se glisser, filer, se couler; *in etw (ein Kleidungsstück) ~* enfiler qc; *aus dem Ei ~* éclore; **S~er** *m* ⟨-s, -⟩ *(weiter Mantel)* raglan *m; (Damenunterhose)* culotte *f,* slip *m;* **~rig** *a* glissant; *fig (lasziv)* lascif, égrillard, grivois; **S~rigkeit** *f fig* lascivité, grivoiserie *f.*

schlurfen ['ʃlurfən] ⟨aux: sein⟩ *itr* traîner les pieds.

schlürfen ['ʃlʏrfən] *tr* humer; *(langsam u. mit Genuß)* siroter; *itr* boire *od* manger bruyamment.

Schluß *m* ⟨-sses, ˋsse⟩ [ʃlus, 'ʃlʏsə] *(Ende)* fin; *(Schließung)* fermeture; *(e-r Debatte, Sitzung)* clôture *f; = ~folgerung; am ~ (gen)* à l'issue (de); *zum ~* finalement; pour terminer *od* conclure *od* finir; *den ~ bilden (mil)* clore la marche; *zu dem ~ gelangen od kommen, daß ... en* venir à la conclusion que ...; *~ machen* finir; *mit jdm, etw ~ machen* en finir avec qn, qc; *mit etw ~ machen* mettre fin *od* un terme à qc; *mit dem Leben ~ machen* en finir; *e-n ~ aus etw ziehen* tirer une conclusion, conclure de qc; *~! fini!* terminé! *~ damit!* brisons-là(-dessus)! *~ jetzt!* assez! finissez! *~ der Debatte!* clôture du débat! *der Wahrheit letzter ~* la vérité définitive; **~abrechnung** *f* décompte *od* règlement *m* final *od* définitif; **~akt** *m theat* acte *m* final; **~ansprache** *f* discours *m* de clôture; **~antrag** *m jur* conclusion(s *pl*) *f;* **~bemerkung** *f* remarque finale; conclusion *f;* **~bericht** *m* rapport *m* final; **~bilanz** *f* bilan *m* de clôture; balance *f* de sortie; **~bild** *n theat film* scène *f* finale; **~effekt** *m* effet final; *(Feuerwerk)* bouquet *m* (final); **~feier** *f* cérémonie *f* de clôture; **~folgerung** *f* conclusion; déduction; induction *f;* **~formel** *f* formule finale; *(Brief)* a. formule de politesse, souscription *f;* **~kapitel** *n* dernier chapitre *m;* **~kundgebung** *f* manifestation *f* finale; **~licht** *n* ⟨-(e)s, -er⟩ *mot loc* feu (rouge) arrière; *mil fam (letzter Mann e-r marschierenden Kolonne)* serre-file *m; hum (Schule) Sport* lanterne *f* rouge; **~mann** *m sport (Staffellauf)* dernier relayeur *m; (Fußball: Torwart)* goal, gardien *m* de but; **~notierung** *f fin* cote *f* de clôture; **~pfiff** *m* coup *m* de sifflet final; ~**punkt** *m* point *m* final; *e-n ~ hinter etw setzen* mettre un point final à qc; ~**runde** *f sport* tour *m* final, finale *f; (Boxen)* round *m* final; ~**rundenteilnehmer** *m* finaliste *m;* ~**satz** *m* dernière phrase, proposition finale; *(Vortrag)* conclusion *f; mus* final *m;* ~**sprung** *m* saut *m* à pieds joints; ~**stand** *m sport* score *m* final; ~**stein** *m arch* u. *fig* clé *od* clef *f* de voûte; ~**strich** *m: e-n ~ ziehen (fig)* tirer un trait; ~**termin** *m* date *f* limite, terme *m* final; ~**verkauf** *m* vente *f* de fin de saison, soldes *m pl;* ~**vignette** *f typ* cul-de-lampe *m;* ~**wort** *n* ‹-(e)s, -e› dernière parole *f; (Nachwort)* épilogue *m;* ~**zeichen** *n* signal *m* de clôture *od tele* de fin de transmission.

Schlüssel *m* ‹-s, -› ['ʃlʏsəl] *a. mus fig* clé, clef; *(e-r Geheimschrift)* chiffre, code; *(Verteilungs~)* barème *m; den ~ zweimal (her)umdrehen* fermer à double tour; *den ~ steckenlassen* laisser la clé sur la porte; ~**bart** *m* panneton *m;* ~**bein** *n anat* clavicule *f;* ~**blume** *f* primevère *f;* ~**brett** *n* planchette *f* à clés; ~**bund** *m od n* trousseau *m* (de clés); **s~fertig** *a (Haus)* clés en main; ~**figur** *f (in e-m Roman)* personnage-clé *m;* ~**gewalt** *f rel* u. *jur (d. Ehefrau)* pouvoir *m* des clés; ~**industrie** *f* industrie-clé *f;* ~**kette** *f* clavier *m;* ~**kind** *n* enfant dont la mère travaille, enfant *m* livré à lui-même; ~**loch** *n* trou *m* de la serrure; ~**maschine** *f (zum Chiffrieren)* machine *f* à chiffrer; **s~n** *tr (nach e-m ~ aufteilen)* répartir selon le barème; ~**position** *f* position *f* clé; ~**ring** *m* porte-clés, clavier *m;* ~**roman** *m* roman *m* à clé; ~**stellung** *f* position *f* clé, poste-clé *m; e-e ~ einnehmen* occuper une position clé; ~**ung** *f (vgl. s~n)* répartition *f* selon le barème; ~**verfahren** *n (Chiffriersystem)* procédé *m* de chiffrage; ~**wort** *n* mot-clé *m.*

schlüssig ['ʃlʏsɪç] *a (Beweis)* concluant, décisif, formel; *~ beweisen* prouver d'une façon décisive; *sich ~ sein* avoir pris un parti, s'être décidé; *sich noch nicht ~ sein* ne savoir quel parti prendre; *sich ~ werden* prendre un parti, se résoudre.

Schmach *f* ‹-, ø› [ʃmaːx] honte, ignominie, infamie *f; (Beleidigung)* affront, outrage *m; (Demütigung)* humiliation *f; (Entwürdigung)* avilissement *m;* **s~voll** *a* honteux, ignominieux, infâme.

Schmacht *f* [ʃmaxt] : *~ haben (fam)* avoir l'estomac dans les talons; **s~en**

itr (hungern) être affamé; *(dürsten)* être assoiffé; *fig* se consumer *(nach de),* languir, soupirer, haleter *(nach* après); **s~end** *a* langoureux; *~e(r) Liebhaber m (a.)* céladon *m;* ~**fetzen** *m fam (Schnulze)* chanson *f* sentimentale; *(a. ~lappen, verliebter Jüngling)* soupirant *m;* ~**lappen** *m fam (Hungerleider)* crève-la-faim *m;* ~**locke** *f* accroche-cœur *m.*

schmächtig ['ʃmɛçtɪç] *a* mince, fluet, grêle; chétif; *fam* maigriot, maigrichon.

schmackhaft ['ʃmakhaft] *a* savoureux, de bon goût; *(lecker)* délicat, succulent; *jdm etw ~ machen* rendre qc attrayant à qn; *~er machen (a.)* affiner; *~ zubereitet* bien préparé; **S~igkeit** *f* ‹-, ø› saveur *f,* bon goût *m;* succulence *f.*

schmäh|en ['ʃmɛːən] *tr* injurier, insulter, invectiver, outrager; *(verleumden)* diffamer, calomnier; *(herabwürdigen)* avilir; ~**lich** *a* ignominieux, déshonorant, honteux; *adv a.* outrageusement; **S~rede** *f* invective, diatribe *f;* paroles *f pl* injurieuses; propos *m pl* injurieux *od* outrageants; **S~schrift** *f* pamphlet, libelle *m,* diatribe *f; Verfasser m e-r ~* pamphlétaire, libelliste *m;* **S~ung** *f* injure, insulte, invective *f,* outrage; avilissement *m;* diffamation *f; in ~en ausbrechen* éclater en injures; *sich in ~en gegen jdn ergehen* se répandre en invectives contre qn; **S~wort** *n* ‹-(e)s, -e› invective, expression *f* injurieuse.

schmal [ʃmaːl] ‹*schmaler/schmäler, am schmalsten/am schmälsten*› *a allg* étroit; *(dünn, schlank)* mince, effilé, grêle; élancé; *(Gesicht)* fin; *fig (klein, gering)* maigre, pauvre; *~er od schmäler machen (werden)* (se) rétrécir; *~e Kost f* maigre pitance *f;* **S~film(kamera** *f)* *m* (caméra *f* à) film *m* de format réduit; **S~hans** *m: bei ihm ist ~ Küchenmeister* il n'a pas grand chose à se mettre sous la dent; **S~heit** *f* ‹-, ø› étroitesse; minceur; *fig* pauvreté *f;* ~**randig** *a (Buch)* à marge étroite; **S~seite** *f* petit côté *m;* **S~spur** *f loc* voie *f* étroite; **S~spurabiturient** *m pej* bachelier *m* d'un lycée technique, commercial; **S~spurakademiker** *m pej* qui a fait des études écourtées; **S~spur(bahn)** *f* chemin *m* de fer *od* ligne à) voie *f* étroite; ~**spurig** *a* à voie étroite.

schmäler|n ['ʃmɛːlərn] *tr (~ machen)* rétrécir; *(verringern)* amoindrir, diminuer; réduire; *(herabsetzen)* rabaisser; *jur (beeinträchtigen)* déroger à, porter atteinte à; **S~ung** *f* rétrécissement; amoindrissement *m*, diminution; réduction; dérogation *f*.

Schmalz *n* ‹-es, -e› [ʃmalts] graisse *f*; *(Schweine~)* saindoux *m*; ~**brot** *n* tartine *f* de graisse; **s~en** *tr* = *schmälzen*; **s~ig** *a fig fam pej (gefühlvoll)* sentimental; ~ *singen* bêler; ~**stulle** *f fam* = ~*brot*.

schmälzen [ˈʃmɛltsən] *tr* mettre de la graisse dans, graisser.

Schmant *m* ‹-(e)s, ø› [ʃmant] *dial (Sahne)* crème.

schmarotz|en [ʃmaˈrɔtsən] *itr* vivre en parasite; faire le pique-assiette; *fig* écornifler *(bei jdm* qn); *fam* resquiller *(bei jdm* qn); **S~er** *m* ‹-s, -› *biol allg* parasite; *fig* pique-assiette, piqueur d'assiettes, *fam* resquilleur, écornifleur *m;* **S~erdasein** *n: ein* ~ *führen* vivre en pique-assiette; ~**erhaft** *a* parasitique, de parasite; *adv* en parasite; **S~erleben** *n* vie *f* de parasite; **S~erpflanze** *f* plante *f* parasite; **S~ertum** *n* ‹-s, ø› parasitisme *m.*

Schmarre *f* ‹-, -n› [ˈʃmarə] *fam (Narbe e-r Hiebwunde)* balafre, estafilade *f.*

Schmarren *m* ‹-s, -› [ˈʃmarən] *dial (Mehlspeise)* galette *f; fig fam pej (Buch)* navet; *(Unsinn)* idioties *f pl; theat* four *m; (Gemälde)* croûte.

Schmatz *m* ‹-es, -e› [ʃmats] *dial (lauter Kuß)* baiser sonore; bécot *m;* **s~en** *itr* bécoter; *(laut essen)* manger bruyamment.

Schmaus *m* ‹-es, ⸚se› [ʃmaus, ˈʃmɔyzə] régal, festin *m;* **s~en** *itr* faire bonne chère, faire ripaille, se régaler, festoyer; banqueter; ~**erei** *f* [-ˈraɪ] *fam* gueuleton *m, pop* bombe *f.*

schmecken [ˈʃmɛkən] *tr* goûter; *(kosten, versuchen)* déguster *(a. Wein)*, essayer; *itr* avoir un goût *(nach etw* de qc); *a. fig* sentir *(nach etw* qc); *jdm* être du *od* au goût de qn; *gut* ~ être de *od* avoir bon goût, être bon (à manger, à boire); *nach mehr* ~ *(fam)* avoir un goût de revenez-y; *nach nichts* ~ n'avoir pas de goût, être insipide; *schlecht* ~ avoir mauvais goût, être mauvais; *es sich* ~ *lassen* se régaler, s'enfiler un bon dîner; *sich etw (gut)* ~ *lassen* faire honneur à qc; manger qc de bon appétit; *aufhören, wenn's am besten schmeckt* demeurer *od* rester sur la bonne bouche; *wissen, was schmeckt* n'être pas dégoûté; *das schmeckt mir gut, ausgezeichnet* je trouve cela bon, excellent; *das Essen schmeckt ihm (von*

e-m Kranken) il a le cœur bon; *schmeckt's? (fam)* c'est bon? *wie schmeckt Ihnen …?* comment trouvez-vous …?

Schmeich|elei *f* ‹-, -en› [ʃmaɪçəˈlaɪ] flatterie; *(niedrige* ~*)* adulation, flagornerie; *(galante* ~*)* fleurette; *(Schmuserei)* câlinerie *f;* **s~elhaft** [ˈʃmaɪçəl-] *a* flatteur; ~**elkätzchen** *n* = ~**elkatze** *f: e-e* ~ *sein* être câline *od* cajoleuse; **s~eln** *itr* flatter; *pej* aduler, flagorner *(jdm* qn); *fam* faire du plat à qn, encenser qn; *mit jdm (zärtlich sein)* câliner, cajoler qn; ~**ler** *m* ‹-s, -› flatteur; *pej* adulateur, flagorneur; *(Lobredner)* louangeur; *(Lobhudler)* encenseur, thuriféraire; *(Schmuser)* cajoleur *m;* **s~lerisch** *a* flatteur; câlin.

schmeißen ‹*schmeißt, schmiß, hat geschmissen*› [ˈʃmaɪsən] *tr fam* flanquer, lancer, ficher; *pop* foutre; *e-e Runde* ~ *(fam)* payer une tournée; *die Sache, (pop) den Laden* ~ en venir à bout, arranger *od* goupiller l'affaire.

Schmeißfliege *f* [ˈʃmaɪs-] mouche *f* bleue *od* à viande.

Schmelz *m* ‹-es, -e› [ʃmɛlts] *tech* émail *(a. Zahn~); (Glanz, a. von Farben)* éclat; *(Klang)* timbre *m; (Frische)* fleur *f; (Zauber, Reiz)* charme *m; mit* ~ *überziehen* émailler; ~**arbeit** *f (Gegenstand)* émaillure *f;* **s~bar** *a* fusible; liquéfiable; *tech a.* traitable; ~**barkeit** *f* ‹-, ø› fusibilité *f;* ~**butter** *f* beurre *m* fondu; ~**draht** *m* fil *m* fusible; ~**e** *f* ‹-, -n› *(allg, bes. Schnee)* fonte; *tech* fusion *f;* **s~en** ‹*schmilzt, schmolz, geschmolzen*› [(-)ˈʃmɔlts(-), ˈʃmɪlts-] *tr ‹aux: haben›* faire fondre, *a. fig* fondre; *tech* fuser; *itr ‹aux: sein›* fondre, se liquéfier; *tech* fuser; *in geschmolzenem Zustand* en fusion; ~**en** *n* fonte, liquéfaction; *tech* fusion *f; zum* ~ *bringen* fondre; *das Eis (fig)* rompre la glace; **s~end** *a fig* languissant, langoureux, doux; *mus* mélodieux; ~**er** *m* ‹-s, -› *(Arbeiter)* fondeur *m;* ~**erei** *f* [-ˈraɪ] fonderie *f;* ~**farbe** *f tech* couleur *f* vitrifiable; ~**hütte** *f* fonderie *f;* ~**käse** *m* fromage *m* fondu; ~**masse** *f tech* masse *f* fondue; ~**mittel** *n tech* fondant *m;* ~**ofen** *m* four *m* de fusion; ~**punkt** *m phys* point *m* de fusion; ~**streifen** *m el (d. Sicherung)* lame *f* fusible; ~**tiegel** *m, a. fig* creuset *m;* ~**wasser** *n* eaux de fonte des neiges; *tech* eaux *f pl* de fusion.

Schmer *m od n* ‹-s, ø› [ʃmeːr] *dial (Schmalz; Schmiere)* graisse *f;*

~bauch m fam bedon m, bedaine, brioche f.

Schmerz m ‹-es, -en› [ʃmɛrts] douleur, peine f, mal; (plötzlicher) élancement m; (Kummer) affliction f, chagrin m, peine f; e-n ~ erneuern rouvrir une blessure od une plaie; mit ~en erwarten attendre avec beaucoup d'impatience; sich ganz dem ~ hingeben s'abandonner à la douleur; ich ließ meinem ~ freien Lauf je laissai libre cours à ma douleur od peine; plötzliche(r) od heftige(r) ~ (a.) coup m de fouet; stechende(r) ~ douleur f poignante, élancement m; von ~en gequält accablé de douleur(s); **s~empfindlich** a sensible à la douleur; **~empfindlichkeit** f sensibilité f à la douleur; **s~en** itr med causer de la douleur, faire (du) mal; tr fig affecter (douloureusement), peiner, chagriner, navrer; mir ~ die Füße mes pieds me font mal; **s~end** a = s~haft; **~ensgeld** n indemnité f pour blessures; **~ensmann** m ‹-(e)s, ø› rel ecce homo m; **~ensmutter** f rel mère f de douleur; **~ensschrei** m cri m de douleur; **s~erfüllt** a fig plein de douleur; **s~haft** a douloureux, endolori; **~haftigkeit** f ‹-, ø› état m douloureux; **s~lich** a fig douloureux, affligeant, pénible; jdn ~ berühren toucher qn au vif; **s~lindernd** a = s~stillend; **s~los** a indolore, sans douleur; **~losigkeit** f ‹-, ø› absence de douleur; scient analgésie f; **s~stillend** a pharm calmant, sédatif; scient analgétique; **~e(s) Mittel** n calmant, sédatif; scient analgésique m; **s~unempfindlich** a insensible à la douleur; scient analgésique; **~unempfindlichkeit** f insensibilité à la douleur; analgésie f.

Schmetter|ball m ['ʃmɛtər-] sport smash m; **s~n** tr flanquer od lancer violemment od avec violence; sport (Ball) flanquer; (Lied) lancer; itr résonner, retentir; (Trompete) sonner; (Vogel) lancer des roulades; zu Boden ~ terrasser, foudroyer; **s~nd** a retentissant, tonitruant; **~schlag** m sport = ~ball.

Schmetterling m ‹-s, -e› ['ʃmɛtərlɪŋ] papillon; scient lépidoptère m; poet phalène f; **~sblütler** m pl bot papilionacées f pl; **~snetz** n filet m à papillons; **~sstil** m (Schwimmen) brasse f papillon.

Schmied m ‹-(e)s, -e› [ʃmiːt, -də(s)] forgeron; (Huf~) maréchal ferrant; (Arbeiter) forgeur m; jeder ist s-s Glückes ~ (prov) chacun est l'artisan de sa fortune; **s~bar** a forgeable, malléable; **~barkeit** f ‹-, ø› malléabilité f; ~e f ‹-, -n› forge f; vor der rechten ~ sein (fig) frapper à la bonne porte; **~earbeit** f ouvrage m de fer forgé; **~eisen** n fer m forgé; **s~eeisern** a de od en fer forgé; **~eesse** f cheminée f de forge; **~ehammer** m marteau m de forge; **s~en** tr forger a. fig; (bearbeiten) travailler; kalt ~ battre à froid; e-n Plan ~ former un projet; Pläne ~ faire des projets; Ränke ~ ourdir des intrigues, intriguer, comploter, cabaler; **~en** n forgeage m; **~epresse** f presse f à forger; **~estahl** m acier m forgé; **~ezange** f pince f od tenailles pl de forgeron.

schmieg|en ['ʃmiːgən] tr (drücken) serrer; sich ~ se serrer, se blottir (an contre); **~sam** [-kza:m] a (biegsam u. fig) flexible, souple; fig docile; **S~samkeit** f ‹-, ø› flexibilité; souplesse; docilité f.

Schmier|e ['ʃmiːrə] f ‹-, -n› **1.** graisse f, enduit, lubrifiant; (Wagen~) cambouis m; (Schmutz) crasse f; theat boui-boui, théâtre m forain, troupe f de cabotins; pot-de-vin m; fam rossée, raclée f; **s~en** tr tech (mit ~e) graisser, lubrifier; (mit Öl) huiler; (Brot) tartiner; pej (Malerei) barbouiller, peinturlurer; (Schrift) gribouiller; fig fam (bestechen) graisser la patte od la main à; itr (Tinte, Feder) baver; jdm eine ~ (fam: ohrfeigen) flanquer une calotte od une gifle à qn; fam (streichen) étendre (auf sur); es läuft od geht wie geschmiert (fam) ça va comme sur des roulettes; **~en** n graissage m, lubrification f; (mit Öl) huilage; (Sudeln) gribouillage; barbouillage m; **~enkomödiant** m baladin; pej cabotin m; **~er** m ‹-s, -› gribouilleur, barbouilleur m; **~erei** f [-'raɪ] (Sudelei) gribouillage; barbouillage m; graffiti pl; **~fett** n tech graisse f, lubrifiant m; **~fink** m gribouilleur, barbouilleur; souillon m, fam sagouin, e m f; **~gelder** n pl dessous-de-table, pot-de-vin m; **s~ig** a graisseux; **~käse** m fromage m à tartiner; **~loch** n tech orifice m de graissage; **~mittel** n produit de graissage, lubrifiant m; **~öl** n huile f lubrifiante od de graissage; **~papier** n papier m brouillon; **~pumpe** f pompe f de graissage; **~seife** f savon m mou; **~stelle** f point m de graissage; **~ung** f (mit ~e) graissage m, lubrification f; (mit Öl) huilage m; **~vorrichtung** f dispositif de graissa-

ge, graisseur *m;* ~**zettel** *m* bout *m* de papier.
Schmiere *f* ['ʃmiːrə] **2.** *fam (Wache):* ~ **stehen** *(bei e-r Straftat)* faire le guet.
Schmink|e *f* ⟨-, -n⟩ ['ʃmɪŋkə] maquillage; *bes. theat* fard *m;* ~ *auflegen* od *auftragen* (se) mettre du fard *od* du rouge; *rote* ~ rouge *m; weiße* ~ blanc (de fard), *fam* plâtre *m;* **s~en** *tr* maquiller, farder *a. fig;* grimer; *sich* ~ *(a.)* se mettre du fard; *fam* se ravaler; *pop* se refaire la façade; ~**en** *n* maquillage, grimage *m;* ~**kasten** *m* boîte *f* de fard; ~**stift** *m* fard *m* en bâton *od* en crayon; ~**täschchen** *n* trousse *f* de maquillage; ~**tuch** *n* serviette *f* à maquillage.
Schmirgel *m* ⟨-s, ø⟩ ['ʃmɪrgəl] émeri *m;* **s~n** *tr* frotter *od* polir à l'émeri; ~**papier** *n* papier-émeri *m.*
Schmi|ß *m* ⟨-sses, -sse⟩ [ʃmɪs, -sə] *(Mensurnarbe)* balafre, estafilade *f; fig fam (Schwung)* allant, entrain, élan *m,* verve *f; (Schick)* chic *m; Schmisse (Schläge) kriegen (fam)* se faire rosser; **s~ssig** *a fam (schwungvoll, mitreißend)* enlevé, plein d'entrain *od* de verve *od* d'élan; entraînant; *(schick)* chic.
Schmitze *f* ⟨-, -n⟩ ['ʃmɪtsə] *(Ende d. Peitschenschnur)* fouet *m.*
Schmöker *m* ⟨-s, -⟩ ['ʃmøːkər] *fam (altes Buch)* bouquin; *(schlechter Roman)* roman *m* à quatre sous; **s~n** *itr fam (in Büchern stöbern)* bouquiner.
schmoll|en ['ʃmɔlən] *itr* bouder *(mit jdm* qn); faire la moue *od* la lippe *od* la tête *od* grise mine; **S~en** *n* bouderie *f;* **S~mund** *m* moue *f; e-n* ~ *machen od ziehen* faire la moue.
Schmor|braten *m* ['ʃmoːrˌ-] bœuf *m* en daube; **s~en** *tr* dauber, étuver, braiser, faire revenir (à la cocotte); *a. itr* cuire à l'étuve; *itr fig (Mensch in der Sonne)* cuire, rôtir; ~**en** *n* daube *f;* ~**fleisch** *n* viande *f* en daube *od* à la cocotte, braisé *m;* ~**topf** *m* daubière, cocotte *f.*
Schmu *m* ⟨-s, ø⟩ [ʃmuː] *fam* grappillage *m,* gratte *f;* ~ *machen* grappiller, faire de la gratte; *(beim Einkauf)* faire danser l'anse du panier.
schmuck [ʃmʊk] *a* coquet, pimpant; propre; joli, beau.
Schmuck *m* ⟨-(e)s, (-e)⟩ [ʃmʊk] parure *f;* bijoux *m pl; (Verzierung)* ornement; *(Zierat)* décor *m,* décoration *f;* ~ *tragen* porter des bijoux; *unechte(r)* ~ bijouterie *f* (de) fantaisie; *pej* toc *m;* ~**blattelegramm** *n* télégramme *m* de luxe; ~**feder** *f* plume *f* de parure; ~**handel** *m* bijouterie, joail-

lerie *f;* ~**händler** *m* bijoutier, joailler *m;* ~**kästchen** *n* boîte *f od* coffret à bijoux, écrin, baguier; *fig (Raum)* bijou *m;* **s~los** *a* sans ornement, nu, simple; austère, sévère; *fig (Stil)* dépouillé, sobre; ~**losigkeit** *f* ⟨-, ø⟩ manque *m* d'ornements; simplicité; austérité; *a. fig* sévérité; *fig* sobriété *f;* ~**sachen** *f pl* bijoux, joyaux *m pl;* ~**stück** *n* parure *f,* joyau *m;* ~**waren** *f pl* bijouterie; joaillerie *f;* ~**warenindustrie** *f* industrie *f* bijoutière.
schmücken ['ʃmykən] *tr* parer, orner *(mit* de); *(verzieren)* décorer *(mit* de); *(verschönern)* embellir; *sich mit fremden Federn* ~ *(fig)* se parer des plumes du paon; **S~** *n* ornementation, décoration *f;* embellissement *m.*
schmudd(e)lig ['ʃmʊd(ə)lɪç] *a fam* sale, malpropre; ~ *aussehen (fam a.)* faire sale.
Schmuggel *m* ⟨-s, ø⟩ ['ʃmʊgəl], ~**elei** *f* ⟨-, ø⟩ [-'lai] contrebande; fraude *f;* **s~eln** *itr* faire de la contrebande; *tr* passer *od* rentrer en contrebande *od* en fraude; ~**elware** *f* marchandises *f pl* de contrebande; ~**ler** *m* ⟨-s, -⟩ contrebandier, fraudeur *m;* ~**lerbande** *f* bande *f* de contrebandiers; ~**lerschiff** *n* navire *m* (de) contrebandier.
schmunzeln ['ʃmʊntsəln] *itr* sourire (d'un air complaisant *od* entendu).
Schmus *m* ⟨-es, ø⟩ [ʃmuːs, '-zəs] *fam* flatteries *f pl,* mots *m pl* sucrés; ~ *machen* passer la main dans le dos; **s~en** *itr* câliner, cajoler *(mit jdm* qn); ~**er** *m* ⟨-s, -⟩ câlin, cajoleur *m.*
Schmutz *m* ⟨-es, ø⟩ [ʃmʊts] boue, ordure, saleté *f,* immondices *f pl; (~fleck)* salissure, souillure; *(~schicht)* crasse; *(Straßen~)* boue, crotte; *(Kot)* fange; *(Müll)* gadoue, *pop* gadouille; *fig* boue, crasse; saleté *f; jdn mit* ~ *bewerfen (fig)* couvrir qn de boue; *vor* ~ *starren (a.)* être sale comme un peigne; *sich im* ~ *wälzen (fig)* se vautrer comme un cochon dans sa bauge; *in den* ~ *ziehen (fig)* traîner dans la boue; ~**arbeit** *f* travail *m* salissant; ~**ärmel** *m* fausse manche *f,* protège-manche *m;* ~**bogen** *m typ* feuille *f* de décharge; **s~empfindlich** *a* salissant; **s~en** *itr (Stoff)* se salir; **s~end** *a: leicht* ~ tachant; ~**fink** *m* souillon *m,* sagouin, e *m f;* ~**fleck** *m* tache de boue, souillure, salissure *f;* **s~ig** *a* sale, boueux, immonde; *(unsauber)* malpropre; *(bespritzt)* crotté; *(schmierig)* crasseux; *(kotig, schlammig)* fangeux; *fig* sordide; ordurier, obscène; *vulg* cochon; *(filzig, geizig)* pingre; ~*e Reden führen* tenir des propos orduriers, di-

re des obscénités; ~ **machen** salir, souiller; crotter; encrasser; ~ **werden** se salir; **s~iggrau** a gris sale; **~igkeit** f ‹-, (-en)› fig saleté; sordidité; obscénité f; **~kruste** f croûte f de crasse; **~schicht** f couche f de boue; **~titel** m typ faux-titre, titre m bâtard, fausse page f; ~- **und Schundliteratur** f mauvais livres m pl; pornographie f; **~zulage** f indemnité f pour travaux salissants.

Schnabel m ‹-s, -̈› ['ʃnaː-, 'ʃnɛːbəl] a. fig pop (vom Menschen) bec; (Schiffs~) éperon; hist rostre m; den ~ aufsperren, halten (pop) ouvrir, fermer le bec; ich spreche, wie mir der ~ gewachsen ist je parle comme j'en ai l'habitude; halt den ~! ferme-la! tais-toi! **s~förmig** a en forme de bec; **~hieb** m coup m de bec; **~schuhe** m pl hist souliers m pl à la poulaine; **~tasse** f tasse f à bec; **~tier** n ornithorynque m; **schnäbeln** ['ʃnɛːbəln] itr fam: mit jdm ~ (küssen) bécoter qn, becqueter qn; **schnabulieren** [ʃnabuˈliːrən] itr hum se régaler.

Schnake f ‹-, -n› ['ʃnaːkə] ent (Bach~) tipule f; (Mücke) moustique, cousin m.

Schnall|e f ‹-, -n› ['ʃnalə] boucle, brochette f; **s~en** tr boucler; enger ~ serrer; weiter ~ desserrer; **~endorn** m ardillon m; **~enschuhe** m pl souliers m pl à boucles.

schnalzen ['ʃnaltsən] itr: mit der Zunge ~ faire claquer od clapper sa langue.

schnapp [ʃnap] interj crac! **S~deckel** m couvercle m à ressort; **~en** tr ‹aux: haben› happer, gober; fig fam (erwischen) mettre la main sur, coincer, choper; pincer; arg servir; itr ‹aux: sein› (Schloß) claquer; (Feder) faire ressort; sich ~ lassen (fam) se faire coincer od pincer; Luft ~ respirer; (ins Freie gehen) prendre l'air; sie haben ihn geschnappt il est fait od pop fichu; **S~feder** f ressort m à déclic; **S~schloß** n serrure f à ressort; **S~schuß** m photo-surprise f, instantané m.

Schnäpper m ‹-s, -› ['ʃnɛpər] orn gobe-mouches m; med lancette f.

Schnaps m ‹-es, -̈e› [ʃnaps, 'ʃnɛpsə] eau-de-vie f; (einzelnes Glas) petit verre m, fam goutte f; arg mil gn(i)ole, gnôle, gnaule f; ~ nach dem Kaffee pousse-café m; **~brenner** m distillateur; fabricant d'eau-de-vie; bouilleur m de cru; **~brennerei** f distillerie f; **s~en** itr boire la goutte, se piquer le nez; **~flasche** f bouteille

f à eau-de-vie; **~glas** n petit verre m; **~idee** f idée f saugrenue; **Schnäpschen** n petit verre m, goutte f.

schnarch|en ['ʃnarçən] itr ronfler; **S~en** n ronflement m; **S~er** m ‹-s, -› ronfleur m.

Schnarr|e f ‹-, -n› ['ʃnarə] (Spielzeug) crécelle f; orn (Misteldrossel) grive f (viscivore); **s~en** itr grincer; (mit der Stimme) nasiller; **~en** n grincement m; **s~end** a (Stimme) nasillard; **~werk** n (Orgel) bourdon m.

Schnatter|gans f ['ʃnatər-], **~liese** f bavarde, péronnelle f; **s~n** itr (Gans) criailler, siffler; (Ente) cancaner, nasiller, faire coin-coin; fig fam pej (Mensch) caqueter, babiller, bavarder; (vor Kälte zittern) frissonner; **~n** n criaillerie f; caquetage; fig babillage, bavardage; frissonnement m.

schnauben ‹schnaubt, schnaubte/schnob, hat geschnaubt/geschnoben› ['ʃnaubən] itr (Pferd) s'ébrouer, renâcler; (Mensch) haleter, respirer od souffler bruyamment; vor Wut ~ écumer de rage; Rache ~ respirer vengeance; **S~** n ébrouement; halètement m, respiration f bruyante.

schnauf|en ['ʃnaufən] itr respirer fort od bruyamment; souffler; haleter; être pantelant; **S~en** n respiration f bruyante; souffle; halètement m; **S~er** m ‹-s, -› fam souffle m (bruyant).

Schnauz|bart m ['ʃnauts-] fam pej moustache f; fig (Mensch) barbon, vieux barbu m; **s~bärtig** a moustachu; **~e** f ‹-, -n› museau m; (Schwein) groin; (Büffel) mufle m; pop (Mensch) gueule, goule f; fig (Kanne) bec m; frei nach ~ (pop) au pifomètre, au petit bonheur; jdm die ~ einschlagen casser la gueule à qn, abîmer le portrait de qn; e-e große ~ haben (pop) être od avoir une grande gueule; die ~ voll haben (pop) en avoir plein le dos od ses bottes; die ~ halten (pop) tenir sa gueule; (halt die) ~! (ferme) ta gueule! **s~en** itr pop gueuler; **~er** m ‹-s, -› (Hunderasse) schnauzer m.

Schnecke f ‹-, -n› ['ʃnɛkə] zoo (Klasse) gast(é)ropode m scient; (Nackt~) limace f; (~ mit Haus) colimaçon f; (Schnirkel~) limaçon f; (bes. eßbare) escargot; anat (Ohr) limaçon m; arch volute f; tech vis sans fin; mus (Geigenkopf) tête f (de violon); (Frisur) macaron m.

Schnecken|antrieb m ['ʃnɛkən-] commande f par vis sans fin; **s~förmig** a en limaçon, en spirale, en volute; **~gang** m: im ~ comme un escargot *od* une tortue; ~**garten** *m* escargotière *f*, parc *m* à escargots; ~**gehäuse** *n tech* carter *m* de vis sans fin; ~**getriebe** *n* engrenage *m* à vis sans fin; ~**gewinde** *n* filetage *m* hélicoïdal; ~**haus** *n* coquille *f* (d'escargot); ~**linie** *f* spirale *f*; ~**platte** *f* escargotière *f*; ~**post** *f: mit der* ~ = *im* ~*gang*; ~**rad** *n* roue *f* hélicoïdale; ~**tempo** *n* = ~*gang*; ~**zucht** *f* héliciculture *f*; ~**züchter** *m* héliciculteur *m*.

Schnee *m* ⟨-s, ø⟩ [ʃne:] *a. TV u. arg (Kokain)* neige; *(Radar)* image de fond, herbe *f; (Ei~)* œufs *m pl* battus en neige; *zu* ~ *schlagen (Küche)* battre en neige; *ewige(r)* ~ neiges *f pl* éternelles *od* perpétuelles; *von* ~ *eingeschlossen* bloqué par les neiges; ~**ball** *m* boule de neige; *bot* viorne *f; (gemeiner)* ~ *(bot)* boule-de-neige *f*; ~**ballschlacht** *f* bataille *f* (à coups) de boules de neige; **s~bedeckt** *a* couvert de neige, neigeux; ~**bericht** *m* bulletin *m* d'enneigement; ~**besen** *m (Küche)* fouet *m* (à œufs); **s~blind** *a* aveuglé par la neige, atteint de la cécité des neiges; ~**blindheit** *f* cécité *od* ophtalmie *f* des neiges; ~**brille** *f* lunettes *f pl* de montagne *od* d'alpiniste; ~**decke** *f* couche *f* de neige *od* neigeuse; ~**fall** *m* chute *f* de neige; ~**flocke** *f* flocon *m* de neige; **s~frei** *a* sans neige; ~ *machen* déneiger; ~**gestöber** *n* rafale *f od* tourbillon *m od* tourmente *f* de neige; ~**glätte** *f* glissance *f* due à la neige; ~**glöckchen** *n bot* perce-neige *f*; ~**grenze** *f geog* limite *f* des neiges; ~**höhe** *f* épaisseur *f* de la neige; ~**huhn** *n* perdrix *od* poule *f* des neiges; *scient* lagopède *m*; ~**hütte** *f* igloo *m*; **s~ig** *a* neigeux, couvert de neige; ~**kette** *f* chaîne *f*; ~**könig** *m: sich wie ein* ~ *freuen (fig)* être transporté de joie, être au comble de la joie; ~**kufe** *f aero* ski *m* d'atterrissage; ~**lage** *f* = ~*verhältnisse;* ~**landschaft** *f* paysage *m* de neige; ~**leopard** *m* panthère *f* des neiges; ~**mann** *m* ⟨-(e)s, ~er⟩ bonhomme *m* de neige; ~**massen** *f pl* neiges *f pl;* ~**matsch** *m* neige *f* à demi fondue; ~**pflug** *m* chasse-neige *m;* ~**region** *f geog* zone *f* des neiges éternelles; ~**schauer** *m* averse *f* de neige; ~**schaufel** *f*, ~**schippe** *f* pelle *f* à neige; ~**schmelze** *f* fonte *f* des neiges; ~**schuh** *m* = *Schi;* **s~sicher** *a: das ist ein* ~*es Gebiet* à cet endroit on est sûr de trouver de la neige; ~**sturm** *m* tempête *f* de neige; ~**teller** *m* raquette (de neige); *(Schi)* ron-

delle *f;* ~**treiben** *n* = ~*gestöber;* ~**verhältnisse** *n pl* enneigement *m;* ~**verwehung** *f* amas *m* de neige, congère *f;* ~**wächte** *f (überhängende* ~*masse)* corniche *f* de neige; ~**wehe** *f* = ~*verwehung;* **s~weiß** *a* blanc comme (la) neige; ~**wittchen** *n* ⟨-s, ø⟩ *(Märchenfigur)* Blanche-Neige *f;* ~**zaun** *m* pare-neige *m*.

Schneid *m* ⟨-(e)s, ø⟩ cran, allant, mordant; *fam* nerf *m; jdm den* ~ *abgewinnen, abkaufen* décourager, démoraliser qn; **s~ig** *a* plein d'allant; crâne; ~*e(r) Kerl m* homme *m* à poigne; ~**igkeit** *f* ⟨-, ø⟩ = ~.

Schneid|brenner *m* ['ʃnaɪt-] chalumeau *m* oxhydrique *od* découpeur; ~**e** *f* ⟨-, -n⟩ [-də] coupant, tranchant, taillant, fil *m; tech* tranchée, laie *f; (Waage)* couteau; *(Berggrat)* arête, crête *f* de montagne; *auf des Messers* ~ *stehen (fig)* ne tenir qu'à un fil; ~**eisen** *n* filière *f;* ~**emaschine** *f* machine *f* à découper; ~**ewerkzeug** *n* outil *od* instrument *m* tranchant *od* à découper; ~**ezahn** *m* (dent) incisive *f;* ~**kluppe** *f tech* (porte-)filière *f (m)*.

schneiden ⟨*schneidet, schnitt, hat geschnitten*⟩ ['ʃnaɪdən] *tr* couper, tailler; *(ab~)* découper, trancher; *(scheren)* tondre; *(hacken)* hacher; *(sägen)* scier; *(Metall)* refendre; *(Gewinde)* fileter; *film* monter; *med* opérer; *(kastrieren)* castrer, châtrer; *mot (scharf überholen)* faire une queue de poisson à; *fig (nicht beachten)* ignorer; *itr* couper, être coupant; *sich* ~ se couper *a. math (Linien); fig fam (sich irren)* se tromper; *Grimassen* ~ faire des grimaces; *in Holz* ~ graver sur bois; ~**d** *a fig (Kälte)* vif, piquant, mordant; *(Wind)* cinglant; *(Worte, Ton)* tranchant, pénétrant.

Schneider *m* ⟨-s, -⟩ ['ʃnaɪdər] tailleur *m; aus dem* ~ *sein (fig fam: Kartenspiel)* avoir plus de trente points; ~**büste** *f* mannequin *m* de tailleur; ~**ei** *f* [-'raɪ] *(Handwerk)* métier *m* de tailleur; *(Damen~)* couture *f; (Werkstatt)* atelier *m* de tailleur *od (Damen~)* de couture; ~**handwerk** *n s.* ~*ei;* ~**in** *f* couturière *f; junge* ~ cousette *f fam;* ~**kostüm** *n* (costume) tailleur *m;* ~**kreide** *f* craie *f* de tailleur; ~**muskel** *m anat* muscle *m* couturier; **s~n** *itr* faire de la couture; *tr* faire, coudre; *haben Sie das Kleid selbst geschneidert?* (a.) ce me revole m'avez-vous fait de votre fabrication? ~**n** *n* couture *f;* ~**puppe** *f* mannequin *m;* ~**schere** *f* ciseaux *m pl* de tailleur; ~**werkstatt** *f s.* ~*ei.*

schneien ['ʃnaɪən] *itr impers* neiger; *es schneit (a.)* il tombe de la neige.
Schneise *f* ‹-, -n› ['ʃnaɪzə] *(Wald)* laie, percée, trouée *f;* coupe-feu; *aero* couloir *m; mil* percée *f.*
schnell [ʃnɛl] *a* vite *a. adv,* rapide; *(flink)* prompt; *möglichst* ~, *so* ~ *wie möglich, auf dem* ~*sten Weg* au plus vite, le plus vite possible, aussi vite que possible; *so* ~ *ich (etc) konnte* le plus rapidement possible, à toutes jambes; *von* ~*em Entschluß* prompt à se décider, leste; ~ *entschlossen (adv)* lestement; ~ *zu Ende gehen* tourner court; ~ *begreifen* avoir l'esprit prompt; ~ *fahren (a.)* rouler à vive allure; ~*er gehen* allonger le pas; ~ *machen (fam: sich beeilen)* se dépêcher, se hâter, se presser; *pop* faire vinaigre; *arg* se dégrouiller; *mit etw* ~ *bei der Hand sein* être prompt à qc; ~ *weghaben (fam: Krankheit)* prendre facilement; ~, ~! vite, vite! dépêche-toi! dépêchez-vous! ~*e Truppen f pl* unités *f pl* rapides; ~*e Zunahme f (a.)* prolifération *f;* **S~e** *f* ‹-, ø› = ~*igkeit; (Strom~) f* ‹-, -n› rapide *m;* **S~igkeit** *f* ‹-, ø› vitesse, rapidité, célérité, vélocité; promptitude *f;* **S~igkeitsrekord** *m* record *m* de vitesse; ~*stens adv* dans les plus brefs délais, au plus tôt, en vitesse; = *möglichst* ~.
Schnell|ausbildung *f* ['ʃnɛl-] formation *od* instruction *f* accélérée; ~**bahn** *f* ligne *f* à service rapide; métro-express *m; a.* = ~*weg;* ~**bohrer** *m,* ~**bohrmaschine** *f* perceuse *f* rapide; ~**boot** *n mar* vedette *f* rapide; ~**dampfer** *m* vapeur *m* rapide; ~**dienst** *m* service *m* rapide; ~**feuergeschütz** *n,* ~**feuergewehr** *n,* ~**feuerwaffe** *f* pièce *f,* fusil *m,* arme *f* à tir rapide; **s~füßig** *a* agile, leste; ~**gang** *m mot* vitesse *f* surmultipliée; ~**gaststätte** *f* snack-bar *m;* ~**güterzug** *m* train *m* de marchandises rapide; ~**imbiß** *m* snack-bar; casse-croûte *m inv;* ~**kochtopf** *m* marmite autoclave *od* à pression, cocotte *f* minute; ~**kurs** *m (Lehrgang)* cours *m* accéléré; ~**(l)äufer** *m* coureur; sprinter; *mot* moteur *m* (à régime) rapide; **s~(l)ebig** *a (Zeit)* où règne la vitesse; ~**presse** *f typ* presse *f* rapide *od* mécanique; ~**reinigung** *f* pressing *m;* ~**schreiber** *m tele* transmetteur *m* à grande vitesse; ~**segler** *m mar* clipper *m;* ~**straße** *f* voie *f* express; **s~trocknend** *a* siccatif; ~**verfahren** *n tech* méthode rapide; *jur* procédure *f* accélérée; ~**waage** *f* (balance *od* bascule) romaine *f,* peson *m;* ~**weg** *m* voie *f* à circulation rapide; ~**zug** *m* (train) rapide *m;* ~**zugverbindung** *f* service *m* rapide; ~**zugzuschlag** *m* supplément-rapide *m.*
schnell|en ['ʃnɛlən] *itr* ‹aux: sein› faire ressort *od* un bond, bondir; *tr* ‹aux: haben› décocher, lancer, darder; *in die Höhe* ~ faire un bond; *fig (Preise)* augmenter de façon vertigineuse; *(in die Höhe)* ~ *lassen* faire bondir, lâcher; **S~käfer** *m* taupin; *scient* élatéridé *m;* **S~kraft** *f* ‹-, ø› élasticité *f,* ressort *m.*
Schnepfe *f* ‹-, -n› ['ʃnɛpfə] bécasse; *fig pop (Nutte)* grue *f;* ~**njagd** *f* chasse *f* à la bécasse; ~**nstrich** *m,* ~**nzug** *m* passage *m* de bécasses.
schneuzen ['ʃnɔʏtsən], *sich* se moucher.
schniegeln ['ʃniːgəln] *tr vx (putzen): geschniegelt und gebügelt* tiré à quatre épingles.
schnieke ['ʃniːkə] *a dial (schick)* chic.
schnipp [ʃnɪp] *interj* clic! ~, *schnapp!* clic-clac!
Schnippchen *n* ‹-s, -› ['ʃnɪpçən]: *jdm ein* ~ *schlagen* jouer un tour à qn, se jouer de qn; monter le coup à qn.
Schnipp|el *m od n* ‹-s, -› ['ʃnɪpəl] petit morceau *m;* rognure *f;* **s~eln** *itr (herumschneiden)* tailler et rogner; **s~en** *itr* claquer (les doigts); **s~isch** *a* pincé, mutin.
Schnipsel *m od n* ‹-s, -› ['ʃnɪpsəl] *fam,* **s~n** *itr fam* = *Schnippel etc.*
Schnirkelschnecke *f* ['ʃnɪrkəl-] *zoo* limaçon, escargot *m.*
Schnitt *m* ‹-(e)s, -e› ['ʃnɪt] *(Vorgang)* coupe; *(Ergebnis)* coupe, taille; *(Ein~)* entaille, encoche, taillade; *(~wunde)* coupure; *(größere)* entaille; *(Chirurgie)* incision; *(Schneiderei: Zu~)* coupe, façon *f;* *(~muster)* patron *m; (Buch)* tranche *f; film* découpage *m; agr* coupe, récolte; *(der Bäume)* taille; *math* intersection *f; im* ~ en moyenne; *nach dem neuesten* ~ à la dernière mode; *e-n* ~ *machen (fig)* faire une bonne affaire; *der Goldene* ~ *(math)* la section d'or; ~ *und Zusammenstellung (film)* montage *m;* ~**blumen** *f pl* fleurs *f pl* coupées; ~**bohnen** *f pl* haricots *m pl* verts; ~**chen** *n (kleine belegte* ~*e)* petite tartine *f;* ~*e f* ‹-, -n› tranche; *(belegtes Brot)* tartine *f;* ~**er** *m* ‹-s, -› moissonneur, faucheur *m;* **s~fest** *a (Tomate)* ferme; ~**fläche** *f* (surface de la) coupe, section *f;* ~**holz** *n* bois *m* débité *od* de sciage; **s~ig** *a (rassig, schick, bes. von e-m Auto)* racé, chic, élégant; ~**käse** *m* fromage *m* à tran-

cher *od* en tranches; **~lauch** *m* civ(ett)e, ciboulette *f;* **~meister** *m film* monteur *m;* **~muster** *n* patron *m* (de couture); **~musterrädchen** *n* roulette *f;* **~punkt** *m math* point d'intersection; *fig* (point *m* de) rencontre *f,* carrefour *m;* **~salat** *m* laitue *f* à couper; **~stelle** *f inform* jonction, interface (de transmission); *fig* jonction *f;* **~wunde** *f* coupure; *(größere)* entaille *f.*

Schnitz *m* ‹-es, -e› [ʃnɪts] *dial* morceau *m* de fruit sec; **~arbeit** *f* sculpture *f* sur bois; **~el** *n* ‹-s, -› rognure *f,* morceau; *(Papier)* bout *m* de papier; *(Küche)* escalope *f;* **~eljagd** *f* rallye-paper, rallie-papier *m;* **s~eln** *itr = schnippeln;* **s~en** *tr* tailler *od* sculpter (sur bois); **~en** *n* sculpture *f* (sur bois); **~er** *m* ‹-s, -› *(Holz~)* sculpteur *m* (sur bois); *fig fam (Fehler)* gaffe, bévue; *(sprachlicher)* incartade *f; e-n ~ machen (a.)* gaffer; **~erei** *f* [-'raɪ] sculpture *f* sur bois; **~messer** *n* couteau *m* à sculpter; **~werk** *n* ouvrage *m* sculpté; sculpture *f* sur bois.

schnodd(e)rig ['ʃnɔd(ə)rɪç] *a dial fam* impertinent, impudent; **S~keit** *f* impertinence, impudence *f.*

schnöd|(e) ['ʃnøːt, -də] *a (erbärmlich)* indigne, odieux, méprisable; *(gemein)* vil; **~e(r)** Mammon *m (a.)* lucre *m;* **~e** Tat *f (a.)* vilenie *f; adv* de façon indigne; **S~igkeit** *f* indignité; vilenie *f.*

Schnorchel *m* ‹-s, -› ['ʃnɔrçəl] *mar sport* schnorchel *m.*

Schnörkel *m* ‹-s, -› ['ʃnœrkəl] *arch* volute; *allg (Verzierung)* fioriture, enjolivure *f;* ornement baroque; *(Schrift)* entrelacs *m;* **s~haft** *a,* **s~ig** *a* chargé de fioritures; baroque; contourné, surchargé; *(Stil)* tarabiscoté; **s~n** *itr* faire des fioritures *od* des entrelacs.

schnorr|en ['ʃnɔrən] *itr fam (betteln)* mendigoter, mendier; **S~er** *m* ‹-s, -› mendigot *m.*

Schnösel *m* ‹-s, -› ['ʃnøːzəl] *fam (frecher Bursche)* jeune impertinent *m.*

schnüff|eln ['ʃnʏfəln] *itr (Tier)* renâcler; *(Mensch)* renifler; *fig* fureter, fouiner; **S~eln** *n* reniflement; furetage *m;* **S~ler** *m* ‹-s, -› furet(eur), fouineur; *pej* rat *m* de cave.

Schnuller *m* ‹-s, -› ['ʃnʊlər] tétine *f.*

Schnulze *f* ‹-, -n› ['ʃnʊltsə] chanson de charme, rengaine, scie *f;* **~nsänger** *m* chanteur *m* de charme.

schnupf|en ['ʃnʊpfən] *tr (Tabak)* priser; *itr* prendre du tabac; *sich ~* se moucher; **S~en** *m* ‹-s, -› rhume de cerveau; *scient* coryza *m; den ~ ha-*

ben *(a.)* être enrhumé; *e-n tüchtigen ~ haben* avoir un bon rhume; *sich e-n ~ holen* s'enrhumer; **S~tabak** *m* tabac *m* à priser; **S~tuch** *n* mouchoir *m* (de poche).

schnuppe ['ʃnʊpə] *a fam: das ist mir ~* je m'en moque comme de l'an quarante *od* pas mal, je m'en fiche; *pop* je m'en fous *od* balance.

Schnuppe *f* ‹-, -n› ['ʃnʊpə] *(verkohlter Docht)* mouchure *f.*

Schnupper|lehre *f* ['ʃnʊpər-] apprentissage *m* à l'essai; **s~n** *itr (Hund)* flairer; *fig (Mensch)* renifler.

Schnur *f* ‹-, ⸚e› [ʃnuːr, 'ʃnyːrə] corde *f,* cordon; lacet; *(Absteck~)* cordeau *m;* *(Bindfaden)* ficelle *f;* *(e-r Perlenkette)* fil *m;* *(Angeln),* el fil *m;* **s~gerade** *a* tiré au cordeau, tout droit; **~keramik** *f hist* céramique *f* cordée; **s~stracks** ['-'ʃtraks] *adv* tout droit; immédiatement; *(sofort)* sur-le-champ.

Schnür|band *n* ['ʃnyːr-] lacet *m;* **~boden** *m theat* cintre, gril *m;* **~brust** *f (Korsett)* corset *m;* **~chen** *n: wie am ~* hersagen réciter d'affilée; *wie am ~ können* savoir sur le bout du doigt; *das geht wie am ~* cela va comme sur des roulettes; **s~en** *tr* lacer, ficeler; *sich ~* se lacer, se sangler, se serrer (la taille); *sein Bündel ~ (fig)* faire son paquet; plier bagage; *fam* faire son bal(l)uchon; *das schnürt mir das Herz* cela me serre le cœur; **~leib(chen** *n)* *m* corset *m;* **~loch** *n* œillet *m;* **~nadel** *f* passe-lacet *m;* **~schuh** *m* soulier à lacets; *mil* brodequin *m;* **~senkel** *m* lacet *m;* **~stiefel** *m* bottine *f* (à lacets), brodequin *m.*

Schnurr|bart *m* ['ʃnʊr-] moustache *f;* bacchantes *f pl;* **~bartbinde** *f* fixe-moustache *m;* **s~bärtig** *a* moustachu; **~e** *f* ‹-, -n› *(Burleske)* farce, facétie *f;* **s~en** *itr* **1.** *(Katze)* ronronner; *(Spinnrad)* ronfler; **~en** *n* ronron(nement); ronflement *m;* **~haare** *n pl zoo* vibrisses *f pl,* poils *m pl* tactiles; *(Katze)* barbe *f;* **s~ig** *a* drôle, cocasse; burlesque.

schnurren ['ʃnʊrən] *itr* **2.** *= schnorren.*

Schnute *f* ‹-, -n› ['ʃnuːtə] *fam (Mund)* bouche *f;* *(Schmollmund)* moue *f; e-e ~ ziehen od machen* faire la moue, *fam* faire la gueule.

schnurz [ʃnʊrts] *a fam: das ist mir ~* je m'en fiche.

Schober *m* ‹-s, -› ['ʃoːbər] *(Heuschuppen)* grange; *(Heuhaufen)* meule *f* (de foin).

Schock *n* [ʃɔk] **1.** ‹-(e)s, -e› soixantaine; *fig fam (Menge)* quantité *f,* tas *m;* *(Kinder)* ribambelle *f;* **s~weise** *adv* par soixantaines.

Schock 2. *m* [ʃɔk] ‹-(e)s, -s/(-e)› *med* choc; *a. fig* soubresaut *m; fig* secousse *f,* ébranlement *m;* **s~ieren** [-'ki:rən] *tr* choquer; scandaliser; **~schwerenot!** mille tonnerres! **~therapie** *f* thérapeutique *f* de choc; **~wirkung** *f med* effet *m* du choc.

schofel ['ʃo:fəl] *a,* **schof(e)lig** *a fam* *(gemein)* piètre, vil, bas; *(knauserig)* ladre, pingre, chiche, mesquin.

Schöffe *m* ‹-n, -n› ['ʃœfə] échevin *m;* **~namt** *n* échevinage *m;* **~ngericht** *n* tribunal *m* d'échevins.

Schokolade *f* ‹-, -n› [ʃoko'la:də] chocolat *m;* **~neis** *n* glace *f* au chocolat; **~nfabrik** *f* chocolaterie *f;* **~nfabrikant** *m* chocolatier *m;* **s~nfarben** *a* chocolat; **~nkrem** *f* mousse *f* au chocolat; **~nkuchen** *m* gâteau *m* au chocolat; **~nplätzchen** *n* pastille *f* de chocolat.

Schol|ar *m* ‹-en, -en› [ʃo'la:r] *hist* *(Schüler)* écolier *m;* **~astik** *f* ‹-, ø› [-'lastɪk] *rel philos* scolastique *f;* **~astiker** *m* ‹-s, -› [-'lastɪkər] scolastique *m;* **s ~astisch** [-'lastɪʃ] *a* scolastique.

Scholle *f* ‹-, -n› ['ʃɔlə] *(Erd~)* motte de terre; *a. fig* glèbe *f;* *geol* lambeau, segment; *(Eis~)* glaçon; *(Fisch)* poisson *m* plat, plie, sole *f; an die ~ gebunden* attaché à la glèbe; **~nbrecher** *m agr* brise-mottes *m inv.*

Schöllkraut *n* ['ʃœlkraʊt] *bot* chélidoine *f.*

schon [ʃoːn] *adv* **1.** *(zeitl., a. örtl.)* déjà; *~ von weitem sah ich ihn kommen* je le voyais déjà venir de loin; **2.** *(mit nachfolgender Zeitbestimmung)* dès; *~ damals* dès lors; *~ jetzt* dès maintenant; d'ores et déjà; *~ als Kind* dès mon *etc* enfance, tout enfant; *~ lange* depuis longtemps (déjà); *es ist ~ lange her* il y a (déjà) longtemps; **3.** *(gewiß, doch, wohl)* bien (sûr), certainement, sans doute; *(oft a. ohne Entsprechung); ~ dadurch* par ce seul fait; *~ deswegen* rien que *od* ne serait ce que pour cela *od* pour cette raison; *~ oft* maintes (et maintes) fois; *~ wegen ...* ne serait-ce que pour ...; *ich weiß ~* je sais bien; *er wird ~ kommen* il viendra bien; *es wird ~ gehen* ça ira; *das mag ~ sein* cela *od* ça se peut; *wo steckst du ~ wieder?* où es-tu donc? *mach ~!* *(fam: eil dich!)* dépêche-toi! *wenn ~, denn ~!* s'il le faut, allons-y! *~ gut!* ça va (bien); c'est bon; ça suffit; *~ recht!* je veux bien; soit! d'accord! oui, oui! *~*

wieder encore; **4.** *(mit nachfolgendem Art. u. s)* le, la seul(e) *od* simple *...,* rien que le, la *...;* *~ der Gedanke* la seule idée, rien que d'y penser; *daß ... rien que de penser que ...;* *~ die Höflichkeit (verlangt)* la simple politesse (exige).

schön [ʃøːn] *a* beau; bien fait; *(hübsch); (angenehm)* agréable; *iron* honnête; *adv* bien; *interj* bon! bien! soit! d'accord! *iron* parfait! *e-s ~en Tages* un beau jour; *in ~ster Ordnung* en ordre parfait; *aufhören, wenn es am ~sten ist* rester sur la bonne bouche; *~ malen, schreiben, singen (etc)* peindre, écrire, chanter *etc* bien; *~ in der Patsche* od *Tinte sitzen (fam)* être dans de beaux draps; *~ werden (Wetter)* se mettre au beau; *~er werden* embellir; *ich lasse ~ grüßen* bien des choses de ma part; *ich werde mich ~ hüten, (fam) bremsen, das werde ich ~ seinlassen* je m'en garderai bien; *es ist ~ (es Wetter)* il fait beau (temps) *od* bon; *das ist ~!* à la bonne heure! *das ist ~ von dir* c'est bien de ta part; *das ist alles ganz ~* od *~ und gut, aber ...* tout cela est bel et bon *od* bien, mais ...; *das S~e dabei ist ...* ce qu'il y a de beau là-dedans, c'est ...; *es kommt noch ~er* il y a plus; *das wäre noch ~er!* *(iron)* encore mieux! ah, par exemple! point de cela! *das wird (ja) immer ~er!* c'est de mieux en mieux! cela recommence de plus belle! cela ne fait que croître et embellir! *da haben wir uns was S~es eingebrockt! (fam)* nous nous sommes embarqués dans une belle affaire! *da haben Sie was S~es angerichtet!* vous avez fait là de la belle besogne *od* du beau travail! voilà un bel exploit! *von Ihnen hört man ja ~e Dinge!* on en dit de toutes les couleurs sur votre compte; *das ist (ja) e-e ~e Bescherung!* en voilà du joli *od* du propre! *bitte ~!* s'il vous plaît; *danke ~!* *~en Dank!* merci beaucoup! merci bien! *das ist (ja) e-e ~e Geschichte!* en voilà une affaire! voilà un bel exploit! *etwas S~es (a.)* du gâteau; *~ artig od brav* bien sage; *das ~e Geschlecht* le beau sexe; *die s~en Künste f pl* les beaux-arts *m pl; die s~e Literatur* les belles-lettres *f pl; e-e ~e Summe* une belle somme d'argent; *~e (leere) Worte n pl* de belles paroles; **S~druck** *m typ* prime, impression *f* verso; **S~e** *f* ‹-, -n› **1.** *(~es Mädchen)* belle, beauté *f;* **2.** ‹-, ø› *poet (S~heit)* beauté *f;* **~en** *tr* *(Farbe)* faire revenir; *(Wein)* clarifier; **~=färben** *tr fig* peindre en rose;

S~färberei f (fausse) idéalisation f;
S~geist m (Person), **S~geisterei** f
bel esprit m; **~geistig** a de bel
esprit; die ~e Literatur les belles-
-lettres f pl; **S~ling** m ⟨-s, -e⟩ pej
beau m; **~=machen** itr (Hund) faire
le beau; sich ~ se parer, s'endimancher; fam se pomponner; **S~redner**
m beau diseur m; **~=schreiben** itr
calligraphier; **S~schreiben** n,
S~schrift f calligraphie f; **S~tuer**
m enjôleur, flatteur m; **S~tuerei** f
minauderie, afféterie, affectation f;
~=tun itr minauder, faire le précieux
od le galant; **S~ung** f ⟨-, (-en)⟩ (d.
Weins) clarification f.

Schon|bezug m ['ʃo:n-] a. mot housse
f; **s~en** tr ménager, épargner; (~d
umgehen mit) prendre soin de, soigner; (rücksichtsvoll behandeln)
ménager, avoir des égards pour; sich
~ se ménager, ménager sa santé;
nicht ~ (verausgaben) faire bon
marché de, prodiguer; sich nicht ~ ne
pas se ménager; faire bon marché de
sa santé; **s~end** a plein d'égards; adv
avec ménagements; ~ behandeln
ménager; a: ~e Behandlung f ménagements m pl; **~er** m ⟨-s, -⟩ **1.** (Dek-
ke) housse f; **~frist** f = ~zeit; fig
période f d'adaptation; **~gang** m
mot vitesse f surmultipliée; **~kost** f
régime m; **~ung** f ménagement m;
égards m pl (gen pour); (Wald) bois
m en défen(d)s, jeune plantation f;
s~ungsbedürftig a: ~ sein avoir
besoin de ménagements; **s~ungslos**
a sans ménagements; sans merci, impitoyable; **~ungslosigkeit** f dureté,
cruauté f; **~zeit** f temps m od chasse
f prohibé(e); es ist ~ la chasse est
fermée.

Schoner m ⟨-s, -⟩ ['ʃo:nər] **2.** mar goélette f, schooner m.

Schönheit f ⟨-, -en⟩ ['ʃø:nhaɪt] beauté;
(schöne Frau) beauté, belle f; in voller ~ (erstrahlen être) dans tout
l'éclat de la beauté, (être) dans toute
großē ~ (Frau) divinité f; **~schirur-
gie** f chirurgie f esthétique; **~sfehler**
m (petit) défaut m d'aspect; **~sfleck**
m grain m de beauté; **~sideal** n
beauté f idéale; **~sinstitut** n, **~skö-
nigin** f, **~skrem** f institut m, reine,
crème f de beauté; **~skult** m a.
esthétisme m; **~smittel** n produit m de
beauté; cosmétique m; **~soperation**
f opération f de chirurgie esthétique;
~spflästerchen n grain m de beauté, mouche f; **~spflege** f soins m pl
de beauté; esthétique; cosmétique f,
visagisme m; **~sreparatur** f réparation f locative; **~ssalon** m salon m

de beauté; **~swettbewerb** m concours m de beauté.

Schopf m ⟨-(e)s, ⁻e⟩ [ʃopf, 'ʃœpfə]
(Haarbüschel) touffe f (de cheveux),
toupet m, houppe; orn h(o)uppe f; die
Gelegenheit beim ~ ergreifen od fassen saisir l'occasion aux cheveux,
prendre od saisir la balle au bond,
profiter de l'occasion.

Schöpf|brunnen m ['ʃœpf-] puits m (à
seau); **~eimer** m seau à puiser; (am
~rad) godet m; **s~en** tr puiser (aus à,
dans); Atem od Luft ~ prendre haleine, respirer; frische Luft ~ (draußen)
prendre l'air; leer, voll ~ vider, remplir; Mut ~ prendre courage; ~en n
puisement, puisage m; **~er** m ⟨-s, -⟩
(~gefäß) = ~kelle; (am ~rad) écope
f; (~ender) puiseur; (Erschaffer)
créateur; auteur m; **~ergeist** m
génie m créateur; **s~erisch** a
créateur, producteur; **~erkraft** f productivité, créativité f; **~kelle** f, **~löf-
fel** m louche f, pucheux m; **~rad** n
roue f à godets; **~ung** f création f;
~ungs... (in Zssgen) a. génésiaque;
~ungsbericht m, **~ungsgeschich-
te** f (Bibel) Genèse f; **~ungsmy-
thos** m cosmogonie f; **~ungstag** m
jour m de la création; **~werk** n noria
f.

Schoppen m ⟨-s, -⟩ ['ʃopən] (Henkel-
glas) chop(in)e f.

Schöps m ⟨-es, -e⟩ [ʃœps] dial (Hammel) mouton; fam (Dummkopf)
benêt, nigaud m.

Schorf m ⟨-(e)s, -e⟩ [ʃorf] escarre,
croûte f; **~bildung** f escarrification f;
s~ig a couvert de croûtes od d'escar-
res.

Schorle(morle) f ⟨-, -n⟩ [ʃorlə'morlə]
(Getränk) marquise f.

Schornstein m ⟨-(e)s, -e⟩ ['ʃornʃtaɪn]
cheminée f; (Lokomotive) tuyau m;
den ~ rauchen lassen (fig) faire
bouillir la marmite; **~aufsatz** m mitre od couronne f de cheminée; dreh-
bare(r) ~ tournevent m; **~brand** m
feu m de cheminée; **~fegen** n ramonage m; **~feger** m ⟨-s, -⟩ ramoneur
m; **~haube** f lanterne f de cheminée.

Schoß 1. m ⟨-ßes, ⁻ße⟩ [ʃo:s, 'ʃø:sə]
fig giron, sein; (der Kirche a.) bercail
m; (der Erde) entrailles f pl, ventre
m; (Rock~) basque f, pan m; auf jds
~ sur les genoux de qn; die Hände in
den ~ legen (fig) (se) croiser les bras;
auf den ~ nehmen prendre sur ses
genoux; das ist ihm in den ~ gefallen cela lui est tombé du ciel; **~hund**
m, **~hündchen** n chien de manchon,
bichon m; **~kind** n enfant gâté od
chéri, bichon m.

Schoß 2. *m* ⟨-sses, -sse⟩ [ʃɔs, -sə], **Schößling** *m* *bot* pousse *f*, jet, rejet(on); *(wilder Trieb)* gourmand *m*.
Schot(e 1.) *f* ['ʃoːt(ə)] ⟨-, -(e)n⟩ *mar* écoute *f*.
Schote 2. *f* ['ʃoːtə] ⟨-, -n⟩ *bot (Hülse)* cosse, gousse; *scient* silique *f*; **s~nförmig** *a* siliqueux.
Schott 1. *m* [ʃɔt] ⟨-s, -s⟩ *(Salzsumpf)* chott *m*.
Schott(e 1. *f* ⟨-, -n⟩) **2.** *n* ⟨-(e)s, -e⟩ *mar* cloison *f* (étanche).
Schott|e 2. *m* ⟨-n, -n⟩, **~in** *f* Écossais, e *m* *f*; **~en** *m* ⟨-s, -⟩ *(Textil)* écossais, tartan *m*; **~enmuster** *n* écossais *m*; **s~isch** *a* écossais; d'Écosse; **~land** *n* l'Écosse *f*.
Schotter *m* ⟨-s, -⟩ ['ʃɔtər] cailloutis *m*, pierraille *f*; pierres *f* *pl* concassées; *(Straße, loc)* ballast *m*; **~decke** *f* empierrement *m*; **s~n** *tr (Straße)* empierrer; **~ung** *f* empierrement, soubassement; *loc* ballastage *m*.
schraff|en ['ʃrafən] *tr*, **~ieren** [-'fiːrən] *tr* hach(ur)er; **S~ierung** *f*, **S~ung** *f*, **S~ur** *f* ⟨-, -en⟩ [-'fuːr] (dessin *m* en) hachure (-s *pl*) *f*.
schräg [ʃrɛːk] *a* oblique; diagonal; en biais, de *od* en biseau; *(schief, geneigt)* incliné; *adv* obliquement; diagonalement, en diagonale; de travers, de *od* en biais, en biseau, en écharpe; *(geneigt)* en talus; **~** *gegenüber* de l'autre côté, un peu plus loin *(ein Ausdruck!)*; **~** *beschießen* écharper; **~** *fahren, gehen, laufen* biaiser; **~** *schneiden* couper obliquement *od* en biais; **~** *schreiben* coucher son écriture; **~** *stehen (Mauer, Wand)* porter à faux; **~** *stellen* mettre en porte-à-faux; **S~ansicht** *f* vue *f* oblique; **S~e** *f* ⟨-, -n⟩ ['-gə] biais *m*; *(Hang)* pente *f*; **~en** *tr (schief abkanten)* donner de la pente *od* de la pente à; biseauter; taluter; **S~fläche** *f* plan *m* incliné; **S~flug** *m* vol *m* oblique; **~gestreift** *a* rayé en diagonale *od* en biais; **S~heit** *f* ⟨-, ø⟩ obliquité *f*; **S~kante** *f* pan coupé; chanfrein *m*; **S~lage** *f* inclinaison; *(in der Kurve)* bande *f*; *aero* dévers *m*; **S~schnitt** *m* coupe *f* en biais *od* biseau; **S~schrift** *f* écriture *f* penchée; **S~streifen** *m (Nähen)* bias *m*; **S~strich** *m* barre *f* oblique *od* de fraction.
Schrameisen ['ʃraːm-] *n* mines rivelaine *f*.
Schramm|e *f* ⟨-, -n⟩ ['ʃramə] *allg* rayure; *(in der Haut)* éraflure, égratignure *f*; **s~en** *tr* rayer; érafler, égratigner; **s~ig** *a* rayé; éraflé, égratigné.
Schrank *m* ⟨-(e)s, ⁓e⟩ [ʃraŋk, 'ʃrɛŋkə]

allg armoire; *(Kleider~)* garde-robe *f*; *(Fächer~)* cabinet; *(Wand~)* placard; *(Geschirr~)* buffet *m*; *(Bücher~)* bibliothèque; *(Büro~)* armoire-classeur *f*; **~brett** *n* tablette *f*; **~fach** *n* compartiment *m*; **~koffer** *m* malle-armoire *f*, coffre-armoire *m*; **~papier** *n* papier *m* pâte; **~wand** *f* armoire *f* murale.
Schranke *f* ⟨-, -n⟩ ['ʃraŋkə] barrière; *(bes. Gerichts~)* barre; *fig* borne, limite *f*; *pl (Turnierplatz)* lice *f*, champ *m* clos; *gegen etw* **e** **~** *errichten (fig)* élever une barrière contre qc; *in die* **~n** *fordern (fig)* provoquer; *in* **~n** *halten (fig)* tenir dans les bornes; *jdm* **~n** *setzen (fig)* imposer des limites à qn; *in die* **~n** *treten (fig)* entrer en lice; *jdn in s-e* **~n** *weisen* remettre qn à sa place; **s~nlos** *a* illimité, sans limites *od* bornes; *(ungezügelt)* sans frein, effréné, déréglé; **~nlosigkeit** *f* dérèglement *m*; **~nwärter** *m* garde-barrière, garde-voie *m*.
Schranze *m* ⟨-n, -n⟩ *od* *f* ⟨-, -n⟩ [ʃrantsə] *pej (Höfling)* courtisan *m* obséquieux.
Schrapnell *n* ⟨-s, -e/-s⟩ [ʃrap'nɛl] *mil* shrapnel, obus *m* à balles.
Schrapp|eisen *n* ['ʃrap-] raclette *f*; **s~en** *tr* racler; **~er** *m* ⟨-s, -⟩ *(Fördergefäß)* benne *f* racleuse.
Schrat(t) *m* ⟨-(e)s, -e⟩ [ʃraːt] *(Waldgeist)* sylvain, faune *m*.
Schraub|deckel *m* ['ʃraup-] couvercle *m* fileté; **~e** *f* ⟨-, -n⟩ ['-bə] vis *f*; *mar aero* hélice *f*; *e-e* **~** *(fest) anziehen* serrer une vis (à fond); *bei ihm ist e-e* **~** *los od locker (fig fam)* il ne tourne pas rond, il est toqué; *pop* il a une araignée au plafond; *alte* **~** *(fig fam pej)* vieille toquée *f*; **~** *ohne Ende* vis *f* sans fin; **s~en** *tr* visser; *fester* **~** serrer; *höher* **~** *(fig)* augmenter; *niedriger* **~** *(fig)* rabattre; **~enbolzen** *m* boulon (fileté), prisonnier *m*; **~endampfer** *m* vapeur *m* à hélice; **s~enförmig** *a* hélicoïdal; **~engang** *m* pas *m* de vis; **~engewinde** *n* filet *m* de vis; **~enkopf** *m* tête *f* de vis; **~enkupp(e)lung** *f* raccord fileté *od* à vis, vissage *m*; **~enlehre** *f* calibre à vis, palmer *m*; **~enlinie** *f math* hélice *f*; *in* **~** *aufsteigen (Geschoß, Rakete)* vriller; **~enmutter** *f* écrou *m*; **~enschlüssel** *m* clé *f* à écrous; **~enzieher** *m* ⟨-s, -⟩ tournevis *m*; **~enstock** *m* étau *m*; **~enzwinge** *f* serre-joint(s) *m*.
Schrebergarten *m* ['ʃreːbər-] jardin ouvrier, lotissement *m*.
Schreck *m* ⟨-(e)s, -e⟩ [ʃrɛk] effroi *m*, frayeur *f*; = **~en**; *e-n* **~** *bekommen* s'effrayer, s'épouvanter; *jdm e-n* **~**

einjagen jeter qn dans l'épouvante, effrayer qn; *fam* tourner le sang à qn; *jdm e-n schönen ~ einjagen (fam)* faire une peur bleue à qn; *ach, du ~!* grand Dieu! bonté divine! **~bild** *n* épouvantail *m;* **~en** *m* ‹-s, -› effroi *m,* frayeur, terreur; *(Entsetzen)* épouvante, horreur *f; mit dem ~ davonkommen* en être quitte pour la peur; *~ erregen* faire horreur; *in ~ halten (a.)* terroriser; *~ verbreiten* répandre *od* jeter *od* faire régner la terreur; *in ~ versetzen* effrayer; *panische(r) ~* terreur *f* panique; *die ~ des Krieges, des Todes* les horreurs *f pl* de la guerre, de la mort; **s~en** *tr* effrayer, effaroucher, épouvanter; **s~enerregend** *a* effrayant, terrifiant; **s~ensbleich** *a* pâle d'effroi; **~ensbotschaft** *f,* **~ensnachricht** *f* nouvelle *f* épouvantable *od* terrible *od* alarmante; **~ensherrschaft** *f* régime de terreur, terrorisme *m; die ~ (1793)* la Terreur; **~ensnacht** *f* nuit *f* d'horreur; **~enstat** *f* atrocité *f;* **~gespenst** *n* cauchemar, épouvantail, croquemitaine *m;* **s~haft** *a* impressionnable; peureux, craintif; *sehr ~ sein (a.)* avoir peur de son ombre; **~haftigkeit** *f* impressionnabilité *f;* **s~lich** *a* terrible, horrible, effroyable; *(entsetzlich)* épouvantable, affreux; *adv fam* terriblement, rudement, diablement; *(maßlos)* outrageusement; *es ist ~* c'est une horreur; *wie ~!* quelle horreur! **~lichkeit** *f* ‹-,(-en)› horreur; atrocité *f;* **~nis** *n* ‹-sses, -sse› horreur *f;* **~schuß** *m* coup *m* blanc *od* tiré en l'air; **~sekunde** *f* temps *m* de réaction.

Schrei *m* ‹-(e)s, -e› [ʃraɪ] cri; *(Hahn)* chant *m; e-n ~ ausstoßen* pousser *od* jeter un cri; *laute(r) ~* grand cri *m; der letzte ~ (Mode)* le dernier cri.

Schreib|art [ˈʃraɪb-] *f* manière *f* d'écrire; style *m;* **~bedarf** *m* = **~waren;** **~block** *m* bloc-notes; **s~faul** *a* trop paresseux pour écrire; **~feder** *f* plume *f;* **~fehler** *m* erreur *od* faute *f* d'écriture *od* de plume; **~gebühren** *f pl* droit(s *pl*) *m od* frais *m pl* d'écriture; **~heft** *n* cahier *m;* **~kraft** *f (Person)* aide *f* de bureau, dactylo(graphe) *m f;* **~krampf** *m* graphospasme *m; scient;* **~kunst** *f* calligraphie *f;* **~mappe** *f* sous-main *m;* **~maschine** *f* machine *f* à écrire; **~maschinenraum** *m* salle *f* des dactylo(graphe)s; **~maschinenstuhl** *m* chaise *f* (de) dactylo; **~maschinentisch** *m* bureau *m* (de) dactylo; **~papier** *n* papier *m* à écrire; *feinste(s) ~* papier *m* royal; **~pult** *n* bureau-pupitre *m;*

~raum *m* salle *f* de correspondance; **~schrank** *m* secrétaire *m;* **~stube** *f mil* bureau *m* de compagnie; **~tisch** *m* bureau *m;* **~tischlampe** *f* lampe *f* de bureau; **~übung** *f* exercice *m* d'écriture; **~unterlage** *f* sous-main *m;* **~warenhändler** *m* papetier *m;* **~waren(handlung** *f)* *f pl* papeterie *f;* **~weise** *f* = *~ung;* **~zeug** *n* écritoire *m.*

schreiben ‹*schreibt, schrieb, hat geschrieben*› [ˈʃraɪbən] *tr* écrire; *(auf~)* noter, mettre par écrit; *ad m com a.* porter; *(Rechnung)* dresser, faire; *(Rezept)* formuler; *(verfassen)* écrire, composer; *um etw ~* écrire qu'on en voie qc; *~, was einem gerade einfällt* écrire au courant de la plume; *falsch ~* orthographier mal; *etw in den Kamin od Schornstein ~* faire son deuil de *od* une croix sur qc; *krank, gesund ~ porter malade, valide; auf der (Schreib-)Maschine ~* écrire *od* taper à la machine, dactylographier; *ins reine ~* écrire au propre, mettre au net; *richtig ~ (können)* savoir l'orthographe, écrire *od* orthographier correctement; *ins unreine ~* écrire au brouillon; *sehr unleserlich ~* écrire comme un chat *od* à la diable; *jdm im Gesicht od auf der Stirn geschrieben stehen (fig)* se lire sur le visage de qn; *man schrieb das Jahr 1429* c'était l'an 1429; *die Feder schreibt gut* la plume est bonne; *es steht geschrieben (Bibel)* il est écrit; *wie geschrieben steht* comme il est écrit; *wie ~ Sie sich?* comment s'écrit votre nom? **S~** *n (Brief)* lettre *f, com* courrier *m; (Schriftstück)* pièce *f,* écrit, document *m; Ihr geehrtes ~* votre honorée; *vorliegende(s) ~ (la)* présente *f.*

Schreib|er *m* ‹-s, -› [ˈʃraɪbər] *(Beruf)* employé aux écritures; secrétaire; *pej* scribe; *(Ab~)* copiste; *(Gerichts~)* greffier; *(Verfasser)* auteur; *(Graphologie)* scripteur; *tech (appareil)* enregistreur *m;* **~erei** *f* [-ˈraɪ] griffonnage *m,* paperasses *f pl;* **~erling** *m* ‹-s, -e› écrivailleur, écrivassier, *fam* scribouillard *m;* **~erseele** *f pej* scribe *m;* **~ung** *f* graphie *f,* graphisme, orthographe *m.*

schrei|en ‹*schreit, schrie, hat geschrien*› [ˈʃraɪən] *itr* crier, pousser *od* jeter des cris, vociférer; *fam* brailler; *(dauernd)* criailler; *(herum~, pop)* gueuler; *(Esel)* braire; *(Hirsch)* bramer; *(Eule)* ululer; *tr (hinaus~)* clamer; *nach etw ~* réclamer qc à grands cris; *sich heiser ~* s'égosiller; *zum Himmel ~ (fig)* être révoltant;

aus Leibeskräften ~ crier de toutes ses forces; *er schrie wie am Spieß* il cria comme si on l'écorchait; il poussa des cris d'orfraie; **S~en** *n* cris *m pl;* vociférations *f pl;* braillement *m;* criailleries *f pl; das ist zum* ~ *(fam: zum Lachen)* c'est rigolo *od* marrant *od* roulant; **~end** *a* criant; *(Farbe)* criard, tapageur; *eine* ~*e Ungerechtigkeit* une injustice criante; **S~er** *m* ⟨-s, -⟩, **S~hals** *m* criard, braillard; *pop* gueulard *m;* **S~erei** *f* [-'raɪ] criaillerie *f.*

Schrein *m* ⟨-(e)s, -e⟩ [ʃraɪn] *vx* = *Schrank; (Reliquien~)* châsse *f; (Sarg)* cercueil *m;* ~**er** *m* ⟨-s, -⟩ menuisier; *(Kunst~)* ébéniste *m;* ~**erarbeit** *f,* ~**erei** *f* [-'raɪ], ~**erhandwerk** *n,* ~**erwerkstatt** *f* menuiserie; ébénisterie *f;* **s~ern** *itr* menuiser, faire de la menuiserie *od* de l'ébénisterie.

schreiten ⟨*schreitet, schritt, ist geschritten*⟩ ['ʃraɪtən, (-)'ʃrɪt(-)] *itr* marcher; *über etw* franchir qc; *(gemessen)* marcher à pas comptés; compter ses pas; *fig (übergehen)* passer *od* procéder *(zu etw* à qc); *vorwärts* ~ avancer.

Schrift *f* ⟨-, -en⟩ [ʃrɪft] *allg* écriture; *(Hand~ a.)* main; *(~system)* graphie *f; typ* caractères *m pl,* lettres *f pl; (Literaturwerk)* écrit *m,* œuvre *f; (kleine* ~) opuscule; *(Abhandlung)* traité *m; die Heilige* ~ l'Écriture sainte, les saintes Écritures; *sämtliche* ~*en pl (Werke)* (les) œuvres *f pl* complètes; *unleserliche* ~ *(a.)* grimoire *m; vermischte* ~*en pl* mélanges *m pl;* ~**art** *f* caractère *m;* ~**auslegung** *f rel* exégèse *f;* ~**bild** *n typ* œil *m;* ~**deutsch(e)** *n* allemand *m* écrit; *(nicht Dialekt)* le bon allemand; ~**enreihe** *f (Buchhandel)* collection *f;* ~**führer** *m* secrétaire *m;* ~**gelehrte(r)** *m (Bibel)* docteur *m* de la loi; ~**gießer** *m* fondeur *m* de caractères; ~**gießerei** *f* fonderie *f* de caractères; ~**grad** *m typ* force *f* de corps; ~**guß** *m typ* fonte *f* de caractères; ~**leiter** *m (e-r Zeitung)* rédacteur *m* en chef; ~**leitung** *f* rédaction *f;* **s~lich** *a* écrit; *adv par* écrit; ~ *festhalten od niederlegen* mettre par écrit, consigner; ~*e Prüfung f* (examen) écrit *m;* ~**metall** *n typ* métal *m* à caractères *od* à lettres; ~**probe** *f* épreuve *f od* spécimen *m* d'écriture; ~**sachverständige(r)** *m* expert en écritures, graphologue *m;* ~**satz** *m typ* composition; *adm jur* écriture *f,* mémoire *m;* ~**setzer** *m typ* compositeur *m;* ~**sprache** *f* langue *f* écrite; ~**stelle** *f* passage *m* des Écritures; ~**steller**

m ⟨-s, -⟩ écrivain, homme *m* de lettres *od* de plume; *pl a.* gens *m pl* de lettres; ~**stellerei** *f* profession d'écrivain *od* d'homme de lettres; littérature *f;* ~**stellerin** *f* femme de lettres, femme *f* auteur; **s~stellerisch** *a* d'écrivain; littéraire; **s~stellern** *itr* écrire, faire de la littérature; ~**stellername** *m* nom *m* de plume; ~**stück** *n* écrit *m,* pièce *f;* acte; document; papier *m; amtliche(s)* ~ pièce *f* officielle; ~**system** *n* graphie *f;* ~**tum** *n* ⟨-s, ø⟩ lettres *f pl;* littérature *f;* ~**vergleichung** *f* comparaison *f* d'écritures; ~**verkehr** *m adm* correspondance *f* (officielle); ~**wechsel** *m* correspondance *f,* échange *m* de lettres; ~**zeichen** *n* signe *m* graphique; ~**zeug** *n* = ~*metall;* ~**zug** *m* trait, paraphe *m.*

schrill [ʃrɪl] *a* aigu, strident, perçant; ~**en** *itr* pousser *od* rendre un son aigu *od* strident.

Schrippe *f* ⟨-, -n⟩ ['ʃrɪpə] *dial (Brötchen)* petit pain *m.*

Schritt *m* ⟨-(e)s, -e⟩ [ʃrɪt] pas *m; (großer)* enjambée; *(Gangart)* allure *f; (Hose)* entrejambe; *fig* pas *m,* démarche *f; pl (Tanz)* évolutions; *fig* démarches *f pl; auf* ~ *und Tritt* à chaque pas; ~ *für* ~ pas à pas, pied à pied; *fig a.* de point en point; *im* ~ *(gehen)* (aller) au pas; *gemessenen* ~*es* à pas comptés; *drei* ~*e von* à quatre pas de; *s-e* ~*e beflügeln* mettre des ailes aux talons; *(im)* ~ *fahren, reiten* aller *od* avancer au pas; ~ *fassen (mil)* emboîter le pas; *jdm auf* ~ *und Tritt folgen* s'attacher *od* être attaché aux pas de qn, marcher sur les pas de qn; ~ *gehen lassen (Pferd)* mettre au pas; ~ *halten* garder le pas; *mit jdm* aller au pas avec qn; *mitea.* ~ *halten* marcher au même pas; *mit der Zeit* ~ *halten (a.)* être à la page; *s-e* ~*e lenken nach* diriger *od* porter ses pas vers, s'acheminer vers; *große* ~*e machen* marcher à grands pas *od* à enjambées; *jdm die* ~*e nachzählen* compter tous les pas de qn; *den ersten* ~ *tun (fig)* faire le premier pas; *e-n großen* ~ *vorwärts tun* faire un grand pas en avant; ~*e unternehmen* faire des démarches; *s-e* ~*e verdoppeln* doubler le pas; *keinen* ~ *vorankommen (fig)* ne pas avancer d'une semelle; *den* ~ *wechseln* changer le pas; ~**länge** *f* longueur de pas; *(Hose)* longueur *f* d'entre-jambe; ~**macher** *m sport* entraîneur; *med* stimulateur cardiaque; *fig (Bahnbrecher)* pionnier *m;* ~**(t)empo** *n: im* ~ au pas; ~**wechsel** *m* changement *m* de pas; **s~weise** *adv* pas à pas, graduellement, par étapes; ~**zähler** *m* podomètre *m*.

schroff [ʃrɔf] *a (steil)* escarpé; *a. fig* raide, abrupt; *fig (barsch)* brusque, rude; *(abweisend)* rébarbatif; *(herrisch)* cassant; *adv a.* avec raideur; *jdn ~ behandeln* traiter qn rudement *od* avec rudesse, rudoyer qn; **S~heit** *f* raideur; *fig* rudesse *f*.

Schröpf|eisen *n* [ˈʃrœpf-] scarificateur *m*; **s~en** *tr med* scarifier; appliquer des ventouses à; *fig* plumer, saigner, écorcher, gruger; **S~kopf** *m med* ventouse *f*.

Schrot *m* od *n* ⟨-(e)s, -e⟩ [ʃroːt] *agr* gruau; *fin* poids *m* de l'alliage; *(Flinten~)* menu plomb, plomb *m* de chasse, grenaille, dragée *f*; *ein Mann von altem ~ und Korn* un homme comme on n'en fait plus *od* de la vieille roche *od* de l'ancienne roche; ~**baum** *m* mandrin *m*; ~**brot** *n* pain *m* complet; ~**eisen** *n* ébarboir *m*; **s~en** *tr (Getreide grob zerkleinern)* égruger; *allg* broyer, concasser; ~**flinte** *f* carabine *f* de chasse; ~**meißel** *m* ébauchoir *m*; ~**säge** *f* passe-partout *m*.

Schrott *m* ⟨-(e)s, -e⟩ [ʃrɔt] ferraille, mitraille *f*, déchet *m* de métal; ~**händler** *m* marchand *m* de ferraille; ~**platz** *m* parc *m* à ferraille; **s~reif** *a (Auto)* à mettre à la casse; ~**wert** *m* valeur *f* résiduelle *od* de récupération.

schrubb|en [ˈʃrʊbən] *tr* frotter (avec un balai-brosse); *mar* fauberter; **S~er** *m* balai-brosse; *mar* faubert *m*.

Schrull|e *f* ⟨-, -n⟩ [ˈʃrʊlə] caprice *m*, lubie *f*, tic *m*; *fam* toquade *f*, dada *m*; **s~enhaft** *a*, **s~ig** *a* lunatique, fantasque, bizarre, drôle.

schrump(e)lig [ˈʃrʊmp(ə)liç] *a (runzlig)* ratatiné, ridé; ~**eln** *⟨aux: sein⟩ itr (runzlig, faltig werden)* se ratatiner, se rider.

schrumpf|en *⟨aux: sein⟩* [ˈʃrʊmpfən] *itr* se rétrécir, se contracter; se réduire, se resserrer; *(verkümmern)* se rabougrir; **S~ung** *f* rétrécissement *m*; *med (Leber~)* cirrhose *f*.

Schrund|e *f* ⟨-, -n⟩ [ˈʃrʊndə] *(Riß, Spalte)* fissure, crevasse; *(in d. Haut)* gerçure *f*; **s~ig** *a* fissuré, crevassé; gercé.

Schub *m* ⟨-(e)s, ⁖e⟩ [ʃuːp, ˈʃyːbə] poussée *a. arch; (Brot, a. fig)* fournée; *(Propeller)* traction; *(Rakete)* poussée, impulsion *f*; ~**fach** *n* = ~**lade**; ~**karre(n** *m*) *f* brouette *f*; ~**kraft** *f aero* (puissance de) poussée *f*; ~**lade** *f* tiroir *m*; *in die ~ legen*

(fig) repousser au fond du tiroir; ~**lehre** *f* pied *m* à coulisse; ~**leistung** *f (Rakete)* puissance *f* de poussée; ~**rakete** *f* fusée *f* d'assistance; ~**stange** *f tech* bielle *f*; ~**steigerung** *f (Rakete)* augmentation *f* de poussée; **s~weise** *adv* par poussées.

Schubs *m* ⟨-es, -e⟩ [ʃups] *dial (Stoß)* poussée *f*; *fam* ramponneau *m*; **s~en** *tr* pousser; bousculer.

schüchtern [ˈʃʏçtərn] *a* timide; **S~heit** *f* ⟨-, ø⟩ timidité *f*.

Schuft *m* ⟨-(e)s, -e⟩ [ʃʊft] coquin *m*, canaille, crapule *f*; gredin *m*; *fam* fripouille *f*; *pop* (peau de) vache *f*; **s~en** *itr fam (schwer arbeiten)* travailler à bloc *od* comme un damné; tirer la charrue, bosser; ne pas chômer; *pop* boulonner, trimer, turbiner; ~ *müssen (fam)* en baver; ~**erei** *f* [-ˈraɪ] *fam (schwere Arbeit)* travail *m* de forçat, corvée *f*; *arg* turbin *m*; *a.* = ~**igkeit**; **s~ig** *a* coquin; de canaille, de crapule; vil, bas; *pop* vache; ~**igkeit** *f* canaillerie, gredinerie *f*.

Schuh *m* ⟨-(e)s, -e⟩ [ʃuː] chaussure *f*, soulier *m*; *tech* sabot, patin *m*; *die ~e an-, ausziehen* mettre, ôter ses chaussures; *jdm etw in die ~e schieben (fig)* mettre qc sur le dos *od* le compte de qn; *ich weiß, wo Sie der ~ drückt (fig)* je sais où le bât vous blesse; *der ~ sitzt mir, dir etc gut* la chaussure me, te *etc* chausse bien; ~**anzieher** *m* ⟨-s, -⟩ chausse-pied *m*; ~**band** *n* ⟨-(e)s, ⁖er⟩ lacet *m*; ~**bürste** *f* brosse *f* à chaussures; ~**creme** *f* cirage *m*; ~**fabrik** *f* fabrique *f* de chaussures; ~**fabrikant** *m* fabricant de chaussures, chausseur *m*; ~**flicker** *m* ⟨-s, -⟩ savetier *m*; ~**geschäft** *n* magasin *m* de chaussures; ~**größe** *f* pointure *f*; ~ *40 haben* chausser du 40; *welche ~ haben Sie?* quelle pointure faites-vous? ~**krem** *f* cirage *m*; ~**leisten** *m* forme *f*, embauchoir *m*; ~**löffel** *m* corne *f* (à chaussures); ~**macher** *m* cordonnier *m*; ~**macherei** *f* cordonnerie *f*; ~**nagel** *m* clou *m* à chaussures, caboche *f*; ~**nummer** *f* = ~**größe**; ~**paste** *f* crème *od* pâte *f* à chaussures; ~**putzer** *m* cireur *m* (de chaussures); ~**riemen** *m* lacet *m* (en cuir); *nicht würdig sein, jdm die ~ zu lösen* n'être pas digne de défaire la courroie de la chaussure à qn; ~**schrank** *m* étagère *f* à chaussures; ~**sohle** *f* semelle *f*; ~**spanner** *m* embauchoir *m*; ~**werk** *n*, ~**zeug** *n* chaussures *f pl*; ~**wichse** *f* = ~**krem**.

Schukostecker *m* [ˈʃuːko-] *(Warenzeichen)* *el* fiche *f* de sécurité.

Schul|amt *n* [´ʃuːl-] inspection *f* académique; **~alter** *n* âge *m* scolaire *od* de scolarité; **~anfang** *m* rentrée *f* des classes; **~arbeit** *f* devoir *m;* **~art** *f* sorte *f* d'école; **~arzt** *m* médecin *m* scolaire *od* (chargé de l'inspection) des écoles); **~aufgabe** *f* devoir *m;* **~aufsicht** *f* inspection *f* (des écoles); **~ausflug** *m* excursion *f* scolaire; **~ausgabe** *f* (Buch) édition *f* scolaire; **~bank** *f* banc *m* d'école; *die ~ drücken* aller à l'école, aller *od* être en classe; **~beginn** *m* = *~anfang;* **~behörde** *f* = *~amt;* **~beispiel** *n* exemple *m* typique; **~beratung** *f* orientation *f* scolaire; **~besuch** *m* fréquentation *f* scolaire *od* de l'école; *regelmäßige(r)* **~** régularité *f* de présence; **~betrieb** *m* enseignement *m;* **~bibliothek** *f* bibliothèque *f* scolaire; **~bildung** *f* éducation *od* formation *f* scolaire; *e-e gute* **~** *haben* avoir fait de bonnes études; **~buch** *n* livre *m* scolaire *od* de classe *od* classique; **~bücherei** *f* = *~bibliothek;* **~buchhandlung** *f* librairie *f* classique; **~diener** *m* concierge *m* (d'une *od* de l'école); **~dienst** *m* enseignement *m;* **~fach** *n* matière *f* (enseignée); **~ferien** *pl* vacances *f pl* scolaires; **~fernsehen** *n* télévision *f* scolaire; **~flugzeug** *n* avion-école, avion *m* d'instruction *od* d'entraînement; **s~frei** *a: ~ haben* avoir congé, être en congé; *~e(r) Tag m* jour *m* de congé; **~freund** *m* ami *m* de collège; **~funk** *m* radio *f* scolaire; **~gebäude** *n* bâtiment *m* scolaire; **~geld** *n* droits *m pl* de scolarité; *lassen Sie sich Ihr* **~** *zurückzahlen!* (iron) il faut vous renvoyer à l'école; **~geldfreiheit** *f* enseignement *m* gratuit; **~gemeinde** *f* communauté *f* scolaire; **~geschwader** *n mar* flottille *f* d'instruction; **~haus** *n* (maison d')école *f;* **~heft** *n* cahier *m* de classe *od* d'écolier; **~hof** *m* cour *f* (de l'école *od* de récréation), préau *m; ~*j**ahr** *n* année *f* scolaire; **~jugend** *f* jeunesse *f* scolaire; **~junge** *m* écolier *m; ~*k**amerad** *m* camarade *m* d'école; **~kenntnisse** *f pl* connaissances *f pl* scolaires; **~kind** *n* écolier, ère *m f;* **~klasse** *f* (Raum: salle de) classe *f;* **~kreuzer** *m* croiseur-école *m; ~*l**eiter** *m* directeur *m* d'école; **~mädchen** *n* écolière *f;* **~mappe** *f* serviette *f;* **~medizin** *f* médecine *f* officielle; **~meister** *m* maître d'école, instituteur *m;* **s~meisterlich** *a (pedantisch)* pédant(esque); *(hochtrabend)* sentencieux; **s~meistern** *tr* régenter; *itr* faire la police; **~ordnung** *f* règlement *m* scolaire; **~pferd** *n* cheval *m* de manège; **~pflicht** *f* enseignement *m od* instruction obligatoire; obligation *f* scolaire; **s~pflichtig** *a: im ~en Alter* d'âge scolaire; **~probleme** *n pl* difficultés *f pl* en classe; **~psychologe** *m* psychologue *m* scolaire; **~rat** *m* inspecteur *m* de l'enseignement primaire; **~reform** *f* réforme *f* de l'enseignement *od* des études; **~reiten** *n* manège *m;* **~schießen** *n* tir *m* d'instruction; **~schiff** *n* vaisseau-école, navire-école *m;* **~schluß** *m* sortie *f* des classes; **~schwänzen** *n* absentéisme *m* scolaire; **~sorgen** *f pl* problèmes *m pl* en classe; **~speisung** *f* cuisine *f* scolaire; **~streik** *m* grève *f* scolaire; **~streß** *m* surmenage *m* scolaire; **~stunde** *f* leçon, classe *f;* **~tasche** *f* cartable *m;* **~typ** *m* = *~art;* **~unterricht** *m* enseignement *m* scolaire, instruction *f* publique; **~verwaltung** *f* administration *f* scolaire; **~weisheit** *f* connaissances *f pl* livresques, savoir *m* acquis dans les livres; **~wesen** *n* instruction *f* publique; *höhere(s)* **~** enseignement *m* secondaire *od* du second degré; **~wettkämpfe** *m pl* sport compétitions *f pl* scolaires; **~wörterbuch** *n* dictionnaire *m* à l'usage des écoles; **~zeit** *f* années *f pl* de scolarité; **~zeugnis** *n* certificat *m* d'études.

Schuld *f* ⟨-, -en⟩ [[ʃʊlt, ´-dən] *fin* dette *a. fig; (Fehler)* faute *f; (Unrecht)* tort *m; jur* culpabilité *f; pl (nur: fin)* dettes *f pl; durch meine* **~** par ma faute; *ohne meine* **~** sans qu'il y ait faute de ma part; *jdm die* **~** *an etw beimessen* imputer la faute de qc à qn, s'en prendre à qn de qc; *s-e* **~** *bekennen od eingestehen* avouer sa faute, dire *od* faire son mea-culpa; *s-e ~en bezahlen* payer ses *od* se libérer de ses dettes; *e-e* **~** *eintreiben* recouvrer une dette; *in ~en geraten* s'endetter; *bei jdm ~en haben* avoir des dettes *od* être en dette avec qn; être (écrit) sur les papiers de qn; *überall od an allen Ecken und Enden ~en haben* devoir de tous côtés; **~** *auf sich laden* se rendre coupable; *~en machen* faire *od* contracter des dettes; *die* **~** *auf sich nehmen* en prendre la responsabilité, s'imputer la faute; *(sich schuldig bekennen)* s'avouer coupable; *die* **~** *an etw auf jdn schieben* rejeter *od* faire retomber la faute de qc sur qn; *bis an den Hals in ~en stecken* être accablé *od* criblé *od* perdu de dettes; *in jds* **~** *stehen* avoir des dettes, *fig* une dette de reconnaissance envers qn; *sich in ~en stürzen* se mettre dans des dettes; s'endetter; *lit* s'obérer; *jdm die ~ an etw zuschieben* imputer à qn la faute de qc; *das ist meine ~* c'est (de) ma faute; *das ist nicht meine ~ (a.)* je n'y suis pour rien; *fällige ~* créance *f* exigible; *vergib uns unsere ~ (Vaterunser)* pardonne-nous nos offenses; **s~** *a:* ~ *sein od haben* être responsable; *an etw ~ sein* être responsable de qc, être la cause de qc; *jdm ~ geben* attribuer la faute à qn; *er ist od hat ~* c'est sa faute; *wer od was ist ~ daran?* à qui *od* à quoi la faute? **~anerkennung** *f fin* reconnaissance *f* de dette; **~ausschließungsgrund** *m jur* exonération *f* de culpabilité; **~bekenntnis** *n* aveu *m*; **s~beladen** *a* chargé de fautes; **~beweis** *m* preuve *f* de culpabilité; **s~bewußt** *a* qui se sent coupable; *lit* conscient de sa culpabilité; **~bewußtsein** *n:* ~ *sein* ~ la conscience de sa culpabilité; **s~enfrei** *a* exempt *od* quitte de dettes; *(Grundstück)* franc d'hypothèques; **~enlast** *f* poids *m* des dettes; **~enmasse** *f* ensemble des dettes, passif *m;* **~entilgung** *f* amortissement *m* (des dettes); **~erlaß** *m* remise *f* de dette; **~forderung** *f* créance *f;* **~frage** *f* question *f* de culpabilité *od* de responsabilités; **~gefühl** *n* sentiment *m* de culpabilité; **~haft** *f* contrainte *f* par corps; **s~haft** *a* coupable; fautif; **s~ig** *a* coupable; fautif; *(gebührend)* dû; *sich ~ bekennen* s'avouer od plaider coupable, dire *od* faire son mea-culpa; ~ *bleiben (fin)* demeurer en arrière *od* en reste; *jdm etw* demeurer en reste avec qn; *jdm nichts ~ bleiben (fig)* le rendre, rendre la pareille *od* la monnaie de sa pièce à qn; *die Antwort nicht ~ bleiben* être prompt à la riposte; riposter du tac au tac; *für ~ erklären* déclarer coupable; *sich für ~ erklären = sich ~ bekennen; sich ~ fühlen* se sentir coupable *od* en défaut; *jdm für etw Dank ~ sein* savoir gré à qn de qc; ~ *sein* être en faute; *jdm etw* être redevable de qc à qn; devoir qc à qn, être en reste de qc avec qn; ~ *sprechen = für ~ erklären; jdm die ~e Achtung versagen* refuser à qn le respect qu'on lui doit; *ich bin es ihm ~ zu ...* je lui dois de ...; *was bin ich Ihnen ~?* combien vous dois-je? *der ~e Teil (jur)* la partie fautive; **~ige(r)** *m* coupable *m;* **~igkeit** *f* devoir *m;* obligation *f; er hat nur s-e ~ getan* il n'a fait que son devoir; *das ist Ihre verdammte Pflicht und ~ (fam)* c'est à

coup sûr votre devoir; mais vous n'avez pas le choix! **~igsprechung** *f jur* verdict *m* de culpabilité; **~klage** *f jur* action *f* pour dettes; **~konto** *n: jdm etw aufs ~ setzen (fig)* mettre qc sur le dos de qn; **s~los** *a* non coupable; innocent; ~ *geschieden* divorcé à son avantage; **~losigkeit** *f* ‹-, ø› innocence *f;* **~ner** *m* ‹-s, -› [-dnər] débiteur *m;* **~nerland** *n* pays *m* débiteur; **~posten** *m com* poste *m* débiteur; **~recht** *n* droit *m* des obligations; **~schein** *m* reconnaissance *f* de dette, titre *m* de créance; **~spruch** *m* = **~igsprechung;** **~übernahme** *f* reprise *f* de dette; **~übertragung** *f com* revirement *m* de fonds; **~umwandlung** *f fin* conversion *f* de dettes; **~verhältnis** *n fin* rapport *m* obligatoire *od* d'obligation; **~verschreibung** *f* titre *m* d'obligation; *öffentliche ~* rente *f* d'État *od* de l'État *od* sur l'État.

schulden ['ʃʊldən] *tr* devoir *(jdm etw qc à qn)*; être redevable *(jdm etw à qn de qc).*

Schule *f* ‹-, -n› ['ʃuːlə] *(Gebäude u. Unterricht)* école; *(Unterricht)* classe; *(Richtung in Kunst u. Wissenschaft)* école; *(Lehrgang, System)* méthode *f; (Schwarm Fische)* banc *m; die ~ besuchen* fréquenter l'école; *e-e harte ~ durchmachen, durch e-e harte ~ gehen* passer par une rude école; *in die od zur ~ gehen* aller à l'école; *(Schüler sein)* être en classe; ~ *haben* avoir classe; *in die od zur ~ kommen* entrer à l'école; ~ *machen (fig)* faire école; *aus der ~ plaudern (fig)* commettre une indiscrétion; *in die ~ schicken (Kind)* mettre à l'école; *die ~ schwänzen* faire l'école buissonnière; *die ~ versäumen* manquer la classe; *heute ist keine ~* il n'y a pas classe aujourd'hui; *Hohe ~ (Reiten)* haute école *f; höhere ~* école *f* secondaire; *(Belgien)* athénée *m.*

schul|en ['ʃuːlən] *tr* instruire, entraîner, former; *(Tier a.)* dresser; **~isch** *a* scolaire; **S~ung** *f* instruction *f,* entraînement *m,* formation *f, (Abrichtung)* dressage *m.*

Schüler(in *f)* *m* ‹-s, -› ['ʃyːlər] *allg* élève *m f; (e-r Schule, bes. im schulpflichtigen Alter)* écolier, ère; *(e-s städt. Gymnasiums)* collégien, ne; *(e-s staatl. Gymnasiums)* lycéen, ne; *(e-r École normale (Lehrerseminar)* normalien, ne *m f; (Jünger)* disciple *m; schlechte(r) ~ (a.)* cancre *m;* **~abholdienst** *m* ramassage *m* scolaire;

~austausch *m* échange *m* scolaire *od* d'élèves; **s~haft** *a* d'écolier; *adv* en écolier; **~lotse** *m* élève *m* qui fait traverser la rue à d'autres élèves; **~schaft** *f* élèves; collégiens; lycéens *m pl;* **~zahl** *f* population *f* scolaire; **~zeitung** *f* journal *m* des élèves.

Schulter *f* ⟨-, -n⟩ ['ʃʊltər] épaule *f;* **~** *an* **~** coude à coude, côte à côte; *jdn über die* **~** *ansehen* regarder qn par-dessus l'épaule *od* du haut de sa grandeur; *breite* **~***n haben* avoir les épaules carrées, être carré des épaules, être large d'épaules *od* de dos; *jdm auf die* **~** *klopfen* donner une tape *od* des coups sur l'épaule à qn; *jdn auf die* **~** *legen od zwingen (sport)* faire toucher les épaules à qn; *den Kopf auf die* **~** *legen* appuyer sa tête contre l'épaule; *etw auf die leichte* **~** *nehmen (fig)* prendre qc à la légère *od* par-dessus la jambe; *jdn auf* **~***-s-e* **~***n steigen lassen* faire la courte échelle à qn; *sich mit den* **~***n gegen etw stemmen* donner un coup d'épaule à qc; *auf beiden* **~***n Wasser tragen (fig)* ménager la chèvre et le chou; *jdm die kalte* **~** *zeigen* tourner le dos, faire grise mine à qn, être en froid avec qn; *die* **~***n zurücknehmen* effacer les épaules; **~band** *n* ruban *m* d'épaule; **~blatt** *n* omoplate *f;* **~breite** *f* largeur des épaules *od* du dos, carrure *f;* **s~frei** *a:* **~***e(s) Sommerkleid n* robe *f* bain de soleil; **~gegend** *f anat* région *f* scapulaire; **~höhe** *f* hauteur *f* des épaules; **~klappe** *f mil* patte *f* d'épaule; **s~lahm** *a (Tier)* épaulé; **~last** *f* épaulée *f;* **s~n** *tr* mettre sur l'épaule, épauler; *geschultert tragen (Gewehr)* porter sur l'épaule; **~polster** *n (Jakke: Wattierung)* padding *m,* épaulette *f;* **~riemen** *m* bretelle *f,* baudrier *m,* bandoulière *f;* **~stück** *n mil (e-s Offiziers)* épaulette *f;* **~teil** *m od n (e-r Jacke)* empiècement *m* du dos, carre *f;* **~weite** *f (Jacke)* carrure *f.*

Schummel|ei *f* ⟨-, -en⟩ [ʃʊmə'laɪ] *fam (Mogelei)* tricherie *f;* **s~n** ['ʃʊməln] *itr fam* tricher.

Schumm|er *m* ⟨-s, -⟩ ['ʃʊmər] *dial (Dämmerung)* demi-jour, crépuscule *m;* **s~(e)rig** *a* crépusculaire; **s~ern** *itr impers dial: es schummert (morgens)* le jour *od* l'aube point; *(abends)* le soir *od* la nuit tombe.

Schund *m* ⟨-(e)s, ø⟩ [ʃʊnt, '-dəs] rebut *m,* camelote, pacotille *f; fam* toc *m; pop* saloperie *f;* **~literatur** *f* littérature *f* pornographique *od* ordurière *od* bon marché; **~roman** *m* roman *m* de quatre sous.

schunkeln [ʃʊŋkəln] *itr (schaukeln)* se balancer.

Schupo *f* ['ʃu:po] ⟨-, ø⟩ *pop (kurz für: Schutzpolizei);* **m** ⟨-s, -s⟩ agent de police *pop; (Schutzpolizist)* flic, cogne *m.*

Schuppe *f* ⟨-, -n⟩ ['ʃʊpə] écaille, squame; *(Kopf~)* pellicule *f; es fiel mir wie* **~***n von den Augen* les écailles me sont tombées des yeux, mes yeux se dessillèrent; **s~n** *tr (die* **~***n entfernen von)* écailler; *sich* **~** se desquamer; **~nbildung** *f med* desquamation *f;* **~nfisch** *m* poisson *m* écailleux; **~nflechte** *f med* psoriasis *m;* **~npanzer** *m* cuirasse *f* d'écailles; **~ntier** *n* pangolin *m;* **schuppig** ['ʃʊpiç] *a* écailleux, squameux; couvert d'écailles.

Schuppen *m* ⟨-s, -⟩ ['ʃʊpən] hangar *m,* remise *f,* appentis *m; in den* **~** *stellen* remiser.

Schur *f* ⟨-, -en⟩ [ʃu:r] *(Scheren der Schafe)* tonte *f;* **~wolle** *f* laine *f* vierge; *reine* **~** pure laine vierge; **~zeit** *f* tondaison *f.*

Schür|eisen *n* ['ʃy:r-] pique-feu, tisonnier, attisoir, ringard, crochet *m* à feu; **s~en** *tr* tisonner; *a. fig* attiser, activer; *fig* fomenter, exciter; **~haken** *m* = **~eisen;** **~loch** *n tech* ouverture *f* de la chauffe.

schürf|en ['ʃyrfən] *tr (die Haut)* écorcher; *(den Boden)* érafler; *itr mines* prospecter *(nach etw* qc); fouiller; **S~en** *n* fouilles *f pl,* prospection *f;* **S~er** *m* ⟨-s, -⟩ prospecteur, fouilleur *m;* **S~kübel** *m* benne *f* piocheuse; **S~loch** *n,* **S~schacht** *m* fosse *f,* puits *m* de recherche; **S~ung** *f* prospection *f.*

Schurigel|ei *f* ⟨-, -en⟩ [ʃu:ri:gə'laɪ] *fam* chicanerie, tracasserie *f;* **s~n** *tr* ['ʃu:ri:gəln] *fam (plagen)* chicaner, tracasser.

Schurk|e *m* ⟨-n, -n⟩ ['ʃʊrkə] fourbe *m,* crapule *f,* coquin, fripon *m; fam* fripouille *f;* **~enstreich** *m* tour *m* de coquin; **~erei** *f* [-'raɪ] fourberie, coquinerie, friponnerie; *fam* fripouillerie *f;* **~in** *f* coquine, friponne *f;* **s~isch** *a* fourbe, fripon; *adv* en coquin.

Schurz *m* ⟨-es, -e⟩ [ʃʊrts] *(Lenden~)* pagne *m; dial* = *Schürze;* **~fell** *n* tablier *m* de cuir.

Schürze *f* ⟨-, -n⟩ ['ʃyrtsə] tablier *m; e-e* **~** *vorbinden* mettre un tablier; **s~n** *tr (aufbinden)* (re)trousser, relever; *(schlingen)* nouer; *(Knoten)* faire; *den Knoten (der Handlung)* **~** nouer l'action; **~nband** *n* ruban *m* de tablier; *s-r Mutter am* **~** *hängen (fig)* être pendu aux jupes de sa mère; **~njäger** *m* coureur (de filles *od* de jupons), homme à femmes, dragueur *m; ein ~ sein* courir le jupon; *pop* être porté sur la bagatelle; **~nstoff** *m* étoffe *f* pour tabliers.

Schuß *m* ‹-sses, ⸚sse› [ʃʊs, 'ʃʏsə] coup (de feu); *(Gewehr-, Kanonen~)* coup *m* (de fusil, de canon); *(Ladung)* charge *f; (Fußball)* coup, tir, shot *m; (Weberei)* trame *f; (Getränkezusatz)* coup, doigt *m; (plötzl. schnelles Wachstum)* pousse *f; weit vom ~* loin du danger *od fig* du but; *e-n ~ abgeben* tirer un coup; *es fiel ein ~* un coup partit; *er ist keinen ~ Pulver wert* il ne vaut pas la corde pour le pendre; *gut in ~ (fam)* en bon état; *sport* bien en forme; *der goldene ~ (arg: Überdosis Heroin)* la dose fatale; *sich e-n ~ setzen (arg: sich Heroin spritzen)* s'envoyer une dose; **~bereich** *m* portée *f; im, außer ~* à, hors de portée; **s~bereit** *a* prêt à tirer *od* à faire feu; **~faden** *m (Textil)* fil *m* de trame; **~fahrt** *f (Schi)* descente *f* à pic; **~feld** *n* champ *m* de tir; **s~fertig** *a* prêt à tirer; **~folge** *f* cadence *f* de tir; **~garn** *n (Textil)* fil *m* de trame, duite *f;* **~kanal** *m med* trajet *m* de projectile; **~linie** *f* ligne *f* de tir *od* de site; **~richtung** *f* axe *od* sens *m* de tir; **s~sicher** *a* à l'abri du tir *od* des balles; **~verletzung** *f* = *~wunde;* **~waffe** *f* arme *f* à feu; **~weite** *f* portée *f; außer ~* hors de portée *od fig* d'atteinte; *in ~* à portée; **~wunde** *f* blessure *f* par balle *od* par arme à feu.

Schussel *m* ‹-s, -› od *f* ‹-, -n› ['ʃʊsəl] *dial (fahriger Mensch)* étourdi, écervelé *m;* **s~ig** *a,* **schußlig** *a* étourdi, écervelé.

Schüssel *f* ‹-, -n› ['ʃʏsəl] plat *m; (Napf)* écuelle; *(randlose)* jatte; *(tiefe)* terrine *f; (Salat~)* saladier; *fig a. (Gericht, Speise)* plat, mets *m;* **~fleisch** *n* terrine *f.*

Schuster *m* ‹-s, -› ['ʃu:stər] *(meist pej für: Schuhmacher)* cordonnier; *(Flick~)* savetier; *arg* ribouis, bouif *m; ~, bleib bei deinem Leisten!* (à) chacun son métier! *auf ~s Rappen* à pied; *auf ~s Rappen kommen (a.)* prendre le train onze; **~draht** *m* fil *m* poissé; **~junge** *m* apprenti *m* cordonnier; **~messer** *n* tranchet *m;* **s~n** *itr* faire le métier de cordonnier; réparer *od* raccommoder les chaussures; *tr fig fam (verfertigen)* bâcler, saboter; **~pech** *n* poix *f* noire; **~werkstatt** *f* cordonnerie *f;* **~werkzeug** *n* saint-crépin *m.*

Schute *f* ‹-, -n› ['ʃu:tə] *mar* gabare *f.*

Schutt *m* ‹-(e)s, ø› [ʃʊt] *(Geröll; Trümmer)* débris *m pl; (Geröll, Abraum)* éboulis *m; (Bau~)* décombres, déblais; *(Bau~, bes. Gips~)* gravats, gravois *m pl; in ~ und Asche legen* réduire en cendres; **~abladen** *n: ~ verboten!* défense de déposer des ordures; **~abladeplatz** *m* dépôt *m* d'ordures, décharge *f* (publique); **~halde** *f* éboulis, crassier *m;* **~haufen** *m* tas *m* de décombres; **~kegel** *m geol* (cône *m* de) déjection(s) *f;* **~pflanze** *f* plante *f* rudérale.

Schütt|beton *m* ['ʃʏt-] béton *m* coulé; **~boden** *m (Getreidespeicher)* grenier *m* à céréales; **~e** *f* ‹-, -n› *(geschütteter Haufen)* tas, monceau *m; (Bund Stroh)* botte *f* de paille; **~elbecher** *m* gobelet-mélangeur *m;* **~elfrost** *m* frissons *m pl* (de fièvre); **~elkrampf** *m med* palmo-spasme *m;* **~ellähmung** *f* paralysie agitante, maladie *f* de Parkinson; **s~eln** *tr* secouer, agiter, remuer, branler; *sich ~* se secouer; s'ébrouer; *sich vor Lachen ~* se tordre de rire; *etw aus dem Ärmel ~* improviser *od* faire obtenir qc sans difficulté *od* en un tournemain; *jdm die Hand ~* serrer la main à qn; *den Kopf ~* hocher la tête; *~ und rütteln* balloter et secouer; *vor Gebrauch ~* agiter avant l'emploi *od* de s'en servir; **~elreim** *m* contrepèterie *f;* **~elrinne** *f tech* gouttière *f* à secousses; **s~en** *tr (gießen, ver~)* verser; *(ausstreuen)* répandre; *(auf~)* jeter; *Getreide in etw ~* engrener qc; *voll ~* remplir; *es schüttet (regnet stark)* il pleut à verse; **s~er** *a (gelichtet)* clairsemé; **~gut** *n* marchandises *f pl* en vrac; **~stein** *m (Ausguß)* évier *m.*

Schutz *m* ‹-es, ø› [ʃʊts] protection, (sauve)garde, tutelle; *(~herrschaft)* égide *f,* patronage *m; (Verteidigung)* défense; *(Erhaltung)* garantie, préservation *f; (Zuflucht)* abri, refuge, asile *m; im ~e (gen)* à la faveur (de), à l'ombre (de); *im ~e der Nacht* od *Dunkelheit* à la faveur de la nuit; *polizeilichen Schutz fordern* requérir la force publique; *jdm ~ und Beistand gewähren* accorder aide et assistance à qn; *jdn in ~ nehmen* défendre qn; *jdn in s-n ~ nehmen, jds ~ übernehmen* prendre qn sous *od* en sa protection, prendre la défense de qn; *unter jds ~ stehen (a.)* être dans la manche de qn; *~ suchen* se réfugier (*bei* chez *od* auprès de); chercher abri (*vor* contre); ‹-es, -e› *tech* protection *f,* carter *m;* **~an-**

strich *m* peinture *f od* enduit *m* de protection; ~**anzug** *m* combinaison *f od* vêtement *m* de protection; ~**ärmel** *m* protège-manche *m;* ~**bau** *m* refuge *m;* s~**bedürftig** *a* qui a besoin de protection; ~**befohlene(r** *m)* *f* protégé, e *m f;* ~**blech** *n (am Fahrrad)* garde-boue *m;* ~**brief** *m* lettre *f* de protection, sauf-conduit *m;* ~**brille** *f* lunettes *f pl* protectrices; ~**dach** *n* auvent, abri *m;* ~**engel** *m* ange *m* gardien; ~**farbe** *f allg* couleur protectrice; *(Rost~)* peinture *f* anticorrosive; ~**färbung** *f zoo* mimétisme *m;* ~**film** *m* couche *f* protectrice de collodion *od* de celluloïd; *mit e-m* ~ *überziehen (a.)* filmer; ~**frist** *f (für geistiges Eigentum)* délai *m* de protection; ~**gebiet** *n pol* protectorat; *(Natur~)* parc *m* naturel; ~**gebühr** *f* taxe *f* autorisée; ~**gesetz** *n* loi *f* de protection *(für* de); ~**gitter** *n* grillage *od* treillis *m* de protection; grille protectrice; *radio* grille-écran *f;* ~**gott(heit** *f)* *m* dieu *m* tutélaire; ~**haft** *f* détention *f* par mesure de sécurité; ~**handschuh** *m* gant *m* protecteur; ~**haube** *f tech* capot *od* capuchon *m* protecteur *od* de protection; ~**heilige(r** *m)* *f* patron, ne *m f;* ~**herr** *m* protecteur, patron *m;* ~**herrschaft** *f pol* protectorat; *adm* patronage *m;* ~**hülle** *f* enveloppe *f* protectrice, emballage *m* de protection; housse *f; (Buch)* couvre-livre *m;* ~**hütte** *f* abri, refuge *m;* ~**impfung** *f* vaccination *f* préventive *od* prophylactique; ~**karton** *m* (boîte *f* en) carton *m;* ~**klausel** *f* clause *f* de sauvegarde; ~**kleidung** *f* vêtement *m* protecteur; ~**kontakt** *m* el contact *m* de sûreté; s~**los** *a* sans protection, sans abri; ~**macht** *f* puissance *f* protectrice *od* tutélaire; ~**mann** *m* ‹-(e)s, -männer/ -leute› agent de police; sergent de ville; *(in Paris)* gardien *m* de la paix; ~**marke** *f com* marque *f* déposée; ~**maske** *f* masque *m* protecteur; ~**maßnahme** *f* mesure *f* de protection *od* de sauvegarde; ~**mittel** *n* produit protecteur; (moyen *m* de) prémunition *f,* préservateur; *med* préservatif; *(Vorbeugungsmittel)* prophylactique *m;* ~**netz** *n* filet *m* protecteur *od* de garde; ~**patron** *m* = ~**heilig(r);** ~**polizei** *f* police (municipale), sûreté *f;* ~**polizist** *m* agent de police, sergent de ville; *(in Paris)* gardien de la paix; ~**raum** *m (Luft~)* abri *m* (antiaérien); ~**schicht** *f* couche *f* protectrice; ~**truppe** *f* troupe *f* coloniale; ~**überzug** *m* housse *f* (de protec

tion); ~**umschlag** *m* couverture de protection; *(e-s Buches)* jaquette *f; in* ~ sous jaquette; ~**-und-Trutz- -Bündnis** *n* alliance *od* ligue *f* offensive et défensive; ~**verband** *m med* pansement *m* protecteur; *adm* association *f* protectrice; ~**vorrichtung** *f* dispositif de protection, appareil *m* protecteur; ~**wall** *m* rempart *m;* ~**wehr** *f, a. fig* rempart *m,* défense *f;* ~**zoll** *m* droit *m* protecteur; ~**zollpolitik** *f,* ~**zollsystem** *n* protectionnisme *m;* ~**zone** *f* zone-tampon *f.*

Schütz *n* ‹-es, -e› [jʏts] **1.** *el* contacteur *m* téléguidé; **2.,** ~**e 1.** *f* ‹-, -n› *(Staubrett)* vanne *f.*

Schütze ['jʏtsə] **2.** *m* ‹-n, -n› *(Schießender)* tireur; *mil (Waffengattung)* tirailleur, fusilier, grenadier-voltigeur; *vx (niedrigster Dienstgrad)* soldat de) deuxième classe *m; der* ~ *(astr)* le Sagittaire; ~**nfest** *n* fête *f od* concours *m* de tir; ~**nfeuer** *n* feu *m* autonome *od* à volonté; ~**ngesellschaft** *f,* ~**ngilde** *f* société *f* (de tir); *(Schweiz)* cible *f;* ~**ngraben** *m* tranchée *f* (de tir); ~**nkette** *f* ligne *f* de tirailleurs; ~**nkönig** *m* roi *m* de la fête de tir; ~**nloch** *n mil* trou *m* individuel; ~**nmine** *f* mine *f* antipersonnel; ~**nnest** *n* nid *m* de tirailleurs; ~**nstand** *m aero mil* poste *m* de tir *od* de mitrailleur; ~**ntrupp** *m mil* équipe *f* de grenadiers-voltigeurs; ~**nverband** *m* unité *f* d'infanterie.

schützen ['jʏtsən] *tr* protéger (*vor* de, contre); prémunir (*vor* contre); préserver, abriter, garantir (*vor* de); sauvegarder; *vor Nässe* ~*!* craint l'humidité; *gesetzlich geschützt* protégé par la loi; ~**d** *a* protecteur.

Schützling *m* ‹-s, -e› ['jʏtslɪŋ] protégé, e *m f.*

Schwabbel|ei *f* ‹-, (-en)› ['jvabə'laɪ] *fam (Wackelei)* branlement; *(Geschwätz)* radotage, bavardage *m;* s~**ig** ['jvabəlɪç] *a (wacklig, weich)* branlant; veule; s~**n** *itr (wakkeln)* branler, ballotter; *(schwätzen)* radoter, bavarder.

Schwabe *m* ‹-n, -n› ['jvaːbə] Souabe *m;* ~**n** *n* la Souabe; ~**nstreich** *m* sottise, balourdise *f.*

schwäb|eln ['jvɛːbəln] *itr* parler le dialecte souabe; **S~in** *f* Souabe *f;* ~**isch** *a* souabe, de Souabe.

schwach [jvax] ‹*schwächer, am schwächsten*› ['jvɛç-] *a allg* faible *a. fig; (Körper a.)* chétif, frêle, peu robuste, peu solide; *(kränklich)* débile; *(Gesundheit)* fragile, délicat, précaire; *(Puls)* faible; *(Gedächtnis)* infidèle; *(Getränk: dünn) a.* léger; *(Jahr* *gang)* creux; *(machtlos)* impuissant; *e-e ~e Brust haben* avoir la poitrine délicate; *~e Nerven haben (a.)* être irritable; *bei ~er Hitze kochen lassen* mijoter, cuire à feu doux; *auf ~en Füßen stehen (fig)* ne pas être bien solide; *schwächer werden* s'affaiblir, s'amortir; *(Licht a.)* se dégrader; *mir wurde ~* je me sentis mal; je fus pris d'une faiblesse *od* d'un malaise; *sein Puls geht ~* son pouls est faible; *die wirtschaftlich S~en m pl* les économiquement faibles *m pl; das ~e Geschlecht* le sexe faible; *die ~e Seite od Stelle (fig)* le point faible, le défaut de la cuirasse; *eine ~e Stunde* un moment de faiblesse *od* de défaillance; **S~heit** *f* faiblesse *f fig;* **S~kopf** *m* esprit faible, imbécile; **~köpfig** *a* faible d'esprit, imbécile; **S~matikus** *m* ⟨-, -sse/-tiker⟩ [-'maːtikus, -sə, -kər] *hum* gringalet *m; ~sichtig a* à la vue faible, qui a la vue faible; **S~sichtigkeit** *f* ⟨-, ø⟩ faiblesse *f* de vue; **S~sinn** *m* débilité (mentale), imbécillité *f; ~sinnig a* faible d'esprit, mentalement imbécile, imbécile; **S~sinnige(r)** *m* faible d'esprit, diminué mental; imbécile *m;* **S~strom** *m* ⟨-(e)s, ø⟩ *el* courant *m* à basse tension *od* faible *od* lumière.

Schwäch|e *f* ⟨-, -n⟩ ['ʃvɛçə] *(vgl. schwach)* faiblesse; débilité; *a. fig* fragilité, infirmité; *scient* asthénie; *(Ohnmacht)* défaillance; *(Machtlosigkeit)* impuissance *f; (Vorliebe)* faible *m*, prédilection *f, fam* péché *m* mignon; *s-e ~ überwinden* surmonter sa faiblesse; **~eanfall** *m* défaillance *f;* **s~en** *tr* affaiblir, débiliter, exténuer; aveulir; *(ab~, vermindern)* amoindrir, diminuer, réduire; *(mildern)* atténuer; **~ezustand** *m* (état *m* de) faiblesse, débilitation *f; (Asthenie)* asthénie *f;* **s~lich** *a* faible, chétif, frêle, peu robuste; *(kränklich)* débile, malingre; *(Kind: zurückgeblieben)* déficient; *fam* faiblard; **~lichkeit** *f* faiblesse, débilité *f; ~ling* *m* ⟨-s, -e⟩ *pej* faible, gringalet, homme *m* débile *od* sans énergie *od* sans caractère; **~ung** *f* affaiblissement *m*, débilitation, exténuation *f*, aveulissement; amoindrissement *m*, diminution; atténuation *f.*

Schwade *f* ⟨-, -n⟩, **~en** *m* ⟨-s, -⟩ ['ʃvaːdə(n)] **1.** *agr* javelle *f; in ~n legen* javeler.

Schwaden *m* ⟨-s, -⟩ ['ʃvaːdən] **2.** *(Dampf)* vapeur, fumée; *mines* mofette; *(Gas~)* nappe *od* traînée *f* (de gaz).

Schwadron *f* ⟨-, -en⟩ [ʃvaˈdroːn] *mil hist* escadron *m.*

Schwafel|ei *f* ⟨-, -en⟩ [ʃva·fə'laɪ] *(dummes Gerede)* radotage *m;* **s~n** ['ʃvaːfəln] *itr* radoter.

Schwager *m* ⟨-s, ⁀⟩ ['ʃvaː-, 'ʃvɛːgər] beau-frère *m.*

Schwäger|in *f* ⟨-, -nnen⟩ ['ʃvɛːgərin] belle-sœur *f;* **s~lich** *a* de *od* en beau--frère, de *od* en belle-sœur; **~schaft** ⟨-, (-en)⟩ parenté *f* par alliance.

Schwalbe ⟨-, -n⟩ ['ʃvalbə] hirondelle *f; e-e ~ macht noch keinen Sommer* une hirondelle ne fait pas le printemps; *junge ~* hirondeau *m; ~nnest* *n* nid d'hirondelle; *aero (MG-Stand)* balcon *m od* coupole de tir, *arg* verrue *f;* **~nschwanz** *m (Schmetterling)* machaon *m; fam (Frack)* queue-de-pie; *tech* queue--d'aronde *f.*

Schwall *m* ⟨-(e)s, -e⟩ [ʃval] *(Woge, Guß)* vague *f; a. fig (Wort~)* flot *m.*

Schwamm *m* ⟨-(e)s, ⁀e⟩ [ʃvam, 'ʃvɛmə] *(zoo u. Gebrauchsgegenstand)* éponge *f; (Feuer~)* amadou; *dial (Pilz)* champignon; *med (Geschwulst)* fongus *m; mit e-m od dem ~ abwischen (a.)* éponger; *~ drüber! (fig)* passons l'éponge là-dessus! tirons le rideau! **~fischer** *m* pêcheur *m* d'éponges; **s~ig** *a* spongieux; *(weich)* cotonneux; *(Gesicht)* bouffi; **Schwämmchen** *n med* muguet *m.*

Schwan *m* ⟨-(e)s, ⁀e⟩ [ʃvaːn, 'ʃvɛːnə] *orn* cygne *m.*

schwanen ['ʃvaːnən] *itr impers: mir schwant, daß* j'ai un vague pressentiment que; *mir schwant nichts Gutes* je ne présage *od* je n'augure rien de bon.

Schwanen|gesang *m* ['ʃvaːnən-] *fig* chant *m* du cygne; **~hals** *m* cou *m* de cygne; **~teich** *m* étang *m* aux cygnes.

Schwang *m* [ʃvaŋ]: *im ~e sein* être en vogue.

schwanger ['ʃvaŋər] *a* enceinte, grosse; en état de grossesse; *mit etw ~ gehen (fig)* avoir qc en gestation; *~ werden* devenir enceinte, concevoir; **S~e** *f* ⟨-n, -n⟩ femme *f* enceinte *od* grosse; **S~schaft** *f* grossesse; maternité *f;* **S~schaftsabbruch** *m* interruption *f* de grossesse, avortement *m* thérapeutique; **S~schaftsbeihilfe** *f* allocation *f* prénatale; **S~schaftserbrechen** *n* hyperémèse *f;* **S~schaftstest** *m* test *m* de grossesse; **S~schaftsunterbrechung** *f* interruption *f* de grossesse; **~schaftsverhütung** *f* contraception *f.*

schwänger|n ['ʃvɛŋərn] *tr* rendre enceinte, engrosser, féconder; **geschwängert** *pp, a fig* imprégné, saturé *(mit* de); **S~ung** *f* fécondation *f.*

schwank [ʃvaŋk] *a lit (biegsam)* souple, flexible; *(~end)* chancelant, flottant; **~en** *itr ⟨aux: haben⟩* chanceler, branler, balancer, vaciller, osciller; *fig (Sache, a. Preise)* fluctuer, varier; *(unentschlossen sein)* chanceler, être indécis; *(zögern)* hésiter; ⟨aux: sein⟩ *(~d gehen)* tituber; **S~en** *n* chancellement, branlement, balancement, vacillement *m*, oscillation; fluctuation, variation; *(d. Preise, a.)* incertitude; indécision, irrésolution; hésitation *f;* **~end** *a* chancelant, branlant, vacillant; *fig* fluctuant; *(wechselnd)* variable; *(unsicher)* incertain; *(unentschlossen)* indécis, irrésolu; *(zögernd)* hésitant; **S~ung** *f fig* fluctuation, oscillation, variation; *tech a.* variance *f.*

Schwank *m* ⟨-(e)s, ¨e⟩ [ʃvaŋk, 'ʃvɛŋkə] *(Spaß)* bouffonnerie, facétie; *theat* facétie, farce *f; (Erzählung)* histoire *f* drôle.

Schwanz *m* ⟨-es, ¨e⟩ [ʃvants, 'ʃvɛntsə] queue *a. fig; (der Lafette)* crosse *f; das Pferd am ~ aufzäumen* mettre la charrue devant les bœufs; *den ~ einziehen od hängenlassen (fig: bedrückt, kleinlaut od ängstlich werden)* en rabattre; *pop* serrer les fesses; *den ~ zwischen die Beine nehmen* filer la queue entre les jambes; *jdm auf den ~ treten (fig fam: jdn beleidigen)* marcher sur les pieds de qn; *mit dem ~ wedeln* agiter od remuer la queue; *kein ~ (fig fam: niemand)* (ne ...) personne; **~feder** *f* plume de la queue, penne (rectrice), rectrice *f;* **~flosse** *f* nageoire *f* caudale; **s~lastig** *a aero* lourd de l'arrière, centré en arrière, cabreur; **~lastigkeit** *f* décentrage *m* arrière; **s~los** *a zoo* anoure; *aero* sans queue; **~lurche** *m pl zoo* urodèles *m pl;* **~meise** *f* mésange *f* à longue queue; **~riemen** *m (Pferd)* trousse-queue *m,* croupière *f;* **~spitze** *f* bout *m* de la queue; **~sporn** *m aero* béquille *f* de queue od d'atterrissage; **~stück** *n (Rind)* culotte *f;* **~wurzel** *f zoo* croupion *m.*

schwänzeln ['ʃvɛntsəln] *itr (schöntun)* se pavaner, faire le beau.

schwänzen ['ʃvɛntsən] *tr (fernbleiben von)* sécher *pop; die Schule ~* faire l'école buissonnière.

schwapp *interj,* **schwaps** [ʃvap/-s] *interj* vlan!

Schwäre *f* ⟨-, -n⟩ ['ʃvɛːrə] *(Geschwür)* ulcère, furoncle, abcès *m;* **s~n** *itr (eitern)* ulcérer, suppurer.

Schwarm *m* ⟨-(e)s, ¨e⟩ [ʃvarm, 'ʃvɛrmə] *ent (Hautflügler), a. fig* essaim; *(Heuschrecken)* vol *m,* nuée; *orn* volée *f; (Fische)* banc *m; (Menschen)* bande, troupe, foule, nuée, ribambelle *f; das ist mein ~* j'en ai le béguin, j'en suis entiché; **~geist** *m rel (Sektierer)* illuminé, visionnaire *m.*

schwärm|en ['ʃvɛrmən] *itr ⟨aux: haben⟩* essaimer, jeter (un essaim); *mil* se déployer en tirailleurs; ⟨aux: haben⟩ *fig (begeistert sein)* être enthousiasmé od passionné od emballé *(für* pour); être engoué od entiché, avoir le béguin *(für* de); **S~en** *n ent* essaimage; *mil* déploiement en tirailleurs; *fig* engouement, emballement, raffolement, entichement *m;* **S~er** *m* ⟨-s, -⟩ enthousiaste, exalté; *ent* sphinx *m; (Feuerwerk)* fusée *f* courante, serpenteau *m;* **S~erei** *f* [-'raɪ] enthousiasme *m,* exaltation *f;* engouement, emballement, raffolement, entichement *m;* **~erisch** *a* enthousiaste, romanesque; exalté; **S~zeit** *f ent* essaimage *m.*

Schwart|e *f* ⟨-, -n⟩ ['ʃvaːrtə] *(dicke Haut, Speck~)* couenne *f; fam pej (altes Buch)* vieux bouquin *m; (Schaltbrett)* dosse *f;* **s~ig** *a* couenneux.

schwarz [ʃvarts] ⟨schwärzer, am schwärzesten⟩ *a* noir; *fig (dunkel, trübe)* a. sombre, triste; *(böse, teuflisch)* infernal; *adv fig (heimlich, unerlaubt, unberechtigt)* clandestinement, en fraude; sans billet, sans permis; *in S~ (Trauer)* en noir, vêtu de noir; *~ auf weiß* noir sur blanc, par écrit; *sich ~ ärgern* se fâcher (tout) rouge, éclater; *~ behängen* tendre de noir; *in S~ gehen* se mettre en noir; *ins S~e treffen* tirer dans le mille; *fig* tomber juste; *~ machen* noircir, enduire de noir; mâchurer; *(mit Kohle)* charbonner; *~ werden* se noircir; *es wurde mir ~ vor den Augen* j'en ai vu trente-six od mille chandelles; *das S~e Brett* le tableau d'affichage; *der S~e Erdteil* le continent Noir; *~n Gedanken nachhängen* broyer du noir; *~e(r) Mann m* croque-mitaine *m; das S~e Meer* la mer Noire; *S~e(r) Peter m (Spiel)* nain *m* jaune; *~e(r) Tag m (fig)* jour *m* funeste od néfaste od de malheur; **S~afrika** *n* l'Afrique *f* Noire; **~afrikanisch** *a* d'Afrique noire, négro-africain; **S~arbeit** *f* travail *m* noir od illicite od non déclaré; **~=arbeiten** *itr* faire du travail noir od illicite; **S~arbeiter** *m* travailleur *m* non déclaré; **~äugig** *a* aux yeux noirs; **S~blech** *n* tôle *f* noire; **~braun** *a* tête-de-nègre; **S~brot** *n* pain *m* noir od bis; **S~dorn** *m bot (Schlehe)* prunellier *m;* **S~drossel** *f* merle *m* (commun); **S~e(r** *m***)** *f* *(Neger(in))* noir, e *m* *f;* **~=fahren** ⟨aux: sein⟩ *itr* *(in Verkehrsmitteln)* voyager sans billet; *fam* resquiller; *mot* conduire sans permis; **S~fahrer** *m* voyageur sans billet, voyageur *m* situation irrégulière *adm,* resquilleur *fam; mot* conducteur *m* sans permis; **S~fahrt** *f* voyage *m* sans billet; resquille *f fam;* **~gestreift** *a* rayé de noir; **~haarig** *a* aux cheveux noirs; **S~handel** *m* commerce clandestin *od* illicite, marché *m* noir; ~ *treiben* (a.) trafiquer *(mit etw* qc); **S~händler** *m* marchand interlope, trafiquant *m* du marché noir; **~=hören** *tr* resquiller; **S~hören** *n* resquille *f;* **S~hörer** *m* *radio* écouteur *od* auditeur clandestin *od* marron, parasite; *fam* resquilleur *m;* **S~kittel** *m* *(Wildschwein)* sanglier *m;* **~=malen** *tr* dépeindre en noir, noircir; **S~markt** *m* marché *m* noir; **S~pappel** *f* peuplier *m* noir; **S~pulver** *n* poudre *f* noire; **~rotgolden** *a* noir, rouge et or; **~=schlachten** *tr* abattre clandestinement *od* illicitement; **S~schlachtung** *f* abattage *m* clandestin *od* illicite; **~=sehen** *itr* *(Pessimist sein)* voir tout en noir, broyer du noir, faire une *od* des montagne(s), être pessimiste; *TV fam* resquiller; *ich sehe schwarz* je ne suis pas très optimiste; **S~sehen** *n* *TV* resquille *f;* **S~seher** *m* mauvais esprit, pessimiste; *TV fam* resquilleur *m;* **S~seherei** *f fam* pessimisme *m;* **S~wald,** *der* la Forêt--Noire; **~weiß** *a* (en) noir et blanc; **S~weißfernsehen** *n* télévision *f* noir et blanc; **S~weißfernseher** *m,* **S~weißfernsehgerät** *n* télé *f* noir et blanc, téléviseur *m* noir et blanc; **S~weißfoto(grafie** *f***)** *n* photo(graphie) *f* (en) noir et blanc; **S~weißzeichnung** *f* dessin *m* (en) blanc et noir; **S~wild** *n* sangliers *m pl;* **S~wurzel** *f* *bot* salsifis *m* (noir), scorsonère *f.*

Schwärz|e *f* ⟨-, (-n)⟩ ['ʃvɛrtsə] noir *m,* noirceur; *(schwarzer Fleck)* noircissure *f; (Farbstoff)* noir *m; typ* encre *f* d'imprimerie; **s~en** *tr* noircir; *(mit Kohle)* charbonner; *typ* encrer; **~en** *n* noircissement; *typ* encrage *m;* **s~lich** *a* noirâtre; tirant sur le noir; **~ung** *f* noircissement *m.*

Schwatz *m* ⟨-es, -e⟩ ['ʃvats] *fam (Geplauder)* causette, bavette *f;* **~base** *f* commère, pipelette, jacass(eus)e *f;* **s~en** *itr* bavarder, babiller, jaser, jaboter, papoter; *arg* laïusser; **~en** *n* bavardage *m;* **s~haft** *a* *(geschwätzig)* bavard, verbeux; loquace; *(indis-*

kret) indiscret; ~ *(indiskret) sein* (a.) avoir la langue trop longue; **~haftigkeit** *f* ⟨-, ø⟩ loquacité, verbosité; indiscrétion *f.*

Schwätz|chen *n* ⟨-s, -⟩ ['ʃvɛtsçən] petit brin *m* de causette; **s~en** *itr* = *schwatzen;* **~er(in** *f***)** *m* ⟨-s, -⟩ bavard, e; jaseur, euse *m* *f; (Angeber)* beau parleur *m; ein(e)* ~ *sein* (a.) avoir la langue bien pendue.

Schweb|e *f* ⟨-, ø⟩ ['ʃveːbə] *(Gleichgewicht)* balance *f; in der* ~ en balance, suspendu; *fig* en suspens, dans l'incertitude, sans solution, pendant; **~ebahn** *f* chemin *m* de fer aérien *od* suspendu; **~ebalken** *m,* **~ebaum** *m* *tech* fléau *m* de balance; *sport* poutre *f* horizontale ronde; **~ebühne** *f* *tech* échafaudage *m* volant; **s~en** *itr (aux: sein)* orn, ent, aero, fig planer; ⟨aux: haben⟩ *fig (in der ~e sein)* être pendant *od* en suspens; *in Gefahr* ~ être en danger; *in höheren Regionen* ~ être dans les nuages; *es schwebt mir vor Augen* je l'ai devant les yeux; *über die Stadt* ~ passer en voi plané au-dessus de la ville; **~en** *n (Raubvogel)* vol *m* plané; **s~end** *a* planant; *fig* pendant, en suspens; **~e Schuld** *f* dette *f* flottante; **~ereck** *n* *sport* trapèze *m;* **~estoff** *m* matière *f* en suspension; **~eteilchen** *n pl* particules *f pl* en suspension; **~efliege** *f* syrphe *m.*

Schwed|e *m* ⟨-n, -n⟩ ['ʃveːdə], **~in** *f* Suédois, e *m* *f;* **~en** *n* la Suède; **s~isch** *a* suédois, de Suède; *(das) S~(e)* *n* le suédois; *hinter* **~en** *Gardinen (fig fam)* en tôle *od* taule, à l'ombre *pop.*

Schwefel *m* ⟨-s, ø⟩ ['ʃveːfəl] soufre *m; mit* ~ *behandeln* soufrer; *mit* ~ *verbinden* sulfurer; **s~artig** *a* sulfureux; **~äther** *m* éther *m* sulfurique; **~blumen** *f pl,* **~blüte** *f* fleurs *f pl* de soufre; **~dampf** *m* vapeur *f* sulfureuse; **~dioxid** *n,* **~dioxyd** *n* dioxyde *m* de soufre; **~faden** *m* mèche *f* soufrée; **s~gelb** *a* jaune soufre; **~grube** *f* soufrière *f;* **s~haltig** *a* sulfureux; **~kies** *m* *min* pyrite *f;* **~kohlenstoff** *m* sulfure *m* de carbone; **s~n** *tr* soufrer; *(Faß)* mécher; **~n** *n* soufrage *m;* sulfuration *f;* **~quelle** *f* source *f* sulfureuse; *pl* a. eaux *f pl* sulfureuses; **s~sauer** *a* sulfaté; **~e(s)** *Salz* *n* sulfate *m;* **~e** *Tonerde* *f* sulfate *m* d'aluminium; **~säure** *f* acide *m* sulfurique; *mit* ~ *behandeln* sulfuriser; **~ung** *f* soufrage *m,* sulfuration *f;* **~wasserstoff** *m* acide sulfhydrique, hydrogène *m* sulfuré; **schwef(e)lig** *a* sulfureux.

Schweif m ‹-(e)s, -e› [ʃvaɪf] *lit poet* (*Schwanz*) queue *f, a. astr (e-s Kometen)*; ~**stern** m *(Komet)* comète *f*; **s~wedeln** *itr fig* flagorner (*vor jdm* qn); ~**wedler** m ‹-s, -› flagorneur *m*.

schweif|en ['ʃvaɪfən] *tr ‹aux: haben›* (*e-e geschwungene Form geben*) échancrer, chantourner; *itr ‹aux: sein› (wandern, irren)* vagabonder, divaguer; *(Tier)* errer, vaguer; *fig (Gedanken)* vaguer, vagabonder; ~ *lassen (Blick)* promener; *(Gedanken)* laisser errer; *den* od *s-n Blick über etw* ~ *lassen (a.)* jeter un regard circulaire sur qc; **S~säge** *f* scie *f* à chantourner.

Schweig|eanruf m ['ʃvaɪgə-] appel *m* téléphonique où le correspondant se tait; ~**egeld** n prix du silence; *pej* pot-de-vin *m;* ~**emarsch** m marche *od* manifestation *f* silencieuse; ~**eminute** *f* minute *f* de silence *od* de recueillement; **s~en** *‹schweigt, schwieg, hat geschwiegen› itr* se taire (*von* od *über* sur); observer *od* garder le silence (*von* od *über* sur); *radio (Sender)* être silencieux; *ganz zu* ~ *von …* sans parler de …, sans compter …; *dazu* ~ ne rien répondre; laisser dire *od* faire; ~ *wie ein Grab* être muet comme la tombe *od* comme une carpe; ~ *können* être maître de la langue; *wer schweigt, gibt zu (prov)* qui ne dit mot consent; ~**en** *n* silence, mutisme *m;* ~ *bewahren* garder *od* observer le silence; *das* ~ *brechen* rompre le silence; *jdn zum* ~ *bringen* réduire qn au silence, faire taire qn; *a.* museler qn; *jdm* ~ *gebieten* imposer silence à qn, faire taire qn; *sich in* ~ *hüllen* se renfermer dans le silence; **s~end** *a* silencieux; *adv* silencieusement, en silence; ~**epflicht** *f (berufliche)* secret *m* professionnel; *ärztliche* ~ secret *m* médical; ~**er** m ‹-s, -› homme *m* silencieux *od* taciturne; **s~sam** [-kza:m] *a* silencieux, taciturne; *(verschwiegen)* discret; ~**samkeit** *f* ‹-, ø› taciturnité *f;* mutisme, silence *m; (Verschwiegenheit)* discrétion *f.*

Schwein n ‹-(e)s, -e› [ʃvaɪn] *a. fig vulg pej* cochon; *(bes. Fleisch)* porc; *fig pej* goret, saligaud *m; fig pop (Glück)* veine, chance *f; pl adm* porcins *m pl; kein* ~ *(vulg: niemand)* personne; ~ *haben (fam)* avoir de la veine, être verni; *haben wir zusammen* ~*e gehütet?* est-ce que nous avons gardé les dindons ensemble? ~**ebestand** m cheptel *m* porcin; ~**ebraten** m rôti *m* de porc; ~**efett** n graisse *f* de porc; *(ausgelassen)* sain-

doux *m;* ~**efleisch** n (viande *f* de) porc *m; gekochte(s)* ~ petit salé *m;* ~**efutter** n nourriture pour cochons *od* porcs; *fig* mangeaille *f,* rata *m;* ~**ehirt,** ~**etreiber** m porcher *m;* ~**ehund** m *pop* (peau de) vache *f;* ~**ekoben** m, ~**ekofen** m ‹-s, -› = ~**estall;** ~**ekotelett** n côtelette *f* de porc; ~**eohr** n *(Gebäck)* = ~*sohr;* ~**epest** *f* peste *f* porcine; ~**erasse** *f* race *f* porcine; ~**erei** *f* [-'raɪ] *pop (Unsauberkeit)* cochonnerie, saleté; *(Übelstand)* crasse, rosserie, saloperie; *(Zote)* saloperie, obscénité *f;* ~**erippchen** n côte *f* de porc; ~**eschmalz** n saindoux *m;* ~**estall** m étable *f* à porcs; toit *m* à cochons; *fig pej* étable à pourceaux, bauge *f; das ist (ja) ein* ~! c'est une vraie écurie! ~**etrog** m auge *f* des porcs; ~**ezucht** *f* élevage *m* des porcs; ~**igel** m *fam (schmutziger Mensch)* pourceau; *(a. Zotenreißer)* cochon *m;* ~**igelei** *f* [-'laɪ] *fam* cochonnerie, obscénité *f;* **s~igeln** *itr* dire des cochonneries *od* des obscénités; **s~isch** *a* de cochon; obscène; *adv* comme un cochon; ~**sblase** *f* vessie *f* de cochon; ~**sborste** *f* soie *f* de porc *od* de sanglier; ~**shaxe** *f* pied *m* de cochon; ~**skopf** m tête *f* de porc; *(Wildschwein)* hure *f* de sanglier; ~**skotelett** n = ~*ekotelett;* ~**sleder** n peau *f od* cuir *m* de porc; **s~sledern** *a* en peau de porc; ~**sohr** n *(Gebäck)* palmier *m.*

Schweiß m ‹-ßes, (-ße)› ['ʃvaɪs] sueur; transpiration; *(leichter)* moiteur; *(Pferd)* écume; *(an Gefäßen, Wänden, Scheiben)* buée *f; (Woll~)* suint; *(Jägersprache: Wildblut)* sang *m; im* ~*e seines Angesichts (fig)* à la sueur de son front; *in* ~ *geraten* se mettre en nage; *wie in* ~ *gebadet sein, von* ~ *triefen* être trempé de sueur, suer à grosses gouttes; *der* ~ *trat mir auf die Stirn* la sueur perla sur mon front; *wie in* ~ *gebadet* baigné *od* trempé de sueur, en nage, tout en sueur *od* en eau; **s~absondernd** *a physiol* sudoripare, sudorifère; ~**absonderung** *f physiol* sudation *f; starke* ~ abondante sudation *f;* ~**apparat** m *tech* appareil *m* à souder; ~**ausbruch** m *physiol* sueurs *f pl;* **s~bedeckt** *a* couvert du sueur; ~**blatt** n dessous *m* de bras; ~**brenner** m *tech* chalumeau *m* oxhydrique; ~**drüse** *f anat* glande *f* sudoripare; **s~en** *itr (Wild: bluten)* saigner; *tr tech* souder à l'autogène; ~**en** *n* soudage *m,* soudure *f;* ~**er** m ‹-s, -› soudeur *m;* ~**erei** *f* [-'raɪ] *(Werkstatt)* atelier *m* de soudage *od* de soudure; ~**fuchs** *m (Pferd)* alezan *m* brûlé; ~**füße** *m pl:* ~ *haben* transpirer des pieds; ~**gerät** *n* = ~*apparat;* ~**geruch** *m* odeur *f* de sueur *od* de transpiration; ~**hund** *m* braque *m;* **s~ig** *a* suant; *(Wild: blutend)* saignant; ~**naht** *f* tech (joint *m od* ligne de) soudure *f;* ~**stelle** *f* tech soudure *f;* **s~treibend** *a pharm* sudorifique; ~*e(s) Mittel n* sudorifique *m;* **s~triefend** *a* ruisselant de sueur; ~**tropfen** *m* goutte *f* de sueur; ~**tuch** *n* suaire *m;* ~**ung** *f (Vorgang)* soudage *m; (a. Ergebnis)* soudure *f.*

Schweiz [ʃvaɪts], *die* la Suisse; *die deutsche, französische* ~ la Suisse alémanique, romande; ~**er** *m* ⟨-s, -⟩ Suisse; *(Türhüter)* suisse; *(Melker)* vacher *m; a* suisse, de Suisse; ~ *Käse m* (fromage de) gruyère *m;* ~**erdegen** *m typ* amphibie *m;* ~**erdeutsch** *n* dialecte *m* suisse alémanique; ~**ergarde** *f (des Papstes)* garde *f* suisse; ~**erhäuschen** *n* chalet *m* suisse; ~**erin** *f* Suisse, Suissesse *f;* **s~e**-**risch** *a* suisse, de Suisse; helvétique.

Schwellanlage *f* [ʃve:l-] installation *f* de carbonisation; ~**brand** *m* feu *m* couvant; **s~en** *itr* brûler sans flamme, se consumer lentement; *a. fig* couver; *tr tech* (faire) brûler lentement; *(Kokerei)* carboniser à basse température; ~**koks** *m* semi-coke *m;* ~**teer** *m* goudron *m* à distillation lente; ~**ung** *f tech* distillation lente; carbonisation *f* à basse température.

schwelgen [ˈʃvɛlɡən] *itr (prassen)* faire bombance *od* ripaille; *in etw* ~ nager dans qc; *fig* s'enivrer, se griser de qc; **S~er** *m* ⟨-s, -⟩ jouisseur, viveur *m;* bambocheur, noceur; voluptueux *m;* **S~erei** *f* [ˈraɪ] goguette, débauche, orgie *f;* ~**erisch** *a* voluptueux.

Schwelle *f* ⟨-, -n⟩ [ˈʃvɛlə] *(Tür~)* seuil *a. fig u. psych;* pas *m* (de porte); *loc* traverse, bille *f; an der* ~ *des Alters (stehen* être) sur le *od* son retour; ~**nabstand** *m loc* travelage *m;* ~**nwert** *m scient* valeur-seuil *f.*

schwellen ⟨schwillt, schwoll, ist geschwollen⟩ [ˈʃvɛlən, (-)ˈʃvɔl(-), ˈʃvɪl-] *itr* s'enfler, (se) gonfler; *(die Brust)* se dilater; *med* se tuméfier; *(Gewässer)* croître, être en crue; *ihm schwillt der Kamm (fig)* la vitalité le démange; **S~körper** *m anat* corps *m* érectile; **S~ung** *f* gonflement *m;* enflure; *med* tuméfaction, tumescence *f.*

Schwemme *f* ⟨-, -n⟩ [ˈʃvɛmə] *(fürs Vieh)* abreuvoir, gué *m; (Bierstube)* buvette *f; (Überangebot)* pléthore *f,* surplus *m; in die* ~ *reiten* mener *od* conduire à l'abreuvoir, guéer; **s~en** *tr (spülen)* rincer *od* laver à grande eau; ~**land** *n* terrains *m pl* alluviaux *od* d'alluvions; ~**sand** *m* sable *m* de rivière.

Schwengel *m* ⟨-s, -⟩ [ˈʃvɛŋəl] *(Pumpe)* balancier, bras; *(Glocke)* battant *m.*

Schwenkachse *f* [ˈʃvɛŋk-] *tech* articulation *f;* ~**arm** *m* bras *m* orientable *od* pliant *od* oscillant; ~**bagger** *m* excavateur *m* orientable; **s~bar** *a* orientable, tournant, basculant, pivotant, à pivot, articulé; ~**bereich** *m* amplitude *f* de pointage en direction; **s~en** *tr* ⟨aux: haben⟩ *(hin u. her bewegen, bes. Hut, Taschentuch, Fahne)* agiter; *(schwingen)* brandir; *(Küche)* faire sauter; *tech (drehen)* tourner, pivoter, orienter; *itr* ⟨aux: sein⟩ basculer, changer *od* faire un changement de direction, tourner; *mil* converser; *fig* opérer un revirement; *links, rechts schwenkt, marsch! (mil)* conversion à gauche, droite, marche! ~**flügel** *m (Flugzeug)* aile *f* variable; ~**kran** *m* grue *f* tournante *od* pivotante; ~**ung** *f mil* changement *m* de direction, conversion; *a. fig* volte-face *f; fig* changement d'opinion, revirement *m.*

schwer [ʃve:r] *a (von großem Gewicht)* lourd, pesant; *(Last)* pondéreux; *(massig)* massif; *(plump, ~fällig)* massif, lourdaud, engourdi; *agr (Boden)* gras; *(~ verdaulich)* lourd, difficile à digérer, d'une digestion difficile, indigeste; *(zu Kopf steigend)* fort, corsé, profond, capiteux; *(Tabak)* fort; *(Zunge)* épais; *(Krankheit)* grave; *(Strafe)* sévère, rigoureux; *(schwierig)* difficile, ardu; *(beschwerlich)* dur, pénible, malaisé; *(ermüdend)* fatigant; *(bedeutend, groß)* gros, grand, important; *adv (mühselig)* durement, laborieusement, péniblement; *(streng)* sévèrement, rigoureusement; *(ernstlich)* gravement, sérieusement; *fam (sehr)* très, fort; *(viel)* beaucoup (de); ~*en Herzens* le cœur lourd *od* gros; ~ *arbeiten* travailler dur; ~ *aufgehen (Tür, Behälter)* être dur à ouvrir; *S~es durchmachen* passer par de rudes épreuves; *sich* ~ *entschließen (können)* avoir de la peine à se décider; *es (sehr)* ~ *haben* avoir (bien) du mal; en voir de dures; *pop* en baver; ~ *machen* rendre lourd, alourdir; *zwei Zentner* ~ *sein* peser 1 quintal; *an etw* ~ *tragen* se peiner *od* être accablé de qc; ~ *werden* s'alourdir; s'appesantir; *(Zunge a.)* s'épaissir; *fig: jdm* faire de la peine à qn; *mir ist (so)* ~ *ums Herz* j'ai le cœur lourd, j'en ai gros sur le cœur; *das ist nicht (so)* ~ *(a.)* ce n'est pas malin *od* le diable; ~ *absetzbar od verkäuflich* difficile à écouler; ~ *betrunken* ivre mort; ~*e Erkältung f* gros rhume *m;* ~*e(r) Fehler m* faute *f* grave; ~*e Geburt f* accouchement *m* difficile; ~*e(r) Irrtum m (fam)* erreur *f* grave *od* capitale; ~*e(s) Schicksal n* sort *m* cruel; ~*e See f* grosse mer *f;* ~*e Sünde f* gros péché *m;* ~*e(s) Verbrechen n* grand crime *m;* ~*e Zeiten f pl* temps *m pl* durs *od* difficiles; ~ *zufriedenzustellen(d)* difficile à contenter; **S~arbeit** *f* travail *m* pénible; **S~arbeiter** *m* travailleur *m* de force; **S~arbeiterzulage** *f* supplément *m* pour travail pénible; ~**beladen** *a* lourdement chargé; **S~benzin** *n* essence *f* lourde; **S~beschädigte(r)** *m* grand mutilé *m;* ~**bewaffnet** *a* armé jusqu'aux dents; *mil* muni d'armement lourd; ~**blütig** *a (trübsinnig)* triste, sombre; *(ernst)* grave; **S~blütigkeit** *f* ⟨-, ø⟩ tristesse; gravité *f;* **S~e** *f* ⟨-, ø⟩ *(Gewicht)* poids *m,* pesanteur; *phys* gravité *f; med (in d. Beinen)* lourdeur *f pl; fig (Wichtigkeit, Ernst, a. e-r Krankheit)* gravité; *(e-r Strafe)* sévérité, rigueur; *(e-s Verbrechens)* atrocité *f;* **S~efeld** *n phys* champ *m* gravitationnel; **S~egefühl** *n med* = ~*e (med);* ~**elos** *a* sans poids *od* pesanteur; **S~elosigkeit** *f* ⟨-, ø⟩ apesanteur, non-pesanteur, agravité, impondérabilité *f;* **S~enöter** *m* ⟨-s, -⟩ [-nø:tər] coureur, homme à femmes; galant *m;* ~**erziehbar** *a* difficile, inadapté; ~**fallen** ⟨*aux: sein*⟩ *itr impers: jdm* ~ donner beaucoup de peine, être pénible, coûter, faire qc à qn; *es fällt mir schwer zu ...* j'ai du mal à ..; ~**fällig** *a* (d'esprit) lourd, lourdaud, pesant, épais, engourdi; *(Stil)* lourd; ~*e(r) Mensch m (a.)* cul-de-plomb *m;* **S~fälligkeit** *f* ⟨-, ø⟩ lourdeur, pesanteur, épaisseur *f;* **S~gewicht** *n sport* poids *m* lourd; *fig (Nachdruck): das* ~ *liegt auf ...* l'accent est sur ...; **S~gewichtler** *m* ⟨-s, -⟩ *sport* poids *m* lourd; ~**hörig** *a* dur d'oreille; ~ *sein (a.)* avoir l'oreille dure, entendre dur; **S~hörige(r)** *m* malentendant *m;* **S~hörigkeit** *f* ⟨-, ø⟩ dureté *f* d'oreille; **S~industrie** *f* industrie *f* lourde *od* métallurgique; **S~industrielle(r)** *m* maître *m* de forges; **S~kraft** *f* ⟨-, ø⟩ *phys* gravitation, (force de) pesanteur *f;* ~**krank** *a* gravement malade; **S~kranke(r)** *m* grand malade *m;* **S~kriegsbeschädigte(r)** *m* grand mutilé *m* de

guerre; ~**lich** *adv* difficilement, avec *od* à peine; *er wird* ~ *kommen* il n'est guère probable qu'il vienne; ~**=machen** *tr: es jdm, jdm das Leben* ~ rendre *od* mener la vie dure à qn; *es sich unnötig* ~ *(a.)* chercher midi à quatorze heures; *jdm das Herz* ~ peser sur le cœur, serrer le cœur à qn; **S~metall** *n* métal *m* lourd; **S~mut** *f* ⟨-, ø⟩ humeur sombre, tristesse, mélancolie; *bes. med* hypocondrie *f;* ~**mütig** *a* sombre, triste, mélancolique; hypocondriaque; ~**=nehmen** *tr* prendre au sérieux; *nehmen Sie es nicht so schwer!* ne vous en faites pas; **S~punkt** *m phys* centre de gravité *a. fig; fig* point capital; élément *m* central *od* essentiel; *den* ~ *ansetzen auf* faire porter, concentrer son effort sur; *mil* (point d')effort *m* principal; **S~punktbildung** *f* concentration *f* des efforts; *unterschiedliche* ~ concentration *f* différentielle; **S~punktstreik** *m* grève dans un centre vital; grève *f* tournante; **S~punktverlagerung** *f (fig)* transfert *m* d'activité (d'une industrie à une autre); ~**reich** *a fam* richissime; *pop* bourré aux as; **S~spat** *m min* spath *m* pesant; **S~starbeiter** *m* travailleur *m* de force (catégorie supérieure); **s~=tun,** *sich* avoir des difficultés; *sich mit etw* ~ avoir des difficultés avec qc; **S~verbrecher** *m* grand criminel *m;* ~**verdaulich** *a* indigeste, d'une digestion difficile; ~*e Speise f (a.)* emplâtre *m;* ~**verletzt** *a* grièvement blessé; **S~verletzte(r)** *m* blessé *m* grave; ~**verständlich** *a* difficile à comprendre; ~**wiegend** *a (entscheidend)* grave; ~*e Entscheidung f (a.)* option *f;* ~**verwundet** *a* = ~*verletzt;* **S~verwundete(r)** *m* grand blessé *m.*

Schwert *n* ⟨-(e)s, -er⟩ [ʃve:rt] épée *f; lit u. fig* glaive *m; mit dem* ~ à la pointe de l'épée; *mit Feuer und* ~ à feu et à sang; *zum* ~ *greifen* mettre la main à l'épée; *fig* tirer le glaive; *durch das* ~ *umkommen* périr par l'épée; ~**el** *m, a. n* ⟨-s, -⟩ *bot* glaïeul *m;* ~**(er)tanz** *m* danse *f* des épées; ~**feger** *m* armurier *m;* ~**fisch** *m* poisson-épée *m,* épée *f* (de mer), espadon *m;* **s~förmig** *a* en forme de glaive, *scient* ensiforme, xiphoïde; ~**knauf** *m* pommeau *m* d'épée; ~**lilie** *f* iris *m;* ~**streich** *m* coup *m* d'épée; *ohne* ~ sans coup férir; ~**träger** *m (Fisch)* porte-glaive, xipho(phore) *m;* ~**wal** *m zoo* épaulard *m.*

Schwester *f* ⟨-, -n⟩ ['ʃvɛstər] *a. rel* sœur; *pop* frangine; *(Kranken~)* in-

firmière; *rel* religieuse *f; Barmherzi-*
ge ~ *(rel)* sœur *f* de charité; ~**chen** *n*
petite sœur; *fam* sœurette *f;* ~**firma**
f firme *f* associée; ~**gesellschaft** *f*
société *f* sœur *od* affiliée; ~**kind** *n*
enfant *m f* de ma, sa *etc* sœur; neveu
m; nièce *f;* **s~lich** *a* de sœur; *adv* en
sœur; ~**norden** *m rel* ordre *m* de
femmes; ~**npaar,** *ein (das)* (les) deux
sœurs *f pl;* ~**nschaft** *f* communauté
f de(s) sœurs; ~**schiff** *n* navire-ju-
meau *m;* ~**sprache** *f* langue *f* sœur;
~**unternehmen** *n* entreprise *f* associée.

Schwibbogen *m* [ˈʃvɪp-] *arch* arc-
-boutant *m.*

Schwieger|eltern *pl* [ˈʃviːɡər-] beaux-
-parents *m pl;* ~**mutter** *f* belle-mère
f; ~**sohn** *m* gendre, beau-fils *m;*
~**tochter** *f* belle-fille, bru *f;* ~**vater**
m beau-père *m.*

Schwiel|e *f* ⟨-, -n⟩ [ˈʃviːlə] durillon, cal
m, callosité *f;* **s~ig** *a* calleux.

schwierig [ˈʃviːrɪç] *a (schwer zu tun)*
difficile; *fam* difficultueux *(mühevoll)*
pénible, ardu; *(lästig)* malaisé; *(heikel)* délicat; *(strittig)* épineux;
(Mensch) difficile; *(anspruchsvoll)*
exigeant; *das ist e-e* ~*e Sache (a.)*
c'est toute une affaire; ~*e Lage f (fin
a.)* malaise *m;* **S~keit** *f* difficulté *f; pl*
a. embarras, ennui(s *pl*) *m; (Hindernisse)* obstacles *m pl; ohne* ~*(en) a.*
de plain-pied; ~*en bereiten od machen* faire *od* élever *od* soulever *od*
entraîner des difficultés; *jdm* donner
du fil à retordre, tailler des crou-
pières à qn; *unnötige* ~*en machen
(a.)* compliquer les choses; ~*en sehen, wo keine sind* chercher des
complications *od* midi à quatorze
heures; *auf* ~*en stoßen* se cogner *od*
se heurter à *od* rencontrer des difficultés *od* des obstacles, trouver des
pierres sur son chemin; *es ergeben
sich* ~*en* il se présente des difficultés;
technische ~*en* ennuis *m pl* méchani-
ques; *fig* difficultés *f pl* techniques;
mit ~*en verbunden* difficile, épineux;
S~keitsgrad *m* degré *m* de difficulté.

Schwimm|anstalt *f* [ˈʃvɪm-], ~**bad** *n*
(établissement *m* de) bains *m pl,* piscine *f;* ~**bagger** *m* bateau *m* dra-
gueur, drague *f;* ~**bassin** *n,* ~**bek-
ken** *n* piscine *f;* ~**blase** *f (d. Fische)*
vessie *f* natatoire; ~**dock** *n* dock *od*
bassin *m* (de radoub) flottant; **s~en**
⟨*schwimmt, schwamm, ist geschwom-
men*⟩ [ʃvam, -ˈʃvɔm-] *itr* nager; *(treiben)* flotter, voguer; *über e-n Fluß* ~
traverser une rivière à la nage; *an(s)
Land* ~ gagner la rive à la nage;

obenauf ~ surnager; *einen neuen
Rekord* ~ ⟨*aux: haben*⟩ battre un record en natation; *auf dem Rücken,
auf der Seite* ~ nager sur le dos, à
l'indienne; *in Tränen* ~ avoir le visage inondé de larmes; ~ *gehen* aller se
baigner; *mir schwimmt es od alles
vor den Augen* je vois trouble; ~**en** *n*
nage, natation *f; zum* ~ *gehen* aller se
baigner; **s~end** *a* flottant; *adv* à la
nage; ~**er** *m* ⟨-s, -⟩ *(Mensch)* nageur;
tech flotteur *m;* **s~fähig** *a* flottable;
~**fähigkeit** *f* flottabilité *f;* ~**flosse** *f*
palme *f;* ~**fuß** *m zoo* pied *m od* patte
f palmé(e) *od* natatoire; ~**gürtel** *m*
ceinture *f* de natation; ~**haut** *f zoo*
(zwischen den Zehen) palmure *f; mit*
~ *versehen (a zoo)* palmé; ~**käfer** *m*
gyrin *m* nageur; ~**klub** *m* club *m* de
natation; ~**körper** *m tech* cylindre
flottant; ~*mot* flotteur *m;* ~**kran** *m*
grue *f* flottante; ~**lehrer** *m* moniteur
m (de natation); ~**sport** *m* natation *f;*
~**stadion** *n* stade *m* nautique *od* de
natation; ~**stoß** *m* brasse *f;* ~**verein**
m = ~*klub;* ~**vögel** *m pl* palmipèdes
m pl; ~**weste** *f* gilet *m od* jaquette *f*
de sauvetage.

Schwind|el *m* ⟨-s, -⟩ [ˈʃvɪndəl] *med*
vertige, étourdissement, éblouisse-
ment *m; fig (Lüge)* mensonge(s *pl*) *m,*
boniments *m pl; (Bluff, Irreführung)*
bluff *m,* blague *f,* bobard, truquage *m;*
fumisterie, duperie *f; (propagandisti-
scher)* bourrage *m* de crâne; *(Betrug)*
imposture, supercherie *f,* carottage
m; den ~ *kennen* connaître le truc;
das ist kein ~ ce n'est pas truqué; *das
ist doch alles* ~! c'est une histoire!
histoire que tout cela! *der ganze* ~ tout
le tremblement *od* fourbi; ~**elanfall**
m accès de vertige, étourdissement
m; e-n ~ *haben* être pris d'un vertige;
~**elei** *f* [-ˈlaɪ] *(Lügerei)* mensonges *m*
pl; (Bluff) bluff, truquage *m;* fumisterie, duperie *(Betrügerei)* imposture *f,*
supercheries *f pl,* carottage *m;* **s~el-
erregend** *a* vertigineux; ~**elfirma** *f*
maison *f* véreuse; **s~elfrei** *a* exempt
de vertige, (qui n'est) pas sujet au
vertige; ~ *sein (a.)* ne pas avoir le
vertige; ~**elgefühl** *n* vertige, étourdissement *m;* **s~elhaft** *a (fig)* vertigineux, exorbitant; *(betrügerisch)*
frauduleux; **s~(e)lig** *a* pris de vertige; *(der Anlage nach)* sujet au vertige; ~ *machen* donner le vertige à;
leicht ~ *werden* être sujet au *od*
avoir facilement le vertige; *mir wurde* ~ j'étais pris de vertige, j'avais le
vertige; **s~eln** *itr (lügen)* mentir;
(bluffen) bluffer, *fam* blaguer; *impers: mir schwindelt* j'ai le vertige, la

tête me tourne; **s~elnd** *a* vertigineux; **~elunternehmen** *n* entreprise *f* véreuse; **~ler** *m* ⟨-s, -⟩ *(Lügner)* menteur; *(Bluffer)* bluffeur; bourreur de crâne; *(Betrüger)* dupeur, trompeur; emberlificoteur; *(Gauner)* carotteur, carottier, escroc; *(Hochstapler)* aigrefin, chevalier d'industrie, imposteur *m;* **s~lerisch** *a (lügnerisch)* mensonger, menteur; *(betrügerisch)* trompeur.

schwind|en ⟨*schwindet, schwand, ist geschwunden*⟩ ['ʃvɪndən, ʃvant/-d-, -'ʃvundən] *itr (kleiner* od *geringer werden, zs.schrumpfen, abnehmen)* s'amoindrir, décroître, diminuer (progressivement), se réduire; *(schwächer werden, nachlassen, a.)* s'atténuer; *(dahin~, vergehen)* dépérir, passer, s'effacer, s'éclipser, disparaître, cesser d'être; *(sich verlieren, bes. Ton)* se perdre, s'évanouir, mourir; ~ *lassen (Hoffnung)* abandonner, renoncer à; *alle Hoffnung ist geschwunden* il n'y a plus d'espoir; *meine Kräfte schwanden* mes forces m'abandonnèrent; *mir schwanden die Sinne* j'ai perdu connaissance, je me suis évanoui; **S~en** *n* amoindrissement, décroissement *m,* diminution; atténuation *f;* dépérissement *m,* disparition *f;* évanouissement *m; im* ~ *begriffen* en voie de déclin; **S~sucht** *f* ⟨-, ø⟩ ['ʃvɪnt-] phtisie, consomption *f;* **~süchtig** *a* phtisique, poitrinaire.

Schwing|achse *f* ['ʃvɪŋ-] *mot* essieu *m* oscillant; **~arm** *m tech* biellette *f; mot* bras *m* oscillant; **~bewegung** *f* mouvement *m* vibratoire; **~e** *f* ⟨-, -n⟩ *poet (Vogelflügel)* u. *fig* aile *f; (Getreide~)* van *m; tech* coulisse *f;* **s~en** ⟨*schwingt, schwang, hat geschwungen*⟩ [ʃvaŋ, -'ʃvuŋən] *tr* brandir, agiter; *(Getreide)* vanner; *(Hanf, Flachs)* t(e)iller; *itr* osciller, basculer; *(Saite)* vibrer; *sich* ~ s'élancer, s'élever; *e-e Rede* ~ *(fam)* faire un laïus; *sich in den Sattel* ~ sauter à cheval; **s~end** *a* oscillant; vibrant; **~er** *m* ⟨-s, -⟩ *(Boxen)* swing *m;* **~fenster** *n* fenêtre *f* basculante; **~hebel** *m tech* balancier *m;* **~kreis** *m* el circuit *m* d'accord; **~maschine** *f* teilleuse *f;* **~rutsche** *f* glissière *f* oscillante; **~ung** *f* oscillation *f,* mouvement *m* oscillatoire *od* de va-et-vient; vibration *f; (Glocke)* branle *m; in* ~*en versetzen* faire osciller *od* vibrer; *in* ~ en branle; **~ungsachse** *f (Pendel)* axe *m* d'oscillation; **~ungsdämpfer** *m* amortisseur *m* de vibrations; **~ungsdauer** *f* durée *od* période *f*

d'oscillation; **~ungsenergie** *f* énergie *f* vibratoire; **~ungserzeuger** *m* oscillateur *m;* **~ungsmesser** *m* ⟨-s, -⟩ oscillomètre; *a.* vibromètre *m;* **~ungsweite** *f* amplitude *f* d'oscillation; **~ungszahl** *f* nombre *m* d'oscillations; *phys* fréquence *f.*

Schwipp|schwager *m* ['ʃvɪp-] *fam* frère du beau-frère; frère *od* époux *m* de la belle-sœur; parent *m* éloigné; **~schwägerin** *f fam* sœur de la belle-sœur, sœur *od* épouse *f* du beau-frère, parente *f* éloignée.

Schwips *m* ⟨-es, -e⟩ [ʃvɪps] *fam, kleine(r)* ~ griserie, pointe *f* de vin; *e-n* ~ *haben* être pompette *od* éméché.

schwirren ['ʃvɪrən] *itr* ⟨*aux: haben*⟩ *(surren)* bruire, frémir, siffler; ⟨*aux: sein*⟩ *(Insekt)* bourdonner; *mir schwirrt der Kopf* la tête me bourdonne *od* tourne.

Schwitz|bad *n* ['ʃvɪts-] bain *m* de vapeur; **s~en** *itr* suer, transpirer; *(glatte Fläche)* suinter, ressuer, être couvert de buée; *(Häute)* s'échauffer; *sehr* od *stark* ~ être en sueur *od* en nage; **~en** *n* transpiration; *med* sudation *f; (Aus~)* suintement; *tech* suage *m; s~ig* *a* en sueur, couvert de sueur, suant; moite; **~kasten** *m* étuve *f;* **~kur** *f* traitement *m* par (la) sudation; **~wasser** *n* buée *f.*

Schwof *m* ⟨-(e)s, -e⟩ [ʃvoːf] *pop* danse *f; arg* guinche *m* od *f;* **s~en** *itr pop* guincher *arg.*

schwören ⟨*schwört, schwor, hat geschworen*⟩ ['ʃvøːrən, (-)'ʃvoːr(-)] *itr* jurer *(bei par)*; prêter serment; *auf jdn (fam)* ne jurer que par qn; *tr* jurer, affirmer *od* promettre sous la foi du *od* par serment; *jdm ewige Liebe* ~ jurer un amour éternel à qn; *(jdm) Rache* ~ jurer de se venger (de qn); *jdm Treue* ~ jurer fidélité à qn; *ich schwöre es Ihnen (hoch und heilig)* je vous le jure *od* en fais le serment; *hoch und heilig* ~ jurer ses grands dieux; *ich möchte darauf* ~, *daß . . .* je jurerais que . . .

schwul [ʃvuːl] *a fam* homosexuel, *fam* pédé; **S~ität** *f* ⟨-, -en⟩ [-li'tɛːt] *fam (Verlegenheit)* gêne *f,* embarras *m; in (großen)* ~*en sein* être pressé d'argent *od pop* dans la dèche.

schwül [ʃvyːl] *a* lourd, étouffant, suffocant, accablant; *es ist* ~ il fait lourd; **S~e** *f* ⟨-, ø⟩ lourdeur, chaleur *f* étouffante *od* accablante.

Schwulst *m* ⟨-(e)s, ⁻e⟩ [ʃvulst, 'ʃvʏlstə] *(Stil: Aufgeblasenheit)* enflure, boursouflure, bouffissure, emphase *f;* gongorisme *m; s~ig* *a* = *schwülstig.*

schwülstig ['ʃvʏlstɪç] *a* enflé, boursouflé, bouffi, ampoulé, emphatique, *a.* pompeux; **S~keit** *f* ⟨-, (-en)⟩ = *Schwulst.*

schwumm(e)rig ['ʃvʊm(ə)rɪç] *a fam* = *schwind(e)lig.*

Schwund *m* ⟨-(e)s, ø⟩ [ʃvʊnt, -dəs] *(Schrumpfung)* rétrécissement *m; (Abnahme)* diminution *f; (Verfall)* dépérissement *m; med* atrophie *f; tele radio* évanouissement; *radio* fading; *com* déchet *m* de route; **s~mindernd** *a radio* antifading; **~regler** *m radio* correcteur *m* de volume.

Schwung *m* ⟨-(e)s, ¨e⟩ [ʃvʊŋ, 'ʃvʏŋə] élan *m,* lancée *f; (Bewegung)* branle *m; (bes. e-r Glocke)* volée *f; fig* élan, allant, envol(ée *f*), entrain *m,* fougue, verve *f; (Begeisterung)* enthousiasme, lyrisme *m; in ~* en train, en verve; *in vollem ~* à la volée; *jdn in ~ bringen* mettre qn en train, faire perdre son flegme à qn; *etw in ~ bringen* mettre qc en branle; *fig* donner un essor à qc; *in ~ halten (Sache)* tenir en branle; *(Person)* tenir en train; *in ~ kommen* se mettre en branle; *fig* prendre son essor, démarrer; *(sich erhitzen)* se monter; *in ~ setzen* mettre en branle; *das hat ~* cela a de l'allure; *da ist ~ drin* c'est plein d'entrain; **~feder** *f orn* penne, rémige, tectrice *f;* **s~haft** *a (Handel)* florissant; **~kraft** *f* force d'impulsion, élasticité *f; a. fig* ressort; *fig* élan *m;* **s~los** *a* sans élan *od* verve; terre-à-terre; *(prosaisch)* prosaïque; **~losigkeit** *f* ⟨-, ø⟩ prosaïsme, manque m d'élan *od* d'entrain; **~rad** *n* volant *m;* **s~voll** *a* plein d'élan *od* d'entrain *od* de verve; *(Musik a.)* plein de brio.

schwupp, **~diwupp,** **schwups** [ʃvʊp(s), -di'vʊp] *interj* vlan! v'lan!

Schwupp *m* ⟨-(e)s, -e⟩ [ʃvʊp] bond, saut, élan *m; mit einem ~ erledigen* arranger en un tournemain.

Schwur *m* ⟨-(e)s, ¨e⟩ [ʃvuːr, 'ʃvyːrə] serment; *(Gelübde)* vœu *m; e-n ~ tun* faire un serment; **~gericht** *n* cour *f* d'assises; jury *m* criminel.

Science-fiction *f* ⟨-, ø⟩ ['saɪənsfɪkʃən] science-fiction *f.*

Scotchterrier *m* ['skɔtʃtɛriər] *(Hunderasse)* scottish-terrier *m.*

sechs [zɛks] *Zahlw.* six; **S~** *f* ⟨-, -en⟩ six *m;* **S~achteltakt** *m mus* mesure *f* à six-huit; **S~eck** *n* hexagone *m;* **~eckig** *a* hexagonal; **S~ender** *m* ⟨-s, -⟩ cerf *m* à sa seconde tête; **~fach** *a* sextuple; **S~flach** *n,* **S~flächner** *m* ⟨-s, -⟩ *math* hexaèdre *m;* **~hundert** *a* six cent(s); **~jährig** *a*

(âgé) de six ans; **S~kant(eisen** *n***)** *n od m* clé *f* à six pans; **~mal** *adv* six fois; **~malig** *a* répété cinq fois; **~motorig** *a* à six moteurs, hexamoteur; **~e(s)** *Flugzeug n* hexamoteur *m;* **S~sitzer** *m* ⟨-s, -⟩ *mot* six places *f;* **~sitzig** *a* à six places; **S~tagerennen** *n* course *f* de six jours, six-jours *m pl;* **~te(r,s)** *a* sixième; *der ~ Sinn* le sixième sens; **S~tel** *n* ⟨-s, -⟩ sixième *m;* **~tens** *adv* sixièmement; **S~zimmerwohnung** *f* (appartement de) six pièces *m.*

sechzehn ['zɛç-] *Zahlw.* seize; **~te(r,s)** *a* seizième; **S~tel** *n* ⟨-s, -⟩ seizième *m;* **S~telnote** *f mus* double croche *f;* **S~telpause** *f mus* quart *m* de soupir.

sechzig ['zɛçtsɪç] *Zahlw.* soixante; *etwa ~ (. . .)* une soixantaine (de); **S~** *f* ⟨-, ø⟩ soixante *m;* **S~er** *m* ⟨-s, -⟩ sexagénaire *m; in den ~n od Sechzigerjahren sein* avoir entre soixante et soixante-dix ans; **~jährig** *a* sexagénaire; **~ste(r, s)** *a* soixantième; **S~stel** *n* ⟨-s, -⟩ soixantième *m.*

Sedez|band [ze'deːts-] *m,* **~format** *n typ* in-seize *m.*

Sediment *n* ⟨-(e)s, -e⟩ [zedi'mɛnt] *chem geol* sédiment; *chem a.* fond, résidu *m;* **s~är** [-'tɛːr] *a geol* sédimentaire; **~ärgestein** *n* roches *f pl* sédimentaires.

See [zeː] **1.** *m* ⟨-s, -n⟩ *(Land~)* lac; *dial a. (Teich)* étang *m;* **2.** *f* ⟨-, -n⟩ mer *f,* océan *m; an der ~* au bord de la mer; *auf ~* en *od* sur mer; *auf hoher, offener ~* en haute, pleine mer; *zur ~* par mer; *die ~ beherrschen* tenir la mer; *an die ~ gehen od reisen* aller à la mer; *in ~ gehen od stechen* prendre la mer, appareiller; *auf die hohe ~ hinausfahren* prendre le large; *bewegte ~* mer *f* agitée; *schwach bewegte ~* mer *f* belle; *gekräuselte ~* mer *f* ridée; *glatte od ruhige ~* mer *f* calme; *grobe ~* mer *f* forte; *hohe od hochgehende ~* grosse mer, mer *f* forte; *hohle ~* mer *f* courte *od* creuse *od* houleuse; *schwere ~* mer *f* énorme; *spiegelglatte ~* mer *f* d'huile; **~aal** *m* anguille *f* de mer; **~adler** *m* orfraie, huard, pygargue *m;* **~alpen,** *die pl* les Alpes *f pl* maritimes; **~amt** *n* préfecture *f* maritime; **~anemone** *f* = *~rose (zoo);* **~bad** *n* bain *m* de mer; *(Ort)* station *f* balnéaire; **~badekur** *f* cure *f* marine; **~bär** *m zoo (Ohrenrobbe)* otarie *f; (alter) ~ (fig:* **~mann**) loup *m* de mer; **~barsch** *m zoo* bar *od* loup *m* de mer; **~beben** *n* raz-de-marée *m;* **~-Elefant** *m* éléphant de mer, phoque à trompe;

scient macrorhine *m;* **s~fahrend** *a* navigateur; **~fahrer** *m* marin, navigateur *m;* **~fahrt** *f* navigation (maritime); *(einzelne)* promenade *f od* voyage *m* en mer; **s~fest** *a* *(Mensch)* non sujet au mal de mer; qui a le pied marin, amariné; *(Schiff)* qui tient bien la mer; **~fisch** *m* poisson *m* de mer; *pl com* marée *f;* **~flieger** *m* aviateur *m* maritime; **~fliegerei** *f;* **~flugwesen** *n* aviation navale, aéronavale *f;* **~flughafen** *m* base *f* aéronavale; **~frachtbrief** *m* connaissement *m;* **~funkdienst** *m* service *m* radio maritime; **~funkstelle** *f* station *f* (radioélectrique) de navire; **~gang** *m* mouvement *od* état*m* de la mer; *(bei) hohe(m)* **~** (par) grosse mer, (par) mer *f* forte; *hohen* **~** *haben (pop: in der Trunkenheit schwanken)* avoir du roulis; *es ist hoher* **~** il y a de la mer; **~gefecht** *n* combat *m* naval; **~geltung** *f pol* importance *f od* prestige *m* maritime; **~gemälde** *n* marine; *f* **~gras** *n* zostère *f; com* crin *m* végétal; **s~grün** *a* vert de mer *od* d'eau, céladon *inv;* **~gurke** *f zoo* holothurie *f;* **~hafen** *m* port *m* de mer; **~handel** *m* commerce *m* maritime; **~hecht** *m zoo* merluche *f,* colin *m;* **~herrschaft** *f* empire *m od* maîtrise des mers, suprématie *f* maritime; **~hund** *m* phoque, veau *m* marin; *pl (als Familie)* phocidés *m pl;* **~igel** *m* oursin *m;* **~jungfer** *f* nymphe *f* de la mer; **~kabel** *n* câble *m* sous-marin; **~kadett** *m* élève *m* de l'École navale; **~kadettenanstalt** *f* École *f* navale; **~karte** *f* carte *f* marine *od* nautique; **~kasse** *f* caisse *f* d'assurance maritime; **~klima** *n* climat *m* maritime; **s~krank** *a:* **~** *sein* avoir le mal de mer; *leicht* **~** *werden* être sujet au mal de mer; **~krankheit** *f* mal *m* de mer; **~krieg** *m* guerre *f* navale *od* maritime; **~kriegführung** *f* conduite des opérations navales *od* sur mer; stratégic *f* maritime; **~kuh** *f* vache *f* marine, dugong, lamantin *m;* **~lachs** *m zoo* colin *m;* **~leute** *(pl von:* **~***mann)* gens *m pl* de mer; **~löwe** *m zoo* lion *m* marin *od* de mer, otarie *f* (à crinière); **~luft** *f* air *m* marin *od* maritime *od* de la mer; **~macht** *f* puissance *f* maritime *od* navale; **~mann** *m* ‹-(e)s, -leute› marin, matelot *m;* **s~männisch** *a* marin; de marin; **~mannsamt** *n* bureau *m* d'inscription maritime; **~mannsgang** *m:* *den* **~** *haben* avoir le pied marin; **~mannsgarn** *n* conte *m* de marin *od* de bord; **~** *spinnen* débiter une *od*

des histoire(s); **~mannssprache** *f* langage *m* des marins; **~meile** *f* mille *m* marin; **~mine** *f* mine *f* de haute mer *od* sous-marine; **~not** *f* détresse *f* (de mer); *in* **~** *(befindlich)* en perdition, en péril; **~notflugzeug** *n* avion *m* de sauvetage en mer; **~notrakete** *f* fusée *f* de sauvetage en mer; **~notruf** *m (SOS)* appel *m* de détresse; **~nplatte** *f geog* plateau *m* parsemé de petits lacs; **~pferdchen** *n (Fisch)* hippocampe *m;* **~räuber** *m* pirate, corsaire, flibustier, forban; écumeur *m* de(s) mer(s); **~räuberei** *f* piraterie *f;* **~räuberschiff** *n* corsaire *m;* **~recht** *n* droit *m* maritime; **~reise** *f* voyage *m* sur mer; **~rose** *f bot* nénuphar *m; zoo* anémone de mer, actinie *f; gelbe* **~** nénuphar jaune, jaune *m* d'eau; *weiße* **~** nénuphar blanc *od* lis d'eau *od* des étangs, nymphéa, nymphaea *m;* **~schaden** *m* avarie *f,* sinistre *m* en mer; **~schadenberechnung,** **~schadensregelung** *f* dispache *f;* **~schlacht** *f* bataille *f* navale; **~schlange** *f* serpent *m* de mer; hydre *f;* **~schwalbe** *f (Möwenart)* hirondelle de mer, sterne *f;* **~sieg** *m* victoire *f* navale; **~spediteur** *m* agent *m* maritime; **~stadt** *f* ville *f* maritime *od* côtière; **~stern** *m zoo* étoile de mer, astérie *f;* **~straße** *f* route *od* voie *f* maritime; **~straßenordnung** *f* règles *f pl* de route sur mer; **~streitkräfte** *f pl* forces *f pl* navales, marine *f;* **~stück** *n (Kunst)* marine *f;* **~tang** *m bot* varech *m;* **~transport** *m* transport *m* maritime *od* par (voie de) mer; **s~tüchtig** *a (Schiff)* navigable, en état de prendre *od* tenir la mer; **~** *sein* tenir la mer; **~tüchtigkeit** *f* navigabilité *f;* **~ufer** *n* bord *m* du lac; **~ungeheuer, ~ungetüm** *n* monstre *m* marin; **s~untüchtig** *a* innavigable, pas en état de prendre *od* tenir la mer; **~untüchtigkeit** *f* innavigabilité *f;* **~verbindung** *f* communication *f* maritime; **~versicherung** *f* assurance *f* maritime; **~vögel** *m pl* oiseaux *m pl* de mer; **~warte** *f* observatoire *m* maritime; **~wasserstraße** *f* = **~***straße;* **s~wärts** *adv* du côté de la mer; vers le *od* au large; **~weg** *m* route *od* voie *f od* parcours *m* maritime; *auf dem* **~***e* par voie maritime, par mer; **~wind** *m* vent *m* de mer *od* du large; **~zeichen** *n* signal maritime, amer *m;* **~zunge** *f (Fisch)* sole *f.*

Seele *f* ‹-, -n› ['ze:lə] *(a. e-r Geige, e-s Schußwaffenrohrs, fig)* âme *f; fig (Gefühl)* cœur, sentiment *m; (e-s Un-*

ternehmens) âme f, animateur m; mit ganzer ~ de toute mon, ton etc âme; s-e ~ aushauchen rendre l'âme; jdm etw auf die ~ binden (fam) mettre qc sur la conscience de qn; das liegt mir auf der ~ cela me pèse sur la conscience; das ist mir aus der ~ gesprochen je ne saurais mieux dire; sich die ~ aus dem Leib reden vouloir convaincre à tout prix; das ist mir in tiefster ~ zuwider j'ai cela en horreur; das tut mir in der ~ weh j'en suis navré; es war keine lebende ~ zu sehen il n'y avait âme qui vive od fam pas un chat; er (sie) ist eine ~ von einem Menschen c'est la crème des hommes; schöne ~ belle âme; zwei ~n und ein Gedanke! deux têtes sous un bonnet; e-e treue ~ une bonne âme, un cœur d'or, une bonne pâte d'homme.

Seelen|adel m ['ze:lən-] noblesse f d'âme; ~**amt** n rel office m des morts; ~**angst** f angoisse f; ~**blindheit** f cécité f psychique; ~**frieden** m paix f de l'âme; s-n ~ haben avoir l'âme en paix; ~**größe** f ‹-, ø› grandeur d'âme, magnanimité f; **s~gut** a foncièrement bon; ~**heil** n salut m spirituel; mein (etc) ~ le salut de mon etc âme; ~**heilkunde** f psychothérapie f; ~**hirt** m pasteur d'âmes, père m spirituel; ~**kunde** f psychologie f; ~**leben** n psychisme m scient; vie f affective; (un)bewußte(s) ~ psychisme m conscient od supérieur (inférieur); sein ~ vor jdm ausbreiten étaler sa vie affective devant qn; jdm Einblick in sein ~ geben donner à qn un aperçu de sa vie affective; **s~los** a sans âme; ~**messe** f messe f des morts od des trépassés od de requiem; (Jahrgedächtnis) obit m; ~**regungen** f pl réactions f pl affectives; ~**ruhe** f tranquillité f d'âme; in aller ~ (fam a.) sans se démonter; **s~vergnügt** a fam gai comme un pinson; ~**verkäufer** m (Boot) périssoire f; ~**verwandtschaft** f affinité f spirituelle; **s~voll** a (gemütvoll) plein de sentiment; (ausdrucksvoll) expressif; (warmherzig) chaleureux; ~**wanderung** f métempsycose, transmigration f des âmes; ~**zustand** m état m d'âme.

seelisch ['ze:lɪʃ] a psychique; de l'âme; moral; (geistig) mental; spirituel; ~ bedingt psychogène; ~e Leiden n pl souffrances f pl de l'âme; ~e Störungen f pl perturbations f pl affectives.

Seelsorge f ['ze:l-] charge f d'âmes, gouvernement m des âmes, direction

f de conscience; ~**r** m ‹-s, -› directeur de conscience, père m spirituel.

Segel n ‹-s, -ø› ['ze:gəl] voile, toile f; mit gespannten ~n toutes (les) voiles dehors; mit vollen ~n (a. fig) à pleines od toutes voiles; unter ~ gehen faire voile (nach pour); jdm den Wind aus den ~n nehmen (fig) couper l'herbe sous le pied de qn, paralyser qn; die ~ setzen mettre les voiles; die ~ streichen amener les voiles; fig fam baisser pavillon; vor jdm (fig) mettre bas le pavillon devant qn; ~**boot** n bateau m à voiles; **s~fertig** a prêt à faire voile od à appareiller; ~**fläche** f surface f vélique; **s~fliegen** itr (nur inf) faire du vol à voile; ~**fliegen** n, ~**fliegerei** f, ~**flug** m vol m à voile; ~**flieger** m vélivole m; ~**fluggelände** n terrain m de vol à voile; ~**flugplatz** m centre m télévoliste; ~**flugzeug** n planeur m; ~**jacht** f yacht m à voile(s); ~**klub** m yachting-club m; ~**macher** m voilier m; ~**macherwerkstatt** f voilerie f; **s~n** ‹aux: sein od haben› itr faire voile od route (nach pour od vers); (zur See fahren) naviguer; sport ‹aux: haben› faire de la voile od du yachting; unter französischer Flagge ~ battre pavillon français etc; gegen den Wind ~ aller contre le vent, avoir le vent debout; mit dem Wind ~ aller selon le vent; vor dem Wind ~ faire vent arrière; **S~n** n sport yachting m; ~**ohren** n pl fam oreilles f pl décollées; ~**regatta** f régate f de voiliers; ~**schiff** n voilier, bateau od navire m à voiles; ~**schiffahrt** f navigation f à voile; ~**schlitten** m traîneau m à voile; ~**schulschiff** n voilier-école, voilier m d'entraînement; ~**sport** m yachting m; ~**stellung** f mar voilure f; ~**tuch** n toile f à voile(s), canevas m; ~**werk** n voilure f, voiles f pl.

Segen m ‹-s, -› ['ze:gən] (gesprochener) bénédiction f; (Gebet vor Tisch) bénédicité m; (göttl. Gnade, ~ d. Himmels) grâce od faveur (divine), baraka f; ~ bringen porter bonheur; jdm den ~ geben od erteilen donner la bénédiction à qn, bénir qn; jdm, e-r S s-n ~ geben (fam) se déclarer od être d'accord avec qn, qc; den ~ sprechen donner la bénédiction; reiche(r) ~ richesses f pl; meinen ~ hast du! (iron: meinetwegen!) tant qu'il te plaira! darauf ruht kein ~ cela ne réussira jamais; **s~bringend** a heureux; **s~sreich** a (gesegnet) béni; (wohltätig) bienfaisant; ~**sspruch** m (formule) de bénédiction f;

~**swunsch** m: Glück- und Segens-
wünsche m pl vœux m pl.
Segler m ‹-s, -› ['ze:glər] (Segelschiff)
voilier; sport (Person) yachtman m.
Segment n ‹-(e)s, -e› [zɛ'gmɛnt] math
segment m; s~**är** [-'tɛ:r] a (aus ~en
gebildet) segmentaire.
segn|en ['ze:gnən] tr bénir, donner la
bénédiction à; das Zeitliche ~ rendre
son âme à Dieu; mit etw gesegnet
sein être doté od comblé de qc;
S~ung f bénédiction f; (Wohltat)
bienfait m.
Seh|achse f ['ze:-] axe m optique;
s~behindert a malvoyant; (blind)
non-voyant; ~**behinderte(r)** m malvoyant; non-voyant m; ~**fehler** m
(Zustand) défaut m visuel od de vision; ~**kraft** f faculté(s pl) f visuel-
le(s); ~**linie** f rayon m visuel; ~**loch**
n, ~**öffnung** f pupille f; tech regard
m; ~**nerv** m nerf m optique; ~**organ**
n organe m de la vue; ~**prüfung** f
examen m de la vue; ~**rohr** n périscope m; ~**schärfe** f acuité f visuelle;
~**schlitz** m mil (am Panzer) fente f
de visée; ~**störungen** f pl troubles
m pl visuels od de la vision; ~**vermögen** n capacité od faculté(s pl) od
aptitude f visuelle(s); ~**weite** f distance f visuelle; ~**winkel** m angle m
visuel.
sehen ‹sieht, sah, hat gesehen›
[(-)'ze:ən] tr allg voir a. fig; (anschauen) regarder; (wahrnehmen)
(s')apercevoir (de), remarquer, observer; (erkennen) reconnaître; (ein~)
voir, saisir, comprendre; (erleben)
vivre, connaître; (im Auge haben)
voir, avoir en vue; itr (schauen) avoir
les yeux fixés (auf sur); (sich kümmern um) veiller (nach à), prendre
soin (nach de); (sich bemühen)
tâcher (daß ... de inf); sich ~ se voir
(als ... acc); vor Müdigkeit nicht aus
den Augen ~ können dormir debout,
tomber de sommeil; jdm in die Augen od ins Gesicht ~ regarder qn en
face; nicht auf die Ausgaben od Kosten ~ ne pas regarder à la dépense;
deutlich od klar ~ voir clair; aus
dem Fenster ~ regarder par la
fenêtre; gern, ungern ~ voir d'un bon,
mauvais œil; gut ~ bien voir, avoir
une bonne vue; jdm ins Herz ~ lire
dans le cœur de qn; jdn kommen ~
voir venir qn; nach dem Rechten ~
veiller à ce que tout marche bien;
sich nicht satt ~ können an ne pas se
lasser de regarder; in die Sonne ~ regarder le soleil; in den Spiegel ~ se
regarder dans la glace; auf die od
nach der Uhr ~ regarder l'heure; auf

s-n Vorteil ~ n'avoir en vue que son
intérêt; in die Zukunft ~ prévoir
l'avenir; ~ lassen laisser od faire voir,
a. laisser à découvert; montrer; sich
~ lassen se faire voir, se montrer, faire acte de présence; sich bei jdm ~
lassen se présenter à la porte de qn;
sich nicht ~ lassen ne pas se montrer; être invisible; sich ~ lassen können pouvoir se montrer, être présentable; gern ge~ sein (fig) être bien vu
(bei jdm de qn); schon von weitem zu
~ sein se voir de loin; nichts ~ wollen (fig, a.) se fermer les yeux; ge~
werden wollen se montrer; kommen
~ voir venir; so tun, als sähe man
nichts od als ob man nichts sähe faire semblant de ne rien voir; ich sah
ihn fallen je l'ai vu tomber; ich habe
ge~, daß er das Buch hatte je lui ai
vu le livre en mains; ich muß mal ~
je demande à voir; da siehst du tu
vois maintenant; Sie haben sich lange nicht ~ lassen on ne vous a pas vu
depuis longtemps; er hat sich nicht
mehr ~ lassen on ne l'a pas revu (depuis); daraus sieht man, daß ... on
voit par là que ..., il ressort de là que
...; das sieht man cela se voit; il y paraît; wie man sieht à ce qu'on voit;
évidemment; man kann sich mit ihm
nicht ~ lassen on ne peut pas se
montrer avec lui; man kann sich mit
ihm nicht mehr ~ lassen il n'est plus
sortable; wie ~ Sie dieses Problem?
comment   envisagez-vous   ce
problème? das sehe ich kommen! je
vois le moment où cela arrive; das
möchte ich doch mal ~! je voudrais
bien voir cela; wir werden ja ~! on
verra bien; wir wollen mal ~! (fam)
allons voir! das wollen wir (doch einmal) ~! c'est ce qu'il faudra voir! sieh
da! heu! sieh doch! vois donc! sieh
(mal)! tiens! sieh mal (einer) an!
tiens, tiens! voyez-moi cela! à la bonne heure! siehe oben voir ci-dessus;
siehe unten ... (a.) on se reportera à
...; ~ Sie! tenez! ~ Sie mal! voyez un
peu! ~ Sie nur zu! voyez plutôt! sieht
man Sie auch mal wieder! quelle
surprise de vous voir! wenn man ihn
(so) sieht à le voir; S~ n vue, vision f;
(jdn) vom ~ (kennen) (connaître qn)
de vue; ~**swert** a, ~**swürdig** a curieux, remarquable, intéressant; ~e
Stadt f (a.) ville-musée f; **S~swür-
digkeit** f curiosité f.

Seher|(in f) m ‹-s, -› ['ze:ər] voyant,
e; visionnaire m f; prophète m,
prophétesse f; ~**blick** m regard m
prophétique; ~**gabe** f instinct m divi-

nateur, seconde *od* double vue *f;* **s~isch** *a* visionnaire, prophétique.

Sehn|e *f ⟨-, -n⟩* ['ze:nə] *anat* tendon *m; math* corde *f;* **~enentzündung** *f* tendinite *f;* **~enscheide** *f* gaine *f* tendineuse; **~enscheidenentzündung** *f* ténosynovite *f;* **~enzerrung** *f* entorse *f;* **s~ig** *a* tendineux; *fig (nervig, kraftvoll)* nerveux.

sehn|en ['ze:nən], *sich* aspirer (*nach* à), soupirer (*nach* après), avoir la nostalgie (*nach* de), regretter (*nach* acc); *poet* haleter (*nach* après); *ich sehne mich danach zu ..., daß ...* je languis, il me tarde de ... *od* que *subj;* **S~en** *n = S~sucht;* **~lich** *a* ardent; impatient; *adv u.* **~lichst** *adv* ardemment, avec ferveur; impatiemment; **S~sucht** *f ⟨-, ⁓e⟩* langueur, ardeur; aspiration (*nach* à), nostalgie *f (nach* de*);* désir ardent (*nach* de); *fam* vague *m* à l'âme; *pl a.* désirs *m pl* errants; *mit ~* avec impatience; *vor ~ nach jdm, nach etw vergehen (a.)* mourir d'envie de qn, de qc; **~süchtig** *a,* **~suchtsvoll** *a* langoureux, nostalgique; plein *od* gonflé *od* consumé *od* dévoré de désir; impatient, dévoré d'impatience.

sehr [ze:r] *adv (bei a u. adv)* très, fort, bien; *lit* du dernier; *(bei v)* fort, beaucoup, grandement, vivement; *wie ~* combien; *wie ~ auch* si fort ... que; *zu ~* trop; *~ bald* sous peu, bientôt; *~ viel* beaucoup; *(vor s)* bien de *mit best. Art.; so ~* tant, tellement; *so ~ auch* tout ... que; *so~ du auch suchst* tu as beau chercher; *so ~, daß ... (a.)* au point que ...; *sich ~ freuen* se réjouir vivement; *sich ~ irren od täuschen* se tromper grandement; *~ im Rückstand sein* être très en retard; *bitte ~!* s'il vous plaît, je vous en prie.

Seich *m ⟨-(e)s, ø⟩,* **~e** *f ⟨-, ø⟩* [zaiç(ə)] *vulg (Urin)* pissat; *pop (Geschwätz)* verbiage, radotage *m;* **s~en** *itr vulg* pisser.

seicht [zaiçt] *a (Wasser)* peu profond, bas; *(Fluß)* guéable; *fig* plat, superficiel, fade, insipide; **S~heit** *f ⟨-, (-en)⟩ (e-s Gewässers)* peu *m* de profondeur *= S~igkeit f⟨-, (-en)⟩ fig* platitude *f,* caractère *m* superficiel.

Seid|e *f ⟨-, -n⟩* ['zaidə] soie *f; wie ~ = s~ig; gezwirnte ~* soie *f* torse; *künstliche ~* soie *f* artificielle, rayonne *f; reine ~* pure soie *f; rohe, ungeschälte ~* soie *f* grège; *keine gute ~ miteinander spinnen (fig)* ne pas être en bons termes; **s~en** *a* de *od* en soie; *an e-m ~en Faden hängen (fig)* ne tenir qu'à un fil; **~enaffe** *m* ouistiti

m; **~enaffen** *m pl* callitrichidés *m pl;* **~enatlas** *m* satin *m;* **~enbau** *m* sériciculture *f;* **~enfabrik** *f* soierie *f;* **~enfabrikant** *m* fabricant de soieries, soyeux *m;* **~engarn** *n* fil *m* de soie; **~engespinst** *n* cocon *m* de ver(s) à soie; **~engewebe** *n* tissu *m* de soie; **~englanz** *m* soyeux *m;* **~enhandel** *m* commerce *m* de la soie; **~enhändler** *m* marchand de soieries, soyeux *m;* **~enindustrie** *f* industrie *f* de la soie *od* soyère; **~enpapier** *n* papier *m* de soie; **~enraupe** *f* ver à soie; *dial* magnan *m;* **~enraupeneier** *n pl* graine *f* (de vers à soie); **~enraupenzucht** *f* sériciculture, magnanerie *f;* **~enraupenzüchter** *m* sériciculteur, magnanier *m;* **~enschwanz** *m orn* jaseur *m;* **~enspinner** *m ent (Maulbeerspinner)* bombyx du mûrier; *(Arbeiter)* fileur *m* de soie; **~enspinnerei** *f* filature *f* de soie; **~enstickerei** *f* broderie *f* de soie; **~enstoff** *m,* **~enstrumpf** *m,* **~entüll** *m* étoffe *f,* bas, tulle *m* de soie; **~enwaren** *f pl* soieries *f pl;* **~enweber** *m* tisserand *m* en soie; **~enweberei** *f* tissage *m* de la soie; **s~enweich** *a,* **s~ig** *a* soyeux.

Seidel *n ⟨-s, -⟩* ['zaidəl] *(Bierglas)* chope *f.*

Seidelbast *m* ['zaidəl-] *bot* sainbois, jolibois, garou *m,* lauréole *f; scient* daphné *m.*

Seiende ['zaiəndə], *das (philos)* l'existant *m.*

Seife *f ⟨-, -n⟩* ['zaifə] savon *m; (Toiletten~)* savonnette *f; geol* alluvion *f* métallifère, gisement *m* alluvionnaire; *~ kochen od sieden* faire du savon; *mit ~ waschen* savonner; *Stück n, Riegel m ~* pain *m* de savon; **s~en** *tr* savonner; **s~nartig** *a* savonneux; *scient* saponacé; **~nbildung** *f* saponification *f;* **~nblase** *f* bulle de savon *a. fig; fig a.* fumée *f;* **~nfabrik** *f* savonnerie *f;* **~nflocken** *f pl* flocons *m pl* de savon, savon *m* en paillettes; **~nkapsel** *f* boîte *f* à savon, porte--savon *m;* **~nkiste** *f* caisse *f* à savon; **~nlauge** *f* lessive *f;* **~nnapf** *m (zum Rasieren)* plat *m* à barbe; **~npulver** *n* poudre *f* de savon; **~nschale** *f* porte-savon *m;* **~nschaum** *m* mousse *f* de savon; **~nschnitzel** *n pl* copeaux *m pl* de savon; **~nsieder** *m ⟨-s, -⟩* savonnier *m; mir geht ein ~ auf (fig hum)* je commence à y voir clair; **~nsiederei** *f* savonnerie *f;* **~nspender** *m (Gerät)* distributeur *m* de savon; **~nstein** *m* pierre *f* de savon; **~nwasser** *n* eau *f* savonneuse *od* de savon; **~nzinn** *n* étain *m* alluvionnaire; **seifig** *a* savonneux, enduit de savon; *scient* saponacé.

seiger ['zaɪgər] *a mines (senkrecht)* vertical, perpendiculaire, d'aplomb; **S~schacht** *m* puits *m* vertical.

seiger|n ['zaɪgərn] *tr metal (ausschmelzen)* liquater; *itr (sich ausscheiden)* ressuer; **S~ung** *f* liquation *f*, ressuage *m*, ségrégation *f*.

Seih|e *f* ⟨-, -n⟩ ['zaɪə] passoire *f*, filtre *m;* **s~en** *tr (durch ein Siebtuch filtern)* passer (à l'étamine), filtrer; *(Flüssigkeit)* couler; **~er** *m* ⟨-s, -⟩ = **~e; ~tuch** *n* étamine *f*, filtre en toile; *chem* blanchet *m*.

Seil *n* ⟨-(e)s, -e⟩ [saɪl] corde *f*, cordage; *(starkes)* câble *m;* **~bahn** *f* téléphérique, téléférique *m;* **~bremse** *f* frein *m* à corde; **~brücke** *f* pont *m* suspendu; **~er** *m* ⟨-s, -⟩ cordier *m;* **~erei** *f* [-'raɪ] corderie *f;* **~erwaren** *f* cordages *m pl*, corderie *f;* **~fähre** *f* traille *f;* **~förderbahn** *f* câble *m* aérien de transport; **~gefährte** *m (Bergsteiger)* compagnon *m* de cordée; **~hüpfen** *n* saut *m* à la corde; **~klemme** *f* pince-câble *m;* **~rolle** *f* poulie *f* (de câble); **~schaft** *f (Bergsteiger)* cordée *f;* **~schwebebahn** *f* téléphérique, téléférique *m;* **~springen** *n* = **~hüpfen; ~start** *m aero* lancement *m* au câble; **~tänzer** *m* danseur de corde, funambule *m;* **~trommel** *f* tambour *m* à câble; **~werk** *n* cordages *m pl;* **~winde** *f* treuil *m* à câble; **~ziehen** *n sport* lutte *f* à la corde; **~zug** *m* palan; *mines* trait *m*.

Seim *m* ⟨-(e)s, -e⟩ [zaɪm] *(dicker Saft)* sirop *m*, crème *f; (Honig~)* miel *m* vierge; **s~ig** *a (dickflüssig)* visqueux; *(sirupartig)* sirupeux; *(Küche: sämig)* *a.* velouté.

sein ⟨*ich bin, du bist, er ist, wir sind, ihr seid, sie sind, war, ist gewesen*⟩ [zaɪn, va:r-, gə've:zən] **1.** *v itr* être; *(existieren)* exister; *(sich befinden)* se trouver; *(stattfinden)* avoir lieu; *20 Jahre alt ~* avoir 20 ans; *gewesen, gegangen ~* avoir été; avoir marché, être allé; *hinter jdm her ~* être aux trousses *od* sur le dos de qn; *ich bin es od bin's* c'est moi; *hier, da bin ich* me voici, me voilà; *ich bin bei Ihnen gewesen (habe Sie besuchen wollen)* je suis passé chez vous; *mir ist kalt* j'ai froid; *mir ist, als ob ...* j'ai le sentiment *od* l'impression que ...; *dir ist nicht zu helfen* on ne peut t'aider; *er ist hinter mir her* je l'ai à mes trousses; *damit ist nicht zu spaßen* il ne faut pas plaisanter avec cela; *das ist (d.i.)* c'est-à-dire; *das mag od kann ~*

c'est possible; cela se peut; *das ist nichts für Sie* cela ne vous vaut rien; *das ist zu erwarten* il faut s'y attendre; *es ist lange her* il y a longtemps; *es ist kalt, warm* il fait froid, chaud; *es waren viele Menschen da* il y avait beaucoup de monde; *es ist schön(es Wetter)* il fait beau (temps); *es ist Winter* c'est l'hiver; *es wird nicht immer so ~* il n'en sera pas toujours ainsi; *hier ist gut ~* il fait bon ici; *so ist's od ist es* il en est ainsi; c'est cela; vous y êtes; vous l'avez dit; *2 und 2 ist 4* 2 et 2 font 4; *als wenn od wie wenn od als ob nichts (geschehen) wäre* comme si de rien n'était; *beinahe wäre ich ...* j'ai failli *inf;* *da dies od dem so ist* cela étant; *sei es .., sei es ... soit ...,* soit ...; *es sei denn(, daß ...)* à moins *od* que ... ne *subj,* si ce n'est que *subj; es sei noch gesagt, daß ...* il reste à dire que ...; *es könnte sehr wohl ~, daß ...* il pourrait bien se faire que ...; *wenn das od dem so ist* s'il en est ainsi; *wie dem auch sei; dem sei, wie ihm wolle* quoi qu'il en soit; de toute façon; *sind Sie es?* est-ce (bien) vous? c'est vous? *was ist (mit) Ihnen?* qu'avez-vous? qu'est-ce que vous avez? qu'est-ce qui vous prend? *ist Herr X. zu sprechen?* peut-on voir M. X.? *was ist das?* qu'est-ce que c'est (que cela)? qu'est-ce? *wer ist das?* qui est-ce? *ist es weit von hier bis zum Bahnhof?* y a-t-il loin d'ici la gare? *wie wäre es, wenn ...?* que diriez-vous si ...?; *laß es ~!* laisse-le! *laß es gut ~!* ne t'en fais pas! *sei kein Kind!* ne fais pas l'enfant; *Sie sind des Todes!* vous êtes un homme mort; *das ist es ja gerade!* voilà justement pourquoi; *das wäre was! (fam)* parlez-moi de ça! *es sei!* soit! passe! *so sei es!* ainsi soit-il! *sei es auch noch so wenig* tant soit peu; *wie wenn es hätte ~ sollen!* comme un fait exprès; *das ist noch gar nichts! (fam)* tout ça n'est encore rien; **S~** *n* ⟨-s, ø⟩ être *m; (Da~)* existence; *(Wesen)* essence *f;* **S~sweise** *f* manière *f* d'être.

sein [zaɪn] **2.** *pron* son, sa; *pl* ses; *(bes. bei Sachen a.)* en; *~ Glück machen* faire fortune; *mein und ~ Vater* mon père et le sien; *der, die das S~e* le sien, la sienne; *die S~en (pl)* les siens, siennes; *das S~e tun* faire son possible; *jedem das S~e (prov)* à chacun son dû *od* son compte; **~erseits** *adv* de son côté, de sa part; **~erzeit** *adv* en son temps, autrefois, jadis; **~esgleichen** *pron* son égal, ses égaux; son, ses pareil(s); son, ses semblable(s); *unter* ~ entre égaux; *als od wie* ~ *behandeln* traiter d'égal à égal *od* sur un pied d'égalité; traiter de pair à compagnon; *nicht* ~ *haben,* ~ *suchen* n'avoir point d'égal, être sans égal, ne pas avoir son pareil, être hors de pair; **~ethalben** *adv,* **~etwegen** *adv, um* **~etwillen** *adv* à cause *od* pour l'amour de lui (par égard) pour lui; **S~ige,** *der, die, das* = *der, die, das* **S~e;** *die* ~*en* = *die* S~*en.*

Seism|ik *f* ⟨-, ø⟩ ['zaɪsmɪk] *(Erdbebenkunde)* s(é)ismologie *f;* **s~isch** *a* s(é)ismique; **~ogramm** *n* ⟨-s, -e⟩ [-mo'gram] s(é)ismogramme *m;* **~ograph** *m* ⟨-en, -en⟩ [-'graːf] s(é)ismographe *m;* **~ologie** *f* ⟨-, ø⟩ [-lo'giː] = ~*ik.*

seit [zaɪt] **1.** *prp* depuis, dès, à partir de; ~ *kurzem, langem* depuis peu, longtemps; ~ *wann?* depuis quand *od* combien de temps? *ich warte* ~ *einer Stunde* il y a une heure que j'attends; **2.** *conj* depuis que; **~dem** *adv* dès lors; depuis (ce temps-là); *conj* depuis que; **~her** *adv* = ~*dem (adv).*

Seite *f* ⟨-, -n⟩ ['zaɪtə] *allg* côté *m a. math (Vieleck); math (Vielflächner)* face *f; (Flanke)* flanc *m; mar* bande; *(Buch)* page *f; math (Gleichung)* membre; *(Partei)* parti, camp *m,* cause *f; fig (Gesichtswinkel)* aspect *m;* ~ *an* ~ côte à côte; *auf allen* ~*n* de tous (les) côtés, de chaque côté, à droite et à gauche; *auf der anderen* ~ de l'autre côté, du côté opposé; *auf die andere* ~ de l'autre côté; *auf beiden* ~*n* des deux côtés *od* parts, de chaque côté, de part et d'autre; *auf meine(r)* ~ de mon côté; *nach allen* ~*n* de toute(s) part(s), dans toutes les *od* en toutes directions, en tous sens; *nach allen* ~*n hin (fig)* sous tous les aspects; en long et en large; *nach dieser* ~ de ce côté; *von der* ~ de côté, de travers, de profil; en biais, en écharpe; *mil* de flanc; *von s~n (gen)* de la part (de); *von allen* ~*n* de tous (les) côtés; *fig* sous toutes les faces; *von beiden* ~*n* des deux côtés *od* parts, de part et d'autre; *etw von allen* ~*n betrachten (fig)* considérer *od* envisager qc sous tous les aspects, tourner et retourner qc; *die Sache von der anderen* ~ *betrachten (fig)* tourner la médaille; *jdn auf s-e* ~ *bringen* gagner qn à sa cause, engager qn dans son parti, mettre qn de son bord; *auf die od zur* ~ *gehen od treten od fahren* faire place, se ranger, s'effacer; *auf die andere* ~ *gehen* passer de l'autre côté; *jdm nicht*

von der ~ *gehen od weichen* ne pas quitter qn d'un pas; être toujours aux côtés de qn; *Geld auf der* ~ *haben* avoir de l'argent devant soi; *auf die* ~ *legen* mettre de côté *od* à part; *fig (sparen)* mettre de côté *od* en réserve; *fam* en mettre à gauche; *sich auf die* ~ *legen (mar)* donner de la bande; *zur* ~ *legen (weglegen)* mettre de côté *od* à part; *auf der* ~ *liegen* être sur le côté *od fam* sur le flanc; *jdn auf die* ~ *nehmen* prendre qn à part; *etw von der guten* ~ *nehmen* prendre qc du bon côté; *auf die* ~ *schaffen (fig) (verschwinden lassen)* faire disparaître; se débarrasser de; *auf jds* ~ *stehen (fig)* être du côté *od* parti de qn; *jdm zur* ~ *stehen* assister, seconder qn, prêter son appui à qn; *e-r Sache etwas (vergleichend) an die* ~ *stellen* comparer qc à qc; *sich auf jds* ~ *stellen* se ranger du côté de qn; *sich von s-r besten* ~ *zeigen* se montrer *od* paraître à son avantage; faire briller ses avantages; *sich von s-r schlechten* ~ *zeigen* se montrer par son mauvais côté; *ich bin ganz auf Ihrer* ~ *(fig a.)* je vous suis tout acquis; *jedes Ding hat zwei* ~*n (prov)* toute médaille a son revers; *linke* ~ *(Textil)* envers; *typ* verso *m; rechte* ~ *(Textil)* endroit; *typ* recto *m; schwache* ~ *(fig)* point *od* endroit faible, défaut *m* de la cuirasse; *starke* ~ *(fig)* point *m* fort.

Seiten|abstand *m* ['zaɪtən-] écart latéral, intervalle *m;* **~altar** *m* autel *m* latéral; **~angriff** *m* attaque *f* de flanc; **~ansicht** *f* vue *f* latérale *od* de côté, (dessin de) profil *m;* élévation *f* de côté; **~befestigung** *f (Landstraße)* épaulement *m;* **~belastung** *f tech* effort *m* latéral; **~blick** *m* regard *m* de côté *od* de travers *od* oblique; œillade *f;* **~deckung** *f (Vorgang)* protection du flanc; *(Heeresteil)* flanc-garde *f;* **~druck** *m* pression *f* latérale; **~eingang** *m* entrée *f* latérale; **~fenster** *n* fenêtre *f* latérale; **~fläche** *f* face *f* latérale; **~flosse** *f aero* plan fixe vertical, (plan *m* de) dérive *f;* **~flügel** *m,* **~gebäude** *n arch* aile *f;* **~gang** *m* contre-allée, galerie *f* latérale; *loc* couloir *m* latéral; **~gasse** *f* ruelle *f* latérale; **~gewehr** *n* baïonnette; *arg mil* fourchette *f; mit aufgepflanztem* ~ (avec) la baïonnette au canon; ~ — *pflanzt auf!* baïonnette — au canon! ~ — *an Ort!* remettez — baïonnette! **~hieb** *m fig* coup *m* de bec, boutade *f;* ~*e austeilen (a.)* donner des coups d'épingle; *jdm e-n* ~

versetzen (fig a.) donner un coup de griffe à qn; **s~lang** *a* (long) de plusieurs pages; *fig* interminable; **~lastigkeit** *f aero* centrage *m* latéral; **~lehne** *f* accotoir, accoudoir, bras *m* de fauteuil; **~leitwerk** *n aero* empennage *m* vertical; **~licht** *n* ⟨-(e)s, -er⟩ *m mot* feu *m* de position; **~linie** *f (Genealogie)* ligne collatérale; *loc* ligne secondaire; *sport* ligne *f* de touche; **~loge** *f theat* loge *f* d'avant-scène; **~naht** *f* couture *f* de côté; **~portal** *n* portail *m* latéral; **~ruder** *n aero* gouvernail *m* de direction; **~schiff** *n arch rel* bas-côté *m*, nef *f* (col)latérale; **~schwimmen** *n* coupe *f;* **~sprung** *m* écart *m; fig* escapade, frasque, *fam* fugue *f;* **~stechen** *n med* point *m* de côté; **~steuer** *n* = **~ruder;** **~straße** *f* rue (col)latérale; *(Querstraße)* (rue de) traverse *f;* **~streifen** *m (Straße)* accotement, bas-côté *m;* **~stück** *n* pendant *m (zu* de*); ein ~ zu etw sein* faire pendant à qc; **~tal** *n* vallée *f* transversale; **~tasche** *f* poche *f* de côté; **~teil** *n* partie *f* latérale; **~wand** *f arch* paroi latérale; *(Dachluke, Polstermöbel)* jouée *f; mot (Personenwagen)* panneau *m* latéral; *(Lastwagen)* ridelle; *tech* jumelle *f;* **~wechsel** *m sport* changement *m* de camp; **~weg** *m (neben e-r Straße)* chemin latéral; *(Querweg)* chemin *m* transversal; **~wind** *m* vent de côté; *mar* vent *m* largue; **~wurzel** *f bot* racine *f* traçante; **~zahl** *f (Anzahl)* nombre de(s) pages; *(einzelne)* numéro *m* de (la) page; *mit ~(en) versehen* paginer; **~zweig** *m (Genealogie)* branche *f* collatérale.

seit|ens [ˈzaɪtəns] *prp gen* de la part de; **~lich** *a* (col)latéral; situé sur le *od* à côté; *adv* latéralement; **~wärts** *adv* sur *od* vers le côté; latéralement.

Sekante *f* ⟨-, -n⟩ [zeˈkantə] *math* sécante *f.*

Sekret *n* ⟨-(e)s, -e⟩ [zeˈkreːt] *(Absonderung)* sécrétion *f.*

Sekretär *m* ⟨-s, -e⟩ [zekreˈtɛːr] *(Schreiber; Schreibschrank)* secrétaire *m;* **~in** *f* secrétaire *f.*

Sekretariat *n* ⟨-(e)s, -e⟩ [zekretariˈaːt] secrétariat *m.*

Sekretion *f* ⟨-, -en⟩ [zekreˈtsioːn] *physiol (Absonderung); (ä.. ere, innere)* ~ sécrétion *f* (externe, ʈerne) *Drüse f mit innerer* ~ *(a.)* glande *f* endocrine.

Sekt *m* ⟨-(e)s, -e⟩ [zɛkt] *(vin)* mousseux; *(Champagner)* champagne *m; (Wein) zu* ~ *verarbeiten* champagniser; **~flasche** *f* bouteille *f* à cham-

pagne; **~glas** *n* flûte (à champagne), *(Schale)* coupe *f* à champagne; **~kühler** *m* seau à glace *od* à champagne, frappe-champagne *m.*

Sekunda *f* [zeˈkʊnda] classe *f* de seconde; **~ner(in** *f)* *m* ⟨-s, -⟩ [-ˈaːnər] élève *m, f* de seconde.

Sekund|ant *m* ⟨-en, -en⟩ [zekʊnˈdant] *(Beistand im Zweikampf)* second, témoin *m;* **s~är** [-ˈdɛːr] *a* secondaire; **~ärinfektion** *f med,* **~ärprozeß** *m chem,* **~ärstrom** *m el* infection, réaction *f,* courant *m* secondaire; **~e** *f* ⟨-, -n⟩ [-ˈkʊndə] seconde *f;* **~enzeiger** *m* aiguille des secondes; (aiguille) trotteuse *f;* **s~ieren** [-ˈdiːrən] *itr (als Sekundant dienen)* servir de second *(jdm* à qn); *allg (helfen)* seconder *(jdm* qn).

selb|e [ˈzɛlbə] *a* même; *im ~en Augenblick* au même moment; *zur ~en Zeit* en même temps; **~er** *adv fam* = *selbst;* **~ständig** *a (unabhängig) allg* indépendant; *bes pol* autonome; *com* établi à son compte; ~ *handeln* faire acte d'indépendance; *sich* ~ *machen (Mensch)* s'émanciper, acquérir son indépendance; *com* s'établir à son (propre) compte; *(Fahrzeug)* rouler tout seul; **S~ständigkeit** *f* ⟨-, ø⟩ indépendance; autonomie *f.*

selbst [zɛlpst] *adv* moi-même, toi-même *etc;* en personne; *er ist die Güte* ~ c'est la bonté même *od* en personne *od* la crème des hommes; *lit* voire; *von* ~ de soi-même, tout seul, de son (propre) chef, spontanément, automatiquement; *(ganz) von* ~ *(fam a.)* tout de go; *von ihm* ~ de lui-même; *wie von* ~ aisément, tout naturellement, tout seul; ~ *wenn* même si, quand bien même, lors même que; *wie von* ~ *gehen* aller tout seul, couler de source; *(ganz) von* ~ *kommen* couler de source; *für sich* ~ *sprechen* parler de soi-même; *das versteht sich von* ~ cela va de soi *od* sans dire; ~ *ist der Mann (prov)* ne compte que sur toi (seul).

Selbst|achtung *f* [ˈzɛlpst-] amour-propre, respect *m* de soi, estime *f* de soi-même; **~anklage** *f* auto-accusation *f;* **~anlasser** *m mot* auto-démarreur *m;* **~ansteckung** *f med* auto-infection *f;* **~antrieb** *m* auto-propulsion *f;* **~aufgabe** *f* suicide *m* moral; **~aufopferung** *f* sacrifice, holocauste *m;* **~auslöser** *m phot* déclencheur *od* déclic *m* automatique; *mit* ~ avec retardement; **~ausschalter** *m el* disjoncteur *od* interrupteur *od* coupe-circuit *m* automatique; **~bedienung** *f com* libre service; self-service *m;* ~**bedienungsge-schäft** *n,* ~**bedienungsladen** *m* libre service *m;* ~**bedienungsrestaurant** *n* restaurant *m* à libre service; ~**befleckung** *f,* ~**befriedigung** *f* masturbation *f,* onanisme *m;* ~**befruchtung** *f biol* autofécondation *f;* ~**beherrschung** *f* maîtrise *f* de soi(-même), empire sur soi-même; sang-froid *m; die* ~ *verlieren (a.)* perdre tous ses moyens, s'affoler; ~**beköstigung** *f* alimentation *f* à ses propres frais; ~**beobachtung** *f* introspection *f;* ~**besinnung** *f* retour *m* sur soi-même; ~**bestätigung** *f* assurance *f;* ~**bestimmung** *f pol* autodétermination *f;* ~**bestimmungsrecht** *n* droit *m* à l'autodétermination; ~**beteiligung** *f (an Kosten)* participation *f;* ~**betrug** *m* illusion *f* que l'on se fait *od* donne à soi-même; ~**bewirtschaftung** *f* gestion *f* directe; *agr* faire-valoir *m,* s~**bewußt** *a* conscient de soi-même *od* de sa (propre) valeur; *pej* plein de soi-même, prétentieux, suffisant; ~**bewußtsein** *n* conscience *f* de soi *od* du moi, sentiment *m* de sa propre valeur; *pej* prétention, suffisance *f;* ~**bildnis** *n* portrait de moi-même, toi-même *etc;* autoportrait *m;* ~**binder** *m* cravate *f* (à nouer); ~**biographie** *f* autobiographie *f;* ~**einschaltung** *f el* enclenchement *m* automatique; ~**einschätzung** *f* connaissance *f* de soi; *fin* déclaration *f* de ses revenus; ~**entzündung** *f* combustion *od* inflammation *od* ignition spontanée; auto-inflammation *f,* auto-allumage *m;* ~**erhaltung** *f* conservation *f* de soi-même; ~**erhaltungstrieb** *m* instinct *m* de (la) conservation; ~**erhitzung** *f* échauffement *m* spontané; ~**erkenntnis** *f* connaissance *f* de soi-même; ~**erziehung** *f* autoéducation *f;* ~**fahr...** *(in Zssgen)* automoteur, automobile; ~**fahrer** *m* conducteur-propriétaire *m;* ~**finanzierung** *f* autofinancement, financement *m* par ses propres fonds *od* moyens; ~**findung** *f* retour *m* sur soi-même; s~**gebacken** *a* fait à la maison, de ménage; s~**gefällig** *a* satisfait de soi-même, content de sa personne; *(dünkelhaft)* suffisant, (in)fat(ué); ~**gefälligkeit** *f* suffisance, autosatisfaction *f;* ~**gefühl** *n* = ~*achtung;* s~**gemacht** *a* fait à la maison, de ménage; s~**gerecht** *a* pharisien; ~**gespräch** *n* monologue, soliloque *m; ein* ~ *od* ~*e führen* monologuer; parler tout seul; s~**gesteuert** *a* autoguidé; s~**gezo-**

-gen *a (Obst, Gemüse)* cultivé dans mon, ton *etc* propre jardin; s~**hemmend** *a tech* à blocage automatique; ~**hemmung** *f* blocage *m* automatique; s~**herrlich** *a* arbitraire, autoritaire, souverain; ~**herrscher** *m* autocrate *m;* ~**hilfe** *f* effort *m* personnel; *(Notwehr)* légitime défense *f; zur* ~ *greifen* se faire justice (à soi-même); ~**induktion** *f el* auto-induction, self-induction *f;* ~**induktionsspule** *f* self *f;* s~**isch** *a* égoïste; s~**klebend** *a* autocollant; ~**kostenpreis** *m* prix coûtant *od* de revient *od* de facture, premier coût *m; zum* ~ au prix coûtant; ~**kritik** *f* critique de soi, autocritique *f;* ~**lader** *m* ⟨-s, -⟩ *(Feuerwaffe)* arme *f* (à chargement) automatique; ~**laut** *m gram* voyelle *f;* ~**lenkung** *f (Rakete)* autoguidage *m;* ~**lerner** *m* autodidacte *m;* s~**los** *a* désintéressé; altruiste; plein d'abnégation; ~**losigkeit** *f* ⟨-, ø⟩ désintéressement; altruisme *m;* ~**mord** *m* suicide *m;* ~ *begehen* se suicider, se tuer; ~**mörder** *m* suicidé *m;* s~**mörderisch** *a:* ~*e Absichten f pl (haben avoir des)* idées *f pl* de suicide; ~**mordkandidat** *m* suicidaire *m;* ~**mordversuch** *m* tentative *f* de suicide; *e-n* ~ *machen* tenter de se suicider, attenter à ses jours; ~**porträt** *n* ~*bildnis;* s~**quälerisch** *a:* ~*e Gedanken haben* se tourmenter (soi-même); s~**redend** *adv* naturellement, évidemment, bien entendu; ~**regelung** *f* réglage *m od* régulation automatique, autorégulation *f;* ~**reinigung** *f (der Flüsse)* auto-épuration *f* (des eaux de rivière); ~**reinigungskraft** *f* pouvoir *m* auto-épurateur *od* d'auto-épuration; s~**schreibend** *a,* ~**schreiber** *m (Gerät)* enregistreur *(m);* ~**schutz** *m (ziviler Luftschutz)* protection civile, auto-protection *f;* s~**sicher** *a* sûr de soi, plein d'assurance; *(Haltung)* assuré; ~ *auftreten* avoir l'air sûr de soi; ~**sicherheit** *f* ⟨-, ø⟩ assurance *f;* ~**steuergerät** *n* dispositif de commande automatique; *aero* pilote *m* automatique; ~**steuerung** *f* autoguidage *m;* ~**studium** *n* études *f pl* sans professeur *od* en autodidacte; ~**sucht** *f* ⟨-, ø⟩ égoïsme *m;* s~**süchtig** *a* égoïste; s~**tätig** *a tech* automatique; ~**tätigkeit** *f* ⟨-, ø⟩ *tech* automatisme *m;* ~**täuschung** *f* illusion *f;* s~**tragend** *a tech* autoportant; ~*e Karosserie f* carrosserie *f* porteuse; ~**überschätzung** *f* présomption, opinion *f* exagérée de soi-même; ~**überwindung** *f* effort *m* sur soi;

~**unterricht** m = ~*studium;* ~**verbraucher** m consommateur m de ses (propres) produits; ~**vergessenheit** f ⟨-, ø⟩ oubli m de soi; ~**vergiftung** f auto-intoxication f; ~**vergötterung** f, ~**verherrlichung** f autoglorification f; ~**verlag** m: im ~ chez l'auteur; s-e Werke im ~ erscheinen lassen s'éditer; ~**verleugnung** f abnégation f, renoncement m à soi-même; ~**vernichtung** f autodestruction f; s~**verschuldet** a par sa (propre) faute; ~**versenkung** f mar sabordage m; ~**versorger** m réservataire m; s~**verständlich** a naturel, évident; adv naturellement, évidemment; das ist ~ cela s'entend, cela va sans dire od de soi; ~! bien entendu! ~**verständlichkeit** f évidence f; ~**verstümmelung** f mutilation f volontaire; ~**verteidigung** f autodéfense f; ~**vertrauen** n confiance en soi, assurance f; ~ haben avoir confiance en soi; Mangel M an od mangelnde(s) ~ manque m de confiance en soi, défiance f de soi; ~**verwaltung** f autonomie f (administrative); ~**verwirklichung** f réalisation f de soi; ~**wählapparat** m; ~**wähler** m (poste téléphonique) automatique m; ~**wähldienst** m service m téléphonique automatique; ~**wählferndienst** m tele service m automatique interurbain; ~**wertgefühl** n valorisation f de soi; ~**zerstörung** f autodestruction f; ~**zeugnis** n lit: in ~sen (écrit) par lui-même, eux-mêmes; s~**zufrieden** a content de soi; pej suffisant; ~**zufriedenheit** f contentement m de soi; ~**zünder** m allumeur m automatique; ~**zündung** f allumage automatique, auto-allumage m; ~**zweck** m fin f en soi, but m absolu.

selch|en ['zɛlçən] tr dial (räuchern) fumer; **S~fleisch** n viande f fumée.

Selekt|ion f ⟨-, -en⟩ [zelɛktsi'o:n] biol (Zuchtwahl) sélection f; **s~iv** [-'ti:f] a (auswählend; radio: trennscharf) sélectif; ~**ivität** f ⟨-, -en⟩ [-tivi'tɛ:t] sélectivité f.

Selen n ⟨-s, ø⟩ [ze'le:n] chem sélénium m; ~**zelle** f cellule f sélénifère od au sélénium od photo-électrique.

Selfmademan m ⟨-s, -men⟩ ['sɛlfmeɪd'mæn] fils m de ses œuvres.

selig ['ze:lɪç] a rel bienheureux; (verstorben) feu (a. vor dem Artikel; dann inv) fam (übertreibend) ravi, comblé, heureux; iron béat; ~en Angedenkens de bienheureuse mémoire; ~ entschlafen (inf) s'endormir dans la paix du Seigneur; Gott habe ihn ~!

Dieu ait son âme! **S~keit** f rel béatitude; allg félicité f; die ewige ~ le repos éternel; ~**preisen** tr glorifier; **S~preisung** f glorification f; die ~en pl (Bibel) les béatitudes f pl; ~**sprechen** tr rel béatifier; **S~sprechung** f béatification f.

Sellerie m ⟨-s, (-s)⟩ od f ⟨-, -/(-rien)⟩ ['zɛləri, (-'ri:ən)] bot céleri; (Kraut~) (feuilles f pl de) céleri; (Knollen~) céleri-rave m; ~**salat** m salade f de céleri.

selt|en ['zɛltən] a rare; (ausgefallen, einzigartig) extraordinaire; (sonderbar) singulier, curieux; sehr od höchst ~ (a) rarissime; nicht ~ (adv) assez souvent; sich ~ machen, sich nur noch ~ sehen lassen se faire rare; ~er werden se raréfier; (Besuche) s'espacer; das ist nichts S~es cela n'a rien d'extraordinaire, il n'y a rien d'extraordinaire à cela; ~e Erden f pl (chem) terres f pl rares; **S~enheit** f (Begriff) rareté; singularité; (Sache) rareté, chose rare od curieuse; curiosité f; um der ~ willen pour la rareté du fait; **S~enheitswert** m: ~ (haben avoir une) valeur f de rareté; ~**sam** a étrange, singulier; curieux; bizarre, fantasque; ~**samerweise** adv bizarrement; **S~samkeit** f étrangeté, singularité; curiosité; bizarrerie f.

Selterswasser n ['zɛltərs-] eau f de Seltz.

Sema|ntik f ⟨-, ø⟩ [ze'mantɪk] (Wortbedeutungslehre) sémantique f; s~**ntisch** [-'mantɪʃ] a sémantique; ~**phor** n, a. m ⟨-s, -e⟩ [-ma'fo:r] (Signalmast) sémaphore m.

Semester n ⟨-s, -⟩ [ze'mɛstər] (Univ) semestre m; ~**ferien** pl vacances f pl semestrielles.

Semikolon n ⟨-s, -s/-kola⟩ [zemi'ko:lɔn, -la] point-virgule m.

Seminar n ⟨-s, -e⟩ [zemi'na:r] (Priester~) séminaire m; hist (Lehrer~) école f normale; (Univ.-Institut) séminaire, institut (d'études); (Übung) cours m (pratique); ~**ist** m ⟨-en, -en⟩ [-na'rɪst] rel séminariste; hist normalien m.

Semit(in f) m ⟨-en, -en⟩ [ze'mi:t] Sémite m f; s~**isch** [-'mi:tɪʃ] a sémitique.

Semmel f ⟨-, -n⟩ ['zɛməl] petit pain m; wie warme ~n weggehen s'enlever od se vendre comme des petits pains; s~**blond** a blond pâle; ~**brösel** m (a. n) pl, ~**mehl** n panure, chapelure f.

Senat m ⟨-(e)s, -e⟩ [ze'na:t] sénat m; ~**or** m ⟨-s, -en⟩ [-'na:tɔr, -'to:rən] sénateur *m;* **s~orisch** [-'to:riʃ] *a* sénatorial; **~sausschuß** *m* commission *f* sénatoriale; **~sbeschluß** *m* décret *m* sénatorial *od* du sénat; **~spräsident** *m,* **~ssitzung** *f* président *m,* séance *f* du sénat; **~swahlen** *f pl* élections *f pl* sénatoriales.

Send|bote *m* ['zɛnt-] *lit* émissaire, messager; *rel* missionnaire; *(Apostel)* apôtre *m;* **~brief** *m* = *~schreiben;* **~eanlage** [-də-] *f* radio poste *m* émetteur *od* d'émission; **~eantenne** *f* antenne *f* émettrice *od* d'émission; **~ebereich** *m* portée *f;* **~efolge** *f* ordre *od* programme *od* horaire *m* des émissions; *(Serie)* feuilleton *m;* **~efrequenz** *f* fréquence *f* d'émission; **~egerät** *n* appareil *m* émetteur *od* de transmission; **~eleiter** *m* radio producteur *m;* **~emast** *m* pylône *m;* **s~en** ⟨*sendet, sandte/sendete, hat gesandt/gesendet*⟩ [(-)zant(-)] *tr (schicken)* envoyer, faire parvenir; *(ab~)* expédier; *tele ⟨sendete, gesendet⟩* transmettre; *radio* (radio)diffuser, distribuer, mettre en ondes, émettre, transmettre; *jdm e-n Gruß ~* envoyer *od* adresser le bonjour à qn; **~epau se** *f* temps mort, intervalle *m;* **~er** *m* ⟨-s, -⟩ *(Person)* envoyeur, expéditeur; *tele* transmetteur; *radio* poste *m* émetteur *od* d'émission *od* de radiodiffusion *od* de T.S.F.; *e-n ~ hereinbekommen od empfangen (radio fam)* prendre *od* capter une station; **~e raum** *m* radio studio *m;* **~ereihe** *f* radio série *f* d'émissions; **~er-Emp fänger** *m* émetteur-récepteur *m;* **~ergruppe** *f* chaîne *f* de radiodiffusion; **~estärke** *f* puissance *f* d'émission; **~estation** *f* inform station *f* maîtresse; **~estelle** *f* station *f* émettrice *od* d'émission(s) *od* de T.S.F.; **~ezeichen** *n* indicatif, signal *m;* **~e zeit** *f* heure *f* d'émission, tranche *f* horaire; *e-e Stunde ~* une heure d'antenne; **~schreiben** *n* missive, épître *f;* **~ung** *f* envoi *m (auch Gegenstand);* expédition; *(Auftrag)* mission; *tele radio* transmission; *radio* émission, diffusion *f (radiophonique od par T.S.F.); auf ~ gehen (radio)* passer sur émission; *portofreie ~* envoi *m* franco de port; *unzustellbare ~* envoi *m* mis au rebut; **~ungsbe wußtsein** *n* esprit *m* de conversion.

Senf *m* ⟨-(e)s, (-e)⟩ [zɛnf] *(bot, Küche)* moutarde *f; bot a.* sénevé *m; s-n ~ dazugeben (fig fam)* y mettre son grain de sel; *e-n langen ~ von etw machen (fig)* faire toute une tartine *od* tout un plat de qc; **~gas** *n (Kampfstoff)* ypérite *f,* gaz *m* moutarde; **~gurke** *f* cornichon *m* à la moutarde; **~korn** *n* grain de moutarde; *bot* sénevé *m;* **~näpfchen** *n,* **~topf** *m* moutardier *m;* **~pflaster** *n* sinapisme *m;* **~soße** *f,* **~tunke** *f* sauce *f* à la moutarde; **~umschlag** *m* cataplasme (sinapisé); sinapisme *m.*

Seng|e *pl* ['zɛŋə] *dial (Prügel): ~ (kriegen* recevoir une) raclée *od* rossée; **s~en** *tr* flamber, roussir; *(Textil)* griller; *(Küche)* flamber; *itr (Sonne)* brûler; *~ und brennen* mettre tout à feu et à sang; **~en** *n (Textil)* grillage; *(Küche)* flambage *m;* **s~end** *a* brûlant.

senil [ze'ni:l] *a (greisenhaft)* sénile; **S~ität** *f* ⟨-, (-en)⟩ [-nili'tɛ:t] sénilité *f.*

senior ['ze:niɔr] *a: Herr X ~* M. X père; **S~** *m* ⟨-s, -en⟩ [-ni'o:rən] ancien; *sport* senior *m; die ~en (ältere Mitbürger)* le troisième âge; **S~en paß** *m loc* carte vermeille, carte *f* Vermeil.

Senk|blei *n* ['zɛŋk-] (fil à) plomb *m,* sonde *f;* **~e** *f* ⟨-, -n⟩ *geog* dépression *f* (de terrain); **s~en** *tr (a. den Kopf, den Blick, die Stimme)* baisser; *(Kopf, Fahne)* incliner; *(niedriger machen)* abaisser; *(hinablassen)* descendre; *(Preis)* baisser, diminuer, réduire; *sich ~* s'abaisser; *(Boden)* s'affaisser, se tasser, céder; *arch* s'affaisser, prendre coup; *(Neigung haben)* descendre; *(d. Nacht)* tomber; *in die Erde ~* mettre en terre; *die Kaffeesteuer ~* détaxer le café; **~fuß** *m* pied à voûte affaissée; affaissement *m* plantaire; **~fußeinlage** *f* semelle *f* de redressement *od* orthopédique; **~grube** *f (Abort)* fosse *f* d'aisance, puits *m* absorbant; **~kasten** *m* caisson *m;* **~loch** *n* puits perdu, puisard *m; agr* baissière *f;* **~lot** *n* fil *m* à plomb; **s~recht** *a* vertical; perpendiculaire, à plomb, à pic, d'aplomb; *adv aero* à la verticale, en chandelle; *~e Stellung f (a.)* verticalité *f;* **~rechte** *f math* verticale *f; e-e ~ errichten, fällen* élever, abaisser une perpendiculaire; **~rechtflug** *m* vol *m* vertical; **~rechtstart(er)** *m* (avion à) décollage *m* vertical; *fig* succès *m* instantané; **~reis** *n* marcotte *f;* **~schraube** *f* vis *f* noyée; **~ung** *f allg* abaissement *m; (Boden)* affaissement, tassement *m; (Preis)* diminution, réduction; *(~e)* dépression; *(Gefälle)* inclinaison *f; ~ der Lebenshaltungskosten* abaissement *m* du coût de la vie; **~waage** *f* aréomètre *m.*

Senkel *m* ⟨-s, -⟩ ['zɛŋkəl] *(Schnürband)* lacet *m.*

Senn *m* ⟨-(e)s, -e⟩, **~e** *m* ⟨-n, -n⟩

['zɛn(ə)] *dial (Alpenhirt)* vacher *m;*
~**e** *f* ⟨-, -n⟩ alpage *m;* ~**erei** *f* vacherie *f;* ~**erin** *f* vachère *f;* ~**hütte** *f*
chalet de vacher; *(in der Auvergne)*
buron *m.*

Sennes|blätter *n pl* ['zɛnəs-] *pharm*
(feuilles *f pl* de) séné *m;* ~**pflanze** *f*
séné *m.*

Sensation *f* ⟨-, -en⟩ [zɛnzatsi'o:n] sensation *f;* **s~ell** [-tsio'nɛl] *a* sensationnel, à sensation; *pop* fumant; ~**sbe-**
dürfnis *n,* ~**ssucht** *f* avidité *f* pour
les sensations *od* le sensationnel;
~**sblatt** *n,* ~**spresse** *f* journal *m,*
presse *f* à sensation(s); ~**slust** *f* goût
m de la sensation *od* du sensationnel;
s~slüstern *a* avide de sensations *od*
du sensationnel; ~**sprozeß** *m* procès
m sensationnel, cause *f* célèbre;
~**sstück** *n theat* pièce *f* à sensation.

Sense *f* ⟨-, -n⟩ ['zɛnzə] faux *f;*
~**nmann** ⟨-(e)s, ø⟩, *der* la Mort.

sens|ibel [zɛn'zi:bəl] *a (empfindsam)*
sensible; ~**ibilisieren** [-bili'zi:rən] *tr*
sensibiliser; **S~ibilität** *f* ⟨-, (-en)⟩
[-zibili'tɛ:t] sensibilité *f;* ~**itiv** [-zi'ti:f]
a (überempfindlich) sensitif; ~**o-**
risch [-'zo:rɪʃ] *a anat physiol (Sin-*
nes-) sensoriel; **S~ualismus** *m* ⟨-, ø⟩
[-zualɪsmʊs] *philos* sensualisme *m.*

Sentenz *f* ⟨-, -en⟩ [zɛn'tɛnts] *(Sinn-*
spruch) sentence *f;* **s~iös** [-tsi'ø:s] *a*
sentencieux.

sentimental [zɛntimɛn'ta:l] *a* sentimental, fleur bleue; **S~ität** *f* ⟨-, -en⟩
[-tali'tɛ:t] sentimentalité *f.*

separat [zepa'ra:t] *a* séparé, particulier, à part; ~*e(s) Zimmer n* pièce *f*
isolée; **S~abdruck** *m typ* tirage *m* à
part; **S~eingang** *m* entrée *f* particulière; **S~frieden** *m* paix *f* séparée;
S~ismus *m* ⟨-, ø⟩ [-ra'tɪsmʊs] *pol*
séparatisme *m;* **S~ist** *m* ⟨-en, -en⟩
[-'tɪst] séparatiste *m;* ~**istisch**
[-'tɪstɪʃ] *a* séparatiste; **S~konto** *n*
compte *m* spécial.

Sepia *f* ⟨-, -ien⟩ ['ze:pia] *zoo* seiche;
(scient u. Farbe), ~**zeichung** *f* sépia
f.

Sep|sis *f* ⟨-, -psen⟩ ['zɛpsɪs] *med* sep-
ticémie *f;* **s~tisch** ['zɛptɪʃ] *a* septi-
que, septicémique.

September *m* ⟨-(s), -⟩ [zɛp'tɛmbər]
septembre *m.*

Sept|ett *n* ⟨-(e)s, -e⟩ [zɛp'tɛt] *mus* sep-
tuor *m;* ~**ime** *f* ⟨-, -n⟩ [-'ti:mə] *mus*
septième *f;* ~**uaginta** *f* ⟨-, ø⟩
[-tua'ɡɪnta] *rel* version *f* des Septan-
te.

Sequenz *f* ⟨-, -en⟩ [ze'kvɛnts] *(mus,*
film, Kartenspiel; Folge) séquence *f.*

Sequest|er *m* ⟨-s, -⟩ [ze'kvɛstər]
(Zwangsverwalter) séquestre *m;*

~**ration** *f* ⟨-, -en⟩ [-tratsi'o:n] *(Be-*
schlagnahme) séquestration *f;*
s~rieren [-'tri:rən] *tr* séquestrer.

Serail *n* ⟨-s, -s⟩ [ze'raɪ(l), -'ra:j]
(Sultanspalast) sérail *m.*

Seraph *m* ⟨-s, -e/-phim⟩ ['ze:raf, -fi:m]
rel (Engel) séraphin *m.*

Serb|e *m* ⟨-n, -n⟩ ['zɛrbə], ~**in** *f* Serbe
m f; ~**ien** *n* [-'biən] la Serbie; **s~isch**
a serbe; **S~okroatisch(e,** *das)*
[zɛrbokro'a:tɪʃ] le serbo-croate.

Serenade *f* ⟨-, -n⟩ [zere'na:də] *mus*
sérénade *f.*

Serie *f* ⟨-, -n⟩ ['ze:riə] *(Folge)* série,
suite; *(geschlossene Folge, Satz)* série
f, jeu *m;* ~**n(an)fertigung** *f,* ~**nfa-**
brikation *f,* ~**nherstellung** *f* fabrication *f* en série; **s~ll** [-'rjɛl] *a mus*
sériel; ~**narbeit** *f* ouvrage *m* de
série(s); ~**nbau** *m* construction *f* en
série; **s~nmäßig** *a* de *od* en série;
adv en série; ~**nproduktion** *f* production *f* en série; ~**nschalter** *m el*
commutateur multiple *od* à combinaison, interrupteur *m* à gradation;
~**nschaltung** *f el* montage *od* couplage *f* de série; ~**nübergabe** *f in-*
form transmission *f* en série; ~**nwa-**
gen *m* voiture *f* de série; **s~nweise**
adv en série.

seriös [zeri'ø:s] *a* sérieux; *(gediegen)*
solide.

Sermon *m* ⟨-s, -e⟩ [zɛr'mo:n] *(langwei-*
lige Strafpredigt) sermon, prêche *m.*

serös [ze'rø:s] *a physiol med* séreux.

Serpentin *n* ⟨-s, -e⟩ [zɛrpɛn'ti:n] *min*
serpentine *f;* ~**e** *f* ⟨-, -n⟩ *(Schlangen-*
linie) serpentin *m; (Straße)* virage *m*
en épingle à cheveux; ~**enstraße** *f*
route *f* en lacets.

Serum *n* ⟨-s, -ren/-ra⟩ ['ze:rʊm, -ra]
physiol med sérum *m;* ~**behand-**
lung *f* sérothérapie *f.*

Serv|ice 1. *n* ⟨-/-s, -⟩ [zɛr'vi:s] *(Eß-,*
Kaffee-, Tee~) service; *(Likör~)* cabaret *m;* **2.** *(Kundendienst)* *m* ⟨-, -s⟩
['zœr-, 'zø:rvis, zɛr'vi:s] service *m,*
service *m* après-vente; **s~ieren**
[-'vi:rən] *tr* servir; *für* servir à table;
~**iererin** *f (Kellnerin)* serveuse *f;*
~**iermeister** *m* maître *m* d'hôtel;
~**iertisch** *m* desserte *f;* ~**ierwagen**
m desserte *f* roulante; ~**iette** *f* ⟨-, -n⟩
[-vi'ɛtə] serviette *f* (de table); ~**iet-**
tenring *m* rond *m* de serviette; ~**iet-**
tentasche *f* enveloppe-serviet-
te *f.*

servil [zɛr'vi:l] *a (unterwürfig, krieche-*
risch) servile.

Servo|anlage ['zɛrvo-] *f tech* servo-
mécanisme *m;* ~**bremse** *f* servofrein
m; ~**gerät** *n* servoappareil *m;* ~**len-**
kung *f* direction *f* assistée; ~**motor**

m servomoteur, moteur *m* auxiliaire; **~steuerung** *f (Rakete)* groupe *m* servomoteur de gouverne.
Servus! ['zɛrvʊs] salut!
Sesam *m* ⟨-s, -s⟩ ['zeːzam] *bot* sésame *m*; ~ *öffne dich!* sésame ouvre-toi!
Sessel *m* ⟨-s, -⟩ ['zɛsəl] fauteuil *m; sich in e-n ~ fallen lassen* s'effondrer dans un fauteuil; *hohe(r) ~* fauteuil *m* de table; *niedrige(r) ~* fauteuil *m* de repos *od* crapaud; **~lift** *m* télésiège *m;* **~schoner** *m* housse *f* de fauteuil.
seßhaft ['zɛshaft] *a (Mensch)* sédentaire; persistant; *sich ~ machen, ~ werden* s'établir; **S~igkeit** *f* ⟨-, ø⟩ caractère *m od* vie sédentaire; sédentarité, persistance *f;* **S~machen** *n (Volk)* fixation *f;* **S~werden** *n (Volk)* fixation *f,* établissement *m.*
Sets *n pl* [zɛts] sets *m pl* (de table).
Setz|ei *n* ['zɛts-] œuf *m* sur le plat; **~fehler** *m typ* faute *f* de composition; **~kasten** *m typ* casse *f;* **~ling** *m* ⟨-s, -e⟩ *agr (junge Pflanze)* plant *m,* bouture *f; (Fischzucht: junger Fisch)* alevin *m;* **~linie** *f typ* filet *m;* **~maschine** *f typ* machine *f* à composer; **~schiff** *n typ* galée *f;* **~stock** *m tech* lunette *f;* **~waage** *f (Wasserwaage)* niveau *m* à bulle d'eau.
setzen ['zɛtsən] *tr (Person)* asseoir; placer *a. fig; (über e-n Fluß)* faire passer; *(Sache, a. fig)* poser, mettre; *(Ofen)* poser, installer; *(Mast)* monter; *(Pflanze)* planter; *(Blutegel)* appliquer; *typ* composer; *(im Spiel)* miser; *(Hoffnung)* placer, mettre *(auf etw* sur qc); porter *(auf jdn* sur qn); *itr* franchir d'un bond, sauter *(über etw* qc); *(über e-n Fluß)* traverser (une rivière); *fig (bauen auf)* tabler *(auf* sur); *sich ~ (Mensch)* s'asseoir *(zu jdm* auprès de qn); se placer, se mettre *a. fig; (Vogel)* (se) percher; *(Küche)* s'affaisser, retomber; *(Erde, Mauer)* se tasser, prendre coup; *chem* se déposer, se précipiter; *Himmel und Erde in Bewegung ~* remuer ciel et terre; *auf den Boden ~* mettre à terre; *jdm ein Denkmal ~* élever *od* ériger un monument à qn; *jdm e-e Frist ~* fixer un délai à qn; *den Fuß über jds Schwelle ~* franchir le seuil de qn; *e-n Grenzstein ~* planter une borne; *auf schmale Kost ~* mettre à la portion congrue; *außer Kraft ~* abolir; *in Kraft ~* mettre en vigueur; *jur adm* abroger; *an Land ~ (mar)* mettre à terre, débarquer; *jdn an die Luft od vor die Tür ~* mettre *od* flanquer qn à la porte *od* dehors; *auf ein Pferd ~ (beim Rennen)* miser sur un cheval; *sich zur Ruhe ~* se retirer des

affaires; *auf die Tagesordnung ~* inscrire *od* mettre à l'ordre du jour; *sich an den Tisch ~* s'asseoir à la table; *sich zu Tisch ~* se mettre à table; *sich ein Ziel ~* se fixer *od* se proposer un but; *es wird Schläge ~* il y aura des coups; *~ Sie sich!* asseyez-vous! *~ Sie sich, bitte!* asseyez-vous, je vous prie; veuillez vous asseoir, prenez place; **S~** *n* pose, mise *(a. im Spiel); (Blutegel)* application; *typ* composition *f.*
Setzer *m* ⟨-s, -⟩ ['zɛtsər] *typ* compositeur *m;* **~ei** *f* [-'raɪ] atelier *m* de composition.
Seuche *f* ⟨-n, -⟩ ['zɔʏçə] épidémie; *(Tier~)* épizootie; *fig* peste *f;* **~nbekämpfung** *f* lutte contre les épidémies; *(vorbeugend)* prophylaxie *f;* **~ngebiet** *n* région *f* contaminée; **s~nhaft** *a* épidémique; **~nherd** *m* foyer *m* de la contagion *od* de l'épidémie.
seufz|en ['zɔʏftsən] *itr* soupirer *(nach* après); *(stöhnen)* gémir *(über de,* sur); **S~er** *m* ⟨-s, -⟩ soupir; gémissement *m; e-n ~ ausstoßen* pousser un soupir; *~ der Erleichterung* soupir *m* de soulagement; **S~erbrücke** *f (in Venedig)* pont *m* des Soupirs.

Sex *m* ⟨-(es), ø⟩ [zɛks] sexe *m;* érotisme *f;* **~-Appeal** *m* ⟨-s, ø⟩ ['zɛksəpiːl] sex-appeal *m;* **~bombe** *f fam* canon *m; (boutique)* **~boutique** *f* sex-shop *m;* **~film** *m* film *m* porno(graphique); **~ismus** *m* ⟨-, ø⟩ [zɛ'ksɪsmʊs] sexisme *m;* **~ist(in** *f) m* ⟨-en, -en⟩ sexiste *m f;* **s~istisch** *a* sexiste; **~ologe** *m* ⟨-n, -n⟩ [zɛkso'loːɡə] sexologue *m;* **~ologie** *f* ⟨-, ø⟩ [-lo'ɡiː] sexologie *f;* **~orgie** *f,* **~party** *f* partouse *f;* **~shop** *m* [-ʃɔp] sex-shop *m;* **~welle** *f* vague *f* d'érotisme.
Sext|ant *m* ⟨-en, -en⟩ [zɛks'tant] *(Winkelmeßgerät)* sextant *m; ~e* ⟨-, -n⟩ *mus* sixte *f;* **~ett** *n* ⟨-(e)s, -e⟩ [-'tɛt] *mus* sextuor; *(Jazz)* sextette *m.*
Sexu|alempfinden *n* [zɛksu'aːl-] instinct *m* sexuel; **~alerziehung** *f,* **~alpädagogik** *f* éducation *f* sexuelle; **~alethik** *f* éthique *f* sexuelle; **~alforscher** *m* sexologue *m;* **~alforschung** *f* sexologie *f;* **~alhormon** *n* hormone *f* sexuelle; **~alhygiene** *f* hygiène *f* sexuelle; **~alität** *f* ⟨-, (-en)⟩ [-li'tɛːt] sexualité *f;* **~alkunde** *f* éducation *f* sexuelle; **~alleben** *n* vie *f* sexuelle; **~almord** *m* assassinat *m* par sadisme; **~alobjekt** *n: die Frau als ~* la femme-objet; **~alpsychologie** *f* psychologie *f* sexuelle; **~altrieb** *m* instinct *m* sexuel; **~alverbrechen** *n*

crime *m* sexuel; **~alwissenschaft** *f* sexologie *f;* **s~ell** [-ksu'ɛl] *a* sexuel.

sexy ['zɛksi] *a inv* sexy.

Sezession *f* ⟨-, -en⟩ [zetsɛsi'o:n] *(pol, Kunst: Absonderung)* sécession *f;* **~skrieg** *m* guerre *f* de sécession.

sezier|en [ze'tsi:rən] *tr* disséquer, faire l'anatomie de, anatomiser; **S~en** *n* dissection, anatomie *f;* **S~messer** *n* scalpel *m.*

Shampoo|(n) *n* ⟨-s, -s⟩ [ʃɛm'pu:(n)] = *Schampun.*

Sherry *m* ⟨-s, -s⟩ ['ʃɛrɪ] *(Wein)* sherry, xérès *m.*

Shorts *pl* [ʃo:rts, ʃɔrts] short *m.*

Showbusineß *n,* **Showgeschäft** *n* ['ʃoubɪznɪs] show-business *m.*

Siam *n* ['zi:am] *(alter Name von Thailand)* le Siam; **~ese** *m* ⟨-n, -n⟩ [-'me:zə], **~esin** *f* Siamois, e *m f;* **s~esisch** [-'me:zɪʃ] *a* siamois; **~e** *Zwillinge m pl* frères *m pl od* sœurs *f pl* siamois(es).

Sibir|ien *n* [zi'bi:riən] la Sibérie; **~ier(in** *f)* *m* ⟨-s, -⟩ [-rjər] Sibérien, ne *m f;* **s~isch** [-'bi:rɪʃ] *a* sibérien, de (la) Sibérie.

sich [zɪç] *(dat u. acc des Reflexivpron)* *(mit v verbunden)* se; *(unverbunden, unbestimmt)* soi, *(bestimmt)* lui, elle, *pl* eux, elles; *(Höflichkeitsform, mit v verbunden u. unverbunden)* vous; ~ *selbst* soi-même; lui--même *etc; an* ~ en soi; *an und für* ~ en lui-même, en elle-même; *bei* ~ *(am Körper)* sur soi; *(in greifbarer Nähe)* avec soi; *für* ~ à part (soi); *von* ~ *aus* par soi--même, de son propre chef; *zuerst an* ~ *denken (a.)* se sucrer *fam; etwas (Unangenehmes) an* ~ *haben* avoir qc; *etwas auf* ~ *haben (fig)* avoir de l'importance; *wieder zu* ~ *kommen* revenir à soi; *etwas auf* ~ *nehmen (fig)* prendre qc sur soi; *das Ding an* ~ *(philos)* la chose en soi.

Sichel *f* ⟨-, -n⟩ ['zɪçəl] faucille *f; (Mond~)* croissant *m;* **s~förmig** *a* en (forme de) croissant; **s~n** *tr (mit der* ~ *mähen)* couper à la faucille; **~wagen** *m hist (Streitwagen)* char *m* à faux.

sicher ['zɪçər] *a (geschützt)* sûr, en sécurité; à l'abri *(vor* de); *(zuverlässig)* sûr, à toute épreuve, sans faute; *(verläßlich)* éprouvé, de confiance; *(fest)* solide, stable, ferme; *(Auftreten, Hand Blick)* assuré; *(gewiß)* sûr, certain; *adv (gewiß)* sûrement; à coup sûr assurément; *(wahrscheinlich)* certainement, sans doute; *aus* ~*er Quelle* de source sûre, de bonne source; *in Nummer S~ (fam)* en lieu sûr; ~ *auftreten* avoir de l'assurance *od* de l'aplomb; *vor jdm* ~ *sein* n'avoir rien à craindre de qn; *e-r S* ~ *sein, etw* ~ *wissen* être sûr de qc; *s-r S* ~ *sein* être sûr de son fait; *s-s Lebens nicht* ~ *sein* craindre pour sa vie; risquer sa vie; *es gilt als* ~*, daß ... (a.)* on affirme que ...; ~ *ist, daß ...* ce qui est certain, c'est que ...; *le fait est que ...;* il est de fait que ...; *soviel ist* ~*, daß ...* toujours est-il que ..., en tout cas ...; ~ *ist* ~ deux précautions valent mieux qu'une; ~*e Geldanlage f* placement *m* de tout repos *od fam* de père de famille; ~*e Stellung f (Arbeitsplatz)* position *f* sûre *od* solide; ~*e(s) Urteil n* sûreté *f* de jugement; ~**gehen** ⟨*aux: sein⟩ itr* s'assurer; *um ganz sicherzugehen* pour être plus sûr, pour plus de sûreté; *par excès de prudence; (ganz)* ~ *wollen* jouer au plus sûr *od* à jeu sûr; ~**lich** *adv* = ~ *(adv);* ~**n** *tr (schützen)* protéger, prémunir, *bes. mil* mettre à l'abri *(gegen* contre); préserver *(gegen* de); sauvegarder; *mil (decken)* couvrir; *allg* assurer, garantir, mettre en sûreté *od* sécurité; *(befestigen)* affermir, consolider; *tech* arrêter, bloquer, goupiller; *(Schußwaffe)* mettre au cran d'arrêt; *itr (Wild)* prendre le vent; *sich* ~ *(fin)* se garantir, prendre des garanties, se nantir; ~**stellen** *tr* mettre à l'abri *od* en sécurité; assurer, sauvegarder, mettre en sauvegarde *od* en sûreté; **S~stellung** *f* mise *f* en sécurité *od* en sûreté; *(durch Pfand)* nantissement *m.*

Sicherheit *f* ⟨-, -en⟩ ['zɪçərhaɪt] *(Geschütztheit)* sûreté, sécurité *f; (Schutz)* abri *m; (Zuverlässigkeit)* sûreté; *(Festigkeit)* solidité, stabilité, fermeté; *(Selbst~)* assurance *f,* aplomb *m; (Gewißheit)* certitude *f;* sûreté, garantie, caution *f; gegen* ~ contre garantie, sur gage, sur nantissement; *gegen hypothekarische* ~ sur hypothèque; *in* ~ en sûreté, en lieu sûr; *mit* ~ à coup sûr, sûrement, assurément; *zur größeren* ~ pour plus de sûreté; *mit* ~ *behaupten* soutenir avec assurance; *in* ~ *bringen* mettre en sûreté *od* à l'abri *od* à couvert; *als* ~ *dienen* servir de garantie; *jdm e-e* ~ *geben od leisten* donner *od* fournir *od* verser une caution à qn, nantir qn; *jdn in* ~ *wiegen* cacher *od* dissimuler les dangers à qn; *sich in* ~ *wiegen* se croire en sécurité; *das kann ich nicht mit* ~ *sagen* je ne peux l'affirmer avec certitude; *es ist mit* ~ *anzunehmen, daß ...* on peut être certain que ...; ~ *im Verkehr* sécurité *f* du trafic.

Sicherheits|abkommen *n* ['zɪçərhaits-] *pol* pacte *m* de sûreté; **~abstand** *m* (*im Verkehr*) distance *f* de sécurité; **~beamte(r)** *m* agent *m* de la sûreté; **~bedürfnis** *n* besoin *m* de sécurité; **~bindung** *f* (*Schi*) fixation *f* de sécurité; **~dienst** *m* service *m* de sécurité; *pol* services *m pl* de contre-espionnage; **~faktor** *m* facteur *od* coefficient *m* de sécurité; **~fonds** *m* fonds *m* de garantie; **~glas** *n* verre *m* de sécurité; **~grad** *m* degré *od* coefficient *m* de sécurité; **~gründe** *m pl: aus ~n,* **s~halber** *adv* pour des raisons de sécurité, pour plus de sûreté; **~gurt** *m* ceinture *f* de sécurité; **~kette** *f* (*an e-r Tür*) chaîne *f* de sûreté; **~klausel** *f* clause *f* de sauvegarde *od* échappatoire; **~lampe** *f* lampe *f* de sûreté; **~leistung** *f fin* (constitution de) garantie, caution *f,* cantionnement *m;* **~maßnahme** *f* mesure *f* de sécurité *od* de sûreté; **~nadel** *f* épingle *f* de sûreté *od* de nourrice; **~polizei** *f* police de sûreté; Sûreté *f;* **~rat** *m* (*Welt~*) Conseil *m* de sécurité; **~schloß** *n* serrure *f* de sûreté *od* de sécurité; **~spanne** *f bes. chem* marge *f* de sécurité; **~ventil** *n* soupape *f* de sûreté; **~verschluß** *m* fermeture *f* de sûreté; **~verwahrung** *f* détention *f;* **~vorkehrungen** *f pl* = **~maßnahmen;** **~vorrichtung** *f* dispositif *m* de sécurité; **~vorschriften** *f pl* règlement *m od mil* consignes *f pl* de sécurité.

Sicherung *f* ‹-, -en› ['zɪçərʊŋ] (*Schutz*) protection, prémunition; préservation; sauvegarde; *mil* (*Deckung*) couverture; *mar* escorte; *all* mise en sécurité, garantie, *fin* garantie, caution; (*Festigung*) consolidation *f; tech* arrêt *od* cran *m od* goupille de sûreté; (*Schußwaffe: Vorgang*) mise *f* à la sûreté; (*Gewehrteil*) cran d'arrêt *od* de repos, verrou de sûreté; *el* plomb (fusible), fusible, coupe-circuit; (*automatische*) disjoncteur *m; ~ in der Ruhe* (*mil*) sûreté *f* en station; **~skasten** *m el* boîtier *m* à fusibles; **~smaßnahme** *f jur* acte *m* conservatoire; **~smutter** *f tech* écrou *m* de blocage; **~sstift** *m tech* goupille *f* de sûreté; **~stafel** *f el* panneau *m* de fusibles; **~struppen** *f pl* forces *f pl* de sécurité *od* de couverture; **~sübereignung** *f* fiducie *f;* **~sverwahrung** *f* internement *m* préventif.

Sicht *f* ‹-, ø› [zɪçt] (*Sehen; fig: Sehweise*) *a. fin* vue; (*Möglichkeit zu sehen od gesehen zu werden*) visibilité *f; auf ~* (*fin*) à vue; *auf kurze ~* (*fin*) à court terme; *fig* à la petite semaine; *auf lange ~* (*fin*) à long terme, à lon-

gue échéance; *fig* à longue vue, de longue haleine; *aus der ~* (*gen*) dans la perspective (de); sous l'angle (de); *außer ~* hors de vue; *bei ~* (*Wechsel*) à vue, à présentation; *in ~* en vue; *in der ~* (*gen*) dans la vue (de); *30 Tage nach ~* à 30 jours de vue; *gegen ~ decken* cacher à la vue; *in ~ kommen* apparaître; *gute, schlechte ~* bonne, mauvaise vue; *gegen ~ gedeckt* à l'abri des regards; **~anweisung** *f fin* mandat *m* à vue; **s~bar** *a* visible; (*wahrnehmbar*) perceptible, discernable, sensible; (*fig: offensichtlich*) visible, évident, apparent, ostensible, manifeste; *deutlich ~ machen* (*fig a.*) mettre en vue; *~ werden* (*a.*) apparaître; **~barkeit** *f* ‹-, ø› visibilité, perceptibilité; évidence *f;* **s~barlich** *adv fig* ostensiblement, manifestement; **~barwerden** *n fig* manifestation *f;* **s~en** *tr* (*erblicken*) voir, apercevoir, discerner; (*entdecken*) découvrir, déceler; (*ausfindig machen*) repérer; (*durchsehen, prüfen*) examiner, trier, tamiser, cribler, passer au crible, bluter; **~flug** *m* vol *m* à vue; **~gerät** *n inform* visuel *m,* console *f* de visualisation; **s~lich** *a* (*offenkundig*) évident, apparent, ostensible, manifeste; *adv* manifestement, visiblement; **~tage** *m pl fin* jours *m pl* de vue; **~ung** *f* (*Erblicken*) vue; (*Entdeckung*) découverte *f;* (*Durch~*) tri, tamisage, criblage *m;* **~verhältnisse** *n pl* (conditions *f pl* de) visibilité *f;* **~vermerk** *m* visa; *adm* (*am Rande*) émargement *m; mit ~ versehen* viser; **~wechsel** *m fin* lettre *f* de change *od* effet *od* billet *m od* traite *f* à vue; **~weite** *f* portée *f* de vue; *außer ~* hors de vue; *in ~* à portée de vue.

Sicker|grube *f* ['zɪkər-] fosse *f* filtrante *od* d'infiltration; **~kanal** *m arch* pierrée *f;* **s~n** ⟨*aux: sein*⟩ *itr* suinter, filtrer, s'écouler goutte à goutte; **~schacht** *m* puisard *m;* **~wasser** *n* eaux *f pl* de filtrage *od* d'infiltration.

sie [zi:] *pron f sing* elle; *acc* (*mit v verbunden*) la; (*unverbunden*) elle; *m f pl* (*verbunden*) ils, elles; (*unverbunden*) eux, elles; *acc* (*verbunden*) les; (*unverbunden*) eux, elles; **S~ 1.** (*Höflichkeitsform*) vous; *jdn mit ~ anreden* dire vous à qn; *vgl. siezen;* **2.:** *e-e S~* (*fam: ein weibliches Wesen*) une femme; (*ein Weibchen*) une femelle.

Sieb *n* ‹-(e)s, -e› [zi:p, '-bə] (*feines*) tamis; (*grobes*) sas, crible *m; tech a.* crépine; (*Küche*) passoire *f; durchlöchert wie ein ~* percé comme une écumoire; **s~artig** *a* comme un crible; ~**bein** n anat os m ethmoïde; ~**druck** m sérigraphie f; **s~en 1.** tr tamiser, passer au tamis; sasser, cribler, passer au crible; fig (sichten) trier; (Nachrichten) filtrer; (Kandidaten) passer au crible; ~**en** n tamisage, sassement, criblage; fig triage, filtrage m; ~**mehl** n criblure f; ~**tuch** n étamine f.

sieben ['zi:bən] **2.** (Zahlwort) sept; **S~** f ⟨-, -⟩ sept m; böse ~ (böses Weib) mégère, chipie f; ~**armig** a: ~e(r) Leuchter m chandelier m à sept branches; **S~bürgen** n [-'byrgən] geog la Transylvanie; **S~bürger(in** f) m Transylvanien, ne m f; ~**bürgisch** a transylvanien; **S~eck** n heptagone m; ~**eckig** a heptagonal; ~**einhalb** sept et demi; ~**fach** a, ~**fältig** a septuple; **S~flächner** m ⟨-s, -⟩ math heptaèdre m; **S~gestirn,** das astr la pléiade; ~**hundert** (Zahlwort) sept cent(s); **S~jahresplan** m plan m septennal; ~**jährig** a (~ Jahre alt) de sept ans; (~ Jahre dauernd) septennal; der S~e Krieg la guerre de Sept ans; ~**mal** adv sept fois; ~**malig** a répété sept fois; **S~meilenstiefel** m pl bottes f pl de sept lieues; mit ~n à pas de géant; **S~monatskind** n enfant m né à sept mois; **S~sachen** pl: s-e ~ (fam) tout son saint(-)crépin od saint(-)frusquin; **S~schläfer** m zoo loir m; ~**tausend** sept mille; ~**te, S~tel,** ~**tens** s. siebte etc.

siebt|e(r, s) ['zi:ptə] a septième; **S~el** n ⟨-s, -⟩ septième m; ~**ens** adv septièmement.

siebzehn ['zi:p-] (Zahlwort) dix-sept; ~**te(r, s)** a dix-septième; **S~tel** n ⟨-s, -⟩ dix-septième m.

siebzig ['zi:ptsɪç] (Zahlwort) soixante-dix; **S~er(in** f) m ⟨-s, -⟩ septuagénaire m f; ~**jährig** a septuagénaire, de soixante- -dix ans; ~**ste(r, s)** a soixante-dixième.

siech [zi:ç] a (krank) malade; (kränklich) maladif, souffreteux, valétudinaire; ~**en** itr (krank od kränklich sein) être malade; traîner, languir; **S~enhaus** n hôpital; hospice m; **S~tum** n ⟨-s, ø⟩ mal(adie f) m dévorant(e); état m maladif.

sied|eheiß ['zi:də'-] a bouillant; **S~e-hitze** f température d'ébullition; fig chaleur f tropicale; **S~ekessel** m (großer) chaudière; (kleiner) bouilloire f; ~**en** ⟨siedet, siedete/ sott, hat gesiedet/gesotten⟩ ['zi:dən, (-)'zɔt(-)] tr faire bouillir; (Küche) faire cuire; itr bouillir; (aufwallen) bouillonner; Salz ~ sauner; Seife ~ fabriquer du savon; Zucker ~ raffiner du sucre;

S~en n ébullition f; bouillonnement m; zum ~ bringen faire bouillir; ~**end** a (a.) en ébullition; **S~epunkt** m point m d'ébullition; **S~erei** f [-'raɪ] (Salz~) saunerie; (Seifen~) savonnerie f; **S~esalz** n sel m marin od de saline; **S~fleisch** n ['zi:t-] viande f à bouillir.

Siedler m ⟨-s, -⟩ ['zi:dlər] colon m.

Siedlung f ['zi:dlʊŋ] geog (Wohn~) habitat m; (Kolonie) colonie f, lotissement m, cité f; (Stadtrand~) village m; geschlossene ~ (geog) habitat m concentré; städtische ~ (geog) agglomération f urbaine; ~**sgebiet** n, ~**sraum** m geog zone f d'habitat; ~**sgesellschaft** f société f de lotissement.

Sieg m ⟨-(e)s, -e⟩ [zi:k, '-gə] victoire f; fig a. triomphe m; den ~ davontragen od erringen remporter la victoire od poet la palme; l'emporter; jdm den ~ zuerkennen décerner la palme à qn; **s~en** itr vaincre (über jdn qn); l'emporter (über jdn sur qn); sport gagner; fig triompher (über de); ~**er** m ⟨-s, -⟩ vainqueur (über de); triomphateur; (in e-m Wettbewerb) lauréat; (im Spiel) gagnant; (im Ring-kampf) tombeur m; als ~ hervorgehen sortir vainqueur (aus de); ~**erehrung** f allg cérémonie de récompense aux vainqueurs; sport distribution f des prix; (Olympische Spiele) cérémonie f protocolaire; ~**erliste** f palmarès m; ~**ermannschaft** f équipe f victorieuse od lauréate; ~**ernation** f nation f victorieuse; **s~esbewußt** a, **s~esgewiß** a sûr de la victoire, sûr de triompher; ~**esfeier** f, ~**esfest** n célébration f d'une od de la victoire; ~**esgöttin** f (déesse de la) Victoire f; ~**eslauf** m fig avance f triomphale; ~**esnachricht** f nouvelle f de la victoire; ~**espalme** f palme f; ~**espreis** m prix m de la victoire; ~**essäule** f colonne f triomphale; ~**estaumel** m ivresse f du triomphe; **s~estrunken** a enivré de sa victoire; ~**eswille** m volonté f de vaincre od de triompher; ~**eszug** m a. fig marche f triomphale, triomphe m; **s~gekrönt** a, **s~haft** a, **s~reich** a victorieux (über de); triomphant, triomphateur.

Siegel n ⟨-s, -⟩ ['zi:gəl] (amtlich) sceau; (gerichtlich) scellé(s pl); (privat) cachet m; unter dem ~ der Verschwiegenheit sous le sceau du secret; das ist für mich ein Buch mit sieben ~n c'est de l'hébreu pour moi; ~**bewahrer** m ⟨-s, -⟩ garde m des sceaux; ~**lack** m: (Stange f) ~ (bâton m de) cire *f* à cacheter; **s~n** *tr* sceller; cacheter; apposer un *od* le sceau *od* les scellés *od* le cachet à; **~ring** *m* chevalière *f;* **~ung** *f* apposition *f* du sceau *od* des scellés *od* du cachet *(gen* à).

Siel *m* od *n* ⟨-(e)s, -e⟩ [zi:l] *dial (Röhrenleitung)* tuyauterie; *(kleine Schleuse)* (petite) écluse *f.*

Siele *f* ⟨-, -n⟩ ['zi:lə] *(Riemenwerk der Zugtiere)* collier *m; in den* ~*en sterben (fig)* mourir à la peine.

Siesta *f* ⟨-, -ten/-s⟩ [zi'ɛsta] *(Mittagsruhe)* sieste *f.*

siezen ['zi:tsən] *tr* vouvoyer, voussoyer; **S~** *n* vouvoiement, voussoiement *m.*

Sigel *n* ⟨-s, -⟩ ['zi:gəl] *(Kürzung)* sigle *m.*

Signal *n* ⟨-s, -e⟩ [zɪ'gna:l] signal *m; el (Läute~)* sonnerie *f;* ~ *geben (mot)* donner un coup de klaxon, klaxonner, avertir; *das* ~ *zu etw geben* donner le signal de qc; *das* ~ *auf Halt stellen (loc)* fermer le signal; *ein* ~ *überfahren* brûler un signal; *das* ~ *steht auf Halt* le signal est en position «fermé»; ~ *zum Sammeln* signe *m* de ralliement; **~anlage** *f* dispositif *m* de signalisation; *(an e-r Baustelle)* signalisation *f* (de chantier); **~buch** *n* code *m* des signaux; **~flagge** *f* fanion des signalisation, pavillon *m* de signaux; **~gast** *m mar* matelot-signaleur *m;* **~geber** *m (Mensch u. Gerät)* signalisateur *m;* **~gebung** *f;* **~horn** *n* corne *f* d'appel, clairon, bugle *m;* **s~isieren** [-gnali'zi:rən] *tr* signaler; **~isierung** *f* signalisation *f;* **~lampe** *f* lampe *f* de signalisation *od* d'alarme; **~licht** *n* ⟨-(e)s, -er⟩ feu *m* (de signal); **~mast** *m mar* mât *m* de signalisation *od (loc)* de signaux; *loc* (poteau de) sémaphore *m;* **~rakete** *f* fusée *f* de signalisation; **~scheibe** *f loc* disque *m* (de signalisation); **~stellwerk** *n loc* cabine *f* de(s) signaux; **~wärter** *m* garde-signal *m.*

Sign|atarmacht *f* [zɪgna'ta:r-] puissance *f* signataire; **~atur** *f* ⟨-, -en⟩ [-'tu:r] *(Unterschrift, Namenszug, Künstlerzeichen)* signature *f; (Kartenzeichen)* signe *m; typ (Bogennorm)* signature *f; (Bibliothek: Buchnummer)* cote *f;* **~et** *n* ⟨-s, -s/-e⟩ [sɪ'gne:t, sɪ'gnɛt, zɪn'je] *(Verleger-, Buchdruckerzeichen)* marque *f;* **s~ieren** [-'gni:rən] *tr (mit e-r ~atur versehen)* signer; **~um** *n* ⟨-s, -na⟩ ['zɪgnʊm, -na] *(Bezeichnung)* signe *m; (Handzeichen)* marque *f.*

Silbe *f* ⟨-, -n⟩ ['zɪlbə] syllabe *f; e-e* ~ *verschlucken* avaler une syllabe; *davon hat er keine* ~ *gesagt, das hat er mit keiner* ~ *erwähnt* il n'en a rien dit du tout; *kurze, lange* ~ (syllabe) brève, longue *f; (un)betonte* ~ syllabe (non) accentuée; **~nrätsel** *n* charade *f;* **~nschrift** *f* syllabisme *m;* **~ntrennung** *f* division *f* en syllabes.

Silber *n* ⟨-s, ø⟩ ['zɪlbər] *(Metall)* argent *m; (Gerät)* argenterie *f; aus* ~ d'argent, en argent; **~arbeit** *f* argenterie *f;* **~barren** *m* lingot *m* d'argent; **~bergwerk** *n* mine *f* d'argent **~beschlag** *m* garniture *f* d'argent; **~besteck** *n* couvert *m* d'argent; **~blech** *n* lame *f* d'argent; **~blick** *m: e-n* ~ *haben* loucher, avoir un léger strabisme; **~bronze** *f* brillant *m* argenté; **~distel** *f* chardon *m* argenté; **~draht** *m* fil *m* d'argent; **~fischchen** *n ent* lépisme *m;* **~fuchs** *m* renard *m* argenté; **~gehalt** *m* titre *m* d'argent; **~geld** *n* monnaie *f* d'argent *od* blanche; **~gerät** *n,* **~geschirr** *n* argenterie *f;* **~glanz** *m* éclat *m* argenté; **s~glänzend** *a* argenté; **s~haltig** *a* argentifère; **s~hell** *a* argenté; *(Klang)* argentin; **~hochzeit** *f* noces *f pl* d'argent; **~ling** *m* ⟨-s, -e⟩ *(alte Münze)* pièce *f* d'argent; **~medaille** *f,* **~münze** *f* médaille, monnaie *f* d'argent; **s~n** *a (aus* ~*)* en argent, d'argent; *(s~ig)* argenté; ~*e Hochzeit f =* ~*hochzeit;* **~papier** *n (Stanniol)* papier *m* d'argent *od* d'étain *od* d'aluminium; **~pappel** *f* peuplier blanc *od* argenté, (peuplier) grisard *m;* **~reiher** *m orn* aigrette *f;* **~sachen** *f pl* argenterie *f;* **~schmied** *m* orfèvre *m;* **~tanne** *f* sapin *m* argenté; **~währung** *f* étalon-argent *m;* **~waren** *f pl* argenterie *f;* **s~weiß** *a* argenté; **~zeug** *n fam* argenterie *f;* **silb(e)rig** *a* argenté.

Silhouette *f* ⟨-, -n⟩ [zilu'ɛtə] silhouette *f.*

Sili|cium *n,* **~zium** *n* ⟨-s, ø⟩ [zi'li:tsiʊm] *chem* silicium *m;* **~kat** *n,* **~cat** *n* ⟨-(e)s, -e⟩ [-li'ka:t] silicate *m;* **~kone** *pl* [-'ko:nə] *(Kunststoffe)* silicones *f pl;* **~kose** *f* ⟨-, -n⟩ [-'ko:zə] *med* silicose *f.*

Silo *m, a. n* ⟨-s, -s⟩ ['zi:lo] *(Großspeicher)* silo *m; im* ~ *einlagern* ensiler; *Einlagerung f im* ~ ensilage, silotage *m.*

Silur *n* ⟨-s, ø⟩ [zi'lu:r] *geol* silurien *m;* **s~isch** [-'lu:rɪʃ] *a* silurien.

Silvester *n* ⟨-s, -⟩ [zɪl'vɛstər] *(31. Dez.)* la Saint-Sylvestre; **~abend** *m* veille *f* du jour de l'an; **~nacht** *f* nuit *f* de la Saint-Sylvestre.

Simbabwe n [zɪmˈbaːbvə] = *Zimbab-we*.

Similistein m *(unechter Edelstein)* pierre fausse, similipierre f.

simpel [ˈzɪmpəl] a *(einfältig)* simple, niais, nigaud; **S~** m niais, nigaud; benêt m.

Sims m od n ⟨-es, -e⟩ [zɪms, -zə] moulure, corniche, cimaise f; rebord m; tablette f.

Simul|ant m ⟨-en, -en⟩ [zimuˈlant] simulateur m; **s~ieren** [-ˈliːrən] tr simuler; feindre; **~ieren** n simulation, feinte f.

simultan [zimʊlˈtaːn] a *(gleichzeitig, gemeinsam)* simultané; **S~dolmetschen** n interprétation f simultanée; **S~schule** f école f laïque od interconfessionnelle; **S~spiel** n *(Schach)* partie f simultanée.

Sinekure f ⟨-, -n⟩ [zineˈkuːrə] *(Amt ohne Aufgaben)* sinécure f.

Sinfon|ie f ⟨-, -n⟩ [zɪnfoˈniː] mus symphonie f; **~iekonzert** n, **~ieorchester** n concert, orchestre m symphonique; **~iker** m ⟨-s, -⟩ [-ˈfoːnikər] symphoniste m; **s~isch** [-ˈfoːnɪʃ] a symphonique.

Sing|drossel f [ˈzɪŋ-] mauvis m; **s~en** ⟨singt, sang, hat gesungen⟩ [zaŋ, -ˈzuŋən] tr chanter; *arg* goualer; *falsch* ~ chanter faux, n'être pas dans le ton; *jds Lob* ~ chanter od célébrer les louanges de qn, faire l'éloge de qn; *jdn in den Schlaf* ~ endormir qn en chantant; chanter pour endormir qn; *davon kann ich ein Lied* ~ j'en sais quelque chose; **~en** n chant m; **~sang** ⟨-(e)s, ø⟩ chant m monotone, mélopée f; **~schule** f rel maîtrise f; **~schwan** m cygne m chanteur; **~spiel** n vaudeville m; **~spieldichter** m vaudevilliste m; **~stimme** f voix; *(Gesangspartie)* partie f de chant; **~stunde** f leçon f de chant; **~vogel** m oiseau m chanteur.

Singhales|e m ⟨-n, -n⟩, **~in** f [zɪŋgaˈleːzə, -ˈleːzɪn] Cing(h)alais, e m f; **s~isch** [-ˈleːzɪʃ] cing(h)alais; *das S~(e)* le cing(h)alais.

Single [ˈsɪŋgl] **1.** m ⟨-s, -s⟩ *(Unverheirateter)* personne f seule; **2.** f ⟨-, -s⟩ *(~platte)* quarante-cinq tours m.

Singular m ⟨-s, -e⟩ [ˈzɪŋgulaːr] gram singulier m.

Sink|dauer f [ˈzɪŋk-] aero temps m de descente; **s~en** ⟨sinkt, sank, ist gesunken⟩ [zaŋk, -zuŋkən] itr *(langsam fallen)* (s'a)baisser, descendre *(a. Fallschirm)*, tomber; *(ein~)* s'enfoncer; *(in den Sand)* s'enliser; *(im Wasser untergehen)* couler à fond, sombrer; *fig (niedriger werden: Tempe-*

ratur, Preise) baisser; *(schwächer werden, nachlassen)* diminuer, décroître; *in jds Achtung* ~ baisser dans l'estime de qn; *jdm in die Arme* ~ tomber dans les bras de qn; *zu Boden* ~ s'affaisser, s'effondrer; *in Ohnmacht, Schlaf* ~ tomber en défaillance, dans un profond sommeil; *in Schutt und Asche* ~ être réduit en cendres; *die Stimme* ~ lassen baisser la voix; *in Trümmer* ~ s'effondrer; *ich hätte vor Scham in die Erde* ~ *mögen* c'était à mourir de honte; *ich bin tief gesunken* je suis tombé od me voilà bien bas; *die Sonne sinkt* le soleil baisse; **~en** n abaissement m, descente, chute; *fig fin* baisse; *allg* diminution f, décroissement m; **~flug** m aero descente f; **~stoff** m matière f en suspension; sédiment m.

Sinn m ⟨(e)s, -e⟩ [zɪn] *(Geist)* sens, (état d')esprit m; *(Denken)* pensée; *(Gemüt)* âme f, cœur; *(Charakter)* caractère; *(Anlage, Neigung)* sens, sentiment, goût, penchant, intérêt; *physiol* sens; *(Bedeutung)* sens m, signification, acception f; *(Richtung)* sens f, direction; *philos (Zweck)* raison f; *in jds* ~e dans le sens de qn; *im besten* ~e *des Wortes* au meilleur sens du terme; *in diesem* ~e dans ce sens; *im eigentlichen, bildlichen* ~e au sens propre, figuré; *im engeren, weiteren* ~e au sens étroit, large; *im entgegengesetzten* ~e en sens contraire, à contresens; *in gewissem* ~e pour ainsi dire; *im gleichen* ~e dans le même sens; *im wahrsten, im vollen* ~e *des Wortes* dans toute l'acception od la force du terme; *im* ~e *des Gesetzes* dans l'esprit de la loi; *nach meinem* ~ à mon gré; *dem* ~e *nach* d'après od selon le sens, conformément au sens; *ohne* ~ *und Verstand* sans rime ni raison; *von* ~en hors de sens; *jdm nicht aus dem* ~ *gehen* od *wollen* ne pas sortir de l'esprit de qn, intriguer qn; ~ *haben für ... nicht* le sens de ...; *avoir le goût de ... od* du goût pour ...; *keinen* ~ *haben* n'avoir aucun sens, ne rimer à rien; *weder* ~ *noch Verstand haben* n'avoir ni rime ni raison; *etw im* ~e *haben* avoir qc en tête, méditer qc; *jdm in den* ~ *kommen* venir à la pensée od à l'idée od à l'esprit de qn, passer par la tête de qn; *sich etw aus dem* ~ *schlagen* s'ôter qc de l'esprit; *eines* ~es *sein* être du même avis; *nicht bei* ~en *sein* n'avoir pas tous ses esprits; *s-r* ~e *nicht mehr mächtig sein* ne plus se connaître, être hors de soi; *anderen* ~es *werden* changer d'avis, se raviser; *das geht mir nicht aus dem* ~ cela ne me sort pas de l'idée; *das liegt mir beständig im* ~ j'y pense continuellement, je ne cesse d'y penser; *die* ~*e schwanden mir* je perdis connaissance; *das hat keinen* ~ cela n'a pas de sens, cela ne tient pas debout; *das hat keinen* ~ *mehr (a. pop)* c'est tout vu; *aus den Augen, aus dem* ~ loin des yeux, loin du cœur; *geheime(r)* ~ *(Bedeutung) a.* (fin) mot *m; hohe(r)* ~ noblesse *f* d'esprit; ~**bild** *n* symbole; emblème *m;* **s~bildlich** *a* symbolique; allégorique; ~ *darstellen* symboliser; **s~en** ⟨sinnt, sann, hat gesonnen⟩ *itr (nachdenken)* méditer (*über etw* sur qc); réfléchir (*über etw.* à qc); *(planen)* méditer *(auf etw* qc); *auf Mittel und Wege* ~ aviser aux moyens; ~**en** *n* méditations, réflexions, pensées; rêveries *f pl; sein ganzes* ~ *und Trachten* toutes ses pensées; **s~end** *a* méditatif, pensif, rêveur; ~**enlust** *f* volupté, sensualité *f;* ~**enmensch** *m* homme *m* sensuel; ~**enrausch** *m* ivresse *f* des sens; ~**enreiz** *m (sinnl. Reiz)* sensualité *f;* **s~entstellend** *a* qui défigure le sens; ~**enwelt** *f (sinnlich wahrnehmbare Welt)* monde *m* sensible; ~**esänderung** *f* changement *m* d'avis *od* d'opinion, volte-face *f;* ~**esart** *f* disposition *od* tournure d'esprit, mentalité *f;* ~**eseindrükke** *m pl* impressions *f pl* sensorielles; ~**esempfindung** *f physiol* perception *f* sensorielle; ~**esorgan** *n* organe *m* sensoriel; *pl a.* organes *m pl* des sens; ~**esreiz** *m physiol* excitation *f* d'un *od* des sens; ~**esstörung** *f physiol* trouble *m* sensoriel; ~**estäuschung** *f* illusion sensorielle, hallucination *f; an* ~**en** *leidend* halluciné; ~**eswahrnehmung** *f* perception (sensorielle), sensation *f;* ~**eswerkzeug** *n* = ~*esorgan;* **s~fällig** *a* évident; *jdm etw* ~ *vor Augen führen (fig a.)* faire toucher qc du doigt à qn; ~**fälligkeit** *f* évidence *f;* ~**gebung** *f* interprétation *f;* ~**gedicht** *n* épigramme *m;* ~**gehalt** *m (Bedeutung)* sens *m,* signification *f;* **s~gemäß** *a* d'après *od* selon le sens *a. adv;* analogique; *adv* par analogie; *was er* ~ *gesagt hat* ce qu'il a dit en substance; **s~ieren** [-'ni:rən] *itr fam* rêv(ass)er, songer, méditer; ~**ieren** *n* rêv(ass)erie, méditation *f;* **s~ig** *a (nachdenklich)* pensif, méditatif, rêveur; *(vernünftig)* sensé, raisonnable; judicieux, ingénieux; *(bedächtig, umsichtig)* réfléchi; ~**igkeit** *f* ⟨-, ø⟩ caractère *m* méditatif *od* raisonnable

od réfléchi; **s~lich** *a physiol (die* ~*esorgane betreffend)* sensoriel; *(zur* ~*enlust neigend)* sensuel, charnel, voluptueux; *(körperlich, materiell)* physique, matériel; ~ *wahrnehmbar* perceptible; ~*e Wahrnehmung f* perception *f* sensible; ~**lichkeit** *f* ⟨-, ø⟩ *(~enlust)* sensualité, volupté; *philos* matérialité *f; (krankhaft)* übersteigerte ~ érotisme *m;* **s~los** *a (unsinnig)* vide de sens, insensé, stupide; *(widersinnig)* absurde, fou, idiot; *(vergeblich)* vain, inutile; *das ist* ~ = *das hat keinen* ~; ~ *betrunken* ivre mort; ~**losigkeit** *f* non-sens *m;* absurdité, folie *f;* **s~reich** *a (klug erdacht u. ausgeführt)* ingénieux; *(klug)* judicieux; *(geistreich)* spirituel; ~**spruch** *m* sentence, maxime *f;* **s~verwandt** *a* synonyme; ~*e(s) Wort n* synonyme *m;* **s~verwirrend** *a* affolant; *(Leidenschaft)* aveuglant; **s~voll** *a* plein de sens, significatif; *(vernünftig)* raisonnable; *(zweckmäßig)* rationnel; **s~widrig** *a* absurde; ~**widrigkeit** *f* absurdité *f.*

Sinolog|e *m* ⟨-n, -n⟩ [zino'lo:gə] *(Chinakundiger)* sinologue *m;* ~**ie** *f* ⟨-, ø⟩ [-'lo:gi:] sinologie *f.*

Sinter *m* ⟨-s, -⟩ ['zɪntər] *geol* concrétion *f; metal* crasses *f pl;* **s~n** ⟨aux: sein *od* haben⟩ *itr (sickern)* suinter, filtrer; *(~ bilden)* former des concrétions; *metal* se crasser; *tr tech* fritter.

Sintflut *f* ⟨-, ø⟩ ['zɪnt-] déluge *m; nach mir die* ~*!* après moi le déluge!

Sinus *m* ⟨-, -/-se⟩ ['zi:nʊs] *med math* sinus *m.*

Siphon *m* ⟨-s, -s⟩ ['zi:fõ] *(Geruchverschluß; für Getränke)* siphon *m.*

Sipp|e *f* ⟨-, -n⟩ ['zɪpə] clan *m; (Verwandtschaft)* parenté *f;* ~**enforschung** *f* recherches *f pl* généalogiques, généalogie *f;* ~**schaft** *f fam pej* clique, coterie, séquelle, smala(h) *f.*

Sirene *f* ⟨-, -n⟩ [zi're:nə] *(Mythologie; fig: Verführerin; Warnvorrichtung)* sirène *f; pl zoo (Seekühe als Ordnung)* siréniens *m pl;* ~**ngeheul** *n* hurlement *m* de la sirène; ~**ngesang** *m fig (verführerische Worte)* chant *m* de sirène; **s~nhaft** *a (verführerisch)* séduisant, captivant.

Sirup *m* ⟨-s, -e⟩ ['zi:rʊp] *(Zucker- u. gesüßter Fruchtsaft)* sirop *m;* **s~artig** *a* sirupeux.

Sisalhanf *m* ['zi:zal-] sisal *m.*

sistier|en *tr* [sɪs'ti:rən] suspendre; appréhender; **S~ung** *f* suspension; arrestation *f.*

Sisyphusarbeit f ['zi:zyfus-] rocher de Sisyphe; collier m de misère.

Sit-in n ⟨-s, -s⟩ [zɪt'ɪn] *(Sitzprotest)* sit-in m.

Sitt|e m ⟨-, -n⟩ ['zɪtə] coutume f; *(Brauch)* usage m, pratique; *(Gewohnheit)* habitude f; pl a. mœurs f pl; nach alter ~ selon le vieil usage; gegen die guten ~n verstoßen manquer aux convenances; das ist bei uns so ~ c'est la coutume chez nous; das ist jetzt so ~ c'est entré dans les mœurs; andere Länder, andere ~n (prov) autres lieux, autres mœurs, chaque pays a ses coutumes; gute(n) ~n pl bonnes mœurs f pl; Verstoß m gegen die guten ~n outrage m aux bonnes mœurs; ~n und Gebräuche pl us et coutumes pl; **~enbild** n, **~engemälde** n tableau m de mœurs; **~engeschichte** f histoire f des mœurs; **~engesetz** n loi f morale; **~enlehre** f éthique, morale f; **s~enlos** a sans od de mauvaises mœurs; *(unmoralisch)* immoral; **~enlosigkeit** f liberté des mœurs, immoralité f; **~enpolizei** f police f des mœurs; **~enprediger** m moraliseur, prêcheur m; **s~enrein** a de mœurs pures; **~enreinheit** f pureté f de(s) mœurs; **~enrichter** m censeur m; **~enroman** m roman m de mœurs; **s~enstreng** a (de mœurs) austère(s), puritain; **~enstrenge** f austérité f des mœurs; puritanisme m; **~enverderbnis** f, **~enverfall** m dépravation (des mœurs); décadence, corruption f; **s~enwidrig** a contraire aux (bonnes) mœurs; **s~lich** a moral; **~lichkeit** f ⟨-, ø⟩ moralité f; (bonnes) mœurs f pl; **~lichkeitsverbrechen** n crime m sexuel; **~lichkeitsvergehen** n délit contre les mœurs, attentat m aux mœurs od à la pudeur; **s~sam** a vertueux, modeste; honnête, sage; pudique; *(Kleidung)* décent; **~samkeit** f ⟨-, ø⟩ modestie, honnêteté, décence, réserve, pudeur f.

Sitten n ['zɪtən] *(Stadt in d. Schweiz)* Sion f.

Sittich m ⟨-s, -e⟩ ['zɪtɪç] orn perruche f.

Situation f ⟨-, -en⟩ [zituatsi'o:n] situation f, état m de choses; **~skomik** f comique m de situation.

Sitz m ⟨-es, -e⟩ [zɪts] *(Gegenstand, Vorrichtung)* siège m; bes. theat fauteuil; *(fig: e-r Firma, e-s Vereins, e-r Regierung; parl: e-s Abgeordneten)* siège; com a. siège m social; im ~ en position assise; s-n ~ aufschlagen élire domicile; s-n ~ haben (com, adm) siéger (in à); ~ und Stimme haben avoir voix au chapitre; in ... avoir séance à ...; e-n ~ erringen (parl) enlever un siège; der Anzug hat e-n guten ~ le costume est (très) seyant; **~anordnung** f disposition f des sièges; **~bad** n bain de siège, demi--bain m; **~badewanne** f baignoire f sabot; **~fleisch** n: kein ~ haben *(fam)* avoir la bougeotte, ne pouvoir rester en place; **~gelegenheit** f place f; *(Gegenstand)* siège m; **~gruppe** f *(Möbel)* ensemble m fauteuils et divan; **~kissen** n rond-de-cuir; *(orientalisches)* pouf m; **~möbel** n pl sièges m pl; **~platz** m place f assise; **~reihe** f banquette; theat rangée f; **~streik** m grève f sur le tas; **~verteilung** f parl (répartition f des) sièges m pl; bisherige ~ sortants m pl.

sitzen ⟨sitzt, saß, hat gesessen⟩ [zɪtsən, za:s, -'zɛsən] itr être assis; *(s-n Platz haben)* être placé; *(e-n Sitzplatz haben)* avoir une place (assise); fam *(wohnen, s-n Sitz haben)* habiter; *(Volk)* être établi; *(für ein Bild ~)* poser; fam *(im Gefängnis)* faire de la prison; *(Vogel)* être perché; *(Gegenstand)* être, se trouver; *(fest~)* tenir; fig *(Übel)* résider; *(Kleidung: passen)* être seyant; *(s-n Zweck erfüllen)* avoir porté, fam faire mouche; an etw ~ *(mit etw beschäftigt sein)* s'occuper de qc; travailler à qc; wie angegossen ~ aller comme un gant; ~ bleiben rester assis; zu jds Füßen ~ être aux pieds de qn; gut ~ *(Kleidung)* bien aller, aller juste, coller; sehr gut ~ *(theat fam: e-n sehr guten Platz haben)* être aux premières loges; immer zu Hause ~ ne pas sortir de chez soi, être casanier od fam pantouflard; fest im Sattel ~ *(a. fig)* être bien en selle; e-n ~ haben *(fam: betrunken sein)* avoir sa cuite; ~ lassen laisser assis, permettre de rester assis; bleiben Sie ~! restez assis; das sitzt! *(fam)* c'est bien tourné; **S~** n position od situation od fam station f assise; jdn zum ~ nötigen faire asseoir qn; **~=bleiben** ⟨aux: sein⟩ itr *(beim Tanz)* faire tapisserie; *(keinen Mann kriegen)* rester vieille fille, coiffer sainte Catherine; *(Schule)* redoubler (la classe); com ne pas trouver preneur *(auf etw à qc)*; sitzengeblieben sein *(Schule)* redoubler *(in e-r Klasse une classe)*; **~d** a (en position) assis(e); ~e Lebensweise f vie f sédentaire; **S~gebliebene(r)** m *(Schule)* redoublant m; **~=lassen** tr fam laisser en plan, planter là; fam *(Mädchen nicht heiraten)* plaquer;

etw auf sich ~ (fig) avaler *od* dévorer qc.

Sitzung *f* ⟨-, -en⟩ ['zɪtsʊŋ] séance; *jur* audience; *(Kunst)* séance, pose *f; auf der ~* en séance; *bei Beginn der ~* à l'ouverture de la séance *od* de l'audience; *e-e ~ abhalten od haben* tenir une séance, siéger; *~ halten (jur)* tenir une audience *od (Schwurgericht)* les assises; *die ~ eröffnen* ouvrir la séance *od* l'audience; déclarer la séance ouverte; *e-e ~ schließen* clore une séance *od* une audience; *die ~ ist geschlossen* la séance est levée; **~sbericht** *m* rapport *od* compte *m* rendu de séance; **~sgeld** *n* jetons *m pl* de présence; **~spause** *f* intersession *f;* **~speriode** *f* session; *(des Schwurgerichts)* assise *f;* *zwischen den ~n (a.)* pendant l'intersession; **~sprotokoll** *n* procès-verbal *m* de séance *od* d'audience; **~ssaal** *m* salle de séances *od* de réunion; *jur* salle d'audience, (salle *f* du) tribunal *m;* **~stag** *m* jour *m* de séance *od jur* de palais; **~steilnehmer** *m* conférant *m;* **~szimmer** *n* salle *f* des séances.

Sizilianer(in *f)* *m* ⟨-s, -⟩ [zitsili'a:nər] Sicilien, ne *m f;* **s~anisch** [-'lia:nɪʃ] *a* sicilien; **~en** [-'tsi:liən] *n* la Sicile.

Skala *f* ⟨-, -len/-s⟩ ['ska:la] *(Maßeinteilung)* échelle (graduée); *(bes. Tonleiter)* gamme *f; (Scheiben~)* cadran (gradué); *(Stufenfolge)* barème, éventail *m; gleitende ~ (adm)* barème *m* varié; **~enbereich** *m* gamme *f* d'échelle *od* de l'échelle; **~eneinteilung** *f* graduation *f;* **~enzeiger** *m* aiguille *f* du cadran.

Skalde *m* ⟨-n, -n⟩ ['skaldə] *(altnord. Sänger)* scalde *m.*

Skalp *m* ⟨-s, -e⟩ [skalp] *(Haarschopf mit Kopfhaut)* scalp *m;* **s~ieren** [-'pi:rən] *tr* scalper.

Skalpell *n* ⟨-s, -e⟩ [skal'pɛl] *med* scalpel *m.*

Skandal *m* ⟨-s, -e⟩ [skan'da:l] *(Ärgernis)* scandale; *(Lärm)* tapage, esclandre *m; e-n ~ heraufbeschwören* faire un éclat; *e-n ~ machen (lärmen)* faire du tapage *od* de l'esclandre; **~blatt** *n* feuille *f od* journal *m* à scandale(s); **~chronik** *f* chronique *f* scandaleuse; **s~ös** [-da'lø:s] *a (anstößig)* scandaleux; *(unerhört)* inouï, révoltant; **~presse** *f* presse *f* à scandale.

skandieren [skan'di:rən] *tr (taktmäßig lesen)* scander; **S~** *n* scansion *f.*

Skandinavien *n* [skandi'na:viən] la Scandinavie; **~ier(in** *f)* *m* ⟨-s, -⟩ [-'na:viər] Scandinave *m f;* **s~isch** [-'na:vɪʃ] *a* scandinave.

Skat *m* ⟨-(e)s, -e/-s⟩ [ska:t] *(Kartenspiel)* skat; écarté *m.*

Skateboard *n* ⟨-s, -s⟩ ['skeɪtbɔ:d] *(Rollbrett)* planche *f* à roulettes.

Skelett *n* ⟨-(e)s, -e⟩ [ske'lɛt] squelette *m.*

Skepsis *f* ⟨-, ø⟩ ['skɛpsɪs], **~tizismus** *m* ⟨-, ø⟩ [-ti'tsɪsmʊs] scepticisme *m;* **~tiker** *m* ⟨-s, -⟩ ['skɛptikər] sceptique *m;* **s~tisch** ['skɛptɪʃ] *a* sceptique.

Sket(s)ch *m* ⟨-(e)s, -e⟩ [skɛtʃ] *theat* sketch *m.*

Ski [ʃi:] *etc* = *Schi.*

Skiff *n* ⟨-(e)s, -e⟩ [skɪf] *sport (Renneiner)* skiff *m.*

Skizze *f* ⟨-, -n⟩ ['skɪtsə] *(Kunst)* esquisse *f; (Entwurf)* croquis *m,* maquette, ébauche *f;* **~enbuch** *n* album *m* de *od (neues)* à croquis; **s~enhaft** *a* esquissé, ébauché; **s~ieren** [-'tsi:rən] *tr* esquisser, ébaucher.

Sklave *m* ⟨-n, -n⟩ ['skla:ve, 'skla:fə] esclave *m; jdn zum ~n machen* réduire qn en esclavage; *~ s-r Arbeit sein* être esclave de son travail; **~enarbeit** *f fig* corvée *f;* **~enhalter** *m* esclavagiste *m;* **~enhandel** *m* trafic *m* des esclaves; traite *f* des nègres; **~enhändler** *m* marchand d'esclaves, négrier *m;* **~enmarkt** *m* marché *m* aux esclaves; **~enschiff** *n* négrier *m;* **~enseele** *f* âme *f* servile; **~erei** *f* [-'raɪ] esclavage *m; in ~ geraten od kommen* tomber *od* être réduit en esclavage; **~in** *f* esclave *f;* **s~isch** *a* d'esclave; servile; *(peinlich genau, pedantisch)* méticuleux; *adv* méticuleusement.

Sklerose *f* ⟨-, -n⟩ [skle'ro:zə] *med* sclérose *f; multiple ~* sclérose *f* en plaques; **s~tisch** [-'ro:tɪʃ] *a* scléreux.

skontieren [skɔn'ti:rən] *tr fin* escompter; **S~o** *m od n* ⟨-s, -s/-ti⟩ ['skɔnto] escompte *m.*

Skorbut *m* ⟨-(e)s, ø⟩ [skɔr'bu:t] *med* scorbut *m;* **s~isch** [-'bu:tɪʃ] *a* scorbutique.

Skorpion *m* ⟨-s, -e⟩ [skɔrpi'o:n] *zoo* scorpion; *astr* Scorpion *m.*

Skrofel *f* ⟨-, -n⟩ ['skro:fəl] *med* scrofule *f; pl med pop* humeurs *f pl* froides; **s~ulös** [-fu'lø:s] *a* scrofuleux; **~ulose** *f* ⟨-, -n⟩ [-'lo:zə] = *~el.*

Skrupel *m* ⟨-s, -⟩ ['skru:pəl] *(Bedenken)* scrupule *m;* **s~los** *a* sans scrupules, sans aucun scrupule; **~losigkeit** *f* manque *m* de scrupules *od* de conscience, déloyauté *f.*

Skulptur *f* ⟨-, -en⟩ [skʊlp'tu:r] *(Kunst u. Werk)* sculpture *f.*

Skunk *m* ⟨-s, -s/-e⟩ [skʊnk] *zoo*

(Stinktier) mouffette *f; meist pl (~s) (Pelz)* sconse, skons, scons, skuns, skunks *m*.

skurril [skʊ'riːl] *a (possenhaft)* bouffon, grotesque.

Slalom *m* ⟨-s, -s⟩ ['slaːlɔm] *(Schi)* slalom *m*.

Slaw|e *m* ⟨-n, -n⟩ ['slaːvə], ~**in** *f* Slave *m f;* ~**entum** *n* ⟨-s, ø⟩ slavisme *m;* **s~isch** *a* slave; **s~isieren** [-vi'ziːrən] *tr* slaviser; ~**ismus** *m* ⟨-, -men⟩ ['vɪsmʊs, -mən] *(slaw. Spracheigentümlichkeit)* slavisme *m;* ~**ist** *m* ⟨-en, -en⟩ ['vɪst] slavisant *m;* ~**istik** *f* ⟨-, ø⟩ ['vɪstɪk] étude *f* des langues slaves.

Slipper *m* ⟨-s, -⟩ ['slɪpər] *(Schuh)* slipper *m*.

Slowak|e *m* ⟨-n, -n⟩ [slo'vaːkə], ~**in** *f* Slovaque *m f;* ~**ei** [-'kaɪ], *die* la Slovaquie; **s~isch** [-'vaːkɪʃ] *a* slovaque.

Slowen|e *m* ⟨-n, -n⟩ [slo've:nə], ~**in** *f* Slovène *m f;* ~**ien** *n* [-'ve:niən] la Slovénie; **s~isch** [-'ve:nɪʃ] *a* slovène.

Slum *m* ⟨-s, -s⟩ [slam] *(Elendsviertel)* quartier *m* insalubre.

Smaragd *m* ⟨-(e)s, -e⟩ [sma'rakt, -də] *min* émeraude *f;* **s~en** [-dən] *a* d'émeraude; **s~grün** *a* vert émeraude.

Smog *m* ⟨-(s), -s⟩ [smɔk] *(Dunstglocke)* smog *m;* ~**alarm** *m* alerte *m* au smog.

Smoking *m* ⟨-s, -s⟩ ['smoːkɪŋ] smoking *m*.

Snob *m* ⟨-s, -s⟩ [snɔp] snob *m;* ~**ismus** *m* ⟨-, -men⟩ ['bɪsmʊs] snobisme *m;* **s~istisch** [-'bɪstɪʃ] *a* snob *inv.*

so [zoː] **1.** *(adv d. Art u. Weise)* si, ainsi, comme cela *od* ça, de cette manière, de la sorte, autant; *(am Satzanfang)* voici comment; ~ *ein(e)* un(e) tel(le) *od* pareil(le); *(~ etwas wie)* comme un(e); ~ *ein Esel!* quel imbécile! ~ *etwas* une chose pareille, pareille chose; ~ *etwas wie* une espèce de; ~ *etwas sagt man nicht* cela ne se dit pas; ~ *manche(r, s)* ... tant de ...; *und zwar* ~ et voici comment; ~ *oder* ~ d'une façon ou d'une autre, de manière ou d'autre; bon gré, mal gré; de gré ou de force, vaille que vaille! *bald* ~, *bald* ~ tantôt d'une façon, tantôt d'une autre; *und* ~ *fort od weiter* et ainsi de suite; *nur (mal)* ~ *(fam)* en jouant, pour jouer, sans trop y réfléchir, sans intention; *wie* ..., ~ ... tel ..., tel ...; *wie du mir,* ~ *ich dir* je te rends la monnaie de ta pièce; ~, *wie* de la manière que, selon que; ~, *wie er ist* tel qu'il est; ~(,) *daß* de façon (à ce) que; de manière que *od* à *inf.* de (telle) sorte que, si bien

que; ~ *habe ich es nicht gemeint* ce n'est pas ce que j'ai voulu dire; ~ *sagte ich* voilà ce que je dis; *du tust nur* ~ ce n'est qu'un faux semblant; ~ *lauteten s-e Worte* telles furent ses paroles; *das ist* ~ il en est ainsi; *wenn dem* ~ *ist* s'il en est ainsi; ~ *liegen die Dinge* voilà où en est l'affaire; ~ *ist das Leben nun mal* c'est la vie; *nicht* ~! pas de ça! *recht* ~! à la bonne heure! ~ *siehst du aus!* penses-tu! ~ *mußte es kommen!* voilà ce que j'ai dit! **2.** *(adv d. Maßes) (bei a u. adv)* si, aussi, tellement; ~ ... *wie* aussi ... que; ~ ..., *daß* si ... que; *nicht* ~ ... *wie* pas (aus)si ... que; *(bei adv u. v)* tant; ~ ... *auch* si ... que; ~ *bald nicht* pas de sitôt; *um* ~ *besser (adv)* d'autant mieux; *um* ~ *besser!* tant mieux! ~ *eben (gerade noch)* de justesse; *gerade* ~ *eben zu sehen sein* ne paraître que comme un point; ~ *etwa* od *ungefähr* environ, à peu près; ~ *gut wie* ou peu s'en faut *(nachgestellt); (gewissermaßen)* pour ainsi dire; *(beinahe)* presque; ~ *gut wie (gar) nichts* presque rien; ~ *gut wie einstimmig* à la quasi-unanimité; ~ *gut ich kann* de mon mieux; *seien Sie* ~ *gut und* ... ayez la bonté de ...; ~ *(und)* ~ *oft* maintes (et maintes) fois, à maintes reprises; ~ *schon* sans cela; ~ *sehr* tant, tellement; ~ *sehr, daß* ... tant *od* tellement *od* à ce point *od* à tel point que ...; ~ *unglaublich es klingen mag,* ... (tout) aussi incroyable que cela puisse paraître, ...; ~ *viel* tant; ~ *viel ist gewiß, daß* ... ce qu'il y a de certain, c'est que ...; ~ *wahr mir Gott helfe!* que Dieu m'assiste! ~ *weit gehen zu* ... aller jusqu'à ...; *es (nicht)* ~ *weit kommen lassen* (ne pas) laisser les choses en venir là; ~ *weit das Auge reicht* à perte de vue; ~ *weit ist es mit mir gekommen!* voilà où j'en suis! ~ *weit ist es noch nicht!* nous n'en sommes pas encore là; ~ *ziemlich* à peu près; **3.** *(adv d. Zeit):* kaum war ich gegangen, ~ *regnete es* à peine m'en étais-je allé qu'il commença à pleuvoir; *es dauerte nicht lange,* ~ *regnete es* il ne tarda pas à pleuvoir; **4.** *conj (also, folglich)* ainsi, donc; *vx poet (wenn)* si; *(denn)* alors; *suchet,* ~ *werdet ihr finden* cherchez et vous trouverez; ~ *Gott will* plaise *od* plût à Dieu; **5.** *interj* bon! voilà! c'est ça! ~, *da bin ich wieder!* me revoilà! ~ *höre doch!* mais écoute donc! ~? vrai(ment)? en effet? vous croyez? ~, ~! tiens, tiens! *ach* ~! ah bon! ~ *was!* en voilà des façons!

sobald [zo'balt] *conj* (aus)sitôt *od* dès (l'instant) *od* du moment que *subj.*

Söckchen *n* ⟨-s, -⟩ ['zœkçən] socquette *f.*

Socke *f* ⟨-, -n⟩ ['zɔkə] chaussette *f; sich auf die* ~*n machen (fam)* filer, décamper; ~**nhalter** *m* support- -chaussettes *m.*

Sockel *m* ⟨-s, -⟩ ['zɔkəl] socle, piédestal *m; (Fußplatte)* embase *f; (Unterbau)* soubassement *m;* ~**platte** *f* dalle *f* d'embasement.

Soda *f* ⟨-, ø⟩ *od n* ⟨-s, ø⟩ ['zo:da] *chem* soude *f; mit* ~ *(*~*wasser) (Getränk)* à l'eau; ~**fabrik** *f* soudière *f;* ~**wasser** *n* eau *f* gazeuse *od* de Seltz.

sodann [zo'dan] *adv* ensuite, puis, alors.

Sodbrennen *n* ['zo:t-] brûlures *od* aigreurs *f pl* (d'estomac); *scient* pyrosis *m.*

Sodomie *f* ⟨-, -n⟩ [zodo'mi:] *jur* bestialité *f.*

soeben [zo'e:bən] *adv (vor e-m Augenblick, gerade)* à l'instant (même), justement; ~ *etw getan haben* venir de faire qc; ~ *erschienen (Buch)* vient de paraître.

Sofa *n* ⟨-s, -s⟩ ['zo:fa] sofa, canapé *m;* ~**kissen** *n* coussin *m* (de divan).

sofern [zo'fɛrn] *conj (wenn, falls)* si, si tant est que; *au od* en cas que *subj;* ~ *nicht* à moins que, sauf lorsque.

Soffitte *f* ⟨-, -n⟩ [zɔ'fɪtə] *theat* frise *f.*

sofort [zo'fɔrt] *adv* tout de suite, immédiatement, sur-le-champ, à l'instant, d'emblée; séance tenante, sans délai, sans désemparer; ~ *zur Sache kommen* aller droit au fait; *(ich komme)* ~*!* j'arrive! **S**~**bedarf** *m* pénurie *f* immédiate; **S**~**bild** *n* photo *f* instantanée; **S**~**bildkamera** *f* appareil *m* photographique à développement instantané; **S**~**hilfe** *f* aide *f* immédiate; ~**ig** *a* immédiat, prompt; dans les plus brefs délais; **S**~**maßnahme** *f* mesure *f* immédiate *od* d'urgence; **S**~**programm** *n* programme *m* immédiat.

Software *f* ⟨-, -s⟩ ['zɔftvɛːər] *inform* logiciel, software *m.*

Sog *m* ⟨-(e)s, -e⟩ [zo:k, -gə(s)] *allg* aspiration; *mot mar aero* dépression *f* (sustentatrice).

sogar [zo'ga:r] *adv* même; *ja* ~ voire même; *et qui plus est;* ~ *wenn* quand bien même; ~ *etw tun* aller jusqu'à faire qc.

sogenannte(r, s) ['zo:-] *a* soi-disant *inv; (mit weiterem Attribut)* dit; *der* ~ *gotische Stil* le style dit gothique; *(angeblich)* prétendu, *fam* entre guillemets.

sogleich [zo'glaiç] *adv = sofort.*

Sohle *f* ⟨-, -n⟩ ['zo:lə] *(Fuß*~*)* plante; *(Schuh*~*)* semelle *f; (Tal*~*, geol)* fond *m; mines* sole *f,* étage, niveau, horizon *m; auf leisen* ~*n* à pas de loup; **s**~**n** *tr* mettre une semelle à; ~**ngänger** *m zoo* plantigrade *m;* ~**nleder** *n* cuir *m* à semelle(s).

Sohn *m* ⟨-(e)s, ·· e⟩ [zo:n, 'zø:nə] fils; *pop* gamin *m; des Menschen* ~ *(Christus)* le fils de l'homme; *der verlorene* ~ *(Bibel u. allg.)* l'enfant prodigue; ~**esliebe** *f* amour *m od* piété *f* filial(e); **Söhnchen** *n* ⟨-s, -⟩ ['zø:nçən] jeune fils; *pop* fiston *m.*

Soja *f* ⟨-, -jen⟩ ['zo:ja, '-jən] *bot* soya, soja *m;* ~**bohne** *f,* ~**mehl** *n* graine, farine *f* de soya.

solange [zo'laŋə] *conj* aussi longtemps que, tant que.

Solar|batterie *f* [zo'la:r-] batterie *f* solaire; ~**heizung** *f* chauffage *m* à énergie solaire; ~**ium** *n* ⟨-s, -rien⟩ [zo'la:rium, -riən] solarium *m;* ~**zelle** *f* pile *f* solaire.

Solawechsel *m* ['zo:la-] *fin* billet *m* simple *od* à ordre.

Sol|bad *n* ['zo:l-] *(Vorgang)* bain *m* d'eau salée *(Ort)* eaux *f pl* salines; ~**e** *f* ⟨-, -n⟩ eau saline; *(Natursalz*~*, Mutterlauge)* eau-mère; *(Salzwasser)* eau salée; *(Salzlake)* saumure *f;* ~**ei** *n* œuf *m* cuit à l'eau salée; ~**quelle** *f* source *f* saline.

solch [zɔlç] *pron:* ~ *(ein, e), ein* ~*er, e-e* ~*e, ein* ~*es* un tel, une telle; pareil, le; *ein* ~*er Mensch* un tel homme, pareil homme, un homme pareil; *fam* un homme comme ça; *als* ~*er* comme tel, en tant que tel; *ich habe* ~*e Angst,* ~*en Hunger* j'ai tellement peur, faim; *es gibt* ~*e und* ~*e (fam)* il y en a de toutes sortes; ~**erart** *a,* ~**erlei** ['--'lai] *a (=* ~*e pl)* de tel(le)s, pareil(le)s ...; ~**ergestalt** *adv (derart, dermaßen)* de telle façon *od* sorte, tellement.

Sold *m* ⟨-(e)s, -e⟩ [zɔlt, '-də] *mil (Löhnung)* solde, paie *od* paye *f,* prêt *m; in jds* ~ *stehen (fig)* être à la solde de qn; ~**buch** *n mil* livret *m* individuel.

Soldat *m* ⟨-en, -en⟩ [zɔl'da:t] *mil,* militaire; *fam* troupier; *(als Dienstgrad)* (soldat de) 2. classe *m;* ~ *sein (a.)* être sous les drapeaux; porter les armes; ~ *werden* se faire soldat, embrasser la carrière militaire; *(einrükken)* partir au service (militaire); *alte(r)* ~ vieux troupier, briscard, brisquard *m; ausgediente(r)* ~ vétéran *m; gemeiner, einfacher* ~ simple soldat, soldat *m* de deuxième classe; ~ *auf Zeit* soldat *m* engagé; ~**enehre** *f* honneur *m* militaire; **~enfriedhof** *m* cimetière *m* militaire *od* de guerre; **~enleben** *n* vie *f* militaire; **~enrock** *m* uniforme *m;* **~enstand** *m* état *m* militaire; **~eska** *f* ‹-, -ken› [-da'tɛska] soldatesque *f;* **s~isch** [-'datɪʃ] *a* de *od* du soldat; militaire; soldatesque; martial; *adv* en soldat; *~e Haltung f, ~e(s) Auftreten n* comportement *m* militaire; *die ~en Tugenden* les vertus *f pl* du soldat.

Söld|ling *m* ‹-s, -e› ['zœltlɪŋ] *pej* stipendié *m;* **~ner** *m* ‹-s, -› ['-dnər] mercenaire *m;* **~nerheer** *n* armée *f* de mercenaires.

solid|arisch [zoli'da:rɪʃ] *a* solidaire (*mit* de); *fig* sans division ni discussion; *sich ~ erklären* se solidariser (*mit* avec); *sich nicht ~ erklären* se désolidariser (*mit* de); **~arisieren** [-ri'zi:rən], *sich mit jdm ~* se solidariser avec qn; **S~arität** *f* ‹-, ø› [-ri'tɛ:t] solidarité *f;* **S~aritätsgefühl** *n* sentiment *m* de solidarité.

solid|(e) [zo'li:t, -də] *a* (*fest, haltbar*) solide; *fin* (*zuverlässig*) sûr, sérieux; solvable; (*Mensch: ordentlich, mäßig*) rangé; *über ~e Kenntnisse verfügen* avoir du fond; *~e werden* se ranger; *~e Firma f* maison *f* de confiance; *~e gebaut* bâti *od* construit solidement *od* en dur; *~e gearbeitet* fait à profit (de ménage); **S~ität** *f* ‹-, ø› [-di'tɛ:t] solidité *f;* sûreté *f;* caractère *m od* mœurs *f pl* rangé(es).

Solist(in *f*) *m* ‹-en, -en› [zo'lɪst] *mus* soliste *m f.*

Soll *n* ‹-(s), -(s)› [zɔl] *com* doit *m; mil* situation *f* théorique; *adm* norme *f; sein ~ erfüllen* satisfaire à ses obligations; *~ und Haben* doit et avoir; **~-Bestand** *m* (*an Menschen*) effectif, (*an Material*) inventaire *m od* dotation *f* théorique *od* prévu(e); **~posten** *m fin* poste *m* débiteur; **~saldo** *m fin* solde *m* débiteur; **~-Stärke** *f mil* effectif *m* théorique *od* prévu; **~zinsen** *m pl* intérêts *m pl* débiteurs.

sollen ‹*ich soll; ich sollte; cond: ich sollte; sollen/gesollt*› ['zɔlən] *itr* **1.** (*die Pflicht haben zu*) devoir; (*Befehl:*) *du sollst kommen* tu viendras; (*Ungewißheit:*) *er soll gesagt haben* il aurait dit; *er soll reich sein* on le dit riche; *das soll schwer sein* c'est, paraît-il, difficile; (*Möglichkeit:*) *sollte er gekommen sein?* serait-il venu? est-ce possible qu'il soit venu? (*Wunsch:*) *man sollte weniger essen* il faudrait manger moins; **2.** *du sollst nicht töten* tu ne tueras point; *Sie ~ sehen* ... vous allez voir ... ; *Sie ~ wissen* ... je veux que vous sachiez ...,

sachez ...; *sollten Sie ihn (zufällig) treffen* ... si par hasard vous le rencontrez ...; *das ~ sie unter sich od ausmachen* qu'ils se débrouillent entre eux! *man sollte meinen* ... on dirait ...; *es hat nicht sein ~* Dieu ne l'a pas voulu; *wenn es sein soll* s'il le faut; *wenn es regnen sollte* s'il venait à pleuvoir; *soll ich kommen?* veux-tu, voulez-vous que je vienne? *was soll ich tun od machen?* que (dois-je) faire? que voulez-vous que je fasse? *was soll ich damit machen od (fam) anfangen?* que voulez-vous que j'en fasse? *was soll ich Ihnen sagen?* que vous dirai-je? *wie soll man da nicht lachen?* comment pas rire? *was soll das?* qu'est-ce que ça signifie? à quoi bon? *das sollst du mir büßen!* tu me le paieras; *soll er (doch) kommen!* qu'il vienne (donc)! *das soll er mir noch einmal sagen!* qu'il vienne me le redire (encore une fois)! *was soll das heißen?* qu'est-ce que cela veut dire? *und sollte es das Leben kosten!* même au prix de la vie; dussé-je y périr!

solo ['zo:lo] *adv fam* (*allein*) seul; **S~** *n* ‹-s, -s/-li› (*mus, Tanz*) solo *m;* **S~konzert** *n* récital *m;* **S~partie** *f mus* partie *f* récitante; **S~stimme** *f* voix *f* seule; **S~tänzer(in** *f*) *m* danseur-étoile *m,* danseuse-étoile *f.*

solven|t [zɔl'vɛnt] *a* (*zahlungsfähig*) solvable; **S~z** *f* ‹-, -en› ['-vɛnts] solvabilité *f.*

somit [so'mɪt] *adv* (*also, folglich*) ainsi, donc, par conséquent.

Sommer *m* ‹-s, -› ['zɔmər] été *m; im ~* en été; *mitten im ~* en plein été, au fort de l'été; *verregnete(r) ~* été *m* pourri; **~abend** *m* soirée *f* d'été; **~anzug** *m* tenue *f* d'été; **~aufenthalt** *m* séjour *m* estival; villégiature *f;* **~faden** *m pl* fils *m pl* de la Vierge; **~fahrplan** *m loc* horaire *m* d'été; **~ferien** *pl* vacances *f pl* d'été; **~frische** *f* villégiature; (*Ort*) station *f* estivale *od* d'été; *in der ~ sein* être en villégiature, villégiaturer; **~frischler** *m* ‹-s, -› estivant, *fam* villégiateur *m;* **~gerste** *f* orge *f* de printemps; **~halbjahr** *n* semestre *m* d'été; **~kleid** *n* robe *f* d'été; **s~lich** *a* estival, d'été, de l'été; *sich ~ kleiden* se mettre en été; **~mantel** *m* manteau *m* d'été; **~monat** *m* mois *m* d'été; **~reifen** *m* mot pneu *m* d'été; **~residenz** *f* résidence *f* estivale *od* d'été; **~sachen** *f pl* affaires *f pl* d'été; **~schlaf** *m zoo* estivation *f;* **~schlußverkauf** *m* soldes *m pl* de fin d'été; **~semester** *n* semestre *m* d'été; ~**sonnenwende** f solstice m d'été; ~**sprossen** f pl taches de rousseur od fam de son; scient éphélides f pl; ~**tag** m jour m d'été; ~**weg** m (Seitenstreifen) bas-côté, accotement m; ~**weizen** m blé m de mars; ~**wurz** f bot orobanche f; ~**zeit** f été m; adm heure f d'été; zur ~(s)zeit en été.

sonach [zo'na:x] adv = somit.

Sonat|e f ⟨-, -n⟩ [zo'na:tə] mus sonate f; ~**ine** f ⟨-, -n⟩ [-'ti:nə] mus sonatine f.

Sond|e f ⟨-, -n⟩ ['zɔndə] sonde f; ~**engas** n mines gaz m de tête de sonde; **s~ieren** [-'di:rən] tr sonder; das Terrain ~ (fig) tâter od fam étudier le terrain; ~**ierung** f sondage m.

sonder ['zɔndər] prp vx (ohne) sans; ~**bar** a étrange, singulier; bizarre, baroque; (merkwürdig) curieux; ~! (chose) étrange! ~**barerweise** adv chose étrange; **S~barkeit** f étrangeté, singularité; bizarrerie f; ~**gleichen** a inv (nachgestellt) sans pareil; ~**lich**: adv nicht ~ (ne ...) pas trop; ne ... guère; **S~ling** m ⟨-s, -e⟩ original, drôle m (d'homme od d'individu); ~**n 1.** conj mais (au contraire); nicht nur..., ~ auch... non seulement ..., mais encore ...; **2.** tr séparer, disjoindre; (aus~) trier, faire le départ (von de); **S~ung** f séparation, disjonction f; triage m.

Sonder|abdruck m ['zɔndər-] typ tiré m à part; ~**abgabe** f taxe f spéciale; ~**abkommen** n convention f particulière; ~**anfertigung** f (Tätigkeit) fabrication f par pièces od hors série; (Stück) exemplaire m spécial; ~**angebot** n com offre f spéciale; im ~ sein être en promotion; ~**anweisung** f instruction f particulière; ~**auftrag** m mission f spéciale; ~**ausführung** f exécution f spéciale; ~**ausgabe** f (Buch) édition f spéciale; fin extra m; pl fin dépenses f pl extraordinaires od particulières; ~**ausschuß** m comité m spécial; ~**beauftragte(r)** m mandataire spécial; chargé m de mission; ~**behandlung** f traitement m d'exception; ~**beilage** f (Zeitung) supplément m spécial; ~**bericht** m rapport m spécial; ~**berichterstatter** m envoyé m spécial; ~**bestimmung** f disposition f spéciale; ~**bestrebungen** f pl pol tendances f pl séparatistes, séparatisme m; ~**bevollmächtigte(r)** m plénipotentiaire m spécial; ~**botschafter** m ambassadeur m extraordinaire; ~**bund** m pol ligue f séparatiste; ~**bündler** m ⟨-s, -⟩ séparatiste m; ~**druck** m =

~**abdruck**; ~**einnahmen** f pl revenus m pl accidentels; ~**fall** m cas m exceptionnel od particulier; ~**flugzeug** n avion m spécial; ~**frieden** m paix f séparée; ~**genehmigung** f autorisation f spéciale; ~**gericht** n tribunal m d'exception od spécial; ~**interessen** n pl intérêts m pl particuliers; ~**klasse** f sport hors-classe m; ~**konto** n compte m spécial; ~**kurier** m messager m spécial; ~**marke** f (Briefmarke) timbre m de collection; ~**maßnahme** f mesure f d'exception; ~**meldung** f communiqué m spécial; ~**nummer** f (Zeitung, Zeitschrift) numéro m hors-série od spécial; édition f spéciale; ~**preis** m prix m réduit; ~**recht** n privilège m; ~**regelung** f règlement m spécial; ~**schule** f (Hilfsschule) école f pour enfants retardés od arriérés; ~**sitzung** f séance f extraordinaire; ~**stellung** f position f privilégiée; e-e ~ einnehmen (Person) jouir d'une position privilégiée; (Sache) occuper une place à part; ~**urlaub** m congé m od (mil) permission f exceptionnel(le); ~**vereinbarung** f accord m spécial; ~**vollmacht** f pol pouvoir m spécial; ~**ziehungsrechte** n pl (beim Internationalen Währungsfonds) droits m pl de tirage spéciaux; ~**zug** m loc train m spécial; ~**zuteilung** f adm distribution f exceptionnelle.

sondieren tr u. itr [zɔn'di:rən] sonder.

Sonett n ⟨-(e)s, -e⟩ [zo'nɛt] (Gedichtform) sonnet m.

Sonnabend m ⟨-s, -e⟩ ['zɔn?a:bənt] samedi m.

Sonne f ⟨-, -n⟩ ['zɔnə] soleil; poet astre m (du jour); an od in der ~ (im ~nschein) au soleil; in glühender ~ sous un soleil écrasant od de plomb; der ~ aussetzen exposer au soleil, insoler; die ~ hereinlassen laisser entrer le soleil; die ~ kommt durch le soleil arrive; die ~ scheint il fait (du) soleil; geh mir aus der ~! ôte-toi de mon soleil!; die auf-, untergehende ~ le soleil levant, couchant; von der ~ beschienen ensoleillé; ein Platz an der ~ une place au soleil.

sonnen ['zɔnən] tr exposer au soleil, insoler; sich ~ s'exposer od se chauffer od se prélasser au soleil, prendre un bain de soleil; fam lézarder; sich in s-m Ruhm ~ s'endormir sur ses lauriers.

Sonnen|aufgang m ['zɔnən-] lever m du soleil; ~**bad** n bain m de soleil; **s~baden** itr prendre un bain de soleil; ~**ball** m globe m solaire; ~**bat-**

terie *f* batterie *f* solaire; **s~be-schienen** *a* ensoleillé; **~bestrahlung** *f* ensoleillement *m;* **~blende** *f mot phot* visière *f* parasoleil, pare-soleil *m;* **~blume** *f* tournesol, hélianthe; *fam* soleil *m;* **~brand** *m med* coup *m* de soleil; **~brille** *f* lunettes *f pl* de soleil; **~dach** *n* marquise *f; mot* toit ouvrant; *mar* tendelet *m;* **~einstrahlung** *f* insolation *f;* **~energie** *f* énergie *f* solaire; **~ferne** *f astr* aphélie *m;* **~finsternis** *f* éclipse *f* solaire *od* de soleil; **~fleck** *m astr* tache *f* solaire; **s~gebräunt** *a* hâlé; **~gott,** *der* Phébus *m;* **s~hell** *a* éclairé par le soleil; clair comme le soleil *od* le jour; **~hitze** *f* chaleur *f* du soleil; *drückende* ~ soleil *m* de plomb; **s~hungrig** *a* amoureux du soleil; **~jahr** *n astr* année *f* solaire; **s~klar** *a* clair comme le jour *od* de l'eau de roche *od* de source; **~kollektor** *m* capteur *m* solaire; **~könig,** *der* (*Ludwig XIV.*) le roi-soleil; **~kraftwerk** *n* centrale *f* solaire; **~licht** *n* ⟨-(e)s, -ø⟩ lumière *f* du soleil *od* solaire; **~nähe** *f astr* périhélie *m;* **~öl** *n* huile *f* solaire; **~röschen** *n bot* hélianthème *m;* **~scheibe** *f astr* disque *m* solaire; **~schein** *m* (clarté *od* lumière *f* du) soleil *m; im* ~ au soleil; *bei* ~ quand le soleil brille; **~scheindauer** *f mete* fraction *f* d'insolation; **~schirm** *m* ombrelle *f,* parasol *m;* **~schutzmittel** *n* produit *m* solaire; **~seite** *f* côté exposé au soleil; *fig* beau côté *m; auf der* ~ *(gelegen)* exposé au soleil; **~spektrum** *n* spectre *m* solaire; **~stand** *m* position *f* du soleil; **~stäubchen** *n pl: die* ~ *tanzen* le soleil poudroie; **~stich** *m med* insolation *f;* **~strahl** *m* rayon *m* de *od* du soleil; **~system** *n astr* système *m* solaire; **~tag** *m astr* jour solaire; *(sonniger Tag)* jour de soleil, beau jour *m;* **~tau** *m bot* rossolis *m; scient* drosère *f,* drosera *m;* **~terrasse** *f (Sanatorium)* solarium *m;* **~uhr** *f* cadran solaire, gnomon *m;* **~untergang** *m* coucher *m* du soleil; *bei* ~ au coucher du soleil; **s~verbrannt** *a,* **sonnverbrannt** *a* hâlé, basané; **~wärme** *f* chaleur *f* solaire; **~wende** *f* solstice *m;* **~zeit** *f* heure *f od (astr)* temps *m* solaire; *mittlere* ~ *(astr)* heure moyenne, heure *f* temps moyen.

sonnig ['zɔnɪç] *a* ensoleillé; *fig* radieux, riant.

Sonn|tag *m* ['zɔn-] dimanche *m; am* ~ le dimanche; *jeden* ~ tous les dimanches; **s~täglich** *a* dominical; *sich* ~ *anziehen* s'habiller en dimanche; *fam*

s'endimancher; **s~tags** *adv* le dimanche; **~- und Feiertage** *m pl: an* ~*n* (les) dimanches et jours de fête.

Sonntags|anzug *m* ['zɔnta:ks-] tenue *f* du dimanche; **~arbeit** *f* travail *m* du dimanche; **~ausflug** *m* excursion de dimanche; *fam* évasion *f* dominicale; **~ausflügler** *m* dimanchard *m;* **~dienst** *m:* ~ *haben* être de service (de dimanche); ~ *(Hinweis)* médecin *m (Arzt) od* pharmacie *f (Apotheke)* de service; **~fahrer** *m* conducteur *od* chauffeur du dimanche; *pej* chauffard *m;* **~jäger** *m* chasseur *m* du dimanche; **~kind** *n: ein* ~ *sein* être né un dimanche; *fig (Glückskind)* être né coiffé; **~kleider** *n pl,* **~staat** *m* habits *od* vêtements *m pl od* toilette *f* du dimanche *od* de fête; **~maler** *m* peintre *m* du dimanche; **~ruhe** *f* repos *m* dominical.

sonst [zɔnst] *adv (andernfalls)* sinon, autrement, sans quoi, faute de quoi, sans cela; ou alors; *(außerdem)* en outre, à part cela; *(gewöhnlich)* d'habitude, d'ordinaire, à l'ordinaire; *fam* normalement; *(früher)* autrefois, en d'autres temps, jadis; *nichts* ~ rien d'autre; *wenn es* ~ *nichts ist* si ce n'est que cela; ~ *jemand?* quelqu'un d'autre? *wer od* ~? qui d'autre? *und was* ~? et puis? ~ *noch etwas?* et avec ça? ~ *niemand* (ne ....) personne d'autre; ~ *nichts* (ne ...) rien d'autre *od* de plus; ~ *nirgends* (ne ...) nulle part ailleurs; ~ *überall* partout ailleurs; **~ige(r, s)** *a* autre; accessoire; *(irgendwelche(r))* quelconque(s); n'importe le(s)quel(s); *bes. adm* diverse(s); de toute nature; **~wie** *adv* n'importe comment; **~wo** *adv,* **~wohin** *adv* (quelque part) ailleurs (n'importe où).

sooft [zo'ʔɔft] *conj* toutes les fois que.

Soph|ismus *m* ⟨-, -men⟩ [zo'fɪsmʊs, -mən] *philos (Trugschluß)* sophisme *m;* **~ist** *m* ⟨-en, -en⟩ [-'fɪst] *(hist philos, Wortverdreher)* sophiste *m;* **~isterei** *f* [-'raɪ] raisonnement *m od* argumentation *f* sophistique; **~istik** *f* ⟨-, ø⟩ [-'fɪstɪk] *hist philos* sophistique *f;* **s~istisch** [-'fɪstɪʃ] *a* sophistique.

Sopran *m* ⟨-s, -e⟩ [zo'pra:n] *mus* soprano *m.*

**So
Soraporte** *f* ⟨-, -n⟩ [zopra'pɔrtə] *(Kunst)* dessus *m* de porte.

Sorg|e *f* ⟨-, -n⟩ ['zɔrgə] souci *m; (innere Unruhe)* inquiétude, préoccupation *f; (Kummer)* chagrin *m,* peine *f,* tourment; *(~falt, Eifer)* soin(s *pl*) *m,* sollicitude *f; jdm e-e* ~ *abnehmen* jdn *von e-r* ~ *befreien* délivrer qn d'un souci, tirer une épine du pied à qn;

jdm ~*(n) bereiten od machen* causer du *od* des souci(s) à qn; mettre qn en souci, préoccuper qn; ~*n haben a.* *pop* se faire du mouron *od* de la mousse; *andere* ~*n haben (fig)* avoir d'autres chats à fouetter; *sich* ~*n machen* se faire du *od* des souci(s) (*um etw* à propos de qc), se faire du mauvais sang *od* de la bile (*wegen etw* pour qc), s'inquiéter (*um etw* de qc); *fam* s'en faire; *um jdn* se faire du souci pour qn; *sich keine* ~*n machen* ne pas se faire de soucis, ne s'inquiéter de rien; *sich unnütz(e)* ~*n machen (a. fam)* se faire des idées; *um jdn in* ~ *sein* être bien en peine pour qn; ~ *tragen* avoir *od* prendre soin, se charger (*für* de); veiller (*für* à; *dafür daß* à ce que *subj*); *das ist meine geringste* ~ c'est le moindre *od fam* le cadet de mes soucis; *lassen Sie das meine* ~ *sein!* j'en fais mon affaire; *seien Sie ohne* ~*! keine* ~*!* ne vous inquiétez pas; *fam* ne vous en faites pas; **s~en** *itr* avoir *od* prendre soin (*für* de); pourvoir (*für* à); se charger (*für* de); veiller (*dafür, daß* à ce que *subj*); *sich* ~ se soucier, s'inquiéter, se tourmenter, être en peine (*um* de); être inquiet (*um* pour); *für jdn zu* ~ *haben* avoir qn à sa charge; *ich werde dafür* ~ j'y veillerai; *dafür ist gesorgt* on y a pourvu; *es ist dafür gesorgt, daß die Bäume nicht in den Himmel wachsen (prov)* on ne saurait chanter plus haut que la bouche; **s~enfrei** *a* sans souci; ~ *sein* ne pas avoir de soucis; ~**enkind** *n* enfant qui cause beaucoup de soucis; *fig* (grand) souci *m;* ~**enlast** *f: e-e* ~ *tragen* être accablé de soucis; **s~enlos** *a* = *s~enfrei;* **s~envoll** *a* soucieux, accablé *od (Leben)* plein de soucis; ~**erecht** *a (für Kinder)* (droit *m* de) garde *f;* ~**falt** *f* ⟨-, ø⟩ ['zɔrk-] soin *m*, sollicitude, diligence, attention; *(Gründlichkeit)* minutie, exactitude *f; (Gewissenhaftigkeit)* scrupules *m pl;* ~ *verwenden auf* apporter *od* mettre du soin à; **s~fältig** *a* soigneux, diligent, attentif; *(gründlich)* minutieux, exact; *(gewissenhaft)* scrupuleux, méticuleux; *(Arbeit)* soigné; ~ *(aus)arbeiten (a. fam)* fignoler; **s~lich** *a (~fältig)* soigneux; **s~los** *a* insouciant, sans soucis; *(nachlässig)* négligent; *(leichtsinnig)* nonchalant, léger; ~*e(r) Mensch m* sans-souci *m;* ~**losigkeit** *f* ⟨-, ø⟩ insouciance *f,* sans-souci *m;* négligence, incurie, nonchalance, légèreté *f;* **s~sam** *a (~fältig)* soigneux; *(umsichtig)* attentif, attentionné, circonspect; *(behut-*

sam, *vorsichtig)* précautionneux; ~**samkeit** *f* ⟨-, ø⟩ *(Verhalten)* soins *m pl,* attentions *f pl; (Eigenschaft)* caractère *m* soigneux.

Sorgh|o *m* ⟨-s, -s⟩, ~**um** *n* ⟨-s, -s⟩ ['zɔrgo, '-gʊm] *(Mohrenhirse)* mil d'Inde *od* d'Afrique *od* à épis, blé *m* de Guinée.

Sort|e *f* ⟨-, -n⟩ ['zɔrtə] sorte; *(Marke)* marque; *(Art)* espèce *f (a. Geld),* genre, type *m; (Qualität)* qualité *f; bot* variété *f; (Wein)* cru *m; pl (Geld)* espèces monnayées, monnaies *f pl* étrangères; *von allen* ~*n* de toutes sortes; *von der besten* ~ *(Wein) a.* de derrière les fagots; ~**enverzeichnis** *n fin* liste *f* des espèces; ~**enzettel** *m fin* bordereau *m* d'espèces; **s~ieren** [-'tiːrən] *tr* trier; *(nach Sorten zs.stellen)* assortir; *(ordnen)* classer, ranger; ~**ierer(in** *f)* *m* ⟨-s, -⟩ trieur, se *m f;* ~**iermaschine** *f* trieuse *f;* ~**ierung** *f* tri(age); classement *m;* ~**iment** *n* ⟨-(e)s, -e⟩ [-ti'mɛnt] *com* assortiment *m; (Buchhandel)* (livres *m pl* d')assortiment *m;* ~**iment(sbuchhändl)er** *m* libraire *m* d'assortiment; ~**imentsbuchhandlung** *f* librairie *f* d'assortiment.

sosehr [zo'zeːr] *conj* quel(le) que soit *subj;* ~ *ich das wünsche* quel que soit mon désir.

soso [zo'zoː] 1. *adv fam:* (*so la la)* (comme ci) comme ça, couci-couci, couci-couça; cahin-caha; tel quel; tant bien que mal; 2. *interj* ah ah!

Soße *f* ⟨-, -n⟩ ['zoːsə] sauce *f;* ~**nfond** *m* velouté *m;* ~**nkelle** *f,* ~**nlöffel** *m* louche *f* à sauce; ~**nkoch** *m* saucier *m;* ~**nnapf** *m,* ~**nschüssel** *f* saucière *f.*

Souffl|eur *m* ⟨-s, -e⟩ [zu'fløːr], ~**euse** *f* ⟨-, -n⟩ [-'fløːzə] *theat* souffleur, se *m f;* ~**eurkasten** *m* trou *m* du souffleur; **s~ieren** [-'fliːrən] *tr (einblasen)* souffler (*jdm etw* qc à qn).

soundso ['zoːˀʊnt'zoː] *adv (unbestimmt wie)* n'importe comment; ~ *groß* d'une certaine grandeur; *Herr S~* M. Un tel, M. Chose, M. Machin; *Frau S~* Madame Une telle.

Soutane *f* ⟨-, -n⟩ [zu'taːnə] *rel* soutane *f.*

Souterrain *n* ⟨-s, -s⟩ [zutɛ'rɛ̃:, 'zuːtɛrɛ̃] *arch (Kellergeschoß)* sous-sol *m.*

souverän [zuvə'rɛ:n] *a pol* souverain; *fig* sûr de soi; *e-e Situation* ~ *meistern* maîtriser une situation avec habileté; **S~** *m* ⟨-s, -e⟩ souverain *m;* **S~ität** *f* ⟨-, ø⟩ [-rɛni'tɛ:t] souveraineté *f.*

soviel [zo'fiːl] 1. *adv* tant; *fam* tant que ça; ~ *wie od als* autant que; *noch* *einmal* od *doppelt, dreimal* ~ deux, trois fois autant; *das heißt* ~ *wie* autant dire que; ~ *ist sicher* od *steht fest, daß* ce qui est certain, c'est que; toujours est-il que; ~ *Köpfe,* ~ *Sinne (prov)* autant de têtes, autant d'avis; **2.** *conj* autant que *subj;* ~ *ich weiß,* ~ *mir bekannt ist* (autant) que je sache; à ce que je sais.

soweit [zo'vaɪt] **1.** *adv* jusqu'à un certain point; ~ *wie* od *als* autant que; ~ *wie möglich* autant que possible, autant que faire se peut; ~ *erforderlich* si besoin est, en cas de besoin; *bist du* ~ *?* es-tu prêt? *es ist* ~ ça y est; ~ *sind wir noch nicht* nous n'en sommes pas encore là; **2.** *conj* autant que *subj;* ~ *ich mich erinnere* autant qu'il m'en souvienne; ~ *es mir meine Mittel erlauben* dans la mesure de mes moyens; ~ *es in meiner Macht steht* pour autant qu'il est en mon pouvoir; ~ *es sich um ... handelt* en ce qui concerne ...; ~ *nichts Besonderes vereinbart ist* sauf convention spéciale.

sowenig [zo've:nɪç] **1.** *adv* tout aussi peu que, pas plus que; ~ *wie möglich* aussi peu que possible; *ich habe* ~ *Geld wie du* je n'ai pas plus d'argent que toi; *ich weiß es* ~ *wie du* je n'en sais pas plus que toi; **2.** *conj* pour le peu que *subj;* ~ *ich das einsehen kann* pour le peu que je puisse comprendre od voir cela.

sowie [zo'vi:] *conj* = *sobald;* ~**so** [-vi'zo:] *adv* de toute(s) façon(s) od manière(s), d'une façon comme de l'autre, en tout cas.

Sowjet *m* ⟨-s, -s⟩ [zo'vjɛt, 'zɔ-] *(Volksvertretung in d.* ~*union)* soviet *m; die* ~*s pl (meist: Bewohner der* ~*union)* les Soviétiques *m pl; der Oberste* ~ le Soviet suprême; s~**isch** [-'vje:tɪʃ] *a* soviétique; ~**regierung** *f* gouvernement *m* soviétique; ~**republik** *f* république *f* soviétique; ~**rußland** *n* la Russie Soviétique; ~**union,** *die* l'Union *f* soviétique; s~**zonal** *a* de la zone soviétique; ~**zone** *f* zone *f* soviétique.

sowohl [zo'vo:l] *conj:* ~ *... als* od *wie (auch)* non seulement ..., mais encore; aussi bien ... que; et ... et.

Sozi *m* ⟨-s, -s⟩ ['zo:tsi] *pej* social-démocrate *m.*

sozial [zotsi'a:l] *a* social; *(öffentlich)* public; ~*e(n) Einrichtungen f pl* avantages *m pl* sociaux; ~*e(s) Empfinden n* sens *m* social; ~*e Ordnung f* ordre *m* social; ~*e(r) Wohnungsbau m (Organisation)* habitations *f pl* à loyer modéré; **S~abbau** *m* diminu-

tion *f* (progressive) des prestations sociales; **S~abgaben** *f pl* charges sociales, cotisations *f pl* de Sécurité sociale; **S~amt** *n* assistance *f* publique; ~**arbeiter** *m* travailleur *m* social; ~**ausgaben** *f pl* dépenses *f pl* sociales; **S~demokrat** *m* social-démocrate *m;* **S~demokratie** *f* social-démocratie *f;* ~**demokratisch** *a* social-démocrate; *S*~*e Partei f Deutschlands (SPD)* Parti *m* social-démocrate allemand; ~**fürsorger** *m* assistant *m* social; **S~gefüge** *n* structure *f* sociale; **S~gesetzgebung** *f* législation *f* sociale; ~**hilfe** *f* aide *f* sociale; ~**hilfeempfänger** *m* prestataire *m* de l'aide sociale; ~**isieren** [-li'zi:rən] *tr* socialiser; **S~isierung** *f* socialisation *f;* **S~ismus** *m* ⟨-, ø⟩ [-'lɪsmʊs] socialisme *m;* **S~ist** *m* ⟨-en, -en⟩ [-'lɪst] socialiste *m;* ~**istisch** [-'lɪstɪʃ] *a* socialiste; *S*~*e Einheitspartei Deutschlands (SED)* Parti *m* socialiste unifié allemand; **S~lasten** *f pl* charges *f pl* sociales; **S~leistung** *f* prestation *f* sociale; **S~ökonomie** *f* économie *f* sociale; s~**pädagogisch** *a* socio-éducatif; **S~partner** *m pl* partenaires *m pl* sociaux; organisations *f pl* patronales et syndicales; ~**plan** *m* plan *m* d'aide sociale; **S~politik** *f* politique *f* sociale; **S~produkt** *n* produit *m* social; **S~reform** *f* réforme *f* sociale; **S~reformer** *m* réformateur *m* social; **S~rentner** *m* bénéficiaire od prestataire *m* d'une retraite de la Sécurité sociale; **S~versicherung** *f* assurance *f* sociale; **S~werk** *n* œuvres *f pl* sociales; **S~wissenschaften** *f pl* sciences *f pl* sociales, sociologie *f;* ~**wohnung** *f* habitation *f* à loyer modéré, H.L.M. *m* od *f.*

sozio|kulturell [zotsio-] *a* socioculturel; ~**linguistisch** *a* sociolinguistique; **S~loge** *m* ⟨-n, -n⟩ [zotsio'lo:gə] sociologue *m;* **S~logie** *f* ⟨-, ø⟩ [-lo'gi:] sociologie *f;* ~**logisch** [-'lo:gɪʃ] *a* sociologique; ~**ökonomisch** *a* socio-économique.

Sozius *m* ⟨-, -sse⟩ ['zo:tsiʊs, -ə] *(Genosse)* compagnon; *com (Teilhaber)* associé; *mot (Beifahrer)* occupant *m* du siège arrière; ~**sitz** *m* siège arrière, tan-sad *m.*

sozusagen [zotsu'za:gən] *adv* pour ainsi dire od parler; *fam* comme qui dirait.

Spachtel *m* ⟨-s, -⟩ od *f* ⟨-, -n⟩ ['ʃpaxtəl] spatule *f;* couteau *m* à reboucher; *(zum Farbenmischen)* amassette *f; med* abaisse-langue *m;* s~**n** *tr* spatuler; reboucher avec le couteau; *itr* *fam (tüchtig essen)* bien croûter, faire bonne chère.

Spagat 1. *m* ‹-(e)s, -e› [ʃpa'ɡa:t] *dial (Bindfaden)* ficelle *f;* **2.** *m* od *n* ‹-(e)s, -e› *sport* grand écart *m.*

späh|en ['ʃpɛ:ən] *itr* guetter a. *mil;* être aux aguets, avoir l'œil au guet; épier; espionner *(nach etw* qc); **S~er** *m* ‹-s, -› *allg* guetteur; *mil* éclaireur, patrouilleur *m;* **S~erblick** *m* regard *m* scrutateur; **S~trupp** *m* patrouille *f* de reconnaissance, détachement *m* d'éclaireurs.

Spalier *n* ‹-s, -e› [ʃpa'li:r] *agr* espalier *m; (Wein~)* treille *f;* ~ *bilden* od *stehen (fig)* faire od former la haie; ~**baum** *m* arbre *m* en espalier; ~**obst** *n* fruits *m pl* d'espalier; ~**wand** *f* palissage, refend *m.*

Spalt *m* ‹-(e)s, -e› [ʃpalt] fente, crevasse; *(Sprung)* fêlure; *(Mauerriß)* fissure, lézarde; *geol* faille; *(Fenster-, Türöffnung)* ouverture *f;* **s~bar** *a* fissile, fissionnable; ~**e(s) Material** *n (phys)* matière *f* fissile; ~**barkeit** *f* fissilité *f;* ~**e** *f* ‹-, -n› fente, crevasse; *(Gletscher~)* crevasse; *(im Brot)* grigne; *typ* colonne; *dial (Scheibe, Schnitz)* rondelle *f,* quartier *m; in der 2.* ~ en deuxième colonne; **s~en** ‹*spaltet, spaltete, hat gespalten/gespaltet*› *tr* fendre, scinder, fissurer; *bes. fig* diviser, dissocier; *min* cliver; *chem* décomposer; *(Atom)* fissionner, désintégrer; *sich* ~ se fendre, se crevasser, se scinder; *(Mauer)* se fissurer, se lézarder; *fig* se diviser, se dissocier; ~**en** *n* fendage; clivage *m;* ~**enbreite** *f,* ~**enhöhe** *f typ* largeur, hauteur *f* de colonne; **s~enlang** *a typ* de plusieurs colonnes; ~**enlinie** *f typ* filet *m;* ~**ensteller** *m* ‹-s, -› *(Schreibmaschine)* margeur *m;* **s~enweise** *adv typ* par colonnes; ~**er** *m* ‹-s, -› *pol* scissionniste *m;* ~**ertätigkeit** *f pol* activités *f pl* scissionnistes; ~**fuß** *m zoo* pied *m* fendu; ~**holz** *n,* ~**leder** *n* bois, cuir *m* de refend; ~**pilze** *m pl* schizomycètes *m pl,* bactériacées *f pl;* ~**produkt** *n* produit *p* de fission *od* de dédoublement; ~**ung** *f* fission *(a. d. Atomkerns); chem* décomposition *f; med psych* dédoublement *m; fig* division, dissociation; *bes. pol* scission; *rel (Glaubens~)* dissidence *f; (Kirchen~)* schisme *m;* ~**ungsreaktion** *f phys* réaction *f* de fission; ~**ungsirresein** *n med* folie *f* discordante; ~**verfahren** *n phys* procédé *m* de fission.

Span *m* ‹-(e)s, ⁓e› [ʃpa:n, 'ʃpɛ:nə] co-

peau; *(auch von Metall)* éclat *m; pl (Feilspäne)* limaille, planure *f.*

Spanferkel *n* ['ʃpa:n-] cochon *m* de lait.

Spange *f* ‹-, -n› ['ʃpaŋə] agrafe, boucle; *(Haar- u. Schmuck~)* barrette; *(Ordensschnalle)* brochette *f;* ~**n-schuh** *m* soulier *m* à bride.

Spaniel *m* ‹-s, -s› ['ʃpa:niəl] *(Hund)* épagneul *m.*

Span|ien *n* ['ʃpa:niən] l'Espagne *f;* ~**ier(in** *f)* *m* ‹-s, -› [-niər] Espagnol, e *m f;* **s~isch** ['ʃpa:nɪʃ] *a* espagnol; *(das)* S~*(e)* *n* l'espagnol *m; das kommt mir* ~ *vor (fig fam)* ça me paraît étrange; ~*e(r)* *Reiter* *m (mil)* cheval *m* de frise; ~*e* *Spracheigentümlichkeit* *f* hispanisme *m;* ~*e* *Wand* *f* paravent *m;* ~**-amerikanisch** *a* hispano-américain.

Spann *m* ‹-(e)s, -e› [ʃpan] *anat* cou--de-pied, dos *m* du pied; ~**riemen** *m (am Schuh)* tire-pied *m.*

Spann|backe *f* ['ʃpan-] mors *m;* ~**beton** *m* béton *m* précontraint; ~**betonbrücke** *f,* ~**betonstraße** *f* pont *m,* route *f* en béton précontraint; ~**draht** *m* hauban, (fil) tendeur *m;* ~**e** *f* ‹-, -n› *(altes Maß: gespreizte Hand)* empan; *(Abstand)* écart *m; (Handels~)* marge *f;* **s~en** *tr* (é)tendre, (é)tirer; *(Feder, Bogen)* bander; *(straffen)* raidir; *(ein~, einklemmen)* serrer; *(Schußwaffe)* armer; *itr (straff sitzen, von e-m Kleidungsstück)* serrer, tirer, être trop juste; gêner; *fig (sehnlich erwarten)* attendre impatiemment; *s-e Erwartung zu hoch* ~ avoir des prétentions exagérées; *auf die Folter* ~ *(bes. fig)* mettre à la torture; *vor den Wagen* ~ atteler à la voiture; **s~end** *a (Erzählung)* captivant, palpitant, passionnant; *sich* ~ *lesen* être d'une lecture captivante; ~**er** *m* ‹-s, -› *(~vorrichtung)* tendeur; *(Hosen~)* ceintre; *tech* raidisseur; *(Schuh~)* embauchoir; *(Zeitungs~)* porte-journal; *mot* fixe--au-toit; *(für Tennisschläger)* presse--racquette *m; ent* phalène *f; (Späher)* guetteur *m; pop (Voyeur)* voyeur *m;* ~**feder** *f tech* ressort *m* de tension *od* tendeur); ~**futter** *n tech* mandrin *m* (de serrage); ~**kraft** *f* élasticité, force élastique; *phys* tension; *physiol* tonicité *f; psych* ressort *m;* ~**rahmen** *m* châssis-tendeur, étendoir *m;* ~**schraube** *f* écrou-tendeur *m;* ~**seil** *n* câble *m* tendeur; ~**tau** *n (Trosse)* amarre *f;* ~**ung** *f* tension *f, a. el u. fig; el* voltage; potentiel *m; fig* tension, attention soutenue; impatience *f,* vif intérêt *m,* curiosité *f* extrême;

film suspense *m; in* ~ *(fig)* captivé, impatient; *unter* ~ *(el)* sous tension, vif; *die* ~ *erhöhen (fig)* augmenter la curiosité *od* l'impatience; *in* ~ *halten (fig)* captiver; *jdn in atemloser* ~ *halten* prendre qn à la gorge; *verminderte* ~ *(med)* hypotonie *f;* **s~ungführend** *a el* sous tension; **~ungsfeld** *n: im* ~ *gegensätzlicher Kräfte stehen (fig)* être soumis à des efforts contraires; **s~ungsgeladen** *a fig* = *s~end;* **~ungsmesser** *m* ⟨-s, -⟩ *el* voltmètre *m;* **~ungsregler** *m el* régulateur *m* de tension *od* de potentiel; **~ungsteiler** *m el* réducteur *m;* **~weite** *f (Flügel u. fig)* envergure; *(Brücke)* portée, travée, ouverture *f.*

Spant *n* [ʃpant] ⟨-(e)s, -en⟩ *a. m* ⟨-(e)s, -s⟩ *mar aero* couple *m.*

Spar|brenner *m* [ʃpaːr-] *tech* veilleuse *f;* **~buch** *n* livret *m* d'épargne; **~büchse** *f,* **~dose** *f* tirelire *f;* **~einlage** *f* dépôt *m* d'épargne; **~einstellung** *f tech* réglage *m* économique; **s~en** *tr allg* épargner, économiser *(an* sur); *(aufheben, zurücklegen)* mettre de côté; *(zurückhalten, schonen)* épargner, ménager; *itr* faire *od* réaliser des économies; thésauriser; *an etw nicht* ~ faire bon marché de qc; *mit etw* ~ être économe de qc; *keine Mühe* ~ ne pas ménager sa peine *od* ses efforts; ~ *Sie sich die Mühe zu ...* ne prenez pas la peine de ...; *spare in der Zeit, so hast du in der Not! (prov)* il faut garder une poire pour la soif; **~en** *n* épargne, économie *f;* **~er** *m* ⟨-s, -⟩ épargnant *m; die kleinen* ~ la petite épargne; **~geld(er** *pl) n* économies, épargnes *f pl;* **~groschen** *m pl fam (Ersparnis)* boursicaut, boursicot *m;* **~guthaben** *n* (dépôt *od* avoir dans une caisse *od* sur) compte *m* d'épargne; *kleine(s)* ~ petite épargne *f;* **~kasse** *f* caisse *f* d'épargne; **~kassenbuch** *n* livret *m* de caisse d'épargne; **~konto** *n* compte *m* d'épargne; **~marke** *f* timbre *m* d'épargne; **~maßnahme** *f* mesure *f* d'économie *od* de compression budgétaire; **~packung** *f* lot *m* économique; **~preis** *m* prix *m* avantageux; **s~sam** *a (Mensch)* économe, ménager, regardant; *(Sache im Verbrauch)* économique; *adv* économiquement, à l'économie, avec économie; *~en Gebrauch von etw machen* user discrètement de qc; *mit etw* ~ *umgehen* être économe de qc, ménager qc; **~samkeit** *f* ⟨-, ø⟩ économie *f; kleinliche od übertriebene od unangebrachte* ~ parcimonie, économie *f*

de bouts de chandelle; **~schwein** *n* tirelire *f;* **~strumpf** *m fig* bas *m* de laine; **~vertrag** *m* contrat *m* d'épargne.

Spargel *m* ⟨-s, -⟩ [ʃpargəl] *bot* asperge *f; (Küche)* asperges *f pl;* **~beet** *n* aspergerie *f;* **~kohl** *m* brocoli *m;* **~kopf** *m* pointe *f* d'asperge; **~messer** *n* coupe-asperges *m;* **~spitzen** *f pl (Küche)* pointes *f pl* d'asperge(s); **~suppe** *f* potage *m* aux asperges, crème *f* d'asperges.

spärlich [ˈʃpɛːrlıç] *a (dünngesät)* rare, clairsemé; *(ärmlich, dürftig)* maigre, pauvre, chiche; modeste; *(Nahrung, Mahlzeit)* frugal; *(unzureichend)* insuffisant; *(Geldmittel)* réduit; *pl (wenige) a.* peu de ...; **S~keit** *f* rareté; pauvreté; frugalité; insuffisance *f.*

Sparren *m* ⟨-s, -⟩ [ˈʃparən] *(Dach~)* chevron *m; e-n* ~ *zuviel haben (fig)* avoir le timbre fêlé, avoir un grain.

Sparta *n* [ˈʃ(s)parta] *geog hist* Sparte *f;* **~ner(in** *f) m* ⟨-s, -⟩ [-ˈtaːnər] Spartiate *m f;* **s~nisch** [-ˈtaːnıʃ] *a* spartiate; *adv: (mit)* ~*(er Strenge od Einfachheit)* à la spartiate; *~e Lebensweise f* vie *f* austère.

Spartakist *m* ⟨-en, -en⟩ [ʃ(s)partaˈkıst] *pol* spartakiste *m.*

Sparte *f* ⟨-, -n⟩ [ˈʃpartə] *(Abteilung)* section *f; (Gebiet)* secteur, domaine *m; (Fach, Wissens-, Geschäftszweig)* branche, spécialité *f; (in e-r Zeitung)* rubrique *f; com* rayon *m.*

spasm|isch [ˈʃpasmıʃ] *a med (krampfhaft)* spasmodique; **S~us** *m* ⟨-, -men⟩ [ˈʃpasmʊs, -mən] *(Krampf)* spasme *m.*

Spaß *m* ⟨-ßes, ·ße⟩ [ʃpaːs, ˈʃpɛsə] *(Vergnügen)* plaisir, amusement, divertissement *m; (Scherz)* plaisanterie, raillerie, *pop* rigolade *f; (Schäkerei)* badinage *m; aus od zum* ~ par plaisanterie, pour plaisanter, pour s'amuser, pour rire; *sich den* ~ *leisten* se donner la comédie; ~ *machen (Mensch: scherzen)* plaisanter; *pop* rigoler; *(schäkern)* badiner; *(Sache: angenehm sein)* faire plaisir *(jdm* à qn); *amuser (jdm* qn); *s-n* ~ *mit jdm treiben* s'amuser *od* se moquer de qn; *jdm den* ~ *verderben* gâter *od* gâcher le plaisir à qn *od* de qn; ~ *verstehen od vertragen* comprendre *od* entendre *od* goûter la plaisanterie, entendre (la) raillerie; *das macht mir* ~ *(a.)* cela m'amuse; *die Sache macht mir* ~ le jeu me plaît; *das war nur* ~ c'était une (simple) plaisanterie, ce n'était pas sérieux; *das ist ein teurer* ~ *(fam)* c'est une plaisanterie qui coûte cher; *das geht über den* ~*, das* *ist (schon) kein* ~ *mehr* cela passe la plaisanterie; *Sie machen mir* ~*!* (iron) vous en avez une santé! *pop; viel* ~*!* amuse-toi, amusez-vous bien! ~ *beiseite!* plaisanterie *od* blague à part! trêve de plaisanterie! *schlechte(r)* ~ mauvaise plaisanterie *f;* **s~en** *itr (scherzen)* plaisanter, railler, se moquer; *fam* blaguer; *pop* rigoler; *nicht mit sich* ~ *lassen* ne pas entendre raillerie; *damit ist nicht zu* ~ on ne plaisante *od* badine pas avec cela; **s~eshalber** *adv = aus* od *zum* ~; **s~haft** *a,* **s~ig** *a* plaisant, amusant; divertissant; *pop* rigolo; *(drollig)* drôle, facétieux; ~**macher** *m,* ~**vogel** *m* plaisant, amuseur, facétieux, farceur, blagueur, rigoleur; *pop* rigolard, rigolo *m;* ~**verderber** *m* gâcheur, trouble-fête *m.*

Spat *m* ⟨-(e)s, -e/⸚e⟩ [ʃpaːt, 'ʃpɛːtə] **1.** *min* spath *m.*

Spat *m* ⟨-(e)s, ø⟩ [ʃpaːt] **2.** *vet* éparvin *m.*

spät [ʃpɛːt] *a attr* tardif, avancé; *adv* tard; *erst* ~ sur le tard; *zu* ~ trop tard; ~ *in der Nacht* tard od bien avant dans la nuit; *am* ~*en Abend* tard le soir *od* dans la soirée; *bis in die* ~*e Nacht (hinein)* jusqu'à une heure avancée de la nuit; *jdn fragen, wie* ~ *es ist* demander l'heure à qn; *zu* ~ *kommen* être en retard; *es ist schon* ~ il est déjà tard, l'heure est avancée; *es wird* ~ il se fait tard; *wie* ~ *ist es?* quelle heure est-il? *besser* ~ *als nie (prov)* mieux vaut tard que jamais; ~**abends** *adv = am* ~*en Abend;* **S~aussiedler** *m* personne *f* rapatriée des anciens territoires allemands après 1945; ~**er** *a* postérieur, ultérieur *(als* à); futur, à venir; *adv* plus tard; *nicht* ~ *als* au plus tard *(um 3 Uhr* à 3 heures); *einige Zeit* ~ à quelque temps de là; *bis* ~*!* à tantôt! ~*e Geschlechter n pl* les générations *f pl* futures *od* à venir; ~**erhin** *adv* plus tard; ~**estens** *adv* au plus tard; **S~folgen** *f pl med* suites *f pl* éloignées; **S~frost** *m (im Frühjahr)* gelée *f* tardive; **S~geburt** *f* accouchement *m* retardé; **S~gotik** *f* gothique *m* flamboyant; **S~heimkehrer** *m* ⟨-s, -⟩ prisonnier *m* de guerre rentrant longtemps après la fin de la guerre; **S~herbst** *m* arrière-automne *m;* **S~lese** *f (Wein)* récolte *f* de raisins surmûris; **S~ling** *m* ⟨-s, -e⟩ tard-venu, e *m f; (Kind)* tardillon; fruit *m* tardif; **S~nachmittag** *m: am* ~ tard dans l'après-midi; **S~obst** *n* fruits *m pl* tardifs; ~**reif** *a* tardif; **S~schicht** *f:* ~ *haben* être de

l'après-midi; **S~sommer** *m* arrière-saison *f; im* ~ vers la fin de l'été; *(Altweibersommer)* été *m* de la Saint-Martin; **S~zündung** *f mot* allumage *m* retardé.

Spatel *m* ⟨-s, -⟩ *od f* ⟨-, -n⟩ ['ʃpaːtəl] = *Spachtel.*

Spaten *m* ⟨-s, -⟩ ['ʃpaːtən] bêche *f; mit dem* ~ *umgraben* bêcher; ~**stich** *m* coup *m* de bêche *od* de pelle.

Spatz *m* ⟨-en/(-es), -en⟩ [ʃpats] moineau; *fam* pierrot *m; fig fam (schwächlicher Mensch)* mauviette *f; wie ein* ~ *essen* avoir un appétit de moineau *od* d'oiseau; *die* ~*en pfeifen es von den Dächern* on le crie sur les toits, c'est un secret de Polichinelle; *ein* ~ *in der Hand ist besser als e-e Taube auf dem Dach (prov)* un«tiens vaut mieux que deux «tu l'auras»; ~**enhirn** *n fig* cervelle d'oiseau, tête *f* de linotte.

spazieren ⟨*aux: sein*⟩ [ʃpa'tsiːrən] *itr* se promener; ~**en=fahren** ⟨*aux: sein*⟩ *itr* se promener *(mit dem Rad* à bicyclette, *mit dem Wagen* en voiture); ~**en=führen** *tr* promener; ~**en=gehen** ⟨*aux: sein*⟩ *itr* (aller) se promener, faire une promenade, prendre l'air; ~**en=reiten** ⟨*aux: sein*⟩ *itr* se promener à cheval; **S~fahrt** *f* promenade *f* à bicyclette, en voiture *od* en auto; **S~gang** *m* promenade *f; auf langen* od *weiten Spaziergängen* dans de longues promenades; ~ *im All (cosm)* sortie *f* dans l'espace; **S~gänger** *m* ⟨-s, -⟩ promeneur *m;* **S~ritt** *m* promenade à cheval, chevauchée *f;* **S~stock** *m* canne *f;* **S~weg** *m* sentier *m.*

Specht *m* ⟨-(e)s, -e⟩ [ʃpɛçt] *orn* pic *m.*

Speck *m* ⟨-(e)s, -e⟩ [ʃpɛk] lard; *typ* beurre *m; Stück n* ~ lardon *m;* ~ *ansetzen (fam)* faire *od* prendre de la graisse, prendre de l'embonpoint, grossir; *durchwachsene(r)* ~ petit lard, lard *m* maigre; ~**grieben** *f pl* cretons *m pl* (de lard); ~**hals** *m* cou *m* fort *od* gros; **s~ig** *a (fett)* lardeux, gras; *(fettig)* graisseux; ~**scheibe** *f* tranche *f* de lard; ~**schnitte** *f* barde *f; mit* ~*n bewickeln* barder; ~**schwarte** *f* couenne *f;* ~**seite** *f* bande *f* (de lard); ~**stein** *m min* pierre *f* de lard; ~**streifen** *m* lardon *m.*

spedieren [ʃpe'diːrən] *tr (verfrachten)* expédier; *(befördern)* envoyer; **S~iteur** *m* ⟨-s, -e⟩ [-di'tøːr] *(Fuhrunternehmer)* expéditeur, transporteur (routier), entrepreneur de transports *od* de déménagements; **S~ition** *f* ⟨-, -en⟩ [-tsi'oːn] expédition *f;* transport, camionnage, factage, roulage *m; (als Gewerbe)* industrie *f* routière; **S~itionsfirma** *f,* **S~itionsgeschäft** *n* entreprise de transports *od* de déménagement, maison *f* de transit; **S~itionskosten** *pl* frais *m pl* d'expédition.

Speer *m* ⟨-(e)s, -e⟩ [ʃpe:r] lance *f; (Wurfspieß)* épieu; *bes. sport* javelot *m;* **~werfen** *n* lancement *m* du javelot; **~werfer** *m* lanceur *m* de javelot.

Speiche *f* ⟨-, -n⟩ [ʃpaiçə] rayon, rai; *anat* radius *m; in die ~n greifen (fig)* donner un coup de main, mettre la main à la pâte; **~nnippel** *m* écrou *m* de rayon; **~nspanner** *m* serre-rayon *m.*

Speichel *m* ⟨-s, ø⟩ [ʃpaiçəl] salive *f; (Auswurf)* crachat *m; (Geifer)* bave *f; ~ absondern* saliver; **~drüse** *f* glande *f* salivaire; **~fluß** *m physiol* salivation; *scient* sialisme, ptyalisme *m;* **~lecker** *m* ⟨-s, -⟩ *fig* lécheur, lèche-bottes, flagorneur *m.*

Speicher *m* ⟨-s, -⟩ [ʃpaiçər] *(Dachboden, Getreide~)* grenier; *(Groß~)* silo; *(Lagerraum)* magasin, entrepôt *m; inform* mémoire *f;* **~fähigkeit** *f (Elektronik)* capacité *f* d'enregistrement; **~kraftwerk** *n* usine *f* d'accumulation; **s~n** *tr* stocker; ensiler; emmagasiner, entreposer; *inform* mémoriser; **~röhre** *f* tube *m* enregistreur; **~ung** *f* stockage; ensilage; emmagasinage *m; inform* mémoration, mise *f* en mémoire.

spei|en ⟨*speit, spie, hat gespie(e)n*⟩ [ʃpaiən] *itr, tr* cracher, expectorer; *jdm ins Gesicht ~* cracher au visage de qn; **S~en** *n* crachement *m,* expectoration *f;* **S~gat(t)** *n* ⟨-(e)s, -en/-s⟩ ['-gat] *mar* dalot *m;* **S~tüte** *f aero* sac *m* pour vomir.

Speis *m* ⟨-es, ø⟩ [ʃpais, '-zəs] *(Mörtel)* mortier; *(Gipsmörtel)* gâchis *m;* **~rührer** *m* gâche *f.*

Speise *f* ⟨-, -n⟩ [ʃpaizə] *(Nahrung)* nourriture *f; (Nahrungsmittel)* aliment; *(Gericht)* mets, plat; *(Süß~)* entremets; *(Nachtisch)* dessert *m; ~ und Trank* le boire et le manger; **~brei** *m physiol* chyme *m;* **~eis** *n* glaces *f pl* alimentaires; *Herstellung f, Vertrieb m von ~* glacerie *f;* **~fett** *n* graisse *f* alimentaire; **~gelatine** *f* gélatine *f* culinaire; **~kabel** *n el* câble *m* d'alimentation; **~kammer** *f* garde-manger *m;* **~karte** *f* carte *f,* menu *m;* **~kartoffeln** *f pl* pommes *f pl* de terre potagères *od* de consommation; **~leitung** *f tech* feeder; *el* conducteur *m* d'alimentation; **~lokal** *n* restaurant *m;* **s~n** *tr (ernähren)* nourrir; *(zu essen geben)* donner à

manger *(jdn à qn); bes. tech* alimenter; *itr (essen)* manger, prendre un *od* le repas; **~naufzug** *m* monte-plats *m;* **~nfolge** *f* menu *m;* **~öl** *n* huile *f* alimentaire *od* comestible; **~reste** *m pl (auf dem Tisch)* restes du repas; *(im Munde)* résidus *m pl* alimentaires; **~röhre** *f anat* tube digestif, œsophage *m;* **~saal** *m (Kloster, Schule)* réfectoire *m; (Hotel)* salle *f* à manger; **~schrank** *m* garde-manger *m;* **~wagen** *m loc* wagon-restaurant *m,* voiture-restaurant *f;* **~zettel** *m =* **~karte;** **~zimmer** *n* salle *f* à manger; **Speisung** *f, a. tech* alimentation *f; die ~ der Fünf-* bzw. *Viertausend (rel)* la multiplication des pains (et des poissons).

Spektakel *m* ⟨-s, -⟩ **1.** [ʃpɛk'ta:kəl] *fam (Krach, Lärm)* chahut, chambard, tintamarre, raffut; *pop* boucan, barouf(le); vacarme, tapage *m; ~ machen* faire du vacarme *od* tapage, chahuter; **2.** *n* spectacle *m.*

Spektr|alanalyse *f* [s(ʃ)pɛk'tra:l-] *phys* analyse *f* spectrale); **~alfarben** *f pl* couleurs *f pl* du spectre; **~allinie** *f phys* ligne *f* spectrale; **~ometer** *n* ⟨-s, -⟩ [-tro'me:tər] spectromètre *m;* **~oskop** *n* ⟨-s, -e⟩ [-'sko:p] spectroscope *m;* **~um** *n* ⟨-s, -tren/-tra⟩ [ʃpɛktrʊm, -tra/ -trən] spectre *m* (lumineux).

Spekul|ant *m* ⟨-en, -en⟩ [ʃpeku'lant] spéculateur; *(Börsen~)* agioteur *m;* **~ation** *f* ⟨-, -en⟩ [-latsi'o:n] *allg* spéculation *f; fin* agiotage *m; ~en anstellen* spéculer *(über* sur); *sich ~en hingeben* se livrer à des spéculations; **~ationsgewinn** *m* profit *m* de spéculation; **~ationskauf** *m* achat *m* spéculatif *od* en spéculation; **s~ativ** [-la'ti:f] *a* spéculatif; **s~ieren** [-'li:rən] *itr* spéculer *(auf* sur); *(an der Börse) a.* agioter, jouer (à la bourse); *auf das Steigen, Fallen der Kurse* à la hausse, baisse); *fam pej* boursicoter; tripoter *(in* sur); *fam (grübeln)* spéculer.

Speläologie *f* ⟨-, ø⟩ [spelɛolo'gi:] *(Höhlenforschung)* spéléologie *f.*

Spelt *m* ⟨-(e)s, -e⟩ [ʃpɛlt] *= Spelz.*

Spelunke *f* ⟨-, -n⟩ [ʃpe'lʊŋkə] *pej (finsteres Loch)* bouge; *(Schlupfwinkel)* repaire; *(Winkelkneipe)* caboulot; *(Spielhölle)* tripot *m.*

Spelz *m* ⟨-es, -e⟩ [ʃpɛlts] *(Getreideart)* épeautre *m;* **~e** *f* ⟨-, -n⟩ *(Teil der Ähre)* glume *f.*

spend|abel [ʃpɛn'da:bəl] *a fam (freigebig)* large, généreux, libéral; **S~e** *f* ⟨-, -n⟩ [ʃpɛndə] *(Geschenk)* don *m; (Almosen)* aumône, obole *f; (großzü-*

gige ~*)* largesses *f pl;* ~**en** *tr* faire don de, donner; *(austeilen)* distribuer; *rel (Sakrament)* administrer; *fig (Lob)* prodiguer; *(Trost)* dispenser; **S~enbescheinigung** *f* reçu *m* de don; **S~enkonto** *n* compte *m* (de versement de dons); **S~ensammlung** *f allg* collecte; *rel* quête *f;* **S~er** *m* ‹-s, -› donneur, donateur; *(Wohltäter)* bienfaiteur; *med* donneur *m;* *(Austeiler, a. Vorrichtung)* distributeur *m;* ~**ieren** [-'di:rən] *tr (ausgeben)* offrir; *(bezahlen)* payer; **S~ierhosen** *f pl fam: die* ~ anhaben être en veine de générosité; **S~ung** *f rel* administration *f.*
Spengler *m* ‹-s, -› ['ʃpɛŋlər] = *Klempner.*
Sperber *m* ‹-s, -› ['ʃpɛrbər] *orn* épervier *m.*
Sperenz|chen [ʃpe'rɛntsçən] *pl fam (Umstände):* ~ *machen* faire du chichi *od* des façons *od* des cérémonies.
Sperling *m* ‹-s, -e› ['ʃpɛrlɪŋ] *orn* moineau *m.*
Sperm|a *n* ‹-s, -men/-mata› ['s(ʃ)pɛrma, -mən/-mata] *physiol* sperme *m;* ~**atozoon** *n* ‹-s, -zoen› [-to'tso:ɔn, -ən] , ~**ium** *n* ‹-s, -mien› [-miʊm, -miən] spermatozoïde *m.*
sperrangelweit ['ʃpɛr'ʔaŋəl'vaɪt] *adv:* ~ *offen* (tout) grand ouvert.
Sperr|balken *m* ['ʃpɛr-], ~**baum** *m* barrière *f;* ~**ballon** *m* ballon *m* de barrage *od* de protection; ~**bereich** *m* radio bande *f* éliminée *od* de sécurité; ~**bolzen** *m* cheville *f* d'arrêt; ~**druck** *m* typ caractères *m pl* espacés; ~**e** *f* ‹-, -n› *(Straßen~)* barrière, traverse *f; (bes. Tal~)* barrage *m; (Barrikade)* barricade *f; mil* obstacle (artificiel); *loc* (portillon *od* tourniquet de) contrôle *m; (Auftrags~, Boykott)* boycottage; *(Blokkade)* blocus; *(Hafen~)* embargo *m;* = ~*ung (Verbot); durch die* ~ *gehen (loc)* franchir le contrôle, passer sur le quai; **s~en** *tr (ver~)* barrer, barricader, bloquer, obstruer; *(schließen)* fermer (l'entrée, l'accès de); *(für den Verkehr)* interdire (à la circulation); *tech* enrayer; *(elektr. Strom, Gas, Wasser)* couper, interrompre; *typ* espacer; *(verbieten)* interdire, défendre, prohiber; *(aufheben, bes. Urlaub)* supprimer; *sport* suspendre; *(Konto)* bloquer, immobiliser; *(Scheck, Wechsel)* faire opposition au paiement de; *(Bezüge)* interdire le paiement de; *(Gehalt)* suspendre; *(Kredit)* bloquer; *sich* ~ *(sich sträuben)* se raidir; s'opposer *(gegen* à); *in den Keller* ~ enfermer dans la cave;

~**feder** *f tech* ressort *m* d'arrêt *od* de détente; ~**feuer** *n mil* feu de barrage, tir *m* de barrage *od* d'arrêt; ~**gebiet** *n* zone *f* interdite; ~**gürtel** *m* cordon *m* sanitaire; ~**gut** *n* marchandises *f pl* encombrantes; *(als Aufschrift)* encombrant; ~**haken** *m* crochet d'arrêt, déclic *m;* ~**holz** *n* (bois) contre-plaqué *m;* ~**holzplatte** *f* panneau *m* contre-plaqué; **s~ig** *a* encombrant; ~**kette** *f* chaîne de barrage; *(an e-r Wohnungstür)* chaîne *f* de sûreté; ~**klinke** *f tech* cran d'arrêt, cliquet *m* (d'arrêt); ~**klotz** *m loc* taquet *m;* ~**konto** *n* compte *m* bloqué; ~**kreis** *m el* circuit-bouchon *m;* ~**magnet** *m* électro-aimant *m* d'enclenchement; ~**müll** *m* vieux objets *m pl* encombrants; ~**müllabfuhr** *f,* ~**müllsammlung** *f* ramassage des objets encombrants à jeter, ramassage *m* des vieux objets encombrants; ~**(r)ad** *n* roue *f* à rochet; ~**(r)iegel** *m* verrou *m* de sûreté; ~**satz** *m typ* composition *f* espacée; ~**sitz** *m theat* stalle *f; (im Parkett)* fauteuil *m* d'orchestre; ~**stück** *n (Pistole)* pièce *f* de blocage; ~**stunde** *f mil (Zapfenstreich)* couvre-feu *m; (Ausgehverbot)* heure d'interdiction; *(Polizeistunde)* heure *f* de clôture; ~**ung** *f (Ver~)* barrage, blocage *m,* obstruction; *(Schließung)* fermeture *f; tech* arrêt *m; (~ der Zufuhr)* coupure, interruption *f; typ* espacement *m; (Verbot)* interdiction, prohibition; *(Aufhebung)* suppression; *sport* suspension *f; fin* blocage *m;* opposition, interdiction; *(d. Gehaltes)* suspension *f;* ~**vermerk** *m fin* mention *f* de blocage; ~**vorrichtung** *f* dispositif *m* d'arrêt; ~**zeit** *f* heures *f pl* d'interdiction; ~**zoll** *m* droit *m* prohibitif; ~**zone** *f* zone *f* interdite; *mil* zone *f* de barrage.
Spesen *pl* ['ʃpe:zən] *com* frais *m pl,* dépenses *f pl,* débours *m pl; alle* ~ *einbegriffen* tous frais compris; *nach Abzug aller* ~ tous frais déduits; *auf* ~ *reisen* voyager aux frais de l'entreprise; *jdm die* ~ *vergüten* rembourser ses frais à qn; **s~frei** *a* exempt de *od* sans frais; ~**rechnung** *f* état *m* des frais; ~**ritter** *m fam* profiteur *m;* ~**vergütung** *f* indemnité *f* de dépenses; remboursement *m* des frais.
Speyer *n* ['ʃpaɪər] *geog* Spire *f.*
Spezi *m* ‹-s, -(s)› ['ʃpe:tsi] *fam (Busenfreund)* ami *m* intime.
Spezial|fall *m* [[pe'tsia:l-] cas *m* spécial *od* particulier; ~**gebiet** *n* spécialité *f;* ~**geschäft** *n* magasin *m* spécialisé; **s~isieren** [-tsiali'zi:rən] *tr*

spécialiser; *sich* ~ se spécialiser (*auf dans*); ~**isierung** *f* spécialisation *f;* ~**ist** *m* ‹-en, -en› [-'lɪst] spécialiste *m;* ~**ität** *f* ‹-, -en› [-li'tɛ:t] spécialité *f.*
speziell [[petsi'ɛl] *a* spécial, particulier; *auf Ihr ~es Wohl!* (*fam*) à votre bonne santé! ~*e Angaben f pl* spécification *f.*
Spezies *f* ‹-, -› ['s(ʃ)pe:tsiɛs, *pl* '-tsie:s] *bot zoo (Art)* espèce *f; vx = Grundrechnungsart.*
spezi|fisch [[pe'tsi:fɪʃ] *a, a. phys* spécifique; ~*e(s) Mittel n* (*med*) spécifique *m;* ~**fizieren** [-fi'tsi:rən] *tr* spécifier; **S~fizierung** *f* spécification *f.*
Sphär|e *f* ‹-, -n› ['sfɛ:rə] (*Himmelsgewölbe; fig: Kreis, Bereich*) sphère *f;* ~**enmusik** *f* musique *f* cosmique; **s~isch** [-'sfɛ:rɪʃ] *a math* sphérique; ~**oid** *n* ‹-(e)s, -e› [sfɛro'i:t, -də] *math astr* sphéroïde *m.*
Sphinx *f* ‹-, -e› *a. m* ‹-, -e/Sphingen› [sfɪŋks, -ɪŋən] (*Mythologie u. fig*) sphinx *m.*
Spick|aal *m* ['spɪk-] anguille *f* fumée; **s~en** *tr* (*Küche*) (entre)larder, barder; (*bestechen*) soudoyer, corrompre, acheter; *itr fam* (*Schule: unerlaubt abschreiben*) pomper; *mit Orden gespickt* bardé de décorations; *mit Fehlern, Zitaten gespickt* truffé de fautes, émaillé de citations; ~**gans** *f* oie *f* fumée; ~**nadel** *f* lardoire *f;* ~**zettel** *m fam* (*Schule*) antisèche *f.*
Spiegel *m* ‹-s, -› ['ʃpi:gəl] glace *f; (bes. Hand~ u. fig)* miroir; *(Pfeiler~)* trumeau *m; (großer Dreh~)* psyché *f; med* spéculum; *mil (Kragen~)* écusson; *(Jägersprache: des Rehes)* miroir; *(Oberfläche e-r Flüssigkeit)* niveau *m; im ~ (gen) (fig a.)* à travers; *jdm den ~ vorhalten (fig)* présenter le miroir à qn; *geschliffene(r) ~* glace *f* biseautée; *das kann er sich hinter den ~ stecken!* il ne s'en vantera pas! ~**belag** *m* tain *m;* ~**bild** *n* image *f* reflétée par *od* dans un miroir; *fig* reflet *m;* **s~bildlich** *a* renversé, à l'envers; **s~blank** *a:* ~ *sein* briller comme un miroir; ~**ei** *n* œuf *m* sur le plat *od* au miroir; ~**fechterei** *f* simagrée *f;* simulacre *m;* ~**fläche** *f* (surface *f* d'un *od* du) miroir *m;* ~**glas** *n* (verre *m* à) glace *f;* **s~glatt** *a* poli comme un miroir; **s~gleich** *a math* symétrique; ~**karpfen** *m* carpe *f* à miroir; ~**mikroskop** *n* microscope *m* à réflecteur; **s~n** *tr* (*zurückstrahlen*) refléter, réfléchir; *itr* (*schillern*) miroiter, jeter des reflets variés; *sich* ~ se mirer; se regarder dans une glace; (*sich wider~*) se refléter (*in* dans); *fig* (*zutage treten*) se lire; ~**reflexka**-

mera *f phot* caméra *f* à miroir réflecteur, reflex *m;* ~**saal** *m* (*im Schloß von Versailles*) galerie *f* des glaces; ~**schrank** *m* armoire *f* à glace; ~**schrift** *f* écriture *f* spéculaire *od* renversée *od* en miroir; ~**sextant** *m astr* sextant *m* à réflexion; ~**teleskop** *n* télescope *m* catoptrique; ~**ung** *f* (*Rückstrahlung*) réflexion *f,* réfléchissement; (*Reflex*) reflet; (~*glanz*) miroitement; (*Luft~*) mirage *m;* ~**zimmer** *n* salle *f* des glaces.
Spiel *n* ‹-(e)s, -e› [[pi:l] *allg* jeu *m;* (*Partie*) partie *f; (Wettkampf)* match; *theat* spectacle; *mus (Anschlag)* toucher *m; (Vortrag)* exécution *f; (Bewegung)* jeu, mouvement *m; mit klingendem* ~ tambour battant, musique en tête; *das* ~ *aufgeben* abandonner *od* quitter la partie; *das* ~ *nicht aufgeben* tenir la partie, se piquer au jeu; *ein* ~ *austragen (sport)* disputer un match; *ins* ~ *bringen (sport u. fig)* mettre en jeu; *das* ~ *verloren geben* regarder la partie comme perdue; *ein* ~ *gewinnen, verlieren* gagner, perdre une partie; *gewonnenes* ~ *haben* avoir partie gagnée *od* gain de cause; *bei etw s-e Hand im* ~ *haben* être pour qc dans qc; *leichtes* ~ *haben* avoir beau jeu (*mit jdm* avec qn); *ins* ~ *kommen* entrer en jeu; *aus dem* ~ *lassen (fig)* ne pas faire entrer en jeu, laisser hors de cause *od* de côté; *aufs* ~ *setzen* mettre en jeu *od* en péril; exposer, risquer, hasarder, aventurer; (*e-e Summe*) miser; (*s-n Ruf, s-e Zukunft*) compromettre; *alles aufs* ~ *setzen (fig)* mettre tout en jeu, jouer *od* risquer le tout pour le tout, jouer son va-tout; *viel aufs* ~ *setzen* jouer gros (jeu), risquer gros; *ein falsches, offenes* ~ *spielen* jouer double, franc jeu; *auf dem* ~ *stehen* être en jeu; *mit etw sein* ~ *treiben* se faire un jeu de qc; *ein gewagtes* od *gefährliches* ~ *treiben* jouer grand jeu *od* gros (jeu), risquer gros, jouer un jeu dangereux; *das* ~ *verderben (fig)* gâter *od fam* gâcher le métier; *ich habe leichtes* ~ *mit ihm* il m'offre beau jeu; *das* ~ *ist aus (fig)* les jeux sont faits; *wie steht das* ~? *(sport)* où en est le match? ~ *Karten (Satz)* jeu *m* de cartes; ~ *der Wellen* jeu *m* des vagues; ~ *des Zufalls* caprice *m* du hasard; ~**alter** *n* âge *m* du jeu; ~**art** *f bot* variété; *fig* nuance *f;* ~**automat** *m* machine *f* à sous; ~**ball** *m* balle *f* (à jouer *od* de jeu); *fig* jouet *m;* ~**bank** *f* maison *f* de jeu, casino *m;* **s~bar** *a mus theat* jouable; ~**bein** *n* (*Kunst*) jambe *f* de jeu; ~**dauer** *f sport* durée

du match; *(e-r Schallplatte)* durée *f;*
~**dose** *f* boîte *f* à musique; ~**er** *m*
‹-s, -› joueur; *(Schau~)* acteur *m;* ~**erei** *f*
[-'raɪ] jeu, amusement; *(Tändelei,
Schäkerei)* badinage; *(Kinderei)* enfantillage *m; fig (Kleinigkeit)* bagatelle *f;* ~**ergebnis** *n sport* score *m;*
s~erisch *a* qui aime jouer, joueur;
fig (leicht) léger; ~**feld** *n sport* terrain; ~**film** *m* film, long métrage *m;*
m; ~**folge** *f* programme *m;* ~**hälfte**
f (Fußball) mi-temps *f;* ~**hölle** *f* tripot *m;* maison *f* interlope;
~**höschen** *n* [-høːsçən] salopette,
barboteuse *f;* ~**kamerad(in** *f)* *m* camarade *m f* de jeu; ~**karte** *f* carte *f* à
jouer; ~**kasse** *f* cagnotte *f;*
~**leidenschaft** *f* passion *f* du jeu;
~**leiter** *m theat* régisseur; *a. film*
metteur en scène; *film* réalisateur *m;*
sport = Schiedsrichter; ~**leitung** *f*
theat mise en scène; *film* réalisation
f; ~**mann** *m* ‹-(e)s, -leute› *mus (Musikant)* ménétrier; *hist (fahrender
Sänger)* ménestrel *m; pl mil* tam-
bours et clairons *m pl;* ~**marke** *f* jeton *m;* ~**plan** *m theat* répertoire;
(für e-e bestimmte Zeit) (programme
m des) spectacles *m pl; sich auf dem
~ halten* demeurer au théâtre;
~**platz** *m (für Kinder)* aire *f* od terrain *m* de jeux; ~**raum** *m tech* jeu *m,*
chasse, tolérance; *fig (Bewegungsfreiheit)* marge, latitude *f;* ~ *haben
(tech)* avoir du jeu; *(Schneiderei)*
avoir de l'aisance; *freien ~ haben
(fig)* avoir le champ libre; ~ *lassen
(Schneiderei)* donner de l'aisance;
~**regel** *f* règle *f* du jeu; *das ist gegen
die ~n (fam a.)* cela n'est pas de jeu;
~**sachen** *f pl* jouets, joujoux *m pl;*
~**schuld** *f* dette *f* de jeu; ~**straße** *f*
rue *f* réservée aux jeux; ~**teufel** *m*
démon *m* du jeu; *vom ~ besessen
sein* avoir la passion du jeu; ~**tisch**
m table *f* de jeu; ~**trieb** *m psych*
instinct *m* du jeu; ~**uhr** *f* pendule *f* à
carillon; ~**verbot** *n sport* suspension
f; ~**verderber** *m* trouble-fête, rabat-
-joie, *pop* gâcheur *m;* ~**verlängerung** *f sport* prolongation *f* du
match; ~**waren** *f pl* jouets *m pl;*
~**warenhändler** *m,* ~**warenhand-
lung** *f* marchand, magasin *m* de
jouets; ~**werk** *n (e-r ~dose od ~uhr)*
carillon *m;* ~**wiese** *f* parc *m* à jeux;
~**wut** *f* = ~*leidenschaft;* ~**zeit** *f*
theat saison (théâtrale); *sport* durée *f*
du match; ~**zeug** *n* ‹-(e)s, -e› jouets
m pl; fig (wertloser Gegenstand)
hochet *m;* ~**zeugeisenbahn** *f* train
m miniature; ~**zeugroboter** *m* auto-

mate-jouet *m;* ~**zimmer** *n* salle de
jeux; *(für Kinder)* chambre *f* à jouer.
spielen ['ʃpiːlən] *itr allg* jouer *a. theat
mus sport (mit jdm* avec qn); *(Kind
a.)* faire joujou; *(sich d. Zeit vertreiben)* s'amuser; *(stattfinden, sich ereignen)* se jouer, se dérouler, se passer, avoir lieu; avoir pour scène *od*
pour théâtre *(in etw* qc); *(Farbe)* tirer
(ins sur le); *um 100 Mark ~* jouer 100
marks; *mit jdm ~ (fig: sein Spiel treiben)* se jouer de qn; *tr (ein Spiel)*
jouer (à un jeu); *(ein Instrument)*
d'un instrument; *etw auf e-m Instrument spielen* jouer qc à un instrument; *theat (Rolle, Stück)* jouer;
film (zeigen) passer; *(mimen, vortäuschen)* jouer, feindre, simuler; se donner, se faire passer pour; *zum erstenmal ~ (theat)* créer; *falsch ~ (beim
Kartenspiel)* tricher (aux cartes); *mus*
canarder; *mit dem Feuer ~ (fig)* jouer avec le feu; *nach Gehör ~ (mus)*
jouer d'oreille; *jdm etw in die Hände
~* faire parvenir qc à qn par ruse; *hin-
reißend ~ (theat)* brûler les planches;
hoch ~ jouer gros (jeu); *krank ~* faire *od* jouer le malade; *mit gezinkten
Karten ~* jouer avec des cartes bi-
seautées; *in der Lotterie ~* jouer à la
loterie; *niedrig ~* jouer petit jeu; *jdm
e-n Streich ~* jouer un tour à qn; *verrückt ~ (fam)* simuler la folie; *übertrieben vorsichtig ~ (beim Kartenspiel)* jouer la carotte; *nicht mit sich
~ lassen (fig)* ne pas entendre plaisanterie *od* raillerie; *das Stück spielt
in Spanien (a.)* la scène est en Espagne; ~**d** *adv (mühelos)* comme en
jouant; haut la main, par-dessous la
jambe.
Spieß *m* ‹-ßes, -ße› [ʃpiːs, '-ə] *(Pike)*
pique *f; (Wurf~)* javelot; *(Jagd~)*
épieu *m; (Brat~)* broche; *(Hirsch)*
dague; *typ* pointe *f; arg mil (Haupt-
feldwebel, -wachtmeister)* juteux *m;
am ~ braten* faire cuire à la broche;
*er schreit wie am ~ od als ob er am
~ stäke* il crie comme un écorché *od*
comme si on l'écorchait; *den ~ umdrehen* od *umkehren (fig)* passer à
l'offensive; prendre sa revanche;
~**bürger** *m pej* petit bourgeois, épicier; philistin, béotien *m;* **s~bür-
gerlich** *a* bourgeois, prudhommesque; philistin, béotien; terre-à-terre;
~**bürgertum** *n* esprit bourgeois;
philistinisme *m;* **s~en** *tr (auf~)* embrocher, enferrer; *(durchbohren)*
(trans)percer; ~**er** *m* ‹-s, -› *(Hirsch)*
daguet; *(Rehbock)* brocard *m; fig =
~bürger;* **s~erisch** *a* = *s~bür-
gerlich;* ~**geselle** *m* complice *m;*

~**glanz** m min antimoine m; **s~ig** a = ~bürgerlich; ~**ruten** f pl: ~ laufen passer par les verges od les baguettes; fig passer entre deux haies de curieux.

Spikes [ʃpaɪks, sp-] pl (Sportschuhe) chaussures f pl de course od à crampons; mot pneus m pl cloutés.

Spill n ‹-(e)s, -e› [ʃpɪl] mar cabestan m.

spinal [ʃ(s)pinaːl] a: ~e Kinderlähmung f poliomyélite f.

Spinat m ‹-(e)s, -e› [ʃpiˈnaːt] bot épinard m; (Küche) épinards m pl.

Spind m, a. n ‹-(e)s, -e› [ʃpɪnt, ˈ-də] (Schrank) armoire f.

Spindel f ‹-, -n› [ˈʃpɪndəl] fuseau m; tech tige f; (Textil) broche f; (Welle) arbre; (Zapfen) pivot; arch (e-r Wendeltreppe) noyau m (d'escalier); ~**baum** m bot fusain m; **s~dürr** a maigre comme un clou od un hareng; **s~förmig** a fuselé, en (forme de) fuseau; fusiforme; ~**kopf** m tech nez m de la broche.

Spinell m ‹-s, -e› [ʃpiˈnəl] min spinelle m.

Spinett n ‹-(e)s, -e› [ʃpiˈnɛt] mus épinette f.

Spinn|düse f [ˈʃpɪn-] (Textil) filière f; ~**e** f ‹-, -n› zoo araignée f; (echte) ~n pl (Ordnung) aranéides m pl; **s~efeind** a: sich ~ sein être à couteau(x) tiré(s); **s~en** ‹spinnt, spann, hat gesponnen› [ʃpan] tr (zoo u. Textil) filer; fig (anzetteln) tramer; (aushekken, ersinnen) ourdir; itr pop (verrückt sein) avoir une araignée au plafond od le timbre fêlé; ein Lügengewebe ~ fabriquer un tissu de mensonges; ~**en** n filage m; ~**enfinger** m pl (fig) pattes f pl d'araignée; ~**(en)gewebe** n, ~**ennetz** n toile f d'araignée; ~**entiere** n pl (Klasse) arachnides m pl; ~**er** m ‹-s, -› ent bombyx; (Arbeiter) fileur; fig fam farceur, songe-creux m; ~**erei** f [-ˈraɪ] (Gewerbe u. Werk) filature f; ~**ereibesitzer** m filateur m; ~**ereimaschine** f = ~maschine; ~**erin** f fileuse f; ~**faser** f fibre f (textile); ~**maschine** f métier m à filer, jenny f; ~**rad** n rouet m; ~**rocken** m quenouille f; ~**stoff** m (matière f) textile m; ~**stube** f (ländl. Abendgesellschaft) veillée f; ~**stuhl** m chaise f de fileuse; ~**webe** f ‹-, -n› toile f d'araignée.

spintisieren [ʃpɪntiˈziːrən] itr fam (grübeln) chercher le fin du fin; être un songe-creux.

Spion m ‹-s, -e› [ʃpiˈoːn] espion, mouchard; arg renard; (Fensterspiegel)

espion m; ~**age** f ‹-, ø› [-oˈnaːʒə] espionnage m; ~**ageabwehr** f contre-espionnage m; ~**agenetz** n réseau m d'espionnage; **s~ieren** [-oˈniːrən] itr espionner, moucharder; ~**ieren** n espionnage m; ~**in** f espionne; moucharde f.

Spiräe f ‹-, -n› [s(ʃ)piˈrɛːə] bot spirée f.

spiral [ʃpiˈraːl] a (schneckenförmig) en spirale; **S~bohrer** m foret m od mèche f (hélicoïdal(e)), **S~e** f ‹-, -n› spirale, volute f; med (zur Empfängnisverhütung) stérilet m; **S~feder** f ressort spiral od à boudin; (Uhr) spiral m; ~**förmig** a = ~; **S~linie** f spirale f; **S~nebel** m astr nébuleuse f spirale.

Spirit|ismus m ‹-, ø› [ʃ(s)piriˈtɪsmʊs] spiritisme m; ~**ist** m ‹-en, -en› [-ˈtɪst] **s~istisch** [-ˈtɪstɪʃ] a spirite (m); ~**ualismus** m ‹-, ø› [-tuaˈlɪsmʊs] philos spiritualisme m; ~**uosen** pl [-tuˈoːzən] spiritueux m pl; ~**uosenlager** n chai m; ~**us** m ‹-, -sse› [ˈʃpiːritʊs] (Weingeist) esprit de vin, alcool; (Brenn~) alcool m à brûler; ~**usbrenner** m, ~**uskocher** m, ~**uslack** m, ~**uslampe** f brûleur, réchaud, vernis m, lampe f à alcool; ~**us rector** m ‹-, ø› [- ˈrɛktɔr] (Seele e-s Unternehmens) instigateur m.

Spital n ‹-s, ˙˙er› [ʃpiˈtaːl, -ˈtɛːlər] vx (Krankenhaus) hôpital; (Altersheim) hospice, asile m od maison f de vieillards.

spitz [ʃpɪts] a pointu, en pointe; (Nadel) à pointe fine; (Winkel) aigu; (Gesicht) effilé; fig (Worte: scharf, beißend) aigu, aigre, acéré, mordant, perçant; (boshaft) méchant; eine ~e Zunge (fig) une langue bien affilée; ~ werden (Gesicht) s'affiner; zulaufend effilé; arch fuyant; **S~** m ‹-es, -e› (Hunderasse) loulou m; **S~bart** m barbe f en pointe, bouc m; **S~bergen** n geog Spitzberg m; **S~bogen** m arch (arc m en) ogive f; ~**bogig** a ogival, en ogive; **S~bube** m filou, fripon, coquin, garnement, voyou; larron m; **S~bubengesicht** n visage m od figure od tête f de filou; mine f patibulaire; **S~büberei** f friponnerie, coquinerie f; **S~bübin** f friponne, coquine f; ~**bübisch** a (bes. verniedlichend) fripon, coquin; **S~eisen** n mines pic m à main, aiguille f; **S~el** m ‹-s, -› (Zuträger) mouchard; (Polizei~) indicateur; arg indic; (Lock~) agent m provocateur; ~**en** tr ailes tailler en pointe, affiler; (Bleistift) tailler, aiguiser, affûter; (Pfeil) acérer; sich auf etw ~ s'attendre à qc, compter sur qc; die Lippen od den Mund

~ faire la petite bouche *od* la bouche en cœur; **S~er** *m* ‹-s, -› *(Werkzeug der Steinmetzen)* rustique *m*; *(Bleistift~)* taille-crayon(s) *m*; **~findig** *a* subtil; *(haarspalterisch)* pointilleux, vétilleux, tatillon; **S~findigkeit** *f* subtilité, argutie, finasserie *f*; **S~hakke** *f* pioche *f*, pic *m*; **S~hammer** *m* marteau *m* à pointe, picot *m*; **~ig** *a* en pointe; effilé; **~ᴢkriegen** *tr fam (herausbekommen)* avoir le fin mot (*etw* de qc); **S~kühler** *m mot* radiateur en coupe-vent; *hum (Bäuchlein)* embonpoint *m*; **S~maus** *f* musaraigne *f*; **S~name** *m* sobriquet, surnom, nom *m* de guerre; **~wink(e)lig** *a math* acutangle.

Spitze *f* ‹-, -n› [ˈʃpɪtsə] *allg, a. fig* pointe *f*; *(e-r Schreibfeder)* bec *m*; *(e-r Lanze)* fer; *(Ende e-s längl. Gegenstandes)* bout; *(Berg~)* pic *m*, aiguille *f*; *(Gipfel u. math)* sommet *m*; *fig (Kopf, führende Stelle)* tête *a. mil*; *(Taktik)* pointe *f* de l'avant-garde; échelon *m* de tête; *(Textil)* dentelle *f*, point *m*; *pl (e-r Gesellschaft)* sommités; *(Textil)* dentelles *f pl*; *an der ~ (gen)* à la *od* en tête (de); *die ~ e-r S abbrechen* épointer qc; *jdm, e-r S die ~ bieten* faire face *od* tenir tête à qn, qc; *die ~ halten (sport)* garder *od* conserver la tête; *sich an die ~ e-r S setzen od stellen, an die ~ e-r S treten* se mettre *od* prendre la tête de qc; *an der ~ stehen* tenir le premier rang; *e-r S* être à la tête *od* à l'avant--garde, détenir le record de qc; *etw auf die ~ treiben (fig)* pousser qc à l'extrême *od* à son point extrême *od* à bout *od* à la limite, combler la mesure de qc; *das ist e-e ~ gegen mich (fig)* c'est une pierre dans mon jardin; *Brüsseler ~* point *m* de Bruxelles; *freie ~n pl (com)* marchandises *f pl* au delà du rationnement; excédent *m* disponible; *genähte ~* dentelle *f* à l'aiguille; **~n . . .** *(in Zssgen) (erstklassig)* excellent; *(aus Spitze)* en dentelle; *(höchste)* de pointe; **~nbelastung** *f el* charge de pointe; *(Verkehr)* saturation *f*; **~nbesatz** *m* garniture *f* de dentelle; **~neinsatz** *m (Textil)* entre-deux *m* (de dentelle); **~nerzeugnis** *n* produit *m* de qualité; **~ngeschwindigkeit** *f* vitesse *f* de pointe; **~nkandidat** *m pol* (candidat *m*) tête de liste; tête *f* de file; **~nklasse** *f* première qualité *f*; **~nkleid** *n* robe *f* en *od* de dentelle; **~nklöppel** *m* fuseau *m* à dentelle; **~nklöppelei** *f* dentellerie *f*; **~nklöpplerin** *f* dentellière *f*; **~nkragen** *m* col *m* de dentelle; **~nlei-**

stung *f* rendement *m* maximum *od* maximal, puissance de pointe; performance *f*; record *m*; **~nlohn** *m* salaire *m* maximum *od* maximal; **~nmannschaft** *f sport* équipe *f* de tête; **~norganisation** *f* organisation *f* centrale; **~npolitiker** *m* politicien *m* en vue; **~nposition** *f* position *f* élevée; **~npreis** *m* prix *m* record; **~nreiter** *m fig (Produkt)* vedette *f*; *sport:* ~ *sein* être en tête; **~nsportler** *m* sportif de haut niveau, champion *m*; **~nstellung** *f* position *f* élevée; *s-e* ~ *halten* se montrer à la hauteur de son standing; **~ntanz** *m* pointes *f pl*; **~ntänzerin** *f* danseuse *f* classique; **~nverband** *m adm* association *f* centrale; **~nverkehrszeit** *f* heures *f pl* de pointe; **~nwerte** *m pl (Börse)* vedettes *f pl* (du marché).

Spleen *m* ‹-s, -e/-s› [ʃ-, spliːn] excentricité, bizarrerie *f* (de caractère); **s~ig** *a* excentrique, bizarre.

Spleiß|e *f* ‹-, -n› [ˈʃplaɪsə] *dial (Splitter)* écharde *f*; **s~en** ‹*spleißt, spliß, hat gesplissen*› [(-)ˈʃplɪs(-)ʃ] *tr* **1.** *dial (spalten)* fendre; **2.** *mar (Tau- od Kabelenden mitea. verflechten)* épisser.

Splint *m* ‹-(e)s, -e› [ʃplɪnt] *(Vorsteckstift)* goupille *f*; = **~holz**; **~bolzen** *m* (boulon *m* à) clavette *f*; **~holz** *n* aubier *m*.

Splitt *m* ‹-(e)s, -e› [ʃplɪt] *(Steinschlag für d. Straßenbau)* pierres *f pl* concassées, pierraille *f*, gravillon *m*; *mit* ~ *bestreuen* gravillonner.

Splitter *m* ‹-s, -› [ˈʃplɪtər] éclat *m*; *(Holz~)* écharde *f*; *(Knochen~)* esquille; *(Diamant~)* paillette *f*; *den ~ im Auge s-s Bruders sehen* voir la paille dans l'œil de son voisin; *sich e-n ~ in den Finger rennen* se mettre une écharde dans le doigt; **~bombe** *f* bombe *f* à fragmentation; **~bruch** *m med* fracture *f* esquilleuse; **s~(faser)nackt** *a* nu comme un ver *od* la main; **~granate** *f* obus *m* de fragmentation; **~gruppe** *f pol* fraction *f* minoritaire; groupuscule *m*; **s~n** ‹*aux: sein*› *itr* éclater; voler en éclats; **s~nd** *a: nicht ~ (Glas)* de sécurité; **~partei** *f* petit parti *m*; **~schutz** *m* protection *f* contre les éclats; **s~sicher** *a* à l'abri des éclats; **~wirkung** *f* effet *m* des *od* (produit) par (les) éclats; **splitt(e)rig** *a* réduit en éclats, fendillé.

Spondeus *m* ‹-, -deen› [ʃpɔnˈdeːʊs, -ˈdeːən] *(Versfuß)* spondée *m*.

Sponsor *m* ‹-s, -s› [ˈʃpɔnzər] producteur *m*.

spontan [ʃ-, spɔnˈtaːn] *a (von selbst*

(erfolgend)) spontané; **S~eität** *f* ‹-, ø› [-tanei'tɛ:t] spontanéité *f.*
sporadisch [ʃ-, spo'ra:dıʃ] *a (verein- zelt)* sporadique.
Spore *f* ‹-, -n› ['ʃpo:rə] *bot* spore *f.*
Sporn *m* ‹-(e)s, Sporen› ['ʃpɔrn, 'ʃpo:- rən] éperon; *orn* ergot *m; aero* béquille *f; fig (An~)* aiguillon, stimu- lant *m; s-m Pferde die Sporen geben* enfoncer les éperons *od* donner de l'éperon à son cheval, éperonner *od* talonner son cheval; *sich die Sporen verdienen (fig)* gagner ses galons; **s~en** *tr* éperonner; **~rad** *n aero* galet *m* de béquille, roulette *f* de queue; **~rädchen** *n* molette, roulette *f;* **s~streichs** *adv* à toute bride, à bride abattue, immédiatement.
Sport *m* ‹-(e)s, (-e)› [ʃpɔrt] sport *m; aus ~* par plaisir; *sich e-n ~ aus etw machen* se faire un plaisir de qc; *~ treiben* faire du sport; *(der) ~ am Sonntag* le dimanche sportif; **~abzeichen** *n* insigne *m* sportif; **~anzug** *m* tenue *f* de sport; **~art** *f* sport *m;* **~artikel** *m* article *m* de sport; **~arzt** *m* médecin sportif; *(bei Veranstaltungen)* médecin *m* soi- gneur; **s~begeistert** *a* sportif; **~beilage** *f (Zeitung)* supplément *m* sportif; **~bekleidung** *f* vêtements *m pl* de sport; **~bericht** *m* reportage *m* sportif; **~bericht(erstatt)er** *m* re- porter *m* sportif; **~bund** *m* fédéra- tion *f* sportive; **~ereignis** *n* événe- ment *m* sportif; **~ergebnis,** **~resul- tat** *n* résultat *m* sportif; **~feld** *n* ter- rain *m* de sport; **~fest** *n* fête *f* spor- tive; **~fliegerei** *f* aviation *f* sportive; **~flugzeug** *n* avion *m* de sport; **~freund** *m* sportif; amateur *m* de sport; **~funk** *m* émissions *f pl* spor- tives; **~geist** *m* esprit *m* sportif; **~geschäft** *n* magasin *m* d'articles de sport; **~halle** *f* salle *f* des sports; **~hemd** *n* chemise *f* de sport; **~hose** *f.* **~jacke** *f,* **~kleid** *n* pantalon, ves- ton *m,* robe *f* de sport; **~kleidung** *f* = **~bekleidung;** **~klub** *m* club *m* sportif; **~kombination** *f (Hose u. Jacke)* ensemble *m* pour le sport; **~lehrer** *m* moniteur *m; (im Schul- dienst)* professeur *m* de sport *od* d'éducation physique; **~ler(in** *f)* *m* ‹-s, -› sportif, ve *m f;* **~lerherz** *n med* cœur *m* hypertrophié par le sport; **s~lich** *a* sportif; *(Mode)* sport; **~medizin** *f* médecine *f* sportive; **~nachrichten** *f pl* nouvelles *f pl* sportives; **~palast** *m* palais *m* des sports; **~platz** *m* (place *f od*) terrain *m* de sport; **~rubrik** *f,* **~seite** *f (Zei- tung)* rubrique, page *f* sportive;

~schuhe *m pl* chaussures *f pl* de sport; **~smann** *m* ‹-(e)s, -leute/ (-männer)› sportsman, sportif *m;* **~taucher** *m* homme-grenouille *m;* **~teil** *m (Zeitung)* page *od* rubrique *od* vie *f* sportive; **s~treibend** *a* sportif; **~trikot** *n* maillot *m* de sport; **~veranstaltung** *f* manifestation *od* rencontre *f* sportive; **~verband** *m* fédération *od* association *f* sportive; **~verein** *m* association, société *f* sportive; **~wagen** *m* voiture de sport; *(für Kinder)* poussette *f;* **~welt** *f* monde *m* sportif *od* du sport; **~woche** *f* semaine *f* sportive; **~zeitung** *f* journal *m* sportif; **~zeug** *n* équipement *m* de sport.
Sporteln *f pl* ['ʃpɔrtəln] *fin hist* casuel *m.*

Spott *m* [ʃpɔt] ‹-(e)s, ø› moquerie, raillerie, dérision *f; (feiner)* persifla- ge; *(beißender)* sarcasme *m; fam* gouaill(eri)e *f; zum ~* par dérision; *ein Gegenstand des ~es sein* être la risée de tout le monde; *s-n ~ treiben mit* tourner en ridicule; **~bild** *n* cari- cature, charge *f;* **s~billig** *a* d'un prix dérisoire, très bon marché; *adv* à un prix dérisoire, à vil prix; *das ist ~ (a.)* c'est donné; **~drossel** *f orn* (merle) moqueur *m;* **s~en** *itr* se moquer, rail- ler; *(über Heiliges)* blasphémer; *jeder Beschreibung ~* défier toute descrip- tion; *das spottet jeder Beschreibung (a.)* c'est inimaginable; **~geburt** *f* avorton, monstre *m;* **~gedicht** *n (kleineres)* épigramme; *(größeres)* satire *f,* poème *m* satirique; **~geld** *n: für ein ~* = **~billig** *adv;* **~lust** *f* hu- meur *f* moqueuse *od* railleuse; **s~lu- stig** *a* moqueur, railleur; **~name** *m* sobriquet *m;* **~preis** *m* prix *m* sacri- fié; *zu e-m ~* = **~billig** *(adv);* **~sucht** *f* ‹-, ø› manie de se moquer *od* de railler; *(Bissigkeit)* causticité *f;* = **~lust;** **~vogel** *m fig* = *Spötter.*
Spött|elei *f* ‹-, -en› [ʃpœtə'laı] persifla- ge *m;* moquerie, raillerie *f;* **s~eln** ['ʃpœtəln] *itr* persifler *(über etw* qc); se moquer *(über etw* de qc); railler *(über etw* qc); **~er** *m* ‹-s, -› moqueur, railleur; persifleur; *(auf höherer Ebe- ne)* ironiste; *rel* blasphémateur *m;* **s~isch** *a* moqueur, railleur; *(bei- ßend)* caustique, sarcastique; *(iro- nisch)* ironique; *(satirisch)* satirique; *fam* gouailleur; *adv: ~ lachen* rica- ner.
Sprach|atlas *m* ['ʃpra:x-] atlas *m* linguistique; **~bau** *m* structure *f* d'une *od* de la langue; **s~begabt** *a* doué pour les langues; **~begabung** *f* don *m* des langues; **~ebene** *f* niveau

m de langue; ~**eigenheit** *f,* ~**eigen-tümlichkeit** *f* idiotisme *m; deutsche, englische, französische, italienische, lateinische, spanische* ~ germanisme, anglicisme, gallicisme, italianisme, latinisme, hispanisme *m;* ~**erwerb** *m* acquisition *f* du langage; ~**fehler** *m* défaut *m* d'élocution; incorrection, faute *f* de langue, solécisme *m;* ~**for-scher** *m* linguiste, philologue *m;* ~**führer** *m (Buch)* manuel *m* de conversation; ~**gebiet** *n* aire *f* linguistique; ~**gebrauch** *m* usage *m; allge-meine(r)* ~ langue *f* courante; *neue(r)* ~ néologisme *m;* ~**gefühl** *n* sens *m* de la langue; ~**gemein-schaft** *f* communauté *f* linguistique; ~**genie** *n* personne *f* qui a le don des langues; **s~gewandt** *a,* ~**gewandt-heit** *f* = *redegewandt etc;* ~**grenze** *f* frontière *f* linguistique; ~**insel** *f* îlot *m* linguistique; ~**kenner** *m* polyglotte *m;* ~**kenntnisse** *f pl* connaissance *f* des langues; *mit deutschen* ~*n* ayant des connaissances d'allemand; **s~kundig** *a* qui connaît une *od* plusieurs langue(s); *(vielsprachig)* polyglotte; ~**labor** *n* laboratoire *m* de langues; ~**lehre** *f* grammaire *f;* ~**lehrer** *m* professeur *m* de langue(s); **s~lich** *a* linguistique; de langue; ~*e Schwierigkeiten f pl* difficulté *f pl* de langue; **s~los** *a pred:* ~*sein* être interloqué *od* déconfit *od* interdit *od fam* être tout chose; *da bist du* ~ *(, was)! (pop)* ça te la coupe! ~ *vor Staunen* stupéfait; ~ *dastehen* rester coi; ~**losigkeit** *f* mutisme *m; fig* stupéfaction *f;* ~**neuerung** *f* néologisme *m;* ~**philosophie** *f* philosophie *f* de la langue; ~**reinheit** *f* pureté *f* de la langue; ~**reiniger** *m* puriste *m;* ~**rohr** *n* porte-voix; *fig* porte-parole, interprète *m; sich zum* ~ *e-r S machen* se faire l'interprète de qc; ~**schatz** *m* vocabulaire *m;* ~**schnitzer** *m* faute *od* incorrection *f* de langue; solécisme *m;* ~**schran-ken** *f pl* barrières *f pl* linguistiques; ~**soziologie** *f* sociolinguistique *f;* ~**störung** *f med* trouble *m* de la parole *od* du langage; ~**studium** *n* étude *f* des langues; ~**unterricht** *m* enseignement *m* des langues; ~ *erteilen od geben* enseigner des langues; ~**ur-laub** *m* séjour *m* linguistique; ~**ver-ein** *m* société *f* linguistique; ~**ver-mögen** *n* faculté *f* de parler; ~**werkzeug** *n* organe *m* de la parole; **s~widrig** *a* incorrect; contraire au bon usage de la langue; ~**widrig-keit** *f* incorrection *f;* barbarisme *m;* ~**wissenschaft** *f* linguistique; philo-

logie *f;* **s~wissenschaftlich** *a* linguistique; philologique.

Sprache *f* ⟨-, -n⟩ ['ʃpraːxə] *(Sprechfä-higkeit)* faculté de parler, parole *f; (Ausdrucksweise)* langage; *(Sprech-weise)* parler, accent *m; (Ausdrucks-mittel; Bedeutungssystem)* langue *f;* idiome *m; zur* ~ *bringen* mettre en discussion *od* sur le tapis; *wieder zur* ~ *bringen* remettre sur le tapis; *mit der* ~ *herausrücken* s'expliquer; *pop* accoucher; *nicht mit der* ~ *heraus wollen* tourner autour du pot; *zur* ~ *kommen* venir sur le tapis, être discuté; *e-e andere* ~ *sprechen (fig)* avoir changé de ton; *die* ~ *verlieren* perdre la parole, demeurer (tout) court, rester *od* demeurer interdit, rester coi; *heraus mit der* ~*!* explique-toi, expliquez-vous! *pop* accouche(z) donc! *alte, neuere* ~*n* langues *f pl* anciennes, modernes; *fremde* ~ langue *f* étrangère; *gehobene* ~ langue *f* od *od* style *m* soutenu(e); *ge-schriebene, gesprochene* ~ langage *m* écrit, parlé; *lebende, tote* ~ langue *f* vivante, morte; *ordinäre* ~ langage *m* grossier *od* trivial; ~**nfrage** *f* problème *m* linguistique; ~**nkampf** *m* conflit *m* linguistique; ~**nkarte** *f* carte *f* linguistique; ~**nverwirrung** *rel* confusion *f* des langues; *allg* babélianisme *m.*

Spray *m* od *n* ⟨-s, -s⟩ [ʃ-, spre:] bombe *f,* aérosol; *(Zerstäuber)* atomiseur, spray; *(zum Nachfüllen)* vaporisateur *m; (Insekten~)* bombe *f* d'insecticide; *(Inhalt)* insecticide *m* (en bombe); ~**dose** *f* bombe *f.*

Sprech|anlage *f* ['ʃprɛç-] interphone *m;* ~**apparat** *m tele* appareil *m* téléphonique; ~**blase** *f (in Cartoons)* bulle *f;* ~**bühne** *f* théâtre *m;* ~**chor** *m (Worte)* chœur *m* parlé; ~**er** *m* ⟨-s, -⟩ *allg* parleur; *(Redner)* orateur; *(Wortführer)* porte-parole; *radio (Ansager)* speaker *m; (Sprachwis-senschaft)* locuteur *m;* ~**erin** *f radio* speakerine *f;* ~**erziehung** *f* orthophonie; éducation *f* des organes de la phonation; ~**funk** *m* (radiotélé)phonie *f;* ~**funkverbindung** *f* liaison *f* radiotéléphonique; ~**probe** *f theat* audition *f;* ~**rolle** *f theat* partie *f* parlée; ~**stunde** *f (Arzt)* consultations *f pl; (sonst als Ankündigung)* reçoit *(Freitag von 10 bis 11 Uhr)* le vendredi de 10 à 11 heures*); allg* audience; ~**stundenhilfe** *f* assistante *f* (médicale); ~**taste** *f* bouton *m* de conversation; ~**übung** *f* exercice *m* d'élocution *od* de conversation; ~**verkehr** *m* trafic *m* téléphonique;

~weise *f* langage *m;* (manière *f* de) parler *m,* élocution *f; korrekte* ~ orthophonie *f;* **~zelle** *f tele* cabine *f* téléphonique; **~zimmer** *n allg* parloir; *(Anwalt)* cabinet *m; (Notar)* étude *f; (Arzt)* cabinet *m* (de consultation).

sprechen ⟨*spricht, sprach, hat gesprochen*⟩ [ˈʃprɛçən, ˈʃprɑːx-, gəˈʃprɔxən] *itr* parler *(mit jdm* à qn, *über etw* de qc); *für jdn* ~ parler en faveur de qn; *für sich (selbst)* ~ *(Sache)* se présenter de soi-même; *gegen jdn* parler contre qn, condamner qn; *tr (sagen, ein Gebet od Gedicht ~)* dire, réciter; *(aus~)* prononcer; *sich od ea.* ~ se parler, converser, s'entretenir, causer; *allgemein gesprochen (adv)* généralement parlant; *deutlich* ~ parler distinctement; *deutsch (Deutsch), französisch (Französisch)* ~ parler allemand, français; *über gleichgültige Dinge* ~ parler de la pluie et du beau temps; *von diesem und jenem* ~ parler de choses et d'autres; *frei* ~ parler librement od sans notes; *gut über jdn, über etw* ~ dire du bien, parler en bien de qn, de qc; *laut, leise* ~ parler haut, bas; *über den Rundfunk* ~ parler à la radio; *kein Wort* ~ ne dire mot; *jdn zum S~ bringen* délier od dénouer la langue à qn; *nicht darüber* ~ *dürfen* avoir la langue liée; *auf etw zu* ~ *kommen* en venir à parler de qc; *darauf zu* ~ *kommen* y venir; *zu* ~ *sein* recevoir; *für jdn* être visible *od* y être pour qn; *gut, schlecht auf jdn zu* ~ *sein* vouloir du bien, en vouloir à qn; *nicht od für niemanden zu* ~ *sein* n'y être pour *od* ne recevoir personne, avoir condamné *od* barricadé sa porte; *ich möchte Sie* ~ je désire vous parler; *man konnte ihn nicht zum S~ bringen (a.)* on ne put lui arracher une seule syllabe; *das spricht für sich* cela parle de soi *od* tout seul; *alle Anzeichen* ~ *dafür, daß . . .* tout porte à croire que . . .; *daraus spricht . . .* on y trouve . . .; *kann ich Herrn X* ~*?* ist Herr X zu ~*?* pourrais-je parler à *od* voir M. X? peut-on voir M. X? *mit wem* ~ *Sie überhaupt?* à qui croyez-vous parler? *wir* ~ *uns noch!* nous nous reverrons *od* retrouverons! *wir nicht mehr od weiter darüber!* n'en parlons plus! **~d** *a, a. fig* parlant; *f fig (vielsagend)* éloquent, expressif, évocateur; *(Ähnlichkeit)* frappant.

spreizbeinig [ˈʃpraɪts-] *adv* les jambes écartées; **S~e** *f* ⟨-, -n⟩ *(Turnübung)* écart(ement) *m; tech (Strebe)* étrésillon *m;* **~en** *tr* écarter; *sich* ~ *(fig:*

sich aufblähen) se pavaner, se rengorger; **S~fuß** *m* med pied *m* étalé; **S~stellung** *f: in* ~ en compas.

Sprengbombe *f* [ˈʃprɛŋ-] bombe *f* explosive; **s~en** *tr* ⟨*aux: haben*⟩ *(aufbrechen, zerreißen)* enfoncer, faire éclater *od* sauter; *(Fesseln, Ketten)* briser; *(in die Luft* ~*)* faire sauter; dynamiter; *(Versammlung, Kundgebung)* disperser; *(Bank)* faire sauter; *(Wasser)* répandre; *(Straße, Rasen)* asperger, arroser; *(Wäsche)* humecter, mouiller; *itr* ⟨*aux: sein*⟩ *(Reiter)* galoper, aller au galop; bondir; *den Rahmen* ~ *(fig)* sortir du *od* dépasser le cadre; **~kammer** *f* chambre *f od* fourneau *m* de mine; **~kapsel** *f* amorce *f* fulminante; *die* ~ *einsetzen* amorcer *(in etw* qc*);* **~kopf** *m* mil ogive *f* explosive; *atomare(r) od nukleare(r)* ~ ogive *od* tête *f* (thermo)nucléaire; **~körper** *m* (engin *od* corps) explosif; détonateur *m;* **~kraft** *f* force *f* explosive; **~ladung** *f* charge *f* explosive; **~mittel** *n* explosif *m;* **~munition** *f* munition *f* explosive; **~patrone** *f* cartouche *f* explosive; **~pulver** *n* poudre *f* de mine; **~stoff** *m* matière *f* explosive *od* détonante; explosif; *(knetbarer)* plastic *m;* **~stoffanschlag** *m* plasticage, plastiquage *m; e-n* ~ *auf jdn/etw verüben* plastiquer qn/qc; **~stoffattentat** *n* attentat à l'explosif *od* au plastic, plastiquage *m; ein* ~ *verüben auf* plastiquer; **~stoffattentäter** *m* dynamiteur; plastiqueur, poseur *m* de plastic; **~stofflager** *n* dépôt *m* d'explosifs; dynamitière *f;* **~stück** *n (Granatsplitter)* éclat *m* (d'obus); **~trichter** *m* entonnoir (d'obus *od* de mine), puits *m* d'éclatement; **~trupp** *m* équipe *f* de destruction; **~ung** *f* destruction *f* par un explosif; *(mit Dynamit, a. fig)* dynamitage *m; (e-r Versammlung)* dispersion *f;* **~wagen** *m* voiture *f od* car *od* tonneau *m* d'arrosage; (voiture) arroseuse *f;* arroseur *m;* **~wedel** *m* aspersoir, goupillon *m;* **~wirkung** *f* effet *m* explosif *od* brisant *od* d'éclatement; **~zünder** *m* détonateur *m.*

Sprengel *m* ⟨-s, -⟩ [ˈʃprɛŋəl] rel *(Amtsbezirk e-s Bischofs)* diocèse *m.*

Sprenkel *m* ⟨-s, -⟩ [ˈʃprɛŋkəl] *(Tüpfel)* moucheture, tache *f;* **s~(e)lig** *a* moucheté, tacheté; **s~eln** *tr* moucheter, tacheter.

Spreu *f* ⟨-, ø⟩ [ʃprɔy] balle *f; die* ~ *vom Weizen sondern (fig)* séparer le bon grain de l'ivraie.

Sprichwort *n* [ˈʃprɪç-] proverbe *m;* **s~wörtlich** *a* proverbial; ~ *werden* passer en proverbe; ~e *Redensart f* dicton *m.*

sprießen ‹sprießt, sproß, ist gesprossen› ['ʃpriːsən, (-)'ʃprɔs] *itr (hervorwachsen)* poindre, sortir de terre.

Spriet *n* ‹-(e)s, -e› [ʃpriːt] *mar* livarde *f.*

Spring|bock *m* ['ʃprɪŋ-] *zoo* springbok *m,* gazelle *f* à bourse; ~**brunnen** *m (Fontäne)* jet *m* d'eau; **s~en** ‹springt, sprang, gesprungen› [ʃpraŋ, gə'ʃprʊŋən] *itr ‹aux: sein›* sauter, faire un saut; *(in die Höhe, auf~)* bondir, faire un bond; *(Schwimmsport)* plonger, piquer un plongeon; *(männl. Tier)* saillir; *(spritzen)* jaillir, gicler; *(sprühen)* jaillir; *(platzen)* sauter, éclater, voler en éclats; *(e-n Sprung bekommen)* crever, se fendre, se fêler; *tr ‹aux: haben›* einen neuen Rekord ~ battre un record au saut en hauteur; *in die Augen ~ (fig)* sauter aux yeux; *aus dem Bett ~* sauter à bas du lit; *aus dem Fenster ~* sauter par la fenêtre; *über e-n Graben ~* franchir un fossé en sautant; *in die Höhe ~* sauter en l'air; *vor Freude* bondir de joie; *zur Seite ~* faire un bond de côté *od* un écart; *~ lassen* faire sauter; *fam (Flasche Wein)* dépuceler; *(Geld)* faire valser; *da springt nicht viel bei raus (pop)* il n'y a pas gras à manger; **~en** *n (Schi)* saut *m; (Quelle)* jaillissement *m;* **s~end** *a* sauteur; bondissant; *(sprudelnd)* jaillissant; *der ~e Punkt* le point saillant *od* essentiel *od* délicat; **~er** *m* ‹-s, -› sauteur; *(Schwimmer)* plongeur; *(Schach)* cavalier *m;* ~**flut** *f* marée *f* de vive eau; ~**frosch** *m* grenouille *f* agile; ~**insfeld** *n* ‹-(e)s, -e› *fig* étourneau *m;* ~**käfer** *m* taupin *m; pl (als Familie)* élatéridés *m pl;* ~**kraut** *n* balsamine *f;* **s~lebendig** *a* vif comme le salpêtre; ~**maus** *f* rat *m* sauteur, gerboise *f;* ~**quelle** *f* source *f* vive *od* jaillissante, eaux *f pl* jaillissantes; ~**rollo** *n* (rouleau-)compresseur *m;* ~**tide** *f* grand *m* de l'eau.

Sprinkleranlage [s-, ʃprɪŋklər-] *f (Feuerschutz)* installation *f* d'arrosage.

Sprit *m* ‹-(e)s, -e› [ʃ-, sprɪt] *(Kurzform von: Spiritus)* alcool *m; fam (Benzin)* essence *f.*

Spritz|apparat *m* ['ʃprɪts-] *agr (für Vitriol)* sulfateuse *f;* ~**beton** *m* béton *m* projeté; ~**düse** *f* gicleur *m;* ~**e** *f* ‹-, -n› *(Garten~)* arroseur *m; (Feuer~)* pompe à incendie; *med (Gerät)* seringue, canule; *(Einspritzung)* piqûre, injection *f; jdm e-e ~ geben* faire une piqûre à qn; *~ für*

Selbstinjektionen seringue *f* auto-injectable; *Mann m an der ~e (fig)* homme *m* influent; **s~en** *tr ‹aux: haben›* (Straße, Rasen sprengen) asperger, arroser; *agr (mit Vitriol)* sulfater; *(~lackieren)* peindre au pistolet; *itr ‹aux: sein›* (Flüssigkeit) jaillir, gicler; *(sprühen)* jaillir; *(Schreibfeder)* cracher; *fam (sich schnell bewegen)* filer; ~**en** *n* aspersion *f,* arrosage; *(mit Vitriol)* sulfatage; jaillissement *m;* ~**enhaus** *n* dépôt *m* des pompes à incendie; ~**er** *m* ‹-s, -› , ~**fleck** *m* éclaboussure *f;* ~**fahrt** *f fam* petit tour *m,* petite excursion; *fam* virée *f;* ~**gebackene(s)** *n* échaudés *m pl;* ~**guß** *m (Verfahren)* moulage *od* coulage *m od* coulée *f* par injection; *(Stück)* pièce *f* coulée; **s~ig** *a (Wein u. fig)* pétillant; *(~kuchen* m échaudé *m;* **s~lackieren** *tr ‹er spritzlackiert›* peindre au pistolet; ~**lackierung** *f* peinture *f* au pistolet; ~**leder** *n mot* tablier *m;* ~**pistole** *f* pistolet pulvérisateur; bidon-pistolet *m;* ~**tour** *f fam* = ~*fahrt;* ~**vergaser** *m mot* carburateur *m* à pulvérisation.

spröd|e ['ʃprøːdə] *a (brüchig)* cassant, fragile; *(hart)* dur; *(trocken)* sec; *(Haut)* qui gerce (facilement); *fig (Materie)* aride, difficile, qui ne se prête pas; *(Mensch: wenig umgänglich, rauh)* cassant, raide, rêche, revêche; *(prüde)* farouche, prude, bégueule; *~ tun* faire le, la difficile; *(Frau)* faire la prude *od* la sainte nitouche; **S~igkeit** *f* ‹-, ø› fragilité; *fig* aridité; raideur; pruderie *f.*

Sproß *m* ‹-sses, -sse› [ʃprɔs] *bot* pousse *f,* scion, surgeon; *a. fig (Abkömmling)* rejeton; *zoo (Geweihteil)* ‹-sses, -ssen› andouiller *m.*

Sprosse *f* ‹-, -n› ['ʃprɔsə] *(Querholz d. Leiter, a. fig: Stufe)* échelon *m; (Leiter)* ranche *f; (Fenster)* croisillon *m; a. = Sproß (zoo);* ~**enwand** *f sport* échelle *f* à dos.

Sprosser *m* ‹-s, -› ['ʃprɔsər] *orn* grand rossignol *m.*

Sprößling *m* ‹-s, -e› ['ʃprœslɪŋ] *bes. fig (Sohn)* rejeton *m.*

Sprotte *f* ‹-, -n› ['ʃprɔtə] sprat, harenguet *m; Kieler ~s* sprats *m pl* fumés.

Spruch *m* ‹-(e)s, ˙-e› [ʃprʊx, 'ʃprʏçə] *(Rede)* paroles *f pl; (Aus~)* dit; *(Sinn~)* adage *m,* sentence, maxime; réflexion, pensée *f;* aphorisme, apophtegme; *(Bibel~)* verset *m; jur (Urteil)* sentence *f,* arrêt, verdict; *(Schieds~)* arbitrage; *(Orakel~)* oracle; *(Funk~)* message *m; die Sprüche Salomos* les Proverbes *m pl* de Salomon; ~**band** *n* banderole *f.*

calicot *m;* *(Kunst)* rouleau *m;*
~**kammer** *f pol* chambre *f* d'épuration; **s~reif** *a jur* en état d'être jugé;
allg (bes. verneint) arrivé à maturité;
~ *werden lassen* laisser mûrir; *die
Sache ist* ~ la poire est mûre.

Sprudel *m* ⟨-s, -⟩ [ˈʃpruːdəl] bouillonnement, jaillissement *m;* *(moussierendes Getränk)* eau *f* gazeuse; **s~n**
⟨*aux: haben* od *sein*⟩ *itr* bouillonner;
(Quelle) sourdre; *(hervor~)* jaillir;
~**n** *n* bouillonnement *m; fig (des Geistes)* jaillissements *m pl;* ~**quelle** *f*
source *f* jaillissante.

Sprüh|dose *f* [ˈʃpryː-] bombe *f;* **s~en**
itr ⟨*aux: sein*⟩ *(Tropfen, Funken)* jaillir; *(nieseln)* bruiner; *fig (Geist)* pétiller, étinceler; *tr* ⟨*aux: haben*⟩ *(Funken)* projeter, lancer; *(fein verteilen)*
vaporiser; ~**flasche** *f* vaporisateur
m; ~**regen** *m* pluie fine, bruine *f.*

Sprung *m* ⟨-(e)s, ⸚e⟩ [ˈʃpruŋ, ˈʃprʏŋə]
saut; *(Satz)* bond; *(Schwung)* élan;
(Aufspringen) soubresaut, sursaut *m;*
(Luft~) gambade, cabriole *f; (Kopf~
beim Schwimmen)* plongeon *m;*
(weiter Schritt; fig: Katzen~) enjambée; *zoo (Begattung)* saillie; *(Riß
in Glas* od *Porzellan)* fêlure, fissure;
(in Metall) cassure; *(in Stahl)* crique
f; auf e-n ~ *(im Vorbeigehen)* en
passant; *in Sprüngen* par sauts et par
bonds; *e-n* ~ *bekommen* se fêler, se
fissurer; *e-n* ~ *haben* être fêlé; *jdm
auf die Sprünge helfen* mettre qn sur
la voie; *es ist nur ein* ~ *bis dorthin*
c'est à deux pas d'ici; *jdm auf die
Sprünge kommen* découvrir les
menées de qn; *keine großen Sprünge
machen können (fig)* ne pas pouvoir
aller (bien) loin; *auf dem* ~ *sein* od
stehen, etw zu tun être sur le point de
od prêt à faire qc; *bei jdm auf e-n* ~
vorbeikommen ne faire qu'un saut
chez qn; *den* ~ *ins Ungewisse wagen*
faire le saut dans l'inconnu; ~ *auf!
marsch, marsch! (mil)* pour un bond,
... en avant! ~**bein** *n* astragale
m; **s~bereit** *a* prêt à sauter;
(Schwimmen) prêt à plonger; *fig*
prêt à partir; ~**brett** *n a. fig* tremplin
m; etw als ~ *benutzen (fig a.)* se faire
un piédestal de qc; ~**deckel** *m: Taschenuhr f mit* ~ (montre à) savonnette *f;* ~**feder** *f* ressort *m* (élastique); ~**federmatratze** *f* matelas *m*
à ressorts *od* à spirales; ~**grube** *f*
sport fosse *f* de saut; **s~haft** *a*
(unzs.hängend) incohérent; *(unbeständig)* inconstant; ~*e(s) (ruckartiges) Ansteigen n* poussée *f;* ~**haftigkeit** *f* incohérence; inconstance, versatilité *f;* ~**hügel** *m (Schi)* tertre *m*

pour saut(er); ~**riemen** *m (Pferd)*
martingale *f;* ~**schanze** *f (Schi)*
tremplin (de ski), sautoir *m;* ~**schi** *m*
ski *m* de saut; ~**seil** *n* corde *f* à sauter; ~**stab** *m* perche *f* à sauter;
~**tuch** *n* toile *f* de sauvetage; ~**turm**
m (Schwimmsport) plongeoir, pylône
m, plate-forme *f;* **s~weise** *adv: sich*
~ *vorarbeiten,* ~ *vorgehen (mil)*
avancer *od* progresser par bonds;
~**weite** *f* sautée *f;* ~**welle** *f (in Flußmündungen)* mascaret *m.*

Spuck|e *f* ⟨-, ø⟩ [ˈʃpukə] *fam* crachat
m, salive *f; da bleibt mir die* ~ *weg
(pop)* ça me la coupe, ça me coupe la
chique; *fam* ça me renverse; **s~en** *itr*
u. *tr* cracher; *große Bogen* od *große
Töne* ~ *(fig fam)* se gargariser de
grands mots, *fam* la ramener; ~**napf**
m crachoir *m.*

Spuk *m* ⟨-(e)s,(-e)⟩ [ʃpuːk] *(Gespenstererscheinung)* apparition *f* de fantômes; **s~en** *itr* revenir; hanter *(in
etw* qc); *fig fam (herumgeistern, lebendig sein)* hanter *(im Kopf* l'esprit); *impers: es spukt* il y a des revenants; *in dem Hause spukt es* la maison est hantée; ~**erei** *f* [-ˈraɪ] *fam* =
~; ~**geschichte** *f* histoire *f* de revenants; **s~haft** *a* fantomatique.

Spül|apparat *m* [ˈʃpyːl-] *med* injecteur
m; ~**becken** *n* lavoir; *(Ausguß)* évier
m; *(WC)* cuvette *f;* **s~en** *tr* rincer;
(Geschirr) laver; *an Land* ~ jeter sur
le rivage; ~**en** *n* rinçage; lavage *m;*
~**er** *m* ⟨-s, -⟩ *(Geschirr~)* plongeur *m;*
~**frau** *f (Abwaschfrau)* plongeuse *f;*
~**icht** *n* ⟨-s, -e⟩ [ˈʃpyːlɪçt] *(~wasser)*
rinçure, eau *f* de vaisselle; ~**kasten**
m (WC) chasse *f* d'eau; ~**klosett** *n*
water-closet *m* (à chasse d'eau), W.-
-C.; ~**lappen** *m* torchon *m;* ~**maschine** *f (Geschirr~)* machine *f* à laver la vaisselle, lave-vaisselle *m;*
s~maschinenfest *a (Geschirr)*
conçu pour lave-vaisselle; ~**mittel** *n*
produit *m* vaisselle; ~**programm** *n*
(in der Waschmaschine) rinçage *m;*
~**stein** *m (Ausguß)* évier *m;* ~**ung** *f*
med irrigation, injection *f; mot* balayage *m;* ~**wasser** *n* rinçure; eau *f*
de vaisselle; eaux *f pl* usées od
ménagères; *fam pej (dünne Suppe*
od *Soße)* eau de vaisselle, lavasse;
pop (verdünnter Wein) piquette *f.*

Spul|e *f* ⟨-, -n⟩ [ˈʃpuːlə] bobine *f;* *tech a.*
canette *f; el self m; (Angeln)* tambour *m;* **s~en** *tr* bobiner; ~**maschine** *f* machine à bobiner; bobineuse *f:*
bobinoir *m;* ~**rad** *n* rouet à bobiner,
bobinoir *m* à main; ~**wurm** *m zoo*
ver des enfants; *scient* oxyure *m.*

Spund *m* ⟨-(e)s, ⸚e⟩ [ʃpunt, ˈʃpʏndə] **1.**

(am Faß) bonde *f;* ~**bohle** *f* palplan-
che *f;* ~**bohrer** *m* bondonnière *f;*
s~en *tr* bondonner; ~**loch** *n* (trou *m*
de la) bonde *f;* ~**zapfen** *m* bondon
m.
Spund *m* ⟨-(e)s, -e⟩ [ʃpʊnt, '-də] **2.**
fam (junger Kerl) jeune homme *m.*
Spur *f* ⟨-, -en⟩ [ʃpuːr] *(allg u. Fuß~)*
trace, piste *f,* vestige *m; (Jagd a.)*
connaissance; *(Wagen~, Fahrrinne)*
ornière, voie; *(Abdruck)* empreinte *f,*
stigmate *m,* marque *f; (Tonband~)*
sillon; *(Anzeichen)* indice; *(Überrest)*
reste *m; fig* trace *f,* vestige, sillon, sillage *m; von der ~ abbringen* détourner de la piste; *a. fig* dépister; *jdn
auf e-e falsche ~ bringen (a. fig)*
mettre qn sur une fausse piste; *fig*
donner le change à qn; *jdn auf die
richtige ~ bringen, jdm auf die ~
helfen (fig)* mettre qn sur la voie; *e-r
~ folgen od nachgehen, e-e ~ verfolgen* suivre une trace; *jds ~ folgen
(fig)* marcher sur les traces de qn; *~
halten (Wagen)* garder l'ornière; *an
od auf od in etw ~en hinterlassen*
marquer qc; *~en (im Schnee) hinterlassen* empreindre ses pas (sur la neige); *jdm auf die ~ kommen (fig)*
dépister qn; *jdm auf der ~ sein (fig)*
être à la piste *od* sur les traces de qn;
die ~n sichern relever les emprein-
tes; *in jds ~en treten (fig)* marcher
sur les traces de qn; *vom Täter fehlt
jede ~* on n'a aucune trace du malfaiteur, le malfaiteur n'a laissé aucune
trace; *keine ~, nicht die leiseste ~*
(fig) pas l'ombre, pas l'idée *(von* de);
s~en *itr (Schisport: die erste ~ legen)* ouvrir *od* tracer la piste; *fig fam
(sich einordnen)* marcher au pas;
~**enelement** *n chem biol* oligo-
-élément *m;* ~**geschoß** *n* projectile
m traceur; ~**kranz** *m tech* rebord,
boudin *m;* **s~los** *adv: ~ verschwunden* disparu sans laisser de traces;
~**stange** *f mot* barre *f* d'accouplement; ~**stangenhebel** *m* biellette *f;*
~**weite** *f loc* (largeur de la) voie *f,*
écartement des voies, entre-rail; *mot*
écartement *m* (des roues).
spür|bar [ʃpyːr-] *a* sensible, percepti-
ble; *sich ~ machen, ~ werden* se faire sentir; ~**en** *tr (wittern)* flairer;
(empfinden) sentir, (se) ressentir (de),
éprouver; *(wahrnehmen)* s'apercevoir de, remarquer; *zu ~ sein* se faire
sentir; **S~hund** *m* chien quêteur; li-
mier; *fig* furet *m;* **S~nase** *f* nez fin,
bon nez; *(fig fam: Mensch)* flaireur
m; e-e ~ haben avoir du nez *od* du
flair; **S~sinn** *m* flair *m;* sagacité *f.*
Spurt *m* ⟨-(e)s, -s/(-e)⟩ [ʃpʊrt] *sport*

sprint *m;* **s~en** *⟨aux: sein⟩ itr* sprinter.
sputen ['ʃpuːtən], *sich* se dépêcher, se
hâter.
Sri Lanka *n* ['sriː'laŋka] Sri Lanka *m
od f.*
st [st] *interj (Achtung! Ruhe!)* chut!
Staat *m* ⟨-(e)s, -en⟩ [ʃtaːt] État *m; (Ge-
meinwesen)* chose publique, républi-
que; *fig* cité; *ent* société *f; fam
(Prunk)* luxe *m;* parade; *m* ⟨-(e)s, ø⟩
(Festgewand) grande toilette *f,* trala-
la *m; (nur) zum ~ pour la parade; mit
etw ~ machen* faire parade de qc;
großen ~ machen déployer un grand
luxe, mener grand train; *sich in ~
werfen (fam)* se mettre sur son trente-et-un; *die Vereinigten ~en (von
Amerika, USA)* les États-Unis *m pl*
(d'Amérique); **s~enbildend** *a: ~e Insekten n pl* insectes *m pl* sociaux;
~**enbund** *m* confédération *f* d'États;
s~enlos *a* apatride; sans nationalité;
~**enlose(r)** *m* apatride *m;* **s~lich** *a*
de l'État; étatique; national; *(auf die
Bundesrepublik bezogen)* fédéral;
(Regierungs-) gouvernemental; *(öffentlich)* public; *(politisch)* politique;
(dem ~ gehörig) domanial; *mit ~er
Unterstützung* avec l'aide (financière)
de l'État; *unter ~er Aufsicht* contrôlé
par l'État *od* par le gouvernement; *~
anerkannt* reconnu par l'État; *~e(r)
Eingriff m* intervention *f* de l'État *od*
étatique; *~e Einrichtung f* institution
f d'État; *~e Gelder n pl* fonds *m pl*
publics *od* de l'État; *~ genehmigt* approuvé par l'État; *~ geprüft* diplômé.
Staats|abgabe *f* ['ʃtaːts-] impôt *m* pu-
blic; ~**akt** *m (Hoheitsakt)* acte *m* de
puissance publique; *(feierliche Handlung)* cérémonie *f* officielle; ~**aktion**
f: e-e ~ aus etw machen (fam) faire
une affaire d'État de qc; ~**angehöri-
ge(r)** *m* ressortissant; *(Untertan)* sujet *m;* ~**angehörigkeit** *f* nationalité
f; ~**angestellte(r)** *m* employé *m* public *od* de l'État; ~**anleihe** *f* emprunt
m d'État *od* gouvernemental *od* national *od* public; ~**anwalt** *m allg*
partie *f* publique; *(in Frankr.)* procureur de la République; *(in Deutschl.)*
procureur *(beim Gericht in ...* près le
tribunal de ...); *(in der Revisionsin-
stanz)* avocat *m* général; ~**anwalt-
schaft** *f* (magistrature *f* du) parquet,
ministère *m* public; ~**anweisung** *f*
fin assignation *f* sur l'État; ~**anzeiger** *m* journal *m* officiel; ~**archiv** *n*
archives de l'État; *(in Frankr.)* Archives *f pl* nationales; ~**aufsicht** *f* contrôle *m* de l'État; *unter ~* contrôlé
par l'État *od* par le gouvernement;

~**auftrag** *m* commande *f* de l'État; ~**ausgaben** *f pl* dépenses *f pl* publiques *od* de l'État; ~**bahn** *f* chemin *m* de fer d'État; ~**bank** *f* banque *f* d'État; ~**bank(e)rott** *m* banqueroute *f* d'État; ~**beamte(r)** *m* fonctionnaire *m* (de l'État); ~**begräbnis** *n* funérailles *od* obsèques *f pl* nationales; ~**behörden** *f pl* autorités *f pl* publiques; ~**besitz** *m* domaine *m;* ~**besuch** *m* visite *f* d'État, séjour *m* officiel; ~**betrieb** *m* établissement *m* de l'État; entreprise publique; régie *f;* ~**bürger** *m* citoyen *m;* ~**bürgerkunde** *f (Schulfach)* instruction *f* civique; **s**~**bürgerlich** *a* civique; *die* ~*en Rechte n pl* les droits *m pl* civiques; ~**chef** *m* chef *m* d'État *od* de l'État; ~**diener** *m* serviteur *m* de l'État; ~**dienst** *m* service *m* de l'État *od* public; fonction publique; magistrature *f; im* ~ *stehen* être fonctionnaire (de l'État); **s**~**eigen** *a* nationalisé; ~**eigentum** *n* propriété *f* nationale *od* publique *od* de l'État; ~**einkommen** *n,* ~**einkünfte** *f pl* revenus *m pl* publics *od* de l'État; ~**einnahmen** *f pl* recettes *f pl* publiques; ~**einrichtung** *f* institution *f* publique; ~**examen** *n* examen *m* d'État; *(bestandenes)* licence *f;* ~**feind** *m* ennemi *m* public; **s**~**feindlich** *a* antinational; ~*e Umtriebe m pl* activités *f pl* antinationales; ~**finanzen** *f pl* finances *f pl* de l'État; ~**form** *f* forme *f* de gouvernement, régime *m; autoritäre, monarchische, parlamentarische, republikanische* ~ régime *m* d'autorité, monarchique, représentatif, républicain; ~**gebiet** *n* territoire *m* de l'État *od* national; ~**gebäude** *n* édifice *m* public; **s**~**gefährlich** *a* dangereux pour l'État; ~**gefangene(r)** *m* prisonnier *m* d'État; ~**gefängnis** *n* prison *f* d'État; ~**geheimnis** *n* secret *m* d'État; ~**gelder** *n pl* fonds *od* deniers *m pl* publics; ~**gesinnung** *f* civisme *m;* ~**gewalt** *f* pouvoir d'État, pouvoir *m od* puissance de l'État, autorité *f* publique; *die* ~ *ausüben* exercer l'autorité; ~**gut** *n* ferme *f* d'État; domaine *m* public; ~**haushalt** *m* budget *od (Schweiz)* ménage *m* de l'État; ~**hoheit** *f* souveraineté *f;* ~**interesse** *n* intérêt *m* de l'État *od* national; ~**kanzlei** *f* chancellerie *f* (d'État); ~**kanzler** *m* chancelier d'État; *(in Großbritannien)* Grand Chancelier *m;* ~**kasse** *f* trésor public, fisc *m; die* ~ le Trésor; ~**kirche** *f* Église *f* nationale; **s**~**klug** *a vx* politique; ~**klugheit** *f vx* politique *f;* ~**kommissar** *m* commissaire

m d'État; ~**körper** *m* corps *m* politique; ~**kosten** *pl: auf* ~ aux frais de l'État; *fam* aux frais de la princesse; ~**kunst** *f* politique *f;* ~**lasten** *f pl* charges *f pl* publiques; ~**lehre** *f* science *f* politique; ~**mann** *m* ⟨-(e)s, -männer⟩ homme d'État, (homme) politique *m;* **s**~**männisch** *a* d'homme d'État; ~*e(s) Geschick n* habileté *f* politique; ~**minister** *m* ministre *m* d'État; ~**ministerium** *n* ministère *m* d'État; ~**mittel** *n pl fin* fonds *m pl* publics; ~**monopol** *n* monopole *m* de l'État; ~**oberhaupt** *n* chef d'État *od* de l'État; souverain *m;* ~**organ** *n* organe *m* de l'État; *die obersten* ~*e* les corps *m pl* constitués; ~**papiere** *n pl* (obligations *f pl* de) fonds publics, effets publics; emprunts *m pl* d'État; *untilgbare* ~ rentes *f pl* perpétuelles; *tilgbare* ~ rentes *f pl* amortissables; ~**präsident** *m* président *m* de la République; ~**räson** *f* raison *f* d'État; ~**rat** *m (Körperschaft)* conseil d'État; *(Person)* conseiller *m* d'État; ~**recht** *n* droit *m* public; ~**rechtler** *m* ⟨-s, -⟩ professeur *m* de droit public; **s**~**rechtlich** *a* de droit public; ~**religion** *f* religion *f* d'État; ~**rente** *f* rente *f* d'État *od* de l'État *od* sur l'État; ~**schuld** *f* dette *f* publique *od* de l'État; ~**schuldschein** *m* bon *m* du Trésor; ~**schuldverschreibung** *f* obligation *f* émise par l'État; ~**sekretär** *m* secrétaire *m* d'État *(für* à); ~**sekretariat** *n (der Kurie)* secrétairerie *f* d'État; ~**sicherheit** *f* sûreté *f* de l'État; ~**sicherheitsdienst** *m* services *m pl* de contre-espionnage; ~**streich** *m* coup *m* d'État; ~**trauer** *f* deuil *m* national; **s**~**treu** *a* loyal; bien pensant; ~**treue** *f* loyalisme *m;* ~**verbrechen** *n* crime *m* politique; haute trahison *f;* ~**verdrossenheit** *f* morosité *f;* ~**verfassung** *f* constitution *f;* ~**verschuldung** *f* dettes *f pl* de l'État; ~**vertrag** *m* convention *f,* traité *m;* ~**volk,** *das* les citoyens *m pl;* ~**wesen** *n* État *m,* chose *f* publique; ~**wirtschaft** *f* économie *f* politique; économie *f* étatique; secteur *m* public (de l'économie); ~**wissenschaften** *f pl* sciences *f pl* politiques; ~**wohl** *n* bien *m* public; ~**zuschuß** *m* subvention *f* de l'État.

Stab *m* ⟨-(e)s, ⁻e⟩ [ʃtaːp, 'ʃtɛːbə] bâton *m; (dünner)* baguette *f; (kurzer)* bâtonnet; *(beim Stafettenlauf)* témoin *m; (langer, bes. beim* ~*hochsprung)* perche; *(Hirten*~*)* houlette *f; (Pilger*~*)* bourdon *m; (Bischofs*~*)* crosse; *(Eisen*~*)* barre *f,* barreau *m; (Brenn*~ *in e-m Kernkraftwerk)* bar-

re *f; fig mil (Führungsgruppe)* état-
-major; *allg (Mitarbeiter~)* groupe *m*
(de travail); équipe *f* de direction;
über jdn den ~ brechen (fig) condamner qn; jeter la pierre à qn, faire
le procès de qn; ~**hochsprung** *m*
saut *m* à la perche; ~**magnet** *m* aimant *m* en forme de barreau; ~**reim**
m allitération *f;* ~**sarzt** *m* médecin *m*
capitaine; ~**schef** *m* chef *m* d'état-
-major; ~**soffizier** *m* officier *m*
supérieur; ~**wechsel** *m sport* transmission *f* du témoin.
Stäbchen *n* ⟨-s, -⟩ ['ʃtɛːpçən] bâtonnet
m (a. zum Spielen); (Kragen~) baleine (de col); *fam* cigarette *f.*
stabil [ʃ(s)ta'biːl] *a* stable *a. Preise;* solide, ferme; *(Maschine)* robuste; **S~i-**
sator *m* ⟨-s, -en⟩ [-bili'zaːtɔr, -'toː-
rən] *tech* stabilisateur *m;* ~**isieren**
[-'ziː-rən] *tr* stabiliser; consolider;
S~isierung *f* stabilisation *f;* **S~isie-**
rungsfläche *f aero* surface *f* stabili-
satrice; **S~isierungsflosse** *f aero*
plan fixe *od (Rakete)* empennage *m*
de stabilisation; *(Bombe)* ailette *f;*
S~isierungsplan *m pol (Wirt-*
schaft) plan *m* de stabilisation;
S~ität *f* ⟨-, ø⟩ [-'tɛːt] stabilité; *(Ma-*
schine) robustesse *f.*
Stachel *m* ⟨-s, -n⟩ ['ʃtaxəl] *bot* aiguillon; *bot zoo* piquant; *zoo (Gift~)* dard
m; allg pointe *f; fig* aiguillon *m,* pointe *f;* ~**beere** *f* groseille *f* à maquereau; ~**beerbusch** *m,* ~**beerstrauch**
m groseillier *m* à maquereau; ~**draht**
m (fil de fer) barbelé *m;* ~**drahtver-**
hau *m* (réseau *m* de) barbelés *m pl;*
~**drahtzaun** *m* clôture *f* en (fil de
fer) barbelé; ~**flosse** *f zoo* nageoire
f épineuse; ~**halsband** *n (für Hun-*
de) collier *m* de force; ~**häuter** *m pl*
zoo échinodermes *m pl;* ~**schnecke**
f zoo murex *m;* ~**schwamm** *m bot*
hydne *m;* ~**schwein** *m* porc-épic; *fig*
pej (bärbeißiger Mensch) hérisson *m;*
~**walze** *f tech* hérisson *m;*
stach(e)lig *a* aiguillonné; hérissé de
piquants; *fig (Worte)* piquant, mordant.
Stadel *m* ⟨-s, -⟩ ['ʃtaːdəl] *(Scheune)*
grange *f.*
Stadion *n* ⟨-s, -dien⟩ ['ʃtaːdion, -'dien]
sport stade *m.*
Stadium *n* ⟨-s, -dien⟩ ['-diom, -'dien]
stade; *(Zustand)* état; *(Stufe)* degré
m; (Abschnitt) phase, *bes. med* période *f.*
Stadt *f* ⟨-, ⸚e⟩ [ʃtat, 'ʃtɛːtə] ville; cité;
(~verwaltung) municipalité *f; in der*
~ dans la ville; *(in unserer ~) a.* dans
nos murs; *(Gegensatz: auf dem Lan-*
de) à la ville; *(Gegensatz: zu Hause)*

en ville; *in ~ und Land* à la ville
comme à la campagne; *offene ~*
(mil) ville *f* ouverte; ~**bad** *n* piscine *f*
municipale; ~**bahn** *f* chemin de fer
métropolitain; *(als Netz)* réseau *m*
urbain; ~**baumeister** *m* architecte
m municipal; **s~bekannt** *a* de notoriété publique; *das ist ~* cela court les
rues; ~**bevölkerung** *f* population *f*
urbaine *od* des villes; ~**bezirk** *m* arrondissement *m;* ~**bibliothek** *f,*
~**bücherei** *f* bibliothèque *f* municipale; ~**bild** *n* physionomie *f* d'une *od*
de la ville; paysage *m* urbain; ~**gar-**
ten *m* jardin *m* municipal; ~**gas** *n*
gaz *m* de ville; ~**gebiet** *n* territoire
m de la ville; banlieue *f;* ~**gemeinde**
f municipalité *f;* ~**gespräch** *n tele*
communication *f* urbaine; *das ist ~*
(in aller Munde) toute la ville en parle; ~**graben** *m* fossé *m* de la ville;
~**kämmerer** *m* trésorier *m* municipal; ~**kasse** *f* caisse *f* municipale;
~**kern** *m* noyau urbain; centre *m* (de
la ville); ~**klatsch** *m* cancans *m pl* de
la ville; ~**kommandant** *m mil* commandant *m* de place; ~**kreis** *m (in*
Deutschl., etwa:) arrondissement *m*
urbain; ~**leben** *n* vie *f* des villes;
~**mauer** *f* (mur *m* d')enceinte *f;*
~**mensch** *m* citadin *m;* ~**mitte** *f*
centre *m* (de la ville); ~**netz** *n tele*
réseau *m* urbain; ~**obrigkeit** *f* municipalité *f;* ~**plan** *m* plan *m* de ville;
~**planer** *m* urbaniste *m;* ~**planung** *f*
aménagement urbain, urbanisme *m;*
~**rand** *m* banlieue *f;* ~**randsiedlung**
f cité *f* de banlieue; ~**rat** *m* ⟨-(e)s, ⸚e⟩
(Körperschaft) conseil municipal;
(Person) conseiller municipal, édile
m; ~**rundfahrt** *f* tour *m* de *od* visite
f de la ville; ~**schreiber** *m* greffier
m municipal; ~**staat** *m* ville-État *f;*
~**streicher** *m* ⟨-s, -⟩ clochard *m;*
~**teil** *m* quartier *m; abgelegene(r) ~*
quartier *m* perdu; ~**theater** *n*
théâtre *m* municipal; ~**tor** *n* porte *f*
de la ville; ~**väter,** *die m pl* les édiles
m pl; la municipalité; ~**verordne-**
te(r) *m* conseiller *m* municipal;
~**verwaltung** *f* administration municipale; municipalité *f;* ~**viertel** *n =*
~**teil;** ~**zentrum** *n = ~mitte.*
Städtchen *n* ⟨-s, -⟩ ['ʃtɛːtçən] petite
ville *f;* ~**ebau** *m* ⟨-(e)s, ø⟩ urbanisme
m; ~**ebauer** *m* ⟨-s, -⟩ urbaniste *m;*
s~ebaulich *a* urbanistique; *nach*
~en Grundsätzen bebauen, neu ge-
stalten urbaniser; ~**ebund** *m hist*
union *od* association *f* des villes; ~**e-**
ordnung *f* constitution *od* organisation *f* municipale; ~**epartnerschaft**
f jumelage *m; e-e ~ eingehen* se ju-

meler; **~er** m ⟨-s -⟩ citadin m; pl a.
gens pl de la ville; **~etag** m assemblée f des délégués des villes;
s~isch a urbain; de la ville; adm municipal; **~e(r)** Angestellte(r) m, Beamte(r) m employé od fonctionnaire m municipal; **~e** Einrichtungen f pl services m pl municipaux.
Stafette f ⟨-, -n⟩ [ʃta'fɛtə] hist (Meldereiter) estafette f; sport relais m; **~nlauf** m, **~nritt** m course f de relais.
Staffage f ⟨-, -n⟩ [ʃta'faːʒə] (Beiwerk, Ausstattung) accessoires f pl, décor m.
Staffel f ⟨-, -n⟩ ['ʃtafəl] (Stufe) marche f; degré; gradin; a. mil u. fig échelon m; aero mil escadrille f; sport relais m; **~besteuerung** f imposition f progressive; **~ei** f [-'laɪ] chevalet m; **s~förmig** a échelonné; adv en od par échelons; **~** aufstellen échelonner; **~lauf** m course f de relais; **~läufer** m coureur m de relais; **~mannschaft** f équipe f de relais; **~miete** f loyer m échelonné; **s~n** tr échelonner, disposer par échelons; fig graduer; **~tarif** m tarif m échelonné od à échelons od à paliers; **~ung** f échelonnement m, graduation f, décalage m; (Steuer) progressivité f; (Ferien) étalement m; **~** der Steuersätze progressivité f du taux d'imposition; **s~weise** adv = s~förmig adv; **staff(e)lig** a = s~förmig a.
Stag n ⟨-(e)s, -e(n)⟩ ['ʃtaːk, '-gə(-)] mar étai m.
Stagflation f ⟨-, -en⟩ [ʃtakfla'tsio:n, st-] stagflation f.
Stagn|ation f ⟨-, -en⟩ [ʃ-, stagna-tsi'o:n] stagnation f; **s~ieren** [-'gni:rən] itr (Wasser) croupir; stagner, être stagnant; fig languir; plafonner.
Stahl m ⟨-(e)s, ¨e/(-e)⟩ [ʃtaːl, 'ʃtɛːlə] acier m; (Wetz~) fusil; fig a. fer m; **~bad** n bain m ferrugineux; (Ort) eaux f pl ferrugineuses; **~band** n ⟨-(e)s, ¨er⟩ ruban m d'acier; **~bau** (-weise f) m construction f métallique; **~bereitung** f aciérage m, aciération f; **~beton** m béton m armé; **~betonbau** m construction f en béton armé; **s~blau** a bleu d'acier; **~blech** n tôle f d'acier; **~bürste** f brosse f métallique; **~draht** m fil m d'acier; **~erzeugung** f production f de l'acier; **~feder** f (zum Schreiben) plume f d'acier; (Sprungfeder) ressort m d'acier; **~flasche** f bouteille f od cylindre m en acier od métallique; **~gerüst** n

échafaudage m métallique; **s~grau** a gris d'acier od de fer od bleuté; **~guß** m (Vorgang) moulage d'acier; (Produkt) acier m moulé; **s~hart** a d'acier; **~helm** m casque m d'acier; fam bourguignotte f; **~kammer** f chambre f forte; **~kerngeschoß** n balle f perforante; **~klinge** f lame f d'acier; **~konstruktion** f charpente f métallique; **~mantelgeschoß** n balle f à enveloppe d'acier; **~möbel** n pl meubles m pl métalliques od en acier; mobilier m métallique; **~platte** f plaque od tôle f d'acier; **~rohr** n tube od tuyau m en acier od d'acier; **~rohrmöbel** n pl meubles m pl tubulaires; **~roß** n hum (Fahrrad) bécane f; **~schiene** f rail m en acier; **~schrank** m coffre-fort m; **~skelett** n carcasse f métallique; **~skelettbau** m construction f en charpente métallique; **~späne** m pl paille f d'acier; **~stich** m gravure f sur acier; **~träger** m poutrelle f d'acier; **~trosse** f cordage m en acier; **~warenhändler** m coutelier m; **~waren(handlung f)** f pl coutellerie f; **~werk** n aciérie f.
stähl|en ['ʃtɛːlən] tr aciérer; (härten) tremper; fig endurcir; **S~en** aciérage m, aciération f; **~ern** a d'acier, en acier; fig de fer.
Stak|e f ⟨-, -n⟩, **~en** m ⟨-s, -⟩ ['ʃtaːkə(n)] dial (Stoßstange) perche f; **s~en** tr (Boot) conduire od manœuvrer à la perche.
Staket n ⟨-(e)s, -e⟩ [ʃta'keːt] estacade, palissade f, lattis m; clôture f à claire-voie.
Stala|gmit m ⟨-s/-en, -e/-en⟩ [s(ʃ)tala'gmiːt/-'mɪt] geol stalagmite f; **~ktit** m ⟨-s/-en, -e/-en⟩ [-k'tiːt/-'tɪt] geol stalactite f.
Stall m ⟨-(e)s, ¨e⟩ [ʃtal, 'ʃtɛlə] allg étable; (Pferde~) écurie; (Kuh~) vacherie; (Schaf~) bergerie; (Schweine~) porcherie f; (Kaninchen~) clapier; (Hühner~) poulailler; (Holz~) bûcher m; fig pej (schlechte Wohnung) écurie f, taudis m; den **~** ausmisten (fig) mettre de l'ordre; donner un grand coup de balai; in den **~** treiben ramener à l'étable; **~bursche** m garçon m d'écurie; **~geld** n établage m; **~hase** m lapin m; **~knecht** m valet d'écurie, palefrenier m; **~(l)aterne** f lanterne f d'écurie; **~magd** f vachère f; **~meister** m écuyer m; **~mist** m fumier m; **~ung** f, meist pl écuries f pl; **~voll** m: ein **~** Kinder (pop) une tripotée d'enfants.
Stamm m ⟨-(e)s, ¨e⟩ [ʃtam, 'ʃtɛmə] (Baum~) tronc, fût m, tige (aérienne);

fig (Geschlecht, Familie) souche, lignée, race, famille; *(Volks~)* tribu *f; biol* embranchement; *(~personal)* cadre *m;* *(~kunden, ~gäste)* habitués *m pl; gram* racine *f,* radical *m;* **~aktie** *f fin* action *f* ordinaire; **~baum** *m* arbre généalogique; *(e-s Zuchttieres)* pedigree *m;* **~buch** *n* album; *(Familien~)* livret *m* de famille; **~einlage** *f fin* apport *m* social; **s~en** *itr (ab~)* descendre, provenir, sortir, être issu, tirer son origine *(von* de); *(örtl.)* être originaire *(aus* de), *(Sache)* provenir *(aus* de); *(zeitl.)* dater *(aus* de); **~esfehde** *f* rivalité *f* tribale; **~esgeschichte** *f biol* phylogénie *f;* **~eshäuptling** *m* chef *m* de tribu; **~eswirtschaft** *f* économie *f* tribale; **~form** *f gram* forme *f* radicale; temps *m* primitif; **~gast** *m* hôte attitré, habitué; *fam* pilier *m* de cabaret; **~halter** *m* fils *m* aîné; **~haus** *n com* maison *f* mère; **~holz** *n* bois *m* de *od* en grume; **~kapital** *n* capital initial, fonds *m* (social); **~kneipe** *f,* **~lokal** *n fam* (mon, ton *etc*) bistrot, café *m;* b., c. qu'on fréquente en habitué; **~kunde** *m* client *m* attitré; **~kundschaft** *f* clientèle *f* attitrée; **~(m)utter** *f* première mère *f;* **~personal** *n* personnel *m* stable; **~platz** *m* place *f* d'habitué; **~rolle** *f* (registre *m*) matricule *f;* **~rollennummer** *f* numéro *m* (de) matricule; **~sitz** *m theat* place *f* d'abonné; **~tafel** *f* tableau *m* généalogique; **~tisch** *m* table *f* des habitués; **~vater** *m* aïeul *m;* **~** *werden* faire souche; **s~verwandt** *a* de la même famille *od* race; *gram* du même radical; **~wort** *n* radical *m.*

stamm|eln ['ʃtaməln] *tr* bégayer, balbutier; *itr (undeutlich sprechen)* bredouiller; **S~eln** *n* bégaiement, balbutiement; bredouillage, bredouillement *m;* **S~ler** *m ⟨-s, -⟩* bègue *m.*

stämmig ['ʃtɛmɪç] *a* trapu, robuste, vigoureux, fort; *fam* costaud; **S~keit** *f ⟨-, ø⟩* robustesse, vigueur *f.*

stampf|en ['ʃtampfən] *tr ⟨aux: haben⟩* pilonner, damer; *(fest~)* fouler, tasser; *(zer~)* piler, broyer, concasser; bocarder; *itr ⟨aux: haben⟩ (mit den Füßen ~)* piétiner, trépigner; *⟨aux: sein⟩ (stapfen)* marcher à pas lourds; *⟨aux: haben⟩ (Pferd)* piaffer; *(Schiff)* tanguer; *aus dem Boden ~ (fig)* faire sortir du sol; **S~en** *n* pilonnage; foulage; pilage, concassage; piétinement, trépignement; piaffement; *mar* tangage *m;* **S~er** *m ⟨-s, -⟩ (Gerät)* pilon *m,* dame *f;* fouloir; broyeur *m.*

Stand *m ⟨-(e)s, ˙-e⟩* [ʃtant, 'ʃtɛndə] *(Stehen)* station; *(Stellung)* position; *(der Gestirne)* configuration, constellation; *(Lage)* situation; *(Zu~)* condition *f,* état, *(gegenwärtiger)* état actuel; *(Ebene, Höhe; fig)* niveau, degré; *(Wasser)* niveau *m;* *(Barometer)* hauteur *f; sport (des Spieles)* score *m; com (der Preise)* cote *f,* cours *m pl; pol* état *m,* classe; *(Rang)* rang *m,* condition *f,* standing *m;* *(Beruf)* profession *f,* métier; *(~ort)* poste *m,* place *f,* emplacement *m; a. zoo bot* station; *(im Pferdestall)* stalle *f;* *(Verkaufs~)* éventaire *m;* *(Messe~)* stand; *(Schieß~)* stand *m* (de tir); *auf, nach dem ~(e) (gen)* sur la base *od* le pied (de); *aus dem ~ (sport)* de pied ferme; *von (vornehmem) ~* de qualité; *von niedrigem ~e* de basse extraction; *auf den neuesten ~ bringen* mettre à jour; *den ~ e-r S ermitteln,* *e-n Überblick über den ~ e-r S geben* faire le point de *od* sur qc; *in den ~ der Ehe treten* se marier; *den höchsten ~ erreichen* culminer; *e-n schweren ~ haben* être dans une situation difficile; avoir bien du mal *(bei, mit* avec); *gut im ~e sein* être en bon état *od (Mensch)* en bonne santé; *jdn in den ~ setzen, etw zu tun* mettre qn à même *od* en état de faire qc; *ich habe e-n schweren ~ (a.)* ma position est délicate; *der gegenwärtige ~ der Technik, des Wissens* l'état de la technique, des connaissances actuelle(s); *der dritte ~* le tiers état; *die höheren, niederen Stände* les classes élevées *od* supérieures, les classes inférieures *f pl; der ~ der Arbeiten* l'état *m* (d'avancement) des travaux; **~bein** *n (Kunst)* jambe *f* de soutien; **~bild** *n* statue *f; jdm ein ~ errichten* élever une statue à qn; *hum* statufier qn; **s~fest** *a* stable, fixe; solide; **~festigkeit** *f ⟨-, ø⟩* stabilité; solidité *f;* **~geld** *n com* droits *m pl* d'étalage; *(Markt)* hallage *m; mot* taxe *f od* droits *m pl* de stationnement; **~gericht** *n* conseil *m* de guerre; cour *f* martiale; **s~haft** *a* constant; *(fest)* ferme; *(beharrlich)* persévérant; *(unerschütterlich)* inébranlable; *adv* de pied ferme; *~ bleiben* tenir ferme *od* bon; **~haftigkeit** *f ⟨-, ø⟩* constance; fermeté; persévérance *f;* **s~=halten** *itr* tenir (bon *od* ferme); ne pas céder, ne pas reculer, ne pas lâcher pied; tenir tête, résister *(e-r S* à qc); **~heizung** *f mot* chauffage *m* auxiliaire *od* d'appoint; **~licht** *n* feu(x *pl*) *m* de position *od* de stationnement; lanternes *f pl; das ~ einschalten* mettre en veilleuse; **~ort** *m* lieu de stationnement, poste *m,* place *f,* emplacement *m; a. zoo bot* station *f; bot* habitat *m; mil* garnison; *mar aero* position; *fig* position *f; den ~ angeben, feststellen (mar aero)* signaler, déterminer la position; **~ortälteste(r)** *m mil* commandant *m* d'armes; **~ortbestimmung** *f mar aero* détermination *f* de la position *od* du point; **~pauke** *f fam (Strafrede)* gronderie *f,* sermon *m; jdm e-e ~halten* passer un savon à qn, sermonner qn; **~punkt** *m bes. fig* point *m* de vue; *fig* manière de voir, optique *f; auf dem ~ stehen, sich auf den ~ stellen, daß ... être d'avis que ...;* **~quartier** *n mil* cantonnement *m* (permanent); *allg* résidence *f;* **~recht** *n mil* loi *f* martiale; *das ~ verhängen* décréter la loi martiale; **s~rechtlich** *adv; ~ erschießen* exécuter militairement, passer par les armes; **s~sicher** *a* stable; **~sicherheit** *f* stabilité *f;* **~uhr** *f* horloge *f* de parquet; **~wild** *n* bêtes *f pl* sédentaires.

Standard *m* ‹-s, -s› ['ʃ(s)tandart] *(Richtschnur)* standard *m; (Norm)* norme *f; (Normalmaß)* étalon *m;* **~abweichung** *f* écart-type *m;* **~ausführung** *f com* présentation *f* standard; **~fehler** *m* erreur-type *f;* **s~isieren** [-di'ziːrən] *tr* standardiser; **~isierung** *f* standardisation *f;* **~kosten** *pl* coût *m* standard; **~modell** *n* modèle-type *m;* **~typ** *m* type *m* standard; **~vertrag** *m* contrat-type *m;* **~waffe** *f* arme standardisée, arme-type *f;* **~werk** *n (wissenschaftl.)* ouvrage *m* de référence.

Standarte *f* ‹-, -n› [ʃtan'dartə] *mil* étendard *m;* **~nträger** *m* porte-étendard *m.*

Ständ|chen *n* ‹-s, -› ['ʃtɛntçən] *mus (Abend~)* sérénade; *(Morgen~)* aubade *f; jdm ein ~ bringen* donner une sérénade *od* une aubade à qn; **~er** *m* ‹-s, -› ['-dər] montant, pied; support; *(Kerzen~)* chandelier; *(Noten~)* pupitre *m;* **s~ig** ['-dɪç] *a* permanent, perpétuel, continuel; incessant, ininterrompu; *(fest)* fixe, stable; *adv* perpétuellement, continuellement, sans cesse; *~e Redensart f (a.)* refrain *m;* **s~isch** ['-dɪʃ] *a* corporatif.

Stander *m* ‹-s, -› ['ʃtandər] *(Wimpel)* fanion *m.*

Standes|amt *n* ['ʃtandəs-] (bureau de l')état civil; **s~amtlich** *a* par (l'officier de) l'état civil; *adv; ~ trauen* marier civilement; *~e Trauung f* mariage *m* civil; **~beamte(r)** *m* officier *m* d'état civil; **~dünkel** *m* présomption *od* prétention *f* de caste; **~ehre** *f* honneur *m* corporatif *od* de la corporation; **s~gemäß** *a* conforme à son état *od* rang; *~ leben* vivre selon son état, tenir son rang; *~e Heirat f* mariage *m* de convenance; **~person** *f* personne *f* de qualité; **~register** *n* registre *m* de l'état civil; **~unterschied** *m* différence *f* de classe; *pl* distinction *f* des classes; **s~widrig** *a* qui déroge (à son rang); *adv: ~ handeln* déroger à son rang; **~würde** *f* dignité *f* du rang; **s~würdig** *a* digne à son rang; **~zugehörigkeit** *f* état, rang *m.*

Stange *f* ‹-, -n› ['ʃtaŋə] perche, gaule, verge; *(aus Metall)* barre *f; (aufgerichtet)* poteau *m; (Bohnen~)* rame *f; (Bohnen~, Hopfen~)* paisseau; *(Hühner~)* perchoir, juchoir *m; (bes. Gardinen~)* tringle *f; (Korsett~)* busc *m; (Fahnen~)* hampe *f; (Meß~)* jalon *m; tech* tige; *(Pleuel~)* bielle; *(Geweih)* branche *f; com (Ware in ~nform, z. B. Siegellack)* bâton; *(Eis zum Kühlen)* pain *m; (Brot)* baguette; *(Zigaretten)* cartouche *f,* étui *m; von der ~ (fam: Kleidung),* au décrochez-moi-çà; *e-e ~ angeben (fam)* ne pas se croire rien, la ramener; *bei der ~ bleiben (fig fam)* tenir bon *od* ferme, ne pas lâcher pied; *jdm die ~ halten* prendre fait et cause *od* parti pour qn; *sich auf e-e od die ~ setzen (Hühner usw)* se percher, se jucher; *auf e-r od der ~ sitzen* être perché *od* juché; *e-e ~ Geld kosten (fam)* coûter un argent fou *od* les yeux de la tête; **~nbohnen** *f pl* haricots *m pl* à rames; **~nbrot** *n* baguette *f;* **~neisen** *n* fer *m* en barres; **~nholz** *n* rondins *m pl;* **~nspargel** *m* asperges *f pl* entières; **~nwald** *m,* **~nzaun** *m* perchis *m;* **~nzelt** *n* tente *f* à armature.

Stänker|ei *f* ‹-, -en› [ʃtɛŋkə'raɪ] *f fam = Stank;* **~(er)** *m* ‹-s, -› ['ʃtɛŋkər(ər)]* *fam (Zänker)* querelleur; *(Hetzer)* tracassier; *(Nörgler)* rouspéteur *m pop;* **s~n** *itr fam* chercher querelle *od* noise; *pop* rouspéter.

Stanniol *n* ‹-s, -e› [ʃ(s)tani'oːl] papier *m od* feuille *f* d'étain, tain *m.*

stante pede ['stantə 'peːdə] *adv fam hum (sofort)* sur-le-champ.

Stanz|e *f* ‹-, -n› ['ʃtantsə] **1.** *tech* (presse à) estampe(r); matrice; *(loch~)* poinçonneuse *f;* **s~en** *tr* estamper; *(aus~)* découper; *(lochen)* poinçonner; **~en** *n* estampage; découpage; poinçonnage, poinçonnement *m;* **~maschine** *f* découpeuse; poinçonneuse *f;* **~werk** *n* atelier *od* établissement *m* d'estampage.

Stanze 2. *(Strophenform)* stance *f.*

Stapel m ⟨-s, -⟩ ['ʃtaːpəl] *mar (Dock)* cale *f;* *(Warenlager)* entrepôt, dépôt *m;* *(geschichteter Haufen, Stoß)* pile *f,* tas *m; vom* ~ *lassen (mar u. fig)* lancer, mettre à l'eau; *vom* ~ *laufen (mar)* être lancé *od* mis à l'eau; *auf* ~ *legen, liegen (mar)* mettre, être sur cale *od* en chantier; ~**block** m *mar* tin *m;* ~**holz** n bois *m* de chantier; ~**lauf** m *mar* lancement *m,* mise *f* à l'eau; **s~n** *tr (lagern)* emmagasiner, stocker; *(aufschichten)* empiler, entasser; ~**platz** m entrepôt, dépôt, lieu *m* de stockage; ~**winde** *f* cric *m* gerbeur, gerbeuse *f.*

Stapfe *f* ⟨-, -n⟩ ~**n** m ⟨-s, -⟩ ['ʃtapfə(n)] *(Fuß~)* (trace *f* de) pas *m;* **s~en** ⟨*aux: sein*⟩ *itr* marcher d'un pas lourd.

Star 1. m ⟨-(e)s, -e⟩ [ʃtaːr] *orn* étourneau, sansonnet *m;* ~**(en)kasten** m nichoir *m.*

Star 2. m ⟨-(e)s, -e⟩ [ʃtaːr] *med (grauer* ~*)* cataracte *f; jdm den* ~ *stechen* opérer qn de la cataracte; *(grüne(r)* ~ *glaucome m; schwarze(r)* ~ amaurose *f.*

Star 3. m ⟨-s, -s⟩ [s-, ʃtaːr] *film* vedette, étoile, star *f;* ~**aliüren** *f pl:* ~ *haben* se donner des grands airs.

stark [ʃtark] ⟨*stärker, am stärksten*⟩ *a allg* fort *a. fig; (kräftig)* vigoureux, robuste; *(kraftvoll)* énergique; *(heftig)* violent; *(mächtig)* puissant *(a. von e-m Motor); (intensiv, z. B. Verkehr)* intense; *(groß, beträchtlich)* grand, considérable; *med* fort; *(tüchtig, beschlagen)* fort, calé; *(dick, von e-m Menschen)* fort, gros, corpulent; *(Buch, Band: umfangreich)* volumineux; *(dick, von e-r Schicht)* épais; *(fest)* solide, résistant; *(alkohol. Getränk, Kaffee, Tabak)* fort; *arg (prima)* chié; *adv (bei v)* fort; *(beträchtlich)* fortement, grandement; *(bei a)* très, bien; *immer stärker (mehr)* de plus en plus; *noch stärker* de plus belle; *zehn Mann* ~ (au nombre) de 10 hommes; *500 Seiten* ~ *(Buch)* de 500 pages; *zehn Zentimeter* ~ épais de 10 centimètres; ~ *abnehmen* diminuer grandement; ~ *engagiert* très engagé; ~*e Nerven haben* avoir les nerfs solides; *sich* ~ *genug fühlen, etw zu tun* se sentir assez fort pour *od* la force de faire qc; *stärker fühlen lassen* appesantir; *es mit dem Stärkeren halten, sich auf die Seite des Stärkeren stellen* être du côté du plus fort; ~ *machen* rendre fort, fortifier; *stärker (dicker) machen, werden (a.)* renforcir *pop; das ist (ein)* ~*(es Stück) fig* c'est (un peu) fort; c'est un peu raide; *fam* ce n'est pas piqué des

vers; *die stärksten Bataillone (fig)* les gros bataillons *m pl;* ~ *besucht* très fréquenté; ~*e(r) Esser, Trinker m* gros mangeur, fort *od* grand buveur *m;* ~*e(r) Frost, Geruch, Regen* forte gelée, odeur, pluie *f;* ~*e(s) Gefälle n (Straße)* descente rapide; *loc* forte pente *f; der* ~*e Mann (pol)* l'homme *m* puissant; ~*e(r) Schnupfen m* gros rhume *m; ein* ~*er Raucher* un grand fumeur; ~ *verschuldet* criblé *od* couvert de dettes; **S~bier** n bière *f* forte; ~**knochig** *a* osseux; ~**leibig** *a (dick)* fort, gros; **S~strom** *m el* courant à haute tension, courant *m* force; **S~stromleitung** *f* ligne *f* à haute tension; **S~stromnetz** n, **S~stromschalttafel** *f* réseau, tableau *m* d'énergie; ~**wandig** *a (Hülle)* épais.

Stärke *f* ⟨-, -n⟩ ['ʃtɛrkə] *allg* force; *(Kraft)* vigueur, robustesse; *(Energie)* énergie; *(Heftigkeit)* violence; *(Macht)* puissance; *(Intensität)* intensité; *(Zahl)* force *f* numérique, nombre; *mil* effectif; *(Tüchtigkeit, Beschlagenheit)* fort; *(Buch: Umfang)* volume *m; (Schicht: Dicke)* épaisseur; *(Festigkeit)* solidité, résistance; *(~emehl)* fécule *f,* amidon; *(Wäsche~)* empois *m* (d'amidon); ~**egrad** *m* (degré *m* d')intensité *f;* **s~ehaltig** *a* féculent; *scient* amylacé; ~**emehl** n fécule *f;* **s~en** *tr allg* fortifier; *(kräftigen)* revigorer; *med* tonifier, soutenir; *(seelisch)* réconforter; *(Wäsche)* amidonner, empeser; *sich* ~ se restaurer, se refaire; *(seelisch, fam)* se remonter, se sustenter; ~**en** n *(der Wäsche)* amidonnage, empesage *m;* **s~end** *a* fortifiant; *med* reconstituant, tonique, analeptique; *fam* remontant; ~**eregler** *m radio* bouton *m* de puissance; ~**ung** *f* renforcement, raffermissement *m,* consolidation *f; (Trost)* réconfort *m;* ~**ungsmittel** n fortifiant, reconstituant, tonique *m.*

starr [ʃtar] *a* raide; *scient tech* rigide; *(unbeweglich)* immobile; *(steif)* (en-)gourd(i); *(steifgefroren)* figé *od* transi (de froid), glacé; *(Blick)* fixe; *(wie versteinert)* pétrifié *(vor Schrekken* de terreur); *(vor Staunen)* stupéfait; *(unbeugsam)* inflexible; *(streng)* rigoureux, rigide; ~ *an etw festhalten* être entiché de qc; ~*e Fronten f pl (mil)* fronts *m pl* rigides; ~*e Haltung f (fig)* fixisme *m;* **S~e** *f* ⟨-, ø⟩ raideur, rigidité; immobilité *f;* ~**en** *itr (ragen)* se dresser, s'élever; *(bedeckt sein)* être couvert *od* hérissé *(vor od von* de); *(unverwandt blicken)* regarder fixement *(auf etw* qc); *ins Leere* ~ avoir le regard fixe; *fam* gober les mouches; *vor Schmutz, von Läusen* ~ être couvert de boue *od* de crasse, de poux; *von Waffen* ~ être armé jusqu'aux dents; **S~heit** *f* ‹-, ø› = ~*e; (Unbeugsamkeit)* inflexibilité; *(Strenge)* rigueur *f;* = ~*sinn;* **S~kopf** *m* têtu, entêté *m;* ~**köpfig** *a* = ~*sinnig;* **S~krampf** *m med* tétanos *m;* **S~sinn** *m* entêtement *m,* obstination, opiniâtreté *f;* ~**sinnig** *a* entêté, obstiné, opiniâtre; **S~sucht** *f med* catalepsie *f.*

Start *m* ‹-(e)s, -s/(-e)› [ʃtart] *(Beginn)* début; *(Ablauf, -sprung, -fahrt, -flug)* départ; *mot* démarrage; *aero* décollage, envol; *(Rakete, Raumschiff)* lancement; *fig* démarrage *m,* mise *f* en route; *e-n guten* ~ *haben* prendre un bon départ; ~ *frei!* départ autorisé! *stehende(r), fliegende(r)* ~ départ *m* arrêté, lancé; ~*mit Rückenwind, mit Seitenwind, gegen den Wind* départ *m* vent arrière, vent de côté, vent debout; ~**automatik** *f mot* starter *m* automatique; ~**bahn** *f aero* piste de décollage; voie *f* de départ; *(Flugzeugträger)* pont *m* d'envol; ~**band** *n sport* ligne *f* de départ; **s~bereit** *a* prêt *allg* à partir *od sport* au départ *od mot* à démarrer; *aero* prêt à décoller, en état de vol; **s~en** *itr* ‹aux: sein› *allg* partir; *sport* prendre le départ; *mot* démarrer; *aero* décoller, s'envoler; *tr* ‹aux: haben› *(Rakete, Raumschiff)* lancer; *fig (in Gang setzen)* mettre en route; ~ *lassen* donner le départ *(etw* à qc); ~**ende(r)** *m sport* partant *m;* ~**er** *m* ‹-s, -› *sport mot* starter; *mot* démarreur *m;* ~**erklappe** *f mot* clapet *m* de départ; ~**erlaubnis** *f* autorisation *f* de départ; ~**fläche** *f aero* aire *f* d'envol; ~**flugplatz** *m* aérodrome *m* de départ; ~**folge** *f* ordre *m* de départ; ~**gerät** *n (für Flugkörper)* lanceur, lance-missiles, lance-fusées *m;* ~**gewicht** *n (e-r Rakete)* poids *m* au lancement; ~**impuls** *m* impulsion *f* de départ; ~**kapital** *n* capital *m* de départ; ~**kommando** *n* commandement *m* de départ; ~**loch** *n sport* trou *m* de départ; ~**meldung** *f aero* avis *od* télégramme *m* de départ; ~**nummer** *f sport* numéro de départ; *(Rückennummer)* dossard *m;* ~**platz** *m (Rakete)* point *m* de décollage; ~**rakete** *f* fusée *f* de *od* d'aide au décollage; ~**rampe** *f* rampe *f* de lancement; ~**schleuder** *f aero* catapulte *f;* ~**schlitten** *m* chariot *m* de catapultage; ~**schub** *m (Rakete)* poussée *f* de décollage; ~**schuß** *m sport* coup

m de départ; ~**seil** *n (Segelflug)* sandow *m* de lancement; ~**signal** *n* = ~*zeichen;* ~**sprung** *m (Schwimmsport)* plongeon *m* de départ; ~**verbot** *n sport aero* interdiction *f* de décoller; ~**verhältnisse** *n pl sport* conditions *f pl* de départ; ~**vorbereitungen** *f pl aero* préparatifs *m pl* de départ; ~**zeichen** *n sport* signal *m* de *od* du départ; *das* ~ *geben* donner le départ de la course; ~**zeit** *f* heure *f* de départ.

Stat|ik *f* ‹-, ø› ['ʃ-, 'staːtɪk] *phys* statique *f;* ~ *der festen Körper* stéréostatique *f;* **s~isch** ['ʃ-, 'staːtɪʃ] *a* statique.

Station *f* ‹-, -en› [ʃtatsi'oːn] *allg* station; *loc a.* gare; *(Krankenhaus)* service *m; bei od mit freier* ~ logé et nourri; *freie* ~ *haben* être logé et nourri; avoir la table et le logis *od* le vivre et le couvert; ~ *machen (haltmachen)* s'arrêter, séjourner; *an e-r* ~ *vorbeifahren (loc)* brûler une station; **s~är** [-tsio'nɛːr] *a* stationnaire; *(Anlage)* fixe; ~*e Behandlung f (als Krankenhauspatient)* traitement *m* clinique; **s~ieren** [-'niːrən] *tr* stationner; ~**ierung** *f* stationnement *m;* ~**ierungskosten** *pl mil* frais *m pl* d'entretien; ~**sarzt** *m* médecin *m* du service; ~**schef** *m mar* préfet *m* maritime; ~**skommando** *n mar* préfecture *f* maritime; ~**sschiff** *n* stationnaire *m;* ~**svorsteher** *m loc* chef *m* de gare *od* de station *od* de section.

Statist|(in *f)* *m* ‹-en, -en› [ʃta'tɪst] figurant, e; comparse *m; f; als* ~ *auftreten (theat)* figurer; ~ *sein (film)* faire de la figuration; ~**ik** *f* ‹-, -en› [-'tɪstɪk] statistique *f;* ~**iker** *m* ‹-s, -› [-'tɪstɪkər] statisticien *m;* **s~isch** [-'tɪstɪʃ] *a* (de) statistique; ~ *erfaßt sein* être chiffré dans les statistiques; *S~e(s) Amt n* Bureau *od* Office *m* des statistiques.

Stativ *n* ‹-s, -e› [ʃta'tiːf, -və] support; *bes. phot* (tré)pied *m.*

Stator *m* ‹-s, -en› ['s(ʃ)taːtɔr, -'toːrən] *tech (Ständer)* stator *m.*

statt [ʃtat] *prp gen* au lieu de, à la place de; *en guise de;* ~ *... zu (mit inf)* au lieu de ...; ~ *daß* au lieu que; ~ *dessen* au lieu de cela; **S~** *f* ‹-, ø› *(nur in Wendungen): an Eides* ~ à titre de serment; *an meiner* ~ à ma place; *an Kindes* ~ *annehmen* adopter; *ein gutes Wort findet e-e gute* ~ *(prov)* une bonne parole ne gâte rien; ~**finden** *itr* avoir lieu; *(Veranstaltung)* se tenir; ~**geben** *itr* donner suite *(e-r S* à qc), accorder, agréer *(e-r S* qc); *(e-m Gesuch)* faire droit *(e-r S* à qc), admettre (e-r S qc); ~shaben itr = ~finden; ~haft a (zulässig) admissible; (erlaubt) permis; jur recevable; S~haftigkeit f ⟨-, ø⟩ admissibilité f; S~halter m gouverneur; rel vicaire m; S~halterschaft f gouvernement m; ~lich a (ansehnlich) de belle apparence; (prächtig) somptueux, superbe; (imposant) imposant; (Summe) considérable; (Mensch, Tier) étoffé; (Bauch) rondelet; S~lichkeit f ⟨-, ø⟩ prestance; somptuosité f, aspect m somptueux.

Stätte f ⟨-, -n⟩ [ˈʃtɛtə] lieu, endroit m, place f; keine bleibende ~ haben mener une vie errante; die Heiligen ~n (in Palästina) les Lieux m pl saints.

Statu|e f ⟨-, -n⟩ [ˈʃ-, ˈstaːtuə] statue f; ~ette f ⟨-, -n⟩ [ʃ-, statuˈɛtə] statuette; figurine f; s~ieren [-tuˈiːrən] tr statuer; établir; ein Exempel ~ faire exemple.

Statur f ⟨-, -en⟩ [ʃtaˈtuːr] stature, taille f.

Status m ⟨-, -⟩ [ˈʃ(s)taːtʊs] jur adm état m (juridique); ~ quo m ⟨--, ø⟩ [-ˈkvoː] status quo m; ~-symbol n symbole m de la position sociale, marque f de standing.

Statut n ⟨-(e)s, -en⟩ [ʃ(s)taˈtuːt] statut; règlement m; pl a. charte f; s~arisch [-tuˈtaːrɪʃ] a, s~engemäß a statutaire; conforme aux statuts; s~enwidrig a contraire aux statuts.

Stau m ⟨-(e)s, -e⟩ [ʃtau] (~ung) refoulement; (Stillstand) étale; (Verkehrs~) bouchon; (in der Stadt) embouteillage m; im ~ (zwischen Ebbe u. Flut) étale a; ~anlage f barrage; (kleinere) vannage m; ~becken n (bassin m de) retenue f, barrage--réservoir, réservoir m d'eau; ~damm m barrage m; s~en tr (Wasser) arrêter, refouler; (eindeichen) endiguer; (a. Verkehrsteilnehmer) contenir; mar (Ladung unterbringen) arrimer; sich ~ (allg) s'amasser; (Verkehr, Volksmenge) s'entasser, s'empiler; (Verkehr) former un bouchon; (Verkehr) se congestionner; ~er m ⟨-s, -⟩ mar arrimeur m; ~mauer f mur m de barrage, digue f; ~see m lac m de retenue od d'accumulation; ~stufe f bief m; ~ung f (Wasser) refoulement m; (a. Postsendungen) accumulation f; (Menschen) entassement m; (Verkehr) embouteillage, encombrement, fam bouchon m; allg (Stockung) stagnation; med congestion f; mar arrimage m; ~wasser n ⟨-s, -⟩ (Meer) étale m;

(in e-r Schleuse) éclusée f; ~werk n barrage m.

Staub m ⟨-(e)s, ø⟩, tech ⟨-(e)s, -e/⁻e⟩ [ʃtaup, -bə, ˈʃtɔrbə] poussière; (Puder, Pulver) poudre f; (Blüten~) pollen m; (viel) ~ aufwirbeln (fig) faire beaucoup de od grand bruit; vor jdm im ~e kriechen ramper à plat ventre devant qn; sich aus dem ~e machen (fam) filer, détaler, décamper, ficher od pop foutre le camp, tourner les talons; in den ~ treten (fig) fouler aux pieds; in ~ verwandeln réduire en poussière, pulvériser; (den) ~ wischen épousseter (von etw qc); in den ~ ziehen od zerren (fig) traîner dans la boue; radioaktive(r) ~ poussières f pl radioactives; ~bad n (der Vögel) bain m de poussière; s~bedeckt a couvert de poussière; ~besen m balai m à épousseter, époussette f, plumeau m; ~beutel m bot anthère f; s~en itr faire de la poussière, poudroyer; ~entwicklung f dégagement m de poussière; ~faden m bot filet m; ~fänger m nid à poussière; ramasse-poussière m; ~filter m od n filtre m à poussière; ~flocke f mouton m fam; s~frei a sans poussière; ~gefäß n bot étamine f; s~haltig a chargé de poussière; s~ig a (Straße) couvert de poussière; ~igkeit f ⟨-, ø⟩ pulvérulence f; ~kamm m peigne m fin; ~korn n ⟨-s, ⁻er⟩ grain m de poussière; ~lappen m = ~tuch; ~lunge f med pneumoconiose f; ~mantel m (manteau) cache-poussière, pare-poussière m; s~saugen ⟨hat staubgesaugt⟩ itr passer l'aspirateur; tr den Teppich ~ passer l'aspirateur sur le tapis; ~sauger m aspirateur m; ~schicht f couche f od dépôt od enduit m de poussière; ~tuch n ⟨-(e)s, ⁻er⟩ chiffon à épousseter; essuie-meubles m; ~wedel m = ~besen; ~wirbel m tourbillon m de poussière; ~wolke f nuage m de poussière; ~zucker m sucre m en poudre.

Stäub|chen n ⟨-s, -⟩ [ˈʃtɔrpçən] grain de poussière; fig atome m; s~en [-bən] tr (zerstieben) od pop pulvériser.

stauch|en [ˈʃtauxən] tr (stoßen) cogner; (drücken) presser; metal refouler; (Niet a.) aplatir; (ausschimpfen) réprimander, chapitrer, gourmander; S~maschine f metal machine f à refouler; S~ung f refoulement m.

Staude f ⟨-, -n⟩ [ˈʃtaudə] arbuste, arbrisseau m.

staunen [ˈʃtaunən] itr s'étonner, être étonné (über de); (sich verwundern) s'émerveiller (über de); (überrascht *sein)* être surpris *(über* de); *(verblüfft sein)* être ébahi; *da werden Sie ~! (a. fam)* vous n'en reviendrez pas! **S~** *n* étonnement; émerveillement; ébahissement *m; aus dem ~ nicht herauskommen* aller de surprise en surprise; *in ~ versetzen* étonner; émerveiller; surprendre; ébahir; **~swert** *a* étonnant.

Staupe *f* ‹-, -n› ['ʃtaʊpə] *vet* morve *f* des chiens; *hist* fustigation *f.*

Stearin *n* ‹-s, -e› [ʃ-, stea'riːn] *chem* stéarine *f;* **~kerze** *f* bougie *f* stéarique *od* de stéarine.

Stech|apfel *m* ['ʃtɛç-] *bot (Gattung)* datura *m; (Art)* stramoine *f;* **~bekken** *n (für Kranke)* bassin *m* de lit *od* pour malades *od* hygiénique; **~eisen** *n* poinçon *m;* **s~en** ‹sticht, stach, hat gestochen› *tr* piquer; *(leicht, aber wiederholt)* picoter; *(Schlachttier)* saigner; *(Spargel, a. Spielkarte)* couper; *(Rasen)* lever; *(Torf)* extraire; *(Wein)* tirer; *typ (Graphik)* graver *(in Kupfer, Stahl* sur cuivre, acier); *itr med* lanciner; *(Sonne)* darder des rayons ardents; *sich in den Finger ~* se piquer le doigt; *sich mit e-r Stecknadel ~* s'enfoncer une épingle; *mit dem Messer, Dolch nach jdm ~* porter un coup de couteau, de poignard à qn; *in See ~* ‹aux: sein› prendre la mer; **~en** *n med* picotement; *(Seiten~)* point de côté; *(des Stares)* abaissement *m; (Gravieren)* gravure *f;* **s~end** *a* piquant; *(Schmerz)* poignant, lancinant, cuisant; *(Geruch)* âcre, pénétrant; *(Blick)* perçant; *(Sonne)* brûlant, ardent; *(Bemerkung)* mordant; **~er** *m* ‹-s, -› *(Abzug des Jagdgewehrs)* détente *f; (Graphiker)* graveur *m;* **~ginster** *m bot* ajonc; *scient* ulex *m;* **~heber** *m* pipette *f;* tâte-vin *m;* **~mücke** *f* moustique *m;* **~paddel** *n* pagaie *f* simple; **~palme** *f* houx *m;* **~uhr** *f* horloge *f* de contrôle *od* de pointage; **~winde** *f bot* salsepareille *f; scient* smilax *m;* **~zirkel** *m* compas *m* à pointes sèches.

Steck|anschluß *m* ['ʃtɛk-] *el* raccordement *od* contact *m* à fiches; **~bekken** *n = Stechbecken;* **~brief** *m* mandat *m* d'arrêt; *(lettre f de)* signalement *m; e-n ~ erlassen* décerner un mandat d'arrêt; **s~brieflich** *adv: ~ verfolgt werden* être sous le coup d'un mandat d'arrêt; **~buchse** *f el* douille *f* (d'accouplement *od* de prise); **~dose** *f* prise *f* de courant; **~er** *m* ‹-s, -› *el* fiche *f* (de contact *od* de prise (de courant)); **~kontakt** *m* prise *f* de courant; **~ling** *m* ‹-s, -e› *agr*

bouture *f,* plant *m;* **~nadel** *f* épingle *f; wie e-e ~ suchen* chercher par terre et mer; *e-e ~ in e-m Heuhaufen suchen (fig)* chercher une aiguille dans une botte de foin; **~nadelkissen** *n* pelote *f* à épingles; **~nadelkopf** *m* tête *f* d'épingle; **~reis** *n = ~ling;* **~rübe** *f* chou-navet, rutabaga *m;* **~schlüssel** *m* clé *od* clef *f* à canon; **~schuß** *m* blessure *f* par balle restée dans la plaie; **~vase** *f* pique-fleurs *m.*

stecken ['ʃtɛkən] *tr (hineintun)* mettre; *(in die Tasche a.)* fourrer *fam; (hineindrücken)* ficher, enfoncer, plonger; *(Schlüssel)* introduire; *(mit e-m Ende senkrecht in den Boden ~; Steckling pflanzen)* planter; *(Ring auf den Finger)* passer *(auf* à); *fig (Geld in ein Unternehmen)* investir, engager *(in* dans); *(ein Ziel setzen)* fixer; *itr* être fiché *od* enfoncé *od* logé *od* planté; *allg (sich befinden)* être, se trouver, *fam* être fourré *od* caché; *ins Gefängnis* od *(fam)* ins Loch *~* mettre *od* jeter en prison; *voll ~ von, voller ... ~* être plein de ...; *der Schreck steckt mir noch in allen Gliedern* j'en tremble encore de tous mes membres; *der Schlüssel steckt (in der Tür)* la clef est sur la porte; *es steckt etwas dahinter* il y a qc là-dessous, il y a anguille sous roche; *es steckt jem dahinter* il y a qn derrière; *in ihm steckt etwas (er hat noch unentwickelte Fähigkeiten)* il a de l'étoffe; *wo steckst du denn?* où es-tu donc? **~=bleiben** ‹aux: sein› *itr (nicht wieder herausgeben)* rester enfoncé; *(im Dreck)* s'enfoncer, s'enliser, s'embourber; *fig allg* rester en panne; *(in der Rede)* rester *od* demeurer (tout) court; ne plus trouver ses mots, hésiter; *(beim Schreiben)* rester au bout de la plume; *das Wort blieb mir in der Kehle stecken* le mot me resta dans la gorge; **~=lassen** *tr* laisser *(in der Tasche* dans la poche); *(Schlüssel)* laisser sur la porte.

Stecken *m* ‹-s, -› ['ʃtɛkən] *(Stock)* bâton *m; Dreck am ~ (etw Unrechtes getan) haben* avoir qc sur la conscience; **~pferd** *n fam* dada *a. fig; fig* cheval de bataille; violon *m* d'Ingres; *sein ~ reiten* caresser sa marotte; *fam* enfourcher son dada; *er reitet sein ~* le voilà parti sur son dada.

Steg *m* ‹-(e)s, -e› [ʃteːk, '-gə] *(Pfad)* sentier *m,* sente; *(Fußgängerbrücke)* passerelle; *arch* contre-fiche; *tech* traverse, entretoise *f; typ* (bois *m* de) garniture *f,* lingot; *(Saiteninstrument)* chevalet; *(Hose, Gamasche)* sous-pied *m; Weg und ~ kennen* bien se connaître; **~reif** *m: aus dem ~* impromptu *a;* à l'improviste, au pied levé; à livre ouvert; *aus dem ~ sprechen* improviser; **~reifdichter** *m* improvisateur *m;* **~reifgedicht** *n,* **~reifspiel** *n* impromptu *m.*

Steh|aufmännchen *n* ['ʃteː?auf-ˌmɛnçən] poussah, ramponneau *m; fig* personne *f* qui sait encaisser (les coups); **~bierhalle** *f* débit *m* de bière, buvette *f;* **~er** *m* ⟨-s, -⟩ *sport* stayer *m;* **~kragen** *m* col *m* montant *od* roulé; **~lampe** *f* lampe *f* à pied; lampadaire *m;* **~leiter** *f* échelle *f* double; **~platz** *m* place *f* debout; **~pult** *n* pupitre *m* (pour écrire debout).

stehen ⟨*steht, stand, hat gestanden*⟩ ['ʃteː.ən, (-)'ʃtant/-dən] *itr* être *od* se tenir debout; se dresser, s'élever; *allg (sein)* être; *(sich befinden)* se trouver; *gram* se mettre *od* placer; *fin* être coté à; *(Fahrzeug: halten)* stationner; *(Uhr: nicht gehen)* être arrêté; *(nicht weichen)* tenir ferme *od* bon, ne pas reculer; *(gut passen zu od kleiden)* aller (bien), seoir; convenir; *(Hut, Frisur)* coiffer; *(Schuhe)* chausser; *(Handschuhe)* ganter; *~ auf (Zeiger)* marquer; *(Thermometer)* indiquer; *gram* répondre à; *pop (Mensch: sehr gern mögen)* aimer; *(auf e-e Person bezogen)* être entiché de; *~ für (ersetzen)* remplacer, représenter; *(ein~ für)* répondre de; *hinter jdm ~ (fig)* être derrière qn; *~ neben (fig)* voisiner avec; *vor etw ~ (zeitlich)* être à la veille de qc; *über, unter jdm ~* être supérieur, inférieur à qn; *über e-r S ~ (fig)* dominer qc, planer sur qc; *um jdn, etw herum ~* entourer qn, qc; *zu jdm ~ (halten)* prendre le parti, marcher dans les eaux de qn; *zu e-r S~* prendre parti, être pour qc; *mit etw allein ~* être seul avec qc; *sich gut ~ (wohlhabend sein)* être à l'aise; *sich bei etw gut ~* trouver son compte à qc; *sich gut mit jdm ~* être bien *od* en bons termes avec qn; *in Gottes Hand ~* être dans la main de Dieu; *unter jds Leitung ~* être sous la direction de qn; *unter Wasser ~* être inondé *od* submergé; *jdm im Wege ~* barrer la route à qn; *fig* contrecarrer les projets de qn; *e-r S im Wege ~* faire obstacle à qc; *auf schön Wetter, auf Regen ~ (Barometer)* être au beau, à la pluie; *~ bleiben* rester debout; *~ lassen* laisser debout; *alles liegen und ~ lassen* laisser tout en plan, quitter tout; *ich stehe für nichts* je ne réponds de rien;

ich weiß nicht, wo mir der Kopf steht je ne sais plus où donner de la tête; *die Saat steht gut* les semences sont belles; *die Sache steht und fällt damit* c'est la clé de voûte; *das Spiel steht 1:1* le match en est à un but partout; *darauf steht (die Todesstrafe)* c'est défendu sous (peine de mort); *Tränen standen ihm in den Augen* il avait les larmes aux yeux; *das steht Ihnen gut* cela vous va bien; *es steht zu befürchten, daß ...* il est à craindre que ... *subj; es stünde besser um ihn, wenn* cela vaudrait mieux pour lui si; *es steht zu erwarten, daß ...* on peut s'attendre à ce que ... *subj; es steht mir frei, es zu tun* je suis libre de le faire; *es steht geschrieben, daß ... (Bibel)* il est écrit que ...; *es steht mir bis oben (fig fam)* j'en ai une indigestion; *pop* j'en ai marre *od* jusque-là *od pop* ras-le-bol; *es steht schlecht mit ihm (fam a.)* il file un mauvais coton, *davon steht nichts im Brief* la lettre n'en dit rien; *so steht es mit ...* il en est ainsi de ...; *so steht es also mit ...* voici ce qui en est de ...; *alles, was in meinen Kräften steht* tout ce qui est en mon pouvoir; *wie ~ Sie mit ...?* comment êtes-vous avec ...? *wie ~ Sie mitea.?* sur quel pied êtes-vous? *wie steht's?* comment cela va-t-il? *fam* comment ça va? *wie steht's mit ihm?* comment va-t-il? comment vont ses affaires? **S~** *n* station *od* position *f* debout; *im ~* debout; *zum ~ bringen* (réussir à) arrêter; *zum ~ kommen* s'arrêter; **~≈ bleiben** ⟨*aux: sein*⟩ s'arrêter, s'immobiliser, rester en place; *fig* en rester là; *(bei e-r Zerstörung)* subsister; *wo sind od waren wir stehengeblieben?* où en sommes-nous restés? *~ (oder ich schieße)!* halte-là (ou je tire)! **S~bleiben** *n* arrêt; stationnement *m; ~ verboten!* défense de stationner, stationnement interdit; **~d** *a (aufrecht)* debout; *(nicht in Bewegung od Betrieb)* arrêté; *(fest, unbeweglich)* fixe, immobile; *(Gewässer)* stagnant, dormant, mort; *(Meer zwischen Ebbe u. Flut)* étale; *~en Fußes* séance tenante, immédiatement, tout de suite; **~≈lassen** *tr allg* laisser; *(vergessen)* oublier; *(Menschen)* planter là; *fam* plaquer; *(nicht anrühren)* ne pas toucher (à); *sich den Bart ~ laisser* pousser sa barbe.

stehl|en ⟨*stiehlt, stahl, hat gestohlen*⟩ ['ʃteː.lən] *tr* voler, dérober; *sich in etw ~* s'introduire à la dérobée, se faufiler, se glisser (furtivement) dans qc; *sich aus etw ~* sortir à la dérobée *od* furtivement de qc; *jdm die Zeit* ~ faire perdre son temps à qn; *dem lieben Gott die Zeit od die Tage* ~ paresser, être paresseux comme une couleuvre *ich stehle Ihre Zeit (a.)* j'abuse de votre temps; *der kann mir gestohlen bleiben!* qu'il aille au diable! qu'il aille se faire pendre! **S~en** *n* vol *m;* **S~er** *m* ⟨-s, -⟩ voleur; *(Langfinger)* chipoteur *m;* **S~trieb** *m* ⟨-(e)s, ø⟩ cleptomanie *f.*

Steier|in *f* ['ʃtaɪər-] Styrienne *f;* ~**mark,** *die* la Styrie; ~**märker(in** *f*⟩ *m* Styrien, ne *m f;* **s~märkisch** *a* styrien.

steif [ʃtaɪf] *a* raide, rigide; *(starr)* fixe; *(hart)* dur; *(gerade)* droit; *(gestärkt)* empesé; *(dick, dickflüssig)* épais, consistant; *(~gefroren)* (en)gourd(i), transi; *med (Gelenk)* ankylosé; *(schwerfällig, unbeholfen)* tout d'une pièce, gauche; *(unnatürlich, gezwungen)* compassé, contraint; *(förmlich)* cérémonieux; *(geschraubt, affektiert)* guindé; *adv. a.* avec raideur; ~ *und fest behaupten* déclarer *od* affirmer catégoriquement; soutenir mordicus; ~ *und fest glauben* croire dur comme fer; ~ *machen* raidir; *(Küche: eindicken)* épaissir; *(erstarren lassen)* engourdir; *med* ankyloser; ~ *werden* se raidir; *(erstarren)* s'engourdir; *med* s'ankyloser; ~*e Brise f* forte *od* jolie brise *f,* grand frais *m;* ~*e(r) Grog m* grog *m* fort; ~*e(r) Mensch m (a.)* collet *m* monté; ~ *wie ein Stock* raide comme un manche (à balai); **S~e** *f* ⟨-, -n⟩ = *S~heit;* ~**en** *tr (Wand)* raidir; *(Stoff, Hut)* apprêter; *(Wäsche: stärken)* empeser, amidonner; **S~heit** *f* raideur, rigidité; *med* ankylose; *fig* gaucherie, contrainte *f;* **S~leinen** *n,* **S~leinwand** *f* bougran *m,* toile *f* gommée *od* raide.

Steig *m* ⟨-(e)s, -e⟩ [ʃtaɪk, '-gə] *(steiler Pfad)* raidillon *m,* grimpette *f,* sentier *m* escarpé; ~**bö** *f* mete rafale *f* verticale; ~**bügel** *m* étrier *m; jdm den* ~ *halten (a. fig)* tenir l'étrier à qn; ~**bügelriemen** *m* étrivière *f;* ~**e** *f* ⟨-, -n⟩ *(steile Straße)* route *f* escarpée; ~**eisen** *n* crampon, grappin, fer *m* à grimper; **s~en** ⟨steigt, stieg, ist gestiegen⟩ [(-)'ʃtiːk/-gən] *itr* monter; *(klettern)* grimper; *auf etw* gravir, escalader qc; *über etw* franchir qc; *in die Höhe* s'élever; *aero* prendre de la hauteur *od* de l'altitude; *(Flut)* monter; *fig (a. Preise)* monter, hausser; *(zunehmen)* s'accroître, augmenter; *com a.* être en hausse; *in jds Achtung* ~ monter dans l'estime de qn; *aus*

dem, ins Bett ~ sortir du, se mettre au lit; *ins Examen* ~ subir l'examen; *aufs Fahrrad* ~ enfourcher le vélo; *aufs, vom Pferd* ~ monter à, descendre de cheval; *aus dem, in den Wagen* ~ descendre de, monter en voiture; ~ *lassen (Drachen)* faire partir, lancer; ~**en** montée, ascension; *(Fluß)* crue *f; (Zunahme)* accroissement *m; com fin* hausse *f;* ~ *der Kurse* hausse *f; auf das* ~ *der Kurse* spekulieren spéculer sur la hausse; **s~end** *a (zunehmend)* montant; croissant; *fig* grandissant; progressif; *com fin* haussier, en hausse; ~**er** *m* ⟨-s, -⟩ mines porion, maître-mineur *m;* ~**erer** *m* ⟨-s, -⟩ *com (Bietender)* enchérisseur *m;* **s~ern** *tr (erhöhen)* accroître, élever, hausser, faire monter; *(vermehren)* augmenter; *(verstärken)* rehausser, renforcer, intensifier; *(bessern)* améliorer; *(verschlechtern)* aggraver; *gram* mettre au comparatif et au superlatif; *itr com (Auktion)* enchérir; *allmählich* ~ graduer; *die Geschwindigkeit* ~ augmenter la vitesse; forcer l'allure; ~**erung** *f* accroissement *m,* élévation; augmentation *f;* développement, rehaussement, renforcement *m,* intensification; amélioration; aggravation; *gram* comparaison; *com fin* majoration; hausse *f; allmähliche* ~ gradation *f;* ~**erungsbetrag** *m* majoration *f;* ~**erungssatz** *m* addm fin taux *m* d'accroissement; ~**erungsstufe** *f gram* degré *m* de comparaison; ~**fähigkeit** *f aero* capacité ascensionnelle *od* de montée, aptitude *f* à monter; ~**flug** *m aero* vol *m* ascendant *od* ascensionnel; montée *f;* ~**höhe** *f* altitude *f* de montée; ~**leistung** *f mot* puissance *f* de montée *od* ascensionnelle; ~**rohr** *n* tuyau *m* ascendant; ~**ung** *f (Straße)* montée, rampe; *(Berghang)* pente, côte *f; tech (Gewinde~)* pas *m; bei e-r* ~ *von* par une pente de; *e-e* ~ *nehmen (mot)* monter une côte; ~**ungsmesser** *m* ⟨-s, -⟩ clinomètre, gradomètre *m;* ~**winkel** *m aero* angle *m* de montée.

steil [ʃtaɪl] *a* raide, ardu; escarpé; *(schroff, jäh)* abrupt; *(senkrecht)* à pic; ~*e(s) Ansteigen n (Statistik)* montée *f* en flèche; ~*e(r) Pfad m (a.)* raidillon *m,* grimpette *f;* **S~flug** *m* (montée en) chandelle *f;* **S~hang** *m* pente *f* escarpée; **S~heit** *f* raideur *f,* escarpement *m; (Häufigkeitskurve)* asymétrie *f* de la courbe; **S~kurve** *f aero* virage *m* à la verticale; **S~küste** *f* falaise, côte *f* escarpée;

S~schrift f écriture f droite; **S~-ufer** n berge f; **S~wandzelt** n tente f canadienne.

Stein m ⟨-(e)s, -e⟩ [ʃtaɪn] pierre f; (Fels) roc, rocher; (Kiesel) caillou, (glatter) galet m; (Edel~) pierre f (précieuse); (Uhr) rubis m; (Gedenk~) pierre commémorative; med pierre f, calcul m, concrétion; (Brettspiel) pièce f; ~um ~ pierre à pierre; von ~ (fig) de pierre od marbre, froid comme un marbre; mit e-m ~ nach jdm, e-n ~ auf jdn werfen jeter od lancer une pierre à qn; den ~ ins Rollen bringen (fig) mettre l'affaire en branle; bei jdm e-n ~ im Brett haben être dans les bonnes grâces, avoir toutes les faveurs de qn; keinen ~ auf dem ander(e)n lassen ne pas laisser pierre sur pierre; jdm e-n ~ od ~e in den Weg legen mettre un empêchement aux projets de qn, barrer le passage od la route à qn; jdm e-n ~ vom Herzen nehmen ôter un poids à qn; von ~en säubern (Acker) épierrer; eher würde ich ~e klopfen j'aimerais mieux aller casser des cailloux od gratter la terre avec mes ongles; mir fällt ein ~ vom Herzen cela m'ôte un (grand) poids; es friert ~ und Bein il gèle à pierre fendre; steter Tropfen höhlt den ~ (prov) petit à petit l'oiseau fait son nid; echte(r), falsche(r) ~ pierre f fine, fausse; unechte(r) ~ similipierre f; ~ des Anstoßes pierre f d'achoppement; der ~ der Weisen (Alchimie) la pierre philosophale, le grand œuvre; ~adler m aigle m fauve od doré od royal; **s~alt** a extrêmement vieux; ~axt f hist hache f de pierre od de silex; ~bau m construction f en pierre; ~beißer m ⟨-s, -⟩ (Fisch) loche f épineuse od de rivière; ~beschwerden f pl med calculs m pl; ~bildung f geol concrétion pierreuse; med lithiase, formation f de calculs; ~bock m zoo bouquetin; astr Capricorne m; ~bohrer m trépan m; ~brech m bot saxifrage f; ~brecher m tech concasseur m de pierres; ~bruch m carrière f; ~brucharbeiter m, ~bruchbesitzer m carrier m; ~brücke f pont m en maçonnerie; ~butt m (Fisch) turbot m; ~chen n petite pierre f, caillou m; ~druck m ⟨-s, -e⟩ lithographie; impression f litho; ~druckerei f lithographie, imprimerie f lithographique; ~eiche f rouvre m; s~ern a de od en pierre; ~erweichen n fam; zum ~ à fendre l'âme; ~fraß m maladie f de la pierre; ~frucht f fruit m à noyau, drupe

f; ~fußboden m: mit ~ pavé de dalles; ~garten m rocaille f; ~gut n faïence f, grès m (cérame); (Geschirr) poterie f de grès; ~hagel m grêle f de pierres; ~häger m ⟨-s, -⟩ (Warenzeichen) genévrette f; s~hart a dur comme pierre, adamantin; ~ werden (tech) pétrifier; ~hauer m tailleur m de pierres; ~huhn n orn bartavelle f; s~ig a pierreux, caillouteux; (felsig) rocailleux; s~igen tr lapider; ~igung f lapidation f; ~klee m bot mélilot m; ~klopfer m casseur m de pierres; ~kohle f houille f; ~kohlenbecken n geog bassin m houiller; ~kohlenbergwerk n mine de houille, houillère f; ~kohlenförderung f extraction f de la houille; ~kohlenformation f geol carbonifère m; ~kohlenteer m goudron m de houille; ~kohlenzeche f = ~kohlenbergwerk; ~kohlenzeit f geol carbonifère m; ~marder m fouine f; ~meißel m (Bildhauerei) repoussoir (Maurerei) poinçon m; ~metz m ⟨-es, -e⟩ tailleur m de pierres; ~metzzeichen n signe m lapidaire; ~obst n fruits m pl à noyau; ~öl n pétrole m; ~packung f perré m; ~pflaster n pavé m en pierre; ~pilz m bolet (comestible), cèpe m; ~platte f dalle f; carreau m; mit ~n belegen daller, carreler; s~reich a fam richissime; ~ sein être cousu d'or od riche comme Crésus; ~rinne f arch pierrée f; ~salz n sel m gemme; ~sarg m sarcophage m; ~schlag m chute f de pierres; (Schotter) pierres f pl concassées; ~schleuder f lance-pierres m; mil hist perrière f; ~schmätzer m ⟨-s, -⟩ orn traquet m; ~schneidekunst f lapidairerie, lithoglyphie f; ~schnitt m taille des pierres; med lithotomie f; ~schüttung f empierrement m; ~setzer m (Pflasterer) paveur; (Fliesenleger) carreleur m; ~splitter m pl éclats m pl de pierre od de roche; ~topf m pot m de grès; ~wälzer m ⟨-s, -⟩ orn tourne-pierre m; ~wurf m jet m de pierre; e-n ~ entfernt à un jet de pierre; ~zeichnung f lithographie f; ~zeit f hist âge m de pierre; ältere, jüngere ~ paléolithique, mésolithique, néolithique m; ~zeug n (poterie f de) grès m.

Steirer m ⟨-s, -⟩ ['ʃtaɪrər] Styrien m; **s~isch** a styrien.

Steiß m ⟨-es, -e⟩ [ʃtaɪs] postérieur, derrière; orn croupion m; ~bein n anat coccyx; fam croupion m; ~fuß m orn grèbe m; ~geburt f accouchement *m* par le siège; **~lage** *f physiol* présentation *f* du siège.

Stellage *f.* ‹-, -n› [ʃtɛˈlaːʒə] *meist fam pej (Gestell)* échafaudage, tréteau *m*, *com (Börse)* = *Stellgeschäft* stellage *m*, opération *f* à double prime.

stellbar [ˈʃtɛlbaːr] *a* réglable, mobile.

Stell‖dichein *n* ‹-(s), -(s)› [ˈʃtɛldɪçʔaɪn] rendez-vous (amoureux); *pop* rancart *m; jdm ein* ~ *geben* donner un rendez-vous à qn; **~feder** *f (Uhr)* ressort *m* d'arrêt; **~hebel** *m* levier *m* de réglage *od loc* de manœuvre; **~keil** *m* contre-clavette *f;* **~macher** *m (Wagner)* charron *m;* **~macherei** *f* charronnerie *f;* **~marke** *f* repère *m* de pointage; **~mutter** *f tech* écrou *m* de réglage *od* de fixage; **~ring** *m* bague *f* de réglage *od* d'arrêt; **~schlüssel** *m* clé *f* de réglage *od* de serrage; **~schraube** *f* vis *f* de réglage *od* régulatrice; **~spiegel** *m* glace *f* mobile; **~stange** *f* barre *f* de commande; **s~vertretend** *a* remplaçant, suppléant; représentant; adjoint; vice-; **~e(r)** *Vorsitzende(r)* *m* vice-président *m;* **~vertreter** *m* remplaçant, suppléant; représentant; adjoint, substitut; *rel* vicaire *m; ~***vertretung** *f* remplacement *m,* suppléance; représentation *f;* **~vorrichtung** *f* dispositif *od* mécanisme *m* de réglage; **~werk** *n loc* poste *m od* cabine *f* d'aiguillage *od* de manœuvre; **~werksanlage** *f* installation *f* d'enclenchement; **~winkel** *m* équerre *f* mobile.

Stelle *f* ‹-, -n› [ˈʃtɛlə] *(Platz, Ort)* place *f,* endroit, lieu, emplacement; *(in e-m Buch)* passage; *math* chiffre; *(Dienst~)* bureau, office, service *m; (Behörde)* autorité; *(Arbeitsplatz, Posten)* place *f,* poste, emploi *m;* charge; *(vgl. Stellung); tele* station *f; an* ~ *(gen)* à la place (de), au lieu (de), en guise (de); *an deiner* ~ à ta place; *ich an Ihrer* ~ si j'étais à votre place, si j'étais que vous; *an erster, zweiter* ~ en premier, second lieu; *an höherer* ~ en haut lieu; *an der rechten* ~ au bon endroit; *auf der* ~ *(sofort)* sur-le-champ, tout de suite, sur l'heure; de pied ferme, séance tenante; *fam* illico; *ohne sich von der* ~ *zu rühren* sans désemparer; *s-e* ~ *antreten* entrer en fonction; *s-e* ~ *aufgeben* quitter *od* abandonner sa place; *fam* rendre son tablier; *e-e* ~ *besetzen* pourvoir à un poste; *von der* ~ *bringen* déplacer, enlever; *jds* ~ *einnehmen* prendre la place de qn; *e-e prima* ~ *haben (fam)* avoir un joli poste *od* une jolie situation; *nicht von der* ~

kommen (a. fig) ne pas avancer; *fig* piétiner; *zur* ~ *schaffen (Person)* amener; *(Sache)* apporter; *zur* ~ *sein* être présent; *an die* ~ *(gen) setzen* substituer (à); *an hervorragender* ~ *stehen (fig a.)* être en vue; *e-e* ~ *suchen* chercher un emploi; *jds schwache* ~ *treffen (fig)* trouver le point faible de qn; *an die* ~ *treten (gen)* prendre le relais (de); *an jds* ~ *treten* prendre la place de qn; remplacer qn; *auf der* ~ *treten (a. fig)* marquer le pas; piétiner; *auf der* ~ *tot umfallen* tomber raide mort, être tué raide; *jdm e-e* ~ *verschaffen (a.)* caser qn dans un emploi; *jds* ~ *vertreten* tenir lieu de qn; *zur* ~*! présent! ausschreibende* ~ organisme *m* adjudicateur; *offene* ~ emploi *m* vacant, vacance *f; offene* ~*n (Zeitungsrubrik)* offres *f pl* d'emploi; *schwache od ungeschützte* ~ *(fig) (a.)* défaut *m* de la cuirasse; **~nangebot** *n* offre *f* d'emploi; **~nausschreibung** *f* mise *f* au concours d'un poste; avis *m* de vacance d'un poste; **~nbeschreibung** *f* description *f* du poste; **~ngesuch** *n* demande *f* d'emploi; **~ninhaber** *m* titulaire *m* d'un *od* du pos te; **~njäger** *m pej* coureur *m* de places; **~njägerei** *f* curée *f* sur les places; **~markt** *m* marché *m* du travail; *(Überschrift in der Zeitung)* offre ➧ *f pl* d'emploi; **~nnachweis** *m* bureau *m* de placement; **~nplan** *m adm* tableau *m* d'effectif des effectifs, effectif *m* du personnel; **~ntausch** *m adm* permutation *f;* **~nverknappung** *f* raréfaction *f* des postes; **~nvermittler** *m* placeur, placier *m;* **~nvermittlung(sbüro** *n)* *f* bureau *m od* agence *f* de placement; **~nwechsel** *m* changement *m* de place; **s~nweise** *adv* par endroits; **~nwert** *m* valeur *f; e-n hohen* ~ *haben* occuper une place importante; **~nzulage** *f* prime *f* de fonction.

stellen [ˈʃtɛlən] *tr* poser, placer, *a. fig* mettre; *(Falle)* dresser, tendre; *tech (ein~)* régler, *(genau)* mettre au point; *(Uhr)* mettre à l'heure, ~ *nach* régler sur; *(Signal)* commander; *(Horoskop)* tirer; *(fest~)* fixer; *(bereit~)* fournir, procurer; *(Zeugen)* produire; *(den Feind)* accrocher; *(Verbrecher, Wild)* arrêter; *(Frage, Bedingung)* poser; *(Termin, Frist)* fixer; *sich* ~ *(zur Haft)* se constituer prisonnier; *(dem Gericht)* se livrer (à la justice); *mil (einrücken)* répondre à l'appel; *(so tun)* faire (*krank, taub, tot* le malade, le sourd, le mort); *als ob man täte* faire semblant de faire; *jdm e-e*

Aufgabe ~ donner une tâche à qn; *jdm etw vor Augen* ~ mettre qc sous *od* devant les yeux de qn; *sich ans Fenster* ~ se mettre à la fenêtre; *sich auf eigene Füße* ~ *(fig)* se rendre indépendant; *sich mit jdm gut* ~ se mettre bien avec qn; *kalt* ~ *(Getränk, Speise)* mettre au frais; *seinen Mann* ~ *(fig)* remplir sa tâche, être à la hauteur; *jdm etw zur Verfügung* ~ mettre qc à la disposition de qn; *gestellt sein (Jagd)* être aux abois; *gut gestellt (wohlhabend) sein* être à l'aise; *wie* ~ *Sie sich dazu?* qu'en pensez-vous? *auf sich (allein od selbst) gestellt* réduit à ses propres moyens, sans appui.

Stellung *f* ‹-, -en› ['ʃtɛluŋ] position *a. mil; bes. gram* place *f; (Anordnung)* arrangement *m,* disposition, répartition *f; (Geschütz~)* emplacement; *(Raketen~ a.)* site *m; (Körperhaltung)* pose, posture, attitude; *(Stelle, An~)* situation, poste *f;* emploi *m,* charge *f; (gesellschaftl.* ~, *Rang)* rang *m; (Rechts~)* condition (juridique); *allg (Lage)* situation *f; s-e* ~ *behaupten (mil)* tenir la position; *s-e* ~ *behaupten od bewahren* tenir *od* garder son rang; *e-e* ~ *beziehen (mil)* aller occuper une position; ~ *beziehen od nehmen* prendre position *(für, gegen* pour, contre); *Angst haben,* ~ *zu beziehen (fig)* avoir peur de s'engager; *e-e wichtige* ~ *einnehmen (a.)* tenir le haut du pavé; *in* ~ *gehen (mil)* se mettre en batterie; *in* ~ *gehen, sein (Hausangestellte)* se mettre, être en condition; *die* ~ *e-s, e-r . . . haben* être au rang de . . .; *die* ~ *halten (mil)* tenir la position; *(fig fam)* garder la place; ~ *nehmen zu* prendre position à l'égard de; *in* ~*!* *(mil)* en batterie! *ausgebaute* ~ *(mil)* position *f* aménagée *od* organisée; *führende, leitende* ~ position dirigeante, situation *f* de premier plan; *gesellschaftliche* ~ position *f* sociale; ~ *von Sicherheiten (Kredit)* constitution *f* de sûretés; *(markt)beherrschende* ~ position *f* dominante (sur le marché); *rückwärtige, vorgeschobene* ~ *(mil)* position *f* arrière, avancée; ~**nahme** *f* ‹-, -n› prise *f* de position; *mit der Bitte um, nach* ~ pour, après avis; *vor e-r endgültigen* ~ avant de se prononcer définitivement; *e-e* ~ *abgeben* formuler un avis; ~**sbefehl** *m mil* ordre *m* d'appel *od* de convocation; ~**skrieg** *m* guerre *f* de position(s) *od* de tranchées; **s~slos** *a* sans place, sans emploi, sans engagement; **s~s-**

pflichtig *a* soumis au recrutement; ~**(s)suchende(r)** *m* demandeur *m* d'emploi; ~**swechsel** *m mil* changement *m* de position; *e-n* ~ *machen od vornehmen* changer de position, se déplacer.

Stelz|bein *n* ['ʃtɛlts-]. ~**fuß** *m pej* jambe *f* de bois; ~**beinig** *a (fig)* guindé; ~**e** *f* ‹-, -n› échasse *f; auf* ~*n gehen,* ~*n laufen,* **s~en** ‹*aux: sein*› *itr. meist iron* marcher avec des échasses; *(fig)* avoir une démarche raide, guindée; ~**enläufer** *m* échassier *m;* ~**vögel** *m pl* échassiers *m pl.*

Stemm|bogen *m* ['ʃtɛm-] *(Schi)* virage *m* en stemm; ~**eisen** *n* bec d'âne, bédane *m; (d. Steinbrucharbeiter)* pince *f* de carrier; **s~en** *tr* appuyer; *sport* lever; *(Loch aus~)* mortaiser; *sich* ~ s'appuyer *(gegen, auf etw* contre, sur qc); *sich gegen etw* ~ *(fig)* se raidir contre qc; tenir tête, s'opposer, résister à qc; *die Arme in die Seiten* ~ mettre les poings sur les hanches; ~**en** *n (Schi)* stemm *m.*

Stempel *m* ‹-s, -› ['ʃtɛmpəl] *(Gerät u. Ergebnis)* tampon *m; (Ergebnis)* estampille; *(auf Metall)* marque *f; (Edelmetall)* contrôle; *(Siegel)* sceau, *(kleiner* ~) cachet *m; (Präge~)* estampe *f; (Münz~)* coin; *(Punze)* poinçon; *tech* piston, pilon; *mines* étançon, étai *m; fig* marque, empreinte *f; e-r S s-n* ~ *aufdrücken* marquer qc de son empreinte *od* estampille, mettre le sceau sur qc; *den* ~ *der Wahrheit tragen* être marqué du sceau de la vérité; ~**farbe** *f* encre *f* à tampon(s); **s~frei** *a* exempt (du droit) de timbre; ~**gebühr** *f* (droit de) timbre *m;* ~**kissen** *n* tampon *m* (encreur); ~**marke** *f* timbre-quittance *m;* ~**maschine** *f* machine *f* à timbrer *od* à oblitérer; **s~n** *tr* timbrer, estampiller; *(Post entwerten)* oblitérer; *(prägen)* estamper; *(punzen)* poinçonner; *(Edelmetall)* contrôler; *fig* marquer, empreindre, *fam* styler; *itr. a.* ~ *gehen (fam: arbeitslos sein)* chômer; ~**n** *n* timbrage, estampillage *m; (Briefmarken)* oblitération *f;* **s~pflichtig** *a* soumis au (droit de) timbre; ~**schneider** *m* graveur *m* médailliste; ~**steuer** *f* droit *m* de timbre; ~**uhr** *f* horloge *f* de pointage *od* de contrôle.

Stenge *f* ‹-, -n› ['ʃtɛŋə] *mar* mât *m* de hune.

Stengel *m* ‹-s, -› ['ʃtɛŋəl] tige *f,* pied *m.*

Steno|gramm *n* ‹-s, -e› [ʃteno'gram] sténogramme *m; ein* ~ *aufnehmen* prendre un sténogramme; ~**gramm-aufnahme** *f* prise *f* de sténo(gramme); ~**grammblock** m bloc m à sténogrammes; ~**grammhalter** m *(Gerät)* porte-copie m; ~**graph(in** f) m ‹-en, -en› [-'graːf] sténographe m f; ~**graphie** f ‹-, -n› [-graˈfiː] sténographie f; s~**graphieren** [-ˈfiːrən] tr u. itr sténographier; prendre en sténo; ~**graphiermaschine** f sténotype f; mit e-r ~ aufnehmen sténotyper; s~**graphisch** [-ˈgraːfiʃ] a sténographique; adv: ~ aufnehmen sténographier; ~**kontoristin** f [ˈʃteːno-] sténographe f; ~**typie** f ‹-, -n› [-tyˈpiː] sténotypie f; s~**typieren** [-ˈpiːrən] tr sténotyper; ~**typist(in** f) m ‹-en, -en› [-tyˈpɪst] sténodactylo(graphe) m f.

Stentorstimme f [ˈʃ-/ˈstɛntɔr-] voix f de stentor.

Stephan m [ˈʃtɛfan] Etienne m.

Stepp|decke f [ˈʃtɛp-] courtepointe f, couvre-pied(s) m; s~**en** tr piquer; ~**en** n piqûre f, piquage m; ~**er(in** f) m ‹-s, -› piqueur, se m f; ~**erei** f [-ˈraɪ] f *(Tätigkeit, Gewerbe)* piquage m; ~**jacke** f blouson m matelassé; ~**maschine** f machine à piquer, piqueuse f; ~**naht** f couture f piquée; ~**saum** m ourlet m piqué; ~**stich** m point piqué od arrière, arrière-point m.

Steppe f ‹-, -n› [ˈʃtɛpə] geog steppe f; ~**nbewohner** m pl habitants m pl des steppes; ~**nwolf** m coyot(t)e m.

Sterb|ealter n [ˈʃtɛrbə-] âge m de décès; ~**ebett** n lit m de mort; auf dem ~ avant de mourir; ~**edatum** n date f du décès; ~**efall** m (cas de) décès m; ~**egeld** n indemnité f funéraire, capital-décès m; ~**ekasse** f caisse f de décès; s~**en** ‹stirbt, starb, ist gestorben, wenn er stürbe› [ʃtarp-, (-)ˈʃtɔrbən, ˈʃtʏrbə] itr mourir ‹an, vor de›; expirer, rendre l'âme; *(ver~)* décéder; *(verscheiden)* trépasser; ~**en** n mort f; im ~ liegen être à l'article de la mort od à l'agonie od moribond; wenn es zum ~ kommt à l'heure de la mort; zum ~ langweilig mortellement ennuyeux; ~**ende(r)** m mourant, moribond m; ~**ensangst** f angoisse od peur mortelle; fam peur f bleue; s~**enskrank** a malade à mourir od à la mort; ~**enswörtchen** n: kein ~ sagen ne pas dire un traître mot od un pauvre mot, ne (pas) souffler mot, ne pas desserrer les dents; ~**eort** m lieu m de décès; ~**eregister** n registre m mortuaire od des décès; ~**esakramente** n pl rel derniers sacrements m pl; versehen mit den heiligen ~n muni des derniers sacrements od des sacrements de l'Église;

~**estunde** f heure f de la mort od suprême; ~**eurkunde** f acte m de décès; ~**ezimmer** n chambre f mortuaire; s~**lich** [ˈ-plɪç] a mortel; die ~en Reste m pl, die ~e Hülle les restes m pl (mortels), la dépouille mortelle; ~**liche(r)** m mortel m; die ~en *(pl poet)* les humains m pl; der gewöhnliche ~liche le commun des mortels; ~**lichkeit** f ‹-, ø› mortalité f; ~**lichkeitsziffer** f (taux m de) mortalité f.

Stereo|anlage f [s(ʃ)tereo-] chaîne f (stéréo od hi-fi od haute fidélité); ~**aufnahme** f phot stéréophotographie f; *(Schallplatte)* enregistrement m stéréophonique; ~**chemie** f stéréochimie f; ~**metrie** f ‹-, ø› [-meˈtriː] stéréométrie, géométrie f dans l'espace; s~**metrisch** [-ˈmeːtrɪʃ] a stéréométrique; s~**phon** [-ˈfoːn] a radio stéréophone; ~**photographie** f photographie f stéréoscopique; ~**skop** n ‹-s, -e› [-ˈskoːp] stéréoscope m; s~**skopisch** [-ˈskoːpɪʃ] a stéréoscopique; s~**typ** [-ˈtyːp] a fig stéréotypé; ~**typie** f ‹-, ø› [-tyˈpiː] stéréotypie f, clichage m; s~**typieren** [-ˈpiːrən] tr stéréotyper, clicher.

steril [ʃ-/steˈriːl] a stérile; *(unfruchtbar)* a. infertile, infécond; S~**isation** f ‹-, -en› [-rilizatsiˈoːn] , S~**isierung** f stérilisation f; ~**isierapparat** m autoclave m; ~**isieren** [-ziˈrən] tr stériliser; S~**ität** f ‹-, ø› [-tiˈtɛːt] stérilité; *(Unfruchtbarkeit)* a. infertilité, infécondité f.

Sterke f ‹-, -n› [ˈʃtɛrkə] *(junge Kuh)* génisse f.

Sterling m ‹-s, -e› [ˈstœːlɪŋ/ˈʃtɛrlɪŋ] *(Münzeinheit)* sterling m; ~**block** m bloc m sterling; ~**zone** f zone f sterling.

Stern m ‹-(e)s, -e› [ʃtɛrn] **1.** astr étoile f, a. fig; *(Gestirn)* astre m; *(Zier~, mil: Rangabzeichen, Ordens~)* étoile f; typ astérisque m; *(Straßenkreuzung)* étoile f, rond-point m; *(Filmgröße)* étoile, vedette, star f; an s-n ~ glauben avoir foi od être confiant en son étoile; nach den ~en greifen *(fig)* avoir de hautes visées; viser (très) haut; mit ~en besetzen od schmücken étoiler; unter e-m glücklichen od günstigen ~ geboren sein *(fig)* être né sous une bonne étoile; sein ~ ist im Sinken *(fig)* son étoile pâlit; s~**besät** a étoilé, constellé, semé d'étoiles; ~**bild** n constellation f; ~**blume** f *(Aster)* aster m; *(Studentenblume)* narcisse m des poètes; ~**chen** n typ astérisque m; *film* starlette *f;* ~**deuter** *m* ⟨-s, -⟩ astrologue, diseur *m* d'horoscope; ~**deuterei** *f,* ~**deutung** *f* astrologie *f;* ~**enbanner** *n* bannière *f* étoilée; **s**~**(en)hell** *a* éclairé par les étoiles; *vgl.* ~*klar;* ~**(en)himmel** *m* ciel *m od* voûte *f* étoilé(e); firmament *m;* ~**enlicht** *n* clarté *f* des étoiles; **s**~**enlos** *a* sans étoiles; ~**enzelt** *n poet* voûte *f* étoilée; ~**fahrt** *f sport* rallye *m;* **s**~**förmig** *a* en (forme d')étoile; ~ *springen (Glas)* s'étoiler; ~**forscher** *m* astronome *m;* ~**gruppe** *f astr* astérisme *m;* **s**~**hagelvoll** *a pop* plein comme une barrique; ivre mort, soûl comme une bourrique, rond comme une bille; ~**haufen** *m* nuée *f* stellaire; ~**jahr** *n* année *f* sidérale; ~**karte** *f* carte *f* céleste; planisphère *m* céleste, mappemonde *f* (céleste); ~**katalog** *m* catalogue *m* des étoiles; **s**~**klar** *a* = *s*~*(en)hell; es ist (e-e)* ~*(e Nacht)* il fait clair d'étoile; les étoiles brillent au ciel; ~**koralle** *f zoo* madrépore *m;* ~**kunde** *f* astronomie *f;* ~**motor** *m* moteur *m* (à cylindres) en étoile; ~**schaltung** *f el* connexion *f* en étoile; ~**schnuppe** *f* étoile *f* filante; ~**schnuppenregen** *m* pluie *f* d'étoiles filantes; ~**stunde** *f fig* heure *f* décisive *od* de chance; ~**tag** *m astr* jour *m* sidéral; **s**~**übersät** *a* semé d'étoiles, criblé par des étoiles; ~**warte** *f* observatoire *m;* ~**zeit** *f* temps *m od* heure *f* sidéral(e).

Stern *m* ⟨-s, -e⟩ [ʃtɛrn] 2. *mar (Heck)* poupe *f.*

Sterz *m* ⟨-es, -e⟩ [ʃtɛrts] *(Schwanz)* queue *f; orn (Schwanzwurzel)* croupion; *(Pflug)* mancheron *m.*

stet [ʃteːt] *a* constant, permanent; ~**ig** *a* fixe, ferme; constant, permanent, continu(el); *(regelmäßig)* régulier; *math* continu; **S**~**igkeit** *f* ⟨-, ø⟩ fermeté; constance, permanence; continuité; régularité *f;* ~**s** *adv* constamment, continuellement, en permanence, sans cesse; à tout *od* tous moment(s), toujours; ~ *etw getan haben* n'avoir cessé de faire qc.

Steuer 1. *n* ⟨-s, -⟩ [ʃtɔʏər] *(Boot)* barre *f; mot* volant; *mar aero* gouvernail *m; aero* gouverne *f; das* ~ *herumreißen (fig)* virer de bord, renverser la vapeur; *sich ans* ~ *setzen, das* ~ *übernehmen* prendre le volant; *am* ~ *sitzen (mot)* tenir le volant; *aero* être aux commandes; ~**achse** *f mot* axe *m* mobile *od* à direction; ~**bord** *n mar* tribord *m;* ~**flächen** *f pl aero* gouvernes *f pl;* ~**gehäuse** *n mot* boîte *f od aero* carter *m* de distribution; ~**gestänge** *n aero* commande *f* rigide; ~**hebel** *m aero* levier *m* de commande *od* de manœuvre; ~**impuls** *m tech* impulsion *f* de commande; ~**knüppel** *m* levier de commande; *fam* manche *m* à balai; **s**~**los** *a mar aero* sans gouvernail; ~**mann** *m* ⟨-(e)s, -männer/-leute⟩ *mar* timonier *(a. e-s Luftschiffes); fig* pilote *m;* ~**mannsstand** *m* timonerie *f;* ~**mechanismus** *m aero tech* mécanisme *m* de commande; **s**~**n** *tr* *mot* conduire, guider; *mar* gouverner; *aero* piloter; *tech* manœuvrer, commander, contrôler; *scient (aufea. abstimmen)* synchroniser; *fig (lenken)* diriger, guider; *itr (fahren)* faire route *(nach* vers); *fig (entgegenwirken)* mettre un frein *(e-r S* à qc), réprimer *(e-r S* qc); ~**rad** *n mot* volant *m; mar* roue *f* du gouvernail; ~**ruder** *n* gouvernail *m;* ~**stand** *m tech* plate-forme *f* de commande; ~**stufe** *f aero* étage *m* pilote; ~**ung** *f mot* direction; distribution *f; loc* aiguillage *m; mar aero* gouverne *f; aero* pilotage, guidage *m; (selbsttätige)* commande; *tech* manœuvre *f,* réglage, contrôle *m; mil scient* synchronisation *f;* ~**ungsanlage** *f (selbsttätige)* dispositif *m od* organes *m pl* de commande; ~**welle** *f mot* arbre *m* de distribution; ~**werk** *n aero* commandes (de vol), gouvernes *f pl* (d'empennage); *(e-r Rakete)* groupe *m* directif; *inform* unité *f* de contrôle *od* de commande, organe *m* de commande; ~**zug** *m aero* câble *m* de commande.

Steuer 2. *f* ⟨-, -n⟩ [ʃtɔʏər] *adm fin* impôt *m, (Abgabe)* contribution; *mit* ~*n belasten* charger *od* grever *od* frapper d'impôts; *etw mit e-r* ~ *belegen* asseoir un impôt sur qc, imposer qc; ~*n einnehmen* percevoir des impôts; *e-e* ~ *erheben* lever *od* percevoir un impôt; *jdn zur* ~ *heranziehen* mettre qn à contribution; ~*n hinterziehen* soustraire des impôts; *(in)direkte* ~*n* impôts *m pl od* contributions *f pl* (in)direct(e)s; *örtliche* ~*n,* ~ *vom Einkommen, vom Ertrag* impôts *m pl* locaux, sur le revenu, sur les bénéfices; ~**abgaben** *f pl* charges *f pl* fiscales; ~**abzug** *m* retenue *od* déduction *f* d'impôt(s); **s**~**abzugsfähig** *a* déductible des impôts, sujet à un dégrèvement fiscal; ~**amnestie** *f* amnistie *f* fiscale; ~**amt** *n* (bureau *m* de) perception, recette *f;* ~**ansatz** *m* taux *m* d'imposition; ~**anteil** *m* part *f* contributive, charge *f* fiscale; ~**aufkommen** *n* produit *od* rendement des impôts, rendement *m* fiscal; ~**aufsicht** *f* contrôle *m* fiscal; ~**aus-**

fall *m* déficit *m* de recouvrements fiscaux; ~**ausgleich** *m* péréquation des impôts, compensation *f* fiscale; ~**außenstände** *m pl* impôts *m pl* non payés (à l'échéance); **s~bar** *a* = *s~pflichtig;* ~**beamte(r)** *m* employé des contributions, agent *m* du fisc; ~**befreiung** *f* exemption *od* exonération *f* fiscale *od* d'impôts; **s~begünstigt** *a:* ~ *sein* bénéficier *od* jouir d'un avantage fiscal; ~**behörde** *f* fisc *m;* ~**beitreibung** *f* recouvrement *m* d'impôts; ~**bemessungsgrundlage** *f* base d'imposition, assiette *f* de l'impôt; ~**berater** *m* conseiller *m* fiscal; ~**bescheid** *m* avis *m* d'imposition *od* d'impôt; ~**bewilligung** *f parl* vote *m* de l'impôt; ~**bewilligungsrecht** *n* droit *m* de voter l'impôt; ~**bezirk** *m hist* généralité *f* des finances; ~**bilanz** *f* bilan *m* fiscal; ~**eingänge** *m pl* rentrées *f pl* fiscales *od* d'impôts; ~**einkommen** *n* revenu *m* fiscal; ~**einnahmen** *f pl* recettes *f pl* fiscales; ~**einnehmer** *m* percepteur (des impôts), receveur *m* (des contributions); ~**eintreibung** *f,* ~**einziehung** *f* recouvrement *m* des impôts; ~**erhebung** *f* perception *f* (des impôts); ~**erhöhung** *f* majoration *od* aggravation *f* d'impôt; ~**erklärung** *f* (feuille de) déclaration d'impôt(s), feuille *f* d'impôt; ~**erlaß** *m* détaxe, remise *f* de l'impôt; *jdm e-n ~ gewähren* supprimer la taxe à qn; détaxer qn; ~**erleichterung** *f* allègement *m* fiscal; ~**ermäßigung** *f* réduction *od* diminution *f* des impôts; dégrèvement *m* (d'impôt); ~**erpressung** *f hist* maltôte *f;* ~**fahnder** *m* inspecteur *m* fiscal *od* polyvalent; ~**fahndung** *f* enquête *f* fiscale; détection *od* recherche *f* des fraudes fiscales; ~**fahndungsdienst** *m* service *m* de répression des fraudes fiscales; ~**festsetzung** *f* établissement *m* de l'assiette de l'impôt; ~**flucht** *f* fuite *f* fiscale; ~**fragen** *f pl* questions *f pl* fiscales; **s~frei** *a* exonéré *od* exempt d'impôt(s); ~**freibetrag** *m* montant exempt *od* exonéré d'impôts; abattement *m* à la base; ~**freiheit** *f* exemption *od* franchise d'impôt(s), franchise d'imposition, exonération *f* fiscale; ~**gegenstand** *m* matière *f* imposable; ~**geheimnis** *n* secret *m* fiscal; ~**gelder** *n pl* recettes *f pl* fiscales; ~**gesetz** *n* loi *f* fiscale; ~**gesetzgebung** *f* législation *f* fiscale; ~**grenze** *f* limite *f* d'imposition; ~**hinterziehung** *f* fraude *f* fiscale; ~**hoheit** *f* souveraineté *f* fiscale,

droit *m* d'imposition; ~**inspektor** *m* inspecteur *od* vérificateur *m* des contributions; ~**jahr** *n* année *f* fiscale *od* d'imposition, exercice *m* fiscal; ~**kasse** *f* recette *f;* ~**klasse** *f* classe *od* catégorie *f* d'imposition *od* d'impôt(s); ~**kraft** *f* capacité *od* faculté *f* contributive; ~**last** *f* poids *m* des impôts *od* de la fiscalité, charges *f pl* fiscales; ~**leistung** *f* (*Tätigkeit*) prestation d'impôt; (*Fähigkeit*) puissance *f* fiscale; **s~lich** *a* fiscal; *jdn ~ veranlagen* établir l'assiette de l'impôt de qn; ~*e Erfassung f* imposition *f;* ~**marke** *f* timbre-quittance *m;* ~**meßbetrag** *m* montant-échelle *od* indice *m* de l'impôt; ~**nachforderung** *f* rappel *m* d'impôt; ~**nachlaß** *m* remise *f* de l'impôt; *jdm e-n ~ gewähren* dégrever qn; ~**pacht** *f hist* ferme *m;* ~**pächter** *m hist* fermier *m;* ~**paket** *n* ensemble *m* de mesures fiscales; ~**paradies** *n* paradis *m* fiscal; ~**pflicht** *f* obligation *f* fiscale *od* à l'impôt; **s~pflichtig** *a* contribuable, imposable; ~**pflichtige(r)** *m* contribuable *m;* ~**politik** *f* politique *f* fiscale; ~**prüfer** *m* vérificateur *m* de livres; ~**prüfung** *f* examen *m* fiscal; ~**quellen** *f pl* ressources *f pl* fiscales; ~**recht** *n* droit *od* régime *m* fiscal; ~**reform** *f* réforme *f* fiscale; ~**register** *n* registre des contributions, cadastre *m* des impôts; ~**rückerstattung** *f,* ~**rückvergütung** *f* remboursement *m od* restitution *f* d'impôt(s) *od* fiscal; ~**rücklage** *f* réserve *f* pour les impôts; ~**rückstand** *m* arrérage *od* reliquat *m* d'impôts; ~**sache** *f: in ~n* en matière d'impôts; ~**sachverständige(r)** *m* expert *m* fiscal; ~**satz** *m* taux *m* d'imposition; *einheitlicher, progressiver, proportionaler ~* taux d'imposition uniforme; tarif *m* fiscal progressif, proportionnel; ~**schuld** *f* dette *f* fiscale; ~**senkung** *f* réduction d'impôts *od* des impôts, détaxation *f,* dégrèvement *m;* ~**streik** *m* grève *f* fiscale *od* de l'impôt; ~**stufe** *f* échelon *m* d'imposition; ~**system** *n* système fiscal *od* d'imposition, fiscalité *f;* ~**tabelle** *f* barème *m* de l'impôt; ~**veranlagung** *f* (établissement *m* de l')assiette de l'impôt, assiette *f;* ~**verfahrensrecht** *n* droit *m* de la procédure fiscale; ~**vergehen** *n* délit *m od* infraction *f* fis cal(e); ~**vergünstigung** *f* privilège *m* fiscal; ~**vorabzug** *m* retenue *f od* prélèvement *m* à la source; ~**voranschlag** *m* évaluation *f* des impôts; ~**vorauszahlung** *f* acompte d'impôt, paiement *m* anticipé d'un impôt; ~**wesen** *n* fiscalité *f*; ~**zahler** *m* contribuable, payeur *m* d'impôt; ~**zahlung** *f* paiement *m* de l'impôt; ~**zettel** *m* bulletin *od* mandat *m* d'impôt(s); ~**zuschlag** *m* taxe supplémentaire, surtaxe *f*; ~**zuwachs** *m* accroissement *m* des impôts; ~**zweck** *m* finalité *f* d'un impôt.

Steven *m* ⟨-s, -⟩ ['ʃteːvən] *mar (Vorder~)* étrave *f*; *(Achter~)* étambot *m*.

Steward *m* ⟨-s, -s⟩ ['s-, 'ʃtjuːərt] *mar aero (Betreuer)* steward; garçon *m* de cabine; ~**eß** *f* ⟨-, -ssen⟩ [-dɛs, --ˈ-] *aero* hôtesse *f* de l'air *od* de bord.

stibitzen [ʃtiˈbɪtsən] *tr fam* chaparder, chiper; *pop* choper, barboter, volatiliser.

Stich *m* ⟨-(e)s, -e⟩ [ʃtɪç] *(mit e-m Dorn, e-m Stachel, e-r Nadel, a. med)* piqûre *f*; *(mit e-r ~waffe)* coup; *(Näherei)* point *m*; *(Graphik)* taille, gravure, estampe *f*; *fig (ins Herz)* coup *m* (d'épingle *od* de boutoir); *(~elei, Spitze)* pointe; *med (stechender Schmerz)* douleur lancinante; *(Kartenspiel)* levée *f*, pli *m*; *pl med (Seiten~e)* point *m* de côté; *e-n ~ bekommen (Wein)* se piquer; *(Milch)* tourner; *(Speise)* surir; *~e (Seiten~e) bekommen* avoir des points de côté; *e-n ~ haben (Fleisch)* avoir un goût; *(Mensch)* avoir un grain (de folie); *e-n ~ ins Grüne haben* tirer sur le vert; *gleich viele ~e haben (Kartenspiel)* avoir le même nombre de plis; *keinen ~ haben* n'avoir pas fait de levée; *im ~ lassen* laisser la *od* choir *od* tomber *od* en plan, lâcher, abandonner, planter là; fausser compagnie à, faire faux bond à; *fam* plaquer; *e-n ~ machen (Kartenspiel)* faire un pli; *alle ~e machen* faire toutes les levées *od (Bridge)* le grand chelem; *mein Gedächtnis läßt mich im ~ na* mémoire me fait défaut; *entscheidende(r) ~ (Spiel)* coup *m* décisif; ~ *ins Grüne* nuance *f* de vert; ~**blatt** *n (am Degen)* garde *f*; ~**el** *m* ⟨-s, -⟩ *(Grab~)* burin, ciselet, poinçon *m*; ~**elei** *f* [-ˈlaɪ] piqûre *f*, coup *m* d'épingle, gravure, taquinerie *f*; brocard *m*; **s~eln** *itr (nähen)* coudre; *(sticken)* broder; *tr fig* donner des coups d'épingle à, lancer des pointes *od* des brocards à, agacer, taquiner; brocarder; ~**flamme** *f* dard *od* jet *m* de flamme; **s~haltig** *a (Argument)* plausible, valable, probant, solide, soutenable; *nicht ~ sein (a.)* porter à faux, ne pas tenir; *durchaus ~ (a.)* pas sans valeur; *nicht ~ (a.)* sans valeur; ~**haltigkeit** *f* ⟨-, ø⟩ plausibilité,

validité, solidité *f*; *bes. jur* bien-fondé *m*; *mangelnde ~* mal-fondé *m*; ~**kurs** *m (Börse)* pied *m* de la prime; ~**leitung** *f* ligne d'embranchement; *(Pipeline)* antenne, artère *f* ouverte; ~**ling** *m* ⟨-s, -e⟩ *(Fisch)* épinoche *f*; ~**probe** *f (Handlung)* sondage, coup de sonde; *(Sache)* échantillon *m* pris au hasard *od* dans le tas; *angepaßte od ausgewogene ~* échantillon *m* compensé; ~ *ohne, mit Zurücklegen* sondage *m* exhaustif, non exhaustif; *nicht zufällige ~* échantillon *m* non aléatoire; *planlose ~* sondage *m* par groupes naturels; *subjektiv ausgewählte ~* échantillon *m* au jugé; *unverzerrte, unvollständige, verzerrte ~* échantillon *m* sans biais, défectueux, biaisé; *zweistufige ~* sondage *m* à deux degrés; ~**probenauswahl** *f*, ~**probenverfahren** *n* échantillonnage *m*; ~**probenerhebung** *f* enquête *f* par sondage; ~**probenumfang** *m* taille *f* de l'échantillon; ~**probenverteilung** *f* répartition des échantillons, distribution *f* d'échantillonnage; ~**säge** *f* scie *f* à guichet; ~**tag** *m* jour *m* fixé *od* prévu *od* repère, date *f* fixée *od* de base; *(Fälligkeitsdatum)* jour *m* d'échéance *od* de l'échéance; ~**waffe** *f* arme *f* d'estoc; ~**wahl** *f* scrutin *m* de ballottage; ~**wort** *n* ⟨-(e)s, ˑˑer⟩ mot *m* de repère; *theat* ⟨-(e)s -e⟩ réplique *f*; *(Kennwort)* mot d'ordre *od* de passe; *(Katalog)* mot-souche *m*; *pl (~worte)* aide-mémoire *m*; ~**wortkatalog** *m* catalogue *m* analytique *od* par mots-clés; ~**wortverzeichnis** *n* index *m*; ~**wunde** *f* blessure *f* perforante; coup *m* de pointe.

stick|en ['ʃtɪkən] *tr* broder; **S~er(in** *f* **)** *m* ⟨-s, -⟩ brodeur, se *m f*; **S~erei** *f* [-ˈraɪ] broderie *f*; **S~garn** *n*, ~**seide** *f* fil *od* coton *m*, soie *f* à broder; **S~maschine** *f* brodeuse *f* mécanique; **S~muster** *n* dessin *m* de broderie; **S~nadel** *f* aiguille *f* à broder; **S~rahmen** *m* métier *od* tambour *m* (à broder).

stick|ig ['ʃtɪkɪç] *a* étouffant, suffocant; **S~stoff** *m* azote, nitrogène *m*; ~**stoffarm** *a*, ~**stoffreich** *a* pauvre, riche en azote *od* nitrogène; **S~stoffdünger** *m* engrais *m* azoté; ~**stoffhaltig** *a* azoté, nitrique; **S~stoffverbindung** *f* combiné *m* azoté.

stieben ⟨stiebt, stob, hat gestoben⟩ ['ʃtiːbən, (-)'ʃtoːp/-bən] ⟨*aux: sein*⟩ jaillir, voler; *tr* ⟨*aux: haben*⟩ faire jaillir *od* sauter.

Stief|bruder *m* ['ʃtiːf-] *nur = Halb-*

bruder; ~**eltern** *pl* beaux-parents *m
pl;* ~**geschwister** *pl* frère(s) et
sœur(s) *od* enfants *pl* de deux lits;
~**kind** *n* enfant d'un autre lit; *fig* dis-
gracié *m (der Natur, des Glücks* de la
nature, de la fortune); ~**mutter** *f* belle-mère; *pej* marâtre *f;* ~**mütter-
chen** *n bot* pensée *f;* **s**~**mütterlich**
a de belle-mère, de marâtre; *adv* en
belle-mère, en marâtre; ~**schwester**
f nur = *Halbschwester;* ~**sohn** *m*
beau-fils *m;* ~**tochter** *f* belle-fille *f;*
~**vater** *m* beau-père *m.*

Stiefel *m* ⟨-s, -⟩ ['ʃtiːfəl] *(Schaft*~*)* botte; *(Halb*~*)* bottine *f,* bottillon, brodequin; *(Humpen)* hanap; *(e-r Pum-
pe)* corps *m;* ~**ette** *f* ⟨-, -n⟩ [ʃtiːfaˈlɛtə]
(Halb~*)* bottine *f,* brodequin *m;*
~**haken** *m* crochet de bottes, tire-
-botte *m;* ~**knecht** *m* tire-botte *m;*
s~**n** *itr* ⟨*aux: sein*⟩ *fam* marcher à
grands pas *od* à grandes enjambées;
~**putzer** *m* cireur *m* (de bottes);
~**schaft** *m* tige *f* de botte.

Stiege *f* ⟨-, -n⟩ ['ʃtiːgə] *(Treppe)* escalier *m; (20 Stück)* vingtaine *f.*

Stieglitz *m* ⟨-es, -e⟩ ['ʃtiːglɪts] *orn*
chardonneret *m.*

Stiel *m* ⟨-(e)s, -e⟩ [ʃtiːl] *(Blume, Blüte,
Frucht)* queue *f,* pédoncule *m; (Blatt)*
queue *f,* pétiole *m; (Gerät)* manche
m; (Pinsel) hampe *f; mit festsitzen-
dem* ~ indémanchable; *mit e-m* ~ *versehen (a)* emmanché; *mit Stumpf
und* ~ *ausrotten* extirper radicalement; couper à la racine; ~**augen** *n
pl:* ~ *machen (fig fam)* se rincer
l'œil; *er macht* ~ *(a.)* les yeux lui sortent de la tête.

stier [ʃtiːr] *a (Blick: starr)* fixe; *(verstört)* hagard; ~*en Blick(e)s* d'un œil
fixe; ~**en** *itr* regarder fixement *od*
d'un œil hagard *(auf* acc).

Stier *m* ⟨-(e)s, -e⟩ [ʃtiːr] taureau *m; den*
~ *bei den Hörnern packen (a. fig)*
prendre le taureau par les cornes;
~**kampf** *m* course de taureaux, corri-
da, tauromachie *f;* ~**kämpfer** *m*
toréador, toréro *m;* ~**nacken** *m* cou
m de taureau; ~**opfer** *n rel* taurobole
m.

Stift [ʃtɪft] **1.** *m* ⟨-(e)s, -e⟩ *(Nagel)* clou
m (sans tête); fiche; pointe *f; (Zahnersatz)* pivot; *(am Oberring des Ge-
wehrs)* quillon *m; tech (Dreh*~*)* broche, cheville, goupille *f; (Blei-, Farb*~*)*
crayon; *(Lippen*~*)* bâton *m;* ~**zahn**
m dent *f* à pivot.

Stift 2. *m* ⟨-(e)s, -e⟩ [ʃtɪft] *fam (Lehr-
junge)* arpète *m.*

Stift 3. *n* ⟨-(e)s, -e/(-er)⟩ [ʃtɪft] *(from-
me* ~*ung)* fondation; *rel* maison *f* (religieuse), couvent; *(Domkapitel)* cha-

pitre; *(Univ.)* séminaire *m;* **s**~**en 1.**
tr (gründen) fonder; *(errichten)* établir;
(einsetzen) instituer; *(schenken)* faire
don de; *(beisteuern)* fournir; *(schaffen, ins Leben rufen, bewirken)*
créer, produire, faire; provoquer, susciter; ~**er(in** *f)* *m* ⟨-s, -⟩ *(Gründer)*
fondateur, trice; *(Spender)* donateur,
trice *m f; (Urheber)* auteur *m;* ~**er-
verband** *m* association *f* de dona-
teurs; ~**sdame** *f,* ~**sfräulein** *n* cha-
noinesse *f;* ~**sherr** *m* chanoine *m;*
~**shütte** *f rel* tabernacle *m* (du Seigneur); ~**skirche** *f* (église) collégiale
f; ~**sschule** *f (Domschule)* école *f*
collégiale; ~**ung** *f* fondation *f;* établissement *m;* institution; *(Schen-
kung)* donation *f;* ~**ungsfest** *n* fête
f anniversaire de la fondation;
~**ungsurkunde** *f* actes *m pl* de fondation.

stiften ['ʃtɪftən] **2.** *itr fam:* ~ *gehen*
filer, déguerpir, s'éclipser.

Stigma *n* ⟨-s, -men/-mata⟩ ['s-,
'ʃtɪgma, '-men/'-mata] *rel (Wund-
mal)* stigmate *m;* **s**~**tisieren**
[-tiˈziːrən] *tr* stigmatiser.

Stil *m* ⟨-(e)s, -e⟩ [ʃ-/stiːl] style *m,* écriture *f; großen* ~*s* avec faste; *e-n guten* ~ *haben od schreiben (a.)* avoir
un bon style, écrire de bonne encre;
~**art** *f* style *m;* ~**blüte** *f* fleur de
rhétorique; perle; bévue *f* stylistique;
~**epoche** *f* époque *f* d'un style; ~**gefühl** *n* sens *m* du style; **s**~**gerecht** *a*
conforme au style; **s**~**isieren**
[ʃtiliˈziːrən] *tr* styliser; ~**isierung** *f*
stylisation *f;* ~**ist** *m* ⟨-en, -en⟩ [-'lɪst]
styliste *m;* ~**istik** *f* ⟨-, -en⟩ [-'lɪstɪk],
~**kunde** *f* stylistique *f;* **s**~**istisch**
[-'lɪstɪʃ] *a* stylistique, de style; ~*e Fein-
heiten f pl* finesses *f pl* du style; *in*
~*er Hinsicht* en matière de *od* quant
au style; **s**~**los** *a* sans style; ~**mittel**
n pl procédés *m pl* de style; ~**möbel**
n pl meubles *m pl* de style; **s**~**voll** *a*
qui a du style; de bon goût; ~**übung** *f*
exercice *m* de style; ~**wörterbuch** *n*
dictionnaire *m* de locutions.

Stilett *n* ⟨-s, -e⟩ [ʃ-/stiˈlɛt] *(kleiner
Dolch)* stylet *m.*

still [ʃtɪl] *a (ruhig, lautlos)* tranquille,
calme; *(schweigend, stumm)* silen-
cieux, muet; *(reglos, unbewegt)* immobile, sans mouvement; *(schweigsam)* taciturne; *(zurückhaltend, bescheiden)* modeste; *(friedlich)* paisible; *(heimlich)* secret; *interj* chut!
tais-toi! taisez-vous! silence! *im* ~*en*
en silence; sans rien dire, in petto;
(heimlich) secrètement, incognito; ~
und leise (adv) à la sauvette *fam;*
pop en douce; ~ *sein, sich* ~ *verhal-*

ten être *od* se tenir tranquille; se tenir coi; ~ *werden* se taire; *(sich beruhigen)* se calmer; ~*e(r) werden (a.)* mettre une sourdine à son grelot; *es wurde* ~ il se fit un silence; ~*e Wasser sind od gründen tief (prov)* il n'est pire eau que l'eau qui dort; *(com)* ~*e Einlage, Gesellschaft* apport *m,* société *f* en participation; ~*er Gesellschafter od Teilhaber* apporteur *od* bailleur de fonds; commanditaire *m;* ~*e(s) Glück n* bonheur *m* paisible; ~*e Hoffnung, Liebe f* espoir, amour *m* secret; ~*e Jahreszeit f* morte-saison *f; der S~e Ozean* l'océan *m* Pacifique, le Pacifique; ~*e(r) Schmerz m* douleur *f* muette; ~*e Übereinkunft f* accord *m* tacite; ~*e Wut f* colère *f* contenue; ~*e Zeit f (Flaute)* heures *f pl* creuses, jours *m pl* creux; *com a.* accalmie *f;* ~*=***bleiben** ⟨*aux: sein*⟩ *itr* rester tranquille, se tenir coi; **S~e** *f* ⟨-, ø⟩ tranquillité *f,* calme; *(Schweigen)* silence; *(Ruhe)* repos *m; (Frieden)* paix *f; in der* ~ *(heimlich)* secrètement, en secret; *in aller* ~ dans le plus grand silence *od* secret, sous le manteau; *(Feier)* dans l'intimité; *es trat* ~ *ein* il se fit un silence; **S~halteabkommen** *n pol* moratoire, moratoire *m;* ~*=***halten** *tr (Körperteil)* tenir en repos; *itr (sich nicht bewegen)* se tenir immobile; **S~(l)eben** *n (Kunst)* nature *f* morte; ~*=***(l)egen** *tr (Betrieb)* fermer; *(Anlage, Maschine)* arrêter; *(Hochofen)* éteindre; *(Fahrzeug, Flugzeug)* immobiliser; **S~(l)egung** *f* fermeture *f;* arrêt *m;* immobilisation *f;* ~*=* **(l)iegen** *itr (Mensch)* se tenir tranquille; *(Betrieb)* être fermé; *tech* être arrêté, *mar* rester en panne; ~*=***schweigen** *itr* se taire; **S~schweigen** *n* silence *m;* ~ *bewahren* garder *od* observer le silence; *mit* ~ *übergehen* passer sous silence; ~**schweigend** *a* tacite, implicite, sous-entendu; ~ *gehen* s'en aller sans rien dire *od* répondre, ne pas demander son reste; ~*=***sitzen** *itr* rester tranquille, ne pas bouger, demeurer en place; *(nichts tun)* être inoccupé *od* sans occupation, ne rien faire; *nicht* ~ *können* ne pas tenir *od* rester en place; **S~stand** *m* ⟨-(e)s, ø⟩ *(temps d')*arrêt *m; (Unterbrechung)* interruption, suspension; *(Stockung)* stagnation; *(Unbeweglichkeit, Festliegen)* immobilité; *(des Meeres zwischen Ebbe u. Flut)* étale *f; zum* ~ *bringen* arrêter; couper chemin à; *(unterbrechen)* interrompre, suspendre; *zum* ~ *kommen* s'arrêter,

être paralysé, tomber dans le marasme; *(unterbrochen werden)* être interrompu *od* suspendu; ~ *ist Rückschritt (prov)* quand on n'avance pas, on recule; ~*=***stehen** *itr (stehenbleiben) (a. Zeit)* s'arrêter; s'immobiliser, demeurer en place; *mil* se mettre au garde-à-vous; *(nicht in Betrieb sein)* être arrêté, chômer; ~*gestanden! (mil)* garde à vous! ~*=***vergnügt** *adv:* ~ *lächeln* sourire de contentement *od* de satisfaction.

still|en [ˈʃtɪlən] *tr (Blut)* arrêter, étancher; *(Schmerz)* apaiser, calmer; *(Durst)* étancher, apaiser, calmer; *(Hunger)* assouvir, apaiser; *(Verlangen, Sehnsucht, Kummer)* apaiser, calmer; *(Kind)* donner le sein à, allaiter, nourrir; *den Durst* ~ désaltérer; **S~en** *n* allaitement *m;* ~**end** *a:* ~*e Mutter f* mère *f* nourrice *od* qui nourrit (au sein) *od* qui allaite; **S~geld** *n* indemnité *f* d'allaitement; **S~ung** *f* apaisement, assouvissement; *(e-s Kindes)* allaitement *m;* **S~zeit** *f* période *f* d'allaitement.

Stimm|abgabe *f* [ˈʃtɪm-] *parl* vote, suffrage *m;* ~**bänder** *n pl anat (echte* ~*)* cordes *f pl* vocales (inférieures); *falsche* ~ *(Taschenbänder)* cordes *f pl* vocales supérieures; **s~berechtigt** *a:* ~ *sein* avoir droit de vote; ~**berechtigte(r)** *m* votant *m;* ~**bruch** *m* ⟨-(e)s, ø⟩ = ~*wechsel;* ~**enthaltung** *f parl* abstention *f;* ~**gabel** *f* diapason *m;* **s~gewaltig** *a:* ~ *sein* avoir la voix haute *od* le verbe haut; **s~haft** *a gram* sonore, voisé; ~**hammer** *m* accordoir *m;* ~**lage** *f* registre *m;* **s~los** *a* aphone, sans voix; *gram* sourd, non-voisé; ~**losigkeit** *f* ⟨-, ø⟩ aphonie; sourdité *f;* ~**recht** *n* droit *m* de vote; ~**ritze** *f anat* glotte *f;* ~**schlüssel** *m mus* accordoir *m;* ~**stärke** *f* puissance *f* vocale; ~**übung** *f mus* vocalisation, vocalise *f;* ~*en machen* vocaliser; ~**umfang** *m* registre *m* étendue *od* échelle *f* de la voix; ~**wechsel** *m* ⟨-s, ø⟩ mue *f* (de la voix); ~**zettel** *m* bulletin *m* (de vote).

Stimme *f* ⟨-, -n⟩ [ˈʃtɪmə] voix *a. fig; mus a.* partie; *parl* voix *f,* vote, suffrage *m; bei* ~ en voix; *mit schwacher* ~ *(a.)* d'une voix éteinte; *mit 3 gegen 2* ~*n* par 3 voix contre 2; *mit 10* ~*n Mehrheit* à dix voix de majorité; *s-e* ~ *abgeben* exprimer sa voix, donner son vote; voter *(für* pour, *gegen* contre); *sich der* ~ *enthalten* s'abstenir de voter; *20* ~*n erhalten* recueillir 20 voix; *s-e* ~ *erheben* élever la voix; *jdm s-e* ~ *geben* voter pour qn; *e-e kräftige* ~ *haben (a.)* avoir du poumon *od* de bons poumons; *Sitz und* ~ *haben (fig)* avoir voix au chapitre; *die* ~ *heben* hausser *od* élever la voix; *alle* ~*n auf sich vereinigen (parl)* recueillir toutes les voix; *die* ~*n zählen (a.)* dépouiller le scrutin; *abgegebene* ~*n pl (parl)* votants *m pl; beratende* ~ *(parl)* voix *f* consultative; *gültige* ~*n pl* suffrages *m pl* exprimés; *heisere* ~ *(a.)* voix *f* enrouée *od* de pot cassé *od* fêlée; *schrille od meckernde* ~ *(a.)* voix *f* de fausset; *schwache* ~ *(a.)* filet *m* de voix; *ungültige* ~ vote *m* nul *od* blanc; *pl* bulletins *m pl* nuls; *die* ~ *des Blutes, des Gewissens* la voix du sang, de la conscience; ~**nfang** *m* racolage *m* de voix; ~**ngewirr** *n* brouhaha *m;* ~**ngleichheit** *f* parité *f* de(s) voix; *bei* ~ en partage égal des voix; *die* ~ *aufheben* départager les voix; ~**nkauf** *m* achat *m* de voix; ~**nmehrheit** *f* majorité *f* des voix *od* votes *od* suffrages; *mit* ~ à la majorité *od* pluralité des voix; ~**nprüfung** *f pol* vérification *f* du scrutin; ~**nunterschied** *m* écart *m* de voix; ~**nzähler** *m (Person)* scrutateur *m;* ~**nzählung** *f* dépouillement du scrutin; *parl* pointage *m; die* ~ *vornehmen* dépouiller le scrutin, procéder au dépouillement du scrutin.

stimmen ['ʃtɪmən] *tr mus* accorder; *fig (geneigt machen)* disposer; *itr (ab*~*)* voter; *(richtig sein)* être correct *od* exact *od* juste *od* vrai; ~ *(passen) zu* s'accorder *od* cadrer avec; *ernst* ~ rendre grave; *fröhlich, heiter* ~ ragaillardir, égayer; *höher, tiefer* ~ *(mus)* hausser, baisser; *traurig* ~ attrister; *gut, schlecht gestimmt sein* être bien, mal disposé *od* de bonne, mauvaise humeur; *das stimmt* c'est exact *od* juste *od* vrai *od* cela; *das stimmt genau (a.)* c'est parfaitement vrai; *das stimmt nicht* ce n'est pas vrai *od* cela; *da stimmt etwas nicht* cela *od* ça ne va pas; *stimmt!* ça y est! ~*stimmt so! (zu Bedienung)* gardez la monnaie! **S**~ *n mus* accordage *m.*

Stimmer *m* ‹-s, -› ['ʃtɪmər] *(e-s Musikinstrumentes)* accordeur; *(Gerät)* accordoir *m.*

Stimmung *f* ‹-, -en› ['ʃtɪmʊŋ] *(e-s Musikinstrumentes)* accord, accordage; *(Gemütsverfassung)* état *m* d'âme *od* d'esprit, disposition (de l'âme); humeur; *(e-r Gesellschaft, Atmosphäre)* ambiance, atmosphère *f;* climat; *mil* moral *m; (öffentl. Meinung)* opinion publique; *(Dichtung, Kunstwerk)* poésie, atmosphère; impression *f,* ef-

fet *m; (Börse)* tendance *f; in gedrückter* ~ déprimé, abattu; *in gehobener* ~ en train; *in guter, schlechter* ~ bien, mal disposé; de bonne, de mauvaise humeur; *in* ~ *bringen* animer, égayer; *die* ~ *(zu) drücken (suchen)* saper le moral; *die* ~ *heben* remonter le moral; *in* ~ *kommen* s'animer; se mettre en gaieté; ~ *machen, für* ~ *sorgen* créer *od* mettre de l'ambiance; ~ *machen für* faire de la propagande pour; *nicht in* ~ *sein* n'être pas dans son assiette; *herrschende* ~ ambiance *f* générale; *rosige* ~ belle *od* joyeuse humeur *f; trübe* ~ *(a.)* cafard *m;* *wechselnde* ~*en pl* disposition *od* humeur *f* changeante; ~**sbericht** *m* papier *m* de physionomie; ~**sbild** *n* impressions *f pl;* ~**skapelle** *f mus* ensemble *m* d'ambiance; ~**smache** *f fam* bourrage *m* de crâne; ~**smacher** *m* animateur, boute-en-train *m;* ~**sumschwung** *m* changement *m* de l'opinion publique; *plötzliche(r)* ~ saute *f* d'humeur; **s**~**svoll** *a* qui a de l'atmosphère *od* de la poésie; évocateur, expressif; ~**swandel** *m* changement *m* d'opinion.

Stimul|ans *n* ‹-, -lantia/-lanzien› ['ʃ/-, 'sti:mulans, ʃ/stimu'lantsiən, -tsia] *med* stimulant *m;* **s**~**ieren** [-muˈliːrən] *tr (anreizen)* stimuler; ~**ierung** *f* stimulation *f.*

Stink|adores *f* ‹-, -› [ʃtɪŋkaˈdoːrɛs] *fam (schlechte Zigarre)* crapulos *m;* ~**bombe** *f* ['ʃtɪŋk-] boule *f* puante; **s**~**en** ‹stinkt, stank, hat gestunken› ['ʃtɪŋkən, ʃtaŋk, gəˈʃtʊŋkən] *itr* puer *(nach etw* qc); sentir mauvais; empester *(nach etw* qc); *pop* cocot(t)er; *arg* cogner; *vor Dreck* ~ *(sehr dreckig sein)* se laisser manger par les poux; *vor Faulheit* ~ *(fig)* être d'une paresse crasse; ~ *wie die Pest* puer comme la peste *od* un rat mort *od* une charogne *od* un bouc; *das stinkt zum Himmel (fig)* c'est révoltant *od* inouï; *es stinkt* cela pue; *es stinkt furchtbar od entsetzlich (a.)* c'est une infection; **s**~**end** *a* puant; fétide, empesté; infect; **s**~**faul** *a fam* cossard, flemmard; *er ist* ~ *(a.)* il n'en secoue pas une, il a un poil dans la main; **s**~**ig** *a* puant, fétide, infect; **s**~**langweilig** *a pop* rasoir, sciant, casse-pieds; *es ist* ~ c'est à crever d'ennui; ~**tier** *n* moufette *f;* ~**wut** *f fam* humeur de chien *od* de dogue, rogne *f; e-e* ~ *haben* être en rogne.

Stint *m* ‹-(e)s, -e› [ʃtɪnt] *zoo* éperlan *m.*

Stipendi|at *m* ‹-en, -en› [ʃtipɛndiˈaːt] boursier *m;* ~**um** *n* ‹-s, -dien›

[-'pɛndiʊm, -diən] bourse *f* (d'étu-des).

stipp|en ['ʃtɪpən] *tr dial (tunken)* tremper; **S~visite** *f fam* visite-éclair *f.*

Stirn *f* ⟨-, -en⟩ [ʃtɪrn] front *m, a. fig; jdm die ~ bieten* faire front *od* face, tenir tête à qn, défier qn; *die ~ haben (fig)* avoir le front *od fam* le toupet *(zu* de); *die ~ runzeln* od in Falten *ziehen* froncer le(s) sourcil(s); *sich vor die ~ schlagen* se frapper le front; *das steht dir auf der ~ geschrieben* cela se lit sur ton front *od* visage; *hohe, gewölbte, niedrige, fliehende ~* front *m* haut, bombé, bas, fuyant; **~band** *n* serre-tête, bandeau; *(Diadem)* diadème *m; (an d. Gasmaske)* bride *f* frontale; **~bein** *n* anat (os) frontal *m;* **~binde** *f (Verband)* frontal *m;* **~e** *f* ⟨-, -n⟩ *f = ~;* **~fläche** *f* façade *f;* **~haar** *n* toupet *m;* **~höhle** *f* anat sinus *m* frontal; **~höhlenvereiterung** *f* sinusite *f;* **~lappen** *m* anat lobe *m* frontal; **~locken** *f pl* guiches *f pl;* **~platte** *f* panneau *m* avant; **~reif** *m* diadème *m;* **~runzeln** *n* froncement *m* des sourcils; **~seite** *f allg* front *m,* face; *arch* façade *f,* frontispice *m;* **~wand** *f arch* front *m;* **~wunde** *f* blessure *f* au front.

stöbern ['ʃtøːbərn] *tr (Jagd)* faire lever; *itr allg (herumsuchen)* (far-)fouiller, fureter *(in etw* dans qc); *(in Flocken herumwirbeln)* tourbillonner (en flocons).

Stocher *m* ⟨-s, -⟩ ['ʃtɔxər] *(Zahn~)* cure-dents; *(Feuerhaken)* pique-feu, tisonnier *m;* **s~n** *itr: im Feuer ~* tisonner; *in den Zähnen ~* se curer les dents; *im Essen ~* chipoter.

Stock *m* **1.** ⟨-(e)s, ⁀e⟩ [ʃtɔk, 'ʃtœkə] *(Stab)* bâton *m; (kleiner, dünner, bes. biegsamer)* baguette; *(Spazier~)* canne *f; (Berg~)* alpenstock *m; (Billard~)* queue; *bot* pied; *(Wein~)* cep; *(Opfer~)* tronc *m; (Bienen~)* ruche *f;* **2.** ⟨-(e)s, -/-(e)werke⟩ *arch (~werk)* étage *m; im zweiten ~* au second (étage); *über ~ und Stein springen* sauter par-dessus tous les obstacles; *wie ein ~ dastehen* rester planté comme une borne; *am ~ gehen* marcher avec une canne; *jdn mit dem ~ schlagen* battre qn à coups de bâton; **s~blind** *a* complètement aveugle; **~degen** *m* canne *f* à épée; **s~dumm** *a* sot comme un panier, bête comme une cruche *od* un pot *od* une oie *od* ses pieds; **s~dunkel** *a fam = s~finster;* **s~finster** *a: es ist ~* il fait noir comme dans un four, on n'y voit goutte;

~e *Nacht f* nuit *f* noire; **~fisch** *m* morue *f* sèche *od* séchée; stockfisch *m;* **~hieb** *m* coup *m* de bâton *od* de baguette; **~rose** *f bot* rose *f* trémière; **~schirm** *m* parapluie-canne *m;* **~schläge** *m pl* coups *m pl* de bâton; **s~steif** *a* raide comme un piquet *od* un bâton; **s~taub** *a* sourd comme un pot *od* une cruche; **~werk** *n* étage *m.*

Stöckel *m* ⟨-s, -⟩ ['ʃtœkəl] *fam (hoher Absatz)* haut talon *m;* **~schuhe** *m pl* chaussures *f pl* à hauts talons.

stock|en ['ʃtɔkən] *itr (zum Stillstand kommen)* s'arrêter, s'immobiliser; *(sich verlangsamen)* (se) ralentir; *(Unterhaltung)* tarir; *(Rede, Geschäft)* languir; *(in der Rede)* hésiter, *(steckenbleiben)* rester court; *(~ig werden)* se piquer d'humidité; **S~en** *n: ins ~ geraten od kommen* (se) ralentir; tarir; languir; hésiter; **~end** *a (Rede)* hésitant; *adv (reden)* avec hésitation; **S~fleck** *m* tache *f* d'humidité; **~fleckig** *a,* **~ig** *a* piqué d'humidité; **S~punkt** *m (e-s Öles)* point *m* de solidification; **S~schnupfen** *m* enchifrènement *m;* **~scient** rhinite *f* chronique catarrhale; **S~ung** *f (Stillstand)* arrêt; *(Verlangsamung)* ralentissement; *(Verkehrs~)* embouteillage *m; fig* stagnation *f,* marasme *m; bes. med* stase *f.*

Stoff *m* ⟨-(e)s, -e⟩ [ʃtɔf] *allg* étoffe *f; (Gewebe a.)* tissu, textile *m; (Materie)* matière, substance *f; chem* corps *m; fig (Gegenstand)* matière *(zu* à); substance *f,* sujet, thème *m; fam (Haschisch)* hasch *m,* herbe *f; ~ geben zu etw* alimenter qc; *~ zum Lachen geben (a.)* prêter à rire; *seitengleiche(r) ~* étoffe *f* double face *od* réversible; *Stück n ~* métrage de tissu; *(Rest)* coupon *m,* coupe *f;* **~bahn** *f* bande *f* d'étoffe; **~ballen** *m* rouleau *m* d'étoffe; **~behang** *m* draperie *f;* **~breite** *f* lé *m,* laize *f;* **~druck** *m* ⟨-s, -e⟩ impression *f* sur étoffe; **~(f)etzen** *m* lambeau *m* d'étoffe; **~(f)ülle** *f* abondance de l'étoffe; *fig* abondance *od* richesse *f* des matières; **~handschuhe** *m pl* gants *m pl* en tissu; **s~lich** *adv (dem ~e, dem Gegenstand nach)* quant au, au point de vue du sujet; **~lichkeit** *f* ⟨-, ø⟩ *(Körperlichkeit)* matérialité *f;* **~muster** *n* dessin *m;* **~rand** *n* lisière *f;* **~reste** *m pl* recoupe *od* retaille *f* d'étoffe; **~sammlung** *f fig* documentation *f;* **~tier** *n* animal *m* en peluche; **~überzug** *m* housse *f* en étoffe; **~wechsel** *m physiol* métabolisme *m;* **~wechselkrank-**

heit f, **~wechselprodukt** n maladie f, produit m du métabolisme.
Stoffel m ⟨-s, -⟩ ['ʃtɔfəl] fam (Tölpel) lourdaud, balourd m; **stoff(e)lig** a lourdaud, balourd.
stöhnen ['ʃtøːnən] itr geindre; gémir (über de); **S~** n gémissement m.
Sto|iker m ⟨-s, -⟩ ['ʃ-/'stoːikər] stoïcien m; **s~isch** ['-ɪʃ] a philos allg stoïcien; allg stoïque; **~izismus** m ⟨-, ø⟩ ['ʃ-/stoi'tsɪsmʊs] stoïcisme m.
Stol|a f ⟨-, -len⟩ ['ʃ-/'stoːla] a. hist u. rel étole f.
Stollen m ⟨-s, -⟩ ['ʃtɔlən] **1.** (am Hufeisen) crampon m; (unterirdischer Gang, a. mines, mil) galerie; mil (Abzugsstollen) gâchette f; **~enbau** m mines exploitation f à flanc de coteau.
Stollen m **2.** (Gebäck) pain m brioché od amandé.
Stolper|draht m ['ʃtɔlpər-] mil fil à trébucher, réseau m bas; **s~n** ⟨aux: sein⟩ itr trébucher (über sur); faire un faux pas; (Pferd) broncher; über die eigenen Füße ~ (fig fam) se noyer dans un od dans son crachat; **~n** n trébuchement, faux pas m.
stolz [ʃtɔlts] a fier (auf de); (hochmütig) orgueilleux, altier, hautain; (anmaßend) arrogant; fig (prächtig, imposant) superbe, magnifique, majestueux, imposant; ~ machen enorgueillir; auf etw ~ sein être fier, se glorifier, se faire gloire, s'enorgueillir de qc; pej tirer vanité de qc; **S~** m ⟨-es, ø⟩ fierté f; (Hochmut) orgueil m; der ~ (des Hauses, der Familie) sein être od faire l'orgueil (de la maison, de la famille); **~ieren** ⟨aux: sein⟩ [-'tsiːrən] itr faire parade, se pavaner.
Stopf|ei n ['ʃtɔpf-] œuf m à repriser; **s~en** tr (stecken) bourrer (a. die Pfeife), fourrer; (zu~) boucher, aveugler; (Kleidung, bes. Strümpfe) repriser, faire des reprises à; (ausbessern) ravauder, raccommoder; (kunst~) stopper; (Gans: nudeln) gaver; (sättigen) rassasier; itr physiol (den Stuhlgang hindern) constiper; jdm den Mund ~ (fig) fermer la bouche à qn; mettre qn à quia; fam clouer le bec à qn; **~en** n reprise f; ravaudage, raccommodage m; (Kunst~) stoppage m; **~garn** n fil od coton m à repriser; **~nadel** f aiguille f à repriser; **~pilz** m champignon m à repriser; **~wolle** f laine f à repriser.
Stopp m ⟨-s, -s⟩ [ʃtɔp] (Anhalten) arrêt m; **s~** interj (halt!) halte! stop! **s~en** tr (anhalten) stopper, arrêter; sport (Ball) bloquer; (mit der ~uhr messen) chronométrer; itr stopper,

s'arrêter; **~er** m ⟨-s, -⟩ sport arrière--central; libéro m; **~licht** n mot feu m stop od arrière; **~schild** n (panneau de) stop m; **~straße** f route f secondaire; **~uhr** f chronomètre (marqueur), chronographe m; **~zeichen** n signal d'arrêt; mot stop m.
Stoppel f ⟨-, -n⟩ ['ʃtɔpəl] chaume m, éteule f; (Bart) poil m raide; **~bart** m barbe f de plusieurs od de huit jours; **~feld** n chaume m; **stopp(e)lig** a couvert de chaumes; (Bart, Gesicht) mal rasé.
Stöpsel m ⟨-s, -⟩ ['ʃtœpsəl] bouchon; allg tampon m; (in e-m Ausguß, der Badewanne) bonde f; el fiche f; fam (kleiner Mensch) courtaud, nabot m; **~kontakt** m contact m à fiche; **s~n** tr el enficher; **~schalter** m interrupteur m à fiche.
Stör m ⟨-(e)s, -e⟩ [ʃtøːr] zoo esturgeon m.
Stör|aktion f ['ʃtøːr-] pol action f perturbatrice; **s~en** tr troubler, déranger; (belästigen) gêner, incommoder, importuner; mil harceler; radio brouiller; sich an etw ~ (fam) être gêné od dérangé par qc; sich nicht ~ lassen ne pas se laisser déranger; störe ich (Sie)? est-ce que je vous dérange? lassen Sie sich nicht ~! ne vous dérangez pas! gestörtes Gleichgewicht n déséquilibre m; **s~end** a gênant; (unangenehm) fâcheux; ~ wirken déranger; gêner; **~enfried** m trouble-fête; (Spielverderber) rabat--joie m; **~fall** m (in e-m Kernkraftwerk) alerte f; **~feuer** n, **~flug** m, tir, vol m de harcèlement; **~frequenz** f radio fréquence f de brouilleur; **~geräusch** n tech trouble m, friture f; radio bruit m parasite od de fond; **~grad** m radio intensité f de od du brouillage; **~sender** m émetteur de brouillage, (poste) brouilleur m (od perturbateur); **~stelle** f station f de brouillage; **~ung** f dérangement m, perturbation f; (Zustand) trouble, désordre m; (Belästigung) gêne f; mil harcèlement; (Betriebs-, Verkehrs~) incident, arrêt m (de la circulation); tech avarie f; (Hemmung) enrayage; mines accident m; (~geräusch) friture f, radio bruit parasite; (absichtliche) brouillage m; (durch Überlagerung) interférence f; (Unterbrechung) interruption f; (infolge) technische(r) ~en pl (en raison d')ennuis m pl mécaniques; e-e ~ beheben od beseitigen réparer un dérangement; zu ~en führen entraîner des perturbations; atmosphärische ~en perturbations f pl at-

mosphériques; *örtliche* ~en *(radio)* parasites *m pl* locaux; ~ *der öffentlichen Ordnung (jur)* atteinte *f* à l'ordre public; ~ *der Stromversorgung* panne *f* d'alimentation en courant; *(in der Zahlungsbilanz)* déséquilibre *m;* ~**ungsdienst** *m,* ~**ungsstelle** *f tele* service *m* des dérangements; **s~ungsfrei** *a* sans trouble; *radio* exempt de parasites.

Storch *m* ‹-(e)s, ·̈e› [ʃtɔrç, 'ʃtœrçə] cigogne *f; junge(r)* ~ cigogneau *m;* ~**beine** *n pl* baguettes *f pl;* ~**(en)nest** *n* nid *m* de cigogne; ~**schnabel** *m bot* géranium; *tech* pantographe *m.*

Store *m* ‹-s, -s› [stoː, stoːr] *(Gardine)* store *m.*

storn|ieren [s-/ʃtɔr'niːrən] *tr com* ristourner; contre-passer; **S~o** *m* u. *n* ‹-s, -ni› ['s-/'ʃtɔrno, -ni] ristourne *f;* contre-passement *m.*

störr|isch ['ʃtœrɪʃ] *a, seltener a.* ~**ig** *a (widerspenstig)* rétif, revêche, rébarbatif; *(halsstarrig)* récalcitrant; obstiné, entêté, têtu, opiniâtre; *(unlenksam)* intraitable, indocile; **S~igkeit** *f* obstination *f,* entêtement *m,* opiniâtreté *f.*

Stoß *m* ‹-ßes, ·̈ße› [ʃtoːs, 'ʃtøːsə] poussée *f,* coup (de pointe); *fam* rampon(neau); *m; (Rippen~)* bourrade *f; (Anstoßen)* heurt *m; (Degen~)* estocade, botte *f; (Kugelstoßen)* lancement *m; (Schwimm~)* brasse *f; (erhaltener* ~, *Erschütterung)* choc *m,* secousse, saccade, percussion *f; (im Wagen)* cahot; *fig* coup *m* d'arrêt; *phys psych* impulsion; *(Stapel)* pile *f; (Haufen)* tas *m; (Bündel)* liasse *f; (Schneiderei: Saum)* ourlet, bord; *tech (Verbindung)* joint *m; sich* od *s-m Herzen e-n* ~ *geben (fig)* faire un effort sur soi, se faire violence; *jdm e-n* ~ *versetzen* porter un coup à qn; ~ *mit Bande (Billard)* doublé *m;* ~ *mit der Schulter* épaulée *f;* ~**band** *n (am Hosenrand)* faux ourlet *m,* talonnette *f;* ~**dämpfer** *m* amortisseur *m* (de chocs); **s~empfindlich** *a* sensible au(x) choc(s); **s~fest** *a* résistant au(x) choc(s), antichoc(s); ~**gebet** *n* oraison *f* jaculatoire; ~**kraft** *f* poussée, puissance de choc; force *f* de propulsion; ~**leiste** *f* antébois *m;* ~**seufzer** *m* (profond) soupir *m;* ~**stange** *f mot* (barre *f* du) pare--chocs *m;* ~**trupp** *m mil* troupe *f* de choc; ~**verkehr** *m* heures *f pl* de pointe; ~**waffe** *f* arme *f* d'estoc; **s~weise** *adv* par à-coups, par secousses, par saccades, par foucades, par épaulées; *(Rauch)* par bouffées;

~**zahn** *m zoo* défense *f;* ~**zeit** *f* heures *f pl* de pointe *od* d'affluence, période *f* de pointe.

Stößel *m* ‹-s, -› ['ʃtøːsəl] pilon; *(Ventil)* poussoir *m;* ~**er** *m* ‹-s, -› *(Gerät)* pilon; *orn (Sperber)* épervier *m;* **s~ig** *a (Hornvieh)* qui donne des coups de cornes.

stoßen ‹stößt, stieß, gestoßen› [(gə-)'ʃtoːsən, 'ʃtiːs-, ʃtøːst] *tr* ‹aux: haben› pousser; *(an~)* heurter, cogner, choquer; *sport (Kugel)* lancer; *(hinein~)* enfoncer; *(hinaus~)* expulser; *(zer~)* piler, broyer, concasser; *tech (auskerben)* mortaiser; *itr* ‹aux: sein› heurter, cogner *(gegen etw* qc); donner un *od* des coup(s) de cornes *od* de pied *(an, gegen* something); *(Raubvogel)* fondre *(auf* sur); *fig (begegnen, finden)* tomber *(auf etw* sur qc), rencontrer *(auf etw* qc); *(sich anschließen)* se joindre *(zu* à), se rallier *(zu* à); *(grenzen)* toucher, confiner, *(an* à), *(Grundstück)* être attenant *od* contigu *(an* à); *sich* ~ se heurter *(an etw* à qc), se cogner *(an etw* contre *od* à qc), buter *(an etw* contre qc); se choquer, se scandaliser, s'offusquer, se formaliser de qc; *jdn von sich* ~ repousser qn; *jdm e-n Dolch in die Brust* ~ plonger un poignard dans la poitrine de qn; *mit dem Fuß* ~ donner un coup de pied (à); *mit dem Fuß an etw* ~ se heurter *od* se cogner le pied contre qc; *auf Grund* ~ toucher le fond; *auf den Grund* od *Kern e-r S* ~ *(fig)* toucher au fond de qc; *mit den Hörnern* ~ donner des coups de cornes (à); *sich am Kopf* ~ se cogner la tête; *ans Land, vom Lande* ~ *(mar)* prendre terre, la mer; *jdn in die Rippen* ~ donner une bourrade à qn; *auf Schwierigkeiten, Widerstand* ~ rencontrer des difficultés, une résistance.

Stotter|er *m* ‹-s, -› ['ʃtɔtərər] bègue, bredouilleur *m;* **s~n** *itr* begayer, bredouiller; *(stammeln)* balbutier; *mot fam* avoir des ratés; ~*d aufsagen, lesen* ânonner; *er stottert (a. pop)* ça se bouscule au portillon; ~**n** *n* bégaiement, bredouillement; *(Stammeln)* balbutiement *m.*

Stotz *m* ‹-es, -e›, ~**en** *m* ‹-s, -› ['ʃtɔts(ən)] *dial (Baumstumpf)* souche *f* d'arbre.

stracks [ʃtraks] *adv (geradeaus)* tout droit; *(sofort)* sur-le-champ.

Stradivari *f* ‹-, -(s)› [stradi'vaːri] *(Geige von* ~*) stradivarius m.

Straf|abteilung *f* ['ʃtraːf-] *mil* section *f* disciplinaire; ~**androhung** *f* peine *f* comminatoire; ~**anstalt** *f* établissement *m* pénitentiaire *od* de détention, maison *f* centrale *od* de correction: ~**antrag** *m* demande *f* en poursuite criminelle; *(des Staatsanwalts)* réquisitoire *m*; *e-n* ~ *stellen* porter plainte (pénale); ~**anzeige** *f* plainte *f*; ~ *erstatten* porter plainte *(gegen jdn* contre qn); ~**arbeit** *f (Schule)* devoir supplémentaire, pensum *m*; *arg* colle *f*; ~**aufschub** *m* sursis *m*; ~**aussetzung** *f* sursis *m* à l'exécution, condamnation *f* conditionnelle; ~ *auf Bewährung* probation *f*; **s**~**bar** *a* punissable; *jur* passible d'une peine; *sich* ~ *machen* se rendre coupable; être passible d'une peine; ~*e Handlung f* acte *m* delictueux; ~**barkeit** *f* culpabilité; pénalité; criminalité *f*; ~**befehl** *m* ordonnance *f* pénale; procès-verbal *m* de contravention; ~**bestimmung** *f* disposition pénale, pénalité; *f*; ~**e** *f* ‹-, -n› punition; *(Züchtigung)* correction *f*, châtiment *m*; *jur* peine; *(Geld~)* amende, pénalité *f*; *fig (Übel, Leiden)* collier *m* de misère; *bei* ~ *(gen)* sous peine (de); *zur* ~ pour pénitence; *für* en punition de; *e-e* ~ *beantragen* requérir une peine; *e-e* ~ *bekommen* être puni; *mit e-r* ~ *belegen* frapper d'une peine; *jdm die* ~ *erlassen* remettre la punition à qn; *jur* faire grâce de la peine *od* de l'amende à qn; ~ *(be)zahlen müssen (a.)* être à l'amende; *s-e* ~ *verbüßen od (pop) abbrummen* purger sa peine; *e-e* ~ *verhängen* infliger une peine; *e-e* ~ *verwirken* encourir une peine; *die gerechte* ~ *le prêté rendu; e-e* ~ *des Himmels (a.)* le feu du ciel; **s**~**en** *tr* punir *(für etw* de qc); mettre en pénitence; *(züchtigen)* corriger, châtier; **s**~**end** *a fig* vengeur; ~**erlaß** *m* remise de peine, rémission, amnistie *f*; **s**~**fällig** *a* passible d'une peine; ~ *werden* encourir une peine; **s**~**frei** *a* impuni; exempt de (toute) peine; ~**freiheit** *f* exemption de (toute) peine; amnistie *f*; ~**gefangene(r)** *m* prisonnier *m* répressif; ~**gericht** *n lit* jugement, châtiment *m*; tribunal *m* pénal; *ein* ~ *halten über* faire justice de; ~**gerichtsbarkeit** *f* juridiction *od* justice *f* pénale *od* criminelle; ~**gesetz** *n* loi *f* pénale *od* criminelle *od* répressive; ~**gesetzbuch** *n* code *m* pénal; ~**gesetzgebung** *f* législation *f* pénale; ~**gewalt** *f* pouvoir *m* de punir; pouvoirs *m pl* de juridiction pénale; ~**justiz** *f* justice *f* pénale; ~**kammer** *f* tribunal *m* correctionnel, correctionnelle *f*; ~**kolonie** *f* colonie *f* pénitentiaire; ~**kompanie** *f mil* compagnie

f de discipline; *Angehörige(r) m e-r* ~ disciplinaire *m*; ~**lager** *n* camp *m* disciplinaire; **s**~**los** *a* impuni; *adv* impunément; ~ *ausgehen* rester impuni; *für* ~ *erklären (jur)* absoudre; ~**losigkeit** *f* ‹-, ø› impunité *f*; ~**mandat** *n* procès-verbal *m* (de contravention); ~**maß** *n* peine *f*; ~**maßnahme** *f* mesure punitive; sanction *f*; ~**milderung** *f* atténuation *f od* adoucissement *m od* commutation *f* de la peine; **s**~**mündig** *a* qui a (l'âge de) la responsabilité pénale; ~**mündigkeit** *f* responsabilité *f* pénale; ~**porto** *n* surtaxe *f*; *mit* ~ *belasten od belegen* surtaxer; ~**predigt** *f* sermon *m*; *jdm e-e* ~ *halten* sermonner qn; ~**prozeß** *m* procès *m* pénal *od* criminel; ~**prozeßordnung** *f* code *m* de procédure pénale *od* d'instruction criminelle; ~**punkt** *m* *sport* (point *m* de) pénalisation *f*; *pl a.* perte *f* de points; ~**raum** *m* *sport* surface de réparation, zone *f* de penalty; ~**recht** *n* droit *m od* législation *f* pénal(e) *od* criminel(le); **s**~**rechtlich** *a* pénal, criminel; ~ *verfolgen* poursuivre en juridiction pénale *od* criminelle; ~**register** *n* casier judiciaire, sommier *m*; *arg* grimoire *m*; ~**richter** *m* juge *m* pénal *od* criminel; ~**sache** *f* affaire *f* pénale *od* criminelle; *in* ~*n* en matière pénale; ~**stoß** *m* *sport* penalty *m*; ~**tat** *f* acte délictueux, délit *m*; ~**umwandlung** *f* commutation *f* de *od* d'une peine; ~**verfahren** *n* procédure *f* pénale *od* criminelle; *ein* ~ *einleiten* introduire une instance pénale; ~**verfolgung** *f* poursuite *f* pénale *od* judiciaire; *die* ~ *einstellen* arrêter les poursuites; **s**~**verschärfend** *a* aggravant; ~**verschärfung** *f* aggravation *od* majoration *f* de peine; ~**versetzung** *f* déplacement *m* par mesure disciplinaire; ~**vollstreckung** *f*, ~**vollziehung** *f*, exécution *f* pénale; ~**vollzug** *m* régime *m* carcéral; *offene(r)* ~ régime *m* de semi-liberté; ~**vollzugsordnung** *f* régime *m* pénitentiaire; ~**vorschriften** *f pl* prescriptions *f pl* pénales; **s**~**würdig** *a* qui mérite d'être puni, punissable; ~**zeit** *f* *sport* temps *m* de pénalisation; ~**zettel** *m* contravention *f*; ~**zumessung** *f* pénalité *f*.

straff [ʃtraf] *a* raide, rigide; *(gespannt)* tendu; *(gepreßt)* serré; *fig* rigide, rigoureux; *(knapp)* étroit, strict, concentré; *(streng)* sévère, austère; ~ *anziehen od spannen* tendre fortement, bander, raidir; ~ *organisiert (pol a.)* monolithique; ~**en** *tr* tendre, bander, raidir; *sich das Gesicht, den Busen ~ lassen* se faire faire un lifting, se faire relever les seins; **S~heit** *f* raideur, rigidité; tension; *fig* rigueur; étroitesse; sévérité, austérité *f.*

sträf|lich ['ʃtrɛːflıç] *a* punissable; *(tadelnswert)* blâmable, répréhensible; *(unverzeihlich)* impardonnable, inexcusable; *~e(r) Leichtsinn m* légèreté *f* coupable; **S~ling** *m* ‹-s, -e› *(Gefangener)* prisonnier, détenu; *(Verurteilter)* condamné; *(Zuchthäusler)* forçat *m;* **S~lingskleidung** *f* tenue *f* de prison.

Strahl *m* ‹-(e)s, -en› [ʃtraːl] rayon *a. math;* rai(s); trait (de lumière); *(Wasser~)* jet, *(dünner)* filet *m; tech* veine *f; (Rakete)* jet *m; radio* onde *f;* **~antrieb** *m* propulsion *f* par jet *od* par réaction; *mit ~ (aero)* à réaction; **~düse** *f (Rakete)* tuyère *f* d'éjection; **~flugzeug** *n (Düsenflugzeug)* avion *m* à réaction; **~gebläse** *n* éjecteur *m;* **~pumpe** *f* pompe *f* à jet, éjecteur *m;* **~rohr** *n (Rakete)* statoréacteur *m;* **~ruder** *n* intercepteur *m* de jet; **~triebwerk** *n* moteur *od* propulseur à réaction, réacteur *m;* **~turbine** *f* turboréacteur *m.*

strahlen ['ʃtraːlən] *itr* rayonner *a. fig; tech* émettre des rayons; *(sich strahlenförmig ausbreiten)* (s')irradier; *(glänzen)* resplendir, briller; *vor Freude, Glück ~* rayonner *od* être (tout) rayonnant de joie, de bonheur; **S~** *n* rayonnement *m;* **~d** *a* rayonnant; *a fig* resplendissant; *fig* radieux *(vor de);* en fête; *(Gesicht a.)* heureux; *~e Sonne f* beau soleil *m.*

Strahlen|behandlung *f* ['ʃtraːlən-] radiothérapie, actinothérapie *f;* **~belastung** *f med* dose *f* de radiations infligée *od* subie; *(durch Radioaktivität)* rayonnement *m,* irradiation *f;* **s~brechend** *a* réfringent; **~brechung** *f opt* réfraction *f;* **~bündel** *n* faisceau *m* (de rayons) lumineux; **~dosimeter** *n* ‹-s, -› [-dozi'meːtər] dosimètre *m;* **~dosis** *f* dose *f* de rayonnement; **~empfindlichkeit** *f* radiosensibilité *f;* **s~förmig** *a* rayonné, radié; zoo radiaire; **~fühligkeit** *f* ‹-, ø› [-fyːlıçkaıt] radiesthésie *f;* **~gürtel** *m geog* ceinture *f* de radiations; **~krankheit** *f* radiotoxémie *f;* **~kranz** *m,* **~krone** *f* auréole *f,* nimbe *m;* **~messer** *m* ‹-s, -›, **~meßgerät** *n* actinomètre *m;* **~messung** *f* actinométrie *f;* **~pilz** *m (Krankheitserreger)* actinomycète *m;* **~quelle** *f* source *f* de rayonnement; **~schäden** *m pl* dégâts *m pl* dûs aux rayonnements; *(beim Menschen)* lésions *f pl*

dues aux rayonnements; **~schutz** *m* protection contre les radiations *od* les rayonnements, protection *f* radiologique; **~schutzanzug** *m* combinaison *f* antiradiations; **s~sicher** *a* anti-rayonnement; **~therapie** *f* radiothérapie *f;* **~tierchen** *n pl* radiolaires *m pl.*

Strahler *m* ‹-s, -› ['ʃtraːlər] *allg* radiateur; *(im Röntgengerät)* bloc radiogène; centreur lumineux; *(Radar)* élément *m* radiateur.

strahlig ['ʃtraːlıç] *a* rayonné, radié, radiaire.

Strahlung *f* ‹-, -en› ['ʃtraːlʊŋ] rayonnement *m; (einzelne)* radiation *f; kosmische ~* rayonnement *m od* rayons *m pl* cosmique(s); **~sanzeige** *f phys* détection *f* des rayonnements; **~sbereich** *m* portée *f* d'émission; **~sdosis** *f* dose *f* de(s) radiation(s); **~senergie** *f* énergie *f* rayonnée *od* de rayonnement; **~sintensität** *f* débit *m* d'irradiation; *(radioaktiver Strahlen)* intensité *f* de la radiation; **~smesser** *m* ‹-s, -› radiomètre, compteur *m* de radio-activité; **~smessung** *f* radiométrie *f;* **~spunkt** *m opt* point *m* de dispersion; **~sschaden** *m* radiolésion *f;* **~ssender** *m* radioémetteur *m;* **~swärme** *f* chaleur *f* rayonnante.

strählen ['ʃtrɛːlən] *tr dial u. lit (kämmen)* peigner.

Strähn|e *f* ‹-, -n› ['ʃtrɛːnə] *(Haar)* mèche *f; (Garn)* écheveau *m;* **s~ig** *a (Haar)* poisseux; *(Rohwolle)* mécheux.

Stramin *m* ‹-s, -e› [ʃtra'miːn] *(Textil)* canevas *m.*

stramm [ʃtram] *a (straff, prall)* raide, (bien) tendu; *(kräftig)* solide, robuste, découplé; *fig (energisch, fest)* énergique; ferme, décidé (d'allure); *in ~er Haltung (mil)* au garde-à-vous; *~e Beine haben* être bien jambé; *~e(r) Bursche m* solide gaillard; *fam* costaud *m; ~e(r) Dienst m* service *m* rigide; *~e Haltung f* attitude *f* militaire; **S~heit** *f* ‹-, ø› raideur; robustesse, énergie *f;* **~stehen** *itr* être *od* se mettre au garde-à-vous; **~ziehen** *tr* tendre, bander, raidir; *jdm die Hosen ~* donner une rossée à qn.

Strampel|höschen *n* ['ʃtrampəl-] barboteuse *f;* **s~n** *itr* remuer les jambes *od* les pieds; *fam* gigoter.

Strand *m* ‹-(e)s, ̈-e› [ʃtrant, 'ʃtrɛndə] plage *f,* rivage *m; (Küste)* côte *f; auf ~ laufen (Schiff)* (s')échouer; *auf den ~ setzen* échouer; **~anzug** *m* ensemble *m od* tenue *f* de plage; **~bad** *n* plage *f;* **~burg** *f* château *m* de sable *od* de plage; **s~en** ⟨*aux: sein*⟩ *itr a. fig* (s')échouer; faire naufrage, être jeté à la côte; **~en** *n* = **~ung;** **~floh** *m ent* puceron *m* de mer; **~geröll** *n geol* galets *m pl;* **~gut** *n* épave(s *pl*) *f;* **~hafer** *m bot* élyme *m* des sables; **~haubitze** *f: voll wie e-e ~ (pop)* rond comme une bille; **~hotel** *n* hôtel *m* de la plage; **~kleid** *n* robe *f* bain de soleil; **~korb** *m* guérite *f* (de plage); **~läufer** *m orn* bécasse *f* de mer; **~räuber** *m* naufrageur *m;* **~recht** *n* droit *m* d'épaves; **~sandale** *f* sandale *f* de plage; **~see** *m* lagune *f;* **~ung** *f* échouement; naufrage *m;* **~wache** *f,* **~wärter** *m* garde-côte *m;* **~weg** *m* chemin *m* côtier.

Strang *m* ⟨-(e)s, ¨e⟩ [ʃtraŋ, 'ʃtrɛŋə] *(Seil)* corde *f; (Garn)* écheveau *m; (Schienen~)* file de rail; *el tele* ligne *f; (Nerven~)* cordon *m* (nerveux); *über die Stränge schlagen (fig)* faire des frasques; y aller trop fort, exagérer, dépasser les bornes; *zum Tode durch den ~ verurteilen* condamner à la (peine de mort par) pendaison; *am gleichen ~ ziehen (fig)* tirer sur la même corde; être attelé à la même tâche; *wenn alle Stränge reißen* au pis-aller.

Strangul|ation *f* ⟨-, -en⟩ [ʃ-/straŋgula'tsio:n], **~ierung** *f* strangulation *f,* étranglement *m;* **s~ieren** [-'li:rən] *tr (erdrosseln)* étrangler.

Strapaz|e *f* ⟨-, -n⟩ [ʃtra'pa:tsə] fatigue *f,* dur effort; *(Arbeit)* labeur, travail *m* éreintant; *das ist e-e ~* c'est très fatigant; **s~ieren** [-pa'tsi:rən] *tr (sehr anstrengen)* fatiguer, harasser, éreinter; *(abnutzen)* user; **s~ierfähig** *a (Kleidung)* résistant à l'usure, solide; **s~iös** [-tsi'ø:s] *a* fatigant, harassant, éreintant, épuisant.

Straßburg *n* ['ʃtra:sbʊrk] Strasbourg *m.*

Straße *f* ⟨-, -n⟩ ['ʃtra:sə] *(bebaute)* rue; *(Land~)* route *f; arg* trimard *m; (Fahrdamm, -bahn)* chaussée *f; (Meerenge)* détroit; *fig (Weg, Bahn)* chemin *m,* voie *f; metal (Walzen~)* train *m; auf der ~* dans la rue; *(franz. Schweiz)* en rue; *auf offener ~* en pleine rue; *über die ~ (com: zum Mitnehmen)* à emporter; *von der ~ auflesen (fig)* ramasser dans le ruisseau; *auf die ~ gehen (a.fig)* descendre dans la rue; *pop (Dirne)* faire le trottoir; *auf der ~ liegen (fig: Mensch)* être sur le pavé; traîner dans le ruisseau; *auf die ~ setzen (entlassen)* mettre sur le pavé; *fam* balancer, *pop* sacquer; *(Mieter)* mettre à *od* dans la rue; *auf die ~ werfen* jeter à la rue;

~ frei! dégagez le passage! **~ gesperrt!** rue, route barrée; **~ ohne Durchgangsverkehr** rue *f* barrée; **~ l.** *Ordnung* route *f* départementale.

Straßen|anzug *m* ['ʃtra:sən-] costume *m* de ville *od* pour tout aller; **~arbeiter** *m* cantonnier *m;* **~aufsichtsbeamte(r)** *m* inspecteur *m* des ponts et chaussées; **~bahn** *f* tram(way) *m;* **~bahner** *m* ⟨-s, -⟩ *fam* traminot *m;* **~bahnführer** *m* conducteur de tram(way), wattman *m (pl* wattmen); **~bahngleis** *n* voie *f* de tramway; **~bahnlinie** *f,* **~bahnnetz** *n,* ligne *f,* réseau *m* de tramways; **~bahnschaffner** *m* receveur *m* de tram(way); **~bahnschiene** *f* rail *m* de tramway; **~bahnwagen** *m* voiture *f* de tram(way); **~bau** *m* construction *f* de(s) routes; **~bauamt** *n* ponts et chaussées *m pl;* **~bauarbeiten** *f pl* travaux *m pl* routiers *od* de viabilité; **~bauingenieur** *m* ingénieur *m* des ponts et chaussées *od* routier; **~baumaterial** *n* matériaux *m pl* de construction de routes; **~belag** *m* = **~decke;** **~beleuchtung** *f* éclairage *m* de la voie publique; **~benutzer** *m* usager *m* de la route; **~benutzungsgebühr** *f* (droit de) péage *m;* **~beschilderung** *f* signalisation *f* routière; **~biegung** *f* tournant, virage *m;* **~brücke** *f* pont-route *m;* **~decke** *f* revêtement *m* de la chaussée *od* route; **~dorf** *n geog* village-rue *m;* **~ecke** *f* coin *m* de (la) rue; **~fahrer** *m (Rennsport)* routier *m;* **~feger** *m* ⟨-s, -⟩ balayeur *m;* **~führung** *f* tracé *m* de la route; **~gabel(ung)** *f* bifurcation *f;* **s~gebunden** *a* lié à la route; **~graben** *m* fossé *m* (de la route); **~handel** *m* commerce *m* ambulant; **~händler** *m* marchand ambulant, camelot *m;* **~händlerin** *f* marchande *f* des quatre-saisons; **~junge** *m* gamin, gavroche; *pop* voyou; *(in Paris)* titi *m;* **~kampf** *m* combat *m* de rues; **~karte** *f* carte *f* routière; **~kehrer** *m* ⟨-s, -⟩ = **~feger;** **~kehrmaschine** *f* balayeuse *f;* **~knotenpunkt** *m* nœud *m* routier; **~kontrollpunkt** *m* point *m* de contrôle routier; **~kreuzer** *m* mot fam* familiale *f;* **~kreuzung** *f* croisement *m* (de rues *od* de routes), intersection *f* de routes, carrefour *m,* patte-d'oie *f;* **~lage** *f mot* tenue *f* de route; *e-e gute ~ haben (mot)* tenir bien la route; **~laterne** *f* réverbère *m;* **~musikant** *m* musicien *m* des rues; **~netz** *n* réseau *m* routier *od* de routes; **~pflaster** *n* pavé *m;* **~raub** *m* vol de grand chemin, brigandage *m;* ~**räuber** *m* voleur de grand chemin; brigand, bandit, détrousseur *m;* ~**reinigung** *f* nettoyage *m* des rues; ~**rennen** *n* course *f* sur route; ~**rennstrecke** *f* piste *f* routière; ~**sammlung** *f* collecte *od* quête *f* sur la voie publique; ~**sänger** *m* chanteur *m* des rues; ~**schild** *n* plaque *f* indicatrice *od* de rue; ~**schlacht** *f* bataille *f* de rue; ~**schuh** *m* chaussure *f* de ville; ~**sperre** *f* barrage *m* de rue *od* routier; ~**transport** *m* transport *m* routier *od* par route *od* par voiture; ~**tunnel** *m* tunnel *m* routier; ~**über-, ~unterführung** *f* passage *m* supérieur, inférieur; ~**verhältnisse** *n pl* condition *f* de la route; ~**verkehr** *m* circulation *f* routière, trafic *m* routier; ~**verkehrsamt** *n* inspection *f* du trafic; ~**verkehrsordnung** *f* code *m* de la route; *allg* législation *f* (relative à la circulation) routière; ~**walze** *f* rouleau *m* (compresseur); ~**wärter** *m* garde-chaussée *m;* ~**wölbung** *f* bombage *m;* ~**zustand** *m* état *m* de la *od* des route(s); ~**zustandsbericht** *m* bulletin *m* de l'état des routes.

Strateg|e *m* ⟨-n, -n⟩ [ʃ-/straˈteːgə] stratège, stratégiste *m;* ~**ie** *f* ⟨-, -n⟩ [-teˈgiː] stratégie *f;* **s~isch** [-ˈteːgɪʃ] *a* stratégique.

Stratosphär|e *f* ⟨-, ø⟩ [ʃ-, stratoˈsfɛːrə] stratosphère *f;* ~**enballon** *m* ballon *m* stratosphérique; ~**enflug** *m* vol *m* stratosphérique; ~**enkreuzer** *m* stratocruiser *m;* **s~isch** [-ˈsfɛːrɪʃ] *a* stratosphérique.

Stratuswolke *f* [ˈʃ-/ˈstraːtʊs-] *(Schichtwolke)* stratus *m.*

sträuben [ˈʃtrɔybən] *tr (Haare, Federn aufrichten)* dresser, hérisser; *sich* ~ *(Haare, Federn)* se dresser, se hérisser; *fig (sich wehren, sich auflehnen)* regimber, se débattre *(gegen etw* contre qc); résister, se refuser *(gegen etw* à qc); *die Feder sträubt sich zu ...* la plume se refuse à ...; **S~** *n* hérissement *m; fig* résistance *f; da hilft kein* ~ toute résistance est inutile.

Strauch *m* ⟨-(e)s, ⸚er⟩ [ʃtraux, ˈʃtrɔyçər] buisson, arbuste, arbrisseau *m;* **s~artig** *a* arbustif; frutescent; ~**dieb** *m* coupe-jarret, chenapan *m;* ~**werk** *n* broussailles *f pl.*

straucheln [ˈʃtrauxəln] ⟨aux: sein⟩ *itr, a. fig* trébucher, broncher, faire un faux pas.

Strauß *m* ⟨-ßes, ⸚ße⟩ [ʃtraus, ˈʃtrɔysə] **1.** *(Blumen~)* bouquet *m;* **2.** *(Kampf)* combat *m; mit jdm e-n* ~ *auszufech-*

ten haben (fig) avoir une querelle avec qu.

Strauß *m* ⟨-ßes, -ße⟩ [ʃtraus] **3.** *orn* autruche *f;* ~**enei** *n,* ~**enfeder** *f* œuf *m,* plume *f* d'autruche; ~**enfarm** *f* autrucherie *f;* ~**vögel** *m pl* ratites, oiseaux *m pl* coureurs.

Streb|e *f* ⟨-, -n⟩ [ˈʃtreːbə] *(Stütze)* étai, étançon *m; arch* étrésillon *m,* jambe *f* de force, contre-boutant *m,* contre-fiche; *(Querholz)* entretoise *f;* ~**ebalken** *m* chevalet *m;* ~**ebogen** *m arch* arc-boutant *m;* ~**emauer** *f* contrefort *m;* **s~en** *itr* chercher à *od* s'efforcer d'atteindre *(nach etw* qc); (pré)tendre *(nach etw* à qc); rechercher, viser *(nach etw* qc), aspirer *(nach etw* à qc); *(aus Ehrgeiz)* ambitionner *(nach etw* qc); ~**en** *n* tendance *(nach* à); aspiration *(nach* vers); poursuite, quête *f (nach* de); *das* ~ *nach Einheit* les tendances *f pl* unitaires; ~ *nach Höhe (arch)* verticalisme *m;* ~ *nach Reichtum, Unabhängigkeit, Freiheit* poursuite *f* de la richesse, de l'indépendance, de la liberté; ~**epfeiler** *m* contrefort, pilier *m* butant; ~**er** *m* ⟨-s, -⟩ *pej* arriviste *m;* ~**erei** *f* [-ˈrai] , ~**ertum** *n* ⟨-s, ø⟩ *pej* arrivisme *m;* **s~erhaft** *a pej* arriviste; **s~sam** *a (fleißig)* assidu; *(eifrig)* zélé; ~**samkeit** *f* assiduité *f;* zèle *m.*

streck|bar [ˈʃtrɛk-] *a* extensible; ductile; **S~barkeit** *f* extensibilité; ductilité *f;* **S~bett** *n med* lit *m* à extension; ~**en** *tr* étendre, étirer, allonger; *metal (auswalzen)* élargir, laminer; *(Küche: verdünnen)* étendre, allonger; *(langsamer verbrauchen)* allonger; *itr (Schule: den Finger zeigen)* lever le doigt; *alle viere von sich* ~ s'étendre les quatre fers en l'air; **S~grenze** *f* limite *f* d'élasticité; **S~hammer** *m* aplatissoir, marteau *m* à dégrossir; **S~metall** *n* métal *m* déployé; **S~muskel** *m* (muscle) extenseur *m;* **S~ung** *f* extension *f. a. med;* étirage; allongement; *(Auswalzen)* laminage *m;* **S~verband** *m med* appareil *m* à extension continue; **S~walze** *f* metal aplatissoire *f.*

Strecke *f* ⟨-, -n⟩ [ˈʃtrɛkə] *math* ligne *f* droite, segment *m; allg* espace *m; (Abschnitt)* tronçon *m,* section, portion, partie; *(Entfernung)* distance *f; (Stück Weg)* bout *m* de chemin; *(Etappe)* étape; *(nicht unterbrochene* ~*)* traite *f; (Reiseweg)* itinéraire *m;* route *f; (Fahr-, Flug~)* parcours, trajet, itinéraire *m.* ligne; *aero a.* route; *loc* voie; *tele* ligne; *mines* galerie *f; auf freier* ~ *(loc)* en pleine campagne; *auf der* ~ *bleiben (fig)* rester en chemin, demeurer sur place; *(verwundet od tot)* tomber *od* rester sur le carreau; *zur* ~ *bringen* abattre, tuer; *planmäßig beflogene* ~ ligne *f* régulière; *(lange) gerade* ~ *(Straße)* ruban (de route); *loc* alignement *m* droit; *zurückgelegte* ~ espace *m* parcouru.

Strecken|abschnitt *m* ['ʃtrɛkən-] *loc* section *f od* tronçon *m* (de voie); ~**arbeiter** *m loc* ouvrier de la ligne, homme *m* d'équipe; ~**aufseher** *m loc* surveillant *m* de la voie; ~**befeuerung** *f aero* balisage *m* de ligne *od* de route; ~**begehung** *f loc* tournée *f* du surveillant de la voie; ~**belastung** *f loc* intensité *f* du trafic sur une ligne; ~**flieger** *m* pilote *m* de ligne; ~**flug** *m* vol *m* de distance; ~**führung** *f (Straße)* tracé de la route; *loc* tracé *m* de la voie; ~**karte** *f aero* carte *f* de parcours; ~**tauchen** *n* plongeon *m* sur distance; ~**wärter** *m loc* garde-voie, garde-ligne *m;* **s**~**weise** *adv* par-ci par-là, par places.

Streich *m* ⟨-(e)s, -e⟩ [ʃtraiç] *(Schlag)* coup *m; fam* tape, blague *f; (Schabernack)* tour, mauvais coup *m,* niche, farce *f; (Studenten*~*)* canular(d) *m; (Ulk)* plaisanterie; *(Seitensprung)* escapade, fredaine, frasque *f; auf den ersten* ~ du premier coup; *mit einem* ~ d'un seul coup; *(dumme)* ~*e machen* faire des bêtises *od fam* des siennes; *jdm e-n üblen* ~ *spielen* faire une méchanceté *od* une chinoiserie *od* un vilain tour, jouer un tour de cochon à qn; *er hat noch ganz andere* ~*e gemacht* il en a fait bien d'autres, *dumme(r)* ~ bêtise, sottise *f; heimtückische(r)* od *hinterhältige(r)* ~ coup *m* fourré *od* de chien; *lustige(r)* ~ gaillardise *f,* bon tour *m; tolle(r)* ~ foucade *f;* ~**blech** *n (Pflug)* versoir *m;* ~**brett** *n (Gerberei)* paroir *m;* **s**~**eln** *tr* caresser, cajoler; **s**~**en** ⟨*streicht, strich, gestrichen*⟩ *tr* ⟨*aux: haben*⟩ *(mit der Hand über etw fahren)* passer la main *(über* sur); *(zärtlich)* caresser *(über etw* qc); *(Saiteninstrument spielen)* jouer *(die Geige* du violon*); (Klinge schärfen)* repasser; *(Wolle)* carder; *(auf etw ausbreiten)* étendre; enduire *(etw auf e-m Gegenstand* un objet de qc*); (Küche)* étaler *(aufs Brot* sur le pain*); (mit Farbe)* peindre; *(tünchen)* badigeonner; *(in etw hineintun)* passer *(Mörtel in e-e Fuge* du mortier dans un joint); *(aus-, durch*~*)* rayer, barrer, biffer, effacer, annuler; *typ*

déléaturer; *(aus-, weglassen)* retrancher, élaguer, supprimer; *itr* ⟨*aux: sein*⟩ effleurer, frôler, friser, raser *(an etw* qc); *umherstreifen* passer, rôder, vaguer, vagabonder; *orn* tirer; *sich den Bart* ~ se caresser la barbe; *frisch gestrichen!* prenez garde à la peinture, peinture fraîche; ~**en** *n (der Wolle)* cardage *m; (An*~*)* peinture; *mines* allure *f;* ~**er** *m* ⟨-s, -⟩ *mus* joueur *m* d'un instrument à cordes; **s**~**fähig** *a (Lebensmittel):* ~ *sein* se tartiner facilement; ~**holz** *n* allumette *f;* ~**holzschachtel** *f* boîte *f* d'allumettes; ~**instrument** *n mus* instrument *m* à archet *od (Saiteninstrument)* cordes; ~**käse** *m* crème *f* de fromage; ~**konzert** *n* concert *m* d'instruments à cordes; ~**lack** *m* vernis *m* pour peinture; ~**orchester** *n,* ~**quartett** *n* orchestre, quatuor *m* à cordes; ~**riemen** *m* cuir à repasser *od* à *od* de rasoir; affiloir *m;* ~**ung** *f (Tilgung)* rayure; *(Liste)* radiation; suppression *f;* ~**wolle** *f* laine *f* cardée; ~**wurst** *f* pâté *m.*

Streif *m* ⟨-(e)s, -e⟩ [ʃtraif] *poet (*~*en)* raie, bande *f;* ~**band** *n (Banderole)* bandelette; *(Buch: mit Werbetext)* bande *f* (publicitaire); *unter* ~ sous bande; ~**e** *f* ⟨-, -n⟩ *(Straßen*~*)* patrouille *f; auf* ~ *gehen* patrouiller; **s**~**en** *tr* ⟨*aux: haben*⟩ *(gleitend berühren)* effleurer, frôler, friser, raser; *(Ring über den Finger)* passer *(über* à); *(vom Finger* ~*)* enlever, ôter; *(über den Kopf* ~*)* rabattre (sur la tête); *(Schuß)* érafler; *fig (Thema)* effleurer, côtoyer; *itr* ⟨*aux: sein*⟩ *(umher*~*)* rôder, vaguer, vagabonder, errer; *nur leicht* ~ *(Thema)* glisser *(etw* sur qc); ~**en** *m* ⟨-s, -⟩ raie, bande, rayure; *(Papier*~*, Stoff*~*)* bande *f; mit* ~ *versehen* marquer de raies, rayer; ~**endienst** *m (Polizei)* service *m* de patrouille; *(Polizisten)* patrouilles *f pl* de police; ~**enmuster** *n* dessin *m* à rayures; ~**enpolizist** *m* gendarme motorisé; montant *m fam;* ~**enschreiber** *m tele* téléimprimeur *m* à bandes; ~**enwagen** *m* voiture *f* de police; **s**~**ig** *a* rayé; ~**licht** *n* échappée de lumière, lumière *f* frisante; ~**schuß** *m* éraflure *f* (par balle); ~**zug** *m mil* incursion *f,* raid *m; fig (Abschweifung, Exkurs)* excursion *f.*

Streik *m* ⟨-(e)s, -s⟩ [ʃtraik] grève *f; im* ~ *(befindlich)* en grève; *e-n* ~ *ausrufen* lancer l'ordre de grève; *in den* ~ *treten* se mettre en grève; *rollende(r)* ~ grève *f* tournante; *wilde(r)* ~ grève *f* spontanée *od* sauvage *od* non con-

trôlée; ~**ankündigung** f préavis m
de grève; ~**aufruf**, ~**befehl** m ordre
m de grève; ~**bewegung** f mouvement m de grève; ~**brecher** m bri-
seur de grève, antigréviste, vx renard;
fam jaune m; ~**drohungen** f pl,
~**gefahr** m menaces f pl, danger m
de grève; **s**~**en** itr faire grève;
s~**end** a gréviste; ~**ende(r)** m gréviste m; ~**führer** m meneur, fauteur
m de grève; ~**kasse** f fonds m de
grève; ~**parole** f consigne f de
grève; ~**posten** m piquet m de
grève; ~**recht** n droit m de grève;
~**welle** f vague f de grèves.
Streit m ⟨-(e)s, -e⟩ [ʃtraɪt] querelle f,
démêlé m; (mit Tätlichkeiten) rixe;
(Wort~) dispute, discussion, altercation; (heftiger Wortwechsel) empoignade f; (Meinungs~) différend m,
controverse f; (Rechts~) litige m;
(~igkeit, ~fall) contestation f; (Konflikt) conflit; (Kampf) combat m, lutte; fam attrapade f, attrapage m; mit
jdm ~ anfangen od suchen chercher
querelle od dispute od noise à qn;
den ~ anfangen (a.) entrer en lice;
mit jdm ~ bekommen se fâcher avec
qn; e-n ~ vom Zaun brechen chercher une querelle d'Allemand; mit
jdm in ~ geraten entrer en conflit
avec qn; in ~ liegen être en contestation (über etw sur qc), être en conflit
od en guerre (mit jdm avec qn); e-n ~
schlichten régler un litige; ~ um des
Kaisers Bart querelle f d'Allemand; ~
um Worte dispute f de mots; ~**axt** f
hache de guerre, francisque f; **s**~**bar**
a (kriegerisch) belliqueux; (angriffs-
lustig) agressif; (tapfer) vaillant, brave; ~**barkeit** f esprit m belliqueux;
(Tapferkeit) vaillance f; **s**~**en**
⟨streitet, stritt, hat gestritten⟩ itr (uneinig sein) être en dispute (mit jdm
avec qn); disputer (über etw de qc);
(vor Gericht) plaider; (kämpfen)
combattre, lutter; sich ~ se quereller;
se disputer (um etw qc); darüber will
ich mit Ihnen nicht ~ (a.) je ne vous
suivrai pas sur ce terrain; darüber
läßt sich ~ cela est sujet à discussion;
s~**end** a belligérant, combattant; die
~en Parteien f pl (jur) les parties
plaidantes; ~**er** m ⟨-s, -⟩ (Kämpfer)
combattant, militant; (Vorkämpfer)
champion; (Verteidiger) défenseur m;
~**erei** f [-'raɪ] querelles, disputes f pl;
~**fall** m différend m; contestation f;
cas litigieux od de litige; jur point m
de controverse; im ~ en cas de litige
od de désaccord; ~**frage** f question f
litigieuse; différend m; ~**gegenstand** m objet m de litige; ~**hahn** m,

~**hammel** m fam disputailleur, mauvais coucheur m; **s**~**ig** a = strittig;
jdm etw ~ machen contester od disputer qc à qn; ~**igkeit** f contestation
f, différend m; ~**kräfte** f pl mil forces f pl (armées); ~**lust** f combativité, humeur f querelleuse od batail-
leuse; **s** ~**lustig** a querelleur, batailleur; ~**macht** f force f; ~**objekt** n, a.
jur objet m de litige; ~**roß** n cheval
de bataille; poet destrier m; ~**sache**
f jur litige m, cause f, procès m;
~**schrift** f pamphlet, écrit m polémique; ~**sucht** f ⟨-, ø⟩ = ~lust;
s~**süchtig** a = s~lustig; (boshaft)
chicaneur, chicanier; ~**wert** m valeur
f litigieuse.
streng [ʃtrɛŋ] a sévère, rigoureux;
(sehr ~) draconien, de fer; (sitten~;
Sitte) austère; (hart) dur; (genau)
strict, exact; (rauh) rude; (scharf)
âpre; (Kälte) vif, rigoureux; ~ befolgen observer strictement; ~ behandeln od halten traiter sévèrement od
avec sévérité; être dur (jdn pour qn);
~ erziehen élever sévèrement od
avec sévérité; ~ überwachen surveiller étroitement; das ist ~ verboten
c'est formellement interdit; ~ verboten! strictement interdit! ~**e(r) Arrest**
m arrêts m pl de rigueur; ~ vertraulich strictement confidentiel; ~**e(r)**
Verweis m verte réprimande f; **S**~**e** f
⟨-, ø⟩ sévérité, rigueur, rigidité;
austérité; dureté; rudesse; âpreté f;
~**genommen** adv à proprement
parler; ~**gläubig** a orthodoxe;
S~**gläubigkeit** f ⟨-, ø⟩ orthodoxie f.
Strepto|kokkus m ⟨-, -kken⟩
[s-/ʃtrɛpto'kɔkus, -kən] m med
streptocoque m; ~**myzin** n ⟨-s, ø⟩
[-my'tsi:n] pharm streptomycine f.
Streß m ⟨-sses, -sse⟩ [ʃtrɛs, st-] surmenage, stress m; **stressen** tr surmener, stresser; **stressig** a fam
épuisant, stressant.
Streu f ⟨-, -en⟩ [ʃtrɔy] litière f (de paille); ~**bereich** m scient zone f de dispersion; ~**bild** n (Statistik) diagramme m de dispersion, image f de
corrélation; ~**büchse** f, ~**dose** f
saupoudreuse f; ~**dienst** m (Straße)
service m de répandage; **s**~**en** tr
répandre, disperser, disséminer, éparpiller; itr (e-e ~ machen) faire la litière; Blumen auf etw ~ joncher qc
de fleurs; Futter ~ jeter à manger
(den Vögeln aux oiseaux); Salz, Zuk-
ker auf etw ~ saupoudrer qc de sel,
de sucre; jdm Sand in die Augen ~
(a. fig) jeter de la poudre aux yeux à
qn; ~**fahrzeug** n véhicule m de
répandage; ~**feuer** n mil tir m dis-

persé *od* en dispersion; **~flugzeug** *n* avion de pulvérisation; **~grenzen** *f pl (Statistik)* limites *f pl* de dispersion; **~gut** *n (Straße)* matériau *m* de répandage; **~pulver** *n* poudre *f* de talc; **~sand** *m* sable *m* à étaler; **~siedlung** *f geog* habitat *od* village *m* dispersé; **~ung** *f* dispersion; (densité de) diffusion; fuite *f; (Variationsbreite)* éventail *m; (Statistik)* lineare, quadratische ~ écart *m* moyen, écart *m* type, variance *f od* carré *m* moyen(ne); **~wagen** *m* sableuse *f;* **~wert** *m scient* indice *m* de dispersion.

streun|en ['ʃtrɔynən] *itr ⟨aux: haben od sein⟩ fam (sich herumtreiben)* vagabonder, vaguer, rôder; **S~er** *m ⟨-s, -⟩ fam* vagabond *m.*

Strich *m ⟨-(e)s, -e⟩* [ʃtrɪç] trait *m; (bes. Quer~; ~ an Buchstaben)* barre; *(Linie)* ligne; *(Streifen)* raie, rayure *f; (Verlauf, Richtung)* fil; *mus (Bogen~)* coup d'archet; *(Pinsel~)* coup de pinceau; *fam (dünner Mensch)* fantôme *m,* asperge *f; gegen den ~* à contrepoil, à rebrousse-poil, à contre-fil; *a. fig* à *od* au rebours; *fig* à gauche; *mit dem ~* dans le sens du poil; *nach ~ und Faden (fam)* complètement, dans les règles; *etw gegen den ~ bürsten, kämmen* brosser, peigner qc à rebrousse-poil *od* à rebours; *auf den ~ gehen (pop)* faire le trottoir; *jdn auf dem ~ haben* avoir une dent contre qn; *e-n ~ unter etw machen (fig)* faire *od* mettre une croix sur qc; *jdm e-n ~ durch die Rechnung machen* contrecarrer *od* déranger les projets *od* les desseins de qn, déjouer qn; *e-n ~ ziehen* tirer une barre; *das geht mir gegen den ~ (fam)* cela me répugne, cela me contrarie; cela me chiffonne; *~ drunter!* n'en parlons plus; *a «Strich» (math: a')* a prime; *~ durch die Rechnung (fam)* tuile *f;* **~ätzung** *f* zincographie *f,* gillotage *m;* **~einteilung** *f* gradation *f* millimétrique *od* en millièmes; **s~eln** *tr* hachurer; **~elung** *f* hachures *f pl; (Kunst)* grignotis *m;* **~junge** *m* prostitué *m* homosexuel; **~mädchen** *n* = Straßendirne; **~marke** *f* (trait de) repère *m;* **~platte** *f* plateau *m* gradué *od* réticulé; **~punkt** *m (Semikolon)* point-virgule *m;* **~regen** *m* pluie *f* partielle *od* locale *od* de convection; **~vogel** *m* oiseau *m* de passage; **s~weise** *adv* par endroits; **~zeit** *f orn* (temps du) passage *m.*

Strick *m ⟨-(e)s, -e⟩* [ʃtrɪk] corde *f; fam hum (Galgen~)* garnement *m; jdm e-n ~ aus etw drehen (fam)* chercher

des ennuis à qn pour qc; *wenn alle ~e reißen* au pis-aller, en dernière instance; **~arbeit** *f* tricotage *m,* **s~en** *tr* tricoter; **~en** *n,* **~erei** *f* [-'raɪ] tricotage *m;* **~er(in** *f)* *m ⟨-s, -⟩* tricoteur, se *m f;* **~garn** *n* fil *m* à tricoter; **~handschuh** *m* gant *m* tricoté; **~jacke** *f* veste *f* en tricot, cardigan *m;* **~kleid** *n* robe *f* en tricot; **~leiter** *f* échelle *f* de corde; **~maschine** *f* machine *f* à tricoter, tricoteuse *f;* **~muster** *n* point *m; (Anleitung)* patron *m;* **~nadel** *f* aiguille *f* à tricoter; **~waren** *f pl* tricotages, articles *m pl* tricotés; **~warenindustrie** *f* industrie *f* du tricot; **~weste** *f* gilet *m* tricoté; **~wolle** *f* laine *f* à tricoter; **~zeug** *n* tricot(age) *m.*

Striegel *m ⟨-s, -⟩* ['ʃtriːɡəl] étrille, brosse *f* à étriller; **s~n** *tr* étriller, panser.

Strieme *f ⟨-, -n⟩,* **~n** *m ⟨-s, -⟩* ['ʃtriːmə(n)] vergeture, meurtrissure *f;* **s~ig** *a* vergeté, meurtri, marqué de coups.

Striezel *m ⟨-s, -⟩* ['ʃtriːtsəl] **1.** *fam (Lausbub)* gamin, voyou *m.* **2.** *dial (Gebäck)* petit gâteau *m* roulé.

striezen ['ʃtriːtsən] *tr fam (plagen)* malmener; brimer; *dial fam = stibitzen.*

strikt [s-/ʃtrɪkt] *a* strict; *(genau)* exact; *(pünktlich)* précis; *(streng)* rigoureux; *(Verbot)* pur et simple; **~e** *adv (streng)* strictement, rigoureusement.

Strippe *f ⟨-, -n⟩* ['ʃtrɪpə] *fam (Schnur)* cordon *m;* ficelle *f; (Schnürsenkel)* lacet *m; hum tele: an der ~ (hängen)* être pendu(u) au téléphone.

strip|pen ['ʃtrɪpən] *itr fam* faire du strip-tease; **S~per(in** *f)* *m ⟨-s, -⟩ fam* strip-teaseur *m,* strip-teaseuse *f;* **S~tease** *m od n ⟨-, ø⟩* strip-tease *m;* **S~teaselokal** *n* strip-tease *m;* **S~teasetänzer(in** *f)* strip-teaseur *m,* strip-teaseuse *f.*

strittig ['ʃtrɪtɪç] *a* contentieux, litigieux, en litige, contesté, en contestation, discuté, en discussion; **~e(r)** *Punkt m* point *m* litigieux *od* d'accrochage.

Stroh *n ⟨-(e)s, ø⟩* [ʃtroː] paille *f; (Dach~)* chaume *m; mit ~ ausstopfen, umwickeln* (em)pailler; *leeres ~ dreschen (fig)* parler pour ne rien dire; *aus od mit ~ flechten* rempailler; *~ im Kopf haben (dumm sein)* être bête à manger du foin; *Bund n ~* balle *f* de paille; **s~blond** *a* blondasse; **~e** *Haare n pl (a.)* cheveux *m pl* filasse; **~blume** *f* immortelle *f;* **~dach** *n* toit *m* de chaume; **~feuer** *n, a. fig* feu *m* de paille; **~flechter** *m ⟨-s, -⟩* (r)empailleur, pailleur *m;* **~geflecht** *n* tresse *f* de paille; **~halm** *m* brin de

paille, fétu *m; (zum Trinken)* paille *f;*
nach e-m ~ greifen, sich an e-n ~
klammern (fig) saisir sa dernière
planche de salut, s'accrocher à la
moindre branche; **~haufen** *m* tas de
paille; *(kleiner)* meulon *m;* **~hut** *m*
chapeau *m* de paille; **s~ig** *a* dur et
sec; **~kopf** *m (Dummkopf)* petite
tête, tête *f* vide; **~lager** *n* couche *f* de
paille; **~lehm** *m* bousillage *m;*
~mann *m* ⟨-(e)s, ⸗er⟩ *fig* homme de
paille, personnage de carton, prête-
-nom *m;* **~matte** *f* natte *f* de paille,
paillasson *m;* **~puppe** *f* mannequin
m; **~sack** *m (Matratze)* paillasse *f;*
~schober *m,* **~schuppen** *m* paill'er
m; **~schütte** *f* = *~lager;* **~witwe(r**
m) f femme *f* dont le mari, mari *m*
dont la femme est provisoirement ab-
sent(e) *od* en voyage.

Strolch *m* ⟨-(e)s, -e⟩ [ʃtrɔlç] mauvais
sujet, apache, trimardeur, galvaudeux; *pop* voyou, salaud, galapiat *m;*
gouape *f; (Landstreicher)* vagabond
m; **s~en** *⟨aux: sein* od *habe ⟩ itr*
trimarder; *(herum~)* vagabond .

Strom *m* ⟨-(e)s, ⸗e⟩ [ʃtroːm, 'ʃtʃøːmə]
geog (großer Fluß) fleuve; *(Strömung)* courant, flux; *a. fig* flot; *fig*
torrent; *el* courant *od* circuit (électrique), *fam* jus *m; gegen den* ~ contre
le courant, à contre-courant; *in Strömen* à (grands) flots; *mit dem* ~ au fil
de l'eau; *den* ~ *ab-, einschalten* couper, rétablir le courant; *gegen den,
mit dem* ~ *rudern (a.)* remonter, suivre le courant; *gegen den, mit dem* ~
schwimmen (a. fig) nager contre le,
avec le *od* dans le sens du courant;
unter ~ *stehen (el)* être sous tension;
mit ~ *versorgen* électrifier; *Ströme
von Blut* mers *f pl* de sang; **~abneh-
mer** *m* appareil de prise de courant,
chariot de prise (de courant), trolley,
balai *m;* **~abnehmerstange** *f el*
perche *f* du trolley; **s~ab(wärts)**
adv (Lage) en aval; *(Richtung)* avec
le courant, à vau-l'eau; **~aggregat** *n*
groupe *m* électrogène *od* générateur;
s~auf(wärts) *adv (Lage)* en amont;
(Richtung) à contre-courant; **~aus-
fall** *m* absence *f od* manque *m* de
courant, panne *f* de courant *od*
d'électricité; **~bett** *n* lit *m* d'un *od* du
fleuve; **~enge** *f geog* portes *f pl* (d'un
fleuve); **~entnahme** *f* prise *f* de courant; **s~erzeugend** *a* électrogène;
~erzeuger *m* génératrice, dynamo *f;*
~erzeugung *f* génération électrique;
production *f* de courant; **~erzeu-
gungsaggregat** *n* groupe *m* électrogène; **s~führend** *a* parcouru par
le courant; **~gebiet** *n* bassin *m* d'un

od du fleuve; **~kreis** *m* circuit *m*
(électrique); *in den* ~ *einschalten* in-
tercaler dans le circuit; *aus dem* ~
herausnehmen mettre hors circuit;
~linie *f* ligne *f* aérodynamique; **~li-
nienform** *f* forme *f* aérodynamique;
s~linienförmig *a* aérodynamique,
profilé, caréné; *mot* effilé, fuselé;
s~los *a* sans courant; **~messer** *m*
⟨-s, -⟩ galvanomètre *m;* **~netz** *n el* se
réseau *m* électrique; *an ein* ~ *angeschlossen sein (a.)* être électrifié;
~quelle *f el* source *f* génératrice *od*
d'électricité *od* de courant; **~rech-
nung** *f* note *f* d'électricité; **~schal-
ter** *m* conjoncteur-disjoncteur *m;*
~schiene *f* rail *m* conducteur *od* de
contact; **s~schnelle** *f* rapide *m;*
~schwankung *f* variation *f* de l'intensité du courant; **~sperre** *f* suppression d'électricité, coupure *f* de *od*
du courant; **~stärke** *f* intensité *f* du
courant; **~stoß** *m* décharge *f* électrique, coup *m* de courant; impulsion *f*
électrique *od* de courant; **~umfor-
mer** *m* transformateur *m* de courant;
~unterbrecher *m* interrupteur (de
courant); coupe-circuit *m;* **~unter-
brechung** *f* interruption *od* coupure
od (unabsichtliche) panne *f* de courant; **~verbrauch** *m* consommation
od dépense de courant, dépense
d'énergie, énergie *f* consommée;
~verlust *m* perte *od* déperdition de
courant, fuite *f;* **~versorgung** *f* alimentation *f od* approvisionnement *m*
en énergie électrique *od* en courant;
distribution électrique, électrification
f; **~versorgungsanlage** *f* installation *f* d'énergie; **~wender** *m* commutateur *m;* **~zähler** *m* compteur *m*
électrique; **~zuführung** *f (Vorgang)*
amenée *f* de courant.

ström|en ['ʃtrøːmən] ⟨*aux: sein⟩ itr*
couler *od* se répandre à (grands)
flots; *(Regen)* tomber à verse *od* à
seaux; *(Menschen)* affluer *(nach* à);
in ~endem Regen sous une pluie torrentielle *od* battante; **S~ung** *f (im
Wasser)* courant; *(Luftstrom)* courant (atmosphérique), *tech* flux; *fig
(Tendenz)* courant *m,* tendance *f,*
mouvement *od;* **S~ungsbild** *n* sillage
m; mete carte *f* des courants atmosphériques.

Stromer *m* ⟨-s, -⟩ ['ʃtroːmər] *fam
(Landstreicher)* chemineau, vagabond, clochard; *(Strolch)* galvaudeux;
arg trimardeur *m;* **s~n** *⟨aux: sein* od
haben⟩ itr vagabonder; *arg* trimarder.

Strophe *f* ⟨-, -n⟩ ['ʃtroːfə] strophe *f,*
couplet *m,* stance *f.*

strotzen ['ʃtrɔtsən] *itr* regorger, être

débordant, foisonner, abonder (*von de*); *vor od von Gesundheit, Kraft* ~ regorger de santé, de force; ~**d** *a* regorgeant, débordant (*von de*); *(üppig)* exubérant, luxurieux; ~ *voll* plein à craquer, *fam* archiplein.

strubb|(e)lig ['ʃtrʊb(ə)lıç] *a* ébouriffé; **S~elkopf** *m* cheveux *m pl* ébouriffés.

Strudel *m* ⟨-s, -⟩ ['ʃtruːdəl] remous; *a. fig* tourbillon; *(Gebäck)* chausson *m*; **s~n** *itr* tourbillonner; ~**n** *n* tourbillonnement *m*.

Struktur *f* ⟨-, -en⟩ [ʃ-/strʊk'tuːr] structure, texture *f*; ~**alismus** *m* ⟨-, ø⟩ structuralisme *m*; **s~ell** [-tu'rɛl] *a* structurel; structurel; ~**formel** *f chem* formule *f* développée; **s~ieren** [-'riːrən] *tr* structurer; ~**wandel** *m* changement *m* de structure.

Strumpf *m* ⟨-(e)s, ⁻e⟩ [ʃtrʊmpf, 'ʃtrʏmpfə] bas; *nahtlose(r)* ~ bas *m* sans couture; *sich auf die Strümpfe machen* décamper, filer; *tech (Glüh~)* manchon *m* (à incandescence); ~**band** *n* ⟨-(e)s, ⁻er⟩ jarretière *f*; ~**halter** *m* jarretelle *f*; ~**haltergürtel** *m* (ceinture *f*) porte-jarretelles *m*; ~**hose** *f* collant(s *pl*) *m*; ~**waren** *f pl* bonneterie *f*; ~**wirker** *m* ⟨-s, -⟩ bonnetier *m*; ~**wirkmaschine** *f* métier *m* à bas.

Strunk *m* ⟨-(e)s, ⁻e⟩ [ʃtrʊŋk, 'ʃtrʏŋkə] *(Kohl~)* trognon *m*.

struppig ['ʃtrʊpıç] *a* hérissé, hirsute.

Struwwelpeter *m* ⟨-s, -⟩ ['ʃtrʊvəlpeːtər] malpeigné *m*.

Strychnin *n* ⟨-s, ø⟩ [s-/ʃtrʏç'niːn] *pharm* strychnine *f*.

Stubben *m* ⟨-s, -⟩ ['ʃtʊbən] *dial (Baumstumpf)* souche *f*.

Stübchen *n* ⟨-s, -⟩ ['ʃtyːpçən] petite chambre, chambrette *f*, cabinet *m*.

Stube *f* ⟨-, -n⟩ *(heizbares Zimmer)* salle; *(Wohnzimmer)* salle de séjour; *mil (Mannschaftsraum)* chambre *f*; *in der* ~ *hocken (fig)* ne pas quitter la maison; *gute* ~ salon *m*; ~**nälteste(r)** *m mil* chef *m* de chambr(é)e; ~**narrest** *m* consigne (à la chambre); privation *f* de sortie; *mit* ~ *bestrafen* consigner à la chambre; ~ *haben* être aux arrêts; ~**ndienst** *m (Person)* homme *m* de chambre; ~ *haben* être homme de chambre; ~**nfliege** *f* mouche *f* commune; ~**ngelehrte(r)** *m* homme *m* de cabinet; ~**nhocker** *m* pantouflard, casanier *m*; *ein* ~ *sein (a.)* ne pas bouger du coin du feu; ~**nkamerad** *m mil* camarade *m* de chambrée; ~**nluft** *f* air *m* confiné; ~**nmädchen** *n* bonne

f; **s~nrein** *a (Haustier)* propre; ~**nvogel** *m* oiseau *m* de cage.

Stubsnase *f* ['ʃtups-] = *Stupsnase.*

Stuck *m* ⟨-(e)s, ø⟩ [ʃtʊk] *arch* stuc *m*; ~**arbeit** *f* ouvrage *m* en stuc; *pl a.* petite maçonnerie *f*; ~**arbeiter** *m* stucateur *m*.

Stück *n* ⟨-(e)s, -e⟩ [ʃtʏk] *(Einheit)* pièce *f*, *a. theat; mus* morceau; *(Bestand-, Einzel~)* élément; *(Teil)* morceau; lopin *m*; partie *f*; *(Bruch~)* fragment; *(kleines ~)* bout; *(Buchstelle)* passage *m*; *(Vieh)* tête *f*; *(Gesichtspunkt)* point *m*; *pl com* titres *m pl*; *aus einem* ~ tout d'une pièce *od* d'un bloc, d'une seule pièce, d'un seul bloc; *aus freien* ~*en* de plein *od* de (son) bon *od* de son propre gré, de sa propre initiative, de gaieté de cœur; *in* ~*e(n)* en morceaux; *in allen* ~*en* sur tous les points, de toutes pièces; *... in einem* ~ *(Wurst, Käse)* un morceau de ...; *in vielen* ~*en (in vieler Hinsicht)* à beaucoup d'égards; *sous beaucoup de rapports*; ~ *für* ~ pièce par pièce; *in* ~*e fliegen* voler en éclats; *in (tausend)* ~*e gehen* se briser (en mille morceaux); *auf jdn große* ~*e halten* faire grand cas den qn, ne jurer que par qn; *in* ~*e reißen* mettre en quartiers; *ich ließe mich eher in* ~*e reißen* je me ferais plutôt couper en morceaux; *er ließe sich für sie in* ~*e reißen* il se mettrait en quatre pour elle; *das ist ein starkes* ~*!* c'est trop *od* un peu fort; *fam* ça, c'est le bouquet! *pop* ce n'est pas piqué des vers! *2 Franken das* ~ deux francs la pièce *od fam* chaque; *das beste* ~ le morceau de choix; *aus einem* ~ *gehauen* taillé dans un seul bloc; *ein schönes* ~ *Geld* une jolie somme; ~ *Kreide* bâton *m* de craie; ~ *Land* parcelle *f* de terrain, lopin *m* de terre; ~ *Schokolade, Zucker, Seife* morceau *m* de chocolat, de sucre, de savon; ~ *Stoff* métrage *m* de tissu; *(Rest)* coupon *m*; ~**arbeit** *f* travail *m* aux pièces *od* à la tâche; ~**arbeiter** *m* ouvrier *m* aux pièces; ~**chen** *n* petit morceau, bout; *fam* brin *m*; **s~eln** *tr* morceler, partager, démembrer; ~**(e)lung** *f* morcellement, démembrement *m*; ~**gut** *n* colis *m* (isolé); *a. pl* marchandises à la pièce, petites marchandises *f pl*; ~**gutsendung** *f loc* expédition *f* de détail; ~**gutverkehr** *m loc* trafic *m* de détail; ~**kohle** *f* gailleterie *f*; *(einzelne)* gailletin *m*; ~**kosten** *pl* coût *m* unitaire; ~**lohn** *m* salaire *m* aux pièces *od* à la tâche; paie *f* à la pièce; *im* ~ *arbeiten* travailler à la pièce; ~**pforte** *f mar* sabord *m; ~***preis** *m com* prix *m* unitaire; **s~weise** *adv* en morceaux; pièce par pièce; *com au détail; (im Akkord)* à la pièce; ~**werk** *n* ouvrage *m* imparfait *od* incomplet; ~ *sein* présenter beaucoup de lacunes, être incomplet; ~**zahl** *f* nombre *m* des pièces.

Student|(in *f)* *m* ⟨-en, -en⟩ [ʃtu'dɛnt] étudiant, e *m f;* ~ *der Medizin, der Naturwissenschaften, der Philologie, der Rechtswissenschaft, der Theologie* étudiant en médecine, en sciences, en lettres, en droit, en théologie; ~**enausschuß** *m* comité *m* des étudiants; ~**enausweis** *m* carte *f* d'étudiant; ~**enbude** *f* chambre d'étudiant; *arg* piaule *f;* ~**enfutter** *n* quatre-mendiants *m pl;* ~**enheim** *n* maison *f od* foyer *m* d'étudiants; *pl* cité *f* universitaire; ~**enjahre** *n pl* années *f pl* d'université; ~**enleben** *n* vie *f* d'étudiant; ~**enlied** *n* chanson *f* d'étudiant; ~**enpfarrer** *m* aumônier *m* universitaire; ~**enschaft** *f* (confédération *f* des) étudiants *m pl;* ~**ensiedlung** *f* cité universitaire, cité-u *f fam;* ~**enulk** *m* chahut *m od* farce *f* d'étudiants, canular(d) *m;* ~**enwerk** *n* œuvres *f pl* en faveur des étudiants; ~**enwohnheim** *n =* ~**enheim; s~isch** *a* estudiantin; d'étudiant(s), des étudiants; ~*e Krankenversicherung f* Mutuelle *f* des étudiants; ~*e Verbindung f* association *f* d'étudiants.

Studie *f* ⟨-, -n⟩ ['ʃtu:diə] *(Kunst)* étude *f; pl (Untersuchungen)* études *f pl;* ~*n treiben* faire des études; ~**nabbrecher** *m* ⟨-s, -⟩ personne *f* n'ayant pas fini ses études; ~**nassessor** *m* professeur *m* stagiaire; ~**naufenthalt** *m* séjour *m* culturel, vacances *f pl* studieuses; ~**naufseher** *m* surveillant général, préfet *m* des études; ~**nbeihilfe** *f* allocation *f* d'étude; ~**ndirektor** *m* (e-s *staatl. Gymnasiums) (e-s städt. Gymnasiums)* principal *m;* ~**nfach** *n* discipline, spécialité *f;* ~**nfahrt** *f* = ~**nreise;** ~**nförderung** *f* aide *od* assistance *f* aux étudiants; ~**nfreund** *m* camarade *m* d'études; ~**ngebühren** *f pl* droits *m pl* universitaires; **s~nhalber** *adv* pour faire des études; ~**nkommission** *f* commission *f* d'enquête; ~**nplan** *m* programme *m* des études; ~**nplatz** *m* place *f* à l'université; ~**nrat** *m* professeur *m* (de lycée); ~**nreferendar** *m* professeur *m* assistant; ~**nreise** *f* voyage *m* d'études; ~**nseminar** *n (zur Lehrerausbildung)* établissement *m* de for-

mation pédagogique; ~**nzeit** *f* études *f pl; während meiner* ~ pendant mes études; ~**nzeitbegrenzung** *f* limitation *f* de la durée des études.

studier|en [ʃtu'di:rən] *tr* étudier; faire ses études de; *allg* étudier, observer; *itr* étudier, faire des études; *Jura, Medizin* ~ faire son droit, sa médecine; **S~ende(r** *m)* *f* étudiant, e *m f;* **S~stube** *f,* **S~zimmer** *n* cabinet *m* de travail; ~**t** *a (gelehrt)* savant, lettré; *(gekünstelt)* étudié, affecté, maniéré.

Studi|o *n* ⟨-s, -s⟩ ['ʃtu:dio] *(Künstleratelier)* atelier d'artiste; *(Allzweckzimmer; film, TV)* studio; *radio* auditorium *m;* ~**osus** *m* ⟨-, -sen/-si⟩ [ʃtu'dio:zus, -zi] *fam (Student)* étudiant *m;* ~**um** *n* ⟨-s, -dien⟩ ['ʃtu:dium, -diən] études *f pl* (supérieures *od* universitaires).

Stufe *f* ⟨-, -n⟩ ['ʃtu:fə] *(Treppen~)* marche *f; (flache Bank)* gradin; *a. fig (Grad)* degré *m; fig* échelon; *(Rang~)* grade, rang; *(Ebene fig)* niveau *m; geol* assise *f; geog, tech (a. Raketen~)* étage; *aero* redan, redent *m; auf gleicher* ~ *(sozial)* au même niveau *od* rang; *sur un pied d'égalité; de pair (mit de); von* ~ *zu* ~ de degré en degré; *zwei* ~*n auf einmal nehmen* enjamber deux marches à la fois; ~*n schlagen* tailler *od* creuser des marches; *mit jdm auf gleicher* ~ *stehen* être au niveau de qn; *auf eine* ~ *stellen (fig)* placer sur la même ligne; *sich mit jdm auf eine* ~ *stellen* se mettre au niveau de qn; *oberste* ~ *(Treppe)* marche *f* palière; **s~n** *tr* graduer, échelonner; ~**nfläche** *f (Treppe)* giron *m;* ~**nfolge** *f biol* série *f;* **s~nförmig** *a (in* ~*n angelegt)* étagé, en gradins; *(Kurve)* en escalier; ~ *anordnen* étager; ~ *ansteigen* s'étager; ~ *angeordnete Sitzreihen f pl* gradins *m pl;* ~**njahr** *n psych* année *od* époque *f* climatérique; ~**nleiter** *f: soziale od gesellschaftliche* ~ *fig* échelle *f* sociale; ~**nplan** *m* plan *m* progressif; ~**npyramide** *f arch* pyramide *f* à gradins; ~**nschalter** *m el* commutateur *m* séquentiel; **s~nweise** *adv* graduellement, progressivement, par degrés, par gradation, par paliers; par échelons.

Stuhl *m* ⟨-(e)s, ⸚e⟩ [ʃtu:l, 'ʃty:lə] chaise *f; (Sitz)* siège *m; (~gang)* selle; *(Lehr~)* chaire; *(Chor~)* stalle *f; jdm e-n* ~ *anbieten* donner un siège à qn; *durch den elektrischen* ~ *hinrichten* électrocuter; *jdm den* ~ *vor die Tür setzen (fig)* mettre qn à la porte; *sich* *zwischen zwei Stühle setzen (fig)* s'asseoir *od* se mettre entre deux chaises; *elektrische(r)* ~ chaise *f* électrique; ~**bein** *n* pied *m* de chaise; ~**drang** *m* = ~*zwang;* ~**gang** *m* selles *f pl,* défécation *f;* ~ *haben* aller régulièrement à la selle; *keinen* ~ *haben* être constipé; ~**lehne** *f* dos(-sier) *m* de chaise; ~**macher** *m* chaisier *m;* ~**verhaltung** *f* arrêt *m* des matières; ~**vermieter(in** *f)* *m* chaisier, ère *m f;* ~**zwang** *m med* épreinte *f,* ténesme *m.*

Stuka *m* ‹-s, -s› ['ʃtu:/'ʃtʊka] = *Sturzkampfflugzeug.*

Stukkat|eur *m* ‹-s, -e› [ʃtʊka'tø:r] ornemaniste *m;* ~**ur** *f* ‹-, -en› [-'tu:r] = *Stuckarbeit.*

Stulle *f* ‹-, -n› ['ʃtʊlə] *dial (Schnitte)* tartine *f.*

Stulp|e *f* ‹-, -n› ['ʃtʊlpə] revers, parement, retroussis *m;* ~**(en)ärmel** *m* manche *f* à revers; ~**(en)handschuh** *m* gant *m* à revers *od* à crispin; ~**(en)stiefel** *m* botte *f* à revers *od* à l'écuyère; **stülp|en** ['ʃtʏlpən] *tr* mettre, planter; *(Hut auf den Kopf)* enfoncer *(auf* sur).

stumm [ʃtʊm] *a* muet; *(still)* silencieux; *(schweigsam)* taciturne; *gram (nicht gesprochen)* muet, amuï; ~ *werden (gram)* s'amuïr; ~*e(r) Diener (Möbel)* serviteur *m* muet; ~ *wie ein Fisch* muet comme une carpe; **S~e(r** *m)* *f* muet, te *m f;* **S~film** *m* film *m* muet; **S~heit** *f* ‹-, ø› mutisme; *(Schweigen)* silence *m; (Schweigsamkeit)* taciturnité *f.*

Stummel *m* ‹-s, -› ['ʃtʊməl] *allg* tronçon, chicot; *(e-s Körpergliedes)* moignon; *(Kerze)* lumignon; *(Zigarre)* bout, fumeron; *(Zigarette)* bout, *fam* mégot *m; aero* nageoire *f;* ~**pfeife** *f* pipe *f* courte; *fam* brûle--gueule *m.*

Stumpen *m* ‹-s, -› ['ʃtʊmpən] *(Hut)* cloche *f; (Zigarre)* cigare *m* (à bouts coupés).

Stümper *m* ‹-s, -› ['ʃtʏmpər] bousilleur, fagoteur, gâcheur *m,* mazette *f;* ~**ei** *f* [-'rai] bousillage, fagotage, ouvrage *m* gâché; **s~haft** *a (ungeschickt)* maladroit; *(mißlungen)* bousillé, gâché; **s~n** *tr u. itr fam* bousiller, gâcher; *(pfuschen)* bâcler, massacrer.

stumpf [ʃtʊmpf] *a (nicht (mehr) scharf)* émoussé, qui ne coupe plus; *(nicht (mehr) spitz)* sans pointe; *(abgenutzt)* usé; *math (Winkel)* obtus; *(Kegel)* tronqué; *(Nase)* camus, camard, épaté, écrasé; *(glanzlos, matt)* mat, terni, sans éclat; *(Blick)* morne;

fig (unempfindlich) insensible; *(abge~t)* émoussé, hébété, abruti; *(~sinnig)* obtus; *(teilnahmslos)* léthargique, apathique; *(gleichgültig)* indifférent; ~ *machen* émousser, épointer; user; *fig* émousser, hébéter, abrutir; ~ *werden* s'émousser, s'épointer; s'user; s'abrutir; **S~** *m* ‹-(e)s, ¨-e› ['ʃtʏmpfə] tronçon *m; (Baum~)* souche *f; (Baum-, Zahn~)* chicot; *(e-s Körpergliedes)* moignon; *(Kerze)* bout; *math (Kegel~)* tronc *m; mit* ~ *und Stiel ausrotten* couper à la racine; **S~feile** *f* lime *f* obtuse; **S~heit** *f (Unempfindlichkeit)* insensibilité; *(Abge~theit)* hébétude *f,* abrutissement *m; (Teilnahmslosigkeit)* léthargie, apathie; *(Gleichgültigkeit)* indifférence *f;* **S~sinn** *m* hébétude *f,* abrutissement *m;* stupidité *f;* ~**sinnig** *a* hébété, abruti; obtus, stupide; ~**wink(e)lig** *a math* obtusangle.

Stunde *f* ‹-, -n› ['ʃtʊndə] heure; *(Unterrichts~)* le çon, (heure de) classe *f,* cours *m; (Weg~)* heure de chemin, lieue *f; in elfter od letzter* ~ au dernier moment; *in vorgerückter od zu später* ~ à une heure avancée; *von Stund an* dès ce moment; *von* ~ *zu* ~ d'une heure à l'autre, d'heure en heure; *zur* ~ à l'heure actuelle, à l'heure qu'il est; *zur guten* ~ *(im rechten Augenblick)* au bon moment; ~*n geben* donner des leçons, courir le cachet; ~*n nehmen* prendre des leçons *(bei jdm* avec qn); *meine* ~ *hat geschlagen* mon heure a sonné *od* est venue; *abgesparte* ~ heure *f* dérobée; *e-e geschlagene* ~ une heure d'horloge; *e-e gute* ~ une grande heure; *e-e halbe* ~ une demi-heure; *e-e knappe, volle* ~ une petite, grande heure; *e-e schwache* ~ un moment de défaillance *od* de faiblesse.

stund|en ['ʃtʊndən] *tr: jdm e-e Zahlung* ~ accorder un délai de paiement à qn; **S~ung(sfrist)** *f* délai *od* sursis *m* de paiement.

Stunden|buch *n* ['ʃtʊndən-] *(rel, Kunst)* livre *m* d'heures, Heures *f pl;* ~**durchschnitt** *m* moyenne *f* horaire *od* à l'heure; ~**frau** *f* femme *f* de ménage (horaire); ~**gebet** *n* heures *f pl* canoniales; ~**geld** *n* honoraires *m pl;* ~**geschwindigkeit** *f* vitesse *f* horaire; ~**glas** *n (Sanduhr)* sablier *m;* ~**hotel** *n* hôtel *m* de passe; ~**kilometer** *m* kilomètre-heure *m;* **s~lang** *a* qui dure des heures; *adv* des heures durant *od* entières, durant des heures; ~**lohn** *m* salaire *od* gain *m* horaire; ~**plan** *m* emploi du temps, horaire *m;* ~**satz** *m* taux *m* horaire;

~**schlag** m: mit dem ~ à l'heure sonnante; **s~weise** adv à l'heure, par heure; ~**zeiger** m aiguille des heures, petite aiguille f.

Stünd\|lein n ['ʃtʏnt-]: sein letztes ~ hatte geschlagen sa dernière heure était à venue; **s~lich** a par heure; tech horaire; adv toutes les heures; jdn ~ erwarten attendre qn d'une heure à l'autre.

Stundung f ['ʃtʊndʊŋ] sursis m de paiement; moratoire m.

Stunk m ⟨-s, ø⟩ [ʃtʊŋk] fam (Krach, Zank) grabuge m; ~ machen faire du grabuge od un esclandre; (Streit anfangen) chercher querelle od la bagarre.

Stupf m ⟨-(e)s, -e⟩ [ʃtʊpf] dial (Stoß) poussée f, coup; fam rampon(neau) m; **s~en** tr dial = stupsen.

stupid\|(e) [ʃ-/stu'pi:t, -də] a stupide; **S~ität** f ⟨-, en⟩ [-pidi'tɛ:t] stupidité f.

Stups m ⟨-es, -e⟩ [ʃtʊps] fam (Stoß) rampon(neau) m; **s~en** tr fam (stoßen) pousser, cogner, choquer, heurter; ~**nase** f nez m retroussé.

stur [ʃtu:r] a fam (dickköpfig) têtu, entêté; (stumpfsinnig) abruti; (Sache) abrutissant; ~**e(r) Kerl** m (Dickkopf) tête f de mule; ~ sein (a.) n'en faire qu'à sa tête; **S~heit** f ⟨-, ø⟩ entêtement; abrutissement m, stupidité f.

Sturm m ⟨-(e)s, ⁝e⟩ [ʃtʊrm, 'ʃtʏrmə] mete u. fig tempête, tourmente; (Windstoß) bourrasque, rafale f, coup de vent; (Gewitter, a. fig) orage, ouragan; mil assaut m; sport (Angriff) attaque f; fig (Toben) tumulte, déchaînement m, explosion f; gegen etw ~ laufen donner l'assaut à qc; ~ läuten sonner le tocsin od fig l'alarme; im ~ nehmen prendre d'assaut; warten, bis der ~ vorüber ist (fig) laisser passer l'orage; ein ~ der Entrüstung erhob sich ce fut un tollé général; gewaltige(r) ~ (a.) vent m à écorner les bœufs; schwere(r) ~ tempête f violente; ~ der Entrüstung explosion f d'indignation; ~ im Wasserglas (hum) tempête f dans un verre d'eau; ~**abteilung** f mil section f d'assaut; ~**angriff** m assaut m, charge f; ~**band** n ⟨-(e)s, ⁝er⟩ mentonnière f; ~**bock** m mil hist bélier m; assaut m; ~**flut** f marée f de tempête, raz m de marée; **s~frei** a: ~e Bude f (hum) chambre f indépendante; **s~gepeitscht** a battu par la tempête; ~**geschütz** n canon m d'assaut; ~**glocke** f tocsin m; ~**haube** f mil hist (Helm ohne Visier) bourguignotte f; ~**hut** m bot aconit

m; ~**laterne** f falot m, lanterne od lampe f tempête; ~**leiter** f échelle f d'assaut; ~**riemen** m jugulaire, mentonnière f; ~**schäden** m pl dégâts m pl causés par la tempête; ~**schritt** m pas m de charge; im ~ (a.) tambour battant; ~**segel** n mar tourmentin m; ~**vogel** m pétrel m; ~**warnung** f avis od avertissement m de tempête; bourrasque, rafale f.

stürm\|en ['ʃtʏrmən] itr ⟨aux: haben⟩ sport (angreifen) attaquer, passer à l'assaut; mete souffler avec violence, faire rage, être déchaîné; impers: es stürmt il fait de la tempête; ⟨aux: sein⟩ fig (Mensch) s'élancer od se précipiter od fondre impétueusement od fougueusement (auf sur); tr ⟨aux: haben⟩ mil (angreifen) assaillir, charger, donner l'assaut à; (im Sturm nehmen) prendre d'assaut; **S~er** m ⟨-s, -⟩ sport avant m; ~**isch** a mete u. fig tempétueux, orageux; (See) démonté, agité, houleux; fig tumultueux, turbulent; impétueux, fougueux; (heftig) violent; adv fig a. à tout rompre; (laut u. heftig) à cor et à cri; (leidenschaftlich) avec effusion; ~**e(r)** Beifall m applaudissements m pl frénétiques; nicht so ~! (fam) doucement!

Sturz m ⟨-es, ⁝e⟩ [ʃtʊrts, 'ʃtʏrtsə] chute a. fig; culbute; fig dégringolade f; (Zs.bruch) écroulement; (bes. Regierungs~) effondrement, renversement m; (Untergang) ruine f; (Tür-, Fenster~) ⟨-es, -e⟩ linteau; mot (Rad~) dévers, carrossage m; negativer ~ déport m négatif; ~**acker** m champ m labouré; ~**bach** m torrent m; **s~besoffen** a fam, **s~betrunken** a complètement bourré; ~**bomber** m aero bombardier m en piqué; ~**bühne** f tech pont m de décharge; ~**flug** m vol m od descente f en piqué, (vol) piqué m; e-n ~ machen piquer; ~ in Spirale piqué m en vrille; ~**güter** n pl com marchandises f pl en vrac; ~**helm** m casque m protecteur od de protection od de motocycliste; ~**kampfflugzeug** n (Stuka) avion m d'attaque od de bombardement en piqué; ~**see** f, ~**welle** f paquet m de mer.

Stürze f ⟨-, -n⟩ ['ʃtʏrtsə] dial (Deckel) couvercle m.

stürzen ['ʃtʏrtsən] itr ⟨aux: sein⟩ tomber (lourdement od brusquement), faire une chute, s'abattre; (umgestoßen werden) être renversé; (ein~, zs.~) s'effondrer, s'écrouler; pop ramasser une bûche od une pelle; tr ⟨aux: haben⟩ jeter (à) bas *od* par terre, mettre à bas, faire tomber; *(umstoßen, umkippen)* renverser, culbuter; *(herab~)* précipiter (*von* de); *sich in etw* ~ se précipiter, *fig* donner tête baissée *od* tête basse dans qc; *sich auf jdn, etw* ~ se jeter *od* se précipiter *od* foncer *od* fondre sur qn, qc; *zu Boden* ~ *(itr)* tomber par terre; *vom Pferd* ~ tomber du cheval; *sich in Schulden* ~ s'endetter, s'obérer; *sich in sein Schwert* ~ se jeter sur son épée; *sich in Unkosten* ~ se mettre en frais *od* dans les dépenses; *jdn ins Verderben* ~ perdre *od* ruiner qn; *nicht* ~*!* ne pas renverser *od* culbuter.

Stuß *m* ⟨-sses, ø⟩ [ʃtus] *fam (Quatsch)* foutaise *f,* non-sens *m.*

Stut|e *f* ⟨-, -n⟩ [ˈʃtuːtə] jument, *poet* cavale *f;* **~fohlen** *n* pouliche *f.*
Stuten *m* ⟨-s, -⟩ [ˈʃtuːtən] *dial (Gebäck)* pain *m* brioché.
Stutz|bart *m* [ˈʃtuts-] barbe *f* rafraîchie; **s~en** *tr (kürzen, (be-) schneiden)* raccourcir, écourter, couper; *(Hecke, Alleebaum)* tailler, tondre, ébarber; *(Haare, Bart)* rafraîchir; *(Ohren, Schwanz, Flügel)* rogner; *itr (überrascht e-e Bewegung od Tätigkeit unterbrechen)* être surpris, s'arrêter court, reculer de surprise; *(zögern)* hésiter; *(Tier a.)* dresser les oreilles; *jdm die Flügel* ~ *(fig)* rogner les ailes à qn; **~en 1.** *n (Kürzen)* raccourcissement *m;* coupe; tonte *f; (Überraschung)* (mouvement *m* de) surprise; *(Zögern)* hésitation *f;* **~en 2.** *m* ⟨-s, -⟩ *(kurzes Gewehr)* carabine *f,* mousqueton *m; (Wadenstrumpf)* chaussette *f* tyrolienne; *tech (Ansatzrohr)* raccord *m* (de tuyauterie), tubulure *f,* embout *m;* **~er** *m* ⟨-s, -⟩ *(kurzer Mantel)* pardessus court; *(Geck, Prahler)* faraud, gandin, dandy *m;* **s~erhaft** *a* faraud, de gandin; *adv* en gandin; **~flügel** *m* piano *m* crapaud; **~glas** *n* verre *m* sans pied; **s~ig** *a:* ~ *machen* surprendre; donner à réfléchir à; *(argwöhnisch machen)* porter ombrage à; ~ *werden* être surpris, prendre ombrage; **~schwanz** *m (Pferd)* queue *f* à l'anglaise; **~uhr** *f* pendule *f* de cheminée.
Stütz|apparat *m* [ˈʃtʏts-] *med* appareil *m* de soutien; **~balken** *m* lambourde, jambe *f* de force; **~brücke** *f* pont *m* en arc; **~e** *f* ⟨-, -n⟩ *a fig* appui, soutien, support; *(Baum)* tuteur; *tech* étai, étançon *m; (~ der Hausfrau)* aide *f* (ménagère); *arg (Arbeitslosengeld)* allocation *f* (de chômage); *jdm e-e* ~ *sein (fig)* être l'appui

de qn, servir d'appui à qn; *e-e* ~ *der Gesellschaft* un soutien de la société; **s~en** *tr* appuyer, soutenir, supporter; *(Baum)* tuteurer; *tech* étayer, étançonner; *sich* ~ *auf* s'appuyer sur; *fig a.* se baser sur; *jur* exciper de; *sich mit den Ellbogen auf den Tisch* ~ appuyer les coudes *od* s'accouder sur la table; **~en** *n* soutènement, étaiement, étayage, étançonnement *m;* **~lager** *n tech* crapaudine *f;* **~mauer** *f* mur de soutènement *od* de revêtement *od* de terrasse, gros mur, contre-mur *m;* **~pfeiler** *m* pilier *m* de soutien; **~preis** *m* prix *m* de soutien; **~punkt** *m mil* point *m* d'appui, base *f;* **~stange** *f* piquet *m;* **~ung** *f fin* soutien *m;* **~verband** *m med* bandage *m* de fixation; **~weite** *f (Brücke)* portée *f.*
Styrol *n* ⟨-s, ø⟩ [s-/ʃtyˈroːl] *chem* styrène, styrolène *m.*
Styropor *n* ⟨-s, ø⟩ [ʃtyroˈpoːr] *(Warenzeichen)* polystyrène *m* expansé.

subaltern [zupʔalˈtɛrn] *a* subalterne; **S~beamte(r)** *m* fonctionnaire *m* subalterne; **S~offizier** *m* officier *m* subalterne.
Subdiakon [ˈzup-] *m rel* sous-diacre *m.*
Subjekt *n* ⟨-(e)s, -e⟩ [zupˈjɛkt] *gram philos* sujet; *(Mensch)* individu *m; üble(s)* ~ mauvais sujet, sale individu *m;* **s~iv** *a* subjectif; **~ivität** *f* ⟨-, ø⟩ [-tiviˈtɛːt] subjectivité *f.*
Subkontinent *m* [ˈ----] *geog* sous--continent *m; der indische* ~ le sous--continent indien.
subkutan [zupkuˈtaːn] *a physiol med* sous-cutané, hypodermique.
sublim [zuˈbliːm] *a (fein, erhaben)* sublime; **S~at** *n* ⟨-(e)s, -e⟩ [-bliˈmaːt] *chem* sublimé *m;* **S~ation** *f* ⟨-, -en⟩ [-matsiˈoːn] *chem* sublimation *f;* **~ieren** [-ˈmiːrən] *tr* sublimer; **S~ierung** *f chem u. fig* sublimation *f.*
submarin [zupmaˈriːn] *a scient (unterseeisch)* sous-marin.
Submission *f* ⟨-, -en⟩ [zupmisiˈoːn] *adm (Ausschreibung)* mise au concours; *(Angebot)* soumission; *(Vergebung)* adjudication *f;* **~sweg** *m: auf dem ~e (adm)* par (voie de) soumission, par adjudication.
Submittent *m* ⟨-en, -en⟩ [zupmɪˈtɛnt] *(Bewerber um e-n Auftrag)* soumissionnaire *m.*
Subordin|ation *f* ⟨-, -en⟩ [zupʔɔrdinatsiˈoːn] *gram (Unterordnung)* subordination *f;* **s~ieren** [-diˈniːrən] *tr* subordonner.

Subsidien [zʊpˈziːdiən] *n pl (Hilfs-
gelder)* subsides *m pl.*

Subskri|bent *m* ⟨-en, -en⟩
[zʊpskriˈbɛnt] *(Vorausbesteller e-s
Buches)* souscripteur *m;* **s~bieren**
[-ˈbiːrən] *itr* souscrire *(auf etw* à qc);
~ption *f* ⟨-, -en⟩ [-ptsiˈoːn] souscription *f;* **~ptionsliste** *f,* **~ptionspreis**
m liste *f,* prix *m* de souscription.

substan|tiell [zʊpstantsiˈɛl] *a* substan-
tiel; **S~tiv** *n* ⟨-s, -e⟩ [-ˈtiːf, ˈ---] *gram*
nom *m;* **~tivieren** [-tiˈviːrən] *tr,* **~ti-
visch** [-ˈtiːvɪʃ] *adv:* **~** gebrauchen
employer substantivement; **S~z** *f*
⟨-, -en⟩ [-ˈstants] *philos allg* substance; *(Materie)* matière *f; von der* **~** *leben* vivre sur le od entamer le capital; *lebende* **~** *(biol)* matière *f* vivante; **S~zverlust** *m* perte *f* de substance.

substitu|ieren [zʊpstituˈiːrən] *tr (an
die Stelle setzen)* substituer; **S~t** *m*
⟨-en, -en⟩ [-ˈtuːt] *(Stellvertreter)* substitut, remplaçant *m;* **S~tion** *f* ⟨-, -en⟩
[-tsiˈoːn] substitution *f.*

subsumieren [zʊpzuˈmiːrən] *tr (unter-
ordnen)* subordonner; *philos* subsu-
mer.

subtil [zʊpˈtiːl] *a (fein, spitzfindig)*
subtil; **S~ität** *f* ⟨-, -en⟩ [-tiliˈtɛːt] subtilité *f.*

Subtra|hend *m* ⟨-en, -en⟩
[zʊptraˈhɛnt] *math* nombre *m* à soustraire; **s~hieren** [-ˈhiːrən] *tr (abziehen)* soustraire, faire la soustraction
de; **~ktion** *f* ⟨-, -en⟩ [-traktsiˈoːn]
soustraction *f.*

subtropisch [ˈzʊp-, -ˈ---] *a geog* sub-
tropical.

Subvention *f* ⟨-, -en⟩ [zʊpvɛntsiˈoːn]
adm subvention *f;* **s~ieren**
[-tsioˈniːrən] *tr* subventionner.

subversiv [zʊpvɛrˈziːf] *a (umstürzle-
risch)* subversif.

Such|aktion *f* [ˈzuːx-] recherches *f pl;*
~antenne *f* antenne *f* chercheuse;
~anzeige *f* avis *m* de recherche;
~dienst *m* service *m* de recherche
od d'investigation; **~e** *f* ⟨-, (-n)⟩ recherche, quête *f; auf der* **~** *nach* à la
recherche de, en quête de; *auf die* **~**
gehen se mettre à la recherche od en
quête *(nach* de), aller à la recherche
od à la découverte *(nach* de); aller
quêter *(nach etw* qc); **s~en** *tr* chercher; *(forschen nach, begehren)* rechercher; *(verlangen, fragen nach)*
rechercher, demander *(nach jdm* qn);
(ver~) essayer, tâter *(etw zu tun* de
faire qc); *(Minen)* détecter; *hinten
und vorn od überall* **~** chercher par
monts et par vaux; *bei jdm Rat* **~** demander conseil à qn; *Streit od Hän-*

del mit jdm **~** chercher querelle à qn;
das Weite **~** gagner le large; *er sucht
(hat nicht) seinesgleichen* il n'a pas
son pareil; *für sofort gesucht ...
(Stellenanzeige)* on demande tout de
suite ...; *such! (Jagdruf)* cherche!
hourvari! **~er** *m* ⟨-s, -⟩ *(Mensch)*
chercheur; *phot* viseur *m;* =
~scheinwerfer; **~gerät** *n* détecteur
m; **~kartei** *f* fichier *m* (des personnes, des mots *etc* recherché(e)s);
~scheinwerfer *m* phare-chercheur,
phare *m* orientable.

Sucht *f* ⟨-, ⁚e⟩ [zʊxt, ˈzʏçtə] manie;
med dépendance; *(Drogen~, Rausch-
gift~)* toxicomanie *f;* **~gefahr** *f* risque *m* d'accoutumance; **~kranke(r)**
m intoxiqué; *(Drogen~, Rauschgift~)*
toxicomane; *(Drogen~)* drogué *m.*

süchtig [ˈzʏçtɪç] *a* adonné à l'alcool, la
drogue *etc,* dépendant; *(rauschgift~,
drogen~)* toxicomane; *(drogen~)*
drogué; **~** *machen* créer une dépendance; *er ist nikotin~* c'est un fumeur
invétéré; **S~e(r)** *m* = *Suchtkran-
ke(r).*

suckeln [ˈzʊkəln] *itr dial (saugen)* sucer.

Sud *m* ⟨-(e)s, -e⟩ [zuːt] *(Sieden)* décoction *f; (Brauerei)* brassage *m;* **~haus**
n (Brauerei) salle *f* de brassage.

Süd *m* ⟨-s, ∅⟩ [zyːt] sud, midi *m;* ⟨-(e)s,
(-e)⟩ = **~wind;** **~afrika** *n* l'Afrique *f*
du Sud; **~afrikaner(in** *f) m* Sud-
-Africain, e *m f;* **s~afrikanisch** *a*
sud-africain; *die S~e Union* l'Union *f*
sud-africaine; **~amerika** *n* l'Amérique *f* du Sud; **~amerikaner(in** *f) m*
Sud-Américain, e *m f;* **s~amerika-
nisch** *a* sud-américain, de l'Amérique
du Sud; **~asien** *f* l'Asie *f* du Sud;
s~deutsch *a* de l'Allemagne du Sud;
~deutsche(r *m) f* Allemand, e *m f*
du Sud; **~deutschland** *n* l'Allemagne *f* du Sud; **~en** *m* ⟨-s, ∅⟩ [ˈ-dən]
sud, midi *m; im* **~** *(gen)* au sud (de);
(mit der Front) nach **~** *bauen* exposer au sud; *nach (dem)* **~** vers le sud;
von **~** du sud; *nach* **~** *drehen (Wind)*
tourner au sud; *nach* **~** *liegen (a.)*
être exposé au sud; **~england** *n*
l'Angleterre *f* méridionale; **~europa**
n l'Europe *f* du Sud; **~frankreich** *n*
la France méridionale, le midi de la
France, le Midi; **~franzose** *m,*
~französin *f* Méridional, e *m f; pl a.*
gens *pl* du Midi; **s~französisch** *a*
méridional, du midi de la France;
~früchte *f pl* fruits *m pl* du midi;
~halbkugel *f* hémisphère *m* sud *od*
austral; **~hang** *m* versant *m* méridional; **~korea** *n* la Corée du Sud;
s~koreanisch *a* sud-coréen; **~kü-**

ste *f* côte *f* méridionale; ~**lage** *f* exposition *f* au sud *od* midi; ~**länder(in** *f)* *m* méridional, e *m f;* **s~ländisch** *a* méridional, du midi; **s~lich** ['-tlɪç] *a* méridional, austral; du sud, du midi; *prp* au sud *(gen* de); *in* ~*er Richtung* vers le midi *od* le sud; *das S~e Kreuz (astr)* la Croix du Sud; ~**licht** *n* aurore *f* australe; ~**ostasien** *n* l'Asie *f* du-Sud-Est; ~**ost(en)** *m* sud-est *m;* **s~östlich** *a* sud-est; *prp* au sud-est *(gen* de); ~**pol** *m* pôle *m* sud *od* austral *od* antarctique; ~**polargebiet,** *das* les régions *f pl* polaires australes; ~**polarmeer,** *das* l'océan *m* Antarctique; ~**polexpedition** *f* expédition *f* au pôle sud; ~**see,** *die* l'océan Pacifique, le Pacifique *m;* ~**seite** *f* côté *m* *od* face *f* sud; *mit* ~ *(Haus, Wohnung)* exposé au soleil; ~**staaten,** *die m pl (der USA)* les États *m pl* du sud; ~**staatler** *m* ⟨-s, -⟩ *(USA)* sudiste *m;* ~**tirol** *n* le Tyrol du Sud; ~**vietnam** *n* le Viêt-nam du Sud; ~**wand** *f (e-s Berges)* paroi *f* sud; **s~wärts** *adv* vers le sud; ~ *steuern (mar)* faire le sud; ~**west(en)** *m* sud-ouest *m;* ~**wester** *m* ⟨-s, -⟩ *(Hut),* ~**westwind** *m* suroît *m;* **s~westlich** *a* sud-ouest; *prp* au sud--ouest *(gen* de); ~**wind** *m* vent *m* du sud *od* du midi.

Sudan [zu'da:n/'zu:dan], *der* le Soudan; ~**ese** *m* ⟨-n, -n⟩ [zuda'ne:zə] , ~**esin** *f* Soudanais, e *m f;* **s~esisch** [-'ne:zɪʃ] *a* soudanais.

Sudelei *f* ⟨-, -en⟩ [zu:də'laɪ] *fam (Schmiererei)* barbouillage, griboullage; *(Pfuscherei)* bousillage *m;* ~**(e)ler** *m* ⟨-s, -⟩ ['zu:d(ə)lər] *fam (Schmierfink)* barbouilleur; *(Pfuscher)* bousilleur, barbouillon *m;* **s~(e)lig** *a fam (geschmiert)* gribouillé; *(gepfuscht)* bousillé, bâclé, gâché; *pop* salopé; **s~eln** *tr* u. *itr fam (schmieren)* barbouiller, gribouiller, *(kritzeln)* griffonner; *(pfuschen)* bousiller, bâcler, gâcher.

Sudeten [zu'de:tən], *die pl (Gebirge)* les Sudètes *m pl;* **s~deutsch** *a* des (Allemands des) Sudètes; ~**deutsche(r** *m)* *f* Allemand, e *m f* des Sudètes.

Suff *m* ⟨-s, ø⟩ [zuf] *pop* ivrognerie *f; sich dem stillen ~ ergeben* s'adonner à la boisson en cachette.

Süffel *m* ⟨-s, -⟩ ['zyfəl] *dial (Säufer)* pochard, soûlard, riboteur *m;* **s~eln** *(ich süff(e)le, du süffelst ...) tr* u. *itr fam (gern trinken)* chopiner, pinter, picoler; *pop* licher; **s~ig** *a fam (Wein: gut trinkbar)* moelleux, gouleyant.

Suffix *n* ⟨-es, -e⟩ [zu'fɪks] *gram* suffixe *m;* ~**bildung** *f* suffixation *f.*

Suffragan *m* ⟨-s, -e⟩ [zufra'ga:n] *rel* suffragant *m;* ~**ette** *f* ⟨-, -n⟩ [-'gɛtə] *pol* suffragette *f.*

suggerieren [zʊge'ri:rən] *tr* suggérer; **S~stion** *f* ⟨-, -en⟩ [-gɛsti'o:n] suggestion *f;* ~**stiv** [-'ti:f] *a* suggestif; **S~frage** *f* question *f* orientée.

Suhle *f* ⟨-, -n⟩ ['zu:lə] *(Schlammloch)* bauge *f;* **s~n,** *sich* se vautrer.

Sühne *f* ⟨-, -n⟩ [zy:nə] *rel* expiation; *allg* réparation; *jur* conciliation *f;* ~**ealtar** *m* autel *m* expiatoire; ~**emaßnahme** *f* *pol* sanction *f;* **s~en** *tr* expier; réparer; ~**erichter** *m* juge *m* conciliateur; ~**etermin** *m* *jur* audience *f* de conciliation; ~**everfahren** *n* *jur* procédure *f* *od* préliminaires *m pl* de conciliation; ~**eversuch** *m jur* tentative *f* de conciliation; ~**opfer** *n* sacrifice expiatoire *od* de propitiation; ~**ung** *f = * ~*e.*

Sukkade *f* ⟨-, -n⟩ [zu'ka:də] fruits *m pl* confits.

sukzessiv [zʊktsɛ'si:f, -və] *a (allmählich)* successif; ~**(e)** *adv* successivement.

Sulfat *n* ⟨-(e)s, -e⟩ [zʊl'fa:t] *chem* sulfate *m;* ~**id** *n* ⟨-(e)s, -e⟩ [-'fi:t, -idə] sulfure *m;* ~**it** *n* ⟨-s, -e⟩ [-'fi:t/-'fɪt] sulfite *m;* ~**onamid** *n* ⟨-(e)s, -e⟩ [-fona'mi:t, -də] *pharm* sulfamide *m.*

Sultan *m* ⟨-s, -e⟩ ['zʊlta:n] sultan *m;* ~**at** *n* ⟨-(e)s, -e⟩ [-ta'na:t] *(~swürde, ~sherrschaft)* sultanat *m;* ~**in** *f* [zʊl'ta:nɪn, 'zʊltanɪn] sultane *f;* ~**ine** *f* [-ta'ni:nə] *(Rosinen)* raisin *m* de Smyrne.

Sülze *f* ⟨-, -n⟩ ['zyltsə] fromage *m* de tête; ~**kotelett** *n* côtelette *f* en gelée.

Summand *m* ⟨-en, -en⟩ [zu'mant, -dən] *math* terme *m* (d'une somme); **s~arisch** [-'ma:rɪʃ] *a* sommaire; ~*es Verfahren* *n* *jur* procédure *f* accélérée; ~**e** *f* ⟨-, -n⟩ ['zumə] somme *f,* total; *fig a.* ensemble *m; e-e hübsche od schöne ~ (Geldes)* une belle somme d'argent; *e-e runde ~* un compte rond; ~**enbilanz** *f* balance *f* en capitaux; ~**endrucker** *m (Gerät)* totalisatrice *f;* ~**enkurve** *f (Statistik)* courbe *f* des fréquences cumulées; ~**entabelle** *f (Statistik)* table *f* des fréquences cumulées; ~**enverteilung** *f* distribution *f* d'une somme de variables; **s~ieren** [-'mi:rən] *tr* faire la somme *od* l'addition *od* le total de, additionner, totaliser; *sich* ~ s'additionner, s'accumuler; ~**ierung** *f* addition, accumulation, totalisation *f.*

Sümmchen *n* ⟨-s, -⟩ ['zymçən] petite

somme _f; ein hübsches_ ~ une coquette somme.

summ|en ['zʊmən] _itr (Insekt)_ bour-
donner; _tr (ein Lied)_ fredonner;
S~en _n_ bourdonnement _m;_ **S~er** _m_
⟨-s, -⟩ _tech_ vibrateur; _tech arg_ ron-
fleur _m;_ **S~erton** _m,_ **S~erzeichen** _n_
signal _m_ de tonalité.

Sumpf _m_ ⟨-(e)s, ⸚e⟩ [zʊmpf, 'zʏmpfə]
marais, marécage, bourbier _m; fig_
bas-fonds _m pl; tech_ puisard _m; in e-n_
~ _geraten_ se mettre dans un bourbier; ~**boden** _m_ sol _m_ marécageux;
~**bussard** _m orn_ harpaye _f;_ ~**dot-**
terblume _f_ populage des marais;
pop bouton _m_ d'or; **s~en** _itr fam_
(bummeln) vadrouiller; _(trinken)_ bi-
beronner; ~**fieber** _n_ fièvre _f_ paludéenne _od_ des marais, paludisme _m;_
~**gas** _n_ gaz des marais; méthane _m;_
~**huhn** _n_ porzane; _pop_ marouette _f;_
fig pej noceur _m;_ **s~ig** _a_ marécageux,
bourbeux; ~**otter** _m zoo (Nerz)_ vison
_m;_ ~**pflanze** _f_ plante _f_ des marais.

Sums _m_ ⟨-es, ø⟩ [zʊms, -zəs] _(großen)_
~ _machen (fam)_ faire du _od_ des chi-
chi(s).

Sund _m_ ⟨-(e)s, -e⟩ [zʊnt, -də] _(Meer-_
enge) détroit _m._

Sundainseln ['zʊnda-], _die f pl_ les îles
_f pl_ de la Sonde.

Sünd|e _f_ ⟨-, -n⟩ ['zʏndə] péché _m,_ ini-
quité _f; e-e_ ~ _begehen_ commettre un
péché, tomber dans le péché; _kleine_
~ peccadille _f; läßliche_ ~ péché _m_
véniel; ~**enbekenntnis** _n_ confession
_f_ des péchés; ~**enbock** _m rel u. fig_
bouc émissaire; _fig a._ souffre-douleur
m; jdn zum ~ _machen_ mettre tout
sur le dos de qn; _der_ ~ _sein (a. fam)_
écoper; ~**enfall** _m_ chute _f;_ ~**engeld**
n fam argent _m_ fou; ~**enlast** _f_ poids
_m_ de péchés; **s~(en)los** _a_ impeccable; ~**(en)losigkeit** _f_ ⟨-, ø⟩ impecca-
bilité _f;_ ~**enpfuhl** _m_ bourbier _m_ du
vice; ~**enregister** _n: jdm sein_ ~ _vor-_
halten reprocher à qn les fautes qu'il
a commises; ~**envergebung** _f_ rémission (des péchés), absolution _f;_ ~**er(in**
_f)_ _m_ ⟨-s, -⟩ pécheur, eresse _m f; alter,_
verstockte(r) ~ pécheur _m_ invétéré,
impénitent; ~**flut** _f_ ['zʏnt-] _pop_ =
Sintflut; **s~haft** _a,_ **s~ig** _a_ pécheur;
~**haftigkeit** _f_ peccabilité _f,_ penchant
_m_ au péché; **s~igen** _itr_ pécher, commettre un péché _od_ une faute; _(am_
fam (übertreibend)) commettre son péché
mignon; _an jdm_ ~ se rendre coupable envers qn.

Super _n_ ⟨-s, ø⟩ ['zuːpər] _(Benzin)_ super
_m;_ ~**-8-Film** _m_ film _m_ super-huit;
~**-8-Kamera** _f_ caméra _f_ super-huit;
~**benzin** _n_ supercarburant; _fam_ su-

per _m;_ ~**bombe** _f_ superbombe, bombe _f_ géante; **s~fein** _a_ superfin; ~**in-**
tendent _m rel_ surintendant; _(in_
Frankr.) inspecteur _m_ ecclésiastique;
s~klug _a fam (überklug)_ très fin;
~**lativ** _m_ ⟨-s, -e⟩ ['zuː-/zupɛrlaˈtiːf]
gram superlatif _m;_ ~**macht** _f_ super-
grand _m,_ superpuissance _f;_ ~**markt**
_m_ supermarché _m;_ ~**oxyd** _n chem_
peroxyde _m;_ ~**phosphat** _n_ super-
phosphate _m;_ ~**star** _m_ superstar _m;_
~**tanker** _m_ grand pétrolier _m._

Süppchen _n_ ['zʏpçən]: _sein_ ~ _am Feu-_
er anderer kochen (fig) se procurer
des avantages sur le dos des autres.

Suppe _f_ ⟨-, -n⟩ ['zʊpə] _(als einfache_
Hauptmahlzeit, Eintopf) soupe _f;_
(feinere als Vorgericht) potage _m;_
die ~ _auslöffeln (fig fam)_ payer les
pots cassés; _die_ ~ _einbrocken_ tremper la soupe; _ein Haar in der_ ~ _fin-_
den (fig) trouver qc à redire; _jdm die_
~ _versalzen (fig)_ gâter le plaisir à qn;
du hast dir die ~ _selbst eingebrockt_
(fig: du bist selbst schuld) c'est ta
(propre) faute; _dünne_ ~ potage _m_
aveugle; _fette_ ~ potage _od_ bouillon _m_
gras; _klare_ ~ bouillon _m; legierte_ ~
(potage _m_ à la) crème _f;_ ~**nfleisch** _n_
(bœuf pour le) pot-au-feu; _(zuberei-_
tet) pot-au-feu, bœuf _m_ bouilli;
~**ngrün** _n_ ⟨-s, ø⟩ ~**nkraut** _n_ herbes _f_
_pl_ potagères; ~**nhuhn** _n_ poule _f_ à
bouillir; ~**nkelle** _f_ louche (à potage),
cuiller _od_ cuillère _f_ à pot _od_ à puiser;
~**nlöffel** _m_ cuiller _f_ à soupe;
~**nnudeln** _f pl_ nouillettes _f pl;_
~**nschüssel** _f,_ ~**nterrine** _f_ soupière
_f;_ ~**nteller** _m_ assiette _f_ creuse _od_ à
soupe; ~**nwürfel** _m_ cube _m_ à potage; **suppig** _a_ presque liquide.

Supplement _n_ ⟨-(e)s, -e⟩ [zʊpleˈmɛnt]
(Ergänzung) supplément _m; a._
~**band** _m_ _(Buch)_ (vovolume)
supplément(aire) _m._

Suppositorium _n_ ⟨-s, -rien⟩
[zʊpoziˈtoːriʊm, -riən] _med_ suppositoire _m._

Supremat _m od n_ ⟨-(e)s, -e⟩
[zupreˈmaːt], ~**ie** _f_ ⟨-, -n⟩ [-maˈtiː]
(Obergewalt) suprématie _f._

Surf|brett _n_ ['zɔːrf-] planche _f;_ **s~en**
itr faire du surf; ~**en** _n,_ ~**ing** _n_ surf
_m;_ ~**er(in** _f)_ _m_ ⟨-s, -⟩ surfeur _m,_ sur-
feuse _f._

Surreal|ismus _m_ [zʏr-, zʊr-] _(Kunst,_
Literatur) surréalisme _m;_ ~**ist** _m_
surréaliste _m;_ **s~istisch** _a_ surréaliste.

surren ['zʊrən] _itr allg_ ronfler; _mot_
vrombir; **S~** _n_ ronflement, vrombis-
sement _m._

Surrogat _n_ ⟨-(e)s, -e⟩ [zʊroˈgaːt] _(Er-_

satz) produit de remplacement, succédané *m;* ~**ion** *f jur* subrogation, substitution *f.*

suspekt [zʊsˈpɛkt] *a (verdächtig)* suspect.

suspen|dieren [zʊspɛnˈdiːrən] *tr (des Amtes entheben)* suspendre (de ses fonctions); **S~dierung** *f,* **S~sion** *f* ⟨-, -en⟩ [-ziˈoːn] suspension *f;* ~**siv** *a* suspensif; **S~sorium** *n* ⟨-s, -rien⟩ [-ˈzoːriʊm, -riən] *med* suspensoir *m.*

süß [zyːs] *a (von Natur)* doux; *(mit Zucker zubereitet od bestreut)* sucré; *fig (lieblich, angenehm)* doux, suave, agréable, flatteur; *(niedlich, reizend)* joli, mignon, charmant, *fam* jojo; *pej* doucereux; ~ *duften* sentir bon; ~ *klingen* flatter l'oreille; ~ *machen* = *süßen;* ~ *schmecken* être doux; avoir un goût sucré; *träume* ~*!* fais de beaux rêves; *widerlich* ~ doucereux; **S~e** *f* ⟨-, ø⟩ *a. fig* douceur; *fig* suavité *f;* **S~e(r)** *m (Likör)* doux *m;* ~**en** *tr* sucrer; mettre du sucre dans; *chem pharm* dulcifier; *pharm* édulcorer; **S~holz** *n* réglisse *f;* ~ *raspeln (fig)* conter fleurette; **S~holzraspler** *m* ⟨-s, -⟩ *fig* conteur *m* de fleurettes; **S~igkeit** *f (Süße)* douceur *f; meist pl (Schleckereien)* douceurs, sucreries, friandises *f pl,* chatterie *f;* **S~kirsche** *f (Frucht)* guigne *f; (Baum)* guignier *m;* **S~klee** *m* sainfoin *m;* ~**lich** *a (widerlich* ~*)* doucereux *a. fig; fig* douceâtre, mielleux; **S~lichkeit** *f* ⟨-, ø⟩ caractère *m* doucereux *od* douceâtre; **S~most** *m* cidre *m* doux; ~**sauer** *a* aigre-doux; *ein süß-saures Gesicht machen* être mi-figue *od* mi-raisin; **S~speise** *f* entremets (sucré); *(Nachtisch)* dessert *m;* **S~stoff** *m* saccharine *f;* **S~ungsmittel** *n (chem, Nahrungsmittelindustrie)* édulcorant *m;* **S~waren** *f pl,* **S~warengeschäft** *n,* **S~warenhandlung** *f* confiserie *f;* **S~wasser** *n* ⟨-s, -⟩ eau *f* douce; **S~wasserfisch** *m* poisson *m* d'eau douce; **S~wein** *m* vin *m* doux *od* de liqueur; *französische(r)* ~ grenache *m.*

Sutane *f* ⟨-, -n⟩ [zuˈtaːnə] = *Soutane.*

Syllogismus *m* ⟨-, -men⟩ [zʏloˈgɪsmʊs] *philos* syllogisme *m.*

Sylph|e *m* ⟨-n, -n⟩ [ˈzʏlfə] *(Luftgeist)* sylphe *m;* ~**ide** *f* ⟨-, -n⟩ [-ˈfiːdə] *(weibl. Luftgeist)* sylphide *f.*

Sylvester [zʏlˈvɛstər] = *Silvester.*

Symbio|se *f* ⟨-, -n⟩ [zʏmbiˈoːzə] *biol* symbiose *f;* **s~tisch** *a* [-biˈoːtɪʃ] symbiotique.

Symbol *n* ⟨-s, -e⟩ [zʏmˈboːl] symbole *m;* **s~haft** *a* = *s~isch;* ~**ik** *f* ⟨-, ø⟩

[-ˈboːlɪk] caractère *m* symbolique; *rel* symbolique *f;* **s~isch** [-ˈboːlɪʃ] *a* symbolique; **s~isieren** [-boliˈziːrən] *tr* symboliser; ~**isierung** *f* symbolisation *f;* ~**ismus** *m* ⟨-, ø⟩ [-ˈlɪsmʊs] *lit* symbolisme *m.*

Symmetr|ie *f* ⟨-, -n⟩ [zʏmeˈtriː] symétrie *f;* ~**ieachse** *f* axe *m* de symétrie; **s~isch** [-ˈmeːtrɪʃ] *a* symétrique.

sympath|etisch [zʏmpaˈteːtɪʃ] *a (geheimkräftig)* sympathique; **S~ie** *f* ⟨-, -n⟩ [-paˈtiː] sympathie *f;* **S~iekundgebung** *f pol* témoignage *m* de sympathie; **S~iestreik** *m* grève *f* de sympathie *od* de solidarité; **S~ikus** *m* [-ˈpaːtikʊs] *anat* grand sympathique *m;* **S~isant** *m* ⟨-en, -en⟩ [-patiˈzant] sympathisant *m;* ~**isch** [-ˈpaːtɪʃ] *a, a. anat* sympathique; ~ *aussehen (fam a.)* avoir une bonne gueule; *ein* ~*es Wesen haben* faire naître la sympathie; ~*e(s) Nervensystem n (anat)* système nerveux sympathique, (nerf) grand sympathique *m;* ~**isieren** [-patiˈziːrən] *itr* sympathiser; **S~isierende(r)** *m pol* sympathisant *m.*

Symphonie *f* ⟨-, -n⟩ [zʏmfoˈniː] *etc* = *Sinfonie etc.*

Symposi|on *n* ⟨-s, -sien⟩, ~**um** *n* ⟨-s, -sien⟩ [zʏmˈpoːzion, -ziʊm, -ziən] symposion, symposium *m.*

Symptom *n* ⟨-s, -e⟩ [zʏmpˈtoːm] *a. med* symptôme; *allg a.* signe *m;* **s~atisch** [-toˈmaːtɪʃ] *a* symptomatique.

Synagoge *f* ⟨-, -n⟩ [zynaˈgoːgə] *rel arch* synagogue *f.*

Synästhesie *f* ⟨-, -n⟩ [zynɛs-/zynˀesteˈziː] *physiol* synesthésie *f.*

synchron [zʏnˈkroːn] *a (gleichzeitig)* synchronique; *(gleichlaufend)* synchrone; **S~getriebe** *n mot* boîte *f* de vitesses synchromesh; **S~isation** *f* ⟨-, -en⟩ [-kronizatsiˈoːn], **S~isierung** *f* synchronisation *f; film a.* doublage *m;* **S~isator** *m* ⟨-s, -en⟩ [-niˈzaːtor, -ˈtoːrən] *film (Gerät)* synchroniseuse *f;* ~**isieren** [-niˈziːrən] *tr* synchroniser; *film a.* doubler; **S~ismus** *m* ⟨-, -men⟩ [-ˈnɪsmʊs] *(Gleichzeitigkeit, -lauf)* synchronisme *m;* **S~motor** *m* moteur *m* synchrone.

Synchrotron *n* ⟨-s, -e/⟨-s⟩⟩ [-kroˈtroːn] *phys (Beschleuniger für Elementarteilchen)* synchrotron *m.*

Syndik|alismus *m* ⟨-, ø⟩ [zʏndikaˈlɪsmʊs] *pol* syndicalisme *m;* ~**alist** *m* ⟨-en, -en⟩ [-ˈlɪst] syndicaliste *m;* ~**at** *n* ⟨-(e)s, -e⟩ [-ˈkaːt] *com* syndicat; *(Verkaufskartelle)* cartel, groupe *m; in e-m* ~ *zs.fassen* syndiquer; *sich zu e-m* ~ *zs.schließen* se syndiquer; **~us** *m* ‹-, -sse/-dizi› ['zʏndikʊs, -ditsi] *(angestellter Rechtsbeistand e-r Körperschaft)* syndic *m.*

Syndrom *n* ‹-s, -e› [zʏn'dro:m] *med* syndrome *m.*

Synergist *m* ‹-en, -en› [zʏnɛr-/ zʏn?ɛr'gɪst] *anat* muscle *m* congénère.

Synkop|e *f* ‹-, -n› *gram med* ['zʏnkopə(n)], *mus* [sʏn'ko:pə(n)] syncope *f;* **s~ieren** [-ko'pi:rən] *tr* syncoper.

Synkretismus *m* ‹-, ø› [zʏn-kre'tɪsmʊs] *rel hist* syncrétisme *m.*

synod|al [zyno'da:l] *a rel* synodal; **S~alverfassung** *f rel* constitution *f* synodale; **S~e** *f* ‹-, -n› [-'no:də] synode *m;* **~isch** [-'no:dɪʃ] *a* = ~*al.*

synonym [zyno'ny:m] *a (sinnverwandt)* synonym(iqu)e; **S~** *n* ‹-s, -e› *(sinnverwandtes Wort)* synonyme *m;* **S~(en)wörterbuch** *n* dictionnaire *m* des synonymes.

Synop|se *f* ‹-, -n› **~sis** *f* ‹-, -psen› [zy'nɔpsə, -sɪs] *(Zs.fassung, Übersicht)* résumé, tableau *m* synoptique; **~tiker** *m pl* [-'nɔptikər] *rel (d. synopt. Evangelien)* les Evangiles *m pl* synoptiques; **s~tisch** [-'nɔptɪʃ] *a (übersichtlich angeordnet)* synoptique.

Syntagma [zyn'takma] *n* ‹-s, -men/ -mata› *gram* syntagme.

synta|ktisch [zyn'taktɪʃ] *a gram* syntaxique; **S~x** *f* ‹-, -en› ['zyntaks] *(Satzlehre)* syntaxe *f.*

Synthe|se *f* ‹-, -n› [zyn'te:zə] *philos chem allg* synthèse *f;* **~sizer** *m* ‹-s, -› ['sɪnθɪsaɪzə] *(für elektronische Musik)* synthétiseur *m* (de son); **s~tisch** [-'te:tɪʃ] *a (zs.setzend; chem tech: künstl. hergestellt)* synthétique; **~** *herstellen* synthétiser.

Syphil|is *f* ‹-, ø› ['zy:filis] *med* syphilis;

pop (grosse) vérole *f;* **~itiker** *m* ‹-s, -› [zyfi'li:tikər] syphilitique; *pop* vérolé *m;* **s~itisch** [-'li:tɪʃ] *a* syphilitique; *pop* vérolé.

Syr|er(in *f),* **~ier(in** *f)* *m* ‹-s, -› ['zy:r(i)ər] Syrien, ne *m f;* **~ien** ['zy:riən] *n* la Syrie; **s~isch** ['zy:rɪʃ] *a* syrien.

System *n* ‹-s, -e› [zʏs'te:m] système *m,* classification *f,* régime *m; das* **~** *(Regierung und Gesellschaft)* le système; *in ein* **~** *bringen* systématiser; **~analytiker** *m* analyste-programmateur *m;* **~atik** *f* ‹-, -en› [-te'ma:tɪk] systématique; taxonomie, taxinomie *f;* **~atiker** *m* ‹-s, -› [-'ma:tikər] homme *od* esprit *m* systématique; **s~atisch** [-'ma:tɪʃ] *a* systématique, raisonné; **~** *ausbeuten (a.)* mettre en coupe réglée; **s~atisieren** [-mati'zi:rən] *tr* systématiser; **~atisierung** *f* systématisation *f;* **s~los** *a* sans système; **~veränderer** *m* ‹-s, -› révolutionnaire *m,* personne *f* qui veut bouleverser l'ordre établi; **~zwang** *m* contrainte *f* imposée par le système.

Szen|ar *n* ‹-s, -e› [stse'na:r] *theat film (Bühnenanweisungen, Drehbuch)* scénario *m;* **~e** *f* ‹-, -n› ['stse:nə] *theat allg* scène; *film* séquence *f; hinter der* **~** *(fig)* dans la coulisse; *jdm e-e* **~** *machen (fig)* faire une scène *od* un esclandre à qn; *in* **~** *setzen (theat u. fig)* mettre en scène; *fig* orchestrer; *sich in* **~** *setzen (fig)* se mettre en avant *od* en vue, tenir le haut du pavé; *ländliche od groteske* **~** *(Kunst)* bambochade *f;* **~enbeleuchtung** *f film* éclairage *m* de la scène; **~enwechsel** *m* changement *m* de décor; **~** *auf offener Bühne* changement *m* à vue; **~erie** *f* ‹-, -n› [stsenə'ri:] *theat* décors *m pl;* **s~isch** ['stse:nɪʃ] *a* scénique.

T

T, t *n* ⟨-, -⟩ [te:] *(Buchstabe)* T, t *m;*
T-Eisen *n tech* (fer en) T *od* té *m;*
T-förmig *a* en T *od* té.

Tabak *m* ⟨-s, -e⟩ ['ta(:)bak/ta'bak] tabac *m; ∼ kauen, rauchen, schnupfen*
chiquer, fumer, priser du tabac; *das
ist starker ∼ od Tobak (fig fam)* c'est
un peu fort; **∼bau** *m* culture *f* du tabac; **t∼braun** *a* tabac; **∼brühe** *f* sauce *f* du tabac; **∼geschäft** *n,* **∼laden**
m bureau *od* débit *m* de tabac;
∼handel *m* commerce *m* du tabac;
∼händler *m* marchand *od* débitant
m de tabac; **∼monopol** *n* monopole
m du *od* des tabac(s); **∼pflanze** *f*
(pied de) tabac *m;* **∼pflanzer** *m* planteur *m* de tabac; **∼pflanzung** *f* plantation *f* de tabac; **∼qualm** *m* nuage
m de tabac; **∼sbeutel** *m* blague *f;*
∼sdose *f* tabatière *f;* **∼spfeife** *f* pipe; *fam* bouffarde *f;* **∼steuer** *f* impôt *m* sur le(s) tabac(s); **∼waren** *f pl*
tabac(s *pl*) *m.*

tabell‖arisch [tabɛ'la:rɪʃ] *a,* **T∼enform**
f: in ∼, **∼enförmig** *a* sous forme de
tableau; **T∼e** *f* ⟨-, -n⟩ [-'bɛlə] tableau
m, table *f;* **T∼enführer** *m (Fußball)*
équipe *f* en tête de liste; **T∼ierma-
schine** *f* [-bɛ'li:r-] tabulatrice *f.*

Tabernakel *n od m* ⟨-s, -⟩
[tabɛr'na:kəl] *rel* tabernacle *m.*

Tablett *n* ⟨-(e)s, -s/(-e)⟩ [ta'blɛt] plateau *m.*

Tablette *f* ⟨-, -n⟩ [ta'blɛtə] *pharm*
comprimé *m.*

tabu ['ta:bu/ta'bu:] *a pred* tabou; **T∼** *n*
⟨-s, -s⟩ *rel u. fig* tabou *m.*

Tabul‖a rasa *f* ⟨-, ø⟩ ['ta:bula 'ra:za]
table *f* rase; **∼ator** *m* ⟨-s, -en⟩
[tabu'la:tɔr, -'to:rən] *(Spaltensteller
d. Schreibmaschine)* tabulateur *m.*

Tach‖ograph *m,* **∼ygraph** *m* ⟨-en, -en⟩
[taxo-, taxy'gra:f] *(selbstschreiben-
des ∼ometer)* tachygraphe *m;*
∼ometer *m od n* ⟨-s, -⟩ [-xo'me:tər]
compteur *m* de vitesse; **∼ykardie** *f*
⟨-, ø⟩ [-xykar'di:] *med (Herzbeschleu-
nigung)* tachycardie *f.*

Tadel *m* ⟨-s, -⟩ ['ta:dəl] blâme *m,* réprimande, réprobation, admonestation *f;
(Vorwurf)* reproche *m; (Mißbilli-
gung)* désapprobation; *(Kritik)* critique, censure; *(in der Schule)* mauvaise note *f,* mauvais point *m; ohne ∼.*
t∼frei *a (einwandfrei)* sans défaut;

irréprochable, impeccable; **t∼los** *a*
irréprochable, impeccable; *(einwandfrei)* sans défaut; *(vollkommen)* parfait; *∼ sitzen (Kleidung, a.)* ne pas
faire un pli, aller comme un gant; **t∼n**
tr blâmer, réprimander, réprouver,
reprendre; *(mißbilligen)* désapprou-
ver; *(kritisieren)* critiquer, censurer;
t∼nswert *a,* **t∼nswürdig** *a* blâma-
ble, répréhensible; critiquable, cen-
surable; **∼santrag** *m parl* motion *f*
de censure; **∼sucht** *f* manie *f* de tout
critiquer; **t∼süchtig** *a* porté à la critique; **Tadler** *m* ⟨-s, -⟩ [-dlər] criti-
queur, censeur *m.*

Tafel *f* ⟨-, -n⟩ ['ta:fəl] *(Platte)* plaque *f;
(große)* tableau; *(kleine, a. Schokola-
de)* tablette; *(dünne)* feuille; *(Eß-
tisch)* table *f; (Anschlagbrett)* tableau noir; *(beschriftete ∼, Schild)*
écriteau *m; (Buch: Abbildung außer
dem Text)* planche *f,* hors-texte *m;
(Übersicht, übersichtl. angeordneter
Text)* table *f; die ∼ aufheben* lever la
table; *offene ∼ halten* tenir table ouverte; **∼apfel** *m* pomme *f* à couteau;
∼aufsatz *m* surtout *m* (de table);
∼berg *m, der* la Montagne de la Table; **∼bild** *n (Kunst)* tableau *m;*
∼butter *f* beurre *m* de table;
∼druck *m hist* impression *f* tabellai-
re; **t∼förmig** *a* en plaque, en tableau,
en tablette; **∼freuden** *f pl* plaisirs *m
pl* de la table; **∼garnitur** *f (Tischtuch
u. Servietten)* service *m* de table;
∼geschirr *n* service *m* de table;
∼land *n geog* plateau *m;* **∼malerei** *f*
peinture *f* de chevalet; **t∼n** *itr (speisen)* être à table; banqueter; **∼obst** *n*
fruits *m pl* de table *od* de dessert; **∼öl**
n huile *f* de table; **∼runde** *f* table
(e-s Herrschers) table *f* ronde; **∼sil-
ber** *n* argenterie *f;* **∼tuch** *n* nappe *f;*
∼waage *f* balance *f* à plateaux;
∼wein *m* vin *m* de table.

täfel‖n ['tɛːfəln] *tr arch* lambrisser;
(nur mit Holztafeln) boiser; **T∼ung** *f*
lambrissage *m;* boiserie *f.*

Taft *m* ⟨-(e)s, -e⟩ [taft] *(Textil)* taffetas
m.

Tag *m* ⟨-(e)s, -e⟩ [ta:k, -gə] *(als Zeiteinheit u. ∼eslicht)* jour *m; (in s-m
Verlauf, mit Bezug auf s-n Inhalt)*
journée *f; (∼ung, Treffen)* congrès
m; pl, bes. poet (Zeit) jours *m pl,*

temps *m*, époque *f; alle ~e (, die Gott werden läßt)* tous les jours (que Dieu fait); *alle zwei ~e, e-n ~ um den ander(e)n, jeden zweiten ~* tous les deux jours; *alle acht ~e* tous les huit jours; *am festgesetzten ~e* à la date fixée *od* prescrite; *am folgenden ~* le lendemain; *am hell(icht)en ~e* en plein jour; *an e-m bestimmten ~e* à jour fixe; *un de ces jours; auf s-e alten ~e* sur ses vieux jours; *bei ~e* de jour; *binnen acht ~en* d'ici huit jours, dans les huit jours; *den ganzen ~ (lang od über)* (de) toute la journée, tout le long de la journée, du matin au soir; *den lieben langen ~* toute la sainte journée; *dieser ~e* ces jours-ci; *einen dieser ~e, an e-m der nächsten ~e, in den nächsten ~en* un de ces jours; *eines (schönen) ~es* un beau jour *od* matin; *einmal am ~e* une fois par jour; *ganze ~e lang* (pendant) des jours entiers; *in acht ~en* dans huit jours; *heute, Sonntag in acht ~en* d'aujourd'hui *od* de dimanche en huit; *seit dem ~e, an dem* du jour où; *über ~e (mines)* au jour, à ciel ouvert, en surface; *unter ~e (mines)* au fond; *volle acht ~e* huit jours entiers, une semaine entière; *vom ersten ~e an* dès le *od* du premier jour; *von ~ zu ~* de jour en jour, jour après jour; *von e-m ~ auf den andern* d'un jour à l'autre; *vor acht ~en* il y a huit jours; *~ für ~* jour à *od* par jour; *~ und Nacht* nuit et jour; *drei ~e nach Sicht* à trois jours de vue; *zu ~e ausgehen (mines)* affleurer; *e-n od den ~ für etw bestimmen od festsetzen* prendre jour *od* date pour qc; *an den ~ bringen od legen* mettre au jour *od* en lumière; *jdm e-n ~ festsetzen* donner un jour à qn; *auf bessere ~e hoffen* espérer en l'avenir; *an den ~ kommen* venir au jour, se révéler; *in den ~ hinein leben* vivre au jour le jour, être insoucieux; *etw an den ~ legen* faire preuve de qc, témoigner qc; *jdm guten ~ sagen* dire bonjour à qn; *der ~ bricht an* le jour commence à poindre; *der ~ geht zu Ende od neigt sich* le jour baisse; *es ist heller ~* il fait grand jour; *es wird ~* il se fait jour; *morgen ist wieder ein ~* demain il fera jour; *das ist wie ~ und Nacht (fam)* c'est comme le jour et la nuit; *die Sonne bringt es an den ~* la vérité finit par percer; *guten ~!* bonjour! salut! *jeder ~ hat s-e Plage (prov)* à chaque jour suffit sa peine; *man soll den ~ nicht vor dem Abend loben* qui rit vendredi, dimanche pleurera; *gute, böse ~e (pl)* de bons,

de mauvais jours; **t~aus** *adv: ~, tagein* jour après jour, tous les jours, chaque jour; **t~blind** *a zoo* nyctalope; **~blindheit** *f* nyctalopie *f;* **~dienst** *m* service *m* de jour; **~(e)bau** *m mines* exploitation *f* à ciel ouvert *od* à jour; **~(e)baubetrieb** *m,* **~(e)bausohle** *f mines* mine *f,* étage *m* à ciel ouvert; **~ebuch** *n* journal (intime); *com* livre-journal *m;* **~(e)dieb** *m* fainéant *m; pop* gouape *f;* **t~ein** *adv s. tagaus;* **~egeld** *n* allocation *od* indemnité *f* journalière; *pl* frais *m pl* de déplacement; **t~elang** *adv* des jours entiers, des journées entières; **~(e)lohn** *m* journée *f* (de salaire); salaire *m* journalier; *im ~ arbeiten* travailler à la journée; **~(e)löhner** *m* journalier *m;* homme *m* de journée; **t~(e)löhnern** *itr* travailler à la journée; **~ereise** *f* voyage *m* d'une journée; journée *f* de voyage; **t~eweise** *adv* par jour; *(arbeiten)* à la journée; **~ewerk** *n* journée (de travail); *(Aufgabe)* tâche *f* journalière; **~falter** *m ent* papillon *m* diurne; **~flug** *m aero* vol *m* de jour; **t~hell** *a* clair comme le jour; *es ist ~* il fait (grand) jour; **~schicht** *f (Arbeiter)* équipe *f* de jour; *~ haben* être de jour; **t~süber** *adv* pendant la journée, (tout) le jour, de jour; **t~täglich** *a* quotidien; *adv* quotidiennement, tous les jours; **~undnachtgleiche** *f ⟨-, -n⟩* équinoxe *m;* **~wechsel** *m (fin)* traite *f* (payable) à date fixe.

tagen ['ta:gən] *itr (e-e Tagung abhalten)* siéger, tenir ses assises; *impers: es tagt* il se fait jour.

Tages|ablauf *m* ['ta:gəs-] emploi *m* du temps; **~anbruch** *m: bei ~* à la pointe du jour; *vor ~* avant le jour; **~angriff** *m aero* attaque *f* de jour; **~arbeit** *f (Arbeit eines Tages)* journée *f* (de travail); **~bedarf** *m* consommation *f* journalière; **~befehl** *m mil* ordre *m* du jour; **~bericht** *m* rapport *m* quotidien; **~creme** *f* crème *f* de jour; **~decke** *f (auf d. Bett)* couvre-lit *m;* **~durchschnitt** *m,* **~einnahme** *f* moyenne, recette *od* rentrée *f* journalière; **~ereignis** *n* événement *m* du jour; **~fahrt** *f* excursion *f* d'une journée; **~förderung** *f mines* extraction *f* journalière; **~frage** *f* problème *m* du jour; **~gebühr** *f* taxe *f* journalière; **~geld** *n fin* argent *m* au jour le jour; **~gericht** *n (e-s Speiselokals)* plat *m* du jour; **~geschehen** *n* actualités *f pl;* **~gespräch** *n* nouvelle *f* du jour; *das ist das ~* tout le monde en parle; **~karte** *f* carte *f* du jour;

loc aller et retour *m* valable pour la journée; *(Speisekarte)* menu *m* du jour; **~kasse** *f com* = **~einnahme;** *theat* bureau *m* de location; **~kurs** *m fin* cours *m od* cote *f* du jour; **~länge** *f* longueur *f* des jours; **~leistung** *f* débit *od* rendement *m* journalier, cadence *f* journalière; **~licht** *n* (lumière *f* du) jour *m; das* ~ *hereinlassen* laisser entrer le jour; *ans* ~ *kommen (fig)* voir le jour; *das* ~ *scheuen (fam)* craindre la lumière du jour; **~lichtprojektor** *m* rétroprojecteur *m;* **~marsch** *m (ganztägiger)* journée *f* de marche; **~mittel** *n (Statistik)* moyenne *f* journalière; **~mutter** *f* nourrice *f;* **~nachrichten** *f pl* nouvelles *f pl* du jour; **~ordnung** *f* ordre *m* du jour; *an der* ~ *sein (täglich geschehen)* être à l'ordre du jour; *auf die* ~ *setzen, zur* ~ *übergehen* mettre *od* inscrire *od* porter, passer à l'ordre du jour; *Punkt m, Punkt 1 der* ~ point *m* figurant, le premier point à l'ordre du jour; **~pensum** *n* tâche *f* journalière; **~preis** *m* prix *m* du jour; **~presse** *f* presse *f* quotidienne; **~produktion** *f* production *f* journalière; **~satz** *m* taux *m* journalier *od* du jour; **~schau** *f* TV journal *m* télévisé; **~stempel** *m* timbre *m* à dater; **~stunden** *f pl* heures *f pl* du (plein) jour; **~temperatur** *f mete* température *f* diurne; **~umsatz** *m com* chiffre *m* d'affaires journalier; **~verdienst** *m (e-s Arbeiters)* gain *od* salaire *m* journalier; **~wert** *m com* valeur *f* actuelle *od* courante; **~zeit** *f* heure *f* du jour; *zu jeder* ~ à toute heure du jour; *zu jeder* ~ *und Nachtzeit* à toute heure; **~zeitung** *f* (journal) quotidien *m.*

täglich ['tɛːklıç] *a* journalier, quotidien; de chaque jour; *(alltäglich)* de tous les jours; *adv* journellement, par jour; *(jeden Tag)* chaque jour, tous les jours; *einmal* ~ une fois par jour; *das* ~*e Brot* le pain quotidien.

Tagung *f* ‹-, -en› ['taːɡʊŋ] *(Treffen, Kongreß)* congrès *m,* assises *f pl; (Versammlung)* assemblée, réunion; *(Sitzung)* session, séance *f;* **~sort** *m* lieu *m* du congrès; **~steilnehmer** *m* congressiste *m.*

Taifun *m* ‹-s, -e› [taɪˈfuːn] *mete* typhon *m.*

Taill|e *f* ‹-, -n› ['taljə] taille *f; (Mieder)* corsage *m; auf* ~ *(gearbeitet)* ajusté; **~enweite** *f* tour *m* de taille; **t~iert** [taˈjiːrt] *a (Hemd, Kleidungsstück)* cintré.

Taiwan *n* ['taɪvan, taɪˈvaːn] Taiwan,

Tai-wan *m;* **~er(in** *f)* *m* ‹-s, -› Taiwanais, e *m f;* **t~isch** *a* taiwanais.

Takel *n* ‹-s, -› ['taːkəl] *mar (Flaschenzug)* palan *m;* = **~age** *f* ‹-, -n› [takəˈlaːʒə], **~ung** *f* ['taːkəlʊŋ], **~werk** *n* agrès *m pl,* gréement *m;* **t~n** *tr* gréer.

Takt [takt] **1.** *m* ‹-(e)s, -e› *mus* mesure; *a. allg (Rhythmus, Tonfall)* cadence *f; mot* temps *m; im* ~ en mesure, en cadence; *den* ~ *angeben* marquer la mesure *(mit* de); *im* ~ *bleiben, den* ~ *halten* rester en *od* garder la mesure; *aus dem* ~ *kommen* sortir de la mesure; *den* ~ *schlagen* battre *od* marquer la mesure; **t~fest** *a mus* qui garde (toujours) la mesure; *fig (zuverlässig)* sûr; *(gesund)* valide; **~stock** *m* bâton *m* (de chef d'orchestre); **~strich** *m* barre *f* de mesure.

Takt 2. *m* ‹-(e)s, ø› *(Feingefühl)* tact *m,* discrétion *f;* **~gefühl** *n* tact *m,* discrétion *f;* **t~los** *a* sans tact, indiscret; ~ *sein, keinen* ~ *haben* manquer de tact; **~losigkeit** *f* ‹-, (-en)› manque *m* de tact; *(taktlose Bemerkung)* insolence *f;* **t~voll** *a* plein de tact, discret; ~ *sein* avoir du *od* faire preuve de tact.

Takt|ik *f* ‹-, -en› ['taktık] *mil u. fig* tactique *f;* **~iker** *m* ‹-s, -› ['taktikər] *mil* tacticien *m;* **t~isch** ['taktıʃ] *a* tactique; *mil a.* opérationnel.

Tal *n* ‹-(e)s, ⁓er› [taːl, 'tɛːlər] vallée *f; (kleines)* vallon; *vx* val *m; über Berg und* ~ par monts et par vaux; *zu* ~ *fahren* descendre (de la montagne); **t~abwärts** *adv,* **t~aufwärts** *adv* en descendant, en remontant la vallée; *(auf e-m Wasserlauf)* en aval, en amont; **~bildung** *f* vallonnement *m;* **~fahrt** *f* descente *f* d'une *od* de la montagne; *(e-s Schiffes)* avalage *m;* **~kessel** *m geog* cuvette *f;* **~mulde** *f,* **~sohle** *f* fond *m* (de vallée); **~senke** *f* pente *f;* **~sperre** *f* barrage *m;* **~überführung** *f* viaduc *m;* **t~wärts** *adv* vers la vallée; = *~abwärts;* **~weg** *m* chemin *m* qui suit la vallée.

Talar *m* ‹-s, -e› [taˈlaːr] *(Amtstracht)* robe *f.*

Talent *n* ‹-(e)s, -e› [taˈlɛnt] *(altgriech. Gewicht u. Geldeinheit; Fähigkeit)* talent *m; (Begabung)* dons *m pl;* **t~iert** [-ˈtiːrt] *a,* **t~voll** *a* plein de talent, doué; **t~los** *a* sans talent.

Taler *m* ‹-s, -› ['taːlər] *(alte Münze)* thaler; écu *m.*

Talg *m* ‹-(e)s, -(e)› [talk] *(hartes Fett)* suif *m;* **~drüse** *f anat* glande *f* sébacée; **t~en** [-ɡən] *tr (mit* ~ *bestreichen)* suiffer; **~geschwulst** *f* *med* kyste *m* sébacé; **t~ig** *a* suiffeux; **~kerze** *f,* **~licht** *n* chandelle *f.*

Talisman *m* ‹-s, -e› ['ta:lısman] talisman, porte-bonheur *m.*

Talje *f* ‹-, -n› ['taljə] *mar (Winde)* palan *m.*

Talk *m* ‹-(e)s, ø› [talk] *min* talc *m;* **~puder** *m,* **~um** *n* ‹-s, ø› ['talkʊm] (poudre *f* de) talc *m.*

Talk|master *m* ‹-s, -› ['tɔːkmaːstər] présentateur *m;* **~show** *f* ‹-, -s› ['tɔːkʃoʊ] entretien *m* télévisé.

Talmi *n* ‹-s, ø› ['talmi] *(vergoldete Legierung)* simili-or; *fig (Unechtes)* simili, toc *m;* **~gold** *n* simili-or *m.*

Talmud *m* ‹-(e)s, -e› ['talmuːt, -də], *der rel* le Talmud; **t~isch** [-'muːdıʃ] *a* talmudique.

Talon *m* ‹-s, -s› [ta'lɔ̃ː] *fin* talon *m,* souche *f.*

Tamarinde *f* ‹-, -n› [tama'rındə] *bot* tamarinier *m.*

Tamariske *f* ‹-, -n› [tama'rıskə] *bot* tamaris *m.*

Tambour *m* ‹-s, -e› ['tambuːr] *(Trommel(schläger); arch, tech)* tambour *m;* **~major** *m* tambour-major *m.*

Tambur *m* ‹-s, -e› ['tambuːr] *(Stickrahmen)* tambour *m;* **~in** *m* ‹-s, -e› [-bu'riːn] *mus* tambourin; = **~**.

Tampon *m* ‹-s, -s› [tɑ̃'põː/'tampoːn] tampon *m;* **t~ieren** [-po'niːrən] *tr (mit ~s verstopfen)* tamponner.

Tamtam *n* ‹-s, -s› [tam'tam, '--] *mus* u. *fig fam (laute Reklame)* tam-tam *m.*

Tanagrafigur *f* ['ta(:)nagra-] *(Kunst)* statuette *f* de Tanagra.

Tand *m* ‹-(e)s, ø› [tant, '-d(ə)s] colifichets, brimborions *m pl; fig* futilités *f pl.*

Tänd|elei *f* ‹-, -en› [tɛndə'laı] propos *m pl* frivoles *od* galants, frivolités *f pl; (Flirt)* flirt *m;* **t~eln** *itr* ['tɛndəln] *(herumspielen)* s'amuser à des riens, badiner; *(schäkern)* batifoler, folâtrer; *(flirten)* flirter.

Tandem *n* ‹-s, -s› ['tandɛm] *(Fahrrad)* tandem *m;* **~betrieb** *m tele* exploitation *f* en tandem; **~fahrer** *m* tandémiste *m;* **~system** *n tech* système *m* en tandem.

Tang *m* ‹-(e)s, -e› [taŋ] *bot* varech, fucus *m.*

Tang|ens *m* ‹-, -› ['taŋgɛns] *math (Seitenverhältnis)* tangente *f* d'un *od* de l'angle; **~ente** *f* ‹-, -n› [-'gɛntə] *math* tangente *f;* **t~ential** [-tsi'aːl] *a* tangentiel; **t~ieren** [-'giːrən] *tr math* u. *fig* toucher; *fig* concerner.

Tango *m* ‹-s, -s› ['taŋgo] *(Tanz)* tango *m.*

Tank *m* ‹-s, -s/(-e)› [taŋk] *(Behälter)* réservoir *m,* citerne *f; (von Öltanker)*

tank *m; vx = Panzer(-wagen);* **~anhänger** *m* remorque-citerne *f;* **t~en** *itr mot* prendre de l'essence, faire son plein (d'essence), refaire le plein d'essence; *tr: 20 Liter Benzin ~* prendre 20 litres d'essence; **~er** *m* ‹-s, -› *(~schiff)* navire *od* bateau citerne, (bateau) pétrolier *m;* **~erflotte** *f* flotte *f* pétrolière; **~flugzeug** *n* avion-citerne, ravitailleur *m;* **~raum** *m* soute *f* à essence; **~säule** *f* pompe *f* (à essence); **~stelle** *f* poste *m od* station d'essence; station-service *f,* garage *m;* **~stellenbesitzer** *m,* **~stelleninhaber** *m* pompiste, garagiste *m;* **~wagen** *m mot* camion-citerne; *loc* wagon-citerne *m;* **~wart** *m* pompiste *m.*

Tann|e *f* ‹-, -n› ['tanə], **~enbaum** *m* sapin *m;* **t~en** *a (aus ~enholz)* de sapin; **~enholz** *n* sapin *m;* **~ennadel** *f* aiguille *f* de sapin; **~enwald** *m* sapinière *f,* bois *m* de sapins; **~(en)zapfen** *m* cône *m* de sapin, pomme *f* de pin.

tann|ieren [ta'niːrən] *tr (mit Tannin behandeln)* tanner; **T~in** *n* ‹-s, ø› [-'niːn] *(Gerbsäure)* tan(n)in *m.*

Tantal *n* ‹-s, ø› ['tantal] *chem* tantale *m.*

Tantalusqualen *f pl* ['tantalʊs-] supplice *m* de Tantale.

Tant|chen *n* ‹-s, -› ['tantçən] tantine *f;* **~e** *f* ‹-, -n› tante *f;* **~e-Emma-Laden** *m hum* petit magasin *m* du coin.

Tantieme *f* ‹-, -n› [tãti'ɛːmə] *fin* tantième *m.*

Tanz *m* ‹-es, ⁺e› [tants, 'tɛntsə] danse *f; (~veranstaltung)* bal *m; zum ~ auffordern, um den nächsten ~ bitten* inviter à danser; *den ~ eröffnen* ouvrir la danse *od* le bal; *zum ~ führen, gehen* mener, aller au bal; **~abend** *m* soirée *f* dansante; **~bar** *f.* **~diele** *f* dancing *m;* **~bär** *m* ours *m* danseur *od* savant; **~bein** *n: das ~ schwingen* danser; **~boden** *m fam* = **~fläche;** **t~en** *itr* danser; *pop* guincher; *(schwanken)* se balancer; *(Mücken im Schwarm)* voltiger; *tr* danser *(e-n Walzer* une valse); *nach jds Pfeife ~ (fig)* aller aux flûtes de qn; *aus der Reihe ~ (fig fam)* ne pas faire comme les autres *od* comme tout le monde; *es tanzt mir vor den Augen* je vois des chandelles; **~erei** *f* [-'raı] *fam* sauterie *f;* **~fläche** *f* piste *f* de danse; **~kunst** *f* art *m* de la danse; **~lehrer** *m* professeur *m* de danse; **~lied** *n* air *m* de danse; **~lokal** *n* dancing; *fam* bastringue *m;* **~musik** *f,* **~orchester** *n* musique *f,* orchestre *m* de danse; **~paar** *n* couple *m* de danseurs; ~**saal** *m* salle *f* de danse *od* de bal; ~**schritt** *m* pas *m* de danse; ~**schuh** *m* soulier *m* de bal; ~**schule** *f*, ~**stunde** *f*, école *f*, cours *m od* leçons *f pl* de danse; ~**tee** *m* thé *m od* matinée *f* dansant(e); ~**turnier** *n* tournoi *m* de danse; ~**veranstaltung** *f* bal *m*; ~**weise** *f* air *m* dansant *od* de danse.

tänz|eln ['tɛntsəln] *itr* faire *od* esquisser quelques pas de danse; sautiller; *(Pferd)* caracoler; **T~er(in** *f*) *m* ⟨-s, -⟩ danseur, se *m f*; *ein guter Tänzer, eine gute Tänzerin sein* être un bon danseur, bonne danseuse.

Taper|greis *m* ['ta:pər-] *fam pej* vieillard *m* tremblotant; **t~ig** *a*, **tap(p)rig** *a (dial: gebrechlich)* caduc, débile.

Tapet [ta'pe:t] *n: etw aufs ~ bringen (fam: zur Sprache)* mettre qc sur le tapis; ~**e** *f* ⟨-, -n⟩ papier peint, papier-tenture *m*; *die ~n wechseln (fam: umziehen)* changer de logement; ~**enmuster** *n* dessin *m* de papier peint; ~**entür** *f* porte *f* dérobée; ~**enwechsel** *m* changement *m* d'air.

Tapezier *m* ⟨-s, -e⟩, ~**er** *m* ⟨-s, -⟩ [tape'tsi:r(ər)] tapissier (décorateur) *m*; **t~en** *tr* tapisser, tendre de papier peint.

tapfer ['tapfər] *a* brave, vaillant, valeureux; *(mutig)* courageux; *(kühn)* audacieux, intrépide; *sich ~ schlagen* se battre avec bravoure *od* en brave; **T~keit** *f* ⟨-, ø⟩ bravoure, vaillance *f*; courage *m*.

Tapioka(suppe) *f* ⟨-, ø⟩ [tapi'o:ka] tapioca *m*.

Tapir *m* ⟨-s, -e⟩ ['ta:pɪr/-'pi:r] *zoo* tapir *m*.

tappen ['tapən] *itr* ⟨aux: sein⟩ marcher *od* aller à tâtons; *(noch) im dunkeln ~ (fig)* être (encore) dans l'incertitude; ~**d** *adv* à tâtons.

täppisch ['tɛpɪʃ] *a (schwerfällig, plump)* lourdaud, pataud.

Taps *m* ⟨-es, -e⟩ [taps] *fam (ungeschickter Mensch)* balourd, lourdaud, pataud *m*; **t~en** ⟨aux: sein⟩ *itr fam (schwerfällig gehen)* marcher lourdement; **t~ig** *a fam* godichon, gauche.

Tar|a *f* ⟨-, -ren⟩ ['ta:ra] *com* tare *f*; **t~ieren** [ta'ri:rən] *tr com* tarer; ~**ierwaage** *f* trébuchet *m*.

Tarantel *f* ⟨-, -n⟩ [ta'rantəl] *zoo* tarentule *f*; *wie von der ~ gestochen* piqué de la tarentule; ~**la** *f* ⟨-, -s/-llen⟩ [-'tɛla] *(Tanz)* tarentelle *f*.

Tarif *m* ⟨-s, -e⟩ [ta'ri:f] tarif *m*; ~**abkommen** *n* accord *m od* convention *f* tarifaire; ~**abschluß** *m* accord *m* tarifaire; ~**auseinandersetzungen** *f pl* dissensions *f pl* sur les tarifs;

~**autonomie** *f* autonomie *f* tarifaire; ~**bestimmung** *f* disposition *f* tarifaire; ~**bruch** *m* rupture *f* du tarif; ~**erhöhung** *f* majoration *f od* relèvement *m* de *od* du tarif; ~**gehalt** *n* salaire *m* tarifaire *od* contractuel; ~**gemeinschaft** *f* association *f* tarifaire; ~**gestaltung** *f*, ~**ierung** *f* tarification *f*; ~**gruppe** *f* groupe *m* tarifaire; **t~ieren** [-ri'fi:rən] *tr* tarifer; ~**kommission** *f* commission *f* tarifaire; **t~lich** *a* tarifaire; ~**lohn** *m* salaire *m* tarifaire *od* contractuel; **t~los** *a: ~e(r) Zustand* période *f* précédant la conclusion des accords tarifaires; ~**ordnung** *f* tarification; convention *f* collective; ~**partner** *m* partie *f* à la convention collective; ~**runde** *f* pourparlers *m pl od* négociations *f pl* tarifaires; ~**satz** *m* taux *m* tarifaire; ~**senkung** *f* réduction *f* du tarif; ~**tabelle** *f* barème *m* (tarifaire); ~**verhandlungen** *f pl* négociations *f pl* tarifaires; ~**vertrag** *m* contrat *m* collectif, convention collective de travail, convention *f* réglant les tarifs.

Tarn|anstrich *m* ['tarn-], ~**anzug** *m* peinture *od* couche *f*, vêtement *m* de camouflage; **t~en** *tr mil u. fig* camoufler; ~**farbe** *f* couleur *od* peinture *f* de camouflage; ~**kappe** *f* (*Mythologie*) heaume *m* qui rend invisible; ~**maßnahmen** *f pl*, ~**netz** *n* mesures *f pl*, filet *m* de camouflage; ~**organisation** *f* organisation *f* camouflée; ~**ung** *f* camouflage *m*.

Tarock *n od m* ⟨-s, -s⟩ [ta'rɔk] jeu *m* de tarots.

Täsch|chen *n* ⟨-s, -⟩ ['tɛʃçən] petit sac *m*; (*in e-m Kleidungsstück*) petite poche, pochette *f*, gousset *m*; ~**elkraut** *n* ⟨-(e)s, ø⟩ capselle, bourse *f* à berger *od* à pasteur.

Tasche *f* ⟨-, -n⟩ ['taʃə] (*in e-m Kleidungsstück*) poche *f*; (*Westen-, Uhren~*) *a.* gousset *m*; (*Geld~*) bourse *f*; (*Hand~*) sac *m* (à main); (*Akten~*) serviette *f*; (*Schul~*) cartable *m*; (*Umhänge-, Pack-, Werkzeug-, Sattel~*) sacoche; (*Werkzeug~, Etui*) trousse *f*; *in die eigene ~ arbeiten, sich die ~n füllen* faire danser l'anse du panier, faire venir l'eau à son moulin; *etw aus seiner ~ bezahlen* payer qc de sa poche; *in die ~ greifen (a. fig: bezahlen)* mettre la main à la poche; *etw in der ~ (fig: sicher) haben* tenir qc dans sa *od* en poche; *jdm auf der ~ liegen (fig)* être sur le dos, vivre aux crochets de qn; *etw in die ~ stecken* mettre qc dans sa poche, empocher qc; *jdn in die* ~ *stecken (fig fam)* mettre qn dans sa poche.

Taschen|ausgabe *f,* ~**buch** *n* ['taʃən-] édition *f,* livre *m* de poche; ~**dieb** *m* voleur *m* à la tire. pickpocket *m; vor* ~*en wird gewarnt!* gare *od* prenez garde aux pickpockets! ~**diebstahl** *m* vol *m* à la tire; ~**format** *n,* ~**geld** *n,* ~**kalender** *m,* ~**kamm** *m,* ~**kompaß** *m* format, argent, calendrier, peigne *m,* boussole *f* de poche; ~**krebs** *m* (crabe) tourteau *m;* ~**lampe** *f* lampe de poche, (lampe) torche *f;* ~**messer** *n* canif, couteau *m* de poche; ~**rechner** *m* calculette, calculatrice *f* de poche; ~**spiegel** *m* glace *f od* miroir *m* de poche; ~**spieler** *m* faiseur de tours (de passe-passe), escamoteur, prestidigitateur *m;* ~**spielerei** *f* escamotage *m,* prestidigitation *f;* ~**spielerkunststück** *n,* ~**spielertrick** *m* tour *m* d'escamotage; ~**tuch** *n* ‹-(e)s, ⁓er› mouchoir *m* (de poche); *sich e-n Knoten ins* ~ *machen* faire un nœud à son mouchoir; ~**uhr** *f* montre; *arg* toquante *f;* ~**wecker** *m* montre *f* à répétition; ~**wörterbuch** *n* dictionnaire *m* de poche.

Tasmanien *n* [tas'ma:niən] *geog* la Tasmanie.

Tasse *f* ‹-, -n› ['tasə] tasse *f; nicht alle* ~*n im Spind haben (fig pop: verrückt sein)* être marteau *od* toqué, avoir une araignée au plafond; *aus der* ~ *trinken* boire à la tasse; *trübe* ~ *(pop pej)* bonnet *m* de nuit; *e-e* ~ *Kaffe* une tasse de café.

Tast|atur *f* ‹-, -en› [tasta'tu:r] *(des Klaviers, der Schreibmaschine etc)* clavier *m;* **t~bar** ['tast-] *a* palpable, tangible; **t~en** ‹-, -n› *a* palpable, tangible; **t~en** ‹-, -n› toucher *f; tele* manipulateur *m;* **t~en** *tr* tâter, palper, toucher (du doigt); *itr* tâtonner; *nach etw* chercher qc à tâtons *od* en tâtonnant; *sich zu etw* ~ avancer à tâtons *od* en tâtonnant vers qc; ~**en** *n* tâtonnement *m; tele* manipulation *f;* ~**enhebel** *m* barre *f* de touche; ~**entelefon** *n* téléphone *m* à touches; ~**er** *m* ‹-s, -› *el* bouton *m; tele typ* manipulateur *m (a. Person);* ~**erlehre** *f tech* calibre *m;* ~**erzirkel** *m* compas *m* d'épaisseur; ~**sinn** *m* ‹-(e)s, ø› (sens du) toucher *m.*

Tat *f* ‹-, -en› [ta:t] *(Handlung)* action *f,* acte; fait; *(Heldentat)* exploit; *(Wohltat)* bienfait; *(Untat, Freveltat)* méfait, forfait *m; in der* ~ en effet, en vérité; *jdm mit Rat und* ~ *beistehen* prendre fait et cause pour qn; *jdn auf frischer* ~ *ertappen* prendre qn en flagrant délit *od* sur le fait; *zur* ~ *schrei-*

ten passer aux actes *od* à l'action; *etw in die* ~ *umsetzen* transformer qc en action; réaliser qc; *gute* ~ bonne action *f; ein Mann der* ~ un homme d'action; ~**bericht** *m* récit *od* exposé *m* des faits; ~**bestand** *m* état *m* de choses *od* de cause; *jur* éléments *m pl* constitutifs; ~**bestandsaufnahme** *f jur* procès-verbal *m* de constatation, constatation *f* du fait; ~**einheit** *f: in* ~ *mit (jur)* en concomitance avec; ~**endrang** *m,* ~**endurst** *m* besoin *m* d'activité; **t~enlos** *a* inactif, passif; *adv:* ~ *zusehen* regarder sans rien faire; ~**enlosigkeit** *f* ‹-, ø› inaction, passivité *f.* ~**form** *f* = *Tätigkeitsform;* ~**frage** *f jur* question *f* de fait; ~**kraft** *f* énergie, activité, résolution *f,* dynamisme *m;* **t~kräftig** *a* énergique, actif, résolu, dynamique; *jdn* ~ *unterstützen* prêter main-forte à qn; ~**ort** *m jur* lieu *m* du délit *od* du crime; ~**sache** *f* fait *m,* réalité *f; angesichts der* ~ en présence du fait; *auf Grund dieser* ~ de ce fait; *als* ~ *hinstellen, daß ...* poser en fait que ...; *die* ~*n sprechen deutlich genug* les faits parlent d'eux-mêmes; ~ *ist, daß ...* c'est un fait que ..., le fait est que ...; *vollendete* ~ fait *m* accompli; ~**sachenbericht** *m* exposé de faits, article documentaire, récit *m* véridique; **t~sächlich** *a* effectif, réel, positif; *adv* vraiment, en *od* de fait; ~**umstände** *m pl* = ~*bestand.*

Tataren [ta'ta:rən], *die m pl* les Ta(r)tar(e)s *m pl.*

Tät|er *m* ‹-s, -› ['tɛ:tər] *jur* auteur; *(e-r Straftat)* coupable *m;* ~**erschaft** *f* ‹-, ø› *jur* paternité; *(schuldhafte)* culpabilité *f;* **t~ig** *a* actif; *(wirksam)* effectif; ~*en Anteil an etw nehmen* prendre une part active à qc; ~ *sein (arbeiten)* travailler; *(in e-m Betrieb)* être occupé; *unermüdlich* ~ *sein* avoir une activité de fourmi; **t~igen** *tr* effectuer, réaliser; *ein Geschäft* ~ réaliser *od* conclure un marché; ~**igkeit** *f* activité *f; (e-r Maschine)* fonctionnement *m; s-e* ~ *einstellen* cesser ses fonctions; *in* ~ *sein (Mensch)* être en activité; *(Maschine)* être en marche, fonctionner; *in, außer* ~ *setzen (Maschine)* faire marcher, cesser; *in* ~ *treten (Mensch)* entrer en fonctions; *s-e* ~ *wiederaufnehmen* reprendre ses fonctions; ~**igkeitsbereich** *m* sphère *f od* domaine *m* d'activité; ~**igkeitsbericht** *m* rapport *od* compte rendu *m* d'activité; ~**igkeitsbeschreibung** *f* description *f* des fonctions; ~**igkeitsfeld** *n* champ *m* d'action; ~**igkeits-**

form *f gram* voix *f* active; ~**igkeits-wort** *n gram* verbe *m;* **t~lich** *a:* ~ *werden* se livrer à des voies de fait; ~*e(r) Angriff m,* ~*e Beleidigung f,* ~**lichkeit** *f jur* voie *f* de fait; *sich zu* ~*en hinreißen lassen* se laisser aller à des voies de fait.

tätowier|en [tɛto'viːrən] *tr* tatouer; **T~ung** *f* tatouage *m.*

tätscheln ['tɛ(ː)tʃəln] *tr (streicheln)* cajoler.

Tatt|erich *m* ⟨-(e)s, ø⟩ ['tatəriç] *m med fam (Zittern)* tremblote *f;* **t~(e)rig** *a fam (zittrig)* qui a la tremblote, qui tremblote.

Tatze *f* ⟨-, -n⟩ ['tatsə] patte, griffe *f.*

Tau 1. *m* [tau] ⟨-(e)s, ø⟩ *mete* rosée *f;* **t~en** *itr ⟨aux: sein⟩ (schmelzen)* fondre; *impers: es taut ⟨aux: haben⟩ (es ist ~wetter)* il dégèle; *(es fällt ~)* il tombe de la rosée, la rosée tombe; **t~feucht** *a* humide de rosée; **t~frisch** *a* frais comme une rose; ~**punkt** *m phys* point *m* de rosée; ~**tropfen** *m* goutte *od* perle *f* de rosée; ~**wetter** *n* (temps de) dégel *m; es ist* ~ le temps est au dégel; ~**wind** *m* vent *m* de dégel.

Tau 2. *n* ⟨-(e)s, -e⟩ [tau] *mar (starkes Seil)* cordage, câble *m;* amarre *f;* **t~en** *tr mar (mit e-m* ~ *ziehen)* touer; ~**ziehen** *n sport* lutte à la corde; *fig pol* course *f* au poteau; lutte *f* au finish *(fam).*

taub [taup] *a* sourd; *(Blüte)* stérile; *(Ähre)* vide; *(Nuß)* creux; *(Gestein)* stérile; ~ *gegen etw sein (fig)* être insensible *od* fermé à qc; *sich* ~ *stellen* faire le sourd *od* la sourde oreille, se boucher les oreilles; *auf einem Ohr, auf beiden Ohren* ~ sourd d'une oreille, des deux oreilles; **T~heit** *f* ⟨-, ø⟩ surdité; *(Blüte, Gestein)* stérilité; *fig (Unerbittlichkeit)* insensibilité *f;* **T~nessel** *f bot* ortie *f* blanche, rouge; ~**stumm** *a* sourd-muet; **T~stumme(r)** *m* sourd-muet *m;* **T~stummenanstalt** *f,* **T~stummensprache** *f* établissement pour, langage *m* des sourds-muets; **T~stummheit** *f* ⟨-, ø⟩ surdi-mutité *f.*

Taube *f* ⟨-, -n⟩ ['taubə] pigeon *m; poet* colombe *f; er denkt, die gebratenen* ~*n fliegen ihm in den Mund od ins Maul* il pense que les alouettes lui tombent toutes rôties dans le bec *od* la bouche; **t~ngrau** *a* gris pigeon, gorge-de-pigeon; ~**nhaus** *n,* ~**nschlag** *m* pigeonnier *m; hier geht es zu wie in e-m* ~ c'est une vraie volière ici; ~**nnest** *n* nid *m* de pigeon; ~**npost** *f* poste *f* par pigeons; ~**nschießen** *n* tir *m* aux pigeons;

~**nzucht** *f,* ~**nzüchter** *m* élevage des, éleveur *m* de pigeons; ~**r(ich)** *m,* **Täuber(ich)** *m* ⟨-s, -e⟩ ['tau-, 'tɔybəriç] pigeon *m* mâle.

Tauch|bad *n* ['taux-] *tech* barbotage *m;* ~**boot** *n = Unterseeboot;* **t~en** *tr ⟨aux: haben⟩* plonger, immerger, tremper; *itr ⟨aux: sein⟩* plonger, faire un plongeon; ~**en** *n* immersion; plongée *f,* plongeon *m;* ~**er** *m* ⟨-s, -⟩ *sport* plongeur; *(mit Ausrüstung)* scaphandrier; *orn* plongeon *m;* ~**eranzug** *m* scaphandre *m;* ~**erglocke** *f* cloche *f* à *od* de plongeur, caisson *m* (pneumatique); ~**erhelm** *m* casque *m* de scaphandrier; ~**erkugel** *f* bathyscaphe *m;* ~**eruhr** *f* montre *f* de plongée; **t~fähig** *a mar* submersible; ~**fähigkeit** *f* submersibilité *f;* ~**gerät** *n* scaphandre *m;* **t~klar** *a mar* prêt à la plongée; ~**schmierung** *f tech* graissage *m* par barbotage; ~**sieder** *m* ⟨-s, -⟩ thermoplongeur, chauffe-liquide *m;* ~**station** *f mar* poste *m* de plongée; *auf* ~ *gehen (fig)* rentrer dans son trou; ~**tank** *m mar* caisse *f* de plongée; ~**tiefe** *f mar* profondeur *f* d'immersion.

Tauf|becken *n* ['tauf-] *rel* fonts *m pl* baptismaux; ~**e** *f* ⟨-, -n⟩ baptême *m; über die* ~ *halten, aus der* ~ *heben* tenir sur les fonts baptismaux; **t~en** *tr rel* baptiser; *hum (mit Wasser verdünnen)* baptiser, mouiller; *jdn auf e-n Namen* ~ donner un nom à qn; *sich* ~ *lassen (a.)* se convertir (au christianisme); ~**kapelle** *f* baptistère *m;* ~**name** *m* nom *m* de baptême; ~**pate** *m* parrain *m;* ~**patin** *f* marraine *f;* ~**register** *n,* ~**schein** *m* registre, extrait *m* de baptême; ~**stein** *m = ~becken.*

Täufer *m* ['tɔyfər]: *s. Johannes;* ~**ling** *m* ⟨-s, -e⟩ celui qui reçoit le baptême; *(Patenkind)* filleul, e *m f.*

taug|en [taugən] *itr* valoir; *(passend sein)* être bon *od* propre *od* utile *od* apte, (pouvoir) servir *(zu etw* à qc); convenir *(zu etw* pour qc); *viel, wenig, etw* ~ valoir beaucoup, peu, qc; *nichts* ~ ne rien valoir; **T~enichts** *m* ⟨-/-es, -e⟩ ['taugəniçts] vaurien, propre à rien, pas grand-chose, mauvais sujet, (mauvais) garnement *m;* ~**lich** ['-kliç] *a* apte, propre, utile, convenable, bon *(zu etw* à qc); *(fähig)* capable *(zu etw* à qc); *mil* apte (au service militaire); **T~lichkeit** *f* ⟨-, ø⟩ aptitude; capacité *f.*

Taum|el *m* ⟨-s, ø⟩ ['tauməl] *(Schwindel)* vertige; *(Benommenheit)* étourdissement; *(Rausch)* enivrement *m; fig* ivresse *f;* **t~(e)lig** *a* pris de ver-

tige; chancelant, titubant; *ich bin (so)*
~ j'ai le vertige, la tête me tourne;
~ellolch *m* ‹-(e)s, -e› ['--lɔlç] *bot*
ivraie *f;* **t~eln** ‹*aux: sein*› *itr* chanceler, tituber; être pris de vertige.

Tausch *m* ‹-(e)s, -e› [tauʃ] échange;
(~handel) troc *m; im* ~ *gegen* en
échange de; *in* ~ *geben, nehmen* donner, accepter en échange; *e-n* ~ *machen* faire un échange; *e-n schlechten* ~ *machen (a.)* changer *od* troquer son cheval borgne contre un
aveugle; **t~en** *tr* échanger, troquer;
itr faire un échange; *ich möchte nicht
mit ihm* ~ *(fig)* je ne voudrais pas
être à sa place; **~geschäft** *n* opération *f* d'échange; **~handel** *m* (commerce de) troc *m;* **~mittel** *n* moyen
m d'échange; **~objekt** *n* objet *m*
d'échange; **~verkehr** *m (zwischen
Bibliotheken)* échange *m* de livres;
~wert *m* valeur *f* d'échange.

täusch|en ['tɔyʃən] *tr* tromper, induire
en erreur; donner le change à, duper,
mystifier, abuser; *(enttäuschen)* décevoir, désappointer; *sich* ~ se tromper,
faire erreur (*über etw* sur qc, au sujet
de qc); s'illusionner, se faire (des) illu-
sion(s); *von jdm getäuscht werden
(a.)* être la dupe de qn; *sich* ~ *lassen
(a.)* s'y laisser prendre; *ich habe
mich in Ihnen getäuscht* vous m'avez
déçu; *ich kann mich auch* ~ je peux
aussi faire erreur; **~end** *a* trompeur,
illusoire; à s'y méprendre, à s'y tromper; *adv: sie sehen sich* ~ *ähnlich* ils
se ressemblent à s'y méprendre;
T~ung *f* tromperie; duperie, fraude,
mystification; *(Irrtum)* erreur, illusion; *(Enttäuschung)* déception, désillusion *f; sich keiner* ~ *hingeben* ne
pas s'y tromper; **~en unterliegen** être
sujet à se tromper; *optische* ~ illusion
f d'optique; *vorsätzliche* ~ escroquerie *f;* **T~ungsmanöver** *n* feinte *f;*
T~ungsversuch *m* tentative *f* de
fraude.

tauschier|en [tau'ʃiːrən] *tr tech* da-
masquiner; **T~ung** *f* damasquinage
m.

tausend ['tauzənt] *(Zahlwort)* mille;
einige, mehrere ~ ... quelques, plusieurs milliers de; ~ *und aber* ~ des
milliers; ~ *Dank!* merci mille fois; **T~**
f ‹-, -en› [-dən]; *die T~* le mille; *n*
millier *m;* ~*e und aber* ~*e* des milliers, des mille et des cents; *zehn vom*
~ dix pour mille; *zu* ~*en* par milliers;
in die ~*e gehen* se chiffrer par des
milliers; **T~blatt** *n* ‹-(e)s, ø› *bot* my-
riophylle *m;* **T~er** *m* ‹-s, -› mille; *fam
(Banknote)* billet *m* de mille; **~erlei**
['---'lai] *a* mille (et mille); **~fach** *a u.*

adv mille fois autant *od* plus; *adv allg*
au centuple; *das T~e* mille fois
autant; **~fältig** *a u. adv* = ~*fach
(a u. adv);* **T~füß(l)er** *m* ‹-s, -›
[('--fy:s(l)ər] *zoo* mille-pattes *m,* scolopendre *f;* **T~güldenkraut** *n* ‹-(e)s,
ø› [-'gʏldən-] *bot* eythrée centaurée,
petite centaurée *f;* **~jährig** *a* millénaire; *das T~e Reich (rel)* le règne
millénaire; *hist* le Reich de mille ans;
T~künstler *m* homme ingénieux *od*
habile à tout; sorcier *m;* **~mal** *adv*
mille fois; **~malig** *a* mille fois répété;
T~sas(s)a *m* ‹-s, -(s)› [-sasa] *fam
(Schwerenöter)* gaillard, diable *m*
d'homme; *a.* = ~*künstler;* **T~schön**
n ‹-s, -e› *bot* amarante *f;* **T~stel** *n*
‹-s, -› millième *m;* **~ste(r, s)** *a* millième; **~undein** *(Zahlwort): (Märchen n pl aus) T~e(r) Nacht* les Mille
et une Nuits.

Tax|ameter *m* ‹-s, -› [taksa'meːtər]
(Fahrpreisanzeiger) taximètre, compteur *m;* **~ator** *m* ‹-s, -en› [-k'saːtɔr,
-'toːrən] *(Schätzer)* estimateur, commissaire-priseur *m;* **~e** *f* ‹-, -n›
['taksə] **1.** *(Abgabe, Gebühr)* taxe *f,*
taux, tarif *m;* **2.** *(Mietauto),* **~i** *n* ‹-(s),
-(s)› ['taksi] taxi *m,* voiture *od* automobile *f* de place; **t~ieren** [-'ksiːrən]
tr (schätzen) estimer, évaluer; **~ie-
rung** *f* estimation, évaluation, mise *f*
à prix; **~ifahrer** *m* chauffeur *m* de
taxi; **~istand** *m* place *f* de voitures
od d'automobiles; **~preis** *m (bei e-r
Auktion)* mise *f* à prix; **~wert** *m*
(Schätzwert) valeur *f* d'estimation.

Taxus *m* ‹-, -› ['taksʊs] *bot* if *m.*

Teakholz *n* ['tiːkhɔlts] (bois de) teck
m.

Team *n* ‹-s, -s› [tiːm] équipe *f;* **~work**
n ‹-s, ø› ['tiːmwəːk] collaboration *f*
(d'équipe).

Techn|etium *n* ‹-s, ø› [tɛç'neːtsiʊm]
chem technétium *m;* **~ik** *f* ‹-, -en›
['tɛçnɪk] *(Ingenieurwissenschaft)*
technique *f; (Maschinenwesen)* machinisme *m; (Verfahren, Arbeits-
weise, Fähigkeit)* technique *f;* **~iker**
m ‹-s, -› ['tɛçnikər] technicien,
ingénieur; *(Fachmann)* spécialiste *m;*
~ikum *n* ‹-s, -ka/-ken› ['tɛçnikʊm,
-ka/-kən] *(techn. Fachschule)* école *f*
professionnelle spécialisée; **t~isch**
['tɛçnɪʃ] *a* technique, mécanique; *aus
~en Gründen* pour des raisons
matérielles; *infolge ~er Störungen* en
raison d'ennuis mécaniques; **~e(r)**
Ausdruck m terme *m* technique;
~e(r) *Charakter m (e-r Sache)* tech-
nicité *f;* **~e** *Daten n pl* caractéristi-
ques *f pl* mécaniques; *t~e Hochschule od Universität f* école *f* supérieure

technique; T~e *Nothilfe f* service *m* technique d'urgence; ~*e Störung f* incident *m* technique, panne *f;* **t~isieren** *tr* [-ni'si:rən] techniciser; ~**isierung** *f* emploi *m* de plus en plus fréquent de la technologie; ~**okrat** *m* ‹-en, -en› [-no'kra:t] technocrate *m;* ~**okratie** *f* ‹-, ø› [-kra'ti:] technocratie *f;* ~**ologie** *f* ‹-, ø› [-nolo'gi:] technologie *f;* **t~ologisch** [-'lo:gıʃ] *a* technologique.

Techtelmechtel *n* ‹-s, -› [tɛçtəl'mɛçtəl] *fam (Liebelei)* amourette *f.*

Teddybär *m* ['tɛdi-] ours *m* en peluche.

Tee *m* ‹-s, -s› [te:] *(~blätter u. daraus bereitetes Getränk) ~ the m; (Aufguß von anderen Pflanzen)* infusion; *(Krankentee)* tisane *f;* ~ *aufbrühen* od *kochen* faire du thé; ~*trinken* prendre du thé; *den* ~ *ziehen lassen* laisser infuser le thé; *abwarten und* ~ *trinken!* *(fam)* attendons la fin de l'histoire; *e-e Tasse* ~ une tasse de thé; ~**blatt** *n* feuille *f* de thé; ~**büchse** *f,* ~**dose** *f* boîte *f* à thé; ~**-Ei** *n* boule *f* od œuf *m* à thé; ~**gebäck** *n* (petits) gâteaux secs; *(kleine Törtchen)* petits fours *m pl;* ~**geschirr** *n* = ~*service;* ~**kanne** *f* théière *f;* ~**kessel** *m* bouilloire *f* à thé; ~**küche** *f (im Krankenhaus)* tisanerie *f;* ~**kuchen** *m: englische(r)* ~ (plum-) cake *m;* ~**löffel** *m* cuiller od cuillère *f* à thé; ~**löffelvoll** *m* cuillerée *f* à thé; ~**maschine** *f* samovar *m;* ~**mischung** *f* mélange de thé, thé *m* mélangé; ~**rose** *f* rose-thé *f;* ~**service** *n* service *m* à thé; ~**sieb** *n* passoire *f* à thé, passe-thé *m;* ~**staude** *f,* ~**strauch** *m* arbre à thé, théier *m;* ~**strumpf** *m* filtre *m* à thé; ~**stube** *f* salon *m* de thé; ~**tasse** *f* tasse *f* à thé; ~**tisch** *m* table *f* à thé; ~**wagen** *m* table *f* roulante.

Teenager *m* ‹-s, -› ['ti:ne:dʒər] teen-ager, moins de vingt ans, adolescent *m.*

Teer *m* ‹-(e)s, -e› [te:r] goudron *m;* ~**decke** *f* revêtement *m* en goudron; **t~en** *tr* goudronner, bitumer; ~**en** *n* goudronnage *m;* ~**fabrik** *f* goudronnerie *f;* ~**farbe** *f* couleur *f* d'aniline; **t~ig** *a* goudronneux; ~**jacke** *f fam (Seebär)* loup *m* de mer; ~**pappe** *f* carton od papier *m* goudronné; ~**schwelerei** [-ʃveːlə'raı] *f* goudronnerie *f;* ~**(spritz)maschine** *f* goudronneuse *f.*

Teich *m* ‹-(e)s, -e› [taıç] étang *m,* pièce *f* d'eau; *(Fischteich)* vivier *m; e-n* ~ *ablassen* vider un étang;

~**frosch** *m* grenouille *f* verte; ~**rose** *f* nénuphar *m* blanc; ~**wirtschaft** *f (Fischzucht)* pisciculture *f,* alevinage *m.*

Teig *m* ‹-(e)s, -e› [taık, '-gə] pâte *f; ausgerollte(r)* ~ abaisse *f;* **t~ig** *a* pâteux; *(Omelette)* baveux; *(Obst)* farineux; *(Kuchen)* mal cuit; ~**knetmaschine** *f* pétrin *m* mécanique; ~**mulde** *f* pétrin *m;* ~**waren** *f pl* pâtes *f pl* alimentaires.

Teil *m* od *n* ‹-(e)s, -e› [taıl] partie; part; *(Anteil)* part, portion *f; (Stück)* morceau *m; (als Einheit)* pièce *f; für mein(en)* ~ pour ma part, quant à moi; *zum* ~ en partie, partiellement; *zu gleichen* ~*en* à parts égales; *zum größten* ~ pour la plupart; *ich habe das Buch zum größten* ~ *gelesen* j'ai lu la plus grande partie du livre; *sein* ~ *zu etw beitragen* concourir, mettre du sien à qc; *sich sein* ~ *denken* avoir son idée à soi; *das bessere* ~ *wählen* choisir la meilleure part; *sein* ~ *(weg)haben (fam)* en avoir eu sa part; *der größere* ~ la majeure partie; *mein* ~ ma part; *die (hohen) vertragschließenden* ~*e* les Hautes Parties Contractantes; ~**abschnitt** *m* secteur *m;* ~**akzept** *n (Wechsel)* acceptation *f* partielle; ~**anmeldung** *f (Patent)* demande *f* divisionnaire; ~**ansicht** *f* vue *f* partielle; **t~bar** *a* divisible; ~**barkeit** *f* ‹-, ø› divisibilité *f;* ~**beschäftigte(r)** *m* chômeur *m* partiel; ~**betrag** *m* montant *m* partiel; ~**chen** *n* petite partie *f,* fragment *m,* parcelle; *phys (Kern~)* particule *f.*

teilen ['taılən] *tr (zer~, zerlegen)* diviser, fractionner, scinder, séparer; *math* diviser; *(auf-, ver~)* partager *(etw mit jdm* qc avec qn); *(Anteil nehmen an)* prendre part à; partager *(jds Los* le sort de qn); *itr (e-e Aufteilung vornehmen)* faire les parts; *sich* ~ *(ausea.gehen, -fallen)* se défaire, se fendre; *(Weg)* bifurquer; *fig (Mensch)* se dédoubler, se multiplier; *sich mit jdm in etw* ~ partager qc avec qn; *jds Ansicht* od *Meinung* ~ *(a.)* être de l'avis *od* de l'opinion de qn; *die Wogen* ~ *(Schiff)* fendre les flots.

Teiler *m* ['taılər] ‹-s, -› *math* diviseur *m.*

Teil‖erfolg *m* ['taıl-] succès *m* partiel; ~**ergebnis** *n* résultat *m* partiel; ~**erhebung** *f (Statistik)* recensement *m* incomplet; ~**gebiet** *n fig* secteur, rayon *m;* ~**gesamtheit** *f (Statistik)* sous-population *f,* sous-ensemble *m;* **t~≈haben** *itr: an etw* ~ participer, avoir part à qc; *an e-m Verbrechen ~* tremper dans un crime; **~haber** *m* ⟨-s, -⟩ *com* associé *m; jdn als ~ annehmen* associer qn; *als ~ eintreten* s'associer; *stille(r) ~* commanditaire, bailleur *m* de fonds; *tätige(r) ~* commandité *m;* **~haberschaft** *f* ⟨-, ø⟩ *com* qualité *f* d'associé; **~hafter** *m* commanditaire *m;* **t~haftig** *a: e-r S ~ werden* prendre part à qc; **~kaskoversicherung** *f* assurance *f* au tiers; **~kreis** *m (e-s Zahnrades)* cercle *m* primitif; **~menge** *f (in der Mengenlehre)* sous-ensemble *m;* **t~motorisiert** *a* semi-motorisé; **~nahme** *f* ⟨-, ø⟩ participation; *(Mitarbeit)* coopération, collaboration; *(an e-m Verbrechen)* complicité *f; (Mitgefühl)* intérêt *m,* sympathie *f; (Beileid)* sentiments *m pl* de condoléance; **t~nahmslos** *a* indifférent, indolent, apathique, froid; **~nahmslosigkeit** *f* indifférence, indolence, apathie, froideur *f;* **t~nahmsvoll** *a* compatissant; **t~≈nehmen** *itr* participer, prendre part *(an à); (an e-r Arbeit)* coopérer, collaborer; *(an e-m Verbrechen)* être complice *(an de) am Fest ~* être de la fête; *an e-m Lehrgang od Kurs ~* suivre un cours; *jdn ~ lassen* mettre qn de la partie; **~nehmer** *m* ⟨-s, -⟩ *a. sport* participant; *tele* abonné; *(Verkehrsteilnehmer)* usager *m; ~ am Endkampf, an der Endrunde (sport)* finaliste *m; ~ an der Zwischenrunde* demi-finaliste *m;* **~nehmeranschluß** *m tele* poste *m* d'abonné; **~nehmerverzeichnis** *n tele* annuaire *m* du téléphone; **~nehmerzahl** *f* nombre *m* des participants; **~pacht** *f* métayage *m;* **~pächter** *m* métayer *m;* **~pachtgut** *n* métairie *f;* **~prüfung** *f (Statistik)* inspection *f* sur échantillon *od* partielle; **~rente** *f* rente *f* partielle.

teils [taɪls] *adv* partiellement, en partie; *~ ..., ~ ...* (en) partie ..., (en) partie ... ; *~ blieben sie, ~ gingen sie* les uns restèrent, les autres s'en allèrent.

Teil‖schaden *m* ['taɪl-] dommage *m od* perte *f* partiel(le); **~sendung** *f com* envoi *m* partiel; **~strecke** *f (d. Straßenbahn)* section *f;* **~streik** *m* grève *f* partielle; **~strich** *m* marque *f* de subdivision; **~stück** *n* section; *(Statistik)* parcelle *f;* **~tief** *n mete* dépression *f* secondaire.

Teilung *f* ⟨-, -en⟩ ['taɪluŋ] partage *m,* division *f; (Zerstückelung, bes. von Grund u. Boden)* morcellement; *(e-s Landes)* démembrement *m; (Spaltung, bes. scient)* scission; *biol*

segmentation; *(Zell~)* division; *(Trennung)* séparation *f;* **~sartikel** *m gram* article *m* partitif; **~sklage** *f jur* action *od* demande *f* en partage; **~smasse** *f jur* masse *f* à partager, actif *m* distribuable; **~svertrag** *m* traité *od* acte *m* de partage.

Teil‖unternehmer *m* ['taɪl-] sous-traitant *m;* **~verlust** *m* perte *f* partielle; **t~weise** *adv* partiellement, en partie, par parties, par portions; *a abus* partiel; **~zahlung** *f* paiement *m* partiel *od* à compte; *auf ~ kaufen, verkaufen* acheter, vendre à tempérament; **~zahlungskauf** *m,* **~zahlungskredit** *m* achat, crédit *m* à tempérament; **~zahlungssystem** *n* système *m* de paiement à tempérament *od* par acomptes; **~zeitarbeit** *f,* **~zeitbeschäftigung** *f* travail *m* à mi-temps *od* à temps partiel; **t~zeitbeschäftigt** *a* qui travaille à mi--temps *od* à temps partiel; **~zeitbeschäftigte(r)** *m,* **~zeitkraft** *f* employé *m* à mi-temps *od* à temps partiel.

Teint *m* ⟨-s, -s⟩ [tɛ̃ː] *(Gesichtsfarbe)* teint *m,* carnation *f.*

Tekton‖ik *f* ⟨-, ø⟩ [tɛk'to:nɪk] *geol* tectonique *f;* **t~isch** [-'to:nɪʃ] *a* tectonique.

Telefon *n* ⟨-s, -e⟩ [tele'fo:n] *etc = Telephon etc.*

Telegraf *m* ⟨-en, -en⟩ [tele'gra:f] *etc = Telegraph etc.*

Telegramm *n* ⟨-s, -e⟩ [tele'gram] télégramme *m,* dépêche *f* (télégraphique); *ein ~ aufgeben* déposer *od* envoyer un télégramme *od* une dépêche; *ein ~ aufnehmen* recevoir un télégramme *od* une dépêche; *zugesprochene(s) ~* télégramme *m* téléphoné; *~ mit (bezahlter) Rückantwort* télégramme *m* avec réponse (payée); **~adresse** *f,* **~anschrift** *f* adresse *f* télégraphique; **~annahme(stelle)** *f* guichet *m* pour télégrammes; **~formular** *n* formule *f* de télégramme; **~gebühr** *f* taxe *f* télégraphique; *pl* tarif *m* télégraphique; **~kodex** *m* code *m* télégraphique; **~schalter** *m = ~annahme;* **~schlüssel** *m* chiffre *m* télégraphique; **~stil** *m* style *m* télégraphique; **~zustellung** *f* distribution *f* des télégrammes.

Telegraph *m* ⟨-en, -en⟩ [tele'gra:f] télégraphe *m;* **~enamt** *n* bureau *m* télégraphique; **~enanlage** *f* installation *f* télégraphique; **~enarbeiter** *m* ouvrier *m* des télégraphes; **~enbau(amt** *n) m* (bureau *m* de) construction *f* des lignes télégraphiques;

~**enbote** *m* porteur *m* de télégrammes; ~**endraht** *m*, ~**enleitung** *f*, ~**enmast** *m*, ~**ennetz** *n* fil *m*, ligne *f*, poteau, réseau *m* télégraphique; ~**enpfahl** *m* = ~*enmast;* ~**enschlüssel** *m* = *Telegrammschlüssel;* ~**enstange** *f* = ~*enmast;* ~**ie** *f* ⟨-, ø⟩ [-gra'fi:] télégraphie *f; drahtlose* ~ télégraphie sans fil (T.S.F.), radio(télégraphie) *f;* **t**~**ieren** [-'fi:rən] *tr u. itr* télégraphier; *itr* envoyer un télégramme *od* une dépêche; **t**~**isch** [-'gra:fiʃ] *a* télégraphique; *adv* par télégramme *od* dépêche; ~ *überweisen (Geld)* envoyer par mandat télégraphique; ~*e Überweisung f* mandat télégraphique, télégramme--mandat *m*.

Tele|kinese *f* ⟨-, ø⟩ [teleki'ne:zə] *psych* télékinésie *f;* ~**kolleg** *n* ['te:ləkɔle:k] télé-enseignement *m;* ~**matik** *f* ⟨-, ø⟩ [tele'ma:tik] télématique *f;* ~**meter** *n* ⟨-s, -⟩ [-'me:tər] *(Entfernungsmesser)* télémètre *m;* ~**objektiv** *n phot* téléobjectif *m*.

Teleolog|ie *f* ⟨-, ø⟩ [teleolo'gi:] *philos* téléologie *f;* **t**~**isch** [-'lo:giʃ] *a* téléologique.

Telepath *m* ⟨-en, -en⟩ [tele'pa:t] *psych* télépathe *m;* ~**ie** *f* ⟨-, ø⟩ [-pa'ti:] télépathie *f;* **t**~**isch** [-'pa:tiʃ] *a* télépath(iqu)e.

Telephon *n* ⟨-s, -e⟩ [tele'fo:n] téléphone *m; am* ~ au téléphone, à l'écoute; ~ *haben* avoir le téléphone; *Sie werden am* ~ *verlangt* on vous appelle au téléphone; ~**anruf** *m* appel; *fam* coup *m* de téléphone *od* de fil; ~**anschluß** *m* branchement *m* téléphonique; ~**apparat** *m* appareil *m* téléphonique; ~**at** *n* ⟨-(e)s, -e⟩ [-fo'na:t] = ~*gespräch;* ~**buch** *n* annuaire *m* du téléphone; ~**draht** *m* fil *m* téléphonique; ~**fräulein** *n* demoiselle *f* du téléphone; ~**gebühren** *f pl* taxe *f* téléphonique; ~**gespräch** *n* conversation *f* téléphonique; **t**~**ieren** [-fo'ni:rən] *itr* téléphoner; *mit jdm* ~ *(fam a.)* avoir qn au bout du fil; **t**~**isch** [-'fo:niʃ] *a* téléphonique; *adv* par téléphone; ~ *anfragen* demander par téléphone; *jdn* ~ *erreichen* toucher qn par téléphone; ~**ist(in** *f)* *m* ⟨-en, -en⟩ [-fo'nist] téléphoniste, standardiste *m f;* ~**leitung** *f*, ~**netz** *n* ligne *f*, réseau *m* téléphonique; ~**nummer** *f* numéro *m* de téléphone; *e-e* ~ *wählen* composer *od* former un numéro de téléphone; ~**seelsorge** *f* S.O.S. Amitié *m;* ~**verbindung** *f* communication *f* téléphonique; ~**zelle** *f* cabine *f* téléphonique;

~**zentrale** *f* central *m* (téléphonique).

Tele|photographie *f* [tele-] téléphotographie *f;* ~**skop** *n* ⟨-s, -e⟩ [-'sko:p] télescope *m;* **t**~**skopisch** *a* télescopique.

Teller *m* ⟨-s, -⟩ ['tɛlər] assiette *f; (e-s Schlepplifts)* perche *f; s-n* ~ *leer essen* vider son assiette; *flache(r), tiefe(r)* ~ assiette *f* plate, creuse; ~**brett** *n* vaisselier, dressoir *m;* ~**eisen** *n (Falle)* piège *f* à palette; ~**gericht** *n (Essen)* plat *m* garni; ~**lift** *m* téléski *m* à perche; ~**mine** *f mil* mine *f* plate; ~**rad** *n* roue *f* pleine; ~**tuch** *n* serviette *f* (de table); ~**untersatz** *m* dessous-de-plat *m;* ~**ventil** *n tech* soupape *f* à disque; ~**voll** *m* ⟨-, -⟩ assiettée *f;* ~**wärmer** *m* ⟨-s, -⟩ chauffe--plat(s) *m;* ~**wäscher(in** *f)* *m* plongeur, se *m f*.

Tellur *n* ⟨-s, ø⟩ [tɛ'lu:r] *chem* tellure *m*.

Temp|el *m* ⟨-s, -⟩ ['tɛmpəl] temple *m;* ~**elherr** *m*, ~**elritter** *m*, ~**ler** *m* ⟨-s, -⟩ *rel hist* templier *m;* ~**elorden** *m*, ~**lerorden** *m* ordre *m* des Templiers; ~**elraub** *m* sacrilège *m;* ~**elschändung** *f* profanation *f*.

Tempera|farbe *f* ['tɛmpera-], ~**malerei** *f* couleur, peinture *f* à la détrempe.

Temperament *n* ⟨-(e)s, -e⟩ [tɛmpera'mɛnt] tempérament *m; (Lebhaftigkeit)* vivacité; *(Schwung)* verve *f; (Feuer)* feu *m; (Gemütsart)* complexion *f;* ~ *haben (lebhaft, schwungvoll sein)* avoir du tempérament; **t**~**los** *a* sans tempérament; ~**losigkeit** *f* ⟨-, ø⟩ absence *f od* manque *m* de tempérament; **t**~**voll** *a (lebhaft)* vivace; *(schwungvoll)* plein de verve; *(feurig)* plein de feu.

Temperatur *f* ⟨-, -en⟩ [tɛmpera'tu:r] température *f;* ~ *haben (med)* avoir *od* faire de la température; *die* ~ *messen (med)* prendre la température; *die* ~ *steigt, fällt* la température monte, baisse; ~**anstieg** *m mete*, ~**erhöhung** *f med* élévation *f* de la température; ~**maximum** *n*, ~**minimum** *n*, ~**mittel** *n* température *f* maximum, minimum, moyenne; ~**rückgang** *m mete* u. med baisse *f* de température; ~**schwankung** *f* variation *od* différence *f* de température; *pl* intempéries *f pl;* ~**sturz** *m*, ~**unterschied** *m*, ~**wechsel** *m* chute, différence *f od* écart, changement *m* de température.

Temper|enzler *m* ⟨-s, -⟩ [tɛmpe'rɛntslər] *(Alkoholgegner)* membre *m* d'une société de tempérance; **t**~**ieren** [-'ri:rən] *tr (die*

Temperatur regeln) tempérer; *(mäßigen)* modérer.

Temper|guß *m* ['tɛmpər-] *metal* malléabilisation *f;* ~**kohle** *f* carbone *m* de recuit; **t~n** *tr metal* recuire; ~**ofen** *m* four *m* à recuire.

Tempo *n* ⟨-s, -s/-pi⟩ ['tɛmpo, '-pi] *mus sport* temps, tempo *m; (Geschwindigkeit)* allure, cadence *f, sport* train *m; in hohem* ~ à fond de train; *ein hohes* ~ *drauf haben (sport)* mener bon train; *ein tolles* ~ *vorlegen* aller un train d'enfer; ~, ~! dépêche-toi! dépêchez-vous! en vitesse! ~**limit** *n* limitation *f* de vitesse; ~**taschentuch** *n (Warenzeichen)* mouchoir *m* en papier.

tempor|al [tɛmpo'ra:l] *a gram* de temps; **T~alsatz** *m gram* proposition *f* de temps; ~**är** [-'rɛ:r] *a (zeitweilig)* temporaire.

Tendenz *f* ⟨-, -en⟩ [tɛn'dɛnts] tendance *f;* *steigende, fallende od sinkende* ~ tendance *f* à la hausse, à la baisse; ~**dichtung** *f* littérature *f* à thèse; **t~iös** [-tsi'ø:s] *a* tendancieux, de parti pris; ~**roman** *m,* ~**stück** *n theat* roman *m,* pièce *f* à thèse; **tendieren** [-'di:rən] *itr* avoir une tendance *(zu* vers).

Tender *m* ⟨-s, -⟩ ['tɛndər] *loc* tender *m;* ~**lokomotive** *f* locomotive-tender *f.*

Tenne *f* ⟨-, -n⟩ ['tɛnə] *agr* aire *f.*

Tennis *n* ⟨-, ø⟩ ['tɛnɪs] tennis *m;* ~**ball** *m* balle *f* de tennis; ~**hose** *f (lange)* pantalon *od (kurze)* short *m* de tennis; ~**klub** *m,* ~**platz** *m,* ~**schläger** *m,* ~**schuhe** *m pl,* ~**spiel** *n,* ~**spieler** *m,* ~**turnier** *n* club, court *m,* raquette *f,* chaussures *f pl,* match, joueur, tournoi *m* de tennis.

Tenor 1. *m* ⟨-s, ø⟩ ['te:nɔr] *(Wortlaut, Sinn)* teneur *f.*

Tenor 2. *m* ⟨-s, ⁚e⟩ [te'no:r, -'nø:rə] *(Stimme u. Sänger)* ténor *m;* ~**stimme** *f* ténor *m.*

Teppich *m* ⟨-s, -e⟩ ['tɛpɪç] *a. fig* tapis; *(Bodenteppich)* tapis *m* de sol; ~**boden** *m* moquette *f;* ~**kehrmaschine** *f* balai *m* mécanique; ~**klopfer** *m* tapette *f* à tapis; ~**stange** *f* barre *f* pour tapis; ~**wirker** *m* ourdisseur *m* de tapis.

Termin *m* ⟨-s, -e⟩ [tɛr'mi:n] *(festgesetzter Tag)* terme *m,* date *f; fin com* date *f* limite; *(Frist)* délai *m; jur (Verhandlung)* assignation, audience *f; e-n* ~ *anberaumen (jur)* assigner un jour pour les débats; *e-n* ~ *einhalten* observer un délai; *e-n* ~ *festsetzen* fixer une date; *e-n* ~ *versäumen* laisser passer un terme; *den* ~ *verschieben* ajourner les débats; *äußerste(r)* ~ da-

te *f* limite; ~**einlage** *f (fin)* dépôt *m* à terme; **t~gemäß** *a,* **t~gerecht** *a* conforme à la date d'échéance *od* à l'échéance; ~**geschäft** *n* marché *m od* opération *f* à terme; ~**handel** *m* marché *m* à terme; ~**kalender** *m* agenda; carnet *m* d'échéances, échéancier *m;* ~**kauf** *m,* ~**lieferung** *f,* ~**markt** *m* achat *m,* livraison *f,* marché *m* à terme; ~**sicherungskosten** *pl (fin)* frais de couverture à terme; ~**verlängerung** *f* prolongation *f* de *od* d'un délai.

Terminal 1. *m od n* ⟨-s, -s⟩ *aero* aérogare *f,* terminal; *(Container~)* terminus *m;* **2.** *n inform* terminal *m.*

Termin|ologe *m* ⟨-n, -n⟩ [tɛrmino'lo:gə] terminologue *m;* ~**ologie** *f* ⟨-, -ien⟩ [-olo'gi:, -i:ən] terminologie *f;* ~**us (technicus)** ⟨--, -ni -ci⟩ ['tɛrminus ('tɛçnikus), -ni (-tsi)] *(Fachausdruck)* terme *m* (technique).

Termite *f* ⟨-, -n⟩ [tɛr'mi:tə] termite *m;* fourmi *f* blanche; ~**nhügel** *m* termitière *f.*

Terpentin *n* ⟨-s, -e⟩ [tɛrpɛn'ti:n] térébenthine *f;* ~**baum** *m* térébinthe *m;* ~**öl** *n* essence *f* de térébenthine.

Terrain *n* ⟨-s, -s⟩ [tɛ'rɛ̃:] *(Gelände)* terrain *m; das* ~ *abtasten (fig)* tâter le terrain.

Terrakott|a *f* ⟨-, -ten⟩, ~**e** *f* ⟨-, -n⟩ [tɛra'kɔta, -tə] *(gebrannter Ton; Gegenstand daraus)* terre *f* cuite.

Terrarium *n* ⟨-s, -rien⟩ [tɛ'ra:rium, -riən] terrarium *m.*

Terrass|e *f* ⟨-, -n⟩ [tɛ'rasə] terrasse *f; geog* replat *m;* **t~enartig** *a,* **t~enförmig** *a u. adv* en terrasse(s), en gradins; ~**endach** *n* toit *m* en terrasse; ~**engarten** *m* jardin *m* en terrasse(s); **t~ieren** [-'si:rən] *tr (in* ~*en legen)* disposer en terrasses.

terrestrisch [tɛ'rɛstrɪʃ] *a astr* terrestre.

Terrier *m* ⟨-s, -⟩ ['tɛriər] *(Hunderasse)* fox-terrier *m.*

Terrine *f* ⟨-, -n⟩ [tɛ'ri:nə] terrine *f.*

territori|al [tɛritori'a:l] *a* territorial; **T~alität** *f* ⟨-, ø⟩ [-riali'tɛ:t] territorialité *f;* **T~um** *n* ⟨-s, -rien⟩ [-'to:rium, -riən] territoire *m.*

Terror *m* ⟨-s, ø⟩ ['tɛrɔr] *(Schrecken)* terreur *f;* ~**akt** *m* acte *m* de terrorisme; **t~isieren** [-rori'zi:rən] *tr* terroriser; ~**isierung** *f* terrorisation *f;* ~**ismus** *m* ⟨-s, ø⟩ [-'rɪsmus] terrorisme *m;* ~**ist** *m* ⟨-en, -en⟩ [-'rɪst] terroriste *m;* ~**istenabwehr** *f,* ~**istenbekämpfung** *f* lutte *f* antiterroriste; **t~istisch** [-'rɪstɪʃ] *a* terroriste.

Terti|anafieber *n* [tɛrtsi'a:na-] *med*

fièvre *f* tierce; ~**är** *n* ‹-s, ø› [-tsiˈɛːr]
geol ère *f* tertiaire, Tertiaire *m*.

Terz *f* ‹-, -en› [tɛrts] *mus sport* tierce *f;*
große, kleine ~ tierce *f* majeure, mineure; ~**ett** *n* ‹-(e)s, -e› [-ˈtsɛt] *mus*
trio *m;* ~**ine** *f* ‹-, -n› [-ˈtsiːnə] *(Strophe)* tercet *m*.

Terzerol *n* ‹-s, -e› [tɛrtsəˈroːl] *(kleine
Pistole)* pistolet *m* (de poche).

Tesafilm *m* [ˈteːzafɪlm] *(Warenzeichen)* papier collant, scotch *(Warenzeichen) m*.

Tesching *n* ‹-s, -e/-s› [ˈtɛʃɪŋ] *(Pistole)*
pistolet *m;* carabine *f* de petit calibre.

Test *m* ‹-(e)s, -s/(-e)› [tɛst] test *m,*
épreuve *f* psychologique; *chem tech*
têt *m;* ~**ament** *n* *jur* testament; *ein*
~ *machen, umstoßen* faire, révoquer
un testament; *ohne* ~ *sterben* mourir
od décéder intestat; *eigenhändige(s)*
~ testament *m* olographe; *das Alte,
Neue* ~ *(rel)* l'Ancien, le Nouveau
Testament; **t~amentarisch** [-tamɛnˈtaːrɪʃ] *a* testamentaire; *adv* par
testament; ~**amentsbestimmung** *f*
[-ˈmɛnts-] disposition *f* testamentaire; ~**amentserbe** *m* héritier *m* institué; ~**amentseröffnung** *f* ouverture *f* du testament; ~**amentsnachtrag** *m* codicille *m;* ~**amentsvollstrecker** *m* exécuteur *m* testamentaire *od* du testament; ~**at** *n* ‹-(e)s,
-e› [-ˈtaːt] *(Bescheinigung)* attestation *f,* certificat *m;* ~**ator** *m* ‹-s,
-en› [-ˈtaːtor, -ˈtoːrən] *(Erblasser)*
testateur *m;* ~**betrieb** *m* entreprise--pilote *f;* ~**bild** *n* *TV* mire *f;* **t~en** *tr*
tester, soumettre à un test; **t~ieren**
[-ˈtiːrən] *tr adm (bescheinigen)* attester, certifier; *itr jur (ein ~ament machen)* tester; **t~ierfähig** [-ˈtiːr-] *a,*
~**ierfähigkeit** *f* *jur* habile, habilité *f*
à tester; **t~ierunfähig** *a* incapable
de tester; ~**pilot** *m* *aero* pilote *m*
d'essai.

Tetanus *m* ‹-, ø› [ˈteːtanʊs] *med* tétanos *m;* ~**impfung** *f* vaccin *m* antitétanique.

teu|er [ˈtɔʏər] *a (hoch im Preis)* cher,
coûteux; *(lieb)* cher; *sehr* ~ *(a.)* hors
de prix, à prix d'or; *nicht zu* ~ à juste
prix; ~ *bezahlen* payer cher; *sein Leben* ~ *verkaufen (fig)* vendre chèrement sa vie *od pop* sa peau; ~*rer
werden* renchérir; *das ist mir zu* ~
c'est trop cher pour moi, ce n'est pas
dans mes prix; *das wird dir* ~ *zu stehen kommen* cela te coûtera cher; *da
ist guter Rat* ~ on ne sait plus à quel
saint se vouer; **T~erung** *f* renchérissement *m,* hausse des prix, cherté de
la vie, vie chère; *(Notzeit)* disette *f;*
T~erungsrate *f* augmentation *f* du

coût de la vie; **T~erungszulage** *f* indemnité *f* de vie chère.

Teufe *f* ‹-, -n› [ˈtɔʏfə] *mines (Riefe)*
profondeur *f;* **t~n** *tr mines (bohren)*
creuser.

Teuf|el *m* ‹-s, -› [ˈtɔʏfəl] diable, démon
m; der ~ le diable, Satan *m; den* ~
mit Beelzebub austreiben (fig) appliquer un remède pire que le mal; *jdn
zum* ~ *jagen od schicken* envoyer qn
au diable *od* à tous les diables *od* promener; *den* ~ *an die Wand malen
(fig)* tenter le diable; *mit dem* ~ *im
Bunde sein* avoir vendu son âme au
diable; *der* ~ *ist los* le diable es
déchaîné; *er hat den* ~ *im Leib, ihn
reitet der* ~ il a le diable au corps;
das müßte mit dem ~ *zugehen* à
moins que le diable ne s'en mêle; *zum*
~*!* diable! diantre! *zum* ~ *mit ...!*
malédiction sur ...! *hol' mich der* ~,
wenn ... que le diable m'emporte, si
...; *hol' dich der* ~*!* que le diable
t'emporte! *scher dich zum* ~*!* va-t'en
au diable! *arme(r)* ~ *(fig: bedauernswerter Mensch)* pauvre diable *od*
hère *od* sire *od* bougre *m;* ~**elchen** *n*
petit diable, diablotin *m;* ~**elei** *f*
[-ˈlaɪ] diablerie, machination *od* invention *f* diabolique; ~**elin** *od* diablesse *f;* ~**elsaustreibung** *f* exorcisme
m; ~**elskerl** *m* diable *m* d'homme;
~**elskreis** *m* cercle vicieux, cycle *m*
infernal; **t~lisch** *a* diabolique, démoniaque, infernal.

Text *m* ‹-(e)s, -e› [tɛkst] *(Wortlaut)*
texte; *(Bibelstelle)* passage *m; mus
(e-s Liedes)* paroles *f pl; (e-r Oper)*
livret; *f* ‹-, ø› *typ (Schriftgrad)* corps
m vingt; *aus dem* ~ *kommen* perdre
le fil de son discours; ~**abbildung** *f*
typ illustration *f* dans le texte; ~**änderung** *f* modification *f* de *od* du
texte; ~**buch** *n (e-r Oper)* livret *m;*
~**dichter** *m mus* parolier *m;* ~**entwurf** *m* projet *m* de texte; **t~en** *itr*
composer les paroles (d'une chanson); écrire un texte publicitaire; ~**er**
m ‹-s, -› *mus* parolier; *(e-r Zeitung)*
rédacteur *m; (Werbe~)* rédacteur *m*
publicitaire; ~**erabteilung** *f (Zeitung)* service *m* technique *od* de
rédaction; ~**kritik** *f* critique *f* de texte;
~**seite** *f (e-r Zeitung)* page *f* rédactionnelle; ~**verarbeitung** *f* traitement *m* de textes; ~**verarbeitungsanlage** *f* machine *f* à traitement de
textes.

Textil|arbeiter *m* [tɛksˈtiːl-] ouvrier *m*
du textile; ~**faser** *f* fibre *f* textile;
~**ien** *pl* [-ˈtiːliən] articles *m pl* textiles;
~**industrie** *f* (industrie *f*) textile *m*.

Thai|land *n* [ˈtaɪlant] la Thaïlande;

~länder(in *f) m* Thaïlandais, e *m f;* **t~ländisch** *a* thaïlandais.

Thallium *n* ⟨-s, ø⟩ ['taliʊm] *chem* thallium *m.*

Theater *n* ⟨-s, -⟩ [te'a:tər] *(Bühnenkunst)* théâtre, spectacle; *(Gebäude)* théâtre *m; ins ~ gehen* aller au théâtre *od* au spectacle; *häufig ins ~ gehen* suivre le théâtre; *zum od ans ~ gehen (Schauspieler werden)* monter sur les planches; *~ machen (fam: sich heftig widersetzen)* faire des histoires, se récrier; *~ spielen* faire du théâtre; *(fig)* jouer la comédie; *das ist alles nur ~ (fig fam: Getue)* ce ne sont que des manières; *pop* c'est du cinéma; *intime(s) ~* théâtre *m* de boulevard; *so ein ~!* quel cinéma! **~agentur** *f* agence *f* de théâtre; **~aufführung** *f* représentation *f;* **~bericht** *m* chronique *f* théâtrale; **~besuch** *m* fréquentation *f* du théâtre; **~besucher** *m* spectateur *m;* **~dekoration** *f* décor *m;* **~direktor** *m* directeur *m* de *od* du théâtre; **~ferien** *pl* clôture *f* annuelle; **~karte** *f* billet *m* de théâtre; **~kasse** *f* caisse *f* (du théâtre); **~maler** *m* peintre *m* de décors; **~probe** *f* répétition *f;* **~raum** *m,* **~saal** *m* salle *f* de spectacle; **~stück** *n* pièce *f* de théâtre; **~vorstellung** *f* = *~aufführung;* **~zettel** *m (Handzettel)* programme *m; (Anschlag)* affiche *f;* **theatralisch** [-a'tra:lɪʃ] *a* théâtral, scénique; *fig* théâtral, affecté.

Thein *n* ⟨-s, ø⟩ [te'i:n] *chem* théine *f.*

Theismus *m* ⟨-s, ø⟩ [te'ɪsmʊs] *philos* théisme *m.*

Theke *f* ⟨-, -n⟩ ['te:kə] *(Schanktisch)* comptoir, bar; *pop* zinc *m; an der ~* au comptoir; *pop* sur le zinc; **~naufsatz** *m* installation *f* de débit.

Thema *n* ⟨-s, -men/-mata⟩ ['te:ma, '-mən, '-mata] *allg (Aufgabe, a. mus)* thème; *(Gesprächs~, Abhandlungsgegenstand)* sujet *m; vom ~ abbringen* détourner du sujet; *vom ~ abkommen* sortir de la question; *das ~ wechseln* changer de conversation *od* de propos; *aufs ~ zurückkommen* revenir au sujet *od fam* à ses moutons; **t~tisch** [te'ma:tɪʃ] *a* thématique.

Themse ['tɛmzə], *die, geog* la Tamise.

Theo|kratie *f* ⟨-, -n⟩ [teokra'ti:] *rel pol* théocratie *f;* **t~kratisch** [-'kra:tɪʃ] *a* théocratique; **~loge** *m* ⟨-n, -n⟩ [-'lo:gə] théologien *m;* **~logie** *f* ⟨-, -n⟩ [-lo'gi:] théologie *f; Student m der ~,* **~logiestudent** *m* étudiant *m* en théologie; **t~logisch** [-'lo:gɪʃ] *a* théologique; **~soph** *m* ⟨-en, -en⟩ [-'zo:f] théosophe *m;* **~sophie** *f* ⟨-, -n⟩ [-zo'fi:] théosophie *f.*

Theor|em *n* ⟨-s, -e⟩ [teo're:m] *math* théorème *m;* **~etiker** *m* ⟨-s, -⟩ [-'re:tikər] théoricien *m;* **t~etisch** [-'re:tɪʃ] *a* théorique; *adv a.* en théorie; **~ie** *f* ⟨-, -n⟩ [-'ri:] théorie *f; e-e ~ aufstellen* échafauder une théorie; *das ist bloße ~* ce ne sont que des abstractions.

Therap|eut *m* ⟨-en, -en⟩ [tera'pɔyt] *(Arzt)* thérapeute *m;* **~eutik** *f* ⟨-, ø⟩ [-'pɔytɪk] *(Lehre v. d. Krankheitsbehandlung)* thérapeutique *f;* **t~eutisch** [-'pɔytɪʃ] *a* thérapeutique; **~ie** *f* ⟨-, -n⟩ [-'pi:] *(Krankenbehandlung)* thérapie *f.*

Therm|albad *n* [tɛr'ma:l-] bain *m* thermal; **~alquelle** *f* source *f* thermale; **~alwasser** *n* eaux *f pl* thermales; **~e** *f* ⟨-, -n⟩ ['tɛrmə] = *~alquelle;* **~ik** *f* ⟨-, ø⟩ ['tɛrmɪk] *phys (Wärmelehre)* calorimétrie *f;* = *~ischer Aufwind;* **t~isch** ['tɛrmɪʃ] *a* thermique; calorifique; *~e(r) Aufwind m* courant *m od* ascendance *f* thermique; **~it** *n* ⟨-s, -e⟩ [-'mi:t/-'mit] *chem* thermite *f;* **~itbombe** *f* bombe *f* à la thermite; **~odynamik** *f* thermodynamique *f;* **t~oelektrisch** *a* thermo-électrique; **~oelektrizität** *f* thermo-électricité *f;* **~oelement** *n* el couple *m* thermo-électrique; **~ometer** *n* ⟨-s, -⟩ [-mo'me:tər] thermomètre *m;* **~ometersäule** *f,* **~ometerskala** *f,* **~ometerstand** *m* colonne, échelle, hauteur *od* cote *f* thermométrique; **t~onuklear** *a* thermonucléaire; **~osflasche** *f* bouteille *f* thermos; **~ostat** *m* ⟨-(e)s/-en, -e(n)⟩ [-mo'sta:t] *(Wärmeregler)* thermostat *m.*

These *f* ⟨-, -n⟩ ['te:zə] *(Behauptung)* thèse *f.*

Thomas *m* ['to:mas]: *ungläubige(r) ~ (fam)* incrédule *m;* **~mehl** *n agr* farine *f* Thomas; **~stahl** *m* acier *m* Thomas; **~verfahren** *n tech* procédé *m* Thomas *od* basique.

Thromb|ose *f* ⟨-, -n⟩ [trɔm'bo:zə] *med* thrombose *f;* **~us** *m* ⟨-, -ben⟩ ['trɔmbʊs] *(Blutgerinnsel)* thrombus *m.*

Thron *m* ⟨-(e)s, -e⟩ [tro:n] trône *m; den ~ besteigen (a. fig)* monter sur le trône; **~besteigung** *f* avènement *m* (au trône); **t~en** *itr fig* trôner; **~erbe** *m,* **~folger** *m* héritier *m* du trône; **~folge** *f* succession *f* au trône; **~himmel** *m* dais, baldaquin *m;* **~räuber** *m* usurpateur *m;* **~rede** *f,* **~saal** *m* discours *m,* salle *f* du trône;

~**wechsel** *m* changement *m* de règne.

Thulium *n* ⟨-s, ø⟩ ['tu:liʊm] *chem* thulium *m*.

Thunfisch *m* ['tu:n-] thon *m*.

Thurgau ['tu:rgaʊ] *der, geog* la Thurgovie.

Thüring|en *n* ['ty:rɪŋən] la Thuringe; ~**er(in** *f*) *m* ⟨-s, -⟩ Thüringien, ne *m f*; **t~isch** *a* thüringien.

Thymian *m* ⟨-s, -e⟩ ['ty:mia:n] *bot* thym, serpolet *m*.

Thymusdrüse *f* ['ty:mʊs-] *anat* thymus *m*.

Thyroxin *n* ⟨-s, ø⟩ [tyrɔ'ksi:n] *physiol* thyroxine *f*.

Tiara *f* ⟨-, -ren⟩ [ti'a:ra] *rel* tiare *f*.

Tiber ['ti:bər], *der, geog* le Tibre.

Tibet ['ti:bɛt/ti'be:t] *geog* le Tibet; ~**a-ner(in** *f*) *m* ⟨-s, -⟩ [-be'ta:nər] Tibétain, e *m f*; **t~anisch** [-'ta:nɪʃ] *a* tibétain.

Tic(k) *m* ⟨-s, -s⟩ [tɪk] *med* tic *m*.

Tick *m* ⟨-(e)s, -s⟩ [tɪk] *(Schrulle)* grain *m*, manie *f*; *e-n* ~ *(Groll) auf jdn haben* avoir une dent contre qn.

tick|en ['tɪkən] *itr (Uhr)* faire tic tac; *(Fernschreiber)* cliqueter; **T~en** *n* tic-tac; cliquetis *m*; ~**tack** ['tɪk'tak] *interj* tic tac! **T~tack** *n* ⟨-s, ø⟩ tic-tac *m*.

Tide *f* ⟨-, -n⟩ ['ti:də] *mar (Flut)* marée *f*; ~**nhub** *m* grandeur *f* de la marée.

Tie-break *m* ⟨-s, -s⟩ ['taɪbreɪk] *(Tennis)* tie-break *m*.

tief [ti:f] *a (Gegensatz: flach; weit nach hinten reichend; fig: Gedanken)* profond; *(Gegensatz: hoch)* bas; *mus* grave; *(Farbe: satt)* profond, foncé; *adv* (~ *unten)* bas; ~ *in etw (a. fig)* au fond de qc; ~ *im Herzen* au fond du cœur; ~ *ins Land hinein* loin dans le pays, au cœur du pays; ~ *in der Nacht* tard *od* bien avant dans la nuit; *bis* ~ *in die Nacht hinein* jusque tard dans la nuit; *im* ~*en Tal* au fond de la vallée; *in* ~*er Trauer* en grand deuil; *im* ~*en Walde,* ~ *im Walde* au fond des bois; *im* ~*en Winter,* ~ *im Winter* au cœur de l'hiver; ~ *atmen* respirer à fond; ~ *fliegen* voler bas; ~ *gesunken sein (fig)* être tombé bien bas; ~ *ausgeschnitten (Kleid)* très décolleté; ~ *beschämt* profondément humilié; ~*e(s) Schweigen* *n* silence *m* de mort; **T~** *n mar* chenal *m*; *mete* zone *f* de basse pression; **T~angriff** *m aero* attaque *f* à très basse altitude *od* en vol rasant; **T~bau** *m* travaux *m pl* souterrains *od* en sous-sol; construction au-dessous du sol; *mines* exploitation *f* au fond; **T~bauarbeiten** *f pl* travaux *m pl* d'infrastructure;

T~bauingenieur *m* ingénieur *m* des travaux souterrains; **T~bauunternehmen** *n* entreprise *f* de constructions et de travaux souterrains; ~**betrübt** *a* profondément affligé, navré; ~**bewegt** *a* profondément ému; ~**blau** *a* bleu profond; ~**blickend** *a* pénétrant, perspicace; **T~bohrung** *f* *tech* forage *m* profond; **T~bunker** *m* *(Luftschutz)* abri *m* bétonné profond; **T~decker** *m aero* avion *m* à ailes basses; **T~druck** *m* ⟨-s, -e⟩ *typ* impression *od* gravure en creux, (impression) hélio; *mete* basse pression *f*; **T~druckgebiet** *n* région *od* zone *f* de basse pression *od* cyclonique; **T~druckrinne** *f* *mete* couloir *m* de basse pression; **T~drucksystem** *n* *mete* système *m* dépressionnaire; **T~ebene** *f* *geog* plaine *f* basse; ~**empfunden** *a* profondément ressenti; ~**ernst** *a* très grave; ~**erschüttert** *a* (complètement) bouleversé; **T~flug** *m* vol *m* à basse altitude *od* rasant; *im* ~ *(über Land)* en rase-mottes; *(über Wasser)* en rase-flots; **T~gang** *m mar* tirant *m* d'eau; *fig (geistiger* ~*)* profondeur *f*; *e-n* ~ *von 6 m haben* tirer *od* jauger six mètres d'eau; **T~garage** *f* parking *od* garage *m* souterrain; ~**gefroren** *a,* ~**gekühlt** *a (Lebensmittel)* surgelé; ~**gefühlt** *a* = ~*empfunden*; ~**gehend** *a,* ~**greifend** *a,* ~**gründig** *a* profond; **T~kühlfach** *n* *(im Eisschrank)* congélateur, freezer *m*; **T~kühlkost** *f* produits *m pl* surgelés; **T~kühltruhe** *f* surgélateur *m*; **T~kühlung** *f* surgélation *f*; **T~lader** *m* ⟨-s, -⟩ remorque *f* porte--chars; **T~land** *n* ⟨-(e)s, -e/-̈er⟩ bas pays *m*; ~**liegend** *a* bas; *(Augen)* enfoncé; **T~punkt** *m* minimum *m*; *e-n* ~ *haben (Mensch)* avoir le coup de barre; **T~schlag** *m (Boxen, fig)* coup *m* bas; ~**schürfend** *a fig* profond; **T~see** *f* grands fonds *m pl*; **T~seefauna** *f* faune *f* abyssale; **T~seegraben** *m* abysse *m*; **T~seekabel** *n* câble *m* océanique *od* de haute mer; **T~seelotung** *f* bathymétrie *f*; **T~seetaucherglocke** *f* bathyscaphe *m*; **T~sinn** *m* ⟨-(e)s, ø⟩ profondeur *f* d'esprit; *(Schwermut)* mélancolie *f*; ~**sinnig** *a* profond, pensif, songeur; *(schwermütig)* mélancolique; **T~stand** *m* ⟨-(e)s, ø⟩ *(d. Wassers)* étiage *m*; *fig, a. com* (le) plus bas niveau; ~**=stapeln** *itr* être trop modeste; ~**stehend** *a fig* bas; **T~stflug** *m* (vol en) rase-mottes *m inv*; **T~sttemperatur** *f* température *f* minimale; **T~stwert** *m* (la) plus basse valeur; **T~tauchen** *n* plongée *f* profonde; **~unglücklich** *a* très malheureux.

Tiefe *f* ‹-, -n› ['ti:fə] *a. fig* profondeur *f; (Hintergrund e-s Bildes)* lointains *m pl; film* relief; *(Abgrund)* fond, abîme; *mus* timbre *m* grave; *in 10 m* ~ par dix mètres des fond; **~ngestein** *n geol* roches *f pl* abyssales; **~ngliederung** *f mil* formation *f* en profondeur; **~nlage** *f* profondeur *f;* **~nmessung** *f* sondage *m;* **~npsychologie** *f* psychologie *f* des profondeurs; **~nruder** *n aero* gouvernail *m* de profondeur; **~nschärfe** *f phot* profondeur *f* de champ; **~nstaffelung** *f mil* échelonnement *m* en profondeur; **~nsteuerung** *f aero* commande *f* de profondeur; **~nwirkung** *f* effet *m od* action *f* en profondeur.

Tiegel *m* ‹-s, -› ['ti:gəl] *(Küche)* casserole *f; (irdener)* poêlon; *(Schmelz~)* creuset *m; typ* platine *f;* **~druck** *m* ‹-s, -e›, **~druckpresse** *f typ* impression, presse *f* à platine; **~guß** *m,* **~stahl** *m* acier *m* au creuset; **~ofen** *m metal* four *m* à creuset.

Tier *n* ‹-(e)s, -e› [ti:r] bête *f; bes. scient* animal *m; zum ~ herabsinken (fig)* tomber dans la bestialité; *auf die Stufe e-s ~es stellen (fig)* animaliser; *ho-he(s) ~ (fig pop)* grosse légume *f;* gros bonnet *od* manitou *m;* huile *f; wilde(s) ~* bête *f* sauvage; **~art** *f* espèce *f* animale; **~arzt** *m* vétérinaire *m;* **t~ärztlich** *a* vétérinaire; **~bändiger** *m* ‹-s, -› dompteur *m;* **~bildhauer** *m* (sculpteur) animalier *m;* **~chen** *n* petit animal *m,* petite bête, bestiole *f;* **~fell** *n* peau *f* de bête; **~freund** *m* ami *m* des bêtes; **~garten** *m* jardin *m* d'acclimatation; **~halter** *m* détenteur *m* d'animaux; **~heilkunde** *f* médecine *f* vétérinaire; **t~isch** *a* animal; *pej* brutal; **~e(r) Ernst** *m* air *m* d'abruti; **~e(s) Wesen** *n* animalité *f;* **~kohle** *f* charbon *m* animal; **~kreis(zeichen** *n*) *m astr* (signe du) zodiaque *m;* **~kunde** *f* zoologie *f;* **t~liebend** *a* qui aime les animaux; **~maler** *m* (peintre) animalier *m;* **~psychologie** *f* psychologie *f* animale; **~quälerei** *f* (acte *m* de) cruauté *f* envers les animaux; **~reich** *n* ‹-(e)s, ø› règne *m* animal; **~schutz** *m* protection *f* des animaux; **~schützer** ‹-s, -› *m* protecteur *m* des animaux; **~schutzverein** *m* société *f* protectrice des animaux; **~stück** *n (Kunst)* animaux *m pl;* **~versuch** *m* expérience *f* faite sur des animaux; **~wärter** *m* gardien *m* de ménagerie *od* de zoo; **~welt** *f* ‹-, ø› monde *m*

animal; *scient* faune *f;* **~zucht** *f* zootechnie; production *f* animale; **~züchter** *m* éleveur *m.*

Tiger *m* ‹-s, -› ['ti:gər] tigre *m;* **~fell** *n* peau *f* de tigre; **~in** *f* = **~weibchen;** **~lilie** *f* lis *m* martagon; **~schlange** *f* molure *m;* **~weibchen** *n* tigresse *f.*

Tilde *f* ‹-, -n› ['tɪldə] *(Zeichen)* tilde *m.*

tilg|bar ['tɪlk-] *a fin* amortissable; remboursable, rachetable; **~en** ['-gən] *tr fin* amortir, liquider, rembourser, racheter; (s')acquitter (de), s'exonérer de; **T~ung** *f* amortissement *m,* liquidation, annulation *f,* effacement; remboursement, rachat; acquittement *m,* exonération *f;* **T~ungsabkommen** *n,* **T~ungsfonds** *m* convention *f,* fonds *m* d'amortissement; **T~ungsfrist** *f* délai *m* de remboursement; **T~ungsplan** *m* plan *m od* table *f od* tableau *m* d'amortissement; **T~ungsquote** *f,* **T~ungsrate** *f* taux *m* d'amortissement *od* de remboursement.

timen ['taɪmən] *tr arg (zeitlich gut abpassen)* choisir le moment de; *das hast du hervorragend getimt* tu tombes à pic.

Tingeltangel *m* od *n* ‹-s, -› ['tɪŋəltaŋəl] *fam (Vergnügungslokal)* boui-boui; *pop* beuglant *m.*

Tinktur *f* ‹-, -en› [tɪŋk'tu:r] *pharm* teinture *f.*

Tinnef *m* ‹-s, ø› ['tɪnɛf] *fam (Schund)* camelote *f,* toc *m.*

Tinte *f* ‹-, -n› ['tɪntə] encre *f; (die) ~ aufsaugen (Papier)* boire l'encre; *in die ~ geraten (fig)* se mettre dans de beaux draps, tomber dans la mélasse; *mit ~ schreiben* écrire à l'encre; *in der ~ sitzen (fig fam)* être dans le pétrin *od* de beaux draps; *das ist klar wie dicke ~ (hum)* c'est clair comme l'eau de roche; **~nfaß** *n* encrier *m;* **~nfisch** *m zoo* seiche *f;* **~nfläschchen** *n,* **~nflasche** *f* flacon *m,* bouteille *f* à encre; **~nfleck** *m,* **~nklecks** *m* tache *f* d'encre; **~nkleckser** *m fam pej* scribouillard, plumitif *m;* **~n(radier)gummi** *m* gomme *f* à encre; **~nspritzer** *m* éclaboussure *f* d'encre; **~nstift** *m* crayon *m* (à) encre; **~nwischer** *m* essuie-plume *m.*

Tip *m* ‹-s, -s› [tɪp] *fam (Wink)* tuyau *m; jdm e-n ~ geben* donner un tuyau à qn; **t~pen 1.** *itr (wetten)* miser *(auf jdn, etw* sur qn, qc); **~pzettel** *m* bulletin-réponse *m.*

Tippelbruder *m* ['tɪpəl-] *fam (Landstreicher)* chemineau; clochard *m;* **t~n** ‹aux: sein› *itr fam (wandern, zu*

Fuß gehen) cheminer; *pop* prendre le train onze.

tipp|en ['tɪpən] **2.** *tr od itr (leicht klopfen): jdn* od *jdm auf die Schulter ~* taper sur l'épaule de qn. **3.** *tr u. itr fam (maschineschreiben)* taper (à la machine), dactylographier; **T~fehler** *m fam* faute *f* de frappe *od* dactylographique; **T~fräulein** *n*, **T~mädchen** *n fam*, **T~se** *f* ⟨-, -n⟩ ['tɪpsə] *hum pej (Stenotypistin)* dactylo(graphe) *f.*

tipptopp ['tɪp'tɔp] *a pred fam* chouette, épatant; *pop* aux pommes.

Tirade *f* ⟨-, -n⟩ [ti'ra:də] *mus* trait, passage *m; (Wortschwall)* tirade *f.*

tirilieren [tiri'li:rən] *itr (singen, von Vögeln)* gazouiller, lancer des trilles, chanter; *(bes. von d. Lerche)* grisoller.

Tirol *n* [ti'ro:l] le Tyrol; **~er(in** *f)* *m* ⟨-s, -⟩ [-'ro:lər] Tyrolien, ne *m f;* **t~(er)isch** *a* tyrolien, ne.

Tisch *m* ⟨-(e)s, -e⟩ [tɪʃ] *(Möbelstück u. Mahlzeiten)* table *f; bei ~* à table, pendant le repas; *den ~ abdecken* desservir, ôter le couvert; *vom ~ aufstehen* se lever *od* sortir de table; *auf den ~ bringen* mettre sur la table; *den ~ decken* mettre la table *od* le couvert; *unter den ~ fallen (fig fam)* compter pour des prunes, être omis *od* oublié; *unter den ~ fallen lassen (fig fam)* jeter au panier, laisser tomber; *zu ~ laden* inviter à déjeuner *od* à dîner; *reinen ~ machen (fig)* faire table rase *(mit* de); *sich an den ~ setzen* s'asseoir à la table; *sich zu ~ setzen* se mettre à table; *sich an den gedeckten ~ setzen (fig)* trouver la nappe mise; *jdn unter den ~ trinken (fig)* faire rouler qn sous la table; *(gnädige Frau,) der ~ ist gedeckt* madame est servie; *der grüne ~ (fig)* le tapis vert; *der ~ des Herrn (rel)* la sainte table; *von ~ und Bett getrennt (jur)* séparé de corps et de biens; *vom ~ sein (erledigt sein)* être terminé, liquidé; **~apparat** *m tele* appareil *od* poste *m* mobile; **~bein** *n* pied *m* de table; **~besen** *m* ramasse-miettes *m;* **~chen** *n* petite table *f;* **~dame** *f* voisine *f* de table; **~decke** *f* nappe *f;* **~ende** *n: obere(s), untere(s) ~* haut, bas bout *m* de table; **~gast** *m* convive *m;* **~gebet** *n (vor dem Essen)* bénédicité *m; (nach dem Essen)* grâces *f pl;* **~gesellschaft** *f* tablée *f;* **~gespräch** *n*, **~glocke** *f*, **~herr** *m* propos *m*, cloche *f,* voisin *m* de table; **~karte** *f* carton *m;* **~klappe** *f* abattant *m;* **~lampe** *f,* **~läufer** *m,* **~nachbar** *m*, **~ordnung** *f* lampe *f,* chemin, voisin, plan *m* de table;

~platte *f* dessus *m* de, planche *f* de la table; **~rede** *f* discours de banquet, toast *m;* = **~gespräch;** **~rücken** *n (Spiritismus)* tables *f pl* tournantes; **~runde** *f* cercle *m;* **~telephon** *n* téléphone *f* de table; **~tennis** *n* tennis de table, ping-pong *m;* **~tennisball** *m,* **~tennisschläger** *m* balle, raquette *f* de ping-pong; **~tennisspieler** *m* pongiste *m;* **~tuch** *n* nappe *f; ein ~ auflegen* mettre une nappe; **~tuchklammer** *f* fixe-nappe *m;* **~wäsche** *f* linge *m* de table; **~wein** *m* vin *m* ordinaire *od* de table; **~zeit** *f* heure *f* du repas.

Tischler *m* ⟨-s, -⟩ ['tɪʃlər] menuisier; *(Möbeltischler)* ébéniste *m;* **~arbeit** *f,* **~ei** *f* [-'raɪ], **~handwerk** *n* menuiserie; ébénisterie *f;* **~leim** *m* colle *f* forte; **t~n** *itr* menuiser.

Titan *n* ⟨-s, ø⟩ [ti'ta:n] *chem* titane *m.*

Titan|(e) *m* ⟨-(e)n, -(e)n⟩ [ti'ta:n(e)] *(Mythologie)* titan *m;* **t~enhaft** *a,* **t~isch** [-'ta:nɪʃ] *a (riesenhaft)* titanesque, titanique; gigantesque.

Titel *m* ⟨-s, -⟩ ['ti:təl] titre *m; e-n ~ führen* avoir un titre; **~anwärter** *m sport* candidat *m* au titre; **~bild** *n typ* frontispice *m; (e-r Zeitschrift)* photo *f* de couverture; **~blatt** *n typ* (feuille *f* de) titre *m;* **~bogen** *m,* **~ei** *f* [-'laɪ] *typ* feuille *f* de titre; **~halter** *m,* **~inhaber** *m sport* tenant *od* détenteur *m* du titre; **~rolle** *f* rôle *m* principal; **~seite** *f typ* page de titre, première page *f; (e-r Zeitschrift)* couverture *f;* **~sucht** *f* manie *f* des titres; **~verteidiger** *m sport* détenteur *m* du titre.

Tit|er *m* ⟨-s, -⟩ ['ti:tər] *chem (Gehalt e-r Lösung)* titre *m;* **~ration** *f* ⟨-, -en⟩ [titratsi'o:n] *chem* titrage *m;* **t~rieren** [-'tri:rən] *f chem* titrer.

Titul|atur *f* ⟨-, -en⟩ [titula'tu:r] titres *m pl*, qualification *f* (honorifique); **t~ieren** [-'li:rən] *tr (e-n Titel geben)* donner le titre de *(jdn* à qn); *(benennen, anreden)* qualifier de; **~ierung** *f* qualification.

Toast *m* ⟨-(e)s, -e/-s⟩ [to:st] *(geröstete Weißbrotscheibe)* toast; pain grillé; *(Trinkspruch)* toast *m;* **t~en** *tr (Brot)* faire griller; *itr: auf jdn ~* porter un toast à qn; **~er** *m* ⟨-s, -⟩ grille-pain *m;* **~ständer** *m* porte-toast *m.*

Tobel *m* od *n* ⟨-s, -⟩ ['to:bəl] *(Waldschlucht)* ravin *m* (boisé), gorge *f.*

tob|en ['to:bən] *itr (Wütender)* être en rage *od* déchaîné, se démener, tempêter, fulminer; *fam* fumer; *(Kinder)* faire du tapage; *(Schlacht)* faire rage; *(Gewitter)* gronder; **T~en** *n* déchaînement; tapage *m;* **T~sucht** *f*

⟨-, ø⟩ ['to:p-] folie furieuse, frénésie *f;* **~süchtig** *a* fou furieux, frénétique; **T~suchtsanfall** *m* crise *f* de rage.

Tochter *f* ⟨-, ∺⟩ ['tɔxtər, 'tœçtər] fille; *fam* demoiselle; *pop* gamine; *(in d. Schweiz a.* = *Hausmädchen)* bonne, *(= Kellnerin)* serveuse *f;* **~geschwulst** *f med* métastase *f;* **~gesellschaft** *f* société affiliée *od* filiale, filiale *f;* **~haus** *n,* **~kirche** *f* maison, église *f* succursale; **~unternehmen** *n com* maison *f* affiliée.

Töchter|chen *n* ['tœçtər-], **~lein** *n* fillette, petite fille *f;* **~heim** *n* pensionnat *m* de jeunes filles.

Tod *m* ⟨-(e)s, (-e)⟩ [to:t, '-dəs] mort *f; adm (Ableben)* décès; *poet (Hinscheiden)* trépas *m; auf den ~ (verwundet)* à mort; *auf Leben und ~* à la vie et à la mort; *bei s-m ~e* à sa mort; *bis in den ~* jusqu'à la mort; *nach s-m ~e* après sa mort *od* son décès; *(Buchveröffentlichung)* à titre posthume; *in den ~ gehen* aller à la mort; *zu ~e hetzen (Pferd)* crever; *zu ~e quälen* supplicier; *mit dem ~e ringen* être à l'agonie, agoniser; *jdn in den ~ schicken* envoyer qn à la mort; *dem ~ ins Auge sehen* voir la mort de près; *e-s gewaltsamen, e-s natürlichen ~es sterben* mourir de mort violente, de mort naturelle *od* de sa belle mort; *zum ~ verurteilen* condamner à mort *od* à la peine capitale; *ich war zu ~e erschrocken* j'ai failli mourir de peur; *du bist (ein Kind) des ~es, wenn ... tu* es (un homme) mort, si ...; *~ und Teufel!* mort *od* enfer et damnation! *gegen den ~ ist kein Kraut gewachsen (prov)* contre la mort il n'y a point de remède; *Kampf m auf Leben und ~* lutte *f* à mort *od* à outrance; *plötzliche(r) ~* mort *f* subite; *der Schwarze ~ (die Beulenpest)* la peste noire; *der Weiße ~ (im Schnee des Hochgebirges)* la mort en montagne; *zu ~e betrübt* mortellement triste; *~ durch Erhängen* pendaison *f; ~ durch Ertrinken* mort *f* par immersion; *~ durch Erwürgen* (mort par) strangulation *f; vom ~e gezeichnet* portant les marques de la mort; *~ durch elektrischen Strom* électrocution *f;* **t~bringend** *a* mortel, délétère; **t~ernst** *a* très sérieux; **~feind** *m* ennemi *m* mortel *od* juré; **t~feind** *a: sich ~ sein* être ennemis mortels *od* à couteaux tirés; **t~krank** *a* malade à la mort *od* à mourir; **t~langweilig** *a* ennuyeux comme la pluie; **t~müde** *a fam* mort de fatigue, sur les genoux, claqué; **t~schick** *a fam* très chic;

t~sicher *a fam* garanti, absolument sûr, sûr et certain; **~sünde** *f* péché *m* mortel; **t~unglücklich** *a* malheureux comme les pierres.

Todes|ahnung *f* ['to:dəs-] pressentiment *m* d'une *od* de sa mort prochaine; **~angst** *f* angoisse *f od* affres *f pl* de la mort; *fam* peur *f* bleue; *~ängste ausstehen, in ~ängsten schweben od sein* être dans des angoisses *od* des transes mortelles; **~anzeige** *f* avis *m* de décès; *(briefliche)* (lettre *f* de) faire-part *m;* **~art** *f* (genre *m od*) mort *f;* **~engel** *m* ange *m* de la mort; **~erklärung** *f* déclaration *f* de décès; **~fall** *m* mort *f,* décès *m; im ~e* en cas de mort *od* de décès; **~fallversicherung** *f: reine ~* assurance *f* à vie entière; **~furcht** *f* crainte *f* de la mort; **~gedanke** *m: ~n haben* songer à la mort; **~gefahr** *f* danger *m* de mort; *fam* condamné; *arg* crevard *m;* **t~mutig** *a* ne craignant rien; **~nachricht** *f* nouvelle *f* de la mort; **~not** *f: in Todesnöten* dans des angoisses *od* des transes mortelles; **~opfer** *n* mort *m;* victime *f;* **~schrei** *m* cri *m* de mort; **~schuß** *m* coup *m* de feu mortel; **~schweiß** *m* sueur *f* de l'agonie; **~stoß** *m* coup *m* de grâce; **~strafe** *f* peine *f* capitale *od* de mort; **~streifen** *m (an der Grenze)* bande *f* de terrain minée (séparant les deux Allemagnes); **~stunde** *f* heure de la mort, dernière heure *f; in der ~ (a.)* à l'article de la mort; **~tag** *m* jour de la mort *od* de décès; *(Gedenktag)* anniversaire *m* de la mort; **~ursache** *f* cause *f* de la mort; **~urteil** *n* arrêt *m od* sentence de mort, condamnation à mort, sentence *f* capitale; *das ~ vollstrecken* faire justice; **~verachtung** *f* mépris *m* de la mort; *mit ~* au mépris de la vie; **t~würdig** *a* qui mérite la mort.

tödlich ['tø:tlɪç] *a* mortel; à mort; *adv* mortellement, à mort; *~ verunglücken* se tuer; *~ verletzt od verwundet* mortellement blessé.

Toga *f* ⟨-, -gen⟩ ['to:ga] *hist* toge *f.*

Tohuwabohu *n* ⟨-(s), -s⟩ [tohuva'bo:hu] *(Durcheinander)* tohu-bohu, méli-mélo *m; fam* pagaille *f.*

toi [tɔʏ] *interj: ~, ~, ~!* je touche du bois.

Toilette *f* ⟨-, -n⟩ [toa'lɛtə] *(Körperpflege; Damenkleidung; Frisiertisch; Waschraum)* toilette *f; (WC) a.* cabinet (d'aisances), WC; *fam* waters *m pl; in großer ~* en (grande) toilette; *~ machen* faire sa toilette; **~nartikel**

m article *m* de toilette; **~npapier** *n* papier *m* hygiénique; **~nschwamm** *m* éponge *f* de toilette; **~nseife** *f* savon *m* de toilette; **~ntisch** *m* table de toilette, coiffeuse *f.*

Tokaier *od* **Tokajer** *m* ⟨-s, -⟩ ['to:kaiər] *(ungar. Wein)* tokay *m.*

toler|ant [tole'rant] *a (duldsam)* tolérant; *(nachsichtig)* indulgent; **T~anz** *f* ⟨-, (-en)⟩ [-'rants] tolérance *(a. tech);* indulgence *f;* **T~anzgrenze** *f,* **T~anzschwelle** *f* seuil *m* de tolérance; **~ieren** [-'ri:rən] *tr (dulden)* tolérer.

toll [tɔl] *a* fou (furieux *od* à lier); *vet* enragé; *fig fam (wild, wüst, schlimm)* fou, insensé, frénétique, extravagant; *jdn ~ machen* faire enrager qn; *es zu ~ treiben* y aller trop fort; *~ werden* enrager *(über etw* de qc); *das ist (ja) zum T~werden* c'est à (en) devenir fou *od* enragé; *bist du ~ (geworden)?* es-tu fou? *ein ~er Bursche od Kerl (fam)* un type sensationnel *od* énorme; **~dreist** *a* drolatique; **~en** *itr (herumtollen)* se démener comme un *od* des fou(s), faire le(s) fou(s), s'amuser follement; **T~haus** *n* asile *m* d'aliénés *es geht (ja) hier wie im ~ zu* c'est comme dans une maison de fous; *das ist ein Stück aus dem : ~* c'est une histoire de fou; **T~häusler** *m* ⟨-s, -⟩ aliéné *m;* **T~heit** *f* folie *f* (furieuse); *(toller Streich)* (coup *m* de) folie *f;* **T~kirsche** *f bot* belladone *f;* **~kühn** *a* téméraire; **T~kühnheit** *f* témérité *f;* **T~wut** *f vet* rage *f;* **~wütig** *a* enragé, atteint de la rage.

Tolle *f* ⟨-, -n⟩ ['tɔlə] *fam (Haarschopf)* huppe *f,* toupet *m;* mèche *f* ondulée.

Tolpatsch *m* ⟨-(e)s, -e⟩ ['tɔlpatʃ] brise--tout, brise-fer, balourd, empoté, maladroit *m.*

Tölpel *m* ⟨-s, -⟩ ['tœlpəl] balourd, lourdaud, malotru, rustre, vilain *m;* **~ei** *f* [-lai] balourdise *f;* **t~haft** *a,* **töl-pisch** *a* balourd, rustre, grossier.

Toluol *n* ⟨-s, ø⟩ [tolu'o:l] *chem* toluol *m.*

Tomate *f* ⟨-, -n⟩ [to'ma:tə] tomate *f; treulose ~ (fig hum)* lâcheur, se *m f;* **~nmark** *n* concentré *m* de tomates; **~nsuppe** *f* potage *m* à la tomate.

Tombak *m* ⟨-s, ø⟩ ['tɔmbak] *(Legierung)* tombac *m.*

Tombola *f* ⟨-, -s/(-len)⟩ ['tɔmbola] *(Verlosung)* tombola *f.*

Tomographie *f* ⟨-, -n⟩ [tomogra'fi:, -'fi:ən] *med* tomographie *f.*

Ton *m* ⟨-(e)s, -e⟩ [to:n] **1.** *geol* argile, glaise; *(als Werkstoff)* terre *f; feuerfeste(r) ~* terre *f* réfractaire; *ge-*

brannte(r) ~ (Terrakotta) terre *f* cuite; **t~artig** *a* argileux; **~erde** *f chem* alumine *f; essig-, schwefelsaure ~* acétate, sulfate *m* d'aluminium; **~fi-gur** *f* statuette *f* de terre cuite; **~ge-fäß** *n* vase *m* de *od* en terre; **t~ig** *a* argileux; **~krug** *m* cruche *f* de terre; **~pfeife** *f* pipe *f* en terre *od* hollandaise; **~schicht** *f geol* banc *m* d'argile; **~schiefer** *m geol* schiste *m* argileux; **~taube** *f* pigeon *m* artificiel; **~ware** *f* poterie *f.*

Ton *m* ⟨-(e)s, ¨-e⟩ [to:n, 'tø:nə] **2.** *(Laut, a. mus)* son; *(Klang)* son *m,* sonorité *f,* ton, timbre; *(Redeweise)* ton; *(Le-bensart)* genre; *gram* accent *m* (tonique); *ohne e-n ~ zu sagen* sans rien *od* mot dire; *den ~ angeben (mus u. fig)* donner le ton *od* la note; *fig* lancer la mode, faire la pluie et le beau temps, conduire et mener la barque; *e-n ander(e)n ~ anschlagen (fig)* changer de ton *od* de style *od* de gamme; *denselben ~ anschlagen (fig)* donner le même son de cloche; *keinen ~ von sich geben* ne pas souffler mot; *pop* ne pas piper; *auf etw den ~ legen (fig)* mettre l'accent sur qc; *von jdm in hohen Tönen reden* faire de grands éloges de qn; *keinen ~ sagen* ne dire *od* souffler mot; *ich werde Ihnen andere Töne beibringen!* je vous ferai chanter sur un autre ton! *ich brachte keinen ~ heraus* ma voix s'étrangla; *ich verbitte mir diesen ~!* ne le prenez pas sur ce ton--là! *wenn Sie in diesem ~ reden* si vous le prenez sur ce ton; *hier herrscht ein freier ~* ici l'on ne se gêne pas; *~ liegt auf der ersten Silbe* l'accent tombe sur la première syllabe; *der ~ macht die Musik (prov)* c'est le ton qui fait la musique *od* la chanson; *der gute ~ (im Benehmen)* le bon ton; *halbe(r) ~ (mus)* demi-ton *m;* **~abnehmer(an-schluß)** *m* (prise *f)* pick-up *m;* **t~al** [to'na:l] *a mus* tonal; **~alität** *f* ⟨-, ø⟩ [-nali'tɛ:t] *mus* tonalité *f;* **t~ange-bend** *a fig* qui donne le ton; **~ange-ber** *m fig* lanceur *m* de mode; **~ar-chiv** *n* archives *f pl* sonores; **~arm** *m* bras *m* (de pick-up); **~art** *f mus* mode *m; in allen ~en (fig)* sur tous les tons; **~aufnahme** *f* prise *f* de son; **~bad** *n phot* (bain de) virage *m;* **~band** *n* bande *f* magnétique *od* sonore; **~bandaufnahme** *f* = *Band-aufnahme;* **~bandgerät** *n* magnéto-phone *m;* **~bandsammlung** *f* magnétothèque *f;* **~blende** *f* régulateur *m* de son; **~einheit** *f film* bloc *m* sonore; **t~en** *tr phot* virer; **~fall** *m*

intonation; *(Rhythmus)* cadence *f;*
~**film** *m* film *m* sonore *od* parlant;
~**fixierbad** *n phot* bain *m* de fixage;
~**frequenz** *f* fréquence *f* acoustique
od audible; ~**höhe** *f* hauteur *f* du
son; ~**ingenieur** *m* film radio
ingénieur *m* du son; ~**kamera** *f film*
caméra-son *f;* ~**kunst** *f* art *m* musical; ~**lage** *f* = ~*höhe;* ~**leiter** *f*
gamme *f* (musicale); *chromatische* ~
gamme *f* chromatique; ~**leiterübun-
gen** *f pl* travail *m* de gammes; **t~los**
a (ausdruckslos; gram: unbetont)
atone; *(Stimme)* blanc, éteint; ~**mi-
scher** *m film* mélangeur *m* de son;
~**projektor** *m film* projecteur *m* sonore; ~**regler** *m radio* dispositif *m*
de réglage du son; ~**setzer** *m =
Komponist;* ~**silbe** *f gram* (syllabe)
tonique *f;* ~**spur** *f* bande *od* piste de
son, bande *f* sonore; ~**streifen** *m
film* bande *f* sonore; ~**träger** *m radio* support *m* de son, onde *f* porteuse; ~**ung** *f phot* virage *m;* ~**un-
termalung** *f film* sonorisation, musique *f* scénique; ~**wert** *m* valeur *f* sonore; ~**wiedergabe** *f* reproduction *f*
sonore *od* des sons; ~**zeichen** *n
gram* accent *m.*

tön|en ['tø:nən] *itr (klingen)* sonner,
résonner, retentir; *tr (in der Farbe
abstimmen)* colorier, teinter, teindre;
(Haare) teindre; *phot* virer; **T~ung** *f
(Vorgang)* coloration; *(Ergebnis)*
teinte; teinture *f; phot* virage *m.*

tönern ['tø:nərn] *a* de *od* en terre.

Ton|ika *f* ⟨-, -ken⟩ ['to:nika] *mus
(Grundton)* tonique *f;* ~**ikum** *n* ⟨-s,
-ka⟩ ['to:nikʊm, -ka] *pharm* tonique,
fortifiant *m;* **t~isch** ['to:nɪʃ] *a (stär-
kend)* tonique, fortifiant; ~**us** *m* ⟨-, ø⟩
['to:nʊs] *physiol* tonus *m.*

Ton|age *f* ⟨-, -n⟩ [tɔ'na:ʒə] *mar* tonna-
ge *m,* jauge *f;* ~**e** *f* ⟨-, -n⟩ ['tɔnə] *(großes Faß)* tonneau *a. mar,* baril, fût *m;
(1000 kg)* tonne *f;* ~**engehalt** *m =*
~*age;* ~**engewölbe** *n arch* voûte *f*
en berceau *od* en plein cintre, tonneau *m;* **t~enweise** *adv* par tonnes.

Tonsur *f* ⟨-, -en⟩ [tɔn'zu:r] *rel* tonsure
f; **t~ieren** [-zu'ri:rən] *tr (die* ~
schneiden) tonsurer.

Topas *m* ⟨-es, -e⟩ [to'pa:s, -zə] *min* to-
paze *f.*

Topf *m* ⟨-(e)s, ⁓e⟩ [tɔpf, 'tœpfə] *pot
m; (Koch~)* marmite *f; in einen* ~
werfen (fig) mettre dans le même
sac, jeter dans le même moule; ~**blu-
me** *f* fleur(s *pl*) *f* en pot; ~**gucker** *m*
⟨-s, -⟩ *fam pej* homme *m* qui se mêle
de la cuisine *od fig* qui fourre son nez
partout; ~**kuchen** *m* kouglof *m;*

~**lappen** *m* chiffon *m* à plats;
~**pflanze** *f* plante *f* en pot.

Töpf|chen *n* ['tœpf-] petit pot; *fam
(Nachttopf)* vase *m* de nuit; ~**er** *m*
⟨-s, -⟩ potier; céramiste *m;* ~**erei** *f*
[-'raɪ] *(Handwerk)* poterie *f; (Werkstatt)* atelier *m* de potier; ~**ererde** *f*
terre *f* à potier; **t~ern 1.** *a. (irden)*
de *od* en terre; **2.** *itr (Töpferwaren
machen)* faire de la poterie; ~**erscheibe** *f* tour *m* de potier; ~**erwa-
re** *f* poterie, céramique *f.*

Topographie *f* ⟨-, -n⟩ [topogra'fi:]
(Ortskunde, -beschreibung) topographie *f;* **t~isch** [-'gra:fɪʃ] *a* topogra-
phique.

topp [tɔp] *interj dial (einverstanden!)*
tope(-là)! d'accord!

Topp *m* ⟨-s, -e/-s⟩ [tɔp] *mar* tête *f;*
~**mast** *m* mât *m* de hune; ~**segel** *n*
hunier *m.*

Tor [to:r] **1.** *n* ⟨-(e)s, -e⟩ *(große Tür)*
porte *f* (cochère); portail; *sport* but
m; ein ~ *schießen* marquer un but;
dir stehen alle ~*e offen (fig)* toutes
les portes te sont ouvertes; ~**einfahrt** *f* porte *f* cochère; ~**halle** *f
arch rel* porche, parvis *m;* ~**hüter** *m*
portier *m; sport* = ~*wart;* ~**lauf** *m
sport* slalom *m;* ~**linie** *f sport* ligne *f*
de but; ~**mann** *m sport* = ~*wart;*
~**pfosten** *m sport* poteau *m;*
~**schluß** *m: noch vor* ~ juste à
temps, à la dernière minute; ~**verhältnis** *n sport* score *m;* ~**wächter**
m portier *m;* ~**wart** *m sport* gardien
de but, goal *m;* ~**weg** *m =* ~*einfahrt.*

Tor [to:r] **2.** *m* ⟨-en, -en⟩ *(törichter
Mensch)* sot, insensé, fou *m;* ~**heit** *f*
sottise, bêtise; folie *f.*

Torf *m* ⟨-(e)s, ø⟩ [tɔrf] tourbe *f;* ~ *stechen* extraire de la tourbe; ~**boden**
m terrain *m* tourbeux; ~**gewinnung**
f extraction *f* de la tourbe; ~**grube** *f,*
~**lager** *n* tourbière *f;* ~**moor** *n* tourbière *f;* ~**mull** *m* poussier *m* de mot-
tes; ~**stecher** *m* puiseur *m* de tourbe; ~**stich** *m =* ~*gewinnung;* ~**vorkommen** *n* gisement *m* de tourbe.

tör|icht ['tø:rɪçt] *a* déraisonnable, in-
sensé, sot; **T~in** *f* insensée, folle, sotte
f.

torkeln ['tɔrkəln] ⟨*aux: sein*⟩ *itr fam
(taumeln)* tituber, faire des zigzags;
(schwanken) chanceler.

Tornado *m* ⟨-s, -s⟩ [tɔr'na:do] *(Wirbel-
sturm)* tornade *f.*

Tornister *m* ⟨-s, -⟩ [tɔr'nɪstər] *bes. mil*
sac; *(e-s Schülers)* sac (d'écolier), cartable *m.*

Torped|er *m* ⟨-s, -⟩ [tɔr'pe:dər] *mar*
torpilleur *m;* **t~ieren** [-pe'di:rən] *tr*

torpiller; *fig (hintertreiben)* saboter; ~o *m* ‹-s, -s› [-'pe:do] *mil* torpille *f;* ~oboot *n* torpilleur *m;* ~obootzerstörer *m* contre-torpilleur *m;* ~oflugzeug *n* (avion) torpilleur *m;* ~ojäger *m mar* vedette-torpilleur *f;* ~orohr *n* lance-torpilles *m.*

Torsion *f* ‹-, -en› [tɔrsi'o:n] *(Verdrehung, Verdrillung)* torsion *f;* ~selastizität *f,* ~smodul *m,* ~swaage *f* élasticité *f,* module *od* coefficient *m,* balance *f* de torsion.

Torso *m* ‹-s, -s/-si› ['tɔrzo, '-zi] *(Kunst)* torse; *allg (Bruchstück)* fragment *m.*

Tort *m* ‹-(e)s, ø› [tɔrt] *(Unbill)* tort *m; jdm zum* ~ pour vexer qn; *jdm e-n* ~ *antun* faire de la peine à qn, vexer qn.

Törtchen *n* ‹-s, -› ['tœrtçən] tartelette *f.*

Torte *f* ‹-, -n› ['tɔrtə] *(Butterkremtorte)* gâteau *m* (à la crème); *(Obsttorte)* tarte *f* (aux fruits); ~lett *n* ‹-s, -s› [-'lɛt] tartelette *f;* ~nboden *m* fond *m* de tarte; ~nform *f* tôle *f* à tarte; ~nheber *m* pelle *f* à gâteau; ~nplatte *f* plat *m* à gâteau.

Tortur *f* ‹-, -en› [tɔr'tu:r] *(a. fig)* torture *f.*

tosen ['to:zən] *itr (Wasser)* bruire, gronder, mugir; déferler; **T~** *n* grondement, mugissement *m;* déferlements *m pl;* ~d *a (Beifall)* délirant.

tot [to:t] *a* mort; *(verstorben)* défunt; *adm* décédé; *fig (leblos)* inanimé, sans vie; *(regungslos, ausgestorben, öde)* désert, morne; *(unwirksam)* inerte; *(unproduktiv)* improductif; *fin* qui dort; *für* ~ *erklären (adm)* déclarer décédé; *den* ~*en Mann machen (beim Schwimmen)* faire la planche; ~ *umfallen* tomber (raide) mort; *er war auf der Stelle* ~ il était mort sur le coup; *mehr* ~ *als lebendig* plus mort que vif; *wie* ~ comme mort; ~*e Buchstaben m pl (fig)* lettre *f* morte; ~*e(s) Kapital n* capital *m* qui dort; *das T~e Meer* la mer Morte; ~=arbeiten, *sich* se tuer ou se crever au travail; ~=ärgern, *sich* se fâcher (tout) rouge; **T~e(r** *m)* *f* mort, e; défunt, e; *adm* décédé, e *m f; (in d. Unfallstatistik)* tué *m;* ~=fahren *tr* écraser; ~geboren *a* mort-né; **T~geburt** *f* (enfant) mort-né *m; (Zahl f der)* ~*en pl* mortinatalité *f;* **T~geglaubte(r)** *m,* **T~gesagte(r)** *m* présumé *m od* dit *m* mort; ~=lachen, *sich* mourir *od* se pâmer de rire; *das ist (ja) zum T~ (a.)* c'est tordant *fam; pop* c'est crevant *od* gondolant; ~=laufen, *sich (fam: von selbst zu Ende gehen)* finir de soi--même; ~=machen *tr fam* tuer;

T~punkt *m* = ~*er Punkt;* **T~raum** *m aero* espace *m* mort; ~=sagen *tr* dire mort; ~=schämen, *sich* mourir de honte; ~=schießen *tr* tuer *od* abattre d'un coup de feu, brûler la cervelle à; *sich* ~ se brûler *od* se faire sauter la cervelle; **T~schlag** *m jur* homicide *m* volontaire, mort *f* d'homme; ~=schlagen *tr* assommer; *(töten)* tuer; *die Zeit* ~ tuer le temps; **T~schläger** *m (Mörder)* meurtrier; *(Waffe)* casse-tête *m;* ~=schweigen *tr* passer sous silence, étouffer; ~=stellen, *sich* faire le mort; ~=treten *tr* écraser.

total [to'ta:l] *a* total, global; *(vollständig)* complet, entier; ~ *besoffen (fam)* fin soûl; **T~ansicht** *f* vue *f* d'ensemble *od* générale; **T~ausverkauf** *m* liquidation *f* (complète); **T~isator** *m* ‹-s, -en› [-tali'za:tɔr, -'to:rən] *(beim Pferderennen)* pari *m* mutuel; ~itär [-li'tɛ:r] *a bes.* totalitaire; **T~ität** *f* ‹-, ø› [-li'tɛ:t] totalité *f,* ensemble *m;* **T~itätsprinzip** *n* principe *m* totalitaire; **T~operation** *f med* totale *f;* **T~schaden** *m: er hat e-n* ~ *gemacht* sa voiture est bonne à mettre à la casse; **T~verlust** *m* perte *f* totale.

Totem *n* ‹-s, -s› ['to:tɛm] *(Stammeszeichen nordamerik. Indianer)* totem *m;* ~glaube *m,* ~ismus *m* ‹-, ø› [tote'mɪsmʊs] totémisme *m;* t~istisch [-'mɪstɪʃ] *a* totémique.

töt|en ['tø:tən] *tr* tuer, mettre à mort, faire mourir, donner la mort à, ôter la vie à; *das Fleisch* ~ *(rel)* mortifier la chair; *den Nerv e-s Zahnes* ~ dévitaliser une dent; **T~er** *m* ‹-s, -› tueur *m;* **T~ung** *f* mise *f* à mort; *(e-s Menschen)* homicide *m; fahrlässige* ~ *(jur)* homicide *m* involontaire *od* par imprudence; *vorsätzliche* ~ homicide *m* intentionnel *od* prémédité *od* avec préméditation.

Toten|amt *n* ['to:tən-] *rel* office *m* des morts *od* des défunts *od* des trépassés; ~bahre *f* bière *f;* ~beschwörung *f* nécromancie *f;* ~bett *n* lit de mort, lit *m od* couche *f* funèbre; t~blaß *a,* t~bleich *a* pâle comme *od* plus pâle que la mort, livide; ~blässe *f* pâleur mortelle, lividité *f;* ~ehrung *f,* ~feier *f* honneurs funèbres, derniers honneurs *m pl;* cérémonie *f* commémorative; ~glocke *f* glas *m* (funèbre); ~gräber *m* fossoyeur; *fig pol* naufrageur *m;* ~hemd *n* linceul *m;* ~klage *f* chants *m pl* funèbres; *hist* nénies *f pl;* ~kopf *m* tête *f* de mort; ~kranz *m,* ~maske *f* couronne *f,* masque *m* mortuaire; **~opfer** *n* sacrifice offert aux mânes; *(bei der Bestattung)* sacrifice *m* funéraire; **~reich** *n* empire *m* des morts; **~schein** *n* acte *od* certificat de décès, extrait *m* mortuaire; **~sonntag** *m (evang. Feiertag)* Fête *f od* Jour *m* des morts; **~stadt** *f* nécropole *f;* **~starre** *f* rigidité *f* cadavérique; **t~still** *a: es war ~* il régnait un silence de mort; **~stille** *f* silence *m* de mort *od* sépulcral; **~tanz** *m* danse *f* macabre *od* des morts; **~vogel** *m orn (Kauz)* chevêche *f;* **~wache** *f* veillée *f* funèbre; *die ~ bei jdm halten* veiller qn.

Toto *m, fam: n* ⟨-s, -s⟩ ['to:to] = *Totalisator; (Fußball~)* paris *m pl* de football; **~ergebnisse** *n pl* résultats *m pl* des paris de football; **~schein** *m,* **~zettel** *m* coupon *m* de paris de football.

Toup|et *n* ⟨-s, -s⟩ [tu'pe:] faux toupet *m;* **t~ieren** *tr* [tu'pi:rən] *(Haare)* crêper.

Tour *f* ⟨-, -en⟩ [tu:r] *tech (Umdrehung, Runde)* tour *m; (Rundfahrt)* tournée *f; (Ausflug)* tour; *(Fahrt, Strecke)* parcours; *(List, Streich)* tour *m; auf vollen ~en* en plein régime *od* rendement; *in einer ~ (ohne Unterbrechung)* sans arrêt, sans cesse; *auf ~en kommen* prendre de la vitesse; *fig* se mettre en train; *auf vollen ~en laufen* tourner à plein, battre son plein; *auf die krumme ~ (fam)* par des moyens malhonnêtes; *die ~ kenne ich! (fam)* je connais ce truc-là! **~enrad** *n (Fahrrad)* bicyclette *f* de cyclo-tourisme; randonneur *m;* **~enwagen** *m* voiture *f* de sport; **~enzahl** *f tech* mot régime *m,* vitesse *f;* tours *m pl* par minute; **~enzähler** *m* compte-tours *m;* **~ismus** *m* ⟨-, ø⟩ [tu'rɪsmʊs] tourisme *m;* **~ist** *m* ⟨-en, -en⟩ [-'rɪst] touriste; excursionniste *m;* **~istenklasse** *f* classe *f* tourist(iqu)e; **~istik** *f* ⟨-, ø⟩ [-'rɪstɪk] tourisme *m;* **~nee** *f* ⟨-, -s/-neen⟩ [-'ne:] *(Gastspielreise)* tournée *f; auf ~ gehen* partir en tournée.

Tox|ikologie *f* ⟨-, ø⟩ [tɔksikolo'gi:] *(Lehre von den Giften)* toxicologie *f;* **~in** *n* ⟨-s, -e⟩ [-'ksi:n] *chem biol* toxine *f;* **t~isch** ['tɔksɪʃ] *a (giftig)* toxique.

Trab *m* ⟨-(e)s, ø⟩ [tra:p] trot *m; im ~* au trot; *jdn auf ~ bringen (fig fam)* mettre qn au pas; *~ reiten* aller au trot; **t~en** ['-bən] ⟨*aux: sein od haben*⟩ *itr* trotter, aller au trot; **~er** *m* ⟨-s, -⟩ *(Pferd)* trotteur *m;* **~bahn** *f* piste *f* de trot; **~rennen** *n* course *f* au trot monté.

Trabant *m* ⟨-en, -en⟩ [tra'bant] *hist (Leibwächter)* traban; *astr* satellite *m;* **~enstadt** *f* cité *od* ville *f* satellite.

Tracht *f* ⟨-, -en⟩ [traxt] *(Traglast)* charge *f,* fardeau, faix *m; (Kleidung)* mise, mode, tenue *f,* costume; *(Volkstracht)* costume *m od* tenue *f* régional(e) *od* de pays *od* folklorique; *~ Prügel od Schläge* volée *f* (de coups), raclée; *fam* distribution *f* de coups.

trachten ['traxtən] *itr* viser, aspirer, tendre (*nach etw* à qc); *jdm nach dem Leben ~* attenter aux jours, en vouloir à la vie de qn.

trächtig ['trɛçtɪç] *a f zoo (tragend)* pleine, gravide; *fig (Gedanke, Idee)* fécond; *~ sein (a.)* porter; **T~keit** *f* ⟨-, ø⟩ gestation, gravidité *f.*

Trachyt *m* ⟨-s, -e⟩ [tra'xy:t, -'xyt] *min* trachyte *m.*

Tradition *f* ⟨-, -en⟩ [traditsi'o:n] tradition *f;* **t~ell** [-tsio'nɛl] *a* traditionnel; **t~sbewußt** *a,* **t~sgebunden** *a* traditionaliste.

Trafik *f* ⟨-, -en⟩ [tra'fɪk] *(in Österreich: Tabakladen)* bureau *m* de tabac.

Trafo *m* ⟨-(s), -s⟩ ['tra:fo] *(kurz für:)* Transformator.

Trag|altar *m* ['tra:k-] autel *m* portatif; **~bahre** *f* civière *f,* brancard *m;* **~balken** *m arch* poutre *f* maîtresse; **~band** *n* sangle, bretelle *f;* **t~bar** *a* portable, portatif; *(erträglich)* supportable, tolérable; *(vernünftig)* raisonnable; **~e** *f* ⟨-, -n⟩ [-gə] = **~bahre;** **~(e)zeit** *f (Dauer der Trächtigkeit)* gestation *f;* **t~fähig** *a* capable de porter; *fig (Kompromiß)* acceptable; **~fähigkeit** *f* ⟨-, ø⟩ force portative; *(Höchstlast)* limite de charge; *(Nutzlast)* charge utile; *mar aero* capacité *f* (de transport); **~fläche** *f aero* surface *f* portante *od* sustentatrice, plan *m* sustentateur, voilure *f;* **~flächenbelastung** *f* charge *f* alaire; **~flächenkühler** *m,* **~flächenprofil** *n* radiateur, profil *m* d'aile; **~flügel** *m aero* aile *f* portante *od* porteuse; **~flügelboot** *n,* **~flächenboot** *n* hydroptère *m;* **~gestell** *n* râtelier *m* portatif; **~gurt** *m* = **~band;** **~himmel** *m* baldaquin *m;* **~kissen** *n* coussinet *m;* **~kraft** *f* force *f* portante *od* portative; **~lager** *n tech* palier-support *m;* **~last** *f* charge *f; (Gepäck)* bagages *m pl;* **~leine** *f (e-s Fallschirms)* suspente *f;* **~riemen** *m* = **~band;** **~schlaufe** *f* passe-main *m;* **~schrauber** *m aero* autogire *m;* **~seil** *n* câble *m* porteur; **~sessel** *m* chaise *f* à porteurs; **~stange** *f (e-r Bahre)* bras *m;* **~tier**

n bête *f* de somme; ~**weite** *f fig* portée; *(Bedeutung)* signification, importance *f; sich der ~ s-r Handlungen nicht bewußt sein* agir sans discernement; ~**werk** *n aero* structure *f* portante.

träg|(e) [trɛːk, '-gə] *a* paresseux, fainéant, indolent; mou, lent, lourd; *phys* inerte; *geistig ~* intellectuellement paresseux; **T~heit** *f* ⟨-, ø⟩ paresse, fainéantise, indolence; mollesse, lenteur, lourdeur; *phys* inertie *f;* **T~heitsmoment** *n phys* moment *m* d'inertie.

tragen ⟨trägt, trug, hat getragen⟩ [(-)'traːgən] *tr (fortschaffen)* porter; *(in e-r bestimmten Lage halten, stützen)* (sup)porter, (sou)tenir; *(Kleidungsstück od Schmuck an-, Kopfbedeckung od Brille aufhaben)* porter; *(die Haare in e-r bestimmten Weise)* avoir; *(Frucht, Gewinn, Erfolg bringen)* (rap)porter; *(ertragen, erdulden)* supporter, subir; *itr (halten, nicht zs.brechen; gehen, reichen)* porter; *(Früchte bringen)* porter des fruits, fructifier; *sich ~ (Kleidungsstück)* se porter; *e-n Bart ~* porter la barbe; *etw mit Fassung ~* subir qc avec constance; *sich gut ~ (Stoff, a.)* faire bon usage; *sein Haar lang, kurz ~* avoir les cheveux longs, courts; *die Nase hoch ~* aller la tête haute; *weit ~ (reichen)* porter loin; *an etw schwer zu ~ haben* être accablé par qc; *man trägt ... (als modern)* on porte ...; *das trägt man nicht!* ce n'est pas de mode; *man kann die Jacke noch ~* le veston est encore mettable; *die Beine wollen mich nicht mehr ~* je ne tiens plus sur mes jambes; **T~** *n* portage; *(von Kleidung)* port; *(von Waffen)* port *m.*

Träger *m* ⟨-s, -⟩ ['trɛgər] *(Mensch)* porteur *m; fig (e-s Namens)* qui porte ...; *(der Staatsgewalt, der Wirtschaft, der Kultur)* représentant; *(e-r Idee)* protagoniste, agent, champion; *tech* support *a. aero,* montant *m; (Balken)* poutre; *(an e-m Kleidungsstück)* épaulette, bretelle *f; fig (der Gedanken, der Nachrichtenübermittlung)* véhicule; *med (e-s Krankheitskeimes)* agent, vecteur *m;* ~**flugzeug** *n* avion *m* porteur; ~**frequenz** *f radio* fréquence *f* porteuse; ~**hose** *f* pantalon *m* à bretelles; ~**lohn** *m* factage *m;* **t~los** *a (Kleidungsstück)* sans bretelles; ~**rakete** *f* lance-missiles *m;* ~**rock** *m* jupe *f* à bretelles; ~**schürze** *f* tablier *m* à bretelles; ~**schwelle** *f arch* sommier *m;* ~**welle** *f el* onde *f* porteuse.

Trag|ik *f* ⟨-, ø⟩ ['traːgɪk] *(Kunst der ~ödie)* art *m* tragique; *die ~ (allg: das ~ische)* le tragique; ~**iker** *m* ⟨-s, -⟩ ['traːgikər] *(~ödiendichter)* auteur *m* tragique; **t~ikomisch** ['traːgi-] *a* tragi-comique; ~**ikomödie** *f* tragi-comédie *f;* **t~isch** ['traːgɪʃ] *a* tragique; *~ nehmen* prendre au tragique; *e-e ~e Wendung nehmen* tourner au tragique; ~**öde** *m* ⟨-n, -n⟩ [traˈgøːdə] *(Schauspieler)* tragédien *m;* ~**ödie** *f* ⟨-, -n⟩ [-ˈgøːdiə] *(Trauerspiel; fig: Unglück)* tragédie *f;* ~**ödin** *f* ⟨-, -nnen⟩ [-ˈgøːdɪn] tragédienne *f.*

Train|er *m* ⟨-s, -s⟩ ['trɛː-/'trɛːnər] *sport* entraîneur *m;* **t~ieren** [trɛ-/treˈniːrən] *tr (itr* s')entraîner *(auf etw pour qc);* ~**ing** *n* ⟨-s, -s⟩ ['-nɪŋ] entraînement *m;* ~**ingsanzug** *m* survêtement *m* de sport; ~**ingshose** *f,* ~**ingsjacke** *f* culotte, veste *f* de survêtement.

Trakt *m* ⟨-(e)s, -e⟩ [trakt] *(Gebäudeteil)* corps *m* de logis, aile; *(Landstrich)* région *f; (Zug, Strecke)* trait *m;* ~**at** *m* od *n* ⟨-(e)s, -e⟩ [-'taːt] *(Abhandlung)* traité *m;* **t~ieren** [-ˈtiːrən] *tr fam (behandeln)* traiter.

Traktor *m* ⟨-s, -en⟩ ['traktɔr, -'toːrən] *agr* tracteur *m.*

tralla(la) [tra'laː, -laˈlaː] *interj* turlurette!

trällern ['trɛlərn] *itr u. tr* chantonner; fredonner; **T~** *n* chantonnement, fredonnement *m.*

Tram(bahn) *f* ⟨-, -s⟩ [tram(-)] *(Straßenbahn)* tram(way) *m.*

Tramp *m* ⟨-s, -s⟩ [tramp/trɛmp] *(Landstreicher)* chemineau, vagabond; *fam* clochard *m;* **t~en** ⟨aux: sein⟩ *itr (per Anhalter fahren)* faire du stop; ~**er(in** *f)* *m* ⟨-s, -⟩ *(Anhalter)* auto-stoppeur *m,* auto-stoppeuse *f;* ~**schiffe** *n pl* tramps *m pl;* ~**schiffahrt** *f* tramping *m.*

Trampel *m* od *n* ⟨-s, -⟩, *a. f* ⟨-, -n⟩ ['trampəl] *fam* pataud, rustre *m; (plumpe Frau)* maritorne *f;* **t~n** *itr* ⟨aux: haben⟩ *fam (mit den Füßen treten)* piétiner, trépigner; ⟨aux: sein⟩ *(schwerfällig gehen)* piétiner; ~**pfad** *m* piste *f* battue; ~**tier** *n zoo* chameau *m* (à deux bosses); *fig fam (Mensch)* lourdaud, balourd *m.*

Tran *m* ⟨-(e)s, -e⟩ [traːn] huile de baleine *od* de poisson; *(Leber~)* huile *f* de foie de morue; **t~ig** *a* qui sent l'huile de poisson *od* la marée; *fig fam (Mensch: langweilig)* ennuyeux, lent; ~**suse** *f* ⟨-, -n⟩ ['-zuːzə] *fam* nouille, gnangnan *f.*

Trance(zustand *m)* *f* ⟨-, -n⟩

[(')tra:ns(-)/ 'trã:s(ə)] *psych* transe *f* médiumnique.

Tranchier|besteck *n* [trã'ʃi:r-] couvert *m* à découper; **t~en** [trã'ʃi:rən] *tr (Fleisch zerschneiden)* découper; **~messer** *n* couteau *m* à découper.

Träne *f* ‹-, -n› ['trɛ:nə] larme *f; pl a.* pleurs *m pl; mit ~n in den Augen* les larmes aux yeux; *unter ~n* en larmes, en pleurs; *mit ~n benetzen* arroser de larmes; *~n lachen* rire aux larmes; *jdn bis zu ~n rühren* faire venir les larmes aux yeux de qn, arracher des larmes à qn; *~n vergießen* verser *od* répandre des larmes *od* des pleurs; *viele ~n vergießen* pleurer toutes les larmes de son corps; *blutige, heiße ~n weinen (fig)* pleurer des larmes de sang, à chaudes larmes; *in ~n zerfließen* fondre en larmes *od* en pleurs; *mir traten ~n in die Augen* les larmes me vinrent aux yeux, mes yeux se mouillèrent de larmes; *in ~n aufgelöst od gebadet* baigné *od* noyé de larmes *od* de pleurs; *tout en pleurs; den ~n nahe* au bord des larmes; *zu ~n gerührt* ému *od* touché (jusqu')aux larmes; **t~n** *itr* larmoyer; *~n n* larmoiement *m;* **t~nd** *a: ~e(s) Herz n (bot)* cœur-de-Marie, cœur-de-Jeannette *m;* ~**ndrüse** *f* glande *f* lacrymale; **t~nerstickt** *a: mit ~er Stimme* avec des larmes dans la voix; **t~nfeucht** *a* mouillé de larmes; ~**ngas** *n* gaz *m* lacrymogène; ~**ngashandgranate** *f* grenade *f* lacrymogène; ~**nkanal** *m anat* conduit *m* lacrymal; ~**nsack** *m anat* sac *m* lacrymal; ~**nsekretion** *f* sécrétion *f* lacrymale; ~**nstrom** *m* flot *od* torrent *m* de larmes.

Trank *m* ‹-(e)s, ⸚e› [traŋk, 'trɛŋkə] *(Getränk)* breuvage *m,* boisson *f;* ~**opfer** *n rel hist* libation *f.*

Tränke *f* ‹-, -n› ['trɛŋkə] *(Vieh~)* abreuvoir *m;* **t~n** *tr* faire boire, donner à boire à; *tech* imbiber, imprégner; *lit (mit Blut)* arroser.

Transaktion *f* [trans-] *fin* transaction *f.*

transalpin(isch) [trans-] *a* transalpin.

Transatlant|ikflug *m* [trans-] vol *m* transatlantique; ~**ik(flug)verkehr** *m* trafic *m* (aérien) transatlantique; ~**ikflugzeug** *n,* ~**ikkabel** *n* avion, câble *m* transatlantique; **t~isch** *a* transatlantique.

Transfer *m* ‹-s, -s› [trans'fe:r] *fin* transfert *m;* ~**abkommen** *n* accord *m* sur les *od* convention *f* de transferts; **t~ierbar** [-'ri:r-] *a* transférable; **t~ieren** *tr* transférer; ~**ierung** *f* transfèrement *m.*

Transformationsgrammatik *f* [transfɔrma'tsio:ns-] grammaire *f* transformationnelle.

Transform|ator *m* ‹-s, -en› [transfɔr'ma:tɔr, -'to:rən] *el* transformateur; *fam* transfo *m;* ~**atorhäuschen** *n,* ~**atorstation** *f* station *f od* poste *m* de transformation; **t~ieren** [-'mi:rən] *tr allg u. el* transformer; ~**ierung** *f* transformation *f.*

Transfusion *f* ‹-, -en› [transfu'zio:n] *med (Blutübertragung)* transfusion *f.*

Transistor *m* ‹-s, -en› [tran'zɪstɔr, -'to:rən] *el* transistor *m; mit ~(en)* transistorisé; ~**radio** *n* transistor *m,* radio *f* portative.

Transit *m* ‹-s, -e› [tran'zɪt/ -'zi:t] *com* transit *m;* ~**hafen** *m* port *m* de transit; ~**handel** *m* commerce *m* de transit *od* transitoire; **t~ieren** [-zi'ti:rən] *tr com* transiter; **t~iv** ['tran-/tranzi'ti:f] *a gram* transitif; **t~orisch** [-'to:rɪʃ] *a (vorübergehend)* transitoire; ~**raum** *m (im Flughafen)* salle *f* de transit; ~**schein** *m* passavant, passe-debout *m;* ~**verkehr** *m* trafic *m* de transit; ~**ware** *f* marchandise *f* en transit; ~**zoll** *m* droit *m* de transit.

Transkaukasien *n* [trans-] la Transcaucasie.

transkontinental [trans-] *a* transcontinental.

transkri|bieren [transkri'bi:rən] *tr* transcrire; **T~ption** *f* ‹-, -en› [-krɪptsi'o:n] transcription *f.*

Translator *m* ‹-s, -en› [trans'la:tɔr, -'to:rən] *tele* répétiteur *m.*

Transmission *f* ‹-, -en› [trans-] *tech* transmission *f;* ~**swelle** *f* arbre *m* de transmission.

Transozean|flugverkehr *m* [trans-], ~**flugzeug** *n* trafic (aérien), avion *m* transocéanique; **t~isch** *a* transocéanique.

transparen|t [transpa'rɛnt] *a* transparent; **T~t** *n* ‹-(e)s, -e› *(durchscheinendes Bild)* transparent *m; (Spruchband)* banderole *f;* **T~z** *f* ‹-, ∅› [-'rɛnts] transparence *f.*

Transpir|ation *f* ‹-, ∅› [transpiratsi'o:n] *(Ausdünstung; Schwitzen)* transpiration *f;* **t~ieren** [-pi'ri:rən] *itr* transpirer.

Transplant|ation *f* ‹-, -en› [transplantatsi'o:n] transplantation, greffe *f;* **t~ieren** [-'ti:rən] *tr* greffer.

transponier|en [transpo'ni:rən] *tr mus* transposer; **T~ung** *f* transposition *f.*

Transport *m* ‹-(e)s, -e› [trans'pɔrt] transport; *mil* convoi *m;* **t~abel** [-'ta:bəl] *a* transportable; portatif, mobile; ~**anlage** *f* installation *f* de transport; **~arbeiter** *m* ouvrier *m* des transports; **~band** *n tech* bande *f* transporteuse; **~betrieb** *m* entreprise *f* de transports; **~er** *m* ‹-s, -› *mar* bateau *od aero* avion *m* de transport; **~eur** *m* ‹-s, -e› [-'tø:r] *(Person; tech)* transporteur; *(Winkel-, Gradmesser)* rapporteur *m;* **t~fähig** *a (Kranker)* transportable; **~flugzeug** *n* avion *m* de transport; **~führer** *m mil* chef *m* de convoi; **~gesellschaft** *f* société *od* compagnie *f* de transport; **~gleit-flugzeug** *n* aéroglisseur *m;* **t~ieren** [-'ti:rən] *tr* transporter; **~kolonne** *f mil* convoi *m;* **~kommandantur** *f* commission *f* régulatrice des transports; **~kosten** *pl,* **~mittel** *n pl* frais, moyens *m pl* de transport; **~scha-den** *m* avarie *f* de transport; **~schiff** *n* cargo, chaland *m;* **~schnecke** *f,* **~schraube** *f tech* vis *f* transporteuse; **~unternehmen** *n* = **~betrieb;** **~unternehmer** *m* entrepreneur *m* de transports; **~versicherung** *f* assurance-transports *f;* **~wesen** *n* transports *m pl.*

Transuran *n* ‹-s, -e› [trans'u'ra:n] *chem* élément *m* transuranien.

transversal [transvɛr'za:l] *a (schräg)* transversal; **T~e** *f* ‹-, -n› *math* transversale *f;* **T~wellen** *f pl* ondes *f pl* transversales.

Transvestit *m* [transvɛs'ti:t] ‹-en, -en› travesti *m.*

transzenden|t [transtsɛn'dɛnt] *a philos* transcendant; **~tal** [-'ta:l] *a philos* transcendental; **T~z** *f* ‹-, ø› [-'dɛnts] transcendance *f.*

Trapez *n* ‹-es, -e› [tra'pe:ts] *math sport* trapèze *m; gleichschenklige(s), rechtwinklige(s)* ~ trapèze *m* isocèle, rectangle; **~künstler** *m* trapéziste *m;* **~oid** *n* ‹-(e)s, -e› [-petso'i:t, -də] *math* trapézoïde *m.*

Trappe *m* ‹-n, -n› *od f* ‹-, -n› ['trapə] *orn* outarde *f.*

trapp|eln ['trapəln] ‹*aux: sein*› *itr* trottiner; **~en** *itr (schwer auftreten)* marcher lourdement.

Trapper *m* ‹-s, -› ['trapər] *(nordamerik. Pelzjäger)* trappeur *m.*

Trappist *m* ‹-en, -en› [tra'pɪst] *rel* trappiste *m;* **~enkloster** *n,* **~enor-den** *m* Trappe *f.*

trara [tra'ra:] *interj* taratata! **T~** *n* ‹-s, ø› *fam (Lärm)* bruit; *(Getue)* bluff *m;* ~ *machen* faire du bruit *od fam* du foin.

Traß *m* ‹-sses, -sse› [tras] *min* trass *m.*

Trass|ant *m* ‹-en, -en› [tra'sant] *fin* tireur *m;* **~at** *m* ‹-en, -en› [-'sa:t] *fin* tiré *m;* **~e** *f* ‹-, -n› ['trasə] *(im Gelän-*

de abgesteckte Linie) tracé *m;* **t~ie-ren** [-'si:rən] *tr (abstecken)* tracer; *jdn* ~ *(fin)* tirer sur qn, émettre (un effet) sur qn.

Tratsch *m* ‹-(e)s, ø› [tra:tʃ] *fam (Klatsch, Gerede)* bavardage, commérage; racontar, potin *m;* **t~en** *itr fam* bavarder, commérer, potiner; **~erei** *f* [-'raɪ] *fam* bavardage *m,* commérages *m pl.*

Tratte *f* ‹-, -n› ['tratə] *fin* traite *f.*

Trau|altar *m* ['trau-] autel *m* des mariages; **t~en** *itr: jdm* ~ *(vertrauen, Glauben schenken)* avoir confiance en qn, faire confiance, se fier à qn; *e-r S* ~ avoir confiance dans qc, se fier, ajouter foi à qc; *tr (verheiraten)* marier, unir; *sich* ~ *(es wagen)* oser; *sich hin* ~ *(fam)* oser y aller; *sich ran* ~ oser s'y attaquer; *s-n Augen nicht* ~ n'en pas croire ses yeux; *kirchlich* ~ bénir, donner la bénédiction nuptiale à; *jdm nicht über den Weg* ~ *(fam)* se méfier de qn; *sich* ~ *lassen* se marier, contracter mariage; *ich traue dem Frieden nicht* je me méfie de cette paix; *man kann ihm nicht* ~ *(a.)* il est de mauvaise foi; *trau, schau, wem!* *(prov)* méfiance est mère de sûreté; **t~lich** *a* intime, familier; *(gemütlich)* confortable; **~register** *n* registre *m* des mariages; **~ring** *m* alliance *f,* anneau *m* (de mariage *od* nuptial); **~schein** *m* acte *od* extrait *m* de mariage; **~ung** *f* mariage *m,* épousailles *f pl; (kirchliche)* bénédiction *f* nuptiale; *kirchliche* ~ mariage *m* religieux; **~zeuge** *m* témoin *m* de mariage.

Traube *f* ‹-, -n› ['traubə] *bot u. allg* grappe; *(Weintraube)* grappe *f* (de raisin); *pl (Weintrauben)* raisin(s *pl*) *m;* **~nfäule** *f* mildiou *m* de la vigne; **t~nförmig** *a* à grappe; **~nkamm** *m (Stiel)* rafle, râpe *f;* **~nkur** *f* cure *f* uvale *od* de raisin; **~nlese** *f* vendange *f;* **~nmost** *m* moût *m;* **~nnachlese** *f* grappillage *m;* **~npresse** *f* pressoir *m;* **~nsaft** *m* jus *m* de raisin; **~nzucker** *m chem* glucose *m.*

Trauer *f* ‹-, ø› ['trauər] *(Traurigkeit)* affliction, désolation, tristesse *f; (um e-n Toten)* deuil *m;* ~ *un-, ablegen* prendre, quitter le deuil; *um jdn in* ~ *sein,* ~ *tragen* être en *od* porter le deuil (*um jdn* de qn); *in* ~ *versetzen* endeuiller; **~binde** *f* brassard *m* de crêpe *od* de deuil; **~brief** *m* faire -part *m* de décès; **~esche** *f bot* frêne *m* pleureur; **~fall** *m* deuil, décès *m;* **~flor** *m* crêpe *m* de deuil; **~gefolge** *n* cortège *od* convoi *m* funèbre; **~ge-**

leit n: jdm das ~ geben conduire le deuil de qn; ~**gesang** m chant m funèbre; ~**gottesdienst** m service m funèbre; ~**haus** n maison f mortuaire; ~**jahr** n deuil; jur délai m de viduité; ~**kleidung** f vêtement m de deuil; ~**kloß** m fam pleurnicheur; pauvre type m; ~**mantel** m ent morio m; ~**marsch** m, ~**musik** f marche, musique f funèbre; **t~n** itr (traurig sein) être affligé od triste, être plongé dans l'affliction od dans la tristesse; um jdn être en deuil de qn; um etw déplorer la perte de qc; ~**nachricht** f nouvelle f funèbre; **t~nd** a en deuil; ~**rand** m bordure f de deuil, cadre m noir; mit ~ bordé de noir; Trauerränder an den Fingernägeln haben (fam) avoir les ongles en deuil; ~**schleier** m voile m de deuil; ~**spiel** n theat u. fig tragédie f; ~**tag** m jour m de deuil; ~**weide** f bot saule m pleureur; ~**zug** m = ~gefolge.

Trauf|dach n ['trauf-] arch larmier m; ~**e** f ‹-, -n› égout m; (Dachrinne) gouttière f; vom od aus dem Regen in die ~ kommen (fig) tomber de Charybde en Scylla, aller od tomber de mal en pis.

träufeln ['trɔyfəln] tr laisser tomber od verser goutte à goutte.

Traum m ‹-(e)s, ⁀e› [traum, 'trɔymə] rêve, songe; fig (sehnlicher Wunsch) rêve m; im ~ en rêve; aus dem ~ erwachen se réveiller du rêve; wie aus e-m ~ erwachen revenir de loin; e-n ~ haben faire od avoir un rêve od un songe; ich denke nicht im ~ daran! das fällt mir nicht im ~e ein! je n'y songe même pas en rêve, je m'en garderai bien; mein ~ ist in Erfüllung gegangen mon rêve s'est réalisé; der ~ ist aus ce n'était qu'un rêve od qu'une illusion; fam (es ist aus) c'est fini; Träume sind Schäume (prov) tout songe est mensonge; ~**bild** n rêve, songe m, illusion f; ~**buch** n clé f des songes; ~**deuter** m interprétateur de songes, oniromancien m; ~**deutung** f interprétation des songes, oniromancie f; ~**fabrik** f hum (Filmatelier) foire f aux rêves; ~**gebilde** n phantasme m; illusion f; ~**gesicht** n ‹-(e)s, -e› vision f, mirage m; (Erscheinung) apparition f; **t~haft** a comme en rêve; fantastique, irréel; scient onirique; ~**küche** f cuisine f de rêve od de charme; **t~verloren** a, **t~versunken** a plongé dans la rêverie; ~**welt** f monde m chimérique od imaginaire.

Trauma n ‹-s, -men/-mata› ['trauma,

-mən/-ta] med (Wunde) lésion f; psych traumatisme m; **t~tisch** [-'ma:tıʃ] a traumatique.

träum|en ['trɔymən] itr rêver, songer; faire od avoir un rêve od un songe; fig rêver (von etw qc); songer; s'abandonner à la rêverie; mit offenen Augen od am hellen Tage ~ être perdu dans des rêveries, rêvasser; ich habe immer davon geträumt zu ... j'ai toujours rêvé de ...; das hätte ich mir nicht ~ lassen je n'osais même pas y songer, j'étais loin de m'y attendre; das hast du nur geträumt tu as dû le rêver; träum(e) süß! fais de beaux rêves; du träumst wohl! tu rêves! tu n'y songes pas! **T~er** m ‹-s, -› rêveur; fig (Phantast) songe-creux, visionnaire, utopiste m; **T~erei** f [-'raı] rêverie, songerie f; ~**erisch** a rêveur, songeur.

traurig ['trauriç] a (betrübt) triste, attristé, affligé, contristé; (tiefbekümmert, untröstlich) désolé, navré; (schmerzlich) triste, affligeant, désolant; (kläglich) déplorable, lamentable; (jämmerlich) misérable, piteux; in ~em Zustand dans un état déplorable; ~ machen od stimmen attrister, contrister, affliger; ~ werden s'attrister, s'affliger; **T~keit** f ‹-, ø› tristesse, affliction, désolation f.

traut [traut] a (traulich) intime; (gemütlich) confortable; (vertraut) intime; (lieb) cher, chéri.

Traverse f ‹-, -n› [tra'vɛrzə] traverse, entretoise f.

Travertin m ‹-s, -e› [travɛr'ti:n] min travertin m.

Travest|ie f ‹-, -n› [travɛs'ti:] lit (Umgestaltung ins Lächerliche) travestie f; **t~ieren** [-'ti:rən] tr travestir; ~**ierung** f travestissement m.

Trawl n ‹-s, -s› [trɔ:l, trɔ:l] (Fischnetz) chalut m; ~**er** m ‹-s, -› (Fischdampfer) chalutier m.

Treber ['tre:bər] pl (Rückstände beim Keltern) marc m de raisin; (beim Bierbrauen) drague f de la bière.

treck|en ['trɛkən] tr mar (ziehen) haler; **T~er** m ‹-s, -› (Zugmaschine) tracteur m; **T~schute** f (Zugschiff) péniche f.

Treff n [trɛf] (Kartenspiel: Kreuz) trèfle m; ~**as** n as m de trèfle.

treffen ‹trifft, traf, hat getroffen› ['trɛfən, trıft, tra:f-, gə'trɔfən] tr toucher, atteindre; fig (innerlich) toucher; (betreffen) toucher, concerner; (das richtige Wort, den richtigen Ton) trouver; (bildlich wiedergeben, darstellen) rendre; réussir; (begegnen) rencontrer; itr porter juste;

⟨aux: sein⟩ auf jdn ~ rencontrer qn; ⟨aux: sein⟩ auf etw ~ trouver od rencontrer qc; sich ~ (sich ergeben, geschehen) tomber; es traf sich, daß... il arriva, le hasard voulut que...; mit jdm ein Abkommen od Übereinkommen über etw ~ convenir de qc avec qn; e-e Auswahl od Wahl ~ faire od opérer un choix; den Einsatz ~ (mus) attaquer juste; es gut, schlecht ~ tomber bien, mal; gut, schlecht getroffen sein (auf e-m Bild) être bien, mal rendu od réussi; Maßnahmen od Maßregeln ~ prendre des mesures; ins Schwarze ~ (a. fig) faire mouche; pop mettre dans le mille; jdn an s-r empfindlichen Stelle ~ toucher le point sensible de qn; den richtigen Ton ~ (fig) trouver le ton juste, être dans la note; Sie haben es getroffen (beim Raten) vous y êtes; mich trifft keine Schuld ce n'est pas ma faute; ihn hat ein schweres Unglück getroffen il a eu de grands malheurs; die Verantwortung trifft den Fahrer c'est sur le conducteur que (re)tombe la responsabilité; der Vorwurf trifft mich nicht le reproche ne me touche od concerne pas; das trifft sich gut, schlecht cela tombe bien, mal; das trifft sich sehr gut cela s'arrange très bien; wie's trifft, trifft's ça tombe comme ça tombe; wen trifft die Schuld? à qui la faute? wie sich das trifft! quelle coïncidence (heureuse)! wer einmal trifft, ist noch kein Schütze (prov) une hirondelle ne fait pas le printemps; **T~** n (Begegnung) rencontre f; (Tagung) congrès m, assises f pl; mil rencontre f, combat m; ~ im All (cosm) rendez-vous m spatial; etw ins ~ führen (fig) arguer de qc; ~d a juste, exact, précis; (Ähnlichkeit) frappant; jur pertinent; adv à propos, pertinemment.

Treffer m ⟨-s, -⟩ ['trɛfər] (beim Boxen) coup m qui porte; (beim Fechten) touche f; (Fußball) but m; (beim Schießen) impact; (Gewinnlos) billet od numéro m gagnant; e-n ~ erzielen od haben toucher le but; ~! touché!

Treff|genauigkeit f ['trɛf-] précision od justesse f du tir; **t~lich** a (ausgezeichnet) excellent; (vollendet, vollkommen) parfait; ~lichkeit f ⟨-, ø⟩ excellence; perfection f; ~punkt m (lieu du) rendez-vous m; **t~sicher** a qui a l'œil juste od la main sûre; ~sicherheit f = ~genauigkeit; (~wahrscheinlichkeit) probabilité f du tir.

Treib|anker m ['traip-] ancre f flottante; ~eis n glaces f pl flottantes od dérivantes od de dérive; ~fäustel m

mines masse f, marteau m de mine; ~gas n gaz m carburant; ~hammer m marteau m à bosseler od à emboutir; ~haus n serre, forcerie f; ~hauspflanze f plante f de serre; ~holz n bois m flottant; ~jagd f battue f; ~ladung f charge f propulsive od de propulsion; ~mine f mine f dérivante od flottante; ~mittel n agent m moteur; ~öl n huile f lourde od pour moteurs; ~rad n roue f motrice; ~riemen m tech courroie f de commande od de transmission; ~sand m sables m pl mouvants; ~satz m (e-r Rakete) matière f fusante; ~stange f tech bielle f; ~stoff m carburant, combustible m; (Benzin) essence f; (e-r Rakete) propulsif m; ~stoffbehälter m réservoir m à essence; ~stofflager n dépôt m d'essence; ~stoffversorgung f approvisionnement m en essence.

treiben ⟨treibt, trieb, getrieben⟩ ['traibən, (-)'tri:p] tr ⟨aux: haben⟩ (vor sich her jagen) chasser; (Vieh) mener; (vom Wind) balayer; (in Bewegung setzen od halten) faire marcher od (Rad) tourner; sport (Ball) dribbler; (Menschen antreiben, veranlassen) pousser (jdn zu etw qn à qc); (hineinschlagen, -bohren) enfoncer; (Tunnel) creuser, percer; mines (Stollen) percer; metal emboutir, repousser, bosseler; (Pflanzen: wachsen lassen) donner; agr (im Treibhaus) forcer; (betreiben, tun) faire, exercer, pratiquer; s'occuper de; s'adonner, se livrer à; itr ⟨aux: sein⟩ (fortbewegt werden) être chassé; (auf dem Wasser) flotter, aller à la dérive, dériver; bot (wachsen) pousser; (Teig: aufgehen) lever; (gären) fermenter; vor Anker ~ (mar) chasser sur ses ancres; zum Äußersten od auf die Spitze ~ pousser à l'extrême; unnütze Dinge od dummes Zeug ~ faire des sottises; zur Eile ~ presser; fam bousculer; Eis ~ (Fluß) charrier des glaçons; in die Flucht ~ faire fuir; jdm das Blut od die Schamröte ins Gesicht ~ faire monter le rouge au visage à qn; Politik ~ faire de la politique; Schweiß ~ faire transpirer, provoquer la transpiration; mit jdm sein Spiel ~ se jouer de qn; jdn in den Tod, zur Verzweiflung ~ pousser qn à la mort, au désespoir; sich (willenlos) ~ lassen (fig) aller od être à la dérive, dériver; was ~ Sie? que faites-vous dans la vie? wie man's treibt, so geht's (prov) on récolte ce qu'on a semé; **T~** n tech enfonce-

ment; percement; emboutissage, bos-
selage; *fig (der Welt)* train *m; (auf
der Straße)* agitation *f; sein Tun und
~ ses faits et gestes; ~d* a en dérive;
~e Kraft (fig: Mensch) promoteur *m.*
Treiber *m* ⟨-s, -⟩ ['traɪbər] *(Viehtrei-
ber)* meneur; *(Jagd)* traqueur; *fig* excitateur, instigateur; *(Antreiber)*
oppresseur; *tech* chassoir *m.*
Treidel *m* ⟨-s, -n⟩ ['traɪdəl] *(Zugtau)*
corde *f* de halage; ~**ei** *f* [-'laɪ] halage
m; t~n tr haler; ~**weg** *m* chemin *m*
de halage.
Trema *n* ⟨-s, -s/-mata⟩ ['tre:ma, -ta]
(Zeichen) tréma *m.*
tremolieren, tremulieren [tremo-
(-mu-)'li:rən] *itr mus* faire des trémo-
los.
Trend *m* [trɛnd] ⟨-s, -s⟩ tendance *f.*
trenn|bar ['trɛn-] *a* séparable; ~**en** *tr*
séparer, disjoindre; *(Zs.gehöriges)*
dépareiller, déparier, désassortir; *(abtrennen)* détacher *(von* de); *(Menschen, a.)* désunir; *tele* couper; *sich ~*
se séparer *(a. Ehegatten);* se quitter;
gut ~ (radio) être sélectif; *sich
schwer vom Geld ~, sich schlecht
vom Geld ~ können (fam)* être dur à
la détente; **T~linie** *f* ligne séparative;
typ vedette *f;* ~**scharf** *a* radio sélectif; **T~schärfe** *f* sélectivité *f;* **T~ung**
f séparation, disjonction, désunion,
rupture; *(e-r Ehe)* dissolution *f; pol*
désapparentement *m (von* d'avec); *el
tele* rupture *f;* ~ *von Tisch und Bett
(jur)* séparation *f* de corps et de
biens; **T~ungsentschädigung** *f* indemnité *f* de séparation; **T~ungs-
punkte** *m pl typ* tréma *m;* **T~ungs-
schmerz** *m* douleur *f* de la séparation; **T~ungsstrich** *m* tiret *m;*
T~ungsvermögen *n tech* pouvoir
m séparateur; **T~(ungs)wand** *f* mur
m de séparation; paroi, cloison *f;*
T~ungszeichen *n typ* division *f.*
Trense *f* ⟨-, -n⟩ ['trɛnzə] *(leichter
Zaum)* bridon *m.*
Trepan *m* ⟨-s, -e⟩ [tre'pa:n] *med
(Schädelbohrer)* trépan *m;* ~**ation** *f*
⟨-, -en⟩ [-panatsi'o:n] *med* trépana-
tion *f; t~ieren* [-'ni:rən] *tr* trépaner.
trepp|ab [trɛp'ʔab] *adv* en descendant
l'escalier; ~**auf** *adv* en montant l'escalier; *er sprang ~, treppab* il ne ces-
sa de monter et descendre l'escalier.
Treppe *f* ⟨-, -n⟩ ['trɛpə] escalier *m; drei
~n hoch* au troisième *(étage); die ~
benutzen* prendre (par) l'escalier; *die
~ hinauffallen (fig fam)* avoir de la
chance (dans son malheur); *die ~ hin-
auf-, hinuntergehen* monter, descendre l'escalier; *jdm e-e ~ in die Haare
schneiden* étager les cheveux à qn;

~**nabsatz** *m,* ~**ngeländer** *n* palier
m, rampe *f* d'escalier; ~**ngiebel** *m
arch* pignon *m* à redans; ~**nhaus** *n,*
~**nläufer** *m (Teppich)* cage *f,* tapis
m d'escalier; ~**npfeiler** *m* départ *m*
de rampe; ~**nsohle** *f,* ~**nspindel** *f,*
~**nstufe** *f* patin, noyau *m,* marche *f*
d'escalier; *oberste ~* marche *f* palière;
~**nwange** *f* limon *m;* ~**nwitz** *m*
esprit *m* d'escalier.
Tresor *m* ⟨-s, -e⟩ [tre'zo:r] *(Panzer-
schrank)* coffre-fort *m; (Stahlkam-
mer)* chambre *f* forte; ~**raum** *m* salle
f des coffres-forts.
Tresse *f* ⟨-, -n⟩ ['trɛsə] *(Borte), bes. mil*
galon *m,* soutache; *arg mil* ficelle *f.*
Trester *pl* ['trɛstər] = *Treber.*
treten ⟨tritt, trat, getreten⟩ [(gə)'tre:tən]
tr ⟨aux: haben⟩ *(mit dem Fuß stoßen)*
donner un coup de pied à *(in den
Hintern* dans le derrière); *(abwechselnd mit beiden Füßen ~)* piétiner,
fouler; *(in Gang setzen od halten)*
faire marcher; *(Hahn: e-e Henne)* cô-
cher; *itr* ⟨aux: sein⟩ *(mit e-r adverbialen Bestimmung)* aller, marcher; *an
od zu etw ~* s'avancer vers, s'approcher de qc; *auf etw ~* marcher, monter sur qc; *unter, vor, hinter etw ~* se
mettre sous, devant, derrière qc; *in
etw ~* entrer, *(mit dem Fuß)* mettre
son pied dans qc; *aus etw ~* sortir de
qc; *sich etw in den Fuß ~* s'enfoncer
qc dans le pied; *(Schuhe) schief~*
éculer; *in den Schmutz ~ (fig)* couvrir de boue; *an die Spitze (gen) ~* se
mettre à la tête (de); *den Takt ~* marquer la mesure (du pied); *jdm in den
Weg ~* barrer le chemin à qn; *(bitte)
~ Sie näher!* approchez (, s'il vous
plaît).
Tret|mine *f* ['tre:t-] *mil* mine *f* antiper-
sonnel; ~**mühle** *f* treuil *m* à tambour;
fig bagne, travail *m* monotone; ~**rad**
n tympan *m.*
treu [trɔy] *a* fidèle; *(pflicht~)* loyal;
(ergeben) dévoué; *(aufrichtig)*
sincère; *zu ~en Händen (jur)* à titre
fiduciaire; *jdm ~ sein* être fidèle à qn;
T~bruch *m* manque m de foi; *(Verrat)* trahison; *hist* félonie *f;* ~**brüchig** *a hist* félon; **T~e** *f* ⟨-, ø⟩ fidélité;
loyauté, bonne foi *f;* dévouement *m;
auf T~ und Glauben* en toute bonne
foi; *in ~* fidèlement; *jdm die ~ brechen* trahir qn; *jdm die ~ halten* rester fidèle à qn; *eheliche ~* fidélité *od*
foi *f* conjugale; **T~eid** *m* serment *m*
de fidélité; **T~erabatt** *m* prime *f*
de fidélité; ~**ergeben** *a* dévoué;
T~hand ⟨-, ø⟩ *f* tutelle *f;* fidéicommis
m; **T~händer** *m* ⟨-s, -⟩ *jur* (agent
od administrateur) fiduciaire *m;*

T~handgesellschaft f société f fiduciaire; **T~handschaft** f ⟨-, ø⟩ = T~hand; **~herzig** a de bonne foi; confiant, franc, sincère; **T~herzigkeit** f ⟨-, ø⟩ bonne foi; confiance, sincérité f; **~lich** adv fidèlement, avec fidélité; **~los** a infidèle, sans foi; déloyal; (verräterisch) traître, perfide; **T~losigkeit** f manque m de fidélité, mauvaise foi; déloyauté f.

Triangel m ⟨-s, -⟩ ['tri:aŋəl] mus triangle m.

Trib|un m ⟨-s/-en, -e/-en⟩ [tri'bu:n] hist tribun m; **~unal** n ⟨-s, -e⟩ [-bu'na:l] (Gerichtshof) tribunal m, cour f de justice; **~üne** f ⟨-, -n⟩ [-'by:nə] tribune, estrade f; **~ut** m ⟨-(e)s, -e⟩ [-'bu:t] a. fig tribut m; e-r S ~ zollen (fig) payer tribut à qc; **t~utpflichtig** a tributaire.

Trichin|e f ⟨-, -n⟩ [trɪ'çiːnə] zoo trichine f; **~ose** f ⟨-, -n⟩ [-çi'no:zə] med trichinose f.

Trichter m ⟨-s, -⟩ ['trɪçtər] entonnoir; (Schall~) pavillon; (Granat-, Bomben~) trou m; **t~förmig** a en forme d'entonnoir; **~pilz** m bot craterelle f; **~wagen** m wagon-trémie m; **~winde** f bot ipomée f.

Trick m ⟨-s, -e/-s⟩ [trɪk] truc, artifice m, ficelle f; com, bes. phot u. film truquage, trucage m; **~aufnahme** f truquage m photographique; **~film** m film m truqué od à truquages, dessins m pl animés; **t~reich** a fam raffiné, rusé; er ist äußerst ~ il a plus d'un tour dans son sac; **~track** n ⟨-s, -s⟩ [-trak] ['-/-'-] (Puffspiel) trictrac m; **~trackbrett** n jan m.

Trieb m ⟨-(e)s, -e⟩ [tri:p, -bə] biol psych instinct m; psych a. pulsion; (Antrieb) impulsion f; (Neigung) penchant m, tendance; bot pousse f, rejeton, jet m; aus eigenem ~e de sa propre impulsion; s-n ~en nachgeben céder à ses instincts; s-e ~e unterdrücken refouler ses instincts; **~feder** f fig mobile m; **t~haft** a instinctif; impulsif; **~haftigkeit** f caractère m instinctif od impulsif, impulsivité f; **~kraft** f phys force motrice; psych force f d'impulsion; **~leben** n vie f instinctive; **~rad** n roue f motrice; (in e-m Getriebe) (Tor-)**~sand** m = Treibsand; **~täter** m maniaque sexuel; délinquant m sexuel; **~wagen** m loc autorail m, automotrice f; fam micheline f; **~wagenzug** m train m automoteur; **~werk** n appareil moteur, mécanisme m (de commande od de transmission), mécanique f; (Räder) rouage, engrenage; loc mouvement m, com-

mande f; mot aero groupe motopropulseur; (Rakete) (groupe) propulseur m; ~ mit Atomkraft (aero) propulseur m atomique (d'avion).

Trief|auge n ['tri:f-] œil m chassieux; **t~äugig** a chassieux; **t~en** ⟨trieft, triefte/troff, hat getrieft/getroffen⟩ [(gə)'trɔf(ən)] itr (Flüssigkeit) tomber goutte à goutte, (dé)goutter; (nasser Gegenstand) ruisseler; **t~end** a ruisselant.

triel|en ['tri:lən] itr dial (sabbeln) baver; **T~er** m ⟨-s, -⟩ dial (Lätzchen) bavoir m.

Trient n [tri'ɛnt] geog Trente f.

Trier n [tri:r] geog Trèves f.

triezen ['tri:tsən] tr fam (plagen) chiner, vexer.

Triforium n ⟨-s, -rien⟩ [tri'fo:riʊm, -riən] arch rel triforium m.

Trift f ⟨-, -en⟩ [trɪft] (Weide) pacage, pâturage; (Holzflößung) flottage; (Meeresströmung) courant m marin; **t~en** tr (Holz lose flößen) flotter; **t~ig** a 1. flottant.

triftig ['trɪftɪç] a 2. (treffend, beweiskräftig) concluant, plausible, soutenable, valable; fondé, solide; **T~keit** f ⟨-, ø⟩ caractère m concluant, valeur f; bien-fondé m, solidité f.

Triglyph m ⟨-s, -e⟩, **~e** f ⟨-, -n⟩ [tri'gly:f(ə)] arch triglyphe m.

Trigonometr|ie f ⟨-, ø⟩ [trigonome'tri:] math trigonométrie f; sphärische ~ trigonométrie f sphérique; **t~isch** [-'me:trɪʃ] a trigonométrique.

Trikolore f ⟨-, -n⟩ [triko'lo:rə] (a. französ. Fahne) drapeau m tricolore.

Trikot ⟨-s, -s⟩ [tri'ko:/'trɪko] 1. m (Gewebe) tricot; 2. n (Kleidungsstück) tricot, maillot m; **~agen** [-ko'ta:ʒən] f pl, **~kleidung** f, **~ware** f articles m pl en tricot.

Triller m ⟨-s, -⟩ ['trɪlər] trille m; **t~n** tr faire des trilles; **~n** n trilles m pl; **~pfeife** f sifflet m à roulettes.

Trillion f ⟨-, -en⟩ [trɪli'o:n] trillion m.

Trilogie f ⟨-, -n⟩ [trilo'gi:] (Kunst: Folge von drei Werken) trilogie f.

Trimaran m ⟨-s, -e⟩ [trima'ra:n] (Boot) trimaran m.

Trimester n ⟨-s, -⟩ [tri'mɛstər] (Vierteljahr) trimestre m.

Trimm m ⟨-(e)s, ø⟩ [trɪm] mar assiette f; **~blech** n aero tab m réglable au sol; **~-dich-Pfad** m parcours m (d'entraînement) sportif; **t~en** tr arrimer; (Kohlen) pelleter; **~er** m ⟨-s, -⟩ mar soutier m; **~ruder** n aero tab m réglable en vol.

Trinit|ät f ⟨-, ø⟩ [trini'tɛ:t] rel trinité f; **~atsfest** n [-'ta:tɪs-] dimanche m de la Trinité.

Trinitrotoluol *n* ‹-s, ø› [trinitrotolu'o:l] *chem* trinitrotoluène *m.*

trink|bar ['trɪŋk-] *a* buvable, bon à boire; *(Wasser)* potable; **T~becher** *m* gobelet *m* (à boire), timbale *f;* **~en** ‹trinkt, trank, hat getrunken› *tr u. itr* boire *(aus* dans; *aus der Flasche* à (même) la bouteille); *nur tr (gehobener)* prendre; *itr fam* lever le coude; *(gern u. viel ~)* (aimer) boire, être un buveur; *Brüderschaft ~* fraterniser en buvant; *tüchtig ~* boire ferme; *~. bis man genug hat* boire jusqu'à satiété; *was möchten Sie ~?* qu'est-ce que vous prenez? **T~en** *n* boire *m; (als Sucht)* ivrognerie *f;* **T~er** *m* ‹-s, -› buveur; ivrogne *m; große(r) ~* gros buveur *m;* **T~erheilanstalt** *f* clinique *f* de désintoxication; **T~gefäß** *n* récipient *m* à boire; **T~gelage** *n* beuverie *f;* **T~geld** *n* pourboire *m;* **T~glas** *n* verre *m* à boire; **T~halle** *f (in e-m Heilbad)* buvette *f;* **T~halm** *m* paille *f;* **T~kur** *f* cure *f* hydrominérale *od* d'eau minérale; **T~lied** *n* chanson *f* à boire *od* bachique; **T~röhrchen** *n* paille *f;* **T~schokolade** *f* cacao, banania *(Warenzeichen) m;* **T~spruch** *m* toast *m; e-n ~ auf jdn ausbringen* porter un toast à qn; **T~wasser** *n* ‹-s, ø› eau *f* potable; *kein ~* eau non potable; **T~wasserbehälter** *m* réservoir *m* d'eau potable; **T~wasserversorgung** *f* alimentation *f* en eau potable.

Trio *n* ‹-s, -s› ['tri:o] *mus* trio *m.*
Triode *f* ‹-, -n› [tri'o:də] *radio* triode *f.*
Triole *f* ‹-, -n› [tri'o:lə] *mus* triolet *m.*
Trip *m* ‹-s, -s› [trɪp] *fam (Reise)* voyage *m; (Ausflug)* excursion *f; arg (Drogen)* trip *m; auf dem ~ sein (arg)* être camé; *auf den ~ gehen (arg)* se camer.
Tripolitanien *n* [tripoli'ta:niən] *geog* la Tripolitaine.
trippeln ['trɪpəln] ‹aux: sein› *itr* trottiner.
Tripper *m* ‹-s, -› ['trɪpər] *med* blennoragie, gonorrhée; *pop* chaude-pisse *f.*
Triptychon *n* ‹-s, -chen/-cha› ['trɪptyçɔn, -ça] *(Altaraufsatz)* triptyque *m.*
Triptyk *n* ‹-s, -s› ['trɪptʏk] *adm* triptyque *m.*
Tritt *m* ‹-(e)s, -e› [trɪt] *(Schritt)* pas *a. mil; (Fuß~)* coup *m* de pied; *(Stufe)* marche(pied *m) f; jdm auf Schritt und ~ folgen* suivre qn pas à pas, ne pas quitter qn d'une semelle; *jdm e-n ~ geben od versetzen* donner *od* envoyer un coup de pied à qn; *ohne ~, marsch! (mil)* pas de route, marche! **~brett** *n* (planche *od* palette *f* de)

marchepied *m;* **~brettbeleuchtung** *f mot* lumière *f* de marchepied; **~leiter** *f* échelle *f* double; **~wechsel** *m mil* changement *m* de pas.
Triumph *m* ‹-(e)s, -e› [tri'ʊmf] triomphe *m;* **~ator** *m* ‹-s, -en› [-'fa:tor, -'to:rən] triomphateur *m;* **~bogen** *m* arc *m* de triomphe, porte *f* triomphale; **~gesang** *m,* **~lied** *n* chant de triomphe, hosanna *m;* **~geschrei** *n* cris *m pl* de triomphe; **t~ieren** [-'fi:rən] *itr* triompher; **t~ierend** *a* triomphant; *adv* en triomphant, triomphalement, en triomphe; **~marsch** *m* marche *f* triomphale; **~pforte** *f = ~bogen;* **~zug** *m* entrée *od* marche *f* triomphale.
trivial [trivi'a:l] *a* trivial, banal, plat; **T~ität** *f* ‹-, -en› [-li'tɛ:t] trivialité, banalité, platitude *f; (Gemeinplatz)* lieu *m* commun.
trocken ['trɔkən] *a* sec; *bes. geog mete* aride; *(ausgetrocknet)* desséché; *fig* sec, aride; *(nüchtern)* sobre; *(langweilig)* ennuyeux; *(Mensch)* fastidieux, insipide; *im T~en (vor Regen geschützt)* à l'abri; *seine Schäfchen ins ~e bringen (fig fam)* faire sa pelote; *noch nicht ~ hinter den Ohren sein (fig fam)* être encore dans les langes *od* au berceau, être à peine sorti de sa coquille; *auf dem ~en sitzen (fig)* être à sec *od* fauché; *im T~en sitzen* être à l'abri; *~ werden* sécher, se déssécher; *~ aufbewahren!* conserver au sec! à préserver de l'humidité.
Trocken|apparat *m* ['trɔkən-] séchoir *m;* **~bagger** *m* excavateur *m;* **~batterie** *f el* batterie *od* pile *f* sèche; **~boden** *m* séchoir *m* (à linge); **~diät** *f* régime *m* sec; **~dock** *n mar* cale *f* sèche; **~eis** *n* carboglace *f;* **~element** *n el* élément *m* sec; **~futter** *n agr* fourrage *m* sec; **~gemisch** *n* mélange *m* sec; **~gemüse** *n* légumes *m pl* secs *od* déshydratés; **~gestell** *n* séchoir *m;* **~haube** *f (Friseur)* casque *m* sèche-cheveux; **~heit** *f* sécheresse; *a. fig* aridité *f;* **~kammer** *f* séchoir *m;* **~kur** *f* diète *f* sèche; **t~legen** *tr (Sumpf)* assécher, mettre à sec, assainir; *(Kind)* changer; **~legung** *f* asséchage *m,* mise *f* à sec; **~milch** *f* lait *m* en poudre; **~obst** *n* fruits *m pl* secs *od* déshydratés; **~ofen** *m* séchoir *m;* **~platz** *m* séchoir *m* (à linge); **~reinigung** *f* nettoyage *m* à sec; **~schleuder** *f (für Wäsche)* essoreuse *f;* **~spiritus** *m* alcool solidifié, méta *m;* **~ständer** *m phot* égouttoir *m;* **~starre** *f zoo* estivation *f;* **~verband** *m arch* liaison *f* à sec;

~**wäsche** f linge m séché; ~**zeit** f
mete saison f sèche.

trockn|en ['trɔknən] tr ⟨aux: haben⟩
(faire) sécher; dessécher; itr ⟨aux:
sein⟩ sécher, se dessécher; **T~en** n séchage, dessèchement, *(der Wäsche
a.)* essorage m; zum ~ aufhängen
(Wäsche) étendre, mettre à sécher;
~**end** a: schnell ~ à séchage rapide;
T~er m ⟨-s, -⟩ sécheur, séchoir, des-
siccateur, deshydrateur m; **T~ung** f
dessiccation f.

Troddel f ⟨-, -n⟩ ['trɔdəl] gland m;
(Quaste) houppe f.

Trödel m ⟨-s, ø⟩ ['trø:dəl] friperie f,
bric-à-brac m, vieilles hardes f pl;
~**bude** f fam pej boutique f de fripier od de brocanteur; ~**ei** f [-'laɪ]
fam musardise f; ~**kram** m fam =
~; ~**markt** m marché m aux puces;
t~n itr fam musarder, lambiner, baguenauder; **Trödler** m ⟨-s, -⟩ [-dlər]
lambin; *(Althändler)* fripier, brocanteur, marchand m de bric-à-brac.

Trog m ⟨-(e)s, ¨e⟩ [tro:k, 'trø:gə] auge
f.

Troja n ['tro:ja] *(antike Stadt)* Troie f;
t~nisch [tro'ja:nɪʃ] a troyen; **T~e(s)**
Pferd n (a. fig) cheval m de Troie.

Troll m ⟨-(e)s, -e⟩ [trɔl] *(Kobold)* lutin
m; ~**blume** f trollius m; **t~en**, sich,
fam *(weggehen)* décamper, déguerpir, détaler.

Trommel f ⟨-, -n⟩ ['trɔməl] mus tambour; arg mil roulant; tech tambour;
(bes. des Revolvers) barillet m; die ~
schlagen od rühren battre le tambour; ~**bremse** f mot frein m à tam-
bours; ~**fell** n mus peau f de tambour; anat tympan m; **t~fell-
erschütternd** a tonitruant; à (vous)
crever le tympan; ~**feuer** n mil feu
m roulant; **t~n** itr battre du tambour;
(nervös mit den Fingern) tambouriner (auf sur); ~**revolver** m revolver
m à barillet; ~**schlag** m mus battement m du tambour; unter ~ tambour battant; ~**schläger** m =
Trommler; ~**schlegel** m, ~**stock** m
baguette f de tambour; ~**waschmaschine** f machine f à laver à tambour; ~**wirbel** m roulement m de
tambour; ~**zufuhr** f mil alimentation
f tambour; **Trommler** m ⟨-s, -⟩
tambour m.

Trompete f ⟨-, -n⟩ [trɔm'pe:tə] mus
trompette f; ~ blasen jouer de la
trompette; **t~n** itr jouer od sonner de
la trompette; *(Elefant)* barrir;
~**nbläser** m trompette m; ~**nge-
schmetter** n bruit m de trompettes,
fanfares f pl; ~**nschnecke** f triton
m; ~**nsignal** n sonnerie f; ~**nstoß** m

coup m de trompette; ~**r** m ⟨-s, -⟩
trompette m.

Tropen pl ['tro:pən] geol régions f pl
(inter)tropicales; pays m pl tropicaux;
~**anzug** m costume m colonial;
t~fest a tropicalisé; ~**helm** m casque m colonial; ~**hygiene** f hygiène
f des pays chauds; ~**klima** n climat
m tropical; ~**koller** m folie f des tro-
piques; fam coup m de bambou;
~**krankheit** f maladie f tropicale;
~**pflanze** f plante f tropicale.

Tropf m ⟨-(e)s, ¨e⟩ [trɔpf, 'trœpfə]
fam *(Dummkopf)* sot, benêt, nigaud,
jocrisse m; *(armer)* ~ pauvre type od
hère, pauvret m; med fam *(Infusion)*
goutte-à-goutte m; am ~ hängen
être sous perfusion, avoir le goutte-à-
-goutte.

tropf|bar ['trɔpf-] a liquide; ~**en** ⟨aux:
haben od sein⟩ itr (dé)goutter, tom-
ber goutte à goutte; *(Wasserhahn)*
couler; impers.: es tropft cela
(dé)goutte; der Schweiß tropfte mir
von der Stirn mon front ruisselait de
sueur; **T~en** m ⟨-s, -⟩ goutte f; pl
pharm gouttes f pl; in dicken ~ fallen tomber à grosses gouttes; sein
Glas bis auf den letzten ~ leeren vire rubis sur l'ongle; das ist ein ~ auf
e-n heißen Stein c'est une goutte
d'eau dans la mer; steter ~ höhlt den
Stein *(prov)* petit à petit l'oiseau fait
son nid, la patience vient à bout de
tout; ein guter ~ *(Wein)* un bon cru;
T~enfänger m pare-goutte m; ~**enweise** adv goutte à goutte; fig a. au
compte-gouttes; **T~enzähler** m
compte-gouttes, stilligoutte m; ~**naß**
a ruisselant, dégouttant; **T~rinne** f
jet m d'eau; **T~röhrchen** n = T~en-
zähler; **T~stein** m geol *(Ab~stein)*
stalactite; *(Auf~stein)* stalagmite m;
T~steinhöhle f grotte f.

Tröpf|chen n ⟨-s, -⟩ ['trœpfçən] gout-
telette f; **t~eln** tr verser goutte à
goutte; med instiller; itr = tropfen.

Trophäe f ⟨-, -n⟩ [tro'fɛ:ə] trophée m.

tropisch ['tro:pɪʃ] a tropical.

Troposphäre f [tropo-] troposphère f.

Troß m ⟨-sses, -sse⟩ [trɔs] mil train;
fig *(Gefolge)* cortège m, escorte; pej
séquelle f.

Trosse f ⟨-, -n⟩ ['trɔsə] mar (h)aussière
f.

Trost m ⟨-es, ø⟩ [tro:st] consolation f,
réconfort m; das ist ein schlechter od
schwacher ~ c'est une faible consolation; du bist wohl nicht ganz od
recht bei ~! tu a perdu la raison! fam
tu es dingue! **t~bedürftig** a: ~ sein
avoir besoin d'être consolé od de
consolation; **t~bringend** a =

t~reich; **t~los** *a (Mensch)* désolé; inconsolable; *(Sache, Zustand)* désolant; *(hoffnungslos)* sans espoir; *(öde, langweilig)* désert, monotone, ennuyeux, triste; **~losigkeit** *f* ‹-, ø› désolation *f; (Hoffnungslosigkeit)* désespoir *m;* *(Öde)* monotonie *f;* **~pflästerchen** *n,* **~preis** *m* fiche *f,* prix *m* de consolation; **t~reich** *a* réconfortant, consolant; *~e Worte n pl* bonnes paroles *f pl;* **~spruch** *m* sentence *f* consolante.

tröst|en ['trø:stən] *tr* consoler *(über etw* de qc); réconforter; essuyer les larmes de; *sich ~* se consoler *(mit etw* avec qc); **T~er** *m* ‹-s, -› consolateur *m;* **~lich** *a* consolant; *(beruhigend)* rassurant; **T~ung** *f* consolations *f pl,* réconfort *m.*

Trott *m* ‹-(e)s, ø› [trɔt] *(Gangart des Pferdes)* trot; *fig fam (Schlendrian)* traintrain *m; seinen ~, den alten od gewohnten ~ gehen* aller son petit train, suivre les chemins battus; **~el** *m* ‹-s, -› *fam* crétin *m,* gourde *f; alte(r) ~* gaga, fada *m,* vieille baderne *f;* **~ellumme** *f orn* guillemot *m* à capuchon; **t~eln** *itr,* **t~en** *itr* ‹aux: sein› trotter.

Trottoir *n* ‹-s, -e/-s› [trɔ'toaːr] *dial (Bürgersteig)* trottoir *m.*

Trotz *m* ‹-es, ø› [trɔts] *(vorübergehender)* bravade, obstination, opposition; *(dauernde Eigenschaft)* indocilité, insubordination, obstination, mauvaise tête *f; aus ~* par obstination; *jdm, e-r S zum ~* en dépit de qn, de qc; *jdm ~ bieten* braver *od* défier *od* affronter qn; **t~** *prp gen, a. dat* malgré; en dépit de; nonobstant; *(ohne Rücksicht auf)* au mépris de; *~ all(e)dem* malgré tout, avec tout cela; **t~dem** ['-deːm, '-'-] *conj* malgré cela, tout de même, quand même; toujours est-il que; **t~en** *itr* braver, défier *(jdm* qn); tenir tête, faire front *(jdm* à qn); **t~ig** *a* rétif, récalcitrant; *~ sein* avoir mauvaise tête *od* mauvais esprit; **~kopf** *m* mauvais(e) tête *f od* esprit; caractère indocile; obstiné *m;* **t~köpfig** *a* récalcitrant, boudeur; **~reaktion** *f* réaction *f* de dépit.

trüb|(e) [tryːp/'-bə] *a (Flüssigkeit)* trouble, brouillé; chargé; *(Glasscheibe, Spiegel)* terne, terni, *(beschlagen)* embué; *(Himmel)* chargé (de nuages), couvert, sombre, gris; *(Wetter)* sombre, couvert; *(Augen)* terne; *(Blick)* brouillé; *fig (~selig)* sombre, morne; *in ~er Stimmung sein* être maussade, broyer du noir, avoir des idées noires; *es ist ~e(s Wetter)* il fait sombre *od* gris; **T~e** *f* ‹-, ø› *mines* boue *f;* **~en** *tr*

troubler, brouiller; ternir; *fig (Stimmung, Freude, Freundschaft)* gâter; *(den Blick, das Urteil)* troubler; *sich ~ (Himmel)* se charger, se couvrir, se gâter; *(Flüssigkeit)* devenir trouble; *(Glas, Metall)* se ternir; *(Stimmung)* se gâter; **T~heit** *f* ‹-, ø› trouble; terne; sombre *m;* **T~sal** *f* ‹-, -e› ['-zaːl] affliction; *(Drangsal)* tribulation *f;* *(Kummer)* chagrin *m; (Elend)* misère *f; ~ blasen* pleurer misère, faire triste mine; **~selig** *a (Stimmung)* sombre, mélancolique; **T~sinn** *m* ‹-(e)s, ø› morosité, tristesse; mélancolie *f;* **~sinnig** *a (Mensch)* morose, triste; mélancolique; **T~ung** *f (Zustand, a. chem u. med)* (état) trouble *m.*

Trubel *m* ‹-s, ø› ['truːbəl] *(Lärm)* brouhaha, charivari *m; (Verwirrung)* confusion *f,* trouble *m.*

Truchseß *m* ‹-sses/(-ssen), -sse› ['trʊxzɛs] *hist* écuyer *m* tranchant.

trudeln ['truːdəln] *itr* ‹aux: sein od haben› *aero* faire la vrille; ‹aux: haben› *fam (würfeln)* jouer aux dés; **T~n** *n aero* vrille *f (normale); freiwillige(s) ~* vrille *f* commandée.

Trüffel *f* ‹-, -n› ['tryfəl] *(Pilz)* truffe *f; mit ~n* truffé; **~anbau** *m* trufficulture *f;* **t~n** *tr (mit ~n zubereiten)* truffer; **~wurst** *f* pâté *m* truffé.

Trug *m* ‹-(e)s, ø› ['truːk, '-gəs] *(Täuschung)* tromperie, imposture, supercherie; *(Schein)* illusion *f; das ist alles Lug und ~* tout cela est du mensonge; **~bild** *n* illusion *f,* phantasme, fantôme *m;* **~dolde** *f bot* cyme *f;* **~schluß** *m* fausse conclusion *f; philos* paralogisme; sophisme *m.*

trüg|en ‹trügt, trog, hat getrogen› ['tryːgən, (gə)'troːk/-gən] *itr* faire illusion; *tr* induire en erreur, tromper; *wenn mich meine Sinne od mein Gedächtnis nicht ~ (trügt), wenn mich nicht alles trügt* si je ne m'abuse; **~erisch** *a* trompeur, mensonger; fallacieux, illusoire, spécieux.

Truhe *f* ‹-, -n› ['truːə] bahut, coffre *m.*

Trum(m) *m a. n* ‹-(e)s, -e/-er› [trʊm, 'trʏmər] *mines* petite galerie *f.*

Trumm *n* ‹-(e)s, ⁼er› [trʊm, 'trʏmər] *dial (Ende, Stück)* bout *m.*

Trümmer ['trʏmər] *pl (Bruchstücke)* fragments *m pl; (Ruinen)* ruines *f pl,* débris; *(Schutt)* décombres *m pl; in ~ gehen* tomber en ruines, s'effondrer; *in ~n liegen* être en ruines; *in ~ schlagen* mettre en pièces, casser *od* briser en (mille) morceaux; **t~besät** *a* jonché de débris; **~beseitigung** *f* déblai(ement) *m;* **~feld** *n* champ *m* de ruines; **~frau** *f* déblayeuse *f (1945);* **~gestein** *n* roche *f* détritique, agglomérat *m;* **t~haft** *a* fragmentaire; **~haufen** *m* monceau *od* amas *m* de décombres; **~stätte** *f* ruines *f pl.*

Trumpf *m* ⟨-(e)s, ∵e⟩ [trʊmpf, 'trʏmpfə] *a. fig* atout; ~ *ausspielen* jouer atout; *den letzten* ~ *ausspielen (fig)* jouer ses derniers atouts, abattre sa dernière carte; *alle Trümpfe in der Hand haben (fig)* avoir tous les atouts en main; ~ *sein (fig)* faire prime; *Herz ist* ~ atout cœur; *was ist* ~? quel est l'atout? **t~en** *itr* = ~ *ausspielen;* **~karte** *f* carte *f* maîtresse; *fig* atout *m.*

Trunk *m* ⟨-(e)s, (∵e)⟩ [trʊŋk, 'trʏŋkə] *(Schluck)* gorgée *f,* coup *m; (Getränk)* boisson; *pej (Trinken)* habitude de boire, ivrognerie *f; jdm e-n* ~ *reichen* donner à boire à qn; *dem* ~ *ergeben* adonné à la boisson; **t~en** *a vx poet (betrunken), fig (berauscht)* ivre (vor *vor od von* de*);* **~enbold** *m* ⟨-(e)s, -e⟩ [-bɔlt, -də] *pej* ivrogne, buveur; *pop* poivrot, pochard, soûlard, soûlaud *m;* **~enheit** *f* ⟨-, ø⟩ ivresse *f;* ~ *am Steuer* conduite en état d'ivresse *od* d'ébriété; **~sucht** *f* ⟨-, ø⟩ ivrognerie; *med* dipsomanie *f;* **t~süchtig** *a* ivrogne; *med* dipsomane; **~süchtige(r)** *m* ivrogne; dipsomane *m.*

Trupp *m* ⟨-s, -s⟩ [trʊp] groupe, détachement *f; (Arbeiter)* équipe, escouade *f; mil (Gruppe)* peloton, groupe *m;* **~führer** *m* mil chef *m* de groupe; **t~weise** *adv* en groupe(s), par bandes.

Truppe *f* ⟨-, -n⟩ ['trʊpə] *mil* troupe; *(Einheit)* unité *f; Dienst m bei der* ~ = ~*ndienst; kämpfende* ~ troupe *f* de combat.

Truppen|ansammlung *f* ['trʊpən-] rassemblement *m* de troupes; **~arzt** *m* médecin *m* de l'unité; **~aushebung** *f* levée *f* de troupes, recrutement *m;* **~betreuung** *f* service *m* de l'assistance; **~bewegung** *f* mouvement *m* de troupe; **~dienst** *m* service *m* à la troupe; **~führer** *m* chef *od* commandant *m* de la troupe; **~führung** *f* conduite *f* des troupes *od* des grandes unités; **~gattung** *f* arme *f;* **~kommandeur** *m* = ~*führer;* **~offizier** *m* officier *m* de troupe; **~schau** *f* revue *f* (militaire); **~standort** *m* garnison *f;* **~stärke** *f* effectif *m;* **~teil** *m* corps *m* de troupe; **~transport** *m* transport *m* de troupes *od* militaire; **~transporter** *m* = ~*transportflugzeug od -schiff;* **~transportfahrzeug** *n,* **~transportflugzeug** *n* véhicule,

avion *m* de transport de troupes *od* militaire; **~transportschiff** *n* transport *m* de troupes; **~übung** *f (Manöver)* manœuvre *f;* **~übungsplatz** *m* camp d'entraînement *od* d'instruction, champ *m* de manœuvres; **~unterkunft** *f* cantonnement, casernement *m;* **~verband** *m* = ~*teil;* **~verband(s)platz** *m* poste *m* de secours; **~verpflegung** *f* ordinaire *m;* **~verschiebung** *f* déplacement *m* (de troupes); **~verstärkung** *f* renforcement *m* de *od* des troupes; **~verwaltung** *f* administration *f* des corps de troupe.

Trust *m* ⟨-(e)s, -e/-s⟩ [trast, trʊst] *(Konzern)* trust *m.*

Trut|hahn *m* ['tru:t-] *(Puter)* dindon *m;* **~henne** *f* dinde *f.*

Trutz [truts] *m: zu Schutz und* ~ *(poet)* pour l'offense et pour la défense; **~bündnis** *n* alliance *f* offensive; **~waffe** *f* arme *f* offensive.

Tschako *m* ⟨-s, -s⟩ ['tʃako] *(Helm)* shako *m.*

Tschech|e *m* ⟨-n, -n⟩ ['tʃɛçə], **~in** *f* Tchèque *m f;* **t~isch** ['tʃɛçɪʃ] *a* tchèque; *(das)* **T~(e)** le tchèque; **~oslowakei** [-çoslova'kaɪ], *die* la Tchécoslovaquie; **t~oslowakisch** [-'va:kɪʃ] *a* tchécoslovaque.

Tscherkess|e *m* ⟨-n, -n⟩ [tʃɛr'kɛsə], **~in** *f* Circassien, ne *m f.*

tschüs [tʃʏs, tʃy:s] *interj* salut! tchao!

Tsetsefliege *f* ['tsɛtse-] *ent* tsé-tsé *f.*

Tuba *f* ⟨-, -ben⟩ ['tu:ba] *mus* tuba *m.*

Tube *f* ⟨-, -n⟩ ['tu:bə] tube *m;* ~ *Zahnpasta* tube *m* de dentifrice.

Tuberk|el *m* ⟨-s, -⟩ *a. f* ⟨-, -n⟩ [tu'bɛrkəl] *med* tubercule *m;* **~elbazillus** *m* bacille *m* tuberculeux; **t~ulös** [-ku'lø:s] *a* tuberculeux; **~ulose** *f* ⟨-, -n⟩ [-'lo:zə] tuberculose *f; offene* ~ tuberculose *f* aggravée.

Tuberose *f* ⟨-, -n⟩ [tube'ro:zə] *bot* tubéreuse *f.*

Tubus *m* ⟨-, -ben/-busse⟩ ['tu:bʊs/-ən] *opt tech* tube *m.*

Tuch 1. *n* ⟨-(e)s, -e⟩ [tu:x, '-xə] *(Stoff)* drap *m,* étoffe (de laine); **2.** *n* ⟨-(e)s, ∵er⟩ [-, 'ty:çər] *(Stück Stoff)* pièce *f* d'étoffe; *(Kopf-, Hals~)* fichu, foulard, châle *m; (Hand~)* serviette *f,* essuie- -mains; *(Geschirr~)* torchon *m; (Taschen~)* mouchoir (de poche); *(Putz~, -lappen)* chiffon *m; auf jdn wie ein rotes* ~ *wirken* faire voir rouge à qn; **~art** *f* drap *m,* étoffe *f;* **~bahn** *f* lé *m;* **~ballen** *m* ballot *m;* **t~en** *a (aus* ~) de drap, d'étoffe; **~fabrik** *f* fabrique *f* de drap; **~fabrikant** *m* fabricant de drap, drapier *m;* **~fabrikation** *f* fabrication *f* de drap; **~füh-**

lung f coude à coude m; mit jdm in ~ kommen prendre contact avec qn; **~handel** m commerce m du drap, draperie f; **~händler** m, **~macher** m drapier m; **~schere** f forces f pl; **~schermaschine** f tondeuse f.

tüchtig ['tʏçtɪç] a (gut) bon, de valeur; (fähig) capable, apte; (talentvoll) doué; (erfahren) versé, fam calé; (verdient) mérité; fam (groß, stark, gewaltig) grand, fort, fier, rude, énorme; pop soigné; (beachtlich) respectable; adv fam bien, fort, fièrement, rudement, énormément; ~ arbeiten travailler bien; ~ essen manger comme quatre; ~ sein (a.) avoir de l'étoffe; ~ zulangen (beim Essen) avoir un bon coup de fourchette; **T~keit** f ‹-, ø› valeur f, qualités f pl; capacité(s pl), aptitude(s pl) f.

Tück|e f ‹-, ø› ['tʏkə] sournoiserie, malignité, malice, méchanceté, perfidie f; voll List und ~ très malin; ~ des Objekts, des Schicksals malignité des choses, du sort; **t~isch** a sournois, malin, malicieux, méchant, perfide; (Tier) vicieux.

Tuerei f ‹-, ø› [tu:ə'raɪ] fam (Getue) chichi, fla-fla m, girie f.

Tuff m ‹-s, -e› [tʊf] min, **~stein** m tuf m.

Tüft|elei f ‹-, ø› [tʏftə'laɪ] fam subtilités f pl; **~(e)ler** m ‹-s, -› esprit m subtil; **t~(e)lig** a subtil; **t~eln** itr subtiliser.

Tugend f ‹-, -en› ['tu:gənt, -dən] vertu f; **~bold** m ‹-(e)s, -e› [-bɔlt, -də] iron parangon m de vertu; **t~haft** a vertueux; **~haftigkeit** f ‹-, ø› vertu f; caractère m vertueux; (Leben) vie f vertueuse; **t~sam** a = ~haft.

Tüll m ‹-s, (-e)› [tʏl] (Textil) tulle m; **~gardine** f, **~vorhang** m rideau m de tulle.

Tülle f ‹-, -n› ['tʏlə] (Ausguß e-r Kanne) bec m; tech el douille f.

Tulpe f ‹-, -n› ['tʊlpə] tulipe f; **~nzwiebel** f bulbe m de tulipe.

tummel|n ['tʊməln], sich (sich kräftig regen) s'ébattre, prendre ses ébats, se trémousser, s'ébrouer, se donner du mouvement; (sich beeilen) se dépêcher, se presser; **T~platz** m fig arène, lice f.

Tümmler m ‹-s, -› ['tʏmlər] (Delphin) marsouin m.

Tumor m ‹-s, -en› ['tu:mɔr, -'mo:rən] med (Geschwulst) tumeur f.

Tümpel m ‹-s, -› ['tʏmpəl] flaque f; (größerer) mare f.

Tumult m ‹-(e)s, -e› [tu'mʊlt] tumulte, vacarme, tapage m; bagarre, échauffourée, émeute f; pop chahut m.

tun ‹tut, tat, hat getan› [tu:n, ta:t, gə-'ta:n] (machen, ausführen, arbeiten) faire; (Wirkung hervorbringen) faire, produire; (zufügen) faire; (legen, setzen, stellen, stecken) mettre; itr (sich verhalten) faire; sich ~ (fam: geschehen) se passer, avoir lieu; alles für jdn ~ (a.) se mettre en quatre pour qn; sein Bestes ~ faire de son mieux; e-r S Erwähnung ~ faire mention de qc; etwas ~ faire qc, agir; jdm etwas (zuleide) ~ faire du mal à qn; freundlich ~ faire bonne mine; Gutes ~ faire le bien; jdm etw Gutes ~ faire du bien à qn; nichts ~ ne rien faire; nichts ~ als (inf) ne faire rien que inf; s-e Pflicht od s-e Schuldigkeit ~ faire son devoir; e-n Schluck od Zug (aus der Flasche) ~ boire une gorgée à la bouteille; es mit jdm zu ~ bekommen avoir des ennuis od des démêlés avec qn; es mit jdm, mit e-r S zu ~ haben avoir affaire à qn, à qc; etwas mit jdm, mit e-r S zu ~ haben avoir qc à faire od à voir avec qn, avec qc; viel mit jdm zu ~ haben avoir fort à faire avec qn; mit etw nichts zu ~ haben n'avoir rien à faire avec qc, n'être pour rien dans qc; nichts zu ~ haben n'avoir rien à faire; viel, wenig zu ~ haben avoir beaucoup (de choses), peu (de choses) à faire, avoir beaucoup, peu de travail; nichts dazu ~ können n'y pouvoir rien faire; nichts ~ wollen ne vouloir rien faire; so ~(, als ob) se donner des apparences; so ~, als ob ... faire semblant od mine de...; so ~, als ob man etw nicht sähe fermer les yeux sur qc; ich habe es nicht getan ce n'est pas moi qui l'ai fait; ich will nichts damit zu ~ haben (a.) je m'en lave les mains; es ist mir darum zu ~ zu ... il s'agit pour moi de ...; Sie täten besser daran zu ... vous feriez mieux de ...; Sie täten gut daran zu ... vous feriez bien de ...; er tut nur so il ne fait que semblant; so etwas tut man nicht cela ne se fait pas; das hat nichts damit zu ~ cela n'a rien à faire à cela od à y voir; das tut nichts zur Sache cela n'a rien à y voir; es tut sich etwas (fam) il se trame qc; was soll ich ~? que faut-il que je fasse? que dois-je faire? was tut (denn) das? qu'importe? was tut das zur Sache? à quoi bon? pour quoi faire? was (ist zu) ~? que faire? tu doch nicht so! ne fais pas de manières; tu, was du nicht lassen kannst! fais ce que tu dois faire! das wäre getan en-fin c'est fait! getan ist getan ce qui est fait est fait; tue recht und scheue nie-

mand!' (prov) il faut bien faire et laisser dire; *was du nicht willst, daß man dir tu, das füg auch keinem andern zu!' (prov)* ne fais pas à autrui ce que tu ne voudrais pas qu'on te fît à toi-même; **T~** *n* occupations *f pl;* conduite, manière *f* d'agir, façons *f pl* de faire; *sein ~ und Treiben* ses faits et gestes; **~lich** *a* faisable, praticable; *(angebracht, passend)* indiqué, à propos, opportun; *~st bald* le plus tôt possible; **T~lichkeit** *f* ⟨-, ø⟩ praticabilité; opportunité *f.*

Tünch|e *f* ⟨-, -n⟩ ['tʏnçə] badigeon, lait *od* enduit de chaux; *fig* vernis, fard *m;* **t~en** *tr* badigeonner, blanchir (à la chaux); **~en** *n* badigeonnage, blanchiment *m;* **~er** *m* ⟨-s, -⟩ badigeonneur, peintre *m* (en bâtiment).

Tundra *f* ⟨-, -dren⟩ ['tʊndra] *geog* toundra *f.*

Tunes|ien [tu'ne:ziən] *n* la Tunisie; **~ier(in** *f)* *m* ⟨-s, -⟩ [-'ne:ziər] Tunisien, ne *m f;* **t~isch** [-'ne:zɪʃ] *a* tunisien.

Tunichtgut *m* ⟨-/-(e)s, -e⟩ ['tu:nɪçtgu:t] vaurien; fainéant *m.*

Tunika *f* ⟨-, -ken⟩ ['tu:nika] *hist* tunique *f.*

Tunk|e *f* ⟨-, -n⟩ ['tʊŋkə] sauce *f;* **t~en** *tr (tauchen)* tremper (*in* dans).

Tunnel *m* ⟨-s, -/-s⟩ ['tʊnəl] tunnel; *(im Bahnhof)* passage *m* souterrain; **~schacht** *m* puits *m* de tunnel.

Tupf *m* ⟨-(e)s, -e⟩ *dial,* **~en** *m* ⟨-s, -⟩ ['tʊpf(ən)] *(kleiner runder Fleck)* pois; *(Punkt)* point *m; mit weißen* **~en** à pois blancs; **t~en** *tr (mit Watte)* tamponner avec de la ouate.

Tüpfel *m od n* ⟨-s, -⟩ ['typfəl] **~chen** *n* point *m,* moucheture *f;* pois *m;* **t~n** *tr (mit ~n versehen)* pointiller, moucheter.

Tür *f* ⟨-, -en⟩ [ty:r] porte; *(an e-m Wagen)* portière *f; bei verschlossenen* **~en** en secret, à huis clos; *durch die* **~,** *zur* **~** *hinaus* (*od herein*) par la porte; *zwischen* **~** *und Angel (fig)* au moment de sortir; en (toute) hâte; *offene* **~en** *einrennen (fig)* enfoncer des portes ouvertes, parler à un convaincu; *mit der* **~** *ins Haus fallen (fig)* mettre les pieds dans le plat, casser les vitres; *sich e-e* **~** *offenhalten (fig)* se menager une issue; *vor verschlossene* **~en** *kommen* trouver porte close; *fam* se casser le nez; *jdn od jdm den Stuhl vor die* **~** *setzen,* *jdm die* **~** *weisen* mettre qn à la porte; *vor der* **~** *stehen* être devant la porte; *fig* être imminent; *die* **~** *hinter jdm zumachen* fermer la porte sur qn; *die* **~** *zuschlagen* faire claquer la porte; *jdm die* **~** *vor der Nase zuschlagen* fermer la porte au nez de qn; *die* **~** *steht offen* la porte est ouverte; *ihm stehen alle* **~en** *offen (fig)* toutes les portes lui sont ouvertes; *Tag der offenen* **~** journée *f* portes ouvertes; *jeder kehre vor s-r* **~** que chacun balaie devant sa porte; **~angel** *f* gond *m;* **~band** *n* penture *f;* **~chen** *n* petite porte *f,* portillon *m;* **~drücker** *m* loquet *m;* **~e** *f* ⟨-, -n⟩ *dial =* **~;** **~einfassung** *f* huisserie *f;* **~flügel** *m* battant *m* (de porte); **~füllung** *f* panneau *m* (de porte); **~griff** *m* poignée *f* (de porte); **~hüter** *m* huissier *m;* **~klinke** *f* loquet, bec-de-cane *m;* **~öffner** *m* serrure *f* électrique; **~öffnung** *f arch* baie *f;* **~pfosten** *m* montant *m* (de porte); **~rahmen** *m* huisserie *f;* **~riegel** *m* verrou *m* (de porte); **~schild** *n* plaque *f* de porte; **~schließer** *m* fermeture *f* automatique; **~schwelle** *f* seuil *m* de porte; **~sturz** *m* linteau *m* (de porte); **~verkleidung** *f* chambranle *m;* **~wange** *f* jouée *f.*

Turban *m* ⟨-s, -e⟩ ['tʊrban] turban *m.*

Turbine *f* ⟨-, -n⟩ [tʊr'bi:nə] *tech* turbine *f;* **~nanlage** *f* station *f* de turbine; **~nantrieb** *m,* **~ndampfer** *m* propulsion *f,* vapeur *m* à turbine; **~nflugzeug** *n* avion *m* à réaction; **~ngehäuse** *n,* **~nläufer** *m tech.* **~nrad** *n,* **~nschaufel** *f* enveloppe *f,* rotor *m,* roue, aube *f* de turbine; **~n-Strahl-Triebwerk** *n* turboréacteur *m;* **~n-Staustrahl-Triebwerk** *n* turbostatoréacteur *m;* **~ntriebwerk** *n* propulseur *od* réacteur à turbine; moteur *m* à réaction; **~nwärter** *m* machiniste *m* turbine.

Turbo *m* ⟨-s, -s⟩ ['tʊrbo], **~diesel** *m mot* turbovoiture; **~-Düsentriebwerk** *n* turboréacteur *m;* **~gebläse** *n* turbosoufflante *f;* **~generator** *m* turbogénérateur, turbo-alternateur *m;* **~jet** *m* avion *m* à turboréacteur; **~kompressor** *m* turbocompresseur *m;* **~motor** *m* turbomoteur *m;* **~-Prop-Flugzeug** *n* avion *m* à turbopropulseur; **~-Prop-Triebwerk** *n* turbopropulseur *m;* **~triebwerk** *n* turboréacteur *m.*

turbulen|t [tʊrbu'lɛnt] *a* turbulent; **T~z** *f* ⟨-, -en⟩ [-'lɛnts] turbulence *f.*

Türk|e *m* ⟨-n, -n⟩ ['tʏrkə] Turc *m; jdm einen* **~en** *bauen* monter un bobard à qn; **~ei** [-'kaɪ], *die* la Turquie; **t~en** *tr fam (fälschen)* simuler; *(Zahlen, Statistik)* falsifier; **~enbund** *m bot* turban, lis *m* martagon; **~in** *f* Turque *f;* **t~isch** *a* turc; *(das) T~(e)* le turc.

Turm *m* ⟨-(e)s, ⸚e⟩ [tʊrm, 'tʏrmə] tour *f* (*a. Schach*); (*Burg*~) donjon; (*Wacht-, Rathaus*~) beffroi; (*Kirch*~) clocher; *sport* (*Sprung*~) plongeoir *m*; *mil* (*Panzer*~ *u. mar*) tourelle *f*; *mar a.* kiosque *m*; ~**aufsatz** *m* coupole *f*; ~**bau** *m* construction *f* d'une *od* de la tour; *der* ~ *zu Babel* la tour de Babel; ~**drehkran** *m* grue *f* pivotante à tour *od* tournante sur pylône; ~**falke** *m* *orn* crécerelle *f*; ~**geschütz** *n* pièce *f* de tourelle; ~**haus** *n* tour *f*; ~**helm** *m* *arch* flèche *f*; **t**~**hoch** *a* haut comme une tour; (*riesenhaft*) gigantesque; (*Überlegenheit*) écrasant; ~**kran** *m* grue *f* à tour *od* à pylône; ~**schwalbe** *f* *orn* martinet *m*; ~**spitze** *f* *arch* aiguille, flèche *f*; ~**springen** *n* (*Schwimmsport*) plongeons *m pl* de haut vol; ~**uhr** *f* horloge *f*.

Türm|chen *n* ⟨-s, -⟩ ['tʏrmçən] tourelle *f*; (*Verzierung*) clocheton *m*; **t**~**en** *tr* ⟨aux: haben⟩ (*hoch aufschichten*) empiler; (*anhäufen*) entasser, amonceler; *itr* ⟨aux: sein⟩ *fam* (*weglaufen*) filer, ficher le camp; *sich* ~ se dresser (jusqu'aux nues).

Turn *m* ⟨-s, -s⟩ [tə:n] *aero* immelmann *m*.

Turn|anzug *m* ['tʊrn-] survêtement *m* de gymnastique; **t**~**en** *itr* faire de la gymnastique; ~**en** *n* gymnastique; (*Leibeserziehung*) éducation *f* physique; ~**er** *m* ⟨-s, -⟩ gymnaste *m*; ~**fest** *n* fête *f* de gymnastique; ~**gerät** *n* appareil *m* de gymnastique; ~**halle** *f* salle *f* de gymnastique, gymnase *m* (couvert); ~**hemd** *n* maillot *m* de gymnastique; ~**hose** *f* culotte *f* de gymnastique; ~**lehrer(in** *f*) *m* maître(sse *f*) *od* professeur de gymnastique, professeur *m* d'éducation physique; ~**schuhe** *m pl* chaussures de gymnastique, espadrilles *f pl*; ~**spiele** *n pl* plein air *m*; ~**stunde** *f* (*in d. Schule*) leçon *f* de gymnastique; ~~**übung** *f* exercice *m* de gymnastique; ~**unterricht** *m* éducation *f* physique; ~**verein** *m* société *f* de gymnastique; ~**wart** *m* moniteur *m* de gymnastique; ~**zeug** *n* tenue *f* de gymnastique.

Turnier *n* ⟨-s, -e⟩ [tʊr'ni:r] (*hist u. Tennis*) tournoi; *sport* (*sonst*) championnat *m*, compétition *f*; ~**platz** *m* lice *f*, champ *m* clos; ~**reiter** *m* cavalier *m* de compétition.

Turnus *m* ⟨-, -nusse⟩ ['tʊrnʊs, -ə] (*regelmäßige Reihenfolge*) roulement *m*; *im* ~, **t**~**gemäß** *adv* par roulement, à tour de rôle.

Turtel|taube *f* ['tʊrtəl-] *orn* tourterelle *f*; ~**täubchen** *n* tourtereau *m*; *pl fig* amoureux *m pl.*

Tusch *m* ⟨-es, -e⟩ [tʊʃ] *mus* fanfare *f.*

Tusch|e *f* ⟨-, -n⟩ ['tuʃə] encre *f* de Chine; **t**~**en** *tr* dessiner à l'encre de Chine; *itr* faire un lavis; ~**kasten** *m* boîte *f* de couleurs; ~**zeichnung** *f* (dessin au) lavis *m.*

Tuschel|ei *f* ⟨-, -n⟩ [tuʃə'laɪ] chuchoterie *f*; **t**~**n** ['tuʃəln] *itr* chuchoter.

Tut|e *f* ⟨-, -n⟩ ['tu:tə] *fam,* ~**horn** *n* trompe, corne *f*; **t**~**en** *itr* corner; *von* T~ *und Blasen keine Ahnung haben* (*fig fam*) s'y entendre comme à ramer des choux.

Tüte *f* ⟨-, -n⟩ ['ty:tə] (*kleine, spitze*) cornet; (*größere*) sac *m* (en papier).

Tüttelchen *n* ⟨-s, -⟩ ['tʏtəlçən] *fam: ein* ~ (*ganz wenig*) un tout petit peu, un iota.

Twen *m* ⟨-s, -⟩ [tvɛn] moins *m f* de trente ans.

Twist *m* ⟨-(e)s, -e⟩ [tvɪst] fil (de coton), coton *m* filé; (*Tanz*) twist *m*; ~ *tanzen* twister.

Typ *m* ⟨-s, -en⟩ [ty:p] *allg, psych, tech* type; *tech a.* modèle; *pop pej* (*Mensch*) mec; (*den man liebt*) genre, type *m*; ~**e** *f* ⟨-, -n⟩ *typ* type, caractère (d'imprimerie); *tech* type, modèle; *fam pej* type, numéro *m*; ~**endruck** *m* ⟨-s, -e⟩ impression *f* typo(graphique); ~**endrucker** *m* *tele* télégraphe *m* imprimeur; ~**engießmaschine** *f* machine *f* à mouler les caractères; ~**enhebel** *m* (*an d. Schreibmaschine*) tige *f* à caractère; ~**enschild** *n* plaque *f* signalétique; ~**enwalze** *f* cylindre *m* à caractères; **t**~**isch** *a* typique, caractéristique; **t**~**isieren** [-pi'zi:rən] *tr* standardiser, normaliser; ~**isierung** *f* standardisation, normalisation *f*; ~**ograph** *m* ⟨-en, -en⟩ [-'gra:f] (*Schriftsetzer*) typographe *m*; (*Setzmaschine*) machine *f* à composer; ~**ographie** *f* ⟨-, -n⟩ [-gra'fi:] (*Buchdruckerkunst*) typographie f; **t**~**ographisch** [-'gra:fɪʃ] *a* typographique; ~**us** *m* ⟨-, -pen⟩ ['ty:pʊs] *allg u. psych* type *m.*

typh|ös [ty'fø:s] *a med* typhique, typhoïdique; **T**~**us** *m* ⟨-, ø⟩ ['ty:fʊs] *med* (*fièvre*) typhoïde *f*; ~**usartig** *a* = ~*ös*; **T**~**usbazillus** *m* bacille *m* typhique *od* de la typhoïde; **T**~**usepidemie** *f* épidémie *f* de (fièvre) typhoïde; **T**~**usimpfung** *f* vaccination *f* antityphoïdique.

Tyrann *m* ⟨-en, -en⟩ [ty'ran] tyran *m*; *kleine(r)* ~ tyranneau *m* *fam*; ~**ei** *f* [-'naɪ] tyrannie *f*; ~**enmord** *m* tyrannicide *m*; **t**~**isch** [-'raniʃ] *a* tyrannique; **t**~**isieren** [-ni'zi:rən] *tr* tyranniser.

U

U, u *n* ‹-, -› [u:] *(Buchstabe)* U, u *m.*
U-Bahn ['u:ba:n] *f (kurz für: Unter-grundbahn: vgl. d.) fam* métro, *m;* ~**hof** *m* station *f* de métro; ~-**Tunnel** *m* souterrain *m* (de métro).
übel ['y:bəl] *a (schlecht)* mauvais; *(mißlich)* fâcheux; *(unangenehm)* désagréable; *adv* mal; *wohl oder* ~ bon gré mal gré; *jdm* ~ *mitspielen* jouer un mauvais tour à qn; ~ *riechen* sentir mauvais; ~ *dran sein* être dans le troisième dessous, avoir du plomb dans l'aile; *mir ist* od *wird* ~ j'ai mal au cœur, je me sens od je me trouve mal; *dabei wird einem* ~ cela porte au od soulève le cœur, cela donne la nausée; *(das ist) (gar) nicht (so)* ~ (c'est) pas mauvais od (déjà) pas mal; **Ü**~ *n* ‹-s, -› mal *m; von zwei* ~*n das kleinere wählen* entre deux maux, choisir le moindre; *das ist von* (od *vom*) ~ cela ne vaut rien od ne sert à rien; *das kleinere* ~ le moindre mal; ~**beraten** *a* mal conseillé; ~**gelaunt** *a* mal disposé, de mauvaise humeur, maussade; *fam* mal luné; ~**gesinnt** *a* mal intentionné; **Ü**~**keit** *f* nausée *f,* mal au cœur, soulèvement de cœur, haut-le-cœur *m;* ~ *erregen* soulever le cœur, donner envie de vomir; ~ *erregend* nauséabond, nauséeux; ~**launig** *a* maussade, grincheux; **Ü**~**launigkeit** *f* maussaderie *f;* ~**=nehmen** *tr* prendre mal *od* en mauvaise part; prendre ombrage, tenir rigueur, se formaliser *(etw* de qc); *nehmen Sie es mir (bitte) nicht* ~*! (a.)* ne vous fâchez pas! ~**nehmerisch** *a* susceptible; ~**riechend** *a* malodorant, puant, fétide, infect; **Ü**~**sein** *n* ‹-s, ø› *n* malaise *m,* indisposition *f;* mal *m* au cœur, nausée *f;* **Ü**~**stand** *m* mauvais état *m* (de choses), situation *f* fâcheuse, embarras, inconvénient *m;* **Ü**~**tat** *f* méfait *m,* forfait, crime *m;* **Ü**~**täter** *m* malfaiteur, criminel *m;* ~**=tun** *itr* maltraiter *(jdm* an); ~**=wollen** *itr: jdm* ~ vouloir du mal à qn, être malintentionné, avoir de mauvaises intentions envers qn; **Ü**~**wollen** *n* malveillance *f;* ~**wollend** *a* malveillant, malintentionné.
üben ['y:bən] *tr (trainieren)* exercer; *(ein~)* étudier; s'entraîner *(etw* à qc); *bes. mus* travailler, *a. theat* répéter;

(in Anwendung bringen, zeigen) pratiquer, montrer; *itr* s'exercer, s'entraîner, faire des exercices *od* de l'entraînement; *sich* ~ se faire la main *(an* à); *Geduld* ~ montrer de la patience, être *od* se montrer patient; *(Gerechtigkeit* ~ pratiquer la justice; *Nachsicht* ~ user *od* faire preuve d'indulgence; *Verrat* ~ commettre une trahison.
über ['y:bər] **1.** *prp (örtl.)* au-dessus de, sur; *(auf die andere Seite (gen))* au-delà de, par-delà, de l'autre côté de; *(~ ... hinaus, a. fig)* plus loin que, outre; *(~ ... hinweg)* par-dessus; hors de; *(durch, an ... vorbei)* en passant par, via; *(zeitl.: während)* pendant, durant, tout le long de; *(nach)* dans, au bout de; *fig (mehr als)* plus de; *(höher im Rang, besser in der Qualität)* au-dessus de; *(von, ein Thema betreffend)* de, sur, au sujet de, à propos de, concernant; *(durch Vermittlung)* par l'intermédiaire de; **2.** *(Ausdrücke): die Nacht* ~ toute la nuit; *den (ganzen) Tag* ~ pendant (toute) la journée, (tout) le long de la journée, toute la journée; *die ganze Zeit* ~ pendant (tout) ce temps; ~ *alles (mehr als alles andere)* au-dessus de tout, par-dessus tout; avant tout; ~ *alle Berge (fig)* très loin; ~ *Berg und Tal* par monts et par vaux; ~ *Bord* par-dessus bord, à la mer; ~ *(alles) Erwarten* au-delà de toute attente *od* espérance; ~ *Gebühr* à l'excès, excessivement; ~ *ein Jahr,* ~*s Jahr* au bout d'un an, dans un an; ~ *kurz oder lang* tôt ou tard; ~ *dem Lesen, Schreiben etc* en lisant, en écrivant; ~ *alle Maßen* extrêmement, excessivement, incomparablement; ~ *Nacht* pendant la nuit; *fig (von heute auf morgen)* du jour au lendemain; ~ *Tag(e) (mines)* à ciel ouvert; ~ *etw gehen* traverser, franchir qc; ~ *jds Kräfte gehen* être au-dessus des *od* dépasser les forces de qn; ~ *50 (Jahre alt) sein* avoir passé la cinquantaine; ~ *den Rundfunk sprechen* parler à la radio; ~ *etw stehen (fig)* être supérieur à qc; **3.** *adv (übrig)* de reste, restant; *ich hatte nur zwei Mark* ~ il ne me restait que deux marks; *(genug, satt)* assez; *es* ~ *haben* en avoir assez, *fam*

en avoir par-dessus la tête, en avoir marre; *fam (vor~ (zeitl.))* passé; ~ *und* ~ entièrement, complètement, totalement.

überall [y:bər'?al] *adv* partout, en tout lieu, en tous lieux; ~ *sonst* partout ailleurs; *nicht* ~ *zu gleicher Zeit sein können (a.)* n'avoir pas le don d'ubiquité; ~ *auf jdn, etw stoßen* marcher sur qn, qc; **~her** [-'he:r] *adv* de partout, de tous (les) côtés, de toutes parts; **~hin** [-'hın] *adv* partout, en tous sens, dans toutes les directions.

überalter|t [--'--] *a* vieilli; suranné; *(Schiff)* hors d'âge; **Ü~ung** *f* ‹-, ø› *(der Bevölkerung)* vieillissement *m*, sclérose *f* (de la population).

Überangebot *n* ['y:bər-] surplus, excédent *m* (d'offres), surabondance, profusion *f*.

überanstreng|en [y:bər-] ‹hat überanstrengt› *tr* surmener; *(Pferd, Stimme, Muskel)* forcer; *sich* ~ se surmener, se fatiguer, dépasser ses forces; **Ü~ung** *f* surmenage, excès de travail *od* fatigue, effort exagéré; *sport* surmenage *m* physique; *geistige* ~ surmenage *m* intellectuel.

überantwort|en [y:bər-] ‹hat überantwortet› *tr* livrer, remettre; *dem Gericht od Richter* ~ remettre à la justice; **Ü~ung** *f* remise *f*.

'über=arbeit|en ['y:bər-] *itr* faire du travail *od* des heures supplémentaire(s); **über'arbeit|en** [--'---] ‹hat überarbeitet› *tr (Buch etc)* retoucher, remanier, revoir; *sich* ~ se surmener, travailler trop; s'épuiser à force de travail; *fam* se tuer au travail, se fouler la rate; **~et** *a (Mensch)* épuisé de travail, fatigué; **Ü~ung** *f* [--'----] retouche *f*, remaniement; surmenage, épuisement *m*, fatigue *f*, excès *m* de travail.

Überärmel *m* ['y:bər-] fausse manche *f*.

überaus [--'-/'--'-] *adv* très, beaucoup; extrêmement, à l'extrême, excessivement (jusqu')à l'excès; infiniment.

überbacken [y:bər'-] ‹hat überbakken› *tr (Küche)* gratiner; *pp. a* au gratin; **Ü~e(s)** *n* gratin *m*.

Überbau *m* ['y:bər-] superstructure *f*; **ü~en** [--'--] *tr* ‹hat überbaut› *(Fläche)* élever une construction sur.

überbeanspruch|en ['y:bər-] *tr* ‹hat überbeansprucht› surmener *a. tech*, fatiguer; excéder de travail; **Ü~ung** *f* effort excessif; *tech* surmenage *m*.

Überbein *n* ['y:bər-] *med* exostose *f*; ganglion, kyste *m* synovial.

überbelast|en ['y:bər-] *tr* ‹hat überbe-

lastet› surcharger; **Ü~ung** *f* surcharge *f*.

überbeleg|t ['y:bər-] *a (Wohnung)* surpeuplé; **Ü~ung** *f* surpeuplement *m*.

überbelicht|en ['y:bər-] *tr* ‹hat überbelichtet› surexposer; voiler; **Ü~ung** *f* surexposition *f*, excès *m* de pose.

überbetonen ['y:bər-] *tr* ‹hat überbetont› (trop) insister (*etw* sur qc); surfaire.

überbewert|en ['y:bər-] *tr* ‹hat überbewertet› surévaluer, surestimer; **Ü~ung** *f* surévaluation, surestimation *f*.

überbiet|en ‹hat überboten› *tr* (r)enchérir (*jdn, etw* sur qn, sur qc) *a. fig*: surenchérir; *(Gebot)* couvrir; *fig* dépasser; *(Rekord)* battre; *sich selbst* ~ se surpasser, battre *od* améliorer son propre record, faire assaut (*in etw* de qc); *sich gegenseitig* ~, *sich zu* ~ *suchen* faire assaut (*in etw* de qc); **Ü~ung** *f* surenchérissement *m*; surenchère *f*.

über=bleib|en ['y:bər-] ‹ist übergeblieben› *itr* rester, être de reste; **Ü~sel** *n* ‹-s, -› reste, restant, reliquat *m*, ruine *f*, débris *m pl*.

Überblendung *f* film fondu *m*.

Überblick *m* ['y:bər-] vue *f* d'ensemble *a. fig*; *fig* tour d'horizon, aperçu; *(Zs.fassung)* sommaire, résumé *m*; *sich e-n* ~ *verschaffen* faire un tour d'horizon; *geschichtliche(r)* ~ historique *m*; *kurze(r)* ~ *(fig)* survol *m (über* de); *den* ~ *verlieren* ne plus savoir ce qui se passe; **ü~en** *tr* ‹hat überblickt› jeter un coup d'œil (*etw* sur qc); voir de haut, couvrir *od* embrasser d'un coup d'œil, parcourir des yeux; avoir une vue d'ensemble; *fig* faire le point de.

überbring|en *tr* ‹hat überbracht› remettre; **Ü~er** *m* porteur *m*; *zahlbar an den* ~ *(fin)* payable au porteur; **Ü~erscheck** *m* chèque *m* au porteur; **Ü~ung** *f* remise *f*.

überbrück|en ‹hat überbrückt› *tr* bâtir *od* jeter un pont (*e-n Fluß* sur une rivière); *fig (Schwierigkeit)* surmonter; *(Gegensatz)* concilier; **Ü~ung** *f fig* conciliation *f*; **Ü~ungshilfe** *f*, **-kredit** *m* aide *f*, crédit *m* transitoire *od* de transition.

überbürd|en ‹hat überbürdet› *tr* surmener, surcharger (*mit* de); **Ü~ung** *f* surmenage *m*, surcharge *f*.

Überdach *n* ['y:bər-] *n* avant-toit, auvent, appentis; *(Zelt)* double toit *m*; **ü~en** *tr* ‹hat überdacht› couvrir d'un toit.

überdauern ⟨*hat überdauert*⟩ *tr* durer plus longtemps que, survivre à.

'**über=decken** ⟨*hat übergedeckt*⟩ *tr* étendre; **über'deck|en** ⟨*hat überdeckt*⟩ *tr* (re)couvrir *(mit* de); **Ü~ung** [--'--] *f phot* recouvrement *m.*

überdenken ⟨*hat überdacht*⟩ *tr* réfléchir, méditer *(etw* sur qc).

überdies [-'di:s] *adv* de *od* en plus, au surplus, de *od* par surcroît, en outre, mais aussi, avec cela; *fam* par-dessus le marché.

überdimensional ['y:bər-] *a* gigantesque.

Überdosis *f* ['y:bər-] *med* surdosage *m.*

überdrehen ⟨*hat überdreht*⟩ *tr* fausser (en tournant), forcer; *(Faden)* surfiler.

Überdruck *m* ⟨-(e)s, ⁻e⟩ ['y:bər-] *phys* excès *m* de pression, surpression; *tech* surcompression; *m* ⟨-s, -e⟩ *typ* surcharge *f; ~anzug* *m aero* scaphandre *m* d'altitude; **ü~en** *tr* ⟨*hat überdruckt*⟩ *typ* surcharger; *~kabine* *f* cabine *f* étanche *od* pressurisée; *~turbine* *f* turbine *f* à réaction.

Über|druß *m* ⟨-sses, ∅⟩ ['y:bərdrʊs] satiété *f,* dégoût, ennui *m,* lassitude *f, bis zum* ~ (jusqu')à satiété; **ü~drüssig** *a* dégoûté, las *(e-r S* de qc); *e-r S* ~ *werden* se dégoûter, se lasser de qc.

überdurchschnittlich ['y:bər-] *a* au--dessus de *od* qui dépasse(nt) la moyenne.

übereck [-'ɛk] *adv* en diagonale, en travers.

Übereif|er *m* ['y:bər-] zèle excessif, excès *m* de zèle; **ü~rig** *a* trop zélé; (trop) empressé.

übereign|en ⟨*hat übereignet*⟩ *tr jur* transmettre; **Ü~ung** *f* transmission *f* (de la propriété).

Übereil|e *f* ['y:bər-] hâte *f* excessive; **ü~en** *tr* ⟨*hat übereilt*⟩ hâter, précipiter, trop presser; *sich* ~ se hâter, se précipiter; **ü~t** [--'-] *pp,* a précipité, hâtif; prématuré; inconsidéré, irréfléchi; *adv* hâtivement, à la hâte, en hâte, avec (trop de) hâte; *~ung* [--'--] *f* précipitation *f.*

übereinander [---'--] *adv* l'un sur l'autre; *(sprechen)* l'un de l'autre; *~=greifen* *itr* chevaucher, être imbriqués; *~=legen* *tr* mettre l'un sur l'autre, superposer; *~=liegen* *itr* être superposés; *~=setzen* *tr* superposer; *~=sitzen* *itr* être assis les uns sur les autres; *~=stehen* *itr* être superposés *od* disposés les uns sur les autres; *~= stellen* *tr* superposer; *~=werfen* *tr* jeter *od* lancer les uns sur les autres.

überein|=kommen ⟨*sind übereinge-*

kommen⟩ [y:bər'?aın-] *itr* convenir *(über* de); se mettre *od* tomber d'accord; s'arranger *(über* sur); **Ü~kommen** *n* = *Ü~kunft; zu e-m* ~ *gelangen* arriver *od* parvenir à une entente; **Ü~kunft** *f* ⟨-, ⁻e⟩ convention *f,* accord; arrangement *m; nach* ~ de gré à gré.

überein=stimm|en ⟨*hat übereinge-stimmt*⟩ [y:bər'?aın-] *itr* concorder, être en concordance *od* d'accord *od* à l'unisson, cadrer *(mit* avec); être conforme, répondre, correspondre *(mit* à); *~end* *a* concordant; conforme *(mit* à); **Ü~ung** *f* concordance *f,* accord, unisson *m,* unanimité, harmonie; conformité, convergence *f; in* ~ *mit* conforme à; *in* ~ *bringen* accorder, faire concorder, mettre d'accord.

überempfindlich ['y:bər-] *a* hypersensible, hypersensitif; **Ü~keit** *f* hypersensibilité, hyperesthésie; sensibilité *f* exagérée.

übererfüllen *tr* ⟨*hat übererfüllt*⟩*: die Normen* ~ dépasser les normes.

übererregbar ['y:bər-] *a* hyperémotif, surexcitable; **Ü~keit** *f* hyperémotivité, surexcitation *f.*

'**über=essen,** ⟨*hat übergegessen*⟩ *sich (dat)* se gaver *(an etw* de qc); **über'essen** ⟨*hat übergessen*⟩*, sich (acc)* trop manger, se donner une indigestion; manger tout son soûl, s'empiffrer.

'**über=fahr|en** *itr* ⟨*ist übergefahren*⟩ passer; traverser, franchir *(über den Fluß* la rivière); faire le trajet; **über-'fahren** *tr* ⟨*hat überfahren*⟩ *(Menschen)* écraser; *(Signal)* brûler, *fam* griller; **Ü~t** ['---] *f* passage *m,* traversée *f,* trajet *m.*

Überfall *m* ['y:bər-] attaque (imprévue), agression; incursion, irruption, invasion *f;* raid, coup de main; *tech* moraillon, trop-plein; *(an e-r Tür)* porte-cadenas *m; bewaffnete(r)* ~ agression *od* attaque *f* à main armée; '**über=fallen** *itr* ⟨*ist übergefallen*⟩ tomber de l'autre côté, surplomber; **über'fallen** *tr* ⟨*hat überfallen*⟩ attaquer par surprise, surprendre; assaillir; envahir; *(um auszurauben)* agresser; *fam (besuchen)* rendre visite à l'improviste; *der Schlaf überfiel mich* le sommeil me gagna; *~kommando* *n* police-secours *f;* **überfällig** ['----] *a* en retard; *(Wechsel)* en souffrance.

überfein ['y:bər-] *a* surfin, (par) trop délicat; *fig* (par trop) subtil.

über'firnissen *tr* ⟨*hat überfirnißt*⟩ passer du vernis *(etw* sur qc), vernir.

überfliegen ⟨*hat überflogen*⟩ *tr* survoler; *fig (Text)* jeter un coup d'œil (*etw sur qc*), parcourir des yeux, lire du pouce; **Ü~** *n aero* survol *m.*

'**über=fließen** ['y:bər-] *itr* ⟨*ist übergeflossen*⟩ déborder; *fig* déborder, regorger (*von etw* de qc); **über'fließen** *tr* ⟨*hat überflossen*⟩ inonder.

überflüg|en ⟨*hat überflügelt*⟩ *tr* surpasser, surmonter; *mil* déborder.

Überfluß *m* ⟨-sses, ø⟩ ['y:bər-] (sur-) abondance, profusion, foison, exubérance, pléthore, affluence; *(Reichtum)* richesse, opulence *f,* luxe *m; im* ~ en abondance, abondamment; à flots; à profusion, à foison; *zu allem* ~ pour comble; *etw im* ~ *haben (a.)* avoir à revendre de qc; *im* ~ *leben (a.)* être à bouche que veux-tu; *fam* vivre grassement; **~gesellschaft** *f* société *f* d'abondance.

überflüssig ['y:bər-] *a* surabondant, superflu, superfétatoire; inutile, oiseux; ~ *sein (a.)* faire double emploi; *das ist* ~ c'est du luxe; **~e(s)** *Fett n (am Körper)* mauvaise graisse *f;* **Ü~e(s)** *n* superflu *m;* superfétation *f;* **~erweise** *adv* inutilement.

'**über=fluten** ['y:bər-] *itr* ⟨*ist übergeflutet*⟩ déborder; *(Fluß)* sortir de son lit; **über'flut|en** *tr* ⟨*hat überflutet*⟩ inonder, noyer, submerger; **Ü~ung** *f* [--'--] *f* inondation, submersion *f.*

überfordern ⟨*hat überfordert*⟩ *tr* demander trop (*jdn* à qn) *a. fig; fig* surmener, surcharger; '**Überforderung** *f com* plus-pétition *f;* **Über'forderung** *f* surmenage *m.*

überfragen ⟨*hat überfragt*⟩ *tr* demander trop (*jdn* à qn).

überfremd|en ⟨*hat überfremdet*⟩ *tr* submerger d'étrangers; *überfremdet werden* être envahi par des étrangers; **Ü~ung** *f* envahissement *m* par des étrangers.

überfressen ⟨*hat überfressen*⟩, *sich (fam)* s'empiffrer.

über=führen ['y:bər-] ⟨*hat über(ge)führt, überführte/führte über*⟩ *tr* transporter, transférer; **über'führ|en** ⟨*hat überführt*⟩ *tr jur* convaincre, confondre, *chem* convertir; **Ü~ung** *f* [--'--] transport, transfert *m,* translation *f; loc* passage *m* supérieur *od* en dessus; *jur* conviction *f; chem* convertissement *m;* **Ü~ungsgleis** *n* voie *f* de dégagement.

Überfüll|e *f* ['y:bər-] trop-plein *m;* surabondance, profusion, exubérance, pléthore *f;* **ü~t** [--'-] *a* bondé; bourré, gorgé; *(Schulklasse)* encombré, surchargé; **~ung** *f* [--'--] encombrement, engorgement *m,* saturation, surcharge *f; (Beruf)* embouteillage *m.*

überfütter|n ⟨*hat überfüttert*⟩ *tr* suralimenter; gaver, gorger (*mit* de); **Ü~ung** *f* suralimentation *f;* gavage *m.*

Übergabe *f* ['y:bər-] remise, transmission; *mil* reddition, capitulation *f;* **~verhandlungen** *f pl* pourparlers *m pl* de capitulation.

Übergang *m* ['y:bər-] passage; *loc* croisement *m; jur* transfert *m,* transmission; *fig* transition; *(Abstufung)* gradation *f; als* ~ *dienen* servir de pont; *schienengleiche(r)* ~ *(loc)* passage *od* croisement à niveau; **~sbahnhof** *m* station *f* de correspondance; **~sbestimmung** *f* disposition *od* prescription *f* transitoire; **~serscheinung** *f* phénomène *m* transitoire; **~sgesetz** *n* loi *f* de transition; **~shilfe** *f* fin aide *f* transitoire; **~skabinett** *n pol* cabinet *m* de transition; **~slösung** *f* solution *f* transitoire; **~smantel** *m* manteau *m* de demi-saison; **~smaßnahme** *f* mesure *f* transitoire; **~speriode** *f* = **~szeit; ~sregelung** *f* régime *m* transitoire; **~sregierung** *f* gouvernement *m* de transition; **~srohr** *n* raccord *m* de réduction; **~sstadium** *n* état intermédiaire, stade *m* transitoire; **~sstelle** *f* point *m* de passage; **~sstil** *m (Kunst)* style *m* transitoire; **~sstück** *n tech* raccord *m* de réduction; **~szeit** *f* période transitoire *od* de transition; inter-saison *f;* **~szustand** *m* état *m* de transition.

übergeben ⟨*hat übergeben*⟩ *tr* remettre, (dé)livrer; transmettre, transférer; *mil* rendre; *sich* ~ vomir, rendre; *dem Verkehr* ~ ouvrir à la circulation.

Übergebot *n* ['y:bər-] *(bei einer Versteigerung)* surenchère *f.*

Übergebühr *f* ['y:bər-] surtaxe *f.*

'**über=gehen** ['y:bər-] *itr* ⟨*ist übergegangen*⟩ passer (*zu, in* à); se transmettre (*auf* à); *fig (die Tätigkeit ändern)* procéder (*zu etw* à qc); *(sich wandeln, sich ändern)* se transformer, se changer, tourner, entrer, se convertir (*in* en); s'identifier (*in* avec, à); *inea.* ~ se (con)fondre; *in Fäulnis* ~ se putréfier, se décomposer; **über'ge-h|en** *tr* ⟨*hat übergangen*⟩ *(auslassen)* omettre, négliger, sauter, oublier; *mit Stillschweigen* ~ passer sous silence; **Ü~ung** *f* omission, négligence *f,* oubli *m.*

übergenug ['y:bər-] *adv* (de) trop, surabondamment, plus qu'il ne *od* n'en faut; *fam* à revendre.

Übergepäck *n* ['y:bər-] excédent *m* de bagages.

übergeschnappt ['y:bər-] *a fig fam* survolté.

Übergewicht *n* ['y:bər-] excédent *od* supplément *m* de poids, *fig* prépondérance; *pol* influence *f* prépondérante; *das ~ bekommen (fig)* l'emporter (*über* sur).

'**über=gießen** ['y:bər-] *itr* ⟨*hat übergegossen*⟩ transvaser; *chem* transfuser; *(vergießen)* verser, répandre; **über-'gießen** *tr* ⟨*hat übergossen*⟩ arroser; **Ü~ung** *f* arrosage *m*.

übergips|en ⟨*hat übergipst*⟩ *tr* plâtrer, enduire de plâtre; **Ü~ung** *f* plâtrage *m*.

überglas|en ⟨*hat überglast*⟩ *tr* munir d'un toit vitré; **Ü~ung** *f (Glasdach)* toit *m* vitré.

überglücklich ['y:bər-] *a* ravi, enchanté; comblé *od* éperdu de bonheur; *~ sein* être dans l'enchantement *od* aux anges.

über=greifen ['y:bər-] ⟨*hat übergegriffen*⟩ *itr* mordre (*auf* sur); *(Vers)* enjamber (*auf* sur); *(Feuer)* se propager (*auf etw* à qc), gagner (*auf etw* qc); *(eingreifen)* empiéter (*auf* sur); **Ü~-griff** *m* empiètement *m*.

übergroß ['y:bər-] *a* très *od* trop grand, gigantesque; *fig* démesuré, excessif, énorme.

Übergröße *f* ['y:bər-] *(Kleidung)* grande taille; *(Schuhe)* grande pointure *f; mot (Reifen)* surprofil *m*.

Überguß *m* ['y:bər-] enduit *m*.

über=haben ['y:bər-] ⟨*hat übergehabt*⟩ *tr* avoir sur le dos, porter; *fig fam (satt haben)* avoir assez (*etw* de qc).

Überhand|nahme *f* ⟨-, ø⟩ [y:bər'hant-] accroissement *m* excessif, augmentation *od* extension *f* excessive; envahissement *m;* **ü~=nehmen** ⟨*hat überhandgenommen*⟩ *itr* s'accroître *od* augmenter *od* s'étendre *od* se multiplier excessivement.

Überhang *m* ['y:bər-] ce qui surplombe; *com* surplus, excédent *m*.

'**über=hängen** ['y:bər-] ⟨*hat übergehangen*⟩ *itr* surplomber; **Ü~** *n geol* surplombement *m; ~d* a en surplomb.

überhast|en ⟨*hat überhastet*⟩ *tr* précipiter; **Ü~ung** *f* précipitation *f*.

überhäuf|en ⟨*hat überhäuft*⟩ *tr* surcharger, combler, accabler (*mit* de); *(mit Aufmerksamkeiten)* excéder (*mit* de); **Ü~ung** *f fig* accablement *m*.

überhaupt [--'-] *adv (letzten Endes)* après tout, somme toute, de toute façon; *(in Fragen: denn eigentlich)* donc, au juste; *wenn ~* si toutefois, si tant est (que); *~ nicht* pas du tout, pas le moins du monde, nullement.

überheb|en ⟨*hat überhoben*⟩ *tr: e-r S überhoben sein* être dispensé, exempté, libéré de qc; *sich ~* se donner un effort; *~lich* [-plɪç] *a* présomptueux, outrecuidant, arrogant; **Ü~-lichkeit** *f,* **Ü~ung** *f* présomption, outrecuidance, arrogance *f*.

überheizen ⟨*hat überheizt*⟩ *tr* trop chauffer, surchauffer.

überhitz|en *tr* surchauffer; **Ü~er** *m* ⟨-s, -⟩ *tech* surchauffeur *m; fig* **Ü~ung** *f tech u. fig* surchauffe *f*.

überhöh|en ⟨*hat überhöht*⟩ *tr* surélever; *(Preise)* augmenter excessivement; surfaire; *~t* *a (Preis)* excessif; *Verkauf zu ~en Preisen* survente *f;* **Ü~ung** *f* surélévation; *(der Preise)* hausse *od* augmentation *f* excessive.

'**über=holen** ['y:bər-] ⟨*hat übergeholt*⟩ *tr (auf die andere Seite bringen)* passer; *mar (die Segel)* changer; **über'hol|en** ⟨*hat überholt*⟩ *tr (vorbeigehen, -fahren an)* dépasser, devancer, distancer; *mot* doubler; *sport* sauter; *tech (nachsehen u. ausbessern)* réviser; remettre à neuf; *gründlich ~ (tech)* faire une révision (complète) (*etw* de qc); *nicht ~!* défense de doubler; **Ü~en** [--'--] *n* mot doublage, dépassement *m; ~ verboten!* défense de doubler! **Ü~gleis** [--'--] *n* voie *f* d'évitement; *~t a (veraltet)* démodé, périmé, suranné; **Ü~ung** [--'--] *f tech* révision; remise *f* à neuf.

überhören ⟨*hat überhört*⟩ *tr* ne pas entendre; *(absichtlich)* ne pas vouloir entendre, faire la sourde oreille à; *(abhören)* faire répéter *od* réciter ses leçons (*jdn* à qn).

überirdisch ['y:bər-] *a* supraterrestre; céleste; surnaturel.

überkandidelt ['y:bər-] *a fam* excentrique, loufoque *fam*.

überkleben ⟨*hat überklebt*⟩ *tr: etw ~* coller qc sur qc.

Überkleid *n* ['y:bər-] vêtement de dessus, surtout *m; ~ung f* survêtement *m*.

'**über=klettern** ['y:bər-] ⟨*ist übergeklettert*⟩ *itr* grimper par-dessus; **über-'klettern** ⟨*hat überklettert*⟩ *tr* escalader.

überklug ['y:bər-] *a* trop avisé *od* malin, suffisant.

'**über=kochen** ['y:bər-] ⟨*ist übergekocht*⟩ *itr* déborder *od* s'en aller (en bouillant); *(bes. Milch)* se sauver; **über'kochen** ⟨*hat überkocht*⟩ *tr* faire bouillir.

überkommen ⟨*hat überkommen*⟩ *tr impers: es überkam mich ein Gefühl ...* un sentiment ... s'empara de moi; *a* traditionnel; conventionnel.

'**überkompensieren** ⟨*hat überkompensiert*⟩ surcompenser.

überkonfessionell ['y:bər-] *a* interconfessionnel.

'**überkopieren** ⟨*hat überkopiert*⟩ *tr phot* surcopier.

überkrusten ⟨*hat überkrustet*⟩ *tr (Küche)* gratiner.

'**über=laden** ['y:bər-] ⟨*hat übergeladen*⟩ *tr* transborder; **über'laden** ⟨*hat überladen*⟩ *tr* surcharger *a. fig*, encombrer (*mit* de); *sich den Magen* ~ se bourrer *od* se (sur)charger l'estomac; *pp, a* surchargé *a. fig, (Stil)* ampoulé; '**Überladung** *f* transbordement *m*; **Über'ladung** *f* surcharge *f*.

überlager|n ⟨*hat überlagert*⟩ *tr radio* superposer; **Ü~ung** *f phys* recouvrement *m*; *radio* superposition, interférence *f*; **Ü~ungsempfang** *m* réception *f* hétérodyne; **Ü~ungsempfänger** *m* récepteur *m* superhétérodyne *od* à changement de fréquence, (super)hétérodyne *m*; **Ü~ungsfrequenz** *f* fréquence *f* locale; **Ü~ungston** *m* son *m* interférentiel *od* de battement.

Überland ... [--'-/'---]: **~leitung** *f el* ligne à haute tension; *tele* ligne *f* de transmission à longue distance *od* interurbaine; **~omnibus** *m* autocar *m*; **~zentrale** *f tele* centrale *f* interurbaine.

über'lang ['y:bər-] *a* très *od* trop long; **Ü~länge** *f* longueur *f* excessive.

überlapp|en *tr tech arch* recouvrir; **Ü~ung** *f* recouvrement *m*.

'**über=lassen** ['y:bər-] *tr* ⟨*hat übergelassen*⟩ *fam (übriglassen)* laisser; **über'lass|en** ⟨*hat überlassen*⟩ *tr* donner, livrer, remettre, transmettre; *(abtreten)* laisser, abandonner; *jur* céder, transmettre, transférer; *jdn sich selbst, s-m Schicksal* ~ abandonner qn à soi-même, à son sort; *das überlasse ich Ihnen* je m'en remets à vous; *pp, a: sich selbst* ~ *sein* être livré à soi-même, avoir la bride sur le cou; **Ü~ung** ['--'--] *f* remise; cession, transmission *f*, transfert *m*.

Überlast *f* ['y:bər-] surcharge *f*; **ü~en** ⟨*hat überlastet*⟩ *tr* surcharger; *fig* accabler; **ü~et** [--'--] *a* surchargé; *fig* accablé (de travail); **ü~ig** *a* en surcharge; *mar* surchargé; **~ung** *f* surcharge *f*; *fig* surmenage, excès *m* de travail.

Überlauf *m* ['y:bər-] *tech* trop-plein *m*; **~anzeige** *f (bei Rechner)* indicateur *m* de débordement; '**über=lauf|en** ⟨*ist übergelaufen*⟩ *itr (Flüssigkeit)* déborder; *pol* virer de bord,

tourner casaque; *zum Feind* ~ passer à l'ennemi, déserter; **über'laufen** ⟨*hat überlaufen*⟩ *tr*: ~ *werden (von Patienten* od *Kunden)* être assiégé *od* importuné; *es überlief mich kalt (dabei)* cela me donna un frisson, cela me fit frissonner; *pp, a* envahi; importuné; encombré; **~rohr** *n* tuyau *m* de trop-plein; **Überläufer** ['----'] *m* déserteur; *a. pol* transfuge *m*.

überlaut ['y:bər-] *a* (trop) bruyant.

überleb|en ⟨*hat überlebt*⟩ *itr* survivre (*jdn, etw* à qn, à qc); *Sie* ~ *uns alle!* vous nous enterrerez tous; **Ü~en** *n* survie, survivance *f*; **Ü~ende(r)** *m* survivant; *(e-r Katastrophe)* rescapé *m*; **~ensgroß** *a (Bild)* plus grand que nature; **Ü~ensgröße** *f: in* ~ = **~ensgroß**; **Ü~enstraining** *n* entraînement *m* de survie; **~t** *a* démodé, périmé, suranné.

'**über=leg|en** ['y:bər-] ⟨*hat übergelegt*⟩ *tr* étendre, mettre *od* poser dessus; *(züchtigen)* donner une fessée à; **über'leg|en** ⟨*hat überlegt*⟩ *itr* réfléchir, délibérer; *es sich* ~ bien réfléchir; *es sich genau* ~ y regarder à deux fois; *sich etw gut od reiflich* ~ réfléchir mûrement à *od* sur qc; *ohne zu* ~ *(a.)* à la légère; *das wäre zu* ~ cela mérite réflexion; *nach langem Ü~* après mûre réflexion; **über'legen** *a* supérieur (*in etw* en qc); *mit* ~*er Ruhe* avec un calme souverain; *jdm* ~ *sein (a.)* surpasser qn, l'emporter sur qn, *fam* en remontrer à qn; *jdm weit* ~ *sein (sport)* surclasser qn; ~ *wirken* avoir un air de supériorité; *Sie sind ihm darin* ~, *daß ...* vous avez sur lui cet avantage que ...; ~*e(r) Sieg m (sport)* victoire *f* écrasante; **Ü~enheit** [--'--] *f (im Wissen* od *Können)* supériorité, maîtrise; *(größere Stärke* od *Macht)* prépondérance, prépotence; suprématie *f*; *zahlenmäßige* ~ supériorité *f* numérique; **~t** [--'-] *a* (bien) réfléchi, délibéré; *adv* délibérément; = *mit Ü~ung;* **Ü~ung** [--'--] *f* réflexion, délibération, considération *f*; *(Gedankengang)* raisonnement *m*; *bei ruhiger* ~ en (y) réfléchissant à tête reposée; *mit* ~ avec préméditation, de propos délibéré; *mit voller* ~ à bon escient; *nach reiflicher* ~ après mûre considération *od* délibération, après avoir mûrement réfléchi; *ohne* ~ sans réflexion, inconsidérément.

Überleistung *f* ['y:bər-] excès *m* de travail *od* de rendement.

über=leit|en ['y:bər-] ⟨*hat übergeleitet*⟩ *itr* passer (*von ... zu* de ... à), lier (*von etw zu etw* qc à qc); *(ein Binde-*

glied sein) faire une transition *(zwischen ... und de ... à)*; **Ü~ung** *f* transition; liaison *f.*

überlesen ⟨*hat überlesen*⟩ *tr* parcourir (des yeux); *(beim Lesen nicht bemerken)* ne pas remarquer à la lecture, sauter.

überliefer|n ⟨*hat überliefert*⟩ *tr* transmettre, léguer; **~t** *a* traditionnel; **Ü~ung** *f* tradition *f.*

Überliegezeit *f* ['y:bər-] *mar* surestaries *f pl.*

überlist|en ⟨*hat überlistet*⟩ *tr* tromper, duper; donner le change *(jdn à* qn); *jdn ~ wollen* jouer au plus fin avec qn; **Ü~ung** *f* duperie *f.*

Über|macht *f* ⟨-, ø⟩ ['y:bər-] supériorité (numérique); *(Vorherrschaft)* prépotence; *(Übergewicht)* prépondérance *f; der ~ weichen* céder au nombre; **ü~mächtig** *a* (trop) puissant.

übermal|en ⟨*hat übermalt*⟩ *tr (Gemälde)* retoucher; **Ü~ung** *f* retouche *f.*

übermangansau|er ['y:bərmaŋga:nzauər] *a chem; ~re(s) Kali n = Kaliumpermanganat.*

übermann|en ⟨*hat übermannt*⟩ *tr* accabler (par le nombre), vaincre, maîtriser; *fig (Gefühl)* gagner; *der Schlaf übermannte mich (a.)* le sommeil eut raison de moi; **Ü~ung** *f* accablement *m*, maîtrise *f.*

Über|maß *n* ⟨-ßes, ø⟩ ['y:bər-] excès *m*, exagération (des proportions); *(~fluß)* surabondance, profusion, pléthore *f; im ~ à* l'excès; outre mesure; à profusion; *etw im ~ anwenden* abuser de qc; **ü~mäßig** *a* excessif, exagéré, démesuré; immodéré, exorbitant; *adv* à l'excès, excessivement, démesurément, immodérément; *fam* au superlatif.

Übermensch *m* ['y:bər-] *philos* surhomme *m; ~entum n* ⟨-s, ø⟩ qualité *f* de surhomme; **ü~lich** *a* surhumain, plus qu'humain.

übermitt|eln ⟨*hat übermittelt*⟩ *tr (Nachricht)* transmettre, communiquer, faire savoir; *(Gegenstand)* envoyer, faire parvenir; **Ü~(e)lung** *f* transmission; communication *f; envoi m.*

übermorgen ['y:bər-] *adv* après--demain.

übermüd|en ⟨*hat übermüdet*⟩ *tr* fatiguer, harasser; surmener; **~et** *a* épuisé, *fam* crevé *od* mort de fatigue; **Ü~ung** *f* excès de fatigue, harassement, épuisement, surmenage *m.*

Über|mut *m* ['y:bər-] *(Anmaßung)* arrogance, insolence; *(Ausgelassenheit)* joie bruyante *od* folle, exubérance,

pétulance *f; ü~mütig a* arrogant, insolent; joyeux, exubérant, pétulant.

übernächst|e(r, s) ['y:bər-] *a* troisième; *am ~en Tage* le surlendemain.

übernacht|en ⟨*hat übernacht?t*⟩ *itr* passer la nuit, coucher, loger pour la nuit; *fam* gîter; **Ü~ung** *f* chambre *f*, nuitage *m; pl* nuits *f pl;* **Ü~ungsgeld** *n* frais *m pl* d'hôtel; **Ü~ungsheim** *n* (maison *f* de) refuge, foyer *m;* **übernächtigt** *a* défait; *~ aussehen* avoir la mine défaite *od* les yeux battus.

Übernahme *f* ⟨-, -n⟩ ['y:bər-] prise en charge *od* de possession; *(e-r Erbschaft)* acceptation; *(e-s Amtes)* entrée (en charge, en fonction); *fig* adoption *f.*

übernational ['y:bər-] *a* supranational, multinational, international.

übernatürlich ['y:bər-] *a* surnaturel; miraculeux; *~e Mächte f pl* puissances *f pl* occultes.

übernehm|en ⟨*hat übernommen*⟩ *tr* prendre (en charge *od* en possession), assumer; *(Erbschaft)* accepter; *(Amt)* entrer en charge *od* en fonction de; *(Auftrag)* entreprendre; *(Aufgabe, Kosten)* se charger *(etw* de qc); *(Meinung)* adopter; *radio TV (Sendung)* relayer; *sich ~* trop entreprendre, trop présumer de ses forces; se surmener; s'épuiser à force de travail; forcer la nature; *fam* se tuer au travail; **Ü~er** *m* adjudicataire; *(e-r Schuld)* cessionnaire *m.*

übernervös ['y:bər-] *a* hypernerveux; *fam* survolté.

über=ordnen ['y:bər-] ⟨*hat übergeordnet*⟩ *tr* mettre au-dessus *(jdm* de qn), préposer.

Überorganis|ation *f* ['y:bər-] excès *m* d'organisation; **ü~iert** *a* trop organisé.

überparteilich ['y:bər-] *a* au-dessus des partis; impartial, neutre; *~e Gruppe f* intergroupe *m.*

überpflanz|en ⟨*hat überpflanzt*⟩ *tr (Fläche)* couvrir de plantes; *med* transplanter; **Ü~ung** *f med* transplantation *f.*

überpinseln ⟨*hat überpinselt*⟩ *tr* peindre (légèrement *od* négligemment).

Überpreis *m* ['y:bər-] prix *m* exagéré.

Überproduktion *f* ['y:bər-] surproduction *f.*

überprüf|en ⟨*hat überprüft*⟩ *tr* examiner, réviser, revoir, vérifier; *(als Sachverständiger)* expertiser; *(kontrollieren)* contrôler, inspecter; *mar* arraisonner; **Ü~ung** *f* examen *m*, révision, vérification, mise *f* à jour; contrôle *m*, inspection *f; (Schiff)* arraisonnement *m.*

über=quellen ['y:bər-] ⟨ist übergequollen⟩ itr déborder a. fig.

überquer [--'-] adv en travers, obliquement, de biais; **~en** ⟨hat überquert⟩ tr traverser, franchir; **Ü~ung** f traversée f, franchissement m.

'**über=ragen** ⟨hat übergeragt⟩ itr (hervorragen) dépasser; (überhängen) surplomber; **über'ragen** ⟨hat überragt⟩ tr surmonter; dominer (um Haupteslänge d'une tête); dépasser a. fig; fig surpasser; fam transcender; **~d** [--'-] a fig (pro)éminent, excellent, transcendant, supérieur, primordial.

überrasch|en ⟨hat überrascht⟩ tr surprendre, étonner; prendre de court od au dépourvu od à l'improviste; (verblüffen) frapper, stupéfier; ich war angenehm überrascht cela m'a été une surprise agréable; **~end** a surprenant, étonnant; inattendu, inopiné; adv à l'improviste; **~ kommen** tomber des nues; **~t** a surpris, étonné, ébahi, stupéfait; **Ü~ung** f surprise f; étonnement, ébahissement m, stupéfaction f; böse ~ (fam a.) tuile f; **Ü~ungsangriff** m mil attaque od offensive f surprise; **Ü~ungsmoment** n facteur m surprise.

überrechnen ⟨hat überrechnet⟩ tr faire le compte od le relevé de; calculer, supputer, évaluer.

überred|en ⟨hat überredet⟩ tr persuader (zu de); **Ü~ung** f persuasion f; **Ü~ungskunst** f don m de persuasion.

überreich ['y:bər-] a opulent; abondant; adv abondamment; **~lich** a surabondant; adv surabondamment, en abondance, à profusion.

überreich|en ⟨hat überreicht⟩ tr présenter, remettre; **Ü~ung** f présentation, remise f.

überreif ['y:bər-] a (Frucht) trop mûr, avancé; **Ü~e** f état m avancé.

überreiz|en ⟨hat überreizt⟩ tr surexciter; énerver; **Ü~theit** f énervement m; **Ü~ung** f surexcitation f; nervöse ~ surmenage m nerveux.

überrennen ⟨hat überrannt⟩ tr renverser (en courant); mil culbuter, bousculer.

Überrest m ['y:bər-] reste, restant, résidu m, rémanence f; fin (Saldo) solde m; (meist pl) déchet(s pl) m; pl (Ruine) ruines f pl, débris, vestiges m pl; geol détritus m; poet relique f; die sterblichen **~e** la dépouille mortelle, les cendres f pl.

'**über=rieseln** ['y:bər-] ⟨ist übergerieselt⟩ itr déborder, s'écouler; **über'rieseln** ⟨hat überrieselt⟩ tr agr irriguer,

arroser; es überrieselte mich kalt j'avais des frissons; **Ü~(e)lung** f irrigation f.

überrollen ⟨hat überrollt⟩ tr mil (Panzer) submerger par surprise.

überrumpel|n ⟨hat überrumpelt⟩ tr surprendre, prendre à l'improviste od au dépourvu; mil prendre par surprise, enlever d'un coup de main; **Ü~(e)lung** f surprise f; mil coup m de main.

überrund|en ⟨hat überrundet⟩ tr prendre de vitesse, devancer, dépasser; sport doubler; **~et** a grillé pop; **Ü~ung** f sport doublage m.

übersät [--'-] a parsemé, émaillé (mit de).

übersatt ['y:bər-] a repu.

übersättig|en ⟨hat übersättigt⟩ tr sursaturer a. chem u. fig; rassasier; fig (sur)saturer; **~t** a chem sursaturé; (Gas) trop riche; fig (Mensch) dégoûté; **Ü~ung** f sursaturation a. chem, satiété f; fig dégoût m.

Überschall|flug m ['y:bər-], **~flugzeug** n, **~geschwindigkeit** f vol, avion m, vitesse f supersonique; **~knall** m bang m supersonique.

überschatten ⟨hat überschattet⟩ tr ombrager.

überschätz|en ⟨hat überschätzt⟩ tr surestimer, surévaluer, surtaxer; surfaire; présumer trop (etw de qc); sich **~** se surestimer; **Ü~ung** f surestimation, surévaluation f.

Überschau f ⟨-, ø⟩ ['y:bər-] vue f d'ensemble; **ü~bar** [--'--] a à saisir dans toute son étendue; **ü~en** [--'--] ⟨hat überschaut⟩ tr embrasser du regard; dominer; fig saisir od comprendre dans toute son étendue.

über=schäumen ⟨hat übergeschäumt⟩ itr déborder; **~d** a fig exubérant.

'**über=schießen** ['y:bər-] ⟨ist übergeschossen⟩ itr (überfließen) déborder; **über'schießen** ⟨hat überschossen⟩ tr tirer au-dessus de; **~d** a (überquellend) débordant, exubérant.

überschlafen ⟨hat überschlafen⟩ tr: es **~** (fam) prendre conseil de od consulter son oreiller.

Überschlag m ['y:bər-] sport culbute f; aero looping m, boucle f; (ungefähre Berechnung) calcul m approximatif, évaluation (approximative), estimation, supputation f, devis m; e-n **~ machen** (aero) boucler; im **~ rechnen** compter approximativement; '**über=schlagen** ⟨übergeschlagen⟩ itr ⟨aux: sein⟩ se renverser, basculer; el (Funken) sauter; (Stimme) se fausser; fig (se) changer (in en); tr ⟨aux: haben⟩ (die

Beine) croiser; **über'schlagen** ⟨*hat überschlagen*⟩ *tr (beim Lesen überspringen)* sauter, passer; *(auslassen)* omettre; *(ungefähr berechnen)* estimer *od* évaluer approximativement, supputer; *sich* ~ se renverser, culbuter; faire la bascule; *mot* capoter *a. aero,* faire un tonneau; *(Stimme)* se casser; *fam (Mensch)* se surpasser *(vor* de); *sich mehrfach* ~ faire plusieurs tonneaux; *pp. a (lauwarm)* tiède, dégourdi; **~laken** *n* ['y:bər-] drap *m* de dessus; **~srechnung** *f* ['ybər-] calcul *m* approché *od* approximatif; **überschläglich** ['----] *a* approximatif, estimatif.

über=schnappen ⟨*ist übergeschnappt*⟩ *itr tech (Schloß, Feder)* sauter; *(Stimme)* se fausser, faire un *od* des couac(s); *fig fam* devenir fou.

überschneid|en ⟨*hat überschnitten*⟩, *sich, fig* faire double emploi, chevaucher; *sich* ~d *(arch)* intersecté; **Ü~ung** *f* croisement *m,* intersection *f, mot radio* recouvrement *m; fig* double emploi *m.*

überschreib|en ⟨*hat überschrieben*⟩ *tr (mit e-r Überschrift versehen)* intituler; donner un titre à; *(übertragen)* transcrire; *com* reporter; transférer; *(Wechsel)* endosser; *(gutschreiben)* porter au crédit *(jdm* de qn); *(abtreten)* céder; **Ü~ung** *f* transcription *f,* report; endossement; transfert *m; cession f.*

überschreien ⟨*hat überschrien*⟩ *tr: jdn* ~ couvrir la voix de qn, crier plus fort que qn; *sich* ~ s'égosiller.

überschreit|bar [--'--] *a* franchissable; **überschreiten** ⟨*hat überschritten*⟩ *tr* franchir *a. fig,* traverser; enjamber; *fig (hinausgehen über)* dépasser, excéder; *(Befugnis)* outrepasser, excéder; *(Gesetz)* enfreindre; contrevenir à; *die Zeit* ~ excéder le temps; *Ü~ der Gleise verboten!* il est défendu *od* interdit de traverser la voie; **Ü~ung** *f* franchissement, dépassement *m (a. e-s Termins, Kredits); (e-r Befugnis)* transgression *f,* excès *m; (e-s Gesetzes)* infraction, contravention *f; (Mißbrauch)* abus *m.*

Überschrift *f* ['y:bər-] titre, en-tête *m;* rubrique, manchette *f.*

Überschuhe *m pl* ['y:bər-] *(mit Holzsohle)* galoches *f pl; (gefütterte)* snow-boots *m pl.*

überschuld|et [--'--] *a* endetté, criblé de dettes; **Ü~ung** *f* endettement *m.*

Überschuß *m* ['y:bər-] excédent, surplus *m;* différence *f* en plus; *(Gewinn)* boni, bénéfice *a. typ.* gain *m; Überschüsse erzielen* réaliser des

excédents *od* bénéfices; **~gebiet** *n* région *f* excédentaire; **überschüssig** *a* excédentaire, en excédent.

überschütten ⟨*hat überschüttet*⟩ *tr* couvrir *(mit* de), répandre *(etw mit etw* qc sur qc); *fig* combler, inonder *(mit* de); *(mit Unangenehmem)* accabler, excéder *(mit* de); déverser *(jdn mit etw* qc sur qn); *mit Fragen* ~ presser *od* assaillir de questions; *mit Geschenken* ~ combler de cadeaux; *mit Vorwürfen* ~ accabler de reproches.

Überschwang *m* ⟨-(e)s, ø⟩ ['y:bər-] exubérance, exaltation *f.*

überschwemm|en ⟨*hat überschwemmt*⟩ *tr* inonder, submerger; noyer *a. fig (mit* de); *(Reisfeld)* baigner; *fig* envahir; **Ü~ung** *f* inondation, submersion *f; fig* envahissement *m;* **Ü~ungsgebiet** *n* région *f* inondée.

überschwenglich ['y:bər-] *a* débordant d'enthousiasme, exubérant, exalté; **Ü~keit** *f* exubérance, exaltation *f.*

über=schwenken ['y:bər-] ⟨*ist übergeschwenkt*⟩ *itr (zur Gegenpartei)* changer de parti, tourner casaque, retourner sa veste.

Übersee ['y:bər-]: *in, nach* ~ outre-mer; *von* ~ d'outre-mer; **~dampfer** *m* paquebot, transatlantique, (navire) long-courrier *m;* **~flugzeug** *n* avion *m* long-courrier; **~handel** *m* commerce *m* d'outre-mer; **ü~isch** *a* d'outre-mer, transocéanique, transatlantique; **~kabel** *n* câble *m* transocéanique *od* sous-marin; **~verbindung** *f tele (drahtlose)* communication *f* transatlantique; **~verkehr** *m* trafic *m* d'outre-mer.

überseh|bar [--'--] *a* qu'on peut embrasser du regard; *fig (geistig erfaßbar)* qu'on peut embrasser; **~en** ⟨*hat übersehen*⟩ *tr* embrasser du regard; *fig (geistig erfassen)* embrasser; *(nicht sehen)* ne pas voir *od* remarquer, sauter; *(nicht beachten)* négliger, omettre.

übersend|en ⟨*hat übersandt*⟩ *tr* envoyer, faire parvenir, transmettre; *com a.* expédier; **Ü~ung** *f* envoi *m,* transmission; expédition *f.*

übersetz|bar [--'--] *a* traduisible; **'über=setzen** ⟨*übergesetzt*⟩ *tr* ⟨*aux: haben*⟩ *(über e-n Fluß)* passer (en bac); faire franchir, conduire sur l'autre rive *od* de l'autre côté; *itr* ⟨*aux: sein*⟩ passer de l'autre côté; **über-'setzen** ⟨*hat übersetzt*⟩ *tr (in e-e andere Sprache)* traduire, interpréter; *(wiedergeben)* rendre; **Ü~er(in** *f)* *m*

⟨-s, -⟩ [--'--] traducteur, traductrice *m*
f; **Ü~ung** [--'--] *f (in e-e andere
Sprache)* traduction, interprétation;
(Schule: in die eigene Sprache) version *f; (Schule: in e-e Fremdsprache)*
thème; *tech* transmission; *(Fahrrad)*
multiplication *f,* développement *m;
für die Richtigkeit der ~* pour traduction conforme; *e-e ~ von 5 m haben (Fahrrad)* développer 5 mètres;
~ ins Langsame réduction *f* (de vitesse); **Ü~ungsbüro** *n* bureau *m* de tra-
ductions; **Ü~ungsfehler** *m* faute *f*
de traduction; **Ü~ungsgetriebe** *n*
transmission *f;* **Ü~ungsrecht** *n* droit
m de traduction; **Ü~ungsübung** *f*
exercice *m* de traduction; version *f*
od thème *m* d'entraînement;
Ü~ungsverhältnis *n tech* rapport
m de transmission *od* de multiplication.
Übersicht *f* ['y:bər-] vue *f* d'ensemble;
fig (Zs.stellung) tableau récapitulatif
od synoptique; *(Zs.fassung)* sommaire, résumé, aperçu, précis, exposé *m;
die ~ verlieren* s'y perdre, ne plus s'y
retrouver; *sich e-e ~ verschaffen* faire un tour d'horizon, acquérir une vue
d'ensemble; *gegliederte ~* organigramme *m; umfassende ~* état *m*
détaillé; **ü~lich** *a* bien disposé, ordonné; net, clair; *(Gelände)* dégagé;
~lichkeit *f* bonne disposition *f,* ordre *m;* clarté, netteté *f; (Gelände)* caractère *m* dégagé.
übersinnlich ['y:bər-] *a* suprasensible,
surnaturel, immatériel; transcendant,
métaphysique; **Ü~keit** *f* caractère *m*
suprasensible, transcendance *f.*
überspann|en ⟨*hat überspannt*⟩ *tr
(mit Stoff)* tendre, recouvrir (d'étoffe); *(zu sehr spannen)* trop tendre;
fig exagérer; *den Bogen ~ (fig)* trop
tirer sur la corde; *~t a fig* surexcité,
exalté, extravagant, excentrique; *pop
(verrückt)* timbré, toqué, cinglé; **Ü~t-
heit** *f* excitation, exaltation, extravagance, excentricité *f;* **Ü~ung** *f* el sur-
tension *f,* survoltage *m.*
'**über=spielen** ⟨*hat übergespielt*⟩ *tr
mus (einmal spielen)* jouer une fois;
über'spielen ⟨*hat überspielt*⟩ *tr (besser spielen als)* surclasser; *(Schallplatte auf Band)* reproduire.
überspitz|en ⟨*hat überspitzt*⟩ *tr fig*
exagérer; *~t a fig* exagéré; **Ü~ung** *f*
exagération *f.*
'**über=springen** ['y:bər-] ⟨*ist überge-
sprungen*⟩ *itr (Funke)* s'amorcer; *fig*
changer *(auf ein anderes Thema* le
sujet); **über'spring|en** ⟨*hat über-
sprungen*⟩ *tr* sauter (par-dessus); franchir; *fig (e-e Klasse)* sauter; *fig (aus-*

lassen) sauter, omettre; *e-e Stufe ~
(fig)* brûler une étape.
über=sprudeln ['y:bər-] ⟨*ist überge-
sprudelt*⟩ *itr* jaillir; *~d a fig* pétillant
(vor de).
überstaatlich ['y:bər-] *a* superéta-
tique; supranational.
überständig ['y:bər-] *a* suranné;
périmé.
'**über=stehen** ['y:bər-] ⟨*hat überge-
standen*⟩ *itr (hervorragen)* faire saillie, saillir; **über'stehen** ⟨*hat überstanden*⟩ *tr (durchmachen)* passer
par; *(meistern)* surmonter; *(Krankheit)* en revenir; *(überleben)* survivre
(etw à qc); *er hat es überstanden
(fam: ist tot)* il est mort.
übersteig|bar [--'--] *a* franchissable;
~en ⟨*hat überstiegen*⟩ *tr* escalader,
franchir, passer par-dessus; *fig*
(dé)passer, surpasser, excéder;
menschliche Kräfte ~ dépasser les
forces humaines; *das übersteigt meine Kräfte* cela passe mes forces;
Ü~ung *f* franchissement *m.*
übersteiger|n *tr (Preise)* faire monter,
renchérir sur, surenchérir *a. fig; fig
(übertreiben)* exagérer; **Ü~ung** *f*
renchérissement *m;* surenchère;
exagération *f.*
übersteuer|n ⟨*hat übersteuert*⟩ *tr* ra-
dio surmoduler; **Ü~ung** *f* surmodula-
tion *f.*
überstimm|en ⟨*hat überstimmt*⟩ *tr
parl* mettre en minorité; **Ü~ung** *f*
mise *f* en minorité.
überstrahlen ⟨*hat überstrahlt*⟩ *tr fig
(in den Schatten stellen)* éclipser.
über=streifen ['y:bər-] ⟨*hat überge-
streift*⟩ *tr (Kleidungsstück)* enfiler.
'**über=ström|en** ⟨*ist übergeströmt*⟩ *itr*
déborder; se répandre; **über'strömen** ⟨*hat überströmt*⟩ *tr* submerger,
inonder, noyer; *~end a (Freude)*
exubérant; **Ü~kanal** *m* by-pass *m.*
Überstunde *f* ['y:bər-] heure *f* supplémentaire; *~n machen* faire des heures *od* du travail supplémentaire(s).
überstürz|en ⟨*hat überstürzt*⟩ *tr* préci-
piter, hâter, brusquer; *sich ~ (auch
von Ereignissen)* se précipiter; *nichts
~* ne rien brusquer; *~t a* précipité,
hâtif; *adv* à la hâte; **Ü~ung** *f* précipitation, hâte *f.*
Über|tagearbeiter *m* ['y:bər-] *mines*
ouvrier *m* du jour; **ü~tägig** *a* mines
aérien.
überteuer|n ⟨*hat überteuert*⟩ *tr*
renchérir; **Ü~ung** *f* renchérissement
m.
übertölp|eln ⟨*hat übertölpelt*⟩ *tr* duper,
attraper; donner le change *(jdn* à qn),
fam rouler; **Ü~(e)lung** *f* duperie *f.*

übertönen ⟨*hat übertönt*⟩ *tr (Geräusch)* couvrir, dominer.
Übertopf *m* ['y:bər-] cache-pot *m*.
Übertrag *m* ['y:bər-] *com* report *m;* **ü~bar** [--'--] *a med* transmissible, *a. jur* communicable; *jur* transférable, réversible, cessible, négociable; **~** *sein (med)* se communiquer; *nicht* **~** *(jur)* incommutable; *(auf e-n Namen ausgestellt)* personnel; **~barkeit** *f* transmissibilité; cessibilité, négociabilité *f;* **ü~en** ⟨*hat übertragen*⟩ *tr med* communiquer, *fam* passer; *(Blut)* transfuser; *jur* transférer, transmettre, conférer, céder; *(Befugnis)* déléguer; *com (auf e-e andere Seite)* reporter, transporter; *(abschreiben)* transcrire; *(durchpausen)* calquer; *(übersetzen)* traduire; *tech* transmettre, véhiculer; *radio* (radio)diffuser; relayer, retransmettre; *fig (Tiaversuchsergebnis auf d. Menschen)* transporter *(auf* chez*); sich* **~** *(med)* se transmettre, se communiquer *(auf* à*); pp:* **~e** *Bedeutung f* sens *m* figuré; **ü~end** *jur* translatif; **~er** *m* ⟨-s, -⟩ [--'--] *(Abschreiber)* transcripteur; *tech* translateur; *tele* transformateur *m;* **~ung** *f* [--'--] *med inform* transmission; *(Blut)* transfusion *f; jur* transfèrement, transfert *m,* translation, cession *f; (e-s Rechtes)* transport *m; (e-r Befugnis)* délégation; *(Rente)* réversion; *(Abschrift)* transcription *f; (Durchschrift)* calquage *m; (Übersetzung)* traduction; *(Schule: in die eigene Sprache)* version; *tech* transmission, communication; *radio* (radio)diffusion, (re)transmission, diffusion *f* (radiophonique *od* par T.S.F.); relais *m; (Empfang)* audition *f;* **~ungserklärung** *f jur* déclaration *f* de transmission *od* de cession; **~ungsurkunde** *f jur* acte *m* de transmission *od* de transfert *od* de cession; **~ungsvermerk** *m* mention *f* de transcription; **~ungswagen** *m radio TV* camion-grue *m;* **~ungswelle** *f tech* arbre *m* de transmission; **~ungszeit** *f radio* durée *f* de transmission.
übertreffen ⟨*hat übertroffen*⟩ *tr* dépasser, surpasser, l'emporter sur, être supérieur à; *bes. sport* surclasser; *sich selbst* **~** se surpasser.
übertreib|en ⟨*hat übertrieben*⟩ *tr* exagérer, surfaire, outrer, forcer sur, charger, grossir, amplifier; dramatiser; *itr* passer toute mesure, forcer la note, pécher par excès; *(in der Rede) fam a.* en mettre, broder, enjoliver; *es* **~** trop presser; *nicht* **~** rester en deçà de la vérité; *Sie* **~***!* vous y allez

fort! *(fam); pp (übertrieben)* exagéré; disproportionné, excessif, outré; *(Preis) a.* exorbitant; **Ü~ung** *f* exagération, outrance, amplification *f.*
'über=treten ['y:bər-] ⟨*übergetreten*⟩ *itr* ⟨*aux: sein*⟩ *(Fluß)* sortir de son lit, déborder; ⟨*aux: sein* od *haben*⟩ *(beim Anlauf)* mordre; ⟨*aux: sein*⟩ *fig allg* passer, se ranger *(zu* du côté de*); rel* se convertir, changer de religion; **über'tret|en** ⟨*hat übertreten*⟩ *tr* contrevenir à, transgresser, outrepasser, enfreindre, violer; *sich den Fuß* **~** se fouler le pied; **Ü~ung** *f* contravention, transgression, infraction, violation *f;* **Übertritt** ['---] *m* passage *m; rel* conversion *f.*
übertrumpfen ⟨*hat übertrumpft*⟩ *tr fig* l'emporter *(jdn* sur qn*);* damer le pion *(jdn* à qn*).*
übertünchen ⟨*hat übertüncht*⟩ *tr* badigeonner; *fig* farder.
Überversicherung *f* ['y:bər-] surassurance *f.*
übervölker|t [--'--] *a* surpeuplé; **Ü~ung** *f* surpeuplement *m,* surabondance *f od* excès *m* de population.
übervoll ['y:bər-] *a* trop plein, (archi-) comble, bondé.
übervorteil|en ⟨*hat übervorteilt*⟩ [y:bər'fo:r-] *tr* duper, rançonner, refaire; *sich gegenseitig zu* **~** *suchen* jouer au plus fin; **Ü~ung** *f* duperie *f.*
überwach ['y:bər-] *a* lucide; **~en** ⟨*hat überwacht*⟩ *tr* surveiller, veiller sur; contrôler; superviser; *(beobachten)* observer; *(verfolgen)* suivre; *(heimlich)* épier, filer; **Ü~ung** *f* surveillance *f,* contrôle *m;* observation *f;* **Ü~ungsausschuß** *m,* **Ü~ungsdienst** *m,* **Ü~ungsflugzeug** *n* comité, service, avion *m* de surveillance; **Ü~ungsgerät** *n,* **Ü~ungskommission** *f* appareil *m,* commission *f* de contrôle; **Ü~ungspflicht** *f,* **Ü~ungsstelle** *f* obligation *f,* office *m* de surveillance; **Ü~ungsstaat** *m* état *m* policier.
überwachsen *a* (re)couvert *(mit* de).
über=wallen ['y:bər-] ⟨*ist übergewallt*⟩ *itr* déborder.
überwältig|en ⟨*hat überwältigt*⟩ *tr* vaincre, conquérir, accabler, dompter, mater; l'emporter *(jdn* sur qn*);* subjuguer, maîtriser; **~end** *a, a. fig* écrasant, foudroyant; *(eindrucksvoll)* grandiose; *nicht* **~** *(fam)* pas fameux, pas formidable; **Ü~ung** *f* victoire *(gen* sur*);* conquête *f (gen* de*).*
über=wechseln ['y:bər-] ⟨*ist übergewechselt*⟩ *itr (zur Gegenpartei)* changer de parti, tourner casaque; *zu* se ranger du côté de.

Überweg m ['y:bər-] *(für Fußgänger)* passage m clouté.

überweis|en ⟨hat überwiesen⟩ tr transmettre a. fin; virer *(auf jds Konto* au compte de qn); *(an e-e Dienststelle)* renvoyer *(an* à); med *(Patienten)* envoyer, transférer; **Ü~ung** f fin virement; *(an e-e Dienststelle)* renvoi m; med transfert, changement m de médecin; = ~sschein; **Ü~ungsauftrag** m, **Ü~ungsformular** n mandat od ordre, chèque m de virement; **Ü~ungsheft** n carnet m de virements; **Ü~ungsschein** m fin ordre m de virement; med lettre f de transfert, formulaire m permettant d'aller voir un autre médecin; **Ü~ungsverkehr** m fin règlement m par virement.

überweltlich ['y:bər-] a supraterrestre.

überwendlich [--'--] a u. adv en surjet; ~ nähen surjeter, coudre en surjet; ~e Naht f surjet m.

'**über=werfen** ['y:bər-] ⟨hat übergeworfen⟩ tr *(Kleidungsstück)* jeter sur ses épaules; **über'werfen:** ⟨hat überworfen⟩. sich mit jdm ~ se brouiller avec qn; sich mit jdm überworfen haben être brouillé od fâché od en froid avec qn.

überwiegen ⟨hat überwogen⟩ itr dominer, prédominer, avoir la prépondérance od la majorité; ~d a ['y:bər-] prépondérant, (pré)dominant; adv principalement; pour la plupart.

überwind|bar [--'--] a surmontable, franchissable; ~en ⟨hat überwunden⟩ tr vaincre, l'emporter sur, triompher de; fig surmonter, maîtriser; sich ~ remporter une victoire sur soi-même, se dominer; es ~ *(Krankheit, Kummer)* reprendre le dessus; die Anziehungskraft der Erde ~ vaincre l'attraction terrestre; **Ü~ung** f [--'--] victoire f, triomphe m; es kostet mich ~ zu j'ai peine à; das hat mich viel ~ gekostet cela m'a coûté.

überwinter|n ⟨hat überwintert⟩ itr bot résister à l'hiver; bes. mar hiverner; **Ü~n** n a. mar hivernage m; **Ü~ung** f hiémation f.

überwölben ⟨hat überwölbt⟩ tr voûter.

überwucher|n ⟨hat überwuchert⟩ tr couvrir, envahir, étouffer; **Ü~ung** f envahissement m.

Überwurf m ['y:bər-] *(Kleidungsstück)* surtout; tech *(Schloß)* moraillon m.

Über|zahl f ['y:bər-] surnombre m; sich in der ~ befinden être en surnombre od supérieur en nombre; **ü~**-

zählig a *(Person)* en surnombre; *(Beamter)* surnuméraire; *(Sache)* excédentaire, en surplus; mil hors cadre(s); ~ sein être de trop.

überzeichn|en ⟨hat überzeichnet⟩ tr fin *(Anleihe)* dépasser od surpasser (le montant de) la souscription de; ~et pp, a surpassé; mehrfach ~ souscrit plusieurs fois; **Ü~ung** f souscription f surpassée.

überzeug|en ⟨hat überzeugt⟩ tr *(durch die Tatsachen)* convaincre *(von* de); *(überreden)* persuader *(von* de); jdn von etw faire croire qc à qn; sich von etw ~ se convaincre, s'assurer de qc; sich mit eigenen Augen von etw ~ s'assurer de qc par ses propres yeux; sich ~ lassen *(durch die Tatsachen)* se rendre à l'évidence; von jdm *(durch Gründe)* se rendre aux raisons de qn; ~ Sie sich selbst *(davon)!* jugez par vous-même; ~end a convaincant; persuasif; ~t a convaincu; sehr von sich ~ sein être rempli de soi-même; persönlich von etw ~ sein être moralement sûr de qc; **Ü~ung** f conviction; *(Überredung)* persuasion; *(Zuversicht)* assurance, ferme certitude f; aus ~ par conviction; im Brustton der ~ d'un ton de profonde conviction; meiner ~ nach selon ma conscience; der ~ sein, daß ... avoir la conviction que ...; das ist meine feste ~ c'est là ma ferme conviction; **Ü~ungskraft** f force od puissance f de persuasion.

'**über=zieh|en** ['y:bər-] ⟨hat übergezogen⟩ tr *(Kleidungsstück)* mettre, enfiler; **über'zieh|en** ⟨hat überzogen⟩ tr *(mit Stoff od Leder)* (re)couvrir, revêtir, garnir *(mit* de); *(Wand)* tapisser *(mit* de); *(Bett)* mettre des draps (propres) à; aero décrocher, cabrer; *(Konto)* mettre à découvert; ein Land mit Krieg ~ envahir un pays; **Ü~er** m ⟨-s, -⟩ ['----] pardessus, paletot m; **überzogen** a: von sich *(selbst)* ~ sein *(fam)* être rempli od infatué de sa personne, fam ne pas se croire rien, pop se gober.

Überzug m ['y:bər-] *(Bespannung)* revêtement m; *(Möbel)* housse; *(Bett, Kissen)* taie f; *(Deckschicht)* enduit m, couche f.

überzwerch ['y:bərtsverç] adv dial *(quer)* de biais, de od en travers.

üblich ['y:plıç] a usuel, d'usage; *(gewöhnlich)* habituel, normal, de mise; *(durch Sitte geheiligt)* reçu; wie ~ comme d'usage od de règle; nicht mehr ~ sein être hors d'usage; das ist so ~ c'est l'usage, c'est de pratique courante; *es ist* ~ *zu* il est de règle de; *das ist (hier) so* ~ c'est la coutume ici.

U-Boot ['u:bo:t] *n* sous-marin, submersible *m;* ~**-Abwehr** *f* défense *f* contre sous-marins; ~**-Ortungsgerät** *n* appareil *m* de détection sous-marine; ~**-Stützpunkt** *m* base *f* de sous-marins; ~**-Waffe** *f* arme *f* sous-marine.

übrig ['y:brıç] *a attr* restant, de reste; *der, die, das* ~*e* ... le reste de ...; *das* ~*e, die* ~*en* le reste, les autres; *im* ~*en* du *od* au reste, au demeurant; ~ *haben* avoir de reste; *für jdn etw* ~ *haben (fig)* avoir de l'inclination *od* un faible pour qn; *für jdn nichts* ~ *haben (fig)* ne pas avoir de sympathie pour qn; ~ *sein* être de reste, rester; *ein* ~*es tun* faire plus qu'il ne faut; *ich habe Geld* ~ il me reste de l'argent; *das* ~*e können Sie sich denken* vous devinez le reste; ~=**behalten** *tr* avoir de reste, garder; ~=**bleiben** ⟨*aux: sein*⟩ *itr* être de reste, rester; *es bleibt nichts anderes übrig* il n'y a pas d'autre solution; ~**ens** *adv* du *od* au reste, au demeurant, au surplus; *(nebenbei)* à propos, d'ailleurs; *(schließlich)* après tout, avec tout cela; ~=**lassen** *tr* laisser (de reste); *zu wünschen* ~ laisser à désirer.

Übung *f* ⟨-, -en⟩ ['y:buŋ] exercice *m a. mil; bes. mus* étude *f; (Training)* entraînement *m; (Gewohnheit)* habitude *f,* usage *m; (Praxis)* pratique; *mil (Manöver)* manœuvre *f; in der* ~ *bleiben* s'entretenir la main; *aus der* ~ *kommen, in der* ~ *sein* perdre, (en) avoir l'habitude; *aus der* ~ *sein* manquer d'entraînement; ~ *macht den Meister (prov)* c'est en forgeant qu'on devient forgeron.

Übungs|aufgabe *f* ['y:buŋs-] *(Schule)* exercice, devoir *m;* ~**ball** *m (für Boxer)* ballon d'entraînement, punching-ball *m;* ~**beispiel** *n* exercice *m;* ~**buch** *n* livre *m* d'exercices; ~**flug** *m* vol *m* d'exercice *od* d'entraînement; ~**flugplatz** *m* base-école *f;* ~**flugzeug** *n* avion *m* d'entraînement *od* d'instruction; ~**gelände** *n* terrain *m* d'entraînement *od* d'instruction; ~**handgranate** *f* grenade *f* à blanc; ~**hang** *m (Schi)* pente *f* d'entraînement; ~**heft** *n* cahier *m* d'exercices; ~**lager** *n* camp *m* d'exercice *od* d'entraînement; ~**marsch** *m* marche *f* d'entraînement *od* d'épreuve; ~**munition** *f* munition *f* d'exercice *od* d'instruction; *mit* ~ *schießen* tirer à blanc; ~**platz** *m mil* champ *m* d'exercice *od* de manœuvres; ~**schießen** *n* tir *m* d'instruction; ~**spiel** *n sport* jeu *m* d'entraînement;

~**stück** *n (Schule)* exercice *m; mus* étude *f.*

Ufer *n* ⟨-s, -⟩ ['u:fər] *allg* bord *m; (Fluß, Binnensee)* rive *f; (Binnensee)* rivage *m; (steiles)* verge *f; an den* ~*n des Rheins* aux *od* sur les bords du Rhin; *über die* ~ *treten (Fluß)* déborder, sortir de son lit; ~**bau** *m* endiguement *m;* ~**befestigung** *f* soutènement *m* de la berge; ~**bewohner** *m* riverain *m;* ~**böschung** *f* berge *f;* ~**damm** *m* quai *m;* **u~los** *a fig* sans fin, interminable; ~**mauer** *f* (mur du) quai *m;* ~**schwalbe** *f orn* hirondelle *f* de rivage *od* grise; ~**staat** *m* État *m* riverain; ~**straße** *f* route *f* riveraine; ~**streifen** *m* littoral *m.*

Ufo, UFO *n* ⟨-(s) -s⟩ ['u:fo] *(Kurzwort für unbekanntes Flugobjekt)* objet volant non-identifié, ovni *m;* ~**forschung** *f* ovniologie *f.*

Uhr *f* ⟨-, -en⟩ [u:r] *(öffentliche, Turm~)* horloge; *(Wand~)* pendule *f,* cartel *m; (Taschen-, Armband~)* montre *f; tech* chronomètre; *fam* chrono *m; arg* toquante *f; nach der* ~ *(arbeiten)* à l'heure d'horloge; *nach meiner* ~ à ma montre; *um 8* ~ à huit heures; *um 12* ~ *mittags, nachts* à midi, à minuit; *um wieviel* ~? à quelle heure? *nach der* ~ *fragen, sehen* demander, regarder l'heure; *die* ~ *nach-, vorstellen* retarder, avancer l'heure; *meine* ~ *ist abgelaufen (fig)* mon heure est venue; *meine* ~ *geht richtig od genau* ma montre va juste; *meine* ~ *geht vor, nach* ma montre avance, retarde *(5 Minuten de 5 minutes); meine* ~ *steht od ist stehengeblieben* ma montre est arrêtée; *es ist 2* ~ il est deux heures; *wieviel* ~ *ist es?* quelle heure est-il? ~**armband** *n* bracelet-montre *m;* ~**deckel** *m* couvercle *m* de montre; ~**enfabrik** *f,* ~**engeschäft** *n,* ~**enhandel** *m* horlogerie *f;* ~**enfabrikant** *m* horloger *m;* ~**enindustrie** *f* industrie *f* horlogère; ~**(en)tasche** *f (an der Hose)* gousset *m;* ~**feder** *f* ressort *m* de montre; ~**gehänge** *n* breloques *f pl;* ~**gehäuse** *n* boîte *f* d'horloge; *(Taschen-, Armband~)* boîtier *m* de montre; ~**gewicht** *n* contrepoids *m* d'horloge; ~**glas** *n* verre *m* de montre; ~**kapsel** *f* cuvette *f* de montre; ~**kette** *f* chaîne de montre, giletière *f;* ~**macher** *m* horloger *m;* ~**werk** *n* mécanisme *od* mouvement *m od* rouages *m pl* d'horlogerie; ~**zeiger** *m* aiguille *f* (d'horloge *od* de montre); ~**zeigersinn** *m: im (entgegengesetzten)* ~ dans le sens (en sens inverse) des aiguilles d'une montre; ~**zeit** *f* heure *f; die* ~ *vergleichen* prendre l'heure.

Uhu *m* ⟨-s, -s⟩ ['u:hu] *orn* grand duc *m.*

Ukrain|e [u'kraɪnə/ukraɪ'i:nə] , *die* l'Ukraine *f;* ~**er(in** *f) m* ⟨-s, -⟩ Ukrainien, ne *m f;* **u~isch** [-'kraɪ-/-'i:nɪʃ] *a* ukrainien.

Ulan *m* ⟨-en, -en⟩ [u'la:n] *mil hist* uhlan, lancier *m.*

Ulk *m* ⟨-(e)s, -e⟩ [ʊlk] plaisanterie, farce, *fam* blague, *pop* rigolade *f; (bes. Studenten~)* canular(d) *m;* ~ *machen,* **u~en** *itr* plaisanter, faire des farces; *fam* blaguer, faire des blagues; *pop* rigoler; **u~ig** *a* amusant, drôle; *pop* rigolo, crevant.

Ulme *f* ⟨-, -n⟩ ['ʊlmə] orme *m; junge* ~ ormeau *m.*

ultim|ativ [ʊltima'ti:f] *a* ultimatif; **U~atum** *n* ⟨-s, -ten/-s⟩ [-'ma:tʊm] *pol* ultimatum *m; jdm ein* ~ *stellen* envoyer *od* signifier un ultimatum à qn; **U~o** *m* ⟨-s, -s⟩ ['ʊltimo] *com* dernier jour *m* du mois; ~**o** *adv (am Letzten des laufenden Monats)* fin *f* courant; ~ *nächsten Monats* fin *f* prochain; **U~oabrechnung** *f,* **U~ofälligkeiten** *f pl* décompte *m,* échéances *f pl* de fin de mois; **U~owechsel** *m* traite *f* à fin de mois.

Ultrakurzwelle *f* ['ʊltrakʊrts-, --'---] *radio* onde ultracourte, micro-onde *f;* ~**nbereich** *m* cadre *m* micro-capteur; ~**nempfänger** *m* récepteur *m* à ondes ultra-courtes; ~**nsender** *m* émetteur *m* à modulation de fréquence.

Ultra|marinblau *n* [ʊltrama'ri:n-] bleu *m* d'outremer; ~**mikroskop** *n* ['ʊltra-] ultramicroscope *m;* **u~montan** [ultramɔn'ta:n] *a rel pol* ultramontain; ~**montanismus** *m* ⟨-, ø⟩ [-ta'nɪsmʊs] ultramontanisme *m;* **u~nuklear** ["ultra-] *a phys* ultranucléaire; **u~rot** *a* ultrarouge, infrarouge; ~**schall** *m* ultra-son *m;* ~**schallaufnahme** *f* échographie *f;* ~**schallgerät** *n med* appareil *m* ultra-son; ~**schallprüfung** *f tech* auscultation *f* ultra-sonore; ~**schalltherapie** *f med* ultra-sonothérapie *f;* ~**schalluntersuchung** *f* échographie *f;* ~**schallwelle** *f phys* onde *f* ultra-sonore; **u~violett** *a* ultra-violet; ~**violettbestrahlung** *f med* exposition *f* aux rayons ultra-violets.

um [ʊm] **1.** *prp (örtl.:* ~ *herum)* autour de; *(zeitl.):* ~ *5 Uhr* à cinq heures; ~ *5 Uhr herum* vers cinq heures, sur les cinq heures; ~ *diese Zeit* vers cette heure-là; *(ungefähr):* ~ *2 Mark (herum)* environ deux marks; *(die Rei-*

henfolge bezeichnend): e-r ~ *den andern* l'un après l'autre; *(den Unterschied bezeichnend):* ~ *2 cm kleiner* plus petit de 2 cm; ~ *ein Jahr älter* plus âgé d'un an; *(für):* ~ *Geld* pour *od* contre de l'argent; *(wegen)* à cause de, pour; **2.** *(Ausdrücke) Auge* ~ *Auge* œil pour œil; ~ *nichts und wieder nichts* pour un rien; *e-n Tag* ~ *den andern* un jour sur deux; *jdn* ~ *etw bringen* faire perdre qc à qn; ~ *sich greifen (sich ausbreiten)* s'étendre, se propager, gagner du terrain; ~ *etw kommen (etw verlieren)* perdre qc; ~ *sein Geld gekommen sein* en être pour son argent; *sich* ~ *etw verrechnen* se tromper de qc; ~ *etw wetten* parier qc; *es handelt sich* ~ *Sie* il s'agit de vous; *es ist* ~ *mich geschehen* c'en est fait de moi; *es ist schade* ~ *das Geld* dommage pour l'argent; *das Feuer greift* ~ *sich* le feu gagne *(du terrain); wie steht es* ~ *ihn?* où en est-il? **3.** *adv (vorbei)* fini, passé, écoulé, révolu; ~ *und* ~ *(auf allen Seiten)* de tous côtés, tout autour; *partout; rechts* ~*! (mil)* demi-tour à droite! **4.** *(* ~ *so):* ~ *so besser, schlimmer* tant mieux, pis; ~ *so mehr, weniger* d'autant plus, moins; *je* ..., ~ *so* ... plus ..., plus ...; ~ ... *willen* pour (l'amour de), par égard à, dans l'intérêt de; ~ ... *zu* ... *(inf)* pour, afin de; *afin que subj.*

um=adressieren ['ʊm-] *tr* ⟨*hat umadressiert*⟩ changer l'adresse de.

um=änder|n ['ʊm-] ⟨*hat umgeändert*⟩ *tr* transformer; changer, modifier; *(neu gestalten)* remanier; **U~ung** *f* transformation *f,* changement *m,* modification *f; (Neugestaltung)* remaniement *m.*

um=arbeit|en ['ʊm-] ⟨*hat umgearbeitet*⟩ *tr* transformer, refaire, remanier; *(völlig)* ~ *(Buch)* refondre; **U~ung** *f* transformation *f,* remaniement *m,* remise sur le chantier; refonte *f.*

umarm|en ⟨*hat umarmt*⟩ *tr* embrasser, serrer dans ses bras; *(heftig)* étreindre; *(mit feierlichem Kuß)* donner l'accolade à; **U~ung** *f (einseitige)* embrassement *m;* étreinte; *(gegenseitige)* accolade *f.*

Umbau *m* ⟨-s, -e/-ten⟩ ['ʊm-] *arch* transformation *od* modification *od* reconstruction d'un *od* du bâtiment; *(Schiff)* refonte; *fig adm* réorganisation *f,* remaniement *m;* '**um=bauen** ⟨*hat umgebaut*⟩ *tr arch* transformer *(zu* en), reconstruire; *fig adm* réorganiser, remanier; *allg* refondre; **um-'bauen** ⟨*hat umbaut*⟩ *tr* entourer de bâtiments.

um=benenn|en ['ʊm-] ⟨hat umbe-nannt⟩ tr (Straße, Ort) débaptiser; **U~ung** f débaptisation f.

um=besetz|en ['ʊm-] ⟨hat umbesetzt⟩ tr theat: die Rollen ~ changer la distribution des rôles; **U~ung** f change-ment m de la distribution des rôles.

um=betten ['ʊm-] ⟨hat umgebettet⟩ tr (Kranken) changer de lit; (Toten) changer de tombeau; (Fluß) dériver.

um=biegen ['ʊm-] ⟨hat umgebogen⟩ tr (re)courber.

um=bild|en ['ʊm-] ⟨hat umgebildet⟩ tr transformer; adm réorganiser; réfor-mer; (Regierung, Kabinett) remanier; **U~ung** f transformation; réorganisa-tion; réforme f; remaniement m.

um=binden ['ʊm-] ⟨hat umgebunden⟩ tr (Krawatte, Schürze) mettre; (Buch) changer la reliure de.

um=blasen ['ʊm-] ⟨hat umgeblasen⟩ tr renverser en soufflant.

um=blättern ['ʊm-] ⟨hat umgeblättert⟩ tr tourner; itr tourner la page od la feuille.

um=blicken ['ʊm-] ⟨hat umgeblickt⟩, sich (nach allen Seiten) regarder au-tour de soi; (zurück) se retourner.

'**um=brechen** ⟨umgebrochen⟩ tr ⟨aux: haben⟩ rompre, casser; agr (Boden) défoncer, défricher; itr ⟨aux: sein⟩ se rompre sous le poids; um'brechen ⟨hat umbrochen⟩ tr typ mettre en pa-ges.

Umbrien n ['ʊmbriən] geog l'Ombrie f.

um=bringen ['ʊm-] ⟨hat umgebracht⟩ tr faire mourir, mettre à mort, assassi-ner, égorger; arg zigouiller; sich ~ (fig fam: übertreiben) ne savoir que faire (vor de); ich könnte ihn ~ (pop) j'ai envie de le bouffer.

Umbruch m ['ʊm-] pol bouleverse-ment m, révolution; typ mise f en pages.

um=buch|en ['ʊm-] ⟨hat umgebucht⟩ tr com transférer, virer, contrepasser; **U~ung** f transfert, virement m.

um=decken ['ʊm-] ⟨hat umgedeckt⟩ tr (Dach) refaire; (Tisch) changer le couvert de.

um=denken ['ʊm-] ⟨hat umgedacht⟩ itr changer sa façon de penser.

um=dichten ['ʊm-] ⟨hat umgedichtet⟩ tr remanier.

um=disponieren ['ʊm-] ⟨hat umdispo-niert⟩ tr disposer autrement; itr chan-ger de disposition.

um=dreh|en ['ʊm-] ⟨hat umgedreht⟩ tr (re)tourner; sich ~ se retourner (nach jdm vers qn); **U~ung** f [-'--] f phys astr (um die eigene Achse) ro-tation; (um e-n anderen Körper) révolution f; tech tour m;

U~ungsgeschwindigkeit f vitesse f de rotation; **U~ungszahl** f nombre m de tours; **U~ungszähler** m tech compte-tours m; **U~ungszeit** f temps m de rotation.

Umdruck m ⟨-(e)s, -e⟩ ['ʊm-] typ réim-pression f; **um=drucken** ⟨hat umge-druckt⟩ tr réimprimer.

umeinander [--'--] adv l'un autour de l'autre; les uns autour des autres.

um=erzieh|en ['ʊm-] ⟨hat umerzogen⟩ tr rééduquer; **U~ung** f rééducation f.

'**um=fahren** ⟨hat umgefahren⟩ tr ren-verser (avec sa voiture etc); um-'fahren ⟨hat umfahren⟩ tr contour-ner, faire le tour de; mar (Kap) dou-bler; **Umfahrt, Umfahrung** f tour m.

um=fallen ['ʊm-] ⟨ist umgefallen⟩ itr tomber; (auf den Rücken) tomber à la renverse; fig fam (s-e Meinung än-dern) changer d'avis; tourner casa-que; fam retourner sa veste; (nach-geben) céder, fam baisser pavillon; zum U~ müde tombant de sommeil.

Umfang m ['ʊm-] m math circonférence f, périmètre; allg tour, pourtour, cir-cuit m; (Ausdehnung) étendue f, vo-lume; mus diapason m; fig échelle, ampleur f; in großem ~ dans une lar-ge mesure, sur une grande échelle; **u~en** ⟨hat umfangen⟩ tr (umarmen) embrasser; allg entourer; **u~reich** a, **umfänglich** ['---] a volumineux, étendu, large, vaste, ample.

um=färben ['ʊm-] ⟨hat umgefärbt⟩ tr reteindre.

umfass|en ⟨hat umfaßt⟩ tr (umschlin-gen) enserrer, embrasser; (umgeben) entourer; (enthalten) contenir, com-porter, comprendre; (einbegreifen) impliquer, englober; mil (einschlie-ßen) cerner, encercler, envelopper; ~end a global, d'ensemble; (umfang-reich) étendu, large, vaste, ample; ~e Maßnahmen f pl mesures f pl d'en-semble; **U~ung** f entourage m; (Ein-friedigung) clôture f; (bes. durch e-e Mauer) enceinte f; mil encerclement, enveloppement m; **U~ungsmauer** f mur m de clôture.

Umfeld n ['ʊm-] m arrière-plan m.

umflattern ⟨hat umflattert⟩ tr voltiger autour de.

'**um=fliegen** ⟨hat umflogen⟩ tr voler au-tour de, contourner (en volant); '**um=fliegen** ⟨ist umgeflogen⟩ itr fam = umfallen.

umfließen ⟨hat umflossen⟩ tr entourer de ses eaux, baigner.

umflort [-'-] a (Augen) voilé.

um=form|en ['ʊm-] ⟨hat umgeformt⟩ tr = umbilden; transformer, convertir

a. el; **U~er** m ⟨-s, -⟩ el transformateur, convertisseur m; **U~eraggre-
gat** n, **U~eranlage** f, **U~ersatz** m
el groupe m convertisseur; **U~ung** f
transformation f a. el.
Umfrage ['ʊm-] f enquête f, sondage
m (d'opinion publique); (e-e) ~ halten
prendre des od aller aux informations; e-e ~ veranstalten faire une enquête od un sondage (d'opinion).
umfrieden ⟨hat umfriedet⟩ tr entourer
d'une clôture.
um=füllen ['ʊm-] ⟨hat umgefüllt⟩ tr
transvaser, soutirer, dépoter; **U~** n
transvasement, soutirage, dépotage
m.
um=funktionieren ⟨hat umfunktio-
niert⟩ transformer; etw zu etw ~
transformer qc en qc.
Umgang ['ʊm-] m (Rundgang) tour m,
tournée, ronde; rel procession; arch
(Balkon) galerie f, rel (Chor~) déam-
bulatoire m; fig (Verkehr) fréquentation f (mit de), commerce m; pej ac-
cointance f; mit jdm ~ haben od
pflegen fréquenter qn; commercer,
avoir commerce avec qn; **~sformen**
f pl (bonnes) manières bons usages m
pl; **~ssprache** f langage m familier.
umgänglich ['ʊm-] a (gesellig) sociable, liant, traitable; (freundlich) affable; ~ sein (a.) avoir du liant; **U~keit**
f sociabilité f, liant m, affabilité f.
umgarnen ⟨hat umgarnt⟩ tr fig séduire, circonvenir, enjôler, entortiller.
umgaukeln ⟨hat umgaukelt⟩ tr voltiger autour de.
umgeb|en ⟨hat umgeben⟩ tr entourer,
(en)ceindre, ceinturer (mit de); (kreisförmig) cerner; (Ort) environner;
U~ung f environs, alentours m pl;
(Umwelt, Lebenskreis) milieu m, ambiance f; (Gesellschaft) entourage m.
Umgegend f ['ʊm-] environs, alentours m pl.
um'geh|en ⟨hat umgangen⟩ tr (Ort)
tourner autour de, faire le tour de,
contourner; (Hindernis, Schwierigkeit, den Feind) tourner; (Gesetz)
éluder; (Schwierigkeit, Pflicht, Einwand) escamoter; 'um=gehen ⟨ist
umgegangen⟩ itr (Gespenst) revenir;
in etw hanter qc; (Gerücht) courir;
mit etw user de qc; manier, manipuler, manœuvrer qc; mit jdm fréquenter qn, avoir commerce avec qn; (behandeln) traiter qn, en user avec qn;
mit jdm, etw umzugehen verstehen
od wissen savoir s'y prendre avec qn;
avoir l'habitude de qn, de qc; mit etw
sparsam ~ être économe de qc;
~end ['---] a immédiat; adv immédiatement, tout de suite, sans délai;

(postwendend) par retour du courrier; **U~ung** [-'--] f (im Verkehr)
contournement m, déviation f; mil
mouvement m tournant; fig fraude f
(e-s Gesetzes à l'égard d'une loi);
U~ungsstraße f route de contournement od d'évitement, voie de ceinture, déviation f.
umgekehrt ['ʊm-] a (umgedreht) renversé, retourné; fig (entgegengesetzt)
inverse, contraire; adv fig inversement, vice versa; im ~en Fall à l'inverse; in ~er Reihenfolge, Richtung
en ordre, sens inverse; im ~en Verhältnis en raison inverse; mit ~em
Vorzeichen (math, a. fig) de signe
contraire; ~ proportional inversement proportionnel.
um=gestalt|en ['ʊm-] ⟨hat umgestaltet⟩
tr transformer, remodeler; adm réorganiser; (Buch) remanier, refondre;
(Stadt modernisieren) urbaniser,
aménager; **U~ung** f transformation
f, remodelage m; réorganisation f;
remaniement m, refonte; (e-r Stadt)
urbanisation f, aménagement m.
um=gießen ['ʊm-] ⟨hat umgegossen⟩ tr
(Flüssigkeit) transvaser, soutirer;
(Metall) refondre.
um'gittern ⟨hat umgittert⟩ tr entourer
d'un grillage od treillage; grillager,
treillager.
um=glieder|n ['ʊm-] ⟨hat umgegliedert⟩
tr adm mil regrouper, réorganiser;
U~ung f regroupement m, réorganisation f.
um=graben ['ʊm-] ⟨hat umgegraben⟩
tr agr retourner, bêcher.
umgrenz|en ⟨hat umgrenzt⟩ tr (begren-
zen) borner, limiter; fig (begrenzen)
délimiter, circonscrire; **U~ung** f limitation; délimitation, circonscription f.
um=gruppier|en ['ʊm-] ⟨hat umgrup-
piert⟩ tr regrouper; mil a. refondre;
U~ung f regroupement m.
um'gürten ⟨hat umgürtet⟩ tr (Schwert)
ceindre; 'um=gürten ⟨hat umgegür-
tet⟩ tr ceindre, entourer (mit de).
um=hacken ['ʊm-] ⟨hat umgehackt⟩ tr
abattre à la pioche.
umhalsen ⟨hat umhalst⟩ tr embrasser.
Umhang m cape, pèlerine f; (kurzer)
mantelet; (der Arbeiter) largeau m.
'**um=häng|en** ⟨hat umgehängt⟩ tr (an-
ders(wohin) hängen) suspendre ailleurs; (um den Körper) mettre od jeter sur ses épaules; (Rucksack) mettre au dos; mil (Gewehr) mettre en
bandoulière; umgehängt tragen por-
ter en bandoulière; **um'häng|en** ⟨hat
umhängt⟩ tr: etw mit e-r Girlande ~
suspendre une guirlande autour de
qc; **U~etasche** ['ʊm-] f sac m à

bandoulière, sacoche; *(Jagd)* gibecière *f,* carnier *m.*

um=hauen ['ʊm-] *‹hat umgehauen›* tr
(Baum) abattre; *fig fam (verblüffen)*
renverser.

umhegen *‹hat umhegt›* tr entourer de
soins.

umher [ʊm'he:r] *adv (hier u. da)* par
ci, par là; *(bald hierhin, bald dorthin)* çà et là; ~=**blicken** *itr* regarder
tout autour (de soi); ~=**fahren** *‹aux:
sein› itr,* ~=**flattern** *‹aux: sein› itr* aller, voltiger çà et là; ~=**fliegen** *itr*
voler çà et là; *(Blätter)* s'envoler (au
gré du vent); ~=**gehen** *‹aux: sein› itr*
aller çà et là, se promener, déambuler; ~=**irren** *‹aux: sein› itr* errer, vagabonder; *plan- od ziellos* ~ errer
comme une âme en peine; ~=**kriechen** *‹aux: sein› itr* ramper çà et là;
~=**laufen** *‹aux: sein› itr* courir çà et
là; *fam* trotter; ~=**schlendern** *‹aux:
sein› itr* flâner, battre le pavé; *fam* se
balader; ~=**schweifen** *‹aux: sein› itr*
rôder, vagabonder. battre la campagne; *(Blicke)* errer; ~=**springen**
‹aux: sein› itr gambader; ~=**tragen** *tr*
porter çà et là; ~=**wandern** *‹aux:
sein› itr* = ~*schweifen;* ~=**ziehen**
‹aux: sein› itr courir le pays; ~**ziehend** *a (Händler etc)* ambulant, forain.

umhin=können [ʊm'hɪn-] *itr: nicht* ~
zu tun ne pouvoir s'empêcher *od* se
retenir *od* s'abstenir de faire.

umhüll|en *‹hat umhüllt› tr* envelopper,
recouvrir *(mit* de); **U~ung** *f (Handlung)* enveloppement *m; (Hülle)* enveloppe *f.*

umkämpft [-'-] *a* contesté.

Umkehr *f ‹-, ø›* ['ʊm-] *(Steuern)* retour; *fig* retournement *m,* conversion *f;* **u~bar** *a*
réversible; *(Satz)* convertible; ~**barkeit** *f* réversibilité; convertibilité *f;*
um=kehren *‹umgekehrt› tr ‹aux: haben› (umdrehen)* (re)tourner; *(um-
stürzen)* renverser, bouleverser;
gram (Wortfolge) intervertir; *math
(Bruch)* renverser; *el* inverser, invertir; *itr ‹aux: sein›* (s'en) retourner;
(bes. zu Fuß) faire marche arrière, revenir *od* retourner sur ses pas, revenir sur son *od* rebrousser chemin,
tourner bride; *(kehrtmachen)* faire
demi-tour; *sich* ~ se (re)tourner;
~**schalter** *m el* disjoncteur-inver-
seur *m;* ~**ung** *f* retournement *a. fig;*
(Umsturz) renversement *a. math
mus,* bouleversement *m; gram el* inversion *f.*

um=kippen ['ʊm-] *‹umgekippt› tr ‹aux:
haben›* (ren)verser, basculer, culbuter; *itr ‹aux: sein›* basculer, culbuter,

faire la culbute; *(Wagen)* verser;
(Boot) chavirer; *mot aero* capoter;
fig (s-e Meinung ändern) changer
d'idée; *fam (in Ohnmacht fallen)*
tomber dans les pommes.

umklammer|n *‹hat umklammert› tr*
embrasser, étreindre; *(Gegner)* enlacer *(mit den Armen* dans ses bras);
mil encercler; *sich* ~ *(Boxer)* s'accrocher; se tenir enlacés; **U~ung** *f* em-
brassement *m,* étreinte *f;* enlacement;
(Boxen) accrochage; *mil* encerclement *m.*

um|klappbar ['ʊm-] *a* rabattable, à ra-
battement; **um=klappen** *‹hat umge-
klappt› tr* rabattre.

'**um=kleid|en** ['ʊm-] *‹hat umgekleidet›
tr* changer les vêtements de; *sich* ~
changer de vêtements, se changer;
um'kleiden *‹hat umkleidet› tr* revêtir, tendre *(mit* de); *schwarz* ~ tendre de noir; **U~ekabine** *f (in e-m
Kaufhaus, der Sauna)* cabine *f;*
U~eraum *m* vestiaire *m.*

um=knicken ['ʊm-] *‹umgeknickt› tr
‹aux: haben›* plier, recourber; *itr
‹aux: sein›* se plier.

um=kommen ['ʊm-] *‹ist umgekom-
men› itr (Lebewesen)* périr, mourir
(vor de); succomber; *(verderben)* se
gâter; *vor Hitze* ~ étouffer de chaleur.

umkränzen *‹hat umkränzt› tr* couronner *(mit* de).

Umkreis *m* ['ʊm-] *math* cercle *m* cir-
conscrit; *im* ~ à la ronde; *im* ~ *von
10 km* dans un rayon de 10 km, à 10
km à la ronde; **umkreisen** *‹hat um-
kreist› tr* tourner autour de *a. astr;*
(Vogel) voler autour de; *die Erde* ~
lassen (Raumsonde) satelliser.

um=krempeln ['ʊm-] *‹hat umgekrem-
pelt› tr* retrousser; *fig* mettre sens
dessus dessous.

um=lad|en ['ʊm-] *‹hat umgeladen› tr* trans-
border; **U~ung** *f* transbordement *m.*

Umlag|e *f* ['ʊm-] *(Steuern, Kosten)*
répartition; *(Kosten)* cotisation; *(Beitrag)* contribution *f; (Abzug)* prélèvement *m;* **u~efrei** *a* exonéré des
prélèvements; '**um=lagern** *‹hat um-
gelagert› tr (Ware)* emmagasiner *od*
stocker ailleurs; **um'lagern** *‹hat um-
lagert› tr* assiéger, obséder, entourer;
Umlagerung *f* changement *m* d'entrepôt.

Umlauf *m* ['ʊm-] circulation *a. adm
fin; phys astr* révolution; *(Rundschreiben)* (lettre) circulaire *f; durch*
~ par communication successive; *in* ~
bringen, kommen (Geld) mettre, entrer en circulation; *im* ~ *sein (Geld)*
circuler; *in* ~ *setzen (Gerücht)* faire

courir; *aus dem* ~ *ziehen* retirer de la circulation; ~**bahn** *f astr* orbite *f; in e-e* ~ *um die Erde bringen (Satelliten)* placer sur orbite; **um≈laufen** ⟨*umgelaufen*⟩ *itr* ⟨*aux: sein*⟩ *(adm, Geld)* circuler; *tr* ⟨*aux: haben*⟩ renverser en courant; **u~end** *a tech* tournant, rotatif, rotatoire; ~**getriebe** *n tech* engrenage planétaire; ~**mappe** *f adm* dossier *m* en circulation; ~**regler** *m tech* régulateur *m* de circulation; ~**(s)zeit** *f astr* période *f* de révolution; ~ *des Mondes* lunaison *f;* ~**vermögen** *n fin* capital *m* circulant *od* de circulation; ~**zahl** *f tech* mot nombre *m* de tour.

Umlaut *m* ['ʊm-] *gram* voyelle *f* infléchie; **um≈lauten** ⟨*hat umgelautet*⟩ *tr* infléchir.

umleg|bar ['ʊm-] *a* rabattable, à rabattement; **U~(e)kragen** *m* col *m* rabattu; '**um≈legen** ⟨*hat umgelegt*⟩ *tr (Kleidungsstück)* mettre; *(Getreide auf dem Halm)* verser; *fam (umwerfen)* renverser; *pop (zu Boden strekken)* tomber, coucher sur le carreau; *sport* mettre au tapis; *arg (töten)* descendre, zigouiller; *(anders legen)* disposer *od* arranger autrement; *(Termin)* remettre *(auf* à); *(Steuern, Kosten)* répartir *(auf* entre); **um'legen** ⟨*hat umlegt*⟩ *tr: mit etw* ~ entourer, garnir *(mit* de); **U~ung** *f* ['---] *(Lageveränderung)* réarrangement *m; (e-s Termins)* remise; *(der Steuern, Kosten)* répartition *f (auf* entre).

um≈leit|en ['ʊm-] ⟨*hat umgeleitet*⟩ *tr (Verkehr)* dévier, dériver; *allg tele (in Belgien a.: Verkehr)* détourner; **U~ung** *f* (voie de) déviation *f,* détour; détournement *m.*

um≈lenken ['ʊm-] ⟨*hat umgelenkt*⟩ *tr* faire tourner.

um≈lernen ['ʊm-] ⟨*hat umgelernt*⟩ *itr (e-n neuen Beruf lernen)* changer de métier; *allg* changer de méthode.

umliegend ['ʊm-] *a* environnant, d'alentour.

ummauern ⟨*hat ummauert*⟩ *tr* entourer de murs, emmurer.

um≈modeln ['ʊm-] ⟨*hat umgemodelt*⟩ *tr fam* modifier, transformer.

umnacht|et [-'--] *a: geistig* ~ troublé, aliéné; **U~ung** *f: (geistige)* ~ aliénation *f* (mentale).

umnebelt [-'--] *a fig (Geist)* brouillé, troublé.

um≈packen ['ʊm-] ⟨*hat umgepackt*⟩ *tr (neu verpacken)* changer d'emballage; *(Koffer)* refaire.

'**um≈pflanzen** ⟨*hat umgepflanzt*⟩ *tr* transplanter, replanter; *(umtopfen)* dépoter, rempoter; **um'pflanzen**

⟨*hat umpflanzt*⟩ *tr* entourer de plantes (de fleurs, d'arbres *etc*).

um≈pflügen ['ʊm-] ⟨*hat umgepflügt*⟩ *tr* retourner à la charrue, verser.

um≈pol|en ['ʊm-] ⟨*hat umgepolt*⟩ *tr el* renverser, inverser les pôles de; **U~ung** *f* renversement *m.*

um≈präg|en ['ʊm-] ⟨*hat umgeprägt*⟩ *tr (Geld)* refondre; **U~ung** *f* refonte, conversion *f.*

um≈quartieren ['ʊm-] ⟨*hat umquartiert*⟩ *tr* déloger; *mil* faire changer de cantonnement.

umrahm|en ⟨*hat umrahmt*⟩ *tr fig* encadrer, entourer *(mit* de); **U~ung** *f fig* encadrement; *(Rahmen)* cadre *m.*

umrand|en ⟨*hat umrandet*⟩ *tr* border *(mit* de); *mit e-r Borte* ~ lisérer; **U~ung** *f (Rand)* bord *m; (Borte)* bordure *f;* liséré *m;* **U~ungsfeuer** *n aero* feu *m* de délimitation du terrain.

um≈rangieren ['ʊm-] ⟨*hat umrangiert*⟩ *tr loc* faire passer sur une autre voie.

umrank|en ⟨*hat umrankt*⟩ *tr* bot grimper autour de; ~**t** *a* recouvert *(mit* de).

um≈räumen ['ʊm-] ⟨*hat umgeräumt*⟩ *tr (Zimmer)* changer la disposition des meubles de.

um≈rechn|en ['ʊm-] ⟨*hat umgerechnet*⟩ *tr fin (Valuta)* changer, convertir; **U~ung** *f com* change *m,* conversion *f;* **U~ungskurs** *m* cours *od* taux *m* de change; **U~ungstabelle** *f* table *f od* barème *m* de change.

'**um≈reißen** ⟨*hat umgerissen*⟩ *tr (umstoßen)* renverser; *(Baum)* abattre; **um'reißen** ⟨*hat umrissen*⟩ *tr* dessiner *od* tracer les contours de; *fig (entwerfen)* esquisser, ébaucher.

'**um≈reiten** ⟨*hat umgeritten*⟩ *tr* renverser avec son cheval; **um'reiten** ⟨*hat umritten*⟩ *tr* faire le tour de ... à cheval.

um≈rennen ['ʊm-] ⟨*hat umgerannt*⟩ *tr* renverser en courant.

umringen ⟨*hat umringt*⟩ *tr* entourer, environner.

Umriß *m* ['ʊm-] contour, tracé *m,* silhouette; *fig (Entwurf)* esquisse, ébauche *f; im* ~ *(fig)* en gros; *etw in groben Umrissen darstellen* tracer les grandes lignes de qc; ~**karte** *f geog* carte *f* muette; ~**zeichnung** *f* dessin *m* au trait.

um≈rühren ['ʊm-] ⟨*hat umgerührt*⟩ *tr* brasser, remuer, agiter *a. chem; (Bierwürze)* vaguer; *(Holzschliff)* affleurer.

um≈rüst|en ['ʊm-] ⟨*hat umgerüstet*⟩ *itr* réadapter *od* réorganiser les armements; *tr (Gerät, Fahrzeug)* transformer *(zu* en); *ein Auto auf Autogas* ~

adapter une voiture au gaz; **U~ung** *f* réadaptation *od* réorganisation *f* des armements; transformation; adaptation *f.*

ums = *um das.*

um=satteln ['ʊm-] ⟨*hat umgesattelt*⟩ *tr* *(Pferd)* changer la selle de; *itr fig fam (den Beruf wechseln)* changer de profession *od* de métier, changer son fusil d'épaule.

Umsatz ['ʊm-] *m* roulement; *com* mouvement *m od* transactions *f pl* commercial(es); *com adm* chiffre d'affaires; *(Absatz)* débit, écoulement *m; ~ haben* faire du chiffre d'affaires; *hohe(r) ~* gros chiffre *m;* **~provision** *f* commission *f* sur le chiffre d'affaires; **~steuer** *f* impôt *m od* taxe *f* sur le chiffre d'affaires.

umsäumen ⟨*hat umsäumt*⟩ *tr* border, entourer.

um=schalt|en ['ʊm-] ⟨*hat umgeschaltet*⟩ *tr el* commuter, renverser, inverser; *mot* changer de vitesse; *radio (die Wellenlänge)* changer de longueur d'onde; **U~en** *n mot* = *U~ung;* **U~er** *m* ⟨-s, -⟩ *el* commutateur, inverseur *m;* **U~hebel** *m mot* levier *m* de changement de vitesse; **U~taste** *f (Schreibmaschine)* touche *f* de transposition; **U~ung** *f el* commutation *f*, renversement *m;* inversion *f; mot* changement de vitesse; *radio* changement *m* de longueur d'onde.

Umschau *f* ⟨-, ø⟩ ['ʊm-] *(Rundblick)* tour *m* d'horizon; *fig (Überblick)* revue *f; ~ halten* regarder autour de soi; *unter etw* passer qc en revue; *nach etw* chercher qc (des yeux); **um=schauen** ⟨*hat umgeschaut*⟩, *sich (zurückblicken)* regarder derrière soi; *(Umschau halten)* regarder autour de soi.

um=schicht|en ['ʊm-] ⟨*hat umgeschichtet*⟩ *tr fig (Gesellschaft)* regrouper, remanier; **~ig** *adv (wechselweise)* à tour de rôle, alternativement; **U~ung** *f fig: soziale ~* regroupement *od* remaniement *m* social.

umschiff|en ⟨*hat umschifft*⟩ *tr (Insel)* contourner; *(Kap)* doubler; **U~ung** *f* périple *m*, circumnavigation *f.*

Umschlag *m* ['ʊm-] *(plötzlicher Wechsel)* changement, revirement, retour *m; (bes. Schicksalswende)* péripétie *f; (an der Kleidung)* (re-)bord, repli, rabat *m; (Buch~, Heft~, Akten~)* couverture *f; (Buch~)* protège-livre; *(Heft~)* protège-cahier *m; (Akten~)* chemise; *(Brief~)* enveloppe *f*, pli; *med* enveloppement *m*, compresse; *com (Gü-*

ter~*)* rotation *f; (Umladen)* transbordement *m; im ~* sous enveloppe *od* pli; **um=schlagen** ⟨*umgeschlagen*⟩ *tr* ⟨*aux: haben*⟩ *(Kragen)* rabattre; *(Ärmel)* retrousser; *(Buchseite)* tourner; *com (Güter)* transborder; *itr* ⟨*aux: sein*⟩ *(umkippen: Wagen)* verser; *mot* capoter; *(Boot)* chavirer; *(Wind)* tourner, changer de direction; *(Wetter u. fig)* changer subitement; *ins Gegenteil ~* faire volte-face; **~(e)tuch** *n* châle *m;* **~hafen** *m* port *m* de transbordement; **~platz** *m com* place *f* de transbordement; **~skapazität** *f com* capacité *f* de transbordement; **~verkehr** *m com* trafic *m* de transbordement; **~zeit** *f com* durée *f* de transbordement.

umschließen ⟨*hat umschlossen*⟩ *tr* enclore, entourer; *fig (in sich schließen)* inclure, (r)enfermer; *mil* cerner, investir.

umschlingen ⟨*hat umschlungen*⟩ *tr* enlacer; *(umarmen)* serrer dans ses bras.

umschmeicheln ⟨*hat umschmeicheln*⟩ *tr* flatter continuellement.

um=schmeißen ['ʊm-] ⟨*hat umgeschmissen*⟩ *tr pop* renverser.

um=schmelz|en ['ʊm-] ⟨*hat umgescholzen*⟩ *tr* refondre; **U~ung** *f* refonte *f.*

um=schnallen ['ʊm-] ⟨*hat umgeschnallt*⟩ *tr* boucler; ceindre, mettre.

'**um=schreiben** ⟨*hat umgeschrieben*⟩ *tr (neu schreiben)* récrire, transcrire; *(Eigentum, Recht, Schuld)* transférer *(auf jdn* à qn); **um'schreiben** ⟨*hat umschrieben*⟩ *tr math* circonscrire; *fig* paraphraser, périphraser; *(festlegen)* délimiter; '**Umschreibung** *f (Abschrift)* transcription *f; (e-s Recht(e)s etc)* transfert *m*, transmission *f (auf jdn* à qn); **Um'schreibung** *f math* circonscription *(gen* à); *fig* paraphrase, périphrase, circonlocution *f.*

Umschrift *f* ['ʊm-] *(Abschrift)* transcription *(a. phonetische);* copie; *(auf Münzen)* légende *f.*

Umschuldung *f* ['ʊm-] conversion *f* de dettes; **~sanleihe** *f* emprunt *m* de conversion; **~skredit** *m* crédit *m* de conversion.

um=schul|en ['ʊm-] ⟨*hat umgeschult*⟩ *tr (a. beruflich)* rééduquer, réadapter; **U~ung** *f* rééducation *f; (berufliche)* réadaption *f od* reclassement *m od* rééducation *f* professionnel(le).

umschwärmen ⟨*hat umschwärmt*⟩ *tr* voltiger autour de, entourer; *fig* courtiser, *fam* faire du plat à.

Umschweife *m pl* ['ʊm-]: *ohne ~* sans

détours, sans ambages, sans paraphrase.

um=schwenken ['ʊm-] ⟨ist umgeschwenkt⟩ itr fig changer d'avis, tourner bride; fam retourner sa veste.

umschwirren ⟨hat umschwirrt⟩ tr voleter, bourdonner autour de.

Umschwung m ['ʊm-] changement brusque, revirement m; révolution f.

um=sehen ['ʊm-] , sich ⟨hat sich umgesehen⟩ = sich umschauen; nach etw chercher qc; ihr werdet euch noch ~! vous en verrez de belles! **U~** n: im ~ en un clin d'œil.

umseitig ['ʊm-] a u. adv. au verso.

umsetz|bar ['ʊm-] a transposable a. mus; **um=setzen** ['ʊm-] ⟨hat umgesetzt⟩ tr transposer a. mus chem; déplacer; agr transplanter; loc (auf ein anderes Gleis setzen) aiguiller; typ recomposer; com (Waren) vendre, écouler, négocier; **U~ung** f transposition f, a. mus; déplacement m; agr transplantation; typ recomposition; chem réaction, transposition f.

Umsichgreifen n ⟨-s, ø⟩ ['ʊm-] propagation f, envahissement m; (bes. e-r Seuche) extension f.

Umsicht f ['ʊm-] circonspection; (Vorsicht) prudence, précaution f; **u~ig** a circonspect; prudent, précautionneux.

um=sied|eln ['ʊm-] ⟨umgesiedelt⟩ tr ⟨aux: haben⟩ (Bevölkerung) transférer, transplanter; itr ⟨aux: sein⟩ s'établir od s'installer ailleurs; (auswandern) émigrer; **U~ler** m ⟨-s, -⟩ émigrant m; (Zwangs~) personne f déplacée; **U~lung** f transplantation f, transfert m.

um=sinken ['ʊm-] ⟨ist umgesunken⟩ itr (se laisser) tomber, s'affaisser; vor Müdigkeit ~ tomber de fatigue.

umsonst [ʊm'zɔnst] adv (gratis) pour rien, gratuitement, gratis; fam (für ~) pour des prunes, à l'œil; (vergeblich) inutilement, vainement, en vain; ganz od völlig ~ (vergeblich) en pure perte; ~ arbeiten travailler pour le roi de Prusse; sich ~ bemühen perdre sa peine; sich ~ bemüht haben en être pour ses frais.

umsorgen ⟨hat umsorgt⟩ tr entourer de soins.

'um=spann|en ⟨hat umgespannt⟩ tr (die Pferde) changer; el transformer; **um'spannen** ⟨hat umspannt⟩ tr faire le tour de; fig (geistig) embrasser; **U~er** m ⟨-s, -⟩ ['---] el transformateur m; **U~station** f, **U~werk** n ['ʊm-] el station f od poste m de transformation; **U~ung** f ['ʊm-] el transformation f.

umspielen ⟨hat umspielt⟩ tr sport dribbler.

umspinnen ⟨hat umsponnen⟩ tr entourer de fils; (Draht) guiper.

'um=springen ⟨ist umgesprungen⟩ itr (Wind) sauter; mit jdm (rücksichtslos) ~ traiter qn (sans égards); **um'springen** ⟨hat umsprungen⟩ tr sauter autour de.

umspülen ⟨hat umspült⟩ tr baigner, arroser.

Umstand m ['ʊm-] circonstance f a. jur; (Tatsache) fait; (Einzelheit) détail m; pl s. Umstände; ~kleid n tenue od robe f de grossesse; ~kleidung f vêtements m pl de grossesse; ~krämer m fam pédant, vétillard m; ~swort n adverbe m.

Umständ|e m pl ['ʊm-] (Lage) circonstances, conditions f pl; conjoncture, situation f; (Förmlichkeiten) cérémonies, façons, manières f pl; durch glückliche ~ par suite de circonstances heureuses; infolge unvorhergesehener ~ par suite de circonstances imprévues; ohne ~ sans cérémonies; fam à la bonne franquette, tout de go; ohne weitere ~ sans autre forme de procès; unter ~n le cas échéant; unter allen ~n en tout cas, à tout prix, en tout état de cause; unter diesen ~n dans ces circonstances; unter gewöhnlichen ~n en temps ordinaire; unter den gleichen ~n toutes choses pareilles; unter günstigen ~n sous des auspices favorables; unter keinen ~n en aucun cas, à aucun prix, sous aucun prétexte; ~ machen faire des façons od des manières od fam des histoires; sich ~ machen (fam) se compliquer (la vie); in anderen ~n (schwanger) sein (fam) être dans une situation intéressante; das kommt auf die ~ an cela dépend; fam c'est selon; (machen Sie) keine ~! pas de manières! trêve de cérémonies! erschwerende, mildernde ~ (jur) circonstances f pl aggravantes, atténuantes; die näheren ~ les détails m pl, les particularités f pl; **u~ehalber** adv en raison des circonstances; **u~lich** a (ausführlich) circonstancié, détaillé, minutieux; (weitschweifig) long, prolixe; (verwickelt) compliqué; (beschwerlich) embarrassant; (förmlich) cérémonieux; (kleinlich) pédant, vétilleux; ~ erzählen raconter en détail od tout au long, détailler; das ist zu ~ c'est toute une affaire; das wäre zu ~ ce serait trop long; ~lichkeit f (Weitschweifigkeit) longueur, prolixité f; (Beschwerlichkeit) embarras m;

(Förmlichkeit) façons *f pl* cérémonieuses; *(Kleinlichkeit)* pédanterie *f.*

um=stechen ['ʊm-] ⟨*hat umgestochen*⟩ *tr arg* retourner, bêcher.

'um=stecken ⟨*hat umgesteckt*⟩ *tr* ficher *od* planter *od* enfoncer ailleurs.

'umstehend *a: im* ~*en* au verso; *die U*~*en* l'assistance *f.*

Umsteig|ebahnhof *m* ['ʊm-] *loc* gare *od* station *f* de correspondance; ~**e-fahrschein** *m* billet *m* de correspondance; **um=steigen** ['ʊm-] ⟨*ist umgestiegen*⟩ *itr* changer de voiture; *loc* changer (de train); *ohne umzusteigen* sans changement (de train); ~**en** *n loc* changement *m* (de train).

Umstell|bahnhof *m* ['ʊm-] = *Rangierbahnhof;* **'um=stellen** ⟨*hat umgestellt*⟩ *tr* changer de place, arranger *od* disposer d'une façon différente; *loc* = *rangieren; gram typ* transposer; *bes. math* permuter; *fig (Betrieb)* réadapter, réorganiser, reconvertir; *fin* convertir; *auf etw* réadapter à qc; *sich* ~ *(s-e Meinung, Haltung ändern)* changer d'opinion *od* d'attitude; *fam* changer son fusil d'épaule; *(beruflich)* se réadapter; *auf Kraftfahr-, Maschinenbetrieb* ~ motoriser, mécaniser; **um'stell|en** ⟨*hat umstellt*⟩ *tr* entourer *(mit* de); *(bes. Jagd u. mil)* cerner; ~**ung** *f* ['ʊm-] changement *m* de place; *typ* transposition; *gram* transposition, inversion; *math* permutation; *(Betriebs*~*, berufliche* ~*)* réadaptation, réorganisation, reconversion; *fin* conversion *f; innere* ~ changement *m* d'opinion *od* d'attitude; ~ *auf Kraftfahr-, Maschinenbetrieb* motorisation, mécanisation *f.*

um=stimmen ['ʊm-] ⟨*hat umgestimmt*⟩ *tr mus* accorder sur un autre ton; *fig (Menschen)* faire changer d'humeur *od* d'avis.

um=stoßen ['ʊm-] ⟨*hat umgestoßen*⟩ *tr* renverser *a. fig (Plan); fig (Befehl, Bestimmung)* annuler; *(Testament)* invalider.

umstrahlen ⟨*hat umstrahlt*⟩ *tr* entourer de ses rayons.

umstritten [-'--] *a* disputé, controversé, *bes. sport* contesté; en litige.

um=stülpen ['ʊm-] ⟨*hat umgestülpt*⟩ *tr* retourner, retrousser.

Umsturz *m* ['ʊm-] *a. fig* chute *f,* renversement, écroulement, bouleversement *m; pol* subversion, révolution *f;* ~**gefahr** *f pol* menace *f* de subversion.

um=stürz|en ['ʊm-] ⟨*umgestürzt*⟩ *tr* ⟨*aux: haben*⟩ mettre à bas, jeter (à) bas *od* par terre; *a fig* renverser, bouleverser, *fam* chambarder; *pol*

démolir; *itr* ⟨*aux: sein*⟩ tomber à la renverse, s'écrouler; *(Wagen)* verser; *mot* capoter; **U**~**ler** *m* ⟨-s, -⟩ démolisseur, esprit subversif, révolutionnaire *m;* ~**lerisch** *a* subversif, révolutionnaire.

um=taufen ['ʊm-] ⟨*hat umgetauft*⟩ *tr rel u. fig* débaptiser.

Umtausch *m* ['ʊm-] échange *m; fin (Konvertierung)* conversion *f;* ~ *nicht gestattet* les marchandises ne seront pas échangées; **u**~**bar** *a fin (konvertierbar)* convertible; ~**barkeit** *f fin* convertibilité *f;* **um=tauschen** ⟨*hat umgetauscht*⟩ *tr* échanger *(gegen* contre, pour); ~**frist** *f,* ~**möglichkeit** *f,* ~**stelle** *f* période *f od* délai *m,* possibilité *f,* bureau *m* d'échange.

umtoben ⟨*hat umtobt*⟩ *tr* tempêter *od* faire rage autour de.

um=topfen ['ʊm-] ⟨*hat umgetopft*⟩ *tr* dépoter, rempoter.

umtosen ⟨*hat umtost*⟩ *tr (Wasser)* bruisser, déferler autour de.

Umtrieb *m* ['ʊm-] *fam (Bewegung, Leben)* mouvement *m,* activité, agitation *f; pl (Machenschaften)* menées, machinations, intrigues *f pl.*

um=tun ['ʊm-] ⟨*hat umgetan*⟩, *sich nach etw* ~ (re)chercher qc, être à la recherche de qc.

um=wälz|en ['ʊm-] ⟨*hat umgewälzt*⟩ *tr (Stein)* rouler; *(Luft, Wasser)* recycler, faire circuler; ~**end** *a fig* bouleversant; **U**~**anlage** *f* dispositif *m* de recyclage; **U**~**pumpe** *f* pompe *f* de circulation; **U**~**ung** *f fig* bouleversement *m,* révolution *f.*

um=wand|eln ['ʊm-] ⟨*hat umgewandelt*⟩ *tr (ändern, umbilden)* changer, transformer *a. el (in* en); métamorphoser; *scient* transmuter *(in* en); *bes. fin* convertir *(in* en); *jur (Strafe)* commuer *(in* en); **U**~**lung** *f* changement *m,* transformation *a. el,* métamorphose; *scient* transmutation; *tech com* conversion; *jur* commutation *f.*

um=wechseln ['ʊm-] ⟨*hat umgewechselt*⟩ *tr (Geld)* changer; *(in e-e andere Währung)* convertir.

Umweg *m* ['ʊm-] détour *a. fig; fig* biais, crochet *m; auf* ~*en (fig)* de *od* en biais, en louvoyant; *fam* par la bande, par ricochet; *e-n* ~ *machen* faire un détour; ~*e machen (fig)* biaiser.

'um=wehen ['ʊm-] ⟨*hat umgeweht*⟩ *tr* renverser par son souffle; **um'wehen** ⟨*hat umweht*⟩ *tr* souffler autour de.

Umwelt *f* ['ʊm-] environnement; *(gesellschaftlich)* milieu *m;* **u**~**bedingt**

a causé *od* déterminé par l'environnement; causé *od* déterminé par le milieu; ~**bedingungen** *f pl biol* conditions *f pl* de l'environnement; ~**belastung** *f* incidence *f* sur l'environnement; ~**biologie** *f* biologie *f* de l'environnement; ~**einflüsse** *m pl* influences *f pl* ambiantes; **u~feindlich** *a* polluant, nuisible, anti-écologique, générateur de nuisances; **u~freundlich** *a* écologique, non polluant, favorable à l'environnement; **u~geschädigt** *a (Mensch)* caractériel; *(Natur, Wald, Gegend)* pollué, touché par la pollution; *(Baum)* abîmé; **u~gestört** *a (Kind)* inadapté (dû à un milieu social défavorable); ~**krankheit** *f* maladie *f* due à la pollution; ~**kriminalität** *f* infractions *f pl* aux lois sur l'environnement; ~**politik** *f* politique *f* de l'environnement; **u~politisch** *a* qui concerne la politique de l'environnement; **u~schädigend** *a:* ~e Faktoren *m pl* agents *m pl* polluants; **u~schonend** *a* non polluant, favorable à l'environnement; ~**schutz** *m* protection *f* de l'environnement, antipollution *f*, écologisme *m;* ~**schützer** *m* écologiste *m;* ~**schutzpapier** *n* papier *m* recyclé; ~**(schutz)technik** *f* techniques *f pl* antinuisances; ~**sünder** *m* pollueur *m;* ~**verschmutzer** *m* pollueur *m;* ~**verschmutzung** *f* pollution *f;* ~**zerstörung** *f* destruction *f* de l'environnement.

um≈wenden ['ʊm-] ⟨hat umgewendet/ umgewandt⟩ *tr* (re)tourner; *sich* ~ se retourner.

umwerben ⟨hat umworben⟩ *tr* courtiser.

um≈werfen ['ʊm-] ⟨hat umgeworfen⟩ *tr* renverser *a. fig (Plan); fam (erschüttern)* bouleverser.

um≈werten ['ʊm-] ⟨hat umgewertet⟩ *tr bes. philos* changer la valeur de; **U~ung** *f* transvaluation *f;* ~ aller Werte *(philos)* renversement *m* de toutes les valeurs.

umwickeln ⟨hat umwickelt⟩ *tr* entortiller, envelopper (mit de); mit Stroh ~ empailler.

umwinden ⟨hat umwunden⟩ *tr* entourer (mit de); mit Blumen ~ couronner de fleurs; mit Girlanden ~ ceindre de guirlandes.

umwogen ⟨hat umwogt⟩ *tr* entourer *od* battre de ses flots.

umwölkt [-'-] *a* enveloppé de nuages; *fig (Stirn, Blick)* assombri.

um≈wühlen ['ʊm-] ⟨hat umgewühlt⟩ *tr* fouiller, retourner.

umzäun|en ⟨hat umzäunt⟩ *tr* enclore,

clôturer, entourer d'une clôture; **U~ung** *f* clôture *f*.

um≈ziehen ['ʊm-] ⟨ist umgezogen⟩ *itr* déménager, changer de logement; *sich* ~ changer de vêtements, se changer.

umzingeln ⟨hat umzingelt⟩ *tr* encercler, cerner, investir.

Umzug *m* ['ʊm-] *(Festzug)* cortège *m; rel* procession *f; pol* manifestation *f; (Wohnungswechsel)* déménagement *m;* ~**skosten** *pl,* ~**svergütung** *f* frais *m pl,* indemnité *f* de déménagement.

umzüngeln ⟨hat umzüngelt⟩ *tr (Flammen)* envelopper, entourer.

unabänderlich [--'---, 'ʊn-] *a* immuable, irréformable; *(unwiderruflich)* irrévocable; **U~keit** *f* ⟨-, ø⟩ immu(t)abilité; irrévocabilité *f*.

unabdingbar [--'--, 'ʊn-] *a (Recht)* inaliénable, inabandonnable.

unabhängig ['ʊn-] *a* indépendant; *parl (Abgeordneter)* non inscrit; *(Staat)* autonome; *gram* absolu; ~ sein (a.) ne relever de personne, être son maître; **U~e(r)** *m parl* non inscrit *m;* **U~keit** *f* ⟨-, ø⟩ indépendance; *(staatliche)* autonomie; *(wirtschaftliche)* autarcie *f;* **U~keitsfeier** *f* fête *f* de l'indépendance; **U~keitskrieg** *m* guerre *f* d'indépendance.

unabkömmlich ['ʊn-/--'--] *a* indisponible; *mil* affecté spécial; **U~keit** *f* ⟨-, ø⟩ mil non-disponibilité *f*.

unablässig ['ʊn-] *a* continu(el), incessant, perpétuel; *adv a.* sans cesse, sans relâche, d'arrache-pied.

unabsehbar [--'--, 'ʊn-] *a (Folgen)* imprévisible.

unabsichtlich ['ʊn-] *a* non intentionnel, non prémédité; *adv* sans intention *od* préméditation, sans le vouloir, sans y penser.

unabwendbar [--'--, 'ʊn-] *a* inévitable, inéluctable; *(schicksalhaft)* fatal.

unachtsam ['ʊn-] *a* inattentif; *(zerstreut)* distrait; *(nachlässig)* négligent; **U~keit** *f* ⟨-, ø⟩ inattention; distraction; négligence; *(Versehen)* inadvertance *f; aus* ~ par inadvertance, par mégarde, par oubli.

unähnlich ['ʊn-] *a* dissemblable; **U~keit** *f* dissemblance *f*.

unanfechtbar [--'--, 'ʊn-] *a* incontestable; *jur* souverain; **U~keit** *f* ⟨-, ø⟩ souveraineté *f*.

unangebracht ['ʊn-] *a* déplacé, inopportun, mal à *od* hors de propos.

unangefochten ['ʊn-] *a* incontesté; *adv (in Frieden)* en paix, paisiblement; *jdn* ~ lassen laisser qn tranquille.

unangemeldet ['ʊn-] *a* non annoncé; *(polizeilich)* sans déclaration d'arrivée *od* de séjour; *fin* non déclaré; *adv* sans avoir prévenu, à l'improviste.

unangemessen ['ʊn-] *a* inconvenant; **U~heit** *f* ‹-, ø› inconvenance *f.*

unangenehm ['ʊn-] *a* désagréable, déplaisant; *(lästig)* gênant, embarrassant; *(ärgerlich)* fâcheux; *(peinlich)* pénible; *(garstig)* vilain; ~ *sein (a.)* déplaire; *es wäre mir* ~, *wenn* ... *(subj)* cela m'ennuyerait de ... *(inf).*

unangetastet ['ʊn-] *a* intact; *etw* ~ *lassen* ne pas toucher à qc.

unangreifbar [--'--, 'ʊn-] *a* inattaquable.

unannehm|bar [--'--, 'ʊn-] *a* inacceptable, irrecevable; **U~barkeit** *f* ‹-, ø› irrecevabilité *f;* **U~lichkeit** *f* désagrément, ennui *m*, contrariété *f.*

unansehnlich ['ʊn-] *a* insignifiant, d'une apparence défavorable; *(häßlich)* laid; **U~keit** *f* ‹-, ø› insignifiance, apparence défavorable; laideur *f.*

unanständig ['ʊn-] *a* indécent, inconvenant, malséant, malhonnête, malpropre, polisson, ordurier; *sich* ~ *aufführen* faire une incongruité; ~*e(r) Witz m* plaisanterie *f* de corps de garde; **U~keit** *f* indécence, inconvenance, malséance, malhonnêteté, malpropreté, polissonnerie *f.*

unantastbar [--'--, 'ʊn-] *a* intangible, inviolable, tabou; *jur* insaisissable; **U~keit** *f* ‹-, ø› intangibilité, inviolabilité *f.*

unappetitlich ['ʊn-] *a* peu appétissant, dégoûtant.

Unart *f* ['ʊn-] mauvaise(s) habitude(s) *od* manières *f (pl); (e-s Kindes)* méchanceté *f;* **u~ig** *a* mal élevé, méchant; ~**igkeit** *f (e-s Kindes)* méchanceté *f.*

unästhetisch ['ʊn-] *a* inesthétique.

unauffällig ['ʊn-] *a* qui passe inaperçu; *(bescheiden)* modeste, discret; *adv* sans être aperçu, incognito; modestement, discrètement.

unauffindbar [--'--, 'ʊn-] *a* introuvable, indécelable.

unaufgefordert ['ʊn-] *a* spontané; *adv a.* sans y être invité; *(von sich aus)* de son propre chef *od* mouvement.

unaufhalt|bar *a,* ~**sam** [--'--, 'ʊn-] *a* irrésistible.

unaufhörlich [--'--, 'ʊn-] *a* incessant, continu(el), perpétuel; *adv a.* sans cesse, sans répit; du matin au soir.

unauflös|bar *a,* ~**lich** [--'--, 'ʊn-] *a* indissoluble; **U~barkeit** *f* ‹-, ø› indissolubilité *f.*

unaufmerksam ['ʊn-] *a* inattentif; *(zerstreut)* distrait; **U~keit** *f* inattention *f,* manque *m* d'attention, distraction *f.*

unaufrichtig ['ʊn-] *a* insincère; **U~keit** *f* insincérité *f,* manque *m* de sincérité.

unaufschiebbar [--'--, 'ʊn-] *a* urgent, pressant; **U~keit** *f* ‹-, ø› urgence *f.*

unausbleiblich [--'--, 'ʊn-] *a* immanquable, infaillible, inévitable.

unausgefüllt ['ʊn-] *a* non rempli; *fig* vide; ~ *lassen* laisser en blanc.

unausgeglichen ['ʊn-] *a (Charakter)* déséquilibré; **U~heit** *f* manque *m* d'équilibre.

unausgereift ['ʊn-] *a (Wein)* vert, verdelet.

unausgeschlafen ['ʊn-] *a* qui n'a pas assez dormi; ~ *aussehen* avoir l'air endormi.

unauslöschlich [--'--, 'ʊn-] *a fig* inextinguible, ineffaçable, indélébile.

unausrottbar [--'--, 'ʊn-] *a (Fehler, Irrtum)* tenace, indéracinable, inextirpable.

unaussprech|bar [--'--, 'ʊn-] *a (Lautgruppe)* imprononçable; ~**lich** *a (Gedanke)* indicible, ineffable, inexprimable.

unausstehlich [--'--, 'ʊn-] *a* insupportable, intolérable, odieux; *fam* assommant; *vulg* emmerdant; *er (sie) ist mir* ~ *(a. fam)* c'est ma bête noire.

unausweichlich [--'--, 'ʊn-] *a* inévitable, inéluctable.

unbändig ['ʊn-] *a* pétulant; effréné; *(Gelächter)* fou; *adv: sich* ~ *freuen* être au comble de la joie; ~ *lachen* rire comme un fou *od* un bossu.

unbarmherzig ['ʊn-] *a* impitoyable; *(unerbittlich)* inexorable; *a. adv* sans pitié; **U~keit** *f* ‹-, ø› dureté *f* de cœur, inexorabilité *f.*

unbeabsichtigt ['ʊn-] *a* non intentionnel.

unbeachtet ['ʊn-] *a* inaperçu, ignoré; ~ *lassen* ne pas faire *od* prêter attention à, négliger; *(absichtlich)* ignorer.

unbeanstandet ['ʊn-] *a adv* sans contredit, sans opposition; sans réclamation.

unbeantwortet ['ʊn-] *a* sans réponse.

unbearbeitet ['ʊn-] *a tech* non travaillé, non ouvré, non usiné; pas encore traité *scient od* abordé *adm.*

unbeaufsichtigt ['ʊn-] *a* sans surveillance.

unbebaut ['ʊn-] *a agr* non cultivé, inculte, vague; *(Grundstück)* non bâti.

unbedacht(sam) ['ʊn-] *a* inconsidéré, irréfléchi; étourdi; **U~samkeit** *f* irréflexion; étourderie *f.*

unbedeckt ['ʊn-] a découvert; *(nackt)* nu; *(ohne Kopfbedeckung)* tête nue, nu-tête.

unbedenklich ['ʊn-] a qui n'offre aucune difficulté *od* aucun inconvénient; *adv* sans hésiter; **U~keit** f caractère m inoffensif; **U~keitsbescheinigung** f, **U~keitsvermerk** m visa m (de (la) censure).

unbedeutend ['ʊn-] a insignifiant, sans importance; négligeable; modique, futile; **U~heit** f insignifiance; futilité f.

unbedingt ['ʊn-, --'-] a absolu; *(bedingungslos)* inconditionnel; a. adv sans condition, sans réserve, sans restriction; *adv* (auf jeden Fall) en tout cas; *(sehr)* très, extrêmement; *nicht ~* pas forcément; *wenn es ~ sein muß* si c'est indispensable; *~ notwendig* de rigueur.

unbeeinflußt ['ʊn-] a sans avoir subi d'influence.

unbefahrbar [--'--, 'ʊn-] a impraticable.

unbefangen ['ʊn-] a *(unvoreingenommen)* non prévenu, sans préjug é; *(unparteiisch)* impartial, objectif; **U~heit** f ‹-, ø› impartialité, objectivité f; *(Natürlichkeit)* naturel m, ingénuité, naïveté, candeur f.

unbefestigt ['ʊn-] a *mil* non fortifié; *(Straße)* non revêtu.

unbefleckt ['ʊn-] a *rel: die U~e Empfängnis* l'Immaculée Conception f.

unbefriedig|end ['ʊn-] a non satisfaisant, insuffisant; **~t** a insatisfait, inassouvi; mécontent; **U~theit** f ‹-, ø› insatisfaction f, mécontentement m.

unbefristet ['ʊn-] a non limité.

unbefugt ['ʊn-] a non autorisé; a. adv sans autorisation; **U~e(r)** m personne f non autorisée; *~en ist der Zutritt verboten* entrée interdite à toute personne étrangère au service, défense d'entrer sans motif de service.

unbegabt ['ʊn-] a peu doué, sans talent(s).

unbeglichen ['ʊn-] a *(Rechnung)* impayé, non réglé, en souffrance.

unbegreiflich [--'--, 'ʊn-] a incompréhensible, inconcevable; *das ist mir ~* je n'y comprends (plus) rien, je m'y perds; **U~keit** f incompréhensibilité f.

unbegrenzt ['ʊn-, --'-] a illimité, sans limites *od* bornes; *zeitlich ~* sans limitation de temps.

unbegründet ['ʊn-] a infondé, sans *od* dénué de fondement; *(ungerechtfertigt)* injustifié.

unbehaart ['ʊn-] a sans poil, glabre.

Unbehag|en n ['ʊn-] malaise m, gêne

f; **u~lich** [-klıç] a *(ungemütlich)* inconfortable, incommode; *sich ~ fühlen* être od se sentir mal à l'aise od mal à son aise od gêné; **~e(s)** Gefühl n sentiment m de malaise; **~lichkeit** f inconfort m, incommodité f.

unbehauen ['ʊn-] a brut; *(Holz)* en grume.

unbehelligt [--'--, 'ʊn-] a sans être importuné od molesté od inquiété.

unbeholfen ['ʊn-] a maladroit, gauche, emprunté, *fam* empoté; *(schwerfällig)* lourd, mal tourné; *~ sein* (a.) avoir la main lourde, être embarrassé de sa personne; **U~heit** f ‹-, ø› maladresse, gaucherie; lourdeur f.

unbeirr|bar [--'--, 'ʊn-] a imperturbable; **~t** adv sans se laisser déconcerter, tout droit, d'un pas ferme.

unbekannt ['ʊn-] a inconnu, ignoré; **~e(s)** Flugobjekt n objet m volant non-identifié; *das ist mir ~* (a.) je n'en sais rien, je l'ignore; *es ist Ihnen nicht ~, daß ...* vous n'ignorez pas que ...; *er ist mir völlig ~* je ne le connais ni d'Ève ni d'Adam; **U~e(r** m) f inconnu, e m f; **~erweise** adv sans être connu; **U~heit** f obscurité f.

unbekleidet ['ʊn-] a déshabillé, nu.

unbekümmert [--'--, 'ʊn-] a insouciant, insoucieux *(um* de); **U ~heit** f ‹-, ø› insouciance f.

unbeladen ['ʊn-] a non chargé, sans charge, à vide; *mar* sur lest.

unbelastet ['ʊn-] a *fig* non grevé *(mit* de); *(Grundstück)* non grevé d'hypothèques.

unbelästigt ['ʊn-] adv sans être molesté od importuné.

unbelehrbar [--'--, 'ʊn-] a pas à convaincre; *(unverbesserlich)* incorrigible.

unbelichtet ['ʊn-] a *phot* non-exposé, vierge.

unbeliebt ['ʊn-] a peu aimé, mal vu, impopulaire; *sich ~ machen* s'aliéner les sympathies, se rendre impopulaire; **U~heit** f ‹-, ø› impopularité f.

unbelohnt ['ʊn-] a: *~ bleiben, lassen* rester, laisser sans récompense.

unbemannt ['ʊn-] a *mar* sans équipage; *aero* sans pilote; *(Rakete)* non habité.

unbemerkt ['ʊn-] a inaperçu; *adv* sans être aperçu, incognito; *~ bleiben* passer inaperçu.

unbemittelt ['ʊn-] a sans fortune.

unbenommen [--'--, 'ʊn-] a: *es bleibt mir ~ zu ...* je suis libre de ...

unbenutz|bar ['ʊn-] a inutilisable; **~t** a inutilisé, non employé, neuf, vierge.

unbeobachtet ['ʊn-] *a:* ~ *bleiben* rester inaperçu; *adv* sans être remarqué.

unbequem ['ʊn-] *a* incommode, inconfortable; *(Kleidung)* gênant; *(lästig)* importun; *(ungelegen)* inopportun; ~ *sitzen* être mal assis; **U~lichkeit** *f* incommodité; gêne *f*.

unberech|enbar [--'---, 'ʊn-] *a* incalculable; *(launisch)* capricieux, lunatique; **U~enbarkeit** *f* impossibilité *f* de calculer *od* de prévoir *(e-r S* qc); ~**net** *a com:* ~ *lassen* ne pas passer en compte.

unberechtigt ['ʊn-] *a* non autorisé, sans autorisation; *(ungerechtfertigt)* injustifié; *(ungesetzlich)* illégal.

unberücksichtigt ['ʊn-] *a:* etw ~ lassen ne pas tenir compte de qc.

unberufen! [--'--, 'ʊn-] touchons du bois!

unberührt ['ʊn-] *a (unversehrt)* intact; *(jungfräulich)* vierge; *etw* ~ *lassen* ne pas toucher à qc.

unbeschadet [--'--, 'ʊn-] *prp gen* sans préjudice de, sous (toute) réserve de.

unbeschädigt ['ʊn-] *a* non endommagé, indemne, intact; *bes. mar* franc d'avarie.

unbeschäftigt ['ʊn-] *a* inoccupé; *(müßig)* désœuvré, oisif.

unbescheiden ['ʊn-] *a* immodeste; *(anspruchsvoll)* exigeant; *(anmaßend)* arrogant; *(aufdringlich)* indiscret; **U~heit** *f* ‹-, ø› immodestie; exigence, arrogance, indiscrétion *f*.

unbeschnitten ['ʊn-] *a (Münze, Buch)* non rogné; *rel (nichtjüdisch)* incirconcis.

unbescholten ['ʊn-] *a* irréprochable, intègre; **U~heit** *f* réputation intacte, intégrité *f*.

unbeschrankt ['ʊn-] *a (Bahnübergang)* non gardé.

unbeschränkt [--'-, 'ʊn-] *a* illimité, sans restriction; *(Gewalt)* absolu.

unbeschreiblich [--'--, 'ʊn-] *a* indescriptible, inénarrable, au-delà de toute expression.

unbeschrieben ['ʊn-] *a (Papier)* blanc, vierge; ~ *lassen* laisser en blanc; *ein ~es Blatt sein (fig)* être une page blanche.

unbeschwert ['ʊn-] *a (sorglos)* sans souci.

unbesehen [--'--, 'ʊn-] *adv* sans l'avoir vu(e), sans examen.

unbesetzt ['ʊn-] *a (Platz)* inoccupé; *(Stelle)* vacant, sans titulaire; *mil pol (Gebiet)* non occupé, libre.

unbesieg|bar [--'--, 'ʊn-] *a* invincible, imbattable; ~**t** *a* invaincu.

unbesonnen ['ʊn-] *a* irréfléchi, inconsidéré; *(gedankenlos)* écervelé;

(leichtsinnig) léger, étourdi; **U~heit** *f* irréflexion; légèreté; *(Handlung)* étourderie *f*, coup *m* de tête.

unbesorgt ['ʊn-] *a* insouciant, sans souci; *adv* tranquillement; *seien Sie* ~*!* ne vous en faites pas! soyez tranquille *od* sans inquiétude! rassurez--vous!

unbeständig ['ʊn-] *a* instable, inconstant; *(wechselhaft)* variable; **U~keit** *f* instabilité, inconstance *f*.

unbestätigt ['ʊn-, --'--] *a* non confirmé.

unbestechlich [--'--, 'ʊn-] *a* incorruptible, intègre; **U~keit** *f* ‹-, ø› incorruptibilité, intégrité *f*.

unbestimm|bar [--'--, 'ʊn-] *a* indéterminable, indéfinissable; ~**t** *a* indéterminé *a. math;* indéfini *a. gram; (ungewiß)* incertain; *(ungenau)* indistinct, indécis, imprécis; *auf ~e Zeit* pour un temps indéterminé; **U~theit** *f* ‹-, ø› indétermination; incertitude; indécision, imprécision *f;* **U~theitsrelation** *f phys* principe *m* d'incertitude.

unbestreitbar [--'--, 'ʊn-] *a* incontestable, indiscutable, hors de dispute; **unbestritten** *a* incontesté; *adv* incontestablement, sans conteste, sans contredit.

unbeteiligt [--'--, 'ʊn-] *a* hors de cause; étranger *(an* à); *(gleichgültig)* indifférent, désintéressé; **U~heit** *f* indifférence *f*, désintéressement *m*.

unbetont ['ʊn-] *a gram* non accentué, atone.

unbeugsam [-'--, 'ʊn-] *a* inflexible, irréductible, de bronze; **U~keit** *f* inflexibilité, intransigeance *f*.

unbewacht ['ʊn-] *a* non gardé *a. loc,* sans surveillance.

unbewaffnet ['ʊn-] *a* sans armes, désarmé; *zoo bot* inerme; *mit ~em Auge* à l'œil nu.

unbewältigt ['ʊn-/--'--] *a fig* non surmonté.

unbeweg|lich ['ʊn-/--'--] *a* immobile, stationnaire, fixe; *jur* immeuble; ~*e(s) Gut n (jur)* (bien) immeuble *m;* **U~lichkeit** *f* immobilité, fixité *f;* ~**t** *a fig* impassible.

unbeweibt ['ʊn-] *a* non marié, célibataire.

unbeweisbar [--'--, 'ʊn-] *a* improuvable, indémontrable; **unbewiesen** *a* pas prouvé, non démontré.

unbewohn|bar [--'--, 'ʊn-] *a* inhabitable; ~**t** *a* inhabité; *(Land)* désert.

unbewußt ['ʊn-] *a* inconscient *a. psych philos;* **U~e,** *das, psych philos* l'inconscient *m*.

unbezahl|bar [--'--, 'ʊn-] *a* impayable *a. fig; fig* sans prix; ~ *sein (fig)*

n'avoir point de prix, être sans prix;
~**t** a impayé, non payé; *(Rechnung)*
non réglé, en souffrance; *(Arbeit)* non
salarié.

unbezähmbar [--'--, 'ʊn-] a indompta-
ble; **U~keit** f indomptabilité f.

unbezwungen ['ʊn-] a invaincu, insoumis, indompté; *(Berggipfel)* in-
violé.

Unbilden pl ['ʊnbɪldən] : *die ~ der
Witterung* les injures du temps, les intempéries f pl.

Unbill f ⟨-, ø⟩ ['ʊnbɪl] *(Unrecht)* tort m;
(Ungerechtigkeit) injustice, iniquité f;
u~ig a *(ungerecht)* injuste, inéquita-
ble, inique; *(unvernünftig)* déraisonnable; ~**igkeit** f injustice, iniquité f.

unblutig ['ʊn-] a non sanglant; adv
sans effusion de sang.

unbotmäßig ['ʊn-] a réfractaire, rétif,
récalcitrant; bes. mil insubordonné;
U~keit f insubordination f.

unbrauchbar ['ʊn-] a *(Sache)* inu-
til(isabl)e, inemployable *(Mensch)* incapable, inapte; ~ *machen* mettre
hors d'usage; **U~keit** f ⟨-, ø⟩ inutilité;
incapacité, inaptitude f.

unchristlich ['ʊn-] a non chrétien;
allg peu chrétien; adv: ~ handeln ne
pas agir en chrétien.

und [ʊnt] conj et; ~ *(dann)?* et alors?
et puis? et après? mais encore? hier
~ da od dort par-ci, par-là; dann ~
wann, hin ~ wieder de temps en
temps od à autre; mehr ~ mehr de
plus en plus; er kam ~ holte mich il
vint me prendre; geh ~ hole mir ...
va me chercher ...; ~ damit basta! ça
suffit.

Undank m ['ʊn-] ingratitude f; nur ~
ernten (a.) ne recueillir que de
l'ivraie; jdm mit ~ lohnen payer qn
d'ingratitude; ~ ist der Welt Lohn
(prov) l'ingratitude est le salaire de ce
monde; **u~bar** a ingrat *(gegen*
envers); *(Thema)* aride; ~**barkeit** f
ingratitude f.

undatiert ['ʊn-] a non daté, sans date.

undefinierbar [---'--, 'ʊn-] a indéfinis-
sable.

undenk|bar [ʊn'dɛŋkbaːr] a impen-
sable, inconcevable, inimaginable;
~**lich** a: seit ~en Zeiten de temps
immémorial.

undeutlich ['ʊn-] a indistinct; *(unbestimmt)* indécis, vague; *(unscharf)*
brouillé, flou *(Schrift)* peu lisible; ~
sehen (itr, a. fig) avoir la vue od voir
trouble; ~ sprechen (a.) bredouiller,
fam marmonner; **U~keit** f indécision f, vague; manque m de netteté.

undicht ['ʊn-] a non étanche; *(durchlässig)* perméable; ~ sein (a.) ne pas

joindre, joindre mal, prendre l'eau,
fuir; ~e Stelle f point m de fuite.

Undine f ⟨-, -n⟩ [ʊn'diːnə] *(Nixe)*
ondine f.

Unding n ⟨-(e)s, -e⟩ ['ʊn-] absurdité f;
(Unsinn) non-sens m.

undiszipliniert ['ʊn-] a indiscipliné.

unduldsam ['ʊn-] a intolérant; **U~-
keit** f ⟨-, ø⟩ intolérance f.

undurch|dringlich [--'--, 'ʊn-] a
impénétrable a. fig; **U~dringlich-
keit** f ⟨-, ø⟩ impénétrabilité f, a. fig;
~**führbar** a inexécutable, irréalisable,
impraticable, infaisable; ~**lässig**
['ʊn-] a imperméable *(für* à), étanche;
U~lässigkeit f imperméabilité,
étanchéité f; ~**sichtig** ['ʊn-] a opaque; fig impénétrable, ténébreux;
(Lage) confus; **U~sichtigkeit** f ⟨-, ø⟩
opacité; fig impénétrabilité; confusion f.

uneben ['ʊn-] a *(Boden)* inégal; *(Gelände)* accidenté, mouvementé;
(Weg) âpre, raboteux; nicht ~ *(fam:
ganz hübsch)* pas (si) mal; **U~heit** f
inégalité f; caractère m accidenté;
aspérité f; *(einzelne)* accident m.

unecht ['ʊn-] a *(nachgemacht)* imité,
d'imitation, en imitation, en simili;
(Farbe) fugitif, qui déteint; *(falsch)*
faux; *(gefälscht)* falsifié, contrefait;
~e(r) Bruch m *(math)* nombre m
fractionnaire; **U~heit** f ⟨-, ø⟩ fausseté
f.

unehelich ['ʊn-] a *(Kind)* naturel,
illégitime; **U~keit** f ⟨-, ø⟩ illégitimité
f.

Unehr|e f ['ʊn-] déshonneur m; jdm ~
machen déshonorer qn; s-m Namen
~ machen flétrir sa réputation;
u~enhaft a *(Verhalten)* déshonorant; **u~erbietig** a irrespectueux,
irrévérencieux *(gegen* envers); ~**er-
bietigkeit** f irrespect m, irrévérence
f; **u~lich** a malhonnête, déloyal;
~**lichkeit** f malhonnêteté, improbité,
déloyauté f.

uneigennützig ['ʊn-] a désintéressé,
altruiste; **U~keit** f désintéressement,
altruisme m.

uneinbringlich [--'--, 'ʊn-] a jur *(Forderung)* irrecouvrable.

uneingedenk ['ʊn-] a oublieux *(e-r S*
de qc).

uneingelöst ['ʊn-/---'-] a fin impayé;
(Wechsel a.) renvoyé, retourné.

uneingeschränkt ['ʊn-/---'-] a illimité; pol *(Gewalt)* absolu; a. adv sans
restriction.

uneingestanden ['ʊn-] a inavoué.

uneinheitlich ['ʊn-] a différent, varié.

unein|ig ['ʊn-] a désuni, divisé, brouillé;
mit jdm über etw ~ sein être od se

trouver en désaccord avec qn sur qc; ~ *werden* se désunir, se diviser, se brouiller; **U~igkeit** *f* désunion *f,* désaccord *m,* division *f; ~s a pred = ~ig.*

uneinnehmbar [--'--, 'ʊn-] *a mil* imprenable, inexpugnable.

unelegant ['ʊn-] *a* inélégant.

unempfänglich ['ʊn-] *a* inaccessible, insensible, peu réceptif, fermé *(für* à); *med* immunisé.

unempfindlich ['ʊn-] *a* insensible *(gegen* à); apathique; *fig* inaccessible *(gegen* à); *(gefühllos)* impassible, froid; ~ *machen (med)* insensibiliser, anesthésier; **U~keit** *f* ⟨-, ø⟩ insensibilité, apathie; impassibilité, froideur *f.*

unendlich [ʊn'ʔɛntlıç] *a* infini *a. math; (unermeßlich)* immense; *im U~en (math)* à l'infini; *auf ~ einstellen (opt phot)* régler à l'infini; ~ *klein* infiniment petit, *math a.* infinitésimal; **U~keit** *f* ⟨-, ø⟩ infinité; immensité *f.*

unentbehrlich [--'--, 'ʊn-] *a* indispensable, de première nécessité; **U~keit** *f* besoin *m* absolu.

unentgeltlich [--'--, 'ʊn-] *a* gratuit; *adv* gratuitement, gratis, à titre gracieux; **U~keit** *f* gratuité *f.*

unenthaltsam ['ʊn-] *a* incontinent; **U~keit** *f* incontinence *f.*

unentrinnbar [--'--, 'ʊn-] *a* inévitable, inéluctable.

unentschieden ['ʊn-] *a* indécis; *(in der Schwebe)* en suspens, pendant; *(Schach)* nulle; *sport* nul; *(unentschlossen)* irrésolu; ~ *spielen (sport)* faire match nul *(gegen* avec); **U~** *n sport* égalité *f* de points; **U~heit** *f* indécision; irrésolution *f.*

unentschlossen ['ʊn-] *a* irrésolu, indécis; ~ *sein (a.)* hésiter, balancer, vaciller; **U~heit** *f* irrésolution, indécision *f.*

unentschuldbar [--'--, 'ʊn-] *a* inexcusable.

unentwegt [--'-, 'ʊn-] *a (unerschütterlich)* inébranlable; *(unermüdlich)* inlassable; *adv* sans cesse, sans relâche; **U~e(r)** *m, bes. pol* radical, ultra, *fam* jusqu'au-boutiste *m.*

unentwickelt ['ʊn] *a* non (encore) développé.

unentwirrbar [--'--, 'ʊn-] *a* inextricable.

unentzifferbar [--'---, 'ʊn-] *a* indéchiffrable.

unerbittlich [--'--, 'ʊn-] *a* inexorable, inflexible; *(erbarmungslos)* impitoyable; *adv a.* sans rémission; **U~keit** *f* ⟨-, ø⟩ inexorabilité, inflexibilité *f.*

unerfahren ['ʊn-] *a* inexpérimenté *(in*

dans), sans expérience; **U~heit** *f* ⟨-, ø⟩ inexpérience *f.*

unerfindlich [--'--, 'ʊn-] *a (unbegreiflich)* inconcevable, incompréhensible; *das ist mir ~* je n'y comprends rien.

unerforschlich [--'--, 'ʊn-] *a = unergründlich.*

unerfreulich ['ʊn-] *a* peu réjouissant, fâcheux; *(unangenehm)* désagréable.

unergiebig ['ʊn-] *a* improductif, stérile; *agr (Boden)* maigre; *(nicht lohnend)* peu profitable.

unergründlich [--'--, 'ʊn-] *a* insondable, impénétrable, inscrutable; **U~keit** *f* ⟨-, ø⟩ insondabilité, impénétrabilité *f.*

unerheblich ['ʊn-] *a* peu important, de peu d'importance *od* de considération *od* de poids, insignifiant; **U~keit** *f* peu *m* d'importance, insignifiance *f.*

unerhört *a (unglaublich)* inouï, sans nom, scandaleux; ~ *bleiben (Bitte)* rester sans réponse; *das ist (ja) ~! (a.)* c'est trop fort! c'est un monde! cela n'a pas de nom! on n'a pas idée de cela!

unerkannt ['ʊn-] *adv* sans être reconnu; incognito.

unerklär|bar [--'--, 'ʊn-] *a, ~lich a* inexplicable, indéchiffrable; *(rätselhaft)* mystérieux.

unerläßlich [--'--, 'ʊn-] *a* indispensable, de rigueur.

unerlaubt ['ʊn-] *a* non autorisé, défendu, illicite; *(ungesetzlich)* illégal.

unerledigt ['ʊn-] *a* non réglé; en suspens; *(Arbeit, Rechnung)* en souffrance; *jur* en instance.

unermeßlich [--'--, 'ʊn-] *a* immense, énorme; *abus* incommensurable; **U~keit** *f* ⟨-, ø⟩ immensité *f;* abîme *m.*

unermüdlich [--'--, 'ʊn-] *a* infatigable, inlassable; **U~keit** *f* ⟨-, ø⟩ ardeur *f* infatigable *od* inlassable.

unerquicklich ['ʊn-] *a = unerfreulich.*

unerreich|bar [--'--, 'ʊn-] *a, a. fig* inaccessible, hors d'atteinte *od* de portée; **~t** *a fig* inégalé, sans égal, sans pareil, hors (de) pair.

unersättlich [--'--, 'ʊn-] *a, a. fig* insatiable.

unerschlossen ['ʊn-] *a* pas encore ouvert à l'accès.

unerschöpflich [--'--, 'ʊn-] *a* inépuisable, intarissable.

unerschrocken ['ʊn-] *a* intrépide, impavide; **U~heit** *f* ⟨-, ø⟩ intrépidité *f.*

unerschütterlich [--'---, 'ʊn-] *a* inébranlable *a. fig; fig* imperturbable.

unerschwinglich [--'--, 'ʊn-] *a (Ware)* hors de prix; *(Preis)* inabordable, prohibitif, exorbitant, énorme.

unersetzlich [--'--, 'ʊn-] *a* irremplaçable; *(Verlust)* irréparable, irrémédiable.

unersprießlich [--'--, 'ʊn-] *a* infructueux; *(unangenehm)* désagréable, fâcheux.

unerträglich [--'--, 'ʊn-] *a* insupportable, intolérable; *fam* assommant; *jdm* ~ *sein fam a.* assommer qn.

unerwähnt ['ʊn-] *a:* ~ *bleiben* n'être pas mentionné, être passé sous silence; *etw* ~ *lassen* ne pas mentionner qc, ne pas faire mention de qc, passer qc sous silence.

unerwartet ['ʊn-/--'--] *a* inattendu, imprévu; *(Glück)* inespéré; *adv* à l'improviste, sans dire *od* crier gare; *(zufällig)* par raccroc; *das kommt mir* ~ je ne m'y attendais pas.

unerwidert ['ʊn-] *a (Brief)* sans réponse; *(Besuch)* non rendu; *(Liebe)* non partagé.

unerwünscht ['ʊn-] *a* indésirable; *(ungelegen)* importun; ~*e Person f* indésirable *m f.*

unerzogen ['ʊn-] *a* mal élevé.

unfähig ['ʊn-] *a* incapable (*zu* de); *(ungeeignet)* inapte (*zu* à), incompétent; *(außerstande)* impuissant; *bes. jur* inhabile (*zu* à); **U~keit** *f* incapacité; inaptitude, incompétence; impuissance; *jur* inhabilité *f.*

unfair ['ʊnfɛːr] *a* déloyal, *fam, bes. sport* irrégulier.

Unfall *m* ['ʊn-] accident *m;* *(Panne)* panne; *tech, bes. mar* avarie *f; bei e-m* ~ *(während e-s* ~*s)* dans un accident; *(im Falle e-s* ~*s)* en cas d'accident; *durch* ~ par accident, accidentellement; *e-n* ~ *erleiden* être victime d'un accident; ~ *auf dem Weg zur oder von der Arbeitsstätte* accident *m* de trajet; *Tod m durch* ~ mort *f* accidentelle; *tödliche(r)* ~ accident *m* mortel; ~**anzeige** *f* déclaration *f* d'accident; ~**bericht** *m* compte rendu d'accident; ~**entschädigung** *f* indemnité *f* d'accident; ~**flucht** *f* délit *m* de fuite; **u~frei** *a* sans accident; ~**meldung** *f* = ~*bericht;* ~**schutz** *m* protection *f* contre les accidents; ~**station** *f* poste *m* de secours; ~**statistik** *f* statistique *f* des accidents; ~**stelle** *f* lieu *m* de l'accident; ~**verhütung** *f* prévention des accidents, prévoyance *f* contre les accidents; ~**versicherung** *f* assurance *f* (contre les) accidents; ~**ziffer** *f* nombre *m* des accidents.

unfaßbar *a,* ~**lich** [-'--, 'ʊn-] *a* inconcevable, incompréhensible.

unfehlbar [-'--, 'ʊn-] *a* immanquable; *bes. rel* infaillible; *(Mittel)* souverain;

adv a. à coup sûr; **U~keit** *f* ⟨-, ø⟩ *rel* infaillibilité *f.*

unfein ['ʊn-] *a fig* peu délicat, sans tact; *(unhöflich)* impoli.

unfern ['ʊn-] *prp gen, adv:* ~ *von* non loin de, à peu de distance de.

unfertig ['ʊn-] *a* inachevé.

Unflat *m* ⟨-(e)s, ø⟩ ['ʊnflaːt] immondices *f pl; a. fig* ordure, saleté *f.*

unflätig ['ʊn-] *a* ordurier, sale, obscène, *pop* cochon; ~**igkeit** *f* saleté, obscénité *f.*

unfolgsam ['ʊn-] *a* désobéissant.

unförmig ['ʊn-] *a* informe, difforme; **U~igkeit** *f* difformité; monstruosité *f.*

unfrankiert ['ʊn-] *a* non affranchi, en port dû.

unfrei ['ʊn-] *a* qui n'est pas libre; *hist (leibeigen)* serf; **U~heit** *f* servitude *f;* ~**willig** *a* involontaire; *a. adv* malgré moi, toi *etc.*

unfreundlich ['ʊn-] *a* inamical, peu aimable, désobligeant, disgracieux; *(mürrisch)* maussade (*a. vom Wetter)*, morose; *(barsch)* brusque, revêche; *(Wetter)* inclément; *jdn* ~ *behandeln* faire la tête *od* mauvaise *od* grise mine à qn; **U~keit** *f* caractère *m* peu aimable, désobligeance, mauvaise grâce; maussaderie, morosité; brusquerie; inclémence *f.*

Unfriede *m* ⟨-ns, ø⟩ ['ʊn-] discorde, dissension *f.*

unfrisiert ['ʊn-] *a* sans être coiffé; *fig (Bericht, Bilanz)* qui n'est pas camouflé *od* maquillé *od* truqué.

unfroh ['ʊn-] *a (mürrisch)* morose.

unfruchtbar ['ʊn-] *a, a. fig* infertile, inféconde, stérile; *fig (fruchtlos)* infructueux; **U~keit** *f* ⟨-, ø⟩ *a. fig* infertilité, infécondité, stérilité *f.*

Unfug *m* ⟨-(e)s, ø⟩ ['ʊnfuːk, '-gəs] *(Streich)* mauvais tour *m,* farce *f,* excès *m; fam (Torheit)* bêtise, absurdité *f; (Unsinn)* non-sens *m;* ~ *treiben* faire des folies; *grobe(r)* ~ *(jur)* scandale *m.*

Ungar\|(in *f)* *m* ⟨-n, -n⟩ ['ʊŋgar] Hongrois, e *m f;* **u~isch** ['ʊŋgarɪʃ] *a* hongrois; *(das) U~isch(e) n* le hongrois; ~**n** *n* la Hongrie.

ungastlich ['ʊn-] *a* inhospitalier.

ungeachtet ['ʊn-/--'--] *a* peu estimé, méprisé; *prp gen* malgré, en dépit de, nonobstant.

ungeahndet ['ʊn-] *a* impuni.

ungeahnt ['ʊn-/--'-] *a* insoupçonné, inopiné, inespéré.

ungebärdig ['ʊn-] *a* mutin, récalcitrant.

ungebeten ['ʊn-] *a* qui n'a pas été invité; *adv* sans être invité; ~ *erscheinen* s'inviter; ~*e(r) Gast m* intrus *m*.

ungebeugt ['ʊn-] *a fig* indompté, insoumis.

ungebildet ['ʊn-] *a* inculte; sans culture *od* instruction *od* éducation; illettré; *(roh)* fruste, grossier, rude.

ungebleicht ['ʊn-] *a* non blanchi, écru.

ungeboren ['ʊn-] *a* (encore) à naître.

ungebrannt ['ʊn-] *a (Lehm)* cru; *(Kaffee)* vert.

unge|bräuchlich ['ʊn-] *a (Wort)* inusité; ~**braucht** *a* inutilisé, neuf, vierge.

ungebrochen ['ʊn-] *f* ‹-, ø› *a fig* (toujours) ferme.

Ungebühr *f (Ungehörigkeit)* inconvenance *f;* **u~lich** ['ʊn-/--'--] *a (ungehörig)* inconvenant, indu, incongru; ~**lichkeit** *f* inconvenance, incongruité *f*.

ungebunden ['ʊn-] *a (Buch)* non relié, broché; *(Rede)* en prose; *(frei)* (trop) libre; **U~heit** *f* ‹-, ø› liberté *f*.

ungedeckt ['ʊn-] *a* pas couvert, découvert; *mil* à découvert, sans abri; *fin* à découvert, sans couverture; *(Scheck)* sans provision.

ungedruckt ['ʊn-] *a (unveröffentlicht)* inédit.

Ungeduld ['ʊn-] *f* impatience *f; vor* ~ *brennen* brûler d'impatience; **u~ig** *a* impatient; ~ *machen* impatienter; ~ *werden* s'impatienter.

ungeeignet ['ʊn-] *a* impropre *(zu* à); *(Zeit)* inopportun; **U~heit** *f* impropriété; inopportunité, inadaptation *f*.

ungefähr ['ʊn-/--'--] *a (annähernd)* approximatif; *adv* approximativement, environ, autour de; *vor* ~ *einer Woche (fam) es ist so* ~ *eine Woche her* il y a environ une semaine; ~ *100 Mark (a.)* une centaine de *od* dans les 100 marks; *von* ~ *(zufällig)* par hasard.

ungefähr|det ['ʊn-/--'--] *a u. adv* sans danger, en (toute) sécurité; ~**lich** *a (Mensch, Tier)* inoffensif; *(Sache)* anodin; *(Lage, Unternehmen)* sans danger.

ungefällig ['ʊn-] *a (unfreundlich)* peu complaisant, désobligeant; **U~keit** *f* manque *m* de complaisance, désobligeance, mauvaise grâce *f*.

ungefärbt ['ʊn-] *a* non teint, écru; *fig* sincère, cru; sans fard.

ungefaßt ['ʊn-] *a (Edelstein)* non monté, non serti.

ungefedert ['ʊn-] *a tech* non suspendu.

ungefragt ['ʊn-] *adv* sans être interrogé.

ungefüg|e ['ʊn-] *a (unförmig)* lourd,

massif; ~**ig** *a (eigensinnig)* peu accomodant, peu maniable, indocile.

ungefüttert ['ʊn-] *a (Kleidungsstück)* non doublé, sans doublure.

ungegerbt ['ʊn-] *a* cru.

ungegliedert ['ʊn-] *a* inarticulé.

ungehalten ['ʊn-] *a (verärgert)* mécontent, irrité, fâché *(über* de); ~ *werden* se fâcher *(über* de).

ungehärtet ['ʊn-] *a tech* non trempé.

ungeheißen ['ʊn-] *adv* sans en avoir l'ordre, de son propre chef.

ungeheizt ['ʊn-] *a* non chauffé.

ungeheuer ['ʊn-/--'--] *a* monstrueux, formidable *a. fam (übertreibend); (gewaltig)* immense, énorme; **U~** *n* ‹-s, -› monstre *m;* ~**lich** *a* monstrueux; **U~lichkeit** *f* monstruosité, énormité *f*.

ungehindert ['ʊn-] *a* libre; *adv* sans être empêché, sans entraves, sans obstacles; *zu jdm* ~*en Zutritt haben* avoir libre accès à qn.

ungehobelt ['ʊn-] *a* non raboté, brut; *fig* mal dégrossi, grossier, rude, fruste, impoli; ~*e(r) Mensch m* malappris, ours mal léché, rustre *m*.

ungehörig ['ʊn-] *a* inconvenant, incongru, mal à propos, indu; **U~keit** *f* inconvenance, incongruité *f*.

ungehorsam ['ʊn-] *a* désobéissant *(gegen* à), indocile; *bes. mil* insubordonné, insoumis; ~ *sein (a.)* désobéir; *(Kind)* ne pas écouter; **U~** *m* désobéissance, indocilité; *bes. mil* insubordination, insoumission *f*.

Ungeist ['ʊn-] *m* esprit *m* malfaisant.

ungeklärt ['ʊn-] *a* non éclairci, obscur; *(Tat)* inexpliqué; *(zweifelhaft)* douteux; *(in der Schwebe)* en suspens.

ungekocht ['ʊn-] *a* non cuit; *(roh)* cru.

ungekündigt ['ʊn-] *a: in* ~*er Stellung* sans avoir reçu congé.

ungekünstelt ['ʊn-] *a* sans recherche *od* apprêt *od* affectation; *(natürlich)* naturel, naïf; *(schlicht)* simple.

ungekürzt ['ʊn-] *a (Text, Ausgabe)* intégral.

ungeladen ['ʊn-] *a (Wagen, Gewehr, el)* non chargé; *(Gast)* non invité.

ungelegen ['ʊn-] *a* intempestif, importun, inopportun, mal venu; *(Zeit)* défavorable; indu; *adv* mal à *od* hors de propos, à contretemps; ~ *kommen* incommoder, déranger *(jdm* qn); *fam* venir comme un chien dans un jeu de quilles; *das kommt mir* ~ cela me dérange; **U~heit** *f: jdm* ~*en machen* importuner qn, donner de l'embarras *od* causer des ennuis à qn.

ungelehr|ig ['ʊn-] *a* qui apprend difficilement; ~**t** *a* illettré, sans érudition.

ungelenk(ig) ['ʊn-] *a* peu souple, raide; *(ungeschickt)* maladroit, gauche.

ungelernt ['ʊn-] *a:* ~e(r) *Arbeiter m* ouvrier non qualifié, manœuvre, homme *m* de peine.

ungeliebt ['ʊn-] *a* mal-aimé.

ungelogen ['ʊn-] *adv* à dire vrai.

ungelöst ['ʊn-] *a chem* en suspension; *(Frage)* non résolu, non solutionné.

Ungemach *n* ‹-(e)s, ø› ['ʊngəmaːx] *lit (Widerwärtigkeiten)* ennuis, inconvénients *m pl,* contrariétés *f pl.*

ungemein ['ʊn-/ʊn-] *adv* énormément, extrêmement.

ungemischt ['ʊn-] *a, a. fig* sans mélange, pur.

ungemütlich ['ʊn-] *a* inconfortable; *fam (Wetter)* vilain; **U~keit** *f* manque *m* de confort.

ungenannt ['ʊn-] *a* innommé, anonyme.

ungenau ['ʊn-] *a* inexact, imprécis; **U~igkeit** *f* inexactitude, imprécision *f.*

ungeniert ['ʊnʒeniːrt] *adv* sans gêne, sans façon(s); **U~heit** *f* sans-gêne *m.*

ungenießbar ['ʊn-/--'--] *a (Speise)* immangeable; *(Getränk)* imbuvable; *fig* insipide, fastidieux, ennuyeux; ~ *machen* dénaturer; **U~keit** *f* caractère *m* inconsommable *od fig* insipide.

ungenügend ['ʊn-] *a* insuffisant; ~e *Zahl f* insuffisance *f* numérique.

ungenutzt ['ʊn-] *a* inutilisé; ~ *(vorübergehen) lassen* ne pas profiter de (laisser passer sans en profiter).

ungeordnet ['ʊn-] *a* non rangé; *a. adv* sans ordre, en désordre.

ungepflegt ['ʊn-] *a* mal soigné, négligé.

ungeprüft ['ʊn-] *a* non examiné, sans examen.

ungerächt ['ʊn-] *a* non vengé, impuni.

ungerade ['ʊn-] *a (Zahl)* impair.

ungerechnet ['ʊn-] *prp acc (ohne)* non compté, sans compter; *(nicht inbegriffen)* non compris; *(außer)* à l'exception de.

ungerecht ['ʊn-] *a* injuste, inique; ~**fertigt** *a* injustifié; **U~igkeit** *f* injustice, iniquité *f.*

ungeregelt ['ʊn-] *a (Leben)* déréglé, désordonné.

ungereimt ['ʊn-] *a* non rimé; *fig (unsinnig, albern)* inepte, absurde, saugrenu; ~e(s) *Zeug n* sottises, balivernes *f pl,* galimatias *m;* **U~heit** *f fig* ineptie, absurdité *f.*

ungern ['ʊn-] *adv* à contre-cœur, à regret, à son corps défendant, de mauvais gré, de mauvaise grâce, avec déplaisir *od* répugnance, malgré soi; *es* ~ *sehen, daß* ... voir d'un mauvais œil que ...; *ich sehe es* ~, *daß* ... *(a.)* il me déplaît que *subj.*

ungerufen ['ʊn-] *adv* sans être appelé.

ungerührt ['ʊn-] *a fig* impassible, froid.

ungerupft ['ʊn-] *a fig:* ~ *davonkommen* l'échapper belle; *nicht* ~ *davonkommen* y laisser des plumes.

ungesagt ['ʊn-] *a: etw* ~ *lassen* passer qc sous silence.

ungesalzen ['ʊn-] *a* non salé, sans sel.

ungesättigt ['ʊn-] *a chem* non saturé.

ungesäuert ['ʊn-] *a (Brot)* azyme; *Fest n der* ~en *Brote (rel)* Fête *f* des Azymes.

ungeschehen ['ʊn-] *a: das ist nicht mehr* ~ *zu machen* c'est irréparable.

Ungeschick *n* ‹-(e)s, ø› ['ʊngəʃɪk] = ~theit; **u~lich** *a* = u~t; ~**lichkeit** *f* = ~theit; *e-e* ~ *begehen* faire un pas de clerc; **u~t** *a* maladroit, inhabile, malhabile, gauche; *pop* empoté; *sich* ~ *anstellen,* ~ *sein (a.)* avoir la main lourde *od* de la glu aux doigts; ~e(r) *Mensch m (a.)* lourdaud *m;* ~**theit** *f* maladresse, inhabileté, gaucherie *f.*

ungeschlacht ['ʊn-] *a* lourd(aud).

ungeschlechtlich ['ʊn-] *a biol* asexuel.

ungeschliffen ['ʊn-] *a tech (Edelstein)* non taillé, brut; *fig* impoli, malappris, mal élevé, grossier, fruste, brutal; **U~heit** *f fig* manque *m* de forme, impolitesse, grossièreté, brutalité *f.*

ungeschmälert ['ʊn-] *a* sans diminution, entier, intégral.

ungeschminkt ['ʊn-] *a* non fardé; *fig* (présenté) sans fard; *adv fig* crûment; *(aufrichtig)* sincèrement.

ungeschoren ['ʊn-] *a: jdn* ~ *(fig: in Ruhe) lassen* laisser qn tranquille *od* en paix.

ungeschrieben ['ʊn-] *a (Gesetz)* coutumier.

ungeschwächt ['ʊn-] *a* sans perte.

ungesehen ['ʊn-] *adv* sans être vu.

ungesellig ['ʊn-] *a* insociable; *(menschenscheu)* sauvage, farouche; **U~keit** *f* insociabilité, sauvagerie, humeur *f* farouche.

ungesetzlich ['ʊn-] *a* illégal, contraire à la loi; *jur* extra-légal; *(unrechtmäßig)* illégitime; *etw für* ~ *erklären* déclarer qc illégal; **U~keit** *f* illégalité; illégitimité *f.*

ungesittet ['ʊn-] *a* incivil; non civilisé, mal élevé.

ungestärkt ['ʊn-] *a (Wäsche)* qui n'est pas empesé *od* amidonné.

ungestempelt ['ʊn-] *a (Briefmarke)* non oblitéré.

ungestielt ['ʊn-] *a bot* acaule, sessile.

ungestillt ['ʊn-] *a fig (Verlangen)* inassouvi, inapaisé.

ungestört ['ʊn-] *adv a.* en paix, sans être dérangé.

ungestraft ['ʊn-] *a* impuni; *adv* impunément.

ungestüm ['ʊn-] *a* violent, véhément, impétueux, pétulant, turbulent, fougueux; *adv a.* à corps perdu; **U~** *n* ‹-(e)s, ø› ['ʊngə'ʃtyːm] violence, véhémence, impétuosité, pétulance, turbulence, fougue *f.*

ungesund ['ʊn-] *a (Umgebung)* insalubre, nocif; *(Speise, Getränk)* malsain; *fig* malsain, morbide.

ungetan ['ʊn-] *a: nichts ~ lassen* faire de son mieux.

ungeteilt ['ʊn-] *a* non divisé, non partagé; *jur* indivis; *(ganz)* intégral, entier.

ungetrübt ['ʊn-] *a fig (Freude, Glück)* sans mélange, sans nuage, serein.

Ungetüm *n* ‹-(e)s, -e› ['ʊngətyːm] monstre *m.*

ungeübt ['ʊn-] *a* inexercé, inexpérimenté; qui manque d'entraînement.

ungewaschen ['ʊn-] *a* non lavé.

ungewiß ['ʊn-] *a* incertain; *(unsicher, heikel)* précaire; *(zweifelhaft)* douteux, problématique; *(zufallsbedingt)* aléatoire; *im ungewissen bleiben, sein* rester, être dans l'incertitude *od fam* le bec dans l'eau; *jdn im ungewissen lassen* laisser *od* tenir qn dans l'incertitude *od fam* le bec dans l'eau; **U~heit** *f* incertitude; précarité *f.*

Ungewitter *n* ['ʊn-] tempête *f,* orage *m.*

ungewöhnlich ['ʊn-] *a* inhabituel, insolite; *(außerordentlich)* extraordinaire, exceptionnel; hors du commun, hors ligne *od* classe; **U~keit** *f* ‹-, ø› caractère *m* insolite.

ungewohnt ['ʊn-] *a* inaccoutumé; **U~heit** *f* nouveauté *f.*

ungewollt ['ʊn-] *a* involontaire; sans intention.

ungezählt ['ʊn-] *a fig (zahllos)* innombrable, sans nombre.

Ungeziefer *n* ‹-s, ø› ['ʊngətsiːfər] vermine *f; pop* habitants *m pl.*

ungeziemend ['ʊn-] *a* inconvenant, indu, malséant.

ungezogen ['ʊn-] *a* mal élevé, malappris; *(unhöflich)* impoli; *(frech)* impertinent; *(Kind)* méchant, pas sage; **U~heit** *f* manque *m* d'éducation; mauvaises manières *f pl;* impolitesse; impertinence; méchanceté *f.*

ungezwungen ['ʊn-] *a (zwangslos)* aisé, dégagé, désinvolte, sans gêne, sans façon; *adv a.* avec aisance, avec désinvolture; **U~heit** *f fig* aisance

(des manières), désinvolture *f,* sans--gêne, sans-façon, abandon *m.*

Unglaub|e(n) *m* ['ʊn-] incrédulité; *rel* incroyance *f;* **u~haft** *a* peu digne de foi, hors de créance, douteux; **u~lich** ['ʊn-/ʊn-] *a* incroyable; *(unerhört)* inouï, inouïe; pop raide; *das ist ja ~! a.* c'est à n'y pas croire! **~lichkeit** *f* ‹-, ø› caractère *m* incroyable; **u~-würdig** ['ʊn-] *a* peu digne de foi; **~würdigkeit** *f* incrédibilité *f.*

ungläubig ['ʊn-] *a allg* incrédule, sceptique; *rel* incroyant, mécréant; **U~e(r)** *m* incroyant, mécréant, infidèle *m;* **U~keit** *f* incrédulité *f,* scepticisme *m.*

ungleich ['ʊn-] *a* inégal; *(verschieden)* différent; *(unähnlich)* dissemblable; *(nicht zs.passend)* disparate, disproportionné; **~artig** *a* de nature différente, hétérogène; **U~artigkeit** *f* hétérogénéité *f;* **~förmig** *a* inégal; irrégulier; **U~heit** *f* inégalité; disparité; dissemblance *f;* **~mäßig** *a* inégal, irrégulier, disproportionné; **U~mäßigkeit** *f* inégalité, irrégularité *f;* **~seitig** *a math* scalène.

Unglimpf *m* ‹-(e)s, ø› ['ʊnglɪmpf] *lit (Schimpf)* injure *f.*

Unglück *n* ‹-(e)s, -e› ['ʊn-] *allg* malheur *m; (unglückl. Lage)* mauvaise fortune; *(Mißgeschick)* infortune, adversité, malchance *f; (Verkehrs~)* accident *m; fam* déveine, guigne *f,* guignon; *(großes ~)* désastre; *(~sfall)* accident *m,* sinistre *m; (Not, Elend)* calamité *f; zu allem ~* pour comble de malheur; *zu meinem ~* pour mon malheur; *~ bedeuten od verkünden* être de mauvais augure; *~ bringen* porter malheur; *~ über jdn bringen* faire le malheur de qn; *jdn ins ~ stürzen* précipiter qn dans le malheur; *vom ~ verfolgt werden* être poursuivi par le mauvais sort; *das ist kein großes ~ (fam)* le grand malheur! *ein ~ kommt selten allein (prov)* un malheur ne vient jamais seul; **u~lich** *a allg* malheureux; *(Mensch)* infortuné, malchanceux; *(Sache)* malencontreux, funeste, désastreux; *~ ausgehen od enden* finir mal; **u~licherweise** *adv* malheureusement, par malheur; **~sbote** *m* porte-malheur *m;* **u~selig** *a* malheureux; **~sfall** *m* accident, sinistre, malheur *m;* **~srabe** *m,* **~svogel** *m* oiseau *m* de mauvais augure; **~sstern** *m* mauvaise étoile *f;* **~stag** *m* jour *m* néfaste *od* funeste; **~swurm** *m fam (Pechvogel)* déveinard, guignard *m.*

Ungnade *f* ‹-, ø› ['ʊn-] disgrâce, défaveur *f; in ~ fallen* tomber en disgrâce.

ungnädig ['ʊn-] *a* peu bienveillant, défavorable; *adv a.* de mauvaise grâce; *jdn ~ empfangen (fam a.)* recevoir qn comme un chien dans un jeu de quilles.

ungrade ['ʊn-] *a = ungerade.*

ungültig ['ʊn-] *a (Geld)* non valable; *(Paß)* périmé; *(Stimmzettel)* blanc; *a. sport* nul; *jur* invalide; *für ~ erklären* déclarer nul, annuler; *bes. jur* invalider, infirmer, casser; *~ werden (nach Ablauf e-r Frist)* expirer, arriver à expiration; *(durch Verjährung)* se périmer; *~e Stimme f (parl)* vote *m* en blanc; **U~keit** *f ⟨-, ⌀⟩* nullité; *bes. jur* invalidité *f;* **U~keitserklärung** *f* déclaration de nullité, annulation; *jur* invalidation *f.*

Ungunst ['ʊn-] *f* défaveur *f; zu meinem ~en* à mon désavantage; *durch die ~ der Verhältnisse* par des circonstances défavorables.

ungünstig ['ʊn-] *a* défavorable; *(nachteilig)* désavantageux; *(Wind)* contraire.

ungut ['ʊn-] *a: ich habe ein ~es Gefühl dabei* cela ne me dit rien qui vaille; *nichts für ~!* (soit dit) sans vous offenser! *fam* sans rancune!

unhaltbar ['ʊn-/-'--] *a sport (Ball)* imparable; *mil (Stellung)* intenable; *fig (Behauptung)* insoutenable.

unhandlich ['ʊn-] *a* peu maniable, incommode.

unharmonisch ['ʊn-] *a* inharmonieux, discordant.

Unheil ['ʊn-] *n* mal(heur) *m,* calamité *f,* désastre *m; ~ anrichten od stiften* causer des malheurs, faire un malheur; **u~bar** ['ʊn-/ʊn-] *a med* incurable, inguérissable; *fig* irréparable, irrémédiable, sans remède; **~barkeit** *f med* incurabilité *f;* **u~bringend** *a* qui porte malheur, fatal, funeste; **u~schwanger** *a* gros de malheurs; **~stifter** *m* fauteur *m* de malheur; **u~verkündend** *a* de mauvais augure, sinistre; **u~voll** *a* calamiteux, funeste, sinistre.

unheimlich ['ʊn-] *a (düster, grausig)* macabre, lugubre, funèbre; *(beängstigend)* inquiétant; *adv fam (übertreibend)* énormément.

unhöflich ['ʊn-] *a* impoli, incivil, discourtois; **U~keit** *f* impolitesse, incivilité *f.*

Unhold ⟨-(e)s, -e⟩ ['ʊnhɔlt, '-də] *(Geist)* esprit malin, démon; *(Mensch)* monstre *m.*

unhygienisch ['ʊn-] *a* peu hygiénique, insalubre.

uni [y'ni:] *(einfarbig)* uni.

Uni *f* ['uni, 'u:ni] *(pop = Universität)* université *f.*

Uniform *f ⟨-, -en⟩* [uni'fɔrm] *mil* uniforme *m,* tenue *f; in ~* en uniforme; *in großer ~* en grande tenue; *~ tragen* porter l'uniforme; **u~ieren** [-'mi:rən] *tr (vereinheitlichen)* uniformiser; **~ierung** *f* uniformisation *f.*

Unikum *n ⟨-s, -s/-ka⟩* ['u:nikʊm, -ka] *(Sache)* chose *f* unique; *(einziges Exemplar)* exemplaire unique; *fam (komischer Kauz)* original *m.*

unilateral *a* [unilate'ra:l] *pol* unilatéral.

uninteressant ['ʊn-] *a* peu intéressant, sans intérêt; **~iert** *a: ~ sein* ne montrer aucun intérêt; **U~iertheit** *f ⟨-, ⌀⟩* manque *m* d'intérêt.

Union *f ⟨-, -en⟩* [uni'o:n] *f* union *f.*

Unitarier *m ⟨-s, -⟩* [uni'ta:riər] *rel* unitarien *m;* **u~isch** [-'ta:rɪʃ] *a pol* unitaire; **~ismus** *m ⟨-, ⌀⟩* [-ta'rɪsmʊs] *rel pol* unitarisme *m.*

universal [univɛr'za:l] *a* universel; **U~erbe** *m* héritier *od* légataire *m* universel; **U~gelenk** *n tech* accouplement *m* universel; **U~genie** *n* génie *m* universel; **U~mittel** *n (Allheilmittel)* remède *m* universel, panacée *f;* **U~zange** *f* pince *f* plate réglable.

Universität *f ⟨-, -en⟩* [univɛrzi'tɛ:t] université *f; die ~en (a.)* l'enseignement *m* supérieur; *auf der ~* à l'université; **~sbibliothek** *f,* **~sbuchhandlung** *f* bibliothèque, librairie *f* universitaire; **~sdiener** *m* appariteur *m;* **~sklinik** *f* centre *m* hospitalo-universitaire *(Abk: C.H.U.)* **~sprofessor** *m* professeur *m* de faculté *od* de l'enseignement supérieur; **~sstadt** *f* ville *f* universitaire.

Universum *n ⟨-s, ⌀⟩* [uni'vɛrzʊm] *(Weltall)* univers *m.*

Unke *f ⟨-, -n⟩* ['ʊŋkə] *zoo* crapaud *m;* **u~n** *itr fam* prédire des malheurs.

unkenntlich ['ʊn-] *a* méconnaissable; *~ machen* déguiser, camoufler; **U~lichkeit** *f ⟨-, ⌀⟩ : bis zur ~* entstellen défigurer au point d'être méconnaissable; **U~nis** *f ⟨-, ⌀⟩* ignorance *f; ~ des Gesetzes* ignorance *f* de la loi; *~ des Gesetzes schützt nicht vor Strafe* nul n'est censé ignorer la loi.

unkeusch ['ʊn-] *a* pas chaste, incontinent; *(unzüchtig)* impudique, impur, luxurieux; **U~heit** *f* incontinence; impudicité, impureté, luxure *f.*

unkindlich ['ʊn-] *a* pas comme un enfant; *(frühreif)* précoce.

unklar ['ʊn-] *a (Flüssigkeit; a. fig)* trouble; *(Luft; a. fig)* brumeux, nébuleux; *fig* pas clair; *(undeutlich)* indistinct; *(dunkel)* obscur; *(verworren)* confus, embrouillé; *(zweideutig)* ambigu, (prêtant à l')équivoque; *jdn im ~en lassen* laisser qn dans l'incertitude *od* dans le doute *od* dans l'ombre; *~ (mehrdeutig) sein* prêter à l'équivoque; *darüber bin ich im ~en* je ne (le) sais pas bien; **U~heit** *f* manque *m* de clarté; nébulosité; obscurité; confusion; ambiguïté *f.*

unklug ['ʊn-] *a* imprudent, déraisonnable; *(politisch ~)* impolitique.

unkompliziert ['ʊn-] *a* peu compliqué.

unkontrollierbar ['ʊn-/---'--] *a* incontrôlable.

unkonzentriert ['ʊn-] *a* qui a du mal à se concentrer.

unkörperlich ['ʊn-] *a* incorporel, immatériel, spirituel.

Unkosten ['ʊn-] *pl* frais, *bes. jur* dépens *m pl; (Auslagen)* dépenses *f pl,* débours *m pl; jdm s-e ~ erstatten od vergüten* rembourser ses frais à qn, couvrir qn de ses frais; *~ machen od verursachen* faire *od* occasionner des frais; *sich in ~ stürzen* se mettre en frais *od* en dépenses; *fam* mettre les petits plats dans les grands; *allgemeine, laufende ~* frais *m pl* généraux, fixes.

Unkraut *n* ['ʊn-] mauvaise herbe; *poet* ivraie *f; ~ verdirbt nicht (prov)* à la mauvaise graine il n'arrive jamais rien; *~bekämpfung* *f* désherbage *m; ~vernichtungsmittel* *n* désherbant, herbicide *m.*

unkultiviert ['ʊn-] *a* pas cultivé, inculte; **U~ur** *f* ⟨-, ø⟩ manque *m* de culture, barbarie *f.*

unkündbar ['ʊn-/-'--] *a (Stellung)* permanent; *(Vertrag)* qui ne peut (pas) être dénoncé; *(Rente)* perpétuel; *(Anleihe)* irremboursable;*(Schuld)* consolidé.

unkundig ['ʊn-] *a: e-r S ~ sein* ne pas savoir (faire) qc.

unlängst ['ʊn-] *adv* naguère, dernièrement, récemment, il y a peu.

unlauter ['ʊn-] *a: ~e(r) Wettbewerb* *m* concurrence *f* déloyale *od* illicite.

unleidlich ['ʊn-] *a* insupportable, désagréable, fâcheux.

unleserlich ['ʊn-/-'---] *a* illisible, indéchiffrable.

unleugbar ['ʊn-/-'--] *a* indéniable; *(unwiderlegbar)* irréfutable; *(offenbar)* évident.

unlieb ['ʊn-] *a: das ist mir nicht ~* je n'en suis pas fâché; *~sam* *a* désagréable, déplaisant, fâcheux.

unlogisch ['ʊn-] *a* illogique.

unlös|bar [-'--, 'ʊn-] *a (Frage, Rätsel)*

insoluble; *~e Aufgabe (a.)* quadrature *f* du cercle; *~lich* *a chem* insoluble.

Unlust *f* ⟨-, ø⟩ ['ʊn-] déplaisir; *(Mißbehagen)* malaise; *(Überdruß)* ennui, dégoût *m; (Abneigung)* aversion, répugnance *f; mit ~ = u~ig (adv); ~gefühl* *n* malaise *m;* **u~ig** *a* maussade, morose; *adv (ungern)* de mauvaise grâce, à contrecœur.

unmanierlich ['ʊn-] *a* qui n'a pas de bonnes manières; *adv* sans façon(s).

unmännlich ['ʊn-] *a* peu viril; *(weibisch)* efféminé; *(e-s Mannes unwürdig)* indigne d'un homme; *(feige)* lâche.

Unmasse *f* ['ʊn-] masse *od* quantité *f od* nombre *m* enorme (*von* od *an* de).

unmaßgeblich ['ʊn-/-'ge:plıç] *a (Urteil)* incompétent; *nach meiner ~en Meinung* à mon humble avis *od* opinion.

unmäßig ['ʊn-] *a (maßlos)* immodéré; démesuré, excessif; *(im Genuß)* intempérant; **U~keit** *f* immodération; démesure, intempérance *f; (einzelne)* excès *m.*

Unmenge *f* ['ʊn-] = *Unmasse.*

Unmensch *m* ['ʊn-] *(Rohling)* brute *f; (Scheusal)* monstre; *(Barbar)* barbare *m;* **u~lich** *a* inhumain, dénaturé; brutal; monstrueux; barbare; *~lichkeit* *f* inhumanité; brutalité, monstruosité; barbarie *f.*

unmerklich [-'--, 'ʊn-] *a* imperceptible, insensible.

unmißverständlich ['ʊn-/-'ʃtɛntlıç] *a* qui ne laisse pas le moindre doute; catégorique.

unmittelbar ['ʊn-] *a* immédiat, direct; *~ bevorstehend* imminent; **U~keit** *f* caractère *m* immédiat.

unmöbliert ['ʊn-] *a* non meublé.

unmodern ['ʊn-] *a* démodé, passé de mode; *~ werden* se démoder, passer de mode.

unmöglich ['ʊn-/-'--] *a* impossible; *es jdm ~ machen zu ...* mettre qn hors d'état de ...; *U~es verlangen (a.)* demander la lune; *das kann ich ~ machen* il m'est impossible de le faire; *das ist ~ (a.)* il n'y pas moyen; *man kann von niemandem etw U~es verlangen* à l'impossible nul n'est tenu; *absolut ~ (a.)* de toute impossibilité; *faktisch ~* matériellement impossible; **U~keit** *f* impossibilité *f; das ist ein Ding der ~* c'est une chose impossible *od* infaisable.

unmoralisch ['ʊn-] *a* immoral.

unmotiviert ['ʊn-] *a* immotivé, sans motif.

unmündig ['ʊn-] *a* mineur; **U~keit** *f* ‹-, ø› minorité *f*.

unmusikalisch ['ʊn-] *a* qui n'est pas musicien, qui n'a pas le sens de la musique.

Unmut *m* ‹-(e)s, ø› ['ʊn-] mauvaise humeur; *(mürrisches Wesen)* maussaderie, morosité *f; (Unzufriedenheit)* grogne *f;* **u~ig** *a* de mauvaise humeur, renfrogné; maussade.

unnach|ahmlich ['ʊn-] *a* inimitable, indécalquable; **~giebig** *a* inflexible, intransigeant; rigide; **U~giebigkeit** *f* inflexibilité, intransigeance, rigidité *f;* **~sichtig** *a u. adv* sans indulgence, sans rémission, rigoureux (rigoureusement); *(streng)* sévère(ment); **U~sichtigkeit** *f* rigorisme *m;* sévérité *f.*

unnahbar ['ʊn-] *a* inaccessible, inabordable; **U~keit** *f* inaccessibilité *f;* caractère *m* inapprochable.

unnatürlich ['ʊn-] *a* peu naturel, dénaturé; *(gezwungen)* forcé, contrait; *(geziert)* affecté, guindé; *(Sprache, Stil a.)* apprêté; **U~keit** *f* manque *m* de naturel.

unnormal ['ʊn-] *a* anormal.

unnötig ['ʊn-] *a* inutile; *(überflüssig)* superflu; **~erweise** *adv* inutilement, sans nécessité.

unnütz ['ʊn-] *a* inutile, qui ne sert à rien; *(nutzlos)* infructueux, vain; *(überflüssig)* superflu.

unord|entlich ['ʊn-] *a (Mensch)* désordonné, négligent; *(in der Kleidung)* débraillé; *(Sache)* en désordre; **~ sein (a.)** manquer d'ordre; **U~nung** *f* désordre, dérangement, dérèglement *m; (Durchea.)* confusion *f,* trouble, désarroi; *fam* remue-ménage *m,* pagaille *f; in ~* en désordre, en désarroi; *in ~ bringen* mettre en désordre, déranger, dérégler; troubler; *(d. Haare)* décoiffer; *(Maschine)* détraquer; *in ~ geraten* se déranger, se dérégler, se troubler; se décoiffer; se détraquer.

unorganisch ['ʊn-] *a* mal organisé; disparate.

unpartei|isch ['ʊn-] *a* impartial; *(unbeteiligt)* désintéressé; *adv a.* sans parti pris; *~ sein (a.)* tenir la balance égale; *der U~e (sport: Schiedsrichter)* l'arbitre *m;* **~lich** *a = ~isch;* **U~lichkeit** *f* ‹-, ø› impartialité *f;* désintéressement *m.*

unpassend ['ʊn-] *a* impropre, mal choisi; *(ungelegen)* inopportun; *(unangebracht)* déplacé; mal à *od* hors de propos, hors de saison; *(ungehörig)* inconvenant, incongru; *(taktlos)* indiscret; *~ (fehl am Platz) sein* manquer d'à-propos.

unpassierbar ['ʊn-/--'--] *a (Weg)* impraticable.

unpäßlich ['ʊn-] *a* indisposé; **U~keit** *f* indisposition *f.*

unpersönlich ['ʊn-] *a* impersonnel.

unpfändbar ['ʊn-] *a jur* insaisissable.

unpoliert ['ʊn-] *a* non poli.

unpolitisch ['ʊn-] *a* apolitique; *(unklug)* impolitique; *~e Haltung f* apolitisme *m.*

unpopulär ['ʊn-] *a* impopulaire.

unpraktisch ['ʊn-] *a* peu pratique; *(ungeschickt)* maladroit.

unproduktiv ['ʊn-] *a* improductif.

unproportioniert ['ʊn-] *a (Gestalt)* disproportionné; *(Verteilung)* inégal.

unpünktlich ['ʊn-] *a* non ponctuel, inexact; **U~keit** *f* inexactitude *f.*

unrasiert ['ʊn-] *a* non rasé.

Unrast *f* ‹-, ø› ['ʊnrast] agitation *(fébrile); (innere)* inquiétude *f,* trouble *m.*

Unrat *m* ‹-(e)s, ø› ['ʊnraːt] ordures, immondices *f pl.*

unrationell ['ʊn-] *a* peu efficace *od* productif.

unratsam ['ʊn-] *a* à déconseiller, inopportun.

unrecht ['ʊn-] *a (falsch)* faux; *adv* mal (à propos); *am ~en Ort, zur ~en Zeit* mal à propos; *jdm ~ geben* donner tort à qn; *an den U~en geraten od kommen* se tromper d'adresse, frapper à la mauvaise porte; *in ~e Hände geraten* tomber en de mauvaises mains; *~ haben* avoir tort; *zur ~en Zeit kommen (a.)* mal tomber; *jdm ~ tun* faire tort à qn; **U~** *n* ‹-(e)s, ø› tort *m,* injustice *f; mit od zu ~* à tort; *nicht zu ~* non sans raison; *im ~ sein* avoir tort, être dans son tort; *jdn, sich ins ~ setzen* mettre qn, se mettre dans son tort; *besser ~ leiden als ~ tun (prov)* il vaut mieux souffrir l'injustice que la commettre; **~mäßig** *a* illégal, illégitime; **U~mäßigkeit** *f* illégalité, illégitimité *f.*

unredlich ['ʊn-] *a* malhonnête, déloyal; **U~keit** *f* malhonnêté, déloyauté, improbité *f.*

unregelmäßig ['ʊn-] *a* irrégulier; *(Leben)* désordonné, déréglé; *med (~ auftretend)* erratique; **U~keit** *f* irrégularité *f;* désordre, dérèglement *m.*

unreif ['ʊn-] *a allg* pas mûr *a. fig; (Frucht)* vert; *(Getreide)* en herbe; *fig* trop jeune; *(unentwickelt)* impubère; **U~e** *f* immaturité *a. fig;* impubèrté *f.*

unrein ['ʊn-] *a* impur *a. fig,* malpropre; *ins ~e schreiben* écrire au brouillon; *~ gedruckt (typ)* boueux; **U~heit** *f* impureté *a. fig.* malpropreté *f;* ~**lich** *a* malpropre, sale; **U~lichkeit** *f* malpropreté, saleté *f.*

unrentabel ['ʊn-] *a* non rentable, d'un mauvais rendement (économique).

unrettbar [-'--, 'ʊn-] *a:* ~ *verloren* perdu sans remède *od* sans ressource.

unrichtig ['ʊn-] *a* incorrect, inexact, faux; *(irrig)* erroné.

Unruh *f* ⟨-, -en⟩ ['ʊn-] *(der Uhr)* balancier *m;* ~**e** *f (Bewegung)* agitation *f,* mouvement; *(Lärm)* bruit, tapage *m; (innere* ~, *Angst)* inquiétude, anxiété; nervosité, fièvre *f; a.* = ~*; pl pol (Aufruhr)* désordres, troubles *m pl,* émeutes *f pl;* ~**eherd** *m pol* foyer *m* de troubles *od* d'agitation; ~**(e)- stifter** *m* fauteur *od* excitateur de désordre *od* de troubles, boutefeu *m;* **u~ig** *a (bewegt)* mouvementé; *(See)* agité, houleux; *(Volksmenge)* turbulent, agité; *(lärmend)* bruyant, tapageur; *(erregt)* inquiet *(über, wegen* de); nerveux, fiévreux.

unrühmlich ['ʊn-] *a* peu glorieux, sans gloire.

uns [ʊns] *pron (mit v verbunden: acc u. dat, unverbunden: acc)* nous; *(unverbunden: dat)* à nous; *von* ~ *(unsererseits)* de notre part; *du gehörst zu* ~ tu es des nôtres; *ein Freund von* ~ un de nos amis.

unsach|gemäß ['ʊn-] *a* impropre, incorrect; ~**lich** *a* subjectif.

unsagbar ['ʊn-] *a,* **unsäglich** ['ʊn-] *a* indicible, ineffable, inexprimable.

unsanft ['ʊn-] *a* rude, brusque, brutal; *adv* sans douceur.

unsauber ['ʊn-] *a* malpropre, sale; **U~keit** *f* malpropreté, saleté *f.*

unschädlich ['ʊn-] *a* inoffensif, anodin; ~ *machen* mettre hors d'état de nuire, neutraliser; **U~keit** *f* innocuité *f,* caractère *m* inoffensif.

unscharf ['ʊn-] *a (Bild, Tonwiedergabe)* brouillé; *phot* flou; ~ *drucken od stechen (typ)* bavocher; **Unschärfe** *f phot* flou *m.*

unschätzbar ['ʊn-] *a* inestimable, inappréciable, sans prix.

unscheinbar ['ʊn-] *a* effacé, simple.

unschicklich ['ʊn-] *a* inconvenant, malséant, indécent; **U~keit** *f* inconvenance, malséance, indécence *f.*

unschlagbar ['ʊn-/-'--] *a* imbattable *fam.*

Unschlitt *n* ⟨-(e)s, -e⟩ ['ʊnʃlɪt] *(Talg)* suif *m.*

unschlüssig ['ʊn-] *a (unentschlossen)* irrésolu, indécis; *(schwankend)* hésitant, vacillant; ~ *sein (a.)* hésiter, va-

ciller; **U~keit** *f* ⟨-, ø⟩ irrésolution, indécision; hésitation, vacillation *f.*

unschön ['ʊn-] *a* pas beau, déplaisant.

Unschuld *f* ⟨-, ø⟩ ['ʊn-] innocence; *jur* non-culpabilité; *(Reinheit)* pureté, candeur; *(Jungfräulichkeit)* virginité; *(Naive)* ingénue, innocente *f; s-e* ~ *beteuern* protester de son innocence; *jur* plaider non coupable; *s-e* ~ *beweisen (a.)* s'innocenter; *s-e Hände in* ~ *waschen* s'en laver les mains; ~ *vom Lande* bécassine *f;* **u~ig** *a* innocent (*an* de); *jur* non coupable; *(rein)* pur, candide; *(jungfräulich)* vierge; *(harmlos)* inoffensif, anodin.

unschwer ['ʊn-] *adv* sans difficulté, facilement, aisément.

Unsegen ['ʊn-] *m (Fluch)* malédiction; *(Mißgeschick)* malchance *f.*

unselbständig ['ʊn-] *a* dépendant; *(in d. Arbeit)* qui ne sait pas travailler seul; **U~keit** *f* dépendance *f.*

unselig ['ʊn-] *a* funeste, néfaste, fatal, désastreux.

uns|er ['ʊnzər-] *pron (possessiv)* notre; *pl* nos; *(gen des persönl. pron, lit)* de nous; *wir waren* ~ *drei* nous étions trois; *der Hund ist* ~ le chien est à nous; ~**ereiner** *pron,* ~**ereins** *pron* nous autres; **U~(e)rige,** *der, die, das* le, la nôtre; *das* ~ *(unser Besitz)* ce qui est à nous; *die* ~*n* les nôtres; *wir tun das* ~ nous faisons notre devoir *od* notre possible; ~**er(er)seits** *adv* de notre côté *od* part; ~**er(e)sglei- chen** *pron* nos pareils, nos semblables; ~**erthalben** *adv,* ~**ertwegen** *adv, um* ~**ertwillen** *adv* à cause de nous, pour nous.

unsicher ['ʊn-] *a (unzuverlässig)* peu sûr; *(ungewiß)* incertain; *(zufallsbedingt)* aléatoire; *(zweifelhaft)* douteux, hypothétique; *(gefährlich)* précaire; périlleux; *(zaghaft)* mal assuré; *sich* ~ *fühlen* être mal assuré; ~ *machen (Menschen)* troubler; *(Ort)* infester; **U~heit** *f (Unzuverlässigkeit)* manque *m* de sûreté *od* de sécurité; *(Ungewißheit)* incertitude; *(Gefährlichkeit)* précarité *f; (Zaghaftigkeit)* manque *m* d'assurance.

unsicht|bar ['ʊn-] *a* invisible; ~ *werden (astr, a. fig)* s'éclipser; ~*e Tinte f* encre *f* sympathique; **U~barkeit** *f* ⟨-, ø⟩ invisibilité *f.*

Unsinn *m* ⟨-(e)s, ø⟩ ['ʊn-] non-sens *m,* déraison; insanité, ineptie, absurdité *f;* ~ *reden* déraisonner, radoter; *das ist (doch)* ~ c'est absurde, cela n'a pas de sens; *das ist völliger* ~ c'est pure folie; ~*! (fam)* à d'autres! ça n'existe pas! idiotie! *alles* ~*!* balivernes que tout cela! **u~ig** *a* insensé, déraisonnable, inepte, absurde, fou; **~igkeit** _f_ déraison, absurdité, folie _f;_ **u~lich** _a_ immatériel; spirituel; _(Liebe)_ platonique.

Unsitt|e _f_ ['ʊn-] mauvaise habitude _f;_ **u~lich** _a_ contraire aux mœurs, immoral, indécent, impudique; **~lichkeit** _f_ immoralité, indécence, impudicité _f._

unsolid(e) ['ʊn-] _a (Mensch, bes. Frau)_ pas sérieux, léger; _(ausschweifend)_ débauché; _(Lebensweise)_ déréglé.

unsozial ['ʊn-] _a_ peu social.

unsportlich ['ʊn-] _a_ peu sportif.

unstarr ['ʊn-] _a_ aero _(Luftschiff)_ non rigide, souple, flasque.

unstatthaft ['ʊn-] _a_ inadmissible; _(ungesetzlich)_ illégal, illicite.

unsterblich ['ʊn-/-'--] _a_ immortel; _(sich)_ ~ _machen_ (s')immortaliser; **U~keit** _f_ immortalité _f._

Unstern _m_ ‹-(e)s, ø› ['ʊn-] mauvaise étoile _f._

unstet ['ʊn-] _a_ instable, inconstant; _(wandelbar)_ mobile, changeant, variable, versatile; _(umherziehend)_ errant, vagabond, nomade; _(Blick)_ fuyant; _ein ~es Leben führen_ mener une vie errante _od_ ambulante, vagabonder; **~ig** _a_ math discontinu; **U~igkeit** _f_ ‹-, ø› instabilité, inconstance; mobilité, variabilité; versatilité; humeur vagabonde; math, a. mete discontinuité _f._

unstillbar [-'--, '---] _a (Durst)_ inextinguible; _allg_ inapaisable.

unstimmig ['ʊn-] _a_ discordant, en désaccord; **U~keit** _f_ discordance _f,_ désaccord _m,_ mésentente, dissension _f._

Unsumme _f_ ['ʊn-] somme _f_ énorme.

unsym|metrisch ['ʊn-] _a_ asymétrique; **~pathisch** _a_ peu sympathique, antipathique; _er ist mir_ ~ j'ai de l'antipathie _od_ de l'aversion pour _od_ contre lui, je l'ai en aversion.

unsystematisch ['ʊn-] _a_ non systématique; _adv_ sans système.

untad(e)lig ['ʊn-, -'-(-)-] _a_ irréprochable, sans reproche, irrépréhensible; _(a. von Sachen)_ impeccable.

Untat ['ʊn-] _f_ méfait; _(schwere)_ forfait _m._

untätig ['ʊn-] _a_ inactif, passif; _(ohne Beschäftigung)_ désœuvré, sans occupation; _(müßig)_ oisif; **U~keit** _f_ ‹-, ø› inactivité, passivité; _(zeitweilige)_ inaction _f,_ désœuvrement _m; (Müßiggang)_ oisiveté _f._

untauglich ['ʊn-] _a_ inapte _a. mil,_ impropre _(zu_ à); _(unfähig)_ incapable _(zu_ de); **U~keit** _f_ ‹-, ø› inaptitude _a. mil,_

impropriété _(zu_ à); incapacité _f (zu_ de).

unteilbar ['ʊn-, -'--] _a_ indivisible; **U~keit** _f_ ‹-, ø› indivisibilité _f._

unten ['ʊntən] _adv_ (en) dessous, au--dessous; en bas _(an_ de); ~ _in_ au fond de; _da_ ~ là-bas; _hier_ ~ ici en bas; _nach_ ~ en bas, vers le bas; _von_ ~ _(her)_ de dessous, d'en bas; _von oben bis_ ~ du haut en bas; _(völlig)_ de fond en comble; _weiter_ ~ plus bas; ~ _(hin)durch_ par-dessous; _nach_ ~ _abrunden_ arrondir en moins; ~ _durch sein (fig fam)_ être coulé; _siehe_ ~! voir ci-dessous _od_ plus bas.

unter ['ʊntər] _prp (örtl.)_ sous; _(~halb)_ au-dessous de; _(zeitl.)_ sous, pendant; _(bei)_ à; _(zwischen)_ entre; _(inmitten)_ parmi, au milieu de; _(weniger als)_ moins de; ~ _anderem_ entre autres (choses); ~ _großen Anstrengungen_ au prix de grands efforts; ~ _der Hand (in Arbeit)_ sur le métier; ~ _dem Jubel der Menge_ aux acclamations de la foule; _nicht_ ~ _100 Mark_ pas à moins de cent marks; ~ _Null (Temperatur)_ au-dessous de zéro; ~ _sich_ en famille; ~ _diesen Umständen_ dans ces circonstances; ~ _uns (gesagt)_ (soit dit) entre nous, de vous à moi; _das ist_ ~ _meiner Würde_ c'est indigne _od_ au-dessous de moi; _was verstehen Sie_ ~ ...? qu'est--ce que vous comprenez par ...?

Unterabteilung _f_ ['ʊntər-] subdivision, branche _f._

Unterarm _m_ ['ʊntər-] avant-bras _m._

Unterart _f_ ['ʊntər-] _bot zoo_ sous--espèce, variété _f._

Unterausschuß _m_ ['ʊntər-] _pol adm_ sous-commission _f,_ sous-comité _m._

Unterbau _m_ ['ʊntər-] _arch_ fondement, soubassement, sous-œuvre _m; (Straße, loc)_ infrastructure _f; loc_ terrassement; _fig_ fondement _m;_ **u~en** ‹hat unterbaut› _tr, bes. mines (abstützen),_ _a._ fig étayer _(mit_ de); _fig (Theorie)_ appuyer.

unterbelegt ['ʊntər-] _a (Wohnung)_ insuffisamment occupé.

unterbelicht|et ['ʊntər-] _a phot_ sous--exposé; **U~ung** _f_ ['ʊntər-] phot sous-exposition _f._

Unterbeschäftigung _f_ ['ʊntər-] sous--emploi _m._

Unterbett _n_ ['ʊntər-] lit _m_ de dessous.

unterbewert|en ['ʊntər-] ‹hat unter-bewertet› _tr_ sous-évaluer, sous-estimer; **U~ung** _f_ sous-évaluation, sous--estimation _f._

unterbewußt ['ʊntər-] _a psych_ subconscient; _das U~e_ le subconscient; **U~sein** _n_ subconscience _f._

unterbieten ‹hat unterboten› _tr:_ jdn ~

vendre moins cher que qn; *(Rekord)* battre; *nicht zu ~(d) (Preis)* imbattable.

Unterbilanz *f* ['untər-] *com* bilan déficitaire, déficit *m.*

unterbind|en ⟨*hat unterbunden*⟩ *tr med (Ader)* ligaturer; *fig* arrêter, entraver, faire cesser; **U~ung** *f med* ligature *f; fig* arrêt *m.*

unterbleiben ⟨*ist unterblieben*⟩ *itr (nicht stattfinden)* ne pas avoir lieu; *(nicht wieder vorkommen)* ne plus se reproduire.

Unterbodenschutz *m* [--'---] couche de protection anti-corrosive, couche *f* antirouille du châssis.

unterbrech|en ⟨*hat unterbrochen*⟩ *tr* interrompre *a. el; (aussetzen mit)* discontinuer; *(einstellen)* suspendre; *jdn (in der Rede)* couper la parole à qn; *el* couper; **U~er** *m* ⟨-s, -⟩ *tech* trembleur; *mot* rupteur, *(selbsttätiger)* disjoncteur; *el* interrupteur, coupe--circuit *m;* **U~ung** *f* interruption *a. el;* discontinuation; suspension; *el* coupure *a. tele,* rupture *f; mit ~en* par intervalles, à bâtons rompus; *ohne ~* sans repos, sans relâche, sans discontinuer; *tout d'une pièce; ~ des Blutkreislaufs* interruption *f* circulatoire.

unterbreit|en ⟨*hat unterbreitet*⟩ *tr (vorlegen)* soumettre, présenter; *jdm etw ~* soumettre qc à qn, donner qc à étudier à qn.

unter=bring|en ['untər-] ⟨*hat untergebracht*⟩ *tr (in e-r Wohnung, e-m Hotel)* loger, héberger; *mil (Truppen)* stationner, cantonner; *(Sachen: verstauen)* caser; *(Waren: lagern)* stocker; *(jdn in e-r Stellung)* établir, *fam* caser *(a. Tochter);* **U~ung** *f* logement, hébergement; stationnement, cantonnement; stockage *m;* vente *f;* placement, investissement; établissement *m;* **U~ungsmöglichkeit** *f* possibilité *f* d'hébergement.

Unterdeck *n* ['untər-] *mar* premier pont *m.*

unterderhand [---'-] *adv (heimlich)* en sous-main, sous le manteau, en cachette.

unterdes(sen) [-'dɛs(ən)] *adv* pendant ce temps(-là), entre-temps, en attendant; *(nur in der Vergangenheit)* sur ces entrefaites.

Unterdruck *m* ⟨-(e)s, ⸚e⟩ ['untər-] *phys tech* pression *f* diminuée *od* insuffisante.

unterdrück|en ⟨*hat unterdrückt*⟩ *tr (Menschen)* opprimer; *(Aufstand)* réprimer, étouffer; *(Gefühl)* réprimer; *(Seufzer)* étouffer; *(Tränen)* re-

tenir; **U~er** *m* ⟨-s, -⟩ oppresseur *m;* **U~ung** *f* oppression; répression *f,* étouffement *m.*

untere(r, s) ['untərə-] *a* bas, inférieur; d'en bas, de dessous; *die ~n Klassen f pl (Schule)* les classes *f pl* élémentaires.

untereinander [---'--] *adv* entre nous etc; mutuellement, réciproquement.

unterentwickelt ['untər-] *a* sous-développé; *(zurückgeblieben)* arriéré.

unterernähr|t ['untər-] *a* sous-alimenté; **U~ung** *f* ⟨-, ø⟩ sous-alimentation, dénutrition; *scient* hypotrophie *f.*

Unterfangen *n* ⟨-s, ø⟩ [--'--] entreprise *f* audacieuse *od* hasardeuse.

unter=fassen ['untər-] ⟨*hat untergefaßt*⟩ *tr fam* prendre le bras de; *sich ~* se donner le bras; *untergefaßt gehen* aller bras dessus, bras dessous.

Unterfranken *n* ['untər-] la Basse--Franconie.

Unterführ|er *m* ['untər-] sous-chef *m;* **~ung** *f* passage inférieur; *(im Bahnhof)* passage *m* souterrain.

Untergang *m* ⟨-(e)s, (⸚e)⟩ ['untər-] *(e-s Gestirns)* coucher; *mar* naufrage *m,* perte; *fig* chute, ruine; *(der Welt)* fin *f; dem od s-m ~ entgegengehen* aller *od* courir à sa ruine *od* à sa perte, être sur le penchant de sa ruine.

Untergebene(r) *m* [--'---] inférieur, subordonné, subalterne *m.*

unter=gehen ['untər-] ⟨*ist untergegangen*⟩ *itr (Gestirn)* se coucher; *mar* couler (bas); être englouti *od* submergé; *fig* périr, se ruiner; *(im Lärm)* se perdre; *die ~de Sonne* le soleil couchant.

untergeordnet ['untər-] *a* subordonné, subalterne, inférieur; *von ~er Bedeutung (a.)* de moindre importance; *in ~er Stellung (a.)* en sous-ordre; *jdm ~ sein (a.)* être sous la puissance *od fam* sous la coupe de qn.

Untergeschoß *n* ['untər-] *arch* sous--sol *m.*

Untergestell *n* ['untər-] *(Wagen)* train; *mot* châssis *m.*

Untergewicht *n* ['untər-] insuffisance *f od* manque *m* de poids.

'unter=graben ⟨*hat untergegraben*⟩ *tr agr* enfouir; **unter'graben** ⟨*hat untergraben*⟩ *tr a. fig* miner, saper.

Untergrund *m* ['untər-] sous-sol *a. agr; geol* substratum *od; (arch, Straßenbau, loc)* sol d'infrastructure; *(Gemälde)* fond *m; pol* clandestinité *f;* **~bahn** *f* chemin de fer souterrain; *(bes. in Paris)* métro(-politain) *m; s.*

a. U-Bahn; ~**bewegung** *f pol* mouvement *m* clandestin.

Untergruppe *f* ['untər-] sous-groupe *m*.

unter≈haken ['untər-] *tr = unterfassen.*

unterhalb ['---] *prp gen* au-dessous de, en bas de; *(an e-m Fluß)* en aval de.

Unterhalt *m* ‹-(e)s, ø› ['untər-] entretien *m*, subsistance, sustentation *f; s-n* ~ *bestreiten* subvenir à ses besoins; '**unter≈halten** ['untər-] ‹*hat untergehalten*› *tr* tenir en dessous; **unter'halt|en** ‹*hat unterhalten*› *tr (ernähren)* entretenir, soutenir, sustenter; *jur* alimenter; *(Bauwerk)* entretenir, tenir en bon état; *fig (durch Gespräch etc)* entretenir; *(angenehm)* divertir, distraire; *sich* ~ *(mitea. sprechen)* s'entretenir *(über etw* de qc), converser *(über etw* sur qc); *(sich belustigen)* s'amuser, se divertir *(mit etw* à qc); *Beziehungen zu jdm* ~ entretenir des relations avec qn; **u~end** *a,* **u~sam** *a* amusant, divertissant; ~**sanspruch** *m* droit *m* à l'entretien; ~**sbeitrag** *m* contribution *f* alimentaire; **u~sberechtigt** *a* ayant droit à l'entretien; ~**sberechtigte(r)** *m* dépendant *m;* ~**sgewährung** *f* prestation *f* de l'entretien; ~**skosten** *pl* frais *m pl* d'entretien; ~**spflicht** *f* obligation *f* d'entretien *od* alimentaire; ~**spflichtige(r)** *m* débiteur *m* alimentaire; ~**srente** *f* pension *f* alimentaire; ~**ung** *f* [--'--] *(Instandhaltung)* entretien; *(Gespräch)* entretien *m*, conversation *f; (Vergnügen)* amusement, divertissement *m; (Zerstreuung)* distraction *f;* ~**ungskosten** *pl* frais *m pl od* dépenses *f pl* d'entretien; *zuviel* ~ *verursachen* coûter trop cher d'entretien, être d'un trop grand entretien; ~**ungsliteratur** *f* littérature *f* facile; ~**ungsmusik** *f* musique *f* légère; ~**ungsteil** *m (Zeitung)* feuilleton *m.*

unter'handeln ‹*hat unterhandelt*› *itr* négocier, être en pourparlers; *mil (mit dem Feind)* parlementer; **U~händler** ['----] *m* négociateur, intermédiaire, entremetteur *m; mil* parlementaire *m;* **U~handlung** *f* [--'--] négociation *f*, pourparlers *m pl; mit jdm in* ~ *stehen, treten* être, entrer en pourparlers avec qn.

Unterhaus *n* ['untər-] *pol (2. Kammer in Großbritannien)* Chambre basse, Chambre *f* des Communes.

Unterhemd *n* ['untər-] tricot de corps, sous-vêtement *m.*

Unterholz *n* ‹-es, ø› ['untər-] sous--bois, taillis, fourré *m.*

Unterhose *f* ['untər-] caleçon; *(kurze)* slip *m.*

unterirdisch ['untər-] *a* souterrain.

unterjoch|en ‹*hat unterjocht*› *tr* mettre sous le joug, subjuguer, asservir, assujettir; **U~ung** *f* subjugation *f*, asservissement, assujettissement *m.*

unterkellert [--'--] *a* muni d'une cave.

Unterkiefer *m* ['untər-] maxillaire *m od* mâchoire *f* inférieur(e).

Unterkleid *n* ['untər-] combinaison; *fam* combine *f.*

unter≈kommen ['untər-] ‹*ist untergekommen*› *itr (ein Zimmer finden)* trouver un logement *od* à se loger; *(Arbeit finden)* trouver une situation *od* un emploi, *fam* se caser.

unter≈kriegen ['untər-] ‹*hat untergekriegt*› *tr fam: sich nicht* ~ *lassen* ne pas se laisser démonter *od* abattre.

unterkühl|en ‹*hat unterkühlt*› *tr phys* surfondre; **U~ung** *f* surfusion *f.*

Unterkunft *f* ‹-, ·:e› ['untərkunft] abri; stationnement; *(Wohnung)* logis, logement *m; jdm* ~ *gewähren* loger *od* héberger qn.

Unterlage *f* ['untər-] fondement *m*, base *f*, substrat(um); *tech* support, appui *m*, cale, *bes. loc* assiette *f; typ* taquoir; *(Schreib~)* sous-main *m; (Bett~)* alèze *od* alaise *f; pl adm (Belegstücke)* pièces *f pl* justificatives, dossier *m*, documentation *f; (Angaben)* données; informations *f pl*, renseignements *m pl; bis weitere* ~*n verfügbar sind od zur Verfügung stehen* jusqu'à plus ample information; *nach Prüfung der* ~*n* après vérification des pièces; *die* ~*n zs.stellen* réunir la documentation.

Unterland *n* ‹-(e)s, ø› ['untər-] pays *m* bas.

Unterlaß *m* ['untər-]*: ohne* ~ sans cesse, sans relâche, sans rémission; *fam* sans arrêt.

unterlass|en ‹*hat unterlassen*› *tr (versäumen)* omettre, manquer; *(aus Nachlässigkeit)* négliger; *(nicht tun)* s'abstenir, se dispenser, se passer *(zu* de); **U~ung** *f* omission; négligence; abstention *f;* **U~ungsklage** *f jur* action *f* en cessation; **U~ungssünde** *f* péché *m* d'omission.

Unterlauf *m* ['untər-] *(e-s Flusses)* cours *m* inférieur; **unter'laufen** ‹*ist unterlaufen*› *itr (Fehler: sich einschleichen)* se glisser *(in* dans), échapper; *pp, a: mit Blut* ~ ecchymosé, meurtri; *(Auge)* poché, *fam* au beurre noir.

'**unter≈leg|en** ‹*hat untergelegt*› *tr* mettre dessous; *fig (e-n Sinn)* donner, attribuer, prêter; **unter'legen** ⟨*hat unterlegt*⟩ *tr* mettre *(etw mit e-r S* qc en--dessous de); *e-r Melodie e-n Text* ~ mettre des paroles sur un air; *(pp von: unterliegen) a* vaincu; inférieur; ~ *sein* avoir le dessous, passer après; **U~ene(r)** *m* [--'---] vaincu *m;* **U~-platte** *f* selle *f* (d'appui); **U~scheibe** *f* rondelle *f.*

Unterleib *m* ['ʊntər-] bas-ventre, abdomen *m.*

unterliegen ⟨*ist unterlegen*⟩ *itr* succomber, avoir le dessous; *keinem Zweifel* ~ ne souffrir aucun doute.

Unterlippe *f* lèvre *f* inférieure.

untermal|en ⟨*hat untermalt*⟩ *tr a. fig* faire ressortir (par un fond); *mit Ton* ~ *(film)* sonoriser; **U~ung** *f: musikalische* ~ *(bes. film; Vorgang)* sonorisation *f; (Ergebnis)* fond *m* musical *od* sonore.

untermauer|n ⟨*hat untermauert*⟩ *tr arch* reprendre en sous-œuvre; *fig (Behauptung)* étayer, consolider *(mit* de); **U~ung** *f* reprise *f* en sous--œuvre, soutènement *m; fig* consolidation *f.*

Untermensch *m* ['ʊntər-] brute *f*, criminel *m;* **~entum** *n* ⟨-s, ø⟩ gangstérisme *m.*

Untermiet|e *f* ['ʊntər-] sous-location *f*, sous-bail *m;* **~er** *m* sous-locataire *m.*

unterminieren ⟨*er hat unterminiert*⟩ *tr a. fig* miner, saper.

unternehm|en ⟨*hat unternommen*⟩ *tr* entreprendre; *(auf sich nehmen)* se charger de; *Schritte* ~ faire des démarches *(bei* auprès de); **U~en** *n* ⟨-s, -⟩ entreprise; *(einzelner Vorgang, bes. mil)* opération *f;* **~end** *a* entreprenant; **U~er** *m* [--'---] *m* ⟨-s, -⟩ entrepreneur, chef d'entreprise; *(Arbeitgeber)* patron *m;* **U~ergewinn** *m*, **U~errisiko** *n* bénéfices *m pl od* profit, risque *m* d'entrepreneur; **U~ertum** *n* ⟨-s, ø⟩ patronat *m;* **U~ung** [--'--] *f* entreprise, exploitation; *mil* opération *f;* **U~ungsgeist** *m* esprit *m* d'entreprise *od* d'initiative, initiative *f;* **~ungslustig** *a fam* entreprenant; ~ *sein (a.)* avoir de l'allant.

Unteroffizier *m* ['ʊntər-] *(im weiteren Sinn)* sous-officier; *(im engeren Sinn; Infanterie u. Luftwaffe)* sergent; *(Artillerie u. Panzertruppe)* maréchal des logis; *arg* chien *m* de caserne *od* du quartier.

unter=ordn|en ['ʊntər-] ⟨*hat untergeordnet*⟩ *tr* subordonner, soumettre; **U~ung** *f* subordination *f.*

Unter|pacht *f* ['ʊntər-] sous-ferme *f*,

sous-bail *m;* **U~pächter** *m* sous-fermier *m.*

Unterpfand *n* ['ʊntər-] nantissement; *a. fig* gage *m.*

unter=pflügen ['ʊntər-] ⟨*hat untergepflügt*⟩ *tr* enfouir à la charrue.

Unterredung *f* [--'--] entretien *m*, entrevue; conférence *f*, pourparlers *m pl.*

Unterricht *m* ['ʊntər-] enseignement *m*, instruction; classe *f*, leçons *f pl;* ~ *erteilen od geben* donner des leçons, faire la classe *od* l'école; *französischen* ~ *erteilen* donner des leçons de français, enseigner le français; **u~en** ⟨*hat unterrichtet*⟩ *tr* enseigner, instruire; donner des leçons *(jdn à* qn); *jdn von etw* ~ informer, instruire, avertir qn de qc, renseigner qn sur qc; mettre qn au fait de qc; *sich über etw* ~ s'informer de qc, se renseigner sur qc; *in unterrichteten Kreisen* dans les milieux informés; *von (gut) unterrichteter Seite* de bonne main; **~sgegenstand** *m*, **~smethode** *f* matière, méthode *f* d'enseignement; **~sstunde** *f* leçon, classe *f;* **~swesen** *n* éducation *f* nationale; **~szeit** *f* heures *f pl* de classe; **~ung** [--'--] *f* information, instruction *f*, renseignement *m*, mise *f* au courant; *zu Ihrer* ~ pour *od* à titre d'information.

Unterrock *m* ['ʊntər-] jupon *m.*

untersag|en ⟨*hat untersagt*⟩ *tr* interdire, défendre, *bes. jur* prohiber; **U~ung** *f* interdiction, défense, *bes. jur* prohibition *f.*

Untersatz *m* ['ʊntər-] *(Stütze)* support, appui; *(für Geschirr)* dessous *m* de plat; *(Logik)* mineure *f.*

Unterschallgeschwindigkeit *f* ['ʊntərʃal-] vitesse *f* subsonique.

unterschätzen ⟨*hat unterschätzt*⟩ *tr* sous-estimer, estimer au-dessous de sa valeur; *fam* regarder par le gros bout de la lorgnette.

unterscheid|en ⟨*hat unterschieden*⟩ *tr* distinguer, faire la distinction de; discerner, différencier, discriminer; *sich* ~ *von* se distinguer de; *(verschieden sein von)* différer de; **U~ung** *f* distinction *f*, discernement *m;* différenciation; discrimination *f;* **U~ungsmerkmal** *n* marque *f* distinctive.

Unterschenkel *m* ['ʊntər-] jambe *f.*

Unterschicht *f* ['ʊntər-] couche *f* inférieure.

'unter=schieben ⟨*hat untergeschoben*⟩ *tr* glisser dessous; *unter'schieb|en* ⟨*hat unterschoben*⟩ *tr (Kind)* substituer; *(fälschlich zuschreiben)* attribuer faussement *od* à tort, *jur* supposer; **U~ung** *f (e-s Kindes)* substitution; fausse attribution *f.*

Unterschied *m* ‹-(e)s, -e› ['ʊntərʃiːt, '-də] différence, distinction *f; im ~ zu, zum ~ von* à la différence de; *mit dem ~, daß* à la différence que; *ohne ~ (gen)* sans distinction (de); *e-n ~ machen zwischen* faire une différence entre; *die ~e verwischen* rapprocher les distances; *es ist ein ~ zwischen... und* il y a de la marge de ... à; *zwischen Ihnen und mir besteht ein großer ~* il y a une grande différence de vous à moi; *das ist kein großer ~* il n'y a presque pas de différence; *das ist ein ~ wie Tag und Nacht* c'est le jour et la nuit; *das macht wenig ~* peu importe; *feine(r) ~* nuance *f;* **u~en** [--'--] *a (verschieden)* différent, distinct, différencié; **u~lich** ['----] *a* différent; *(verschiedenartig)* divers; *(veränderlich)* variable; **u~los** ['----] *adv* indifféremment, indistinctement, sans distinction; sans choix; *(ausnahmslos)* sans exception.

unterschlächtig ['ʊntərʃlɛçtɪç] *a (Wasserrad)* d'en dessous.

'**unter≠schlagen** ‹*hat untergeschlagen*› *tr (Arme, Beine)* croiser; **unter-'schlag|en** ‹*hat unterschlagen*› *tr* soustraire; *(bes. Geld)* détourner; *(beiseite schaffen, verschwinden lassen)* supprimer; *(verheimlichen)* receler; **U~ung** *f* [--'--] *f* soustraction *f,* détournement *m; (Schweiz)* divertissement *m;* suppression *f;* recel, recèlement, recelé *m; ~ öffentlicher Gelder* malversation *f* de fonds publics.

Unter|schlupf *m* ‹-(e)s, ⁓e› ['ʊntərʃlʊpf, '-ʃlʏpfə] *(Obdach)* abri, refuge *m; (Versteck)* cach(ett)e *f;* **u~ter≠schlüpfen** ‹*ist untergeschlüpft*› *itr* s'abriter, trouver un abri *od* gîte.

unterschreiben ‹*hat unterschrieben*› *tr* signer, apposer sa signature à; *fig (gutheißen)* souscrire à; *eigenhändig unterschrieben* signé de ma, ta *etc* (propre) main.

unterschreiten ‹*hat unterschritten*› *fig* être inférieur à.

Unterschrift *f* ['ʊntər-] signature; *(Bild~)* légende *f; ohne ~* non signé; *e-e ~ beglaubigen* légaliser une signature; *s-e ~ unter etw setzen* mettre *od* apposer sa signature au bas de qc; *eigenhändige ~* signature *f* autographe; **~ensammlung** *f* pétition *f;* **u~sberechtigt** *a* autorisé à signer; **~sprobe** *f* spécimen *m* de signature.

unterschwellig ['ʊntər-] *a psych* subliminal.

Untersee|boot *n* ['ʊntər-] = *U-Boot;*

u~isch *a* sous-marin; **~kabel** *n* câble *m* sous-marin.

Unterseite *f* ['ʊntər-] dessous *m.*

'**unter≠setz|en** ‹*hat untergesetzt*› *tr* mettre (au-)dessous; **U~er** *m (für Gefäße)* support *m,* soucoupe *f; (für Geschirr)* dessous *m* de plat.

unter'setz|en ‹*er hat untersetzt*› *tr* mélanger *(mit etw* de qc); **~t** *a (stämmig)* trapu, râblé, courtaud, ramassé; *tech (Getriebe)* démultiplié.

unterspülen ‹*hat unterspült*› *tr* affouiller, creuser, ronger.

Unterstaatssekretär *m* [ʊntər-'ʃtaːts-] sous-secrétaire *m* d'État.

Unterstadt *f* ['ʊntər-] ville *f* basse.

Unterstand *m* ['ʊntər-] *mil* abri *m; arg* cagna, guitoune *f.*

unterste(r, s) ['ʊntərst-] (le) plus bas; *(letzte)* (le) dernier.

'**unter≠stehen** ['ʊntər-] ‹*hat untergestanden*› *itr (unter e-m Dach stehen)* être à l'abri; **unter'stehen** ‹*hat unterstanden*› *itr: jdm ~ (a. mil)* être subordonné à qn, être sous (les ordres de) qn; relever (de la compétence) de qn; *sich ~, etw zu tun* oser faire qc, avoir l'audace *od* le front, s'aviser de faire qc.

'**unter≠stellen** ‹*hat untergestellt*› *tr* mettre à l'abri; *(Fahrzeug)* remiser, garer; *sich ~* se mettre à l'abri, s'abriter; **unter'stell|en** ‹*hat unterstellt*› *tr: jdm ~ (a. mil)* subordonner à qn, placer sous les ordres de qn; *(unterschieben)* attribuer à tort *od* faussement; *(annehmen)* supposer, présumer; *jdm unterstellt sein = jdm unterstehen;* **U~ung** [--'--] *f* subordination; fausse attribution; supposition (malveillante) *f.*

unterstreichen ‹*hat unterstrichen*› *tr* souligner *a. fig; fig (betonen)* mettre en relief, faire ressortir.

Unterstufe *f* ['ʊntər-] *(Schule)* degré *m* inférieur.

unterstütz|en ‹*hat unterstützt*› *tr* soutenir *a. fig,* appuyer; *arch a.* étayer; *fig (helfen)* aider, assister, seconder, secourir, épauler; *(mit Geld a.)* subventionner; *(Kandidatur)* pousser; **U~ung** *f* [--'--] *arch tech* étayage, étaiement; *fig, a. mil* soutien, appui *m; (Hilfe)* aide, assistance *f,* secours *m; (finanzielle, bes. staatliche)* allocation, subvention *f,* subside *m; mit gegenseitiger ~* en s'aidant mutuellement; **~ungsbedürftig** *a* ayant besoin de secours; **U~ungsempfänger** *m* assisté, allocataire *m.*

untersuch|en ‹*hat untersucht*› *tr (prüfen)* examiner, faire l'examen de; *(er-*

forschen) explorer, rechercher; *(studieren)* étudier; *(ergründen)* sonder; *(nachprüfen)* contrôler, inspecter, vérifier; *(beim Zoll)* visiter; *jur* enquêter, instruire; *chem* analyser; *med* examiner, ausculter; *(Wunde)* sonder; *genau* ~ scruter, passer à l'alambic; **U~ung** *f* [--'--] examen *m a. med;* exploration, recherche; étude *f;* sondage; contrôle *m,* inspection, vérification; visite; *jur* enquête, instruction; *chem med* analyse; *med* auscultation *f; bei näherer* ~ après examen approfondi, après plus ample examen; *gegen jdn e-e gerichtliche* ~ *durchführen* informer judiciairement contre qn; *e-e* ~ *einleiten, vornehmen* ouvrir une, procéder à une enquête; *gerichtliche* ~ enquête *od* instruction *f* judiciaire; *polizeiliche* ~ enquête *f* policière; *vertrauensärztliche* ~ contre-visite *f* médicale; *wissenschaftliche* ~ expérimentation *f;* **U~ungsausschuß** *m* comité *m* d'enquête, délégation *f* d'instruction; **U~ungsbeamte(r)** *m jur* enquêteur *m;* **U~ungsergebnis** *n* résultat *m* d'investigation; **U~ungsgefangene(r)** *m* détenu en prévention, prévenu *m;* **U~ungsgefängnis** *n* prison de prévention, maison *f* d'arrêt; **U~ungshaft** *f* détention *f* préventive; *in* ~ en prévention; *die* ~ *anrechnen* imputer la détention préventive; **U~ungsrichter** *m* juge *m* d'instruction *od* instructeur *od* enquêteur.

Untertag(e)|arbeiter [ʊntər'ta:k-, -gə-] *m mines* mineur *m* de fond; **~bau** *m* exploitation *f* au fond *od* souterraine.

untertan ['ʊntərta:n] *a pred* sujet; **U~** *m* ‹-s/(-en), -en› sujet *m.*

untertänig ['ʊntərtɛ:nɪç] *a* soumis, humble; **U~keit** *f* ‹-, ø› soumission, sujétion *f; fig* humble obéissance *f;* **~ste(r, s)** *a attr* très humble, très obéissant.

Untertasse *f* ['ʊntər-] soucoupe *f; fliegende* ~ soucoupe *f* volante.

unter=tauchen ['ʊntər-] ‹*untergetaucht*› *tr* ‹aux: haben› plonger, submerger, immerger; *itr* ‹aux: sein› plonger, *fig (verschwinden)* disparaître, *arg* se planquer.

Unterteil ['ʊntər-] *n od m* partie *f* inférieure, bas, dessous *m;* **u~en** ‹*hat unterteilt*› *tr* subdiviser; **~ung** *f* [--'--] subdivision *f.*

Untertemperatur *f* ['ʊntər-] *med* hypothermie *f.*

Untertitel *m* ['ʊntər-] *bes. film* sous-titre *m; mit ~n (film)* sous-titré;

u~n *tr* ‹hat untertitelt› sous-titrer.
Unterton *m* ‹-(e)s, ⸚e› ['ʊntər-] *mus* harmonique *m* inférieur; *fig* teinte, nuance, pointe *f.*
untervermiet|en ['ʊntər-] ‹hat untervermietet› *tr* sous-louer; **U~er** *m* sous-loueur *m;* **U~ung** *f* sous-location *f.*
unterversichert ['ʊntər-] *a (zu niedrig versichert)* sous-assuré.

unterwander|n ‹hat unterwandert› *tr (e-e Bevölkerung)* noyauter; **U~ung** *f* noyautage *m.*
Unterwäsche *f* ['ʊntər-] linge *m* de corps, sous-vêtements, (vêtements de) dessous *m pl.*
Unterwasser|bombe *f* ['ʊntər-] bombe *od* grenade *f* sous-marine; **~massage** *f med* massage *m* dans l'eau; **~schneidbrenner** *m* brûleur *m* à découper sous l'eau; **~schweißen** *n* soudage *m* sous l'eau; **~setzen** *n tech* noyage *m.*
unterwegs [ʊntər've:ks] *adv* en chemin, chemin faisant, en (cours de) route *(nach* pour); *dauernd od ständig* ~ *sein* être toujours par monts et par vaux, battre le pays; *pop* rouler sa bosse.
unterweis|en ‹hat unterwiesen› *tr* enseigner *(jdn in etw* qc à qn), instruire *(jdn in etw* qn dans qc); **U~ung** *f* enseignement *m,* instruction *f.*
Unterwelt *f* ['ʊntər-] enfers; *fig (sozial)* bas-fonds *m pl; arg* milieu *m,* pègre *f.*
unterwerf|en ‹hat unterworfen› *tr (ein Volk)* soumettre, assujettir; *(unterjochen)* subjuguer, asservir; *fig* soumettre *(Bedingungen* à des conditions); *sich* ~ se soumettre, courber *od* plier l'échine; déférer *(e-r S* à qc); **U~ung** *f* soumission *f;* assujettissement *m;* subjugation *f;* asservissement *m;* **unterworfen** *a* soumis, sujet *(e-r S* à qc); *der Mode* ~ *sein* dépendre de la mode.
unterwürfig [--'--, 'ʊn-] *a* soumis; *pej (knechtisch)* obséquieux, servile; ~ *sein (a.)* avoir l'échine souple *od* flexible; **U~keit** *f* ‹-, ø› soumission *f;* obséquiosité, servilité *f.*
unterzeichn|en ‹hat unterzeichnet› *tr* signer, souscrire; **U~er** *m* ‹-s, -› *(e-s Vertrages)* signataire *m;* **U~ete(r)** *m* soussigné, signataire *m;* **U~ung** *f* signature *f.*
Unterzeug *n* ‹-(e)s, ø› ['ʊntərtsɔʏk] sous-vêtements *m pl.*
'unter=ziehen ‹hat untergezogen› *tr (Kleidungsstück)* mettre dessous; **unter'ziehen** ‹hat unterzogen› *tr*

soumettre (*e-r Prüfung* à un examen); *sich e-r S* ~ subir qc, se soumettre à qc, prendre qc sur soi, se charger de qc; *sich der Mühe* ~ prendre *od* se donner la peine (*zu* de).

untief ['ʊn-] *a* peu profond, bas; **U~e** *f (seichte Stelle)* haut-fond, bas-fond *m,* basse *f; (abgrundartige Tiefe)* abysse *m.*

Untier *n* ['ʊn-] monstre *m.*

untilgbar [-'--/'---] *a* ineffaçable, indélébile; *fig* inextinguible; *fin* irremboursable; non amortissable.

untragbar [-'--/'---] *a* insoutenable, insupportable.

untreu ['ʊn-] *a* infidèle; déloyal; *jdm* ~ *werden* tromper qn; *e-r S* ~ *werden* manquer à qc, renier qc; ~*e(r) Beamte(r) m* prévaricateur *m;* **U~e** *f* infidélité; déloyauté; *(im Amt)* prévarication *f.*

untröstlich [-'--/'---] *a* inconsolable, désolé; ~ *sein (a.)* être au désespoir.

untrüglich [-'--/'---] *a* infaillible.

Untugend *f* défaut (de caractère), vice *m; (schlechte Gewohnheit)* mauvaise habitude *f.*

unüber|brückbar ['ʊn?y:bər-, -'----] *a fig* infranchissable, insurmontable; *(unvereinbar)* inconciliable; ~**legt** ['ʊn] *a (Handeln)* irréfléchi, inconsidéré; *adv* sans considération, sans délibération; de but en blanc; ~*e Tat f (a.)* coup *m* de tête; **U~legtheit** *f* irréflexion, inconsidération; étourderie *f,* ~**sehbar** [---'--/'-----] *a (Menge)* immense; *fig (Folgen)* incalculable; ~**setzbar** [---'--/'-----] *a* intraduisible; ~**sichtlich** ['ʊn-] *a* confus, brouillé, trop compliqué; ~**tragbar** [---'--/'-----] *a com jur (nicht abtretbar)* intransférable, intransmissible, incessible, incommutable; *fin (nicht begebbar)* non négociable; ~**trefflich** [---'--/'-----] *a* insurpassable; *(unerreichbar)* inégalable, sans égal; ~**troffen** ['-----/---'-] *a* inégalé, sans égal; *in etw* ~ *sein* détenir le record de qc; ~**windlich** [---'-- /'-----] *a* invincible, inexpugnable; *fig* insurmontable; **U~windlichkeit** *f* invincibilité *f.*

unumgänglich ['ʊn-] *a* inévitable, indispensable, de rigueur, de toute nécessité.

unumschränkt ['--', '---] *a (uneingeschränkt)* illimité; *pol* absolu, souverain.

unumstößlich [--'-/'----] *a* péremptoire; irrévocable.

unumstritten [--'-/'----] *a* incontesté.

unumwunden ['----, --'--] *adv:* ~ *zuge-*

ben reconnaître carrément *od* sans (la moindre) réserve.

ununterbrochen ['-----, ---'--] *a* ininterrompu, continu(el), suivi; *adv a.* sans interruption, à jet continu, sans rémission, sans discontinuer, sans désemparer, d'arrache-pied, coup sur coup; ~ *reden (a.)* jaser *od* bavarder comme une pie.

unveränder|lich [--'---/'-----] *a* invariable *a. gram,* inchangeable, inaltérable, immuable; **U~lichkeit** *f* invariabilité, inaltérabilité, immu(t)abilité *f;* ~**t** *a* inchangé; tel quel; *adv* sans changer.

unverantwortlich [--'---/'-----] *a* irresponsable.

unveräußerlich [--'---/'-----] *a* inaliénable.

unverbesserlich [--'---/'-----] *a* incorrigible; **U~keit** *f* incorrigibilité *f.*

unverbindlich ['----, --'--] *a* qui n'engage à rien; *adv* sans engagement *od* obligation.

unverblümt [--'-/'---] *adv* carrément, sans fard, sans prendre de gants.

unverbraucht [--'-/'---] *a (Mensch, Kräfte)* bien conservé.

unverbrennbar [--'--/'----] *a* incombustible; **U~keit** *f* incombustibilité *f.*

unverbrüchlich [--'--/'----] *a:* ~*e Treue f* fidélité *f* à toute épreuve; **U~keit** *f (Unverletzlichkeit)* inviolabilité *f.*

unverbürgt [--'-/'---] *a* non garanti, non confirmé.

unverdächtig [--'--/'----] *a (Zeuge)* non suspect.

unverdau|lich ['----, --'--] *a, a. fig* indigeste; **U~lichkeit** *f* caractère *m* indigeste; ~**t** *a* non *od* mal digéré *a. fig.*

unverderblich ['----, --'--] *a* incorruptible, inaltérable.

unverdient ['---, --'-] *a* non mérité, immérité; ~**ermaßen** *adv,* ~**erweise** *adv* sans l'avoir mérité.

unverdorben ['ʊn-] *a (Mensch)* non dépravé, intègre, innocent; **U~heit** *f* intégrité, innocence *f.*

unverdrossen ['----, --'--] *a* infatigable, inlassable; *adv. a* sans se lasser, sans se rebuter; **U~heit** *f* persévérance, patience *f* à toute épreuve.

unverehelicht ['ʊn-] *a adm* non marié, célibataire.

unvereidigt ['ʊn-] *a* inassermenté.

unvereinbar [--'--/'----] *a* incompatible, inconciliable (*mit* avec).

unverfälscht ['----, --'-] *a* non falsifié; *(Wein)* non frelaté; *fig (echt)* pur, naturel; **U~heit** *f* pureté *f.*

unverfänglich ['----, --'--] *a* sans arrière-pensée.

unverfroren ['----, --'--] *a fam* effronté, sans gêne; **U~heit** *f* effronterie *f, fam* toupet, *pop* culot *m.*

unvergänglich ['----, --'--] *a* impérissable, indéfectible; *(unsterblich)* immortel; *(ewig)* éternel; **U~keit** *f* immortalité, pérennité *f.*

unvergeßlich [--'--/'----] *a* inoubliable.

unvergleichlich [--'--/'----] *a* incomparable, sans *od* hors de comparaison, sans pareil, sans égal, hors (de) pair, unique (dans *od* en son genre).

unverhältnismäßig ['------, --'----] *adv* démesurément, excessivement.

unverheiratet ['un-] *a* non marié, célibataire.

unverhofft ['---, --'-] *a* inespéré; *(unerwartet)* inattendu, imprévu, inopiné; *adv* à l'improviste.

unverhohlen ['----, --'--] *a* non déguisé, non caché; *adv* sans déguisement, crûment, carrément, ouvertement, franchement.

unverhüllt ['---, --'-] *a u. adv fig* à visage découvert.

unver|käuflich ['----, --'--] *a (nicht zum Verkauf stehend)* hors vente; *(nicht gefragt)* invendable; **~kauft** ['----, --'-] *a: ~e Exemplare n pl (e-r Zeitung)* bouillon *m.*

unverkennbar [--'--/'----] *a* qu'on ne peut méconnaître, à ne pas s'y méprendre, imméconnaissable; *(offensichtlich)* manifeste, évident.

unverlangt ['un-] *a com* qui n'a pas été demandé.

unverletz|lich [--'--/'----] *a fig* inviolable; **U~lichkeit** *f fig* inviolabilité *f;* **~t** [--'-/'---] *a (Mensch)* sans blessure, indemne; *(wohlbehalten)* sain et sauf.

unvermeid|bar [--'--/'----] *a,* **~lich** [--'--/'----] *a* inévitable, inéluctable; fatal; *sich ins U~e schicken* se faire une raison.

unvermindert ['un-] *a* (tout) entier; *a. adv* en *od* dans son entier.

unvermischt ['un-] *a* sans mélange, pur.

unvermittelt ['un-] *a* immédiat, direct; *(plötzlich)* soudain, subit, brusque, abrupt; *adv a.* tout à coup; *fam* tout de go.

Unvermögen *n* ['un-] impuissance, incapacité *f;* **u~d** *a (ohne Vermögen)* sans fortune, impécunieux, pauvre.

unvermutet ['un-] *a* inopiné, inattendu, imprévu; *adv* inopin ément, à l'improviste.

Unver|nunft *f* ['un-] déraison *f,* manque *m* de bon sens; absurdité; *(Torheit)* folie *f;* **u~nünftig** *a* déraison-

nable, irraisonnable, insensé, absurde; ~ *reden* déraisonner.

unveröffentlicht ['un-] *a* non publié, inédit.

unverpackt ['un-] *a com* non emballé, sans emballage; en vrac.

unverrichteterdinge ['un-] *adv:* ~ *abziehen od zurückkehren* s'en retourner *od* (s'en) revenir bredouille *od* comme on est venu *od* sans avoir rien fait.

unverrückbar [--'--/'----] *a* immuable, définitif; *adv:* ~ *feststehen* être définitif.

unverschämt ['un-] *a* impertinent, insolent, effronté; *(schamlos)* impudent, éhonté; *(Preis)* exorbitant; **U~heit** *f* impertinence, insolence, effronterie; impudence *f; fam* toupet, *pop* culot *m; so e-e ~!* quelle impertinence! quelle insolence!

unverschleiert ['un-] *a u. adv fig* à visage découvert.

unverschuldet ['----, --'--] *a* immérité; *adv,* **~ermaßen** *adv,* **~erweise** *adv* sans l'avoir mérité.

unversehens ['----, --'--] *adv* inopinément, à l'improviste, au dépourvu.

unversehrt ['---/--'-] *a (Sache)* intact, entier; *(Person)* indemne, sain et sauf; **U~heit** *f* intégrité *f.*

unversichert ['----, --'--] *a com* non assuré.

unversiegbar [--'--/'----] *a* intarissable.

unversiegelt ['----, --'--] *a* non cacheté.

unversöhnlich ['----, --'--] *a* irréconciliable, implacable, intransigeant; *er ist* ~ *(a.)* il n'y a point de retour avec lui; ~*e(r) Haß m* haine *f* endurcie.

unversorgt ['un-] *a* sans moyens d'existence; sans situation, sans pension.

Unverstand *m* ['un-] déraison; *(Torheit)* folie, sottise *f;* **u~en** *a* incompris, méconnu.

unverständ|ig ['un-] *a* déraisonnable, insensé; *(dumm)* inintelligent, sot; **~lich** *a* incompréhensible, inintelligible, indéchiffrable; *(dunkel)* obscur; ~ *werden* se perdre dans les nu(ag)es; ~*e(s) Zeug n* grimoire *m;* **U~lichkeit** *f* incompréhensibilité, inintelligibilité; obscurité *f.*

unversucht ['---/--'-] *a: nichts* ~ *lassen* tout essayer, tenter l'impossible, épuiser tous les moyens, remuer ciel et terre.

unverträglich ['----, --'--] *a (Mensch)* intraitable, insociable; *(streitsüchtig)* querelleur; *(unvereinbar)* incompatible; **U~keit** f insociabilité; humeur querelleuse; incompatibilité f.

unverwandt ['ʊn-] a *(Blick: starr)* fixe; *jdn ~ ansehen* regarder qn fixement, avoir les yeux fixés sur qn.

unverwechselbar [--'---/'-----] a qu'on ne peut confondre; unique.

unverwundbar [--'--/'----] a invulnérable.

unverwüstlich [--'--/'----] a *(Material, Gegenstand)* inusable; *(Gesundheit)* de fer; *(Humor)* imperturbable.

unverzagt ['ʊn-] a intrépide, courageux, brave; **U~heit** f intrépidité f.

unverzeih|bar a, **~lich** [--'--/'----] a impardonnable, inexcusable.

unverzichtbar [--'--] a indispensable.

unverzinslich [--'--/'----] a *(Kapital)* non productif d'intérêts, dormant, mort; *(Darlehen)* sans intérêts, gratuit.

unverzüglich [--'--/'----] a immédiat; a. adv sans délai od retard; adv immédiatement, sans tarder, sans perdre de temps, tout de suite, sur l'heure, au pied levé.

unvoll|endet ['ʊnfɔl(ʔ)ɛndət, --'--] a inachevé; **~kommen** ['----/--'--] a imparfait, défectueux, défectible; **U~kommenheit** f imperfection, défectuosité, défectibilité f; **~ständig** ['----, --'--] a incomplet; gram défectif; **~e Ernährung** f carence f alimentaire; **U~ständigkeit** f état m incomplet.

unvorbereitet ['ʊn-] a non préparé, improvisé; a. adv sans préparation, au dépourvu; adv à l'improviste, sans être préparé.

unvordenklich ['ʊn-] a: *seit ~en Zeiten* de temps immémorial, de toute éternité.

unvoreingenommen ['ʊn-] a non prévenu, exempt de préjugés; *(unparteiisch)* impartial, neutre; a. adv sans prévention; **U~heit** f absence de préjugés; impartialité f.

unvorhergesehen ['ʊn-] a imprévu, inattendu; *falls ~e Umstände eintreten* en cas d'imprévu; *~e Kosten pl* faux frais m pl.

unvorschriftsmäßig ['ʊn-] a, bes. mil contraire aux règlements.

unvorsichtig ['ʊn-] a imprudent, inconsidéré; étourdi; **U~keit** f imprudence; inconsidération; étourderie f; *aus ~* par imprudence.

unvorstellbar [--'--/'----] a inimaginable; *das ist ~ (a.)* cela passe l'imagination.

unvorteilhaft ['ʊn-] a désavantageux, défavorable.

unwägbar [-'--/'---] a impondérable.

unwahr ['ʊn-] a pas vrai, faux; *(gefälscht)* falsifié; *(erfunden)* controuvé; **~haftig** a *(lügnerisch)* mensonger, menteur; *(unaufrichtig)* insincère; **U~haftigkeit** f manque m de véracité; insincérité f; **U~heit** f contrevérité, fausseté f; *(Lüge)* mensonge m; *die ~ sagen* mentir; **~scheinlich** ['----/--'--] a invraisemblable, improbable; **U~scheinlichkeit** f invraisemblance, improbabilité f.

unwegsam ['ʊn-] a *(Gelände)* sans chemin.

unweiblich ['ʊn-] a hommasse.

unweigerlich [-'---/'----] adv *(ganz sicher)* à coup sûr, sans aucun doute, infailliblement.

unweit ['ʊn-] prp gen non loin de.

Unwesen n ['ʊn-]: *sein ~ treiben* infester *(an e-m Ort* un lieu); **u~tlich** a inessentiel, peu important, accessoire; adv peu; *das ist ~* cela ne veut rien dire; *~ besser* pas beaucoup mieux.

Unwetter n ['ʊn-] tourmente, tempête f; *(Gewitter)* orage m.

unwichtig ['ʊn-] a peu important, sans importance, sans conséquence, insignifiant; **U~keit** f peu m d'importance, insignifiance f.

unwider|legbar a, **~leglich** [---'--/'-----] a irréfutable, irréfragable, irrécusable; **~ruflich** a irrévocable; **~sprochen** a: *nicht ~ bleiben* ne pas rester sans contredit od sans conteste; **~stehlich** a irrésistible; **U~stehlichkeit** f irrésistibilité f.

unwiederbringlich [----'--/'-----] a irréparable; *~ verloren* perdu à jamais od sans retour.

Unwill|e m ['ʊn-] *(Unzufriedenheit)* mécontentement m; *(Ärger)* irritation f, dépit m; *(Entrüstung)* indignation f; **u~ig** a mécontent; irrité; indigné; adv *(widerwillig)* à contrecœur, de mauvaise grâce; *~ werden* s'irriter, se fâcher, s'indigner *(über* de); **u~kommen** ['ʊn-] a *(unerwünscht)* indésirable; *(lästig)* importun; **u~kürlich** [--'--/'----] a involontaire, instinctif, spontané; *(mechanisch)* machinal, automatique; adv a. sans le vouloir; *ich mußte ~ lachen* j'ai ri malgré moi, je ne pouvais m'empêcher de rire.

unwirk|lich ['ʊn-] a irréel; *(erdacht)* fictif; **U~lichkeit** f irréalité f; **~sam** a inefficace, sans effet; med inactif; jur non valable, non valide, invalide, inopérant; *(nichtig)* nul (et non avenu); **U~samkeit** f inefficacité; med inactivité; jur invalidité en droit; nullité f.

unwirsch ['ʊn-] *a* morose, maussade, renfrogné; *(barsch)* brusque; *adv a.* avec humeur.

unwirt|lich ['ʊn-] *a (Gegend)* peu accueillant; *(öde)* désert; **~schaftlich** *a* non rentable, d'un mauvais rendement (économique).

unwissen|d ['ʊn-] *a* ignorant, ignare; **U~heit** *f* ignorance *f;* **~schaftlich** *a* peu scientifique; **~tlich** *adv* par ignorance, à mon *etc* insu, sans le savoir.

unwohl ['ʊn-] *a* souffrant, indisposé; *mir ist* ~ je ne suis pas bien *od* dispos, je ne me sens pas bien; **U~sein** *n* malaise *m*, indisposition *f.*

unwohnlich ['ʊn-] *a* peu confortable.

unwürdig ['ʊn-] *a* indigne *(gen* de); **U~keit** *f* indignité *f.*

Unzahl *f* ['ʊn-] nombre *m* immense, infinité; *fam* légion *f.*

unzähl|bar ['ʊn-] innombrable; **~ige** ['ʊn-] *a pl attr* d'innombrables …; ~ *Male (adv)* mille et mille fois.

Unze *f* ‹-, -n› ['ʊntsə] *(Gewicht)* once *f.*

Unzeit *f* ['ʊn-] : *zur* ~ à contretemps, hors de saison; *(ungelegen)* à une heure indue, mal à propos; **u~gemäß** *a* inactuel; *(veraltet)* démodé; **u~ig** *a* intempestif; *(ungelegen)* inopportun.

unzerbrechlich [--'--, '----] *a* incassable, infrangible.

unzerstörbar [--'--, '----] *a* indestructible.

unzertrenn|bar *a,* **~lich** [--'--, '----] *a* inséparable; *sie sind* ~ *(a.)* ils ne font qu'un; *fam* ils sont compère et compagnon.

Unzial|buchstabe *m* [ʊntsi'a:l-], **-e** *f* ‹-, -n› onciale *f;* **~schrift** *f* (écriture) onciale *f.*

unziem|end *a,* **~lich** ['ʊn-] *a* indécent, inconvenant; peu convenable, incongru.

unzivilisiert ['ʊn-] *a* non civilisé, barbare.

Unzucht *f* ['ʊn-] impudicité, luxure, lubricité, paillardise, lascivité, impureté de mœurs; ~ *treiben* vivre dans la débauche, se livrer à la luxure; *gewerbsmäßige* ~ prostitution *f;* **unzüchtig** *a* impudique, luxurieux, lascif; **~e** *Handlung f (jur)* attentat *m* aux mœurs.

unzufrieden ['ʊn-] *a* mécontent, insatisfait *(mit* de); **U~heit** *f* mécontentement *m*, insatisfaction *f.*

unzugänglich ['ʊn-] *a (Ort)* inaccessible *a. fig; fig (Mensch)* inabordable, intraitable; *(zurückhaltend)* réservé; **U~keit** *f fig* caractère *m* réservé, réserve *f.*

unzulänglich ['ʊn-] *a* insuffisant; **U~keit** *f* insuffisance *f.*

unzulässig ['ʊn-] *a* inadmissible; *jur* irrecevable; *e-e Klage als* ~ *abweisen (jur)* rejeter une demande comme irrecevable; **U~keit** *f* inadmissibilité; *jur* non-recevabilité *f.*

unzurechnungsfähig ['ʊn-] *a jur* incapable de discerner *od* de discernement; irresponsable; **U~keit** *f* irresponsabilité *f.*

unzureichend ['ʊn-] *a* insuffisant.

unzusammenhängend ['ʊn-] *a* incohérent; *(Worte)* a. entrecoupés; *(Rede)* décousu; *adv (sprechen)* à bâtons rompus.

unzuständig ['ʊn-] *a* incompétent; *sich für* ~ *erklären (jur)* se récuser; **U~keit** *f* incompétence *f.*

unzuträglich ['ʊn-] *a (nachteilig)* désavantageux; *(ungesund)* malsain; **U~keit** *f (Übelstand)* inconvénient; *(nachteilige Wirkung)* mauvais effet *m.*

unzutreffend ['ʊn-] *a* non pertinent; inexact.

unzuverlässig ['ʊn-] *a* peu sûr, incertain, douteux; *(Mensch)* sur lequel on ne peut pas compter, auquel on ne peut se fier; peu consciencieux; *(Gedächtnis)* infidèle; ~ *sein (Mensch)* a. ne pas avoir de parole; **U~keit** *f* incertitude *f; (Mensch)* manque *m* de conscience; *(Gedächtnis)* infidélité *f.*

unzweckmäßig ['ʊn-] *a* impropre, inopportun; **U~keit** *f* impropriété, inopportunité *f.*

unzweideutig ['ʊn-] *a* non équivoque; *a. adv* sans équivoque, sans ambiguïté; *adv* nettement; **U~keit** *f* clarté *f* absolue.

unzweifelhaft ['ʊn-] *a* indubitable; *adv* sans aucun doute, indubitablement.

üppig ['ʏpɪç] *a (Pflanzenwuchs)* exubérant, luxuriant; *(Haarwuchs)* abondant; *(Körper(teil)* opulent, *fam* plantureux; *(Mahl)* copieux, plantureux; *allg (prächtig)* luxueux, riche; *(schwelgerisch)* voluptueux; ~ *leben (a.)* vivre grassement *fam;* **Ü~keit** *f* exubérance, luxuriance; abondance; opulence; somptuosité *f,* luxe *m,* richesse *f.*

Ur *m* ‹-(e)s, -e› [u:r] *zoo (Auerochs)* aurochs *m.*

Urabstimmung *f* ['u:r-] vote *m* général.

Urahn|(e) *m* ['u:r-] *(Urgroßvater)* bisaïeul; *(Vorfahr)* ancêtre, aïeul *m;* **~e** *f (Urgroßmutter)* bisaïeule *f.*

uralt ['uːr-] *a* vieux comme le monde, séculaire.

Uräm|ie *f* ⟨-, ø⟩ [urɛ'miː] *med* urémie *f;* **u~isch** [u'rɛːmɪʃ] *a* urémique.

Uran *n* ⟨-, ø⟩ [u'raːn] *chem* uranium *m;* **~bergwerk** *n* mine *f* d'uranium; **~brenner** *m* pile *f* atomique; **~erz** *n* minerai *m* d'uranium; **~glimmer** *m* uranite *f;* **u~haltig** *a* uranifère; **~init** *m* ⟨-(e)s, ø⟩ [urani'niːt] = **~pecherz;** **~it** *m* ⟨-(e)s, ø⟩ [ura'niːt] = **~glimmer;** **~oxyd** *n* urane *m;* **~pecherz** *n* uranine *f;* **~salz** *n* uranate *m;* **~säure** *f* acide *m* uranique; **~spaltung** *f* fission *f* uranique; **~vorkommen** *n* gisement *m* uranifère.

uraf=führ|en ['uːr-] *tr* représenter pour la première fois; créer; **U~ung** *f* première (représentation); création *f.*

urbar ['uːrbaːr] *a:* ~ *machen (agr)* défricher, mettre en culture; **U~machung** *f* défrichement, défrichage *m,* mise *f* en culture.

Urbild *n* ['uːr-] original, prototype; *scient* archétype *m.*

Urchrist|entum *n* ['uːr-] christianisme *m* primitif; **u~lich** *a* paléochrétien *scient.*

ureigen ['uːr-] *a* absolument original, personnel.

Ureinwohner *m pl* ['uːr-] premiers habitants, aborigènes, autochtones *m pl.*

Ureltern *pl* ['uːr-] *(Vorfahren)* ancêtres, aïeux *m pl.*

Urenkel *m* ['uːr-] arrière-petit-fils *m; pl* arrière-petits-enfants *m pl;* **~in** *f* arrière-petite-fille *f.*

Urfassung *f* ['uːr-] *(e-r Dichtung)* version *f* originale.

urgemütlich ['uːr-] *a: es war* ~ nous nous sommes *bzw.* ils se sont fort réjouis *etc.*

Urgeschicht|e *f* ['uːr-] préhistoire *f;* **u~lich** *a* préhistorique.

Urgestein *n* ['uːr-] *geol* roches *f pl* primitives.

Urgroß|eltern *pl* ['uːr-] arrière-grands-parents *m pl;* **~mutter** *f* arrière-grand-mère, bisaïeule *f;* **~vater** *m* arrière-grand-père, bisaïeul *m.*

Urheber *m* ⟨-s, -⟩ ['uːr-] auteur; *(Schöpfer)* créateur; *(Anstifter)* instigateur, promoteur *m;* **~recht** *n* droit *m* d'auteur, propriété *f* littéraire (et artistique); **~rechtsgesetz** *n* loi *f* sur la propriété littéraire (et artistique); **~schaft** *f* qualité *f* d'auteur, paternité *f.*

Urin *m* ⟨-s, -e⟩ [u'riːn] urine *f;* **~glas** *n* urinal *m;* **u~ieren** *itr* uriner; **~untersuchung** *f* uroscopie *f.*

Urkirche *f* ['uːr-] Église *f* primitive.

urkomisch ['uːr-] *a* extrêmement comique; très drôle.

Urkund|e *f* ['uːr-] document, titre *m,* pièce *f* (écrite); *(Diplom)* diplôme, brevet *m; pol* charte *f,* instrument *m; e-e* ~ *aufsetzen* od *ausstellen* dresser od passer un acte, *jur* instrumenter; *amtliche* ~ pièce *f* officielle, acte *m* authentique; *gerichtliche, notarielle* ~ acte *m* judiciaire, notarié; **~enbeglaubigung** *f* légalisation *f* d'acte; **~enbeweis** *m* preuve *f* documentaire od par documents od par titres; **~enfälscher** *m* falsificateur de documents, faussaire *m;* **~enfälschung** *f* falsification *f* de documents, faux *m* en écriture; **u~lich** *a* documentaire; *(verbürgt)* authentique; *adv* par des documents od titres; ~ *dessen (jur)* en foi de quoi; ~ *belegen* documenter; **~sbeamte(r)** *m* personne *f* qualifiée pour instrumenter; *(gerichtlicher)* greffier *m.*

Urlaub *m* ⟨-(e)s, -e⟩ ['uːrlaup, '-bəs] congé *m; (Ferien)* vacances *f pl; mil* permission, *arg* perme *f; in* od *im* ~ en vacances; en permission; *in* ~ *fahren, gehen* partir, entrer en vacances; ~ *haben* avoir congé; ~ *nehmen* prendre du congé; *im* ~ *sein* être en congé od en vacances od *mil* en permission; *bezahlte(r)* ~ congé *m* payé; ~ *auf Ehrenwort* permission *f* sur parole; ~ *vom Alltag (fig)* changement *m* de décor; **~er** *m* ⟨-s, -⟩ [-bər] vacancier; *mil* permissionnaire *m;* **~erzug** *m mil* train *m* de permissionnaires, **u~sberechtigt** *a* ayant droit à un congé od *mil* à une permission; **~sgesuch** *n* demande *f* de congé od *mil* de permission; **~sgeld** *n* prime *f* de vacances; **~skasse** *f* budget-vacances *m;* **~sliste** *f* liste *f* des congés od *mil* des permissions; **u~reif** *a* qui a besoin de vacances; **~sreisende(r)** *m* vacancier *m;* **~sschein** *m,* **~ssperre** *f,* **~süberschreitung** *f mil* titre *m,* suppression *f,* dépassement *m* de permission; **~sverlängerung** *f* prolongation *f* de congé od *mil* de permission; **~szeit** *f* temps *m* de vacances.

Urmensch *m* ['uːr-] homme primitif, premier homme *m.*

Urmeter *n, a. m* ['uːr-] mètre *m* étalon.

Urne *f* ⟨-, -n⟩ ['urnə] urne *f;* **~nfriedhof** *m,* **~nhalle** *f* columbarium, columbaire *m.*

uro|genital [urogeni'taːl] *a* génito-urinaire; **U~loge** *m* ⟨-n, -n⟩ [uro'loːgə] *(Arzt für Krankheiten der Harnorgane)* urologue *m.*

Urquell(e *f)* *m* ['u:r-] source *f* première.

Ursache *f* ['u:r-] cause; *(Grund)* raison *f; (Beweggrund)* motif; *(Anlaß)* sujet *m; aus welcher* ~? pour quelle raison? pour quel motif? *(alle)* ~ *haben zu* ... avoir (tout) lieu de ...; *keine* ~! (il n'y a) pas de quoi! *kleine* ~*n, große Wirkung (prov)* petite cause, grands effets; *erste* ~ *(philos)* premier moteur *m*.

ursächlich ['u:rzεçliç] *a* causal, *gram* causatif; ~*e(r) Zusammenhang m* relation *f* de cause à effet; **U~keit** *f* causalité *f*.

Urschrift *f* ['u:r-] original, autographe *m; jur* minute *f*; **u~lich** *a* autographe; *jur* en original.

Ursprache *f* ['u:r-] langue *f* primitive; *(Urtext)* original *m*.

Ursprung *m* ['u:r-] origine *f*, principe; *(Anfang)* commencement *m; (Entstehung)* naissance; *(Quelle)* source; *(Herkunft, bes. com)* provenance *f; s-n* ~ *haben in* tirer son origine de, provenir de.

ursprünglich ['u:r-] *a* premier, originel; *(erstmalig)* original; *(urwüchsig)* primesautier, spontané; *adv (anfangs)* à l'origine, dans le principe; primitivement, d'abord; **U~keit** *f* originalité; spontanéité *f*.

Urstoff *m* ['u:r-] *philos* matière *f* première; *chem (Element)* élément *m*.

Urteil *n* ['ʊr-] *allg u. jur* jugement *m; (richterliches)* sentence *f*, arrêt; *(der Geschworenen)* verdict *m; (Meinung)* opinion *f*, avis; *(~skraft)* discernement, bon sens *m; nach dem* ~ *(gen)* selon l'avis (de), au dire (de); *ein* ~ *abändern* réformer un arrêt; *über etw ein gutes* ~ *abgeben* exprimer un jugement favorable sur qc; *ein* ~ *anfechten* se pourvoir contre un arrêt; *ein* ~ *annehmen* acquiescer à un jugement; *ein* ~ *aufheben* annuler od infirmer od casser un jugement; *ein* ~ *aussprechen, ein* ~ *bestätigen* prononcer, confirmer un jugement; *sich ein* ~ *bilden über* se faire od se former une opinion sur; *ein* ~ *fällen* rendre od porter un jugement; *ein gerechtes* ~ *fällen* faire justice; *das* ~ *sprechen* rendre le verdict; *sein eigenes* ~ *sprechen* prononcer sa propre condamnation; *das* ~ *verkünden* prononcer le verdict; *das* ~ *vollstrecken* exécuter la sentence; **u~en** *itr allg u. jur* juger *(über* de); *(s-e Ansicht äußern)* raisonner *(über* de), porter un jugement *(über* de, sur); *nach s-n Worten zu* ~ à en juger par ses paroles, à l'en croire; ~ *Sie selbst!* jugez

(par) vous-même! ~**sbegründung** *f* attendus *od* motifs *m pl* du jugement; **u~sfähig** *a* capable de juger *od* de discerner; compétent; ~*e(s) Alter n* âge *m* de raison; ~**sfähigkeit** *f* capacité *f* de juger, jugement *m;* compétence; *jur* faculté *f* judiciaire; ~**skraft** *f* jugement, discernement *m;* ~**sspruch** *m* (dispositif *od* prononcé du) jugement *m*, sentence *f*, arrêt *m; (der Geschworenen)* verdict *m;* ~**sverkündung** *f* prononcé *m* du jugement; ~**svollstreckung** *f* exécution *f* du jugement.

Urtext *m* ['u:r-] (texte) original *m*.

Urtierchen *n* ['u:r-] protozoaire, protiste *m*.

Urtrieb *m* ['u:r-] instinct *m* primitif.

urtümlich ['u:rty:mliç] *a* primitif, archaïque.

Ururgroß|mutter *f* ['u:r,?u:r-] trisaïeule *f;* ~**vater** *m* trisaïeul *m*.

Urvater *m* ['u:r-] premier père *m*.

Urväterzeit *f* ['u:r-]: *seit* ~*en* dès la plus haute antiquité.

urverwandt ['u:r-] *a* d'origine commune; **U~schaft** *f* communauté *f* d'origine.

Urvolk *n* ['u:r-] peuple *m* primitif.

Ur|wahl *f* ['u:r-] *pol* élection *f* primaire *od* au premier degré; ~**wähler** *m* électeur *m* primaire *od* du premier degré.

Urwald *m* ['u:r-] forêt *f* vierge.

Urwelt *f* ['u:r-] monde *m* primitif; **u~lich** *a* (du monde) primitif; *(vorsintflutlich)* antédiluvien.

urwüchsig ['u:r-] *a* naturel, originel, naïf; *(kraftvoll)* robuste; *(derb)* rustique.

Urzeit *f* ['u:r-] ère *f* primitive *od* archaïque.

Urzeugung *f* ['u:r-] *biol* génération *f* spontanée.

Urzustand *m* ['u:r-] état *m* primitif *od* originel.

Usambaraveilchen *n* [uzam'ba:ra-] *bot* violette d'Usambara, saintpaulia *f*.

Usance *f* ‹-, -n› [y'zã:s] *com (Brauch)* usage *m*.

Usurp|ator *m* ‹-s, -en› [uzʊr'pa:tɔr, -'to:rən] usurpateur *m;* **u~ieren** *tr* usurper.

Usus *m* ‹-, ø› ['u:zʊs] *(Brauch)* usage *m*, habitude *f*.

Utensilien *pl* [utεn'zi:liən] ustensiles *m pl*.

Utilitarismus *m* ‹-, ø› [utilita'rɪsmʊs] utilitarisme *m*.

Utop|ie *f* ‹-, -n› [uto'pi:] utopie *f;* **u~isch** [u'to:pɪʃ] *a* utopique; ~**ist** *m* ‹-en, -en› [-'pɪst] utopiste *m*.

Ü-Wagen *m* = *Übertragungswagen*.

V

V, v *n* ‹-, -› [faʊ] *(Buchstabe)* V, v *m.*
va banque [vaˈbãːk]: ~ *spielen (alles aufs Spiel setzen)* risquer tout; **Vabanquespiel** *n: das ist ein* ~ on y risque tout.
Vademekum *n* ‹-s, -s› [vadeˈmeːkʊm] *(Taschenbuch)* vade--mecum *m.*
Vagabund *m* ‹-en, -en› [vagaˈbʊnt, -dən] vagabond *m;* ~**entum** *n* ‹-s, ø› vagabondage *m;* **v~ieren** [-ˈdiːrən] ‹*aux: sein*› *itr* vagabonder.
vag‖(e) [vaːk, '-gə] *a (undeutlich, unbestimmt)* vague; **V~heit** *f* vague *m.*
Vagin‖a *f* ‹-, -inen› [vaˈgiːna, -ˈgiːnən] *anat* vagin *m;* **v~al** [vagiˈnaːl] *a* vaginal; ~**ismus** *m* ‹-, -men› [vagiˈnɪsmʊs] *med* vaginisme *m.*
Vagus *m* ‹-, ø› ['vaːgʊs] *anat (Nerv)* nerf *m* vague od pneumogastrique.
vakan‖t [vaˈkant] *a (unbesetzt, frei)* vacant; **V~z** *f* ‹-, -en› [-ˈkants] vacance *f.*
Vakuum *n* ‹-s, -kua/-kuen› ['vaːkuʊm, -a/-ən] *phys, a. fig* vide *m;* ~**apparat** *m* appareil *m* à vide; ~**blitzlicht** *n phot* lampe-éclair *f;* ~**bremse** *f* frein *m* à vide *od* à dépression; ~**meter** *n* vacuomètre, indicateur *m* du vide; ~**röhre** *f* tube *m od* lampe *f* à vide; **v~verpackt** *a* emballé sous vide; ~**verpackung** *f* emballage *m* sous vide.
Vakzin *n* ‹-s, -e›, ~**e** *f* ‹-, -n› [vakˈtsiːn(ə)] *(Impfstoff)* vaccin *m.*
Valenz *f* ‹-, -en› [vaˈlɛnts] *chem biol* valence *f.*
Valuta *f* ‹-, -ten› [vaˈluːta, -tən] *fin (Gegenwert)* valeur *f; (Währung)* monnaie *f* étrangère *od* de compte; change *m;* ~**geschäft** *n* opération *f* de change; ~**kurs** *m,* ~**notierung** *f* cours *m,* cote *f* du change; **v~schwach** *a,* **v~stark** *a (Land)* à change déprécié, élevé; ~**spekulation** *f* spéculation *f* sur les changes.
Vamp *m* ‹-s, -s› [vɛmp] *(gefährliche Frau)* vamp, femme *f* fatale.
Vampir *m* ‹-s, -e› [vamˈpiːr] *(Gespenst; zoo; fig: Blutsauger)* vampire *m.*
Vanad‖in *n* ‹-s, ø› [vanaˈdiːn], ~**ium** *n* ‹-s, ø› [-ˈnaːdiʊm] *chem* vanadium *m.*
Vandale *etc s. Wandale etc.*
Vanille *f* ‹-, ø› [vaˈnɪljə] *bot* vanillier *m; (Gewürz)* vanille *f;* ~**eis** *n,* ~**pud-**

ding *m* glace, crème *f* à la vanille; ~**stange** *f* gousse *f* de vanille.
Vari‖a ['vaːria] *pl (Vermischtes)* mélanges *m pl* (littéraires), miscellanées *f pl;* **v~abel** [variˈaːbəl] *a (veränderlich, schwankend)* variable; ~**abilität** *f* ‹-, -en› [-rjabiliˈtɛːt] variablitité *f;* ~**able** *f* ‹-n, -n› [-ˈriaːblə] *math* variable *f;* ~**ante** *f* ‹-, -n› [-ˈriantə] *(Abweichung; Lesart; Abart)* variante *f;* ~**ation** *f* ‹-, -en› [-tsiˈoːn] *(Abwandlung)* variation *f;* **v~ationsfähig** *a* variable; ~**eté(theater)** *n* ‹-s, -s› [-rieˈteː] music-hall, théâtre *m* de variétés; **v~ieren** [-riˈiːrən] *tr (abwandeln) u. itr (abweichen)* varier.
Vasall *m* ‹-en, -en› [vaˈzal] *hist* vassal *m;* ~**enstaat** *m* État *m* vassal *od* tributaire; ~**entum** *n* ‹-s, ø› vassalité *f,* vasselage *m;* **v~isch** [-ˈzaːlɪʃ] *a* vassal.
Vase *f* ‹-, -en› ['vaːzə] vase *m;* ~**nmalerei** *f* peinture *f* de vases.
Vasektomie *f* ‹-, -n› [vazɛktoˈmiː, -iːən] *med* vasectomie *f.*
Vaselin *n* ‹-s, ø›, ~**e** *f* ‹-, ø› [vazeˈliːn(ə)] *pharm* vaseline *f.*
Vater *m* ‹-s, ⸚› ['faːr, -ˈfɛːtər] père *m; pl (Vorväter)* aïeux, ancêtres *m pl; vom* ~ *auf den Sohn* de père en fils; *er ist ganz der* ~ *od der ganze* ~ c'est tout le portrait de son père; ~**freuden** *f pl* joies *f pl* de la paternité; ~**gut** *n jur* patrimoine *m;* ~**haus** *n* maison *f* paternelle; ~**land** *n* patrie *f;* **v~ländisch** *a* patriotique; ~**landsliebe** *f* patriotisme, amour *m* de la patrie; **v~landslos** *a* sans patrie; *(heimatlos)* apatride; ~**landslose(r)** *m* sans--patrie; apatride *m;* **v~los** *a* sans père, orphelin de père; ~**mord** *m,* ~**mörder** *m* parricide *m;* ~**schaft** *f* paternité, qualité *f* de père; ~**schaftsanerkennung** *f* reconnaissance *f* de paternité; ~**schaftsklage** *f jur* action *f* en recherche de paternité; ~**stadt** *f* ville *f* natale; ~**stelle** *f: bei jdm* ~ *vertreten* tenir lieu de père à qn; ~**tag** *m* fête *f* des pères; ~**unser** *n* ‹-s, -› [--'--/'----] *(Gebet)* Notre-Père *m,* oraison *f* dominicale; *ein* ~ *beten* dire un Notre--Père.
Väter‖chen ['fɛːtər-] *n* petit père *m;* **v~lich** *a* paternel; ~**e(s) Erbe** *n* pa-

trimoine *m;* ~*e Gewalt f* puissance *f* paternelle; **v~licherseits** *adv* (du côté) paternel *a.*

Vati *m* ‹-s, -s› ['faːti] *fam* papa *m.*

Vatikan [vati'kaːn] *der, rel* le Vatican; ~**stadt,** *die,* la Cité du Vatican.

Veget|abilien *pl* [vegeta'biːliən] *(pflanzl. Nahrungsmittel)* végétaux *m pl;* **v~abil(isch)** [-'biːl(ɪʃ)] *a (pflanzlich)* végétal; ~**arier** *m* ‹-s, -› [-'taːriər] végétarien *m;* **v~arisch** [-'taːrɪʃ] *a* végétarien; ~**arismus** *m* ‹-, ø› [ta'rɪsmʊs] *(pflanzl. Ernährungsweise)* végétarisme, végétalisme *m;* ~**ation** *f* ‹-, -en› [-tsi'oːn] végétation *f;* ~**ationsgebiet** *n* zone *f* de végétation; **v~ativ** [-'tiːf] *a scient* végétatif; ~*e(s) Nervensystem n* système *m* nerveux végétatif; **v~ieren** [-ge'tiːrən] *itr (kümmerlich leben)* végéter, vivoter.

vehemen|t [vehe'mɛnt] *a (heftig)* véhément; **V~z** *f* ‹-, ø› [-'mɛnts] véhémence *f.*

Vehikel *n* ‹-s, -› [ve'hiːkəl] *fam (Fahrzeug)* véhicule *m.*

Veilchen *n* ‹-s, -› ['faɪlçən] *bot* violette *f;* **v~blau** *a* violet, violacé.

Veit [faɪt] *m (Männername)* Guy *m;* ~**stanz** *m med* danse *f* de Saint-Guy.

Vektor *m* ‹-s, -en› ['vɛktɔr, -'toːrən] *math phys* vecteur *m.*

Velin(papier) *n* ‹-s, ø› [ve'liːn, -'lɛ̃ː] vélin *m.*

Veltlin [fɛlt-, vɛlt'liːn] *das, geog* la Valteline.

Velvet *m (a. n)* ‹-s, -s› ['vɛlvət] *(Textil)* velours *m* de coton.

Ven|e *f* ‹-, -n› ['veːnə] *anat* veine *f;* ~**enentzündung** *f* phlébite *f;* **v~ös** [ve'nøːs] *a* veineux.

Venedig [ve'neːdɪç] *n* Venise *f.*

venerisch [ve'neːrɪʃ] *a med* vénérien.

Venezian|er(in *f)* *m* ‹-s, -› [vene'tsiaːnər] Vénitien, ne *m f;* **v~isch** [-'tsiaːnɪʃ] *a* vénitien.

Venez|olaner(in *f)* *m* ‹-s, -› [venetso'laːnər] Vénézuélien, ne *m f;* **v~olanisch** [-'laːnɪʃ] *a* vénézuélien; ~**uela** *n* [-tsu'eːla] Venezuela *m;* **Venezueler(in** *f)* *m* = *Venezolaner(in).*

Ventil *n* ‹-s, -e› [vɛn'tiːl] valve, soupape *f,* clapet *m; hängende(s)* ~ soupape *f* en tête; ~**ation** *f* ‹-, -en› [-tilatsi'oːn] ventilation *f;* ~**ator** *m* ‹-s, -en› [-'laːtɔr, -'toːrən] ventilateur *m;* **v~ieren** [-'liːrən] *tr* ventiler; ~**ierung** *f* ventilation *f;* ~**kegel** *m* tête *f* de soupape; ~**klappe** *f* valve *f.*

Venus *f* ['veːnʊs] *rel astr* Vénus *f;* ~**fliegenfalle** *f bot* gobe-mouches *m;* **v~isch** [ve'nuːzɪʃ] *a astr* vénu

sien; ~**oberfläche** *f astr* sol *m* vénusien.

verabfolg|en [fɛr'-] ‹*hat verabfolgt*› *tr (aushändigen)* donner, remettre, délivrer; **V~ung** *f* remise, délivrance *f.*

verabred|en [fɛr'-] ‹*hat verabredet*› *tr* convenir *(etw* de qc); *sich* ~ prendre *od* se donner un rendez-vous, prendre jour *(mit jdm* avec qn; *für* une *Zeitpunkt* pour une heure donnée); *verabredet sein* avoir un rendez-vous; *wie verabredet,* ~**etermaßen** *adv* comme convenu; **V~ung** *f* accord *m,* convention *f; (sich zu treffen)* rendez-vous *m; e-e* ~ *versäumen* manquer un rendez-vous; brûler la politesse.

verabreich|en [fɛr'-] ‹*hat verabreicht*› *tr* donner, fournir; *(Medikament)* administrer; **V~ung** *f med* administration *f.*

verabscheu|en [fɛr'-] ‹*hat verabscheut*› *tr* détester, exécrer, abominer; avoir en horreur *od* en exécration *od* en abomination; avoir horreur de; **V~ung** *f* exécration, abomination; horreur *f;* ~**ungswürdig** *a* détestable, exécrable, abominable.

verabschied|en [fɛr'-] ‹*hat verabschiedet*› *tr (Person)* faire ses adieux à; congédier, licencier, révoquer; *(Offizier)* réformer, mettre à la réforme; *parl (Gesetz)* prendre, adopter, voter; *(den Haushalt)* expédier, adopter, voter; *sich* ~ prendre congé, faire ses adieux; **V~ung** *f* mise *f* en congé *od* à la retraite; licenciement *m; (e-s Offiziers)* réforme; *parl* adoption *f,* vote *m.*

veracht|en [fɛr'-] *tr* dédaigner, mépriser, avoir *od* tenir en mépris; *etw nicht* ~ *(fam: mögen)* ne pas cracher sur qc; **V~ung** *f* dédain, mépris *m; der (allgemeinen)* ~ *anheimfallen* tomber dans le mépris (général); *jdn mit* ~ *strafen* accabler qn de (son) mépris.

verächtlich [fɛr'ʔɛçtlɪç] *a (voller Verachtung)* dédaigneux, méprisant; *(erbärmlich)* méprisable, misérable; *mit* ~*em Blick* d'un air dédaigneux; ~ *machen* avilir, jeter le discrédit sur; *adv* dédaigneusement, avec dédain; **V~machung** *f* avilissement *m.*

veralbern [fɛr'-] *tr fam (verspotten)* blaguer, tourner en ridicule.

verallgemeiner|n [fɛr'-] [---'--/-'----] *tr* généraliser; **V~ung** *f* généralisation *f.*

veralt|en [fɛr'-] ‹*aux: sein*› *itr* vieillir, passer (de mode), tomber en désuétude; ~**et** *a* vieilli, démodé, désuet; hors d'usage; *(Wort, Wendung)* vieilli, archaïque, obsolète; ~*e(r) Ausdruck m (a.)* archaïsme *m.*

Veranda *f* ‹-, -den› [ve'randa] *arch* véranda *f.*

veränder|lich [fɛr'-] *a* variable *(a. math, gram, mete);* changeant, instable, inconstant, inégal; *(Mensch)* mobile, versatile, capricieux; **V~lichkeit** *f* variabilité; instabilité, inconstance, inégalité; versatilité, humeur *f* changeante; ~**n** *tr* changer, varier, modifier, altérer; *(umwandeln)* transformer; *sich sehr* ~**t** *haben* avoir beaucoup changé; **V~ung** *f* changement *m,* variation, modification, altération; transformation *f; (plötzliche)* ~ *der Lage (a.)* changement *m* de décor.

verängstigen [fɛr'-] *tr* intimider; effrayer.

veranker|n [fɛr'-] *tr* ancrer *a. fig;* amarrer; *fest verankert (pp fig)* bien ancré; **V~ung** *f mar* ancrage, amarrage *m.*

veranlag|en [fɛr'-] *tr: jdn (steuerlich)* ~ faire *od* établir l'assiette de l'impôt de qn; ~**t** *pp (von Natur)* prédisposé; *gut* ~ *(begabt)* bien doué *od* né; *künstlerisch* ~ *sein* avoir des dons, des talents artistiques; **V~ung** *f (natürliche)* dons *m pl* naturels, capacités *f pl; fin* assiette (de l'impôt), imposition *f;* **V~ungsjahr** *n fin* année *f* d'imposition; **V~ungszeitraum** *m fin* période *f* d'assiette.

veranlass|en [fɛr'ʔanlasən] ‹*er veranlaßt/e, hat veranlaßt*› *tr* donner lieu *od* sujet à, provoquer, causer, occasionner; *(Menschen, bestimmen)* décider *od* engager à, faire; *sich veranlaßt sehen zu …* se voir obligé de …; **V~ung** *f* cause *f,* motif, sujet *m; (e-s Menschen)* instigation, impulsion *f; auf jds* ~ sous l'impulsion de qn; *ohne* ~ sans motif, sans raison; *zur weiteren* ~ *(adm)* pour suite à donner, à toutes fins utiles; ~ *geben zu* donner lieu *od* sujet *od* matière à; *es liegt* ~ *vor zu … (adm)* il y a lieu de …

veranschaulich|en [fɛr'-] ‹*hat veranschaulicht*› *tr* concrétiser, illustrer, rendre sensible, donner une idée de; **V~ung** *f* concrétisation, illustration *f.*

veranschlag|en [fɛr'-] ‹*er veranschlagt/e, hat veranschlagt*› *tr* évaluer, estimer, taxer, faire un devis de; *zu hoch* ~ surestimer, surtaxer, surfaire; *zu niedrig* ~ sous-estimer; **V~ung** *f* évaluation, estimation *f; (Kostenanschlag)* devis *m.*

veranstalt|en [fɛr'-] ‹*hat veranstaltet*›

tr organiser, arranger, préparer, faire les préparatifs de; *(Fest)* donner; **V~er** *m* ‹-s, -› organisateur *m;* **V~ung** *f (Tätigkeit)* organisation *f,* arrangement *m,* préparation; *(Ereignis)* manifestation; *(Feier, Fest)* fête *f; gesellschaftliche* ~ manifestation *f* mondaine; *pl a.* mondanités *f pl.*

verantwort|en [fɛr'-] ‹*hat verantwortet*› *tr* répondre de; être responsable de; *sich* ~ se justifier; *das kann ich nicht* ~ je ne peux pas en répondre; ~**lich** *a* responsable *(für de); jdn für etw* ~ *machen* rendre qn responsable de qc, mettre qc sur la conscience de qn; *für etw* ~ *sein (a.)* (devoir) répondre de qc; **V~lichkeit** *f* responsabilité *f;* **V~ung** *f* responsabilité *f; auf jds* ~ sous la responsabilité de qn; *die od jede* ~ *ablehnen* décliner la *od* toute responsabilité; *jdn s-r* ~ *entheben* libérer qn de sa responsabilité; *die* ~ *für etw tragen, übernehmen* porter, prendre *od* assumer la responsabilité de qc; *jdn zur* ~ *ziehen* demander des comptes à qn; ~**ungsbewußt** *a* conscient de ses responsabilités; **V~ungsbewußtsein** *n* conscience *f* de ses responsabilités; **V~ungsfreudigkeit** *f* goût *m* de la responsabilité; **V~ungsgefühl** *n* sentiment *m* de responsabilité; ~**ungslos** *a* irresponsable; **V~ungslosigkeit** *f* irresponsabilité *f;* ~**ungsvoll** *a* responsable.

veräppeln [fɛr'ʔɛpəln] *tr fam* = *veralbern.*

verarbeit|en [fɛr'-] *tr* usiner, manufacturer, travailler, façonner, ouvrer, traiter; *inform (Daten)* traiter; *(verbrauchen)* utiliser, consommer; *physiol (verdauen)* digérer; *a. fig (Eindruck)* assimiler; *fig* faire sien; *elektronisch* ~ *(inform)* informatiser; **V~ung** *f* usinage, façonnage, traitement; *inform (Daten~)* traitement; travail *m* industriel; *physiol* digestion; *a. fig* assimilation *f;* **V~ungsindustrie** *f* industrie *f* de transformation; **V~ungsstufe** *f* état *m* de fabrication.

verargen [fɛr'ʔargən] *tr: jdm etw* ~ en vouloir à qn pour qc.

verärger|n [fɛr'-] *tr* fâcher, irriter; offenser, ulcérer; ~**t** *a* fâché, irrité; offensé, ulcéré; **V~ung** *f* irritation *f.*

verarm|en [fɛr'-] ‹*aux: sein*› *itr* s'appauvrir; **V~ung** *f* appauvrissement *m.*

verarschen [fɛr'ʔarʃən] *tr vulg* faire marcher, mener en bateau.

verarzt|en [fɛr'ʔa:rtstən] *tr fam (be-*

handeln) traiter; **V~ung** *f fam* traitement *m.*

verästel|n [fɛr'ʔɛstəln], *sich* se ramifier; **V~ung** *f* ramification *f.*

verauktionier|en [fɛr'-] *tr,* **V~ung** *f* vendre, vente *f* aux enchères.

verausgab|en [fɛr'-] ⟨*er verausgabt/-e, hat verausgabt*⟩ *tr (ausgeben)* dépenser; *sich* ~ dépenser trop; *fam* se mettre à sec; **V~ung** *f* dépense *f.*

verauslag|en [fɛr'-] ⟨*er verauslagt/e, hat verauslagt*⟩ *tr (Geld auslegen)* avancer; **V~ung** *f* avancement *m.*

veräußer|lichen [fɛr'-] *tr ⟨aux: haben⟩* rendre, *itr ⟨aux: sein⟩* devenir superficiel; **~n** *tr (verkaufen)* aliéner, se défaire de, vendre; **V~ung** *f* aliénation, vente *f.*

Verb *n* ⟨-s, -en⟩ [vɛrp, '-bən] *gram* verbe *m;* **v~al** [-'baːl] *a gram* verbal; *(mündlich)* oral, verbal; **~aladjektiv** *n gram* adjectif *m* verbal; **~alinjurie** *f jur,* **~alnote** *f pol* injure, note *f* verbale; **~alsubstantiv** *n gram* nom *m* verbal.

verbacken [fɛr'-] *tr (Mehl)* boulanger.

verballhornen [fɛr'balhɔrnən] ⟨*hat verballhornt*⟩ *tr (verschlimmbessern, verhunzen)* défigurer.

Verband *m* ⟨-(e)s, ⸚e⟩ [fɛr'-] *med* pansement, bandage, appareil; *tech* assemblage *m; mil* formation *f,* groupe *m,* grande unité; *(Vereinigung)* association, société, fédération, union *f,* groupement; *(Gewerkschaft)* syndicat *m; e-n* ~ *anlegen, abnehmen, erneuern (med)* appliquer, défaire *od* enlever, renouveler *od* refaire un pansement; **~mull** *m med* gaze *f* (à pansement *od* hydrophile); **~sflug** *m aero* vol *m* en formation; **~(s)kasten** *m med* boîte *f* de pansement(s); **~(s)päckchen** *n med* paquet *m* de pansement(s); **~(s)platz** *m mil* poste *m* de secours; **~(s)stoff** *m* linge *m od* gaze *f* de pansement; **~svorsitzende(r)** *m* président *m* d'une *od* de la fédération; **~(s)watte** *f* coton *m* hydrophile; **~(s)zeug** *n med* trousse *f* de pansement.

verbann|en [fɛr'-] *tr* bannir, proscrire, exiler; **V~te(r)** *m* proscrit, exilé *m;* **V~ung** *f* bannissement *m,* proscription *f; (Exil)* exil *m.*

verbarrikadieren [fɛr--'--] *tr* barricader; *sich* ~ se barricader.

verbauen [fɛr'-] *tr (schlecht bauen)* mal bâtir *od* construire; *(beim Bauen verbrauchen)* utiliser; *(die Aussicht* ~ boucher *od* barrer la vue.

verbeamt|en [fɛr-'--] *tr* fonctionnariser; **V~ung** *f* fonctionnarisation *f.*

verbeißen [fɛr'-] *tr: sich etw* ~ *(unter-*

drücken; nicht zeigen) réprimer, refouler qc; *dissimuler,* cacher qc; *sich in etw* ~ *(hineinknien, an etw anklammern)* s'acharner à qc; *sich in etw verbissen haben (von etw nicht loskommen)* ne pas démordre de qc.

Verbene *f* ⟨-, -n⟩ [vɛr'beːnə] *bot* verveine *f.*

verbergen [fɛr'-] ⟨*verbirgt, verbarg, hat verborgen⟩ tr* cacher, dissimuler; recéler; *scient* occulter.

Verbesser|er *m* ⟨-s, -⟩ [fɛr'-] réformateur *m;* **v~n** *tr* améliorer, rendre meilleur; réformer; *(vervollkommnen)* perfectionner; *(berichtigen)* rectifier; *(korrigieren)* corriger, amender; *(verfeinern, a. d. Geschmack)* affiner; *sich* ~ *(beruflich)* améliorer sa situation; **~ung** *f* amélioration, réforme *f;* perfectionnement *m;* rectification; correction *f,* amendement *m;* **~ungsvorschlag** *m* meilleure idée; *e-n* ~ *haben* avoir une meilleure idée à proposer.

verbeug|en [fɛr'-], *sich* s'incliner; faire sa révérence *(vor jdm* à qn); **V~ung** *f* révérence, courbette *f.*

verbeulen [fɛr'-] *tr* bosseler, cabosser.

verbieg|en [fɛr'-] ⟨*verbiegt, verbog, hat verbogen⟩ tr* contourner, tordre; déformer, fausser, voiler; *sich* ~ se déformer; gauchir, se voiler, se déjeter; **V~ung** *f* déformation *f;* gauchissement *m,* voilure *f.*

verbiestert [fɛr'-] *a dial fam (verwirrt)* confus; *(verärgert)* irrité.

verbieten [fɛr'-] ⟨*verbietet, verbot, hat verboten⟩ tr* défendre, interdire, prohiber; *(Buch)* mettre à l'index; *(Zeitung)* suspendre; *polizeilich verboten* défendu par ordonnance de police; *jdm den Mund* ~ faire taire qn.

verbild|en [fɛr'-] *tr* déformer, défigurer; *fig* donner une fausse éducation à; **~et** *a: ~e(r) Mensch m* esprit *m* faux; **~lichen** *tr* représenter (par une image), figurer, symboliser; **V~lichung** *f* représentation, figuration, symbolisation *f;* **V~ung** *f* déformation, défiguration *f.*

verbillig|en [fɛr'-] *tr* diminuer *od* réduire le prix de; **~t** *adv* à prix réduit(s); **V~ung** *f* diminution *od* réduction *f* du *od* des prix.

verbinden [fɛr'-] ⟨*verbindet, verband, hat verbunden⟩ tr med* panser; *(die Augen)* bander *(jdm* à qn); *(verknüpfen)* (re)lier, joindre, rattacher *(mit* à); *tech* assembler; *tele* mettre en communication; *mit jdm* relier à qn; *(vereinigen)* relier, joindre, rattacher, associer, allier *(mit* à); *pol (Listen)* apparenter; *jdm sehr verbunden sein* *(fig)* être (très *od* fort) obligé à qn; *falsch* ~ *(tele)* donner un mauvais numéro à; *falsch verbunden!* je me suis trompé de numéro; vous avez composé un mauvais numéro; *damit verbindet sich für mich e-e schöne Erinnerung* cela me rappelle un beau souvenir; *verbundene Musik f (radio)* liaison *f* sonore; **V~** *n med* pansement *m.*

verbindlich [fɛr'-] *a (höflich)* obligeant; *jur (bindend)* obligatoire; *sich* ~ *machen zu ...* s'engager à ...; ~ *sein (jur a.)* avoir force obligatoire; *(ich) danke* ~*st,* ~*sten Dank!* tous mes remerciements! ~*e Worte n pl* paroles *f pl* de courtoisie, compliments *m pl;* **V~keit** *f (Gefälligkeit)* obligeance, complaisance *f; (bindende Gewalt)* caractère *m od* force obligatoire; *(Verpflichtung)* obligation *f,* engagement *m; e-e* ~ *eingehen od* assumer *od* contracter une obligation; *e-e* ~ *erfüllen, e-r* ~ *nachkommen* remplir une, s'acquitter d'une, satisfaire à une obligation; *die* ~ *der Verträge* la foi des traités.

Verbindung *f* [fɛr'-] liaison, jonction *f,* rattachement, raccordement *m,* connexion *f; tech* assemblage *m; (Verkehrsverbindung)* desserte; *tele* communication; *(Beziehung, Zs.hang)* relation *f,* rapport, commerce *m; (gedankl. Verknüpfung)* combinaison; *(Vereinigung)* (ré)union, alliance; *(studentische* ~*)* corporation; *chem* combinaison *f;* combiné, composé *m;* ~*en anknüpfen od aufnehmen* amorcer des *od* entrer en relations; *die* ~ *aufnehmen mit* prendre contact, se mettre en rapport *od* en relation *od* en communication avec; ~ *aufnehmen (mil)* établir le contact; ~ *bekommen (tele)* entrer en communication; *in* ~ *bringen mit* mettre en rapport avec; *e-e* ~ *eingehen (chem)* entrer en combinaison; *gute* ~*en haben* avoir de bonnes relations; ~ *halten mit (mil)* assurer la liaison avec; *e-e* ~ *herstellen* faire un raccord; *die* ~ *herstellen (tele)* établir la communication; *sich in* ~ *setzen mit* se mettre en relation *od* en rapport *od* en communication avec; *fam* contacter; *(mitea.) in* ~ *stehen* communiquer; *(Menschen)* se voir; *mit jdm in* ~ *stehen* être en relation, entretenir des relations avec qn; *mit dem Feind in* ~ *stehen (mil)* entretenir des intelligences avec l'ennemi; *mit jdm in* ~ *treten, bleiben* entrer, rester en contact avec qn; *die* ~*en zerschlagen (mil)* désorganiser les communica-

tions; *chemische* ~ combinaison *f* chimique; *falsche* ~ *(tele)* erreur *f* de communication *od* de numéro; *metallische* ~ *(chem)* liaison *f* de métaux.

Verbindungs|aufbau *m* [fɛr'binduŋs-] *tele* schéma *m* des connections; ~**bahn** *f* ligne *f* de raccordement *od* de jonction; ~**bolzen** *m* boulon *m* d'assemblage; ~**draht** *m* fil *m* de jonction; ~**flugzeug** *n* avion *m* de liaison; ~**gleis** *n* voie *f* de jonction; ~**glied** *n tech* élément de jonction, maillon *m;* ~**graben** *m mil* boyau *m;* ~**kabel** *n* câble *m* de jonction; ~**kanal** *m* canal *m* de raccordement *od* de jonction; ~**klammer** *f* agrafe *f* de joint; ~**klemme** *f el* borne *f* de connexion, serre-fils *m;* ~**leitung** *f tele* ligne *f* de raccordement; ~**linie** *f* ligne *f* de communication *od* de jonction *od* de raccordement; ~**mann** *m* ⟨-(e)s, -männer/ -leute⟩ agent *od* homme *m* de liaison; ~**muffe** *f* manchon *m* de jonction *od* de raccordement; ~**offizier** *m* officier *m* de liaison; ~**rohr** *n* tube *m* de raccordement; ~**schnur** *f* cordon *m* de raccordement; ~**stab** *m mil* détachement *m* de liaison; ~**stange** *f* barre *f* de jointure; ~**stelle** *f* point *m* de jonction; ~**stück** *n* (pièce *f* de) raccord *m;* pièce *f* intercalaire *od* de jonction; lien *m; (Zimmerei)* moise *f.*

verbissen [fɛr'-] *a (hartnäckig)* acharné, opiniâtre; *adv* avec acharnement; opiniâtrement; **V~heit** *f* acharnement *m;* opiniâtreté *f.*

verbitten [fɛr'-]: ⟨verbittet, verbat, hat verbeten⟩ *tr: sich etw* ~ ne pas admettre *od* permettre *od* tolérer *od* laisser passer qc; *das verbitte ich mir!* je vous le défends; *ich verbitte mir diesen Ton!* je vous défends de me parler sur ce ton-là.

verbitter|n [fɛr'-] *tr* ⟨aux: haben⟩ *fig* rendre amer, empoisonner, gâter; *(Menschen)* aigrir, ulcérer; *itr* ⟨aux: sein⟩ s'aigrir; *jdm das Leben* ~ empoisonner l'existence à qn; ~**t** *a* aigri; **V~ung** *f* aigreur, amertume *f.*

verblassen [fɛr'-] ⟨aux: sein⟩ *itr (die Farbe verlieren)* se décolorer, se défraîchir; se faner; *fig (schwächer werden, nachlassen)* pâlir, s'affaiblir, diminuer.

Verblattung *f* [fɛr'-] *arch* assemblage *m* par entaille *od* à mi-bois, enture *f.*

Verbleib *m* ⟨-(e)s, ø⟩ [fɛr'blaip] *(e-s Menschen)* séjour; *(e-r S)* endroit (où se trouve actuellement qc); **v~en** ⟨aux: sein⟩ *itr (bleiben)* rester, demeurer; *ich verbleibe Ihr ergebener X* votre dévoué X; *es verbleibt dabei* cela reste comme (aupar)avant; ~ *wir dabei!* restons-en là!

verbleichen [fɛr'-] ⟨*verbleicht, verblich, ist verblichen*⟩ *itr* = *verblassen.*

verblei|en [fɛr'blaɪən] *tr (mit Blei auslegen)* plomber; **V~ung** *f* plombage *m.*

verblend|en [fɛr'-] *tr fig* éblouir, aveugler; *arch (verkleiden)* revêtir; *(Öffnung)* boucher; **V~stein** *m* brique *f* de revêtement *od* de parement; **V~ung** *f fig* éblouissement, aveuglement *m.*

verbleuen [fɛr'-] *tr fam (verprügeln)* casser la figure à.

verblichen [fɛr'-] *a* défraîchi, fané; *fig (vergangen)* pâli, passé, éteint.

verblöd|en [fɛr-] ⟨*aux: sein*⟩ *itr* devenir stupide, s'abêtir, s'abrutir; **~et** *a* abêti, abruti; **V~ung** *f* abêtissement, abrutissement *m.*

verblüff|en [fɛr'-] *tr* déconcerter, décontenancer, ébahir, ahurir; *fam* épater; **~end** *a* déconcertant; ahurissant; fracassant; **~t** *a* ébahi, ahuri; épaté; **V~theit** *f,* **V~ung** *f* ébahissement, ahurissement *m.*

verblüh|en [fɛr'-] ⟨*aux: sein*⟩ *itr* défleurir; se faner; **~t** *a fig* fané, passé.

verblümt [fɛr'-] *a (nur andeutend)* voilé; *adv* à demi-mot.

verblut|en [fɛr'-] *sich* ⟨*aux: haben*⟩ s'épuiser; *(mil) sich in nutzlosen Angriffen* ~ s'épuiser en vaines attaques; *itr* ⟨*ist verblutet*⟩ *(innerlich)* ~ mourir d'hémorragie (interne); **V~ung** *f* perte de sang; hémorragie *f.*

verbocken [fɛr'-] *tr fam (verschulden): das hast du verbockt* c'est ta faute.

verbohr|en [fɛr'-]: *sich in etw* ~ se fourrer qc dans la tête; *sich in etw verbohrt haben* ne pas démordre de qc; **~t** *a (verrückt)* biscornu, fou.

verbolz|en [fɛr'-] *tr tech* boulonner; **V~ung** *f* boulonnement *m.*

verborgen [fɛr'-] **1.** *tr (verleihen)* prêter.

verborgen [fɛr'-] **2.** *a (versteckt)* caché; *im* ~*en* en cachette, à la dérobée, à l'ombre; **V~heit** *f* clandestinité *f.*

Verbot *n* ⟨-(e)s, -e⟩ [fɛr'boːt] défense, interdiction, prohibition; *jur* loi *f* prohibitive; **v~en** *a* défendu, interdit; *Rauchen* ~*!* défense de fumer! *du siehst darin* ~ *aus (fam)* ça te va comme un tablier à une vache *od* comme des bretelles à un lapin; **~sschild** *n* panneau *m* d'interdiction.

verbräm|en [fɛr'brɛːmən] *tr (mit Pelz besetzen)* garnir de fourrure; *fig* enjoliver; **V~ung** *f fig* enjolivement *m.*

Verbrauch *m* ⟨-(e)s, ø⟩ [fɛr'-] consommation *f;* **v~en** *tr* consommer; *(erschöpfen)* épuiser; *(abnutzen)* user; **~er** *m* ⟨-s, -⟩ consommateur *m;* **~eranalyse** *f* recherche *f* auprès des consommateurs; **~erfestpreis** *m* prix-consommateur *m* fixe; **~ergenossenschaft** *f* coopérative *f* de consommateurs *od* de consommation; **~erhöchstpreis** *m* prix-consommateur *m* maximum; **~erschicht** *f* catégorie *f* de consommateurs; **~erstreik** *m* grève *f* des consommateurs; **~erverband** *m* groupement *m od* organisation *f* de consommateurs; **~sgewohnheit** *f* habitude *f* de consommation; **~sgüter** *n pl* produits *od* articles *od* biens *m od* de consommation; **~sgüterindustrie** *f* industrie *f* des produits *od* des articles de consommation; **~slenkung** *f* régime *m* de consommation; **~sregelung** *f* règlement *od* régime *m* de la consommation; **~srückgang** *m* diminution *od* réduction *f* de consommation; **~sspitze** *f (el, Gas)* pointe *f* de consommation; **~ssteuer** *f* impôt *m od* taxe *f* de (la) consommation; **v~t** *a (Luft)* confiné; *(Mensch)* usé.

verbrech|en [fɛr'-] ⟨*verbricht, verbrach, hat verbrochen*⟩ *tr (verüben, begehen)* commettre, perpétrer; *was habe ich (denn) verbrochen?* quel est mon crime? **V~en** *n* ⟨-s, -⟩ crime; *(Missetat)* méfait *m;* ~ *gegen die Menschlichkeit* crime *m* de lèse-humanité; **V~ensbekämpfung** *f* prévention *f* de la criminalité; **V~er** *m* ⟨-s, -⟩ criminel, délinquant; *(Übeltäter)* malfaiteur; *(Schuldiger)* coupable *m; jugendliche(r)* ~ mineur *m* délinquant; **V~eralbum** *n* album *m* de photographies de criminels; **V~erbande** *f* bande *f* de malfaiteurs, gang *m;* **v~erisch** *a* criminel; délictueux; *in* ~*er Absicht* avec intention criminelle; **V~erkolonie** *f* colonie *f* pénitentiaire; **V~ertum** *n* ⟨-s, ø⟩ banditisme *m; (~er pl)* criminels *m pl;* milieu *m; arg* pègre *f,* gangstérisme *m.*

verbreit|en [fɛr'-] *tr (ausbreiten, fig)* répandre, semer; *(bekanntmachen)* diffuser, propager, divulguer; *(Gerücht)* semer, faire courir, rendre public; *sich* ~ *(sich auslassen)* s'étendre *(über* sur); **V~er** *m* ⟨-s, -⟩ propagateur *m;* **~ern** *tr (breiter machen)* élargir; **V~erung** *f* élargissement *m;* **~et** *a* répandu; général, universel;

allgemein ~ vulgarisé; *weit*~ *(Zeitung)* très répandu; **V~ung** *f* diffusion, propagation, divulgation *f; allgemeine* ~ vulgarisation *f;* **V~ungsgebiet** *n (e-r Zeitung)* zone *f* de diffusion; *zoo (e-r Tierart)* habitat *m.*

verbrenn|bar [fɛr'-] *a* combustible; **V~barkeit** *f* combustibilité *f;* ~**en** ⟨*verbrennt, verbrannte, verbrannt*⟩ *tr* ⟨*aux: haben*⟩ brûler; *itr* ⟨*aux: sein*⟩ brûler; se consumer; *(Mensch bei e-m Unglück)* périr carbonisé; *sich* ~ se brûler; *zu Asche* ~ *(tr)* réduire en cendres; *itr* être réduit en cendres; *sich die Finger* ~ *(a. fig)* se brûler les doigts; **V~ung** *f* combustion; *(von Abfällen)* incinération; *(e-r Leiche)* incinération, crémation *f;* **V~ungsgase** *n pl,* **V~ungskammer** *f tech* gaz *m pl,* chambre *f* de combustion; **V~ungsmotor** *m* moteur *m* à combustion interne; **V~ungsofen** *m* four crématoire, incinérateur; *(für Abfälle)* incinérateur *m;* **V~ungsprodukt** *n* produit *m* de combustion; **V~ungsraum** *m* = *V~ungskammer;* **V~ungswärme** *f* chaleur *f* de la combustion.

verbriefen [fɛr'-] *tr (urkundlich sichern)* confirmer *od* garantir par écrit.

verbringen [fɛr'-] ⟨*verbringt, verbrachte, hat verbracht*⟩ *tr (e-e Zeit)* passer; *wie haben Sie Ihren Urlaub verbracht?* comment avez-vous passé vos vacances?

verbrüder|n [fɛr'-], *sich* fraterniser *(mit jdm* avec qn); **V~ung** *f* fraternisation *f.*

verbrühen [fɛr'-] *tr* échauder; *sich* ~ s'ébouillanter.

verbuch|en [fɛr'-] *tr* inscrire *od* porter sur les livres, passer dans les livres, porter *od* passer en compte, passer écriture *od* de, comptabiliser; *etw für sich* ~ *können (fig)* avoir qc à son actif; *e-n Erfolg* ~ *(können)* enregistrer un succès; **V~ung** *f* comptabilisation *f.*

verbummel|n [fɛr'-] *tr (e-e Zeit)* gaspiller; *s-e Zeit* ~ *(a.)* gober les mouches; ~**t** *a (Mensch)* raté.

Verbund *m* ⟨-(e)s, -e⟩ [fɛr'bʊnt, -də] *tech* assemblage, raccordement *m;* ~**anordnung** *f* disposition *f* compound; ~**einheit** *f* attachement *m;* solidarité *f;* ~**glas** *n* verre *m* feuilleté; ~**lokomotive** *f,* ~**maschine** *f,* ~**motor** *m* locomotive, machine *f,* moteur *m* compound; ~**system** *n:* *nach dem* ~ *arbeiten* fonctionner en compound; ~**wirtschaft** *f* économie *f* de production liée.

verbünd|en [fɛr'bʏndən] *sich* s'allier, se liguer, se (con)fédérer; **V~ete(r)** *m* allié, confédéré *m;* **V~ung** *f* (con)fédération *f.*

verbürg|en [fɛr'-], *sich* ~ *für* garantir, se porter garant *od* caution de, répondre de; ~**t** *a* confirmé; authentique; **V~ung** *f* garantie *f,* cautionnement *m.*

verbürgerlich|en [fɛr'-] *(, sich)* (s')embourgeoiser; **V~ung** *f* embourgeoisement *m (des Proletariats* prolétarien).

verbüß|en [fɛr'-] *tr (Strafe)* purger; **V~ung** *f* purge *f.*

verchrom|en [fɛr'-] *tr* chromer; ~**t** *a* chromé; **V~ung** *f* chromage *m.*

Verdacht *m* ⟨-(e)s, ø⟩ [fɛr'daxt] soupçon(s *pl*) *m,* suspicion *f; jdn in* ~ *bringen, den* ~ *auf jdn lenken* rendre qn suspect; *in* ~ *geraten od kommen* tomber en suspicion; *jdn in* ~ *haben* soupçonner qn; ~ *schöpfen* commencer à avoir des soupçons *(wegen e-r S* au sujet de qc); *über jeden* ~ *erhaben sein* être au-dessus de tout soupçon; *in od im* ~ *stehen zu …* être soupçonné de …; ~**sgrund** *m,* ~**smoment** *n* motif *m* de suspicion.

verdächtig [fɛr'dɛçtɪç] *a* suspect, sujet à caution, douteux, équivoque, louche; ~ *aussehen (a.)* avoir mauvaise mine; *das kommt mir* ~ *vor* cela me semble *od* paraît louche; ~**en** *tr* soupçonner, suspecter; **V~te(r)** *m* suspect *m;* **V~ung** *f* suspicion *f.*

verdamm|en [fɛr'damən] *tr* damner; *(verfluchen)* maudire; *Gott verdamm' mich!* Dieu me damne! que le diable m'emporte! ~**enswert** *a* damnable; **V~nis** *f* ⟨-, ø⟩ *rel* damnation *f;* ~**t** *a pop* damné, sacré, fichu, foutu; *adv* diablement, bigrement, fichtrement, foutûment, foutrement; ~ *(noch mal)!* malédiction! diantre! au diable! nom de Dieu *od* d'un chien *od* d'une pipe! **V~te(r)** *m rel* damné *m;* **V~ung** *f* (con)damnation *f.*

verdampf|en [fɛr'-] *tr* ⟨*aux: haben*⟩ faire évaporer; *itr* ⟨*aux: sein*⟩ s'évaporer, se vaporiser; **V~er** *m* ⟨-s, -⟩ vaporisateur *m;* **V~ung** *f* évaporation, vaporisation *f;* **V~ungstemperatur** *f,* **V~ungswärme** *f* température, chaleur *f* d'évaporation.

verdanken [fɛr'-] *tr: jdm etw* ~ devoir qc à qn, être redevable de qc à qn.

verdattert [fɛr'datərt] *a fam* = *verdutzt.*

verdau|en [fɛr'dauən] *tr* digérer; ~**lich** *a* digestible; *leicht* ~ digeste; *schwer* ~ d'une digestion pénible, indigeste; **V~lichkeit** *f* digestibilité *f;* **V~ung** *f*

Verdauungsapparat 1056 **Verdrängung**

digestion, assimilation *f; mangelhafte* ~ apepsie *f; schlechte* ~ dyspepsie *f;* **V~ungsapparat** *m anat* appareil *m* digestif; **V~ungsbeschwerden** *f pl* troubles *m pl* digestifs *od* de la digestion; **V~ungskanal** *m* tube *m* digestif; **V~ungssäfte** *m pl* sucs *m pl* digestifs; **V~ungsschnaps** *m* digestif *m;* **V~ungsspaziergang** *m* promenade *f* digestive; **V~ungsstörungen** *f pl* = *V~ungsbeschwerden.*

Verdeck *n* ‹-(e)s, -e› [fɛr'dɛk] *mar* pont *m; (Autobus)* impériale; *(PKW)* capote *f; mit aufschlagbarem* ~ décapotable; *das* ~ *aufschlagen od hochklappen (mot)* relever la capote; **v~en** *tr (dem Blick entziehen)* cacher, voiler, masquer, dérober à la vue; *fig* envelopper, dissimuler, gazer.

verdenken [fɛr'-] *tr: jdm etw nicht* ~ *können* ne pas pouvoir tenir rigueur de qc à qn.

Verderb *m* ‹-(e)s, ø› [fɛr'dɛrp]: *das ist mein* ~ c'est ma perte; **v~en** ‹*verdirbt, verdarb, verdorben*› [-'darp/-bən, -'dɔrbən] *tr* ‹*aux: haben*› gâter, corrompre, abîmer; *fig* vicier, empoisonner; *(den Spaß)* gâcher; *(Menschen zugrunde richten)* perdre; *(sittlich* ~*)* corrompre, pervertir; *itr* ‹*aux: sein*› se gâter, se corrompre; s'altérer; *sich die Augen* ~ s'abîmer la vue; *sich den Magen* ~ attraper une indigestion; *es mit jdm* ~ perdre les bonnes grâces de qn; *jdm die Freude* ~ gâter la joie de qn; *es mit niemandem* ~ *wollen* ménager la chèvre et le chou, nager entre deux eaux; **~en** *n* ruine, perte *f; ins od in sein* ~ *rennen, sich ins* ~ *stürzen* aller *od* courir à sa perte, courir *od* marcher à sa ruine; **v~enbringend** *a* fatal, funeste, désastreux; **~er** *m* ‹-s, -› corrupteur *m;* **v~lich** *a (schädlich)* pernicieux, destructif, destructeur; *(leicht)* ~ *(Ware)* périssable, altérable; **~lichkeit** *f* ‹-, ø› altérabilité *f;* **~nis** *f* ‹-, -sse› corruption, perversion *f;* **v~t** *a* gram corrompu, vicieux; **~theit** *f* ‹-, ø› dépravation, perversité; immoralité *f,* vice *m.*

verdeutlichen [fɛr'-] *tr* rendre clair, élucider; *(erklären)* expliquer; **V~ung** *f* élucidation, explication *f.*

verdeutschen [fɛr'-] *tr (ins Deutsche übersetzen)* traduire en allemand; **V~ung** *f* traduction *f* en allemand.

verdichtbar [fɛr'-] *a tech* compressible; *phys* condensable; *chem* concentrable; **~en** *tr tech* comprimer; *phys* condenser; *chem* concentrer; **V~er** *m* ‹-s, -› *tech* compresseur; *el con-·*

denseur *m;* **V~ung** *f tech* compression; *phys* condensation; *chem* concentration *f;* **V~ungsgrad** *m tech* degré *od* taux *m* de compression.

verdicken [fɛr'-] *tr* épaissir; *sich* ~ s'épaissir; **V~ung** *f* épaississement *m.*

verdienen [fɛr'-] *tr (erarbeiten)* gagner; *(wert sein)* mériter *(a. e-e Strafe);* être digne de; *gut* ~ gagner bien *od fam* gros; *e-n Haufen* od *e-e Menge Geld* ~ *(fam)* gagner des mille et des cents; *etw ehrlich* ~*t haben* ne pas avoir volé qc; **V~er** *m* ‹-s, -› gagneur *m;* **V~st 1.** *m* ‹-(e)s, -e› *(Arbeitseinkommen)* gain, profit, bénéfice; prix *m* du travail *od* de la peine; **2.** *n* ‹-(e)s, -e› *(Wert)* mérite *m; pl a.* services *m pl* rendus; *jdm, sich etw als* ~ *anrechnen* attribuer un mérite à qn, se faire un mérite de qc; *sich* ~*e um etw erwerben* bien mériter de qc; *sich das* ~ *zuschreiben* s'attribuer le mérite; **V~stausfall** *m* perte *f* de gain; **~stlich** *a* méritoire; **V~stmöglichkeiten** *f pl* possibilités *f pl* de gain; **V~storden** *m* ordre *m* du mérite; **V~stspanne** *f* marge *f* bénéficiaire; **~stvoll** *a* plein de mérite, méritant; méritoire; **~t** *a* mérité; *sich um etw* ~ *machen* bien mériter de qc; **~termaßen** *adv,* **~terweise** *adv:* ~ *etw erhalten* mériter de recevoir qc.

verdingen [fɛr'-] ‹*verdingt, verdingte, hat verdungen/verdingt*› *(Arbeiter einstellen)* louer; *sich* ~ se louer, s'engager; **V~ung** *f* louage; engagement *m.*

verdinglichen [fɛr'dɪŋlɪçən] *tr psych* réifier; **V~ung** *f* réification *f.*

verdolmetschen [fɛr'-] *tr* interpréter; **V~ung** *f* interprétation *f.*

verdonnern [fɛr'-] *tr fam (verurteilen)* condamner *(zu* à).

verdoppeln [fɛr'-] *tr* doubler; *s-e Schritte* ~ doubler le pas; **V~(e)lung** *f* redoublement *m; scient* duplication *f; typ (fehlerhafte)* doublon *m.*

verdorben [fɛr'-] *a (Ware)* gâté, pourri, avarié; *fig (Mensch)* corrompu, dépravé; *(Magen)* embarrassé; **V~heit** *f* ‹-, ø› *fig* corruption, dépravation *f.*

verdorren [fɛr'-] ‹*aux: sein*› *itr* (se des)sécher; **V~ung** *f* dessèchement *m,* dessiccation *f.*

verdrängen [fɛr'-] *tr* déplacer, déloger, repousser; *(verjagen)* chasser, évincer; *(sich an die Stelle setzen)* supplanter; *(unterdrücken)* supprimer; *psych* refouler; **V~ung** *f* déplacement *m;* suppression *f; psych* refoulement *m.*

verdreh|en [fɛr'-] *tr* (dis)tordre, gauchir, fausser, forcer; *fig (den Sinn entstellen)* (con)tourner, faire une entorse à, faire violence à, forcer, fausser, altérer; *die Augen* ~ rouler les yeux; *jdm den Kopf* ~ *(fig)* tourner la tête à qn; *das Recht* ~ tourner *od* forcer la loi, faire une entorse à la loi; ~**t** *a fig fam (verwirrt)* confus; *(verrückt)* toqué; **V~theit** *f* confusion *f*; esprit *m* contourné; *(e-r S)* absurdité *f*; **V~ung** *f* (con)torsion *f*, gauchissement *m*; *fig* altération *f*.

verdreifachen [fɛr'-] *tr* tripler.

verdreschen [fɛr'-] ⟨*verdrischt, verdrosch, hat verdroschen*⟩ *tr fam (verprügeln)* passer à tabac, battre à plate couture, ficher une trempe à; *pop* amocher.

verdrieß|en ⟨*verdrießt, verdroß, hat verdrossen*⟩ [fɛr'dri:sən, -'drɔs(ə)n] *tr (ärgern, von Sachen u. impers)* fâcher, donner de l'humeur à, ennuyer, contrarier, chagriner; *es sich nicht* ~ *lassen* ne pas se laisser rebuter; ~**lich** *a (Sache)* fâcheux, ennuyeux, contrariant, fastidieux; *(Mensch)* fâché, de mauvaise humeur, renfrogné, dépité; *adv* avec humeur; **V~lichkeit** *f* ennui *m*, contrariété *f*, désagrément *m;* mauvaise humeur *f*.

verdrossen [fɛr'drɔsən] *a* fâché, contrarié, renfrogné, dépité; **V~heit** *f* lassitude *f*, déplaisir *m;* mauvaise humeur *f*.

verdrucken [fɛr'-] *tr typ* mal imprimer.

verdrück|en [fɛr'-] *tr mines* étrangler; *pop (essen)* avaler, manger; *sich* ~ *(fam)* s'esquiver, filer à l'anglaise, disparaître; **V~ung** *f mines* étranglement *m*.

Verdruß *m* ⟨-sses, -sse⟩ [fɛr'drus] ennui *m*, contrariété *f*, déplaisir; *(Kummer)* chagrin, dépit *m;* *jdm* ~ *bereiten od machen* fâcher, contrarier, chagriner, navrer qn.

verduft|en [fɛr'-] ⟨*aux: sein*⟩ *itr* s'évaporer; se volatiliser; *(pop: weggehen)* se volatiliser, s'évaporer; *pop* foutre le camp, s'esbigner; **V~ung** *f* évaporation, volatilisation *f*.

verdumm|en [fɛr'-] *tr* ⟨*aux: haben*⟩ abêtir, bêtifier; *itr* ⟨*aux: sein*⟩ s'abêtir; **V~ung** *f* abêtissement *m;* *systematische* ~ obscurantisme *m*.

verdunkel|n [fɛr'-] *tr* obscurcir, assombrir; *a. fig* éclipser; *(Luftschutz)* camoufler; **V~ung** *f* obscurcissement, assombrissement *m;* *fig* éclipse *f*; *(Luftschutz)* camouflage *m*, extinction *f* des lumières; *mil* black-out *m;* **V~ungsgefahr** *f jur* danger *m*

d'obscurcissement; **V~ungspapier** *n* papier *m* opaque.

verdünn|en [fɛr'-] *tr (mit Wasser)* délayer; *(Wein)* tremper, baptiser; *chem* atténuer, diluer, raréfier; ~**isieren**, *sich (fam)* = *verduften;* **V~ung** *f chem* atténuation, dilution, raréfaction *f*.

verdunst|en [fɛr'-] ⟨*aux: sein*⟩ *itr* s'évaporer, se volatiliser; **V~ung** *f* évaporation, vaporisation, volatilisation *f*.

verdursten [fɛr'-] ⟨*aux: sein*⟩ *itr* mourir de soif.

verdüster|n [fɛr'-] *tr a. fig* assombrir, obscurcir; *sich* ~ s'assombrir, s'obscurcir; **V~ung** *f* assombrissement, obscurcissement *m*.

verdutzt [fɛr'dutst] *a fam* épaté, ahuri, ébahi.

verebben [fɛr'-] ⟨*aux: sein*⟩ *itr (die Flut)* descendre; *a. fig* baisser, diminuer.

veredel|n [fɛr'-] *tr (Menschen)* ennoblir; *(die Sitten)* améliorer, relever, épurer; *agr (Obstbaum)* greffer, écussonner; *metal* affiner; **V~ung** *f* ennoblissement *m;* amélioration *f*, relèvement *m*, épuration *f;* *agr* greffage, écussonnage; *metal* affinage *m;* **V~ungsindustrie** *f*, **V~ungsverfahren** *n* industrie *f*, procédé *m* d'affinage.

verehelich|en [fɛr'ʔe:əlɪçən], *sich (sich verheiraten)* se marier; ~**t** *a:* ~*e X* femme X; **V~ung** *f* mariage *m*.

verehr|en [fɛr'-] *tr* révérer, vénérer; *jdm etw* ~ *(schenken)* faire présent de qc à qn; *verehrte Anwesende! mesdames et messieurs!* **V~er** *m* ⟨-s, -⟩ *(Bewunderer)* admirateur; *(Liebhaber)* soupirant *m;* **V~ung** *f* vénération *f;* ~**ungswürdig** *a* vénérable, révérend.

vereid|(ig)en [fɛr'ʔaɪd(ɪg)ən] *tr* assermenter; **V~(ig)ung** *f* prestation *f* de serment.

Verein *m* ⟨-(e)s, -e⟩ [fɛr'ʔaɪn] association, société, ligue, union *f;* *(kleinerer)* cercle, club *m;* *im* ~ *mit* avec le concours de; *eingetragene(r)* ~ association *f* inscrite au registre; ~**sabzeichen** *n* marque *f* d'association; ~**sblatt** *n* journal *m od* revue *f* d'une *od* de l'association; ~**skasse** *f* caisse de l'association; cagnotte *f;* ~**slokal** *n* siège *m* de l'association; ~**smeierei** *f* ⟨-, (-en)⟩ [-maɪə'raɪ] manie *f* de l'association; ~**smitglied** *n* membre *m* d'une *od* de l'association; ~**snudel** *f fam* boute-en-train *m;* ~**srecht** *n* droit *m* d'association; ~**sregister** *n* registre *m* des associations; ~**ssteuer** *f* impôt *m* sur les sociétés; ~**sver-**

mögen *n* avoir *m* social; **~szimmer** *n (in e-r Gaststätte)* cabinet *m* particulier.

vereinbar [fɛr'-] *a* compatible *(mit avec)*; conciliable; **~en** *tr* convenir de, accorder; *das ist nicht damit zu ~ ce n'est pas compatible avec cela;* **V~keit** *f* compatibilité *f;* **V~ung** *f* convention *f,* accord *m; nach ~* sur rendez-vous, de gré à gré; *über die ~ hinaus* par-dessus le marché; *zu e-r ~ kommen* tomber d'accord *(über de, sur); e-e ~ treffen* conclure un accord; *Sprechstunde nach ~* sur rendez-vous.

vereinen [fɛr'?ainən] *tr* unir; conjuguer; *mit vereinten Kräften* toutes forces réunies; *die Vereinten Nationen* les Nations *f pl* unies.

vereinfach|en [fɛr'-] *tr* simplifier; *grob ~d* simpliste; **V~ung** *f* simplification *f.*

vereinheitlich|en [fɛr'-] *tr* unifier, uniformiser; **V~ung** *f* unification *f.*

vereinig|en [fɛr'-] *tr* unir, réunir; joindre, grouper; *(in einem Punkt)* concentrer; *(zs.stellen)* assortir; *(Menschen)* rassembler; associer, allier; *(Gesellschaften)* fusionner; *tech* assembler, raccorder, mettre bout à bout; *fig (in Einklang bringen)* concilier; *sich ~* s'unir, se réunir, se joindre; se rassembler; s'associer, s'allier, se liguer, se confédérer; se coaliser; *mil* opérer sa jonction *(mit avec); das Vereinigte Königreich (Großbritannien u. Nordirland)* le Royaume-Uni; *die Vereinigten Staaten m pl (von Nordamerika)* les Etats-Unis *m pl* (de l'Amérique du Nord); **V~ung** *f* union, réunion; jonction *f,* groupement *m;* concentration *f;* rassemblement *m,* association; confédération, coalition; fusion *f; tech* assemblement, raccord *m; fig* conciliation; *(Bund, Bündnis)* alliance, ligue, entente *f; com* syndicat *m;* **V~ungsfreiheit** *f* liberté *f* d'association; droit *m* de coalition; **V~ungspunkt** *m* point *m* de jonction.

vereinnahmen [fɛr'-] *tr (einnehmen)* percevoir; toucher; encaisser.

vereinsam|en [fɛr'-] *tr ⟨aux: haben⟩* rendre solitaire; isoler; *itr ⟨aux: sein⟩* devenir solitaire; s'isoler; **~t** *a* solitaire, esseulé; isolé; *(verlassen)* abandonné; **V~ung** *f* isolement *m;* solitude *f.*

vereinzel|n [fɛr'-] *tr* isoler; séparer; **~t** *a* isolé, séparé; solitaire; sporadique; *adv* isolément, séparément; un par un; **V~ung** *f* isolement *m;* séparation *f.*

vereis|en [fɛr'?aizən] *itr ⟨aux: sein⟩* se couvrir de glace; geler; *aero* givrer; *tr ⟨aux: haben⟩ med* anesthésier; **~t** *a* couvert de glace, bloqué *od* pris par la glace; glacé, gelé; *(Straße)* verglacé; *aero* givré; **V~ung** *f* englacement *m; geol* glaciation *f; aero* givrage *m;* **V~ungsgefahr** *f* danger *m* de formation de glace *od* de givre.

vereit|eln [fɛr'-] *tr* faire échouer, faire échec à, faire avorter, rendre vain; empêcher, contrecarrer, traverser, déjouer; **V~(e)lung** *f* empêchement *m.*

vereiter|n [fɛr'-] *tr ⟨aux: sein⟩ itr* suppurer; **~t** *a* purulent; **V~ung** *f* suppuration *f.*

verekeln [fɛr'-] *tr: jdm etw ~* dégoûter qn de qc, faire perdre à qn le goût de qc.

verelenden [fɛr'-] *⟨aux: sein⟩ itr* tomber dans la misère.

verenden [fɛr'-] *⟨aux: sein⟩ itr (Tier: sterben)* mourir; *fam* crever.

vereng|e(r)n [fɛr'-] *tr* rétrécir, resserrer; *sich ~ (Straße, Weg)* devenir plus étroit; **V~(er)ung** *f* rétrécissement, resserrement, étranglement *m.*

vererb|en [fɛr'-] *tr biol* transmettre (par héritage); *sich ~ (biol)* se transmettre (héréditairement); **~lich** *a* héréditaire; **V~ung** *f* transmission; *(Erblichkeit)* hérédité, transmissibilité *f;* **V~ungsgesetz** *n* loi *f* de l'hérédité; **V~ungslehre** *f* génétique *f.*

verester|n [fɛr'?ɛstərn] *tr chem* estérifier; **V~ung** *f* estérification *f.*

verewig|en [fɛr'-] *tr* éterniser, rendre éternel; *(unsterblich machen)* immortaliser, rendre immortel; *sich ~ (fam: s-n Namen aufschreiben)* s'immortaliser; **V~ung** *f* éternisation; immortalisation *f.*

verfahren [fɛr'-] *itr ⟨aux: sein⟩ (vorgehen)* procéder, agir; *mit etw* utiliser qc, user de qc; *tr ⟨aux: haben⟩ (Geld für Fahrten ausgeben)* dépenser en transports; *sich ~ (falsch fahren)* s'égarer, se tromper de chemin; *a (ausweglos)* sur une voie de garage; sans issue; **V~** *n (Vorgehen)* *m,* façon de procéder; manière *f* d'agir, mode *m* d'action; *(Methode)* méthode *f,* mode *m* opératoire *od* de travail; *jur* procédure *f; ein ~ einleiten od eröffnen (jur)* engager une procédure; *das ~ einstellen (jur)* arrêter la procédure; *gegen jdn* mettre qn hors de cause; *das ~ wiederaufnehmen* reprendre la procédure; **V~sänderung** *f* modification *f* de procédé; **V~santrag** *m jur* motion *f* de procédure; **V~seinstellung** *f jur* arrêt *m od* cessation *f* de la procédure; **V~sfrage** *f* question *f* de procédure; **V~skosten** *pl jur* frais *m pl* de la procédure *od* du procès; **V~sweise** *f* mode *m* de procédure.

Verfall *m* ‹-(e)s, ø› [fɛr'-] *(e-s Bauwerks)* ruine *f; (vollständiger)* écroulement, éboulement, délabrement *m; fig* décadence, déchéance *f,* délabrement, déclin *m,* ruine *f,* dépérissement *m,* dégradation, dégénérescence; *fin (Fälligwerden)* échéance *f; bei* ~ *(fin)* à l'échéance; *in* ~ *geraten (Bauwerk)* se délabrer; *fig* tomber en décadence, déchoir, décliner; **~klausel** *f* clause *f* de déchéance *od* commissoire; **~serscheinung** *f* signe *od* indice *m* de déclin *od* de décadence; **~(s)tag** *m* fin jour *m od* date *f* d'échéance *od* d'expiration; **~(s)zeit** *f* fin délai *m* d'échéance *od* d'expiration.

verfallen [fɛr'-] ‹aux: sein› *itr (Bauwerk)* tomber en ruine(s), se délabrer; *(Kranker)* dépérir; *fig* déchoir; *(ungültig od wertlos werden)* venir à échéance, périmer; *(dem Staat zufallen)* échoir, être dévolu *(dat* à); *(in e-n Zustand* ~*)* tomber *(in* dans); tomber en proie *(dat* à); *auf etw* ~ *(sich etw einfallen lassen)* s'aviser de qc, penser à qc; *e-m Irrtum, e-r Leidenschaft* ~ tomber en proie à une erreur, à une passion; *dem Laster* ~ s'adonner au vice *od* à la débauche; *dem Laster* ~ *sein* être esclave du vice, s'adonner au vice; *in Nachdenken* ~ se perdre dans des rêveries; *in e-n tiefen Schlaf* ~ tomber dans un profond sommeil; *in Schwermut* ~ se laisser aller à la mélancholie; *a (Gebäude)* en ruine(s), délabré; *(Gesichtszüge)* décomposé; *(nicht mehr gültig)* périmé.

verfälsch|en [fɛr'fɛlʃən] *tr (Ware)* adultérer; *(Wein)* frelater; *fig (Gedanken)* altérer, trahir; **V~er** *m* ‹-s, -› fraudeur *m;* **V~ung** *f* adultération *f;* frelatement *m;* altération *f.*

verfangen [fɛr'-] ‹verfängt, verfing, hat verfangen› *itr (wirken)* faire effet *od* impression; prendre; *sich* ~ *(a. fig)* s'embarrasser; *das verfängt nicht (a. fam)* ça ne mord pas; *im Wahn* ~ *(pp)* pris dans l'illusion.

verfänglich [fɛr'fɛŋlɪç] *a* captieux, insidieux; **V~keit** *f* caractère *m* captieux *od* insidieux.

verfärb|en [fɛr'-], *sich* changer de couleur; *(Mensch: erbleichen)* pâlir, blêmir; **V~ung** *f* changement *m od* altération *f* de la couleur.

verfass|en [fɛr'-] *tr* écrire, composer, rédiger; **V~er** *m* ‹-s, -› auteur *m; vom* ~ überreicht hommage de l'auteur; **V~erin** *f* (femme *f)* auteur *m;* **V~erkatalog** *m (e-r Bibliothek)* catalogue-auteurs *m;* **V~erkorrektur** *f* corrections *f pl* d'auteur; **V~erschaft** *f* qualité *f* d'auteur.

Verfassung [fɛr'-] *f (Zustand)* état; *(Geistesverfassung)* état *m* d'esprit *od* d'âme; disposition *f* (d'esprit), moral *m; pol* constitution *f; in guter, schlechter* ~ en bon, mauvais état; **v~gebend** *a* constituant; ~*e Gewalt f* pouvoir *m* constituant; ~*e Versammlung f* (assemblée) constituante *f;* **~sänderung** *f* changement *m* de constitution; révision *f* constitutionnelle; **~sbruch** *m* violation *f* de la constitution; **~sgericht** *n,* **~srecht** *n* tribunal, droit *m* constitutionnel; **v~smäßig** *a* constitutionnel; **~sreform** *f* réforme *f* constitutionnelle; **~sschutz** *m* organe *m* de la protection de la constitution; **~stag** *m* fête *f* de la constitution; **~surkunde** *f* charte, constitution *f;* **v~swidrig** *a* inconstitutionnel.

verfaul|en [fɛr'-] ‹aux: sein› *itr* pourrir, se putréfier; se gâter; **V~ung** *f* pourriture, putréfaction *f.*

verfecht|en [fɛr'-] ‹verficht, verfocht, hat verfochten› *tr (eintreten für)* soutenir, plaider, défendre; combattre pour, se battre pour; **V~er** *m* ‹-s, -› défenseur, avocat, champion *m;* **V~ung** *f* défense *f.*

verfehl|en [fɛr'-] *tr (nicht erreichen)* manquer; rater; *sein Leben verfehlt haben* avoir raté sa vie; *nicht* ~, *etw zu tun* ne pas manquer de faire qc; *das Ziel* ~ *(a. fig)* manquer le but; *ein verfehltes Leben n* une vie ratée; *sich* ~ *(sich nicht treffen)* se manquer; *etw für verfehlt halten* considérer qc comme une erreur; **V~ung** *f (Vergehen, Delikt)* faute *f;* délit *m.*

verfeind|en [fɛr'-]: *sich jdn* ~ se faire un ennemi de qn; *sich mit jdm* ~ se brouiller, se fâcher avec qn; **V~ung** *f* brouille; *(Feindschaft)* hostilité *f.*

verfeiner|n [fɛr'-] *tr* (r)affiner, améliorer, épurer, polir; *fig (Sitten)* raffiner; *(Menschen)* civiliser; **V~ung** *f* (r)affinage, polissage; *fig* raffinement *m.*

verfem|en [fɛr'fe:mən] *tr* proscrire, mettre au ban *od* à l'index; **V~ung** *f* proscription, mise *f* au ban *od* à l'index.

verfertig|en [fɛr'-] *tr* faire; construire; *(gewerblich)* confectionner, manufacturer, fabriquer; **V~er** *m* ‹-s, -› constructeur, fabricant *m; **V~ung** *f* confection, fabrication; *(Ausführung)* exécution *f.*

verfestig|en [fɛr'-] *tr* solidifier; *fig* consolider, stabiliser; **V~ung** *f* solidification; *fig* consolidation, stabilisation *f.*

verfett|en [fɛr'-] ⟨*aux: sein*⟩ *itr* engraisser; **V~ung** *f med* dégénérescence *f* graisseuse.

verfilm|en [fɛr'-] *tr* adapter *od* porter à l'écran; **V~ung** *f* adaptation *f* cinématographique; **V~ungsrechte** *n pl* droits *m pl* d'adaptation cinématographique.

verfilz|en [fɛr'-] ⟨*aux: sein*⟩ *itr* se feutrer; ~**end** *a: nicht* ~ *(com)* infeutrable; ~**t** *a (Haare)* embroussaillé, en broussailles; **V~ung** *f* feutrage *m.*

verfinster|n [fɛr'-] *tr* obscurcir, assombrir; *sich* ~ s'obscurcir; **V~ung** *f* obscurcissement *m; astr* éclipse *f.*

verfitz|en [fɛr'fɪtsən] *tr fam (Fäden verwirren)* brouiller; **V~ung** *f* brouillement *m.*

verflach|en [fɛr'-] ⟨*aux: sein*⟩ *itr* s'aplatir, devenir plat; *fig* devenir superficiel, perdre son caractère *od* son originalité; s'affadir; **V~ung** *f* aplatissement *m; fig* perte *f* de l'originalité, affadissement *m.*

verflecht|en [fɛr'-] ⟨*verflicht, verflocht, hat verflochten*⟩ *tr* tresser, en(tre)lacer; *in etw verflochten werden (fig)* être engagé dans qc; **V~ung** *f* tressage, en(tre)lacement *m; fin com* interdépendance, interpénétration *f.*

verfliegen [fɛr'-] ⟨*verfliegt, verflog, ist verflogen*⟩ *itr = sich verflüchtigen; fig (die Zeit)* s'envoler, passer vite; *(Zorn)* se dissiper; *sich* ~ ⟨*aux: haben*⟩ *(aero)* s'égarer, perdre la direction *od* le cap; se perdre.

verfließen [fɛr'-] ⟨*verfließt, verfloß, ist verflossen*⟩ *itr* s'écouler; *(inea.fließen)* se fondre; *fig (die Zeit)* passer.

verflixt [fɛr'flɪkst] *a fam (verflucht)* fichu, damné; *pop* foutu, sacré, satané; ~*! zut!* fichtre! sacrebleu! ~ *und zugenäht!* nom d'un chien *od* d'une pipe *od* de Dieu!

verflossen [fɛr'flɔsən] *a (vergangen)* passé; *fam (Liebhaber)* ex-.

verfluch|en [fɛr'-] *tr* maudire, damner, envoyer au diable; ~**t** *a* damné; *fam u. pop = verflixt;* ~*!* malédiction! au diable! sacredieu!

verflüchtig|en [fɛr'-], *sich (Flüssigkeit)* se volatiliser, s'évaporer, se vaporiser; **V~ung** *f* volatilisation, évaporation, vaporisation *f.*

verflüssig|en [fɛr'-] *tr (Gas)* liquéfier; **V~er** *m* ⟨-s, -⟩ *tech* condenseur *m;*

V~ung *f* liquéfaction, condensation *f;* **V~ungsanlage** *f* installation *f* de liquéfaction (de gaz).

Verfolg *m* ⟨-(e)s, ø⟩ [fɛr'fɔlk(s), -gəs] *(Fortgang)* suite *f; im od in* ~ *(gen)* à la suite (de); **v~en** *tr* poursuivre; *(grundsätzlich)* persécuter; *(jagen)* donner la chasse à, pourchasser, traquer, forcer; *fig (mit d. Augen, mit Interesse)* suivre; *(unauffällig)* ~ *(Person)* filer; *gerichtlich* ~ poursuivre en justice *od* devant les tribunaux; *dasselbe Ziel* ~ *(a.)* courir le même lièvre; *vom Pech verfolgt sein* être poursuivi par la malchance; ~**er** *m* ⟨-s, -⟩ celui qui poursuit; persécuteur; *biol (e-s Tieres)* prédateur *m;* ~**ung** *f* poursuite; *bes. rel pol* persécution *f; die* ~ *aufnehmen* entamer la poursuite; *strafrechtliche* ~ poursuite *f* pénale; *sich strafrechlicher* ~ *aussetzen* être passible de poursuites pénales; **V~ungsrecht** *n com jur* droit *m* de poursuite; **V~ungswahn** *m med* manie *f od* obsession *f* de la persécution.

verform|en [fɛr'-] *tr tech* déformer; *a. = formen;* **V~ung** *f* déformation *f.*

verfracht|en [fɛr'-] *tr (Schiff: chartern)* affréter; *(verladen)* charger; expédier; *jdn an e-n Ort* ~ *(fam)* expédier qn quelque part; **V~er** *m* ⟨-s, -⟩ *mar* affréteur *m;* **V~ung** *f mar* affrètement; *(Verladung)* chargement *m;* expédition *f.*

verfranzen [fɛr'frantsən], *sich (fam)* s'égarer.

verfremd|en [fɛr'-] *tr* rendre méconnaissable; **V~ung** *f* aliénation *f;* **V~ungseffekt** *m* effet *m* de dépaysement *od* d'aliénation.

verfressen [fɛr'-] *a fam (gefräßig)* glouton, goinfre.

verfrüh|en [fɛr'-], *sich* arriver en avance; ~**t** *a* prématuré; *adv* avant le temps.

verfüg|bar [fɛr'-] *a* disponible; **V~barkeit** *f* ⟨-, ø⟩ disponibilité *f;* ~**en** *tr (festsetzen, bestimmen)* disposer, décider, ordonner, décréter, décerner; *itr* disposer *(über* de); avoir la disposition *(über etw* de qc); *sich* ~ *(sich begeben)* se rendre; *über das Geld* ~ *(a.)* tenir les cordons de la bourse; **V~ung** *f (Bestimmung, Erlaß)* disposition, décision, ordonnance *f,* ordre, décret *m; zur* ~ en disponibilité; *zu s-r* ~ *haben* avoir à sa disposition; *zu beliebiger* ~ *haben* avoir à sa convenance; *jdm zur* ~ *stehen* être à la disposition de qn; *jdm etw zur* ~ *stellen* mettre qc à la disposition de qn; *sich jdm zur* ~ *stellen* se mettre aux ordres de qn, se remettre entre les mains de qn; *e-e ~ treffen* prendre une disposition; *ich stehe ganz od gern zu Ihrer ~* je suis à votre disposition *od* à vos ordres; *einstweilige ~* ordonnance *f* de référé; *letztwillige ~* disposition *f* de dernière volonté; *ministerielle ~* décret *od* arrêté *m* ministériel; *~ der Verwaltungsbehörde* prononcé *m* administratif; **~ungsberechtigt** *a* autorisé à disposer; **V~ungsgewalt** *f* pouvoir *m* de disposition *od* de disposer; **V~ungsrecht** *n* droit *m* de disposition.

verführr|en [fɛr'-] *tr* séduire; suborner; *(verderben)* corrompre, pervertir; *~, etw zu tun* pousser *od* induire *od* entraîner à faire qc; **V~er** *m* ⟨-s, -⟩ séducteur; suborneur; corrupteur, pervertisseur *m*; **~erisch** *a* séduisant, séducteur; *(verlockend)* attrayant, engageant; *adv* d'une manière séduisante; **V~ung** *f* séduction, subornation; corruption *f*; *~ e-s Jugendlichen od Minderjährigen* détournement *m* de mineur; **V~ungskunst** *f* art *m* de la séduction; *(der Werbung)* pouvoir *m* de séduction.

verfünffachen [fɛr'-] *tr* quintupler.

verfüttern [fɛr'-] *tr* donner à manger au bétail.

Vergabe [fɛr'-] *f adm (von Arbeiten)* adjudication; *(von Studienplätzen)* distribution *f*; **~stelle** *f: zentrale ~ für Studienplätze* organe *m* central de distribution des places à l'université.

vergaffen [fɛr'-], *sich (fam)* se toquer, s'enticher, s'amouracher *(in jdn* de qn).

vergällen [fɛr'gɛlən] *tr chem (ungenießbar machen)* dénaturer; *fig* empoisonner.

vergaloppieren [fɛr--'--], *sich (fam: sich versehen, sich irren)* se tromper, se méprendre, faire une faute.

vergammeln [fɛr'gaməln] *itr fam (Mensch)* se laisser aller; *(Nahrung)* moisir.

vergangen [fɛr'-] *a (Zeit)* passé, dernier; *im ~en Jahr* l'année dernière *od* passée; **V~heit** *f* passé, temps passé *gram (Präteritum)* prétérit *m; die ~ bewältigen* assumer son passé; **V~heitsbewältigung** *f* le fait d'assumer son passé.

vergänglich [fɛr'gɛŋlıç] *a* passager, éphémère, transitoire, fugitif; périssable, caduc; inconstant, instable; *(Glück a.)* fragile; **V~keit** *f* ⟨-, ø⟩ caractère *m* passager; caducité; inconstance, instabilité; fragilité *f*.

vergas|en [fɛr'-] *tr tech* gazéifier;

(Raum, Gebiet) infecter de gaz; *(Menschen)* gazer, asphyxier; **V~er** *m* ⟨-s, -⟩ *mot* carburateur *m;* **V~erdüse** *f* gicleur *m* de carburateur; **V~ergehäuse** *n* enveloppe *f* du carburateur; **V~ermotor** *m* moteur *m* à carburateur; **V~ung** *f tech* gazéification; *mot* carburation *f; (von Menschen)* gazage *m.*

vergatter|n [fɛr'-] *tr (mit e-m Gatter versehen)* grillager; *mil* rassembler; *jdn zu etw ~ (fig)* condamner qn à faire qc; **V~ung** *f mil (der Wache)* rassemblement *m* de la garde.

vergeb|en [fɛr'-] ⟨vergibt, vergab, hat vergeben⟩ *tr (verzeihen)* pardonner; *rel (Sünde)* remettre; *(Amt, Stelle)* conférer; *(Auftrag, Arbeit)* donner, passer; adjuger; *sich ~ (beim Kartenspiel)* faire maldonne; *sich etwas ~* se compromettre, se manquer à soi--même; *sich nichts ~* ne pas se compromettre, ne pas se manquer à soi--même; *s-r Ehre, Würde nichts ~* ne pas compromettre son honneur, sa dignité; *ich habe mich, du hast dich (etc) ~ (beim Kartenspiel)* il y a maldonne; *die Stelle ist ~* la place n'est plus libre; **~ens** *adv* en vain, vainement, en pure perte; inutilement, sans résultat, sans profit; *~ etw tun (a.)* avoir beau faire qc; *du hast dich ~ bemüht* tu en es pour ta peine, ta peine est perdue; **~lich** *a* vain; inutile, infructueux; *adv = ~ens;* **V~lichkeit** *f* vanité, inanité; inutilité *f;* **V~ung** *f (der Sünden)* rémission (des péchés); *(e-r Arbeit)* adjudication *f; um ~ bitten* demander pardon.

vergegenständlich|en [fɛr'ge:gən-ʃtɛntlıçən] *tr philos* objectiver; **V~ung** *f* objectivation *f.*

vergegenwärtig|en [fɛr'ge:gən-vɛrtıgən, ---'----] *tr (in Erinnerung bringen, vor Augen stellen)* rappeler, remémorer; *sich etw ~* se rappeler, se représenter qc; **V~ung** *f* représentation *f.*

vergehen [fɛr'-] ⟨vergeht, verging, vergangen⟩ *itr* ⟨aux: sein⟩ *(Zeit)* (se) passer, s'écouler; *allg (dahinschwinden, zu Ende gehen)* s'en aller, passer, se perdre, disparaître; s'éteindre, s'effacer, se dissiper, s'évanouir, s'en aller en fumée; *(aux: haben) sich ~* commettre une faute *od* un péché; *gegen od wider etw* transgresser, violer qc; *pécher contre qc; an jdm* se livrer à des voies de fait sur qn; *vor Angst, vor Kummer ~* mourir de peur, de chagrin; *vor Ungeduld ~* griller d'impatience; *mir ist dabei der Appetit vergangen* ça m'a coupé l'appétit; *der*

Hunger, das Lachen ist mir vergangen j'ai perdu la faim, le rire; *mir ist die Lust dazu vergangen* j'en ai perdu l'envie, l'envie m'en est passée; **V~** *n* manquement *m,* faute *f; jur* délit *m,* contravention, prévarication *f.*

vergeistig|en [fɛr'-] *tr* spiritualiser; **V~ung** *f* spiritualisation *f.*

vergelt|en [fɛr'-] ⟨*vergilt, vergalt, hat vergolten*⟩ *tr (zurückgeben, -zahlen)* rendre, payer; *(belohnen)* rémunérer, récompenser; **V~ung** *f (Rache)* vengeance; représaille(s *pl*), rétorsion *f,* talion *m;* **~** *üben* exécuter sa vengeance, user de représailles; **V~ungsangriff** *m mil* attaque *f* de revanche *od* de représaille; **V~ungs-maßnahme** *f* (mesure *f* de) représailles *f pl od* de rétorsion *f;* **~n** *ergreifen* user de représailles; **V~ungsrecht** *n* loi *f* du talion; **V~ungsschlag** *m* représailles *f pl;* **V~ungswaffe** *f (V-Waffe)* arme *f* de représailles.

vergesellschaft|en [fɛr-'---] *tr com (in e-e Gesellschaft umwandeln)* associer, transformer en société; *pol (verstaatlichen)* socialiser, collectiviser; nationaliser, étatiser; **V~ung** *f* transformation en société; socialisation; collectivisation, nationalisation, étatisation *f.*

vergessen ⟨*vergißt, vergaß, hat vergessen*⟩ [fɛr'ɡɪst, -'ɡaːs, -'ɡɛsən] *tr* oublier; *(auslassen)* omettre; *(versäumen)* négliger; *sich* **~** s'oublier; *alles um sich herum* **~** oublier tout autour de soi *od* le monde extérieur; *es* **~** *(a.)* manger la consigne; *jdm etw nicht* **~** *können* en vouloir *od* tenir rigueur à qn de qc; **V~heit** *f* ⟨-, ø⟩ oubli *m; der* **~** *entreißen* tirer de od arracher à l'oubli; *in* **~** *geraten* tomber dans l'oubli.

vergeßlich [fɛr'ɡɛslɪç] *a* oublieux; *(zerstreut)* distrait; **V~keit** *f* ⟨-, ø⟩ caractère oublieux, manque *m* de mémoire; distraction *f; aus* **~** par oubli, par distraction.

vergeud|en [fɛr'ɡɔydən] *tr* dissiper, gaspiller, dilapider, prodiguer; **V~er** *m* ⟨-s, -⟩ dissipateur, dilapidateur, prodigue *m;* **~erisch** *a* prodigue; **V~ung** *f* dissipation *f,* gaspillage *m,* dilapidation *f.*

vergewaltig|en [fɛrɡə'valtɪɡən] *tr* violer; *fig* violenter, faire violence à; **V~ung** *f* viol *m; fig* violence, violation *f.*

vergewissern [fɛrɡə'vɪsərn], *sich* s'assurer *(e-r S* de qc).

vergießen [fɛr'-] ⟨*vergießt, vergoß, hat vergossen*⟩ *tr* verser, répandre.

vergift|en [fɛr'-] *tr* empoisonner; **V~ung** *f* empoisonnement *m; scient* intoxication *f;* **V~ungserscheinung** *f* symptôme *m* d'intoxication.

vergilbt [fɛr'-] *a* jauni.

Vergißmeinnicht *n* ⟨-(e)s, -(e)⟩ [fɛr'ɡɪsmaɪnnɪçt] *bot* myosotis, ne-m'oubliez-pas *m.*

vergitter|n [fɛr'-] *tr* grillager, treillisser; **V~ung** *f* pose *f* de grillage *od* de treillage.

verglas|bar [fɛr'-] *a* vitrifiable; **~en** *tr (zu Glas machen)* vitrifier; *(mit Glasscheiben versehen)* vitrer; **V~ung** *f* vitrification *f;* vitrage *m.*

Vergleich *m* ⟨-(e)s, -e⟩ [fɛr'-] comparaison *f;* parallèle; *(Ausgleich, Versöhnung)* arrangement, accommodement, accord *m,* entente, transaction *f;* compromis *m,* conciliation *f; im* **~** *zu* en comparaison de, comparé à; *e-n* **~** *anstellen* od *ziehen* établir une comparaison, faire *od* tracer un parallèle; *auf e-n* **~** *eingehen, sich auf e-n* **~** *einlassen* accepter un arrangement *od* compromis, *e-n* **~** *schließen* conclure un arrangement, passer un accord; *das hält keinen* **~** *aus* cela ne se compare pas, cela ne soutient pas la comparaison; *ein magerer* **~** *ist besser als ein fetter Prozeß (prov)* un mauvais arrangement vaut mieux qu'un bon *od* que le meilleur procès; **v~bar** *a* comparable; *(ähnlich)* similaire; **v~en** ⟨*vergleicht, verglich, hat verglichen*⟩ *tr* comparer *(mit* à); mettre en regard *(mit* de); *(Texte)* a. collationner; *sich* **~** *(sich einigen)* s'arranger, tomber d'accord, composer, se concilier *(mit jdm* avec qn); *sich* **~** *lassen* entrer en comparaison; *das ist (gar) nicht zu* **~** il n'y a pas de comparaison, cela ne se compare pas, cela ne soutient pas la comparaison; *pp: verglichen mit = im* **~** *zu;* **v~end** *a:* **~e** *Grammatik, Stilistik f* grammaire, stylistique *f* comparée; **~sfall** *m* cas *m* de comparaison; **~sgrundlage** *f* base *f* pour un arrangement; **~spunkt** *m* point *m* de comparaison; **~sverfahren** *n* procédure *f* de composition *od* de conciliation; *gerichtliche(s)* **~** liquidation *f* judiciaire; **~svorschlag** *m* proposition *f* de conciliation *od* de compromis; **v~sweise** *adv* comparativement, par comparaison; **~sweg** *m: auf dem* **~e** par voie d'accommodement; **~swert** *m* valeur *f* comparative; **~ung** *f* comparaison *f.*

verglimmen [fɛr'-] ⟨*verglimmt, verglomm, ist verglommen*⟩ *itr* s'éteindre peu à peu.

verglühen [fɛr'-] ⟨aux: sein⟩ itr se consumer en brûlant sans flamme.

vergnüg|en [fɛr'gny:gǝn], sich s'amuser, se divertir, se réjouir, mener la belle vie; **V~en** n plaisir, amusement, divertissement m, joie f; agrément m; mit ~ avec plaisir; mit dem (aller)größten ~ (a.) je ne demande pas mieux; zum ~ pour le od son plaisir, par plaisir; ~ an etw finden od haben trouver du plaisir à qc; se faire une joie de qc; sich das ~ gönnen s'accorder le plaisir; sich kein ~ gönnen se refuser tout plaisir; sich ein ~ aus etw machen se faire un plaisir od une fête de qc; ich gönne dir das ~ je ne suis point jaloux de ton plaisir; wenn es Ihnen ~ macht (a.) si le cœur vous en dit; viel ~! beaucoup de plaisir! iron je vous en souhaite! **~enshalber** adv pour le plaisir; **~lich** [-klıç] a amusant, plaisant, réjouissant; **~t** a joyeux, gai; adv: es ging ~ her on se réjouit ferme; **V~ung** f divertissement m, distraction f, amusement, plaisir m; **V~ungsdampfer** m bateau m de plaisance; **V~ungsfahrt** f excursion f; **V~ungsindustrie** f industrie f des distractions; **V ~ungspark** m parc m d'attractions; **V~ungsreise** f voyage m d'agrément; **V~ungsreisende(r)** m touriste m; **V~ungsstätte** f lieu m de plaisance; **V~ungssteuer** f taxe f od impôt m sur les spectacles; **V~ungssucht** f goût m des plaisirs; **~ungssüchtig** a avide de od adonné aux plaisirs; **V~ungsviertel** n quartier m des attractions; **V~ungszentrum** n centre m d'attractions.

vergold|en [fɛr'-] tr dorer; **V~er** m ⟨-s, -⟩ (Arbeiter) doreur m; **V~ung** f (Tätigkeit) dorage m; (a. Material) dorure f.

vergönnen [fɛr'-] tr (aus Gunst gestatten) permettre; es war mir nicht vergönnt je n'(en) ai pas eu la chance.

vergott|en [fɛr'-] tr (zum Gott machen) déifier, diviniser; **V~ung** f déification; apothéose f.

vergötter|n [fɛr'-] tr (wie e-n Gott verehren) idolâtrer, avoir le culte de, adorer, porter aux nues; **V~ung** f idolâtrie f, culte m.

vergraben [fɛr'-] ⟨vergräbt, vergrub, hat vergraben⟩ tr enfouir; sich in etw ~ (fig) s'enfouir dans qc; **V~** n enfouissement m.

vergräm|en [fɛr'-] tr chagriner; (Wild: verscheuchen) effaroucher; **~t** a rongé par le od de chagrin.

vergraulen [fɛr'-] tr fam décourager, repousser.

vergreifen [fɛr'-] ⟨vergreift, vergriff, hat vergriffen⟩, sich (sport) manquer od rater la barre; mus faire une fausse note; sich an jdm ~ porter la main sur qn, attenter à la personne de qn; sich an etw ~ s'attaquer à qc, porter atteinte à qc; (stehlen) se saisir de qc.

vergreis|en [fɛr'-] ⟨aux: sein⟩ itr devenir bien vieux od sénile; **V~ung** f vieillissement m.

vergriffen [fɛr'-] a com (Buch) épuisé.

vergröbern [fɛr'-] tr ôter de sa finesse à.

vergrößer|n [fɛr'grø:sǝrn] tr a. phot agrandir; accroître; (vermehren) augmenter; (erweitern) amplifier; sich ~ s'agrandir, (s'ac)croître; augmenter; s'amplifier; **V~ung** f a. phot agrandissement; accroissement, grossissement m; augmentation; amplification f; **V~ungsapparat** m phot agrandisseur m; **V~ungsglas** n loupe f.

vergucken [fɛr'-], sich, fam = sich vergaffen.

Vergünstigung f [fɛr'-] faveur f, privilège, avantage; (Preis~) rabais m.

vergüt|en [fɛr'-] tr (bezahlen) payer; (zurückzahlen) rembourser; (gutschreiben) porter à l'avoir od à l'actif (jdm de qn); metal affiner, traiter à chaud, faire revenir; **V~ung** f remboursement m, compensation f; metal affinage, traitement m (à chaud).

verhaft|en [fɛr'haftǝn] tr arrêter, appréhender, mettre aux arrêts od en état d'arrestation, s'assurer de la personne de; **~et** a (eng verbunden) attaché (dat à); **V~ung** f arrestation f, arrêt m, prise f de corps; **V~ungsbefehl** m mandat m d'arrêt; gegen jdn e-n ~ erlassen lancer un mandat d'arrêt contre qn.

verhagelt [fɛr'-] a grêlé, détruit od dévasté od ravagé par la grêle.

verhallen [fɛr'-] ⟨aux: sein⟩ itr (Laut) expirer, se perdre (au loin).

verhalt|en [fɛr'-] ⟨verhält, verhielt, hat verhalten⟩ tr (Gefühlsausdruck) retenir, contenir, réprimer, maîtriser, refouler; (Lachen) supprimer, étouffer; (Tränen) retenir, supprimer; (Atem, Harn) retenir; sich ~ (sich benehmen) se comporter, se conduire; (e-e Haltung einnehmen) prendre une attitude; (handeln, tun) agir, faire; sich ruhig ~ être tranquille; sich zu ... wie ... (math) être à ... comme ... ; das verhält sich so il en est ainsi; wie verhält sich die Sache? wie verhält es sich damit? où en est l'affaire? a (unterdrückt) retenu, supprimé; *(Mensch: zurückhaltend)* réservé; *(ruhig)* tranquille; **V~en** *n (Benehmen)* comportement *m,* manière d'agir; *psych* conduite *f; ehewidrige(s), vertragswidrige(s)* ~ faute *f* conjugale, contractuelle; **V~ensforscher** *m* éthologue, behavioriste *m;* **V~ensforschung** *f* behaviorisme *m,* éthologie, étude *f* du comportement; **~ensgestört** *a* perturbé, inadapté; **V~ensmaßregel** *f* instruction, directive *f;* **V~ensmuster** *n psych* type *m* de comportement; **V~ensstörung** *f* perturbation, inadaption *f,* déséquilibre *m;* **V~ensweise** *f* ligne de conduite; *psych* conduite *f.*

Verhältnis *n* ⟨-sses, -sse⟩ [fɛr'hɛltnɪs] *(Beziehung)* rapport *m,* relation *f; (zwischen Menschen)* rapports *m pl; (Liebesverhältnis)* liaison amoureuse; *fam (Geliebte)* bien-aimée, maîtresse *f; pl (Proportionen)* proportions; *(Umstände, Lebenslage)* circonstances *f pl,* condition(s *pl*), situation *f; im* ~ *zu* à *od* en raison *od* proportion de, au prorata de; *im* ~ *von 1 zu 2* au prorata de 1 à 2; *im umgekehrten* ~ en raison inverse *(zu* de); *nach dem* ~ *(gen)* au prorata (de); *unter den gegebenen* od *obwaltenden* ~*sen* dans les conditions données, étant donné les circonstances; *in ärmlichen* od *dürftigen* ~*sen* vivre à l'étroit *od* dans la gêne, être dans l'indigence; *in geordneten* od *guten* ~*sen leben* vivre dans l'aisance, être à son aise; *über s-e* ~*se leben* vivre au-dessus de ses moyens; *aus bescheidenen* od *einfachen* ~*sen stammen* être d'origine humble *od* d'humble origine; *die Länge steht in keinem* ~ *zur Breite* il n'y a pas de proportion entre la longueur et la largeur, la longueur n'est pas proportionnée à la largeur; *die persönlichen* ~*se pl* la situation *f* personnelle; **v~mäßig** *a* proportionnel; *adv* proportionellement, à *od* en proportion, toute proportion gardée; *(relativ)* relativement; ~**wahl** *f* vote *od* suffrage *od* scrutin *m* proportionnel; ~**wahlrecht** *n* représentation *f* proportionnelle; ~**wort** *n* pr éposition *f;* ~**zahl** *f* nombre *m* proportionnel.

verhandeln [fɛr'-] *itr (unterhandeln)* débattre *(mit jdm über etw* de qc avec qn); *jur* siéger; *tr: etwas mit jdm* négocier qc avec qn; **V~lung** *f* débats; pourparlers *m pl;* négociation(s *pl*) *f;* ~*en anbahnen* od *einleiten* engager des pourparlers *od* des négociations; ~*en aufnehmen, in* ~*en eintreten* entamer des pourpar-

lers *od* des négociations; *die* ~*en wiederaufnehmen* reprendre les pourparlers *od* les négociations; **V~lungsangebot** *n* offre *f* de négociation; **V~lungsbeginn** *m* ouverture *f* des débats; ~**lungsbereit** *a* prêt à négocier; **V~lungsdolmetscher** *m* interprète *m* parlementaire *od* de conférence *od* de liaison; **V~lungsgrundlage** *f* base *f* de (la) négociation; **V~lungspunkt** *m* point *m* de négociation; **V~lungstisch** *m: sich mit jdm an den* ~ *setzen* s'asseoir autour d'une table ronde *od* autour d'un tapis vert avec qn; **V~lungsweg** *m: auf dem* ~*e* par la voie des négociations.

verhängen [fɛr'-] *tr (zuhängen)* couvrir *(mit* de); *(anordnen)* ordonner, prescrire; *(Kriegsrecht)* imposer; **V~nis** *n* ⟨-sses, -sse⟩ fatalité *f;* malheur *m;* ~**nisvoll** *a* fatal, néfaste, funeste, lourd de conséquences, gros de malheurs, malheureux; ~**t** *a (Himmel)* couvert; **V~ung** *f (e-r Strafe)* infliction *f;* ~ *des Belagerungszustandes* déclaration *od* proclamation *f* de l'état de siège; ~ *des Kriegsrechts* imposition *f* de la loi martiale.

verharmlosen [fɛr'-] *tr* bagatelliser.

verhärmt [fɛr'-] *a* (rongé de) chagrin, soucieux.

verharren [fɛr'-] *itr (bleiben)* rester, demeurer; *(bei e-r Meinung, Absicht etc)* persister, persévérer *(bei* dans); **V~ung** *f* persistance, persévérance *f.*

verharschen [fɛr'harʃən] ⟨aux: sein⟩ *itr (Schnee)* durcir; ~**t** *a* damé, tolé; *(Wunde)* cicatrisé; **V~ung** *f* durcissement *m;* cicatrisation *f.*

verhärten [fɛr'-], *sich* ~ durcir; *fig* s'endurcir; **V~ung** *f* durcissement *m; fig* endurcissement *m.*

verhaspeln [fɛr'-] *tr (Faden)* brouiller; *sich* ~ *(fam: sich beim Sprechen verwirren)* s'embrouiller, s'emberlificoter.

verhaßt [fɛr'hast] *a* haï, détesté; *sich* ~ *machen* se rendre odieux, se faire détester.

verhätscheln [fɛr'-] *tr (Kind)* choyer, dorloter; *(verwöhnen)* gâter.

Verhau *m* od *n* ⟨-(e)s, -e⟩ [fɛr'hau] *bes. mil* abattis *m;* **v~en** ⟨*verhaut, verhaute, hat verhauen*⟩ [fɛr'-] *tr fam (verprügeln)* rosser, administrer une raclée à, ficher une trempe à; *sich* ~ *(fam: sich versehen)* manquer son coup; se couper.

verheben [fɛr'-] ⟨*verhebt, verhob, hat verhoben*⟩ *sich, med* se donner un tour de reins *od* un effort; **V~ung** *f* tour *m* de reins.

verheddern [fɛrˈhɛdərn], *sich* = *sich verhaspeln.*

verheer|en [fɛrˈheːrən] *tr* dévaster, ravager, désoler, mettre à feu et sang; **~end** *a fig* dévastateur; **V~ung** *f* dévastation *f; pl (Schaden)* ravages *m pl.*

verhehl|en [fɛrˈ-] *tr (verheimlichen)* cacher, dissimuler, celer; **V~ung** *f* dissimulation *f*, recel *m.*

verheil|en [fɛrˈ-] ⟨*aux: sein*⟩ *itr* guérir; se cicatriser; **V~ung** *f* cicatrisation *f.*

verheimlich|en [fɛrˈ-] *tr* cacher, dissimuler (*jdm etw* qc à qn); **V~ung** *f* dissimulation *f.*

verheirat|en [fɛrˈ-] *tr* marier, donner en mariage; *sich* ~ se marier, contracter mariage (*mit* avec); prendre femme; *sich wieder* ~ se remarier; **~et** *a* marié; **V~ung** *f* mariage *m.*

verheiß|en [fɛrˈ-] ⟨*verheißt, verheiß, verheißen*⟩ *tr lit* promettre; **V~ung** *f* promesse *f;* **~ungsvoll** *a* prometteur, plein de promesses.

verhelfen [fɛrˈ-] ⟨*verhilft, verhalf, hat verholfen*⟩ *itr: jdm zu etw* ~ aider qn à obtenir qc.

verherrlich|en [fɛrˈ-] *tr* glorifier, magnifier, chanter la gloire de; **V~ung** *f* glorification *f.*

verhetz|en [fɛrˈ-] *tr* exciter, inciter; **V~ung** *f* excitation, incitation *f.*

verhexen [fɛrˈ-] *tr* ensorceler; *es ist wie verhext* on dirait que le diable s'en mêle, c'est une malédiction, il y a *od* il faut qu'il y ait un sort.

Verhieb *m* ⟨-(e)s, ø⟩ [fɛrˈhiːp] *mines* enlèvement *m.*

verhinder|n [fɛrˈ-] *tr* empêcher (*zu tun* de faire); **V~ung** *f* empêchement *m;* **V~ungsfall** *m: im* ~ en cas d'empêchement.

verhohlen [fɛrˈ-] *a (versteckt, heimlich)* dissimulé, caché, sournois, secret.

verhöhn|en [fɛrˈ-] *tr* railler, bafouer, se moquer de; **V~ung** *f* raillerie, moquerie *f.*

verhohnepipeln [fɛrˈhoːnəpiːpəln] *tr fam (verulken): jdn* ~ se ficher de qn.

verhökern [fɛrˈ-] *tr fam (billig verkaufen)* brader, vendre bon marché.

verholen [fɛrˈ-] *tr mar* haler, touer; **V~** *n* touage *m.*

Verhör *n* ⟨-(e)s, -e⟩ [fɛrˈ-] interrogatoire *m;* **v~en** *tr* interroger, faire subir un interrogatoire à; *sich* ~ *(etw Falsches hören)* entendre de travers.

verhüllen [fɛrˈ-] *tr* couvrir, envelopper; *a. fig* voiler, cacher.

verhundertfachen [fɛrˈ-] *tr* centupler.

verhungern [fɛrˈ-] ⟨*aux: sein*⟩ *itr: am*

V~ *sein* mourir *od fam* crever de faim.

verhunzen [fɛrˈhʊntsən] *tr fam (verderben)* gâcher, gâter.

verhüt|en [fɛrˈ-] *tr* empêcher, prévenir; **V~ung** *f* empêchement *m*, prévention *f; ~ von Verkehrsunfällen* prévention *f* routière; **V~ungsmittel** *n* contraceptif *m.*

verhütt|en [fɛrˈ-] *tr* traiter (en usine), mettre en œuvre, fondre; **V~ung** *f* traitement *m* métallurgique.

verhutzelt [fɛrˈhʊtsəlt] *a* ratatiné.

Verifi|kation *f* ⟨-, -en⟩ [veri-fikatsiˈoːn] *(Bewahrheitung, Beglaubigung)* vérification *f;* **v~zierbar** [-ˈtsiːr-] *a* vérifiable; **v~zieren** *tr* vérifier.

verinnerlich|en [fɛrˈʔinərliçən] *tr* approfondir, intensifier; *philos* intérioriser; **V~ung** *f* intensification, intériorisation *f.*

verirr|en [fɛrˈ-], *sich* s'égarer, se fourvoyer, se perdre, faire fausse route; **V~ung** *f* égarement *m a. fig,* aberration *f.*

verjagen [fɛrˈ-] *tr* chasser *a. fig;* expulser; *fig* balayer.

verjähr|en [fɛrˈ-] ⟨*aux: sein*⟩ *itr* se périmer, être périmé, se prescrire; **~t** *a* périmé; **V~ung** *f* prescription, péremption *f;* **V~ungsfrist** *f* délai *m* de prescription.

verjubeln [fɛrˈ-] *tr fam (für Vergnügungen ausgeben)* gaspiller *od* dissiper (en plaisirs); *pop* claquer.

verjüng|en [fɛrˈjʏŋən] *tr* rajeunir; *sich* ~ *(nach oben dünner werden)* se rétrécir; *sich* ~*d (arch)* diminué, se rétrécissant; **~t** *a (im Maßstab verkleinert)* réduit; **V~ung** *f* rajeunissement; *arch* rétrécissement *m; (Verkleinerung)* réduction *f;* **V~ungskur** *f* cure *f* de rajeunissement.

verjuxen [fɛrˈjʊksən] *tr fam* = *verjubeln.*

verkabel|n [fɛrˈ-] *tr* installer un réseau de câbles dans; *(Stadt)* installer un réseau de câbles à; **V~ung** *f* installation *f* d'un réseau de câbles.

verkalk|en [fɛrˈ-] ⟨*aux: sein*⟩ *itr* se calcifier; *med fam* se scléroser; *fig (vergreisen)* devenir bien vieux; **~t** *a fig (Mensch)* sclérosé; *fam pej* gaga; **V~ung** *f* calcification; *med* infiltration calcaire; sclérose *f.*

verkalkulieren [fɛrˈ--] *sich, fam* = *sich verrechnen.*

verkannt [fɛrˈ-] *a (Genie)* méconnu.

verkanten [fɛrˈ-] *tr* pencher.

verkapsel|n [fɛrˈ-] *tr* capsuler; *sich* ~ *(med)* s'enkyster; **V~ung** *f* capsulage; *med* enkystement *m.*

verkarsten [fɛr'-] ⟨aux: sein⟩ itr geog revêtir un caractère désertique.

verkäs|en [fɛr'kɛːzən] ⟨aux: sein⟩ itr (zu Käse werden) se caséifier; **V~ung** f caséification f.

verkatert [fɛr'kaːtərt] a fam: ~ sein avoir mal aux cheveux; pop avoir la gueule de bois.

Verkauf m ⟨-(e)s, ·:e⟩ [fɛr'kauf] vente f; (Absatz) écoulement, débit m; zum ~ anbieten mettre en od offrir à la vente; gerichtliche(r) ~ vente f judiciaire; ~ auf Kredit od Zeit vente f à terme; ~ zu herabgesetzten Preisen vente f au rabais, soldes m pl; ~ mit Rückkaufsrecht vente f à réméré; ~ über die Straße vente f pour emporter.

verkaufen [fɛr'-] tr vendre; (absetzen) débiter; fin réaliser; sich gut ~ se vendre bien; gegen bar, auf Kredit, auf Termin ~ vendre au comptant, à credit, à terme; jdn für dumm ~ prendre qn pour un idiot; zu ~(d) à vendre.

Verkäuf|er [fɛr'-] m allg vendeur; (in e-m Laden) a. employé m de magasin; stumme ~ pl matériel m d'étalage de comptoir; **~erin** f allg vendeuse; (in e-m Laden) a. employée od demoiselle f de magasin; **v~lich** a à vendre, vendable; leicht ~ de vente facile od courante, de bonne vente; schwer ~ de vente difficile, difficile à écouler; **~lichkeit** f bon débit m.

Verkaufs|abrechnung f [fɛr'kaufs-] compte m od facture f de vente; **~abteilung** f service m des ventes; **~angebot** n, **~auftrag** m offre f, ordre m de vente; **~automat** m distributeur m automatique; **~büro** n bureau m des ventes; **~erlös** m produit m de la od des vente(s); **~förderung** f promotion f des ventes; **~ingenieur** m ingénieur m des ventes; **~kolonne** f équipe f de vente; **~kurs** m (Börse) cours m vendeur; **~leiter** m directeur od chef m de(s) vente(s); **~lizenz** f, **~methode** f, **~preis** m, licence, méthode f, prix m de vente; **~raum** m, **~recht** n local, droit m de vente; **~stand** m stand m; **~stelle** f lieu od point m de vente; **~vertreter** m distributeur m; **~vollmacht** f procuration f de vente; **~wert** m valeur f vénale od de vente.

Verkehr m ⟨-(e)s, (-e)⟩ [fɛr'keːr] (auf dem Lande, zu Wasser u. in der Luft) circulation f, trafic m; va-et-vient; (Betrieb) service m; fin circulations; opérations; (persönlicher Umgang) relations f pl; (a. Geschlechtsver-

kehr) rapports m pl; den ~ mit jdm abbrechen (a.) mettre qn en quarantaine; in den ~ bringen (Zahlungsmittel) mettre en circulation; den ~ einstellen suspendre le trafic; den ~ mit jdm meiden éviter de fréquenter qn; dem ~ übergeben ouvrir à la circulation; aus dem ~ ziehen (Zahlungsmittel) retirer de la circulation; ausstrahlende(r) ~ trafic m sortant; fließende(r) ~ circulation f continue; lebhafte(r) ~ (auf d. Straße) animation f; öffentliche(r) ~ circulation f sur la voie publique; für den ~ gesperrt interdit à la circulation; ~ von Haus zu Haus transport combiné od par container; transport od service m de porte à porte.

verkehr|en [fɛr'-] itr (Verkehrsmittel) circuler, aller et venir; (fahren) aller; (Mensch) fréquenter (in e-r Gaststätte un café, in e-r Familie une famille); mit jdm fréquenter, voir qn; être en relations avec qn; mitea. ~ se voir; tr (umkehren) (re)tourner, mettre à l'envers, renverser; fig tourner de travers, intervertir; (verwandeln) changer (in en); (entstellen) déformer, fausser (le sens de); **~t** a retourné, renversé; fig interverti, inversé; (falsch) faux; adv fig de travers; etw ~ anfangen prendre qc par le mauvais bout; etw ~ auffassen prendre qc de travers; auf der ~en Seite aussteigen (loc) descendre à contre-voie; ~ gehen od fahren se tromper de route; ~ machen faire de travers; **V~theit** f absurdité f; (Widersinn) contresens m; **V~ung** f renversement m; fig inversion f.

Verkehrs|abwanderung f [fɛr'keːrs-]. **~abwicklung** f évasion f, écoulement m du trafic; **~ader** f artère f; **~ampel** f feux m pl; **~amt** n office m de tourisme; **v~beruhigt** a (Straße, Zone) à circulation réduite; **~beruhigung** f réduction f de la circulation; **~betrieb** m entreprise f de transports; **~büro** n bureau m od agence f touristique od de tourisme; **~delikt** n infraction f au code de la route; **~dichte** f densité od intensité f du trafic; **~disziplin** f discipline f dans la circulation; **~erziehung** f enseignement m de la sécurité routière; **~erziehungswoche** f semaine f de l'éducation routière; **~flieger** m pilote m de ligne; **~flugzeug** n avion m commercial od de transport od de voyageurs; **~gewerbe** n transports m pl; **v~günstig** a près d'un moyen de communication; **~hindernis** n obstacle m od entrave f à la circulation, bouchon *m;* ~**insel** *f* refuge *m* (pour piétons); ~**knotenpunkt** *m* nœud *m* du trafic; ~**lenkung** *f* contrôle *m* de la circulation; ~**licht** *n* signal lumineux; feu *m;* ~**linie** *f* voie *f* de communication; ~**minister** *m* ministre *m* des transports (et communications); ~**mittel** *n* moyen *m* de communication *od* de transport; *öffentliche* ~ *n pl* transports *m pl* publics *od* en commun; ~**netz** *n* réseau *m* de circulation; ~**ordnung** *f* code *m* de la route; ~**polizei** *f* police *f* routière *od* des transports; ~**polizist** *m* agent *m* de la circulation; ~**posten** *m* poste *m* de circulation; ~**probleme** *n pl* problèmes *m pl* de la circulation; ~**regeln** *f pl* réglementation *f* des transports; ~**regelung** *f* réglementation *od* régulation *od* organisation *f* de la circulation; **v**~**reich** *a (Straße)* animé; ~**schild** *n* panneau *m* de signalisation (routière); *pl a.* signalisation *f* routière; ~**schutzmann** *m* = ~*polizist;* **v**~**schwach** *a:* ~*e Zeit f* heures *f pl* de faible circulation; ~**sicherheit** *f* sûreté *od* sécurité *f* routière *od* de la circulation *od* du trafic; ~**sperre** *f* suspension *f* du trafic; ~**spitze** *f* pointe *f* de trafic; *pl* heures *f pl* de pointe; ~**stau** *m* bouchon; *(in der Stadt)* embouteillage *m;* ~**stockung** *f* embouteillage *m;* ~**störung** *f* interruption *f* de la circulation *od* du transport; ~**streife** *f* patrouille *f* routière; ~**streik** *m* grève *f* des transports; ~**sünder** *m* contrevenant *m* au code de la route; ~**sünderkartei** *f fam* fichier *m* central des contraventions de la circulation; ~**teilnehmer** *m* usager *m* de la route; ~**tote(r)** *m* victime *f* d'accident de la circulation *od* de la route; ~**turm** *m* pylône *m;* ~**übergabe** *f (e-r Straße)* ouverture *f* à la circulation; ~**überwachung** *f* surveillance (et police) *f od* contrôle *m* de la circulation; ~**umleitung** *f* déviation *f;* ~**unfall** *m* accident *m* de (la) circulation *od* de la route; **v**~**ungünstig** *a* loin de tous moyens de communication; ~**unternehmen** *n* entreprise *f* de communication; ~**unterricht** *f* prévention *f* routière; ~**verbund** *m* communauté de transport, société *f* de transport en commun; ~**verein** *m* syndicat *m* d'initiative; ~**verhältnisse** *n pl,* ~**volumen** *n* conditions *f pl,* volume *m* de la circulation; ~**wege** *m pl* voies *f pl* de communication; ~**werbung** *f* propagande *od* publicité *f* touristique *od* de tourisme;

~**wesen** *n* transports *m pl;* transports *m pl* et communications *f pl;* circulation *f;* **v**~**wichtig** *a* important pour les communications; **v**~**widrig** *a* contraire à la réglementation des transports; ~**zählung** *f* recensement *m* de circulation; ~**zeichen** *n* signal *od* panneau *m* de signalisation (routière); ~**zunahme** *f* augmentation *f* de la circulation *od* du trafic.

verkeilen [fɛr'-] *tr tech* coincer, caler, claveter; *fam = verdreschen.*

verkenn|en [fɛr'-] ⟨*verkennt, verkannte, hat verkannt*⟩ *tr* méconnaître, se tromper sur; *(unterschätzen)* sous--estimer; **V**~**ung** *f* méconnaissance *f.*

verkett|en [fɛr'-] *tr* enchaîner; ~**et** *a el (Spannung)* composé; **V**~**ung** *f* enchaînement *m,* liaison; *el* interconnexion *f;* ~ *von Umständen* concours *m* de circonstances.

verketzer|n [fɛr'-] *tr rel* accuser d'hérésie; *allg* décrier; **V**~**ung** *f rel* accusation *f* d'hérésie.

verkiesel|n [fɛr'-] *tr chem* silicater; **V**~**ung** *f* silicatisation *f.*

verkitten [fɛr'-] *tr* mastiquer.

verklagen [fɛr'-] *tr* accuser, incriminer; porter plainte, intenter une action *(jdn* contre qn).

verklammer|n [fɛr'-] *tr* cramponner; **V**~**ung** *f* cramponnement *m.*

verklapp|en [fɛr'-] *tr (Klärschlamm etc im Meer versenken)* décharger dans la mer; **V**~**ung** *f: die* ~ *von Klärschlamm* le déchargement de boues dans la mer.

verklar|en [fɛr'-] *tr mar* dresser un procès-verbal des avaries de; **V**~**ung** *f* procès-verbal *m* des avaries.

verklär|en [fɛr'-] *tr rel* transfigurer; ~**t** *a* radieux; **V**~**ung** *f rel* transfiguration *f.*

verklatschen [fɛr'-] *tr fam (heimlich anzeigen)* décrier, rapporter.

verklaus|eln [fɛr'-] *tr,* ~**ulieren** [fɛrklauzu'liːrən] *tr* insérer des clauses dans, adjoindre des clauses à; **V**~**ulierung** *f* adjonction *f* de clauses.

verkleben [fɛr'-] *tr* ⟨*aux: haben*⟩ (re)coller; *itr* ⟨*aux: sein*⟩ coller.

verkleid|en [fɛr'-] *tr (Menschen)* travestir, déguiser; *(Wand)* revêtir, couvrir, garnir; *sich* ~ se travestir; se déguiser *(als* en); s'habiller *(als* en); **V**~**ung** *f* travestissement, déguisement; revêtement *m.*

verkleiner|n [fɛr'-] *tr* rapetisser, amoindrir, diminuer; *(im Maßstab)* réduire; *fig* diminuer; *(herabsetzen)* rabaisser, ravaler; **V**~**ung** *f* rapetissement, amoindrissement *m,* diminution; réduction *f; (Herabsetzung)* rabaissement *m*, dépréciation *f;* **V~ungsform** *f gram* (terme) diminutif *m.*

verkleistern [fɛr'klaɪstərn] *tr fam* = *verkleben.*

verklemmt [fɛr'klɛmt] *a psych* complexé, bloqué.

verklingen [fɛr'-] ‹*verklingt, verklang, ist verklungen*› *itr* expirer, s'évanouir, se perdre, mourir.

verkloppen [fɛr'-] *tr fam* = *verdreschen;* = *verkaufen.*

verknacken [fɛr'-] *tr fam* = *verurteilen.*

verknacksen [fɛr'-] *tr fam* = *verstauchen.*

verknallen [fɛr'-] *tr fam (verschießen)* tirer (aux moineaux); *sich in jdn ~ (fam: verlieben)* s'amouracher, se toquer de qn; *in jdn verknallt sein* être toqué *od* fou de qn, avoir une toquade pour qn.

verknappen [fɛr'-] ‹*aux: sein*› *itr* devenir rare; **V~ung** *f* pénurie, rareté, raréfaction *f.*

verkneifen [fɛr'-] ‹*verkneift, verkniff, hat verkniffen*›, *sich etw ~ (fam)* se faire ceinture pour qc, faire son deuil de qc.

verkniffen [fɛr'-] *a (Gesichtsausdruck, Miene)* contracté, aigri; *(Einstellung, Haltung)* raide; *etw ~ sehen (fam)* avoir des vues étroites sur qc, mal prendre qc.

verknöchern [fɛr'-] ‹*aux: sein*› *itr* ossifier; *fig (Mensch)* s'encroûter; se dessécher; *verknöcherte(r) Mensch m (a.)* (vieux) croûton *m*, vieille croûte *od* perruque *f;* **V~ung** *f* ossification *f; fig* encroûtement *m.*

verknorpeln [fɛr'-] ‹*aux: sein*› *itr* devenir cartilagineux.

verknoten [fɛr'-] *tr* nouer.

verknüpfen [fɛr'-] *tr a. fig* rattacher, (re)lier; *fig* joindre, unir; **V~ung** *f* tachement *m*, liaison; jonction *f.*

verkochen [fɛr'-] ‹*aux: sein*› *itr* se réduire en bouillie.

verkohlen [fɛr'-] *tr* ‹*aux: haben*› *(zu Kohle machen)* carboniser; *fam: jdn ~ (belügen)* faire marcher qn, mentir à qn; *pop* monter un bateau à qn; *itr* ‹*aux: sein*› *(zu Kohle werden)* se carboniser; *~t a* carbonisé; **V~ung** *f* carbonisation *f.*

verkokbar [fɛr'ko:k-] *a* cokéfiable; *~en tr (zu Koks machen)* cokéfier; **V~ung** *f* cokéfaction *f.*

verkommen [fɛr'-] ‹*verkommt, verkam, ist verkommen*› *itr* mal tourner, déchoir; dépérir, se perdre; *(Mensch)* se dévoyer, déchoir; *a* dévoyé, déchu,

perdu; *(sittlich)* dépravé, dégradé; **V~heit** *f* déchéance (morale), dépravation, dégradation *f.*

verkoppeln [fɛr'-] *tr* accoupler; *agr (zerstreuten Landbesitz neu verteilen)* remembrer; **V~(e)lung** *f agr* remembrement (rural), remaniement *m* parcellaire.

verkorken [fɛr'-] *tr* boucher (avec un bouchon), mettre un bouchon à.

verkorksen [fɛr'-] *tr fam* = *verpfuschen.*

verkörpern [fɛr'-] *tr* personnifier, incarner; *bes. theat* représenter; **V~ung** *f* personnification, incarnation; représentation *f.*

verkösten [fɛr'-] *tr (beköstigen)* nourrir.

verkrachen [fɛr'-] *itr* ‹*aux: sein*› *fam (scheitern)* faire faillite; ‹*aux: haben*› *sich ~ (in Streit geraten)* se brouiller *(mit jdm* avec qn); *~t a (gescheitert)* raté; *~e Existenz f* existence *f* ratée *od* de raté.

verkraften [fɛr'-] *tr fam (fertig werden mit)* digérer, supporter.

verkrampfen [fɛr'-], *sich* se crisper; *~t a* crispé; **V~ung** *f* crispation *f.*

verkriechen [fɛr'-], *sich* se blottir; se fourrer, se terrer; se cacher.

verkröpfen [fɛr'-] *tr arch* ménager une crossette à; **V~ung** *f* crossette *f.*

verkrümeln [fɛr'-], *sich (im kleinen verlorengehen)* s'en aller petit à petit; *fam (heimlich weggehen)* = *sich verdrücken.*

verkrümmen [fɛr'-], *sich* se déformer, se tordre; *(Wirbelsäule)* dévier; **V~ung** *f* déformation; déviation *f.*

verkrüppeln [fɛr'-] ‹*aux: sein*› *itr* se rabougrir, se déformer; s'estropier; s'étioler, s'atrophier; **V~(e)lung** *f* rabougrissement *m*, déformation *f;* étiolement *m*, atrophie *f.*

verkrusten [fɛr'-] ‹*aux: sein*› *itr* se couvrir d'une croûte, s'incruster; **V~ung** *f* incrustation *f.*

verkühlen [fɛr'-], *sich (sich erkälten)* se refroidir.

verkümmern [fɛr'-] ‹*aux: sein*› *itr* se rabougrir, mal venir, s'étioler; dépérir; *fig (Fähigkeiten)* s'appauvrir; **V~ung** *f* rabougrissement, étiolement, *fig* appauvrissement *m.*

verkünd(ig)en [fɛr'-] *tr* proclamer, annoncer, publier, faire savoir; *adm (Gesetz)* promulguer; *jur (Urteil)* prononcer; *rel (das Evangelium)* annoncer; **V~(ig)er** *m* ‹-s, -› annonciateur *m;* **V~(ig)ung** *f* proclamation, publication; *adm* promulgation *f;* **V~igung** *f (rel, Kunst)* Annonciation *f; das Fest Mariä* ~ *(rel)* l'Annonciation *f.*

verkupfern [fɛr'-] *tr* cuivrer.

verkuppeln [fɛr'-] *tr* vendre; *jdn* ~ s'entremettre pour marier qn.

verkürz|en [fɛr'-] *tr* raccourcir, écourter; *(verringern)* diminuer; *(Zeit)* réduire, abréger; **V~ung** *f* raccourcissement *m;* diminution; réduction; abréviation *f; in perspektivischer* ~ en perspective.

Verlade|anlage *f* [fɛr'la:də-] installation *f* de chargement *od loc* de manutention *od mar mil* d'embarquement; ~**bahnhof** *m,* ~**band** *n* gare, bande *f* de chargement; ~**brücke** *f* pont *m* de chargement *od* transbordeur; ~**gerüst** *n* pont *m* de chargement; ~**kosten** *pl* frais *m pl* de chargement *od mar* d'embarquement; ~**kran** *m* grue *f* de chargement; ~**rampe** *f* rampe *f* de chargement; *mar* quai *m* d'embarquement; ~**schein** *m* récépissé *m* de chargement; ~**vorrichtung** *f* installation *f* de chargement.

verlad|en [fɛr'-] *tr* charger, expédier; *mar mil* embarquer; **V~er** *m* ⟨-s, -⟩ chargeur; expéditeur *m;* **V~ung** *f* chargement *m,* expédition; *loc* manutention *f; mar mil* embarquement *m.*

Verlag *m* ⟨-(e)s, -e⟩ [fɛr'la:k, -gə] maison *f* d'édition; *(Druck und)* ~ *von* X.Y. X.Y. (libraire-)éditeur; ~**sanstalt** *f* = ~; ~**sanzeige** *f* note *f* éditoriale; ~**sbuchhandlung** *f* = ~; ~**sbuchhändler** *m* libraire-éditeur *m;* ~**seinband** *m* reliure *f* éditeur *od* originale; ~**shaus** *n* = ~; ~**shinweis** *m* note *f* éditoriale; ~**skatalog** *m* catalogue *m* d'édition *od* des livres de fonds; ~**sleiter** *m* directeur *m;* ~**srecht** *n* droit *m* d'édition *od* d'impression; ~**sstück** *n* *(Buchexemplar)* exemplaire-éditeur *m;* ~**svertrag** *m* contrat *m* d'édition; ~**swerk** *n* livre *m* de fonds; ~**szeichen** *n* marque *f* d'éditeur.

verlager|n [fɛr'-] *tr* déplacer, transférer; *sich* ~ *(fig: sich verschieben)* se déplacer; **V~ung** *f* déplacement *m a. fig;* transfert *m; (Evakuierung)* évacuation; *(Dezentralisierung)* décentralisation *f.*

verland|en [fɛr'-] ⟨*aux: sein*⟩ *itr (Gewässer)* former des dépôts alluvionnaires; **V~ung** *f* formation *f* de dépôts alluvionnaires.

verlangen [fɛr'laŋən] *tr* demander; *(fordern)* exiger, réclamer; *(bestellen)* commander; *itr (sich sehnen nach)* désirer; avoir envie de; soupirer après; *ich will nicht zuviel von*

Ihnen ~ *(a.)* je ne veux pas abuser de vous; *Sie werden am Telefon verlangt* on vous demande au téléphone; **V~** *n* demande; réclamation *f; (Sehnsucht)* désir *m; auf* ~ *(gen)* à la demande (de), selon le désir (de); *auf allgemeines* ~ à la demande générale; *nach etw* ~ *tragen* avoir envie de qc, soupirer après qc.

verlänger|n [fɛr'lɛŋərn] *tr (räuml.)* allonger, rallonger; *(zeitl. a. e-n Wechsel)* prolonger; *(Ausweis, Paß)* renouveler; *jur* proroger; **V~ung** *f* allongement *m; (Stück)* (r)allonge; prolongation *f;* renouvellement *m;* prorogation *f;* ~**ungsfähig** *a (Wechsel)* prolongeable; *(Paß)* renouvelable; **V~ungsschnur** *f el* rallonge *f;* fil *m* de raccord; **V~ungsstück** *n* (r)allonge *f.*

verlangsam|en [fɛr'-] *tr* ralentir; **V~ung** *f* ralentissement *m.*

verläppern [fɛr'-] *tr fam (vergeuden)* gaspiller, dissiper.

Verlaß *m* ⟨-sses, ø⟩ [fɛr'las]: *auf ihn ist kein* ~ on ne peut se fier à *od* compter sur lui; *darauf ist kein* ~ on ne peut pas y compter.

verlassen [fɛr'-] ⟨*verläßt, verließ, hat verlassen*⟩ *tr* quitter; *(aufgeben)* délaisser, abandonner; *sich auf jdn, etw* ~ se fier à qn, compter sur qn, qc; *jdn ohne Abschied* ~ brûler la politesse à qn; *auf ihn kann man sich* ~ *(a.)* il est de parole; *darauf können Sie sich* ~ *(a.)* j'en réponds; ~ *Sie sich darauf!* fiez-vous-y! comptez-y! *a* abandonné; *(einsam)* désert; *von allen guten Geistern od ganz von Gott* ~ abandonné de Dieu et des hommes; **V~** *n: beim* ~ *des Hauses* à la sortie, au sortir de la maison; **V~heit** *f* (état d')abandon, isolement *m,* déréliction; *(Einsamkeit)* solitude *f.*

verläßlich [fɛr'lɛslɪç] *a (Mensch: zuverlässig)* sûr, sur qui on peut compter, à qui on peut se fier; *allg* sûr, solide; *(Bericht, Darstellung)* véridique; **V~keit** *f* ⟨-, ø⟩ sûreté *f;* caractère *m* véridique.

Verlaub *m* [fɛr'laʊp]: *mit* ~ avec votre permission, ne vous (en) déplaise; *lit* sauf votre respect *od* honneur.

Verlauf [fɛr'-] *m (Hergang)* cours, déroulement; *(Entwicklung)* développement *m; (e-r Krankheit, a.)* évolution *f; (e-r Linie)* tracé *m; im* ~ *des Abends* au cours de la soirée; *im weiteren* ~ par la suite; *nach* ~ *(Ablauf) e-s Monats* au bout d'un mois; **v~en** ⟨*verläuft, verlief, verlaufen*⟩ *itr* ⟨*aux: sein*⟩ *(vor sich gehen, ablaufen)* se dérouler, passer; *(sich entwickeln)* se développer; *⟨aux: haben⟩* sich ~ *(Wasser)* se perdre; *(Menschenmenge)* se disperser; *(sich verirren)* s'égarer, se tromper de chemin *od* de rue; *gerade* ~ *(Linie)* être droit; *gut, schlimm* ~ tourner bien, mal; *inea.* ~ *(Farben)* se fondre; *normal* ~ suivre son cours; *im Sand(e)* ~ *(fig: ergebnislos sein)* être sans résultat; *tödlich* ~ *(Unfall)* avoir une issue mortelle.

verlaust [fɛr'-] *a* couvert de poux; *fam* habité.

verlaut|baren [fɛr'-] *tr (äußern)* notifier, déclarer; ~ *(lassen) (bekanntmachen)* divulguer, rendre public, publier; **V~barung** *f* notification, déclaration; divulgation, publication *f;* ~**en** *itr impers: es verlautet, daß...* on dit que..., le bruit court que...; *wie verlautet* à ce qu'il paraît; *etw* ~ *lassen* révéler qc; *nichts* ~ *lassen* ne souffler mot, ne rien laisser transpirer.

verleb|en [fɛr'-] *tr (Zeit verbringen)* passer, vivre; ~**endigen** *tr (lebendig machen od darstellen)* rendre vivant, animer; faire revivre; ~**t** *a (abgelebt)* usé par la débauche.

verleg|en [fɛr'-] *tr (an e-e andere Stelle legen)* déplacer; *(Wohnsitz, Betrieb, Behörde)* transporter, déplacer, transférer; *(Truppen)* déplacer; *mil (das Feuer)* transférer; *(Veranstaltung, Termin verschieben)* remettre, différer; reporter *(von ... auf de ... à); (die Handlung e-r Dichtung ansetzen)* situer *(nach* à, en; *in* à, en); *(den Weg sperren)* barrer; *(Buch)* éditer, publier; *verlegt haben (nicht mehr finden können)* avoir déplacé *od* égaré; *sich auf etw* ~ *(sich mit etw befassen)* s'appliquer, se consacrer à qc, se spécialiser dans qc; *a* gêné, embarrassé, confus; *jdn* ~ *machen* embarrasser qn; ~ *sein (fam a.)* avoir l'air constipé; *um etw* ~ *sein (etw gerade nicht haben)* être à court de qc; *um e-e Antwort nie* ~ *sein* avoir la repartie facile, être prompt à la repartie; **V~enheit** *f* ⟨-, ø⟩ gêne *f,* embarras *m,* contrainte, confusion *f; jdn in* ~ *bringen* mettre qn dans l'embarras, embarrasser, faire rougir qn, prendre qn de court; *jdm aus der* ~ *helfen* tirer qn d'embarras *od* d'affaire, tendre la perche à qn, repêcher qn; *jdm über s-e* ~ *hinweghelfen* mettre qn à son aise *od* à l'aise; *sich aus der* ~ *ziehen* se débrouiller; *ich käme in* ~, *wenn ich sagen sollte ...* je serais bien embarrassé de dire ...; **V~enheitslösung** *f* solution *f* de fortune, dépannage *m*

momentané; **V~er** *m* ⟨-s, -⟩ (libraire-) éditeur *m;* ~**erisch** *a* éditorial; **V~ung** *f* déplacement; transport, transfert *m; (Verschiebung)* report *m.*

verleiden [fɛr'-] *⟨hat verleidet⟩ tr: jdm etw* ~ dégoûter qn de qc, faire perdre à qn le goût de qc.

Verleih *m* ⟨-(e)s, -e⟩ [fɛr'-] location *f;* **v~en** *⟨verleiht, verlieh, hat verliehen⟩ tr* louer, prêter; *(bewilligen)* accorder, concéder, décerner, octroyer, attribuer; *(Titel)* conférer, donner, investir de; *(Orden, Preis)* conférer; *nicht gern* ~ n'être pas prêteur; ~**er** *m* ⟨-s, -⟩ prêteur *m;* ~**ung** *f* louage, prêt *m;* concession *f,* octroi *m,* attribution; collation, investiture *f;* ~**ungsurkunde** *f* acte *m* de collation.

verleit|en [fɛr'-] *tr (verführen)* séduire; **V~ung** *f* séduction *f.*

verlernen [fɛr'-] *tr* désapprendre; *(vergessen)* oublier.

verles|en *⟨verliest, verlas, hat verlesen⟩* [fɛr'-] *tr* lire (en public), donner lecture de; *sich* ~ lire de travers, se tromper en lisant; *die Namen* ~ faire l'appel des noms; **V~ung** *f* lecture *f; nach der* ~ *(jur)* après lecture faite.

verletz|bar [fɛr'-] *a* vulnérable; *fig (empfindlich)* susceptible; **V~barkeit** *f* ⟨-, ø⟩ vulnérabilité; *fig* susceptibilité *f;* ~**en** *tr* blesser *a. fig; (beschädigen)* endommager; *bes. fig* léser; *(beleidigen)* offenser; *s-e Pflicht* ~ manquer à *od* trahir son devoir; *jdn tief* ~ *(a.)* atteindre qn au vif; ~**end** *a (beleidigend)* blessant, offensant; ~**t** *a* blessé; **V~te(r)** *m* blessé *m;* **V~ung** *f* blessure; *a. fig* lésion; *fig* offense, violation, atteinte *f; s-n* ~**en** *erliegen* succomber à ses blessures.

verleugn|en [fɛr'-] *tr* (re)nier, démentir; *(nicht anerkennen)* désavouer; *rel (s-n Glauben)* abjurer; *sich selbst* ~ se renier, faire abnégation de soi, renoncer à soi-même; *sich* ~ *lassen* faire dire qu'on n'est pas là; **V~ung** *f* reniement, démenti *m,* dénégation *f;* désaveu *m; rel* abjuration *f.*

verleumd|en [fɛr'lɔymdən] *tr* calomnier, médire de, diffamer, décrier, dénigrer; **V~er** *m* ⟨-s, -⟩ calomniateur, diffamateur, détracteur, dénigreur *m;* ~**erisch** *a* calomniateur, calomnieux, médisant, diffamatoire; **V~ung** *f* calomnie, médisance, diffamation *f,* dénigrement *m.*

verlieb|en [fɛr'-]*, sich* s'éprendre, devenir amoureux *(in jdn* de qn); ~**t** *a* amoureux, épris; ~**e Augen machen** faire les yeux doux; *in jdn* ~ *sein* être amoureux de qn; *bis über die Ohren* ~ éperdument amoureux; **V~te(r** *m*) *f* amoureux, se *m f*; **V~theit** *f* état *m* amoureux.

verlier|en ⟨*verliert, verlor, hat verloren*⟩ [fɛr'li:rən] *tr* perdre; *pop* paumer; *sich* ~ *(verlorengehen)* se perdre, s'égarer; *(Menschenmenge)* se disperser; *(verschwinden)* disparaître; *(dahinschwinden)* cesser, passer, s'effacer; *jdn aus den Augen* ~ *(a. fig)* perdre qn de vue; *s-e Gültigkeit* ~ *(Ausweis, Paß)* cesser d'être valable; *den Kopf (fig), den Mut, e-e Schlacht, den Verstand* ~ perdre la tête, courage, une bataille, la raison; *an Wert* ~ se déprécier; *etw verloren haben (a.)* en être pour qc; *darüber brauchen wir kein Wort zu* ~ il est inutile d'en parler; **V~er** *m* ⟨-s, -⟩ perdant *m*; *gute(r)* ~ beau joueur *m*.

Verlies *n* ⟨-es, -e⟩ [fɛr'li:s, -zə] *(unterirdischer Kerker)* cachot *m*, oubliettes *f pl*.

verlob|en [fɛr'lo:bən] *tr* fiancer; *sich* ~ se fiancer; **~t** *a* fiancé; *fam* promis; **V~te(r** *m*) *f*; *fam* promis, e *m f*; **V~ung** *f* fiançailles *f pl*, promesse *f* de mariage; *die* ~ *auflösen* rompre les fiançailles; **V~ungsanzeige** *f*, **V~ungsgeschenk** *n*, **V~ungsring** *m* faire-part, présent *m*, bague *f* de fiançailles; **Verlöbnis** *n* = ~*ung*.

verlock|en [fɛr'-] *tr* allécher, attirer, tenter, séduire; *fam* aguicher; **~end** *a* tentant, séduisant; *fam* aguichant; **V~ung** *f* tentation, séduction *f*.

verlodern [fɛr'-] ⟨*aux: sein*⟩ *itr (Feuer: sich verzehren)* se consumer, s'éteindre.

verlogen [fɛr'lo:gən] *a* mensonger, menteur, **V~heit** *f (e-s Menschen)* penchant au *od* goût du mensonge; *(e-r Äußerung)* caractère *m* mensonger.

verlohnen [fɛr'-], *sich u. die Mühe* ~ valoir la peine; *impers: es verlohnt sich od die Mühe nicht* cela n'en vaut pas la peine.

verloren [fɛr'lo:rən] *pp von: verlieren u. a* perdu; *auf ~em Posten* dans une situation désespérée; *etw* ~ *geben* considérer qc comme perdu, désespérer de qc; *s-e Sache* ~ *geben* se tenir pour battu; abandonner; *ich gebe mich Ihnen gegenüber* ~ je vous donne gagné; *es ist alles* ~ tout est fini.

verlöschen [fɛr'-] ⟨*verlischt, verlosch, ist verloschen*⟩ *itr (erlöschen)* s'éteindre *a. fig; fig* mourir.

verlos|en [fɛr'lo:zən] *tr* tirer au sort,

mettre en loterie; **V~ung** *f* tirage *m* (de loterie), mise *f* en loterie.

verlotter|n [fɛr'lɔtərn] ⟨*aux: sein*⟩ *itr fam (verkommen)* mal tourner; **~t** *a* dévoyé, déchu.

verluder|n, ~t [fɛr'lu:dərn/-t] = *verlottern etc*.

Verlust *m* ⟨-es, -e⟩ [fɛr'lʊst] perte *f; fin* déficit *m; jur* déchéance *f; (Schaden)* dommage; *(Nachteil)* préjudice *m; mit* ~ *à* perte; ~ *bringen* causer *od* entraîner une perte; *e-n* ~ *decken (fin)* couvrir une perte; *s-e* ~*e wieder einbringen* se dédommager de ses pertes; *e-n* ~ *erleiden* faire *od* subir *od* éprouver *od* essuyer une perte; *e-n* ~ *ersetzen* réparer une perte; *reine(r)* ~ *(com)* perte *f* nette *od* sèche; **~abschluß** *m*, **~bilanz** *f com* bilan *m* passif; **~anzeige** *f* avis *m od* déclaration *f* de perte; **~anzeiger** *m (für Rohrleitungen)* indique-fuite(s) *m;* **v~bringend** *a com* déficitaire; **~geschäft** *n* opération *od* transaction *f* à perte; **v~ig** *a: e-r S* ~ *gehen* perdre qc; *être privé de qc;* **~konto** *n: auf das* ~ *setzen (fig)* inscrire à l'article des pertes; **~liste** *f* liste *f od* état *m* des pertes; **~quelle** *f* source *f* de pertes; **~quote** *f* pourcentage *m* de *od* des pertes; **v~reich** *a* coûteux; *mil* sanglant; **~saldo** *m* solde *m* déficitaire *od* à perte; **~spanne** *f com* marge *f* déficitaire; **~ziffer** *f bes. mil* chiffre *m* des pertes.

vermachen [fɛr'-] *tr: jdm etw* ~ léguer, donner *od* laisser qc à qn par testament.

Vermächtnis *n* ⟨-sses, -sse⟩ [fɛr'mɛçtnɪs] legs *m; ~***erbe**, **~nehmer** *m* légataire *m*.

vermahlen [fɛr'-] ⟨*vermahlt, vermahlte, hat vermahlen*⟩ *tr (Getreide)* moudre.

vermähl|en [fɛr'mɛ:lən] *tr* marier; *sich* ~ se marier; *sich mit jdm* ~ épouser qn, se marier avec qn; **~t** *a* marié; **V~te** *pl* (jeunes) mariés *m pl; V~***ung** *f* épousailles *f pl*, mariage *m*.

vermahn|en [fɛr'-] *tr (ernst mahnen)* exhorter; **V~ung** *f* exhortation *f*.

vermalen [fɛr'-] *tr (Farben: verbrauchen)* user (en peignant).

vermasseln [fɛr'masəln] *tr fam* = *verpatzen; (zunichte machen)* faire échouer.

vermass|en [fɛr'masən] *tr* massifier; **V~ung** *f* massification *f*.

vermauer|n [fɛr'-] *tr* murer, maçonner; *(zumauern)* condamner; **V~ung** *f* murage *m*.

vermehr|en [fɛr'-] *tr* augmenter, accroître; multiplier; *sich* ~ augmenter, (s'ac)croître, se multiplier; *biol* se propager; *sich schnell* od *stark* ~ pulluler, foisonner; **V~ung** *f* augmentation *f*, accroissement *m*, multiplication; *biol* propagation *f*.

vermeid|bar [fɛr'-] *a* évitable; **~en** ⟨*vermeidet, vermied, hat vermieden*⟩ *tr* éviter; éluder, esquiver; *das läßt sich nicht* ~ c'est inévitable, il n'y a rien à faire; **V~ung** *f* évitement *m*.

vermein|en [fɛr'-] *tr (glauben)* croire, supposer; *(bes. irrtümlich)* présumer, s'imaginer; **~tlich** *a* supposé, présumé *(a. jur (Vater))*, prétendu, soi-disant.

vermeng|en [fɛr'-] *tr* mélanger, brouiller; **V~ung** *f* mélange *m*.

vermenschlich|en [fɛr'-] *tr* humaniser; **V~ung** *f* humanisation *f*.

Vermerk *m* ⟨-(e)s, -e⟩ [fɛr'mɛrk] note, remarque, mention *f*; **v~en** *tr* noter, remarquer, mentionner; *jdm etw übel* ~ en vouloir à qn pour qc.

vermess|en [fɛr'-] ⟨*vermißt, vermaß, hat vermessen*⟩ *tr* relever les cotes de, mesurer; arpenter, toiser; *sich* ~ *(falsch messen)* se tromper (en mesurant); *(sich erkühnen)* oser *(etw zu tun* faire qc); avoir l'audace *od* l'aplomb *(etw zu tun* de faire qc); *a (kühn)* audacieux, téméraire; *(anmaßend)* présomptueux, prétentieux, outrecuidant; *(gewagt)* osé; **V~enheit** *f* audace, témérité; présomption, prétention, outrecuidance *f*; **V~ung** *f* relevé *m* (des cotes *od* topographique), mensuration *f*; arpentage *m*; **V~ungsamt** *n* office *m* topographique; **V~ungsflugzeug** *n* avion *m* topographique; **V~ungsingenieur** *m* ingénieur *m* du service topographique; **V~ungsschiff** *n* bâtiment *m* hydrographique.

vermiet|en [fɛr'-] *tr* louer, donner à loyer *od* en location; *(Zimmer) zu* ~ (chambre) à louer; **V~er(in** *f) m* loueur, se *m f;* **V~ung** *f* location *f,* louage *m;* **V~ungsbüro** *n* agence *f* de location.

verminder|n [fɛr'-] *tr* diminuer, amoindrir; *(Kosten etc herabsetzen)* réduire, abaisser; *(abschwächen)* atténuer; *verminderte Zurechnungsfähigkeit f* responsabilité *f* limitée; **V~ung** *f* diminution *f,* amoindrissement *m;* réduction *f,* abaissement *m;* atténuation *f.*

verminen [fɛr'mi:nən] *tr mil* miner.

vermisch|en [fɛr'-] *tr* (entre)mêler, mélanger; *sich* ~ *(Rassen)* se mêler, se croiser *(mit* avec); **v~t** *a:* ~*e Schriften f pl,* **V~tes** *n* miscellanées *f pl,* mélanges *m pl* (littéraires);

V~ung *f* mélange; *(von Rassen)* croisement *m.*

vermi|ssen [fɛr'-] *tr (als fehlend feststellen)* ne pas *od* plus retrouver, remarquer l'absence de; *(das Fehlen od die Abwesenheit bedauern)* regretter; *ich vermisse dich sehr* tu me manques beaucoup; **~ßt** *a mil* disparu; *als* ~ *melden* porter disparu; **V~ßte(r)** *m mil* disparu *m.*

vermitt|eln [fɛr'-] *tr (beschaffen)* procurer; *(Zs.kunft in die Wege leiten)* arranger; *(Vertrag zustande bringen)* négocier; *itr* s'entremettre, s'interposer, intercéder; servir d'intermédiaire *od* de médiateur; *ein Gespräch* ~ *(tele)* établir une liaison téléphonique; *den Verkehr zwischen ... und ...* ~ relier ... et ...; **~els(t)** *prp gen* par l'intermédiaire *od* l'entremise de, au moyen de, moyennant, à l'aide de; **V~ler** *m* intermédiaire, médiateur; *fig* véhicule *m;* **V~lerrolle** *f* rôle *m* d'intermédiaire; **V~lung** *f* entremise, médiation, intervention *f* médiatrice; *(Einrichtung)* poste de liaison; *tele* poste (téléphonique) intermédiaire, central téléphonique *od* du téléphone, bureau *m* central; *durch jds* ~ par l'entremise, par l'intermédiaire, grâce aux bons offices de qn; **V~lungsamt** *n tele* = ~*lung (tele);* **V~lungsgebühr** *f* commission *f;* **V~lungsversuch** *m* tentative *f* de médiation *od* pacificatrice; **V~lungsvorschlag** *m* offre *m* de médiation.

vermöbeln [fɛr'-] *tr fam* = *verdreschen;* = *verjubeln.*

vermoder|n [fɛr'-] ⟨*aux: sein*⟩ *itr* pourrir, se décomposer; **V~ung** *f* putréfaction, décomposition *f.*

vermög|e [fɛr'mø:gə] *prp gen* en vertu de, grâce à; **~en** ⟨*vermag, vermochte, hat vermocht*⟩ *tr (können)* pouvoir (faire), être capable *od* à même *od* en état de; *viel, wenig, nichts bei jdm* ~ avoir beaucoup, peu de, ne pas avoir de crédit auprès de qn; *ich tue, was ich vermag* je ferai tout ce qui est en mon pouvoir; **V~en** *n (Fähigkeit)* capacité, faculté *f;* pouvoir *m,* puissance; *(großer Besitz)* fortune *f,* bien(s pl) *m; nach* ~ selon mes, tes *etc* capacités; *nach bestem* ~ au mieux; *soviel in meinem* ~ *liegt* autant qu'il est en mon pouvoir; *jds ganzes* ~ *erben* hériter de tous les biens de qn; *ein* ~ *erwerben* acquérir une fortune; ~*, kein* ~ *haben* avoir de la fortune, ne pas avoir de *od* être sans fortune; *ein* ~ *kosten* coûter une fortune; *von s-m* ~ *leben* vivre de ses rentes; *das geht* *über mein* ~ cela me dépasse; *(un-) bewegliche(s)* ~ biens *m pl* (im)mobiliers *od* (im)meubles; ~**end** *a (reich)* fortuné, aisé, riche; ~ *sein (a.)* avoir des moyens; *sehr* ~ *sein* jouir d'une grande fortune; ~**lich** *a* = ~**end.**

Vermögens|abgabe *f* [fɛr'møːgəns-] prélèvement *m* sur la fortune; ~**abtretung** *f* cession *f* de(s) biens; ~**anlage** *f* investissement *m* de fonds; ~**anmeldung** *f,* ~**erklärung** *f* déclaration *f* de (la) fortune; ~**anteil** *m* part *f* de (la) fortune; ~**aufnahme** *f,* ~**erfassung** *f* enregistrement *od* recensement *m* de la fortune; ~**aufstellung** *f* relevé de (la) fortune, état *m* des biens; ~**auseinandersetzung** *f* liquidation *f* de(s) biens; ~**beschlagnahme** *f,* ~**einziehung** *f* confiscation *od* saisie *f* des biens; ~**bewertung** *f* évaluation *f* de la fortune *od* des biens; ~**lage** *f,* ~**verhältnisse** *n pl* situation *f od* état *m* de fortune; ~**masse** *f* masse *f* des biens; ~**schaden** *m* dommage *m* pécuniaire; ~**steuer** *f* impôt *m* sur la fortune; ~**übertragung** *f* transmission *f* de la fortune *od* du bien; ~**umschichtung** *f* déplacement *m* des fortunes; ~**verlust** *m* perte *f* de fortune; ~**verwalter** *m,* ~**verwaltung** *f* administrateur *od* gérant *m,* gestion *f* de biens; ~**zuwachs** *m* accroissement *m* de fortune, plus-value *f* d'actif.

vermorsch|en [fɛr'-] ⟨*aux: sein*⟩ *itr* se décomposer, se putréfier; **V~ung** *f* décomposition, putréfaction *f.*

vermottet [fɛr'mɔtət] *a* dévoré par les mites; *fam* mangé aux mites.

vermumm|en [fɛr'-] *tr (einhüllen)* emmitoufler; *(verkleiden)* déguiser, travestir; *sich* ~ *(Demonstranten)* se rendre méconnaissable; **V~ung** *f (Verkleidung)* déguisement, travestissement; *(Kleid)* travesti *m; (Demonstranten)* déguisement *m* visant à se rendre méconnaissable; **V~ungsverbot** *n* interdiction *f* de se rendre méconnaissable.

vermurksen [fɛr'-] *tr fam* = *verpfuschen.*

vermut|en [fɛr'-] *tr* supposer, présumer, soupçonner, conjecturer, prévoir, s'attendre à, croire; ~ *lassen* donner à *od* lieu de croire, laisser supposer; ~**lich** *a* probable, vraisemblable; *jur (Erbe)* présomptif; *adv a.* selon toute apparence; **V~ung** *f* supposition *f,* soupçons *m pl,* conjecture *f,* prévisions *f pl; jur* présomption *f; sich in* ~**en** *ergehen* se perdre en

conjectures; *bloße* ~ pure supposition *f.*

vernachlässig|en [fɛr'-] *tr* négliger; prendre peu de *od* ne pas prendre soin de; *s-e Pflicht* ~ manquer à son devoir; **V~ung** *f* négligence *f,* manque *m* de soin.

vernageln [fɛr'-] *tr* clouer.

vernarb|en [fɛr'-] ⟨*aux: sein*⟩ *itr* se cicatriser; **V~ung** *f* cicatrisation *f.*

vernarr|en [fɛr'-], *sich in jdn* ~ s'enticher, s'engouer, se coiffeur, se toquer, s'amoyracher de qn; *in jdn vernarrt sein* être fou, raffoler de qn, aimer qn à la folie; **V~theit** *f* engouement *m,* toquade *f,* raffolement *m.*

vernasch|en [fɛr'-] *tr (für Näschereien ausgeben)* dépenser en friandises.

verneb|eln [fɛr-] *tr mil* réaliser un écran de fumée sur, voiler à l'aide de la fumée; *fig* embrouiller, obscurcir; **V~(e)lung** *f* (établissement d'un) rideau *m* de fumée.

vernehm|bar [fɛr'-] *a (hörbar)* perceptible, intelligible; *jur (vernehmungsfähig)* en état d'être interrogé; ~**en** ⟨*vernimmt, vernahm, hat vernommen*⟩ *tr (hören, wahrnehmen)* entendre, percevoir, distinguer; *(hören, erfahren)* entendre dire, apprendre, ouïr dire; *jur (Angeklagten, Zeugen)* interroger, entendre, faire déposer; *sich* ~ *(hören) lassen* se faire entendre; **V~en** *n* perception *f; dem* ~ *nach* se qu'on dit; ~**lich** *a (klar, deutlich)* clair, intelligible; *laut und* ~ à haute et intelligible voix; **V~ung** *f jur (e-s Angeklagten)* interrogatoire *m; (e-s Zeugen)* audition *f;* ~ *zur Person, zur Sache* interrogatoire *m* d'identité *od* de forme, de fond; ~**ungsfähig** *a* en état de témoigner *od* d'être interrogé.

verneig|en [fɛr'-], *sich* s'incliner, faire la révérence; **V~ung** *f* inclination, révérence *f.*

vernein|en [fɛr'naɪnən] *tr (Frage)* répondre (que) non *od* par la négative à, donner une réponse négative à; *(in Abrede stellen)* nier; ~**end** *a* négatif; *gram* privatif; **V~er** *m* ⟨-s, -⟩ négateur *m;* **V~ung** *f (e-r Frage)* réponse négative; *allg* négation *f;* **V~ungsfall** *m; im* ~ en cas de réponse négative; **V~ungspartikel** *f gram* privatif *m.*

vernicht|en [fɛr'nɪçtən] *tr* anéantir, réduire à néant *od* à rien, annihiler; *(zerstören)* détruire, démolir, écraser, ruiner; *mil* anéantir; *(Unkraut)* extirper; ~**end** *a* écrasant, foudroyant; ~ *schlagen (sport)* écraser; **V~ung** *f* anéantissement *m a. mil;* annihilation; destruction, démolition *f,* écrasement *m;* extirpation *f;* **V~ungsfeuer** *n,* **V~ungsschlacht** *f* tir *m,* bataille *f* d'anéantissement; **V~ungskrieg** *m,* **V~ungslager** *n* guerre *f,* camp *m* d'extermination.

vernickleln [fɛrʼ-] *tr* nickeler; ~**elt** *a* nickelé; **V~(e)lung** *f (Vorgang)* nickelage *m; (Metallschicht)* nickelure *f.*

verniedlichen [fɛrʼ-] *tr* minimiser.

vernietlen [fɛrʼ-] *tr* river; **V~ung** *f* rivure *f.*

Vernunft *f* ⟨-, ø⟩ [fɛrʼnʊnft] raison *f; (gesunder Menschenverstand)* bon sens *m; gegen alle* ~ en dépit du bon sens; ~ *annehmen* entendre raison, se mettre à la raison; *keine* ~ *annehmen (wollen) (a.)* n'entendre ni rime ni raison; *jdn zur* ~ *bringen* mettre *od* réduire qn à la raison; *jdn wieder zur* ~ *bringen* ramener qn à la raison, (re)mettre qn au pas; *wieder zur* ~ *kommen* se rendre à la raison, rentrer dans son bon sens; *er kommt wieder zur* ~ *(a.)* la raison lui revient; **v~begabt** *a* doué de raison, raisonnable; ~**ehe** *f,* ~**heirat** *f* mariage *m* de raison *od* de convenance; **v~gemäß** *a* conforme à la raison, raisonnable; ~**glaube** *m* rationalisme *m;* ~**mensch** *m* rationaliste *m;* ~**wesen** *n* être *m* raisonnable; **v~widrig** *a* contraire à la raison.

vernünftig [fɛrʼnʏnftɪç] *a* raisonnable; sensé; *(verständig)* judicieux, sage; ~*e Ansichten haben (a. fam)* avoir la tête sur les épaules; ~ *reden* parler raison; *ein* ~*es Essen* un bon repas.

veröd|en [fɛrʼ-] *itr ⟨aux: sein⟩* devenir désert; se dépeupler; *tr ⟨aux: sein⟩ med: sich die Krampfadern* ~ *lassen* se faire opérer des varices; ~**et** *a* désert, désolé, dévasté; dépeuplé; **V~ung** *f* désolation, dévastation *f;* dépeuplement *m.*

veröffentlich|en [fɛrʼ-] *tr* publier; *jur (Gesetz)* promulguer; **V~ung** *f* publication; *jur* promulgation *f.*

verordn|en [fɛrʼ-] *tr adm* décréter, ordonner, disposer; *med* prescrire; **V~ung** *f adm* décret *m,* ordonnance, disposition (officielle); *med* prescription (médicale), ordonnance *f;* **V~ungsblatt** *n* (journal) officiel *m.*

verpacht|en [fɛrʼ-] *tr* donner à bail *od* à ferme, affermer; *jur* amodier; **V~ung** *f* affermage *m,* amodiation *f;* **Verpächter** *m* ⟨-s, -⟩ [fɛrʼpɛçtər] bailleur *m.*

verpack|en [fɛrʼ-] *tr* emballer, empaqueter; **V~ung** *f (Vorgang)* paque-

tage; *(a. Material)* emballage *m;* ~ *extra* emballage en sus; *mangelhafte* ~ vice *m* d'emballage; **V~ungskosten** *pl* frais *m pl* d'emballage; **V~ungsmaterial** *n* matériel *m* d'emballage.

verpäppeln [fɛrʼ-] *tr fam* = *verzärteln.*

verpassen [fɛrʼ-] *tr (versäumen)* manquer, laisser échapper, rater; *fam (anpassen u. zuteilen)* donner, distribuer; *fam (Schlag)* allonger, administrer; *verpaßte Gelegenheit f* occasion *f* manquée.

verpatzen [fɛrʼ-] *tr fam (verderben)* gâcher, saloper, bousiller, louper.

verpest|en [fɛrʼ-] *tr* empester, infecter, empoisonner; **V~ung** *f* infection *f,* empoisonnement *m.*

verpetzen [fɛrʼ-] *tr fam (verraten)* débiner; *arg (Schule)* cafarder.

verpfänd|en [fɛrʼ-] *tr* mettre *od* donner en gage, engager; *jur* donner *od* remettre *od* déposer en nantissement, hypothéquer; *sein Wort* ~ engager sa parole; **V~ung** *f* mise *f* en gage, engagement; *jur* nantissement *m.*

verpfeifen [fɛrʼ-] *⟨verpfeift, verpfiff, hat verpfiffen⟩ tr fam (verraten)* débiner.

verpflanz|en [fɛrʼ-] *tr (a. Organe, fig: Menschen)* transplanter; **V~ung** *f* transplantation *f.*

verpfleg|en [fɛrʼ-] *tr* nourrir, entretenir; *adm* approvisionner, ravitailler; **V~ung** *f* approvisionnement, ravitaillement *m; (Lebensmittel)* nourriture, subsistance(s *pl*) *f,* vivres *m pl; volle* ~ pension *f* complète; **V~ungsamt** *n mil* intendance *f;* **V~ungsausgabe** *f* distribution *f* des subsistances *od* vivres; **V~ungsbestand** *m* niveau *m* des approvisionnements; **V~ungsgeld** *n* frais *m pl* d'entretien; **V~ungslage** *f* situation *f* en vivres; **V~ungslager** *n mil* dépôt *m* de subsistances *od* de vivres; **V~ungsoffizier** *m* officier *m* d'intendance.

verpflicht|en [fɛrʼ-] *tr* obliger, engager *(jdn zu etw* qn à qc); *sich zu etw* ~ s'engager à qc, prendre l'engagement de qc; *jdn zu (großem) Dank* ~ obliger qn (beaucoup); *sich länger od wieder* ~ *(mil)* rengager; *arg mil* rempiler; *zu nichts* ~ n'engager à rien; ~**end** *a* obligatoire; ~**et** *a* obligé *(zu* à); *zu etw* ~ *sein (a.)* être tenu à qc; ~ *sein, etw zu tun (a.)* être tenu de faire qc; *ich bin* ~ *zu … (a.)* je suis dans l'obligation *od* il m'incombe de …; *ich bin Ihnen dafür sehr od zu* *großem Dank* ~ je vous en suis très obligé; **V~ung** *f* obligation *f*, engagement; devoir *m*, charge *f*; *e-e* ~ *eingehen* od *übernehmen* prendre un engagement, contracter une obligation; *e-r* ~ *enthoben sein* être dispensé d'une obligation; *e-r* ~ *nachkommen* s'acquitter d'une *od* remplir une *od* satisfaire à une obligation; *s-n* ~*en nachkommen* remplir *od* observer *od* respecter ses engagements, faire honneur à ses engagements; *s-n* ~*en nicht nachkommen (a.)* manquer à ses engagements; *vertragliche* ~ engagement *m* contractuel; **V~ungs- schein** *m com* billet *m*.

verpfuschen [fɛr'-] *tr fam* gâter, massacrer.

verpichen [fɛr'pɪçən] *tr (mit Pech ausstreichen)* poisser.

verpimpeln [fɛr'-] *tr fam = verzärteln.*

verplappern [fɛr'-], *sich (fam)* se trahir en bavardant.

verplaudern [fɛr'-] *tr (plaudernd verbringen)* passer en causant *od* en bavardant.

verplempern [fɛr'plɛmpərn] *tr fam (verschütten)* répandre; *(vergeuden)* gaspiller.

verpönt [fɛr'pø:nt] *a:* ~ *sein* être généralement réprouvé, être mal vu.

verprassen [fɛr'-] *tr* dissiper, gaspiller, jeter par la fenêtre.

verproletarisier|en [fɛr----'--] *tr* prolétariser; **V~ung** *f* prolétarisation *f.*

verproviantier|en [fɛr---'--] *tr* approvisionner; **V~ung** *f* approvisionnement *m.*

verprügeln [fɛr'-] *tr* battre, rouer de coups; administrer une volée à, taper sur.

verpuffen [fɛr'-] ⟨*aux: sein*⟩ *itr (schwach rauchend verknallen, a. fig: keine Wirkung haben)* se perdre en fumée.

verpulvern [fɛr'-] *tr fam (unnütz verbrauchen)* gaspiller.

verpumpen [fɛr'-] *tr fam (verleihen)* prêter.

verpupp|en [fɛr'-], *sich (ent)* se changer en chrysalide *od* en nymphe; *scient* se nymphoser; **V~ung** *f scient* nymphose *f.*

verpusten [fɛr'-], *sich (fam: Luft schöpfen)* reprendre haleine.

Verputz *m* ⟨-(e)s, ø⟩ [fɛr'-] *arch* enduit; *(rauher)* crépi, hourdis, hourdage *m;* **v~en** *tr arch* enduire; *(rauh)* crépir, hourder; *fam (Geld vergeuden)* gaspiller; *fam (aufessen)* avaler, manger; *jdn nicht* ~ *(ausstehen) können*

(fam) ne pouvoir voir qn en peinture; ~**en** *n arch* pose *f* des enduits.

verqualmen [fɛr'-] *tr (mit Rauch anfüllen)* remplir de fumée; *fam = verrauchen tr.*

verquellen [fɛr'-] ⟨*verquillt, verquoll, ist verquollen*⟩ *itr* gonfler (à l'humidité).

verquer [fɛr'kve:r] *adv* de travers; *es geht mir* ~ *(mißlingt mir)* je ne réussis pas.

verquick|en [fɛr'-] *tr chem u. fig (eng verbinden)* amalgamer; *(durcheabringen)* confondre; **V~ung** *f chem u. fig* amalgamation *f.*

verquollen [fɛr'-] *a* gonflé.

verrammeln [fɛr'-] *tr* barricader, bloquer.

verramschen [fɛr'-] *tr fam (Ware billig verkaufen)* bazarder, solder.

verrannt [fɛr'-] *a (verbissen)* obstiné; *(vernarrt)* fou *(in* de).

Verrat *m* ⟨-(e)s, ø⟩ [fɛr'ra:t] trahison, traîtrise; *hist* félonie *f;* ~ *begehen* od *üben* commettre une trahison; ~ *militärischer Geheimnisse* livraison *f* de secrets militaires; **v~en** ⟨*verrät, verriet, hat verraten*⟩ *tr* trahir *a. fig;* *(Geheimnis)* livrer; *arg* renarder; *sich* ~ se trahir; *(s-e Anwesenheit merken lassen: a.)* laisser passer le bout de l'oreille; *wir sind* ~ *und verkauft (fam)* on nous a vendus.

Verräter *m* ⟨-s, -⟩ [fɛr'rɛ:tər] traître; *(der etw anzeigt)* délateur; *arg* renard; *hist* félon *m;* ~**ei** *f* [-'raɪ] trahison, traîtrise; perfidie *f;* ~**in** *f* traîtresse *f;* **v~isch** *a* traître; *(heimtückisch)* perfide; *hist* félon; *fig (etw erkennen lassend)* qui trahit ..., qui révèle ...; *adv* traîtreusement, en traître, par traîtrise.

verrauchen [fɛr'-] *tr* ⟨*aux: haben*⟩ *(Geld für Rauchen ausgeben)* dépenser à fumer; *itr* ⟨*aux: sein*⟩ *fig (Zorn) = verfliegen.*

verräucher|n [fɛr'-] *tr (mit Rauch schwärzen)* enfumer; ~**t** *a (rauchgeschwärzt)* enfumé, noirci par la fumée.

verrechn|en [fɛr'-] *tr com* passer en *od* porter au compte, décompter; *fin* compenser; *sich* ~ faire une erreur *(de compte); a. fig* se tromper dans ses calculs; *fig* être loin du compte; *pop* se fourrer le doigt dans l'œil (jusqu'au coude); *sich verrechnet haben (fig)* s'être trompé; **V~ung** *f* passation en compte; *fin* compensation *f; nur zur* ~ par virement exclusivement; **V~ungsabkommen** *n,* **V~ungsgeschäft** *n* accord, marché *m* de compensation; **V~ungskonto**

n compte *m* de clearing; **V~ungs-kurs** *m* cours *m* de compensation *od* de clearing; **V~ungsscheck** *m* chèque *m* barré; **V~ungsstelle** *f* office *m* *od* chambre *f* de compensation; **V~ungsverfahren** *n: im ~* par voie de clearing.

verrecken [fɛr'-] ⟨*aux: sein*⟩ *itr vulg (verenden, zugrunde gehen)* crever.

verregn|en [fɛr'-] ⟨*aux: sein*⟩ *itr* être gâté *od* abîmé par la pluie; **~et** *a* gâté *od* abîmé par la pluie.

verreib|en [fɛr'-] *tr* broyer; **V~ung** *f* broyage *m*.

verreisen [fɛr'-] ⟨*aux: sein*⟩ *itr* partir en voyage; *verreist (sein)* (être) en voyage.

verreißen [fɛr'-] ⟨*verreißt, verriß, hat verrissen*⟩ *tr (heftig tadeln)* démonter.

verrenk|en [fɛr'-] *tr: sich den Arm ~* se tordre le bras; *sich den Fuß ~* se faire une entorse; **V~ung** *f* entorse, luxation, dislocation, exarthrose *f.*

verricht|en [fɛr'-] *tr (Arbeit)* exécuter, faire; accomplir; *s-n Dienst ~* remplir ses fonctions; **V~ung** *f* exécution *f,* accomplissement *m; pl (Geschäfte)* affaires, besognes; *(Funktionen)* fonctions *f pl.*

verriegel|n [fɛr'-] *tr* verrouiller, fermer au verrou; **V~ung** *f* verrouillage *m.*

verringer|n [fɛr'-] *tr* diminuer, amoindrir, réduire, abaisser; *sich ~* diminuer; **V~ung** *f* diminution *f,* amoindrissement *m,* réduction *f,* abaissement *m.*

verrinnen [fɛr'-] ⟨*verrinnt, verrann, ist verronnen*⟩ *itr (Flüssigkeit)* s'écouler; *fig (Zeit)* s'écouler, (se) passer.

Verriß *m* ⟨-sses, -sse⟩ [fɛr'-] démontage *m.*

verroh|en [fɛr'-] ⟨*aux: sein*⟩ *itr* s'abrutir, tourner à la brute; devenir grossier; **V~ung** *f* abrutissement *m.*

verrohr|en [fɛr'-] *tr mines* tuber; **V~ung** *f* tubage *m.*

verrost|en [fɛr'-] ⟨*aux: sein*⟩ *itr* se rouiller; **~et** *a* rouillé.

verrott|en [fɛr'-] ⟨*aux: sein*⟩ *itr (verfaulen, zergehen)* pourrir, se décomposer; **~et** *a* pourri; **V~ung** *f* décomposition *f.*

verrucht [fɛr'-] *a* infâme, scélérat; *(gottlos)* impie; *(verflucht)* maudit; **V~heit** *f* infâmie, scélératesse; impiété *f.*

verrück|en [fɛr'-] *tr (verschieben)* déplacer, déranger; **~t** *a (wahnsinnig)* fou, insensé, dément, dérangé, détraqué, déséquilibré; *fam* toqué, timbré, sonné, fada, farfelu; *pop* louf, dingue, *wie ~, wie ein V~er* comme

un fou; *jdn ~ machen (fam a.)* casser la tête à qn; *nach etw ~ sein (fam)* être fou de qc; *~ werden (fam a.)* perdre la boule; **V~theit** *f* folie, démence *f,* dérangement *m;* **V~ung** *f* déplacement, dérangement *m.*

Verruf [fɛr'-] *m: in ~ bringen* compromettre la réputation de, discréditer, jeter le discrédit sur, déconsidérer; *in ~ kommen* tomber en discrédit *od* dans la déconsidération; être discrédité; **v~en** *a* déconsidéré, décrié, mal famé; *~e(s) Haus n* maison *f* de mauvais renom; *~e Gegend f* mauvais lieu *m.*

verruß|en [fɛr'ru:sən] ⟨*aux: sein*⟩ *itr* s'encrasser; **~t** *a* encrassé; **V~ung** *f* encrassement *m.*

Vers *m* ⟨-es, -e⟩ [fɛrs, '-zə] vers *m; in ~e bringen* mettre en vers, versifier; *s-n ~ herbeten od hersagen* défiler *od* dévider son chapelet, dévider son écheveau; *~e machen od schmieden* faire des vers, rimer; *pej* rimailler; *sich auf etw keinen ~ machen können (etw nicht verstehen)* ne pas voir à quoi rime qc; **~bau** *m* versification *f;* **~fuß** *m* pied *m;* **~kunst** *f* poésie *f;* **~lehre** *f* métrique *f;* **~maß** *n* mètre *m.*

versachlichen [fɛr'-] *tr (Debatte)* ramener à un point de vue objectif, dépassionner.

versacken [fɛr'-] ⟨*aux: sein*⟩ *itr (versinken)* couler (bas), sombrer, être englouti *od* submergé (par les flots); *fam = versumpfen (fig fam).*

versag|en [fɛr'-] *tr (nicht gewähren)* refuser; *itr (nicht funktionieren)* refuser de fonctionner; *sich ~* se refuser *(jdm à* qn); *sich etw nicht ~ können* ne pouvoir se refuser qc; *den Dienst ~* refuser le service; *die Kräfte, die Stimme versagte(n) mir* les forces, la voix me manquèrent, manqua; **V~en** *n* défaillance *f,* non-fonctionnement *m,* panne *f; menschliche(s) ~* défaillance *f* humaine; *~end a: nie ~* sans défaillance; **V~er** *m* ⟨-s, -⟩ *(Mensch; ~en einer Schußwaffe)* raté *m;* **V~ung** *f* refus *m.*

Versalien *m pl* [vɛr'za:liən] *(Großbuchstaben)* (lettres) majuscules *f pl.*

versalzen [fɛr'-] ⟨*versalzt, versalzte, hat versalzen*⟩ *tr* trop saler; *fig (verderben)* gâter; *jdm die Suppe ~ (fig: die Freude verderben)* gâter *od* gâcher la joie de qn.

versamm|eln [fɛr'-] *tr* assembler, rassembler, réunir; *(zs.rufen)* convoquer; *sich ~* s'assembler, se rassembler, se réunir; *er wurde zu s-n Vätern ~elt (poet: er starb)* il alla rejoindre les siens dans la tombe; **V~lung** *f (Vorgang)* rassemblement *m,* réunion, séance; *(Einberufung)* convocation; *(die Versammelten)* assemblée *f; e-e* ~ *abhalten* tenir une réunion *od* une assemblée; *gesetz-, verfassunggebende* ~ assemblée *f* législative, constituante; **V~lungsfreiheit** *f* liberté *f* de réunion; **V~lungsleiter** *m* président *m* de séance; **V~lungsraum** *m* salle *f* de (la) réunion; **V~lungsrecht** *n* droit *m* de réunion.

Versand *m* ‹-(e)s, ø› [fɛr'zant(s), -dəs] *com* envoi *m,* expédition; *(Lieferung)* livraison *f;* ~**abteilung** *f* service *m* d'expédition; ~**anzeige** *f* annonce *f od* avis *m* d'expédition; ~**artikel** *m* article *m* destiné à l'expédition; ~**bahnhof** *m* gare *f* expéditrice; **v~bereit** *a* prêt à être expédié; ~**gebühren** *f pl* droits *m pl* d'expédition; ~**geschäft** *n* maison *f* de vente par correspondance; ~**haus** *n* maison *f* d'expédition; ~**kosten** *pl* frais *m pl* d'envoi *od* d'expédition; ~**ort** *m* lieu *m* d'expédition; ~**schein** *m* bulletin *m* d'expédition.

versand|en [fɛr'-] *tr* ‹aux: haben› ensabler; *itr* ‹aux: sein› s'ensabler; **V~ung** *f* ensablement *m.*

Versatz *m* ‹-es, ø› [fɛr'-] *(Versetzen)* transposition *f,* déplacement *m; fin* mise *f* en gage; *mines* remblai *m;* ~**amt** *n* = *Leihamt;* ~**arbeiter** *m mines* remblayeur *m;* ~**berg** *m mines* remblai *m;* ~**kran** *m* grue *f* à déplacer; ~**stück** *n theat* portant, décor *m* mobile.

versauen [fɛr'-] *tr pop (verderben)* bousiller, amocher, louper, massacrer.

versauern [fɛr'-] ‹aux: sein› *itr (sauer werden)* devenir aigre *od* acide; *fig (geistig verstumpft werden)* s'encroûter.

versaufen ‹versäuft, versoff, versoffen› [fɛr'-] *tr* ‹aux: haben› *pop (Geld)* dépenser à boire; *itr* ‹aux: sein› *dial fam (ertrinken)* se noyer.

versäum|en [fɛr'-] *tr (verpassen)* laisser échapper *od* passer, manquer, *(auslassen)* omettre, négliger; *(vergessen)* oublier; *(Zug, Straßenbahn etc)* manquer, *fam* rater, louper; *nicht* ~, *etw zu tun* ne pas manquer de faire qc; *ich werde nicht* ~ *zu ...* je ne manquerai pas de ...; **V~nis** *n* ‹-sses, -sse› manquement *m,* omission, négligence, incurie *f;* oubli *m; (Schule)* absence *f; jur* non-parution, contumace *f,* défaut *m;* **V~nisurteil** *n jur* jugement *m* par défaut.

verschachern [fɛr'-] *tr pej (verkaufen)* se débarrasser de, se défaire de, vendre; *pop* bazarder.

verschachtel|n [fɛr'-] *tr gram* imbriquer; **V~ung** *f* imbrication *f.*

verschaffen [fɛr'-] ‹verschafft, verschaffte, hat verschafft› *tr* procurer; *sich etw* se procurer qc.

verschal|en [fɛr'-] *tr (mit Brettern verschlagen)* coffrer; **V~ung** *f* coffrage *m.*

verschämt [fɛr'-] *a* honteux; *(schamhaft)* gêné, pudibond; **V~heit** *f* honte; gêne, pudibonderie *f.*

verschandeln [fɛr'-] *tr* détruire la beauté de, enlaidir, dégrader; **V~ung** *f* enlaidissement *m,* dégradation *f.*

verschanz|en [fɛr'-] *tr mil* retrancher, fortifier; *sich* ~ se retrancher *a. fig; fig* se cantonner *(hinter e-r Ausrede* derrière un prétexte); **V~ung** *f mil* retranchement *m.*

verschärf|en [fɛr'-] *tr* aggraver; *sich* ~ s'aggraver; **V~ung** *f* aggravation, recrudescence *f.*

verscharren [fɛr'-] *tr* enfouir.

verschätzen [f-], *sich* se tromper (dans une estimation).

verscheiden [fɛr'-] ‹verscheidet, verschied, ist verschieden› *itr lit (sterben)* trépasser, rendre l'âme, expirer.

verschenken [fɛr'-] *tr* donner (en cadeau), faire don *od* cadeau de.

verscherzen [fɛr'-] *tr u. sich* ~ *(durch Leichtsinn verlieren)* perdre par sa faute; *es sich bei jdm* ~ perdre la sympathie de qn.

verscheuchen [fɛr'-] *tr* effaroucher; faire fuire *od* envoler; *a. fig* chasser; *fig (Sorgen)* dissiper.

verscheuern [fɛr'-] *tr pop (verkaufen)* bazarder.

verschick|en [fɛr'-] *tr* expédier, envoyer; *(Menschen)* déplacer; **V~ung** *f* expédition *f,* envoi; déplacement *m.*

verschieb|bar [fɛr'-] *a* coulissant, à coulisse; *(beweglich)* mobile; **V~eanlage** *f,* **V~ebahnhof** *m* installation, gare *f* de triage *od* de manœuvre; **V~egleis** *n* voie *f* de triage; **V~elokomotive** *f* locomotive *f* de manœuvre; ~**en** ‹verschiebt, verschob, hat verschoben› *tr* décaler; déplacer *a. mil; tech* faire coulisser; *loc* manœuvrer; *com pej* faire le trafic clandestin de; *fig (zeitl.: aufschieben)* différer, ajourner, reculer, retarder, atermoyer; remettre *(auf später* à plus tard, à une date plus éloignée); *um acht Tage* ~ renvoyer à huitaine; **V~ung** *f* décalage; déplacement *m a. mil; loc* manœuvre *f; fig* ajournement *m,* atermoiements *m pl.*

verschieden [fɛr'-] *a* différent, distinct, dissemblable; *(mannigfach)* divers, varié; ~ *sein (a.)* différer; varier;

~artig *a* disparate, hétérogène, hétéroclite; *(mannigfach)* divers, varié; **V~artigkeit** *f* diversité *f*; **~erlei** *a* divers; **~es** *a (manches)* maintes choses *f pl*; **V~es** *n* choses *od* questions *f pl* diverses; **~farben** *a (Augen)* vairon; **V~heit** *f* dissemblance; *(~artigkeit)* diversité; *(Unterschied)* différence *f*; **~tlich** *adv (mehrmals)* à diverses *od* maintes reprises, plusieurs fois.

verschießen [fɛr'-] *tr ⟨aux: haben⟩ (ab-, wegschießen)* tirer; *(Pfeil)* décocher; *(beim Schießen verbrauchen)* épuiser (en tirant); *itr ⟨aux: sein⟩ (verbleichen)* déteindre, se décolorer, se faner, passer; *in jdn verschossen (fam: heftig verliebt) sein* s'être amouraché de qn.

verschiff|en [fɛr'-] *tr (einschiffen)* charger à bord, embarquer; *(zu Schiff transportieren)* expédier *od* transporter par eau; **V~ung** *f* chargement, embarquement *m*; expédition *f od* transport *m* par eau; **V~ungshafen** *m* port *m* de chargement *od* d'embarquement; **V~ungskosten** *pl* frais *m pl* d'embarquement.

verschimmeln [fɛr'-] *⟨aux: sein⟩ itr* moisir.

verschlacken [fɛr'-] *⟨aux: sein⟩ itr* se scorifier.

verschlafen [fɛr'-] *⟨verschläft, verschlief, hat verschlafen⟩ tr (Zeit schlafend verbringen)* passer à dormir; *(schlafend versäumen)* se réveiller trop tard pour; *(durch Schlaf beseitigen)* se débarrasser de ... en dormant; *(sich) ~ (zu lange schlafen)* se réveiller trop tard; *a* mal (r)éveillé; *~e Augen n pl* yeux *m pl* endormis.

Verschlag *m ⟨-(e)s, ⁻e⟩* [fɛr'-] réduit, cagibi; débarras *m*; **v~en** *⟨verschlägt, verschlug, hat verschlagen⟩ tr (zunageln)* clouer; *(mit Brettern vernageln)* cloisonner; *sport (den Ball falsch schlagen)* rater; *(Buchseite)* perdre; *itr (nützen, wirken)* faire de l'effet, agir; *nicht ~ être* sans effet; ~ *werden (geraten, zufällig kommen)* être jeté; *das verschlug mir die Sprache* j'en suis resté stupéfait *od* ébahi; *a (schlau, listig)* astucieux, rusé, malin, roué; *(lauwarm)* tiédi, tiède; **~enheit** *f (Schlauheit, List)* astuce, ruse, malice, rouerie *f*.

verschlamm|en [fɛr'-] *itr* s'envaser; **V~ung** *f* envasement *m*.

verschlämm|en [fɛr'-] *tr* envaser, remplir de vase; **V~ung** *f* envasement *m*.

verschlampen [fɛr'-] *tr fam (verlieren)* perdre, égarer.

verschlechter|n [fɛr'-] *tr* empirer, rendre pire; détériorer, dégrader, altérer; *sich ~* empirer; **V~ung** *f* détérioration, dégradation, altération *f*.

verschleier|n [fɛr'-] *tr* voiler *a. fig; fig* masquer, déguiser; dissimuler, cacher; *mil* camoufler; **~t** *a (Himmel)* couvert, nuageux; *(Flüssigkeit)* trouble; *(Blick)* voilé; **V~ung** *f fig* déguisement *m*; dissimulation *f; mil* camouflage *m*.

verschleimt [fɛr'-] *a med* obstrué par des mucosités.

Verschleiß *m ⟨-ßes, -ße⟩* [fɛr'-] *(Abnutzung)* usure *f*; **v~en** *⟨verschleißt, verschliß, verschlissen⟩ tr ⟨aux: haben⟩ (abnutzen)* user; *itr ⟨aux: sein⟩* s'user; **v~fest** *a* résistant à l'usure; **~festigkeit** *f* résistance *f* à l'usure.

verschlepp|en [fɛr'-] *tr (Gegenstand)* traîner, déplacer, transporter, emporter; *(Menschen)* déporter; *(Seuche)* véhiculer; *(zeitlich in die Länge ziehen)* faire traîner en longueur; *verschleppte Person f (pol)* personne *f* déplacée; **V~ung** *f (von Menschen)* déportation *f; (Verzögerung)* retardement *m; adm jur pol* obstruction *f*; **V~ungspolitik** *f,* **V~ungstaktik** *f* obstructionnisme *m*.

verschleuder|n [fɛr'-] *tr fig (unter Preis verkaufen)* vendre à vil prix *od* à perte, brader; **V~ung** *f* vente à vil prix *od* à perte, braderie *f*.

verschließ|bar [fɛr'-] *a* qui ferme à clé; **~en** *tr (zuschließen)* fermer (à clé), clore; *(wegschließen)* enfermer; *etw in sich od in s-r Brust ~* enfermer qc en soi-même *od* dans son cœur; *sich gegen etw ~* se fermer à qc; *sein Herz gegen jdn ~* fermer son cœur à qn.

verschlimm|bessern [fɛr'ʃlɪmbɛsərn] *tr* rendre pire par des corrections; **~ern** *tr* rendre pire, empirer; *a. med* aggraver; *med* exaspérer; *sich ~* empirer, se détériorer; *a. med* s'aggraver; *med* s'exaspérer; **V~erung** *f* aggravation; détérioration; *med* exaspération *f*.

verschlingen [fɛr'-] *⟨verschlingt, verschlang, hat verschlungen⟩ tr (durchea.schlingen)* en(tre)lacer; *(verschlucken)* dévorer, engloutir, avaler (goulûment); *fig (Buch)* dévorer; *gierig ~* dévorer *od* manger à belles dents.

verschlissen [fɛr'-] *a (pp von: verschleißen)* usé, effil(och)é.

verschlossen [fɛr'-] *a fig (Mensch:*

schweigsam, zurückhaltend) taciturne, renfermé, réservé; **V~heit** *f* ‹-, ø› caractère *m* taciturne *od* renfermé, (grande) réserve *f.*

verschlucken [fɛr'-] *tr* avaler, gober; *(absorbieren)* absorber; *fig (ein Wort)* manger; *sich* ~ avaler de travers.

verschlungen [fɛr'-] *a (inea.geschlungen)* enlacé, entortillé.

Verschluß *m* ‹-sses, ⁚sse› [fɛr'ʃlus] fermeture *f; tech phot* obturateur *m; (e-s Geschützes)* culasse *f; unter* ~ sous clé; *unter* ~ *halten* garder *od* tenir sous clé; **~haken** *m* crochet *m* d'enclenchement; **~klappe** *f* volet *m;* **~laut** *m gram* occlusive *f;* **~platte** *f* plaque *f* de fermeture *od* d'obturation; **~schieber** *m* glissière *f* d'enclenchement; **~schraube** *f* bouchon *m;* **~überzug** *m (an e-m Geschütz)* couvre-culasse *m.*

verschlüsseln [fɛr'-] *tr (chiffrieren)* chiffrer; coder; **~t** *a* chiffré; codé; **V~ung** *f* chiffrage; codage *m.*

verschmachten [fɛr'-] *‹aux: sein› itr (verdursten)* mourir de soif; *fig (sich vor Sehnsucht verzehren)* languir, se consumer.

verschmähen [fɛr'-] *tr* dédaigner, faire fi de; *(nicht haben wollen)* ne pas vouloir de, refuser; **V~ung** *f* dédain; refus *m.*

verschmausen [fɛr'-] *tr* manger (avec délices *od* plaisir).

verschmelzen [fɛr'-] *tr ‹aux: haben› tech* fondre ensemble, (faire) fusionner; *itr ‹aux: sein› fig (sich eng verbinden)* (se) fusionner, s'amalgamer, s'identifier; **V~ung** *f tech u. fig* fusion *f.*

verschmerzen [fɛr'-] *tr* faire son deuil de, prendre son parti de, se consoler de.

verschmieren [fɛr'-] *tr (beschmutzen)* barbouiller, salir, souiller; *(Papier)* remplir de griffonnages; *(frische Schrift)* abîmer; *(zuschmieren)* boucher *(mit* avec).

verschmitzt [fɛr'-] *a (schlau, gerissen)* futé, madré, roué, retors, astucieux; **V~heit** *f* esprit *m* futé *od* madré, rouerie, astuce *f.*

verschmutzen [fɛr'-] *tr ‹aux: haben›* salir, maculer, souiller, graisser, encrasser; *(Umwelt)* polluer; *itr ‹aux: sein›* s'encrasser; **~t** *a* sali, encrassé, souillé; pollué; **V~ung** *f* salissement; encrassement *m; (der Umwelt)* pollution *f.*

verschnaufen [fɛr'-]*, sich* reprendre haleine.

verschneiden [fɛr'-] *‹verschneidet,*

verschnitt, hat verschnitten› tr (falsch schneiden) mal couper; *((be)schneiden)* couper, tailler, rogner; *(kastrieren)* couper, châtrer, castrer; *(alkohol. Getränke: mischen)* couper; **V~ung** *f (Kastration)* castration *f.*

verschneit [fɛr'-] *a* (en)neigé, couvert de neige; neigeux.

Verschnitt *m* ‹-(e)s, ø› [fɛr'ʃnɪt] coupe *f; (Mischung alkohol. Getränke)* coupage, mélange *m;* **~ene(r)** *m (Kastrat)* castrat; eunuque *m.*

verschnörkeln [fɛr'-] *tr* tarabiscoter, orner de fioritures, enjoliver; **~elt** *a* tarabiscoté; **V~(e)lung** *f* enjolivement *m.*

verschnupft [fɛr'-] *a (mit e-m Schnupfen behaftet)* enrhumé (du cerveau); *fig (verärgert)* fâché, vexé, pincé.

verschnüren [fɛr'-] *tr* ficeler, lacer.

verschollen [fɛr'-] *a* disparu; *jur* absent; **V~heit** *f* ‹-, ø› *jur* absence *f;* **V~heitserklärung** *f* (jugement *m* de) déclaration *f* d'absence.

verschonen [fɛr'-] *tr* épargner, ménager; *jdn mit etw* ~ épargner qc à qn, faire grâce de qc à qn.

verschönern [fɛr'-] *tr* embellir; **V~ung** *f* embellissement *m.*

verschossen [fɛr'-] *a (verblichen)* décoloré; *(Farbe)* fané, éteint; *in jdn* ~ *(fam: verliebt) sein* avoir qn dans la peau, être fou *od* entiché de qn.

verschrammen [fɛr'-] *tr* érafler, égratigner; **~t** *a* égratigné.

verschränken [fɛr'-] *tr (kreuzen)* (entre)croiser; réunir en crémaillère; *(Säge)* donner de la voie à; *mit verschränkten Armen* les bras croisés; **V~ung** *f* croisement *m.*

verschrauben [fɛr'-] *tr* visser, fermer à vis, boulonner; **V~ung** *f* vissage, boulonnage; raccordement *m* à vis.

verschreiben [fɛr'-] *‹verschreibt, verschrieb, hat verschrieben› tr med (verordnen)* prescrire, ordonner; *jur (urkundlich übertragen od übereignen)* transférer (par écrit); *(testamentarisch vermachen)* léguer; *(bestellen)* commander; faire venir; *(Papier, Tinte: verbrauchen)* utiliser entièrement; *sich* ~ *(falsch schreiben)* mal orthographier; **V~en** *n (Schreibfehler)* faute *f* d'écriture; **V~ung** *f med* prescription, ordonnance; *(Bestellung)* commande *f,* ordre *m.*

verschrie(e)n [fɛr'-] *a: als ... * ~ *sein (pej)* avoir la mauvaise réputation de ...

verschroben [fɛr'-] *a (Mensch)* tordu, biscornu, mal fait; *(Text)* contourné, entortillé, ampoulé, alambiqué; ~ *sein (Mensch) a.* avoir l'esprit à l'envers; **V~heit** *f* fausseté d'esprit, bizarrerie *f.*

verschrott|en [fɛr'-] *tr* jeter *od* mettre à la ferraille; **V~ung** *f* mise *od* vente *f* à la ferraille.

verschrumpeln *itr*, **verschrumpfen** [fɛr'-] ⟨*aux: sein*⟩ *itr* se ratatiner, se racornir.

verschüchter|n [fɛr'-] *tr* effaroucher, intimider; **~t** *a* effarouché, intimidé.

verschuld|en [fɛr'-] *tr (schuldhaft verursachen)* commettre; être responsable de; **V~en** *n* faute, culpabilité *f; durch gegenseitiges* ~ pour tort réciproque; *durch eigenes* ~ par sa propre faute; *durch fremdes* ~ par la faute d'autrui; *ohne mein* ~ sans qu'il y ait de ma faute; **~et** *a* endetté; *(stark)* ~ couvert *od* criblé *od* accablé de dettes; **V~ung** *f* endettement *m.*

verschütt|en [fɛr'-] *tr (ausschütten)* (ren)verser, répandre; *(zuschütten)* ensevelir (*von* sous); combler, couvrir (*von* de); **~et** *a* enseveli, pris sous un éboulement; **V~ung** *f* ensevelissement, comblement *m.*

verschwäger|t [fɛr'-] *a* parent par alliance, apparenté; **V~ung** *f* parenté *f* par alliance.

verschweig|en [fɛr'-] *tr* taire, se taire de, passer sous silence, garder le silence sur; **V~en** *n*, **V~ung** *f* silence *m*, réticence *f.*

Verschwelung *f* ⟨-, ø⟩ [fɛr'-] *chem* pyrolyse *f.*

verschwend|en [fɛr'-] *tr* gaspiller, dissiper, prodiguer, dilapider; **V~er** *m* ⟨-s, -⟩ dépensier, dissipateur, prodigue, dilapidateur, panier *m* percé; **~erisch** *a* dépensier, prodigue, dissipateur; **V~ung** *f* gaspillage *m*, dissipation, dilapidation *f*, **V~ungssucht** *f* prodigalité *f.*

verschwiegen [fɛr'-] *a* discret, (qui sait garder le) secret; *(zurückhaltend)* réservé; **V~heit** *f* ⟨-, ø⟩ discrétion; réserve *f; unter dem Siegel der* ~ sous le sceau du secret.

verschwimmen [fɛr'-] ⟨*verschwimmt, verschwamm, ist verschwommen*⟩ *itr (undeutlich werden)* se fondre, se noyer, se perdre; devenir flou, s'estomper.

verschwind|en [fɛr'-] ⟨*verschwindet, verschwand, ist verschwunden*⟩ *itr* disparaître, se perdre; *(unsichtbar werden)* s'éclipser, s'éteindre; *(sich auflösen)* se dissiper, s'évanouir; *fam (sich entfernen)* disparaître, s'éclipser, se subtiliser, se barrer; ~ *lassen*

(a. e-n Menschen) faire disparaître, supprimer; *fam* souffler; *pop* subtiliser; **V~en** *n* disparition; extinction *f;* évanouissement *m; im* ~ *(begriffen)* en voie d'extinction; **~end** *adv fam:* ~ *klein, wenig* extrêmement petit, peu.

verschwistert [fɛr'-] *a:* ~ *sein* être frères, sœurs, frère et sœur.

verschwitzen [fɛr'-] *tr (Kleidungsstück)* tremper de sueur; *fig fam (vergessen)* oublier.

verschwommen [fɛr'-] *a* nébuleux, vague, flou, diffus, indécis, imprécis; estompé; *(alles)* ~ *sehen* avoir la vue *od* voir trouble; **V~heit** *f* nébulosité *f*, vague, flou *m*, indécision, imprécision *f.*

verschwör|en [fɛr'-], *sich (pol)* se conjurer, conspirer, comploter, se liguer; *alles hat sich gegen mich verschworen (fig)* tout s'est ligué contre moi; **V~er** *m* ⟨-s, -⟩ conjurateur, conspirateur *m;* **V~ung** *f* conjuration, conspiration *f*, complot *m; e-e* ~ *anzetteln* former *od* tramer une conjuration *od* une conspiration *od* un complot.

versehen [fɛr'-] ⟨*versieht, versah, hat versehen*⟩ *tr (ausrüsten, ausstatten)* pourvoir, munir, garnir, assortir (*mit etw* de qc); *(mit Vermögenswerten, Einkünften)* doter (*mit* de); *sich mit etw* ~ faire provision de qc; *jdn mit den heiligen Sterbesakramenten* ~ administrer les derniers sacrements à qn; *mit allem* ~ *sein (a.)* être bien outillé; *(Amt: ausüben, versorgen)* exercer, remplir; *(falsch machen)* négliger (*par inadvertance*); *sich* ~ commettre une bévue, se méprendre; faire fausse route; *ehe man sich's versieht* sans qu'on s'y attende le moins du monde, en un clin d'œil; **V~** *n (kleiner Fehler)* bévue, méprise, (petite) erreur *od* faute; *(Unaufmerksamkeit)* inadvertance; *(Nachlässigkeit)* négligence *f; aus* ~, **~tlich** *adv* par mégarde, par méprise, par erreur, par inadvertance, par négligence.

Versehrt|e(r) [fɛr'zeːrt-] *m adm (Kriegsversehrter)* mutilé (de (la) guerre), invalide *m;* **~enrente** *f* pension *f* d'invalidité; **~enstufe** *f* degré *m* d'invalidité; **~heit** *f* invalidité *f.*

verseif|en [fɛr'-] *tr* ⟨*aux: haben*⟩ saponifier; *itr* ⟨*aux: sein*⟩ *chem* se saponifier; **V~ung** *f* saponification *f.*

verselbständig|en [fɛr'-], *sich* se rendre indépendant, s'émanciper; **V~ung** *f* émancipation *f.*

versend|en [fɛr'-] ⟨*versendet, versandte, hat versandt*⟩ expédier, envoyer;

V~er m ⟨-s, -⟩ expéditeur m; **V~ung**
f expédition f, envoi m.
versengen [fɛr'-] tr (anbrennen) flamber od griller od brûler (légèrement),
roussir.
versenk|bar [fɛr'-] a abaissable; (Ge-
rät, Nähmaschine, Tischplatte) re-
pliable, escamotable; **V~bühne** f
theat plateau m escamotable; **~en** tr
submerger, immerger, plonger; jeter
au fond; (Schiff) envoyer par le fond,
couler (à fond od bas); tech descendre, échouer; enfoncer; (Schraube)
fraiser, noyer; sein (eigenes) Schiff ~
se saborder; **V~ung** f submersion,
immersion f; (des eigenen Schiffes)
sabordage, sabordement m; tech descente f, enfoncement m; theat trappe
f.
versessen [fɛr'-] a (erpicht): ~ auf
fou, engoué, enragé de, acharné à;
darauf ~ sein, etw zu tun vouloir absolument faire qc.
versetz|en [fɛr'-] tr (an e-e andere
Stelle setzen) changer de place,
déplacer, transposer, transférer; (um-
pflanzen) transplanter; (junge Pflanzen) repiquer; (Wort, Buchstaben)
transposer; (Menschen in e-e Lage)
mettre; (Beamten) muter, changer
d'affectation; (Schüler) faire passer
dans la classe supérieure; (mischen)
mélanger (mit de); (alkohol. Getränk) couper (mit de); mines (ausfüllen) remblayer; (versperren) barrer; obstruer (mit de); (Schlag etc geben) donner, porter, appliquer, administrer; (als Pfand geben) mettre en
gage od au mont-de-piété, engager;
(antworten) répliquer, repartir,
répondre; fam (vergeblich warten
lassen) poser un lapin à, pop faire
poireauter; versetzt werden (Schule)
passer; jdn in Furcht od Schrecken ~
effrayer qn; sich (in Gedanken) in,
nach ... ~ se transporter dans, à ...;
jdn in e-e unangenehme Lage ~ mettre qn dans une situation délicate od
dans l'embarras; jdn in die Notwendigkeit ~, etw zu tun obliger od forcer qn à faire qc; jdm den Todesstoß
~ donner le coup de grâce à qn; e-r S
den Todesstoß ~ (fig) mettre fin à qc;
V~ung f changement de place,
déplacement m, transposition f,
transfert m; (e-r Pflanze) transplantation f; repiquage m; (e-s Beamten)
mutation f; (e-s Schülers) passage;
mines remblai m; ~ in den Ruhestand mise f à la retraite; **V~ungs-
prüfung** f examen m de passage;
V~ungszeichen n mus accident m.
verseuch|en [fɛr'-] tr med infecter,

contaminer; (radioaktiv) polluer; fig
infester; **V~ung** f infection, contamination f; radioaktive ~ contamination od pollution f atomique od radioactive.
Versicher|er m ⟨-s, -⟩ [fɛr'-] assureur
m; **v~n** tr fin assurer (gegen etw contre qc); (beteuern) assurer, affirmer,
garantir; jdn e-r S ~ assurer qn de qc;
sich jds, e-r S ~ s'assurer de qn, de qc;
sein Leben ~ s'assurer sur la vie, contracter une assurance-vie; das versi-
chere ich Ihnen je vous l'assure;
seien Sie dessen versichert! soyez-en
sûr; **~te(r)** m assuré m; **~ung** f fin
(a. Beteuerung) assurance f (gegen
contre); e-e ~ abschließen contracter
une assurance; für etw (faire) assurer
qc; eidesstattliche ~ attestation f
sous serment; ~ auf Gegenseitigkeit
(assurance) mutuelle f.
Versicherungs|abschluß [fɛr'zɪçə-
rʊŋs-] m conclusion f d'une assurance; **~agent** m agent od courtier
m d'assurance(s); **~anstalt** f établissement m d'assurance; **~beamte(r)**
m employé m d'assurance; **~bedin-
gungen** f pl conditions f pl d'assurance; **~beitrag** m prime f d'assurance; **~betrug** m escroquerie f à
l'assurance; **~fall** m sinistre m; Eintreten n des ~es réalisation f du sinistre; **~gegenstand** m objet m de
l'assurance; **~gesellschaft** f société
od compagnie f d'assurance(s); ~ auf
Gegenseitigkeit société od compagnie f d'assurance mutuelle; **~ge-
werbe** n assurance(s pl) f; **~lei-
stung** f prestation f d'assurance;
~mathematiker m actuaire m;
~nehmer m assuré m; **~pflicht** f
assurance f obligatoire; **v~pflichtig**
a obligé de s'assurer, assujetti à l'assurance; **~police** f police f d'assurance; **~prämie** f prime f d'assurance;
~schutz m protection f par assurance; **~summe** f somme f assurée,
montant m de l'assurance; **~tarif** m
taux m d'assurance; **~vertrag** m contrat m d'assurance; **~vertreter** m =
~agent; **~wert** m valeur f assurée;
~wesen n = ~gewerbe; **~zeit** f
période f d'assurance.
versicker|n [fɛr'-] ⟨aux: sein⟩ itr être
absorbé (par le sol); **V~ung** f absorption f.

versieben [fɛr'-] tr fig fam (verderben) gâter.
versiegel|n [fɛr'-] tr sceller, cacheter,
mettre sous scellé; (Fußboden) vitrifier; gerichtlich ~ (ap)poser les
scellés à; **V~(e)lung** f apposition f

d'un sceau; *gerichtliche* ~ apposition *f* des scellés.

versiegen [fɛr'-] ⟨*aux: sein*⟩ *itr (austrocknen, fig: aufhören)* tarir; *fig* cesser; **V~** *n* tarissement *m.*

versiert [vɛr'ziːrt] *a (bewandert, erfahren)* versé, expert (*in* dans); **V~heit** *f* ⟨-, ø⟩ expérience *f.*

versilber|n [fɛr'-] *tr tech* argenter; *fig fam (zu Geld machen)* faire argent de; *pop* bazarder; **V~ung** *f (Vorgang)* argentation; *(Silberschicht)* argenture *f.*

versinken [fɛr'-] ⟨*versinkt, versank, ist versunken*⟩ *itr* (s')enfoncer: couler (bas *od* à fond), être englouti *od* submergé; *fig* se perdre (*in* dans).

versinnbildlich|en [fɛr'-] *tr* symboliser; **V~ung** *f* symbolisation *f.*

versippt [fɛr'-] *a pej (mitea. verwandt)* plus ou moins parents entre eux.

versklav|en [fɛr'-] *tr* asservir, réduire en esclavage; **V~ung** *f* asservissement *m.*

versoffen [fɛr'-] *a pop* soûlard.

versohlen [fɛr'-] *tr pop* = *verdreschen.*

versöhn|en [fɛr'-] *tr* réconcilier *(mit* avec); *sich* ~ se réconcilier, faire la *od* sa paix, *fam* se raccommoder *(mit jdm* avec qn); **V~er** *m* ⟨-s, -⟩ réconciliateur *m;* ~**lich** *a* conciliant, accommodant; **V~lichkeit** *f* ⟨-, ø⟩ esprit *m* conciliant *od* accommodant; **V~ung** *f* réconciliation; *(rel)* propitiation *f;* **V~ungstag** *m (rel)* Jour *m* des propitiations *od* de l'expiation.

versonnen [fɛr'-] *a (träumerisch, nachdenklich)* rêveur, songeur; pensif, méditatif; **V~heit** *f* ⟨-, ø⟩ humeur *f* rêveuse; esprit *m* pensif.

versorg|en [fɛr'-] *tr (besorgen, versehen)* prendre soin de, s'occuper de; faire; *jdn mit etw* pourvoir, munir qn de qc, fournir qc à qn; approvisionner qn en qc; ~**t** *a* établi; *fam* casé; *ich bin* ~ mon avenir est assuré; **V~ung** *f* approvisionnement, ravitaillement *m;* **V~ungsanlagen** *f pl mil* installations *f pl* logistiques; **V~ungsanspruch** *m* droit *m* à une pension *od* à une retraite; ~**ungsberechtigt** *a* ayant droit à une pension *od* à une retraite; **V~ungsbetrieb** *m* entreprise *f* d'utilité publique; **V~ungslage** *f* état *m* d'approvisionnement **V~ungslager** *n mil* dépôt *m* logistique; **V~ungstruppen** *f pl* troupes *f pl* de soutien logistique.

verspann|en [fɛr'-] *tr aero* haubaner, croisillonner; **V~ung** *f* haubanage *m.*

verspät|en [fɛr'-]. *sich* s'attarder, se

mettre *od* être en retard (*um* de); ~**et** *a* en retard; **V~ung** *f* retard(ement) *m; mit, ohne* ~ avec, sans retard; ~ *haben (loc)* avoir du retard; *3 Minuten* ~ *(haben)* (avoir) trois minutes de retard.

verspeis|en [fɛr'-] *tr* manger, consommer; **V~ung** *f* consommation *f.*

verspekulieren [fɛr-'--] *tr (durch Spekulieren verlieren)* perdre en spéculation; *sich* ~ manquer une *od* sa spéculation; *fig fam* faire un faux calcul.

versperr|en [fɛr'-] *tr* barrer, bloquer, barricader, encombrer, obstruer; *jdm den Weg* ~ barrer la route à qn; **V~ung** *f* barrage, encombrement *m,* obstruction *f.*

verspielen [fɛr'-] *tr (beim Spiel verlieren; Zeit mit Spielen verbringen)* perdre au jeu; *itr: verspielt haben* avoir perdu (le *od* son jeu).

versponnen [fɛr'-] *a fig* rêveur, songeur.

verspott|en [fɛr'-] *tr* se moquer de, railler, tourner en ridicule *od* en dérision, persifler; **V~ung** *f* moquerie, raillerie, dérision *f,* persiflage *m.*

versprech|en [fɛr'-] ⟨*verspricht, versprach, hat versprochen*⟩ *tr* promettre *a. fig; etw zu tun* s'engager à faire qc; *sich* ~ *(sich beim Sprechen versehen)* commettre un lapsus (linguae): *(sich verloben)* s'engager, promettre sa main *(jdm* à qn); *sich viel von jdm* ~ attendre beaucoup de qn; *davon verspreche ich mir nichts, nicht viel* je ne compte pas *od* pas beaucoup là-dessus; *ich habe mich versprochen (versehen)* la langue m'a fourché; *man soll nie zuviel* ~ il ne faut jurer de rien; *das Wetter verspricht schön od gut zu werden* le temps s'annonce beau; **V~en** *n* promesse *f; jdm das* ~ *abnehmen, etw zu tun* faire promettre à qn de faire qc; *sein* ~ *halten* tenir sa promesse; ~ *und Halten ist zweierlei (prov)* autre chose est promettre, autre chose est tenir; **V~er** *m* ⟨-s, -⟩ lapsus *m; Freudscher* ~ lapsus *m;* **V~ung** *f* promesse *f; leere* ~*en pl* vaines promesses, promesses *f pl* en l'air; *jdn mit (leeren)* ~*en hinhalten* bercer qn de (vaines *od* belles) promesses.

versprengen [fɛr'-] *tr mil* disperser; **V~te(r)** *m* isolé, égaré *m;* **V~tensammelstelle** *f* centre de rassemblement, dépôt *m* des isolés; **V~ung** *f* dispersion *f;* isolement *m.*

verspritzen [fɛr'-] *tr* faire jaillir (entièrement); *sein Blut* ~ verser son sang.

versproch(e)nermaßen [fɛr'---'--] *adv* comme promis.

verspüren [fɛr'-] *tr* (res)sentir.

verstaatlich|en [fɛr'-] *tr* étatiser, nationaliser, socialiser, fiscaliser; *(kirchl. Einrichtung)* laïciser; **V~ung** *f* étatisation; nationalisation, socialisation, fiscalisation; laïcisation *f.*

verstädter|n [fɛr'-] *tr* ⟨aux: haben⟩ *(städtisch machen)* urbaniser; *itr* ⟨aux: sein⟩ *(städtisch werden)* s'urbaniser; **V~ung** *f* urbanisation *f.*

verstähl|en *tr metal* aciérer; **V~ung** *f* aciération *f.*

Verstand *m* ⟨-(e)s, ø⟩ [fɛr'-] *(Denkfähigkeit)* entendement, intellect *m*, intelligence *f; (Urteilsfähigkeit)* discernement, jugement *m; (Vernunft)* raison *f; (gesunder Menschenverstand)* bon sens *m; mit, ohne ~* intelligemment, inintelligemment; *~ annehmen* devenir raisonnable; *jdn um den ~ bringen* faire perdre la raison à qn; *zu ~ kommen* devenir raisonnable; *wieder zu ~ kommen* revenir à la raison; *bei vollem ~e sein* avoir toute sa raison *od* toute sa lucidité; *nicht ganz bei ~ sein* ne pas avoir toute sa tête; *den ~ verlieren* perdre la raison; *s-n ~ versaufen (pop)* s'abrutir par la boisson; *da steht mir der ~ still* j'en reste interdit, les bras m'en tombent, c'est le monde renversé; *das ist ohne Sinn und ~* cela n'a pas de sens; *fam* cela n'a ni queue ni tête; **v~esmäßig** *a* rationnel, logique; **~esmensch** *m* intellectuel, cérébral, esprit *m* positif.

verständ|ig [fɛr'-] *a (einsichtig)* sensé, compréhensif; *(vernünftig)* raisonnable; *(klug)* intelligent; **~igen** *tr: jdn von* od *über etw ~ (jdm etw mitteilen)* informer, prévenir qn de qc, mettre qn au fait *od* au courant de qc; *sich ~ (sich einigen)* s'entendre, s'arranger, se mettre *od* tomber d'accord *(mit jdm* avec qn *über etw sur* qc); *sich ~ können* se comprendre; **V~igkeit** *f* ⟨-, ø⟩ compréhension *f; (Vernunft)* raison, sagesse; *(Klugheit)* intelligence *f;* **V~igung** *f (Einigung)* entente *f,* arrangement, accord *m; (gegenseitiges Verstehen); die ~ war schwierig, e-e ~ war unmöglich* il était difficile, impossible de se faire comprendre; **V~igungsfrieden** *m,* **V~igungsgrundlage** *f,* **V~igungspolitik** *f* paix *f,* terrain *m,* politique *f* d'entente; **~lich** *a* intelligible, compréhensible; *sich für jdn ~ ausdrükken* se mettre à la portée de qn; *jdm etw ~ machen* faire comprendre qc à qn; *sich ~ machen* se faire comprendre; *leicht, schwer ~* facile, difficile à

comprendre; **V~lichkeit** *f* ⟨-, ø⟩ *(Klarheit)* intelligibilité, clarté *f;* **V~nis** *n* ⟨-sses, (-sse)⟩ compréhension *f,* sens *m,* intelligence *f; zum besseren ~ der Sache* pour mieux faire comprendre la chose; *~ für etw haben* comprendre qc; **~nisinnig** *a* compréhensif; **~nislos** *a* incompréhensif, sans compréhension; **V~nislosigkeit** *f* ⟨-, ø⟩ manque *m* od absence *f* de compréhension; **~nisvoll** *a* plein de compréhension, compréhensif.

verstärk|en [fɛr'-] *tr* rendre plus fort, fortifier, renforcer, redoubler; *(vergrößern, vermehren)* augmenter; *radio* amplifier; *sich ~* augmenter, s'accroître; **V~er** *m* ⟨-s, -⟩ *tele* radio amplificateur; *tele a.* répéteur *m;* **V~eramt** *n tele* station *f* de répéteurs; **V~eranlage** *f radio* installan *f* amplificatrice; **V~erröhre** *f radio* (lampe) amplificatrice *f;* **V~erstufe** *f* étage *m* amplificateur; **~t** *a* plus fort, renforcé, redoublé; *tech* renforcé, armé; *s-e Bemühungen in ~em Maße fortsetzen* redoubler d'efforts; **V~ung** *f* fortification *f,* renforcement, redoublement *m;* augmentation *f,* accroissement *m; tech* amplification *f; mil* renfort *m; ~ erhalten (mil)* recevoir des renforts; **V~ungsbatterie** *f el* batterie *f* auxiliaire; **V~ungsregler** *m radio* régulateur *m* d'amplification.

verstaubt [fɛr'-] *a* couvert de poussière, poussiéreux; *fig (veraltet)* démodé.

verstauch|en [fɛr'-] *tr: sich den Fuß ~* se fouler le pied, se faire une entorse (au pied); **V~ung** *f* foulure, entorse *f.*

verstauen [fɛr'-] *tr mar* arrimer; *(unterbringen)* caser, placer.

Versteck *n* ⟨-(e)s, -e⟩ [fɛr'ʃtɛk] cachette, cache *f,* réduit *m; arg* planque *f; ~ spielen* jouer à cache-cache; **v~en** *tr* cacher, dissimuler; *(Sprengkörper)* piéger *(in* dans); **~t** *a fig* caché; *(geheim)* secret; *(verschleiert)* voilé; *(nur angedeutet)* discret.

verstehen [fɛr'-] ⟨versteht, verstand, hat verstanden⟩ *tr (deutlich genug hören)* comprendre, entendre; *(begreifen)* comprendre, saisir, concevoir; *(gelernt haben, können)* savoir, (s')entendre (à); *sich mit jdm ~* s'entendre avec qn, vivre en bonne entente avec qn; *sich auf etw ~ (etw können)* s'entendre à qc; *sich zu etw ~ (hergeben)* donner son consentement, se prêter, acquiescer à qc; *sein Geschäft* od *Handwerk ~ (a. fig)* connaître son métier; *sich gut,* *schlecht* ~ *(vertragen) a.* être bien, mal ensemble; *von etw soviel* ~ *wie die Katze vom Sonntag* juger de qc comme un aveugle des couleurs, s'entendre à qc comme à ramer des choux; *jdn vollkommen* ~ *(a.)* se mettre à la place de qn; *wörtlich* ~ prendre à la lettre; *zu* ~ *geben* laisser *od* faire entendre, donner à *od* laisser entendre; *deutlich zu* ~ *geben* laisser clairement entendre; *ich verstehe, ich habe verstanden (a.)* j'y suis; *das verstehe ich nicht (a.)* je n'y comprends rien; *fam* ça m'échappe; *darunter verstehe ich* j'entends par là; *ich habe kein Wort verstanden* je n'en ai pas compris le moindre *od* un seul mot; *Sie* ~ *mich falsch* vous me comprenez mal, vous vous méprenez sur ce que je dis *od* sur mes paroles; *davon* ~ *Sie nichts* vous n'y comprenez *od* connaissez rien; *Sie* ~ *nicht, was ich meine od sagen will* vous n'y êtes pas; *das versteht sich (von selbst)* cela va sans dire *od* de soi; *es versteht sich von selbst, daß* ... il est bien entendu que ...; ~ *wir uns recht!* ~ *Sie mich recht!* comprenez-moi *od* entendez-moi bien; ne vous méprenez pas.

versteif|en [fɛr'-] *tr a. fig* raidir; *tech* renforcer; entretoiser; *sich* ~ *(fig)* se raidir, se durcir; *fin* se resserrer; *auf etw* s'obstiner à qc; **V~ung** *f* raidissement *a. fig; fig* durcissement; *fin* resserrement; *tech* renforcement *m; entretoise f.*

versteig|en [fɛr'-], *sich (Bergsteiger)* s'égarer *od* se perdre en montant; *fig* aller trop loin; se perdre dans les nues; *zu etw (fig)* aller, élever ses prétentions jusqu'à qc; **V~erer** *m* ‹-s, -› commissaire-priseur *m;* **~ern** *tr* vendre aux enchères *od* à l'encan; **V~erung** *f* vente aux enchères; *jur* licitation *f;* **V~erungserlös** *m* produit *m* de la vente aux enchères; **V~erungslokal** *n* salle *f* des ventes (aux enchères); **V~erungstermin** *m* jour *m* de la mise *od* vente aux enchères.

versteiner|n [fɛr'-] *tr* ‹*aux: haben*› *(zu Stein machen)* pétrifier; *itr* ‹*aux: sein*› *(zu Stein werden)* se pétrifier; **~t** *a geol* fossilisé; *a. fig* pétrifié; **V~ung** *f geol (Vorgang)* pétrification, fossilisation *f; (Gegenstand)* fossile, moule *m* interne.

verstell|bar [fɛr'-] *a* réglable, ajustable; articulé; mobile, variable; *(Lampe)* orientable; *(Sessel)* inclinable; **~en** *tr (umstellen)* régler, ajuster; *(versperren)* barrer, obstruer; *(falsch*

stellen) déplacer, déranger; *(Stimme, Handschrift unkenntlich machen)* déguiser, contrefaire, rendre méconnaissable; *sich* ~ se déguiser, se masquer, se rendre méconnaissable, jouer la comédie; **V~schraube** *f* vis *f* de réglage; **V~ung** *f* réglage, ajustement *m;* obstruction *f;* déplacement, dérangement; déguisement *m,* (dis)simulation, feinte *f,* faux-semblant *m; ohne* ~ ouvertement, à visage découvert; **V~ungskunst** *f* art *m* de la dissimulation; **V~vorrichtung** *f* mécanisme *m* de variation *od* de changement.

versterben [fɛr'-] ‹*verstirbt, verstarb, ist verstorben*› *itr adm* décéder.

versteuer|n [fɛr'-] *tr* payer *od* acquitter les impôts pour; **~t** *a* tous droits payés; **V~ung** *f* paiement *m* des impôts.

verstiegen [fɛr'-] *a* extravagant; *pej* prétentieux; **V~heit** *f* extravagance; *pej* prétention *f.*

verstimm|en [fɛr'-] *tr mus (Instrument)* désaccorder; *fig (Menschen)* contrarier, fâcher, chagriner, rendre de mauvaise humeur; **~t** *a mus* désaccordé; *fig (Mensch)* contrarié, fâché; *adv fig* avec humeur; **V~theit** *f* ‹-, ø› mauvaise humeur *f;* **V~ung** *f mus* désaccord; *fig* mouvement *m* d'humeur, maussaderie, bouderie *f.*

verstockt [fɛr'-] *a (seelisch verhärtet)* endurci, entêté, buté; **V~heit** *f* endurcissement, entêtement *m.*

verstohlen [fɛr'-] *a (bes. Blick)* furtif, subreptice, dérobé, clandestin, secret, en coulisse; *adv* furtivement, clandestinement, à la dérobée.

verstopf|en [fɛr'-] *tr* boucher, tamponner, calfeutrer; *tech* colmater; *mar (Leck)* calfater, aveugler; *(Straße)* embouteiller; *med* constiper; *sich* ~ se boucher, s'obstruer; *(Straße)* s'embouteiller; **~t** *a (Straße)* embouteillé, encombré; **V~ung** *f* bouchage; calfeutrage; colmatage; *(ungewollte)* engorgement *m,* obstruction *f; (e-r Straße)* embouteillage *m; med* constipation *f.*

verstorben [fɛr'-] *a* décédé, défunt; *meine* ~*e Mutter f* feu ma mère; *der V~e* le défunt.

verstört [fɛr'-] *a* effaré, hagard; troublé, bouleversé, tourmenté; **V~heit** *f* effarement; trouble, bouleversement, tourment *m.*

Verstoß *m* [fɛr'-] infraction *f,* manquement *m (gegen* à); faute, bévue *f;* ~ *gegen die guten Sitten (jur)* outrage *m* aux bonnes mœurs; **v~en** ‹*verstößt, verstieß, hat verstoßen*› *tr* *(wegjagen)* repousser, chasser; *(s-e Frau)* répudier; *itr (verletzen)* manquer, déroger, contrevenir *(gegen* à); enfreindre, violer *(gegen etw* qc); *etw die Regeln* ~ commettre une infraction au règlement; *gegen die guten Sitten* ~ offenser les mœurs; ~**ung** *f* expulsion *f,* abandon *m;* répudiation *f.*

verstrahlen [fɛr'-] *tr (radioaktiv)* irradier.

verstreb|en [fɛr'-] *tr tech* entretoiser; **V**~**ung** *f* entretoise(ment *m*), contre--fiche *f.*

verstreichen [fɛr'-] ⟨*verstreicht, verstrich, verstrichen*⟩ *tr* ⟨*aux: haben*⟩ *(zustreichen)* boucher; *itr* ⟨*aux: sein*⟩ *(Zeit: vergehen)* passer, s'écouler; *(Frist)* expirer; ~ *lassen (Zeit)* laisser écouler; *(Frist)* laisser expirer.

verstreuen [fɛr'-] *tr* disperser, éparpiller.

verstrick|en [fɛr'-] *tr (beim Stricken verbrauchen)* utiliser (en tricotant); *jdn in etw (fig)* mêler qn à qc; impliquer qn dans qc; *sich in etw* ~ s'empêtrer dans qc; *die ganze Wolle* ~ *(a.)* tricoter toute la laine; **V**~**ung** *f jur* mise *f* aux arrêts; mise *f* sous scellés.

verströmen [fɛr'-] *tr* ⟨*aux: haben*⟩ répandre; *itr* ⟨*aux: sein*⟩ se répandre.

verstümmel|n [fɛr'-] *tr* mutiler *a. fig;* estropier; *fig* tronquer; **V**~**ung** *f* mutilation *f.*

verstummen [fɛr'-] ⟨*aux: sein*⟩ *itr* cesser de parler, se taire; *zum V*~ *bringen* faire taire.

Versuch *m* ⟨-(e)s, -e⟩ [fɛr'zu:x] essai *m,* épreuve, tentative; *(wissenschaftlicher)* expérience *f; e-n* ~ *anstellen od machen* faire un essai *od* une expérience; *den* ~ *machen (es wagen)* tenter le coup; ~*e machen (experimentieren)* expérimenter; *erste(r)* ~ coup *m* d'essai; ~ *am untauglichen Objekt od mit untauglichen Mitteln (jur)* délit *m* impossible; **v**~**en** *tr* essayer, tenter *(etw zu tun* de faire qc); *(Speise, Getränk)* goûter; *(in* ~*ung führen)* tenter; *es mit jdm* ~ tenter un essai avec qn; *es mit Güte, Strenge* ~ recourir *od* avoir recours(, pour changer,) à la bonté, à la sévérité; *es mit dem Malen, Schwimmen* ~*, sich im Malen, Schwimmen* ~ s'essayer à peindre, à nager; *fam* tâter de la peinture, de la natation; ~ *Sie's mal!* essayez pour voir! ~**er** *m* ⟨-s, -⟩ *a. rel* tentateur *m;* ~**ung** *f* tentation *f; in* ~ *führen* induire en tentation; *in* ~ *geraten od kommen* être tenté *(etw zu tun* de faire qc); *der* ~

nachgeben, widerstehen succomber *od* céder, résister à la tentation.

Versuchs|abschnitt *m* [fɛr'zu:xs-] secteur-pilote *m;* ~**anlage** *f* installation d'essai, installation-pilote *f;* ~**anordnung** *f* préparation *f* de l'expérience; ~**anstalt** *f* station *f* expérimentale *od* d'expérimentation *od* de recherches; ~**ballon** *m a. fig* ballon d'essai; *mete* ballon-sonde *m;* ~**bedingungen** *f pl* conditions *f pl* d'une *od* de l'expérience; ~**einrichtung** *f* établissement-test *m;* ~**ergebnis** *n* résultat *m* de l'expérience *od* expérimental; ~**feld** *n* plantation *f* expérimentée; *fig* champ *m* d'expérience; ~**flugzeug** *n* avion *m* expérimental; ~**garten** *m,* ~**gelände** *n,* ~**gerät** *n* jardin, terrain, appareil *m* d'essai; ~**kaninchen** *n fig* cobaye *m;* ~**labor(atorium)** *n* laboratoire *m* d'expérience; ~**methode** *f* méthode *f* expérimentale; ~**person** *m* sujet expérimental, témoin *m;* ~**pflanze** *f* plante *f* expérimentale; ~**reaktor** *m phys* réacteur *m od* pile *f* expérimental(e); ~**reihe** *f* série *f* d'expériences; ~**stadium** *n* stade *m od* phase *f* d'essai; *im* ~ *(a.)* aux essais; ~**strecke** *f* piste *od mines* galerie *f* d'essai; ~**tier** *n* animal expérimental, sujet *m;* ~**tisch** *m* banc *m* d'essai; ~**typ** *m:* ~ *e-s Hauses* maison-cobaye *f;* ~**wagen** *m* mot voiture *f* expérimentale; **v**~**weise** *adv* à titre d'essai; ~ *durchführen,* ~ *in Betrieb nehmen* mettre à l'essai; ~**zentrum** *n (d. Kernforschung)* centre *m* d'expérimentation; ~**zweck** *m* but *m od* fin *f* d'essai; *zu* ~*en* à titre expérimental.

versumpfen [fɛr'-] *itr* ⟨*aux: sein*⟩ *geog* se changer en marais; *fig fam* se livrer à la débauche.

versündig|en [fɛr'-], *sich* pécher; *an jdm, etw* trahir qn, qc; **V**~**ung** *f* péché *m.*

versunken [fɛr'-] *a fig* plongé *(in* dans); absorbé *(in* par); *in tiefen Schlaf* ~ plongé dans un profond sommeil; **V**~**heit** *f* méditations *f pl.*

versüßen [fɛr'-] *tr* sucrer, adoucir, édulcorer; *pharm* dulcifier; *fig* adoucir; *jdm das Leben* ~ rendre la vie douce à qn.

vertäf|eln [fɛr'-] *tr* lambrisser; **V**~**(e)lung** *f* lambrissage *m.*

vertag|en [fɛr'-] *tr* ajourner, proroger; *(aufschieben)* remettre; *sich* ~ ajourner la séance; **V**~**ung** *f* ajournement *m,* prorogation; remise *f.*

vertändeln [fɛr'-] *tr (Zeit)* passer à des niaiseries *od* à des fariboles *od* à des riens.

vertäu|en [fɛr'-] *tr mar (mit Tauen befestigen)* amarrer; **V~ung** *f* amarrage *m;* **V~ungsboje** *f* bouée *f* d'amarrage.

vertausch|bar [fɛr'-] *a math* commutable; **~en** *tr (austauschen)* échanger; substituer, permuter; *(verwechseln)* confondre; *die Rollen ~* intervertir les rôles; **V~ung** *f* échange *m;* substitution, permutation *f.*

vertausendfach|en [fɛr'-] *tr* multiplier par mille; **V~ung** *f* multiplication *f* par mille.

verteidig|en [fɛr'-] *tr* défendre; *fig a.* soutenir; *jur* plaider *(jdn, etw* pour qn, pour qc); *sich ~* se défendre; *(sich rechtfertigen)* se justifier; *sich tapfer ~ (a.)* offrir une belle défense *od* résistance; *sich nicht ~ können (a.)* être hors de défense; *fam* ne pas avoir de défense; **V~er** *m* ⟨-s, -⟩ défenseur; *jur* avocat; *sport* arrière *m;* **V~ung** *f* défense; défensive; *fig (e-r Dissertation)* soutenance; *jur* plaidoirie *f; in der ~* sur la défensive; *jdn in die ~ drängen* acculer qn à la défensive; *in die ~ gehen* se mettre en défense; *jds ~ übernehmen* assurer *od* prendre la défense de qn; accepter de défendre qn; **V~ungsanlagen** *f pl* ouvrages *m pl* défensifs; **V~ungsausgaben** *f pl* dépenses *f pl* pour la défense (du territoire); **V~ungsbeitrag** *m* contribution *f* à la défense; **V~ungsgemeinschaft** *f* communauté *f* de défense; **V~ungskrieg** *m* guerre *f* défensive; **V~ungslinie** *f* ligne *f* de défense; **V~ungsminister(ium** *n)* *m* minist(è)re *m* de la défense (nationale); **V~ungsorganisation** *f* organisation *f* de la défense; **V~ungsrede** *f* *jur* plaidoyer *m;* **V~ungsstellung** *f* (position) défensive *f; in ~* sur la défensive, en défense; **V~ungswaffe** *f* arme *f* défensive; **V~ungszustand** *m* état *m* de défense.

verteil|en [fɛr'-] *tr a. el* distribuer, répartir; partager, étaler, diffuser; *sich ~* se partager *(auf* entre); **V~er** *m* ⟨-s, -⟩ *adm tech* distributeur; *tech el tele* répartiteur *m; (auf e-m Schriftstück)* distribution *f;* **V~erfinger** *m mot* doigt *m* de distributeur; **V~ernetz** *n el* réseau *m* de distribution; **V~erschlüssel** *m adm* taux *m* de distribution; **V~erschrank** *m el,* **V~ertafel** *f el* boîte *f od* tableau *m* de distribution; **V~ung** *f a. el* distribution, répartition *f;* partage, étalement *m,* diffusion *f gleichmäßige ~ (adm)* péréquation *f;* **V~ungskabel** *n* câble *m* de distribution; **V~ungs-**

modus *m adm* mode de distribution; **V~ungsplan** *m adm* plan *od* état *m* de distribution *od* de répartition; **V~ungsstelle** *f adm* bureau *m* de distribution.

verteuer|n [fɛr'-] *tr* (r)enchérir, rendre plus cher; *sich ~* enchérir, augmenter; **V~ung** *f* (r)enchérissement *m.*

verteufel|n [fɛr'-] *tr* dénigrer; **~t** *fam* satané, damné; *adv* diablement; **V~ung** *f* dénigrement *m.*

vertief|en [fɛr'-] *tr a. fig* approfondir; rendre plus profond; *sich in etw ~ (versenken)* se plonger, s'enfoncer dans qc; **~t** *a* creusé; *fig (gesteigert)* approfondi; *in etw ~* plongé dans, absorbé par qc; **V~ung** *f (Vorgang, a. fig)* approfondissement; renfoncement; *(Hohlraum)* creux, renfoncement *m,* cavité, anfractuosité; *(in e-r Mauer)* niche *f.*

vertikal [vɛrti'kaːl] *a (senkrecht)* vertical; **V~starter** *m,* **V~startflugzeug** *n* avion *m* à décollage vertical.

vertilg|en [fɛr'tɪlgən] *tr* extirper, exterminer, *(Ungeziefer) a.* tuer; *(vernichten)* anéantir; supprimer; *fam (aufessen)* faire disparaître, avaler; **V~ung** *f* extirpation, extermination *f;* anéantissement *m;* suppression *f;* **V~ungsmittel** *n* moyen *m* d'extermination.

vertippen [fɛr'-], *sich (fam: beim Schreiben)* faire une faute (en tapant).

vertobaken [fɛr'toːbakən] *tr fam = verdreschen.*

verton|en [fɛr'-] *tr (in Musik setzen)* mettre en musique, sonoriser; composer; **V~ung** *f* mise en musique, sonorisation *f.*

vertorfen [fɛr'-] *itr ⟨aux: sein⟩* se changer en tourbe.

vertrackt [fɛr'trakt] *a fam (verwikkelt)* compliqué, *pej* embrouillé; *(unangenehm, ärgerlich)* désagréable, malencontreux; *(verdammt)* damné, maudit.

Vertrag *m* ⟨-(e)s, ˸e⟩ [fɛr'traːk, -'trɛːgə] contrat; *pol* traité, pacte; *(Abkommen)* accord *m,* convention *f; e-n ~ (ab)schließen, brechen* passer *od* conclure, violer un contrat *od* un traité; *e-n ~ einhalten* observer (les conventions d')un contrat; *e-n ~ rückgängig machen* annuler un contrat; **v~lich** *a* contractuel; conventionnel; *adv* par contrat; *sich ~ verpflichten* s'engager par contrat; **~e** *Vereinbarung, Verpflichtung* *f* accord *m,* obligation *f* contractuel(le); *~ verpflichtet* tenu par contrat; **v~schließend** *a: die (hohen) ~en Mächte f pl (pol)* les hautes puissances *f pl* contractantes; ~**schließen-de(r)** *m* partie *f* contractante.

vertragen [fɛr'-] ⟨*verträgt, vertrug, hat vertragen*⟩ *tr (ertragen, aushalten)* endurer, supporter; *sich* ~ se supporter; s'accorder (*mit jdm* avec qn); *sich gut, schlecht* ~ être *od* se mettre bien, mal ensemble; faire bon, mauvais ménage; *sich nicht* ~ *(Sachen)* jurer ensemble; *etw nicht* ~ *können (a.)* craindre qc; *alles* ~ *können (e-n guten Magen haben)* avoir un estomac d'autruche; *nicht viel* ~ *(gesundheitlich)* être d'une santé délicate; *das kann ich nicht* ~ *(a.)* cela me fait du mal; *sie* ~ *sich nicht (a.)* leurs chiens ne chassent pas ensemble.

verträglich [fɛr'trɛːklıç] *a (Mensch)* conciliant, accommodant; **V~keit** *f* ⟨-, ø⟩ caractère *m* conciliant *od* accommodant.

Vertrags|abschluß *m* [fɛr'traːks-] conclusion *od* passation *f* d'un *od* du contrat *od* traité; ~**sangestellte(r)** *m* employé *m* par contrat; ~**artikel** *m* article *m* d'un *od* du contrat *od* traité; ~**arzt** *m* médecin *m* contractuel; ~**bedingungen** *f pl* conditions *f pl* contractuelles; ~**bestimmung** *f* stipulation, clause *f* d'un *od* du traité; ~**bruch** *m* rupture d'un contrat; violation *f* d'un traité; **v~brüchig** *a:* ~ *werden* violer le contrat *od* le traité; ~**entwurf** *m* projet *m* de contrat; ~**erbe** *m* héritier *m* contractuel *od* conventionnel; ~**gegenstand** *m* objet *m* du contrat; **v~gemäß** *a* contractuel, conventionnel; *adv* par contrat; ~**mächte,** *die f pl (pol)* les puissances *f pl* contractantes; *die hohen* ~ les hautes puissances *f pl* contractantes; ~**partner** *m* contractant *m;* ~**punkt** *m* clause *f* d'un *od* du traité; ~**spieler** *m sport* professionnel *m* sous contrat; ~**strafe** *f* peine *f* contractuelle *od* conventionnelle; ~**tarif** *m* tarif *m* conventionnel; ~**treue** *f* fidélité *f* à un contrat; **v~widrig** *a* contraire au contrat.

vertrauen [fɛr'-] *itr* avoir confiance (*jdm, auf jdn* en qn; *auf etw od* dans qc); se fier, faire crédit (*jdm* à qn); **V~** *n* confiance *f,* crédit *m; im* ~ en confidence, confidentiellement, dans l'intimité; *jdm das* ~ *aussprechen (parl)* voter la confiance à qn; ~ *erwecken* inspirer confiance; *jds* ~ *genießen* avoir la *od* jouir de la confiance de qn; *jds* ~ *gewinnen, verlieren* gagner, perdre la confiance de qn; ~ *zu jdm, zu etw haben* avoir confiance en qn, en *od* dans qc; *jdm (sein)* ~ *schenken* faire confiance, donner *od*

accorder sa confiance à qn; *jdn ins* ~ *ziehen* mettre qn dans la confidence; *im* ~ *gesagt (a.)* ceci dit entre nous; ~**erweckend** *a* qui inspire de la confiance.

Vertrauens|arzt *m* [fɛr'trauəns-] médecin de confiance, médecin-conseil *m;* ~**bruch** *m* abus *m* de confiance, indiscrétion *f;* ~**frage** *f* parl, ~**krise** *f* question, crise *f* de confiance; ~**mann** *m* ⟨-(e)s, -männer/-leute⟩ homme de confiance; *(in e-m Betrieb)* délégué *m* du personnel; ~**mißbrauch** *m,* ~**person** *f,* ~**posten** *m* abus *m,* personne *f,* poste *m* de confiance; ~**sache** *f: das ist* ~ c'est une question de confiance; ~**schüler** *m* délégué *m* des élèves; **v~selig** *a* crédule, trop confiant; ~**seligkeit** *f* ⟨-, ø⟩ confiance *f* aveugle; ~**stellung** *f* position *od* place *f* de confiance; **v~voll** *a* plein de confiance, confiant; *sich* ~ *an jdn wenden* s'adresser en confiance à qn; ~**votum** *n parl* vote *m* de confiance; **v~würdig** *a* digne de confiance, sûr; ~**würdigkeit** *f* sûreté *f.*

vertrauern [fɛr'-] *tr (Zeit)* passer dans le deuil *od* dans l'affliction.

vertrau|lich [fɛr'-] *a* confidentiel; ~*e Mitteilung f* confidence *f;* **V~lichkeit** *f* familiarité, intimité *f; (e-r Mitteilung)* caractère *m* confidentiel; *plumpe* ~ privauté *f;* ~**t** *a* familier, intime; *jdn mit etw* ~ *machen* familiariser qn avec qc; *sich mit etw* ~ *machen,* se mettre au courant *od* au fait de qc; *mit etw* ~ *werden* se familiariser avec qc, s'accoutumer à qc; *ich bin damit* ~ *(a.)* cela m'est familier; **V~te(r)** *m* confident; familier *m;* **V~theit** *f* connaissance *f* (profonde) *(mit etw* de qc).

verträum|en [fɛr'-] *tr (Zeit)* passer à rêver; ~**t** *a* rêveur; plongé dans son rêve *od* dans ses rêveries; *(Ort)* paisible; **V~theit** *f* caractère rêveur; caractère *m* paisible.

vertreib|en [fɛr'-] ⟨*vertreibt, vertrieb, hat vertrieben*⟩ *tr* chasser *(a. Schnupfen, Hunger, Schlaf, Sorgen); (aus e-r Wohnung, Stellung)* expulser, déloger; *(Krankheitssymptom)* supprimer; *(Fieber, a.)* couper; *com (Ware)* débiter, vendre; *(aus s-m Besitz)* ~ *(jur)* évincer; *sich die Zeit* ~ faire passer le temps; passer son temps *(mit à); jdm die Zeit* ~ faire passer le temps à qn; **V~ung** *f* expulsion; *jur* éviction; *med* suppression *f.*

vertret|bar [fɛr'-] *a (zu rechtfertigen)* soutenable, justifiable; ~*e Güter n pl* biens *m pl* fongibles; ~**en** ⟨*vertritt,* *vertrat, hat vertreten*, *tr (Schuhe, Ab-sätze schieftreten)* éculer; *(eintreten, sich einsetzen für)* soutenir, défendre; prendre fait et cause pour; *jur (als Anwalt)* plaider la cause de, défendre; *(an die Stelle treten, ersetzen)* remplacer; suppléer; *(Behörde, Verein, Firma)* représenter; *sich den Fuß ~ (verstauchen)* se fouler le pied; *sich die Füße ~ (hin und her gehen)* se dégourdir les jambes; *jdm den Weg ~ (in den Weg treten)* barrer le chemin à qn; *~ sein durch* être représenté par; **V~er** *m* ⟨-s, -⟩ *(Stellvertreter)* remplaçant, suppléant; *jur (Verteidiger)* défenseur; *(e-r Behörde etc)* représentant; *com a.* agent; *(Angehöriger e-r Gruppe, a. pej)* représentant *m*; *gesetzliche(r) ~* représentant *m* légal; **V~erbericht** *m com* rapport *m* de visite; **V~ung** *f* remplacement *m*, suppléance; représentation; *com* agence *f*; *in ~* par délégation; *in jds ~* suppléant qn; *der Bürgermeister i.V. pour le maire; die ~ machen* faire l'intérim; *diplomatische, konsularische ~* représentation *f* diplomatique, consulaire *(bei* auprès de); *ständige ~* mission *f* permanente; **~ungsberechtigt** *a* autorisé à représenter; **~ungsweise** *adv* en remplacement *(für jdn* de qn).

Vertrieb *m* [fɛr'-] *com (Verkauf)* écoulement, débit *m*, vente *f*; **~e-ne(r)** *m* expulsé *m*; **~sabteilung** *f* rayon *m* de vente; **~skosten** *pl* frais *m pl* de distribution; **~sleiter** *m*, **~srecht** *n* chef, droit *m* de vente; **~sstelle** *f* office *m* de distribution.

vertrockn|en [fɛr'-] ⟨*aux: sein*⟩ *itr* se dessécher, sécher; **V~ung** *f* dessèchement *m*, dessiccation *f*.

vertrödeln [fɛr'-] *tr (Zeit)* gaspiller; *die od s-e Zeit ~* gober les mouches, enfiler des perles.

vertröst|en [fɛr'-] *tr* faire prendre patience à, remettre à plus tard; *jdn auf später ~* renvoyer qn à plus tard, lanterner qn; **V~ung** *f* bonnes pa roles, vagues promesses *f pl.*

vertrottel|n [fɛr'-] *itr* ⟨*aux: sein*⟩ devenir gaga; **~t** *a* gaga.

vertun [fɛr'-] ⟨*vertut, vertat, hat vertan*⟩ *tr fam* gaspiller; *sich ~ (sich täuschen)* se tromper.

vertuschen [fɛr'-] *tr fam (verheimlichen)* cacher; camoufler, masquer, maquiller; dissimuler; étouffer.

verübeln [fɛr'-] *tr: jdm etw ~* en vouloir *od* garder rancune *od* tenir rigueur de qc à qn.

verüben [fɛr'-] *tr (Verbrechen)* commettre, perpétrer.

verulken [fɛr'-] *tr* railler; se moquer de.

verunglimpf|en [fɛr'-] *tr (schmähen)* injurier; *(verleumden)* calomnier, diffamer, dénigrer; **V~ung** *f* injure; calomnie, diffamation *f*, dénigrement *m*.

verunglücken [fɛr'-] ⟨*aux: sein*⟩ *itr* avoir un accident; *tödlich ~* périr dans un *od* mourir d'un accident.

verunsichern [fɛr'-] *tr (Bevölkerung)* insécuriser, faire peur à; *(Prüfling, Kandidaten)* faire perdre ses moyens à; *(Glauben, Überzeugung)* ébranler, faire douter de; *ein ganz verunsicherter Mensch* une personne peu sûre d'elle(-même) *od* qui manque d'assurance.

verunreinig|en [fɛr'-] *tr* salir, souiller; *(Fluß, Luft)* polluer; **V~ung** *f* souillure; pollution *f (der Luft* de l'atmosphère).

verunstalt|en [fɛr'-] *tr* défigurer, déformer, enlaidir; **V~ung** *f* défiguration, déformation *f*, enlaidissement *m*.

veruntreu|en [fɛr'-] *tr (Geld unterschlagen)* détourner, divertir; **V~ung** *f* détournement *m*, malversation; *(öffentlicher Gelder)* concussion *f*.

verunzier|en [fɛr'-] *tr* déparer, enlaidir; **V~ung** *f* enlaidissement *m*.

verursach|en [fɛr'-] *tr* causer, occasionner, provoquer; être la cause de, donner lieu *od* naissance à; **V~er** *m* ⟨-s, -⟩ cause *f*; *~ von Umweltverschmutzung* pollueur *m*; **V~erprinzip** *n ecol* principe *m* du pollueur-payeur.

verurteil|en [fɛr'-] *tr jur* condamner *(zu* à); *allg (mißbilligen)* condamner, désapprouver; *zum Scheitern verurteilt sein* être voué à l'échec; **V~ung** *f jur* condamnation, sentence *f*.

verviel|fachen [fɛr'-] *tr* multiplier; **V~fachung** *f* multiplication *f*; **~fäl-tigen** *tr (Text)* polycopier, ronéotyper; **~fältiger** *m* ⟨-s, -⟩ duplicateur *m*; **V~fältigung** *f* polycopie, ronéotypie; *(Wiedergabe)* reproduction *f*; **V~fältigungsapparat** *m* machine *f* à polycopier; **V~fältigungsrecht** *n* droit *m* de reproduction.

vervierfachen [fɛr'-] *tr* quadrupler.

vervoll|kommnen [fɛr'-] *tr* perfectionner; **V~kommnung** *f* perfectionnement *m*; **~kommnungsfähig** *a* perfectible; **~ständigen** *tr* compléter.

verwachs|en [fɛr'-] ⟨*aux: sein*⟩ *itr (Wunde: zuwachsen)* se fermer, se cicatriser; *(zs.wachsen)* s'entregreffer, s'enlacer; *mit etw ~ sein* ne faire qu'un avec qc; *a (mißgebildet)* rabougri; difforme; *(zs.gewachsen)* adhérent, soudé; **V~ung** f difformité; adhésion f.

verwackelt [fɛr'-] a phot: Ihr Bild (d. B., das Sie gemacht haben) ist ~ vous avez bougé en photographiant.

verwählen [fɛr'-], sich se tromper de numéro, composer un mauvais numéro, faire un mauvais numéro.

verwahr|en [fɛr'-] tr (sicher aufbewahren) avoir od tenir en bonne garde, tenir en lieu sûr od en sûreté; garder; sich gegen etw ~ protester, s'inscrire en faux contre qc; **V~er** m ⟨-s, -⟩ dépositaire; gardien m; **~losen** ⟨aux: sein⟩ itr être laissé à l'abandon; **~lost** a (laissé) à l'abandon, négligé, mal soigné; **V~losung** f abandon m; **V~ung** f (Aufbewahrung) garde f, dépôt m; gegen etw ~ einlegen (Einspruch erheben) faire une protestation contre qc; in ~ geben donner od déposer en garde, mettre en dépôt; in ~ nehmen prendre en garde od en dépôt; gerichtliche ~ garde f judiciaire.

verwais|en [fɛr'-] ⟨aux: sein⟩ itr (elternlos werden) devenir orphelin; fig être abandonné od délaissé; **~t** a orphelin; fig abandonné, délaissé, seul.

verwalken [fɛr'-] tr fam = verdreschen.

verwalt|en [fɛr'-] tr administrer, gérer; gouverner, régir; (Amt ausüben) exercer; **V~er** m ⟨-s, -⟩ administrateur, gérant, intendant; (Gutsverwalter) régisseur m; **V~ung** f administration, gérance, gestion f; gouvernement, service m; régie f.

Verwaltungs|abteilung m [fɛr'valtuŋs-] département m; **~apparat** m appareil m administratif; **~beamte(r)** m fonctionnaire administratif, employé m d'administration, officier m civil; **~behörde** f autorité f administrative; **~beschwerde** f recours m administratif; **~bezirk** m circonscription f administrative; **~dienst** m service m d'administration, magistrature f; **~gebäude** n bâtiment m de l'administration; **~gericht** n tribunal m administratif; **~gerichtsbarkeit** f juridiction f administrative; **~kosten** pl frais m pl d'administration od de gestion; **~personal** n personnel m administratif; **~rat** m conseil m d'administration; **~recht** n droit m administratif; **~schikane** f chinoiserie f administrative; **~zentrum** n (e-r Stadt) centre m administratif; **~zweig** m service m (administratif).

verwand|eln [fɛr'-] tr changer, transformer, convertir, métamorphoser (in en); sich ~ se changer, se transfor-mer, se métamorphoser, se muer (in en); **V~lung** f changement m, transformation, conversion, métamorphose, commutation f; theat (Dekorationswechsel) tableau m; **V~lungskünstler** m illusionniste m.

verwandt [fɛr'vant] a apparenté a. fig; fig analogue; ~ sein (a.) être parents; wir sind (mitea.) od ich bin mit ihm od er ist mit mir ~ nous sommes parents; **V~e(r** m) f parent, e m f; ~e pl des parents m pl; die ~en pl la parenté, la famille; er ist ein ~er von mir od mein ~er c'est un parent à moi, nous sommes parents; entfernte(r), nahe(r) ~e(r) parent éloigné, proche parent m; **V~enehe** f mariage m consanguin; **V~schaft** f (~sverhältnis u. ~e) parenté a. fig affinité f; **~schaftlich** a de od en parent(s); **V~schaftsgrad** m degré m de parenté; **V~schaftsverhältnis** n lien m de parenté.

verwanz|en [fɛr'-] tr (mit Abhörgeräten ausstatten) poser od installer des micros dans; ~t a infesté de punaises.

verwarn|en [fɛr'-] tr avertir, donner un avertissement à; sport mettre en garde; (ermahnen) admonester; **V~ung** f avertissement m; sport mise en garde; jur peine comminatoire; (Ermahnung) admonestation f; gebührenpflichtige ~ avertissement m taxé.

verwaschen [fɛr'-] a délavé, déteint, décoloré, effacé; fig (unklar) imprécis, indécis, vague.

verwä|ssern [fɛr'-] tr (Flüssigkeit) délayer, diluer; fig (abschwächen) délayer, rendre fade; ~ssert a fig délayé, fade; **V~sserung** f, **V~ßrung** f délayage m; dilution f.

verwechs|eln [fɛr'-] tr confondre; (versehentl. mitea. vertauschen) échanger par mégarde; jdn mit e-m ander(e)n ~ prendre qn pour un autre; sich zum V~ ähnlich sehen se ressembler à s'y méprendre; **V~(e)lung** f confusion f; quiproquo m, méprise, erreur f; échange m par mégarde.

verwegen [fɛr'-] a téméraire, audacieux, hardi; **V~heit** f témérité, audace, hardiesse f.

verweh|en [fɛr'-] tr (wegwehen) emporter; (zerstreuen) dissiper; (verwischen) effacer; (zuwehen) couvrir (mit Schnee de neige); **V~ung** f (Schnee~) amas m de neige.

verwehren [fɛr'-] tr (verbieten) défendre (jdm etw qc à qn).

verweichlich|en [fɛr'-] tr ⟨aux: haben⟩ amollir, efféminer; itr ⟨aux: sein⟩

s'amollir; ~t a efféminé; **V~ung** *f* amollissement *m*, effémination *f*.

verweiger|n [fɛr'-] *tr* refuser, dénier (*jdm etw qc à qn*); *den Gehorsam, die Aussage* ~ refuser d'obéir, de témoigner; *den Wehrdienst* ~ refuser de faire son service militaire; **V~ung** *f* refus; *jur* déni *m* (de justice); ~ *der Hilfeleistung (jur)* abstention *f* de secours.

verweilen [fɛr'-] ⟨*aux: sein*⟩ *itr (bleiben)* demeurer, rester; *(sich aufhalten, sich befinden)* séjourner.

verweint [fɛr'-] *a:* ~*e Augen n pl* yeux *m pl* gonflés *od* rougis par les larmes.

Verweis *m* ⟨-es, -e⟩ [fɛr'vaɪs, -zə] *(Tadel)* réprimande, remontrance, semonce, mercuriale *f*, rappel à l'ordre, blâme; *(Hinweis)* renvoi *m*, référence *f*; *jdm e-n* ~ *erteilen* réprimander qn, rappeler qn à l'ordre; **v~en** ⟨*verweist, verwies, hat verwiesen*⟩ *tr (tadeln)* réprimander, tancer (*jdm etw qn à cause de qc*); *(hinweisen)* renvoyer (*auf etw* à qc); *(zuständigkeitshalber schicken)* renvoyer (*an* à); *jdn des Landes* ~ expulser qn du pays; *von der Schule* ~ renvoyer de l'école; ~**ung** *f (Ausweisung)* expulsion, interdiction *f* de séjour; ~ *an ein anderes Gericht (jur)* distraction *f* de juridiction; ~**ungsnummer** *f* numéro *m* de référence *od* de renvoi; ~**ungszeichen** *n* signe *od* guidon *m* de renvoi.

verwelken [fɛr'-] ⟨*aux: sein*⟩ *itr* se faner, se flétrir.

verweltlich|en [fɛr'-] *tr* séculariser, laïciser; **V~ung** *f* sécularisation, laïcisation *f*.

verwend|bar [fɛr'-] *a* utilisable; applicable (*zu* à); *vielseitig* ~ utilisable à plusieurs fins; **V~barkeit** *f* ⟨-, ø⟩ utilité *f*; emploi *m*; application *f*; ~**en** *tr (gebrauchen, a. Küche)* employer, utiliser; appliquer; *(Zeit)* employer, faire emploi de, consacrer (*zu* à); *(Geld)* mettre, dépenser (*zu* à); *sich* ~ *(sich einsetzen)* s'entremettre, intervenir, intercéder (*für jdn* en faveur de qn); *Fleiß auf etw* ~ s'appliquer à qc; *s-e Zeit gut, schlecht* ~ faire un bon, mauvais emploi de son temps; *hier wird nur Butter verwendet (Bäkkerei)* pâtisserie exclusivement au beurre; **V~ung** *f (Gebrauch)* emploi *m*, utilisation; application; *(Fürsprache)* entremise, intervention, intercession *f*; *auf jds* ~ *hin* sur l'intervention de qn; *zur besonderen* ~ à des fins spéciales; *für etw keine* ~ *haben* ne pas avoir l'emploi, n'avoir que faire de qc; **V~ungsmöglichkeiten** *f*

pl possibilités *f pl* d'emploi *od* d'utilisation; **V~ungszweck** *m* but *m od* fin *f* d'utilisation.

verwerf|en [fɛr'-] ⟨*verwirft, verwarf, hat verworfen*⟩ *tr (ablehnen)* rejeter, repousser, décliner, écarter; réprouver, répudier; *jur* mettre à néant; *(Zeugen)* récuser; *itr (Tier: e-e Fehlgeburt haben)* avorter; *sich* ~ *(sich verbiegen)* se déjeter, gauchir, travailler; ~**lich** *a* condamnable, abject; mauvais; **V~lichkeit** *f* ⟨-, ø⟩ abjection *f*; **V~ung** *f (Ablehnung)* rejet *m*; réprobation, répudiation *f*; *(Verbiegung)* gauchissement *m*; *geol* faille *f*.

verwer|ten [fɛr'-] *tr* faire valoir, mettre en valeur *od* à profit, exploiter, utiliser; **V~ung** *f* mise en valeur *od* à profit, exploitation, utilisation *f*.

verwes|en [fɛr'-] **1.** *itr* ⟨*aux: sein*⟩ *(verfaulen)* se décomposer, se putréfier; ~**lich** *a* putrescible; **V~ung** *f* décomposition, putréfaction *f*.

verwes|en 2. *tr (als Stellvertreter verwalten)* administrer; **V~er** *m* ⟨-s, -⟩ administrateur *m*.

verwestlich|en [fɛr'-] *tr (asiat. Land)* occidentaliser; **V~ung** *f* occidentalisation *f*.

verwetten [fɛr'-] *tr (Geld beim Wetten ausgeben)* perdre en paris.

verwettert [fɛr'-] *a (Baum)* qui porte les traces des intempéries.

verwichsen [fɛr'-] *tr fam* = *verdreschen*.

verwick|eln [fɛr'-] *tr: jdn in etw* ~ impliquer qn dans qc; *sich* ~ *(Fäden)* s'entortiller, s'enchevêtrer; *a. fig* s'embrouiller; *fig* s'embarrasser; *in etw verwickelt sein* être mêlé à *od* impliqué dans qc; ~**elt** *a (kompliziert, schwierig)* compliqué, complexe; difficile; *das ist e-e* ~*e Geschichte (fam a.)* c'est la bouteille à l'encre; **V~(e)lung** *f* complication, confusion *f*, embarras, imbroglio *m*; *jur* implication *f*.

verwilder|n [fɛr'-] ⟨*aux: sein*⟩ *itr (Haustier)* retourner à l'état sauvage; *(Garten, Acker)* être négligé *od* laissé à l'abandon; ~**t** *a (Kind)* indiscipliné; *(Haustier)* retourné à l'état) sauvage; *(Garten etc)* (laissé) à l'abandon; **V~ung** *f* retour à l'état sauvage; abandon *m*.

verwind|en [fɛr'-] ⟨*verwindet, verwand, hat verwunden*⟩ *tr (hinwegkommen über (fig))* surmonter, revenir de, vaincre; *etw nicht* ~ *können* ne pas se consoler *od* se remettre de qc; *tech (verbiegen)* gauchir, vriller;

V~ung *f a. aero* gauchissement, vrillage *m*, distorsion *f*.

verwirk|en [fɛr'-] *tr (sein Recht auf etw verlieren)* perdre son droit à, être déchu de; *sein Leben verwirkt haben* avoir encouru la peine de mort; **V~ung** *f* perte, déchéance *f*.

verwirklich|en [fɛr'-] *tr* réaliser; *sich ~ (a.)* entrer dans les faits; *sich selbst ~* se réaliser; **V~ung** *f* réalisation *f*.

verwirr|en [fɛr'-] *tr a. fig* embrouiller, emmêler; *fig (durchea.bringen)* confondre; *(Menschen verwirrt machen)* troubler; déconcerter, décontenancer; **~t** *a* embrouillé *a. fig;* en désordre, en désarroi; *fig* confus; *(Mensch)* confus; déconcerté, décontenancé, désorienté; **V~ung** *f* désordre, désarroi, trouble; *a fig* embarras *m*, confusion *f; in ~ bringen (a. fig)* mettre dans l'embarras; *(Menschen)* déconcerter, décontenancer; *in ~ geraten (a. fig)* se troubler, être troublé; *~ stiften* faire du désordre *od* de l'embarras, brouiller *od* mêler les cartes.

verwirtschaften [fɛr'-] *tr* dépenser inconsidérément.

verwischen [fɛr'-] *tr (verreiben, verschmieren)* brouiller; *(Pastellfarben)* estomper; *(unkenntlich machen, auslöschen)* oblitérer; effacer, éteindre.

verwitter|n [fɛr'-] *⟨aux: sein⟩ itr* être rongé par le temps, se décomposer à l'air, s'effriter; **~t** *a* effrité, décomposé; *(Gesicht)* ravagé; **V~ung** *f* décomposition, désagrégation; *geol* érosion *f*.

verwitwet [fɛr'-] *a* veuf, veuve.

verwoben [fɛr'-] *a* liés *od* unis étroitement.

verwohn|en [fɛr'-] *tr* dégrader, ruiner; **~t** *a* dégradé, avili.

verwöhn|en [fɛr'-] *tr* gâter; *(verzärteln)* choyer, dorloter; **~t** *a* gâté; **V~ung** *f* gâterie *f*.

verworfen [fɛr'-] *a* perdu; dépravé, abject; **V~heit** *f ⟨-, ø⟩* dépravation, bassesse *f*.

verworren [fɛr'-] *a* confus, embrouillé, inextricable; *~e Lage f*, **V~heit** *f* confusion *f*, désordre *m*.

verwund|bar [fɛr'-] *a* vulnérable; *~e Stelle f (fig)* défaut *m* de la cuirasse; **V~barkeit** *f ⟨-, ø⟩* vulnérabilité *f*; **~en** *tr* blesser; **~et** *a* blessé; *leicht, schwer ~* blessé légèrement, grièvement; **V~ete(r)** *m* blessé *m;* **V~ung** *f* blessure *f*.

verwunder|lich [fɛr'-] *a* surprenant, étonnant; *das ist nicht ~* ce n'est pas étonnant; **~n**, *sich* s'étonner, s'émerveiller; *a. tr impers: ich verwundere*

mich nicht, das verwundert mich nicht, das ist nicht zu ~ je ne m'en étonne pas, cela ne m'étonne pas, ce n'est pas étonnant; **V~ung** *f* étonnement, émerveillement *m*, surprise *f*.

verwunschen [fɛr'-] *a (verzaubert)* enchanté.

verwünsch|en [fɛr'-] *tr (verfluchen)* maudire, souhaiter *od* envoyer au diable; **~t** *a* maudit, damné; **~**! malédiction! **V~ung** *f (Fluch)* malédiction, imprécation *f*.

verwurzel|n [fɛr'-] *⟨aux: sein⟩ itr* s'enraciner *a. fig; fig* prendre racine, s'implanter; *fest ~ (fig)* jeter de profondes racines; **~t** *a, a.* fig enraciné; *in etw fest ~ sein* être solidement enraciné, avoir de profondes racines dans qc; *fest im Heimatboden ~ (fig)* profondément attaché à son sol natal; **V~ung** *f* enracinement *m*, implantation *f*.

verwüst|en [fɛr'-] *tr* dévaster, ravager, désoler, ruiner; **V~er** *m ⟨-s, -⟩* dévastateur *m;* **V~ung** *f* dévastation *f*, ravage *m*.

verzag|en [fɛr'-] *itr (den Mut verlieren)* se décourager, perdre courage; **~t** *a* découragé, abattu; *(kleinmütig)* pusillanime; **V~theit** *f* découragement, abattement *m;* pusillanimité *f*.

verzählen [fɛr'-], *sich* se tromper (en comptant).

verzahn|en [fɛr'-] *tr tech* endenter, engrener; *fig (verbinden)* lier; **V~ung** *f tech* engrenage *m*.

verzapf|en [fɛr'-] *tr tech* assembler à tenon; *fig fam pej* débiter, lâcher; **V~ung** *f tech* assemblage *m* à tenon.

verzärtel|n [fɛr'-] *tr* choyer, dorloter; élever dans du coton *od* dans de l'ouate.

verzauber|n [fɛr'-] *tr* ensorceler, enchanter; *fig* charmer; **V~ung** *f* ensorcellement, enchantement *m*.

verzäunen [fɛr'-] *tr* clôturer.

verzehnfachen [fɛr'-] *tr* décupler.

Verzehr *m ⟨-(e)s, ø⟩* [fɛr'tse:r] *(Verbrauch, Zeche)* consommation *f;* **v~en** *tr* consommer, manger (et boire); *sich vor Heimweh, Kummer ~ (fig)* se consumer (*vor* de); **v~end** *a fig* dévorant; **~ung** *f* consommation *f;* **~zwang** *m* consommation *f* obligatoire.

verzeichn|en [fɛr'-] *tr (falsch zeichnen)* dessiner mal; *fig (in e-m Literaturwerk)* mal peindre *od* décrire; *(zs.stellend aufschreiben)* inscrire, noter, faire le relevé de, enregistrer; *es sind drei Unglücksfälle zu ~* trois accidents ont été enregistrés; **V~is** *n ⟨-sses, -sse⟩* relevé, registre *m*, liste *f*.

état, catalogue, index *m*, table *f*, tableau *m; ein ~ anlegen* od *aufstellen* établir od dresser un état; *alphabetische(s) ~ (in e-m Buch)* table *f* alphabétique; **V~ung** *f (Zeichenfehler)* erreur *f* dans le dessin.

verzeih|en [fɛr'-] ⟨*verzeiht, verzieh, hat verziehen*⟩ *tr* pardonner (*jdm etw* qc à qn); *(entschuldigen)* excuser; *etw ~ (a.)* passer l'éponge sur qc; *jdm etw nicht ~ können* en vouloir, tenir rigueur à qn de qc; *~ Sie!* pardonnez-moi, pardon! **~lich** *a* pardonnable; excusable; **V~ung** *f* pardon *m; jdn um ~ bitten* demander pardon à qn; *(ich bitte um) ~!* (je vous demande) pardon!

verzerr|en [fɛr'-] *tr* (dis)tordre, déformer; *sich ~* se contorsionner; **V~ung** *f* contorsion, déformation; *tele radio* déformation (acoustique), distorsion.

verzettel|n [fɛr'-] *tr (auf Zettel schreiben)* noter sur od *(umschreiben)* classer par fiches; *fig (s-e Kräfte, s-e Bemühungen)* disperser; *sich ~ (fig: sich zersplittern)* se disperser, disperser ses forces; **V~ung** *f* classification par fiches; *fig* dispersion *f* des forces.

Verzicht *m* ⟨-(e)s, -e⟩ [fɛr'tsɪçt] renoncement *m*, renonciation *f*, désistement *m*; résignation *f;* **v~en** *itr: auf etw ~* renoncer à qc, se désister de qc, faire abnégation de qc; *sport* déclarer forfait; **~erklärung** *f* déclaration *f* de renonciation; **~leistung** *f* renonciation *f*.

verziehen [fɛr'-] ⟨*verzieht, verzog, verzogen*⟩ *tr* ⟨*aux: haben*⟩ *agr (junge Pflanzen)* démarier, éclaircir; *(Kind)* gâter, mal élever; *itr* ⟨*aux: sein*⟩ *(fort-, umziehen)* déménager; ⟨*aux: haben*⟩ *sich ~ (Holz)* se déjeter, gauchir, prendre du gauche, travailler; *(Stoff)* faire des (faux) plis; *(allmählich verschwinden)* disparaître; *(Gewitter, Wolken, Nebel)* se dissiper; *fam (Mensch: weggehen)* s'évader, s'en aller, partir; *unbekannt verzogen* parti sans laisser d'adresse.

verzier|en [fɛr'-] *tr* orner, ornementer, décorer, parer, enjoliver, embellir, agrémenter; **V~ung** *f* ornement *m*, ornementation *f*, décor *m*, décoration, parure, enjolivure *f; (Handlung)* ornementation, décoration *f*, enjolivement, embellissement *m*.

verzink|en [fɛr'-] *tr (mit Zink überziehen)* zinguer; *(mit Schwalbenschwanzzapfen versehen)* entailler en queue d'aronde; **V~ung** *f* zingage, zincage *m*.

verzinn|en [fɛr'-] *tr* étamer; **V~ung** *f*

(Vorgang) étamage *m; (Zinnschicht)* étamure *f*.

verzins|bar [fɛr'-] *a* productif d'intérêts; **~en** *tr* payer des intérêts pour od les intérêts de; *sich ~* rapporter des intérêts, rendre; **~lich** *a u. adv* à intérêt; **V~ung** *f* paiement *m* des intérêts.

verzogen [fɛr'-] *a (Kind)* gâté; *(Holz)* déjeté, gauchi.

verzöger|n [fɛr'-] *tr (verlangsamen)* ralentir, retarder; *(in die Länge ziehen, hinausschieben)* traîner, différer; *sich ~* traîner en longueur, se faire attendre; **V~ung** *f* ralentissement, retard(ement) *m; longueurs, lenteurs f pl*, délai *m; tech* décélération *f;* **V~ungstaktik** *f* manœuvres *f pl* dilatoires; **V~ungszünder** *m mil* fusée *f* à retardement.

verzoll|en [fɛr'-] *tr* payer les droits de douane od la douane pour, dédouaner; *haben Sie etwas zu ~?* avez-vous qc à déclarer? **~t** *a* libre des droits de douane; **V~ung** *f* paiement *m* des droits de douane.

verzück|en [fɛr'-] *tr* enchanter, ravir; **~t** *a* extasié, en extase, ravi; *aux anges;* **V~ung** *f* extase *f; fig* ravissement *m; in ~ geraten* tomber en extase, s'extasier.

Verzug *m* ⟨-(e)s, ø⟩ [fɛr'tsu:k] *(Verzögerung, Verspätung)* délai, retard *m; bei ~* en cas de retard; *ohne ~* sans délai; *in ~ geraten, sein (mit e-r Zahlung)* se mettre, être en demeure; *Gefahr ist im ~* il y a a péril en la demeure; **~sstrafe** *f* peine *f* de retard; **~szinsen** *pl* intérêts *m pl* moratoires od de retard; **~szuschlag** *m* supplément *m* de retard.

verzweif|eln [fɛr'-] *itr* (se) désespérer *(an etw* de qc); *es ist zum V~!* c'est à désespérer; **~elt** *a (Mensch u. Sache)* désespéré; *ganz ~ sein (a.)* s'effondrer dans le désespoir; **V~lung** *f* désespoir *m; jdn zur ~ bringen* mettre od réduire qn au désespoir; désespérer qn, être le désespoir de qn; *in ~ geraten* se désespérer, perdre espoir; *jdn in die ~ stürzen* plonger qn dans le désespoir; *das bringt mich noch zur ~!* ça me désespère, je suis au désespoir; **V~lungsstat** *f* coup *m* de désespoir.

verzweig|en [fɛr'-], *sich* se ramifier; **V~ung** *f* ramification *f*.

verzwickt [fɛr'-] *a* compliqué; inextricable; **V~heit** *f* complication *f*.

Vesper *f* ⟨-, -n⟩ ['fɛspər] *(Spätnachmittag)* après-midi *m; rel* vêpres *f pl; (~brot)* goûter *m;* **v~n** *itr (e-n Nach-*

mittagsimbiß einnehmen) goûter; *pop* casser la croûte.

Vestalin *f* ⟨-, -nnen⟩ [vɛs'ta:lɪn] *rel hist* vestale *f.*

Vestibül *n* ⟨-s, -e⟩ [vɛsti'by:l] *arch* vestibule *m.*

Vesuv [ve'zu:f], *der, geog* le Vésuve.

Veteran *m* ⟨-en, -en⟩ [vete'ra:n] vétéran *m.*

Veterinär|(arzt) *m* ⟨-s, -e⟩ [veteri'nɛ:r(-)] *(Militärtierarzt)* (médecin) vétérinaire *m;* **v~ärztlich** *a* vétérinaire; **~medizin** *f* médecine *f* vétérinaire.

Veto *n* ⟨-s, -s⟩ ['ve:to] *(Einspruch)* veto *m; sein ~ gegen etw einlegen* mettre son veto à qc; **~recht** *n pol* droit *m* de veto.

Vettel *f* ⟨-, -n⟩ ['fɛtəl] *pej (unordentl. altes Weib)* vieille salope *f.*

Vetter *m* ⟨-s, -n⟩ ['fɛtər] cousin *m; ~ 1., 2. Grades* cousin *m* germain, issu de germains; **~nwirtschaft** *f pej* népotisme *m.*

Vexier|bild *n* [vɛ'ksi:r-] image *f* d'attrape; **v~en** *tr (quälen)* vexer; *(necken)* taquiner; *(irreführen)* mystifier; **~spiegel** *m* glace *f* déformante.

Via|dukt *m* ⟨-(e)s, -e⟩ [via'dʊkt] *(Brücke über ein Tal)* viaduc *m;* **~tikum** *n* ⟨-s, -ka/-ken⟩ [vi'a:tikum, -ka/-kən] *rel* viatique *m.*

Vibr|aphon *n* ⟨-s, -e⟩ [vibra'fo:n] *mus* vibraphone *m;* **~ation** *f* ⟨-, -en⟩ [-tsi'o:n] *(Schwingung)* vibration *f;* **~ationsmassage** *f* massage *m* vibratoire; **~ator** *m* ⟨-s, -oren⟩ [vi'bra:tor, -'to:rən] *el* vibrateur; *(zur Massage)* vibromasseur *m;* **v~ieren** [-'bri:rən] *itr* vibrer, osciller.

Video *n* ⟨-s, ø⟩ ['vi:deo] vidéo *f; (in Zssgen)* magnétoscopique; **~aufnahme** *f* enregistrement *m* vidéo *od* sur magnétoscope; **~band** *n* bande *f* de magnétoscope; **~film** *m* film *m* vidéo; **~gerät** *n* magnétoscope *m;* **v~grafieren** *tr* magnétoscoper; **~kamera** *f* caméra *f* vidéo; **~kassette** *f* vidéocassette *f;* **~(kassetten)recorder** *m* magnétoscope *m;* **~telefon** *n* vidéo(télé)phone *m;* **~text** *m* vidéotex *m;* **~thek** *f* ⟨-, -en⟩ vidéothèque *f;* **~überwachung** *f* surveillance *f* par télévision en circuit fermé.

Viech *n* ⟨-(e)s, -er⟩ [fi:ç] *pop hum (Tier)* bête *f.*

Vieh *n* ⟨-(e)s, ø⟩ [fi:] bétail *m;* bestiaux *m pl; lebende(s) ~* bétail *m* vivant *od* sur pied; *20 Stück ~* vingt têtes *f pl* de bétail; *(Tier)* animal *m;* **~bestand** *m* cheptel *m;* **~futter** *n* fourrage *m;* **~halter** *m* possesseur *m* de bétail;

~handel *m* commerce *m* de bétail; **~händler** *m* marchand *m* de bestiaux; **~herde** *f* troupeau *m;* **v~isch** *a* bestial, brutal; **~markt** *m* marché *m* aux bestiaux; **~reiher** *m orn* garde-bœuf *m;* **~seuche** *f* épizootie *f;* **~tränke** *f* abreuvoir *m;* **~treiber** *m* toucheur *m;* **~wagen** *m loc* wagon *m* à bestiaux; **~zählung** *f* recensement *m* du bétail; **~zucht** *f* élevage *m;* production *f* animale; **~züchter** *m* éleveur *m.*

viel [fi:l] *a* beaucoup (de); *fam* pas mal (de); quantité (de); *ein bißchen ~* un peu trop; *gar od ziemlich ~* assez (de), pas mal (de); *recht od sehr ~* beaucoup (de); bien du, de la, des; *so ~* tant; *wie od welch ~e ...* combien de ...; *zu ~* trop; *~ zuviel* beaucoup trop; *durch ~es Lesen* à force de lire; *~ kosten, sagen, wissen* coûter, dire, savoir beaucoup; *~ zu tun haben* avoir beaucoup *od* fort à faire; *danach frage ich nicht ~ (fig)* cela ne m'intéresse pas beaucoup; *es fehlt ~ daran* il s'en faut de beaucoup; *es fehlte nicht ~ (daran)* il s'en fallut de peu; *das will ~ heißen* ce n'est pas rien, cela en dit long; *es waren ihrer ~e* ils étaient beaucoup; *das ist ein bißchen ~ (auf einmal)* c'est trop (à la fois); *fam* c'est un peu beaucoup (à la fois); *mit ihm ist nicht ~ los* ce n'est pas un as, on ne peut pas attendre grand-chose de lui; *~ Wein, Milch, Wasser* beaucoup de vin, de lait, d'eau; *~(e) Häuser* beaucoup de maisons; *~(e) hundert Bücher* des centaines et des centaines de livres; *adv* beaucoup; *~ reisen* voyager beaucoup; *~ besser, größer, zu klein* beaucoup mieux, plus grand, trop petit; **~bändig** *a (literar. Werk)* en plusieurs volumes; **~beschäftigt** *a* très occupé *od* affairé; **~besprochen** *a* dont on parle beaucoup *od* partout; **~deutig** *a* équivoque, ambigu; **V~deutigkeit** *f* équivoque, ambiguïté *f;* **V~eck** *n math* polygone *m;* **~eckig** *a* polygonal; **V~ehe** *f* polygamie *f;* **~erlei** ['-laɪ] *a* divers, de toutes sortes, toutes sortes de; **~erorts** *adv* à beaucoup d'endroits; **~fach** *a* multiple; *adv (häufig)* maintes fois, souvent; *~e(r) Millionär m* multimillionnaire *m;* **V~fachgerät** *n* appareil *m* à fins multiples; **V~fachschaltung** *f tele* multiplage *m;* **V~fachstecker** *m el* prise *f* multiple; **V~fahrer** *m mot* personne *f* qui roule *od* conduit beaucoup; **V~falt** *f* ⟨-, ø⟩ multiplicité; diversité *f;* **~fältig** *a* multiple; divers; **V~fältigkeit** *f* =

V~falt; ~farbig a multicolore;
V~flach n ⟨-(e)s, -e⟩ math polyèdre
m; ~flächig a math polyédrique;
V~fraß m zoo glouton; fig (Mensch)
a. goinfre; fam bâfreur; pop gueulard,
brifeur m; ~gebraucht a beaucoup
usité; ~geliebt a bien-aimé; ~ge-
nannt a beaucoup mentionné; ~ge-
prüft a fort éprouvé; ~gereist a qui
a beaucoup voyagé; ~geschmäht a
beaucoup diffamé od calomnié; ~ge-
staltig a multiforme, protéiforme;
V~gestaltigkeit f caractère m multiforme; ~glied(e)rig a: ~e Größe f
(math) polynôme m; V~götterei f
polythéisme m; V~heit f ⟨-, ø⟩ multiplicité, pluralité; multitude f; ~köp-
fig a (zahlreich) nombreux; ~leicht
[fi'laıçt] adv peut-être, par hasard;
V~liebchen n ⟨-s, -⟩ [fi:l'li:pçən]
(Brauch) philippine f; ~malig a f;
fréquent, souvent répété, réitéré;
~mal(s) adv (oft) souvent, bien des
fois; V~männerei f ⟨-, ø⟩ [-mɛnə'raı]
polyandrie f; ~mehr adv plutôt, bien
plus; (im Gegenteil) au contraire;
~sagend a qui en dit long, significatif, expressif, évocateur; (Blick) parlant; ~schichtig a multiple;
V~schreiber m pej griffonneur; pop
pondeur m (de prose); V~schreibe-
rei f griffonnage m; ~seitig a varié;
(Mensch) aux talents multiples; très
cultivé; auf ~en Wunsch selon le
désir de nombreux auditeurs; V~sei-
tigkeit f talents m pl multiples; culture f étendue; V~seitigkeitsprü-
fung f sport épreuve f combinée;
~silbig a gram polysyllabique;
~sprachig a polyglotte; ~stimmig
a à plusieurs voix; ~tausendmal
[-'tauzənt-] adv des milliers et des
milliers de fois; ~verheißend a,
~versprechend a prometteur;
V~völkerstaat m pays m multiracial; V~weiberei f polygamie f;
V~wisser m fam je-sais-tout m, encyclopédie f vivante; V~zahl f multiplicité f; ~zellig a biol multicellulai-
re.

vier [fi:r] (Zahlwort) quatre; auf allen
~en à quatre pattes; zu ~en od ~t à
quatre; V~ f quatre m; V~-Augen-
-Gespräch n conversation f od entretien m entre quatre yeux; V~bei-
ner m ⟨-s, -⟩ (Tier) quadrupède m;
~beinig a quadrupède; ~blätt(e)rig
a à quatre feuilles; scient quadrifolié;
~dimensional a à quatre dimensions; V~eck n quadrilatère; (Qua-
drat) carré m; ~eckig a quadrangu-
laire; (quadratisch) carré; V~er m
⟨-s, -⟩ = V~; (Ruderboot) canot m

(de course) à quatre rameurs; quatre
m; V~erkabel n el quarte f; V~er-
konferenz f pol conférence f quadripartite od à quatre; ~erlei ['-laı] a
de quatre sortes od espèces; V~er-
treffen n pol rencontre f à quatre;
~fach a quadruple; V~farben-
druck m ⟨-(e)s, -e⟩ typ quadrichro-
mie f; V~farbenstift m porte-mine
m à quatre couleurs; V~flach n
⟨-(e)s, -e⟩ V~flächner m ⟨-s, -⟩ math
tétraèdre m; V~fürst m hist
tétrarque m; ~füßig a = ~beinig;
V~füß(l)er m ⟨-s, -⟩ = ~beiner;
V~ganggetriebe n boîte f à quatre
vitesses; V~gespann n attelage de
quatre chevaux; hist quadrige m;
~gestrichen a mus barré; V~hän-
der m ⟨-s, -⟩ (Affe) quadrumane m;
v~händig a u. adv mus à quatre
mains; ~hundert (Zahlwort) quatre
cent(s); V~jahresplan m pol plan m
quadriennal od de quatre ans; ~jäh-
rig a (âgé) de quatre ans; V~kant n
od m ⟨-(e)s, -e⟩ (v~iges Stück) qua-
tre-pans m; V~kanteisen n fer m
carré; ~kantig a à quatre pans;
V~kantmutter f tech écrou m à
quatre pans; V~kantschlüssel m
clé f à quatre pans; V~kantstahl m
acier m carré; V~linge m pl qua-
druplés m pl; V~mächteabkom-
men n pol [fi:r'mɛçtə-] convention f
quadripartite; V~mächtekonfe-
renz f = V~erkonferenz; ~mal adv
quatre fois; ~malig a quadruple, fait
od répété quatre fois; V~master m
⟨-s, -⟩ mar quatre-mâts m; ~motorig
a aero quadrimoteur; ~e(s) Flugzeug
n quadrimoteur m; V~paß m ⟨-sses,
-sse⟩ ['-pas] arch quatre-feuilles m;
V~radantrieb m, V~radbremse f
propulsion f, frein m à quatre roues;
~räd(e)rig a à quatre roues;
~schrötig a (untersetzt, kräftig)
taillé à coups de hache, carré, trapu;
V~sitzer m ⟨-s, -⟩ mot quatre-places
m; ~sitzig a mot à quatre places;
V~spänner m ⟨-s, -⟩ ['-ʃpɛnər] Pferdewagen) voiture f attelée de quatre
chevaux; ~spännig a à quatre chevaux; ~spurig a (Autobahn) à quatre voies; ~stellig a (Zahl) de quatre
chiffres; ~stimmig a mus à quatre
voix od parties; ~stöckig a arch à
quatre étages; V~taktmotor m,
V~taktprozeß m mot moteur, cycle
m à quatre temps; ~tägig a de quatre jours; ~tausend (Zahlwort) quatre mille; ⟨er viertteilt, hat ge-
viertteilt⟩ tr hist écarteler; ~teilig a
de quatre pièces; V~tel n ⟨-s, -⟩
['fırtəl] quart; (Stadt-, Mondviertel)

quartier *m; drei v~ Liter n pl* trois quarts *m pl* de litre; *drei v~ Stunden f pl* trois quarts *m pl* d'heure; *ein ~ vor zwei heures* moins le quart; *ein ~ nach zwei* deux heures un quart; *erste(s), letzte(s) ~ (des Mondes)* premier, dernier quartier *m* (de la lune); **V~teldrehung** *f* quart *m* de tour; **V~teljahr** *n* [firtəl'jaːr] trois mois *m pl,* trimestre *m;* **V~teljahrhundert** *n* quart *m* de siècle; **~teljährig** *a (ein V~teljahr alt od dauernd)* de trois mois; **~teljährlich** *a (alle V~teljahre wiederkehrend)* trimestriel; *adv* tous les trois mois, par trimestre; **V~teljahrsschrift** *f* revue *f* trimestrielle; **V~telliter** *m* od *n* quart *m* de litre; **~teln** *a (in vier Teile teilen)* partager en quatre; **V~telnote** *f mus* noire *f;* **V~telpause** *f mus* soupir *m;* **V~telpfund** *n* quart *m* de livre; **V~telstunde** *f* quart *m* d'heure; **v~telstündig** *a* d'un quart d'heure; **v~telstündlich** *adv* tous les quarts d'heure; **~tens** *adv* quatrièmement; **~te(r, s)** ['fiːrtə-] *a* quatrième; **~ten** *Grades (math)* bicarré; **V~ung** *f arch* intersection de la nef, croisée *f* (de transept); **V~ungspfeiler** *m arch* pilier *m* de la croisée; **V~vierteltakt** *m mus* mesure *f* à quatre temps; **V~waldstätter See,** *der* le lac des Quatre-Cantons; **~zehn** ['fírtseːn] *(Zahlwort)* quatorze; *~ Tage m pl* quinze jours *m pl; heute, morgen, Montag in ~ Tagen* (d'aujourd'hui, (de) demain, (de) lundi en quinze; **~zehntägig** *a* bihebdomadaire; **V~zehntel** *n* quatorzième *m;* **~zehnte(r, s)** *a* quatorzième; **V~zeiler** *m ‹-s, -› (~zeiliges Gedicht)* quatrain *m;* **~zig** ['fírtsiç] *(Zahlwort)* quarante; **V~zigstel** *n* quarantième *m;* **~zigste(r, s)** *a* quarantième; **V~zigstundenwoche** *f* semaine *f* de quarante heures; **V~zimmerwohnung** *f* quatre pièces *m.*

Vietnam *n* [vict'nam] le Viêt-nam; **~ese** *m ‹-n, -n›* [-na'meːzə], **~esin** *f* Viêtnamien, ne *m f;* **v~esisch** [-na'meːzɪʃ] *a* viêtnamien.

Vignette *f ‹-, -n›* [vɪn'jɛtə] *typ* vignette *f.*

Vigogne(wolle) *f ‹-, -n›* [vi'gɔnjə] vigogne *f.*

Vikar *m ‹-s, -e›* [vi'kaːr] *rel* vicaire *m; ~iat n ‹-(e)s, -e›* [-kari'aːt] vicariat *m.*

Viktoria [vik'toːria] *f (Sieg): ~ rufen* crier victoire.

Vikunja *n ‹-s, -s›* od *f ‹-, -jen›* [vi'kunja] *zoo* vigogne *f;* **~wolle** *f =* *Vigognewolle.*

Vill\|a *f ‹-, -llen›* ['vɪla] villa *f;* **~enviertel** *n* quartier *m* résidentiel (de villas).

Viol\|a *f ‹-, -len›* [vi'oːla] *mus (Bratsche)* viole *f,* alto *m;* **~ine** *f ‹-, -n›* [-o'liːnə] *(Geige)* violon *m;* **~inist** *m ‹-en, -en›* [-li'nɪst] *(Geiger)* violoniste *m;* **~inkonzert** *n* [-'liːn-] récital de violon; *(Werk)* concerto *m* pour violon; **~inschlüssel** *m mus* clé *f* de sol; **~oncell(o)** *n ‹-s, -e›* [-lɔn'tʃɛl(o)] *(Kniegeige)* violoncelle *m;* **~oncellist** *m ‹-en, -en›* [-'lɪst] violoncelliste *m.*

violett [vio'lɛt] *a (veilchenblau)* violet; violacé; *sich ~ färben* violacer.

Viper *f ‹-, -n›* ['viːpər] *zoo* vipère *f.*

Virginia *n* [vɪr'giːnia, vir'dʒiːnia] *geog* la Virginie.

viril [vi'riːl] *a (männlich)* viril; **V~ität** *f ‹-, ø›* [-rili'tɛːt] virilité *f.*

Virolog\|ie *f ‹-, ø›* [virolo'giː] *med* virologie *f;* **v~isch** [-'loːgɪʃ] *a* virologique.

virtuell [vɪrtu'ɛl] *a (der Möglichkeit nach vorhanden)* virtuel.

virtuos [vɪrtu'oːs] *a (meisterhaft)* de maître; **V~e** *m ‹-n, -n›* [-'oːzə] *mus* virtuose *m;* **V~entum** *n ‹-s, ø›,* **V~ität** *f ‹-, ø›* [-zi 'tɛːt] virtuosité *f.*

virulent [viru'lɛnt] *a med (ansteckend)* virulent; **V~ulenz** *f ‹-, ø›* [-'lɛnts] virulence *f;* **V~us** *n, a. m ‹-, -ren›* ['viːrus] *(Krankheitserreger)* virus *m;* **V~uskrankheit** *f* maladie *f* à virus.

Visage *f ‹-, -n›* [vi'zaːʒə] *fam pej (Gesicht)* tranche, bouille *f.*

vis-à-vis [viza'viː] *adv (gegenüber)* vis-à-vis, en face.

Visavis *n ‹-, -›* [-'viː], gen [-'viː(s)], pl [-'viːs] *(Gegenüber)* vis-à-vis *m.*

Vis\|ier *n ‹-s, -e›* [vi'ziːr] *(am Helm)* visière; *(am Gewehr)* hausse *f; (am Geschütz)* cran *m* de mire; *mit offenem ~ (fig: unverhüllt)* à visage découvert; **v~ieren** [-'ziːrən] *itr (schauen, trachten)* viser *(nach etw* à qc); *tr (eichen)* jauger; *(mit e-m versehen)* viser; *(beglaubigen)* certifier; **~ierlinie** *f* ligne *f* de mire; **~iervorrichtung** *f* appareil *m* de visée; **~ion** *f ‹-, -en›* [-zi'oːn] vision *f;* **v~ionär** [-sio'nɛːr] *a (seherisch)* visionnaire; **~itation** *f ‹-, -en›* [-zitatsi'oːn] *(Besichtigung, Untersuchung)* visite, inspection *f;* **~ite** *f ‹-, -n›* [-'ziːtə] *med* visite *f* médicale; **~itenkarte** *f* carte *f* (de visite); **v~itieren** [-zi'tiːrən] *tr (unter-, durchsuchen)* visiter, faire la révision *od* inspection de, fouiller; **v~uell** [-zu'ɛl] *a (Seh-)* visuel; **~um** *n ‹-s, -sa/-sen›* ['viːzum, -zən/za] *adm* visa *m.*

viskos [vɪs'koːs] *a (zähflüssig)* vis-

queux; **V~e** f ⟨-, ø⟩ chem tech viscose
f; **V~ität** f ⟨-, ø⟩ [-kozi'tɛ:t] viscosité
f.
vital [vi'ta:l] a biol u. fig (lebenswich-
tig) vital; **V~ismus** m ⟨-, ø⟩
[-ta'lɪsmʊs] philos vitalisme m; **V~i-
tät** f ⟨-, ø⟩ [-li'tɛ:t] (Lebenskraft) vitalité f.
Vitamin n ⟨-s/(-), -e⟩ [vita'mi:n] vita-
mine f; des Vitamin(s) C de la vita-
mine C; **v~arm** a, **v~reich** a pauvre,
riche en vitamines; **v~(is)ieren**
[-mi'ni:rən, -ni'zi:rən] tr (mit ~en anreichern) vitaminer; **~mangel** m avi-
taminose f.
Vitrine f ⟨-, -n⟩ [vi'tri:nə] (Schauka-
sten, -schrank) vitrine f.
Vitriol n ⟨-s, -e⟩ [vitri'o:l] chem vitriol
m; mit ~ spritzen (agr) vitrioler, sulfater; **v~haltig** a vitriolé; **~lösung** f
solution f de vitriol; **~öl** n huile f de
vitriol, acide m sulfurique concentré;
~spritze f agr sulfateuse f.
vivat ['vi:vat] interj (es lebe ...!) vive
...! **V~** n ⟨-s, -s⟩ vivat m.
Vivisektion f-en⟩ [vivizɛktsi'o:n] vivi-
section f.
Vize|admiral m ['fi-/'vi:tsə-] vice-ami-
ral m; **~kanzler** m vice-chancelier m;
~könig m vice-roi m; **~konsul** m vi-
ce-consul m; **~präsident** m vice-
-président m.
Vlies n ⟨-es, -e⟩ [fli:s, '-zə] (Schaffell)
toison f; das Goldene ~ la toison
d'or.
Vogel m ⟨-s, ⁛⟩ ['fo:gəl] oiseau m; den
~ abschießen (fig) décrocher la timbale; fam avoir le pompon; e-n ~ haben (fam: verrückt sein) avoir une
araignée au plafond, avoir le timbre
fêlé; jdm den ~ zeigen (fam) faire
signe à qn qu'il a un grain; Sie haben
den ~ abgeschossen (fig) à vous le
pompon fam; der ~ ist ausgeflogen
(fig) l'oiseau n'y est plus od s'est en-
volé; lockere(r) ~ (fig) loustic m;
~bauer n, a. m cage; volière f;
~beerbaum m sorbier m; **~beere** f
sorbe f; **~dünger** m guano m; **~fang**
m oisellerie f; **~fänger** m oiseleur m;
~flug m vol m d'oiseau; **v~frei** a
hors la loi; für ~ erklären mettre
hors la loi; **~futter** n graines f pl
pour les oiseaux; **~gesang** et chant
m des oiseaux; **~händler** m oiselier
m; **~haus** n volière f; **~kirsche** f bot
(Baum) merisier m; (Frucht) merise
f; **~leim** m glue f; **~miere** f bot
mouron m; **~nest** n nid m d'oiseau;
~perspektive f perspective f
aérienne; **~schau** f: aus der ~ à vol
d'oiseau; **~scheuche** f épouvantail
m; **~schutz** m protection f des

oiseaux; **~steller** m oiseleur m;
~-Strauß-Politik f politique f de
l'autruche; **~warte** f station f orni-
thologique; **~zucht** f oisellerie f, élevage m des oiseaux; **~zug** m passage
m des oiseaux.
Vög|elchen n ['fø:gəl-], **~lein** n petit
oiseau m.
Vogesen [vo'ge:zən], die, pl geog les
Vosges f pl.
Vogler m ⟨-s, -⟩ ['fo:glər] = Vogelsteller.
Vogt m ⟨-(e)s, ⁛e⟩ [fo:kt, 'fø:ktə] hist
bailli m.
Voile m ⟨-, -s⟩ [vo'a:l] (Stoff) voile m.
Vok|abel f ⟨-, -n⟩ [vo'ka:bəl] (Wort)
vocable, mot m; **~abular** n ⟨-s, -e⟩
[-kabu'la:r], **~abularium** n ⟨-s, -rien⟩
[-'la:riʊm, -riən] vocabulaire m; **~al** m
⟨-s, -e⟩ [-'ka:l] gram voyelle f; **~ali-
sation** f ⟨-, -en⟩ [-kalizatsi'o:n] gram
vocalisation f; **v~alisch** [-ka:lɪʃ] a
vocal; **v~alisieren** [-kali'zi:rən] itr
mus solfier, vocaliser; **~almusik** f
musique f vocale; **~ativ** m ⟨-s, -e⟩
['vo(:)-, voka'ti:f] gram vocatif m.
Volk n ⟨-(e)s, ⁛er⟩ [fɔlk, 'fœlkər] (Nation) peuple m, nation f; (die unteren
Klassen) peuple, commun, vulgaire
m; fam (~smenge) foule, masse f;
(Leute) gens pl; (Rebhühner) volée f;
aus dem ~e (von geringer Herkunft)
du peuple; fahrende(s) ~ gens pl du
voyage; das gemeine od niedere ~ le
bas peuple, la populace, la plèbe; pop
le populo; das junge ~ (die jungen
Leute) les jeunes m pl; das kleine ~
(die Kinder) les enfants m pl; die
Stimme des ~es la voix du peuple od
publique; das Vertrauen des ~es
(pol) la confiance populaire; **v~arm**
a peu peuplé; **~heit** f ⟨-, ø⟩ (innere
nationale Einheit) nationalité f;
v~reich a très peuplé.
Völk|chen n ['fœlk-], **~lein** n hum
bande f, groupe m; **v~isch** a national.
Völker|bund ['fœlkər-] m hist Société
f des Nations; **~kunde** f ethnologie
f; **~kundler** m ⟨-s, -⟩ ethnologue m;
v~kundlich a ethnologique; **~mord**
m génocide m; **~psychologie** f psychologie f des peuples; **~recht** n
droit m international od des gens;
v~rechtlich a de droit international;
~schaft f peuplade f; **~schlacht,**
die (bei Leipzig 1813) la bataille des
Nations; **~versöhnung** f réconcilia-
tion f des peuples; **~verständigung**
f entente f entre les peuples; **~wan-
derung,** die (hist) la migration des
peuples, les grandes invasions f pl.
Volks|abstimmung f ['fɔlks-] pol

plébiscite, référendum *m;* ~**armee** *f* *(in der DDR)* armée *f* populaire; ~**armist** *m* ⟨-en, -en⟩ membre *m* de l'armée populaire; ~**ausgabe** *f* *(e-s Buches)* édition *f* populaire; ~**bad** *n* bain *m* public; ~**beauftragte(r)** *m* *pol* délégué *od* mandataire *m* du peuple; ~**befragung** *f* consultation *f* (populaire); ~**begehren** *n* *pol* initiative *f* populaire *od* de plébiscite; ~**belustigung** *f* réjouissance *f* publique; ~**bildung** *f* éducation *f* du peuple; ~**bücherei** *f* bibliothèque *f* publique; ~**demokratie** *f* *pol* démocratie *f* populaire; ~**deutsche(r)** *m* Allemand *m* ethnique; ~**dichte** *f* densité *f* démographique; ~**dichtung** *f* poésie *f* populaire *od* de plébiscite; ~**eigen** *a* socialisé; nationalisé; ~**eigentum** *n* propriété *f* du peuple *od* nationale; ~**einkommen** *n* revenu *m* national; ~**entscheid** *m* *pol* référendum, plébiscite *m;* ~**erhebung** *f* levée *f* en masse; ~**etymologie** *f* *gram* étymologie *f* populaire; ~**feind** *m*, ~**freund** *m* ennemi, ami *m* du peuple; ~**fest** *n* fête folklorique; kermesse *f;* ~**front** *f* *pol* front *m* populaire; ~**geist** *m* esprit *m* national; ~**gemeinschaft** *f* communauté *f* nationale; ~**gemurmel** *n* voix *f* *pl* entremêlées *od* indistinctes; ~**genosse** *m* compatriote, concitoyen *m;* ~**gerichtshof** *m* tribunal *m* du peuple; ~**gesundheit** *f* santé *f* publique; ~**glaube** *m* croyance *f* populaire; ~**gruppe** *f* communauté *f* nationale; ~**held** *m* héros *m* du peuple *od* national; ~**herrschaft** *f* démocratie, souveraineté *f* du peuple; ~**hochschule** *f* université *f* populaire; ~**küche** *f* restaurant *m* communautaire, soupe *f* populaire; ~**kunde** *f* folklore *m;* ~**kundler** *m* ⟨-s, -⟩ folkloriste *m;* **v**~**kundlich** *a* folklorique; ~**kunst** *f* art *m* populaire *od* folklorique; ~**lied** *n* chanson *f* populaire *od* folklorique; ~**märchen** *n* conte *m* populaire; **v**~**mäßig** *a* populaire; ~**meinung** *f* opinion populaire; rumeur *f* publique; ~**menge** *f* masse(s *pl*) *f* populaire(s); ~**mund,** *der* le peuple; *im* ~ dans le langage populaire; ~**partei** *f* parti *m* du peuple *od* populaire; ~**polizei** *f* police *f* populaire; ~**redner** *m* orateur populaire, tribun *m;* ~**religion** *f* religion *f* nationale; ~**republik** *f* république *f* populaire; ~**richter** *m* juge *m* populaire; ~**schicht** *f* couche *f* sociale; ~**schule** *f* école *f* primaire; ~**schüler** *m* élève *m* de l'école primaire; ~**schullehrer(in** *f)* *m* instituteur, trice pri-

maire; maître, tresse *m* *f* d'école; ~**schulunterricht** *m,* ~**schulwesen** *n* enseignement *m* *od* instruction *f* primaire; ~**seele** *f* âme *f* du peuple; ~**sprache** *f* langage *m* populaire *od* du peuple; *(Sprache des niederen Volkes)* langue *f* vulgaire; ~**staat** *m* État *m* populaire; ~**stamm** *m* peuplade, tribu *f;* ~**stück** *n* *theat* opéra-comique *m;* ~**tanz** *m* danse *f* populaire *od* folklorique; ~**tracht** *f* costume *m* régional *od* de pays; ~**tribun** *m* *hist* tribun *m* populaire; ~**tum** *n* ⟨-s, ø⟩ nationalité *f,* caractère *m* national; **v**~**tümlich** *a* populaire; ~**tümlichkeit** *f* ⟨-, ø⟩ popularité *f;* **v**~**verbunden** *a* lié au peuple; ~**verhetzung** *f* agitation *f* (populaire); ~**vermögen** *n* fortune *f* nationale; ~**versammlung** *f* réunion *f* populaire; ~**vertreter** *m* représentant *od* mandataire *m* du peuple; ~**vertretung** *f* représentation *f* nationale *od* du peuple; ~**wirt** *m* économiste *m;* ~**wirtschaft** *f* économie *f* politique; **v**~**wirtschaftlich** *a* économique; ~**wohl** *n* bien *m* public; ~**wohlfahrt** *f* salut *m* public; ~**zählung** *f* recensement *m* de la population.

voll [fol] *a* *(gefüllt)* plein, rempli, comble; ~*(er) Wein, Geld, Äpfel, Menschen, Liebe, Sorgen* plein de vin, d'argent, de pommes, d'hommes, d'amour, de soucis; *(füllig, rundlich)* rempli, rond, bien en chair; *(Mond; Töne)* plein; *(~ständig, ganz)* plein, entier, tout; bon; *adv (ganz)* pleinement, entièrement; *in* ~*em Ernst* très sérieusement; *in* ~*er Kraft* en pleine force; *in* ~*en Zügen (trinken)* à longs traits; ~ *und ganz* pleinement, entièrement; *den* ~*en Preis bezahlen (Fahr-, Eintrittspreis)* payer plein tarif; *(in e-m Geschäft)* payer le prix ordinaire; *noch* ~*es Haar haben* avoir encore tous ses cheveux; *ein* ~*es Haus haben (theat)* faire salle comble; *zu jdm* ~*es Vertrauen haben* avoir pleine confiance *od* confiance entière en qn; ~*zu Geltung kommen* pouvoir donner toute sa mesure; *im* ~*en leben* vivre largement; *jdn nicht für* ~ *nehmen* ne pas prendre qn au sérieux; *den Mund* ~ *nehmen* prendre une grande bouchée; *fig fam (prahlen)* hausser la chanterelle; *die* ~*e Wahrheit sagen* dire toute la vérité; *aus dem* ~*en schöpfen (fig)* dépenser sans compter; *immer* ~ *sein (a.)* ne pas désemplir; *alle Hände* ~ *zu tun haben* avoir beaucoup de besogne sur les bras; *es schlägt* ~ il sonne l'heure; *gerammelt od gerap-*

pelt od *gepfropft* od *gestopft* ~
(Raum) plein à craquer; *gestrichen* ~
plein à ras bords; *halb~* à moitié
(plein); ~ *besetzt* complet; ~*e zwei
Jahre n pl* deux ans *m pl* entiers; ~*e
drei Stunden f pl a.* trois heures *f pl*
d'horloge; ~**auf** ['--/-'-] *adv* largement, abondamment; **V~automat** *m*
machine *f* entièrement automatique;
~**automatisch** *a* entièrement automatique; **V~bad** *n* grand bain *m;*
V~bart *m* grande barbe *f; e-n* ~ *tragen* porter toute sa barbe; ~**beschäftigt** *a* en plein emploi; **V~be-
schäftigung** *f* plein emploi *m;*
V~besitz *m: im* ~ *s-r Kräfte* dans la
plénitude de ses forces; ~**blütig** *a
med* pléthorique; **V~blütigkeit** *f
med* pléthore *f;* **V~blut(pferd)** *n*
(cheval) pur sang *m;* **V~bremsung** *f*
freinage *m* à fond; ~**bringen**
⟨*vollbringt, vollbrachte, hat voll-
bracht*⟩ ['-'--] *tr* accomplir, achever,
venir à bout de; consommer; *(ausführen)* exécuter; s'acquitter de;
V~bringung [-'--] *f* accomplissement, achèvement *m;* consommation;
exécution *f;* **V~dampf** *m: mit* ~ *(fig)*
à toute vapeur *od* vitesse; ~**enden**
[fɔl'ʔɛndən/fo'lɛndən] *tr* accomplir,
achever; parfaire, mettre à bonne fin;
consommer; *(beenden)* finir; ~**endet**
a parfait, accompli; *(jdn vor)* ~*e Tat-
sache(n stellen* mettre qn devant le)
fait *m* accompli; ~**ends** ['fɔlɛnts] *adv*
entièrement, complètement, tout à
fait; ~ *etw tun* achever de faire qc;
V~endung ['--] *f* accomplissement,
achèvement *m,* consommation, finition; *(Zustand)* perfection *f; mit der*
od nach ~ *des 80. Lebensjahres* à 80
ans révolus; ~**=fressen,** *sich* se
bourrer l'estomac, bâfrer; ~**führen**
['--] *tr* (~*bringen)* accomplir, achever, consommer; *(ausführen)* exécuter, s'acquitter de; *(machen)* faire;
(verwirklichen) réaliser; ~**=füllen** *tr*
remplir jusqu'au bord; **V~gas** *n: mit*
~ à plein gaz *od* régime; ~ *geben*
rouler à plein gaz; **V~gasleistung** *f
mot* puissance *f* plein gaz *od* à pleine
admission; ~**gefressen** *a fam* plein
comme un œuf; **V~gefühl** *n: im* ~
s-r Kräfte pleinement conscient de sa
force; **V~genuß** *m* pleine jouissance
f; ~**gepfropft** *a,* ~**gestopft** *a*
bourré; *(Raum)* bondé; ~**gießen** *tr*
remplir; ~**gültig** *a* pleinement valable; irrécusable; **V~gummireifen** *m
mot* bandage *m* plein; ~**inhaltlich** *a*
intégral; *adv* intégralement; ~**jährig**
a jur majeur; *für* ~ *erklären* émanciper; **V~jährigkeit** *f* ⟨-, ø⟩ majorité *f;*

V~jährigkeitserklärung *f* émancipation *f;* **V~kaskoversicherung** *f*
assurance *f* tous risques; ~**kommen**
[-'--/'---] *a* parfait *a. math;* accompli,
consommé, achevé; *(~ständig)* complet; *(völlig)* absolu; *adv* parfaitement, complètement; **V~kommen-
heit** *f* ⟨-, ø⟩ perfection *f;* **V~konzes-
sion** *f com* patente *f* générale *od*
principale; **V~korn** *n:* ~ *nehmen
(beim Zielen)* prendre la guidon
plein; **V~kornbrot** *n* pain *m* complet; **V~kraft** *f* pleine force *f;* ~**=
(l)aufen** ⟨*aux: sein*⟩ *itr (Gefäß, Behälter)* se remplir; ~**(l)eibig** *a* replet,
corpulent; ~**=machen** *tr (füllen)*
remplir; *(Maß)* combler; *(vervollstän-
digen, ergänzen)* compléter, parfaire;
sich ~ *(in die Hose machen)* faire
dans sa culotte; *um das Unglück
vollzumachen* pour comble de mal-
heur; **V~macht** *f* ⟨-, -en⟩ *jur* (plein(s))
pouvoir(s *pl*) *m,* procuration *f; jdm
(e-e)* ~ *erteilen* donner procuration
od pouvoir à qn; ~ *haben* avoir
plein(s) pouvoir(s) *od* carte blanche;
s-e ~*en überschreiten* excéder *od*
outrepasser ses pouvoirs; *die* ~
übertragen déléguer le pouvoir; *no-
tarielle* ~ pouvoir *m* par-devant notaire; *(schriftliche)* ~ lettre *f* de procuration; **V~machtgeber** *m* mandant *m;* **V~machtinhaber** *m* mandataire *m;* **V~machtmißbrauch** *m,*
V~machtüberschreitung *f* abus,
excès *m* de pouvoir; **V~machtüber-
tragung** *f* délégation *f* du pouvoir;
V~milch *f* lait *m* entier; **V~milch-
schokolade** *f* chocolat *m* au lait;
V~mitglied *n* membre *m* de plein
droit; **V~mond** *m* pleine lune *f; es ist*
~ la lune est dans son plein; *bei* ~ à la
pleine lune; **V~mondgesicht** *n*
⟨-(e)s, -er⟩ visage *m* de pleine lune;
~**motorisiert** *a mil* entièrement motorisé; ~**mundig** *a (Wein)* corsé;
V~pension *f (Tourismus)* pension *f*
complète; ~**=pfropfen** *tr* = ~*stopfen;* **V~rausch** *m: im* ~ en état
d'ébriété *od* d'ivresse, *fam* complètement saoul *od* soûl; ~**=saufen,** *sich*
= *sich besaufen;* ~**=schlagen** *tr:
sich (den Bauch)* ~ = *sich* ~*fressen;*
~**schlank** *a* rondelet, replet; ~**=
schreiben** *tr: ich habe mein Heft
vollgeschrieben* mon cahier est fini;
V~sichtkanzel *f aero* coupole *f* à
visibilité totale, nez *m* vitré; **V~sit-
zung** *f* séance *f* plénaire; **V~spur** *f
loc* voie *f* normale; ~**spurig** *a loc* à
voie normale; ~**ständig** *a* complet,
total, entier, intégral; sans lacune;
adv complètement, totalement, en-

tièrement; de toutes pièces; **V~stän-
digkeit** *f* intégralité, intégrité *f;* **~=
stopfen** *tr* bourrer; *fam (mit Speisen)* empiffrer; *sich ~ (fam)* s'empiffrer; **~streckbar** [-'---] *a jur* exécutoire; **V~streckbarkeit** *f* caractère *m*
exécutoire; **~strecken** *tr jur* exécuter; *das Todesurteil an jdm ~* exécuter qn; **V~strecker** *m* ⟨-s, -⟩ [-'--]
exécuteur *m;* **V~streckung** *f* [-'--]
exécution *f;* **V~streckungsbeam-
te(r)** *m* agent *m* d'exécution;
V~streckungsbefehl *m* mandat *m*
exécutoire *od* d'exécution; **V~strek-
kungsgewalt** *f* pouvoir *m* exécutif;
V~streckungsverfahren *n* procédure *f* d'exécution; **~=tanken** *itr*
mot faire le plein (d'essence); **~tö-
nend** *a,* **~tönig** *a* sonore; **V~trauer**
f grand deuil *m;* **V~treffer** *m (mit
e-r Handfeuerwaffe)* coup qui fait
mouche; *(mit e-m Geschütz)* coup *m*
au but; **V~versammlung** *f parl*
réunion *od* assemblée *f* plénière;
V~waise *f* orphelin *m* de père et de
mère; **V~waschmittel** *n* lessive *f*
toutes températures; **~wertig** *a: ein
~es Exemplar* un exemplaire sans
défaut; *ein ~er Ersatz* un produit de
remplacement de pleine valeur;
~zählig *a* (au) complet; **V~zählig-
keit** *f* ⟨-, ø⟩ nombre *m* complet;
~zeitbeschäftigt *a* employé à plein
temps; **V~zeitbeschäftigung** *f* emploi *m* à plein temps; **~ziehbar** [-'--]
a jur adm exécutoire; **V~ziehbar-
keit** *f* caractère *m* exécutoire; **~zie-
hen** ⟨vollzieht, vollzog, hat vollzogen⟩
tr jur adm exécuter, accomplir; *die
Ehe ~* consommer le mariage; **~de
Gewalt** *f* pouvoir *m* exécutif, autorité
f exécutive; *sich ~ (stattfinden)* s'accomplir; **V~zieher** *m* ⟨-s, -⟩ [-'--]
exécuteur *m;* **V~ziehung** *f* [-'--],
V~zug *m* ⟨-(e)s, ø⟩ [-'-] exécution *f,*
accomplissement *m; (e-r Ehe)* consommation *f;* **V~zugsgewalt** *f* pouvoir *m* exécutif; **V~zugsmeldung** *f*
avis *m* d'exécution.
Völl|egefühl *n* ['fœlə-] sentiment *m* de
plénitude; **~erei** *f* [-'raɪ] débauche *f.*
Volleyball *m* ⟨-(e)s, ø⟩ ['vɔlibal]
(Spiel) volley-ball *m.*
völlig ['fœlɪç] *a* complet, entier, total;
absolu; *adv* complètement, entièrement, parfaitement, tout à fait.
Volont|är *m* ⟨-s, -e⟩ [vɔlɔn'tɛ:r] volon-
taire; *adm (Anwärter)* stagiaire *m;*
v~ieren [-'ti:rən] *itr (als ~är arbeiten)* travailler comme volontaire *od*
stagiaire; faire son stage.
Volt *n* ⟨-/-(e)s, -⟩ [vɔlt] *el* volt *m;*
v~aisch ['vɔlta-ɪʃ] *a* voltaïque; **~a-**

meter *n* ⟨-s, -⟩ [-ta'me:tər] *(Strom-
stärkemesser)* voltamètre *m;* **~am-
pere** *n* voltampère *m;* **~meter** *n* ⟨-s,
-⟩ *el (Spannungsmesser)* voltmètre *m.*
Volt|e *f* ⟨-, -n⟩ ['vɔltə] *(Reitkunst)* volte
f; **v~(ig)ieren** [-'ti:rən, -ti'ʒi:rən] *itr*
volter.
Volum|en *n* ⟨-s, -/-mina⟩ [vo'lu:mən,
-mina] *(Rauminhalt)* volume *m;*
~engewicht *n (spezif. Gewicht)*
poids *m* volumique; **v~inös**
[-lumi'nø:s] *a (umfangreich, dick)*
voluminös.
Volute *f* ⟨-, -n⟩ [vo'lu:tə] *arch* volute *f.*
vom [fɔm] = *von dem; (beim Datum)*
à la *od* en date du.
von [fɔn] *prp* **1.** *(räuml.)* de; *~ ihm* de
lui; *vom Bahnhof (her)* de la gare; *~
Berlin (a. = aus B.)* de Berlin; *~ Bismarck (Adelsprädikat)* de Bismarck;
vom Fenster aus de la fenêtre; *~ Paris weg (nicht mehr in P.)* ne ... plus
à Paris; *~ vorn, hinten, oben, unten,
hier, dort, drüben, rechts, links* de devant, de derrière, d'en haut, d'en bas,
d'ici, de là, d'au-delà, de droite, de
gauche; *~ wo(her)?* d'où? *~ fern* de
loin; *~ Haus zu Haus* de maison en
maison; *~ Kopf bis Fuß, vom Scheitel
bis zur Sohle* de la tête aux pieds, de
pied en cap; *~ Land zu Land* de pays
en pays; *~ nahem* de près; *~ nah
und fern* de toutes parts; *~ Ort zu
Ort* de village en village, de ville en
ville; *~ beiden Seiten* des deux côtés;
~ weitem de loin; **2.** *(zeitl.):* *~ heute
ab od* an à partir d'aujourd'hui; *ein
Brot, e-e Zeitung ~ gestern* un pain,
un journal d'hier; *~ alters her* de tout
temps; *~ Anfang an* dès le début; *~
jetzt od nun an* désormais, dorénavant; *~ klein auf* depuis l'enfance; *~
neuem* de nouveau; *~ Tag zu Tag* de
jour en jour; *tous les jours; ~ vorn-
herein* dès le début; *~ Zeit zu Zeit* de
temps en temps; **3.** *(Eigenschaft)* de;
~ Gold, Eisen, Holz de or od en, fer,
bois; *~ großer Güte, Klugheit* d'une
grande bonté, intelligence; *~ Format
od Rang* de classe, de qualité; *er ist
ein Mann ~ Grundsätzen* il a des
principes, c'est un homme à principes; *was sind Sie ~ Beruf?* quelle est
votre profession? *ein Mann ~ 50
Jahren* un homme de 50 ans; **4.** *(Teil)*
de; *~ dem Brot, ~ den Äpfeln* du
pain, des pommes; *einer ~ meinen
Freunden* un de mes amis; *neun ~
zehn Lesern* neuf lecteurs sur dix; *ich
bin vom Fach* je suis du métier; *sind
Sie auch (mit) ~ der Partie?* en serez-vous? **5.** *(Herkunft)* de; *ich bin
müde ~ der vielen Arbeit* je suis fati-

gué par le travail excessif, le travail excessif m'a fatigué; *eine Komödie* ~ *Molière* une comédie de Molière; ~ *jdm,* ~ *etw herrühren* venir de qn, de qc; ~ *jdm abhängen* dépendre de qn; *sich etw* ~ *jdm gefallen lassen* passer qc à qn; ~ *seiten (gen)* de la part (de); ~ *mir aus* de ma part; ~ *Rechts wegen* de droit, à bon droit; ~ *Gottes Gnaden* par la grâce de Dieu; **6.** *(zur Bildung des Genitivs)* de; *der Bahnhof* ~ *Köln* la gare de Cologne; *der Tod* ~ *20 Menschen* la mort de 20 personnes; *die Anwendung* ~ *Gewalt* l'emploi de la force; *das Ende vom Lied (fig)* le fin mot de l'histoire; **~einander** *adv* l'un de l'autre; **~nöten** [fɔn'nøːtən] *a pred (notwendig)* nécessaire; **~statten** [fɔn'ʃtatən] *adv:* ~ *gehen* marcher; avancer.

vor [foːr] *prp (räumlich)* devant; ~ *dem Haus(e) stehen* être *od* se trouver devant la maison; ~ *das Haus gehen* aller devant la maison; ~ *e-n Wagen spannen* atteler à une voiture; ~ *Anker liegen* être à l'ancre; ~ *Anker gehen* jeter l'ancre; ~ *dem od den Richter* devant le juge; ~ *sich hin reden* parler tout seul; ~ *sich selbst (in s-n eigenen Augen)* à ses propres yeux; *(zeitlich)* avant; ~ *dem Winter, der Sitzung, dem Tode, 1914* avant l'hiver, la séance, la mort, 1914; *(vom Zeitpunkt des Sprechens zurückgerechnet)* il y a; ~ *zwei Stunden, fünf Tagen, zehn Jahren* il y a deux heures, cinq jours, dix ans; ~ *alters* il y a bien longtemps; *(Rangfolge)* avant; ~ *allen Dingen,* ~ *allem* avant tout, surtout; *(Ursache)* de; ~ *Kälte, Hunger, Angst* de froid, de faim, de peur; *(Abwehr:) Angst* ~ *etw haben* avoir peur de qc; *sich* ~ *etw hüten* se garder de qc; *Schutz* ~ *dem Regen suchen* chercher un abri contre la pluie.

vorab [foːr'ʔap] *adv (zunächst)* d'abord; en attendant.

Vorabdruck ['foːr-] *m* ⟨-(e)s, -e⟩ *(Buch)* pré-publication *f.*

Vorabend *m* ['foːr-] veille *f.*

Vorahnung *f* ['foːr-] pressentiment *m.*

Voralpen ['foːr-], *die, pl* les Préalpes *f pl.*

voran [fo'ran] *adv (vor den ander(e)n)* devant, à la *od* en tête; *(weiter, vorwärts)* en avant; **~=gehen** ⟨*aux: sein*⟩ *itr (als erster gehen)* marcher devant *od* en tête; *jdm* marcher devant qn; *fig (vorwärtskommen)* avancer; *mit gutem Beispiel* ~ donner le bon exemple; *gehen Sie* ~! passez d'abord; **~gehend** *a:* im ~*en*

(weiter oben im Text) plus haut; **~=kommen** ⟨*aux: sein*⟩ *itr a. fig* avancer; *nicht* ~ *(a.)* ne pas faire un pas; *fig* ne pas avancer; *wir sind ein gutes Stück* ~*gekommen (fig a.)* voilà un grand pas de fait; **~=schreiten** ⟨*aux: sein*⟩ *itr* avancer.

Voranmeldung *f* ['foːrʔan-] *tele* préavis *m.*

Voranschlag *m* ['foːrʔan-] = *Kostenvoranschlag.*

Voranzeige *f* ['foːrʔan-] avis *m* préalable.

Vorarbeit *f* ['foːr-] travail *m* préalable *od* préparatoire, ébauche *f;* **vor=arbeiten** *itr (im voraus arbeiten)* se mettre en avance (pour son travail); ~**er** *m* contremaître, chef d'équipe.

vorauf [fo'rauf] *adv* = *voran;* **~=gehen** ⟨*aux: sein*⟩ *itr (als erster gehen)* marcher devant *od* en tête; **~gegangen** *a (vorherig)* précédent; **~=laufen** ⟨*aux: sein*⟩ *itr* courir devant.

Voraufführung *f* ['foːrʔauf-] avant- -première *f.*

voraus [fo'raus] *adv (vor den andern)* en tête, devant; *(nach vorn, vorwärts)* en avant; *im* ~ d'avance, à l'avance, en *od* par avance, par anticipation; *jdm* ~ *sein (fig)* être en avance, avoir de l'avance sur qn; *s-m Alter* ~ *sein* être en avance sur son âge; **V~** *m* ⟨-, ø⟩ *jur (Erbrecht)* préciput *m;* **V~abteilung** *f mil* détachement *m* avancé; **~=ahnen** *tr* pressentir, flairer, subodorer; **~=bedingen** *tr* stipuler d'avance; **~=bezahlen** *tr* payer d'avance; **V~bezahlung** *f* paiement d'avance *od* anticipatif, versement *m* anticipatif *od* par anticipation; **~=eilen** ⟨*aux: sein*⟩ *itr* prendre *od* gagner le(s) devant(s); **~gegangen** *a* précédent; **~=gehen** ⟨*aux: sein*⟩ *itr* = ~*eilen; e-r S (zeitl.)* ~*gegangen sein* avoir précédé qc; **~=haben** *itr: jdm etw* ~ avoir de l'avance sur qn; avoir sur qn l'avantage de qc; *Sie haben mir voraus, daß...* vous avez sur moi cet avantage que ...; *er hat mir viel voraus* il me dépasse de loin; **V~sage** *f* prédiction *f,* pronostic *m;* **~=sagen** *tr* dire (d'avance), prédire, pronostiquer; **~=schauend** *a* prévoyant; **~=schicken** *tr (Menschen)* envoyer en avant; *s-r Rede einige Bemerkungen* ~ faire précéder son discours de quelques remarques; **~=sehen** *tr* prévoir; **V~serie** *f (Fabrikation)* présérie *f;* **~=setzen** *tr* présumer, supposer; *vorausgesetzt, daß ...* à condition que *subj;* **V~setzung** *f (Annahme)* supposition, hypothèse; *(Bedingung)* condition *f; unter der* ~, *daß* ... à condition que *subj; e-e* ~ *erfüllen* remplir une *od* satisfaire à une condition; **V~sicht** *f* prévision, prévoyance *f; in weiser* ~ prudemment; *aller* ~ *nach* très probablement; **~sichtlich** *a* probable; *adv* probablement; **V~vermächtnis** *n* legs préciputaire, prélegs *m;* **~=wissen** *tr* savoir d'avance; **V~zahlung** *f* acompte *m*, arrhes *f pl; (Honorar~)* avance *f.*

Vorauswahl *f* ['foːrʔaʊs-] présélection *f.*

Vorbau *m* ['foːr-] *arch* avant-corps *m*, partie *f* saillante; **vor=bauen** *tr* bâtir devant; *(als Vorsprung)* bâtir en saillie; *(in den oberen Stockwerken)* bâtir en encorbellement; *itr fig* prendre des mesures préventives; *e-r S* prévenir qc, obvier à qc.

vorbedacht ['foːr-] *a (absichtlich)* prémédité; **V~** *m; mit* ~ avec préméditation, de propos délibéré, intentionnellement; à bon escient; *ohne* ~ sans préméditation.

Vorbedeutung *f* ['foːr-] présage, augure *m.*

Vorbedingung *f* ['foːr-] condition *f* préalable *od* préliminaire.

Vorbehalt *m* ‹-(e)s, -e› ['foːr-] réserve, restriction, clause *f* restrictive; *ohne* ~ sans restriction, purement et simplement; *mit od unter* ~ sous réserve, sous restriction; *unter dem* ~ *(gen)* sous la réserve (de); *unter üblichem* ~ sous les réserves d'usage; *s-e* ~*e machen* faire ses réserves; *geistige(r)* od *geheime(r)* od *stille(r)* ~ restriction *od* réserve *f* mentale; **vor=behalten** *tr: sich etw* ~ se réserver qc; *sich* ~, *etw zu tun* se réserver de faire qc; **v~lich** *prp gen, adm* sous la réserve (de); **v~los** *a* sans réserve *od* restriction; **~sgut** *n jur* bien(s *pl*) réservé(s); **~sklausel** *f* clause *f* de sauvegarde.

vor=behandeln ['foːr-] *tr tech* faire subir un traitement préalable; **V~lung** *f tech* préparation *f* préalable *od* préparatoire.

vorbei [fɔr-/foːrˈbaɪ] *adv* **1.** *(räuml.): an* ... ~ le long de, par dehors; *ganz dicht* ~ *an (a. pop)* rasibus de; *ich kann nicht* ~ je ne puis passer; *ich muß* ~ il faut que je passe; *lassen Sie mich* ~*!* laissez-moi passer; **2.** *(zeitl.)* passé, fini; *es ist* ~ c'est fini, c'en est fait; *es ist* ~ *mit mir* c'en est fait de moi, je suis (un homme) fini; **~=benehmen**, *sich (fam)* faire un faux pas; **~=fahren** ‹*aux: sein*› *itr* passer *(an* près de, devant); **~=fliegen** ‹*aux: sein*› *itr* voler *(an* près de), passer en

volant; **~=fließen** ‹*aux: sein*› *itr (Fluß)* baigner *(an etw* qc); **~=flitzen** ‹*aux: sein*› *itr* passer comme un bolide; **~=gehen** ‹*aux: sein*› *itr* passer (sans s'arrêter); *(Wurf, Schuß: nicht treffen)* manquer (le but); *(aufhören)* finir, se terminer; **~=kommen** ‹*aux: sein*› *itr* passer; *bei jdm* ~ *(e-n kurzen Besuch machen)* passer chez qn; **~=lassen** *tr* laisser passer, livrer passage à; **V~marsch** *m mil* défilé *m;* **~=marschieren** ‹*aux: sein*› *itr mil* défiler *(an* devant); **~=reden** *itr: aneinander* ~ ne pas tenir le même langage; **~=sausen** ‹*aux: sein*› *itr* = ~*flitzen;* **~=schießen** ‹*aux: sein*› *itr* manquer le but; **~=sehen** *itr* ne pas (vouloir) voir *(an etw* qc); **~=ziehen** ‹*aux: sein*› *itr* passer.

vorbelastet ['foːr-] *a* handicapé; *(voreingenommen)* influencé.

Vorbemerkung *f* ['foːr-] remarque *f* préalable *od* préliminaire, avertissement *m.*

vor=bereit|en ['foːr-] *tr* préparer; *sich auf etw* ~ se préparer à qc; *darauf hin ich nicht vorbereitet* je ne m'y attendais pas; **~end** *a* préparatoire; **V~ung** *f* préparation *f*, préparatif *m; in* ~ en voie de préparation; **~en treffen** faire des préparatifs; *mangelnde* ~ impréparation *f*, manque *m* de préparation; **V~ungsdienst** *m adm* stage *m; im* ~ stagiaire *a;* en formation; **V~ungskurs** *m* cours *m* préparatoire; **V~ungszeit** *f adm* stage *m.*

Vorberge *m pl* ['foːr-] *pl geog* contreforts *m pl.*

Vorbericht *m* ['foːr-] rapport *m* préliminaire *od* introductif.

Vorbescheid *m* ['foːr-] décision *f* préliminaire; *jur* jugement *m* interlocutoire.

Vorbesichtigung *f* ['foːr-] *(e-r Kunstausstellung)* vernissage *m.*

Vorbesitzer *m* ['foːr-] ancien propriétaire *m.*

Vorbesprechung *f* ['foːr-] conférence *f.*

vor=bestell|en ['foːr-] *tr com* commander d'avance; *(Zimmer, Eintritts-, Fahrkarte)* retenir; **~t** *a (Zimmer, Platz)* réservé; **V~ung** *f* réservation *f.*

vorbestraft ['foːr-] *a jur* qui a un casier judiciaire; *nicht* ~ sans antécédents judiciaires; **V~e(r)** *m* repris *m* de justice.

vor=beug|en ['foːr-] *itr* prendre des précautions; *e-r S* ~ prévenir qc, prendre des précautions contre qc; *sich* ~ *(sich vornüber neigen)* se pencher en avant; **~end** *a med* préventif, prophylactique; **V~ung** f précaution f; **V~ungsmaßnahme** f mesure f préventive; **V~ungsmittel** n pharm remède m prophylactique.

Vorbild n ['fo:r-] (Muster) modèle; fig exemple; (Ideal) idéal m; jdn als ~ hinstellen proposer qn en exemple; sich jdn zum ~ nehmen prendre qn pour modèle, prendre modèle od exemple sur qn, se modeler sur qn; **vor=bilden** tr (für e-e Aufgabe) préparer; **v~lich** a exemplaire, modèle; **~lichkeit** f ‹-, ∅› caractère m exemplaire; **~ung** f préparation f.

vor=binden ['fo:r-] tr (Schürze) mettre.

vor=blasen ['fo:r-] tr u. itr (Schule: vorsagen) souffler.

vor=bohr|en ['fo:r-] tr amorcer; **V~er** m (Gerät) amorçoir m.

Vorbörs|e f ['fo:r-] fin avant-bourse f; **v~lich** a coulissier.

Vorbote m ['fo:r-] avant-coureur, précurseur; fig (Sache) présage, signe m précurseur.

vor=bringen ['fo:r-] tr mettre en avant od sur le tapis, avancer, apporter.

vor=buchstabieren ['fo:r-] tr épeler.

Vorbühne f ['fo:r-] theat avant-scène f.

vorchristlich ['fo:r-] a d'avant Jésus--Christ.

Vordach n ['fo:r-] avant-toit m.

vor=datieren ['fo:r-] tr antidater.

vordem [fo:r'de:m, '--] adv (früher) autrefois, jadis.

Vorder|achse f ['fordər-] essieu m avant; **~achsfeder** f, **~achszapfen** m ressort, pivot m de l'essieu avant; **~ansicht** f vue f de face; **~arm** m anat avant-bras m; **~asien** n l'Asie f occidentale, le Proche-Orient; **~bein** n zoo patte f de devant; **~deck** n mar gaillard m d'avant; **v~e(r, s)** a de devant, antérieur; der V~e Orient le Proche-Orient; **~feder** f mot ressort m avant; **~front** f arch façade f; **~fuß** m zoo pied m od patte f de devant; **~fußwurzel** f (des Pferdes) genou m; **~gestell** n (e-s Wagens) avant-train m; **~glied** n math antécédent m; **~gliedmaßen** pl zoo membres m pl antérieurs; **~grund** m premier plan m; in den ~ rücken od stellen (fig) mettre au premier plan od en vedette; in den ~ rücken od treten passer au premier plan, se mettre en évidence; im ~ stehen être au premier plan; im ~ des Interesses stehen captiver tout l'intérêt; **~grün-dig** a fig de premier plan; **~hand** f zoo patte f de devant; die ~ haben (beim Kartenspiel) avoir la main;

~indien n l'Inde f; **~lader** m ‹-s, -› mil hist (Gewehr) fusil à baguette; (Geschütz) canon m se chargeant par la bouche; **v~lastig** a aero lourd de l'avant; **~lauf** m (Jagd) patte f de devant; **~mann** m ‹-(e)s, -männer› homme qui précède; chef m de file; jdn auf ~ bringen (fig fam) mettre qn au pas, remettre qn à sa place; ~ nehmen, halten couvrir son chef de file; **~pfote** f patte f de devant; **~rad** n roue avant; (des Fahrrades) roue f directrice; **~radantrieb** m mot, **~radbremse** f traction f, frein m avant; **~satz** m (in e-m Text) phrase antécédente; philos majeure f; **~sei-te** f face f, front m; arch façade f; typ recto; (Münze) avers m; auf der ~ (typ) au recto; **~sitz** m siège m avant od de devant; **v~ste,** der, die das le premier, la première; **~steven** m mar étrave f; **~teil** n od m partie f de devant; (e-s Tieres) avant-train m; **~wand** f tech paroi f avant; **~zim-mer** n pièce od chambre f de devant.

vorderhand ['fordər'hant, --'-, '---] adv (vorerst, einstweilen) pour le moment, en attendant.

vor=drängen ['fo:r-], sich pousser en avant; fig se mettre en avant od en évidence od en vedette.

vor=dring|en ['fo:r-] ‹aux: sein› itr bes. mil gagner du terrain; a. fig avancer, progresser; **V~en** n avance, progression f; **~lich** a (très) urgent.

Vordruck m ‹-(e)s, -e› ['fo:r-] formule f imprimée, formulaire m.

vorehelich ['fo:r-] a prénuptial.

voreilig ['fo:r-] a précipité; anticipé; (verfrüht) prématuré, précoce; (un-überlegt) inconsidéré; **V~keit** f précipitation; précocité; (Unüberlegt-heit) étourderie f.

voreinander ['fo:r-] adv l'un devant l'autre; fig: keine Geheimnisse ~ ha-ben ne pas avoir de secrets l'un pour l'autre; keine Scheu ~ haben ne pas avoir peur l'un de l'autre.

voreingenommen ['fo:r'ʔaın-] a prévenu (für pour, gegen contre); plein de préjugés; adv de parti pris; ~ sein (a.) avoir un od du parti pris; **V~heit** f prévention f; préjugé, parti m pris.

voreiszeitlich ['fo:r-] a geol prégla-ciaire.

Voreltern pl ['fo:r-] (Vorfahren) ancê-tres, aïeux, ascendants m pl; unsere ~ (a.) nos pères m pl.

vor=enthalt|en ['fo:r-] tr jur détenir (injustement); jdm etw ~ priver qn de qc; **V~ung** f jur (indue) détention f.

Vorentscheid m ['fo:r-] (décision f)

interlocutoire *m;* ~**ung** *f* décision préliminaire; *sport* demi-finale *f.*
Vorentwurf *m* ['fo:r-] avant-projet *m.*
Vorerbe *m* ['fo:r-] héritier *m* par préciput; *n* préciput *m.*
vorerst ['fo:r?e:rst, -'-] *adv (vorläufig, zunächst)* pour le moment, pour l'instant.
vorerwähnt ['fo:r-] *a* susmentionné, susdit; précité.
Vorfach *n* ['fo:r-] *(Angeln)* empile *f.*
Vorfahr *m* ‹-en, -en› ['fo:r-] ancêtre *m; pl* ancêtres, aïeux, ascendants *m pl.*
vor=fahr|en ['fo:r-] ‹*aux: sein*› *itr (ein Stück weiter fahren)* avancer; *(als erster fahren)* passer le premier; *(vor e-m Haus)* arrêter sa voiture (devant une maison); **V~t** *f* priorité *f* (aux croisements); passage *m* protégé; ~ *achten.!* respectez la priorité; *ich habe* ~ j'ai priorité, la priorité me revient; *(das von) rechts (kommende Fahrzeug) hat* ~ (il y a) priorité *f* à droite; **V~tsrecht** *n* = *V~t;* **V~tsstraße** *f* route *od* voie *f* prioritaire *od* à priorité.
Vorfall *m* ['fo:r-] *(Begebenheit)* cas *m,* affaire *f;* événement, incident; *(bes. unglücklicher)* accident *m; med (der Gebärmutter)* descente *f,* prolapsus *m;* **vor=fallen** ‹*aux: sein*› *itr (geschehen)* se passer, arriver, se produire.
Vorfeier *f* ['fo:r-] prélude *m* (d'une fête); *(am Vortage)* veille *f* de fête.
Vorfeld *n* ['fo:r-] *mil* terrain avancé, glacis *m; im* ~ *der Wahlen* à la veille des élections.
Vorfenster *n* ['fo:r-] contre-châssis *m.*
vor=fertig|en ['fo:r-] *tr tech* préfabriquer; **V~ung** *f* préfabrication *f.*
Vorfilm *m* ['fo:r-] programme *m* qui précède le film.
vor=finanzier|en ['fo:r-] *tr* préfinancer; **V~ung** *f* préfinancement, financement *m* anticipé.
vor=finden ['fo:r-] *tr* trouver, rencontrer.
vor=flunkern ['fo:r-] *tr: jdm was* ~ *(fam)* en conter, en faire accroire à qn.
Vorfrage *f* ['fo:r-] question *f* préalable *od* préliminaire *od jur* préjudicielle.
vor=fräs|en ['fo:r-] *tr tech* ébaucher; **V~er** *m (Gerät)* fraise *f* ébaucheuse.
Vorfreude *f* ['fo:r-] joie *f* anticipée.
Vorfrieden *m* ['fo:r-] paix *f* préliminaire.
Vorfrühling *m* ['fo:r-] printemps *m* précoce.
vor=fühlen ['fo:r-] *itr* sonder *od* tâter le terrain; *bei jdm* pressentir, sonder, *fam* tâter qn.
Vorführ|dame *f* ['fo:r-] mannequin *m;*

vor=führen *tr jur (vor den Richter bringen)* amener devant le juge; *(zur Schau stellen, zeigen)* présenter; *(Gerät)* démontrer; *film* faire passer; ~**raum** *m film* salle *od* cabine *f* de projection; ~**ung** *f (Schaustellung; Modenschau)* présentation; *film* production; *(e-s Gerätes)* démonstration *f;* ~**ungsbefehl** *m jur* mandat *m* d'amener; ~**ungsmodell** *n,* ~**wagen** *m mot* modèle *m,* voiture *f* de démonstration.
Vorgabe *f* ['fo:r-] *sport* avantage *m; e-e* ~ *machen* rendre des points; ~**spiel** *n sport* handicap *m;* ~**zeit** *f (Arbeit)* temps *m* de référence *od* normalisé.
Vorgang *m* ['fo:r-] processus *m;* affaire, action *f; (Verlauf)* cours; *(Verfahren)* procédé *m.*
Vorgänger *m* ‹-s, -› ['fo:r-] prédécesseur, devancier *m.*
Vorgarten ['fo:r-] *m* jardin *m* de devant.
vor=gaukeln ['fo:r-] *tr: jdm etw* ~ faire miroiter qc à qn.
vor=geb|en ['fo:r-] *tr (vorschützen)* prétexter, donner pour excuse; *sport* rendre; *itr sport* rendre des points, donner un avantage; ~**lich** *a (angeblich)* prétendu, soi-disant.
Vorgebirge *n* ['fo:r-] contrefort; *(auf e-r Halbinsel)* promontoire *m.*
vorgeburtlich ['fo:r-] *a physiol* prénatal.
vorgefaßt ['fo:r-] *a:* ~*e Meinung f* opinion *f* préconçue *od* préétablie.
vorgefertigt ['fo:r-] *a tech* préfabriqué.
Vorgefühl *n* ['fo:r-] pressentiment *m; psych* précognition, prémonition *f.*
vor=gehen ['fo:r-] ‹*aux: sein*› *itr (vorrücken, a. mil)* avancer *(auf* sur); *fig (etwas unternehmen)* agir, prendre des mesures *(gegen* contre); = *vorausgehen; fig (den Vortritt haben)* passer le premier; *(Uhr)* avancer; *fig (wichtiger sein)* avoir la priorité; *(geschehen)* se passer, se produire; *energisch* ~ *(a.)* ne pas y aller de main morte; *gerichtlich gegen jdn* ~ recourir à la justice *od* intenter une action en justice contre qn; *streng od rücksichtlos* ~ se montrer rigoureux; **V~** *n (Handeln, Handlungsweise)* action *f,* agissements *m pl,* procédé *m.*
vorgelagert ['fo:r-] *a: e-r S* ~ *sein* être situé devant qc.
Vorgelege *n* ‹-s, -› ['fo:rgǝ'le:gǝ] *tech* transmission *f od* engrenage intermédiaire, renvoi *m* (de mouvement).
vorgenannt ['fo:r-] *a* = *vorerwähnt.*

Vorgericht n ['fo:r-] = *Vorspeise*.
vorgerückt ['fo:r-] a *(Zeit)* avancé; ~en *Alters* d'un âge très avancé; *zu* ~er *Stunde* à une heure avancée.
Vorgeschicht|e f ['fo:r-] *(Wissenschaft)* préhistoire f; *(e-s Ereignisses)* antécédents m pl; **v~lich** a préhistorique; ~**sforscher** m prhistorien m.
Vorgeschmack m ['fo:r-] avant-goût m.
vorgeschoben ['fo:r-] a *mil* avancé.
vorgeschrieben ['fo:r-] a *(genau festgelegt)* prescrit.
vorgesehen ['fo:r-] a *(geplant)* prévu.
Vorgesenk n ['fo:r-] matrice f ébaucheuse.
Vorgesetzt|e(r) ['fo:r-] m supérieur m; ~**enverhältnis** n relations f pl d'inférieur à supérieur.
vorgest|ern ['fo:r-] adv avant-hier; ~*abend* avant-hier soir; ~**rig** a d'avant-hier, de l'avant-veille; *der* ~e *Tag* l'avant-veille f.
vorgetäuscht ['fo:r-] a simulé, feint.
vorgewärmt ['fo:r-] a *tech* chauffé préalablement.
vor=greifen ['fo:r-] itr anticiper (*e-r S* (sur) qc).
Vorgriff m ['fo:r-] anticipation f.
vor=haben ['fo:r-] tr *(Schürze umgebunden haben)* porter; *(beabsichtigen)* projeter (*etw* qc); *etw zu tun* projeter, avoir l'intention *od* le dessein de faire qc; compter faire qc; penser (à) faire qc; *etwas* ~ avoir des projets; être occupé; *nichts* ~ ne pas avoir de projets, être libre; *viel* ~ avoir de grands projets; être très occupé; *was haben Sie (für) heute abend vor?* qu'est-ce que vous comptez *od* pensez faire ce soir? que faites-vous ce soir? **V~** n *(Plan, Absicht)* projet, dessein m, intention f, plan m.
Vorhafen m ['fo:r-] avant-port m.
Vorhalle f ['fo:r-] *arch* porche; *(e-r Kirche, e-s Tempels)* parvis m; *jur loc (Wartehalle)* salle f des pas perdus.
Vorhalt m ['fo:r-] *mil (beim Zielen)* correction-but f; **vor=halten** tr tenir, tendre; *fig (vorwerfen)* reprocher; *jdm etw (a.)* faire grief de qc à qn; *itr mil* faire la correction, viser en avant du but; *(Mahlzeit)* tenir au corps; ~**e-punkt** m *aero* point m futur; ~**e-winkel** m *aero* angle m de jet; ~**ungen** f pl *(ernste Ermahnungen)* remontrances, admonestations f pl, reproches m pl; *jdm wegen etw* ~ *machen* reprocher qc à qn, faire grief de qc à qn.
Vorhand f ['fo:r-]: *(Anatomie)* avant--train m; *(Sport)* coup m droit; *die* ~

haben *(beim Kartenspiel)* avoir la main; **v~en** [fo:r'handən] a *(da, anwesend)* présent; *(existierend)* existant; *(verfügbar)* disponible; ~ *sein (a.)* exister; ~**ensein** n présence; existence; disponibilité f.
Vorhang m ['fo:r-] a. *theat* rideau; *(durchbrochener Fenster~)* store m; *den* ~ *auf-, zuziehen* ouvrir, fermer le rideau (en tirant); *den* ~ *hochziehen, herunterlassen* remonter, baisser le rideau; *eiserne(r)* ~ *(theat u. pol: Eiserner)* rideau m de fer; ~**schnur** f cordon m de rideau; ~**stange** f tringle f.
vor=häng|en ['fo:r-] tr (sus)pendre devant; **V~schloß** n cadenas m.
Vorhaut f ['fo:r-] *anat* prépuce m.
Vorhemd n ['fo:r-] devant de chemise, plastron m.
vorher adv ['--], pref [-'-] (aupar)avant, antérieurement, précédemment; *(schon* ~*)* d'avance, à l'avance, en *od* par avance; *am Abend* ~ la veille au soir; *am Tage* ~ la veille; *kurz, unmittelbar* ~ peu de temps, immédiatement avant; *wie* ~ comme avant; ~**=bestimmen** tr déterminer, destiner à l'avance; *rel* prédestiner, prédéterminer; ~**bestimmt** a rel prédestiné; **V~bestimmung** f rel prédestination f; ~**=gehen** ⟨*aux: sein*⟩ itr précéder; ~**gehend** a, ~**ig** a précédent, antérieur; **V~sage** f prédiction, prévision f, pronostic m; *(Wettervorhersage)* prévision(s pl) f météorologique(s); ~**=sagen** tr prédire; ~**=sehen** tr prévoir.
Vorherrsch|aft f ['fo:r-] prédominance, prépondérance f; **vor=herrschen** itr prédominer, être prédominant *od* prépondérant, prévaloir; **v~end** a prédominant.
Vorhimmel m ['fo:r-] rel limbes m pl.
vorhin [fo:r'hin, '--] adv il y a peu de temps, il n'y a pas longtemps; tantôt.
Vorhof m ['fo:r-] avant-cour f; *(e-s Heiligtums)* parvis m.
Vorhölle f ['fo:r-] rel limbes m pl.
Vorhut f ['fo:r-] *mil* avant-garde f.
vorig|e(r, s) ['fo:rɪgə-] a précédent, antérieur; ~*es Jahr* l'an passé, l'année dernière; *das* ~*e Mal* la dernière fois; ~*e Woche* la semaine dernière.
Vor|jahr n ['fo:r-] année f précédente, an m dernier; ~**jahrespreise**, *die* m pl les prix m pl de l'an dernier; **v~jährig** a de l'année précédente *od* l'an dernier.
Vorkammer f ['fo:r-] *mot* chambre f de précombustion.
Vorkämpfer m ['fo:r-] *fig* champion, pionnier m; pl avant-garde f.

Vorkauf *m* ['foːr-] préemption *f;* ~**srecht** *n* droit *m* de préemption, option *f.*

Vorkehrung ['foːr-] *f* disposition, mesure *f,* préparatif *m;* ~**en treffen** prendre des dispositions *od* des mesures, faire des préparatifs.

Vorkenntnisse *f pl* ['foːr-] connaissances préalables, notions *f pl* préliminaires; *gute* ~ *haben* avoir de bonnes connaissances préalables; ~ *(sind) nicht erforderlich* des notions préliminaires ne sont pas exigées.

vorklinisch ['foːr-] *a med* préclinique.

vor=knöpfen ['foːr-] *tr: sich jdn* ~ *(fam)* = *jdn vornehmen.*

Vorkommando *n* ['foːr-] *mil* détachement *m* précurseur.

vor=komm|en ['foːr-] ⟨*aux: sein*⟩ *itr (nach vorn kommen)* avancer; sortir des rangs; *(geschehen)* arriver, se produire, se passer, se voir; *(vorhanden sein, sich finden)* se trouver; *(erscheinen)* paraître, sembler; *für alle* ~*den Arbeiten* à toutes mains; *sich schlau* ~ se croire rusé; *Sie kommen mir bekannt vor* votre visage ne m'est pas inconnu; *das kommt mir (aber) komisch vor* je trouve cela drôle; *das kommt dir nur so vor* c'est une fausse impression de ta part; *so etwas darf (einfach) nicht* ~ cela ne doit jamais arriver; *daß mir das nicht wieder vorkommt!* que je ne vous y reprenne plus! **V~en** *n bot* habitat *m; min* présence *f; geol* gisement *m;* **V~nis** *n* ⟨-sses, -sse⟩ *(Ereignis) (Fall)* cas *m.*

Vorkriegs ... ['foːr-] *(in Zssgen)* d'avant-guerre; ~**verhältnisse** *n pl* conditions *f pl* d'avant-guerre; ~**zeit** *f* avant-guerre *m.*

Vorkühl|anlage *f* ['foːr-] *tech* installation *f* de préréfrigération; **vor=kühlen** *tr* préréfrigérer; ~**ung** *f* préréfrigération *f,* refroidissement *m* préalable.

vor=lad|en ['foːr-] *tr jur* citer, assigner; *vor Gericht* ~ citer en justice; **V~ung** *f jur* citation, assignation *f,* mandat *m* de comparution, mise *f* en cause; ~ *vor Gericht* citation *f* en justice.

Vorlage *f* ['foːr-] *(Bettvorleger)* descente *f* de lit; *(Muster)* modèle; *(Gesetzesvorlage)* projet *m* (de loi); *(beim Fußball)* passe en bonne position *f; abus* = *Vorlegung; als* ~ *(Muster)* dienen servir de modèle.

vor=lass|en ['foːr-] *tr (den Vortritt lassen)* laisser passer (le premier); *(Zutritt gewähren)* admettre, laisser entrer; *vorgelassen werden* être reçu; **V~ung** *f* admission *f.*

Vorlauf *m* ['foːr-] *sport* course éliminatoire; *tech* avance; *(Branntweinbrennerei)* première eau-de-vie *f.*

Vorläuf|er *m* ['foːr-] précurseur *m;* **v~ig** *a* provisoire; *adv* provisoirement, pour l'instant *od* le moment, en attendant; ~*e Festnahme f* arrestation *f* provisoire *od* préventive.

vorlaut ['foːrlaʊt] *a* qui parle à tout propos, qui a le verbe haut; présomptueux, impertinent.

Vorleben *n* ['foːr-] *jur* antécédents *m pl; rel* vie *f* antérieure.

Vorleg|emesser *n* ['foːr-] couteau *m* à découper; **vor=legen** *tr* mettre devant; *com (Ware anbieten)* présenter, montrer, servir, offrir; *(Schriftstück)* présenter; *adm jur* administrer, produire; *fig (Frage, Plan)* soumettre, proposer; *parl (Gesetzentwurf)* soumettre, présenter; *ordentlich od tüchtig* ~ *(fam: essen)* manger (à) sa faim; ~*er m* ⟨-s, -⟩ *(Bett~)* descente *f* de lit; ~**eschloß** *n* cadenas *m;* ~**ung** *f* présentation; production; proposition *f.*

vor=les|en ['foːr-] *tr* lire (à haute voix); **V~ung** *f* conférence *f;* cours *m* (d'université); *e-e* ~ *halten, hören* faire, suivre un cours; **V~ungsverzeichnis** *n* programme *m* des cours.

vorletzt|e(r, s) ['foːr-] *a* avant-dernier; ~*e Silbe f* pénultième *f.*

Vorlieb|e *f* ['foːr-] prédilection, préférence *f; e-e* ~ *haben für* avoir une préférence *od* prédilection pour, aimer beaucoup, affectionner, préférer; **v~=nehmen** *itr* se contenter (*mit etw* de qc); *Sie müssen mit dem* ~, *was da ist* voulez-vous rester à la fortune du pot?

vor=liegen ['foːr-] *itr (vorhanden sein)* être présent, exister; *im* ~*den Fall* dans le cas présent, à l'occurrence; *es liegen Gründe vor* il y a des raisons; *es liegt nichts vor (ist nichts zu erledigen)* il n'y a rien (à faire); *es liegt nichts gegen ihn vor* il n'y a rien à lui reprocher; *die Sache liegt dem Richter vor* l'affaire est à l'examen du juge.

vor=lügen ['foːr-] *tr: jdm etw* ~ dire un *od* des mensonge(s) à qn.

vor=machen ['foːr-] *tr: es jdm* ~ *(zeigen, wie man es macht)* montrer à qn comment s'y prendre; *jdm etwas* ~ *(vorlügen)* en faire accroire, en imposer à qn; *sich (selbst) etwas* ~ s'illusionner, se leurrer d'illusions *od* d'une fausse espérance, être sa (propre) dupe; *mach mir (doch) nichts vor! (a.)* pas de boniments!

Vormacht *f* ['fo:r-] *pol* puissance *f* prédominante; ~**stellung** *f pol* hégémonie, prépondérance, position *f* dominante.

Vormagen *m* ['fo:r-] *orn* jabot *m*.

vormal|ige(r, s) ['fo:rma:lɪgə-] *a* précédent, ci-devant; d'autrefois, de jadis; ~**s** *adv* précédemment, antérieurement, auparavant; *(voreinst)* autrefois, jadis.

Vormann *m* ⟨-(e)s, -männer⟩ ['fo:r-] *(Vorarbeiter)* chef *m* d'équipe.

Vormars *m* ['fo:r-] *mar* hune *f* de perroquet.

Vormarsch *m* ['fo:r-] *mil* marche *f* avant; **vor=marschieren** ⟨*aux: sein*⟩ *itr* avancer; ~**straße** *f* ligne *f* d'avance *od* de marche *od* de progression.

Vormensch *m* ['fo:r-] *zoo* préhominien *m*.

Vormerk|buch *n* ['fo:r-] agenda *m;* **vor=merken** *tr* prendre note de, noter, retenir; *sich* ~ *lassen* se faire inscrire; ~**gebühr** *f* droit *m* d'inscription; ~**liste** *f* liste *f* des inscriptions; ~**schein** *m* ticket *m* de location; ~**ung** *f* note; inscription *f.*

Vormittag *m* ['fo:r-] matinée *f; im Laufe des* ~*s,* **v**~**s** *adv* dans la matinée.

Vormonat *m* ['fo:r-] mois *m* précédent.

Vormund *m* ⟨-(e)s, -e/-̇er⟩ ['fo:r-] tuteur; *(bes. e-s Entmündigten)* curateur *m; e-n* ~ *bestellen* constituer un tuteur; ~**schaft** *f* tutelle; curatelle *f; unter* ~ *stehen* être sous *od* en tutelle *od* curatelle; **v**~**schaftlich** *a* tutélaire; ~**schaftsgericht** *n* tribunal *m od* chambre *f* des tutelles; ~**schaftsrichter** *m* juge *m* tutélaire *od* des tutelles.

vorn [fo:rn] = *vor den.*

vorn [forn] *adv (davor)* (par) devant; *(ganz)* ~ *(am Kopfende, Anfang),* ~ *weg* à la tête; ~ *an, in* en tête de; *nach* ~ en avant; *nach* ~ *heraus* sur le devant; *von* ~ par devant, de front, de face; *von* ~ *bis hinten* d'un bout à l'autre, de bout en bout; *(wieder) von* ~ *anfangen* (re)commencer par le début; *von* ~ *angreifen* attaquer de front; *(nach)* ~ *heraus wohnen* habiter sur le devant; *von* ~ *gesehen* vu de face; ~**an** [-'-/'--] *adv* à la tête; ~**e** *adv fam* = ~; ~**herein** ['---/-'-] *adv; von* ~ dès le début, de prime abord; ~**über** [-'-] *adv* (la tête) en avant.

Vornahme *f* ⟨-, -n⟩ ['fo:r-] *(Erledigung)* exécution *f.*

Vorname *m* ['fo:r-] prénom; *fam* petit nom *m.*

vornehm ['fo:rne:m] *a* distingué, de distinction, de qualité; *fam* huppé; *(von* ~*er Erscheinung)* aristocratique, élégant; *(von* ~*er Gesinnung)* noble; ~ *tun* se donner de grands airs; ~*e Frau f* grande dame, femme *f* de qualité; ~*e Gesinnung f* sentiments *m pl* nobles; ~*e(r) Mann m* homme *m* de qualité; *die* ~*ste Pflicht* le premier devoir, le devoir principal; *die* ~*e Welt* le grand monde; ~*e(s) Wesen n* grands airs *m pl;* **V**~**heit** *f* distinction; élégance, noblesse *f;* ~**lich** *adv (besonders)* principalement, particulièrement, avant tout, surtout.

vor=nehmen ['fo:r-] *tr (Schürze, Serviette)* mettre; *fig (in Angriff nehmen, sich beschäftigen mit)* attaquer, se mettre à, entreprendre, s'occuper de; *(durchführen)* faire; *(jdm die Meinung sagen, jdn zurechtweisen)* faire la leçon *od* une remontrance à, admonester; *sich etw* ~ projeter qc, former le projet de qc; *sich* ~, *etw zu tun* se promettre *od* se proposer, prendre la résolution de faire qc; *e-e Prüfung, e-e (genaue) Untersuchung* ~ faire un examen.

Vorort *m* ⟨-(e)s, -e⟩ ['fo:r-] faubourg *m; die* ~*e pl, a.* la banlieue; ~**(s)bahn** *f* chemin *m* de fer de banlieue; ~**(s)bewohner** *m* banlieusard *m;* ~**(s)gespräch** *n tele* conversation *f* suburbaine *od* de banlieue; ~**(s)netz** *n* réseau *m* suburbain; ~**(s)strecke** *f* ligne *f* de banlieue *od* suburbaine; ~**(s)verkehr** *m loc* trafic suburbain, service *m* de banlieue; ~**(s)zug** *m* train *m* de banlieue.

Vorplatz *m* ['fo:r-] *(e-s Gebäudes)* parvis; *(in e-m Hause)* vestibule *m.*

Vorpommern *n* ['fo:r-] *geog* la Poméranie antérieure.

Vorposten *m* ['fo:r-] *mil* avant-poste *m; auf* ~ *stehen* être aux avant-postes; ~**boot** *n mar* vedette *f;* ~**dienst** *m* service *m* d'avant-poste *od* des avant-postes; ~**gefecht** *n* combat *m* d'avant-postes; ~**kette** *f* ligne *f* des avant-postes; ~**stellung** *f* position *f od* système *m* des avant-postes.

Vorprogramm *n* ['fo:r-] programme *m* qui précède le film; **vor=programmieren** *tr* influencer à l'avance; *der Mißerfolg war vorprogrammiert* l'échec était à prévoir.

Vorprüfung *f* ['fo:r-] examen préalable; *tech* essai *m* préalable.

Vorrang *m* ['fo:r-]*: den* ~ *haben (wichtiger, dringender sein)* jouir de

la préférence; *vor jdm den ~ haben*
prendre rang avant qn, avoir le pas
od la préséance sur qn; *jdm den ~
lassen* céder le pas à qn; **v~ig** *a* prio-
ritaire, de grande importance; **~stel-
lung** *f* préséance, prééminence *f.*
Vorrat *m* ‹-(e)s, ⁚e› ['fo:r-] provision(s
pl), réserve(s *pl*) *f; bes. com* stock *m;
auf ~* en réserve; *solange der ~
reicht* jusqu'à épuisement du stock;
auf ~ arbeiten travailler pour le
stock; *auf ~ kaufen* stocker;
~skammer *f,* **~slager** *n,* **~sraum** *m*
magasin *m* d'approvisionnement.
vorrätig ['fo:r-] *a* en provision, en
stock; en magasin; *etw ~ haben
(com)* avoir qc en stock *od* en magasin, suivre qc.
Vorraum *m* ['fo:r-] antichambre *f.*
vor=rechnen ['fo:r-] *tr: jdm etw ~* faire le compte de qc à qn; énumérer,
détailler qc à qn.
Vorrecht *n* ['fo:r-] privilège *m,* préro-
gative *f; ein ~ genießen* jouir d'un
privilège.
Vorred|e *f* ['fo:r-] *(zu e-m Buch)* avant-
-propos *m,* préface *f,* avertissement
m (au lecteur); *keine lange ~, zur Sache! (fam)* pas de préambule, au fait!
~ner *m: mein ~* l'orateur *m* que vous
venez d'entendre.
Vorreiter *m* ['fo:r-] avant-courrier *m.*
vor=richt|en ['fo:r-] *tr (zum Gebrauch
vorbereiten)* préparer, apprêter;
V~ung *f* dispositif; mécanisme, appareil *m.*
vor=rücken ['fo:r-] *tr ‹aux: haben› (a.
Uhr)* avancer; *itr ‹aux: sein›* avancer,
se porter en avant.
Vorrunde *f* ['fo:r-] *sport* premier tour
m.
Vorsaal *m* ['fo:r-] salle d'attente *od*
des pas perdus; *(Vorzimmer)* antichambre *f.*
vor=sag|en ['fo:r-] *tr* souffler, *(jdm etw*
qc à qn); **V~er** *m* souffleur *m.*
Vorsaison *f* ['fo:r-] avant-saison *f.*
Vorsänger *m* ['fo:r-] chantre *m.*
Vorsatz *m* ['fo:r-] projet, dessein *m,*
intention, résolution *f; bei s-m ~ bleiben* persister dans sa résolution; *s-n
~ fallenlassen* abandonner son projet; *e-n ~ fassen* prendre une résolution; **~blatt** *n (e-s Buches)* (feuille
de) garde *f;* **~gerät** *n el* adaptateur
m; **~linse** *f opt* bonnette, lentille *f*
supplémentaire; **~papier** *n (für ein
~blatt)* papier *m* de garde; **vorsätz-
lich** *a (bes. jur, z. B. Tötung)* volontaire, intentionnel, prémédité; *adv*
exprès, à dessein, de propos délibéré;
jur intentionnellement, avec préméditation.

Vorschau *f* ['fo:r-] aperçu *m; =* Pro-
gramm~.
Vorschein *m* ['fo:r-]: *zum ~ bringen*
mettre au jour; *zum ~ kommen* apparaître, se faire jour.
vor=schieben ['fo:r-] *tr* avancer; *den
Riegel ~* pousser le verrou; *e-r S e-n
Riegel ~ (fig)* mettre un terme à qc.
vor=schießen ['fo:r-] *tr fam (Geld)*
avancer.
Vorschiff *n* ['fo:r-] *mar* avant *m,*
proue *f.*
Vorschlag *m* ['fo:r] *(erster Schlag)*
premier coup; *mus* ornement, agrément *m; fig (Anraten, Angebot)* proposition; *(Anregung)* suggestion;
(Empfehlung) recommandation *f;
auf meinen ~* sur ma proposition; *in
~ bringen* proposer; *e-n ~ machen
od unterbreiten* faire une proposition; *ein ~ zur Güte* une proposition
de conciliation; **vor=schlagen** *tr*
proposer (*zu* pour); suggérer; recommander; **~hammer** *m* marteau à
frapper devant, frappe-devant *m.*
Vorschlußrunde *f* ['fo:r-] *sport* demi-
-finale *f.*
vor=schneid|en ['fo:r-] *itr tech* donner
la première coupe; **V~er** *m (Gerät)*
pince *f* coupante.
vorschnell ['fo:r-] *a* précipité, inconsidéré; *adv* sans réfléchir; *(leichtfertig)* à la légère, à l'étourdie.
vor=schreiben ['fo:r-] *tr (zum Nach-
schreiben)* écrire *od* tracer en modèle; *(befehlen, anordnen)* prescrire,
ordonner, commander; *vorgeschrieben sein* être de rigueur; *sich nichts
~ lassen (fig)* n'en faire qu'à sa tête.
Vorschrift *f* ['fo:r-] prescription; *(Anweisung)* instruction *f; (Befehl)* ordre; *adm mil* règlement *m; med* ordonnance *f; den ~en entsprechend*
suivant les prescriptions; *sich an die
~en halten, sich nach den ~en richten* s'en tenir *od* se conformer aux
prescriptions *od* aux instructions; *es
entspricht der ~, es ist der ~ entsprechend zu ...* il est de règle de ...;
v~smäßig *a* conforme aux prescriptions *od* aux instructions *od* au règlement; *adv a.* en règle, en bonne et
due forme; **v~swidrig** *a* contraire
aux prescriptions *od* aux instructions
od au règlement.
Vorschub *m* ['fo:r-] *tech* avance(-ment
m) *f; fig: jdm, e-r S ~ leisten (begün-
stigen)* aider, assister qn; favoriser qc;
~leistung *f* aide, assistance *f,* secours *m.*
Vorschule *f* ['fo:r-] école *f* préparatoire.
Vorschuß *m* ['fo:r-] avance *f* (d'argent

od de fonds); arrhes *f pl; auf* ~ en *od* par avance, d'avance; *jdm e-n* ~ *geben od zahlen* faire une avance à qn; *von Vorschüssen leben* vivre de crédit, manger son blé *od* son bien en herbe; **v~weise** *adv* en *od* par avance, à titre d'avance; **~zahlung** *f* paiement *m* à titre d'avance.

vor=schützen ['fo:r-] *tr* prétexter, donner comme prétexte; prendre pour excuse.

vor=schwatzen ['fo:r-] *tr: jdm etw* ~ conter des histoires *od* des balivernes *od* des fariboles à qn.

vor=schweben ['fo:r-] *itr: es schwebt mir etw vor* j'ai une vague idée de qc.

vor=schwindeln ['fo:r-] *tr: jdm was* ~ *(fam)* = *vorflunkern.*

vor=seh|en ['fo:r-] *tr (planen)* prévoir; *sich* ~ prendre garde, se mettre sur ses gardes, être *od* se tenir sur ses gardes; prendre des précautions; *das ist nicht vorgesehen* cela n'a pas été prévu; **V~ung**, *die* la Providence (divine).

vor=setzen ['fo:r-] *tr (nach vorn setzen)* avancer; *(vor etw setzen)* mettre *od* poser devant; *jdm etw (zu essen od zu trinken)* ~ servir qc à qn; *a. allg* présenter, offrir qc à qn.

Vorsicht *f* ['fo:r-] précaution, circonspection, prudence *f;* ~*!* attention! prenez garde! ~*! frisch gestrichen!* attention *od* prenez garde à la peinture! ~ *ist besser als Nachsicht,* ~ *ist die Mutter der Weisheit od (hum) der Porzellankiste (prov)* prudence est mère de sûreté, mieux vaut prévenir que guérir; **v~ig** *a* circonspect, prudent; *adv* avec précaution *od* circonspection, prudemment; *du bout du doigt;* ~ *zu Werke gehen* user de précautions, jouer serré; ~ *spielen (bei e-m Gesellschaftsspiel)* jouer un jeu serré; ~*e(r) Optimismus m* optimisme *m* prudent; **v~shalber** *adv* par précaution, par (mesure de) prudence; **~smaßnahme** *f* mesure *f* de précaution; ~*n treffen* prendre des *od* ses précautions; *umfangreiche* ~*n treffen (a.)* s'entourer de précautions.

Vorsignal *n* ['fo:r-] signal d'annonce *od* annonciateur, avertissement *m.*

Vorsilbe *f* ['fo:r-] *gram* préfixe *m.*

vor=singen ['fo:r-] *tr* chanter *(jdm etw* qc à qn); *itr (als Vorsänger singen)* être *od* faire le chantre.

vorsintflutlich ['fo:r-] *a fig (altmodisch)* antédiluvien.

Vorsitz *m* ['fo:r-]: *unter dem* ~ *(gen)* sous la présidence (de); *den* ~ *führen od haben* exercer *od* avoir la présidence, présider; *den* ~ *niederlegen*

résigner la présidence; *den* ~ *übernehmen* prendre la présidence; **~en-de(r)** *m* président *m; zum* ~*en gewählt werden* être élu président, être nommé à la présidence.

Vorsokratiker *m* ['fo:r-] *hist philos* pré-socratique *m.*

Vorsorg|e *f* ['fo:r-] prévoyance *f; med* dépistage *m; für etw* ~ *treffen* prendre des dispositions nécessaires pour qc; **vor=sorgen** *itr* prendre ses précautions *od* les précautions nécessaires; *für etw* prendre soin de qc; *für die dringendsten Bedürfnisse* ~ parer aux besoins urgents; *vorgesorgt haben (a.)* avoir mis de côté; **~euntersuchung** *f med* dépistage *m;* **v~lich** *a* prévoyant; *adv* par précaution.

Vorspann *m* ['fo:r-] *(zusätzl. Zugpferde)* chevaux *m pl* de renfort; *film* générique *m; radio (Reihe der Sprecher e-s Hörspiels)* distribution *f; jdm, e-r S* ~ *leisten (unterstützen)* prêter main-forte *od* assistance à qn, favoriser qc; **vor=spannen** *tr (Pferde)* atteler comme renfort; *e-e Lokomotive* ~ atteler une locomotive supplémentaire; **~pferde** *n pl* chevaux *m pl* de renfort.

Vorspeise *f* ['fo:r-] entrée *f.* hors-d'œuvre *m.*

vor=spiegeln ['fo:r-] *tr: jdm etw* ~ *(fig)* faire miroiter qc à qn; donner des illusions *od* de fausses espérances à qn; **V~(e)lung** *f* illusion, fausse espérance *f;* ~ *falscher Tatsachen* récit *od* propos *m* mensonger.

Vorspiel *n* ['fo:r-] *theat* prologue; *mus* prélude *m,* ouverture *f; (sexuell)* préliminaires *m pl;* **vor=spielen** *tr: jdm etw* ~ *(theat u. mus)* jouer qc à qn.

Vorsprache *f* ['fo:r-] *(Besuch)* présentation *f; um persönliche* ~ *wird gebeten* vous êtes prié de vous présenter personellement.

vor=sprechen ['fo:r-] *tr: jdm etw* ~ dire *od* prononcer qc à qn (pour le faire répéter); *itr: bei jdm* ~ *(e-n kurzen Besuch machen)* se présenter chez qn *od* à la porte de qn, passer chez qn, faire *od* rendre une visite à qn.

vor=springen ['fo:r-] ⟨*aux: sein*⟩ *itr* sauter *od* s'élancer en avant; *(hervorragen)* faire saillie, avancer, déborder; **~d** *a* saillant, proéminent.

Vorspruch *m* ['fo:r-] présentation *f.*

Vorsprung *m* ['fo:r-] *arch* saillie *f,* ressaut, rebord *m; fig* avance *f; (Vorteil)* avantage *m; e-n großen* ~ *haben* avoir une grande avance (*vor jdm* sur qn); *e-n* ~ *gewinnen* m gagner *od* prendre de l'avance.

Vor|stadt *f* ['fo:r-] faubourg *m;* ~**städter** *m* habitant d'un *od* du faubourg; banlieusard *m;* **v~städtisch** *a* suburbain, faubourien; ~**stadtkino** *n* cinéma *m* de banlieue; ~**stadttheater** *m* théâtre *m* de faubourg.

Vorstand *m* ['fo:r-] comité directeur *od* de direction, conseil administratif *od* d'administration *od* de direction; *pol* comité exécutif; *parl* bureau; *(Vorsitzender)* président *m;* ~**smitglied** *n* membre *m* du comité de direction; ~**ssitzung** *f* séance *f* du comité *od* du conseil; ~**swahl** *f* élection *f* du comité de direction.

Vorsteck|er *m* ['fo:r-], ~**keil** *m* tech goupille *f;* ~**nadel** *f* broche; épingle *f* de cravate.

vor=steh|en ['fo:r-] *itr (hervorragen, vorspringen)* saillir, faire saillie, avancer, déborder; *e-r* S ~ *(fig: an ihrer Spitze stehen)* être à la tête *od* le chef de, présider à, avoir la direction de, diriger, gouverner qc; ~**end** *a* saillant, proéminent; *(in e-m Text vorausgehend)* précédent; *im* ~*en (weiter oben)* dans ce qui précède, plus haut; **V~er** *m* ⟨-s, -⟩ *(Leiter, Direktor)* président, directeur, chef *m;* **V~erdrüse** *f* anat prostate *f;* **V~hund** *m* chien *m* d'arrêt; *langhaarige(r)* ~ griffon *m.*

vorstell|bar ['fo:r-] *a* imaginable, concevable; ~**en** *tr (nach vorn stellen; Zeiger, Uhr vorrücken)* avancer; *(davor stellen)* mettre *od* poser *od* placer devant; *jdn jdm* ~ *(mit ihm bekannt machen)* présenter qn à qn; *theat (darstellen, spielen)* représenter, jouer; *(personifizieren, verkörpern)* personnifier; *(Kunst: darstellen, bedeuten)* représenter, signifier, vouloir dire; *sich jdm* ~ se présenter à qn; *sich etw* ~ *(sich ein Bild, e-n Begriff von etw machen)* se représenter, (s')imaginer, se figurer, concevoir qc, se faire une idée de qc; *(sich etw denken, etw erwarten)* s'attendre à qc, se douter de qc; *etwas* ~ *(Eindruck machen)* présenter bien, faire figure, avoir de la prestance; *das kann ich mir* ~ je m'en doute; *das kann ich mir nicht* ~ cela me paraît impossible, cela passe mon imagination; *stellen Sie sich (das od mal) vor!* pensez donc! jugez! ~**ig** *a:* ~ *werden* faire des représentations; *(sich an jdn wenden)* s'adresser à qn; **V~ung** *f (Bekanntmachen)* présentation; *theat* représentation: *a. film* séance; *(Denken, bes. in Bildern)*

imagination; *(Bild, Begriff)* idée *f;* pl *(Vorhaltungen)* remontrances, réprimandes *f* pl; *in der* ~ en idée; *e-e* ~ *von etw haben* avoir une idée de qc; *sich von etw e-e* ~ *machen* se faire une idée de qc; *sich falsche* ~*en von etw machen* se faire une fausse idée de qc *od* des illusions sur qc; *sich keine falschen* ~*en von etw machen* ne pas se dissimuler qc; *man kann sich keine* ~ *davon machen* on n'a pas idée de cela; *keine* ~*! (theat)* relâche! *persönliche* ~ présentation *f* personnelle; *undeutliche* ~ *(a.)* demi-idée *f;* **V~ungsgespräch** *n* entretien *m,* entrevue *f;* *jdn zu e-m* ~ *einladen* convoquer qn; **V~ungskraft** *f,* **V~ungsvermögen** *n* imagination *f.*

Vorstoß *m* ['fo:r-] avance; *mil a.* attaque *f;* *(an der Kleidung)* dépassant *m;* **vor=stoßen** *tr* ⟨*aux: haben*⟩ pousser en avant, avancer; *itr* ⟨*aux: sein*⟩ avancer, se porter en avant; *mil* avancer (en combattant), attaquer.

Vorstrafe *f* ['fo:r-] *jur* punition *od* peine antécédente, condamnation *f* antérieure; *pl* antécédents *m* pl; ~**nregister** *n* (extrait de) casier *m* judiciaire.

vor=strecken ['fo:r-] *tr (nach vorn strecken)* tendre, avancer; *(Geld leihen)* avancer, prêter.

Vorstufe *f* ['fo:r-] premier degré; *(Schule)* degré *m* préparatoire; ~**nschalter** *m* el interrupteur *m* de sécurité pourvu de résistance.

vor=stürmen ['fo:r-] ⟨*aux: sein*⟩ *itr* se lancer en avant; *gegen etw* se lancer à l'assaut de qc.

vor=stürzen ['fo:r-] ⟨*aux: sein*⟩ *itr (nach vorn stürzen)* se précipiter *od* se jeter en avant.

Vortag *m* ['fo:r-] jour *m* précédent; *(Vorabend)* veille *f;* *am* ~*e* le jour précédent, la veille.

vor=tanzen ['fo:r-] *tr:* *jdm etw* ~ danser devant qn *od* pour qn; **V~tänzer(in** *f***)** *m* premier danseur *m,* première danseuse *f.*

vor=täusch|en ['fo:r-] *tr* feindre, simuler; **V~ung** *f* simulation *f.*

Vorteil *m* ['for-] *a. Tennis* avantage; *(Gewinn, Nutzen)* profit, intérêt *m;* *zu jds* ~ en faveur de qn; *s-n* ~ *ausnutzen* profiter de son avantage; *auf s-n* ~ *bedacht sein,* *s-n* ~ *suchen od wahren od wahrnehmen* considérer ses (propres) intérêts; être âpre au gain; *nur auf s-n* ~ *bedacht sein* ne voir que son intérêt; ~*e bieten od bringen* présenter des avantages; *von etw keinen* ~ *haben* n'avoir aucun intérêt à qc; *im* ~ *sein* avoir l'avantage, tenir le bon bout; *sich zu s-m ~ verändert haben* avoir changé à son avantage *od* en mieux; *sich auf s-n ~ verstehen* bien entendre ses intérêts, entendre *od* savoir se défendre; *aus etw ~ ziehen, (fam.:) e-n ~ aus etw herausschlagen* tirer avantage *od* parti *od* profit, retirer du gain de qc; **v~haft** *a* avantageux *(für* pour); *(gewinnbringend)* profitable; *adv* avantageusement, profitablement, avec *od* à profit; *für jdn ~ sein (a.)* avantager qn; *das ist äußerst ~ (a.)* c'est tout profit.

Vortrag *m* ['fo:r-] *(Rede, Vorlesung)* conférence *f; (Bericht)* rapport *m; (e-s Gedichtes)* récitation, déclamation; *mus* exécution; *(~sart)* élocution, diction *f,* débit *m; zum ~ bringen (Gedicht)* réciter; *mus* exécuter; *e-n ~ halten* faire *od* donner une conférence; *~ auf neue Rechnung (com)* report *m* à nouveau; **vor=tragen** *tr (nach vorn tragen)* avancer; *(Gedicht hersagen)* réciter, déclamer; *com* reporter; *~ende(r)* *m (Redner)* conférencier *m; ~sfolge* *f* programme *m; ~skunst* *f* déclamation *f; ~skünstler* *m* déclamateur *m; ~ssaal* *m* salle *f* de conférences; *~szeichen* *n* *mus* signe *m* d'expression.

vortrefflich ['fo:r-] *a* excellent, exquis, parfait, supérieur, de premier ordre; *adv* excellemment, parfaitement, à la perfection, à merveille; **V~keit** *f* excellence, supériorité, qualité *f* supérieure.

vor=treten ['fo:r-] ⟨aux: sein⟩ *itr* (s')avancer; *(aus dem Glied)* sortir des rangs; *einen Schritt ~* faire un pas en avant.

Vortrieb *m* ['fo:r-] *tech* traction; *(e-s Propellers)* propulsion *f; ~sdüse* *f (e-r Rakete)* tuyère *f* propulsive; *~skraft* *f (e-s Propellers)* effort *m* propulseur, force *f* de propulsion.

Vortritt *m* ['fo:r-]; *den ~ vor jdm haben* avoir le pas sur qn; *jdm den ~ lassen* céder le pas à qn.

Vortrupp *m* ['fo:r-] *mil* échelon *m* de tête d'avant-garde.

Vorturner *m* ['fo:r-] moniteur *m.*

vorüber [vo'ry:bər] *adv (örtl.): an etw ~* devant qc, auprès de qc, à côté de qc; *(zeitl.)* passé; *~ sein (a.)* avoir cessé; *~=gehen* ⟨aux: sein⟩ *itr: an jdm, etw ~* passer devant *od* auprès de *od* à côté de qn, qc; *fig (nicht beachten)* négliger qn, qc; *(zeitl.)* passer; *~gehend* *a* passager, transitoire, provisoire, temporaire, éphémère, momentané; *adv* provisoirement,

pour un temps, un certain temps; **V~gehende(r)** *m* passant *m; ~=ziehen* ⟨aux: sein⟩ *itr (örtl. u. zeitl.)* passer.

Vorübung *f* ['fo:r-] exercice *m* préparatoire.

Voruntersuchung *f* ['fo:r-] *jur* instruction *f* préalable *od* préliminaire *od* préparatoire.

Vorurteil *n* ['fo:r-] préjugé *m,* prévention; *(vorgefaßte Meinung)* opinion *f* préconçue; *~e haben* être plein de préjugés; **v~sfrei** *a,* **v~slos** *a* sans préjugés, exempt de préjugés; *~slosigkeit* *f* objectivité, liberté *f* d'esprit.

Vorväter *m pl* ['fo:r-] ancêtres *m pl.*

vor=verdau|en ['fo:r-] *tr physiol u. fig* prédigérer; **V~ung** *f* prédigestion *f.*

vor=verdicht|en ['fo:r-] *tr mot* surcomprimer; **V~er** *m* surcompresseur *m;* **V~ung** *f* surcompression *f.*

Vorverfahren *n* ['fo:r-] *jur* procédure *f* préliminaire.

Vorvergangenheit *f* ['fo:r-] *gram* plus-que-parfait *m.*

Vorverhandlung *f* ['fo:r-] prénégociation *f.*

Vorverkauf *m* ['fo:r-] *theat* location *f; ~sstelle* *f* bureau *m* de location.

vor=verleg|en ['fo:r-] *tr (Veranstaltung)* avancer; *mil (das Feuer)* porter en avant, allonger; **V~ung** *f (zeitl.)* avancement *m.*

Vorverstärker *m* ['fo:r-] *el* amplificateur *m* d'entrée.

Vorversuch *m* ['fo:r-] expérience *f* préliminaire.

Vorvertrag *m* ['fo:r-] avant-contrat *m.*

vorvorgestern ['fo:r-] *adv* il y a trois jours.

vorvorige(r, s) ['fo:r-] *a (vorletzter)* avant-dernier.

vor=wagen ['fo:r-], *sich* oser avancer; *sich zu weit ~* s'aventurer trop loin, s'engager trop avant.

Vor|wahl *f* ['fo:r-] *pol* scrutin *m* éliminatoire; *tele* présélection *f; ~wahlnummer* *f* indicatif *m* (téléphonique); *~wähler* *m* *tele* présélecteur *m.*

Vorwand *m* ⟨-(e)s, ⸗e⟩ ['fo:r-] *m* prétexte *m,* allégation *f; (Ausrede)* subterfuge *m,* échappatoire *f; unter dem ~ (gen)* sous prétexte, sous le couvert, sous l'ombre (de); *daß ...* sous prétexte que *subj; etw zum ~ nehmen* prendre prétexte de qc.

vor=wärm|en ['fo:r-] *tr* chauffer à l'avance; *tech* préchauffer; **V~er** *m* économiseur; *tech* préchauffeur *m.*

Vorwarnung *f* ['fo:r-] *(Luftschutz)* (état *m* d')alerte *f* préventive.

vorwärts ['fo:r-/ 'forverts] *adv* en

avant; ~ *kriechen,* ~ *springen* avancer en rampant, en courant; ~! en avant! allons! partons! **~=bringen** *tr fig (weiterbringen, fördern)* faire avancer *od* progresser; **V~gang** *m mot* marche *f* avant; **~=gehen** ⟨*aux: sein*⟩ *itr impers (besser werden): es geht vorwärts* cela marche; **~=kommen** ⟨*aux: sein*⟩ *itr fig (vorankommen)* avancer, progresser, faire des progrès; *nicht* ~ *(a.)* ne pas faire un pas, piétiner.

vorweg [fo:r'vɛk] *adv (im voraus)* d'avance à l'avance; par anticipation; **V~nahme** *f* ⟨-, -n⟩ anticipation *f;* **~=nehmen** *tr* anticiper.

vorweihnacht|lich ['fo:r-] *a* d'avant Noël; **V~szeit** *f* temps *m* de l'Avent.

vor=weisen ['fo:r-] *tr (vorzeigen)* montrer; faire voir, produire; *fam* exhiber.

Vorwelt *f* ['fo:r-] monde primitif; passé *m* lointain; **v~lich** *a* lointain, préhistorique.

vor=werfen ['fo:r-] *tr (nach vorn werfen)* avancer; *mil (Truppen, Verstärkungen)* lancer en avant; *(zum Fressen hinwerfen)* jeter (à manger); *jdm etw* ~ *(tadelnd vorhalten)* reprocher qc à qn, s'en prendre à qn de qc, faire grief de qc à qn.

vorwiegend ['fo:r-] *adv* pour la plupart, généralement; *(in der Mehrheit)* en majorité.

Vorwissen *n* ['fo:r-]: *ohne mein* ~ à mon insu, sans que je le sache.

vorwitzig ['fo:r-] *a* hardi, téméraire.

Vorwort *n* ['fo:r-] ⟨-(e)s, -e⟩ *(e-s Buches)* préface *f,* avant-propos; *(kurzes)* avertissement, avis *m* au lecteur.

Vorwurf *m* ['fo:r-] reproche; *(Tadel)* blâme *m,* réprobation *f; jdm e-n* ~ *machen* faire un reproche à qn *(aus etw* de qc); *sich gegenseitig Vorwürfe machen* se renvoyer des reproches; *jdn mit Vorwürfen überschütten* accabler qn de reproches; **v~svoll** *a* plein de reproche(s).

vor=zählen ['fo:r-] *tr (Geld)* compter.

Vorzeichen *n* ['fo:r-] signe (avant--coureur), indice, présage; *math mus* signe *m; mit umgekehrtem* ~ *(math u. fig)* de signe contraire.

vor=zeichn|en ['fo:r-] *tr* tracer, ébaucher; *fig (Verhalten, Vorgehen)* indiquer, marquer, désigner.

vor=zeig|en ['fo:r-] *tr* montrer, faire voir, produire, exhiber; *(bes. Wechsel)* présenter.

Vorzeit *f* ['fo:r-] passé *m* lointain; antiquité *f,* époque reculée, la plus haute antiquité *f; in grauer* ~ dans la nuit des temps, dans les temps les plus reculés; **v~en** [fo:r'tsaitən] *adv* jadis,

autrefois; **v~ig** *a* prématuré, anticipé; *adv* avant le temps *od* l'heure.

Vorzensur *f* ['fo:r-] censure *f* préventive.

vor=ziehen ['fo:r-] *tr (nach vorn ziehen)* tirer en avant, avancer; *mil* porter en avant; *fig* préférer, donner la préférence *od* la priorité à, aimer mieux.

Vorzimmer *n* ['fo:r-] antichambre *f;* **~dame** *f* secrétaire, hôtesse *f.*

Vorzug *m* ['fo:r-] *(gute Seite)* qualité *f; loc (Entlastungszug)* train *m* supplémentaire; *e-n* ~ *einlegen* dédoubler le train; *jdm den* ~ *geben* accorder *od* donner la préférence à qn; *e-r S* donner la priorité à qc; *vor jdm den* ~ *haben* avoir la préférence *od* un droit de priorité sur qn; **~sak-tie** *f fin* action *f* privilégiée *od* de préférence *od* de priorité; **~smilch** *f* lait *m* amélioré; **~spreis** *m* prix *m* de faveur *od* préférentiel; **~srabatt** *m* remise *f* de faveur; **~starif** *m* tarif *m* préférentiel *od* de faveur; **v~sweise** *adv* de préférence.

vorzüglich ['fo:r-] *a* excellent, exquis, supérieur, remarquable, insigne, de première qualité; *adv* excellemment; *mit ~er Hochachtung* avec l'expression de mes (nos) sentiments distingués; **V~keit** *f* excellence, supériorité *f.*

Vorzündung *f* ['fo:r-] *mot* avance *f* à l'allumage.

Votiv|bild [vo'ti:f-] *n rel* tableau votif, ex-voto *m;* **~gabe** *f rel,* **~kapelle** *f,* **~kirche** *f,* **~messe** *f* offrande, chapelle, église, messe *f* votive.

Votum *n* ⟨-s, -ten/-ta⟩ ['vo:tʊm, -tən/ -ta] *(Gelübde)* vœu; *pol (Stimme)* vote, suffrage *m.*

Voyeur *m* ⟨-s, -e⟩ [voa'jø:r] voyeur *m;* **~ismus** *m* ⟨-, ø⟩ ['-rɪsmʊs] voyeurisme *m.*

vulg|är [vʊl'gɛ:r] *a (gewöhnlich, gemein)* vulgaire; **V~ärlatein** *n* latin *m* populaire; **V~ata** [-'ga:ta], *die (rel)* la Vulgate.

Vulkan *m* ⟨-s, -e⟩ [vʊl'ka:n] *geog u. fig* volcan; *(Mythologie)* Vulcain *m; erloschene(r), untätige(r), tätige(r)* ~ volcan *m* éteint, sommeillant, en éruption; **~ausbruch** *m* éruption *f* volcanique; **~fiber** *f* fibre *f* vulcanisée; **~isation** *f* ⟨-, -en⟩ [-kanizatsi'o:n] *tech* vulcanisation *f;* **v~isch** [-'ka:nɪʃ] *a* volcanique; **~isieranstalt** *f* [-kani'zi:r-] entreprise *f* de vulcanisation; **v~isieren** *tr tech* vulcaniser; **~isierung** *f* = **~isation;** **~ismus** *m* ⟨-, ø⟩ [-'rɪsmʊs] *geol (~ische Tätigkeit)* volcanisme *m.*

W

W, w *n* ⟨-, -⟩ [we:] *(Buchstabe)* W, w *m.*

Waadt|(land *n)* *f* ['va(:)t-] *geog* (canton de) Vaud *m;* **~länder** *m* ⟨-s, -⟩ Vaudois *m;* **w~ländisch** *a* vaudois.

Waag|e *f* ⟨-, -n⟩ ['va:gə] balance; *(Brücken~)* bascule *f; (Wasser~)* niveau; *sport (Barrenübung)* équilibre *m* horizontal; *astr* Balance *f; sich die* ~ *halten (fig)* se contrebalancer, se faire équilibre, être équivalents; *auf die* ~ *legen* mettre dans la balance; *chemische* ~ micropeseuse *f; das Zünglein an der* ~ *(fig)* l'arbitre *m;* **~eamt** *n* poids *m pl* publics; **~ebalken** *m* fléau *m* de la balance; **~egeld** *n* droit *m* de pesage; **~emeister** *m* vérificateur *m* des poids et mesures; **w~(e)recht** *a* horizontal, de niveau; **~e** *Lage f (a.)* horizontalité *f;* **~schale** *f* plateau *m* de (la) balance; *schwer in die* ~ *fallen (fig)* peser lourd dans la balance; *in die* ~ *werfen (fig)* jeter dans la balance, faire valoir.

wabb(e)lig ['vab(ə)lıç] *a fam (weich u. wackelnd)* mou, flasque.

Wabe *f* ⟨-, -n⟩ ['va:bə] *(Zellenwand im Bienenstock)* rayon *m,* gaufre *f; (mit Honig)* gâteau *m;* **~nhonig** *m* miel *m* en rayons; **~nkröte** *f zoo* pipa, crapaud *m* du Surinam; **~nkühler** *m mot* radiateur *m* en nid d'abeilles; **~nmuster** *n* nid *m* d'abeilles; **~nstein** *m* brique *f* perforée.

wabern ['va:bərn] *itr dial (flackern)* vaciller, danser.

wach [vax] *a* éveillé *a. fig;* réveillé; *(lebhaft)* vif, alerte; *(aufmerksam)* vigilant; ~ *bleiben* veiller; ~ *liegen* ne pas trouver le sommeil; ~ *machen* (r)éveiller; ~ *sein (a)* veiller; ~ *werden* s'éveiller, se réveiller; **W~ablösung** *f mil* relève *f* de la garde; **W~bataillon** *n* bataillon *m* de garde; **W~buch** *n* livre *m* de garde; **W~dienst** *m mil* service *m* de garde *od mar* de quart; **W~e** *f* ⟨-, -n⟩ *allg u. mil* garde; *mil* faction *f; mar* quart *m; (im Mastkorb)* vigie; *(Nachtwache)* veille; *(Krankenwache)* veillée *f; (Polizeiwache)* poste *m* (de police); = **~stube**; *die* ~ *ablösen* relever la garde; *jdn auf die* ~ *bringen* conduire qn au poste; ~ *haben od schieben,*

auf ~ *sein* être de garde *od* de faction; *mar* être de quart *od (im Mastkorb)* en vigie; ~ *halten* être au *od* faire le guet; *die* ~ *herausrufen* alerter la garde; *auf* ~ *ziehen* prendre la garde; ~ *'raustreten!* aux armes! à la garde! *aufziehende, abziehende* ~ *garde f* montante, descendante; **~en** *itr* veiller *(bei jdm* auprès de qn); *über jdn, über etw* ~ veiller sur qc; surveiller qn, qc; **W~feuer** *n mil* feu *m* de bivouac; **~habend** *a* de garde; *mar* de quart; **W~habende(r)** *m* chef *m* de poste; **~≈halten** *tr* tenir éveillé *od* en éveil; **W~hund** *m* chien *m* de garde; **W~kompanie** *f* compagnie *f* de garde; **W~lokal** *n* corps *m* de garde; **W~mann** *m* ⟨-(e)s, -leute/-männer⟩ homme de garde, gardien, veilleur *m;* **W~mannschaft** *f* (hommes *m pl* de) garde *f od mar* quart *m;* **W~offizier** *m* officier *m* de garde *od mar* de quart; **W~regiment** *n* régiment *m* de garde; **~≈rufen** *tr fig* (r)éveiller; *(Erinnerung)* évoquer, rappeler; *(Interesse)* provoquer; *(Wunsch)* faire naître; *(Gefühl)* susciter; **~≈rütteln** *tr: jdn* ~ secouer qn pour le réveiller; **~sam** *a* vigilant, attentif; *attr a.* sur ses gardes; *ein* **~es** *Auge auf jdn haben* avoir l'œil sur qn; **W~samkeit** *f* ⟨-, ø⟩ vigilance, attention *f;* **W~stube** *f* corps *m* de garde; **W~traum** *m* rêve *m* éveillé; **W~- -und Schließgesellschaft** *f* société *f* de surveillance d'immeubles; **W~vergehen** *n mil* violation *f* de consigne; **W~vorgesetzte(r)** *m mil* chef *m* de poste; **W~vorschrift** *f mil* consigne *f;* **W~zustand** *m* état *m* de veille.

Wacholder|(baum, ~strauch *m* ⟨-s, -⟩ [va'xɔldər] genévrier; *pop* genièvre *m;* **~beere** *f* genièvre *m,* baie *f* de genévrier; **~(branntwein)** *m* genièvre; gin *m.*

Wachs *n* ⟨-es, -e⟩ [vaks] cire; *(Bohner~)* cire à parquet, encaustique *f; (Ski~)* fart *m; mit* ~ *einreiben* = **~en** *l.; sie ist* ~ *in seinen Händen (fig)* il fait d'elle ce qu'il veut; **~abguß** *m* moulage *m* en cire; **w~bleich** *a* cireux; **~bild** *n* = **~figur**; **~eisen** *n (für Schier)* farteur *m;*

w~en ['vaksən] **1.** tr⟨wachst, wachste, hat gewachst⟩ (mit ~ einreiben) cirer, enduire de cire; (bohnern) encaustiquer; (Schier) farter; **~en** n **1.** cirage; encaustiquage; fartage m; **~figur** f figure od (kleine) figurine f de cire; **~figurenkabinett** n musée de figures de cire; **~kerze** f, **~licht** n bougie f de od en cire; **~malerei** f encaustique f; **~matrize** f stencil m; **~modell** n modèle m en cire; **~papier** n papier m ciré; **~perle** f perle f en cire; **~platte** f (zur Tonaufnahme) cire f; **~plattenaufnahme** f enregistrement m sur cire; **~stock** m rat-de-cave m; **~tafel** f hist (Schreibgerät) tablette f (enduite) de cire; **~tuch** n toile f cirée; **~tuchfutteral** n étui m en toile cirée; **~überzug** m enduit m de cire; **w~weich** a mollet; **~zieher** m ⟨-s, -⟩ (Gewerbetreibender) cirier m.
wachsen 2. ⟨wächst, wuchs, ist gewachsen⟩ [(-)'vaksən, vu:ks] itr allg croître; physiol (größer werden, bes. von Menschen) grandir; (Pflanze) pousser; fig (zunehmen) augmenter, s'accroître, être en progression; (sich entwickeln) se développer; (gedeihen) prospérer; (sich ausdehnen) s'étendre; (Familie) s'agrandir; mit ~der Geschwindigkeit en prenant de la vitesse, de plus en plus vite; tüchtig ~ (fam) pousser comme un champignon; jdm gewachsen sein être de taille à se mesurer avec an; jdm über den Kopf gewachsen sein (fig) avoir dépassé qn; e-r S gewachsen sein être à la hauteur de qc; (Haare, Bart) ~ lassen laisser pousser; er ist mir ans Herz gewachsen je lui suis fort attaché; die Arbeit wächst mir über den Kopf je ne sais plus où donner de la tête; der Baum ist schief gewachsen l'arbre a poussé de travers; der Sturm wächst zum Orkan la tempête devient ouragan; gut gewachsen bien fait; **W~** n **2.** croissance; fig augmentation f, accroissement, développement m; im ~ sein (Mensch) continuer de grandir; **~d** a croissant, grandissant; fig (zunehmend) progressif.
wächsern ['vɛksərn] a (aus Wachs) en od de cire; (wachsbleich) cireux.
Wachstum n ⟨-s, ø⟩ ['vakstu:m] allg croissance; bot végétation, pousse; (Wein) cru m; production f; fig (Zunahme) augmentation f, accroissement, développement m; schnelle(s) ~ der Bevölkerung poussée f démographique; im ~ behindern od beeinträchtigen empêcher de croître od de pousser od de grandir; im ~ zurück-

bleiben ne pas atteindre la taille normale; **w~sfördernd** a favorable à la croissance; **w~shemmend** a défavorable à la croissance; **~shormon** n bot auxine f; **~srate** f taux m d'accroissement; **~sstörung** f trouble m de croissance.
Wacht f ⟨-, -en⟩ [vaxt] mil garde, faction f; mar quart m; ~ halten veiller; auf der ~ sein (fig) être sur ses gardes; **~meister** m mil adjutant; (Polizei~) sergent m (de ville); **~parade** f mil parade f de la garde montante; **~posten** m poste, factionnaire m; **~schiff** n garde-côte m; **~turm** m tour f de garde od de guet; (Beobachtungsstand aus Holz) mirador m.
Wächte f ⟨-, -n⟩ ['vɛçtə] (überhängender Schnee) amas m de neige en surplomb.
Wachtel f ⟨-, -n⟩ ['vaxtəl] orn caille f; die ~ ruft od schlägt la caille margotte od carcaille; **~hund** m (Spaniel) épagneul m; **~könig** m orn (Wiesenralle) roi des cailles, râle m des genêts; **~ruf** m, **~schlag** m carcaillat, chant m de la caille.
Wächter m ⟨-s, -⟩ ['vɛçtər] (Museum, Park) garde, gardien, veilleur m; ein guter, schlechter ~ sein être de bonne, de mauvaise garde; **~kontrolluhr** f contrôleur m de rondes.
Wacke f ⟨-, -n⟩ ['vakə] geol pierraille f.
wack|(e)lig ['vak(ə)lıç] a branlant, vacillant; (Möbel) boiteux; ~ auf den Beinen sein flageoler (sur ses jambes); avoir les jambes qui flageolent od les jambes en coton; ~ stehen (fig: Angelegenheit, Geschäft) branler au manche od dans le manche; **W~elkontakt** m el contact intermittent, trembleur m; faux contact m; **~eln** itr branler vaciller, trembler; (Möbel) être boiteux; (~lig gehen) chanceler; mit den Hüften ~ tortiller des hanches; mit dem Kopf ~ dodeliner de la od branler la tête; mit dem Stuhl ~ se dandiner sur sa chaise; (lachen, brüllen etc.) daß die Wände ~ à faire trembler les vitres; **W~elstein** m pierre f branlante.
wacker ['vakər] a (rechtschaffen, brav) honnête, loyal, probe; (tapfer) brave, courageux, vaillant; adv bravement; (tüchtig) comme il faut; sich ~ halten se conduire en brave; ~ zechen boire sec; er ist ~ mitgelaufen il s'est bien défendu dans cette course fam.
Wade f ⟨-, -n⟩ ['va:də] anat mollet; gras m de la jambe; bis an die ~n à mi-jambe(s); **~nbein** n anat péroné m; **~nkrampf** m crampe f de la jam-

be; *e-n* ~ *haben* avoir une crampe dans la jambe; ~**nschützer** *m*, ~**nstrumpf** *m* jambière *f*.

Waffe *f* ‹-, -n› ['vafə] arme *f*; *in od unter* ~*n* sous les armes; *mit blanker* ~ à l'arme blanche; *mit der* ~ *in der Hand* l'arme à la main; *ohne* ~*n* désarmé; *jdm die* ~*n abnehmen* désarmer qn; *zu den* ~*n greifen* prendre les armes; *mit ehrlichen* ~*n kämpfen* faire bonne guerre; *mit gleichen* ~*n kämpfen (fig)* lutter à armes égales; *die* ~*n niederlegen od strecken* mettre bas *od* rendre *od* déposer les armes; *zu den* ~*n rufen* appeler aux armes; *jdn mit s-n eigenen* ~*n schlagen (fig)* battre qn avec ses propres armes; *die* ~*n sprechen lassen* avoir recours *od* recourir aux armes; *unter den* ~*n stehen* porter les armes; *die* ~*n nieder!* bas les armes! ~*n und Gerät (mil)* armement et matériel *m pl*.

Waffel *f* ‹-, -n› ['vafəl] *(aus dem Waffeleisen)* gaufre; *(kleine)* gaufrette *f*; ~**eisen** *n* gaufrier *m*; ~**muster** *n* nid *m* d'abeilles; ~**tüte** *f (für Eis)* cornet *m*.

Waffen|besitz *m* ['vafən-] *(unerlaubte(r))* ~ détention *f* (illégale) d'armes; ~**bruder** *m* frère *od* compagnon *m* d'armes; ~**brüderschaft** *f* (con)fraternité *f* d'armes; ~**embargo** *n* embargo *m* sur les armes; **w~fähig** *a* en état de porter les armes; *im* ~*en Alter* en âge de porter les armes; ~**gang** *m* passe *f* d'armes; ~**gattung** *f* arme *f*; ~**gebrauch** *m* emploi *m* des armes; ~**gewalt** *f*: *mit* ~ par la force des armes; ~**glück** *n* fortune *f* des armes; ~**handel** *m* trafic *m* d'armes; ~**händler** *m* armurier; trafiquant *m* d'armes; ~**handlung** *f* armurerie *f*; ~**handwerk** *n* métier *m* des armes; ~**hilfe** *f* assistance *f* militaire; ~**inspektion** *f* inspection *f* de l'armement; ~**kammer** *f mil* magasin *m* d'armes *od* d'armement; ~**lager** *n* dépôt *m* d'armes; ~**lieferung** *f* fourniture *f* d'armes; ~**los** *a* sans armes, désarmé; ~**meister** *m mil* (chef) armurier *m*; ~**meisterei** *f mil* armurerie *f*; ~**offizier** *m* officier *m* des armes et munitions; ~**pflege** *f* entretien *m* des armes; ~**rock** *m* tunique *f*; ~**ruhe** *f* suspension d'armes; *(längere)* trêve *f*; ~**sammlung** *f* collection d'armes, panoplie *f*; ~**schein** *m* permis *m* *od* autorisation *f* de port d'armes; ~**schmied** *m* armurier *m*; ~**schmiede(kunst)** *f* armurerie *f*; ~**schmuggel** *m*, ~**schmuggler** *m* contrebande *f*, passeur *m* d'armes;

~**stillstand** *m* armistice *m*; ~**stillstandsbedingungen** *f pl* clauses *f pl* de l'armistice; ~**stillstandsverhandlungen** *f pl*, ~**stillstandsvertrag** *m* pourparlers *m pl*, traité *m* d'armistice; ~**tanz** *m* danse *f* pyrrhique; ~**tat** *f* fait d'armes, exploit *m* (guerrier); ~**technik** *f* technique *f* de l'armement; ~**tragen** *n* port *m* d'armes; ~**überlegenheit** *f* supériorité *f* des armes; ~**übung** *f* exercice *m* militaire; ~**unteroffizier** *m* sous-officier *m* comptable du matériel et de l'armement.

waffnen ['vafnən], *sich* s'armer (*mit* de).

wäg|bar ['vɛ:k-] *a* pondérable; **W~barkeit** *f* pondérabilité *f*; ~**en** ‹*wägt, wog, hat gewogen*› ['vɛ:gən], (-)'vo:k/ -gən] *tr fig poet (erwägen)* peser.

Wage|hals *m* ['va:gə-] risque-tout; *fam* casse-cou *m*; **w~(e)halsig** ['va:k-] *a (Mensch)* téméraire; aventureux; *(Unternehmen)* hasardeux; ~**(e)halsigkeit** *f* ['va:k-/-gə-] témérité *f*; ~**emut** *m* hardiesse, audace *f*; goût du risque; esprit *m* d'entreprise; **w~emutig** *a* hardi, audacieux; ~**en** *tr* oser (*etw zu tun* faire qc); avoir l'audace (*etw zu tun* de faire qc); *(aufs Spiel setzen)* risquer, mettre en jeu; *(unbesonnen)* hasarder, aventurer; *sich an etw* ~ se risquer, se hasarder, s'essayer, s'attaquer à qc; *sich an jdn* ~ oser s'en prendre à qn; *alles* ~ risquer le tout pour le tout; *sich nicht aus dem Haus* ~ ne pas se risquer hors de chez soi; *wer nicht wagt, der nicht gewinnt (prov)* qui ne risque rien, n'a rien; *frisch gewagt, ist halb gewonnen (prov)* affaire bien engagée est à moitié gagnée; ~**(e)stück** *n* = ~*nis*; ~**nis** *n* ‹-sses, -sse› ['va:k-] risque *m*, entreprise *f* risquée *od* hasardeuse *od* aventureuse.

Wägelchen *n* ‹-s, -› ['vɛ:gəlçən] petite voiture, voiturette *f*.

Wagen *m* ‹-s, -› ['va:gən] *(Pferdewagen u. mot)* voiture; *mot* auto(mobile); *mot arg* bagnole *f*; *loc* wagon *m*, voiture *f*; *(Lastwagen)* chariot; *mot* camion; *(Fahrzeug)* véhicule; *hist (Kampfwagen)* char; *(d. Schreibmaschine)* chariot *m*; *jdn vor s-n* ~ *spannen* tirer parti de qn; *das Pferd hinter den* ~ *spannen (fig)* mettre la charrue devant les bœufs; *der Große* ~ *(astr)* la Grande Ourse; ~**achse** *f* essieu *m*; ~**aufbau** *m* mot carrosserie *f*; ~**bauer** *m* = *Wagner*; ~**besitzer** *m* possesseur *m* de (la) voiture; ~**burg** f hist barricade f de chariots; ~**deichsel** f timon m; ~**fähre** f bac m pour voitures; ~**fahrt** f parcours m en voiture; ~**federung** f suspension f de (la) voiture; ~**fenster** n glace f; ~**führer** m (e-s öffentl. Verkehrsmittels) conducteur; (e-s elektr. Fahrzeuges a.) wattman m; ~**gestellung** f loc mise f en place des wagons; ~**halle** f mot garage m; ~**hebebühne** f tech élévateur m pour autos; ~**heber** m ‹-s, -› mot cric m; ~**innere(s)** n intérieur m de la voiture; ~**kasten** m (e-s LKW) caisse f; ~**kolonne** f convoi m de (voitures); ~**kupp(e)lung** f loc attelage m; ~**ladung** f voiturée; charge d'un od du camion; loc wagonnée f; ~**laterne** f lanterne f de voiture; ~**leiter** f (des Leiterwagens) ridelle f; ~**mangel** m loc manque m de wagons; ~**meister** m loc visiteur m; ~**oberbau** m = ~aufbau; ~**papiere** n pl papiers m pl de bord; ~**park** m loc parc de wagons, matériel roulant; mot parc m autos od de voitures; ~**pflege** f mot entretien m des voitures; ~**plane** f bâche, banne f; ~**rad** n roue f de voiture; ~**reihe** f, fam ~**schlange** f file f de voitures ~**rennen** n hist course f de chars; ~**schlag** m = ~tür; ~**schlüssel** m clef f de (la) voiture; ~**schmiere** f graisse f (à voitures); (alte) cambouis m; ~**schuppen** m remise f; mot garage m; ~**spur** f ornière f; ~**tritt** m marchepied m; ~**tür** f portière f; ~**umlauf** m loc circulation f des wagons; ~**vermieter** m loueur m de voitures; ~**vermietung** f location f de voitures; ~**waschen** n lavage m (d'auto); ~**wechsel** m changement m de voiture; ~**winde** f cric m; ~**zug** m loc rame f de wagons.

Waggon m ‹-s, -s› [va'gɔ̃:] loc wagon m; franko ~ franco sur wagon; ~**kipper** m basculeur m de wagons; ~**ladung** f wagonnée f; **w~weise** adv par wagons.

Wagner m ‹-s, -› ['va:gnər] (Stellmacher) charron m; ~**arbeit** f charronnage m.

Wahl f ‹-, -en› [va:l] choix m; (Auswahl) sélection; (schwierige ~) option; (~ zwischen zwei Möglichkeiten) alternative; pol élection f; (Abstimmung) scrutin m; nach ~ au choix; e-e ~ abhalten (pol) faire une élection; keine ~ haben n'avoir pas le choix; ... zur ~ haben avoir le choix entre ...; in die engere ~ kommen (pol) être en ballotage; jdm die ~ lassen laisser le choix à qn; zur ~

schreiten procéder au scrutin; jdn vor die ~ stellen obliger qn à choisir; sich zur ~ stellen poser sa candidature, se porter candidat; s-e ~ treffen faire son choix; e-e gute, schlechte ~ treffen faire un bon, mauvais choix; es bleibt keine ~ il n'y a pas à choisir; meine ~ fiel auf Paris mon choix s'est porté sur Paris; die ~ steht dir frei tu peux choisir; tu as le choix; wer die ~ hat, hat die Qual (prov) on n'a que l'embarras du choix; engere ~ (pol) scrutin m de ballotage; erste ~ (com) premier choix m; geheime ~ scrutin m secret; indirekte ~ suffrage m indirect; zweite ~ (com) second choix m; das Mädchen meiner ~ l'élue f de mon cœur; ~ durch Handaufheben, durch Zuruf vote m à main levée, par acclamation.

Wahl|alter n ['va:l-] majorité f électorale; ~**aufruf** m manifeste m électoral; ~**ausschuß** m commission f électorale; ~**ausweis** m carte f d'électeur; ~**beeinflussung** f pression f électorale; ~**befragung** f consultation f électorale; **w~berechtigt** a inscrit; ~**berechtigte(r)** m électeur m inscrit; ~**bestechung** f corruption f électorale; ~**beteiligung** f participation électorale od au vote, fréquentation f des urnes; ~**betrug** m fraude f électorale; ~**bezirk** m circonscription f électorale; ~**bündnis** n apparentement m; ein ~ eingehen s'apparenter (mit à); ~**büro** n bureau m de vote; ~**erfolg** m succès m électoral; ~**ergebnis** n résultat m électoral od de l'élection od du vote; ~**fach** n (Schule) matière f facultative od à option; ~**fälschung** f = ~betrug; ~**feldzug** m campagne f électorale; **w~frei** a (Schulfach) facultatif; ~**gang** m tour m de scrutin; im ersten ~ au premier tour (de scrutin); ~**geheimnis** n secret m du vote; ~**gesetz** n loi f électorale; ~**heimat** f terre od patrie f d'élection; ~**helfer** m assistant m électoral; ~**kabine** f isoloir m; ~**kampf** m lutte od bataille od compétition f électorale; ~**kandidat** m candidat m (aux élections); ~**kartei** f fichier m électoral; ~**kreis** m circonscription f électorale; ~**leiter** m responsable m du scrutin; ~**liste** f liste f électorale; ~**lokal** n bureau m de vote; **w~los** a u. adv sans discernement; ~ anhäufen (beim Sammeln, a.) acheter à tort et à travers; ~ herausgreifen prendre au hasard od au petit bonheur; ~**mann** m grand électeur m; ~**männerkollegium** n collège m électoral; ~**manö-**

ver *n pl* manœuvre *f* électorale; ~**monarchie** *f* monarchie *f* élective; ~**müdigkeit** *f* abstentionnisme *m;* ~**mündigkeit** *f* majorité *f* politique; ~**niederlage** *f* défaite *f* électorale; ~**ordnung** *f* règlement *m* électoral; ~**parole** *f* slogan *m* électoral; ~**periode** *f* période *f* électorale; ~**pflicht** *f* vote *m* obligatoire; ~**plakat** *n* affiche *f* électorale; ~**programm** *n* programme *m od* plate--forme *f* électoral(e); ~**propaganda** *f* propagande *f* électorale; ~**prüfer** *m* scrutateur *m;* ~**prüfung** *f* vérification *f* du scrutin; ~**recht** *n* droit *m* de vote *od* de suffrage; *von s-m* ~ *Gebrauch machen, sein* ~ *ausüben* exercer son droit de vote; *allgemeine(s)* ~ suffrage *m* universel; *passive(s)* ~ éligibilité *f;* ~**rede** *f,* ~**redner** *m* discours, orateur *m* électoral; ~**reform** *f* réforme *f* électorale; ~**schlacht** *f* bataille *f* électorale; ~**sieg** *m* victoire *f* électorale; ~**spruch** *m* devise, maxime *f;* ~**system** *n* système électoral; mode *m* de scrutin; ~**tag** *m* journée *f* électorale; jour *m* du scrutin; ~**taktik** *f* tactique *f* électorale; ~**terror** *m* pression *f* électorale; ~**urne** *f* urne *f* électorale; ~**verfahren** *n* procédure *f* électorale; mode *m* de votation; ~**versammlung** *f* réunion *od* assemblée *f* électorale; ~**versprechungen** *f pl* promesses *f pl* faites aux électeurs; ~**verwandtschaft** *f chem u. fig* affinité *f* élective; ~**vorschlag** *m parl* proposition *f* de scrutin; ~**vorstand** *m (Gruppe)* (bureau *m* de la) commission *f* électorale; **w~weise** *adv* facultativement; ~**zelle** *f* = ~*kabine;* ~**zettel** *m* bulletin *m* de vote.

wähl|bar ['vɛːl-] *a* éligible; *nicht* ~ inéligible; **W~barkeit** *f* ⟨-, ø⟩ éligibilité *f;* ~**en** *tr allg* choisir; *(auswählen)* élire; *(sich entscheiden für)* opter pour, prendre; *(Beruf)* embrasser; *(Menschen zu e-m Amt)* élire, porter, prendre *(zu* pour); *pol (stimmen)* voter *(für* pour); opter pour; *tele (Nummer)* faire, composer; *itr pol* voter; *jdn einstimmig, mit absoluter, einfacher Mehrheit* ~ élire qn à l'unanimité, à la majorité absolue, simple *od* relative; *nicht* ~ s'abstenir (de voter); **W~er** *m* ⟨-s, -⟩ électeur, votant; *tech* sélecteur *m;* **W~(er)amt** *n tele* central *m* automatique; **W~(er)betrieb** *m tele* téléphonie *f* automatique; **w~erisch** *a* exigeant; **W~erkarte** *f* carte *f* d'électeur; **W~erkartei** *f* fichier *m* électoral; **W~erliste** *f* liste *f*

électorale; **W~erraum** *m tele* salle *f* automatique; **W~erschaft** *f* corps *od* collège électoral, électorat *m;* **W~erscheibe** *f tele* cadran *m* d'appel; **W~ersystem** *n tele* téléphonie *f* automatique; **W~erversammlung** *f* réunion *f* électorale.

Wahn *m* ⟨-(e)s, ø⟩ [vaːn] folie; *(~vorstellung)* illusion, chimère; idée *f* fausse; *(Verirrung)* égarement *m,* aberration *f; (Verblendung)* aveuglement; *(Fieberwahn)* délire *m; in e-m* ~ *befangen sein* vivre dans l'illusion; ~**bild** *n* illusion; hallucination *f;* mirage *m;* chimère *f,* fantôme *m;* ~**sinn** *m* folie, démence *f,* délire, égarement *m; med* aliénation *f* mentale, dérangement *m* cérébral; *(fam, übertreibend)* folie, démence *f; in* ~ *(ver-)fallen* perdre la raison, devenir fou; *das ist heller* ~ c'est de la folie pure; *das ist ja* ~*!* mais c'est du non-sens! **w~sinnig** *a (a. fig, übertreibend)* fou, insensé; *med* dément, aliéné, maniaque; *(fam, übertreibend)* démentiel; *adv (fam, übertreibend)* follement, terriblement; ~ *viel zu tun haben* avoir un travail fou; *jdn* ~ *machen (fam, übertreibend)* faire perdre la raison à qn, rendre qn fou; ~ *werden* perdre la raison, devenir fou; *ich werde* ~ *(fam, übertreibend)* j'enrage; c'est intenable *od* à devenir fou; ~*e Schmerzen m pl* douleurs *f pl* effroyables; ~**sinnige(r)** *m (a. fam, übertreibend)* fou, insensé; *med* aliéné, dément *m;* ~**sinnsanfall** *m* accès *m* de folie; ~**vorstellung** *f* illusion, chimère *f,* phantasme *m;* idée délirante *od* fixe, obsession, manie *f;* ~**witz** *m fig* folie, démence; extravagance; absurdité *f;* **w~witzig** *a fig* fou, dément; extravagant; absurde; ~*e(r) Dünkel m* fol orgueil *m;* ~*e(s) Unterfangen n* folle aventure *f.*

wähnen ['vɛːnən] *tr (glauben, annehmen)* croire (à tort); *(sich einbilden)* s'imaginer, se figurer.

wahr [vaːr] *a* vrai; *(~heitsgetreu)* véridique; *(wirklich)* véritable; *(echt)* authentique; *im ~sten Sinn des Wortes* dans toute l'acception du terme; *für* ~ *halten* tenir pour vrai, croire; *sich als* ~ *herausstellen* s'avérer, se révéler vrai; *etw* ~ *machen* réaliser qc; ~ *werden* se réaliser; *sein ~es Gesicht zeigen* jeter le masque; *daran ist kein ~es Wort* il n'y a pas un mot de vrai là-dedans; *es wird schon (et)was W~es d(a)ran sein* il y a sûrement du vrai là-dedans; *das ist eine ~e Schande* c'est un véritable scandale; *nicht* ~*?* n'est-ce pas? *fam* pas vrai? hein? *so* ~ *ich lebe!* aussi vrai que j'existe!; *so* ~ *mir Gott helfe!* *(Eidesformel)* je le jure; ~*e(r)* *Freund m* ami *m* véritable; ~*e Geschichte f* histoire *f* vécue; **W~e,** *das* le vrai, la vérité.

wahr|en ['va:rən] *tr (bewahren, erhalten)* garder, conserver; *(behaupten, aufrechterhalten)* maintenir, défendre; *das Geheimnis* ~ garder le secret; *s-e Interessen* ~ défendre ses intérêts; *den Schein* ~ sauve(garde)r l'apparence; **W~ung** *f (von Interessen etc)* défense, sauvegarde *f.*

währen ['vɛ:rən] *itr (dauern)* durer; ~**d** *prp* pendant, durant; ~ *der ganzen Zeit* pendant tout ce temps; *conj (zeitl.)* pendant que; *(gegensätzl.)* tandis que, alors que; ~**ddem** [-'de:m] *adv,* ~**ddes(sen)** [-'dɛs(ən)] *adv* pendant ce temps, en attendant.

wahrhaben ['va:r-] *tr: nicht* ~ *wollen, daß* ... ne pas vouloir admettre que ...

wahrhaft ['va:rhaft] *a (wahrheitsliebend)* véridique; *(aufrichtig)* sincère; *adv (bei a: wirklich)* vraiment; ~**ig** *a:* ~*er Gott! ~en Gottes!* par Dieu! *adv (wirklich)* vraiment; *(wirklich und)* ~*!* vraiment! vérité! ma foi! **W~igkeit** *f* ‹-, ø› *(Wahrheitsliebe, Aufrichtigkeit)* sincérité; *(Wahrheit)* vér(ac)ité; *(Glaubwürdigkeit)* authenticité *f.*

Wahrheit *f* ‹-, -en› ['va:rhaɪt] vérité *f; die* ~ *(das Wahre, a.)* le vrai; *in* ~ en vérité; en réalité; *(um) die* ~ *zu sagen* à dire vrai, à vrai dire; *von der* ~ *abweichen* s'écarter de la vérité; *bei der* ~ *bleiben* s'en tenir à la vérité; *die* ~ *sagen* dire vrai; *jdm die* ~ *sagen (fig)* dire ses quatre vérités od son fait à qn; *den Stempel der* ~ *tragen* être marqué au coin de la vérité; *ich muß Ihnen die* ~ *sagen* je vous dois la vérité; *das ist die reine od nackte* ~ c'est la pure vérité od la vérité pure od toute nue; *geschichtliche* ~ historicité *f; es ist e-e alte* ~, *daß* on sait depuis longtemps que; *Kinder (und Narren) sagen die* ~ *(prov)* la vérité sort de la bouche des enfants; *von der* ~ *weit entfernt* à mille lieues de la vérité; ~**sbeweis** *m* preuve *f* de la vérité; **w~sgemäß** *a,* **w~sgetreu** *a* conforme à la vérité, véridique, fidèle; *adv* fidèlement; ~**sliebe** *f* amour *m* de la vérité, véracité *f;* **w~sliebend** *a* attaché à la vérité, véridique, sincère; ~**ssinn** *m* véracité *f;* ~**ssucher** *m* chercheur *m* de la vérité.

wahrlich ['va:rlɪç] *adv* vraiment, en vérité; ~*!* vraiment! en vérité! ma foi!

wahrnehm|bar ['va:r-] *a* perceptible, apercevable, sensible; *(sichtbar)* visible; *(hörbar)* audible; *nicht* ~ imperceptible; **W~barkeit** *f* perceptibilité; visibilité; audibilité *f;* **wahr= nehmen** *tr (bemerken)* (a)percevoir, s'apercevoir de, remarquer; *(nutzen, Gebrauch machen von)* profiter de; *die Gelegenheit* ~ profiter de l'occasion; *jds Geschäfte* ~ remplacer qn; *jds Interessen* ~ parler au nom de qn, représenter qn; *e-n Termin* ~ *(jur)* assister à une audience; **W~ung** *f* (a)perception; *(der Interessen)* défense, sauvegarde; *jur (e-s Termins)* assistance *f* (gen à); *außersinnliche* ~ perception *f* extra-sensorielle; *mit der (laufenden)* ~ *der Geschäfte betraut* chargé de l'expédition des affaires (courantes).

Wahrsag|ekunst *f* ['va:r-] art *m* divinatoire; **w~en** ⟨*wahrsagt, wahrsagte, hat gewahrsagt*⟩ *itr* prédire l'avenir, dire la bonne aventure, vaticiner; *aus dem Kaffeesatz* ~ lire l'avenir dans le marc de café; *sich* ~ *lassen* se faire dire la bonne aventure; ~**er** *m* devin, diseur *m* de bonne aventure; ~**erei** *f* [-'raɪ] divination *f;* ~**erin** *f* devineresse, diseuse *f* de bonne aventure; **w~erisch** *a* divinatoire; ~**ung** *f (Voraussage)* prédiction, divination, vaticination *f.*

wahrscheinlich ['va:rʃaɪnlɪç, -'--] *a* vraisemblable, probable; *adv a.* sans doute; **W~keit** *f* vraisemblance, probabilité *f; aller* ~ *nach* selon toute(s) probabilité(s); **W~keitsrechnung** *f* math calcul *m* des probabilités.

Wahrspruch *m* ['va:r-] *jur* verdict *m.*

Währung *f* ‹-, -en› ['vɛ:rʊŋ] étalon *m,* monnaie, valeur *f od* système *m* monétaire; *in fremder* ~ en monnaie étrangère, en devise; *einfache* ~ monométallisme *m; harte* ~ monnaie *f* stable.

Währungs|abkommen *n* ['vɛ:rʊŋs-] accord *m* monétaire; ~**abwertung** *f* dévaluation *f* de la monnaie; ~**angleichung** *f* alignement *m* monétaire; ~**ausgleich(sfonds)** *m* (fonds *m* d')égalisation *f* des changes; ~**behörden** *f pl* autorités *f pl* monétaires; ~**block** *m* ‹-(e), ⸱e/-s⟩ bloc *m* monétaire; ~**deckung** *f* couverture *f* de la circulation; ~**einheit** *f* unité *f* monétaire; ~**fonds** *m* fonds *m* monétaire; *Internationale(r)* ~ Fonds *m* monétaire international; ~**gebiet** *n* zone *f* monétaire; ~**geld** *n* monnaie *f* légale; ~**gesetz** *n* loi *f* monétaire; **~klausel** *f* clause *f* monétaire; **~kredit** *m* crédit *m* en monnaie étrangère; **~krise** *f* crise *f* monétaire; **~kurs** *m* cours *m* de change; **~lage** *f,* **~parität** *f,* **~politik** *f,* **~problem** *n,* **~reform** *f,* **~reserve** *f* situation, parité, politique *f,* problème *m,* réforme, réserve *f* monétaire; **~schwankung** *f* fluctuation *f* monétaire *od* des changes; **~spanne** *f* écart *m* des changes; **~stabilisierung** *f* stabilisation *f* de la monnaie; **~stabilität** *f,* **~system** *n,* stabilité *f,* système *od* régime *m* monétaire; **~umrechnung** *f,* **~umstellung** *f* conversion *f* monétaire; **~unsicherheit** *f,* **~verfall** *m,* **~verhältnis** *n* instabilité, dépréciation *f,* rapport *m* monétaire; **~verlust** *m* perte *f* au change; **~verschlechterung** *f* affaiblissement *m* de la monnaie; **~zerrüttung** *f* désorganisation *f* monétaire; **~zusammenbruch** *m* effondrement *m* monétaire.

Wahrzeichen *n* ['va:-r-] *(e-r Stadt)* emblème *m.*

Waise *f* ‹-, -n› ['vaɪzə] orphelin, e *m f;* **~ngeld** *n* pension *f* d'orphelin; **~nhaus** *n* orphelinat *m;* **~nkind** *n* orphelin *m;* **~nknabe** *m* orphelin *m; ein reiner od der reine ~ gegen jdn sein* ne pas arriver à la cheville de qn; **~nrente** *f* = **~ngeld.*

Wal *m* ‹-(e)s, -e› [va:l] *zoo* baleine *f; pl (als Ordnung)* cétacés *m pl;* **~fang** *m* pêche *f* à la baleine; **~fangboot** *n,* **~fänger** *m (Mensch u. Boot)* baleinier *m;* **~fangflotte** *f* flotte *f* baleinière; **~fangmutterschiff** *n* navire--usine *m;* **~fisch** *m* ['val-] *pop* = **~.**

Walachie *m* ‹-n -n› [va'laxə] Valaque *m;* **~ei** [-'xaɪ], *die (geog)* la Valachie.

Wald *m* ‹-(e)s, ⁻er› [valt, 'vɛldər] forêt *f; (kleiner)* bois *m; (Hochwald)* futaie *f; in die Wälder gehen (um sich dort versteckt zu halten)* prendre le maquis; *man sieht den ~ vor lauter Bäumen nicht* les arbres cachent la forêt; *wie man in den ~ hineinruft, so schallt es wieder heraus (prov)* on reçoit toujours la monnaie de sa pièce; **~ameise** *f: Rote ~* fourmi *f* rouge; **~arbeiter** *m* ouvrier *m* forestier; **~bestand** *m* fonds *m* boisé *(vorhandene(r)* existant); **~brand** *m* incendie *m* de forêt; **~erdbeere** *f (Pflanze)* fraisier *m* sauvage *od* des bois; *(Frucht)* fraise *f* des bois; **~frevel** *m* délit *m* forestier; **~gebiet** *n* zones *f pl* boisées; **~geist** *m* sylvain *m;* **~grenze** *f geog* limite *f* de la forêt; **~honig** *m* miel *m* sauvage; **~horn** *n mus* cor *m* de chasse; **~hu-**

~fendorf *n* village *m* de défrichement; **~hüter** *m* garde *m* forestier; **w~ig** [-dɪç] *a* boisé; **~kauz** *m orn* chat--huant *m,* hulotte *f;* **~komplex** *m,* **~landschaft** *f* massif, paysage *m* forestier; **~lauf** *m sport* course *f* en forêt; **~lehrpfad** *m* sentier *m* forestier donnant des renseignements sur la végétation environnante; **~maus** *f* mulot, rat *m* des bois; **~meister** *m bot* aspérule *f* (odorante); *pop* petit muguet *m;* **~ohreule** *f* moyen duc *m;* **~rand** *m* lisière *od* orée *f* du bois; **~rebe** *f bot* clématite *f;* **w~reich** *a* riche en forêts; très boisé; **~reichtum** *m (e-s Landes)* richesses *f pl* forestières; **~schnepfe** *f orn* bécasse *f* (commune); **~schrat** *m* = **~geist;** **~sterben** *n* dépérissement *m* des forêts; **~taube** *f orn* ramier *m, pop* palombe *f;* **~ung** *f* ['-dʊŋ] forêt *f,* bois *m;* **~vogel** *m* oiseau *m* des bois; **~weg** *m* chemin *m* forestier; **~wiese** *f* clairière *f;* **~wirtschaft** *f* économie *od* exploitation forestière, sylviculture *f.*

Wäldchen *n* ‹-s, -› ['vɛltçən] petit bois, bosquet, boqueteau *m.*

Walles *n* [wɛɪlz] *geog* le pays de Galles; **~iser** *m* ‹-s, -› [va'li:zər] Gallois *m;* **w~isisch** [-'li:zɪʃ] *a* gallois.

Walkle *f* ‹-, -n› ['valkə] *tech* moulin *m* à foulon, foulerie *f;* **w~en** *tr (Tuch)* fouler, pilonner; *fam (prügeln)* rosser; **~en** *n* foulage *m;* **~er** *m* ‹-s, -› fouleur, foulon(nier) *m;* **~erde** *f* terre *f* à foulon; **~mühle** *f* = **~e.**

Walkie-Talkie *n* ‹-(s), -s› ['wɔ:kɪ'tɔ:kɪ] *(Sprechfunkgerät)* talkie-walkie *m.*

Walkman *m* ‹-s, -s› ['wɔ:kmæn] *(tragbarer Recorder)* walkman *m.*

Walküre *f* ‹-, -n› [val'ky:rə, 'va(:)lkyrə] *(Mythologie)* Valkyrie *f.*

Wall *m* ‹-(e)s, ⁻e› [val, 'vɛlə] rempart *a. mil u. fig; (Damm)* remblai *m,* levée *f;* **~graben** *m* fossé *m* des remparts.

Wallach *m* ‹-(e)s, -e› ['valax] *(kastrierter Hengst)* (cheval) hongre *m.*

wallen ['valən] *itr (sprudeln)* bouillonner; *(wogen)* ondoyer, onduler; *(flattern)* flotter; *fig (Blut in den Adern)* bouillir; *vx = ~fahr(t)en;* **W~fahrer** *m* pèlerin *m;* **W~fahrt** *f* pèlerinage *m;* **~fahr(t)en** ‹wallfahrt(et)e; ist gewallfahrt(et)› *itr (pilgern)* aller en pèlerinage; **W~fahrtskirche** *f* église *f* de pèlerinage; **W~fahrtsort** *m* lieu *m* de pèlerinage; **W~ung** *f a. fig* bouillonnement *m,* ébullition, effervescence *f; (Wogen)* ondoiement *m,* ondulation; *fig a.* agitation *f; in ~*

bringen (fig) faire bouillir, mettre en effervescence, agiter; *in ~ geraten (fig)* bouillonner, s'agiter, s'exciter.

Wallis ['valɪs], *das, geog* le Valais; ~**er(in** *f) m* ⟨-s, -⟩ [-'lizər] Valaisan, e *m f;* **w~erisch** [-'lizərɪʃ] *a* valaisan, du Valais.

Wallon|e *m* ⟨-n, -n⟩ [va'lo:nə], ~**in** *f* Wallon, ne *m f;* **w~isch** [-'lo:nɪʃ] *a* wallon.

Walmdach *n* ['valm-] *arch* toit *od* comble *m* en croupe.

Walnuß *f* ['val-] noix *f;* ~**baum** *m* noyer *m.*

Wal|rat *m od n* ⟨-(e)s, ø⟩ ['va:lra:t] blanc *m* de baleine; ~**roß** *n* ['val-] *zoo* morse *m, pop* vache *f* marine.

walten ['valtən] *itr (herrschen)* régner *(über* sur); *(tätig sein, wirken)* agir; *s-s Amtes ~* remplir son office, exercer ses fonctions; *Gnade ~ lassen* se montrer indulgent; *schalten und ~, wie es einem beliebt* faire à sa guise; *jdn schalten und ~ lassen* laisser qn faire à sa guise, laisser carte blanche à qn; *der Frieden waltet* la paix règne; *das walte Gott!* à Dieu vat! **W~** *n (Herrschaft)* règne *m; (Tätigkeit)* action *f.*

Walter *m* ['valtər] *(Vorname)* Gautier *m.*

Walz|anlage *f* ['valts-] *tech* laminoir *m;* ~**blech** *n* tôle *f* laminée; ~**e** *f* ⟨-, -n⟩ *allg u. tech* cylindre; *(Schreibmaschinen~, Straßen~, agr, typ)* rouleau *m; auf der ~ sein (fam: wandern)* rouler sa bosse; ~**eisen** *n* fer *m* laminé; **w~en** *tr* cylindrer, passer au rouleau; *metal* laminer; **w~enförmig** *a* cylindrique; ~**enstraße** *f tech* (train de) laminoir *m;* ~**enwehr** *n (in e-m Fluß)* barrage *m* cylindrique *od* à cylindres; ~**er** *m* ⟨-s, -⟩ *(Tanz)* valse *f; (e-n) ~ tanzen* danser une valse, valser; *langsame(r) ~* valse *f* lente; ~**ertakt** *m* rythme *m* de valse; ~**maschine** *f* machine *f* à laminer, laminoir *m;* ~**stahl** *m* acier *m* laminé; ~**werk** *n* usine *f* de laminage, laminoir *m,* tôlerie *f.*

wälz|en ['vɛltsən] *tr* rouler; *fig (Bücher)* compulser; *(Probleme)* ruminer; *sich ~* se rouler, *pej* se vautrer *(in* dans); *etw in etw ~ (Küche)* rouler *od* passer qc dans qc; *sich im Bett von e-r Seite auf die andere ~* se tourner et se retourner dans son lit; *sich e-e Last vom Herzen od von der Seele ~* se décharger; *die Schuld auf jdn ~* rejeter la faute *od* la responsabilité sur qn; *ich könnte mich vor Lachen ~* c'est à se tordre de ri-

re; **W~er** *m* ⟨-s, -⟩ *fam (großes Buch)* gros bouquin *m.*

Wamme *f* ⟨-, -n⟩ ['vamə] *(Bauchteil e-s Felles)* ventre; *(Brusthaare des Rindes)* fanon *m; (des Hirsches)* hampe *f; (Bauch von Wildbret)* ventre *m.*

Wampe *f* ⟨-, -n⟩ ['vampə] = *Wamme; vulg (Bauch des Menschen)* ventre *m; fam* bedaine, panse *f.*

Wams *n* ⟨-es, ⸚er⟩ [vams, 'vɛmzər] *hist (Jacke)* pourpoint *m.*

Wand *f* ⟨-, ⸚e⟩ [vant, 'vɛndə] mur *m; (dicke)* muraille; *(Innen~; ~fläche; Fels~)* paroi; *(Scheide~)* cloison *f; in meinen vier Wänden* chez moi; *jdn an die ~ drücken (fig) (in den Hintergrund drängen)* éclipser, écraser qn; *(nicht zu Wort kommen lassen)* brimer, brider qn; *jdm nur die nackten Wände lassen (alles wegnehmen)* ne laisser que les quatre murs à qn; *e-n Nagel in die ~ schlagen* enfoncer un clou dans le mur; *jdn an die ~ stellen (erschießen)* coller *od* mettre qn au mur; *~ an ~ wohnen* être voisins; *mit dem Kopf durch die ~ wollen (fig)* donner de la tête contre un mur, vouloir l'impossible; *das ist, um an den Wänden hochzugehen (fam)* c'est ignoble *od* scandaleux! c'est à désespérer de tout! *die Wände haben Ohren (prov)* les murs ont des oreilles; *blinde ~ (ohne Fenster)* mur *m* orbe; *schalldichte ~* cloison *f* insonorisée; *spanische ~* paravent *m;* ~**apparat** *m tele* appareil *od* poste *m* mural; ~**arm** *m* applique *f;* ~**behang** *m* tenture, tapisserie *f;* ~**bekleidung** *f* revêtement, *(a. Täfelung)* lambris *m;* ~**bewurf** *m* lambris *m;* ~**bild** *n* = ~*gemälde;* ~**brett** *n* console *f;* ~**dekoration** *f* décoration *f* murale; ~**fläche** *f* surface *f* murale; ~**gemälde** *n* peinture *f* murale; ~**kalender** *m* calendrier *m* mural; ~**karte** *f* carte *f* murale; ~**lampe** *f,* ~**leuchte** *f* (lampe d')applique *f;* hublot *m* mural; ~**malerei** *f* peinture *f* murale; ~**reklame** *f* réclame *od* affiche *f* murale; ~**schild** *n* panneau *m* mural; ~**schirm** *m* paravent, écran *m;* ~**schmuck** *m* décor *m* mural; ~**schrank** *m* placard *m;* ~**spiegel** *m* trumeau *m;* ~**tafel** *f* tableau *m* noir; ~**teller** *m* assiette *f* murale; ~**teppich** *m* tapisserie, tenture *f;* ~**tisch** *m* console *f;* ~**uhr** *f* pendule *f; (Regulator)* régulateur *m;* ~**ung** *f* paroi *f;* ~**zeitung** *f* journal *m* mural.

Wandal|e *m* ⟨-n, -n⟩ [van'da:lə] *hist* Vandale *m; fig* vandale *m;* **w~isch** [-'da:lɪʃ] *a, a. fig* vandale; ~**ismus** *m*

⟨-, ø⟩ [-da'lɪsmʊs] *(Zerstörungswut)* vandalisme *m*.

Wandel *m* ⟨-s, ø⟩ ['vandəl] *(Änderung)* changement *m*, mutation *f; (modifications, variations f pl; (Lebenswandel)* conduite *f,* comportement *m*, vie; manière *f* de vivre; *e-n ~ erfahren* od *erleiden* changer, subir un od des changement(s); *e-n ~ herbeiführen,* ~ *schaffen* amener od apporter du od des changement(s); *es trat ein ~ ein* il y eut un changement; *Handel und ~* les affaires *f pl,* le trafic; *im ~ begriffen* en mutation; *der ~ der Zeit* la marche du temps; **w~bar** *a* changeant; *(veränderlich)* variable; *(unbeständig)* instable, inconstant, versatile; **~barkeit** *f* mutabilité, mobilité; *(Unbeständigkeit)* instabilité, inconstance, versatilité *f;* **~gang** *m,* **~halle** *f* promenoir; *theat* foyer *m; jur* salle *f* des pas perdus; **w~n** *itr* ⟨aux: sein⟩ *lit poet (gehen)* aller (son chemin), marcher, cheminer, se promener, déambuler; ⟨aux: haben⟩ *sich ~ (sich verändern)* changer, se transformer, faire peau neuve; *s-e Bahn ~* poursuivre sa course; *auf dem Pfade der Tugend ~* suivre le chemin de la vertu; *sich ~d (ppr)* changeant, en mutation; *eine ~de Leiche f (fig)* un cadavre *m* ambulant; *ein ~des Lexikon (fig hum)* une encyclopédie vivante; **~stern** *m astr* planète *f.*

Wander|arbeiter *m* ['vandər-] travailleur *m* migrant; **~ausrüstung** *f* équipement *m* pour excursion; **~ausstellung** *f* exposition *f* itinérante; **~bücherei** *f* bibliothèque *f* ambulante od roulante; bibliobus *m;* **~bühne** *f* théâtre *m* ambulant; **~bursche** *m hist* compagnon *m* qui fait son tour; **~düne** *f* dune *f* mouvante; **~er** *m* ⟨-s, -⟩ marcheur, excursionniste *m;* **~fahrt** *f* tour *m* à pied, excursion; *fam* randonnée *f;* **~falke** *m orn* faucon *m* pèlerin; **~flegel** *m* saucissonneur *m;* **~gewerbe(schein m)** *n* (permis *m* de) profession *f* ambulante; **~heuschrecke** *f* criquet *m* migrateur; **~jahre** *n pl* années *f pl* de voyage; **~karte** *f* carte *f* routière; **~kino** *n* cinéma ambulant od roulant, cinébus *m;* **~leben** *n* vie *f* errante od vagabonde od nomade; **~lied** *n* chanson *f* de marche od de route; **~lust** *f* goût *m* du voyage (à pied), humeur *f* voyageuse od vagabonde; **w~n** ⟨aux: sein⟩ *itr* aller à pied, marcher, cheminer, se promener, voyager (à pied); *(e-n Ausflug machen)* faire une excursion; *(umherschweifen)* vagabon-

der, errer; *(Gedanken)* se promener, errer; *(s-e Lage verändern)* se déplacer; *fam (Sache: gebracht werden)* aller; *ins Gefängnis ~ (fam)* être emprisonné; *durch Italien ~* parcourir l'Italie à pied; *in den Papierkorb ~ (fam)* atterrir au panier; *s-e Blicke ~ lassen* promener ses regards; *~n m* voyages *m pl* od excursions *f pl* à pied; **w~nd** *a, a.* en voyage; *med (Schmerz)* erratique; **~niere** *f med* rein *m* flottant od mobile; **~pokal** *m sport* coupe *f* challenge; **~prediger** *m* prédicateur *m* itinérant; **~preis** *m sport* challenge *m;* **~ratte** *f zoo* surmulot *m;* **~schaft** *f* ⟨-, ø⟩ voyage (à pied); *(der Handwerksburschen)* tour *m* (de compagnon); *auf der ~* en voyage; faisant son tour; *auf die ~ gehen* faire son tour; **~schau** *f* musée roulant, muséobus *m;* **~smann** *m* ⟨-(e)s, -leute⟩ marcheur *m;* **~stab** *m:* bâton *m* du voyageur; *den ~ ergreifen (a. fig)* pendre le bâton du voyageur; **~trieb** *m zoo* instinct *m* migrateur; *psych (des Menschen)* dromomanie *f;* **~truppe** *f theat* (troupe *f* de) comédiens *m pl* ambulants; **~ung** *f* excursion, promenade *f* (à pied), voyage (à pied), tour *m; hist (von Völkern),* zoo migration *f;* **~vogel** *m (Pfadfinder)* scout, éclaireur *m;* **~weg** *m* chemin *m* touristique; **~zirkus** *m* cirque *m* ambulant.

Wandlung *f* ⟨-, -en⟩ ['vandlʊŋ] changement *m,* transformation, conversion; *rel* transsubstantiation *f; e-e ~ erfahren* od *erleiden* subir un changement; *mit ihm ist e-e ~ vor sich gegangen* od *hat sich e-e ~ vollzogen* il a changé, il a subi un changement; **w~sfähig** *a* transformable; ouvert aux changements; *(veränderlich)* changeable.

Wange *f* ⟨-, -n⟩ ['vaŋə] *a anat* joue; *tech (Seitenwand)* jumelle *f; mit glühenden ~n* les joues en feu; *mit hohlen ~n* aux joues creuses; **~nbein** *n anat* os malaire, zygoma *m;* **~ngrübchen** *n* fossette *f;* **~nrot** *n (Schminke)* fard *m* pour les joues.

Wankelmotor *m* ['vaŋkəl,moːtɔr] moteur *m* Wankel od à pistons rotatifs.

Wank|elmut *m* ['vaŋkəl-], **~elmütigkeit** *f* inconstance, versatilité, vacillation; indécision, irrésolution *f;* **w~elmütig** *a (unbeständig)* inconstant, versatile, vacillant; *(unentschlossen)* indécis, irrésolu; **w~en** ⟨aux: sein od haben⟩ *itr* branler; *a. fig* chanceler, vaciller; *fig (nachgeben)* fléchir; oh-

ne zu ~ *(a. fig)* de pied ferme; *nicht* ~ *und nicht weichen (fig)* ne pas fléchir, tenir ferme, ne pas reculer d'un pouce; ~*d werden (fig)* fléchir, être ébranlé; *ich wurde in meinem Glauben* ~*d* ma foi s'ébranlait; *er ist durch die Straßen gewankt* il a déambulé dans les rues d'un pas hésitant; *der Boden wankte mir unter den Füßen (fig)* le sol se dérobait sous moi; *mir wankten die Knie* les jambes me manquaient; ~*en n a. fig* chancellement, vacillement *m; ins* od *zum* ~ *bringen* ébranler; *ins* ~ *geraten* od *kommen (a. mil)* être ébranlé.

wann [van] *adv* quand? à quelle heure? à quel moment? *bis* ~*?* jusqu'à quand? *dann und* ~ de temps en temps, de temps à autre, à l'occasion; *seit* ~*? von* ~ *an?* depuis quand? ~ *auch immer* n'importe quand; *conj* quand.

Wanne *f* ⟨-, -n⟩ ['vanə] cuve *f; (Wasch*~*)* baquet *m; a. tech* bassine; *(Trog)* auge; *(Bade*~*)* baignoire *f,* tub *m;* ~**nbad** *n* bain (dans une baignoire), tub *m.*

Wanst *m* ⟨-es, ⁻e⟩ [vanst, 'vɛnstə] *pop (Bauch)* bedaine *f,* bedon *m fam.*

Want|en *f pl* ['vantən] *mar* haubans *m pl;* ~**tau** *n mar* hauban *m.*

Wanze *f* ⟨-, -n⟩ ['vantsə] *ent* punaise *f; pl (als Unterordnung)* hémiptères *m pl; pop (Abhörgerät)* micro *m.*

Wappen *n* ⟨-s, -⟩ ['vapən] armes, armoiries *f pl,* blason *m; e-n Löwen im* ~ *führen* porter un lion dans ses armes; ~**buch** *n* armorial *m;* ~**feld** *n* quartier *m;* ~**kunde** *f* science *f* héraldique, blason *m;* ~**maler** *m* peintre *m* d'armoiries; ~**schild** *m* écu(sson), blason *m;* ~**spruch** *m* devise *f;* ~**tier** *n* animal *m* héraldique.

wappnen ['vapnən]: *sich gegen etw* ~ *(fig)* s'armer, se cuirasser contre qc; *sich mit Geduld* ~ s'armer de patience.

Ware *f* ⟨-, -n⟩ ['va:rə] marchandise *f,* article *m; s-e* ~ *anpreisen* faire l'article; *in* ~*n bezahlen* payer en nature; *e-e* ~ *führen* avoir od suivre un article; *gute* ~ *lobt sich selbst (prov)* à bon vin point d'enseigne; *jeder Krämer lobt s-e* ~ *(prov)* chacun prêche pour son saint; *eingegangene* ~*n (com)* arrivages *m pl; gängige* ~ *article m courant; leichtverderbliche* ~ denrée *f* périssable.

Waren|absatz *m* ['va:rən-] débit *od* écoulement *m* des marchandises; ~**angebot** *n,* ~**ausfuhr** *f* offre, exportation *f* de marchandises; ~**ausgabe** *f (in e-m Geschäft)* remise *f*

des marchandises; ~**ausgangsbuch** *n* livre *m* des sorties; ~**austausch** *m* échange *m* commercial *od* des marchandises; ~**automat** *m* distributeur *m* automatique; ~**bedarf** *m* demande *f* de marchandises; ~**begleitpapier** *n,* ~**begleitschein** *m* feuille *f* d'accompagnement; ~**bestand** *m* stock *m;* ~**bestandsaufnahme** *f* inventaire *m* du stock *od* des marchandises; ~**bestandsbuch** *n* livre *m* des marchandises, inventaire *m;* ~**bestandsmeldung** *f* déclaration *f* de stock; ~**bestellbuch** *n* livre *m* des commandes; ~**bezeichnung** *f* appellation *f;* ~**eingang** *m* arrivage(s *pl) m* (des marchandises); ~**eingangsbuch** *n* livre *m* des entrées; ~**ein- und -ausgang** *m* entrée et sortie *f* des marchandises; ~**ein- und -ausgangsbuch** *n* livre *m* des entrées et sorties; ~**forderungen** *f pl* créances *f pl* commerciales *od* en marchandises; ~**gattung** *f* sorte *od* espèce *f* de marchandises; ~**gutschein** *m* bon *m* de marchandise; ~**haus** *n* grand magasin, bazar *m;* ~**hortung** *f (e-s Händlers)* accumulation *f* de stock; *(private)* accaparement *m* de marchandises; ~**katalog** *m* liste *f* de(s) marchandises, catalogue *m;* ~**kenntnis** *f,* ~**kunde** *f* connaissance *f* des marchandises; ~**knappheit** *f* disette *f* de marchandises; ~**kredit** *m* crédit *m* commercial; ~**lager** *n (Raum)* dépôt de marchandises, entrepôt, magasin; *(Vorrat)* stock, fonds *m* de marchandises; ~**lieferung** *f* livraison *od* fourniture *f* de(s) marchandises; ~**makler** *m* courtier *m* de *od* en marchandises; ~**mangel** *m* = ~*knappheit;* ~**markt** *m* marché *m* de(s) marchandises; ~**posten** *m* lot *m* de marchandises; ~**probe** *f* échantillon, spécimen *m;* ~**schuld** *f* dette *f* commerciale; ~**sendung** *f* envoi *m* de marchandises; ~**stapel** *m* pile *f* de marchandises; ~**verkehr** *m* mouvement *od* trafic *m* des marchandises; ~**verzeichnis** *n* = ~*katalog;* ~**vorrat** *m* stock, fonds *m* de marchandises; ~**wechsel** *m* *fin* papier *od* effet *m* de commerce; ~**zeichen** *n* marque *f* de fabrique; *eingetragene(s)* ~ nom *m* od marque *f* déposé(e); ~**zoll** *m* douane *f;* ~**zustellung** *f* factage *m.*

warm *a* [varm] ⟨*wärmer, am wärmsten*⟩ *(a. von Farben u. Tönen)* chaud; *fig* (~*herzig*) chaleureux; *sich* ~ *arbeiten* s'échauffer (à travailler); ~ *baden* prendre un bain chaud; ~ od *etw W*~*es essen* faire un repas chaud;

manger chaud; ~ *halten (Kleidung)* tenir chaud; *sich ~ halten (sich gegen Kälte schützen)* se tenir chaud; *sich ~ laufen* s'échauffer à courir *od* en courant; ~ *machen (erwärmen)* chauffer; *jdm das Essen noch einmal ~ machen* réchauffer le repas de qn; *jdm den Kopf ~ machen (fig)* échauffer les oreilles à qn; *weder kalt noch ~ sein (fig: Mensch)* n'être ni chair ni poisson; ~ *sitzen (a. fig)* être (bien) au chaud; ~ *stellen (Speise)* mettre au chaud; ~ *walzen (tech)* laminer à chaud; *bei od mit jdm nicht ~ (fig fam: vertraut) werden* ne pas sympatiser avec qn; *Alkohol macht ~* l'alcool réchauffe; *mir ist ~* j'ai chaud; *mir wurde ~ ums Herz* je m'animais, je m'enflammais; *es ist ~* il fait chaud; ~*e Anteilnahme f* chaude sympathie *f;* ~*e(r) Empfang m* accueil *m* chaleureux; ~*e Kleidung f* vêtements *m pl* chauds; **W~blüter** *m* ⟨-s, -⟩ *zoo* animal *m* à sang chaud; ~**blütig** *a zoo* à sang chaud; **W~front** *f mete* front *m* chaud; ~**s halten** *tr fig: sich jdn ~ (sich jds Gunst erhalten)* cultiver les bonnes grâces de qn; **W~haus** *n (Treibhaus)* serre *f* (chaude); ~**herzig** *a* chaleureux, cordial; **W~herzigkeit** *f* chaleur, cordialité *f;* **w~=laufen** ⟨*aux: sein*⟩ *itr tech* u. *mot* chauffer; **W~laufen** *n mot* (r)échauffement *m;* **W~luft** *f* air *m* chaud; **W~luftenteisung** *f aero* dégivrage *m* par air chaud; **W~luftheizung** *f* chauffage *m* à air chaud; **W~luftmassen** *f pl mete* masses *f pl* d'air chaud; **W~wasserbereiter** *m* ⟨-s, -⟩ chauffe-eau *m;* **W~wasserbereitung** *f* production *f* d'eau chaude; **W~wasserheizung** *f* chauffage *m* à eau chaude; **W~wasserleitung** *f* conduite *f* d'eau chaude; **W~wasserspeicher** *m* distributeur *m* d'eau chaude; **W~wasserversorgung** *f* ravitaillement *m* en eau chaude; **W~welle** *f (Dauerwelle)* indéfrisable *f* à chaud.

Wärme *f* ⟨-, (-n)⟩ ['vɛrmə] chaleur *f a. fig;* chaud; *phys* calorique *m; mit ~ (fig a.)* chaleureusement; ~ *abgeben, ausstrahlen* dégager, répandre de la chaleur; ~ *entziehen* absorber la chaleur; ~ *erzeugen* produire de la chaleur; *18°* ~ *18* (degrés) au-dessus (de zéro); *spezifische, strahlende* ~ chaleur *f* spécifique, rayonnante; ~**abgabe** *f* dégagement *m* de chaleur; ~**äquivalent** *n: mechanische(s)* ~ équivalent *m* mécanique de la chaleur; ~**aufwind** *m mete* ascendance *f*

thermique; ~**behandlung** *f med* thermothérapie *f;* ~**bildung** *f* production *f* de chaleur; **w~dämmen** *tr* calorifuger; **w~dämmend** *a* calorifuge; ~**dämmung** *f* calorifugeage *m,* isolation *f* calorifuge *od* thermique; *(Material)* calorifuge *m;* ~**dehnung** *f* dilatation *f* thermique; ~**dehnungsfuge** *f (e-r Straße)* joint *m* de dilatation thermique; **w~durchlässig** *a* diathermane; ~**effekt** *m phys* effet *m* calorifique; ~**einheit** *f* calorie *f;* **w~empfindlich** *a* sensible à la chaleur; ~**energie** *f* énergie *f* calorifique; ~**entwicklung** *f,* ~**entzug** *m* dégagement *m,* absorption *f* de chaleur; **w~erzeugend** *a* thermogène, calorifique; ~**erzeugung** *f* production de (la) chaleur; *biol* calorification *f;* ~**grad** *m* degré *m* de chaleur, température *f;* **w~isolierend** *a* calorifuge; **w~isoliert** *a* calorifugé; ~**isolierung** *f* calorifugeage *m;* isolation *f* thermique; ~**kraftwerk** *n* usine thermo-électrique, centrale *f* thermique; ~**lehre** *f phys* thermologie *f;* ~**leiter** *m phys* conducteur *m* de la chaleur; ~**leitfähigkeit** *f* conductibilité *f* calorifique; ~**leitung** *f* conduction *f* de chaleur; ~**leitzahl** *f phys* coefficient *m* de conductibilité thermique; ~**mechanik** *f* thermodynamique *f;* ~**messung** *f* thermométrie, calorimétrie *f;* ~**pumpe** *f tech* pompe à chaleur; ~**quelle** *f* source *f* de chaleur; ~**rauschen** *n radio* bruit *m* d'origine thermique; ~**regelung** *f* thermorégulation *f;* ~**regler** *m* thermostat *m;* ~**regulierung** *f physiol* régulation *f* thermique; ~**schutz** *m* isolation *f od (Hülle)* revêtement *m* calorifuge; ~**schutzkleidung** *f* vêtement *m* antifeu (en amiante); ~**schutzmittel** *n,* ~**schutzstoff** *m* calorifuge, isolant *m* thermique; ~**strahlung** *f* radiation *f* thermique, rayonnement *m* calorifique; ~**strom** *m,* ~**strömung** *f* courant *m* thermique; ~**tauscher** *m* ⟨-s, -⟩ *tech* échangeur *m* de chaleur; ~**technik** *f* thermotechnique *f;* ~**techniker** *m* thermotechnicien *m;* ~**therapie** *f med* thermothérapie *f;* ~**übertragung** *f* transmission *f* de la chaleur; **w~undurchlässig** *a* athermane; ~**verlust** *m* perte *f* de chaleur; ~**wirkung** *f* effet *m* thermique; ~**zufuhr** *f* amenée *od* adduction *f* de chaleur; ~**zunahme** *f* augmentation *f* de (la) chaleur. **wärm|en** ['vɛrmən] *tr* (ré)chauffer; *sich* ~ se réchauffer; **W~flasche** *f* bouillotte *f;* **W~halle** *f* chauffoir *m* public; **W~stube** *f* chauffoir *m.*

Warn|anlage f ['varn-] dispositif m d'avertissement od d'alarme; **~dienst** m (Luftschutz) service d'avertissement; mil service m de guet; **w~en** tr avertir, prévenir (vor etw de qc); mettre en garde (vor jdm contre qn); donner l'éveil (jdn à qn); ohne zu ~ sans crier gare; s-e ~de Stimme erheben (lit) lancer un avertissement prophétique; du bist gewarnt! je t'aurai prévenu! vor Nachahmungen wird gewarnt! (com) se méfier des imitations! vor Taschendieben wird gewarnt! attention! prenez garde aux pickpockets! **~er** m ⟨-s, -⟩ (Mensch) avertisseur m; **~gerät** n appareil m avertisseur; **~licht** n lampe f (rouge) d'avertissement; loc signal m lumineux d'avertissement; **~meldung** f mete message m d'avertissement; **~netz** n réseau m avertisseur; **~ruf** m cri m d'alarme; **~schild** n panneau m de signalisation spécial od exceptionnel; signal m de danger (sur la route); **~schuß** m (Polizei) coup d'avertissement od à blanc; mar coup m de semonce; e-n ~ abgeben (Polizei) tirer un coup d'avertissement, tirer à blanc; mar tirer un coup de semonce; **~signal** n signal d'avertissement od de danger, avertisseur m; **~streik** m grève surprise, grève f d'avertissement; **~system** n système m d'alerte; **~tafel** f = ~schild; **~ung** f avertissement, avis m; a. sport avertissement; (heilsame ~, Lehre) leçon; (Verweis) remontrance, semonce f; ohne vorherige ~ sans avis préalable; sans crier gare; ohne ~ (schießen) (tirer) sans sommations; jdm e-e ~ erteilen avertir qn; donner un avertissement à qn; e-e ~ in den Wind schlagen faire fi d'un avertissement; das soll mir e-e ~ sein! cela me servira de leçon; lassen Sie sich das zur ~ dienen od e-e ~ sein! que cela vous serve de leçon! tenez-vous cela pour dit! ernste ~ sérieux avertissement m; **~ungstafel** f = ~schild; **~vorrichtung** f = ~anlage; **~zeichen** n signal m d'avertissement od de danger; **~zentrale** f centre m d'avertissement; **~zone** f zone f d'alerte.

Warschau n ['varʃau] geog Varsovie f.

Wart m ⟨-(e)s, -e⟩ [vart] (Aufsichtsführender) surveillant m; **~e** f ⟨-, -n⟩ poste m d'observation; = ~turm; (Sternwarte) observatoire m; von hoher ~ aus (fig) d'un point de vue élevé; du point de vue de Sirius; **~efrau** f (Krankenwärterin) gardienne f; **~ehalle** f hall d'attente, abri m; **w~en** itr attendre (darauf, daß que subj); auf jdn, etw ~ attendre qn, qc; mit etw ~ différer, ajourner qc; tr (Kind betreuen) garder, s'occuper de; (Kranken pflegen) soigner, prendre soin de; (Maschine überwachen) entretenir, réviser, surveiller; ewig ~ (fam) faire le pied de grue, faire le poireau, poireauter, croquer le marmot; lange ~ attendre longtemps; jdn ~ lassen faire attendre od fam poireauter qn; auf sich ~ lassen se faire attendre od désirer; nicht auf sich ~ lassen ne pas se faire attendre, ne pas tarder; lange auf sich ~ lassen être long à venir, tarder à arriver; mit dem Essen noch etwas ~ attendre encore un peu pour manger; jeder muß ~, bis er an der Reihe ist chacun (à) son tour; warte nur! (drohend) attends un peu! gare! da kannst du lange ~! tu peux toujours attendre, fam tu peux (toujours) te brosser; **~en** n attente f; nach langem ~ après avoir longtemps attendu; ich bin das ~ leid je suis las d'attendre; das ~ fällt mir schwer l'attente me pèse, le temps me paraît long; **~eraum** m loc salle f d'attente; mil emplacement m d'attente; aero aire f d'attente; **~esaal** m loc salle f d'attente; (Bahnhofswirtschaft) buffet m; (kleiner) buvette f; **~eschleife** f aero circuit m d'attente; **~ezeit** f temps d'attente; tele délai m d'attente; **~ezimmer** n salon m d'attente, antichambre f; **~ung** f (Pflege von Mensch od Tier) soins m pl, entretien; tech entretien m, surveillance f; **~ungskosten** pl (für e-e Maschine) frais m pl d'entretien; **~ungspersonal** n personnel m d'entretien; **~ungsvorschrift** f règlement m d'entretien.

Wärter m ⟨-s, -⟩ ['vɛrtər] garde, gardien; (Aufseher) surveillant; (Kranken~) garde-malade, infirmier; loc (Schranken~) garde-barrière m; **~in** f gard(ienn)e, surveillante; (Kranken~) garde-malade, infirmière f.

warum [va'rʊm] adv pourquoi, pour quelle raison, pour quelle cause; à quel propos; (in rhetorischen Fragen a.) que; ~ nicht? pourquoi pas? ~ nicht gar! il ne manquerait plus que cela! fam par exemple! ~ bist du nicht gegangen? pourquoi n'es-tu pas parti? lit que n'es-tu parti!

Warze f ⟨-, -n⟩ ['vartsə] med verrue f; anat (Brustwarze) mamelon, pointe f du sein; **w~enartig** a verruqueux; **w~enförmig** a anat papilliforme, papillaire; **~enhof** m anat aréole f;

~**enschwein** *n zoo* phacochère *m;*
w~ig *a med* couvert de verrues, verruqueux.
was [vas] *pron* **1.** *(Fragepron)* qu'est-ce qui; *acc* qu'est-ce que, que; ~ *(für ein)* quel, le; *(nicht mit v od s verbunden)* quoi; ~ *ist geschehen?* qu'est-ce qui est arrivé? ~ *macht das?* qu'importe? ~ *willst du?* qu'est-ce que tu veux? que veux-tu? ~ *soll aus dir werden?* que deviendras-tu? ~ *lachen Sie?* pourquoi riez-vous? ~ *habe ich gelacht!* que j'ai ri! qu'est-ce que j'ai pu rire! ~ *Sie nicht sagen!* que dites-vous là! pas possible! ~ *für ein Buch ist das?* quel(le sorte de) livre est-ce? ~ *ist Ihr Beruf?* quelle est votre profession? ~ *ist die Uhr?* quelle heure est-il? ~ *für ein Mensch!* quel homme! ~ *für ein Unsinn!* quel non-sens! ~ *(denn)?* quoi (donc)? ~*!* eh quoi! hein! pas possible! par exemple! *ach* ~*!* allons donc! *fam* zut! *zu* ~ *(wozu)?* à quoi bon? **2.** *(Relativpron, auf ein meist wegfallendes das bezogen)* ce qui; *acc* ce que; *niemand weiß,* ~ *kommen wird* personne ne sait ce qui arrivera; *ich weiß,* ~ *Sie sagen wollen* je sais ce que vous voulez dire; *nicht wissen,* ~ *man tun soll* ne savoir quoi faire; *nichts,* ~ *lebt, entgeht dem Tode* rien de ce qui vit n'évitera la mort; *nichts,* ~ *du sagst,* stimmt rien de ce que tu dis n'est vrai; ~ *ich bestreite* ce que je conteste; ~ *du auch (immer) sagen magst* quoi que tu en dises; *er läuft,* ~ *er kann* il court tant qu'il peut; *koste es,* ~ *es wolle!* coûte que coûte! ~ *mich betrifft* quant à moi, en ce qui me concerne; ~ *(noch) mehr,* ~ *schlimmer ist* qui plus, pis est; *früh krümmt sich,* ~ *ein Häkchen werden will (prov)* plus jeune est l'apprenti, plus savant sera le maître; **3.** *(unbestimmtes pron, meist mehr umgangssprachlich für:* etwas) quelque chose; *ich will Ihnen* ~ *sagen* je vais vous dire quelque chose; ~ *anderes, Besseres* quelque chose d'autre, de mieux; *das ist* ~ *anderes* c'est autre chose; *das ist immerhin* ~ c'est autant de gagné; *fam* c'est toujours ça; *haben Sie* ~ *zum Schreiben?* avez-vous quelque chose pour écrire? *hat man so* ~ *schon gesehen?* a-t-on jamais vu chose pareille? *das ist so sicher wie nur* ~*!* c'est sûr et certain; *wissen Sie* ~*!* écoutez! *das wäre* ~*!* c'est une idée! *nein, so* ~*!* c'est incroyable.
Wasch|anlage *f* ['vaʃ-] *tech* laverie *f,* lavoir *m;* ~**anstalt** *f* blanchisserie *f;* ~**automat** *m* machine *f* à laver auto-

matique; **w~bar** *a* lavable; ~**bär** *m zoo* raton *m* laveur; ~**becken** *n* lavabo *m;* ~**berge** *m pl mines* résidus *m pl;* ~**blau** *n* bleu *m* à linge; ~**bottich** *m* = ~*wanne;* ~**brett** *n* planche *f* à laver; ~**brühe** *f* eau *f* de lessive; ~**bürste** *f* brosse *f* à laver; ~**bütte** *f* = ~*wanne;* **w~echt** *a* résistant au lavage, grand teint; *fig (Mensch)* cent pour cent, pur sang; **w~en** ⟨*wäscht, wusch, hat gewaschen*⟩ *tr* laver *a. tech;* débarbouiller; *(Wäsche)* blanchir, *(mit Lauge)* lessiver; *itr (Wäsche* ~*)* faire la lessive; *sich* ~ se laver, faire sa toilette *od fam* ses ablutions; *sich von jeder Schuld, von jedem Verdacht reinwaschen* se disculper, être lavé de tout soupçon; *s-e Hände in Unschuld* ~ s'en laver les mains; *jdm den Kopf* ~ *(fig)* passer un savon à qn, chapitrer qn; *(s-e Wäsche)* ~ lasser se faire blanchir; *mit allen Wassern gewaschen sein (fig)* connaître tous les trucs *od* toutes les ficelles; *es wird für mich gewaschen* je suis blanchi; *eine Hand wäscht die andere (prov)* une main lave l'autre; ~**en** *n* lavage *a. med u. tech; (der Wäsche)* blanchissage, lessivage *m;* **häufige(s)** ~ lavages *m pl* répétés; ~**frau** *f* blanchisseuse, laveuse *f* (de linge); ~**geschirr** *n* cuvette *f* et pot *m* à eau; ~**handschuh** *m (doppelter* ~*lappen)* gant *m* de toilette; ~**haus** *n* buanderie *f,* lavoir *m,* laverie *f;* ~**kaue** *f mines* bains-douches *m pl;* ~**kessel** *m* lessiveuse *f;* ~**kleid** *n* robe *f* lavable; ~**küche** *f* buanderie; *fam (dichter Nebel)* purée *f* de pois; ~**lappen** *m* gant *m* de toilette; *fig fam (Mensch)* poule mouillée, femmelette, lavette *f; pop* nouille, andouille *f,* dégonflé *m;* ~**lauge** *f* lessive *f;* ~**leder** *n* peau *f* chamoisée lavable; ~**maschine** *f* machine à laver, laveuse *f;* ~ *mit Schleuder* laveuse-essoreuse *f;* **w~maschinenfest** *a* pouvant être lavé à la machine; ~**mittel** *n* produit *m* de lavage; *seifenfreie(s)* ~ détergent *m;* ~**pulver** *n* lessive *f* en poudre; ~**raum** *m* salle *f* d'eau, lavabos *m pl;* ~**schüssel** *f* cuvette *f;* ~**seide** *f* soie *f* lavable; ~**seife** *f* savon *m* à lessive; ~**straße** *f (zur Autowäsche)* tunnel *m* de lavage; ~**tag** *m* jour *m* de la lessive; ~**tisch** *m* table *f* de toilette, lavabo *m;* ~**trommel** *f tech* tambour *m* laveur; ~**ung** *f rel* ablution *f;* ~**wanne** *f* bac *od* baquet à lessive, cuveau, cuvier *m;* ~**wasser** *n* eau *f* pour la toilette; ~**weib** *n fam pej* bavarde, pie, jacasse *f;* ~**zettel** *m* liste *f* du linge (donné au blanchissage); *(im Buch-handel)* jus *m; ~***zeug** *n* objets *m pl* de toilette.

Wäsche *f* ⟨-, -n⟩ ['vɛʃə] *(Leib-, Bett-, Tisch~)* linge *m; (Leib~ a.)* lingerie *f; (weiße ~)* blanc; *(das Waschen)* blanchissage; *a. tech mines* lavage *m; (große ~)* lessive *f; bei* od *in der ~* au lavage; *saubere* od *frische ~ anziehen* mettre du linge propre; *in die ~ geben* donner au blanchissage *od* à laver; *faire laver; freie ~ haben* être blanchi; *große ~ haben* faire la lessive; *in der ~ sein* être au blanchissage; *die ~ wechseln* changer de linge; *man soll s-e schmutzige ~ nicht vor allen Leuten waschen* il faut laver son linge sale en famille; *kleine ~* lessive *f* de petit linge; *~ zum Wechseln* (linge de) rechange *m; ~***besatz** *m* garniture *f* de linge; *~***beschließerin** *f* lingère *f; ~***beutel** *m* sac *m* à linge; *~***fabrik** *f* fabrique *f* de linge; *~***fach** *n (in e-m Schrank)* étagère *f* à linge; *~***geschäft** *n* magasin *m* de blanc; *~***handel** *m* commerce *m* du blanc; *~***kammer** *f* lingerie *f; ~***klammer** *f* pince *od* épingle *f* à linge; *~***knopf** *m* bouton *m* de lingerie; *~***korb** *m* panier *m* à linge; *~***leine** *f* corde *f* à linge; *~***mangel** *f, ~***rolle** *f* calandre *f* à linge; *~***r** *m* ⟨-s, -⟩ laveur *m; ~***rech-nung** *f* note *f* de blanchissage; *~***rei** [-'raɪ] *f* blanchisserie *f; tech* lavage *m; ~***rin** *f* blanchisseuse; laveuse *f; ~***rolle** *f = ~***mangel; ~***schleuder** *f* essoreuse *f; ~***schrank** *m* armoire *f* à linge *od* de rangement; *~***ständer** *m (zum Trocknen)* séchoir *m; ~***tinte** *f* encre *f* à marquer le linge *od* indélébile; *~***trockenplatz** *m* séchoir *m; ~***trockner** *m* ⟨-s, -⟩ sèche-linge *m; ~***truhe** *f* coffre *m* à linge; *~***zei-chen** *n* marque *f* du linge.

Wasser *n* ⟨-s, -⟩ ['vasər] eau; *pop* flot-te *f;* ⟨-s, ⁚⟩ *(Mineral-, Spül-, Abwas-ser)* eau *f; auf dem ~* sur l'eau; *bei ~ und Brot* au pain et à l'eau; *unter ~ (im ~)* sous l'eau, entre deux eaux; *(überflutet)* inondé, submergé; en im-mersion; *von reinstem ~ (Edelstein)* de la plus belle eau; *fig (Vertreter e-r Überzeugung)* achevé; *zu ~ und zu Lande* par terre et par mer, sur terre et sur mer; *jdm das ~ abgraben (fig)* couper l'herbe sous le pied de qn; *~ einnehmen (mar)* faire de l'eau; *~ entziehen (zur Haltbarmachung)* déshydrater *(e-r S* qc*); sich aus dem ~ erheben (~flugzeug)* déjauger; *ins ~ fallen (a. fig)* tomber à l'eau; *fig (sich nicht verwirklichen)* s'en aller en fumée; *~ führen (Fluß)* charrier

de l'eau; *ins ~ gehen (um zu baden)* se mettre à l'eau; *(um sich das Leben zu nehmen)* se jeter à l'eau; *sich über ~ halten* surnager; *fig* se tenir à flot; joindre les deux bouts; *~ lassen (phy-siol)* uriner; *jdm nicht das ~ reichen können (fig)* ne pas arriver à la che-ville de qn; *~ schlucken (beim Ba-den)* boire une tasse *od* un bouillon *fam; unter ~ schwimmen* nager en-tre deux eaux; *unter ~ setzen* inon-der, submerger; *ins ~ springen (zum Schwimmen)* sauter à l'eau, plonger; *(um sich das Leben zu nehmen)* se jeter à l'eau; *mit heißem ~ spülen* rincer à l'eau chaude; *auf dem ~ trei-ben* flotter sur l'eau; *wie ~ trinken (Wein: hinunterstürzen)* boire com-me du petit lait; *mit kaltem ~ wa-schen* laver à l'eau froide; *zu ~ wer-den = ins ~ fallen (fig); ~ ziehen* prendre l'eau; *bis dahin fließt noch viel ~ ins Meer* d'ici là il passera beaucoup d'eau sous le pont; *das ist ~ auf s-e Mühle (fig)* c'est du beurre dans ses épinards, c'est de l'eau à son moulin; *das ~ läuft mir im Munde zusammen* l'eau me vient à la bou-che; *das ~ steht ihm bis zum* od *an den Hals (fig)* il est pris à la gorge; il se bat le dos au mur; *stille ~ sind tief (prov)* il n'est pire eau que l'eau qui dort; *fließende(s) ~* eau *f* courante *od fam* de robinet; *das große ~* l'océan *m; harte(s), weiche(s) ~* eau *f* dure, non calcaire; *Kölnisch ~* eau *f* de Cologne; *ein Schlag ins ~ (fig)* un coup d'épée dans l'eau; *von reinstem ~, reinsten ~s* authentique, de la plus belle eau, véritable; *schwere(s) ~ (chem)* eau *f* lourde; *stehende(s) ~* eau *f* dormante *od* morte *od* sta-gnante; *~***abfluß** *m* écoulement *m* des eaux; *~***ableitung** *f* dérivation *f* des eaux; **w~abstoßend** *a,* **w~abwei-send** *a* hydrofuge; *~***ader** *f* veine *f* d'eau; *~***anschluß** *m* bouche *od* prise *f* d'eau; **w~anziehend** *a* avide d'eau, hydrophile, hygroscopique; **w~arm** *a (Land)* aride; *~***aufbereitung** *f* traitement *m* des eaux potables; **w~aufsaugend** *a* hydrophile; *~***bad** *n tech, chem, (Küche)* bain-marie *m; ~***ball** *m (Spiel)* water-polo; *(Ball)* ballon *m* de water-polo; *~***bassin** *n* bassin, réservoir *m* d'eau; *(in e-m Garten)* pièce d'eau; *(unterirdisches)* citerne *f; ~***bau** *m* construction *f* hy-draulique; *~***bauingenieur** *m* hy-draulicien *m; ~***becken** *n* bassin *m; (in e-m Garten)* pièce *f* d'eau; *~***be-darf** *m* consommation *f* d'eau; *den ~ e-r Stadt decken* approvisionner une ville en eau; **~behälter** *m* réservoir *m* d'eau; **~behandlung** *f med* hydrothérapie *f;* **~blase** *f* bulle *f* d'eau; **~bombe** *f* grenade *f* sous-marine; **~bruch** *m med* hydrocèle *f;* **~burg** *f* château *m* fort entouré d'eau; **~dampf** *m* vapeur *f* d'eau; **w~dicht** *a* imperméable; *bes. mar* étanche (à l'eau); **~** *machen* rendre imperméable, imperméabiliser; *mar* rendre étanche (à l'eau); **~** *sein (a.)* ne pas prendre l'eau; **~druck** *m phys* pression *f* hydraulique; **w~durchlässig** *a* perméable (à l'eau); **~eimer** *m* seau *m;* **~einbruch** *m mines* coup *m* d'eau; **~enthärter** *m* adoucisseur *m* d'eau; **~enthärtung** *f* adoucissement *m* de l'eau; **~entnahme** *f* prise *f* d'eau; **~entziehung** *f* déshydratation *f;* **~fall** *m* chute d'eau, cascade, cataracte *f; (in e-m Fluß)* saut *m; wie ein* **~** *reden (fam)* parler d'abondance; **~farbe** *f* couleur *f* à l'eau; **~fläche** *f* surface *od* nappe *f od* plan *m* d'eau; **~flasche** *f* carafe *f* (à eau); **~fleck** *m* mouillure *f;* **~floh** *m ent* puce d'eau; *scient* daphnie *f;* **~flughafen** *m* hydrobase *f;* **~flugzeug** *n* hydravion *m;* **~** *(ohne Tragflächen)* hydrofin *m;* **w~frei** *a (kein Wasser enthaltend)* anhydre; **~frosch** *m: Grüne(r)* **~** *(zoo)* grenouille *f* verte; **w~führend** *a* aquifère; **~gehalt** *m* teneur *f* en eau; **w~gekühlt** *a* refroidi par eau; **~glanz** *m (Textil)* moiré *m;* **~glas** *n (Trinkglas)* verre à eau; *chem* verre liquide *od* soluble; *scient* silicate *m* de potassium; *ein Sturm im* **~** *(fig)* une tempête *f* dans un verre d'eau; **~gleiche** *f* = **~** *waage;* **~gleiter** *m aero* hydroplaneur *m;* **~graben** *m* fossé *m* (rempli d'eau); *agr* rigole, saignée; *(e-r Befestigungsanlage)* douve *f;* **~hahn** *m* robinet *m* à eau; *prise f* d'eau; **~hebewerk** *n* usine *f* élévatoire pour les eaux; **~heilkunde** *f* hydrothérapie *f;* **~hochbehälter** *m* château *m* d'eau; **~höhe** *f* niveau *m* de l'eau; **~hose** *f mete* trombe *f* d'eau; **~huhn** *n orn* poule d'eau, foulque *f;* **~jungfer** *f ent (Libelle)* libellule, demoiselle *f;* **~kanister** *m* bidon *m* à eau; **~kanne** *f* pot à eau, broc *m,* aiguière *f;* **~kasten** *m* réservoir *m* d'eau; **~kessel** *m* bouilloire; *tech* chaudière *f;* **~klosett** *n* water-closet, W.-C. *m;* **~kopf** *m (Krankheit)* hydrocéphalie *f; (damit Behafteter)* hydrocéphale *m; der* **~** *der Verwaltung (fig)* l'hydre *f* de l'administration; **w~köpfig** *a* hydrocéphale; **~kraft** *f* force *od* énergie *od* puissance hydraulique, houille

f blanche; *scient* hydraulicité; **~kraftmaschine** *f,* **~motor** *m* moteur *m* hydraulique; **~kraftwerk** *n* centrale *f* hydro-électrique *od* hydraulique; **~kran** *m loc* grue *f* hydraulique; **~kreislauf** *m* circulation *f* de l'eau; **~kresse** *f bot* cresson *m* de fontaine; **~krug** *m* pot *m* à eau, cruche *f od* broc *m* (à eau); *(großer)* jarre *f;* **~kühlung** *f* refroidissement *m* par eau; **~kunst** *f (~werk)* château *m* d'eau; *pl (in e-m Park)* jeux *m pl* d'eau, grandes eaux *f pl;* **~kur** *f med* cure *f od* traitement *m* hydrothérapique; **~lache** *f* flaque *f* d'eau; **~-Land-Flugzeug** *n* avion *m* amphibie; **~lauf** *m* cours *m* d'eau; **~leitung** *f* conduite d'eau; *(im Haus)* distribution *f* d'eau; *(~anschluß, ~hahn)* robinet *m* (à eau); **~linie** *f mar* ligne *f* de flottaison; *Schiff n über, unter der* **~** œuvres *f pl* mortes, vives; **~linse** *f bot* lentille d'eau, lenticule *f;* **~loch** *n* trou *m* d'eau; **w~los** *a* sans eau; aride, sec; **w~löslich** *a* soluble dans l'eau; *scient* hydrosoluble; *nicht* **~** insoluble dans l'eau; **~mangel** *m* manque *m od* pénurie *f* d'eau; **~mann** *m* ‹-(e)s, ÷er› *(Mythologie)* ondin; *m* ‹-(e)s, ø› *astr* Verseau *m;* **~mantel** *m tech* chemise *f* d'eau; **~massen** *f pl* eaux *f pl;* **~melone** *f bot* melon *m* d'eau, pastèque *f;* **~menge** *f: verdrängte* **~** volume *m* d'eau déplacée; **~messer** *m* ‹-s, -› *(Gerät)* compteur *m* d'eau; **~molch** *m zoo* triton *m;* **~mühle** *f* moulin *m* à eau; **w~n** *itr aero* amerrir; **~n** *n aero* amerrissage *m;* **~nixe** *f* ondine, nixe *f;* **~oberfläche** *f* surface *f* de l'eau; **~pest** *f bot* (h)élodée *f;* **~pfeife** *f* pipe *f* à réservoir d'eau, narguilé *m;* **~pflanze** *f* plante *f* aquatique; **~pocken** *f pl med* = *Windpocken;* **~polizei** *f* police *f* fluviale *(im Binnenland) od* maritime *(an der Küste);* **~rad** *n tech* roue *f* hydraulique; **~rand** *m (Fleckenrest)* auréole *f;* **~ratte** *f zoo* rat d'eau; *hum (Seemann)* loup de mer; *(eifriger Schwimmer)* poisson *m;* **~recht** *n jur* législation *f* sur les cours d'eau; **w~reich** *a (Gebiet)* bien arrosé; **~reinigung(sanlage)** *f (installation d')*épuration *f* de l'eau; **~reservoir** *n* réservoir *m* d'eau; **~rohr** *n* tuyau *m od* conduite *f* d'eau; **~sack** *m (Eimer aus Segeltuch)* sac *m* à eau; *fam* vache *f* (à eau); **~säule** *f* colonne *f* d'eau; **~schaden** *m* dégâts *m pl* causés par l'eau; **~schaufel** *f* écope *f;* **~scheide** *f geog* ligne *f* de partage des eaux; **~schenkel** *m (an Fenster* od *Tür)* reverseau *m;* **w~scheu** *a* hydrophobe; ~ *sein* avoir peur de l'eau; ~**scheu** *f* hydrophobie *f;* ~**schi** *m* ski *m* nautique; ~ *fahren* faire du ski nautique; ~**schlange** *f astr* Hydre *f;* ~**schlauch** *m* tuyau à eau; *(Gartenschlauch)* tuyau *m* d'arrosage; ~**schnecke** *f,* ~**schraube** *f tech* vis *f* d'Archimède; ~**snot** *f vx (Überschwemmung)* inondation(s *pl) f;* ~**speicher** *m* réservoir *m* d'eau; ~**speicherung** *f* stockage *m* d'eau; ~**speier** *m* ⟨-s, -⟩ *arch* gargouille *f;* ~**spiegel** *m (~oberfläche)* surface *f* de l'eau; plan *od* niveau *m* d'eau; ~**spiele** *n pl (in e-m Park)* jeux *m pl* d'eau; ~**spinne** *f zoo* argyronète *f* aquatique; ~**sport** *m* sport nautique, nautisme *m;* ~**sportler** *m* sportif *m* pratiquant un sport nautique; ~**spülung** *f (des WC)* chasse *f* d'eau; ~**stand** *m a. tech* niveau *m* d'eau; *niedrigste(r)* ~ *(e-s Flusses)* étiage *m;* ~**standsanzeiger** *m,* ~**standsmesser** *m* ⟨-s, -⟩ *(in e-m Fluß)* indicateur *m* de niveau d'eau; ~**standsglas** *n tech* tube *m* à niveau d'eau; ~**standsmarke** *f* marque *f* de niveau d'eau; ~**standssignal** *n mar* signal *m* de marée; ~**start** *m aero* décollage *m* d'un plan d'eau; ~**stelle** *f* point *od* poste *m* d'eau; ~**stoff** *m chem* hydrogène *m;* ~ *anlagern* hydrogéner *(an etw* qc); *schwere(s)* ~ hydrogène lourd, deutérium *m;* ~**stoffballon** *m* ballon *m* à hydrogène; **w~stoffblond** *a* blond oxygéné; ~**stoffbombe** *f* bombe *f* à hydrogène *od* thermonucléaire *od* H; **w~stoffhaltig** *a* hydrogéné; ~**stoffsuperoxyd** *n chem* eau *f* oxygénée; ~**stoffverbindung** *f* hydrure *m;* ~**strahl** *m* jet d'eau; *(dünner)* filet *m* d'eau; ~**strahlgebläse** *n tech* trompe *f* soufflante; ~**strahlregler** *m* brise-jet *m;* ~**straße** *f* voie *f* d'eau *od* navigable; ~**sucht** *f med* hydropisie *f;* **w~süchtig** *a* hydropique; ~**suppe** *f pej* lavasse *f fam;* ~**tank** *m* réservoir *m* d'eau; *(unterirdischer)* citerne *f;* ~**temperatur** *f,* ~**tiefe** *f* température, profondeur *f* de l'eau; ~**träger** *m* porteur *m* d'eau; ~**treten** *n sport* nage *f* sur place; ~**tretrad** *n* pédalo *m;* ~**trog** *m* auge *f;* ~**tropfen** *m* goutte *f* d'eau; ~**turbine** *f* turbine *f* hydraulique; ~**turm** *m* château *m* d'eau; ~**uhr** *f hist* clepsydre *f; (~messer)* compteur *m* à eau; **w~undurchlässig** *a* = **w~dicht;** **w~unempfindlich** *a* insensible à l'eau; ~**ung** *f aero* amerrissage *m;* ~**verbrauch** *m* consommation *f*

d'eau; ~**verdampfung** *f* évaporation *f* d'eau *od* de l'eau; ~**verdrängung** *f mar* déplacement *m;* ~**verschmutzung** *f* pollution *f* des eaux *od* de l'eau; ~**versorgung** *f* approvisionnement *od* ravitaillement *m od* alimentation *f* en eau; ~**verteilung(sstelle)** *f* (station de) distribution *f* d'eau; ~**verunreinigung** *f* pollution *f* des eaux *od* de l'eau; ~**vögel** *m pl* oiseaux *m pl* aquatiques; *(Jagd)* gibier *m* d'eau, sauvagine *f;* ~**vorrat** *m* provision *f* d'eau; ~**waage** *f* niveau *m* à bulle d'air; *scient* balance *f* hydrostatique; ~**wanze** *f ent* punaise *f* d'eau; ~**weg** *m* voie *f* d'eau *od* navigable; *auf dem* ~*e* par (voie d')eau; ~**welle** *f (im Haar)* mise *f* en plis; ~**werfer** *m (der Polizei)* canon *m* à eau; *(für die Gartenbewässerung)* lance *f* d'arrossage; ~**werk** *n* usine hydraulique *od* de distribution d'eau; *(Pumpstation)* station *f* de pompage; ~**wirtschaft** *f* aménagement *m* des eaux, distribution *f* d'eau; ~**zähler** *m* = ~*messer;* ~**zeichen** *n (im Papier)* filigrane *m;* ~**zufuhr** *f,* ~**zuführung** *f* adduction *od* amenée *f* d'eau.

Wasser|chen *n* ['vɛsər-]: *er sieht aus, als könne er kein* ~ *trüben* on lui donnerait le bon Dieu sans confession; **w~ig** *a* aqueux; *(feucht)* humide; *(mit Wasser verdünnt)* coupé d'eau, délayé; *med* séreux; *fig* fade, insipide; *jdm den Mund* ~ *machen* faire venir à qn l'eau à la bouche; ~**igkeit** *f* caractère *m* aqueux; humidité; *med* sérosité *f;* **w~n** *tr (befeuchten)* humecter; *(gesalzenes Fleisch, gesalzenen Fisch in Wasser legen)* dessaler; *phot* laver; *(Textil)* moirer; *itr: der Mund wässert mir danach* j'en ai l'eau à la bouche; ~**n** *n* humectation; dessalaison *f;* ~**ung** *f phot* lavage; *(Textil)* moirage *m;* ~**ungsbecken** *n phot* bac *m* de lavage.

wäßrig ['vɛsrıç] *a,* **W~keit** *f* = *wässerig etc.*

wat|en ['va:tən] ⟨*aux: sein*⟩ *itr* patauger *(in* dans; *durch* par); *durch e-n Fluß* ~ passer une rivière à gué; *im Blute* ~ *(fig)* nager dans le sang; *im Schlamm* ~ *(a.)* barboter; **W~stiefel** *m pl (e-s Anglers)* cuissardes, bottes *f pl* de pêche; **W~vogel** *m orn* échassier *m.*

Waterkant *f* ⟨-, ø⟩ ['va:tərkant] *dial geog* côte *f* allemande de la mer du Nord.

watsch|(e)lig ['va(:)tʃ(ə)lıç] *a fam (Gang)* dégingandé; ~**eln** ⟨*aux: sein*⟩ *itr fam* (se) dandiner, marcher comme un canard; **W~eln** *n fam* dandinement *m.*

Watsch|e *f* ‹-, -n›, **~n** *f* ‹-, -› ['va(:)tʃə(n)] *dial fam (Ohrfeige)* gifle *f;* **w~en** *tr (ohrfeigen)* gifler.

Watt [vat] **1.** *n* ‹-(e)s, -en› *geog* bas-fond, haut-fond *m;* laisse *f;* **~enmeer** *n* lagunes *f pl.*

Watt 2. *n* ‹-s, -› *el* watt *m;* **~leistung** *f* puissance *f* (exprimée) en watts; **~meter** *n (Meßgerät)* wattmètre *m;* **~stunde** *f* watt-heure *m;* **~stundenzähler** *m* watt-heuremètre, compteur *m* d'énergie; **~verbrauch** *m,* **~zahl** *f* wattage *m.*

Watt|e *f* ‹-, -n› ['vatə] ouate *f; med* coton *m* hydrophile; **~** *in den Ohren haben (a. fig)* avoir du coton dans les oreilles; avoir les oreilles bouchées *od arg* les portugaises ensablées; *in ~ gepackt werden müssen (fig)* devoir être traité avec ménagement; être extrêmement sensible; *fam* craindre les courants d'air; *blutstillende ~* coton *m* hémostatique; *mit ~ gefüttert (Kleidung)* ouatiné, doublé d'ouate; **~ebausch** *m* tampon *m* d'ouate; **~efutterstoff** *m* ouatine *f;* **~epfropfen** *m* bouchon *m* d'ouate; **w~ieren** [-'ti:rən] *tr (mit ~e füttern)* ouater; *(Kleidung)* ouat(in)er, doubler d'ouate; *wattierte Schultern f pl* épaulettes *f pl;* **~ierung** *f* ouatage *m.*

Wauwau *m* ‹-s, -s› ['vauvau] [-'-] *(Kindersprache: Hund)* toutou *m.*

Web|art *f* ['ve:p-] tissure, texture *f;* **w~en** ['ve:bən, -pt(ə), (-)'vo:p/-bən] *tr* ‹webt, webte, hat gewebt› tisser; *(Spinne)* filer; *fig poet* entremêler *(Blumen in etw* qc de fleurs*); itr* ‹webt, wob, hat gewoben›: *leben und ~ (fig)* être en perpétuelle agitation, s'agiter; **~en** *n* tissage *m;* **~er** *m* ‹-s, -› tisserand, tisseur *m;* **~erbaum** *m tech* ensouple *f;* **~erdistel** *f bot* chardon *m;* **~erei** [-'rai] *(Tätigkeit, Gewerbe)* tissage *m; (Fabrik)* (usine *f* de) tissage; *mechanische ~ (Fabrik)* tissage *m* mécanique; **~erglas** *n (Fadenzähler)* compte-fils *m;* **~erknecht** *m zoo* faucheur, faucheux *m;* **~erknoten** *m* nœud *m* de tisserand; **~(er)schiffchen** *n tech* navette *f;* **~ervogel** *m orn* tisserin *m;* **~erzettel** *m tech* chaîne *f;* **~fehler** *m* défaut *m* de tissage; **~kante** *f* lisière *f;* **~kunst** *f* tissage *m;* **~stuhl** *m* métier *m* à tisser; **~waren** *f pl* tissus, textiles *m pl.*

Wechsel *m* ‹-s, -› ['vɛksəl] *(Veränderung)* changement; *(plötzlicher)* renversement, revirement, retournement *m,* vicissitude; *(Umkehr)* révolution;

(von Tag u. Nacht) alternance *f; (der Jahreszeiten)* retour; *(Übergang)* passage *m; (Wildwechsel)* passée; *fin* lettre de change, traite *f,* effet; *(Monatsgeld e-s Studenten)* argent *m* mensuel; *fam* mois *m; e-n ~ akzeptieren* accepter un effet; *e-n ~ ausstellen* émettre une traite; *e-n ~ begeben* négocier un effet; *e-n ~ diskontieren* escompter un effet; *e-n ~ einlösen* faire honneur à *od* acquitter *od* payer un effet; *e-n ~ präsentieren* présenter un billet à l'encaissement; *e-n ~ prolongieren* proroger un effet; *e-n ~ protestieren* faire protester une lettre de change; *e-n ~ unterschreiben* signer un effet; *e-n ~ auf jdn ziehen* tirer une traite sur qn; *eigene(r) od trockene(r) ~* billet *m* simple *od* à ordre, promesse *f* simple; *nicht eingelöste(r) ~* effet *m* impayé *od* renvoyé; *fällige(r) ~* traite *f* à échéance; *gezogene(r) ~* lettre de change, traite *f,* effet *m* (de commerce); *kurz-, langfristige(r) ~* effet *m* à courte, à longue échéance; *auf den Inhaber lautende(r), an den I. zahlbare(r) ~* *m* au porteur; *notleidende(r) ~* effet *m* en souffrance; *offene(r) ~* lettre *f* de crédit; *überfällige(r) ~* effet *m* périmé; *umlaufende(r) ~* papier *m* à échéance; *ungedeckte(r) ~* effet *m* non provisionné, traite *f* en l'air; *verpfändete(r) ~* effet *m* en pension; *~ auf den Aussteller* promesse *f* simple; *~ auf kurze Sicht* effet *m* à courte échéance; **~abteilung** *f* service *m* du portefeuille des effets; **~agent** *m* agent *od* courtier *m* de change; **~agio** *n* escompte *m;* **~akzept** *n* acceptation *f* d'une lettre de change; **~anzeige** *f* avis *m* de traite; **~arbitrage** *f* arbitrage de change, agiotage *m;* **~aussteller** *m* tireur *od* souscripteur *m* d'une lettre de change; **~ausstellung** *f* tirage *m od* émission *f* d'une lettre de change; **~bad** *n med* douche *f* écossaise; **~balg** *m (Mißgeburt)* monstre *m;* **~bank** *f* banque *f* de change, comptoir *m* d'escompte; **~begebung** *f* négociation *f* d'une lettre de change; **~bestand** *m* portefeuille *m* d'effets; **~betrag** *m* montant *m* de la lettre de change; **~beziehung** *f* corrélation, interaction, réciprocité *f; in ~ (stehend)* corrélatif; **~brief** *m* = **~** *(fin);* **~bürge** *m* donneur d'aval, avaliste, avaliseur *m;* **~bürgschaft** *f* aval *m; e-e ~ für etw übernehmen* avaliser qc; **~diskont** *m* escompte *m* d'un *od* des effet(s); **~diskontsatz** *m* taux *m* d'escompte; **~einlösung** *f* paiement *m*

d'un effet; **w~fähig** *a* apte à tirer *od* à signer des lettres de change; **~fähigkeit** *f* capacité *f* légale pour signer une lettre de change; **~fälle** *m pl* vicissitudes *f pl; die* ~ *des Lebens* les retours *m pl* de la fortune; **~fälscher** *m* faussaire *m* de traites; **~fälschung** *f* falsification *f* de traites; **~fieber** *n med* fièvre *f* intermittente; **~forderung** *f* créance *f* fondée sur une lettre de change; *pl* (compte *m* d')effets *m pl* à recevoir; **~formular** *n* formulaire *m* d'une lettre de change; **~frist** *f* usance *f;* **~geber** *m* = **~aussteller;** **~geld** *n* monnaie *f* (de change *od* d'appoint *od* divisionnaire); **~gesang** *m* chant *m* alterné; *rel* antienne *f;* **~geschäft** *n* opération *f* de change; **~gesetz** *n* loi *f* sur les lettres de change; **~getriebe** *n mot* (engrenage à) changement *m* de vitesse, boîte *f* de vitesse(s); **~gläubiger** *m* créancier *m* d'une *od* de la lettre de change; **w~haft** *a* changeant; *(unbeständig, bes. mete)* variable, instable; *mete a.* hésitant; **~inhaber** *m* porteur *m* d'une *od* de la lettre de change; **~inkasso** *n* encaissement *m* d'effets *od* de traites; **~jahre** *n pl physiol* retour *m* d'âge, ménopause *f;* **~klage** *f jur* action *f* en matière de change; **~kredit** *m* crédit *m* à escompte; **~kurs** *m* cours *m* du change; **~lager** *n tech* butée *f* à billes à double effet; **~makler** *m* = **~agent;** **w~n** *tr (ablegen od aufgeben u. etw anderes, bes. Frisches nehmen)* changer *(etw* de qc); *(Verbrauchtes erneuern)* changer *(etw* qc); *fig (Blicke, Worte, Briefe, Kugeln: austauschen)* échanger; *itr* changer *(mit etw* de qc); *(abwechseln)* alterner *(mit jdm, mit etw* avec qn, avec qc); se suivre; *(sich ablösen)* se remplacer, se relayer, se succéder; *(Geld)* faire de la monnaie, *(herausgeben)* rendre la monnaie; *(Wild)* passer; *den Besitzer* ~ changer de main, passer en d'autres mains; *Briefe* ~ *(a.)* être en correspondance *(mit jdm* avec qn); *die Farbe* ~ changer de couleur; *den Gang* ~ *(mot)* changer de vitesse; *die Wäsche, die Kleider* ~ *(a.)* se changer; *die Partei* ~ changer de parti; tourner casaque; *die Stimme* ~ muer; *die Wohnung* ~ *(a.)* déménager; *die Zähne* ~ faire sa seconde dentition; perdre ses dents de lait; *ich kann nicht* ~ *(Geld herausgeben)* je n'ai pas de monnaie; **~n** *n* changement; *(Austausch)* échange *m; (Abwechseln)* alternance *f; Wäsche f zum* ~

linge *m* de rechange; **w~nd** *a* changeant, variable; *mit ~em Erfolg* avec des fortunes diverses; **~nehmer** *m* preneur *od* porteur *od* bénéficiaire *m* d'une *od* de la lettre de change; **~notierung** *f* cote *f* des changes; **~ordnung** *f* règlement *m* sur les lettres de change; **~pari(tät** *f) n* pair *m* de change, parité *f* des changes; **~protest** *m* protêt *m* en matière de lettre de change; ~ *erheben* faire le protêt; **~provision** *f* courtage *m* de change; **~prozeß** *m* procédure *f* (sur lettres) de change; **~rad** *n tech (im Getriebe)* roue *f* de changement de vitesse; **~rahmen** *m* passe-partout *m;* **~recht** *n jur, fin* droit *m* cambial *od* de change; *nach* ~ par droit de change; **~rede** *f* dialogue *m;* discussion *f;* **~reiter** *m* spéculateur *m* de changes; **~reiterei** *f* émission de billets de complaisance; *fam* cavalerie *f;* ~ *treiben* tirer en l'air *od* à découvert; **~richter** *m tele* ondulateur *m;* **~schalter** *m el* commutateur *m* inverseur; **~schuld** *f* dette *f* par acceptation; **~schuldner** *m* débiteur *m* d'une lettre de change *od* par acceptation; **w~seitig** *a* réciproque; mutuel; **~seitigkeit** *f* réciprocité; mutualité *f;* **~spekulation** *f* agiotage *m;* **~spesen** *pl* frais *m pl* d'escompte; **~stempel** *m* timbre *m* de change; **~stempelmarke** *f* timbre *m* fiscal pour lettres de change; **~strom** *m el* courant *m* alternatif; **~stromgenerator** *m* alternateur *m;* **~stromgleichrichter** *m* redresseur *m* de courant alternatif; **~strommotor** *m* moteur *m* à courant alternatif; **~stromtransformator** *m el* transformateur *m* à courant alternatif; **~stube** *f* bureau *m* de change; **~summe** *f* montant *m* de l'effet *od* de la lettre de change; **~ventil** *n tech* soupape *f* à deux voies; **~verbindlichkeit** *f* = **~schuld;** *pl* effets *m pl* à payer; **~verkauf** *m* négociation *f* d'un effet; **~verkehr** *m fin com* circulation de traites; *tele* liaison *f* bilatérale; **w~voll** *a* sujet à des vicissitudes; mouvementé, accidenté; **w~weise** *adv (abwechselnd)* alternativement, tour à tour; *(gegenseitig)* réciproquement, mutuellement; **~winkel** *m math* angle *m* alterne; **~wirkung** *f* action réciproque, interaction *f;* **~wirtschaft** *f agr* assolement *m*, rotation *f* des cultures.

Wechsler *m* ⟨-s, -⟩ ['vɛkslər] *(Geldwechsler)* changeur, cambiste *m.*
Weck *m* ⟨-(e)s, -e⟩, **~e** *f* ⟨-, -n⟩, **~en** *m*

⟨-s, -⟩ ['vɛk(ə, -ən)] *(Brötchen)* petit pain *m.*

Weck|apparat *m* ['vɛk-] *(Einkochgerät)* autoclave *m* de ménage; **~glas** *n* verre *od* bocal *m* à conserves.

weck|en ['vɛkən] *tr* réveiller; *a. fig* éveiller; *fig (hervorrufen, bewirken)* provoquer, susciter, faire naître; *den Geist ~* ouvrir l'esprit; **W~en** *n* réveil *m; mil a.* diane *f;* **W~er** *m* ⟨-s, -⟩ *(Uhr)* réveil(le-matin) *m; tele* sonnerie *f; (Mensch)* éveilleur *m; jdm auf den ~ fallen (fig pop)* taper sur les nerfs à qn; **W~erarmbanduhr** *f* montre-bracelet *f* à réveil; **W~erwerk** *n* sonnerie *f;* **W~ruf** *m mil* réveil *m.*

Wedel *m* ⟨-s, -⟩ ['ve:dəl] plumeau; *(Staubwedel)* époussetoir, houssoir; *(Fliegenwedel)* chasse-mouches, émouchoir; *(Weihwedel)* goupillon *m; bot (Farnwedel)* fronde; *(Palmwedel)* palme; *zoo (Schwanz)* queue *f;* **w~n** *itr: mit dem Fächer ~* jouer de l'éventail, s'éventer; *(beim Skilaufen)* godiller; *mit dem Schwanz ~* remuer *od* agiter la queue, frétiller de la queue; *tr (wegwedeln)* chasser (en agitant).

weder ['ve:dər] *conj: ~ ... noch ...* ni ... ni ...; *~ mein Bruder noch ich haben es gesagt* ni mon frère ni moi ne l'avons dit.

Weg *m* ⟨-(e)s, -e⟩ [ve:k, '-gə] chemin *m (nach, zu* de); voie; *(Landstraße)* route *f; (Pfad)* sentier *m; (Trampelpfad)* piste *f; (Durchgang)* passage *m; (zwischen Bäumen od Mauern)* allée *f; (Strecke)* parcours, trajet; *(Reiseweg)* itinéraire; *fig* chemin *m*, voie *f; (Mittel)* moyen *m; (Methode)* méthode; *(Art u. Weise)* manière, façon; *(Gang, Besorgung)* course; *(Lebensweg)* carrière, vie *f; am ~e* sur le chemin, au bord du chemin; *auf dem ~e (unterwegs)* en chemin, chemin faisant; *auf dem ~e (auf der Reise) nach Paris* en route pour Paris, en allant à Paris; *auf diesem ~ (fig)* par ce moyen, de la sorte; *auf diplomatischem ~e* par la voie diplomatique; *auf friedlichem ~e* par des moyens pacifiques; *auf dem ganzen ~* durant toute la route, tout le long du chemin; *auf halbem ~e* à moitié chemin, à mi-chemin; *auf dem kürzesten od schnellsten ~e* par la voie la plus courte *od* la plus rapide; *fam* illico; *auf dem rechten ~* dans le droit *od* bon chemin; *auf dem ~e der Genesung* en convalescence; *jdn vom rechten ~ abbringen* détourner qn de la bonne direction; *fig* détourner qn du droit chemin;

vom (rechten) ~ abkommen fig sortir du droit chemin, faire fausse route; *jdm e-n ~ abnehmen (fam)* éviter *od* épargner une démarche à qn; *jdm den ~ abschneiden* couper la route à qn; *sich e-n ~ bahnen* se frayer un chemin, se faire un passage; *jdm den ~ ebnen* ouvrir la voie à qn; *e-n ~ einschlagen* prendre *od* suivre *od* enfiler un chemin; *e-n kürzeren ~ einschlagen* prendre un raccourci; *den kürzesten ~ einschlagen* prendre au plus court; *jdm auf halbem ~e entgegenkommen (fig)* faire la moitié du chemin; *jdm etw auf den ~ geben* donner qc à qn en viatique; *s-s ~s gehen* aller *od* passer son chemin; *s-r ~e gehen (fig)* aller de son côté; *jdm aus dem ~ gehen* laisser le passage à qn, laisser passer qn; *fig* éviter (la rencontre de) qn; *e-r S aus dem ~e gehen* éluder qc; *s-e eigenen ~e gehen* suivre son (propre) chemin, prendre seul sa décision; *s-n geraden ~ gehen (fig)* aller droit son chemin, marcher droit; *still s-n ~ gehen* suivre son petit bonhomme de chemin; *jdm etw in den ~ legen* créer des difficultés à qn; *jdm nichts in den ~ legen* laisser les mains libres à qn; *etw in die ~e leiten* mettre qc en route; *sich auf den ~ machen* se mettre en route, s'acheminer *(nach* vers); *s-n ~ machen (fig)* faire son chemin; *s-n ~ über Paris nehmen* passer par Paris; *aus dem ~e räumen (Schwierigkeit)* écarter; *(Menschen)* se défaire, se débarrasser de, tuer; *auf dem besten ~e sein (fig)* avoir le pied à l'étrier; *auf dem falschen ~ sein* faire fausse route; *auf dem richtigen ~e sein (fig)* avoir le filon *fam; jdm im ~e (lästig) sein* gêner qn; *jdm im ~ stehen* être sur le chemin de qn; *fig* faire obstacle à qn; *auf halbem ~e stehenbleiben (fig)* s'arrêter au beau milieu du chemin; *sich jdm in den ~ stellen, jdm den ~ verlegen* barrer le passage à qn; *sich e-r S in den ~ stellen* se jeter au travers de qc; *jdm nicht über den ~ trauen* se méfier de qn; *den ~ weisen* donner l'exemple *(jdm* à qn); *jdn auf den rechten ~ zurückführen (fig)* ramener *od* remettre qn dans le droit chemin; *ich habe noch einige ~e zu erledigen fam* j'ai encore quelques courses à faire; *dem steht nichts im ~e* rien ne s'y oppose; *gehen Sie mir aus dem ~e!* ôtez-vous de là! *geh deiner ~e!* passe ton chemin! *alle od viele ~e führen nach Rom (prov)* tous les chemins mènent à Rome; *des Menschen ~e sind nicht Gottes ~e* l'homme propose et Dieu dispose; *Gottes ~e* les voies *f pl* de Dieu *od* du Seigneur; *kürzere(r)* ~ raccourci *m; ein (gutes) Stück* ~ un (bon) bout de chemin; *fam* une trotte; *der* ~ *zum Erfolg, zum Ruhm* le chemin *od* la route du succès, de la gloire; *verbotener* ~*!* passage interdit! ~**bereiter** *m fig* précurseur, pionnier *m;* ~**ebau** *m* construction *f* des routes; ~**(e)be-schaffenheit** *f* qualité *f* des routes; ~**(e)geld** *n* péage *m;* ~**elagerer** *m* voleur de grands chemins, coupeur *m* de route; ~**emeister** *m* inspecteur *m* des ponts et chaussées; ~**enetz** *n* réseau *m* routier; ~**enge** *f* chemin *m* étranglé; ~**erecht** *n* droit *m* de passage; ~**erich** *m* ‹-s, -e) [-gərɪç] *bot* plantain *m;* ~**espinne** *f (Kreuzung mehrerer Wege)* patte *f* d'oie; ~**(e)verhältnisse** *n pl* conditions *f pl* routières; ~**gabelung** *f* bifurcation *f;* ~**genosse** *m* compagnon *m* de route; ~**kreuz** *n* carrefour *m;* **w~los** *a* sans chemin; ~**marke** *f* indication *f* (d'itinéraire); ~**markierung** *f* jalonnement *m* d'itinéraire; ~**rand** *m* bord *m* du chemin; **w~sam** *a (Gegend)* doté de voies de communication; accessible; ~**scheid(e** *f***)** *m* = ~**egabelung** *od* ~**kreuz;** ~**schnecke** *f zoo* limace *f;* ~**strecke** *f* traite *f,* parcours, trajet *m; fam* trotte *f; schlechte* ~*!* chaussée déformée *od* mauvaise; ~**stunde** *f* heure de chemin *od* de marche; *(Meile)* lieue *f;* ~**überführung** *f* passage *m* supérieur *od* en dessus; ~**übergang** *m: schienengleiche(r)* ~ passage *m* à niveau; ~**unterführung** *f* passage *m* inférieur *od* en dessous; ~**warte** *f bot* = ~**erich;** ~**weiser** *m* poteau *m* indicateur, colonne *f* itinéraire; ~**zehrung** *f* provisions *f pl* de voyage; *bes. rel* viatique *m;* ~**zeichen** *n* = ~**marke.**

weg [vɛk] *adv (nicht da)* pas là; *(abwesend)* absent; *(weggegangen)* parti; *(verschwunden)* disparu; *(verloren)* perdu; *(verlegt, nicht zu finden)* égaré; *frei* ~ franchement; *weit* ~ (au) loin; *ganz* ~ *sein (fig fam: hingerissen)* être emballé; ne pas se sentir *(vor Freude de joie); (baff sein)* être ébaubi, rester baba *fam;* ~ *war er* il s'en fut; le voilà parti; *frei* ~*! (mil)* en avant! *Hände* ~*!* bas les mains! *fam* (à) bas les pattes! *Kopf* ~*!* gare la tête! ~ *(da)!* gare! ôtez-vous (ôte-toi) de là! ~ *damit!* enlevez (enlève) cela! faites (fais) disparaître cela! ~ *mit dir!* loin d'ici! ~**sarbeiten** *tr: alles* ~ tout terminer *od* finir, finir le tout; ~**sbe-**

kommen *tr (Fleck)* réussir à enlever *od* à faire disparaître; *fam (abkriegen, hinnehmen müssen)* recevoir; essuyer; *(herauskriegen, verstehen)* piger, comprendre; ~**sblasen** *tr* souffler; *er ist wie weggeblasen (fam)* il a disparu comme par enchantement; ~**sbleiben** ‹*aux: sein*) *itr fam (nicht kommen)* ne pas venir; *(nicht teilnehmen)* ne pas assister *(von* à); *(nicht mehr kommen)* ne plus venir; *(Textstelle: ausgelassen werden)* être omis; *lange* ~ tarder à revenir; *mir blieb die Spucke weg (fig pop)* ça m'a coupé la chique *od* le sifflet; ~**sbrennen** *tr (ab-* od *verbrennen)* brûler; *med* cautériser; ~**sbringen** *tr (Flekken)* ôter, enlever; *(Menschen od größeres Tier)* emmener; *(Sache)* emporter; ~**sdenken** *tr* écarter par la pensée; ~**sdürfen** *itr* avoir la permission de s'en aller.

wegen ['ve:gən] *prp gen, fam: dat* à cause de, en raison de, pour; *(infolge)* par suite de; *(mit Rücksicht auf)* en considération de, eu égard à; *von Amts* ~ d'office; *von Rechts* ~ de droit, selon le droit, légalement; *von* ~*! (fam)* sûrement pas! tu n'y penses pas! (vous n'y pensez pas!) ~ *Todesfalles geschlossen* fermé pour cause de décès.

weg∣essen ['vɛkɛsən] *tr fam: alles* ~ manger le tout, ne rien laisser (à manger); *s-m Bruder die Schokolade* ~ manger le chocolat de son frère; ~**sfahren** *tr* ‹*aux: haben*) *(Menschen)* emmener (en voiture); *(Sache)* emporter; *itr* ‹*aux: sein*) partir; **W~fall** *m* suppression, abolition, cessation *f; in* ~ *kommen,* ~**sfallen** ‹*aux: sein*) *itr (aufgehoben werden)* être supprimé *od* aboli; *(Textstelle: gestrichen werden)* être supprimé; ~**sfegen** *tr a. fig* balayer; ~**sfeilen** *tr* enlever avec la *od* une lime; ~**sfliegen** ‹*aux: sein*) *itr (Vogel, Insekt)* s'envoler, partir; *(leichter Gegenstand)* être emporté par le vent; ~**sfressen** *tr: alles* ~ *(auffressen)* tout manger; ~**sführen** *tr* emmener; **W~gang** *m* depart *m,* sortie *f; beim* ~ au départ; ~**sgeben** *tr (Sache)* se défaire de, se débarrasser de, se démunir de; ~**sgehen** ‹*aux: sein*) *itr* s'en aller, partir; *(hinausgehen)* sortir; *(Ware: verkauft werden)* se vendre, s'enlever; *wie warme Semmeln* ~ s'enlever *od* se vendre comme des petits pains; *geh mir weg mit ihm, damit!* je ne veux rien savoir de lui, je n'en veux rien savoir; **W~gehen** *n* départ *m; beim* ~ en partant, au départ; ~**sgießen** *tr* jeter; ~**sha-**

ben *tr fam (verstehen)* comprendre, savoir; *einen ~ (pop: betrunken sein)* avoir sa cuite; *sein Fett (fam)* od *sein Teil ~* être fadé; *jdn ~ wollen* vouloir être débarrassé de qn; *e-e Krankheit hat man schnell weg* une maladie se prend facilement; *wie ...* **~=halten** *tr* tenir à l'écart; *den Kopf ~* détourner la tête; **~=hängen** *tr (an s-n Platz)* ranger; *(anderswohin)* pendre ailleurs; **~=heben** *tr* soulever; enlever; *hebe dich weg! (lit)* va-t'en! **~=helfen** *itr: jdm ~ (die Flucht ermöglichen)* aider qn à s'enfuir *od* à s'évader, favoriser la fuite *od* l'évasion de qn; *jdm über etw ~ (etw zu ertragen helfen)* aider qn à supporter qc; **~=hobeln** *tr* enlever avec un *od* le rabot; **~=holen** *tr (Menschen, größeres Tier)* emmener; *(Sache)* emporter; *sich (e-e Krankheit) ~ (fam)* attraper (une maladie); **~=jagen** *tr* chasser; **~=kommen** ⟨*aux: sein*⟩ *itr* pouvoir s'en aller *od* partir; *(abhanden kommen)* s'égarer, se perdre; *über etw ~ (sich mit etw abfinden)* se faire, se résigner à qc; *gut ~* bien s'en tirer, être quitte à bon marché *od* à bon compte; *schlecht dabei ~* ne pas s'en tirer à son avantage; *mach, daß du wegkommst! (fam)* disparais, fiche--moi le camp! **~=können** *itr* pouvoir partir *od* s'absenter; **~=kratzen** *tr* enlever (en grattant); **~=kriegen** *fam = ~bekommen;* **~=lassen** *tr (Menschen gehen lassen)* laisser partir; *(Sache nicht verwenden; Textstelle, Wort auslassen)* omettre; *(unterdrücken, streichen)* supprimer, retrancher; *math* négliger; **W~lassung** *f (Auslassung)* omission; *(Streichung)* suppression *f,* retranchement *m;* **~=laufen** ⟨*aux: sein*⟩ *itr* s'enfuir, se sauver, décamper; *das läuft dir nicht weg (fig fam)* ça peut attendre, ça ne s'envolera pas; **~=legen** *tr (zur Seite legen)* mettre de côté; *(~räumen)* ranger; **~=machen** *tr (entfernen)* enlever; *sie hat das Kind ~ lassen (fam)* elle s'est fait avorter; **~=marschieren** ⟨*aux: sein*⟩ *itr mil* se mettre en marche; **~=müssen** *itr* devoir partir; *ich muß weg (a.)* il me faut partir, il faut que je parte; **W~nahme** *f* ⟨-, -n⟩ prise *f,* enlèvement *m;* **~=nehmen** *tr* prendre, ôter, enlever; *(entwenden)* dérober; *jdm alles ~ (a.)* mettre qn sur la paille; *das Gas ~ (mot)* étrangler les gaz; *(zu)viel Platz ~* être (trop) encombrant; *nimm doch bitte deine Sachen hier weg* enlève donc tes affaires d'ici; **~=packen** *tr* ranger, ser-

rer; **~=putzen** *tr: alles ~ (fam: aufessen)* tout manger, manger le tout; **~=radieren** *tr = ausradieren;* **~=raffen** *tr (Krankheit, Tod)* enlever, emporter, faucher; **~=rationalisieren** *tr (Arbeitsplätze)* réduire afin de rationaliser; **~=räumen** *tr (~schaffen)* enlever, ôter; faire disparaître; *(benutzte Sachen)* ranger; *(Geschirr)* desservir; *fig (Hindernis)* écarter; *(Schwierigkeiten)* aplanir; **~=reisen** ⟨*aux: sein*⟩ *itr* partir (en voyage); **~=reißen** *tr* arracher; **~=reiten** ⟨*aux: sein*⟩ *itr* partir à cheval; **~=rennen** ⟨*aux: sein*⟩ *itr = ~laufen;* **~=rücken** *tr* déplacer, écarter, reculer; **~=rufen** *tr* rappeler; **~=schaffen** ⟨*hat weggeschafft*⟩ *tr* emporter, enlever, ôter, faire disparaître; *(Menschen)* emmener, éloigner; *math* éliminer; **~=schauen** *itr* détourner les yeux; **~=schenken** *tr* donner *(an jdn à qn);* **~=scheren** *sich dich weg!* va--t'en! oust(e)! à la gare! **~=schicken** *tr (Menschen)* envoyer; *(Sendung, Fracht)* expédier; **~=schieben** *tr* écarter (en poussant), repousser; **~=schießen** *tr* abattre d'un coup de feu; *(das Wild)* abattre; **~=schleichen** *itr* ⟨*aux: sein*⟩ u. ⟨*aux: haben*⟩ *sich ~* s'en aller à pas de loup, partir à la dérobée *od* furtivement; **~=schleppen** *tr* emporter (à peine); *alles ~* faire une rafle; **~=schleudern** *tr* lancer (au loin); **~=schließen** *tr* mettre sous clé, serrer; **~=schmeißen** *tr pop* jeter; ficher *od* foutre en l'air; **~=schmelzen** ⟨*aux: sein*⟩ *itr (Schnee)* fondre, disparaître; **~=schnappen** *tr: jdm etw (vor der Nase) ~ (fam)* souffler qc à qn; **~=schneiden** *tr* (dé)couper, (re)trancher; **~=schütten** *tr* jeter; **~=schwemmen** *tr* emporter; **~=schwimmen** ⟨*aux: sein*⟩ *itr* s'éloigner à la nage; *(Gegenstand)* être emporté par le courant; **~=sehen** *itr* détourner les yeux; *über etw ~ (fig)* fermer les yeux, passer sur qc; **~=sehnen,** *sich* souhaiter (ardemment) partir; **~=setzen** *tr* ⟨*aux: haben*⟩ mettre de côté; *(~räumen)* ranger; *itr* ⟨*aux: sein*⟩*: über etw ~ (springen)* sauter par-dessus qc; ⟨*aux: haben*⟩ *sich ~ (anderswohin)* changer de place; *sich über etw ~* se mettre au-dessus de qc, passer par-dessus qc; **~=spülen** *tr (Flut)* emporter; **~=stecken** *tr* cacher; **~=stehlen,** *sich* s'esquiver, partir à la dérobée *od* furtivement; *fam* s'éclipser; **~=stellen** *tr* mettre de côté; *(~räumen)* ranger; **~=sterben** ⟨*aux: sein*⟩ *itr* s'éteindre, être emporté par la mort; **~=stoßen** *tr* repousser; **~=streichen** *tr (Textstelle)* rayer, effacer, biffer, raturer; supprimer; **~=tragen** *tr* emporter; **~=treiben** *tr ‹aux: haben›* chasser; *itr ‹aux: sein› (im Wasser)* être emporté; **~=treten** *‹aux: sein› itr (einzelner)* s'éloigner, se retirer; *mil (in getretene Mannschaft)* rompre les rangs; **~** *lassen (mil)* faire rompre les rangs; *weggetreten!* rompez! rompez! **~=trinken** *tr: s-m Bruder den Kakao* **~** boire le chocolat de son frère; **~=tun** *tr (~nehmen)* enlever; *(~werfen)* jeter, faire disparaître; *(~räumen)* ranger; *(sparen, aufheben)* mettre de côté; **~=wälzen** *tr* enlever (en roulant); rouler ailleurs; **~=wehen** *tr (Wind)* emporter (en soufflant); **W~werf...** *(in Zssgen)* jetable; **~=werfen** *tr* jeter; *sich* **~** *(fig)* s'abaisser, se dégrader, s'avilir, se prostituer; *das ist weggeworfenes Geld (fam)* c'est de l'argent jeté par les fenêtres; **~werfend** *a (Geste)* dédaigneux, méprisant; *adv (mit Verachtung)* avec dédain, avec mépris; **W~werffeuerzeug** *n* briquet *m* non-rechargeable; **W~wertflasche** *f* verre *m* perdu, bouteille *f* non consignée; **~=wischen** *tr (Schmutz, Reste von Flüssigkeiten)* enlever; *fig (e-n Einwand)* balayer *(mit der Hand* d'un revers de la main); **~=wollen** *itr* vouloir partir; **~=wünschen** *tr: jdn* **~** souhaiter l'éloignement de qn; *sich* **~** souhaiter être loin; **~=zaubern** *tr* faire disparaître comme par magie; **~=zerren** *tr* arracher; **~=ziehen** *tr ‹aux: haben›* enlever (en tirant), tirer; *itr ‹aux: sein›* partir; *(aus e-r Wohnung)* déménager, changer de domicile; **W~zug** *m* départ; *(aus e-r Wohnung)* déménagement *m*.

weh *(a. ~e)* ['ve:(ə)] *a* douloureux; qui fait mal; *e-n ~en Finger haben* avoir mal à un doigt; **~** *tun* faire mal; *(bes. seelisch)* faire de la peine *(jdm* à qn); *sich* **~** *tun* se faire mal; *(sich verletzen)* se blesser; *mir ist so* **~** *ums Herz* od *zumute* j'ai le cœur gros; j'ai de la peine; *wo tut es dir* **~**? où as-tu mal? *interj:* **~**! **~**e! hélas! o **~**! hélas! **~**(e) *dir!* malheur à toi! **~**e *den Besiegten!* malheur aux vaincus! *ach und* **~** *schreien* se lamenter; **W~** *n ‹-(e)s, -e› (Schmerz)* douleur, peine *f; (Leiden)* mal; *(Unglück)* malheur *m; mit* **~** *und Ach* à grand-peine; **W~en** *f pl physiol (Geburts~)* contraction *f pl; in den* **~** *liegen* avoir des contractions, être dans les douleurs; **W~geschrei** *n* lamentations *f pl;* **W~kla-**

-ge *f* plainte, lamentation *f;* **~klagen** *itr* se plaindre, se lamenter, gémir; **~leidig** *a (empfindlich, zimperlich)* douillet; *(jammernd)* dolent, *pop* geignard; *(weinerlich)* pleurnichard; **W~leidigkeit** *f* caractère *m* douillet od dolent; pleurnicheries *f pl;* **W~mut** *f ‹-, ø›* mélancolie, tristesse *f;* **~mütig** *a* mélancolique, triste; **W~mutter** *f (Hebamme)* sage--femme *f;* **W~weh** *n ‹-s, -s›* [-'-/'--], **~chen** *n ‹-s, -›* [-'--] *(Kindersprache)* bobo *m.*

Weh|e *f ‹-, -n›* ['ve:ə] *(Schnee~)* congère; *(Sand~)* dune *f;* **w~en** *itr (Wind; fig: der Geist)* souffler; *(Fahne)* flotter (au vent); *tr (wehend treiben)* emporter, chasser; *mit ~den Fahnen* drapeaux *m pl* déployés; *wissen, woher der Wind weht (Bescheid wissen)* savoir prendre le vent; *es weht ein kalter Wind* il souffle un vent froid; **~en** *n a. fig* souffle *m.*

Wehr *f ‹-, -en›* [ve:r] *(Verteidigung)* défense *f; (Befestigung)* fortifications *f pl; in* **~** *und Waffen* en armes; *sich zur* **~** *setzen* se défendre, se mettre en défense *(gegen* contre); *n (Stauwerk)* barrage *m; (Damm)* digue *f;* **~beauftragte(r)** *m (in Deutschland)* délégué *m* à la défense; **~beitrag** *m* contribution *f* pour la défense; **~bereich** *m* région *f* militaire; **~bereichskommandeur** *m* commandant *m* de région; **~bereichskommando** *n* commandement *m* de la région militaire; **~bezirk** *m* subdivision *f* militaire; **~bezirkskommando** *n* bureau *m* de recrutement; **~dienst** *m* service *m* militaire; *s-n* **~** *ableisten* faire son service militaire; *im* **~** *stehen* être sous les drapeaux; *Befreiung f vom* **~** exemption *f* du service militaire; *vom* **~** *befreit* exempt du service militaire; **~dienstverhältnis** *n* statut *m* od situation *f* militaire; *im* **~** *stehen* être lié au service militaire; **~dienstverweigerer** *m* objecteur *m* de conscience; **~dienstverweigerung** *f* objection *f* de conscience; **w~en** *tr: jdm* **~**, *etw zu tun (jdn an etw hindern)* empêcher qn de faire qc; *itr: e-r S* **~** *(entgegenwirken)* s'opposer, obvier, faire od mettre obstacle à qc; *sich* **~** se défendre *(gegen jdn* contre qn); résister, faire face *(gegen jdn* à qn); *sich mit Händen und Füßen dagegen* **~**, *daß ... (fig)* faire des pieds et des mains pour ne pas ...; *sich s-r Haut* **~** défendre sa peau; *wehret den Anfängen!* il faut étouffer le mal dans l'œuf; **~ersatz** *m* recrutement *m;* **~ersatz-**

amt *n* bureau *m* de recrutement (et des réserves); **~ersatzinspektion** *f* conseil *m* de révision; **~ersatzkommission** *f* commission *f* de recrutement; **~ersatzwesen** *n* recrutement *m* et réserves *f pl;* **~ertüchtigung** *f* préparation *f* militaire; **w~fähig** *a* en âge *od* en état de porter les armes; **~gang** *m (auf e-r Stadtmauer)* chemin *m* de ronde; **~gehänge** *n,* **~gehenk** *n* baudrier *m;* **~gesetz** *n* = *~pflichtgesetz;* **~gesetzgebung** *f* législation *f* relative au recrutement de l'armée; **w~haft** *a* en état de se défendre, valide; **~** *machen* armer; **~haftigkeit** *f* ⟨-, ø⟩ validité *f;* **~hoheit** *f* ⟨-, ø⟩ *mil* souveraineté *f* militaire; **~kreis** *m =* **~bereich;** **w~los** *a* sans défense, sans armes; *(entwaffnet)* désarmé; **~** *machen* désarmer; **~** *sein* être hors de défense; **~losigkeit** *f* ⟨-, ø⟩ impuissance *f* à se défendre; **~losmachung** *f* désarmement *m;* **~macht** *f* ⟨-, ø⟩ *(die gesamten Streitkräfte e-s Staates)* forces *f pl* armées; *die (deutsche)* **~** *(1935—1945)* la Wehrmacht; **~machtführung** *f* commandement *m* militaire; **~macht(s)angehörige(r)** *m* membre *m* des forces armées *od* de la Wehrmacht; **~macht(s)bericht** *m hist* communiqué *m* (du haut commandement) **~meldeamt** *n* bureau *m* de recrutement (et des réserves); **~mittel** *n pl* matériel *m* militaire; **~paß** *m* livret *m* matricule; **~pflicht** *f* obligation *f* militaire, conscription *f; die allgemeine* **~** le service militaire obligatoire; *s-r* **~** *genügen* faire son service militaire; **~pflichtgesetz** *n* loi *f* sur la conscription; **w~pflichtig** *a* astreint au service militaire, mobilisable; *im* **~***en Alter* en âge militaire; *das* **~** *Alter erreichen* arriver à l'âge militaire; **~pflichtige(r)** *m* mobilisable *m;* **~sold** *m* prêt *m; vx* solde, paie *f;* **~sport** *m* préparation *f* militaire; **~stand** *m* état *m* militaire; **w~tauglich** *a* apte au service militaire; **~tauglichkeit** *f* aptitude *f* au service militaire; **~überwachung** *f* contrôle *m* militaire; **w~untauglich** *a* inapte au service militaire; **~verfassung** *f* organisation *f* militaire; **~vergehen** *n* délit *m* militaire; **~versammlung** *f* rassemblement *m* de contrôle de réservistes; **~vorlage** *f parl* projet *m* de loi militaire; **~wesen** *n* affaires *f pl* militaires; **~wirtschaft** *f* économie *f* militaire; **w~wirtschaftlich** *a* relatif à l'économie militaire.

Weib *n* ⟨-(e)s, -er⟩ [vaɪp, '-bər] femme; *(Gattin a.)* épouse *f; pej =* **~sbild;** **~**

und Kind haben être chargé de famille; *den* **~***ern nachlaufen* courir le cotillon *od* le jupon; *ein* **~** *nehmen* prendre femme; *zum* **~***e nehmen* prendre pour femme; *alte(s), häßliche(s)* **~** *(vieille)* rombière; *lit* fée *f* Carabosse; *böse(s)* **~** mégère *f; dikke(s)* **~** dondon *f fam;* **~chen** *n* petite femme; *zoo* femelle *f.*

Weiber|feind *m* ['vaɪbər-] misogyne *m;* **~feindschaft** *f* misogynie *f;* **~geschwätz** *n* commérage *m;* **~gunst** *f* faveur *f* des femmes; **~held** *m pej* homme à femmes, coureur; *hum* bourreau *m* des cœurs; **~herrschaft** *f,* **~regiment** *n* domination *f od* gouvernement *m* des femmes; **~volk** *n pej* femmes *f pl.*

weib|isch ['vaɪbɪʃ] *a pej* efféminé; *adv* comme une femme; **~lich** [-plɪç] *a* féminin *(a. gram u. Reim);* de femme; *zoo* for femelle; **~***e Linie f (Mode)* féminité *f; das ewig W~e* l'éternel féminin; **W~lichkeit** *f* ⟨-, ø⟩ nature féminine *od* de la femme, féminité *f; die holde* **~** le beau sexe; **W~sbild** *n,* **W~sperson** *f,* **W~sstück** *n pej* pop garce, donzelle *f;* **W~sleute** *pl pej pop* = **~ervolk.**

weich [vaɪç] *a* mou; *(Gebäck)* a. pas dur; *pej* ramolli; *(Obst)* fondant; *(überreif, teigig)* blet; *(Fleisch: zart)* tendre; *(Haar)* soyeux; *(Gewerbe)* moelleux, doux; *(Bett)* moelleux, douillet; *(bieg-, schmiegsam)* souple; *(Droge)* doux; *fig (zart)* tendre, délicat; *(empfindsam)* sensible; *(sanft, milde)* doux; *(nachgiebig)* souple, pliant; *(einschmeichelnd)* doux, suave; *sich* **~** *anfühlen* être doux au toucher; *ein* **~***es Herz haben (fig, a.)* être du bois dont on fait les flûtes; **~** *löten* souder à l'étain; **~** *machen* (r)amollir; *(einweichen)* (dé)tremper; *fig fam (nachgiebig machen)* amener à céder; **~** *werden* (s'a)mollir, se ramollir; *fig fam* s'attendrir; *(nachgeben)* céder; *es wurde mir ganz* **~** *ums Herz* je m'attendris; **~***e(r) Gaumen m (anat)* voile *m* du palais; **~***e Kontaktlinsen f pl* lentilles *f pl* souples; **W~e** *f* ⟨-, -n⟩ **1.** *anat* flanc *m; a. =* **~heit;** *pl a.* défaut *m* des côtes; **W~eisen** *n* fer *m* doux; **W~eisenkern** *m* noyau *m* de fer doux; **~en 1.** *tr* ⟨weicht, weichte, hat geweicht⟩ *(~ machen)* (r)amollir; *(dé)tremper; itr (~ werden)* (s'a)mollir, se ramollir; **~gekocht** *a (Ei)* à la coque, mollet; **W~gummi** *m od n* caoutchouc *m* mou *od* tendre; **W~heit** *f* mollesse; tendreté *f;* moelleux *m; (Geschmeidigkeit)* souplesse; *fig* tendresse; sensibilité, douceur *f;* **~herzig** *a* doux; *(zärtlich)* tendre; *(empfindsam)* sensible; **W~herzigkeit** *f* douceur; tendresse; sensibilité *f;* **W~holz** *n* bois *m* tendre; **W~käse** *m* fromage *m* à pâte molle; **~lich** *a (Speisen)* mou; *(Mensch)* mou, mollasse, flasque; *(schlaff)* sans fermeté; *(verzärtelt)* délicat, douillet; efféminé; **W~lichkeit** *f* ‹-, ø› mollesse; délicatesse *f;* **W~ling** *m* ‹-s, -e› douillet; efféminé; sybarite *m;* **W~löten** *n* soudage *m od* soudure *f* tendre; **W~metall** *n* métal *m* doux; **W~spüler** *m* ‹-s, -› *(für Wäsche)* adoucissant, assouplissant *m;* **W~stahl** *m* acier *m* doux; **W~teile** *m pl anat* parties *f pl* molles *od* charnues; **W~tiere** *n pl zoo* mollusques *m pl.*

Weichbild *n* ['vaɪç-] *(Stadtgebiet)* enceinte *f,* territoire *m* (de la cité *od* ville); *(Gemarkung, Feldmark)* banlieue *f.*

Weiche *f* ‹-, -n› ['vaɪçə] **2.** *loc* aiguillage *m; die ~ stellen* aiguiller (*für e-n Zug* un train); **~nantrieb** *m* commande *f* d'aiguillage; **~nhebel** *m* levier *m* d'aiguillage; **~nschiene** *f* aiguille *f;* **~nsicherung** *f* blocage *m* des aiguilles; **~nsignal** *n* indicateur d'aiguillage, signal *m* de branchement; **~nsteller** *m,* **~nwärter** *m* aiguilleur *m;* **~nstellung** *f* aiguillage *m;* **~nzunge** *f* lame *f* d'aiguille.

weichen 2. *itr* ‹*weicht, wich, ist gewichen*› ['vaɪçən, -'vɪç-] *(zurückweichen)* reculer (*vor* devant); *(sich entfernen)* s'eloigner, s'écarter; *(sich zurückziehen)* se retirer; *fig (nachgeben)* céder (*jdm, e-r S* à qn, à qc); *(Platz machen)* faire place (*dat* à); *der Gewalt, der Notwendigkeit ~* céder à la violence, à la nécessité; *nicht von jdm ~* suivre qn toujours et partout; *nicht von jds Seite ~* ne pas quitter qn d'une semelle; *nicht von der Stelle ~* ne pas quitter sa place, ne pas bouger; *nicht ~ noch wanken* ne pas fléchir, tenir ferme, ne pas reculer d'un pouce.

Weichsel 1. ['vaɪksəl] *die, geog* la Vistule; **~zopf** *m med (Verfilzung der Kopfhaare)* plique *f* polonaise.

Weichsel 2. ['vaɪksəl] *f* ‹-, -n› *bot* griottier *m;* **~kirsche** *f (Frucht)* griotte *f; (Baum)* griottier *m.*

Weide *f* ‹-, -n› ['vaɪdə] **1.** *(Baum)* saule; *(Korbweide)* osier *m;* **~nband** *n* ‹-(e)s, ⸚er› hart *f;* **~nbaum** *m = ~ 1.;* **~ngebüsch** *n* saulaie, oseraie *f;* **~ngeflecht** *n* osier *m,* claie *f;* **~ngerte** *f,* **~nrute** *f* (verge *f* d')osier *m;* **~nkätzchen** *n bot* chaton *m* de saule; **~nkorb** *m* panier *m* d'osier; **~nröschen** *n bot* épilobe *m.*

Weide 2. *(Viehweide)* pâturage *m,* pâture *f,* pacage, herbage *m; (Vieh) auf die ~ treiben* mener paître; **~land** *n* pâturages *m pl;* **w~n** *tr (Vieh)* mener *od* faire paître, pacager; *(hüten)* garder; *sich* od *s-e Augen an etw ~* se repaître *od* se délecter de qc; **~platz** *m = ~ 2.;* **~recht** *n* droit *m* de pacage.

Weiderich *m* ‹-s, ø› ['vaɪdərɪç] *bot* salicaire *f.*

weid|gerecht ['vaɪt-] *a u. adv* selon les règles de la chasse; conforme aux usages de (la) vénerie; **~lich** *adv (tüchtig, sehr)* largement, amplement, copieusement; beaucoup; *(nach Herzenslust)* à cœur joie; **W~mann** *m* ‹-(e)s, ⸚er› *(Jäger)* chasseur *m;* **~männisch** *a* de chasseur; *adv* selon les règles de la chasse; **W~mannsheil** *n:* ~! bonne chasse! **W~mannssprache** *f* termes *m pl* de vénerie; **W~messer** *n* couteau *m* de chasse; **W~sack** *m* gibecière, carnassière *f,* carnier *m;* **W~werk** *n (Jagd)* chasse, vénerie *f.*

Weif|e *f* ‹-, -n› ['vaɪfə] *(Garnhaspel)* dévidoir *m* **w~en** *tr (Garn: haspeln)* dévider.

weiger|n ['vaɪgərn], *sich* refuser (*etw zu tun* de faire qc); se refuser (*etw zu tun* à faire qc); **W~ung** *f* refus *m;* **W~ungsfall** *m: im ~* en cas de refus.

Weih *m* ‹-(e)s, -e›, **~e** *f* ‹-, -n› ['vaɪ(ə)] **1.** *orn* milan *m.*

Weih|altar *m* ['vaɪ-] autel *m* consacré; **~becken** *n* bénitier *m;* **~bild** *n* ex-voto *m;* **~bischof** *m* (évêque) suffragant; coadjuteur *m;* **~e** *f* ‹-, -n› **2.** *rel (e-r Kirche, e-s Altars)* consécration; *(Priesterweihe)* ordination *f;* *(Bischofs-, Königsweihe)* sacre; *fig (Heiligkeit)* caractère *m* solennel, solennité *f; die ~n pl (rel)* les ordres *m pl; die ~n empfangen* od *erhalten* être ordonné prêtre; *jdm die ~n erteilen* ordonner qn, conférer les ordres à qn; *e-r S die rechte ~ geben* od *verleihen* rendre qc solennel; *die höheren, niederen ~n* les ordres *m pl* majeurs, mineurs; **w~en** *tr (Kirche etc, Hostie)* consacrer; ordonner (*zum Priester* prêtre); sacrer (*zum Bischof* évêque); *fig (widmen)* vouer; *sich ~ (fig)* se consacrer, se vouer (*e-r S* à qc); *dem hl. Josef geweiht (rel)* (dédié) sous le vocable de saint Joseph; *dem Tode geweiht* voué à la mort; **~eakt** *m,* **~erede** *f* acte, discours *m* solennel; **~estätte** *f* sanctuaire *m;* **~estunde** *f* solennité,

cérémonie *f*; **w~evoll** *a* solennel; **~gabe** *f*. **~geschenk** *n* offrande *f*.
Weiher *m* ⟨-s, -⟩ ['vaɪər] *(Teich)* étang *m*.

Weihnacht|(en *n* ⟨-, ø⟩) *f* ⟨-, ø⟩ ['vaɪnaxt(ən)] (fête *f* de) Noël *m*; *(zu)* ~ à (la) Noël; *jdm etw zu* ~ *schenken* offrir qc pour Noël à qn; *fröhliche* ~! joyeux Noël! ~ *im Klee, Ostern im Schnee (prov)* Noël au balcon, Pâques au tison; **w~lich** *a* de Noël; propre à Noël.

Weihnachts|abend *m* ['vaɪnaxts-] veille *f* de Noël; **~baum** *m* arbre *od* sapin *m* de Noël; **~bescherung** *f* distribution *f* des cadeaux de Noël; **~botschaft** *f* message *m* de Noël; **~brauch** *m* coutume *f* de Noël; **~einkauf** *m* achat *m* pour Noël; **~feier** *f* célébration *f* de la fête de Noël; **~ferien** *pl* vacances *f pl* de Noël; **~fest** *n* fête *f* de Noël; **~gans** *f* oie *f* de Noël; **~geschenk** *n* cadeau *m* de Noël, étrenne *f*; **~gratifikation** *f* prime *f* de Noël; **~krippe** *f* crèche *f* de Noël; **~lied** *n* noël *m*; **~mann** *m* ⟨-(e)s, ⁝er⟩ père *m* Noël; **~markt** *m* foire *f* de Noël; **~tag** *m* (jour de) Noël *m*; **~zeit** *f* temps *m* de Noël.

Weih|rauch *m* ['vaɪ-] encens *m*; *jdm* ~ *streuen (fig)* brûler l'encens devant qn, donner des coups d'encensoir à qn, encenser qn; **w~räuchern** *itr (Weihrauch streuen)* répandre l'encens; **~rauchfaß** *n* encensoir *m*; **~wasser** *n* eau *f* bénite; *mit* ~ *besprengen* asperger d'eau bénite; **~wasserkessel** *m* bénitier *m*; **~wedel** *m* goupillon, aspersoir *m*.

weil [vaɪl] *conj* parce que; *(mit e-m v in der Vergangenheit)* pour *(mit inf des Perfekts)*; *(da)* comme; *(da ja)* puisque; *(in Anbetracht dessen, daß)* vu que, étant donné que; ~ *er (sie) gelogen hatte (a.)* pour avoir menti.
Weil|chen *n* ⟨-s, -⟩ ['vaɪlçən] (petit) moment, instant *m*; **~e** *f* ⟨-, ø⟩ (laps de) temps; *(übertreibend: Augenblick)* moment, instant *m*; *e-e ganze od geraume* ~ un long moment; assez longtemps; *e-e kleine* ~ un (petit) moment, un instant; *nach e-r* ~ après un certain temps, peu de temps après, un peu plus tard; *vor e-r* ~ il n'y a pas longtemps; *vor e-r ganzen* ~ il y a bien *od* déjà longtemps; *damit hat es (noch) gute* ~ cela ne presse pas; *gut Ding will* ~ *(prov)* il faut reculer pour bien sauter; *eile mit* ~! *(prov)* hâte-toi lentement; **w~en** *itr lit (sich aufhalten)* séjourner, demeurer; *er*

weilt nicht mehr unter uns od unter den Lebenden il nous a quittés.
Weiler *m* ⟨-s, -⟩ ['vaɪlər] *(kleines Dorf)* hameau *m*.

Wein *m* ⟨-(e)s, -e⟩ [vaɪn] *(Pflanze)* vigne *f*; *(Getränk)* vin *m*; ~ *bauen* cultiver la vigne; *jdm klaren od reinen* ~ *einschenken (fig)* dire son fait *od* ses vérités, parler sans fard à qn; *den* ~ *taufen od verdünnen* baptiser le vin; *der* ~ *ist mir in den od zu Kopf gestiegen* le vin m'est monté à la tête; *edle(r)* ~ grand cru *m*; *leichte(r)* ~ vin *m* léger; *offene(r)* ~ vin *m* en carafe; *saure(r)* ~ piquette *f*; *schwache(r)* ~ vinasse *f*; *schwere(r)* ~ vin *m* lourd *od* capiteux *od* qui a du corps; *wilde(r)* ~ *(bot)* vigne *f* vierge; ~ *vom Faß* vin *m* à la tireuse; ~ *in Flaschen* vin *m* en bouteille(s) *od* bouché; ~ *von der besten Sorte* vin *m* de derrière les fagots; **~ausschank** *m* débit *m* de vin; **~bau** *m* ⟨-(e)s, ø⟩ culture de la vigne, viticulture, industrie *f* viticole *od* vinicole; ~ *treiben* cultiver la vigne; **~bauer** *m* viticulteur, vigneron *m*; **~baugebiet** *n* région *f* viticole *od* vinicole *od* vignoble; vignoble *m*; **~baukunde** *f* œnologie *f*; **~beere** *f* grain *m* de raisin; **~bereitung** *f* vinification *f*; **~berg** *m* vignoble *m*, vigne *f*; **~bergbesitzer** *m* propriétaire *m* de vignes *od* d'une vigne; **~bergschnecke** *f* escargot *m* de Bourgogne; **~blatt** *n* feuille *f* de vigne; **~brand** *m* eau-de-vie de vin, fine (champagne) *f*; **~brandbohne** *f* chocolat *m* à la liqueur *od* au cognac; **~drossel** *f* *orn* grive *f* commune; **~ertrag** *m* production *f* viticole; **~essig** *m* vinaigre *m* de vin; **~faß** *n* tonneau à vin, fût *m*; **~flasche** *f* bouteille *f* à vin; **~fleck** *m* tache *f* de vin; **~garten** *m* vigne *f*, vignoble *m*; **~gärtner** *m* vigneron *m*; **~gegend** *f* = ~*baugebiet*; **~geist** *m* ⟨-(e)s, -e⟩ esprit-de-vin; alcool *m*; **~glas** *n* verre *m* à vin; **~gut** *n* domaine viticole, vignoble *m*; **~handel** *m* commerce *od* négoce *m* du vin; **~händler** *m* *(Kleinhändler)* marchand de vins; *(Großhändler)* négociant en vins; **~handlung** = ~*ausschank*; **~hefe** *f* lie *f* de vin; **w~ig** *a* vineux; **~jahr** *n*: *gute(s)* ~ bonne année *f* pour le vin; **~karaffe** *f* carafon *m* à vin; **~karte** *f* carte *f* des vins; **~keller** *m* cave *f* à vin(s), cellier *m*; **~kellereien** *f pl* chantier *m* (de cave); **~kellner** *m* sommelier *m*; **~kenner** *m* connaisseur *m* en vins; **~krug** *m* broc à vin; *(kleiner)* pichet *m*; **~kühler** *m* seau

m à champagne; **~kunde** *f* œnologie
f; **~lager** *n* entrepôt de vins; *(Raum,
Gebäude)* chai *m;* **~land** *n* pays *m*
viticole *od* vinicole; **~laub** *n* feuilles *f
pl* de vigne, pampres *m pl;* **~laube** *f*
treille *f;* **~laune** *f: in* ~ = *w~selig;*
~lese *f* vendange, vinée *f; (Zeit f
der)* ~ vendanges *f pl;* ~ *halten* faire
les vendanges, vendanger; **~leser** *m*
vendangeur *m;* **~most** *m* moût *m;*
~panscher *m* frelateur *m* de vin;
~panscherei *f* frelatage *m od* falsification *f* du vin; **~probe** *f (Handlung)* dégustation *f; (Kostprobe)*
échantillon *m* de vin; **~prüfer** *m*
dégustateur *m;* **~ranke** *f* pampre,
sarment *m;* **~rebe** *f* vigne *f;* **w~rot** *a*
rouge vineux, bordeaux; **w~sauer** *a
chem* tartrique; **~säure** *f chem* acide
m tartrique; **~schankgebühr** *f hist*
tavernage *m;* **~schenk** *m* ⟨-en, -en⟩
lit échanson *m;* **~schlauch** *m* outre *f*
à vin; *fig (Säufer)* sac *m* à vin;
~schmecker *m* piqueur *m* de vin;
w~selig *a* pris de vin, aviné, gris;
fam éméché, pompette; *in ~er Stimmung sein (a.)* être dans les vignes du
Seigneur; **~sorte** *f* cru *m;* **~spalier**
n treille *f;* **~stein** *m chem* tartre *m;*
~steinsäure *f* = **~säure;** **~stock** *m*
⟨-(e)s, ⸚e⟩ (cep *od* pied *m* de) vigne *f;*
~stube *f* taverne *f;* **~traube** *f* grappe *f* de raisin; raisin *m* de vigne;
~treber *pl,* **~trester** *pl* marc *m* de
raisin(s); **~trinker** *m* buveur *m* de
vin; **~waage** *f* œnomètre *m;*
~zwang *m* (consommation *f* de) vin
m obligatoire.

wein|en ['vaɪnən] *itr* pleurer *(um jdn*
qn); verser *od* répandre des larmes;
bitterlich ~ pleurer à chaudes larmes;
vor Freude ~ pleurer de joie; *tr: bittere Tränen* = *bitterlich weinen;
sich die Augen aus dem Kopf* ~
pleurer toutes les larmes de son
corps; **W~en** *n* pleurs *m pl,* larmes *f
pl; scient* lacrymation *f; jdn zum* ~
bringen arracher des larmes à qn;
dem ~ *nahe sein* avoir la larme à
l'œil, être au bord des larmes; *es ist
zum* ~ c'est lamentable; **~erlich** *a*
pleureur, pleurard, pleurnicheur,
pleurnichard; larmoyant; *mit ~er
Stimme, in ~em Ton* d'une voix, d'un
ton larmoyant(e), pleurnichard(e); ~
tun pleurnicher; **W~krampf** *m* crise
f de larmes.

Weise *f* ⟨-, -n⟩ ['vaɪzə] *(Art)* manière,
façon *f; mus (Singweise)* air *m,* mélodie *f; auf diese* od *in dieser* ~ de cette manière *od* façon, de la sorte, comme cela; *auf die eine oder andere* ~
de manière ou d'autre; *auf die glei-*

che od *in der gleichen* od *in gleicher*
~ de la même manière; *auf jede* od
in jeder ~ de toute façon; *auf jede
nur mögliche* ~ de toutes les façons
possibles; *auf keine* od *in keiner* ~
(ne ...) en aucune manière, (ne ...)
nullement; *auf meine (etc)* ~ à ma
manière *od* guise; *auf welche* ~? de
quelle manière *od* façon? *in der* ~,
daß... de manière *od* de façon *od* de
sorte que ... *subj; in alter* ~ comme
autrefois; *in gewohnter* ~ comme
d'habitude; *in liebenswürdiger* ~ en
toute amabilité; *jeder nach s-r* ~ chacun à sa guise *od* à son goût; *Art und*
~ = *Weise* od *Art; das ist doch keine Art und* ~! en voilà des manières
od des façons!

weise ['vaɪzə] *a* sage; *(klug)* prudent,
avisé; **W~(r)** *m* sage *m; die ~n aus
dem Morgenlande* les trois mages *m
pl; der Stein der ~n* la pierre philosophale.

Weisel *m* ⟨-s, -⟩ ['vaɪzəl] *(Bienenköni-
gin)* reine *f* des abeilles.

weis|en ['vaɪzən] ⟨weist, wies, hat ge-
wiesen⟩ *tr (zeigen)* montrer, faire voir
(jdm etw qc à qn); *itr: auf etw* ~ *(Uhr,
Magnetnadel)* marquer qc; *mit dem
Finger auf jdn* ~ montrer qn du
doigt; *etw von der Hand* od *von sich*
~ rejeter, repousser qc; *jdn aus der
Schule* ~ renvoyer qn de l'école; *jdn
in die* od *s-e Schranken* ~ remettre
qn à sa place; *jdn aus der Stadt* ~ expulser qn de la ville; *jdm die Tür* ~
(fig: ihn hinauswerfen) mettre qn à
la porte; *jdm den Weg* ~ montrer *od*
indiquer le chemin à qn; *etw von sich*
~ rejeter, décliner qc; *jdm die Zähne*
~ montrer les dents à qn; *von der
Hand* ~ rejeter, repousser; *das ist
nicht von der Hand zu* ~ cela mérite
considération, ce n'est pas méprisable; **W~er** *m* ⟨-s, -⟩ *(Anzeiger)* indicateur *m; (Uhrzeiger)* aiguille *f;*
W~ung *f (Befehl)* ordre *m; (Auftrag)* injonction *f; (Vorschrift)*
précepte *m; (Anweisung)* directive,
instruction; *bes. mil* consigne *f; die
~en nicht beachten (a. fam)* manger
la consigne; **~en erteilen** donner des
instructions *od* des directives; *den
~en folgen* se conformer *od* s'en tenir aux instructions; **~ungsgemäß**
adv selon les instructions données.

Weis|heit *f* ⟨-, -en⟩ ['vaɪshaɪt] sagesse;
(Klugheit) prudence *f; (Wissen,
Kenntnisse)* savoir *m,* connaissances
f pl; s-e ~ *auskramen (fam)* déballer
son savoir; *die* ~ *(nicht) mit Löffeln
gegessen haben (fam)* (ne pas) avoir
la science infuse; *mit s-r* ~ *am Ende*

sein (fam) être au bout de son latin; *von ~ triefen* déborder de sagesse; *das ist nicht der ~ letzter Schluß* ce n'est pas le point final; *behalte deine ~ für dich! (fam)* occupe-toi de tes affaires! **w~heitsvoll** *a* sage; **~heitszahn** *m* dent *f* de sagesse; **w~lich** *adv (mit Bedacht)* sagement, prudemment; **w~=machen** *tr fam: jdm ~, daß ...* faire croire à qn que...; *jdm (et)was ~* en faire accroire, la bailler belle, en conter (de belles), bourrer le crâne à qn; *machen Sie das anderen weis!* à d'autres! allons donc! **w~sagen** *tr* prédire, présager, prophétiser; *itr* (pré)dire l'avenir, faire des prédictions, prophétiser (*dat* à); **~sager(in** *f)* *m* devin(eresse *f) m;* **~sagung** *f* divination, prédiction, prophétie *f.*
weiß [vais] *a* blanc; *(sauber)* propre; *~ (an)streichen* od *tünchen* blanchir, badigeonner; *~ gerben* mégir, mégisser; *etw schwarz auf ~ haben* avoir qc noir sur blanc od par écrit; *e-e ~e Weste haben (fig)* avoir une réputation intacte; *~ kleiden* habiller de blanc; *~ machen, ~ waschen, ~ werden* blanchir; *~e(s) Blutkörperchen n* globule blanc, leucocyte *m; die W~e Frau (Gespenst)* la Dame blanche; *~ gekleidet* vêtu de blanc; *das W~e Haus (Amtssitz des Präsidenten der USA in Washington)* la Maison-Blanche; *~e Kohle f (Wasserkraft)* houille *f* blanche; *das W~e Meer* la mer Blanche; *ein ~er Rabe m (fig: große Ausnahme)* un merle blanc, un oiseau *m* rare; *der W~e Sonntag (1. Sonntag nach Ostern)* le dimanche de Quasimodo; *~ wie Kreide (Mensch vor Schreck* od *Angst)* blanc comme un linge; *die ~e Rasse f* la race blanche; *~e Schminke f* blanc *m* de fard; *~ wie Schnee (lit, poet)* blanc comme neige; **W~** *n* ‹-(es), -› blanc *m,* blancheur, couleur *f* blanche; *~ tragen* porter du blanc, être en blanc; **W~bier** *n* bière *f* blanche; **W~blech** *n* fer-blanc *m;* **W~bleierz** *n min* cérusite *f;* **W~brot** *n* pain *m* blanc; **W~buch** *n pol* livre *m* blanc; **W~buche** *f bot (Hainbuche)* charme *m;* **W~dorn** *m* ‹-(e)s, -e) *bot* aubépine *f;* **W~e** *f* ‹-n, -n) *(Angehörige der ~en Rasse)* blanche *f;* ‹-, -n) = *~bier;* **~en** *tr (~ tünchen)* blanchir, badigeonner; **W~en** *n* blanchiment, badigeonnage *m;* **W~e(r)** *m (Angehöriger der weißen Rasse)* blanc *m;* **W~fisch** *m* poisson *m* blanc; **W~fluß** *m med* perte *f* blanche, flueurs *f pl* blanches; *scient* leu-

corrhée *f;* **~gekleidet** *a* vêtu de blanc; **W~gerber** *m* mégissier *m;* **W~gerberei** *f (Tätigkeit u. Verfahren)* mégie; *(Gewerbe u. Betrieb)* mégisserie *f;* **~glühend** *a* incandescent; **W~glut** *f* ‹-, ø› rouge *m* blanc, incandescence *f; bis zur ~ erhitzen (tech)* chauffer od porter à blanc; *jdn (bis) zur ~ reizen (fig)* chauffer qn à blanc, échauffer les oreilles od la bile à qn; **W~gold** *n (Platin)* or blanc, platine *m;* **~grau** *m* gris pâle; **W~guß** *m* = *W~metall;* **~haarig** *a* aux cheveux blancs; **W~käse** *m (Quark)* fromage *m* blanc; **W~kehlchen** *n orn* fauvette cendrée, gorge-blanche *f;* **W~kohl** *m,* **W~kraut** *n* chou *m* blanc od cabus od pommé; **W~lagermetall** *n* = *W~metall;* **~lich** *a* blanchâtre; **W~linge** *m pl ent* piéridés *m pl;* **W~mehl** *n* farine *f* blanche; **W~metall** *n* métal blanc od d'antifriction, régule *m;* **W~näherin** *f* lingère *f;* **W~pappel** *f* = *Silberpappel;* **W~russe** *m* Russe-Blanc, Biélorussien *m;* **~russisch** *a* russe-blanc, blanc-russ(i)e(n), biélorussien; **W~rußland** *n* la Russie Blanche, la Biélorussie; **W~tanne** *f* sapin *m* blanc; **W~wandreifen** *m pl* pneus *m pl* à flancs blancs; **W~waren** *f pl* blanc *m,* lingerie *f;* **~=waschen** *tr fig* disculper; **W~wein** *m* vin *m* blanc; **W~wurst** *f* boudin *m* blanc; **W~zeug** *n* ‹-(e)s, ø› = *W~waren.*
weit [vait] *a (ausgedehnt)* étendu, vaste; *(geräumig)* spacieux; *(Kleidungsstück)* ample; *(Öffnung, verbindender Hohlraum; typ: Satz)* large; *(entfernt)* éloigné, lointain; *(Weg)* long; *(Reise)* grand; *adv (offen, öffnen)* largement, (en) grand; *(fern, in die Ferne)* loin (von de); *(bei Zahlen- u. Mengenangaben, zur Verstärkung: ein gutes Stück, viel, beträchtlich)* bien, (de) beaucoup; *bei ~em* de beaucoup; *bei ~em nicht so (gut)* moins (bon), à beaucoup près, tant s'en faut; *gleich ~* à égale distance *(von de); im ~eren Sinne* dans un sens plus large; *im ~esten Sinne des Wortes* au sens le plus large du terme; *in ~er Ferne* tout au loin; très loin; *so ~* jusqu'à ce point; *von ~em* de loin; *à distance; ~ und breit* à la ronde, tout alentour; *~ weg* loin (d'ici); au loin; *die Augen ~ aufmachen* ouvrir les yeux tout grands; *~ auseinandergehen (Meinungen)* diverger radicalement; *~ ausholen (in der Erzählung)* remonter au déluge; *es ~ bringen (fig)* réussir, aller loin, faire son chemin; *zu ~ führen* od *gehen*

(fig) aller trop loin; dépasser les limites *od* la ligne; *so* ~ *gehen, etw zu tun* s'avancer jusqu'à faire qc; *ein* ~*es Gewissen haben* avoir la conscience large *od* élastique; *etw* ~ *herholen (fig)* aller chercher qc loin; ~ *(in der Welt) herumkommen* voir du pays; *fam* rouler sa bosse; *nicht* ~ *mit etw kommen (fig)* ne pas aller loin avec qc; *es nicht so* ~ *kommen lassen (fig)* ne pas devoir attendre *(daß* que); ~ *reichen (eine große Reichweite haben)* porter loin; ~ *sehen (a. fig)* voir loin; ~ *davon entfernt sein, etw zu tun* être loin *od* à mille lieues de faire qc; ~ *über die Fünfzig sein* avoir largement dépassé la cinquantaine; *bei* ~*em nicht vollständig sein* être loin d'être complet; *s-r Zeit* ~ *voraus sein* être en avance *od* avoir de l'avance sur son temps; ~ *über, unter jdm stehen (fig)* être bien au-dessus, au--dessous de qn; *das W*~*e suchen* prendre le large *od* la clé des champs, lâcher pied; *etw zu* ~ *treiben* pousser qc trop loin; passer les bornes; exagérer qc; *ich bin noch nicht so* ~ je n'en suis pas encore là; je n'ai pas encore terminé; *man sieht es ihm schon von* ~*em an* il le sent à une lieue *fam; die Sache ist noch nicht so* ~ *(a.)* la poire n'est pas (encore) mûre; *das geht zu* ~ c'est trop fort, c'en est trop, cela passe les bornes *od* la plaisanterie *od* la raillerie; *das ist verdammt* ~ *(pop)* c'est au diable vauvert; *das ist ein* ~*es Feld (fig)* il y aurait beaucoup à dire; *das ist* ~ *hergeholt* c'est tiré par les cheveux; *es ist* ~ *von Paris nach Moskau* il y a (bien) loin de Paris à Moscou; *so* ~ *ist es (nun) mit mir gekommen* voilà où j'en suis (maintenant); *wie* ~ *bist du?* où en es-tu? *bist du so* ~? es-tu prêt? *wie* ~ *sind Sie gekommen?* jusqu'où êtes-vous venu? *fig (mit e-r Arbeit od Lektüre)* où en êtes-vous (arrivé)? *wie* ~ *ist es bis od nach Paris?* combien y a-t-il jusqu'à Paris? *ist es* ~ *von hier?* est-ce loin d'ici? ~ *gefehlt!* (bien) loin de là! beaucoup s'en faut! ce n'est pas ça du tout! ~ *geöffnet od offen* grand ouvert; ~ *verbreitet* très répandu; *die* ~*e Welt* le vaste monde; ~**ab** *adv* (au) loin; ~**aus** *adv* bien, (de) beaucoup; **W**~**blick** *m* ‹-(e)s, ø› envergure; *(Scharfblick)* sagacité, perspicacité *f;* ~**blickend** *a* de grande envergure; sagace, perspicace; **W**~**e** *f* ‹-, -n› *(Ausdehnung)* étendue; *(Geräumigkeit)* ampleur; *(e-s Kleidungsstücks)* ampleur, largeur *f; (Brust*~ *etc)* tour; *(innerer Durch-*

messer) calibre *m; (Entfernung)* distance *f,* éloignement; *(Ferne)* loin *m; (Länge e-s Weges)* longueur; *fig (des geistigen Horizontes)* largeur; *(des Geistes)* envergure; *(Tragweite)* portée *f; in die* ~ *ziehen* partir au loin; *lichte* ~ *(arch)* largeur *f* intérieur; *tech (e-s Rohres)* diamètre *m* intérieur; ~**en** *tr (dehnen, ausweiten)* étendre; dilater, élargir; *(Schuhe)* forcer; *(ausbauchen)* évaser; *fig (den geistigen Horizont)* élargir; *sich* ~ s'étendre, s'évaser; *a. fig* s'élargir; *das Herz* ~ *(fig)* dilater le cœur; ~**gehend** *a fig* étendu, large, ample, vaste, grand; *(beträchtlich)* considérable; *(bedeutend)* important; ~*e(s) Verständnis n* grande compréhension *f;* ~*e Vollmachten f pl* pouvoirs *m pl* étendus; *adv* largement, dans une large mesure; ~**gereist** *a* qui a beaucoup voyagé; ~*e(r) Mann m* grand voyageur *m;* ~**gesteckt** *a fig:* ~*e Ziele haben* viser haut; être entreprenant; ~**greifend** *a fig (umfassend)* ample, vaste; ~**her** *adv (aus großer Ferne)* de loin; ~**herzig** *a* large; laxiste; *(großzügig)* généreux, libéral; *(duldsam)* tolérant; **W**~**herzigkeit** *f* ‹-, ø› largeur *f* de cœur; laxisme *m;* générosité, libéralité *f;* ~**hin** *adv (bis in* ~*e Ferne)* jusque très loin; *(in* ~*em Umkreis)* tout alentour; *fig (in großem Umfang, großenteils)* en grande partie, largement; ~ *sichtbar* visible de loin; ~**läufig** *a (ausgedehnt)* étendu, vaste; *(*~ *ausea. liegend)* espacé, à grands intervalles; *(ausführlich)* détaillé, circonstancié; *adv (ausführlich)* tout au long, en détail; ~*e(r) Verwandte(r) m* parent *m* éloigné; ~ *mitea. verwandt sein* être parents éloignés; **W**~**läufigkeit** *f* (vaste) étendue *f;* espacement *m; (Ausführlichkeit)* longueur *f;* ~**maschig** *a* à larges mailles, lâche; ~**reichend** *a* de grande portée; *(umfassend)* étendu; vaste; *(groß, bedeutend)* considérable, important; **W**~**schuß** *m mil* long tir *m;* ~**schweifig** *a (Stil: langatmig)* (trop) long, diffus, prolixe, verbeux; **W**~**schweifigkeit** *f* (trop grande) longueur, diffusion, prolixité, verbosité, redondance; *(e-s Schriftstellers a.)* intempérance *f* de plume; **W**~**sicht** *f* ‹-, ø› *fig* = W~*blick;* ~**sichtig** *a med (alterssichtig)* presbyte; *a.* = *übersichtig; fig* = ~*blikkend;* **W**~**sichtigkeit** *f* ‹-, ø› *med* presbytie *f;* **W**~**sprung** *m sport* saut *m* en longueur; ~**tragend** *a mil (Geschütz)* à grande *od* longue portée;

W~ung f élargissement m; **~verbreitet** a très répandu; *(allgemein)* général, commun; **~verzweigt** a très ramifié; **W~winkelaufnahme** f photo(graphie) f grand-angulaire; **W~winkelkamera** f appareil m photo(graphique) grand champ; **W~winkelobjektiv** n phot objectif m grand-angulaire.

weiter ['vaɪtər] a *(Komparativ von: weit); (zusätzlich, neu)* ultérieur, additionnel, nouveau, autre; *das* od *alles W~e* la suite, le reste; *adv* plus loin; *a. fig* plus en avant; *fig* plus avancé; *(außerdem, sonst)* de plus, en outre; encore; *(vor e-m Ortsadverb)* plus; *auf ~e 3 Jahre* pour une nouvelle période de 3 ans; *bis auf ~es* jusqu'à nouvel ordre od avis, jusqu'à plus ample information; *(inzwischen)* en attendant; *des ~en* de plus, en outre; au reste; *nichts ~,* ~ *nichts* rien de plus, rien d'autre; *ohne ~es, ohne ~e Umstände* tout simplement, sans façon(s), sans plus (de façon); d'emblée; *fam* tout de go; *ohne ~e Umstände* sans plus de manières, sans cérémonies, sans autre forme de procès; *ohne ~es Zögern* sans plus tarder; *und so ~ (usw.)* et ainsi de suite, et cætera (etc.); ~ *oben* plus en haut; *(in e-m Text)* ci-dessus, ci-devant; ~ *unten* plus en bas; *(in e-m Text)* ci-dessous, ci-après; ~ *weg* plus loin; plus éloigné; *nicht mehr ~ können (gehen)* ne pas pouvoir aller plus loin; *nicht mehr ~können (machen)* être au bout de son latin; ~ *machen (erweitern)* élargir; ~ *schnallen* desserrer; ~ *werden* s'élargir; *nicht mehr ~ wissen* être au bout de son latin; *ich habe ~ nichts zu sagen* il ne me reste rien à dire, je n'ai rien à ajouter; *ich kann nicht mehr ~ (a.)* je n'en peux plus; *das hat ~ nichts auf sich* cela ne tire pas à conséquence; *das hat ~ nichts zu sagen* cela ne veut rien dire; *das ist ~ kein Unglück* ce n'est pas grave; *iron* la belle affaire! *es geht noch ~* ce n'est pas fini od tout; *wenn es ~ nichts ist* si ce n'est que cela; *was ~?* et puis? et ensuite? et après? ~ *nichts?* rien que cela? ce n'est que cela? c'est tout? ~*!* allez! continuez! *hören Sie ~!* ce n'est pas tout; *nichts ~!* fini! voilà tout! *nur ~!* continuez! allez toujours! **~=arbeiten** itr continuer à travailler; continuer le travail; **~=befördern** tr réexpédier; **W~beförderung** f réexpédition f; **W~beschäftigung** f continuation f d'emploi od de l'emploi; **~=bestehen** itr continuer

(d'exister), subsister, persister, se perpétuer; **W~bezug** m *(e-r Zeitung)* réabonnement m; **~=bilden, sich** = fortbilden, sich; **W~bildung** f *(Fortbildung)* perfectionnement m; *(geistige)* ~ éducation od formation f permanente; **~=bringen** tr *(Fortschritte machen lassen)* faire avancer; *das bringt mich kaum weiter* cela ne m'avance guère; **~=denken** itr songer aux suites od à l'avenir; **~=empfehlen** tr recommander; **W~empfehlung** f recommandation f; **~=entwickeln** tr développer; perfectionner; *sich* ~ se développer; se perfectionner; *bes. biol* évoluer; **W~entwicklung** f développement; perfectionnement m; évolution f; **~=erzählen** tr *(in der Erzählung fortfahren)* continuer (l'histoire od le récit de); itr continuer son histoire od son récit; *(~verbreiten)* répéter; **~=fahren** ⟨aux: sein⟩ itr continuer la od sa course; *(schweizerisch a. = fortfahren);* ~*!* circulez! **W~fahrt** f continuation f de la od ma etc course; **~=fliegen** itr ⟨aux: sein⟩ continuer le od son vol; **W~flug** m continuation f du vol; **~=führen** tr *(fortsetzen)* continuer; *(~bringen, fördern)* faire avancer; *e-e Mauer* ~ prolonger un mur; *~de Schule* f école f d'enseignement secondaire; **W~führung** f continuation f; *(Verlängerung e-r Straße, Verkehrslinie etc)* prolongement m; **W~gabe** f *(e-s Befehls, e-r Nachricht)* transmission; *(Verbreitung e-r Nachricht)* diffusion; *tele, radio* (re)transmission; *(e-s Wechsels)* négociation, cession, transmission f; **~=geben** tr *(weiterreichen)* faire passer; *(Befehl, Nachricht)* transmettre; *tele, radio* (re)transmettre; *(Wechsel)* céder, négocier, transmettre; *mil (Alarm)* diffuser; **~=gehen** ⟨aux: sein⟩ itr continuer son chemin, avancer, ne pas s'arrêter; *fig (s-n Fortgang nehmen)* continuer (se) poursuivre; ~*!* circulez! *das Leben geht weiter* la vie continue; *so kann es nicht* ~ ça ne peut plus durer ainsi; **~=helfen** itr: *jdm* ~ aider qn (*bei etw* à continuer qc); **~hin** adv *(auch in Zukunft)* à l'avenir; *etw auch* ~ tun continuer à faire qc; **~=kämpfen** itr poursuivre la lutte; **~=kommen** ⟨aux: sein⟩ itr avancer a. fig; fig faire des progrès, progresser; *nicht* ~ *(Verhandlungen, Offensive)* rester stationnaire; *so kommen wir nicht weiter (fig)* nous n'aboutirons à rien de cette façon-là; **W~kommen** n a. fig avancement m; **~=können** itr *fam* pouvoir continuer; *ich kann nicht mehr weiter (vor Müdigkeit)* je n'en peux plus; **~≈laufen** ⟨*aux: sein*⟩ *itr* poursuivre sa course; *die Ausgaben laufen weiter* les dépenses continuent à courir; **~≈leben** *itr* subsister; *in s-n Kindern* ~ se survivre dans ses enfants; **W~leben** *n (nach dem Tode)* survie *f;* **~≈leiten** *tr (bes. bei der Post)* acheminer; *tele, radio* retransmettre; ~ *lassen* faire suivre; **W~leitung** *f (bei der Post)* acheminement *m; tele, radio* retransmission *f;* **~≈lesen** *tr* u. *itr* continuer à lire *od* la lecture; **~≈machen** *tr* u. *itr* continuer; **~***! (mil)* continuez! **W~marsch** *m* continuation *od* reprise *f* de la marche; **~≈marschieren** ⟨*aux: sein*⟩ *itr* continuer *od* reprendre la *od* sa marche; **~≈reichen** *tr (Gegenstand, bes. unter Tischgenossen)* faire passer; **W~reise** *f* continuation *f* du *od* de mon *etc* voyage; *auf der* ~ en continuant le *od* mon *etc* voyage; **~≈reisen** ⟨*aux: sein*⟩ *itr* continuer le *od* son voyage; **~≈sagen** *tr* redire, répéter; *bitte* ~*!* qu'on ne se le dise! **~≈schleppen,** *sich* se traîner péniblement; **~≈spielen** *tr* continuer le *od* son jeu; **~≈spinnen** *tr: s-e Gedanken* ~ suivre le fil de ses pensées; **W~ungen** *f pl (unangenehme Folgen)* suites *od* conséquences fâcheuses; *(Verwicklungen)* complications; *(Schwierigkeiten)* difficultés *f pl;* **~≈verarbeiten** *tr* traiter ultérieurement; **W~verarbeitung** *f* traitement *od* usinage ultérieur, finissage *m;* **~≈verbreiten** *tr (Nachricht)* propager, divulguer; colporter; *ein Gerücht* ~ *(a.)* se faire l'écho d'un bruit; **W~verbreitung** *f* propagation, divulgation *f;* colportage *m;* **~≈verfolgen** *tr* poursuivre; **W~verkauf** *m* revente *f;* **~≈verkaufen** *tr* revendre; **~≈vermieten** *tr* relouer, sous-louer; **W~vermietung** *f* relocation, sous-location *f;* **W~vertrieb** *m* revente *f;* **~≈zahlen** *tr* continuer à *(od* de) payer; **~≈ziehen** ⟨*aux: sein*⟩ *itr* continuer sa marche *od* son chemin.

Weizen *m* ⟨-s, -⟩ ['vaɪtsən] froment; *(Korn, Getreide)* blé *m; die Spreu vom* ~ *sondern* séparer le bon grain de l'ivraie; *sein* ~ *blüht (fig)* ses affaires marchent bien; **~brot** *n* pain de froment; *(Weißbrot)* pain *m* blanc; **~ernte** *f* récolte *f* du froment; **~feld** *n* champ *m* de blé; **~grieß** *m* semoule *f* (de blé); **~korn** *n* grain *m* de blé; **~mehl** *n* farine *f* de blé; **~schrot** *m od n* froment *m* broyé *od* égrugé.

welch [vɛlç] *pron (was für ein!)* quel, quelle; ~ *ein Glück!* quel bonheur! ~ *eine Überraschung!* quelle surprise! **~e(r, s) 1.** *(Fragepron; substantivisch)* lequel, laquelle? ~*es (von diesen Häusern)?* laquelle (de ces maisons)? *(adjektivisch)* quel? quelle? ~*es Haus?* quelle maison? *mit* ~*em Recht?* de quel droit? ~*es ist der Unterschied zwischen …?* quelle est la différence entre …? **2.** *(Relativpron)* qui; *acc* que; lequel, laquelle; **3.** ~*es m, ~e n pl (unbestimmtes pron, fam: etwas, einige): ich habe noch* ~*es, ~e,* j'en ai encore; ~*es auch immer … sein mag, mögen* quel(s) que soi(en)t …; **~erart** *adv,* **~ergestalt** *adv,* **~erweise** *adv* de quelle façon; **~erlei** [-'laɪ] *a:* ~ *Gründe er auch haben mag* quels que soient les motifs qu'il ait.

Welf|e *m* ⟨-n, -n⟩ ['vɛlfə] *hist* guelfe *m;* **w~isch** *a hist* guelfe.

welk [vɛlk] *a* fané; *(verdorrt)* flétri; *fig (schlaff)* flasque; ~ *machen* faner; flétrir; ~ *werden = ~en; ~e(s) Blatt n* feuille *f* morte; **~en** ⟨*aux: sein*⟩ *itr* se faner; se flétrir.

Well|baum ['vɛl-] *m tech* arbre *m;* **~blech** *n* tôle *f* ondulée; **~blechdach** *n* toit *m* en tôle ondulée; **~blechhütte** *f* cabane *f* en tôle ondulée; **~e** *f* ⟨-, -n⟩ *(Woge)* onde *a. phys* u. *radio; (Woge)* vague, lame *f; (große* ~) flot; *(~ im Haar)* cran *m; mil (Angriffswelle)* vague *f; tech* arbre, axe, essieu; *(Kurbelwelle)* vilebrequin *m;* ~*en schlagen* faire *od* rouler des vagues; *hohe* ~*en der Begeisterung schlagen* provoquer un délire; *die* ~*en schlagen gegen die Felsen* les vagues battent les rochers; *durchgehende* ~ *(tech)* arbre *m* transversal; *einfallende* ~ *(phys)* onde *f* incidente; *elektromagnetische* ~ *n pl* ondes *f pl* électr(omagnét)iques *od* hertziennes; *fortschreitende* ~ *(phys)* onde *f* courante; *grüne* ~ *(im Verkehr)* synchronisation *f* des signaux optiques, système *m* progressif souple; *liegende* ~ *(tech)* arbre *m* horizontal; *stehende* ~ *(phys)* onde *f* stationnaire; *tech* arbre *m* vertical; *zurücklaufende* ~ vague *f* refluante; *e-e* ~ *der Begeisterung* un délire d'enthousiasme; **w~en** *tr (bes. die Haare)* onduler; **~fleisch** *n (gekochtes Schweinefleisch)* porc *m* bouilli; **w~ig** *a* ond(ul)é; *(Haar)* onduleux; *(Gelände: uneben)* vallonné, mouvementé, accidenté, mamelonné; **~papier** *n,* **~pappe** *f* papier, carton *m* ondulé; **~rohr** *n tech* tube *m* ondulé.

Wellen|anzeiger *m* ['vɛlən-] *phys, ra-*

dio détecteur *m* d'ondes; **w~artig** *a* onduleux; *bes. phys* ondulatoire; *adv* en onde; **~bad** *n (Tätigkeit)* bain *m* de lames; *(Ort)* piscine *f* à vagues; **~band** *n,* **~bereich** *m radio* gamme d'ondes, bande *f* de fréquence; **~berg** *m* crête d'une *od* de la lame; *phys* crête *f* d'onde; **~bewegung** *f* mouvement *m* ondulatoire, ondulation *f;* **~brecher** *m* brise-lames *m;* **w~förmig** *a =* w~artig;**~höhe** *f* hauteur *f* des vagues; **~kamm** *m =* ~berg; **~krieg** *m radio* guerre *f* des ondes; **~kupp(e)lung** *f tech* accouplement *m* des arbres; **~länge** *f phys, radio* longueur *f* d'onde; **~leiter** *m radio* guide *m* d'ondes; **~linie** *f* ligne ondulée, ondulation *f;* **~mechanik** *f phys* mécanique *f* ondulatoire; **~messer** *m* ⟨-s, -⟩ *radio (Gerät)* ondemètre *m;* **~plan** *m =* ~verteilungsplan; **~reiten** *n sport (mit Boot)* aquaplane; *(ohne Boot)* surf *m; Brett n zum* ~ aquaplane; surf *m;* **~reiter** *m* amateur *m* d'aquaplane *od* de surf; **~salat** *m radio fam* friture *f;* **~schalter** *m radio* commutateur *m* d'onde; **~schlag** *m* choc des vagues, coup de mer; *(Brandung)* ressac *m;* **~schlitten** *m sport* hydroglisseur, hydroplane *m;* **~sieb** *n radio* filtre *m* à ondes; **~sittich** *m orn* perruche *f* ondulée; *pl a.* inséparables *m pl od f pl;* **~tal** *n mar* creux *m* des vagues; **~theorie** *f phys* théorie *f* ondulatoire *od* des ondulations; **~verteilungsplan** *m radio* plan *m* de répartition des ondes; **~wechsel** *m radio* changement *m* de longueur d'onde; **~zapfen** *m tech* tourillon *m* de l'arbre.

Welpe *m* ⟨-n, -n⟩ ['vɛlpə] *(junger Hund)* chiot; *(junger Wolf)* louveteau; *(junger Fuchs)* renardeau *m.*

Wels *m* ⟨-es, -e⟩ [vɛls, '-zə] *zoo* silure, poisson-chat *m.*

welsch [vɛlʃ] *a (französisch od italienisch)* latin, roman; *(fremdländisch)* étranger; *die ~e Schweiz f* la Suisse romande; *die* W~*en m pl* les Latins, les peuples *m pl* romans; **W~kohl** *m = Wirsingkohl;* **W~korn** *n = Mais;* **W~land** *n* ⟨-(e)s, ø⟩ la France *od* l'Italie *f, (schweizerisch: die* ~*e Schweiz)* la Suisse romande.

Welt *f* ⟨-, -en⟩ [vɛlt] *a. fig (Bereich, Reich)* monde *m; (Erde)* terre *f; (~kugel)* globe (terrestre); *(~all)* univers, cosmos *m; die* ~ *(fig: die Leute)* les gens *pl; (die Öffentlichkeit)* le public; *(die Gesellschaft)* la société; *rel* le siècle; *am Ende der* ~*, aus der* ~ au bout du monde; *am andern Ende*

der ~ à l'autre bout du monde; *auf der* ~ au monde; *bis ans Ende der* ~ jusqu'au bout du monde; *fam hum* au diable vauvert; *in dieser* ~ en ce bas monde; *in der ganzen* ~ dans le monde entier; mondialement; *nicht um alles in der* ~ pour rien au monde; *fam* pas pour un royaume; *vor aller* ~ aux yeux de tout le monde; *solange die* ~ *steht* depuis que le monde est monde; *zur* ~ *bringen, in die* ~ *setzen* mettre au monde, donner le jour à; *der* ~ *entsagen (rel)* renoncer au monde; *das Licht der* ~ *erblicken* voir le jour; *in der* ~ *herumgekommen sein* avoir beaucoup roulé sa bosse *fam; auf die od zur* ~ *kommen* venir au monde, voir le jour; *aus der* ~ *schaffen* faire table rase de, en finir avec; *in alle* ~ *zerstreut sein* être dispersé aux quatre coins du monde; *die* ~ *steht kopf* c'est le monde renversé; *das ist der Lauf der* ~ ainsi va le monde; *wer in aller* ~ *hat das gesagt?* qui a bien pu dire cela? *alle* ~ tous les gens, tout le monde; *fam* le tiers et le quart; *die Alte* ~ l'ancien monde, le monde des Anciens; *die dritte* ~ le Tiers-Monde, les pays en voie de développement; *die freie* ~ *(pol)* le monde libre; *die ganze* ~ le monde entier; *die geistige, gelehrte, sittliche* ~ le monde intellectuel, savant, moral; *die materielle, sinnliche* ~ le monde physique, sensible; *die Neue* ~ *(Amerika)* le nouveau monde; *Reise f um die* ~ voyage *m* autour du monde; *die vornehme* ~ le grand monde; *die weite* ~ le vaste monde; *e-e* ~ *von Feinden* une foule d'ennemis; *die* ~ *der Gebildeten* le monde littéraire, l'intelligentsia *f; von aller* ~ *gefeiert und gepriesen, verachtet, verlassen* fêté et honoré, méprisé, abandonné du monde entier; **w~abgeschieden, w~abgewandt** *a* retiré, isolé; **~all** *n* univers, cosmos *m;* **~alter** *n = Zeitalter;* **w~anschaulich** *a* philosophique, idéologique; **~anschauung** *f* vision du monde, philosophie, idéologie *f;* **~ausstellung** exposition *f* universelle *od* mondiale; **~bank,** *die* la Banque *f* mondiale (Banque Internationale pour la Reconstruction et le Développement); **w~bekannt** *a,* **w~berühmt** *a* mondialement célèbre; **~beschreibung** *f* cosmographie *f;* **~beste(r)** *m sport =* ~meister; **~bevölkerung** *f* population *f* mondiale; **w~bewegend** *a* révolutionnaire; **~bild** *n* cosmologie *f;* **~brand** *m fig* conflagration *f* universelle;

~**bummler** *m* globe-trotter *m;* ~**bund** *m* ligue *f* universelle; ~**bürger** *m* citoyen du monde, cosmopolite *m;* ~**bürgertum** *n* cosmopolitisme, mondialisme *m;* ~**ende** *n* fin *f* du monde; **w~entrückt** *a (zerstreut)* distrait; *(träumerisch)* rêveur; *fam* dans les nuages; **w~enumspannend** *a* universel; ~**erfolg** *m* succès *m* mondial; ~**ernte** *f* récolte *f* mondiale; **w~erschütternd** *a* révolutionnaire; qui change la face du monde; ~**erzeugung** *f* production *f* mondiale; **w~fern** *a* étranger au monde; ~**firma** *f* maison *f* de renommée mondiale; ~**flucht** *f* fuite *f* devant le monde; ~**flug** *m* vol *m* autour du monde; **w~fremd** *a* étranger au monde; *(unerfahren)* sans expérience du monde, inexpérimenté; *(naiv)* naïf, ingénu; ~**fremdheit** *f* inexpérience; naïveté, ingénuité *f;* ~**friede(n)** *m* paix *f* universelle *od* mondiale *od* du monde; ~**gebäude** *n,* ~**gefüge** *n* cosmos *m;* ~**gegend** *f* continent *m,* zone *f,* climat *m;* ~**geist** *m* ⟨-(e)s, ø⟩ = ~**seele;** ~**geistliche(r)** *m* prêtre *m* séculier; ~**geistlichkeit** *f* clergé *m* séculier; ~**geltung** *f* renom *od* prestige *m od* influence *f* mondial(e); ~**gericht** *n rel* Jugement *m* dernier *od* universel; ~**gerichtshof** *m (in Den Haag)* Cour *f* permanente de justice internationale; ~**geschichte** *f* histoire *f* universelle; **w~geschichtlich** *a* de l'histoire universelle; ~**gesundheitsorganisation** *f* Organisation *f* mondiale de la santé (O.M.S.); **w~gewandt** *a* qui a l'usage du monde; ~**gewerkschaftsbund** *m* Fédération *f* syndicale mondiale; ~**handel** *m* commerce *m* mondial; ~**herrschaft** *f* domination du monde, hégémonie *f* mondiale; ~**karte** *f geog* mappemonde *f,* planisphère (terrestre); *(große)* géorama *m;* ~**kind** *n* enfant du siècle, mondain, e *m f;* ~**kirchenrat** *m* Conseil *m* Œcuménique des Églises; ~**kongreß** *m* congrès *m* mondial; ~**krieg** *m* guerre *f* mondiale; *der Erste, Zweite* ~ la Première, Seconde Guerre mondiale; ~**kugel** *f* globe *m* (terrestre); ~**lauf** *m* cours des choses, train *m od* vie *f* du monde; **w~lich** *a (nicht kirchlich)* séculier; laïc, laïque; *(Macht)* temporel; *bes. mus* profane; *(ungeistig)* de ce monde; terrestre, matériel; *(~ gesinnt)* mondain, attaché aux biens de ce monde; ~**e(r)** *Charakter m* laïcité *f;* ~**literatur** *f* littérature *f* mondiale *od* universelle; ~**luftverkehr** *m* trafic *m* aérien

mondial; ~**macht** *f pol* puissance *f* mondiale; ~**machtpolitik** *f* impérialisme *m;* ~**mann** *m* ⟨-(e)s, ·· er⟩ homme du monde, mondain *m;* **w~männisch** *a* d'homme du monde, mondain; ~**e** *Art f* aisance *f* mondaine; ~**marke** *f com* marque *f* de renommée mondiale; ~**markt** *m* ⟨-(e)s, ø⟩ marché *m* mondial; ~**marktpreis** *m* prix *m* mondial; *Erhöhung f der* ~**e** hausse *f* mondiale; ~**meer** *n* océan *m;* zwei ~**e** verbindend *(Verkehrslinie)* interocéanique; ~**meister** *m sport* champion *m* du monde; ~**meisterschaft** *f sport* championnat *m* du monde; ~**ordnung** *f* ordre *m* universel; ~**organisation** *f* organisation *f* mondiale; ~**politik** *f* politique *f* mondiale; **w~politisch** *a:* ~**e** *Ausea.setzung* conflagration *f* mondiale; ~**postverein** *m* Union *f* postale universelle (U.P.U.); ~**rätsel** *n* mystère *m* de la création; ~**raum** *m* ⟨-(e)s, ø⟩ espace *m* cosmique *od* interstellaire; ~**raumfahrer** *m* astronaute *m;* ~**raumfahrt** *f* vol spatial; voyage *m* interplanétaire; ~**raumforschung** *f* recherches *f pl* spatiales; ~**raumlabor** *n* laboratoire *m* spatial; ~**raumrakete** *f* engin *m* spatial; ~**raumschiff** *n* aéronef *m;* ~**raumstation** *f* station *f* spatiale *od* cosmique; ~**reich** *n* empire *m;* ~**reise** *f* tour *m* du monde; *e-e* ~ *machen* faire le tour du monde; ~**reisende(r)** *m* globe-trotter *m;* ~**rekord** *m* record *m* du monde; ~**rekordinhaber,** ~**rekordler,** ~**rekordmann** *m* détenteur *m* du record du monde; ~**religion** *f* religion *f* mondiale; ~**ruf** *m* ⟨-(e)s, ø⟩ *(e-s Menschen)* réputation *od (e-r Sache)* renommée *f* mondiale; ~**schmerz** *m* ⟨-es, ø⟩ pessimisme *m* (sentimental), mal *m* du siècle; *von* ~ *erfüllt sein (a.)* avoir du vague à l'âme; ~**seele** *f philos* âme *f* du monde *od* de l'univers; ~**sicherheitsrat** *m* Conseil *m* de sécurité; ~**spartag** *m* journée *f* mondiale de l'épargne; ~**sprache** *f* langue *f* universelle; ~**stadt** *f* très grande ville; métropole, grande capitale *f;* ~**teil** *m* partie *f* du monde; *(Erdteil)* continent *m;* ~**tierschutzverein** *m* Fédération *f* mondiale pour la protection des animaux (F.M.P.A.); **w~umspannend** *a* universel, mondial; ~**untergang** *m* fin *f* du monde; ~**untergangsstimmung** *f* atmosphère *f* de catastrophe; *bei ihr ist zur Zeit* ~ *(fam)* elle a le cafard; ~**uraufführung** *f theat* première *f* mondiale; ~**verbesserer** *m* utopiste, réformateur du monde; *fam iron* redresseur *m* de torts; ~**verbrauch** *m* consommation *f* mondiale; ~**verkehr** *m* trafic *m* mondial; ~**weise(r)** *m* philosophe *m;* ~**weisheit** *f* philosophie *f;* **w~weit** *a* mondial, universel; ~**wende** *f* tournant *m* de l'histoire; ~**wirtschaft** *f* ‹-, ø› économie *f* mondiale; ~**wirtschaftskonferenz** *f* conférence *f* économique mondiale; ~**wirtschaftskrise** *f* crise *f* économique mondiale; ~**wirtschaftslage** *f* situation *f* économique mondiale; ~**wunder** *n* merveille *f* du monde; *die Sieben* ~ les sept merveilles du monde; ~**zeit** *f (Westeuropäische Zeit)* temps *m* universel.

Weltergewicht *n* ['vɛltər-] *sport* poids *m* mi-moyen.

wem [ve:m] *pron dat* à qui? *mit* ~? avec qui? *von* ~? de qui? **W~fall** *m* *gram* datif *m*.

wen [ve:n] *pron acc* qui (est-ce que)? *an* ~? à qui? *für* ~? pour qui? **W~fall** *m gram* accusatif *m*.

Wende *f* ‹-, -n› ['vɛndə] *(Drehung, a. sport)* tour; *fig (~epunkt)* tournant *m; (plötzl. Umschwung)* péripétie *f; an der* ~ *des Jahrhunderts* au tournant du siècle; *wir stehen an der* ~ *e-r neuen Zeit* nous allons entrer dans une ère nouvelle; ~**egetriebe** *n tech* mécanisme *m* de renversement; ~**ehalbmesser** *m mot* rayon *m* de braquage; ~**ehals** *m orn* torcol *m;* ~**ekreis** *m geog* tropique; *mot* rayon *m* de braquage; *der* ~ *des Krebses, des Steinbocks (geog)* le tropique du Cancer, du Capricorne; ~**el** *f* ‹-, -n› *math (Schraubenlinie)* hélice, spirale *f;* ~**eltreppe** *f* escalier *m* tournant *od* en colimaçon *od* en hélice *od* en vis; ~**emaschine** *f agr (für Heu)* faneuse *f;* **w~en** *tr* ‹*wendet, wendete/ wandte, hat gewendet/gewandt*› *(umdrehen)* tourner; ‹*wendete, gewendet*› *(Heu; Kleid)* retourner; *(in e-e andere Richtung bringen; richten)* diriger *(nach* vers); *(Geld, Mühe) an etw* mettre à qc; *(s-e Kraft, s-e Zeit)* consacrer à qc; *itr* ‹*wendete, gewendet*› *(Fahrzeug: umkehren)* virer; *(Schiff)* virer de bord; *sich* ~ *(sich umdrehen)* se (re)tourner; *zu jdm* se tourner vers qn; *von jdm* se détourner de qn; *(Richtung nehmen)* se diriger *(nach* vers); *fig (sich ändern)* changer; *sich an jdn* ~ s'adresser à qn, faire appel à qn; *sich mit etw an jdn* ~ avoir recours à qn pour qc *od* à propos de qc; *sich gegen jdn* ~ se tourner, se diriger contre qn; s'attaquer à qn; *kein Auge von jdm* ~ ne pas quit-

ter qn *des yeux; den Blick, das Gesicht* ~ détourner le regard, la face; *den Braten* ~ tourner la broche; *sich zur Flucht* ~ prendre la fuite; *sich zum Guten, zum Bösen* ~ bien, mal tourner; *Mühe an etw* ~ se donner du mal pour qc; *s-e Schritte nach etw* ~ diriger ses pas vers qc; *zu s-m Vorteil* ~ tourner à son avantage; *man mag es drehen und* ~*, wie man will* qu'on prenne la chose comme on voudra; *das Blatt od das Blättchen hat sich gewendet* les choses ont changé, la chance a tourné; *bitte* ~*!* tournez, s'il vous plaît! voir au verso; ~**en 1.** *n* mot virage *m;* ~**eplatz** *m (für Wagen)* espace *m* pour tourner; ~**epol** *m el* pôle *m* de commutation; ~**epunkt** *m math* point d'inflexion; *fig* tournant *m; (plötzl. Umschwung)* péripétie; *(Neubeginn in e-m geschichtl. Ablauf)* ère *f* nouvelle; *e-n* ~ *bedeuten* marquer un tournant; ~**er** *m* ‹-s, -› *(Braten~)* tournebroche; *mus (Seiten~)* tourne-feuille; *el* inverseur *m;* ~**evorrichtung** *f tech* appareil *m* de renversement; ~**ezeiger** *m aero* indicateur *m* de virage; **w~ig** *a mar, mot, aero* maniable, facile à manœuvrer, manœuvrable; *fig (gewandt)* agile, leste, souple, délié; *fam (der sich zu helfen weiß)* débrouillard; ~ *sein (fig a.)* agir selon les circonstances, tourner à tous les vents; ~**igkeit** *f* ‹-, ø› maniabilité, manœuvrabilité; *fig* agilité, souplesse *f; fam (Kunst, sich aus der Affäre zu ziehen)* système *m* D; ~**ung** *f (Drehung)* tour, virage *m; (rasche* ~*)* volte; *(Kehrtwendung)* volte-face *f; mil* changement de front; *mar* virement de bord; *fig (Umschwung)* revirement, retour *m* de fortune; *(Redewendung)* manière de parler, tournure, locution *f; e-r S e-e andere* ~ *geben (fig)* donner un autre tour à qc; *e-r S e-e gute* ~ *geben (fig)* donner un bon pli à qc; *e-e* ~ *machen* faire un tour, tourner; *(Reiter, Fechter)* volter; *(Schiff)* virer de bord; *e-e gute, schlimme* ~ *nehmen* tourner bien, mal; prendre une bonne, mauvaise tournure; *e-e tragische* ~ *nehmen* tourner au tragique; *e-e unerwartete* ~ *nehmen* prendre un tour inattendu; *scharfe* ~ *(e-s Fahrzeuges)* virage *m* serré; *stehende* ~ *(Redewendung)* expression toute faite, tournure *f* figée; ~ *zum Besseren* changement *m* en mieux; ~ *um 90° virage* *m* à angle droit.

Wenden ['vɛndən] **2.,** *die m pl (slaw. Volksgruppe)* les Wendes *m pl.*

wenig ['veːnɪç] *adv* peu (de); *(nicht viel)* pas beaucoup (de); *ein ~* un peu (de); quelque peu (de), un doigt (de); *ein (ganz) klein ~* un (tout) petit peu, un tantinet, un tant soit peu; *fam* une idée; *zu ~* trop peu; *~ oder gar nicht* peu ou point; *so ~* ... *auch (conj)* si peu ... que; *das ~e* le peu (de); *~e* *(...)* a *pl (ein paar)* peu (de), quelques; *s pl (~e Menschen)* peu d'hommes *od* de gens; *für ~ Geld* pour peu d'argent; *nur ~e Schritte von hier* à quelques *od* à deux pas d'ici; *in od mit ~en Worten* en peu de *od* en deux mots; *~ gerechnet* tout au moins; *das ist ~* c'est maigre; *es fehlt ~ daran, daß* ... il s'en faut de peu que ... *subj; sei es auch noch so ~* si peu que ce soit, tant soit peu; *wie es nur ~e gibt* comme il y en a peu; *~er adv* moins *(als* que; *(vor Zahlen)* de); *für ~ als* à moins de; *immer ~ de* moins en moins; *je ~* ..., *desto ~* ... moins ..., moins ...; *mehr oder ~* plus ou moins; *fam* peu ou prou; *der eine mehr, der andere ~* les uns un peu plus, les autres un peu moins; *nicht ~ als* pas moins que *od (vor Zahlen)* de; *nicht mehr und nicht ~* ni plus ni moins; *nichts ~ als* rien moins que; *um so ~* d'autant moins; *viel ~* bien moins; *~ denn je* moins que jamais; *~ werden* diminuer; *10 ~ 3 ist 7* 10 moins 3 font 7; **W~keit** *f* ‹-, ø› *(geringe Menge)* peu *m* (de chose); petite quantité *f* (de); *(Kleinigkeit)* rien *m*, bagatelle *f; meine ~* *(hum)* ma modeste *od* mon humble personne; *~ste a: das ~* le moins, le minimum; *die ~n* peu de gens seulement; *am ~n* le moins; *zum ~n* du moins; *~stens adv (einschränkend)* du moins; *(bei e-r Mengenangabe)* au moins, pour le moins, au minimum.

wenn [vɛn] *conj (bedingend: falls)* si; *(zeitl: jedesmal ~)* quand; *(zeitl.: dann ~)* lorsque; *auch od selbst ~* même si, quand (bien) même; *außer ~* excepté si, sauf si; à moins que ... ne *subj; immer ~* toutes les fois que; *jedesmal ~* chaque fois que, toutes les fois que; *wie ~* comme si; *~ anders* si toutefois; *~* ... *einmal* une fois que; *~* ... *je(mals)* si jamais; *~* ... *nicht* à moins *de inf od* que *subj; ~ nicht* ..., *so doch* ... sinon ..., du moins ...; *~* ... *nur* si ... seulement; pourvu que *subj; ~* ... *nur (im geringsten)* pour peu que, si peu que *subj; ~* ... *überhaupt* si tant est que *subj; ~* ... *wenigstens* si ... encore; *~ ich einmal tot bin* une fois que je serai mort; *~ du nicht (gewesen) wär(e)st* sans toi;

~ er auch noch so arm ist si pauvre qu'il soit; *~ man ihn sieht, könnte man glauben* ... à le voir, on croirait ...; *~ es so ist, daß* ... si tant est que ...; *es ist nicht gut, ~* cela ne vaut rien de *inf; ~ er doch käme!* si seulement il venait! *~ er nur nicht zu spät kommt!* pourvu qu'il ne vienne pas trop tard; *und ~ es mir das Leben kostet!* même si je devais y laisser la vie; *~ es auch noch so wenig ist!* si peu que ce soit; *~ schon, denn schon!* s'il le faut, résignons-nous! *na ~ schon! (fam)* qu'importe! et puis alors? **W~** *n* ‹-, -› si *m; das (viele) ~ und Aber* les si et les mais; *nach vielem ~ und Aber* après bien des si et des mais; **~gleich** [-'-] *conj*, **~schon** ['--] *conj* quoique, bien que, encore que *subj.*

wer [veːr] *(Fragepron)* qui (est-ce qui)? *~ von beiden?* lequel des deux? *~ von uns?* qui *od* lequel d'entre nous? *(Relativpron)* (celui) qui; *(unbestimmtes pron, fam: jemand)* quelqu'un; *~ auch immer* quiconque; *~ es auch (immer) sei(n möge)* qui que ce soit; *mag kommen, ~ will* vienne qui voudra; *es ist ~ da (fam)* il y a quelqu'un *od (mehrere Personen)* du monde; *~ ist da?* qui est là? *tele* qui est à l'appareil? *~ da?* qui va là? qui vive? *~ sonst?* qui d'autre? *~ anders als ich?* qui d'autre, sinon moi? **W~fall** *m gram* nominatif *m.*

Werbe|abteilung *f* ['vɛrbə-] département *m od* section *f od* service *m* de la publicité *od* de la propagande; **~agent** *m* agent *m* de publicité; **~agentur** *f* agence *f od* bureau *m* de publicité; **~aktion** *f* opération *f* publicitaire; **~anzeige** *f* annonce *f* publicitaire; **~artikel** *m* article *m* de réclame; **~beilage** *f* (e-r Zeitschrift) encartage *m;* **~berater** *m* conseiller *m* publicitaire; **~besuche** *m pl: die ~e pl* la démarche *f* à domicile; **~blatt** *n* prospectus *m;* **~brief** *m* lettre *f* publicitaire; **~büro** *n com* bureau *m od* agence *f* de publicité; *(für Arbeitskräfte)* bureau *m* d'embauche; *mil* bureau *m* de recrutement; **~druck(sache** *f)* *m* imprimé *m* publicitaire; **~druckschrift** *f* prospectus *m;* **~erfolg** *m* succès *m* publicitaire; **~etat** *m* budget *m* de publicité; **~exemplar** *n* exemplaire *m* de publicité; **~fachmann** *m* expert en publicité, (agent) publicitaire *m;* **~fahrt** *f* tournée *f* de propagande; **~feldzug** *m*, **~kampagne** *f* campagne *f* publicitaire *od* de publicité; **~fernsehen** *n* publicité *f* télévisée; publicité *f* à la télévision; ~**film** m film m publicitaire od de propagande; ~**fläche** f panneau m d'affichage; ~**funk** m publicité radiophonique od parlée, émission f publicitaire; ~**geschenk** n cadeau m publicitaire; ~**graphik** f art m publicitaire; ~**kosten** pl frais m pl de publicité; ~**kraft** f com valeur f publicitaire; ~**leiter** m chef m de la publicité; ~**material** n matériel m de publicité, documentation f; ~**mittel** n pl moyens m pl de publicité od de propagande; ~**plakat** n affiche f publicitaire; ~**plan** m programme m publicitaire; ~**preis** m prix publicitaire, prix-réclame m; ~**prospekt** m prospectus m; ~**schrift** f brochure f publicitaire od de propagande, prospectus m; ~**sendung** f radio émission f publicitaire; ~**spot** m spot m publicitaire; ~**spruch** m slogan m publicitaire od de propagande; ~**text** m texte m publicitaire; ~**texter** m rédacteur m publicitaire; ~**träger** m support m de publicité; ~**trommel** f: die ~ rühren (fig) battre la grosse caisse; ~**verkauf** m vente-réclame f; ~**wirkung** f efficacité f publicitaire; ~**woche** f semaine f de réclame; ~**zeichner** m dessinateur m publicitaire od en publicité; ~**zeichnung** f dessin m publicitaire; ~**zeitschrift** f périodique m de propagande; ~**zweck** m: zu ~en à des fins publicitaires.

werb|en ⟨wirbt, warb, hat geworben⟩ ['vɛrbən] tr (Soldaten) enrôler, recruter, hist racoler; (Arbeitskräfte) embaucher, engager; (Mitglieder, Kunden) (re)chercher; itr faire de la publicité od de la réclame od pol de la propagande (für etw pour qc); um etw, um jds Gunst ~ rechercher, briguer qc, la faveur de qn; um ein Mädchen ~ demander une jeune fille en mariage; um die Hand e-s Mädchens ~ demander la main d'une jeune fille; **W~er** m ⟨-s, -⟩ mil enrôleur, recruteur, hist racoleur; (von Arbeitskräften) embaucheur; (Agent) agent de publicité; pol propagandiste; (Freier) prétendant, soupirant m; **W~ung** f mil enrôlement, recrutement, hist racolage; (von Arbeitskräften) embauch(ag)e f (m); com publicité, réclame; bes. pol propagande; (Brautwerbung) demande f en mariage; gezielte ~ publicité f sélective; **W~ungskosten** pl frais m pl publicitaires od de publicité; (Generalunkosten) frais m pl généraux.

Werdegang m ⟨-s, ø⟩ ['veːrdə-] (Entwicklung) développement m, évolution f; (Entwicklungsstufen) étapes f pl parcourues od successives; (berufl. ~, Laufbahn) carrière f; tech (e-s Fabrikats) étapes f pl de la fabrication; den ~ e-r S schildern faire l'historique de qc.

werden ⟨du wirst, er wird; wurde, ist geworden; ward, würde; imp. werde!⟩ ['veːrdən, 'vʊrdə, gə'vɔrdən] itr devenir; commencer à être; (entstehen) naître; (sich entwickeln) se développer; (sich gut entwickeln, gelingen) réussir; (e-n Beruf ergreifen) se faire; (zu etw ernannt od befördert ~) passer; (als Hilfsv beim Passiv) être; (beim Futur wird es durch die Endung ausgedrückt); alt ~ vieillir; besser ~ s'améliorer; sich e-r S bewußt ~ prendre conscience de qc; böse ~ se fâcher; (sich) einig ~ tomber d'accord (über sur); mit etw fertig ~ venir à bout de qc; zum Gespött der Leute ~ devenir un objet de risée; (wieder) gesund ~ se remettre; groß ~ grandir; handgemein ~ en venir aux mains; jünger ~ rajeunir; Kaufmann, Soldat ~ (a.) entrer dans le commerce, l'armée; kleiner ~ rapetisser; krank ~ tomber malade; modern od Mode ~ devenir (à) la mode; persönlich od indiskret ~ être indiscret; sauer ~ devenir aigre, surir; (Milch) tourner; fig (Mensch) s'aigrir; schlecht ~ (Speise) se gâter; schlimmer ~ empirer; selten ~ se faire rare; zu Staub ~ tomber en poussière; zu Wasser ~ (fig) tomber à l'eau; ich werde verrückt (fam) je deviens fou; mir wird (angst und) bange j'ai peur; mir wird schlecht j'ai mal au cœur, je me sens od je me trouve mal; aus dir wird nie etw ~ tu ne seras jamais rien; daraus od das wird nie etwas ~ cela n'aboutira jamais à rien; das wird schon ~ cela viendra; das muß anders ~ il faut que ça change; es wird Frühling, Winter le printemps, l'hiver vient od approche; es wird gesagt on dit; es wird hell, dunkel il commence à faire jour, sombre; es wird morgen ein Jahr, daß ... il y aura demain un an que ...; es wird Nacht la nuit vient od tombe; es ist nichts daraus geworden l'affaire a manqué; es wird spät il se fait tard; es wird Tag le jour vient od se lève; was ist aus ihm geworden? qu'est-il devenu? was soll (nur) daraus ~? qu'en adviendra-t-il? wird's bald? c'est pour bientôt? eh bien, c'est pour quand? es werde Licht! que la lumière soit! aus Kindern ~ Leute (prov) petit poisson deviendra grand;

~de Mutter f future mère f; für ~de Mütter (Heim) prénatal a; **W~** n a. philos devenir m; (Ursprung) origine; (Entstehen) naissance, genèse; (Entwicklung) formation f, développement m, évolution f; im ~ en devenir, en (voie de) formation, en train; noch im ~ (a.) en germe, à l'état embryonnaire; das ~ und Vergehen les changements m pl perpétuels.

Werder m ⟨-s, -⟩ ['vɛrdər] (Flußinsel) îlot m, île f.

werf|en ⟨wirft, warf, hat geworfen⟩ ['vɛrfən] tr jeter (nach jdm à qn); (schleudern, Bomben abwerfen) lancer; (Spieß, Strahlen, Blicke) darder; (Wellen, Falten) faire; (Licht, Schatten) projeter; (Feind) mettre en déroute; zoo (Junge) faire; itr jeter, lancer (mit etw qc; nach jdm, nach etw à qn, à qc); mit etw um sich ~ (fig) prodiguer qc; etw von sich ~ se débarrasser de qc; (Junge) mettre bas; sich ~ (Holz, Mauer) se déjeter, travailler, jouer; sich ~ (sich stürzen) se jeter, se lancer, s'élancer (auf jdn, auf etw sur qn, sur qc); fig (sich mit Eifer an etw machen) se lancer (auf etw dans qc); tech (Holz, Mauer) se déjeter, travailler, jouer, prendre du jeu; Anker ~ jeter l'ancre, mouiller; ein Auge auf etw ~ (fig fam) jeter son dévolu sur qc; zu Boden ~ jeter à terre; über Bord ~ jeter par-dessus bord; sich in die Brust ~ se rengorger; in die Debatte ~ mettre au débat; sich jdm zu Füßen ~ se jeter aux pieds de qn; mit Geld um sich ~ (fig) jeter l'argent à pleines mains; sich jdm an den Hals ~ se jeter au cou de qn; über den Haufen ~ (fig) bouleverser; aus dem Hause ~ mettre à la porte; jdm Beleidigungen an den Kopf ~ jeter des injures à la face de qn; ein gutes, schlechtes Licht auf jdn, etw ~ montrer qn, qc sous un jour favorable, défavorable; das Los ~ tirer au sort; die Tür ins Schloß ~ claquer la porte; alles in einen Topf ~ (fig) mettre tout le monde dans le même sac; etw in die Waagschale ~ faire valoir qc; nicht ~! (auf e-r Kiste) gare aux chutes! **W~en** n jet; bes. sport lancement m; zoo (e-s Muttertieres) mise f bas; **W~er** m ⟨-s, -⟩ sport lanceur m.

Werft f ⟨-, -en⟩ [vɛrft] mar chantier (de construction) naval(e); carénage m; ~anlage f installation f de construction navale; ~arbeiter m ouvrier m de chantier naval; ~besitzer m propriétaire m de chantier naval.

Werg n ⟨-(e)s, ø⟩ [vɛrk, -g(ə)s] étoupe, filasse f; mit ~ abdichten, verstopfen étouper; ~dichtung f garniture f d'étoupe.

Werk n ⟨-(e)s, -e⟩ [vɛrk] (Arbeit) travail m, besogne f, ouvrage; (Tat) acte m, action f; (Leistung) ouvrage m, œuvre f; (Erzeugnis) ouvrage, produit; (musikal., literar., künstler. ~) œuvre f; (Gesamtwerk e-s Künstlers) œuvre m; (Unternehmen) entreprise f, établissements m pl; (Fabrik) usine f, ateliers m pl; tech (Triebwerk) mécanisme m; (der Uhr) mouvement, rouage; mil ouvrage m; pl (e-s Dichters, Schriftstellers) œuvres f pl; (Unternehmen) établissements m pl; ab ~ (com) pris à l'usine, départ usine; in Worten und ~en en paroles et en actions; ans ~ gehen, sich ans ~ machen se mettre à l'ouvrage od à l'œuvre od au travail od à la besogne; zu ~e gehen procéder; geschickt zu ~e gehen s'y prendre habilement; vorsichtig zu ~e gehen (a.) ménager le terrain; Hand ans ~ legen mettre la main à l'ouvrage od à l'œuvre od fam à la pâte; am ~ sein être à l'œuvre od à pied d'œuvre; etw ins ~ setzen mettre qc en œuvre, réaliser qc; ein gutes ~ tun faire œuvre pie od une bonne action; es ist etw im ~e qc se prépare od pej se trame; es war ein ~ des Augenblicks ce fut l'ouvrage od l'affaire d'un instant; ans ~! à l'œuvre! das ~ lobt den Meister (prov) c'est à l'œuvre qu'on reconnaît l'artisan; ausgewählte ~e pl (e-s Verfassers) œuvres f pl choisies; gute ~e pl (rel) bonnes œuvres f pl; sämtliche ~e (e-s Verfassers) œuvres f pl complètes; ~e pl der Barmherzigkeit (rel) œuvres f pl de miséricorde; ~bank f ⟨-, ⸚e⟩ établi m; ~druck m ⟨-(e)s, -e⟩ typ impression f d'ouvrage od de travail od de labeur; **w~eln** itr dial, **w~en** itr (arbeiten) travailler, œuvrer; = werken a. s'occuper, se affairer; ~er m ⟨-s, -⟩ (Arbeiter) travailleur, ouvrier m; ~halle f atelier m; ~handel m vente f directe; ~leute pl travailleurs, ouvriers m pl, main-d'œuvre f; ~meister m chef d'atelier od d'équipe; contre-maître m; **~nummer** f (e-s Fabrikats) numéro m de construction; ~(s)angehörige(r) m employé m de l'entreprise; ~(s)anlage f usine, ateliers m pl; ~(s)arzt m médecin m d'entreprise; ~(s)bücherei f bibliothèque f d'entreprise od de l'entreprise; ~schule f centre m d'apprentissage (de l'entreprise); ~schutz m protection f d'entreprise od de l'entreprise;

w~(s)eigen *a* appartenant à l'entreprise; **w~(s)-fremd** *a* étranger à l'entreprise; **~(s)führer** *m* = **~meister;** **~(s)fürsorgerin** *f* assistante *f* sociale; **~(s)gemeinschaft** *f* employés *m pl* de l'entreprise; **~(s)halle** *f* atelier *m;* **~siedlung** *f* cité *f* d'entreprise od de l'entreprise; **~(s)kamerad** *m* compagnon *m* de travail; **~(s)kantine** *f* cantine *od* coopérative *f* d'entreprise; **~(s)leiter** *m* directeur *m* de l'entreprise; **~(s)leitung** *f* direction *f* de l'entreprise; **~(s)spionage** *f* espionnage *m* industriel; **~statt** *f,* **~stätte** *f* atelier *m; mechanische ~* atelier *m* (de construction) mécanique; **~stattarbeit** *f* travail d'atelier; *(Kunst)* œuvre *m* d'atelier; **~statteinrichtung** *f* installation *f* d'atelier; **~stattmontage** *f* montage *od* assemblage *m* à l'atelier; **~stattprüfung** *f* épreuve *f od* essai *m* à l'atelier; **~stattwagen** *m* loc wagon-atelier *m; mot* voiture-atelier *f;* **~stattzeichnung** *f* dessin *m* d'atelier; **~stein** *m arch* pierre *f* de taille; **~stoff** *m* matière *f* ouvrable, matériel, matériau *m;* **~stoffermüdung** *f* fatigue *f* du matériel; **~stofforschung** *f* recherches *f pl* sur les matériaux; **~stoffprüfer** *m (Person)* essayeur *m* des matériaux; **~stoffprüfmaschine** *f* machine *f* à essayer les matériaux; **~stoffprüfung** *f* essai *m* des matériaux; **~stoffzuführung** *f* amenage *m* du matériel; **~stück** *n (vor der Bearbeitung)* pièce à usiner; *(während der Bearbeitung)* pièce en cours d'usinage; *(nach der Bearbeitung)* pièce *f* usinée; **~student** *m* étudiant *m* salarié *od* qui travaille pour payer ses études; **~(s)wohnung** *f* logement *m* de l'entreprise; **~(s)zeitschrift** *f* revue *f* de l'entreprise; **~tag** *m* jour *m* ouvrable *od* de semaine; *an* **~en,** *des* **~s, w~täglich** *adv,* **w~tags** *adv* les jours ouvrables, en semaine; *nur an Werktagen, nur werktags* la semaine seulement; **w~tätig** *a: ~e Bevölkerung f* population *f* active; **~tätige(r)** *m* ouvrier, travailleur *m; die* **~tätigen** *pl* la classe ouvrière; **~tisch** *m* table *f* à ouvrage, établi *m;* **~unterricht** *m (in der Schule)* travaux *m pl* manuels; **~verkehr** *m* transport *m* privé; **~vertrag** *m* contrat *m* d'ouvrage; **~vertreter** *m* représentant *m* de l'entreprise; **~zeichnung** *f* dessin *m* d'exécution.

Werkzeug *n* ‹-(e)s, -e› ['vɛrk-] outil; *(Instrument, a. fig)* instrument; *fig* organe; *(als Sammelname)* outillage *m; com* grande quincaillerie *f; mit ~ ausrüsten od versehen* outiller; **~abteilung** *f* rayon *m* des outils; **~ausgabe** *f* distribution *f* des outils; **~ausrüstung** *f* outillage *m;* **~fabrik** *f* outillerie *f;* **~fabrikant** *m* outilleur *m;* **~fabrikation** *f* fabrication *f* d'outils *od* des outils; **~halter** *m (Gerät)* porte-outil *m;* **~kasten** *m* boîte *od* caisse *f od* coffre *m* à outils; **~macher** *m* outilleur *m;* **~maschine** *f* machine-outil *f;* **~maschinenbau** *m* construction *f* de(s) machines-outils; **~maschinenfabrik** *f* usine *f* de construction de machines-outils; **~satz** *m* jeu *m od* trousse *f* d'outils; **~schlitten** *m* chariot porte-outil, support *m;* **~schrank** *m* armoire *f* à outils; **~schuppen** *m* resserre *f* à outils; **~stahl** *m* acier *m* à outil(s); **~tasche** *f* sac *m od* trousse à outils; *(am Fahrrad)* sacoche *f;* **~wagen** *m mot* chariot *m* à outils.

Wermut *m* ‹-(e)s, ø› ['veːr-] *bot* absinthe; *fig (Bitterkeit)* amertume *f; (Wein)* vermout(h) *m; ein Tropfen ~ (fig)* une goutte d'amertume.

Werre *f* ‹-, -n› ['vɛrə] *ent* taupe-grillon *f.*

wert [veːrt] *a* cher *(a. in der Briefanrede); (achtbar)* respectable; *(kostbar)* précieux; *(würdig)* digne *(e-r S* de qc); *etw ~ sein* valoir qc; *10 Mark ~ sein* valoir 10 marks; *mehr ~ sein* valoir mieux *(als que); etw nicht ~ sein (Mensch)* ne pas mériter qc; *nicht viel ~ sein* ne pas valoir grand-chose; *nichts (mehr) ~ sein* ne valoir (plus) rien; *keinen Pfifferling ~ sein* ne pas valoir un sou; *ich bin es nicht ~* je ne le mérite pas, je n'en suis pas digne; *du bist keinen Schuß Pulver ~ (fam)* tu ne mérites pas la corde pour te pendre; *das ist aller Achtung ~* c'est très respectable; *das ist aller Ehren ~* c'est fort honorable; *das ist nicht der Mühe ~* cela ne *od* n'en vaut pas la peine; *das ist nicht der Rede ~* ce n'est pas la peine d'en parler; *das ist schon viel ~ od (fam) was ~* c'est déjà un point acquis *od* quelque chose; *wie ist Ihr ~er Name?* à qui ai-je l'honneur de parler? *Ihr ~es Schreiben* votre honorée *(vom* du); **~achten** *tr (hochachten)* estimer, apprécier; **W~achtung** *f* estime, considération *f;* **~en** *tr (abschätzen)* estimer, taxer, évaluer; *(hochschätzen)* apprécier, priser; *sport (einstufen)* pointer, classer; *als etw werten* considérer comme qc; **~halten** *tr,* **~schätzen** *tr* apprécier, estimer; **W~schätzung** *f* = *W~achtung;*

W~ung f estimation, taxation, évaluation f; *sport* pointage, classement m.
Wert m ‹-(e)s, -e› [veːrt] a *philos, math, fin, com, mus* valeur f; *(Preis)* prix m; *(Bedeutung)* importance f; *(Verdienst n)* mérite m; *pl (Sach-, Vermögenswerte)* valeurs; *(~papiere)* valeurs f pl, effets, titres m pl; *im ~ von* d'une valeur de, au prix de; *von geringem ~* de peu de valeur *od* prix; *von (großem od hohem) ~* de (grande) valeur, de prix; *nach s-m ~, s-m ~ entsprechend* à sa valeur; *e-r S großen ~ beimessen* attacher grand prix à qc; *~ haben* avoir de la valeur; *keinen ~ haben* ne pas avoir de valeur; *~ auf etw legen* attacher de la valeur, accorder de l'importance, tenir à qc; *~ darauf legen* y tenir (*zu* à ce que); *großen ~ auf etw legen* tenir beaucoup à qc, faire grand cas de qc; *keinen ~ auf etw legen* ne faire aucun cas de qc, n'accorder aucune valeur *od* aucun prix à qc; *im ~ sinken, an ~ verlieren* perdre de sa valeur, se déprécier, s'avilir; *im ~ steigen, an ~ gewinnen* augmenter de valeur, valoir plus; *das behält immer s-n ~* cela vaut toujours son prix; *(Statistik) beobachteter ~* valeur f observée; *dichtester (od) häufigster ~* mode m, dominante f; *geistige(r) ~* valeur f spirituelle; *geschichtliche(r) ~* historicité f; *(Statistik) seltenster ~* antimode m; *sittliche(r) ~* valeur f morale; *tatsächlicher ~* valeur réelle; *(Statistik) typischer ~* valeur-type f; *Umwertung f aller ~e (philos)* renversement m de toutes les valeurs; **~angabe** f déclaration de valeur; *(angegebener ~)* valeur f déclarée; **~ansatz** m *(der Lagerbestände)* évaluation f *(des stocks)*; **~arbeit** f travail m qualifié; **~berichtigung** f com rectification de la valeur, réévaluation f; **w~beständig** a (de valeur) stable; **~beständigkeit** f stabilité f (des valeurs); **~bestimmung** f évaluation, estimation, taxation f; **~bewegung** f fin mouvement m des valeurs; **~brief** m lettre f chargée; **~ebereich** m *(Statistik)* intervalle m; **~einbuße** f = ~minderung; **~einheit** f unité f de valeur; **~ermittlung** f = ~bestimmung; **~ersatz** m dédommagement m correspondant à la valeur; **w~frei** a *(Beurteilung, Kommentar)* sans préjugés; **~gegenstand** m objet m de valeur *od* de prix; **~igkeit** f chem valence f; **~klasse** f échelon m de valeur; **w~los** a sans valeur; *fig (nichtig)* futile; *das ist ~ für mich* cela ne me

sert à rien; *~e(s) Zeug n* bric-à-brac, fatras m; **~losigkeit** f non-valeur f; *(geringer ~)* peu m de valeur; *fig (Nichtigkeit)* futilité; *(Bedeutungslosigkeit)* insignifiance f; **~maßstab** m, **~messer** m ‹-s, -› mesure f *od* étalon m de valeur; **~minderung** f diminution de, perte, de *od* en valeur, dévalorisation, dépréciation; moins--value f; *e-e ~ erfahren* diminuer *od* perdre en valeur; **~neutral** a *(Aussage)* objectif; **~paket** n colis m en *od* avec valeur déclarée; **~papier** n *fin* valeur f, effet, titre m; *pl a.* portefeuille m; *festverzinsliche ~e* valeurs f pl à revenu fixe; *mündelsichere ~e* valeurs f pl de père de famille *od* de tout repos; **~papierbestand** m avoir m en portefeuille; **~papierbörse** f bourse f des valeurs; **~papiermarkt** m marché m *od* bourse f des valeurs; **~papiersteuer** f taxe f sur les valeurs mobilières; **~papierverkehr** m transactions f pl en valeurs mobilières; **~sache** f = ~gegenstand; **~schöpfung** f création f de richesse *od* de plus-values; **~schwankungen** f pl fluctuations f pl de la *od* des valeur(s); **~sendung** f envoi m en *od* valeur déclarée; **~steigerung** f augmentation de valeur, plus-value f; *e-e ~ erfahren* augmenter *od* gagner en valeur; **~urteil** n jugement m de valeur; *ein ~ fällen* porter un jugement de valeur (*über etw* sur qc); **w~voll** a de valeur, de prix; précieux; **~zeichen** n *(Postwertzeichen, Briefmarke)* timbre-poste m; **~zoll** m droit m sur la valeur *od* ad valorem; **~zuwachs** m augmentation de valeur; plus-value, valeur f ajoutée; **~zuwachssteuer** f taxe f à *od* sur la valeur ajoutée.
Werwolf m ['veːr-] loup-garou m.
wes [vɛs] vx = wessen; **W~fall** m gram génitif m; **~halb** [-'-/'--] adv, **~wegen** [-'--] adv pourquoi, pour quelle raison *od* cause; *das ist der Grund, ~halb ...* c'est pour cette raison ~, ... voilà pourquoi ...
Wesen n ‹-s, -› ['veːzən] *(Art, Charakter)* nature f, naturel, caractère; *(Lebewesen, Geschöpf)* être m, créature; *(Mensch a.)* personne f; *(Gebaren)* conduite f, manières, façons f pl, pej manège m; *(innere Natur)* essence f, nature; *philos* spécificité f; *(Tun u. Treiben: nur in bestimmten Wendungen)*; *s-m ~ nach* de par sa nature; *ein einnehmendes ~ haben* avoir l'air avenant; *(hum: gierig sein)* être avide; *(von Kassierern)* être cupide; *viel ~s (Aufhebens) von etw*

machen faire grand cas *od* bruit de qc, faire grand tapage autour de qc; *fam* faire beaucoup d'histoires pour qc; *sein* ~ *treiben (pej)* faire des siennes; hanter (*an e-m Ort* un lieu); *das liegt in s-m* ~ c'est dans sa nature; *es war kein lebendes* ~ *zu sehen* il n'y avait pas âme qui vive *od hum* pas un chat; *bäurische(s)* ~ rusticité *f; gesetzte(s)* ~ caractère *m* posé; *gezwungene(s)* ~ air *m* contraint *od* affecté; *höhere(s)* ~ être *m* supérieur; *das höchste* ~ l'Être *m* suprême; **w~haft** *a (charakteristisch, typisch)* caractéristique, typique; *(~tlich)* essentiel; **~heit** *f* ‹-, ø› *(wahres, inneres Sein)* essence; *philos* entité *f;* **w~los** *a (unwirklich, nichtseiend)* irréel, sans réalité, inexistant; *das W~e* le néant; **~losigkeit** *f* ‹-, ø› irréalité, inexistence *f;* **~sart** *f* manière d'être, nature *f,* caractère *m;* **w~seigen** *a* spécifique, typique, caractéristique; **w~sfremd** *a: jdm, e-r S* ~ étranger à la nature de qn, qc; *ea.* ~ étrangers à la nature l'un de l'autre; **w~sgleich** *a* de même nature; **~sgleichheit** *f* même nature *f;* **~szug** *m* trait *m* caractéristique; **w~tlich** *a* essentiel, intrinsèque; *(grundlegend)* fondamental, constitutif; *(hauptsächlich)* principal; *(bedeutend)* considérable, important; *(gehaltvoll)* substantiel; *(sehr merklich)* sensible; *das W~e* l'essentiel *m,* la chose principale; *adv (sehr viel, beim Komparativ)* bien, beaucoup; *im* ~*en* essentiellement, pour l'essentiel, en substance, dans le fond; *der* ~*e (Haupt-)Inhalt (e-r Schrift)* la substance, le fond; *ein* ~*er (bedeutender) Teil* une partie considérable.

Wesir *m* ‹-s, -e› [ve'ziːr] *hist* vizir *m.*

Wespe *f* ‹-, -n› ['vɛspə] *ent* guêpe *f;* **~nnest** *n* guêpier, nid *m* de guêpes; *in ein* ~ *greifen od stechen (fig)* se fourrer *od* tomber dans un guêpier; **~nstich** *m* piqûre *f* de guêpe; **~ntaille** *f fig* taille *f* de guêpe.

wessen ['vɛsən] *(Genitiv des Fragepron: wer)* de qui; ~ *Buch ist das? (wem gehört dieses Buch?)* à qui est ce livre? ~ *Schuld ist es?* à qui la faute?

West *m* ‹-(e)s, (-e)› [vɛst] *(Himmelsrichtung, Wind)* ouest *m;* **~afrika** *n* l'Afrique *f* occidentale; **~-Berlin** *n* Berlin-Ouest *m;* **w~deutsch** *a* ouest-allemand; **~deutschland** *n* l'Allemagne *f* occidentale; **~en** *m* ‹-s, ø› *(Himmelsrichtung)* ouest *m; der* ~ *(das Abendland)* l'Occident; *pol* l'Ouest *m;* **~europa** *n* l'Europe *f* oc-

cidentale; **w~europäisch** *a* ouest-européen; *die W~e Union (WEU)* l'Union *f* de l'Europe Occidentale (U.E.O.); **~fale** *m* ‹-n, -n› [vɛst'faːlə], **~fälin** *f* Westphalien, ne *m f;* **~falen** *n* [-'faːlən] la Westphalie; **w~fälisch** [-'fɛːlɪʃ] *a* westphalien; *der W~e Friede(n) (hist)* le traité de Westphalie; **w~germanisch** *a* germanique occidental; **~goten** *m pl hist* Visigoths *m pl;* **~indien** *n geog* les Indes *f pl* occidentales; **Westindische(n) Inseln**, *die, pl* les Caraïbes *f pl;* **~-Irian** *n* (~*-Neuguinea)* l'Irian *m* occidental; **~küste** *f* côte *f* occidentale; **w~lich** *a* occidental, de l'ouest, d'ouest; ~ *von* à l'ouest de; ~*e Länge f* longitude *f* ouest; ~*e Mächte, die f pl* les puissances *f pl* occidentales, les Occidentaux *m pl;* **~mark** *f fin fam (Deutsche Mark West)* mark *m* ouest; **~preußen** *n* la Prusse occidentale; **w~römisch** *a: das* ~*e Reich (hist)* l'Empire *m* romain d'Occident; **~seite** *f* côté *m* ouest; **~wall** *m mil hist* ligne *f* Siegfried; **w~wärts** *adv* vers l'ouest; **~wind** *m* vent *m* d'ouest.

Weste *f* ‹-, -n› ['vɛstə] gilet *m;* *(Woll~)* veste *f,* cardigan *m; e-e weiße od reine* ~ *haben (fig)* avoir les mains nettes; *fam* être blanc comme neige; **~nfutter** *n* doublure *f* de gilet; **~nknopf** *m* bouton *m* de gilet; **~ntasche** *f* poche *f* de gilet, gousset *m; jdn, etw wie s-e* ~ *kennen* connaître qn, qc comme (le fond de) sa poche.

Western *m* ‹-(s), -› ['vɛstərn] *(Wildwestfilm)* western *m.*

wett [vɛt] *a:* ~ *(quitt) sein* être quitte; **W~annahme** *f* bureau *m* de pari mutuel; **W~bewerb** *m* ‹-(e)s, -e› *allg* concurrence *f; (Veranstaltung)* concours *m, sport a.* compétition *f; außer* ~ hors concours; *im (freien)* ~ *mit* en concurrence (libre) avec; *e-n* ~ *für etw ausschreiben* mettre qc au concours; *in* ~ *mit jdm stehen* faire concurrence à qn; *an e-m* ~ *teilnehmen* participer à un concours; *mit jdm in* ~ *treten* entrer en concurrence *od* en compétition avec qn, concurrencer qn; *freie(r)* ~ *(als System)* régime *m* de libre concurrence; *auf freiem* ~ *aufgebaut* concurrentiel; *unlautere(r)* ~ concurrence *f* déloyale *od* illicite; **W~bewerbsbedingung** *f sport* condition *f* de concours; **W~bewerbsbeschränkung** *f* restriction *f* de concurrence; **W~bewerbsbestimmungen** *f pl* règlement *m* de *od* du concours; **~bewerbsfähig** *a com* compétitif, concurrentiel; **W~bewerbsfähigkeit** *f* capacité *f* concurrentielle; **W~bewerbsklausel** *f* clause *f* de concours; **W~bewerbsteilnehmer** *m* compétiteur, concurrent *m;* **W~bewerbsverbot** *n* interdiction *f* de concurrence; **W~bewerbsvorteil** *m* avantage *m* concurrentiel; **W~bewerbswirtschaft** *f* économie *f* compétitive *od* concurrentielle; **W~büro** *n* = *W~annahme;* **W~e** *f* ‹-, -n› pari *m*, gageure *f;* um die ~ à l'envi; *fam* à qui mieux mieux; *e-e ~ anbieten, annehmen* offrir, accepter un pari; *e-e ~ eingehen* faire un pari, parier; *ich mache jede ~, daß ... (fam)* je te parie que ...; *was gilt die ~?* que pariez-vous? **W~eifer** *m* émulation *f*, esprit *m* de compétition, rivalité *f; ~***eifern** *itr: mit jdm in etw ~* rivaliser de qc avec qn; **W~einsatz** *m* mise *f;* **~en** *itr* parier, gager (*mit jdm* avec qn, *um etw* qc); *ich wette, daß du es nicht tust* je te défie *od* mets au défi de le faire; *itr: ich möchte ~, daß ... je parierais que ...; ich wette zehn gegen eins* je parie dix contre un; *(wollen wir) ~?* on parie? **W~er 1.** *m* ‹-s, -› parieur; *sport* pronostiqueur *m;* **W~gehen** *n sport* (compétition *f* de) marche *f;* **W~kampf** *m* combat *m*, lutte *f; sport* concours *m*, compétition, épreuve *f; (um e-e Meisterschaft)* championnat; *(zwischen zwei Mannschaften)* match *m;* **W~kämpfer** *m* lutteur; *sport* concurrent, compétiteur *m;* **W~lauf** *m sport* course *f* à pied *od* de vitesse; **~laufen** *itr* ‹nur *inf*› courir à l'envi; faire une course, prendre part à une course; **W~läufer** *m* coureur *m;* **~≈machen** *tr (ausgleichen)* compenser; *(wieder aufholen)* rattraper; *(wiedergutmachen)* réparer; **~rennen** *itr* ‹nur *inf*› faire une course, prendre part à une course; **W~rennen** *n* = *W~lauf;* **W~rudern** *n* course *f* à l'aviron; **W~rüsten** *n* course *f* aux armements; **W~schwimmen** *n* compétition *f od* concours *m* de natation; **W~schwimmer** *m* nageur *m* de (la) compétition; **W~streit** *m* concours *m*, concurrence, lutte; rivalité *f; edle(r) ~* noble rivalité *f.* **Wetter** ['vɛtər] **2.** *n* ‹-s, -› temps *m* (qu'il fait); *(Unwetter)* tempête *f*, orage; *mines (Grubenwetter)* air *m; bei solchem ~* par un temps pareil; *bei diesem ~* par le temps qu'il fait; *bei schönem, schlechtem ~* par un beau, mauvais temps; *über das ~ reden* parler de la pluie et du beau temps;

das ~ ändert sich le temps va changer; *das ~ beruhigt sich* le temps s'apaise *od fam* s'arrange; *das ~ hält sich* le temps se maintient; *das ~ wird wieder schön* le temps se remet au beau; *ein ~ bricht los* un orage éclate; *es ist besseres ~* il fait meilleur; *es ist schönes, schlechtes ~* il fait beau, mauvais; *was für ~ haben wir? wie ist das ~?* quel temps fait-il? *alle ~!* mille tonnerres! *diesige(s) ~ temps m* bouché; *schlagende ~ pl (mines)* grisou *m; schwere(s) ~ (mar)* gros temps *m; veränderliche(s) ~* temps *m* variable; **~amt** *n* office *m* météorologique; **~änderung** *f* = *~umschlag;* **~ansage** *f* message *m* météorologique; **~anzeiger** *m mines (Gerät)* détecteur *m* de grisou; **~aussichten** *f pl* prévisions *f pl* météorologiques, temps *m* probable; **~beobachtung** *f* observation *f* météorologique; **~(beobachtungs)stelle** *f* station *f* météorologique; **~bericht** *m* bulletin *m* météorologique; **~besserung** *f: vorübergehende ~* embellie *f;* **w~beständig** *a* résistant aux intempéries; **~beständigkeit** *f* résistance *f* aux intempéries; **~dach** *n* auvent, abat--vent *m;* **~damm** *m mines* barrage *m* contre les gaz; **~dienst** *m* service *m* météorologique; **~ecke** *f* coin *m* où il pleut beaucoup; **~fahne** *f a. fig (Mensch)* girouette *f; fam* sauteur *m; wetterwendisch sein wie eine ~* être changeant, versatile, irrésolu *od* être une véritable girouette; **w~fest** *a* = *w~beständig;* **~flugzeug** *n* avion *m* météorologique; **~forschung** *f* météorologie *f; ~***frosch** *m hum* = *Meteorologe;* **~führung** *f mines* aérage *m; ~***funkspruch** *m* radiogramme *m* météorologique; **~glas** *n* baromètre *m; ~***hahn** *m* girouette *f* (en forme de coq); **~karte** *f* carte *f* météorologique; **~kunde** *f* météorologie *f;* **w~kundig** *a* qui sait prévoir le temps; **w~kundlich** *a* météorologique; **~lage** *f* situation *f* météorologique *od* atmosphérique; **w~leuchten** *itr impers: es wetterleuchtet* il fait *od* il y a des éclairs de chaleur; **~leuchten** *n* éclairs *m pl* de chaleur, fulguration *f; ~***mantel** *m* imperméable *m; ~***meldung** *f* information *f od* message *m* météorologique; **w~n** *itr impers: es wettert (es stürmt; es blitzt u. donnert)* il fait de l'orage; *~ (fig: Mensch)* tempêter, fulminer, tonner, pester *(gegen* contre); **~nachrichten** *f pl* renseignements *m pl* météorologiques; **~prognose** *f*

= ~*vorhersage;* ~**prophet** m: *ein* ~ *sein* savoir prédire le temps; ~**regel** f dicton m météorologique; ~**schacht** m *mines* puits m od buse f d'aérage; ~**scheide** f *geog* limite f météorologique; ~**schenkel** m *arch* jet m d'eau; ~**schleuse** f *mines* écluse f d'aération; ~**schutz** m protection f contre les intempéries; ~**schwierigkeiten** f pl difficultés f pl météorologiques; ~**seite** f côté m exposé aux intempéries; ~**station** f = ~*warte;* ~**strahl** m *(Blitz)* éclair m; ~**sturz** m chute f(brutale) du baromètre; ~**umschlag** m changement m (brusque) de temps; ~**verhältnisse** n pl = ~*lage;* ~**vorhersage** f prévisions f pl météorologiques, prévision f du temps; *langfristige* ~ prévision f (météorologique) à longue échéance; ~**warnmeldung** f message m d'avertissement météorologique; ~**warnung** f avertissement m météorologique; ~**warte** f observatoire m od station f od poste m météorologique; **w~wendisch** a *(Mensch: wechselhaft)* changeant, versatile, inconstant; *(launisch)* lunatique; ~**wolke** f nuage m orageux.

wetz|en ['vɛtsən] tr *(schärfen)* aiguiser, affiler, affûter; *itr fam (rennen)* filer; *pop* tricoter; **W~stahl** m fusil (de boucher), affiloir m; **W~stein** m pierre f à aiguiser.

Whisky m ⟨-s, -s⟩ ['vɪskɪ] whisky m; ~ *(mit) Soda* whisky m avec eau gazeuse.

Wichs m ⟨-es, -e⟩ [vɪks] *fam (student. Festtracht): in vollem* ~ en grande tenue; *sich in* ~ *werfen* se mettre sur son trente et un; ~**bürste** f brosse f à cirer od à reluire; ~**e** f ⟨-, -n⟩ *(Schuhcreme)* cirage m; *fig fam (Schläge)* volée (de coups); *pop* frottée, raclée, rossée f; **w~en** tr *(Ledersachen)* cirer; *(Fußboden: bohnern)* encaustiquer; *fig fam (prügeln)* étriller, rosser, rouer de coups.

Wicht m ⟨-(e)s, -e⟩ [vɪçt] *(Wesen, Kreatur)* créature f; *(Zwerg, Kobold)* nain, gnome, lutin; *(Knirps)* bout d'homme, nabot; *fam* mioche m; *arme(r)* ~ pauvre hère od diable m; *elende(r)* ~ misérable m; ~**elmännchen** n *(Heinzelmännchen)* lutin m.

wichtig ['vɪçtɪç] a important; *(bedeutend)* considérable, grave; *(wesentlich)* essentiel; *ebenso* ~ d'égale importance; *mit* ~*er Miene* d'un air important; ~*ere Dinge im Kopf* od *W~eres zu tun haben (a.)* avoir d'autres chats à fouetter; *sich* ~ *machen,* ~ *tun* faire l'important, se donner des airs d'importance, faire la mouche du coche od le fanfaron; se vanter; fanfaronner, crâner; *fam* faire de l'esbroufe; *alles zu* ~ *nehmen* exagérer tout, regarder par le petit bout de la lorgnette; *sich* ~ *vorkommen* se croire important; faire l'important; *das ist sehr* od *äußerst* ~ *(fam a.)* c'est une affaire d'État; *das ist sehr* ~ *für mich (a.)* cela m'importe beaucoup; **W~keit** f importance; *(Tragweite)* conséquence f; *von größter* od *höchster* ~ de la plus haute importance; *e-r* S ~ *beimessen* accorder de l'importance à qc: *von* ~ *sein* être d'importance, importer *(für à)*; **W~tuer** m ⟨-s, -⟩ mouche f du coche; homme qui fait l'important od se donne de grands airs; fanfaron, vantard, crâneur m; *fam* esbroufeur, m'as-tu-vu m; *ein* ~ *sein* faire l'important; **W~tuerei** f airs d'importance, grands airs m pl, air m important; fanfaronnade, vantardise, vanterie *(vx),* crânerie; *fam* esbroufe f; ~**tuerisch** a *(Mensch)* qui fait l'important; poseur, fanfaron, crâneur, vantard; *(Auftreten, Miene)* important.

Wicke f ⟨-, -n⟩ ['vɪkə] *bot (Gattung)* vesce f; *Spanische* ~ *(Gartenwicke)* pois m de senteur od à bouquet.

Wickel m ⟨-s, -⟩ ['vɪkəl] *(Knäuel)* pelote f, peloton m; *(Lockenwickel)* papillote f; *(aus Metall)* bigoudi, rouleau; *(Windel)* lange, maillot; *med* enveloppement m; *jdn am* od *beim* ~ *kriegen* od *nehmen (fam)* saisir qn au collet, empoigner qn; ~**band** n ⟨-(e)s, ∸er⟩ bande f, bandage m; ~**gamasche** f (bande) molletière f; ~**kind** n enfant au maillot, bébé, poupon m; ~**kommode** f table f à langer; **w~n** tr rouler *(um* autour de); *(Garn)* pelot(onn)er; *(die Haare)* papilloter; *(Draht)* enrouler, (em)bobiner; *(Säugling)* langer, emmailloter; *med* envelopper; *aus etw* ~ dé(sen)velopper de qc; *in etw* ~ envelopper dans qc; *sich in e-e Decke* ~ se rouler dans une couverture; *da bist du schief gewickelt (fam: da irrst du dich gewaltig)* tu prends des vessies pour des lanternes, tu te trompes lourdement; *man kann ihn um den (kleinen) Finger* ~ on peut le mener par le bout du nez; ~**rock** m jupe f (en) portefeuille; ~**schwanz** m *(Greifschwanz)* queue f prenante; ~**tuch** n lange, maillot m; ~**ung** f. **Wicklung** f el enroulement; bobinage; *med* enveloppement, bandage m;

Wickler m ⟨-s, -⟩ pl ent *(Familie)* tortricidés m pl.

Widder _m_ ⟨-s, -⟩ ['vɪdər] _zoo_ u. _mil hist_ bélier; _astr_ Bélier _m_.

wider ['vi:dər] _prp acc (gegen)_ contre; ~ _meinen Willen_ contre ma volonté; **W~** _n: das Für und (das)_ ~ _le pour et le contre._

widerborstig ['vi:dər-] _a_ rétif; récalcitrant, rebelle; **W~keit** _f_ caractère _m od_ humeur _f_ récalcitrant(e).

Widerdruck _m_ ⟨-(e)s, -e⟩ ['vi:dər-] _(Gegendruck)_ contre-pression; _typ (Bedrucken der Rückseite)_ retiration, impression _f_ verso.

widereinander [-'nandər] _adv_ l'un contre l'autre.

widerfahren ⟨_aux: sein_⟩ [-'fa:rən] _itr_ arriver, advenir _(jdm_ à qn); _jdm Gerechtigkeit_ ~ _lassen_ rendre justice à qn.

Widerhaken _m_ ['vi:dər-] croc, crochet _m; pl a._ barbelure _f; mit_ ~ _versehen (a)_ barbelé.

Wider|hall _m_ ['vi:dər-] ⟨-s, ø⟩ _a. fig_ écho, retentissement _m; fig_ résonance; _keinen_ ~ _finden (fig)_ ne pas trouver d'écho; **w~hallen** _itr_ faire écho, retentir.

Widerhalt _m_ ⟨-(e)s, ø⟩ ['vi:dər-] _(Gegenhalt)_ (point d')appui, soutien _m_.

Wider|klage _f_ ['vi:dər-] _jur_ = _Gegenklage;_ **~kläger** _m jur_ demandeur _m_ reconventionnel.

Widerlager _n_ ['vi:dər-] _arch_ butée, culée _f_.

widerleg|bar [--'--] _a_ réfutable; **~en** [-'le:gən] _tr_ réfuter; _(Gesagtes)_ démentir; **W~ung** _f_ réfutation _f_; démenti _m_.

widerlich ['vi:dərlɪç] _a_ rebutant, repoussant, répugnant, dégoûtant, écœurant, nauséabond; **W~keit** _f_ caractère _m_ rebutant _od_ répugnant _etc._

widern ['vi:dərn] _tr impers: es widert mich zu …_ je répugne à …

widernatürlich ['vi:dər-] _a jur_ contre nature; _~e Unzucht f_ débauche _f_ contre nature.

Widerpart _m_ ⟨-(e)s, -e⟩ ['vi:dər-] _(Gegnerschaft)_ opposition _f; (Gegenspieler)_ adversaire _m; jdm_ ~ _bieten od geben od halten_ tenir tête à qn.

widerraten [-'ra:tən] _itr_ u. _tr: (es) jdm_ ~ en dissuader qn, le déconseiller à qn.

widerrechtlich ['vi:dər-] _a (ungesetzlich)_ illégal. illicite; _(eigenmächtig)_ arbitraire; _adv a._ au mépris de la loi, sans motif légal; _sich_ ~ _etw aneignen (a.)_ usurper qc; _~e Aneignung f_ appropriation illégale, usurpation _f;_ **W~keit** _f (Ungesetzlichkeit)_ illégalité _f; (Eigenmächtigkeit)_ arbitraire _m_.

Widerrede _f_ ['vi:dər-] contradiction _f; ohne_ ~ sans contredit, sans contestation; _keine_ ~ _dulden_ ne pas souffrir de contradiction, trancher sur tout; _keine ~!_ tenez-vous cela pour dit!

Widerrist _m_ ['vi:dər-] _(Rückenpartie der Pferde u. Rinder)_ garrot _m_.

Widerruf _m_ ['vi:dər-] révocation, rétraction _f;_ dédit, désaveu; _(Berichtigung)_ démenti _m; bis auf_ ~ jusqu'à révocation _od_ à nouvel ordre; **w~en** _tr_ [-'ru:fən] révoquer, rétracter; se dédire de, désavouer; démentir; _itr_ se rétracter, se dédire; _s-n Befehl_ ~ donner contrordre; **w~lich** [---/---] _a_ révocable, rétractable; _adv_ = _bis auf_ ~; **~lichkeit** _f_ ⟨-, ø⟩ révocabilité _f_.

Widersacher _m_ ⟨-s, -⟩ ['vi:dərzaxər] adversaire, antagoniste; _(Feind)_ ennemi _m_.

Widerschein _m_ ['vi:dər-] reflet _m;_ réverbération _f_.

wider=setz|en [-'zɛtsən], _sich_ résister, faire résistance _(dat_ à); aller à l'encontre _(e-r S_ de qc); _(Widerstand leisten)_ s'opposer _(dat_ à); _(sich auflehnen)_ regimber _(dat_ contre); _(sich empören)_ se rebeller, se révolter _(dat_ contre); **~lich** _a (ungehorsam)_ insubordonné, insoumis; _a._ = _widerborstig;_ **W~lichkeit** _f_ résistance, humeur _f_ récalcitrante; _(Ungehorsam)_ désobéissance, insubordination, insoumission _f_.

Widersinn _m_ ['vi:dər-] contresens _m; w~ig_ _a_ absurde, paradoxal; **~igkeit** _f_ ⟨-, ø⟩ absurdité _f_, non-sens, paradoxe _m_.

widerspenstig ['vi:dər-] _a_ récalcitrant, réfractaire, rétif; rebelle; _(eigensinnig)_ obstiné, opiniâtre, indocile; _der W~en Zähmung_ la Mégère apprivoisée; **W~keit** _f_ ⟨-, ø⟩ humeur _f_ récalcitrante; indocilité, obstination, opiniâtreté, indocilité _f_.

wider=spiegeln [-'vi:dərʃpi:gəln] _tr_ refléter, réfléchir; _sich_ ~ se refléter, se réfléchir.

Widerspiel _n_ ['vi:dər-] _(Gegenteil)_ contraire, contre-pied, opposé _m; jdm das_ ~ _halten (sich jdm widersetzen)_ s'opposer à qn.

widersprechen [-'ʃprɛçən] _itr_ répliquer _(jdm_ à qn); contredire, démentir _(jdm_ qn); _jdm_ ~ _(a.)_ contrarier qn; _e-r S_ ~ _(im Gegensatz zu etw stehen)_ être contraire à qc; être en contradiction _od_ incompatible avec qc; _sich_ ~ se contredire; **~d** _a_ contradictoire.

Widerspruch _m_ ['vi:dər-] réplique, contradiction; _(Einwand)_ opposition; _(Einspruch)_ protestation; _(Gegensatz)_ contradiction; _philos_ antinomie *f; im ~ zu* en contradiction avec, contraire à; *ohne ~* sans contredit, sans conteste, sans discussion; *keinen ~ dulden* ne pas supporter la contradiction; *~ erfahren, auf ~ stoßen* être contredit *od* contrarié; *~ herausfordern* prêter à controverse; *zum ~ reizen* inciter à la contradiction (*jdn* à qn); *sich in ~ zu etw setzen* se mettre en contradiction avec qc; *im ~ zu etw sein od stehen* être en contradiction *od* contraire à *od* incompatible avec qc; *sich in Widersprüche verwickeln* s'embrouiller *od* s'empêtrer dans des contradictions; **~sgeist** *m* ‹-(e)s, (-er)› esprit de contradiction; *(Person, a.)* protestataire *m;* **w~slos** *adv = ohne ~;* **w~svoll** *a* contradictoire; *philos* antinomique; **widersprüchlich** *a* contradictoire.

Widerstand *m* ['vi:dər-] *a. phys el mil* résistance (*gegen* à); *bes. pol* opposition (*gegen* à); *(mit aero: Luftwiderstand)* traînée *f (el: Regulierwiderstand)* rhéostat *m; ohne ~ (zu leisten)* sans (offrir de la) résistance; *den ~ aufgeben* cesser la résistance; *den ~ ausschalten (el)* mettre la résistance hors circuit; *den ~ brechen* briser la résistance; *den ~ einschalten (el)* mettre la résistance en circuit; *~ finden, auf ~ stoßen* trouver de la résistance; *den Weg des geringsten ~es gehen* choisir la voie de la moindre résistance; *~ leisten* faire *od* opposer de la résistance, résister, tenir tête (*jdm, e-r S* à qn, à qc); *bewaffneten ~ leisten* se défendre les armes à la main; *der ~ versteift sich* la résistance se raidit; *bewaffnete(r) ~ résistance f* armée; *hinhaltende(r) ~ (mil)* résistance *f* élastique; *passive(r) ~* résistance *f* passive; *scheinbare(r) ~ (el)* impédance *f; spezifische(r) ~ (el)* résistance spécifique, résistivité *f;* **~sbewegung** *f* mouvement *m* de résistance; *die ~ (in Frankreich 1940—44)* la Résistance; *sich der ~ anschließen (a.)* prendre le maquis; **w~sfähig** *a* résistant, de résistance; *(Mensch, a.)* de fer; *(Sache, a.)* à l'épreuve *(gegen* de); résistant à l'usure; **~sfähigkeit** *f* (capacité *od*) résistance *f; körperliche ~* endurance *f* (physique); **~sgruppe** *f* groupement de résistance; *(in Frankreich 1940—44, a.)* maquis *m;* **~skämpfer** *m* résistant; maquisard *m;* **~skraft** *f* force *f* de résistance; **w~slos** *a* passif, soumis; *adv* sans résistance, sans coup férir; **~slosigkeit** *f* ‹-, ø› passivité, soumission *f;* **~snest** *n mil* nid *od* îlot de résistan-

ce, hérisson *m;* **~sofen** *m tech* four *m* à résistance; **~sstellung** *f mil* position *f* de résistance; **~swille** *m: den ~n brechen* annihiler la volonté de résistance; **~szentrum** *n mil* centre *m* de résistance.

widerstehen [-'ʃteən] *itr a. fig* résister (*dat* à); *jdm ~ (widerlich sein)* répugner (*jdm* à qn); dégoûter, écœurer (*jdm* qn); *e-m Angriff ~ (a.)* soutenir une attaque; *der Versuchung nicht ~ können* succomber à la tentation; *da kann ich nicht ~* c'est plus fort que moi.

widerstreben [-'ʃtre:bən] *itr* résister, s'opposer (*dat* à), lutter (*dat* contre); *jdm ~ (fig: gegen den Strich gehen)* répugner à qn; *es widerstrebt mir, darüber zu sprechen* il me répugne d'en *od* je répugne *od* j'ai peine à en parler; **W~** *n* résistance, opposition; *(Widerwille)* répugnance, aversion *f; mit ~, ~d adv* à son corps défendant; *(widerwillig)* avec répugnance, à contrecœur.

Widerstreit *m* ['vi:dər-] *(der Meinungen, der Interessen)* conflit, antagonisme *m; im ~ der Gefühle* dans le conflit des sentiments; **w~end** *a* antagonique; *(widersprüchlich)* contradictoire; *(entgegengesetzt)* opposé; *(auseagehend)* divergent.

widerwärtig ['vi:dər-] *a (unangenehm)* désagréable; *(ärgerlich)* fâcheux, contrariant; *fam* embêtant; *pop* râlant *(abstoßend)* répugnant, rebutant, repoussant; *(Mensch, a.)* antipathique; *(ekelhaft)* dégoûtant, écœurant; **W~keit** *f* ‹-, (en)› caractère désagréable *od* fâcheux; *(Unannehmlichkeit)* désagrément *m,* contrariété *f; (Verdruß)* ennui, déboire *m; pl (Scherereien)* ennuis, déboires *m pl,* tribulations, traverses *f pl.*

Widerwille *m* ['vi:dər] répugnance, aversion, antipathie *f; (Ekel)* dégoût *m (gegen* pour); *mit ~en = ~ig adv; ~n gegen etw empfinden, e-n ~n gegen etw empfinden, e-n ~n gegen etw haben* répugner à qc; *e-n ~n gegen etw zeigen* témoigner de la répugnance pour qc; **w~ig** *adv* avec répugnance *od* aversion, à contrecœur, à regret; malgré soi, de mauvais gré, de mauvaise grâce; à son corps défendant; *~ essen* manger du bout des dents.

widm|en ['vɪtmən] *tr (weihen, a. fig)* vouer; *(Buch)* dédier; *(opfern)* consacrer, donner; *sich e-r S ~* se vouer *od* s'adonner *od* se consacrer à qc; **W~ung** *f (e-s Buches)* dédicace *f; (gedruckte) ~ (an e-e hochgestellte*

Persönlichkeit) dédicace, épître *f* dédicatoire; *(Buch) mit e-r* ~ *versehen* dédicacer; *handgeschriebene* ~ dédicace *f* manuscrite; **W~ungsexemplar** *n* exemplaire *m* en hommage de l'auteur.

widrig ['vi:drɪç] *a (a. Wind)* contraire; *(Geschick)* contraire, adverse; *(unangenehm)* désagréable; *(ärgerlich)* fâcheux, contrariant; ~*e Umstände m pl* circonstances fâcheuses, adversités *f pl*; ~**enfalls** [-'fals] *adv* dans le cas contraire, sinon, autrement, faute de quoi; **W~keit** *f* ‹-, (en)› *(Unannehmlichkeit)* désagrément *m*, contrariété *f*; *pl* = ~*e Umstände.*

wie [vi:] **1.** *adv (fragend beim v: auf welche Weise)* comment? ~ *machen Sie das?* comment faites-vous cela? ~ *geht es Ihnen?* comment allez-vous? ~ *heißen Sie?* ~ *ist Ihr Name?* comment vous appelez-vous? quel est votre nom? ~ *meinen Sie das?* qu'entendez-vous par là? ~ *kommt es, daß ...?* comment se fait-il que ...? *und* ~ *(ist das möglich)?* et comment? le moyen? par quel moyen? ~ *bitte?* pardon? vous dites? plaît-il? *fam* hein? comment? **2.** *adv (fragend bei e-m adv)* combien? ~ *lange?* combien de temps? ~ *oft?* combien de fois? ~ *spät ist es?* quelle heure est-il? ~ *weit ist es bis dahin?* combien y a-t-il jusque là? ~ *weit willst du noch gehen?* jusqu'où veux-tu encore aller? ~ *weit sind Sie (mit Ihrer Arbeit)?* où en êtes-vous? **3.** *adv (fragend bei e-m a):* ~ *groß, lang, breit, hoch ist ...?* quelle est la grandeur, la longueur, la largeur, la hauteur de ...? ~ *groß sind Sie?* quelle est votre taille? ~ *alt sind Sie?* quel est votre âge? ~ *teuer ist das?* combien cela vaut-il? combien est-ce? c'est combien? **4.** *adv (ausrufend)* comment! eh quoi! *(bei e-m v)* comme; ~ *Sie das sagen!* comme vous le dites! ~ *er aussieht!* de quoi il a l'air! *(bei e-m adv)* que; ~ *oft habe ich das gesagt!* que de fois ai-je dit cela! ~ *glücklich ich bin!* que je suis heureux! *stolz* ~ *er ist!* fier comme il est! ~ *groß war mein Erstaunen!* quelle fut ma surprise! ~ *gut das ist!* que c'est bon! ~ *schade!* quel dommage! ~ *mancher wäre froh!* comme certains seraient contents! **5.** *conj (vergleichend; Satzteile verbindend)* comme, tel que; *stumm* ~ *ein Fisch* muet comme une carpe; *so groß* ~ *ich* aussi grand que moi; *nicht so groß* ~ *ich* pas si grand que moi; *ein Mann* ~ *er* un homme comme lui *od* tel que lui; *in Paris* ~

in London à Paris comme à Londres; *er sieht* ~ *ein Künstler aus* il a l'air d'un artiste; *sie sind so gut* ~ *verlobt* on peut dire qu'ils sont fiancés; ~ *viele ...?* combien de ...? **6.** *conj (e-n Nebensatz einleitend; der Art u. Weise)* comme; ~ *ich gehört habe* comme j'ai entendu dire; ~ *Sie sehen* comme vous (le) voyez; *ich sah,* ~ *er über die Straße ging* je le vis traverser la rue; *er tat,* ~ *wenn er mich nicht gesehen hätte* il fit comme s'il ne m'avait pas vu; ~ *die Dinge liegen* dans l'état actuel des choses; *(in gekürzten Sätzen:)* ~ *gesagt* comme je l'ai déjà dit; ~ *gewöhnlich* comme d'habitude; *(konzessiv:)* ~ *man die Sache auch nimmt* de quelque façon qu'on regarde l'affaire; ~ *dem auch sei* quoi qu'il en soit; ~ *ärgerlich das auch sei(n mag)* si fâcheux que ce soit; *(zeitl.)* comme, au moment où; ~ *ich eintrete* au moment où j'entre; *(bei gleichem Subjekt)* en entrant; **7.** ~ *du mir, so ich dir (prov)* à bon chat bon rat; ~ *gewonnen, so zerronnen (prov)* ce qui vient de la flûte s'en va par le tambour; ~ *der Herr, so 's Gescherr (prov)* tel maître, tel valet; **W~,** *das* ‹-, -(s)› le comment; la manière; le moyen; *auf das* ~ *kommt es an* tout est dans la manière; c'est le ton qui fait la chanson *od* la musique.

Wiebel *m* ‹-s, -› ['vi:bəl] *ent (Kornkäfer)* charançon *m.*

Wiedehopf *m* ‹-(e)s, -e› ['vi:dəhɔpf] *orn* huppe *f.*

wieder ['vi:dər] *adv de od* à nouveau, encore (une fois), une nouvelle fois; *(wird gegebenenfalls durch die Zeitwort-Vorsilben* re *u.* ré *wiedergegeben); hin und* ~ de temps en temps, de temps à autre; *immer* ~ toujours, continuellement; *nie* ~ jamais plus; *ne ... plus jamais; für nichts und* ~ *nichts* absolument pour rien; *fam* pour des prunes; ~ *abdrucken (tr typ)* réimprimer; ~ *abreisen (itr)* repartir; ~ *anfangen (itr)* recommencer; ~ *angehen (itr): (Feuer)* reprendre, se ranimer; *(el: Licht)* revenir; *(sich)* ~ *ankleiden (tr)* (se) rhabiller; ~ *anstellen (tr: Beamten)* réintégrer; ~ *anwärmen (tr)* réchauffer; ~ *anziehen (tr: Kleidungsstück)* remettre; *sich* ~ *anziehen se* rhabiller; ~ *anzünden (tr)* rallumer; ~ *aufbauen (tr)* rebâtir, reconstruire; ~ *aufblühen (itr, a. fig)* refleurir; ~ *aufforsten (tr)* reboiser; ~ *auffrischen (tr, fig: Erinnerung)* rafraîchir; ~ *aufführen (tr, theat)* remettre à la scène *od* au théâtre; ~ *aufheben (tr: vom Boden)* ramasser; ~ *aufkommen (itr: Brauch, Mode)* reparaître; ~ *aufladen (tr, a. el: Batterie)* recharger; ~ *aufleben (itr)* revivre, renaître; se raviver; ~ *aufmachen* od *öffnen (tr)* rouvrir; ~ *aufrichten (tr)* redresser, relever; ~ *aufrüsten (tr* u. *itr)* réarmer; ~ *auftauchen (itr: a. U-Boot)* remonter à la surface; ~ *auftreten (itr, theat)* rentrer en scène, faire sa rentrée; *fig (Krankheit)* reparaître, réapparaître; ~ *aufwachen* od *erwachen (itr)* se réveiller; ~ *aufwärmen (tr)* réchauffer; ~ *ausführen (tr, com)* réexporter; ~ *ausgraben (tr: Leiche)* exhumer; ~ *beschicken (tr: Hochofen)* recharger; ~ *bewaffnen (tr)* réarmer; ~ *einführen (tr, com)* réimporter; ~ *einpacken (tr)* remballer, rempaqueter; ~ *einrenken (tr, med)* remboîter, remettre en place, réduire; ~ *einschalten (tr, tech mot)* remettre; *(el)* remettre en circuit; *(Licht)* rallumer; *(radio)* remettre; *sich* ~ *einschiffen* se rembarquer; ~ *einschlafen (itr)* se rendormir; ~ *einspulen (tr, tech)* réembobiner; ~ *eintreten (itr)* rentrer; ~ *ergreifen (tr: Flüchtige)* rattraper, reprendre; ~ *genesen* od *gesund werden (itr)* se rétablir; ~ *hervorbringen (tr)* reproduire; ~ *instand setzen (tr)* réparer; ~ *schließen* od *zumachen (tr)* refermer; ~ *umkehren (itr)* retourner sur ses pas; ~ *unterbringen (tr)* reloger; *sich* ~ *verheiraten* se remarier, reprendre femme; ~ *vermieten (tr)* relouer; *sich* ~ *versöhnen* se réconcilier; ~ *zusammenbauen (tr, tech)* remonter; ~ *zusammennähen (tr)* recoudre; ~ *zusammensetzen (tr)* recomposer; *tech* remonter; *ich bin gleich* ~ *da* je reviens (tout) de suite; *sind Sie schon* ~ *da?* êtes-vous déjà revenu *od* de retour? *da bin ich* ~*!* me voilà de retour! *fam* me revoici, me revoilà!

Wiederabdruck *m* ‹-(e)s, -e› [-'ap-] *typ* réimpression *f.*

wieder=ab=tret|en [-'ap-] *tr* ‹*tritt wieder ab, hat wiederabgetreten*› recéder, rétrocéder; **W~ung** *f jur* rétrocession *f.*

Wiederanfang *m* [-'an-] recommencement *m,* reprise *f; (Erneuerung)* renouvellement *m;* ~ *der Schule* rentrée *f* des classes.

Wiederanlage *f* [-'an-] *(von Geldern)* réinvestissement, r(é)emploi *m.*

Wiederanmeldung *f* [-'an-] nouvelle déclaration *od* inscription *f.*

Wiederannäherung *f* [-'an-] *pol* rapprochement *m.*

Wiederannahme *f* [-'an-] nouvelle acceptation *f.*

Wiederanpassung *f* [-'an-] réadaptation *f.*

Wiederanschaffung *f* [-'an-] remplacement *m;* ~**swert** *m* valeur *f* de remplacement.

Wiederanstellung *f* [-'an-] *(e-s Beamten)* réintégration; rentrée *f* (en fonction).

Wiederanziehen [-'an-] *n com (der Preise)* reprise *f.*

Wiederaufbau *m* ‹-(e)s, ø› [-'auf-] reconstruction *f; fig* redressement, relèvement *m;* ~**arbeit** *f* travail *m* de reconstruction; **wieder=auf=bauen** *tr* ‹*baut wieder auf, hat wiederaufgebaut*› *fig* redresser, relever; ~**plan** *m* plan *m* de reconstruction; ~**programm** *n* programme *m* de reconstruction; ~**werk** *n* œuvre *f* de reconstruction.

Wiederaufbereitung *f* [-'auf-] retraitement, recyclage *m;* ~**sanlage** *f* usine *f* de retraitement.

Wiederaufblühen *n* [-'auf-] *fig* renaissance *f,* regain *m.*

Wiederaufforstung *f* [-'auf-] reboisement *m,* régénération *f* (des forêts).

Wiederaufführung *f* [-'auf-] *theat* reprise *f.*

wieder=auf=heben [-'auf-] *tr* ‹*hebt wieder auf, hat wiederaufgehoben*› *fig (rückgängig machen)* abroger.

Wiederaufkommen *n* [-'auf-] réapparition, renaissance *f; (e-s Kranken)* rétablissement *m.*

Wiederaufleben *n* [-'auf-] *fig* renaissance *f,* regain *m,* résurgence *f.*

Wiederaufnahme *f* [-'auf-] reprise *f; die* ~ *der Arbeit* la reprise du travail; ~ *der diplomatischen Beziehungen* reprise *f* des relations diplomatiques; ~ *der Gespräche (pol)* reprise *f* du dialogue; ~ *des Verfahrens (jur)* reprise de l'instance *od* de la procédure; *(Revision)* revision, révision *f;* ~**antrag** *m jur* demande *od* requête *f* en reprise; ~**verfahren** *n jur* instance *od* procédure *f* de revision *od* de révision.

wieder=auf=nehmen [-'auf-] *tr* ‹*nimmt wieder auf, hat wiederaufgenommen*› *(Tätigkeit etc)* reprendre; *(erneuern, wiederherstellen)* renouveler, rétablir.

wieder=auf=richt|en [-'auf-] *tr* ‹*richtet wieder auf, hat wiederaufgerichtet*› *(trösten)* consoler; **W~ung** *f* remise *f* sur pied, redressement, relèvement *m; fig (Trost)* consolation *f.*

wieder=auf=rollen [-'auf-] *tr* ‹*rollt*

wieder auf, hat wiederaufgerollt) fig (Frage) reposer.

Wiederaufrüstung *f* [-'auf-] réarmement *m; moralische ~* réarmement *m* moral.

Wiederaufschwung *m* [-'auf-] *(Wirtschaft)* reprise *f;* redressement *m.*

Wiederaufstieg *m* [-'auf-] *fig* relèvement, redressement *m,* re montée *f.*

wieder=auf=tauchen [-'auf-] *itr ⟨taucht wieder auf, ist wiederaufgetaucht) fig* reparaître, réapparaître; **W~** *n* réapparition *f.*

Wiederauftreten *n* [-'auf-] réapparition; *theat* rentrée *f.*

wieder=auf=wert|en [-'auf-] *tr ⟨wertet wieder auf, hat wiederaufgewertet) fin* revaloriser; **W~ung** *f* revalorisation *f.*

Wiederausbruch *m* [-'aus-] *med* recrudescence, récidive *f.*

Wiederausfuhr *f* [-'aus-] *com* réexportation *f.*

Wiederausgrabung *f* [-'aus-] *(e-r Leiche)* exhumation *f.*

wieder=aus=söhn|en [-'aus-] *⟨söhnt wieder aus, hat wiederausgesöhnt) tr* réconcilier; *sich ~* se réconcilier; **W~ung** *f* réconciliation *f.*

Wiederbegegnung *f* ['vi:dər-] nouvelle rencontre *f.*

Wiederbeginn *m* ['vi:dər-] = *Wiederanfang.*

wieder=bekommen ['vi:dər-] *tr (zurückbekommen)* rentrer en possession de, recouvrer, récupérer; *(nur inf)* ravoir.

wieder=beleb|en ['vi:dər-] *tr* réanimer, rappeler à la vie; *a. fig* raviver, revivifier, relancer, ranimer; *med* ressusciter; **W~ung** *f* réanimation; *a. fig* revivification; *com* relance *f; ~ des Herzens (med)* réanimation *f* cardiaque; **W~ungsversuch** *m* tentative *f* de réanimation; *~e waren bei ihm, ihr erfolglos* il, elle n'a pu être ranimé, e.

Wiederbeschaffung *f* ['vi:dər-] remplacement *m,* restitution *f; ~skosten pl* frais *m pl* de remplacement.

Wiederbeschäftigung *f* ['vi:dər-] réemploi *m.*

Wiederbewaffnung *f* ['vi:dər-] réarmement *m.*

Wiederbezug *m* ['vi:dər-] réabonnement *m.*

wieder=bringen ['vi:dər-] *tr (zurückbringen; Sache)* rapporter; *(Menschen, größeres Tier)* ramener.

Wiederdruck *m* ⟨-(e)s, -e⟩ ['vi:dər-] *typ (Neudruck)* réimpression *f.*

Wiedereinberufung *f* [-'ain-] *mil* rappel *m.*

wieder=ein=bürger|n [-'ain-] *tr ⟨bürgert wieder ein, hat wiedereingebürgert)* rapatrier; **W~ung** *f* rapatriement *m;* réintégration *f* dans le droit de cité.

wieder=ein=fallen [-'ain] *itr ⟨fällt wieder ein, ist wiedereingefallen): es ist mir wiedereingefallen* je m'en ressouviens, cela m'est revenu à la mémoire.

Wiederein|fuhr *f* [-'ain-] *com* réimportation *f;* **wieder=ein=führen** *tr ⟨führt wieder ein, hat wiedereingeführt) fig* réintroduire; *adm (Bestimmung)* rétablir; *~führung* *f* com réimportation; réintroduction *f;* renouvellement; rétablissement *m.*

wieder=ein=glieder|n [-'ain-] *tr ⟨gliedert wieder ein, hat wiedereingegliedert)* réintégrer; **W~ung** *f* réintégration *f.*

wieder=ein=lös|en [-'ain-] *tr ⟨löst wieder ein, hat wiedereingelöst) (Pfand)* dégager; **W~ung** *f* dégagement *m.*

Wiedereinnahme *f* [-'ain-] *mil* reprise *f.*

Wiedereinrenkung *f* [-'ain-] *med* remboîtement *m,* réduction *f.*

Wiedereinrichtungsbeihilfe *f* [-'ain-] indemnité *f* de réinstallation.

Wiedereinschiffung *f* [-'ain-] rembarquement *m.*

wieder=ein=setz|en [-'ain-] *tr ⟨setzt wieder ein, hat wiedereingesetzt) (in ein Amt, in Rechte)* rétablir, réinstaller, réintégrer (*in* dans); *(Fürsten, Dynastie)* restaurer; *jdn in s-n Besitz ~* remettre qn en possession de ses biens; *jdn in s-e Rechte ~* remettre qn dans ses droits, réhabiliter qn; **W~ung** *f* rétablissement *m,* réinstallation, réintégration, restauration *f.*

wieder=ein=stell|en [-'ain-] *tr ⟨stellt wieder ein, hat wiedereingestellt) (Arbeiter)* r(é)engager; *(Beamten)* réintégrer; **W~ung** *f* rengagement *m;* réintégration *f.*

Wiederergreifung *f* ['vi:dər-] rattrapage *m,* reprise *f.*

wieder=erhalten ['vi:dər-] *tr* recouvrer, récupérer; *(nur inf)* ravoir.

wieder=erinner|n, ['vi:dər-], *sich* se ressouvenir (*an* de); **W~ung** *f* réminiscence *f.*

wieder=erkennen ['vi:dər-] *tr* reconnaître (*an* à); *nicht wiederzuerkennen sein* être méconnaissable.

wieder=erlang|en ['vi:dər-] *tr jur* recouvrer; *a. med* récupérer; **W~ung** *f* jur recouvrement *m; a. med* récupération *f; ~ der Funktionsfähigkeit (med)* récupération *f* fonctionnelle.

wieder=erober|n ['vi:dər-] *tr* reconquérir, reprendre; **W~ung** *f* reconquête, reprise *f.*

wieder=eröffn|en ['vi:dər-] *tr (Debatte, theat)* rouvrir; **W~ung** *f* réouverture *f;* ~ *der Verhandlung (jur)* reprise *f* des débats.

wieder=erscheinen ['vi:dər-] ⟨*aux: sein*⟩ *itr* reparaître, réapparaître; **W~** *n* réapparition *f.*

wieder=erstatt|en ['vi:dər-] *tr* rendre, restituer; *(Geld)* rembourser; **W~ung** *f* restitution *f;* remboursement *m.*

wieder=erstehen ['vi:dər-] ⟨*aux: sein*⟩ *itr fig (wiederaufgebaut werden)* être renouvelé *od* ressuscité, renaître.

Wiedererwachen *n* ['vi:dər-] *a. fig* réveil *m.*

wieder=erwecken ['vi:dər-] *tr (vom Tode)* ressusciter.

wieder=erzählen ['vi:dər-] *tr* répéter, se faire l'écho de; *jdm etw* redire, rapporter qc à qn.

wieder=finden ['vi:dər-] *tr* retrouver.

wieder=flott=machen [-'flɔt-] *tr* ⟨*macht wieder flott, hat wiederflottgemacht*⟩ *mar* remettre à flot, renflouer; **W~** *n* renflouage *m.*

Wieder|gabe *f* ['vi:dər-] *(Kunst, typ)* reproduction; *mus* excécution, interprétation; *tech* répétition *f; (natur)getreue* ~ reproduction *f* fidèle; **wieder=geben** *tr (zurückgeben)* rendre, restituer, redonner; *fig (in Wort u. Bild)* reproduire; *mus* exécuter, interpréter; *(übersetzen)* rendre, traduire; *jdm die Freiheit* ~ rendre la liberté à qn; *den Sinn (e-r Rede, e-s Textes)* ~ rendre le sens; *nicht wiederzugeben(d) (haarsträubend)* inénarrable.

wieder|geboren ['vi:dər-] *a:* ~ *werden (nur inf)* renaître; **W~geburt** *f* palingénésie; *rel* régénération; *(Wiederverkörperung)* réincarnation; *fig (Wiederaufleben)* renaissance *f; (neue Blüte)* renouveau *m.*

wieder=gewinn|en ['vi:dər-] *tr* regagner, recouvrer, rattraper; récupérer; **W~ung** *f* recouvrement *m;* récupération *f;* ~ *der Funktionsfähigkeit (med)* réadaptation *f* fonctionnelle.

Wiedergewöhnung *f* ['vi:dər-] réaccoutumance *f.*

wieder=grüßen ['vi:dər-] *tr: jdn* ~ rendre son salut à qn.

wieder=gut=mach|en [vi:dər'gu:t-maxən] *tr* ⟨*macht wieder gut, hat wiedergutgemacht*⟩ réparer; *(ausgleichen)* compenser; *(Unrecht)* redresser; *nicht wiedergutzumachen(d)*

irréparable; **W~ung** *f* réparation, indemnisation; compensation *f;* redressement *m;* **W~ungsanspruch** *m* demande *f* en réparation; **W~ungskommission** *f* commission *f* des réparations.

wieder=haben ['vi:dər-] *tr* retrouver, recouvrer; *(nur inf)* ravoir.

wieder=her=richten [--'---] *tr* ⟨*richtet wieder her, hat wiederhergerichtet*⟩ *(wieder in Ordnung bringen)* remettre en état, réparer.

wieder=her=stell|en [--'---] *tr* ⟨*stellt wieder her, hat wiederhergestellt*⟩ rétablir *a. med u. fig;* reconstituer; *(ausbessern)* réparer, remettre en état; *(auffrischen)* restaurer, rénover; *jur (in den vorigen Stand setzen)* restituer; *den Frieden* ~ ramener la paix; *das Gleichgewicht* ~ rétablir l'équilibre; *die Öffentlichkeit der Verhandlung* ~ *(jur)* rétablir la publicité de l'audience; **W~ung** *f* rétablissement *m a. med u. fig;* reconstitution; réparation, remise en état; restauration, rénovation; *jur* restitution *f;* ~ *des früheren Rechtszustandes* restitution *f* en entier; **W~ungsarbeiten** *f pl* travaux *m pl* de réparation, **W~ungsklage** *f jur* action *f* en réintégration; **W~ungskosten** *pl* frais *m pl* de réparation.

wiederhol|bar [vi:dər'ho:l-] *a* réitérable; '**wieder=holen** ⟨*hat wiedergeholt*⟩ *tr* aller rechercher *od* reprendre; **wieder'holen** ⟨*hat wiederholt*⟩ *tr* répéter, réitérer; *(Worte)* redire; *(erneuern; sport; Sieg:* ~) renouveler; *(Aufgabe, Gelerntes)* repasser, réviser; *(zs.fassend)* résumer, récapituler; *sich* ~ se répéter; *(Ereignis)* se reproduire; *e-e Frage* ~ reposer une question; *e-e Klasse* ~ *(Schule)* redoubler une classe; ~**end** [--'--] *a* réitératif; ~**t** [--'-] *a* répété, réitéré; *adv u.: zu* ~**en** *Malen* à plusieurs reprises, maintes fois; **W~ung** *f* [-'--] répétition, réitération *f;* renouvellement *m;* revision, révision *f; (Tätigkeit u. Ergebnis)* récapitulation *f; (Ergebnis)* résumé *m; theat mus* reprise; *radio (e-r Sendung)* retransmission *f; e-e überflüssige* ~ *darstellen* faire double emploi; **W~ungsfall** *m jur: im* ~*e* en cas de récidive; **W~ungsgenauigkeit** *f (Statistik)* fidélité *f;* **W~ungskurs** *m* cours *m* de répétition; **W~ungsstunde** *f (Schule)* (leçon *f* de) répétition *f;* **W~ungszeichen** *n mus* reprise *f.*

Wiederhören *n* ['vi:dər-]: *auf* ~! *(tele)* au revoir! *radio* à la prochaine!

Wiederinbesitznahme *f* [-'zɪts-] reprise *f* de possession.
Wiederinbetriebnahme *f* [-'triːp-] remise *f* en service; *(e-s Schiffes)* réarmement *m*.
Wiederingangsetzung *f* [-'gaŋ-] *tech* remise *f* en marche *od* en route.
Wiederinkraft|setzung *f* [-'kraft-] *jur* remise *f* en vigueur; ~**treten** *n* *jur* rentrée *f* en vigueur.
Wiederinstandsetzung *f* [-'ʃtant-] réparation, remise en état, réfection *f*; ~**skosten** *pl* frais *m pl* de remise en état.
wieder≈käu|en ['viː-dər-] *tr u. itr, a. fig* ruminer, remâcher; *fig fam* rabâcher, ressasser; **W~en** *n* rumination *f; fig fam* rabâchage *m;* **W~er** *m* ⟨-s, -⟩ *pl zoo* ruminants *m pl.*
Wiederkauf *m* ['viː-dər-] rachat; *jur* réméré *m;* **wieder≈kaufen** *tr* racheter; ~**srecht** *n* droit *m* de rachat *od* de réméré; **Wiederkäufer** *m* racheteur *m.*
Wiederkehr *f* ⟨-, ø⟩ ['viː-dɛːr-] retour *m; regelmäßige* ~ périodicité *f;* **wieder≈kehren** ⟨aux: sein⟩ *itr* revenir; *(nach Hause)* rentrer; *fig (sich wiederholen)* se répéter, se reproduire; *die Gelegenheit kehrt nicht wieder* l'occasion ne se présentera plus; **w~end** *a: regelmäßig* ~ périodique.
wieder≈kommen ['viː-dər-] ⟨aux: sein⟩ *itr* revenir; *(zurückkehren)* rentrer; *ich komme gleich wieder* je reviens tout de suite *od* à l'instant; *das kommt nie wieder* on ne reverra plus jamais cela; **W~kunft** *f* ⟨-, ø⟩ *lit* retour *m.*
wieder≈sehen ['viː-dər-] *tr* revoir; **W~** *n* revoir *m; auf* ~*!* au revoir! au plaisir! *auf baldiges* ~*!* à bientôt! à tantôt! à tout à l'heure!
Wiedertäufer *m* ['viː-dər] *rel hist* anabaptiste *m.*
wieder≈tun ['viː-dər-] *tr* faire une seconde fois, répéter; *ich will es nicht* ~ je ne le ferai plus.
wiederum ['viː-dəˈrʊm] *adv (aufs neue)* de nouveau; *(andererseits)* d'autre part; *(dagegen)* par contre.

wieder≈vereinig|en ['viː-dər-] *tr* réunir; *pol* réunifier; **W~ung** *f* réunion *f; pol* réunification *f.*
wieder≈vergelt|en ['viː-dər-] *tr: es jdm* ~ rendre la pareille à qn; **W~ung** *f* revanche *f; (~ungsmaßnahmen)* représailles *f pl; hist jur* talion *m.*
Wiederverheiratung *f* ['viː-dər-] remariage *m.*
Wiederver|kauf *m* ['viː-dər-] revente *f;* ~**käufer** *m* revendeur *m;* ~**käufer-**

rabatt *m* rabais *m* de gros; ~**kaufspreis** *m* prix *m* de revente.
wieder≈verpflicht|en ['viː-dər-], *sich (mil)* se rengager; *arg mil* rempiler; **W~ung** *f mil* rengagement *m.*
wieder≈verwend|bar ['viː-dər-] *a* remployable; **wieder≈verwenden** *tr* remployer; **W~ung** *f* remploi, réemploi *m; (e-r Person)* remise *f* en activité.
wieder≈verwert|en ['viː-dər-] *tr* réutiliser; *(Abfallstoffe)* retraiter, recycler; **W~ung** *f* réutilisation *f;* retraitement, recyclage *m.*
Wiedervorlage *f* ['viː-dər-] *(e-s Schreibens)* nouvelle présentation *f.*
Wiederwahl *f* ['viː-dər-] réélection; *parl* reconduction *f* du mandat.
wiederwähl|bar ['viː-dər-] *a* rééligible; **W~barkeit** *f* rééligibilité *f;* **wieder≈wählen** *tr* réélire *(zum Abgeordneten* député).
wieder≈zu≈lass|en [-'tsuː-] *tr* ⟨läßt wieder zu, hat wiederzugelassen⟩ *adm* réadmettre; **W~ung** *f* réadmission *f.*
wieder≈zusammen≈treten [-'tsa-] *itr* ⟨sie treten wieder zusammen, sind wiederzusammengetreten⟩ se réunir, se rassembler; **W~** *n: das* ~ *des Parlaments (nach den Ferien)* la rentrée parlementaire.
wieder≈zu≈stell|en [-'tsuː-] *tr* ⟨stellt wieder zu, hat wiederzugestellt⟩ *(Postsendung)* retourner, remettre; **W~ung** *f* retour *m,* remise *f.*
wiefern [viː'fɛrn] *adv = inwiefern.*
Wiege *f* ⟨-, -n⟩ ['viː-gə] *(a. fig: Ursprungsort)* berceau *m; von der* ~ *bis zur Bahre* du berceau à la tombe; *in der* ~ *liegen* être au berceau; *s-e* ~ *stand in Köln* il est né à Cologne; ~**balken** *m* traverse *f* mobile; ~**messer** *n* hachoir; *(für Gemüse)* hache-légumes *m;* **w~n** **1.** ⟨wiegt, wiegte, hat gewiegt⟩ *tr (sanft schaukeln, bes. Kind)* bercer; balancer; *(Küche: fein schneiden)* hacher; *sich in Hoffnungen* ~ se bercer d'espoirs; *sich in Sicherheit* ~ se croire en sûreté; *sich (in den Hüften)* ~ se déhancher, se dandiner; *den Kopf (hin und her)* ~ dodeliner la tête; *in den Schlaf* ~ bercer, endormir en berçant; *sich auf den Wellen* ~ se balancer sur les vagues; ~**n** *n* **1.** bercement, balancement *m;* ~**ndruck** *m* ⟨-(e)s, -e⟩ *typ (Inkunabel)* incunable *m;* ~**nfest** *n poet (Geburtstag)* anniversaire *m;* ~**nlied** *n* berceuse *f.*
Wiege|automat *m* ['viː-gə-] distributeur *m* pour la pesée; ~**gebühr** *f,* ~**geld** *n* droit *m* de pesage; **w~n** **2.**

‹*wiegt, wog, hat gewogen*› [vo:k/-gən]
itr (ein Gewicht haben) peser, avoir
un poids de; *tr* peser; *(auf der Goldwaage)* trébucher; *gut (reichlich)* ~
peser bon poids; *knapp* ~ peser juste; *schwer* ~ *(fig)* avoir *od* peser du
poids; *nicht schwer* ~ *(fig)* être de
peu de poids; ~**n** *n* **2.** pesage *m*,
pesée *f;* ~**platz** *m sport* pesage *m;*
~**schein** *m,* ~**zettel** *m* bulletin *m od*
fiche *f* de pesage; ~**stempel** *m* timbre *m* de pesage.

wiehern ['vi:ərn] *itr* hennir; *fig fam
(laut lachen)* rire bruyamment *od*
aux éclats; ~**de(s) Gelächter** *n* éclats
m pl de rire; **W**~ *n* hennissement *m.*

Wien *n* [vi:n] *geog* Vienne *f;* ~**er** =
~**erisch;** ~ *Schnitzel* *n* escalope *f*
viennoise; ~ *Walzer* *m* valse *f* viennoise; ~ *Würstchen* *n pl* saucisses *f
pl* à l'ail; ~**er(in** *f) m* ‹-s, -› Viennois,
e *m f;* **w**~**erisch** ['vi:nərɪʃ] *a* viennois, de Vienne.

wienern ['vi:nərn] *tr fam (putzen)* astiquer; **W**~ *n arg mil* astiquage *m.*

Wiese *f* ‹-, -n› ['vi:zə] pré *m; (~nland)*
prairie *f;* ~**nblume** *f* fleur *f* des prés;
~**ngrund** *m* vallon *m* herbeux;
~**nralle** *f* ‹-, -n› ['-'ralə] *orn* râle *m*
des genêts; ~**nschaumkraut** *n bot*
cardamine *f* des prés; ~**ntal** *n* vallée
f herbeuse.

Wiesel *n* ‹-s, -› ['vi:zəl] *zoo* belette *f;
flink wie ein* ~ vif comme un écu-
reuil.

wieso [vi:'zo:] *adv (fragend)* comment
(cela)? pourquoi? *pop* comme quoi?
(e-n indirekten Fragesatz einleitend)
comment, pourquoi; ~ *denn?* comment donc?

wieviel [-'-/'--] *adv (fragend)* combien
(de)? *(ausrufend, a.)* que (de) …!~
angenehmer wäre es? que *od* comme
ce serait plus agréable! ~ *Uhr ist es?*
quelle heure est-il? ~**mal** *adv* combien de fois? ~**te** *a: der, die* ~ quel,
le; *der* ~ *sind Sie?* quelle place avez-
-vous? *den* ~**n** *haben wir (heute)?*
(fam) le combien *od* quel jour sommes-nous?

wieweit [vi:'vaɪt] *adv = inwieweit.*

wiewohl [vi:'vo:l] *conj (obwohl, obgleich)* quoique, bien que, *lit* encore
que *subj.*

wild [vɪlt] *a (in der Natur lebend od
vorkommend; Gegend: vom Men-
schen unberührt)* sauvage; *(unge-
zähmt, scheu)* farouche; *(ungepflegt)*
inculte, désordonné, peu soigné; *(roh)*
grossier, barbare, non civilisé; *(blut-
gierig; grimmig)* féroce; *(heftig, leidenschaftlich)* violent, fougueux;
(ungestüm, tobend) impétueux, tu-

multueux, turbulent; *(zügellos, entfes-
selt)* effréné, déchaîné; *(toll)* extravagant, insensé, fou; *(wütend)* enragé,
furieux; ~ *drauflosfahren* foncer (à
toute allure); ~ *machen (Tier)* effaroucher; *(Menschen wütend machen)* faire enrager, mettre en colère;
~ *um sich schlagen* distribuer les
coups à l'aveuglette; *auf etw* ~ *(versessen) sein (fam)* être acharné à qc,
être enragé *od* fou de qc; ~ *wachsen*
pousser à l'état sauvage; ~ *werden
(sich aufregen)* s'irriter, s'emporter;
enrager; *(a. Pferd)* s'emballer; ~*e(r)
Blick* *m* regard *m* farouche *od* féroce; ~*e Deponie* *f* dépotoir *m* sauvage; ~*e Ehe* *f* union *f* libre; ~*e(s)
Fleisch* *n (med)* excroissance *f* de
chair; ~*e Flucht* *f* fuite *f* précipitée
od éperdue; *die W~e Jagd (Mythologie)* la chasse infernale; ~*e(r) Streik*
m grève *f* non-organisée, sauvage;
~*e(r) Wein* *m (bot)* vigne *f* vierge;
~*e(s) Zelten n* camping *m* sauvage;
W~ *n (Jagdtiere)* gibier *m;* = ~**bret;**
Stück ~ pièce *f* de gibier; **W**~**bach**
m torrent *m;* **W**~**bahn** *f* terrain *m*
de chasse; **W**~**bret** *n* ‹-s, ø› ['-brɛt]
gibier *m,* venaison *f;* **W**~**dieb** *m* braconnier *m;* **W**~**dieberei** *f* braconnage *m;* **W**~**ente** *f* canard *m* sauvage;
W~**e(r)** *m (Kulturloser)* sauvage;
parl indépendant *m; wie ein* ~*er*
comme un fou; *wie ein* ~*er laufen*
courir comme un dératé; **W**~**erer** *m*
‹-s, -› braconnier *m;* ~**ern** *itr* bracon-
ner; ~*de(r) Hund* *m* chien *m* errant;
W~**ern** *n* braconnage *m;* **W**~**esel** *m*
onagre *m;* **W**~**fang** *m fig (Junge)*
petit diable, diablotin *m; (Mädchen)*
petite diablesse *f;* ~**fremd** *a* tout à
fait étranger; parfaitement inconnu;
er ist mir ~ *(a.)* je ne le connais ni
d'Ève ni d'Adam; **W**~**gans** *f* oie *f*
sauvage; **W**~**geruch** *m* goût *m* de
faisandé; **W**~**heger** *m* garde-chasse
m; **W**~**heit** *f* ‹-, ø› nature *f od* état *m*
sauvage, sauvagerie; barbarie; féro-
cité; violence, fougue; impétuosité;
turbulence *f;* déchaînement *m;* extravagance, folie; rage, fureur *f;*
W~**katze** *f* chat *m* sauvage; **W**~**leder** *n* peau *f* de) daim *od* (de) chamois *m;* **W**~**lederhandschuhe** *m pl*
gants *m pl* de *od* en daim; **W**~**leder-
schuhe** *m pl* chaussures *f pl* de *od*
en daim; **W**~**ling** *m* ‹-s, -e› *zoo* animal sauvage; *bot* sauvageon *m;*
W~**nis** *f* ‹-, -sse› [-nɪs, -ə] contrée *f*
déserte *od* sauvage; désert *m;*
W~**park** *m* parc *m* giboyeux; ~**reich**
a giboyeux; **W**~**reichtum** *m* richesse *f* en gibier; **W**~**sau** *f* laie *f;*

W~schaden *m* dégâts *m pl* du gibier; **W~schwein** *n* sanglier *m;* **W~schweinjagd** *f* chasse *f* au sanglier; **~wachsend** *a* bot sauvage, agreste; **W~wechsel** *m* passée *f* de gibier; **W~westfilm** *m* western *m.*

Wilhelm *m* ['vɪlhɛlm] Guillaume *m.*

Wille *m* ⟨-ns, (-n)⟩ ['vɪlə] volonté *f; (Wollen)* vouloir *m; (Absicht)* intention *f,* dessein; *(Wunsch)* désir; *(Belieben)* gré; *(Einwilligung)* consentement *m; aus freiem ~n* de bon *od* plein gré, de son propre chef; *beim besten ~n* avec la meilleure volonté (du monde); *gegen od wider meinen ~n* contre ma volonté *od* mon gré, malgré moi; *mit ~n (absichtlich)* à dessein, exprès, délibérément, intentionnellement; *nach jds ~n* selon la volonté, au gré de qn; *ohne jds ~n (Wissen) od ~n* sans le consentement de qn; *trotz besten ~ns* avec la meilleure volonté du monde; *wider ~n* malgré moi *etc,* à mon *etc* corps défendant; *jdm s-n ~n aufzwingen* faire *od* dicter la loi à qn; *auf s-m ~n bestehen, beharren* s'obstiner, s'entêter; *s-n ~n durchsetzen* arriver *od* parvenir à ses fins; *s-n eigenen ~n haben* faire à sa guise; *jdm s-n ~n lassen* laisser faire qn à sa guise; *jdm zu ~n sein* faire les volontés de qn; *jdm s-n ~n tun* faire les quatre volontés de qn; *(s-n) guten ~n zeigen* y mettre de la *od* faire acte de bonne volonté; *ich kann mich beim besten ~n nicht erinnern* je ne puis me souvenir avec la meilleure volonté du monde; *du sollst deinen ~n haben* ce sera comme tu voudras; *er hat keinen eigenen ~n* il n'a pas de volonté, il va comme on le pousse; *es ging alles nach Wunsch und ~n* tout s'est passé pour le mieux; *tu mir doch den ~n!* fais-moi donc ce plaisir! *Dein ~ geschehe! (rel)* que ta volonté soit faite! *wo ein ~ ist, ist auch ein Weg (prov)* vouloir, c'est pouvoir; *freie(r) ~ (philos)* libre arbitre *m; gute(r), böse(r) ~* bonne, mauvaise volonté *f; der Letzte ~ (jur)* les dernières volontés *f pl,* la volonté dernière; *ein Mensch guten ~ns* un homme de bonne volonté; *der ~ zur Macht (psych)* la volonté de puissance; **~n** *m = ~;* **w~n:** *um ... ~ (prp gen)* à cause de: *um des lieben Friedens ~* pour avoir la paix; *ums Himmels ~!* au nom du ciel! pour l'amour de Dieu! **w~nlos** *a* sans volonté; *scient* aboulique; *(unentschlossen)* irrésolu, indécis; *(wankelmütig)* flottant; *(untätig)* passif; *(gefügig)* docile; *~ um-*

hergetrieben werden (fig) aller à la dérive; *~e(r) Mensch m (a.)* pâte *od* cire *f* molle; *~e(s) Werkzeug n* instrument *m* docile; **~nlosigkeit** *f* ⟨-, ø⟩ manque *m* de volonté; *scient* aboulie; irrésolution, indécision; passivité; docilité *f;* **w~ns** *a: ~ sein, etw zu tun* avoir l'intention de faire qc; **~nsakt** *m* acte *m* de volonté; *philos* volition *f;* **~nsäußerung** *f* manifestation *f* de volonté; **~nserklärung** *f* déclaration *f* de volonté; **~nsfreiheit** *f philos* libre arbitre *m;* **~nsimpuls** *m psych* impulsion *f* volitive; **~nskraft** *f* ⟨-, ø⟩ force de volonté *od* caractère, énergie *f;* **~nslähmung** *f* inhibition *f* de la volonté; **~nsregung** *f* velléité *f;* **w~nsschwach** *a* faible, qui a peu de caractère; **~nsschwäche** *f* ⟨-, ø⟩ volonté *f* faible; **w~nsstark** *a* énergique; **~nsstärke** *f* = **~nskraft; w~ntlich** *adv* = *mit ~n.*

will|fahren ⟨willfahrte; gewillfahrt/ willfahrt⟩ [vɪl'faːrən, -'vɪl-] *itr* acquiescer *(jdm* à qn); *jds Wunsch ~* déférer *od* acquiescer au désir de qn; **~fährig** [-'--/'---] *a (nachgiebig)* déférent; *(gefällig)* accommodant, obligeant, complaisant; *(gefügig)* docile; **W~fährigkeit** *f* ⟨-, ø⟩ déférence; obligeance, complaisance; docilité *f; ~ig* *a* de bonne volonté; *(folgsam)* obéissant, docile; *(geneigt)* (bien) disposé *(etw zu tun* à faire qc); *adv* de bonne volonté *od* grâce, de bon cœur, volontiers; **~igen** *itr: in etw ~* consentir à qc; **W~igkeit** *f* ⟨-, ø⟩ bonne volonté *od* grâce; *(Folgsamkeit)* docilité *f; (Eifer)* empressement *m;* **W~komm** *m* ⟨-s, -e⟩ ['--'] = *W~kommen;* **~kommen** [-'--'] *a (Person)* bienvenu; *(Sache)* (qui vient) à propos, agréable; *jdn ~ heißen* souhaiter la bienvenue à qn; *(sehr) ~ sein (Sache)* venir (fort) à propos; *das ist mir sehr ~* cela m'arrive à propos *od* cela fait bien mes affaires; *herzlich ~!* soyez le (la) bienvenu(e)! *seien Sie ~!* soyez le bienvenu! **W~kommen** *n, a. m* ⟨-s, -⟩ bienvenue *f;* **W~kommensgruß** *m* souhaits *m pl* de bienvenue; **W~kür** *f* ⟨-, ø⟩ ['--'] arbitraire; *(Belieben)* bon plaisir, gré *m; jds ~ überlassen od preisgeben sein* être à la merci de qn; *jdn jds ~ überlassen* laisser *od* abandonner *od* mettre qn à la merci de qn; **W~kürakt** *m* acte *m* arbitraire; **W~kürherrschaft** *f* despotisme *m,* tyrannie *f; ~kürlich* ['---'] *a* arbitraire; *adv* arbitrairement; *~ entschei-*

den décider arbitrairement; ~ *handeln (a.)* n'avoir pas de loi.

wimmeln ['vɪməln] *itr (Lebewesen)* pulluler; *(Ort von Lebewesen)* grouiller, fourmiller *(von* de); pulluler; *hier wimmelt es von Ameisen* ici les fourmis pullulent; *der Platz wimmelt von Menschen (a.)* la place est noire de monde.

wimmern *itr* ['vɪmərn] vagir; gémir, geindre; **W~** *n* vagissements; gémissements *m pl.*

Wimpel *m* ⟨-s, -⟩ ['vɪmpəl] fanion *m*, banderole; *mar* flamme *f;* guidon *m.*

Wimper *f* ⟨-, -n⟩ ['vɪmpər] *anat, bot* cil *m; ohne mit der* ~ *zu zucken (fig)* sans sourciller; ~**ntusche** *f* mascara *m.*

Wimperg *m* ⟨-(e)s, -e⟩ ['vɪmpɛrk, -gə] *arch* gable, gâble *m.*

Wind *m* ⟨-(e)s, -e⟩ [vɪnt, '-də] vent; *physiol (Blähung)* vent, pet *m,* flatulence *f; bei* ~ *und Wetter* par tous les temps; *wie der* ~ *(blitzschnell)* comme l'éclair *od* un éclair; *den* ~ *abfangen (mar)* couper le vent; ~ *von etw bekommen (fig)* avoir vent de qc; *sich im* ~ *blähen (Segel)* prendre le vent; *im* ~ *flattern* flotter au vent; *günstigen* ~ *od den* ~ *im Rücken haben* avoir un vent favorable *od* vent arrière; *den* ~ *gegen sich haben* avoir vent debout; *s-n Mantel od sein Mäntelchen nach dem* ~ *hängen (fig)* tourner comme une girouette, écouter d'où vient le vent; *mit dem* ~ *im Rücken jagen* chasser à vau-vent; ~ *machen (fig fam: wichtig tun)* faire du vent *od* de l'esbroufe; *jdm den* ~ *aus den Segeln nehmen (fig)* couper l'herbe sous le pied à qn; *dem* ~ *preisgegeben sein (mar)* flotter au gré du vent; *in den* ~ *reden (fig)* parler en l'air, prêcher dans le désert; *das ist alles in den* ~ *geredet* autant en emporte le vent; *etw in den* ~ *schlagen (fig)* jeter qc au vent, se jouer *od* se moquer *od* faire fi de qc; *mit dem* ~ *segeln* filer vent arrière; *gegen den* ~ *segeln* aller contre le vent, louvoyer; *vor dem* ~ *segeln* être sous le vent; *in alle* ~*e zerstreuen* semer à tous vents, disperser aux quatre points cardinaux *od* aux quatre coins du monde; *der* ~ *flaut ab* le vent mollit; *der* ~ *frischt auf* le vent fraîchit; *der* ~ *kommt von Osten* nous avons du vent d'est; *der* ~ *legt sich* le vent tombe; *der* ~ *springt um* le vent tourne; *es weht ein starker* ~ il fait grand vent; *das ist* ~ *in s-e Segel (fig)* cela apporte de l'eau à son moulin, c'est du beurre dans ses épi-

nards; *was für* ~ *haben wir?* quel vent avons-nous? *wer* ~ *sät, wird Sturm ernten (prov)* (celui) qui sème le vent, récolte la tempête; *absteigende(r), aufsteigende(r)* ~ *(aero)* vent *m* catabatique, anabatique; *böige(r)* ~ vent *m* à rafales; *frische(r)* ~ *(fig)* vent *m* froid; *steife(r)* ~ *(mar)* grand frais *m; umspringende(r)* ~ sautes *f pl* de vent; *widrige(r)* ~ vent *m* contraire *od* debout; *dem* ~ *ausgesetzt* exposé au vent; ~**angriffsfläche** *f* surface *f* frappée par le vent; ~**antrieb** *m tech* commande *f* par moulinet à vent; ~**ausnutzung** *f* utilisation *f* du vent; ~**beutel** *m (Gebäck)* chou *m* (à la crème); *fig (Mensch)* évaporé, écervelé; fanfaron, hâbleur; *fam* fumiste *m;* ~**beutelei** *f* fanfaronnade, hâblerie; *fam* fumisterie *f;* ~**bruch** *m (im Wald)* chablis *m;* ~**büchse** *f (Luftgewehr)* fusil *m od* carabine *f* à air comprimé; ~**drehung** *f* changement *m* de vent; ~**druck** *m* pression *f* du vent; ~**ei** *n (Vogelei mit weicher Schale)* œuf *m* sans coquille; **w~en 1.** *itr impers: es windet (ist windig)* il fait du vent; *(Jagd)* prendre le vent; flairer; ~**energie** *f* énergie *f* éolienne; ~**eseile** *f: in od mit* ~ comme le vent, à tire-d'aile(s), comme une traînée de poudre; ~**fahne** *f* girouette *f;* anémoscope *m;* ~**fang** *m (e-r Außentür)* tambour; *(Jägersprache: Nase)* mufle *m;* ~**flügel** *m tech* aile *f* à vent; **w~gepeitscht** *a* battu des vents; **w~geschützt** *a* à l'abri du vent; ~**geschwindigkeit** *f* vitesse *f* du vent; ~**hauch** *m* souffle *m* de vent; ~**hose** *f mete* trombe *f,* tourbillon *m* de vent; tornade *f;* ~**hund** *m zoo* lévrier; *fig fam (leichtfertiger Mensch)* écervelé, étourneau *m,* tête *f* en l'air; ~**hundrennen** *n* course *f* de lévriers; **w~ig** ['-dɪç] *a* venteux; *(Ort)* éventé, exposé au vent; *fig (Mensch: unzuverlässig)* peu solide, éventé; *(Worte: leer, nichtig)* vide, creux; *(unsicher, heikel)* dangereux, précaire; *es ist* ~ il fait du vent; *ein* ~*er Tag* un jour de grand vent; ~**jacke** *f* anorak *m;* ~**kanal** *m tech* soufflerie *f,* tunnel aérodynamique; *(der Orgel)* porte-vent *m;* ~**karte** *f mete, mar* carte *f* des vents; ~**kasten** *m (der Orgel)* sommier *m;* ~**kraft** *f* énergie *f* éolienne; ~**licht** *n (Sturmlaterne)* lampe *f* tempête; ~**löcher** *n pl* venteaux *m pl;* ~**messer** *m* ⟨-s, -⟩ anémomètre *m;* ~**motor** *m* éolienne *f;* ~**mühle** *f* moulin *m* à vent; ~**mühlenflügel** *m* aile *f* de moulin à vent; ~**mühlenflugzeug** n autogire m; ~**pocken** pl med varicelle f; ~**rad** n (roue) éolienne f; ~**richtung** f direction f du vent; ~**röschen** n ['-rø:sçən] bot anémone f; ~**rose** f mete rose f des vents; ~**sack** m (des Dudelsacks) poche à air; aero manche f à vent od à air; ~**sbraut** f ‹-, ø› (Sturm) rafale, bourrasque f; ~**schacht** m mines avaleresse f; ~**schatten** m mar côté m abrité du vent; im ~ à l'abri du vent; **w~schief** a fam (verzogen) déjeté, gauchi, déformé; ~ werden se déjeter, gauchir, se déformer; ~**schirm** m paravent, brise-vent m; **w~schnittig** a tech mot aérodynamique; ~**schutz** m abri contre le vent, abrivent m; ~**schutzscheibe** f mot pare-brise m; ~**seite** f côté du od exposé au vent; mar lof m; ~**spiel** n = ~hund; ~**stärke** f force f du vent; ~**stärkenskala** f échelle f anémométrique; **w~still** a calme; es ist ~ il fait un temps calme; ~**stille** f calme m; bei ~ par vent nul; kurze ~ (mar) accalmie, embellie f; völlige ~ calme m plat; ~**stoß** m coup m de vent; rafale, bourrasque f; ~**surfbrett** n ['-zɔrf-] planche f à voile; ~**surfen** n ['-zɔrfən] planche f à voile; **w~surfen** itr faire de la planche à voile; ~**surfer** m ['-zɔrfər] véliplanchiste m; ~**verhältnisse** n pl régime m des vents; **w~wärts** adv mar du côté du vent, au lof; ~**wechsel** m changement m de vent; plötzliche(r) ~ saute f de vent; ~**wirkung** f action f du vent.

Wind|e f ‹-, -n› ['vɪndə] tech cric, vérin, treuil, guindal; mar cabestan, (kleinere) guindeau; (Garnwinde) dévidoir; bot liseron, volubilis m; ~**eisen** ['vɪnt-] n tech tourne-à-gauche m; **w~en** ‹windet, wand, hat gewunden› [vant/-dən, -'vʊndən] **2.** tr tordre; (mehrfach) tortiller; (Kränze) faire, tresser; (Garn: abhaspeln) dévider; jdm etw aus den Händen ~ arracher qc des mains de qn; sich ~ se tordre (vor Schmerz de douleur); (hin u. her) se tortiller; fig tortiller; (Fluß, Weg) serpenter; décrire des méandres (durch par); um etw enlacer qc; s'enrouler autour de qc; fig (e-r S auszuweichen suchen) chercher à éluder qc; ein Band um etw ~ envelopper qc d'un ruban; Blumen zu e-m Kranz ~ tresser une couronne de fleurs; sich drehen und ~ (um sich loszureißen) se débattre; fig se démener comme un diable dans un bénitier od comme un beau diable; sich

schraubenförmig ~ aller en spirale; sich wie ein Wurm ~ se tortiller comme un ver; ~**enschlepp** m ‹-(e)s, -e› (Segelflug) lancement m au treuil; ~**entrommel** f tech tambour m; ~**ung** f (Tätigkeit) entortillement; (beim Aufwickeln) enroulement; (Krümmung) (re)tour, repli m, sinuosité f; (e-s Flusses) méandre; (e-r Schlange) anneau m; anat (Darm-, Gehirnwindung) circonvolution; tech (e-r Spirale, a. el) spire f; (Schraubengang) pas m; pl (e-s Flusses, e-r Straße) détours m pl; ~**ungszahl** f el nombre m des spires.

Windel f ‹-, -n› ['vɪndəl] lange m, couche f; a. pl maillot m; in den ~n liegen être au maillot; noch in den ~n liegen (fig fam) être encore au maillot; ~**höschen** n couche-culotte f; ~**kind** n enfant au maillot, poupard, poupon m; **w~weich** a fig: jdn ~ prügeln od schlagen battre qn comme plâtre.

Wingert m ‹-s, -e› ['vɪŋərt] (Weingau) vignoble m.

Wink m ‹-(e)s, -e› [vɪŋk] signe; (Geste) geste m; fig (Hinweis) indication f, avertissement, avis; fam (Tip) tuyau m; auf e-n ~ à un signe; auf den ersten ~ au premier signe; jdm e-n ~ geben faire signe à qn (mit den Augen du regard); fig avertir qn, donner l'éveil à qn; fam donner un tuyau à qn; jdm e-n ~ mit dem Zaunpfahl geben laisser entendre d'une manière non déguisée, (fam) donner un grand coup de coude à qn; auf e-n ~ gehorchen obéir au doigt et à l'œil; leise(r), zarte(r) ~ allusion f discrète, délicate; ~ mit dem Zaunpfahl (fam) allusion f transparente od claire et nette; praktische ~e pl indications f pl pratiques; **w~en** itr faire (des) signe(s) (jdm à qn; mit etw de qc); (mit den Augen) cligner de l'œil (jdm à qn); mil signaler; fig (in Aussicht stehen) attendre (jdm qn); s'offrir (jdm à qn); tr: jdn zu sich ~ faire signe à qn d'approcher; Stillschweigen ~ faire signe de se taire (jdm à qn); mit dem Taschentuch ~ agiter le mouchoir; mit dem Zaunpfahl ~ (fam) donner un grand coup de coude; ~**en** n mil transmission f optique od visuelle; ~**er** m ‹-s, -› mil mar (Mann) signaleur m; mot (Fahrtrichtungsanzeiger) flèche f; indicateur m de direction; ~**erflagge** f fanion m de signalisation; ~**erkelle** f, ~**erscheibe** f panneau m de signalisation; ~**erstab** m bâton m de signaleur; ~**ertrupp** m mil équipe f des signaleurs; ~**verbin-**

dung *f* communication *f* par signaux optiques; ~**zeichen** *n* signal *m* optique; ~ **geben** faire des signaux optiques.

Winkel *m* ⟨-s, -⟩ ['vɪŋkəl] *(Ecke)* coin; *bes. math* angle; *mil (Gradabzeichen)* chevron *m; tech (~maß)* équerre *f* (métallique); *(Krümmung, bes. e-s Rohres)* coude; *(dunkler, stiller ~)* (re)coin, réduit; *(versteckter ~, Schlupfwinkel)* recoin *m; im fernsten ~ der Pyrenäen* au fin fond des Pyrénées; *im verborgensten ~ des Herzens* dans les recoins od replis du cœur; *den ~ anlegen (tech)* mesurer à l'équerre *(an etw* qc); *in den ~ bringen (tech)* équerrer; *im ~ sitzen (fig)* être délaissé; *fam* être mis au rancart; *in allen Ecken und ~n suchen* chercher dans tous les coins et recoins; *einspringende(r), vorspringende(r) ~ (arch)* angle *m* rentrant, saillant; *entlegene(r) ~* coin *m* retiré od perdu; *malerische(r) ~* coin *m* pittoresque; *spitze(r), rechte(r), stumpfe(r) ~* angle *m* aigu, droit, obtus; *tote(r) ~ (mil)* angle *m* mort; ~**advokat** *m pej* avocat marron, avocaillon *m;* ~**eisen** *n tech (Profileisen)* équerre de od en fer, cornière *f;* ~**funktion** *f math* fonction *f* circulaire od trigonométrique; ~**haken** *m typ* composteur *m;* ~**halbierende** *f math* bissectrice *f;* ~**maß** *n tech* équerre *f* (métallique); ~**messer** *m* ⟨-s, -⟩ *math (Gerät)* rapporteur; *(des Feldmessers)* graphomètre, goniomètre *m;* ~**messung** *f math* goniométrie *f;* ~**peiler** *m* goniomètre *m;* ~**prisma** *n* équerre *f* à prisme; ~**rechnung** *f math* goniométrie *f;* **w~recht** *a* = *rechtwink(e)lig;* ~**summe** *f math* somme *f* des angles; ~**züge** *m pl* détours *m pl,* tergiversations *f pl,* subterfuges, faux--fuyants, biais *m pl;* ~ **machen** prendre des détours, chercher des faux-fuyants, tergiverser, biaiser, louvoyer; **wink(e)lig** *a* anguleux.

winseln ['vɪnsəln] *itr* gémir; *(jammern)* geindre; pousser des cris plaintifs; **W~** *n* gémissements *m pl.*

Winter *m* ⟨-s, -⟩ ['vɪntər] hiver *m; zu Anfang des ~s* à l'entrée de l'hiver; *im ~* en hiver; *mitten im ~* au millieu od au cœur de l'hiver, en plein hiver, au plus fort de l'hiver; *den ~ über* durant l'hiver; *den ~ überstehen* résister à l'hiver; *rauhe(r) ~* hiver *m* rude; *strenge(r) ~* hiver *m* rigoureux; ~**abend** *m* soirée *f* d'hiver; ~**apfel** *m* pomme *f* d'hiver; ~**aster** *f bot*

marguerite *f* de la Saint-Michel; ~**aufenthalt** *m (von Tieren)* hivernage; *(von Urlaubern im Gebirge)* séjour *m* de neige; ~**ausrüstung** *f* équipement *m* d'hiver; ~**bedarf** *m* provisions *f pl* d'hiver; *s-n ~ an Kohlen decken* faire provision de charbon pour l'hiver; ~**bestellung** *f agr* hivernage *m;* ~**birne** *f* poire *f* d'hiver; ~**fahrplan** *m,* ~**flugplan** *m* horaire od service *m* d'hiver; ~**feldzug** *m* campagne *f* d'hiver; **w~fest** *a* = *w~hart;* ~**fremdenverkehr** *m* tourisme *m* d'hiver; ~**frische** *f* séjour *m* de neige; ~**garten** *m* jardin d'hiver; ~**gast** *m* hivernant *m;* ~**gerste** *f agr* escourgeon *m;* ~**getreide** *n* blé d'hiver, semis d'automne; ~**haar** *n* zoo poil od pelage *m* od toison *f* d'hiver; ~**hafen** *m mar* port d'hiver, hivernage *m;* ~**halbjahr** *n (Schule)* semestre *m* d'hiver; **w~hart** *a bot* hiémal; ~**kälte** *f* froid *m* de l'hiver, froidure *f;* ~**kleid** *n* zoo = ~**haar;** ~**kleidung** *f* vêtements *m pl* d'hiver; ~**kohl** *m* chou *m* vert; ~**kurort** *m* station *f* d'hiver; ~**landschaft** *f* paysage *m* d'hiver; **w~lich** *a* d'hiver, hivernal; ~**mantel** *m* manteau *m* d'hiver; ~**mode** *f* mode *f* d'hiver; **w~n** *itr impers: es wintert* c'est l'hiver; ~**obst** *n* fruits *m pl* de garde; ~**quartier** *n mil* quartiers *m pl* d'hiver; *die ~e beziehen* prendre ses quartiers d'hiver; ~**reifen** *m* mot pneu-neige *m;* **w~s** *adv* durant l'hiver; ~**saat** *f agr* semailles *f pl* d'automne; ~**sachen** *f pl* = ~**kleidung;** ~**schlaf** *m* zoo sommeil *m* hibernal, hibernation *f; (den) ~ halten* hiberner; ~**schlußverkauf** *m* soldes *m pl* d'hiver; ~**sonnenwende** *f* solstice *m* d'hiver; ~**spiele** *n pl: Olympische ~* jeux *m pl* Olympiques d'hiver; ~**sport** *m* sports *m pl* d'hiver; *in den ~ fahren* aller aux sports d'hiver; ~**sportler** *m* amateur *m* de sports d'hiver; ~**stürme** *m pl* ouragans *m pl* hivernaux; **w~süber** *adv* = *w~s;* ~**(s)zeit** *f* hiver *m; zur ~* en hiver; ~**tag** *m* jour *m* d'hiver; ~**vorrat** *m* provisions *f pl* pour l'hiver; ~**weizen** *m* blé *m* d'hiver; ~**wetter** *n* temps *m* d'hiver; ~**zeit** *f adm* heure *f* d'hiver; = ~**(s)zeit.**

Winzer *m* ⟨-s, -⟩ ['vɪntsər] vigneron; viticulteur *m;* ~**fest** *n* fête *f* des vendanges; ~**genossenschaft** *f* coopérative *f* viticole; ~**messer** *n* serpette *f.*

winzig ['vɪntsɪç] *a* tout od très petit, minuscule; exigu, infime, minime; *(unbedeutend)* insignifiant; ~**e(s) Männ-**

chen n petit bout *m* d'homme; **W~keit** *f* ‹-, ø› extrême petitesse; exiguïté *f*.
Wipfel *m* ‹-s, -› ['vɪpfəl] *(e-s Baumes)* cime, tête *f*.
Wipp|e *f* ‹-, -n› ['vɪpə] *(Schaukelbrett)* balançoire, bascule *f*; **w~en** *itr* basculer, se balancer; *tr* faire basculer, balancer; *mit dem Schwanz* ~ *(Vogel)* balancer la queue; **~en** *n hist (Strafe)*, **~galgen** *m* estrapade *f*; **~kran** *m* grue *f* à volée variable; **~tisch** *m tech* table *f* basculante.
wir [viːr] *pron* nous; *(betont)* nous autres; ~ *beide* nous deux; ~ *Deutschen pl* nous autres Allemands; ~ *selbst* nous-mêmes; ~ *sind es* c'est nous.
Wirbel *m* ‹-s, -› ['vɪrbəl] *(schnelle Kreisbewegung)* tournoiement, tourbillonnement; *a. fig* tourbillon; *(Strudel)* tourbillon, tournant, remous; *(Haarwirbel)* épi *m* (de cheveux); *anat (~knochen)* vertèbre; *(Saitenspanner)* cheville, clé *f*; *(Trommelwirbel)* roulement *m* (de tambour); *im* ~ *der Gefühle* dans le trouble des sentiments; *vom* ~ *bis zur Zehe* des pieds à la tête, de pied en cap; **~bewegung** *f* mouvement *m* tourbillonnant; **~bildung** *f* formation *f* de tourbillons; **~kanal** *m anat* canal *m* rachidien; **~kasten** *m (e-s Saiteninstrumentes)* chevillier *m*; **~knochen** *m anat* vertèbre *f*; **~loch** *n anat* trou *m* rachidien; **w~los** *a zoo* invertébré; **~e** *Tiere n pl* invertébrés *m pl*; **w~n** *itr* ‹aux: sein› tournoyer, tourbillonner; ‹aux: haben› *(Trommel)* rouler; *mir wirbelt der Kopf* ma tête me tourne; **~säule** *f anat* colonne vertébrale, épine *f* dorsale; *scient* rachis *m*; **~säulenverkrümmung** *f med* lordose *f*; **~strom** *m el* courant *m* parasite *od* de Foucault; **~sturm** *m* cyclone *m*, tornade *f*; *(Taifun)* typhon *m*; **~tiere** *n pl* vertébrés *m pl*; **~wind** *m* tourbillon *m*; rafale *f*; *wie ein* ~ *dahergefegt kommen (fig: Mensch)* arriver en trombe; **wirb(e)lig** *a (~nd)* tourbillant, tournoyant; *fig (schwindlig)* vertigineux.
wirk|en ['vɪrkən] *tr (herstellen, bes. Textilien)* faire, produire, fabriquer; *(weben)* tisser; *fig (tun, herbeiführen, erzielen)* faire, produire, avoir comme résultat; *itr (tätig sein, bes. beruflich)* travailler; ~ *als* exercer le métier *od* la fonction de, être; *(e-e W~ung erzielen, Einfluß haben)* agir, opérer, avoir *od* faire *od* produire de l'effet, avoir de l'influence, influer *(auf* sur); être efficace; *(Eindruck machen)* faire de l'impression;

auf jdn faire de l'impression sur qn, impressionner qn; *wie etw* faire l'effet de qc; *als Arzt* ~ exercer la médecine; *durch (sein) gutes Beispiel* ~ donner l'exemple; *beruhigend* ~ être calmant; calmer; *aus der Ferne, Nähe* ~ agir à distance, de près; *Großes* ~ faire de grandes choses; *gut, schlecht* ~ faire *od* produire bon, mauvais effet; *Gutes od Segensreiches* ~ faire du bien; *modern* ~ faire moderne; *schädlich* ~ avoir des effets nuisibles; *wie ein rotes Tuch auf jdn* ~ faire voir rouge à qn; *Wunder* ~ faire merveille; **W~en** *n* activité, action *f*; *tech (Weben)* tissage *m*; **~end** *a* agissant, opérant; *(wirksam)* efficace; *philos* efficient; *einfach, doppelt* ~ à simple, double effet; **~e** *Kraft (phys)* agent *m*; **W~er** *m* ‹-s, -› *(Weber)* tisserand, *(in e-r Fabrik)* tisseur *m*; **W~erei** *f* [-'raɪ] *(Wirken, Weben)* tissage *m*; tisseranderie *f*; **W~leistung** *f el* puissance *f* réelle *od* active; **~lich** *a* réel, actuel, positif, effectif; *(echt)* vrai, véritable, authentique; *adv* réellement, effectivement, en effet; vraiment, en vérité, de fait, pour de bon, tout de bon; *die Dinge zeigen, wie sie* ~ *sind* montrer les choses comme elles sont; *das ist* ~ *nett von Ihnen* c'est vraiment gentil à vous *od* de votre part; ~*?* vraiment? pour de bon? allons! *fam* sans blague? *das ist* ~ *wahr?* est-ce bien vrai? **W~lichkeit** *f* réalité *f*; *(Tatsache)* fait *m*; *(Dasein)* existence *f*; *in* ~ en réalité, en vérité, de fait; *in der* ~ dans la réalité; *den Boden der* ~ *verlassen* se livrer à des spéculations; ~ *werden* se réaliser, entrer dans les faits; *Flucht f vor der* ~ évasion *f* hors de la réalité; *die rauhe* ~ la dure réalité; **W~lichkeitsform** *f gram* indicatif *m*; **~lichkeitsfremd** *a* qui n'a pas le sens des réalités, peu réaliste; **~lichkeitsnah** *a* proche de la réalité, réaliste; **W~lichkeitssinn** *m* ‹-(e)s, ø› sens des réalités, réalisme *m*; **~lich=machen** *tr (verwirklichen)* réaliser; **W~maschine** *f (Textil)* machine *f* à bonneterie; **~sam** *a, a. med, pharm* efficace, agissant; *(~end)* actif, opérant; *jur (gültig)* valable; *(rechtswirksam)* valide; *adv* efficacement; ~ *sein (a.)* faire (de l')effet; ~ *werden* prendre effet; *jur* entrer en vigueur; **W~samkeit** *f* ‹-, ø› *(e-s Mittels)* efficacité *f*, effet *m*; activité; *jur (Gültigkeit)* validité; *(Rechtswirksamkeit)* validité *f od* effet *m* en droit; *die* ~ *e-s Gesetzes aussetzen* suspendre l'action d'une loi; *e-e* *rege ~ entfalten* déployer *od* développer une intense activité; *in ~ treten (jur)* entrer en vigueur; **W~spannung** *f el* voltage *m* actif; **W~stoff** *m chem* agent; *physiol* métabolite *m;* **W~strom** *m el* courant *m* utile; **W~stuhl** *m tech* métier *m* à tisser; **W~waren** *f pl,* **W~warenindustrie** *f* bonneterie *f;* **W~wert** *m el* composante *f* effective; **W~widerstand** *m el* résistance *f* effective; **W~zeit** *f (Reaktionszeit)* temps *m* de réaction.

Wirkung *f ⟨-, -en⟩* ['vɪrkʊŋ] *(Tätigkeit, Einwirkung; a. chem, tech)* action; *(Wirksamkeit)* efficacité; *(Folge)* suite, conséquence *f; (Ergebnis, a. phys)* effet; *(Eindruck)* impression; *(Einfluß)* influence *f; mit ~ vom (1. April)* avec effet du (1er avril); *mit sofortiger ~* avec effet immédiat; *die ~ e-r S aufheben* neutraliser qc; *e-e ~ auf etw ausüben* exercer une action *od* un effet sur qc; *auf ~ bedacht sein* viser à l'effet; *e-e gute ~ erzielen* faire *od* produire bon effet; *auf etw e-e ~ haben* faire *od* produire de l'effet sur qc; *aufschiebende ~ haben (jur)* être suspensif; *e-e entscheidende ~ haben* produire un effet décisif; *keine ~ haben, ohne ~ bleiben* n'avoir aucun *od* rester sans effet, *fam* faire long feu; *e-e nachteilige ~ haben* avoir des suites fâcheuses; *jur* avoir des effets préjudiciables; *zur ~ kommen* prendre effet; *s-e ~ tun* avoir *od* faire *od* produire son effet; *(Heilmittel a.)* opérer; *s-e ~ verfehlen* manquer son effet; *s-e ~ verlieren (pharm)* devenir inopérant; *die ~ blieb aus* l'effet se fit attendre; *keine ~ ohne Ursache (prov)* il n'y a pas d'effet sans cause; *kleine Ursachen, große ~en (prov)* (à) petite cause grands effets; *aufschiebende ~ (jur)* effet *m* suspensif; *psychologische ~* effet *m* moral; *rechtliche ~* effet *m* juridique; *~ und Gegenwirkung* action et réaction; **~sbereich** *m,* **~sfeld** *n* zone *f od* champ *m* d'action, sphère *f* d'activité; **~sdauer** *f* durée *f* de l'effet; **~sgrad** *m* degré *m* d'efficacité; *phys, tech* rendement *m;* **~skreis** *m* rayon *m* d'action, sphère *f* d'activité; **w~slos** *a* sans effet, inefficace; inopérant; **~slosigkeit** *f ⟨-, ø⟩* inefficacité *f;* **~smöglichkeit** *f* possibilité *f* d'action; **~squantum** *n phys* quantum *m* d'action; **~sradius** *m mil* rayon *m* d'action; **~sschießen** *n mil* tir *m* d'efficacité; **~svermögen** *n* virtualité *f;* **w~svoll** *a* efficace; *~ sein*

faire (de l')effet; **~sweise** *f* mode *m* d'action *od* de fonctionnement, **~sweite** *f* portée *f* efficace.

wirr [vɪr] *a, a. fig* confus, troublé, embrouillé, emmêlé, chaotique; *pred* sens dessus dessous; *(Haare)* ébouriffé, en désordre; *adv fig* pêle-mêle, sens dessus dessous; *~es Zeug reden* déraisonner, dire des choses sans queue ni tête; *ganz ~ im Kopf sein* avoir la tête tout à l'envers, être détraqué; **W~en** *pl pol* troubles, désordres *m pl,* chaos *m; innere ~ (pol)* troubles *od* désordres *m pl* à l'intérieur; **W~kopf** *m pej* esprit confus, brouillon *m; gelehrte(r) ~* savantasse *m vx fam;* **W~nis** *f ⟨-, -sse⟩* *f ⟨-(e)s, -e⟩ ,* **W~warr** *m ⟨-s, ø⟩* ['var] pêle-mêle, chaos; *fam* remue-ménage, tohu-bohu *m.*

Wirsing(kohl) *m ⟨-s, (-e)⟩* ['vɪrzɪŋ] chou *m* de Milan.

Wirt *m ⟨-(e)s, -e⟩* [vɪrt] *(Gastgeber)* hôte; *lit* amphitryon; *(Zimmerwirt)* logeur; *(Hauswirt)* propriétaire; *(Hotelbesitzer, Gastwirt)* hôtelier, patron de l'hôtel; aubergiste; *(Schankwirt)* cafetier, cabaretier; *(Speisewirt)* restaurateur; *biol (e-s Parasiten)* hôte *m; den ~ machen* faire les honneurs de la maison; *die Rechnung ohne den ~ machen (fig)* compter sans son hôte; **~in** *f* hôtesse; logeuse; propriétaire; hôtelière, patronne de l'hôtel; aubergiste; patronne *f* du café *od* du restaurant; **w~lich** *a (gastlich)* hospitalier; **~shaus** *n (Gasthaus)* auberge *f; (Gastwirtschaft, Gaststätte)* café; *pop* bistrot *m;* **~sleute** *pl* logeurs; propriétaires *m pl;* **~spflanze** *f (e-s Parasiten)* plante *f* hôte; **~sstube** *f* salle *f* d'auberge *od* de café; **~stier** *n (e-s Parasiten)* animal *m* hôte.

Wirtschaft *f ⟨-, -en⟩* ['vɪrtʃaft] *(Hauswirtschaft)* (soins *m pl* du) ménage *m;* tenue *od* direction d'une *od* de la maison; *(Gasthaus)* auberge *f; (Gastwirtschaft)* café; *(Speiselokal)* restaurant *m,* brasserie; *(Verwaltung)* administration, gestion, régie; *(Volkswirtschaft)* économie (politique); activité *f* économique; *fam pej (Unordnung)* remue-ménage *m; die ~ ankurbeln* redresser, stimuler l'économie; *die ~ (den Haushalt) führen* tenir le ménage *od* la maison; *jdm die ~ führen* tenir le ménage à qn; *die ~ lenken* diriger l'économie; *die ~ umstellen* réadapter l'économie; *das ist ja e-e schöne ~! (iron)* quel bazar! c'est *od* en voilà du propre! *ausgeglichene ~* économie *f* équilibrée; *freie*

~ économie *f* libérale; *gelenkte* ~ économie *f* dirigée *od* contrôlée par l'État; dirigisme *m; geschlossene* ~ économie fermée; *gewerbliche* ~ économie *f* industrielle; *örtliche, ortsansässige* ~ économie *f* locale; *private* ~ économie *f* privée; **w~en** *itr (haushalten)* tenir *od* faire un *od* le *od* son ménage, tenir *od* gouverner une *od* la *od* sa maison; *fig (einteilen, mit Geld umgehen)* gérer ses affaires; *drauflos* ~ gaspiller son argent; *gut, schlecht* ~ bien, mal gérer ses affaires; *sparsam* ~ gérer ses affaires économiquement; *aus dem vollen* ~ ne pas regarder à la dépense, mener grand train; **~er** *m* ⟨-s, -⟩ *(Verwalter)* régisseur, gérant, intendant *m;* **~erin** *f (Haushälterin)* ménagère, gouvernante; *(Verwalterin)* régisseur *m,* gérante, intendante *f;* **~ler** *m* ⟨-s, -⟩ *(Volkswirt)* économiste *m;* **w~lich** *a* économique; *(finanziell)* pécuniaire, financier; *(rationell)* rationnel; *(lohnend)* rentable; *(Mensch· sparsam)* économe; *adv* avec économie; *die* ~ *Schwachen* les économiquement faibles *m pl;* **~e** *Verhältnisse n pl (in e-m Lande)* situation économique; *(e-s Menschen)* situation *f* pécuniaire; **~lichkeit** *f* ⟨-, ø⟩ *(Sparsamkeit)* économie; *(Rentabilität)* rentabilité *f,* rendement *m* économique.

Wirtschafts|abkommen *n* ['vɪrt-ʃafts-] accord *m* économique; **~abordnung** *f* dél égation *f* économique; **~amt** *n* office *m* des affaires économiques; **~ankurbelung** *f* redressement *m od* relance *f* économique; **~anstieg** *m* expansion *f* économique; **~aufbau** *m* = *~gefüge;* **~aufschwung** *m* essor *m* économique; **~ausweitung** *f* expansion *f* économique; **~autarkie** *f* autarcie *f* économique; **~bau** *m* ⟨-(e)s, ø⟩ construction *f* de bâtiments industriels et commerciaux; **~beilage** *f (einer Zeitung)* supplément *m* économique; **~belange** *m pl* intérêts *m pl* économiques; **~belebung** *f* reprise *f* économique; **~berater** *m* conseiller *m* économique; **~bereich** *m* secteur *m* économique; **~bericht** *m* rapport *m* économique; **~berichterstatter** *m (e-r Zeitung)* correspondant *m* économique; **~besprechungen** *f pl* conversations *f pl* économiques; **~betrieb** *m* entreprise économique, exploitation *f;* **~beziehungen** *f pl* relations *f pl* économiques; **~bilanz** *f* bilan *m* économique; **~block** *m* ⟨-(e)s, -s/·e⟩ *pol* bloc *m* économique; **~blockade** *f* blocus *m* économique;

~boykott *m* boycottage *m* économique; **~depression** *f* dépression *f* économique; **~einheit** *f pol* unité *f* économique; **~entwicklung** *f* développement *m od* évolution *f* économique; **~experte** *m* expert *m* économique; **w~feindlich** *a* antiéconomique; **~form** *f* système *m* économique; **~forschung** *f* recherches *od* études *f pl* économiques; **~fortschritt** *m* progrès *m* économique; **~frage** *f* problème *m* économique; **~führer** *m* gros industriel *m;* **~führung** *f* exploitation économique; *(Verwaltung)* gestion; *pol* direction *f* économique; **~gebäude** *n pl* communs *m pl;* **~gebiet** *n* région *f* économique; **~gefüge** *n* structure *f* économique; **~geld** *n* argent *m* du ménage; **~gemeinschaft** *f: die Europäische* ~ *(EWG)* la Communauté économique européenne *(C.E.E.);* le Marché commun; *innerhalb der* ~ *(attr)* intracommunautaire *a;* **~geographie** *f* géographie *f* économique; **~geschichte** *f* histoire *f* économique; **~gruppe** *f* groupe *m* économique; **~güter** *n pl* biens *m pl* économiques; **~hilfe** *f* aide *f* économique; **~interessen** *n pl* intérêts *m pl* économiques; **~jahr** *n* exercice *m;* **~kampf** *m* = *~krieg;* **~kenntnis** *f* connaissance *f pl* économiques; **~kommission** *f* commission *f* économique; **~konferenz** *f* conférence *f* économique; **~kontrolle** *f* contrôle *m* économique; **~körper** *m* organisme *m* économique; **~korrespondent** *m* = *~berichterstatter;* **~kraft** *f* capacité *f* économique; **~kreise** *m pl* milieux *m pl* économiques; **~krieg** *m* guerre *f* économique; **~krise** *f* crise *f* économique; **~lage** *f* situation *f* économique; **~leben** *n* vie *od* activité *f* économique; **~lehre** *f* science *f* économique; **~lenkung** *f* direction *f* économique; *staatliche* ~ dirigisme, planisme *m;* **~macht** *f* puissance *f* économique; **~minister** *m* ministre *m* des affaires économiques; **~ministerium** *n* ministère *m* de l'économie (publique); **~norm** *f* standard *m* économique; **~ordnung** *f* ordre *m* économique; **~organisation** *f* organisation *f* économique; **~plan** *m* plan *m* économique; **~planung** *f* planification *f* économique; **~politik** *f* politique *f* économique; **w~politisch** *a* politico-économique; **~potential** *n* potentiel *m od* capacité *f* économique; **~programm** *n* programme *m* économique; **~prozeß** *m* processus *m* économique; **~prüfer** *m* commissaire aux comptes; expert *m* comptable; ~**rat** *m* conseil *m* économique; *Europäische(r)* ~ *Organisation f* Européenne de Coopération Économique (O.E.C.E.); ~**raum** *m* espace *m* économique; ~**redakteur** *m (e-r Zeitung)* rédacteur *m* économique; ~**sabotage** *f* sabotage *m* économique; ~**sachverständige(r)** *m* expert *m* économique; ~**sanktionen** *f pl* sanctions *f pl* économiques; ~**struktur** *f* = ~*gefüge;* ~**system** *n* système *m* économique; ~**tätigkeit** *f* activité *f* économique; ~**teil** *m (e-r Zeitung)* page *od* rubrique *f* économique; ~**theoretiker** *m* théoricien *m* de l'économie; ~**theorie** *f* théorie *f* économique; ~**überschuß** *m* surplus *m* produit au cours d'un exercice; ~**union** *f* union *f* économique; ~**unternehmen** *n* entreprise *f* économique; ~**verband** *m* syndicat *m;* ~**vereinigung** *f* association *f* économique; ~**verfall** *m* déclin *m* économique; ~**verfassung** *f* système, régime *m* économique; ~**verhandlungen** *f pl* négociations *f pl* économiques *od* commerciales; ~**vertrag** *m* accord *m* économique; ~**wachstum** *n* croissance *f* économique; ~**werbung** *f* publicité *f* économique; ~**wissenschaft** *f* science *f* économique; ~**wissenschaftler** *m* économiste *m;* ~**wunder** *n* miracle *m* économique; ~**zentrum** *n* centre *m* économique; ~**zweig** *m* branche *f* économique *od* d'activité.

Wisch *m* ⟨-(e)s, -e⟩ [vɪʃ] *pej (Zettel; Schreiben; Dokument)* chiffon *m* de papier, paperasse *f;* **w~en** *tr* essuyer; *(mit e-m Lappen)* torch(onn)er; *(reiben)* frotter; *(Kunst)* estomper; *sich mit der Hand über die Stirn* ~ se passer la main sur le front; *sich den Mund* ~ *können (fig fam: leer ausgehen)* se taper pour; *sich den Schweiß von der Stirn* ~ s'essuyer la sueur sur le front; *Staub* ~ épousseter, enlever la poussière; *sich die Tränen aus den Augen* ~ s'essuyer les larmes; ~**er** *m* ⟨-s, -⟩ torchon *m; (Zeichengerät)* estompe *f; mot* essuie-glace *m;* ~**erblatt** *n mot* caoutchouc *m;* ~**lappen** *m,* ~**tuch** *n* torchon, *(Staubtuch)* chiffon *m* à épousseter; *(Scheuertuch)* serpillière *f;* ~**wasch** *m* ⟨-(e)s, ø⟩ [-vaʃ], ~**iwaschi** *n* ⟨-s, ø⟩ [-ʃiˈvaʃi] *fam (Geschwätz, Quatsch)* verbiage, radotage, bafouillage *m.*

Wisent *m* ⟨-s, -e⟩ [ˈviːzɛnt] *zoo* bison *m.*

Wismut *n* ⟨-(e)s, ø⟩ [ˈvɪsmuːt] *chem* bismuth *m;* ~**subnitrat** *n* sous-nitrate *od* blanc *m* de bismuth.

wispern [ˈvɪspərn] *tr u. itr (flüstern)* chuchoter, murmurer, susurrer.

Wißbegier|(de) *f* [ˈvɪs-] désir *m* de savoir, soif de s'instruire; *(Neugier)* curiosité *f;* **w~ig** *a* désireux *od* avide de savoir *od* de s'instruire *od* d'apprendre; *(neugierig)* curieux.

wissen ⟨ich weiß; du weißt, er weiß, wußte, hat gewußt, wenn ich wüßte⟩ [ˈvɪsən, vaɪs, ˈvʊstə, ɡəˈvʊst] *tr u. itr* savoir *(von, über* de*); von od um etw* avoir connaissance *od* être instruit de qc; *(kennen)* connaître; *ohne es zu* ~ sans le savoir, inconsciemment; *ohne daß ich es wußte (a.)* à mon insu; *soviel ich weiß* à ce que je sais, (autant) que je sache, à ma connaissance; *keine Antwort* ~ *(Schüler, a. fam)* sécher; *etw auswendig* ~ savoir qc par cœur; *Bescheid* ~ être au fait *od* au courant *(über etw* de qc*); mit etw Bescheid* ~ se connaître à qc; *jdm für etw Dank* ~ savoir gré à qn de qc; *etw genau* ~ n'être pas sans savoir qc; *etw nicht* ~ ignorer qc; être ignorant de qc; *nicht recht* ~ ne pas savoir au juste; *nicht* ~, *was man mit jdm, e-r S anfangen soll* ne savoir que faire de qn, qc; *fam hum* ne savoir à quelle sauce mettre qn, qc; *nicht* ~, *was man sagen soll* ne savoir que dire; *fam* être à quia; *nicht* ~, *wo einem der Kopf steht* être aux cent coups, ne savoir où donner de la tête; *nicht* ~, *wie es weitergehen soll* ne pas voir d'issue; *nicht* ~, *woran man ist* ne savoir où on en est *od* à quoi s'en tenir; *sich keinen Rat* ~, *nicht aus noch ein od weder ein noch aus* ~ ne savoir que faire *od* comment s'en tirer *od* où donner de la tête *od* à quel saint se vouer; *fam* être entre le zist et le zest *od* dans le cirage; *etw zu schätzen* ~ savoir apprécier qc; *sehr wohl* ~ ne pas ignorer, n'être pas sans savoir; *alles besser* ~ *wollen* vouloir savoir mieux que tout le monde, trancher sur tout; *von etw nichts* ~ *wollen* ne pas vouloir entendre parler de qc; *nichts mehr* ~ *wollen (nach e-m Streit)* ne pas demander son reste; *ich weiß schon* je sais bien; ne m'en parlez pas! *ich möchte gern* ~, *ich wüßte gern* je voudrais bien savoir; *davon will ich nichts* ~ je ne veux pas en entendre parler; *ich wüßte niemand(en), der* ... je ne sache personne qui ...; *ich wüßte, was ich täte* je sais bien ce que je ferais; *Sie müssen* ~, *daß* ... sachez que ...; *er weiß, was* *er will (a.)* il sait ce qu'il veut; *man kann nie* ~ on ne peut jamais savoir; sait-on jamais? *gut, daß ich es weiß* c'est bon à savoir; *nicht, daß ich wüßte* pas que je sache; *weißt du was?* sais-tu? ~ *Sie noch?* vous souvenez-vous? *woher* ~ *Sie das?* d'où le tenez-vous? *was weiß ich!* qu'est--ce que j'en sais! *weiß Gott!* Dieu (le) sait! *weiß Gott, wer, was*... Dieu sait qui, quoi...; **W~** *n* savoir *m; (Kenntnisse)* connaissances *f pl*, instruction *f; meines ~s* à ma connaissance, à ce que je sais, (autant) que je sache; *mit meinem* ~ avec mon assentiment; *mit* ~ *s-s Vaters* au vu et au su de son père; *mit* ~ *und Willen* délibérément, sciemment; *nach bestem* ~ *und Gewissen* en toute conscience *od* honnêteté; *ohne mein* ~ à mon insu; *wider besseres* ~ tout en sachant le contraire, contre mauvaise foi; *über ein großes* ~ *verfügen (a.)* avoir la tête bien pleine; ~ *ist Macht (prov)* savoir, c'est pouvoir; *ein großes* ~ un savoir étendu; **W~de(r)** *m (Eingeweihter)* initié *m;* **W~schaft** *f* science *f; lit (Wissen)* savoir *m; lit (Kenntnis)* connaissance *f; angewandte* ~ science *f* appliquée; *die exakten ~en* les sciences *f pl* exactes; *reine* ~ science *f* pure; *die schönen ~en* les sciences *f pl* humaines; **W~schaftler** *m ⟨-s, -⟩* homme de science, scientifique; *(Gelehrter)* savant, érudit; *(Forscher)* chercheur *m;* ~**schaftlich** *a* scientifique; *(gelehrt)* savant; ~ *geschult* formé aux méthodes scientifiques; ~*e(r) Versuch* *m* expérience *f;* **W~schaftlichkeit** *f ⟨-, ø⟩* caractère *od* esprit *m* scientifique; **W~schaftsgläubigkeit** *f* scientisme *m;* **W~schaftslehre** *f philos* théorie *f* de la science; **W~sdrang** *m ⟨-(e)s, ø⟩,* **W~sdurst** *m ⟨-(e)s, ø⟩* désir *m od* soif de savoir *od* de s'instruire; *(Neugier)* curiosité *f;* ~**sdurstig** *a* avide *od* désireux de savoir *od* de s'instruire; *(neugierig)* curieux; **W~sgebiet** *n* branche *f* de la science; **W~slücke** *f* lacune *f;* **W~strieb** *m = W~sdrang;* ~**swert** *a* intéressant, curieux; ~**tlich** *adv* sciemment, en connaissance de cause.

wittern ['vɪtərn] *tr (nach dem Geruch bemerken, a. fig),* flairer, éventer; *fig (spüren, ahnen)* avoir vent de, subodorer, se douter de; *itr (Wild)* prendre le vent; *e-e Gefahr, Unheil, Verrat* ~ flairer un danger, un malheur, la trahison; *Morgenluft* ~ *(fig)* sentir un vent favorable; **W~ung** *f ⟨-, ø⟩ (Geruchssinn, bes. des Hundes)* flair;

(Geruchsspur des Wildes) vent; *(Wetter)* temps *m* (qu'il fait); *bei jeder* ~ par tous les temps; ~ *von etw haben (fig)* avoir vent de qc; *e-e feine* ~ *od gute* ~ *haben (fig)* avoir du flair, avoir le nez fin; **W~ungsumschlag** *m* changement *m* de temps; **W~ungsverhältnisse** *n pl* conditions *f pl* atmosphériques.

Witwe *f ⟨-, -n⟩* ['vɪtvə] veuve *f;* ~ *von Stande* douairière *f;* ~**engeld** *n* pension *od* rente *f* de veuve; ~**enpension** *f* pension *f* de veuve; ~**enrente** *f* rente *f* de veuve; ~**enschaft** *f ⟨-, ø⟩,* ~**entum** *n ⟨-s, ø⟩* veuvage *m, jour* viduité *f;* ~**enschleier** *m* voile *m* de deuil; ~**er** *m ⟨-s, -⟩* veuf *m;* ~**erschaft** *f ⟨-, ø⟩* ~**ertum** *n ⟨-s, ø⟩* veuvage *m.*

Witz *m ⟨-es, -e⟩* [vɪts] *(Geist, Verstand)* vivacité *f* d'esprit; intellect *m; (Schlauheit)* ingéniosité, astuce; *(~iger Einfall)* saillie, boutade *f; (~wort)* mot d'esprit, bon mot, mot *m* pour rire; *(Wortspiel)* jeu de mots, calembour *m; (Scherz)* plaisanterie *f;* ~*e machen* faire des mots (d'esprit) *od* des bons mots; *trockene* ~*e machen* être un pince-sans-rire; *von* ~ *sprudeln* pétiller d'esprit; *das ist der ganze* ~ *(fam: darauf kommt es an)* voilà tout; *dafür reicht sein* ~ *(s-e Schlauheit) nicht aus* il n'est pas assez malin pour cela; *mach keine* ~*e!* ne raconte pas d'histoires! sans blague! *alberne(r)* ~ turlupinade *f; alte(r)* ~ plaisanterie *f* banale; *beißende(r)* ~ trait *m* mordant; *ein derber* ~ du gros sel; *faule(r)* ~ mauvaise plaisanterie *f;* quolibet *m;* ~**blatt** *n* journal *m* humoristique *od* satirique; ~**blattfigur** *f fig* clown *m;* ~**bold** *m ⟨-(e)s, -e⟩* ['bɔlt, -də] plaisant, amuseur, farceur; *fam* blagueur; *pej* plaisantin *m;* ~**elei** [-'laɪ] *f* mauvaise plaisanterie, raillerie *f* fade; **w~eln** *itr* faire de l'esprit; **w~ig** *a (geistreich)* plein d'esprit, spirituel; *(Äußerung)* plaisant, amusant, piquant; **w~los** *a* sans esprit, sans sel, peu spirituel, insipide; *(Sache) (fam)* sans intérêt; **w~sprühend** *a* pétillant d'esprit; ~**wort** *n ⟨-(e)s, -e⟩* mot d'esprit, bon mot, mot *m* pour rire.

wo [vo:] **1.** *adv (fragend, a. indirekt)* où; en quel endroit *od* lieu; ~ *bist du?* où es-tu? *ich weiß nicht,* ~ *er ist* je ne sais pas où il est; ~ *fehlt's? (was haben Sie?)* qu'avez-vous? ~ *denn?* où ça? *(ausrufend) ach od i* ~! *(~ denkst du hin!)* penses-tu! oh que non! *(unbestimmt, fam: irgendwo)* quelque part; ~ *will er denn damit* *hinaus?* où veut-il donc en venir? *(relativ)* où: *dort, überall,* ~ là, partout où; *das Land,* ~ *meine Wiege stand* le pays dans lequel je suis né; ~ *auch immer* n'importe où; ~ *es auch immer sei(n mag)* où que ce soit; *(zeitl.)* où que; *am Tage,* ~ le jour où; *gestern,* ~ hier que; *zur Zeit,* ~ du temps que; *zur Zeit,* ~ du temps que, à l'époque où; **2.** *conj (verneint):* ~ *nicht* sinon; **W~** *n: das* ~ *(der Ort,* ~*)* le où; **~anders** [-'--] *adv* ailleurs; *mit den Gedanken (ganz)* ~ *sein* être à cent lieues d'ici *od* de là; être dans la lune; **~andershin** [-'---] *adv* ailleurs; **~bei** [-'-] *adv (fragend, a. indirekt)* à (l'occasion de) quoi; ~ *mir einfällt* ce qui me rappelle; ~ *sind wir stehengeblieben?* où en sommes-nous restés?

Woche *f* ⟨-, -n⟩ ['vɔxə] semaine *f; die* ~*n pl* = ~*nbett; die* od *in der* ~ *(wöchentlich)* la *od* par semaine; *in drei* ~*n (in e-m Zeitraum von drei* ~*n)* en trois semaines; *(heute) in drei* ~*n* dans trois semaines; *letzte* od *vergangene* ~ la semaine dernière *od* passée; *nächste* ~ la semaine prochaine; ~ *um* ~ semaine après semaine; *vor drei* ~*n* il y a trois semaines; *zweimal die* ~ deux fois par semaine; *jede zweite* ~ tous les quinze jours; *in die* ~ *n kommen (physiol)* accoucher; *in den* ~*n liegen* od *sein (physiol)* être en couches; *die laufende* ~ la semaine en cours; *die Stille* ~ *(Karwoche)* la semaine sainte; *die 40- -Stunden-Woche* la semaine de 40 heures; *Weiße* ~ *(com)* semaine *f* de blanc; *die* ~ *nach Ostern* la semaine de Pâques.

Wochen|ausweis *m* ['vɔxən-] *f* in bilan *m* hebdomadaire; **~bericht** *m* rapport *od* bulletin *m* hebdomadaire; **~bett** *n* couches *f pl; im* ~ *liegen* être en couches; **~bilanz** *f* = ~*ausweis;* **~blatt** *n (Zeitung)* (journal) hebdomadaire *m;* **~dienst** *m* mil service *m* de semaine; ~ *haben* être de semaine; **~endausflug** *m* excursion *f* de week-end; **~ende** *n* week- -end *m,* fin *f* de semaine; *am* od *übers* ~ en fin de semaine, en week-end; *(ein)* ~ *machen* faire la semaine anglaise; **~endhaus** *n* chalet *m* de week-end; **~geld** *n,* **~hilfe** *f (für junge Mütter)* prime *f* d'accouchement, secours *m* de maternité; **~karte** *f* carte *f* (d'abonnement) hebdomadaire; *e-e* ~ *haben* avoir un abonnement hebdomadaire; **w~lang** *a* qui dure(nt) des semaines entières; *adv* des semaines entières; **~lohn** *m* salaire *m* hebdomadaire; **~markt** *m* marché *m*

de la semaine; **~schau** *f film* actualités *f pl;* **~schrift** *f* publication *od* revue *f* hebdomadaire; **~spielplan** *m theat* programme *m* de la semaine; **~tag** *m* jour de semaine; *(Werktag)* jour *m* ouvrable; **w~tags** *adv* en semaine, les jours ouvrables; **w~weise** *adv* par semaine(s); *(vermieten)* à la semaine; **~zeitschrift** *f* hebdomadaire *m.*

wöchentlich ['vœçəntlıç] *a* hebdomadaire; *adv* par *od* chaque semaine; *dreimal* ~ trois fois par semaine.

Wöchnerin *f* ⟨-, -nnen⟩ ['vœçnərın] accouchée, femme *f* en couches; **~nenheim** *n* maternité *f.*

Wodka *m* ⟨-s, -s⟩ ['vɔtka] *(russ. Branntwein)* vodka *f.*

wo|durch [vo:'dʊrç] *adv (fragend, a. indirekt)* par quoi, par quel moyen; *(relativ)* par où; *(durch den, die, das)* par lequel, laquelle; **~fern** [-'-] *conj (wenn nur)* si (toutefois), si tant que; pourvu que *subj;* ~ *nicht* à moins que ... ne *subj;* **~für** [-'-] *adv (fragend, a. indirekt)* pour quoi, à quelle fin; *(relativ: für den, die, das)* pour lequel, laquelle; ~ *halten Sie mich?* pour qui me prenez-vous? ~ *ist das gut?* pour quoi est-ce bon? à quoi cela sert-il?

Woge *f* ⟨-, -n⟩ ['vo:gə] vague, onde *a. fig;* lame *f,* flot *m; Öl auf die* ~*n gießen (fig)* calmer *od* apaiser la situation; **w~n** *itr (Wellen schlagen)* rouler des vagues, être agité *od* houleux, déferler; *(Kornfeld)* ondoyer, onduler; *(Busen)* palpiter; **~nprall** *m,* **~nschlag** *m* choc *od* fracas des vagues; *(Brandung)* ressac *m.*

wo|gegen [vo:'ge:gən] *adv (fragend, a. indirekt)* contre quoi; *(relativ: gegen den, die, das)* contre lequel, laquelle; *(durch Tausch)* en échange duquel, de laquelle; *conj (gegensätzl.: während)* tandis que; **~her** [-'-] *adv (fragend, a. indirekt)* d'où; de quel endroit *od* côté; ~ *kommt es, daß ...?* d'où vient-il que ...?; *(auf welche Weise)* comment; ~ *soll ich das wissen?* comment le saurais-je? *(ausrufend) ach,* ~*! = ach wo! (unbestimmt, fam: irgendwoher)* de quelque part; *(relativ)* d'où; ~ *auch immer* de quelque part que; **~hin** [-'-] *adv (fragend, a. indirekt)* où; dans quelle direction; *(relativ)* où; ~ *... auch (immer)* de quelque côté que; **~hinaus** [--'-] *adv (fragend, a. indirekt)* de quel côté; *ich weiß nicht,* ~ *Sie wollen (fig)* je ne sais pas où vous voulez en venir; **~hingegen** [--'--] *conj* = ~*gegen.*

wohl [vo:l] *a pred (gesund)* bien (portant), en bonne santé; *a (mit unpersönl. Form von: sein)* u. *adv (angenehm, gut)* bien; *adv (durchaus, sicherlich)* certainement; *(wahrscheinlich)* sans doute, probablement; *(vielleicht)* peut-être; *(allerdings, zwar)* certes, bien sûr, il est vrai; *(gegen, an, ungefähr)* environ, à peu près; *interj (nun ~!)* eh bien! allons; *(sei es!)* soit! ~ *dem, der...* (bien)heureux celui qui ...; ~ *oder übel* bon gré, mal gré; de gré ou de force; ~ *aussehen* avoir bonne mine; *sich* ~ *befinden* être *od* se porter bien, être en bonne santé; *sich* ~ *fühlen* se sentir bien *od* en bonne santé *od* à l'aise; *sich nicht* ~ *fühlen* se sentir mal, ne pas se sentir à l'aise; *sich's* ~ *sein lassen* se donner du bon temps; *fam* se la couler douce; *mir ist (nicht)* ~ je (ne) me sens (pas) bien; *mir ist jetzt* ~*er* je me sens mieux maintenant; *ich fühle mich hier (sehr)* ~ je suis (très) bien ici; *ich weiß das* ~ je le sais (très) bien; *das werde ich* ~ *bleibenlassen* je m'en garderai bien; *er wird* ~ *morgen kommen* il viendra sans doute demain; *er wird* ~ *krank sein* il semble qu'il est *od* soit malade; *das mag* ~ *sein* c'est bien possible; *das tut* ~ cela fait du bien; *ob er* ~ *schreiben wird?* je me demande s'il écrira; *leben Sie* ~*!* adieu! ~ *bekomm's!* grand bien vous fasse! *alles* ~ bedacht tout bien pesé, toute réflexion faite; **W~** *n* ⟨-(e)s, ø⟩ bien; *(~befinden)* bien-être *m; (Gesundheit)* santé; *(Gedeihen, Glück)* prospérité *f,* bonheur; *(Heil)* salut; *(Nutzen)* intérêt *m; zum* ~ *s-r Kinder* pour le bien de ses enfants; *auf jds* ~ *trinken* boire à la santé de qn; *auf Ihr* ~*! zum* ~*!* à votre santé! *(auf das Ihre!* à la vôtre!); *das öffentliche* ~ le bien public *od* commun; *das* ~ *und Wehe* le bonheur, le sort; **~an** [vo:l'l?an/-'lan] *interj* allons! **~anständig** *a* décent, bienséant; **W~anständigkeit** *f* ⟨-, ø⟩ décence, bienséance *f;* **~auf** [-'?aʊf/ -'laʊf] *a (gesund)* bien portant; ~ *sein (a.)* se porter bien, être en bonne santé; *interj* allons! **~bedacht** *a* réfléchi; *adv* après mûre réflexion; **W~befinden** *n* bien-être *m,* bonne santé, prospérité; *med* euphorie *f;* **~begründet** *a* bien fondé; **W~behagen** *n* (sentiment de) bien-être *m (od* d')aise *f;* **~behalten** *a (Mensch)* sain et sauf; *(Sache)* intact, sans dommages; ~ *ankommen (a.)* arriver à bon port; **~bekannt** *a* bien connu; familier; **~beleibt** *a* corpulent, replet; ~

sein (a.) avoir de l'embonpoint; **W~beleibtheit** *f* ⟨-, ø⟩ corpulence *f,* embonpoint *m; fam* rotondité *f;* **~bestallt** *a (Beamter)* dûment installé; en titre; **~durchdacht** *a (Plan)* réfléchi, mûr; **~erfahren** *a:* ~ *sein* avoir une longue expérience; **W~ergehen** *n* bien-être *m,* santé, prospérité *f;* **~erwogen** *a* = ~*durchdacht;* **~erworben** *a* dûment acquis; ~*e Rechte n pl* droits *m pl* acquis; ~*erzogen* *a* bien élevé; ~ *sein (a.)* avoir de l'éducation; **W~fahrt** *f* ⟨-, ø⟩ *(Wohl, Heil)* salut *m; (Fürsorge)* prévoyance *od* aide *f* sociale; *öffentliche* ~ assistance *f* publique; **W~fahrtsamt** *n* bureau *m* de bienfaisance; **W~fahrtsausschuß** *m* hist (1793/94) Comité *m* de Salut public; **W~fahrts(brief)marke** *f* timbre *m* de bienfaisance; **W~fahrtseinrichtung** *f* institution *f* sociale; **W~fahrtspflegerin** *f* assistante *f* sociale; **W~fahrtsrente** *f* rente *f* du bureau de bienfaisance; **W~fahrtsstaat** *m* État-providence *m;* **W~fahrtsunterstützung** *f* allocation *f* du bureau d'assistance sociale; **~feil** *a (billig)* bon marché; *adv* à bon marché; **W~feilheit** *f* bon marché, bas prix *m;* **~geartet** *a (Mensch)* bien né et bien élevé; **~gebildet** *a* bien fait; **W~gefallen** *n* plaisir *m,* complaisance *f; (Zufriedenheit)* contentement *m,* satisfaction *f; sich in* ~ *auflösen* se terminer à la satisfaction générale; *fam iron* s'en aller en fumée; *an etw* ~ *finden* *od* *haben* prendre *od* trouver du plaisir à qc; **~gefällig** *a* agréable, gracieux; *(zufrieden)* content, satisfait; *adv:* ~ *betrachten* regarder avec complaisance; **W~gefühl** *n* sentiment *m* de bien-être; **~gelitten** *a* bien vu; **~gemeint** *a (Rat)* bien intentionné; *(freundschaftlich)* amical; **~gemerkt** *interj* bien entendu! attention! **~gemut** *a (froh)* gai, joyeux, de bonne humeur; **~genährt** *a* bien nourri; **~geordnet** *a* bien ordonné *od* réglé; **~geraten** *a* bien fait *od* réussi; *(~erzogen)* bien élevé; **W~geruch** *m* bonne odeur, senteur *f,* parfum *m;* **W~geschmack** *m* bon goût *m,* saveur *f* agréable; **~gesetzt** *a (Rede)* bien fait; *in* ~*en Worten* en termes choisis; **~gesinnt** *a* bien intentionné *od* pensant; *(freundschaftlich)* amical; **~gestalt** *a (von Natur aus)* bien fait *od* proportionné; **~gestaltet** *a (von Menschenhand)* bien fait *od* modelé; **~getan** *a* bien fait; **~habend** *a* aisé, à l'aise; fortuné; *fam* cossu; ~ *sein (a.)* avoir de la fortune, avoir les reins forts *od* solides; *fam* avoir du foin dans ses bottes; **W~habenheit** *f* ⟨-, ø⟩ aisance *f;* ~**ig** *a (Wärme, Ruhe)* bienfaisant, agréable; *(Gefühl)* agréable; *mir ist (so)* ~ *zumute* je me sens à mon aise; **W~klang** *m,* **W~laut** *m* son *m* harmonieux, sonorité, harmonie; *gram* euphonie *f;* ~**klingend** *a,* ~**lautend** *a* sonore, harmonieux, mélodieux; *gram* euphonique; **W~leben** *n* bonne chère, bonne vie; vie *f* de délices; *ein* ~ *führen* mener joyeuse vie; ~**meinend** *a* bien intentionné *od* pensant, bienveillant; *der* ~*e Leser (lit)* le lecteur bénévole; ~**riechend** *a* qui sent bon; parfumé, odor(ifér)ant; ~**schmeckend** *a* savoureux, qui a bon goût; **W~sein** *n* bien-être *m,* bonne santé, aise *f; zum* ~*!* à votre santé! **W~stand** *m* ⟨-(e)s, ø⟩ *(W~habenheit)* aisance *f,* bien-être *m; (Reichtum)* prospérité, richesse, opulence *f;* **W~standsgesellschaft** *f* société *f* d'abondance; **W~tat** *f* bienfait; *jur (Rechtswohltat)* bénéfice *m; jdm* ~*en erweisen* faire du bien à qn; *das ist e-e* ~ *(fam: das tut gut)* ça (vous) fait du bien; **W~täter(in** *f)* *m* bienfaiteur, trice *m f;* ~**tätig** *a* bienfaisant; *(mildtätig)* charitable *(gegen* envers); *(~tuend)* salutaire; *(angenehm)* agréable; *zu* ~*en Zwecken* à des fins charitables; **W~tätigkeit** *f* ⟨-, ø⟩ bienfaisance; *(Mildtätigkeit)* charité *f; der* ~ *sind keine Grenzen gesetzt* à votre bon cœur; **W~tätigkeitsbasar** *m* vente *f* de charité; **W~tätigkeitseinrichtung** *f* œuvre *f* de bienfaisance; **W~tätigkeitskonzert** *n* concert *m* de bienfaisance; **W~tätigkeitsveranstaltung** *f* fête *f* de bienfaisance; **W~tätigkeitsverein** *m* association *od* société *f* de bienfaisance; ~**tuend** *a* bienfaisant, bénéfique, qui fait du bien; *(bei Schmerzen)* qui soulage; *(angenehm)* agréable; ~**=tun** *itr* faire du bien *(jdm* à qn); *(bei Schmerzen)* soulager *(jdm* qn); ~**überlegt** *a* bien réfléchi; ~ *vorgehen* procéder avec circonspection, aller à pas mesurés; ~**unterrichtet** *a* bien informé; ~**verdient** *a* bien mérité, juste; *das ist dein* ~*er Lohn (iron)* c'est bien fait pour toi; **W~verhalten** *n* bonne conduite *f;* ~**versorgt** *a: ich bin* ~ mon avenir est assuré; ~**verstanden** *a* bien compris *od* entendu; ~*!* bien entendu! ~**weislich** *adv* (très) sagement, prudemment; *sich* ~ *vor etw hüten* se garder bien de qc; ~**=wol-**

len *itr: jdm* ~ vouloir du bien à qn; **W~wollen** *n* ⟨-s, ø⟩ bienveillance; *(Gunst)* faveur *f,* bonnes grâces *f pl;* ~**wollend** *a* bienveillant; *(gewogen)* favorable; *(freundlich)* aimable, amical, affable; *adv* avec bienveillance; ~*e Neutralität f (pol)* neutralité *f* bienveillante.

Wohn|anhänger *m* ['vo:n-] *mot* roulotte, caravane, remorque-camping *f;* ~**baracke** *f* baraque *f* d'habitation; ~**bauten** *m pl* maisons *f pl od* immeubles *m pl* d'habitation; ~**bevölkerung** *f* population *f* résidante; ~**block** *m* ⟨-s, -s⟩ grand ensemble, building *m;* ~**einheit** *f* unité *f* d'habitation; **w~en** *itr* habiter, demeurer *(bei* chez); *fam* rester; *(Unterkunft haben, übernachten)* loger, être logé; *(s-n Wohnsitz haben)* être domicilié, avoir son domicile; résider; *sehr hoch* ~ jucher *fam; auf dem Lande* ~ habiter (à) la campagne; *zur Miete* ~ être locataire; *möbliert* ~ loger en garni; *in der Stadt* ~ habiter en ville; *jdn möbliert bei sich* ~ *haben* loger qn chez soi; *ich weiß nicht, wo er wohnt* je ne sais pas où il habite *od* son adresse; ~**fläche** *f* surface *f* habitable *od* d'habitation; ~**garten** *m* jardin *m* d'agrément; ~**gebäude** *n* (bâtiment *od* immeuble *m* d')habitation *f;* ~**gebiet** *n* zone résidentielle; *zoo* habitat *m;* ~**gemeinschaft** *f* communauté *f;* ~**grundstück** *n* immeuble *m* d'habitation; **w~haft** *a (ansässig)* domicilié; résidant; ~**haus** *n* maison *f* d'habitation; ~**heim** *n* foyer *m;* ~**küche** *f* chambre-cuisine *f;* ~**kultur** *f* art *m* de l'habitat; ~**lage** *f* site *m; in günstiger* ~ bien situé; **w~lich** *a* comfortable, commode; ~**lichkeit** *f* ⟨-, ø⟩ confort *m,* commodité *f;* ~**mobil** *n* camping-car *m;* ~**ort** *m* (lieu de) domicile *m,* résidence *f;* ~**ortwechsel** *m* changement *m* de domicile *od* de résidence; ~**partei** *f* = ~*gemeinschaft;* ~**qualität** *f* qualité *f* du logement; ~**raum** *m* local *m* d'habitation; pièce *f* habitable; *(Rauminhalt e-r Wohnung)* volume *m* de *od* du logement; ~**raumbewirtschaftung** *f* rationnement *m* des logements *od* de l'habitation; ~**recht** *n* droit *m* de domicile *od* de séjour; ~**siedlung** *f* grand ensemble *m;* ~**siedlungsgebiet** *n* zone *f;* réservée aux bâtiments d'habitation; ~**sitz** *m* domicile *m,* résidence *f; ohne festen* ~ sans domicile fixe; *keinen festen* ~ *haben* être sans domicile fixe; *s-n* ~ *in Paris nehmen* établir son domicile *od* sa résidence à Paris; *den*

~ *wechseln* changer de domicile *od* de résidence; *ständige(r)* ~ domicile *m* légal; *zweite(r)* ~ résidence *f* secondaire; ~**sitzwechsel** *m* changement *m* de domicile *od* de résidence; ~**straße** *f* rue *f* d'habitation; ~**stube** *f* = ~*zimmer;* ~**verhältnisse** *n pl* conditions *f pl* de *od* du logement, habitat *m;* ~**viertel** *n* quartier *m* d'habitation; ~**wagen** *m* roulotte; *mot* caravane, voiture-camping *f;* ~**zimmer** *n* salon *m*, salle *od* pièce *f* de séjour, living-room; *(Kanada)* vivoir *m; (~möbel pl)* pièce *f* de séjour; ~**(zimmer)schrank** *m* buffet *m* (à fins multiples).

Wohnung *f* ⟨-, -en⟩ ['vo:nʊŋ] *allg* habitat(ion *f); (Unterkunft)* logis; *(kleinere ~)* logement; *(große, Etagenwohnung)* appartement; *(Wohnsitz)* domicile *m*, résidence; *lit poet* demeure *f; e-e (neue) ~ beziehen* emménager; *jdm e-e (neue) ~ einrichten* emménager qn; *sich e-e ~ einrichten* se mettre dans ses meubles; *e-e eigene ~ haben* être dans ses meubles; *freie ~ haben* avoir le logement gratuit; *(s-e) ~ nehmen* établir sa résidence; *die ~ räumen* déménager; *die ~ wechseln* déménager, changer de logement; *meine ~ (a.)* mon chez-moi.

Wohnungs|amt *n* ['vo:nʊŋs-] office *m* du logement; ~**anschluß** *m* tele poste *m* de résidence; ~**anwärter** *m* souscripteur *m* d'appartement; ~**anzeiger** *m* indicateur *od* bulletin *m* des logements; ~**bau** *m* ⟨-(e)s, -ten⟩ construction *f* de logements *od* d'habitations; *soziale(r)* ~ construction *f* de logements sociaux; ~**baudarlehen** *n* prêt *m* à la construction de logements; ~**baufinanzierung** *f* financement *m* de la construction locative; ~**baugenossenschaft** *f* coopérative *f* de construction locative; ~**bauprogramm** *n* programme *m* de construction locative; ~**bedarf** *m* demande *f* de logements; ~**beihilfe** *f* allocation *f* de logement; ~**eigentümer** *m* copropriétaire *m;* ~**einrichtung** *f* mobilier *m;* ~**entschädigung** *f,* ~**geld** *n* indemnité *f* de logement; ~**frage** *f* problème *m* du logement; ~**inhaber** *m* propriétaire d'appartement *od* de l'appartement; *(Vermieter)* logeur; *(Mieter)* locataire *m;* **w~los** *a* sans domicile *od* demeure; ~**lose(r)** *m* sans-logis *m;* ~**makler** *m* agent *m* immobilier; ~**mangel** *m* manque *m* *od* pénurie *f* de logements; ~**nachweis** *m* agence *f* de location; ~**not** *f* crise *f* du logement

od de l'habitat; ~**politik** *f* politique *f* du logement; ~**problem** *n* = ~*frage;* ~**suche** *f: auf* ~ à la recherche d'un logement; ~**tausch** *m* échange *m* de logements *od* d'appartements; ~**tür** *f* porte *f* d'appartement; ~**vermittlung** *f* location *f* d'appartements; ~**vermittlungsbüro** *n* agence *f* immobilière; ~**wechsel** *m* changement *m* de domicile; ~**zulage** *f* = ~*entschädigung;* ~**zwangswirtschaft** *f* contrôle *m* des logements.

Woilach *m* ⟨-s, -e⟩ ['vɔylax] *(Pferdedecke)* couverture *f* de selle.

wölb|en ['vœlbən] *tr arch* voûter, cintrer; *(Straße)* donner du profil à; *allg* cambrer; *sich* ~ se voûter, former une voûte; **W~ung** *f allg* cambrure *f,* bombement *m; arch* voussure, voûte *f,* cintre; *(e-r Straße)* profil *m;* **W~ungsradius** *m* rayon *m* de *od* du bombement.

Wolf *m* ⟨-(e)s, ⸗e⟩ [vɔlf, 'vœlfə] *zoo* loup *m; med* écorchure, excoriation *f; (Fleischwolf)* hachoir *m* à viande; *sich ein* ~ *laufen, reiten* s'écorcher en marchant, en allant à cheval; *man muß mit den Wölfen heulen (prov)* il faut hurler avec les loups; *wenn man vom* ~ *spricht, ist er nicht weit (prov)* quand on parle du loup, on en voit la queue; *junge(r)* ~ louveteau *m; ein Rudel Wölfe* meute de loups; *ein* ~ *im Schafspelz* un loup habillé en berger; ~**eisen** *n* piège *m* à loup; ~**grube** *f mil* saut-de-loup *m;* ~**shund** *m* chien-loup *m;* ~**shunger** *m: e-n* ~ *haben* avoir une faim de loup; ~**smilch** *f bot* euphorbe *f;* ~**spelz** *m* peau *f* de loup; ~**srachen** *m med* gueule-de-loup *f.*

Wölf|in *f* ⟨-, -nnen⟩ ['vœlfɪn] louve *f;* **w~isch** *a* de loup.

Wolfram *n* ⟨-s, ø⟩ ['vɔlfram] *chem* tungstène *m;* ~**glühlampe** *f* lampe *f* au tungstène; ~**it** *n min* wolframite *f.*

Wolga ['vɔlga], *die, geog* la Volga.

Wolhyn|ien *n* [vɔ'ly:niən] *geog* la Volhynie; **w~isch** [-'ly:nɪʃ] *a* volhynien.

Wolke *f* ⟨-, -n⟩ ['vɔlkə] *(a. Rauch-, Staubwolke u. fig)* nuage *m; (dicke, dichte, bes. Wetter~)* nuée; *poet* nue *f; wie aus allen ~n gefallen sein* tomber des nues, être ébahi; *fam* rester baba; *~n türmen sich* des nuages s'amassent; *~n ziehen (am Himmel)* des nuages passent (dans le ciel); ~**nbildung** *f* formation *f* des nuages; ~**nbruch** *m* pluie *f* torrentielle *od* diluvienne *od* d'abat; ~**ndecke** *f* ⟨-, ø⟩ couverture *f* nuageuse, plafond *m* nuageux, base *f* des nuages; *geschlossene* ~ base des nuages continue, couche *f* continue de nuages; *zerrissene* ~ base *f* des nuages interrompue; ~**nfetzen** *m pl* bouts *m pl* de nuages; ~**nflug** *m (Flug in den ~n)* vol *m* dans les nuages; ~**ngrenze** *f: obere, untere* ~ limite *f* supérieure, inférieure des nuages; ~**nhimmel** *m* ciel *m* nuageux *od* couvert; ~**nhöhe** *f* hauteur *f* des nuages; ~**nkratzer** *m* arch gratte-ciel *m;* ~**nkuckucksheim** *n (Luftschlösser)* châteaux *m pl* en Espagne; ~**nloch** *n* trou *m od* trouée *f* dans les nuages; **w**~**nlos** *a* sans nuages; ~**nschicht** *f* couche *f* de nuages; ~**nstreifen** *m* bande *f* nuageuse; ~**nwand** *f* ⟨-, ø⟩ mur *m* de nuages; ~**nzug** *m* passage *m* nuageux; **wolkig** *a* nuageux.

Woll|abfälle *m pl* ['vɔl-] déchets *m pl* de laine; ~**atlas** *m (Textil)* satin *m* de laine; ~**aufbereitungsmaschine** *f* machine *f* de préparation de la laine; ~**decke** *f* couverture *f* de laine; ~**e** *f* ⟨-, -n⟩ laine *f; (Wollstoff)* lainage *m; sich in die* ~ *geraten (fig fam)* s'attraper *od* se prendre aux cheveux; *sich in der* ~ *haben (fig fam)* se crêper le chignon, se manger *od* se bouffer le nez; ~ *lassen müssen (fig fam)* y laisser des plumes; *in der* ~ *sitzen (fig: es sehr gut haben)* être comme un coq en pâte; *viel Geschrei und wenig* ~ beaucoup de bruit pour rien; *in der* ~ *gefärbt* grand teint; **w**~**en 1.** *a* de *od* en laine; ~**färberei** *f* teinturerie *f* de laine; ~**fett** *n* graisse *f* de laine, suint *m;* ~**garn** *n*, ~**gewebe** *n* fil, tissu *m* de laine; ~**haar** *n* brin *m* de laine; *(als Sammelbegriff)* laine *f; (der Neger)* cheveux *m pl* crépus; ~**handel** *m* lainerie *f;* ~**handkrabbe** *f zoo* dromie *f;* **w**~**ig** *a (flaumig)* cotonneux; *(Haare)* crépu; ~**industrie** *f* industrie *f* lainière; ~**jacke** *f* cardigan *m;* ~**kamm** *m tech* carde *f;* ~**kämmer** *m* cardeur *m;* ~**kämmerei** *f* carderie *f;* ~**kleid** *n* robe *f* de lainage; ~**knäuel** *m od n* pelote *f* de laine; ~**kratze** *f* = ~*kamm;* ~**kraut** *n bot* molène *f;* ~**krempel** *f* trieuse *f* (à laine); ~**(l)appen** *m* chiffon *od* torchon *m* de laine; ~**produktion** *f* production *f* lainière; ~**sachen** *f pl* lainages *m pl;* ~**schur** *f* tonte *f;* ~**schweiß** *m* suint *m;* ~**spinnerei** *f* filature *f* de laine; ~**stoff** *m* étoffe *f* de laine, lainage *m; grobe(r)* ~ bure *f;* ~**strumpf** *m* bas *m* de laine; ~**waren** *f pl* articles de laine, lainages *m pl,* lainerie *f;* ~**warenfabrikation** *f* lainerie *f;* ~**warenhandlung** *f* commerce *m* de laine, lainerie *f;* ~**warenhändler** *m*

marchand de laine, lainier *m;* ~**wäsche** *f (Tätigkeit)* lavage *m* des laines; ~**weber** *m* tisseur *m* de laine *od* de lainages; ~**weberei** *f (Tätigkeit)* tissage *m* de la laine; ~**weste** *f* gilet en laine; *(~jacke)* cardigan *m.*

wollen ⟨*ich will; ich wollte; hat gewollt/ wollen…*⟩ ['vɔlən, vɪl-, (-)vɔlt-] **2.** *tr u. itr* vouloir *(etw tun* faire qc; *daß* que *subj); (wünschen)* désirer *(etw tun* faire qc; *daß* que *subj); (beabsichtigen)* avoir l'intention, se proposer *(etw tun* de faire qc); penser, compter *(etw tun* faire qc); *(fordern)* demander, exiger *(daß* que *subj); (behaupten: mit inf des Perfekts)* prétendre *(etw getan haben* avoir fait qc); *(das mache ich) wie ich will* à ma façon *od* guise; *(machen Sie es,) wie Sie* ~ comme vous voudrez, comme il vous plaira; *wenn Sie gern* ~ si vous voulez bien, si bon vous semble; *wenn Sie (es) so* ~ si vous voulez cela comme ça; *so Gott will* si Dieu le veut; *gerade etw tun* ~ aller faire *od* être sur le point de faire qc; *lieber* ~ aimer mieux, préférer *(etw tun* faire qc); *lieber zu Hause bleiben* ~ *als ausgehen* aimer mieux rester à la maison que (de) sortir; *nicht* ~ *(sich weigern, a.)* refuser *(etw tun* de faire qc); *nur (arbeiten)* ~ ne demander qu'à *(travailler); ich will es nicht gehört, gesehen haben* faites comme si je n'avais rien entendu, vu; *ich will nichts davon wissen* je ne veux pas en entendre parler, cela ne m'intéresse *od* ne me regarde pas; *ich wollte, es wäre Sonntag* je voudrais que ce soit dimanche; *was ich noch sagen wollte* à propos; *das ist alles, was ich will (a.)* je ne demande que cela; *wir* ~ *gehen* partons; *Sie mögen* ~ *oder nicht* bon gré, mal gré; *er macht nur, was er will* il n'en fait qu'à sa tête; *das will mir nicht gefallen* cela ne me plaît pas; *das will nichts heißen* cela ne veut rien dire; *es will mir scheinen* j'ai l'impression, je suis tenté de croire; *es will schneien* il va neiger; *das will überlegt sein* il faut bien (y) réfléchir, cela demande réfléxion; *(dagegen ist) nichts zu* ~ *(fam)* il n'y a rien à faire (à cela); *sei dem, wie ihm wolle* quoi qu'il soit; *was* ~ *Sie (denn) von mir?* que me voulez-vous? *wo* ~ *Sie hin?* où voulez-vous aller? *worauf* ~ *Sie hinaus? was* ~ *Sie denn (eigentlich)?* où voulez-vous en venir? *zu wem* ~ *Sie?* qui voulez-vous voir? qui cherchez-vous? *das will ich hoffen!* j'espère bien; *das will ich meinen!* ah, mais oui! *das*

~ *wir mal sehen!* je voudrais bien voir! **W~** *n* vouloir *m*, volonté; *philos a.* volition *f*.

Wol|lust *f* ⟨-, ⁀e⟩ ['vɔl(l)ʊst] volupté; *pej (Unzucht)* luxure, lasciveté; lascivité *f*; **w~lüstig** *a* voluptueux; *pej* luxurieux, lascif; *(ausschweifend)* débauché, libertin; **~lüstling** *m* ⟨-s, -e⟩ voluptueux; débauché, libertin; *fam* paillard *m*.

wo|mit [voːˈmɪt] *adv (fragend, a. indirekt)* avec *od* à *od* par quoi; *(relativ: mit dem, der)* avec *od* à *od* par lequel, laquelle; ~ *kann ich Ihnen dienen?* qu'y a-t-il pour votre service? ~ *soll ich anfangen?* par quel bout voulez--vous que je commence? **~möglich** [-ˈ--] *adv* si possible; *(vielleicht)* peut--être; **~nach** [-ˈ-] *adv (fragend, a. indirekt)* après *od* d'après *od* selon *od* sur quoi; *(relativ: nach dem, der)* après *od* d'après *od* selon *od* sur lequel, laquelle; ~ *schmeckt das?* quel goût cela a-t-il?

Wonne *f* ⟨-, -n⟩ ['vɔnə] délice(s *f pl*) *m*; *(Entzücken)* ravissement *m*; *(Freude)* joie *f*; *(Glück)* bonheur *m*; *in* ~ *schwimmen* nager dans la joie; **~gefühl** *n* sentiment *m* de délices *od* de ravissement; **~monat** *m*, **~mond** *m vx u. poet (Mai)* (mois de) mai *m*; **w~sam** *a* = *wonnig*; **~schauer** *m* frisson *m* de volupté; **w~trunken** *a* ivre de joie; **w~voll** *a*, **wonnig** *a* délicieux, ravissant.

wor|an [voˈran] *adv (fragend, a. indirekt)* à quoi; *(relativ: an dem, der)* auquel, à laquelle; *ich weiß,* ~ *das liegt* je sais à quoi cela tient; *nun weiß ich (wenigstens),* ~ *ich bin* me voilà fixé; *man weiß bei Ihnen nie,* ~ *man ist* on ne sait jamais à quoi s'en tenir; ~ *arbeiten, denken Sie?* à quoi travaillez-vous, pensez--vous? ~ *erinnert Sie das?* qu'est-ce que cela vous rappelle? ~ *liegt das?* à quoi cela tient-il? quelle en est la cause? **~auf** [-ˈraʊf] *adv (fragend, a. indirekt)* sur quoi; *(zeitl. = darauf);* après *od;* *(relativ: auf dem, der)* sur lequel, laquelle; ~ *ich wegging* après quoi je suis parti; ~ *warten Sie?* qu'attendez-vous? **~aus** [-ˈraʊs] *adv (fragend, a. indirekt)* (hors) de quoi, d'où; de *od* en quoi; *(relativ: aus dem, der)* duquel, de laquelle; dont; ~ *schließen Sie das?* d'où déduisez--vous cela? ~ *ist dieser Löffel?* en quoi est cette cuiller? **~ein** [-ˈraɪn] *adv (fragend, a. indirekt)* dans quoi? où? *(relativ: in den, die, das)* dans lequel, laquelle; où; ~ *soll ich es legen?*

dans quoi *od* où dois-je le mettre *od* voulez-vous que je le mette? **~in** [-ˈrɪn] *adv (fragend, a. indirekt)* dans *od* en quoi; où? *(relativ: in dem, der)* dans lequel, laquelle; ~ *besteht od liegt der Unterschied?* en quoi consiste la différence? qu'est-ce qui fait la différence?

worfeln ['vɔrfəln] *tr agr* vanner.

Wort 1. *n* ⟨-(e)s, ⁀er⟩ [vɔrt, 'vœrtər] *(als grammatischer Begriff u. Baustein d. Sprache, pl Wörter)* mot, vocable; *(Ausdruck)* terme *m*, expression; **2.** *n* ⟨-(e)s, -e⟩ *(Äußerung, Rede, meist im pl: ~e)* parole(s *pl*) *f*; mot(s *pl*) *m*; propos *m pl*; *(Versprechen, Zusage)* parole *f* (donnée); *(Ausspruch)* mot *m*, sentence *f*; *(Sprichwort)* dicton; adage, proverbe *m*; *das* ~ *(rel: zweite Person der Trinität)* le Verbe; *auf jds* ~ sur la parole de qn; *bei diesen* ~*en* à ces mots; ~ *für* ~ mot pour *od* à mot; *nicht für Geld und gute* ~*e* ni pour or ni pour argent; *in* ~*en (fin: ausgeschrieben)* en (toutes) lettres; *in des* ~*es wahrster Bedeutung* au sens plein du mot; *in* ~ *und Bild* par le texte et l'image; *in gewählten* ~*en* en termes choisis; *in* ~ *und Schrift* par la parole et par la plume; *mit anderen* ~*en* en d'autres termes *od* mots, autrement dit; *mit diesen* ~*en* ce disant; *mit einem* ~ en un mot; bref; *mit kurzen od wenigen* ~*en* en peu de mots; *nach s-n (eigenen)* ~*en* d'après *od* selon ses (propres) dires; *ohne ein* ~ *zu sagen* sans mot dire, sans rien dire; *jdn mit (leeren)* ~*en abspeisen* payer qn de belles paroles; *s-e* ~ *abwägen* (bien) peser ses mots; *ums* ~ *bitten (a. parl)* demander la parole; *bei s-m* ~ *bleiben* n'avoir qu'une parole; *sein* ~ *brechen* manquer à *od* fausser sa parole; *ein gutes* ~ *für jdn einlegen* parler *od* intervenir, intercéder en faveur de qn; *rompre une lance pour qn; sein* ~ *einlösen* dégager sa parole; *jdm das* ~ *entziehen (a. parl)* retirer la parole à qn; *das* ~ *ergreifen (a. parl)* prendre la parole; *jdm das* ~ *erteilen* donner la parole à qn; *jdm ins* ~ *fallen* couper la parole à qn, interrompre qn; *in* ~*e fassen (ausdrücken)* exprimer; *das* ~ *führen* faire les frais de la conversation; *das große* ~ *führen* avoir le verbe haut; *pop* tenir le crachoir; *jdm sein* ~ *geben* donner sa parole à qn; *jdm gute* ~*e geben* donner de bonnes paroles à qn; *aufs* ~ *gehorchen od hören* obéir à la lettre *od* au doigt et à l'œil; *jdm aufs* ~ *glauben* croire qn sur parole; *das* ~

haben (a. parl) avoir la parole; *jds ~ haben* avoir la parole de qn; *das letzte ~ haben* avoir le dernier mot; *etw nicht ~ haben (gelten lassen) wollen* ne pas vouloir convenir de qc; *sein ~ halten, zu s-m ~ stehen* tenir parole, faire honneur à sa parole; *kein ~ herausbringen* avoir la gorge serrée; *vor Erregung kein ~ herausbringen* être étranglé par l'émotion; *zu ~ kommen* avoir la parole; *nicht zu ~ kommen* ne pas arriver à placer un mot; *jdn nicht zu ~ kommen lassen* ne pas laisser parler qn; *seine ~e auf die Goldwaage legen* peser ses paroles; *große ~e machen* dire de grands mots; *viele ~e machen* faire de grands discours; *sich zu ~ melden (a. parl)* demander la parole; *ein ~ mitzureden haben* avoir voix au chapitre; *jdn beim ~ nehmen* prendre qn au mot; *jdm, e-r S das ~ reden* défendre qn, qc; *mit jdm ein ernstes ~ reden* dire un mot, dire deux *od* quatre mots à qn; *das ~ an jdn richten* adresser la parole à qn; *kein ~ sagen* ne pas dire *od* souffler mot; *fam* ne pas broncher; *nicht mit ~en sparen* ne pas ménager ses mots; *mit den ~en spielen* jouer sur les mots; *ein paar ~e sprechen* prononcer quelques mots; *jdm das ~ im Munde umdrehen* déformer les paroles de qn; *kein ~ über etw verlieren* ne pas perdre son temps à discuter sur qc; *kein ~ verstehen* ne pas comprendre un mot; *sein eigenes ~ nicht verstehen (vor Lärm)* ne pas s'entendre; *sein ~ zurücknehmen* retirer sa parole, se dédire; *mir ist kein ~ entgangen (ich habe alles gehört)* je n'ai pas perdu un mot; *das ~ ist mir entschlüpft* le mot m'a échappé; *das ~ liegt mir auf der Zunge* j'ai le mot sur (le bout de) la langue; *darüber brauchen wir kein ~ zu verlieren* ce n'est pas la peine d'en parler; *Sie haben das ~ (a.)* la parole est à vous; *Sie nehmen (du nimmst) mir das ~ aus dem Munde* j'allais (vous) le dire, c'est ce que j'allais dire; *es ist kein ~ aus ihm herauszukriegen* on ne peut rien en sortir; *man versteht sein eigenes ~ nicht* on ne s'entend pas (parler); *es war mit keinem ~ davon die Rede* il n'en a absolument pas été question; *es ist kein wahres ~ daran* il n'y a pas un mot de vrai là-dedans; *das sind nur od leere ~e* ce ne sont que des mots; *das ~ ist gefallen od heraus* le mot est parti; *ein ~ gab das andere* un mot amena *od* entraîna l'autre; *hat man da ~e? (fam)* a-t-on

jamais vu pareille chose? *auf ein ~!* j'aurais un mot à vous dire; *auf mein ~!* ma parole! parole d'honneur! *das ist ein ~!* voilà qui s'appelle parler; *genug der ~e!* assez de paroles! *kein ~ mehr!* pas un mot de plus! *ein Mann, ein ~ (prov)* un honnête homme n'a qu'une parole; *freundliche ~e* bonnes paroles *f pl; geflügelte(s) ~* locution *od* citation *f* courante; *große od hochtrabende ~e* grands mots *m pl; leere ~e* paroles vaines *od* en l'air, belles paroles *f pl; ein Mann von ~* un homme de parole; *neue(s) ~* néologisme *m; unfreundliche ~e* paroles *f pl* peu aimables; *veraltete(s) ~* archaïsme *m; das ~ Gottes* la parole de Dieu; **~ableitung** *f* dérivation *f* de mots; **~anfang** *m* commencement *m* d'un *od* du mot; **w~arm** *a (Sprache)* pauvre (en mots); **~art** *f* gram espèce de mot; partie *f* du discours; **~aufwand** *m: mit großem ~* à grand renfort de mots; **~bedeutung** *f* acception *f* du mot; **~bedeutungslehre** *f* sémantique *f;* **~bildung** *f* formation des mots; création *f* verbale; **~bruch** *m* manque de parole, manquement à la parole donnée; *(Eidbruch)* parjure *m;* **w~brüchig** *a* qui manque *od* a manqué à sa parole; *(eidbrüchig)* parjure; *(treulos)* déloyal, traître, perfide; *~ werden* manquer à sa parole; **~emacher** *m pej* péroreur, discoureur *m;* **~emacherei** *f* verbiage, bavardage *m;* **~ende** *n* fin *f* du mot; **~erklärung** *f* définition nominale; explication *f* du mot; **~familie** *f* famille *f* de mots; **~feld** *n* champ *m* sémantique; **~feldforschung** *f* sémantique *f;* **~folge** *f* ordre *m* des mots; **~forschung** *f* étymologie *f,* recherches *f pl* étymologiques; **~fügung** *f gram (Satzbau)* structure *od* construction *f* de la phrase; **~führer** *m* porte-parole; *fig (Sprecher, Vertreter) a.* organe *m;* **~gefecht** *n* joute *f* oratoire; **~geklingel** *n* cliquetis *m* de mots; **w~getreu** *a (wörtlich)* littéral, fidèle; *adv* littéralement, à la lettre, au pied de la lettre; **w~karg** *a* économe *od* avare de paroles; *(schweigsam)* taciturne; **~kargheit** *f* taciturnité *f;* **~klauber** *m ⟨-s, -⟩* éplucheur de mots; *(Rechthaber)* ergoteur; *(Pedant)* pédant *m;* **~klauberei** *f* chicane sur les mots; critique *f* vétilleuse; ergotage; pédantisme *m;* **~laut** *m* texte *m; (Inhalt e-s Schriftstücks)* teneur *f; jur* termes *m pl; (e-s Urteils)* libellé *m; mit folgendem ~* conçu en ces termes; *nach dem ~ des Vertra-*

ges aux termes du contrat; *der amtli-che* ~ le texte authentique; **w~los** *a (stumm)* muet; *adv* sans mot dire, sans rien dire; ~**meldung** *f:* ~*en liegen nicht vor (parl)* personne n'a demandé la parole; **w~reich** *a (Sprache)* riche (en mots); *(Stil)* abondant; *pej (weitschweifig)* verbeux, prolixe, redondant; ~**reichtum** *m* ‹-s, ø› richesse *od* abondance en mots; *pej* verbosité, prolixité, redondance *f;* ~**schatz** *m* ‹-es, (⸚e)› *(e-r Sprache)* vocabulaire, lexique *m;* ~**schwall** *m* ‹-(e)s, ø› flot *m od* avalanche *f* de paroles; ~**sinn** *m* = ~**bedeutung;** ~**spiel** *n* jeu de mots, calembour *m;* ~**stamm** *m gram* radical *m;* ~**stellung** *f gram (im Satz)* ordre *m* des mots; ~**streit** *m (Streit mit Worten)* discussion, dispute; *lit* joute oratoire; *(Wortwechsel)* altercation; *(Gezänk)* querelle *f* de mots; ~**ton** *m gram* accent *m* tonique; ~**wahl** *f* choix *m* des mots; ~**wechsel** *m* altercation; empoignade; *fam* prise *f* de bec; *e-n* ~ *haben (a.)* avoir des mots *(mit jdm* avec qn); **w~wörtlich** *adv* (~ *für* ~) mot pour *od* à mot; ~**zusammensetzung** *f* combinaison *f* de mots.

Wört|chen *n* ‹-s, -› ['vœrtçən] petit mot *m; ein* ~ *mitzureden haben* avoir son mot à dire, avoir voix au chapitre; ~**erbuch** *n* dictionnaire *f; fam* dico *m; mit häufiger Benutzung des od e-s ~es* à coups de dictionnaire; *lebende(s)* ~ *(fam: Mensch mit viel Buchwissen)* encyclopédie *f* vivante; ~**erverzeichnis** *n* liste *f* de(s) mots, vocabulaire, glossaire *m,* nomenclature *f,* index *m;* **w~lich** *a* littéral, textuel; *adv a.* à la *od* au pied de la lettre, mot pour *od* à mot; *etw* ~ *nehmen* prendre qc au pied de la lettre; *das darf man nicht so* ~ *nehmen (a.)* c'est une manière de parler.

wor|über [vo:'ry:bər] *adv (fragend, a. indirekt)* sur quoi; au-dessus de quoi; *(relativ: über den, die, das)* sur lequel, laquelle; ~ *lachen Sie?* de quoi riez-vous? ~ *ich sehr traurig war* ce dont j'étais bien triste; ~**um** [-'rʊm] *adv (fragend, a. indirekt: um was)* de quoi; *(relativ: um den, die, das)* pour lequel, laquelle; ~ *handelt es sich?* de quoi s'agit-il? ~**unter** [-'rʊntər] *adv (fragend, a. indirekt)* sous quoi; au--dessous de quoi; *(relativ: unter dem, der)* sous lequel, laquelle; *(unter denen)* parmi lesquels, lesquelles.

wo|selbst [vo:'zɛlpst] *adv, bes. jur (wo)* où; ~**von** [-'-] *adv (fragend, a. indirekt)* de quoi; *(relativ: von dem, der)* dont; ~ *sprechen Sie?* de quoi

parlez-vous? ~ *ich nicht ganz überzeugt bin* ce dont je ne suis pas tout à fait convaincu; ~**vor** [-'-] *adv (fragend, a. indirekt)* devant quoi; de quoi; *(relativ: vor dem, der)* devant lequel, laquelle; de quoi, (ce) dont; ~ *hast du Angst?* de quoi as-tu peur? ~**zu** [-'-] *adv (fragend) (a. indirekt)* pourquoi, pour quelle raison, à quel propos *od* dessein; *(relativ: zu dem, der)* auquel, à laquelle; pour lequel, laquelle; ~ *dient das?* à quoi cela sert-il? ~ *ist das gut?* ~ *soll das gut sein?* à quoi bon (cela)? ~ *soll man dahin gehen?* à quoi bon y aller?

Wrack *n* ‹-(e)s, -s/(-e)› [vrak] *mar* u. *fig* épave *f; er ist nur noch ein* ~ ce n'est plus qu'une ruine.

wring|en ‹*wringt, wrang, hat gewrungen*› ['vrɪŋən, vraŋ, gə'vrʊŋən] *tr (Wäsche)* tordre, essorer; **W~maschine** *f* essoreuse *f.*

Wucher *m* ‹-s, ø› ['vu:xər] usure *f; (Börsen~)* agiotage *m;* ~ *treiben* faire *od* pratiquer l'usure, se livrer à l'usure *od* à l'agiotage; ~**blume** *f bot* chrysanthème *m;* ~**darlehen** *n* prêt *m* usuraire; ~**er** *m* ‹-s, -› usurier, fesse-mathieu; *fam* loup-cervier; *pop* vautour *m;* ~**geschäft** *n* marché *m* usuraire; **w~isch** *a* usuraire; ~ *aufkaufen* accaparer; ~*e(r) Aufkauf m* accaparement *m;* ~**miete** *f* loyer *m* usuraire; **w~n** ‹*aux: sein od haben*› *itr bot (üppig wachsen) u. fig* pulluler, foisonner; *das Unkraut ist über den Weg gewuchert* les mauvaises herbes ont envahi le chemin; *med* proliférer, former des végétations; *com (*~ *treiben)* ‹*aux: haben*› faire l'usure; *mit s-m Pfunde* ~ *(fig)* faire valoir son talent; ~*n n bot* pullulation *f,* pullulement, foisonnement *m; med* prolifération *f;* ~**preis** *m* prix *m* usuraire; ~**ung** *f med (Vorgang)* prolifération *f; (Gebilde)* végétations *f pl;* ~**zinsen** *pl* intérêts *m pl* usuraires; *zu* ~ *leihen* prêter à usure.

Wuchs *m* ‹-es, ø› [vu:ks] *(Wachstum)* croissance; *bot* pousse, végétation; *(Körperwuchs, Gestalt)* taille, stature *f; von hohem* ~ de haute taille *od* stature; ~**stoff** *m bot* auxine *f.*

Wucht *f* ‹-, ø› [vʊxt] *(Anprall, Druck)* pression *f; (Gewicht)* poids *m; fig (Gewalt)* force, puissance, violence *f; fam (große Menge)* tas *m,* flopée; *pop (Prügel)* fessée, rossée *f; mit voller* ~ de toute sa force *od* masse, de tout son poids; **w~en** *tr fam (heben)* lever; *itr fam (schwer arbeiten)* bosser, boulonner, trimer, turbiner; **w~ig**

a (massig, schwer) massif, pesant, lourd; *(kraftvoll, a. von e-m Menschen)* vigoureux, énergique; *(heftig)* violent.

Wühl|arbeit *f* ['vy:l-] *fig, bes. pol* agitation *f od* activités *f pl* subversive(s); **w~en** *itr* fouiller *(in etw* qc); *fam* farfouiller *(in etw* dans qc); *(Tier)* fouir *(in etw* qc); *(Wildschwein)* fouger *(in etw* dans qc); *fig, bes. pol* faire de l'agitation subversive; *sich in die Erde ~* s'enfouir dans le sol; *im Gelde ~ (fig)* rouler sur l'or; **~er** *m* ⟨-s, -⟩ *agr = ~pflug; fig, bes. pol* agitateur (politique), meneur, fauteur *m* de troubles; **~erei** *f* [-'raɪ] *fig, bes. pol* agitation *f od* menées *f pl* subversive(s); **w~erisch** *a pol (umstürzlerisch)* subversif, révolutionnaire; **~maus** *f zoo* rat, fouisseur, campagnol; *fig* sousmarin *m;* **~pflug** *m agr* charrue *f* sous-soleuse.

Wulst *m* ⟨-(e)s, ⁝e⟩ [vʊlst, 'vʏlstə] od *f* ⟨-, ⁝e⟩ *(Verdickung)* renflement, bourrelet; *arch (Rundstab)* boudin *a tech; (an e-r Säule)* tore; *mot (am Reifen)* talon *m;* **~eisen** *n* fer *m* à boudin; **~felge** *f* jante *f* à talon; **w~ig** *a* renflé; *(Lippen)* épais, retroussé; **w~los** *a (Reifen)* sans talon; **~naht** *f tech* joint *m* renforcé *od* surépaissé; **~reifen** *m* mot pneu *m* à talon; **~schiene** *f loc* rail *m* à champignon.

wund [vʊnt] *a (~ gerieben, ~ gescheuert)* écorché, meurtri; excorié; *(Tier: verletzt)* blessé; *den ~en Punkt aufdecken* mettre le doigt sur la plaie; *sich die Füße ~ laufen* s'écorcher les pieds (en marchant); *sich ~ reiben, scheuern* s'écorcher, s'excorier; *~ schießen (Jagd)* blesser (en tirant); *~e(r) Punkt m (fig)* point faible *od* sensible *od* névralgique, défaut *m* de la cuirasse; *~e Stelle f* écorchure, meurtrissure; excoriation *f;* **W~arzt** *m* chirurgien *m;* **~ärztlich** *a* chirurgical; **W~e** *f* ⟨-, -n⟩ ['-də] *a. fig* blessure, plaie *f; e-e alte ~ (wieder) aufreißen (fig)* rouvrir une plaie; *e-e ~ auswaschen, verbinden* laver, panser une blessure; *tiefe ~en schlagen (fig)* infliger des plaies profondes *(dat* à); *die ~ heilt, vernarbt* la blessure se ferme, se cicatrise; *die Zeit heilt alle ~n (prov)* le temps guérit tous les maux; *offene ~* plaie *f* ouverte; **W~eiterung** *f* suppuration *f* de la blessure; **W~fieber** *n* fièvre *f* traumatique *od* infectueuse; **W~heilung** *f* cicatrisation *f; ~ bewirkend* cicatrisant; **W~klammer** *f* agrafe *f;* **W~kraut** *n bot* vulnéraire *f;* **~≃lie-**

gen, *sich* s'écorcher (à force d'être couché); **W~mal** *n* ⟨-(e)s, -e⟩ cicatrice *f; die ~e Christi* les stigmates *m pl* du Christ; **W~naht** *f* suture *f;* **W~reinigung** *f* désinfection de la plaie, abstersion *f;* **W~reinigungsmittel** *n* désinfectant, abstergent *m;* **W~rose** *f med* érysipèle *m;* **W~salbe** *f* onguent *m* vulnéraire; **W~starrkrampf** *m* tétanos *m.*

Wunder *n* ⟨-s, -⟩ *(die Naturgesetze durchbrechendes Ereignis)* prodige; *(bes. rel, a. = ~tat)* miracle *m; (w~bare, ungewöhnliche Erscheinung od Sache)* merveille *f; (ungewöhnliche Sache od Person)* prodige *m; wie durch ein ~* par miracle, par le plus grand des hasards; *w~(s) was denken* s'imaginer des choses extraordinaires; s'attendre à merveille; *sich w~(s) was einbilden* s'imaginer Dieu sait quoi; *sein blaues ~ erleben* en voir de belles; *an ~ glauben* croire aux miracles; *an ein ~ grenzen* tenir du prodige *od* du miracle; *~ tun* faire *od* accomplir *od* opérer *od* réaliser des miracles; *(übertreibend von Sachen)* faire merveille; *~ wirken (fig: schnell u. gut wirken)* faire (des) merveille(s); *w~(s) (was) denken, glauben, meinen* s'imaginer des choses extraordinaires; *er glaubt, w~(s) was getan zu haben* il s'imagine avoir fait des merveilles; *er denkt w~(s) wie schlau zu sein* il se croit un prodige de prudence; *das ist ein wahres ~* c'est une merveille; *es ist ein ~, daß ich noch lebe* c'est merveille que je vive encore; *es geschehen Zeichen und ~* il y a des signes et des prodiges; *du wirst noch dein blaues ~ erleben!* tu en verras de belles; *(das ist) kein ~!* (ce n'est) pas étonnant! *kein od was ~, daß er jetzt krank ist!* quoi *od* rien d'étonnant à ce qu'il soit malade maintenant! *das deutsche ~ (der wirtschaftl. Wiederaufstieg der Bundesrepublik Deutschland nach dem Zweiten Weltkrieg)* le miracle (économique) allemand; **w~bar** *a* prodigieux, miraculeux; merveilleux, phénoménal; *fam (übertreibend)* mirobolant, mirifique, magnifique, splendide; *adv* à à merveille; *ans W~e grenzen* tenir du prodige *od* de la merveille; **~baum** *m bot* ricin; robinier, faux acacia *m;* **~bild** *n* rel image *f* miraculeuse; **~blume** *f bot* belle-de-nuit *f;* **~doktor** *m fam* guérisseur, charlatan *m;* **~droge** *f* drogue *f* miracle; **~geschichte** *f* histoire *f* merveilleuse; **~glaube** *m* croyance *f* aux miracles;

~heilung *f* guérison *f* miraculeuse; **~horn** *n* cor *m* enchanté; **w~hübsch** *a* charmant, ravissant; *a. adv* à ravir; **~kind** *n* enfant *m* prodige; **~kur** *f* cure *f* miraculeuse; **~lampe** *f* lampe *f* miraculeuse; **~land** *n* pays *m* des merveilles; **w~lich** *a (sonderbar)* singulier, étrange, bizarre; *(grillenhaft)* drôle, lunatique, capricieux; **~e(r)** *Kauz m* original, drôle *m* de bonhomme *od* d'homme; **~lichkeit** *f* singularité, étrangeté, bizarrerie; originalité *f*; **~mittel** *n* remède *m* miraculeux; *(Allheilmittel)* panacée *f*; **w~n,** *sich* s'étonner, être surpris *(über* de); *tr impers: das wundert mich* cela m'étonne; *sich nicht genug über etw ~ können* ne pas revenir de qc; *das wundert mich (gar) nicht!* cela ne m'étonne pas (le moins du monde); **w~nehmen** *tr: das nimmt mich wunder* cela m'étonne *od* me surprend; **~pulver** *n pej* poudre *f* de perlimpinpin *fam;* **w~sam** *a* merveilleux; **w~schön** *a* merveilleux, d'une beauté merveilleuse; *adv* à merveille; *es war ~* c'était merveilleux; **~sucht** *f ⟨-, ø⟩* manie *f* des miracles; **~tat** *f* fait miraculeux, miracle *m;* **~täter** *m* thaumaturge *m; ein ~ sein (a.)* faire des miracles; **~tier** *n* créature *f* phénoménale; *fig fam (Mensch)* phénomène *m;* **w~voll** *a* merveilleux, prodigieux; *(bewundernswert)* admirable; *adv a.* à ravir; **~waffe** *f* arme *f* prodigieuse; **~werk** *n* merveille *f*, prodige *m*.

Wunsch *m ⟨-(e)s, ·⸚e⟩* [vunʃ, 'vynʃə] *(Begehren, Verlangen)* désir *(nach* de); *(allg u. bes. Glückwunsch)* souhait, vœu *m; pl a. (fehlende u. gesuchte Dinge)* desiderata *m pl; auf ~* sur demande; *auf jds ~* à la demande de qn; *auf allgemeinen ~* à la demande générale; *mit den besten Wünschen (für Ihr Wohlergehen)* (avec mes *od* nos) meilleurs vœux *od* souhaits (pour votre prospérité); *nach ~* à souhait, à volonté; *jdm jeden ~ von den Augen ablesen* être aux petits soins pour qn; *e-n ~ aussprechen od äußern* formuler un vœu; *jds Wünschen entgegenkommen* aller au-devant des désirs de qn; *e-n ~ erfüllen* exaucer un souhait; *den ~ haben* éprouver le désir *(etw zu tun* de faire qc); *jds ~ nachkommen* se rendre au désir de qn; *sich nach jds Wünschen richten* se conformer aux désirs de qn; *das ist mein ~* c'est mon ambition; *das ist mein sehnlichster ~* je ne désire que cela; *es geht alles nach ~* tout marche à

souhait; *haben Sie (sonst) noch e-n ~? (com)* et avec cela, monsieur *etc? ein frommer ~* un vœu pieu; **~bild** *n* idéal *m;* **w~gemäß** *adv* selon le désir (de qn); *selon votre ~* à souhait; **~kind** *n* enfant *m* désiré; **~konzert** *n radio* concert *m* des auditeurs; **w~los** *a* sans désir; *~ glücklich* complètement satisfait; **~satz** *m gram* proposition *f* optative; **~traum** *m* beau rêve *m*, chimère *f*; **~zettel** *m* (liste *f* des) desiderata *m pl; (e-s Kindes für Weihnachten)* lettre *f* au Père Noël.

Wünsch|elrute *f* ['vynʃəl-] baguette *f* divinatoire *od* de sourcier; **~elrutengänger** *m* sourcier; *scient* radiesthésiste *m;* **w~en** [-ʃən] *tr (begehren)* désirer *(sich etw qc; etw zu tun* faire qc; *daß ... que mit subj); (auch für andere)* souhaiter *(etw zu tun* de faire qc; *daß ... que mit subj); (Lust haben)* avoir envie *(etw zu tun* de faire qc); *wie Sie ~* comme vous voudrez; à votre guise *od* gré; *jdm alles Gute ~* faire des vœux pour la prospérité de qn; *jdn zum Teufel ~* envoyer qn au diable; *ich wünsche mir e-e goldene Uhr* je voudrais bien (avoir) une montre d'or; *ich wünsche Ihnen alles Gute* bonne continuation! *ich wünsche Ihnen ein glückliches neues Jahr* je vous souhaite une bonne année; *wünsche wohl geruht zu haben* avez-vous bien dormi? *das läßt (viel) zu ~ übrig* cela laisse (beaucoup) à désirer; *es wäre zu ~, daß ...* il serait souhaitable *od* à souhaiter que *subj;* il y a intérêt à *inf; was ~ Sie sich zum Geburtstag?* qu'est-ce que vous désirez comme cadeau d'anniversaire? **w~enswert** *a* désirable, souhaitable.

Würd|e *f ⟨-, -n⟩* ['vyrdə] dignité; *(Hoheit)* noblesse; *(Erhabenheit)* majesté; *(Ernst, Gewichtigkeit)* gravité *f; (Ehre)* honneur; *(Rang)* rang *m; s-e ~ bewahren* garder sa dignité; *in Amt und ~en stehen* être arrivé (aux honneurs), occuper de hautes fonctions; *etw mit ~ tragen* subir qc avec dignité; *s-r ~ etw vergeben* compromettre sa dignité; *ich hielt es für unter meiner ~ zu (inf)* je considérais indigne de moi de *inf; akademische ~* grade *m* universitaire; **w~elos** *a* sans dignité, indigne; **~elosigkeit** *f ⟨-, ø⟩* indignité *f*; **~enträger** *m* dignitaire *m;* **w~evoll** *a* plein de dignité, digne; *(hoheitsvoll)* noble, majestueux; *adv* avec dignité; **w~ig** *a* digne *(e-r S* de qc); *(ehrwürdig)* respectable, vénérable; *adv a.* avec dignité; *jdn e-r S für ~ halten* juger qn digne de qc; *e-r S ~ sein (a.)* mériter qc; **w~igen** *tr (schätzen)* estimer, apprécier; *(achten)* respecter, rendre hommage à; *(ehren)* honorer (*e-r S de qc*); *jdn keiner Antwort ~* ne pas daigner répondre à qn; *jdn keines Blickes ~* ne pas honorer qn d'un regard; *jds Gründe ~* respecter les raisons de qn; *jds Verdienste ~* reconnaître les mérites de qn; *etw nach s-m Wert ~* estimer qc à sa juste valeur; *jdn keines Wortes ~* ne pas daigner adresser la parole à qn; **~igung** *f* estime, estimation, appréciation *f*, éloge *m*.

Wurf *m* ⟨-(e)s, ⁺e⟩ [vurf, 'vʏrfə] jet; *a. sport* lancement; *(beim Handballspiel)* lancer; *(beim Würfelspiel)* coup (de dés); *fig (Unternehmen)* coup; *(in Kunst u. Dichtung)* élan *m*, force; *phys, tech* projection; *(gleichzeitig geworfene Jungtiere)* portée *f; auf den ersten ~ (a. fig)* de premier jet; *zum ~ ausholen* prendre son élan pour le lancer; *den ersten ~ haben (beim Würfeln)* avoir le dé; *(beim Kegeln)* avoir la boule; *alles auf einen ~ setzen* tout miser sur un coup; *fam* mettre tous ses œufs dans le même panier; *e-n großen ~ tun (fig)* réussir un grand coup; *entscheidende(r) ~ (im Spiel)* coup *m* de partie; *ein glücklicher ~ (bes. fig)* un coup de veine; *~ aus dem Stand (sport)* lancer *m* de pied ferme; **~anker** *m mar* ancre *f* de toue; **~bahn** *f* trajectoire *f;* **~beil** *n (Streitaxt)* hache *f* de guerre; **~bewegung** *f phys* mouvement *m* projectile; **~feuer** *n mil m* courbe; **~geschoß** *n* projectile *m;* **~granate** *f mil (Handgranate)* grenade *f* à main; **~hammer** *m sport* marteau *m;* **~holz** *n* boomerang *m;* **~kreis** *m sport* cercle *m* de lancement; **~linie** *f* ligne de projection; *mil* ligne *f* de tir; **~maschine** *f mil hist* catapulte, baliste *f;* **~mine** *f mil* mine-grenade *f;* **~netz** *n (Fischnetz)* épervier *m;* **~scheibe** *f sport* disque *m* (à lancer); **~schlinge** *f* lasso *m;* **~sendung** *f (Post~)* envoi *m* (postal) collectif; **~sieb** *n* crible *m;* **~spieß** *m hist* javelot, dard *m;* **~taube** *f = Tontaube;* **~weite** *f mil (e-s Mörsers)* portée *f* de tir.

Würfel *m* ⟨-s, -⟩ ['vʏrfəl] *(Spielwürfel)* dé (à jouer); *(Küche: geschnittenes Stück)* dé; *(Zucker)* morceau; *(Brüh-, Suppenwürfel)* cube; *(Muster, Karo)* carreau; *math* cube, *scient* hexaèdre *m; in ~ schneiden (Küche)* couper en dés; *~ spielen* jouer aux dés; *der ~ ist*

od die ~ sind gefallen (fig) les dés sont jetés, le sort en est jeté; *falsche ~ dés m pl* pipés; **~becher** *m* cornet *od* gobelet *m* à dés; **~form** *f* forme *f* cubique; **w~förmig** *a* cubique; **~inhalt** *m* cubage, volume *m* du cube; **~kapitell** *n arch* chapiteau *m* carré; **~muster** *n* dessin *m* à carreaux; **w~n** *itr (mit dem ~ spielen)* jouer aux dés (*um etw* pour qc); *(e-n Wurf mit dem ~ tun)* faire un coup de dés; *e-e Sechs ~* jouer le six; **~spiel** *n* jeu *m* de dés; **~spieler** *m* joueur de dés; **~zucker** *m* sucre *m* en morceaux; **würf(e)lig** *a (Muster)* quadrillé, à carreaux.

Würg|egriff *m* ['vʏrgə-] *sport* étranglement *m;* **w~en** *tr (am Halse)* prendre *od* saisir *od* serrer à la gorge; *(Bissen: jdm in der Kehle stekkenbleiben)* (faillir) étrangler *od* étouffer; *itr (nicht hinunterschlukken u. nicht ausspeien können)* faire des efforts pour avaler (*od* rendre) (*an etw* qc); *(mit Widerwillen essen)* avoir du mal à manger (*an etw* qc); *fig fam* suer sang et eau (*an e-r Arbeit* pour venir à bout d'un travail); *mit Hängen und W~ (fam: mit knapper Not)* à grand-peine; *an s-m Brot ~* avoir du mal à manger sa tartine; **~engel** *m* ['vʏrk-] *rel* ange *m* exterminateur; **~er** *m* ⟨-s, -⟩ [-gər] étrangleur *m; orn (Neuntöter)* pie-grièche *f.*

Wurm *m* ⟨-(e)s, ⁺er⟩ [vʊrm, 'vʏrmər] *zoo* ver (*a. ungenau als Insektenlarve*); *vx u. poet (Lindwurm)* dragon, *(Schlange)* serpent; *vet (der Pferde* farcin *m; n fam (armes Kind)* (pauvre) petit(e), pauvret(te) *m f; e-n ~ haben (Frucht)* être véreux; *Würmer haben (med)* avoir des vers; *jdm die Würmer aus der Nase ziehen (fig fam)* tirer à qn les vers du nez; *der ~ sitzt im Holz* le bois est vermoulu; *von Würmern zerfressen* rongé des vers, vermoulu; *arme(s) ~ = ~ n;* **w~artig** *a* vermiculaire; *~e Verzierungen f pl (arch)* vermiculures *f pl;* **w~en** *tr fam: das wurmt (bekümmert) mich* cela me ronge le cœur; *fam* cela me turlupine; **w~förmig** *a* vermiforme, vermiculaire; **~fortsatz** *m anat* appendice *m;* **~fraß** *m* vermoulure *f;* **w~ig** *a (Frucht)* véreux; **~krankheit** *f: die ~ haben* avoir les vers; **~kraut** *n bot* filipendule *f;* **~kur** *f* régime *m* vermifuge; *mit jdm e-e ~ machen* vermifuger qn; **~loch** *n* trou *m* de mite; *pl* vermoulure *f;* **~mehl** *n* vermoulure *f;* **~mittel** *n pharm* vermifuge *m;* **w~stichig** *a* vermoulu, piqué des vers; **w~trei-bend** a *pharm* vermifuge; **Würm-chen** n vermisseau, petit ver m; *fig* = ~ n.

Wurst f ‹-, ⸚e› [vʊrst, 'vʏrstə] *(feste ~)* saucisson; *(Streichwurst)* pâté m; *(zum Warmessen)* saucisse f; *(billige Fleischwurst)* andouille f; *(Blutwurst)* boudin m; *(als Sammelbegriff)* charcuterie f; *mit der ~ nach der Speckseite werfen (fig)* donner un œuf pour avoir un bœuf; *das ist mir ~ (fam: gleichgültig)* ça m'est égal, je m'en moque *od* fiche (pas mal); *pop* je m'en fous; *es geht jetzt um die ~ (fig fam)* c'est maintenant que ça se décide; c'est le moment décisif; *~ wider ~! (fam: wie du mir, so ich dir!)* c'est un prêté pour un rendu, donnant donnant, à bon chat bon rat; **~brot** n sandwich m; **~brühe** f bouillon m de saucisse; **~bude** f stand m de saucisses; **~elei** f fam *(Schlendrian)* train-train, travail m lent et mal fait; **w~eln** *itr fam (im alten Schlendrian weitermachen)* continuer son petit train-train, suivre son petit bonhomme de chemin; bricoler; **w~en** *itr (~ machen)* faire de la charcuterie; **~fabrik** f fabrique f de conserves de viande; **~haut** f peau f de saucisson *od* de saucisse; **w~ig** a fam *(gleichgültig)* indifférent, désintéressé; *(sorglos)* insouciant; **~igkeit** f ‹-, ø› fam je-m'en-fichisme *od* je-m'en-foutisme m; indifférence f; désintéressement m; insouciance f; **~pelle** f fam = ~haut; **~platte** f *(Aufschnittplatte)* assortiment m de charcuterie; **~scheibe** f tranche f de saucisson; **~vergiftung** f botulisme m; **~waren** f pl charcuterie f; **~zipfel** m bout m de saucisson.

Würstchen n ‹-s, -› ['vʏrstçən] saucisse f; *fig fam (Wicht)* mioche, bout m d'homme; *arme(s) ~ (fig fam)* pauvre hère *od* type *od* diable m; *warme ~ pl* saucisses f pl de Francfort; **~stand** m stand m de saucisses.

Württemberg n ['vʏrtəmbɛrk] *geog* le Wurtemberg; **~er(in** f) m ‹-s, -› Wurtembergeois, e m f; **w~isch** a wurtembergeois.

Würz|e f ‹-, -n› ['vʏrtsə] épice f; *(Aroma, Geschmack)* arôme, parfum m, saveur f, goût f; *fig* sel, piquant m, pointe f; *~ haben (Küche a.)* être bien assaisonné; *in der Kürze liegt die ~ (prov)* un bref exposé vaut mieux qu'un long discours; **w~en** tr épicer, a. fig assaisonner *(mit* de); aromatiser; relever; *fig* donner de la saveur *od* du sel *od* du piquant *(etw*

à qc); corser; **~en** n = ~ung; **~epfanne** f *(Bierbrauerei)* chaudière f à moût; **~fleisch** n ragoût m; **w~ig** a bien assaisonné, savoureux; **~stoff** m condiment m; **~ung** f assaisonnement m.

Wurzel f ‹-, -n› ['vʊrtsəl] a. gram math fig *(Zahnwurzel u. Ursprung)* racine f; gram a. radical m; fig *(Ursprung, a.)* source, origine; *(Ursache)* cause f; *an der ~ abhauen (Baum)* couper à blanc estoc; *mit der ~ ausreißen* déraciner; *das Übel mit der ~ ausrotten* extirper le mal à la racine; *an der ~ fassen od packen* prendre à la racine; **~n** od fig **~n schlagen** pousser des racines, prendre racine; *~ schlagen (fig fam: Besucher)* s'incruster *(bei jdm* chez qn); *tiefe ~n schlagen (fig)* jeter de profondes racines; *die ~ ziehen (math)* extraire la racine *(aus* de); *die ~ des Übels* la source du mal; **~behandlung** f med traitement m d'une *od* de la racine; **~bildung** f bot radication f; **~bürste** f brosse f en chiendent; **w~echt** a *(Pflanze: mit eigenen ~n)* franc de pied; **~exponent** m math indice m de la racine; **~faser** f bot = ~haar; **~fäule** f pourriture f des racines; **~haar** n bot radicelle f; **~haut** f anat coiffe f *(de la racine)*; **~hautentzündung** f med périostite f alvéo-dentaire; **~holz** n bois m de souche; **~knolle** f bot racine f tuberculeuse, tubercule m; **w~los** a sans racine(s); fig déraciné; **w~n** *itr bot* avoir ses racines *(in* dans); *fig* avoir sa racine, être enraciné *(in* dans); **~schößling** m bot pousse radicale, bouture f, drageon, surgeon m; **~stand** m bot radication f; **~stock** m bot rhizome m; **~werk** n racines f pl; **~zeichen** n math (signe) radical m; **~ziehen** n math extraction f des racines; **Würzelchen** n radicelle f; **wurz(e)lig** a plein de racines.

Wuschel|haar n, **~kopf** ['vuʃəl-] m fam cheveux m pl en bataille.

Wust m ‹-(e)s, ø› [vuːst] *(Durchea.)* désordre, chaos, fouillis; *(wirrer Haufen)* ramassis, amoncellement, amas m.

wüst [vyːst] a *(öde)* désert, désolé; *(leer)* vide; *agr (unbebaut)* sauvage, inculte, en friche; *(wirr)* confus, chaotique; en désordre; *(verworren)* (em-)brouillé; inextricable; *(unordentlich)* désordonné, déréglé; *(unsauber)* malpropre; *(gemein)* grossier, vilain, méchant; *(liederlich)* désordonné, dissolu, libertin, débauché, crapuleux; *ein ~es Leben führen* mener une vie de débauche; *der Kopf war mir ganz ~* j'avais la tête brouillée; *du siehst ja ~ aus!* de quoi as-tu l'air! **W~e** *f* ‹-, -n› désert *m; zur ~ machen (verwüsten)* dévaster; *in der ~ (fig: tauben Ohren) predigen* prêcher dans le désert; *in die ~ schicken (fig pol)* limoger; *das Schiff der ~ (poet: Kamel)* le vaisseau du désert; **~en** *itr fam (verschwenderisch umgehen)* gaspiller (*mit etw* qc); **W~enei** *f* [-'naı] contrée *f,* désertique *od* désolée; **W~enfuchs** *m zoo* fennec *m;* **W~engebiet** *n* région *f* désertique; **W~enkönig** *m poet (Löwe)* roi *m* du désert; **W~enkrieg** *m* guerre *f* dans le désert; **W~enlandschaft** *f* paysage *m* désertique; **W~ensand** *m* sable *m* du désert; **W~ling** *m* ‹-s, -e› libertin, débauché; *fam* noceur; *pop* arsouille *m.*

Wut *f* ‹-, ø› [vu:t] *(Gemütszustand)* fureur *(a. fig: der Elemente etc); (~ausbruch)* furie; *(Raserei)* rage, frénésie; *(Zorn)* colère *f,* courroux *m; (Leidenschaftlichkeit, Verbissenheit)* passion, manie, rage *f; s-e ~ an jdm auslassen* passer sa fureur sur qn; *jdn in ~ bringen* mettre qn en fureur, faire enrager qn; *in ~ geraten* se mettre *od* entrer en fureur *od* en colère, enrager, s'emporter; prendre feu; *e-e ~*

auf jdn haben être en rage contre qn; *vor ~ kochen od schäumen* écumer de rage; *vor ~ platzen (fam)* crever de rage; *vor ~ zittern* trembler de rage; *die ~ packte mich* la fureur me prit *od* me saisit *od* m'emporta; *fam* la moutarde m'est montée au nez; *die ~ der Flammen* la fureur des flammes; **~anfall** *m,* **~ausbruch** *m* accès de fureur *od* de rage *od* de colère, emportement; *fam* coup *m* de sang; **~anfälle haben** (a. fam) piquer des colères; **w~entbrannt** *a* enflammé de colère *od* de rage, enragé, furieux, furibond; **~geheul** *n,* **~geschrei** *n* cris *m pl* de fureur *od* de rage; **w~schäumend** *a,* **w~schnaubend** *a* écumant de rage.

wüt|en ['vy:tən] *itr (Mensch)* être en fureur *od* en furie *od* en rage; rager; *(Elemente)* faire rage, être déchaîné; *(Epidemie)* sévir, faire des ravages; **~end** *a* furieux, en fureur, furibond, enragé; *~ machen* mettre en fureur, faire enrager; *~ sein* être furieux *od* enragé (*auf jdn* contre qn); *fam* avoir les nerfs en boule *od* en pelote; *~ werden* se mettre *od* entrer en colère, s'emporter, enrager; se fâcher tout rouge; *fam* se mettre en boule; **W~erich** *m* ‹-s, -e› [-tərıç] fou furieux; *(Tyrann)* tyran *m* (sanguinaire); **~ig** *a =* *~end.*

X

X, x *n* ⟨-, -⟩ [ɪks] *(Buchstabe u. unbe-*
kannte Größe) X *m; jdm ein X für*
ein U vormachen (fam: täuschen)
faire prendre à qn des vessies pour
des lanternes, faire accroire qc à qn;
die Größe x la valeur x, l'inconnue *f;*
x-Achse *f math* abscisse *f;* **X-Beine**
n pl jambes *f pl* cagneuses; **X-beinig**
a cagneux. **x-beliebig** *a* quelconque
(nachgestellt), n'importe quel *(vorge-*
stellt); ein x~er, jeder x~e n'importe
qui; **X-Chromosom** *n biol* chromosome *m* X; **x-mal** *adv* je ne sais
combien de fois; **X-Strahlen** *m pl* =
Röntgenstrahlen; **x-te** *a: der, die,*
das ~ . . . le, la énième, le, la nième . . .;

zum ~n Male, zum x-tenmal pour la
énième *od* nième fois.
Xanthippe *f* ⟨-, -n⟩ [ksan'tɪpə] *(zänki-*
sches Weib) mégère, femme *f*
méchante.
Xenie *f* ⟨-, -n⟩ ['kse:niə] *(kurzes Sinn-*
gedicht) xénie *f.*
Xerophyten *m pl* [ksero'fy:tən] *bot*
xérophytes *f pl.*
Xylo|graph *m* ⟨-en, -en⟩ [ksylo'gra:f]
(Holzschneider) xylographe, graveur
m sur bois; **~graphie** *f* ⟨-, -n⟩
[-gra'fi:] *(Holzschneidekunst)* xylographie *f;* **x~graphisch** [-'gra:fɪʃ] *a*
xylographique; **~phon** *n* ⟨-s, -e⟩
[-'fo:n] *mus* xylophone *m.*

Y

Y, y *n* ⟨-, -⟩ ['ypsilɔn] *(Buchstabe)* Y, y *m;* **y-Achse** *f math* ordonnée *f;* **Y-** **-Chromosom** *n biol* chromosome *m* Y.
Yak *m* ⟨-s, -s⟩ [jak] *zoo (Grunzochse)* ya(c)k *m.*
Yamswurzel *f* [jams-] *bot* igname *f.*
Yeti *m* ⟨-s, -s⟩ ['je:ti] *(Schneemensch)* yéti *m.*
Yoga *m* od *n* ⟨-(s), ø⟩ ['jo:ga] yoga *m.*

Yogi *m* ⟨-s, -s⟩ ['jo:gi] yogi *m.*
Yoghurt = *Joghurt.*
Yo-Yo = *Jo-Jo.*
Yperit *m* ⟨-s, ø⟩ [ipe'rɪt] *chem* ypérite *f.*
Ypern *n* ['y-, 'i:pərn] *geog* Ypres *f.*
Ysop *m* ⟨-s, -e⟩ ['i:zɔp] *bot* hysope *f.*
Ytterbium *n* ⟨-s, ø⟩ [y'tɛrbiʊm] *chem* ytterbium *m.*
Yucca *f* ⟨-, -s⟩ ['jʊka] *bot* yucca *m.*

Z

Z, z *n* ⟨-, -⟩ [tsɛt] *(Buchstabe)* Z, z *m.*
Zabern *n* ['tsɑ:bərn] *geog* Saverne *f;*
die ~er Steige f le col de Saverne.
zack [tsak] *interj* vlan! v'lan!
Zäckchen *n* ⟨-s, -⟩ ['tsɛkçən] petite
pointe *f.*
Zack|e *f* ⟨-, -n⟩, **~en** *m* ⟨-s, -⟩ ['tsakə]
pointe, dent *f; (Bergspitze)* pic; *(Ga-
belzinke)* fourchon *m; (am Rechen)*
dent *f;* **z~en** *tr (mit ~en versehen)*
munir *od* garnir de pointes; denteler;
tech bretteler; **z~enförmig** *a* pointu,
en pointe; **z~ig** *a* muni *od* garni de
pointes *od* de dents, denté; *a. bot
(Blatt)* dentelé; *fig fam (schneidig)*
qui a du cran *od* de l'allant.
za|gen ['tsa:gən] *itr (verzagt sein)* être
découragé, manquer de courage *od*
de cœur; *(zaudern)* hésiter; **Z~en** *n*
manque *m* de courage *od* de cœur;
hésitation *f;* **~haft** *a* timide, pusillanime; *(furchtsam, ängstlich)* craintif,
peureux; *(zaudernd)* hésitant;
Z~haftigkeit *f* ⟨-, ø⟩ timidité, pusillanimité *f.*
zäh [tsɛ:] *a, a. fig* dur; coriace; *(~flüs-
sig)* visqueux; *(klebrig)* gluant;
(schleimig) glaireux; *fig (hartnäckig)*
opiniâtre, obstiné; *ein ~es Leben haben* avoir la vie dure, avoir l'âme che-
villée au corps; *~ werden (Wein)*
graisser; *~e(r) Schleim m (med)* glai-
re *f;* **Zäheit** *f* ⟨-, ø⟩ *od* **Z~igkeit; ~flüs-
sig** *a* visqueux, gluant, épais; *(Verkehr)* ralenti; **Z~flüssigkeit** *f* ⟨-, ø⟩
viscosité *f; (des Verkehrs)* ralentissement *m; im Autobahnabschnitt
Stuttgart—Karlsruhe 3 km ~* ralentissement de la circulation sur 3 km
sur le tronçon d'autoroute Stuttgart—Karlsruhe; **Z~igkeit** *f* ⟨-, ø⟩
ténacité, dureté; caractère *m* coriace;
viscosité; *fig* opiniâtreté, obstination
f; **~lebig** *a* qui a la vie dure.
Zahl *f* ⟨-, -en⟩ [tsa:l] nombre; *(Ziffer)*
chiffre; *(Nummer)* numéro *m; 100 an
der ~* au nombre de cent; *in geringer,
großer ~* en petit, grand nombre; *in
runden ~en* en chiffres ronds; *~en
nicht behalten können* être brouillé
avec les chiffres; *an ~ übertreffen*
être numériquement supérieur à; *die
~ der ... vermehren* grossir la liste
des ...; *ganze ~ (nombre)* entier *m;
gebrochene ~* fraction *f; gemischte ~*

nombre *m* fractionné; *gerade, ungerade ~* nombre *m* pair, impair; *unge-
nügende ~ (Anzahl)* insuffisance *f*
numérique; **z~bar** *a* payable *(in zwei
Monaten* à deux mois); *~ bei Bestellung* payable à la commande; *~ bei
Lieferung* payable à la livraison; *~
bei Sicht* payable à vue; *~ an den
Überbringer* payable au porteur; *~
bei Verfall, bei Vorlage* payable à
l'échéance, à présentation; *~ werden*
devenir payable; **~karte** *f* mandat *m*
de virement postal; **~kellner** *m*
garçon *m* qui fait l'addition; **z~los** *a*
innombrable, sans nombre; **~mei-
ster** *m mil* officier payeur, capitaine
trésorier; *mar* commissaire *m;*
~meisterei *f mil* trésorerie *f; mar*
commissariat *m;* **z~reich** *a* nombreux; *adv* en grand nombre; **~stelle**
f bureau *m* de paiement, caisse *f;*
~tag *m* jour *m* de paie; *der ~ (a.
fam)* la Sainte-Touche; **~teller** *m* ra-
masse-monnaie *m;* **~tisch** *m* comptoir *m;* **~wort** *n* ⟨-(e)s, ⁖er⟩ *gram* adjectif *m* numéral; **~zeichen** *n* chiffre
m.
Zähl|apparat *m* ['tsɛ:l-] appareil *od*
dispositif *m* à compter; **z~bar** *a*
dénombrable; **z~en** *tr* compter; *(auf-
zählen)* dénombrer, énumérer; *(stati-
stisch erfassen)* recenser; *(Stimmen)*
pointer, dépouiller; *(sich belaufen
auf)* compter; s'élever à, se monter à;
itr (mitzählen, gelten) compter, prendre rang; *zu etw ~ (als zugehörig betrachtet werden)* compter, ranger,
prendre rang parmi qc; *auf jdn ~
(mit jdm rechnen)* compter sur qn;
*so aussehen, als könne man nicht bis
3 ~* avoir l'air de ne pas savoir lire;
ehe man bis 3 ~ konnte (im Nu) en
moins de rien; *er zählt 6 Jahre (lit)* il
compte *od* a 6 ans; *meine Tage sind
gezählt* mes jours sont comptés; **~er**
m ⟨-s, -⟩ *math* numérateur; *tech (zum
Ablesen des Energieverbrauchs)*
compteur *m;* **~erableser** *m* contrôleur *m* de compteurs; **~erablesung** *f*
lecture *f od* contrôle *m* des compteurs; **~ergehäuse** *n* boîte *f* à compteur; **~erstand** *m* relevé *m* de compteur; **~ertafel** *f el* panneau *m* de
compteurs; **~karte** *f (bei e-r Volkszählung)* carte *f* de recensement;

~rad *n (Uhr)* roue-compteur *f;*
~scheibe *f* disque *m* compteur;
~taste *f tele* clé *f* de comptage;
~ung *f* comptage; *(Aufzählung)*
dénombrement *m,* énumération *f;*
(Volkszählung) recensement;
(Stimmenzählung) dépouillement (du
scrutin), pointage *m; ~***vorrichtung** *f*
= *~apparat;* **~werk** *n (an e-r Regi-*
strierkasse) mécanisme compteur; *el*
appareil *m* intégrateur, minuterie *f.*

zahlen ['tsaːlən] *tr* u. *itr* payer; *tr (ein-*
zahlen) verser; *(Schuld)* acquitter;
bar ~ payer (au) comptant; *in Raten*
~ payer par acomptes; *im voraus ~*
payer d'avance; *Kinder ~ die Hälfte*
les enfants paient demi-tarif; *Herr*
Ober, bitte ~! garçon, l'addition, s'il
vous plaît!

Zahlen|angabe *f* ['tsaːlən-] indication
f numérique; **~gedächtnis** *n* mémoire *f* des chiffres *od* des dates;
~gruppe *f math* tranche *f* de chiffres; **z~mäßig** *a* numérique; en chiffres; **~material** *n* données *f pl*
numériques; **~reihe** *f* série *f* de(s)
nombres; **~schloß** *n tech* serrure *f* à
combinaison; **~system** *n* système *m*
arithmétique; **~verhältnis** *n* proportion *f* numérique; **~wert** *m* valeur *f*
numérique.

Zahler *m* ⟨-s, -⟩ ['tsaːlər] payeur *m;*
pünktliche(r), säumige(r) ~ bon,
mauvais payeur *m.*

Zahlung *f* ⟨-, -en⟩ ['tsaːluŋ] paiement;
(Einzahlung) versement; *(e-r Schuld,*
Gebühr, Steuer) acquittement *m; als*
~ für en paiement de; *an ~s Statt* au
lieu *od* à titre de paiement; *gegen ~*
moyennant finance; *e-s Betrages* contre paiement *od* versement d'une
somme; *zur ~ auffordern* sommer de
payer; *die ~en einstellen* cesser *od*
suspendre les paiements; *in ~ geben*
offrir en paiement; porter en compte
(für sur); *zu ~en heranziehen* mettre
à contribution; *e-e ~ hinausschieben*
différer un paiement; *e-e ~ leisten*
faire *od* effectuer un versement; *in ~*
nehmen prendre *od* accepter en
paiement, reprendre en compte; *die*
~ verweigern refuser de payer; *ein-*
malige ~ versement *m* en une fois;
jährliche ~ annuité *f; nachträgliche*
~ paiement *m* subséquent; *rückstän-*
dige ~ paiement *m* arriéré; *~ bei Lie-*
ferung paiement *m* à livraison.

Zahlungs|abkommen *n* ['tsaːluŋs-]
accord *m* de paiement, **~angebot** *n*
offre *f* de paiement; **~anspruch** *m*
revendication *f* pécuniaire; **~anwei-**
sung *f* mandat *m* de paiement; **~art**
f mode *m* de paiement; **~aufforde-**

rung *f* sommation *od* injonction *f* de
paiement; **~aufschub** *m* sursis de
paiement, atermoiement, moratoire
m; **~auftrag** *m* ordre *m* de paiement; **~ausgleich** *m* règlement *m*
des comptes; **~bedingungen** *f pl*
conditions *od* modalités *f pl* de paiement; **~befehl** *m* sommation *od* injonction de paiement; *jur* mise *f* en
demeure (de payer); **~beleg** *m*
récépissé *m* de paiement; **~bilanz** *f:*
(aktive, passive) ~ balance *f* (favorable, défavorable) des comptes *od*
des paiements; **~eingang** *m* encaissement *m;* **~einstellung** *f* cessation
od suspension *f* des paiements;
~empfänger *m* bénéficiaire *m;*
~erinnerung *f* rappel *m* de compte;
~erleichterungen *f pl* facilités *f pl*
de paiement; **z~fähig** *a* solvable;
(Firma) solide; **~fähigkeit** *f* ⟨-, ø⟩
solvabilité; solidité *f;* **~frist** *f* délai *m*
de paiement; **~mittel** *n* moyen *od*
instrument *m* de paiement; *gesetzli-*
che(s) ~ sein avoir cours légal; *ge-*
setzliche(s) ~ monnaie *f* légale;
~mittelumlauf *m* circulation *f*
monétaire; **~modus** *m* = *~art;* **~ort**
m lieu *m* de paiement; **~pflicht** *f*
obligation *f* de paiement *od* de payer;
~pflichtige(r) *m* débiteur *m;* **~plan**
m plan *m* de paiement; **~rückstand**
m retard *m* de paiement; **~schwie-**
rigkeit *f* difficulté *f* de paiement; *in*
~en geraten avoir des difficultés de
paiement; **~sperre** *f: e-e ~ über ein*
Konto verhängen bloquer un compte;
~termin *m* terme *m* de paiement,
échéance *f; ~ und Überweisungs-*
verkehr *m* opérations *f pl* de caisse
et de virements; **z~unfähig** *a* insolvable; **~unfähigkeit** *f* insolvabilité *f;*
~union *f: Europäische ~ (EZÜ)*
Union *f* européenne des Paiements
(U.E.P.); **~verbindlichkeit** *f*
~pflicht; **~verbot** *n* défense *od* interdiction de payer; *(an Drittschuld-*
ner) ordonnance *f* de saisie-arrêt;
~verkehr *m* trafic *od* mouvement *od*
service *m* des paiements; *internatio-*
nale(r) ~ mouvement *m* des paiements internationaux; **~verpflich-**
tung *f* = *~pflicht;* **~versprechen** *n*
promesse *f* de paiement; **~verwei-**
gerung *f* refus *m* de paiement;
~weise *f* = *~art;* **~ziel** *n* terme *m*
de règlement *od* d'échéance; *of-*
fene(s) ~ terme *m* courant.

zahm [tsaːm] *a (gezähmt)* apprivoisé;
domestique; *(sanft, bes. Pferd)* doux;
fig traitable, docile; *(ruhig, friedlich)*
paisible; *~ machen* apprivoiser; *~*
werden s'apprivoiser; **Z~heit** *f* ⟨-, ø⟩

état *m* apprivoisé; domesticité; douceur, docilité *f.*

zähm|bar ['tsɛ:mba:r] *a* apprivoisable; *a. fig* domptable; **~en** *tr (durch Dressur)* apprivoiser, *a. fig* dompter; *(zum Haustier machen)* domestiquer; *fig (Leidenschaft: zügeln)* maîtriser, refréner; **Z~ung** *f* ⟨-, ø⟩ apprivoisement; domptage *m,* domestication *f;* refrènement *m.*

Zahn *m* ⟨-(e)s, ˙·e⟩ [tsa:n, 'tsɛ:nə] *a. tech* dent *f; sich an etw die Zähne ausbeißen (fig)* s'user les dents à qc; *die Zähne ausbrechen* édenter *(e-s Kamms* un peigne, *e-r Säge* une scie); *jdm die Zähne ausbrechen* casser les dents à qn; *sich e-n ~, ein Stück vom e-m ~ ausbrechen* se casser, s'ébrécher une dent; *auf die Zähne beißen (fig: sich beherrschen)* se ronger les poings; *Zähne bekommen* faire ses dents; *sich die Zähne in Ordnung bringen lassen* se faire soigner les dents; *e-n ~ draufhaben (sport fam)* aller à toute pompe *od* allure; *die Zähne fletschen* montrer les dents *od* crocs; *jdm auf den ~ fühlen (fig)* tâter le pouls à qn, sonder qn, mettre qn à l'épreuve; *schöne Zähne haben* avoir de belles dents; *fam* avoir la bouche bien garnie *od* meublée; *Haare auf den Zähnen haben (fig fam)* savoir se défendre, avoir bec et ongles; *mit den Zähnen klappern* claquer des dents, grelotter; *mit den Zähnen knirschen* grincer des dents; *e-n ~ plombieren* plomber une dent; *sich die Zähne putzen* se laver les dents; *die Zähne verlieren* perdre ses dents, s'édenter; *s-e Zähne wetzen an* aiguiser ses dents sur; *jdm die Zähne zeigen (fig)* montrer les dents à qn; *e-n ~ ziehen* extraire *od* arracher une dent; *die Zähne zs.beißen* serrer les dents; *das ist etwas für den hohlen ~ (nur wenig)* il n'y en a pas pour une dent creuse; *bleibende(r) ~* dent *f* permanente *od* de seconde dentition; *falsche(r) ~* fausse dent *f; hohle(r) ~* dent *f* creuse; *mit Zähnen ausgestattet (zoo)* denté, à dents; *bis an die Zähne bewaffnet od gerüstet* armé jusqu'aux dents; *der ~ der Zeit (fig)* les outrages *od* ravages *m pl* du temps, l'injure *f* du temps *od* des ans; **~arzt** *m* (chirurgien-)dentiste *m;* **~arzthelferin** *f* assistante *f* dentaire; **z~ärztlich** *a* de *od* du dentiste; *~e Versorgung f* services *m pl* dentaires; **~arztpraxis** *f* cabinet *m* dentaire *od* de dentiste; **~ausfall** *m* chute *f* des dents; **~behandlung** *f* soins *m pl* dentaires; **~bein** *n* anat

dentine *f;* **~belag** *m* tartre *m* sur les dents; *den ~ entfernen* détartrer les dents; **~bogen** *m tech* arc *od* secteur *m* denté; **~breite** *f tech* largeur *f* de dent; **~bürste** *f* brosse *f* à dents; **~creme** *f* dentifrice *m;* **~durchbruch** *m* première dentition, dentition *f* de lait; **z~en** *itr (Zähne bekommen)* faire ses dents; *tr (auszacken)* denter; **~en** *n* dentition *f;* **~ersatz** *m* dents *f pl* artificielles; *(Prothese)* prothèse *f od* appareil *m* dentaire; **~fäule** *f* carie *f* (dentaire *od* des dents); **~fistel** *f* fistule *f* dentaire; **~fleisch** *n* gencive *f;* **~fleischblutung** *f* gingivorragie *f;* **~fleischentzündung** *f* gingivite, ulite *f;* **~form** *f tech* profil *m* de la denture; **z~förmig** *a* dentiforme; *scient* odontoïde; **~füllung** *f* plombage *m* dentaire; **~geschwür** *n* abcès *m* dentaire; **~hals** *m* collet *m;* **~heilkunde** *f* chirurgie dentaire; odontologie *f;* **~höhle** *f* alvéole *m* dentaire; **~kitt** *m (Zement)* cément *m* dentaire; **~klinik** *f* clinique *f od* institut *m* dentaire; **~krankheit** *f* maladie *f* des dents; **~kranz** *m tech* couronne *f* dentée; **~krone** *f anat* couronne *f* dentaire; **~laut** *m gram* dentale *f;* **z~los** *a* sans dents, édenté; **~e(r) Mund** *m (a. fam)* bouche *f* démeublée; **z~lücke** *f* brèche *f; tech* creux *m;* **z~lückig** *a* brèche-dent; **~e(r) Mensch** *m* brèche-dent *m f;* **~mark** *n* pulpe *f* dentaire; **~nerv** *m* nerf *m* dentaire; **~pasta** *f,* **~paste** *f* dentifrice *m;* **~pflege** *f* soins *m pl* dentaires, hygiène *f* dentaire *od* de la bouche; **~pulver** *n* poudre *f* dentifrice; **~(putz)glas** *n* verre *m* à dents; **~rad** *n* roue *f* dentée *od* d'engrenage; *(Ritzel)* pignon *m;* **~radantrieb** *m* commande *f* par engrenages; **~radbahn** *f loc* chemin *m* de fer à crémaillère; **~radgetriebe** *n* engrenage *m;* **~radkasten** *m* mot boîte *f* d'engrenage; **~radpumpe** *f* pompe *f* à engrenage; **~radübersetzung** *f* transmission *od* multiplication *f* par engrenage; **~reinigungsmittel** *n* dentifrice *m;* **~schmelz** *m* émail *m;* **~schmerzen** *m pl* mal *m* de dents; *~ haben* avoir mal aux dents; *wahnsinnige ~* rage *f* de dents; **~schnitt** *m arch* denticules *m pl;* **~seife** *f* savon *m* dentifrice; **~spange** *f (zur Korrektur)* appareil *m* dentaire; **~spiegel** *m* miroir *m* dentaire; **~stange** *f tech* crémaillère *f;* **~stangengetriebe** *n* engrenage *m* à crémaillère; **~station** *f* service *m* dentaire; **~stein** *m* tartre *m;* **~stel-**

lung f disposition f des dents; *schlechte* ~ malposition f des dents; ~**stocher** m ⟨-s, -⟩ cure-dents m; ~**stumpf** m chicot m; ~**techniker** m mécanicien m dentiste; ~**teilung** f tech pas m d'engrenage; ~**ung** f tech denture f; ~**verlust** m perte f des dents; ~**wechsel** m seconde dentition f; ~**weh** n = ~**schmerzen;** ~**wurzel** f racine f des dents; ~**wurzelhaut** f périoste m dentaire; ~**zange** f pince f de dentiste, davier m; ~**ziehen** n extraction (de dents), avulsion f.

Zähne|klappern n ['tsɛ:nə-] claquement m de dents; ~**knirschen** n grincement m de dents; **z~n** tr tech dent(el)er, créneler, bretteler.

Zähre f ⟨-, -n⟩ ['tsɛ:rə] poet larme f; pl a. pleurs m pl.

Zain m ⟨-(e)s, -e⟩ [tsaɪn] (Metallstab) barre, f, lingot m.

Zander m ⟨-s, -⟩ ['tsandər] zoo sandre f.

Zange f ⟨-, -n⟩ ['tsaŋə] pince; (kleine) pincette; (Kneifzange) tenaille(s pl) f; (Geburtszange) forceps m; ent pince, mâchoire f; ~**narm** m bras m de pince; ~**nbewegung** f mil offensive f en tenaille; ~**ngeburt** f accouchement m par les od aux fers.

Zank m ⟨-(e)s, ø⟩ [tsaŋk] querelle, dispute, discorde f, démêlés f; fam grabuge m; (Wortwechsel) altercation, empoignade f; mit jdm ~ suchen chercher querelle od noise à qn; ~ und Streit grabuge m; ~**apfel** m fig pomme f de discorde; **z~en** itr quereller; sich ~ se quereller, se chamailler, se disputer (um etw qc); fam avoir une prise de bec (mit jdm avec qn); ~**erei** f [-'raɪ] fam grabuge m, bisbille, prise f de bec; ~**sucht** f ⟨-, ø⟩ humeur f querelleuse, esprit m querelleur; **z~süchtig** a = zänkisch; ~**teufel** m (böses Weib) mégère f, dragon m.

Zänk|er m ⟨-s, -⟩ ['tsɛŋkər] querelleur m; ~**ereien** f [-'raɪən] pl (kleinlicher Streit) altercations f pl; **z~isch** a querelleur, acariâtre, tracassier.

Zäpfchen n ⟨-s, -⟩ ['tsɛpfçən] allg petit tenon m; anat luette (du palais), scient uvule f; pharm suppositoire m; ~**-R** n gram r m uvulaire.

Zapf|en m ⟨-s, -⟩ ['tsapfən] (Stift) tenon, goujon m; (Verbindungszapfen) cheville f; (Faßzapfen) bondon; (Stöpsel) bouchon, tampon m; (Holzsplint) broche; (aus Metall) goupille f; (Drehzapfen) pivot, tourillon; (Eiszapfen) glaçon m; bot cône, scient strobile m; **z~en** tr (aus e-m Faß laufen

lassen) tirer (au tonneau); ~**enbohrer** m (Werkzeug) mèche à tenon, tarière, vrille f; **z~enförmig** a en forme de cône; bot scient strobiliforme; ~**engeld** n hist afforage m; ~**enlager** n tech palier m d'un od du tourillon; ~**enloch** n (Zimmerei) mortaise f; ~**enstreich** m mil couvre-feu m, extinction f des feux; den ~ blasen sonner od battre la retraite; **z~entragend** a bot conifère; ~**er** m ⟨-s, -⟩ (Büfettier) barman m; ~**hahn** m robinet m (de prise); ~**loch** n (am Faß) bonde f; ~**rohr** n (für Benzin) tuyau m à essence; ~**stelle** f (für Wasser) poste m od prise f d'eau; (für Benzin) distributeur m d'essence, pompe f à essence.

zapp|(e)lig [tsap(e)liç] a remuant, frétillant; (nervös) nerveux; ~**eln** itr remuer, s'agiter, frétiller; fam gigoter; mit den Beinen ~ gigoter fam; jdn ~ lassen (fig fam) faire mijoter od languir qn; **Z~elphilipp** m ⟨-s, -e/ -s⟩ [-'fi:lip] fam enfant m turbulent.

Zar m ⟨-en, -en⟩ [tsa:r] tsar m; ~**entum** n ⟨-s, ø⟩ tsarisme m; ~**in** f tsarine f; **z~istisch** [tsa'rɪstɪʃ] a tsariste.

Zarathustra m [tsara'tustra] Zoroastre m.

Zarge f ⟨-, -n⟩ [tsargə] (Rahmen, Einfassung) cadre, encadrement, châssis m.

zart [tsa:rt] a (weich) tendre; (empfindlich, empfindsam) délicat; (schwächlich) fragile, frêle, fluet; (sanft) doux; (fein) fin; (dünn) mince, ténu, délié; im ~en Alter von zwei Jahren au tendre âge de 2 ans; ~**besaitet** a sensible, susceptible; ~ sein avoir l'âme tendre; ~**fühlend** a délicat; ~ sein avoir du tact; **Z~gefühl** n délicatesse f, tact m; **Z~heit** f ⟨-, ø⟩ (Fleisch, Obst, Gemüse) tendreté; fig délicatesse; fragilité; douceur; finesse; minceur, ténuité f.

zärtlich ['tsɛ:rtlɪç] a tendre, affectueux; ~ ansehen (a.) couver des yeux; **Z~keit** f ⟨-, ø⟩ tendresse, affection f; pl (Liebkosungen) caresses f pl; **Z~keitsbedürfnis** n besoin m de tendresse.

Zaster m ⟨-s, ø⟩ ['tsastər] arg (Geld) pognon, fric m.

Zäsur f ⟨-, -en⟩ [tsɛ'zu:r] (Verseinschnitt; mus) césure f.

Zauber m ⟨-s, -⟩ ['tsaubər] sort, sortilège, enchantement; a. fig (Reiz) charme; fig (Nimbus) prestige m; den ~ lösen od bannen rompre le charme; ~ treiben exercer la magie; den ~ kenne ich! das ist fauler ~! (fam) chansons que tout cela! fau-

le(r) ~ *(fam: Unsinn)* non-sens *m;* ~**buch** *n* livre de magie, grimoire *m;* ~**ei** *f* ⟨-, (-en)⟩ ['tsaɪ] magie, sorcellerie *f*, sortilège, enchantement *m;* ~**er** *m* ⟨-s, -⟩ enchanteur, magicien; *(Hexer)* sorcier *m; a.* = ~**künstler;** ~**flöte,** *die (Oper)* la Flûte enchantée; ~**formel** *f* formule magique, (formule d')incantation *f;* paroles *f pl* magiques; z~**haft** *a,* enchanté, féerique, magique; *fig (bezaubernd)* enchanteur; *(wunderbar)* prestigieux, merveilleux; ~**in** *f (Hexe)* sorcière *f;* ~**kraft** *f* pouvoir *m od* vertu *f* magique; z~**kräftig** *a* magique; ~**kreis** *m* cercle *m* magique; ~**kunst** *f* magie; *(Taschenspielerkunst)* prestidigitation *f,* escamotage *m;* ~**künste** *f pl* tours *m pl* de magicien; ~**künstler** *m* magicien, illusionniste; *(Taschenspieler)* prestidigitateur *m;* ~**kunststück** *n* tour *m* de prestidigitation; ~**laterne** *f* lanterne *f* magique; ~**lehrling** *m* apprenti *m* sorcier; z~**n** *tr* produire *od* transporter *od* faire disparaître par enchantement; *itr* exercer *od* pratiquer la magie, user de sortilèges; *(Taschenspieler)* faire des tours de prestidigitation; ~ *können* être sorcier (sorcière); ~**posse** *f theat* féerie *f;* ~**spruch** *m* = ~*formel;* ~**stab** *m* baguette *f* magique; ~**trank** *m* philtre, breuvage *m* magique; ~**wort** *n* parole *f* magique.

Zauder|ei *f* ⟨-, (-en)⟩ [tsaʊdə'raɪ] hésitation, temporisation *f;* ~**er** *m* ⟨-s, -⟩ ['tsaʊdərər] esprit indécis *od* irrésolu, temporisateur *m;* z~**n** *itr* hésiter, tarder *(etw zu tun* à faire qc); temporiser; *ohne zu* ~ sans hésiter; *nicht* ~ *(a.)* ne douter de rien; ~**n** *n* = ~*ei; ohne* ~ sans hésiter.

Zaum *m* ⟨-(e)s, ⸚e⟩ [tsaʊm, 'tsɔʏmə] bride *f, a. fig; fig a.* frein *m; am* ~*(e) führen* mener par la bride; *im* ~*(e) halten (fig)* tenir en bride, brider; mettre un frein à, refréner; *sich im* ~*(e) halten* se réprimer; *s-e Zunge im* ~*(e) halten* tenir sa langue; ~**zeug** *n* ⟨-(e)s, -e⟩ bride *f;* **zäumen** ['tsɔʏmən] *tr* brider.

Zaun *m* ⟨-(e)s, ⸚e⟩ [tsaʊn, 'tsɔʏnə] clôture; *(Pfahlzaun)* palissade *f; (Lattenzaun)* lattis; *(geflochtener* ~*)* clayonnage *m; (Drahtzaun)* grillage *m; (Hecke)* haie *f* (vive); *e-n Streit vom* ~ *brechen* chercher une querelle d'Allemand; ~**ammer** *f orn* zizi *m;* ~**gast** *m* resquilleur *m fam;* ~**könig** *m orn* troglodyte; *(allg. als sehr kleiner Vogel)* roitelet *m (eigentl.: Goldhähnchen);* ~**latte** *f* latte *f* de clôture; ~**pfahl** *m* palis *m; mit dem* ~

winken (fig hum) donner à entendre d'une manière appuyée; *ein Wink mit dem* ~ une allusion claire et nette; ~**rübe** *f bot* bryone *f;* ~**winde** *f bot* grand liseron, liseron *m* des haies.

zäunen ['tsɔʏnən] *tr* (en)clore, entourer d'une clôture *od* d'une haie.

zausen ['tsaʊzən] *tr: jdm die Haare* ~ tirer les cheveux à qn, ébouriffer qn; *sich* ~ s'ébouriffer; *das Leben hat mich arg gezaust* la vie ne m'a pas gâté, j'en ai vu de dures.

Zebra *n* ⟨-s, -s⟩ ['tse:bra] *zoo* zèbre *m;* ~**streifen** *m pl (des Zebras)* zébrure *f; (Fußgängerüberweg)* passage *m* clouté.

Zebu *m od n* ⟨-s, -s⟩ ['tse:bu] *zoo* zébu, bœuf *m* à bosse.

Zech|bruder *m* ['tsɛç-] *(Saufkumpan)* compagnon de beuverie; *allg (Säufer)* buveur, *fam* bambocheur *m;* ~**e** *f* ⟨-, -n⟩ **1.** *(Verzehr)* consommation *f; (Rechnung)* écot *m;* addition, note *f; s-e* ~ *bezahlen* payer son écot; *die* ~ *bezahlen müssen (fig)* payer les pots cassés; *fam* écoper; z~**en** *itr* boire (copieusement); *fam* chopiner, bambocher; *pop* riboter, faire ribote; *tüchtig* ~ faire d'amples libations; ~**er** *m* ⟨-s, -⟩ buveur *m;* ~**gelage** *n* beuverie, libation; *fam* bamboche, goguette; *pop* ribote *f;* ~**kumpan** *m* compagnon *m* de beuverie; ~**preller** *m* ⟨-s, -⟩ griveleur; *fam* resquilleur *m;* ~**prellerei** *f* grivèlerie *f;* ~ *treiben* griveler; ~**schuld** *f* dette *f* de cabaret.

Zeche *f* ⟨-, -n⟩ ['tsɛçə] **2.** *(Kohlenbergwerk)* mine *f* de charbon, charbonnage *m;* houillère *f;* ~**nkoks** *m* coke *m;* ~**nteer** *m* goudron *m* de coke.

Zecke *f* ⟨-, -n⟩ ['tsɛkə] *ent* tique *f.*

Zeder *f* ⟨-, -n⟩ ['tse:dər], ~**nholz** *n* cèdre *m.*

zedieren [tse'di:rən] *tr jur (abtreten)* céder, faire cession de.

Zehe *f* ⟨-, -n⟩ ['tse:ə] doigt *m* de pied, orteil *m; (Knoblauchzehe)* gousse *f; auf den* ~*n* sur la pointe des pieds; *vom Wirbel bis zur* ~ de la tête aux pieds, de pied en cap; *jdn od jdm auf die* ~*n treten (a. fig)* marcher sur les pieds à qn; *große, kleine* ~ gros, petit orteil; ~**nballen** *m anat* éminence du gros orteil; *zoo* pelote *f* digitale; ~**ngänger** *m pl zoo* digitigrades *m pl;* ~**nglied** *n* phalange *f* de l'orteil; ~**nnagel** *m* ongle *m* de l'orteil; ~**nspitze** *f* pointe *f* du pied *od* des pieds; *auf (den)* ~*n* sur la pointe des pieds, à pas de loup; *sich auf die* ~*n stellen* se dresser sur la pointe des pieds; ~**nstand** *m sport* élévation *f*

sur la pointe des pieds; *in den* ~ *gehen* monter sur la pointe des pieds.
zehn [tse:n] *(Zahlwort)* dix; *(etwa)* ~ *(...)* une dizaine (de); *die Z~ Gebote* les dix commandements *m pl,* le décalogue; **Z~eck** *n math* décagone *m;* ~**eckig** *a* décagonal; **Z~ender** *m* ⟨-s, -⟩ *zoo* (cerf) dix-cors *m;* **Z~er** *m* ⟨-s, -⟩ *math* dizaine *f; fam* = *Z~pfennigstück;* **Z~erklub** *m* groupe *od* club *m* des Dix; ~**erlei** [-'laɪ] *a* de dix espèces *od* sortes; **Z~erstelle** *f math* chiffre *m* des dizaines; ~**fach** *a,* ~**fältig** *a* décuple; **Z~fingersystem** *n (Maschinenschreiben)* système *m* des dix doigts; ~**flächig** *a math* décaèdre; **Z~flächner** *m* ⟨-s, -⟩ *math* décaèdre *m;* **Z~ganggetriebe** *n* boîte *f* de vitesse à dix rapports; **Z~gangrad** *n* vélo *m* à dix vitesses; **Z~jahresplan** *m pol* plan *m* décennal; ~**jährig** *a* (âgé) de dix ans; **Z~kampf** *m sport* décathlon *m;* **Z~kämpfer** *m* athlète *m* décathlonien; ~**mal** *adv* dix fois, à dix reprises; ~**malig** *a* répété dix fois; **Z~markschein** *m* billet *m* de dix marks; **Z~pfennigroman** *m* roman *m* à deux sous; **Z~pfennigstück** *n* pièce *f* de dix pfennigs; ~**prozentig** *a* com fin à dix pour cent; ~**silbig** *a (Vers)* décasyllab(iqu)e; ~**tägig** *a* de dix jours; ~**tausend** *(Zahlwort)* dix mille; *die oberen Z~* la haute société; ~**te(r, s)** *a* dixième; **Z~te(r)** *m* ⟨-n, -n⟩ *, hist (Abgabe)* la dîme; **Z~tel** *n* ⟨-s, -⟩ dixième *m;* **Z~telgramm** *n* décigramme *m;* **Z~telliter** *m od n* décilitre *m;* ~**tens** *adv* dixièmement; **Z~zeiler** *m* ⟨-s, -⟩ *(Gedicht)* dizain *m.*
zehr|en ['tse:rən] *itr (sich ernähren, leben)* consommer *(von etw* qc); se nourrir *(von etw* de qc); *a. fig* vivre *(von etw* de *od* sur qc); *(mager machen, gesundheitl. angreifen)* faire maigrir, consumer, ronger, miner *(an jdm* qn); *(hungrig machen)* creuser (l'estomac), exciter l'appétit; *von s-m Ruhme* ~ se reposer sur ses lauriers; **Z~geld** *n,* **Z~pfennig** *m* viatique *m;* **Z~ung** *f* ⟨-, ø⟩ *lit (Essen, Verzehren)* consommation *f: (Eßvorrat)* provisions *f pl.*
Zeichen *n* ⟨-s, -⟩ ['tsaiçən] signe; *(vereinbartes)* signal *m; (Kennzeichen)* marque *f,* indice; *(Abzeichen)* insigne; *(Merkzeichen)* repère *m; (Aktenzeichen)* (note de) référence *f; (Vorzeichen)* présage, augure; *(Anzeichen)* indice, *med* symptôme; *(Beweis)* signe, témoignage *m,* preuve *f; als, zum* ~ *(des guten Willens)* en signe, en témoignage, comme preuve

(de bonne volonté); *auf ein (gegebenes)* ~ à un signal; *im* ~ *(gen)* sous le signe (de) *(a. von den Tierkreiszeichen); s-s* ~*s (von Beruf)* de son métier; *das* ~ *geben* donner le signal *(zu* de); *ein* ~ *mit dem Kopf geben* faire signe de la tête; *das ist ein gutes* ~ c'est bon signe; *das ist kein gutes* ~ *(a.)* c'est de mauvais augure; *das ist ein* ~ *der Zeit* c'est une caractéristique de l'époque; *Ihr* ~ *(adm com)* votre référence; ~ *zum Sammeln (mil)* signe *m* de ralliement; ~**apparat** *m* appareil *m* à dessin; ~**block** *m* ⟨-(e)s, -s⟩ bloc *m* à dessin; ~**brett** *n* planche *f* à dessin; ~**büro** *n* bureau *m* de dessinateur; ~**deuter** *m* devin *m;* ~**deutung** *f* interprétation des signes, divination *f;* ~**dreieck** *n* équerre *f;* ~**erklärung** *f* explication des signes; *(auf Landkarten)* légende *f;* ~**feder** *f* plume *f* à dessin; ~**gebung** *f* signalisation *f;* ~**heft** *n* cahier *m* à dessin; ~**kohle** *f* fusain *m;* ~**kreide** *f* craie *f* à dessin; ~**kunst** *f* (art du) dessin *m;* ~**lehrer** *m* professeur *m* de dessin; ~**mappe** *f* carton *m* à dessin; ~**papier** *n* papier *m* à dessin; ~**saal** *m* salle *f* de dessin; ~**schrift** *f* graphie *f;* ~**setzung** *f* ⟨-, ø⟩ *gram* ponctuation *f;* ~**sprache** *f* langage *m* mimique *od* par signes *od* par gestes; *(Gebärdensprache)* pantomime *f;* ~**stift** *m* crayon *m* à dessin; ~**stunde** *f* leçon *f* de dessin; ~**tisch** *m* table *f* à dessin; ~**trickfilm** *m* dessins *m pl* animés; ~**unterricht** *m* enseignement *m* du dessin; ~**vorlage** *f* modèle *m* de dessin.
zeichn|en ['tsaiçnən] *tr (mit e-m Stift bildl. darstellen)* dessiner, crayonner; *(skizzieren)* esquisser, ébaucher; *(vorzeichnen; math: e-e Kurve* ~) tracer; *(mit e-m Zeichen versehen, kennzeichnen)* marquer; *(Akte)* coter; *(unterzeichnen)* signer, souscrire; *e-e Anleihe* ~ souscrire à un emprunt; *e-n Betrag von ... * ~ souscrire pour un montant de ... ; *nach der Natur, nach dem Leben* ~ dessiner d'après nature; *per Prokura* ~ signer par procuration; *vom Tode gezeichnet* marqué par la mort; **Z~en** *n* dessin *m;* technische(s) ~ dessin *m* industriel; ~ *nach der Natur* dessin *m* d'imitation; **Z~er** *m* ⟨-s, -⟩ dessinateur; *fin (Unterzeichner)* souscripteur *m; figürliche(r)* ~ dessinateur *m* de personnages; *technische(r)* ~ dessinateur *m* industriel; ~**erisch** *a* de dessin, graphique; ~*e Begabung f* don *m* du dessin; ~*e Darstellung f* graphique *m;* **Z~ung** *f* dessin *m; (Blei-*

stiftzeichnung) crayonnage *m; (Skizze)* esquisse, ébauche *f; (Umrißzeichnung)* tracé *m; fig (Darstellung)* description; *(Unterschrift)* signature; *fin* souscription *f (e-r Anleihe* à un emprunt); *zur ~ auflegen (fin)* offrir à la *od* mettre en souscription.

Zeichnungs|angebot *n* ['tsaıçnʊŋs-] *fin* offre *f* de souscription; **z~berechtigt** *a* autorisé à signer; *~ sein* avoir la signature; **~berechtigung** *f* pouvoir *m* de signer; **~betrag** *m* montant *m* de souscription; **~formular** *n* bulletin *m* de souscription; **~frist** *f* période *f od* délai *m* de souscription; **~kurs** *m* cours *m* d'émission; **~liste** *f* liste *f* de souscription; **~recht** *n* droit *m* de souscription; **~stelle** *f* bureau *m* de souscription; **~vollmacht** *f =* *~berechtigung.*

Zeige|finger *m* ['tsaıgə-] index *m;* **~stock** *m* baguette *f.*

zeigen ['tsaıgən] *tr* montrer, faire voir; *(vorzeigen)* présenter, produire; *(Urkunde) (anzeigen, von e-m Meßinstrument)* indiquer, marquer; *(zur Schau stellen, com)* étaler; *allg* mettre en vue, faire montre de; *(an den Tag legen)* laisser *od* faire paraître, faire preuve de, témoigner de, manifester; *(beweisen)* démontrer, prouver; *itr: auf etw ~* montrer, indiquer, désigner qc; *sich ~* se montrer, se faire voir, se présenter, se produire, se manifester, se déclarer; *(ap)paraître; sich ~ als (a.)* faire œuvre de; *impers: es zeigt sich, daß . . .* on voit (bien) que . . . ; *Eifer ~ (a. fam)* faire du zèle; *sich erkenntlich ~* se montrer reconnaissant *(für etw de* qc); *auf jdn, etw mit dem Finger ~* montrer *od* désigner qn du doigt, montrer *od* indiquer qc du doigt; *nach Norden ~* montrer le nord; *(s-n) guten Willen ~* faire preuve de bonne volonté; *~, was an einem ist od was man kann* montrer de quoi on est capable *od* montrer de quel bois on se chauffe; *er kann sich überall ~ (fig)* il peut aller partout la tête haute; *das wird sich bald ~* cela se verra sous peu; *jetzt zeigt sich's, daß . . .* il se trouve que . . . ; *das werde ich dir schon ~!* je te dirai ce que j'ai à te dire; *zeig (doch) mal!* laisse-moi *od* fais voir un peu!

Zeiger *m* ⟨-s, -⟩ ['tsaıgər] *(der Uhr)* aiguille; *(der Waage a.)* verge *f; tech* index; *(Anzeigegerät)* (appareil) indicateur *m; der ~ schlägt aus* l'aiguille dévie; *große(r), kleine(r) ~* grande, petite aiguille *f;* **~ablesung** *f tech* cote *f;* **~ausschlag** *m* déviation *f* de

l'aiguille; **~barometer** *n* baromètre *m* à cadran; **~stellung** *f (Uhr)* position *f* des aiguilles; **~telegraph** *m* télégraphe *m* à cadran.

zeihen ⟨zeiht, zieh, hat geziehen⟩ *tr (bezichtigen)* ['tsaıən, (-)'tsi:(-)] accuser *(jdn e-r S* qn de qc).

Zeile *f* ⟨-, -n⟩ ['tsaılə], *a. TV* ligne; *(Reihe)* rangée, file *f; e-e neue ~ anfangen* aller à la ligne; *zwischen den ~n lesen (fig)* lire entre les lignes; *~n schinden* tirer à la ligne; *jdm ein paar ~n schreiben* écrire deux lignes à qn; *zwischen die ~n schreiben* interligner; *neue ~! (beim Diktat)* à la ligne! **~nabstand** *m* écartement des lignes, interligne *m; ~ lassen (typ)* jeter un blanc; **~nsetzmaschine** *f typ* linotype *f;* **~nsprungverfahren** *n TV* analyse *f* entrelacée; **z~nweise** *adv* ligne par ligne; *~ bezahlen* payer à la ligne; **~nzahl** *f typ* lignage *m; TV* définition *f; mit hoher ~ (TV)* à haute définition.

Zeisig *m* ⟨-s, -e⟩ ['tsaızıç, '-zıgə] *orn* tarin, serin *m.*

Zeit *f* ⟨-, -en⟩ ['tsaıt] **1.** temps *m, a. gram; (~raum, ~spanne)* période, époque, ère *f,* âge, siècle; *(~punkt)* moment *m; (bestimmte ~)* heure; *(Datum)* date *f; (Frist)* terme, délai *m; (Jahreszeit, günstige ~)* saison *f; (Muße)* loisir *m;* **2.** *auf ~ (adm com)* à terme; *auf kurze ~* pour peu de temps; *adm com* à court terme; *außer der ~* hors de saison, à contre--saison, à contretemps, à une heure indue, mal à propos; *binnen kurzer ~ (adm com)* à courte échéance; *für die ~ bis . . .* pour la période allant jusqu'à . . . ; *für alle ~en* pour toujours; *in alten ~en* au temps jadis, autrefois; *in jüngster ~* récemment, dernièrement; *in kurzer ~* en peu de temps, avant od sous peu; *in kürzester ~* dans le plus bref délai; *im Laufe der ~* avec le temps; *in letzter ~* ces derniers temps; *in nächster ~* (très) prochainement; *in unserer ~* de nos jours; *mit der ~* avec le temps, à la longue; *nach einiger ~* quelque temps après; *seit d(ies)er ~* depuis ce temps-là, dès od depuis lors; *seit einiger ~* depuis quelque temps; *seit kurzer ~* depuis peu de temps; *seit langer ~* depuis longtemps; *seit undenklichen ~en* de temps immémorial; *die ganze ~ über* pendant tout ce temps; *um diese ~* à cette époque (environ); *um dieselbe od die gleiche ~* à la même heure od époque; *um welche ~?* à quelle heure? à quelle époque? *von der ~ an = seit der ~; von ~ zu*

~ de temps en temps, de temps à autre, de loin en loin; *(ab und zu)* par instants; *vor der* ~ avant terme, prématurément; *vor kurzer, langer* ~ il y a peu de temps, il y a longtemps; *vor ~en* autrefois, jadis, dans le temps; *zur* ~ à présent, présentement, en ce moment, à l'heure actuelle, à l'heure qu'il est, actuellement; *zur* ~ *(gen)* du temps (de), à l'époque (de), lors (de); *zu* ~*en* = *von* ~ *zu* ~; *zu allen* ~*en* par tous les temps, à toutes les époques; *zu bestimmter* ~ à terme fixe; *zur festgesetzten* ~ à l'heure dite; *zur gegebenen* ~ en temps utile; *zu gleicher* ~, *zur gleichen* ~ en même temps; *zu jeder* ~ en tout temps, à toute heure, à tout moment; *zu meiner* ~ de mon temps, dans mon jeune temps; *zur rechten* ~ à temps, en temps opportun, à l'heure, à propos, à point (nommé); *fam* à pic; *zu ungelegener* od *unpassender* ~ = *außer der* ~; **3.** *die* ~ *abnehmen (sport)* chronométrer *(e-s Laufs* une course); *mit jdm e-e* ~ *ausmachen* = ... *verabreden; e-e* ~ *bestimmen, ansetzen* donner son heure; *viel* ~ *brauchen, um zu* ... rester longtemps à ...; *die* ~ *nicht erwarten können* s'impatienter; languir *(etw zu tun* de faire qc); *e-e* ~ *festsetzen* fixer un terme od une date; *mit der* ~ *gehen* aller avec son temps, être de son époque; *fam* se mettre au pas, être dans le mouvement *od* à la page *od* dans le vent; ~ *gewinnen* gagner du temps; ~ *haben* avoir le temps *od* le loisir *(etw zu tun* de faire qc); *(Angelegenheit)* ne pas presser; *keine* ~ *haben* n'avoir pas le temps, être pressé; *keinen Augenblick* ~ *haben* ne pas avoir une heure *od* une minute à soi; *genaue* ~ *haben* avoir l'heure; *noch* ~ *genug haben* avoir du temps devant soi; ~ *übrig haben* avoir de la marge; *viel* ~ *kosten* od *in Anspruch nehmen* prendre beaucoup de temps; *jdm* ~ *lassen* laisser du temps à qn; *sich* ~ *lassen* od *nehmen* prendre son temps; *mit s-r* ~ *leben* vivre avec son époque; *Herr s-r* ~ *sein* être libre de son temps; *auf der Höhe s-r* ~ *sein* être de son temps; *hinter s-r* ~ *zurück sein* n'être pas de son temps; *die* ~ *totschlagen* tuer le temps; *mit jdm e-e* ~ *verabreden* convenir d'une heure avec qn; *die* ~ *verbringen* passer le temps *(mit Lesen* à lire); ~ *verlieren* perdre du od le temps; *jdm die* ~ *vertreiben* faire passer le temps à qn; **4.** *es ist* ~ *zu* ... c'est od il est l'heure de ...; *es ist an der* ~ *zu* ... c'est le

moment de ... ; *es ist genug* ~ nous avons bien le temps; *es ist höchste* ~ *zu* ... il est grand temps de ...; *es war (die) höchste* ~ il était grand temps *od fam* moins une; *es ist keine* ~ *zu verlieren* il n'y a pas de temps à perdre; *das hat* ~ *bis morgen* cela peut attendre jusqu'à demain; *das muß man der* ~ *überlassen* il faut laisser le temps faire son œuvre; *die* ~ *wurde mir lang* je trouvais le temps long; *die* ~*en ändern sich* les jours se suivent et ne se ressemblent pas; *alles zu seiner* ~! chaque chose en son temps; *du liebe* ~! grand Dieu! bonté divine! *andere* ~*en, andere Sitten (prov)* autres temps, autres mœurs; ~ *ist Geld (prov)* le temps, c'est de l'argent; *kommt* ~, *kommt Rat (prov)* le temps est bon conseiller; **5.** *die geschichtliche* ~ les temps *m pl* historiques; *die gute alte* ~ le bon vieux temps; *die neue* ~ les temps *m pl* nouveaux; *schlechte* ~*en pl* temps *m pl* durs od difficiles; *verkehrsschwache* ~ heures *f pl* creuses; *verkehrsstarke* ~ heures *f pl* de pointe; *die* ~ *X (mil)* l'heure *f* H; **z**~ *prp: ~ meines Lebens* (pendant) toute ma vie, de ma vie; ~**abnahme** *f sport* chronométrage *m;* ~**abnehmer** *m* = ~*nehmer;* ~**abschnitt** *m* période, époque *f;* ~**abstand** *m* intervalle *m; in regelmäßigen* ~*abständen* périodiquement; ~**alter** *n* âge *m,* ère *f,* siècle *m; Goldene(s), Silberne(s), Eherne(s), Eiserne(s)* ~ âge *m* d'or, d'argent, de bronze, de fer; ~ *der Aufklärung* siècle *m* de lumières; ~**angabe** *f* date *f;* = ~*ansage;* ~**ansage** *f tele* horloge parlante; *radio TV* indication *f* de l'heure; ~**arbeit** *f* travail *m* temporaire *od* intérimaire; ~**arbeiter(in** *f)* *m* intérimaire *m f;* ~**aufnahme** *f phot* pose *f;* ~**aufwand** *m* (sacrifice *m* od perte *f* de) temps *m; (es Beamten)* vacation *f;* **z**~**bedingt** *a* dû aux circonstances (actuelles); ~**begriff** *m* notion *f* du temps; ~**bestimmung** *f* calcul *m* du temps, chronologie *f;* ~**bombe** *f* bombe *f* à retardement; ~**dauer** *f* durée, période *f;* ~**differenz** *f* différence *f* de temps; ~**dokument** *n* document *m* du temps; ~**einheit** *f* unité *f* de temps; ~**einteilung** *f* emploi *m* du temps; ~**enfolge** *f gram* concordance *f* des temps; ~**erscheinung** *f* phénomène *m* propre *od* typique à l'époque; ~**ersparnis** *f* économie *od* épargne *f* de temps; ~**faktor** *m* facteur *m* temps; ~**folge** *f* ordre *m* chronologique, chronologie *f;* ~**form** *f gram* temps *m;* ~**frage** *f* problème *m* actuel; *das ist e-e (reine)* ~ c'est une question de temps;* ~**funk** *m* actualités *f pl;* **z~gebunden** *a* (étroitement) lié à son époque; ~**gefühl** *n* notion *f* du temps; ~**geist** *m* esprit *m* du siècle; **z~gemäß** *a* moderne, actuel; *fam* à la page; ~**genosse** *m* contemporain *m;* **z~genössisch** *a* contemporain; ~**geschäft** *n com* opération *f* à terme; ~**geschehen** *n* actualités *f pl;* ~**geschichte** *f* histoire *f* contemporaine; ~**geschmack** *m* goût *m* d'une *od* de l'époque; ~**gewinn** *m* gain *m* de temps; **z~gleich** *adv sport* ex aequo; ~**gleichung** *f astr* équation *f* du temps; **z~ig** *a (früh am Tage)* matinal; *(früh-, vorzeitig)* précoce; *am ~en Abend* au début de la soirée; *am ~en Morgen* de grand matin; *adv (früh)* tôt, de bonne heure; *(rechtzeitig)* à temps, à l'heure; **z~igen** *tr (hervorbringen)* produire; *(zur Folge haben)* entraîner; ~**karte** *f (Dauerfahrkarte)* (carte *f* d')abonnement *m;* ~**karteninhaber** *m* abonné *m;* ~**kauf** *m com* marché *m* à terme; ~**lang** *f:* *e-e* ~ (pendant) un certain *od* quelque temps, pour un temps; **z~lebens** *adv* ma *etc* vie durant, durant toute ma *etc* vie; **z~lich** *a. a. gram* temporel; *(weltlich, irdisch)* temporel, séculier, terrestre, de ce monde; *(vergänglich)* périssable; *aus ~en Gründen* faute de temps; *das Z~e segnen (lit: sterben)* rendre son âme à Dieu, quitter ce monde; ~ *zs.fallen* coïncider (*mit* avec); ~ *aufea.folgend* successif; ~*e(r) Abstand m* écart *m* de temps; ~*e Reihenfolge f* ordre *m* chronologique; ~**lichkeit** *f* ⟨-, ø⟩ vie *f* temporelle; ~**lohn** *m* salaire *m* au temps; **z~los** *a* intemporel; ~ *sein (a.)* ne pas dater; ~**losigkeit** *f* ⟨-, ø⟩ caractère *m* intemporel; ~**lupe** *f: mit der* ~ au ralenti; ~**lupenaufnahme** *f* ralenti *m; in* ~ au ralenti; ~**mangel** *m* manque *m* de temps; *aus* ~ faute de temps; ~**maß** *n mus* mesure; *(Metrik)* quantité *f;* ~**messer** *m* ⟨-s, -⟩ *(Uhr)* chronomètre *m;* ~**messung** *f* mesure *f* du temps, chronométrie *f;* **z~nah(e)** *a* actuel; ~**nehmen** *n sport* chronométrage *m;* ~**nehmer** *m sport* chronométreur *m;* ~**plan** *m* emploi *m* du temps; ~**punkt** *m* moment *m;* date, époque *f; zum beabsichtigten* ~ en temps voulu; *e-n* ~ *festlegen* fixer un terme; *den* ~ *für gekommen halten* estimer le moment venu *(etw zu tun* de faire qc); ~**rafferaufnahme** *f film* accéléré *m; z~raubend* *a* qui prend

od exige *od* demande beaucoup de temps; ~**raum** *m* espace *m* de temps, période *f;* ~**rechnung** *f* chronologie *f; vor, nach unserer* ~ *(vor Christi Geburt)* avant, après l'ère chrétienne; ~**regler** *m tech* régulateur *m* de temps; ~**schalter** *m el* interrupteur *m* à minuterie; ~**schrift** *f* (publication *f)* périodique *m,* revue *f; illustrierte* ~ *(journal)* illustré *m;* ~**schriftenlesesaal** *m* salle *f* des revues; ~**sichtwechsel** *m* traite *f* payable à un certain délai de vue; ~**signal** *n* signal *m* horaire; ~**spanne** *f* laps *m* de temps; ~**sparend** *a* qui fait gagner *od* économiser du temps; ~**stück** *n theat* pièce *f* de circonstance; ~**studie** *f tech* chronométrage *m;* ~**tafel** *f (in e-m Buch)* table *f* chronologique; ~**umstände** *m pl* cironstances *f pl,* conjoncture *f;* ~**unterschied** *m* différence *f* de temps *od* horaire; *tech* décalage *m* horaire; ~**vergeudung** *f,* ~**verschwendung** *f* gaspillage *m* de temps; ~**verlust** *m* perte *f* de temps; *ohne* ~ *(a.)* sans perdre de temps, sans délai; ~**verschiebung** *f* décalage *m* horaire; ~**verschluß** *m phot* obturateur *m* pour pose; ~**vertreib** *m* passe-temps, divertissement, amusement *m; zum* ~ pour passer le temps; **z~weilig** *a* temporaire; *(einstweilig)* provisoire; **z~weise** *adv* par instants *od* moments; *(vorübergehend)* temporairement; ~**wort** *n* ⟨-(e)s, ⁚er⟩ *gram* verbe *m;* ~**zeichen** *n* = ~**signal**; *radio* top *m;* ~**zone** *f geog* fuseau *m* horaire; ~**zünder** *m mil* amorce *od* fusée *f* à retardement; ~**zünder(bombe** *f)* *m* bombe *f* à retardement.

Zeitung *f* ⟨-, -en⟩ ['tsaɪtuŋ] journal *m,* gazette *f; e-e* ~ *abonnieren, abbestellen* s'abonner, se désabonner à un journal; *e-e* ~ *beziehen od halten* s'abonner à un journal; *in die* ~ *setzen (Anzeige)* insérer; *unverkaufte* ~*en pl* bouillon *m.*

Zeitungs|anzeige *f* ['tsaɪtuŋs-] insertion, annonce *f;* ~**artikel** *m* article de journal; *(eingeschobener, kurzer)* entrefilet *m; langweilige(r)* ~ tartine *f;* ~**ausrufer** *m* crieur de journaux, camelot *m;* ~**ausschnitt** *m* coupure *f* de journal; *pl a.* extraits *m pl* de presse; ~**austräger** *m* porteur de journeaux, porteur-livreur *m* de presse; ~**beilage** *f* supplément *m* (de journal); ~**bericht** *m* rapport *m* de presse; ~**berichterstatter** *m* correspondant de journal, reporter *m;* ~**druck** *m* ⟨-(e)s, (-e)⟩ impression *f* de journaux; ~**druckerei** f imprimerie f à journaux; ~**druckpapier** n papier à journaux, papier-journal m; ~**ente** f fam canard, bobard m; ~**falzmaschine** f typ plieuse f mécanique de journaux; ~**frau** f porteuse f de journaux; ~**gewerbe** n industrie f du journal; ~**händler** m marchand od vendeur de journaux; (auf der Straße) camelot m; ~**inserat** n = ~**anzeige;** ~**junge** m = ~**austräger;** ~**kiosk** m kiosque m à journaux; ~**korrespondent** m correspondant m de journal; ~**leser** m lecteur m de journaux od d'un journal; ~**lesesaal** m salle f des journaux; ~**mann** m ⟨-(e)s, -leute/ -männer⟩ journaliste m; = ~**austräger;** ~**nachricht** f information f de presse; ~**notiz** f entrefilet m; ~**papier** n = ~**druckpapier;** ~**reklame** f publicité f dans la presse; ~**reporter** m = ~**berichterstatter;** ~**roman** m (roman-)feuilleton m; ~**rotationsmaschine** f rotative f à journaux; ~**schmierer** m pej journaleux m; ~**schreiber** m journaliste m; ~**setzer** m typ journaliste, journaleux m; ~**sprache** f, ~**stil** m langage od style m journalistique; ~**stand** m = ~**kiosk;** ~**verkäufer** m (colporteur-) vendeur m de journaux; ~**verleger** m éditeur m de journal; ~**vertreter** m représentant m de journal; ~**werbung** f = ~**reklame;** ~**wesen** n journalisme m; presse f; ~**wissenschaft** f science f du journalisme.

zelebrieren [tsele'bri:rən] tr rel célébrer.

Zell|atmung f ['tsɛl-] biol respiration f cellulaire; ~**e** f ⟨-, -n⟩ (kleiner Raum; biol) cellule; (im Bienenstock) cellule f, alvéole m; tele cabine f; (Wahlzelle) isoloir; el élément m; aero cellule f; (Segelflugzeug) planeur; fig, pol a. noyau m; ~**n** bilden in, mit ~**n** durchsetzen noyauter; Aufbau m, Vermehrung f der ~ (biol) constitution, reproduction f de la cellule; graue ~**n** pl matière f grise; schalldichte ~ (tele) cabine f insonore; ~**enbeton** m béton m cellulaire; ~**enbildung** f pol noyautage m; ~**enförmig** a celluliforme; ~**enkühler** m mot radiateur m à nid d'abeilles; ~**enschalter** m el commutateur m de réglage; ~**enschmelz** m tech émail m cloisonné; ~**enwagen** m (der Polizei) voiture f cellulaire; arg panier m à salade; ~**faser** f cellulose f; ~**gewebe** n anat tissu m cellulaire; ~**gewebsentzündung** f med cellulite f; ~**haut** f biol membrane f cellulaire;

~**horn** n celluloïd m; **z~ig** a cellulaire, cellulé, celluleux; ~**kern** m biol noyau cellulaire, scient nucléus m; ~**kernhülle** f membrane f nucléaire; ~**kernteilung** f division f nucléaire; ~**körper** m corps m cellulaire; ~**masse** f substance f cellulaire; ~**schicht** f couche f de cellules; ~**stoff** m tech pâte f de bois; ~**stoffabrikation** f fabrication f de cellulose; ~**stoffgarn** n fil m de cellulose; ~**stoffwatte** f ouate f de cellulose; ~**tätigkeit** f biol activité f cellulaire; ~**teilung** f division f cellulaire; ~**verschmelzung** f biol fusion f cellulaire; ~**wand** f membrane f cellulaire; ~**wolle** f fibranne, laine f cellulosique.

Zellul|arpathologie f [tsɛlu'la:r] med pathologie f cellulaire; ~**oid** n ⟨-(e)s, ø⟩ [-'lo'i:t, -'lɔʏt] celluloïd m; ~**ose** f ⟨-, -n⟩ [-'lo:zə] (Zellstoff) cellulose; pâte f de bois; ~**oselack** m vernis m cellulosique.

Zelot m ⟨-en, -en⟩ [tse'lo:t] (Eiferer) zélateur m; **z~isch** [-'lo:tɪʃ] a zélateur; ~**ismus** m ⟨-, ø⟩ [-lo'tɪsmʊs] zélotisme m.

Zelt n ⟨-(e)s, -e⟩ [tsɛlt] tente; mil toile, arg guitoune f; ein ~ aufschlagen, abbrechen monter od planter, démonter od plier une tente; s-e ~e abbrechen (fig) lever le camp; ~**ausrüstung** f matériel m de campement od de camping; ~**bahn** f toile f de tente; ~**dach** n pavillon de tente; (großes) vélum; arch toit m en bâtière; **z~en** itr camper, faire du camping; ~**en** n camping m; ~**lager** n camp m (de toile); ~**leine** f corde f de tente; ~**leinwand** f toile f de tente; ~**mast** m mât m de tente; ~**pflock** m piquet m de tente; ~**platz** m camp, terrain m de camping; ~**stadt** f village m de toile; ~**stange** f mât m de tente.

Zelt|er m ⟨-s, -⟩ ['tsɛltər] hist (Damenreitpferd) haquenée f; ~**gang** m (Paßgang) amble m.

Zement m ⟨-(e)s, -e⟩ [tse'mɛnt] ciment; (Zahnfüllung) cément m; ~ anrühren gâcher du ciment; schnell abbindender ~ ciment m à prise rapide; ~**beton** m béton m de ciment; ~**bewurf** m enduit m de ciment; ~**brei** m bouillie f de ciment; ~**diele** f dalle f de ciment; ~**fabrik** f cimenterie f; ~**faser(platte)** f plaque f en fibrociment m; ~**fußboden** m plancher m cimenté; ~**(guß)waren** f pl objets m pl en béton moulé; **z~ieren** [-'ti:ren] tr a. fig cimenter; metal cémenter; ~**ierer** m ⟨-s, -⟩ cimentier *m; ~***ierung** *f* cimentation; *metal* cémentation *f; ~***ierverfahren** *n metal* procédé *m* de cémentation; *~***kalkbeton** *m* béton *m* de ciment et de chaux; *~***mörtel** *m* mortier *m* de ciment; *~***pulver** *n metal* cément *m; ~***putz** *m =* ~*bewurf; ~***silo** *m* silo *m* à ciment; *~***sockel** *m arch* socle *m* en ciment; *~***stahl** *m metal* acier *m* cémenté; *~***verputz** *m =* ~*bewurf; ~***werk** *n =* ~*fabrik.*

Zenit *m* ‹-(e)s, ø› [tse'ni:t] *astr u. fig* zénith; *fig (Gipfel)* apogée *m; im* ~ au zénith.

Zenotaph *n* ‹-s, -e› [tseno'ta:f] *(Scheingrab)* cénotaphe *m.*

zens|ieren [tsɛn'zi:rən] *tr (der Zensur unterziehen)* censurer, soumettre à la censure; *(Zeitung, a.)* caviarder; *(prüfen)* examiner; *(beurteilen)* juger; attribuer une note à; *(Schule)* noter; *e-e Arbeit mit e-r Zwei ~* donner (un) deux à un devoir; **Z~or** *m* ‹-s, -en› ['tsɛnzɔr, -'zo:rən] censeur *m;* **Z~ur** *f* ‹-, -en› [-'zu:r] *(Durchsicht)* censure; *(Schule: Note)* note, cote *f; zu gute ~ (e-s Schülers)* cote *f* d'amour; **Z~urvermerk** *m* visa *m* de censure.

Zentaur *m* ‹-en, -en› [tsɛn'taur] *(Mythologie)* centaure; *astr* Centaure *m.*

Zentesimalwaage [tsɛntezi'ma:l-] *f* bascule *f* centésimale.

Zenti|folie *f* ‹-, -n› [tsɛnti'fo:liə] *bot* rose *f* cent-feuilles; *~***meter** *m* od *n* centimètre *m.*

Zentner *m* ‹-s, -› ['tsɛntnər] demi--quintal *m,* cinquante kilos *m pl; ~***last** *f, a. fig* grand poids, fardeau *m* accablant; **z~schwer** *a* très lourd; *fig* accablant.

zentral [tsɛn'tra:l] *a* central; **Z~afrika** *n* l'Afrique *f* centrale; *~***afrikanisch** *a* centrafricain; **Z~bank** *f* banque *f* centrale; **Z~e** *f* ‹-, -n› (station) centrale; *com* agence *f* centrale; *adm* bureau *m;* *mar (U-Boot-Zentrale)* poste *m* central; *el* centrale *f* (électrique); *tele* central *m* (téléphonique); **Z~gewalt** *f* *pol* pouvoir *m* central; **Z~heizung** *f* chauffage *m* central; **Z~isation** *f* ‹-, -en› [-tralizatsi'o:n], **Z~isierung** *f* centralisation *f; ~***isieren** [-li'zi:rən] *tr* centraliser; *~***istisch** [-'lɪstɪʃ] *a* centraliste; **Z~ismus** *m* ‹-, ø› [-'lɪsmʊs] centralisme *m;* **Z~kartei** *f* fichier *m* central; **Z~markthallen,** *die, pl (in Paris)* les Halles *f pl;* **Z~nervensystem** *n anat* système *m* nerveux central; **Z~speicher** *m* *inform* mémoire *f* centrale; **Z~verband** *m* association *f* centrale; *~***verriegelung** *f* *mot* condamnation *f* centrale

od verrouillage *m* central des portes; **Z~verwaltung** *f* administration *f* centrale.

zentrier|en [tsɛn'tri:rən] *tr (auf die Mitte einstellen)* centrer; **Z~ung** *f* centrage *m;* **Z~vorrichtung** *f* dispositif *m* de centrage.

zentri|fugal [tsɛntrifu'ga:l] *a* centrifuge; **Z~fugalkraft** *f* force *f* centrifuge; **Z~fugalpumpe** *f* pompe *f* centrifuge; **Z~fugalregler** *m* régulateur *m* centrifuge; **Z~fuge** *f* ‹-, -n› [-'fu:gə] *tech* centrifugeur *m,* centrifugeuse; *(Trockenschleuder)* essoreuse; *(Milchzentrifuge)* écrémeuse *f; ~***fugieren** [-fu'gi:rən] *tr (Milch)* centrifuger; *~***petal** [-pe'ta:l] *a* centripète; **Z~petalkraft** *f* force *f* centripète.

zentrisch ['tsɛntrɪʃ] *a (im Mittelpunkt befindlich)* central.

Zentrum *n* ‹-s, -tren› ['tsɛntrum, '-trən] *a. pol* centre *m; ~***sanhänger** *m pol* centriste *m.*

Zephir, *m* **Zephyr** *m* ‹-s, -e› ['tse:fɪr, -fʏr] *(Wind; Stoff)* zéphyr *m.*

Zeppelin *m* ‹-s, -e› ['tsɛpəli:n] zeppelin, dirigeable *m.*

Zepter *n* od *m* ‹-s, -› ['tsɛptər] sceptre *m.*

zerbeißen [tsɛr-] *tr* briser *od* casser avec les dents *od* en mordant.

zerbersten ‹*aux: sein*› [tsɛr-] *itr* crever, éclater, se rompre.

zerbomben [tsɛr-] *tr* détruire par les bombes.

zerbrech|en [tsɛr-] *tr* ‹*aux: haben*› mettre en pièces *od* en morceaux, casser; *a. fig* briser, rompre; *itr* ‹*aux: sein*› se casser; *a. fig* se briser, se rompre; *sich den Kopf ~* se casser la tête, se creuser la cervelle; *~***lich** *a* fragile, cassant; *fig (schwach)* fragile, frêle; *~!* *(Warnung)* fragile! **Z~lichkeit** *f* fragilité *f.*

zerbröckeln [tsɛr-] *tr* ‹*aux: haben*› *(Brot, Gebäck)* émietter, réduire en miettes; *allg* effriter; *itr* ‹*aux: sein*› s'émietter; *a. fig* s'effriter; **Z~** *n* effritement *m.*

zerdrücken [tsɛr-] *tr* écraser, broyer, fracasser; *(zerquetschen)* meurtrir; *(zerknittern)* chiffonner, friper, froisser; *(verbeulen)* bosseler.

Zeremoni|e *f* ‹-, -n› [tseremo'ni:, -'mo:niə] cérémonie *f;* **z~ell** [-moni'ɛl] *a* cérémonial; *a. =* z~ös; *~***ell** *n* ‹-s, -e› cérémonial *m;* **z~ös** [-ni'ø:s] *a (steif)* cérémonieux.

zerfahren [tsɛr-] *tr (Weg, Straße)* défoncer; *a (Weg, Straße)* défoncé; *fig (zerstreut)* distrait; *(zs.hanglos)* décousu, incohérent; *(wirr)* confus;

Z~heit *f fig* distraction *f;* décousu *m,* incohérence; confusion *f.*

Zerfall *m* ⟨-(e)s, ø⟩ [tsɛr-] *(e-s Bauwerks)* délabrement *m; phys geol* désintégration; *chem* décomposition, dissociation; *geol psych med* désagrégation; *fig* décomposition, dissociation, décadence, ruine *f; radioaktive(r)* ~ décroissance *f* radioactive; **z~en** ⟨*aux: sein*⟩ *itr (Bauwerk)* se délabrer, tomber en ruine; *allg* s'en aller en lambeaux; *phys* se désintégrer; *chem* se décomposer, se dissocier; *geol psych med* se désagréger; *fig (sich auflösen)* se décomposer, se dissocier, tomber en décadence; *in etw* ~ *(aus etw bestehen* od *zs.gesetzt sein)* être divisé od se diviser en qc; *pp* u. *a (Bauwerk)* délabré, en ruines; *mit der ganzen Welt* ~ *(fig)* démoralisé; **~sprodukt** *n chem* u. *fig* produit *m* de décomposition; **~sprozeß** *m* processus *m* de désintégration *phys* od de décomposition *chem;* **~szeit** *f phys* temps *m* de désintégration.

zerfasern [tsɛr-] *tr* effilocher.

zerfetz|en [tsɛr-] *tr* mettre en lambeaux, déchiqueter, déchirer; lacérer, écharper; *pop* charcuter; **~t** *pp, a, a.* (tombé) en loques.

zerfleischen [tsɛr-] *tr* lacérer, écharper; *pop* charcuter.

zerfließen ⟨*aux: sein*⟩ [tsɛr-] *itr* (se) fondre, se dissoudre; *in Tränen* ~ *(fig)* fondre en larmes.

zerfressen [tsɛr-] *tr (zernagen)* ronger; *(Motten, Rost)* manger; *(Säure, Gift)* corroder; *pp, a* corrodé; *von Motten* ~ mangé des mites.

zerfurcht [tsɛr-] *a (runzlig)* ridé, sillonné de rides.

zergehen ⟨*aux: sein*⟩ [tsɛr-] *itr* = *zerfließen; auf der Zunge* ~ fondre dans la bouche.

zerglieder|n [tsɛr-] *tr anat* u. *fig* faire l'anatomie de, anatomiser, disséquer; *fig, a. gram* analyser; **Z~ung** *f* anatomie; *a. fig* dissection; *fig, a. gram* analyse *f.*

zerhacken [tsɛr-] *tr* couper en morceaux, hacher; *(zerstückeln)* dépecer.

zerhauen [tsɛr-] *tr* couper en morceaux); *(das Gesicht)* balafrer; *den gordischen Knoten* ~ trancher le nœud gordien.

zerkauen [tsɛr-] *tr* mâcher.

zerkleiner|n [tsɛr-] *tr* mettre en menus morceaux; *(Holz)* fendre; *a.* = *zerhacken, zerschneiden, zermahlen;* **Z~ung** *f* réduction *f.*

zerklopfen [tsɛr-] *tr* casser en frappant, concasser.

zerklüftet [tsɛr-] *a geog* crevassé, fissuré.

zerknacken [tsɛr-] *tr* casser (avec les dents), croquer.

Zerknall *m* [tsɛr-] éclat *m;* détonation, explosion *f;* **z~en** ⟨*aux: sein*⟩ *itr* éclater, crever; détoner, exploser.

zerknautschen [tsɛr-] *tr fam* = *zerknittern.*

zerknirsch|t [tsɛr-] *a* contrit, mortifié, anéanti; **Z~ung** *f* ⟨-, ø⟩ contrition, componction *f,* anéantissement *m.*

zerknittern [tsɛr-] *tr,* **zerknüllen** [tsɛr-] *tr fam* friper, froisser, chiffonner.

zerkoch|en [tsɛr-] *tr* ⟨*aux: haben*⟩ réduire en bouillie; *itr* ⟨*aux: sein*⟩ être réduit en bouillie; **~t** *a* en bouillie.

zerkratzen [tsɛr-] *tr (aufritzen)* égratigner, érafler, rayer; *(mit den Krallen)* griffer; *jdm das Gesicht* ~ dévisager qn.

zerkrümeln [tsɛr-] *tr* ⟨*aux: haben*⟩ émietter; *itr* ⟨*aux: sein*⟩ s'émietter.

zerlassen [tsɛr-] *tr (Küche)* faire fondre.

zerlaufen [tsɛr-] ⟨*aux: sein*⟩ *itr (Fett)* (se) fondre.

zerleg|bar [tsɛr-] *a* démontable; *chem* décomposable; *math (teilbar)* divisible; **Z~barkeit** *f* ⟨-, ø⟩ *math* divisibilité *f;* **~en** *tr* mettre en pièces détachées; *(Braten)* découper; *anat* = *zergliedern; chem phys* décomposer; *tech (Maschine)* démonter; *allg (zerteilen)* diviser *(in en); fig, a. gram (zergliedern)* analyser; **Z~ung** *f* ⟨-, ø⟩ découpage *m;* dissection; décomposition *f;* démontage *m;* division; analyse *f.*

zerlesen [tsɛr-] *a (Buch)* usé (par la lecture).

zerlumpt [tsɛr-] *a* déguenillé, en guenilles, en haillons, en loques.

zermahlen [tsɛr-] *tr* moudre; *(grob)* concasser, broyer.

zermalmen [tsɛr-] *tr* écraser, broyer, réduire en poudre; *fam* écrabouiller; *fig* écraser, anéantir.

zermartern [tsɛr-] *tr: sich das Hirn* od *das Gehirn* od *den Kopf* ~ *(fig)* se creuser la cervelle od la tête.

zermürb|en [tsɛr-] *tr* fatiguer, épuiser, user; *fig* démoraliser; **~t** *a* épuisé, à bout de résistance; **Z~ung** *f* épuisement *m;* **Z~ungskrieg** *m* guerre *f* d'usure.

zernagen [tsɛr-] *tr* ronger.

zerpflücken [tsɛr-] *tr* effeuiller, déchirer; *fig (Text)* éplucher, disséquer, dépouiller.

zerplatzen ⟨*aux: sein*⟩ [tsɛr-] *itr* éclater, voler en éclats, crever.

zerquetschen [tsɛr-] *tr* broyer, écraser; *(Obst)* meurtrir; *100 Mark und ein paar Zerquetschte (fam)* 100 marks et des poussières.

Zerr|bild *n* ['tsɛr-] caricature, charge *f,* portrait-charge *m;* **z~en** ['tsɛrən] *tr* tirer *(an par)*, tirailler; *jdn aus dem Bett ~* tirer qn du lit; *jdn vor Gericht ~* traduire qn en justice; *durch den Schmutz ~ (a. fig)* traîner dans la boue; *itr* tirer *(an etw sur qc)*; **~spiegel** *m* glace *f* déformante; **~ung** *f med* contorsion, distorsion *f; (Muskel~)* claquage *m; (Sehnen~)* élongation *f.*

zerreden *tr* [tsɛr-] diluer.

zerreib|bar [tsɛr-] *a* triturable, friable; **~en** *tr* triturer, broyer, pulvériser; **Z~ung** *f* trituration *f,* broyage *m* pulvérisation *f.*

zerreiß|en [tsɛr-] *tr* ⟨aux: haben⟩ déchirer; *(in Stücke reißen)* mettre en pièces *od* en morceaux; *(zerfetzen)* déchiqueter, lacérer; *(Faden, Schnur)* rompre, casser; *(Kette)* briser; *(abnutzen)* user; *itr* ⟨aux: sein⟩ se déchirer; *(se)* rompre, casser; se briser; s'user; *das zerreißt mir das Herz* cela me déchire *od* fend le cœur; **Z~festigkeit** *f tech* résistance *f* à la rupture; **Z~grenze** *f* limite *f* de rupture; **Z~probe** *f* essai *m* de rupture; *fig* épreuve *f;* **Z~ung** *f* déchirement; déchiquetage *m,* lacération; rupture *f.*

zerrinnen ⟨zerrinnt, zerrann, ist zerronnen⟩ [tsɛr-] *itr (Flüssiges)* s'écouler; *(Festes)* (se) fondre; *fig* se dissiper, aller à la mer, s'évanouir; *(Geld)* filer *(unter den Fingern* entre les doigts); *in nichts ~* se réduire à rien; *wie gewonnen, so zerronnen (prov)* ce qui vient de la flûte s'en va par le tambour.

zerrissen [tsɛr-] *a, a. fig* déchiré; **Z~heit** *f fig (Uneinigkeit)* discorde, division, désunion *f; innere ~ (psych)* déchirement *m* de l'âme.

zerrütt|en [tsɛr-] *tr (die Gesundheit)* altérer, délabrer, ruiner, ébranler; *fam* détraquer; *(den Geist)* déranger, troubler, *fam* détraquer; *(die Ehe)* troubler, désunir; *(die Gesellschaft, den Staat, die Finanzen)* désorganiser, ruiner; **~et** *a (Gesundheit)* délabré, ruiné; *(Ehe)* désuni; **Z~ung** *f* altération *f,* délabrement *m,* ruine *f;* dérangement *m* (de l'esprit); désunion; désorganisation *f.*

zersägen [tsɛr-] *tr* scier, découper à la scie; *(Stämme in Bretter)* débiter.

zerschellen ⟨aux: sein⟩ [tsɛr-] *itr* se briser, voler en éclats; *(abstürzendes Flugzeug)* s'écraser *(am Boden* au sol; *an e-m Felsen* contre un rocher).

zerschießen [tsɛr-] *tr* trouer *od* cribler de balles.

zerschlagen [tsɛr-] *tr* mettre en pièces *od* en morceaux, briser, casser, fracasser; *sich ~ (fig: Hoffnung)* être déçu; *(Plan)* s'effondrer, échouer, *fam* rater; *(Geschäft)* manquer; *a: wie ~* rompu *od* brisé *od* assommé *od* accablé *od* moulu de fatigue.

zerschleißen [tsɛr-] *tr* user; **zerschlissen** *a* usé (jusqu'à la corde), râpé.

zerschmeißen [tsɛr-] *tr fam* briser, casser.

zerschmettern [tsɛr-] *tr* fracasser, écraser, foudroyer.

zerschneiden [tsɛr-] *tr* couper (en morceaux), dépecer, découper; *(durchschneiden)* trancher.

zersetz|en [tsɛr-] *tr, bes. chem* décomposer, désagréger, désintégrer, dissoudre; *fig (sittlich, politisch)* miner, démoraliser; *sich ~ (bes. chem)* se décomposer, se désagréger, se dissoudre; **~end** *a fig* démoralisant, démoralisateur; **Z~ung** *f chem* décomposition, désagrégation, désintégration; *fig* démoralisation *f;* **Z~ungsprodukt** *n chem* produit *m* de décomposition.

zersiedel|n [tsɛr-] *tr (Landschaft)* dégrader par des constructions nouvelles; **Z~ung** *f* dégradation *f* par les constructions nouvelles.

zerspalt|en [tsɛr-] *tr* fendre; **Z~ung** *f* fission, scission *f.*

zersplitter|n [tsɛr-] *tr* ⟨aux: haben⟩ *(Holz)* faire voler en éclats; *(Knochen)* réduire en esquilles; *allg* fragmenter; *(Grundbesitz)* morceler; *fig (Grundbesitz)* morceler; *pol* fractionner; *(s-e Kräfte, s-e Zeit)* disperser; *itr* ⟨aux: sein⟩ voler en éclats, éclater; *sich ~ (fig)* se disperser, s'éparpiller; **Z~ung** *f* fragmentation *f; fig* morcellement; fractionnement; gaspillage *m;* dispersion *f;* éparpillement *m.*

zersprengen [tsɛr-] *tr* faire sauter *od* éclater; *fig (Menschenmenge, Truppen)* disperser; **Z~ung** *f* dispersion *f.*

zerspringen ⟨aux: sein⟩ [tsɛr-] *itr* se fendre, se rompre, se briser, éclater, crever; *(Glas)* se fêler; *das Herz will mir ~ (lit)* mon cœur se fend.

zerstampfen [tsɛr-] *tr* broyer, concasser; *(im Mörser)* piler, égruger; *(den Boden)* fouler aux pieds, piétiner; *zu Pulver ~* pulvériser.

zerstäub|en [tsɛr-] *tr* pulvériser, atomiser; *(Flüssigkeit)* vaporiser; **Z~er** *m* ⟨-s, -⟩ pulvérisateur, atomiseur; vaporisateur; *tech* diffuseur *m,* buse *f;* **Z~ung** *f* pulvérisation, atomisation; vaporisation *f.*

zerstechen [tsɛr-] *tr* couvrir de piqûres; *von Mücken zerstochen* couvert de piqûres de moustiques.

zerstieben ⟨zerstiebt, zerstob, ist zerstoben⟩ [tsɛr-] *itr* se pulvériser; *fig (Menschenmenge)* se disperser.

zerstör|bar [tsɛr-] *a* destructible; **~en** *tr allg* détruire, anéantir, réduire à néant; *(Gebäude)* démolir; *(verwüsten)* dévaster, ravager; *fig allg* détruire; *(menschl. Einrichtung)* désorganiser; *(Ehe, Existenz, Leben, Glück, Hoffnung)* ruiner; **~end** *a* destructif, destructeur; **Z~er** *m* ⟨-s, -⟩ destructeur; *(Verwüster)* dévastateur, ravageur; *mar* destroyer; *(Torpedobootzerstörer)* contre-torpilleur; *aero* chasseur lourd *od* d'interception, destroyer *m;* **Z~ung** *f* des truction *f,* anéantissement *m;* démolition; dévastation *f,* ravage *m; fig* destruction; désorganisation; ruine *f;* **Z~ungskraft** *f* puissance *f od* pouvoir *m* de destruction; **Z~ungswut** *f* rage *od* folie *f* de la destruction, vandalisme *m.*

zerstoßen [tsɛr-] *tr* broyer, concasser; *(im Mörser)* piler, égruger; *(zu Pulver)* pulvériser.

zerstreu|en [tsɛr-] *tr* disperser, disséminer, éparpiller; *phys opt* diffuser; *fig (Sorgen, Zweifel, Bedenken)* dissiper, faire disparaître; *(unterhalten)* distraire, divertir, amuser; *sich ~ (Menschenmenge)* se disperser, se dissiper; *(sich unterhalten)* se distraire, se divertir, s'amuser; **~t** *a* dispersé, disséminé, éparpillé; *(vereinzelt)* épars; *(Licht)* diffus; *fig (geistesabwesend)* distrait, préoccupé; *~ sein (fig a.)* être dans les nuages; **Z~theit** *f* ⟨-, ø⟩ *fig* distraction; *(Unaufmerksamkeit)* inattention, inadvertance *f;* **Z~ung** *f* dispersion, dissémination *f,* éparpillement *m; phys* diffusion; *fig* dissipation; distraction *f,* divertissement, amusement *m;* **Z~ungslinse** *f* *opt* lentille *f* divergente.

zerstück|eln [tsɛr-] *tr* mettre en morceaux *od* pièces, dépecer; *(Grundbesitz)* morceler; *pol (Land)* démembrer; **Z~(e)lung** *f* dépècement, dépeçage; morcellement; démembrement *m.*

zerteil|en [tsɛr-] *tr* diviser, partager, fractionner, fragmenter; *(zerlegen)* décomposer, disjoindre; *pol (Land)* démembrer; *die Fluten ~* fendre les flots; *der Nebel zerteilt sich* le brouillard se dissipe; **Z~ung** *f* division *f,*

fractionnement *m,* fragmentation; séparation, décomposition, disjonction *f;* démembrement *m.*

zertrampeln [tsɛr-] *tr* fouler aux pieds, piétiner.

zertrenn|en [tsɛr-] *tr* séparer, disjoindre; *(ausea.nehmen)* disloquer; *(Zs.genähtes)* découdre, défaire; **Z~ung** *f* séparation, disjonction; dislocation *f.*

zertreten [tsɛr-] *tr (zertrampeln)* fouler aux pieds; *(Gegenstand, kleines Tier)* écraser (du pied); *(Glut)* éteindre avec les pieds.

zertrümmer|n [tsɛr-] *tr* démolir, fracasser, briser, écraser, réduire en poudre; *(zerstören)* détruire; *(Atom)* désintégrer; **Z~ung** *f* démolition *f,* fracassement, écrasement *m;* destruction; *(Atomzertrümmerung)* désintégration, fission *f.*

Zervelatwurst [tsɛrvəˈlaːt-, z-] *f* cervelas *m.*

zerwühlen [tsɛr-] *tr (Erdboden)* fouiller; *(Bett, Haare)* mettre en désordre.

Zerwürfnis *n* ⟨-sses, -sse⟩ [tsɛrˈvyrfnɪs] désaccord *m,* désunion, discorde, brouille *f,* différend *m.*

zerzaus|en [tsɛr-] *tr* tirailler; *(d. Haar)* ébouriffer; *jdm das Haar ~* écheveler, décoiffer qn; **~t** *a (Mensch)* échevelé, ébouriffé.

Zeter [ˈtseːtər] *n:* ~ *und Mordio schreien (fam)* crier au meurtre, pousser les hauts cris; **~geschrei** *n,* **~mordio** *n* ⟨-s, ø⟩ [-ˈmɔrdio] *fam* hauts cris *m pl,* vociférations *f pl,* tollé *m; ein Zetergeschrei erheben* pousser des cris d'orfraie, crier comme un chat qu'on écorche; **z~mordio** *interj fam:* ~ *schreien* = ~ *und Mordio schreien;* **z~n** *itr* vociférer, crailler; *fam* brailler.

Zettel *m* ⟨-s, -⟩ [ˈtsɛtəl] **1.** *(Stück Papier)* bout *od* morceau de papier; *(beschriebener)* billet; *(gedruckter)* bulletin *m; (Karteizettel)* fiche; *(Preiszettel)* étique tte *f; (Anschlagzettel)* écriteau *m,* affiche *f,* placard *m; ~ anschlagen* poser des affiches; *mit e-m ~ versehen* étiqueter; **~ankleben** *n* affichage *m; ~ verboten!* défense d'afficher; **~bank** *f* fin banque *f* d'émission; **~halter** *m (Gerät)* porte-étiquettes *m;* **~kasten** *m* boîte *f* à fiches; fichier *m;* **~katalog** *m* catalogue *m* sur fiches; **~klemme** *f* pince-notes *m;* **~register** *n* répertoire *m* sur fiches; **~stecher** *m* pique-notes *m;* **~verteiler** *m* distributeur *m* de bulletins.

Zettel *m* ⟨-s, -⟩ [ˈtsɛtəl] **2.** *(Weberei: Kette)* chaîne *f.*

Zeug n ⟨-(e)s, -e⟩ [tsɔʏk, '-gə] *(Werkzeug)* outils m pl, outillage m, ustensiles m pl; *(Gebrauchsgegenstände, Sachen)* attirail; *typ* métal m à lettres; *fam (Stoff)* étoffe f, drap m; *(Kleidung)* vêtements m pl; *fam pej (Kram)* choses f pl, machins; *pop* trucs m pl; *(Plunder)* fatras m; *was das ~ hält (fam)* tant et plus, autant que possible; *jdm etw am ~(e) zu flicken haben (fig)* trouver à redire à qn; critiquer, dénigrer qn; *jdm etw am ~ flicken wollen (fig)* chercher des poux dans la tête de qn; *das ~ zu etw haben (fig)* avoir l'étoffe de qc; être capable *od* avoir les moyens de faire qc; *sich ins ~ legen (fam)* en mettre un coup; s'atteler sérieusement à la tâche; *sich tüchtig ins ~ legen* ne pas bouder (à la besogne) *fam*, payer de sa personne; *dummes ~ reden* dire des bêtises *od* des balivernes; *fam* raisonner comme une pantoufle; *abgedroschenes ~!* des choses rebattues, rabâchées! *albernes ~! des niaiseries! dummes ~! des sornettes! bêtises que tout cela! c'est od* voilà du propre! **~amt** n mil intendance f de l'artillerie; **~druck** m ⟨-(e)s, -e⟩ impression f sur étoffe; **~haus** n mil arsenal m.
Zeuge m ⟨-n, -n⟩ ['tsɔʏgə] témoin m; ~ Jehovas *(rel)* témoin m de Jéhovah; *vor ~n* devant témoins; *als od zum ~n anrufen od nehmen* prendre à témoin, attester; *als ~ aussagen* déposer comme témoin, porter témoignage, témoigner; *als ~n hören* entendre en témoignage; *als ~ vernommen werden* être entendu comme témoin; *als ~n vorladen* citer *od* appeler comme témoin.
zeugen ['tsɔʏgən] **1.** itr *(Zeugnis ablegen)* témoigner *(von etw* (de) qc); porter *od* rendre témoignage *(von etw* de qc). **2.** tr *(Kinder)* engendrer, procréer.
Zeugen|aufruf m ['tsɔʏgən-] appel m des témoins; **~aussage** f déclaration *od* déposition de témoin, déposition f testimoniale; **~bank** f banc m des témoins; **~bestechung** f subornation f des témoins; **~beweis** m preuve f testimoniale; **~eid** m serment m testimonial; **~gebühren** f pl droits m pl de(s) témoin(s); **~ladung** f citation f des témoins; **~stand** m barre f des témoins; **~vereidigung** f assermentation f des témoins; **~verhör** n, **~vernehmung** f audition f des témoins.
Zeugin f ⟨-, -nnen⟩ ['tsɔʏgɪn] témoin m.

Zeugnis n ⟨-sses, -sse⟩ ['tsɔʏknɪs] *(Bezeugung)* témoignage m; *(schriftl. Bescheinigung)* attestation f, certificat; *(nach bestandener Prüfung)* certificat, diplôme; *(Schulzeugnis)* bulletin m scolaire, notes f pl; *zum ~ dessen* en témoignage de quoi; ~ *ablegen* porter *od* rendre témoignage *(für jdn* en faveur de qn, *von etw* de qc); *jdm ein ~ ausstellen* délivrer un certificat à qn; *sich auf jds ~ berufen* s'en rapporter au témoignage de qn; *ärztliche(s) ~* certificat m médical; **~abschrift** f copie f de certificat *od* diplôme; **~heft** n livret m scolaire; **~verweigerung** f refus m de témoigner; **~verweigerungsrecht** n droit m de refuser de témoigner.
Zeugung f ⟨-, -en⟩ ['tsɔʏgʊŋ] *physiol* génération, procréation f, engendrement m; **z~sfähig** a apte à procréer; **~sfähigkeit** f facultés f pl génésiques, reproductivité f; **~sorgane** n pl organes m pl mâles *od* de la reproduction; **z~unfähig** a impuissant.
Zibetkatze f ['tsi:bɛt-] zoo civette f.
Ziborium n ⟨-s, -rien⟩ [tsi'bo:riʊm, -riən] rel ciboire m.
Zichorie f ⟨-, -n⟩ [tsi'ço:riə] bot chicorée f.
Zick|e f ⟨-, -n⟩ ['tsɪkə] dial = Ziege; pej vgl. Ziege; *machen Sie keine ~en!* *(fam: Dummheiten)* ne faites pas de bêtises; *dürre ~ (pop pej)* bourrique f; **~lein** n chevreau, cabri m.
Zickzack m ⟨-(e)s, -e⟩ ['tsɪksak] zigzag m; *im ~ gehen* aller *od* marcher en zigzag, zigzaguer; *im ~ fliegen* voler en zigzag, embarder; **~kurs** m pol politique f en zigzag; **~linie** f ligne f en zigzag.
Ziege f ⟨-, -n⟩ ['tsi:gə] chèvre; *fam* bique f; *alte ~ (pop pej)* vieille bique f; *dumme ~ (fam pej)* sotte, godiche f; **~nbart** m barbe f de chèvre; **~nbock** m bouc m; **~nfell** n peau f de chèvre; **~nhirt** m chevrier m; **~nkäse** m fromage m de chèvre; **~nleder** n chevreau m; **~nmelker** m orn engoulevent m; **~nmilch** f lait m de chèvre; **~npeter** m ⟨-s, -⟩ [-'pe:tər] med oreillons m pl, scient parotidite f; **~nstall** m étable f à chèvres; **~nzucht** f élevage m des caprins.
Ziegel m ⟨-s, -⟩ ['tsi:gəl] *(~stein)* brique; *(Dachziegel)* tuile f; **~bau** m construction f en briques; **~brenner** m briquetier, tuilier m; **~dach** n toit m en tuiles; **~ei** f [-'laɪ] briqueterie; tuilerie f; **~erde** f terre f à brique(s); **~industrie** f briqueterie, tuilerie f; **~ofen** m four m à briques *od* à

tuiles; **z~rot** *a* rouge brique;
~scherbe *f* tuileau *m;* **~staub** *m* farine *f* de briques; **~stein** *m* brique *f;*
Ziegler *m* ‹-s, -› = **~brenner.**
Zieh|bank *f* ['tsi:-] *tech* banc *m* à (é)tirer; **~brunnen** *m* puits *m* à roue *od* à chaîne *od* à poulie; **~eisen** *n tech* filière *f.*
ziehen ‹zieht, zog, gezogen› ['tsi:ən, (-)'tso:k/-gən] *tr* ‹aux: haben› *allg* tirer *(jdn an etw* qn par qc; *jdn an sich* qn à soi); *(schleppen)* traîner; *mar* remorquer, haler; *(herausziehen, -nehmen)* sortir; *(wieder herausziehen)* retirer; *(Wurzel, a. math)* extraire; *(Zahn)* extraire, arracher; *(Draht, Röhre)* étirer; *(Geschützrohr)* rayer; *(Mauer)* ériger, élever; *(Graben)* creuser; *(Furche, Linie)* tracer; *(züchten: Pflanzen)* cultiver, *(Tiere)* élever; *itr* ‹aux: haben› *allg* tirer *(an etw* sur qc); *(sich gleichmäßig fortbewegen)* ‹aux: sein› passer, voyager; *(sich begeben)* aller, passer, se rendre; *(weggehen)* s'en aller, partir; *(aus-, umziehen)* déménager; ‹aux: haben› *(einziehen, saugen)* boire, sucer; *(Tee)* s'infuser; *(Ofen, Pfeife etc: Luftzug haben)* tirer; *fig fam (anziehen)* prendre; *(zugkräftig sein)* attirer le public; *(einträglich sein)* rapporter gros; *impers: es zieht* il y a un courant d'air; *es zieht mich in, nach* je suis attiré par; *sich ~ (sich strekken, sich dehnen)* s'étirer, prêter; *(Holz)* se déjeter, gauchir; *(sich erstrecken)* s'étendre, se prolonger; *sich aus der Affäre ~* se tirer d'affaire; *die Aufmerksamkeit, die Blicke auf sich ~* attirer *od* retenir l'attention, les regards; *die Bilanz ~ (com)* dresser *od (a. fig)* faire le bilan; *den Degen ~* tirer l'épée, dégaîner; *in Erwägung ~* prendre en considération; *auf e-n Faden ~ (Perlen)* enfiler; *Fäden ~* former des *od* venir en fils; *ins Feld od in den Krieg ~* partir pour la guerre; *gegen jdn, etw zu Felde ~ (fig)* partir en campagne contre qn, contre qc; *jdm das Fell über die Ohren ~ (fig)* écorcher, *fam* rouler qn; *auf Flaschen ~* mettre en bouteilles; *die Folgerung aus etw ~* tirer la conclusion, conclure de qc; *die Folgerungen ~* tirer les conséquences; *den Kopf aus der Schlinge ~ (fig)* se tirer d'affaire; *den kürzeren ~* avoir le dessous; *ins Lächerliche ~* tourner en ridicule; *aufs Land ~* s'installer à la campagne; *in die Länge ~* faire traîner en longueur; *sich in die Länge ~* traîner en longueur; *e-e Lehre aus etw ~* tirer une leçon de qc; *das*

Los ~ tirer au sort; *etw nach sich ~* entraîner qc, être suivi de qc; *Nutzen aus etw ~* tirer profit, recueillir du profit de qc; *zu Rate ~* demander conseil à, consulter; *jdn zur Rechenschaft od zur Verantwortung ~* faire rendre compte *od* demander des comptes à qn; *in den Schmutz ~ (fig)* traîner dans la boue; *jdn auf seine Seite ~* attirer qn de son côté; *in die Stadt ~* se loger *od* s'installer en ville; *die Stirn kraus ~* froncer les sourcils; *am gleichen Strang ~ (fig)* tirer sur la même corde; *ans Tageslicht ~ (fig)* tirer au clair; *e-n Vergleich ~* faire *od* établir une comparaison *(zwischen entre); aus dem Verkehr ~* retirer de la circulation; *jdn ins Vertrauen ~* mettre qn dans la confidence; *auf Wache ~ (mil)* (aller) prendre la garde; *Wasser ~ (undicht sein)* prendre l'eau; *mar* faire eau, avoir une voie d'eau; *e-n Wechsel auf jdn ~* tirer une traite sur qn; *s-s Weges ~* aller son chemin; *die Wurzel ~ aus (math)* extraire la racine de; *in Zweifel ~* mettre en doute; *~ lassen (Tee)* laisser infuser; *das zieht bei mir nicht (fam: wirkt nicht auf mich)* ça ne prend pas avec moi; **Z~n** *n* tirage; traînage; *mar* remorquage, halage *m;* *(e-r Wurzel, a. math, e-s Zahns)* extraction *f; tech* étirage; *(e-r Linie)* tracement *m; (der Vögel)* passage; *(Umzug)* déménagement *m; (des Tees)* infusion; *med* fluxion *f.*
Zieh|harmonika *f* ['tsi:-] accordéon *m;* **~kind** *n (Pflegekind)* enfant *m* adoptif; **~ung** *f (Lotterie)* tirage *m;* **~ungsliste** *f* liste *f* des gagnants; **~ungsplan** *m* plan *m* de tirage; **~ungsrechte** *n pl* droits *m pl* de tirage; **~ungstag** *m* jour *m* de tirage.
Ziel *n* ‹-(e)s, -e› [tsi:l] *(beim Schießen)* but *m; (~scheibe)* cible *f; mil* objectif; *sport* but *m; (~band)* ligne *f* d'arrivée; *(beim Pferderennen)* poteau *m; (Reiseziel)* destination *f; (Endpunkt)* point *m* d'arrivée; *(Schranke)* borne *f; com (Termin)* délai *od* terme *m* (de paiement), échéance *f; fig (Zweck)* but, objet *m; (Absicht)* fin *f, visées f pl; sport* arrivée *f; auf 2 Monate ~* à 2 mois d'échéance; *auf ~ (com)* à terme; *auf kurzes, langes ~ (com)* à court, long terme; *auf 6 Monate ~ (com)* à 6 mois (d'échéance); *mit dem ~* dans le but; *mit, ohne Maß und ~* avec, outre mesure; *ohne Zweck und ~* sans but, au hasard; *weit vom ~* loin du but; *am ~ (s-r Reise) ankommen* arriver à destination; *das ~ ansprechen (mil: be-*

schreiben) désigner l'objectif; *sein ~ im Auge behalten* ne pas perdre de vue son but; *das ~ erreichen* atteindre le but, toucher *od* frapper au but; *sein ~ erreichen (fig)* arriver *od* parvenir à ses fins; *zum ~ führen* mener jusqu'au bout; *durchs ~ gehen (sport)* franchir la ligne d'arrivée *(als Erster* le premier); *zum ~ gelangen od kommen* arriver *od* toucher au but; *zum ~ haben* avoir pour but *od* objet *od* objectif; *über das ~ hinausschießen (fig)* dépasser le but, perdre toute mesure; *weder Maß noch ~ kennen* ne pas connaître de bornes; *gerade auf sein ~ losgehen* aller droit au but, ne pas y aller par quatre chemins; *sich s-m ~ nähern (fig)* toucher au port; *kurz vor dem ~ scheitern (fig)* faire naufrage au *od* échouer en vue du but; *übers ~ schießen (fig)* dépasser les bornes, exagérer; *e-r S ein ~ (Grenzen) setzen* mettre des limites *od* des bornes à qc; *(ein Ende)* mettre une fin à qc, terminer *od* finir qc; *sich ein ~ setzen od stecken* se fixer *od* se proposer un but; *sich ein hohes ~ setzen* viser haut, avoir de hautes visées; *das ~ treffen* toucher *od* atteindre le but, donner au but; *das ~ verfehlen* manquer le but, donner à côté; *ein ~ verfolgen* poursuivre un but; *wer langsam fährt, kommt auch zum ~ (prov)* petit à petit, l'oiseau fait son nid; *bewegliche(s), feste(s) ~ (mil)* objectif *m* mobile, fixe; **~anflug** *m aero* présentation *f;* **~bahnhof** *m* gare *f* d'arrivée; **~band** *n* ⟨-(e)s, ⸚er⟩ *sport* ruban *od* fil d'arrivée; **z~bewußt** *a* qui sait ce qu'il veut, qui va droit au but; **~einrichtung** *f (e-s Geschützes)* dispositif *m* de pointage; **z~en** *itr* viser *(auf etw* qc); *(mit e-m Gewehr)* coucher *od* mettre en joue *(auf jdn* qn); *fig* viser *(auf* à); **~en** *n (mit dem Gewehr)* visée *f; (mit dem Geschütz)* pointage *m;* **~fehler** *m* faute de visée; erreur *f* de pointage; **~fernrohr** *n* lunette *f* de visée *od* de pointage; **~flug** *m* (vol en) homing *m;* **~fluggerät** *n* radiocompas *m;* **~flugkörper** *m* engin-cible *m;* **~flug-Peilanlage** *f* radiogoniomètre *m* de homing; **~flugzeug** *n* avion-cible *m;* **~genauigkeit** *f* précision *f* de pointage *od* du tir; **~gerät** *n* appareil de visée *od* de pointage; *aero* viseur *m;* **~gruppe** *f com* public, marché *m;* **~landung** *f aero* atterrissage *m* de précision; **~linie** *f mil* ligne de mire; *sport* ligne *f* d'arrivée; **z~los** *a u. adv* sans but; **~marke** *f mil* repère *m;* **~markie-**

rung *f aero* marquage *m* de l'objectif; **~pfosten** *m (beim Rennen)* poteau *m* d'arrivée; **~preis** *m com* prix *m* optimal; **~punkt** *m mil* point *m* de mire; **~rakete** *f* fusée-cible *f;* **~raum** *m mil aero* zone *f* de l'objectif; **~richter** *m sport* juge *m* à l'arrivée; **~satellit** *m* satellite-cible *m;* **~scheibe** *f* cible *f, a. fig; ~ des Spottes sein (fig)* être en butte aux railleries; *jdn zur ~ (s-s Spottes) wählen* prendre qn pour tête de Turc; **~schiff** *n mar* bateau-cible *m;* **~schlitz** *m* fente *f* de visée; **~setzung** *f* fixation *f* d'un *od* du but; **~sprache** *f* langue-cible *f;* **z~strebig** *a* = *z~bewußt;* **~sucher** *m,* **~suchkopf** *m (e-r Rakete)* tête *f* chercheuse.

ziemen ['tsi:mən], *sich (impers):* es *ziemt sich* il convient, il est convenable *od* de mise *(zu tun de faire)*.

Ziemer *m* ⟨-s, -⟩ ['tsi:mər] *(Rücken des Hirsches)* cimier *m; (des Rehes)* selle; *(männliches Glied größerer Tiere)* verge *f; (Ochsen~)* nerf *m* de bœuf.

ziemlich ['tsi:mlıç] *a (erheblich, bedeutend)* considérable; *(leidlich)* passable; *adv (recht)* assez; *(sehr)* considérablement; *(leidlich, einigermaßen)* passablement; *so ~ (fam: beinahe, fast)* à peu près; *~ viel* … pas mal de …

Zier *f* ⟨-, ∅⟩ ['tsi:r-] = *~de;* **~at** *m* ⟨-(e)s, -e⟩ ['tsi:ra:t] *(Schmuck)* ornement; *(Verzierungen)* décor(ation *f),* enjolivement *m,* enjolivures *f pl;* **~buchstabe** *m* lettre *od* initiale *f* ornée; **~de** *f* ⟨-, -n⟩ ['-də] ornement *m,* parure; *fig (Gegenstand des Stolzes)* gloire *f,* honneur *m; zur ~ pour* la décoration; **z~en** *tr (schmücken)* orner, décorer, parer, enjoliver, agrémenter, embellir *(mit* de); *sich ~* minauder, faire des simagrées *od* la princesse *od* la petite bouche; faire des façons *od* des manières; **~erei** *f* ⟨-, (-en)⟩ [-'raı] manières *f pl* affectées; affectation, afféterie, minauderie, mignardise, préciosité *f; fam* simagrées *f pl;* **~garten** *m* jardin *m* d'agrément *od* de plaisance; **~gitter** *n* grillage *m* décoratif; **~knopf** *m* bouton *m* fantaisie; **~leiste** *f* bordure, moulure; *typ* vignette *f;* **z~lich** *a* gracile; *(anmutig)* gracieux; *(niedlich)* mignon, gentil; *(zart)* délicat; *(fein)* fin; **~lichkeit** *f* ⟨-, ∅⟩ gracilité; grâce; gentillesse; délicatesse; finesse *f; (anmutig)* gracieux; **~nagel** *m* clou *m* de fantaisie; **~pflanze** *f* plante *f* d'ornement; **~puppe** *f pej (Frau)* minaudière; mijaurée, grimacière *f;* **~schrift** *f* calligraphie *f; typ* caractères *m pl* calligraphiques *od* d'écriture; ~**strauch** *m* arbuste *m* d'ornement; ~**streifen** *m (in e-m Kleidungsstück)* baguette *f;* ~**stück** *n* ornement *m;* ~**tüchlein** *n* mouchoir *m* fantaisie, pochette *f.*

Ziffer *f* ‹-, -n› ['tsɪfər] *(Zahlzeichen)* chiffre; *(Zahl)* nombre; *(Nummer)* numéro *m; (Kennziffer, Aktenzeichen)* cote *f; in* ~*n (schreiben* écrire) en chiffres; *mit* ~*n versehen* chiffrer; *arabische, römische* ~ chiffre *m* arabe, romain; ~**blatt** *n* cadran *m;* **z**~**nmäßig** *a* en chiffres, numérique; ~**schrift** *f* écriture *f* chiffrée, chiffre *m.*

zig [tsɪç] *a inv fam (unzählige)* un grand nombre de.

Zigarette *f* ‹-, -n› [tsiga'rɛtə] cigarette; *arg* sèche *f; e-e* ~ *drehen* rouler une cigarette; ~ *mit Filtermundstück* cigarette *f* à bout filtre; ~**nautomat** *m* distributeur *m* de cigarettes; ~**netui** *n* étui *m* à cigarettes, porte-cigarettes *m;* ~**nfabrik** *f* fabrique *f* de cigarettes; ~**länge** *f* le temps de fumer une (cigarette) *od* d'en fumer une; *auf e-e* ~ *hinausgehen* sortir le temps de fumer une cigarette; ~**npackung** *f* paquet *m* de cigarettes; ~**npapier** *n* papier *m* à cigarettes; ~**npause** *f* pause-cigarette *f;* ~**nschachtel** *f* boîte *f* à cigarettes; ~**nspitze** *f* porte-cigarette, fume-cigarette *m;* ~**nstummel** *m* bout de cigarette; *pop* mégot *m.*

Zigarillo *n (od m)* ‹-s, -s› [tsiga'rɪl(j)o] cigarillo *m.*

Zigarre *f* ‹-, -n› [tsi'garə] cigare *m; fig fam (Rüffel)* attrapade *f,* attrapage, savon *m; jdm e-e* ~ *verpassen* passer un savon à qn; *e-e* ~ *verpaßt kriegen (fig fam)* recevoir son paquet; ~**nabschneider** *m* coupe-cigare *m;* ~**nanzünder** *m* allume-cigare *m;* ~**netui** *n* porte-cigares *m;* ~**nfabrik** *f* fabrique *f* de cigares; ~**ngeschäft** *n* bureau *m* de tabac; ~**nhändler** *m* marchand de cigares, buraliste *m;* ~**nkiste** *f* boîte *f* à cigares; ~**nmacher(in** *f)* *m* cigarier, ère *m f;* ~**nspitze** *f* porte-cigare, fume-cigare *m;* ~**nstummel** *m* bout de cigare; *pop* mégot *m* de cigare; ~**ntasche** *f* = ~*netui.*

Zigeuner|(in *f)* *m* ‹-s, -› [tsi'gɔʏnər] bohémien, ne; tzigane; gitan, e; romanichel, le *m f;* **z**~**haft** *a* bohème, de *od* en bohémien *od* nomade; **z**~**isch** *a* bohémien; ~**kapelle** *f mus* orchestre *m* tzigane; ~**lager** *n* campement *m* de bohémiens; ~**leben** *n fig* vie *f* de bohémien *od* de nomade

od de vagabond; ~**wagen** *m* roulotte *f* de bohémiens.

Zikade *f* ‹-, -n› [tsi'ka:də] *ent* cigale *f.*

Zille *f* ‹-, -n› ['tsɪlə] *(Kahn)* chaland *m,* péniche *f.*

Zimbabwe *n* [tsɪm'ba:bvə] *geog* Zimbabwe *m.*

Zimbel *f* ‹-, -n› ['tsɪmbəl] *mus hist* cymbale *f.*

Zimmer *n* ‹-s, -› ['tsɪmər] *allg* pièce; *(bes. Schlafzimmer)* chambre; *(großes)* salle *f; (Empfangszimmer)* salon *m; arg* carrée *f; das* ~ *hüten* garder la chambre; *das* ~ *(sauber)machen (u. aufräumen)* faire la chambre; *das* ~ *liegt nach dem Garten hinaus* la chambre donne sur le jardin; *möblierte(s)* ~ chambre *f* meublée, garni *m; separate(s)* ~ pièce *f* isolée; ~ *frei!* chambres à louer! ~**antenne** *f radio* antenne *f* intérieure; ~**arbeit** *f arch* charpenterie *f;* ~**brand** *m* incendie *m* de chambre; ~**decke** *f* plafond *m;* ~**ei** *f* [-'raɪ] = ~*arbeit od* ~*handwerk;* ~**einrichtung** *f* ameublement *m;* ~**er** *m* ‹-s, -› = ~*mann;* ~**flucht** *f* enfilade *f* de pièces; ~**geselle** *m* garçon *m* charpentier; ~**handwerk** *n* métier *m* de charpentier, charpenterie *f;* ~**herr** *m* sous-locataire *m;* ~**kellner** *m* garçon *m* d'étage; ~**lautstärke** *f: auf* ~ *stellen (radio)* mettre en sourdine; ~**lehrling** *m* apprenti *m* charpentier; ~**mädchen** *n (im Hotel)* femme de chambre; *(im Krankenhaus)* fille *f* de salle; ~**mann** *m* ‹-(e)s, -leute› charpentier *m;* ~**mannsbohrer** *m* tarière *f;* ~**meister** *m* maître *m* charpentier; **z**~**n** *tr* charpenter; *mines* boiser, cuveler; ~**pflanze** *f* plante *f* d'appartement; ~**platz** *m* chantier *m;* ~**temperatur** *f* température *f* ambiante; ~**theater** *n* théâtre *m* de poche; ~**tür** *f* porte *f* de la chambre; ~**ung** *f (Gebälk)* charpente *f; mines* boisage, cuvelage *m;* ~**vermieter(in** *f)* *m* logeur, se *m f;* ~**vermietung** *f (als Gewerbebetrieb)* hôtel *m* (garni).

zimperlich ['tsɪmpərlɪç] *a (überempfindlich)* hypersensible, hypersensitif; *fam* gnangnan; *(wählerisch)* difficile; *(prüde)* prude, bégueule; ~ *tun (von e-r Frau)* faire des façons, minauder; *(sich prüde stellen)* faire la sainte nitouche; **Z**~**keit** *f* ‹-, ø› hypersensibilité; prud'hommie *f.*

Zimt *m* ‹-(e)s, -e› [tsɪmt] cannelle *f;* ~**baum** *m bot* cannelier *m;* **z**~**farben** *a* cannelle; ~**stange** *f* bâton *m* de cannelle.

Zink *n* ‹-(e)s, ø› [tsɪŋk] zinc *m;* ~**ätzung** *f (Kunst)* gravure *f* sur zinc;

~**blech** n tôle f de zinc; ~**blende** f min zinc m sulfuré, blende f; ~**blumen** f pl (~oxyd) fleur f de zinc; ~**erz** n minerai m de zinc; **z~haltig** a zincifère; ~**hütte** f zinguerie f; ~**platte** f plaque f de zinc; ~**salbe** f pharm pommade f à l'oxyde de zinc; ~**weiß** n (~oxyd) blanc m de zinc.

Zinke f ⟨-, -n⟩ ['tsɪŋkə] (Zacke) pointe; (der Gabel) dent f, fourchon m; (Gaunerzeichen) marque f; mus cornet (à bouquin), clairon m; ~**n** m ⟨-s, -⟩ pop (Nase) pif, blair; arg tarin, tarbouif m; **z~n** tr (Spielkarte: markieren) biseauter.

Zinn n ⟨-(e)s, ø⟩ [tsɪn] étain m; ~**blech** n tôle f d'étain; **z~ern** a d'étain, en étain; ~**erz** n minerai m d'étain; ~**folie** f feuille f d'étain; ~**geschirr** n vaisselle od poterie f d'étain; ~**gießer** m potier m d'étain; ~**grube** f mine f d'étain; **z~haltig** a stannifère; ~**kanne** f pot m d'étain; ~**legierung** f alliage m à l'étain; ~**soldat** m soldat m d'étain; ~**teller** m assiette f d'étain; ~**waren** f pl étains m pl.

Zinne f ⟨-, -n⟩ ['tsɪnə] arch hist créneau; (höchster Teil e-s Gebäudes) pinacle m.

Zinnie f ⟨-, -n⟩ ['tsɪniə] bot zinnia m.

Zinnober m ⟨-s, -⟩ [tsɪ'noːbər] min cinabre m; = ~rot; fam (Blödsinn) bêtises f pl, non-sens m; ~**rot** n vermillon m; **z~rot** a vermillon.

Zins m ⟨-es, -en⟩ [tsɪns, '-zən] (Abgabe) redevance f, tribut, impôt; hist cens; (Pacht) fermage; m ⟨-es, -e⟩ (Miete) loyer m; (Ertrag) rente f; meist pl (fin: Geldertrag) intérêt(s pl) m; abzüglich od nach Abzug der ~en sous déduction d'intérêts; gegen (hohe) ~en à intérêts (élevés); die ~en abheben toucher les intérêts; auf ~en anlegen mettre od placer à intérêt; gegen ~en ausleihen prêter à intérêt; ~en berechnen, fordern imputer, demander des intérêts; ~en bringen od tragen produire od rapporter des intérêts, porter intérêt; gegen ~en entleihen emprunter à intérêt; von seinen ~en leben vivre de ses rentes; die ~en zum Kapital schlagen capitaliser les intérêts; ~en zahlen bonifier des intérêts; aufgelaufene ~en intérêts m pl courus; ausstehende ~en intérêts m pl à recevoir; einfacher ~ intérêt m simple; fällige ~en intérêts m pl échus od dus; gesetzliche ~en intérêts m pl légaux; laufende ~en intérêts m pl courants od en cours; rückständige ~en intérêts m pl arriérés; ~en bringend od tragend productif d'intérêts;

~**abschnitt** m coupon m d'intérêts; ~**abzug** m déduction f d'intérêts, escompte m; **z~bar** a tributaire; ~**(en)berechnung** f calcul m des intérêts; ~**bogen** m feuille f de coupons (d'intérêt); **z~empfindlich** a sensible aux variations des taux d'intérêt; ~**enlast** f charge f d'intérêts od des intérêts; ~**erhöhung** f hausse f du taux de l'intérêt; ~**ermäßigung** f réduction du taux de l'intérêt, réduction f des intérêts; ~**erneuerungsschein** m bon de renouvellement, talon m; ~**ertrag** m produit m d'intérêts; ~**eszins(en** pl) m intérêt(s pl) m composé(s); mit ~ und ~ heimzahlen (fig) rendre avec usure; **z~frei** a sans intérêts; ~**fuß** m taux m (d'intérêt); gesetzliche(r) ~ taux m légal; ~**gefälle** n différence f du niveau des intérêts; ~**gefüge** n: das gesamte ~ la structure générale des taux d'intérêt; ~**groschen** m rel denier m de César; ~**hahn** m: rot wie ein ~ (vor Erregung) rouge comme un coq; ~**herabsetzung** f = ~ermäßigung; ~**herr** m hist censier, seigneur m censier; **z~los** a exempt d'intérêts, gratuit; a. adv sans intérêts; **z~pflichtig** a = z~bar; ~**rechnung** f math calcul m des intérêts m pl arriérés; ~**saldo** m solde m d'intérêts; ~**satz** m = ~fuß; ~**schein** m coupon m (d'intérêts); ~**schuld** f dette f d'intérêt; ~**senkung** f = ~ermäßigung; ~**spanne** f marge f d'intérêts; ~**tabelle** f table f d'intérêts od des intérêts; ~**termin** m échéance f des intérêts; ~**umwandlung** f conversion f du taux d'intérêt; **z~verbilligt** a adv à taux d'intérêt réduit; ~**vergütung** f bonification f d'intérêt; ~**verlust** m = ~enausfall; ~**zahlung** f paiement m d'intérêts.

Zion n ['tsiːɔn] rel Sion f; ~**ismus** m ⟨-, ø⟩ [tsio'nɪsmʊs] pol sionisme m; ~**ist** m ⟨-en, -en⟩ [-'nɪst] sioniste m; **z~istisch** [-'nɪstɪʃ] a sioniste.

Zipf|el m ⟨-s, -⟩ ['tsɪpfəl] (e-s Tuches) coin; (e-s Kleidungsstückes) pan m; (e-s Sackes) oreille f; (Wurst-, Ohrzipfel) bout m; allg (Spitze) pointe f; etw beim rechten ~ anfassen od anpacken (fig) prendre qc par le bon bout; **z~(e)lig** a qui a des pointes od des bouts; ~**elmütze** f bonnet m à pointe.

Zipperlein n ⟨-s, ø⟩ ['tsɪpərlaɪn] med goutte f.

Zirbel|drüse f ['tsɪrbəl-] anat glande pinéale, scient épiphyse f; ~**kiefer** f bot (Arve) pin cembro(t), alviès, auvier *m*, arole *f;* **~nuß** *f bot* pomme *f* de pin cembro.

zirka ['tsɪrka] *adv* environ.

Zirkel *m* ‹-s, -› ['tsɪrkəl] *(Gerät)* compas; *(Kreis, bes. fig: von Menschen)* cercle *m; mit dem* ~ *(e-n Kreis beschreiben od* tracer un cercle) au compas; **~kasten** *m* boîte à compas; *(flacher)* pochette; *(mit Inhalt)* trousse *f* de compas; **z~n** *tr (Kreis)* tirer; *(abmessen)* mesurer (au compas); **z~rund** *a* circulaire; **~schluß** *m philos* cercle *m* vicieux.

Zirkon *m* ‹-s, -e› [tsɪr'ko:n] *(Mineral)* zircon *m;* **~ium** *n* ‹-s, ø› [-'ko:niʊm] *chem* zirconium *m.*

zirkul|ar, **~är** [tsɪrku'la:r, -'lɛ:r] *a (kreisförmig)* circulaire; **Z~ation** *f* ‹-, ø› [-latsi'o:n] *(Umlauf)* circulation *f;* **Z~ationspumpe** *f* pompe *f* à circulation; **~ieren** [-'li:rən] *itr* circuler; ~ *lassen (a. fig)* faire circuler, mettre en circulation.

Zirkumflex *m* ‹-es, -e› [tsɪrkʊm'flɛks] *gram* accent *m* circonflexe.

Zirkus *m* ‹-, -sse› ['tsɪrkʊs, -ə] cirque *m;* **~nummer** *f* numéro *m* de cirque; **~pferd** *n* cheval *m* de cirque *od* dressé; **~reiter** *m* écuyer *m* de cirque; **~vorstellung** *f* représentation *f* de cirque; **~wagen** *m* roulotte *f* (de cirque); **~zelt** *n* tente *f* de cirque, chapiteau *m.*

zirpen ['tsɪrpən] *itr (Grille)* chanter; *(Vogel)* pépier.

Zirr|okumulus *m* [tsɪro'ku:mulʊs] *mete (Schäfchenwolke)* cirro-cumulus *m;* **~ostratus** *m* ‹-, -/-ti› [-'stra:tʊs] *(Schleierwolke)* cirro-stratus *m;* **~us(wolke** *f)* *m* ‹-, -/-rren› ['tsɪrʊs(-)] *(Federwolke)* cirrus *m.*

zisch|eln ['tsɪʃəln] *tr* u. *itr (flüstern)* chuchoter; **~en** *itr (a. um sein Mißfallen zu äußern)* siffler; **Z~en** *m* sifflement; *(Geräusch)* frémissement *m;* **Z~laut** *m gram* sifflante, chuintante *f.*

Zisel|eur *m* ‹-s, -e› [tsize'lø:r] ciseleur *m;* **~ierarbeit** *f* [-'li:r-] ciselure *f;* **z~ieren** *tr* ciseler; **~ierer** *m* ‹-s, -› ciseleur *m.*

Zisterne *f* ‹-, -n› [tsɪs'tɛrnə] citerne *f,* réservoir *m;* **~nflugzeug** *n* avion-citerne *m;* **~nwagen** *m* wagon-citerne *m;* **~nwasser** *n* eau *f* de citerne.

Zitadelle *f* ‹-, -n› [tsɪta'dɛlə] *mil* citadelle *f.*

Zit|at *n* ‹-(e)s, -e› [tsi'ta:t] citation *f;* **~atenschatz** *m* recueil *m* de citations; **z~ieren** [-'ti:rən] *tr (anführen)* citer; *jur (vorladen)* citer, assigner, mander; *(e-n Geist)* évoquer; *aus e-m*

Buch ~ citer d'un livre; *zum Chef zitiert werden* être convoqué chez le chef.

Zither *f* ‹-, -n› ['tsɪtər] *mus* cithare *f;* **~spieler** *m* cithariste *m.*

Zitr|at *n* ‹-(e)s, -e› [tsi'tra:t] *chem* citrate *m;* **~in** *m* ‹-s, -e› [-'tri:n] *min* citrin *m od* citrine *f;* **~onat** *n* ‹-(e)s, -e› [-'na:t] citronnat *m;* **~one** *f* ‹-, -n› [-'tro:nə] *(Frucht)* citron, limon; *(Baum)* citronnier, limonier *m; mit* ~ *(Getränk)* citronné; *mit* ~ *versetzen* citronner; ~ *naturell (Getränk)* citron *m* pressé *od* à l'eau.

Zitronen|eis *n* [tsi'tro:nən-] glace *f* au citron; **~falter** *m* *ent* citron *m;* **z~gelb** *a* jaune-citron, citrin; **~likör** *m* citronnelle *f;* **~limonade** *f* citronnade *f;* **~presse** *f* presse-citron(s) *m;* **~saft** *m* jus *m* de citron; *(Getränk)* citronnade *f;* **~säure** *f chem* acide *m* citrique; **~schale** *f* peau *f od* zeste *m* de citron; **~scheibe** *f* tranche *od* rondelle *f* de citron.

Zitrusfrüchte *f pl* ['tsi:trʊs-] agrumes *m pl.*

Zitt|eraal *m* ['tsitər-] anguille *f od* *scient* gymnote *m* électrique; **~ergras** *n* amourette, brize *f;* **z~(e)rig** *a* tremblotant; *(Handschrift)* tremblé; **z~ern** *itr* trembler (*vor etw* de qc, *um etw* pour qc); *(vibrieren)* vibrer; *(flackern)* vaciller; *(frösteln)* frissonner; *(schaudern)* frémir, tressaillir (*vor* de); *wie Espenlaub* ~ trembler comme une feuille; *vor Kälte* ~ trembler de froid, grelotter; *am ganzen Körper* ~ trembler de tous ses membres; *ein wenig* ~ trembloter *fam;* **~ern** *n* tremblement *m;* vibration; vacillation *f;* frisson; frémissement, tressaillement *m;* **~erpappel** *f bot* tremble *m;* **~errochen** *m zoo* torpille *f.*

Zitz *m* ‹-es, -e› ['tsɪts] *(Textil)* indienne *f.*

Zitze *f* ‹-, -n› ['tsɪtsə] *(Brustwarze der Säugetiere)* mamelon, tétin *m,* tette *f;* *(der Kuh, der Ziege a.)* trayon *m.*

zivil [tsi'vi:l] *a (bürgerlich)* civil; *~e (mäßige) Preise m pl* prix *m pl* modérés *od* raisonnables.

Zivil *n* ‹-s, ø› [tsi'vi:l] *(Bürgerstand)* (les) civils *m pl; (bürgerliche Kleidung)* tenue *f* civile; *in* ~ en civil; *~ tragen* être en civil; **~angestellte(r)** *m mil* employé *m* d'administration; **~anzug** *m* tenue *f* civile; **~behörden** *f pl* autorités *f pl* civiles; **~bevölkerung** *f* population *f* civile; **~courage** *f* courage *m* civique; **~dienst** *m* service *m* civil; **~dienstler** *m* ‹-s, -› *fam,* **~dienstleisten-**

de(r) *m*, **~dienstpflichtige(r)** *m* personne *f* faisant son service civil; **~dienstpflicht** *f* service *m* civil obligatoire; **~ehe** *f* mariage *m* civil; **~flugzeug** *n* avion *m* civil; **~gericht** *n* tribunal *m* civil; **~gerichtsbarkeit** *f* justice *f* civile; **~gesetzbuch** *n* Code *m* civil; **~gesetzgebung** *f* législation *f* civile; **~ingenieur** *m* ingénieur *m* civil; **~isation** *f* ⟨-, ø⟩ [-vilizatsi'o:n] civilisation *f;* **~isationserscheinung** *f* phénomène *m* de civilisation; **~isationskrankheit** *f* maladie *f* de la civilisation; **z~isatorisch** [-'tso:rɪʃ] *a* civilisateur; **z~isieren** [-'zi:rən] *tr* civiliser, humaniser; **~isierung** *f* civilisation, humanisation *f;* **~ist** *m* ⟨-en, -en⟩ [-'lɪst] civil, bourgeois; *mil arg* pékin *m;* **~kammer** *f jur* chambre *f* civile; **~klage** *f jur* action *f* civile; **~kleidung** *f* tenue *f* civile; **~leben** *n: im* ~ dans le civil; **~luftfahrt** *f* aviation *f* civile; **~person** *f* (personne *f)* civil(e) *m;* **~prozeß** *m* procès *m od* cause *f* civil(e); **~prozeßordnung** *f* Code *m* de procédure civile; **~recht** *n* droit *m* civil; **z~rechtlich** *a* (de droit) civil; *a. adv* au civil; *adv* civilement; *jdm* ~ *verfolgen* poursuivre qn civilement; **~richter** *m* juge *m* civil; **~sache** *f jur* affaire *od* cause *f* civile; *in* ~*n* en matière civile; **~schutz** *m* protection *f* civile; **~streifenwagen** *m* véhicule *m* banalisé, voiture *f* banalisée; **~trauung** *f* mariage *m* civil; **~versorgung** *f mil* emploi *m* civil; **~verwaltung** *f* administration *f* civile.

Zobel *m* ⟨-s, -⟩ ['tso:bəl] *(zoo u. Pelz)*, **~pelz** *m* sable *m*, zibeline *f.*

Zodiakallicht *n* [tsodia'ka:l-] *astr* lumière *f* zodiacale.

Zofe *f* ⟨-, -n⟩ ['tso:fə] femme de chambre; *theat* soubrette *f.*

zöger|n ['tsø:gərn] *itr* hésiter, tarder *(etw zu tun* à faire qc); *(abwarten)* temporiser; **Z~n** *n* hésitation, réticence; *(Unentschlossenheit)* indécision *f; ohne* ~ sans hésiter.

Zögling *m* ⟨-s, -e⟩ ['tsø:klɪŋ] *(Schüler(in))* élève; *(e-s Internats)* interne, pensionnaire *m f.*

Zölibat *n od m* ⟨-(e)s, ø⟩ [tsøli'ba:t] *rel (Ehelosigkeit)* célibat *m; im* ~ *leben* être célibataire.

Zoll *m* ⟨-(e)s, -⟩ [tsɔl] **1.** *(Längenmaß)* pouce *m; keinen* ~ *breit sein* ne pas avoir la largeur d'un pouce; *jeder* ~ *ein (König)* (roi) dans l'âme; **z~breit** *a* large d'un pouce; *m: kein Z~ Landes* pas un pouce de terrain; **~stock** *m* mètre *m* pliant.

Zoll *m* ⟨-(e)s, ⁓e⟩ [tsɔl, 'tsœlə] **2.** *(Ab-*

gabe) (droit *m* de) douane *f*, droit; = **~amt;** *(Straßen-, Brückenzoll)* péage; *hist (städt.* Eingangszoll) octroi; *fig (Tribut)* tribut *m; gebundene(r)* ~ droit *m* consolidé; *suspendierte(r), ausgesetzte(r)* ~ droit *m* suspendu; *Zölle erheben* percevoir des droits; *den* ~ *passieren* passer (par) la douane; ~ *zahlen* payer les droits de douane; *die Natur fordert ihren* ~ la nature réclame son tribut; **~abbau** *m* désarmement douanier; **~abfertigung** *f* formalités *f pl* de la douane, passage en douane, dédouanement *m;* **~abkommen** *n* accord *m* douanier; **~amt** *n* (bureau *m* de) douane *f;* **z~amtlich** *a: unter ~em Verschluß* en entrepôt; *jdn* ~ *abfertigen* procéder aux formalités de la douane avec qn; ~*e Bescheinigung f* certificat *m* de (la) douane; ~*e Untersuchung f* contrôle *m* douanier; **~anmelder** *m* déclarant *m* (en douane); **~anmeldung** *f* = ~*erklärung;* **~anschluß** *m* exclave *f* douanière; **~aufsichtsbehörde** *f* inspection *f* des douanes; **~aufsichtsschiff** *n* garde-côte(s) *m;* **~ausschluß** *m* enclave *f* douanière; **~beamte(r)** *m* agent de douane, douanier; *fam pej* gabelou *m;* **~begleitschein** *m* acquit-à-caution *m;* **~behandlung** *f* accomplissement *m* des formalités douanières; **~behörden** *f pl* autorités *f pl* douanières; **~beschau** *f* visite *f* douanière; **~bewilligung** *f* permis *m* de douane; **~bindung** *f* consolidation *f* tarifaire; **~eigenlager** *n* entrepôt *m* fictif; **~einnahmen** *f pl* recettes *f pl* douanières; **~einnehmer** *m* receveur *m* des douanes; **z~en** *tr fig (entgegenbringen):* *jdm Achtung* ~ respecter qn; *jdm Beifall* ~ applaudir qn; *jdm Bewunderung* ~ admirer qn; *jdm Dank* ~ remercier qn, *lit* payer le tribut de sa reconnaissance à qn; **~erhöhung** *f* relèvement *m od* augmentation *f* des droits (de douane); **~erklärung** *f* déclaration *f* en douane; **~ermäßigung** *f* réduction *f* des droits (de douane); **~fahndung(sdienst** *m)* *f* service *m* des recherches en douane; **~flughafen** *m* aéroport *m* douanier; **~formalitäten** *f pl* formalités *f pl* de douane; **z~frei** *a* exempt de (droits de) douane *od* de droits; en franchise de douane; *Gedanken sind* ~ *(prov)* la pensée est libre; **~freiheit** *f* franchise douanière; libre entrée *f;* **~freilager** *n* entrepôt *m* à régime de paiement différé des droits; **~freischein** *m* certificat de franchise douanière;

passavant *m;* ~**freischreibung** *f* admission *f* définitive (sur le marché national); ~**gebiet** *n* territoire *m* douanier; ~**gebühren** *f pl* droits *m pl* de douane; ~**gesetz** *n* loi *f* douanière; ~**grenzbezirk** *m* rayon *m* douanier; ~**grenze** *f* frontière *od* ligne *f* douanière; ~**gut** *n* marchandises *f pl* sous régime de douane; ~**hafen** *m* port *m* douanier; ~**haus** *n* (bureau *m* de) douane *f;* ~**hinterziehung** *f* fraude *f* à la *od* délit *m* de douane; ~**hoheit** *f* souveraineté *f* douanière; ~**inspektor** *m* inspecteur *m* des douanes; ~**kontingent** *n* contingent *m* tarifaire; ~**kontrolle** *f* contrôle *m* douanier; ~**krieg** *m* guerre *f* douanière *od* de tarifs; ~**mauern** *f pl* = ~**schranken;** ~**ordnung** *f* code *m* des douanes; **z**~**pflichtig** *a* soumis aux droits de *od* à la douane; ~**plombe** *f* plomb *m* de la douane; ~**politik** *f* politique *f* douanière; ~**revision** *f* visite *f* de la douane; ~**rückvergütung** *f* remboursement des droits de douane, drawback *m;* ~**satz** *m* taux *m* du droit; ~**schein** *m* = ~**freischein;** ~**schiff** *n* garde-côte *m;* ~**schranken** *f pl* barrières *f pl* douanières; *Abbau m der* ~ désarmement *m* douanier; ~**senkung** *f* = ~**ermäßigung;** ~**speicher** *m* entrepôt *m* douanier; ~**stelle** *f* (bureau *m* de) douane *f;* ~**stempel** *m* timbre *m* de la douane; ~**system** *n* système *od* régime *m* douanier; ~**tarif** *m* tarif *m* douanier; ~**tarifschema** *n* nomenclature *f* douanière; ~**union** *f,* ~**verband** *m,* ~**verein** *m* union *f* douanière; ~**verfahren** *n* procédure *f* douanière; ~**vergehen** *n* infractions *f pl* douanières, fraude *f* douanière; ~**vergünstigung** *f* traitement *m* de faveur; ~**vermerk** *m* marque *f* de la douane; ~**verschluß** *m: unter* ~ en douane, en entrepôt, entreposé; ~**vertrag** *m* convention *f* douanière; ~**verwaltung** *f* administration *f* des douanes; ~**vormerkschein** *m* = ~*begleitschein;* ~**vorschriften** *f pl* règlements *m pl* de la douane; ~**wert** *m* valeur *f* en douane.

Zöllner *m* ‹-s, -› ['tsœlnər] *m vx* douanier, receveur; *rel* publicain, péager *m.*

Zone *f* ‹-, -n› ['tso:nə] *geog u. pol* zone *f; heiße, gemäßigte, kalte* ~ zone *f* torride, tempérée, glaciale; *tote* ~ *(radio)* zone *f* de silence; ~**neinteilung** *f* division *f* en zones; ~**ngrenze** *f* frontière *f* interzones *od* interzonale; ~**ntarif** *m* tarif *m* modulé *od* par tranches *od* par paliers; ~**nüber-**

gangspunkt *m pol* point *m* de passage interzonal.

Zoo *m* ‹-s, -s› ['tso:] *(kurz für: zoologischer Garten)* zoo *m.*

Zoolog|e *m* ‹-n, -n› [tsoo'lo:gə] zoologue, zoologiste *m;* ~**ie** *f* ‹-, ø› [-lo'gi:] zoologie *f;* **z**~**isch** [-'lo:gɪʃ] *a* zoologique; ~**e(r)** *Garten m* jardin *m* zoologique.

Zoom *m* ‹-s, -s› [zu:m] *phot* zoom *m;* **z**~**en** *itr* utiliser un zoom.

Zopf *m* ‹-(e)s, ¨e› [tsɔpf, 'tsœpfə] tresse, natte; *hist (der Männer)* queue *f; (Gebäck)* pain *m* brioché; *in Zöpfe flechten* tresser, natter; *(alter)* ~ *(fig)* vieillerie, pédanterie, chinoiserie *f; falsche(r)* ~ tresse *f* postiche; ~**muster** *n (in Strickwaren)* torsade *f;* ~**stil** *m* ‹-(e)s, ø› Louis XVI *m.*

Zorn *m* ‹-(e)s, ø› [tsɔrn] colère *f,* courroux, emportement *m,* irritation; *(Wut)* fureur, rage *f; s-n* ~ *an jdm auslassen* passer *od* décharger sa colère sur qn; *sich im* ~ *fortreißen lassen* se laisser emporter par la colère; *in* ~ *geraten* se mettre en colère, s'emporter; *vor* ~ *platzen (fam)* éclater; *sein* ~ *verraucht (nicht)* il (ne) décolère (pas); ~**ausbruch** *m* accès *m od* explosion *f* de colère; **z**~**entbrannt** *a* courroucé; ~**esröte** *f* rougeur *f* de la colère; *die* ~ *stieg ihm ins Gesicht* la colère lui monta au visage; **z**~**ig** *a* en colère, courroucé, emporté, irrité; *(wütend)* furieux, enragé; ~ *machen* mettre en colère, irriter; ~ *werden* se mettre en *od* se laisser emporter par la colère, s'emporter, s'irriter.

Zot|e *f* ‹-, -n› ['tso:tə] obscénité, saleté, ordure, grivoiserie, gauloiserie; *(unanständiger Witz)* pop paillardise, gaudriole *f; ~en reißen od* dire des obscénités; ~**enreißer** *m* homme ordurier, paillard *m;* **z**~**ig** *a* indécent, obscène, sale, ordurier, grivois, gaulois.

Zott|el *f* ‹-, -n› ['tsɔtəl] *(Haarbüschel)* touffe de cheveux, houppe *f; (Troddel, Quaste)* gland, pompon *m;* ~**elbär** *m* ours *m* velu; **z**~**(e)lig** *a (ungekämmt, unordentlich)* embroussaillé, emmêlé, malpeigné, malpropre; **z**~**ig** *a* touffu, velu; *(struppig)* hirsute, hérissé.

zotteln ‹*aux: sein*› ['tsɔtəln] *itr dial (langsam gehen, schlendern)* traîner, lambiner.

zu [tsu:] **1.** *prp dat (örtl. auf die Frage: wo)* à; ~ *Berlin* à Berlin; ~ *Hause* à la maison, chez soi; ~ *ebener Erde* au ras du sol, de plain-pied; ~ *Lande,* ~ *Wasser* sur terre, sur mer; ~*r Linken,*

Rechten à gauche, à droite; du côté gauche, du côté droit; *jdm* ~*r Seite* au côté de qn; *(auf die Frage: wohin)* à; ~*m Bahnhof,* ~*m Markt,* ~*r Schule* à la gare, au marché, à l'école; *von Haus* ~ *Haus* de maison en maison; ~ *Paul,* ~ *Schmidts,* ~*m Bäcker* chez Paul, chez les Schmidt, chez le boulanger; ~*r Tür hinein,* ~*m Fenster hinaus* par la porte, par la fenêtre; ~ *Bett gehen* se coucher; ~ *Boden (lang hin)fallen* tomber par terre; *sich jdm* ~ *Füßen werfen* se jeter aux pieds de qn; ~ *Grabe tragen* porter en terre; *sich* ~ *jdm setzen* s'asseoir à côté de qn; *der Weg* ~*m Hotel* le chemin de l'hôtel; *der Weg* ~*m Erfolg,* ~*r Freiheit* le chemin du succès, de la liberté; *(in Zeitangaben für die Zukunft, meist)* à: ~ *Mittag,* ~ *Abend* le midi, le soir; ~*r Nacht* la nuit; ~ *Weihnachten,* ~ *Ostern,* ~ *Pfingsten* à Noël, à Pâques, à (la) Pentecôte; ~*r Stunde,* ~*r Zeit* en ce moment, actuellement; ~*r Zeit Ludwig XIV.* au *od* du temps de *od* à l'époque de Louis XIV; ~ *allen Zeiten* de *od* en tout temps; ~ *gleicher Zeit* en même temps; ~*r rechten Zeit* à temps; *von Zeit* ~ *Zeit* de temps en temps; ~ *meiner Zeit* de mon temps; ~ *s-n Lebzeiten* de son vivant; *bis* ~ *s-m Tode* jusqu'à sa mort; ~*m erstenmal* *od ersten Male* pour la première fois; ~ *Anfang* au début; ~*m Schluß* à la fin, finalement, en conclusion; ~ *Ende gehen* toucher à sa fin; *(Mittel der Fortbewegung)* à, en; ~ *Fuß* à pied; ~ *Pferd* à cheval; ~ *Schiff* en bateau; *(Zahlenangabe)* à: ~ *dreien,* ~ *dritt* à trois; ~ *je dreien* trois par trois; ~ *Dutzenden, Hunderten* par douzaines, centaines; ~*m Teil* en partie; ~*r Hälfte* à moitié; ~ *einem Drittel* pour un tiers; *im Verhältnis eins* ~ *drei* dans la proportion de un à trois; *2* ~ *1 (sport)* (par) 2 à 1; *(Verhältnis, Beziehung):* *im Vergleich* ~ comparé avec; *im Gegensatz* ~ par opposition à; ~ *jdm sagen* dire à qn; *die Liebe* ~ *Gott,* ~*m Vaterland* l'amour *m* de Dieu, de la patrie; *etw* ~ *etw essen, trinken* manger, boire qc avec qc; ~*m neuen Jahr* pour la nouvelle année; *(Veränderung)* en; ~ *Eis werden* se transformer en glace; ~ *Staub zerfallen* tomber en poussière; ~ *Brei verrühren* réduire en bouillie; ~*m König machen, wählen, krönen* faire, élire, couronner roi; ~*m Hauptmann befördert werden* être promu capitaine; *sich jdn* ~*m Freunde,* ~*m Feinde machen* se faire un ami, un ennemi

de qn; *(Zweck)* à, pour: ~ *diesem Zweck* à cette fin, à cet effet; ~ *deinem Besten* pour ton bien; ~ *Ehren (gen)* en l'honneur (de); ~*m Beispiel* par exemple; ~*m Spaß* par plaisanterie; ~ *Hilfe!* au secours! ~*m Wohl!* à votre (ta) santé! *(mit verblaßter Bedeutung):* ~ *Besuch* en visite *(bei chez)*; ~*r Not* à la rigueur; ~ *Recht* de droit; *(Hotel)* ~*m Goldenen Löwen,* ~*m Weißen Roß* (hôtel) du Lion d'or, du Cheval blanc; *(beim inf)* à, de, *bzw.* bleibt unübersetzt; *um* ~ pour; **2.** *adv (örtl.):* *auf dem Baum* ~ vers l'arbre; *auf Paris* ~ vers Paris; *nach Süden* ~ vers le sud; *(zeitl.) ab und* ~ de temps en temps *od* à autre; *(vor e-m a od adv)* trop; ~ *groß,* ~ *wenig* trop grand, trop peu; ~ *viel,* ~ *sehr* trop; *gar* ~ *(bescheiden)* par trop (modeste); ~ *(bescheiden), als daß ...* trop (modeste) pour que *subj; (geschlossen)* fermé; *Tür* ~*!* ferme(z) la porte! *interj fam (los! beeile dich, beeilt euch!)* oust(e)! en vitesse! *nur* ~*!* allez-y!

zuallererst [-'---'] *adv* en tout premier lieu, avant tout, tout d'abord; **~letzt** [-'---'] *adv* en tout dernier lieu; **~mindest** [-'---'] *adv* tout au moins, à tout le moins, pour le moins.

zu≈bauen ['tsu:-] *tr* fermer (par une *od* des construction(s)).

Zubehör *n, a. m* ⟨-(e)s, -e⟩ ['tsu:bəhø:r] *tech* accessoires *m pl; mit* ~ avec les accessoires; **~teil** *n tech* accessoire *m.*

zu≈beißen ['tsu:-] *itr* mordre; *(bes. von Tieren)* happer.

zu≈bekommen ['tsu:-] *tr (als Zugabe)* recevoir *od* avoir en plus *od* en sus; *(Verschluß, Tür)* parvenir *od* réussir à fermer.

Zuber *m* ⟨-s, -⟩ ['tsu:bər] cuve *f,* cuvier *m; (kleiner)* cuveau, baquet *m.*

zu≈bereit|en ['tsu:-] *tr (bes. Küche)* préparer, apprêter, accommoder, cuisiner, faire; **Z~er** *m* ⟨-s, -⟩ préparateur, apprêteur *m;* **Z~ung** *f* préparation *f,* accommodage *m.*

Zubettgehen *n* [tsu:'bɛt-] coucher *m; vor dem* ~ *(a.)* avant de se coucher.

zu≈billig|en ['tsu:-] *tr* accorder; *(zugestehen)* concéder; **Z~ung** *f* accord *m;* concession *f.*

zu≈binden ['tsu:'-] *tr* lier, fermer.

zu≈bleiben ['tsu:-] ⟨*aux: sein*⟩ *itr* rester fermé.

zu≈blinzeln ['tsu:-] *itr* faire signe des yeux *(jdm* à qn).

zu≈bring|en ['tsu:-] *tr (in die Ehe)* apporter; *(Zeit)* passer, employer *(mit* à); *(zumachen können)* pouvoir fermer; *s-e Zeit damit ~, etw zu tun* passer son temps à faire qc; *s-e Zeit mit Lesen ~* passer son temps à lire; *zugebrachte(n) Kinder n pl* enfants *m pl* du premier lit; *zugebrachte(s) Vermögen n* apports *m pl;* **Z~er** *m* ‹-s, -› *tech* dispositif d'alimentation, transporteur; *(am Gewehr)* élévateur *m; (Straße)* route *f* d'accès; **Z~erdienst** *m aero* service *m* d'acheminement (des passagers); **Z~erfeder** *f (am Gewehr)* ressort *m* d'élévateur; **Z~erflugzeug** *n* avion *m* d'apport; **Z~erindustrie** *f* industrie *f* nourricière; **Z~erstraße** *f* route d'accès; *(zur Autobahn)* bretelle *f* de raccord; **Z~erverkehr** *m aero* liaison *f* aéroport-ville; services *m pl* affluents (à une ligne).

Zubrot *n* ['tsu:-] revenu *m* secondaire; *sich mit etw ein ~ verdienen* mettre du beurre dans ses épinards en faisant qc, améliorer ses fins de mois en faisant qc.

Zubuße *f* ['tsu:-] *(Geldzuschuß)* supplément *m; (Zuschlag)* surtaxe *f; (Draufgeld)* arrhes *f pl.*

Zucht *f* ‹-, (-en)› [tsuxt] *(Pflanzenzucht)* culture *f; (Tierzucht)* élevage *m; (Tiere e-r ~)* race; *(Manneszucht, strenge Ordnung)* discipline *f; (gutes Benehmen)* manières *f pl,* conduite *f* exemplaire; *(gute Sitten)* bonnes mœurs *f pl; (Ehrbarkeit)* honnêteté; *(Sittsamkeit)* vertu, pudicité, chasteté *f; (sich) an ~ gewöhnen* (se) discipliner; *(gute) ~ halten* maintenir la discipline; *hier herrscht ~ und Ordnung!* je ne tolère pas d'indiscipline; **~bulle** *m* taureau *m* étalon; **~champignon** *m* champignon *m* de culture *od* de couche; **z~fähig** *a (bes. Kuh)* portière *(adj f);* **~haus** *n* maison *f* de réclusion *od* centrale; *(Strafanstalt)* pénitencier *m; (~strafe)* réclusion *f; (früher)* travaux *m pl* forcés; *fünf Jahre ~* cinq ans de réclusion; *lebenslängliche(s) ~* réclusion *f* perpétuelle *od* à perpétuité *od* à vie; **~häusler** *m* ‹-s, -› réclusionnaire, forçat *m;* **~hausstrafe** *f* réclusion *f;* **~hengst** *m* étalon *m;* **~henne** *f* poule *f* d'élevage; **z~los** *a* indiscipliné; *(unbotmäßig)* insubordonné; *(sittenlos)* sans mœurs; *(Leben)* déréglé, dissolu; **~losigkeit** *f* ‹-, ø› indiscipline; insubordination *f;* dérèglement *m,* dissolution *f;* **~meister** *m fig* maître *m* de discipline; **~perle** *f* perle *f* de culture; **~rute** *f* verge, férule *f; ~ Gottes (fig)* fléau *m* de Dieu; **~sau** *f* truie *f* d'élevage; **~schaf** *n* brebis *f* d'élevage; **~stute**

f (jument) poulinière *f; ~tier n: männliche(s) ~* animal *m* géniteur; **~vieh** *n* animaux *m pl* reproducteurs; **~wahl** *f biol:* natürliche ~ sélection *f* naturelle.

zücht|en ['tsyçtən] *tr (Pflanzen, Perlen)* cultiver; *(Tiere)* élever; **Z~er** *m* ‹-s, -› *(Pflanzen-, Perlenzüchter)* cultivateur; *(Viehzüchter)* éleveur *m;* **~ig** *a (sittsam)* modeste, honnête, décent, vertueux; *(keusch)* chaste, pudique; *(igen tr* corriger, châtier; **Z~igkeit** *f* ‹-, ø› modestie, honnêteté, décence, vertu; chasteté, pudicité *f;* **Z~igung** *f* correction *f* châtiment *m; körperliche ~* peine *od* punition *f* corporelle; **Z~igungsrecht** *n* droit *m* de correction; **Z~ung** *f (von Pflanzen, Perlen)* culture *f; (von Vieh)* élevage *m.*

zuck|eln ‹*aux: sein*› ['tsukəln] *itr fam (sich langsam fortbewegen)* cheminer; **~en** *itr (zs.fahren)* tressaillir, sursauter, faire un sursaut; *(bes. med)* trépider; *(geschlachtetes Tier)* palpiter; *(Blitz)* jaillir; *ohne mit der Wimper zu ~* sans sourciller; *mit den Achseln ~* hausser les épaules; *es zuckt mir in den Gliedern, mir ~ die Glieder* j'ai des douleurs rhumatismales; *es zuckt mir in den Händen (fig)* les doigts me démangent; *Blitze zuckten durch die Luft* des éclairs sillonnaient le ciel; **Z~en** *n (Zs.fahren)* tressaillement, sursaut *m;* trépidation; palpitation(s *pl) f;* jaillissement *m; nervöse(s) ~ (med)* tic *m* nerveux; **~end** *a* palpitant; **Z~ung** *f med* convulsion *f,* spasme *m.*

zücken ['tsykən] *tr (Schwert: schnell ziehen)* tirer; *hum (Geldbeutel)* sortir.

Zucker *m* ‹-s, (-)› ['tsukər] sucre; *med fam* diabète *m; etw mit ~ bestreuen, ~ auf etw streuen* saupoudrer qc de sucre; *~ haben (med fam)* être diabétique; *~ (zum Kaffee) nehmen* prendre du sucre (avec le café), mettre du sucre (dans le café); *~ in etw tun* sucrer qc; *(sich) in ~ verwandeln* (se) saccharifier; *gebrannte(r) ~* sucre *m* caramélisé; *feine(r), gestoßene(r) ~* sucre en poudre; *grobe(r) ~ (Kristallzucker)* sucre *m* cristallisé *od* à fruits; **~bäcker** *m (Konditor)* pâtissier (et confiseur) *m;* **~bildung** *f chem* saccharification *f;* **~dose** *f* sucrier *m;* **~fabrik** *f* raffinerie de sucre, sucrerie *f;* **~fabrikation** *f* fabrication *f* du sucre; **~gast** *m ent* lépisme *m;* **~gehalt** *m* teneur *f* en sucre; **~gehaltsmesser** *m* ‹-s, -› *tech* saccharimètre *m;* **~gewinnung** *f* extraction *od* production *f* de sucre; **~guß** *m* glace *f* (de sucre); *mit ~* glacé; **z~haltig** *a* saccharifère, qui contient du sucre; **~harnruhr** *f* = **~krankheit;** **~hut** *m* pain *m* de sucre; **z~ig** *a* sucré; *scient* saccharin; **~industrie** *f* industrie *f* sucrière; **~kand** *m* ⟨-(e)s, ø⟩ , **~is** *m* ⟨-s, ø⟩ [-'kant, -dıs] sucre *m* candi; **z~krank** *a* diabétique, glycosurique; **~krankheit** *f* diabète *m* (sucré); **~löffel** *m* cuiller *f* à sucre; **~lösung** *f* solution *f* de sucre; **z~n** *tr* sucrer; **~n** *n* sucrage *m;* **~plätzchen** *n* pastille *f;* **~raffinerie** *f* raffinerie *f* de sucre; **~rohr** *n* *bot* canne *f* à sucre; **~rohrpflanzung** *f* plantation *f* de cannes à sucre; **~rohrsaft** *m* suc de canne, vesou *m;* **~rübe** *f* *bot* betterave *f* à sucre *od* sucrière; **~rübenbau** *m* culture *f* betteravière; **~säure** *f* *chem* acide *m* saccharique; **~schälchen** *n* soucoupe *f* à sucre; **~spiegel** *m* *med* teneur *f* en sucre; **~streuer** *m* sucrier *m* à saupoudrer; **z~süß** *a* sucré *a. fig; fig pej* doux comme (le) miel, mielleux; douceâtre, doucereux; **~wasser** *n* eau *f* sucrée; **~zange** *f* pince *f* à sucre; **zuckrig** *a* = **z~ig.**

zu=decken ['tsu:-] *tr* (re)couvrir (*mit* de); *(mit Deckel)* mettre le couvercle sur; *sich ~* se couvrir.

zudem [tsu'de:m] *adv* en outre, de plus; *(übrigens)* au *od* du reste, d'ailleurs.

zu=denken ['tsu:-] *tr: jdm etw ~* destiner qc à qn.

zu=diktieren ['tsu:-] *tr (Strafe)* infliger.

Zudrang *m* ⟨-(e)s, ø⟩ ['tsu:-] afflux *m,* affluence, presse *f.*

zu=drehen ['tsu:-] *tr (Hahn)* fermer (en tournant); *(zuschrauben)* visser; *jdm den Rücken ~* tourner le dos à qn.

zudringlich ['tsu:-] *a* pressant, importun, indiscret; *jdm gegenüber ~ werden* importuner qn; **Z~keit** *f* importunité, indiscrétion *f.*

zu=drücken ['tsu:-] *tr* fermer (en pressant *od* en serrant); *jdm die Augen ~ (nach dem Tode)* fermer les yeux à qn; *ein Auge bei etw ~ (fig fam)* fermer les yeux sur qc.

zu=eign|en ['tsu:-] *tr (zu eigen geben)* donner, offrir; *(widmen)* dédier, dédicacer; *vom Verfasser zugeeignet* avec hommage de l'auteur; **Z~ung** *f* *(Widmung)* dédicace *f.*

zueinander [-'nandər] *adv* l'un à l'autre; *~ kommen* se rencontrer, se voir; *~ passen* aller ensemble.

zu=erkenn|en ['tsu:-] *tr (zugeben, zu-*

sprechen) reconnaître; *(Besitz: zuteilen)* adjuger; *(Recht)* attribuer, consentir; *(Preis, Belohnung)* décerner; *(Strafe)* infliger; **Z~ung** *f* adjudication, attribution *f,* consentement; décernement *m.*

zuerst [-'-] *adv* premièrement, en premier lieu; d'abord; *(als erster)* le premier; *gleich* dès le commencement, dès le début; *~ etw tun* commencer par faire qc; *wer ~ kommt, mahlt ~ (prov)* les premiers chaussent les bottes.

zu=erteilen ['tsu:-] *tr (Besitz)* adjuger.

zu=fächeln ['tsu:-] *tr: jdm Luft ~* éventer qn; *sich Luft ~* s'éventer.

zu=fahr|en ['tsu:-] ⟨*aux: sein*⟩ *itr* se diriger, aller, rouler (*e-r S od auf e-e S* vers qc); *auf jdn ~ (losgehen)* se précipiter, se jeter sur qn; *direkt auf jdn ~* arriver droit sur qn; *fahr zu!* *(los, weiter!)* va, démarre; **Z~t** *f* accès *m;* **Z~tsrampe** *f* rampe *f* d'accès; **Z~tsstraße** *f* bretelle, route *f* d'accès, chemin *m* de desserte.

Zufall *m* ['tsu:-] hasard; *lit* aléa; *jur* cas *m* fortuit; *(Gelegenheit)* occurrence *f; durch ~* par hasard, par accident; *durch e-n glücklichen ~* par raccroc; *etw dem ~ überlassen* laisser *od* livrer *od* remettre qc au hasard; *es dem ~ überlassen (a.)* s'en remettre au hasard; *das ist (reiner) ~* c'est un (pur) hasard; *so ein ~!* quelle coïncidence! *der ~ wollte es, daß ...* le hasard a voulu que ...; *glückliche(r) ~* chance *f,* heureux hasard, coup *m* de hasard, bonne fortune *f; unglückliche(r), widriger ~* contretemps, accident *m;* **zu=fallen** ⟨*aux: sein*⟩ *itr (Deckel, Tür)* se (re)fermer (brusquement); *(zuteil werden)* échoir, revenir, être dévolu (*jdm* à qn); *jdm durch Erbschaft ~* échoir à qn en héritage; *die Augen fallen mir zu* mes yeux se ferment (malgré moi); *vor Müdigkeit* je tombe de sommeil; **~sbekanntschaft** *f* connaissance *f* fortuite; **~sergebnis** *n* effet *m* du hasard; **~smehrheit** *f* *parl* majorité *f* d'occasion; **~stor** *n* *sport* but *m* dû au hasard; **~streffer** *m* raccroc *m.*

zufällig ['tsu:-] *a* fortuit, accidentel; *philos* contingent; *(gelegentlich)* occasionnel, casuel; *adv* par hasard *(a. iron in Fragen);* accidentellement, fortuitement, par accident, par occasion, par occurrence; *(absichtslos)* sans dessein; *jdn ~ treffen (a. fam)* tomber sur qn; *~ etw tun* venir à faire qc; **~erweise** *adv* = ~ *(adv);* **Z~keit** *f* hasard *m; philos* contingence *f.*

zu=fassen ['tsu:-] *itr (sich bedienen)* se servir; *(die Gelegenheit ergreifen)* saisir l'occasion; *a.* = *zupacken (Hand anlegen).*

zu=fliegen ['tsu:-] ⟨aux: sein⟩ *itr (entflogener Vogel)* entrer *(jdm* chez qn); *(Tür)* se fermer brusquement; *jdm ~ (fig)* tomber du ciel à qn; *alle Herzen fliegen ihm zu (fig)* il gagne tous les cœurs.

zu=fließen ['tsu:-] ⟨aux: sein⟩ *itr (Fluß)* couler *(dem Meer* vers la mer); *(Wasser in ein Bassin, e-n Behälter; fig: zuteil werden)* affluer *(jdm* à qn); *e-m Fonds ~* être affecté à un fonds; *Wasser ~ lassen* amener de l'eau; *die Gedanken fließen ihm zu* les idées affluent à son esprit.

Zuflucht *f* ⟨-, ø⟩ ['tsu:-] *(Tätigkeit)* recours; *(Ort)* refuge, asile *m; (s-e) ~ nehmen zu* recourir, avoir recours à; *~ suchen, finden* chercher, trouver refuge; *~sort m, ~sstätte* f (lieu de) refuge *od* (d')asile *m.*

Zufluß *m* ['tsu:-] *(Nebenfluß)* affluent *m; (von Wasser)* amenée, arrivée; *fig (Zuströmen)* affluence *f; fin* afflux *m; ~menge* f quantité f amenée; *~regler m* régulateur *m* d'amenée; *~rohr n* tuyau *m* d'amenée.

zu=flüstern ['tsu:-] *tr: jdm etw ~* chuchoter qc à qn, glisser qc à l'oreille de qn; *(vorsagen)* souffler qc à qn.

zufolge [tsu'fɔlgə] *prp (gen, nachgestellt: dat) (gemäß)* d'après, selon, suivant; *(nach dem Wortlaut)* aux termes (*gen* de); *dem Befehl ~* conformément à l'ordre.

zufrieden [tsu'fri:dən] *a* content, satisfait *(mit* de); *~ machen* contenter, satisfaire; *mit etw ~ sein* se contenter *od* se louer de qc; *mit etw ~ sein können* pouvoir s'estimer content de qc; *ich bin es ~* soit! je veux bien! j'y consens! *~=geben, sich* se contenter *(mit* de); *sich mit leeren Worten ~* se payer de phrases; *Z~heit* f ⟨-, ø⟩ contentement *m*, satisfaction *f; zur allgemeinen ~* à la satisfaction générale; *~=lassen tr* laisser tranquille *od* en paix; *~=stellen tr* contenter, satisfaire; *schwer zufriedenzustellen(d)* difficile à contenter; *~stellend a* satisfaisant; *Z~stellung* f satisfaction f.

zu=frieren ['tsu:-] ⟨aux: sein⟩ *itr* geler (complètement); se couvrir de glace, prendre.

zu=fügen ['tsu:-] *tr (hinzufügen)* ajouter; *(Verlust, Niederlage)* infliger; *(Schaden, Schmerz, Leid, Böses)* faire, causer; *jdm etw Böses ~ (a.)* faire du tort à qn.

Zufuhr *f* ⟨-, -en⟩ ['tsu:fu:r] *(Waren-*

zufuhr) arrivage, approvisionnement; *(von Lebensmitteln, a. mil)* ravitaillement *m; tech* amenée, adduction, arrivée *f; die ~ abschneiden* couper le ravitaillement; *~regler m tech* régulateur *m* d'alimentation; *~stockung* f interruption f du ravitaillement.

zu=führ|en ['tsu:-] *tr (Menschen)* (a)mener, conduire *(jdm* à qn); *(Waren)* apporter; *tech* amener; *jdm etw ~* approvisionner, ravitailler, alimenter qn en qc; *s-r Bestimmung ~* amener à destination; *e-r Maschine Wasser, Öl ~* alimenter une machine en eau, en huile; *s-m Verderben ~* ruiner; **Z~ungsleitung** *f* conduite *f* d'amenée *od* d'arrivée; **Z~ungsrohr** *n* tuyau *m* d'amenée *od* d'arrivée.

zu=füllen ['tsu:-] *tr (Loch)* remplir, combler; *(Flüssigkeit)* ajouter, verser.

Zug *m* ⟨-(e)s, ⸚e⟩ [tsu:k, 'tsy:gə] **1.** *(Ziehen)* traction *f; (bei e-m Brettspiel)* coup *m; fig (Tendenz)* tendance *f; (Gezogenwerden, Neigung)* penchant; *(Vorrichtung zum Ziehen)* dispositif de traction; cordon; *(Atemzug)* souffle *m; (~ beim Rauchen)* bouffée *f; (Schluck)* coup, trait *m*, gorgée *f; (Luftzug)* courant d'air, vent coulis; *(~ e-s Kamins od Ofens)* tirage; *(beim Schreiben)* trait *m* (de plume); *(gezogener Lauf der Feuerwaffen)* rayure *f; (Gesichtszug)* trait, linéament; *(Charakterzug)* trait; *(Grundzug)* trait *m* fondamental, caractéristique *f; (Bewegung der Wolken)* passage; *(Vogelzug)* passage *m*, passe, migration; *(Marsch)* marche *f; (Vorbeimarsch)* passage, défilé *m; (Feldzug)* campagne, expédition *f* (militaire); *(ziehende Vögel)* vol *m*, volée; *(Tiere)* bande *f; (Gespann)* attelage *m; (Menschen)* file suite *f; (Geleitzug)* cortège; *(Festzug)* défilé *m*, rel procession *f; loc* train *m; mil (Einheit)* section *f; mar (Geleitzug)* convoi *m;* **2.** *in einem ~e (auf einmal)* d'un seul trait *od* coup, tout d'une traite, *fam* tout d'une trotte; *im ~e (gen)* au cours (de), en fonction (de); *in groben Zügen (ungefähr)* en gros; *in großen Zügen (zs.fassend)* à grands traits; *mit dem ~ (loc)* par le train; *~ um ~* du tac au tac, donnant donnant; *zum ~e begleiten* accompagner à la gare; *jdn an den ~ bringen (a. fam)* embarquer qn dans le train; *in vollen Zügen einatmen* respirer à pleins poumons; *in den ~ einsteigen* monter dans le train; *in vollen Zügen genießen* jouir pleinement *(etw* de qc); *einen guten ~ ha-*

ben *(fam)* avoir une bonne descente; *den ersten* ~ *haben (beim Brettspiel)* avoir le trait; *etw gut im* ~ *haben* avoir qc bien en main; *keinen* ~ *haben (Ofen)* ne pas avoir assez de tirage; *zum* ~*e kommen (fig)* avoir une chance; *nicht zum* ~*(e) kommen (fig)* n'avoir pas de chance; *zum* ~*(e) kommen lassen (fig)* donner une chance *(jdm* à qn); *in den letzten Zügen (im Sterben) liegen* être à l'agonie; *(Wild)* être aux abois; *im besten* ~*(e) sein (fig)* être en bonne voie, aller bon train; *den* ~ *verpassen* manquer *od* rater *od fam* louper le train; *Sie sind am* ~ *(beim Brettspiel)* à vous de jouer; *da ist kein* ~ *(Schwung)* drin cela manque d'entrain *od* de verve; *der* ~ *hat Verspätung* le train a du retard; *ein* ~ *der Zeit* un trait de l'époque; *durchgehende(r)* ~ train *m* direct; ~**abstand** *m* espacement *m* des trains; ~**abteil** *n* compartiment *m;* ~**anker** *m arch* tirant *m;* ~**anschluß** *m loc* correspondance *f* (des trains); ~**band** *n arch* tirant *m;* ~**beanspruchung** *f tech* effort *m* de traction *od* de tension; ~**begleiter** *m (Fahrplan)* feuillet *m* horaire; ~**begleitung** *f loc* = ~*personal;* ~**belastung** *f tech* charge *f* de traction *od* de tension; ~**beleuchtung** *f* éclairage *m* des trains; ~**brücke** *f* pont-levis *m;* ~**dichte** *f loc* densité *od* fréquence *f* des trains; ~**dienstleiter** *m loc* chef *m* de station; ~**elastizität** *f tech* élasticité *f* de traction; ~**entgleisung** *f* déraillement *m;* ~**exerzieren** *n mil* école *f* de section; ~**feder** *f* ressort de traction; *(der Uhr)* ressort *m* de barillet; **z**~**fest** *a tech* résistant à la traction; ~**festigkeit** *f tech* résistance *f* à la traction; ~**folge** *f loc* succession *f* des trains; *die* ~ *verdichten* multiplier les trains; ~**führer** *m loc* conducteur (chef), chef *m* de train; *mil* chef *m* de section; ~**funk** *m* téléphonie *f* radiotrain; ~**garnitur** *f loc* rame *f;* ~**gewicht** *n tech* contrepoids *m* d'entraînement; ~**haken** *m (am Gespann)* crochet d'attelage; *loc tech* crochet *m* de traction; ~**hebel** *m (der Wasserspülung)* levier *m* de cloche; **z**~**ig** *a* exposé aux courants d'air; ~**kette** *f tech* chaîne de traction; *loc* chaîne *f* d'attelage; ~**kraft** *f* force de traction; *fig* (force d')attraction *f;* **z**~**kräftig** *a* attractif; ~ *sein (a.)* attirer la foule; ~**kraftmesser** *m tech* dynamomètre *m* de traction; ~**leine** *f (Schleppseil)* (câble *m* de) remorque *f;* ~**leistung** *f* puissance *f*

de traction; ~**linie** *f math phys* tractrice, tractoire *f;* ~**luft** *f* courant d'air, vent *m* coulis; *Angst f vor* ~ aérophobie *f;* ~**maschine** *f tech* machine *f* tractive; *mot* tracteur *m;* ~**meldedienst** *m loc* signalisation *f;* ~**meldung** *f* annonce *f* du train; ~**mittel** *n fig* attraction *f* (foraine), moyen *m* d'attirer la foule; ~**netz** *n* filet *m* de pêche; ~**nummer** *f loc* numéro *m* de train; ~**ochse** *m* bœuf *m* de trait; ~**personal** *n loc* personnel *m* du train; ~**pferd** *n* cheval *m* de trait *od* de harnais; ~**pflaster** *n pharm* vésicatoire *m;* ~**regler** *m (e-r Feuerstelle)* tablier *od* régulateur *m* de tirage; ~**richtung** *f mete (e-s Tiefs)* trajectoire *f;* ~**schaffner** *m* contrôleur *m;* ~**schalter** *m el* interrupteur *m* à tirette; ~**schieber** *m tech* registre *m;* ~**schnur** *f* tirette *f,* cordon *m;* ~**seil** *n (Pferd)* trait *m; loc* prolonge *f; (Seilbahn)* câble tracteur; *(Schleppseil)* (câble *m* de) remorque; *mar (Trosse)* (h)aussière *f;* ~**spannung** *f tech* = ~*beanspruchung;* ~**stange** *f tech* barre *f* de traction, tirant *m; loc* barre *f* d'attelage; ~**streife** *f (mil, Polizei)* patrouille *f* (de contrôle) des trains; ~**stück** *n theat* pièce *f* à succès; *fam* clou *m;* ~**tier** *n* bête *f* de somme; ~**trupp** *m mil* groupe *m* de commandement de section; ~**unglück** *n* accident *m* de chemin de fer; ~**verbindung** *f* communications *f pl* ferroviaires; ~**verkehr** *m* circulation *f* ferroviaire; ~**verspätung** *f* retard *m* du train; ~**versuch** *m tech* essai *m od* épreuve *f* de traction; ~**vieh** *n* bêtes *f pl* de trait *od* de somme *od* de labour; ~**vogel** *m a. fig* oiseau *m* migrateur; ~**wache** *f* garde *f* des trains; **z**~**weise** *adv mil* par sections; ~**widerstand** *m tech* résistance *f* à la traction; ~**winde** *f tech (Flaschenzug)* palan *m;* ~**wirkung** *f tech* effet *m* de traction; ~**zünder** *m tech* allumeur *m* à traction.

Zugabe *f* ['tsu:-] supplément, extra *m; (beim Einkauf)* prime; *(Übergewicht)* bonne mesure *f; mus;* morceau *m* hors programme; *als* ~ en supplément; *com* en prime; *mus* hors programme.

Zugang *m* ['tsu:-] *(Zutritt)* accès *(zu* à) *(Umgegend)* abord(s *pl) m,* approche(s *pl) (zu* de); *(Zuwachs)* augmentation *f,* accroissement, succroît; *(Hinzugekommener im Krankenhaus, Gefängnis etc)* nouveau venu *m; com (Wareneingang)* entrées *f pl,* arrivage *m; (Neuerwerbung)* nouvelle acquisition *f; pl (Museum)* derniers enrichissements *m pl; die Zugänge eintragen* enregistrer les nouvelles acquisitions; ~ *zu jdm finden* trouver accès auprès de qn; *jdm* ~ *gewähren* donner accès à qn; ~ *zu jdm haben* avoir accès auprès de qn; *sich* ~ *verschaffen zu* se procurer accès à; *kein* ~*!* on ne passe pas; ~ *verboten!* accès interdit; **~sgraben** *m mil* boyau *m* d'approche; **~sleiter** *f* échelle *f* d'accès; **~snummer** *f (Matrikelnummer)* numéro *m* (de) matricule; **~sweg** *m* voie *f* d'accès.

zugänglich ['tsu:-] *a, a. fig* accessible, abordable; *fig* d'un abord facile; *fam pej (Frau)* pas farouche; *jedermann* ~ *(Sache)* ouvert à tout le monde *od* au public; *schwer* ~ *(Mensch)* d'un abord difficile; **Z~keit** *f* ⟨-, ø⟩ *a. fig* accessibilité *f; fig* abord *m* facile.

zu=geben ['tsu:-] *tr* ajouter; *com* donner en plus *od* en supplément *od* par--dessus le marché; *fig (einräumen)* admettre, accorder, concéder; *(eingestehen)* avouer; *mus* jouer hors programme; *Sie geben zu, daß… (a.)* je ne vous fais pas dire que…; *zugegeben* … admettons …; *zugegeben!* d'accord!

zugegen [tsu'ge:gən] *a (anwesend)* présent *(bei* à); *bei etw* ~ *sein (a.)* assister à qc.

zu=geh|en ['tsu:-] ⟨*aux: sein*⟩ *itr (sich schließen lassen)* (se) fermer; *auf jdn, etw* ~ aller, (s')avancer vers qn, vers qc; *s'approcher de qn, de qc; jdm* ~ *(zugestellt werden)* être envoyé *od* expédié à qn; *impers (geschehen)* se passer, se faire, arriver; *dem Ende* ~ *(bald zu Ende sein)* toucher à sa fin; *wenn man auf die 50 zugeht* aux approches de la cinquantaine; *auf die 50* ~ aller sur ses 50 ans; *(nach oben) spitz* ~ se terminer en pointe; *das geht nicht mit rechten Dingen zu* ce n'est pas naturel *od* normal; *fam* ce n'est pas très catholique; *hier geht es lustig zu* ici on s'amuse bien; *so geht es in der Welt zu* ainsi va le monde; *wie geht das zu?* comment cela se fait-il? *wie ist das zugegangen?* comment cela s'est--il passé? **Z~frau** *f* femme *f* de ménage.

zugehörig ['tsu:-] *a (dat)* qui appartient à, qui fait partie de; *(passend)* qui va avec; **Z~keit** *f* ⟨-, ø⟩ *(zu e-r Vereinigung etc)* appartenance *f; (Mitgliedschaft)* qualité *f* de membre.

zugeknöpft ['tsu:-] *a fig (unzugänglich)* renfermé, réservé, collet monté.

Zügel *m* ⟨-s, -⟩ ['tsy:gəl] *a. fig* rêne; *fig*

a. bride *f,* frein *m; mit verhängten* ~*n* à bride abattue, à toute bride; *die* ~ *anziehen (a. fig)* serrer les rênes; *die* ~ *fest in der Hand haben (fig)* tenir les rênes; *die* ~ *fest in der Hand haben (fig)* tenir les rênes; *die* ~ *locker lassen od lockern (a. fig)* lâcher les rênes *od* la bride *od* la main; *die* ~ *(fest) in die Hand nehmen (fig)* prendre les brides; *jdm die* ~ *schießen lassen (fig)* lâcher la bride, donner toute liberté à qn; **z~los** *a fig* débridé, sans frein, effréné; *(Leben)* déréglé, dissolu; **~losigkeit** *f* ⟨-, ø⟩ *fig* dévergondage, libertinage, dérèglement *m,* licence, dissolution *f;* **z~n** *tr, a. fig* brider, tenir en bride; *fig* freiner, mettre un frein à, refréner, contenir; *sich* ~ se contenir, se maîtriser.

zugelassen ['tsu:-] *a adm* admis; *(zu e-r Prüfung)* admissible.

zu=gesellen ['tsu:-]: *sich jdm* ~ se joindre, s'associer à qn.

zugestandenermaßen ['tsu:-'ma:sən] *adv* comme admis *od* reconnu; de son propre aveu.

Zugeständnis *n* ['tsu:-] concession *f;* ~*se machen* faire des concessions.

zu=gestehen *tr (zugeben)* admettre; *a.* = *bewilligen)* accorder, concéder; *zugestanden*… admettons…

zugetan ['tsu:-] *a* attaché *(jdm* à qn); *(ergeben)* dévoué *(jdm* à qn); *jdm* ~ *sein (a.)* avoir de l'affection pour qn.

Zugewanderte(r) *m* ['tsu:-] immigrant *m.*

Zugewinn *m* ['tsu:-] *jur* acquêts *m pl;* **~gemeinschaft** *f* communauté *f* d'acquêts, (régime *m* de la) communauté *f* réduite aux acquêts.

zu=gießen ['tsu:-] *tr (Loch)* remplir *(mit* de); *(Getränk)* verser; *darf ich Ihnen (noch) Kaffee* ~*?* puis-je vous verser encore du café?

zugleich [tsu'glaiç] *adv* en même temps, à la fois; *(zusammen)* (tout) ensemble; *überall* ~ *sein (übertreibend)* être présent (à tout et) partout; *alle* ~ tous à la fois.

zu=greifen ['tsu:-] *itr* = *zufassen.*

Zugriff *m* ['tsu:-] *(Ergreifen)* prise *f; tech inform* accès *m; (Beschlagnahme)* saisie *f; sich dem* ~ *der Polizei entziehen* se soustraire à l'arrestation; ~**szeit** *f inform* temps *m* d'accès.

zugrunde [tsu'grundə] *adv:* ~ *gehen* périr, se perdre, se ruiner, faire naufrage; ~ *legen* prendre pour base; ~ *liegen* être à la base de; ~ *liegend a (a. scient)* sous-jacent; ~ *richten* perdre, ruiner, abîmer, achever; *fam* couler; *sich ~ richten* se perdre, se ruiner; **Z~legung** *f: unter ~ (gen)* en prenant pour base ...

zu=gucken ['tsu:-] *itr = zusehen.*

zugunsten [tsu'gunstən] *prp gen* en faveur de, au profit de.

zugute [tsu'gu:tə] *adv: jdm etw ~ halten* tenir compte de qc à qn; porter qc à l'actif de qn; *jdm ~ kommen* profiter à qn, faire le profit de qn; *jdm etw ~ kommen lassen* faire profiter qn de qc; *das ist mir ~ gekommen (a.)* j'en ai bénéficié; *sich etw ~ tun (sich etw leisten)* s'offrir qc; *sich etwas auf etw ~ tun (sich etwas auf etw einbilden)* tirer vanité, se prévaloir de qc.

zu=haben ['tsu:-] *tr fam (Laden: geschlossen sein)* être fermé; *die Augen ~* avoir les yeux fermés.

zu=haken ['tsu:-] *tr* agrafer.

zu=halt|en ['tsu:-] *tr* tenir fermé; *sich die Augen, die Ohren, die Nase ~* se boucher les yeux, les oreilles, le nez; *jdm den Mund ~* fermer la bouche à qn; *itr: ~ auf (sich nähern)* aller droit à, se diriger vers; *mar (zusteuern auf)* mettre le cap sur; **Z~ung** *f tech (Schloß)* gâchette *f;* **Z~ungsfeder** *f* ressort *m* d'arrêt; **Z~ungsschloß** *n* serrure *f* à gâchette.

Zuhälter *m* ['tsu:-] souteneur, proxénète; *pop* maquereau, jules *m;* **~ei** *f,* **~wesen** *n* proxénétisme *m.*

zuhanden [tsu'handən] *adv (zur Hand)* sous la main, en main; *prp (auf Briefen: zu Händen)* à l'attention (*von* de).

zu=hängen ['tsu:-] *tr* couvrir d'un rideau *od* d'un drap *etc.*

zu=hauen ['tsu:-] *itr fam (drauflosschlagen)* frapper, taper, cogner.

zuhauf [tsu'hauf] *adv poet (in großer Zahl)* en grand nombre, en tas, en foule.

Zuhause *n* [tsu'hauzə] chez-soi, intérieur, home *m; kein ~ mehr haben* n'avoir plus de chez-soi.

zu=heilen ['tsu:-] *⟨aux: sein⟩ itr* guérir, se refermer; *(vernarben)* se cicatriser.

Zuhilfenahme *f* [tsu'hılfə-]: *unter ~ (gen)* avec le secours (de); à grand renfort (de).

zuhinterst [tsu'hıntərst] *adv* tout au bout.

zu=hör|en ['tsu:-] *itr* écouter (*jdm, e-r S* qn, qc); *sehr genau ~* écouter de toutes ses oreilles, être tout oreilles; **Z~er** *m* auditeur *m;* **Z~erraum** *m* salle *f* (de conférence); *(bes. Univ.)* amphithéâtre *m;* **Z~erschaft** *f* auditeurs *m pl,* auditoire *m,* assistance *f.*

zuinnerst [tsu'ınərst] *adv* tout à l'intérieur.

zu=jauchzen ['tsu:-] *itr,* **zu=jubeln** *itr* acclamer, ovationner (*jdm* qn), faire une ovation (*jdm* à qn).

zu=kehren ['tsu:-] *tr: jdm das Gesicht, den Rücken ~* tourner son visage vers, le dos à qn.

zu=kitten ['tsu:-] *tr* boucher avec du mastic, luter.

zu=klappen ['tsu:-] *tr ⟨aux: haben⟩ (Behälter, Deckel, Buch)* fermer; *itr ⟨aux: sein⟩* se fermer.

zu=kleben ['tsu:-] *tr* coller; *(Briefumschlag)* cacheter, fermer.

zu=klinken ['tsu:-] *tr* fermer au loquet.

zu=knallen ['tsu:-] *tr (Tür)* claquer.

zu=knöpfen ['tsu:-] *tr* boutonner; *zum Z~* à boutons, boutonnant.

zu=kommen ['tsu:-] *⟨aux: sein⟩ itr* s'avancer (*auf jdn, etw* vers qn, qc); s'approcher (*auf jdn, etw* de qn, de qc); *(gebühren, zustehen)* revenir, être dû (*jdm* à qn); *(sich gebühren, sich gehören)* revenir (*jdm* à qn); *jdm geben, was ihm zukommt* donner à qn son dû; *jdm etw ~ lassen (Nachricht)* faire parvenir qc à qn; *(jdn in den Genuß e-r S kommen lassen)* faire obtenir qc à qn; *etw auf sich ~ lassen (passiv erwarten)* laisser venir qc.

zu=korken ['tsu:-] *tr* boucher.

Zukost *f* ['tsu:-] *(Brotbelag etc)* garniture *f.*

Zukunft *f ⟨-, ø⟩* ['tsu:-] avenir; *(bildhaft)* lendemain; *gram* futur *m; in ~* à l'avenir, désormais, dorénavant; *in naher ~* dans un proche avenir; *in die ~ blicken od schauen* regarder en avant; *an die ~ denken* penser *od* songer au lendemain; *(e-e große) ~ haben* avoir de l'avenir, avoir un bel avenir devant soi; *er hat ~* c'est un homme d'avenir; *keine ~ haben* ne pas avoir d'avenir; *(Mensch)* n'avoir aucun avenir; *fam (sinnlos sein)* être inutile; *die ~ lesen* lire dans l'avenir; *jdm die ~ sagen* dire la bonne aventure à qn, tirer *od* dresser *od* faire l'horoscope de qn; *für jds ~ sorgen* assurer l'avenir de qn; *was wird uns die ~ bringen?* que nous réserve l'avenir? **~saussichten** *f pl* perspectives *f pl* d'avenir; *glänzende ~ haben* avoir un brillant avenir devant soi; **z~sfreudig** *a* optimiste; **~smusik** *f fig iron* promesses *f pl* chimériques *od* en l'air; **~spläne** *m pl* projets *m pl* d'avenir; **z~sreich** *a* qui a de l'avenir; **~sroman** *m* roman *m* de science-fiction; **z~strächtig** *a* plein de promesses d'avenir.

zukünftig ['tsu:-] *a* futur, à venir; *fam (Mensch)* en herbe; *mein ~er Schwiegersohn* mon futur gendre; *adv = in Zukunft;* **Z~e(r** *m) f fam (Verlobter, Verlobte)* futur, e *m f.*
zu≈lächeln ['tsu:-] *itr: jdm ~* (adresser un) sourire à qn.
Zulage *f* ['tsu:-] suplément *m; (Gehalts-, Lohnzulage)* augmentation (de traitement, de salaire); *(zusätzl. Sozialleistung)* allocation; *(Leistungszulage)* prime (d'encouragement); *mil (Frontzulage)* haute paie *f.*
zulande [tsu'landə] *adv: bei uns, hier~* chez nous, dans notre pays.
zu≈langen ['tsu:-] *itr (bei Tisch zugreifen)* se servir; *(genügen)* suffire; *tüchtig ~ (beim Essen)* se servir copieusement, *a.*avoir un bon coup de fourchette *fam; langen Sie zu! (bei Tisch)* servez-vous!
zulänglich ['tsu:-] *a (hinreichend)* suffisant; *adv a.* assez; **Z~keit** *f* ⟨-, ø⟩ suffisance *f.*
zu≈lassen ['tsu:-] *tr (geschlossen lassen)* laisser fermé; *fig (Zugang gewähren)* admettre; *(ermächtigen)* autoriser; *(gestatten)* permettre, tolérer, souffrir; *(gutheißen)* agréer; *(Fahrzeug)* immatriculer; *das läßt keinen Zweifel zu* cela ne souffre pas de doute.
zulässig ['tsu:-] *a (annehmbar)* admissible; *(statthaft)* permis, licite, de mise; *jur* recevable; *~e Abweichung f (tech)* tolérance *f; ~ Belastung f* charge *f* admissible; **Z~keit** *f* ⟨-, ø⟩ admissibilité; *jur* recevabilité *f.*
Zulassung *f* ⟨-, -en⟩ ['tsu:lasuŋ] admission *(zu e-r Prüfung* à un examen); *sport* qualification; *(Ermächtigung)* autorisation; *(Erlaubnis)* permission *f; (Erlaubnisschein)* permis *m; mot* autorisation de circuler, immatriculation *f; ~ als Anwalt* autorisation *f* de plaider; *~***santrag** *m* demande *f* d'admission; *~***skarte** *f* carte *f* d'admission; *~***snummer** *f (e-s Fahrzeugs)* numéro *m* d'immatriculation; *~***sprüfung** *f* examen *m* d'admission *od* probatoire; *~***sschein** *m (e-s Fahrzeugs)* permis *m* de circulation; *mar aero* certificat *m* de navigabilité; *~***sverfahren** *n* procédure *f* d'admission.
Zulauf *m* ⟨-(e)s, ø⟩ ['tsu:-] *(von Menschen)* affluence *f,* afflux, concours *m; großen od starken ~ haben (sehr besucht, beliebt sein)* être très fréquenté *od* couru; *(in Mode sein)* être en vogue; **zu≈laufen** ⟨aux: sein⟩ *itr* courir *(auf jdn, etw* à, vers qn, qc); *(entlaufener Hund)* entrer *(jdm* chez

qn); *(auslaufen, endigen)* se terminer *(spitz* en pointe); *lauf zu! (fam)* dépêche-toi!
zu≈legen ['tsu:-] *tr (hinzufügen, mehr geben)* ajouter, donner en plus; *jdm etw (zum Gehalt)* augmenter le traitement de qn; *sich etw ~* se pourvoir de qc, se procurer, acheter qc; *fam* se payer, s'offrir qc; *itr (an Tempo)* se dépêcher; *sich e-n Bauch ~ (fam hum)* prendre du ventre; *sich e-e Geliebte od Freundin ~ (fam)* s'offrir une maîtresse; *Geld ~ (aus d. eigenen Tasche)* en être de sa poche *fam.*
zuleide [tsu'laidə] *adv: jdm etw ~ tun* faire du mal à qn.
zu≈leimen ['tsu:-] *tr* coller.
zu≈leit|en ['tsu:-] *tr* diriger *(jdm etw* qc vers qn); adresser *(jdm etw* qc à qn); *(weitergeben)* transmettre *(jdm etw* qc à qn); *tech el* amener *(e-r S* à qc); **Z~ung** *f (Weitergabe)* transmission; *tech (Tätigkeit)* amenée *f; (Wasserzuleitung)* adduction *f; a. = Z~ungsdraht etc;* **Z~ungsdraht** *m* fil *m* d'amenée; **Z~ungshahn** *m tech* robinet *m* d'admission; **Z~ungskabel** *n* câble *m* d'amenée; **Z~ungskanal** *m* adducteur *m;* **Z~ungsrohr** *n* tuyau *m od* conduite *f* d'amenée.
zu≈lernen ['tsu:-] *tr fam = hinzulernen.*
zuletzt [tsu'lɛtst] *adv (als letzter)* le dernier; *(zum letztenmal)* (pour) la dernière fois; *(am Ende)* à la fin, enfin, finalement, en dernier lieu; *~ kommen* arriver le dernier; *~ etw tun* finir par faire qc; *der ~ Gekommene* le dernier venu.
zuliebe [tsu'li:bə] *adv: jdm ~* pour l'amour de qn; pour faire plaisir à qn.
Zuliefer|er *m* ['tsu:-] ⟨-s, -⟩ fournisseur *m;* **~industrie** *f* industrie *f* de sous-traitance.
zu≈löten ['tsu:-] *tr* souder, fermer par soudage.
Zulu|(kaffer) *m* ⟨-(s), -(s)⟩ ['tsu:lu] Zoulou *m; ~***land** *n* Zoulouland *m.*
zum [tsʊm] = *zu dem.*
zu≈machen ['tsu:-] *tr (schließen)* fermer, clore; *(zuknöpfen)* boutonner; *(Schuhe)* lacer; *(Brief)* cacheter; *(zustopfen)* boucher; *itr fam (sich beeilen)* se dépêcher; *die ganze Nacht kein Auge ~* ne pas fermer l'œil de (toute) la nuit; *die Tür hinter sich ~* fermer la porte sur *od* derrière soi; *mach zu!* dépêche-toi!
zumal [tsu'ma:l] *adv* surtout, particulièrement, principalement; *conj u. ~ da* d'autant (plus) que.
zu≈mauern ['tsu:-] *tr* murer, maçonner; *(Tür, Fenster)* condamner.

zumeist [tsu'maɪst] *adv* pour la plupart; *(zeitl.)* la plupart du temps, le plus souvent.

zu=messen ['tsu:-] *tr (knapp ~)* mesurer *(jdm etw* qc à qn); *(Strafe)* infliger.

zumindest [tsu'mɪndəst] *adv* du moins, pour le moins; *(mindestens)* au moins.

zumut|bar ['tsumu:t-] *a* raisonnable; **~e** [tsu'mu:tə] *adv: mir war dabei gar nicht gut* od *recht schlecht ~* j'étais (assez) mal à l'aise; *mir ist nicht danach ~* je n'y suis pas disposé; *mir ist nicht zum Lachen ~* je n'ai pas envie de rire; *mir ist traurig ~* je suis triste; *wie ist Ihnen ~?* comment vous sentez-vous? **zu=muten** *tr: jdm etw ~* demander qc à qn, exiger qc de qn; *jdm zuviel ~* demander trop à qn; *sich zuviel ~* présumer de ses forces; **Z~ung** *f* exigence, prétention; *pej* proposition *f* impudente; *so eine ~!* quel culot!

zunächst [tsu'nɛ:çst] *adv (vor allem)* avant tout, en premier lieu; *(zuerst)* (tout) d'abord, initialement; *prp dat* tout près de; **Z~liegende**, *das (an das man zuerst denkt)* la première chose qui se présente à l'esprit *od (das zuerst zu tun ist)* à faire.

zu=nageln ['tsu:-] *tr* clouer, fermer avec des clous.

zu=nähen ['tsu:-] *tr* coudre, fermer par une couture.

Zunahme *f* ⟨-, -n⟩ ['tsu:na:mə] accroissement, agrandissement, *m*, augmentation; *(allmähliche)* progression; *(Erweiterung)* extension; *(Verstärkung)* intensification, recrudescence; *(Verschlimmerung)* aggravation *f; ~ der Bevölkerung* accroissement *m* démographique.

Zuname *m* ['tsu:-] ⟨-ns, -n⟩ nom de famille; *(Beiname)* surnom; *(Spitzname)* sobriquet *m*.

Zünd|blättchen *n* ['tsynt-] *mil* amorce *f* (fulminante); **~draht** *m mines* fil *m* d'amorce; **~einrichtung** *f* allumage *m; ~* **einstellung** *f mot* réglage *m* de l'allumage; **z~en** [-dən] *itr (entflammen)* s'allumer *a. mot;* s'enflammer, s'embraser, prendre feu; *(Blitz)* mettre le feu; *fig (Worte)* enthousiasmer; **z~end** *a (Rede)* enflammé, enthousiasmant; **~er** *m* ⟨-s, -⟩ *mines (für Sprengstoff)* détonateur; *el mot* allumeur, appareil *m* d'allumage; *mil* fusée *f; den ~ (ein)stellen (mil)* régler la fusée; **~er(ein)stellung** *f* réglage *m* de la fusée; **~flamme** *f tech* veilleuse *f;* **~folge** *f mot* ordre *m* d'allumage; **~funke** *m* étincelle *f*

d'allumage; **~holz** *n,* **~hölzchen** *n* allumette *f;* **~holzmonopol** *n* monopole *m* des allumettes; **~holzschachtel** *f* boîte *f* d'allumettes; **~hütchen** *n mil* capsule fulminante, amorce *f;* **~kabel** *n mot* fil *m* d'allumage; **~kapsel** *f* capsule *f* de poudre fulminante; **~kerze** *f mot* bougie *f* (d'allumage); **~kerzendichtung** *f* joint *m* de bougie; **~kerzenelektrode** *f* électrode *f* des bougies; **~(kerzen)kabel** *n* fil *m* d'allumage; **~ladung** *f mil* charge d'amorce; *(e-r Mine)* charge *f* d'amorçage; **~leitung** *f tech* circuit *m* d'allumage; **~magnet** *m mot* magnéto *f* (d'allumage); **~maschine** *f mines* déflateur *m;* **~masse** *f* composition *od* matière *f* fulminante; **~patrone** *f* cartouche-amorce *f;* **~punkt** *m* point *m* d'allumage; **~punktregelung** *f* réglage *m* du point d'allumage; **~satz** *m* composition *f* fulminante *od* d'allumage; **~schalter** *m* contacteur *od* interrupteur *m* d'allumage; **~schloß** *n mot* contact *m;* **~schlüssel** *m mot* clé *f* d'allumage *od* de contact; **~schnur** *f* cordeau *m* détonant; mèche, étoupille *f;* **~spannung** *f* tension *f* d'allumage; **~spule** *f* bobine *f* d'allumage; **~stift** *m mot (der ~kerze)* pointe *f* de bougie; *mil* percuteur *m;* **~stoff** *m* matière inflammable; *fig* cause(s *pl*) *f* de conflagration; **~störung** *f mot* panne *f* d'allumage; **~strom** *m* courant *m* d'allumage; **~ung** *f (Artillerie)* mise de feu; *(e-r Explosivladung)* détonation *f; mines* amorçage; *mot* allumage *m; die ~ ein-, ausschalten* mettre, couper le contact (d'allumage); *die ~ einstellen* régler l'allumage; *die ~ versagt* il y a des ratés d'allumage; **~ungseinstellung** *f* réglage *m* d'allumage; **~ungsstörung** *f* panne *f* d'allumage; **~unterbrecher** *m* rupteur *m* d'allumage; **~verstellung** *f* réglage *m* d'allumage; **~verteiler** *m mot* distributeur *m* d'allumage; **~vorrichtung** *f* dispositif d'allumage; *(e-r Bombe)* appareil *m* de mise de feu; **~zeitfolge** *f = ~folge;* **~zeitpunkt** *m* point *od* moment *m* d'allumage.

Zunder *m* ⟨-s, -⟩ ['tsʊndər] *(Pilz u. Zündmittel)* amadou *m; chem* calamine *f; pop (Prügel)* rossée, fessée *f; mil arg (starker Beschuß)* tir *m* vif; *wie ~ brennen* brûler comme une allumette; *jdm ~ geben (jdn verprügeln)* rosser, fesser qn; *~ kriegen (verprügelt werden)* être rossé *od* fessé.

zu=nehmen ['tsu:-] *itr allg (größer*

werden, wachsen) (s'a)grandir, s'accroître; *(d. Mond)* croître; augmenter *(um* de); gagner *(an* en); *(steigen)* monter; *(Mensch: schwerer, dicker werden)* prendre du poids *od* de l'embonpoint *od fam* des formes; *(sich verstärken)* s'intensifier; *(sich verschlimmern)* s'aggraver; *an Stärke ~* prendre des forces; *~d a* grandissant; croissant; montant; *mit ~em Alter* en vieillissant; *in ~em Maße* de plus en plus, toujours davantage; *~e Geschwindigkeit f* vitesse *f* accélérée; *~e Gewitterneigung f* aggravation *f* orageuse; *~e(r) Mond m* croissant *m.*

zu≈neig|en ['tsu:-] *itr (e-r Ansicht, Partei)* pencher, incliner *(dat* vers); *sich ~ (e-m Menschen)* se pencher *(dat* vers); *sich dem Ende ~* tirer *od* toucher à sa fin; **Z~ung** *f* penchant *m*, inclination *f; (Anhänglichkeit)* attachement *m; (Sympathie, Liebe)* sympathie, affection *f (zu jdm* pour qn); *für jdn ~ empfinden* éprouver de l'affection pour qn; *jds ~ gewinnen* se faire aimer de qn.

Zunft *f* ⟨-, ⸚e⟩ [tsʊnft, 'tsʏnftə] *(Innung, Gilde)* corps *m* de métier, corporation; *fig pej* clique, coterie; *(Bruderschaft)* confrérie *f; von der ~ sein* être du métier; *e-e saubere ~* *(iron)* une belle confrérie; **~geist** *m* esprit *m* de corps *od* de caste; **~gelehrte(r)** *m* spécialiste; *pej* pédant *m;* **~genosse** *m* membre *od* confrère *m* de la corporation; **~meister** *m* maître *m* juré d'une *od* de la corporation; **~wesen** *n* ⟨-s, ø⟩ (régime *m* des) corporations *f pl*, régime *m* corporatif.

zünftig ['tsʏnftɪç] *a* qui fait partie d'une corporation; corporatif; *(fachgemäß)* du métier; *fam, a. iron* comme il faut.

Zunge *f* ⟨-, -n⟩ ['tsʊŋə] *anat (a. lit: Sprache)* langue *f; (Riegel: Schuh: Lasche)* languette; *(an der Waage)* aiguille; *(an Blasinstrumenten)* anche *f; mit der ~ anstoßen (lispeln)* zézayer; *sich auf od in die ~ beißen (um etw zu verschweigen)* se mordre la langue; *e-e belegte ~ haben* avoir la langue chargée *od* la bouche pâteuse; *e-e böse od giftige ~ haben* être mauvaise langue, avoir une langue de vipère; *e-e feine ~ haben* avoir le bec fin, être un gourmet; *sein Herz auf der ~ haben* avoir le cœur sur les lèvres; *e-e scharfe od spitze ~ haben (fig)* avoir une langue de vipère; *e-e schwere ~ haben (fig)* avoir la langue épaisse *od* grasse, avoir le parler gras; *s-e ~ im Zaum*

halten tenir sa langue; *die ~ heraushängen lassen (Tier)* tirer la langue; *jdm die ~ herausstrecken* tirer la langue à qn; *jdm die ~ lösen* délier *od* dénouer la langue à qn; *mit der ~ schnalzen* faire claquer la langue; *auf der ~ zergehen (Speise: sehr zart sein)* être très tendre, fondre dans la bouche; *es liegt od schwebt mir auf der ~* je l'ai sur le bout de la langue; *mir klebt die ~ am Gaumen* j'ai la gorge sèche; *hüte deine ~!* garde le silence; *geräucherte ~ (Küche)* langue *f* fumée.

Zungen|bändchen *n* ['tsʊŋən-] *anat* frein *od* filet *m* de la langue; **~bein** *n anat (os)* hyoïde *m;* **~belag** *m* dépôt *m* sur la langue; **~brecher** *m (Wort od Satz)* exercice *m* d'assouplissement de la langue; **z~fertig** *a (redegewandt)* disert; beau parleur; **~fertigkeit** *f* ⟨-, ø⟩ facilité d'élocution, volubilité, faconde *f;* **~halter** *m med* abaisse-langue *m;* **~laut** *m gram* linguale *f;* **~pfeife** *f mus* instrument *m* à anche; **~reden** *n rel hist* glossalalie *f;* **~schlag** *m (leichte Sprachstörung)* bredouillement; **~spatel** *m* = **~halter;** **~spitze** *f* bout *m* de la langue; **~wärzchen** *n* papille *f* linguale; **~wurst** *f* pâté *m* de langue; **~wurzel** *f* racine *f* de la langue.

züng|eln ['tsʏŋəln] *itr (Schlange)* darder sa langue; *(Flammen)* serpenter; *an etw empor* lécher qc; **Z~lein** *n (der Waage)* aiguille *f; das ~ an der Waage (fig)* l'arbitre *m; das ~ an der Waage bilden od sein (fig)* faire pencher la balance.

zunichte [tsu'nɪçtə] *adv: ~ machen* réduire à néant, anéantir, détruire, ruiner; *(Plan)* faire échouer, déjouer; *(Hoffnung)* flétrir; *~ werden* se réduire à néant, s'écrouler.

zu≈nicken *itr* faire un signe de tête *(jdm* à qn).

Zünsler *m* ⟨-s, -⟩ ['tsʏnslər] *ent* pyrale *f; pl (als Familie)* pyralidés *m pl.*

zunutze [tsu'nʊtsə] *adv: sich etw ~ machen* profiter *od* tirer profit de qc, mettre qc à profit, se prévaloir de qc.

zuoberst [tsu'ʔoːbərst] *adv* tout en haut; *das Unterste ~ kehren* tout mettre sens dessus dessous.

zu≈ordnen ['tsu:-] *tr, a. gram* coordonner.

zu≈packen ['tsu:-] *itr (die Gelegenheit ergreifen)* saisir l'occasion; *(Hand anlegen)* se mettre à l'œuvre, mettre la main à l'œuvre *od* à l'ouvrage *od fam* à la pâte.

zupaß *adv,* **zupasse** [tsu'pas(ə)] *adv (gelegen): das kommt mir ~* cela me vient à propos *od* à point, cela m'arrange bien, cela tombe bien.

zupf|en ['tsʊpfən] *tr* tirer, tirailler; *(Gewebe)* effiler, éfaufiler, éplucher; *mus* pincer *(auf* sur); *jdn am Ärmel, Ohr* ~ tirer qn par la manche, par l'oreille; *Baumwolle* ~ faire de la charpie; ~ *Sie sich an Ihrer (eigenen) Nase! (fig)* mêlez-vous de vos affaires; **Z~geige** *f* guitare *f;* **Z~leinwand** *f* charpie *f;* **Z~seide** *f* soie *f* effilée; **Z~wolle** *f* parfilure *f.*

zu=pfropfen *tr* boucher.

zur [tsu(:)r] = *zu der.*

zu=raten ['tsu:-] *itr: jdm* ~ conseiller qn; *auf mein Z~* sur mon conseil; *ich will dir weder zu- noch abraten* je ne veux ni te conseiller ni te déconseiller.

zu=raunen ['tsu:-] *tr: jdm etw* ~ chuchoter qc à l'oreille de qn.

zu=rechn|en ['tsu:-] *tr (hinzufügen)* ajouter, additionner; *(zuschreiben)* attribuer; *(zur Last legen)* imputer; *(einbegreifen)* comprendre *(dat* dans); **Z~ung** *f* adjonction, addition *f; unter* ~ *(gen)* en y ajoutant; ~**ungsfähig** *a jur* capable de discerner *od* de discernement; *(verantwortlich)* responsable (de ses actes); *voll* ~ *sein* avoir la pleine jouissance de ses facultés mentales; *nicht* ~ *sein* ne pas avoir l'usage de ses facultés mentales; ~*e(s) Alter n* âge *m* de discernement; **Z~ungsfähigkeit** *f jur* discernement *m*, pleine jouissance de ses facultés mentales; imputabilité; responsabilité *f* mentale *od* de ses actes; *jdn auf s-e* ~ *untersuchen* soumettre qn à un examen mental; *verminderte* ~ responsabilité *f* réduite.

zurecht [tsu'rɛçt] *adv (nur in Zssgen mit Verben); vgl. zu Recht (mit Recht);* ~**=finden,** *sich* trouver son chemin, s'orienter; *fig* savoir comment faire; *sich nicht* ~ s'y perdre; ~**=kommen** ⟨aux: sein⟩ *itr (fertig werden)* venir à bout *(mit etw* de qc); *mit jdm* (parvenir à) s'arranger avec qn, s'entendre avec qn; *(rechtzeitig kommen)* arriver *od* venir à temps *od* à l'heure; *(irgendwie)* ~ se débrouiller; ~**=legen** *tr (vorbereiten)* préparer; *(~gelegt haben, bereithalten)* tenir prêt; *sich etw* ~ *(vorstellen)* se figurer qc; *fig (e-e Ausrede)* préparer qc; ~**=machen** *tr fam (vor-, zubereiten, a. Küche)* faire, accommoder, apprêter, préparer; *sich* ~ s'arranger, faire un brin de toilette; *fam* se refaire une beauté; *sich wieder* ~ *(s-e Kleider ordnen)* se rajuster; ~**=rücken** *tr* mettre en ordre,

(ar)ranger; *jdm den Kopf* ~ *od* ~**=setzen** *tr fig* faire entendre raison à qn, (re)mettre qn au pas; ~**=stellen** *tr* = ~*rücken;* ~**=stutzen** *tr fig* arranger, remanier; *(Menschen)* décrotter *fam;* ~**=weisen** *tr (tadeln)* blâmer, réprimander, faire des remontrances à, remettre à sa place; **Z~weisung** *f (Tadel)* blâme *m*, réprimande, remontrance, correction, mercuriale *f.*

zu=reden ['tsu:-] *itr* chercher à persuader *(jdm* qn); *(zuraten)* conseiller *(jdm* qn); *(aufmuntern)* encourager *(jdm* qn); *(ermahnen)* exhorter *(jdm* qn); *jdm gut* ~ prier qn avec instance; **Z~** *n* instances *f pl;* conseils; encouragements *m pl;* exhortation(s *pl) f; auf mein* ~ *(hin)* sur mes instances; *trotz allen* ~*s* en dépit de toutes les exhortations; *bei ihm hilft kein* ~ il ne veut pas entendre raison.

zu=reichen ['tsu:-] *tr (hinreichen)* tendre, passer, présenter; *itr (ausreichen)* suffire; ~**d** *a: der Satz vom* ~*en Grunde (philos)* le principe de la raison suffisante.

zu=reit|en ['tsu:-] *tr* ⟨aux: haben⟩ *(Pferd)* dresser; *itr* ⟨aux: sein⟩: *auf jdn, etw* ~ aller à cheval vers qn, qc; **Z~er** *m* entraîneur *m.*

zu=richt|en ['tsu:-] *tr (Fleisch zum Braten)* préparer, accommoder; *(Holz)* débiter, dégauchir; *(Leder)* corroyer; *(Stoff)* apprêter; *tech* ajuster, dresser, parer, viser; *typ* mettre en train; *jdn arg od übel* ~ mettre qn dans un mauvais état; *jdn schön* ~ *(iron)* arranger qn d'une belle manière; *das Gesicht übel zugerichtet haben (a. fam)* avoir la figure en compote; **Z~er** *m tech* corroyeur; apprêteur; ajusteur; *(von Bausteinen)* appareilleur *m;* **Z~ung** *f* préparation *f,* accommodage; débitage; corroyage; *(e-s Stoffes)* apprêt; *tech* ajustage, dressage *m; typ* mise *f* en train.

zu=riegeln ['tsu:-] *tr* verrouiller, fermer au verrou.

zürnen ['tsʏrnən] *itr* être irrité *od* en colère; *jdm* être fâché de *od* contre qn, en vouloir à qn.

zu=rosten ['tsu:-] ⟨aux: sein⟩ *itr* se boucher par la rouille.

zurr|en ['tsʊrən] *tr mar (festbinden)* amarrer; **Z~tau** *n mar* aiguillette *f.*

Zurschaustellung *f* [tsur'ʃaʊ-] exhibition *f,* étalage *m.*

zurück [tsu'rʏk] *adv (hinten)* en arrière; *a. fig* en retard; *fig (~geblieben)* arriéré; *(~gekehrt)* de retour; *gleich wieder* ~ *sein* ne faire qu'aller et venir *od* retour; *100 Meter hinter* *jdm* ~ *sein* être en retard de cent mètres sur qn; *hinter s-r Zeit* ~ *sein* être en retard sur son époque, ne pas être de son temps; *das liegt viele Jahre* ~ il y a bien des années de cela; *ich möchte nach Paris* ~ je voudrais (bien) rentrer à Paris; ~*!* (en) arrière! reculez! ~ *an Absender!* retour à l'expéditeur! ~ *zur Natur!* retour à la nature!

zurück=begleiten [tsu'rʏk-] *tr* reconduire, ramener.

zurück=behalt|en [tsu'rʏk-] *tr* retenir, garder; *(zurücklegen)* réserver; *(zu Unrecht)* détenir; **Z~ung** *f* rétention *f.*

zurück=bekommen [tsu'rʏk-] *tr* ravoir *(nur inf)*, recouvrer, récupérer, rentrer en possession de; *sein Geld* ~ rentrer dans ses fonds; *ich bekomme noch 2 Mark zurück* il me revient encore 2 marks; *ich habe den Schirm* ~ on m'a rendu le parapluie.

zurück=beruf|en [tsu'rʏk-] *tr* rappeler; **Z~ung** *f* rappel *m.*

zurück=bezahlen [tsu'rʏk-] *tr* rembourser.

zurück=biegen *tr* plier *od* courber en arrière, replier, recourber.

zurück=bilden [tsu'rʏk-], *sich* rétrograder.

zurück=bleiben [tsu'rʏk-] ⟨*aux: sein*⟩ *itr* rester en arrière *(hinter* de); être en retard, retarder *(hinter* sur); *fig (in der Schule etc)* ne pas suivre; *(zu Hause bleiben)* rester à la maison; *sport* être distancé; *(Radrennfahrer hinter dem Schrittmacher)* décoller; *mil* traîner; *(übrigbleiben)* rester; *hinter den Erwartungen* ~ ne pas répondre aux espérances; *weit* ~ être à la traîne; *hinter s-r Zeit* ~ retarder sur son temps.

zurück=blicken [tsu'rʏk-] *itr* jeter un coup d'œil *od* regarder en arrière; *fig (in der Erinnerung)* faire un examen rétrospectif.

zurück=bringen [tsu'rʏk-] *tr* faire revenir; *(Sache)* rapporter; *(Person)* ramener; *(in der Entwicklung)* ramener en arrière, faire reculer; *zum Gehorsam* ~ réduire à l'obéissance; *ins Leben* ~ rappeler à la vie.

zurück=dämmen [tsu'rʏk-] *tr* refouler.

zurück=datieren [tsu'rʏk-] *tr* antidater.

zurück=denken [tsu'rʏk-] *itr* se souvenir *(an etw* de qc); se rappeler *(an etw* qc); *soweit ich* ~ *kann* du plus loin que je me souvienne.

zurück=dräng|en [tsu'rʏk-] *tr* repousser, faire reculer; refouler *a. fig; fig*

(Gefühle) a. réprimer, contenir; **Z~ung** *f fig* refoulement *m,* répression *f.*

zurück=drehen [tsu'rʏk-] *tr* retourner, remettre en arrière; *(Uhr)* retarder.

zurück=dürfen [tsu'rʏk-] *itr fam* = *zurückkehren dürfen.*

zurück=eilen [tsu'rʏk-] ⟨*aux: sein*⟩ *itr* retourner en (toute) hâte.

zurück=erbitten [tsu'rʏk-] *tr* redemander.

zurück=erhalten [tsu'rʏk-] *tr* = *zurückbekommen.*

zurück=erinnern [tsu'rʏk-], *sich* = *zurückdenken.*

zurück=erobern [tsu'rʏk-] *tr* reconquérir; *(e-n beweglichen Gegenstand)* reprendre.

zurück=erstatt|en [tsu'rʏk-] *tr* restituer, rendre; *(Geld)* rembourser; **Z~ung** *f* restitution *f;* remboursement *m.*

zurück=fahren [tsu'rʏk-] *tr* ⟨*aux: haben*⟩ ramener; *itr* ⟨*aux: sein*⟩ retourner; faire marche arrière; *(vor Schreck)* reculer brusquement; ~**d** *a: (leer)* ~ de renvoi.

zurück=fallen [tsu'rʏk-] ⟨*aux: sein*⟩ *itr* retomber, tomber en arrière; *fig (in e-n alten Fehler)* retomber, redonner *(in* dans); *(in s-n Leistungen)* rétrograder; *phys opt (reflektiert werden)* rejaillir, être renvoyé *od* réfléchi *od* reflété; *fig (Tadel, Vorwurf)* retomber, rejaillir *(auf jdn* sur qn); *jur (heimfallen)* revenir *(an jdn* à qn).

zurück=finden [tsu'rʏk-] *itr* retrouver son chemin.

zurück=fliegen [tsu'rʏk-] ⟨*aux: sein*⟩ *itr (Vogel)* repartir; *(Flugzeug)* repartir, rentrer; *(Mensch)* retourner *od* rentrer en avion.

zurück=fließen *itr,* **zurück=fluten** [tsu'rʏk-] *itr* ⟨*aux: sein*⟩ refluer.

zurück=forder|n [tsu'rʏk-] *tr* redemander, réclamer; *jur* revendiquer; **Z~ung** *f* réclamation, revendication *f.*

zurück=führen [tsu'rʏk-] *tr* reconduire, ramener; *fig (ableiten, erklären)* ramener, attribuer *(auf* à); *auf e-e Formel* ~ réduire à une formule; *sich auf etw* ~ *lassen* se ramener à qc, remonter à qc.

Zurückgabe *f* [-'rʏk-] = *Rückgabe.*

zurück=geben [tsu'rʏk-] *tr* rendre, redonner, restituer; *(antworten)* répliquer.

zurückgeblieben [tsu'rʏk-] *a (in der Entwicklung)* arriéré, déficient; *geistig* ~ arriéré mentalement; **Z~e(r)** *m: geistig* ~ arriéré *m* mental.

zurück=gehen [tsu'rʏk-] ⟨*aux: sein*⟩ *itr*

retourner, aller en arrière; *(zurück-weichen)* reculer, rétrograder; *fig (niedriger werden, fallen, nachlassen)* régresser, rétrograder; diminuer, décliner, être en baisse *od* en retrait; *(Hochwasser)* baisser; *med (Schwellung)* se dégonfler; *(Fieber)* tomber; *(Krankheit)* régresser; *(Preis)* diminuer; *(Ware im Preis)* baisser; *(die Geschäfte)* baisser, aller mal, décliner, tomber; *(rückgängig gemacht, aufgelöst werden)* être révoqué; *(auf e-e vorbereitete Stellung)* ~ *(mil)* se replier (sur une position préparée); *denselben Weg* ~ revenir sur ses pas, rebrousser chemin; ~ *lassen (com)* retourner, renvoyer; *med (Schwellung)* dégonfler; *(Fieber)* faire tomber; **Z~** *n fig* régression *f*; **~d** *a*: *(leer)* ~ de renvoi.

zurück=geleiten [tsu'rʏk-] *tr* reconduire.

Zurückgestellte(r) *m* [tsu'rʏk-] *mil* sursitaire *m*.

zurückgewinnen [tsu'rʏk-] *tr* récupérer.

zurückgezogen [-'rʏk-] *a (Leben)* retiré; solitaire, dans l'ombre; ~ *leben* vivre retiré *od* à l'écart *od* dans l'ombre, mener une vie solitaire; **Z~heit** *f* ⟨-, ø⟩ retraite, solitude *f*; *völlige* ~ réclusion *f*.

zurück=greifen [tsu'rʏk-] *itr fig (in der Rede)* remonter, se reporter *(auf* à); *(s-e Zuflucht nehmen)* recourir, avoir recours *(auf* à).

zurück=haben [tsu'rʏk-] *tr* ravoir *(nur inf)*, avoir récupéré.

zurück=halt|en [tsu'rʏk-] *tr (a. fig: von e-r Tat)* retenir; *(als Gefangenen)* détenir; *(Geld)* resserrer; *(die Tränen)* retenir, refouler; *(Gefühl)* contenir, réprimer, refouler; *itr: mit etw* ~ retenir, cacher, dissimuler qc; *sich* ~ se retenir; *(sich beherrschen)* se contenir; = ~*end sein; mit s-m Lob nicht* ~ ne pas ménager *od* marchander les éloges; *mit s-r Meinung* ~ dissimuler sa pensée; *mit s-m Urteil* ~ réserver son jugement, faire des réserves; **Z~en** *n* rétention; détention *f*; resserrement *m*; ~**end** *a* réservé, discret; *(bescheiden)* retenu, modeste, effacé *com* hésitant, dans l'expectative; *adv a.* avec réserve; *sehr* ~ *sein (a.)* tenir son *od* se tenir sur son quant-à-soi *fam*; **Z~ung** *f* ⟨-, ø⟩ *fig* réserve, discrétion, réticence; *(Bescheidenheit)* retenue, modestie *f*, effacement *m*.

zurück=holen [tsu'rʏk-] *tr (Sache)* aller rechercher *od* reprendre; *(Menschen)* faire revenir, ramener.

zurück=kämmen [tsu'rʏk-] *tr* ramener.

zurück=kaufen [tsu'rʏk-] *tr* racheter *(von jdm de od* à qn).

zurück=kehren [tsu'rʏk-] ⟨*aux: sein*⟩ *itr* retourner, revenir (sur ses pas), *fam* s'en revenir, remettre les pieds; *(nach Hause)* rentrer (chez soi), revenir à la maison; *in s-e Heimat* ~ *(nach e-m Exil)* réintégrer (son pays); *auf s-n Posten* ~ reprendre son poste.

zurück=klappen [tsu'rʏk-] *tr* replier.

zurück=kommen [tsu'rʏk-] ⟨*aux: sein*⟩ *itr* revenir; *fam* s'en revenir; *(zurückkehren)* rentrer; *fig (in die Arbeit)* ne pas avancer; *auf jdn* ~ *(sich an jdn wenden)* faire appel à qn; *auf etw* ~ *(wieder zu sprechen kommen)* revenir à qc; *um auf ... zurückzukommen* pour en revenir à ...; *immer wieder darauf* ~ en revenir toujours là.

zurück=lassen [tsu'rʏk-] *tr* laisser en arrière; *(liegenlassen)* laisser (là *od* traîner); *(aufgeben, im Stich lassen)* abandonner, délaisser; *(hinter sich lassen)* laisser derrière soi; *sport (überholen)* distancer, dépasser; *(die Rückkehr gestatten)* laisser rentrer; *e-e Nachricht* ~ *(ehe man weggeht)* laisser un mot.

zurück=laufen [tsu'rʏk-] ⟨*aux: sein*⟩ *itr* retourner *od* revenir en courant; *(zurückfluten)* refluer; *(Geschützrohr)* reculer.

zurück=legen [tsu'rʏk-] *tr (aufheben)* mettre à part, mettre de côté; *(bes. Geld)* mettre en réserve; *(e-e Strecke)* parcourir, couvrir, faire; *sich* ~ = *sich zurücklehnen; die zurückgelegte Strecke* la distance parcourue, le parcours couvert.

zurück=lehnen [tsu'rʏk-], *sich* se pencher en arrière.

zurück=leiten [tsu'rʏk-] *tr* ramener *(zu* à).

zurück=liegen [tsu'rʏk-] *itr* s'être passé *(zehn Jahre* il y a dix ans); *weit* ~ dater de loin; ~**d** *a arch* en retrait *(hinter* de).

zurück=marschieren [tsu'rʏk-] ⟨*aux: sein*⟩ *itr* marcher en arrière, (s'en) retourner.

zurück=melden [tsu'rʏk-] *tr: jdn* ~ annoncer le retour de qn; *sich* ~ annoncer son retour; *mil* se faire porter rentrant.

Zurücknahme *f* ⟨-, -n⟩ [tsu'rʏkna:mə] *(e-r Ware, e-s Geschenkes)* reprise; *(e-r Bestellung)* annulation *f*, contrordre *m*; *(s-s Wortes, e-r Beleidigung)* rétractation *f*; *(e-s Versprechens)* dédit *m; (e-r Behauptung, e-s Erlasses)* révocation *f; (e-s Antrags, jur: e-r Klage, parl: e-s Gesetzentwurfs)* retrait; *mil (der .Front)* repliement, retrait *m.*

zurück=nehmen [tsu'rʏk-] *tr (einziehen)* retirer, rétracter; *(Ware, Geschenk)* reprendre; *(Bestellung)* annuler; *(sein Wort, Antrag, jur: Klage, parl: Gesetzentwurf)* retirer; *(sein Wort, Beleidigung)* rétracter; *(Versprechen)* se dédire de; *(Erlaß)* révoquer; *(Verbot)* lever; *mil (Front)* retirer; *die Schultern ~ (mil)* effacer les épaules; *sein Wort ~ (a.)* revenir sur sa parole, se dédire, se rétracter.

zurück=prallen [tsu'rʏk-] ⟨aux: sein⟩ *itr* rebondir, rejaillir (*von* sur); être renvoyé; *fig (Mensch)* reculer (*vor* Schreck* d'effroi).

zurück=reichen [tsu'rʏk-] *tr (zurückgeben)* rendre; *itr (zeitl.: sich zurückführen lassen)* remonter (*bis* à).

zurück=reisen [tsu'rʏk-] ⟨aux: sein⟩ *itr* retourner, rentrer; *(wieder abfahren)* repartir.

zurück=rollen [tsu'rʏk-] ⟨aux: sein⟩ *itr* rouler en arrière.

zurück=rufen [tsu'rʏk-] *tr a. tele* rappeler; *jdm etw ins Gedächtnis ~* rappeler qc à qn; *sich etw ins Gedächtnis ~* se rappeler *od* se remémorer qc; *ins Leben ~* rappeler *od* ramener à la vie; **Z~** *n* rappel *m.*

zurück=schaffen [tsu'rʏk-] *tr (Sache)* rapporter; *fam (Person)* ramener.

zurück=schallen [tsu'rʏk-] *itr* faire écho.

zurück=schalten [tsu'rʏk-] *itr mot* diminuer la vitesse; *auf den 1. Gang ~* repasser en première.

zurück=schaudern [tsu'rʏk-] ⟨aux: sein⟩ *itr* reculer en frémissant.

zurück=schauen [tsu'rʏk-] *itr =* zurückblicken.

zurück=scheuen [tsu'rʏk-] ⟨aux: sein⟩ *itr* reculer (*vor* devant); avoir peur (*vor* de).

zurück=schicken [tsu'rʏk-] *tr* renvoyer (*etw an jdn* qc à qn).

zurück=schieben [tsu'rʏk-] *tr* repousser, reculer.

zurück=schlagen [tsu'rʏk-] *tr (Ball)* renvoyer; *(den Feind)* repousser, faire reculer; *(Angriff)* repousser; *(Bettdecke: aufschlagen)* rejeter; *itr (den Schlag erwidern)* rendre le coup, riposter; *(Flamme)* retourner.

zurück=schnellen [tsu'rʏk-] ⟨aux: sein⟩ *itr* rebondir; *(Feder)* se détendre brusquement, se débander.

zurück=schrauben [tsu'rʏk-] *tr fig*

(herabsetzen, verringern) réduire, rabattre.

zurück=schrecken [tsu'rʏk-] ⟨aux: sein⟩ *itr* reculer (*vor* devant); *vor nichts ~* ne reculer devant rien, ne craindre ni Dieu ni (le) diable.

zurück=schreiben [tsu'rʏk-] *tr u. itr* répondre (par écrit).

zurück=sehnen [tsu'rʏk-], *sich (Heimweh haben)* avoir le mal du pays; *nach etw* regretter qc; *ich sehne mich (in meine Heimat) zurück (a.)* il me tarde de rentrer (dans mon pays).

zurück=senden [tsu'rʏk-] *tr* renvoyer, réexpédier; *com* retourner (à l'expéditeur).

zurück=setz|en [tsu'rʏk-] *tr* mettre en arrière, reculer; *(wieder an s-n Platz setzen)* remettre (à sa place); *(Preis)* réduire; *fig (benachteiligen)* désavantager, défavoriser; *(demütigen)* traiter sans égards, humilier, inférioriser; *zu zurückgesetzten Preisen* à prix réduits; *sich zurückgesetzt fühlen* se sentir défavorisé; **Z~ung** *f (e-s Preises)* réduction; *fig (Benachteiligung)* traitement *m* de défaveur; *(Demütigung)* manque *m* d'égards *(gen* pour); humiliation *f.*

zurück=sinken [tsu'rʏk-] ⟨aux: sein⟩ *itr (ins Polster od Bett)* (se laisser) tomber en arrière; *fig* retomber (*in ein Laster* dans un vice).

zurück=spielen [tsu'rʏk-] *tr (den Ball)* renvoyer.

zurück=springen [tsu'rʏk-] ⟨aux: sein⟩ *itr* faire un bond *od* un saut en arrière; *vgl. zurückprallen u. zurückschnellen; arch* rentrer.

zurück=stecken [tsu'rʏk-] *tr* mettre en arrière; *e-n Pflock ~ (fig fam: s-e Ansprüche mäßigen)* en rabattre.

zurück=stehen [tsu'rʏk-] *itr fig (nicht gleichwertig sein)* être inférieur (*hinter* à); *(zurückgesetzt werden)* être défavorisé; *hinter jdm* le céder *od* céder le pas à qn; *~ müssen* devoir attendre *od* renoncer.

zurück=stell|en [tsu'rʏk-] *tr (nach hinten)* mettre en arrière, reculer; *(wieder an s-n Platz)* remettre en place; *(für späteren Gebrauch)* mettre en réserve; *com (aufheben)* mettre de côté; *(Uhr)* retarder (*um* de); *(aufschieben)* ajourner; *mil* mettre en sursis; *fig (vernachlässigen)* négliger; *(Bedenken: unterdrücken)* supprimer; **Z~ung** *f mil* ajournement, sursis *m* (d'appel), réforme *f* temporaire; **Z~ungsantrag** *m mil* demande *f* de sursis d'appel.

zurück=stoßen [tsu'rʏk-] *tr, a. fig* repousser, rebuter.

zurück=strahl|en [tsu'rʏk-] *tr* refléter, réfléchir, réverbérer; *itr* se refléter, se réfléchir; **Z~ung** *f* réflexion, réverbération *f*.

zurück=streichen [tsu'rʏk-] *tr (sein Haar)* rebrousser.

zurück=streifen [tsu'rʏk-] *tr (Ärmel)* retrousser.

zurück=strömen [tsu'rʏk-] ⟨*aux: sein*⟩ *itr* refluer.

zurück=stürzen [tsu'rʏk-] ⟨*aux: sein*⟩ *itr (Hals über Kopf zurückeilen)* retourner précipitamment.

zurück=telegraphieren [tsu'rʏk-] *itr* répondre par télégramme.

zurück=tragen [tsu'rʏk-] *tr* reporter, rapporter.

zurück=treiben [tsu'rʏk-] *tr* repousser, refouler, faire reculer; *(Vieh)* ramener.

zurück=treten [tsu'rʏk-] ⟨*aux: sein*⟩ *itr* faire un *od* quelques pas en arrière, reculer; *vor jdm* s'effacer devant qn, céder le pas *od* la place à qn; *(Fluß in sein Bett)* rentrer dans son lit; *fig (verzichten)* renoncer *(von* à); *jur* se désister *(von* de); *(vom Amt)* prendre sa retraite, donner sa démission, se démettre (de ses fonctions); abdiquer *(von etw* qc); *(von e-m Vertrag)* résilier (un contrat); *(von e-m Kauf)* annuler (un achat); *von s-r Behauptung* ~ se dédire de son assertion; *von s-r Bewerbung* ~ retirer sa candidature; *ins Glied* ~ *(mil)* rentrer dans les rangs; *ins Privatleben* ~ rentrer dans la vie privée; *e-n Schritt* ~ faire un pas en arrière; *die Regierung ist zurückgetreten* le cabinet a démissionné; ~, *bitte! (bes. loc)* reculez, S.V.P.

zurück=tun [tsu'rʏk-] *tr (zurücklegen)* remettre; *e-n Schritt* ~ faire un pas en arrière.

zurück=übersetzen [tsu'rʏk-] *tr* retraduire.

zurück=vergüten [tsu'rʏk-] *tr* rembourser.

zurück=verlangen [tsu'rʏk-] *tr* redemander, réclamer.

zurück=verlegen [tsu'rʏk-] *tr* reculer; *mil (das Feuer)* raccourcir.

zurück=versetzen [tsu'rʏk-] *tr* remettre *(in den früheren Zustand* à l'état antérieur); *(Schüler)* renvoyer dans une classe inférieure; *sich* ~ *(im Geiste)* se reporter *(in* à).

zurück=verweisen [tsu'rʏk-] *tr* renvoyer *(auf* à).

zurück=wandern [tsu'rʏk-] ⟨*aux: sein*⟩ *itr* retourner (à pied).

zurück=weichen [tsu'rʏk-] ⟨*aux: sein*⟩ *itr* reculer, se retirer, céder; *mil* plier *(vor* devant); se replier, battre en retraite.

zurück=weis|en [tsu'rʏk-] *tr (Geschenk)* refuser; *(Bitte, Vorschlag, Beschwerde)* rejeter, repousser; *(Menschen)* renvoyer; *jur (Zeugen)* récuser; **Z~ung** *f* refus; rejet; renvoi *m; jur* récusation *f*.

zurück=wenden [tsu'rʏk-], *sich* se retourner.

zurück=werf|en [tsu'rʏk-] *tr* rejeter, renvoyer; *mil (den Feind)* rejeter, repousser, refouler; *phys (Strahlen)* refléter, réfléchir, réverbérer; *(Schall)* répercuter, renvoyer; **Z~en** *n* rejet, renvoi *m;* **Z~ung** *f mil* refoulement *m; phys* réflexion, réverbération; répercussion *f*.

zurück=wünschen [tsu'rʏk-] *tr* souhaiter le retour de; *(Vergangenes)* regretter.

zurück=zahl|en [tsu'rʏk-] *tr* rembourser *(etw* qc; *jdm etw* qn de qc); **Z~ung** *f* remboursement *m*.

zurück=zieh|en [tsu'rʏk-] *tr* ⟨*aux: haben*⟩ retirer, rétracter; *fig (Zusage)* rétracter, reprendre, se dédire de; *(Antrag)* reprendre; *jur (Forderung)* se désister de; *(Klage, Beschwerde)* retirer; *com (Auftrag)* annuler; *mil* retirer; *itr* ⟨*aux: sein*⟩ *(sich zurückbegeben)* retourner; *mil* se retirer, replier; ⟨*aux: haben*⟩ *sich* ~ se retirer *(von* de); se reléguer; *(in den Ruhestand)* prendre sa retraite; *pol* passer la main; *mil* se replier, battre en retraite, plier bagage; *sich in sich (selbst)* ~ se renfermer en soi-même, rentrer dans sa coquille; *sich von der Bühne* ~ quitter la scène; *sich aus dem Geschäft(sleben), aufs Land* ~ se retirer des affaires, à la campagne; *sich von der Politik* ~ s'effacer de la vie politique; **Z~ung** *f (e-s Versprechens, e-r Anklage)* rétractation *f; (e-s Antrags, e-r Klage)* retrait; *mil* repli *m*.

Zuruf *m* ['tsu:-] appel, cri *m; (Beifall)* acclamation *f*, applaudissement *m; auf od durch* ~ *wählen* voter par acclamation; **zu=rufen** *tr* crier *(jdm etw* qc à qn).

Zurverfügungstellung *f* [-'fy:-] *adm* mise *f* à la disposition.

Zusag|e *f* ['tsu:-] *(Zustimmung)* consentement, assentiment *m; (auf e-e Einladung)* acceptation; *(Versprechen)* promesse, parole *f;* **zu=sagen** *tr (versprechen)* promettre; *itr (sein Einverständnis erklären)* donner sa parole *od* son assentiment, consentir;

(die Einladung annehmen) accepter l'invitation; *(sich festlegen, sich verpflichten)* s'engager *(etw zu tun* à faire qc); *(gefallen)*, plaire *(jdm* à qn), être du goût *(jdm* de qn); *(passen, recht sein)* convenir *(jdm* à qn); *jdm etw auf den Kopf* ~ dire qc à qn selon sa mine; **z~end** *a (passend)* convenable; *(gefällig)* agréable, attrayant.

zusammen [tsu'zamən] *adv* ensemble; *(gemeinsam)* conjointement, en commun *(mit* avec); de compagnie, de concert, de conserve; *(in Zs.arbeit)* en collaboration *(mit* avec); *(im ganzen)* en tout, au total, en bloc; *alles* ~ *(die ganze Zeche)* bezahlen payer le tout; *alle* ~ tous ensemble.

Zusammen|arbeit *f* [-'za-] collaboration, coopération *f;* **z~=arbeiten** *itr* travailler ensemble; collaborer, coopérer; *mit jdm (a.)* faire équipe avec qn.

zusammen=ball|en [-'za-] *tr* mettre en boule, *(zs.knäueln)* pelotonner; *sich* ~ *(sich anhäufen)* s'entasser, s'amonceler, se conglomérer, s'agglomérer; *fig* se concentrer; *Wolken ballen sich zs.* des nuages s'amoncellent; **Z~ung** *f* entassement, amoncellement *m*, agglomération; *fig* concentration *f.*

Zusammen|bau *m* [-'za-] *tech* assemblage, montage *m;* **z~=bauen** *tr tech* assembler, monter.

zusammen=beiß|en [-'za-] *tr: die Zähne* ~ serrer les dents.

zusammen=bekommen [-'za-] *tr* parvenir à réunir; *(Geld)* recueillir.

zusammen=beruf|en [-'za-] *tr* convoquer; **Z~ung** *f* convocation *f.*

zusammen=betteln [-'za] *tr* amasser en mendiant.

zusammen=binden [-'za-] *tr* lier; *(zu e-m Strauß, e-r Garbe, e-m Bündel)* faire un bouquet, une gerbe, un faisceau *(etw* de qc); *e-m Huhn Flügel und Beine* ~ brider une poule.

zusammen=bleiben [-'za-] *⟨aux: sein⟩ itr* rester ensemble.

zusammen=brauen [-'za-] *tr fam (Getränk)* mélanger; *es braut sich etw zs.* (fig) il se trame qc.

zusammen=brechen [-'za-] *⟨aux: sein⟩ itr (einstürzen) a. fig* (s'é)crouler, s'effondrer, s'affaisser; *(Gebäude)* tomber en ruine; *(Verkehr)* être complètement bloqué; *seelisch* ~ faire une dépression; *vor Übermüdung od Erschöpfung* ~ tomber d'épuisement.

zusammen=bringen [-'za-] *tr* réunir, rassembler; *(r)amasser; (Geld)* mobi-

liser, trouver; *(Menschen)* aboucher; *(Mannschaft, Heer)* mettre sur pied; *(wieder* ~, *versöhnen)* rapprocher, concilier.

Zusammenbruch *m,* [-'za-] *a. fig* écroulement, effondrement, affaissement *m; fig a.* ruine, débâcle; *com* faillite, banqueroute; *med* syncope *f, scient* collapsus *m; seelische(r)* ~ dépression *f.*

zusammen=drängen [-'za-] *tr* serrer, presser, comprimer; *(zs.pferchen)* entasser; *fam* encaquer; *(Text)* concentrer, condenser; *(kürzen)* raccourcir, abréger; *sich* ~ se serrer (les uns contre les autres), se presser, s'entasser.

zusammen=drücken [-'za-] *tr* comprimer, presser, serrer; *(umklammern)* étreindre; **Z~** *n* compression *f,* serrement *m;* étreinte *f.*

zusammen=fahren [-'za-] *⟨aux: sein⟩ itr (zs.stoßen)* entrer en collision; se tamponner; *(inea., bes. loc)* se télescoper; *fig (auffahren)* tressaillir, sursauter *(vor Schreck* de frayeur).

zusammen=fallen [-'za-] *⟨aux: sein⟩ itr (einstürzen), a. fig* (s'é)crouler, s'effondrer, s'affaisser; *(Teig, Omelette)* (re)tomber; *(Ballon)* se dégonfler; *(Mensch: körperlich, gesundheitl.)* dépérir; *(sich räuml. decken)* converger; *(zeitl.)* coïncider *(mit* avec).

zusammen=falten [-'za-] *tr* (re)plier.

zusammen=fass|en [-'za-] *tr* réunir; *a. mil* concentrer; *(bes. loc: zu e-r Sendung)* grouper; *fig (Gedanken etc)* rassembler, concentrer; *(Text)* résumer, récapituler; *kurz* ~ *(Text)* abréger; ~**end** *a* sommaire, en résumé; **Z~ung** *f* réunion *f; a. mil u. fig* concentration *f;* groupement; *(Sammlung)* rassemblement; *(zs.gefaßter Text)* résumé, abrégé, sommaire *m*, récapitulation *f.*

zusammen=fegen [-'za-] *tr* balayer en tas.

zusammen=finden [-'za-], *sich* se retrouver, se réunir.

zusammen=fließen [-'za-] *⟨aux: sein⟩ itr (Flüsse)* confluer, se réunir; *(verschiedenartige Flüssigkeiten)* se (con)fondre; **Z~fließen** *n (Inea.fließen)* fusion *f;* **Z~fluß** *m geog* confluent *m.*

zusammen=füg|en [-'za-] *tr* joindre, réunir; *(verbinden)* lier; *(zwei gleiche Dinge)* jumeler; *tech* assembler, monter; *(kuppeln)* accoupler; **Z~ung** *f* jonction, réunion; liaison *f;* jumelage; assemblage, montage; accouplement *m.*

zusammen=führ|en [-'za-] *tr* réunir, rassembler, rapprocher; *wieder* ~

(versöhnen) concilier; **Z~ung** *f (von Familien)* regroupement *m* (de familles); *(der Rassen in den USA)* déségrégation *f.*

zusammengeballt [-'za-] *a fig* concentré.

zusammengefaßt [-'za-] *a: kurz ~ en* abrégé, en résumé; *~e(s) Feuer n (mil)* tir *m* concentré.

zusammengeflickt [-'za-] *a, a. fig* fait de pièces et de morceaux; *fig a.* fait de bric et de broc.

zusammen≈gehen [-'za-] *⟨aux: sein⟩ itr* aller ensemble; *(fig)* faire cause commune; *(weniger werden)* diminuer; *(einlaufen)* rétrécir.

zusammen≈gehör|en [-'za-] *itr (Sachen)* aller ensemble *od* de pair; *(paarige Gegenstände)* faire la paire; *(Kunstgegenstände)* faire pendant; *(zwei Menschen)* être faits l'un pour l'autre; **~ig** *a* allant ensemble *od* de pair; homogène, connexe; **Z~igkeit** *f ⟨-, ø⟩* affinité; homogénéité; cohésion *f;* **Z~igkeit(sgefühl** *n) f* solidarité *f.*

zusammen≈geraten [-'za-] *⟨aux: sein⟩ itr (anea.stoßen)* s'entrechoquer; *(handgemein werden)* en venir aux mains.

zusammengesetzt [-'za-] *a* composé *(aus* de); *(gemischt)* mixte; *(umfassend)* complexe; *(verwickelt)* compliqué; *~e(s) Wort n (gram)* mot *m* composé.

zusammengewachsen [-'za-] *a med* soudé.

zusammengewürfelt [-'za-] *a (verschiedenartig)* hétérogène, hétéroclite; *bunt ~* fait de pièces et de morceaux, bigarré; *(Gesellschaft)* mélangé.

zusammen≈gießen [-'za-] *tr* mêler.

Zusammen|halt *m ⟨-(e)s, ø⟩* [-'za-] *(Festigkeit e-s Körpers)* consistance; *phys (Kohäsion)* cohérence; *a. fig* cohésion; *fig* solidarité *f,* accord *m;* **z~≈halten** *tr* maintenir (ensemble); *(Geld)* ménager, économiser; *(vergleichend nebenea.halten)* rapprocher, mettre en regard; confronter, comparer; *itr* tenir ensemble, être cohérent; *fig (Menschen)* être solidaires *od* d'accord; *(ea. helfen)* s'entraider, *fam* ne pas se lâcher; *(e-e Einheit bilden)* faire corps.

Zusammenhang *m* [-'za-] *⟨-(e)s, ⁻e⟩ (innerer)* cohésion; continuité *f; (Verkettung, Verbindung)* enchaînement *m,* liaison, connexion, connexité *f; (Beziehung)* rapport *m,* relation, corrélation *(mit* avec); *(Folge)* suite *f; (Ordnung, System)* ordre, système; *(innerhalb e-s Textes)* contexte *m; im*

~ (im ganzen) dans l'ensemble; *in* od *im ~ mit* en rapport *od* liaison avec; *in diesem ~* dans cet ordre d'idées, à ce propos; *ohne ~ = z~(s)los; adv* à bâtons rompus; *ohne ~ mit* sans rapport avec; *in ~ bringen* établir un rapport entre; *aus dem ~ (e-s Textes) reißen* séparer *od* isoler du contexte; *in ~ stehen mit* être en rapport *od* en connexion avec; *den ~ verlieren* perdre le fil; *enge(r) ~* liaison *f* intime; *innere(r) ~* rapport *m* intime; *ursächliche(r) ~* relation *f* de cause à effet; **z~(s)los** *a* incohérent, discontinu, décousu, sans suite; *~(s)losigkeit f ⟨-, ø⟩* incohérence, discontinuité *f,* décousu, manque *m* de suite.

zusammen≈hängen [-'za-] *tr* suspendre ensemble; *itr* être lié *od* rattaché *(mit* à); *(in Beziehung stehen)* être en rapport *(mit* avec); *wie hängt das zusammen?* quelle en est l'explication? **~d** *a (innerlich)* cohérent; *(lückenlos)* continu; *(verbunden, verknüpft)* lié, connexe; *(Rede)* suivi.

zusammen≈harken [-'za-] *tr* râteler.

zusammen≈hauen [-'za-] *tr (Gegenstand)* démolir; *(Menschen)* rouer de coups, donner une raclée à; *(mit dem Säbel)* sabrer; *fam* mettre en capilotade, *pop* démolir.

zusammen≈heften [-'za-] *tr* coudre ensemble, faufiler; brocher.

zusammen≈holen [-'za-] *tr* aller chercher de toutes parts, recueillir.

zusammen≈kauern, [-'za-] *sich* s'accroupir, se blottir; *fam* se mettre en pelote.

zusammen≈kaufen [-'za-] *tr* acheter petit à petit *od* par morceaux.

zusammen≈ketten [-'za-] *tr* lier avec des chaînes, enchaîner ensemble.

zusammen≈kitten [-'za-] *tr, a. fig* cimenter.

zusammen≈klammern [-'za-] *tr* lier avec une attache.

Zusammenklang *m* [-'za-] *mus* consonance *f; mus u. fig* accord *m,* harmonie *f,* concert *m.*

zusammen|klappbar [-'za-] *a* (re-)pliable, pliant; *~e(r) Sitz, Tisch m* siège *m,* table *f* pliant(e); *~e(s) Verdeck n (mot)* capote *f* pliante *od* rabattable; **~≈klappen** *tr ⟨aux: haben⟩* (re)plier; *(Messer, Buch)* (re)fermer; *die Hacken ~* claquer les talons; *itr ⟨aux: sein⟩ fam* tomber dans les pommes *od* d'épuisement, tourner de l'œil.

zusammen≈kleben [-'za-] *tr ⟨aux: haben⟩* coller ensemble; agglutiner; *itr ⟨aux: sein⟩* coller ensemble, s'agglutiner.

zusammen=kneifen [-'za-] *tr* serrer.
zusammen=knoten [-'za-] *tr*, ~= **knüpfen** *tr* lier ensemble, nouer.
zusammen=knüllen [-'za-] *tr* chiffonner, froisser.
zusammen=kommen [-'za-] ⟨*aux: sein*⟩ *itr (sich treffen)* se rencontrer, se voir; *(sich versammeln)* s'assembler, se réunir; *mit jdm* ~ rencontrer, voir qn; *impers: alles kommt zusammen, um ...* tout se réunit pour ...
zusammen=koppeln [-'za-] *tr (Tiere)* coupler; atteler ensemble; *(Jagdhunde)* ameuter; *(Wagen)* accoupler.
zusammen=krachen [-'za-] ⟨*aux: sein*⟩ *itr fam (zs.brechen), a. fig* (s'é)crouler, s'effondrer.
zusammen=kratzen [-'za-] *tr (Speisereste)* gratter ensemble; *seine letzten Pfennige* ~ réunir ses derniers sous.
Zusammenkunft *f* ⟨-, ˑˑe⟩ [-'zamənkʊnft] entrevue *f; (Verabredung)* rendez-vous *m; (Versammlung)* assemblée, réunion; *(Besprechung)* conférence *f; e-e* ~ *vereinbaren* prendre rendez-vous.

zusammen=läppern [-'za-], *sich (fam: sich langsam ansammeln)* s'amasser petit à petit.
zusammen=laufen [-'za-] ⟨*aux: sein*⟩ *itr (Menschen)* s'attrouper, se rassembler, s'ameuter; *(Linien, Straßen etc)* se joindre, se rencontrer; *math* concourir, converger; *(Farben)* se (con-)fondre, s'estomper; *(gerinnen)* se coaguler; *(Milch)* se cailler; *(Gewebe: einlaufen)* (se) rétrécir; *alle Fäden laufen in s-r Hand zs.* il tient toutes les ficelles; *das Wasser läuft mir im Munde zusammen* l'eau me vient à la bouche.
zusammen=leben [-'za-], *sich* (apprendre à) vivre ensemble; **Z~** *n* vie commune; *jur (eheliches)* cohabitation; *bes. pol* coexistence *f*.
zusammen|legbar [-'za-] *a* pliable, pliant; ~=**legen** *tr* mettre ensemble; *(zs.falten)* (re)plier; *(vereinigen)* réunir, joindre, assembler; *com* fusionner; *(zentralisieren)* centraliser, concentrer; *fin (Aktien)* consolider; *itr (e-e Geldsumme zs. aufbringen)* se cotiser; **Z~legung** *f* réunion; fusion; centralisation, concentration; consolidation *f*.
zusammen=leimen [-'za-] *tr* coller (ensemble).
zusammen=lesen [-'za-] *tr (sammeln)* ramasser, recueillir, glaner; *(aus Büchern schöpfen)* puiser dans les livres.
zusammen=löten [-'za-] *tr* souder.

zusammen=nageln [-'za-] *tr* clouer (ensemble).
zusammen=nähen [-'za-] *tr* coudre ensemble, recoudre.
zusammen=nehmen [-'za-] *tr* rassembler, réunir; *(zs.legen)* (re)plier; *sich* ~ faire un effort sur soi-même, se concentrer; *(sich beherrschen)* se contenir, se ressaisir, se maîtriser, se faire violence; *alles zs.genommen* à tout prendre, en somme; *s-e Kräfte, Gedanken* ~ recueillir ses forces, ses idées; *s-n ganzen Mut* ~ s'armer de tout son courage, prendre son courage à deux mains.
zusammen=packen [-'za-] *tr* mettre en un paquet, empaqueter, emballer.
zusammen=passen [-'za-] *tr (passend zs.fügen)* ajuster, adapter, assortir; *itr* s'adapter l'un à l'autre, s'accorder (ensemble); *(gut* ~, *harmonieren)* s'harmoniser, aller (bien) ensemble; *(Menschen)* se convenir, être en harmonie; *nicht (recht)* ~ aller mal ensemble, manquer d'harmonie.
zusammen=pferchen [-'za-] *tr fig (Menschen)* entasser, parquer, *fam* vx encaquer, empiler.
Zusammen|prall *m* [-'za-] *a. fig* choc, heurt *m; (zweier Fahrzeuge)* collision *f*, télescopage, tamponnement; *fig* violent conflit *m; z~=prallen* ⟨*aux: sein*⟩ *itr a. fig* s'entrechoquer, se heurter; *(Fahrzeuge)* entrer en collision, (se) tamponner *od* télescoper; *fig* entrer en conflit *(mit* avec); *mit etw* ~ heurter qc; entrer en collision avec qc.
zusammen=pressen [-'za-] *tr (zwei Gegenstände)* presser (l'un(e) contre l'autre); *(Körperteile)* serrer; *(e-e Masse in sich)* comprimer; **Z~** *n* pression; compression *f*.
zusammen=raffen [-'za-] *tr* ramasser (rapidement); *fam* rafler; *sich* ~ = *sich zusammennehmen*.
zusammen=raufen [-'za-], *sich* s'accrocher, se quereller.
zusammen=rechnen [-'za-] *tr* additionner, faire la somme *od* le total de, totaliser; *alles zs.gerechnet* au total; *fig* à tout prendre, tout compte fait.
zusammen=reimen [-'za-], *sich* ~ s'accorder; *sich etw* ~ *(erklären)* s'expliquer qc; *wie reimt sich das zs.?* comment cela s'accorde-t-il?
zusammen=reißen [-'za-], *sich (fam)* = *sich zusammennehmen*.
zusammen=rollen [-'za-] *tr* enrouler; *bes. mar (Tau)* lover; *(Tabak)* torquer; *sich* ~ s'enrouler, se mettre en boule, se pelotonner, se lover.
zusammen=rott|en [-'za-], *sich* s'at-

trouper; s'ameuter; **Z~ung** *f* attroupement, ameutement *m.*

zusammen=rücken [-'za-] *tr* ⟨*aux: haben*⟩ *(Gegenstände)* rapprocher; *itr* ⟨*aux: sein*⟩ *(Menschen auf e-r Bank)* se rapprocher, se serrer.

zusammen=rufen [-'za-] *tr, a. parl* convoquer.

zusammen=sacken [-'za-] *itr* ⟨*aux: sein*⟩ s'affaisser; *fam* s'affaler; *(Ballon, Reifen)* se dégonfler.

zusammen=scharen [-'za-], *sich* s'assembler, s'attrouper.

zusammen=scharren [-'za-] *tr* (r)amasser (en grattant); *fig (Geld)* accumuler sou sur sou.

Zusammenschau *f* ⟨-, ø⟩ [-'za-] synthèse, synopsis *f.*

zusammen=schieben [-'za-] *tr* rapprocher (en glissant).

zusammen=schießen [-'za-] *tr* abattre d'un coup de feu *od* à coups de feu; *(mit Kanonen)* abattre à coups de canon; *fig (Geld)* réunir.

zusammen=schlagen [-'za-] *tr* ⟨*aux: haben*⟩ *(Gegenstand)* démolir, casser; *(Menschen)* abattre; *pop* démolir; *itr* ⟨*aux: sein*⟩ *(zs.stoßen)* se heurter; *über jdm (Wellen)* se refermer sur qn, ensevelir qn; *die Absätze ~* (faire) claquer les talons; *die Hände ~* joindre les mains; *über dem Kopf* lever les bras au ciel.

zusammen=schleppen [-'za-] *tr fam (zs.bringen)* (r)amasser, rassembler; *(Menschen)* aboucher.

zusammen=schließen [-'za-] *tr (vereinigen)* (ré)unir; *com* associer; fusionner; *sich ~* s'unir, se réunir; *com* s'associer; fusionner; **Z~schluß** *m* (ré)union; fédération; *com* association, fusion, concentration, intégration; *pol (von Staaten)* (ré)union *f.*

zusammen=schmelzen [-'za-] *tr* ⟨*aux: haben*⟩ fondre ensemble, faire un alliage de, fusionner; *itr* ⟨*aux: sein*⟩ *a. fig* (se) fondre; *fig* diminuer, être décimé.

zusammen=schmieden [-'za-] *tr* souder en forgeant.

zusammen=schmieren [-'za-] *tr fam (Zeitungsartikel)* écrivailler.

zusammen=schnüren [-'za-] *tr (Bündel, Paket)* ficeler; *jdm die Kehle ~ (bes. fig)* serrer la gorge à qn, étrangler qn; *das schnürt mir das Herz zs. (fig)* cela me serre le cœur.

zusammen=schrauben [-'za-] *tr* serrer à vis, visser; *(mit Bolzen)* assembler par boulons, boulonner.

zusammen=schreiben [-'za-] *tr (in einem Wort)* écrire en un mot; *pej (aus anderen Büchern)* compiler;

viel ~ (fam) pej écrivailler, écrivasser.

zusammen=schrumpfen [-'za-] *itr* ⟨*aux: sein*⟩ se ratatiner, (se) rétrécir; se contracter, (se) raccourcir; *(schrumplig werden)* se recroqueviller; *fig (abnehmen, dahinschwinden)* diminuer, se réduire.

zusammen=schustern [-'za-] *tr fig fam pej* bricoler, arranger tant bien que mal.

zusammen=schütten [-'za-] *tr* verser ensemble, mêler.

zusammen=schweißen [-'za-] *tr* joindre par soudage; *a. fig (Menschen)* souder.

Zusammensein *n* ⟨-s, ø⟩ [-'za-] réunion, entrevue *f.*

zusammen=setz|en [-'za-] *tr (nebenea.setzen)* mettre ensemble; *(Menschen)* placer ensemble; *(zu e-m Ganzen machen)* composer; *tech (zs.fügen)* joindre, abouter, assembler; *(aufstellen, montieren)* assembler, monter; *chem math* combiner; *sich ~* s'asseoir ensemble *od* à la même table; *(zs.gesetzt sein, bestehen)* se composer *(aus* de); *die Gewehre ~* former les faisceaux; *zs.gesetzte(s) Wort n (gram)* mot *m* composé; **Z~ung** *f (Vorgang)* composition, synthèse *f*; *tech* aboutement, assemblage, montage *m*; *(Beschaffenheit, Aufbau)* composition, constitution, structure *f.*

zusammen=sinken [-'za-] *itr* ⟨*aux: sein*⟩ *itr: (in sich) ~* s'effondrer, s'écrouler, s'affaisser.

zusammen=sparen [-'za-] *tr fam* économiser petit à petit.

zusammen=sperren [-'za-] *tr* enfermer ensemble.

Zusammenspiel *n* [-'za-] *theat* ensemble; *sport* jeu d'équipe; *fig* jeu *m.*

zusammen=stauchen [-'za-] *tr fam (tüchtig ausschimpfen)* passer un savon *(jdn* à qn).

zusammen=stecken [-'za-] *tr* mettre ensemble, joindre; *(Stoff mit Nadeln)* assembler avec des épingles; *die Köpfe ~ (fig)* se parler *od* chuchoter à l'oreille; *itr: immer ~ (Menschen: zs. sein)* être toujours (fourrés) ensemble.

zusammen=stehen [-'za-] *itr* être ensemble, *fig* faire cause commune.

zusammen=stell|en [-'za-] *tr* mettre ensemble, réunir; *(in bestimmter Ordnung)* assembler, agencer, assortir, composer, combiner, arranger; *tech (montieren)* assembler, monter; *loc (Zug)* former; *mil (Truppen)* rassembler; *(Zeitung)* bâtir; *(Programm,*

Menu) établir; *(in e-r Liste)* faire une liste de; *(gruppieren, klassifizieren)* grouper, class(ifi)er; *(vergleichend)* rapprocher, comparer; **Z~ung** *f* réunion *f;* assemblage, agencement, assortissement *m,* composition; combinaison *f,* arrangement; *tech* montage *m; loc* formation *f; mil* rassemblement; établissement *m; (Liste)* liste; table *f,* tableau; *(Gruppierung)* groupement, classement *m,* classification *f; (Vergleich)* rapprochement *m,* comparaison *f.*

zusammen=stimmen [-'za-] *itr mus (harmonieren)* s'accorder; *fig (Farben)* aller (bien) ensemble; *(Menschen)* être en harmonie; *(übereinstimmen)* concorder, être conformé(s) *od* en concordance.

zusammen=stoppeln [-'za-] *tr* (mal) compiler.

Zusammen|stoß *m* [-'za-] *a. fig* choc, heurt *m; (von Fahrzeugen; a. fig)* collision *f; loc* tamponnement; *mot* accrochage; *mar aero* abordage *m; mil* rencontre *f,* choc, accrochage; *fig a.* conflit, *fam* carambolage *m; z~=stoßen* ⟨*aux: sein*⟩ *itr a. fig* s'entrechoquer, se heurter, se rencontrer; *(Fahrzeuge)* s'emboutir; entrer en collision *(mit etw* avec qc); *loc* tamponner, télescoper *(mit etw* qc); se tamponner, se télescoper; *mot (beim Überholen)* accrocher *(mit etw* qc); *mar* aborder *(mit etw* qc); *mil* se rencontrer; entrer en collision *(mit* avec); *fig a.* entrer en conflit *(mit jdm* avec qn); *(anea.grenzen)* être contigus; confiner *(mit* à).

zusammen=streichen [-'za-] *tr (Zeitungsartikel)* sabrer; *(Buch)* faire des coupures à, châtrer; *(Budget)* faire une coupe sombre.

zusammen=strömen [-'za-] ⟨*aux: sein*⟩ *itr* affluer.

zusammen=stücke(l)n [-'za-] *tr (aus Flicken)* faire avec des morceaux.

zusammen=stürzen [-'za-] ⟨*aux: sein*⟩ *itr (einstürzen)* (s'é)crouler, s'effondrer.

zusammen=suchen [-'za-] *tr* être à la recherche de; rassembler, recueillir.

zusammen=tragen [-'za-] *tr* réunir; *fig (sammeln)* recueillir, rassembler, collectionner; *(Kenntnisse)* amasser; *(Texte)* compiler.

zusammen=treffen [-'za-] ⟨*aux: sein*⟩ *itr (sich begegnen)* se rencontrer; *mit jdm* rencontrer qn; *(gleichzeitig geschehen)* coïncider *(mit* avec); **Z~** *n (Begegnung)* rencontre *f; (von Umständen)* concours *m; (Gleichzeitigkeit)* coïncidence *f; zufällige(s)* ~ *von*

Ereignissen rencontre *f* fortuite d'événements.

zusammen=treiben [-'za-] *tr* rassembler; *(Jagd)* rabattre; *(Außenstände)* recouvrer.

zusammen|=treten [-'za-] ⟨*aux: sein*⟩ *itr* se réunir, s'assembler; **Z~tritt** *m* réunion *f.*

zusammen=trommeln [-'za-] *tr* rallier au son du tambour; *fig fam (Menschen zs.bringen)* ramasser.

zusammen=tun [-'za-] *tr* mettre ensemble, réunir; *sich* ~ se mettre ensemble, se réunir, s'associer; *com* fusionner.

zusammen=wachsen [-'za-] ⟨*aux: sein*⟩ *itr bot med* se souder; *fig* se joindre.

zusammen=werfen [-'za-] *tr* jeter pêle-mêle; confondre; renverser; abattre.

zusammen=wirken [-'za-] *itr (verschiedene Kräfte, Ursachen)* agir ensemble; coopérer; concourir (à un objectif commun); **Z~** *n* action *f* combinée, efforts *m pl* combinés; coopération *f;* concours *m.*

zusammen=würfeln [-'za-] *tr* réunir au hasard; *eine bunt zusammengewürfelte Gesellschaft* une société fort mêlée.

zusammen=zählen [-'za-] *tr* = *zusammenrechnen.*

zusammen=zieh|en [-'za-] *tr* ⟨*aux: haben*⟩ *(verkürzend)* rétrécir, raccourcir; *(verengend)* (res)serrer; *physiol* contracter; *(Truppen)* concentrer, rassembler; *adm (zentralisieren)* centraliser; = *zs.rechnen; fig (kürzen)* raccourcir, abréger, réduire; *itr* ⟨*aux: sein*⟩ aller habiter ensemble; *wir sind zs.gezogen* nous faisons ménage commun; ⟨*aux: haben*⟩ *sich* ~ (se) rétrécir, se raccourcir; se resserrer; se contracter; *(Augenbrauen)* froncer; *(Wolken, a. fig)* s'amasser; *(Gewitter)* se préparer; ~**end** *a med* astringent; ~*e(s) Mittel n* astringent *m;* **Z~ung** *f* froncement; rétrécissement, raccourcissement; resserrement *m;* contraction; concentration; centralisation; addition *f;* abrégement *m,* réduction *f;* ~ *des Herzmuskels* systole *f.*

zusammen=zucken [-'za-] ⟨*aux: sein*⟩ *itr* tressaillir *(vor* de).

Zusatz *m* ['tsu:-] *(Hinzufügung)* addition, adjonction; *(Anmerkung)* note *f* (additionnelle); *(Nachtrag)* supplément, additif; *(zu e-m Brief)* post-scriptum; *(zu e-m Buch)* addenda *m; jur* annexe *f; (zu e-m Testament)* codicille *f; (zu e-m Gesetz)* amendement; *chem* additif *m;* ~**ab-**

kommen n accord m additionnel od complémentaire; ~**aggregat** n el groupe m additionnel; ~**antrag** m *(zu e-m Gesetz)* amendement m; *parl* proposition f additionnelle; *e-n* ~ *einbringen* déposer un amendement; ~**artikel** m *(e-s Schriftstücks)* article m additionnel; ~**batterie** f el batterie f survoltrice; ~**bestimmung** f disposition od prescription od clause f additionnelle; ~**bewegung** f tech superposition f des mouvements; ~**bremse** f frein m auxiliaire; ~**düse** f aero gicleur m de correction; ~**dynamo** m el survolteur m; ~**erklärung** f explication f complémentaire; ~**frage** f question f subsidiaire; ~**gebühr** f droit m supplémentaire; ~**gerät** n appareil m complémentaire; ~**haushalt** m adm budget m additionnel od complémentaire; ~**heizung** f chauffage m d'appoint; ~**leistung** f surérogation f; ~**linse** f opt phot lentille f additionnelle; ~**nahrung** f nourriture f complémentaire; ~**patent** n brevet m d'addition od additionnel; ~**police** f *(Versicherung)* police f complémentaire; ~**prämie** f surprime f; ~**protokoll** n protocole m additionnel; ~**rente** f rente f supplémentaire; ~**steuer** f impôt m supplémentaire; ~**vereinbarung** f accord m complémentaire od additionnel; ~**versicherung** f assurance f complémentaire; ~**vertrag** m avenant m; ~**widerstand** m el résistance f supplémentaire.

zusätzlich ['tsu:-] a additionnel, supplémentaire, complémentaire; *(Leistung, Zahlung)* surérogatoire; adv *(außerdem)* en outre, de plus, en sus.

zuschanden [tsu:'ʃandən] adv détruit, abîmé, gâté, ruiné, perdu; *sich* ~ *arbeiten* s'abîmer; ~ *machen (Hoffnung enttäuschen)* décevoir, tromper; anéantir, briser, ruiner; *(Plan: vereiteln)* déjouer, renverser, détruire; ~ *reiten* crever; ~ *werden (Hoffnung)* être déçu od trompé; *(Plan)* être déjoué od renversé od détruit.

zu=schanzen ['tsu:-] tr fig fam: jdm etw ~ faire avoir, procurer qc à qn; jdm alles ~ (a.) faire venir l'eau au moulin de qn.

zu=scharren ['tsu:-] tr (re)couvrir de terre (en grattant).

zu=schauen ['tsu:-] itr regarder *(jdm, e-r S* qn, qc), être spectateur *(e-r S* de qc); **Z~er(in** f) m ⟨-s, -⟩ spectateur m, spectatrice f; *TV* (télé)spectateur m, (télé)spectatrice f; *(Zeuge)* témoin m f; *die* ~ *pl* les spectateurs m pl, le pu-

blic, la galerie; **Z~erraum** m theat salle (de spectacle); *(des Kinos)* salle f de cinéma; **Z~ertribüne** f tribune f du public.

zu=schaufeln ['tsu:-] tr recouvrir od combler à la pelle.

zu=schenken ['tsu:-] tr *(zu e-m Getränkerest)* reverser; *darf ich (Ihnen)* ~? puis-je vous reverser à boire?

zu=schicken ['tsu:-] tr = zusenden.

zu=schieben ['tsu:-] tr *(Schublade)* fermer; jdm etw pousser qc vers qn; fig se décharger de qc sur qn; jdm den Eid ~ déférer le serment à qn; jdm die Schuld an e-r S ~ attribuer od imputer à qn la faute de qc, rejeter la faute de qc sur qn; jdm die Verantwortung für etw ~ rejeter la responsabilité de qc sur qn.

zu=schießen ['tsu:-] tr fig: jdm e-n Blick ~ jeter od darder un regard sur qn, lancer un regard à qn; Geld ~ fournir un supplément d'argent; itr *(e-n Zuschuß geben)* y contribuer, y mettre du sien; ⟨aux: sein⟩ auf jdn, etw ~ *(losstürzen)* fondre, s'élancer, se précipiter sur qn, sur qc.

Zuschlag m ['tsu:-] *(bei e-r Ausschreibung, Auktion)* (prononcé m d')adjudication; *(Preiserhöhung)* majoration, augmentation; *(zu e-r Gebühr)* surtaxe f; loc supplément; *metal (Zusatz bei e-m Schmelzprozeß)* fondant m; *mit e-m* ~ *belegen* surtaxer; *den* ~ *erteilen (Auktion)* adjuger, donner le dernier coup de marteau; **zu=schlagen** tr ⟨aux: haben⟩ *(Deckel)* rabattre; *(Tür)* (faire) claquer; *(Buch)* (re)fermer brusquement; *(Kiste, Faß zunageln)* fermer, clouer; *(jdm den Ball)* lancer, envoyer (la balle à qn); *(bei e-r Ausschreibung, Auktion)* adjuger *(jdm etw* qc à qn); itr ⟨aux: sein⟩ *(Tür)* se fermer brusquement, claquer; ⟨aux: haben⟩ *(auf e-n Menschen)* frapper, porter des coups; *fest* ~ avoir la main lourde; *(immer) gleich* ~ avoir la main leste; *kräftig* od *tüchtig* ~ frapper od cogner dur, ne pas y aller de main morte; *zugeschlagen! (bei e-r Auktion)* adjugé!

~**hammer** m *(für beide Hände)* marteau m à (frapper) devant; **z~(s)frei** a exempt de surtaxe; loc sans supplément; ~**(s)karte** f loc (billet de) supplément m; **z~(s)pflichtig** a loc avec supplément; soumis à une surtaxe; ~**(s)porto** n surtaxe f, port m supplémentaire; ~**(s)prämie** f surprime f; ~**(s)steuer** f impôt m additionnel od supplémentaire; ~**stoff** m metal fondant *m*; ~**sverweigerung** *f* refus *m* d'adjudication; ~**(s)zoll** *m* droit *m* supplémentaire.

zu=schließen ['tsu:-] *tr* fermer à clé.

zu=schmeißen ['tsu:-] *tr* pop *(Tür)* (faire) claquer.

zu=schmieren ['tsu:-] *tr* boucher (*mit* avec).

zu=schnallen ['tsu:-] *tr* boucler.

zu=schnappen ['tsu:-] *itr* ⟨aux: sein⟩ *(Verschluß)* se fermer brusquement; ⟨aux: haben⟩ *(zubeißen)* mordre.

Zuschneid|ekurs *m* ['tsu:-] cours *m* de coupe; ~**emaschine** *f* machine à découper, découpeuse *f*; **zu=schneiden** *tr (Stoff)* découper; *(Kleidungsstück)* couper, tailler; *(Holz)* débiter; ~**er** *m* coupeur *m*.

zu=schneien ['tsu:-] ⟨aux: sein⟩ *itr* se couvrir de neige.

Zuschnitt *m* ['tsu:-] coupe, taille, façon; *fig (Gestaltung)* tournure *f*.

zu=schnüren ['tsu:-] *tr* serrer (avec un cordon *od* une ficelle), ficeler; *(Schuhe)* lacer; *es schnürt mir die Kehle zu (fig)* cela me serre la gorge.

zu=schrauben ['tsu:-] *tr* visser, fermer à vis.

zu=schreiben ['tsu:-] *tr (hinzufügen)* ajouter; *jdm etw (Summe, Grundstück)* porter qc au compte de qn, créditer qn de qc; *fig* attribuer qc à qn; *pej* imputer, prêter qc à qn; mettre qc sur le compte de qn; *sich etw ~* s'attribuer qc; *das hast du dir selbst zuzuschreiben* tu ne peux t'en prendre qu'à toi-même, c'est ta (propre) faute.

zu=schreien ['tsu:-] *tr: jdm etw ~* crier qc à qn.

zu=schreiten ['tsu:-] ⟨aux: sein⟩ *itr: auf jdn ~* marcher, avancer, se diriger vers qn.

Zuschrift *f* ['tsu:-] communication, lettre *f*.

zuschulden [tsu:'ʃuldən] *adv: sich etw ~ kommen lassen* se rendre coupable de qc; faire *od* commettre une faute.

Zuschuß *m* ['tsu:-] *(Beitrag)* contribution *f*; *(zusätzliche Zahlung)* (versement) supplément(aire) *m*; *(Beihilfe)* aide, *(Sozialleistung)* allocation; *(staatliche Wirtschaftshilfe)* subvention; *typ (zusätzl. Papier)* passe *f*; ~**betrieb** *m* entreprise *f* exigeant une subvention; ~**gebiet** *n* région *f* exigeant une subvention.

zu=schütten ['tsu:-] *tr (auffüllen)* combler, remplir, remblayer; *(hinzutun)* ajouter *(zu* à).

zu=sehen ['tsu:-] *itr: jdm ~* regarder qn; *e-r S ~* assister à qc, être spectateur *od* témoin de qc; *(aufmerksam)*

faire attention, veiller; *(nicht einschreiten)* (regarder et) ne rien faire; *(sich bemühen)* faire en sorte *(daß* que *subj)*; avoir soin de *inf; bei genauerem Z~* en y regardant de plus près; *da müssen Sie selber ~ fig* c'est votre affaire, cela vous regarde; ~**ds** *adv* à vue d'œil, visiblement.

zu=send|en ['tsu:-] *tr* envoyer, faire parvenir; **Z~ung** *f* envoi *m*.

zu=setzen ['tsu:-] *tr (hinzufügen)* ajouter; *(Geld bei e-m Geschäft)* perdre, sacrifier; *itr: jdm mit etw ~* importuner, incommoder qn de qc; *jdm mit Bitten ~* obséder qn de demandes *od* de prières; *jdm mit Fragen ~* presser qn de questions; *(Geld)* ~ en être de sa poche; *jdm hart ~* tracasser, molester, persécuter qn.

zu=sicher|n ['tsu:-] *tr* assurer, garantir; *(Belohnung)* promettre; **Z~ung** *f* assurance, garantie; *(versprechen)* promesse *f*.

Zuspätkommende(r) *m* [tsu:'ʃpɛ:t-] retardataire *m*.

zu=sperren ['tsu:-] *tr* fermer (à clé), verrouiller.

zu=spielen ['tsu:-] *tr sport (den Ball)* passer, servir; *fig: jdm etw ~* faire une passe à qn.

zu=spitz|en ['tsu:-] *tr* tailler en pointe, aiguiser, effiler; *sich ~ (Lage: ernst werden)* empirer, s'aggraver, s'envenimer, se gâter; **Z~ung** *f fig* aggravation; *pol a.* escalade *f*.

zu=sprech|en ['tsu:-] *tr (jur od bei e-r Auktion)* adjuger, attribuer *(jdm etw* qc à qn); *tele (durchsagen)* communiquer; *e-n Preis ~* décerner un prix; *itr (gut zureden)* exhorter, encourager *(jdm* qn); *fig (e-r Speise, e-m Getränk)* faire honneur à; *jdm freundlich ~* avoir des paroles aimables pour qn; *jdm Mut ~* encourager, exhorter qn; *jdm Trost ~* consoler qn; **Z~ung** *f jur* adjudication, attribution *f*.

zu=springen ['tsu:-] ⟨aux: sein⟩ *itr (Verschluß)* se fermer (brusquement); *auf jdn ~* s'élancer vers *od* sur qn; *(sich auf jdn werfen)* se jeter, foncer sur qn.

Zuspruch *m* ⟨-(e)s, ø⟩ ['tsu:-] *(Aufmunterung)* exhortation *f*, encouragement *m*; *(Trost)* consolation, *(geistlicher)* assistance; *(Beifall)* approbation *f*, applaudissements *m pl*; *(Andrang, Erfolg)* succès *m*; *(Andrang)* affluence *f*; *viel ~ haben (com)* être bien achalandé; *(Arzt, Rechtsanwalt)* avoir une forte clientèle, *allg* être en vogue.

Zustand ['tsu:-] *m* état *m*; *(Beschaf-*

fenheit) condition; *(Lage)* situation, position; *(Entwicklungsstufe)* phase *f; pl (Verhältnisse)* circonstances *f pl; med fam* crise *f* de nerfs; *in betriebsfähigem* ~ en ordre de marche *od* de fonctionnement; *in betrunkenem* ~ en état d'ivresse; *in gutem, schlechtem* ~ en bon, mauvais état; *s-e Zustände haben (med)* avoir ses nerfs; *etw in gutem* ~ *halten* tenir qc en état; *das sind Zustände! Zustände wie im alten Rom! (fam)* quelle pagaille! *der gegenwärtige* ~ *(pol)* le statu quo.

zustande [tsu'ʃtandə] *adv:* ~ *bringen* venir à bout de, faire aboutir, mettre sur pied, réaliser, exécuter; *(mit Geschick od Feingefühl)* ménager; ~ *kommen* se faire, s'organiser, se réaliser, naître; *(stattfinden)* avoir lieu; **Z~bringen** *n* mise sur pied, réalisation, exécution *f;* **Z~kommen** *n* réalisation *f.*

zuständig ['tsu:-] *a* compétent; *(befugt)* qualifié, autorisé; *(verantwortlich)* responsable; *nicht* ~ *(a.)* incompétent; *von* ~*er Stelle* de bonne source; ~ *sein (jur a.)* avoir compétence; *sich an die* ~*e Stelle wenden* s'adresser à l'autorité compétente *od* à qui de droit; *dafür bin ich* ~ c'est de mon ressort, cela ressort *od* relève de moi *od* de ma compétence; cela fait partie de mes attributions; *dafür bin ich nicht* ~ *(a.)* cela sort de mes attributions *od* de ma compétence; ~*e(s) Gericht* *n* tribunal *m* compétent; ~*e(r) Richter* *m* juge *m* compétent; **Z~e(r)** *m: an, durch den Z~en* à, par qui de droit; **Z~keit** *f* compétence *f,* ressort *m; jur* juridiction *f; die* ~ *e-s Gerichts ablehnen* décliner la compétence d'un tribunal; *nicht in jds* ~ *fallen* échapper à la compétence de qn; **Z~keitsbereich** *m* ressort *m;* ~**keitshalber** *adv* pour attribution, pour suite à donner.

zustatten [tsu'ʃtatən] *adv: jdm* ~ *kommen* venir à propos *od* à point pour qn, servir qn, profiter à qn.

zu=stecken ['tsu:-] *tr (Riß in e-m Gewebe)* fermer avec une *od* des épingle(s); *jdm etw* ~ *(fig)* glisser qc à qn, donner qc à qn en cachette.

zu=stehen ['tsu:-] *itr (gebühren)* revenir, appartenir *(jdm* à qn); *das steht mir von Rechts wegen zu* cela me revient de droit; *das steht mir nicht zu* je n'y ai pas droit.

zu=steigen ['tsu:-] *⟨aux: sein⟩ itr* monter en cours de route *od* de voyage; *(ist) noch jemand zugestiegen?* quelqu'un est-il monté en cours de route?

Zustell‖bezirk *m* ['tsu:-] *(Post)* rayon *m* de distribution; **Z~dienst** *m* service *m* de factage, distributions *f pl;* **zu=stellen** *tr (versperren)* barrer, obstruer; *(Fenster, Tür a.)* condamner; *(übermitteln)* remettre, délivrer *(jdm etw* qc à qn); *(Post)* distribuer; *adm* notifier; *jur* signifier; ~**gebühr** *f* factage *m,* taxe *f* de livraison; ~**postamt** *n* bureau *m* (de poste) distributeur *od* destinataire; ~**ung** *f* remise (à domicile), délivrance, livraison; *(durch die Post)* remise, distribution *f,* factage *m; adm* notification; *jur* signification *f;* ~ *durch Eilboten* remise *f* par exprès; ~**ungsurkunde** *f jur* acte *m* de signification.

zu=steuern ['tsu:-] **1.** *⟨aux: sein⟩ itr mar* faire route, mettre le cap *(auf* sur); *allg (fahren)* se diriger *(auf* vers); *der Küste* ~ mettre le cap sur la côte.

zu=steuern ['tsu:-] **2.** *⟨aux: haben⟩ tr (beitragen)* contribuer *(zu* à).

zu=stimm‖en *itr* consentir, donner son consentement *od* son assentiment *od* son accord; acquiescer *(e-r S* à qc); *(e-r Bedingung)* accepter (une condition); *jdm, e-r S* approuver qn, qc; ~**end** *a* approbateur, approbatif; *adv* en signe d'approbation; ~ *nicken (a.)* faire un signe d'assentiment; **Z~ung** *f* consentement, assentiment, accord; acquiescement *m,* adhésion; approbation *f;* agrément *m; mit Ihrer* ~ avec votre assentiment; *s-e* ~ *erteilen* donner son autorisation; *s-e* ~ *geben* donner son assentiment *od* son accord *(zu* à); ~ *des Ehemannes (jur)* autorisation *f* maritale; *stillschweigende* ~ *(jur)* consentement *m* tacite; **Z~ungserklärung** *f* déclaration *f* de consentement.

zu=stopfen ['tsu:-] *tr (Loch)* boucher; *(Ritze)* calfeutrer; *(mit Werg)* étouper.

zu=stöpseln ['tsu:-] *tr* tamponner, boucher.

zu=stoßen ['tsu:-] *tr ⟨aux: haben⟩ (Tür)* fermer en poussant; *itr ⟨aux: sein⟩ fig (Unglück: geschehen)* arriver, survenir; *mir ist ein Unglück zugestoßen* il m'est arrivé un malheur.

zu=streben ['tsu:-] *⟨aux: sein⟩ itr* se diriger *(e-r S* vers qc).

Zustrom *m ⟨-(e)s, ø⟩* ['tsu:-] *(von Menschen)* affluence *f,* afflux *m.*

zu=stürmen ['tsu:-] *⟨aux: sein⟩ itr: auf jdn, etw* ~ s'élancer vers *od* sur qn, qc.

zu=stürzen ['tsu:-] *⟨aux: sein⟩ itr: auf jdn* ~ se précipiter vers qn, foncer sur qn.

zutage [tsu'taːgə] *adv:* ~ *bringen (fig:
enthüllen)* mettre au jour, révéler; ~
fördern (mines) extraire; *fig* mettre
au jour; ~ *kommen,* ~ *treten* paraître
(au grand jour), se faire jour *(offen)*
~ *liegen* être à jour, être évident *od*
manifeste.

Zutaten *f* ['tsuː-] *pl (Bestandteile e-r
Speise)* ingrédients *m pl; (Schneide-
rei: notwendiges Material außer dem
Stoff)* fourniture *f.*

zuteil [tsu'taɪl] *adv: jdm* ~ *werden*
échoir (en partage) *od* revenir à qn;
jdm etw ~ *werden lassen* (faire) donner, faire obtenir qc à qn; *ihm wurde
ein prachtvolles Geschenk* ~ il reçut
un cadeau magnifique; *ein freundli-
cher Empfang wurde ihm* ~ on lui fit
bon accueil.

zu=teil|en ['tsuː-] *tr (zuweisen)* attribu-
er; *bes. adm* assigner, impartir; *bes.
mil (Truppen unterstellen)* affecter;
jur (zusprechen) adjuger; *(austeilen)*
distribuer; *(bes. Aktien)* répartir; *(ra-
tionieren)* rationner, contingenter;
Z~ung *f* attribution; assignation;
(Geldzuteilung) allocation; affectation; adjudication; distribution; répartition *f; (Rationierung)* rationnement,
contingentement *m; (Ration)* ration
f; **Z~ungsausschuß** *m* commission
f des allocations; **Z~ungsnachricht**
f avis *m* de répartition; **Z~ungspe-
riode** *f (bei d. Rationierung)* période
f de rationnement; **Z~ungssätze** *m
pl* taux *m pl* de rationnement;
Z~ungssystem *n* système *m* de
répartition.

zutiefst [tsu'tiːfst] *adv* au plus profond, profondément; ~ *erregt* remué
jusqu'au fond des entrailles.

zu=tragen ['tsuː-] *tr (heimlich mitteilen)* rapporter; *sich* ~ *(sich ereignen)*
arriver, se passer, se produire.

Zuträg|er *m* ['tsuː-] *tr* rapporteur; *(De-
nunziant)* délateur, *fam* mouchard
m; ~erei *f* [-'raɪ] délation, dénonciation *f, fam* mouchardage *m;* **z~lich** *a
(gesund, heilsam)* salutaire, salubre;
(Speise: bekömmlich) digest(ibl)e;
~lichkeit *f* salubrité; digestibilité *f.*

zu=trau|en ['tsuː-] *tr: jdm etw* ~ croire
qn capable de qc; *jdm* ~, *daß er etw
tut* croire qn capable de faire qc; *jdm
viel* ~ avoir bonne opinion *od* une
haute idée de qn; *sich nicht viel* ~ se
méfier de ses forces; *fam* manquer
d'estomac; *sich zuviel* ~ présumer de
ses forces; *das traue ich mir nicht zu*
je n'ai pas le courage d'entreprendre
cela; **Z~en** *n* confiance *f (zu en);* ~ *zu
jdm haben* avoir confiance en qn;

~lich *a* confiant; familier; **Z~lich-
keit** *f* confiance *f.*

zu=treffen ['tsuː-] *itr (stimmen, richtig
sein)* être exact *od* juste; *(gelten)* être
valable *(für* pour); *(anwendbar sein)*
s'appliquer *(für* à); *das trifft durchaus zu* c'est absolument exact; *das
könnte* ~ c'est *od* ce serait possible;
~d *a (richtig)* exact, juste; pertinent;
(anwendbar) applicable *(für* à); **Z~es**
bitte ankreuzen prière de cocher la
case correspondante; *~denfalls* *adv*
dans l'affirmative.

zu=treiben ['tsuː-] ⟨*aux: sein*⟩ *itr (von
den Wellen getrieben werden)* être
poussé *(auf … zu* vers …).

zu=trinken ['tsuː-] *itr: jdm* ~ boire à la
santé de qn.

Zutritt *m* ⟨-(e)s, ø⟩ ['tsuː-] *(Zugang)*
accès *m (zu etw* à qc, *zu jdm* auprès
de qn); *(Eintritt)* entrée *f;* ~ *geben zu*
donner accès à; *bei jdm* ~ *haben* être
reçu, avoir ses entrées chez qn; *sich*
~ *verschaffen* s'introduire; *jdm den*
~ *verwehren* refuser sa porte à qn;
*Jugendliche unter 16 Jahren haben
keinen* ~ interdit aux moins de seize
ans; ~ *verboten!* entrée interdite,
défense d'entrer.

zu=tun *tr (hinzufügen)* ajouter; *die
Augen für immer* ~ fermer les yeux à
jamais *die ganze Nacht kein Auge
zugetan haben* ne pas avoir fermé
l'œil de toute la nuit; **Z~** *n: ohne
mein* ~ sans mon entremise *od* ma
participation *od* mon intervention,
sans que j'y sois pour rien.

zuungunsten [tsuˈʔʊn-] *prp gen (zum
Nachteil)* au préjudice de.

zuunterst [tsuˈʔʊntərst] *adv* tout en
bas, au fond.

zuverlässig ['tsuː-] *a (Mensch)* sûr,
sur qui on peut compter, sérieux; *(er-
probt)* éprouvé; *(gewissenhaft)* consciencieux; *(vertrauenswürdig)* digne
de confiance, fiable; *allg* sûr, solide;
(Bericht: wahrhaft) véridique; *(au-
thentisch)* authentique; *(Gedächtnis)*
fidèle; *aus ~er Quelle* de source sûre;
unbedingt ~ à toute épreuve; **Z~keit**
f sûreté; solidité; authenticité; fidélité,
fiabilité *f.*

Zuversicht *f* ⟨-, ø⟩ ['tsuː-] assurance;
(Vertrauen) confiance *f; voller* ~
plein d'assurance *od* d'espoir; *die feste* ~ *haben, daß …* avoir le ferme
espoir que …; **z~lich** *a* confiant; *adv*
avec *od* de *od* en confiance; *~lich-
keit* *f* ⟨-, ø⟩ = ~.

zuviel [tsuˈfiːl] *adv* trop *(gen* de); *einer*
~ un de trop; *viel* ~ beaucoup trop; ~
(davon) wissen en savoir trop; *das
ist (des Guten)* ~ c'en est trop; *besser*

~ als *zuwenig* abondance *f* de biens ne nuit pas.

zuvor [tsu'fo:r] *adv (vorher)* (au-par)avant; *(im voraus)* d'avance; *kurz* ~ peu de temps avant; *nie* ~ ne ... jamais; *wie* ~ comme avant.

zuvorderst [tsu'fɔrdərst] *adv (ganz vorn)* en tête.

zuvörderst [tsu'fœrdərst] *adv (zuerst)* d'abord, en premier lieu; *(zuvor)* préalablement; *(vor allem)* avant tout.

zuvor=kommen [-'fo:r-] ‹*aux: sein*› *itr: jdm* ~ devancer, prévenir qn; *(den Rang ablaufen)* prendre le pas sur qn, gagner qn de vitesse; ~**d** *a* prévenant, obligeant, serviable, attentionné, empressé; *sehr* ~ *gegenüber jdm sein* avoir des attentions pour qn; **Z~heit** *f* ‹-, ø› prévenance, obligeance, serviabilité *f*, attentions *f pl*, empressement *m*.

zuvor=tun [-'fo:r-] *tr: es jdm an* od *in etw* ~ surpasser qn, l'emporter sur qn en qc.

Zuwachs *m* ‹-es, ø› ['tsu:-] surcroît *m (an* de); *Müllers haben* ~ *bekommen (fam)* il y a une naissance chez les Müller; *auf* ~ *berechnet* fait en prévision de surcroît; **zu=wachsen** ‹*aux: sein*› *itr med (Wunde)*, bot *(Vegetationslücke)* se (re)fermer; se couvrir de végétation; ~**rate** *f* augmentation *f*, taux *m* de croissance od d'accroissement od de progression; *jährliche (Produktions-)*~ augmentation *f* annuelle (de productivité); ~**steuer** *f* impôt *m* d'accroissement.

Zuwand|(e)rer ['tsu:-] *m (Einwanderer)* immigrant *m;* **zu=wandern** ‹*aux: sein*› *itr (einwandern)* immigrer; ~**erung** *f* immigration *f*.

zu=warten ['tsu:-] *itr (untätig warten)* attendre (patiemment), rester dans l'expectative.

zuwege [tsu've:gə] *adv: etw* ~ *bringen* réussir à faire qc, venir à bout de qc, mener qc à bonne fin; *gut* ~ *sein (fam: gesund)* être bien portant.

zu=wehen ['tsu:-] *tr: jdm Luft* ~ éventer qn; *(mit Schnee)* ~ combler de neige.

zuweilen [tsu'vaɪlən] *adv* quelquefois, parfois, de temps en temps, de loin en loin.

zu=weis|en ['tsu:-] *tr (bes. adm: zuteilen)* assigner, impartir; attribuer; *(bewilligen)* allouer; *bes. mil (Truppen: unterstellen)* affecter; *jdm e-n Platz* ~ assigner une place à qn; **Z~ung** *f* assignation; attribution; allocation; affectation *f*.

zu=wend|en ['tsu:-] *tr* tourner *(dat* vers); *jdm etw* ~ *(zukommen lassen)* faire obtenir qc à qn; *sich* ~ se tourner *(dat* vers); *sich e-r S* ~ *(fig: beginnen)* passer, procéder à qc; *(sich e-r S widmen)* se vouer od se consacrer à qc; *s-e Aufmerksamkeit e-r S* ~ porter son attention sur qc; *e-m Kind s-e ganze Liebe* ~ reporter toute son affection sur un enfant; *jdm den Rükken* ~ tourner le dos à qn; **Z~ung** *f (Beihilfe)* aide, subvention, dotation, affectation *f*, subside *m; (soziale Unterstützung)* allocation *f; (Gabe)* don *m*.

zuwenig [tsu've:nɪç] *adv* trop peu; *3 Franc* ~ 3 francs en moins.

zu=werfen ['tsu:-] *tr (heftig schließen)* (faire) claquer; *(zuschütten)* remplir, combler; *jdm etw* jeter qc à qn; *jdm den Ball* ~ lancer la balle à qn; *jdm e-n Blick* ~ jeter un regard sur qn.

zuwider [tsu'vi:dər] *prp (nachgestellt) dat* contre, contrairement à, en contradiction avec, à l'encontre de; *adv* contraire; *dem Befehl* ~ contrairement à od contre l'ordre; *jdm* ~ *sein* être contraire, répugner à qn; *er ist mir (sehr)* ~ je l'ai en aversion od en horreur, il me répugne; ~**=handeln** *itr* agir contrairement, contrevenir, désobéir *(e-m Befehl, e-m Gesetz* à un ordre, à une loi); *e-m Vertrag* ~ violer od enfreindre un traité; **Z~handelnde(r)** *m* contrevenant *m;* **Z~handlung** *f* contravention; infraction *f;* ~**=laufen** ‹*aux: sein*› *itr* être contraire *(dat* à) od en contradiction (avec).

zu=winken ['tsu:-] *itr: jdm* ~ faire signe à qn.

zu=zahlen ['tsu:-] *tr* payer en supplément.

zu=zählen ['tsu:-] *tr (hinzurechnen)* ajouter (au compte), additionner.

zuzeiten [tsu'tsaɪtən] *adv* = *zuweilen*.

zu=zieh|en ['tsu:-] *tr ‹aux: haben› (Schlinge, Knoten)* serrer; *(Vorhang)* fermer, tirer; *(Gehilfen)* adjoindre; *(Dolmetscher)* faire usage de, employer; *(Arzt)* appeler en consultation, consulter; *(Facharzt zusätzlich)* faire appel à; *itr ‹aux: sein› (als Mieter)* (aller) s'établir; *zugezogen sein* s'être établi; *sich etw* ~ s'attirer qc; *(e-e Krankheit)* contracter, attraper qc; *(e-n Tadel, e-e Strafe)* encourir qc; *sich Feinde* ~ s'attirer od se faire des ennemis; *e-n Schnupfen zieht man sich leicht zu* un rhume s'attrape facilement; **Z~ung** *f (e-s Gehilfen)* adjonction *f; (e-s Dolmetschers)* usage, emploi *m; (e-s Arztes)* consultation *f; (e-s Sachverständigen)* appel *m* (à un expert); *unter* ~ *e-s Fachmannes* avec le concours d'un spécialiste.

Zuzug *m* ['tsu:-] *(Zuziehen)* é⁺ablissement; *(Zustrom)* afflux *m*, affluence; *(Einwanderung)* immigration *f; mil (Verstärkung)* renfort *m;* ~**sbewilligung** *f,* ~**sgenehmigung** *f* autorisation *f* de résidence.

zuzüglich ['tsu:-] *prp gen* plus; *adv* en sus.

zu≠zwinkern ['tsu:-] *itr* cligner de l'œil *(jdm* à qn); *(mit jdm liebäugeln)* faire de l'œil *(jdm* à qn).

zwacken ['tsvakən] *tr (zwicken)* pincer; *(zupfen)* tirailler; *fig (plagen)* tenailler, tourmenter, harceler.

Zwang *m* ⟨-(e)s, ⁓ e⟩ [tsvaŋ, 'tsvɛŋə] contrainte; *bes. jur* coercition; *(zur Zustimmung zu e-r gerichtl. Handlung)* violence; *(Druck)* pression; *(Gewalt)* force, violence; *(~slage)* gêne; *(Notlage)* nécessité; *(innerer ~)* sujétion *f;* ⁓*e pl (gesellschaftliche, moralische)* pressions *f pl; aus ~* par nécessité; *ohne ~* sans gêne; *unter ~* par contrainte, par coercition; *unter dem ~ der Notwendigkeit* sous l'empire de la nécessité; *unter dem ~ der Verhältnisse* par la force des circonstances; *jdm ~ antun od auf(er)legen* contraindre, forcer qn, faire pression sur qn *od* violence à qn; *sich ~ antun* se contraindre, se faire violence; *sich keinen ~ antun* ne pas se gêner, ne pas être gêné, être sans gêne; ~ *anwenden* user de contrainte *(gegen jdn* envers qn); *sich von e-m lästigen ~ befreien* se libérer d'une contrainte *od* sujétion; **z~haft** *a (gezwungen)* contraint, forcé; **z~los** *a* aisé, léger, naturel; *a u. adv* sans contrainte, sans gêne, sans façon(s); *~e Unterhaltung f* conversation *f* à bâtons rompus; ~**losigkeit** *f* absence de contrainte *od* de gêne; *(Ungezwungenheit)* aisance *f,* laisser-aller *m.*

zwängen ['tsvɛŋən] *tr* presser, serrer; *(hindurch~)* faire passer *od (hinein~)* entrer *od (hinaus~)* sortir de force; *sich in ein Auto ~* s'entasser dans une voiture.

Zwangs|anleihe *f* ['tsvaŋs-] emprunt *m* forcé; ~**arbeit** *f (gerichtl. Strafe)* travaux *m pl* forcés; *(staatl. Maßnahme)* travail *m* obligatoire; ~**arbeiter** *m* travailleur *m* de force; ~**aufenthalt** *m: jdm e-n ~ anweisen* assigner qn à résidence; ~**aushebung** *f mil* recrutement *m* forcé; ~**beitreibung** *f* recouvrement *m* par contrainte; **z~bewirtschaftet** *a* soumis au ra

tionnement; ~**bewirtschaftung** *f* contingentement *m;* ~**einquartierung** *f* cantonnement *m* forcé; ~**enteignung** *f* expropriation *f* forcée; ~**ernährung** *f (bei e-m Hungerstreik)* alimentation *f* forcée; ~**gemeinschaft** *f jur* indivision *f* forcée; ~**handlung** *f psych* impulsion *f* motrice; ~**herrschaft** *f* despotisme *m,* tyrannie *f;* ~**hypothek** *f* hypothèque *f* judiciaire; ~**innung** *f* corporation *f* obligatoire; ~**jacke** *f* camisole *f* de force; ~**kurs** *m fin* cours *m* forcé; ~**lage** *f* état *m* de contrainte; *(Notlage)* gêne, nécessité *f; aus e-r ~ heraus handeln* avoir la main forcée; *jdn in die ~ versetzen, zu ... mettre* qn dans *od* réduire qn à la nécessité de ...; **z~läufig** *a* obligatoire; *(unvermeidbar)* inévitable; *(Entwicklung)* irrévocable; *adv* forcément, par la force des choses; obligatoirement; nécessairement; ~**läufigkeit** *f* ⟨-, ø⟩ nécessité *f;* ~**liquidation** *f jur* liquidation *f* judiciaire; ~**lizenz** *f* licence *f* obligatoire; ~**maßnahme** *f,* ~**maßregel** *f* mesure *f* coercitive *od* de coercition *od* de contrainte *od* de rétorsion *od* répressive; ~**mieter** *m* locataire *m* imposé; ~**mittel** *n* moyen *m* coercitif *od* de contrainte; ~**neurose** *f med* névrose *f* d'obsession; ~**pensionierung** *f* mise *f* à la retraite d'office; ~**räumung** *f* évacuation *f* forcée; ~**schlichtung** *f* conciliation *f* obligatoire; ~**umtausch** *m* obligation *f* de changer de l'argent; ~**verfahren** *n* procédure *f* coercitive; ~**vergleich** *m jur* concordat *m* judiciaire, composition *f;* ~**verkauf** *m* vente *f* forcée; ~**versicherte(r)** *m* assuré *m* obligatoire; ~**versicherung** *f* assurance *f* obligatoire; ~**versteigerung** *f* (vente *f* aux) enchères *f pl* forcée(s), licitation *f* judiciaire; ~**verwalter** *m* (administrateur-)séquestre *m;* ~**verwaltung** *f* gestion *f* forcée, (mise *f* sous) séquestre *m,* séquestration *f;* ~**vollstreckung** *f* exécution *f* forcée; ~**vollstreckungsbefehl** *m* ordonnance *f* de saisie; ~**vorstellung** *f* *psych* idée fixe, obsession *f;* **z~weise** *adv* par contrainte, de *od* par force, forcément; *jur* par coercition; ~**wirtschaft** *f* économie *f* contrôlée *od* dirigée; *(Rationierung)* (régime de) rationnement *m; die ~ aufheben* supprimer le rationnement; *Aufhebung f der ~* suppression *f* du rationnement.

zwanzig ['tsvantsiç] *(Zahlwort)* vingt; *etwa ~(...)* une vingtaine (de); *in den ~er Jahren (e-s Jahrhunderts)* dans les années vingt à trente; **Z~er** *m* ⟨-s, -⟩ (jeune) homme *m* de vingt ans; **Z~erjahre** *n pl: in den ~n (e-s Menschenlebens) sein* avoir entre vingt et trente ans; **~fach** *a*, **~fältig** *a* vingtuple; **~jährig** *a* de vingt ans; **Z~stel** *n* ⟨-s, -⟩ vingtième *m;* **~stens** *adv* vingtièmement; **~ste(r, s)** *a* vingtième.

zwar [tsva:r] *adv (allerdings)* à la vérité; il est vrai, certes, en effet, sans doute; *und ~ (nämlich)* à savoir; *ich reise ab, und ~ (schon) morgen* je partirai, et cela dès demain; *und ~ so* et voici comment.

Zweck *m* ⟨-(e)s, -e⟩ ['tsvɛk] but, objet *m; (Endzweck)* fin *f; (Absicht)* dessein *m,* intention *f; (Sinn)* sens *m; (Bestimmung)* destination; *(Verwendung)* application; *(Funktion)* fonction *f; zum ~ (gen) = z~s; zu diesem ~* dans ce but, à cette fin, à cette intention, à cet effet; *zu friedlichen ~en* à des fins pacifiques; *ohne ~ und Ziel* de but en blanc, au hasard; *zu welchem ~?* dans quel but? à quel dessein? à quelle fin? *s-n ~ erfüllen* produire son effet; *s-n ~ erreichen* atteindre son but, venir à ses fins, *keinen ~ haben* ne mener *od* servir *od* rimer à rien, ne pas avoir de raison d'être; *s-n ~ verfehlen* manquer son but; *e-n ~ verfolgen* poursuivre un but *od* dessein, *mein ~ und Ziel ist ...* j'ai pour but *od* objet ...; *das hat keinen ~ (a.)* cela n'a aucun sens; à quoi bon? *das ist nicht der ~ der Sache* ce n'est pas fait pour cela; *der ~ heiligt die Mittel* la fin justifie les moyens; *Mittel n zum ~* moyen *m* d'arriver au but; **~bau** *m* ⟨-(e)s, -ten⟩ *arch* bâtiment *m* fonctionnel; **~bauen** *n* architecture *f* utilitaire; **z~bestimmt** *a* fonctionnel; *(tendenziös)* tendancieux; **~bestimmung** *f,* **~bindung** *f* affectation *f;* (à des objectifs précis) **z~dienlich** *a* expédient; *(nützlich)* utile; *(angebracht, passend)* opportun, pertinent, convenable; *(wirksam)* efficace; **~dienlichkeit** *f* ⟨-, ø⟩ utilité; opportunité, convenance, efficacité *f;* **~ehe** *f* mariage *m* d'intérêt; **z~entfremdet** *a* désaffecté; **~entfremdung** *f* désaffectation *f;* **z~entsprechend** *a = z~mäßig;* **z~frei** *a* désintéressé; **z~gebunden** *a* affecté (à des objectifs précis); fonctionnel; **z~gemäß** *a = z~mäßig;* **z~haft** *a* fonctionnel; **z~los** *a (unnütz)* inutile, vain; *es ist od wäre ~, darüber zu reden* c'est indiscutable; **~losigkeit** *f* ⟨-, ø⟩ inutilité, vanité *f;* **z~mäßig** *a* approprié,

adéquat, pratique, utile, fonctionnel, convenable; **~mäßigkeit** *f* ⟨-, ø⟩ convenance, rationalité *f;* **~mäßigkeitsgründe** *m pl: aus ~n* pour des raisons de convenance *od* d'opportunité; **~meldung** *f* nouvelle *f* tendancieuse; **~optimismus** *m* optimisme *m* de commande; **z~s** *prp gen (zum Zweck)* en vue de, aux fins de; **~sparen** *n* épargne *f* créatrice; **~steuern** *f pl* impôts *m pl* affectés à des dépenses déterminées; **~verband** *m* association *f* à but déterminé; *kommunale(r) ~* syndicat *m* de communes; **z~voll** *a = z~mäßig;* **z~widrig** *a* contraire au but, mal approprié, impropre, inadéquat; **~widrigkeit** *f* ⟨-, ø⟩ impropriété *f.*

Zwecke *f* ⟨-, -n⟩ ['tsvɛkə] *(Metallstift)* pointe, semence; *(Heftzwecke)* punaise *f; (Schuhnagel)* clou *m* à chaussures, caboche *f.*

zwei [tsvai] *(Zahlwort)* deux; *die Z~ (als Ziffer)* le (chiffre) deux; *in ~ Teile (zerbrochen)* en deux; *zu ~en, zu ~t (deux)* à deux; *fam* en tandem; *alle ~ Monate erscheinend (Zeitschrift)* bimestriel; **Z~achser** *m* ⟨-s, -⟩ *mot* véhicule *m* à deux essieux; **~achsig** *a math* biaxial; *mot* à deux essieux; **~adrig** *a tech* à deux fils; **~armig** *a* à deux bras *od* branches; **~atomig** *a scient* diatomique; **~bändig** *a (Buch)* en deux volumes; **~basisch** *a chem* bibasique; **Z~bein** *n mil* bipied *m;* **~beinig** *a* à jambes; *scient* bipède; **~bettig** *a (Zimmer)* à deux lits; **Z~brücken** *n geog* Deux-Ponts *f;* **Z~bund** *m pol* alliance *f* bipartite; *der ~ (von 1879)* l'Alliance *f* austro-allemande; **Z~decker** *m* ⟨-s, -⟩ *mar* deux-ponts; *aero* biplan *m;* **~deutig** *a* à double sens, ambigu, amphibologique; *a pej* équivoque; *pej* interlope, louche; *~ reden od schreiben* équivoquer; *~e Antwort f (a.)* réponse *f* normande *od* de Normand; **Z~deutigkeit** *f* ambiguïté, amphibologie; *a. pej* équivoque; *pej (Zote)* grivoiserie, obscénité *f;* **~dimensional** *a* à deux dimensions; **Z~drittelmehrheit** *f* ['-'drɪtəl] *parl: mit ~* à la majorité des deux tiers; **~einhalb** *(Zahlwort)* deux et demi(e); **Z~er** *m* ⟨-s, -⟩ *(Rudersport)* deux *m* sans barreur; *m (Rodeln)* bob *m* à deux; **~erlei** ['--'lai] *a inv* de deux sortes, deux sortes de; *auf ~ Art* de deux manières (différentes); *das ist ~* ce sont deux choses différentes *fam; (das ist etwas anderes)* ça fait deux; *fam* ce sont deux choses différentes; *mit ~ Maß* *messen* avoir deux poids et deux mesures; ~ *Reden führen* souffler le chaud et le froid; **Z~erzelt** *n* tente *f* pour deux personnes; ~**fach** *a u. adv* = *doppelt;* **Z~familienhaus** *n* maison *f od* pavillon *m* pour deux familles; **Z~farbendruck** *m* typ bichromie *f;* ~**farbig** *a* bicolore; **Z~felderwirtschaft** *f* agr culture *f* à deux assolements; **Z~flügler** *m pl* ent diptères *m pl;* **Z~frontenkrieg** *m* guerre *f* sur deux fronts; **Z~ganggetriebe** *n* mot boîte *f* à deux vitesses; ~**gängig** *a (Gewinde)* à double pas; **Z~gespann** *n* voiture *f* à deux chevaux; ~**gestrichen** *a mus* deux fois barré; ~**geteilt** *a* biparti(te); **Z~gitterröhre** *f* radio lampe *f* à deux grilles; ~**gleisig** *a: ~e Strecke (loc)* ligne *f* à double voie; ~**gliedrig** *a* math à deux membres; **Z~händer** *m (Schwert)* épée *f* à deux mains, espadon *m;* ~**händig** *a* à deux mains *a. mus; scient* bimane; ~**häusig** *a* bot dioïque; **Z~heit** *f ⟨-, ø⟩ bes. philos* dualité *f;* ~**höck(e)rig** *a (Kamel)* à deux bosses; ~**hundert** *(Zahlwort)* deux cent(s); **Z~hundertjahrfeier** *f* bicentenaire *m;* ~**jährig** *a* (âgé) de deux ans; *bot adm* biennal: *(alle* ~ *Jahre stattfindend)* bisannuel; **Z~kammersystem** *n pol* bicamér(al)isme *m;* **Z~kampf** *m* duel *m;* **Z~kindersystem** *n* système *m* de deux enfants; ~**köpfig** *a (bes. Wappentier)* bicéphale; ~**lappig** *a bot* bilobé; ~**mal** *adv* deux fois; ~ *(hintera.)* à deux reprises; *den Schlüssel* ~ *herumdrehen* fermer à double tour; *es sich nicht* ~ *sagen lassen* ne pas se le faire répéter deux fois; ~ *wöchentlich, monatlich erscheinend (Zeitschrift)* bihebdomadaire, bimensuel; ~**malig** *a* deux fois répété, double; **Z~markstück** *n* pièce *f* de deux marks; **Z~master** *m ⟨-s, -⟩ mar* deux-mâts, brick *m;* ~**monatig** *a* de deux mois; ~**monatlich** *a* bimestriel; ~**motorig** *a* aero bimoteur; ~*e(s) Flugzeug n* bimoteur *m;* **Z~parteiensystem** *n pol* système bipartite, bipartisme *m;* **Z~pfennigstück** *n* pièce *f* de deux pfennigs; **Z~phasenstrom** *m el* courant *m* biphasé; ~**polig** *a* bipolaire; **Z~polröhre** *f* radio diode *f;* **Z~rad** *n* deux-roues *m;* ~**räd(e)rig** *a* à deux roues; ~**reihig** *a (Anzug, Mantel)* croisé; **Z~röhrengerät** *n* radio appareil *m* à deux lampes; **Z~rumpfflugzeug** *n* avion *m* à double fuselage; **Z~samkeit** *f* fait *m* d'être à deux, vie *f* à deux; *e-n Abend in holder* ~ *verbrin-*

gen (hum) passer une soirée à deux; ~**schläfrig** *a (Bett)* à deux personnes; ~**schneidig** *a, a. fig* à double tranchant; *das ist ein ~es Schwert (fig)* c'est une arme à double tranchant; ~**seitig** *a* à deux côtés od faces; *(Stoff)* double face, réversible; *(Vertrag)* bilatéral, biparti(te); *jur* synallagmatique; ~**silbig** *a* de deux syllabes, dissyllab(iqu)e; ~*e(s) Wort n* dissyllabe *m;* **Z~sitzer** *m ⟨-s, -⟩ mot* (voiture à) deux places *f; aero* biplace *m;* ~**sitzig** *a* à deux places, biplace; ~**spaltig** *a typ* à deux colonnes; **Z~spänner** *m ⟨-s, -⟩* voiture *f* à deux chevaux; ~**spännig** *a u. adv* à deux chevaux; ~**spitz** *m (Hut)* bicorne *m;* ~**sprachig** *a* bilingue; *(Text a.)* en deux langues; **Z~sprachigkeit** *f ⟨-, ø⟩* bilinguisme *m,* diglossie *f;* ~**spurig** *a loc* à double voie; *mot* à deux voies; **Z~stärkenglas** *n opt* verre *m* (de lunettes) bifocal od *(bes. pl)* à double foyer; ~**stellig** *a (Zahl)* de deux chiffres; ~**stimmig** *a u. adv. mus* à deux voix; ~*e(r) Gesang m* duo *m;* ~**stökkig** *a* arch, ~**stufig** *a (Rakete)* à deux étages; ~**stündig** *a* de deux heures; ~**stündlich** *a u. adv* toutes les deux heures, de deux en deux heures; ~**tägig** *a* de deux jours; **Z~takter** *m ⟨-s, -⟩,* **Z~taktmotor** *m* moteur (à) deux temps, deux-temps *m;* ~**tausend** *(Zahlwort)* deux mille; ~**teilig** *a* en deux parties od pièces, à deux corps; ~*e(r) Badeanzug m,* ~*e(s) Kleid n* deux-pièces *m;* **Z~teilung** *f* bipartition *f;* **Z~unddreißigstelnote** *f mus* triple croche *f;* ~**(und)einhalb** *(Zahlwort)* = ~*einhalb;* **Z~vierteltakt** *m mus* deux-quatre *m;* **Z~wegehahn** *m tech* robinet *m* à deux voies od eaux; ~**wertig** *a chem* bivalent; **Z~wertigkeit** *f chem* bivalence *f;* **Z~zeiler** *m (Gedicht)* distique *m;* ~**zeilig** *a* de deux lignes; **Z~zimmerwohnung** *f* appartement *m* de deux pièces; **Z~zylinder(motor)** *m* moteur *m* à deux cylindres.

Zweifel *m ⟨-s, -⟩* ['tsvaɪfəl] doute *m; (Ungewißheit)* incertitude *f; (Bedenken)* scrupule *m; (Zögern)* hésitation *f; außer (allem)* ~ hors de doute; *ohne (jeden)* ~ sans aucun doute, à coup sûr, pour sûr, sans conteste, incontestablement; ~ *äußern* exprimer des doutes; ~ *haben od hegen* avoir des doutes *(wegen* sur); *jdn im* ~ *lassen* laisser qn dans le doute; *im* ~ *sein* être dans le doute *(wegen* au sujet de); *über jeden* ~ *erhaben sein* être hors de doute od incontestable;

etw in ~ *ziehen* mettre qc en doute; *es besteht nicht der mindeste* od *leiseste* ~ il n'y a pas l'ombre d'un doute; *darüber besteht nicht der geringste* ~, *das unterliegt keinem* ~ là-dessus il n'y a pas de doute, cela ne peut être mis en doute, cela est hors de doute; *es stiegen* ~ *in mir auf* j'eus des doutes; **z~haft** *a (fraglich)* douteux, problématique; *(ungewiß)* incertain; *(verdächtig)* suspect, louche, sujet à caution; *(Mensch: unschlüssig)* indécis, irrésolu; *etw* ~ *machen* jeter le doute sur qc; ~*e Angelegenheit f (fam a.)* pot *m* au noir; ~*e Persönlichkeit f* personne *m* louche od à double face; **z~los** *adv = ohne (jeden)* ~; **z~n** *itr* douter (*an etw* de qc); *(daran)* ~, *daß* ... douter que *subj; nicht* ~, *daß* ne pas douter que (ne) *subj;* **z~nd** *a* sceptique; ~**sfall** *m* cas *m* douteux; *im* ~ en cas de doute; **z~sfrei** *adv,* **z~sohne** *adv = ohne (jeden)* ~; ~**sucht** *f* ‹-, ø› scepticisme *m; (Ungläubigkeit)* incrédulité *f;* **Zweifler** *m* ‹-s, -› sceptique, incrédule *m.*

Zweig *m* ‹-(e)s, -e› [tsvaɪk, '-gə] *a. fig com* branche *f; fig a.* rameau *m; auf keinen grünen* ~ *kommen (fig)* ne jamais faire fortune, ne jamais réussir; *kleine(r)* ~ rameau *m,* ramille, brindille *f;* ~**bahn** *f loc* embranchement *m; (Nebenbahn)* ligne *f* secondaire; ~**geschäft** *n* maison affiliée, filiale; *(Verkaufsstelle)* succursale *f;* ~**leitung** *f el* branchement *m;* ~**stelle** *f* filiale, succursale; agence *f;* ~**unternehmen** *n* maison *f* affiliée.

zweit [tsvaɪt-]: *zu* ~ à deux; ~**älteste(r, s)** *a* second, puîné; **Z~ausfertigung** *f* duplicata, double *m; jur* ampliation *f;* ~**beste(r, s)** *a* second; ~**e(r, s)** *a* deuxième; *(von nur zweien)* second; *(anderer, weiterer)* autre; *aus* ~*er Hand (alt, antiquarisch)* de seconde main; *in* ~*er Ehe* en secondes noces; *in* ~*er Linie, an* ~*er Stelle* en second lieu; *im* ~*en Stock* au deuxième od second (étage); *jeden* ~*en Tag* tous les deux jours; *die* ~*e Geige spielen (fig)* être le sous-fifre; *das ist mir zur* ~*en Natur geworden* c'est devenu pour moi une seconde nature; *das Z~e Gesicht* le don de double vue; *mein* ~*es Ich* mon autre moi-même; ~*e Klasse f (loc)* seconde *f; ein* ~*er Molière* un autre od second Molière; ~**ens** *adv* deuxièmement, secondement, en second lieu, seconde (2°); ~**größte(r, s)** *a* deuxième; ~**höchste(r, s)** *a* second; ~**jüngste(r, s)** *a* avant-dernier; ~**klassig**

a de second ordre; ~**letzte(r, s)** *a* avant-dernier; **Z~mädchen** *n* seconde bonne *f;* ~**rangig** *a* secondaire; **Z~schlüssel** *m* clé od clef *f* de rechange; **Z~schrift** *f = Z~ausfertigung;* **Z~wagen** *m* deuxième voiture *f;* **Z~wohnung** *f* résidence *f* secondaire.

Zwerchfell *n* ['tsvɛrç-] *anat* diaphragme *m; jdm das* ~ *erschüttern (fig)* désopiler (la rate à) qn; **z~erschütternd** *a fig* désopilant.

Zwerg *m* ‹-(e)s, -e› [tsvɛrk, '-gə] nain, pygmée; *(Liliputaner)* lilliputien *m; häßliche(r)* ~ *(fig)* sapajou, gnome *m;* ~**arkaden** *f pl arch* arcature *f;* **z~artig** *a* nain; ~**baum** *m* arbre *m* nain; ~**betrieb** *m* exploitation *f* minuscule; microfundium *m;* ~**engeschlecht** *n* race *f* de nains; **z~(en)haft** *a* nain, pygméen, lilliputien; ~**huhn** *n* poulet *m* nain de Bantam; ~**in** *f* naine, lilliputienne *f;* ~**kiefer** *f bot* pin *m* nain; ~**obst** *n (Stämmchen)* buisson *m;* ~**palme** *f* palmier nain, chamérops, chamærops *m;* ~**pinscher** *m (Hunderasse)* griffon *m* nain; ~**schule** *f* école *f* rurale à classe unique; ~**spitzmaus** *f zoo* petite musaraigne *f;* ~**volk** *n* peuple *m* de nains; *pl* pygmées, négrilles *m pl;* ~**wuchs** *m biol* nanisme *m.*

Zwetsch(g)e *f* ‹-, -n› ['tsvɛtʃ(g)ə] prune, quetsche *f;* ~**nbaum** *m* prunier *m;* ~**nmus** *n* confiture *f* de prunes; ~**nwasser** *n (Schnaps)* (eau-de-vie de) prune(s), quetsche *f.*

Zwickel *m* ‹-s, -› ['tsvɪkəl] *(Schneiderei: Keileinsatz)* soufflet, chanteau, coin; *arch* pendentif, rein *m.*

zwick|en [tsvɪkən] *tr (kneifen)* pincer; *fig (plagen)* tenailler, tourmenter, tracasser; ~ *und zwacken (fig fam)* turlupiner, tarabuster; **Z~er** *m* ‹-s, -› *opt (Kneifer)* pince-nez, lorgnon, binocle *m;* **Z~mühle** *f fig (schwierige Lage)* dilemme, embarras *m; in e-r* ~ *sein* od *sitzen (fig)* être od se trouver (mis) dans une situation embarrassante; *fam* être dans de beaux draps od dans le pétrin.

Zwie|back *m* ‹-(e)s, ~e/(-e)› ['tsvi:bak] biscotte *f; (Schiffszwieback)* biscuit *m;* **z~fach** *a,* **z~fältig** *a = doppelt;* ~**gesang** *m* duo *m;* ~**gespräch** *n* dialogue *m,* conversation *f* od entretien (à deux); *(vertrauliches)* tête-à-tête *m;* ~**laut** *m gram* diphtongue *f;* ~**licht** *n* ‹-(e)s, ø› [-lɪçt] *(Dämmerlicht)* demi-jour; *(schlechte Beleuchtung)* faux jour *m; im* ~ entre chien et loup; **z~lichtig** *a fig (schattenhaft)* vague, incertain, douteux;

~spalt *m* ‹-(e)s, (-e, ¨e)› *(Widerspruch)* contradiction; *(Meinungsverschiedenheit)* dissension *f; (Widerstreit)* conflit, trouble *m; sich in e-m* ~ *befinden* être tiraillé; **z~spältig** *a* divisé, en désaccord; *(Gefühle)* partagé; **~spältigkeit** *f* ‹-, ø› dualité, hétérogénéité, ambiguïté *f;* **~sprache** *f* = ~*gespräch;* **~tracht** *f* ‹-, ø› division, désunion, discord(anc)e, zizanie *f;* ~ *säen* semer la discorde *od* la zizanie, *es herrscht* ~ *unter ihnen* ils sont *od* se trouvent en désaccord; **z~trächtig** *a* divisé, désuni, en discorde, brouillé.

Zwiebel *f* ‹-, -n› ['tsvi:bəl] *(Gewürzpflanze)* oignon; *allg (Pflanzenorgan)* bulbe, *a.* oignon; *pop pej (Taschenuhr)* oignon; *arg* coucou *m,* toquante *f;* **z~artig** *a* bulbeux; **~beet** *n* oignonière *f;* **~dach** *n arch* coupole *f* bulbeuse; **~feld** *n* oignonière *f;* **~fisch** *m typ* pâté, mastic *m;* **z~förmig** *a* en forme de bulbe; **~geruch** *m* odeur *f* d'oignon; **~gewächs** *n* plante *f* bulbeuse; **~kirche** *f (Kirche mit ~türmen)* église *f* bulbeuse; **z~n** *tr fig fam (quälen)* tarabuster, turlupiner; *(schikanieren)* asticoter, brimer; **~schale** *f* pelure *f* d'oignon; **~suppe** *f* soupe *f* à l'oignon; **~tunke** *f: in* ~ à la marinière; **~turm** *m arch* clocher *m* à bulbe.

Zwillich *m* ‹-s, -e› ['tsvɪlɪç] *(Textil)* coutil *m.*

Zwilling *m* ‹-s, -e› ['tsvɪlɪŋ] jumeau *m,* jumelle *f; (Jagdgewehr)* fusil *m* à deux coups; *die* ~*e (pl astr)* les Gémeaux *m pl; eineiige* ~*e pl* jumeaux univitellins, vrais jumeaux *m pl; zweieiige* ~*e pl* faux jumeaux *m pl;* **~sachse** *f mot* essieu *m* jumelé; **~sanordnung** *f tech* disposition *f* jumelle; **~sbereifung** *f* bandages *od* pneus *m pl* jumelés; **~sbruder** *m* frère *m* jumeau; **~sgeburt** *f* accouchement *m* gémellaire; **~skinder** *pl* enfants *m pl* jumeaux; **~slinse** *f opt* lentille *f* jumelée; **~smotor** *m* moteur *m* jumelé; **~srad** *n mot* roue *f* jumelée; **~sreifen** *m pl mot* = ~*sbereifung;* **~sschwester** *f* sœur *f* jumelle; **~striebwerk** *n* = ~*smotor.*

Zwing|burg *f* ['tsvɪŋ-] château *m* fort; citadelle; bastille *f;* **~e** *f* ‹-, -n› *tech (Metallring)* frette *f,* serre-joint *m,* bride *f* de fixation; *(an e-m Stock)* embout *m; (an e-m Messer)* virole; *(Schraubzwinge)* happe *f; (Schraubstock)* étau *m;* **z~en** ‹*zwingt, zwang, hat gezwungen*› [tsvaŋ, gə'tsvʊŋən] *tr* forcer, contraindre, astreindre, obliger *(zu* à); mettre dans la nécessité *(zu* de); *fam (bewältigen, schaffen)* venir à bout de; *sich zu etw* ~ s'obliger, se forcer, se contraindre à qc, s'efforcer de qc; *sich dazu* ~, *etw zu tun (a.)* faire un effort pour faire qc; *jdn zum Gehorsam* ~ imposer l'obéissance à qn; *etw nur gezwungen tun* ne faire qc qu'à son corps défendant; *ich sehe mich gezwungen (abzureisen)* je me vois contraint (de partir); **z~end** *a* pressant, *jur* coercitif; *(Grund)* impératif; ~*e(r) Beweis m* preuve *f* convaincante; ~*e Gründe m pl* raisons *f pl* impérieuses; ~*e Umstände m pl* nécessité *f;* ~*er m* ‹-s, -› *(Wehrturm)* donjon; *(Burggraben)* fossé *m; (Bärenzwinger)* fosse (aux ours); *(Löwenzwinger)* cage *f* (aux lions); *(Hundezwinger)* chenil *m; (Turnierplatz)* arène *f,* lices *f pl; der Dresdner* ~ le Château de Dresde.

zwinkern ['tsvɪŋkərn] *itr: mit den Augen* ~ cligner les *od* des yeux; *(absichtlich)* faire un clin d'œil.

zwirbeln ['tsvɪrbəln] *tr (wirbelnd drehen)* tortiller, tordre.

Zwirn *m* ‹-(e)s, -e› [tsvɪrn] fil (retors) *m;* **z~en 1.** *a (aus, von* ~) de *od* en fil; **z~en 2.** *tr* (re)tordre; *(Seide)* mouliner; **~sfaden** *m* fil *m.*

zwischen ['tsvɪʃən] *prp dat (~ zweien)* entre; *(~ mehreren)* parmi; *(mitten* ~) au milieu de; ~ *fünfzig und sechzig* de cinquante à soixante ans; ~ *den Sitzungsperioden (jur parl)* pendant l'intersession; ~ *uns* de vous à moi; ~ *den Zeilen lesen (fig)* lire entre les lignes.

Zwischen|abkommen *n* ['tsvɪʃən-] accord *m* intérimaire; **~akt** *m theat* entracte *m;* **~aktmusik** *f* entracte *m* de musique; **~bahnhof** *m* gare *f* intermédiaire; **~bemerkung** *f* parenthèse, remarque intercalée; *(Abschweifung)* digression; *(Unterbrechung)* interruption *f;* **~bericht** *m* rapport *m* provisoire; **~bescheid** *m* réponse provisoire; *jur* sentence *f* interlocutoire; **~bestellung** *f agr* culture *f* dérobée; **z~betrieblich** *a* inter-entreprise; **~bilanz** *f com* bilan *m* intérimaire; **~deck** *n mar* entrepont *m;* **~decke** *f arch* faux plafond *od* plancher *m;* **~ding** *n* intermédiaire *m;* **~dividende** *f* acompte *m* sur dividendes; **z~durch** *adv fam* en attendant, entre-temps: *(ab und zu)* de temps en temps *od* à autre; *(gleichzeitig)* en même temps; **~eiszeit** *f* période *f* interglaciaire; **~entscheid** *m jur* décision *f* interlocutoire; **~ergebnis** *n* résultat *m* provisoire; **~fall** *m* incident *m;* ohne ~ *od Zwischen-*

fälle sans incident, sans heurts; **~far-be** *f* demi-teinte *f;* **~finanzierung** *f* financement *m* intérimaire; **~form** *f* forme *f* intermédiaire *od* de transition; **~frage** *f: jdm e-e* ~ *stellen* interrompre qn par une question; **~gas** *n mot:* ~ *geben* faire un double débrayage; **~gericht** *n (Speise)* entremets *m;* **~geschoß** *n arch* entresol *m,* mezzanine *f;* **~glied** *n* membre *m* intermédiaire; **~hafen** *m mar* entrepôt *m* maritime, relâche *f; e-n* ~ *anlaufen* relâcher; **~handel** *m* commerce intermédiaire *od* d'entrepôt, demi-gros *m;* **~händler** *m* intermédiaire; entrepositaire *m;* **~hirn** *n anat* cerveau intermédiaire, thalamencéphale *m;* **~kiefer** *m anat* (os) intermaxillaire *m;* **~kriegszeit** *f (1918 bis 39)* entre-deux-guerres *m od f;* **~lage** *f (mittlere Lage)* position *f* intermédiaire; **z~=lagern** *tr* stocker provisoirement; **~lager(ung** *f) n (von Atommüll)* stockage *m* provisoire; **z~=landen** ⟨*aux: sein*⟩ *itr mar aero* faire escale; **~landung** *f* escale *f; ohne* ~ sans escale; **~lösung** *f* solution *f* provisoire; **~mahlzeit** *f* collation *f; (am Nachmittag)* goûter *m;* **~mauer** *f arch* mur *m* mitoyen *od* de refend; **z~menschlich** *a: ~e Beziehungen f pl* rapports *m pl* d'homme à homme; **~pause** *f (Unterbrechung)* intervalle; *(bei e-r Vorstellung)* entracte *m;* **~person** *f (Vermittler)* intermédiaire *m,* tierce personne *f;* **~produkt** *n* produit *m* intermédiaire; **~raum** *m (räuml. u. zeitl.)* intervalle, interstice, entre-deux *m,* distance *f,* espacement *m; (zwischen Zeilen od Notenlinien)* interligne *m; (Lücke)* lacune *f; bes. tech (Spielraum)* jeu; *typ (in der Waagerechten)* espace; *(zwischen den Zeilen)* interlignage *m;* ~ *lassen zwischen* espacer; *e-n* ~ *lassen (typ)* jeter un espace *od* un blanc; **~raumtaste** *f (der Schreibmaschine)* barre *f* d'espacement; **~rede** *f (Unterbrechung)* interruption *f;* **~redner** *m: mein* ~ celui qui m'a interrompu dans mon discours; **~regelung** *f* règlement *m* provisoire; **~ruf** *m* interruption, exclamation *f;* **~rufer** *m* perturbateur *m;* **~runde** *f sport* demi-finale *f;* **~schaltung** *f* intercalage *m;* **~schein** *m* certificat *m* provisoire; **~schicht** *f* couche *f* intermédiaire; **~sender** *m radio* émetteur-relais *m,* station-relais *f;* **~spiel** *n theat* intermède, divertissement; *mus* intermède (musical), interlude *m;* **z~staatlich** *a pol* interétatique;

~station *f loc* station *f* intermédiaire; ~ *machen* faire halte; **~stecker** *m el* fiche *f* intermédiaire; **~stellung** *f* position *f* intermédiaire; **~stock** *m* = *~geschoß;* **~stück** *n tech* pièce *f* intermédiaire *od* d'espacement *od* intercalaire; **~stufe** *f* degré *m* intermédiaire; **~ton** *m phys mus* son *m* intermédiaire; **~träger** *m* rapporteur *m;* **~urteil** *n jur* (décision *f)* interlocutoire *m;* **~verkauf** *m* vente *f* intermédiaire; ~ *vorbehalten* sauf vente (intermédiaire); **~wand** *f* cloison, paroi *f;* **~wirt** *m zoo (von Parasiten)* hôte *m* intermédiaire; **~zeile** *f typ (eingeschobene Zeile)* interligne, entre-ligne *m;* **~zeit** *f* temps intermédiaire, intervalle, intérim *m; in der* ~ entre-temps, en attendant, sur ces entrefaites, par intérim.

Zwist *m* ⟨-es, -e⟩ [tsvɪst] *(Uneinigkeit)* désaccord *m,* discorde, dissension, brouille *f; (Streit)* différend *m,* dispute, querelle *f,* démêlé *m;* **z~ig** *a (umstritten)* contesté, litigieux; **~igkeit** *f* = ~.

zwitschern ['tsvɪtʃərn] *itr* gazouiller; chanter; *(Schwalbe)* trisser; *wie die Alten sungen, so* ~ *auch die Jungen (prov)* tel père, tel fils; **Z~** *n* gazouillement, chant, ramage *m.*

Zwitter *m* ⟨-s, -⟩ ['tsvɪtər] *bot* hybride, androgyne; *bot zoo* hermaphrodite *m;* **~bildung** *f* hermaphrodisme *m,* androgynie *f;* **~blüte** *f* fleur *f* hermaphrodite; **~ding** *n* chose *f* bâtarde; **z~haft** *a* hybride; *pej* ambigu; **~stellung** *f fig* position *f* intermédiaire; **~tum** *n* ⟨-s, ø⟩ = *~bildung;* **zwitt(e)rig** *a bot* hybride, bissexué.

zwo [tsvo:] *(Zahlwort)* = *zwei.*

zwölf [tsvœlf] *(Zahlwort)* douze; *(ein Dutzend)* une douzaine (de); *um* ~ *Uhr mittags* à midi; *um 12 Uhr nachts* à minuit; *(um) halb* ~ *(Uhr)* (à) onze heures et demie; *die Z~ (f: Zahl)* le (nombre) douze; *die Z~ (m pl: die zwölf Jünger Jesu)* les douze; **Z~eck** *n math* dodécagone *m;* **~eckig** *a* dodécagonal; **Z~ender** *m* ⟨-s, -⟩ *zoo* cerf *m* (à) douze cors; **~erlei** [-'laɪ] *a inv* de douze sortes; **~fach** *a u. adv* douze fois autant; **Z~fingerdarm** *m anat* duodénum *m;* **Z~flächner** *m* ⟨-s, -⟩ *math* dodécaèdre *m;* **~jährig** *a* (âgé) de douze ans; **~mal** *adv* douze fois; **~malig** *a* répété douze fois; **~silbig** *a* de douze syllabes; **Z~tafelgesetze,** *die, n pl hist* les lois *f pl* des Douze Tables; **~te(r, s)** *a* douzième; *in ~er Stunde (fig: im letzten Augenblick)* au dernier moment; **Z~tel** *n*

⟨-s, -⟩ douzième *m;* ~tens *adv* dou-
zièmement; **Z~tonmusik** *f* dodécaphonisme *m.*
Zyan *n* ⟨-s, ø⟩ [tsy'a:n] *chem* cyano-
gène *m;* ~**kali(um)** *n* cyanure *m* de
potassium.
zykl|isch ['tsy:klɪʃ] *a math* u. *allg (re-
gelmäßig wiederkehrend)* cyclique;
Z~on *m* ⟨-s, -e⟩ [tsy'klo:n] *(Wirbel-
sturm)* cyclone *m;* **Z~one** *f* ⟨-, -n⟩
[-'klo:nə] *mete (Tiefdruckgebiet)*
région *f* de basse pression; **Z~op** *m*
⟨-en, -en⟩ [-'klo:p] *(Mythologie)* Cy-
clope *m;* ~**opisch** [-'klo:pɪʃ] *a (riesenhaft)* cyclopéen, gigantesque; ~*e
Mauer f hist (aus unbehauenen Steinen)* mur *m* cyclopéen; **Z~us** *m*
⟨-, -klen⟩ ['tsy:-/ 'tsyklʊs, -klən] *(astr,
Kreislauf; Folge)* cycle *m.*

Zylinder *m* ⟨-s, -⟩ [tsy-/tsi'lɪndər] *math
tech mot* cylindre; *(Hut)* (chapeau)
haut de forme; *fam* tube; *pop* tuyau
de poêle; *(Klappzylinder)* chapeau

claque, gibus; *(e-r Gaslampe)* verre
m de lampe; ~**block** *m* ⟨-(e)s, ⸚e⟩
mot bloc-cylindre, bloc *m* de culasse;
~**bohrung** *f mot* alésage *m* du cylindre; ~**deckel** *m mot* couvercle *m* de
cylindre; **z~förmig** *a* cylindrique;
~**hut** *m* = ~; ~**inhalt** *m mot* cylindrée *f;* ~**kopf** *m mot* culasse *f;*
~**mantel** *m mot* corps *m* od chemise
f de cylindre; ~**wand** *f mot* paroi *f*
du cylindre; **zylindrisch** [-'lɪndrɪʃ] *a*
cylindrique.
Zyn|iker *m* ⟨-s, -⟩ ['tsy:nikər] *(zyni-
scher Mensch)* cynique *m;* **z~isch**
['tsy:nɪʃ] *a (schamlos, bissig)* cynique;
~**ismus** *m* ⟨-, ø⟩ [tsy'nɪsmʊs] cynis-
me *m.*
Zyp|ern ['tsy:pərn] *n geog* la Cypre;
~**rer** *m* ⟨-s, -⟩ , ~**riot** *m* ⟨-en, -en⟩
[tsypri'o:t] Cypriote *m.*
Zypresse *f* ⟨-, -n⟩ [tsy'prɛsə] *bot*
cyprès *m;* ~**nhain** *m* cyprière *f.*
Zyste *f* ⟨-, -n⟩ ['tsʏstə] *med (Geschwulst)* kyste *m,* tumeur *f.*

Anhang

Annexes

Zahlwörter

1. Grundzahlen

0 null *zéro*
1 einer, eine, eins; ein, eine, ein *un, une*
2 zwei *deux*
3 drei *trois*
4 vier *quatre*
5 fünf *cinq*
6 sechs *six*
7 sieben *sept*
8 acht *huit*
9 neun *neuf*
10 zehn *dix*
11 elf *onze*
12 zwölf *douze*
13 dreizehn *treize*
14 vierzehn *quatorze*
15 fünfzehn *quinze*
16 sechzehn *seize*
17 siebzehn *dix-sept*
18 achtzehn *dix-huit*
19 neunzehn *dix-neuf*
20 zwanzig *vingt*
21 einundzwanzig *vingt et un*
22 zweiundzwanzig *vingt-deux*
23 dreiundzwanzig *vingt-trois*
24 vierundzwanzig *vingt-quatre*
25 fünfundzwanzig *vingt-cinq*
30 dreißig *trente*
31 einunddreißig *trente et un*
32 zweiunddreißig *trente-deux*
33 dreiunddreißig *trente-trois*
40 vierzig *quarante*
41 einundvierzig *quarante et un*
42 zweiundvierzig *quarante-deux*
50 fünfzig *cinquante*
51 einundfünfzig *cinquante et un*
52 zweiundfünfzig *cinquante-deux*
60 sechzig *soixante*
61 einundsechzig *soixante et un*
62 zweiundsechzig *soixante-deux*
70 siebzig *soixante-dix*
71 einundsiebzig *soixante et onze*
72 zweiundsiebzig *soixante-douze*
75 fünfundsiebzig *soixante-quinze*

79 neunundsiebzig *soixante-dix-neuf*
80 achtzig *quatre-vingt(s)*
81 einundachtzig *quatre-vingt-un*
82 zweiundachtzig *quatre-vingt-deux*
85 fünfundachtzig *quatre-vingt-cinq*
90 neunzig *quatre-vingt-dix*
91 einundneunzig *quatre-vingt-onze*
92 zweiundneunzig *quatre-vingt-douze*
99 neunundneunzig
     quatre-vingt-dix-neuf
100 hundert *cent*
101 hundert(und)eins *cent un*
102 hundert(und)zwei *cent deux*
110 hundert(und)zehn *cent dix*
120 hundert(und)zwanzig *cent vingt*
199 hundert(und)neunundneunzig
     cent quatre-vingt-dix-neuf
200 zweihundert *deux cents*
201 zweihundert(und)eins *deux cent un*
222 zweihundert(und)zweiundzwanzig
     deux cent vingt-deux
300 dreihundert *trois cents*
400 vierhundert *quatre cents*
500 fünfhundert *cinq cents*
600 sechshundert *six cents*
700 siebenhundert *sept cents*
800 achthundert *huit cents*
900 neunhundert *neuf cents*
1 000 tausend *mille*
1 001 tausend(und)eins *mille un*
1 010 tausend(und)zehn *mille dix*
1 100 tausend(und)einhundert
     mille cent
2 000 zweitausend *deux mille*
10 000 zehntausend *dix mille*
100 000 hunderttausend *cent mille*
1 000 000 eine Million *un million*
2 000 000 zwei Millionen *deux millions*
2 500 000 zwei Millionen fünfhundert-
     tausend *deux millions cinq
     cent mille*
1 000 000 000 eine Milliarde *un milliard*
1 000 000 000 000 eine Billion *un billion*

2. Ordnungszahlen

1. (der, die, das) erste *(le, la)*
   premier, ère (1er, 1ère)
2. zweite *second, e; deuxième*
   (2nd, 2nde; 2e)
3. dritte *troisième (3e)*
4. vierte *quatrième (4e)*
5. fünfte *cinquième*
6. sechste *sixième*
7. sieb(en)te *septième*
8. achte *huitième*
9. neunte *neuvième*
10. zehnte *dixième*
11. elfte *onzième*
12. zwölfte *douzième*
13. dreizehnte *treizième*
14. vierzehnte *quatorzième*
15. fünfzehnte *quinzième*
16. sechzehnte *seizième*
17. siebzehnte *dix-septième*
18. achtzehnte *dix-huitième*
19. neunzehnte *dix-neuvième*
20. zwanzigste *vingtième*
21. einundzwanzigste *vingt et unième*
22. zweiundzwanzigste *vingt-deuxième*
23. dreiundzwanzigste *vingt-troisième*
30. dreißigste *trentième*
31. einunddreißigste *trente et unième*
32. zweiunddreißigste *trente-deuxième*
40. vierzigste *quarantième*
50. fünfzigste *cinquantième*
60. sechzigste *soixantième*
70. siebzigste *soixante-dixième*
71. einundsiebzigste
   soixante et onzième
72. zweiundsiebzigste
   soixante-douzième
79. neunundsiebzigste
   soixante-dix-neuvième
80. achtzigste *quatre-vingtième*

81. einundachtzigste
   quatre-vingt-unième
82. zweiundachtzigste
   quatre-vingt-deuxième
90. neunzigste *quatre-vingt-dixième*
91. einundneunzigste
   quatre-vingt-onzième
99. neunundneunzigste
   quatre-vingt-dix-neuvième
100. hundertste *centième*
101. hundertunderste *cent unième*
110. hundert(und)zehnte *cent dixième*
195. hundert(und)fünfundneunzigste
   cent quatre-vingt-quinzième
200. zweihundertste *deux(-)centième*
300. dreihundertste *trois(-)centième*
500. fünfhundertste *cinq(-)centième*
1 000. tausendste *millième*
2 000. zweitausendste *deux(-)millième*
1 000 000. millionste *millionième*
10 000 000. zehnmillionste
   dix(-)millionième

3. Vervielfältigungs-zahlen

einfach *simple*
doppelt, zweifach *double*
dreifach *triple*
vierfach *quadruple,*
   quatre fois autant
fünffach *quintuple,*
   cinq fois autant
hundertfach *centuple*

4. Bruchzahlen

½	ein halb *un demi*	⅔	zwei Drittel *deux tiers*
⅓	ein Drittel *un tiers*	¾	drei Viertel *trois quarts*
¼	ein Viertel *un quart*	⅖	zwei Fünftel *deux cinquièmes*
⅕	ein Fünftel *un cinquième*	³⁄₁₀	drei Zehntel *trois dixièmes*
¹⁄₁₀	ein Zehntel *un dixième*	1½	anderthalb *un et demi*
¹⁄₁₀₀	ein Hundertstel *un centième*	2½	zwei(und)einhalb *deux et demi*
¹⁄₁₀₀₀	ein Tausendstel *un millième*	5⅜	fünf drei Achtel *cinq trois huitième*
¹⁄₁₀₀₀ ₀₀₀	ein Millionstel *un millionième*	1,1	eins Komma eins *un virgule un*

Amtliche deutsche Maße und Gewichte

Übersicht über die Stufen des Dezimalsystems

Vorsilbe		Zeichen	Vielfaches der Einheit
Mega	méga	M	1 000 000
Hektokilo	hectokilo	hk	100 000
Myria	myria	ma	10 000
Kilo	kilo	k	1 000
Hekto	hecto	h	100
Deka	déca	da	10
…	…	…	…
Dezi	déci	d	0,1
Zenti	centi	c	0,01
Milli	milli	m	0,001
Dezimilli	décimilli	dm	0,000 1
Zentimilli	centimilli	cm	0,000 01
Mikro	micro	μ	0,000 001

Längenmaße

		Zeichen	Vielfaches der Einheit
Megameter	mégamètre	Mm	1 000 000 m
Myriameter	myriamètre	mam	10 000 m
Seemeile	mille marin	—	1 852 m
Kilometer	kilomètre	km	1 000 m
Hektometer	hectomètre	hm	100 m
Dekameter	décamètre	dam	10 m
Meter	mètre	m	Grundeinheit
Dezimeter	décimètre	dm	0,1 m
Zentimeter	centimètre	cm	0,01 m
Millimeter	millimètre	mm	0,001 m
Mikron, My	micron	μ	0,000 001 m

Flächenmaße		Zeichen	Vielfaches der Einheit
Quadratkilometer	kilomètre carré	km²	1 000 000 m²
Quadrathektometer	hectomètre carré	hm²	} 10 000 m²
Hektar	hectare	ha	
Quadratdekameter	décamètre carré	dam²	} 100 m²
Ar	are	a	
Quadratmeter	mètre carré	m²	1 m²
Quadratdezimeter	décimètre carré	dm²	0,01 m²
Quadratzentimeter	centimètre carré	cm²	0,000 1 m²
Quadratmillimeter	millimètre carré	mm²	0,000 001 m²

Kubik- und Hohlmaße

Kubikmeter	mètre cube	m³	} 1 m³
Ster	stère	st	
Hektoliter	hectolitre	hl	0,1 m³
Dekaliter	décalitre	dal	0,01 m³
Kubikdezimeter	décimètre cube	dm³	} 0,001 m³
Liter	litre	l	
Deziliter	décilitre	dl	0,000 1 m³
Zentiliter	centilitre	cl	0,000 01 m³
Kubikzentimeter	centimètre cube	cm³	} 0,000 001 m³
Milliliter	millilitre	ml	
Kubikmillimeter	millimètre cube	mm³	0,000 000 001 m³

Gewichte

Tonne	tonne	t	1 000 kg
Doppelzentner	quintal	q	100 kg
Kilogramm	kilogramme	kg	1 000 g
Hektogramm	hectogramme	hg	100 g
Dekagramm	décagramme	dag	10 g
Gramm	gramme	g	1 g
Karat	carat	—	0,2 g
Dezigramm	décigramme	dg	0,1 g
Zentigramm	centigramme	cg	0,01 g
Milligramm	milligramme	mg	0,001 g

Abkürzungen — Abréviations

a *Ar* are.

A *Ampere* ampère; *Autobahn* autoroute.

a. *am* sur le, la.

AA *Auswärtiges Amt* ministère des Affaires étrangères.

a. a. O. *am angeführten Ort* à l'endroit cité.

Abb. *Abbildung* illustration.

Abf. *Abfahrt* départ.

Abg. *Abgeordneter* député.

Abk. *Abkürzung* abréviation.

Abs. *Absatz* alinéa; *Absender* expéditeur.

Abschn. *Abschnitt* section.

Abt. *Abteilung* service.

a. d. *an der* sur le, la.

a. D. *außer Dienst* en retraite.

ADAC *Allgemeiner Deutscher Automobil-Club* Automobile-Club général d'Allemagne fédérale.

ADN *(DDR) Allgemeiner Deutscher Nachrichtendienst* Agence générale allemande d'informations (R. D. A).

Adr. *Adresse* adresse.

AG *Aktiengesellschaft* société anonyme *od* par actions; *Arbeitsgruppe* groupe de travail; *Arbeitsgemeinschaft* commission de travail.

Ah *Amperestunde* ampère-heure.

ahd. *althochdeutsch* ancien haut allemand.

AIDS *erworbene Immunschwäche* Sida.

AK *Aktienkapital* capital-actions; *Armeekorps* corps d'armée.

AKW *Atomkraftwerk* centrale atomique.

allg. *allgemein* en général.

Anh. *Anhang* appendice.

Ank. *Ankunft* arrivée.

Anl. *Anlage* annexe.

Anm. *Anmerkung* note.

Antw. *Antwort* réponse.

AOK *Allgemeine Ortskrankenkasse* caisse générale de maladie.

a. o. Prof. *außerordentlicher Professor* professeur sans chaire.

APO *außerparlamentarische Opposition* opposition extra-parlementaire.

App. *(tele) Apparat* poste.

ARD *Arbeitsgemeinschaft der öffentlich-rechtlichen Rundfunkanstalten*

der Bundesrepublik Deutschland 1ère chaîne de télévision allemande.

Art. *Artikel* article.

AStA *Allgemeiner Studentenausschuß* comité général des étudiants.

ASW *außersinnliche Wahrnehmung* perception extra-sensorielle.

A. T. *Altes Testament* Ancien Testament.

atü *Atmosphärenüberdruck* bar.

Aufl. *Auflage* édition.

Ausg. *Ausgabe* édition.

a. Z. *auf Zeit* à terme.

B *Bundesstraße* route fédérale; *(in Frankreich:)* route nationale.

b. *bei(m)* chez; près de.

BAFöG *Bundesausbildungsförderungsgesetz* loi fédérale sur les bourses d'études; *(häufig a.: Bundesausbildungsförderung)* bourse d'études.

Bat. *Bataillon* bataillon.

BAT *Bundesangestelltentarif* tarif standard fédéral pour employés.

Bd. *Band (Buch)* volume.

Bde. *Bände* volumes.

beil. *beiliegend* ci-inclus, ci-joint.

Bem. *Bemerkung* remarque.

Benelux *Belgien, die Niederlande und Luxemburg* le Benelux.

bes. *besonders* spécialement.

betr. *betreffend, betreffs* concernant.

Betr. *Betreff* référence.

bez. *bezahlt* payé; *bezüglich* concernant.

Bez. *Bezeichnung* désignation; *Bezirk* district.

Bf. *Bahnhof* gare; *Brief* lettre.

BfA *Bundesversicherungsanstalt für Angestellte* caisse fédérale de retraite pour employés.

BGB *Bürgerliches Gesetzbuch* Code civil.

BGH *Bundesgerichtshof* cour fédérale de justice.

BH *(fam) Büstenhalter* soutien-gorge.

Bhf. *Bahnhof* gare.

BKA *Bundeskriminalamt* office fédéral de la police judiciaire.

Bl. *Blatt (Papier)* feuille, feuillet.

BLZ *Bankleitzahl* code établissement.

BND *Bundesnachrichtendienst* service fédéral de renseignements; *(in*

Frankreich:) renseignements généraux.

BRD *Bundesrepublik Deutschland* République fédérale d'Allemagne.

brosch. *broschiert* broché.

BRT *Bruttoregistertonne* tonneau de jauge brut.

Btx *Bildschirmtext* télétexte.

b. w. *bitte wenden!* tournez, s'il vous plaît!

BWL *Betriebswirtschaftslehre* gestion.

Bz. *Bezirk* district.

bzw. *beziehungsweise* c'est-à-dire.

C *Celsius* Celsius; *Coulomb* coulomb; *Curie* curie.

ca. *circa* environ.

cal *Kalorie* calorie.

cand. *Kandidat* candidat.

cbm *Kubikmeter* mètre cube.

ccm *Kubikzentimeter* centimètre cube.

CDU *Christlich-Demokratische Union* Union chrétienne démocrate.

cf. *vergleiche* confer.

CH *Schweiz (Confederatio Helvetica)* Suisse.

cl *Zentiliter* centilitre.

cm *Zentimeter* centimètre.

Co. *Gesellschaft (Compagnie)* société.

Comecon *Rat für gegenseitige Wirtschaftshilfe (der Ostblockstaaten)* Conseil de l'aide mutuelle économique.

CSU *Christlich-Soziale Union* Union chrétienne sociale.

CVJM *Christlicher Verein Junger Menschen* Union chrétienne des jeunes.

d. Ä. *der Ältere* le Vieux.

DAG *Deutsche Angestellten-Gewerkschaft* Syndicat allemand pour employés.

DB *Deutsche Bundesbahn* Chemins de fer de la République fédérale d'Allemagne.

DBP *Deutsche Bundespost* Poste fédérale allemande.

DDR *Deutsche Demokratische Republik* République démocratique allemande.

DDT *(Warenzeichen) Dichlordiphenyltrichloräthan* Dichloro-Diphényl-Trichloréthane.

desgl. *desgleichen* de même.

DFB *Deutscher Fußball-Bund* Fédération allemande de football.

DGB *Deutscher Gewerkschaftsbund* Fédération des syndicats allemands (R. F. A).

dgl. *dergleichen* pareil.

d. Gr. *der Große* le Grand.

d. h. *das heißt* c'est-à-dire.

DIN *Deutsche Industrie-Norm* norme industrielle allemande.

Dipl.-Ing. *Diplomingenieur* ingénieur diplômé.

d. J. *dieses Jahres* de l'année courante; *der Jüngere* le Jeune.

DJH *Deutsche Jugendherberge* auberge de (la) jeunesse en R. F. A.

DKP *Deutsche Kommunistische Partei* Parti communiste allemand.

dl *Deziliter* décilitre.

DLRG *Deutsche Lebens-Rettungs-Gesellschaft* Société allemande de sauvetage.

dm *Dezimeter* décimètre.

DM *Deutsche Mark* deutschemark.

d. M. *dieses Monats* courant.

DNS *Desoxyribonukleinsäure* acide désoxyribonucléique.

Dr. *Doktor* docteur.

Dr.-Ing. *Doktor der Ingenieurwissenschaft* ingénieur ayant passé son doctorat.

Dr. jur. *Doktor der Rechte* docteur en droit.

Dr. med. *Doktor der Medizin* docteur en médecine.

Dr. phil. *Doktor der Philosophie* docteur ès lettres.

Dr. rer. nat. *Doktor der Naturwissenschaften* docteur ès sciences.

Dr. rer. pol. *Doktor der Staatswissenschaften* docteur ès sciences politiques.

Dr. theol. *Doktor der Theologie* docteur en théologie.

d. R. *der Reserve* de réserve.

DRK *Deutsches Rotes Kreuz* Croix-Rouge allemande.

dt. *deutsch* allemand.

Dtzd. *Dutzend* douzaine.

d. U. *der Unterzeichnete* le soussigné.

DV *Datenverarbeitung* traitement des données.

dz *Doppelzentner* quintal.

D-Zug *Durchgangs-, Schnellzug* express.

E *Eilzug* rapide.

ebd. *ebenda* au même endroit.

EDV *Elektronische Datenverarbeitung* informatique.

EG *Europäische Gemeinschaft* Communauté européenne.

einschl. *einschließlich* y compris.

EKG *Elektrokardiogramm* électrocardiogramme.

erg. *ergänze!* complétez.

erl. *erledigt* fait.

Euratom *Europäische Atomgemeinschaft* Communauté européenne à l'énergie atomique.

eV *Elektronenvolt* électron-volt.

e. V. *eingetragener Verein* association déclarée.

ev. *evangelisch* protestant.

Ev. *Evangelium* évangile.

evtl. *eventuell* éventuellement.

EWG *Europäische Wirtschaftsgemeinschaft* Communauté économique européenne.

exkl. *exklusive* exclusivement.

Expl. *Exemplar* exemplaire.

Exz. *Exzellenz* Excellence.

EZU *Europäische Zahlungsunion* Union européenne des paiements.

F *Fahrenheit* Fahrenheit.

f. *folgende (Seite)* (page) suivante.

Fa. *Firma* firme.

FC *Fußballclub* club de football.

FDGB *(DDR) Freier Deutscher Gewerkschaftsbund* Fédération des syndicats allemands (R. D. A).

FDJ *(DDR) Freie Deutsche Jugend* Jeunesses communistes de la R. D. A.

FDP *Freie Demokratische Partei* Parti libéral démocrate.

ff *sehr fein* exquis; *fortissime* fortissimo.

ff. *folgende (Seiten)* (pages) suivantes.

FKK *Freikörperkultur* naturisme.

fm *Festmeter* stère.

Forts. *Fortsetzung* suite.

Fr. *Frau* Madame; *Franc, Franken* franc.

frdl. *freundlich* aimable.

Frhr. *Freiherr* baron.

Frl. *Fräulein* Mademoiselle.

frz. *französisch* français.

g *Gramm* gramme.

GATT *Allgemeines Zoll- und Handelsabkommen* Accord général sur les tarifs douaniers et le commerce.

geb. *geboren(e)* né(e).

Gebr. *Gebrüder* frères.

gefl. *gefällig(st)* aimable (s'il vous plaît).

gegr. *gegründet* fondé.

GEMA *Gesellschaft für musikalische Aufführungs- und mechanische Vervielfältigungsrechte* Société des auteurs, compositeurs et éditeurs de musique.

Gen. *Genossenschaft* coopérative.

Ges. *Gesellschaft* société; *Gesetz* loi.

gesch. *geschieden* divorcé.

Geschw. *Geschwister* frère(s) et sœur(s); *Geschwindigkeit* vitesse.

ges. gesch. *gesetzlich geschützt* breveté.

gest. *gestorben* décédé.

gez. *gezeichnet* signé.

ggf. *gegebenenfalls* le cas échéant.

GmbH *Gesellschaft mit beschränkter Haftung* société à responsabilité limitée.

ha *Hektar* hectare.

Hbf. *Hauptbahnhof* gare centrale.

H-Bombe *Wasserstoffbombe* bombe à hydrogène.

h. c. *ehrenhalber* honoris causa.

hg. = *hrsg.*

Hg. = *Hrsg.*

HGB *Handelsgesetzbuch* code de commerce.

Hi-Fi *höchste Klangtreue* hi-fi, haute fidélité.

Hiwi *(arg) wissenschaftliche Hilfskraft an einer Universität (in der Bundesrepublik:)* étudiant chargé de l'aspect administratif des cours à l'université.

hl *Hektoliter* hectolitre.

hl. *heilig* saint.

HO *(DDR) Handelsorganisation* organisation commerciale (R. D. A).

Hr(n). *(vx) Herr(n)* Monsieur.

hrsg. *herausgegeben* édité.

Hrsg. *Herausgeber* éditeur.

Hz *Hertz* hertz.

i. A. *im Auftrag(e)* par ordre.

i. allg. *im allgemeinen* en général.

ib., ibid. *ebenda* dans le même ouvrage; dans le même passage.

IG *Industriegewerkschaft* syndicat industriel (R. F. A.).

IHK *Industrie- und Handelskammer* Chambre de commerce et d'industrie.

i. J *im Jahre* en (l'an).

ill. *illustriert* illustré.

Ing. *Ingenieur* ingénieur.

Inh. *Inhaber* propriétaire.

inkl. *inklusive* y compris.

insb. *insbesondere* en particulier.

Interpol *Internationale Kriminalpolizeiliche Organisation* Interpol.

IQ. *Intelligenzquotient* quotient intellectuel.

i. R. *im Ruhestand(e)* en retraite.

i. Tr. *in der Trockenmasse* sur la matière sèche.

i. V. *in Vertretung* par délégation.

IWF *Internationaler Währungsfonds* Fonds monétaire international.

Jg. *Jahrgang* année.

Jh. *Jahrhundert* siècle.

JH *Jugendherberge* auberge de (la) jeunesse.

jr., jun. *junior* junior.

Kap. *Kapitel* chapitre.

kart. *kartoniert* cartonné.

kath. *katholisch* catholique.

kcal *Kilokalorie* kilocalorie.

Kfz *Kraftfahrzeug* automobile.

kg *Kilogramm* kilogramme.

KG *Kommanditgesellschaft* société en commandite.

kgl. *königlich* royal.

kHz *Kilohertz* kilohertz.

KKW *Kernkraftwerk* centrale nucléaire.

Kl. *Klasse* classe.

km *Kilometer* kilomètre.

km/h, km/st *Stundenkilometer* kilomètre-heure.

kn *(mar)* *Knoten* nœud.

k. o. *knockout* knock-out.

K. O. *Knockout* knock-out.

kp *Kilopond* kilogramme-poids.

KP *Kommunistische Partei* Parti communiste.

Kripo *Kriminalpolizei* police judiciaire.

Kr(s). *Kreis* district.

Kto *Konto* compte.

k. u. k. *(hist) kaiserlich und königlich* austro-hongrois.

kV *Kilovolt* kilovolt.

kW *Kilowatt* kilowatt.

kWh *Kilowattstunde* kilowatt-heure.

KW *Kurzwelle* onde courte.

KZ *Konzentrationslager* camp de concentration.

l *Liter* litre.

led. *ledig* célibataire.

lfd. *laufend* courant.

Lkw, LKW *Lastkraftwagen* poids lourd.

LP *Langspielplatte* trente-trois tours.

LSD *Lysergsäurediäthylamid* acide lysergique diéthylamide.

lt. *(prp) laut* d'après.

luth. *lutherisch* luthérien.

LW *Langwelle* onde longue.

m *Meter* mètre.

M *Mark* mark.

ma. *mittelalterlich* médiéval.

mA *Milliampere* milliampère.

MA. *Mittelalter* Moyen Age.

M. A. *Magister Artium* diplôme du deuxième cycle de l'enseignement supérieur.

MAD *Militärischer Abschirmdienst (in Frankreich:)* Direction de la surveillance du territoire.

mb *Millibar* millibar.

mbH *mit beschränkter Haftung* à responsabilité limitée.

Md. *Milliarde(n)* milliard(s).

M. d. B., MdB *Mitglied des Bundestages* député au Bundestag.

M. d. L., MdL *Mitglied des Landtages* député au Landtag.

m. E. *meines Erachtens* à mon avis.

MEZ *mitteleuropäische Zeit* heure de l'Europe centrale.

MG *Maschinengewehr* mitrailleuse.

mg *Milligramm* milligramme.

mhd. *mittelhochdeutsch* moyen haut allemand.

MHz *Megahertz* mégahertz.

Mill. *Million(en)* million(s).

min, Min. *Minute* minute.

Mio = *Mill.*

mm *Millimeter* millimètre.

Mrd. = *Md.*

Ms(kr). *Manuskript* manuscrit.

m/sec *Metersekunde* mètre par seconde.

Mss. *Manuskripte* manuscrits.

m. W. *meines Wissens* à ma connaissance, autant que je sache.

MwSt. *Mehrwertsteuer* taxe sur la valeur ajoutée.

MW *Mittelwelle* onde moyenne.

N *Nord(en)* nord.

Nachf. *Nachfolger* successeur.

nachm. *nachmittags* de l'après-midi.

NATO *Nordatlantikpakt-Organisation* Organisation du traité de l'Atlantique Nord (O. T. A. N.).

NB *merke wohl* nota bene.

n. Br. *nördlicher Breite* latitude nord.

NC *Numerus clausus* numerus clausus.

n. Chr. *nach Christus* après Jésus-Christ.

nd. *niederdeutsch* bas allemand.

nhd. *neuhochdeutsch* haut allemand moderne.

N. N. *(nomen nescio) Name unbekannt* nom inconnu; **(***a.* **NN)** *Normalnull* zéro normal, niveau moyen de la mer.

No. *Numero* numéro.

NO *Nordost(en)* nord-est.

NPD *Nationaldemokratische Partei Deutschlands* Parti national-démocrate allemand.

Nr. *Nummer* numéro.

NRT *Nettoregistertonne* tonneau de jauge net.

NS *Nachschrift* post-scriptum; *nationalsozialistisch* nazi.

N. T. *Neues Testament* Nouveau Testament.

NW *Nordwest(en)* nord-ouest.

O *Ost(en)* est.

o. a. *oben angeführt* mentionné plus haut.

o. B. *ohne Befund* résultat négatif.

OB *Oberbürgermeister* premier maire.

od. *oder* ou.

OECD *Organisation für wirtschaftliche Zusammenarbeit und Entwicklung* Organisation de coopération et de développement économiques.

OHG *Offene Handelsgesellschaft* société en nom collectif.

o. J. *ohne Jahr* sans année.

ö. L. *östlicher Länge* longitude est.

OLG *Oberlandesgericht* tribunal régional supérieur; *(in Frankreich etwa:)* cour d'appel.

o. O. *ohne Ort* sans lieu.

o. O. u. J. *ohne Ort und Jahr* sans lieu ni année.

OP *Operationssaal* salle d'opération.

op. cit. *im angegebenen Werk* dans l'ouvrage cité.

OPEC *Organisation der Erdöl exportierenden Länder* Organisation des pays exportateurs de pétrole.

p. A. *per Adresse* aux bons soins de.

part., Part. *parterre* au rez-de-chaussée.

PC *(Warenzeichen) Personal-Computer* ordinateur personnel.

Pf *Pfennig* pfennig.

Pfd. *Pfund* livre *f.*

PH *Pädagogische Hochschule (in Frankreich etwa:)* École normale.

Pkt. *Punkt* point.

Pkw, PKW *Personenkraftwagen* voiture de tourisme.

PLO *Palästinensische Befreiungsfront* Organisation de libération de la Palestine.

Postf. *Postfach* boîte postale.

pp(a). *per procura* par procuration.

PR *Öffentlichkeitsarbeit* relations publiques.

prakt. Arzt *praktischer Arzt* généraliste.

Prof. *Professor* professeur.

prot. *protestantisch* protestant.

PS *Pferdestärke* cheval-vapeur; *Postskript* post-scriptum.

PVC *Polyvinylchlorid* chlorure de polyvinyle.

qcm *Quadratzentimeter* centimètre carré.

qkm *Quadratkilometer* kilomètre carré.

qm *Quadratmeter* mètre carré.

RA *Rechtsanwalt* avocat.

RAF *Rote-Armee-Fraktion* Fraction armée rouge.

rd. *rund* rond; environ.

Reg.-Bez. *Regierungsbezirk* département.

Reg(t). *Regiment* régiment.

resp. *respektive* respectivement.

Rgt. = *Regt.*
rh *Rhesus negativ* rhésus négatif.
Rh *Rhesus positiv* rhésus positif.
rm *Raummeter* mètre cube; stère.
RNS *Ribonukleinsäure* acide ribonucléique.
Rp. *(Schweiz) Rappen* centime.
RT *Registertonne* tonne de jauge.

S *Süd(en)* sud; *(Österreich) Schilling* schilling.
s. *sieh(e)!* voir.
S. *Seite* page.
s. a. *siehe auch* voir aussi.
Sa. *Summa* total.
s. Br. *südlicher Breite* latitude sud.
Schw. *Schwester* sœur.
SDS *Sozialistischer Deutscher Studentenbund* Union des étudiants socialistes allemands (R. F. A.).
sec, sek, Sek. *Sekunde* seconde.
SED *(DDR) Sozialistische Einheitspartei Deutschlands* Parti socialiste unifié d'Allemagne (R. D. A.).
sen. *senior* père.
sfr, sFr. *Schweizer Franken* franc suisse.
sm *Seemeile* mille marin.
S. M. *Seine Majestät* Sa Majesté.
SMV *Schülermitverwaltung* participation.
SO *Südost(en)* sud-est.
s. o. *sieh(e) oben* voir plus haut.
sog. *sogenannt* soi-disant, dit.
SOS *internationales Notsignal* S. O. S.
SPD *Sozialdemokratische Partei Deutschlands* Parti social-démocrate (R. F. A.).
Sr. *Seiner (Majestät etc)* de Sa (Majesté *etc*).
st *Stunde* heure.
St. *Sankt* Saint; *Stück* pièce; = *st.*
Std(e). = *st.*
StGB *Strafgesetzbuch* Code pénal.
StPO *Strafprozeßordnung* Code de procédure pénale.
Str. *Straße* rue.
stud. *Student* étudiant.
StVO *Straßenverkehrsordnung* Code de la route.
s. u. *sieh(e) unten* voir plus bas.
SV *Sportverein* association sportive; *Schülerverwaltung* participation.
SW *Südwest(en)* sud-ouest.
s. Z. *seinerzeit* en son temps, autrefois.

t *Tonne (Gewicht)* tonne.
Tb(c) *Tuberkulose* tuberculose.
TEE *Trans-Europ-Express* Trans Europ Express.
Tel. *Telefon* téléphone.
Telex *Fernschreiber-Austausch* télex.
TH *Technische Hochschule* École supérieure technique.
Tsd. *Tausend* mille.
TU *Technische Universität* École supérieure technique.
TÜV *Technischer Überwachungsverein* association de contrôle technique des machines et véhicules en R. F. A.

U *Unterseeboot* sous-marin.
UB *Universitätsbibliothek* bibliothèque universitaire.
U-Bahn *Untergrundbahn* métro.
u. *und* et.
u. a. *und andere(s)* et autres (et autre chose); *unter anderem* od *anderen* entre autres.
u. a. m. *und andere(s) mehr* (autre chose) encore.
u. *od* **U. A. w. g.** *um* od *Um Antwort wird gebeten* réponse, s. v. p.
u. d. M. *unter dem Meeresspiegel* au-dessous du niveau de la mer.
ü. d. M *über dem Meeresspiegel* au-dessus du niveau de la mer.
UdSSR *Union der Sozialistischen Sowjetrepubliken* Union des républiques socialistes soviétiques.
Ufo, UFO *Unbekanntes Flugobjekt* objet volant non-identifié.
UKW *Ultrakurzwelle* modulation de fréquence.
UN *Vereinte Nationen* Nations Unies.
Uni *Universität* université.
UNO *Organisation der Vereinten Nationen* Organisation des Nations Unies.
urspr. *ursprünglich* à l'origine.
USA *Vereinigte Staaten von Amerika* États-Unis d'Amérique.
usf. *und so fort* et cætera.
usw. *und so weiter* et cætera.
u. U. *unter Umständen* le cas échéant.
u. ü. V. *unter üblichem Vorbehalt* sous les réserves d'usage.
UV *Ultraviolett* ultraviolet.

V *Volt* volt; *Volumen* volume.
v. *vom* du, de la; *von* de.

V. *Vers* vers.

VA *Voltampere* voltampère.

v. Chr. *vor Christus* avant Jésus--Christ.

VEB *(DDR) Volkseigener Betrieb* entreprise collectivisée (R. D. A).

Verf. *Verfasser* auteur.

verh. *verheiratet* marié.

Verl. *Verlag* maison d'édition.

verw. *verwitwet* veuf, veuve.

vgl. *vergleiche* voir.

v., g., u. *vorgelesen, genehmigt, unterschrieben* lu, approuvé, signé.

v. H. *vom Hundert* pour cent.

VHS *Volkshochschule* université populaire.

VIP, V. I. P. *wichtige Persönlichkeit* haute personnalité.

V. i. S. d. P. *Verantwortlicher im Sinne des Pressegesetzes* responsable devant la loi.

v. o. *von oben* d'en haut.

vorm. *vormals* auparavant; *vormittags* du matin.

Vors. *Vorsitzender* président.

v. T. *vom Tausend* pour mille.

v. u. *von unten* d'en bas.

VW *(Warenzeichen) Volkswagen.*

W *Watt* watt; *West(en)* ouest.

WC *Toilette* toilettes.

WEZ *westeuropäische Zeit* heure du méridien de Greenwich.

WG *Wohngemeinschaft* communauté.

Whg *Wohnung* appartement.

w. L. *westliche Länge* longitude ouest.

w. o. *wie oben* comme en haut.

Wwe. *Witwe* veuve.

Wwr. *Witwer* veuf.

Z. *Zahl* nombre; *Zeile* ligne.

z. B. *zum Beispiel* par exemple.

z. b. V. *zur besonderen Verwendung* à des fins spéciales.

z. d. A. *zu den Akten* à classer.

ZDF *Zweites Deutsches Fernsehen* 2e chaîne de télévision allemande.

z. H. *zu Händen* à l'attention (de).

Ziff. *Ziffer* chiffre.

ZPO *Zivilprozeßordnung* Code de procédure civile.

z. T. *zum Teil* en partie.

Ztr. *Zentner* 50 kilos.

zw. *zwischen* entre.

z. Z. *zur Zeit* en ce moment, actuellement.

Buchstabier-Alphabete

	Deutsch	Französisch	International
A	Anton	Anatole	Amsterdam
Ä	Ärger	—	—
B	Berta	Berthe	Baltimore
C	Cäsar	Célestin	Casablanca
Ch	Charlotte	—	—
D	Dora	Désiré	Dänemark
E	Emil	Eugène	Edison
É	—	Émile	—
F	Friedrich	François	Florida
G	Gustav	Gaston	Gallipoli
H	Heinrich	Henri	Havana
I	Ida	Irma	Italia
J	Julius	Joseph	Jerusalem
K	Kaufmann	Kléber	Kilogramme
L	Ludwig	Louis	Liverpool
M	Martha	Marcel	Madagaskar
N	Nordpol	Nicolas	New York
O	Otto	Oscar	Oslo
Ö	Ökonom	—	—
P	Paula	Pierre	Paris
Q	Quelle	Quintal	Quebec
R	Richard	Raoul	Roma
S	Samuel	Suzanne	Santiago
Sch	Schule	—	—
T	Theodor	Thérèse	Tripoli
U	Ulrich	Ursule	Uppsala
Ü	Übermut	—	—
V	Viktor	Victor	Valencia
W	Wilhelm	William	Washington
X	Xanthippe	Xavier	Xanthippe
Y	Ypsilon	Yvonne	Yokohama
Z	Zacharias	Zoé	Zürich

Notizen   Notes

Inhalt und Aufbau der Wörterbuchartikel

Abglanz *m fig* reflet *m.*

an=schau|en *tr* regarder; *(lange)* contempler; **~lich** *a* clair et expressif, évident; **~** *machen (a.)* mettre en évidence; **A~lichkeit** *f* ⟨-, (-en)⟩ clarté, évidence *f,* caractère *m* expressif.

Beduine *m* ⟨-n, -n⟩ [bedu'i:nə] Bédouin *m.*

'durch=tanzen *tr (Sohlen)* user à force de danser; **durch'tanzen** *tr: die Nacht* ~ danser toute la nuit.

Edikt *n* ⟨-(e)s, -e⟩ [e'dɪkt] édit, décret *m,* ordonnance *f; ein* ~ *erlassen* rendre un édit.

färben *tr* colorer; *(bes. Stoffe, gewerblich)* teindre; *itr (abfärben)* déteindre; *sich* ~ se colorer; *blau, rot* ~ teindre en bleu, en rouge; *sich gelb* ~ prendre un ton jaune; jaunir.

frieren ⟨friert, fror, gefroren⟩ ['fri:rən] *itr* ⟨aux: sein⟩ *(gefrieren)* geler, se congeler, prendre; ⟨aux: haben⟩ *(Mensch, Tier)* geler, avoir froid; *impers: es friert* il gèle; *es friert mich* je gèle, j'ai froid; *es friert Stein und Bein* il gèle à pierre fendre.

Alle deutschen **Stichwörter** sind durch Fettdruck hervorgehoben.

Die **Tilde** ~ ersetzt das Hauptstichwort, dessen durch | abgetrennten ersten Teil oder das unmittelbar vorausgehende fettgedruckte Stichwort.
Der Wechsel von Klein- zu Großschreibung, bzw. umgekehrt, ist gekennzeichnet.

Die **Lautschrift,** einschließlich der Betonungsakzente, steht in eckigen Klammern hinter dem deutschen Stichwort.

Außer in der Lautschrift steht der **Betonungsakzent** ' auch vor der betonten Silbe derjenigen deutschen Stichwörter, bei denen je nach Betonung die Bedeutung wechselt.

Grammatische Informationen: Bei allen **Substantiven** ist das Geschlecht angegeben; bei mehreren aufeinanderfolgenden Substantiven gleichen Geschlechts erhält jedoch nur das letzte Substantiv der Reihe die Genusangabe. Auf die Genusangabe folgen bei deutschen Substantiven Genitiv Singular und Nominativ Plural des Substantivs in ⟨. . .⟩.

Bei allen **Verben** wird nach transitiver und intransitiver Bedeutung unterschieden und auf reflexiven oder unpersönlichen Gebrauch hingewiesen.

Die Stammformen der stark konjugierten deutschen Verben sind angegeben.